RÉPERTOIRE GÉNÉRAL.

JOURNAL DU PALAIS.

Le RÉPERTOIRE DU JOURNAL DU PALAIS est publié sous la direction de Messieurs

J.-A. LÉVESQUE, docteur en droit, substitut du procureur général près la Cour d'appel de Paris
F. NOBLET, avocat à la Cour d'appel de Paris;
AM. BOULLANGER, avocat à la Cour d'appel de Paris;
GOUGET, substitut du procureur de la République près le tribunal de la Seine;
TH. GELLE, ancien magistrat, avocat à la Cour d'appel de Paris.

AVEC LA COLLABORATION DE

MM.

AD. BILLEQUIN, avocat à la Cour d'appel de Paris;
LIGNIER, ancien conseiller d'État;
BERTIN, avocat à la Cour d'appel de Paris;
D'AUVILLIERS, avocat à la Cour d'appel de Paris;
X. BENOIT, avocat, auteur du *Traité de la Dot*, etc.
CH. ROYER, avocat à la Cour d'appel de Paris;
DOMENGET, docteur en droit, avocat à la Cour d'appel de Paris;
A. FABRE, ancien avocat, avoué à la Cour d'appel de Paris;
TIXIER DE LA CHAPELLE, doct. en droit, ancien procureur de la République à Châlons-sur-Marne;
L. LAFISSE, avocat à la Cour d'appel de Paris;
FAVERIE, avocat à la Cour d'appel de Paris;
H. CAUCHOIS, avocat à la Cour d'appel de Paris;
PEYRUSSE, avocat à la Cour d'appel de Paris;
HECTOR LECONTE, ancien avocat à la Cour d'appel de Paris;
C.-V. RICHARD, ancien préfet, avocat à la Cour d'appel de Paris;
F. HOUSSET, docteur en droit, avocat à la Cour d'appel de Paris;
ANT. GOUIFFÈS, docteur en droit, avocat à la Cour d'appel de Paris;
A. JAFFARD, avocat à la Cour d'appel de Paris;

MM.

GARNIER-DUBOURGNEUF, ancien directeur des affaires civiles et du sceau au Ministère de la Justice;
MEYNARD DE FRANC, avocat général près la Cour d'appel de Paris;
JOUAUST, président du tribunal civil de Rennes;
SOUEF, procureur général près la Cour d'appel de Colmar;
MONGIS, substitut du procureur général près la Cour d'appel de Paris;
SULPICY, ancien procureur de la République à Coulommiers;
MOURIEZ, procureur de la République à Bayeux;
CHEVILLOTTE, docteur en droit, substitut du procureur de la République à Philippeville (Algérie), ancien avocat à la Cour d'appel de Paris;
AD. HAREL, ancien magistrat, avocat à Paris;
O. LABBÉ, substitut du procureur de la République à Fougères;
AD. BEAUFILS, juge de paix, ancien avocat à Paris;
CAPMAS, professeur suppléant à la Faculté de droit de Toulouse;
MAILHER DE CHASSAT, avocat à la Cour d'appel de Paris, auteur de différens ouvrages;
Et plusieurs autres magistrats et jurisconsultes.

JOURNAL DU PALAIS.

RÉPERTOIRE GÉNÉRAL

CONTENANT

LA JURISPRUDENCE DE 1791 A 1850,

L'HISTOIRE DU DROIT,

LA LÉGISLATION ET LA DOCTRINE DES AUTEURS,

PAR

UNE SOCIÉTÉ DE JURISCONSULTES ET DE MAGISTRATS.

PUBLIÉ

Par M. D'AUVILLIERS, Avocat a la Cour d'appel de Paris.

TOME DOUZIÈME.

T. — Z.

PARIS,

AU BUREAU DU JOURNAL DU PALAIS,

Rue des Grands-Augustins, 5 (ancien 7).

1850

JOURNAL DU PALAIS.

RÉPERTOIRE GÉNÉRAL.

T

TABAC.

Table alphabétique.

Accident, 57 s.
Achat, 95 s. — illicite, 112.
Acquit à caution, 142, 145, 152.
Acte de commerce, 38.
Acte de dépôt, 81.
Adjudication, 69 s.
Administration des contributions indirectes, 17 s., 21.
Administration des tabacs, 49 s., 97.
Amende, 82 s., 115 s., 118, 123 s., 130 s., 153 s., 220. —(remise ou modération), 230.
Approvisionnement, 20, 97.
Armes, 201.
Arrestation, 210, 214, 221 s. —préventive, 123 s., 131. — préventive (irrégularités), 139
Attroupement, 201.
Autorisation, 70. —(défaut d'), 82 s. — de culture, 45 s.
Avaries, 57 s.
Aveu, 126. — des prévenus, 127, 129.
Bateau, 153 s., 210.
Bonne foi, 197, 230.
Bureau de débit, 21.
Caboches, 109.
Cahier des charges, 74.
Caution, 72, 74, 92, 221.
Cantonnement, 35.
Cazadores, 107.
Chevaux, 153 s., 162 s., 210.
Cigarettes, 107.
Circulation, 141 s. — (tabac de cantine), 147. — illicite, 245.
Classification, 70.
Clôture, 82 s.
Colportage, 95 s., 110 s., 127, 131, 215.—(preuve), 132.
Colporteur, 221 s.
Commission d'autorisation 46 s.
Commissionnaire de roulage, 157 s.
Commune, 91.
Compétence, 233.
Complicité, 153 s.
Comptes des cultivateurs, 55 s.
Confiscation, 85 s., 115 s., 123 s., 130, 153 s., 192.

220. — malgré acquittement, 83.
Conseil d'arrondissement, 46.
Conseil général, 46.
Conseil de préfecture, 61, 75.
Conseil supérieur, 22.
Consignation d'amende, 221.
Contestation, 55.
Contrainte par corps, 499 s.
Contravention, 82 s., 112 s., 153 s. — (constatation), 210. — (preuve), 87.
Contrebande, 189, 212 s. — à main armée, 201.
Contributions indirectes, 96, 98 s., 226. — (préposés des) 210, 218.
Contrôle, 70, 73. — pour l'exportation, 75.
Cordage, 80.
Corse, 40 s.
Côtes de feuilles, 109.
Cuartas, 107.
Cultivateur (justification), 52 s.
Culture, 42 s. — (autorisation), 45 s. — (déclaration). 45.—(prohibition), 7. — pour l'exportation 74 s.
Damas, 107.
Débit, 18, 21, 34. — (cession), 39.—(nomination), 36.
Débitant, 98, 119, 144.
Décharge, 70.
Déchet, 103.
Déclaration, 70. — (défaut de), 82 s. — de culture, 45. — pour l'exportation, 75.
Délégué du préfet, 47.
Département, 43 s.
Dépendances d'une maison habitée, 173 s.
Destitution, 130.
Destruction des tabacs, 82 s.
Détention, 141 s. — frauduleuse, 115, 128, 130.
Détérioration, 57 s.
Diminution de récoltes, 57 s.
Directeur d'arrondissement, 48.
Douanes, 145 s., 152, 227 s. — (préposés), 210 s.
Droit d'entrée, 3, 6 s.
Employés assermentés, 210.
Emprisonnement, 118.

Entreposeur, 98 s., 119.
Entrepôt, 18, 21, 34, 78, 84, 144. —frauduleux, 184 s.
Établissement insalubre, 63 s.
Excédant de culture, 94.
Excédant sur la déclaration, 84.
Excuse, 116, 128, 140, 230 s.
Expertise, 55, 70, 103.
Exportation, 74 s., 143. — (délai expiré), 92.
Fabrication, 20, 95 s. — frauduleuse, 121 s., 129.
Facture, 144.
Falsification, 118.
Fermier général, 9.
Ficelage, 160.
Fixation du prix, 107.
Flagrant délit, 245.
Fonctionnaire, 214.
Forêts (préposés), 210.
Frais de magasinage, 78.
Fraudeur, 221 s.
Garantie, 181.
Garde champêtre, 210, 217.
Gendarme, 210, 212 s.
Guide de colportage, 136.
Historique, 2 s.
Impériales, 107.
Importation, 40, 144 s., 151 s., 227 s.
Indemnité, 206 s.
Instruments de fabrication du tabac factice, 203.
Inventaire, 54.
Juge d'instruction, 222.
Justification des cultivateurs, 52 s.
Laissez-passer, 79, 142.
Lettre missive, 107.
Lettre de voiture, 157.
Liberté du commerce, 10.
Liberté provisoire, 221.
Liberté de vente, 6 s.
Licence, 12, 157, 186.
Livraison, 70, 73.
Locataire, 170, 177.
Londres, 107.
Magasin, 18.
Malveillance, 175.
Mandat de dépôt, 222.
Manufactures, 18. — nationales, 65 s.
Marque (emploi frauduleux), 120. — de fabrique, 193.
Marques et vignettes de la régie, 148 s., 159 s.
Mesures conservatoires, 205
Mise en cause, 184.
Modération des amendes, 230.
Monopole, 5, 15. — (rétablissement), 8.
Mouillage du tabac, 119.
Moyens de transport, 131, 153 s., 162.
Nationalité (preuve), 194 s.
Navire destiné à la pêche, 194.
Octroi (préposés), 210.
Officier de police, 219. — de police judiciaire, 221 s.
Ouvrier à gages, 170.
Panetellas, 107.
Particulier, 214.
Patente, 40 s.
Pêche, 194.
Peine, 82 s., 112 s. — applicable, 229.
Personnel, 17 s.
Pesage, 80.
Pharmacien, 108.
Plantation illicite, 216.
Plombage, 80, 144 s., 160.
Poste militaire, 214.
Poursuites, 220.
Prensados, 107.
Preuve (charge de), 483. — de l'affermement, 90. — du colportage, 132. — des contraventions, 127. — testimoniale, 127, 220.
Primeras, 107.
Prise en charge, 232.
Privation du droit de planter, 94.
Prix (fixation du), 67. — de ferme, 6.—réduit, 108, 149. — de vente, 100 s.
Procédure, 233.
Procès-verbal, 54, 220. — (affirmation), 224. — (copie), 225.—(foi), 87, 126, 137, 173, 182, 193, 213, 216. — (forme), 223. — (nullité), 192. — (validité), 123. — de saisie, 455.
Prohibition de culture, 7.
Prohibition à l'entrée, 150.
Propriétaire de bestiaux, 108.
Provision, 148 s., 161, 172. — de voyage, 151.
Quantité transportable, 142, 147.
Quartas, 107.
Questions transitoires, 104 s.
Rapport, 220.
Rébellion, 214.
Recel de récoltes, 94.
Récidive, 117, 199 s.
Réclamation, 61.
Reconnaissance des tabacs, 80.
Recours, 479 s.
Recouvremens, 60.

Regalias, 107.
Remise d'amende, 140, 230.
Répartition annuelle, 44.
Responsabilité, 88 s., 173, 176 s.
Retard, 93.
Sceaux, 82, 143, 205, 219.
Scellés, 113.
Service extérieur, 24 s.
Service intérieur, 24. — intérieur ou central, 26 s.
Solvabilité, 72.
Souches des plantations, 56.
Soumission, 59 s.
Surveillance, 70, 73.
Tabac, 52.—de cantine, 52, 101, 149, 166 s.—de cantine (circulation), 447.— en carottes, 37.—de contrebande, 189. — destiné à l'exportation, 154. — étranger, 40 s., 106 s., 150 s., 169, 190. — factice,

202 s. — en feuilles, 142, 148, 164 s. — en feuilles étranger, 109. — non exporté 92. — de santé ou d'habitude, 151.
Taxe, 11.
Tereceras, 107.
Tiges des plantations, 56.
Trabucos, 107.
Traité particulier, 68 s.
Tromperie, 119.
Vegueros, 107.
Vente, 21, 95 s., 98 s. — frauduleuse, 123 s.—frauduleuse (preuve), 126. — illicite, 245.
Vérification pour l'exportation, 75.
Vétérinaire, 108.
Visite domiciliaire, 217 s.
Voiture, 153 s., 162 s., 210.
Voyageur, 151.

TABAC. — 1. — Plante préparée de diverses manières pour être prisée, fumée ou mâchée.

SECT. 1re. — *Historique* (n° 2).

SECT. 2e. — *Personnel.* — *Administration des tabacs ; administration des contributions indirectes* (n° 17).

SECT. 3e. — *Culture du tabac* (n° 42).

§ 1er. — *Culture en général* (n° 43).

§ 2. — *Culture pour l'approvisionnement des manufactures nationales* (n° 65).

§ 3. — *Culture pour l'exportation* (n° 74).

§ 4. — *Dispositions pénales* (n° 82).

SECT. 4e. — *Achat, fabrication, vente et colportage du tabac* (n° 95).

§ 1er. — *Formalités* (n° 96).

§ 2. — *Dispositions pénales* (n° 112).

SECT. 5e. — *Circulation, détention et importation du tabac* (n° 141).

§ 1er. — *Formalités* (n° 142).

§ 2. — *Dispositions pénales* (n° 153).

SECT. 6e. — *Tabac factice* (n° 202).

SECT. 7e. — *Dispositions générales relatives aux contraventions* (n° 210).

1

Sect. 1re. — *Historique.*

2.— Le tabac, originaire d'Amérique, fut importé en France, en 1560, par Jean Nicot, ambassadeur de François II en Portugal, qui le présenta d'abord au grand-prieur et à la reine. De là vint que cette plante fut désignée d'abord sous les noms de nicotiane, herbe de l'ambassadeur, herbe au grand-prieur et herbe à la reine; plus tard, elle reçut le nom de tabac, de l'île de Tabago, où elle croissait en abondance.

3. — Le commerce du tabac demeura d'abord libre en France; mais l'usage s'en étant rapidement étendu, on comprit que c'était là une matière éminemment imposable; en conséquence, une déclaration du 17 nov. 1629 créa un droit d'entrée de 30 sous par livre sur les tabacs de Virginie, du Brésil, et autres de provenance étrangère. Ce droit fut porté par le tarif de 1664 à 13 livres par quintal pour les tabacs étrangers, et à 4 livres pour ceux des colonies. Ce dernier droit fut réduit à 2 livres par quintal par arrêt du conseil du 1er déc. 1670.

4.— Le droit exclusif d'acheter, fabriquer et vendre du tabac fut, pour la première fois, attribué au roi par la déclaration du 27 sept. 1674, et affermé, le 30 nov. suivant, pour six années, moyennant 500,000 livres pour chacune des deux premières années, et 600,000 pour chacune des quatre dernières.

5.— Mais la déclaration de 1674 n'avait pas prohibé la culture du tabac; aussi plusieurs provinvinces, dans lesquelles cette culture n'avait pas encore eu lieu, l'ayant introduite sur leur territoire, ce fut pour le fermier une source d'obstacles dans sa vente exclusive. C'est pour obvier à ces inconvéniens que fut rendue la déclaration du 16 mars 1676, qui désigna les généralités où la culture du tabac pourrait avoir lieu, et l'interdit formellement dans les autres.

6.— Le prix de la ferme du tabac fut successivement porté à 1,500,000 livres en 1697, à 2,000,000 en 1714, à 2,200,000 en 1716, enfin à 4,020,000 en 1718, lorsque ce privilége en fut confié à la compagnie dite d'Occident, et qui, réunissant les compagnies des Indes-Orientales et de la Chine, devint le centre des opérations financières connues sous le nom de système de Law. — Ce fut cette compagnie qui, pour simplifier sa gestion, proposa au roi de convertir le droit exclusif de la vente du tabac en un droit à l'entrée.

7. — En conséquence, un arrêt du conseil du 29 sept. 1719 révoqua le privilége de la compagnie d'Occident, et permit à tous de faire le commerce du tabac en le soumettant seulement à divers droits d'entrée, mais en prohiba entièrement la culture.

8.— Mais le privilége de l'achat, de la fabrication et de la vente du tabac fut rétabli au profit du roi par un arrêt du 19 juill. 1721, suivi le premier août d'une déclaration qui a servi depuis de base à l'administration de cette partie des revenus de l'état, et qui confirmait la prohibition de culture. En 1723, ce privilége fut confié à la compagnie des Indes pour la remplir de 8,000,000 de rentes annuelles affectées spécialement sur le prix de la ferme par suite d'un prêt de 100,000,000 fait à l'état peu auparavant. Il fut même aliéné, le 19 sept. de la même année, à la même compagnie à titre d'engagement.

9. — Ce dernier engagement subsista jusqu'au 30 sept. 1730, où l'exercice du privilége passa entre les mains des fermiers généraux, qui en restèrent investis jusqu'au moment où la révolution amena sa suppression. — Le prix du bail, fixé d'abord à 7,500,000 livres, puis, en 1767, à 22,541,278 livres, et, en 1786, à 27,000,000 livres, était lors de la suppression du privilége, de 30,000,000 livres.

10.— L'assemblée constituante déclara, le 20-27 mars 1791, « qu'il serait libre à toute personne de cultiver, fabriquer et débiter du tabac dans tout le royaume; » l'importation du tabac étranger fabriqué continuait à être prohibée. Ceux en feuilles furent admis moyennant un droit de 25 francs par quintal.

11.— La loi du 22 brum. an VII maintint ce système, mais soumit les fabricans à une taxe spéciale à raison des quantités fabriquées. — L'impôt était perçu par la régie de l'enregistrement au moyen d'une espèce d'abonnement fixé par les administrations municipales, d'après les renseignemens qu'elles pouvaient avoir, et principalement d'après les procédés, le nombre et l'espèce des machines employées à la fabrication.

12.— Le titre 5 de la loi du 5 vent. an XII améliora ce système. La taxe de fabrication fut perçue par les employés de la régie des droits réunis au moyen de visites et exercices, et sur toutes les feuilles indigènes et exotiques introduites dans les

manufactures. — La vente continua à être libre; seulement, les débitans furent astreints à se pourvoir d'une licence.

13.— La loi du 24 avr. 1806 augmenta le droit de fabrication et établit une nouvelle taxe payée à la vente par les fabricans.

14. — A la fin de 1810, le prix du tabac était aussi élevé qu'en 1789; les cultivateurs étaient à la merci de quelques fabricans, un système général de fraude s'était organisé sur tous les points de l'empire, le produit de l'impôt était à peu près nul pour le trésor.— Trolley, *C. de dr. administr.*, t. 3, no 1148.

15. — L'empereur prit un parti décisif, et, par décret du 29 déc. 1810, il conféra à la régie des droits réunis le monopole de la vente et de la fabrication du tabac. Ce monopole, réglementé par le décret du 12 janv. 1811, a été maintenu par la loi du 8-24 déc. 1814 et par celle du 28 avr. 1816. Toutefois, cette dernière loi n'accordait qu'un monopole temporaire ; « le présent titre relatif au tabac, portait l'art. 229, n'aura d'effet que jusqu'au 1er juill. 1821. » Depuis, il a été successivement prorogé par la loi du 19 avr. 1829 au 1er janv. 1837; par celle du 12 fév. 1835 au 1er janv. 1842 ; enfin, par celle du 23 avr. 1840 au 1er janv. 1852.

16.— L'achat, la fabrication et la vente du tabac sont, pour l'état, l'objet d'un monopole qui forme une branche fort importante des contributions indirectes. — D'après le compte-rendu publié par l'administration en février 1845, la consommation du tabac s'est élevée en France, en 1843, à 16,990,000 kilogrammes de tabac, qui ont produit une recette brute de 104,368,000 francs. Ce qui, déduction faite des remises accordées aux débitans, constitue un bénéfice net, pour l'état, de 77,368,000 francs.

Sect. 2e. — *Personnel. — Administration des tabacs; administration des contributions indirectes.*

17.— Le monopole de l'état était exploité, dans l'origine, par la régie des droits réunis, remplacée depuis par l'administration des contributions indirectes; telle était encore la disposition formelle de la loi du 28 avr. 1816, art. 172.

18. — Cette administration avait donc établi, pour l'accomplissement de sa mission : 1° des magasins où les tabacs étaient reçus; 2° des manufactures où le tabac était fabriqué; 3° des entrepôts généraux et particuliers destinés à approvisionner les débits ; 4° enfin des bureaux de débit pour la distribution du tabac aux consommateurs. Un inspecteur général des contributions indirectes, membre du conseil, était spécialement chargé, sous les ordres du directeur général, de la surveillance des achats, fabrication et vente des tabacs.

19.— Mais les complications produites par un pareil état de choses, et l'importance toujours croissante de cette partie du service public, firent sentir la nécessité de lui donner une organisation plus large, et on se détermina à créer une administration spéciale à laquelle fut dévolue une partie du service, le surplus restant dans les attributions de l'administration des contributions indirectes. C'est l'ordonnance du 5-26 janv. 1831 qui sert encore aujourd'hui de base à cette répartition d'attributions par suite de laquelle les manufactures et magasins se sont trouvés placés sous la direction exclusive de la nouvelle administration, tandis que les entrepôts et bureaux de débit ont continué à dépendre de l'administration des contributions indirectes.

20.— « La fabrication du tabac, dit l'art. 1er de cette ordonnance, les approvisionnemens, et, en général, les travaux qui en dépendent, seront administrés par un directeur spécial nommé par nous et assisté d'un sous-directeur nommé par le ministre des finances. »

21 — Art. 2. « La vente des tabacs dans les entrepôts et dans les bureaux de débit, et la surveillance qu'elle exige, ainsi que le personnel des entreposans et des débitans resteront dans les attributions de l'administration des contributions indirectes. Toutefois, les agens attachés à la fabrication conservent la faculté d'y vérifier la qualité des tabacs, et de s'assurer qu'on y prend les soins nécessaires à leur conservation. »

22. — Art. 3. « Les affaires contentieuses et litigieuses relatives à l'exploitation du monopole des tabacs seront examinées et jugées par un conseil d'administration dont les membres seront désignés par notre ministre des finances, et choisis par les directeurs des différens services de ce ministère. » — Ce conseil porte, aux termes de l'ordonnance du 11-24 nov. 1842 (art. 2), le titre de *conseil supérieur des tabacs.*

23.— L'ordonnance précitée du 11-24 nov. 1842, modifiant l'art. 1er de celle de 1831, porte que l'administration des tabacs sera dirigée par un directeur assisté de deux sous-directeurs et des deux inspecteurs spéciaux du service ayant rang de sous-directeurs, qui formeront avec lui un conseil d'administration qu'il présidera.

24.— Le service de la fabrication et des approvisionnemens du tabac qui se fait sous la direction de l'administration supérieure se divise en service extérieur et service intérieur.

25.— Le service extérieur, affecté spécialement à la direction et au travail des manufactures, à la garde des produits et approvisionnemens, ainsi qu'à la surveillance et aux opérations relatives à la culture, se compose d'un personnel assez nombreux, hiérarchiquement divisé en inspecteurs spéciaux de première et deuxième classes; inspecteurs et contrôleurs des manufactures de première, deuxième et troisième classes; inspecteurs de la culture des tabacs; garde-magasins des tabacs en feuilles de première, deuxième et troisième classes; garde-magasins de la manufacture de Paris; premier, second et troisième commis de la manufacture de Paris; contrôleurs des magasins de première, deuxième et troisième classes; sous-inspecteurs de manufactures de première, deuxième et troisième classes ; sous-contrôleurs de manufactures de première, deuxième et troisième classes; garde-magasins de manufactures de deuxième classe ; premiers et seconds commis de manufactures de deuxième et troisième classes; contrôleurs de culture de première et deuxième classes ; élèves de première et deuxième classes des manufactures; employés de première et deuxième classes de la culture et des bureaux des manufactures et magasins; employés de troisième classe des bureaux des manufactures et magasins ; puis viennent les simples chefs d'ateliers, contre-maîtres, concierges, etc.

26. — Quant au service intérieur, chargé surtout de la centralisation de toutes les opérations, il a été organisé tel qu'il fonctionne encore aujourd'hui, par une ordonnance du 17-26 déc. 1844, portant organisation de l'administration centrale du ministère des finances, et en même temps des diverses administrations centrales qui en dépendent, notamment de l'administration des tabacs.

27. — L'art. 60 de cette ordonnance partage le travail de l'administration entre un bureau central et du personnel, et trois divisions dont il détermine les attributions. Le bureau central et du personnel reste sous les ordres immédiats du directeur général. Un administrateur est placé à la tête de chaque division qui se compose de deux bureaux.

28. — L'art. 61 détermine la classification et les traitemens des fonctionnaires et préposés de tous rangs, tels que directeur général, administrateurs, chefs de bureau de 1re, 2e et 3e classes, sous-chefs de 1re, 2e et 3e classes, commis rédacteurs de 1re et 2e classes, commis vérificateurs de 1re et 2e classes, enfin commis expéditionnaires de 1re, 2e et 3e classes.

29. — D'après l'art. 62, nul ne peut être admis dans les bureaux de l'administration centrale que comme surnuméraire, à moins de sortir du service extérieur. Le même article établit l'assimilation à faire entre les employés du service intérieur et ceux du service extérieur.

30. — L'avancement des employés ne peut avoir lieu que par suite des vacances, dans les limites de la hiérarchie, et sans qu'il puisse y être rien changé en ce qui concerne la quotité des traitemens fixés. Cet avancement n'a lieu aussi que d'un grade à l'autre et par classe sans préjudice des mutations entre les deux services intérieur et extérieur, en se conformant d'ailleurs aux assimilations contenues dans l'art. 62. — Art. 63.

31. — Le directeur général, les administrateurs et les directeurs des manufactures sont nommés par le président de la république sur la proposition du ministre des finances. — Art. 64.

32. — Les chefs de bureau, les inspecteurs spéciaux, l'ingénieur chargé des constructions de bâtimens et de machines, les inspecteurs et contrôleurs des manufactures, les inspecteurs de la culture sont nommés par le ministre des finances sur la présentation du directeur général. — Art. 65.

33. — Enfin les titulaires de tous les emplois inférieurs à ceux qui viennent d'être désignés sont nommés par le directeur général en vertu de la délégation du ministre des finances. — Art. 66.

34. — De ce qui précède, il résulte que l'administration des tabacs agit jusqu'à l'arrivée du tabac dans les entrepôts, mais qu'à partir de ce moment l'action appartient exclusivement à l'administration des contributions indirectes, qui a, dès

lors, à pourvoir par ses propres agens à tout ce qui concerne le magasinage des tabacs, à la vente par les entreposeurs aux débitans et par ceux-ci aux consommateurs, à surveiller le personnel de ses préposés, rechercher et poursuivre les contraventions, la contrebande, etc. — Nous avons vu au mot CONTRIBUTIONS INDIRECTES les règles suivies à cet égard, et qui sont les mêmes pour les divers services dépendant des attributions de cette administration ; nous n'avons donc point à y revenir ici.

35. — Nous ajouterons seulement que l'obligation imposée aux débitans de tabac de fournir un cautionnement en numéraire a été abrogée par la loi du 10 août 1839, art. 9.—Ces cautionnemens n'avaient été, dans l'origine, réellement imposés qu'à titre d'emprunt. Ils ne répondaient d'aucun déficit, puisque les tabacs mis en vente sont payés comptant aux manufactures nationales. — Même loi, rapp. de M. Gouin.

36.—...Qu'un arrêté du ministre des finances du 25 juill.-20 août 1848, porte qu'à partir du 1er août 1848 les nominations aux débits de tabacs faites dans le courant de chaque mois par le directeur de l'administration, seront publiées au *Moniteur* dans les premiers jours du mois suivant.

37.—...Et qu'un arrêté du président de la république du 14 mai-14 juin 1849 autorise les débitans à vendre tous les tabacs fabriqués, à l'exception des tabacs en carottes à râper qui ne peuvent être vendus que par les entreposeurs.

38. — Il est évident, du reste, que l'achat, la vente et la fabrication des tabacs ne peut, en aucun cas, constituer de la part de l'état ou de l'administration des tabacs et des contributions indirectes un acte de commerce. — Gouget et Merger, *Dict. de comm.*, v° *Acte de commerce*, nos 35 et 107. — V. ACTE DE COMMERCE.

39. — Jugé que bien qu'un débit de tabacs ne soit pas dans le commerce et ne puisse être transmis qu'avec l'agrément de la régie, l'obligation prise par un titulaire de présenter à l'approbation de l'administration celui avec lequel il a traité de la gérance n'est point illicite, et se résout, en cas d'inexécution volontaire de la part du cédant, en dommages-intérêts. — *Paris*, 6 mars 1845 (t. 1er 1845, p. 301). Delaon c. Mineray et Chapuis.

40. — Dans le département de la Corse, où le commerce du tabac est libre, les marchands de tabac en feuilles et les marchands de tabac en gros sont rangés dans la première classe des patentables et imposés comme tels à un droit fixe basé sur la population, et à un droit proportionnel du quinzième de la valeur locative de l'habitation et des lieux servant à l'exercice de la profession.

41. — Quant aux marchands en détail, ils ne font partie que de la sixième classe des patentables; même droit fixe que les précédens, sauf la différence de classe, et droit proportionnel du vingtième de la valeur locative de l'habitation et des lieux servant à l'exercice de la profession. — V. PATENTE.

Sect. 3e. — *Culture du tabac.*

42. — Les cultivateurs de tabac ont la faculté de destiner leur récolte, soit à l'approvisionnement des manufactures nationales, soit à l'exportation, en se conformant aux dispositions prescrites dans l'un et l'autre cas. — L. 28 avr. 1816, art. 183.

§ 1er. — *Culture en général.*

43. — La culture du tabac n'est autorisée que dans les départemens dont les noms suivent : Bas-Rhin, Bouches-du-Rhône, Ile et-Vilaine, Lot, Lot-et-Garonne, Nord, Pas-de-Calais et Var. — Cette disposition se justifie par l'impossibilité où l'on se serait trouvé de réprimer la fraude si cette industrie avait été libre par toute la France. — J. de Valserres, *Man. de dr. rural*, p. 45.

44. — Le ministre des finances répartit annuellement le nombre d'hectares à cultiver, ainsi que les quantités de tabac demandées aux départemens où la culture est autorisée. — L. 12 fév. 1835, art. 3.

45. — Nul ne peut se livrer à la culture du tabac, soit pour l'approvisionnement des manufactures nationales, soit pour l'exportation, sans en avoir fait préalablement la déclaration, et sans en avoir obtenu la permission. Il n'est pas admis de déclaration pour moins de vingt ares en une seule pièce, et la culture n'est autorisée qu'autant qu'elle s'élève au moins à cent mille kilogrammes en tabacs secs. — L. 28 avr. 1816, art. 180 et 202.

46.—Les permissions sont données dans chaque arrondissement par une commission de cinq membres, composée du préfet ou d'un de ses délégués, président ; du directeur des contributions indirectes, d'un agent supérieur du service de culture, d'un membre du conseil général et d'un membre du conseil d'arrondissement, résidant dans l'arrondissement et non planteurs. Les membres du conseil général et des conseils d'arrondissement sont désignés par leurs conseils respectifs, et, à défaut, par le préfet du département. — L. 12 fév. 1835, art. 2.

47. — Le délégué du préfet, pour présider la commission, peut être le sous-préfet, ou toute autre personne. « Si M. le préfet juge convenable, a dit M. le ministre des finances à la chambre des députés, de déléguer un autre que le sous-préfet, il ne faut pas lui enlever cette faculté. » *Monit.* du 5 janv. 1835, p. 59.

48. — Le directeur des contributions indirectes indiqué dans l'art. 2 de la loi du 12 fév. 1835, comme devant faire partie de la commission chargée de délivrer les permis de culture, est le directeur de l'arrondissement. Le projet de loi portait le directeur *du département*, mais ces derniers mots ont été supprimés, sur l'observation de M. Tesnières, pour que ce fût celui de l'arrondissement.

49. — Selon M. Trolley (*loc. cit.*, n° 1149) les décisions de la commission ne sont pas souveraines, et si elle a dépassé son mandat, ou si elle avait été irrégulièrement composée, l'administration et les planteurs seraient reçus à se pourvoir devant le ministre et même devant le conseil d'état pour excès de pouvoir ou pour vice de forme.

50. — Cet auteur pense même que le ministre pourrait connaître du fond, réviser et modifier le travail des commissions, changer les bases de la répartition et révoquer les permissions accordées.

51. — L'autorisation de planter du tabac est personnelle à l'individu qui l'obtient, et ne peut pas être par lui transmise à un tiers. — *Cass.*, 13 sept. 1833, Kintzburger et Bucher (deux arrêts).— Trolley, *loc. cit.*

52. — Les cultivateurs, soit pour l'approvisionnement des manufactures nationales, soit pour l'exportation, sont tenus de représenter, en totalité, le produit de leur récolte calculé sur les bases ci-après déterminées, à peine de payer, pour les quantités manquantes, le prix du tabac fabriqué de *cantine*. — L. 28 avr. 1816, art. 182, 199 et 202.

53. — Ainsi, tout cultivateur de tabac est tenu de représenter aux commis de la régie la totalité de sa récolte, et ne peut, à défaut de cette représentation, être acquitté, sous le prétexte que ses obligations se bornaient à souffrir leurs exercices et à leur faire l'ouverture de ses maisons, greniers et magasins. — *Cass.*, 22 juin 1810, Dauzon.

54. — La preuve du défaut de représentation aux commis d'une partie des tabacs récoltés ne peut pas résulter d'un procès-verbal qui constate que cette quantité n'a pas été comprise dans l'inventaire; il faut que l'inventaire lui-même établisse que le prévenu n'en a point fait la déclaration aux commis. — Même arrêt.

55. — En cas de contestation sur le mesurage des terres plantées en tabac, ou sur le nombre des pieds de tabac excédans, la vérification en est ordonnée d'office par le préfet, et les frais en restent à la charge de celle des parties dont l'estimation présente la différence la plus forte, comparativement avec la contenance réelle. — L. 28 avr. 1816, art. 194.

56. — Les cultivateurs sont tenus d'arracher et de détruire, immédiatement après la récolte, les tiges et souches de leurs plantations ; sur leur refus, l'opération est exécutée, d'après l'ordre du sous-préfet, à la réquisition du contrôleur principal des contributions indirectes. — *Ibid.*, art. 181 et 196.

57. — Les planteurs de tabac sont admis à faire constater, par les employés de la régie, en présence du maire et de concert avec lui, les accidens que leur récolte encore sur pied aurait éprouvés par suite de l'intempérie des saisons. La réduction à laquelle ils peuvent prétendre sur la quantité ou le nombre qu'ils sont tenus de représenter en exécution de l'art. 182 est estimée de gré à gré au même instant; et en cas de discussion, il est procédé par des experts nommés par le préfet. Ils sont de même admis à présenter au magasin de réception les tabacs avariés depuis la récolte et à en requérir la destruction en leur présence, et à la faire constater par les employés. — Art. 197.

58. — Le compte des cultivateurs de tabac, soit pour l'approvisionnement des manufactures nationales, soit pour l'exportation, est déchargé des quantités détériorées et avariées, conformément aux art. 181, 197 et 203. — Art. 198 et 211.

59. — Ce compte est balancé, savoir : lors de la livraison, pour les tabacs destinés à l'approvisionnement des manufactures nationales; et à l'égard des tabacs destinés à l'exportation, lors de l'expiration du délai fixé pour cette exportation. — Art. 199 et 212.

60. — Les sommes dues par les cultivateurs, par suite de la balance de leurs comptes, seront recouvrées dans la forme des impositions directes, sur un état dressé par le directeur des contributions indirectes, et rendu exécutoire par le préfet. — Art. 200 et 213.

61. — Les cultivateurs sont recevables, pendant un mois, à porter devant le conseil de préfecture leurs réclamations contre le résultat de leur décompte. Le conseil de préfecture doit prononcer dans les deux mois. — Art. 201 et 214.

62. — La culture du tabac constitue une grande richesse pour les départemens où elle est autorisée ; d'après les statistiques officielles la quantité de feuilles recueillie en 1840 sur une étendue de 7,955 hectares aurait été de 88,897 quintaux métriques, ce qui ferait, pour chaque hectare, un rendement de 689 fr. — Le prix des tabacs, fixé par le ministre des finances, varie dans chaque arrondissement ; il était alors en moyenne de 72 fr. dans le département du Nord, de 53 dans le Pas-de-Calais, de 42 dans le Bas-Rhin. — J. de Valserres, *ibid.*, p. 48.

63. — Les établissemens destinés à la combustion des côtes de tabac en plein air, font partie de la première classe des établissemens insalubres.

64. — Quant aux fabriques de tabac, elles ne sont rangées que dans la deuxième classe. — V. ÉTABLISSEMENS INSALUBRES (nomenclature).

§ 2. — *Culture pour l'approvisionnement des manufactures nationales.*

65. — La répartition faite chaque année par le ministre des finances du nombre d'hectares à cultiver et des quantités de tabac demandées aux départemens où la culture est autorisée, doit avoir lieu de manière à assurer aux tabacs indigènes les quatre cinquièmes au plus des approvisionnemens des manufactures nationales. — L. 12 fév. 1835, art. 3.

66. — D'après l'art. 183, L. 28 avril 1816, c'était *au moins* les cinq-sixièmes des approvisionnemens dont le ministre devait assurer la fourniture aux tabacs français ; on voit que la loi de 1835 a pris un système opposé en parlant des quatre cinquièmes *au plus*. — Ainsi, la loi de 1816 fixait un minimum, celle de 1835 établit un maximum; l'une disposait dans l'intérêt de l'agriculture, l'autre se préoccupe davantage des intérêts des consommateurs et en même temps de ceux du fisc; en effet, le tabac français en poudre n'a sans doute pas de rival, mais les tabacs à fumer étrangers sont incontestablement supérieurs. — Trolley, *loc. cit.*, n° 1149.

67. — Les prix sont fixés chaque année par le ministre des finances pour les diverses qualités de tabacs de la récolte suivante, par chaque arrondissement où la culture est autorisée. L'avis en est donné par voie d'affiches et de publications.— *Ibid.*, art. 4.

68. — Ces prix peuvent servir de base aux traités particuliers qui interviennent entre la régie et les planteurs. — L. 28 avr. 1816, art. 192.

69. — Le préfet, en conseil de préfecture, après avoir entendu deux des principaux planteurs de tabac de chaque arrondissement, et d'après l'avis du directeur des contributions indirectes du département, décide si la fourniture se fera par voie d'adjudication, ou soumission, ou traité avec les planteurs de tabac, ou si l'on se conformera aux usages adoptés les années précédentes. —L. 28 avr. 1816, art. 186 et 187.

70. — Le préfet détermine alors et dans la même forme, le mode de déclaration, permission, surveillance, contrôle, décharge, classification, expertise et livraison de la récolte. — *Ibid.*, art. 188.

71. — Dans les arrondissemens où les adjudications, soumissions ou traités sont adoptés, il est dressé un cahier des charges qui doit être approuvé par le directeur des contributions indirectes du département. Ce cahier des charges contient toutes les obligations que les adjudicaires ou soumissionnaires auront à remplir, et détermine notamment le mode de surveillance et de contrôle de la culture, ainsi que le mode de livraison des tabacs; les conditions en sont obligatoires pour

l'administration et les contractans, comme toute convention faite par acte authentique entre particuliers, et aucun réglement ou circulaire d'administration publique ne peut changer ou modifier les conventions ou traités ainsi consentis. — Art. 189.

72. — Ne sont admis à concourir aux adjudications, soumissions ou traités, que les planteurs de tabac reconnus solvables par le préfet et le directeur des contributions indirectes, ou qui peuvent fournir caution pour sûreté de leurs engagemens. — Art. 190.

73. — Lorsque le préfet a réglé que la fourniture se fera par traité particulier, conformément à ce qui était précédemment en usage, il détermine alors le mode de surveillance, contrôle et livraison. — Art. 191.

§ 3. — *Culture pour l'exportation.*

74. — La culture du tabac pour l'exportation est autorisée dans les départemens où la culture est maintenue. Tous propriétaires et fermiers peuvent être admis à cultiver du tabac pour l'exportation, s'ils sont reconnus solvables par le préfet et le directeur des contributions indirectes du département, ou s'ils fournissent caution pour sûreté de l'exportation de leur tabac — Art. 202.

75. — Le préfet, en conseil de préfecture, après avoir entendu deux des principaux planteurs de chaque arrondissement, et d'après l'avis du directeur des contributions indirectes du département, détermine le mode de déclaration, vérification, contrôle et charges des cultivateurs pour l'exportation. — Art. 186 et 203.

76. — Dans le cas où le planteur de tabac pour l'exportation cultive aussi pour l'approvisionnement des manufactures nationales, le préfet, dans la même forme, détermine le mode de livraison à faire à la régie et celui de surveillance à exercer pour les tabacs restant à exporter. — Art. 204.

77. — Les charges des planteurs de tabac, établies conformément au mode déterminé par le préfet, sont portées sur des registres qui sont ensuite déposés dans le bureau où les tabacs doivent être présentés avant l'exportation. — Art. 205.

78. — L'exportation est effectuée avant le 1er août de l'année qui suit la récolte, à moins que le cultivateur n'obtienne du préfet, sur l'avis du directeur du département, une prolongation de délai qui, en aucun cas, ne peut passer le 1er septembre, et qui ne peut lui être accordée qu'autant qu'il justifie que sa récolte est intacte. — Néanmoins, si le cultivateur, au lieu d'exporter ses tabacs, conformément au présent article, préfère les déposer dans les magasins de la régie, ils y sont admis en entrepôt et y restent jusqu'à l'exportation. Les frais de magasinage et autres sont payés par lui d'après un tarif dressé par le préfet. — Art. 206.

79. — Les tabacs ne peuvent être enlevés de chez le cultivateur qu'en vertu d'un laissez-passer des employés des contributions indirectes, qui n'est délivré que pour le bureau établi près le magasin le plus voisin. — Art. 208.

80. — A ce bureau, les tabacs sont reconnus, pesés, cordés et plombés, et il est délivré au cultivateur, sans autre caution que celle qu'il a fournie pour sûreté de l'exportation, en exécution de l'art. 202, et sans qu'il soit besoin qu'elle intervienne de nouveau, un acquit pour les accompagner jusqu'à l'étranger. — Si les tabacs ne sont pas encore parvenus à un état de dessiccation complet, ou s'il est reconnu qu'ils ont été mouillés, il est fait, de gré à gré, sur le poids, une réduction qui est mentionnée sur l'acquit-à-caution. — Dans le cas où l'on ne s'accorde pas sur cette réduction, les tabacs restent déposés au bureau jusqu'à parfaite dessiccation.

81. — Les tabacs admis en entrepôt sont enregistrés après reconnaissance du poids et de la qualité, et il est délivré acte du dépôt au cultivateur. — Art. 210.

§ 4. — *Dispositions pénales.*

82. — Les tabacs plantés sans déclaration préalable ou sans autorisation, soit pour l'approvisionnement des manufactures nationales, soit pour l'exportation, sont détruits aux frais des cultivateurs, sur l'ordre que le sous-préfet en donne, à la réquisition du contrôleur principal des contributions indirectes. Les contrevenans sont, en outre, condamnés à une amende de 50 fr. par cent pieds de tabac, si la plantation est faite sur un terrain ouvert, et de 150 fr., si le terrain est clos de murs, sans que cette amende puisse, en aucun cas, excéder 5,000 fr. — L. 28 avr. 1816, art. 181 et 202.

83. — On jugeait, sous l'empire de l'art. 181, que l'amende de 50 fr. par cent pieds de tabacs plantés sans autorisation sur un terrain ouvert, et de 150 fr. sur un terrain clos de murs, devait être réglée en proportion du nombre de pieds au-dessous de cent comme au-dessus. — *Cass.*, 24 avr. 1818, Camper; 19 juin 1818, Angenault; 13 août 1818, Bouchou; 12 janv. 1823, Camper; 6 déc. 1834, Etcheverry. — D'Agar, *Traité du contentieux des contribut. indirectes*, t. 1er, p. 278. — *Contrà Rouen*, 21 mars 1822, Camper. — Aujourd'hui la même opinion est formellement consacrée par la loi du 23 avr. 1836, article unique, et quel que soit le nombre de pieds de tabac plantés sans autorisation, inférieur ou supérieur à cent, chaque pied donne lieu à une amende de 50 cent.

84. — Lorsqu'après l'autorisation accordée, la vérification de culture fait connaître qu'il y a un excédant de plus d'un cinquième, soit sur la quantité de terre déclarée, soit sur le nombre des pieds de tabac, suivant le mode déterminé par le préfet, il en est dressé procès-verbal, et le contrevenant est condamné à une amende de 25 fr. par cent pieds de tabac plantés sur les terres excédant la déclaration, sans que cette amende puisse s'élever au-dessus de 1,500 fr., et sans préjudice de l'augmentation de charge qui en résultera au compte du cultivateur. — *Ibid.*, art. 193.

85. — Toutes les plantes de tabac trouvées chez un individu qui n'en a point fait la déclaration doivent être confisquées. — *Cass.*, 29 mai 1812, Santi.

86. — Il suffit qu'un individu ait souffert sur son terrain trois plantes de tabac, et que la première feuille de l'une d'elles ait été récoltée, sans déclaration, pour qu'il soit en contravention et que la confiscation doive en être prononcée. — *Cass.*, 29 mai 1812, Leoncini.

87. — Lorsqu'il est établi par un procès-verbal régulier que les employés ont trouvé dans le jardin du prévenu une plantation de tabac qui a été arrachée ou enlevée malgré l'opposition de deux d'entre eux, pendant que les autres étaient allés requérir le maire; qu'à leur retour le prévenu n'a point nié le fait de la plantation et a seulement soutenu que les plants de tabac ont été enlevés sans son ordre; qu'enfin, sur leur demande, il les a conduits au lieu du dépôt, où ils les lui ont fait reconnaître, il résulte de cet ensemble de circonstances une preuve complète de la contravention. — *Cass.*, 8 mai 1818, Jacques Métayer.

88. — Le propriétaire d'un bois dans lequel il a été planté sur des places à charbon une grande quantité de pieds de tabacs, quoique la culture en fût prohibée, est passible des peines portées par la loi, soit à raison de sa négligence personnelle, soit comme responsable de la négligence ou de la connivence de son garde, lors même qu'il alléguerait avoir ignoré cette plantation et qu'il en désignerait l'auteur. Dans ce cas, le tribunal ne peut surseoir à statuer jusqu'à la mise en cause de l'individu désigné comme auteur de la plantation, mais il doit condamner le propriétaire, sauf son recours contre qui de droit. — *Cass.*, 30 avr. 1813, Vallée.

89. — Le propriétaire d'une ferme sur les dépendances de laquelle il a été trouvé des pieds de tabac plantés en contravention, ne peut se décharger de la responsabilité qui pèse sur lui, en alléguant que cette plantation est du fait de son fermier, s'il ne rapporte pas la preuve légale du bail à ferme. Et lors même que le prévenu serait acquitté, le tribunal ne peut se dispenser d'ordonner la confiscation des tabacs plantés en contravention. — *Cass.*, 3 juin 1813, Van-Brabant.

90. — Quant au genre de preuves à fournir par le propriétaire pour justifier l'affermement ou la location à un tiers, la loi n'ayant tracé aucune disposition spéciale, il faut rentrer dans les termes du droit commun qui permet que les baux à loyer soient faits verbalement, par acte sous seing-privé ou par acte authentique. — D'Agar, *Traité du contentieux des contribut. indirectes*, t. 2, p. 13.

91. — Les communes sont responsables, vis-à-vis de la régie des contributions indirectes, des plantations illicites de tabac faites sur leur territoire, alors que les auteurs de la contravention sont restés inconnus. — *Cass.*, 13 déc. 1839 (t. 1er 1840, p. 403), commune de Sare.

92. — Après les délais qui ont été accordés pour l'exportation, les tabacs qui n'ont été ni exportés, ni mis en entrepôt, seront saisis et confisqués, sans préjudice des répétitions de la régie contre le cultivateur et sa caution, pour raison des quantités manquantes. — L. 28 avr. 1816, art. 207.

93. — Celui qui a obtenu un acquit-à-caution pour exporter des tabacs, ne peut s'affranchir de la clause pénale par lui contractée, qu'en justifiant par des procès-verbaux en bonne forme les retardemens éprouvés pendant la route. — *Cass.*, 28 avr. 1818, Allard. — V. ACQUIT-A-CAUTION.

94. — Les cultivateurs de tabac qui ont planté sans déclaration ou sans autorisation, ceux dont la culture excède de plus d'un cinquième la quantité de terre déclarée, et ceux qui ont soustrait en totalité ou en partie leur récolte à l'exportation, sont privés du droit de planter à l'avenir du tabac. — Art. 195.

Sect. 4e. — *Achat, fabrication, vente et colportage du tabac.*

95. — Les prohibitions relatives à la culture du tabac sont sanctionnées par certaines formalités et des dispositions pénales; il en est de même du privilége relatif à l'achat, à la fabrication et à la vente, ainsi que des défenses concernant le colportage.

§ 1er. — *Formalités.*

96. — L'achat des tabacs cultivés en France ou importés des pays étrangers, ne peut être fait, dans toute l'étendue du territoire, que par l'administration des contributions indirectes.

97. — La fabrication du tabac, les approvisionnemens et en général les travaux qui en dépendent, sont confiés à une administration spéciale, dite administration des tabacs. — Ordonn. 5 janv. 1831, art. 1er. — V. *suprà* nos 18 et suiv.

98. — Quant à la vente des tabacs, elle est faite par l'administration des contributions indirectes à des entreposeurs et débitans commissionnés, et par ceux-ci aux consommateurs.

99. — La vente des tabacs dans les entrepôts et dans les bureaux de débit, et la surveillance qu'elle exige, ainsi que le personnel des entreposeurs et des débitans, sont dans les attributions de l'administration des contributions indirectes. Toutefois, les agens attachés à la fabrication ont la faculté d'y vérifier la qualité des tabacs et de s'assurer qu'on y prend les soins nécessaires à leur conservation. — Ordonnance 5 janv. 1831, art. 2.

100. — Les prix de vente des tabacs fabriqués, de différentes espèces et qualités et des tabacs dits de *cantine* ou à prix réduits, sont fixés par des ordonnances (aujourd'hui par des décrets) du pouvoir exécutif, tant pour les livraisons à faire par l'administration aux entreposeurs et aux débitans que pour celles à faire par ceux-ci aux consommateurs. — L. 28 avr. 1816, art. 174, 175, 176. — Les dernières ordonnances et décrets relatifs aux prix des tabacs fabriqués en France sont ceux des 27 août 1839

101. — Les tabacs dits de *cantine*, ou à prix réduits, sont destinés à être vendus dans les départemens frontière, où la contrebande est la plus active, tels que les départemens des Ardennes, du Nord et du Pas-de-Calais. La réduction des prix, ayant pour objet de diminuer l'appât qu'offre aux contrebandiers l'importation des tabacs étrangers, est d'autant plus forte qu'on se rapproche davantage des pays par lesquels la fraude peut s'opérer. Des ordonnances ou décrets du pouvoir exécutif fixent la démarcation des lignes et subdivisions de lignes établies dans les divers départemens où la vente de ces tabacs à prix réduits est autorisée; et elles indiquent la réduction applicable à chaque subdivision de ligne. — L. 28 avr. 1816, art. 175, 176; ord. 24 août 1830; 17 janv. 1834; 19 sept. 1836 et 8 sept. 1843.

102. — Les prix de vente sont toujours réglés de telle sorte que la différence existant entre la somme à payer à la régie par les entreposeurs et les débitans et celle qu'ils doivent recevoir des consommateurs, leur laisse un bénéfice suffisant. Ce bénéfice, par chaque quantité de tabac semblable, est moindre pour les entreposeurs, vendant en gros, que pour les débitans qui vendent en détail: — Mêmes ordonnances.

103. — Sous les lois des 5 vent. an XII et 24 avr. 1806, qui permettaient aux particuliers de fabriquer, en imposant le produit de leur fabrication, le droit de deux décimes ne devait être perçu que sur le poids du tabac fabriqué, sans égard au poids des feuilles entrées en fabrique; et à défaut de réglement, il pouvait être ordonné une vérification par experts pour constater le déchet. — *Cass.*, 8 nov. 1808, N...

104. — Celui qui, postérieurement à la loi du 24 avr. 1806, a été trouvé possesseur de tabacs fabriqués, n'a pu se soustraire au paiement des droits

établis par cette loi en prétendant que les tabacs étaient vendus lors de la promulgation de la loi, s'il ne s'appuyait que sur un acte sans date certaine. — *Cass.*, 14 oct. 1808, Rozella.

105. — Sous la loi du 5 vent. an XII, le fabricant qui vendait des tabacs provenant d'une manufacture autre que la sienne, devait être assimilé à cet égard aux simples débitans, et était passible du droit d'un décime par kilogramme sur le tabac qu'il vendait sans l'avoir fabriqué. — *Cass.*, 4 mars 1807, Dervaux et Laurent. — Ces questions ne peuvent plus aujourd'hui se présenter, par suite de l'attribution exclusive faite à la régie du monopole de la fabrication et de la vente.

106. — La régie est autorisée à vendre aux consommateurs des tabacs étrangers de toute espèce; le prix en est déterminé par des ordonnances. (L. 1816, art. 177), ou décrets du pouvoir exécutif.

107. — C'est ce qui a eu lieu pour les cigarettes de la Havane, dites panetelas et régalias, et pour les cigarettes de Manille, dites cuartas, par les ordonnances des 5 mai 1830, 14 juill. 1833, 27 août 1839, 31 juill. 1842 et 22-25 oct. 1843. — Cette dernière ordonnance (art. 2) autorise, en outre, l'administration des tabacs à faire fabriquer par les manufactures nationales, et l'administration des contributions indirectes à vendre des cigarettes de deux espèces, composées avec des tabacs étrangers. — Une autre ordonnance du 28 juin-8 sept. 1846 a autorisé la vente et fixé le tarif des cigares de la Havane, dits demi-panetelas, et de Manille, dits terceras. — Le prix des cigarettes fabriquées en France a été réduit par l'ord. du 3 oct.-5 nov. 1847, qui a en même temps autorisé la vente des cigarettes fabriquées à l'étranger. — Un décret du gouvernement provisoire du 2-6 mai a établi les prix de vente du tabac ordinaire et le taux des prix réduits. — Enfin un arrêté du président de la République du 14 mai-14 juin 1849 porte fixation du prix des cigarettes fabriquées en France, et de celles fabriquées à l'étranger, des cigares fabriqués en France, des cigares de Manille dits *terceras* et *cuartas*; enfin des cigares de la Havane dits *impériales*, *panetelas*, *cazadores*, *régalias*, *vegueros*, *londres*, *prensados*, *trabucos*, *primeras*, *damas*.

108. — L'administration est également autorisée à vendre aux pharmaciens, aux propriétaires de bestiaux et autres artistes vétérinaires, des feuilles indigènes, au prix du tabac de *cantine*. — L. 28 avr. 1816, art. 178.

109. — Elle peut vendre des tabacs en feuilles exotiques, et les caboches et les côtes des feuilles indigènes, à la charge de les exporter. Elle peut vendre également des tabacs fabriqués à la même condition, et à des prix inférieurs à ceux déterminés, comme il est dit ci-dessus, pour la consommation en France. Dans l'un et l'autre cas, les prix sont fixés par le ministre des finances. — Art. 179.

110. — Le colportage consiste dans le fait d'être trouvé, hors de son domicile, transportant du tabac en fraude. Il diffère de la détention et de la vente, en ce que celles-ci ne sont considérées par la loi que comme ayant lieu au domicile du détenteur ou du vendeur. Bien qu'il ait ordinairement la vente pour but, il existe néanmoins, sans que le colporteur soit surpris à vendre. — Arg. de l'art. 222.

111. — En général, on ne considère comme colporteurs que les marchands ambulans et les contrebandiers qui transportent, à charge d'homme ou à dos de cheval, des tabacs en différens lieux, pour les vendre soit en gros soit en détail, sans qu'ils soient surpris à les vendre. Le colportage suppose l'intention de vendre, et cette intention s'établit par toutes les circonstances propres à la révéler, telles que l'existence de poids et balances, la mise en paquets des tabacs ou l'aveu des contrevenans. — Girard, *tabl. des contraventions*, p. 68.

§ 2. — *Dispositions pénales.*

112. — L'achat illicite des tabacs n'a point été frappé de peines particulières, cette acquisition devant nécessairement se manifester, soit par la vente ou le colportage, soit par la circulation, la détention ou l'importation du tabac acheté.

113. — Les ustensiles de fabrication, tels que moulins, râpes, hache-tabacs, rouets, mécaniques à scaferlati, presses à carottes et autres, de quelque forme qu'ils puissent être, qui, quinze jours après la promulgation de la loi du 28 avr. 1816, n'ont pas été placés sous le scellé de la régie, doivent être saisis et confisqués, d'après l'art. 220 de cette loi. — Cet article est encore aujourd'hui applicable aux instrumens et ustensiles, dont un particulier peut se trouver détenteur, quoiqu'il ne possède aucun tabac, et ne puisse, dès lors, être réputé fabricateur frauduleux.

114. — La simple possession d'instrumens propres à la fabrication du tabac constitue cette contravention, lors même que ces instrumens n'ont pas servi à la fabrication du véritable tabac. — *Cass.*, 2 déc. 1830 et 7 juin 1831, Duchatellier.

115. — Sont considérés et punis comme fabricateurs frauduleux, les particuliers chez lesquels il est trouvé des ustensiles, machines ou mécaniques propres à la fabrication ou à la pulvérisation, et en même temps des tabacs en feuilles ou en préparation, quelle qu'en soit la quantité, ou plus de dix kilog. de tabac fabriqué, non revêtu des marques de la régie. — Les tabacs et ustensiles, machines ou mécaniques doivent être saisis et consignés, et les contrevenans condamnés, en outre, à une amende de 1,000 à 3,000 fr. — En cas de récidive, l'amende est double. — *Ibid.*, art. 221.

116. — L'individu chez lequel on a trouvé des ustensiles propres à la fabrication du tabac, ainsi que des tabacs en feuilles et en préparation, ne peut pas être acquitté, sous le prétexte que l'emploi de ces ustensiles n'est pas justifié, et que le tabac saisi est en trop petite quantité. — *Cass.*, 10 juill. 1829, Joseph Maton; 7 juin 1831, Duchatellier.

117. — La disposition de l'art. 221 de la loi du 28 avr. 1816, portant qu'en cas de récidive l'amende est double, doit être entendue en ce sens qu'il faut appliquer le double du *maximum*. — *Cass.*, 30 déc. 1813, Meyer. — Legraverend, t. 2, p. 364.

118. — Les préposés aux entrepôts et à la vente des tabacs, qui sont convaincus d'avoir falsifié des tabacs des manufactures nationales, par l'addition ou le mélange de matières hétérogènes, sont destitués et punis d'une amende de 300 fr. à 3,000 fr. et d'un emprisonnement de trois mois au moins et d'un an au plus; sans préjudice des peines portées par l'art. 178 du Code pénal. — LL. 28 avr. 1816, art. 227; 25 mars 1817, art. 125.

119. — Les entreposeurs et les débitans ne peuvent mouiller leurs tabacs, sans encourir les mêmes peines.

120. — Il a été jugé, sous la loi des 25 sept.-6 oct. 1791, que celui qui, devenu possesseur illégitime d'un instrument servant à marquer les tabacs au nom du gouvernement, par des empreintes apposées sur les plombs dont ils étaient garnis, en faisait un emploi frauduleux et préjudiciable aux intérêts de l'état, se rendait coupable de faux en écritures authentiques. — *Cass.*, 26 janv. 1810, Legrand. — MM. Chauveau et Hélie (*Théorie du Code pénal*, t. 3, p. 256) font observer avec raison combien il est inexact d'assimiler à un faux en écritures l'apposition frauduleuse d'une empreinte sur des plombs. Au surplus, la question ne peut plus se présenter sous le Code pénal, qui, dans ses art. 141 et suiv., en a fait un faux d'une espèce particulière.

121. — L'administration des contributions indirectes étant investie du droit exclusif non seulement de vendre, mais d'exercer tout mode de préparation ou de mise en œuvre du tabac, celui qui prépare des cigarettes avec du tabac provenant de la régie et fourni par des tiers, et qui tire un lucre de cette préparation, se rend passible des peines portées par l'art. 172, L. 28 avr. 1816. — *Paris*, 27 nov. 1847 (t. 1er 1848, p. 225), Ringal.

122. — Jugé de même que le fait par un individu de décomposer des cigares de la régie, pour les confectionner dans un format moindre, et de les vendre ainsi à des prix différens du prix d'achat, constitue le délit prévu et puni par l'art. 222, L. 24 avr. 1816. — *Cass.*, 21 juin 1844 (t. 2 1844, p. 253), Sartuléry.

123. — Ceux qui sont trouvés vendant en fraude du tabac à leur domicile doivent être arrêtés et constitués prisonniers et condamnés à une amende de 300 à 1,000 fr., indépendamment de la confiscation des tabacs saisis et de celle des ustensiles servant à la vente. — L. 28 avr. 1816, art. 222.

124. — Doivent être considérées comme ventes de tabacs en fraude celles faites par tout individu sans commission de la régie, et celles faites par les entreposeurs et débitans de tabacs autres que ceux qui leur sont livrés par la régie.

125. — Lorsqu'un planteur est surpris à vendre des tabacs en feuilles avant l'expiration du terme fixé pour l'exportation, c'est-à-dire pendant le temps où il est légalement détenteur des tabacs de sa récolte, on ne peut saisir que la partie de ses tabacs dont il opérait la vente. — Décis. du cons. d'admin. de la régie.

126. — Il n'est pas nécessaire pour que les peines prononcées par l'art. 222, L. 24 avr. 1816, contre « ceux qui sont trouvés vendant en fraude du tabac à leur domicile » soient encourues, que les vendeurs aient été surpris en flagrant délit de vente; il suffit que le fait de vente clandestine soit régulièrement établi. — Et ce fait doit être considéré comme régulièrement établi lorsqu'il résulte d'aveux émanés du prévenu et constatés dans un procès-verbal dressé par les employés des contributions indirectes (lequel fait foi jusqu'à inscription de faux), alors surtout que ces aveux ont été renouvelés et confirmés devant la justice. — *Cass.*, 21 juin 1844 (t. 2 1844, p. 253), Sartuléry.

127. — En matière de vente et colportage de tabacs en fraude, les contraventions peuvent être établies, à défaut de procès-verbaux, soit par témoins, soit par l'aveu des prévenus, d'après les règles du droit commun, nonobstant la disposition de l'art. 34, décr. 1er germin. an XIII, qui n'est pas applicable. — *Cass.*, 25 juin 1835, Legros.

128. — Celui chez lequel les commis ont trouvé des paquets de tabac de contrebande, avec des poids et balances servant au débit, et qui leur a avoué qu'il vendait du tabac, ne peut pas être acquitté, sous le prétexte qu'il n'a pas été *surpris vendant du tabac* à son domicile. — *Cass.*, 5 août 1825, Cograne.

129. — La preuve d'une vente frauduleuse de tabac résulte évidemment de l'aveu fait par un individu trouvé dans la boutique du vendeur avec un paquet de tabac à la main, insistant pour que ce dernier lui en livrât deux autres qu'il déclarait avoir également achetés; et de la circonstance que le vendeur s'est précipité sur ce paquet de tabac pour le lui arracher et le faire disparaître au moment de l'arrivée des commis. — Il y a double contravention s'il est constaté que ce tabac venait d'une fausse fabrique. — *Cass.*, 6 août 1813, Henri Tache.

130. — Toutes les fois qu'un débitant de tabac est convaincu, par une saisie régulière, d'avoir vendu ou de s'être approvisionné d'autres tabacs que ceux des manufactures nationales, pris à l'entrepôt de son arrondissement, son débit est provisoirement fermé et il peut être destitué; cette mesure administrative ne le soustrait pas d'ailleurs aux condamnations de confiscation et d'amende. — Circ. no 202, Rec. des lois et instr. de la régie.

131. — Ceux qui colportent du tabac, qu'ils soient ou non surpris à le vendre, doivent être arrêtés et constitués prisonniers, et condamnés à une amende de 300 à 1,000 fr., indépendamment des tabacs saisis, et de celle des chevaux, voitures, bateaux et autres objets servant au transport. — L. 28 avr. 1816, art. 216, 222.

132. — Le fait d'être saisi hors de sa maison, portant du tabac de contrebande, suffit pour établir la présomption légale de colportage en fraude, qu'on ait été ou non surpris à le vendre. — *Cass.*, 1er juin 1833, Westerlin.

133. — Le colportage de tabac non revêtu des marques de la régie constitue une contravention, indépendamment de tout fait de vente. — *Cass.*, 31 mai 1822, Bousquet.

134. — Ainsi, celui qui a été trouvé porteur d'un kilogramme de tabac en poudre non revêtu des marques de la régie et qui n'a point représenté de *laissez-passer* doit être considéré comme colporteur de tabac en fraude, soit qu'il ait été ou non surpris à le vendre, et ne peut pas être acquitté sous le prétexte qu'il n'est pas fraudeur d'habitude et qu'il n'était qu'accidentellement porteur de ce tabac. — *Cass.*, 11 nov. 1824, Pierre Bosc.

135. — L'individu saisi hors de chez lui porteur de tabac de cantine dans un lieu où la vente n'en est pas autorisée est légalement réputé, pour ce seul fait, le colporter en fraude. — Dès-lors, il est passible des peines portées par l'art. 222, L. 28 avr. 1816, contre le *colportage*, et non de celles prononcées par l'art. 219, pour simple *détention frauduleuse*. — *Cass.*, 1er juill. 1830, Juif dit Pistolet.

136. — La loi qui réprime le colportage du tabac en fraude est applicable à l'individu qui n'a été que le guide à prix d'argent des conducteurs d'un cheval chargé de tabac, comme à ces conducteurs eux-mêmes. — *Cass.*, 30 nov. 1811, Arnault.

137. — Lorsqu'un procès-verbal régulier constate qu'un individu a été trouvé porteur de tabac de contrebande qu'il offrait de vendre, les juges ne peuvent, sans violer la foi due à ce procès-verbal jusqu'à preuve contraire, renvoyer le prévenu des poursuites sur le motif qu'il n'est pas suffisamment établi qu'il se soit rendu coupable de vente et colportage de tabac en fraude. — *Cass.*, 1er juin 1833, Westerlin.

138. — Le procès-verbal d'arrestation d'un prévenu de colportage de tabac en fraude ne peut pas être annulé sous le prétexte que les préposés se sont fait assister d'un membre du conseil municipal, lorsque ce n'est qu'à défaut d'officier de police judiciaire qu'ils se sont adressés à lui. — Il ne peut

résulter aucune nullité de ce que, sur le refus fait par le délinquant d'accompagner les employés chez le procureur de la république, ils l'ont placé sous la surveillance d'un conseiller municipal. — *Metz*, 5 mars 1821, Marie Hamen.

139. — Les irrégularités commises dans l'arrestation d'un prévenu de colportage de tabac prohibé ne rendent pas nul le procès-verbal qui constate la contravention. — Même arrêt.

140. — Un tribunal ne peut, sous prétexte que les peines de l'art. 222, L. 28 avr. 1816, sont trop rigoureuses, se contenter d'appliquer à un colporteur de tabac en fraude les peines de l'art. 215, même loi; il n'appartient qu'à l'administration de modifier ou remettre les amendes encourues pour contraventions. — *Cass.*, 11 nov. 1824, Bosc.

Sect. 5e. — *Circulation, détention et importation du tabac.*

141. — Le système protecteur du privilége attribué à l'état, exigeait des formalités et prononçait des peines relatives à la circulation, la détention et l'importation du tabac. Nous allons les faire connaître dans les deux paragraphes suivans.

§ 1er. — *Formalités.*

142. — Les tabacs français en feuilles ne peuvent circuler sans acquit-à-caution, si ce n'est lorsqu'ils ont été cultivés pour l'approvisionnement de la régie, et qu'ils sont transportés du domicile du cultivateur au magasin de réception; ou bien lorsqu'ils ont été cultivés pour l'exportation et sont transportés de chez le cultivateur au bureau établi près le magasin le plus voisin, conformément à l'art. 208. Ils doivent, dans ces deux cas, être accompagnés d'un laissez-passer. — Les tabacs fabriqués en France ne peuvent circuler sans acquit-à-caution, toutes les fois que la quantité excède 10 kilog.; les quantités d'un kilog. à 10 doivent être accompagnées d'un laissez-passer, à moins qu'elles ne soient revêtues des marques et vignettes de la régie. — L. 28 avr. 1816, art 215.

143. — A l'expiration du délai fixé pour l'exportation, le tabac qui aurait dû être exporté ne peut circuler qu'avec les formalités prescrites par l'art. 215. — Art. 212.

144. — Les tabacs laissés par les débitans dans les entrepôts doivent être plombés, et ne sont pas soumis à l'acquit-à-caution qui est remplacé par la facture.

145. — Même dans le rayon des douanes, aucune expédition de douanes ne doit être exigée pour les tabacs de la régie des contributions indirectes, lorsqu'ils sont accompagnés d'un acquit-à-caution de cette administration et couverts de ses plombs. — Lett. du dir. gén. des douanes du 22 août 1811.

146. — Le plomb apposé par les agens des contributions indirectes sur les colis de tabacs dont l'expédition a lieu d'un point de la France sur un autre point, étant suffisant pour prévenir les abus, la douane doit s'abstenir de plomber les bateaux exclusivement chargés de tabacs plombés par la régie. — Lettr. admin. du 4 oct, 1838.

147. — Les tabacs dits *de cantine* ne peuvent, même sous marques et vignettes, circuler en quantités supérieures à un kilogramme, à moins qu'ils ne soient enlevés des manufactures nationales ou des entrepôts de la régie, et accompagnés d'un acquit-à-caution ou d'une facture délivrée par l'entreposeur. — L. 23 avr. 1840, art. 2.

148. — Nul ne peut avoir en sa possession des tabacs en feuilles, s'il n'est cultivateur dûment autorisé. Nul ne peut avoir en provision des tabacs fabriqués autres que ceux des manufactures nationales, et cette provision ne peut excéder 10 kilog., à moins que les tabacs ne soient revêtus des marques et vignettes de la régie. — L. 28 avr. 1816, art. 217.

149. — Dans les lieux où la vente des tabacs à prix réduits, dits *de cantine*, est autorisée, nul ne peut avoir en provision plus de 3 kilog. de tabac de cette espèce, lors même qu'ils seraient revêtus des marques et vignettes de la régie. — L. 24 juill. 1843, art. 5.

150. — Les tabacs étrangers, soit en feuilles, soit fabriqués, de quelque pays qu'ils proviennent, sont prohibés à l'entrée du territoire, à moins qu'ils ne soient achetés pour le compte de la régie. — L. 28 avr. 1816, art. 173, et 7 janv. 1820, art. 1er.

151. — Toutefois, à l'égard des tabacs fabriqués à l'étranger, il peut être importé en France de petites provisions de tabac de santé ou d'habitude, dont le ministre des finances autorise l'entrée, à la charge de payer les droits déterminés par les lois ou ordonnances relatives au tarif des douanes. — L. 7 juin 1820, art. 1er. — Les voyageurs font entrer avec eux le reste de leurs provisions de voyage.

152. — Dans les cas où l'importation des tabacs étrangers est autorisée, ils ne peuvent circuler qu'avec des acquits-à-caution délivrés par l'administration des douanes, qui est chargée d'en assurer le transport, et ils doivent, avant d'entrer dans la consommation, être revêtus des marques et vignettes de la régie. — Girard, *Ibid.*, p. 63.

§ 2. — *Dispositions pénales.*

153. — Les tabacs français, soit en feuilles, soit fabriqués, circulant sans acquit-à-caution, laissez-passer ou facture d'entreposeur, ou sans être revêtus des marques et vignettes de la régie, dans les différens cas prévus par l'art. 215 de la loi du 28 avr. 1816, et par l'art. 2 de la loi du 23 avr. 1840, doivent être saisis et confisqués, ainsi que les chevaux, voitures, bateaux et autres objets servant au transport. Le contrevenant est punissable en outre d'une amende de 100 fr. à 1000 fr. Toute personne convaincue d'avoir fourni le tabac saisi en fraude est passible de cette amende. — L. 28 avr. 1816, art. 216, et 23 avr. 1840, art. 2.

154. — Il en est de même du tabac destiné à être exporté lorsqu'il circule après le délai fixé pour l'exportation. — L. 28 avr 1816, art. 212.

155. — Malgré la nullité d'un procès-verbal de saisie d'une certaine quantité de tabac en feuilles, circulant sans acquit-à-caution, la confiscation doit être prononcée. — *Cass.*, 22 germ. an XIII, Deleyre; 14 frim. an XIV, Cadet; 14 août 1807, Négrier; 7 mai 1813, Howels.

156. — Des tabacs trouvés dans un lieu autre que celui désigné par l'acquit-à-caution doivent être confisqués. — *Cass.*, 14 flor., an XIII, Karcher et Jung.

157. — Sous la loi du 5 vent. an XII, le commissionnaire de roulage n'était exempt de prendre une licence, à raison des tabacs qu'il recevait pour une destination ultérieure, qu'à la charge d'en justifier par une lettre de voiture en bonne forme; et lorsque la lettre de voiture produite au moment du procès-verbal ne s'appliquait pas aux tabacs saisis chez un commissionnaire de roulage, ce dernier ne pouvait pas établir la preuve d'une destination ultérieure par des lettres missives de ses correspondans qu'il n'avait remises que quelques jours après. — *Cass.*, 18 juill. 1806, Chautreuil. — Conf. *Toulouse*, 26 mars 1806 (sous *Cass.*, 29 mars 1806), Casseyrol.

158. — Sous le décret du 1er germ. an XIII, un commissionnaire de roulage était en contravention en recevant des tabacs transportés sans acquit-à-caution, en déchargeant les voitures hors de la présence des commis de la régie et sans les prévenir, et en renfermant et gardant ces tabacs dans ses magasins, sans être ni négociant en gros, ni fabricant avec licence. — *Cass.*, 30 oct. 1806, Bertrand. — Il ne peut plus être aujourd'hui question de négociant en gros, ni de fabricant avec licence, puisque la régie seule a le monopole de la fabrication.

159. — Le décret du 29 déc. 1810 n'abrogeait point les dispositions antérieures qui exigeaient que tous les tabacs fabriqués, quelque petite qu'en fût la quantité, fussent revêtus des marques et vignettes de la régie, sous peine de saisie et de confiscation. — *Cass.*, 4 fév. 1813, Eenaerts; 18 juin 1813, Destoen. — Aujourd'hui, l'art 215 de la loi du 28 avr. 1816 permet la circulation des tabacs fabriqués par la régie, sans qu'ils soient revêtus des marques et vignettes, lorsque la quantité est inférieure à un kilogramme.

160. — L'acquit-à-caution délivré par les préposés de la régie, le ficelage et le plombage de la caisse ne couvrent pas la contravention résultant de la mise en circulation des tabacs non revêtus des marques de la régie. — *Cass.*, 23 oct. 1806, Leprieur; 28 déc. 1810, Roussel.

161. — Lorsque des tabacs ont été saisis pour défaut de marque, il y a lieu, non seulement à la confiscation, mais même à l'amende contre le saisi; et le tribunal ne peut renvoyer la régie à se pourvoir pour l'amende vers qui de droit, lorsqu'au moment de la saisie, le prévenu n'a point prétendu les tenir pour le compte d'autrui. — — *Cass.*, 14 mai 1807, Ketelners. — Cette allégation, eût-elle été faite à l'instant de la saisie, n'aurait pu détruire la présomption que celui au domicile duquel des tabacs ont été trouvés en est le propriétaire. Le système contraire assurerait l'impunité aux contrebandiers.

162. — En attribuant exclusivement à la régie des droits réunis la fabrication et la vente des tabacs, le décret du 29 déc. 1810 n'a pas totalement abrogé les précédens décrets rendus en cette matière. Les moyens de répression employés par celui du 3 niv. an XIII et la loi du 22 août 1791 contre la fraude des tabacs fabriqués ont dû continuer d'être suivis. Ainsi, la confiscation des chevaux et charrettes conduisant des tabacs en fraude a toujours dû être prononcée. — *Cass.*, 23 janv. 1812, Cox et Dupont; 20 mars 1812, Syriaque. — Cette confiscation a lieu maintenant en vertu de l'art. 216 de la loi du 28 avr. 1816 précité.

163. — Les chevaux et la voiture qui ont servi à un transport frauduleux de tabacs doivent être confisqués, malgré la bonne foi du voiturier, et la fidélité des renseignemens qu'il a donnés pour remonter jusqu'à l'auteur de la fraude. — *Cass.*, 26 nov. 1829, Hébert.

164. — Seront punissables de la confiscation, et en outre, d'une amende de 10 fr. par kilog. de tabac saisi, qui ne peut excéder la somme de 3,000 fr. ni être au dessous de 100 fr., ceux qui ont en leur possession des tabacs en feuilles, s'ils ne sont cultivateurs dûment autorisés; ceux qui ont en provision des tabacs autres que ceux des manufactures, nationales et ceux qui ont en provision plus de dix kilog. de tabacs, provenant des manufactures nationales, non revêtus des marques et vignettes de la régie. — L. 28 avr. 1816, art. 218.

165. — Est passible des mêmes peines le planteur autorisé qui a en sa possession des tabacs en feuilles, après l'époque fixée pour la livraison. — Arg. art. 188, 191 et 218.

166. — Les tabacs vendus par la régie comme tabacs de *cantine*, doivent être saisis comme étant en fraude, lorsqu'ils sont trouvés dans les lieux où la vente n'en est pas autorisée, et les détenteurs sont passibles de l'amende portée en l'art. 218. — *Ibid.* art. 219.

167. — Il en est de même à l'égard des tabacs de cette espèce trouvés dans les lieux où la vente en est autorisée, lorsque la provision excède trois kilog., et les contrevenans sont soumis à la même peine. — L. 24 juill. 1843, art. 5.

168. — En cas d'importation en France de tabacs étrangers, on doit saisir ces tabacs comme marchandises prohibées à l'importation, ainsi que les moyens de transport. Quant aux peines, elles varient suivant que la fraude a lieu dans l'enceinte d'un port de commerce, ou sur tout autre point, et encore suivant le nombre des fraudeurs. — *Ibid.*; — Gérard, *Tab. des contrav.*, p. 63.

169. — Jugé cependant que les cigares de la Havane et de l'Inde ne sont pas frappés d'une prohibition absolue soit à l'entrée soit à la consommation (L. 7 juin 1830, ord. 29 juin et 14 juill. 1833); en conséquence, l'introduction en fraude de ces cigares ne donne pas lieu à la confiscation du navire qui a servi au transport. — *Cass.*, 20 mai 1835, Casseboom.

170. — La possession de tabacs en feuilles, prohibée par la loi du 28 avr. 1816, ne doit pas s'entendre de la possession civile, accompagnée des circonstances qui la constituent, mais de la simple et actuelle détention. — Le détenteur ne peut être relevé de la contravention par le motif qu'il n'est qu'un simple ouvrier aux gages du propriétaire des tabacs saisis, et que l'appartement dans lequel il travaille est tenu en location par une autre personne. — *Cass.*, 6 mai 1837 (t. 1er 1838, p. 175), Teissier.

171. — Celui chez lequel il a été trouvé deux kilog. de tabac en feuilles, caché dans une chambre, ne peut pas être acquitté, sous le prétexte que cette chambre était louée à une personne dont il n'a pas indiqué le nom, alors qu'il ne produit aucun bail authentique, et qu'il est constant que son magasin était établi dans cette même chambre. — *Cass.*, 27 mai 1830, Dangareil.

172. — Quoique la quantité de tabac de contrebande trouvée au domicile d'un individu soit tellement considérable qu'elle fasse présumer qu'il en vend aux particuliers, elle ne peut être considérée que comme une provision qui le rend passible des peines portées par l'art. 213, L. 28 avr. 1816, et non de celles de l'art. 222, même loi, si le procès-verbal n'établit aucun fait de vente ou de colportage. — *Cass.*, 11 mai 1821, Vinai.

173. — Est passible de l'amende celui dans le bâtiment duquel des tabacs de contrebande ont été saisis, soit par suite de sa participation à la fraude, soit par l'effet de sa négligence, encore bien que le bâtiment où se trouvaient les tabacs ne fît point corps avec son habitation, et qu'il fût ouvert à tout venant. Le tribunal ne peut, sans violer la foi due au procès-verbal qui constate ces faits, ordonner par un jugement interlocutoire la levée d'un plan figuratif, à l'effet de vérifier si le bâtiment où étaient les tabacs fait corps avec l'habitation, et s'il est ouvert à tout venant. — *Cass.*, 6 nov. 1812, Jean Hubert.

174. — L'existence de tabacs étrangers, quelle qu'en soit la quantité, comme l'existence de tabacs des manufactures nationales non revêtus de leurs marques et excédant le poids de dix kilog., constitue à la charge de celui dans l'habitation duquel ces tabacs sont découverts le dépôt frauduleux puni par la loi, sans qu'il y ait lieu de distinguer entre les bâtimens d'habitation et leurs dépendances, surtout lorsque celles-ci sont renfermées dans une même clôture. En conséquence, un individu doit être réputé coupable de détention illicite de tabacs par le seul fait de l'existence de ces tabacs dans un champ dépendant de sa maison et compris dans la même clôture, même quand il ne résulterait pas du procès-verbal dressé pour constater cette détention qu'il y a participé. — *Cass.*, 5 janv. 1848 (t. 2 1848, p. 585), de Milleville-Souffrin.

175. — Il a été jugé que le co-propriétaire d'une chambre à four, dans laquelle il a été trouvé des tabacs de contrebande, n'est pas responsable de la fraude, lorsqu'il est démontré que l'accès en a été facile à des malveillans qui ont pu s'y introduire pour y déposer les objets de la fraude. — *Metz*, 4 déc. 1819, Pierre Hognon. — Mais cette solution paraît contraire à l'esprit de la loi qui, en cette matière, est fort rigoureuse. La propriété du lieu où se trouve le tabac étant constante, le propriétaire est présumé auteur de la fraude, tant qu'il ne prouve pas qu'elle est le fait d'un tiers.

176. — Il y a plus, celui chez qui des tabacs en fraude ont été saisis est responsable de l'introduction qui en a été faite à son domicile, par des étrangers qu'il a reçus et logés, encore bien qu'il ait ignoré cette introduction. — *Cass.*, 9 nov. 1810; Bernard Roques.

177. — Le locataire dans l'écurie duquel des tabacs ont été saisis est responsable de toutes les suites de la contravention. — *Cass.*, 13 mai 1808, Guédo.

178. — Sous la loi du 5 vent. an XII, le prévenu au domicile duquel il avait été trouvé du tabac en carottes, dépourvues des marques prescrites par le décret du 3 niv. an XIII, ne pouvait pas être acquitté, sous le prétexte que l'empreinte de la marque spéciale n'avait point été déposée au greffe de la cour d'appel, selon le vœu de l'art. 2 dudit décret. — *Cass.*, 5 fév. 1808, Armerigo.

179. — Le dépositaire de tabacs en carottes, non revêtus des marques prescrites, ne peut se soustraire aux peines de la contravention, sous le prétexte qu'il n'est point le propriétaire de ces tabacs, sauf son recours contre ceux qu'il prétendrait les avoir introduits à son insu dans son domicile. — *Cass.*, 22 déc. 1809, Monnoyear; 6 mai 1837 (t. 1er 1838, p. 175), Teissier.

180. — Si celui à qui des tabacs en fraude ont été adressés, et contre lequel il n'existe aucune présomption de fraude, doit être exempt de toute condamnation personnelle, c'est néanmoins contre lui que la confiscation en doit être prononcée, comme détenteur, sauf son recours, s'il y a lieu, contre l'expéditeur. — *Cass.*, 28 déc. 1810, Roussel.

181. — La régie peut poursuivre directement le simple détenteur des tabacs saisis en fraude, et elle n'est point tenue de mettre en cause le propriétaire des tabacs, lors même qu'il lui est indiqué; si le détenteur veut appeler le propriétaire en garantie, il doit le faire à ses risques et périls. — *Cass.*, 6 mai 1837 (t. 1er 1838, p. 175), Teissier.

182. — Le propriétaire dans la maison duquel les tabacs ont été saisis en fraude peut être admis à prouver par témoins que la chambre où les tabacs ont été trouvés était par lui louée à une tierce personne, sans qu'il résulte de cette preuve une violation du procès-verbal des commis, jusqu'à inscription de faux. — *Cass.*, 5 déc. 1817, Gervais; 13 août 1819, Jean Grèze.

183. — Lorsque les préposés de la régie ont eu de justes motifs de présumer que le prévenu était possesseur de la chambre à four dans laquelle ils ont saisi des tabacs de contrebande, c'est à lui à prouver le contraire, et jusqu'à cette preuve rapportée la poursuite de la régie est régulière. — *Metz*, 4 déc. 1819, Pierre Hognon.

184. — Les tabacs découverts dans des entrepôts frauduleux doivent être confisqués avec amende, non seulement contre les fabricans, mais contre les contrevenans sans distinction. — *Cass.*, 7 fév. 1806, Faix-Cornet.

185. — Sous le décret du 4 messid. an XIII, tout dépôt de tabac au dessus de cinquante kilogrammes qui n'appartenait ni à un fabricant ni à un débitant, était considéré comme un magasin de tabacs destinés au commerce en gros, et constituait un entrepôt frauduleux, si le détenteur ne s'était pas pourvu d'une licence. — *Cass.*, 9 mai 1806, Courteille.

186. — Sous la loi du 5 vent an XII, l'entrepreneur de voitures publiques qui avait depuis longtemps dans ses magasins une certaine quantité de tabacs, sans s'être muni d'une licence, était considéré comme les tenant en entrepôt frauduleux. — Depuis que la régie a le monopole de la fabrication de la vente des tabacs, il n'y a plus lieu à délivrer des licences. — *Cass.*, 14 août 1807, Hubert Négrier.

187. — Sous la loi du 22 brum. an VII, on devait considérer comme tenant un entrepôt frauduleux de tabac, celui au domicile de qui il en avait été trouvé une quantité de cinquante-huit kilog. Cette décision n'a plus d'importance depuis la loi du 28 avr. 1819, dont l'art. 172 dispose que nul ne peut avoir en provision des tabacs fabriqués autres que ceux des manufactures nationales, et que cette provision ne peut excéder dix kilogrammes, à moins que les tabacs ne soient revêtus des marques et vignettes de la régie. — *Cass.*, 14 frim. an XIV, Cadet.

188. — Sous les lois des 22 brum. an VII et 5 vent. an XII, on devait considérer comme entrepôt frauduleux de tabac tout local ou emplacement dans lequel se trouvait une quantité de plus de cinquante kilog. de tabac fabriqué non déclaré ou non revêtu des marques voulues par la loi. — On déciderait sans difficulté aujourd'hui que cette quantité constitue une provision. — *Cass.*, 9 nov. 1810, Bernard Roques.

189. — La saisie d'une quantité de tabac de contrebande inférieure à un kilogramme donne lieu à l'amende prononcée par les art. 173, 216 et 222, L. 28 avr. 1816. — *Metz*, 25 juin 1821, Larcheval.

190. — Jugé de même que la prohibition d'avoir en provision des tabacs de fabrique étrangère s'applique à la provision qui se compose d'une petite quantité comme à celle qui serait formée d'une quantité considérable; ainsi la possession de quelques onces de tabac de fabrication étrangère excédant les besoins de plusieurs jours doit être considérée comme une provision dans le sens de la loi. — *Cass.*, 1er oct. 1835, Fouché; 14 nov. 1835, Barbet; 23 nov. 1836, Erhart. — En sens contraire, *Metz*, 14 juill. 1817, Bravelle; *Colmar*, 26 avr. 1837, Erhardt; *Cass.*, 5 nov. 1838, Erhardt.

191. — Les équipages des navires français allant à la pêche de la morue ou de la baleine peuvent prendre dans les magasins des manufactures de la régie les quantités de tabac nécessaires à leur approvisionnement, aux conditions qui ont été déterminées de concert par l'administration des douanes et par la régie des contributions indirectes. — Déc. admin. 25 sept. 1837.

192. — Les tabacs reconnus de fabrication étrangère doivent, même en cas de nullité du procès-verbal de saisie, être confisqués. — *Nancy*, 10 mars 1837, Mioiselle.

193. — Le procès-verbal constatant la saisie d'une certaine quantité de tabac que les employés des contributions indirectes et même le prévenu ont reconnu provenir de fabrique étrangère fait foi jusqu'à inscription de faux de l'extranéité de ce tabac. — *Cass.*, 1er oct. 1835, Fouché.

194. — La nationalité des tabacs ne peut être reconnue que par la marque de la fabrique d'où ils sortent, et à défaut de cette marque, ils doivent être saisis en dedans comme en deçà des deux myriamètres frontières. — *Cass.*, 22 germin. an XIII. Deleyre. — Cette solution n'est applicable qu'à la marque de la régie, depuis le décret du 20 déc. 1810 et la loi du 28 avr. 1816, qui lui ont attribué le privilége exclusif de l'achat, de la fabrication et de la vente des tabacs au profit de l'état.

195. — Des tabacs trouvés chez un débitant, dépourvus du signe légal de la nationalité, ont dû être confisqués, lors même que ce débitant les aurait possédés antérieurement à la loi du 5 vent. an XII. — *Cass.*, 18 flor. an XIII, Franck et Homann. (Deux arrêts).

196. — Les tabacs dont la nationalité n'était pas constatée selon le prescrit de la loi du 22 brum. an VII, étaient réputés de fabrique étrangère et devaient être confisqués comme marchandise essentiellement prohibée. — *Cass.*, 9 mai 1806, Courteille.

197. — Lorsqu'une voiture contenant une provision de tabac étranger et prohibé a été trouvée dans la grange close d'un particulier, le tribunal ne peut le renvoyer des poursuites de l'administration, sur le motif qu'il ignorait que cette voiture fût chargée de tabac de contrebande. — *Cass.*, 7 juin 1833, Harchoux.

198. — Une introduction frauduleuse de tabac dans un pays faisant partie du territoire français, mais placé hors de la ligne des douanes, constitue une contravention punissable, encore bien que la régie n'ait établi dans le pays aucun bureau de vente de tabac. — *Cass.*, 11 déc. 1818, Gauthier.

199. — Aux termes de l'art. 225 de la loi du 28 avr. 1816, tout individu condamné pour fait de contrebande en tabac doit être détenu jusqu'à ce qu'il ait acquitté le montant des condamnations prononcées contre lui; et le temps de la détention ne peut excéder six mois, sauf le cas de récidive, où le terme peut être d'un an. — L. 28 avr. 1816, art. 225.

200. — Mais la durée de cette détention se trouve aujourd'hui étendue, par la loi du 17 avr. 1832, de un à cinq ans pour les condamnations qui s'élèvent à 300 francs. En conséquence, doit être cassé le jugement ou l'arrêt qui, en condamnant un individu pour contrebande de tabac à une amende de 300 francs et aux frais, décide qu'il ne pourra être détenu plus de six mois pour le recouvrement de cette condamnation. — *Cass.*, 15 mai 1835, Auzias.

201. — La contrebande de tabac avec attroupement et à main armée est poursuivie et punie comme en matière de douanes. — L. 28 avr. 1816, art. 226. — V. DOUANES.

Sect. 6e. — *Tabac factice.*

202. — Avant la loi du 12 fév. 1835, la fabrication ou le débit d'une poudre analogue au tabac, mais qui n'en contenait aucune parcelle, ne constituait point une contravention aux lois sur le monopole du tabac. — *Cass.*, 2 déc. 1830, Duchatellier.

203. — Mais, ainsi que nous l'avons dit, les instrumens propres à la fabrication devaient être saisis entre les mains des détenteurs, bien qu'ils ne servissent pas à la fabrication du véritable tabac. — *Cass.*, (ch. réun.), 7 juin 1831, Duchatellier.

204. — Maintenant, les dispositions des art. 172, 215 à 226 de la loi du 28 avr. 1816, sont applicables à la fabrication, à la circulation, à la vente du tabac factice, ou de toute autre matière préparée pour être vendue comme tabac, sans qu'il soit dérogé aux dispositions contenues dans la loi du 17 avr. 1832 concernant la durée de la contrainte par corps. — L. 12 fév. 1835, art. 5.

205 — L'apposition des scellés faite à la requête de la régie, en vertu de la loi du 12 fév. 1835, sur des tabacs factices, sur les instrumens et ustensiles servant à la fabrication de ces tabacs, a pu être considérée comme une simple mesure d'administration ayant uniquement pour objet d'empêcher qu'il n'en fût fait usage à l'avenir. — En conséquence, ces tabacs, instrumens et ustensiles ont pu n'être pas considérés comme des objets saisis pour fraude, sur lesquels, aux termes du décret du 1er germin. an XIII, le propriétaire et les créanciers ne peuvent exercer aucun droit. — Par suite, le créancier du propriétaire de tels objets a pu exercer sur eux toutes les mesures conservatoires qu'il jugeait à propos de prendre; il a pu par exemple, les faire estimer. — *Cass.*, 3 avr. 1837 (t. 2 1837, p. 282), Auger.

206. — Dans le silence de la loi du 12 févr. 1835 sur l'indemnité qui pouvait être due aux fabricans de tabac factice pour la destruction des matières, instrumens et ustensiles destinés à cette fabrication, les magistrats ont pu sans excès de pouvoir autoriser, dans l'intérêt des créanciers des fabricans, une mesure conservatoire qui ne pouvait entraver l'exécution de la loi. — Même arrêt.

207. — Aux termes de l'ordonnance du 13 févr. 1835, art. 1er, 2 et 3, les fabricans, marchands ou détenteurs de tabac factice ou de toute autre matière préparée pour être vendue comme tabac, ont dû, dans le mois au plus tard de la promulgation de la loi du 12 fév. 1835, faire la déclaration de ces matières, ainsi que des instrumens et ustensiles servant à la fabrication, pour lesdites matières être détruites, et lesdits instrumens et ustensiles être mis hors de service, en présence des employés de la régie.

208. — L'art. 11 de la même ordonnance est venu suppléer au silence de la loi à l'égard de l'indemnité, en déclarant que les fabricans, marchands ou détenteurs de tabac factice, ou de toute autre matière préparée pour être vendue comme tabac, pourraient former des demandes en indemnités pour la valeur réelle des matières, et qu'il serait statué sur ces demandes par le ministre des finances; bien entendu, sauf recours au conseil d'état.

209. — Et le conseil d'état a décidé que l'indemnité à laquelle donnait droit la destruction de tabacs factices, opérée en vertu de la loi du 12 fév. 1835, devait être calculée d'après le prix de revient, en y comprenant, outre les frais de

récolte et de transport, ceux de préparation, de fabrication et de loyer. Mais qu'il n'était dû aucune indemnité au fabricant de tabac factice, pour la perte de son industrie et la clôture de son établissement. — Ord. cons. d'état 11 janv. 1838, Duchatellier.

Sect. 7e. — *Dispositions générales relatives aux contraventions.*

210.—Les employés des contributions indirectes, des douanes ou des octrois, les gendarmes, les préposés forestiers, les gardes champêtres, et généralement tout employé assermenté, peuvent constater la vente des tabacs en contravention à l'art. 172, le colportage, les circulations illégales, et généralement les fraudes sur le tabac; procéder à la saisie des tabacs, ustensiles et mécaniques prohibés par la présente loi, à celle des chevaux, voitures, bateaux et autres objets servant au transport, et constituer prisonniers les fraudeurs et colporteurs, dans le cas prévu par l'article précédent.—L. 18 avr. 1816, art. 223.

211. — Les préposés des douanes qui, à la requête du directeur général des contributions indirectes, constatent, dans l'étendue du territoire où ils exercent leurs fonctions, une fraude aux lois concernant le colportage et la circulation du tabac, agissent non comme employés des contributions indirectes, mais dans leur caractère de préposés des douanes.—En conséquence, le délinquant qui leur résiste avec violence et les maltraite encourt non seulement les peines de la contravention et du délit de rébellion avec voies de fait, mais encore l'amende de 500 fr. applicable à ceux qui injurient, troublent et maltraitent les préposés des douanes dans l'exercice de leurs fonctions. — *Cass.*, 13 août 1846 (t. 1er 1847, p. 63), Magnier.

212. — Sous la loi du 28 germin. an VI, art. 125, la gendarmerie avait également caractère pour constater la contrebande du tabac. — *Cass.*, 20 mars 1812, Syriaque.

213. — ... Et les procès-verbaux des gendarmes faisaient foi jusqu'à preuve contraire des faits de contrebande qu'ils constataient. — Même arrêt.

214. — Non seulement les gendarmes, mais encore tous postes militaires, tous fonctionnaires et même les simples particuliers étaient chargés d'arrêter les contrebandiers ainsi que les objets de la fraude. — Même arrêt. — Aujourd'hui cette mission est aussi confiée à la force publique, qui doit, aux termes de l'art. 245, L. 28 avr. 1816, prêter aide et assistance aux employés; à l'égard des fonctionnaires, ceux-là seuls y sont appelés qui se trouvent désignés dans l'art. 223 précité de la même loi, où il n'est pas question des simples particuliers.

215. — Les gendarmes ne sont chargés de constater les fraudes sur les tabacs que dans les cas de flagrans délits. Cette mission particulière ne peut pas être étendue ni appliquée aux plantations et à la culture du tabac, qui peuvent être constatées en tout temps, depuis le moment de la plantation jusqu'à la récolte. — *Cass.*, 28 nov. 1822, Kilie.

216 — Les procès-verbaux des gendarmes constatant une plantation illicite de tabacs ne font pas foi jusqu'à preuve contraire, et ne valent que comme simples dénonciations. — Même arrêt.

217. — Les gendarmes, les gardes champêtres et en général les agens, autres que les employés des contributions indirectes, n'ont le droit de constater la fraude sur le tabac que lorsqu'ils opèrent en dehors du domicile des particuliers, ou qu'ils procèdent à des visites domiciliaires, non pas directement et en vertu de l'art. 223, L. 28 avr. 1816, mais accidentellement, par suite et en exécution des lois spéciales qui les régissent. — Ils ne peuvent, en cas de soupçon de fraude, s'introduire dans le domicile de simples particuliers pour y rechercher des tabacs de contrebande, lors même qu'ils seraient assistés du maire et qu'il n'y aurait pas opposition de la part de celui chez lequel s'opère la perquisition. — Il y a lieu, dans ce cas, de prononcer la nullité de la saisie qui a été pratiquée.—*Nancy*, 10 mars 1837 (t. 2 1837, p. 321), Miniselle.

218. — Hors les cas exceptionnels ci-dessus indiqués, les visites chez les simples particuliers ne peuvent être faites, en cas de soupçon de fraude sur les tabacs, que par les employés des contributions indirectes, non seulement avec l'assistance du maire ou du juge de paix, mais encore d'après l'ordre d'un employé supérieur de cette administration.— Même arrêt.

219. — L'assistance d'un officier de police n'est point prescrite pour la validité des visites et saisies faites par les préposés des contributions indirectes chez les débitans de tabac : elle n'est nécessaire que pour celles qui se font chez les non débitans. — *Cass.*, 24 messid. an XIII, Jooslen; 7 fév. 1806, Froëhlich.

220. — Les contraventions sur les tabacs peuvent être régulièrement établies, selon les règles du droit commun, soit par procès-verbaux ou rapports, soit par la preuve testimoniale, et, par suite, l'amende et la confiscation être prononcées, encore bien qu'il n'existe pas de procès-verbal, ou que celui-ci soit irrégulier. —*Bordeaux*, 19 avr. 1838 (t. 1er 1843, p. 605), Piantier; *Cass.*, 8 fév. 1839 (t. 1er 1843, p. 604), Bourdon.

221. — Lorsque, conformément aux art. 222 et 223, les employés ont arrêté un colporteur ou fraudeur de tabac, ils sont tenus de le conduire sur-le-champ devant un officier de police judiciaire, ou de le remettre à la force armée, qui le conduit devant le juge compétent, lequel statue de suite, par une décision motivée, sur son emprisonnement ou sa mise en liberté. Néanmoins, si le prévenu offre bonne et suffisante caution de se présenter en justice et d'acquitter l'amende encourue, ou s'il consigne lui-même le montant de ladite amende, il est mis en liberté, s'il n'existe aucune autre charge contre lui.—Art. 224.

222. — La loi du 28 avr. 1816, en prescrivant d'arrêter et constituer prisonniers les colporteurs de tabac et de les conduire devant le juge compétent, n'a point dérogé au droit commun ni restreint le pouvoir qui est laissé au juge d'instruction de décerner ou refuser le mandat de dépôt lorsqu'il s'agit d'un délit passible de peines correctionnelles. —En conséquence, il n'y a pas lieu d'annuler l'ordonnance du juge d'instruction qui refuse de décerner un mandat de dépôt contre un colporteur de tabacs domicilié et seulement passible d'une amende. — *Douai*, 21 mars 1831, Cuvilier et Delsenite.

223. — Les procès-verbaux constatant les fraudes sur les tabacs sont rédigés dans la forme propre à l'administration à laquelle appartient chaque préposé. — Ordonn. 20 sept. 1815, art. 1er.

224. —Le préposé de la régie qui a assisté à la séance où une saisie de tabacs a été faite a qualité pour affirmer le procès-verbal de saisie, encore bien qu'il n'ait pas assisté aux séances préparatoires, où la contravention a été constatée.—Le contrevenant est non-recevable à se faire un moyen de nullité de l'omission de certaines formalités, lorsque cette omission provient uniquement des difficultés et de la résistance qu'il a opposée. —*Cass.*, 22 août 1806, Ketelaers.

225. — Bien que le procès-verbal n'ait pas encore été revêtu de toutes les formalités, le prévenu n'en doit pas moins être porteur de la copie qui lui est destinée et qui lui est remise immédiatement après la rédaction de l'original. Au surplus, les irrégularités et les vices de forme du procès-verbal ne peuvent être un motif pour empêcher l'emprisonnement, le tribunal étant seul compétent pour prononcer sur ces irrégularités.—Girard, *Contrib. indir.*, no 302.

226. — En général, la régie des contributions indirectes étant exclusivement chargée d'exploiter au profit de l'état le monopole des tabacs, a aussi seule le droit de poursuivre les contraventions aux lois sur les tabacs.

227.—Toutefois, la poursuite des contraventions résultant de l'importation en France de tabacs étrangers appartient exclusivement à l'administration des douanes, même pour les cas de fraudes constatées par les employés des contributions indirectes; ainsi, les employés de la régie doivent, dans ce cas, opérer à la requête de l'administration des douanes. — Girard, *Tabl. des contrav.*, p. 306.

228. — Pour que la contravention existe, il faut que le fait de l'importation soit constant, soit que l'on ait vu le fraudeur pénétrer de l'étranger sur le territoire français, soit qu'il y ait aveu de la part des contrevenans ou toute autre circonstance aussi probante. — *Ibid.*

229. — Lorsque les saisies sont faites dans la ligne des douanes, mais non à l'importation immédiate, l'administration poursuivante, les tribunaux compétens et les peines à infliger, doivent être déterminés par le résultat de l'instruction; en conséquence, si un tribunal, saisi d'une affaire de tabac au nom des contributions indirectes, reconnaît qu'il y a eu importation, il doit renvoyer l'affaire pour être jugée par les lois de douane, et réciproquement. — Instr. min. just. 20 avr. 1818.

230. — Il n'appartient qu'à l'administration des contributions indirectes de prendre en considération la bonne foi des contrevenans et les circonstances plus ou moins atténuantes qu'ils invoquent comme excuses, et de modifier ou remettre les amendes encourues pour contravention aux lois sur les tabacs. — *Cass.*, 31 mai 1822, Bousquet; 11 nov. 1824, Bosc; 26 nov. 1829, Hébert; 7 juin 1833, Harchoux.

231. — L'état de détérioration des tabacs saisis en fraude ne peut atténuer la contravention ni autoriser les juges à acquitter le contrevenant. — — *Cass.*, 13 févr. 1806, Mounier.

232. — Le préposé de la régie qui, en vérifiant le livret d'un débitant de tabac, lui laisse prendre en charge sur ce livret des tabacs antérieurement saisis par d'autres préposés, sans qu'il en ait connaissance, ne porte aucune atteinte à cette saisie, et on ne peut en induire un désistement de la part de la régie, lorsque d'ailleurs elle ne lui a donné aucune autorisation à cet effet. — *Cass.*, 23 oct. 1806, Leprieur et Aubry.

233. — Quant aux règles générales de compétence et de procédure relatives aux affaires de *contributions indirectes* ou de *douanes*, dans lesquelles rentrent nécessairement les contraventions aux lois sur les tabacs, on les trouvera expliquées sous chacun de ces mots.

TABATIÈRES EN CARTON.

Ateliers consacrés à la fabrication des tabatières en carton, — deuxième classe des établissemens insalubres. — V. ce mot (nomenclature).

TABELLION.

1. — On appelait ainsi autrefois des officiers publics dont la fonction consistait à grossoyer les actes des notaires. — Dans certains pays, on leur donnait le nom de *Greffier du gros.*

2. — Chez les Romains, les tabellions étaient des officiers publics établis pour recevoir les actes volontaires, et leurs clercs ou notaires (*notarii*) prenaient à ce sujet des notes. — V. NOTAIRE, no 5.

3. — En France, dans l'origine, le notaire, qui était personne publique, recevait la minute de l'acte et la portait au tabellion, qui, seul, avait droit d'en délivrer des expéditions en forme exécutoire. — Rolland de Villargues, *Rép. du notar.*, vo *Tabellion*, no 2.

4. — Par un édit de François Ier, de novembre 1542, interprété depuis par des lettres-patentes du 15 déc. 1543, il fut défendu aux tabellions et aux notaires de rien entreprendre sur les limites les uns des autres.

5. — Toutefois, ces dispositions n'étaient point applicables à Paris. Par une déclaration du 6 juillet 1543, interprétative de l'édit de novembre 1542, le roi déclarait n'avoir entendu aucuns tabellionnages être établis en la ville de Paris, voulant que les notaires de ladite ville jouissent de la grosse de tous contrats qu'ils passeraient ainsi qu'avaient fait leurs prédécesseurs.

6. — Le titre de tabellion, ainsi que celui de garde-note, furent réunis à celui de notaire, dans la majeure partie de la France, par une ordonnance de Henri IV, du mois de mai 1597. — Dans certains lieux, la distinction des notaires et des tabellions continua de subsister. — Rolland de Villargues, nos 4 et 5.

7. — La loi du 6 juillet 1791, tit. 1er, sect. 1re, supprima tous les offices de notaires, tabellions, garde-notes, etc., sous quelque dénomination qu'ils existassent, et remplaça ces divers officiers par les notaires publics. La loi du 25 ventôse an XI a été rédigée dans le même esprit. — V. NOTAIRE, nos 14 et suiv.

TABLE D'HOTE.

Personnes tenant une table d'hôte; patentables de sixième classe; droit fixe, basé sur la population, et droit proportionnel du vingtième de la valeur locative de l'habitation et des lieux servant à l'exercice de la profession. — V. PATENTE.

TABLE DE MARBRE.

1. — On désignait, dans le principe, sous cette dénomination, trois juridictions du palais, savoir : la connétablie, l'amirauté et la juridiction générale des eaux et forêts. Ce nom leur venait de ce que leurs membres siégeaient en effet auprès d'une grande table de marbre qui occupait toute la largeur de la grande salle du palais. — Guyot, *Rép. de jurisp.*, vo *Table de marbre.*

2. — Mais le mot table de marbre, recevant bientôt une acception spéciale, ne fut plus employé que pour désigner la juridiction des eaux et fo-

rêts; c'est seulement de cette juridiction qu'il est question dans cet article. Les dispositions qui lui sont relatives se trouvent consignées dans diverses ordonnances des anciens rois de France, notamment dans l'ordonnance de 1669 sur les eaux et forêts, dans quelques déclarations et dans de nombreux arrêts du conseil.

3. — Comme il n'y avait dans l'origine qu'un grand maître des eaux et forêts, il n'y avait pareillement qu'une table de marbre dont le siége était à Paris. Dans la suite, on en créa plusieurs autres près des parlemens, à l'instar de celle de Paris. Elles furent supprimées par un édit de février 1704, qui créa, au lieu de ces juridictions, une chambre de réformation des eaux et forêts en chaque parlement. Mais divers édits postérieurs vinrent rétablir plusieurs de ces tables de marbre avec les mêmes attributions qu'elles avaient auparavant. — *Encyclop. méthod.*, v° *Table de marbre.*

4. — L'ordonnance du mois d'août 1669, sur les eaux et forêts, cherche d'abord, en s'occupant des tables de marbre, à déterminer leur compétence. — Elle commence par leur attribuer la connaissance de toutes sortes de procès, tant civils que criminels, concernant le fond et la propriété des eaux et forêts, îles et rivières appartenant au roi, bois tenus en gruerie, grairie, ségrairie, tiers et danger, apanage, usufruit, engagement, et par indivis, et des procès qui leur étaient portés ou envoyés par les grands-maîtres des eaux et forêts de leurs départemens. — Tit. 13, art. 1er.

5. — Immédiatement après, elle décide qu'on portera devant elle l'appel des sentences émanées des maîtrises royales et l'appel des sentences rendues par les juges seigneuriaux en matière d'eaux et forêts. — *Ibid.*, art. 2.

6. — De nombreuses et longues contestations s'élevèrent sur le point de savoir quelle devait être la véritable portée de ces deux premières dispositions de l'ordonnance. Plusieurs tables de marbre prétendirent, en effet, qu'elles devaient avoir la prévention sur les maîtrises, sur les gruyers et sur les juges des seigneurs, pour connaître en première instance des matières énoncées en l'art. 1er du tit. 13 de l'ord. 1669. Elles se fondaient sur l'antithèse entre cet art 1er et l'art. 2, et prétendaient que l'art. 2 ne leur imposait pas une exclusion formelle à l'égard de ce que leur attribuait l'art. 1er.

7. — Mais elles trouvèrent partout des adversaires. On leur opposait l'ordonnance de déc. 1543, celle d'oct. 1570, confirmée par la déclaration de fév. 1602 et l'arrêt du conseil de juill. 1603, qui étaient d'accord pour déclarer que toutes contestations en matière d'eaux et forêts seraient portées devant les maîtrises en première instance, et en appel par devant le grand maître en son siége de la table de marbre. Or, disait-on, l'ord. de 1669 n'a pas voulu déroger à cet état de choses.

8. — Si les tables de marbre invoquaient les lettres du chancelier et du contrôleur général (1683, 1684), qui leur accordaient la faculté de connaître de certaines affaires en première instance, on leur répondait que cette faculté ne portait que sur les affaires à l'égard desquelles les maîtrises se montreraient négligentes, et qu'en tous cas elle ne leur avait été accordée que sous la recommandation d'en user modérément.

9. — Quoi qu'il en soit, divers arrêts se prononcèrent contre les prétentions des tables de marbre. — Un d'entre eux, du mois d'oct. 1684, défendit expressément à la table de marbre de Dijon de connaître en première instance d'aucune cause concernant les eaux et forêts. — Un autre, du 14 juin 1729, fit la même défense à la table de marbre de Paris, sous peine de nullité de la procédure et de 100 livres d'amende contre les procureurs contrevenans.

10. — On ne voyait donc dans les tables de marbre que des juges d'appel. — Une première conséquence à tirer de là, c'est qu'elles ne pouvaient modérer en rien les amendes prononcées par les maîtrises en conformité de l'ordonnance, ni suspendre l'instruction des affaires, pas plus que l'exécution de ce qu'avaient ordonné les maîtrises. — Ord. 1669, tit. 13, art. 2; édit mai 1716, et divers arrêts du conseil. — De là plusieurs arrêts qui vinrent casser des décisions rendues par diverses tables de marbre.

11. — Une autre conséquence, c'est que les officiers des tables de marbre ne pouvaient décerner aucun *veniat* contre les officiers des maîtrises. — C'est ce que leur défendait un arrêt du parlement de Paris du 7 sept. 1737, se fondant sur ce qu'ils étaient juges d'appel et non juges souverains à l'égard des juges inférieurs, qui, par suite, ne leur devaient aucun compte de leur conduite.

12. — L'appel d'un jugement rendu par une maîtrise en matière d'eaux et forêts ne devait pas nécessairement être porté devant la table de marbre. Du moins ce principe souffrait une exception. Ainsi, quand il s'agissait de bois et forêts appartenant au roi, ou sur lesquels le roi prétendait avoir quelque droit, l'appel pouvait être porté directement au parlement, sans passer par le degré de la table de marbre. — *Ibid.*, art. 4. — Et cela, disait-on, parce que les parlemens sont les protecteurs nés du domaine de la couronne. — *Encycl. méth.*, v° *Table de marbre.*

13. — Les tables de marbre ne jugeaient pas toujours en dernier ressort. Le plus souvent elles n'étaient qu'une juridiction intermédiaire entre les maîtrises et le parlement. On pouvait, en effet, appeler d'un jugement des tables de marbre au parlement sur tous les faits d'usage, abus, délits, malversations donnant lieu soit à l'application de la peine de mort, soit à l'application d'une autre punition. — *Ibid.*, art. 3 et 5.

14. — Les grands maîtres des eaux et forêts pouvaient assister à toutes les audiences, jugemens, réglemens, délibérations qui avaient lieu aux tables de marbre. Ils y présidaient en l'absence des juges en dernier ressort. Ils y avaient voix délibérative. Tous les actes, jugemens et sentences qui s'y rendaient devaient être intitulés de leurs noms et qualités, qu'ils fussent présens ou absens. Quand les tables de marbre jugeaient en dernier ressort, le grand-maître n'y avait séance qu'après le dernier des conseillers de la grande chambre du parlement. — *Ibid.*, art. 6.

15. — Il était défendu aux officiers des tables de marbre d'entreprendre aucune réformation sans avoir été commis par le roi ou le grand-maître. Cependant, s'il y avait célérité et que le grand-maître ne se trouvât pas sur les lieux, ils pouvaient passer outre, mais ils devaient toujours attendre la présence du grand-maître pour rendre un jugement définitif. — *Ibid.*, art. 8.

16. — Les procureurs du roi avaient la faculté de s'adresser directement aux tables de marbre pour faire décider les contestations en matière d'eaux et forêts, dans lesquelles le roi avait un intérêt. Mais les tables de marbre ainsi saisies devaient renvoyer toute instruction aux officiers de la maîtrise la plus prochaine, sans pouvoir la retenir ni commettre aucun des leurs pour instruire et faire descente sur les lieux. — *Ibid.*, art. 7.

17. — Les officiers des tables de marbre ne pouvaient pas non plus, lorsqu'il y avait lieu de décréter ou assigner sur le rapport des charges, procès-verbaux ou officiers commis, obliger les parties de comparaître devant eux pour être entendues et pour qu'il fût procédé aux récolemens et confrontations. Ils devaient renvoyer à l'officier qui avait informé, ou, en cas de suspicion ou récusation, à quelque officier de la plus prochaine maîtrise, pour faire le procès jusqu'au jugement définitif, à peine de nullité et de dépens, dommages et intérêts des parties. — *Ibid.*, art. 10.

18. — Les maîtres particuliers, lieutenans, procureurs du roi et garde-marteaux des maîtrises, devaient être reçus aux siéges des tables de marbre, information préalablement faite de leurs vie et mœurs sur les lieux par le grand-maître ou un officier par lui commis. Chaque officier devait payer, pour tous frais de réception, épices et vacations, une somme de trente-quatre livres, partagée entre les juges, le procureur du roi, le greffier et les huissiers. — Défense expresse était faite aux officiers des tables de marbre de prendre une plus forte somme à peine de concussion. — *Ibid.*, art. 11.

19. — En 1704, les tables de marbre furent remplacées dans le ressort de plusieurs parlemens par une chambre établie sous le nom de *chambre souveraine des eaux et forêts.*

20. — Elles furent toutes définitivement supprimées par le décret du 7 sept. 1790, qui déclara, dans son art. 7, que les actions pour la punition et réparation des délits en matière d'eaux et forêts seraient portées devant les juges du district, auxquels appartiendrait aussi l'exécution des réglemens concernant les bois des particuliers et la police de la pêche. — Pour la juridiction compétente aujourd'hui en matière d'eaux et forêts, V FORÊTS. — V. aussi EAUX ET FORÊTS, GRANDS-MAITRES DES EAUX ET FORÊTS, GRUERIE, MAITRISE.

TABLEAU DES AVOCATS.

V. AVOCAT, AVOCAT A LA COUR DE CASSATION.

TABLEAUX.

1. — Marchands de tableaux; — patentables de cinquième classe. — Droit fixe basé sur la population; droit proportionnel du vingtième sur le loyer d'habitation et des lieux servant à l'exercice de la profession.

2. — Restaurateurs de tableaux; — patentables de septième classe — Même droit fixe que les précédens, sauf la différence de classe; droit proportionnel du quarantième de la valeur locative de tous les locaux qu'ils occupent, mais seulement dans les communes de 20,000 âmes et au-dessus. — V. PATENTE. — V. aussi PROPRIÉTÉ ARTISTIQUE.

TABLEAUX DES INTERDITS.

Pour l'exécution de l'art. 501, C. civ., les jugemens et arrêts portant interdiction ou nomination d'un conseil judiciaire sont inscrits sur des tableaux affichés dans la salle de l'auditoire et dans les études des notaires de l'arrondissement. Ces tableaux sont appelés *tableaux des interdits.* — V. INTERDICTION. — V. aussi PUBLICATION DES INTERDICTIONS.

TABLETIERS, TABLETTERIE.

1. — Marchands de matières premières pour la tabletterie; — patentables de troisième classe; — droit fixe basé sur la population; droit proportionnel du vingtième de la valeur locative de l'habitation et des lieux servant à l'exercice de la profession.

2. — Marchands tabletiers; — fabricans d'objets en tabletterie pour leur compte; — patentables de sixième classe. — Mêmes droits fixe, sauf la différence de classe, et proportionnel que les précédens.

3. — Fabricans d'objets en tabletterie, à façon; — patentables de septième classe. — Même droit fixe que les précédens, sauf la différence de classe; droit proportionnel du quarantième de la valeur locative de tous les locaux qu'ils occupent, mais seulement dans les communes de 20,000 âmes et au-dessus. — V. PATENTE.

TACITE RECONDUCTION.

On appelle ainsi le nouveau bail qui se forme tacitement à l'expiration d'un bail antérieur, lorsque le preneur reste et est laissé en possession. — V. BAIL.

TAFFETAS ET TOILES CIRÉS.

1. — Fabriques de taffetas cirés, — fabriques de taffetas et toiles vernis; — première classe des établissemens insalubres. — V. ce mot (nomenclature).

2. — Fabricans de taffetas gommés ou cirés; — patentables soumis à un droit fixe de 50 fr. et à un droit proportionnel du vingtième de la valeur locative de l'habitation, des magasins de vente complétement séparés de l'établissement, et du vingt-cinquième de cet établissement.

3. — Marchands de taffetas gommés ou cirés; — patentables de cinquième classe; — droit fixe, basé sur la population; droit proportionnel du vingtième de la valeur locative de l'habitation et des locaux servant à l'exercice de la profession. — V. PATENTE.

TAILLANDIERS.

Taillandiers; — patentables de cinquième classe; — droit fixe, basé sur la population, et droit proportionnel du vingtième de la valeur locative de l'habitation et des lieux servant à l'exercice de la profession. — V. PATENTE.

TAILLE DE MARCHAND.

1. — Morceau de bois fendu en deux parties, dont deux personnes se servent pour constater les fournitures que l'une fait à l'autre.

2. — L'une des moitiés, qui conserve plus spécialement le nom de *taille*, est gardée par le fournisseur; l'autre moitié, qui est remise au consommateur, reçoit le nom d'*échantillon*. Lors des fournitures, on joint les deux moitiés du morceau de bois et on y fait des entailles transversales que l'on nommes *coches*. — On peut aussi y tracer des chiffres ou des signes particuliers.

3. — C'est là un genre de preuve d'une application beaucoup plus facile et plus prompte que celui résultant de l'écriture, et qui est principalement employé par les boulangers et les bouchers pour constater les fournitures qu'ils font aux particuliers.

4. — « Les tailles corrélatives à leurs échantillons font foi entre les personnes qui sont dans l'usage

de constater ainsi les fournitures qu'elles font et reçoivent en détail.» — C. civ., art. 1333.

5. — Ainsi, les tailles font une preuve complète. Elles forment, comme le dit Pothier (*Oblig.* n° 730), une espèce de preuve littérale de la quantité des marchandises fournies. Et cela n'a rien d'étonnant; les marques ne se font qu'en présence des deux parties, et l'une ne peut rien ajouter en l'absence de l'autre. Les écrits n'offrent pas une preuve plus parfaite. — Rolland de Villargues, *Rép. du notar.*, v° *Taille*, n° 3. — V. aussi Toullier, t. 8, n° 408; Merlin, *Rép.*, v° *Taille*; *Dict. du notar.*, v° *Taille*, n° 6.

6. — Les tailles font également foi contre les tiers, par exemple, contre les autres créanciers du débiteur commun, en cas de faillite ou de déconfiture de celui-ci. Lors même que les autres créanciers auraient des titres notariés, les fournisseurs à la taille viendraient avec eux en concurrence et par contribution sur les meubles: ils pourraient même exercer sur les meubles et immeubles le privilège accordé par les art. 2101, 2104, C. civ. — Toullier, t. 8, n° 410; *Dict. du not.*, v° *Taille*, n° 9; Rolland de Villargues, n° 4.

7. — Lorsque le fournisseur demandant le prix de ses marchandises représente sa taille, il peut arriver que le défendeur ne représente pas l'échantillon et prétende, ou bien qu'il l'a perdu, ou bien qu'il n'y a jamais eu d'échantillon et de fourniture ainsi constatée.

8. — Dans le premier cas, il paraît naturel de s'en rapporter à la taille produite par le demandeur, car le défendeur est en faute. — Toullier, t. 8, n° 409; Merlin, *Rép.*, v° *Taille*; Duranton, *Des contrats*, n° 1311; Pardessus, *Dr. commerc.*, n° 261; *Dict. du notar.*, n° 7; Rolland de Villargues, n° 5; Bonnier, *Traité des preuves*, n° 616.

9. — Dans le second cas, le fournisseur pourrait prouver par témoins l'existence de l'échantillon et l'habitude de s'en servir.— Toullier, *ibid.*; *Dict. not.*, *ibid.*— Mais la taille du fournisseur ne saurait servir de preuve, puisque les registres mêmes des marchands ne font point foi contre les personnes non marchandes; cependant elle peut autoriser le juge, à raison du degré de confiance qu'inspirerait l'une des parties, à lui déférer le serment. — *Dict. not.*, *ibid.*, n° 8; Duranton, *Dr. franç.*, t. 13, n° 235; Bonnier, *ibid.*; Rolland de Villargues, v° *Taille*, n° 7.

10. — Les tailles doivent-elles être considérées comme un *arrêté de compte*, comme une *reconnaissance* entre les parties, qui empêche la prescription de six mois ou d'un an ? — Oui, si l'échantillon est produit et qu'il soit conforme à la taille (Arg. C. civ., art. 1333). Mais il en serait autrement si l'échantillon n'était pas représenté et que la taille restât seule. — *Dict. not.*, *ibid.*, n° 10; Rolland de Villargues, *ibid.*, n° 8; Duranton, t. 13, n° 236.

TAILLEURS.

1. — Marchands tailleurs avec magasin d'étoffes; —patentables de troisième classe.—Droit fixe basé sur la population; droit proportionnel du vingtième de la valeur locative de l'habitation et des lieux servant à l'exercice de la profession.

2. — Marchands tailleurs sans magasin, fournissant sur échantillons; marchands tailleurs d'habits neufs;— patentables de cinquième classe. — Mêmes droits fixe, sauf la différence de classe, et proportionnel que les précédens.

3. — Tailleurs d'habits à façon;—patentables de septième classe. — Même droit fixe que les précédens, sauf la différence de classe; droit proportionnel du quarantième de la valeur locative de tous les locaux qu'ils occupent, mais seulement dans les communes de 20,000 âmes et au-dessus.

TAILLIS.

1. — C'est une étendue de bois sujette à des coupes ordinaires et réglées. — V. FORÊTS.

2. — On doit considérer comme taillis toute plantation d'arbres forestiers faite non en pépinière, mais à demeure, sur un sol forestier, dans les premières années de sa pousse, tant qu'il n'est pas prouvé qu'elle ait été destinée à croître en futaie, sans aucune distinction entre les bois qui n'ont pas été coupés et ceux qui, l'ayant déjà été, renaissent de leurs souches et de leurs racines. — *Cass.*, 12 juin 1823, Héron.

3. — Cette définition présente moins d'intérêt sous le Code forest., qui ne fait pas la même distinction que la loi du 6 oct. 1791 entre les délits commis dans les futaies et ceux commis dans les taillis. — V. FORÊTS.

TAMBOURS.

Fabricans de tambours, grosses caisses, tambourins; —patentables de sixième classe. — Droit fixe, basé sur la population, et droit proportionnel du vingtième de la valeur locative de l'habitation et des locaux servant à l'exercice de la profession.— V. PATENTE.

TAMISIERS.

Fabricans et marchands tamisiers;—patentables de sixième classe. — Droit fixe basé sur la population, et droit proportionnel du vingtième de la valeur locative de l'habitation et des lieux servant à l'exercice de la profession.— V. PATENTE.

TAN, TANNEURS, TANNERIES.

1. — Tanneurs de cuirs forts et mous;— patentables. — Droit fixe de 25 c. par mètre cube de fosses ou de cuves, jusqu'au maximum de 300 fr., et droit proportionnel du vingtième de la valeur locative de l'habitation, et des magasins de vente et du quarantième de cet établissement.— V. PATENTE.

2. — Marchands de tan;— patentables de sixième classe. — Droit fixe basé sur la population; droit proportionnel du vingtième de la valeur locative de l'habitation et des locaux servant à l'exercice de la profession. — V. PATENTE.

3. — Tanneries;—première classe des établissemens insalubres.—V. ÉTABLISSEMENS INSALUBRES (nomenclature).

TANTE.

Degré de parenté. — Le mariage, sauf dispense, est prohibé en ligne collatérale entre la tante et le neveu. — V. au reste vᵗᵉ DISPENSE DE MARIAGE, ENREGISTREMENT, MARIAGE, SUCCESSION.

TAPAGE.

V. BRUITS ET TAPAGE.

TAPIS.

1.—Fabricans de tapis peints ou vernis;—patentables soumis à un droit fixe de 30 fr. et à un droit proportionnel du vingtième de la valeur locative de l'habitation, des magasins de vente complétement séparés de l'établissement industriel, et du vingt-cinquième de cet établissement.

2. — Marchands de tapis de laine et tapisseries; marchands de tapis peints ou vernis;—patentables, les premiers de troisième, les derniers de cinquième classe. — Droit fixe basé sur la population; droit proportionnel du vingtième de la valeur locative de l'habitation et des lieux servant à l'exercice de la profession. — V. PATENTE.

TAPISSIERS.

Marchands tapissiers, tapissiers à façon;—patentables, les premiers de quatrième et les derniers de sixième classe.—Droit fixe basé sur la population; droit proportionnel du vingtième de la valeur locative de l'habitation et des lieux servant à l'exercice de la profession. — V. PATENTE.

TARE.

C'est la déduction sur le poids de marchandises vendues, de celui des enveloppes ou des vaisseaux qui les contiennent. — V. VENTE.

TARIF.

Table alphabétique.

TARIF. — 1.— On appelle tarif l'ensemble des actes ayant force de loi qui déterminent les droits dus pour la confection des actes judiciaires, soit en matière civile, soit en matière criminelle.

2. — Lorsqu'il y a procès, l'ensemble des droits dus pour les actes relatifs à la poursuite et à l'instruction est plus particulièrement qualifié de *dépens* s'il s'agit d'un procès civil, et de *frais* s'il s'agit d'un procès criminel. — V. FRAIS ET DÉPENS (mat. civ.), et FRAIS ET DÉPENS (mat. crim.).

§ 1ᵉʳ. — Tarif en matière civile (n° 3).

§ 2. — Tarif en matière criminelle (n° 90).

§ 1ᵉʳ. — Tarif en matière civile.

3. — Les émolumens attribués aux différens officiers publics ou ministériels, pour la confection des actes judiciaires en matière civile, ont été tarifés ou fixés par divers actes du pouvoir législatif ou exécutif.

4. — Le premier décret du 16 févr. 1807, qu'on peut considérer comme le tarif général en matière civile, est divisé en deux livres: le premier relatif aux justices de paix, le second traitant de la taxe des frais dans les tribunaux inférieurs et les cours d'appel.

5. — Le livre premier est divisé en quatre chapitres. Le premier chapitre, qui réglait la taxe des actes et vacations des juges de paix, a été abrogé par l'art. 1er de la loi du 21 juin 1845, qui a supprimé les droits et vacations des magistrats pour y substituer un traitement fixe. Le second chapitre, relatif à la taxe des greffiers de justice de paix, est maintenu par cette loi. Il a même été reconnu dans la discussion, à la chambre des députés, que la loi ne portait aucune atteinte à l'art. 16 du tarif (compris dans ce même chapitre), suivant lequel il est alloué aux greffiers les deux

tiers des vacations qui étaient accordées aux juges de paix pour assistance aux conseils de famille et appositions de scellés, et les deux tiers des frais de transport dans les cas où les juges de paix y avaient droit. — V. GREFFIER DE JUSTICE DE PAIX, nos 14 et suiv.

6. — Le chapitre 3 (art. 21 à 23) règle le tarif des actes des huissiers des juges de paix. Ses dispositions sont encore en vigueur. Nous ferons seulement observer que les actes qui y sont indiqués peuvent être faits par tous les huissiers de chaque canton. — L. 25 mai 1838, art. 16. — V. HUISSIER AUDIENCIER, nos 21 et suiv., 44 et suiv. — Enfin le chapitre 4 (art. 24 à 26) s'occupe de la taxe des témoins, experts et gardiens des scellés.

7. — Le livre 2 du tarif est divisé en deux titres, le premier portant taxe des actes des huissiers, le second portant taxe de ceux des avoués de première instance et d'appel, des émolumens des huissiers audienciers en première instance et près la cour de Paris, des droits divers des experts, dépositaires de pièces et des témoins, et enfin de certains actes des notaires.

8. — Les actes des huissiers ordinaires sont divisés par le titre 1er du livre 2 en deux classes. La première classe comprend les significations ordinaires d'exploits (art. 27 à 29), qui sont tarifées à 2 fr. par original à Paris; 1 fr. 50 c. partout ailleurs, plus le quart pour la copie.

9. — La seconde classe d'actes d'huissiers comprend les divers procès-verbaux de saisies et autres actes d'exécution que doivent dresser ces officiers ministériels, conformément aux dispositions du Code de procédure. Ces actes, plus importans que ceux de la première classe, sont tarifés à des prix plus élevés. Ces prix varient suivant la nature et le but de chacun d'eux. Cette seconde classe se compose des art. 30 à 65 du tarif.

10. — L'art. 66 règle les droits de transport des huissiers et leur émolument pour le *visa* de chacun des actes qui sont assujétis à cette formalité.

11. — Le titre 2 du livre 2 est divisé en sept chapitres. Le premier chapitre (art. 67) est relatif à la taxe des frais des avoués de première instance dans les affaires sommaires. Les émolumens des avoués en pareille matière se bornent à un droit de jugement, à un droit pour le dressé des qualités et de la signification de jugement contradictoire à avoué, et à un droit de copie de pièces dans certaines procédures. — Quant aux différens cas dans lesquels une procédure est ordinaire ou sommaire, V. MATIÈRE SOMMAIRE.

12. — Le chapitre 2, contenant le tarif des frais des avoués de première instance en matière ordinaire, se compose de 11 paragraphes. Le 1er paragraphe (art. 68 et 69) traite du droit de consultation, qui est fixé à 10 fr. à Paris et 7 fr. 50 c. dans le ressort.

13. — Les actes d'avoué qui n'ont pas la forme des requêtes sont divisés par le tarif en deux classes (§§ 2 et 3). La première classe (art. 70) comprend les actes les plus simples, qui sont tarifés uniformément à 1 fr. pour Paris, 75 c. pour le ressort et le quart pour la copie. D'autres plus importans forment la seconde classe (art. 71) et sont cotés uniformément aussi à 5 fr. pour Paris, 3 fr. 75 c. dans le ressort et le quart pour la copie.

14. — Les requêtes (§§ 4 et 5) sont taxées à des prix différens, selon qu'elles doivent être grossoyées ou qu'elles ne doivent pas l'être. Celles qui sont grossoyées (art. 72 à 75) sont tarifées à raison de 2 fr. par rôle d'original pour Paris, 1 fr. 50 c. dans le ressort et le quart par chaque rôle de copie. Quant à celles qu'il est interdit de grossoyer, leur rédaction et leur présentation au juge compétent (art. 76 à 79) sont taxées, selon leur importance et leur but, à raison de 2 fr., 3 fr., 7 fr. 50 c., ou 15 fr. pour Paris, et 1 fr. 50 c., 2 fr. 25 c., 5 fr. 50 c. et 12 fr. dans le ressort.

15. — Le § 6 s'occupe des plaidoiries et de l'assistance aux jugemens (art. 80 à 86). Il règle le droit de plaidoirie des avocats, celui qui doit être alloué aux avoués dans les cas où ces derniers peuvent plaider eux-mêmes et le droit d'assistance de ces officiers ministériels aux divers jugemens.

16. — Le droit de copie de pièces pour les actes d'avoués est de 30 centimes par rôle à Paris, et 25 centimes dans le ressort (art. 72, § 2), tandis qu'il est seulement de 25 centimes par rôle à Paris, et 20 centimes partout ailleurs pour les actes d'huissiers (art. 28, § 1er). — V. COPIE DE PIÈCES.

17. — Le droit des avoués pour dressé des qualités et signification des jugemens est réglé par le § 7 (art. 87 à 89). Le droit de qualités est fixé à 3 fr. 75 c. à Paris, 2 fr. 80 c. dans le ressort pour les jugemens par défaut; 7 fr. 50 c. à Paris, 5 fr. 50 c. dans le ressort pour les jugemens contradictoires; 10 fr. à Paris, 7 fr. 50 c. dans le ressort pour les jugemens en instruction par écrit. Le droit de signification de jugement est taxé par chaque rôle comme le droit de copie de pièces.

18. — Le tarif de 1807 s'occupe ensuite des vacations des avoués. Ces vacations sont distribuées en plusieurs catégories, suivant l'importance de l'intérêt qui les a motivées (§ 8, art. 90 à 94). Elles sont tarifées à raison de 1 fr. 50 c., 3 fr., 5 fr. et 6 fr. à Paris, et 1 fr. 15 c., 2 fr. 25 c., 3 fr. 75 c. et 4 fr. 50 c. dans le ressort.

19. — La taxe des procédures qui ont lieu en matière de contribution, de saisie immobilière et d'ordre fait l'objet des §§ 9, 10 et 11. Les dispositions du § 9 (art. 95 à 101), et celles du § 11 (art. 130 à 139), ont conservé toute leur applicabilité, mais celles du § 10 (art. 102 à 129), relatif à la procédure de saisie immobilière, ont été abrogées par l'art. 20, § 2, de l'ord. royale du 10 oct. 1841, rendue en exécution de la loi du 2 juin précédent, et elles sont remplacées par le tarif établi par la même ordonnance. — Enfin, le § 12 contient l'énumération de quelques actes particuliers dont il fixe l'émolument (art. 140 à 146). Il donne la taxe des journées de campagne des avoués, de l'indemnité qui leur est due pour frais de correspondance et port de pièces et des frais de voyage des parties. — V. CORRESPONDANCE (droit de) et VOYAGE (droit de).

20. — Le chapitre 3, tit. 2, liv. 2, est relatif aux avoués près la cour d'appel de Paris, et il détermine sur quelles bases doivent être taxés les actes de ces officiers ministériels (art. 147 à 150). Suivant l'art. 147, § 1er, les émolumens des avoués de la cour d'appel sont taxés au même prix et dans la même forme que ceux des avoués du tribunal de première instance de Paris, avec une augmentation sur chaque espèce de droits; savoir, dans les matières sommaires, du double, et dans les matières ordinaires, du double pour le droit de consultation ainsi que pour le port de pièces, lorsque les parties sont domiciliées hors de l'arrondissement du tribunal de première instance de Paris, et pour les autres droits, d'une moitié seulement de ceux attribués aux avoués de première instance.

21. — Néanmoins, dans les demandes de condamnation de frais d'un avoué contre sa partie, il n'est alloué que moitié du droit fixé pour les matières sommaires. — § 2.

22. — Le chap. 4 (art. 151) prescrit aux avoués de première instance et d'appel d'avoir un registre sur lequel ils doivent inscrire les sommes qu'ils reçoivent de leurs cliens. — V. AVOUÉ, nos 336 et s., 604 et suiv. — Le chap. 5 (art. 152 à 158) détermine quels émolumens doivent être alloués aux huissiers-audienciers près le tribunal et près la cour pour les appels de cause et pour les significations d'actes d'avoué.

23. — La taxe des experts, des dépositaires de pièces pour la représentation des pièces à qui de droit, des témoins entendus dans les enquêtes en matière civile, fait l'objet du chap. 6 (art. 159 à 167).

24. — Enfin, le chap. 7 (art. 168 à 175) tarife les vacations des notaires dans certains cas, et leurs frais de voyage en cas de déplacement. — V. NOTAIRES, no 523.

25. — Le premier décret du 16 fév. 1807, dont nous venons d'analyser les principales dispositions, a été rendu en exécution de l'art. 1042, C. proc. civ. En admettant qu'il contienne des dispositions législatives, il n'a jamais été attaqué pour cause d'inconstitutionnalité; il a toujours, au contraire, été exécuté; et il est encore aujourd'hui la règle à suivre en matière de taxe. — *Paris*, 9 fév. 1833, Miro c. Pottier.

26. — Le second décret du 16 fév. 1807 est relatif à la liquidation des dépens. Il indique comment l'avoué doit requérir la taxe du juge, comment ce dernier procède à cette opération, et de quelle manière se délivrent les exécutoires de dépens. Il contient, en outre, le tarif de ce qui est alloué aux avoués pour dresser les états de frais et pour plaider devant le tribunal en chambre du conseil lorsqu'une opposition à la taxe a été formée. — V. FRAIS ET DÉPENS (mat. civ.), nos 434 et suiv.

27. — Le troisième décret du même jour 16 fév. 1807 rend le tarif du tribunal et de la cour de Paris commun aux autres cours et tribunaux avec quelques modifications. Par l'art. 1er, le tarif des frais et dépens faits devant la cour de Paris est étendu aux cours d'appel de Lyon, Bordeaux et Rouen. Toutes les sommes portées au tarif sont réduites d'un dixième pour la taxe des frais et dépens dans les autres cours d'appel.

28. — Le tarif des frais et dépens pour le tribunal de la Seine et pour les justices de paix de Paris est rendu commun aux tribunaux de première instance et aux justices de paix établis à Lyon, Bordeaux et Rouen. Toutes les sommes portées en ce tarif sont réduites d'un dixième dans la taxe des frais et dépens pour les tribunaux de première instance et pour les justices de paix établis dans les villes dont la population excède trente mille âmes. — Art. 2.

29. — Dans tous les autres tribunaux de première instance et justices de paix, le tarif des frais et dépens est le même que celui décrété par les tribunaux de première instance et les justices de paix du ressort de la cour d'appel de Paris autres que ceux établis dans cette capitale. — Art. 3.

30. — Le tarif des frais de taxe (second décret de 1807) est aussi déclaré commun à tout le territoire français. En conséquence, dans tous les chefs-lieux de cours d'appel, les droits de taxe doivent être perçus comme à Paris; et partout ailleurs ils sont perçus comme dans le ressort de la cour d'appel de Paris. — Art. 4.

31. — Chacun des actes de procédure qui figurent dans le tarif général en matière civile a reçu une évaluation particulière. La jurisprudence a été quelquefois appelée à se prononcer sur des difficultés élevées à l'occasion de cette évaluation. Ainsi jugé spécialement que les décrets des 16 fév. 1807 et 14 juin 1813, qui autorisent l'huissier à percevoir un droit de transport lorsqu'il y a plus d'un demi-myriamètre de distance entre sa demeure et le lieu où l'exploit devra être posé, doivent être entendus en ce sens que l'on calcule la distance non de la maison de l'huissier à celle de la partie assignée, mais d'une commune à l'autre. — *Cass.*, 14 fév. 1833, Bouhours c. Lemartinel.

32. — L'art. 67, §§ 2, 3 et 4, accorde à l'avoué un droit pour l'obtention d'un jugement par défaut en matière sommaire. Les §§ 5, 6 et 7 du même art. accordent un droit plus fort pour l'obtention d'un jugement *contradictoire ou définitif*. Suivant MM. Chauveau (t. 1er, p. 473), Cabissol (p. 96), Vervoort (p. 97, note *d*), Rivoire (no 34), c'est ce dernier droit qui est dû pour un jugement par défaut lorsqu'il est définitif.

33. — Par arrêt du 20 mai 1817 (N... c. N...), la cour de Grenoble a décidé au contraire qu'un jugement par défaut ne peut jamais donner lieu qu'à un droit simple d'obtention de jugement par défaut, même lorsqu'il est devenu définitif à défaut d'opposition de la part de la partie condamnée, ou lorsqu'il est intervenu sur une opposition à un jugement par défaut.

34. — Nous croyons, avec Boucher-d'Argis (vo *Affaire sommaire*, note 56), que le droit doit être basé sur la nature du jugement au moment de son obtention, et non d'après un événement postérieur; qu'ainsi un simple jugement par défaut ne peut donner ouverture au droit réglé par les §§ 4 et 5 de l'art. 67, mais que le jugement de débouté d'opposition étant, non un simple défaut, mais un jugement définitif, donne ouverture à l'émolument fixé pour obtention d'un jugement définitif.

35. — Il a été décidé, par application de l'art. 67 du tarif, qu'en matière sommaire, il n'est dû de demi-droit pour l'obtention d'un jugement préparatoire ou interlocutoire que dans le cas où ce jugement ordonne une enquête, une visite de lieux, une expertise ou un interrogatoire sur faits et articles. Dès-lors, il n'est dû aucun droit d'assistance aux avoués pour leur comparution à l'obtention d'un jugement de défaut profit joint. — *Orléans*, 2 août 1839 (t. 2 1841, p. 428), Brivot et Lourot-Bige c. Thomas-Varennes.

36. — Mais la cour de Cassation a jugé au contraire que le droit accordé aux avoués, pour l'obtention des jugemens par défaut en matière sommaire, est, en l'absence de toute autre disposition spéciale, applicable aux jugemens de défaut profit joint dont parlent les art. 153 et 156, C. proc. civ. — *Cass.*, 23 juin 1847 (t. 1er 1847, p. 717), Julienne c. Quesnel.

37. — Après un jugement qui ordonne une estimation par experts, le demi-droit accordé aux avoués, pour l'obtention des jugemens contradictoires ou définitifs, ne peut leur être alloué pour chacun des jugemens qui statuent sur les incidens survenus pour l'expertise. — *Cass.*, 7 janv. 1834, Préfet du Cher c. Bujon-Desbrosses. — Sudraud-Desisles, *Manuel du juge taxateur*, nos 802 et 807.

38. — Mais l'avoué qui a levé et signifié un jugement à avoué peut, indépendamment du droit accordé pour le dressé des qualités et la signification du jugement par l'art. 67, § 12 du tarif, exiger les droits de copie de ces qualités et jugement fixés par les art. 88 et 89; ce ne sont là, en réalité, que des déboursés, et non des émolumens. — *Cass.*, 1er mars 1841 (t. 1er 1841, p. 324), Julienne-Ducoudray et Deschamps c. Couspey. — *Contrà*, Chauveau, t. 1er, p. 478 no 88.

39. — L'avoué peut en matière sommaire signifier des conclusions motivées, mais il ne peut réclamer un émolument pour ces conclusions.— Chauveau, t. 1er, p. 442.

40. — Jugé que les dépens à la charge de l'état, à propos de domaines engagés, doivent être taxés comme matière ordinaire et non restreints aux simples déboursés comme ceux faits dans les instances en perception des droits d'enregistrement. — *Toulouse*, 19 juin 1832, Préfet de la Haute-Garonne c. Tauriac et Roques.

41. — Le droit de consultation n'est dû aux avoués que pour les demandes introductives d'instance, et non pour chaque incident.— *Bourges*, 4 janv. 1840 (t. 1er 1841, p. 355), Martin c. Chamblant.

42. — La cour de Lyon a jugé que la demande en péremption est une instance principale tout-à-fait distincte et indépendante de l'action originaire. Que dès lors il est dû à l'avoué deux droits de consultation, l'un pour l'instance originaire, et l'autre pour l'instance en péremption. — *Lyon*, 7 fév. 1829, Delaye c. Gonnet.— Mais Cardon (*Form. gén*, t. 1er, p. 197), MM. Chauveau (t. 1er, p. 384), Sudraud-Desisles (p. 245), et N. Carré (p. 160), se prononcent avec raison pour l'opinion contraire.

43. — Lorsque plusieurs parties, ayant des intérêts distincts, ont, chacune séparément, interjeté appel d'un même jugement contre une partie, il est dû à l'avoué de celle-ci autant de droits de consultation qu'il y a eu d'appels dirigés contre elle. —*Amiens*, 18 fév. 1825, Daullé c. Pierrot.

44. — Le droit de consultation n'est pas dû en matière de saisie immobilière. — *Caen*, 7 mai 1822, Lavenard c. Langlinay.— Sudraud-Desisles, p. 99 et 273; Carré, p. 249; Boucher d'Argis, vº *Consultation*, note 2e.

45. — Une partie peut, pendant le cours de l'instance, présenter requête à fin d'autorisation de plaider à un jour fixe et antérieur à celui déterminé par le rôle; et cette requête doit passer en taxe, ainsi que l'ordonnance en réponse et les actes qui l'ont suivie, à moins que ces requête et ordonnance ne soient devenues sans objet par la faute de l'avoué.—*Douai*, 14 mars 1838 (t. 1er 1839, p. 407), Lothé c. Théry.

46. — Les émolumens et déboursés relatifs à la sommation de communiquer certaines pièces de la procédure doivent être passés en taxe lorsque la communication était utile au jugement du fond; il en est de même de la vacation pour la prise de communication. — *Douai*, 28 août 1840 (t. 2 1840, p. 564), maire de Maubeuge c. Jammart. — Tarif, art. 70, § 12; art. 91, § 1er.

47. — Le juge taxateur a le droit de rejeter d'un état de frais les vacations d'avoué pour donner et prendre communication des pièces de la cause, lorsqu'il ne lui est pas démontré qu'elles aient eu lieu. — *Cass.*, 26 fév. 1834, Auboin.

48 —Il n'est pas dû de vacation à communiquer les pièces en matière sommaire. — Sudraud-Desisles, p. 83; Chauveau, t. 1er, p. 465.

49. — Il est certain que les droits de plaidoirie de l'avocat établis par l'art. 80 du tarif ne sont pas dus à l'avocat qui est partie et qui plaide en son propre nom. — *Grenoble*. 30 août 1838 (t. 1er 1839, p. 423). Ancillon c. Navelle.

50. — Il ne doit être alloué en taxe qu'un seul droit de plaidoirie, quel que soit le nombre des audiences employées à la discussion de la cause. —*Rouen*, 11 fév. 1839 (t. 1er 1841, p. 292, 293), Roy et Duval c. Thierry; *Bourges*, 14 juill. 1840 (t. 1er 1841, p. 292), Millot.

51. — Il n'est pas dû à l'avoué un droit d'assistance à la prononciation d'un arrêt ou jugement interlocutoire ou définitif contradictoire rendu sur prorogation de délibéré. Il n'en est pas dû non plus pour assistance aux conclusions du ministère public. — *Caen*, 25 avr. 1828, Blin.

52. — Il n'est pas dû à l'avoué de vacation au règlement des qualités lorsque la main-levée de l'opposition a été donnée amiablement, et sans que les avoués se soient présentés devant le juge. — *Rouen*, 11 fév. 1839 (t. 1er 1841, p. 292), Roy et Duval c. Thierry et Gueffe.

53. — Des qualités de jugement, bien que devenues irrévocables entre les parties quant aux points de fait et de droit, après le règlement qui en a été fait ou l'expiration du délai de l'opposition, peuvent néanmoins être réduites par le juge taxateur, si elles lui paraissent trop étendues ou contenir des détails oiseux. — *Cass.*, 26 déc. 1837, (t. 1er 1838, p. 483), Callaud c. Delaunay.

54 — Jugé que quel que soit le nombre d'heures employées dans une enquête à l'audition des témoins, il ne peut être alloué que trois vacations par jour à l'avoué qui y a assisté.— *Rouen*, 29 nov. 828, B... c. Gaumont.

55. — Bien que quelques dépositions aient été rejetées dans une enquête, le coût de l'expédition de l'enquête doit être accordé en entier, attendu qu'il est indispensable que le procès-verbal soit notifié en entier pour connaître les nullités de l'enquête. — Même arrêt.

56. — Lorsque des dépositions de témoins ont été rejetées du procès, le coût des assignations et de la taxe ne doit point être accordé. — Même arrêt.

57. — Décidé, mais à tort, par le même arrêt que lorsque, dans une affaire civile, le nombre des témoins est considérable, on peut allouer à l'huissier qui a fait la notification de leurs noms, qualités et demeures, un droit plus fort que celui de simple exploit. — Cette décision est inconciliable avec les termes de l'art. 29, § 8 du tarif, qui n'accorde qu'un droit de signification ordinaire par original. — Carré, p. 109.

58. — Il n'est pas dû à l'avoué d'appel un droit de 45 cent. pour la copie de chaque rôle d'arrêt contradictoire signifié à domicile; on ne doit lui allouer que la taxe accordée à l'huissier auquel il se substitue. — *Rouen*, 11 fév. 1839 (t. 1er 1841, p. 292), Roy et Duval c. Thierry et Gueffe. — Boucher-d'Argis, vº *Signification de jugement* p. 338.— Sudraud-Desisles, p. 108. — Mais V. Chauveau, t. 1er, p. 74 et suiv.; Vervoort, p. 29, note *a*; N. Carré, *Taxe en mat. civ.*, p. 57.

59. — Si, en appel, des plaidoyers imprimés sont signifiés en entier ou par extraits, cette signification ne peut être passée en taxe. — *Rouen*, 29 nov. 1828, B... c. Gaumont.

60. — Mais on doit allouer en taxe à l'avoué les frais de lithographie des conclusions motivées que, dans l'intérêt de son client, il a distribuées aux membres de la cour. — *Lyon*, 20 mars 1833, Garnier c. Pinelli.

61. — Lorsque l'impression et l'affiche d'un arrêt portant suppression d'un mémoire ont été ordonnées aux frais d'une partie, on doit passer en taxe, comme frais d'exécution, ceux des procès-verbaux constatant l'apposition des affiches. — *Grenoble*, 30 août 1838 (t. 1er 1839, p. 423), Ancillon c. Navelle.

62. — Aux termes du § 2 du tarif des frais de taxe inséré dans le deuxième décret du 16 fév. 1807. il est alloué à l'avoué, pour dressé de son état de frais, 10 cent. pour chaque article des dépens adjugés en matière ordinaire. Ce droit n'est exigible par l'avoué que de la partie adverse et non de son client. — Boucher-d'Argis, vº *Dépens en matière ordinaire*, note 2e. — V. cependant Chauveau, t. 2, p. 57.

63. —Décidé que le droit en matière ordinaire est de 10 cent. par chaque article passé en taxe, sans distinction entre les avoués de première instance et les avoués d'appel. — *Douai*, 28 août 1840 (t. 2 1840, p. 564), maire de Maubeuge c. Jammart. — Boucher-d'Argis, *loc. cit.*

64. — La partie du tarif du 16 fév. 1807 qui concernait les ventes judiciaires d'immeubles se liait aux dispositions du Code de procédure sur cette matière. Elle n'était plus exécutable après les modifications considérables introduites dans cette procédure par la loi du 2 juin 1841. Aussi a-t-il été nécessaire de décréter un nouveau tarif en harmonie avec les formes plus simples et plus rapides qui ont été adoptées lors de cette réforme. Tel a été l'objet de l'ordonn. du 10 oct. 1841.

65. — Le tarif de 1841 est divisé en quatre titres. Le premier, dont les dispositions sont applicables à tout le territoire français, règle les émolumens dus aux greffiers des tribunaux de première instance pour communiquer le cahier des charges ou le procès-verbal d'expertise, et ceux auxquels ont droit les conservateurs des hypothèques pour les diverses mentions, radiations ou transcriptions qu'ils doivent faire en pareille matière. — Art. 1er et 2.

66. — Le titre 2 contient des dispositions spéciales au ressort de la cour d'appel de Paris. Il est divisé en quatre chapitres, dont le premier est relatif aux huissiers, le second aux avoués de première instance, le troisième aux notaires et le quatrième aux experts.

67. — De même que le tarif de 1807, celui de 1841 divise les actes d'huissiers en deux classes. — Art. 3 et 4. — Les actes de première classe sont tarifés, selon leur nature, à 2 fr. par original à Paris, 1 fr. 50 c. dans le ressort, et le quart pour la copie. La seconde classe comprend les procès-verbaux ou autres actes spéciaux taxes à des prix divers. Les frais de transport des huissiers ordinaires et les émolumens des huissiers audienciers sont réglés par les art 5 et 6.

68.— Le chap. 2, relatif aux avoués de première instance, se compose de deux paragraphes. Le premier paragraphe est relatif aux émolumens spéciaux à chaque nature de vente, selon qu'il s'agit de saisie immobilière (art. 7), de surenchère sur aliénation volontaire (art. 8), de vente de biens de mineurs (art. 9) ou de partages et licitations (art. 10). Le deuxième paragraphe s'occupe des émolumens communs aux différentes ventes, tels que le dressé et le dépôt du cahier des charges, les annonces et insertions, la vacation à l'adjudication, la remise proportionnelle des avoués sur le montant de l'adjudication (art. 11), et les vacations et droits relatifs à la procédure de surenchère (art. 12).

69. — Les honoraires et droits des notaires sur le prix des ventes renvoyées devant eux par les tribunaux font l'objet du chap. 3 (art. 14). Ceux des experts sont réglés par le chap. 4 (art. 15). Les frais de transport de ces derniers sont également tarifés.

70.—Le tit. 3 du tarif de 1841 contient des dispositions relatives aux ressorts des cours d'appel autres que la cour de Paris (art. 16). Le § 1er rend ce tarif commun aux tribunaux de première instance de Marseille, Lyon, Bordeaux et Rouen.

71. — Toutes les sommes portées au tarif sont réduites d'un dixième dans la taxe des frais et dépens pour les tribunaux de première instance établis dans les villes où siége une cour d'appel, ou dans les villes dont la population excède 80,000 âmes. — § 2.

72. — Dans tous les autres tribunaux de première instance, le tarif est le même que celui qui est fixé pour les tribunaux du ressort de la cour d'appel de Paris, autres que celui qui est établi dans cette capitale. — § 3. — Néanmoins, le droit fixe de 25 fr. accordé aux avoués dans le cas où l'expertise n'a pas lieu. pour la fixation de la mise à prix ou la composition des lots et les remises proportionnelles est perçu dans tous les tribunaux sans distinction de résidence. — § 4.

73. — Le tit. 4 contient quelques dispositions générales et abroge les divers articles du tarif de 1807, qui deviennent inexécutables par l'effet de la nouvelle ordonnance.

74. — Une circulaire du ministre de la justice du 20 août 1842, a résolu plusieurs questions de taxe à propos de l'ordonnance du 10 oct. 1841. mais les solutions données à ces questions par cette circulaire ont été vivement critiquées.

75. — Les art. 9 et 10 de l'ordonnance accordent aux avoués un droit de 25 fr., lorsqu'il n'y a pas d'expertise, pour la fixation de la mise à prix ou la composition des lots. Cette allocation a pour but d'indemniser les avoués des soins et peines qu'ils doivent prendre pour mettre le tribunal à même de ne pas prescrire la coûteuse formalité de l'expertise. Les avoués colicitans y ont droit comme l'avoué poursuivant.—Chauveau sur Carré, *Lois de la proc.*, t. 5, quest. 2533-3º. —*Contrà* circ. 20 août 1842.

76.—Aux termes des §§ 11 et 12 de l'art. 11 de l'ordonnance, les avoués ont droit à une vacation à l'adjudication, soit 15 fr. à Paris et 12 fr. dans le ressort, et ce droit est alloué à raison de chaque lot adjugé, quelle qu'en soit la composition sans que ce droit puisse être exigé sur un nombre de lots supérieur à six. Cependant, d'après la circulaire du 20 août 1842, en cas de vente devant un notaire, un droit unique de vacation à l'adjudication, quel que soit le nombre des lots, et sans indemnité de transport, serait accordé à l'avoué poursuivant seul.

77.— Mais M. Chauveau (quest. 2534 et 2535-2º,) pense au contraire, et avec raison selon nous, 1º qu'en cas de vente renvoyée devant notaire, les avoués ont droit à une vacation par chaque lot; 2º que lorsque l'étude du notaire qui doit faire la vente est éloignée du lieu où résident les avoués, ces derniers ont droit à des frais de transport, soit qu'il s'agisse d'aller prendre communication du cahier des charges, soit qu'ils se déplacent pour assister à l'adjudication; 3º que chacun des avoués co-licitans ont droit à ces vacations comme l'avoué poursuivant. Le premier et le troisième point résultent nettement des termes généraux de l'ordonnance. Quant à l'indemnité pour journées de campagne, l'ordonnance est muette à la vérité sur cette indemnité, mais la seule conséquence qu'on doive tirer de ce silence, c'est qu'il y a lieu de se reporter au tarif de 1807, dont l'art. 144 est toujours en vigueur. — V. VOYAGE (droit de). — V. dans le même sens la consultation insérée dans le *Dict. de la taxe* de Boucher-d'Argis, *in fine.*

78. — Les remises proportionnelles des avoués sur le prix d'adjudication dans les ventes faites en justice sont calculées sur les bases suivantes, lorsqu'il y a eu expertise. Il est alloué à l'avoué poursuivant, sur le prix des biens dont l'adjudication est faite au-dessus de 2,000 fr., savoir : depuis 2,000 fr. jusqu'à 10,000 fr., 1 %; sur la somme ex-

cédant 10,000 fr. jusqu'à 50,000 fr., 1/2 °/o; sur la somme excédant 50,000 fr. jusqu'à 100,000 fr., 1/4 °/o, et sur l'excédant de 100,000 f., indéfiniment, 1/8 de 1 °/o. En cas d'adjudication par lots de biens compris dans la même poursuite, en l'état où elle se trouve lors de l'adjudication, la totalité du prix des lots est réunie pour fixer le montant de la remise. — Art. 11, § 14.

79. — Le montant de la remise est calculé sur le prix de chaque lot séparément, lorsque les lots sont composés d'immeubles distincts. — § 15.

80. — Lorsque le tribunal n'a pas ordonné l'expertise dans les cas où elle est facultative, la remise est, depuis 2,000 fr. jusqu'à 10,000 fr., de 1/2 °/o; sur la somme excédant 10,000 jusqu'à 100,000 fr., de 1 °/o; sur l'excédant de 100.000 fr. jusqu'à 300,000 fr., de 1/2 °/o, et sur l'excédant de 300,000 fr. et indéfiniment de 1/4 °/o. — § 16.

81. — La remise proportionnelle sur le prix de de l'adjudication est divisée, en licitation, ainsi qu'il suit : Moitié appartient à l'avoué poursuivant; la seconde partie est partagée par égales portions entre tous les avoués qui sont occupés dans la licitation, y compris l'avoué poursuivant qui a sa part comme les autres dans cette seconde moitié. — §§ 17, 18 et 19.

82. — Il résulte des termes du § 14, qu'au dessous de 2,000 fr. l'avoué n'a droit à aucune remise proportionnelle car ce n'est qu'à partir de cette somme que la remise est calculée. — Boucher-d'Argis, v° *Remise proportionnelle*, note 2e. — Cependant M. Chauveau (sur Carré quest. 3537-5°) est d'opinion contraire.

83. — Lorsque des immeubles d'origine différente ont été adjugés d'abord en trois lots, mais que conformément à la réserve exprimée au cahier des charges, ils ont été, à la suite de nouvelles enchères, définitivement réadjugés en bloc les adjudications partielles doivent être considérées comme provisoires. En conséquence, la remise proportionnelle allouée à l'avoué poursuivant doit être calculée non sur le prix de l'adjudication provisoire de chacun des lots, mais sur le prix de l'adjudication définitive des trois lots réunis. — *Cass.*, 14 mai 1844 (t. 1er 1844, p. 683), Pennetier c. Pottier.

84. — Le tarif des greffiers des tribunaux de commerce est établi par la loi du 21 vent. an IX, le décr. du 12 juill. 1808 et l'ordonnance royale du 9 oct. 1825. — V. GREFFE (droits de), nos 185 et suiv.

85. — Une ordonnance royale du 17 juill. 1825 contient quelques dispositions réglementaires sur les frais et émolumens à percevoir pour les greffiers de justice de paix. — V. GREFFIER DE JUSTICE DE PAIX, nos 101 et suiv.

86. — Un décret du 14 mars 1808 règle le salaire dû aux gardes du commerce pour leurs opérations. — V. GARDE DU COMMERCE, nos 36 et suiv.

87. — Les émolumens dus aux secrétaires des conseils de prud'hommes et aux greffiers des tribunaux de commerce pour actes se rattachant à la juridiction des prud'hommes sont fixés par le décret du 11 juin 1809 rectifié par l'avis du conseil d'état du 7 fév. 1810. — V. PRUD'HOMMES.

88. — Le tarif des droits et émolumens des commissaires-priseurs est réglé par la loi du 18 juin 1843. — V. COMMISSAIRE-PRISEUR.

89. — La taxe des frais et dépens en matière d'expropriation pour cause d'utilité publique se fait conformément aux dispositions de l'ordonnance du 18 sept. 1833; bien que ce tarif ait été dressé pour l'exécution de la loi, aujourd'hui abrogée, des 7 juill. 1833, il a été entendu, lors de la discussion de celle du 6 mai 1841 qu'il s'appliquait aux actes faits en exécution de cette dernière loi. — V. EXPROPRIATION POUR CAUSE D'UTILITÉ PUBLIQUE, nos 1304 et suiv.

§ 2. — *Tarif en matière criminelle.*

90. — Les droits dus pour les actes nécessaires à la procédure, à l'instruction et au jugement des affaires criminelles ont été réglés par le décret du 18 juin 1811. — Tout ce qui concerne la taxe, la liquidation et le recouvrement des frais en matière criminelle a été traité au mot FRAIS ET DÉPENS (mat crim.) — Nous n'avons à ajouter ici que quelques mots sur les dispositions générales du tarif.

91. — Le tarif criminel est divisé en onze chapitres. Le premier est relatif aux frais de translation des prévenus ou accusés, du transport des procédures et des objets pouvant servir à conviction ou à décharge (art 4 à 15 du décret de 1811). Le second traite des honoraires et vacations des médecins, chirurgiens, sages-femmes, experts et interprètes (art. 16 à 25). Le troisième est relatif aux indemnités qui peuvent être accordées aux témoins et aux jurés (art. 26 à 36). Le quatrième aux frais de garde de scellés et à ceux de mise en fourrière (art. 37 à 40). Le cinquième aux droits d'expédition et autres alloués aux greffiers (art. 40 à 64). Le sixième aux salaires des huissiers (art. 65 à 86). Le septième au transport des magistrats (art. 87 à 89). Le huitième aux frais de voyage et de séjour auxquels l'instruction peut donner lieu (art. 90 à 97). Le neuvième au port des lettres et paquets (art. 98 à 103). Le dixième aux frais d'impression (art. 104 à 111). Le onzième aux frais d'insertion des arrêts (art. 113 à 115).

92. — Ce décret a été modifié dans quelques unes de ses parties par celui du 7 avr. 1813, relatif à la taxe des témoins, aux frais de voyage des gardes champêtres ou forestiers, aux frais de capture et aux émolumens des greffiers. Les difficultés de détail auxquelles l'exécution de ces deux décrets pouvaient donner lieu ont été prévues et résolues par une instruction générale du 30 sept. 1826.

93. — Le transport des prévenus ou accusés doit être fait à pied, à moins que des circonstances extraordinaires n'exigent leur transférement soit à cheval soit en voiture. Lorsque le prévenu ou accusé est dans l'impossibilité de continuer le voyage à pied, cette impossibité est constatée par un certificat du médecin ou chirurgien. — Décr. 1811, art. 4 et 5.

94. — Les transports de prévenus ou accusés sont faits par des entrepreneurs soit généraux soit particuliers. Les procédures et pièces à conviction ou à décharge sont transportées par les gendarmes. — Art. 6 à 9.

95. — Les magistrats qui donnent l'ordre du transport indiquent le poids des objets à transporter et le jour où ils doivent arriver à destination. — Instr. 1826, p. 31, n° 8. — V. au surplus PRISONS.

96. — Les détenus sont souvent visités par des médecins lorsqu'il s'agit de constater s'ils sont en état d'être transportés au bagne. Lorsque ces visites sont faites par des médecins de prison, elles doivent être rangées parmi les frais de prison à la charge du ministère de l'intérieur. Lorsqu'elles sont faites par d'autres médecins, elles entrent dans les frais généraux de justice criminelle. — Dalmas, *frais de jus. crim.*, p. 16.

97. — Les médecins ou chirurgiens doivent recevoir 6 fr. à Paris pour chaque visite et rapport, y compris le premier pansement, et 9 fr. pour les ouvertures de cadavres et autres opérations difficiles. — Art. 17.

98. — Les sages-femmes reçoivent 3 francs par visite à Paris, 2 francs partout ailleurs. — Art. 18.

99. — Les experts sont taxés à 5 fr. par vacation (rapport compris) à Paris. Les vacations de nuit sont payées moitié en sus. — Art. 22. — Il ne peut être alloué pour chaque journée que deux vacations de jour et une de nuit. — *Ibid.*

100. — Les médecins et chirurgiens chargés de procéder à des opérations chimiques ont droit à la même indemnité que les experts. — Instr. gén. 1826, p. 37, n° 18. — Teulet, d'Auvilliers et Sulpicy, *Codes franç.*, sur l'art. 17 du tarif.

101. — Les traductions par écrit sont payées par chaque rôle 1 fr. 25 c. à Paris; dans les villes de 40,000 âmes et au-dessus 1 fr., autres 75 c. — Art. 23.

102. — Les taxes des témoins ne sont payées que sur leur acquit. Elles sont toujours mises au bas des citations. — Instr. gén. 1826, p. 41, n° 24; déc. garde des sceaux des 13 nov. 1818 et 30 avr. 1819. — Dalmas, p. 65.

103. — Les témoins sont taxés à raison de 2 fr. à Paris, 1 fr. dans les villes de 40,000 âmes et au dessus et 75 c. ailleurs. — Décr. 1811, art. 27. — Ceux du sexe féminin et les enfans reçoivent 1 fr. 25, 1 fr. et 75 c. — Art. 28. — Lorsqu'ils sont domiciliés à plus d'un myriamètre du lieu où ils doivent être entendus, ils sont taxés à raison de la distance qu'ils ont parcourue. — Décr. 7 avr. 1813 — V. aussi la circulaire du 16 août 1842. — Dalmas, *Supplément*, p. 51 et suiv.

104. — Les témoins qui reçoivent un traitement à raison d'un service public n'ont droit qu'au remboursement de leurs frais de voyage. — Art. 32. — Cependant les gendarmes, gardes champêtres et gardes forestiers sont exceptés de cette règle. — Décr. 7 avr. 1813, art. 3.

105. — Les témoins qui n'ont reçu qu'un simple avertissement ont droit à la taxe comme ceux qui ont reçu une citation. — Déc. garde des sceaux, 30 mai 1826. — Dalmas, p. 76.

106. — Les jurés qui se transportent à plus de deux kilomètres de leur résidence ont droit à des frais de voyage. — Décr. 1811, art. 35.

107. — Les gardiens spéciaux des scellés sont taxés à 2 fr. 50 c. à Paris, 2 fr. dans les villes de 40,000 âmes et au-dessus et 1 fr. dans les autres. — Décr. 1811, art. 37.

108. — Les animaux mis en fourrière n'y doivent pas rester plus de huit jours à moins de nécessité absolue. — Art. 39. — Dalmas, p. 82. — Les magistrats peuvent ordonner la vente des animaux mis en fourrière et des objets périssables. — Art. 40.

109. — Il est dû aux greffiers des cours d'appel, des tribunaux correctionnels et des tribunaux de police, suivant les cas, des droits d'expédition, des droits fixes et des indemnités, indépendamment de leur traitement fixe. — Décr. 1811, art. 41; circ. min. du 30 déc. 1812. — Dalmas, p. 89 et suiv.

110. — L'indemnité leur est allouée pour assistance à l'exécution des arrêts criminels. — Art. 45.

111. — Les droits d'expédition dus aux greffiers des maires agissant comme juges de police sont les mêmes que ceux des greffiers des autres tribunaux de police. — Art. 47.

112. — Les droits d'expédition sont fixés à 40 c. par rôle. — Art. 48. — Lorsque sur une feuille il y a plus de quinze lignes et moins de quarante-trois, il est passé en taxe un demi-rôle. — Dalmas, p. 130.

113. — Les droits fixes pour les extraits sont réglés à 60 cent., quel que soit le nombre de rôles de chaque extrait. En matière forestière, ces rôles ne sont que de 25 cent. — Art. 50.

114. — Les greffiers ne peuvent délivrer aucune expédition, copie ou extrait, sans les avoir soumis au ministère public, qui doit viser les expéditions. — Art. 57.

115. — Il n'est rien alloué aux greffiers pour les écritures qu'ils sont tenus de faire sous la dictée ou l'inspection des magistrats, ni pour la minute d'aucun acte quelconque, non plus aussi que pour les simples renseignemens qui leur son demandés par le ministère public. — Art. 63.

116. — Il n'est rien dû non plus aux greffiers pour dresser, en exécution de l'art. 183, C. inst. crim., l'état des pièces servant à conviction. — Garnier-Dubourgneuf, *Man. des frais de just. crim.*, p. 46.

117. — Pour éviter les frais de signification des jugemens de simple police, on donne avis des condamnations aux individus qu'elles concernent, pour qu'ils puissent les exécuter. — Circul. min. 15 déc. 1833; 20 sept. 1834; Inst. du dir. de l'enreg., 27 déc. 1833. — Dalmas, *Suppl.*, p. 75.

118. — Les greffiers n'ont droit qu'à un émolument fixe pour les extraits qu'ils sont tenus de dresser. — Art. 44. — Circul. min. 6 déc. 1840. — Dalmas, *Suppl.*, p. 80 et suiv.

119. — Les huissiers n'ont aucun traitement fixe, il leur est seulement alloué des salaires à raison des actes confiés à leur ministère. — Art. 67.

120. — Le tarif de 1811 étant muet sur un émolument qui serait alloué à l'huissier pour chaque appel de cause en matière criminelle, correctionnelle ou de simple police, il en résulte que cet émolument ne peut être réclamé. — Déc. min. 24 août 1813; 8 oct. 1819; 29 août 1821; 11 juin, 23 juill., 9 oct. 1822 et 21 déc. 1831. — Dalmas, p. 172.

121. — Le salaire des huissiers en matière criminelle est réglé par l'art. 71 du tarif. Le § 5 de cet article, relatif aux frais de capture, a été remplacé par un nouveau tarif établi dans l'art. 3 du décret du 7 avr. 1813.

122. — Les art. 75 et suiv. traitent des procès-verbaux de perquisition. Il ne doit être payé dans une même affaire qu'un seul procès-verbal de perquisition pour chaque individu, quel que soit le nombre des perquisitions qui ont été faites dans la même commune. — Art. 76.

123. — Le salaire des recors est toujours à la charge des huissiers qui les ont employés. — Art. 78.

124. — Les frais de voyage et de séjour des magistrats qui sont délégués pour faire partie d'une cour d'assises sont réglés à 15 fr. par jour par le décret du 30 janvier 1811, contenant réglement pour les dépenses judiciaires, et par celui du 18 juin suivant, art. 87. — Garnier-Dubourgneuf, p. 70.

125. — Une ordonnance royale du 17 mai 1832 a divisé les départemens en quatre classes et fixé, pour la présidence des assises des départemens compris dans chacune de ces classes, des indemnités de 700, 600, 500 et 400 fr., calculées sur la distance à parcourir pour se rendre du chef-lieu de la cour d'appel à celui de la cour d'assises, sur la durée moyenne des sessions et sur la population de la ville où les assises se tiennent. — Dalmas, p. 239.

126. — Lorsque les magistrats se transportent pour faire un acte prescrit par le Code d'instruction criminelle, ils reçoivent 9 fr. par jour, et s'ils dépassent une distance de plus de deux myriamètres, l'indemnité est de 12 fr. par jour. — Art. 88.

127. — L'indemnité de transport des médecins, chirurgiens, experts, interprètes et jurés est fixée à 2 fr. 50 c. par myriamètre en allant et en revenant; celle des sages-femmes, témoins, huissiers, gardes champêtres et forestiers, à 1 f. 50 c. — Art. 91.

128.—L'indemnité de 2 fr. 50 c. est portée à 3 fr. et celle de 1 fr. 50 c. à 2 fr. pendant les mois de novembre, décembre, janvier et février.—Art. 94.

129.—Les indemnités de séjour sont: 1° pour les médecins, chirurgiens, experts et interprètes, de 4 fr. à Paris, 2 fr. 50 c. dans les villes de 40,000 âmes et au-dessus, 2 fr. partout ailleurs; 2° pour les sages-femmes et témoins, de 3 fr. à Paris, 2 fr. dans les villes de 40,000 âmes et au-dessus, 1 fr. 50 c. partout ailleurs.—Art. 96.

130.—Les frais de voyage des greffiers, notaires, avoués et autres dépositaires de pièces sont assimilés à ceux des médecins et chirurgiens. — Tarif de 1811, art. 15.

131.—Les frais de séjour ne sont pas dus aux dépositaires qui reçoivent un traitement quelconque, soit de l'état, soit des administrations, soit des établissemens publics et des communes.—Instr. gén. 1826, p. 35, n° 16.

132.— Les art. 98 et suiv. désignent quels sont les magistrats qui ont droit au contre-seing et à la franchise des lettres et paquets qu'ils reçoivent d'autres autorités constituées.

133.—Les actes pour lesquels des frais d'impression peuvent être pris sur les fonds généraux des frais de justice criminelle sont énumérés dans l'art. 104.—Tous les actes qui doivent être publiés et affichés sont imprimés en placard, conformément à un modèle dressé à l'imprimerie du gouvernement. —Art. 105.

134. — L'art. 113 du Tarif de 1811 décidait qu'il serait fait un réglement par le ministre de la justice pour déterminer les dépenses nécessaires pour l'exécution des arrêts criminels. En effet, ce réglement a été publié le 3 octobre 1811. Mais les changemens qui ont été introduits depuis dans nos lois pénales ont nécessité la publication de dispositions nouvelles sur cet objet, et le réglement du 3 oct. 1811 a été remplacé par un autre réglement du 31 juill. 1832.— Dalmas, p. 305.

TARIF (Expropriation pour utilité publique).

V. EXPROPRIATION POUR UTILITÉ PUPLIQUE, nos 1304 et suiv.

TARTRE.

Ateliers consacrés au raffinage du tartre; — troisième classe des établissemens insalubres. — V. ÉTABLISSEMENS INSALUBRES (nomenclature).

TAXE.

La taxe des frais est l'opération par laquelle les magistrats déterminent quels droits ou émolumens doivent être alloués aux officiers publics ou ministériels à raison des actes qu'ils ont dressés. La taxe se fait conformément aux divers tarifs des procédures civiles ou criminelles. — V. AVOUÉ, COMMISSAIRE PRISEUR, FRAIS ET DÉPENS (mat. civ.), FRAIS ET DÉPENS (mat. crim.) HUISSIERS, NOTAIRES, TARIF.

TEINTURE, TEINTURIER.

1. — Teinturiers pour les fabricans et les marchands; — patentables imposés à un droit fixe de 3 fr. par ouvrier jusqu'au maximum de 300 fr; — droit proportionnel du vingtième de la valeur locative de l'habitation, des magasins de vente complétement séparés de l'établissement et du quarantième de cet établissement.

2. — Marchands en gros de matière première pour la teinture: patentables de première classe; —droit fixe basé sur la population; droit proportionnel du quinzième de la valeur locative de l'habitation et des locaux servant à l'exercice de la profession.

3. — Teinturiers dégraisseurs pour les particuliers, — teinturiers en peaux; — patentables de sixième classe; —même droit fixe que les précédens, sauf la différence de classe; — droit proportionnel du vingtième de la valeur locative de l'habitation et des locaux servant à l'exercice de la profession.

4. — Ateliers des teinturiers, établissemens des teinturiers dégraisseurs : troisième classe des établissemens insalubres.—V. ETABLISSEMENS INSALUBRES (nomenclature).

TÉLÉGRAPHE.

Table alphabétique.

Administrateur adjoint, 55 s., 60.
Administrateur en chef, 55 s.
Administration des télégraphes, 54 s.
Bris de télégraphe, 26, 53.
Circonstances atténuantes, 18.
Conseil d'administration, 57 s.
Directeur, 64 s.
Elève inspecteur, 73.
Fonctionnaire (correspondance directe), 11 s. — (correspondance indirecte), 13.
Historique, 4 s., 27.
Inspecteur, 67 s.
Loi du 9 février 1850, art. 1er, 37.
Pénalité, 18, 24, 26, 53.
Pigeon, 20.
Secret des dépêches, 47, 75 et s.
Serment des employés, 47, 75 s.
Stationnaire, 74.
Télégraphe aérien, 2 s. — (lignes existantes), 7 s. — aérien (usage privé), 14 s., 21 s.
Télégraphe électrique, 2, 27 s. — électrique (établissement), 31 s. — électrique (usage privé), 38 s., 43 s. — électrique (usage privé; examen des dépêches), 44. — électrique (usage privé; interdiction), 45. — électrique (usage privé; ordre de transmission des dépêches), 51. — électrique (usage privé; responsabilité de l'état), 48.
Télégraphe privé (interdiction), 15 s.
Traducteur, 62 s.

TÉLÉGRAPHE. — 1. — Le télégraphe est un instrument ou appareil destiné à transmettre rapidement les ordres, avis ou renseignemens à des distances éloignées.

2. — Les télégraphes sont ou aériens ou électriques; examinons chacun d'eux séparément.

§ 1er. — *Télégraphes aériens* (n° 3).

§ 2. — *Télégraphes électriques* (n° 27).

§ 3. — *Administration des télégraphes* (n° 54).

—

§ 1er. — *Télégraphes aériens*.

3. — La transmission prompte et fidèle des ordres et dépêches est l'une des premières conditions d'un bon gouvernement. Aussi a-t-on cherché à toutes les époques à utiliser dans ce but soit la grande vitesse du son, soit la transmission presque instantanée de la lumière, soit enfin le fluide électrique lui-même dès qu'il fut bien connu des physiciens. — Mais l'art de la télégraphie n'a pris un corps, et il n'est passé à l'état de théorie dans la pratique avec une valeur réelle et incontestable que depuis l'invention du télégraphe aérien.

4. — Cette invention qui ne remonte pas au delà de l'année 1792, est due à Chappe neveu du célèbre abbé de ce nom, qui, le 22 mars de cette année en exposa le mécanisme et les avantages à l'Assemblée législative. Il assurait que la vitesse obtenue par son procédé dans le service de la correspondance officielle serait telle que le corps législatif pourrait faire parvenir des ordres à nos frontières et en recevoir la réponse pendant la durée d'une même séance. Cette communication fut soumise à une étude approfondie, et, après des essais décisifs, la Convention décora Chappe du titre *d'ingénieur télégraphe*, et décida la création de la ligne de Lille.

5. — Cette ligne fut achevée vers la fin de 1794 et débuta par l'annonce d'une victoire. Le 30 nov. 1794, Carnot lut à la Convention une missive laconique arrivée par le télégraphe et ainsi conçue: *Condé être rendue à la République: la reddition avoir eu lieu ce matin à six heures.* La Convention décréta que l'armée du Nord continuait à bien mériter de la patrie, et que ce décret lui serait porté par le télégraphe. Avant la fin de la séance, la Convention apprenait que ses ordres étaient exécutés, que son décret était arrivé à Lille et que le reçu en était parvenu à Paris.... Cinquante ans plus tard cette même ligne de Lille devait disparaître la première devant le télégraphe électrique. — V. *infrà* n° 32.

6 — En 1798 on construisit la ligne d'Ausbourg. En l'an VII le Directoire commença la ligne du Midi, qui s'arrêta à Dijon et ne fut point mise immédiatement en activité. En 1805 Napoléon décréta la ligne de Paris à Milan. La Restauration construisit celle de Lyon à Toulon.

7. — La ligne aérienne de Lille étant aujourd'hui remplacée par la ligne électrique (V. *infrà*) les quatre lignes aériennes actuellement existantes sont celles de Strasbourg, Brest, Bayonne et Toulon. Une ligne secondaire joint Avignon à Bordeaux sur laquelle, au point de Narbonne, un embranchement est dirigé sur Perpignan. — Une ordonnance du 16 oct. 1846 a prolongé la ligne de Bayonne à la frontière d'Espagne.

8. — Aujourd'hui donc la France se trouve couverte d'un vaste réseau de télégraphes aériens dont la principale artère partant de Paris traverse Dijon, descend jusqu'à Lyon et Avignon, puis remonte à l'Ouest, passe par Montpellier et Toulouse, remonte vers le nord-ouest pour gagner Bordeaux et de là revient à Paris par Poitiers et Tours.

9. — Grâce à cette continuité non interrompue, les dépêches d'un point quelconque de cette ligne peuvent atteindre Paris par deux routes différentes; et l'on conçoit de quelle utilité est cette disposition lorsque par l'effet des brumes, ou par accident, la communication se trouve arrêtée en plusieurs postes. Les dépêches n'en arrivent pas moins à Paris, en prenant alors le chemin le plus long. C'est ainsi qu'au mois de juin 1849, des nouvelles de Lyon furent reçues par la voie de Bordeaux.

10. — Aussi la télégraphie est-elle devenue un puissant ressort de notre gouvernement. Apercevoir presque instantanément tout ce qui se passe aux distances les plus éloignées, réagir sur ces points par des ordres immédiats, prévenir, diriger tous les grands événemens avant que les masses, ayant pu en obtenir connaissance, se laissent effrayer, arrêter ou entraîner par eux éviter ainsi les bouleversemens, protéger les frontières; satisfaire à des besoins pressans, réparer des désastres, donner aux rapports administratifs et diplomatiques la promptitude pour ainsi dire de la volonté dirigeante, telle est l'immense et haute fonction que la télégraphie est chargée de remplir. — Leverrier, rapport présenté à l'Assemblée nationale le 23 janv. 1850.

11. — Les correspondances qui peuvent s'échanger entre l'administration centrale et les divers fonctionnaires publics répartis sur le territoire français ne sont pas les seules susceptibles de transmission par voie télégraphique. Les correspondances entre les divers fonctionnaires peuvent également s'échanger sous les distinctions que nous allons indiquer.

12 — Les fonctionnaires publics qui indépendamment de l'administration centrale ont le droit de correspondre directement par la voie télégraphique sont les préfets et sous-préfets procureurs généraux et procureurs de la République, généraux commandant les divisions et subdivisions militaires, commandans de place, directeurs d'artillerie ou du génie, préfets maritimes, commissaires de marine, chefs de service. — Déc. min. 10 juill. 1844.

13. — En ce qui concerne les autres fonctionnaires, ils ne peuvent correspondre par voie télégraphique qu'autant que les dépêches expédiées par eux se trouvent revêtues du visa des autorités ayant le droit de transmission directe. — *Ibid.*

14. — Il arrive en outre quelquefois que l'autorité a pu exceptionnellement, dans des intérêts privés autoriser pour des causes graves et spéciales l'emploi du télégraphe. Aucune difficulté ne peut du reste s'élever sur ce point, l'autorité restant toujours libre maîtresse d'accorder ou de refuser la dépêche sollicitée, et qui lui est d'ailleurs préalablement communiquée.

15. — Mais convient-il que l'usage des télégraphes soit accessible aux particuliers en ce sens qu'il puisse être établi des télégraphes privés? Telle est la grave question qui pour la première fois se présenta en 1833, par suite de l'établissement de quelques lignes télégraphiques privées, et qui a donné lieu à la loi du 2 mai 1837.

16. — En présentant cette loi destinée à assurer le monopole de l'état, le ministre, dit M. Duvergier (*Collect. des lois*, t. 37 p. 109), dit qu'il y avait nécessité de confier au gouvernement seul l'usage des signaux télégraphiques; que si les entreprises pouvaient fonder des établissemens semblables, les fauteurs de troubles et de désordres y trouveraient un moyen efficace pour l'exécution de leurs projets. Il a reconnu que jusqu'à ce jour l'emploi des signaux avait été consacré par les particuliers à la transmission de nouvelles commerciales; mais qui peut assurer a-t-il dit qu'il en soit toujours ainsi? Comment ne pas craindre que

la politique ne s'empare de ce levier puissant une fois qu'il aura été créé?

17. — Examinant ensuite la question de savoir s'il ne serait pas possible de concilier les intérêts de l'ordre public avec ceux de l'industrie, au moyen d'une surveillance près les télégraphes particuliers, le ministre déclarait qu'à son grand regret le gouvernement croyait ce résultat impossible. « Sans doute, disait-il, les agens que nous avons nommés transmettront fidèlement les dépêches qui leur seront remises par notre intermédiaire. Nous mêmes nous aurons soin d'examiner les dépêches et de ne laisser passer que celles qui nous paraîtront innocentes; mais comment être certain qu'un sens caché n'aura pas été attaché en vertu de certaines conventions aux phrases les plus inoffensives en apparence? Et ceci n'est pas une supposition gratuite : il est arrivé que le gouvernement déterminé par des circonstances spéciales à donner une autorisation qu'il refuse presque toujours et croyant transmettre un ordre destiné à sauver la fortune et l'honneur d'une famille, a transmis sans le savoir des nouvelles de bourse et des élémens de spéculation. — C'est déjà un grand mal, et qui doit le mettre en garde contre les dépêches qui n'émanent pas de lui; mais s'il lui arrivait de faire passer ainsi des ordres destinés à le détruire, s'il s'instituait l'agent de ses propres ennemis, le ridicule d'un pareil rôle le disputerait seul à ses périls. »

18. — Conformément à la pensée du gouvernement, les chambres adoptèrent la disposition qui forme l'article unique de la loi du 2 mai 1837 : « Quiconque, porte cet article, transmettra sans autorisation des signaux d'un lieu à un autre, soit à l'aide de machines télégraphiques, soit par tout autre moyen, sera puni d'un emprisonnement d'un mois à un an et d'une amende de 1000 à 10,000 fr. — L'art. 463 du Code pén. est applicable aux dispositions de la présente loi; le tribunal ordonnera la destruction des postes, des machines ou moyens de transmission. »

19. — « Cette loi, disait M. Portalis, rapporteur à la chambre des députés, crée des délits, des contraventions qui ne laissent pas au juge la liberté de rechercher l'intention de leurs auteurs, mais seulement le soin de vérifier le fait de la désobéissance. Elle constitue illicite un acte qui de sa nature et considéré en lui-même peut être parfaitement innocent; votre commission vous propose de remédier à cet inconvénient par un amendement qui a pour but de donner au juge la faculté d'adoucir, selon les cas, la peine portée par la loi. »

20. — La loi du reste ne parle que des *signaux* : or, « dans aucun cas un pigeon ne peut être assimilé à un *signal*, la valeur grammaticale des mots employés par les rédacteurs du projet de loi se refuse donc à cette interprétation. » — Même rapport.

21. — Et même quant aux *signaux*, la prohibition peut être levée, car la loi ne prohibe que l'emploi *non autorisé*, autorisation qu'évidemment les préfets seuls et non les maires peuvent accorder, attendu qu'il s'agit de mesures de police générale.

22. — Un amendement avait été proposé portant que le délit n'existerait qu'autant que la transmission s'opérerait *à l'aide de stations intermédiaires ou de France ou de l'étranger*. — Cette proposition fut rejetée sur l'observation présentée par le rapporteur que suivant les localités, et en employant des signaux ignés, on pourrait communiquer à des distances considérables et qu'ainsi le but de la loi pourrait être éludé.

23. — « Un autre amendement fut proposé, ayant pour but d'ajouter après les mots *quiconque transmettra*, ceux-ci, *ou fera transmettre*. Mais il fut repoussé sur l'observation du rapporteur, que le particulier qui *ferait transmettre* un message par la voie des signaux sans y être autorisé, le ferait, ou pour faciliter l'accomplissement de projets coupables, et dans ce cas serait auteur ou complice d'un crime ou d'un délit plus grave que celui que punit la loi discutée et serait poursuivi et puni comme tel, ou qu'il userait de ce genre de communication pour une correspondance innocente et sans s'informer si la permission de se servir de télégraphe et des signaux a été ou non accordée, et que dans ce cas il pourrait avoir commis une imprudence, mais non un délit punissable par la loi, puisque son action ne présenterait pas de gravité. »

24. — « Il en sera toujours autrement, continuait le rapporteur, de celui ou de ceux qui auront établi une ligne télégraphique non autorisée. Par le seul fait de cet établissement, ils sont passibles des mêmes peines que celui qui transmet les signaux, puisqu'ils ont fourni les instrumens nécessaires à la perpétration du délit, et que dès-lors ils ne peuvent se soustraire à l'application des peines prononcées en cas de complicité. »

25. — M. Delespaul avait proposé de laisser aux tribunaux le soin de prononcer sur la question d'indemnité à payer à ceux qui auraient établi des lignes télégraphiques avant la loi prohibitrice. — La chambre rejeta cette proposition sur l'observation que fit la commission que ce serait préjuger la question de savoir si une indemnité était due.

26. — Mentionnons en terminant qu'aux termes d'une loi du 24 mai 1834 : « Sont punis de la détention les individus qui ont brisé ou détruit un ou plusieurs télégraphes, ou qui ont envahi à l'aide de violences ou de menaces un ou plusieurs postes télégraphiques. » — L. 24 mai 1834, art. 9, § 3.

§ 2. — *Télégraphes électriques.*

27. — En même temps que l'invention des chemins de fer multipliait les rapports entre les particuliers et ouvrait des communications d'une grande rapidité entre les divers pays, la découverte et la création du télégraphe électrique sont venues donner à la pensée humaine des voies nouvelles d'une célérité jusqu'alors inconnue. — De ces deux grandes inventions attachées l'une à l'autre et se prêtant un mutuel secours, ressort un nouvel état de choses qui doit profondément modifier les relations sociales.

28. — Le télégraphe aérien, quoique imparfait, a pu suffire à l'administration du pays pendant que les transports s'effectuaient au moyen des diligences et des malles-postes qui atteignaient au plus vite la vitesse de quatre lieues à l'heure. Les nouvelles des événemens qui s'étaient passés dans la soirée pouvaient seules prendre pendant la nuit une avance de quelque importance sur le télégraphe. Sauf le cas trop fréquent des brumes, le télégraphe reprenait le lendemain ses avantages. Mais il n'en peut plus être ainsi depuis l'invention des chemins de fer, sur lesquels on parcourt aisément douze lieues à l'heure. — Le gouvernement n'aurait plus aucune avance sur les particuliers, et ainsi les avantages du télégraphe aérien seraient annulés.

29. — Aussi dans presque tous les pays on a regardé l'établissement des lignes télégraphiques électriques comme le complément indispensable des voies de fer. — « L'Angleterre, surtout, dont le commerce et l'industrie appelaient cette voie rapide de transmission des dépêches, s'est livrée avec ardeur à la construction d'un système complet qui rayonne de Londres sur Douvres, Brigthon et Southampton au sud; sur le littoral de la mer du nord à l'est; sur Birmingham, Liverpool, Manchester à l'ouest; sur York, Édimbourg et Glascow au nord. — Ce système met ainsi en communication presque instantanée plus de cent cinquante villes, et s'étend sur un réseau de chemins de fer d'environ sept mille cinq cent kilomètres. » — Exposé des motifs de la loi du 9 fév. 1850, présentée le 4 oct. 1849 à l'Assemblée législative par M. Dufaure, ministre de l'intérieur.

30. — « Les différens états de l'Allemagne, continue le même exposé, malgré les commotions politiques qui les ont agités, ont consacré de fortes sommes à l'établissement de leurs lignes télégraphiques électriques; la Prusse, entre autres, en a, l'année dernière et cette année même, construit plus de dix-huit cents kilomètres. »

31. — La création des lignes télégraphiques électriques est loin, chez nous, d'être encore aussi avancée; car ce n'a été qu'à la fin de 1844 qu'une loi du 28 novembre affecta un crédit de 240,000 francs à l'établissement du télégraphe électrique de Paris à Rouen. Ce n'était du reste, dans la pensée du gouvernement, qu'un essai : il réussit.

32. — Deux années environ plus tard, le 3 juillet 1846, une autre loi affectait un nouveau crédit de 489,650 francs à l'établissement de la ligne électrique de Paris à Lille et à la frontière belge. Comme la ligne de Rouen, cette nouvelle ligne n'a cessé, depuis son établissement, de fonctionner avec la plus grande régularité et de rendre de nombreux, d'incontestables services.

33. — Cependant, depuis la loi de juillet 1846, aucun crédit n'a été affecté à la construction de nouvelles lignes de télégraphie électrique; les pouvoirs législatifs n'ont pas même été appelés à s'en occuper.

34. — Le gouvernement républicain n'a pas cru devoir rester ainsi en arrière. « En présence des progrès des autres nations, disait M. Dufaure (même exposé des motifs), nous ne saurions nous en tenir aux lignes de Rouen et de Lille. L'expérience a parlé; les peuples voisins nous ont de beaucoup devancés; il est urgent, nous le croyons, de sortir de cette situation. »

35. — Néanmoins, en considération de l'état du trésor et par des motifs d'économie, le même ministre ne demandait l'établissement immédiat que des trois lignes de Paris à Angers, de Paris à Tonnerre et de Rouen au Havre, estimées devoir coûter elles seules à peu près 686,000 francs. — Une somme totale de 1,204,905 francs avait été indiquée comme nécessaire pour l'établissement de la télégraphie électrique, non seulement sur les lignes existantes, mais encore sur celles de Paris à Châlons-sur-Marne, d'Orléans à Nevers, d'Orléans à Châteauroux, de Lille à Dunkerque; mais le ministre avait reculé devant le chiffre énorme de la dépense.

36. — Un examen sérieux conduisit la commission nommée par l'assemblée législative à penser que les devis avaient été mal étudiés, et que, sans nuire en rien à la solidité des constructions, il était possible de réduire à la somme totale de 900,677 francs, au lieu de 1,204,905 francs, le montant des crédits nécessaires à l'exécution complète du système de télégraphie électrique. — « Votre commission, disait M. Leverrier (rapport du 23 janvier 1850), après s'être assurée que M. le ministre de l'intérieur n'avait reculé que devant la question d'argent, après avoir reconnu que de notables économies pouvaient être apportées, s'est décidée à vous proposer d'ordonner dès à présent l'exécution des lignes de Paris à Châlons-sur-Marne, d'Orléans à Nevers, d'Orléans à Châteauroux et le prolongement jusqu'à Dunkerque de la ligne électrique qui en ce moment s'arrête à dix lieues de cette dernière ville. »

37. — Cette proposition de la commission fut accueillie par l'assemblée législative qui, dans la séance du 9 février 1850, vota sans discussion l'article suivant : « Il est ouvert au ministre de l'intérieur un crédit de 900,677 francs pour l'établissement des sept lignes télégraphiques suivantes, savoir : de Paris à Angers, 268,266 fr.; de Paris à Tonnerre, 148,134 fr.; de Rouen au Havre, 77,388 fr.; de Paris à Châlons-sur-Marne, 134,378 fr.; d'Orléans à Nevers, 147,573 fr.; d'Orléans à Châteauroux, 75,734 fr.; de Lille à Dunkerque, 49,164 fr. Total : 900,677 fr. » — L. 9 févr. 1850, art. 1er.

38. — Nous avons vu (*suprà*, nos 15 et suiv.) que l'usage des télégraphes aériens est réservé exclusivement à l'état; le même monopole devait-il être consacré quant à l'usage des télégraphes électriques? Telle est la question qu'on s'est tout d'abord posée.

39. — Nous croyons, disait à cet égard M. Dufaure, ministre de l'intérieur (exposé des motifs du 4 octobre 1849) que les inconvéniens qu'il y aurait à livrer au public l'usage des télégraphes électriques ont été beaucoup exagérés, et nous pensons qu'avec toutes les garanties que l'administration saura prendre, tant pour se réserver exclusivement le droit de transmission des dépêches que pour le suspendre même totalement dans les circonstances qui lui paraîtraient dangereuses pour l'ordre et la sécurité publique, l'usage des télégraphes électriques permis aux particuliers n'offrira pas plus de dangers que celui des chemins de fer et les instrumens de progrès en général. Nous ajouterons que l'envoi de toute dépêche sera soumis à des tarifs qui produiront, nous en avons l'espoir, des sommes assez importantes pour compenser en partie les charges imposées à l'état pour la construction et l'entretien de ces lignes. »

40. — Cependant un examen attentif, tant de la part de la commission que du ministre, et des études faites à l'étranger, ayant fait ressortir toute la gravité de la question, un projet spécial fut soumis au conseil d'état qui l'accueillit favorablement. En conséquence, à la séance du 1er mars 1850, le ministre de l'intérieur présenta à l'assemblée législative un projet de loi sur la télégraphie privée, projet qui, renvoyé par elle à l'examen d'une commission, n'a pas encore subi l'épreuve de la discussion, mais sera, selon toute vraisemblance, converti prochainement en loi définitive, du moins dans toutes ses dispositions fondamentales.

41. — « Dans presque tous les pays, portait l'exposé des motifs, on a regardé l'établissement des lignes télégraphiques comme le complément obligé de l'existence des chemins de fer. D'une part, la sécurité des voyageurs s'est singulièrement accrue par la possibilité d'annoncer à l'avance tous les accidens arrivés à la voie de fer et par la faculté de signaler à chaque instant tous les incidens relatifs à la marche des convois; d'un autre côté, les administrations des chemins de fer regardent à bon droit la correspondance télégraphique comme un moyen assuré d'obtenir et une plus grande régularité dans le service et une plus grande économie; et, en fait, les compagnies ont demandé avec

instance et obtenu l'établissement de télégraphes électriques.

42. — « Déjà, continue le même exposé plusieurs pays sont largement entrés dans cette voie; aux États-Unis, en Angleterre, en Hollande, dans le royaume de Prusse, les particuliers sont admis à correspondre par les signes électriques. En présence d'un mouvement aussi général, il paraît impossible que le gouvernement français refuse de faire participer le commerce et l'industrie de notre pays aux facilités merveilleuses d'une correspondance qui fait gagner du temps, c'est-à-dire l'élément le plus précieux dans les affaires. Toutefois on ne peut se dissimuler que la concession du libre usage du télégraphe, quelque utile qu'elle soit en général, ne puisse présenter, en certains cas, de véritables dangers... Il convient donc de prendre certaines précautions pour conserver la priorité aux dépêches de l'administration et empêcher, s'il se peut, le mauvais usage qu'on pourrait faire du nouveau droit que l'on concède. » — Tels sont les motifs qui ont déterminé les auteurs du projet dont nous croyons utile de faire connaître les dispositions.

43. — « Il est permis, porte l'art. 1er, à toutes personnes de correspondre, au moyen du télégraphe électrique de l'état, par l'intermédiaire des fonctionnaires de l'administration télégraphique. La transmission de la correspondance télégraphique privée est toujours subordonnée aux besoins du service télégraphique de l'état. »

44. — « Les dépêches, écrites lisiblement en langage ordinaire et intelligible, datées et signées des personnes qui les envoient, sont remises par elles ou par leurs mandataires au directeur du télégraphe. Ce fonctionnaire peut, dans l'intérêt de l'ordre public et des bonnes mœurs, refuser de transmettre les dépêches. En cas de réclamation, il en est référé, à Paris, au ministre de l'intérieur, et, dans les départemens, au préfet ou au sous-préfet qui, sur le vu de la dépêche, statue d'urgence. — Si, à l'arrivée au lieu de destination, le directeur estime que la communication d'une dépêche peut compromettre la tranquillité publique, il en réfère à l'autorité administrative qui a le droit de retarder ou d'interdire la remise de la dépêche. » — Art. 2

45. — La correspondance télégraphique privée peut être suspendue par le gouvernement, soit sur une ou plusieurs lignes séparément, soit sur toutes les lignes à la fois. » — Art. 3.

46. — A l'occasion de cet article, le ministre disait : « après avoir pris les précautions suggérées par la prudence contre ceux des inconvéniens de la correspondance télégraphique privée qu'on peut découvrir par des signes extérieurs, on est encore obligé de se ménager des ressources contre les dangers cachés qui sont encore plus redoutables. Contre ce péril il n'y a, il faut l'avouer, qu'un seul remède, c'est la suspension de correspondance. Quand les complots s'ourdissent dans l'ombre, quand les fils d'une grande conspiration s'étendent sur tout le pays, quand un danger certain, quoique mystérieux, vient mettre en péril la chose publique, le ministre de l'intérieur dont le devoir est de pénétrer ce mystère, de suivre ce lent travail, de déchirer ce voile, le ministre de l'intérieur fera appel à la sagesse de ses collègues, il soumettra la question au conseil, et un arrêté pris en conseil des ministres viendra, en signalant le danger, appliquer le remède. »

47. — Tout fonctionnaire public qui viole le secret de la correspondance télégraphique est puni des peines portées en l'art. 187 du Code pénal. Un serment professionnel, dit l'exposé des motifs, rappellera aux agens télégraphiques, la sainteté de cette obligation. — Art. 4.

48. — L'état n'est soumis à aucune responsabilité à raison du service de la correspondance privée, par la voie télégraphique. — Art. 5.

49. — L'art. 6 détermine le tarif suivant lequel les dépêches seront transmises en tenant compte de la distance à parcourir et du nombre de mots à transmettre. — L'art. 7 porte qu'en payant double taxe, les particuliers auront la faculté de recommander leurs dépêches, toute dépêche recommandée devant être vérifiée par une répétition de la dépêche faite par le directeur destinataire.

50. — D'après l'art. 8, il serait, indépendamment des taxes ci-dessus spécifiées, perçu pour le port de la dépêche soit au domicile du destinataire s'il réside au lieu de l'arrivée, soit au bureau de la poste aux lettres, un droit de 50 cent. dans les départemens et de 1 fr. pour Paris. — Art. 8.

51. — Les dépêches sont transmises selon l'ordre d'inscription pour chaque destination. L'ordre des transmissions entre les diverses destinations est réglé de manière à les servir utilement et également. — Toutefois, la transmission des dépêches dont le texte dépasserait cent mots peut être retardée pour céder la priorité à des dépêches plus brèves quoique inscrites postérieurement. — Art. 9.

52. — L'art. 10 est destiné à déterminer l'époque à partir de laquelle la loi nouvelle devra recevoir son exécution; il ajoute que le service de la correspondance télégraphique privée et les dispositions reglementaires de la comptabilité seront réglés par un arrêté concerté entre le ministre de l'intérieur et le ministre des finances.

53. — En l'absence de toute autre prescription, nous ne doutons point que les prescriptions de la loi du 24 mai 1834 (art. 9, § 3), sur le bris des télégraphes aériens, ne doivent être appliquées au bris des télégraphes électriques.

§ 3. — *Administration des télégraphes.*

54. — L'administration des télégraphes, et tout ce qui concerne le service de la télégraphie est régi par l'ordonnance du 24 août 1833, dont il nous reste à reproduire ici les dispositions principales.

55. — L'administration centrale des télégraphes est confiée, sous l'autorité du ministre de l'intérieur, à un fonctionnaire spécial désigné sous le nom d'administrateur en chef des lignes télégraphiques. Il est assisté de deux administrateurs adjoints. — Ordon. 11 sept. 1833, art. 1er.

56. — L'administrateur en chef a la direction, la responsabilité des actes de l'administration. En cas d'empêchement, il est remplacé par l'administrateur premier adjoint. — Même ordon. art. 5.

57. — L'administrateur convoque et préside le conseil d'administration composé avec lui des deux administrateurs adjoints, et auquel sont appelés ensemble ou séparément, avec voix délibérative, les divers chefs de bureaux toutes les fois qu'on y traite des affaires relatives à leur service respectif. En cas de partage dans les délibérations, la voix de l'administrateur en chef est prépondérante. — Même ordonn., art. 6 et 8.

58. — Le conseil d'administration délibère sur le rapport qui lui en est fait par un administrateur ou un chef de bureau : 1° sur le budget général des dépenses; 2° sur la répartition du crédit affecté au matériel ; 3° sur les projets d'établissement de lignes nouvelles, et la suppression, le changement et la création de postes dans les anciennes lignes; 4° sur les créations et suppressions d'emploi; 5° sur les destitutions, suspensions et mises à la retraite des employés (à l'exception des stationnaires); 6° sur tous les réglemens généraux intérieurs; 7° sur les marchés passés pour le compte de l'administration; 8° sur le perfectionnement dont le mécanisme du télégraphe serait susceptible; 9° sur les changemens à apporter au système des signaux et à leur application au langage ordinaire; 10° sur le choix des lignes à inspecter; 11° et généralement sur toutes les autres affaires qui lui sont déférées par le ministre et par l'administrateur en chef. — Art. 7.

59. — L'administrateur en chef soumet à l'approbation du ministre de l'intérieur, les délibérations du conseil sur : 1° le budget de l'administration; 2° sur les projets d'établissement de lignes télégraphiques et la création de postes intermédiaires; 3° sur les créations et suppressions d'emplois ; 4° sur les destitutions et mises à la retraite des employés; 5° sur les marchés pour le compte de l'administration, sauf le cas d'urgence. Les délibérations autres que celles ci-dessus sont exécutoires sans approbation du ministre ; toutefois l'administrateur en chef peut, lorsqu'il le juge nécessaire, suspendre l'effet d'une délibération à la charge d'en référer de suite au ministre de l'intérieur, qui statue sur le vu du procès-verbal de la délibération et sur un rapport contenant l'analyse des diverses opinions. — Art. 8.

60. — L'un des administrateurs adjoints est chargé spécialement de la surveillance du personnel, l'autre de la surveillance du matériel; de plus ils exercent en commun le contrôle et la surveillance du travail des directeurs. — L'un d'eux est toujours de service au bureau des dépêches, dont il signe sur sa responsabilité l'envoi en l'absence de l'administrateur en chef. — Enfin l'un des administrateurs doit faire chaque année une inspection générale des lignes télégraphiques.

61. — Sans compter les chefs de bureau attachés à l'administration centrale, non plus que les agens inférieurs chargés du personnel, des dépenses et de comptabilité, le service actif des lignes télégraphiques comprend des traducteurs, directeurs, inspecteurs, élèves inspecteurs et stationnaires.

62. — Les traducteurs sont au nombre de deux, un traducteur en chef et un traducteur adjoint, tous deux résident à Paris près de l'administration centrale.

63. — Le traducteur en chef du bureau des dépêches est pris parmi les directeurs de première et de seconde classe. Le traducteur adjoint est choisi parmi les directeurs de deuxième et de troisième classe. — Ordonn. 24 août 1833, art. 21

64. — Les directeurs du télégraphe sont chargés de la traduction, de la transmission et de l'expédition des dépêches qui leur sont adressées, soit par le télégraphe, soit par les autorités qui ont droit de correspondre télégraphiquement. — Ordonn. 24 août 1833, art. 12.

65. — Les directeurs sont, quant au traitement, divisés en classes, fixées d'abord à trois par l'art. 2 de l'ordonnance, aujourd'hui portées à quatre. — L'art. 19 détermine les conditions d'avancement pour passer d'une classe à l'autre. — Il existe en outre des directeurs suppléans chargés de remplacer les directeurs en cas d'absence ou de maladie. — Art. 27.

66. — Du reste les attributions de tous les directeurs sont les mêmes. — Chaque directeur exerce à l'égard des inspecteurs que l'administration place sous ses ordres une surveillance et un contrôle qui s'étendent sur toutes les parties du service des inspecteurs. — Art. 13.

67. — Les inspecteurs sont chargés, sous leur responsabilité et chacun dans sa division, d'assurer le passage prompt et fidèle des signaux. — Ordonn. 24 août 1833, art 14.

68. — Ils peuvent prendre à l'égard du personnel de leur division, toutes les mesures provisoires qu'ils croient utiles aux besoins du service. — *Ibid.*

69. — Ils soumettent à l'administration les nominations et destitutions d'employés stationnaires qu'ils jugent nécessaires; elles ne deviennent définitives qu'après avoir été approuvées par l'administrateur en chef. — *Ibid.* — Ils peuvent en outre opérer, au profit des agens zélés et dans les limites déterminées par les réglemens, des retenues et sur les traitemens des stationnaires, à charge de donner chaque mois avis de leurs décisions à l'administration centrale. — *Ibid.*

70. — Ils sont chargés de la comptabilité du personnel et du matériel de leur division, et à cet effet ils sont tenus de présenter à l'administration une garantie hypothécaire de 6.000 fr. pour sûreté de leur gestion ou de fournir un cautionnement de même somme. Les comptes des inspecteurs sont accompagnés des quittances des parties prenantes et autres pièces justificatives. — *Ibid.*

71. — Les inspecteurs sont sous les ordres directs de l'administration. Chaque inspecteur doit en outre se conformer aux instructions qui lui sont données suivant les réglemens par le directeur auprès duquel il est placé. — Art. 15.

72. — Les inspecteurs se divisent en trois classes quant au traitement. — Art. 3. — L'art. 18 détermine les conditions d'avancement pour passer d'une classe à l'autre. — Il existe en outre des inspecteurs provisoires chargés de suppléer les inspecteurs en cas d'absence ou de maladie. — Art. 28.

73. — Au-dessous des inspecteurs prennent rang les élèves inspecteurs dont, aux termes de l'art. 18, un réglement détermine les obligations et les travaux, et qui, depuis l'ordonnance du 14 août 1844, sont choisis pour les quatre cinquièmes parmi les élèves sortant de l'école polytechnique; le dernier cinquième des vacances est réservé aux stationnaires.

74. — Les employés stationnaires répartis à raison de deux stationnaires par poste télégraphique et suppléés en cas de maladie ou d'absence par des surnuméraires, se divisent en trois classes quant au traitement. — Art. 1, 4, 29.

75. — Avant d'entrer en fonctions les directeurs suppléans, les directeurs, les traducteurs du bureau des dépêches et les secrétaires prêtent le serment suivant entre les mains de l'administrateur en chef : « Je jure de garder le secret des dépêches qui me seront confiées, et de ne donner connaissance des documens télégraphiques à qui que ce soit, sans un ordre préalable de l'administrateur en chef. » — Ceux de ces fonctionnaires qui ne résident point à Paris prêtent serment entre les mains de l'autorité supérieure administrative de la localité où ils exercent leurs fonctions.

76. — L'administrateur en chef et les administrateurs adjoints demeurent assujétis au même serment qu'ils prêtent entre les mains du ministre de l'intérieur. — *Ibid.*

TÉMOIGNAGE.

V. FAUX TÉMOIGNAGE et SUBORNATION DE TÉMOINS.

TÉMOIN.

Table alphabétique.

TÉMOIN. — 1. — Etre témoin, c'est attester la vérité d'un fait dont on a la connaissance personnelle.

2. — L'intervention de témoins est nécessaire et admise ou prescrite par la loi aussi bien en matière civile qu'en matière criminelle ; nous examinerons séparément les règles à suivre dans l'un et l'autre cas.

§ 3. — Dispositions spéciales aux diverses juridictions (no 125).

Sect. 1re. — Témoins en matière civile.

3. — En matière civile, il convient de distinguer deux sortes de témoins, les uns appelés *témoins instrumentaires*, les autres *témoins judiciaires*.

§ 1er. — Témoins instrumentaires.

4. — Les témoins instrumentaires sont ceux qui assurent et confirment par leur intervention et leur signature la vérité et la foi des actes.

5. — L'intervention de ces témoins est quelquefois nécessaire auprès de l'autorité, lorsqu'il s'agit pour elle de recevoir ou de délivrer certains actes, tels, par exemple, que les passeports, les certificats de vie ou d'identité, les actes de notoriété reçus dans certains cas par les magistrats ou administrateurs publics.

6. — Elle est surtout exigée dans les actes de l'état civil. — V. ACTES DE L'ÉTAT CIVIL.

7. — Mais le cas le plus fréquent d'intervention de témoins instrumentaires est dans l'assistance que ces témoins donnent aux officiers publics ou ministériels, et principalement aux notaires, pour la confection des actes qu'ils sont chargés de dresser. — V. TÉMOINS INSTRUMENTAIRES.

§ 2. — Témoins judiciaires.

8. — Les témoins judiciaires sont ceux qui, sous le serment, déclarent à la justice ce qu'ils savent sur les faits litigieux.

9. — La loi montre en général une certaine défiance pour ce genre de preuve, qu'elle n'admet avec quelque facilité qu'en matière commerciale ; nous n'avons point, à cet égard, à revenir sur ce que nous avons déjà dit ailleurs. — V. notamment PREUVE TESTIMONIALE.

10. — Quant aux règles à suivre pour l'audition des témoins et les appeler devant la justice ; aux obligations qui leur sont imposées et aux peines qu'ils encourent s'ils ne comparaissent pas ; aux personnes qui peuvent se dispenser de déposer, à celles qui ne peuvent y être admises ou qui peuvent être reprochées ; aux formes à suivre par la réception du témoignage et à la manière de les constater. V. ENQUÊTE.

11. — Nous croyons devoir cependant indiquer ici quelques décisions intervenues depuis l'impression de ce dernier mot, et qu'il importe au lecteur de connaître ; ces décisions, presque toutes relatives aux causes de reproche qui peuvent être alléguées contre les témoins, ne font guère, d'ailleurs, que confirmer les principes que nous avons rappelés et la jurisprudence qui les a précédés. Nous nous bornerons donc à les reproduire sommairement en renvoyant aux numéros correspondans du mot ENQUÊTE.

12. — Jugé que le témoin reprochable, en raison de sa parenté avec l'une des parties, ne peut être entendu à la requête d'une autre partie procédant dans le même instance et dans un intérêt identique. — Caen, 11 mars 1847 (t. 1er 1847, p. 240), Deschandelliers c. Desmares. — V. ENQUÊTE, nos 707 et suiv.

13. — Sont reprochables les témoins produits dans une enquête tendant à interdiction, qui, en qualité de membres du conseil de famille, avaient attesté antérieurement, et comme en ayant une connaissance particulière, les faits exposés dans la requête en interdiction. — Montpellier, 13 juill. 1847 (t. 1er 1848, p. 660), Trussy c. Thomassin.

14. — Il en est ainsi surtout alors que les membres du conseil de famille étaient intervenus volontairement et sans assignation, qu'ils avaient pris en partie du moins, la qualité pour être membre, et que leur conseil, et que leur même été annulée pour cause de dol et de fraude. — Même arrêt.

15. — Mais ne doit pas être admis le reproche proposé contre le témoin qui a fait partie du conseil de famille appelé à donner son avis sur l'interdiction qui motive l'enquête, que cet avis ne soit qu'un avis verbalement donné volontairement et dont parle l'art. 283, C. proc. civ. — Douai, 1er févr. 1847 (t. 1er 1847, p. 461), L... c. D... — V. ENQUÊTE, nos 718 et suiv.

16. — Sont reprochables comme serviteurs, aux termes de l'art. 283, C. proc., les garçons de magasin, et même les commis d'un ordre plus relevé attachés à une maison de commerce. — Douai, 20 mai 1847 (t. 2 1847, p. 228), Jonnart c. Otten et Phalempin.

17. — Mais les employés d'une maison de commerce qui travaillent à tant par jour ou par mois et ne couchent ni ne mangent dans la maison ne

rentrent point dans la classe des serviteurs et domestiques, et ne peuvent, dès-lors, être reprochés dans les contestations intéressant la partie qui les emploie. — Bordeaux, 17 avr. 1848 (t. 2 1849, p. 25), Vallat c. Gournot. — V. ENQUÊTE, nos 758 et suiv.

18. — De même, on ne saurait considérer comme serviteur ou commis à gage et par conséquent reprocher comme tel celui qui, moyennant appointemens fixes, et même une part dans les bénéfices, voyage pour la maison dont il traite les affaires en vertu de procuration. — Douai, 20 mai 1847 (t. 2 1847, p. 228), Jonnart c. Otten et Phalempin.

19. — ...Ou encore celui qui a été placé dans la maison, principalement pour en surveiller les opérations dans l'intérêt d'un tiers. — Même arrêt. — Mais ces personnes ne pourraient-elles pas être considérées comme mandataires et comme telles être reprochées ? — V. ENQUÊTE, no 801.

20. — Celui qui a subi une condamnation pour vol peut être reproché comme témoin, alors même qu'il a subi sa peine. Le Code pénal n'a pas dérogé, sous ce rapport, à l'art.283, C. proc. civ. — Caen, 23 juill. 1840 (t. 2 1846, p. 580), Berthelot. — La raison de cette décision est que, par le fait de cette condamnation, le témoin se trouve flétri d'une note d'infamie, qui permet de le récuser. — V. aussi, en ce sens, Favard de Langlade, v Enquête, t. 2, p. 367, no 13 ; Boncenne, t. 4, p. 331.— Cependant Carré (Lois de la proc., quest., 1420) est d'un avis opposé : il pense que les art. 632, C. instr. crim., et 401, C. pén., n'ont modifié la disposition de l'art. 283, C. proc. civ., qui ne fixe aucun terme passé lequel un condamné à une peine afflictive ou infamante, ou à une peine correctionnelle pour vol, puisse cesser d'être reproché. V. au surplus ENQUÊTE, nos 784 et suiv.

21. — C'est une question controversée entre les auteurs et les cours d'appel, et qui divise même jusqu'aux diverses chambres de la cour de Cassation énumérées dans l'art. 283, C. proc. civ.— V. ENQUÊTE, nos 883 et suiv.

22. — Le dernier état de la jurisprudence témoigne encore de cette divergence. En effet, la cour de Colmar a jugé que les tribunaux ne sont point contraints d'admettre réellement contre les témoins les reproches motivés sur les dispositions de l'art. 283, C.proc.Ils ont, à cet égard, un pouvoir discrétionnaire pour les accueillir. — Colmar, 4 mars 1845 (t. 1er 1847, p. 108), Brand c. Buhrel.

23. — Jugé, au contraire, et c'est la ce qui tend, au surplus, à prévaloir, que lorsque le reproche dirigé contre un témoin peut être l'une des causes énumérées dans l'art. 283, C. proc. civ., et justifié, les juges sont obligés d'écarter sa déposition ; ils n'ont pas, à cet égard, un pouvoir purement discrétionnaire. — Douai, 12 juill. 1845 (t. 2 1847, p. 192), Dagbert ; 1er fév. 1845 (t. 1er 1847, p. 461), L.... c. D...; 1er fév. 1847 (t. 1er 1847, p. 504), Deschandelliers c. Desmares ; 9 mars 1848 (t. 2 1849, p. 25), Brion c. comp. du Phénix.—V. au surplus ENQUÊTE, nos 833 et suiv.

24. — C'est pareillement une question fort controversée que celle de savoir si les dispositions contenues dans l'art. 283, C. procéd. civ., sont limitatives ou énonciatives, et si, en conséquence, les tribunaux peuvent ou non admettre des causes de reproche non spécifiées dans l'article. — V. ENQUÊTE, nos 793 et suiv., et 885 et suiv.

25. — La cour de Colmar a résolu cette question dans le sens du pouvoir des tribunaux. — Colmar, 4 mars 1845 (t. 1er 1847, p. 108), Brandt c. Buhrel. — Et telle est d'ailleurs l'opinion qui tend à prévaloir.

26. — Ainsi, il a été jugé qu'on ne peut admettre à déposer, dans une enquête, civile l'avocat qui a plaidé dans la cause en première instance, bien que ce reproche ne soit pas compris dans l'art. 283, C. proc. civ.—Douai, 1er fév. 1847 (t. 1er 1847, p.461), C... c. L... — V. ENQUÊTE, nos 743 et suiv.

27. — ... L'individu qui se trouve en procès avec la partie contre laquelle il doit déposer et pour des intérêts graves, alors surtout que ce procès présente des points de connexité avec celui de l'enquête. — Douai, 1er fév. 1847 (t. 1er 1847, p. 461), D... — V. ENQUÊTE, nos 826 et suiv.

28. — Toutefois, bien que les causes de reproche énumérées dans l'art. 283 soient considérées par la jurisprudence comme simplement énonciatives, les tribunaux ne doivent user qu'avec beaucoup de réserve du pouvoir d'étendre la nomenclature.

29. — Ainsi, l'animosité présumée exister entre un témoin et l'une des parties, avec laquelle ce

témoin a eu une querelle, ne constitue pas une cause absolue de reproche, sauf aux juges à tenir compte de ces circonstances dans l'appréciation de la déposition.—*Bordeaux*, 9 avr. 1848 (t. 2 1848, p. 25), Vallat c. Gounot.

30. — C'est ainsi que, statuant sur une question fort controversée (V. ENQUÊTE, nos 818 et suiv.), les cours de Douai et de Poitiers ont décidé avec raison suivant nous : 1o que les habitans d'une commune, et par conséquent leurs parens et alliés, peuvent être témoins dans le procès qu'elle soutient, sauf à avoir tel égard que de raison à leur déposition, à moins qu'ils n'aient un intérêt personnel, immédiat et direct, dans la contestation. — *Douai*, 18 déc. 1846 (t. 1er 1847, p. 63), Prus.

31. —... 2o Que, dans une contestation entre une commune usagère et un particulier, dont l'objet est, non pas de déterminer l'étendue et le mode d'exercice d'un droit d'usage, mais simplement d'amener une condamnation en dommages-intérêts pour répression d'abus de jouissance de la part du propriétaire, les habitans peuvent être entendus comme témoins, et leurs dépositions peuvent être lues, sauf aux juges à y avoir tel égard que de raison. — *Poitiers*, 3 juin 1847 (t. 2 1847, p. 205), Perryet de Russat.

32. — Il en doit être de même de leurs parens qui, en tout autre cas, seraient reprochables, d'après l'art. 283, C. proc. civ. — Même arrêt.

33. — Enfin, le garde champêtre d'une commune, n'étant ni le serviteur ni le domestique, mais un fonctionnaire de la commune, ne peut être reproché dans une enquête où la commune est intéressée. — Même arrêt. — V. au surplus ENQUÊTE, nos 818 et suiv.

34. — Il est certain que la partie qui propose, avant la déposition d'un témoin, un reproche non justifié par écrit, est tenue d'en offrir, au moment même, la preuve, et de désigner les témoins à faire entendre, sous peine de n'y être plus reçue. Il ne suffirait pas que cette offre de preuve et cette désignation de témoins fussent faites par une notification ultérieure. — *Cass.*, 24 mars 1846 (t. 1er 1847, p. 223), Fonvieille. — V. ENQUÊTE, nos 860 et suiv.

35. — Enfin, en matière commerciale, la notification des noms des témoins doit être faite dans le délai fixé par l'art. 261, C. proc., c'est-à-dire qu'elle doit précéder de trois jours au moins leur audition. — *Lyon*, 2 juill. 1847 (t. 2 1847, p. 399), Martin c. Flandrin. — V. ENQUÊTE, nos 1070 et suiv.

36. — En ce qui concerne les auditions de témoins, soit devant la juridiction des juges de paix, soit devant celle des tribunaux de commerce, V. JUSTICE DE PAIX, TRIBUNAUX DE COMMERCE.

Sect. 2e. — *Témoins en matière criminelle.*

§ 1er. — *Dispositions générales.*

37. — Si, en matière civile, la preuve testimoniale a été l'objet des défiances du législateur, il n'en est pas de même dans les matières criminelles, où le plus souvent elle forme l'unique moyen d'arriver à la découverte de la vérité.

38. — Quiconque est cité devant la justice pour témoigner du fait dont il a été témoin est tenu de comparaître, sous les peines prévues par la loi. — Tel est le principe général posé dans notre législation criminelle.

39. — Cependant, quelque importance que les lois criminelles attachent à la découverte de la vérité, néanmoins il est des cas exceptionnels qui permettent à certaines personnes de refuser le témoignage qui leur serait demandé.

40. — Ainsi : 1o les médecins, chirurgiens et autres officiers de santé, ainsi que les pharmaciens et sages-femmes, ne peuvent déposer des faits qui leur ont été confiés à raison de leur profession. — V. COUR D'ASSISES, nos 829 et suiv. — V. aussi MÉDECINE et CHIRURGIE, no 198.

41. — 2o Les avocats et avoués sont dispensés pareillement de déposer des faits venus à leur connaissance à raison de leur profession. — V. COUR D'ASSISES, nos 830 et suiv.

42. — 3o Doit-il en être de même des notaires? Nous avons vu précédemment que, sur cette question controversée, la cour de Cassation paraît incliner vers la négative. — V. COUR D'ASSISES, nos 837 et suiv.

43. — 4o Incontestablement les ecclésiastiques peuvent s'abstenir de déposer des faits à eux révélés dans la confession ; mais l'exception doit-elle aller plus loin, doit-elle aussi s'appliquer aux membres de congrégations religieuses non ecclésiastiques? — V., à cet égard, COUR D'ASSISES, nos 842 et suiv. — V. aussi DIVULGATION DE SECRETS.

44. — 5o Enfin, il existe à l'égard des employés de la poste aux lettres un devoir de silence qui les autorise à refuser leur témoignage dans certaines limites que nous avons posées. — V. COUR D'ASSISES, nos 852 et suiv.

45. — Au surplus, pour tout ce qui a trait au droit ou au devoir qu'ont certaines personnes de se renfermer dans le silence sur les faits qui leur ont été confiés, V. DIVULGATION DE SECRETS.

46. — Il est, en outre, d'autres personnes que la position qu'elles occupent, soit vis-à-vis de la société, soit vis-à-vis des prévenus, fait considérer comme n'offrant pas les garanties nécessaires; aussi leur témoignage ne peut-il être reçu.

47. — Cependant il convient de remarquer qu'en général cette incapacité n'est pas absolue, mais introduite seulement en faveur du prévenu ou accusé, lequel, s'il ne s'est opposé à l'audition du témoin incapable, ne peut ensuite en argumenter comme d'un moyen de nullité. — *Cass.*, 21 avr. 1832, Gueux; 13 oct. 1832, Poncelet, affaire dite de la rue des Prouvaires.

48. — En première ligne, il faut mentionner les enfans au-dessous de quinze ans, lesquels ne peuvent être admis à déposer, si ce n'est par forme de déclaration et sans prestation de serment. — V. COUR D'ASSISES, nos 637 et suiv.

49. — Puis viennent les personnes qui ont été condamnées à des peines afflictives et infamantes; celles qui l'ont été à des peines correctionnelles avec interdiction du droit de témoigner en justice ne peuvent être admises à déposer autrement que pour donner des renseignemens. — V. COUR D'ASSISES, nos 880 et suiv.

50. — Certains parens de l'accusé ne peuvent servir de témoins; la même prohibition s'applique dans une certaine mesure aux alliés. — V. COUR D'ASSISES, nos 900 et suiv.

51. — Ne peuvent être reçues les dépositions des dénonciateurs dont la dénonciation est récompensée pécuniairement par la loi. — V. COUR D'ASSISES, nos 963 et suiv.

52. — Quant aux dénonciateurs autres que ceux récompensés pécuniairement par la loi, la même prohibition n'existe pas, V. COUR D'ASSISES, nos 980 et suiv.

53. — Sur la question de savoir si la partie civile peut être entendue comme témoin, V. COUR D'ASSISES, nos 996 et suiv.

54. — Ce qui est d'ailleurs incontestable, c'est que ceux-là seuls sont reprochables comme témoins que la loi a déclarés tels. — V. COUR D'ASSISES, nos 1017 et suiv.

55. — Donc, à moins d'être dans un cas d'excuse légale ou d'indignité prévu par la loi, toute personne appelée devant la justice doit témoigner de tous les faits qui peuvent être à sa connaissance dans l'affaire soumise.

56. — Toute altération volontaire de la vérité ferait encourir soit à celui qui s'en rendrait coupable, soit à celui qui l'aurait provoquée, les peines du faux témoignage. — V. FAUX TÉMOIGNAGE.

57. — Toute réticence volontaire constitue également une infraction et comme telle demeure passible d'une peine.

58. — Au surplus, et pour que le témoin soit mieux pénétré des devoirs qui lui sont imposés, la loi veut qu'un serment préalable soit prêté par lui avant sa déposition.

59. — Tous les individus appelés à déposer, excepté ceux que la loi a déclarés incapables, soit à raison de leur âge, de leur position personnelle, ou indignes par suite de condamnations judiciaires, doivent prêter serment.

60. — Cette obligation existe aussi bien quant aux témoins à décharge qu'à ceux à charge.

61. — Les témoins entendus devant les conseils de discipline de la garde nationale doivent, à peine de nullité, prêter le serment prescrit par l'art. 155, C. instr. crim. — *Cass.*, 30 mars 1848 (t. 1er 1848, p. 150), Ledouble.

62. — Les jugemens des conseils de discipline de la garde nationale doivent, à peine de nullité, constater que les témoins tant à charge qu'à décharge entendus devant le conseil ont prêté le serment prescrit par l'art. 155, C. instr. crim. — *Cass.*, 31 mars 1848 (t. 2 1848, p. 143), Gouraud.

63. — La forme du serment varie du reste suivant la juridiction devant laquelle le témoin est appelé à déposer. — Devant la cour d'assises, les témoins doivent prêter serment de parler sans haine et sans crainte, de dire toute la vérité, rien que la vérité. — V. COUR D'ASSISES, nos 1041 et suiv.

64. — Devant le tribunal de police correctionnelle comme devant celui de simple police, les témoins prêtent serment de dire la vérité, toute la vérité, rien que la vérité. — V. TRIBUNAL CORRECTIONNEL, TRIBUNAL DE POLICE.

65. — Et il convient de remarquer que la formule de la prestation de serment, dont le greffier doit prendre note, est prescrite à peine de nullité. — V. au surplus SERMENT.

66. — Quant au mode par lequel les témoins sont appelés à déposer devant la justice, il varie suivant la juridiction qui provoque leur témoignage. — V. surtout COUR D'ASSISES, INSTRUCTION CRIMINELLE, TRIBUNAL CORRECTIONNEL, TRIBUNAL DE POLICE.

67. — Appelés devant la justice, les témoins doivent déposer en langue française, à moins, bien entendu, qu'ils ne connaissent pas cette langue.

68. — Les dépositions faites par un témoin en langue étrangère sont traduites immédiatement en sa présence par un interprète désigné à cet effet. — V. INTERPRÈTE.

69. — Il est encore donné un interprète au témoin sourd-muet pour traduire sa déposition. — V. SOURD-MUET. — Il est évident du reste que le sourd-muet peut répondre aux questions qui lui sont adressées par écrit.

70. — Mais, hors ce cas spécial, toute déposition doit être faite oralement, sans qu'il soit permis au témoin d'employer des notes à l'appui de sa déclaration.

71. — Immédiatement après toute déposition reçue, procès-verbal de cette déposition doit être dressé par le greffier qui assiste le juge interrogateur.

72. — Ce procès-verbal doit être tenu avec le plus grand soin, surtout alors qu'il s'agit d'une déposition reçue par le magistrat instructeur, laquelle est appelée à exercer nécessairement une grande influence sur les déterminations des juges appelés à statuer sur le renvoi devant l'autorité compétente.

§ 2. — *Audition en justice des princes et hauts fonctionnaires.*

73. — Des règles spéciales ont été établies en ce qui concerne l'audition de certaines personnes haut placées en dignité, et dont le témoignage est utile à la manifestation de la vérité. — Sous l'empire du droit romain, les magistrats étaient obligés de se transporter au domicile des personnes élevées en dignité pour recevoir leurs dépositions. — L. 15, ff., *De jur. jur.*

74. — L'ancienne législation française n'avait rien prévu à cet égard. L'histoire nous apprend que, dans plusieurs procès célèbres où furent entendus des rois de France ou des membres de leur famille, des magistrats se transportèrent auprès d'eux et reçurent leurs déclarations par écrit; et il n'y eut point de confrontation. — Bourguignon, *Manuel d'instr. crim.*, t. 2, p. 30, no 1er, et *Jurisp.*, t. 2, p. 460.

75. — La loi du 20 thermid. an IV disposa que les membres du corps législatif et du gouvernement, les agens diplomatiques ou du commerce chez l'étranger, ne sont pas tenus de quitter la commune où ils se trouvent pour venir déposer devant les tribunaux ; qu'en matière criminelle, leurs dépositions sont reçues par un juge du lieu de leur résidence, sur une série de questions émanées du juge instructeur.

76. — Ces dispositions furent étendues aux membres du conseil d'état, aux sénateurs, aux commissaires généraux de police, à leurs délégués, aux préfets et aux maires, avec certaines modifications.

77. — Le Code d'instruction criminelle (liv. 2, tit. 4, chap. 5) contient certaines règles sur la manière dont doivent être reçues en matière criminelle, correctionnelle et de police, les dépositions de certaines personnes haut placées en dignité.

78. — Et d'abord, l'art. 510 porte que les princes et princesses du sang ne peuvent être cités comme témoins, même pour les débats qui ont lieu devant le jury, si ce n'est dans le cas où le roi, sur la demande d'une partie et le rapport du ministre de la justice, aurait, par une demande spéciale, autorisé cette comparution. — C. instr. crim., art. 510.

79. — Bien que le changement de forme gouvernementale opéré en France par suite de la révolution de 1848 ait rendu ces dispositions de la loi sans application, il convient cependant de rappeler ici, ne fût-ce que pour mémoire, à quelles explications de détail elles donnaient lieu.

80. — On convenait généralement que, pour jouir du privilége établi par l'art. 510, il ne suffisait pas d'avoir la qualité de prince ou de princesse : il fallait être du sang royal, et qu'ainsi, les princes étrangers, quelle que fût leur dignité, n'étaient pas compris dans cette exception. — Carnot, *C. instr. crim.*, t. 3, p. 404, no 1er.

81. — ... Que, quoique l'alliance ne pût pas faire

considérer un prince ou une princesse comme étant du sang royal, le respect dû à la majesté du trône ne permettait pas que le conjoint pût être cité sans autorisation, attendu que le rang et les honneurs étant les mêmes, les prérogatives devaient être aussi les mêmes.— Carnot, *C. instr. crim.*, t. 3, p. 405, nº 2.

82. —... Mais que la faveur de la loi n'aurait pu s'étendre aux parens de l'époux qui avait contracté l'alliance avec un prince ou une princesse du sang. — Carnot, *ibid.*

83. — ... Que l'enfant adoptif élevé par le roi à la dignité de prince ou de princesse de sa maison, devait être rangé dans la classe des princes du sang. —Carnot, *C. instr. crim.*, t. 3, p. 406, nº 5.

84. — ... Que les enfants nés hors mariage des princes du sang, n'acquéraient la légitimation qui les faisait jouir du bénéfice de l'art. 510, qu'avec la permission du roi.—Carnot, *C. instr. crim.*, t. 3, p. 406, nº 5.

85.—Le silence du Code, disent MM. Teulet, d'Auvillers et Sulpicy (sur l'art. 510, C. instr. crim., nº 15), sur l'audition du roi prouve assez qu'elle n'est pas permise, en quelque forme que ce soit. L'inviolabilité de sa personne et l'irresponsabilité de ses actes rendent aussi son audition incompatible avec nos principes constitutionnels. Si cependant il plaisait au roi de donner témoignage dans quelque affaire, les magistrats devraient se transporter près de lui pour recevoir, par écrit, ses déclarations. — La manière dont devait être reçu le témoignage du roi devrait, ce nous semble, être suivie vis-à-vis du président de la république.

86. — L'art. 510 parle encore des grands dignitaires qui étaient, d'après le sénatus-consulte du 28 flor. an XII, art. 32, le grand électeur, l'archichancelier de l'empire, l'archi-chancelier de l'état, l'archi-trésorier, le connétable et le grand-amiral. Ces diverses dignités n'existant plus, on aurait donc pu retrancher de l'art. 510 la disposition qui les concerne, lors de la révision de 1832.

87. — Mais l'art. 510, C. instr. crim., demeure encore applicable en ce qui concerne le ministre de la justice, que cet article assimilait aux personnes que nous venons d'indiquer. Et c'est là ce qui fait que les prescriptions des art. 510 et suiv., C. instr. crim., ont encore une importance pratique.

88.— Carnot (*Instr. crim.*, t. 3, p. 408, nº 2) dit qu'il paraît résulter de l'art. 510, C. instr. crim., rapproché de l'art. 72 du même Code que les personnes mentionnées en cet art. 510 doivent être citées, lorsque leur audition a été permise; mais qu'on peut s'en dispenser sans encourir une nullité. Cette observation ne s'applique qu'au cas de comparution en personne; car la question ne peut pas s'élever sur la réception d'une déposition dans la forme réglée par l'art. 511.

89. — Lorsque les personnes désignées en l'art. 510 comparaissaient à l'audience, sur l'autorisation du roi, leurs dépositions devaient être reçues de la même manière que celle des autres témoins, sauf à observer le cérémonial prescrit par l'ordonnance d'autorisation.

90. — Ces dépositions étaient rédigées par écrit et reçues par le premier président de la cour royale, si les personnes qui les faisaient résidaient ou se trouvaient au chef-lieu d'une cour royale; sinon par le président du tribunal de première instance de l'arrondissement dans lequel ils avaient leur domicile ou se trouvaient accidentellement. — C. instr. crim., art 511.

91. — Il était, en effet, adressé par la cour ou le juge d'instruction saisi de l'affaire au président un état des faits, demandes et questions sur lesquels le témoignage était requis. Le président se transportait à la demeure des personnes dont il s'agit pour recevoir leurs dépositions. —C. instr. crim., art. 511.

92.— Les dépositions ainsi reçues étaient immédiatement remises au greffe ou envoyées closes et cachetées à celui de la cour ou du juge requérant et communiquées sans délai à l'officier chargé du ministère public. —C. instr. crim., art. 512.

93.— Lors de l'examen devant le jury, ces dépositions étaient lues publiquement aux jurés et soumises aux débats à peine de nullité.—C. instr. crim., art. 512.

94. — Mais si une ordonnance avait autorisé la comparution d'une des personnes mentionnées en l'art. 510, C. instr. crim., dont la déposition aurait été reçue dans le cours de l'instruction, la lecture de cette déposition n'était plus alors nécessaire, et, dans tous les cas, elle ne devait avoir lieu qu'après la déposition orale.—Carnot, *C. instr. crim.*, t. 3, p. 409, nº 3.

95. — La déposition lue devant être soumise aux débats, l'accusé avait, en vertu de l'art. 319, le droit de dire contre le témoin et contre son témoignage tout ce qui pouvait être utile à sa défense.

96. — « Dans le cas où le roi avait ordonné ou autorisé la comparution des princes, princesses du sang et du ministre de la justice, l'ordonnance désignait le cérémonial à observer à leur égard.» —C. instr. crim., art. 513 — Il faut évidemment appliquer aujourd'hui cette prescription au cas où un décret du président de la république autoriserait l'audition du ministre de la justice.

97. — A l'égard des ministres autres que le ministre de la justice, des grands officiers de la couronne, conseillers d'état chargés d'une partie dans l'administration publique, généraux en chef actuellement en service, ambassadeurs ou autres agens du roi (de la république) accrédités près les cours étrangères, il devait, selon le Code d'instruction criminelle, être procédé comme il suit:

98.— Si leur déposition était requise devant la Cour d'assises, ou devant le juge d'instruction du lieu de leur résidence ou de celui où ils se trouvaient accidentellement, ils devaient la fournir dans les formes ordinaires. — C. instr. crim., art. 514.

99. — S'il s'agissait d'une déposition relative à une affaire poursuivie hors du lieu où ils résidaient pour l'exercice de leurs fonctions et de celui où ils se trouvaient accidentellement, et si cette déposition n'était pas requise devant le jury, le président ou le juge d'instruction saisi de l'affaire devait adresser à celui du lieu où résidaient ces fonctionnaires à raison de leurs fonctions, un état des faits, demandes et questions, sur lesquels leur témoignage était requis. — C. instr. crim., art. 514.

100. — S'il s'agissait du témoignage d'un agent résidant auprès d'un gouvernement étranger, cet état était adressé au ministre de la justice, qui en faisait le renvoi sur les lieux, et désignait la personne qui devait recevoir la déposition.—C. instr. crim., art. 514.

101. — Cette dernière disposition de l'art. 514, C. instr. crim., est la seule qui n'ait pas été abrogée par le décret du 4 mai 1812. — En conséquence, lorsqu'il s'agit d'obtenir le témoignage d'un agent résidant auprès d'un gouvernement étranger, un état des faits, demandes et questions sur lesquels leur témoignage est requis est adressé au ministre de la justice qui en fait le renvoi sur les lieux et désigne la personne qui reçoit la déposition.

102. — Mais sur tous les autres points l'article 514 a été modifié par le décret du 4 mai 1812, dont nous allons d'abord reproduire textuellement les prescriptions.

103.—« Nos ministres, dit le décret, ne peuvent être entendus comme témoins, que dans le cas où, sur la demande du ministère public ou d'une partie, et sur le rapport de notre grand-juge, ministre de la justice, nous aurons, par un décret spécial, autorisé leur audition.» —Décret du 4 mai 1812, art. 1er.

104.—« Le décret portant cette autorisation règle en même temps la manière dont nos ministres sont entendus, et le cérémonial à observer à leur égard. » — Art. 2.

105. — « Dans les affaires où nos préfets ont agi en vertu de l'art. 10 de notre Code d'inst. crim., si le bien de la justice exige qu'il leur soit demandé de nouveaux renseignemens, les officiers chargés de l'instruction leur demandent ces renseignemens par écrit, et nos préfets sont tenus de les donner dans la même forme. » — Art. 9.

106.—« Dans les affaires autres que celles spécifiées au précédent article, si nos préfets ont été cités comme témoins, et qu'ils allèguent, pour s'en excuser, la nécessité de notre service, il n'est pas donné de suite à la citation. — Dans ce cas, les officiers chargés de l'instruction, après qu'ils se sont entendus avec eux sur le jour et l'heure, viennent dans leur demeure pour recevoir leurs dépositions, et il est procédé, à cet égard, ainsi qu'il est prescrit à l'art. 516 de notre dit Code. » — Art. 4.

107.— « Lorsque nos préfets, cités comme témoins, ne s'excusent pas, ainsi qu'il est dit à l'article précédent, ils sont reçus par un huissier à la première porte du Palais-de-Justice, introduits dans le parquet et placés sur un siége particulier. — Ils sont reconduits de la même manière qu'ils ont été reçus. — Art. 5. »

108.— « Les dispositions des deux articles précédens sont déclarées communes aux grands officiers de l'empire, aux présidens de notre conseil d'état, lorsqu'ils sont chargés d'une administration publique, à nos généraux actuellement en service, à nos ambassadeurs et autres agens diplomatiques près les cours étrangères. » — Art. 6.

109. — Les grands officiers de la couronne étaient, suivant l'art. 48 du sénatus-consulte du 28 flor. an XII, les maréchaux de France, les inspecteurs et colonels généraux de l'artillerie et du génie, des troupes à cheval et de la marine, les grands officiers civils de la couronne, le grand aumônier, le grand chambellan, le grand maréchal du palais, le grand écuyer, le grand veneur et le grand maître des cérémonies. Aux officiers de l'état qu'on vient de désigner, et dont une partie est supprimée, il convient d'ajouter le grand chancelier de la Légion-d'Honneur, qui jouit des distinctions et des honneurs, tant civils que militaires, des grands officiers de la couronne.

110. — On a contesté, il est vrai, la contitutionnalité du décret du 4 mai 1812. La jurisprudence étant fixée sur la force législative des divers autres décrets impériaux, intervenus dans des circonstances analogues, la solution doit être ici la même. Nous sommes donc autorisés à penser que, malgré les vices qu'on lui reproche, il a eu pour effet de modifier les dispositions du Code d'instruction criminelle.—V. conf. Carnot, *Instr. crim.*, t. 3, p. 407, *Obs. add.*, nº 1er. — V. toutefois Legraverend, t. 1er, p. 267.

111. — Le décret du 4 mai 1812 ne doit pas être étendu au delà du cercle qu'il a tracé. Ainsi, les conseillers d'état qui ne sont chargés d'aucune partie d'administration publique, les maîtres des requêtes, les membres de l'assemblée nationale, les généraux qui ne sont pas actuellement en service, les directeurs généraux, les commissaires généraux et spéciaux de police, les sous-préfets et maires, doivent paraître, soit devant le magistrat, soit à l'audience, comme tous les autres citoyens, lorsqu'ils sont cités en témoignage. — Legraverend, t. 1er p. 268; Bourguignon, *Jurisprudence*, t. 2 p. 459; Carnot, *Instr. crim.*, t. 3, p. 412, nº 3.

112. — En ce qui concerne les agens diplomatiques, V. AGENT DIPLOMATIQUE, nºs 242 et suiv.

113. — Legraverend (t. 1er, chap. 6, p. 266) pense que les dispositions du décret du 4 mai 1812 ne s'appliquent qu'aux dispositions à recevoir dans le cours de l'instruction, et qu'ils ne peuvent se dispenser de comparaître, lorsqu'ils sont cités comme témoins devant une cour d'assises, sauf l'observation du cérémonial prescrit par ce décret. Son principal argument est tiré de l'art. 4 qui oblige les officiers *chargés de l'instruction* à se transporter en la demeure de ces fonctionnaires pour y recevoir leurs dépositions. Bourguignon (*Jurispr. des Codes crim.*, t. 2, chap. 5, art. 510, p. 458) dit que cela devrait être ainsi; mais il ne pense pas que les dispositions littérales des art. 4, 5 et 6 de ce décret et de l'art. 516, C. instr. crim., puissent autoriser cette interprétation. Les auteurs rappellent que, dans le procès relatif à la conspiration de La Rochelle, le préfet de police ayant consenti à venir donner des renseignemens à la cour d'assises de la Seine, le président de cette cour lui adressa des remercîmens; mais ce ne fut vraisemblablement, disent-ils, qu'à raison de la spontanéité de sa comparution sur un simple avis délivré en vertu du pouvoir discrétionnaire. Le cérémonial prescrit par le décret fut au surplus observé.

114. — Au surplus, la cour de Cassation a décidé que le privilége établi par le décret du 4 mai 1812, est général et applicable aux dépositions à faire devant un juge d'instruction ou au tribunal, comme devant une cour d'assises. — *Cass.*, 20 sept. 1842 (t. 2 1842, p. 404), Besson.

115. — D'ailleurs cette dispense n'est pas une simple excuse qu'il soit loisible aux tribunaux d'accueillir ou de rejeter, elle constitue un privilége qui s'exerce de plein droit, lorsque le fonctionnaire qui en est investi le réclame. — Même arrêt.

116. — C'est à tort qu'il a été décidé que lorsqu'un préfet refuse de venir déposer en justice, sur une citation donnée à la requête de l'accusé, il cesse d'être acquis aux débats, comme témoin, si l'accusé n'a pas requis son audition dans la forme prescrite par le décret du 4 mai 1812.—Qu'en conséquence, le président de la cour d'assises peut le faire entendre ensuite, en vertu de son pouvoir discrétionnaire, à titre de simple renseignement, et sans prestation de serment. — *Cass.*, 13 oct. 1832, Poncelet, aff. dite de la rue des Prouvaires.

117. — Au contraire, il convient de reconnaître qu'il y a nullité lorsque, sur l'excuse présentée par un préfet cité régulièrement comme témoin, la cour d'assises l'a écarté de la cause; qu'après cette décision, le président ayant ordonné son audition par un juge commis, en vertu du pouvoir discrétionnaire et conformément au décret de 1812, ce témoin n'a prêté devant le juge que le serment *de dire toute la vérité, rien que la vérité*; enfin, alors que la déposition rapportée à l'audience et lue par le greffier, le président a averti les jurés

qu'ils ne devaient la considérer que comme simple renseignement. — *Cass.*, 29 sept. 1842 (t. 2 1842, p. 404), Besson.

118. — En effet, lorsqu'un témoin a été régulièrement produit par l'une des parties, le président des assises ni la cour elle-même ne peuvent, sans motifs légitimes, le dépouiller de son caractère et enlever à sa déposition la force qu'elle aurait reçue du serment, pour la réduire à la valeur d'un simple renseignement. — Même arrêt.

119. — Le président ou le juge d'instruction auquel est adressé l'état mentionné en l'art 514 fait assigner le fonctionnaire devant lui, et reçoit sa déposition par écrit. — C. instr. crim., art. 515.

120. — Cette déposition est envoyée close ou cachetée au greffe de la cour ou du juge requérant, communiquée et lue, comme il est dit en l'art. 512, et sous les mêmes peines. — C. instr. crim., art. 516.

121. — La déposition reçue dans ce cas tient lieu de la déposition orale que le fonctionnaire dispensé aurait faite devant le jury, et doit, dès-lors, être accompagnée du serment spécialement prescrit par la loi. — *Cass.*, 29 sept. 1842 (t. 2 1842, p. 404), Besson.

122. — La communication au ministère public est évidemment de droit, quoique le Code ne l'ait pas mentionnée.

123. — Selon l'art. 517, C. instr. crim., si les fonctionnaires de la qualité exprimée dans l'art. 514 étaient cités à comparaître comme témoins devant un jury assemblé hors du lieu où ils résidaient pour l'exercice de leurs fonctions ou de celui où ils se trouvaient accidentellement, ils pouvaient en être dispensés par une ordonnance du roi. Dans ce cas, ils déposaient par écrit, et l'on observait les dispositions prescrites par les art. 514, 515 et 516. — C. instruct. crimin., art. 517.

124. — Le décret du 4 mai 1812, ayant permis aux fonctionnaires qu'il a substitués à ceux mentionnés en l'art. 514 de s'excuser sur les besoins de service, il n'y a plus lieu de recourir à un arrêté du chef de l'état, ainsi que le prescrit l'art. 517.

§ 3. — *Dispositions spéciales aux diverses juridictions.*

125. — Tout ce qui a trait à l'audition des témoins devant le juge d'instruction a été l'objet de notre examen dans un article spécial de ce répertoire auquel il suffit de se reporter. — V. INSTRUCTION CRIMINELLE, nos 281 et suiv. — V. aussi COMMISSION ROGATOIRE.

126. — En outre, des règles spéciales sont établies par la loi pour l'audition des témoins en cas de flagrant délit. — V. FLAGRANT DÉLIT, nos 189 et suiv.

127. — En ce qui concerne l'audition des témoins devant la cour d'assises, soit à la requête du ministère public ou de l'accusé, soit en vertu du pouvoir discrétionnaire du président, V. COUR D'ASSISES, nos 691 et suiv. et 1602 et suiv. — Nous n'avons pas besoin de revenir sur ce que nous avons dit à cet égard; nous nous bornerons à indiquer ici, dans l'ordre déjà suivi sous ce mot, quelques arrêts intervenus sur la matière depuis qu'il a paru.

128. — L'audition, avec prestation de serment, de témoins dont les noms n'auraient pas été exactement désignés dans l'acte de notification délivré à l'accusé, n'est pas une cause de nullité, lorsqu'elle n'a point eu lieu contre l'opposition de l'accusé. — *Cass.*, 6 avr. 1848 (t. 2 1848, p. 520), Verdeau.

129. — Spécialement l'irrégularité commise dans la notification faite à l'accusé de la liste des témoins, et résultant de ce que l'huissier instrumentaire n'a pas écrit ses noms et prénoms dans le corps de son acte, ne peut être proposée comme ouverture à cassation, alors que cette notification porte la signature dudit huissier, et que d'ailleurs l'accusé ne s'est pas opposé à l'audition des témoins portés sur cette liste. — *Cass.*, 31 juill. 1847 (t. 2 1847, p. 618), Filippi. — V. COUR D'ASSISES, nos 740 et suiv.

130. — Un témoin régulièrement notifié à l'accusé peut néanmoins être entendu sans prestation de serment et en vertu du pouvoir discrétionnaire du président, lorsqu'il se trouve dans la catégorie des témoins dont la déposition ne peut, aux termes de l'art. 322, C. instr. crim., être reçue à raison de leur parenté avec l'accusé, et cela, alors même que le ministère public et l'accusé ne se seraient pas opposés à son audition dans la forme ordinaire, et que son nom n'aurait pas été préalablement rayé de la liste des témoins en vertu d'un arrêt de cour d'assises. — *Cass.*, 30 avr. 1847 (t. 2 1849, p. 259), Juveneton.

131. — Mais le témoin qui a été cité à la requête du ministère public, et compris en cette qualité sur la liste dressée par le procureur général et notifiée aux accusés, ne peut, alors que le ministère public n'a pas renoncé à son audition ou que l'accusé ne s'y est point opposé, être entendu, sans avoir préalablement prêté serment et à titre de simple renseignement, en vertu du pouvoir discrétionnaire du président. — *Cass.*, 2 mars 1848 (t. 2 1848, p. 620), Maigre. — V. COUR D'ASSISES, nos 1622 et suiv.

132. — Les art. 301, 303 et 304, C. instr. crim., qui autorisent le président de la cour d'assises à entendre de nouveaux témoins après l'arrêt de renvoi, ne sont pas conçus en termes prohibitifs, à l'égard de témoins déjà entendus dans l'instruction. — *Cass.*, 22 avr. 1847 (t. 2 1847, p. 274), Groell.

133. — Le refus par le président des assises d'entendre un témoin à décharge, sur le motif que sa déposition ne conduirait pas à la découverte de la vérité, ne peut constituer, ni de sa part, ni de la part de la cour appelée à statuer sur l'incident par des conclusions formelles, une violation du droit de la défense. — Cette décision ne contient d'ailleurs qu'une appréciation de faits et de circonstances qui échappe à la censure de la cour de Cassation. — *Cass.*, 20 mars 1847 (t. 1er 1847, p. 512), Gouyard-Desjardins. — V. COUR D'ASSISES nos 1672 et suiv.

134. — Lorsqu'un témoin cité devant la cour d'assises ne s'est point présenté, et que la cour, statuant sur sa non-comparution, l'a condamné en l'amende et ordonné qu'il serait passé outre par le motif que l'audition du défaillant n'est point indispensable à la manifestation de la vérité, l'accusé, qui n'a manifesté aucune opposition aux réquisitions du ministère public, ni élevé aucune réclamation, lors du débat, ne peut se prévaloir de ce que ce témoin n'a pas été entendu. — *Cass.*, 20 juill. 1848 (t. 2 1848, p. 489), Bocquet. — V. COUR D'ASSISES, nos 797 et 809.

135. — Lorsqu'un individu a été cité comme témoin devant la cour d'assises, le président ne peut, sur le motif que c'est sans doute par erreur qu'il a été porté sur la liste des témoins, et que sa citation n'avait pu avoir d'autre but que l'expertise pour laquelle il a été commis par la cour, l'entendre seulement comme expert, alors d'ailleurs que rien au procès-verbal de la séance ne fait connaître que le ministère public ait renoncé à le faire entendre comme témoin, ni que l'accusé y ait consenti. — Cet individu doit, en sa double qualité de témoin et d'expert, prêter, à peine de nullité, les sermens prescrits par les art. 44 et 317, C. instr. crim. — *Cass.*, 11 juill. 1846 (t. 1er 1847, p. 409), Clairet. — V. anal. *Cass.*, 8 janv. 1846 (t. 2 1846, p. 119 et 120), Brument et Foucout.

136. — L'appréciation de la validité d'une excuse transmise par un témoin absent appartient non au président seul, mais à la cour d'assises. — *Cass.*, 11 fév. 1847 (t. 1er 1849, p. 511), Tassin. — V. COUR D'ASSISES, no 804.

137. — Au cas où la cour d'assises statue sur l'excuse transmise par ce témoin, la simple mention, dans le procès-verbal, de la décision de la cour suffit et réunit toutes les conditions nécessaires à la validité d'un arrêt incident aux débats. — Même arrêt. — V. COUR D'ASSISES, nos 808 et 1544.

138. — La disposition de l'art. 323, C. instr. crim., portant qu'avant l'audition en témoignage des dénonciateurs, le jury sera averti de leur qualité de dénonciateurs, ne s'applique pas à la partie lésée, celle-ci ne pouvant être considérée comme dénonciateur, lors même qu'elle aurait spontanément mis en mouvement l'action du ministère public. La formalité prévue par cet article n'est pas, d'ailleurs, prescrite à peine de nullité. — *Cass.*, 30 mars 1848 (t. 2 1849, p. 23), Mascaras. — V. COUR D'ASSISES, nos 983 et suiv.

139. — A supposer même qu'on dût considérer les créanciers du failli comme dénonciateurs dans le sens de l'art. 322, C. instr. crim., il suffirait que l'accusé ne se fût pas plaint de leur audition comme témoins pour qu'il ne pût se faire, plus tard, de cette audition un moyen, de cassation. — *Cass.*, 14 mai 1847 (t. 2 1847, p. 553), Genelier c. Champaix — V. COUR D'ASSISES, nos 963 et suiv.,

140. — Les créanciers d'un failli peuvent être entendus comme témoins, sous la foi du serment, sur la poursuite en banqueroute frauduleuse dirigée contre lui, alors même que les syndics de la faillite se seraient portés parties civiles. — Même arrêt.

141. — Aucun article du Code d'instruction criminelle n'a prohibé l'audition au débat de la partie civile, et s'il existe en cette partie un empêchement à ce qu'elle soit entendue avec la sanction du serment dans le débat du procès, cet empêchement n'est pas absolu et n'est que relatif à l'égard de l'accusé et du ministère public. — *Cass*, 12 nov. 1846 (t. 1er 1847, p. 531), Fliniaux.

142. — Dès-lors il ne résulte aucune nullité de l'audition de la partie civile, avec prestation de serment, lorsque la prestation de serment a eu lieu sans opposition de l'accusé et du ministère public. — Même arrêt. — V. COUR D'ASSISES, nos 996 et suiv.

143. — La formalité substantielle de la prestation du serment des témoins devant la cour d'assises n'est pas régulièrement constatée, et, par suite, est présumée avoir été omise, lorsque, dans la relation qui en est insérée au procès-verbal des débats, les mots *parler sans haine* remplacent d'autres mots que l'on a fait disparaître à l'aide d'un grattage non approuvé. — *Cass.*, 22 avr. 1847 (t. 1er, 1849, p. 476), Lafargue. — V. COUR D'ASSISES, no 1070.

144. — Aucun motif d'intérêt personnel ne peut délier le témoin de l'obligation que lui impose son serment, ni l'affranchir de la sanction pénale sous laquelle cette obligation est imposée. — En conséquence, est coupable de faux témoignage celui qui, après avoir été acquitté d'une accusation de meurtre, vient ensuite, dans une accusation de faux témoignage portée contre un témoin de son procès, faire comme témoin une déposition fausse en faveur de celui-ci, bien qu'il existe des relations entre cette dernière accusation et l'accusation de meurtre dont il a été acquitté. — *Cass.*, 23 déc. 1847 (t. 1er 1848, p. 292), Beauvallon. — V. FAUX TÉMOIGNAGE, nos 505 et suiv.

145. — Le mensonge d'un témoin qui dépose sous un nom qui ne lui appartient pas peut autoriser l'accusé à s'opposer à son audition ou à demander le renvoi de l'affaire à une autre session, mais ne peut fournir ouverture à cassation. — Même arrêt. — V. COUR D'ASSISES nos 738 et suiv.

146. — L'art. 320, C. instr. crim., aux termes duquel chaque témoin doit, après son audition, rester dans l'auditoire, n'est pas prescrit à peine de nullité. — La prescription de cet article n'est point substantielle dans l'intérêt de la défense, et, dès-lors, il ne peut résulter aucune nullité de son inobservation. — *Cass.*, 11 nov. 1847 (t. 2 1848, p. 211), Godin. — V. COUR D'ASSISES, nos 1289 et suiv.

147. — En ce qui concerne les dépositions de témoins, soit devant les tribunaux correctionnels, soit devant les tribunaux de simple police, V. TRIBUNAL CORRECTIONNEL, TRIBUNAL DE POLICE.

148. — Relativement aux juridictions spéciales, V. GARDE NATIONALE, TRIBUNAUX EXTRAORDINAIRES, TRIBUNAUX MARITIMES, TRIBUNAUX MILITAIRES.

TÉMOIN (Subornation de).

V. FAUX TÉMOIGNAGE et SUBORNATION DE TÉMOINS.

TÉMOIN CERTIFICATEUR.

1. — On appelle ainsi ceux qui interviennent dans un acte pour certifier qu'ils connaissent les parties.

2. — Lorsque le nom, l'état et la demeure des parties ne sont pas connus des notaires qui reçoivent un acte, ils doivent leur être attestés, dans l'acte, par deux citoyens connus d'eux, ayant les mêmes qualités que celles requises pour être témoin instrumentaire. — L. 25 vent. an XI, art. 11. — V. ACTE NOTARIÉ, nos 153 et suiv.

3. — L'attestation de l'individualité d'une partie qui figure dans un acte par un autre contractant peut être, à raison des circonstances, une attestation suffisante pour le notaire. — Exposé des motifs sur la loi du 25 vent. an XI, art. 10 — Rolland de Villargues, *Rép. du notar.*, vo *Individualité*, no 28.

4. — L'impossibilité où sont bien souvent, de certifier leur individualité, les marins et les militaires nouvellement arrivés dans un port ou dans une place de garnison où ils ne sont pas encore connus de quelques habitans, avait fait adopter autrefois l'usage de faire certifier cette individualité par deux officiers du navire ou du régiment. Une décision du ministre de la justice autorise encore cet usage. Toutefois cette décision ne peut être considérée que comme une marche enseignée aux notaires pour acquérir le plus grand degré possible de probabilité sur l'i-

dentité des parties; car une décision du ministre ne saurait modifier une loi, *ubi suprà*, et si les officiers n'avaient point les qualités requises par la loi pour être témoins certificateurs, le notaire ne serait pas moins responsable envers les tiers. — Rolland de Villargues, n° 27.

5. — L'inobservation de la formalité relative au certificat d'individualité n'entraîne pas la nullité de l'acte. — Toullier, t. 8, n° 71; Duranton, t. 13, n° 38.

6. — Des témoins certificateurs sont encore appelés dans la plupart des cas où il s'agit de dresser des actes de notoriété. — V. ACTES DE NOTORIÉTÉ.

7. — ... Ou encore de délivrer des certificats de vie. — V. CERTIFICAT DE VIE.

8. — Nul doute que les témoins certificateurs d'individualité ne soient responsables des dommages-intérêts qui résulteraient de la fausseté de leur attestation. Il existait à ce sujet une disposition formelle dans des projets de résolution sur le notariat soumis au conseil des Cinq-Cents, les 6 vendém. et 5 frim. an VIII. — « Les témoins, y était-il dit, demeurent responsables des faits par eux attestés, à peine de dommages-intérêts des parties lésées; sans préjudice, en cas de faux, des peines prononcées par le Code pénal. » — « Si une pareille disposition n'a pas été reproduite dans la loi du 25 vent. an XI, dit Rolland de Villargues (v° *Individualité*, n° 47), c'est sans doute parce qu'on l'aura considérée comme inutile. » — V. aussi ACTE DE NOTORIÉTÉ, nos 144 et suiv.; CERTIFICAT DE VIE, n° 93.

9. — Jugé, toutefois, que l'attestation faite devant notaire de la majorité d'une partie contractante qui, dans le vrai, était mineure, et ajoutée à l'attestation de son individualité, ne peut donner lieu à des dommages-intérêts contre le témoin qui l'a faite, dans le cas où l'obligation vient à être annulée pour cause de minorité, la preuve du fait de majorité ne pouvant résulter que de l'acte même de naissance du contractant, et ne devant, en aucun cas, être suppléé par la preuve testimoniale. — *Paris*, 11 fév. 1826, de Saint-Etienne c. Martin.

TÉMOIN HONORAIRE.

1. — C'est le nom qu'on donne aux parens et amis des futurs qui, par honneur et politesse, apposent leur signature au bas du contrat de mariage.

2. — Les témoins honoraires ne sont pas ordinairement présens à la passation de l'acte; ils en ignorent le contenu et ils se bornent à apposer leur signature. — V. ACTE NOTARIÉ, n° 107; CONTRAT DE MARIAGE, n° 490.

3. — Ils signent seulement à la fin du contrat sans parapher les renvois ni les pages. — Rolland de Villargues, v° *Témoin honoraire*, n° 4.

4. — Les prohibitions concernant les témoins instrumentaires ne s'appliquent pas aux témoins honoraires. — V. ACTE NOTARIÉ, nos 108 et suiv., 460.

5. — Par suite, si un témoin instrumentaire se trouvait incapable, le contrat de mariage resterait toujours nul, bien que, parmi les témoins honoraires, il s'en trouvât qui réunissent les qualités nécessaires pour être témoin instrumentaire. — *Colmar*, 16 mars 1813, N... c. L... — V. aussi TÉMOIN INSTRUMENTAIRE.

TÉMOIN INSTRUMENTAIRE.

1. — On appelle ainsi les témoins qui assistent le notaire dans la passation d'un acte.

2. — Tout ce qui concerne les témoins instrumentaires se trouve rapporté v° ACTE NOTARIÉ. — Nous nous bornerons à rappeler ici quelques décisions survenues depuis l'impression de l'article.

3. — On a vu, v° ACTE NOTARIÉ, n° 19, que les actes notariés doivent être reçus par deux notaires ou par un notaire assisté de deux témoins (L. 25 vent. an XI, art. 9), mais que les nombreux procès élevés sur la question de savoir si la présence des témoins instrumentaires était indispensable à la validité de l'acte, ont donné lieu à la loi du 21 juin 1843.

4. — D'après l'art. 1er de cette loi, « les actes notariés passés depuis la promulgation de la loi du 25 vent. an XI ne peuvent être annulés par le motif que le notaire en second ou les deux témoins instrumentaires n'auraient pas été présens à la réception desdits actes. »

5. — Si les témoins peuvent, en général, ne signer les actes qu'après qu'ils ont été reçus par le notaire, ils ne peuvent signer valablement ces mêmes actes avant qu'ils aient été réellement reçus, en ce sens qu'ils n'ont été rédigés que par un clerc, lus aux parties et signés par elles, hors de la présence du notaire. — *Caen*, 26 mai 1847 (t. 2 1847, p. 422), Révérend c. Guillandre.

6. — L'art. 2 de la loi du 21 juin 1843 porte : « A l'avenir les actes notariés contenant donation entre-vifs, donation entre époux pendant le mariage, révocation de donation ou de testament, reconnaissance d'enfans naturels, et les procurations pour consentir ces divers actes seront, à peine de nullité, reçus conjointement par deux notaires, ou par un notaire en présence de deux témoins. — La présence du notaire en second ou des deux témoins n'est requise qu'au moment de la lecture des actes par le notaire et de la signature par les parties. Elle sera mentionnée à peine de nullité. »

7. — La mention de la présence des témoins à la lecture et à la signature d'un acte de donation entre-vifs doit être consignée en termes exprès et exempts de toute ambiguïté. — Spécialement, nonobstant l'énonciation, en tête de l'acte, de la présence des témoins, on doit considérer comme insuffisante cette mention : *Fait et passé en l'étude, le...... Lecture faite, les parties ont signé avec le notaire et les témoins*, etc. — *Douai*, 15 juin 1847 (t. 2 1847, p. 485). N... c. Harlet.

8. — Dans un acte notarié contenant révocation de testament, il ne suffit pas d'énoncer que les témoins instrumentaires ont été présens à la rédaction et à la lecture de l'acte; il faut encore, à peine de nullité, constater leur présence à la signature des parties ou à leur déclaration qu'elles ne savent ou ne peuvent signer. — Cette mention ne saurait être réputée implicitement comprise dans les mots *fait et passé en présence des témoins*, ni dans la mention que les témoins ont assisté à la rédaction de l'acte. — *Dijon*, 12 août 1847 (t. 2 1848, p. 25), Desvilles c. Guenièvre.

9. — Il n'y a pas mention suffisante de la présence des témoins à la déclaration faite par une partie qu'elle ne sait signer dans la clause suivante : « Et ont les témoins signé avec nous, notaire, N.... (la partie) ayant déclaré ne le pouvoir à raison de la faiblesse occasionnée par son grand âge, de ce requis, lecture faite. » — Même arrêt.

10. — La mention de la présence du notaire en second ou des deux témoins, au moment de la lecture et de la signature des actes de donation entre-vifs, n'est soumise quant à son expression, à aucune formule sacramentelle. Il suffit que, d'après les termes et l'ensemble de l'acte, le fait même constaté par la mention exigée ne puisse être l'objet d'aucun doute. — Ainsi, la triple mention 1° (dans le préambule) que les témoins étaient réellement présens lors de la donation; 2° que cette donation a été acceptée *après lecture*; 3° (dans la clôture de l'acte) *qu'après une nouvelle lecture* les comparans ont signé avec le notaire et les témoins, établit que les témoins ont assisté, sans interruption à l'entière réception de l'acte, et qu'ainsi ils étaient présens à la lecture qui en a été faite par le notaire et à la signature des parties. — *Cass.*, 8 nov. 1848 (t. 2 1848, p. 584), Servizet c. Cordon.

11. — En disposant que les actes de donation entre-vifs passés sous l'empire de la loi du 25 vent. an XI ne peuvent être annulés par le motif que le notaire en second ou les témoins instrumentaires n'auraient pas été présens au moment de la confection desdits actes, et qu'il suffit de leur présence au moment de la lecture de l'acte et de la signature des parties, la loi du 21 juin 1843 s'applique à tous les actes antérieurs sans distinction, même à ceux sur lesquels il existait, lors de sa promulgation, un procès engagé et un pourvoi (même admis) devant la cour de Cassation. — *Cass.*, 22 déc. 1845 (t. 2 1848, p. 585), Poinsignon c. Charras.

12. — Les témoins instrumentaires doivent, à peine de nullité, être citoyens français, et n'être les serviteurs ni du notaire ni des parties. — L. 25 vent an XI, art. 9 et 10. — V. ACTE NOTARIÉ, nos 124 et suiv., 133 et suiv.

13. — Aucune loi n'ayant abrogé ni modifié jusqu'à ce jour l'art. 5 de la loi constitutive du 22 frim. an VIII, d'après lequel la jouissance des droits civiques est suspendue par l'état de domesticité à gages, un domestique est incapable d'être témoin dans un acte notarié autre qu'un testament, par exemple dans une donation entre-vifs. — *Rennes*, 23 juin 1827, M... c. A...

14. — ... Ou bien dans un contrat de mariage; mais cette incapacité ne s'applique point aux domestiques employés au labour ou à la culture des terres. — *Toulouse*, 9 juin 1843 (t. 1er 1844, p. 530), Prévost c. Augé.

15. — Il est douteux que de pareilles décisions fussent rendues aujourd'hui que les individus en état de domesticité, d'après la constitution de 1848, sont appelés à exercer leurs droits de citoyen comme tous les autres.

16. — Celui qui travaille à la journée pour une personne, mais qui a un domicile et un ménage personnels et jouit de ses droits de citoyen, ne peut être réputé serviteur de cette personne, et, par conséquent, peut être témoin instrumentaire dans un acte où cette persone est partie. — *Bordeaux*, 22 juin 1845 (t. 2 1845, p. 193), Berthomieux c. Montouroy.

17. — Sur la parenté ou l'alliance qui ne peuvent exister entre les témoins instrumentaires et le notaire ou les parties, V. ACTE NOTARIÉ, nos 100 et suiv.

18. — Bien que la loi ne le dise pas expressément, il est hors de doute que les témoins instrumentaires ne sauraient être parties dans des actes où ils figurent en cette qualité ou dans lesquels ils ont un intérêt personnel. — V. ACTE NOTARIÉ, nos 128 et suiv.

19. — Cependant on peut prendre pour témoins d'un acte dans lequel figure une commune, par l'intermédiaire de son maire, des habitans de cette commune, comme si, par exemple, il s'agit d'une donation faite à la commune. Les témoins ne sont pas alors directement gratifiés. — Rolland de Villargues, n° 37.

20. — Pour être témoin instrumentaire, il ne suffit pas d'avoir la capacité civile, il faut encore avoir la capacité physique ou morale. Ainsi, il faut que les témoins entendent la langue des parties ou celle dans laquelle l'acte est rédigé. — Ricard, *Donat.*, part. 1re, n° 1603; Furgole, *Testam.* chap. 3, sect. 1re, n° 6; Maleville sur l'art. 972; Grenier, n° 255; Toullier, t. 5, n° 393; Merlin, *Rép.*, v° *Témoin instrumentaire*, § 2, n° 2, et *Quest.*, v° *Testament*, § 17; Rolland de Villargues, n° 30.

21. — De même, il est hors de doute que le législateur ait eu l'intention de rejeter le témoignage des sourds et des aveugles : « En effet, dit Merlin (*Rép.*, v° *Témoin instrumentaire*, § 2, n° 2), quel est le but du législateur lorsqu'il exige que des témoins soient appelés à un testament? C'est, sans contredit, de prévenir toutes les surprises et de garantir l'accomplissement exact de toutes les formalités. Il faut donc, pour atteindre ce but, que les témoins voient le testateur, qu'ils entendent ce qu'il dit, qu'ils le comprennent, et qu'ils puissent certifier que tout ce que l'acte énonce avoir été fait en leur présence l'a été réellement. Il faut, par conséquent, qu'ils ne soient ni sourds ni aveugles. » — Grenier, n° 234.

22. — Il y a même raison de décider à l'égard des sourds-muets.

23. — Mais, il n'en est plus de même à l'égard des muets. Si, chez les Romains, les muets ne pouvaient être témoins dans un testament, c'est, dit Merlin (*loc. cit.*), qu'ils devaient promettre au testateur de rendre témoignage de ses dispositions, *repromittere testimonium*. En France, les témoins testamentaires (ni ceux des actes entre-vifs) n'ont jamais fait de promesse semblable. Il n'aurait donc jamais dû être nécessaire qu'ils pussent parler, pourvu que, d'ailleurs, ils vissent le testateur et l'entendissent; c'était donc sans motif que notre ancienne jurisprudence (c'était l'ord. même de 1735, art. 40) avait maintenu l'exclusion des muets. Cette exclusion ne peut donc plus avoir lieu sous le Code civil. — V. art. 7, L. 30 vent. an XII. — Rolland de Villargues, n° 32. — *Contrà*, Grenier, *loc. cit.*

24. — Les témoins instrumentaires qui figurent dans un testament doivent posséder en général les qualités exigées pour les autres témoins instrumentaires. Toutefois, comme l'art. 980, C. civ., qui détermine les conditions de leur capacité, est postérieur à la loi du 25 vent. an XI, il s'ensuit que cette dernière loi n'est pas applicable aux témoins testamentaires. — Duranton, t. 9, n° 110. — V. TESTAMENT.

25. — L'erreur commune sur la capacité putative d'un témoin instrumentaire couvre-t-elle la nullité résultant de son incapacité réelle? — V. ACTE NOTARIÉ, nos 138 et suiv.; ERREUR COMMUNE. — V. aussi TESTAMENT.

26. — La responsabilité des témoins instrumentaires ne peut pas être plus étendue que celle du notaire en second. — V. NOTAIRE, nos 1027 et suiv.

V. aussi ACTE AUTHENTIQUE, CONTRAT DE MARIAGE, DONATION ENTRE-VIFS, ENQUÊTE, FAUX, FAUX INCIDENT, NOTAIRE, TÉMOIN HONORAIRE.

TÉMOIN TESTAMENTAIRE.

On donne quelquefois ce nom à celui qui assiste, comme témoin instrumentaire, le notaire dans la réception d'un testament. — V. TÉMOIN INSTRU-MENTAIRE, TESTAMENT.

TEMPLE.

V. CULTE.

TENANCIER.

1. — Dans l'ancien droit, on appliquait ce mot d'une manière générale à toute personne détenant un fonds de terre que le propriétaire, soit seigneur, soit simple particulier, lui avait concédé moyennant certaines charges et avec des droits corrélatifs, parmi lesquels se trouvait toujours celui de faire valoir, et de percevoir au moins une partie des fruits. — V. TENURE.

2. — Dans une acception spéciale et restreinte, on désignait seulement sous la dénomination de *tenancier* celui qui tenait des terres en roture dépendantes des fiefs auquel il était dû des cens ou autres droits.

TENANS ET ABOUTISSANS.

V. ABOUTISSANS (TENANS ET).

TENDANCE (Procès de).

1. — On désignait sous cette dénomination des poursuites dirigées contre un journal à raison d'une succession d'articles révélant un esprit coupable.

2. — Dans le cas, portait l'art. 3 de la loi du 17 mars 1822, où l'esprit d'un journal ou écrit périodique, résultant d'une succession d'articles, serait de nature à porter atteinte à la paix publique, au respect dû à la religion de l'état ou autres religions légalement reconnues en France, à l'autorité du roi, à la stabilité des institutions constitutionnelles, à l'inviolabilité des ventes des domaines nationaux et à la tranquille possession de ces biens, les cours royales dans le ressort desquelles ils seront établis pourront, en audience solennelle des deux chambres et après avoir entendu le procureur général et les parties, prononcer la suspension du journal ou écrit périodique pendant un temps qui ne pourra excéder un mois pour la première fois, et trois mois pour la seconde. Après ces deux suspensions, en cas de nouvelle récidive, la suspension définitive pourra être ordonnée.

3. — En pareille matière, l'arrêt était suffisamment motivé par cela seul qu'il énonçait que la tendance répréhensible résultait des articles publiés par ce journal. — *Cass.*, 17 juill. 1823, le *Courrier* et le *Pilote.*

4. — On pouvait comprendre dans le nombre des articles constitutifs de la tendance des articles concernant un gouvernement étranger et que le silence de ce gouvernement ne permettait pas de poursuivre d'une manière directe. — Même arrêt.

5. — On pouvait également y comprendre des articles contre lesquels l'action spéciale du ministère public était prescrite. — Même arrêt.

6. — Mais il n'y avait pas lieu à suspendre un journal pour tendance coupable, lorsque la plupart des articles incriminés n'étaient pas de nature à porter atteinte au respect dû à la religion, quoique blâmables dans leurs formes, et qu'ils avaient été provoqués par des circonstances telles que l'introduction en France de corporations religieuses défendues par la loi. — *Paris*, 5 déc. 1825, le *Courrier français.*

7. — Jugé encore, que ce n'était point porter atteinte au respect dû à la religion que de discuter et combattre, dans une série d'articles d'un journal, l'introduction et l'établissement dans le royaume de toutes associations non autorisées par les lois et de signaler les dangers et les excès d'une doctrine ultramontaine; en conséquence, que ces faits ne constituaient pas le délit de tendance. — *Paris*, 3 déc. 1825, le *Constitutionnel.*

8. — La procédure devait être instruite comme en matière civile.

9. — Dès lors, les prévenus étaient non-recevables à demander la nullité d'un arrêt, en se fondant sur ce que le ministère public avait parlé le dernier.— *Cass.*, 17 juill. 1823, le *Pilote* et le *Courrier.*

10. — Par la même raison, c'était à la chambre des requêtes et non à la chambre criminelle de la cour de Cassation que devait être portée, en semblable matière, une demande en règlement de juges.— Même arrêt.

11. — Ces dispositions soulevèrent d'énergiques réclamations, et leur abrogation fut bientôt prononcée par la loi du 18 juill. 1828, qui déclara expressément que la loi du 17 mars 1822 cesserait d'être appliquée à l'avenir (art. 18), et soumit à des règles nouvelles les divers écrits périodiques.
V. CENSURE DES ÉCRITS ET JOURNAUX, DÉLITS DE PRESSE, ÉCRITS PÉRIODIQUES.

TENEUR DE LIVRES.

V. COURTIER.

TENTATIVE.

Table alphabétique.

TENTATIVE, § 1er.

§ 1er. — *Notions préliminaires.* — *Historique.*

1. — Le simple projet de faire le mal, la résolution même arrêtée de commettre un crime ne peuvent jamais, quelque perversité qu'ils supposent, tomber sous la juridiction humaine; car, outre que, par leur nature, ils échappent à toute investigation, il est permis, jusqu'au moment de leur réalisation, de compter sur le repentir.

2. — Ce n'est donc que quand ce projet ou cette résolution se manifestent par des actes extérieurs que le péril commence et que la société doit intervenir. Mais quel acte doit-on considérer comme projet d'exécution, quelle exécution doit-on réputer assez explicite, significative, avancée, pour faire naître la responsabilité de l'agent?— Quels degrés le châtiment doit-il parcourir pour se mesurer exactement à chaque pas qui rapproche de la consommation du crime? — V. *infrà* nos 9 et s.

3. — Il paraît résulter du rapprochement de quelques textes, du reste assez obscurs, du droit romain, qu'à l'égard des crimes atroces la tentative était punie comme le crime même; quant aux autres crimes, la peine était graduée selon qu'ils étaient ou commencés ou consommés. — L. 1, § *Divus.*, ff., *Ad leg. cornel., De sicariis*; L. 65, ff., *De furtis*; L. 16, § 3, ff., *De pœnis*; L. 1, ff., *De extraord. crim.*; L. 7, C., *Ad. leg. cornel., De sicariis.* —Carmignani, t. 2, p. 305 et 317; Poggi, *Elém. jur. cr.*, t. 4, cap. 1, § 6; de Savigny, *Dissert. mang. jurid. De concursu delict.*

4. — Dans notre ancien droit, la tentative était punie selon la gravité des actes commis. — On distinguait les actes *prochains* et *éloignés.* — Les actes *prochains* (les derniers à commettre pour consommer le crime) étaient punis comme le crime même dans les crimes atroces (lèse-majesté, assassinat, parricide et empoisonnement), et de la peine inférieure dans les autres crimes. — Les actes *éloignés* n'étaient jamais frappés que d'un faible châtiment, car c'était là les laissant toujours espérer le repentir. — Farinacius, *Prag. crim.*, part. 4, *De homicid. quœst.*; Barbacovi, *De mensurâ pœnarum.*; Tiraqueau, *De pœn. temp. aut. remitt.*; Jousse, *Tr. just. crim.*, t. 3, p. 638; Muyart de Vouglans, *L. crim.*, p. 13. — Du reste, ces règles n'avaient guère d'autres bases que la jurisprudence, car c'est à peine si l'on trouve, dans toute la législation, trois textes concernant la tentative: l'un est un capitulaire de Charlemagne (*Capit.*, lib. 7, c. 151); l'autre est l'art. 195 de l'ord. de Blois; le dernier, l'art. 4, tit. 16 de l'ord. de 1670.— Ces textes, qui ne font guère que se reproduire, d'après la loi romaine, sont exclusivement relatifs à l'homicide. — Chauveau et Hélie, *Th. C, pén.*, t. 2, p. 7.

5. — Le Code pénal de 1791 n'incriminait que la tentative d'assassinat et celle d'empoisonnement; il les punissait comme le crime même. — V. part. 2e, til. 2, art. 13, 15 et 16.

6. — Il résultait de là que la tentative de tout autre crime, quel qu'il fût, ne donnait lieu à aucun châtiment; c'était une lacune fâcheuse qui fut comblée quelque temps après par la loi du 22 prairial an IV, ainsi conçue : « Toute tentative de crime, manifestée par des actes extérieurs et suivie d'un commencement d'exécution, sera punie comme le crime même, si elle n'a été suspendue que par des circonstances fortuites, indépendantes de la volonté du prévenu. » On voit que, par cette loi, toute espèce de tentative était, de même que celle d'assassinat et d'empoisonnement, punie comme le crime même.

7. — Cette similitude de peine pour des cas essentiellement différens fut critiquée en 1810; néanmoins elle fut maintenue, et la rédaction de la loi de l'an IV passa presque textuellement dans l'art. 2 du nouveau Code pénal. — La seule modification admise, sur l'observation de M. Treilhard, qu'il ne s'opposait pas à ce que, dans les cas les moins graves, la tentative n'encourût que le minimum de la peine, fut qu'elle ne serait punie de la même peine que dans les cas déterminés par la loi; mais cette décision ne fut applicable que la section chargée de la rédaction qu'aux délits correctionnels. — Locré, *Lég. civ. com. et crim. de la France*, t. 29, p. 107; Chauveau et Hélie, *Th. C. pén.*, t. 2, p. 9.

8. — Lors de la discussion de la loi du 28 avril 1832, un amendement fut présenté d'après lequel : « toute tentative ne devait être punie que quel que soit le crime immédiatement inférieure à celle que l'auteur aurait encourue s'il eût consommé son crime. » — Mais cet amendement fut rejeté, et l'invariable disposition maintenue; on pensa que les pouvoirs nouveaux attribués aux jurés par l'art. 463 du Code pénal, relatif aux circonstances atténuantes, leur donnaient suffisamment la possibilité d'établir les différences mo-

les qui pourraient se rencontrer entre le crime accompli et la simple tentative.—Ainsi, le principe posé par la loi de l'an IV est toujours en vigueur.

9.— On distingue dans la tentative les actes internes et les actes externes ou extérieurs.

10.— Les actes internes sont hors du domaine de la justice humaine. Comment atteindre un simple vœu, une intention, une résolution même arrêtée? La pensée ne peut être asservie, réprimée, tant qu'elle ne se produit par aucun acte matériel.

11.— Les actes extérieurs sont donc seuls sensibles, appréciables. —Mais, parmi eux, il en est de plus ou moins coupables, quelques-uns même ont une innocuité telle, qu'on ne peut guère en faire la base d'une pénalité. — Aussi, les docteurs les ont-ils divisés en *actes préparatoires et actes d'exécution*.

12.— Les actes extérieurs préparatoires sont ceux qui, précédant l'exécution, ne la commencent cependant pas et sont seulement destinés à faciliter la réalisation de l'intention coupable. « Ils la peuvent faire supposer, disent les auteurs de la *Th. du C. pén.* (t. 2, p. 13), mais ils ne la prouvent pas; et, d'ailleurs, il y a encore trop de distance entre eux et l'action accomplie pour supposer que l'agent eût franchi cette distance sans s'arrêter. » — Ils ne font donc, en général, l'objet d'aucune incrimination, sauf dans quelques rares législations, et notamment dans celle de la Prusse. — Bourguignon, *Just. crim.*, t. 2, p. 6, no 5.

13. — Ainsi, l'individu trouvé porteur d'un trousseau de fausses clés ou d'instrumens propres à fracturer les portes ou les meubles n'est passible d'aucune peine, malgré la présomption qui pèse sur lui de ne s'en être muni que pour commettre un vol. — Bourguignon, *Just. crim.*, t. 2, p. 12, no 7.

14.— De même, acheter une échelle pour commettre avec escalade, dans la première nuit obscure, un vol projeté depuis longtemps, et garder, en attendant, l'échelle chez soi, ce n'est point commencer l'exécution du vol, ce n'est donc point le tenter. — Rauter, *Dr. crim.*, t. 1er, no 104, p. 197.

15.— Il est cependant certains actes préparatoires qui intéressent par eux-mêmes tellement la sûreté publique, que la société a dû songer à les réprimer, tels que les menaces, le complot, le port de certaines armes, la fabrication de la poudre, la rupture d'une clôture dans l'intention d'un vol que l'agent n'a plus voulu consommer, etc.— (V. MENACES, COMPLOT, ARMES, POUDRES ET MUNITIONS DE GUERRE). — Mais alors ce n'est point comme actes préparatoires constitutifs d'une tentative de crime ou délit, que la loi les atteint, mais comme crimes ou délits propres et intrinsèques.

16. — Les actes extérieurs d'exécution sont les seuls qui puissent entrer dans la constitution de la tentative punissable, car la tentative n'est que le commencement d'exécution d'une résolution coupable.

17.—Nous avons vu (*suprà* no 12) que, jusqu'au commencement d'exécution, la loi reste inactive, car elle suppose le repentir; mais une fois l'exécution commencée, la présomption change, et l'on suppose que le crime eût été consommé si une cause fortuite ne l'eût interrompu. Dès-lors, la répression devient nécessaire, légitime.

18. — La tentative doit donc réunir deux caractères essentiels pour devenir punissable : 1o commencement d'exécution ; 2o possibilité, pour l'agent, d'un désistement volontaire. On conçoit, en effet, que, s'il y avait impossibilité d'interrompre le crime, il n'y aurait plus tentative, mais crime consommé.

19.— Il est bien entendu que le commencement d'exécution doit se rapporter directement au fait principal de l'accusation.— Morin, *Dict. dr. crim.*, vo *Tentative*.

20.— S'il y a interruption volontaire de l'agent, il n'encourt aucune peine, à moins que les actes commis ne constituent par eux-mêmes des délits spéciaux. — V. spécialement vo INCENDIE, no 45.

21. — Tels sont les principes consacrés par le Code pénal dans son art. 2, et admis par presque toutes les législations étrangères.

22.— Quant à la peine encourue pour la tentative, le Code pénal, suivant en cela la doctrine de Filangieri (*Science de la législ.*, t. 4, ch. 1er, p. 174), l'a décrétée égale à celle prononcée contre le crime consommé. — Cette uniformité est et a, presqu'en tout temps, été combattue par la grande majorité des criminalistes qui n'appliquent qu'une peine inférieure à celle du crime même.— Beccaria, *Des délits et des peines*, p. 101 ; Carmignani, *Teoria della leggi*, etc., t. 2, cap. 15 ; Mittermaier, *Journ. de législ. étr.*, t. 4; Weber, *Arch. du dr. crim.*; Bauer, *Motifs du proj. de C. pén. en Hanovre*; Legraverend, *Lég. crim.*, t. 1er, ch. 2, p. 220, *Obs. de la C. d'app. de Rennes sur le proj. de C. pén.*, p. 13 et 14 ; Carnot, *C. pén.*, t. 1er, p. 11 ; Rossi, *Tr. de dr. pén.*, t. 2, p, 321 ; Chauveau et Hélie, *Th. C. pén.*, t. 2, p. 19.

23. — Les motifs de ce dernier système sont que, jusqu'à la consommation du crime, rien ne prouve l'impossibilité du repentir chez le coupable ; que la société a intérêt à graduer les châtimens, car chaque peine plus forte est un obstacle nouveau que l'agent peut hésiter à franchir ; qu'on doit prendre en considération l'inexécution du crime, qui a fait courir à la société un moindre péril, et a fait à la victime un moindre dommage ; que l'exagération de la peine pour certains crimes sans résultat provoque le scandale d'acquittemens iniques. — Ces raisons l'ont emporté dans presque toutes les législations étrangères; et aujourd'hui, en Autriche, au Brésil, dans l'état de Bolivie, en Prusse, en Hongrie, dans les Etats de New-York, de Géorgie, de la Louisiane, enfin en Belgique, la peine de la tentative est inférieure à celle du crime consommé. — Chauveau et Hélie, *Th. C. pén.*, t. 2, p. 19 et suiv.

24.— Notre Code pénal a sans doute obvié à quelques uns des inconvéniens signalés en permettant d'abaisser la peine à l'aide de l'admission de circonstances atténuantes. Mais n'est-ce point un tort de puiser dans des circonstances extrinsèques au fait des motifs d'atténuation qui devraient être attachés seulement à celles qui lui sont intrinsèques, et est-il sage de laisser à l'appréciation si variable et quelquefois si peu motivée d'un jury la solution d'une question qui, de tout temps, a divisé les plus célèbres publicistes? — Rauter, *Dr. crim.*, t. 1er, no 109.

25.—L'art. 2 du Code pénal comprend tout à la fois le délit *manqué* et le délit *tenté*. — Ils diffèrent entre eux en ce que, dans le délit *manqué*, tous les actes destinés à consommer le crime ont été accomplis, sans que, cependant, le résultat matériel que se proposait l'agent ait été atteint. Ainsi, du poison est administré et pris, mais, par suite de soins, la mort ne survient pas ; un homme en frappe un autre avec le poignard ou décharge sur lui une arme à feu avec la volonté de le tuer, mais la victime n'est pas atteinte ou reçoit une simple blessure, etc. : il y a délit *manqué* et non *tentative*, car, tous les actes d'exécution étant achevés, il n'est plus possible à leur auteur de suspendre volontairement la perpétration de son crime.

26. — Le projet du Code pénal ne s'occupait point du délit manqué. La commission de législation ayant signalé cette lacune, on ajouta dans l'art. 2, après les mots « si elle n'a été suspendue,» ceux « ou n'a manqué son effet. » — Locré, t. 30, p. 462.— MM. Chauveau et Hélie (*Th. C. pén.*, t. 2, p. 27) font observer avec raison que cette rédaction est inexacte, « car, disent-ils, la tentative qui a manqué son effet n'est plus une tentative, mais bien un crime consommé dans tous les cas où l'effet matériel du crime n'est pas nécessaire à sa consommation : tels sont les faux, l'incendie, l'empoisonnement. »

27. — Du reste, la peine du délit manqué est également la même que celle du délit consommé. — Quelques jurisconsultes ont critiqué cette égalisation que les législations de Prusse et d'Autriche condamnent aussi, en n'édictant contre le délit manqué que la peine qui suit immédiatement celle du délit consommé. — Nous préférons les dispositions de notre Code, et le moins de gravité du dommage causé ne nous paraît pas atténuer la criminalité d'un fait que l'agent a consommé autant qu'il était en lui, et dont l'interruption ne peut plus, comme au cas de simple tentative, être espérée de son repentir.— Seulement il eût mieux valu distinguer, soit à raison de leur définition, soit dans leur pénalité, le délit tenté et le délit manqué, qui sont, à tort selon nous, confondus dans une même disposition. — C'est ce qu'a fait sagement le Code pénal belge, qui consacre deux dispositions distinctes au délit manqué et à la tentative, et n'atténue la peine que pour celle-ci. — Chauveau et Hélie, *Th. C. pén.*, t. 2, p. 33.

28.— L'art. 2 était, dans le Code pénal de 1810, conçu dans les mêmes termes que la loi du 22 prair. an IV, et portait : « toute tentative de crime qui aura été manifestée par des actes extérieurs et suivie d'un commencement d'exécution, etc. » Le projet de ce Code, se fondant sur ce que la manifestation par des actes extérieurs était la même chose que le commencement d'exécution, avait supprimé la première de ces deux expressions, mais toutes deux furent adoptées sur les observations de M. Cambacérès.— *Cons. d'ét.*, 4 oct. 1808. — Locré, t. 29, p. 106.

29.— En 1832, lors de la révision du Code pén., la rédaction du Code de 1810 fut substituée à celle qui lui avait été préférée; l'art. 2 du Code pénal est donc, aujourd'hui, définitivement ainsi conçu : « Toute tentative de crime qui aura été manifestée par un commencement d'exécution, si elle n'a été suspendue, ou si elle n'a manqué son effet que par des circonstances indépendantes de la volonté de son auteur, est considérée comme le crime même. »

30. — Rien, dans ce que nous connaissons des discussions de 1832, ne nous révèle les motifs de la modification introduite, et qu'il eût peut-être été plus sage de ne pas faire. — En effet, la loi ne définit pas les actes qui constituent un commencement d'exécution ; or, avec la rédaction actuelle, il serait à craindre que, auprès de quelques jurés, tous les actes extérieurs ne fussent considérés comme constituant nécessairement un commencement d'exécution, alors qu'il en est un certain nombre auxquels on ne doit pas attribuer ce caractère. L'ancienne rédaction, au contraire, en exigeant pour la tentative actes extérieurs et commencement d'exécution, rend impossible toute confusion. La loi ne saurait jamais être trop claire.— *Cass.*, 18 avr. 1834, Geysse.

§ 2. — *Crimes.*

31. — Aucune loi n'ayant déterminé les faits qui doivent caractériser le commencement d'exécution dans une tentative de crime, il s'ensuit qu'à cet égard on doit s'en rapporter à la conscience des juges, qui doivent statuer sur la mise en accusation, et que quelque grave que soit l'erreur des juges, elle ne peut former un moyen de cassation. — *Cass.*, 27 août 1812, Stepmann ; 18 mars 1813, Croubèle; 11 juin 1818, Defranould; 29 avr. 1824, Rose ; 28 sept. 1825, Lavareille; 28 juill. 1826, Bourguignon; 4 oc. 1827, Demeur. —Chauveau et Hélie, *Th. C. pén.*, t. 2, p. 36 ; Carnot, *C. pén.*, art. 2, no 8.

32. — Il en est de même à l'égard de l'interruption des actes d'exécution, par des circonstances indépendantes de la volonté du prévenu. —*Cass.*, 29 avr. 1824, Rose.

33. — Cependant, un arrêt de la cour suprême du 29 oct. 1813 (Winaud) semble contredire cette doctrine. Il n'est pas inutile de remarquer que, dans l'espèce qui a donné lieu à cette décision, la chambre d'accusation avait commencé par déclarer constans des faits qui, d'après l'art. 2, constituent une tentative criminelle, et que la cour de Cassation, en prenant ces faits comme vrais et en se bornant à rectifier la conséquence légale qu'en avait tirée la cour royale, ne contrarie en aucune façon le pouvoir d'appréciation qui appartient souverainement à celle-ci et qu'elle reconnaît formellement dans ses autres arrêts.

34. — Le commencement d'exécution étant constitutif du crime de la tentative, il suffit que le jury ait déclaré qu'il n'y a pas eu commencement d'exécution pour qu'il n'y ait plus de crime, quoique la tentative ait été manifestée par des actes extérieurs. — *Cass.*, 18 avr. 1834, Geysse.

35. — On s'est demandé si l'escalade, l'effraction, l'usage de fausses clés constituaient par eux-mêmes des actes simplement préparatoires ou un commencement d'exécution? Et, notamment, si celui qui s'est introduit à l'aide d'effraction, dans une maison habitée, et avec l'intention de voler était coupable d'une tentative de vol, s'il n'avait encore rien dérangé dans l'appartement lorsqu'il avait été surpris. — M. Rossi adopte l'affirmative (*Tr. du droit pén.*, t. 2.)

36. — Mais, entraînés par une comparaison de Carmignani (t. 2, p. 334), qui suppose la tentative se mouvant pour parcourir deux points marquant un espace, et par une observation de Carnot (sur l'art. 2, C. pén., t. 1er, p. 17, no 13), qui dit que le simple usage de fausses clés, l'escalade ou l'effraction, ne peuvent pas constituer par eux *seuls* une tentative punissable, les auteurs de la *Th. C. pén.*, (t. 2, p. 37) n'ont pas hésité à déclarer inexacte l'opinion du savant professeur : « L'escalade, l'effraction, de même que l'usage des fausses clés, sont évidemment, disent-ils, en dehors de l'action criminelle; ils la précèdent, ils la préparent ; mais elle n'est pas encore commencée. Comment soutenir en effet que l'escalade, par exemple, est un commencement de vol? Cet acte ne peut-il pas avoir pour but la perpétration d'un tout autre crime, d'un rapt, d'un viol, d'un assassinat?... Cependant si l'escalade était suivie d'un acte quelconque d'exécution, quelque léger qu'il fût, il est évident qu'il y aurait tentative. Ainsi le déplacement d'un objet, l'ouverture d'un meuble suf-

firaient dans ce cas pour constituer le crime. Cette observation démontre combien est inexacte cette proposition du réquisitoire présenté dans l'espèce de l'arrêt du 23 sept. 1825 (précité n° 31), qu'entre l'escalade et le vol consommé la pensée ne peut concevoir aucun fait intermédiaire qui puisse être un commencement d'exécution. »

37.—Les dangers d'un pareil système suffiraient pour le faire repousser si l'expérience n'en avait déjà fait justice. La cour de Cassation l'a clairement improuvé (V. *infrà* n° 38). Les cours d'appel confirment formellement des ordonnances de prise de corps rendues dans des espèces analogues. La question est donc jugée par la pratique. Examinons cependant les objections qui sont faites. On dit que l'usage des fausses clés, l'escalade ou l'effraction ne constituent pas *par eux seuls* une tentative de vol, parce qu'ils peuvent avoir pour but un rapt, un viol, un assassinat? Personne ne conteste cette proposition. Toutes les fois que rien ne révèlera le but auquel tendent les circonstances qu'on vient de rappeler, ou lorsqu'il y aura incertitude sur leur but, ou enfin lorsque leur but reconnu ne sera pas prévu par la loi pénale, il y aura évidemment impossibilité de voir dans l'acte le commencement d'un vol ou de tout autre crime; mais aussi lorsque le but certain et démontré est de commettre un crime déterminé dont la consommation devait être la conséquence immédiate, que pourrait-on exiger de plus pour constituer la tentative? Il y a ordinairement dans chaque affaire des circonstances de moralité qui viennent se joindre au fait matériel, et qui lui donnent une signification positive. Nous concevrions qu'on exigeât un acte quelconque, tel que le déplacement d'un objet ou l'ouverture d'un meuble, s'il y avait des raisons de douter du but que se proposait le prévenu. Nous ne le concevons pas lorsque les élémens de la cause lient nécessairement au crime de vol, l'escalade, l'effraction ou l'usage des fausses clés. On ne veut point que ces circonstances puissent servir tout à la fois de circonstances aggravantes et de commencement d'exécution: quelle est donc la raison qui s'y oppose? L'escalade, l'effraction, etc., ne font-elles pas partie essentielle du crime? elles peuvent sans doute en être isolées; mais dès qu'elles y sont rattachées par des considérations morales qui en fixent invinciblement le caractère; dès qu'elles présentent le criminel à l'œuvre, comment est-il possible de dire que l'exécution du crime n'est pas commencée? Vainement trouverait-on dans une espèce donnée un fait intermédiaire qui n'entre pas dans l'ordre nécessaire et habituel des choses. La loi s'en est remise à la sagesse des tribunaux. Quand leur conviction reposera sur les bases que nous avons indiquées, ils n'auront pas à craindre de s'égarer.

38.— C'est donc avec raison que dans les motifs de deux de ses arrêts la cour de Cassation a déclaré erronée l'opinion que les faits d'escalade et d'effraction à l'aide desquels un prévenu s'est introduit dans un château dans l'intention d'y commettre un vol, ne constituent pas le commencement d'exécution requis par la loi pour caractériser la tentative criminelle de vol. — *Cass.*, 11 juin 1818, Defranould; 23 sept. 1825, Lavarcille (réquisitoire de M. de Vatisménil sous l'arrêt de 1825.) — Mais, en vertu du principe que l'erreur des juges en pareille matière ne peut former un moyen de cassation, la cour a dû se borner à censurer les arrêts qui lui étaient déférés, mais sans les annuler.

39. — Et la même doctrine résulte également des motifs d'un autre arrêt du 4 oct. 1827, Demeur.

40. — Néanmoins la doctrine de Carnot et de MM. Hélie et Chauveau peut s'appuyer sur deux décisions des cours de Bordeaux et de Nancy qui, soumises à la cour de Cassation, ont donné lieu à deux arrêts de rejet des 23 sept. 1825 et 4 oct. 1827 (précités.)

41.— La cour de Bordeaux a encore jugé que le fait, de la part d'un individu, de s'être introduit dans une cour dépendant d'une maison habitée avec l'intention, même avouée par lui, d'y voler, ne peut, seul, constituer une tentative de vol, alors surtout que depuis l'introduction de cet individu il s'est écoulé un intervalle de temps sans qu'il y eût aucun acte d'exécution. — *Bordeaux*, 26 janv. 1842 (t. 2 1842, p. 600), Gauthier.

42. — ... Et la cour de Toulouse, que l'effraction faite au contrevent d'une maison par deux individus qui ne s'y étaient pas encore introduits, et qui ont pris la fuite au moment où ils ont été découverts, ne présente pas les caractères d'une tentative de vol, bien qu'on ne puisse pas douter qu'ils avaient un but criminel.— D'ailleurs, sous le Code pén. de 1810, l'effraction n'aurait pas pu être considérée comme constituant, tout à la fois, un acte extérieur et un commencement d'exécution. — *Toulouse*, 1er août, 1825, Galibert.

43. — .. Et la cour d'Orléans, que l'effraction commise dans la clôture d'une maison habitée, sans aucune autre circonstance propre à en manifester le but, n'est pas suffisante pour constituer une tentative de vol, mais seulement le délit de bris de clôture prévu par l'art 456, C. pén.— *Orléans*, 14 oct. 1842 (t. 2 1842, p. 513), Choux.

44.— Mais jugé, en tous cas, qu'il y a tentative de vol de la part de celui qui, après s'être introduit à l'aide d'escalade et avec l'intention de voler, dans une maison habitée, ouvre une armoire où il croyait trouver de l'argent, et n'est interrompu que par des circonstances fortuites indépendantes de sa volonté.— *Cass.*, 29 oct. 1813, Winaud.— *Th. C. pén.*, t. 2, p. 40.

45.—Il n'y a pas tentative de la part de l'homme qui a chargé un autre de commettre un crime, qui a manifesté sa volonté, à cet égard, par des actes extérieurs et n'a rien fait pour en empêcher l'exécution, si ces intentions n'ont point été remplies, parce que le mandataire a refusé d'agir. — Legraverend, *Lég. crim.*, t. 1er, p. 124; Rauter, *Dr. crim.*, t. 1er, n° 106.

46.—Il n'y aurait point tentative punissable de la part de celui qui, résolu de donner la mort à une autre personne qui est séparée de lui par plusieurs pièces de l'appartement qu'ils habitent tous deux, marche tout armé vers le lieu où il sait que se trouve sa victime, mais est arrêté en chemin.— V. toutefois Rauter, *Dr. crim.*, t. 1er, n° 108.

47.—L'achat de substances vénéneuses dans le but avoué d'empoisonner quelqu'un, et la remise de ces substances à un tiers pour qu'il commette le crime, ne constituent pas un commencement d'exécution de la tentative d'empoisonnement, et ne peuvent, dès-lors, être incriminés comme tels. — *Amiens*, 2 avr. 1840 (t. 1er 1843, p. 16, Lombart c. Rousselle. — Legraverend, *Lég. crim.*, t. 1er p. 124.

48.— La tentative, en matière de bigamie, est punie comme en matière de tout autre crime.— V. à cet égard, BIGAMIE, nos 41 et suiv.

49.— Mais celui dont la fraude est découverte lorsqu'il a déjà fait graver des modèles de lettres de change avec vignettes calquées sur les lettres originales d'un banquier dont il se propose d'emprunter le nom, pour les livrer à la circulation avec son endossement, est coupable d'une tentative caractérisée du crime de faux.— *Cass.*, 4 sept. 1807, Neustadt et Assier.

50.— De même, celui qui comparaît devant un notaire et fait souscrire à son profit une donation par un individu stipulant faussement au nom d'un tiers, commet une tentative de faux, encore bien que l'acte soit resté inaccompli à défaut de la signature du notaire.— *Cass.*, 9 juill. 1807, Coste. — *Th. C. pén.*, t. 2, p. 47, et t. 3, p. 375.

51.—De même encore, celui qui comparaît devant l'officier de l'état civil pour donner son consentement à un mariage sous le faux nom du père de l'un des contractans, et qui ne se retire que pendant la lecture de l'acte, lorsqu'il s'aperçoit qu'il est reconnu, commet une tentative de faux en écriture authentique.— *Cass.*, 12 juin (et non mai) 1807, de Coen; 6 août 1807, même affaire.

52.—Jugé aussi, qu'acheter des pistolets, les charger, disposer un caveau, des chaînes, écrire les billets que l'on *se propose d'extorquer*, faire monter en voiture et conduire la victime dans le chemin du lieu où les instrumens du crime sont préparés, c'est bien commettre un commencement d'exécution, tel que la loi l'exige pour constituer la tentative d'extorsion de billets. — *Cass.*, 6 (et non 9) fév. 1812, Morin.—Merlin *Rép.*, v° *Tentative*, n° 6.

53.— La cour de Cassation a jugé qu'il y a faux témoignage et non pas seulement tentative de la part du témoin qui a fait devant un tribunal correctionnel une fausse déclaration dans l'intention de favoriser le prévenu, bien que par une défaillance qui lui est survenue, il n'ait pas pu achever sa déposition.— *Cass.*, 28 fév. 1811, Maurice Chieza. — V., à cet égard, FAUX TÉMOIGNAGE, nos 128 et suiv.

54. — La cour de Cassation a jugé que le fait de la part d'un fonctionnaire d'avoir offert à un prisonnier de lui rendre la liberté, s'il voulait lui donner sa fille en mariage, ne constitue qu'une tentative de délit qui n'est punie par aucune loi. —*Cass.*, 12 niv. an V, Lanteyrès. — Nous aurions peine à voir dans ces faits un commencement d'exécution; au moins, faudrait-il, ce nous semble, que l'ordre d'élargissement eût été remis conditionnellement au porteur de la proposition.

55. — La soustraction frauduleuse d'une caisse fermée ne peut pas être considérée comme constituant une tentative de vol avec effraction, quoique le voleur ne pût s'emparer des objets qu'elle contenait qu'en la fracturant, si aucune tentative réelle d'effraction n'a eu lieu. — *Paris*, 6 juin 1837 (t. 2 1837, p. 126), Bertrand.

56.—On ne peut considérer comme une tentative de vol rentrant dans la disposition des art. 2 et 401, C. pén., l'apposition d'une fausse marque sur divers arbres d'une forêt, pour se les approprier. — *Bruxelles*, 3 avr. 1817, Bolvin. — V. au surplus FORÊTS.

57. — La simple menace de viol n'a pas les caractères d'une tentative, et ne rentre pas dans l'application de la loi pénale. — *Cass.*, 14 pluv. an VII, Salleucci.

58. — Mais les coups donnés à dessein de tuer, quand la mort ne s'en est pas suivie, constituent une tentative de meurtre. — *Cass.*, 14 fév. 1817, Bietsch.

59. — Toutefois, pour constituer une tentative de meurtre, il n'est pas nécessaire que les blessures soient graves, ni même qu'il y ait des blessures.— *Cass.*, 26 mars 1812, Robinot; 10 oct. 1816, Lebrat.

60. — Par conséquent, le fait d'avoir fait feu sur son adversaire, sans l'atteindre, constitue une tentative de meurtre. — *Cass.*, 22 déc. 1837 (t. 2 1837, p. 584), Badimont et Binet.

61. — Pour constituer la tentative d'assassinat, il ne suffit pas que l'accusé ait tiré volontairement avec préméditation et guet-apens un coup de fusil sur sa victime, il faut que ce soit avec intention de lui donner la mort. — Le jury doit conséquemment être interrogé sur cette intention. — *Cass.*, 22 nov. 1810, Hédou; 18 janv. 1816, Clément.

62. — Il en est de même des coups portés volontairement avec un stylet. — *Cass.*, 14 déc. 1820, Vinciguerra; — *Th. C. pén.*, t. 2, p. 49, et t. 5, p. 388.

63. — Dans un duel, celui des combattans qui a seulement blessé son adversaire doit être poursuivi comme prévenu non seulement du crime ou du délit de blessures volontaires prévus par les art. 309 et suiv., C. pén., mais aussi de tentative de meurtre. — Même arrêt.

64. — Mais si, d'un commun accord, et par le résultat libre de leur volonté, les combattans ont cessé le combat après de simples blessures, le fait manque de l'un des élémens de la tentavive de meurtre, et ne constitue que le délit de blessures volontaires prévu par les art. 309 et 311, C. pén., — *Rouen*, 26 nov. 1838 (t. 1er 1839, p. 185), Loroy et de Sivry.

65. — Cette solution et celle qui précède sont des conséquences nécessaires de la jurisprudence nouvelle adoptée par la cour de Cassation, qui considère le duel comme atteint par nos lois pénales. — V. DUEL.

66. — Il ne suffirait pas, pour autoriser l'application de la peine, de déclarer la tentative constante. — Il faut de plus que les circonstances essentielles en soient formellement rappelées dans l'arrêt de renvoi, dans l'acte d'accusation ou la déclaration du jury. — Merlin, *Rép.*, v° *Acte d'accusation*; Legraverend, t. 1er ch. 2, p. 225, note 3e; Chauveau et Hélie, *Th. C. pén.*, t. 2, p. 42; Carnot, *C. instr. crim.*, art. 221, n° 7, 241, n° 6, et 337, n° 16, et *C. pén.*, art. 2.

67. — Déjà sous la loi du 22 prair. an IV, on décidait que les peines qu'elle prononcent pouvaient être appliquées sans que le jury eût été interrogé et eût répondu sur la question de la tentative. — *Cass.*, 11 messid. an VII, Gros; 19 messid. an VII, Martin.

68. — Le principe n'a point changé depuis le Code pénal; ainsi, l'acte d'accusation dressé pour tentative de vol commis la nuit, dans une maison habitée, est nul, s'il n'exprime point les circonstances exigées par la loi pour donner au fait le caractère criminel qui l'assimile au crime même, spécialement, s'il ne mentionne pas que la tentative a été manifestée par des actes extérieurs suivis d'un commencement d'exécution. — *Cass.*, 26 juill. 1811, Gommand.

69. —... Ou si, mentionnant que l'accusé s'est introduit, la nuit, dans une cave, pour y voler du vin, il n'exprime pas que cette tentative n'a manqué son effet que par des circonstances indépendantes de la volonté de l'accusé. — *Cass.*, 9 janv. 1812, Luisart.

70. — Est pareillement nulle la déclaration du jury qui n'exprime pas les circonstances caractéristiques de la tentative. — *Cass.*, 26 juill. 1811, Gommand; 9 janv. 1812, Luisart; 30 mai 1816, Colombes; 15 avr. 1824, Pigeonnat.

71. — De même, la question posée au jury sur une tentative de meurtre doit comprendre, à peine

de nullité, toutes les circonstances constitutives de la tentative. — *Cass.*, 23 juin 1827, Rivière; 23 sept. 1825, Brigand.—V. aussi *Cass.*, 14 vendém. an VIII, Seligmann-Hesse; 17 fév. 1820, Rullion.

72. — Il y a nullité lorsque, dans une accusation de tentative de meurtre, aucune question n'a été posée au jury relativement aux circonstances qui ont empêché que l'attaque n'ait été suivie du meurtre, quoique l'acte d'accusation en fasse mention. — *Cass.*, 8 frim. an XIII, Rochain.

73. — Sous le Code du 3 brum. an IV, lorsque l'acte d'accusation présentait non seulement la prévention d'une attaque à dessein de tuer avec préméditation, mais encore celle d'une tentative de meurtre, il ne suffisait pas d'interroger les jurés sur l'attaque à dessein de tuer; il fallait en outre, à peine de nullité, leur soumettre les questions qui pouvaient amener à la déclaration de la tentative de meurtre. — *Cass.*, 19 fév. 1808, Vernet.

74. — Lorsque sur une question comprenant toutes les circonstances constitutives de la tentative d'un crime, le jury répond par le mot *oui*, cette déclaration faite d'une manière générale embrasse nécessairement toutes les parties de la question. — *Cass.*, 26 juin 1817, Cardinaux; 18 avr. 1816, Vastine.

75. — Mais lorsque le jury répond sur une des circonstances énoncées dans la question et se tait sur les autres, sa déclaration est incomplète et ne peut servir de base ni à une condamnation ni à une absolution.—Spécialement, il ne suffit pas pour constituer légalement une tentative que l'accusé soit déclaré coupable d'une tentative de crime *qui n'a manqué son effet que par des circonstances indépendantes de sa volonté*; il faut en outre que le jury ait déclaré qu'elle a été *manifestée par des actes extérieurs suivis d'un commencement d'exécution*. — *Cass.*, 18 avr. 1816, Vastine.

76. — Il a été jugé que, lorsque sur la question de savoir si l'accusé est coupable d'une tentative de meurtre commise avec préméditation, et si cette tentative a été manifestée par des actes extérieurs, si elle a eu un commencement d'exécution, et si elle n'a été suspendue que par des circonstances indépendantes de la volonté de son auteur, le jury a répondu que l'accusé est coupable, mais sans préméditation, ni aucune circonstance aggravante, cette dernière partie de la réponse ne peut se rapporter qu'aux circonstances constitutives de la tentative. En conséquence, la déclaration est incohérente et nulle. — *Cass.*, 7 oct. 1826, Faure.

77. — Bourguignon (*Manuel du jury*, p. 466, n° 308) interprète ainsi cette déclaration du jury : « L'accusé est coupable d'avoir assisté ou aidé l'auteur de cette tentative, mais de ne l'avoir pas fait *sciemment*, ni avec préméditation. Le mot *coupable* ne s'appliquant alors qu'à une participation matérielle qui n'était prévue par aucune loi pénale, c'était le cas de prononcer conformément à l'art. 364, C. inst. crim., et non de soumettre l'accusé à un nouveau débat. » Nous ne pouvons pas adopter cette interprétation ; de deux choses l'une : ou le jury a fait une confusion, ou il a ajouté sans nécessité que le crime n'avait été accompagné ni de préméditation ni d'aucune autre circonstance aggravante. Dans le premier cas, sa déclaration est nulle ; dans le second, il n'y a de nul que la superfétation, et il y a lieu à condamnation. La cour de Cassation a donc pris le parti qui est tout à la fois le plus sage et le plus favorable à l'accusé. Au surplus, il est douteux que la question se présente sous la loi du 13 mai 1836.

78. — Lorsque, sur une question contenant les trois circonstances constitutives de la tentative d'un crime, le jury répond seulement que cette tentative a été manifestée par des actes extérieurs et n'a manqué son effet que par des circonstances indépendantes de la volonté de son auteur, le silence gardé relativement au commencement d'exécution rend la déclaration incomplète et nulle.—*Cass.*, 25 oct. 1816, Picaud; 10 déc. 1818, Grandet.

79. — Mais lorsque le jury, interrogé sur la déclaration de savoir si la tentative d'un vol, etc., a été manifestée par des actes extérieurs, suivie d'un commencement d'exécution et n'a manqué son effet que par des circonstances fortuites et indépendantes de la volonté de son auteur, a répondu : *Oui, et n'a manqué son effet que par des circonstances indépendantes de sa volonté*, sa déclaration est complète et présente tous les caractères légaux et constitutifs de la tentative. — *Cass.*, 13 janv. 1831, Bernais et Guillemette.

80. — Dans une accusation de tentative d'homicide volontaire, lorsque sur une question comprenant non seulement les circonstances aggravantes de la préméditation et du guet-apens, mais aussi toutes les circonstances déterminées par l'art. 2, C. pén., pour assimiler la tentative au crime lui-même, le jury répond que l'accusé est coupable avec toutes les circonstances comprises dans la question, sa déclaration est complète. — *Cass.*, 19 juill. 1821, Sellecque. — La question ne peut se présenter sous la loi du 13 mai 1836, qui ordonne de séparer le fait principal des circonstances aggravantes; mais le principe est toujours applicable. — V. COUR D'ASSISES.

81. — De même, il n'y a aucune contradiction dans les réponses par lesquelles le jury déclare qu'un individu est coupable d'une tentative de crime, et que cette tentative ne réunit pas les caractères spécifiés en l'art. 2, C. pén. — *Cass.*, 9 juill. 1829, Eloy. — En effet, en présence d'une semblable déclaration, il est clair qu'il n'y a pas tentative légale, et, par conséquent, plus de crime à punir.—Chauveau et Hélie, *Théorie du Code pén.*, t. 2, p. 43.

82. — La même observation s'applique à un autre arrêt de la cour de Cassation du 29 avril 1819 (Maurice), duquel il résulte qu'on ne peut trouver aucune contradiction dans la déclaration du jury portant que l'accusé est *coupable* d'une tentative d'homicide volontaire, mais qu'il n'a commis cette tentative que pour sa légitime défense.

83. — La déclaration du jury portant que l'accusé est coupable d'une tentative de meurtre, manifestée par des actes extérieurs et suivie d'un commencement d'exécution, mais dont l'effet n'a pas été suspendu par des circonstances fortuites, indépendantes de sa volonté, n'est ni douteuse ni obscure ; elle établit seulement que la tentative ne réunit pas les caractères criminels voulus par la loi ; et la cour d'assises doit, au lieu d'annuler cette déclaration, prononcer l'absolution de l'accusé. — *Cass.*, 25 juill. 1817, Robin.—Legraverend, t. 2, ch. 2, p. 235, note 1re, et 243 note 3e.

84. — La déclaration du jury qui, à la question de savoir si l'accusé est coupable d'une tentative de crime manifestée par des actes extérieurs suivis d'un commencement d'exécution, répond: *Oui, mais sans commencement d'exécution*, est claire et précise, et la cour d'assises doit prononcer l'absolution de l'accusé, mais non renvoyer le jury dans la chambre de ses délibérations pour rectifier sa déclaration. — *Cass.*, 18 avr. 1834, Geysse.

85.—Jugé qu'il suffit, pour qu'une tentative soit punie comme le crime même, qu'elle ait été à la fois manifestée par un commencement d'exécution, et n'ait manqué son effet que par des circonstances indépendantes de la volonté de son auteur. — *Cass.*, 28 août 1845 (t. 2 1845, p. 277), Beauchêne.

86.—...Qu'en matière de tentative, il n'est pas nécessaire que la question soumise au jury et qui comprend ces mots : *si cette tentative n'a manqué son effet que par des circonstances indépendantes de la volonté de son auteur*, comprenne également ceux-ci : *si elle n'a pas été suspendue*.—*Cass.*, 28 août 1845 (t. 2 1845, p. 277), Beauchêne.

87. — Jugé de même que la condition que la tentative *ait été suspendue* ou *ait manqué son effet* par des circonstances fortuites indépendantes de la volonté de son auteur étant purement alternative, il suffit, pour que la tentative soit punissable, qu'une de ces deux circonstances soit réunie à la condition impérative et absolue d'avoir été manifestée par un commencement d'exécution.—C. pén. art. 2.—En conséquence, il ne résulte aucune nullité de ce que, dans la question posée au jury et dans sa réponse sur la tentative de crime imputée à l'accusé, ces mots : *qui n'a été suspendue*, ont été omis. — *Cass.*, 10 juill. 1845 (t. 2 1848, p. 578), Chassaing.

88. — La tentative de meurtre n'est assimilée au crime consommé que lorsqu'elle n'a été suspendue que par des circonstances fortuites, indépendantes de la volonté du prévenu. Il en était également ainsi sous la loi du 22 prair. an IV. — *Cass.*, 8 frim. an XIII, Rochain.

89. — Ainsi, jugé sous les lois des 22 prair. an IV et 18 pluv. an IX que l'arrêt par lequel une cour spéciale s'était déclarée compétente pour connaître d'une tentative de crime, était nul s'il n'exprimait pas que cette tentative avait été manifestée par des actes extérieurs et suivie d'un commencement d'exécution qui n'avait été suspendue que par des circonstances indépendantes de la volonté du prévenu.—*Cass.*, 28 frim. an XIV, Dalteroche.—V. aussi 14 vendem. an VIII, Hesse.

90. — On doit donc casser l'arrêt d'une cour de justice criminelle qui condamne un individu pour tentative de vol sans exprimer précisément que le commencement d'exécution a été suspendu par des circonstances fortuites indépendantes de la volonté du prévenu. — *Cass.*, 25 nov. 1808, Pianocci.

91. — Dès lors, également, la position des questions et la déclaration du jury sont nulles si elles ne portent pas sur le point de savoir si l'exécution n'a été suspendue ou n'a manqué son effet que par des circonstances fortuites ou indépendantes de la volonté de l'auteur. — *Cass.*, 2 avr. 1812, Pastorello; 11 vent. an VII, Ourdau.

92. — La déclaration du jury portant que l'accusé est coupable d'une tentative d'assassinat ne peut servir de base légale à une condamnation, si le jury n'a pas exprimé qu'il y a eu acte extérieur et commencement d'exécution suspendue par des circonstances indépendantes de la volonté dudit accusé. — *Cass.*, 23 mars 1815, Aureschc.

93. — Est illégale et nulle la condamnation d'un accusé, comme coupable d'une tentative d'avortement, si rien n'établit dans la déclaration du jury que cette tentative n'ait manqué son effet que par des circonstances indépendantes de la volonté de l'accusé. — *Cass.*, 16 oct 1817, Martoury; — Carnot, sur l'art. 2, C. pén., n° 10.

94. — La réponse par laquelle le jury déclare un accusé coupable d'une tentative de vol qui n'a été exécutée que par une cause étrangère à la volonté de l'accusé, est incohérente et contradictoire, et ne peut servir de base légale à une condamnation ni à un acquittement. — *Cass.*, 22 déc. 1815, Chabasset.

95. — Lorsque sur la question de savoir si l'accusé est coupable d'une tentative d'homicide, manifestée par des actes extérieurs, suivie d'un commencement d'exécution, et qui n'a manqué son effet que par des circonstances fortuites et indépendantes de sa volonté, laquelle tentative a été commise volontairement et avec préméditation, le jury répond : oui l'accusé est coupable d'une tentative d'homicide, avec les circonstances comprises dans le résumé de l'acte d'accusation, et qui sont de l'avoir commise 1° volontairement ; 2° avec préméditation, le silence gardé par le jury sur les caractères constitutifs de la tentative, rend sa déclaration incertaine ou insuffisante, et ne permet point qu'elle serve de base, soit à une condamnation, soit à un acquittement. — *Cass.*, 30 mai 1816, Colombel.

96. — Lorsque, sur la question de savoir si l'accusé est coupable d'une tentative de meurtre, commise avec préméditation, laquelle tentative a été manifestée par des actes extérieurs et suivie d'un commencement d'exécution qui n'a manqué son effet que par des circonstances fortuites, indépendantes de sa volonté, le jury répond que l'accusé est coupable sans les circonstances, cette déclaration établit tout à la fois qu'il y a eu tentative de meurtre avec préméditation, et que les circonstances constitutives, tant de la tentative criminelle que de l'assassinat n'existent pas, ce qui implique contradiction, et rend nulle la déclaration du jury. — *Cass.*, 2 mai 1816, Aonstel.

97. — Lorsque les questions soumises au jury comprennent les diverses circonstances dont la réunion forme la tentative criminelle, si le jury répond que l'accusé est coupable avec toutes les circonstances aggravantes, cette déclaration suffit pour justifier l'application de la loi pénale. — *Cass.*, 18 nov. 1819, Kerleu.

98. — Du reste, les circonstances qui constituent la tentative étant essentielles, doivent être tellement explicites qu'aucun doute ne puisse exister à leur égard : dès-lors, si la réponse du jury sur ce point est assez ambiguë pour qu'on puisse également en conclure ou que la tentative a été volontairement abandonnée dans le cours de son exécution, ou qu'elle n'a été réellement suspendue et n'a manqué son effet que par des circonstances indépendantes de la volonté de son auteur, il y a lieu, de la part de la cour d'assises, non de prononcer une condamnation, mais d'ordonner au jury de lever le doute et l'incertitude que fait naître cette alternative. — *Cass.*, 1er juill. 1841 (t. 1er 184, p.), Mayer.

99. — Avant que la loi de 1832 eût supprimé de l'art. 2 les mots *actes extérieurs*, il était indispensable de mentionner, soit dans l'arrêt de renvoi ou dans l'acte d'accusation, soit dans la question adressée au jury ou dans sa réponse, la double circonstance de la manifestation par des actes extérieurs et du commencement d'exécution. — V., notamment, *Cass.*, 28 frim. an XIV, Balteroche; 26 juill. 1811, Gommand; 23 mars 1815, Aureschc; 25 oct. 1816, Picaud; 25 juill. 1817, Robin : 10 déc. 1818, Grandet ; 13 janv. 1831, Bernais et Guillemette; 18 avr. 1834, Geysse.

100. — Bien qu'il fût plus conforme à la lettre de la loi de mettre successivement en questions et de faire résoudre séparément par les jurés les deux premières circonstances constitutives de la criminalité de la tentative, savoir : 1° la manifestation par des actes extérieurs, 2° et le commencement d'exécution, il ne pouvait cependant résulter aucune nullité de ce qu'elles auraient été

posées et résolues cumulativement. — *Cass.*, 20 oct. 1831, Laruelle et Jumelle.

101. — Jugé que, lorsqu'il était déclaré constant qu'une tentative de crime avait eu lieu avec un commencement d'exécution, il s'ensuivait qu'elle avait été manifestée par des actes extérieurs. — *Cass.*, 1er juill. 1813, Dungu.

102. — ... Et même que l'acte d'accusation qui mentionnait dans son résumé qu'une tentative d'homicide avait eu lieu en tirant un coup de fusil sur une personne qui n'avait pas été atteinte, énonçait suffisamment que cette tentative avait été manifestée par des actes extérieurs et suivie d'un commencement d'exécution. — *Cass.*, 22 août 1811, Gouverneur.

103. — Quelques arrêtistes citent encore, dans le même sens, un autre arrêt de la cour de Cassation duquel il résulte que lorsqu'à la question de savoir si une tentative manifestée par des actes extérieurs avait été suivie d'un commencement d'exécution, le jury répondait que cette tentative, effectuée avec toutes les circonstances relatées dans la position des questions, avait été suivie d'un commencement d'exécution et n'avait été suspendue que par des circonstances indépendantes de la volonté de l'accusé, cette réponse embrassait tous les caractères voulus par la loi. — *Cass.*, 22 janv. 1813, Godefert. — Mais ils se sont évidemment mépris : dans l'espèce citée, la réponse était complète, puisqu'elle se référait à la question qui portait expressément que la tentative avait été manifestée par des actes extérieurs. C'est pour n'avoir pas fait cette remarque qu'ils ont représenté à tort cet arrêt comme jugeant que la manifestation des actes extérieurs était comprise dans le commencement d'exécution.

104. — La cour de Cassation a encore jugé qu'un accusé peut régulièrement être condamné pour tentative de crime, quoique l'un des caractères de la tentative ne résulte qu'implicitement de la déclaration du jury. — *Cass.*, 8 août 1817, Pallenté.

105. — Nous ne saurions nous ranger à une semblable doctrine; — suivant nous, les caractères de la tentative doivent être exprimés formellement, et autant que possible, dans les termes mêmes de la loi. — Autrement, et si l'on admettait des équipollens, ce serait ouvrir aux jurés une source d'erreurs et jeter les tribunaux dans des nécessités et des incertitudes d'interprétation éminemment incompatibles avec la précision que l'on doit surtout rechercher en matière criminelle. — C'est un principe qui paraît aujourd'hui universellement admis. — Chauveau et Hélie, *Th. cod. pén.*, t. 2, p. 48.

106. — Du reste, la cour suprême paraît être revenue elle-même à d'autres idées dans un arrêt plus récent, où elle décide que la cour d'assises excède ses pouvoirs en se permettant d'induire l'existence des circonstances élémentaires de la tentative, de la réponse affirmative des jurés sur des faits matériels qui lui paraissent la constituer. — *Cass.*, 23 juin 1827, Rivière.

107. — Quant à la mention des *actes extérieurs*, aucune difficulté n'a pu s'élever depuis 1832 : leur retranchement de l'art. 2 du Code pénal a dispensé de les comprendre davantage parmi les élémens de la tentative qui ne consistent plus que dans le commencement d'exécution et dans l'interruption involontaire. Il suffit donc d'énoncer cette double circonstance.

108. — Lorsque la tentative a été commise par plusieurs individus, il ne suffit pas, pour qu'elle perde son caractère de criminalité, que le crime ait manqué son effet par la volonté d'un seul, il faut que tous ceux qui y ont participé concourent à en arrêter l'exécution. — *Cass.*, 9 janv. 1812, Hubault (rendu en matière de faux). — Merlin, *Rép.*, v° *Tentative*, n° 7.

109. — Les deux caractères de la tentative, qu'elle a été manifestée par un commencement d'exécution et qu'elle n'a été suspendue ou n'a manqué son effet que par des circonstances indépendantes de la volonté de son auteur, sont des circonstances constitutives et non aggravantes de la tentative; elles doivent, dès-lors, faire l'objet d'une seule et unique question à poser au jury. — *Cass.*, 6 avr. 1838 (t. 1er 1840, p. 214), Pantous; 23 avr. 1846 (t. 2 1849, p. 324), Gay-Pavila; 3 juin 1847 (t. 1er 1849, p. 476), Arnould. — V. aussi COUR D'ASSISES, nos 1842 et suiv., 2006 et suiv.

110. — La tentative d'un crime n'est qu'une modification de ce crime; dès-lors, quand un individu est accusé du crime consommé, rien ne s'oppose à ce qu'il soit posé au jury une question concernant la tentative. — *Cass.*, 14 mai 1813, Stekkel-Hartog; 3 fév. 1821, Signoret; — Chauveau et Hélie, *Th. C. pén.*, t. 2, p. 49; Legraverend, t. 2, ch. 2, p. 224, et t. 1er, p. 126; Morin, *Dict. dr. crim.*, v° *Tentative*.

111. — Lorsqu'il a été proposé au jury une question sur la tentative, quoique l'acte d'accusation n'en fît point mention, cette question est présumée être résultée des débats. — *Cass.*, 3 fév. 1821, Signoret.

112. — Toutefois, en matière de meurtre, cette solution n'est pas sans quelque difficulté; car les coups portés ou les blessures faites, quelque graves qu'ils soient, peuvent fort bien n'avoir point été accompagnés de l'intention de tuer; dès-lors, il n'y aurait point tentative de meurtre. — *Cass.*, 14 déc. 1820, Vinciguerra. — On ne pourrait donc, en pareil cas, poser de question sur la tentative d'un meurtre ou d'un assassinat qu'autant que les coups ou blessures ayant été portés ou faites avec la volonté de donner la mort, cette circonstance résulterait des débats et serait formellement mentionnée dans la question qui s'y applique. — Chauveau et Hélie, *Th. C. pén.*, t. 2, p. 49.

113. — Jugé, en conséquence, qu'il ne suffit pas, pour constituer la tentative d'assassinat, que l'accusé soit convaincu d'avoir tiré volontairement, avec préméditation et guet-apens, un coup de fusil sur sa victime; il faut en outre que le jury ait déclaré que le coup de fusil a été tiré avec intention de tuer. — *Cass.*, 22 nov. 1810, Hédou; 18 janv. 1816, Clément.

114. — ... Que sous le Code du 3 brum. an IV, lorsqu'il résultait de l'acte d'accusation qu'une attaque avec armes à feu avait pu être commise non seulement à dessein de tuer, mais aussi avec préméditation, il devait être posé au jury, sous peine de nullité, une question relative à cette dernière circonstance de moralité. — *Cass.*, 23 vendém. an VII, Guémené.

115. — ... Que sous la loi des 25 sept.-6 oct. 1791, et sous le Code du 3 brum. an IV, lorsqu'il était déclaré dans un acte d'accusation relatif à un vol de diligence qu'un coup de pistolet avait été tiré sur le postillon, cette circonstance devait faire poser au jury la question de savoir si l'attaque avait été faite à dessein de tuer. — *Cass.*, 17 prair. an IX, Cholat.

116. — S'il ne résulte point des débats que l'attaque ait eu lieu à dessein de tuer, la question ne doit porter que sur les blessures. — Chauveau et Hélie, *Th. C. pén.*, t. 2, p. 49.

117. — Lorsque les coups et blessures constituent un crime (C. pén., art. 309, 310, 312), la tentative en est punissable et peut par conséquent motiver des poursuites contre son auteur. — Chauveau et Hélie, *Th. C. pén.*, t. 2, p. 50.

118. — Le président des assises peut, sur une accusation de tentative de meurtre, proposer au jury une question secondaire nécessairement comprise dans le fait de l'accusation, et dont l'objet serait de savoir si l'accusé est coupable de blessures volontaires ayant occasionné une incapacité de travail de plus de vingt jours. — *Cass.*, 2 août 1816, Leruth.

119. — De ce que la tentative est punie comme le crime, il résulte encore qu'il ne suffit point de mentionner les caractères constitutifs de la tentative, mais qu'on doit en outre énoncer les circonstances essentielles de la criminalité du fait principal; ainsi, en matière de corruption, le jugement qui déclarerait un individu convaincu d'avoir tenté de corrompre les agens d'une administration publique serait nul s'il ne déclarait pas constant le fait substantiel et caractéristique de la criminalité, que cette tentative avait eu pour objet d'obtenir un acte de leur ministère. — *Cass.*, 9 mars 1819, Chapsal.

120. — La complicité de la tentative est punissable comme la tentative elle-même, lorsque, d'ailleurs, la complicité et la tentative réunissent les caractères essentiels qui leur sont propres, alors même que le complice n'aurait pris qu'une part légère aux actes simplement préparatoires et serait resté étranger aux actes d'exécution. — C'est ce qui résulte de la combinaison de l'art. 2 avec l'art. 60, C. pén. — Carnot, *C. pén.*, art. 2, n° 4, et art. 400, n° 10; Merlin, *Rép.*, v° *Tentative*, n° 6; Morin, *Dic. dr. crim.*, *eod. verbo*; Favard, *Rép.*, *ibid.*; Legraverend, *Lég. crim.*, t. 1er, p. 132, ch. 2; Bourguignon, *Jur. C. crim.*, *C. pén.*, art. 2, n° 5; Chauveau et Hélie, *Th. C. pén.*, t. 2, p. 51.

121. — Aussi la cour de Cassation a-t-elle jugé, que l'assistance donnée avec connaissance dans les faits préparatoires d'un crime dont la tentative a été commise constitue par elle-même la complicité, encore bien que le complice n'ait point participé au commencement d'exécution du fait principal. — *Cass.*, 6 fév. 1812, Morin.

122. — Mais si la tentative manquait de quelques-uns des élémens qui la rendent criminelle, le complice n'encourrait aucune peine, quelle que fût d'ailleurs l'étendue de sa participation. — Farinacius, quæst. 124, n° 90; Chauveau et Hélie, *Th. C. pén.*, t. 2, p. 50.

123. — Quant à la tentative de complicité, comme la loi ne contient de disposition pénale que contre la tentative du crime même, elle échappe à toute incrimination. C'est notamment ce que la cour de cassation a jugé en matière de subornation de témoins qui n'est qu'une complicité du faux témoignage. — *Cass*, 23 vend. an VIII, Riollay; 16 janv. 1835, Chapelin; 15 déc. 1836 (t. 1er 1837, p. 555), Ferrey. — V. *infra* nos 139 et suiv. — V. FAUX TÉMOIGNAGE ET SUBORNATION DE TÉMOINS.

124. — Jugé qu'il n'y a pas tentative punissable dans le fait d'un individu de s'être employé, moyennant la promesse d'une gratification, pour la vente d'objets volés par un fils à sa mère, si cette vente n'a pas eu lieu. — *Nancy*, 29 janv. 1840 (t. 1er 1846, p. 496), Vinot. — V. COMPLICITÉ.

125. — La tentative d'homicide au moyen de l'incendie d'une maison servant à l'habitation constitue un crime distinct du crime lui-même d'incendie. Dès-lors, les juges ne peuvent, sous prétexte que ces deux crimes se confondent, refuser de prononcer la mise en accusation à la fois pour crime de tentative d'homicide et pour crime d'incendie. — *Cass.*, 17 déc. 1842 (t. 1er 1844, p. 517), Lefort. — V. HOMICIDE, INCENDIE.

126. — Les principes de l'art. 2 ne sont point applicables indistinctement à toutes espèces de tentatives, et, sans recourir aux matières spéciales, il existe dans le Code pénal même un certain nombre de dispositions qui y dérogent plus ou moins complétement, soit d'une manière explicite, soit virtuellement.

127. Ainsi, en matière de *complot ou attentat dirigé contre le roi et sa famille*, les simples actes commis ou *commencés* pour en *préparer* l'exécution, qui, d'après les principes généraux, ne donneraient matière à aucune incrimination, sont punis par les art. 89 et 90. Si ces actes constituaient au contraire des actes d'exécution caractéristiques d'une tentative légale, le fait cesserait d'être un complot pour devenir un attentat. — C. pén., art. 88.

128. — Jugé, par suite, que bien qu'en général la résolution formée par un individu seul de commettre un crime, même suivie d'actes commis ou commencés par lui pour en préparer l'exécution, échappe à l'action de la loi pénale, lorsque ces actes n'offrent pas les caractères de la tentative, l'art. 90, C. pén., par dérogation à l'art. 2, même Code, en fait un crime complet, dans le cas spécial d'attentat à la vie du roi. — *Paris*, 7 juill. 1835, Jomard.

129. — Avant 1832, il y avait attentat dès qu'un acte était commis ou commencé pour parvenir à l'exécution de ces crimes; la nouvelle rédaction de l'art. 88 fait disparaître cette exception à l'art. 2. — Le crime prévu par le premier rentre donc dans le droit commun, puisque le fait ne constituera plus un attentat qu'autant qu'il y aura eu exécution ou tentative conformément aux règles générales. — L'attentat, c'est l'exécution consommée ou au moins commencée; quant à la manifestation par des actes extérieurs, mais avant le commencement d'exécution, on ne saurait l'assimiler à l'attentat lui-même.

130. — C'est en ce sens qu'un arrêt de cassation a jugé qu'en matière d'attentat contre la sûreté intérieure de l'état, la tentative ne peut résulter d'un acte quelconque commis ou commencé; elle ne se constitue que par les caractères déterminés en l'art. 2, C. pén., pour les crimes en général. — *Cass.*, 13 oct. 1832, Poncelet.

131. — Relativement à l'application de l'art. 97, C. pén., il a été également décidé que de la comparaison et du rapprochement de cet article avec les art. 86, 87 et 91, il résulte que le mot *tenté*, dont se sert le premier ne se réfère pas à la tentative caractérisée par l'art. 2, C. pén.; qu'ainsi, il n'est pas nécessaire de poser la question de tentative dans les termes dudit art. 2. — *Cass.*, 27 nov. 1834, Révoltés de la Grande-Anse (Martinique).

132. — En matière de *faux*, la fabrication d'une pièce fausse n'est en elle-même, et abstraction faite de tout système répressif, qu'un acte *préparatoire* destiné à faciliter un détournement, une tromperie quelconque qui seule constitue le crime. — La fabrication ne devrait donc pas, à défaut de disposition spéciale, être punie, puisque l'exécution ne commençant que par l'usage qu'on en fait, la fabrication ne constituerait même point une tentative légale. — Toutefois, l'intérêt public ayant, en cette matière, fait admettre une dérogation au droit commun, et établir comme crimes distincts et principaux la *fabrication* et l'*usage* d'une pièce fausse, le droit commun reprend son empire à l'égard de chacun d'eux dont la tentative se règle, dès-lors, par les principes de l'art. 2. — V. FAUX.

133. — L'art. 179, C. pén., ne prononce de peine infamante contre les auteurs de tentatives,

de *contrainte* ou *corruption*, qu'autant que ces tentatives ont été suivies d'effet, sinon il ne leur inflige qu'une simple peine correctionnelle. — V. CORRUPTION DE FONCTIONNAIRES PUBLICS.

134. D'après l'art. 317, l'avortement n'est punissable, à l'égard de la femme, que si l'usage des moyens qu'elle s'est administrés à cet effet a été suivi de l'avortement, c'est-à-dire qu'autant que le crime a été consommé. — *Cass.*, 16 oct. 1817, Marioury.

135. — Mais la tentative d'avortement commise par tout autre individu que la femme, est considérée et punie comme le crime même, aux termes du § 1er, art. 317, C. pén., combiné avec l'art. 2. — Même arrêt.

136. — Une tentative d'avortement ne peut pas être considérée comme une circonstance ou une modification du crime d'infanticide; c'est un crime absolument distinct. — Le président d'une cour d'assises ne peut donc, dans une accusation de complicité d'infanticide, interroger le jury sur le fait antérieur d'une tentative d'avortement. — Même arrêt. — V., au reste, AVORTEMENT, nos 18 et suiv.

137. — En matière d'*attentat à la pudeur*, la cour de Cassation a décidé, dans de nombreux arrêts, que la tentative d'attentat à la pudeur avec violence, constituant par elle-même un véritable crime principal, existait comme tel, indépendamment des circonstances exigées par l'art. 2 pour la tentative en général. — *Cass.*, 17 fév. 1820, Rullion; 10 mars 1820, Brouillard; 20 sept. 1822, Bouillé, et 30 nov. 1827, Villars.

138. — Toutefois, nous devons remarquer que cette jurisprudence n'est pas universellement admise et soulève de sérieuses critiques. — V., au surplus, ATTENTAT A LA PUDEUR, nos 42 et suiv.

139. — La tentative de *subornation de témoins* ne peut non plus motiver aucune peine; c'est ce qui résulte de la combinaison des art. 361 et 365, qui, n'appliquant au suborneur que les peines encourues par les faux témoins, subordonne par là même leur punition à la consommation du faux témoignage. — Chauveau et Hélie, *Th. C. pén.*, t. 2, p. 48.

140. — Jugé, en conséquence, que la subornation d'un témoin n'étant que la complicité du faux témoignage, le suborneur ne peut être poursuivi et n'encourt aucune peine si le crime de faux témoignage n'a pas été commis. — *Cass.*, 28 vendém. an VIII, Riollay; 9 mars 1809, Jardin; 4 déc. 1812, Borger; 18 fév. 1813, Manem; 26 avr. 1816, Bassin; 16 nov. 1821, Girardin; 14 sept. 1826, Delpeux; 8 juill. 1830, Lépine; 16 janv. 1835, Chapelier. — V. FAUX TÉMOIGNAGE ET SUBORNATION DE TÉMOINS.

141. — Les tribunaux d'exception (avant leur abolition) n'ayant point d'autres attributions que celles qui leur étaient conférés, le silence, relativement à la tentative, des lois qui les instituaient, avait fait douter qu'ils pussent connaître de la tentative des crimes de leur compétence; mais il fut jugé avec raison que la tentative étant le crime même, rien ne pouvait s'opposer à ce qu'ils y statuassent. — *Cass.*, 28 prair. an IX, Leblond.

142. — Nous avons vu (*suprà* nos 5 et suiv.) que le Code pén. de 1791 n'incriminait que la tentative d'assassinat et celle d'empoisonnement, et que cette lacune ne fut comblée que par la loi du 22 prair. an IV, qui punit toute autre tentative de crime comme le crime même. — D'un autre côté, d'après le Code du 3 brum. an IV (art. 373 et suiv.), il devait être posé autant de questions distinctes qu'il y avait de circonstances constitutives, aggravantes ou atténuantes du fait ou de sa criminalité. — Cet état de choses a donné lieu alors à quelques difficultés et solutions qui ont sans doute perdu, aujourd'hui que ces lois ne sont plus en vigueur, tout ou partie de leur intérêt d'application, mais qu'il est utile cependant de consulter encore, ne fût-ce que comme documens historiques.

143. — Ainsi, jugé que la loi du 22 prair. an IV n'ayant point disposé relativement à la tentative d'assassinat, déjà régie par le Code pén. de 1791, les questions au jury devaient être posées dans les termes non de ladite loi, mais des art. 13 et 14, sect. 2e, tit. 2, 2e part. dudit Code. — *Cass.*, 23 vendém. an VII, Chapus; 5 août 1808, Patural.

144. — ... Que la même loi (C. pén. 1791) ne qualifiait d'assassinat et ne punissait comme tel que l'homicide consommé, et non la tentative d'homicide précédée, accompagnée ou suivie d'un autre crime. — *Cass.*, 29 frim. an VII, Ledoyen.

145. — ... Que l'attaque à dessein de tuer ou la tentative d'homicide ne pouvait être punie comme le meurtre que dans les circonstances indiquées par la loi du 22 prair. an IV sur la tentative du crime. — *Cass.*, 9 pluv. an VII, Duffay.

146. — ... Que, la question de préméditation sur l'attaque effectuée contre un individu ayant été répondue négativement par le jury, il y avait lieu de poser les questions de tentatives, conformément à la loi du 22 prair. an IV. — *Cass.*, 9 frim. an VII, Reaux.

147. — ... Que sous le Code du 3 brum. an IV et la loi des 25 sept.-6 oct. 1791, dans une accusation de tentative d'homicide non consommé, il fallait poser au jury toutes les questions relatives à la tentative du crime d'après la loi du 22 prair. an IV; qu'il y avait insuffisance si les questions avaient été posées comme dans le cas d'un homicide effectué. — *Cass.*, 14 thermid. an VII, Rioux. — Nous avons vu (*suprà* no 66) que maintenant encore la tentative ne pouvait être punie qu'autant que les circonstances essentielles en étaient formellement rappelées dans l'arrêt de renvoi, l'acte d'accusation, la question au jury et sa réponse.

148. — Sous le Code du 3 brum. an IV, lorsqu'une tentative d'homicide résultait de l'acte d'accusation, le jury devait être interrogé sur cette tentative, à peine de nullité. — *Cass.*, 2 frim. an VII, Goris. — ... Comme sur tous les chefs résultant de l'acte d'accusation. — *Cass.*, 27 vendém. an VII, Bonifay. — Aujourd'hui encore il en devrait être ainsi.

149. — La loi du 22 prair. an IV, sur les tentatives, ne pouvait pas être appliquée à un fait qui lui était antérieur. — *Cass.*, 11 fructid. an VII, Cuinet. — Cette décision est également d'une application actuelle. — Il n'eût pu en être autrement sans rétroactivité.

150. — Sous cette loi, la tentative de banqueroute frauduleuse était punissable comme le crime lui-même. — *Cass.*, 26 messid. an VIII, Forest. — Legraverend (t. 1er, *Disp. prélim.*, ch. 1er, p. 23) cite cette décision comme devant faire autorité sous le Code actuel. — Nous ne croyons pas qu'il puisse s'élever de doute sérieux à cet égard. — V. aussi Merlin, *Quest.*, vo *Banqueroute*, § 1er. — V. BANQUEROUTE, no 174.

151. — Une loi du 29 niv. an VI punissait de la peine de mort, par son art. 3, ceux qui s'étaient introduits dans des maisons habitées à l'aide d'effraction ou d'escalade, avec le dessein de voler ou d'assassiner, et ce, lors même que ces crimes n'auraient pas été consommés. — Cette loi était une loi rigoureuse de circonstance, constitutionnellement temporaire; elle ne pouvait donc, bien moins encore que toute autre, recevoir aucune extension, et ses dispositions pénales être appliquées par induction; d'ailleurs, par son texte même, elle spécifiait et punissait la tentative des crimes qu'elle prévoyait. C'est donc avec raison qu'il a été jugé, sous son empire, que les dispositions relatives à la tentive, de la loi du 22 prair. an IV, laquelle se reportait seulement aux crimes prévus dans les lois antérieures à sa promulgation, ne pouvaient être étendues aux lois postérieures et spécialement à celle de niv. an VI, et que, par conséquent, la peine de mort ne pouvait être prononcée si l'accusé, étant convaincu seulement d'avoir tenté de voler à l'aide d'effraction extérieure, il n'y avait pas eu introduction *corporelle* dans une maison habitée. — *Cass.*, 17 messid. an VII, Villain; 17 fructid. an VII, Ceron; 8 pluv. an VII, Van Auweghen; 13 messid. an VII, Battaut.

152. — La restitution de l'objet soustrait, quoique opérée dans un temps voisin de l'action et avant toute poursuite, n'a pas pour effet de convertir le délit en une simple tentative. — *Cass.*, 10 juin 1842 (t. 2 1842, p. 397), Mey. — V. aussi *Cass.*, 6 sept. 1811, Tropigny.

153. — A plus forte raison doit-on décider que celui qui, après s'être emparé d'un troupeau de moutons qu'il a trouvés dans un champ, abandonnés à la foi publique, soutient les avoir achetés, et ne les restitue au propriétaire qu'après en avoir vendu une partie, commet un vol consommé, et non une simple tentative de vol ayant manqué son effet par la seule volonté du prévenu. — *Cass.*, 4 mars 1825, Pannetier.

154. — ... Que la tentative du crime devant être considérée comme le crime même, une tentative de meurtre entraîne, contre son auteur, lorsqu'elle a précédé, accompagné ou suivi un autre crime, et qu'elle présente d'ailleurs toutes les conditions exigées par l'art. 2, C. pén., l'application des peines portées par l'art. 304. — *Cass.*, 10 oct. 1845 (t. 2 1848, p. 278), Cercos. — V. MEURTRE.

155. — ... Et que les art. 440, 441 et 442, C. pén., qui prévoient et punissent certains crimes, ne renferment aucune dérogation au principe général posé dans l'art. 2 de ce Code. Dès-lors la tentative de ces crimes, et notamment de ceux de destruction et de pillage, doit être régie par les dispositions dudit article. — *Cass.*, 7 juillet 1487 (t. 2 1847, p. 634), Oblette. — V. PILLAGE ET DÉGAT DE DENRÉES, etc., nos 31 et suiv.

§ 3. — *Délits.*

156. — Le droit commun, en matière de délits, c'est que la tentative n'en est pas punissable : les caractères en seraient trop difficiles à déterminer, les preuves trop malaisées à acquérir, enfin le péril social offre trop peu de gravité pour qu'on ait cru devoir incriminer des actes qui, en définitive, n'établissent le plus souvent que des présomptions de culpabilité plutôt qu'une culpabilité véritable. — Rossi, *Traité de Dr. pén.*, t. 2, p. 335.

157. — Ce n'est que par exception et lorsque le danger est plus imminent, ou la preuve plus facile, que, dans quelques cas spéciaux, la loi punit la tentative de délits. — Tel est le système admis par le Code pénal, et qui se trouve formulé dans l'art. 3, ainsi conçu :

158. — « Art. 3. Les tentatives de délits ne sont considérées comme délits que dans les cas déterminés par une disposition spéciale de la loi. »

159. — Avant le Code de 1810, il n'y avait également de punissables, d'après l'art. 17, L. 25 frim. an VIII, que les tentatives des délits énoncés dans ladite loi et dans l'art. 32 de celle des 19-22 juill. 1791.

160. — Quant aux caractères essentiels de la tentative de délit, nous pensons qu'ils sont les mêmes que ceux de la tentative de crime, et que, dès-lors, pour les apprécier, il faut se guider sur les règles posées dans l'art. 2. — Ainsi, la tentative n'existe légalement pour un délit, et n'est punissable qu'autant qu'elle renferme la double condition du commencement d'exécution et de l'interruption involontaire.

161. — A la vérité, la doctrine contraire s'appuie sur un arrêt de la cour de Cassation portant « qu'on ne peut invoquer les règles générales du Code pénal sur les circonstances constitutives de la tentative de crime, dans les cas particuliers où la tentative de délit est assimilée au délit même; que c'est un fait spécial que le législateur n'a point assujéti, dans l'art. 3, C. pén., aux règles posées dans l'art. 2. » — *Cass.*, 26 sept. 1828, Frottin.

162. — Mais il nous est impossible d'admettre une semblable interprétation, que combattent, au reste, presque tous les criminalistes, et qui aurait pour résultat immédiat d'abandonner à l'arbitraire des juges les caractères de la tentative des délits. Carnot (*C. pén.*, art. 3, no 2) enseigne que la tentative de délit doit, pour être punissable, réunir les caractères mentionnés dans l'art. 2, et que si l'art. 3 ne le dit pas d'une manière formelle, il le suppose nécessairement. « En effet, ajoutent MM. Chauveau et Hélie (*Th. C. pén.*, t. 2, p. 55), il suffit de rapprocher ces deux articles pour s'assurer que le dernier n'a eu qu'un objet, c'est de restreindre à l'égard des délits la règle que l'art. 2 étend à tous les crimes; mais la règle reste la même, et cette règle, qui domine toute la législation pénale, c'est qu'il n'y a de tentative punissable qu'autant qu'il y a eu commencement d'exécution, et qu'autant qu'elle n'a été suspendue que par des circonstances indépendantes de la volonté de son auteur. »

163. — La cour de Cassation a encore jugé (par le même arrêt), que si les circonstances constitutives de la tentative de crime doivent être soumises au jury (V. *suprà* nos 67 et suiv.), juge du fait, les tribunaux de police correctionnelle, étant juges du fait et du droit, par cela seul qu'ils déclarent un prévenu coupable d'une tentative de délit, reconnaissent nécessairement que les circonstances qui la caractérisent existent dans la cause, quoiqu'ils ne les expriment pas. — *Cass.*, 26 sept. 1828, Frottin.

164. — Cette décision est une conséquence de la solution donnée par la même cour à la question précédente; nous ne pouvons, par conséquent, l'admettre davantage. « La tentative d'un délit n'est, disent MM. Chauveau et Hélie (*Th. C. pén.*, t. 2, p. 56), dans le cas même où la loi l'incrimine, punissable qu'autant qu'elle est caractérisée. — Il est donc nécessaire que le jugement qui applique la peine constate les caractères qui seuls justifient cette application. Autrement le délit ne serait pas qualifié, puisqu'on chercherait vainement dans le jugement les circonstances constitutives du fait que la loi a voulu atteindre et punir. »

165. — C'est en ce dernier sens que s'est prononcée la cour de Bordeaux par arrêt du 31 janvier 1833 (Bécriaux). — Nous pouvons même dire qu'elle a fait une application exagérée de ce principe dans l'annulation qu'elle a prononcée du jugement qui lui était déféré. — Ce jugement, en effet, constatait que l'inculpé avait été *saisi au moment où il introduisait sa main dans la poche du gilet d'un particulier, et où il en retirait une boîte en argent qui s'y trouvait.* Or, bien qu'il ne fût pas constaté expressément qu'il y avait eu commencement d'exécu-

tion et que la tentative avait manqué par des circonstances indépendantes de la volonté de son auteur, comme les faits consignés avaient par eux-mêmes et nécessairement le caractère légal de la tentative, le jugement, bien qu'il n'eût pas attribué son caractère à chaque fait, devait être réputé régulier.

166.—Les seules tentatives de délit que le Code pénal ait cru devoir formellement incriminer et punir sont : la tentative de contrainte ou de corruption exercée à l'égard d'un fonctionnaire public, si elle n'a eu aucun effet (C. pén., art. 179.—V. CORRUPTION DE FONCTIONNAIRES PUBLICS); la tentative d'évasion avec bris de prison ou avec violences, soit par les détenus eux-mêmes (C. pén., art. 245), soit par ceux qui l'auraient favorisée en fournissant des instruments propres à l'opérer (C. pén., art. 241.— V. ÉVASION); la tentative de détournement d'objets saisis (art. 400. —V. VOL); les tentatives de vols non qualifiés, de larcins et filouteries (C. pén., art. 401), et de vols dans les champs (C. pén., art. 388. —V. VOL); la tentative d'escroquerie (C. pén., art. 405. —V. ESCROQUERIE); toute coalition suivie d'une tentative ou d'un commencement d'exécution, soit entre ceux qui font travailler les ouvriers (C. pén., art. 414), soit entre les ouvriers mêmes (C. pén., art. 415). — V. COALITION ENTRE MAITRES ET ENTRE OUVRIERS.

167. — Les autres tentatives ne constituent point de délits punissables.—Jugé, en conséquence, que la simple tentative d'opérer la hausse ou la baisse des grains ou de toute autre marchandise par des moyens frauduleux ne constitue pas un fait punissable, les art. 419 et 420 n'incriminant que la hausse ou la baisse effectuée.—Cass., 24 déc. 1812, Cousin; 17 janv. 1813, Desmortreux; 1er févr. 1834, Durand c. Levainville;—Legravrend, t. 1er, ch. 2, p. 119, note 4e; Carnot, Code pén., art. 419, n° 3; Chauveau et Hélie, t. 2, p. 56.

168.—De même, en matière forestière, la simple tentative de délit n'est point punissable.—Cass., 21 oct. 1824, Parnet; Orléans, 21 fév. 1829, Fouquinu.

169.—...Notamment la tentative de vol.—Bruxelles, 3 avr. 1817, Bolvin.—A moins, toutefois, qu'elle ne se manifeste par la coupe, laquelle constitue le délit réprimé par les art. 192 et 194, C. forest. — V. FORÊTS.

170.—La simple tentative de mutilation faite sur soi par un jeune homme appelé au service militaire ne suffit pas pour le rendre passible des peines portées par l'art. 41, L. 21 mars 1832; il faut que la mutilation ait été consommée et qu'elle ait eu pour effet de le rendre impropre au service militaire, soit temporairement, soit d'une manière permanente.—Bordeaux, 29 nov. 1832, Lague.—V. RECRUTEMENT.

171. — Jugé que la tentative de vol de poisson dans les étangs, viviers, réservoirs, est, de même que les autres vols réprimés par l'art. 338, C. pén., punissable comme le serait le vol consommé.—Caen, 29 nov. 1843 (4er 1844, p. 514), Lemaréchal, Bazière et Julienne.—V. VOL.

172.—Une loi du 9 nov. 1815, abrogée par celle du 17 mai 1819, punissait (art. 8) le fait de répandre des nouvelles alarmantes. Il fut jugé que l'annonce de nouvelles fausses et alarmantes sur le maintien du gouvernement légitime, contenues dans une lettre saisie par la police avant que le destinataire en eût achevé la lecture, et sans qu'elles eussent été répétées ou communiquées, ne pouvait pas constituer le délit prévu par ledit art.
8.—Et que ces faits ne pouvaient même être considérés comme consommés par une tentative punissable en vertu de l'art. 2, C. pén., puisque aucune disposition de la loi de 1815 n'avait assimilé les tentatives des délits énoncés en son art. 8 à ces délits consommés.—Cass., 6 (et non 7) déc. 1816, Redon.

173. — La simple tentative, a-t-il été dit (supra n° 166), la tentative d'escroquerie est, suivant l'art. 405, punie d'escroquerie elle-même; mais il est décrit autrement sous la loi 19-22 juillet 1791, qui ne punissait que l'escroquerie consommée.—Mais quels sont les caractères constitutifs de la tentative? comment se distingue-t-elle du délit consommé? C'est là un point souvent difficile à préciser. — V. au surplus ESCROQUERIE.

§ 4. — Contraventions.

174.—La tentative de contravention, en matière de simple police, n'est assimilée par aucune loi à une contravention consommée. — Cass., 21 oct. 1841 (1.2 1844, p. 699), Aubrier. — Rauter, Dr. crim., t. 1er, n° 105; Carnot, Inst. cr., t. 1er, p. 553, n° 13, et 4er 1843, n° 12, til. 2, règl. 19. — à Dijon au terra libera, hoc est talis terra de qua dominimi debetur servitium, nec census, nec tenetur ab aliquo domino. — Jean des Mares, Comm. sur la coul. de Paris, chap. 374. — V. en outre Beaumanoir,

ACTE D'ACCUSATION, ADULTÈRE, ASSASSINAT, ATTENTAT A LA PUDEUR, ATTENTAT CONTRE LA LOI,

BIGAMIE, BLESSURES ET COUPS, CASTRATION, COMPLICITÉ, COMPLOT, CRIMES CONTRE LA SURETÉ DE L'ÉTAT, DÉGRADATION DES MONUMENS ET OBJETS D'UTILITÉ OU D'ORNEMENT PUBLICS, DESTRUCTION, DÉVASTATION ET DOMMAGES, DUEL, EMPOISONNEMENT, ENTRAVES A LA LIBERTÉ DES ENCHÈRES, ESCROQUERIE, EXTORSION DE TITRES, INCENDIE, MEURTRE.

TENURE.

1. — On désignait par ce mot, dans l'ancien droit, le fait et plus spécialement le droit de posséder et de jouir s'exerçant sur un fonds concédé par le seigneur moyennant certaines charges.

2. — La constitution de la propriété telle qu'elle avait existé chez les Francs après leur établissement dans la Gaule, et le besoin qu'éprouvaient les seigneurs de s'attacher ceux au milieu desquels ils vivaient, devaient amener et amenèrent en effet le petit nombre de ceux qui possédaient à faire de nombreuses concessions de terres à ceux qui n'en possédaient pas, mais qui avaient leurs bras pour les faire valoir. De là, de nombreuses espèces de tenures donnant lieu pour les tenanciers à des droits et à des charges fort variés.

3.— Celles qui se distinguaient surtout par leur caractère féodal étaient la tenure à champart, la tenure féodale, la tenure à cens, la tenure en franc-alleu, en main-morte et en franc-aumône. —La tenure à champart donnait droit au seigneur ou au particulier qui avait concédé le fonds d'exiger, à titre de redevance, une partie des fruits que produisait le fonds. — V. CHAMPART.

4. — La tenure féodale ou tenure en fief portait sur des héritages nobles. Elle était concédée libéralement à la charge de tenir le fief à foi et hommage, d'honorer son seigneur et de lui rendre service à la guerre. — Laurière sur Loysel, Institutes coutumières, règl. 30, tit. 4er, liv. 4er.

5. — Les conséquences de la tenure féodale, les droits que le vassal avait sur les terres qui lui avaient été données en fief et les obligations dont il était tenu envers son seigneur ont été indiqués au détail sous le mot FIEF.

6. — Dans le principe, les roturiers ne pouvaient avoir la tenure féodale par la volonté seule du seigneur; il fallait l'autorisation ou permission du prince. Et cela parce que la concession d'un fief anoblissait celui auquel elle était faite, et que nul ne pouvait être anobli que par l'autorité du roi. — Laurière sur Loysel, ibid., règl. 9 et 10; Bouteillier, Somme rurale, tit. des acquéts des non-nobles, p. 654.

7.— Mais, dans la suite, l'ordonnance de Blois statua (art. 258), que les roturiers et non-nobles achetant fiefs nobles ne seraient, pour ce, anoblis ni mis au rang ni degré des nobles, de quelque revenu et valeur que fussent les fiefs par eux acquis. La conséquence qui en résulta fut que toute personne pût tenir fiefs de quelque valeur ou revenu qu'ils fussent. — Institutes cout., ibid., règle 11.

8. — La tenure à cens portait sur les biens roturiers; elle obligeait le tenancier à payer au seigneur une redevance qui avait été préalablement réglée entre eux. « L'héritage tenu à cens, dit Laurière (ibid., règle 30), c'est la même chose qu'un fonds baillé et pris à rente foncière, parce que le cens était le prix de revenu annuel du fonds qui en était chargé. »

9. — Disons toutefois que cette assimilation que Laurière veut faire entre la tenancier censitaire et le débiteur d'une rente foncière était loin d'exister sur tous les points. La position de celui-ci était de beaucoup préférable à la position de celui-là. Ainsi, on peut citer comme spéciale au tenancier censitaire cette règle des capitulaires : Qui ne paie son cens doit perdre son champ; qui negligit censum. — V., au surplus, BAIL A CENS, CENS.

10. — Comme la tenure féodale, la tenure à cens pouvait exister au profit de toute personne. Pour y donner lieu, il suffisait d'une convention entre le seigneur concédant le fonds et celui qui le recevait, convention qui venait en régler les conditions. C'était là plutôt un acte appartenant au droit privé qu'un acte appartenant au droit politique. Le droit politique réglementait seulement quelques-unes de ses conséquences.

11. — La tenure en franc-alleu s'appliquait à un héritage qui ne relevait d'aucun seigneur, si ce n'est quant à la justice. Tenir en franc-alleu est tenir tant seulement de Dieu, fors quant à la justice. — Loysel, ibid., liv. 2, til. 2, règl. 19. — à Dijon

chap. 24, n° 5; Bouteillier, liv. 4er, p. 490. — V. FRANC-ALLEU.

12. — Tenir en main-morte, c'était tenir un fonds qui primitivement avait été tenu soit en fief, soit à cens, mais dont les charges se trouvaient éteintes ou amorties. — V. AMORTISSEMENT, MAIN-MORTE.

13. — Tenir en franc-aumône, c'était, suivant les expressions de la coutume de Normandie (chap. 39), « tenir des terres données en pure aumône à Dieu et à ceux qui le servent; en quoi le donneur ne retient nulle droiture, fors seulement la seigneurie de patronage. » — « Aumône ou tenure en alemoigne, disait un jurisconsulte anglais, Rastaff (Délégation, p.), est tenure par divin service. »

14. — Celui qui tenait en franc-aumône ne devait aucun cens, n'était tenu à aucun service féodal; il ne devait que des prières. « Tel qui tient en franc-aumône est obligé de droit devant Dieu de faire oraisons, prières, messes et autres divins services pour les âmes de ceux qui lui ont concédé les terres qu'il détient, et pour les âmes de leurs loirs qui sont morts, et pour la prospérité et bonne vie de leurs hoirs qui sont en vie. » C'est ainsi qu'était conçue une disposition de la coutume de Normandie (chap. 32). — Bannage, Cout. de Normandie, sur les art. 139, 140, 141; Marnier, Établ. et cout., p. 40, 78.

15. — Ces trois dernières tenures avaient cela de commun, c'est précisément ce qui les distinguait de la tenure féodale et de la tenure à cens, qu'elles n'imposaient aux tenanciers aucunes charges soit féodales, soit censuelles. Sous ce rapport, on pouvait les placer sur la même ligne, et c'est avec raison que Loysel disait que tenir en main-morte, franc-alleu ou franc-aumône, est tout un en effet. — Ibid., liv. 4er, tit. 4er, règl. 66.

16. — La tenure en franc-alleu était accessible à tout le monde comme la tenue féodale et la tenure à cens. Mais il en était autrement de la tenure en main-morte et de la tenure en franc-aumône. C'est ce qui résulte de la règle 67, tit. 4er, liv. 4er de Inst. cout. de Loysel. Selon Laurière, en effet, cette règle doit être ainsi conçue : l'église tient en franc-aumône; l'église et les autres communautés en main-morte; l'église, les communautés en franc-alleu. — Ce qui revient à dire évidemment que la tenure en franc-aumône ne pouvait exister qu'au profit de l'église, que la tenure en main-morte n'existait qu'au profit de l'église et des autres communautés, et qu'enfin la tenure en franc-alleu pouvait exister pour tout le monde, pour l'église, pour les communautés et pour les particuliers.

TÉRÉBENTHINE.

Établissements consacrés au travail en grand pour l'extraction de la térébenthine; — première classe des établissemens insalubres. — V. ÉTABLISSEMENS INSALUBRES (nomenclature). — V. aussi GOUDRON.

TERME.

Table alphabétique.

TERME. — 1. — C'est l'espace de temps fixé pour l'éxécution de l'obligation.

2. — Le terme est de droit ou de grace.

3. — Il est de droit lorsqu'il est établi par la convention qui a fait naître l'obligation, ou par une convention postérieure.

4. — Il est de grace, lorsqu'il est accordé par le juge. — C. civ., art. 1244 et suiv. — V. PAIEMENT, nos 182 et suiv.

5. — Avant d'être dans les attributions du pouvoir judiciaire, le droit d'accorder un délai appartenait au roi par les *lettres d'état et de répit*.

6. — Les lettres d'état se délivraient aux personnes employées ou censées employées aux affaires importantes de l'état. L'effet et l'obtention de ces lettres étaient réglés par le titre 5 de l'ord. du mois d'août 1669 et par une déclaration du 23 déc. 1702.

7. — Les lettres de répit se donnaient au grand sceau, au nom du roi, à des négocians, marchands ou banquiers. Elles devaient être entérinées par les tribunaux *causâ cognitâ*, contradictoirement avec les créanciers. Le délai ne devait pas dépasser cinq ans. — V. LETTRES DE RÉPIT.

8. — La principale différence qui existe entre le terme du grace et le terme de droit, c'est que le premier n'empêche pas la compensation d'avoir lieu. — V. COMPENSATION.

9. — Le terme peut avoir pour objet de retarder l'exécution d'une obligation ou d'en limiter la durée. En d'autres termes, il est suspensif ou bien extinctif ou résolutoire. — Nous ne nous occuperons ici que du terme suspensif.

10. — Quant au terme extinctif ou résolutoire, nous ferons seulement remarquer qu'il ressemble à la condition résolutoire, et que comme elle, il éteint l'obligation pourvu qu'il arrive avant le paiement effectué et avant la mise en demeure du débiteur. — V. CONDITION, nos 370 et suiv.

---

§ 1er. — *Nature et effets du terme.*

11. — Le terme est exprès ou tacite, suivant qu'il résulte de la convention ou de la nature de l'obligation. — Inst. Just., L. 3, t. 15, § 5. — C. civ. art. 1875 et 1888, comb. — Duranton, t. 11, no 100; Toullier, t. 6, no 652; Zachariæ, t. 2, p. 308.

12. — Il diffère essentiellement de la condition en ce qu'il arrivera certainement, tandis que celle-ci repose sur un événement futur et incertain. — V. au surplus CONDITION.

13. — Il peut être incertain. Apposé dans un testament, il fait alors condition. Mais stipulé dans un contrat, il ne fait qu'en retarder l'exécution. — Toullier, t. 6, no 651.

14. — Le droit romain regardait comme nulles les obligations dont le terme était fixé à la mort ou après la mort de l'un des contractans. — V. Inst. Just., L. 3, tit. 19, § 13. — La raison de ce principe était que pour hériter d'un action, il fallait que le défunt l'eût acquise. *Nam inelegans esse visum est, ex heredis personâ incipere obligationem.* — V. Gaius, *Inst.*, *com.* 3, § 100.

15. — Cette décision était une entrave et on l'éluda par le secours d'un *adstipulator*, jusqu'à son abrogation par Justinien. — V. sur la nature et l'utilité de l'*adstipulator*, Gaius, *Inst.*, *com.* 3, §§ 110 à 115.

16. — Le terme peut être apposé à une condition. Il limite, en ce cas, le temps de son accomplissement. — Duranton, t. 11, no 102.

17. — Il peut être tout à la fois apposé à l'obligation et à la condition dont elle dépend. Alors il limite et la naissance de l'obligation et l'accomplissement de la condition. — Duranton, *loc. cit.*

18. — Du reste, c'est là une question de fait abandonnée à la prudence des tribunaux.

19. — Le terme retarde l'exécution de l'obligation; mais il ne lui enlève pas sa force juridique.

20. — Il ne faut pas prendre à la lettre l'axiôme *qui a terme ne doit rien*, tiré de la loi 41, § 1er, ff. *De verb. oblig.* — Il signifie seulement que le débiteur ne peut, sauf les exceptions indiquées par la loi, être poursuivi avant l'échéance du terme. L'art. 1185. C. civ., ne permet en effet que ce sens, puisqu'il déclare l'obligation née avant cette échéance. — La condition, au contraire, suspend la naissance de l'obligation jusqu'à son accomplissement. — C. civ., art. 1181.

21. — En suivant les différences principales qui distinguent le terme et la condition, on remarque: 1o que la condition met obstacle à la compensation, tandis que le terme ne peut y nuire. — C. civ., art. 1291 et 1292.

22. — ... 2o Que tout legs pur et simple donne au légataire, du jour du décès du testateur, un droit à la chose léguée, droit transmissible à ses héritiers ou ayant-cause (C. civ., art. 1014), tandis que toute disposition testamentaire faite sous condition est caduque, si l'héritier ou le légataire décède avant l'accomplissement de cette condition. — C. civ., art. 1040. — V. LEGS.

23. — ... 3o Que la chose est aux risques du débiteur, lorsque l'obligation est sous condition suspensive, tandis que le terme la laisse aux risques du créancier. — C. civ., art. 1182 et 1138.

24. — ... 4o Que le débiteur sous condition peut répéter ce qu'il a payé avant l'événement de la condition, alors que l'art. 1186 refuse ce droit au débiteur qui a payé avant l'échéance du terme. A cet égard et pour déterminer la portée de l'art. 1186, il importe de distinguer si le terme est stipulé en faveur du créancier ou en faveur du débiteur.

§ 2. — *En faveur de qui est le terme.*

25. — Le terme est toujours présumé stipulé en faveur du débiteur, à moins qu'il ne résulte de la stipulation ou des circonstances qu'il a été aussi convenu en faveur du créancier. — C. civ., art. 1187.

26. — Il suit de là que le débiteur ne peut, dans les cas d'exception qu'on verra plus loin, être poursuivi avant l'expiration du terme. — C. civ., art. 1186.

27. — ... Qu'il peut renoncer au bénéfice du terme et forcer le créancier à recevoir le paiement avant cette expiration.

28. — Nul doute qu'alors il ne puisse répéter, quand bien même il aurait payé une somme non productive d'intérêts, avant l'échéance du terme. — L. 10, ff., *De condict. indebit.* — Duranton, t. 13, no 687. — V. RÉPÉTITION DE L'INDU, no 14.

29. — Mais *quid* s'il a payé cette somme par erreur? Il sera fondé à demander que le créancier lui fasse raison des intérêts ou de l'escompte, *interusurium*, jusqu'au jour de l'échéance du terme. Il a, en effet, payé plus qu'il ne devait, puisqu'il s'est privé de l'avantage qu'il pouvait retirer de la somme en la plaçant à intérêt. — Duranton, t. 11, no 113. — V. *contrà* Pothier, *De la condict. indebit.*, no 152.

30. — Il faut même aller plus loin et décider que le débiteur pourra répéter si, le terme étant en sa faveur, il a payé par erreur. La disposition du droit romain qui lui refuse même l'*interusurium* est injuste, et de plus, contraire à beaucoup d'autres textes. — V. en effet la loi 1, C., *De condict. indebit.*; L. 15, *De annuis legatis*, ff., L. 10, § 12, et L. 17, § ult., *Quæ in fraud. cred.*; L. 24, § 2, *Solut. matrim. quemad. dos petatur*, ff.; Inst. Just., § 5, *De fidejussoribus*, et § 33, *De actionibus*. — Ces textes décident qu'on paie plus qu'on ne doit en payant avant le terme, et par conséquent détruisent l'argument tiré de la loi 65, § 8, *De condict. indebit.* Reste le texte de l'art. 1186. Mais on peut dire que la trop grande générosité de cet article le rendant injuste dans beaucoup de cas, il vaut mieux la regarder comme une de ces dispositions inutiles dont le Code offre quelques exemples, alors surtout que l'on ne saurait comment appliquer la distinction posée par l'article suivant.

31. — Si l'on adopte cette interprétation, il est clair que le débiteur devra prouver qu'il a payé par erreur.

32. — Il résulte encore du principe de l'art. 1187 que la renonciation au bénéfice du terme, de la part du débiteur, ne doit pas facilement se présumer.

33. — La déclaration faite par l'acquéreur d'un immeuble, dans ses notifications aux créanciers inscrits, *qu'il est prêt à acquitter toutes les dettes hypothécaires jusqu'à concurrence de son prix*, ne l'oblige pas à rapporter immédiatement une portion de son prix qui, d'après le contrat, reste entre ses mains pour servir un usufruit qui grevait les biens vendus. — *Grenoble*, 20 janv. 1832, Barge de Certeau c. Janon.

34. — Lorsqu'une obligation n'est payable qu'après l'expiration d'un certain délai, à partir de l'avertissement donné au débiteur, il n'est pas indispensable de constater, par des actes, que cet avertissement a eu lieu; cette preuve peut résulter suffisamment des circonstances de la cause. — *Grenoble*, 21 août 1828, (sous *Cass.*, 13 juill. 1831), Busco c. Perrin.

35. — Lorsqu'il s'agit du créancier, il faut distinguer si le terme est dans l'intérêt commun du débiteur et du créancier, ou dans l'intérêt unique de ce dernier.

36. — Dans le premier cas, le débiteur ne peut être poursuivi avant l'expiration du terme et le créancier peut refuser le paiement offert avant cette opération.

37. — La clause de non anticipation de terme pour le paiement du prix porté dans un contrat de vente doit être exécutée à la rigueur. En conséquence, le vendeur ne peut être contraint à recevoir ce qui lui est dû avant l'époque indiquée. Il en doit être ainsi, alors même que le prix a été, dans le contrat de vente, l'objet de délégations. — *Cass.*, 15 niv. an VIII, Bateste c. Drouet.

38. — En général, dans les promesses commerciales, telles que les billets à ordre, les lettres de change, le terme est présumé stipulé tant en faveur du créancier qu'en faveur du débiteur. — Arg. C. comm., art. 146 et 187. — Delvincourt, t. 2, p. 494, Toullier, t. 6, no 679.

39. — Il en est de même dans le prêt à intérêt. — Toullier, t. 6, no 677; Duranton, t. 11, no 109.

40. — Au second cas, lorsque le terme est stipulé dans l'intérêt unique du créancier, les conséquences à tirer sont tout opposées. Ainsi le créancier peut demander la chose avant le terme. — Arg. C. civ., art. 1944.

41. — Il est certain, du reste, qu'avant l'échéance du terme, le créancier a toujours le droit de faire des actes conservatoires. — Arg. C. civ., art. 1180; C. proc., art. 125; L. 3 sept. 1807.

42. — Parmi ces actes il faut, sans aucun doute, ranger la demande en reconnaissance de vérification d'écriture. — C. civ., art. 1324. — Toullier, t. 6, no 664; Merlin, *Rép.*, vo *Hypothèque*, sect. 2e, § 2, art. 5.

43. — Le créancier peut même obtenir condamnation avant l'échéance, si le débiteur lui a donné des sujets de crainte, sauf à n'exécuter qu'à l'expiration du terme. — *Cass.*, 14 messid. an XIII. — Toullier, t. 6, no 664.

44. — Par suite des mêmes principes il peut poursuivre le débiteur par acte sous seing-privé d'une rente annuelle ou d'une dette payable à plusieurs termes successifs, dès que l'un des termes est échu, pour qu'il soit condamné à payer ce terme et les autres à leur échéance.

45. — Cette condamnation lui procure l'avantage d'exiger les termes futurs par exécution parée, et lui donne un droit d'hypothèque sur les biens du débiteur; seulement il ne peut la faire inscrire qu'à l'échéance du terme. — Toullier, t. 6, no 665.

§ 3. — *Quand cessent les effets du terme.*

46. — Le débiteur ne peut plus réclamer le bénéfice du terme dans les trois cas suivans.

47. — ... S'il est tombé en faillite (C. civ. art. 1188; C. proc., art. 124, et C. comm., art. 444). — Ce terme, en effet, n'est accordé au débiteur qu'en raison de sa solvabilité. Si donc elle disparaît, la loi rend la créance exigible.

48. — Et cela, sans distinguer si la créance est ou non garantie par une hypothèque, un cautionnement ou un engagement solidaire. — Arg. C. comm., art. 444, et C. civ., art. 1201. — Duranton, t. 11, no 118.

49. — Néanmoins la faillite du débiteur ne prive pas les autres débiteurs ou la caution du bénéfice du terme, si ce n'est dans les cas de l'art. 444, C. comm. — Duranton, t. 11, nos 119 et 120.

50. — Cette exigibilité résultant de la faillite donne au créancier le droit de se présenter à la distribution du prix des biens de son débiteur. Mais elle ne produit pas tous les effets de l'exigibilité ordinaire. Ainsi, elle ne peut donner lieu à la compensation, et la raison en est qu'au moment où la dette devient exigible, le paiement ne peut avoir lieu au préjudice des créanciers du failli dont le sort est irrévocablement fixé. — Delvincourt, t. 2, p. 491 et 492. — V. au surplus FAILLITE.

51. — A la faillite il faut assimiler la déconfiture. Elle entraîne également la déchéance du terme. — *Bruxelles*, 28 juill. 1829, D... c. P...; *Lyon*, 3 août 1833, Greppo c. Deville; *Toulouse*, 20 nov. 1835, Peyras c. Soum; *Paris*, 24 déc. 1842 (t. 1er 1843, p. 364), M... c. C...; *Cass.*, 10 mars 1845 (t. 2 1845, p. 540), Peclet c. Declercq; *Orléans*, 30 avr. 1846 (t. 2 1846, p. 44), Rivière. — Delvincourt, t. 2, p. 490; Toullier, t. 6, no 670; Zachariæ, t. 2, p. 309, note 8e; Roger, *Saisie arrêt*, no 120, Rolland

de Villargues, *Rép. du not.*, vis *Déconfiture*, no 16, et *Terme*, no 62; Locré, *Lég.*, t. 12, p. 161, no 11. — V. au surplus DÉCONFITURE, nos 25 et suiv.

52. — L'exigibilité résultant de la déconfiture ne saurait donner lieu à compensation qu'à partir du jugement qui, en déclarant la déconfiture, prononce la déchéance du bénéfice du terme. — Zachariæ, t. 2, p. 409, note 17e. — V. COMPENSATION.

53. — D'après l'art. 124, C. proc., le débiteur ne peut non plus obtenir un délai, ni jouir du délai qui lui a été accordé comme terme de paiement s'il est en état de contumace ou s'il est constitué prisonnier. — V. PAIEMENT, nos 182 et suiv.

54. — 2o La déchéance du terme est encore encourue lorsque le débiteur a diminué, par son fait, les sûretés données par le contrat au créancier. — C. civ., art. 1188; C. proc., art. 124.

55. — L'art. 1188 n'est donc point applicable aux cas où les sûretés se trouvent diminuées par un événement indépendant du fait du débiteur, tels que ceux de cas fortuit ou force majeure. — Toullier, t. 6, no 669.

56. — Il résulte cependant des art. 2020 et 2131 que le créancier a le droit, dans ces hypothèses, d'exiger de nouvelles sûretés et de demander son paiement, si le débiteur ne peut ou ne veut les lui donner.

57. — On concilie ces dispositions en disant que, dans le cas de l'art. 1188, le débiteur est privé du bénéfice du terme d'une manière absolue, sans pouvoir arrêter l'action en paiement, en offrant un supplément d'hypothèque; tandis que dans le cas de l'art. 2131, il peut l'arrêter en donnant ce supplément. — Duranton, t. 11, no 121; Persil, sur l'art. 2131; Zachariæ, t. 2, p. 309, note 9e.

58. — Le débiteur qui change la condition du créancier, en divisant le gage sur lequel porte son hypothèque, peut être contraint au remboursement de la créance, lors même qu'elle ne serait pas exigible de sa nature. — *Cass.*, 9 janv. 1810, Prevost de Longperrier c. Navarre. — Car la collocation partielle force le créancier à morceler sa créance pour conserver ses sûretés entières, et à recevoir partiellement la somme qui lui est due, ce qui est contraire à l'équité et à l'art 2144, C. civ. — Toullier, t. 6, no 666, Delvincourt, t. 2, p. 493; Duranton, t. 11, no 126; Rolland de Villargues, *Rép. du not.*, vo *Terme*, no 56; Troplong, *Hypothèques*, t. 2, no 544; Merlin, *Rép.*, vo *Rente constituée*, § 10.

59. — Jugé aussi que le débiteur qui vend partiellement des immeubles hypothéqués au service d'une rente, sans imposer aux acquéreurs l'obligation de souffrir l'hypothèque dont ces immeubles sont grevés et sans leur avoir interdit le droit de purger cette hypothèque, expose le crédirentier ou à recevoir en partie la créance ou à renoncer à l'hypothèque; qu'il diminue ainsi les sûretés promises par le contrat constitutif; que dès-lors il ne peut plus réclamer le bénéfice du terme et qu'il peut être contraint au remboursement de la rente. — *Poitiers*, 11 juin 1819, Michaud, c. Ranson.

60. — La Cour de cassation est allée plus loin; car elle a pensé que, dans le cas même où l'acquéreur d'une partie des biens hypothéqués n'a point encore purgé l'hypothèque, le créancier peut néanmoins demander la déchéance du terme contre le débiteur, parce que l'aliénation de partie du gage l'expose de suite, au moyen de la faculté qu'a l'acquéreur de purger, à être contraint de recevoir le prix de l'acquisition, quoique inférieur à la dette du débiteur direct. — *Cass.*, 4 mai 1812, Champion de Beauregard c. Vinatier.

61. — Il résulte des principes de cette jurisprudence que la seule possibilité pour le créancier de se voir exposé par une vente ou une donation partielle des biens hypothéqués à un paiement partiel emporte déchéance du terme stipulé par le débiteur. — Duranton, t. 11, nos 126 et suiv. — V. aussi Toullier, t. 6, no 667.

62. — Le débiteur qui aliène une partie de l'immeuble hypothéqué perd, pour l'intégralité de la dette, le bénéfice du terme stipulé, comme ayant, par son fait, diminué les sûretés promises. — *Poitiers*, 28 déc. 1831, Suire c. Guyot.

63. — Un créancier peut demander le remboursement de sa créance non échue, lorsqu'il découvre que l'immeuble sur lequel son débiteur lui avait conféré hypothèque, se trouvait, à l'époque même du contrat, grevé d'inscriptions qui en absorbaient la valeur. — *Riom*, 25 (et non 24) août 1810, Robert.

64. — Le débiteur stellionataire ne peut réclamer le bénéfice du terme stipulé dans son obligation. — *Pau*, 3 juill. 1807, Bareigt c. Lauret; *Riom*, 25 août 1810, Robert; *Bourges*, 11 déc. 1839 (t. 2 1840, p. 292), Raigecourt Gournay. — Delvincourt, t. 2, p. 493; Duranton, t. 11, no 122. — Il doit en être ainsi, puisque le débiteur est dans une position moins favorable que celui qui n'a vendu qu'une faible portion de l'immeuble hypothéqué, et qui cependant est déchu du bénéfice du terme lorsque l'acquéreur a fait purger son contrat. — Toullier, t. 6, no 666; Rolland de Villargues, *Rép. du not.*, vo *Terme*, no 56.

65. — Les règles que nous venons de tracer ne sont pas applicables au cas d'hypothèque légale ou judiciaire, mais seulement à celui d'hypothèque conventionnelle. — Arg. du mot *contrat* de l'art. 1188.

66. — Jugé en ce sens que ce n'est que dans le cas où des biens ont été *spécialement* affectés à l'acquittement d'une obligation que le créancier est recevable à contraindre au paiement, avant le terme stipulé, son débiteur, sous le prétexte qu'il a diminué les sûretés du créancier. — *Aix*, 16 août 1811, Verani c. Garossio.

67. — La disposition de l'art. 1188, C. civ., n'est applicable à une obligation contractée avant ce Code qu'autant que le fait par lequel le débiteur a diminué ces sûretés a eu lieu sous l'empire du même Code. — *Bruxelles*, 11 juin 1829, Vanherrewegen. — Chabot, *Quest. transit.*, vo *Rente constituée*, § 1er.

68. — Le capital d'une rente constituée en principal devient exigible, par défaut de paiement, pendant deux années consécutives. — C. civ., art. 1912, 1913. — V. RENTE, nos 108 et suiv.

69. — Par cela qu'un commerçant, signataire de plusieurs billets à ordre, n'en a point acquitté le paiement à l'échéance, il n'est pas tenu de donner caution pour le paiement des billets non échus, lorsqu'il n'est pas en faillite et qu'il n'a pas diminué les sûretés données au créancier. — *Douai*, 28 avr. 1819, Debève c. Hayez. — Delvincourt, t. 2, p. 490; Toullier, t. 6, nos 666 et suiv.; Duranton, t. 11, no 115.

70. — Le débiteur ne peut non plus obtenir un délai ni jouir du délai qui lui a été accordé comme terme de paiement, si ses biens sont vendus à la requête d'autres créanciers. — C. proc., art. 124. — V. PAIEMENT, nos 182 et suiv.

71. — 3o Le débiteur qui ne peut donner les sûretés qu'il a promises, peut être contraint au paiement sans délai. — *Paris*, 2 mai 1811, R... c. de Romé. — Duranton, t. 11, no 123; Toullier, t. 6, no 669; Rolland de Villargues, *Rép. du not.*, vo *Terme*, no 60. — Arg. *Pau*, 3 juill. 1807, Bareigt c Lauret.

72. — Jugé également que le débiteur qui ne procure pas à son créancier les sûretés promises, par exemple la subrogation dans le privilége du vendeur d'un office ministériel, doit être assimilé au débiteur qui a, par son fait, diminué les sûretés qu'il avait données à son créancier. L'art. 1188, C. civ., est applicable à l'un comme à l'autre cas. — *Douai*, 21 nov. 1846 (t. 1er 1847, p. 421), Lecomte c. B...

V. aussi DÉLAI, INTÉRÊTS, OBLIGATION, PAIEMENT.

TERMES (Expressions).

1. — Ce sont les expressions dans lesquelles un écrit, un acte se trouve conçu.

2. — En jurisprudence, l'on distingue, dans les propositions et dans les conditions, les termes collectifs et les termes distributifs, les termes affirmatifs et les termes négatifs. — Furgole, vo *Testament*, chap. 7, sect. 6e, nos 49 et suiv.

3. — Dans les actes publics, il est de règle que les termes équipollens peuvent suppléer à une mention expresse prescrite par la loi, toutes les fois que ces termes présentent un sens identique. — *Grenoble*, 20 janv. 1830, Payet c. Latreille. — V. au surplus, INTERPRÉTATION DES CONVENTIONS., LOIS, TESTAMENT.

TERRAGE.

1. — Nom qu'on donnait, dans certaines provinces, au droit d'exiger une redevance annuelle sur les fruits d'un fonds de terre. — *Gloss. français*, vo *Terrage*. — Plus communément ce droit était désigné sous le nom de champart. — V. CHAMPART.

2. — On aurait tort de regarder le droit de terrage comme un droit essentiellement féodal. — Pour se justifier, ce droit supposait et devait supposer que le fonds de terre sur lequel il portait avait primitivement appartenu à celui auquel ce droit était dû, et qu'il avait été concédé au tenancier ou aux siens. C'est en effet ainsi que les choses ont dû se passer. De telle sorte qu'on peut dire que le droit de terrage n'était dans le principe qu'une redevance représentative de la concession du fonds et qu'il n'eut d'abord qu'un caractère purement foncier.

3. — Le droit de terrage existait surtout, il est vrai, au profit des seigneurs; mais ce fait ne saurait infirmer ce que nous venons de dire; car on peut l'expliquer par cette considération que les seigneurs pouvaient seuls faire des concessions de terres, puisque c'était entre leurs mains que se trouvait la plus grande partie des propriétés.

4. — Mais les seigneurs, abusant de leur puissance, prétendirent souvent avoir un droit de terrage sur des terres qu'ils ne pouvaient pas prouver leur avoir appartenu. — C'est dans ce cas que le droit de terrage était un droit féodal, ne se fondant sur aucune concession ou se fondant seulement sur une concession présumée et toujours fort douteuse et n'existant qu'en vertu de la loi du plus fort.

5. — Les lois qui, après la révolution de 1789, vinrent décréter l'abolition du régime féodal durent porter sur le droit de terrage. — V. CHAMPART, nos 57 et suiv. — Mais ces lois, et notamment celles du 17 juill. 1793, eurent grand soin de distinguer les terrages féodaux ou mélangés de féodalité, de ceux qui étaient purement fonciers. Cette dernière loi de 1793, en prononçant la suppression des premiers sans indemnité, maintint les terrages fonciers, qu'ils fussent dus soit à des particuliers, soit même à d'anciens seigneurs.

6. — La jurisprudence a été plusieurs fois appelée à se prononcer sur l'existence et la légitimité d'un droit de terrage. — Sa doctrine sur l'application de la loi du 17 juill. 1793 consiste à réputer féodal tout droit de terrage qu'on prétend faire reconnaître, et par suite à exiger de celui qui le réclame qu'il prouve que ce droit a eu pour cause une concession primitive de fonds, c'est-à-dire qu'il est un droit purement foncier. — V. ces arrêts, vo CHAMPART, *in fine*.

7. — Récemment encore un arrêt est venu reconnaître implicitement un droit de terrage. — Ainsi, il a été jugé que le tarif, arrêté par le maire d'une commune, de la somme à payer à l'adjudicataire du droit de terrage, n'est pas un règlement de police ayant pour sanction l'art. 471, no 15, C. pén.; — qu'en conséquence, le refus de payer cette somme ne peut donner lieu qu'à une action civile, et que le tribunal de police est incompétent pour en connaître. — *Cass.*, 9 mai 1846 (t. 2 1849, p. 65), Lechevalier.

TERRAINS COMMUNAUX.

V. BIENS COMMUNAUX, COMMUNES, GARDE CHAMPÊTRE, PARCOURS ET VAINE PATURE, POUVOIR MUNICIPAL.

TERRAIN MILITAIRE.

V. DOMAINE PUBLIC, nos 48 et suiv. — V. aussi PLACE DE GUERRE, SERVITUDES MILITAIRES.

TERRES JECTISSES.

1. — Terres rapportées, amassées, accumulées, amoncelées de main d'homme (de *jectitia*, jet).

2. — L'amoncellement de terres jectisses contre un mur mitoyen ou non ne peut avoir lieu sans qu'on ait établi préalablement un contre-mur. — C. civ., art. 674. — Pardessus, no 199; Perrin, *C. des construct.*, no 3246. — V. MITOYENNETÉ, SERVITUDE.

TERRE-NEUVE.

V. SAINT-PIERRE ET MIQUELON (iles).

TERRES NOBLES.

1. — La qualification de *terres nobles*, ou plus généralement *biens nobles*, s'appliquait aux biens qui ne pouvaient être possédés francs et exempts de charges que par des nobles ou gentilshommes. — Guyot, *Rép. de jurisp.*, vo *Biens*.

2. — On a vu, sous le mot FIEF, que, dans l'origine, les biens donnés par le souverain aux chevaliers qui l'avaient assisté dans la conquête n'étaient pas héréditaires. A la mort de celui qui en avait été gratifié à la charge de garder foi et hommage, ils revenaient au souverain qui en disposait comme il l'entendait. Au commencement de la troisième race, ils furent cependant déclarés héréditaires dans les familles, mais il était défendu de les aliéner au profit des étrangers. Toutefois encore cette restriction disparut avec le temps; et il fut permis aux gentilshommes qui te-

naient un fief directement du roi de les inféoder à des gentilshommes inférieurs, mais à ceux-là seulement.

3. — Enfin on reconnut que les roturiers eux-mêmes pouvaient acquérir des fiefs; mais pour leur conserver leur caractère de biens nobles, on imposait au roturier acquéreur d'un fief l'obligation de payer au roi, tous les vingt ans, un droit appelé *franc-fief*, de telle sorte qu'il fut toujours vrai de dire que les biens nobles ne pouvaient être possédés librement que par des personnes nobles. — Guyot, *ibid.*

4. — La distinction des biens nobles des autres biens avait, dans le partage des successions dont ils faisaient partie, une bien grande importance. — Ainsi, dans certaines coutumes, tous les biens nobles n'appartenaient qu'à l'aîné; dans d'autres, l'aîné n'avait qu'un préciput, et, dans celles-ci, le préciput n'avait pas lieu qu'entre nobles, dans celles-là, il était admis sans distinction.— Guyot, *ibid.*

5. —On rangeait encore parmi les biens nobles, les biens de franc-alleu. Ces biens étaient considérés comme ne dépendant absolument que de ceux qui les possédaient. Ils n'étaient tenus d'aucune charge seigneuriale, d'aucun cens. — On distinguait toutefois le franc-alleu noble et le franc-alleu roturier. — V. FIEF, FRANC-ALLEU et TENURE.

TERRES VAINES ET VAGUES.

Table alphabétique.

CHAPITRE Xer. — *Historique et législation.*

2. — On appelait les terres vaines et vagues, le plus souvent, dans le Midi de la France, *garrigues* (du mot latin *garria*, dans la basse latinité terres incultes), *gasties* (du mot *gastum* ou *wastum*, dans la basse latinité friche wast, détruite). Dans l'Auvergne, le Bourbonnais, la Marche, la Sologne *hermes* (du mot latin *eremus*, désert). Dans les coutumes d'Artois, Boulonnais et autres de la Belgique française, *régards, flots, frocs, wareschaix* (lieux incultes sur les bords de la mer se trouvant dans les couts du warech). Dans la Bretagne, *frosa, frosts, frostages, gallois.* Dans le centre de la France, *landes, brandes, bruyères.* Quand elles étaient couvertes d'eaux stagnantes, on les nommait *palus, marais, marécages, ajoncs (locus juncis abundans).* Quand elles étaient fréquentées par les bestiaux de la communauté d'habitans, *patis, paquis, paturaux, communes, uselles.*

3. — Dans l'ancienne jurisprudence, en nulle province du royaume, si ce n'est en Bourgogne et en Provence, le seigneur, s'il n'avait titre ou possession, n'avait d'avantage sur les communautés d'habitans, soit dans les forêts et bois communaux, soit dans les biens destinés aux pâturages pour le bétail des habitans de sa terre. — De Boisseau, *Traité de l'usage des fiefs,* chap. 96.

4.—Jugé, au contraire, que, d'après les anciens principes de la législation française, un marais appartenait de droit comme terre vaine et vague au seigneur de la commune. — *Amiens,* 22 nov. 1822, Domaine c. comm. de Vaux-sous-Corbie.

5. — Dans les pays de franc-alleu, comme le Dauphiné, les marais et les terrains vains et vagues étaient légalement présumés appartenir aux communes dans le territoire desquelles ils se trouvaient. Pour se prétendre propriétaires de ces terrains, les seigneurs devaient représenter des titres exprès. — *Grenoble,* 30 mars 1832, Mortel c. comm. de Saint-Symphorien-d'Ozon.

6. — Il était généralement établi en Provence, malgré les nombreuses contradictions que ce principe avait d'abord souffertes, que les terres *gastes,* les pâturages qu'elles produisaient et les bois qui y étaient radiqués (ce qui ne comprend pas les bois de future futaie), étaient dans l'attribution universelle au seigneur justicier qui avait la direction universelle dans un territoire circonscrit et limité. — Président de Saint-Jean, décis. 9, no 7 ; Mourgues, *Statuts de Provence,* p. 303 ; Letou-loubre, t. 2, p. 224.

7.—Telle est la règle et la présomption de droit, dit Julien (*Statuts de Provence,* t. 1er, p. 576), que de ce que le seigneur ait la directe universelle, il est présumé propriétaire des terres gastes et incultes; on présume qu'il a le domaine de biens qu'il n'a pas inféodée.

8. — Boitas (*Cons.,* 103), dit : « Quoique la communauté eût des droits de pâturages ou d'autres droits, le seigneur avait la propriété des bois, des marais, et des terres gastes et incultes, parce qu'il avait non seulement la juridiction, mais encore le domaine de tout le territoire.

9. — Toutefois, ce droit du seigneur n'empêchait pas de simples particuliers d'avoir des terres gastes et incultes, s'ils les tenaient au moyen d'un titre.

10.—Mais, si de droit commun, les seigneurs qui avaient une directe universelle étaient réputés propriétaires des terres gastes et incultes, de droit commun aussi, les habitans étaient fondés à y faire paître leurs troupeaux, et ils avaient la faculté de prendre du bois dans les forêts pour leur usage, en conséquence des conventions qu'on supposait avoir dû exister entre le seigneur et les habitans qui étaient venus s'établir dans ses terres, et d'après lesquelles cette faculté était accessoire à leur établissement. — Pierre Antibolus, *Tr. De muneribus,* § 4, no 194 ; Mornac, sur la loi 3, *Serv. præd. rust.*; Coquille, quest. 303.

11. — De la naissance des droits respectifs pour le seigneur et les habitans, le seigneur ne pouvait disposer des bois et terres gastes au préjudice des facultés et usages appartenant aux habitans. — Julien, *loc. cit.*; Ferrerius, quest. 573.

12. — Mourgues (*Statuts de Provence,* no 293), observe que la concession des droits d'usage dans les terres gastes étant une dépendance nécessaire de l'acte d'habitation, les habitans n'avaient pas besoin d'un titre pour jouir de cette faculté.

13. — Les communautés d'habitans n'ayant pour les terres gastes qu'un simple usage, elles ne pouvaient en acquérir la propriété par la seule possession immémoriale ; il leur fallait un titre.

14. — Mais si la prescription ne pouvait atteindre les droits du seigneur justicier tant que les terres gastes restaient en cette nature, il n'en était plus de même lorsque la nature de ces fonds venait à changer. Ainsi la prescription courait contre le seigneur au profit de l'habitant qui avait usurpé et défriché des terres gastes. En cessant d'être en friche, ces terres subissent la même loi qu'aurait subie tout autre fonds appartenant au seigneur et dont un habitant aurait joui pendant le délai fixé pour prescrire.

15. — Le titre de concession déterminait d'ordinaire quel était l'usage des habitans et jusqu'où il pouvait s'étendre, surtout pour les bois. S'il n'y avait point de titres ou que l'usage ne fût acquis qu'en vertu de l'habitation, la possession était la règle à suivre. Ainsi, le titre l'emportait sur la possession, et, à défaut de titre, la possession paisible et constante fournissait la présomption d'une convention entre le seigneur et les habitans par laquelle l'usage avait été réglé.

16. — Mais comme le droit de propriété ne doit pas être inutile, il était loisible au propriétaire de bois, terres gastes et pâturages d'en disposer à son gré par vente ou arrentement, et de donner à nouveau bail des démembremens de terres gastes, pourvu que ce qui restait fût suffisant pour les usages des habitans. — *Parlem.* Grenoble, 4 mars 4665.— Salvaing, *De l'usage des forêts,* chap. 96; Mourgues, *Statuts de Provence,* p. 305; Boniface, t. 4, liv. 3, chap. 43, no 8.

17. — Mais il se pouvait que pût préjudicier aux droits des gastes ; ceux-ci n'en pouvaient user que pour eux et ne pouvaient les transporter à des étrangers ni en abuser (Julien, t. 4er, no 578); mais si le seigneur avait transporté aux habitans la propriété des bois et terres gastes, il ne lui était plus permis de démembrer ces terres gastes par de nouveaux baux et les habitans avaient le droit d'affermer et de vendre la chose à eux cédée, comme de jouir et d'user de cette chose. — *Parlem. Aix,* 45 mars 1561. — Boniface, t. 4, liv. 3, tit. 4er, chap. 3.

18. — Les seigneurs avaient la faculté d'exercer sur les bois, marais, prés, îles, ou pâtis dont ils avaient fait la concession aux habitans, divers droits, tels que ceux de tirage, de cantonnement, auxquels on substituait assez souvent une sorte de partage auquel concouraient aux terrains que chacun possédait. —L. 12. ff. *De usufr. et habitat.*; L. 7, § 40, *De usufr.*; L. 40, § 4, ff., *Communi dividundo.* —L. 6, § 2, de *pascuis publicis et privatis,* no 6.

19. — Après que l'on avait assigné à chaque individu possédant en biens la quantité de pâturage nécessaire au nombre de bestiaux que réclame la culture et l'engrais de ses fonds, l'excédant des herbages, s'il y en avait, appartenait au propriétaire des terres gastes qui pouvait en disposer librement. C'était aussi à lui qu'appartenaient les places vacantes, c'est-à-dire les portions des habitans qui n'avaient pas de bétail. — Arr. du conseil 46 janv. 1776.

20. — Les droits d'usage appartenant aux habitans sur les terres gastes ne pouvaient jamais s'éteindre par la prescription; car il ne s'agissait pas d'une servitude ni d'une faculté qui, dérivant

TERRES VAINES ET VAGUES. — **1.** — Cette dénomination comprend généralement toutes les terres improductives et non closes. On les appelle *vaines,* c'est-à-dire inutiles et improductives; *vagues,* c'est-à-dire vides, nues, inoccupées, ouvertes de toute part. Le nom spécial de *terres vaines et vagues* ne doit se donner qu'aux terres vaines et vagues sinon depuis un temps immémorial, au moins depuis un temps très long, et qui ne fournissent aucune espèce de produits

d'un titre, fût sujette à la prescription, mais d'un droit inhérent à l'acte d'habitation et que ce même acte assurait tant qu'il avait son exécution pour l'habitation même.

21.—Les terres vaines et vagues dépendant du domaine du roi formaient, sous l'ancien droit, ce qu'on appelait les petits domaines, dont l'aliénation était régie par les art. 11 et 12 de l'édit de 1566 et par d'autres édits ultérieurs.

22. — L'abolition des droits féodaux prononcée par les décrets du 4 août 1789 nécessita de grandes modifications dans la législation qui régissait ces sortes de biens.

23. — Un décret des 13-29 avril 1791 décida (art. 7 et 8) que le droit de s'approprier les terres vaines et vagues n'aurait plus lieu en faveur des ci-devant seigneurs, qui cependant conserveraient celles dont ils auraient pris publiquement possession avant la promulgation des décrets du 4 août 1789.

24.—D'après l'art. 9 de ce décret, les ci-devant seigneurs étaient censés avoir pris publiquement possession de ces terrains lorsque, avant le 4 août 1789, ils les avaient soit inféodés, accensés ou arrentés, soit clos de murs, de haies ou de fossés, soit cultivés ou fait cultiver, plantés ou fait planter, soit mis à profit de toute autre manière, pourvu qu'elle ait été exclusive et à titre de propriété.

25.—Des dispositions bien plus importantes furent édictées par les lois des 28 août 1792 et 10 juin 1793, dont les principaux articles trouveront place dans les divisions qui vont suivre.

CHAPITRE II. — *Attribution aux communes des terres vaines et vagues.*

26.— L'art. 9, décr. 28 août 1792, porte : « Les terres vaines et vagues ou gastes, landes, biens-hermes ou vacans, garrigues dont les communautés qui ne pourraient pas justifier avoir été anciennement en possession, sont censés leur appartenir et leur seront adjugés par les tribunaux, si elles forment leur action dans le délai de cinq ans, à moins que les ci-devant seigneurs ne prouvent, par titres ou par possession exclusive continuée paisiblement et sans trouble pendant quarante ans, qu'ils en ont la propriété. »

27.—Le décret du 10 juin 1793, sect. 4e, art. 1er, alla plus loin ; il porte : « Tous les biens communaux en général, connus dans toute la République sous les divers noms de terres vaines et vagues, gastes, garrigues, landes, pacages, pâtis, ajoncs, bruyères, bois communs, hermes, vacans, palus, marais, marécages, montagnes, et sous toute autre dénomination quelconque, sont et appartiennent de leur nature à la généralité des habitans ou membres des communes, ou des sections de communes dans le territoire desquelles ces communaux sont situés, et, comme tels, lesdites communes ou sections de communes sont fondées et autorisées à les revendiquer.... »

28.—A cette règle générale, les articles qui suivent apportent diverses restrictions que nous aurons occasion d'examiner dans le cours de cet article. Les droits que la loi du 28 août 1792 avait reconnus aux ci-devant seigneurs sont aussi modifiés. En effet, pour que les ci-devant seigneurs soient autorisés à retenir les terres vaines et vagues, il ne leur suffit plus, d'après ce décret du 10 juin 1793, d'une simple possession même quarantenaire; mais ils doivent représenter nécessairement un acte authentique constatant qu'ils ont légitimement acheté ces terrains.

29.—Les cinq départemens formés dans le territoire de l'ancienne Bretagne ont été soumis à des règles particulières expliquées *infrà* nos 79 et suiv.

30.—Au reste, les lois des 28 août 1792 et 10 juin 1793 n'ont pas été abrogées par l'art. 713, C. civ., qui déclare que les biens vacans et sans maître appartiennent à l'état.—Guichard, p. 36.

CHAPITRE III. — *Biens compris sous la dénomination de terres vaines et vagues.*

31.—Les terres vaines et vagues appartenant de leur nature, d'après la loi du 10 juin 1792, à la généralité des habitans des communes ou sections de communes dans le territoire desquelles ces terrains sont situés, il importe de préciser à quels biens la jurisprudence a appliqué cette dénomination.

32.—Tout emplacement qui se trouve dans l'enceinte d'une commune est censé, à moins de titre expressément contraire, appartenir à la commune, s'il n'est ni clos ni borné. — *Colmar*, 3 juin 1806, comm. de Hattstatt c. Furstenberger.

33.—Une fontaine doit être considérée comme un bien vacant, dans le sens de la loi du 10 juin 1793, et dès-lors elle est présumée être la propriété de la commune sur le territoire de laquelle elle se trouve.—*Pau*, 14 mars 1831, comm. de Labitle c. Tapie.

34. — Mais un terrain sur lequel existent une fontaine et des lavoirs, et qui, par conséquent, comporte des ouvrages de main d'homme et des constructions affectées à une destination spéciale, ne peut être rangé dans la classe des *terrains vagues et déclos* ou des *terres vacantes ou landes* que désignent les art. 269 et 293 de la coutume de Bretagne, ni des *terres vaines et vagues.*—*Cass.*, 28 janv. 1839 (t. 1er 1839, p. 543), Taillandier.

35.—Pour décider si un terrain est *vain et vague* et si, comme tel, il a été excepté de la révocation des domaines engagés prononcée par la loi du 14 vent. an VII, on doit ne consulter que l'état du terrain au temps de la concession.—*Cass.*, 15 mars 1820, Domaine c. Lambert et Falatieu ; — Cormenin, *Quest. de dr. adm.*, vº *Domaines engagés*, t. 2, p. 445.

36.—Le lit d'une rivière abandonné par les eaux, avant la suppression du régime féodal, dont le seigneur haut-justicier n'a pas pris possession, et qui s'est ainsi trouvé changé en terre vaine et vague, est devenu la propriété de la commune. — La commune qui possédait le terrain dont il s'agit en est demeurée propriétaire, sans avoir eu besoin de former une demande en revendication.—*Nancy*, 18 juin 1827, Michelin c. comm. de Loupil-le-Petit.

37. — Les alluvions et attérissemens qui se forment le long des fleuves et rivières profitent aux propriétaires riverains (C. civ., art. 556 et 557). Aussi a-t-on jugé avec raison qu'une commune ne peut réclamer comme terre vaine et vague une île située dans le lit d'une rivière navigable. Pour que cette revendication soit admise, la commune doit prouver son ancienne possession à titre de propriétaire du terrain revendiqué.— *Cass.*, 1er brum. an VI, Teillay c. comm. de Bannay.

38. — Les lais et relais de la mer ne sont pas compris dans l'expression terres vaines et vagues; car ils sont déclarés formellement faire partie du domaine public par la loi du 10 juin 1793, sect. 1re, art. 5, et par l'art. 538, C. civ.

39.—Un chemin vicinal ne peut être assimilé à une terre vaine et vague. — *Cass.*, 5 mars 1818, Loevenhaupt c. comm. d'Urweiller.

40.—Donc, pour écarter les conséquences qu'on voudrait tirer contre elle de la possession, une commune peut être admise à prouver, au moyen d'une enquête, qu'un terrain litigieux est une place publique. — *Cass.*, 10 août 1842 (t. 2 1842, p. 272), Houache c comm. de Fleury-sur-Andelle.

41. — Mais le terrain d'un ancien chemin communal qui a été condamné et sur lequel un ancien seigneur qui s'en est emparé a fait planter des arbres, doit être considéré comme vain et vague. — *Paris*, 28 avr. 1809, Delamartellière c. comm. d'Amilly.

42 —Les art. 1er et 8, sect. 4e, L. 10 juin 1793, n'ont pour objet que les terres vaines, vagues ou en friches, mais non les bois et forêts en rapport. — *Cass.*, 27 vent. an V, Courdurier c. comm. de Montbrion ; 25 brum. an XI, comm. de Bourogne c. Barth et préfet du Haut-Rhin : 14 janv. 1811, comm. de Montigny-sur-Aube c. Vaillant de Savoisy. — Guichard, *des Landes*, chap. 4, nº 1er; Latruffe, *Droits des communes*, t. 1er, p. 278 ; Bost, *Traité de l'organisation et des attributions des corps municipaux*, t. 1er, p. 26 et 31.

43. — Il en est de même des terrains plantés en bois de haute futaie plus de quarante ans avant le 4 août 1789. — *Cass.*, 5 germ. an V, de Montmorency c. comm. de Grainville.

44. — Il suffit qu'un terrain soit productif, par exemple en nature de bois, pour qu'il ne puisse être réputé avoir constitué une terre vaine et vague, encore bien que négligé par le propriétaire et laissé momentanément en friche, il se serait trouvé dans un état de nudité et de dévastation. — L'appréciation des faits et actes, en ce qui concerne l'état et la nature des terrains prétendus vains et vagues, rentre d'une manière souveraine dans les pouvoirs des juges du fond. — *Cass.*, 9 fév. 1841 (t. 1er 1841, p. 460), comm. de Colombier c. Porcheron et Montagu.

45. — Lorsque, après avoir constaté en fait que, s'il existe des pins sur un terrain revendiqué par une commune comme vain et vague, ces arbres sont très espacés, n'offrent que de loin l'apparence d'une forêt, et sont d'ailleurs tellement entremêlés de clairières, qu'on ne peut pas dire que ces clairières forment l'exception, un arrêt en tire cette conséquence que le produit de ces arbres ainsi clair-semés sur un vaste terrain est trop faible pour les faire sortir de la classe des terrains

vains et vagues, cette décision contient une appréciation de faits qui échappe à la censure de la cour suprême. — *Cass.*, 31 mai 1843 (t. 2 1843, p. 172), de Colbert c. comm. de Cannet.

46. — On ne peut considérer comme compris dans la classe des terrains vains et vagues, que la loi du 10 juin 1793 répute biens communaux, des marais auxquels il a été anciennement fait des travaux pour les mettre en valeur. — Dès-lors une commune ne pouvait revendiquer ces marais qu'en prouvant qu'elle les avait anciennement possédés et qu'elle en avait été dépouillée par abus de la puissance féodale. — *Cass.*, 2 vent. an VII, Chazeron c. comm. d'Offoy.

47. — Des marais qui sont reconnus avoir été productifs pour le ci-devant seigneur, soit parce qu'il affermait le droit qui lui appartenait sur la pêche et la chasse, soit parce qu'ils avaient été mis en état de culture et de produit, ne rentrent pas dans la classe des biens vains et vagues. – *Cass.*, 3 janv. 1842 (t. 1er 1842, p. 166), comm. de Vauvert c. de Cabrières et de Lisleroi ; — Latruffe, *Droits des communes*, t. 1er, p. 278 ; Guichard, *Landes et marais*, chap. 4, nº 1er.

48. — La désignation de terres hermes et vacantes ne s'appliquait pas, sous la cout. du Bourbonnais, aux terres sur lesquelles une communauté d'habitans avait exercé un droit de pacage. Des terres de cette nature ne pouvaient, dans le sens féodal, être attribuées aux seigneurs. — *Riom*, 24 juin 1825, de Vigny c. comm. de Gannat.

49. — Mais un marais, par cela seul qu'il existe à sa surface quelques arbres percrus ou plantés dont les ci-devant seigneurs ont joui, en leur qualité de hauts-justiciers ou autrement, ne cesse pas d'être une terre vaine et vague, et ne devient pas un terrain productif ; dès lors, la propriété de ce marais doit être présumée appartenir à la commune dans le territoire de laquelle il se trouve, sans que cette commune soit tenue de prouver qu'elle l'a possédé anciennement et qu'elle en a été dépossédée par abus de la puissance féodale. — *Cass.*, 29 déc. 1832, Kergorlay c. comm. de Bornel.

50. — Ce n'est que relativement aux terres vaines et vagues ou gastes, landes, biens hermes ou vacans, garrigues, que l'art. 9, L. 28 août 1792, établit au profit des communes une présomption de propriété que le ci-devant seigneur pouvait détruire en invoquant un titre ou une possession exclusive. — *Cass.*, 9 vent. an V, Labriffe c. comm. du Chesne. — Guichard, *des Landes*, *Bruyères*, etc., chap. 4, nº 1er.

51. — Une commune ne peut donc réclamer, en vertu de l'art. 8, sect. 4e, L. 10 juin 1793, des terrains qui, bien que qualifiés de vacans dans des titres anciens, ont été, depuis un temps immémorial, défrichés et mis en valeur. — *Cass.*, 24 mars 1807, de Valence et de Bélissens c. comm. de Saint-Jory.

52.— ...Ni un terrain en pleine culture et dont le détenteur a une possession qui remonte à plus de quarante ans — *Cass.*, 12 juill. 1814, Beauvoir du Roure c. comm. de Beaulieu.

53.—...Ni un fonds qui était en état de culture au moins en partie, à l'époque de la promulgation des lois des 28 août 1792 et 10 juin 1793. — *Cass.*, 27 avr. 1808, de Blosseville c. comm. de Montrolier.

54.—...Ni des terrains en état de culture au moment de la réintégration demandée par la commune. La commune qui les revendique doit donc prouver qu'elle les a anciennement possédés et qu'elle en a été dépouillée par abus de la puissance féodale. — *Cass.*, 22 niv. an VII, Remy c. comm. de Cantin ; 14 vendém. an IX, comm. de Pont et de Quérieux c. Godechard ; 8 fructid. an XIII, de Wignacourt c. comm. de Marquillies ; 8 déc. 1818, Bourée c. comm. de Troissereux.

55. — Conséquemment, le jugement qui condamne un détenteur à restituer le fruit d'un terrain revendiqué par une commune, décide, par cela seul, que l'objet litigieux n'avait pas, dans son dernier état, la nature de terre vaine et vague. — *Cass.*, 12 juill. 1814, Beauvoir du Roure c. comm. de Beaulieu.

56. — Peu importe que ces terrains en état de culture ou plantés en bois aient conservé leur ancienne dénomination de terres gastes. — *Cass.*, 5 mars 1806, Laurent c. comm. de Peyrolles ; 15 mars 1837 (t. 1er 1840, p. 527), comm. de Villa Saint-Anselme c. Jean et Valent ; — Merlin, *Rép.*, vº *Communaux*, § 5 ; Henrion de Pansey, *Des biens communaux*, ch. 2, p. 168. — V. aussi *Bois*.

57. — Lorsqu'une commune ne justifie pas avoir la propriété d'un terrain en état de culture possédé par son ci-devant seigneur, elle ne peut être réintégrée dans la propriété de ce terrain par ce motif qu'il paraît que ce seigneur en a joui en vertu de la puissance féodale. — *Cass.*, 5 mars 1806, Laurent c. comm. de Peyrolles.

58. — Il ne résulte pas de la combinaison des art. 8 et 9, L. 28 août-14 sept. 1792; 1er, 8 et 12, sect. 4e, décr. 10 juin 1793, et 9, L. 13-20 avr. 1791, ainsi que la loi du 8 août 1793, expliquée par le décret du 27 vent. an II, que, par cela seul que le ci-devant seigneur se serait, à l'époque de la révolution, trouvé possesseur de biens précédemment vains et vagues, mais mis à profit par lui avant le 4 août 1789, de l'une des manières indiquées par la loi, ces biens, dont la commune se serait depuis emparée, doivent par le fait de cette appréhension, rester dans tous les cas la propriété de celle-ci. Il faut, au contraire, que, pour être valablement dépossédé, le ci-devant seigneur ou ses ayans-cause soient reconnus avoir, par abus de la puissance féodale, usurpé ces biens, dont la commune aurait ainsi été injustement dépouillée. — *Douai*, 21 déc. 1831, comm. de Somain c. Delagonde.

59. — La présomption de propriété établie au profit des communes, à l'égard des terres vaines et vagues, n'a pas lieu lorsque le terrain n'étant pas, par la nature et par la disposition des lieux, susceptible de culture, le propriétaire qu'il s'agit d'évincer y a coupé des broussailles ou en a extrait de la pierre. — *Bourges*, 20 fév. 1841 (t. 1er 1842, p. 274), Yel c. de Villeneuve.

60. — Ne peut être considéré comme vain et vague un terrain non cultivé et non susceptible de culture, sur lequel cependant quelques peupliers ont été plantés. — *Bourges*, 1er avr. 1840 (t. 1er 1841, p. 190), Lebel

61. — Des terres vaines et vagues que des particuliers possèdent, depuis un temps immémorial, soit comme usagers, soit comme propriétaires, ne peuvent être considérés comme des biens communaux dans le sens des lois des 18 août 1792 et 18 juin 1793. — *Angers*, 22 avr. 1825 Peccate; 21 mai 1825, Manzeau c. comm. de Chazé.

62. — Il en est ainsi des terres laissées en friche, même par les ci-devant seigneurs, lorsqu'ils justifient d'ailleurs qu'ils en sont propriétaires. — *Cass.*, 31 mai 1826, Barbier; — Guichard, chap. 18, p. 119.

63. — On peut aussi considérer un terrain inculte et non clos comme une propriété privée, lorsque les faits, à défaut de titres et de prescription, concourent à lui donner cette destination. — *Cass.*, 31 juill. 1832, comm. de Pressigny c. Pierrot.

64. — On ne peut considérer comme *vains* et *vagues*, en ce qu'ils n'étaient pas exploités lors de l'aliénation, et conséquemment comme exceptés de l'application de la loi du 14 vent. an VII, des terrains distraits du jardin d'un palais, situés dans la capitale et destinés à la construction, surtout si l'obligation de construire était, pour le concessionnaire, une condition du contrat. — *Cass.*, 3 mai 1837 (t. 2 1837, p. 62), le Préfet de la Seine c. Pellagot et Goujet.

CHAPITRE IV. — *Exceptions à l'attribution faite aux communes des terres vaines et vagues.*

65. — Les diverses exceptions apportées à la règle générale de l'attribution aux communes des terres vaines et vagues vont être indiquées dans les paragraphes qui suivent.

66. — Observons de suite que la présomption de propriété résultant, au profit des communes, de l'art. 1er, sect. 4e, L. 10 juin 1793, n'a lieu que contre les anciens seigneurs, et non au cas où la question de propriété s'élève avec de simples particuliers. — *Cass.*, 12 juill. 1814, Beauvoir du Roure c. comm. de Beaulieu; *Limoges*, 22 janv. 1836, Chamblant.

67. — Cette présomption légale écartée, c'est à la commune à prouver contre ses adversaires son droit de propriété. — *Limoges*, 22 janv. 1836, Chamblant c. comm. de Thanay.

68. — Jugé que la commune qui demande à être réintégrée en vertu de la loi du 28 août 1792 dans la propriété de terres vaines et vagues, doit justifier qu'elle les a anciennement possédées à titre de propriétaire, et qu'elle en a été dépouillée par abus de la puissance féodale. — *Amiens*, 23 nov. 1822, le Domaine c. comm. de Vaux sous-Corbie.

§ 1er. — *Terres vaines et vagues possédées par une autre commune.*

69. — La loi du 10 juin 1793, en déclarant que les marais et autres terres vaines et vagues appartiennent, de leur nature, aux communes sur le territoire desquelles ils sont situés, ne dispose ainsi qu'en haine du régime féodal et des prétentions des anciens seigneurs. — En conséquence, les communes entre elles restent soumises au droit commun, et celle sur le territoire de laquelle un marais est situé ne peut, sans titre, et seulement en vertu de la loi du 10 juin, y prétendre un droit de propriété exclusif, au préjudice d'une autre commune qui en aurait joui avec elle. — *Cass.*, 23 juin 1829, comm. de Berny, d'Ailly et du Chaussoy.

70. — Les autres communes sont recevables à réclamer des droits de propriété ou de copropriété qu'elles justifieraient avoir, soit par titres, soit par une possession quadragénaire sur des landes, hors de leur territoire. Dès-lors, est admissible la preuve des faits de cette possession quadragénaire. — *Caen*, 9 juin 1825, comm. de Sorteville et de Saint-Pierre d'Artheglise c. comm. de Porgues.

71. — De même, lorsque deux communes réclament la propriété d'un terrain, un arrêt a pu, sans encourir la cassation, et nonobstant la présomption de propriété établie en faveur de la commune sur le territoire de laquelle ce terrain est situé, déclarer qu'il appartient à l'autre commune, en vertu de la prescription quadragénaire, s'il s'est fondé, pour le décider ainsi, tant sur la coutume locale que sur divers titres produits par ces communes. — *Cass.*, 7 août 1834, comm. de Saint-Germain c. comm. de Saint-Eny.

72. — La présomption de la propriété, au profit d'une commune, des terres vaines et vagues enclavées dans son territoire, cède à un titre contraire résultant d'une sentence arbitrale qui reconnaît les droits d'une autre commune sur ces mêmes terrains, bien que cette sentence n'ait pas déterminé l'étendue de ses droits. — *Cass.*, 5 août 1833, comm. de Saint-Denis-de-Vaux c. comm. de Saint-Jean.

73. — La loi du 10 juin 1793, qui a attribué la propriété des terrains vains et vagues aux communes *dans le territoire* desquelles ils étaient situés, n'a pas eu pour effet de porter atteinte, au profit exclusif de la commune sur le territoire de laquelle des terrains vagues auraient été situés lors de la promulgation de la loi, aux droits d'usage que d'autres communes ou hameaux dépendant autrefois de la même seigneurie auraient eus promiscuement avec elle sur ces mêmes terrains. — Par *territoire* il faut entendre non la circonscription particulière de chaque commune actuellement, mais le territoire des anciennes seigneuries. — *Cass.*, 25 juin 1838 (t. 2 1838, p. 362), comm. de Sceaux c. sections de Trevilly.

74. — Quoique plusieurs communes aient fait autrefois partie de la même baronnie et aient été, pour le pacage des terres vaines et vagues, soumises à la même redevance féodale, l'arrêt qui, en se fondant sur l'appréciation de titres produits, attribue la propriété exclusive de certains biens communaux à l'une de ces communes, ne tombe pas sous la censure de la cour de Cassation, lors même que l'on prétendrait prouver, par des actes authentiques, que toutes les paroisses ont possédé concurremment, pendant un temps immémorial, les terres litigieuses. — *Cass.*, 8 déc. 1832, comm. de Chaudefonds et de Saint-Aubin c. comm. de Rochefort.

75. — Cependant, lorsque plusieurs communes sont en litige sur la propriété d'un terrain sur lequel elles exercent communément un droit de pâturage, bien qu'aucune d'elles ne produise de titres de propriété, il y a présomption que le terrain appartient à la commune sur le territoire de laquelle il est situé, surtout si les titres par elle représentés sont plus apparens que ceux de ses adversaires. — *Colmar*, 23 janv 1817, comm. de Zellwiller c. comm. de Barr.

76. — Jugé même que les terres vaines et vagues sont présumées, non seulement à l'égard des ci-devant seigneurs, mais même à l'égard des autres communes, être la propriété de la commune dans le territoire de laquelle elles sont situées. — Ainsi, la commune qui se prétend propriétaire de terres vaines et vagues qui sont situées sur le territoire d'une autre commune, doit prouver par titres le droit de propriété qu'elle réclame. — *Angers*, 11 fév. 1831, comm. de Rochefort c. comm. de Saint-Aubin et de Chaudefonds.

77. — L'art. 691, C. civ., d'après lequel les servitudes discontinues ne peuvent s'établir que par titres, n'a pas porté atteinte aux dispositions de la loi du 10 juin 1793. — En conséquence, on peut, d'après les seuls faits possessoires de deux communes, maintenir l'une d'elles dans un droit de pacage (qui est une servitude discontinue) sur un bien communal dont on attribue le fonds à l'autre. — *Cass.*, 6 août 1832, comm. d'Epiads c. comm. de Morton.

78. — Lorsque deux communes voisines ont été réunies, les terres vaines et vagues situées sur le territoire de l'une d'elles ne sont pas devenues par la force de cette réunion, la copropriété de l'autre. — *Cass.*, 18 avril 1815, maire de Roquefort c. de Sabran.

§ 2. — *Terres vaines et vagues situées dans les cinq départemens de la Bretagne.*

79. — L'art. 10 de la loi du 28 août 1792 établit en ces termes un droit spécial à la Bretagne, il porte; « Dans les cinq départemens qui composent la ci-devant province de Bretagne, les terres actuellement vaines et vagues, non arrentées, afféagées ou accensées jusqu'à ce jour, connues sous le nom de communes, frosts, frostages, franchises, gallois, etc., appartiendront exclusivement soit aux communes, soit aux habitans de village, soit aux ci-devant vassaux qui sont actuellement en possession du droit de communer, motoyer, couper des landes bois ou bruyères, pacager ou mener leurs bestiaux dans les dites terres situées dans l'enclave ou le voisinage des ci-devant fiefs.

80. — Jugé par application de cette disposition que dans les cinq départemens les communes qui étaient à l'époque de la loi du 28 août 1792 en possession de communer, motoyer, couper des landes ou bruyères, pacages ou mener leurs bestiaux dans des terres vaines et vagues non arrentées, ni afféagées ou accensées et situées dans l'enclave et le voisinage du ci-devant fief, devaient être maintenues dans la propriété de ces terres. — *Cass.*, 18 janv 1830, Leblanc c. comm. de Saint-Domineac; — Guichard, chap. 15, no 3.

81. — Les communes sont, en Bretagne, propriétaires des terres vaines et vagues non arrentées, accensées ou inféodées, situées dans leur enclave; et la possession de ces terres, ayant toujours été essentiellement précaire, ne peut servir de base à la prescription. — *Rennes*, 2 août 1845 (t. 2 1845, p. 444), Davesnes c. comm. de Gorgos.

82. — La loi du 10 juin 1793, qui attribue aux communes la propriété des terres vaines et vagues, ne leur impose point l'obligation de demander l'emploi en possession. L'art. 10 de la loi du 28 août 1792, spécial à la Bretagne, ne la leur impose pas davantage. En tout cas, l'envoi en possession n'est exigé par l'art. 9 de cette dernière loi que vis-à-vis des seigneurs. Les communes peuvent donc, par l'effet seul de la loi, évincer les possesseurs actuels des terres vaines et vagues non arrentées, afféagées et accensées à l'époque de la promulgation des lois de 1792 et 1793. — *Rennes*, 19 août 1839 (t. 2 1839, p. 588), Piriou c. comm. de Douarnenez.

83. — La loi du 10 juin 1793, qui attribue d'une manière générale aux communes (art. 1er et 9, sect. 4e) la propriété des terres vaines et vagues, ne déroge pas à l'art. 18, L. 28 août 1792, qui avait, à titre de droit spécial pour les cinq départemens formant l'ancienne Bretagne, attribué la propriété des terres vaines et vagues aux ci-devant vassaux ou censitaires. — *Cass.*, 25 avr. 1827, comm. de Saint-Père c. Sauvaget; — Guichard, *ubi suprà* chap. 5, no 4.

84. — Dans les départemens sus-indiqués, les vassaux communiers, et spécialement les habitans d'une commune qui, à l'époque de la promulgation des lois du 28 août 1792 et 10 juin 1793, jouissaient du droit de *communes*, *coupes*, *brandes*, *joncs*, *mottes*, sur les terres vaines et vagues, ont été déclarés par la loi propriétaires, et par conséquent peuvent les revendiquer sans justification d'un titre particulier contre les possesseurs actuels, même non anciens seigneurs. — *Cass.*, 18 août 1840 (t. 1er 1841, p. 29), Piriou c. comm. de Douarnenez.

85. — Les individus détenteurs, à l'époque de la loi du 28 août 1792, de terres vaines et vagues en Bretagne, à eux concédées à titre d'afféagement, doivent être maintenus dans la propriété de ces terres à l'exclusion des communes, quoiqu'ils ne les aient point défrichées, et que leur titre d'afféagement ne remonte pas à plus de quarante ans avant 1839. — *Cass.*, 25 janv. 1837 (t. 2 1837, p. 309), Lecalvez c. comm. de Saint-Servan.

86. — Sous la coutume de Bretagne la formalité de l'appropriement par banniers n'était exigée que pour affranchir la propriété vis-à-vis des tiers, de sorte que les parties contractantes ne peuvent se prévaloir de l'inaccomplissement de cette formalité. — *Rennes*, 14 juill. 1845 (t. 2 1845, p. 313), Legoff c. comm. de Tribeurdin.

87. — L'art. 10 de la loi du 28 août 1792 a converti en droit de propriété un droit qui, jusque-là, ne constituait qu'une simple servitude. Par suite, lors même qu'un ancien vassal aurait eu un droit personnel comme usager sur toutes les terres vaines et vagues d'une seigneurie, il ne peut prétendre à la propriété de ces terres que dans la proportion des besoins auxquels était limité ce droit,

c'est-à-dire eu égard au nombre des bestiaux qu'il possédait. L'ancien vassal qui demande à son profit l'application de la disposition précédente contre une commune dont la jouissance passible de la totalité des terres vaines et vagues remonte à 1792 doit être débouté s'il ne fournit aucun document propre à déterminer quelle était, à la même époque, la portion du terrain sur laquelle il exerçait des droits de pacage ; et, dans cette circonstance, l'arrêt qui refuse d'ordonner une expertise et un partage échappe à la censure de la cour de Cassation. — *Cass.*, 28 avr. 1840 (t. 2 1840, p. 78), de Rezé c. comm. de Montrelais.

88. — Du reste, ce droit spécialement introduit pour les départemens de l'ancienne Bretagne, admet : 1° l'exception écrite dans l'art. 11 que l'état est censé propriétaire des terres vaines et vagues qui ne se trouveraient pas circonscrites dans le territoire particulier d'une commune ou d'une ci-devant seigneurie; 2° l'exception portée dans la loi du 10 juin 1793 (sect. 4ᵉ, art. 10), qui déclare la nation propriétaire des communaux autrefois possédés par des bénéficiers ecclésiastiques, monastères, communautés, etc.

§ 3. — *Attribution à l'état de certaines terres vaines et vagues.*

89. — D'après l'art. 12 (sect. 4ᵉ, décr. 10 juin 1793), la partie des communaux possédés ci-devant soit par des bénéficiers ecclésiastiques, soit par des monastères, communautés séculières ou régulières, ordre de Malte et autres corps et communautés, soit par les émigrés, soit par le domaine à quelque titre que ce soit, appartiennent à la nation, et comme tels, ils ne peuvent appartenir aux communes ou sections de communes dans le territoire desquels ils sont situés, soit que ces communaux aient été déjà vendus, soit qu'ils soient encore à vendre au profit de la nation.

90.— L'exception créée en faveur du domaine par l'art. 12, L. 10 juin 1793, à celle du 28 août 1792, qui donne aux communes le droit de réclamer les biens vacans situés dans leur territoire, sur la présomption qu'elles en ont été dépouillées par un abus de la puissance féodale, n'a pas été modifiée, soit par le décret interprétatif du 8 août 1793, soit par celui d'ordre du jour du 27 pluv. an II. — En conséquence, les communes qui réclament, contre l'état ou son cessionnaire, des biens de cette nature ne sont pas fondées à opposer la présomption légale résultant de cette loi de 1792, et dispensées de prouver qu'elles possédaient anciennement, à titre de propriétaires, les biens litigieux.—*Cass.*, 21 fév. 1834, commune de Pezilla c. Audoing; *Toulouse*, 23 janv. 1844 (t. 2 1844, p. 46), Domaine c. commune de Bourg.

91.— Les terres vaines et vagues dont une commune ne prouve pas qu'elle était autrefois propriétaire ne peuvent être revendiquées par elle que contre les ci-devant seigneurs et non contre le domaine de l'état.—*Amiens*, 28 nov. 1822, Domaine c. commune de Vaux-sous-Corbie.

92.— Il suffit, pour rendre sans application les lois des 28 août 1792 et 10 juin 1793, relatives aux biens dont les communes avaient été dépouillées par abus de la puissance féodale, que l'état ait possédé, depuis la spoliation du seigneur et avant 1789, les terrains revendiqués par une commune.— *Cass.*, 26 nov. 1835, commune de Mézières c. préfet d'Ille-et-Vilaine.

93. — Une commune peut revendiquer une lande détenue par le domaine en vertu de la main mise qui a frappé les biens d'une ancienne abbaye, quand même cet établissement aurait eu la qualité de seigneur du lieu, et n'aurait possédé ces terrains qu'en vertu de leur prérogative féodale. — *Cass.*, 1ᵉʳ juin 1824, commune de Vaux-sous-Corbie;— Guichard, chap. 7, nᵒ 1ᵉʳ, p. 38.

94. — C'est par application du décret interprétatif du 8 août 1793 qu'il a été jugé que l'art. 12, sect. 4, L. 10 juin 1793, en déclarant que les parties de communaux possédés par les ci-devant monastères, communautés, etc., soit par le domaine, à quelque titre que ce soit, appartenaient à la nation, n'a nullement porté atteinte aux droits résultant pour les communes des lois des 25 et 28 août 1792.— *Cass.*, 21 mars 1838 (t. 1ᵉʳ 1838, p. 384), le Domaine c. comm. de Nempont, Saint-Firmin, etc.

95. — Les communes ne sont exclues par l'état de la propriété des terres vaines et vagues ayant appartenu à des corporations religieuses, qu'autant qu'il est justifié, par l'état, d'un titre légitime d'acquisition ou d'une possession de quarante ans. — *Amiens*, 21 juin 1838 (t. 2 1839, p. 306), le Domaine c. comm. d'Etinchem.—Guichard, *Des landes et marais*, chap. 7, nᵒ 3, p. 39.

96. — L'état doit être déclaré propriétaire de terres vaines et vagues dont une commune s'était emparée en vertu des lois révolutionnaires, s'il prouve que l'ordre de Malte, qu'il représente, avait possédé ces terres, exclusivement et sans trouble, quarante ans avant la publication de ces lois, lorsque, d'ailleurs, la commune n'invoque qu'une possession postérieure de trente-cinq ans, la possession quadragénaire étant nécessaire pour prescrire contre l'état.— *Cass.*, 2 déc. 1833, le Domaine.

97. — Lorsque l'état ne justifie point d'une possession légale relativement à des terres vaines et vagues revendiquées depuis le décret du 8 août 1793, il doit être déclaré mal fondé dans sa demande.— *Cass.*, 4 avr. 1834, Préfet d'Indre-et-Loire c. comm. de Panzoult.

98.— On ne peut considérer comme usurpés par la puissance féodale et comme appartenant à ce titre à des communes des biens d'origine domaniale qui leur avaient été autrefois accensés et qui rentrés à raison de leur origine dans les mains du domaine se trouvaient au moment de la promulgation de la loi du 10 juin 1793 entre les mains de particuliers. — *Cass.*, 24 pluv. an V, comm. de Chaumont c. Lépine.

99. — L'arrêté préfectoral portant déclaration que l'état renonce à tout droit de révocation relativement à la concession de terrains vains et vagues ne fait point obstacle à ce que les tribunaux ordinaires soient compétens pour connaître d'une action intentée par une commune en revendication de ces terrains.— *Rouen*, 19 mai 1843 (t. 1ᵉʳ 1844, p. 104), comm. des Places c. Ozière.

100. — La concession à perpétuité et à titre onéreux, faite par le roi à l'un de ses sujets, de terrains vains et vagues dont il était devenu propriétaire, non comme seigneur de la commune dans laquelle ils sont situés, mais en sa qualité de souverain et en vertu des édits de 1566 et 1575, constitue au profit du concessionnaire un titre légitime de propriété auquel n'ont pu porter atteinte les lois abolitives de la féodalité. — La circonstance que cette concession aurait été faite, par exemple, « à titre d'inféodation, moyennant une rente perpétuelle de 15 livres emportant droits seigneuriaux aux mutations, suivant la coutume des lieux, » ne saurait en changer la substance et lui imprimer un caractère féodal. Ces expressions ne sont pas d'ailleurs par elles-mêmes caractéristiques de la féodalité; elles s'appliquent aussi bien à une rente purement foncière. — L'arrêté préfectoral contenant suppression de la redevance ci-dessus, comme féodale, est aussi sans influence sur l'appréciation de la nature de l'acte constitutif de la concession. — Même arrêt.

101.— Lorsque des communes ont été dépouillées de leurs biens par leur seigneur, ayant agi seulement en sa qualité de seigneur, restitution doit leur en être faite par l'état, qui les détient par suite de la confiscation qui a eu lieu sur ce même seigneur comme émigré.— *Paris*, 4 janv. 1845 (t. 1ᵉʳ 1845, p. 397), Préfet de l'Aube c. comm. d'Essoyes et de Verpillières. — L'ancienne possession des communes à titre de propriétaires ne saurait être contredite : 1° par des procès de chasse faits dans les bois en litige par le seigneur, qui avait haute, moyenne et basse justice, et par conséquent droit de chasse exclusif et droit de répression sur les délinquans même excipant de ce que les bois appartenaient aux communes; 2° ni par des procès faits par le seigneur à des habitans pour coupes et recépages des bois, alors que les communes lui ont constamment contesté judiciairement la qualité de propriétaire qu'il s'attribuait; 3° ni par la prise de possession des biens en litige par ce même seigneur, alors que les communes ont continuellement demandé à la justice leur réintégration dans ces mêmes biens.— L'état ne saurait non plus exciper d'une possession plus ou moins longue de la part des acquéreurs successifs de la seigneurie, alors que des réserves ont été faites par eux au sujet des biens contestés, et que l'ancien seigneur est toujours resté partie au procès pendant avec les communes.— Même arrêt.

102. — L'état, condamné à restituer à des communes les biens dont elles avaient été dépouillées par leurs anciens seigneurs, sur qui ils ont été ensuite confisqués, n'a pu faire les fruits siens, si, lors de sa prise de possession, il a été régulièrement averti des réclamations élevées par les communes.— En conséquence, il doit les prix des coupes de bois qu'il a touchés pendant sa joussance, avec les intérêts du jour de la demande.— Même arrêt.

103. — Celles des terres vaines et vagues qui ne se trouveraient pas circonscrites dans le territoire

particulier d'une commune ou d'une ci-devant seigneurie sont censées appartenir à la nation, sans préjudice des droits que les communautés ou les particuliers pourraient y avoir acquis et qu'ils seront tenus de justifier par titre ou par possession de quarante ans.— L. 28 août 1792, art. 11.

104.— Jugé cependant, mais à tort, selon nous, que l'art. 11, L. 28 août 1792, qui répute l'état propriétaire des terres vaines et vagues qui ne se trouvaient pas circonscrites dans le territoire par-particulier d'une commune ou d'une ci-devant seigneurie, a été abrogé au profit des communes par l'art. 1ᵉʳ, sect, 4ᵉ, L 10 juin 1793.— *Cass.*, 4 avr. 1834, Préfet d'Indre-et-Loire c. comm. de Panzoult.

105. — Ne peut être proposé pour la première fois en cassation le moyen pris de ce que des terres vaines et vagues ne se trouvaient pas anciennement dans la circonscription territoriale d'une commune ou d'une seigneurie, et qu'ainsi, en vertu de l'art. 11 de la loi du 28 août 1792, elles appartiennent à l'état.— *Cass.*, 3 juin 1840 (t. 2 1841, p. 151), Bouillon c. comm. de Labris.

§ 4. — *Titre et possession légitime des ci-devants seigneurs.*

106. — L'attribution faite aux communes des terres vaines et vagues avait été frappée d'une restriction par la loi du 28 août 1792, dont l'art. 9 conservait aux seigneurs la propriété de ces sortes de biens, lorsque les communes ne prouvant pas leur possession, les ci-devant seigneurs justifiaient de leur droit de propriété soit par titre, soit par une possession exclusive continuée paisiblement et sans trouble pendant quarante ans.

107. — La loi du 10 juin 1793, dans le but d'atteindre surtout la féodalité, s'est montrée plus sévère, et après avoir décidé que pour établir le droit de propriété du seigneur, la possession quadragénaire ne pourrait suppléer le titre légitime, elle a déclaré par l'art. 8, sect 4°, que le titre légitime ne pourrait être celui qui émanerait de la puissance féodale, mais seulement un acte authentique, constatant que le seigneur avait légitimement acheté.

108. — Jugé par application de cette disposition que les ci-devant seigneurs de fief sont obligés, pour prétendre à la propriété des terres vaines et vagues telles que marais, etc., de représenter un titre authentique qui constate qu'ils ont légitimement acheté lesdits biens. — *Cass.*, 26 déc. 1810, comm. de Neuil-sur-Dives c. de Brezé.

109. — Les ci-devant seigneurs ne sont maintenus dans la jouissance et propriété des terres vaines et vagues qu'autant qu'ils en étaient en possession réelle et exclusive depuis quarante ans au moins, à l'époque de 1789, et en vertu de titres d'acquisition légitime non émanés de la puissance féodale.—*Cass.*, 10 nov. 1813, de Bioncourt c. habit. d'Azay.

110. — La possession quadragénaire ne peut suppléer à leur profit le titre légitime d'acquisition.—Avis du cons. d'état du 28 juin-17 juill. 1808; *Cass.*, 5 mars 1818, Lœvenhaupt.

111. — La disposition de l'art. 8, sect. 4ᵉ, L. 10 juin 1793, n'a pas été abrogée par la loi du 9 vent. an XII, art. 8, et on ne peut soutenir qu'on soit replacé sous l'empire de la loi du 28 août 1792, qui n'exige qu'une possession de quarante ans. — *Cass.*, 21 déc. 1825, de Courtemanche c. comm. de Livage. — Henrion de Pansey, *Biens communaux*, chap. 2.

112. — Si, aux termes des lois des 28 août 1792 et 10 juin 1793, les communes sont censées propriétaires des terres vaines et vagues, cette présomption légale cesse devant la preuve contraire, alors surtout que la commune demanderesse ne représente aucun acte d'où l'on puisse induire qu'elle a été dépouillée par abus de la puissance féodale. Dans tous les cas, l'arrêt qui, appréciant les titres produits, déclare que le terrain revendiqué au nom d'une commune fut valablement aliéné par le propriétaire à titre particulier et à prix d'argent, ne saurait donner prise à la censure, parce qu'il ne viole aucune loi. — *Cass.*, 20 janv. 1840 (t. 2 1840, p. 45) comm. de Senneville c. époux de Pommereu.

113. — Il ne résulte pas de la combinaison des art. 8 et 9, L. 28 août-14 sept. 1792, 1ᵉʳ, 8 et 12, sect. 4ᵉ, décr. 10 juin 1793, et 9, L. 13-20 avr. 1791, ainsi que de la loi du 8 août 1793 expliquée par le décret du 27 vent. an XI, que par cela seul que le ci-devant seigneur se serait à l'époque de la Révolution trouvé possesseur de biens précédemment vains et vagues, mais mis à profit par lui avant le 4 août 1789, de l'une des manières indiquées par

la loi, ces biens dont la commune se serait depuis emparée doivent, par le fait de cette appréhension, rester, dans tous les cas, la propriété de celle-ci. — *Douai*, 21 déc. 1831, comm. de Somain c. Delagonde.

114. — Il faut, au contraire, que pour être valablement dépossédé, le ci-devant seigneur ou son ayant-cause soit reconnu avoir, par abus de de la puissance féodale, usurpé ces biens dont la commune aurait ainsi été injustement dépouillée. — Même arrêt.

115. — Ce n'est pas à la commune à prouver que les biens contre elle revendiqués n'avaient point, avant le 4 août 1789, été mis à profit par le ci-devant seigneur. C'est au contraire à ce dernier à établir que, dès avant cette époque, le vœu de la loi se trouvait rempli. — Même arrêt.

116. — Les biens étant reconnus avoir été mis à profit par le ci-devant seigneur avant le 4 août 1789, une commune, pour les revendiquer ou plutôt pour se faire maintenir dans sa possession, doit prouver que ces biens avaient précédemment fait partie de son domaine et que c'est par abus de la puissance féodale qu'elle en a été dépouillée. — Même arrêt.

117. — Les communes ne peuvent faire remonter leur droit de réintégrande à quarante ans avant le 4 août 1789. — *Cass.*, 22 oct. 1812, comm. d'Arlaux c. de Berghes.

118. — Lorsqu'une commune, en défendant à une action en revendication de terres vaines et vagues formées par un ci-devant seigneur, articule qu'elle a acquis ces biens par une possession immémoriale, les tribunaux doivent admettre la preuve offerte par la commune. — *Cass.*, 26 déc. 1810, comm. de Neuil-sur-Dives c. de Brézé.

119. — Une commune qui prétend à la propriété d'un terrain ne peut se plaindre de ce que, contrairement à l'art. 1334, C. civ., les juges auraient refusé d'ordonner la représentation de la minute du plan des lieux litigieux, alors que la décision qui statue sur la question de propriété est fondée non sur la copie de ce plan, mais sur le résultat d'une enquête et de la visite des lieux. — *Cass.*, 7 janv. 1845, (t. 1er 1845, p. 349), comm. de Chanais c. commune de Magnilo.

120. — Les lois des 25 et 28 août 1792, et celle du 10 juin 1793, abolitives des effets de la féodalité, ont, à l'égard des communes dépouillées de leurs biens par leurs anciens seigneurs, un effet rétroactif, et anéantissent même l'autorité de la chose jugée. — *Paris*, 4 janv. 1845 (t. 1er 1845, p. 397), préfet de l'Aube c. comm. d'Essoyes et de Verpillières.

121. — Mais jugé que les communes ne peuvent invoquer l'art. 1er, sect. 4e, L. 10 juin 1793, contre l'autorité de la chose jugée avant la promulgation de cette loi, pour rentrer dans des terres vaines et vagues. — *Cass.*, 22 oct. 1812, comm. d'Arleux c. de Berghes.

122. — Une commune ne peut se prévaloir de son cadastre pour établir qu'elle est propriétaire de certains biens communaux, de quelque nature qu'ils soient. — *Toulouse*, 20 juill. 1818, Lévis-Mirepoix c. le maire de Monferrier.

123. — L'échange de deux fiefs fait entre seigneurs ne peut être opposé aux communes comme titre légitime d'acquisitions de terres vaines et vagues comprises dans l'un de ces fiefs, alors surtout que l'acte d'échange ne fait aucune mention de ces terres, quoique d'une vaste étendue, et que l'un des échangistes les a simplement possédées comme subrogé aux droits féodaux de l'autre. — *Cass.*, 3 juin 1840 (t. 2 1841, p. 151), de Bouillon c. comm. de Labrit.

124. — Et spécialement, l'échange entre Louis XIV et le duc de Bouillon, du duché d'Albret contre la principauté de Sedan, ne présente pas le caractère d'un acte forcé imposé au duc par le roi, et ne peut être invoqué dans le sens de l'art. 9 de la loi du 10 juin 1793, comme titre légitime d'acquisition des terres vaines et vagues comprises dans le duché. — Même arrêt.

125. — Des actes d'arrentement faits par les seigneurs du lieu, de terres limitrophes du champ de foire, ou même l'érection de terres en marquisat par lettres-patentes, portant en outre établissement, pour plus grande décoration de la terre, d'un marché et d'une foire au dit lieu, ne suffisent pas pour établir la propriété du successeur des ci-devant seigneurs, alors qu'il ne justifie pas avoir fourni le terrain nécessaire pour l'établissement de la foire. — *Poitiers*, 13 avr. 1825, Plumartin.

126. — Un particulier ne peut se prétendre propriétaire du champ de foire d'une commune qu'autant qu'il justifie qu'il est sa propriété à tout autre titre qu'à celui de seigneur. — Même arrêt.

127. — Mais doit être considérée comme titre légitime la vente d'un bois communal faite au seigneur par quatre fondés de pouvoir de la commune, suivant acte notarié revêtu de l'homologation du prince souverain de la province, lors même que, quelques années après cette visite, la commune en aurait demandé la nullité, si sa demande a été rejetée par arrêt du conseil du prince. — *Cass.*, 24 déc. 1817, Brunet de Neuilly c. comm. de Sauville.

128. — La vente d'un bois communal faite même sans les formalités prescrites par la loi, par une commune à son seigneur, est un titre légitime, d'après la loi du 28 août 1792, si elle a été suivie d'une possession paisible de plus de quarante ans. — *Cass.*, 9 juin 1808, comm. de Vandelainville c. Nattancourt.

129. — Lorsqu'une coutume locale était muette sur le temps nécessaire pour prescrire contre les communes, il était de règle généralement admise que la prescription la plus longue, celle qu'elle déterminait à l'égard de l'église, était la seule applicable. — *Nancy*, 25 avr. 1844 (t. 2, 1844, p. 277), duc de Poix c. comm. de Landange.

§ 5. — *Terres vaines et vagues défrichées par leurs possesseurs.*

130. — Le décret du 10 juin 1793, sect. 4e, art. 7, maintenaient dans les droits qui leur étaient acquis, les possesseurs des terrains desséchés et défrichés aux termes et en exécution de l'édit et de la déclaration des 14 juin 1764 et 13 avr. 1766.

131. — Les possesseurs de terrains communaux défrichés avant la loi du 10 juin 1793 ont été maintenus dans leur possession par la loi du 21 prair. an IV, alors même que celle possession ne serait appuyée d'aucun titre. — *Cass.*, 20 messid. an X, Tonnard c. comm. de Tréfort.

132. — Une commune ne peut revendiquer comme biens communnaux des terres autrefois vaines et vagues, mais que des tiers possesseurs ont fait défricher en conséquence de la déclaration du 13 août 1766 et après avoir rempli les formalités qu'elle prescrit. L'art. 7 de la loi du 10 juin 1793 fait une exception expresse aux dispositions de l'art. 1er de la dite loi, en ce qu'il maintient formellement les possesseurs de terrains desséchés et défrichés, aux termes et en exécution de l'édit et de la déclaration du 14 juin 1764 et du 13 août 1766. — Cette exception est distincte et indépendante de celles énoncées aux art. 9 et 10, L. 10 juin 1793. — *Cass.*, 9 déc. 1813, comm. de Cluny c. Gacon et Dumonceau.

133. — Les desséchemens et défrichemens faits dans le Languedoc, en vertu de la déclaration du 5 juill. 1770, sont assimilés par la loi du 4 messid. an VI à ceux dont la maintenue en faveur des possesseurs a été ordonnée par l'art. 5, sect 4e, L. 10 mai 1793. — Une commune ne pouvait donc revendiquer un terrain contre un possesseur qui l'avait desséché et défriché en exécution de la déclaration du 5 juill. 1770. Le jugement qui admettait une semblable revendication devait être cassé. — *Cass.*, 1er flor. an V, Drouillard c. comm. de Condom; 24 frim. an VIII, Descorbins c. comm. de Corbarian; 7 vent. an VIII, Bastoul c. comm. de Bressols.

134. — L'art. 9 de la loi du 10 juin 1793, exempte de la sévérité de la prohibition prononcé par l'art. 8 toutes commissions, ventes, collocations forcées, partages ou autres possessions depuis et au delà de quarante ans, jusqu'à l'époque du 4 août 1789 en faveur des possesseurs actuels ou de leurs auteurs mais non acquéreurs volontaires, donataires héritiers ou légataires de fief à titre universel.

135. — La concession de terres vaines et vagues faite pour cause d'utilité publique en vertu de lettres-patentes accordées par le roi en son conseil, et dûment vérifiées et enregistrées au parlement, avait tous les caractères et les effets qu'aurait aujourd'hui un jugement en dernier ressort d'expropriation pour cause d'utilité publique, et ne laissait plus à régler que l'indemnité à laquelle les tiers pouvaient prétendre. — Une commune est donc non recevable à revendiquer les terres vaines et vagues comprises dans cette concession. — *Cass.*, 18 juin 1839, comm. de Marseillan c. la Compagnie des salins de Cette.

136. — Les décrets forcés et actes de ventilation en vertu desquels un ancien seigneur a possédé des terres vaines, pâturaux, landes et bruyères, situés dans l'étendue de sa seigneurie, constituent le titre légitime déterminé par la loi du 10 juin 1792, et ne peuvent être considérés comme étant le résultat de l'abus de la puissance féodale. — La commune qui n'a joui de pâturaux et terres vaines enclavés dans son territoire qu'à titre d'usagère, avant les lois de 1792 et 1793, n'a pu, depuis, acquérir ces terres par prescription, encore qu'elle en ait joui *animo domini*, s'il n'y a eu interversion de son titre dans les termes du Code civ. — Les lois de 1792 et 1793 n'ont pas eu pour effet de produire cette interversion, si la commune a négligé d'en revendiquer le bénéfice. — *Cass.*, 26 nov. 1839 (t. 1er 1840, p. 42), comm. de Rigny d'Ussé c. de La Rochejaquelein.

137. — Les communes, substituées aux anciens seigneurs dans la propriété des terres vaines et vagues de leurs fiefs, sont tenues de respecter les aliénations et concessions faites par ceux-ci. — *Rennes*, 14 juill. 1845, (t. 2 1845, p. 513), Legoff c. commune de Trébeurden.

138. — Jugé que l'exception contenue dans l'art. 3, L. 28 août 1792, en faveur des anciens seigneurs qui avaient vendu leurs portions à des particuliers non seigneurs, par des actes suivis de leur exécution, a été modifiée, à l'égard des terrains vagues et des marais, par le décret du 10 juin 1793, relatif au mode de partage des biens communaux, et suivant lequel lesdits terrains vagues et les marais appartenant à la généralité des habitans peuvent être revendiqués par les communes. — *Cass.*, 23 (et non 22) juin 1835, Gaumain et autres c. commune d'Appeville et autres.

139. — Un arrêt qui, pour refuser à un concessionnaire la propriété de terrains vains et vagues, s'est fondé à la fois sur ce que ces terrains n'avaient jamais fait partie de la concession, et sur la possession immémoriale de la commune demanderesse en revendication, n'a pas eu besoin de rechercher en outre quelle était la nature de cette concession. — *Cass.*, 28 fév. 1837 (t. 1er 1837, p. 449), Leporcq c. commune de Condette.

140. — Le concessionnaire qui a mal à propos compris dans sa soumission des biens qui ne lui étaient pas concédés ne peut, par ce fait, se créer un titre à lui-même; l'arrêt qui le juge ainsi ne peut être critiqué comme ayant interprété un acte administratif. — Même arrêt.

141. — Le concessionnaire mis à la place du seigneur n'a pas qualité pour invoquer la maxime *Nulle terre sans seigneur*, et pour forcer la commune à justifier de ses titres de propriété sur les terrains vains et vagues possédés par elle. — Même arrêt.

142. — L'art. 10 de la loi du 10 juin 1793 établit entre ceux qui ont reçu du seigneur une de ces sortes de concessions une distinction, suivant 1° qu'ils possèdent avec titre et bonne foi, et qu'ils ont défriché par leurs propres mains ou celles de leurs auteurs, les terrains par eux acquis et actuellement en valeur; 2° qu'ils sont dépourvus de titres, ou qu'ils n'ont qu'un titre illégitime ou irrégulier ou entaché de mauvaise foi, ou enfin qu'ils n'ont fait défricher que par la main d'autrui et à leurs frais, ou qu'ils ont mis les terrains en valeur sans défrichement, quel que soit leur titre.

143. — Dans la première hypothèse, les concessionnaires demeurent propriétaires, à charge seulement de payer à la commune les redevances auxquelles ils s'étaient soumis envers le seigneur ou tous autres s'ils ne s'en sont déjà entièrement libérés par quittances publiques.

144. — Dans la seconde hypothèse, les concessionnaires sont dépossédés et ont droit seulement à retenir, dans leur lot, les terrains possédés par eux, en cas de partage, s'ils sont au nombre des copartageans, à charge de payer à la commune le surplus de la valeur de leur lot dûment estimé, sans préjudice du reste de leur recours envers leur vendeur, s'il y a lieu.

145. — L'art. 1er, sect. 4e, décret 10 juin 1793, doit toujours recevoir son application, sauf les deux cas prévus par les art. 9 et 10, sect. 4e, même décret, à savoir: 1° lorsque les concessions, ventes ou autres possessions ont eu lieu depuis et au-delà de quarante ans, jusqu'à l'époque du 4 août 1789; 2° lorsque les possesseurs depuis quarante ans jusqu'au 4 août 1789 joignaient à un titre légitime ou de bonne foi le fait d'avoir défriché et maintenu en valeur les terrains par eux acquis. — *Cass.*, 23 juin 1835, Gaumain c. comm. d'Appeville. — Merlin, *Rép.*, v° *Triage*, p. 167.

146. — Le possesseur qui ne jouit pas depuis plus de quarante ans de terres vaines et vagues, et qui ne justifie pas d'un titre légitime d'acquisition ne peut se prévaloir au préjudice de la possession immédiate d'une commune du défrichement qui n'a pas été opéré par ses mains. — *Cass.*, 3 févr. 1812, commune de Faye. — Merlin, *Rép.*, v° *Terres vaines et vagues.*

147. — Doivent être dépossédés par la commune ceux qui ne peuvent s'appuyer que sur un titre illégitime, tel que celui dans lequel il y a eu stipulation de non garantie de la part du ci-devant seigneur, ou qui ont fait défricher les terres vaines

et vagues à leurs frais, mais par les mains d'autrui. — Même arrêt.

148. — Les communes propriétaires des prix ou restans de prix des biens usurpés sur elles et vendus par les anciens seigneurs à des tiers non-seigneurs n'ont aucun des privilèges des vendeurs pour le recouvrement de ces prix. Elles ont seulement une action personnelle. Les représentans à titre universel des acquéreurs de ces biens ne sont point obligés solidairement entre eux, et les communes devenues propriétaires des prix ou restans de prix ne peuvent actionner chacun d'eux que pour la part et portion qu'il a appréhendée dans la succession de son auteur. Les communes propriétaires desdits prix ou restans de prix ont le droit d'actionner les débiteurs en justice à fin de condamnation, sans qu'on puisse leur opposer que, la vente originaire ayant eu lieu devant notaire, elles auraient dû agir par voie de commandement en vertu de leur titre paré. — *Colmar*, 8 juill. 1841 (t. 1er 1842, p. 533), comm. de Herbitzheim c. Mathis.

149. — La revendication par les communes de biens dont elles prétendent avoir été dépouillées par la puissance féodale ne peut être admise qu'autant qu'elles prouvent ou qu'elles les ont anciennement possédées ou que les biens revendiqués se trouvent dans la catégorie précisée par l'art. 1er, (L. 10 juin 1793), c'est-à-dire qu'au 4 août 1789 c'étaient des terres vaines et vagues, landes, pâtis, bruyères, etc.

150. — L'arrêt qui, sans établir comme constante l'une des deux hypothèses, rend néanmoins aux communes les biens revendiqués, est sujet à cassation comme contraire aux lois du 28 août 1792 et 10 juin 1793. — *Cass.*, 13 mai 1813, Robert de la Rivière c. comm. de Magny-le-Freul.

151. — Doit être cassé le jugement arbitral qui, sans décider que les terrains revendiqués par une commune sont vains et vagues, les adjuge cependant à cette commune qui n'a pas justifié de sa propriété. — *Cass.*, 22 niv. an VII, Remy c. comm. de Cantin.

152. — Une commune qui a aliéné un bien pour cause de dettes, après l'édit d'avril 1687, ne peut exercer le rachat comme elle l'aurait pu pour les ventes faites de 1620 à 1667. — *Cass.*, 14 janv. 1811, comm. de Montigny-sur-Aube c. Vaillant de Savoisy.

153. — Quant aux aliénations postérieures à 1667, l'édit se borne à en prononcer la nullité avec restitution des biens sans remise du prix, lorsqu'ils auront été vendus sans l'observation de toutes les formalités prescrites; et notamment de celle relative à l'obtention des lettres patentes du souverain qui autorise lesdites ventes; mais il ne déclare pas imprescriptibles les biens de cette nature. — En conséquence, la possession paisible et tranquille pendant quarante ans, exercée par un tiers acquéreur en vertu d'un titre nouveau, suffit pour purger tous les vices de forme et couvrir les nullités qui affectaient, dans leur origine, de semblables ventes. — Même arrêt.

154. — La commune, pour obtenir sa réintégration dans un fonds qui n'a pas la nature d'une terre vaine et vague, doit justifier qu'elle en a été dépouillée par abus de la puissance féodale. — *Cass.*, 27 avr. 1808, de Blosseville c. comm. de Montrolier. — V. COMMUNE, nos 756 et suiv.

155. — Un bois situé dans le territoire d'une commune n'est pas censé lui appartenir par cela seul qu'elle en a l'usage, et cette commune ne peut, sans autre titre, prétendre évincer le ci-devant seigneur qui est en possession comme propriétaire. — *Cass.*, 14 flor. an X, comm. de Chassage c. l'Etat.

156. — La commune qui ne justifie pas d'une possession à titre de propriétaire, mais seulement d'un droit d'usage ne peut être réintégrée en vertu de l'art. 1er, L. 28 août 1792, dans des droits plus étendus que ceux qu'elle possédait. — *Cass.*, 22 niv. an VII, Remy c. comm. de Cantin; 8 fructid. an XII, de Wignacourt c. comm. de Marquillier.

157. — De ce que d'anciens titres désignent comme étant *communes* des bois dont une commune avait l'usage, il n'en résulte pas qu'elle puisse les revendiquer en exécution de l'art. 8, L. 28 août 1793, si cette expression n'a été employée que pour faire connaître que ces bois étaient la propriété indivise de deux seigneurs. — *Cass.*, 25 brum. an XI, comm. de Bourgogne c. Barth et préfet du Haut-Rhin.

158. — Bien qu'une commune ait prétendu anticiper sur la propriété d'un bois dans lequel, d'après les titres, elle avait seulement un droit d'usage, ses entreprises fréquemment interrompues par des jugemens qui les reprimaient ne peuvent créer, au sens même de la loi du 28 août 1792, un droit de propriété en sa faveur. — Même arrêt.

159. — Pour pouvoir invoquer le bénéfice de la loi du 28 août 1792, une commune doit prouver qu'elle a anciennement possédé à titre de propriétaire les biens qu'elle revendique et qu'elle en a été abusivement dépouillée par la puissance féodale. — Même arrêt.

160. — Le second édit du mois d'avril 1667 n'a porté aucune atteinte au droit de propriété domaniale, expressément maintenu par le premier édit du même mois, en se bornant à confirmer les communes dans « la possession et jouissance des usages et communs » qui leur avaient été précédemment concédés, et à leur remettre le droit de tiers et danger qui pouvait appartenir au roi comme seigneur dans lesdits usages et communs. Conséquemment, une commune usagère dont le droit absorbe la totalité des produits ne peut point, à raison de l'étendue même de ce droit d'usage, prétendre être propriétaire d'un bien du domaine que les lois constitutives de la monarchie défendent au souverain d'aliéner. — *Cass.*, 12 nov. 1838 (t. 2 1838, p. 450), comm. de Provenchères c. Préfet de la Haute-Marne.

161. — Une commune peut prescrire par la possession trentenaire la propriété de landes et bruyères, appartenant à un particulier, et grevées de de droits d'usage au profit de certains habitans de cette commune, lorsque sa possession a un caractère exclusif résultant soit de ce que les terrains litigieux ont été clôturés, défrichés et cultivés par des tenanciers sous l'autorité de la commune, soit de ce que tous les habitans indistinctement en ont eu la jouissance, perçu les produits et payé les impôts. — *Angers*, 27 mai 1843 (t. 1er 1845, p. 166), de Beauchêne c. comm. de Hardanges, Ribay et Ham.

162. — Lorsque, sur une demande en revendication d'un terrain litigieux fondée sur une possession exercée à titre de propriétaire, il intervient un arrêt qui autorise les parties à prouver, tant par titre que par témoins, la possession dont elles excipent respectivement, l'une d'elles peut encore, même après les enquêtes terminées, produire des titres pour établir son droit de propriété exclusive. — Un pareil arrêt n'a pas, quant à la question de propriété, l'autorité de la chose jugée, tellement qu'elle ne puisse être établie autrement que par une possession prouvée soit par titres, soit par témoins. — *Bordeaux*, 9 mai 1845 (t. 2 1845, p. 312), comm. d'Avensan c. Larochejacquelein. — La commune qui prouve que ses habitans ont exercé tous les droits utiles que comporte la propriété de certaines landes ou terres vaines et vagues doit être présumée avoir possédé à titre de propriétaire, *animo domini*. — La possession ou jouissance des habitans d'une commune est présumée avoir un caractère collectif et avoir été exercée par eux *ut universi*, et non *ut singuli*, quand elle est indispensable à la culture du pays, et qu'aux actions dirigées contre eux ils ont constamment opposé le droit de la commune et les lois qui lui attribuaient la propriété des landes. — Même arrêt.

163. — Lorsque des arbitres forcés ont déclaré réintégrer une commune dans la propriété d'un terrain comme lui appartenant d'après certains titres, la cour de Cassation est compétente pour apprécier ces titres, et s'ils ne consacrent au profit de la commune qu'un simple droit d'usage, elle doit casser la décision des arbitres. — *Cass.*, 24 mars 1808, de Valence et de Belissens c. comm. de Saint Jory.

164. — Lorsque le tribunal de Cassation, conformément à la loi du 28 sept. 1793, qui défère à des arbitres forcés la connaissance des contestations relatives aux biens communaux, a renvoyé devant des arbitres un procès déjà pendant devant lui, mais qu'avant la décision arbitrale est intervenue la loi du 9 vent. an IV, qui a ordonné que les procès attribués aux arbitres forcés seront portés devant les juges ordinaires pour y être jugés d'après les principes établis par les lois des 28 août 1792 et 10 juin 1793, les parties ne sont pas fondées à revenir devant le tribunal de Cassation auquel est interdite la connaissance du fond des affaires, mais elles doivent se pourvoir devant les juges ordinaires. — *Cass.*, 14 niv. an VI, comm. de Fay-Liancourt et Tourly c. Boys.

CHAPITRE V. — *Prescription de l'actioon en revendication des terres vaines et vaggues*

165. — L'art. 9, L. 28 août 1792, a décidé que les terres vaines et vagues seraient adjugées par les tribunaux aux communes si elles formaient leur action dans le délai de cinq ans.

166. — Les communes qui revendiquaient des terres vaines et vagues en vertu de l'art. 9, L. 28 août 1792, plus de cinq ans après la promulgation de cette loi, pouvaient être déclarées non recevables. — *Paris*, 28 avr. 1809, Delamartellière c. comm. d'Armilly.

167. — La fixation du délai de cinq ans, donné aux communes par l'art. 9, L. 28 août 1792, n'a pas été abrogée par la loi du 10 juin 1793. — *Cass.*, 28 janv. 1817, de Luynes c. comm. d'Ambillon; *Amiens*, 23 nov. 1822, Domaine c. comm. de Vaux-sous-Corbie; *Bordeaux*, 13 janv. 1826, comm. de Lége c. Marbotin; *Cass.*, 25 juill. 1831, comm. de Pommas c. La Rochefoucauld; 10 août 1842 (t. 2 1842, p. 602), comm. de Saint-Pierre c. Duval; — Proudhon, *Traité de l'usuf.*, t. 6, no 2853. — V. cependant Latruffe, *Des droits des communes*, t. 1er, p. 297.

168. — La commune qui était en possession des biens qui font l'objet du litige, était dispensé de former en justice sa demande en réintégration dans le délai de cinq ans déterminé par l'art. 9, L. 28 août 1792. — *Cass.*, 14 juin 1832, le Domaine c. comm. de Saint-Georges.

169. — La prescription de cinq ans établie par l'art. 9, L. 28 août 1792, ne peut pas être opposée à la commune qui, lors de la promulgation de cette loi, se trouvait en possession des terres vaines et vagues dont elle la présume propriétaire. — *Cass.*, 4 avr. 1834, préfet d'Indre-et-Loire c. comm. de Panzout; 25 janv. 1837 (t. 2 1837, p. 309), Lecalvez c. comm. de Saint-Servan; *Pau*, 26 fév. 1839 (t. 2 1840, p. 108), comm. de Lussan; *Cass.*, 3 juin 1840 (t. 2 1841, p. 151), de Bouillon c. comm. de Labrit; 18 août 1840 (t. 1er 1841, p. 29), Pirion c. comm. de Douarnenez.

170. — Lorsqu'à l'époque de la promulgation de la loi du 28 avr. 1792, les habitans d'une commune étaient en possession de passer sur une lande, d'y faire pâturer leurs bestiaux et d'y couper de la bruyère, cette possession de fait, bien qu'insuffisante pour faire acquérir la prescription, dispensait la commune d'exercer l'action en revendication contre le ci-devant seigneur et la soustrayait à la déchéance résultant du laps de 5 ans, établi par l'art. 9, L. 28 août 1792. — *Cass.*, 18 janv. 1830, Leblanc c. comm. de Saint-Domineur.

171. — La prescription ne peut pas davantage être opposée lorsque la commune, dans ces cinq ans, s'est mise en possession des biens et les détient encore au moment de la demande en délaissement formée contre elle. — *Cass.*, 21 déc. 1825, de Courtemanche c. comm. de Livaye; 10 août 1842 (t. 2 1842, p. 602), comm. de Saint-Pierre c. Duval; *Rouen*, 19 mai 1843 (t. 1er 1844, p. 104), comm. des Places c. Ozière.

172. — ... Quelles que soient d'ailleurs les dénominations diverses qui lui ont été données par les titres. — *Douai*, 18 mars 1842 (t. 2 1842, p. 378), Watelet c. Laroche.

173. — Dès-lors les communes doivent être maintenues dans leur droit, si l'on ne justifie pas contre elles d'un titre légitime d'acquisition. — *Cass.*, 29 nov. 1848 (t. 1er 1849, p. 371), de Nieuil c. comm. de Verneuil.

174. — Il en est ainsi alors même qu'antérieurement à la loi de 1792 des arrêts de parlement auraient attribué au seigneur quelques-uns de ces terrains et ordonné un cantonnement; — si, d'ailleurs, les procès-verbaux constatant ce cantonnement n'ont pas été homologués, et si les communes sont restées en possession de fait; — et lorsque surtout les procès-verbaux sont entachés de féodalité, comme faits au profit du seigneur en vertu de la maxime *Nulle terre sans seigneur*. — *Cass.*, 21 mars 1838 (t. 1er 1838, p. 383), le Domaine c. comm. de Nempont et Saint-Firmin.

175. — La faculté accordée aux communes par les lois des 19 sept. 1790 et 28 août 1792 de demander la révision des cantonnemens prononcés contre elle par d'anciens arrêts du conseil est subordonnée, dans son exercice, au cas où les communes prouveraient que ces cantonnemens leur sont préjudiciables et portent atteinte à leur droit de propriété. — *Cass.*, 14 flor. an X, comm. de Chassagne c. l'Etat.

176. — ... Peu importe que, dans l'intervalle, certains actes administratifs aient attribué ces terres à l'état, si d'ailleurs ces actes n'ont jamais reçu d'exécution. — *Cass.*, 3 juin 1840 (t. 2 1841, p. 151), de Bouillon c. comm. de Labrit.

177. — Il suffit que, dans le cours des cinq années accordées aux communes par l'art. 1er, L. 28 août 1792, pour exercer leur action en réintégration des biens dont elles avaient été dépouillées par la puissance féodale, une commune se soit mise en possession de ces biens en vertu d'une sentence arbitrale, pour que la prescription de cinq ans ait été interrompue, bien que la sentence ait été depuis annulée. — *Cass.*, 27 nov. 1827 Saulx-Tavanues c. comm. de Véronnes.

178. — La déchéance prononcée par l'art. 9 de la loi du 28 août 1792, faute de revendication dans les cinq années, n'était pas applicable contre les communes, à l'égard des terrains dont elles étaient en possession au moment de la promulgation de la loi. — L'arrêt qui jugeait l'existence de cette possession a pu, sur ce motif, et sans qu'il y ait lieu à cassation, repousser l'action en déchéance dirigée contre une commune, sans être tenu de mentionner spécialement que la possession avait duré pendant les cinq ans de la promulgation, surtout si cette continuation de possession n'a pas été contestée. — Il suffit également qu'il ait constaté *la possession* de la commune, sans aucune espèce de restriction, pour que cette mention doive s'entendre d'une possession générale, sans réserve, et non pas seulement d'une possession limitée à une jouissance usagère insusceptible de couvrir la déchéance prononcée par la loi de 1792. — *Cass.*, 5 déc. 1836 (t. 1er 1837, p. 245), Lebœuf de Brasseuse c. Mayan.

179. — L'arrêt de la Cour d'appel qui, par appréciation des faits, déclare que la commune n'a pas la possession, et repousse même la preuve de nouveaux faits allégués pour l'établir comme non pertinens et inadmissibles en présence d'une possession immémoriale déjà prouvée par l'autre partie, ne tombe pas sous la censure de la cour de Cassation. — *Cass.*, 10 août 1842 (t. 2 1842, p. 602), comm. de Saint-Pierre c. Duval.

180. — Lorsque, dans les cinq ans de la promulgation des lois précitées, une commune s'est mise en possession de terrains vains et vagues qu'occupait un ci-devant seigneur en vertu d'un titre entaché de féodalité, et qu'elle a continué cette possession pendant plusieurs années, elle doit être réputée valablement réintégrée dans la propriété de ces terrains; dès-lors, si, depuis, elle en a été évincée de fait par l'ancien seigneur ou ses ayant-cause, elle peut les revendiquer dans les trente ans, et non dans les cinq ans de la dépossession. — *Angers*, 4 mai 1842 (t. 1er 1843, p. 97), comm. d'Oisseau c. Lefebvre-d'Argencé.

181. — Si la déchéance ne peut être opposée aux communes qui en 1792 et en 1793 étaient en possession non précaire desdits biens, il n'en est pas ainsi à l'égard d'une commune qui à cette époque ne jouissait que comme usagère. — *Cass.*, 18 mai 1825, Lesellier de Chezelles c. comm. de Faillouel-Frières; 12 nov. 1844 (t. 2 1844, p. 498), de Cordoue c. comm. d'Autheron.

182. — L'appréciation des actes qui fondent le droit d'usage réclamé par une commune est hors du domaine de la cour de Cassation. — *Cass.*, 18 mai 1825, Lesellier de Chezelles c. comm. de Faillouel-Frières.

183. — Mais de ce qu'une commune aurait eu anciennement la qualité de simple usagère des terrains, depuis possédés par elle, il n'en résulte pas nécessairement que sa possession postérieure se soit rattachée à sa qualité d'usagère, et qu'elle n'ait pas possédé *animo domini*, une pareille possession pouvant se rattacher à un titre nouveau, à l'attribution de propriété conférée par la loi du 10 juin 1793. — Dès-lors, si cette commune a articulé des faits de possession *animo domini* qui se seraient passés dans les cinq années de la loi de 1792, les juges ne peuvent, en se fondant seulement sur son ancienne qualité d'usagère, et attendu qu'elle n'a pu intervertir son titre primitif, rejeter la preuve offerte de ces faits, et la déclarer déchue du droit conféré par la loi de 1793, faute de revendication dans ces cinq années. — *Cass.*, 31 déc. 1839 (t. 1er 1840, p. 229), comm. de Moussoulens c. de Fournas.

184. — Dans le cas où la prescription est acquise, si la commune n'a pas possédé ces landes et biens vacans pendant un temps suffisant pour prescrire, elle est obligée de prouver sa propriété par titres. — *Bordeaux*, 13 janv. 1826, comm. de Lège c. Marbotin.

185. — La prescription dont il s'agit n'a pas été suspendue par la promulgation de la loi du 10 juin 1793, qui a déféré à des arbitres la connaissance de ces actions. — *Cass.*, 12 mars 1828, comm. de Pouy c. Préfet des Landes.

186. — La prescription contre les sentences arbitrales qui avaient réintégré les communes dans la propriété des forêts en vertu des lois révolutionnaires, a été suspendue par les lois du 7 brum. an III, 28 brum. an VII et 11 frim. an IX, jusqu'à l'expiration du dernier délai accordé par ces lois pour interjeter appel de ces sentences. — *Cass.*, 3 déc. 1833, Domaine c. comm. de Mailly-la-Ville.

187. — La prescription de cinq ans, prononcée par l'art. 1er, § 2, L. 28 août 1792, contre les communes qui ne se seraient pourvues dans les cinq ans devant les tribunaux, pour obtenir leur réintégration dans les biens dont elles auraient été dépouillées par leur ci-devant seigneur, a été interrompue civilement, lorsque la commune a, dans ce délai, présenté sa réclamation, pour être réintégrée au directoire du département qui, au nom de l'état représentant l'ancien seigneur émigré, a acquiescé à cette demande, et que la commune a pris possession réelle de l'objet litigieux. — *Lyon*, 10 fév. 1836, comm. de Virey c. de Sussenay.

188. — L'appel interjeté en temps utile, du jugement qui a rejeté l'action d'une commune, tendant à revendiquer des terres vaines et vagues dont elle prétendait avoir été dépouillée par son ci-devant seigneur, a conservé à cette commune le droit de faire juger sa demande en revendication, bien qu'aux termes de la loi du 28 août 1792, elle dût réclamer dans les cinq ans, et qu'il se fût écoulé plus de cinq années entre son appel et la reprise de l'action. — *Cass.*, 9 déc. 1828, comm. de Puyloubier c. Fassy.

189. — Le délai de cinq ans dont il s'agit ne s'applique qu'aux terres vaines et vagues dont elles auraient été dépouillées par leur seigneur, et non aux terres productives à l'égard desquelles l'action en revendication rentre dans le droit commun. — *Colmar*, 21 nov. 1812, comm. d'Obershaufsheim c. d'Andlau-Hombourg. — Les communes n'ont été obligées, sous peine de déchéance, de revendiquer, dans les cinq ans de la loi des 28 août et 14 sept. 1792, que les terrains vagues dont elles n'auraient pas eu, dans l'espace de ces cinq années, la possession à titre de propriétaire. — *Cass.*, 31 déc. 1839 (t. 1er 1840, p. 229), comm. de Moussoulens c. de Fournas.

190. — Ce délai de cinq ans n'a été établi qu'en faveur des ci-devant seigneurs. — Mais lorsque la commune agit contre des particuliers en revendication d'immeubles dont elle se prétend propriétaire, son action ne peut être éteinte que par la prescription ordinaire. — *Nancy*, 3 juill. 1825, comm de Mauburfontaine c. Paris; *Poitiers*, 21 mars 1838 (t. 2 1840, p. 42), Drouillard c. comm. de Saint-André-Trizevoies.

V. COMMUNE, nos 883 et suiv.

TERRIER.

1. — C'était un registre contenant le dénombrement des déclarations des particuliers qui relevaient d'une seigneurie et le détail des droits, cens et rentes qui y étaient dus. — Favard de Langlade, *Rép.*, vo *Terrier*.

2. — Les principaux édits concernant les terriers ou papiers terriers sont dus à Louis XIV. En 1655, 1656, 1657 et 1658, il avait ordonné qu'il serait fait un terrier général et universel du domaine dans tout le royaume, et, à cet effet, il avait établi une chambre souveraine au bailliage du palais, à Paris. — Un arrêt du conseil, du 4 janv. 1673, vint enfin ordonner la confection du papier terrier dans toutes les provinces du royaume; il contenait, en outre, réglement pour les aveux à fournir des biens nobles et les déclarations des biens roturiers, même de ceux qui étaient prétendus en France alleux nobles ou roturiers. — Enfin, divers édits particuliers aux provinces qui ne s'étaient pas encore conformées aux prescriptions de l'arrêté du conseil, leur ordonnèrent successivement de tenir des papiers-terriers.

3. — Quand un seigneur voulait faire procéder à la confection d'un terrier, il devait obtenir d'abord en grande ou en petite chancellerie des lettres qu'on appelait *lettres de terrier*, à l'effet de contraindre tous ses vassaux à représenter leurs titres et passer nouvelle reconnaissance. — Guyot, *Rép. de jurisp.*, vo *Terrier*.

4. — Ces lettres contenaient ordinairement le détail des droits généraux dus à l'impétrant, les motifs pour lesquels elles avaient été accordées, une commission au juge royal de faire remplir les allégations des censitaires, la nomination du notaire ou commissaire à terrier, les peines que pouvaient encourir les censitaires, faute de déclaration exacte, le droit de compulser les actes insérés dans les dépôts publics, la permission de saisir, faute de foi et hommage et d'exhibition de titres, les peines contre les officiers qui refusaient de communiquer les actes ou titres qu'on leur demandait, la manière de procéder contre les usurpations et pour faire établir des bornes, etc., etc. — Guyot, *ibid.*

5. — Les seigneurs qui agissaient en vertu d'un acte d'inféodation, bail à cens ou autre contrat, n'avaient pas besoin de lettres de terrier pour se faire passer reconnaissance. Ces lettres n'étaient nécessaires que pour contraindre leurs vassaux à représenter leurs titres devant les notaires qui étaient commis. L'ordonnance de Blois et l'édit de Melun dispensaient les ecclésiastiques d'obtenir des lettres de terrier pour ce qui relevait de leurs bénéfices. — Guyot, *ibid.*

6. — Les lettres de terrier devaient être enregistrées par le juge royal auquel elles étaient adressées. Cependant, quand les terres ne relevaient pas, en première instance, d'un juge royal, on autorisait par des lettres le juge royal à déléguer le juge du lieu pour régler les contestations.

7. — Les lettres étant enregistrées, on devait faire des affiches et publications au marché, s'il y en avait un dans le lieu, ou à l'issue de la messe paroissiale. Ces publications tenaient lieu d'interpellation générale à tous les vassaux et sujets pour passer reconnaissance dans le délai qui était indiqué. Le seigneur donnait ensuite sa procuration à une personne de confiance pour accepter les déclarations qui devaient être passées au terrier et les blâmer, s'il y avait lieu, ainsi que les aveux et dénombremens.

8. — Un acte de notoriété du Châtelet de Paris autorisait les seigneurs à faire renouveler leur terrier tous les trente ans aux frais de leurs vassaux afin d'éviter les prescriptions que ceux-ci pourraient leur opposer. — Acte du Châtelet, 5 août 1689. — Dans l'Auvergne, le Bourbonnais, le Lyonnais, le Beaujolais, etc., il était permis aux seigneurs de faire renouveler leurs terriers tous les vingt ans aux frais de leurs vassaux. — Arrêt de règl., 9 janv. 1666. — Toutefois divers actes de notoriété mettaient les frais de ce renouvellement à la charge des seigneurs.

9. — Les contestations s'élevant au sujet de la confection des papiers terriers entre le seigneur et le vassal devaient être portées devant les juges des lieux. Et il en était ainsi, alors même qu'ils avaient l'un ou l'autre le droit de *committimus*; ce droit, qui constituait un privilége en permettant d'aller plaider en première instance aux requêtes du palais ou de l'hôtel de Paris, recevait exception en cette matière. — Ordonn. août 1669, tit. 4, art. 24.

10. — Aussi par un arrêt du 11 août 1762, il fut jugé par le Parlement de Paris que les lettres de terrier attribuaient aux officiers auxquels elles étaient adressées pleine et entière juridiction, pour connaître des contestations relatives au terrier auquel ces lettres s'appliquaient.

11. — Quelle était la valeur des papiers terriers? Dumoulin nous l'apprend. Après avoir dit que les livres, les registres des seigneurs pouvaient leur être opposés par leurs vassaux, pourvu toutefois qu'il parût qu'ils avaient été écrits par le seigneur ou ses auteurs; que tels étaient, par exemple, les livres où le seigneur inscrivait les héritages qui lui devaient des cens, les concessions, les investitures et les paiemens de ses droits féodaux; que ces livres formaient une preuve complète contre le seigneurs qui les avait rédigés ou fait rédiger, mais qu'ils ne pouvaient être opposés aux vassaux et encore moins aux tiers. — (*Traité des fiefs*, tit. 6, *du dénombrement.*) — Ce même auteur ajoute (*ibid.*) que les livres de cette espèce avaient cependant l'autorité des actes authentiques lorsqu'ils étaient en forme de papiers-terriers, c'est-à-dire lorsque le seigneur, après avoir pris des lettres de terrier, avait obligé ses vassaux et censitaires à venir reconnaître par devant notaire tous les objets qu'ils tenaient de lui.

12. — Ces papiers-terriers valant ainsi comme actes authentiques et pouvant être invoqués tant contre les vassaux que contre les seigneurs, leur établissement dut amener d'heureux résultats; car ils arrivaient à mettre un terme aux fréquentes contestations qui s'élevaient entre le seigneur et ses vassaux au sujet des droits respectifs qui pouvaient exister entre eux. Ils présentaient surtout aux vassaux un moyen de se mettre à l'abri des usurpations de leur seigneur

13. — Mais les seigneurs surent parfois reprendre leur revanche et reprendre d'un côté ce qu'on leur enlevait de l'autre. C'est ce qu'ils firent en abusant des préambules des terriers qu'ils pouvaient faire rédiger à leur gré, par des notaires à leurs gages. Ils invoquaient les principes du droit romain, et l'opinion de divers jurisconsultes sur la force probante qu'on devait reconnaître au préambule des actes.

14. — Et ils soutenaient que ce qui était contenu dans la préface ou le préambule de leur terrier devait influer sur la totalité du terrier comme s'il avait été répété dans chaque reconnaissance de la part des particuliers. Ils parvenaient ainsi à aggraver les charges de leurs censitaires. — Henrion de Pansey, note sur Dumoulin, *ubi suprà*.

15. — Les registres terriers ont été abolis par la loi du 15 mars 1790, qui dispose : « Les formes ci-devant usitées de reconnaissances par aveux et dénombremens, déclarations à terriers, gages-pleiges plaids et assises, sont abolies; et il est dé-

fendu à tout propriétaire · de fiefs de continuer aucuns terriers, gages-pleiges, plaids et assises, commencés avant la publication des présentes. » — Tit. 1er, art. 5.

TERRITOIRE.

V. ACTION PUBLIQUE COMPÉTENCE CRIMINELLE, ÉTRANGER, FRANÇAIS, LOIS. — V. AUSSI AGENTS DIPLOMATIQUES, CRIMES CONTRE LA SURETÉ DE L'ÉTAT, DOUANES, EXTRADITION.

TERTRE, TERME OU RIDEAU.

1. — Eminence formée par l'inégalité du terrain et qu'on rencontre parfois à l'extrémité de certaines propriétés.

2. — Lorsque cette éminence présente une pente ou un plan incliné, on la considère généralement, suivant M. Pardessus (Servit., n° 22), comme propriété de l'héritage inférieur, en laissant toutefois au propriétaire supérieur un espace suffisant pour le garantir des éboulements; mais, si elle présente un plan horizontal, le même auteur trouve plus naturel, en l'absence de titre ou de possession, d'en attribuer la propriété par moitié à chacun des propriétaires contigus.

3. — Le propriétaire de la partie inférieure ne pourrait la couper à pic, sans frais de contre-mur, de façon à éviter les éboulements. — Perrin, C. des constructions, n° 2787; Pardessus, Servit., n° 199.

4. — Il ne peut non plus la défricher d'une manière préjudiciable à la partie supérieure. — Mêmes auteurs, ibid.

5. — On donne aussi le nom de terme à certains signes de bornage. — V. BORNAGE.

TESTAMENT.

Table alphabétique.

TESTAMENT. — 1. — C'est l'acte par lequel une personne dispose, pour le temps où elle n'existera plus, de tout ou partie de ses biens, et qu'elle peut révoquer. — C. civ., art. 895.

2. — La loi romaine le définit ainsi : *Voluntatis nostræ justa sententia de eo quod quis post mortem fieri velit.* — L. 1, ff., Qui testam. facere possunt.

5

CHAPITRE Iᵉʳ. — *Historique et dispositions générales.*

Sect. 1ʳᵉ. — *Historique.*

1. — Le droit conféré à l'homme de disposer par testament remonte à la plus haute antiquité. Les anciens monumens de l'histoire fournissent la preuve de l'usage des testamens, sans que l'on puisse y découvrir l'époque où cet usage a commencé. — Bigot de Préameneu, *Discours au Corps législatif*, séance du 2 flor. an XI.

4. — Si on doit en croire Eusèbe et Cédrenus, il faut tenir pour certain que Noé, d'après l'ordre de Dieu, fit un testament, par lequel il procéda au partage de la terre entre ses trois enfans. Desquiron (*Nouveau Furgole*, t. 4ᵉʳ, p. 4) rapporte le texte de l'acte par lequel Noé avait ainsi disposé de ses biens. On trouve dans la Genèse (c. 45, vers. 2 et 3) qu'Abraham, désespérant d'avoir des enfans, avait résolu de nommer le fils d'Éliézer pour son héritier. Dans le chap. 25 du même livre, on trouve mention d'héritier faite par Abraham en faveur d'Isaac et des legs en faveur de ses autres enfans : *Deditque Abraham cuncta quæ possederat Isaaco; filiis autem concubinarum largitus est munera.*

5. — Chez les Hébreux, les pères ne pouvaient disposer à titre perpétuel qu'en faveur de leurs enfans. — Joach. Stephani, *De juris dict.*, lib. 4, cap. 10, nᵒˢ 23 et suiv.

6. — Chez les Lacédémoniens, une loi expresse avait permis à chacun de disposer de son bien pendant sa vie et de le laisser par testament après sa mort.—Pastoret, *Hist. de la législ.*, t. 5, p. 497. Il cite à l'appui de cette assertion le témoignage de Plutarque, *Agis*, § 7.

7. — A Athènes, la faculté de tester avait été donnée par Solon aux Athéniens qui n'avaient pas d'enfans légitimes. Le testateur devait être citoyen; les étrangers et les esclaves n'avaient pas le droit de tester. — Potier IV, chap. 15, p. 657.

8. — Un magistrat était appelé pour la réception du testament; des témoins assistaient à la présentation de l'acte au magistrat; il ne leur était pas donné lecture du testament, parce qu'ils n'en assistaient pas les dispositions; ils affirmaient seulement que le testament avait été présenté. — Isis, *Succ. de Nicostr.*, p. 47; Pastoret, *Hist. de la législ.*, t. 6, p. 45.

9. — Après l'avoir scellé de son anneau, le testateur le déposait entre les mains d'un ou de plusieurs de ses amis. On peut le voir dans Diogène Laërce, qui nous a conservé les testamens d'Aristote, de Théophraste et d'Épicure. — Pastoret, *Hist. de la législ.*, t. 6, p. 45 et suiv.—On voit dans celui d'Aristote qu'il y dispose de la maison où il était né à Stagyre, et qu'avaient habitée ses pères.

10. — Dans les premiers temps de la fondation de Rome, le droit de disposer de ses biens pour le temps où l'on n'existerait plus était un droit difficile à obtenir et ne pouvait être conféré que par une loi. Celui qui voulait disposer de ses biens présentait son testament au peuple assemblé en comices, en le priant de le confirmer. La confirmation avait lieu par le résultat des suffrages : *Ibi quicumque testamentum facere volebat, illud in concionis populi condebat per modum legis, rogando ut quis sibi hæres esset; quæ rogatio populi suffragio confirmabatur.* — Aulu-Gelle, 15, 27; Gaius, *Comm.* 2, § 101.

11. — Le testament pouvait aussi se faire *in procinctu*, devant l'armée prête à aller en campagne. — Gaius, *Comm.*, ibid.; Cicero, *De nat. deor.*, 2, 3; Velleius Paterculus, 2, 5.

12. — Ces deux formes primitives présentaient des inconvéniens : on imagina alors le testament *per æs et libram*, au moyen duquel on se donnait

un héritier en vendant son hérédité avec l'assistance d'un certain nombre de témoins, et en remplissant les autres formalités de la mancipation. — Gaius, *Comm.* 2, §§ 47, 34 et 104.

13. — L'héritier, en acquérant l'hérédité, succédait à l'universalité des droits et des charges du défunt, sauf les modifications introduites par les sénatus-consultes, en matière de fidéicommis.

14. — Plus tard, la loi des douze tables donna aux pères de famille le droit de faire leur testament, sans avoir recours à la sanction du peuple : *Pater familias uti legassit super familid, pecuniâ tutelâve, suæ rei, itâ jus esto.*

15. — C'était la loi de la famille dictée par le testateur : *Dicat testator, et erit lex.*

16. — Le droit de tester fut ultérieurement étendu, mais pour certains cas seulement, aux fils de famille. — *Inst. Just.*, liv. 2, tit. 12, § 14. — V., pour quelques autres cas d'extension, Ortolan, *Explic. histor.*, t. 4ᵉʳ, p. 396.

17. — Les Germains n'avaient pas l'usage des testamens : *Apud quod hæredes successoresque sui unicuique liberi, et nullum testamentum.* — Tacite, *De morib. Germ.*, cap. 20.

18. — Les testamens étaient connus dans les Gaules avant que le droit romain y fût introduit. Marculfe, dans son *Recueil des formules*, nous a conservé celles qu'on employait pour transmettre ainsi ses biens.

19. — Les plus anciens monumens historiques nous apprennent que les testamens étaient en usage en France dès les premiers temps de la monarchie; mais les formes en étaient différentes selon qu'ils étaient faits dans les pays de droit écrit, ou l'on suivait le droit romain, ou dans les pays de coutume.

20. — Le testament olographe et le testament par acte public nous viennent du droit coutumier; le testament mystique descend du droit romain.

21. — Le testament mystique fut créé en faveur de ceux qui voulaient que leurs dispositions fussent ignorées jusqu'à leur mort. Il devait être écrit de la main soit du testateur, soit d'un tiers; il était présenté, cacheté ou simplement enveloppé, en présence de sept témoins, citoyens romains et pubères. S'il n'était pas nécessaire que les témoins en connaissent le contenu; mais il fallait que le testateur leur déclarât que l'écrit présenté contenait son testament; puis le testateur et les témoins le souscrivaient et le scellaient immédiatement. Si le testateur ne pouvait écrire, on appelait un huitième témoin. — L. 21, 28 et 29, C., *De testam.*; novell. 119, chap. 9.

22. — On appelait testament *nuncupatif* celui par lequel le testateur exprimait à haute voix ses dernières volontés, en présence de sept témoins. L'écriture pouvait être employée, mais il n'était pas exigée.

23. — Les testamens *privilégiés* étaient ceux qui opposait aux testamens *solennels*. — Parmi les testamens privilégiés, qui était assujetti à si peu de formes, qu'un tel testament aurait pu être valable même dans le cas où un soldat mourant l'aurait écrit sur le sable avec son épée (C. et D., tit. *De testam. milit.*); — 2e celui fait *in tempe de peste* (L. 8, C., *De testam.*); — 3e le testament *inter liberos*.

24. — En France, dans les pays où l'on avait adopté le droit romain, on donnait le nom de *institution d'hériter*. Tout autre acte déclaratif de dernière volonté ne contenant que des legs ou fidéicommis, sans institution d'héritier, était appelé *codicille*. — Merlin, *Rép.*, vᵒ *Testament*.

25. — Jugé cependant que, dans les pays régis par le droit romain, une disposition universelle pouvait être faite par un codicille comme par un testament.—Colmar, 31 juill. 4823, McInrad Munch c. Ettwiller.

26. — On peut considérer comme un véritable testament, et non comme un codicille, l'acte fait en pays de droit écrit, par lequel le disposant donne, à titre d'institution, une quotité de ses biens présens et à venir, qui suit ajouté que l'institution était faite à titre d'héritier; en conséquence cet acte était nul si cinq témoins seulement, au lieu de six, nécessaires pour un testament, y avaient été appelés. — *Cass.*, 27 juin 1831, Mijola c. Lugrevol.

27. — Dans les pays de droit coutumier, au contraire, l'institution d'héritier n'était pas nécessaire dans le testament; on y confondait le testament et le codicille; ils produisaient les mêmes effets. — Merlin, *Rép.*, vᵒ *Testament*.

28. — D'autre part, quant à la capacité de tester, le désir de conserver les biens dans les familles avait fait admettre certaines distinctions; par exemple, pour tester de ses propres, il fallait être

plus âgé que pour ses acquêts (Paris, art. 293 ; Orléans, art. 293 ; Touraine, art. 324 ; Vermandois, art. 59); pour ses immeubles que pour ses meubles (Poitou, art. 216; Clermont-en-Argonne, chap. 7, art. 2; Normandie, art. 399 et 400).

29. — Quant à l'institution d'héritier, non seulement elle n'était pas nécessaire, mais encore on pouvait la considérer comme incompatible avec le principe d'après lequel, en pays coutumier, l'héritier du sang ne pouvait être dépouillé ni de son titre ni de l'universalité des biens. L'institution d'héritier n'était donc qu'une espèce de legs universel, et le testament qu'un codicille. Le légataire universel était tenu de demander la délivrance à l'héritier saisi par la loi.— Coin-Delisle, *Donat.*, introd., nº 24.

30. — Quant à la forme des testamens, excepté dans le Berry, elle était la même que pour les codicilles. Le testament mystique fut rejeté, et le testament olographe adopté.— *Ibid.*

31. — On divisait les testamens en *solennels* et *privilégiés*. Les testamens solennels étaient ou *nuncupatifs* ou *mystiques*.

32. — L'ordonnance d'Orléans et celle de Blois avaient autorisé les curés et les vicaires à recevoir les testamens de leurs paroissiens, mais sans leur donner d'autre autorité que celle d'imprimer aux testamens un caractère d'acte public ; ils n'avaient pas le droit d'en délivrer expédition ; ils étaient tenus, huitaine après le décès du testateur, de déposer leur minute chez un notaire. — V. Edit du mois de déc. 1691, art. 8;— Desquiron, *Nouv. Furgole*, t. 1er, p. 42.

33. — Pour faire cesser cette divergence d'usages, dans la forme des testamens, le roi Louis XV publia une ordonnance en 1735, qui autorisa d'une manière générale : 1º le testament nuncupatif civil ; 2º le testament solennel ou mystique ; 3º celui fait hors les villes ou bourgs fermés ; 4º ceux des aveugles ou muets ; 5º enfin le testament *inter liberos*.—V. les art. 5 et suiv. de cette ordonnance, qui font connaître les formalités prescrites pour ces divers testamens.

34. — Cette ordonnance fut exécutée dans toute la France jusqu'à la loi du 5 brum. an II, qui détruisit tout l'ancien système testamentaire ; cette loi annula : 1º tous les testamens faits par des pères encore vivans, en faveur des collatéraux ou d'étrangers au préjudice de leurs héritiers présomptifs; 2º toutes les dispositions faites par des parens collatéraux, en faveur d'autres collatéraux ou étrangers, au préjudice de leurs héritiers légitimes.

35. — Vint ensuite la fameuse loi du 17 niv. an II, qui prononça la nullité de toute institution contractuelle et de toute disposition testamentaire dont l'auteur était encore vivant. Elle permit cependant, pour l'avenir aux pères et mères, de disposer du dixième de leurs biens lorsqu'ils laissaient des héritiers en ligne directe et du sixième, s'ils ne laissaient que des collatéraux.— V. art. 9 et suiv.

36. — Les choses restèrent en cet état pendant quelques années, à l'expiration desquelles fut rendue la loi du 4 germ. an VIII qui étendit la faculté de disposer. Telle était la législation sur les dispositions testamentaires lorsque le Code civil fut publié et vint fixer, par des dispositions sages, les vrais principes sur cette matière importante.

Sect. 2e. — *Capacité de disposer ou de recevoir par testament.*

37. — C'est purement du droit civil que dérive la faculté de tester ; car le pouvoir de disposer de nos biens après notre mort ne nous appartient pas naturellement.— Toullier, t. 5, nº 343.— Dès-lors la loi a dû régler quelles personnes pourraient on non jouir de cette faculté. Or la règle générale est pour la capacité.— Rolland de Villargues, *Rép. du not.*, vº *Testament*, nº 2.

38. — Toutes personnes, porte l'art. 902, C. civ., peuvent disposer par testament, excepté celles que la loi en déclare incapables.

39. — Sur l'incapacité de disposer par testament, V. DISPOSITION A TITRE GRATUIT, nºs 112 et suiv.

40. — Un état presque continuel d'ivresse, lors même qu'il a occasionné un dérangement momentané des facultés intellectuelles du testateur, n'est pas, pour le testament, une cause de nullité, s'il est prouvé surtout qu'au moment de sa confection le testateur était parfaitement sain d'esprit. — *Rennes*, 10 mars 1846 (t. 1er 1846, p. 589), Lefloch c. Lepetillon.

41. — Une cour d'appel a pu déclarer un testament valable, en décidant qu'il n'était point l'œuvre d'un homme en démence, au lieu de décider que le testateur était sain d'esprit, alors que la question de sanité d'esprit se trouve posée et résolue dans l'arrêt lui-même, et que, si on s'y sert du mot *démence*, c'est que le demandeur invoquait la démence du testateur pour faire annuler son testament. — *Cass.*, 21 janv. 1846 (t. 2 1846, p. 185), De Boisdelamotte c. Hervé et Boutlier.

42. — La promesse faite au testateur d'une disposition réciproque en sa faveur sans intention de la réaliser n'est pas une manœuvre coupable qui vicie le testament, lorsqu'il n'est point prouvé que cette promesse ait eu quelque influence dans la volonté du testateur, et qu'elle ait déterminé ses libéralités. — *Rennes*, 10 mars 1846 (t. 1er 1846, p. 589), Lefloch c. Lepetillon.

43. — Les testamens *in extremis* ne sont prohibés par aucune disposition de la loi ; et, par cela seul qu'ils sont faits à une époque où l'esprit du testateur est le plus affaissé par la maladie, il n'en résulte pas qu'ils doivent nécessairement être considérés comme nuls, alors d'ailleurs que rien ne prouve que le testateur ne fût pas sain d'esprit, comme l'exige l'art. 901, C. civ. — *Aix*, 5 juil. 1844 (t. 1er 1845, p. 59 et 561), Segond.

44. — La nomination d'un conseil judiciaire ne prive pas celui qui en est pourvu de la faculté de tester. — *Dijon*, 14 mai 1847 (t. 1er 1848, p. 469), Forneret. — V., au surplus, DISPOSITION A TITRE GRATUIT, nºs 342 et suiv.

45. — Lorsqu'un étranger domicilié et jouissant des droits civils en France, où il ne possédait que des meubles, a fait, au profit d'étrangers, et au préjudice de son fils légitime, un legs universel qu'il a grevé de substitutions autorisées par la législation de son pays, mais prohibées par le Code civil, son testament ne doit pas être déclaré nul par les tribunaux français. La connaissance des contestations relatives à ce testament doit être renvoyée devant le juge du pays du testateur. — *Paris*, 29 nov. 1824, Bunce Curling c. Thornton.

46. — Le Français qui se fait naturaliser en pays étranger, sans avoir obtenu l'autorisation de son gouvernement à cet effet, est privé des droits civils et, par conséquent, de la faculté de disposer de ses biens par testament. Par suite, le testament qu'il a fait doit être regardé comme non avenu par rapport aux biens qu'il avait en France, et sa succession doit être dévolue à ses héritiers, comme s'il fût mort *ab intestat*. — *Pau*, 19 mars 1834, Caravaca c. Bordes.

47. — Pourrait-on renoncer à la faculté de tester que l'on tient de la loi? Non (L. 15, C., *De pact*). En effet, de deux choses l'une : ou celui qui a stipulé la renonciation n'y a pas d'intérêt, et alors elle pèche par défaut de lien, ou au contraire le stipulant a intérêt à ce que le renonçant meure *ab intestat*, et c'est alors une stipulation sur une succession future. — Toullier, t. 5, nº 268, et t. 6, nº 815; Rolland de Villargues, nº 3.

48. — On ne pourrait, même par contrat de mariage, renoncer au droit de faire un testament, afin d'assurer aux enfans à naître un plus grand avantage.—Toullier, t. 12, nº 16 ; Bellot des Minières, *Du contr. de mar.*, t. 1er, p. 8 ; Rolland de Villargues, nº 4.

49. — Toutes personnes peuvent recevoir par testament, excepté celles que la loi en déclare incapables. — C. civ., art. 902.

50. — Sur l'incapacité de recevoir par testament, — V. DISPOSITION A TITRE GRATUIT, nºs 532 et suiv.

51. — Les protecteurs sont compris dans la disposition de la loi qui déclare les tuteurs incapables de recevoir de leurs anciens pupilles, si le compte définitif de tutelle n'a été préalablement rendu et apuré. — *Cass.*, 27 nov. 1848 (t. 2 1849, p. 603), Aigoin c. de Monchy, et la note. — Conf. Coin-Delisle, sur l'art. 907, nº 10; Marcadé, même art., nº 1er.— V. aussi DISPOSITION A TITRE GRATUIT, nºs 387 et suiv.

52. — La capacité, soit de donner, soit de recevoir par testament, doit exister cumulativement au moment de la confection du testament et au moment de l'ouverture de la succession. — *Cass.*, 27 nov. 1848 (t. 2 1849, p. 603), Aigoin c. de Monchy et la note. — V. aussi sur cette question DISPOSITION A TITRE GRATUIT, nºs 577 et suiv.

53. — En conséquence, pour que le legs fait par le mineur devenu majeur au profit de son ex-tuteur soit valable, la reddition et l'apurement du compte définitif de tutelle doivent avoir été effectués antérieurement à la confection du testament. Il ne suffirait pas que le compte eût été rendu avant le décès du testateur. — Même arrêt.

54. — Toute disposition testamentaire au profit d'un incapable est nulle, bien qu'on la fasse sous le nom de personnes interposées. — C. civ., art. 911. — V. DONATION DÉGUISÉE, nºs 126 et suiv.

55. — Les libéralités par testament ne peuvent excéder la portion disponible pour le testateur, lorsque celui-ci laisse des descendans ou des ascendans, ou même des enfans naturels. — C. civ., art. 913 et 757. — V. QUOTITÉ DISPONIBLE. — V. aussi SUCCESSION IRRÉGULIÈRE.

56. — L'incapacité de disposer ou de recevoir par testament peut être couverte par le consentement ou la ratification de l'héritier.

57. — Dans toute disposition testamentaire, les conditions impossibles, celles qui sont contraires aux lois ou aux mœurs, doivent être réputées non écrites. — C. civ., art. 900. — V. CONDITION.

58. — Tout testament doit renfermer une déclaration de volonté de la part du testateur ; les clauses d'un testament qui sont inintelligibles doivent être considérées comme non écrites. — Zachariæ, *C. de droit civ.*, t. 5, § 647.

Sect. 3e. — *Caractère et formes des testamens.*

59. — « Toute personne, porte l'art. 967, C. civ., peut disposer par testament, soit sous le titre d'institution d'héritier, soit sous le titre de legs, soit sous toute autre dénomination propre à manifester sa volonté. »

60. — Ainsi disparaît la divergence de principes qui existait autrefois entre les pays de droit écrit et les pays de droit coutumier. Dans les premiers, une institution d'héritier et un legs n'étaient point la même chose ; dans les seconds, on ne connaissait que les legs. — Rolland de Villargues, *Rép. du notar.*, vº *Testament*, nº 84. — V. LEGS.

61. — Ainsi encore, la disposition testamentaire est valable, qu'elle soit qualifiée de *donation à cause de mort* ou de *codicille*, pourvu toutefois que l'acte contenant les dispositions de dernière volonté réunisse le caractère et les formes du testament. — Coin-Delisle, *Donat. et Testam.*, art. 967, nº 5.

62. — Il faut aussi conclure de là qu'il n'y a point de termes sacramentels, point de formes absolument prescrites pour la validité du testament : il est valable dès que la volonté du testateur résulte des termes de la disposition et de leur combinaison. — Coin-Delisle, art. 967, nº 3.

63. — Le testament doit être entièrement l'œuvre du testateur, son acte propre, son acte personnel. — D'Aguesseau, t. 1, p. 512.

64. — D'où la conséquence qu'on ne peut faire son testament par signes, sous la dictée d'un tiers ou par réponses aux interrogations d'autrui. — Merlin, *Rép.*, vº *Suggestion*, § 2; Duranton, t. 9, nº 69 ; Rolland de Villargues, vº *Testament*, nº 90.

65. — La volonté du testateur ne peut jamais être suppléée par celle d'autrui : *Atquin si quis ità scripserit, si Titius voluerit, Sempronius hæres esto, non valet institutio.* — L. 68, ff., *De hæredib. instit.* — V. aussi, en ce sens, Ricard, part. 1re, nº 569; Pothier, *Donat. testam.*, chap. 2, art. 8 ; Zachariæ, t. 5, § 654.

66. — Mais cela ne fait point obstacle à ce que le testateur puisse se faire aider des lumières d'un jurisconsulte, pour la rédaction de son testament. Et un testament ne serait pas nul pour être conforme à un modèle écrit par un conseil, ou même par le légataire. Il suffirait que le testateur se le fût rendu propre, qu'il n'y eût eu ni fraude ni captation, et que la volonté du testateur fût restée libre.—Ricard, part. 3e, nº 55; Grenier, *Des Testam.*, t. 1er, nº 54 ; Toullier, t. 5, nº 347, aux notes ; Duranton, t. 9, nº 8; Rolland de Villargues, *Rép.*, vº *Testament*, nº 92.

67. — Ce même projet peut être dicté par le testateur au notaire et recevoir la forme authentique ; enfin, ce projet peut recevoir la forme mystique, lorsqu'il est présenté au notaire et aux témoins comme son testament.—Grenier, *Donat. et Testam.*, nº 145 ; Toullier, t. 5, nº 347 ; Coin-Delisle, art. 969, nº 8.

68. — Mais l'approbation écrite et signée par le testateur, énonçant que les dispositions qui précèdent sont véritablement ses dernières volontés, et que c'est à sa réquisition qu'un tiers les a écrites, ne peut être considérée comme un testament, *per relationem ad aliam scripturam*, ni valoir comme testament olographe. — *Liége*, 19 avr. 1809, Ghysels c. Rosen. — V. aussi Merlin, *Rép.*, vº *Testament*, sect. 2e, § 1er, art. 4, nºs 1er, 3, 4 et 5 ; Zachariæ, t. 5, § 665.

69. — De plus, le testament doit renfermer en lui-même l'expression complète de la volonté du testateur, et, par suite, l'indication de la chose léguée. Toutefois, il n'est pas interdit au testateur qui a fait cette indication dans son testament même de se référer à d'autres actes publics pour une désignation plus détaillée des objets donnés ou légués.—*Orléans*, 20 juin 1845 (t. 2 1845, p. 329),

Bouvard c. Frot; *Cass*, 7 avril 1847 (t. 1er 1847, p. 466), mêmes parties; — Merlin, *Rép.*, vo *Testament*, tit. 17, sect. 2e, § 1er, art. 4; Duranton, t. 9, no 12; Coin-Delisle, art. 967, no 9; Rolland de Villargues, *Rép.*, vo *Testament*, no 104.

70 — Ainsi qu'on l'a vu (vo LEGS, nos 60 et suiv.), le testateur peut, pour manifester sa volonté, se référer d'une manière générale aux dispositions d'une ancienne coutume abrogée; et l'art 1390, C. civ., spécial aux contrats de mariage, ne saurait être appliqué en matière de testament. — *Riom*, 14 août 1809, Mirlavaud c Chazerot; *Cass.*, 19 juill. 1810, mêmes parties; *Bourges*, 13 déc. 1814, Chaumereuil; *Bruxelles*, 16 fév. 1822, Demenet c. Watripont; *Gand*, 6 juill. 1833, N...; — Merlin, *Quest.*, vo *Testament*, § 15.

71. — Serait également valable le testament qui contiendrait une simple énonciation des lois anciennes abrogées, si, du reste, la volonté du testateur en reproduisait les dispositions et en faisait une application précise à des légataires déterminés, de manière que ces lois ne fussent point rappelées comme lois vivantes de la succession. — *Cass.*, 23 déc. 1828, Lanos.

72. — Jugé cependant que, sous l'empire du Code civil, la disposition par laquelle un testateur déclare, d'une manière générale, qu'il veut que sa succession soit partagée suivant ce que prescrivait une ancienne coutume abrogée qu'il désigne est nulle. — *Angers*, 21 (et non 22) juill. 1827, Lanos; *Cass.*, 23 déc. 1828, mêmes parties. — Du moins l'arrêt qui le décide ainsi ne viole pas les lois sur la faculté de tester. — *Cass.*, même arrêt.

73. — Le testateur peut employer, dans son testament, la forme de la prière ou celle d'une simple recommandation. — Merlin, *Rép.*, vo *Legs*, sect. 2e, § 2; Zachariæ, t. 5, § 665; Coin-Delisle, sur l'art. 967, no 4.

74. — Un testament qui ne contient que des dispositions implicites, par voie d'exclusion, par exemple, d'un ou de plusieurs de ses héritiers légitimes est valable. — Zachariæ, t. 5, § 647.

75. — Un testament n'a pas besoin, pour être valable, de contenir, en termes exprès, la manifestation de l'intention du testateur de faire une disposition de dernière volonté. — *Cass.*, 24 mai 1833, Fauchon et Valenden c. Bard; — Grenier, *Des Testam.*, no 224; Rolland de Villargues, *Rép.*, vo *Testament*, no 112.

76. — C'est ce qui a fait dire à M. Coin-Delisle (sur l'art. 969, no 14) que tout ce qui est écrit dans un testament est censé fait à titre testamentaire, à moins que des circonstances de fait ne viennent détruire cette présomption.

77. — Jugé cependant qu'un écrit ne peut être considéré comme un testament qu'autant qu'il résulte clairement de son ensemble que l'auteur de cet acte a voulu disposer de ses biens pour le temps où il ne sera plus. — *Grenoble*, 18 juill. 1838 (t. 1er 1839, p. 438), Nebon.

78. — Mais on ne peut considérer comme un testament un acte qui contient la manifestation des intentions d'une personne sur le sort de ses biens après son décès, sans en contenir la disposition effective. — *Amiens*, 13 juill. 1822, Delavande c. Desmarest.

79. — Cependant Toullier pense qu'un testament peut ne contenir aucun legs. Ainsi, dit-il, la disposition par laquelle j'ordonne à mes héritiers d'élever un monument n'est pas un legs; c'est une charge que je leur impose. — Toullier, t. 5, no 345.

80. — Le testament doit toujours être fait par écrit. Si le Code ne l'a pas dit expressément, cela résulte implicitement de l'ensemble des textes sur chaque espèce de testament. — Coin-Delisle, sur l'art. 969.

81. — Sous le droit romain et sous l'ancien droit français on pouvait tester verbalement; la preuve de la disposition était admise; mais, depuis l'ordonnance de Moulins, qui défendait la preuve par témoins au-dessus de 100 liv., la jurisprudence des Parlemens se divisa : les uns déclaraient nuls les testamens dont les dispositions excédaient 100 liv., les autres les déclaraient valables sans distinguer la valeur des objets légués. L'ordonnance de 1735 fit cesser cette divergence d'arrêts; elle disposa : « Art. 1er. Toutes dispositions testamentaires ou à cause de mort, de quelque nature qu'elles soient, seront faites par écrit; déclarons nulles toutes celles qui ne seront faites que verbalement, et défendons d'en admettre la preuve par témoins, même sous prétexte de la modicité de la somme. »

82. — Les ordonnances de 1731 et de 1747 contenaient aussi des dispositions formelles sur ce point, et l'on jugeait sous leur empire que les fidéicommis taciles ne pouvaient être prouvés par simples conjectures et par témoins par ceux qui en réclamaient l'exécution. — *Cass.*, 13 août 1810, Auriol.

83. — Aujourd'hui la preuve d'un testament verbal ne serait pas admise même quand le legs serait d'une valeur inférieure à 150 fr. — Merlin, *Rép.*, vo *Testament*, sect. 2e, § 1er, art. 2, no 1er.

84. — Les dispositions verbales sont tellement nulles qu'on ne peut même déférer le serment décisoire à l'héritier sur la réalité d'un legs ou d'un fidéicommis dont on prétend qu'il a été chargé verbalement par le défunt. — Merlin, *Rép.*, vo *Testament*, sect. 2e, § 1er, art. 2, no 3, et *Quest.*, vo *Substitution fidéicommissaire*; Duranton, t. 9, no 11; Zachariæ, § 647, note 1re.

85. — De même, on ne serait pas admis à prouver le fait que le défunt s'étant montré disposé à faire un testament au préjudice des héritiers légitimes, ils l'en ont détourné par la promesse qu'ils lui ont faite verbalement d'exécuter ses intentions. — *Cass.*, 18 janv. 1813, Fornica. — Rolland de Villargues, *Rép.*, vo *Testament*, no 100.

86. — La disposition verbale à cause de mort n'est pas non plus autorisée pour les objets mobiliers que le disposant aurait remis de la main à la main, à la personne objet de la libéralité. — Coin-Delisle, sur l'art. 969, no 6. — V. cependant DON MANUEL.

87. — La simple promesse avouée, faite à un mourant par ses héritiers présomptifs, de remplir, comme si elles étaient écrites, les dernières volontés qu'il aurait verbalement exprimées, ne suffirait pas pour motiver une demande en dommages intérêts de la part des intéressés. — Zachariæ, t. 5, § 647.

88. — Le Code civil admet diverses formes de tester : les testamens ordinaires et les testamens privilégiés.

89. — Les testamens ordinaires sont : le testament olographe, le testament par acte public et le testament mystique. — Art. 969 et suiv.

90. — Il y a quatre espèces de testamens privilégiés : les testamens militaires, ceux faits en temps de maladies contagieuses, ceux faits sur mer et ceux faits en pays étrangers.

91. — Ces testamens, bien que différens par la forme, sont tous soumis aux mêmes règles concernant la nature et l'étendue des dispositions qu'ils renferment.

92. — Un testament ne peut être fait dans le même acte par deux ou plusieurs personnes, soit au profit d'un tiers, soit à titre de disposition réciproque et mutuelle. — C. civ., art. 968. — V. TESTAMENT CONJONCTIF.

93. — Toutefois, deux testamens faits le même jour, en contemplation l'un de l'autre, par deux époux réciproquement testateurs et légataires, ne peuvent être considérés comme un seul et même acte annulable, en vertu de l'art. 968, C. civ. — *Cass.*, 2 mai 1842 (t. 2 1842, p. 553), Sebire c. Rubin.

94. — Le testament doit contenir en lui-même la preuve de l'observation des formalités prescrites pour sa validité; on ne serait pas admis à l'établir par d'autres actes ni par la preuve testimoniale. — Zachariæ, t. 5, § 664; Merlin, *Rép.*, vo *Testament*, sect. 2e, § 1er, art. 6, no 10.

95. — La disposition du Code civil sur la forme du testament par acte public et sur les actes de suscription des testamens mystiques, ne constituant point un système complet de législation sur la matière, on doit les combiner avec celles de la loi du 25 vent. an XI sur les actes notariés et observer simultanément les unes et les autres. — *Cass.*, 1er déc. 1810, Vandereshueren c. Collyns; *Turin*, 18 nov. 1811, Borgetti c. Porporato; *Cass.*, 16 fév 1814, Delaforge; *Limoges*, 8 août 1821, Niveau; *Cass.*, 3 juill. 1838 (t. 2 1838, p. 354), Bedard c. Chalsy. — Merlin, *Rép.*, vo *Testament*, sect. 2e, § 3, art. 2, no 8; Grenier, t. 1er, no 243; Duranton, t. 9, nos 49 et suiv.; Zachariæ, t. 5, § 664, notes; Poujol, des *Donat. et testam.*, t. 2, *Observ. gén.*, no 13.

96. — Mais il faut admettre une exception à cette règle à l'égard des dispositions de la loi de ventôse qui ont pu être modifiées par le Code civil. — Zachariæ, t. 5, § 664.

97. — Les dispositions qui déterminent les formes d'une espèce de testament ne doivent pas être appliquées à un autre. Ainsi on ne peut appliquer aux testamens privilégiés les dispositions concernant les testamens par acte public. — Zachariæ, t. 5, § 664; Grenier, t. 2, no 278; Duranton, t. 9, no 150.

98. — La question de savoir si un acte (et spécialement un testament) renferme l'accomplissement des formalités prescrites par la loi à peine de nullité, n'est pas une question de fait et d'interprétation d'acte ou de convention, mais bien une question de droit et d'application légale dont la solution est soumise à la censure de la cour de Cassation. — *Cass.*, 7 déc. 1846, Lavelatte c. Marion.

99. — Les testamens déposés chez des notaires, ou par eux reçus, doivent être enregistrés dans les trois mois des décès des testateurs, à la diligence des héritiers, légataires ou exécuteurs testamentaires. — L. 22 frim. an VII, art. 21. — V. ENREGISTREMENT.

100 — Un testament qui n'a point été enregistré dans les trente ans qui ont suivi sa confection ou le décès du testateur, peut néanmoins être opposé par l'héritier institué, par voie d'exception. — *Nîmes*, 29 déc. 1808, Bergougnoux.

101. — Il y a lieu de faire transcrire les dispositions testamentaires contenant des legs particuliers d'immeubles. — V. PURGE DES PRIVILÉGES ET HYPOTHÈQUES, no 16.

102. — L'insinuation des testamens établie par l'édit de mars 1703, n'était qu'une simple disposition bursale, abolie par l'art. 1er, L. 15 déc. 1790; son inexécution n'entraînait pas la nullité de l'acte. — *Cass.*, 18 (et non 11) fructid. an XIII, Quesnay.

Sect. 4e. — *Lois qui régissent les testamens. — Questions transitoires.*

103. — C'est une opinion généralement adoptée par les auteurs et consacrée par la jurisprudence que c'est la loi du temps où le testament a été fait qui en règle la forme. — Merlin, *Rép.*, vo *Testament*, sect. 2e, § 4, et *Quest*, vo *Testament*, § 12; Chabot, *Question transit.*, vo *Testament*, § 1er; Toullier, t. 5, no 382; Duranton, t. 9, no 16. — V. à ce sujet DISPOSITION A TITRE GRATUIT, nos 81 et suiv.

104. — Relativement aux lois qui régissent la capacité d'un individu de disposer par testament, V. DISPOSITION A TITRE GRATUIT, nos 91 et suiv.

105. — Les effets des donations testamentaires se règlent par les lois en vigueur au temps du décès du testateur. — *Angers*, 1er mars 1811, Quentin c. Marage.

106. — Jugé dès-lors que les dispositions à cause de mort, faites à titre universel, dont l'auteur est décédé sous la loi du 17 niv. an II, sont nulles pour le tout. — *Cass.*, 4 complément. an IV, Schevei-genffer c. Durnenger; 11 niv. an IX, Ducheylard c. Labrousse; *Liége*, 28 messid. an X, Droogmans c. Vanderstraeten; *Cass.*, 21 flor. an XI, Sellety c. Rostagny; 29 brum. an XII, Ulrich c. Noirhomme; 19 thermid. an XII, Torffs c. Rasette; 24 (et non 26) janv. 1809, Lamothe; *Bruxelles*, 17 juill. 1811, Van-Elsacker c. Verheyen; *Cass.*, 1er juin 1820, Vallet; 11 mars 1834, de Moyria c. de Vogué. — *Contrà Amiens*, 21 messid. an X, Despaut c. Binaut; *Agen*, 9 pluv. an XIII, Bérail; *Montpellier*, 30 août 1827, Clauzel c. Coffinhal. — V. aussi QUOTITÉ DISPONIBLE, nos 123 et suiv.

107. — Mais la nullité ne s'étend pas aux dispositions à titre particulier. — *Cass.*, 4 complément. an IV, Schereingenffer c. Durnenger; 11 niv. an IX, Ducheylard c. Labrousse; 19 thermid. an XIII, Torffs c. Rasette; *Paris*, 17 niv. an XII, Monnier c. Dumerel; *Bruxelles*, 17 juill. 1811, Van-Elsacker c. Verheyen.

108. — Une disposition universelle dans son origine a cessé d'avoir ce caractère si, par un acte fait postérieurement à la loi du 4 germin. an VIII, le testateur a déclaré vouloir que sa disposition antérieure eût son plein et entier effet, en conformité des lois. Dès-lors, elle n'a pas du être annulée dans son entier. — *Cass.*, 23 janv. 1807, Bémy c. Sélys.

109. — Un testament valable, d'après les lois existantes, au moment où il a été fait, et d'après les lois existantes au jour du décès du testateur, n'a pu être annulé par les lois intermédiaires. — *Agen*, 9 janv. 1810, Fayt.

110. — Ainsi, les dispositions universelles contenues dans un testament fait sous les anciennes lois sont valables, lorsque le testateur est mort sous l'empire du Code civil, bien qu'elles eussent été annulées par l'effet des lois intermédiaires. — *Cass.*, 23 nov. 1809, Rumpler c. Laquiante; *Grenoble*, 6 juill. 1811, Thibaudon; *Bruxelles*, 14 juill. (et non janv.) 1827, Fontaine.

111. — Du moins le testament est valable jusqu'à concurrence de la quotité disponible, quoiqu'il n'ait pas été renouvelé suivant les formalités prescrites par le Code. — *Agen*, 9 pluv. an XIII, Bérail.

112. — Avant l'ordonnance de 1735, un testament était nul, pour vice de prétérition, lors même qu'il contenait la clause codicillaire et que le mari, en disposant en faveur de sa femme, lui avait imposé la charge de rendre à l'enfant prétérit. — *Agen*, 13 mai 1809, Borie c. Maratuech. — D'Aguesseau, *Quest. aux parlemens sur les donations*, t. 12, p. 284, édit. de Pardessus.

113. — Sous l'empire de l'ordonn. de 1735, la nullité d'un testament pour vice de prétérition était absolue, tellement qu'elle pouvait être invoquée pour tous les enfans ou autres légitimaires, alors même que le prétérit ne se plaignait pas, et après l'exécution ou l'approbation du testament de sa part. — *Cass.*, 14 vendém. an IX, Preuilh; *Riom*, 18 juill. 1809, Regal; *Montpellier*, 22 avr. 1831, Pons et Dupin c. Privat.

114. — Un testament fait en pays de coutume, par un individu domicilié en pays de droit écrit, était nul pour vice de prétérition, encore que l'enfant oublié eût renoncé à la succession du testateur, moyennant une dot. — *Riom*, 18 juill. 1809, Regal.

115. — La quittance de la légitime donnée par le légitimaire ne forme point une fin de non recevoir contre la nullité résultant de la prétérition. — Même arrêt.

116. — Il faut remarquer que le partage d'ascendans, dans les pays de droit écrit, n'était nul ni par suite de la prétérition d'un enfant, ni pour inégalité des parts. Seulement, l'enfant prétérit ou moins favorisé avait droit de demander sa légitime ou le complément de cette légitime. — V. Furgole, chap. 8, sect. 1re, no 149; Grenier, au *Rép.* de Merlin, vo *Partage d'ascendans.*

117. — Jugé aussi que, dans les pays coutumiers et sous l'ordonn. de 1735, un testament n'était pas nul pour cause de prétérition par le motif qu'il ne renfermait qu'un legs particulier au profit d'un héritier ayant droit à une légitime. — *Besançon*, 19 mai 1809, Duport.

118. — Celui qui demande la nullité d'un testament pour cause de prétérition des enfans du défunt a dû prouver qu'ils existaient à l'époque de la confection du testament; ce n'était point à l'héritier institué à prouver qu'ils étaient dès-lors décédés. — *Grenoble*, 22 janv. 1810, Don c. Magnan.

119. — L'institution expresse des légitimaires, exigée par les art. 50 et suivans, ordonn. 1735, pour la validité des testamens faits en pays de droit écrit, ne pouvait être remplacée soit par une substitution de l'hérédité, soit par une simple institution fiduciaire. — On ne pouvait considérer comme une simple institution fiduciaire l'institution à charge de rendre au fils du testateur, à la volonté de l'héritier, laissant à celui-ci la libre et pleine disposition dans le cas où l'enfant décéderait avant l'âge de vingt-cinq ans. — *Montpellier*, 22 avr. 1831, Pons et Dupin c. Privat.

120. — Sous l'empire de l'ordonn. de 1735 (art. 62), on admettait les dispositions avec faculté d'élire; elles avaient lieu de deux manières : d'une part, en chargeant l'héritier institué de rendre la succession à celui de plusieurs héritiers qu'il choisirait; d'autre part, en instituant celui qui, entre plusieurs individus désignés, serait choisi par un tiers; le Code n'a point rappelé ce mode de disposer, parce qu'il était contraire à la nature du testament. — Toullier, t. 9, no 350; Zachariæ, t. 5, § 655 et 656.

121. — L'institution d'héritier subordonnée à l'élection d'un tiers, et qui, au moment de la publication de la loi du 17 niv. an II, n'était pas irrévocable faute par le tiers désigné dans l'institution d'avoir fait son choix à cette époque, est demeurée nulle, nonobstant les dispositions des lois abolitives de la rétroactivité. — *Cass.*, 23 fruct. an VIII, Pouch.

122. — Lorsqu'une institution d'héritier est subordonnée à l'élection qu'un tiers devra faire avant ou lors de la majorité de l'institué, le pouvoir d'élire se trouve limité par cette clause à l'époque de la majorité de celui-ci; conséquemment, l'élection faite le jour même de cette majorité est irrévocable. — *Cass.*, 17 fructid. an XIII, Descombes c. Gazanchon.

123. — L'institution nominative d'héritiers, subordonnée au cas de non élection par un tiers, doit avoir son effet, si l'élection qui a eu lieu n'était pas irrévocable et a été frappée de révocation. — Même arrêt.

124. — L'individu seul éligible, d'après les termes du testament, à la mort du testateur et au moment où les lois de l'an II ont mis obstacle à la faculté d'élire, est censé avoir été nominativement appelé par le testateur même. — *Nimes*, 7 avr. 1808, Filhol.

125. — L'institution d'un héritier subordonnée à la faculté d'élire contenue dans un testament antérieur à la loi du 17 niv. an II, a dû avoir son effet à partir de la mort du testateur, par suite de l'abolition de la faculté d'élire prononcée par cette loi, et nonobstant sa disposition qui annulait cette institution subordonnée. — En conséquence, l'élection que la mère chargée d'élire a pu faire sous l'empire du Code civil ne doit produire aucun effet. — *Toulouse*, 3 janv. 1820, Delpech.

126. — L'institution d'héritier en faveur du premier enfant mâle à naître du mariage, insérée dans un contrat antérieur à la loi du 7 mars 1793, mais avec réserve de pouvoir élire un autre enfant, a été maintenue comme irrévocable par la loi du 18 pluv. an V, lorsque les instituans sont morts sans avoir usé de la faculté d'élire. — *Cass.*, 18 janv. 1820, de Brassac.

127. — La disposition de l'art. 492, cout. Normandie, qui faisait dépendre de la survie du testateur pendant trois mois l'exécution du testament qui disposait du tiers des acquêts et conquêts immobiliers, a été abrogée par l'art. 61, L. 17 niv. an II. — *Cass.*, 5 niv. an XIII, de Triquerville c. de Boulmont; 18 (et non 11) fructid. an XIII, Quesnay. — Merlin, *Répert.*, vo *Testament*, 3e sect.

128. — Etaient nulles les dispositions testamentaires faites par des citoyens habitant la ci-devant province de Belgique et n'ayant pas une date certaine et authentique antérieure de six mois à l'évacuation desdites provinces. — *Cass.*, 24 frim. an VIII, Enregistrement c. Detstanche. — Merlin, *Quest. de droit*, vo *Loi*, § 2.

CHAPITRE II. — *Testament olographe.*

129. — Le testament olographe est celui qui, comme l'indique son étymologie, est entièrement écrit de la main du testateur. — C. civ., art. 970.

Sect. 1re. — *Caractères du testament olographe. — Dispositions générales.*

130. — La loi ne s'explique pas sur le caractère du testament olographe. Seulement, l'art. 970, C. civ., exige que ce testament soit écrit en entier, daté et signé par le testateur.

131. — Mais la réunion de ces caractères ne suffit pas pour donner à un acte le caractère de testament olographe. Il faut, de plus : 1° que l'acte contienne une disposition et non un simple projet; 2° que l'exécution de la disposition ne doive avoir lieu qu'après le décès du disposant. — Duranton, t. 9, no 43.

132. — Quelle que soit la dénomination donnée par le testateur à l'écrit qui constate sa volonté, si elle est manifeste, et que l'acte qui la renferme remplisse les conditions prescrites par l'art. 970, C. civ., cet acte doit valoir comme testament; spécialement, il en est ainsi d'un papier, en tête duquel se trouve écrit le mot *note*, s'il est écrit, daté et signé de la main du défunt et si, d'ailleurs, il indique ses dernières volontés. — *Riom*, 17 mars 1826, Raynaud c. Chaduc.

133. — Une déclaration privée portant don du mobilier, souscrite par un maître au profit de sa domestique, *si elle est encore à son service au moment de son décès*, vaut comme testament olographe, alors qu'elle est écrite en entier, datée et signée par le disposant. — *Nîmes*, 25 avr. 1811, Coulet c. Martel.

134. — Un acte sous seing-privé, entièrement écrit, daté et signé de la main du défunt, par lequel il déclare révoquer un testament antérieur, doit être considéré lui-même comme un testament, s'il contient quelque disposition. — *Paris*, 10 avr. 1811, Pauquet c. Picat.

135. — Il y a un véritable testament dans l'acte réunissant toutes les conditions du testament olographe, par lequel un testateur, sans faire aucune disposition nouvelle, déclare révoquer tous testamens antérieurs pour s'en tenir exclusivement à ceux qui se trouvent entre les mains de personnes désignées. — *Bordeaux*, 27 mars 1846 (t. 2 1846, p. 710), Lapoyade.

136. — Un acte sous seing-privé écrit en entier, daté et signé de la même main, qui exclut de la succession toute la parenté d'une ligne, constitue un véritable testament olographe au profit de tous les parens de l'autre ligne. — *Cass.*, 7 juin 1832, Dugier c. Lotzbeck.

137. — Le testament olographe doit, pour être valable, contenir une disposition après la mort du testateur. — Duranton, t. 9, no 43.

138. — Toutefois, il n'a pas besoin de contenir, en termes exprès, la manifestation de l'intention du testateur de faire une disposition de dernière volonté. — *Cass.*, 21 mai 1833, Fauchon c. Bard. — *Contrà Orléans*, 24 fév. 1831, mêmes parties.

139. — Spécialement, un acte écrit en entier, daté et signé par un individu, contenant deux dons distincts, qui n'ont été délivrés à aucun des donataires, durant la vie de l'auteur de l'acte, et qui a été trouvé, après son décès, dans l'une des pièces de son habitation, cacheté et avec la suscription *Mes volontés*, constitue un testament. — *Cass.*, 21 mai 1833, Fauchon c. Bard.

140. — Selon Merlin (*Rép.*, vo *Testament*, sect. 2e, § 4, art. 3, no 1er), les mots *je donne*, sans adjonction qui en détermine le sens, indiquent plutôt le don entre-vifs que le don à cause de mort. Selon Toullier (t. 3, no 379), l'acte est nul, si sa contexture ne caractérise ni la donation entre-vifs ni le testament. Coin-Delisle (sur l'art. 980, no 8) trouve ces deux opinions trop absolues et laisse la solution de ces questions à l'appréciation des tribunaux.

141. — Jugé que l'expression *je donne*, employée dans un acte écrit, daté et signé de celui qui en est l'auteur, ne suffit pas pour imprimer à cet acte le caractère de testament olographe. — *Cass.*, 6 therm. an XIII, Renou c. Lione.

142. — Jugé aussi que l'expression *je donne* peut être employée dans une disposition testamentaire. Que spécialement, l'acte portant : *Je donne à N. mon herbage de..., sans rien changer aux autres dispositions écrites de ma main*, peut valoir comme testament olographe, si d'ailleurs il est écrit, daté et signé de la main de son auteur. — *Caen*, 3 fév. 1826, B... c. Raoul M...

143. — L'acte sous seing-privé par lequel une femme déclare donner en toute propriété à son mari tous les biens meubles et immeubles qu'elle a possédés, à la charge de rentes viagères au profit du tiers, peut, lorsqu'il est écrit, daté et signé par la femme, être qualifié testament olographe. — *Cass.*, 11 mai 1831, Quesnet c. Commore.

144. — Jugé aussi que ne donne point ouverture à cassation l'arrêt qui refuse de reconnaître un testament olographe valable dans l'acte par lequel un individu a déclaré donner à un tiers tout ce qu'il possédait, encore bien que cet acte fût écrit, daté et signé par l'auteur de la disposition. — *Cass.*, 5 fév. 1828, Olivier c. Hébert.

145. — On peut induire de l'ensemble d'un testament l'intention du testateur de faire un legs à une personne. Ainsi, encore que le testateur ait omis de dire qu'il *donne* ou *lègue*, on peut faire résulter l'intention de donner des autres termes de la disposition, tels que ceux-ci : *voulant témoigner ma reconnaissance..., 20,000 fr. à prendre, après mon décès, à la charge de...*, et le legs doit être déclaré valable. — *Aix*, 25 août 1825, Portal c. Boyer.

146. — Un acte écrit, daté et signé de la main du défunt, dans lequel il déclare qu'*il n'a la propriété de rien dans la maison où il habite; qu'en conséquence, le propriétaire de cette maison pourra, après la mort de lui (testateur) faire ce que bon lui semblera de tous les objets mobiliers qui s'y trouveront, et que telles sont ses bonnes volontés*, peut être considéré comme un testament olographe, encore que l'acte ne contienne pas les expressions *je donne, je lègue*, ou autre équivalente. — *Bordeaux*, 11 juin 1828, Paillet-Lapeyrière c. Gaultier.

147. — Doit être considéré comme un véritable testament, à l'égard de celui qui y est indiqué comme légataire, l'écrit ainsi conçu : *Je dois à N... la somme de..., payable sur le fonds que je lègue à Pierre*; et, en un tel cas, si le testateur a laissé un fonds de commerce, le legs doit être réputé s'appliquer à ce fonds. — *Paris*, 12 avr. 1833, Hennet c. Labiche.

148. — Celui qui écrit, date et signe un acte par lequel il tient *quittes* certaines personnes *de tous les droits et revenus ou autres droits*, à la charge de payer diverses sommes à des époques déterminées après son décès, fait un véritable testament olographe. — *Riom*, 6 mai 1809, Nozerine.

149. — Un arrêt peut décider que tout ce qui dans le contexte d'un testament olographe présente un non-sens doit être réputé non écrit, d'après la maxime *Utile per inutile non vitiatur*, sans qu'il y ait, en cela, violation de l'art. 900, C. civ. — *Cass.*, 15 janv. 1834, Lelong c. Cosme.

150. — La règle *Locus regit actum* s'applique aux testamens olographes. — En conséquence, le testament olographe fait en France par un étranger est valable, alors même que cette forme de testament ne serait pas autorisée par la loi du pays de cet étranger. — *Cass.*, 25 août 1847 (t. 2 1847, p. 613), Quartin c. Morel-d'Arleux et Rivain.

151. — Le Français peut tester en pays étranger dans la forme olographe, alors même que ce testament ne serait point reconnu valable d'après les lois de ce pays. La maxime *Locus regit actum* n'est point applicable à ce cas. — Duranton, t. 9, no 14.

152. — Le sourd-muet, même de naissance, qui sait lire et écrire, peut faire un testament olographe. — *Bordeaux*, 16 août 1836, Pinet.

153. — Il ne suffit pas, pour la validité d'un testament olographe d'un sourd-muet, qu'il ait été écrit, daté et signé par lui; il faut encore qu'il soit prouvé que le sourd-muet savait écrire mentalement sa volonté, sans copier de modèle, ou du moins qu'il savait lire et comprendre l'écriture

d'autrui qui lui aurait servi de modèle.—*Bruxelles*, 19 déc. 1822, Deurwaerdère c. N...

Sect. 2e. — *Formes du testament olographe.*

154. — La coutume de Paris exigeait, par son art. 289, que le testament fût écrit en entier et signé par le testateur; l'ordonnance de 1735 exigea de plus (art. 20) qu'il fût daté par le testateur.

155. — Il avait même été décidé que, sous l'empire de l'ord. de 1735, les testamens olographes étaient restés assujétis aux formalités particulières prescrites par les coutumes locales, telles que celle d'une suscription de deux témoins ou d'un notaire. — *Cass.*, 28 thermid. an XI, Lataulade c. Casaubon. — V. les conlusions de Merlin, rapportées aux *Quest. de droit*, v° *Testament*, § 6, n° 1er.

156. — D'après l'art. 970, C. civ., le testament olographe n'est point valable, s'il n'est point écrit en entier, daté et signé de la main du testateur; il n'est assujéti à aucune autre forme.

Art. 1er. — *Mode de rédaction du testament olographe.*

157. — La loi n'a pas tracé de formes particulières pour la rédaction du testament olographe. — Elle exige seulement, comme on vient de le voir, qu'il soit écrit en entier, daté et signé de la main du testateur. — C. civ., art. 970.

158. — Et encore, il n'est pas nécessaire pour la validité du testament olographe qu'il contienne la mention qu'il a été écrit en entier, daté et signé par le testateur. — Grenier, t. 1er, n° 228; Zachariæ, t. 5, § 668.

159. — La loi n'a spécifié ni l'instrument ni la matière avec lesquels doivent être tracés les caractères d'un testament olographe. — Spécialement, un testament écrit au crayon est valable, et le vœu de l'art. 970, C. civ., est rempli lorsque l'écriture est reconnue être bien celle du testateur. — *Aix*, 27 janv. 1846 (t. 2 1846, p. 182), Mille c. Lieutaud. — V. aussi, en ce sens, Duranton, t. 9, n° 24.

160. — Le testament olographe peut être écrit sur toute espèce de papier; il n'est pas nécessaire qu'il le soit sur du papier timbré. — Toullier, t. 5, n° 361; Poujol, sur l'art. 970, n° 23; Duranton, t. 9, n° 24; Coin-Delisle, sur l'art. 970, n° 23.

161. — Il est indifférent que le testament soit écrit sur des feuilles d'une plus ou moins grande dimension. — Duranton, t. 9, n° 24.

162. — Il serait valable alors même qu'il serait écrit sur une carte, pourvu qu'il apparût que le testateur avait sérieusement eu l'intention de faire ses dernières dispositions. — Poujol, sur l'art. 970, n° 23; Duranton, t. 9, n° 24.

163. — Le testament olographe écrit sur le livre de compte du testateur est valable. — *Nîmes*, 20 janv. 1810, Pical. — Merlin, *Rép.*, v° *Testament*, sect. 2, § 4, art. 3, n° 8; Toullier, t. 3, n° 361; Duranton, t. 9, n° 25; Zachariæ, t. 5, § 668; Poujol sur l'art. 970, n° 23.

164. — Un testament olographe n'est pas nul par cela seul qu'il est écrit sur deux feuilles distinctes que ne rattache aucun lien matériel, et dont la seconde seulement est signée du testateur, alors d'ailleurs qu'il existe entre ces deux feuilles une liaison intellectuelle qui n'en forme qu'un seul et même acte. — L'appréciation du mode et de la nature de ce lien intellectuel rentre dans la compétence exclusive des juges du fond. — *Cass.*, 21 juin 1842 (t. 2 1842, p. 263), Devilher c. Leyraud.

165. — Un testament olographe est valable, encore bien qu'il soit démontré, par la différence du papier, des caractères d'écriture ou d'autres circonstances, que le testateur a, postérieurement à la date énoncée dans son testament olographe, ajouté de nouvelles feuilles de papier à celle contenant la date. — *Toulouse*, 17 juin 1831, Cricq.

166. — Peut-on tester par lettres missives? Dans le droit ancien, l'affirmative n'était pas douteuse d'après la loi 22, Cod., *De fideicommissis*, et un arrêt du 28 juin 1678, inséré dans l'ancien journal du Palais.

167. — Mais cette jurisprudence fut abrogée par l'art. 3 de l'ordonnance de 1735, qui proscrivit formellement cette forme de tester.

168. — Ainsi jugé sous cette ordonnance qu'un billet renfermé dans une lettre écrite à une personne pour le remettre à une autre, et contenant au profit de cette dernière des avantages, ne pouvait être considéré comme un testament valable. — *Bourges*, 10 juill. 1810, de Varreux c. Chabrol.

169. — Le Code civil n'a pas reproduit cette prohibition; mais l'orateur du gouvernement a dit à la tribune que les dispositions qui seraient faites verbalement par signes ou par lettres missives ne seraient point admises.

170. — Toutefois la doctrine s'est prononcée en sens contraire. — Merlin, *Rép.*, v° *Testament*, sect. 2e, § 1er, art. 5; Favard et Langlade, *Rép.*, v° *Testament*, sect. 1re, § 1er, n° 15; Grenier, t. 1er, n° 228-8°; Toullier, t. 5, n° 378; Delvincourt, t. 2, p. 295, notes; Duranton, t. 9, n° 26; Coin-Delisle sur l'art. 970, n° 23; Poujol sur l'art. 970, n° 34.

171. — Jugé, en ce sens, qu'un testament olographe peut être fait dans la forme d'une lettre missive. — *Colmar*, 5 avr. 1824, Klein c. Burckenwald; 24 juin 1828, Trumeau c. Mignot.

172. — Toutefois, une lettre missive ne peut prendre le caractère de testament olographe qu'autant qu'il résulte de ses termes que celui qui l'a écrite a voulu disposer pour le temps où il ne serait plus. — *Orléans*, 3 juin 1842 (t. 2 1842, p. 21), Millet c. Chambellan.

173. — ... Et une simple lettre missive, écrite, datée et signée par le défunt, contenant un projet de dernière volonté, ne peut pas être considérée comme *un testament olographe*. — *Bruxelles*, 16 (et non 19 août) 1808, Vanwerde c. Lefebvre.

174. — On ne considérerait pas non plus comme un testament la lettre missive dans laquelle le testateur ferait la promesse de son hérédité au prétendu légataire: *Litteræ, quibus hereditas promittitur, vim codicillorum non obtinent*; (L. 17, ff., *De jur. codicill*).

175. — Enfin, pour que le testament olographe fait sous cette forme soit valable, il faut que la lettre soit conçue en termes dispositifs et qu'elle renferme une disposition annonçant une volonté bien déterminée. — Coin-Delisle, sur l'art. 970, n° 24.

176. — Ainsi il faudrait considérer comme contenant un testament valable la lettre dans laquelle le testateur aurait exprimé la volonté que le légataire prît possession de ses biens, dans le cas où il viendrait à être surpris par la mort. — Ferrière, sur l'art. 289 de la cout. de Paris, Glos. 1re, n° 6.

177. — Il n'est pas nécessaire, à peine de nullité, que le testament olographe fait en France soit écrit en langue française. — *Bordeaux*, 26 janv. 1829, Duchesne c. Eade.

178. — ... Et il peut l'être dans la langue la plus familière au testateur. — Toullier, t. 5, n° 460; Coin-Delisle, sur l'art. 969, n° 16; Poujol, art. 970, n° 3.

Art. 2. — *Ecriture par le testateur. — Ratures.*

179. — Le testament olographe doit être écrit *en entier* de la main du testateur. — C. civ., art. 970.

180. — Dans le ci-devant pays de Liége un testament olographe était nul, s'il n'avait pas été écrit en entier de la main du testateur. — *Liége*, 19 avr. 1809, Ghysels c. Rosen.

181. — Jugé cependant qu'un testament olographe dont la date était antérieure au Code civil, et qui n'avait pas été écrit de la main du testateur, mais seulement signé par lui, en présence de témoins, avait pu être déclaré valable après le décès du testateur, sous l'empire du Code. — *Bruxelles*, 11 juill. 1809, Maenhout.

182. — Un seul mot écrit par une main étrangère rendrait nul le testament, encore que ce mot fût inutile ou superflu; la raison en est qu'alors on ne pourrait pas dire que le testament serait écrit *en entier* par le testateur. — Pothier, *Des donations testamentaires*, chap. 1er, art. 2, § 2; Merlin, *Rép.* v° *Testament*, sect. 2, § 4, art. 3, n° 3; Grenier, *Des testamens*, n° 228; Toullier, t. 3, n° 357; Duranton, t. 9, n° 27; Zachariæ, t. 5, § 666; Coin-Delisle sur l'art. 970, n° 11; Favard de Langlade, *Rép.*, v° *Testament*, sect. 1re, § 2, n° 3; Poujol, sur l'art. 970, n° 3.

183. — Ainsi jugé qu'un testament olographe est nul, s'il contient des additions de renvoi faites par une main étrangère. — *Bourges*, 21 mai 1833, Germain c. Delichy.

184. — Cependant l'acte ne serait pas nul s'il contenait des additions d'une main étrangère qui ne feraient pas partie du testament; car il dépendrait ainsi d'un tiers dans la possession duquel tomberait un testament de le détruire par l'insertion de quelques lignes. — Pothier, *Donat. testam.*, chap. 1er, art. 2, § 2; Toullier, t. 3, n° 358; Coin-Delisle, sur l'art. 970, n° 14.

185. — De ce que le testament olographe doit être écrit en entier de la main du testateur, il suit que le testament serait nul si le testateur s'était fait conduire la main par un tiers. — Zachariæ, t. 5, § 666.

186. — Cependant on doit considérer comme valable le testament olographe écrit en entier, daté et signé de la main du testateur, bien que celui-ci, à raison de son état de cécité presque complet, se soit fait assister, pour la confection matérielle de l'acte, d'un tiers qui, par exemple, aurait, non pas dirigé la main du testateur pour la formation des mots, mais l'aurait seulement posée à l'endroit où il fallait tracer chacun de ces mots, aurait averti le testateur où il fallait finir une ligne et en commencer une autre, et enfin veillé au renouvellement de l'encre de la plume, etc., alors d'ailleurs que cette assistance n'a en rien altéré l'observation des formalités essentielles à la validité d'un semblable testament. — *Cass.*, 28 juin 1847 (t. 1er 1848, p. 60), Mempey c. Najotte.

187. — L'arrêt qui décide, sur la demande en nullité d'un testament olographe, 1° que l'écriture a un tout *autre caractère* que la signature, en ce que celle-ci est faite avec assez d'aisance et de légèreté, tandis que celle-là est raide, gênée, chargée d'encre; 2° que *l'écriture n'est pas vérifiée*, et qui, en conséquence, en prononce l'annulation, est suffisamment motivé. — *Cass.*, 20 mars 1827, Pinson c. Lardenois.

188. — Les ratures sont, jusqu'à preuve contraire, présumées être le fait du testateur. — Duvergier, sur Toullier, t. 3, n° 359, notes.

189. — La disposition de la loi du 25 vent. an XI, qui veut que les ratures dans les actes soient approuvées n'est pas applicable au testament olographe. — Toullier, t. 3, n° 359.

190. — Ainsi les ratures faites dans un testament olographe par le testateur n'ont pas besoin d'être approuvées par lui. — *Paris*, 8 mars 1844 (t. 1er 1844, p. 550), Schœel c. Haussmann; *Cass.*, 15 janv. 1834, Lelong c. Corne. — Pothier, *Testament*, chap. 1er, § 2; Grenier, t. 1er, n° 228; Duranton, t. 9. n° 29; Favard de Langlade, v° *Testament*, sect. 1re, n° 5.

191. — Tout ce qui, dans un testament olographe, aurait été raturé devrait être considéré comme n'existant pas, à moins qu'il ne fût évident que la rature aurait été faite par erreur ou précipitation et appliqué à un mot ou à une phrase qui ne devait pas être raturée. — Duranton, t. 9, n° 29.

192. — Quand un testament olographe présente des surcharges, et qu'il est incertain si elles sont de la main du testateur ou d'une main étrangère. ces surcharges ne sont point une cause de nullité, si, d'ailleurs, elles ne portent que sur des mots insignifians et reconnus comme ayant été écrits par le testateur. — *Paris*, 22 janv. 1824, Arrault.

193. — Il peut arriver que le testament olographe, bien qu'écrit, daté et signé par le testateur, contienne un grand nombre de ratures, de renvois, et qu'il paraisse en cet état plutôt comme un projet que comme un testament réel et définitif; dans ce cas encore, le testament doit être maintenu. — Pothier, *Donat. et Testam.*, chap. 1er, art. 2, § 2; Denisart, v° *Testament*, n° 26; Duranton, t. 3, n° 29; Coin-Delisle, sur l'art. 970, n° 19.

194. — Jugé, en ce sens, qu'un acte qui, à cause des nombreuses ratures et des phrases sans liaison qui s'y trouvent, pourrait être considéré comme un simple projet de testament peut être déclaré constituer un testament olographe valable, s'il est écrit en entier, daté et signé de la main du testateur sans qu'un pareil arrêt donne ouverture à cassation. — *Cass.*, 15 janv. 1834, Lelong c. Cosme.

195. — Cependant, suivant Duparc-Poulain (*Principes du droit*, t. 7, p. 7), s'il se trouvait plusieurs dispositions rayées et d'autres qui ne le fussent pas, le testament pourrait, suivant les circonstances, être considéré comme un simple projet que le testateur n'avait pas mis au net et, comme tel, annulé. M. Poujol (art. 970, n° 6) ne partage pas entièrement cette opinion; il faudrait, dit-il, des circonstances bien graves, bien positives, pour autoriser la justice à écarter un testament à cause des ratures et surcharges plus ou moins nombreuses qu'il pourrait présenter, ou plutôt ce serait dans les circonstances accessoires et non dans les ratures, quelque nombreuses qu'elles fussent, que l'on devrait rechercher le véritable motif d'annuler ce testament.

196. — Toutefois, les dispositions biffées ou raturées ne conservent aucune valeur, encore qu'on puisse les lire et que le testateur n'ait point approuvé les ratures, de telle sorte qu'il n'y ait pas lieu d'annuler le testament, si ces dispositions biffées sont de nature à en entraîner la nullité. — *Cass.*, 15 janv. 1834, Lelong c. Cosme.

197. — Enfin, la loi ne prescrivant d'autres formes pour le testament olographe que d'être écrit, daté et signé par le testateur, il faut en tirer cette conséquence que de quelque manière que le testament soit écrit, qu'il contienne de fréquentes abréviations, que les sommes léguées soient mi-

ses en chiffres, pourvu que l'intention du testateur soit manifeste, la disposition sera valable. — Denisart, vº *Testament*, nº 43; Toullier, t. 3, nº 366; Merlin, *Rép.*, vº *Testament*, sect. 2, § 1er, art. 6, nº 4; Duranton, t. 9. nº 31.

198. — L'appréciation des ratures, surcharges et interlignes que renferme un testament rentre dans les attributions exclusives de la cour d'appel appelée à statuer sur le mérite de l'acte. — *Cass.*, 29 avr. 1824, de Villers c. de Vérac.

199. — Le testament olographe n'est pas vicié par les blancs qui peuvent y exister; aucune loi n'exige qu'il soit fait d'un seul contexte. — *Cass.*, 29 mai 1832, Bragade c. Batardy. — Denisart, vº *Testament*, nºs 35 et 36; Coin-Delisle, sur l'art. 970, nº 22

200. — Quelques blancs laissés dans un testament pour intercaler les prénoms de légataires seulement désignés par leurs noms de famille, n'annulent pas le testament dans ses dispositions. Les dispositions relatives à ces légataires ne sont pas nulles non plus, si d'ailleurs ils sont suffisamment désignés. — *Rennes*, 14 mai 1825, Laveaux c. Devay.

ART. 3. — *Date du testament olographe.*

201. — Le testament olographe n'est valable qu'autant qu'il est daté de la main du testateur. — C. civ., art. 970. — L'ordonnance de 1735, art. 38, portait une disposition semblable.

202. — La date est indispensable pour constater la capacité du testateur au moment de la confection du testament, et, en cas de concours de plusieurs testamens, pour établir la priorité de l'un sur l'autre. — Toullier, t. 5, nº 362; Duranton, t. 9, nº 30; Poujol, *Donat. et testam.*, t. 2, *Observ. gén.*, nº 8.

§ 1er. — *Manière d'exprimer la date du testament olographe.*

203. — L'ordonnance de 1735 exigeait l'indication précise des jour, mois et an. Le Code civil veut seulement que le testament soit daté, ce qui permet aux juges d'admettre des équipollens. — Toullier, t. 5, nºs 362 et 365; Duranton, t. 9, nº 30; Favard de Langlade, *Rép.*, vº *Testament*, sect. 1re, § 2, nº 6. — V. DATE.

204. — Ainsi, sous l'ordonnance de 1735 (art. 38), il ne suffisait pas d'avoir mentionné le jour ou le mois, sans avoir indiqué l'année, ni d'avoir exprimé le jour et l'an, sans marquer le mois, ni enfin le mois et l'an sans marquer le jour. — Furgole, *Traité des Testamens*, chap. 51, sect. 4e, nº 18.

205. — Mais, sous le Code civil, l'indication du jour, du mois et de l'année peut être suppléée par des énonciations équipollentes; ainsi, par exemple, si le testateur a daté son testament du jour d'une fête ou du jour d'un événement constaté par un acte de l'état civil. — Merlin, *Rép.*, vº *Testament*, sect. 2e, § 1er, art. 6, nº 3; Toullier, t. 5, nº 365; Duranton, t. 9, nº 30; Zachariæ, t. 5, § 668; Poujol sur l'art. 970, nº 8; Coin-Delisle, sur l'art. 970; Rolland de Villargues, vº *Testament*, nº 313; Favard de Langlade, sect. 1re, § 1er, nº 6.

206. — La date peut être écrite en chiffres aussi bien qu'en toutes lettres. — *Nîmes*, 29 (et non 30) janv. 1810, Pical. — Pothier, chap. 1er, art. 2, § 2; Merlin, *Rép.* vº *Testament*, sect. 2e, § 1er, art. 6, nº 4; Toullier, t. 5, nº 366; Duranton, t. 9, nº 31; Zachariæ, *loc. cit.*; Poujol, des *Donat. et testam.* sur l'art. 970, nº 9; Rolland de Villargues, vº *Testament*, nº 316; Gagneraux, *Encyclopédie du notariat*, t. 1er, p. 256.

207. — Le testament olographe est valable, quoiqu'il ne contienne pas l'indication du lieu où il a été fait, ou quoique ce lieu ait été mal indiqué. — *Nîmes*, 20 janv. 1810, Pical; *Cass.*, 6 janv 1814, de Lavy c. Belloc; *Bordeaux*, 26 janv. 1829, Duchesne c. Eade. — Pothier, des *Donat. testam.*, chap. 1er, art. 2, § 2; Merlin, vº *Testament*, sect. 2e, § 1er, art. 6, nº 12; Grenier, t. 1er, nº 227; Toullier, t. 5, nº 368; Favard de Langlade, *Rép.*, vº *Testament*, sect. 1re, § 2, nºs 7 et 8; Duranton, t. 9, nº 23; Zachariæ, t. 5, § 668; Poujol, sur l'art. 970, nº 17; Delvincourt, t. 2, p. 295.

208. — ... Et l'indication de ce lieu ne forme pas, en droit, partie intégrante de la date du testament. — *Bourges*, 22 déc. 1842 (t. 2 1842, p. 733), Ricard c. Ramon.

209. — Il suit de là qu'on ne pourrait demander la nullité d'un testament olographe parce qu'il aurait été daté de Paris, quoique le testateur se trouvât à Lyon. — Toullier, t. 5, nº 367; Duranton, t. 9, nº 23; Rolland de Villargues, *Rép.*, vº *Testament*, nº 315.

210. — Ainsi, l'indication du lieu, même fausse, devient sans importance, et par suite l'inscription de faux tendant à démontrer que le testament a été fait dans un lieu autre que celui qu'indique l'acte est inadmissible. — *Bourges*, 22 janv. 1842 (t. 2 1842, p. 733), Ricard c. Ramon.

211. — Un testament olographe n'a pas besoin, pour être valable, que la date ait été apposée par le testateur, au moment même de la confection du testament. — *Paris*, 13 déc. 1826, Didier.

212. — En effet, aucune loi ne défend au testateur d'employer plusieurs jours à la rédaction de son testament et de le clore par l'indication des jours pendant lesquels il s'en est occupé. — *Cass.*, 15 juill. 1846 (t. 1er 1847, p. 49), Tronnet c. Forbras. — Merlin, *Rép.*, vº *Testament*, sect. 2e, § 1er, art. 6, nº 8; Duranton, t. 9, nº 33; Poujol, t. 2, nº 10; Coin-Delisle sur l'art. 970, nº 32.

213. — Un testament olographe est valable, encore bien qu'il soit démontré, par la différence de papier, des caractères d'écriture ou d'autres circonstances, que le testateur a, postérieurement à la date énoncée dans son testament olographe, ajouté de nouvelles feuilles de papier à celle contenant la date. — *Toulouse*, 17 juin 1831, Cricq.

214. — Le testateur qui date son testament d'une date future, est présumé avoir voulu en suspendre l'effet jusqu'à l'époque; en conséquence, s'il meurt auparavant, le testament s'évanouit: *non intendebat anti testari*. — Dumoulin, sur l'ancienne coutume de Paris, § 96; Merlin, *Rép.*, vº *Testament*, sect. 2e, § 1er, art. 6, nº 6; Toullier, t. 3, nº 363; Poujol sur l'art. 970, nº 16.

215. — Lorsqu'un testament olographe porte la date d'un mois postérieur au décès du testateur, et qu'il n'est pas possible de vérifier, d'après les élémens de l'acte en lui-même, s'il y a eu simple erreur dans cette indication, le testament doit être annulé. — *Rouen*, 19 juin 1829, Saint-Martin c. Lalou.

216. — Mais lorsque, sur un codicille ou testament olographe régulièrement daté et signé, il se trouve une date postérieure au décès du testateur, cette date peut être considérée comme étrangère à l'acte, et elle ne le vicie aucunement. — *Cass.*, 6 mai 1812, Gouzeville c. Bayeul.

217. — Un testament olographe écrit, daté et signé par le testateur, n'est pas nul lorsque la date est placée au-dessous de la signature; la raison en est que si la date est une formalité substantielle d'après l'art. 970, C. civ., la place de cette date n'a point été indiquée au-dessus de la signature, à peine de nullité; que peu importe en quel endroit de l'acte elle a été apposée, lorsqu'elle a une corrélation nécessaire avec les dispositions. — *Paris*, 13 août 1811, de Bayeul; *Liége*, 23 juin 1823, Termonia; *Bordeaux*, 12 janv. 1825, Dupuy; *Cass.*, 9 mai 1825, Desloges c. Delélée; *Paris*, 20 avr. 1828, Manquart c. Coutelas; *Cass.*, 11 mai 1831, Quesnel c. Nuël. — Delvincourt, t. 2, p. 80; Toullier, t. 5, nº 369. — *Contrà*. *Liége*, 22 fév. 1812, D'Etienne c. Falla. — V. aussi Duranton, t. 9, nº 34.

218. — Un écrit contenant les dernières volontés d'un défunt et portant plusieurs dates ne forme point, par cela seul, plusieurs testamens. — *Paris*, 13 août 1811, Gouzeville c. Bayeul; *Cass.*, 6 mai 1812, mêmes parties.

219. — De même doit être considéré comme formant un seul contexte et un testament olographe régulier l'acte de dernière volonté écrit et signé par le testateur, mais portant en tête et à la fin une date différente. — *Cass.*, 29 mai 1832, Bragade c. Batardy.

220. — Le testament olographe qui porte une date au commencement et qui est terminé par une date différente et postérieure à la première n'encourt pas l'annulation, sous le prétexte qu'il en résulte une incertitude sur la véritable date. — *Cass.*, 8 juill. 1823, Despréaux.

§ 2. — *Omission, inexactitude ou fausseté de la date du testament olographe.*

221. — La date étant exigée comme condition essentielle du testament olographe (C. civ., art. 970), il s'ensuit que si l'acte ne porte aucune date, il ne saurait constituer un testament.

222. — Ainsi, jugé que l'acte qui ne contient aucune date, même imparfaite ou fausse, aucune énonciation de millésime, ne peut être réputé testament, et que les juges ne peuvent suppléer cette date, à l'aide d'inductions, alors surtout que les énonciations de l'acte ne leur fourniraient pas le moyen de déterminer la date de la confection, d'une manière absolue et précise, mais seulement par deux époques entre lesquelles il existerait des années. — *Rouen*, 15 nov. 1838 (t. 2 1838, p. 572), Delacour c. Campuley.

223. — ... Que la date du testament étant une formalité intrinsèque de cet acte dont la loi exige l'observation, sous peine de nullité, on ne peut suppléer à son omission par des considérations prises de l'intention plus ou moins apparente du testateur. — *Cass.*, 12 mars 1806, Thomin c. Lebègue-Majainville; *Rouen*, 19 juin 1829, Saint-Martin c. Lalou; *Bourges*, 18 janv. 1831, L'homme c. Grangier; *Cass.*, 26 déc. 1832, Grangier c. L'homme; 12 janv. 1833, Evrard c. Fabre.

224. — Sous l'empire de l'ord. de 1735 et malgré la rigueur de l'art. 38, qui voulait que les testamens olographes continssent la date des jour, mois et an, il avait été décidé par plusieurs arrêts que des indications équivalentes ou supplétives étaient jugées suffisantes pour rectifier une date erronée. — V. l'arrêt du 17 juill. 1751 (qui valide le testament de Charles Pichon, daté du 4 fév. mille... cent trente-deux); l'arrêt du 5 janv. 1770 (testament de la demoiselle Lachaise), et l'arrêt du 5 juill. 1782 (testament du sieur Suleau).

225. — Jugé également que sous l'ancienne législation, l'erreur de date en matière de dispositions à cause de mort n'opérait point la nullité de la donation, alors que cette erreur était évidemment le fait de l'inadvertance, et que des circonstances et des documens certains conduisaient à la connaissance de la véritable date. — *Cass.*, 20 fév. (et non juin) 1816, Royer.

226. — Aujourd'hui il est généralement admis que l'erreur ou l'incertitude de date n'entraîne pas la nullité du testament olographe, lorsque la date peut être rectifiée ou rétablie par la contexture ou les énonciations mêmes de cet acte. — Grenier, t. 1er, nº 228 bis; Merlin, *Rép.*, vº *Testament*, sect. 2e, § 1, art. 6, nºs 9 et 10, et *Quest.*, vº *Testament*, § 15, art. 6; Rolland de Villargues, *Rép. du notariat*, vº *Date*, nºs 31 et suiv.; Toullier, t. 5, nº 369; Duranton, t. 9, nº 36; Zachariæ, t. 5, p. 668; Marcadé, sous l'art. 970, t. 4, nº 3. — V. aussi DATE, nº 13.

227. — Jugé dans le même sens qu'un testament olographe dont la date est évidemment erronée n'est pas nul si la date véritable résulte du contenu même de l'acte. — *Agen*, 6 avr. 1813, Baudry c. Gauthier; *Rouen*, 19 juin 1829, Saint-Martin c. Lalou; *Cass.*, 1er mars 1832, Amiable c. Lorier; 9 janv. 1839 (t. 1er 1839, p. 514), Panissat c. Reynaud.

228. — ... Qu'une erreur de date ne vicie pas le testament qui la renferme, toutes les fois qu'on trouve dans le même acte des élémens matériels et physiques qui la corrigent, la rectifient et la fixent nécessairement. — *Cass.*, 19 fév. 1818, Letellier c. Duparc.

229. — Ainsi un testament olographe portant la date de 1893 n'est pas nul, bien qu'il soit établi que cette date est fausse, s'il résulte des énonciations contenues dans le testament lui-même que sa véritable date est nécessairement celle de 1813. — *Cass.*, 12 juin 1821, Rochefort c. Fayolle.

230. — Ainsi encore la date d'un testament, incomplétement énoncée (comme le 15 *juillet mil huit quatorze*) peut être rectifiée par des énonciations et des inductions tirées de l'acte même. — *Colmar*, 16 juill. 1828, Riche c. Villaumé; *Cass.*, 2 mars 1830, Dupré c. Riche. — Merlin, *Rép.*, vº *Testament*, sect. 2, § 1er, art. 6, nº 3; Toullier, t. 5, nº 361; Duranton, t. 9, nº 36.

231. — Mais l'omission d'un mot dans la date d'un testament olographe suffit pour l'annuler, si d'ailleurs il n'est pas évident que cette omission soit l'effet d'une erreur ou d'une distraction. — *Toulouse*, 12 août 1824, Moynier c. Chauliaguet.

232. — Tel est le cas où le testament porte une date erronée quant au millésime, alors que la vraie date ne peut pas être suppléée d'une manière certaine par des élémens puisés dans le testament même. — *Paris*, 19 mai 1848 (t. 1er 1848, p. 683), Chapotot c. Renard.

233. — Un testament olographe, portant la date reconnue erronée du 20 mai 1818, et dans lequel se trouve, après la signature du testateur, cette mention avec paraphe: « *Je dis 1829* », a pu être validé, quant à sa date, en supposant qu'elle ait donné lieu à des incertitudes, si les juges ont puisé dans les énonciations même du testament, notamment dans la mention de l'âge du testateur, les élémens nécessaires pour assigner à l'acte la véritable date de sa confection. — *Cass.*, 3 janv. 1838 (t. 1er 1838, p. 58), Bérit c. Bonne.

234. — On ne peut considérer comme suffisamment daté un testament qui énoncerait le jour, mais non pas le mois et l'année, ou bien le mois mais non pas l'année et le jour, ou bien le jour et le mois, mais non pas l'année de sa confection. — Merlin, *Rép.*, vº *Testament*, sect. 2e, § 1er, art. 6, nº 3.

235. — Un testament qui ne porte que la date de l'année, sans énonciation du jour ni du mois, a pu être annulé pour défaut de date, alors qu'on ne peut suppléer à cette omission des mois et jour par des élémens puisés dans le testament même. — *Cass.*, 3 mars 1846 (t. 2 1846, p. 209), Décanis; *Paris*, 19 mai 1848 (t. 1er 1848, p. 683), Chapotot c. Renard.

236. — Il n'est pas exact, en droit, de soutenir

que la date d'un testament est tellement indivisible dans toutes ses parties que l'incertitude sur le *millésime* entraîne nécessairement le doute sur le *jour* et le *mois*. Il appartient aux juges de la cause, après avoir constaté l'année où a été fait le testament, de rechercher si la mention du *jour* et du *mois* peut se rattacher au *millésime* indiqué par le testateur, et leur décision à cet égard, quelle qu'elle soit, échappe à la censure de la cour de Cassation. — *Cass.*, 3 janv. 1838 (t. 1er 1838, p. 58), Bérit c. Bonne.

237. — Mais, bien que le jour et le mois aient été omis dans la date d'un testament olographe, le testament n'en serait pas moins valable si, comme on l'a vu *suprà*, il portait dans les termes l'indication du jour d'une fête publique fixée par la loi à une époque certaine; par exemple, la veille du jour de Pâques. — Favard, *Répert.*, sect. 1re, § 1er, no 6; Duranton, t. 9, no 30; Rolland de Villargues, *Répert.*, vo *Testament*, no 313.

238. — Au surplus, lorsqu'il s'agit d'apprécier les erreurs qui ont pu être commises dans la date d'un testament, il faut tenir pour règle: 1o qu'une omission est plus facile que l'addition d'un ou de plusieurs mots; 2o que l'erreur ou l'omission est plus facile à commettre dans une date en chiffres que dans une date en toutes lettres; 3o que l'erreur est plus difficile et moins vraisemblable quand on prétend qu'elle consiste en plusieurs mots; 4o enfin, que l'erreur devient tout-à-fait invraisemblable quand il existe plusieurs doubles du testament tous conformes dans la date. — Toullier, t. 5, no 364.

239. — Un arrêt qui a déclaré valable un testament olographe, bien que la date en fût incertaine, ne peut être annulé par le motif que, tout en fixant la date de cet acte, il décide dans ses considérans que le testament eût-il telle date ou telle autre, il n'en serait pas moins valable. — *Cass.*, 11 juin 1810, Debazarnes c. Hereau.

240. — Et nul le testament olographe dont la date est incertaine; elle peut être incertaine par plusieurs circonstances: ainsi, par exemple, si elle est surchargée de manière à ce qu'on ne puisse la lire ou à ce que les juges restent indécis entre deux dates également apparentes. — Merlin, *Quest.*, vo *Testament*, no 16, et *Répert.*, *eod. verb.*, sect. 2e, § 1er, art. 6, no 9.

241. — Mais une date surchargée ne vicie pas le testament si la surcharge n'empêche pas de distinguer d'une manière certaine tous les caractères dont elle se compose. — *Cass.*, 29 mai 1832, Bragade c. Batardy. — Toullier, t. 5, no 367; Duranton, t. 9, no 37; Poujol, art. 970, no 13.

242. — Un testament olographe fait sous la coutume du Nivernais, antérieurement à la loi du 25 vent. an XI, n'est pas nul par cela qu'il y a surcharge d'une lettre dans le mot énonciatif de la date du jour. — *Cass.*, 11 juin 1810, Debazarnes c. Héreau.

243. — Lorsqu'il résulte des énonciations du testament que la date est fausse, le testament est nul parce qu'une date fausse n'est point une date. — Merlin, vo *Testament*, sect. 2e, § 1er, art. 6, no 10; Coin-Delisle, art. 970, no 39.

244. — Ainsi, jugé qu'une fausse date apposée à un testament olographe ne peut être considérée comme une date et entraîne la nullité de ce testament. — *Bourges*, 18 janv. 1831 (et non 1832), Lhomme c. Grangier; *Cass.*, 26 déc. 1832, mêmes parties; 9 mai 1833, Cordès; *Toulouse*, 18 déc. 1838 (t. 1er 1839, p. 153), Aubinel c. Barcouda; *Nancy*, 15 juill. 1843 (t. 1er 1845, p. 157), Devivier c. Devallée; *Rouen*, 14 avr. 1847 (t. 2 1848, p. 569), Devé c. Charpentier.

245. — ... Alors, d'ailleurs, que le testament ne porte pas par lui-même les élémens nécessaires pour fixer la véritable date. — *Cass.*, 9 mai 1833, Cordès; *Toulouse*, 18 déc. 1838 (t. 1er 1839, p. 153), Aubinel c. Barcouda.

246. — ... Ou que rien, dans les circonstances qui ont précédé et accompagné sa rédaction, ne peut servir à constater sa véritable date. — *Bourges*, 18 janv. 1831 (et non 1832), Lhomme c. Grangier; *Cass.*, 26 déc. 1832, mêmes parties.

247. — ... Ou encore qu'il ne s'agit pas d'une erreur matérielle dont la rectification puisse être faite au moyen des énonciations de l'acte lui-même. — *Rouen*, 14 avr. 1847 (t. 2 1848, p. 569), Devé c. Charpentier.

248. — La date reconnue fausse entraînerait la nullité de la disposition alors même que le testament ne se trouverait en concours avec aucune autre, et qu'il serait certain qu'à l'époque où le testament a été fait le testateur avait la capacité de disposer. — *Bruxelles*, 4 déc. 1824, Parois. — Car les formalités prescrites par la loi ne sont pas moins impérativement commandées, bien que les inconvéniens qu'elles ont pour but de prévenir ne

se rencontrent pas dans l'espèce pour laquelle leur observation est réclamée. — Duranton, t. 9, no 35.

249. — Lorsque la date d'un testament olographe est reconnue fausse, les tribunaux peuvent suppléer à la fausseté de l'indication; mais ils ne peuvent le faire qu'au moyen d'élémens tirés de l'acte même et non d'ailleurs. — *Rouen*, 10 juin 1829, Saint-Martin c. Lalou; *Toulouse*, 18 déc. 1838 (t. 1er 1839, p. 153), Aubinel c. Barcouda; *Nancy*, 15 juill. 1843 (t. 1er 1845, p. 157), Devivier c. Devallée; *Douai*, 15 avr. 1845 (t. 2 1845, p. 178), Luguet c. Chatelain. — Merlin, *loc. cit.*; Toullier, t. 5, no 362, et t. 8, no 83.

250. — Ainsi, ils ne pourraient suppléer à la fausseté de l'indication de la date au moyen de lettres missives émanées du testateur. — *Douai*, 15 avril 1845 (t. 2 1845, p. 178), Luguet c. Chatelain.

251. — De même, une lettre par laquelle le testateur annonce au légataire l'existence d'un testament ne peut servir à rendre à ce testament sa date réelle, ni valoir par elle-même de testament, alors que le testateur n'a point eu l'intention de lui en donner le caractère et la force. — *Rouen*, 14 avr. 1847 (t. 2 1848, p. 569), Devé c. Charpentier.

252. — Jugé cependant que lorsque l'écriture rend douteuse la véritable date d'un testament olographe, les juges peuvent, afin de la reconnaître, corroborer ce qu'ils croient déjà résulter de l'acte même par la date indiquée nettement sur l'acte de suscription qui couvre le testament et qui a été aussi écrit, daté et signé par le testateur, bien qu'un tel acte de suscription soit étranger à la forme légale des testamens olographes. — *Bordeaux*, 12 déc. 1832, Corras c. Frouin.

253. — Il n'est pas nécessaire de prendre la voie de l'inscription de faux pour faire déclarer fausse la date d'un testament olographe. Mais, dans ce cas, la preuve de la fausse date doit se tirer du testament lui-même, alors qu'on se propose uniquement de faire déclarer le testament non pas faux, mais nul pour défaut d'accomplissement d'une formalité légale, par assimilation de la déclaration d'une date inexacte avec l'absence de date. — *Cass.*, 4 janv. 1847 (t. 1er 1847, p. 100), Joffrion. — Zachariæ, t. 5, § 669.

254. — Toutefois cette règle n'est pas violée lorsque l'appréciation d'un fait extrinsèque n'est faite par le juge qu'à titre d'élément d'une preuve qui a d'ailleurs son principe et sa racine dans le testament lui-même. — Ainsi l'arrêt d'une cour d'appel qui s'est bornée à ordonner, par un avant-dire-droit, la vérification d'un fait qui ne peut avoir de force probante que par son incorporation avec le résultat de l'état matériel du testament, ne donne pas ouverture à cassation. — Même arrêt.

255. — Les légataires ne peuvent non plus, pour établir la vérité de la date, être admis à opposer que des faits résultant aussi de la teneur de l'acte. — *Toulouse*, 18 déc. 1838 (t. 1er 1839, p. 153), Aubinel c. Barcouda.

256. — Zachariæ (t. 5, § 669) pense au contraire que, dans ce cas, les légataires seraient admis à prouver par témoins la sincérité de la date.

257. — Jugé, dans ce dernier sens, que s'il n'est pas permis en droit de rectifier la date erronée d'un testament olographe à l'aide de circonstances et de documens étrangers au testament lui-même, il n'est pas prohibé d'établir, soit par la preuve testimoniale, soit autrement, l'erreur dans laquelle a pu être le testateur au sujet de certaines énonciations mentionnées dans le testament, et desquelles on veut faire résulter la fausseté de sa date; ainsi, le légataire indiqué sous une qualité dont il n'a été réellement revêtu que postérieurement à la date donnée au testament peut, si l'on veut tirer, contre lui, de cette indication, la preuve de la fausseté de la date, être admis à prouver l'erreur dans laquelle, lors de la date mentionnée, se serait trouvé le testateur relativement à l'exercice de cette qualité. Le principe qui veut que la preuve de la vérité de la date ne puisse résulter que *ex ipso testamento* ne trouve pas d'application à ce cas. — *Cass.*, 3 août 1843 (t. 2 1843, p. 314), Barcouda c. Barthe.

258. — Dans tous les autres cas du testament, comme la date du testament fait foi par elle-même, on ne peut plus prouver que la date est fausse que par la voie de l'inscription de faux. — V. le paragraphe suivant.

§ 3. — *Foi due à la date des testamens olographes.*

259. — Le testament olographe dont l'écriture et la signature sont reconnues par les héritiers *ab intestat*, ou tenues pour telles, font foi de leur date. — *Cass.*, 29 avr. 1824, de Villers c. de Vérac. — Ricard, part. 1re, no 1560; Merlin, *Rép.*, vo *Testament*, sect. 2e, § 4, art. 7, no 1er; Grenier, no 228-5o; Toullier, t. 5, no 377; Duranton, t. 9, nos 44

et suiv.; Rolland de Villargues, vo *Testament*, no 277.

260. — La cour de Cassation s'exprimait ainsi dans cet arrêt: « Celui qui, dans un acte en forme de testament, commande à l'avenir et dispose pour un temps où il ne sera plus, exerce en quelque sorte la puissance législative, ce qui a fait dire à la loi romaine: *Disponat testator et erit lex*. En conséquence, la loi place momentanément le testateur dans la classe des fonctionnaires publics; d'où il résulte qu'il imprime l'authenticité à la date qu'il donne à son testament. Au surplus, la force des choses conduirait seule à cette conséquence; en effet, lorsqu'une personne a laissé plusieurs testamens, si leur date ne faisait pas foi par elle-même, auquel de ces différens actes attribuerait-on l'authenticité? »

261. — De ce qu'un testament olographe fait foi de sa date, il suit que si le testateur a été interdit et que le testament porte une date antérieure à l'interdiction, l'acte est réputé fait avant l'interdiction, et c'est à l'héritier légitime à prouver le contraire. — *Cass.*, 29 avr. 1824, de Villers c. de Vérac; *Liége*, 14 fév. 1815, N...; *Paris*, 17 juin 1822 (sous *Cass.*, 29 avr. 1824), Devilliers c. de Vérac; *Bruxelles*, 21 juin 1822, N....; *Riom*, 20 janv. 1824, Mandosse c. Courtaurel de Rouzat; *Bruxelles*, 15 avr. 1825, K... c. W...; *Toulouse*, 11 juin 1830, Charry c. Lafont. — Sous l'ancienne jurisprudence, on décidait la question en ce sens. — Basnage (sur l'art. 422, Cout. de Normandie) cite un arrêt du Parlement de Rouen, qui avait jugé de cette manière, et Brillon (dans son *Dict. d'arrêts*, vo *Testament*, no 12) en rapporte un autre du Parlement de Paris qui avait décidé la question en ce sens. — V. aussi Ricard, *Des donations*, part. 1re, no 1560.

262. — Toutefois, il ne faut pas adopter cette jurisprudence d'une manière absolue et dire que le testament olographe a la force d'un acte authentique, il faut la restreindre, au contraire, aux cas qu'elle juge; ainsi beaucoup d'autres Cours ont décidé en sens opposé et ont statué que bien qu'un testament olographe eût la même force exécutoire qu'un testament public, il n'en a pas moins le caractère d'écriture privée; qu'en conséquence, l'héritier auquel on l'oppose peut se borner à demander la vérification des écritures et signatures, sans être obligé de s'inscrire en faux. — *Colmar*, 12 juill. 1807, Guillemot; *Cass.*, 13 nov. 1816, Lafont c. Gounon; *Caen*, 8 avr. 1824, Dufort c. Noël; *Bruxelles*, 15 avr. 1825, K... c. W...; *Angers*, 29 mars 1828, Delaage c. Olivier; *Limoges*, 7 juill. 1832 (sous *Cass.*, 7 mai 1833), Mursourac c. Cramouzeaud

263. — De ce que le testament olographe fait foi de sa date, il suit encore que l'art. 1328, C. civ., relatif à la date des actes sous seings-privés n'est point applicable aux testamens olographes. — *Cass.*, 8 juill. 1823, Despréaux; *Bruxelles*, 15 avr. 1825, K... c. W...

264. — Quoi qu'il en soit, un testament olographe a une date certaine lorsqu'il se trouve relaté dans un codicille public postérieur. — *Cass.*, 11 frim. au IX, Bardonnex c. Mercier.

265. — L'antidate d'un testament olographe ne peut être établie que par la voie de l'inscription de faux, encore bien qu'il soit reconnu par les parties que la date est de la main du testateur. — *Bourges*, 17 juill. 1841 (t. 1er 1842, p. 683), Ricard c. Ramond.

266 — On ne peut autrement que par la voie de l'inscription de faux prouver qu'un testament a été antidaté et fait réellement à une époque où le testateur était en démence. — *Toulouse*, 11 juin 1830, Charry c. Lafont.

267. — On peut s'inscrire en faux incident pour prouver qu'un testament olographe a été antidaté par le testateur, encore bien que ce fait d'antidate ne constitue pas le crime de faux; il suffit, pour motiver l'admission de cette inscription de faux, que l'antidate ait pu avoir pour objet de soustraire aux regards de la justice l'incapacité dont le testateur était frappé à l'époque où le testament a réellement été confectionné. — *Cass.*, 16 déc. 1829, Dugard c. Darcy.

268. — Le testament olographe légalement reconnu et déposé chez un officier public emporte la même foi que l'acte authentique; et, s'il est attaqué, l'exécution provisoire du jugement qui le maintient peut être ordonnée nonobstant appel et sans caution. — *Nîmes*, 25 mars 1819, Saulet c. Danthoine. — Poujol, art. 970, no 29.

269. — Si, en thèse générale, un testament olographe fait par lui-même foi de sa date, ce privilége cesse lorsqu'on demande à prouver que cette date est fausse et qu'elle n'a été apposée que par l'effet du dol ou de la suggestion du légataire. — *Angers*, 29 mars 1828, Delaage c. Olivier.

ART. 4. — *Signature du testament olographe.*

270. — Le testament olographe doit être signé par le testateur. — C. civ., art. 970.

271. — C'est la signature qui lui donne l'existence; jusque-là, il n'existe qu'en projet; — Poujol, sur l'art. 970, nº 18.

272. — Le testament doit être signé du nom de famille et non de celui d'une terre : l'ordonnance de 1629 (art. 211) avait une disposition semblable; elle défendait de signer du nom des seigneuries; cette ordonnance est abrogée, mais la loi du 23 juin 1790 défendit de prendre d'autres noms que le vrai nom de sa famille, et celle du 6 fructid. an XI ne permet de porter d'autre nom que celui exprimé dans l'acte de naissance. — Merlin, *Rép.*, vº *Signature*, § 3, art. 4; Duranton, t. 9, nº 39; Poujol, sur l'art. 970, nº 19; Coin-Delisle, sur l'art. 970, nº 40.

273. — Les initiales des noms et prénoms ne suffisent pas pour constituer une signature; et alors même que le testateur n'aurait jamais signé différemment, « quelques lettres de l'alphabet réunies, dit M. Grenier (t. 1er, nº 244 *bis*), ne forment point un nom, ni par conséquent une signature. » — V. aussi Merlin, *Rép.*, vº *Signature*, § 4, art. 5, nº 2. — Cet auteur cite à l'appui de son opinion plusieurs arrêts de parlemens qui ont jugé en ce sens, notamment un du 26 oct. 1658, qui déclara nul le testament de Marie-René de Baronnage, parce qu'il n'était signé que des initiales M. R. B.

274. — La signature n'est pas le nom seulement; c'est le nom écrit de la manière adoptée par le signataire lorsqu'il approuve quelque acte de la vie civile. — Coin-Delisle, sur l'art. 970, nº 42.

275. — La signature du testateur se compose de son nom de famille écrit en toutes lettres, sans abréviation : ainsi, on n'est pas sensé avoir signé par l'inscription de son prénom ou par les lettres initiales de son nom, ou par un nom de terre ou par un sobriquet. — Ricard, *Des donations*, part. 1re, chap. 4, sect. 7e; Merlin, *Rép.*, vº *Signature*, § 3, art. 4 et 5; Toullier, t. 5, nº 373 et suiv.; Grenier, t. 1er, nº 227; Zachariæ, t. 5, § 666.

276. — On ne pourrait rien inférer contre cette opinion de l'arrêt qui avait maintenu le testament du célèbre Massillon, évêque de Clermont, qui n'était signé que d'une + et des lettres J. B., suivies du titre d'*évêque de Clermont*, ni de l'arrêt de la cour de Cassation du 23 mars 1824 (de Serhodin), qui a maintenu aussi le testament de M. *Loyson*, évêque de Bayonne, lequel était signé de la même manière, par la raison que ces testamens contenaient, après les signatures, l'indication de la qualité de ces prélats, ce qui faisait disparaître tout doute sur l'identité du testateur. — Duranton, t. 9, nº 40.

277. — La cour de Paris a cependant décidé qu'un testament olographe est valable, quoique le testateur ne l'ait pas signé de son nom de famille, mais d'un nom sous lequel il était depuis longtemps connu et désigné et qu'il apposait constamment dans des actes publics ou privés. — *Bourges*, 19 août 1824, Davigneau c. Levasseur : *Paris*, 7 avr. 1848 (t. 1er 1848, p. 410), Michallet c. Hermes. — Merlin, *Rép.*, vº *Signature*, § 3, art. 4 et 5; Grenier, *Des testamens*, t. 1er, nº 244 *bis*; Duranton, t. 9, nº 39.

278. — Une signature irrégulièrement formée ou mal orthographiée ne vicie pas le testament, si d'ailleurs elle peut se lire et que sa sincérité ne soit pas contestée. — Duranton, t. 9, nº 41. — Mais lorsque la signature manque de correction, que des lettres sont omises ou substituées à d'autres, dans ces divers cas la validité de la signature et par suite celle du testament sont abandonnées à l'appréciation des tribunaux. — Merlin, *Rép.*, vº *Signature*, § 3, art. 6, nº 1er; Coin-Delisle, sur l'art. 970, nº 41.

279. — La signature mise par une femme au bas de son testament olographe est suffisante, bien qu'elle ne comprenne que son prénom et le nom de son mari, si la testatrice était dans l'usage de signer ainsi. — *Rennes*, 11 fév. 1830 (sous *Cass.*, 11 mai 1831), Quesnet et Noël c. Commore.

280. — La signature n'a pas besoin de contenir le prénom du testateur. — Duranton, t. 9, nº 39.

281. — La mention, *fait et signé par moi*, avec l'addition du nom du testateur et la date mise au bas d'un testament olographe, n'équivaut pas à une signature régulière. — *Bruxelles*, 22 fév. 1812, Détienne c. Falla.

282. — Jugé cependant que l'énonciation du nom du testateur, vers la fin de l'écrit qualifié de testament olographe, peut être considérée comme une signature. Spécialement, est valable le testament qui, au lieu d'être terminé par une signature détachée, l'est par les mots suivans : « Fait et écrit en entier, après mûres réflexions, par moi Pauline d'Espinose, veuve Guyot, qui ai signé après lecture et méditation. — *Rennes*, 20 avr. 1812, Gaudin; *Cass.*, 20 avr. 1813, mêmes parties.

283. — Le testament est valable, bien que la signature, qui d'ailleurs est reconnue être celle du testateur, soit dépourvue du paraphe qui l'accompagne ordinairement. — *Aix*, 27 janv. 1846 (t. 2 1846, p. 182), Mille et Lieutaud.

284. — Une croix ou une marque quelconque ne peuvent remplacer une signature. La jurisprudence n'a, il est vrai, rien statué de spécial sur ce point en matière de testament olographe; mais elle a tranché la question d'une manière générale dans des cas où il s'agissait d'actes sous seings-privés. — V. SIGNATURE, nºs 25 et suiv.

285. — Il n'est pas nécessaire que le testament olographe contienne la mention de la signature du testateur; cette formalité n'est prescrite que pour les testamens par acte public. — Grenier, *Testamens*, t. 1er, nº 228; Toullier, t. 3, nº 372.

286. — Un testament olographe est valable, encore que le testateur ne l'ait signé que longtemps après l'avoir écrit. — *Bruxelles*, 20 mai 1829, N...

ART. 5. — *Dispositions additionnelles. — Interlignes. — Renvois.*

287. — Lorsqu'à la suite d'un testament olographe il se trouve un *post-scriptum*, il peut être considéré comme étant de la même date que le corps de l'acte, s'il apparaît, d'ailleurs, qu'il a été écrit immédiatement après l'acte. — Rolland de Villargues, *Rép.*, vº *Date*, nºs 24 et 25. — V. DATE, nº 37.

288. — Jugé, en ce sens, que lorsqu'un testament olographe daté et signé contient une disposition additionnelle non datée, l'acte entier peut être déclaré valable, si la date paraît appartenir également à toutes ses parties. — *Cass.*, 2 fév. 1807, Chasson c. Piverte; *Metz*, 10 juill. 1816, Blandin; 21 mars 1822, Sionville c. Bollemont; *Paris*, 2 août 1836, Mournaud c. Angot. — Merlin, *Rép.*, vº *Testament*, sect. 2e, § 1er, art. 6, nº 5; Toullier, t. 5, nº 371; Grenier, t. 1er, nº 226; Duranton, nº 34; Rolland de Villargues, *Rép.*, vº *Testament*, nºs 320 et 321.

289. — Lorsque le testateur a ajouté une disposition à son testament dans le but de l'expliquer, cette addition n'entraîne pas la nullité du testament, si elle n'est pas nécessaire pour faire connaître l'intention du testateur. — *Aix*, 25 août 1825, Portal c. Boyer.

290. — Mais *quid*, si des dispositions additionnelles sont signées sans être datées? — Jugé que ces dispositions sont nulles. — *Cass.*, 12 mars 1806, Thomin c. Lebègue.

291. — Jugé, au contraire, que lorsqu'à la suite d'un testament olographe, le testateur ajoute quelques dispositions qu'il *signe*, mais sans les dater, ces dispositions peuvent être déclarées valables, si elles se lient avec celles qui forment le corps du testament. — *Metz*, 10 juill. 1816, Blandin. — Merlin, *Rép.*, vº *Testament*, sect. 2e, § 1er, art. 6, nº 5; Toullier, t. 3, nº 371; Grenier, t. 1er, nº 226.

292. — Lorsque deux dispositions olographes ont été faites sur le même papier, que la première a été signée sans être datée et que la deuxième a été datée sans être signée, l'une et l'autre sont nulles : la première parce qu'elle est sans date, la deuxième parce qu'elle est sans signature. — Zachariæ, t. 5, § 668; Poujol, sur l'art. 970, nº 15.

293. — Si, au contraire, le testateur a d'abord fait des dispositions qu'il a datées sans les signer, puis qu'il en ait fait d'autres à la suite qu'il ait signées sans les dater, les unes et les autres devront être déclarées valables; la raison qu'on en donne est que la date, quoique mise au milieu de l'acte, à la suite des premières dispositions, s'applique également à celles qui suivent, et la signature placée à la fin de l'acte complète et confirme l'ensemble des dispositions. — Duranton, t. 9, nº 34; Merlin, *Rép.*, vº *Testament*, sect. 2e, § 1er, art. 6, nº 7, et sect. 2e, § 4, art. 3; Zachariæ, t. 5, § 668.

294. — Quand plusieurs dispositions écrites sur le même papier sont signées sans être datées, et que la dernière est cependant datée et signée, celle-ci fait valoir toutes les autres, quelle que soit leur ancienneté. — Coin-Delisle, art. 970, nº 36.

295. — Un testament olographe qui renferme plusieurs dispositions écrites et signées successivement à la suite les unes des autres est donc valable, encore bien que la date ne se trouve mise qu'au commencement et à la fin du testament. — *Metz*, 21 mars 1822, Sionville c. Bollemont.

296. — Lorsqu'une phrase d'un testament olographe contient des expressions qui semblent restreindre la date à une partie du testament et d'autres expressions qui paraissent étendre la même date à toutes les dispositions qui la précèdent, les tribunaux peuvent, sans violer la loi, donner la préférence au sens qui résulte des dernières expressions. — *Cass.*, 7 mars 1808, Thomin c. Lebegue.

297. — Des dispositions nouvelles, écrites en interlignes dans un testament olographe, postérieurement à sa confection et des modifications par ratures relatives à des événemens qui ne se sont réalisés qu'après cette confection, ne peuvent avoir pour effet, soit de changer la date du testament, soit de le faire considérer comme non daté, soit enfin d'y opérer la substitution d'une date autre que celle primordiale. — *Cass.*, 11 avr. 1843 (t. 2 1843, p. 606), Jullore c. Villeferon.

298. — Les interlignes, quel que soit d'ailleurs leur nombre, ne pourraient faire déclarer nul un testament olographe. M. Duranton (t. 9, nº 29) va même jusqu'à penser que le testament serait valable quoiqu'il eût été écrit en entier par interligne; il en donne pour raison que si le testateur a agi ainsi, c'est qu'il se trouvait placé dans une circonstance qui ne lui permettait pas de se procurer facilement du papier.

299. — Les interlignes écrits de la main du testateur ne vicient pas le testament et les renvois sans approbation sont valables. La raison en est que tous ces accidens de la rédaction sont l'ouvrage du testateur. — Merlin, *Rép.*, vº *Testament*, sect. 2e, § 4, nº 5, et *Quest.*, vº *Testament*, § 16; Toullier, t. 3, nº 359; Duranton, t. 9, nº 30; Zachariæ, t. 5, § 668; Poujol, des *Donat. et testamens*, t. 2, *Observ. gén.*, nº 7; Coin-Delisle, sur l'art. 970, nº 47.

300. — Toutefois il faut que les renvois soient placés avant la signature. — Poujol, sur l'art. 907, nº 4.

Sect. 3e. — *Présentation, dépôt et vérification des testamens olographes.*

301. — Tout testament olographe doit, avant d'être mis à exécution, être présenté au président du tribunal de première instance de l'arrondissement dans lequel la succession est ouverte. Ce testament doit être ouvert, s'il est cacheté. — C. civ., art. 1007. — V. LEGS, nºs 207 et suiv.

302. — Dans le cas où le testament olographe aurait été trouvé par le juge de paix, lors de l'apposition des scellés, ce magistrat doit en constater la forme extérieure, le sceau et la suscription, s'il y en a; il doit en parapher l'enveloppe avec les parties présentes, si elles le savent ou le peuvent, et il doit indiquer les jour et heure où le paquet sera par lui présenté au président du tribunal de première instance; il fera du tout mention sur son procès-verbal, lequel sera signé des parties, sinon, mention sera faite de leur refus. — C. procéd., art. 916. — V. SCELLÉS.

303. — Aux jour et heure indiqués, sans qu'il soit besoin d'aucune assignation, les paquets trouvés cachetés seront présentés par le juge de paix au président du tribunal de première instance, lequel en fera l'ouverture, en constatera l'état et en ordonnera le dépôt, si le contenu concerne la succession. — C. procéd., art. 918.

304. — C'est celui qui possède et détient le testament olographe qui doit en faire la présentation au président, alors même que ce serait le notaire qui en serait détenteur et qu'il n'aurait point été sommé de le représenter. — Rolland de Villargues, *Rép.*, vº *Dépôt de testament*.

305. — Le président dresse procès-verbal de la présentation, de l'ouverture et de l'état du testament, dont il ordonne le dépôt entre les mains du notaire par lui commis. — C. civ., art. 1007.

306. — La règle tracée par l'art. 1007 n'est pas nouvelle; sous l'ancien droit français, un acte de notoriété du Chatelet de Paris, du 20 mars 1708, l'avait déjà consacrée et l'ordonnance de 1725 s'y était référée. On peut voir dans Denisart (vº *Testament*) le texte même de cet acte de notoriété.

307. — La disposition de l'art. 1007, quelque impérative qu'elle soit, ne doit cependant pas être entendue d'une manière trop absolue; elle n'a été portée que pour constater l'existence du testament, en reconnaître la régularité et en ordonner l'exécution; elle ne tient en rien à l'essence intrinsèque ni à la forme extérieure de cet acte, d'où il suit que l'absence de cette formalité ne peut influer sur son admission ou son rejet; ainsi il a été jugé que l'inobservation des formalités prescrites pour la présentation, l'ouverture et le dépôt du testament olographe, n'entraîne pas la nullité de ce testament. — *Riom*, 17 mars 1807, Délort c. Boutarel; *Metz*, 10 juill. 1816, Blandin.

308. — Le président du tribunal civil auquel est représenté l'acte de dépôt d'un testament olographe n'a le droit ni de refuser son ordonnance

d'exéquatur sur la requête du légataire universel, ni de renvoyer ce dernier à se pourvoir par action contre les héritiers du sang, sous prétexte que le testament est susceptible d'être contesté.— *Rouen*, 27 mai 1807, Le Villain c. Le Bourg.

309. — L'ordonnance du président du tribunal civil qui, sur la présentation d'un testament olographe, en ordonne le dépôt, ne pouvant pas être assimilée à un jugement, n'a pas besoin d'être motivée.— *Montpellier*, 8 avr. 1839 (t. 2 1839, p. 118), Roquefeuil c. Devic.

310. — Mais elle est susceptible d'appel et peut être réformée par la Cour. — *Caen*, 8 avr. 1835, Duplessis; *Montpellier*, 8 avr. 1839 (t. 2 1839, p. 118), Roquefeuil c. Devic.

311. — Le dépôt du testament olographe doit être ordonné par le président du tribunal seul; si le testament avait, après le décès du testateur, été déposé chez un notaire par les héritiers et même par les légataires, le président conserverait encore le droit d'en indiquer un autre; lui seul est l'ordonnateur légal du dépôt; la raison en est qu'on ne peut admettre qu'il soit permis de forcer la confiance du président par un dépôt préalable, qui pourrait devenir abusif.—Rolland de Villargues, *Rép.*, v° *Dépôt de testament*, n° 47.

312. — C'est un notaire du lieu où la succession s'est ouverte que le président du tribunal doit nommer pour recevoir le dépôt du testament.— *Caen*, 8 avr. 1835, Duplessis.

313. — Lorsque le testateur est décédé hors de son domicile, c'est au lieu du décès, et non à celui du domicile, que le dépôt du testament olographe dans l'étude d'un notaire doit être ordonné et effectué; surtout si, le lieu du décès étant un pays étranger, l'envoi du testament en France a éprouvé de l'opposition de la part de l'autorité locale.— *Toulouse*, 16 janv. 1829, Dassier c. Delasplanes.

314. — Lorsque le choix du notaire désigné blesse les intérêts de la famille et les convenances, les héritiers ont le droit de demander que le testament soit déposé entre les mains du notaire qui le tenait de la confiance du testateur. — Le notaire privé de ce dépôt a le droit d'intervenir sur l'appel, et de demander que le testament dont il a été dépouillé, sans motif légitime, soit réintégré dans ses minutes. — *Montpellier*, 8 avr. 1839 (t. 2 1839, p. 118), de Roquefeuil c. Devic.

315. — Il n'est pas d'une nécessité absolue que le dépôt du testament olographe, prescrit par l'art. 1007, C. civ., ait été effectué avant que le légataire particulier puisse être admis à intenter l'action en délivrance de son legs, lorsque d'ailleurs le but que s'est proposé la loi en ordonnant ce dépôt est suffisamment rempli d'une autre manière, notamment par le dépôt du testament au greffe d'un tribunal civil, en vertu d'un jugement et après qu'il a été dressé procès-verbal de son état.—*Bruxelles*, 3 mars 1824, N....

316. — Le légataire particulier dont le legs absorbe la totalité de la succession est passible des frais de dépôt du testament olographe qui l'institue.— *Angers*, 13 juill. 1847 (sous *Cass.*, 24 juill. 1849 [t. 2 1849, p. 491]), hospices d'Angers Hervé.

317. — Quoique le président du tribunal dans l'arrondissement duquel est domicilié le dépositaire d'un testament olographe soit compétent pour en faire l'ouverture, cependant la demande en délivrance des legs qu'il contient doit être portée devant le tribunal du lieu où s'est ouverte la succession. — *Toulouse*, 22 mars 1839 (t. 2 1842, p. 317), Galès.

318.—Dans le cas où le testateur n'a point laissé d'héritiers à réserve, le légataire universel nommé par un testament olographe est tenu de se faire envoyer en possession par une ordonnance du président mise au bas d'une requête à laquelle sera joint l'acte de dépôt. — C. civ., art. 1006 et 1008.

319. —La disposition de l'art. 1008, C. civ., aux termes de laquelle l'acte de dépôt du testament olographe doit être joint à la requête présentée par le légataire au président du tribunal, n'est pas prescrite à peine de nullité. — *Poitiers*, 11 août 1846 (t. 2 1846, p. 619), Branthome.

320. — Dans le cas où, le lieu du décès étant en pays étranger, l'envoi du testament en France a éprouvé de l'opposition de la part de l'autorité locale, l'exhibition d'une copie régulière du testament et d'un certificat constatant le dépôt qui en a été fait dans le lieu du décès suffit pour autoriser le juge du domicile à ordonner en faveur du légataire universel l'envoi en possession des biens du testateur. — *Toulouse*, 16 janv. 1829, Dassier c. Delasplanes.

321. — L'ordonnance d'envoi en possession est valable, alors même que l'ordonnance d'ouverture et de dépôt du testament aurait été, contrairement aux prescriptions de l'art. 1007, C. civ., rendue par le président du tribunal d'un autre siége, si d'ailleurs cette dernière ordonnance n'a été l'objet d'aucun recours. — *Cass.*, 22 fév. 1847 (t. 1er 1847, p. 663), Colombeaud.

322. — Les ordonnances d'envoi en possession, rendues par le président, en audience de référé, sans que toutes les parties y aient été appelées, sont susceptibles d'opposition; et, dans ce cas, c'est le président qui a attribution spéciale pour connaître de l'opposition. — *Toulouse*, 10 juill. 1827, Danizan c. Commission des Hospices. — *Contrà Toulouse*, 23 août 1842 (t. 1er 1843, p. 749), Sicard c. Duran. — V. au surplus LEGS, n° 224.

323. — L'ordonnance qui envoie un légataire universel en possession de la succession ne préjudicie nullement au droit qu'a l'héritier légitime d'attaquer le testament, d'en dénier l'écriture, et même de contester à cet acte le caractère de titre apparent. L'héritier peut donc s'opposer à l'envoi en possession du légataire, et réclamer soit la possession provisoire des biens de l'hérédité, soit leur séquestre pendant l'instance en vérification. — Ces mesures provisoires n'excédant pas les limites d'un référé, l'opposition à l'ordonnance d'envoi en possession peut être portée, dans ce cas, devant le magistrat qui l'a rendue. — *Cass.*, 24 avr. 1844 (t. 2 1844, p. 407), Quatrefages c. Latour.

324. — Mais cette même ordonnance d'envoi en possession est-elle susceptible d'appel? Oui; attendu qu'il s'agit là d'une ordonnance comme de toute autre ordonnance d'un intérêt illimité rendue par référé. — *Rouen*, 27 mai 1807, Levillain c. Lebourg; *Cass.*, 24 août 1844 (t. 2 1844, p. 407), Quatrefages c. Latour. — Talandier, *De l'appel*, n° 42. — Non; attendu qu'une pareille ordonnance appartient à la juridiction purement gracieuse du président. — *Bruxelles*, 3 janv. 1823, N...; *Toulouse*, 23 août 1842 (t. 1er 1843, p. 749), Sicard c. Duran. — Chauveau, *Lois de la procéd.*, t. 1er, quest. 378. — V. au surplus APPEL, nos 447 et suiv.

325. — Le testament olographe n'est par sa nature qu'un acte sous seing-privé; il n'a aucun caractère d'authenticité, et ce caractère ne saurait lui être donné par le dépôt qui en est fait chez un notaire. Le Code civil n'a point de disposition expressément directe sur ce point; mais on trouve, dans l'art. 999 de ce Code, une disposition qui tend à l'établir; il porte qu'un Français qui se trouvera en pays étranger pourra faire ses dispositions testamentaires *par acte sous signature privée*, ainsi qu'il est prescrit en l'art. 970. — Merlin, *Rép.*, v° *Testament*, sect. 2e, § 6, n° 1er; Grenier, n° 228-5°; Duranton, t. 9, nos 44, 46 et 47.; Rolland de Villargues, v° *Testament*, n° 275; Zachariæ, t. 5, § 669.

326.—Aussi jugé que, bien qu'un testament olographe ait la même force qu'un testament public, il n'en a pas moins le caractère d'écriture privée; qu'en conséquence, l'héritier auquel on l'oppose peut se borner à demander la vérification des écriture et signature, sans être obligé de s'inscrire en faux.—*Colmar*, 12 juill. 1807, Guillemot; *Cass.*, 13 nov. 1816, Lafont c. Gounon.

327. — Jugé toutefois que l'inscription de faux incident est admissible. — *Toulouse*, 11 juin 1830, Charry.

328.—Sous l'empire de la Coutume de Paris, on jugeait qu'un testament olographe ne pouvait être réputé solennel qu'autant qu'il était établi que cet acte était réellement écrit et signé par la personne à qui on l'attribuait, et celui à qui on l'opposait pouvait donc, tant que cette preuve n'était pas rapportée, se borner à dénier les écriture et signature du prétendu testateur, et les juges pouvaient ordonner la vérification de ces écriture et signature, sans qu'il fût besoin de recourir à la voie de l'inscription de faux. — *Cass.*, 23 avr. 1838 (t. 1er 1838, p. 575), Picard c. de Béthune-Charost.

329.—Un testament olographe n'est qu'un acte sous seing-privé sujet à vérification, comme tous les actes de cette nature; ainsi, on peut en arrêter l'effet en déclarant ne pas en reconnaître l'écriture.—*Turin*, 18 août 1810, Dapassano c. Vallino.

330.—Jugé également que, quoique les art. 969, 970, 1006, 1007 et 1008, C. civ., accordent aux testamens olographes la même force exécutoire qu'à ceux reçus par des officiers publics avec les formalités prescrites, ils n'en changent point la nature et ne leur ôtent point le caractère d'écriture privée qui résulte de la forme dans laquelle ils ont été rédigés. — En conséquence, les héritiers à réserve, comme les héritiers institués, peuvent demander la vérification par experts des écrits et signature du testateur. — *Bruxelles*, 21 juin 1810, Pasquier c. Thibaut; *Besançon*, 26 avr. 1820, N...; —Duranton, t. 9, n° 44.

331.—Les héritiers légitimes peuvent donc dénier l'écriture et la signature du testament; la

vérification en est alors ordonnée en justice soit par experts, soit par titres, soit enfin par la preuve testimoniale, en cas d'insuffisance des autres genres de preuves.—Duranton, t. 9, n° 44; Poujol, sur l'art. 970, n° 28.

332.—Lorsqu'il y a dénégation des écritures et signatures de deux testamens, dont l'un contient révocation de l'autre, la vérification de ces écritures et signatures peut être ordonnée sans qu'il en résulte un préjugé en faveur de l'un ou de l'autre de ces testamens.—Lorsque, en outre des dénégations d'écritures, l'un des deux testamens est attaqué pour cause de démence, l'expertise ne touche pas à cette question, et l'arrêt qui l'a ordonnée ne peut être attaqué comme ayant chargé les experts d'opérations étrangères à leur art.— *Cass.*, 17 août 1830, Labiche c. Moydier.

333.—Lorsque des héritiers à réserve méconnaissent l'écriture d'un testament olographe, c'est au légataire universel institué par le testament à le faire vérifier. — *Cass.*, 20 déc. 1825, Héiard c. Gallais.

334.—Mais à qui, du légataire universel ou de l'héritier légitime non réservataire, incombe la charge de la vérification, lorsque le légataire a été envoyé en possession? C'est là une question vivement débattue.

335. — Jugé que lorsque le légataire universel s'est trouvé saisi de plein droit de l'hérédité, faute d'héritiers à réserve, et a été en conséquence envoyé et mis en possession après avoir rempli les formalités de la présentation et du dépôt du testament, c'est sur les héritiers légitimes qui dénient l'écriture du testament et non sur le légataire que tombe la charge de la vérification.—*Turin*, 10 janv. 1809, Sannazar c. Vallino; *Caen*, 4 avr. 1812, Morin; *Nîmes*, 22 juin 1824, Larguier c. Salles; *Cass.*, 28 déc. 1824, Grailhe c. Villa; 10 août 1825, Larguier c. Salles; *Bourges*, 16 juill. 1827, Branlot c. Billot; *Poitiers*, 22 janv. 1828, Martineau; *Toulouse*, 12 nov. 1829, Demare c. Grimaud; *Cass.*, 15 juin 1830, Poullain; 20 mars 1833, Cousin c. Col; *Rennes*, 13 juin 1835, Pellée c. Bouvet; *Colmar*, 25 juill. 1835, Capann c. Schreinel; *Bastia*, 25 juin 1838 (t. 1er 1839, p. 597); *Amiens*, 6 nov. 1840 (t. 2 1842, p. 199), Bidoux c. Carpentier; *Bordeaux*, 23 janv. 1843 (t. 1er 1844, p. 244), Grugier et Bégaud c. Bézian; *Cass*, 28 mars 1843 (t. 2 1843, p. 29), Girod c. Thomegey et Jacquemet; *Poitiers*, 11 août 1846 (t. 2 1846, p. 619), Branthome; *Cass.*, 9 nov. 1847 (t. 1er 1848, p. 338), Barbier c. Jouvet; *Bordeaux*, 12 avr. 1848, p. 470), Reymond; *Cass.*, 13 mars 1849 (t. 1er 1849, p. 642), Cloarec. — Delvincourt, t. 2, p. 512; Grenier, t. 1er, n° 292; Toullier, t. 5, n° 503; Duranton, t. 9, n° 46; Favard, *Rép.*, t. 5, p. 565; Chauveau sur Carré, *Lois de la procédure*, quest. 799; Coin-Delisle, n° 17; Poujol, sur l'art. 970, n° 29.

336.— ... Et qu'il en est ainsi, lors même que les biens de l'hérédité ont été mis sous le séquestre.—*Cass.*, 9 nov. 1847 (t. 1er 1848, p. 338), Barbier c. Jouvet.

337.—Dès-lors, quand le légataire universel a été envoyé en possession des biens du testateur, il ne suffit point aux héritiers du sang, autres que ceux en faveur desquels la loi a établi une réserve, de méconnaître l'écriture et la signature du défunt pour réclamer provisoirement la saisine de la succession.—*Cass.*, 2 fév. 1818, Lesouef c. Robin.

338.—Jugé, au contraire, que la vérification est à la charge du légataire universel, alors même qu'il a été envoyé en possession. — *Turin*, 18 août 1810, Dapassano c. Vallino; *Gênes*, 23 déc. 1811, Ghieini c. Sambuy; *Metz*, 3 mai 1815, Flécheux c. Vasson; *Rennes*, 17 fév. 1820, Legros c. Arondel; *Amiens*, 25 janv. 1823, Dutron c. évêque d'Amiens; *Poitiers*, 28 janv. 1824, N...; 1er avr. 1824, Thoreau c. Sicard; *Bourges*, 4 avr. 1827, Pouillat c. Branlard; *Rouen*, 9 avr. 1827, Fleury c. Sewal; *Montpellier*, 19 juill. 1827, Delmas c. Vidal; *Caen*, 13 nov. 1827, Lecouturier c. Bénard; 6 avr. 1832, Morande c. Beaudon; *Bourges*, 10 mars 1834, Merlin c. Chemineau; *Lyon*, 12 mars 1839 (t. 2 1839, p. 564), Berger c. Girod; *Toulouse*, 18 nov. 1839 (t. 1er 1840, p. 50), Hawarden c. Bonnet; *Aix*, 12 juin 1840 (t. 2 1840, p. 341), D. c. R.; *Lyon* 21 août 1840 (t. 1er 1841, p. 400), Guichard c. Mollard; *Besançon*, 23 mars 1842 (t. 2 1842, p. 362), Fernier c. Amiot; *Rennes*, 28 août 1847 (t. 1er 1849, p. 642), Cloarec. — Merlin, *Rép.*, v° *Testament*, sect. 2e, § 4, n° 5; Delvincourt, t. 2, p. 290; Pigeau, t. 1er, p. 423; Boncenne, t. 3, p. 453; Duvergier, sur Toullier, t. 5, n° 503; Bioche, *Dict. de procéd.*, v° *Possession* (envoi en), n° 24; Toullier, t. 4, p. 149, et Zachariæ, t. 5, p. 86.

339.—Il suffit à l'héritier du sang de ne pas reconnaître l'écriture du testament olographe pour mettre à la charge du légataire universel la preuve de la sincérité dudit testament. — *Douai*, 28 mai

1845 (t. 2 1845, p. 209), Glorieux-Philippo c. Franchomme.

340. — D'un autre côté, les héritiers naturels, quoique non réservataires, peuvent, en déniant l'écriture du testament olographe qui leur est opposé, empêcher provisoirement, et jusqu'à ce qu'il ait été statué sur sa validité, l'envoi en possession du légataire universel qui s'en prévaut. — *Toulouse*, 16 nov. 1839 (t. 1er 1840, p. 50), Hawarden c. Bonnet et Martin.

341. — Quoi qu'il en soit, chacune des parties peut toujours, en attendant le résultat de la vérification, provoquer tous les actes nécessaires pour la conservation de ses droits.

342. — Jugé donc que, nonobstant l'envoi en possession accordé au légataire universel, les héritiers légitimes qui attaquent ce testament peuvent, en attendant qu'il ait été statué sur sa validité, requérir toutes les mesures conservatoires. — *Bruxelles*, 15 janv. 1829, Debraker c. Parys.

343. — Ainsi, l'héritier légitime a le droit de faire apposer les scellés. — *Paris*, 11 août 1809, Dejouy c. Conlant; *Nîmes*, 27 déc. 1810, Boyer c. Sévenne. — V. au surplus SCELLÉS, nos 29 et suiv.

344. — ... Et même de provoquer l'inventaire. — *Paris*, 11 août 1809, Dejouy c. Contant.

345. — De plus, on peut ordonner le séquestre des biens composant le legs universel, sur le motif que, l'écriture et la signature du testament étant contestées, il y a litige *sur la propriété*. — *Bourges*, 18 déc. 1826, Pouillat c. Chatelain; *Montpellier*, 19 juill. 1827, Delmas c. Vidal. — V. cependant *Cass.*, 2 fév. 1818, Lesouel c. Robin; *Bruxelles*, 3 janv. 1823, N...; *Nîmes*, 17 fév. 1824, Arrau c. Chanavuz.

346. — D'un autre côté, un testament olographe, dont l'écriture est déniée par l'héritier, confère néanmoins au légataire un droit apparent, suffisant pour l'autoriser à requérir l'apposition des scellés, ou à s'opposer à la levée des scellés hors de sa présence. — *Caen*, 30 juin 1824, Cauvin c. Bohé.

347. — Relativement à l'exécution provisoire du testament, elle dépendra nécessairement des circonstances.

348. — Ainsi, lorsque le testament olographe est méconnu par l'héritier, les tribunaux peuvent refuser au légataire universel l'envoi en possession provisoire. — *Cass.*, 13 nov. 1816, Lafont c. Gounon.

349. — De même, lorsque l'héritier repousse la demande d'un légataire en excipant d'un testament olographe postérieur à celui qui sert de titre à celui-ci, il ne suffit pas au légataire de méconnaître l'écriture du testament olographe pour obtenir la délivrance de son legs; l'héritier doit être maintenu en possession jusqu'après la vérification. — *Toulouse*, 26 mars 1824, Caubère c. Boy.

350. — Mais lorsqu'il n'y a point d'héritier à réserve, le légataire doit être mis en possession, quoique les héritiers méconnaissent l'écriture et la signature du testament, si d'ailleurs il existe de fortes présomptions en faveur de la sincérité de ce testament. — *Amiens*, 23 janv. 1823, Dutron c. évêque d'Amiens.

351. — A plus forte raison, il y a lieu d'ordonner l'exécution provisoire du testament lorsque l'écriture et la signature n'en sont pas méconnues, et qu'il n'est attaqué que pour un vice extrinsèque à l'acte, par exemple pour cause de suggestion et de captation. — *Orléans*, 30 déc. 1847 (t. 1er 1848, p. 379), Godin c. Mary.

352. — L'héritier légitime peut contester au légataire sa qualité même après la lui avoir reconnue, s'il n'a pas expressément reconnu la validité du titre qui la lui donnait, et s'il n'a pas fait la délivrance de la succession. — *Turin*, 18 août 1810, Damassano c. Valino.

353. — D'un autre côté, le légataire ne pourrait exiger de l'héritier *ab intestat* qui se présente pour critiquer le testament et demander l'hérédité, qu'il justifie qu'il est seul et unique héritier. — *Metz*, 3 déc. 1812, Chauvigny c. Duhoux.

354. — Quant aux règles à suivre pour la vérification, ce sont celles tracées par la loi pour la vérification des écritures en général. — V. VÉRIFICATION D'ÉCRITURE.

355. — La vérification d'un testament olographe peut être faite, comme la vérification de tout autre acte sous signature privée, tant par titres et par experts que par témoins, et par témoins seulement en cas d'insuffisance ou d'impossibilité des autres genres de preuve. — *Angers*, 5 juill. 1820, Lemoy c. Robin.

356. — De même, le testament olographe dont l'écriture est méconnue peut être vérifié par témoins seulement, lorsque la preuve par titres est insuffisante ou impossible. On est encore recevable à demander la vérification par témoins, après avoir réclamé ou consenti la vérification par experts. — *Toulouse*, 1er mai 1817, Legrand c. Dubois.

357. — Le demandeur en vérification d'écriture peut proposer successivement les divers genres de preuves autorisés par l'art. 195, C. procéd.; il ne peut être déclaré non-recevable à demander la vérification par témoins, bien qu'il ait d'abord demandé ou consenti qu'il y fût procédé par experts. — *Angers*, 5 juill. 1820, Lemoy c. Robin.

358. — Un tribunal peut ordonner la vérification d'écritures d'un testament tant par témoins que par experts, et après avoir ordonné que les deux moyens seront employés, se déterminer exclusivement d'après l'enquête pour déclarer le testament valable, et rejeter l'expertise qui présenterait un résultat contraire. — *Cass.*, 2 août 1820, Dubrisay c. N...

359. — L'héritier qui, même de bonne foi, a déclaré ne pas reconnaître et a même dénié la signature de son auteur apposée sur un testament, doit être condamné aux frais de la vérification d'écriture, s'il est jugé que la signature est sincère et véritable. — *Douai*, 30 mars 1846 (t. 1er 1849, p. 90), Debril c. Gay.

CHAPITRE III. — *Testament par acte public.*

360. — Le testament par acte public est celui qui est reçu par deux notaires en présence de deux témoins, ou par un notaire en présence de quatre témoins. — C. civ., art. 971. — On l'appelle aussi testament *authentique*.

361. — Ce testament a remplacé celui qu'on désignait anciennement, surtout dans les pays de droit écrit, sous le nom de testament *nuncupatif*, lequel était aussi public, c'est-à-dire dicté par le testateur aux notaires et aux témoins. — Toullier, t. 5, no 380; Rolland de Villargues, vo *Testament* no 122.

Sect. 1re. — *Formalités générales du testament par acte public.*

362. — Le Code civil, dans ses art. 972 et suiv., trace différentes prescriptions pour la forme du testament par acte public. Mais comme la loi du 25 vent. an XI prescrit en outre d'autres règles pour la rédaction des actes notariés, on a agité la question de savoir si cette dernière loi était applicable dans les cas non prévus par le Code.

363. — Dans un temps voisin de la promulgation du Code, la cour de Nîmes avait, par un arrêt du 29 avr. 1806 (Eumeric), décidé que la loi du 25 vent. an XI *sur les actes notariés* n'était point applicable aux testamens, et qu'en conséquence, un testament public n'était pas nul pour défaut de mention de la signature du notaire; cette cour s'appuyait sur ce que le Code civil avait porté des dispositions spéciales sur les formes du testament par acte public; que c'était là seulement qu'il fallait chercher celles à suivre pour tout ce qui avait rapport à la confection de cette espèce d'actes; que le Code civil réglant à la fois tout ce qui avait rapport à la forme comme à la substance des testamens, ces dispositions constituaient à cet égard une loi spéciale dans laquelle il fallait se renfermer. — V. conf. *Bruxelles*, 9 août, Venfrasson c. Keller; *Riom*, 17 nov. 1808, Lhoste.

364. — Mais la cour de Cassation, par un arrêt mémorable du 1er octobre 1810, décida, sur les conclusions conformes de Merlin (*Rép.*, vo *Testament*, sect. 2e § 3, art. 2, no 8), que la loi du 25 vent. an XI était une loi générale qui embrassait tous les actes notariés, dont les testamens publics faisaient partie; que si le Code civil avait établi des formalités particulières pour les testamens publics, il n'avait en général pour objet que d'entourer ces actes de plus de solennité; que par conséquent, loin de déroger à celles prescrites par la loi du 25 vent. an XI, il en a voulu de plus en plus l'exacte observation en tout ce en quoi il n'a point dérogé d'une manière formelle; que s'il en était autrement, il s'ensuivrait les inconvéniens les plus graves, et le Code civil n'aurait pas manqué d'y pourvoir.

365. — Toutefois, lorsqu'un testament a été fait sous l'empire de l'ordonnance de 1735, on ne peut consulter les ordonnances antérieures de Moulins et de Blois et la loi postérieure du 25 vent. an XI pour déterminer quelques-unes de ces formes. — *Cass.*, 15 déc. 1819, Lehugeur c. Delahaye-Delalande.

366. — On va parler dans cette section des formalités communes au testament par acte public et à l'acte notarié en général dans tous les cas où il n'y a pas eu dérogation expresse par une disposition contraire du Code civil, en faisant observer de plus que pour tous les cas non prévus, il faudra se reporter au mot ACTE NOTARIÉ. — Quant aux formalités spécialement ordonnées par le Code, elles seront l'objet des sections suivantes.

367. — Toutefois, nous ferons remarquer, dès à présent, qu'à la différence de l'acte notarié en général, qui doit être reçu par deux notaires, ou par un notaire assisté de deux témoins (L. 25 vent. an XI, art. 9), le testament par acte public doit être reçu par deux notaires et deux témoins, ou par un notaire et quatre témoins. — Code civ., art. 971.

368. — Ainsi, comme on le voit, le notaire en second tient la place de deux témoins, et réciproquement. Tout ce qui concerne ce notaire en second, en tant que remplissant le rôle d'un double témoin, a été naturellement exposé, en parlant des prescriptions particulières du Code en ce qui concerne les témoins instrumentaires.

369. — Les notaires sont juges de la capacité et de l'état des facultés intellectuelles des personnes qui ont recours à leur ministère pour faire un testament; en conséquence, ils peuvent s'abstenir de clore l'acte par leur signature, lorsque le testateur leur paraît atteint d'aliénation ou dans une position à ne pouvoir exprimer une volonté libre et spontanée. — *Bordeaux*, 3 août 1841 (t. 2 1841, p. 641), Chastin-Amiaud c. Réveillaud.

370. — L'acte public doit porter en soi l'énonciation de son caractère public; il suit de là que le défaut d'énonciation de la qualité du notaire qui a reçu le testament en entraîne la nullité, alors même qu'il serait signé par ce fonctionnaire. — Merlin, *Rép.*, vo *Testament*, sect. 2e, § 2, art. 3; Duranton, t. 9, no 60. — V. cependant Toullier, t. 5, no 386.

371. — Un notaire ne peut recevoir un testament qui contiendrait des dispositions en sa faveur ou dans lequel il aurait un intérêt personnel. — L. 25 vent. an XI, art. 8; Toullier, t. 5, no 388; Rolland de Villargues, vo *Testament*, no 125.

372. — Ainsi un testament authentique est nul lorsque le notaire instrumentaire y est nommé exécuteur testamentaire avec salaire; le refus du notaire, après la mort de la testatrice, de remplir le mandat d'exécuteur testamentaire qui lui est confié, ne peut avoir pour effet de valider le testament. — *Douai*, 15 janv. 1834, Delangle.

373. — Mais un testament contenant remise par le testateur des intérêts qui, au jour de son décès, lui seront dus par tous ses débiteurs, au nombre desquels se trouve le notaire qui a reçu le testament, ou ses parens au degré prohibé, n'est pas nul pour cause d'incapacité du notaire, lorsque la dette résulte d'un acte sous seing-privé qui n'a pas acquis date certaine au moment du testament. — *Contrà Cass.*, 20 juin 1827, Soleymieux c. Chassagneux; *Lyon*, 29 avr. 1825, mêmes parties.

374. — Un testament public est valable, quoique le notaire qui l'a reçu y ait été constitué par le testateur dépositaire de billets ou obligations qu'il doit restituer. — *Cass.*, 27 déc. 1831, Petit c. Martin.

375. — Un notaire ne peut non plus recevoir un testament dans lequel ses parens ou alliés en ligne directe à tous les degrés, et en ligne collatérale jusqu'au degré d'oncle ou de neveu inclusivement, seraient parties (L. 25 vent. an XI, art. 8), c'est-à-dire soit testateur, soit légataires. — Rolland de Villargues, no 126. — V. aussi ACTE NOTARIÉ, no 100 et suiv.

376. — Ainsi il n'est pas défendu à un notaire de recevoir le testament de son cousin-germain. — *Riom*, 3 déc. 1827, Deveyrac.

377. — Mais est radicalement nul le testament reçu par un notaire, oncle par alliance et grand-oncle de deux légataires. — *Douai*, 17 mars 1815, Desprat c. Lermuzeau.

378. — Il en est de même lorsque le notaire qui l'a reçu était beau-frère de l'une des parties, bien qu'à l'époque de l'acte l'époux qui produisait l'alliance fût décédé sans postérité. — *Bordeaux* (t. 2 1843, p. 652), Descombes.

379. — La nullité encourue est absolue et doit être appliquée, quelque éventuelle et quelque modique que soit la disposition. Tel est le cas où le testateur, en léguant un immeuble, déclare que si le légataire veut le vendre un jour, il sera tenu de donner la préférence à un tel, neveu du notaire. — *Bourges*, 30 juin 1828, Moreau c. Dauvergne.

380. — Le testament serait également nul alors même que le legs ne serait pas fait directement au parent ou à l'allié du notaire, mais par l'effet d'une charge qui serait imposée au légataire, comme, par exemple : « *Je lègue à Jean mon domaine de La Roche*, à la charge par lui de payer annuellement à Joséphine (la parente du notaire) une somme de 1000 fr. » — Duranton, t. 9, no 52.

381. — Mais la disposition par laquelle, après

avoir institué un légataire universel, un testateur déclare réserver *pour ses héritiers* (qu'il ne nomme pas du reste, et dont l'individualité demeure dès-lors incertaine jusqu'au jour de son décès) une somme déterminée, ne pouvant être considérée comme renfermant dans la personne de ses héritiers légitimes une véritable institution de légataires particuliers, il en résulte que le testament qui la contient ne saurait être déclaré nul, par cela seul que le notaire rédacteur était parent ou allié au degré prohibé par cet article de l'un de ceux qui, lors du décès, ont été appelés en qualité d'héritiers. — *Cass.*, 15 déc. 1847 (t. 1er 1848, p. 15), Gibier c. Giliot.

382. — La nullité résultant de ce qu'un notaire ou ses parens au degré prohibé sont intéressés dans un testament doit le faire annuler en entier, et non pas seulement quant à la disposition qui les intéresse. — Rolland de Villargues, vo *Testament*, no 127.

383. — Un notaire peut recevoir valablement le testament de ses clercs ou serviteurs, ou dans lesquels ils sont institués légataires. — Rolland de Villargues, vo *Testament*, no 128.

384. — Les témoins (comme on le verra *infrà*, nos 878 et 896) ne peuvent non plus être ni légataires ni parens des légataires jusqu'au quatrième degré inclusivement. — C. civ., art. 975.

385. — Mais n'est pas nul le testament authentique dans lequel le notaire rédacteur ou les témoins instrumentaires ont aidé le testateur à désigner les confrontations de pièces de terre qu'il venait d'indiquer par leurs noms, alors que ce concours n'a pas eu pour objet de s'immiscer dans la confection ou dans la rédaction du testament, mais seulement d'aider le testateur à ne laisser aucun doute sur ses intentions déjà exprimées. — *Cass.*, 22 juin 1843 (t. 1er 1844, p. 537), Gaussin c. Maurin.

386. — Le testament doit contenir les noms, prénoms, qualités et demeures du testateur ainsi que des témoins. — L. 25 vent., an XI, art. 13. — V. ACTE NOTARIÉ, nos 199 et suiv.

387. — Le testament ne serait pas nul quoiqu'il ne contînt pas les prénoms du testateur, ni sa qualité, ni sa demeure ; le notaire serait seulement passible de l'amende de 10 fr. — L. 25 vent. an XI, art. 13 ; L. 16 juin 1824, art. 10 ; — Duranton, t. 9, no 90.

388. — Jugé même que l'erreur dans le prénom de la testatrice ne vicie pas le testament, lorsque d'ailleurs il n'y a pas de doute sur l'identité de la personne. — *Riom*, 4 déc. 1809. Brignon c. N.

389. — Les renvois et apostilles ne peuvent être écrits qu'en marge, et ils doivent être signés ou paraphés tant par les notaires que par les autres signataires, à peine de nullité des renvois et apostilles. Toutefois, si la longueur du renvoi exige qu'il soit transporté à la fin de l'acte, il doit être non seulement signé et paraphé comme les renvois écrits en marge, mais encore expressément approuvé par les parties à peine de nullité du renvoi. — L. 25 vent. an XI, art. 15. — V. ACTE NOTARIÉ, nos 290 et suiv.

390. — Cette disposition de l'art. 15 de la loi du 25 vent. an XI est applicable en matière de testament par acte public. — Ainsi, la nullité d'un renvoi dans un testament authentique pour défaut de signature ou d'approbation par le testateur n'entraîne pas la nullité de l'acte tout entier. — *Pau*, 17 janvier 1835, Lahary c. Darmusey ; *Cass.*, 24 nov. 1835, Escabasse c. Laprime.

391. — Mais il n'en serait plus de même si, en faisant abstraction des phrases ou des mots nuls, le testament se trouvait manquer de l'une des conditions ou formalités exigées pour sa validité. L'acte serait alors nul pour le tout. — Zachariæ, t. 5, § 670.

392. — Tel est le cas où l'énonciation consignée au renvoi est une formalité essentielle, telle que la mention de l'écriture du notaire sous la dictée du testateur. — *Toulouse*, 1er août 1843 (t. 2 1844, p. 395), Fabre.

393. — De même encore, si la nullité du renvoi (signé d'ailleurs et paraphé ainsi que de droit) provenait du défaut de lecture du testateur. — Le renvoi faisant alors corps avec le testament, sa nullité rétroagirait sur l'acte tout entier. — *Cass.*, 24 nov. 1835, Escabasse c. Laprime.

394. — Il ne peut y avoir ni surcharge, ni interligne, ni addition dans le corps du testament ; et les mots surchargés, interlignés ou ajoutés, sont nuls. — L. 25 vent. an XI, art. 16. — V. ACTE NOTARIÉ, nos 323 et suiv.

395. — Ainsi, un interligne dans la minute d'un testament public ne suffit pas pour vicier cet acte, lorsque d'ailleurs toutes les formalités prescrites ont été régulièrement suivies. — *Colmar*, 25 avr. 1812, N...

396. — Un testament public dans lequel la date se trouve surchargée par le notaire qui l'a reçu n'est pas nul, lorsqu'il est évident que cette surcharge n'a été que la rectification d'une erreur commise à l'instant même de la confection du testament. — *Grenoble*, 22 fév. 1809, Fuzier c. Brognot ; *Cass.*, 21 mai 1838 (t. 2 1838, p. 72), Dutertre c. Dorizon.

397. — Et même il n'y a pas lieu à annuler comme surchargé un mot d'un testament qui a subi une altération partielle, lorsque, abstraction faite des caractères surchargés, et en les considérant comme non écrits, le sens primitif du mot subsiste encore. — *Agen*, 5 août 1824, Laforgue c. Montaulieu.

398. — Mais la surcharge d'un ou de plusieurs mots doit entraîner la nullité du testament tout entier, lorsqu'il s'agit de mots essentiels à la validité de l'acte lui-même. — *Aix*, 15 janvier 1824, Crudy c. Rougon; *Toulouse*, 29 avr. 1826, Servières c. Randé ; *Nîmes*, 22 juin 1841 (t. 2 1841, p. 158), Charasse. — Zachariæ, t. 5, p. 670.

399. — Tel est le cas où le nom des témoins instrumentaires étant surchargé, le testament ne constate plus qu'il ait été reçu en présence du nombre de témoins exigé par la loi. — *Nîmes*, 22 juin 1841 (t. 2 1841, p. 158), Charasse.

400. — Ou encore quand le nom de l'un des témoins instrumentaires est surchargé, alors surtout que ce témoin n'a pas signé le testament, qui avait été rédigé à la campagne. — *Toulouse*, 29 avr. 1826, Servières c. Randé.

401. — Il en est ainsi, surtout quand il paraît qu'à la place du mot essentiel à la validité du testament il en existait un autre. — *Aix*, 15 janv. 1824, Crudy c. Rougon.

402. — Jugé cependant que la surcharge non approuvée d'un mot qui atteste l'accomplissement d'une formalité essentielle n'entraîne pas nécessairement la nullité du testament, lorsqu'on ne peut d'ailleurs supposer qu'il y ait eu un autre mot. — *Cass.*, 3 août 1808, Lescure.

403. — Un testament qui contient l'énonciation qu'il a été *écrit* par le notaire est nul, par cela seul que le mot *écrit* se trouve surchargé. — *Agen*, 27 août 1811, Courbolsier c. Brisset.

404. — Lorsque les surcharges ou additions que renferme un acte notarié sont de nature à influer, soit sur les conventions des parties, soit sur la forme substantielle de l'acte, elles peuvent néanmoins donner lieu à une simple action en nullité de cet acte, sans qu'il soit nécessaire de prendre la voie de l'inscription de faux. — *Cass.*, 20 fév. 1821, Busseuil c. Bernard.

405. — Le testament doit être écrit en un seul et même contexte. — L. 25 vent. an XI, art. 13. — V. CONTEXTE.

406. — Les lois romaines, qui ordonnaient, à peine de nullité, que les testamens fussent faits d'un seul contexte, avec défense d'y insérer aucun acte étranger, n'étaient point applicables au cas d'un mandat donné par le testateur, surtout si le mandataire n'était pas intervenu pour accepter. — *Turin*, 27 août 1806, Osello.

407. — L'unité d'action dans la confection du testament notarié n'est pas nécessaire à ce point que l'on ne puisse, après la clôture et la signature de l'acte, consigner en marge un renvoi séance tenante. — *Bordeaux*, 17 mai 1833, Saulnier c. Bire.

408. — Un testament authentique commencé un jour, interrompu par une défaillance du testateur, et repris et clos le lendemain, ne peut être argué de nullité pour fausse date en ce qu'on lui aurait donné seulement celle du jour où il a été commencé, alors que l'interruption qui a séparé les deux parties de l'acte n'a pas été d'assez longue durée pour empêcher que ces deux parties ne constituassent un seul et même acte auquel il a suffit de donner une seule et même date. — *Limoges*, 14 déc. 1842 (t. 2 1844 p. 314), Cordova c. Lazaride.

409. — Le testament par acte public (de même que le testament olographe) doit être daté. — Duranranton, t. 9, no 53. — L. 25 vent. an XI, art. 12. — V. ACTE NOTARIÉ, nos 514 et suiv. — V. aussi DATE.

410. — Dès-lors l'omission de l'année, du mois ou du jour entraînerait la nullité du testament. — Duranton, t. 9, no 53.

411. Toutefois l'erreur dans la date d'un testament public peut être réparée ou rectifiée, d'après les énonciations que le testament renferme, et d'après les faits constans qui se rattachent à ces énonciations. — *Rouen*, 23 juill. 1825, Brisset c. Grospoisson.

412. — Il n'est pas nécessaire, à peine de nullité, que la déclaration faite dans un testament public qu'une partie ne peut ou ne sait écrire soit précédée de la date de l'acte, aux termes de l'art. 14, L. 25 vent. an XI. — *Cass.*, 18 août 1817, Duflos c. Desplanques.

413. — Le testament doit énoncer le lieu où il est passé. — L. 25 vent. an XI, art. 12. — V. ACTE NOTARIÉ, nos 497 et suiv.

414. — Aux arrêts qui y sont indiqués en matière de testament, il faut ajouter que l'indication de la commune où le testament a été fait remplit suffisamment le vœu de l'art. 12, L. 25 vent. an XI. — *Cass.*, 28 fév. 1816, Regnault. — Duranton, t. 9, no 55.

415. — ... Et que la mention du lieu de la passation du testament est suffisamment remplie par l'énonciation faite par le notaire qu'il a été passé dans la maison d'un tel...., légataire. — *Bruxelles*, 2 nov. 1831, Derickere c. Struyre.

416. — Non seulement la loi du 25 vent. an XI, et les art. 971 et suiv. du C. civ. exigent l'accomplissement de certaines formalités pour la rédaction des testamens par acte public, mais ils prescrivent encore que, dans certains cas, il soit fait mention de l'accomplissement de ces formalités. On parlera de ces mentions à l'occasion de chacune des formalités particulières. Ici on se bornera à présenter quelques observations relativement à ces mentions en général.

417. — « Mentionner un fait, dit M. Coin-Delisle (sur l'art. 972, no 29), c'est en faire mémoire dans un acte ; faire mention d'une formalité, c'est témoigner dans cet acte même que la formalité a été remplie. »

418. — Les mentions, en matière de testament, sont ou *simplement requises* ou *requises à peine de nullité* ; dans le premier cas, la loi n'attache pas la nullité à son absence ; dans le second, l'existence de l'acte dépend de l'existence de la mention. — Coin-Delisle, *eod. loc.*

419. — La règle générale en cette matière est que les mentions doivent faire connaître l'accomplissement de toutes les formalités requises afin de remplir le vœu de l'art. 979, qui veut qu'il soit fait *du tout mention expresse*. — Coin-Delisle, sur l'art. 972, no 35 ; Poujol, no 19.

420. — Par ces mots *mention expresse*, il faut entendre que les mentions seront conçues en termes tels, qu'il y ait certitude que toutes les formalités ont été observées. — Coin-Delisle, art. 972, no 39.

421. — Lorsqu'une mention est susceptible de deux sens, on doit préférer l'interprétation qui remplit le vœu de la loi. — Toullier, t. 5, no 429 ; Zachariæ, t. 5, § 670.

422. — Les mentions prescrites par la loi pour la validité des testamens authentiques doivent être faites non par les testateurs, mais par les notaires. — *Cass.*, 13 (et non 12) mai 1819, Cotton c. Gigouley.

423. — Jugé qu'un testament public est nul lorsque la mention de l'accomplissement des formalités prescrites a été faite par le testateur et non par le notaire. — *Besançon*, 25 fév. 1819, N..... ; *Limoges*, 22 juin 1813, Lafarge c. Mezeau.

424. — Jugé, au contraire, que le testament n'est pas nul, parce que la mention d'une formalité essentielle a été mise dans la bouche du testateur, au lieu de l'être dans celle du notaire. — *Turin*, 29 déc. 1810, Barra c. Mangiardi ; *Cass.*, 2 août 1821, Bayer c. Mouchette.

425. — ... Que la loi n'ayant pas prescrit de termes sacramentels pour exprimer ces mentions, une cour d'appel peut déclarer valable un testament, quoique les mentions des formalités essentielles y aient été mises dans la bouche du testateur, si elle juge que le notaire s'est approprié ces mentions, en déclarant lui-même à la fin de l'acte que toutes les formalités ont été remplies. — *Cass.*, 13 (et non 12) mai 1829, Cotton c. Gigouley.

426. — Ainsi, un testament public n'est pas nul, bien que la mention de la lecture émane du testateur et non du notaire, s'il est constaté que le testateur a demandé et que le notaire lui a donné acte de cette lecture. — *Besançon*, 22 mai 1823, Benoist c. Champeroux.

427. — La loi n'ayant point indiqué la place où doivent se trouver les mentions, elles peuvent être mises indifféremment en tête, à la fin ou dans le corps de l'acte, pourvu qu'il résulte de la corrélation des termes qu'elles s'appliquent à l'acte entier. — Toullier, t. 5, no 428 ; Merlin, *Rép.*, vo *Testament*, sect. 2e, § 3, art. 2, no 7 ; Poujol, no 22 ; Coin-Delisle, art. 972, no 45.

428. — C'est dans l'acte même que doivent se trouver les mentions ; des notes des notaires écrites après les signatures, attestant que le notaire aurait écrit le testament, ne suppléeraient point à l'omission de la mention. — Coin-Delisle, sur l'art. 972, no 46.

429. — La question de savoir si toutes les mentions prescrites à peine de nullité existent ou non

dans un testament, n'est pas une pure question de fait du domaine exclusif des cours d'appel. — Coin-Delisle, art. 972, n° 33. — V. cependant Toullier, t. 5, n° 415.

430.—L'arrêt qui annule un testament comme ne contenant pas une mention exigée par la loi ne peut, si cette mention se trouve dans le testament, échapper à la censure de la cour de Cassation, sous prétexte qu'il n'aurait fait qu'interpréter un acte. — *Cass.*, 15 déc. 1819, Lehugeur c. Delahaye-Delalande.

431. — Le notaire doit garder minute du testament qu'il reçoit. — L. 25 vent. an XI, art. 20. — V. ACTE NOTARIÉ, n° 568.

432. — Toutefois, le notaire qui juge qu'il n'y a pas lieu de clore par sa signature le testament d'une personne parce qu'elle lui paraît atteinte d'aliénation ou dans une position à ne pouvoir exprimer une volonté libre et spontanée, n'est pas obligé de garder la minute de ce testament, l'obligation imposée par l'art. 20 de loi du 25 vent. an XI ne s'appliquant qu'aux actes parfaits. — *Bordeaux*, 3 août 1841 (t. 2 1841, p. 641), Chastin-Amiaud c. Reveillaud.

433. — Le testament pourrait-il être reçu en brevet? Oui. — Delvincourt, t. 2, p. 301; Merlin, *Rép. et Quest.*, v° *Notaire*; Toullier, t. 5, n° 659; Favard de Langlade, *Rép.*, v° *Acte notarié*; Massé, *Parf. notaire*, liv. 1er, chap. 26. — Selon eux, le testament doit être compté au nombre des actes simples dont parle l'art. 20, L. 25 vent. an XI, attendu qu'il n'engendre aucune obligation du vivant du testateur, et qu'il est révocable comme une procuration.

434. — Pour la négative, on répond que le testament ne peut être compris sous la dénomination *d'acte simple*, « attendu que les actes simples sont, ainsi que le mot l'indique, ainsi que la déclaration de 1723 l'entendait, ainsi que le rapporteur de la loi du 25 ventôse l'a expliqué au Corps législatif, *ceux dont le contenu, la nature et les effets ne présentent qu'un objet ou un intérêt simple en lui-même et passager*; ce qui ne peut se dire des testamens, qui, quant à leur contenu, leur nature et leurs effets, sont sans contredit les actes les plus sérieux et les plus solennels. — Le testateur ne peut donc avoir le droit d'exiger du notaire la remise du testament qu'il a fait et qu'il veut révoquer. — Avis cons. d'état 7 avr. 1821, approuvé par le garde des sceaux le 9 sept. 1822. — Duranton, t. 9, n° 61; Rolland de Villargues, v° *Testament*, n° 137.

435. — Les testamens reçus par les notaires doivent, ainsi qu'on l'a déjà vu (*suprà* n° 99) être enregistrés dans les trois mois du décès des testateurs, à la diligence des héritiers, donataires, légataires ou exécuteurs testamentaires. — L. 22 fruct. an VII, art. 21. — V. ENREGISTREMENT.

436. — Les notaires qui les présentent à la formalité sont personnellement tenus d'acquitter les droits, sauf leur recours (L. 22 frim. an VII, art. 29), et ils sont également tenus du paiement des droits de transcription, lorsque le testament donne ouverture à ces droits. — V. TRANSCRIPTION (droit de).

437.—Le notaire peut délivrer au testateur qui la demande une expédition du testament, quoique le testament ne soit pas encore enregistré.—Décis. min. fin. 25 avr. 1809; — Duranton, t. 9, n° 62.

438. — Le testament fait foi jusqu'à inscription de faux de tout ce que le notaire a mission de constater. — L. 25 vent. an XI, art. 19. — V. ACTE AUTHENTIQUE, n° 80 et suiv. — Au-delà, il cesse de faire foi; mais la preuve peut être admise. — Poujol, sur l'art. 972, n° 19.

439. — Ainsi, l'on ne pourrait, sans inscription de faux, offrir des preuves que le testament n'a pas été dicté au notaire par le testateur si le testament contenait la mention de cette dictée. — Mais on pourrait, sans prendre la voie de l'inscription de faux, être admis à prouver que le testateur n'était pas sain d'esprit, quoique le testament contînt la mention du contraire; la raison en est que le notaire n'a pas mission de constater ce fait. — Poujol, *loc. cit.* — V. aussi DISPOSITION A TITRE GRATUIT, nos 188 et suiv.

440. — Un acte public (un testament) fait foi, jusqu'à inscription de faux, non-seulement des dispositions qui y sont contenues, mais encore de leur ponctuation. Ainsi l'inscription de faux est nécessaire lorsqu'on prétend qu'une virgule a été placée après coup, dans telle ou telle partie d'un testament. — *Limoges*, 14 (et non 4) août 1810, Meilhac.

441. — Un testament public nul en la forme ne peut valoir comme acte sous seing-privé, ni même comme commencement de preuve par écrit. — *Turin*, 14 mars 1807, Tola c. Pialo et Milanesis.

442. — Quant à la responsabilité civile encourue par le notaire qui a causé la nullité du testament par suite de l'inobservation des formalités prescrites par la loi, V. NOTAIRE, nos 795 et suiv.

Sect. 2e. — *Dictée par le testateur et écriture par le notaire.*

ART. 1er. — *Dictée par le testateur.*

443. — Si le testament est reçu par deux notaires, il leur est dicté par le testateur. S'il n'y a qu'un notaire, il doit être également dicté par le testateur à ce notaire; de plus il en est fait mention expresse : le tout à peine de nullité. — C. civ., art. 972 et 1001.

§ 1er. — *Mode de la dictée.*

444. — Pour avoir une juste idée du sens légal du mot *dictée* employé par l'art. 972, C. civ., il ne faut pas en chercher le sens dans la définition qu'en donne le dictionnaire de l'Académie en ces termes : « Dicter, prononcer *mot à mot* ce qu'un autre écrit en même temps. » Car ce serait faire dégénérer le ministère du notaire en une servilité puérile, ce qui n'a pas été dans l'esprit du législateur. *Dicter*, c'est l'acte d'un testateur qui prononce intelligiblement et de lui-même ses dispositions de dernière volonté, pour qu'elles soient écrites par le notaire à mesure de leur prononciation. — Coin-Delisle, sur l'art. 972, n° 2; Toullier, t. 5, n° 410.

445. — Ainsi, il n'y a point *dictée* du testament, selon le vœu de l'art. 972, C. civ., lorsque le testateur n'exprime sa volonté que par des monosyllabes, et sur des interpellations. — *Nancy*, 24 juill. 1833, Claudel c. Ruault; *Pau*, 23 déc. 1836 (t. 1er 1837, p. 573), Lasserre c. Saint-Martin; *Cass.*, 12 mars 1838 (t. 1er 1838, p. 400), mêmes parties. — Toullier, t. 5, n° 410; Favard de Langlade, *Rép.*, v° *Testament*, sect. 1re, § 3, art. 4; Duranton, t. 9, n° 69; Coin-Delisle, art. 972, n° 4; Zachariæ, t. 5, § 670.

446. — Il n'y a pas non plus dictée lorsque le notaire présente au testateur et aux témoins une minute de testament préparée d'avance, alors même que cette minute serait conforme aux volontés du testateur exprimées précédemment ou rédigées sur des notes que le testateur auraient remises au notaire pour s'épargner les longueurs souvent pénibles d'une dictée. — Coin-Delisle, sur l'art. 972, n° 5; Poujol, art. 972, n° 14; Toullier, t. 5, n° 410; Duranton, t. 9, n° 69.

447. — Ainsi, on a déclaré nul, comme n'ayant pas été dicté au notaire, selon le vœu de la loi, le testament qui a été copié, en tout ou en partie, sur des notes présentées au notaire par le testateur, sans que ce dernier en ait lui-même donné lecture, au notaire en présence des témoins. — *Poitiers*, 30 juin 1836, Billaireau c. Maubaillarcq.

448. — Toutefois, le testateur peut dicter ses dernières volontés sur des notes préparées d'avance. — *Cass.*, 14 juin 1837 (t. 1er 1837, p. 633), Mousseron.

449. — Il n'y a dictée qu'autant que le notaire entend et reçoit les paroles du testateur et les écrit immédiatement, en sa présence. — Coin-Delisle, art. 972, n° 5.

450. — D'où la conséquence que le muet ne saurait tester par acte public. — Duranton, t. 9, n° 69.

451. — Il n'y a pas non plus dictée, lorsque les paroles du testateur ont cessé d'être intelligibles pour le notaire; il ne suffirait pas que les témoins eussent entendu et compris les paroles du testateur pour que le testament écrit par le notaire, sur leur attestation, fût valable. — Coin-Delisle, art. 972, n° 6.

452. — Pour qu'il y ait dictée d'un testament composé d'une disposition unique, il faut qu'il ait été écrit dans le lieu même et au même instant où il a été prononcé par le testateur. Ainsi, le testament est nul lorsqu'il a été reçu par le notaire dans une chambre où gisait le testateur, atteint du choléra, et qu'il a été écrit par ce notaire dans une autre chambre, de laquelle il ne pouvait entendre la parole du testateur. — *Cass.*, 20 janv. 1840 (t. 1er 1840, p. 201), Jullien c. Burnel.

453. — Le testament peut être dicté en langue étrangère, pourvu que le notaire et les témoins en aient une connaissance parfaite. — Merlin, *Rép.*, v° *Langue française*, nos 3 et 4; Duranton, t. 9, nos 79 et 80; Zachariæ, t. 5 §, 670.

454. — Comment concilier l'arrêté du 24 prair. an XI (art. 2), qui porte que les officiers publics pourront écrire à mi-marge de la minute française la traduction en idiôme du pays, lorsqu'ils en seront requis par les parties, avec l'art. 972, C. civ., qui veut que le testament soit écrit par le notaire *tel qu'il a été dicté par le testateur?* — Le ministre de la justice, consulté sur cette question par les notaires de Bruxelles, répondit, le 24 therm. an XII, en ces termes : « La loi ne met aucun » obstacle à l'exécution de cet arrêté; lorsqu'elle » dit (art. 972) que le testateur dictera son testa» ment, elle ne dit point que ce sera en français; » on ne peut forcer quelqu'un de parler une lan» gue qu'il ne sait point; le notaire est seulement » tenu de rédiger le testament en langue française. » Rien n'empêche qu'il n'en fasse une traduction » en flamand à mi-marge; l'arrêté même du 24 » prair. l'autorise (art. 2); mais cette traduction » n'aura pas l'authenticité de la rédaction fran» çaise. »

455. — Jugé, en conséquence, que le testament dicté en langue étrangère par une personne qui n'entend pas le français et rédigé en français par le notaire est valable. — *Liége*, 23 juill. 1806, Brammertz c. Scheins; 24 nov. 1806, Bragard c. Willems; *Cass.*, 4 mai 1807, Brammertz c. Scheins. — Merlin, *Rép.*, v° *Langue française*, n° 5; Coin-Delisle, art. 969, n° 19.

456 —... Et qu'il en est ainsi, quand même les témoins, aussi bien que le testateur, n'entendraient pas la langue française. — *Douai*, 1er fév. 1816, Paccon c. Ternynck.

457. — ... Que le testament authentique dicté et rédigé en langue étrangère, avec une traduction française à mi-marge, est valable. — *Trèves*, 10 juin 1807, Reinhau c. Weipert; *Bruxelles*, 13 sept. (et non déc.) 1808, Senens; 17 juill. 1821, N... — Merlin, *Rép.*, *eod. verb.*; Toullier, t. 5, n° 459; Duranton, t. 9, n° 78; Zachariæ, t. 5, § 665.

458. — Mais lorsqu'un testament dicté au notaire en langue allemande et écrit par lui dans le même idiôme est traduit à mi-marge en français, c'est à la rédaction originale et non à la traduction française qu'il faut se reporter pour savoir si le testament est revêtu de toutes les formalités nécessaires à sa validité. — *Trèves*, 10 déc. 1806, N...

459. — Si le notaire n'entendait pas l'idiôme du testateur, il ne pourrait pas employer un interprète pour lui traduire les dispositions dictées par le testateur; le notaire doit recueillir lui-même les paroles prononcées par ce dernier, qui doit les lui dicter et non un autre. — Duranton, *loc. cit.*; Coin-Delisle, art. 972, n° 17; Poujol, n° 13.

460. — Jugé cependant qu'un testament peut être dicté au notaire par l'intermédiaire d'un interprète du choix du testateur. — *Metz*, 21 août 1823, N...

461. — Le testament ne serait pas nul s'il était écrit en langue étrangère, la loi ne prononçant pas la peine de nullité. — Toullier, t. 5, n° 459; Merlin, *Quest.*, v° *Testament*, § 17, art. 3; Coin-Delisle, art. 969, n° 20.

462. — Bien plus, M. Coin-Delisle (*loc. cit.*) pense que si le notaire ne croit pas avoir assez d'intelligence de la langue étrangère pour pouvoir traduire sous la dictée, il doit écrire le testament dans la langue dans laquelle il lui est dicté. La foi, dit-il, qui est due à la rédaction française est une fiction légale à laquelle il doit préférer une vérité certaine.

463. — Un testament énonçant qu'il a été dicté au notaire de la manière et ainsi qu'il a été écrit ne peut être attaqué sous prétexte que le testateur n'entendait pas la langue française. — *Rennes*, 30 déc. 1820, Ledoy c. Bardou.

464. — La dictée doit être faite en présence des témoins; l'art. 972 ne l'exige pas, il est vrai, mais la nécessité de leur concours résulte de la définition même que l'art. 971 donne du testament par acte public. — *Nancy*, 24 juill. 1833, Claudel c. Ruault. — Zachariæ, t. 5, § 670.

465. — S'il était prouvé que l'un d'eux se fût absenté pendant la dictée d'un seule clause, le testament serait nul. — Duranton, t. 9, n° 66.

§ 2. — *Mention de la dictée.*

466. — Il doit, à peine de nullité, être fait mention expresse que le testament, reçu par deux notaires, leur a été dicté par le testateur, ou que s'il n'y a qu'un notaire, ce testament lui a été dicté par le testateur. — C. civ., art. 972 et 1001.

467. — La mention de la *dictée* des dispositions de dernière volonté par le testateur au notaire, qui devait les écrire à *mesure qu'elles étaient prononcées*, n'était pas exigée, à peine de nullité, par l'ordon. de 1735 sur les testamens. — *Cass.*, 11 nov. 1823, Mijolla c. Marin de Baille.

468. — Un testament reçu par deux notaires est nul s'il ne contient pas la mention expresse qu'il *a été dicté aux deux notaires*; cette mention ne peut être suppléée par celle de la dictée, de l'écriture par l'un des notaires et de la présence de l'autre. — *Bourges*, 26 janv. 1809, Simonin c. Coy; 15 janv. 1811, Coteron c. Guineau. — V. cependant Merlin, *Rép.*, v° *Testament*, sect. 2e, § 3, art. 2,

no 2; Toullier, t. 5, nos 416 et 423; Duranton, t. 9, no 70; Zachariæ, t. 5, § 670.

469. — Toutefois, la loi n'a pas fixé les expressions sacramentelles dans lesquelles cette mention doit être conçue; en sorte qu'il suffit que les termes ne laissent aucun doute sur l'observation de cette formalité. — *Paris*, 23 août 1811, Pancemont c. Senneterre.

470. — Lorsque le testament n'est reçu que par *un notaire*, la mention qu'il a été *dicté* par le testateur et *écrit* par le notaire exprime suffisamment qu'il a été *dicté au notaire*. — *Bruxelles*, 9 déc. 1815, Crochelet.

471. — La mention qu'un testament a été dicté établit suffisamment qu'il a été dicté au notaire. — *Riom*, 28 juill 1814, Cheneau c. Ronzière.

472. — Un testament est nul lorsque la mention de dictée par le testateur est faite par le testateur, et non par le notaire. — *Bruxelles* 16 mai 1821, N...

473. — Il n'est pas nécessaire, à peine de nullité, que la mention de dictée du testament par le testateur au notaire soit faite en terme exprès, pourvu qu'il en résulte clairement que cette dictée a eu lieu. — *Cass.*, 19 août 1807, Dubois.

474. — Dès-lors, la simple mention de dictée est suffisante. — *Bruxelles*, 25 mars 1806, Pierret; 25 juin 1806, N...; 16 janv. 1808, Debroue c. Vanderveden.

475. — Il en est de même de la mention faite par le notaire que le testateur l'a requis de recevoir ses dispositions ainsi qu'il les lui dictera, et qu'ensuite le testateur a dit ces dispositions de sa propre bouche. — *Riom*, 26 mars 1810, Falcimagne.

476. — Le mot *dictée* n'est pas sacramentel, il peut être remplacé par des équipollens; l'essentiel est qu'il ne reste aucun doute sur ce point à la seule inspection de l'acte. — Merlin, *Rép.*, vo *Testament*, sect. 2e, § 3, art. 2, no 2; Favard de Langlade, *Rép.*, vo *Testament*, sect. 1re, § 3, art. 4; Grenier, t. 1er, nos 230, 231 et 234; Toullier, t. 5, nos 413 et suiv.; Duranton, t. 9, no 71; Poujol, sur l'art. 971, no 11; Zachariæ, t. 5, § 670.

477. — Ainsi la formalité de la dictée par le testateur est équivalemment remplie par l'énonciation suivante du notaire au commencement du testament: «Dispositions que nous écrirons au fur à mesure que le testateur nous les dictera.» — *Cass.*, 8 juill. 1834, Simon.

478. — ... Ou bien par la mention suivante: «Ainsi dicté par la testatrice, en son domicile, à Silly, y écrit et reçu par moi notaire soussigné.» — *Bruxelles*, 7 fév. 1807, Viseur c. Hannecart.

479. — ... Ou encore par l'énonciation que le testament a été prononcé par le testateur et écrit par le notaire à mesure que le disposant prononçait. — *Paris*, 17 juill. 1806, Mallet.

480. — Mais il n'y a pas mention suffisante que le testament ait été dicté par le testateur au notaire, lorsque le notaire s'est borné à énoncer, en se servant de la troisième personne, les déclarations et volontés du testateur. — *Turin*, 14 fruct. an XII, Rolando, c. N...

481. — ... Ou dans l'énonciation que le notaire a écrit le testament *de mot à mot*. — *Dijon*, 12 avr. 1820, Morestin c. Fusil.

482. — ... Ou bien dans la mention, placée en tête d'une disposition, que le testateur *a dit*. — *Aix*, 8 mars 1811, Condelieu.

483. — Le vœu de l'art. 472 est rempli, quant à la dictée, lorsque, de la contexture du testament, il résulte que le testateur a fait connaître ses dispositions au notaire qui les a écrites et relues audit testateur, en lui demandant si telle était l'expression de sa volonté. — *Cass.*, 20 juill. 1843 (t. 2 1843, p. 281), Darolles.

484. — Il n'est pas nécessaire, à peine de nullité, qu'un testament public contienne la mention formelle qu'il a été dicté *en présence des témoins*. — *Metz*, 19 déc. 1816, Cordonnier c. Hesseling; *Bruxelles*, 17 mai 1819, Foulon. — Poujol, art. 972, no 20.

485. — La mention de la dictée par le testateur au notaire ne peut être placée après la déclaration du testateur au notaire de ne savoir signer. — *Douai*, 9 nov. 1809, N... c. Wallez.

486. — La mention de la dictée du testament ne s'applique pas aux dispositions additionnelles placées dans l'acte après cette mention. — *Aix*, 8 mars 1811, Condelieu.

487. — Jugé cependant que lorsque, après la lecture donnée au testateur et la déclaration faite par celui-ci qu'il persévère dans le contenu du testament, le testateur ajoute une nouvelle disposition, la mention de la dictée énoncée au commencement de l'acte doit être censée se référer aussi à cette disposition. D'ailleurs la nullité de cette dernière disposition n'entraînerait pas la nullité du testament entier. — *Metz*, 16 mars 1815, N.. c. N...

488. — La mention de la dictée du testament au notaire fait foi jusqu'à inscription de faux. — *Cass.*, 19 déc. 1810, Sallet. — Duranton, t. 9, no 71.

489. — On ne saurait donc, sans inscription de faux, admettre la preuve par témoins que le testateur ne pouvait pas parler. — Même arrêt. — Duranton, *ibid.*

490. — ... Ou que le testateur était dans un état de délire et de transport au moment même où le testament a été reçu par le notaire. — *Cass.*, 17 juill. 1817, Cavelan.

491. — ... Ou que le testateur était dans un état de stupeur et de désorganisation morale qui ne lui permettait pas de manifester ses dernières volontés. — *Grenoble*, 3 août 1829, Vallet c. Vallet-Vernatel.

492. — ... Ou que le testament a été rédigé sur un interrogatoire. — Toullier, t. 5, no 411.

493. — ... Enfin que le testateur n'a pas dicté ou n'a pas pu dicter. — *Bruxelles*, 14 juin 1806, N... c. Martens.

494. — De même, un testament énonçant qu'il a été dicté au notaire *de la manière et ainsi* qu'il a été écrit, ne peut être attaqué sous prétexte que le testateur n'entendait pas la langue française. Les faits que le testateur n'entendait pas le français, et que l'un des témoins ne comprenait point l'idiôme du testateur, étant des faits négatifs, sur lesquels des témoins ne pourraient donner qu'une opinion incertaine, les tribunaux peuvent refuser la preuve testimoniale de ces faits. — *Rennes*, 30 déc. 1820, Ledoy c. Bardou.

495. — Lorsqu'un testament public porte qu'il a été dicté au notaire *en présence des témoins*, on n'est pas recevable à prouver, par une enquête dans laquelle on déclare n'avoir à faire entendre que les témoins instrumentaires eux-mêmes, que le testament n'a pas été dicté en leur présence. Dans ce cas, les juges doivent rejeter *de plano* la preuve du moyen de faux, au lieu de l'admettre d'abord, sauf à discuter ensuite la valeur des témoignages. — *Toulouse*, 26 mai 1829, Blavignac c. Lafage.

496. — Mais lorsque le testament est incriminé de faux, les témoins instrumentaires peuvent être eux-mêmes entendus sur les faits tendant à établir qu'il n'y a pas eu dictée du testament. — *Nîmes*, 24 juill. 1833, Claudel c. Ruault; *Cass.*, 12 mars 1838 (t. 1er 1838, p. 400), Lasserre c. Saint-Martin; — Merlin, *Quest.*, vo *Témoin instrumentaire*; Toullier, t. 9, no 309; Grenier, t. 1er, no 246.

497. — Lorsqu'un testament public est argué de faux en ce qu'il atteste qu'il a été dicté par le testateur, la déposition unanime des quatre témoins instrumentaires portant que le testateur n'a pas prononcé en leur présence ses dispositions, qu'il s'est borné seulement à répondre par des monosyllabes aux interpellations qui lui étaient adressées par le notaire, suffit pour faire déclarer constans les faits attestés par ces dépositions, dont aucune circonstance ne vient d'ailleurs attaquer la sincérité. — *Pau*, 23 déc. 1836 (t. 1er 1837, p. 573), Lasserre c. Saint-Martin; *Cass.*, 12 mars 1838 (t. 1er 1838, p. 400), mêmes parties.

ART. 2. — *Ecriture par le notaire.*

498. — Si le testament est reçu par deux notaires, il doit être écrit par l'un de ces notaires tel qu'il est dicté. S'il n'y a qu'un notaire, il doit être également écrit par ce notaire. De plus, il en est fait mention expresse, le tout sous peine de nullité. — C. civ., art. 972 et 1001.

§ 1er. — *Mode d'écriture par le notaire.*

499. — Le testament doit être écrit par le notaire, si celui-ci est seul, ou par l'un des notaires s'ils sont deux. — C. civ., art. 972.

500. — Le testament serait valable alors même qu'il aurait été écrit en partie par l'un des notaires et en partie par l'autre. — Toullier, t. 5, no 422, à la note; Zachariæ, t. 5, § 670; Coin-Delisle, art. 972, no 16; Furgole, *Des testamens*, chap. 2, sect. 3e, no 8; Bourjon, chap. 1er, no 11.

501. — Mais le testament ne peut être écrit par une personne autre que les notaires, à la différence des autres actes, qui peuvent être écrits par un clerc. — Toullier, t. 5, no 422; Duranton, t. 9, no 27.

502. — Dans le droit ancien, il était quelquefois arrivé que des parlemens avaient autorisé des notaires à faire écrire par leur clerc les testamens qu'ils étaient appelés à recevoir. — V. arrêts du parlement d'Aix de 1738 et de 1741, cités par d'Aguesseau, lettre 344e, t. 9 de ses œuvres, édit. in-4o. — V. aussi Merlin, *Rép.*, vo *Testament*, sect. 2e, § 2, art. 4, no 1er.

503. — Mais jugé qu'aujourd'hui un testament authentique est nul lorsque les noms, prénoms et demeures des témoins sont écrits d'une main autre que celle du notaire; il ne suffit pas pour sa validité que le notaire ait écrit les dispositions dictées par le testateur: l'obligation pour cet officier public d'écrire le testament s'étend à l'intégralité du contexte de l'acte. — *Caen*, 15 fév. 1842 (t. 2 1842, p. 567), Barberel.

504. — Le testament doit, à peine de nullité, être rédigé en présence des témoins. — C. civ., art. 971 et 1001.

505. — Ces témoins doivent assister à la rédaction tout entière; de sorte que si l'un d'eux est forcé de s'absenter un instant, le notaire doit suspendre la confection de l'acte jusqu'à son retour. — *Nancy*, 24 juill. 1833, Claudel c. Ruault.

506. — Jugé cependant que le préambule d'un testament étant un acte propre au notaire, peut être par lui rédigé hors de la présence des témoins. — *Angers*, 16 juin 1836, Mousseron; *Cass.*, 14 juin 1837 (t. 1er 1837, p. 633), mêmes parties; 4 mars 1840 (t. 1er 1840, p. 552), Leribeaux c. Crété.

507. — « La raison de cette jurisprudence, dit M. Coin-Delisle (sur l'art. 972, no 10), est que cette partie du testament est toute de forme et non de disposition, que sa rédaction préalable n'en altère pas la vérité et n'empêche pas que le testateur n'ait dicté la seule partie qui lui soit propre, c'est-à-dire ses volontés. »

508. — En admettant une partie à prouver que, dans le temps pendant lequel le notaire et les témoins instrumentaires d'un testament ont été en présence du testateur, le notaire n'avait pas écrit un seul mot, et que les témoins n'avaient connu les dispositions du testament que par la lecture de l'acte parachevé, et non par la dictée, un jugement admet par cela même la preuve des faits, quoique non articulés, qui tendent à établir que le testament était déjà écrit par le notaire lorsque les témoins ont été appelés auprès du testateur. — *Cass.*, 26 juill. 1847 (t. 1er 1848, p. 134), Percheron c. Laboissière.

509. — Le testament doit, à peine de nullité, être écrit par le notaire tel qu'il est dicté. — *Cass.*, 12 août 1834, Lecomte c. Baussan.

510. — Lorsque le notaire a écrit le testament immédiatement après avoir recueilli de la bouche du testateur malade l'ensemble de ses dispositions, il doit être considéré comme l'ayant écrit sous la dictée du testateur. — *Cass.*, 19 janv. 1841 (t. 1er 1841, p. 707), Boissonnet c. Vivier.

511. — Les termes *tel qu'il est dicté* de l'art. 972, n'imposent pas au notaire l'obligation de reproduire les mêmes mots que le testateur. Il suffit que le sens des termes dont il s'est servi soit exactement rendu. — *Bruxelles*, 28 pluv. an XIII, Vandervoort c. Linard; *Bourges*, 15 janv. 1810, Cloiseau; *Cass.*, 4 mars 1840 (t. 1er 1840, p. 552), Leribeaux c. Crété. — Toullier, t. 5, no 419; Duranton, t. 9, nos 76 et 77; Grenier, t. 1er no 236; Zachariæ, t. 5, § 670; Poujol, sur l'art. 972.

512. — De même, si, en droit, le mot *dicter* signifie prononcer *mot à mot* ce qu'on destine à être en même temps écrit, il n'est cependant pas nécessaire que le notaire, assujéti par l'art. 972, C. civ., à écrire le testament *sous la dictée du testateur*, emploie des mots qui soient matériellement les mêmes que ceux prononcés par ce dernier, pourvu qu'ils reproduisent complètement et exactement tout ce que le testateur a dicté, et qu'ils soient ainsi l'expression fidèle et véritable de sa libre volonté. — *Cass.*, 15 janv. 1845 (t. 1er 1845, p. 403), Miquel c. Gervais.

513. — Et il suffit, pour que l'arrêt qui déclare un testament valable comme conforme aux prescriptions de l'art. 972 échappe à la censure de la cour de Cassation, qu'il constate 1o que le testateur avait, au moment du testament, le libre usage de la parole; 2o qu'il a clairement exprimé au notaire toutes les dispositions qu'il voulait faire; 3o que ce dernier les a écrites immédiatement, sans étendre, restreindre ni modifier l'expression fidèle et véritable de la volonté du testateur...., alors même qu'il semblerait résulter des enquêtes que le testateur se serait borné à répondre par *oui* et par *non* aux interpellations du notaire. — Même arrêt.

514. — Sur l'écriture par le notaire du testament qui lui est dicté dans une langue étrangère, V. *suprà*, nos 453 et suiv.

515. — Un testament public peut être rédigé à la troisième personne au lieu de l'être à la première. — *Bruxelles*, 3 fructid. an XII, Aerts c. Ramack; *Nîmes*, 29 avr. 1806, Emeric; *Bruxelles*, 1 mai 1807, Vandersteene c. Pot; *Angers*, 13 (et non 3) août 1807, Lenoble c. Larivière; *Riom*, 17 nov. 1808, L'hoste; *Cass.*, 18 janv. 1809, Audonne,

c. Degoust ; Merlin, *Rép.*, v° *Testament*, sect. 2e, § 3, art. 2, n° 2 ; Zachariæ, t. 5, § 670 ; Poujol, sur l'art. 972, n° 13 ; Duranton, t. 9, n° 81 ; Toullier, t. 5, n° 418 ; Favard de Langlade, v° *Testament*, sect. 1re, § 3, art. 3 ; Grenier, t. 1er, n° 236 ; Delvincourt, t. 2, p. 302.

§ 2.—*Mention de l'écriture par le notaire.*

516. — Il doit, à peine de nullité, être fait mention expresse que le testament reçu par deux notaires a été écrit par l'un d'eux, tel qu'il a été dicté, ou que s'il n'y a qu'un notaire le testament a été écrit par le notaire. — C. civ., art. 972 et 1001.

517. — Jugé que le vœu de l'art. 972, C. civ., est complétement rempli, lorsque le testament reçu par deux notaires porte qu'il a été écrit par l'un des notaires, l'autre présent ; dans ce cas, il n'est pas nécessaire que le notaire qui tenait la plume soit nominalement désigné. — *Cass.*, 26 juill. 1842 (t. 2 1842, p. 647), Delalleau c. Boussemart.

518. — Du reste, en exigeant qu'il soit fait mention expresse que le testament reçu par deux notaires a été écrit par l'un d'eux, la loi n'a pas fixé les expressions sacramentelles dans lesquelles cette mention doit être conçue ; en sorte qu'il suffit que les termes ne laissent aucun doute sur l'observation de cette formalité. — *Paris*, 23 août 1811, Pancemont c. Senneterre.

519. — Ainsi cette mention résulte suffisamment d'une clause ainsi conçue : « Lequel a fait et dicté auxdits notaires son testament qui suit et qui a été écrit de la main dudit R..., en présence de son collègue et des témoins ; il a déclaré le bien concevoir et entendre et y persister. » — *Rennes*, 18 (et non 1er) juill. 1816, Civel.

520. — La mention que *le testament a été dicté par le testateur et écrit par le notaire* établit suffisamment qu'il a été écrit tel qu'il a été dicté. — Duranton, t. 9, n° 82 ; Toullier, t. 5, n° 421 ; Zachariæ, t. 3, § 670.

521. — Il en est de même de la mention par le notaire que le testament lui a été *dicté* par le testateur et qu'il l'a *écrit*. — *Metz*, 16 mars 1815, N...

522. —... Ou bien de l'énonciation que le *testateur l'a dicté et que le notaire l'a écrit ainsi qu'il suit.* — *Douai*, 28 nov. 1814, Vanderborgh.

523. — A plus forte raison, la mention ainsi conçue que « le testament a été écrit par le notaire tel qu'il a été dicté par le testateur, » remplit suffisamment le vœu de l'art. 972, C. civ. — *Bruxelles*, 2 nov. 1831, Derickère c. Struyre.

524. — Mais il n'y a point mention suffisante de la mention d'écriture du notaire dans celle que le testament a été reçu par le notaire. — *Turin*, 30 frim. an XIV, Scaroupi c. Grosso.

525. —... Ni dans la mention faite par le notaire qu'il a retenu le testament au fur et à mesure qu'il lui a été dicté. — *Toulouse*, 16 déc. 1805, Bregan c. Grach.

526. — Il n'est point non plus suppléé à la mention de l'écriture par le notaire par celle de dictée du testateur au notaire. — *Paris*, 5 frim. an XII, N... ; *Bruxelles*, 28 niv. an XII, Demelin ; *Liège*, 11 thermid. an XII, Fraipont c. N... ; *Paris*, 5 fructid. an XII, Froidefond c. Letellier ; 10 niv. an XIII, Bourlou c. N... ; *Cass.*, 10 thermid. an XIII, Froidefond c. Letellier ; *Bruxelles*, 29 brum. an XIV, Sleps c. N... ; *Cass.*, 9 fév. 1808, Fraipont ; *Turin*, 31 août 1808, Bonelli c. Godmat.

527. —... Ni par la mention que le testament a été dicté par le testateur au notaire, et qu'il a été fait et lu au testateur par le notaire. — *Turin*, 4 mars 1806, Montanara c. Beltramo.

528. — On avait d'abord décidé que le mot *écrit* ne pouvait être suppléé par celui de *rédigé*. — *Besançon*, 27 nov. 1806, Travault c. Boltot ; *Turin*, 14 avr. 1810, Malengo ; *Colmar*, 11 fév. 1815, Rieffel c. Bauer.

529. —... Qu'il en était de même des mots *fait, lu, passé et rédigé.* — *Cass.*, 4 fév. 1808, Botot.

530. —... Ou de ceux de *rédigé, fait et dressé.* — *Turin*, 22 fév. 1806, Deffey c. Galli ; *Cass.*, 27 mai 1807, mêmes parties.

531. — La cour de Cassation donnait pour motif que la disposition de l'art. 972 était expresse et qu'on ne pouvait admettre d'équipollens ; mais depuis on a reconnu qu'une pareille interprétation serait par trop absolue, et qu'il appartient aux tribunaux d'apprécier dans leur conscience les termes de la mention. — Toullier, t. 5, n° 423 ; Favard de Langlade, v° *Testament*, sect. 1re, § 3, art. 3, n° 19 ; Delvincourt, t. 2, p. 803, notes ; Duranton, nos 78 et suiv. ; Poujol, sur l'art. 972. — V. aussi Merlin, *Rép.*, v° *Testament*, sect. 2e, § 2, art. 4, n° 2 ; Rolland de Villargues, *eodem verbo*, n° 180.

532. — Il a donc été décidé que le mot *rédigé*, employé dans la mention de l'écriture d'un testament, indique suffisamment qu'il a été *écrit* tel qu'il a été *dicté* par le testateur au notaire. — *Cass.*, 26 juill. 1808, Hamelin ; *Paris*, 8 mars 1816, Chapotin c. Bresson.

533. —... Et qu'il en est de même à plus forte raison des mots *rédigé par écrit par le notaire.* — *Aix*, 20 avr. 1809, Billon c. Richaud ; 3 déc. 1812, Courme c. Eyraud.

534. — Lorsqu'un testament porte qu'il a été dicté par le testateur et écrit par le notaire, *comme suit*, et que, dans la clause finale, il est dit : *ainsi fait, dicté et nommé par le testateur*, il est suffisamment constaté que le notaire a écrit le testament tel qu'il lui a été dicté. — *Angers*, 12 juill. 1809, Fleuri.

535. — Les mots *écrit de moi*, mis au bas d'un testament authentique, peuvent être considérés comme énonçant que le testament a été écrit par le notaire qui l'a reçu. — *Cass.*, 6 av. 1824, Poriels c. Ducousseau de Baure.

536. — La mention que le testament a été écrit tel qu'il a été dicté peut s'induire des dispositions ou de la contexture du testament. — *Riom*, 26 mars 1810, Falcimaigne ; *Lyon*, 23 av. 1812, Delorme c. Cazot ; *Bordeaux*, 19 janvier 1825, Louberie c. Bely.

537. —... Ou bien résulter d'une phrase équivalente. — *Turin*, 16 av. 1806, Bertotti.

538. — Jugé, par suite, que le vœu de l'art. 972 est suffisamment rempli lorsque la contexture du testament prouve que le notaire l'a écrit tel qu'il lui a été dicté, par exemple, lorsqu'il contient ces expressions : « le présent testament dicté par la testatrice au notaire..., laquelle testatrice a déclaré sa volonté être telle, et ne vouloir ordonner autre chose. » — *Metz*, 21 août 1823, N...

539. —... Ou lorsque le testament contient ces expressions, « qu'il a été dicté de mot à autre, écrit de la main du notaire. » — *Rennes*, 16 janv. 1811, N...

540. ... Ou une clause ainsi conçue : « Lequel a dicté à moi notaire son testament, qui fut écrit par moi en ces termes. » — *Cass.*, 18 fév. 1812, Thélu.

541. —... Ou encore la mention ainsi conçue : « Lequel comparant a dicté à nous notaire son testament, que nous avons rédigé, tel qu'il nous l'a dicté, dans la forme et manière suivantes. » — *Liège*, 5 janv. 1833, N...

542. —... Ou bien celle-ci : « Par le présent testament, dont la testatrice a dicté les dispositions, qui ont été par moi rédigées mot à mot, à mesure qu'elles les a prononcées. » — *Nîmes*, 26 mars 1838 (t. 1er 1838, p. 651), Plantier.

543. — La mention faite par le notaire, que le testateur l'a requis de recevoir ses dispositions ainsi qu'il les lui dictera, et qu'ensuite le testateur a dit ses dispositions de sa propre bouche, constate suffisamment que le testament a été écrit tel qu'il a été dicté. — *Riom*, 26 mars 1810, Falcimagne.

544. — Il en est de même de la déclaration du notaire qu'il va écrire le testament, suivie immédiatement de celle-ci : « Ainsi que nous l'avons fait. » — Même arrêt.

545. —... Ou encore par l'énonciation suivante du notaire au commencement du testament : « Dispositions que nous écrirons au fur et à mesure que le testateur nous les dictera. » — *Cass.*, 8 juill. 1834, Simon.

546. — La mention que le testament a été écrit par le notaire ne pourrait être suppléée par le fait même de l'écriture du notaire, dont la preuve se ferait par la comparaison du testament avec d'autres actes écrits de la main du même notaire. — Duranton, t. 9, n° 78 ; Zachariæ, t. 5, § 67.

547. — Un testament est nul lorsque la mention de l'écriture par le notaire est faite par le testateur et non par le notaire. — *Bruxelles*, 16 mai 1821, N....

548. — Il n'est pas nécessaire, à peine de nullité, qu'un testament public contienne la mention formelle qu'il a été *écrit* en présence des témoins. — *Metz*, 19 déc. 1816, Cordonnier c. Hisseling ; *Bruxelles*, 17 mai 1819, Foulon.

549. — La mention que le notaire a *écrit* le testament peut être faite indifféremment dans le préambule ou dans la clôture de l'acte. — *Bruxelles*, 25 mars 1806, Pierret ; *Cass.*, 18 oct. 1809, Marelle c. Roger.

550. — Ainsi elle a pu être placée à la tête de l'acte. — *Bourges*, 29 mars 1808, Dubois c. Auclere ; *Cass.*, 26 juill. 1808, Hamelin.

551. — Il suffit qu'elle soit placée avant la conclusion du testament par la lecture et par les signatures. — Duranton, t. 9, n° 75.

552. — Dès-lors, la mention doit être faite, à peine de nullité, avant la signature du testateur et des témoins. — *Turin*, 14 fruct. an XII, Rolando c. N... ; 30 frim. an XIV, Scaroupi c. Grosso ; 22 mars 1806, Albertini.

553. — A plus forte raison, elle ne peut produir aucun effet si elle a été faite hors du corps de l'acte et si elle n'a été signée que par le notaire. — *Turin*, 14 avr. 1810, Malengo.

554. — La mention expresse de l'écriture par le notaire ne s'applique pas à des dispositions additionnelles du testament placées après cette mention et formant non des renvois, mais une nouvelle partie du testament ; dans ce cas, le testament est nul pour le tout. — *Turin*, 7 nov. 1809, Bolletino.

555. — Lorsqu'un testament public énonce qu'il a été écrit de la main du notaire qui l'a reçu, la preuve du contraire ne peut être établie que par l'inscription de faux. La simple vérification des écritures ne saurait être admise à cet effet, lors même que les parties y consentiraient. — *Limoges*, 13 déc. 1813, Larfeux c. Granville.

Sect. 3e. — *Lecture au testateur en présence des témoins.*

ART. 1er. — *Dispositions générales.*

556. — Après la rédaction du testament sur la dictée du testateur, le notaire doit en donner lecture au testateur en présence des témoins. — C. civ., art. 972, § 3.

557. La raison de cette disposition est que ce n'est que par sa lecture que le testateur et les témoins peuvent s'assurer que ce qui a été écrit par le notaire est conforme à ce qui a été dicté par le testateur. — Poujol, art. 972, n° 18.

558. — Le testament devant être lu au testateur, il faut que celui-ci puisse entendre ce qui lui est lu. En conséquence, celui qui est complétement sourd ne peut tester par acte public. — Duranton, t. 9, n° 82. — *Contrà Paris*, 27 janv. 1840, Budan c. Delaville.

559. — La preuve que le testateur était incapable d'entendre peut être faite par témoins ; il n'est pas nécessaire de prendre la voie de l'inscription de faux. La raison en est que le notaire n'a pas reçu mission de la loi d'attester l'*audition* de la lecture, comme il a reçu celle de certifier que le testateur lui a dicté ses dispositions, c'est-à-dire que le testateur lui a parlé. — Duranton, t. 9, n° 84 ; Zachariæ, t. 5, § 670.

560. — La lecture du testament doit être entière ; cependant le testament ne serait pas nul si le testateur avait omis quelques lignes du préambule, par exemple les noms et qualités du testateur et des témoins. — Coin-Delisle, art. 972, n° 24.

561. — De même encore, le notaire n'est pas rigoureusement tenu de donner au testateur lecture de la mention de signature ou de la déclaration qu'il ne pouvait signer. — *Cass.*, 3 juill. 1834, Pons c. Giret. — Zachariæ, t. 5, § 670.

562. — La disposition qui prescrit de donner lecture exclut l'idée de deux lectures séparées, l'une au testateur et l'autre aux témoins. En conséquence, le testament qui aurait été lu d'abord au testateur, puis aux témoins, devrait être déclaré nul. — Merlin, *Rép.*, v° *Testament*, sect. 2e, § 3, art. 2, n° 4 ; Grenier, *Des testamens*, n° 239 ; Toullier, t. 3, n° 426 ; Coin-Delisle, sur l'art. 972, n° 23.

563. — La lecture du testament au testateur doit-elle absolument être faite par le notaire lui-même ? M. Coin-Delisle (art. 972) est d'avis que la loi ne semble pas imposer au notaire l'obligation de faire lui-même la lecture de l'acte, et que dans l'interprétation de l'art. 972, il ne faut point aller au-delà du texte. Mais on répond que la formalité de la lecture doit être faite par le notaire, parce que le caractère dont l'a investi la loi offre une garantie qu'un étranger ne présente pas. — Merlin, *Rép.*, v° *Testament*, sect. 2e, § 2, art.

ART 2. — *Mention de la lecture au testateur en présence des témoins.*

564. — Non seulement il doit être donné lecture du testament au testateur en présence des témoins, mais encore il faut qu'il soit fait mention expresse de la lecture au testateur, et de cette lecture en présence des témoins (C. civ., art. 972) ; le tout à peine de nullité. — C. civ., art. 1001.

§ 1er. — *Mention de la lecture au testateur.*

565. — Le testament doit contenir la mention expresse qu'il a été lu au testateur. — C. civ., art. 972 et 1001.

566. — Dans la clôture d'un testament contenant ces expressions *fait, passé et publié*, le mot *publié* est synonyme de *lu*. — *Grenoble*, 9 juill. 1823, Therme.

567. — Il suffit que le notaire mentionne que le

testament a été lu au testateur, en présence des témoins; il n'a pas besoin d'exprimer que cette lecture a été donnée par lui.— *Agen*, 5 août 1824, Laforgue c. Montaulieu.

568. — Mais il faut qu'il résulte bien clairement de la mention que la lecture a été faite au testateur.

569. — Avant l'ordonnance de 1735, il n'était pas nécessaire, à peine de nullité, de mentionner que lecture du testament avait été donnée au testateur. — *Cass.*, 24 frim. an II, Giscard c. Lasalle. — V. sur ce point de droit ancien, qui a été vivement discuté dans le temps, un arrêt de réglement du parlement de Toulouse du 4 fév. 1667, rapporté par Laroche-Flavin; un arrêt du parlement de Paris de 1653, rendu sur le rôle de Lyon.

570. — Sous l'empire de l'ordonn. de 1735 (art. 23), la mention de la lecture du testament au testateur n'avait pas besoin d'être expresse et pouvait suffisamment s'induire des termes de l'acte et notamment de ces mots: *passé lesdits jour et an, après lecture.* — *Besançon*, 19 mai 1809, Duport; *Cass.*, 25 janv. 1815, Chauvin c. Hantrage; 15 déc. 1819, Lehugeur c. Delahaye-Delalande.

571.... — Ou encore de cette mention mise à la fin de l'acte : *lecture faite.* — *Cass.*, 11 therm. an XIII, Deradicourt c. Bonnet.

572. — Mais la mention que le testament avait été *lu et relu* ne constatait pas suffisamment qu'il en eût été donné lecture au testateur. — *Bourges*, 25 nov. 1806, Godin c. Hugon.

573. — Sous l'empire de la même ordonnance, la mention de la lecture du testament au testateur n'était pas exigée en Provence, à peine de nullité. — *Cass.*, 3 nov. 1808, Cuvalier c. N...

574. — Avant la décl. de 1783, un testament public portant cette mention: *fait, lu et passé*, etc., sans qu'il fût dit expressément qu'il avait été *lu au testateur*, était valable. — *Cass.*, 3 janv. 1810, Coulon c. Gurgay.

575. — Aujourd'hui, la mention de lecture au testateur doit être expresse et ne laisser aucun doute. — *Rennes*, 16 janv. 1811, N...

576. — Cependant elle peut être exprimée en termes équivalens. Ainsi la mention que le testament a été lu *en présence du testateur* équivaut à celle qu'il a été lu *au testateur.* — *Turin*, 16 avr. 1816, Bertotti.

577. — La mention de *lecture faite* établit suffisamment que la lecture a été faite au testateur, lorsqu'il est énoncé dans le testament qu'il a été fait sans interruption en présence des témoins et signé par eux et le testateur, après lecture faite. —*Colmar*, 12 janv. 1808, Riss c. Buswilwald; *Nîmes*, 11 fév. 1823, N...

578. — Mais il n'y a pas indication suffisante que lecture ait été donnée au testateur dans la mention que le testament a été lu à côté du lit où la testatrice est retenue par sa maladie. — *Aix*, 11 mai 1807, Guibert c. Rogier.

579. — ... Ni dans la mention que le testament a été *de suite relu, tout d'une même continuité, sans divertir à d'autre acte ni affaire.* — *Bruxelles*, 18 juill. 1807 (et non 8 déc. 1810), Crombez; *Cass.*, 9 fév. 1809, mêmes parties.

580. — La mention *après lecture* est suffisante, sans qu'il soit besoin d'ajouter que c'est du testament qu'il a été donné lecture. — *Bruxelles*, 17 mai 1819, Foulon.

581. — Un testament dans lequel le notaire fait mention *qu'il a donné lecture* n'est pas nul, par cela seul qu'il n'a pas énoncé que c'est du testament que lecture a été donnée, si, d'ailleurs, cela peut s'induire des termes qui précèdent et qui suivent. — *Liége*, 22 mars 1810, Alleux c. Ernou.

582. — La mention qu'il a été donné lecture du *testament précité* équivaut à celle qu'il a été donné lecture du *présent testament*, bien que le testament contienne une clause qui révoque ceux faits antérieurement.— *Trèves*, 10 juin 1807, Beinhau c. Weipert.

583. — Un testament écrit en français et en flamand n'est pas nul pour avoir été lu seulement en langue flamande.—*Bruxelles*, 17 juill. 1821, M...

584. — Sous cette même ordonnance telle qu'elle a été interprétée par la déclaration du 7 août 1783, on n'exigeait pas, à peine de nullité, qu'un testament public contînt la mention expresse qu'il avait été lu *en entier*. La preuve de cette lecture entière pouvait résulter des expressions de l'acte. — *Nîmes*, 11 fév. 1806, N...; *Colmar*, 12 janv. 1808, Riss c. Balwiswald; *Toulouse*, 7 mai 1827, N...

585. — Ainsi, la mention contenue dans un testament public qu'il avait été fait au testateur *lecture du présent testament*, suffisait pour prouver qu'il avait été lu en entier.—*Cass.*, 8 messid. an XI, Fellonneau.

586. — Dans l'ancienne jurisprudence, le testament nuncupatif écrit, dans lequel se trouvaient des dispositions additionnelles, sans qu'il fût fait mention de la lecture de ces dispositions au testateur en présence des témoins, était nul.—*Limoges*, 26 fév. 1822, Tarade.

587. — La mention de la lecture au testateur ne s'applique pas aux dispositions placées dans l'acte après ces mentions.—*Aix*, 8 mars 1811, Condelieu.

588. — Toutefois, lorsqu'une clause additionnelle, placée après une mention régulière de lecture, est suivie de ces mots, *relu, fait et passé comme dessus*, cette clause additionnelle ne peut pas être arguée de nullité, comme n'étant pas accompagnée d'une mention de lecture régulière. — *Dijon*, 8 janv. 1811, Dessoyes c. Robins.

589. — Lorsqu'il est énoncé dans un testament qu'il a été lu au testateur en présence des témoins, *dès le commencement jusqu'à la fin*, cette mention s'applique à une disposition additionnelle qui la suit immédiatement, surtout lorsque le testament se termine ainsi : *lecture encore faite*, etc. — *Besançon*, 18 déc. 1823, Bresson.

590. — De même, lorsqu'il est énoncé dans un testament qu'il a été écrit, *depuis le commencement jusqu'à la clôture*, par le notaire, la mention de lecture qui suit immédiatement cette énonciation est applicable à la cause révocatoire qui termine l'acte. — *Metz*, 28 janv. 1813, Mairesse c. Fiévé.

591. — Lorsque la mention de lecture n'a pas été répétée à l'égard des dispositions additionnelles, la nullité résultant d'une pareille omission frappe sur le testament entier, et non pas seulement sur les dispositions additionnelles. — *Cass.*, 19 avr. 1809, Danesy c. Crosa; 3 sept. 1809, Lagat; *Toulouse*, 28 janv. 1810, Viguier; *Aix*, 8 mars 1811, Condelier; *Cass.*, 4 nov. 1811, Brissy; 12 nov. 1816, Giron, — Toullier, t. 5, no 432; Grenier, t. 1er, no 239; Delvincourt, t. 2, p. 302.

592. — Lorsqu'à la suite des dispositions d'un testament, il est dit qu'il en a été *donné lecture* au testateur, lequel, est-il ajouté, a déclaré que divers objets mobiliers lui ont été apportés par sa femme, qui pourra à son gré les retenir, la mention de la lecture ne s'applique pas à cette disposition additionnelle; dès-lors, il y a lieu d'annuler le testament en entier alors même que la signature des témoins, du testateur et du notaire ne se trouveraient qu'à la suite de cette disposition. — *Grenoble*, 23 juin 1825, Sambin c. Delisle.

593. — Toutefois, il est une distinction à faire. Quand les dispositions additionnelles constituent des dispositions nouvelles, le défaut de mention spéciale entraîne la nullité du testament; mais il en est autrement quand les dispositions additionnelles ne font qu'expliquer les précédentes ou sont inutiles. — Merlin, *Rép.*, vo *Testament*, sect. 2e, § 3, art. 2, no 6 *bis*; Toullier, t. 5, no 432; Favard de Langlade, *Rép.*, vo *Testament*, sect. 1re, § 3, art. 6, no 26.

594. — Un testament public n'est pas nul en ce qu'après la mention de lecture il contient une clause nouvelle à laquelle cette mention ne peut s'appliquer, si cette clause est inutile. Ainsi, bien qu'à la suite d'un testament authentique contenant un legs universel se trouve une clause révocatoire à laquelle n'est pas appliquée une mention spéciale de lecture, l'absence de cette formalité n'a pas pour effet de vicier le testament, si le demandeur en nullité ne prouve pas l'existence d'un testament antérieur.—*Grenoble*, 9 juill. 1823 (t. 2 1839, p. 598), Thermes; *Limoges*, 28 août 1839, Maurille c. Besse. — Merlin, sect. 2e, § 3, art. 2. no 6.

595. — Lorsque après la clause qui énonce la mention de la lecture du testament se trouvent la clause révocatoire et la clause codicillaire, la nullité de ces clauses résultant du défaut de lecture ne reflue pas sur la partie du testament pour laquelle les formalités légales ont été observées, alors que la clause de révocation était surérogatoire, le testament révoquant de plein droit toute disposition antérieure. — *Toulouse*, 11 fév. 1818, Claustres c. Eychenne.

596. — Si dans un testament l'on insère une clause révocatoire à la suite d'un legs universel, il n'est point nécessaire, à peine de nullité, que la mention de la lecture embrasse cette clause révocatoire. — *Agen*, 22 mai 1821, Boyer c. Deviers.

597. — La mention de lecture s'applique aux renvois, même, lorsqu'ils sont placés après cette mention. D'après la loi du 25 vent. an XI, les renvois peuvent, lorsqu'ils sont étendus, être écrits à la suite de l'acte sans qu'il soit fait une mention spéciale de leur lecture. Il y a présomption que le notaire les a lus au moment où il est arrivé au signe qui y reporte. — Toullier, t. 5, no 433; Delvincourt, t. 2, no 303.

598. — Jugé en ce sens que la mention de la lecture entière du testament comprend les renvois qui sont portés à la fin de l'acte et par conséquent après cette mention.—*Cass.*, 3 août 1808, Lescure.

599. — ... Que la mention de la lecture mise à la fin d'un testament notarié se réfère, dans sa généralité, aux renvois comme à tout le contexte du testament. — *Bordeaux*, 17 mai 1833, Saulnier c. Bire.

600. — Au reste, l'approbation faite par le testateur des renvois qui se trouvent dans son testament indique suffisamment qu'il en a entendu la lecture. — *Grenoble*, 12 fév. 1811, Girond c. Lambert.

601. — Il n'est pas exigé, pour la validité d'un testament par acte public, que mention y soit faite, non-seulement de la lecture au testateur des dispositions testamentaires, mais encore de la lecture d'une disposition finale portant que le testateur n'a pu signer. — *Rennes*, 1er août 1827, Corric.

602. — Lorsque après la clôture du testament une addition est faite pour constater la déclaration du testateur qu'il est hors d'état de signer, il suffit que cette addition soit lue, sans qu'il soit besoin de faire une nouvelle lecture entière du testament. — *Douai*, 6 mars 1833, B...

603. — Comme la loi ne détermine aucun lieu pour la mention de la lecture, il n'est pas nécessaire qu'elle soit placée à la fin de l'acte; elle peut être placée au commencement de l'acte ou partout ailleurs, pourvu qu'il soit certain par sa contexture qu'elle porte sur les clauses qui la suivent comme sur celles qui précèdent. — Toullier, t. 5, no 431; Duranton, t. 9, no 88.

604. — Si la mention de la lecture ne pouvait se rapporter, par la place qu'elle occuperait, qu'à une partie du testament, le testament serait nul pour le tout : on ne pourrait le diviser et le déclarer valable quant aux dispositions auxquelles se rapporterait la mention de la lecture. — Toullier, t. 3, no 432.

605. — Toutefois, la mention de lecture doit être faite, à peine de nullité, avant la signature du testateur, du notaire et des témoins. — *Turin*, 30 frim. an XIV, Scaroupi c. Grosso; — Merlin, *Rép.*, vo *Testament*, sect. 2e, § 2, art. 5; Zachariæ, t. 5, p. 670; Toullier, t. 5, no 432; Duranton, t. 9, no 88.

606. — Dès-lors il n'est pas nécessaire, à peine de nullité, que la mention de la lecture du testament au testateur en présence des témoins se trouve après la clôture de cet acte, de telle sorte qu'elle suive la signature du testateur et des témoins, ainsi que la mention de la déclaration faite à cet égard. — *Bruxelles*, 7 fév. 1825, Marbaix.

§ 2. — *Mention de la lecture en présence des témoins.*

607. — Il résulte de la combinaison des art. 971 et 972 qu'il ne suffit pas que les témoins soient présens à la confection entière du testament et par conséquent à la lecture; mais que le testament doit encore, à peine de nullité, contenir la mention spéciale de la lecture au testateur en présence des témoins. — Merlin, *Rép.*, vo *Testament*, sect. 2e, § 3, art. 2, no 4 *bis*, et t. 17, p. 715; Toullier, t. 5, no 426; Grenier, t. 1er, no 239; Delvincourt, t. 2, p. 302; Poujol, art. 972, no 20.

608. — Il en était de même sous la Cout. de Paris. — *Bordeaux*, 24 juill. 1823, sous-*Cass.*, 23 août 1825, Isambourg c. Fourcassié.

609. — Si le testament est reçu par deux notaires, il n'est pas besoin d'y faire mention qu'il a été lu au testateur en présence du deuxième notaire et des témoins; il suffit de dire que lecture a été donnée au testateur en présence des témoins. — *Trèves*, 13 nov. 1809, Werlé.

610. — De plus, lorsqu'un testament public contient la mention régulière de la lecture au testateur, en présence des témoins, si le notaire rédacteur a jugé à propos de faire une seconde et une troisième lectures, il n'est pas nécessaire, à peine de nullité, qu'il soit exprimé qu'elles ont eu lieu en présence des mêmes témoins.—*Bruxelles*, 8 mai 1807, Vandersteene c. Pot.

611. — La mention de la lecture au testateur en présence des témoins doit être formelle, et l'accomplissement de cette formalité ne peut résulter du contexte général de l'acte ni d'aucune présomption. — *Bruxelles*, 23 pluv. an XIII, Vandervoordt c. Linard; *Besançon*, 6 déc. 1808, Bresson c. Rosset; *Angers*, 12 juill. 1811, Fleuri; *Besançon*, 5 août 1811, Blanc.

612. — Dès-lors, doit être annulé le testament qui contient seulement la mention *après lecture.* — *Bruxelles*, 23 pluv. an XIII, Vandervoordt c. Linard; *Bruxelles*, 18 vent. an XIII, Meulemberg; — *Cass.*, 19 frim. an XIV, mêmes parties.

613. — ...Ou bien ces mots : *avons fait l'entière lecture.* — *Toulouse*, 25 fév. 1813, Dubernat c. Dupuy; 25 fév. 1813, Montant c. Barbe.

614. — ...Ou même la mention qu'il en a été don-

né lecture au testateur, sans dire si c'est en présence de témoins, bien que le testament soit immédiatement terminé par ces mots : fait, lu et clos en présence des témoins. — *Riom*, 2 mars 1811, Mépoulhé c. Auriac.

615. — Ont également été jugées ne pas indiquer suffisamment qu'il avait été donné lecture du testament du testateur en présence des témoins :

616. —...La mention que le testament a été lu au testateur et aux témoins. En effet, il peut y avoir là deux lectures séparées. — *Cass.*, 13 sept. 1809, Lagat ; 6 mai 1812, Debouche. — Merlin, *Rép.*, v° *Testament*, sect. 2e, § 3, art. 2, n° 4 ; Duranton, t. 9, n° 85 ; Zachariæ, t. 5, § 690 ; Poujol, art. 972, n° 22. — *Contrà Bruxelles*, 16 janv. 1808, Debroue c. Vanderveden.

617. — ... Celle que le testament a été lu aux témoins ainsi qu'au testateur. — *Cass.*, 24 juin 1811, Tremauwille c. Grien. — Mêmes auteurs.

618. — ... Ou bien encore au testateur ainsi qu'aux témoins. — *Cass.*, 10 juin 1811, Jeuffrenet c. Lambert.

619. —... La mention portant : « Lequel testament a été lu et relu par moi, notaire, les jour, mois, an et lieu que dessus, à cinq heures ; le tout a été fait et terminé sans avoir désemparé ni diverti à autres actes ; fait et passé en présence desdits témoins, qui ont signé avec le testateur et le notaire : le tout après lecture faite. » — *Bourges*, 21 mars 1828, de Cottignon c. Millereau.

620. —...Le testament ainsi terminé : « Ce fut dicté et rédigé en l'étude, en présence des sieurs...., témoins, qui ont signé avec le testateur, après lecture itérativement faite. » — *Caen*, 2 déc. 1835, Butel c. Robert.

621. —...La clause finale : « Lu, relu et écrit de ma main, en présence des témoins. » Ainsi cette clause ne peut valider un testament dans lequel, après une première lecture à la testatrice, il est énoncé que celle-ci révoque tous testamens antérieurs, et que le testament a été écrit par le notaire : ces deux mentions, pour être valables et ne point vicier le testament, devaient être suivies d'une mention de lecture conforme à la loi. — *Bourges*, 26 janv. 1809, Simonin c. Coy.

622. — ... La mention finale : « Fait et passé en présence des témoins. » — *Cass.*, 23 mai 1810, Davonneau.

623. — ... La mention que le testament a été fait et clos en présence des témoins. — *Riom*, 7 fév. 1807, Serre.

624. — ... La mention : « De tout quoi le testateur nous a requis acte, que nous lui avons concédé, après lecture faite de tout son contenu, qu'il a déclaré bien comprendre et y persévérer ; et publié à...., en présence de..... (témoins). » — *Aix*, 26 août 1813, Devillevieille c. Favier.

625. — ... La mention portée dans le testament qu'il en a été fait lecture au testateur, et qu'après cette lecture, celui-ci en a requis acte, ce que le notaire lui a concédé, fait, lu et publié en présence de..... — *Aix*, 20 avr. 1809, Billon c. Richaud.

626. — ... Le testament qui se termine ainsi : « Et en ai fait lecture à la dite testatrice... Fait et passé... le tout après lecture faite. » — *Paris*, 22 déc. 1808, Nicaise c. Boursin.

627. — ... Le testament qui mentionne seulement la lecture au testateur, et ajoute, après avoir constaté la présence des témoins : « Lecture derechef faite. » — *Rouen*, 15 fév. 1808, Quesney.

628. — ... La clause suivante : « Lu et relu par le notaire au testateur, lequel y a persisté, et a prié et requis les témoins ci-après nommés d'être mémoratifs du contenu en icelui, fait et passé en présence du.... » — *Riom*, 5 avr. 1808, Paulard.

629. — ... Le testament qui se termine ainsi : « Après quoi, nous notaire, lui avons fait lecture de son testament en entier, dont acte, requis et concédé ; fait et publié en présence de... après lecture. » — *Aix*, 31 mars 1806, Jouve c. Huguy.

630. — ... La mention de lecture ainsi conçue : « Fait et dicté par le testateur, écrit en entier par le notaire, et a été lu et relu au testateur, qui a déclaré que sa volonté est telle ». — *Nancy*, 15 fruct. an XIII, N...

631. — ... Ces mots : « Lu et publié en présence de témoins, » bien qu'il soit établi par les termes de l'acte que le testateur et les témoins étaient réunis devant le notaire. — *Turin*, 30 frim. an XIV, Scarroupi c. Grosso.

632. — La mention de la lecture du testament au testateur en présence des témoins n'a pas besoin d'être expresse ; il suffit qu'elle puisse s'induire de la contexture ou de l'ensemble de l'acte. — *Riom*, 4 déc. 1809, Brignon c. N... ; *Liége*, 25 mai 1810, de Rouche ; *Paris*, 9 août 1811 Fraumont c. Breuillard ; *Grenoble*, 14 août 1811, Buisson ; *Cass.*, 21 janv. 1812, Helsert ; *Lyon*, 23 avr. 1812, Delorme c. Cazot ; *Cass.*, 21 oct. 1812, Fraumont c. Breuillard ; 30 nov. 1813, Chalandart ; *Riom*, 28 juill. 1814, Cheneau c. Ronzière ; *Colmar*, 11 fév. 1815, Rieffel c. Baner ; *Cass.*, 20 nov. 1817, Lidé c. Rosier ; *Riom*, 28 mai 1819, Marrel ; *Cass.*, 9 fév. 1820, Dhouan c. Thurault ; 6 avr. 1824, Portets c. De Baure ; *Bordeaux*, 19 janv. 1825, Louberie c. Bely ; *Cass.*, 22 juill. 1829, Millereau c. Cottignon ; *Orléans*, 18 fév. 1830, mêmes parties ; *Rennes*, 18 juin 1831, Mauber c. Sagory ; *Bordeaux*, 2 mars 1832, Lapeyre c. Latour.

633. — Dès-lors ont été jugés contenir une indication suffisante de la lecture du testament au testateur en présence des témoins la mention que le testament a été lu en présence du testateur et des témoins. — *Turin*, 31 mars 1806, Perruca ; *Cass.*, 18 oct. 1809, Marette c. Roger.

634. — ... La mention que le testament a été lu et relu aux testateur et témoins, et confecté en présence de tous. — *Liége*, 16 déc. 1811, Lelarge c. Rendeux.

635. — ... La clause qui, après qu'il a été fait mention du testateur et des témoins, énonce une lecture à eux faite. — *Bruxelles*, 3 fruct. an XII, Aerts c. Ramack.

636. — ... La clause générale placée en suite de toutes les énonciations, et ainsi conçue : « Le tout en présence desdits témoins. » — *Cass.*, 2 août 1831, Bayer c. Monchette ; *Rennes*, 17 mars 1815, N... c. Labourhis.

637. —... Telle est la clause ainsi conçue : « Et je l'ai lu ensuite au testateur, qui a déclaré le comprendre et y persister, le tout en présence des témoins. » — *Bruxelles*, 9 déc. 1815, Crochelet.

638...— Ou bien cette clause : « Lu et à lui relu, lequel a déclaré sa volonté y être à plein, et y a persisté, en présence des témoins. » — *Cass.*, 23 mai 1814, Lafoi ; 11 janv. 1826, Lafoi.

639. —...La clause suivante : « Lecture ayant été faite en présence des témoins..., ladite testatrice a déclaré... » — *Cass.*, 6 avr. 1824, Portets c. Baure.

640. —... La clause ainsi conçue : « Lecture faite du contenu en ces présentes, le testateur a dit et déclaré l'avoir bien ouï, compris et entendu..., de tout quoi a été rédigé le présent..., en présence de... (témoins), lecture de nouveau faite, etc. » — *Cass.*, 9 fév. 1820, d'Houan c. Thùrault.

641. —...La mention ainsi conçue : « Ce fut ainsi fait et dicté par ledit testateur à nous dit notaire, en présence desdits quatre témoins et écrit tel qu'il l'a dicté et sans divertir à autre acte, et ensuite par nous à lui lu et relu... et lesdits quatre témoins ont signé avec nous après lecture derechef faite. » — *Bourges*, 29 mai 1808, Dubois c. Auclerc.

642. —...La clause ainsi rédigée : « Après avoir lu le testament..., la testatrice a déclaré que telle est sa volonté, » et plus bas : « Fait, lu et passé sans interruption, en présence des témoins. » — *Colmar*, oct. 1809 (3e édit., t. 7, p. 860), N...

643. — ... La déclaration mise dans la bouche de la testatrice, que le testament a été lu en présence des témoins, suivie de ces mots : « Fait, lu et relu de nouveau à la testatrice, et passé en présence des témoins. » — *Riom*, 26 mars 1810, Falcimagne.

644. —...La clause ainsi conçue : « Ce fut ainsi fait, dicté et nommé par la testatrice en présence des témoins, et écrit en entier par moi, notaire, en présence d'iceux ; lu et relu à la testatrice, qui a déclaré bien comprendre le tout et y persévérer. » — *Bruxelles*, 12 mars 1811, Helson.

645. — ... La clause ainsi conçue : « Le notaire l'a écrit tel qu'il a été dicté, et l'a lu ensuite comme il est écrit ci-dessus, à la testatrice, laquelle a déclaré le comprendre parfaitement et y persévérer, le tout en présence des témoins susnommés. » — *Liége*, 16 déc. 1812, Tits et Goebbah c. Prehl.

646. —... La clause ainsi conçue : « Fait, passé, présens..., qui, comme témoins à ce spécialement appelés et présens pendant toute la rédaction du présent, sa lecture, etc. » — *Liége*, 9 mars 1813, Reicht.

647. —... Quand l'acte est ainsi terminé : « Ecrit en entier par ledit notaire, qui en a fait lecture intelligible à la testatrice et aux témoins. Fait, lu et passé devant ledit notaire, en présence desdits témoins, qui tous ensemble ont assisté dès le commencement du présent, fait sans interruption. » — *Besançon*, 3 mars 1819, Ody.

648. —... La clause conçue en ces termes : « Fait, lu et passé en présence des sieurs..., les quatre appelés pour témoins, qui ont signé ledit testament avec ledit notaire ; la testatrice a déclaré, en présence desdits témoins, ne savoir ni écrire ni signer ses noms et prénoms, sur la réquisition et interpellation qui lui a été faite de le faire par ledit notaire, en déclarant que son présent testament est conforme à sa volonté, et y a persisté après lecture à elle faite. » — *Besançon*, 19 fév. 1824, N...

649 — ... Quand le testament énonce qu'il a été dicté par la testatrice au notaire, qui l'a écrit en entier de sa main tel qu'il a été dicté, et qu'il en a été donné lecture, le tout en présence desdits témoins, et qui se termine ainsi : « Et a la testatrice déclaré ne savoir signer, de ce dûment interpellée par nous dits notaire et témoins soussignés, après lecture faite du tout. » — *Poitiers*, 11 avril 1839 (t. 1er 1839, p. 637), Delaval c. Bibault.

650. —... La mention ainsi conçue : « Fait, lu en entier à icelui (au testateur) et publié (en tel lieu), présens lesdits témoins. » — *Aix*, 6 déc. 1810, Isnardi c. Dos.

651. — ... La clause ainsi conçue : « Lu, présens les témoins, a, le testateur, déclaré le bien entendre et persévérer. » — *Colmar*, 2 fév. 1813, Schmitt.

652. —...Cette clause : « Ce fut ainsi dicté à nous notaires, par la testatrice, les témoins susnommés présens ; et après en avoir lu et relu le contenu à ladite testatrice, elle a déclaré y persister. » — *Cass.*, 12 juill. 1827, Moreau c. Piot.

653. — ... La clause finale ainsi conçue : « Lecture faite au testateur de son présent testament, et a déclaré, présens lesdits témoins, l'avoir bien entendu..... Ainsi fait et dicté, présens lesdits témoins, lu et relu.....; ayant le testateur et les témoins signé....., après itérative lecture. » — *Cass.*, 18 fév. 1812, Thélu.

654. —... Cette clause : « Le présent testament a été entièrement écrit par nous, notaire susdit, sous la dictée du testateur, en présence des susdits témoins, toujours présens ; ensuite il en a été fait lecture à haute et intelligible voix, le testateur a déclaré, etc. » — *Corse*, 2 juin 1828, Rouaserra.

655. —... La mention de lecture suivie de celle-ci : « Le tout fait et passé en présence et continuelle assistance des témoins. » — *Grenoble*, 28 juill. 1812, Arnaud c. Guinard.

656. —...Le testament qui se termine ainsi : « Lesdites dispositions ont été écrites par le notaire soussigné en présence des sieurs....., témoins, au fur et mesure que le testateur les a dictées ; après quoi il a été fait lecture audit testateur par le notaire, lu et relu, etc. » — *Grenoble*, 24 déc. 1808, Marcellin.

657. —... La clause conçue en ces termes : « Lecture faite par nous à la testatrice de ce que dessus et des autres parts, elle a déclaré en présence des témoins que c'est bien son testament..., fait et passé les jour, mois, an et lieu qu'il est dit en tête du présent. Et, après une seconde lecture faite, la testatrice et les témoins ont déclaré ne savoir signer, etc. » — *Cass.*, 7 déc. 1846 (t. 2 1846, p. 756), Lavelatte c. Marion.

658. — ... Le testament dont la clôture est ainsi conçue : « De laquelle (donation) la testatrice nous a requis lui en retenir acte à elle concédé, et que nous, dit notaire, avons écrit nous-même à mesure que ladite testatrice nous l'a dicté, et fait lecture en entier en présence des témoins. » — *Cass.*, 1er mars 1841 (t. 1er 1841, p. 339), Tastagre c. Cavarroc.

659. —...La mention que le testament a été lu en présence des témoins soussignés, lorsque trois témoins seulement ont pu donner leur signature, est suffisante, même à l'égard du quatrième témoin qui a déclaré ne savoir signer, si des autres énonciations du testament il résulte que cette mention s'applique aux quatre témoins instrumentaires. — *Cass.*, 20 déc. 1830, Beyrie c. Darrieu-Merlon.

660. — Jugé au contraire que la mention qu'un testament a été lu en présence des témoins soussignés est incomplète et insuffisante, si tous les témoins n'ont pas signé. — *Limoges*, 23 fév. 1825, Meynial.

661. — La mention de la lecture en présence des témoins se trouve suffisamment énoncée, quoique d'autres faits soient rapportés entre la mention de la lecture et celle de la présence des témoins. — *Paris*, 17 juill. 1806, Mallet.

662. — La mention de la lecture du testament au testateur en présence des témoins peut résulter de phrases distinctes et séparées les unes des autres par quelques dispositions ; dans ce cas l'appréciation en est laissée aux tribunaux. — Zachariæ, t. 5, § 670.

663. — La mention expresse qu'un testament a été lu au testateur en présence des témoins peut résulter de deux phrases distinctes et séparées, dans l'une desquelles il est dit que le testament a été lu au testateur, et dans l'autre qu'il a été lu en présence des témoins. — *Nîmes*, 11 janv. 1813, N... ; *Cass.*, 28 nov. 1816, Maufus c. Beaufils ; *Riom*, 1er déc. 1818, Menesloux c. Labarthe ; 12 mai 1819, Raymond.

664. — ... Et cela, lors même qu'il existerait une disposition entre ces deux phrases. — *Riom*, 12 mai 1819, Raymond.

665. — ... Telle qu'une disposition révocatoire. — *Cass.*, 28 nov. 1816, Maufus c. Beaufils; *Riom*, 1er déc. 1818, Menesioux c. Labarthe.

666. — Un testament fait sous l'empire de l'ord. de 1735 et de la déclar. de 1783 n'était pas nul, parce que la mention de la lecture *au testateur* était séparée, par d'autres mentions, de celle d'où pouvait être induite la présence des témoins. — *Riom*, 28 janv. 1815, Soulier c. Gire et Cortial.

667. — La mention portée dans un testament public qu'il a été lu au testateur en présence des témoins est valable, encore que les mots *en présence des témoins*, ne suivent pas immédiatement ceux *lu au testateur*, si d'ailleurs on voit qu'ils se rapportent les uns aux autres. — *Besançon*, 29 mars 1811, Titon c. Billet.

668. — Un testament contient suffisamment la mention *de la lecture* en présence des témoins, lorsque la phrase incidente, *en présence des témoins* se trouvant placée entre la mention de la dictée, de l'écriture et de la lecture, peut se rapporter également à chacune de ces opérations, et qu'en outre la clause finale renferme l'expression démonstrative générale *ce en présence* des témoins. — *Bruxelles*, 9 mai 1822, Gryp c. Devrièse.

669. — Ainsi est suffisante la mention que le testament ayant été dicté par le testateur et écrit par le notaire, lesdits témoins présens, il a été ensuite lu au testateur. — *Caen*, 25 juill. 1806, Durand c. Langlois. — On a jugé, dans cette espèce, que l'ablatif absolu (*lesdits témoins présens*) étant placé entre deux virgules, il y avait lieu de le rapporter à ce qui suivait aussi bien qu'à ce qui précédait.

670. — Toutefois, M. Duranton (t. 9, nº 85) blâme cette jurisprudence par le motif qu'en donnant à une simple *induction* la même force qu'à une mention positive et expresse, elle se met en opposition avec la jurisprudence de la cour de Cassation ainsi qu'avec la disposition de l'art. 972, qui veut une mention expresse.

671. — Lorsque la mention de la lecture de toutes les dispositions du testament au testateur, en présence des témoins, n'est pas nettement exprimée, les tribunaux peuvent chercher et reconnaître cette mention dans le rapprochement et dans l'interprétation des termes plus ou moins vagues dont le notaire s'est servi. — *Agen*, 22 mai 1821, Boyer c. Deviers.

672. — L'appréciation d'une clause relative à la mention de la lecture du testament au testateur en présence des témoins présente non pas une simple interprétation d'acte, mais une véritable question de droit dont la cour de Cassation peut connaître. — *Cass.*, 23 mai 1814, Lafoi.

Sect. 4e. — *Signature du testament par acte public.*

ART. 1er. — *Signature par le testateur.*

§ 1er. — *Dispositions générales.*

673. — Le testament par acte public doit être signé par le testateur. — C. civ., art. 973.

674. — La signature du testateur est une formalité essentielle dont l'omission entraîne la nullité du testament, alors même que le testateur serait mort en tenant la plume et en laissant sa signature inachevée. — Denisart, vº *Testament*, nº 87; Merlin, *Rép.*, vº *Signature*, § 3, art. 2, nº 9; Toullier, nº 444; Coin-Delisle, sur l'art. 973, nº 2; Duranton, t. 9, nº 98.

675. — Si avant d'avoir signé, ou même après avoir commencé sa signature, le testateur venait à expirer, le testament serait nul; la raison en est que c'est la signature qui donne la perfection au testament. — Toullier, t. 5, nº 444; Poujol, art. 973, nº 30. — Et il en serait ainsi alors même que les notaires auraient dressé procès-verbal pour constater l'événement et pour assurer qu'il a persévéré jusqu'à sa mort. — Poujol, *ibid.*

676. — Si le testateur n'a pu achever sa signature, il doit être fait mention de cette circonstance, et le notaire doit déclarer que le testateur n'a pu achever sa signature à cause d'une faiblesse qui lui est survenue. — Duranton, t. 9, nº 97.

677. — Lorsqu'il est énoncé, dans un testament, que le testateur ayant essayé de signer n'a pu compléter sa signature, ce testament est nul, s'il n'exprime pas, au moins en termes implicites, la ause qui a empêché le testateur d'achever sa signature. — *Toulouse*, 5 avr. 1821, Cathala.

678. — Si le testateur n'a pu signer qu'en tremblant et d'une manière peu lisible, le notaire doit aire mention au-dessous de la signature de la

cause qui a empêché le testateur de tracer une signature plus lisible. — Poujol, sur l'art. 973, nº 29.

679. — Des caractères illisibles tracés par le testateur ont pu, alors même que le notaire rédacteur les considérait comme tels, être réputés constituer la signature du testateur, sans que l'arrêt qui le juge ainsi tombe sous la censure de la cour de Cassation. — Dès-lors, en pareil cas, il n'est pas nécessaire que l'acte contienne mention de la déclaration par le testateur qu'il ne pouvait signer, et du motif de son empêchement. — *Cass.*, 19 juill. 1842 (t. 2 1842, p. 372), Cesbron c. Dacunha.

680. — Tout ce qui a été dit *suprà*, en parlant de la signature du testament olographe, s'applique nécessairement à la signature du testament par acte public. — V. aussi SIGNATURE. — A quoi il faut ajouter les décisions suivantes :

681. — Un testament est valable, bien que les caractères qui composent la signature du testateur soient incorrects, et qu'il manque même une lettre à cette signature. — *Cass.*, 10 mars 1829, Berthonnet c. Billoux.

682. — De même, l'absence de quelques lettres dans la signature du testateur ne peut faire prononcer la nullité d'un testament, lorsqu'il est constant que c'est le testateur qui a ainsi tracé la signature. — *Bordeaux*, 5 mai 1828, Ducheylard c. Séjac de Belcaire.

683. — Les simples initiales de son nom apposées par le testateur au bas d'un testament notarié peuvent, selon les circonstances, être considérées comme formant une signature suffisante et valable. — *Nancy*, 1er mars 1831, Pierron c. N...

684. — Les retouches qui ont été faites sur la signature du testateur n'autorisent pas ses héritiers à demander la nullité du testament, lorsqu'ils ne contestent pas la sincérité de ces signatures par la voie de l'inscription de faux. — *Agen*, 5 août 1824, Laforgue c. Montaulieu.

685. — Un renvoi fait en marge d'un testament notarié est reputé paraphé par le testateur, lorsque celui-ci a apposé au-dessous les initiales de ses nom et prénoms. — *Bourges*, 9 mars 1836, Poupa c. Poumier.

686. — La rature ou les traits de plume tracés sur un commencement de signature ne peuvent nuire à la validité du testament, lorsque surtout il résulte des circonstances que cette altération n'a eu lieu que postérieurement à la confection du testament. — *Montpellier*, 28 mars 1822, Fave.

687. — Un testament est valable, quoique le testateur ne l'ait pas signé de son nom de famille, mais d'un nom tel qu'un nom de terre sous lequel il était depuis longtemps connu et désigné, et qu'il apposait constamment dans ses actes publics ou privés. — *Bourges*, 19 août 1824, d'Avigneau c. Levasseur; *Cass.*, 10 mars 1829, Berthonnet c. Billoux; *Paris*, 7 avr. 1848 (t. 1er 1848, p. 410), Michallet c. Hernu.

§ 2. — *Mention de la signature du testateur ou bien de sa déclaration de ne savoir ou ne pouvoir signer.*

688. — L'art. 973, C. civ., n'exige nullement qu'il soit fait mention de la signature du testateur lorsque celui-ci a signé le testament. Y a-t-il lieu, dès-lors, de se reporter à la loi du 25 vent. an XI, qui exige la mention de cette signature (art. 14), à peine de nullité (art. 68)?

689. — Jugé que les art. 14 et 68, L. 25 vent. an XI, qui prescrivent, pour tous les actes notariés, qu'il soit fait mention de la signature des parties, à peine de nullité, n'ont pas été abrogés par le Code civil, en ce qui concerne les testamens. — *Metz*, 1er avr. 1819, Picquot c. Klinger.

690. — Dès-lors un testament public est nul, s'il ne contient pas, à la fin de l'acte, la mention expresse qu'il a été signé par le testateur. — *Turin*, 11 (et non 18) nov. 1811, Borgetti c. Porporato; *Metz*, 1er avr. 1819, Picquot c. Klinger. — Grenier, *Des testam.*, nº 243; Merlin, *Rép.*, vº *Signature*, § 3, art. 3, nºs 1er et 3; Poujol, art. 973, nº 25; Coin-Delisle, nº 5.

691. — Une clause ainsi conçue : « Fait et lu au testateur à haute et intelligible voix, en présence des témoins susdits et soussignés, » ne contient pas suffisamment la mention de la signature du testateur. — *Turin*, 11 (et non 18) nov. 1811, Borgetti c. Porporato.

692. — Au contraire, la clause ainsi conçue : « Fait et arrêté, présens...... témoins requis et appelés avec ledit testateur, et nous, notaire, soussignés, » renferme une mention suffisante de la signature du testateur. — *Cass.*, 21 mai 1838 (t. 2, 1838, p. 72), Dutertre c. Dorizon.

693. — La mention que le testateur et les témoins *interpellés de signer ont déclaré le faire* remplit suffisamment le vœu des art. 14 et 68, L. 25 vent.

an XI, qui prescrivent, à peine de nullité, que la mention de la signature des parties soit faite à la fin de l'acte. — *Cass.*, 18 fév. 1814, Delaforge; *Liége*, 9 juillet 1818, mêmes parties. — *Contrà Liége*, 18 mai 1812, mêmes parties.

694. — Jugé même qu'un testament public n'est pas nul pour ne pas contenir la mention formelle que le notaire a requis le testateur de signer son testament. — *Liége*, 16 déc. 1812, Tils c. Prehl.

695. — L'ordonnance de 1735, en exigeant qu'il fût fait mention de la cause qui empêchait le testateur de signer, n'imposait pas l'obligation de faire mention de sa signature, lorsqu'il avait signé. — *Cass.*, 15 déc. 1819, Lehugeur c. Delahaye.

696. — Quoi qu'il en soit, il n'est pas prescrit, à peine de nullité, que le testament mentionne que la signature du testateur a eu lieu en présence des témoins. — *Cass.*, 3 mai 1836, Delacroix c. Choulland.

697. — Si le testateur déclare ne savoir ou ne pouvoir signer, il doit être fait mention expresse de sa déclaration, ainsi que de la cause qui l'empêche de signer. — C. civ., art. 973.

698. — Sous les anciennes ordonnances, outre la mention que le testateur ne pouvait ou ne savait signer, les notaires devaient faire mention de la *réquisition* par eux faite aux parties et aux témoins de signer et de leur réponse qu'ils ne savaient le faire. — Ordonn. d'Orléans, art. 84; de Blois, art. 63 et 65.

699. — L'ordonnance de 1735 ne reproduisit pas cette disposition; les art. 5 et 23 se bornèrent à ordonner qu'en cas que le testateur déclarât qu'il ne sait ou ne peut signer, il en serait fait mention.

700. — Sous l'ordonnance de 1735, la mention que le testateur n'avait pas signé pour ne savoir, de ce requis, énonçait suffisamment la déclaration de son impuissance de signer. — *Toulouse*, 22 fév. 1809, Boyer c. Bouviale; 6 août 1812, N...; *Liége*, 22 fév. 1813, Marol c. Mangny; *Toulouse*, 27 avr. 1813, Merle; 29 juin 1821, Deoux c. Cardailhac; *Montpellier*, 8 fév. 1827, N...

701. — Il en était de même de la mention que le testateur n'avait pas signé parce qu'il était illettré, *de ce enquis et requis*. — *Cass.*, 11 pluv. an VIII, Chabrier c. Charlot.

702. — Encore qu'il dût être fait mention expresse dans les testamens de la déclaration du testateur de ne savoir signer, cette mention pouvait avoir lieu par équipollence; ainsi, lorsque le testament énonçait l'obstacle qui avait empêché le testateur de signer, et renfermait une approbation formelle par le défunt de la lecture qui lui en avait été faite, ces deux circonstances faisaient pleinement présumer que le défunt avait déclaré lui-même ne savoir ou ne pouvoir signer. — *Grenoble*, 22 janv. 1810, Don c. Magnan.

703. — La loi des 8-10 sept. 1791 rappela les dispositions des anciennes ordonnances et prescrivit que dans les testamens les notaires seraient tenus, lorsque les testateurs ou les témoins ne sauraient ou ne pourraient signer, de faire mention expresse de la réquisition par eux faite aux testateurs ou aux témoins de signer et de leur *déclaration* ou *réponse* de ne pouvoir ou de ne savoir le faire; le tout à peine de nullité.

704. — Sous l'empire de cette loi, il ne suffisait pas, pour la validité d'un testament, qu'il y fût énoncé que le testateur avait déclaré ne savoir signer : il fallait, en outre, la double mention d'une réquisition formelle faite par le notaire au testateur de signer et de la réponse du testateur. — *Cass.*, 2 vendém. an X, Coullon c. Fèvre.

705. — La mention que le testateur avait déclaré ne pouvoir signer et que les témoins avaient ensuite signé, *tous de ce enquis et requis*, constatait suffisamment l'interpellation qui avait été faite au testateur de signer. — *Lyon*, 14 pluv. an XI, Maniglier.

706. — Un testament n'était pas nul pour défaut de mention de la réquisition du notaire au testateur de signer, lorsque d'ailleurs ce testament contenait la déclaration du testateur de ne pouvoir signer. — *Grenoble*, 28 prair. an XIII, Buissard.

707. — Enfin, sous la même loi des 8-10 sept. 1791, la déclaration de ne savoir signer exigée d'un testateur ne pouvait être remplacée par aucun équipollent. — *Grenoble*, 25 juill. 1807, Dupré c. Perier.

708. — La mention par le notaire que le testateur n'a pas signé, bien qu'interpellé, n'équivaut pas à la mention expresse que le testateur lui-même a déclaré ne pouvoir signer. — *Bruxelles*, 8 déc. 1810, Cambèz.

709. — La mention que le testateur a déclaré ne savoir signer remplit le vœu de la loi : « Elle renferme, dit M. Duranton (t. 9, nº 94), ou plutôt elle exprime la cause qui l'a empêché de le faire

tout aussi bien que s'il eût dit qu'il ne signait pas parcequ'il ne savait tracer aucun caractère. » — Merlin, *Rép.*, vo *Signature*, § 3, art. 2, no 2; Coin-Delisle, art. 974, no 7.

710. — Ainsi, la disposition de l'art. 973, C. civ., qui prescrit de faire mention dans l'acte de la cause qui empêche le testateur de signer, ne s'applique pas au cas où il déclare ne savoir signer. — *Bruxelles*, 3 janv. 1812, Delavallée; *Douai*, 1er juin 1812, Petit.

711. — De même, lorsque la testatrice, sur l'interpellation du notaire, si elle sait signer, déclare *qu'elle ne l'avait su*, cette déclaration satisfait le vœu de l'art. 973, C. civ. — *Bruxelles*, 27 fév. 1832, Dupret.

712. — La mention que le testateur « a fait sa marque pour ne savoir écrire ni signer, de ce enquis suivant la loi » énonce suffisamment la déclaration de ne savoir signer. — *Trèves*, 16 août 1811, Mohr. c. N...; *Colmar*, 13 nov. 1813, Gall c. de Schenepp;

713. — La mention prescrite par l'art. 973, C. civ., est suffisamment observée lorsque le testateur, interpellé par le notaire de déclarer s'il sait écrire ou signer, a répondu *ne savoir le faire*, sans qu'il soit précisé s'il a entendu déclarer ne savoir écrire ou ne savoir signer. — *Liége*, 25 mars 1813, Flamant.

714. — La déclaration par le testateur qu'il *ne sait pas écrire* est-elle suffisante? Non; car on peut savoir signer, c'est-à-dire tracer les lettres de son nom, et ne pas savoir écrire. — *Douai*, 9 nov. 1809, N... c. Waliez.—Merlin, *Quest.*, vo *Signature*, § 3; Toullier, t. 5, no 437; Grenier, t. 1er, no 242; Zachariæ, t. 5, § 670; Duranton, t. 9, no 93; Poujol, art. 973, no 27.

715. — M. Coin-Delisle (art. 973, no 7) est d'un avis contraire: « Quand le testateur, dit-il, pour se dispenser de signer, déclare ne savoir pas écrire, il dit ne savoir pas *écrire son nom*. Les mots n'ont qu'une valeur relative et doivent toujours être pris *secundùm subjectam materiam*.

716. — D'un autre côté, la déclaration du testateur *de ne savoir écrire* remplit le vœu de la loi si l'acte énonce que le notaire a interpellé le testateur *de signer*, car la réponse est corrélative à la demande. — Merlin, *Rép.*, vo *Signature*, § 3, art. 2, no 2; Delvincourt, t. 2, note 9e; Toullier, t. 5, no 438; Coin-Delisle, *loc. cit.*

717. — Jugé, en conséquence, que la mention que le testateur a déclaré ne savoir *écrire* équivaut à celle exigée par la loi qu'il ne sait pas *signer*. — *Liége*, 24 nov. 1806, Bragard c. Willems; *Bruxelles*, 13 mars 1810, Lamsen c. Desmet; 6 oct. 1815, Vandenherwagen; 9 déc. 1815, Crochelet; *Cass.*, 11 juill. 1816, Jagger c. Enhenland; 14 juill. 1816, N...; *Bourges*, 20 nov. 1816, Bourgoin c. Fanin.

718. — La déclaration faite par un testateur de *n'avoir l'usage d'écrire* équivaut à la déclaration exigée par l'art. 973, qu'il *ne sait* ou *ne peut signer*, lorsqu'elle se rapporte à ces mots: « Pourquoi il n'a signé, de ce enquis. » — *Metz*, 21 août 1823, N...

719. — Enfin, la déclaration du testateur *qu'il ne sait pas écrire* équivaut à celle de ne *savoir* ou de ne *pouvoir signer*, surtout lorsque immédiatement après cette déclaration il a fait une marque au bas du testament, en forme de signature. — *Colmar*, 22 déc. 1812, Jagger c. Enhenland; *Cass.*, 11 juill. 1816, mêmes parties. — Merlin, *Rép.*, vo *Signature*, § 3, art. 2, no 10; Zachariæ, t. 5, § 670.

720. — A plus forte raison la mention de déclaration de ne savoir écrire doit-elle être considérée comme équivalant à la mention de déclaration de ne savoir signer, quand elle énonce en même temps une cause qui empêche de signer.

721. — Telle est la mention de la déclaration, par le testateur, de ne savoir plus écrire à cause de sa maladie et de l'apoplexie dont il a été attaqué. — *Bruxelles*, 6 oct. 1815, Vandenherwegen.

722. — ... Ou la mention que le testateur ne peut *écrire* à cause de la faiblesse de sa vue. — *Colmar*, 1er fév. 1812, Christ c. Henin.

723. — ... Ou la mention de déclaration par le testateur, qu'il *ne sait écrire à cause d'une faiblesse à la main*, et que cette déclaration est placée immédiatement après la mention de la lecture et la signature du notaire et des témoins. — *Bruxelles*, 3 déc. 1818, Rousseau c. Prévost.

724. — Lorsque le testateur ne peut signer, l'acte doit contenir mention expresse d'une déclaration de sa part qui fasse connaître les motifs pour lesquels il n'a pas signé; et cette déclaration peut seule constater authentiquement que le testateur persiste dans les intentions exprimées dans le testament, quoiqu'il ne l'ait pas revêtu de sa signature. — *Cass.*, 15 avr. 1835, Dolmaire c. Mandroy; — Duranton, t. 9 no 95.

725. — La mention qu'un témoin a déclaré ne

TESTAMENT, ch. 3, sect. 4e, art. 1er, § 2.

savoir signer, « non plus que la testatrice, de son grand âge et tremblement de mains, ainsi, qu'ils l'ont déclaré de ce requis, » indique assez expressément, malgré son incorrection, la cause qui a empêché la testatrice. — *Cass.*, 20 déc. 1830, Beyrie c. Darrieu-Merlon.

726. — Le vœu de l'art. 973, C. civ., n'est pas suffisamment rempli par la déclaration que le testateur a essayé de signer, a commencé sa signature et qu'il n'a pu la compléter. — *Toulouse*, 5 avr. 1818, Jamme c. Cathala.

727. — C'est du testateur lui-même et non du notaire que doit émaner la déclaration qu'il ne sait ou ne peut signer, ou la mention de la cause qui l'empêche de signer. — *Toulouse*, 2 juill. 1807, Lamothe; *Limoges*, 17 juin 1808, Latour c. Magoustier; *Caen*, 11 déc. 1822, Canon. — Ricard, *Donat.*, part. 1re, no 1525; Toullier, t. 5, no 437; Coin-Delisle, art. 973, no 6.

728. — En conséquence, le testament qui ne mentionne aucune déclaration du testateur de l'impossibilité de signer et des causes de cette impossibilité, mais qui renferme seulement l'énonciation par le notaire des circonstances de fait qui, selon lui, n'ont pas permis au testateur de signer l'acte, doit être déclaré nul. — *Cass.*, 15 avr. 1835, Dolmaire c. Mandroy. — Conf. *Poitiers*, 28 août 1834, De Gibot c. Seret.

729. — Ainsi, serait nul le testament dans lequel le notaire se serait borné à dire *et le testateur n'a pas signé faute de le savoir*. — Coin-Delisle, art. 973, no 6.

730. — La mention faite par le notaire que le testateur, *de ce requis, n'a pu signer, pour avoir oublié d'écrire*, n'équivaut pas à la mention *expresse* de la *déclaration* faite par le testateur *qu'il ne sait ou ne peut signer*. — *Bordeaux*, 17 juill. 1845 (t. 2 1846, p. 603), Graffeille.

731. — De même, un testament est nul lorsque, au lieu de contenir la déclaration du testateur qu'il ne peut signer, le notaire atteste que le testateur n'a pas signé à cause de la grande faiblesse de sa main droite, de ce enquis et requis. — *Grenoble*, 22 juin 1810, Amblard c. Merey.

732. — Et il ne suffit pas que le notaire ait constaté que le testateur, malade de corps, après avoir essayé de signer et avoir tracé des caractères illisibles, a déclaré ne pouvoir signer. — *Poitiers*, 28 août 1834, de Gibot c. Seret.

733. — Est également nul le testament dans lequel le notaire seul a mentionné « que le testateur ayant essayé de signer n'a pu le faire à cause du tremblement de ses mains. » — *Caen*, 11 déc. 1822, Canon; *Cass.*, 25 avr. 1825, Delahaye c. Delamarre. — Zachariæ, t. 5, § 670; Poujol, art. 973, no 30.

734. — La mention de la déclaration du testateur de ne savoir ou de ne pouvoir signer peut être faite en termes équipollens. — Zachariæ, t. 5, § 670.

735. — Par exemple, si le testament porte que le notaire *a interpellé* le testateur de signer, et que celui-ci n'a pas signé *pour telle cause*, il y a équipollence; car la négation de signature est réputée la réponse à l'interpellation. — Coin-Delisle, art. 973, no 6.

736. — Jugé cependant qu'il n'est pas satisfait à la loi par l'énonciation que *la testatrice n'a pu signer, à cause de la faiblesse de sa main, de ce faire par le notaire interpellée*. — *Limoges*, 17 juin 1808, Latour c. Mayoustier.

737. — ... Que lorsqu'il est énoncé dans un testament que le testateur « n'a pu signer à cause d'une faiblesse de main ou à cause de sa maladie, de ce interpellé », cette énonciation ne remplit pas le vœu de l'art. 973 et ne remplace pas la mention de la déclaration, par le testateur, de l'impossibilité où il est de signer. — *Limoges*, 4 déc. 1821, Sarrazin.

738. — Lorsqu'un testateur, après avoir déclaré signer et avoir essayé de former sa signature, n'a pu la compléter, le notaire a valablement énoncé que le testateur a « déclaré ne pouvoir signer pour cette cause. » — *Montpellier*, 27 mars 1822, Fave.

739. — Un testament n'est pas nul en ce qu'après avoir annoncé que le testateur signerait avec lui, le notaire aurait terminé en disant qu'au lieu de sa signature régulière le testateur n'a pu tracer que des caractères illisibles. — La signature du notaire et celles de témoins apposées en suite de la mention qui constate cette circonstance et termine le testament s'appliquent également au reste du testament. — *Lyon*, 16 juill. 1838 (t. 2 1838, p. 629), Arnaud c. Privat.

740. — La mention, par le notaire, que la testatrice n'a pu signer pour cause d'infirmités, remplit les conditions voulues par la loi, lorsque cette mention est formulée de la manière suivante: « Les témoins ayant signé avec ladite Oustry, testatrice, et nous dit notaire; et avant la signature nous a

déclaré ne pouvoir signer, à cause de ses infirmités, par ladite Oustry. » — Le notaire n'était pas rigoureusement tenu de donner à la testatrice lecture de la déclaration qu'elle ne pouvait signer. — *Cass.*, 3 juill. 1834, Pons c. Giret.

741. — Lorsque, immédiatement après la clôture du testament contenant la mention de la signature du testateur, le notaire constate, par une addition, que le testateur, ayant essayé de signer, n'a pu tracer que des caractères imparfaits et a déclaré être hors d'état de signer, il n'est pas nécessaire que cette déclaration soit accompagnée d'une interpellation faite au testateur par le notaire. — *Douai*, 6 mars 1833, B...

742. — Le testament n'est pas vicié par la mention *que le testateur a signé* et qu'après cette mention il dit: « qu'ayant essayé de le faire, il a déclaré ne le pouvoir à cause de sa maladie ou de sa faiblesse. » — *Paris*, 30 messid. an XIII, Hazard c. Gruet; *Cass.*, 21 juill. 1806, mêmes parties; 18 juin 1816, Bailly c. Clément. — Duranton, t. 9, nos 96 et 97; Merlin, *Rép.*, vo *Signature*, § 3, art. 2, no 10; Zachariæ, t. 5, § 670.

743. — En général, lorsque le testateur, sachant signer et signant habituellement, déclare ne le savoir, il résulte de cette fausse déclaration qu'il n'a pas eu l'intention de faire un acte sérieux, et le testament doit être annulé. — *Grenoble*, 25 juill. 1810, Jacolin c. Fayot; *Trèves*, 18 nov. 1812, Heminger c. Waudelin; *Bruxelles*, 13 avr. 1822, N...; *Limoges*, 26 nov. 1823, Seigaud c. Vilette; *Montpellier*, 27 juin 1834, Cassan c. Viarouge; *Bordeaux*, 18 janv. 1837 (t. 2 1837, p. 466), Bounin c. Etanchard. — Merlin, *Quest.*, vo *Signature*, § 3; Grenier, t. 1er, no 243; Toullier, t. 5, no 439; Duranton, t. 9, no 99; Zachariæ, t. 5, § 670; Poujol, art. 973, no 28; Coin-Delisle, art. 973, no 3.

744. — La preuve que le testateur savait écrire et signer peut être faite au moyen d'autres actes et sans recourir à l'inscription de faux. — *Grenoble*, 25 juill. 1810, Jacolin c. Fayot; *Trèves*, 18 nov. 1812, Heminger c. Waudelin; *Limoges*, 26 nov. 1823, Seigaud c. Vilette.

745. — Toutefois, la fausse déclaration par le testateur de ne savoir signer, lorsqu'il le sait réellement, n'entraine pas nécessairement la nullité du testament, et la règle doit fléchir devant les circonstances. — *Cass.*, 5 mai 1831, Nicole; *Montpellier*, 27 juin 1834, Cassan c. Viarouge; *Bordeaux*, 18 janv. 1837 (t. 2 1837, p. 466), Bounin c. Etanchard; *Cass.*, 28 janv. 1840 (t. 1er 1840, p. 234), mêmes parties.

746. — Tel est le cas, par exemple, où le testateur, homme rustique et à peu près illettré, ne savait tracer qu'une écriture grossière et imparfaite, et avait l'habitude tantôt de signer, tantôt de ne pas signer. — Mêmes arrêts.

747. — De même, lorsqu'un testateur a déclaré ne savoir signer, quoiqu'il le sût, s'il est établi néanmoins ou qu'il n'était plus dans l'habitude de signer depuis plusieurs années, ou même que, tantôt il signait, tantôt il ne signait pas, le testament doit être déclaré valable, si d'ailleurs il ne résulte pas des circonstances de la cause, qu'en déclarant ne savoir signer il eût l'intention de rendre ses dispositions sans effet. — *Nîmes*, 25 janv. 1825, Balmelle c. Dupuy. — Poujol, art. 973, no 28.

748. — Bien plus, la déclaration que fait, en testant, une personne illettrée, de ne savoir signer, ne peut être considérée comme un refus de signature entraînant nullité, encore qu'elle ait signé antérieurement d'autres actes, cette personne ayant pu oublier de tracer sa signature. En admettant même qu'elle eût conservé la faculté de signer incorrectement, sa réponse *qu'elle ne savait* satisfait au vœu de la loi, puisque, pour cette personne, savoir tracer péniblement quelques lettres inégales et informes, ou ne pas savoir signer, constitue une seule et même chose. D'ailleurs, dans le doute, il faudrait se déterminer pour la validité de l'acte. — *Bordeaux*, 22 juill. 1841 (t. 2 1841, p. 651), Rol c. Boussarie.

749. — La mention de la déclaration du testateur de ne savoir ou de ne pouvoir signer doit être placée à la fin du testament, c'est-à-dire après toutes les clauses qu'il renferme. — Merlin, *Rép.*, vo *Signature*, § 3, art. 2, no 11; Zachariæ, t. 5, § 670; Poujol, art. 973, no 31; Duranton, t. 9, no 100.

750. — La mention de la signature d'un testament public doit être considérée comme étant à la fin de l'acte, pourvu qu'elle soit renfermée dans la dernière phrase, bien qu'elle n'en forme pas le dernier membre. — *Douai*, 28 nov. 1814, Vanderborgh.

751. — Toutefois, il n'est pas nécessaire, à peine de nullité, que la mention de la signature du testateur ou de la cause qui l'empêche de signer soit placée à la fin de l'acte. — *Dijon*, 8 janv. 1811, Dessoyer c. Robins; *Paris*, 25 nov. 1813, Moreau c. Dupré. — *Contrà Douai*, 9 nov. 1809, N... c. Wallez.

752. — Et il suffit que cette mention soit insérée dans l'acte, sans qu'elle doive être faite plutôt dans le corps ou à la fin de l'acte. — *Cass.*, 10 mars 1824, Battesti c. Maringo. — La raison en est que l'art. 973, C. civ., ne reproduit pas la disposition de l'art. 14 de la loi du 25 vent. qui prescrit que cette mention sera faite à la fin de l'acte. — Poujol, t. 2, art. 973, n° 26.

ART. 2. — *Signature par les témoins et par les notaires.*

§ 1er. — *Dispositions générales.*

753. — Le testament doit être signé non seulement par le testateur, mais encore par les témoins. — C. civ., art. 974.

754. — En disant que le testament devra être signé par les témoins, l'art. 974 a évidemment entendu parler de tous les témoins. Il y a cependant une exception pour le cas où le testament est reçu dans les campagnes. — V. *infrà* nos 765 et suiv.

755. — Enfin le testament doit l'être aussi par le notaire ou par les deux notaires qui l'ont reçu. Bien que le Code ne parle pas de la signature des notaires, l'apposition de cette signature ou de ces signatures est indispensable pour donner le caractère de l'authenticité à l'acte. — Arg. C. civ., art. 971. — V., au surplus, ACTE NOTARIÉ, nos 411 et suiv.

756. — Tant que les témoins et le notaire n'ont pas signé, le testament n'existe pas, et si le testateur vient à mourir avant la dernière signature, le testament est nul. — Coin-Delisle, art. 974, n° 4; Merlin, *Rép.*, v° *Signature*; Toullier, t. 5, n° 444; Duranton, t. 9, n° 98; Zachariæ, t. 6, § 670.

757. — Le testateur, s'il expire avant que le notaire et les témoins aient signé la minute du testament, doit être considéré comme mort *ab intestat.* Et les légataires ne peuvent se prévaloir de la signature ajoutée à l'acte par le notaire après le décès de la personne qui se disposait à faire un testament. — *Gand*, 5 et 15 avr. 1833, Eemens et Lemers.

758. — Si le prétendu testament n'exprime pas que le notaire et les témoins ont signé pendant la vie du défunt, la preuve testimoniale est admissible pour établir que le notaire et les témoins n'ont apposé leur signature qu'après le décès du testateur. — Mêmes arrêts.

759. — Il y a encore nullité du testament, s'il a été signé par le notaire et les témoins hors de la présence du testateur, bien que le testateur en ait entendu la lecture faite par le notaire et qu'il ait signé en présence des témoins. — *Cass.*, 20 janv. 1840 (t. 1er 1840, p. 201), Jullien c. Bumel.

760. — Quant au mode de signature des témoins et des notaires, V. ACTE NOTARIÉ, nos 404 et suiv., et SIGNATURE.

761. — Un testament est nul, lorsque la signature de l'un des témoins ne présente pas les mêmes noms que ceux écrits par le notaire dans le corps de l'acte. — *Poitiers*, 19 avr. 1822, Rateau c. B...

762. — Mais un testament ne doit pas être déclaré nul par cela seul qu'un des quatre témoins instrumentaires a omis dans sa signature quelques lettres de son nom, alors d'ailleurs que l'identité de ce témoin n'est pas contestée. — *Cass.*, 4 mai 1841 (t. 1er 1841, p. 712), Boisgirard c. Jouan et Bonnin.

763. — Bien plus, un testament que l'un des témoins instrumentaires a signé d'un autre nom que celui sous lequel il est désigné dans l'acte n'est pas nul, lorsqu'il est constant que le signataire est bien le même individu que le témoin, et que la dissemblance dans les noms provient de ce que ce témoin était habituellement désigné sous ces deux noms. — *Grenoble*, 7 avr. 1827 (sous *Cass.* 5 fév. 1829), Faure c. Bornier.

764. — Mais il en serait autrement s'il n'est pas constant que ce nom étranger fût attribué au témoin par une erreur générale existant lors de la confection du testament. — *Amiens*, 2 avr. 1840 (t. 1er 1840, p. 548), Guay-Grévin c. Leloire.

§ 2. — *Signatures des témoins dans les campagnes.*

765. — On a vu (*suprà* n° 753) que le testament devait être signé par tous les témoins. Néanmoins dans les campagnes, ajoute l'art. 974, C. civ., il suffit que l'un des deux témoins signe, si le testament est reçu par deux notaires; et que deux des quatre témoins signent s'il est reçu par un notaire.

766. — L'origine de la dispense du nombre ordinaire des témoins sachant écrire dans le cas de testament fait à la campagne remonte au droit romain : une constitution de Justinien accordait diverses remises à cet égard. — Cod., liv. 6, tit. 23, L. 8.

767. — D'après l'ordonnance de 1735, art. 45, la signature était exigée de tous les témoins dans *les villes ou bourgs fermés*, et dans *les autres lieux* la signature de deux témoins était suffisante. Mais comme rien n'indiquait en quoi le bourg différait de la petite ville, et où il s'arrêtait pour voir commencer le village, l'application de cette loi donnait lieu à de nombreuses difficultés dont l'appréciation se trouvait forcément laissée à l'arbitraire des tribunaux. Aujourd'hui le Code se sert de l'expression *campagnes*, dont le sens est bien moins déterminé que celui des termes de l'ordonnance, par opposition aux *villes* ou *bourgs fermés*.

768. — Mais que doit-on entendre par *campagnes?* Lors de la discussion au tribunat, on proposa d'appliquer la qualification de *campagnes* à tous les lieux dont la population serait au-dessous de 1,000 âmes; mais cette proposition n'eut pas de suite. — Locré, *Lég. civ.*, t. 11, n° 43.

769. — C'est donc aux magistrats qu'il appartient de déterminer, soit d'après la population du lieu où le testament est reçu, soit d'après les circonstances, les lieux qui doivent être considérés comme campagne. — *Poitiers*, 19 fév. 1823, Piveteau ; *Grenoble*, 22 mars 1832, Espithalier c. Lieutard; arg. *Cass.*, 10 mars 1829, Berthonnet c. Billoux. — Grenier, t. 1er n° 245 ; Duranton, t. 9, n° 103 *bis* ; Poujol, art. 974.

770. — Ainsi, ont été considérés comme campagne, dans le sens de l'art. 974, C. civ., un village divisé en plusieurs hameaux et n'ayant que trois cents habitans environ, encore que ce village eût une administration communale. — *Turin*, 23 mai 1810, Mussato.

771. — .... Un lieu qui ne possède ni justice de paix, ni bureau de poste, ni foires, ni marchés, ni établissemens publics. — *Poitiers*, 18 déc. 1815 Cantin c. Giraudeau ; — *Cass.*, 10 juin 1817, mêmes parties.

772. — ... Une commune, chef-lieu de canton, n'ayant que quatre cents âmes de population. — *Bordeaux*, 23 mars 1833, Landrodie c. Roche.

773. — ... Un lieu d'une population faible, contenant un petit nombre de personnes en état de signer, et parmi lesquelles quelques unes ne pouvaient, pour cause de parenté, être appelées comme témoins. — *Poitiers*, 19 fév. 1823, Piveteau.

774. — Ainsi, par le mot campagne, il faut entendre tout endroit où il est impossible ou du moins très difficile de trouver quatre témoins. — *Riom*, 2 juin 1817, Lafont c. Vigier.

775. — On a même décidé qu'un tribunal a pu considérer comme *campagne* le lieu où a été fait un testament, encore que l'on pût y trouver plusieurs personnes sachant écrire, qu'il y eût un notaire, et qu'il y fût tenu un marché par semaine et deux foires par an. — *Bordeaux*, 29 avr. 1829, Desgranges c. Geneuil.

776. — Les bourgs doivent-ils être réputés *campagnes* dans le sens de l'art. 974, C. civ.? Oui. — *Douai*, 1er juin 1812, Petit ; *Bordeaux*, 7 mars 1827, Berthonnet c. Billoux.

777. — ... Du moins l'arrêt de la cour d'appel qui, d'après l'appréciation des faits et des circonstances, applique à un bourg la qualité de *campagne*, est à l'abri de la cour de Cassation. — *Cass.*, 10 mars 1829, Berthonnet c. Billoux.

778. — Jugé toutefois qu'une commune dont la population agglomérée excède douze cents habitans, parmi lesquels il en est beaucoup, 1° sachant signer et habiles à être témoins dans un testament; 2° exerçant des états et métiers qui exigent leur résidence continuelle, ne peut pas être considérée comme une campagne, dans le sens de l'art. 974, C. civ. — *Lyon*, 29 nov. 1828, Favrot c. Valet.

779. — Ainsi, les tribunaux ne pourraient pas décider que tout ce qui n'est pas *ville ou bourg fermé* est, par cela même, réputé campagne. — Duranton, t. 9, n° 103 *bis* ; Poujol, t. 2, sur l'art. 974.

780. — Jugé cependant que bien que le lieu où le testament a été fait soit une commune populeuse, dans laquelle il existe quatre notaires, il suffit qu'il ne soit pas rangé au nombre des villes, pour que l'art. 974 doive recevoir son application. — *Bourges*, 16 avr. 1815, Bourgier c. Gasté. — Toullier, t. 5, n° 445.

§ 3. — *Mention de la signature des témoins et des notaires.*

781. — Aucune disposition du Code civil n'ordonne qu'il soit fait mention de la signature des témoins et des notaires. — D'un autre côté, l'art. 14, L. 25 vent. an XI, porte que « les actes seront signés par les parties, les témoins et les notaires, qui doivent en faire mention à la fin de l'acte, » et cette disposition est prescrite à peine de nullité (même loi, art. 68).

782. — De là, la question de savoir si, en pareil cas, la loi du 25 vent. an XI doit suppléer au silence du Code (V. *suprà* nos 688 et suiv.). La jurisprudence est divisée à cet égard.

783. — Jugé que la loi du 25 vent. an XI sur les actes notariés n'est point applicable aux testamens. Qu'en conséquence, un testament public n'est pas nul pour défaut de mention de la signature du notaire. — *Nîmes*, 29 av. 1806, Eumeric; *Riom*, 17 nov. 1808, Lhoste; *Lyon*, 23 av. 1812, Delorme c. Cazot.

784. — ... Ou pour défaut de mention de la signature du notaire et des témoins. — *Bruxelles*, 27 prair. an XII, Brunin c. Gardavoie.

785. — Jugé au contraire que les art. 14 et 68, L. 25 vent. an XI, sur les actes notariés, sont applicables aux testamens; qu'en conséquence, un testament doit, à peine de nullité, contenir la mention de la signature du notaire et des témoins. — *Riom*, 26 mars 1810, Falcimagne. — Duranton, t. 9, n° 103; Poujol, art. 973, n° 25.

786. La mention de la signature du notaire et des témoins doit se trouver à la fin de l'acte. Et il ne saurait y être suppléé par la formule : *par devant nous notaires soussignés*, mise au commencement de l'acte. — *Riom*, 26 mars 1810, Falcimagne.

787. — Mais lorsque, dans les campagnes, un ou deux des témoins ne savent pas signer, le notaire est-il tenu, à peine de nullité, de faire mention de leur déclaration à cet égard ? Non ; car le Code n'exige une pareille déclaration qu'à l'égard du testateur (C. civ., art. 973) ; et la fin de l'art. 14 de la loi du 25 vent. an XI ne prescrit aux notaires de faire mention des déclarations, à cet égard, que relativement aux *parties* qui ne savent ou ne peuvent signer. La même injonction ne pouvait être faite relativement aux deux témoins puisque l'art. 13 de la même loi exige comme une des conditions de leur capacité *de savoir signer*. — Toutefois, il en était autrement, comme on l'a vu, sous les anciennes ordonnances et sous la loi des 8-10 sept. 1791.

788. — Lorsque le témoin ou les deux témoins n'ont pas signé, parce qu'ils ne savaient ou ne pouvaient le faire, mention doit sans doute en être faite, mais il n'est pas nécessaire, à peine de nullité, que la mention porte sur la déclaration faite par les témoins eux-mêmes ou indique la cause qui les a empêchés de signer. — Merlin, *Rép.*, v° *Signature*, § 3, art. 2, n° 11 ; Grenier, t. 1er, n° 241; Zachariæ, t. 5, § 670 ; Duranton, t. 9, n° 103; Poujol, art. 974, n° 9.

789. — Ainsi, lorsque le testament reçu dans la campagne par un seul notaire, en présence de quatre témoins, n'est signé que par trois d'entre eux, le défaut d'énonciation du motif qui a empêché le quatrième d'apposer sa signature n'est pas une cause de nullité, alors que sa présence est d'ailleurs suffisamment constatée. Il en est ainsi lors même qu'il est justifié que le témoin qui n'a pas apposé sa signature sait et pouvait signer. — *Colmar*, 15 fév. 1841 (t. 1er 1842, p. 442), Richer c. Emberger.

790. — Sous l'empire de l'ordonn. de 1735 (art. 45) et de la loi des 8-10 sept. 1791, un testament public était nul lorsqu'il énonçait seulement que les témoins étaient illettrés, sans qu'il fût fait mention de l'interpellation à eux faite de signer ni de leur déclaration de ne savoir ou pouvoir signer. — *Nîmes*, 12 août 1809, Monteil.

791. — Toutefois, la mention que les témoins n'avaient « pas signé pour ne savoir, de ce requis, » énonçait suffisamment la déclaration de leur impuissance de signer. — *Toulouse*, 22 fév. 1809, Boyer c. Bouviale; 6 août 1812, N...; 27 avr. 1813, Merle; 13 déc. 1813, Favaren c. Delon; 29 juin 1821, Déoux c. Cardeilhac.

792. — Il en était de même de la déclaration faite par un témoin de ne savoir signer, *pour ne l'avoir appris, sur ce enquis.* — *Cass.*, 11 pluv. an VII, Chabrier c. Charlot; *Liége*, 22 avr. 1813, Marol c. Mauguy.

Sect. 5e. — *Témoins instrumentaires.*

ART. 1er. — *Nombre des témoins et mention de leur présence.*

793. — Il doit y avoir quatre témoins quand le testament est reçu par un seul notaire, et deux seulement quand le testament est reçu par deux notaires (C. civ., art. 971), et cela à peine de nullité (C. civ., art. 1001).

794. — Les testamens reçus par un notaire en présence de deux témoins, dans un département

réuni postérieurement à la publication de la loi du 20 avr. 1791, sont valables. La loi statutaire de la ville de Worms, qui exigeait, pour la validité d'un testament, la présence de deux magistrats, a été abolie par ladite loi du 20 avr. 1791. — *Cass.*, 5 thermid. an XIII, Erust.

795. — D'après l'ordonnance de 1735 (art. 5 et 7), il y avait lieu, dans les pays de droit écrit, d'appeler un témoin de plus lorsque le testateur était aveugle ou que, dans le temps du testament, il n'avait pas l'usage de la vue.

796. — Jugé que lorsque le testateur déclarait ne pouvoir signer faute de *vue suffisante*, il n'y avait pas lieu d'appeler un septième témoin s'il n'était pas établi qu'il fût dans un état de cécité absolue. *Lyon*, 14 pluv. an XI, Maniglier; *Cass.*, 28 frim. an XIII, même partie.

797. — Mais l'addition d'un seul témoin suffisait pour la validité du codicille d'un aveugle; il n'était pas nécessaire d'ajouter trois nouveaux témoins aux cinq témoins exigés pour les codicilles ordinaires. — *Besançon*, 10 mars 1808, N...

798. — Dans les pays coutumiers, il n'était pas nécessaire d'appeler un témoin de plus pour la validité d'un testament fait par un aveugle. — *Cass.*, 11 thermid. an XIII, Devadicourt c. Bonnet.

799. — Cette disposition de l'art 7 de l'ordonnance de 1735 n'a pas non plus été reproduite par le Code civil.

800. — Lorsque le testament contient cette mention du notaire rédacteur, qu'il a été fait en présence et avec l'intervention de N..., notaire, son collègue, qui a signé en cette qualité, on ne peut dire que celui-ci a été simplement témoin instrumentaire, et que l'acte est nul comme ayant été reçu seulement par un notaire et trois témoins. — *Turin*, 16 av. 1806, Bertotti.

801. — Un testament n'est pas nul parce qu'il a été reçu en présence de plus de témoins que la loi ne l'exige. — *Limoges*, 7 déc. 1809, Pagnon; *Bourges*, 14 juin 1815, Deschamps c. Pasquet. — Zachariæ, t. 5, § 664, n° 6.

802. — Et il n'est pas nul non plus lorsque, outre le nombre requis de témoins capables, d'autres témoins incapables ont assisté à la confection de l'acte. — *Cass.*, 6 avr. 1809, Van-Der-Bussche c. Bosch. — Toullier, t. 5, n° 407; Merlin, *Rép.*, v° *Témoin instrumentaire*, § 2, n° 25; Favard, *Répert.*, v° *Testament*, sect. 1re, art. 3, n° 11.

803. — Le nombre des témoins est constaté par la mention que le notaire fait de leurs noms et par la signature qu'ils apposent à l'acte. La preuve de ce nombre ne saurait être admise en dehors de l'acte. — Duranton, t. 9, n° 66.

804. — Toutefois, en ce qui concerne la signature, on a vu (*suprà* n° 765 et suiv.) que, dans les campagnes, il suffit qu'un des deux témoins signe si le testament est reçu par deux notaires, et que deux des quatre signent, s'il est reçu par un notaire. — C. civ., art. 974.

805. — La loi, en indiquant que les témoins doivent être présens à la lecture du testament, n'entend pas borner la nécessité de leur présence à la seule lecture; mais elle entend, au contraire, que cette présence soit permanente depuis le commencement jusqu'à la fin de la confection du testament. — *Bruxelles*, 16 fév. 1816, Lavaux.

806. — Les témoins devant assister, à peine de nullité, à la rédaction tout entière du testament, si l'un d'eux est forcé de s'absenter un moment, le notaire doit suspendre la confection de l'acte jusqu'à son retour. — *Nancy*, 24 juill. 1833, Claudel c. Ruault.

807. — La preuve de la présence des témoins ne serait point admise; elle doit résulter de la mention faite dans le testament. — Duranton, t. 9, n° 66.

808. — Il n'est pas nécessaire que la mention explique que les notaires et les témoins ont été présens à la dictée et à la lecture; il suffit de mentionner leur présence à la réception du testament et à la lecture qui en est donnée au testateur. — Duranton, t. 9, n° 67; Toullier, t. 5, n° 426.

809. — Jugé même que ces mots : *la mention du tout*, de l'art. 972, ne s'appliquent qu'aux formalités prescrites par cet article et non à celles de l'art. 971, de telle sorte que, d'après cet arrêt, la mention de la présence des témoins à la lecture serait suffisante. — *Bruxelles*, 17 mai 1819, Foulon.

810. — Quoi qu'il en soit, il suffit que la présence des témoins soit mentionnée dans la clôture de l'acte pour qu'il se trouve constaté qu'ils ont assisté à la confection du testament dans son entier. — *Cass.*, 9 juill. 1806, Delebury c. Bonnet; 13 juill. 1808, Gilibert.

811. — Et il n'est pas nécessaire que la présence des témoins à la confection du testament soit énoncée en termes formels, pourvu qu'elle résulte suffisamment de la rédaction de l'acte. — *Riom*, 4 déc. 1809, Brignon c. N.

ART. 2. — *Domicile des témoins et mention de leur demeure.*

812. — D'après l'art. 9, L. 25 vent. an XI, les témoins qui assistent le notaire dans la rédaction d'un acte notarié doivent être domiciliés dans l'arrondissement communal où l'acte a été passé. Comme l'art. 980, C. civ., garde le silence à ce sujet, on a élevé la question de savoir si la loi de ventôse était, en pareil cas, applicable.

813. — Pour la négative, on dit que les raisons de décider ne sont pas les mêmes à l'égard des testamens qu'au sujet des autres actes notariés. Le testateur doit, dans le but de tenir ses dispositions secrètes, pouvoir appeler des témoins étrangers à la localité. Il faut plus de témoins pour un testament quand il n'y a qu'un notaire. Enfin, dans l'usage, c'est le testateur et non le notaire qui choisit les témoins. — Grenier, t. 1er, nos 247 et 247 *bis*; Delvincourt, t. 2, p. 313; Duranton, t. 9, n° 212; Zachariæ, t. 5, § 670; Poujol, art. 980, n° 7.

814. — Jugé, en ce sens, qu'il n'est pas exigé que les témoins soient domiciliés dans l'arrondissement communal où le testament est reçu. — *Bruxelles*, 13 fév. 1808, Wanucker; *Turin*, 31 août 1808, Bonetti c. Godmar; *Limoges*, 7 déc. 1809, Blondel; *Douai*, 27 av. 1812, Chassaing c. Coopman; *Caen*, 19 août 1812, Bréville c. Morel; 11 nov 1812, Bouligny c. Gougny; *Paris*, 18 avr. 1814, Letors; *Rouen*, 16 nov. 1818, Cayez c. Rasselin; *Bordeaux*, 17 mai 1821, N... c. N...; 18 août 1823, Breton c. Moreau; *Orléans*, 11 août 1823, Gaborit c. Maquillé; *Cass.*, 19 mai 1825, Breton c. Moreau; 4 janv. 1826, Billoux c. Montroger; 23 août 1832, Espalt c. N...; 3 août 1841 (t. 2 1843, p. 419), Lesueur c. Dulondel.

815. — Pour l'opinion contraire, on dit que la loi du 25 vent. an XI est commune à tous les actes notariés, et qu'elle doit être appliquée à défaut de dérogation expresse par le Code. — *Bruxelles*, 13 avr. 1811, Declerq 5. Discaert; *Colmar*, 1er févr. 1812, Christ c. Henin; *Bordeaux*, 6 déc. 1834, Chetry c. Bédard. — Toullier, t. 5, n° 397; Merlin, *Rép.*, v° *Témoin instrumentaire*, t. 17, p. 614; Favard, *Rép.*, v° *Testament*, sect. 1re, § 3, n° 10.

816. — En tous cas, l'héritier qui attaque un testament n'est pas recevable à soutenir que cet acte est nul, parce que l'un des témoins n'était pas domicilié dans la commune où le testament a été fait, lorsqu'il a été reconnu par la Cour d'appel que ce témoin y avait son domicile depuis plusieurs années. — *Cass.*, 17 août 1824, Delabrosse c. de Marquillé.

817. — Mais le testament doit mentionner la demeure des témoins; car alors il ne s'agit plus d'une question de capacité, mais bien d'une énonciation prescrite par la loi du 25 ventôse, à laquelle le Code civil n'a pu, en l'absence d'une disposition formelle, déroger sur ce point. D'ailleurs, cette indication de la demeure est indispensable pour vérifier la capacité légale des témoins. — Duranton, t. 9, n° 112; Merlin, *loc. cit.*; Toullier, t. 5, n° 451.

818. — Jugé donc que le testament par acte public doit, à peine de nullité, contenir l'énonciation des noms des témoins ainsi que leur demeure. — *Cass.*, 1er oct. 1810, Vandereshueren c. Collyns; *Colmar*, 1er fév. 1812, Christ c. Henin; *Aix*, 26 août 1813, de Villevieille c. Favier; *Limoges*, 8 août 1821, Niveau; *Bastia*. 7 fév. 1824, Moretti c. Cecconi; *Cass.*, 4 janv. 1826, Billoux c Montroger; 3 juill. 1838 (t. 2 1838, p. 354), Bédard c. Chatry.

819. — Toullier (*loc. cit.*) fait observer, avec raison, qu'on peut s'étonner que la loi de ventôse exige, sous peine de nullité, l'énonciation de la demeure des témoins, et qu'elle n'exige point, sous la même peine, l'énonciation de la demeure des parties contractantes et par conséquent du testateur.

820. — Jugé cependant, au contraire, que le défaut d'énonciation dans un testament du domicile des témoins instrumentaires n'entraîne pas la nullité de l'acte. — *Bruxelles*, 9 août 1808, Collyns c. Vanderesbueren.

821. — Un testament, fait sous l'empire du statut civil de la Corse et de l'édit de 1771, n'est pas entaché de nullité pour défaut d'énonciation de la demeure et de la qualité du testateur et des témoins; seulement il peut être attaqué par la voie de l'inscription de faux. — *Cass.*, 17 avr. 1828, Durazzi c. Carabelli.

822. — La mention, dans un testament public, du domicile des témoins équivaut à la mention de leur demeure. — *Douai*, 1er fév. 1846, Paccon c. Ternynck.

823. — Le testament qui porte que les témoins demeurent en telle rue indique suffisamment cette demeure, bien qu'il ne soit pas fait mention de la ville. — *Rennes*, 18 (et non 5) juill. 1816, Civel; *Cass.*, 3 juill. 1838 (t. 2 1838, p. 354), Bédard c. Chatry.

824. — Un testament n'est pas nul, quoique l'indication du lieu de la demeure d'un témoin ne soit pas accompagnée de la désignation de la commune dans le territoire de laquelle ce lieu est situé. — *Agen*, 5 août 1824, Laforgue c. Montaulieu.

825. — La demeure des témoins instrumentaires est suffisamment indiquée par ces mots : *de telle commune*, aussi bien que ceux-ci : *demeurant en telle commune*. — *Cass.*, 28 fév. 1816, Régnault; 23 nov. 1825, d'Olce c. Laharrague.

826. — ... Ou par ces mots : *De tel endroit*, aussi bien que ceux-ci : *Demeurant à tel endroit*. — *Aix*, 3 déc. 1812, Courme c Eyraud.

827. — Le domicile des quatre témoins d'un testament notarié est suffisamment indiqué par les mots suivans, placés après les noms des témoins; *l'un et l'autre témoins requis..., domiciliés à...* — *Liége*, 20 oct. 1824, Lejeune c. Désaive.

828. — La demeure des témoins instrumentaires est suffisamment indiquée par la mention qu'ils demeurent dans tel et tel village, sans désignation distincte pour chaque témoin, s'il est constaté qu'aucun des témoins désignés ne demeure ailleurs. — *Bruxelles*, 2 nov. 1831, Derickere c. Struyre.

829. — La désignation du domicile d'un témoin testamentaire résulte suffisamment de l'indication de la fonction dont il est revêtu, lorsqu'une résidence est nécessairement attachée à l'exercice de cette fonction. — *Grenoble*, 7 août 1828, Jullien c. Lamarre.

830. — L'appréciation de l'exactitude ou de la fausseté de l'énonciation de la demeure des témoins, insérée dans un testament public, n'est pas abandonnée aux présomptions des juges, et ne peut être détruite que par des documens certains, légaux et authentiques. — *Cass.*, 3 juill. 1838 (t. 2, 1838, p. 354), Bedard c. Chatry.

831. — L'héritier naturel peut, sans s'inscrire en faux, prouver que les indications relatives à une qualité accidentelle des témoins, par exemple, le domicile, sont mensongères. S'il produit un commencement de preuve par écrit de ce fait, c'est alors au légataire à établir l'exactitude des indications. — *Bruxelles*, 13 avr. 1811, Declerq c. Discaert.

ART. 3. — *Capacité naturelle, politique et civile des témoins.*

§ 1er. — *Dispositions générales.*

832. — Les conditions de capacité, pour être témoin instrumentaire, sont déterminées, comme on va le voir, par l'art. 980, C. civ., auquel il faut joindre l'art. 975. Et ces conditions sont prescrites à peine de nullité. — C. civ., art. 1001.

833. — L'art. 980, C. civ., réglant ainsi la capacité générale des témoins testamentaires, c'est cette disposition seule qui doit être suivie et non la loi du 25 vent an XI, qui a cessé d'être applicable. — *Cass.*, 3 août 1841 (t. 2 1843, p. 419), Le Sueur c. Dulondel; *Besançon*, 26 juin 1844 (t. 1er 1845, p 284), Lods c. Noblot. — Coin-Delisle, sur l'art. 980, n° 85; Duranton, t. 9, n° 110.

834 — Toutefois, il ne faut pas perdre de vue que la capacité est la règle générale, et l'incapacité l'exception; et d'un autre côté que les causes d'incapacité doivent être restreintes plutôt qu'étendues. — Toullier, t. 5, n° 590; Merlin, *Rép.*, v° *Témoin instrumentaire*, § 2. n° 3.

835. — Les témoins appelés pour être présens aux testamens doivent être : 1° mâles. — C. civ., art. 980.

836. — Ainsi, les femmes ne pourraient être témoins, pas plus qu'elles ne pouvaient l'être sous le droit romain. — Ulpien, *Fragm.*, tit. 20, n° 7; L. 20, § 6, ff., *Qui testam. facere poss.*

837. — ... 2° Majeurs. — C. civ., art 980. — Sous le droit romain, les pupilles ne pouvaient être témoins. — L. 20, § 5 et 6, ff., *Qui testam. facere poss.*

838. — En pays coutumier, les témoins devaient âgés au moins de vingt ans et être *mâles, idoines et suffisans*. — Coin-Delisle, sur l'art. 980, n° 2.

839. — Sous l'empire de l'ordonnance de 1735, les témoins testamentaires devaient être âgés de vingt-un accomplis, sauf ceux des pays de droit écrit et qui étaient capables dès qu'ils avaient la capacité de tester. — Art. 39.

840. — Cependant la minorité de l'un des quatre témoins instrumentaires d'un testament n'entraîne pas nécessairement la nullité de cet acte. — *Aix*, 30 juill. 1838 (t. 1er 1839, p. 367), Imbert.

841. — ... 3° Républicoles. — C. civ., art. 980. — V. *infrà*, n° 862 et suiv.

842. — ... 4o Jouissant des droits civils. — C. civ., art. 980.

843. — De plus, les témoins doivent jouir de la plénitude de leur raison et avoir l'intelligence nécessaire pour comprendre les dispositions testamentaires qui doivent être dictées en leur présence.

844. — Ainsi, les insensés, les furieux et les interdits ne peuvent être témoins. — Duranton, t. 9, no 106; Poujol, t. 2, art. 980, no 1er.

845. — Les personnes interdites pour cause de démence ou de fureur peuvent-elles être appelées comme témoins dans des intervalles lucides? Oui, dit M. Zachariæ (t. 5, § 670), attendu qu'aucune disposition législative ne les prive de ce droit; M. Duranton (t. 9, no 106) professe l'opinion contraire, en se fondant sur les termes de l'art. 509, C. civ., qui assimile l'interdit au mineur. — Mais, comme le dit très bien Zachariæ (*loc. cit.*), l'assimilation n'est pas chose absolue; la suite de l'art. 509 en explique clairement l'objet et l'étendue.

846. — Celui qui est soumis à un conseil judiciaire peut être témoin; car il n'est pas interdit. — Merlin, *Rép.*, vo *Témoins instrumentaires*, § 2, no 3, 5o; Duranton, t. 9, no 108.

847. — Est-il nécessaire que les témoins instrumentaires entendent à la fois la langue française et l'idiôme des parties? — L'affirmative est enseignée par tous les auteurs en matière de dispositions testamentaires. La présence des témoins est en effet exigée pour attester que le notaire a rendu fidèlement les dispositions qui lui ont été dictées par le testateur. Or, des témoins qui ignoreraient la langue des parties pourraient-ils donner cette certitude? Ne doivent-ils pas plutôt être assimilés à des sourds, qui ne peuvent être témoins? — Grenier, *Donat.*, partie 2e, no 255: Malleville, *Anal. rais. du C. civ.*; Toullier, t. 5, no 393; Merlin, *Quest. dr.*, vo *Testament*, § 17, art 3; Favard de Langlade, vo *Langue française*, no 6; Duranton, t. 9, no 79; Poujol, t. 2, sur l'art. 980, no 3, et *Observ. génér.*, no 19; Zachariæ, t. 5, § 670.

848. — Jugé qu'il est donc nécessaire en général, pour la validité du testament, que les témoins comprennent la langue dans laquelle il est dicté et écrit. — *Metz*, 19 déc 1816, Cordonnier c. Hesseling; 30 avr. 1833, Dresse c. Michel.

849. — Jugé cependant qu'un testament n'est pas nul par cela seul qu'un des témoins n'a pu, à défaut de connaissance suffisante de la langue dans laquelle il a été rédigé, en comprendre la dictée et la lecture, lorsque d'ailleurs le témoin a pu acquérir sur le fond et la substance même des dispositions testamentaires une perception aussi distincte que l'ont pu acquérir les autres témoins. — *Bruxelles*, 4 fév. 1809, Beckmans; 9 janv. 1813, Téman c. Maës; 6 mai 1813. Heylen; 11 nov. 1814, Coucke; *Douai*, 17 fév. 1816, Paccon c. Ternynck; *Bruxelles*, 11 juill. 1816, Téman c. Mars; *Liége*, 31 janv. 1817, Bormans; 31 janv. 1817, Sol; *Nancy*. 28 juill. 1817, Boeck c. Kocker; *Cass.*, 14 juill. 1818, Kellerc. Boucher; *Metz*, 21 août 1823, N...

850. — ... Par exemple, lorsque le notaire a usé de la faculté qui lui était accordée de faire, à côté de la rédaction française, une traduction dans l'idiôme du pays. — *Bruxelles*, 13 fév. 1808, Vanacker.

851. — ... Ou lorsque le notaire, avant de soumettre le testament à la signature, en fait l'interprétation, et que par là ceux des témoins qui n'avaient pas l'usage de la langue française ont été mis au fait de la teneur de l'acte, le testament est valable. — *Metz*, 19 déc. 1816, Cordonnier c. Hesseling. — V. aussi *Liége*, 23 (et non 28) juill 1806, Brammertz c. Scheins.

852. — A quoi Toullier (*loc. cit.* note) fait observer, avec raison, que les témoins qui n'entendent point la langue du testateur, ne peuvent connaître la volonté que par le rapport du notaire et des autres témoins, ce qui ne forme qu'un ouï-dire toujours considéré en justice sans force et sans valeur.

853. — Au surplus, il ne pourait résulter de nullité de ce qu'après la lecture d'un testament rédigé en français, il est ajouté que les témoins ont surabondamment expliqué le testament au testateur dans sa langue. — *Liége*, 24 nov. 1806, Bragard c. Willems.

854. — ... 6o N'être pas frappés d'infirmités physiques qui empêcheraient les témoins de remplir leurs fonctions. — En effet, il n'y a point de témoins, dit M. Coin-Delisle (art. 980, no 23), là où on ne trouve pas dans une personne assistant à un fait la faculté d'attester ce qu'elle a vu et entendu.

855. — Ainsi, les sourds-muets, les aveugles ne peuvent être appelés comme témoins à un testament. — Inst., *De testam. ordinand.*, § 6; LL. 9 et 21, Cod., *De testam.*; Merlin, *Rép.*, vo *Témoins instrumentaires*, § 2, nos 3 et 4; Grenier, t. 1er, no 254; Toullier, t. 5, nos 391 et 392; Duranton, t. 9, no 104; Zachariæ, t. 5, § 670; Poujol, t. 2, *obs. gén.*, no 18, et sur l'art. 980, no 2.

856. — ... 7o Ne pas être légataires ou bien parens ou alliés des légataires jusqu'au quatrième degré, C. civ., art. 975. — V. *infrà*, nos 878 et suiv., 896 et suiv.

857. — ... 8o Enfin, n'être pas clercs des notaires qui reçoivent le testament. — C. civ., art. 975. — V. *infrà*., nos 919 et suiv.

858. — *Quid*, si les témoins étaient dans la dépendance du testateur, des légataires ou du notaire, par exemple, en qualité de domestiques? — V. *infrà*, nos 927 et suiv.

859. — Quant aux domestiques en général, si l'art. 9 de la loi du 25 vent. an XI exigeait que les témoins des actes notariés ordinaires eussent la qualité de citoyens français, c'est-à-dire qu'ils jouissent des droits politiques, cet article se trouve abrogé par le Code civil. qui n'exige pour les témoins d'autres qualités que celles énumérées en l'art. 980. — Au surplus, les domestiques ont recouvré leurs droits politiques par la Constitution du 4 nov. 1848.

860. — C'est à l'époque de la confection du testament qu'il faut se reporter pour juger de la capacité des témoins d'un testament; *conditionem testium tunc inspicere debemus, cùm signarent, non mortis tempore* (L. 12, § 1er, ff., *Qui test. facer. possunt.* — Merlin, *Rép.*, vo *Témoin instrumentaire*, § 2, no 3 1o; Toullier, t. 5, no 405; Zachariæ, t. 5, § 670; Favard de Langlade, *Rép.*, vo *Testament*, sect. 1re, § 3, art. 3, no 12.

861 — Les notaires doivent s'assurer de la capacité des témoins appelés aux testamens, comme de ceux appelés aux autres actes notariés. — *Cas.*, 15 janv. 1835, Renou c. Berthelot. — V. cependant, sur la responsabilité du notaire en pareil cas, NOTAIRE, nos 821 et suiv.

§ 2. — *Républicoles.* — *Jouissance des droits civils.*

862. — D'après l'art. 40 de l'ord. de 1735, les témoins devaient être *régnicoles*. Dans sa rédaction primitive, l'art. 980, C. civ., portait que les témoins devaient être *republicoles*. Ce mot a été successivement remplacé par ceux de *sujets de l'empereur*, puis de *sujets du roi*.

863 — Dans le droit romain, les témoins devaient être *cives romani*, (L. 21, Cod., *De testament.*) ou du moins *Lat ni Juniani.* — *Ulpian. Fragm.*, tit. 20, no 8.

864. — Les mots *sujets du roi* ou *républicoles* sont synonymes de Français; ainsi tout Français peut être témoin testamentaire. — Coin-Delisle sur l'art. 980, no 7

865. — L'étranger non naturalisé, alors même qu'il serait admis à la jouissance des droits civils, ne pourrait être témoin testamentaire, parce qu'il ne serait pas encore Français. — Merlin, *Rép.*, vo *Témoin instrumentaire*, § 2, no 3 1o; Favard de Langlade, *Rép.*, vo *Testament*, sect. 1re, § 3, art. 2, no 6: Toullier, t. 3, no 395; Grenier, *Des Testamens*, no 247 *bis*; Duranton, t. 9, no 105; Poujol, sur l'art. 975, no 4; Coin-Delisle, sur l'art. 980, no 7. — V. cependant, en sens contraire, *Turin*, 18 avr. 1809, Bava c. Mercandini. — Delvincourt, t. 2, note 3e, p. 86; Vazeille, sur l'art. 980, no 11 Zachariæ, t. 5. § 670.

866. — L'étranger qui est domicilié en France depuis plus d'une année, et qui a conservé la qualité de Français qu'il avait acquise en vertu de la Const. de 1793, a pu valablement servir de témoin dans un testament fait en 1811. — *Colmar*, 13 juill. 1819, Fackler c. N...

867. — Un étranger qui jouit des droits civils en France peut être témoin dans un testament, bien qu'il n'ait pas été naturalisé et qu'il n'ait pas la qualité de citoyen. — *Turin*, 18 avr. 1809, Bava c. Mercandini.

868. — Un étranger résidant en France, et y exerçant les droits civils, ne peut être témoin d'un testament, s'il n'est en même temps *sujet du roi*. — *Colmar*, 13 fév. 1818, Mannsbendel c. Altenberger.

869. — Un étranger qui a un établissement en France ne peut, par cela seul, être considéré comme autorisé à servir de témoin dans un testament, aux termes de l'art. 980, C. civ. — *Cass.*, 23 janv. 1811, Vic c. Ménard; *Rennes*, 11 août 1809, mêmes parties.

870. — L'individu né en Corse avant la réunion à la France, qui y a constamment demeuré depuis, y a contracté mariage avec une femme corse, et y est devenu majeur sous la Const. de 1791, qui accordait la qualité de citoyen français à ceux qui avaient fixé leur résidence en France, doit être reconnu comme Français, et capable d'être témoin dans un testament, sans qu'on puisse lui opposer l'inaccomplissement des formalités prescrites par les lois antérieures pour l'acquisition de la qualité de citoyen français. — *Cass*, 10 mars 1824, Battesti c. Maringo.

871. — Un Français d'origine, étant domicilié, avant la réunion de la Belgique à la France, dans une commune belge, laquelle a été distraite de la France par le traité du 20 nov. 1815, pour former partie du royaume des Pays-Bas, ne doit pas être assimilé, quant à la capacité d'être témoin testamentaire, aux habitans d'une portion de territoire ou canton de l'ancienne France, cédé par ce traité, lesquels, en vertu de cette cession, sont devenus sujets du roi des Pays-Bas, dans le sens de l'art. 980, C. civ. Du moins la capacité putative, appuyée de l'erreur commune, ne suffit pas pour valider le testament. — *Bruxelles*, 12 juill. 1823, Crawez.

872. — L'art. 980 exige en outre la jouissance des droits civils. — V. DROITS CIVILS.

873. — Mais cet article n'exige pas la qualité de citoyen français; d'où il suit que les personnes en qui est suspendu l'exercice des droits de citoyen, mais qui jouissent de leurs droits civils, tels que les débiteurs faillis, les domestiques à gages attachés au service de la personne, les personnes mises en accusation, peuvent être valablement appelés comme témoins dans un testament, quoiqu'ils ne puissent l'être à tout autre acte notarié. — Coin-Delisle, sur l'art. 980, no 18; Duranton, t. 9, no 111; Zachariæ, t. 5, § 670; Poujol, sur l'art. 980, no 8. — V. au surplus CITOYEN FRANÇAIS.

874. — Ainsi jugé que celui qui est en état de faillite peut néanmoins être témoin instrumentaire dans un acte notarié. — *Cass.*, 10 juin 1824, Dodé c. Martin et Obry.

875. — La nécessité de la jouissance des droits civils pour être témoins testamentaires fait exclure: 1o ceux qui dans les cas prévus par l'art. 42 du C. pén. sont privés temporairement de l'exercice de ces droits; 2o ceux compris dans la disposition de l'art. 28 du même Code, c'est-à-dire les condamnés aux travaux forcés à temps, à la détention, à la réclusion ou au bannissement, à moins qu'ils n'aient été réhabilités. — Hélie et Chauveau, *Théorie C. pén.*, t. 1er, p. 168; Poujol, sur l'art. 980, no 5; Duranton, t. 9, no 107.

876. — Toutefois un individu condamné à la peine du carcan et de la dégradation civique, mais pour un délit antérieur à la publication du C. pénal de 1810, a capacité pour être témoin dans un testament, bien que la condamnation soit postérieure à ce Code. — *Caen*, 14 déc. 1825, Samson c. Pesnel.

877. — Il ne suffit pas de jouir des droits civils pour pouvoir être témoin dans un testament, il faut encore en avoir l'exercice; ainsi l'interdit, le mineur jouissent des droits civils, et cependant ils ne sont pas aptes à être appelés comme témoins, parce qu'ils ne les exercent que par le ministère d'un tiers. — Duranton, t. 9, no 106.

§ 3. — *Intérêt personnel des témoins.*

878. — Ne peuvent être pris pour témoins du testament par acte public les légataires à quel titre qu'ils soient (C. civ. art. 975), et cela à peine de nullité du testament. — C. civ., art. 1001.

879. — Sous l'empire des coutumes, et aux termes de l'art. 43 de l'ordonnance de 1735, comme aux termes des art. 975 et 1001, C. civ., un testament a dû être réputé nul par cela seul que l'un des témoins nécessaires de ce testament y a également figuré comme légataire. — *Cass.*, 13 déc. 1847 (t. 1er 1848, p. 32), de Fressange c. Bessy.

880. — On doit considérer comme légataires ceux à qui le testateur a l'intention de faire une libéralité personnelle, directe ou indirecte. — Duranton, t. 9, no 118.

881. — Ainsi, est nul le testament contenant reconnaissance d'une dette au profit de l'un des témoins instrumentaires lorsque cette reconnaissance forme le seul titre de la dette, ou qu'elle n'est autre chose qu'une libéralité déguisée. — *Bordeaux*, 3 avr. 1841 (t. 2 1841, p. 73), Cannière.

882 — Mais peut être témoin l'exécuteur testamentaire nommé par le testament même, si ce testament ne contient pas de libéralité en sa faveur. — Merlin. *Rép.*, vo *Témoin instrumentaire*, § 2, no 3, 19o; Toullier, t. 5, no 401; Grenier, *Des testamens*, no 254; Coin-Delisle, art. 980, no 32.

883. — On ne peut considérer comme légataire le prêtre auquel le testateur donne des deniers pour être employés à dire des messes. — *Toulouse*, 23 mars 1812, Lacombe c. Dernès.

884. — ... Ni le desservant d'une église à laquelle il est fait un legs d'une somme pour être employée en frais funéraires et prières. — *Angers*, 13 août (et non 23 août) 1807, Lenoble c. Mas-Larivière.

885. — Dès-lors des ecclésiastiques peuvent être témoins dans les testamens publics qui contien-

nent des legs au profit des églises ou paroisses auxquelles ils sont attachés. — *Liége*, 23 (et non 26) juill. 1806, Brammertz c. Scheins; *Angers*, 13 (et non 23) août 1807, Lenoble c. Mas-Larivière. — Ricard, *Testam.*, no 555; Grenier, t. 1er, p. 248; Toullier, no 395; Delvincourt, t. 3, p. 314, notes; Favard de Langlade, vo *Testament*, sect. 1re, § 3, art. 2, no 13.

886. — De même, la disposition par laquelle le testateur charge son héritier institué de payer une somme d'argent pour être employée en prières, au ministre du culte qui, lors de son décès, exercera dans telle commune, n'est point un véritable legs, en telle sorte que le prêtre desservant la commune n'a pu être déclaré incapable de figurer au testament comme témoin. — *Cass.*, 11 sept. 1809, Ducluzeau c. Vergnaud. — *Contrà Bordeaux*, 14 juill. 1807, mêmes parties.

887. — Il n'y a de légataires que ceux à qui le testateur a l'intention de faire une libéralité par le testament même. Ainsi, ne pourraient être considérés comme tels les légataires nommés dans un premier testament. — Merlin, *Rép.*, vo *Témoin instrumentaire*, § 2, no 3; Coin-Delisle, art. 980, no 32.

888. — Il n'y a pas lieu de considérer comme légataire un témoin auquel il n'a pas été fait de legs par le testament, mais qui a reçu à titre de libéralité une somme que le testateur avait prescrit de lui remettre. — *Riom*, 4 déc. 1809, Brignon c. N.

889. — Le testament dans lequel un légataire a figuré comme témoin doit être réputé nul, peu importe le titre auquel le legs aurait été fait. — *Cass.* 13 déc. 1847 (t. 1er, 1848, p. 32), Defressange c. Bessy.

890. — «Cependant, dit Toullier (t. 5, no 398), un don fait à des témoins n'est pas un legs si ce don n'est que la juste récompense ou le salaire d'un service pieux, surtout si ce don a été assuré vaguement à ceux qui devaient rendre ce service, sans désignation d'individus.» — Conf. Toullier, t. 2, p. 530. — V. aussi Favard de Langlade, *Rép.*, vo *Testament*, sect. 1re, § 3, art. 2, no 13.

891. — Dès-lors une disposition ainsi conçue; *A charge par mon héritier, de donner à chacun des quatre ouvriers de la ferme où je réside, qui y seront encore employés au jour de ma mort, quatre mesures de seigle, et pour les quatre seize mesures*, est moins un legs proprement dit qu'une charge de l'hérédité, faisant partie des frais funéraires, surtout si l'usage du pays est de charger les ouvriers de chaque ferme de porter en terre le cadavre du maître fermier ou propriétaire; en conséquence le testament n'est pas nul, parce qu'au nombre des témoins se sont trouvés deux ouvriers de la ferme, qui y étaient encore au moment du testament et qui ont reçu de l'héritier la rétribution fixée par le testateur. — *Cass.*, 7 janv. 1810, Vilsman c. Delvigne.

892. — Des habitans d'une ville peuvent assister comme témoins à un testament au profit de leur commune. — Merlin, *Rép.*, vo *Légataire*, § 2, no 19.

893. — L'incapacité du légataire n'est pas effacée par le peu d'importance du legs; quelque minime que soit ce legs, le légataire est incapable d'être témoin au testament. — *Cass.*, 13 déc. 1847 (t. 1er 1848, p. 32), Defressange c. Bessy; Duranton, t. 9, no 119; Poujol t. 2, art. 975, no 12.

894. — La nullité résultant de la présence d'un légataire comme témoin ne frappe pas seulement sur la disposition faite en faveur de ce légataire mais sur le testament tout entier. — *Riom*, 26 déc. 1809, Bournat.

895. — Le concours que prêtent à la confection d'un testament authentique le notaire et les témoins instrumentaires n'est pas un motif de les reprocher, lorsque leur déposition est requise sur les faits qui ont accompagné la rédaction de l'acte. — *Rennes*, 10 mars 1846 (t. 1er 1846, p. 589), Lefloch c. Lepetillon.

§ 4. — *Parenté ou alliance des témoins avec les parties, les notaires, ou entre eux.*

896. — Ne peuvent être pris pour témoins des parens ou alliés des légataires jusqu'au quatrième degré inclusivement. — C. civ., art. 975.

897. — Avant le Code civil, le fait de la parenté de l'un des témoins avec un légataire n'était pas, en Belgique, une cause de nullité du testament. — *Bruxelles*, 8 déc. 1811, Pultaert.

898. — Mais pour qu'il y ait lieu à l'application de l'art. 975, C. civ., il faut qu'il s'agisse comme on l'a vu (*suprà* no 887) d'un véritable légataire.

899. — Ainsi, le prêtre auquel le testateur donne des deniers pour être employés à dire des messes n'étant pas légataire dans le sens des art. 8, L. 25, vent. an XI, et 975, C. civ., les parens du ministre du culte, au degré prohibé par ces articles, ont pu retenir le testament comme notaire, ou y figurer comme témoins. — *Toulouse*, 23 mars 1812, Lacombe c. Dernès.

900. — Un testament authentique, dans lequel figure comme témoin un parent ou un allié, au degré prohibé, de l'exécuteur testamentaire, est nul si cet exécuteur testamentaire y est gratifié, à ce titre, d'une somme même modique, cette gratification ne pouvant être considérée que comme un legs. — *Paris*, 5 fév. 1833, Mallèvre.

901. — La disposition qui exclut du testament le témoignage des parens ou alliés des légataires s'étend à ceux qui, sans être légataires, directs reçoivent quelque chose de la volonté du testateur; par exemple s'il disait dans son testament: *Je lègue ma maison à Pierre, à la charge par lui de payer 1,000 fr. à Paul.* — Duranton, t. 9, no 118.

902 — Ainsi, comme l'obligation imposée par le testateur au légataire de payer une somme ou de donner une chose à un tiers constitue un véritable legs, le testament est vicié de nullité par la présence, en qualité de témoin, d'un parent de ce tiers au degré prohibé par l'art. 975, C. civ. — *Cass.*, 27 nov. 1833, Lapp c. Brumpten.

903. — Un testament authentique contenant, sans désignation nominative, des legs particuliers au profit de tous les filleuls et filleules du testateur, n'est pas nul par cela seul qu'un des témoins instrumentaires est parent au degré prohibé de l'un des légataires, alors qu'il est constaté qu'en raison du nombre des filleuls la vérification du fait de la parenté était impossible au jour de la confection du contrat. — *Cass.*, 31 juill. 1834, Desangles c. Roques.

904. — Lorsque les témoins qui ont assisté à un testament étaient parens, au degré prohibé, de l'héritier institué, si celui-ci vient à décéder avant le testateur, et qu'un autre, appelé à son défaut, recueille l'institution, le testament n'en doit pas moins être annulé. — *Metz*, 1er fév. 1821, Schmitt.

905. — Mais la présence, comme témoin au testament, d'un parent du légataire n'est pas une cause de nullité, lorsque le legs est lui-même annulé comme se trouvant dans une clause réputée non écrite. — *Paris*, 16 janv. 1808, Platelet c. Lamiraux.

906. — Le témoin frappé d'incapacité par suite d'alliance, n'en est pas relevé par le décès sans postérité de la personne ou du conjoint qui produisait cette alliance. — *Dijon*, 6 janv. 1827, Saint-Aignan c. Tisserand; *Nîmes*, 28 janv. 1831, Vigne c. Augier; *Cass.*, 16 juin 1834, Dupont c. Mailly. — Zachariæ, t. 5, § 670. — *Contrà Paris*, 16 mars 1830, Mailly c. Dupont. — V. au surplus ALLIANCE.

907. — En d'autres termes, l'époux en première noces d'une nièce de la légataire, décédée sans enfans avant l'ouverture du testament, n'a pu, sans violation de l'art. 975, C. civ., être pris pour témoin du testament. — *Cass.*, 16 juin 1834, Dupont c. Mailly. — Zachariæ, t. 5, § 670.

908. — Les effets de l'alliance, établis d'une manière générale et positive par les art. 161 et 162, C. civ., dans le cas où la personne qui l'avait produite est décédée sans postérité, ne sont pas susceptibles de recevoir une modification, comme en matière d'alimens, d'enquête ou de récusation, lorsque, par exemple, pour l'application de l'art. 975, C. civ., la loi n'a créé aucune distinction. — *Cass.*, 16 juin 1834, Dupont c. Mailly.

909. — L'art. 975, C. civ., qui déclare incapable d'être témoins aux testamens les alliés du légataire, ne doit pas être étendu aux alliés des alliés. — *Riom*, 26 fév. 1813, Beltoste.

910. — Bien que l'art. 975 ne parle pas dans sa disposition prohibitive du conjoint du légataire, il n'en doit pas moins être compris dans les personnes qui ne peuvent être témoins dans le testament; dans le droit, le conjoint est toujours rangé, quant aux causes de reproche ou de récusation, sur la même ligne que les alliés. — Duranton, t. 9, no 114; Poujol, art 975.

911. — Les parens et alliés du testateur, même le mari de la testatrice, peuvent être appelés comme témoins pourvu que le testament ne contienne aucune disposition en leur faveur. — Merlin, *Rép.*, vo *Témoin instrumentaire*, § 2, no 3 17o; Toullier, t. 5, no 399 et 400; Duranton, t. 9, no 116; — Zachariæ, t. 3, § 670; Poujol, t. 2, art. 975, no 16; Coin-Delisle, art. 980, no 36.

912. — Jugé dès-lors qu'un testament n'est pas nul, par cela seul qu'au nombre des témoins figure un parent du testateur au degré prohibé par la loi pour les actes notariés. — *Metz*, 23 mars 1820, Marchal c. Bosquillon.

913. — Les témoins peuvent-ils être parens ou alliés entre eux? En droit romain, le père et le fils pouvaient être témoins dans le même testament: *nihil nocet ex unâ domo plures testes alieno negotio adhiberi.* — L. 22, ff., *qui testam. facere possunt*; L. 17, ff., *De testib.* — V. aussi en ce sens, Ricard, *Donations*, part. 1re, chap. 5, sect. 3e, no 1056, Furgole, *Des testamens*, chap. 3, sect. 2e, no 6.

914. — Lors de la discussion de la loi du 25 vent. an XI, le tribun Favard disait dans son rapport au Tribunat, au nom de la section de législation: «Les témoins ne doivent pas même *être parens entre eux.*» Cette prohibition est fondée sur les mêmes motifs qui les excluent lorsqu'ils sont parens des parties contractantes: les témoins doivent être comme les notaires à l'abri de tout soupçon personnel.»

915. — Néanmoins, comme ni la loi du 25 vent. an XI, ni le Code civil n'ont conservé cette prohibition, il s'ensuit que les témoins peuvent être parens ou alliés entre eux. — Duranton, t. 9, no 117; Toullier, t. 5, no 403; Grenier, t. 1er, no 252; Favard de Langlade, *Rép.*, vo *Testament* sect. 1re, § 3, art. 2, no 11; Zachariæ, t. 5, p. 670; Poujol, t. 2, *Observ. gén.*, no 21.

916. — Jugé dès-lors que le lien de parenté entre les témoins instrumentaires n'est pas une cause de nullité du testament; ainsi, deux frères peuvent assister à sa confection. — *Bruxelles*, 25 mars 1806, Pierret.

917. — Peuvent être appelés comme témoins les parens ou alliés du notaire. — Merlin, *Rép.*, vo *Testament*, sect 2e, § 3, art. 12, no 8; Zachariæ, t. 5, § 670; Delvincourt, t. 2, p. 312.

918. — Jugé au contraire qu'un testament est nul, lorsqu'un oncle par alliance du notaire qui l'a reçu y a figuré comme témoin. — Grenier, t. 1er, no 245; Toullier, t. 5, no 402; Duranton, t. 9, no 115. — En tous cas, sous l'empire du statut civil de la Corse, la défense que faisait l'édit de 1771 d'admettre pour témoins dans les testamens notariés les parens des parties et du notaire, jusqu'au degré de cousin issu de germain, ne pouvait être étendue aux alliés au même degré. — *Cass.*, 17 avr. 1828, Durazzi c. Carabelli.

§ 5. — *Clercs.* — *Domestiques.*

919. — *Clercs.* — Ne peuvent, non plus, être témoins du testament les clercs du notaire qui l'ont reçu. — C. civ., art. 975. — Il en était de même sous l'ord. 1735, art. 42.

920. — Le clerc est celui qui travaille habituellement dans l'étude d'un notaire, même quand il n'y travaillerait que pour son instruction et sans aucune rétribution. — Coin-Delisle, art. 980, no 34. — V. CLERC.

921. — Il suffit qu'un individu soit occupé et écrive habituellement dans l'étude d'un notaire pour être réputé clerc de celui-ci; et dès-lors il est incapable de servir de témoin instrumentaire dans les actes reçus par ce notaire. — *Bruxelles*, 12 avr. 1818, Berkman c. Debacker.

922. — Mais ne saurait être considéré comme clerc dans le sens de la loi et par suite réputé incapable de figurer comme témoin instrumentaire: — Celui qui fait des écritures dans l'étude d'un notaire, s'il occupe en même temps d'autres fonctions, quand même on rapporterait un certificat de stage qui lui aurait été délivré par le notaire. — *Agen*, 18 mai 1824, Gaveret.

923. — ... Un individu dont l'occupation principale est le commerce, mais qui fait, par intervalle, quelques expéditions chez un notaire. — *Cass.*, 5 (et non 4) fév. 1829, Faure c. Bornier.

924. — ... Celui qui fréquente habituellement l'étude d'un notaire, s'il ne s'y occupe que d'écritures étrangères au notariat, lors même qu'on lui confierait de temps à autre quelques actes à rédiger. — *Bruxelles*, 20 mars 1811, Le Bouchel c. Stockem.

925. — Au surplus, l'arrêt qui décide en fait, et par l'appréciation des circonstances, qu'un individu qui a été témoin dans un testament n'était point clerc du notaire qui l'a reçu, ne donne point ouverture à cassation. — *Bruxelles*, 7 mai 1819, De l'Escaille. — Zachariæ, t 5, § 670.

926. — On ne doit pas distinguer entre le clerc du notaire qui garde la minute et celui du second notaire: tous deux concourent à la réception. — — Coin-Delisle, art. 980, no 34.

927. — *Domestiques.* — Dans le droit romain, ceux qui étaient sous la puissance du testateur ou de l'héritier institué ne pouvaient être témoins testamentaires. — Ulpien, *Fragm.*, tit. 20, no 3.

928. — L'art. 10, L. 25 vent. an XI, sur le notariat, qui porte que les serviteurs des parties ne peuvent être témoins aux actes, n'est point applicable aux testamens. Conséquemment, le domestique du légataire a pu être témoin dans un testament public. — *Caen*, 4 déc. 1812, Lajoie c. Bougon. — Merlin, *Rép.*, vo *Témoin instrumentaire*, § 2, no 3-15o; Delvincourt, t. 2, p. 86, note 6e; Zachariæ, t. 5, § 670. — *Contrà* Duranton, t. 9, no 115; Toullier, t. 5, no 402; Poujol, art. 975, no 14.

929.— Par la même raison, et quoique la loi repousse le témoignage des serviteurs des parties contractantes, les serviteurs ou domestiques du testateur peuvent être appelés comme témoins testamentaires. — Toullier, t. 5, nº 402; Duranton, t. 9, nº 116; Poujol, sur l'art, 974, nº 16; Coin-Delisle, art. 980, nº 36; Zachariæ, t. 5, § 670.

930. — Ainsi, le testament reçu par un notaire et quatre témoins, dont l'un est le domestique du testateur, et l'autre domicilié hors de l'arrondissement, doit être déclaré valable, parce que le Code civil, en n'exigeant de la part des témoins testamentaires d'autres conditions de capacité que la jouissance des droits civils, a nécessairement dérogé aux dispositions des art. 9 et 10 de la loi du 25 vent. an XI, sur le notariat. — *Rouen*, 13 mars 1840 (t. 2 1840, p. 17), Hauchard c. Dulondel.

931. — Les domestiques du notaire qui reçoivent le testament peuvent également être appelés comme témoins. — Merlin, *Rép.*, vº *Testament*, sect. 2e, § 3, art. 2, nº 8, à la note; Zachariæ, *loc. cit.* — Il en était autrement sous l'ordonn. 1735, art. 42.

ART. 4. — *Capacité putative des témoins. — Preuve et effets de l'incapacité.*

932. — Lorsque des témoins réputés capables ont cependant entre eux une cause d'incapacité, le vice de cette incapacité peut-il être couvert par l'erreur sur leur qualité? A cet égard, on adopte généralement la maxime *error communis facit jus*, et que la capacité putative des témoins rend leur concours aussi valable que s'ils avaient eu la capacité réelle. — Merlin, *Rép.*, vº *Témoin instrmeuntaire*, § 2, nº 3; Duranton, t. 9, nº 109.

933. — Toutefois, on fait une distinction entre les causes d'incapacité. On admet que l'erreur commune doive couvrir le vice de l'incapacité, lorsque l'erreur a porté seulement sur les droits civils: par exemple, si l'on a appelé un étranger, croyant qu'il était Français, un mort civilement dans l'ignorance de sa condamnation, etc.

934. — Ainsi, on peut voir (vº ERREUR COMMUNE, nºs 11 et suiv.) qu'une jurisprudence constante déclare valide le testament dans lequel a figuré comme témoin un individu que l'on regardait généralement comme Français, quoiqu'il n'eût pas régulièrement acquis cette qualité.—A quoi il faut ajouter:

935.—...Qu'on doit considérer comme valable le testament dans lequel a figuré comme témoin un individu né dans un pays étranger réuni depuis à la France, qui habite le royaume depuis un grand nombre d'années, et y exerce des fonctions municipales, bien que cet individu n'ait pas fait la déclaration prescrite par la loi du 14 oct. 1814. — *Metz*, 28 mars 1822, Gadel c. Bertrand.

936.—...Que, pour que l'erreur commune sur la capacité politique équivale à la capacité réelle, il faut que cette erreur résulte d'une série d'actes multipliés, qui forment pour lui une possession publique et paisible de l'état qu'elle lui suppose. — *Bruxelles*, 26 déc. 1831, Vanroy c. Beckman.

937. — ...Que l'appréciation des faits et actes de possession publique qui motivent cette erreur commune rentre dans le domaine des juges du fond. Ainsi, un arrêt a pu valablement considérer comme insuffisans pour constituer la capacité putative d'un témoin instrumentaire étranger: 1º le paiement de sa part de la contribution personnelle; parce que c'est là une charge qui pèse sur l'étranger résidant en France comme sur le Français; 2º le fait qu'il a été incorporé dans la garde nationale en 1816, parce que c'était dans une ville (à Bayonne) où les étrangers n'étaient pas exempts du service; 3º le fait qu'il a assisté comme témoin à quelques actes, parce qu'on ne pourrait induire de là qu'il avait une possession publique de la qualité de Français. — *Cass.*, 24 juill. 1839 (t. 2 1839, p. 289), Molinié c. Gassané.

938. — ... Que la capacité putative des témoins d'un testament rend leur concours aussi valable que s'ils avaient eu la capacité réelle; conséquemment, il n'y a pas lieu d'admettre le moyen de nullité fondé sur ce qu'un des témoins aurait été frappé de mort civile. — *Grenoble*, 14 août 1811, Buisson.

939.—Quant aux incapacités provenant du sexe, de l'âge, de la parenté, comme elles peuvent être connues, on n'applique pas à leur égard la règle *error communis facit jus*. Il en est de même des incapacités résultant du défaut de raison ou d'infirmités physiques. — Grenier, t. 1er, nº 256; Merlin, *Rép.*, t. 17, p. 618 et suiv.; Toullier, t. 5, nº 407; Delvincourt, t. 2, p. 312, note; Favard de Langlade, *Rép.*, vº *Testament*, sect. 1re, § 3, art. 3, nº 7; Poujol, t. 2, *Observ. gén.*, nº 20.

940. — Est nul le testament par acte public dans lequel a figuré un témoin instrumentaire qui a été désigné et qui l'a signé sous un nom qui n'est pas réellement son véritable nom, alors qu'il n'est pas établi que ce nom lui fût attribué par une erreur générale existant lors de la confection du testament. — *Amiens*, 2 avr. 1840 (t. 1er 1840, p. 548), Guay-Grévin c. Leloire.

941. — Mais l'erreur sur le grade donné à un témoin instrumentaire dans un testament authentique n'est pas une cause de nullité lorsque d'ailleurs elle ne détruit pas son identité. — *Bourges*, 9 mars 1836, Poupa c. Poumier.

942. — C'est à l'époque du testament qu'il faut s'attacher pour apprécier les élémens de preuve tendant à établir l'erreur commune sur la capacité putative d'un témoin. — *Besançon*, 26 juin 1844 (t. 1er 1845, p. 284), Lodi c. Nobiot. — Merlin, *Rép.*, vº *Témoin instrum.*, § 2, nº 3; Toullier, t. 5, nº 403.

943. — L'incapacité des témoins ne se présume pas; c'est à celui qui l'allègue à la prouver. — *Bruxelles*, 13 avr. 1811, Declercq c. Discaert. — Merlin, *loc. cit.*; Zachariæ, t. 5, § 670.

944. — La preuve de l'incapacité d'un témoin testamentaire peut être faite par une simple enquête. Cette preuve ne pourrait être repoussée quand même le testament énoncerait que les témoins jouissaient des qualités requises. — Zachariæ, t. 5, § 670.

945. — Toutefois, un testament public ne peut être attaqué sous prétexte que l'un des témoins instrumentaires était privé, au moment de l'acte, de la jouissance des droits civils, lorsque cette incapacité n'est point justifiée par un jugement de condamnation qui ait prononcé contre le témoin la privation des droits civils. — *Cass.*, 10 mars 1829, Berthonnet c. Billoux.

946. — L'incapacité d'un seul témoin rend nul le testament pour le tout, à moins qu'il n'y eût un plus grand nombre de témoins que celui exigé par la loi: *utile per inutile non vitiatur.* — Toullier, t. 5, nº 406; Duranton, t. 9, nº 121.

947. — L'incapacité d'un des témoins rend nul le testament dans toutes ses dispositions, lors même que la cause de l'incapacité serait la parenté ou l'alliance de ce témoin avec l'un des légataires seulement. — Duranton, t. 9, nº 120.

CHAPITRE IV. — *Testament mystique.*

948.— Le testament mystique ou secret est celui que le testateur écrit ou fait écrire par un autre, qu'il présente ensuite clos et cacheté à un notaire afin qu'il le conserve en dépôt. — C. civ., art. 976.

949. — Le testament mystique nous vient des Romains; c'est dans la loi *Hâc consultissimâ*, 21, Cod. *De testamentis*, qu'on en trouve l'origine et la forme.

950. — L'ordonn. de 1735 le conserva dans les pays où il avait été introduit, et le Code civil l'admit, à de très-légères différences près, tel que l'avait autorisé l'ordonnance.

951. — « L'usage des testamens mystiques ou secrets, disait M. Bigot de Préameneu, était inconnu dans les pays de coutume; c'était une institution à propager en faveur de ceux qui ne savent pas écrire, ou qui, par des motifs souvent plausibles, ne veulent ni faire leur testament par écrit privé, ni confier le secret de leurs dispositions. »

952. — Il y a dans le testament mystique deux parties distinctes; la première contient l'expression des dernières volontés du testateur: c'est là proprement le testament; la seconde est le procès-verbal qui constate le fait de la présentation du testament et l'accomplissement des formalités exigées par la loi pour en prouver l'identité; ce procès-verbal s'appelle *acte de suscription*. La réunion de ces deux actes forme le testament mystique. — Coin-Delisle, sur l'art. 976, nº 3.

953. — Le secret est de la nature et non de l'essence du testament mystique. En conséquence, la révélation qui pourrait être faite par le testateur de ses dispositions n'altérerait pas la validité du testament. — Toullier, t. 5, nº 470; Merlin, *Rép.*, vº *Testament*, sect. 2e, § 3, art. 3, nº 13; Coin-Delisle, sur l'art. 976, nº 22; Poujol, art. 976, nº 4.

Sect. 1re. — *Qui peut tester sous la forme mystique.*

954. — Ceux qui ne savent ou ne peuvent lire ne peuvent faire de dispositions dans la forme du testament mystique. — C. civ., art. 978.

955. — La raison qui fait exiger que le testateur sache lire, c'est qu'il puisse s'assurer si ce testament a été écrit tel qu'il l'a dicté. — Toullier, t. 5, nº 466.

956. — Toutefois, la prohibition s'applique uniquement au cas où le testateur est absolument incapable de lire, et non à celui où le testateur éprouverait seulement de grandes difficultés à la lecture. — *Metz*, 8 mars 1821, Dominé c. Aduct.

957. — Celui-là ne sait pas lire qui n'a l'usage que des livres imprimés et ne peut lire l'écriture de main.—Furgole, *Des testamens*, chap. 2, sect. 3e, nº 29; Grenier, *Des testamens*, nº 238 *bis*; Duranton, t. 9, nº 135; Poujol, art. 978, nº 19.

958.— Cependant cette règle doit être restreinte dans des limites rigoureuses, et pour peu que le testateur sache lire l'écriture d'autrui, il y a présomption qu'il a pris connaissance du testament. — *Parlement de Toulouse*, 2 août 1663.

959. — La preuve du fait que le testateur ne savait pas lire au moment où il a fait écrire ses dispositions pourrait être faite par les héritiers sans qu'ils fussent obligés de prendre la voie de l'inscription de faux; la raison en est que ce n'est point là un fait authentiquement certifié par un officier public. — Duranton, t. 9, nº 136.

960. — De même, on peut être admis à prouver que le testateur n'avait jamais su lire l'écriture de main. Ce fait est pertinent.—*Bordeaux*, 5 mai 1828, Ducheylard c. Séjac de Belcaire.

961. — Lorsque l'acte de suscription d'un testament mystique porte que le testateur, en présentant son testament au notaire et aux témoins, leur a déclaré l'avoir lu en entier, l'arrêt qui rejette, en se fondant sur les circonstances de la cause, la demande de l'héritier légitime tendant à prouver que le testateur ne savait pas lire l'écriture manuscrite, est à l'abri de la cassation. — *Cass.*, 11 avr. 1811, Chantot c. Plantade.

962. — Les tribunaux pourraient même, sans admettre la preuve, décider que le testateur ne savait pas lire, si cela résultait des élémens de la cause. — Duranton, t. 9, nº 136.

963. — La même raison qui veut que le testateur sache lire veut aussi que le testateur puisse lire au moment où il présente son testament pour qu'il soit revêtu de la forme mystique. Il faut qu'il soit certain que c'est bien son testament à qui on a appliqué l'acte de suscription. — Poujol, t. 2, art. 978, nº 18.

964. — De ces mots de l'art. 978, C. civ.: « Ceux *qui ne peuvent lire* ne peuvent tester dans la forme mystique,» il suit que celui qui est dans un état de cécité complet ne peut faire de dispositions dans la forme mystique, même en faisant écrire son testament par un tiers. — Duranton, t. 9, nº 136. — V. conf. L. 8, *Cod. qui testam facere poss.*

965.— D'un autre côté, l'aveugle pourrait avoir, avant son état de cécité, fait plusieurs testamens olographes; or, il demeurerait toujours incertain s'il ne s'est pas trompé en présentant le papier contenant son testament; s'il n'a pas pris l'un pour l'autre. — Coin Delisle, art. 978, nº 4.

966. — Toutefois, s'il était certain que l'aveugle, doué d'une instruction suffisante, eût tracé en caractères saillans les dispositions de dernière volonté, et qu'il eût pu les lire par le toucher, il faudrait déclarer le testament valable. — Coin-Delisle, *loc. cit.*

967. — Comme l'affaiblissement de la vue n'est pas la cécité, si le testateur peut lire avec le secours d'une loupe, quelque lente que soit sa lecture, cela suffit pour qu'il puisse tester. — Duranton, t. 9, nº 136.

968. — On peut être admis à prouver par témoins que le testateur était aveugle, ou qu'en raison de son état de cécité survenue, le testateur ne pouvait lire lorsqu'il a fait son testament. — Furgole, *Testam.*, chap 2, sect. 3, nº 29; Grenier, t. 1er, nº 258; Delvincourt, t. 2, p. 309; Duranton, nº 135, Merlin, *Rép.*, sect. 2e, § 3, art. 3, nº 6.

969. — Et cela encore bien qu'il ait su signer, et qu'il soit exprimé par le notaire dans l'acte de suscription d'un testament mystique que le testateur a lu le testament. — *Bordeaux*, 2 avr. 1823, Sallegourde c. Buchon.

970. — Mais on ne devrait pas être admis à faire la preuve en général que le testateur ne pouvait plus lire l'écriture; le fait serait trop vague et non pertinent. — Toullier, t. 5, nº 479.

971. — Lorsque les juges, sans déclarer inadmissible la preuve de la cécité du testateur ou de son impuissance de lire, rejettent néanmoins cette preuve comme inutile et frustratoire, une telle décision ne donne point ouverture à cassation. — *Cass.*, 8 févr. 1820, De Clermont-Lodève c. Perrin de Jonquières.

972. — En cas que le testateur ne puisse parler, mais qu'il puisse écrire, il peut faire un testament mystique à la charge que le testament soit entièrement écrit, daté et signé de sa main, et que, pour la présentation de ce testament, ainsi que pour la rédaction de l'acte de suscription, il soit rempli certaines formalités (C. civ., art. 979) qui seront tracées ci-après.

973. — Ainsi le muet, même le sourd-muet qui sait écrire, est habile à faire un testament mystique. — Arg. C. civ., art. 979. — Merlin, *Rép.*, vº *Sourd-muet*, nº 3; Coin-Delisle, sur l'art. 979.

974. — Et il en est de même du sourd-muet de naissance qui sait lire et écrire. — *Colmar*, 27 janv. 1815, Schœffer.

975. — Le sourd qui sait lire et écrire peut faire un testament mystique; la raison en est que, bien qu'il ne puisse entendre la lecture de l'acte de suscription, il peut en prendre connaissance par la lecture. — Poujol, t. 2, sur l'art. 978, nº 17.

976. — Il n'est pas nécessaire que le testateur ait eu l'usage de la parole au moment où il a fait écrire ses dispositions par un tiers; il suffit qu'il sache lire et qu'il ait pu parler lors de la présentation de ce testament au notaire et aux témoins. En conséquence, est inadmissible l'articulation de faits ayant pour objet de prouver qu'à la première de ces deux époques le testateur était hors d'état de parler. — *Orléans*, 17 juill. 1847 (t. 2 1847, p. 491), Richon c. Sagel.

Sect. 2e. — *Formes et présentation du testament mystique.*

Art. 1er. — *Écriture, date et signature du testament.*

977. — *Écriture.* — Celui qui veut tester dans la forme mystique peut écrire lui-même ses dispositions ou les faire écrire par un tiers. — C. civ., art. 976.

978. — Il peut même pour cela recourir à deux personnes différentes. — Coin-Delisle, sur l'art. 976, nº 23.

979. — La loi n'exclut personne du choix du testateur; il peut même employer le notaire qui doit dresser plus tard l'acte de suscription. — *Cass.*, 8 avr. 1806, Nauthon c. Pellet; *Nîmes*, 21 févr. 1820, Lafond c. Benoit. — Furgole, chap. 2, sect. 1re, nº 5; Merlin, *Rép.*, vº *Testament*, sect. 2e, § 3, art. 3, nº 28; Coin-Delisle, art. 976, nº 23; Toullier, t. 5, nº 407; Grenier, t. 1er, nº 269; Favard de Langlade, vº *Testament*, sect. 1re, § 4, nº 5; Duranton, t. 9, nºs 123 et 126; Zachariæ, t. 5, § 671.

980. — Aucune loi ne défend au testateur d'employer les légataires à quel titre qu'ils le soient à écrire son testament mystique. — Toullier, t. 5, nº 466; Duranton, t. 9, nº 126; Delvincourt, t. 2, p. 307; Favard de Langlade, vº *Testament mystique*, sect. 1re, § 4, nº 2; Grenier, nº 269. — « La délicatesse, dit ce dernier auteur, peut inspirer de s'abstenir d'écrire un testament mystique dans lequel on reçoit une disposition; mais on ne peut pas dire que cette circonstance donne lieu à la nullité du testament, qui ne doit recevoir toute sa vigueur que de l'acte de suscription, et qui, jusque-là, est réputé l'ouvrage du testateur. » — Conf. *Nîmes*, 21 fév. 1820 (et non 1821), Lafond c. Benoît.

981. — La loi n'impose pas l'obligation d'indiquer le nom de l'écrivain étranger d'un testament mystique. — *Cass.*, 16 déc. 1834, Nivoix c. Amour. — Duranton, t. 9, nº 126; Zachariæ, t. 5, § 671.

982. — Un testament mystique n'est pas nul, par cela seul que quelques mots s'y trouvent écrits de la main du testateur, alors que dans l'acte de suscription il a déclaré qu'il l'avait fait écrire par un autre. — *Toulouse*, 2 avr. 1810, Fabry c. Disses.

983. — *Date.* — L'ordonnance de 1735 exigeait que le testament mystique fût daté (art. 38.) — Et il a été jugé que cette disposition devait être exécutée à peine de nullité. — *Nîmes*, 21 juin 1806, Laborie.

984. — Cette même disposition n'a pas été reproduite par le Code civil, et aujourd'hui on reste d'accord sur ce point que la date du testament mystique est dans l'acte de suscription, que le corps de l'acte contenant la disposition ait été ou non datée par le testateur. — *Cass.*, 14 mars (et non mai) 1809, Capdeville c. Triboulon; *Colmar*, 20 janv. 1824, Bouat. — Grenier, t. 2, nº 266; Merlin, *Rép.*, *loc. cit.*; Duranton, t. 9, nº 123; Toullier, t. 5, nº 475; Coin-Delisle, art. 976.

985. — ... De telle sorte que, bien que le testament ait été rédigé dans un temps d'incapacité absolue, il n'en produira pas moins ses effets si, depuis, le testateur a recouvré l'exercice de ses droits civils. — Coin-Delisle, art. 976, nº 6, 6º; Poujol, t. 2, art. 978, nº 11.

986. — *Signature.* — Celui qui veut faire un testament mystique est tenu de signer les dispositions, soit qu'il les ait écrites lui-même, ou qu'il les ait fait écrire par un autre. — C. civ., art. 976.

987. — La signature du testateur est nécessaire pour attester que dans le papier qu'il présente sont renfermées ses dernières volontés; sa déclaration faite au notaire et aux témoins que là sont ses dispositions testamentaires, sans sa signature, ne suffirait point. — Coin-Delisle, sur l'art. 976, nº 24.

988. — Quant à la manière de signer du testateur, V. ce qui a été dit *suprà* relativement au testament olographe (nºs 270 et suiv.) et relativement au testament par acte public (nºs 673 et suiv.) — V. aussi SIGNATURE.

989. — Seulement nous ajouterons que l'absence de quelques lettres dans la signature du testateur ne peut faire prononcer la nullité d'un testament, lorsqu'il est constant que c'est le testateur qui a ainsi tracé la signature. — *Bordeaux*, 5 mai 1828, Ducheylard c. Séjac de Belcaire.

990. — Il suffit que le testateur ait signé le testament à sa fin; il n'est pas nécessaire qu'il le signe à chaque page. — Furgole, chap. 2, sect. 3e; Coin-Delisle, art 976, nº 25.

991. — M. Coin-Delisle (*loc. cit.*) pense même que les renvois non paraphés ne rendraient pas nul le testament, s'il ne s'élevait aucun doute sur la clôture parfaite de l'enveloppe.

992. — Lorsqu'un testament mystique n'est pas écrit par le testateur, il n'est pas nécessaire qu'il soit revêtu de la signature de celui qui l'a écrit. — *Cass.*, 16 déc. 1834, Nivoix c. Amour.

993. — Mais rien ne s'oppose à ce que la personne qui a écrit le testament, sur l'invitation du testateur, ne puisse y apposer sa signature. — *Cass.*, 8 avr. 1806, Nauthon c. Pellet. — Coin-Delisle, sur l'art. 976, nº 26.

994. — Si le testateur ne sait signer, ou s'il n'a pu le faire lorsqu'il a écrit ses dispositions, il doit être appelé, comme on le verra, un témoin de plus à l'acte de suscription. — C. civ., art. 977.

995. — Toutefois, il est à remarquer que sous le Code civ. l'obligation d'écrire, de dater et de signer le testament mystique n'est imposée au testateur que dans le cas où il ne peut pas parler (art. 979), autrement la régularité de l'acte de suscription suffit pour la validité du testament. — *Cass.*, 14 mars (et non mai) 1809, Capdeville c. Triboulon. — Merlin, *Rép.*, vº *Testament*, sect. 2e, § 3, art. 3, nº 10.

Art. 2. — *Clôture et scel du testament mystique.*

996. — Le papier qui contient le testament mystique ou le papier qui lui sert d'enveloppe, s'il y en a une, doit être clos et scellé. — C. civ., art. 976.

997. — Le Code civ. n'exige point que le papier contenant les dispositions et le papier servant d'enveloppe soient tous deux clos et scellés. — *Colmar*, 20 janv. 1824, Bouat.

998. — Lorsque l'acte de suscription est écrit sur la même feuille que le testament, ce testament pourrait-il n'être ni clos ni scellé? Pour l'affirmative, Furgole (chap. 2, sect. 3e, nº 24) dit que le secret n'est pas de l'essence du testament mystique. — Mais on répond pour la négative que les testamens n'ont de légalité aux yeux de la loi qu'autant que les formalités prescrites à peine de nullité ont été remplies, et que d'ailleurs, si le corps de l'écriture était d'une main étrangère, rien ne le garantirait des altérations postérieures à l'acte de suscription. — Merlin, *Rép.*, vº *Testament*, sect. 2e, § 3, art. 3, nº 14-1º; Grenier, t. 2, nº 262; Toullier, t. 5, nº 469, Duranton, t. 9, nº 124; Coin-Delisle, sur l'art. 976, nº 30; Zachariæ, t. 5, § 671.

999. — L'art. 9, ord. 1735, portait que « le testament mystique serait clos et scellé avec les précautions en tel cas requises et accoutumées. » Mais la jurisprudence n'en avait pas moins établi en principe qu'il y avait une clôture suffisante toutes les fois qu'elle ne permettait pas la substitution d'un testament à un autre. — Ainsi un arrêt du parlement de Paris, du 12 fév. 1779, déclara valable un testament, bien que sa clôture parût équivoque, mais par le motif qu'en retirant ce testament de l'enveloppe dans laquelle il était cacheté, on avait été forcé d'en déchirer une petite partie. — V. Bergier, sur Ricard, *Des donat.*, p. 412.

1000. — Le Code s'étant servi seulement des mots *clos et scellé*, sans répéter ces expressions, *avec les précautions en tel cas requises et accoutumées*, il s'ensuit qu'il n'y a point de précautions déterminées et que le législateur a entendu qu'il suffisait que le testament fût clos et cacheté, et qu'à l'inspection du paquet on fût convaincu qu'il y avait une clôture suffisante et qu'elle avait été respectée. — Grenier, nº 261. — Ainsi le Code laisse à la prudence du testateur la manière de clore et de sceller son testament. — Toullier, t. 5, nº 463.

1001. — Jugé en ce sens qu'il suffit, pour qu'un testament mystique soit réputé clos, qu'on ne puisse l'ouvrir sans laisser des traces visibles de l'altération du papier qui sert d'enveloppe. — Le testateur n'est point assujéti à employer à cet égard telle ou telle forme, telle ou telle précaution. — *Angers*, 19 fév. 1824, Poulet c. Margotière.

1002. — La loi n'a pas déterminé les précautions à prendre pour qu'un testament mystique soit parfaitement clos, et il suffit que, dans l'intention du testateur, il ait été bien clos et scellé; l'imperfection de la clôture ne peut être un moyen de nullité, lorsque les circonstances repoussent toute idée de fraude, et que, lors de l'ouverture, le testament est reconnu se trouver dans le même état que lors de sa présentation. — *Colmar*, 20 janv. 1824, Bouat.

1003. — Par le mot *scellé*, de l'art. 976, C. civ., les auteurs sont généralement d'avis qu'il faut entendre que le testament mystique ou le papier qui lui sert d'enveloppe doit être *cacheté et revêtu d'un cachet portant une empreinte.* — Merlin, *Rép.*, vº *Testament*, sect. 2e, § 3, art. 3, nº 14-3º; Toullier, t. 5, nº 463; Duranton, t. 9, nº 124; Zachariæ, t. 5, § 671.

1004. — Dès-lors, le testament clos avec des pains à cacheter ou avec de la cire, sans aucune empreinte, doit être annulé, car il serait très facile d'enlever et remplacer des cachets sans empreinte. — Merlin, Duranton, Toullier, *loc. cit.*; Grenier, t. 2, nº 261 *bis*; Poujol, art. 976, nº 5; Coin-Delisle, sur l'art. 976, nº 27.

1005. — Jugé en ce sens qu'un testament mystique est nul lorsque le cachet qui le ferme n'est empreint d'aucun sceau. — *Cass.*, 7 août 1810, Buvel; *Bruxelles*, 18 fév. 1818, Proot.

1006. — Toutefois, le testateur n'est pas obligé de se servir de son propre cachet, il peut employer celui d'un tiers, même celui du notaire. — *Cass.*, 8 fév. 1820, de Clermont-Lodève c. Perrie de Jonquières; *Bruxelles*, 16 fév. 1822, Demanet c. Watripont; *Colmar*, 20 janv. 1824, Bouat. — Merlin, *Rép.*, vº *Testament*, sect. 2e, § 3, art. 3, nº 14,-6º; Duranton, t. 9, nº 124: Favard de Langlade, *Rép.*, vº *Testament*, sect. 4e, nº 4; Coin-Delisle, sur l'art. 976, nº 29; Poujol, art. 976, nº 5.

1007. — Le testament mystique qui ne serait ni clos ni scellé vaudrait cependant comme testament olographe, s'il était entièrement écrit, daté et signé de la main du testateur. — Toullier, t. 5, nº 469; — V. *infrà* nº 1118.

Art. 3. — *Présentation du testament et déclaration du testateur.*

1008. — Le testateur qui a clos et scellé son testament comme il vient d'être dit doit le présenter à un notaire et à six témoins au moins. Si le testament n'est pas clos et scellé, il le fera clore et sceller en leur présence. — C. civ., art. 976.

1009. — Si le testateur ne sait signer ou s'il n'a pu le faire lorsqu'il a fait écrire ses dispositions, l'art. 977, C. civ., ajoute qu'il sera appelé à l'acte de suscription un témoin outre le nombre porté par l'art. précédent.

1010. — Bien que cet article ne parle que de l'acte de suscription auquel il faille appeler un septième témoin, cette disposition n'est pas moins applicable à la présentation même du testament, car l'art. 976 porte : « Tout ce que dessus sera fait de suite et sans divertir à d'autres actes, » c'est-à-dire que l'acte de suscription doit suivre immédiatement la présentation du testament. Il y a donc lieu d'appliquer, à l'égard de cette présentation, ce qui sera dit du nombre des témoins relativement à l'acte de suscription. — V. *infrà* nºs 1020 et suiv.

1011. — De plus, le testateur déclarera que le contenu en ce papier qu'il présente est son testament écrit et signé de lui ou écrit par un autre et signé de lui. — C. civ., art. 976.

1012. — Lorsque le testament est présenté au notaire et aux témoins par un testateur qui ne peut pas lire, mais qui a pu écrire, il doit écrire en leur présence, au haut de l'acte de suscription, que le papier qu'il présente est son testament; après quoi le notaire écrit l'acte de suscription. — C. civ., art. 979.

1013. — Dès que le testateur a présenté son testament au notaire et aux témoins en déclarant que c'est bien là son testament, il est censé l'avoir lu et l'avoir approuvé, et le testament est considéré comme l'œuvre de sa propre volonté. — Toullier, t. 5, nº 246.

1014. — Enfin la déclaration faite par le testateur, que le testament mystique par lui présenté au notaire et aux témoins est revêtu de sa signature, donne à la signature un caractère d'authenticité, de manière qu'elle ne puisse être attaquée que par l'inscription de faux. — *Metz*, 8 mars 1821, Dominé c. Adnet.

Sect. 3e. — *Acte de suscription.*

1015. — L'acte de suscription est l'acte dressé par le notaire en présence des témoins, pour constater la présentation à eux faite par le testateur du papier clos et scellé qu'il déclare être son testament. — Merlin, *Rép.*, vº *Testament*, sect. 2e, § 3, art. 3, nº 13; Zachariæ, t. 5, § 671.

1016. — Le notaire ne peut recevoir l'acte de suscription qu'autant qu'il n'y aurait pas en lui

quelques causes d'incapacité; mais ces causes sont moins étendues que s'il s'agissait de recevoir le testament même.

1017. — Ainsi, le notaire qui reçoit l'acte de suscription peut être institué légataire dans le testament mystique; la raison en est qu'il est censé ignorer qu'il lui soit fait un legs. — *Nîmes*, 21 fév. 1821, Lafond c. Benoît. — Merlin, *Rép.*, vo *Notaire*, § 5, no 6; Toullier, t. 5, no 467; Delvincourt, no 2, p. 85; Duranton, no 126; Vazeille, no 15; Coin-Delisle, art. 97, no 32

1018. — Mais *quid*, si le notaire avait écrit lui-même le testament qui contiendrait un legs en sa faveur? Grenier (t. 2, no 269 *bis*) pense que dans ce cas le notaire devient incompétent pour recevoir l'acte de suscription. — Conf. Favard de Langlade, *Rép.*, vo *Testament*, sect. 1re, § 4, no 5. — Pour l'opinion contraire, Merlin (*Rép.*, vo *Testament*, sect. 2e, § 3, art. 3, no 20), Toullier (t. 5, no 467), Duranton (t. 9, no 126), Vazeille (sur l'art. 976, no 15) Coin-Delisle (sur l'art. 976, no 32), et Zachariæ, (t. 5, § 671), se fondent sur le silence du Code civil et sur ce que la deuxième partie de l'art. 8 de la loi du notariat, combinée avec l'art. 68, ne s'applique qu'aux dispositions faites en faveur, non du notaire, mais de ses parens et alliés.

1019. — Est valable le testament mystique contenant un legs en faveur d'un parent du notaire qui a dressé l'acte de suscription. — *Montpellier*, 9 fév. 1836, Bashoult c. Guiraud-Bessières.

ART. 1er. — *Nombre et capacité des témoins.*

1020. — L'acte de suscription doit être dressé par le notaire en présence de six témoins au moins. — C. civ., art. 976.

1021. — Le nombre des témoins ne doit pas être diminué si le testateur appelait deux notaires à la réception de l'acte de suscription; dans ce cas, dit M. Coin-Delisle (art. 976, no 31), le second notaire ferait l'office de témoin et ne devrait être présent qu'en cette qualité.

1022. — Si le testateur ne sait signer, ou s'il n'a pu le faire lorsqu'il a fait écrire ses dispositions, il est appelé à l'acte de suscription un septième témoin, lequel signe l'acte avec les autres témoins. — C. civ., art. 977.

1023. — Mais, dans le cas où, par un empêchement survenu depuis la signature du testament, le testateur ne peut signer l'acte de suscription, il est fait mention de la déclaration qu'il en a faite, sans qu'il soit besoin, en ce cas, d'augmenter le nombre des témoins. — C. civ., art. 976.

1024. — La disposition qui prescrit d'appeler un septième témoin lorsque le testateur n'a pu signer son testament mystique n'est point applicable au cas où le testateur a signé en appuyant sa main tremblante sur celle d'un témoin. — *Turin*, 15 (et non 5) pluv. an XIII, Bergonzi c. Magnanini.

1025. — Le septième témoin appelé à l'acte de suscription d'un testament mystique, lorsque le testateur n'a pas pu ou su signer au testament mystique n'est pas astreint à des fonctions autres que les témoins ordinaires. Spécialement, il n'est pas tenu d'attester, outre la déclaration du testateur qu'il ne sait ou ne peut signer, le fait même de l'impuissance ou de l'ignorance du testateur. — *Cass.*, 16 déc. 1834, Nivoix c. Amour.

1026. — L'art. 980, qui fixe les conditions des témoins testamentaires, régit à la fois le testament mystique et le testament par acte public. En conséquence, les témoins appelés à l'acte de suscription du testament mystique doivent être, comme ceux du testament par acte public, mâles, majeurs, sujets du roi et jouir des droits civils. — Duranton, t. 9, no 139; Coin-Delisle, art. 980, no 5. — V. *suprà* nos 793 et suiv.

1027. — La minorité de l'un ou de plusieurs des témoins qui assistent à l'acte de suscription d'un testament mystique est une cause de nullité, alors même qu'il serait reconnu que par une erreur commune ces témoins étaient regardés comme majeurs. — *Turin*, 17 fév. 1806, Maffei c. N... — Merlin, *Rép.*, vo *Témoin instrumentaire*, § 2, no 3.

1028. — Un prêtre étranger a pu être réputé Français par cela qu'il remplissait les fonctions de succursaliste en France, qu'il a prêté serment à chaque changement de résidence, qu'il a été inscrit pour une pension ecclésiastique sur le grand livre de la dette publique, et qu'enfin, à de longs intervalles, il a figuré comme témoin dans plusieurs actes notariés. En conséquence, il n'y a pas nullité en ce que ce prêtre aurait été appelé comme témoin dans l'acte de suscription d'un testament mystique. — *Montpellier*, 17 avr. 1847 (t. 2 1847, p. 196), Charbonnel et Puig c. Puig et Roye.

1029. — Les auteurs sont d'accord qu'il faut en général appliquer les dispositions de la loi du 25 vent. an XI sur les incapacités relatives des témoins à l'acte de suscription du testament mystique. — V. Maleville, sur l'art. 980; Grenier, des *Testamens*, no 253; Toullier, t. 5, no 468; Duranton, t. 9, no 141; Favard de Langlade, *Rép.*, vo *Testament*, sect. 1re, § 4, no 6; Coin-Delisle, sur l'art. 980, no 39.

1030. — Ainsi, les clercs et les serviteurs des notaires ne peuvent être appelés à cet acte. — Toullier et Duranton, *loc. cit.*

1031. — Mais il n'y a pas lieu d'appliquer ici la disposition de l'art. 975, qui ne permet pas de prendre pour témoins du testament par acte public les légataires ni leurs parens ou alliés. En effet, d'une part, ces témoins ne connaissent pas les dispositions contenues dans le testament; et, d'autre part, l'acte de suscription et le testament sont deux actes distincts et divisibles. — Duranton, t. 9 nos 140 et 142.

1032. — Toutefois, l'opinion contraire a de plus nombreux partisans. — Merlin, *Rép.*, vo *Testament*, sect. 2e, § 2, art. 4, no 1er; Grenier, *Des testam.*, no 271; Favard de Langlade, vo *Testament*, sect. 1re, § 4, no 7; Toullier, t. 5, no 481; Poujol, sur l'art. 976, no 12; Coin-Delisle, art. 976, no 35.

ART. 2. — *Formes de l'acte de suscription.*

1033. — L'acte de suscription doit être écrit sur le papier qui contient le testament ou sur celui qui lui sert d'enveloppe (C. civ., art. 976), à peine de nullité (C. civ., art. 1001). — Merlin, *Rép.*, vo *Testament*, sect. 2e, § 3, art. 3 no 17; Zachariæ, t. 5, § 671.

1034. — Un testament mystique est nul, lorsque l'acte de suscription a été écrit sur une feuille séparée. — *Turin*, 15 pluv. an XIII, Bergonzi c. Magnanini; 5 déc. 1806, Audifredi c. Chiavassa.

1035. — Mais il n'y a pas nullité, si la feuille destinée à servir d'enveloppe ayant été pliée en deux, une moitié a été employée à former l'enveloppe, et l'autre moitié a reçu l'acte de suscription, sans être détachée de celle formant l'enveloppe. — *Turin*, 5 déc. 1806, Audifredi c. Chiavassa.

1036. — Au reste, on doit remplir pour les actes de suscription du testament mystique les formalités prescrites par la loi du 25 vent. an XI pour les actes notariés en général. — Duranton, t. 9, no 137; Zachariæ, t. 5, § 671.

1037. — Ainsi, l'acte de suscription doit être daté. — Duranton, t. 9, no 137.

1038. — L'acte de suscription doit être écrit par le notaire. Si l'art. 976 dit que le notaire *dressera* l'acte de suscription, ce qui ne veut pas rigoureusement dire que le notaire l'écrira, il n'en est pas moins certain que le notaire doit lui-même écrire cet acte; cela s'infère: 1o de ce que la question s'étant présentée sous l'ordonnance de 1735, qui se servait aussi du mot *dresser*, il fut décidé par des lettres du 6 mars 1751 que par le mot *dresser* il fallait entendre *écrire*; 2o de ce que l'art. 979, C. civ., décide textuellement que l'acte de suscription sera écrit par le notaire. — Duranton, t. 9, no 127; Toullier, t. 5, no 481. — *Contrà* Maleville (sur l'art. 976) et Vazeille (art. 976, no 17), qui se fondent sur ce que l'art. 976 se sert du mot *dresser* et non du mot *écrire*, comme l'art. 979.

1039. — En tous cas, si cette dernière opinion était accueillie, elle ne serait plus admissible dans le cas de l'art. 979, c'est-à-dire dans le cas de l'acte de suscription du testament d'un individu qui ne peut parler. L'acte devrait être écrit par le notaire lui-même.

1040. — Quoi qu'il en soit, c'est à la partie qui attaque le testament à faire vérifier si l'acte de suscription a été ou non écrit par le notaire. — *Toulouse*, 2 mai 1831, Périès c. Vincent.

1041. — L'acte de suscription doit en outre contenir la mention des différentes formalités concernant: 1o la présentation du testament, sa clôture et son scel ou la déclaration du testateur; 2o la rédaction de l'acte de suscription lui-même. Ces mentions sont l'objet des nos 1058 et suiv.

1042. — Dans tout ce que dessus, c'est-à-dire, à partir de la présentation du testament, tout doit être fait de suite et sans divertir à autres actes (C. civ., art. 976); c'est la reproduction de cette règle du droit romain qui voulait que le testament fût fait *uno contextu*. — L. 21, § ult., ff., *qui testam. facere possunt*; L. 21, C. *De testamentis*.

1043. — L'unité de contexte doit être entendue en ce sens que tout doit être fait de suite et sans intervalle notable; ainsi on ne pourrait pas suspendre l'acte de suscription pour faire un autre acte. — Duranton, t. 9, no 129.

1044. — Le testament mystique n'est pas nul, par cela seul que l'acte de suscription a été écrit avant que le testament fût clos et signé. — *Toulouse*, 24 août 1807, Vidalot.

1045. — Ne sont pas admissibles les moyens de faux contre l'unité de contexte et d'action d'un acte de suscription de testament mystique tirés 1o de ce qu'une nuance différente se remarque entre l'encre employée pour les signatures et celle qui a servi pour le corps de l'acte; 2o de ce que des mots auraient été ajoutés après coup par renvoi, si ces mots ne changeaient rien aux parties essentielles de l'acte. — *Bordeaux*, 2 avr. 1835, Ducord c. N...

1046. — L'acte de suscription doit, à peine de nullité, être signé tant par le testateur que par le notaire, à moins qu'il n'y ait empêchement pour le premier. — C. civ., art. 976 et 1001.

1047. — Il doit également, à peine de nullité, être signé par les témoins. — C. civ., art. 976 et 1001.

1048. — L'acte doit être signé par tous les témoins, et la disposition de l'art. 974, C. civ., relative aux témoins appelés pour la validité des testamens publics, reçus dans les campagnes, n'est point applicable aux actes de suscription des testamens mystiques. — *Liége*, 29 mai 1806, Kepper c N...; *Bordeaux*, 12 avr. 1808, Brochand c. Duréclus; *Liége*, 29 mai 1808, Otto c. Cupper; *Cass.*, 20 juill. 1809, Brochand c. Duréclus; *Pau*, 19 déc. 1829, Tastel c. Durles. — Grenier, t. 1er, nos 274 et 275; Toullier, t. 5, no 483; Merlin, *Rép.*, vo *Témoin instrumentaire*, § 2, no 3; Favard de Langlade, *Rép.*, vo *Testament*, sect. 1re, § 4, no 10; Delvincourt, t. 2, p. 308; Duranton, t. 9, no 144; Poujol, art. 976, no 8; Zachariæ, t. 5, § 671. — V. *contrà* Maleville, *Analyse raisonnée du Code civil.*

1049. — L'acte doit, à peine de nullité, être également signé par le septième témoin qui est appelé dans le cas où le testateur ne sait pas signer, ou n'a pu le faire après avoir écrit ses dispositions. — C. civ., art. 977.

1050. — On ne peut considérer comme une signature valable une croix tracée sur le papier par l'un des témoins. — *Liége*, 29 mai 1808, Otto c. Kupper.

1051. — Sous l'empire de l'ordonn. de 1735, il n'était pas nécessaire, à peine de nullité, que l'acte de suscription d'un testament mystique fût retenu au nombre des minutes du notaire. Le testament, revêtu de l'acte de suscription, pouvait être remis au testateur lui-même. — *Riom*, 1er déc. 1818, Menesiou c. Icher-Labarthe.

1052. — Aujourd'hui, et sous l'empire de la loi du 25 vent. an XI, art. 22, l'acte de suscription n'étant en soi qu'une simple attestation de l'accomplissement de certaines formalités prescrites pour établir et assurer l'identité du testament, n'est en réalité qu'un acte simple par sa nature; il peut donc être délivré en brevet. — *Paris*, 10 juin 1848 (t. 2 1848, p. 168), Rousse c. de Casariera. — Coin-Delisle, art. 976, no 20.

1053. — Par la même raison, il n'est pas prescrit, à peine de nullité, que le testament mystique soit retenu au nombre des minutes du notaire qui a dressé l'acte de suscription. — *Bruxelles*, 23 juill. 1825, Dux c. Defranquen.

1054. — Dès-lors, le testament mystique peut être remis au testateur par le notaire immédiatement après l'accomplissement de toutes les formalités de l'acte de suscription. — Coin-Delisle, *loc. cit.* — *Contrà* Poujol, art. 976, no 22.

1055. — Bien plus, le notaire à qui le testateur a déposé son testament mystique ne peut se refuser à le lui restituer, non plus qu'à lui délivrer l'acte de suscription. Toutefois, le notaire peut exiger une décharge, même notariée, aux frais du testateur. — *Paris*, 10 juin 1848 (t. 2 1848, p. 168), Rousse c. de Casariera.

ART. 3. — *Mentions dans l'acte de suscription.*

1056. — L'acte de suscription doit évidemment contenir les mentions qui constatent que son but a été rempli. Ces mentions sont relatives soit au testament, soit à l'acte même de suscription.

1057. — Toutefois, à l'égard de ces mentions, mais principalement en ce qui concerne celles relatives au testament, on remarquera avec M. Duranton (t. 9, no 131) que l'art. 976 ne prescrit point ces mentions à peine de nullité, ainsi que les art. 972 et 973, combinés avec l'art. 1001, prescrivent sous cette peine celles des formalités dont ils exigent l'accomplissement; il faut sans doute aussi que les formalités voulues par cet art. 976 soient ponctuellement observées, mais la preuve de leur observation peut très bien résulter de l'ensemble et du contexte de l'acte de suscription; et il faut bien que le législateur l'ait jugé ainsi, puisqu'il n'a point, dans cet art. 976, prescrit ces mentions, si ce n'est une seule dont on parlera plus loin.

TESTAMENT, ch. 4, sect. 3e, art. 3, § 1er.

§ 1er. — *Mentions relatives au testament.*

1058. — Les mentions que doit contenir l'acte de suscription, relativement au testament, sont celles qui concernent la présentation de ce testament au notaire et aux témoins, sa clôture et son scel, et la déclaration du testateur que le papier qu'il présente est bien son testament écrit par lui ou par un tiers.

1059. — *Mention de la présentation au notaire et aux témoins.*—Comme la présentation du testament par le testateur au notaire et aux témoins est une formalité essentielle, l'acte de suscription doit en contenir la mention et indiquer que c'est bien le testateur qui a présenté son testament au notaire et aux témoins. — Merlin, *Rép.*, vo *Testament*, sect. 2e, § 3, art. 3, no 13; Zachariæ, t. 5, § 671; Toullier, t. 5, no 472.

1060. — Un testament mystique est donc nul, lorsque de l'acte de suscription ne résulte pas la preuve que le testament a été présenté par le testateur au notaire et aux témoins. — *Cass.*, 7 août 1810, Buvet.

1061. — Le mot *présenter* n'est pas sacramentel; on peut admettre les équipollens et même les énonciations diverses qui tendent à établir le fait de la présentation du testament par le testateur en personne. — Grenier, t. 1er, no 264; Toullier, t. 5, no 472.

1062. — Ainsi, la mention que le testament a été *remis* au notaire équivaut à celle qu'il a été *présenté*. — *Cass.*, 11 mai 1811, Pellegrin; *Bruxelles*, 15 juin 1814, Vanhamme. — Grenier, no 264; Favard de Langlade, *Rép.*, vo *Testament*, sect. 1re, § 4, no 4; Toullier, no 472.

1063. — Jugé également que la mention qui doit être portée dans un testament mystique que le testateur l'a présenté au notaire et aux témoins, peut être induite du contexte de l'acte de suscription. — *Toulouse*, 2 août 1810, Berty de Fabry c. Disses; *Bruxelles*, 15 juin 1814, Vanhamme; *Colmar*, 10 juill. 1824, Bischoff; *Toulouse*, 6 mars 1817, Redon; *Cass.*, 22 mai 1817, Bischoff; *Toulouse*, 19 juin 1830, Vernhes. — Toullier, t. 5, no 472.

1064. — Spécialement, est valable l'acte de suscription ainsi conçu : « Pardevant nous notaire, soussigné, en présence des témoins bas nommés, fut présent..., lequel nous a déclaré que le présent papier, qu'il nous a remis, ou qu'il nous a présenté, contient son véritable testament; à cet effet, il nous le remet pour y apposer l'acte de suscription. » — *Toulouse*, 19 juin 1830, Vernhes.

1065. — ... Ou encore lorsqu'il est dit : « Devant nous, notaire et témoins, a été en personne.... laquelle nous a tout présentement remis son testament clos. » — *Toulouse*, 2 août 1810, Berty de Fabry c. Disses.

1066. — De même, lorsque l'acte de suscription constate que le testateur a cacheté son testament en présence des témoins et du notaire, et qu'immédiatement après le testament est venu entre les mains du notaire, une pareille clause, établissant que le testament est passé directement du testateur au notaire, mentionne suffisamment qu'il a été présenté par le testateur lui-même. — *Cass.*, 8 avr. 1806, Nauthon c. Pellet.

1067. — Mais l'acte de suscription n'indique pas suffisamment que ce testament a été présenté par le testateur au notaire, s'il y est dit que *le testateur a déclaré au notaire, en présence des témoins, que le papier contenu sous cette enveloppe contenait son testament*. Et en ce cas, le testament mystique doit être déclaré nul. — *Poitiers*, 28 (et non 21) mai 1824, Valentin c. Belorde.

1068. — La mention que le testateur a présenté son testament au notaire, en présence des témoins, équivaut à la mention que le testateur l'a présenté au notaire et aux témoins, surtout s'il résulte des termes de l'acte que la présentation a eu lieu simultanément pour le notaire et pour les témoins. — *Turin*, 5 déc. 1806, Audifredi c. Chiavassa; *Metz*, 8 mars 1821, Dominé c. Adnet; *Bordeaux*, 5 mai 1828, Ducheylard c. Séjac de Belcaire; *Toulouse*, 19 juin 1830, Vernhes.

1069. — *Mention de la clôture et du scel.* — Sous l'empire de l'ordonn. de 1735, la mention que le testament mystique avait été scellé n'était pas exigée, à peine de nullité, dans l'acte de suscription; il suffisait que la preuve du sceau résultât de l'inspection du testament (art. 9 et 47). — *Cass.*, 21 mars 1822, Ychon; 23 juin 1824, même partie.

1070. — Le notaire doit, à peine de nullité, faire mention, dans l'acte de suscription, que le testateur a présenté le testament clos et scellé à lui notaire et aux témoins, ou qu'il l'a fait clore et sceller en leur présence. — *Cass.*, 28 déc. 1812, Cigna-Santi.

1071. — La mention que le testament a été dûment clos et scellé doit être formelle, et ne peut résulter d'inductions. — *Bruxelles*, 18 fév. 1818, Proot.

1072. — Jugé au contraire qu'il n'est pas prescrit, à peine de nullité, que l'acte de suscription contienne la mention expresse que le testament était clos et scellé. — *Colmar*, 20 janv. 1824, Bouat.

1073. — Si l'acte de suscription portait que le testateur a présenté son testament *clos et cacheté*, ces expressions équivaudraient à celles de *clore et sceller* dont la loi fait usage. — *Bruxelles*, 16 fév. 1822, Demanet c. Walripont.

1074. — Le testament mystique n'est pas nul faute de description du mode de clôture et des cachets qui scellent le testament. — Grenier, *Des testam.*, no 26 *bis*; Coin-Delisle, art. 976, no 41.

1075. — Décidé ainsi relativement à la description du sceau dont le testateur s'est servi. — *Bordeaux*, 20 nov. 1833, Sallèles.

1076. — La mention seule que le testament a été présenté par le testateur *clos* et sans l'addition du mot *scellé* serait insuffisante et vicierait la disposition testamentaire. — Merlin, *Rép.*, vo *Testament*, sect. 2e, § 3, art. 3, no 15; Zachariæ, t. 5, § 671.

1077. — Jugé cependant que la mention que le testament était *clos* est suffisante, lorsque, d'ailleurs, la suscription constate qu'il a aussi été scellé. — *Colmar*, 20 janv. 1824, Bouat.

1078. — En tous cas, il suffit de la mention que le testament mystique était cacheté pour qu'il soit établi qu'il était clos et scellé. — *Bruxelles*, 15 juin 1814, Vanhamme.

1079. — Un notaire ayant pu croire par erreur qu'un testament mystique est scellé lorsqu'il est clos sans empreinte, il n'y a pas contrariété entre la mention dans l'acte de suscription, qu'un pareil testament était clos et scellé, et le procès-verbal d'ouverture constatant que ce testament, reconnu intact, ne portait sur l'enveloppe ni cachet ni empreinte quelconque. — *Bruxelles*, 18 fév. 1818, Proot.

1080. — *Mention de la déclaration du testateur.* — Sous l'ord. de 1735, un testament mystique était valable lorsque l'acte de suscription énonçait implicitement la déclaration du testateur que le papier qu'il présentait au notaire contenait son testament. — *Cass.*, 11 frim. an VII, Willemain c. Ternet.

1081. — La mention faite par le notaire dans l'acte de suscription d'un testament mystique, que le testateur avait « remis son présent testament clos, écrit de la main du notaire et signé de lui testateur au bas de chaque page, » équivalait à la déclaration exigée par l'art. 9 de l'ord. 1735. — *Cass.*, 15 juill. 1806, Durand.

1082. — L'acte de suscription doit contenir la mention de la déclaration du testateur que le papier qu'il présente est son testament écrit par lui ou par un autre et signé de lui; le fait de la signature du testament par le testateur ne suffit pas; il faut encore qu'il déclare avoir signé. — Toullier, t. 5, no 471.

1083. — Ainsi, un testament mystique est nul lorsque de l'acte de suscription ne résulte pas la preuve de la déclaration faite par le testateur au notaire que le testament a été écrit et signé par lui. — *Turin*, 1er fév. 1806, Core c. Marengo. — *Contrà*, Coin-Delisle, art. 976, no 41.

1084. — La mention de la signature du testateur résulte suffisamment d'une clause où il est dit qu'il dépose son testament écrit à sa réquisition, par nous dit notaire, et signé au bas de la page et à la fin, lorsque d'ailleurs le testament se trouve en effet revêtu de la signature. — *Dijon*, 17 avr. 1818, Vondière c. Pin.

1085. — Toutefois, il n'est pas nécessaire que l'acte de suscription énonce d'une manière expresse la déclaration du testateur que le papier qu'il présente au notaire contient son testament; cette mention peut être induite du contexte de l'acte de suscription. — *Cass.*, 7 avr. 1806, Olivier c. Demoustier.

1086. — Le testament mystique n'est pas nul par cela seul que l'acte de suscription n'exprime pas littéralement que la testatrice a déclaré, après la remise par elle faite de son testament, qu'elle l'a fait écrire. Cette déclaration peut être suppléée par des équipollens. — *Toulouse*, 10 flor. an XIII, Senac c. Amaré.

1087. — Ainsi, l'acte de suscription d'un testament mystique mentionne suffisamment qu'il a été écrit par un autre que le testateur, lorsqu'il porte que le testateur a dicté son testament et l'a signé lui-même. — *Turin*, 5 déc. 1806, Audifredi c. Chiavassa.

1088. — L'acte de suscription d'un testament mystique portant... : « Nous a le testateur présenté le présent papier qu'il a fait écrire par une main à lui affidée, » peut, en rapprochant cette énonciation des autres clauses de l'acte, être réputé contenir la déclaration par le testateur lui-même que le testament était écrit d'une main étrangère. — *Cass.*, 8 nov. 1832, Dufour c. Maigron.

1089. — Un testament est nul lorsqu'il est dit dans l'acte de suscription que le testateur a déclaré l'avoir écrit en entier de sa main, tandis qu'en fait une partie en a été écrite par une main étrangère. — *Lyon*, 26 janv. 1822, Rimbourg.

1090. — Le testament ne serait pas nul par cela qu'il n'aurait pas été fait mention que le testateur a déclaré que le testament était clos et scellé. La clôture et le scel sont des faits apparents pour le notaire et les témoins, pour lesquels il n'est pas besoin de déclaration ni de mention de déclaration. — Vazeille, art. 976, no 13; Coin-Delisle, no 41.

1091. — Quand le testament mystique est fait par un individu qui ne peut parler, il doit être fait mention dans l'acte de suscription que le testateur a écrit en présence du notaire et des témoins, au haut de l'acte de suscription, que le papier qu'il présentait était son testament (C. civ. art. 979), et cela à peine de nullité. — C. civ., art. 1001.

1092. — Les héritiers du testateur sont recevables à prouver qu'à l'époque de la présentation du testament au notaire et aux témoins, le testateur était privé de l'usage de la parole, et qu'en conséquence il n'a pu, quoique l'acte de suscription énonce le contraire, prononcer les paroles prescrites par l'art. 976, C. civ. Une pareille preuve ne peut toutefois se faire que par la voie de l'inscription de faux contre l'acte de suscription. — *Orléans*, 17 juill. 1847 (t. 2 1847, p. 491), Richon c. Saget.

§ 2. — *Mentions relatives à l'acte même de suscription.*

1093. — L'acte de suscription doit de plus contenir les mentions qui constatent l'accomplissement des formes que la loi a prescrites pour sa régularité. Mais il ne peut y avoir nullité pour le défaut de ces mentions qu'autant que la loi l'a dit expressément.

1094. — Un testament mystique n'est pas nul, par cela que l'acte de suscription ne contient pas la *mention expresse* qu'il est écrit sur le testament même ou sur son enveloppe. — *Gênes*, 29 déc. 1810, Montalto c. Séminaire d'Acqui; *Metz*, 8 mars 1821, Dominé c. Adnet. — En effet, ce sont là des faits permanens et visibles, à la vérité desquels une mention n'ajouterait rien. — Coin-Delisle, art. 976, no 41.

1095. — En ce cas, les juges peuvent se livrer à l'examen du fait, et se décider ou d'après le procès-verbal d'ouverture, s'il s'en explique, ou d'après toutes autres preuves qui leur sont fournies. — *Gênes*, 29 déc. 1810, Montalto c. séminaire d'Acqui.

1096. — Bien plus, le testament n'est pas nul par ce seul motif que le notaire a déclaré dans l'acte de suscription que cet acte était écrit sur le papier contenant le testament, tandis qu'il l'était sur l'enveloppe. — *Bruxelles*, 9 août 1808, Deconinck.

1097. — Il n'est pas nécessaire que dans l'acte de suscription d'un testament mystique, il soit fait mention que c'est le notaire qui l'a écrit. On ne saurait raisonner ici par analogie avec les dispositions qui régissent le testament par acte public. — Duranton, t. 9, no 127; Merlin, vo *Testament*, sect. 2e, § 2, art. 4, no 6; Toullier, t. 5, no 481; Poujol, t. 2, art. 974 et suiv., no 12.

1098. — De même, dans l'ancienne jurisprudence, le notaire n'était pas tenu de mentionner expressément que l'acte de suscription d'un testament mystique avait été écrit de sa main. — *Toulouse*, 2 mai 1831, Périès c. Vincent.

1099. — L'acte de suscription constate suffisamment la présence des témoins à la présentation du testament, lorsqu'il en résulte que le testateur est comparu à la présence des témoins, et qu'il a consigné au notaire l'enveloppe où il a dit être contenu son testament en le requérant de le recevoir pour l'insérer dans ses minutes. — *Turin*, 5 déc. 1806, Audifredi c. Chiavassa.

1100. — Lorsqu'un témoin a été appelé en plus parce que le testateur ne sait pas signer ou qu'il n'a pu le faire après avoir fait écrire les dispositions, il doit être fait mention dans l'acte de suscription, à peine de nullité, de la cause pour laquelle ce témoin a été appelé. — C. civ., art. 977 et 1001.

1101. — Si dans l'acte de suscription d'un testament mystique auquel il y a lieu d'appeler un septième témoin, il est d'abord fait mention que les diverses formalités ont été remplies en présence de six témoins, et qu'ensuite, dans une clause distincte et en quelque sorte supplémentaire, on répète qu'elles l'ont été également en

présence d'un septième, cet acte est valable, alors surtout qu'il résulte de ces termes que le tout a été accompli en la présence simultanée des sept témoins. — *Bordeaux*, 20 nov. 1833, Sallèles.

1102. — Lorsque après avoir constaté la présentation d'un testament mystique et l'impossibilité de signer du testateur, le notaire appelle un septième témoin, et rattache sa présence à l'acte par cette mention : « *Fait, en outre, en présence de..., témoin expressément appelé à raison de l'impuissance de signer du testateur, lequel témoin a signé avec le notaire et les autres témoins plus haut dénommés, le tout après lecture,* » la présence simultanée des sept témoins est suffisamment établie. — *Cass.*, 3 janv. 1838 (t. 1er, 1838, p. 199), Sallèles.

1103. — L'acte de suscription est nul, à défaut d'énonciation de la demeure des témoins. — *Bordeaux*, 10 juin 1834, Conil c. Magne.

1104. — Mais sous l'empire de l'ordonnance de Blois, un testament mystique n'était pas nul par cela qu'il n'avait pas mentionné, ainsi que le prescrivait cette ordonnance, la paroisse dans laquelle étaient domiciliés les témoins et la maison où l'acte avait été passé. — *Cass.*, 8 avr. 1806, Nauthon c. Pellet.

1105. — L'acte de suscription n'a pas besoin de constater, à peine de nullité, qu'il en a été donné lecture au testateur en présence des témoins. — La raison de cette différence avec le testament par acte public, c'est que le testament contenant les volontés du testateur, il est nécessaire que celui-ci en entende la lecture pour s'assurer que le notaire a fidèlement écrit ce qui lui a été dicté ; et la présence des témoins est de plus exigée pour éviter les surprises ; or, rien de semblable à l'égard de l'acte de suscription qui ne contient pas les volontés du testateur. — *Bordeaux*, 5 mai 1828, Ducheylard c. Séjac de Belcaire.

1106. — Il n'est point prescrit, à peine de nullité, que l'acte de suscription d'un testament mystique fasse mention qu'il a été dressé de suite et sans divertir à d'autres actes. — *Cass.*, 8 fév. 1820, De Clermont-Lodève c. Perrin de Jonquières. — Merlin, vo *Testament*, sect. 2e, § 2, art. 7, no 5. — Cependant il faut que la preuve de cette unité résulte de l'ensemble des termes de l'acte de prescription. — Duranton, t. 9, no 130.

1107. — Comme l'acte de suscription d'un testament mystique n'est pas un acte notarié assujéti à toutes les formalités prescrites par la loi du 25 vent. an XI, il s'ensuit qu'il n'est pas besoin de faire mention à la fin de l'acte, conformément à l'art. 14 de cette loi, de la signature des parties, des témoins et du notaire. — *Cass.*, 16 déc. 1834, Nivoix c. Amour.

1108. — Mais dans le cas où par un empêchement survenu depuis la signature du testament, le testateur n'a pu signer l'acte de suscription il doit à peine de nullité être fait mention de la déclaration qu'il en aura faite. — C. civ., art. 976.

1109. — Toutefois, l'art. 976 n'ayant pas déterminé quelle place doit occuper dans l'acte de suscription la mention de la cause qui a empêché le testateur de signer, il n'est pas nécessaire que cette mention soit à la fin. — *Bordeaux*, 20 nov. 1833, Sallèles ; *Cass.*, 3 janv. 1838 (t. 1er, 1838, p. 199), Mêmes parties.

Sect. 4e. — *Nullité du testament mystique. — Sa validité comme olographe.*

1110. — Les différentes formalités auxquelles le testament mystique est assujéti doivent être observées à peine de nullité. — C. civ., art. 1001.

1111. — Il suit de là que toutes les fois qu'on n'a pas strictement suivi la marche tracée par la loi, le testament doit être réputé nul, lors même que le fait ne pourrait être imputé au testateur.

1112. — Ainsi, la nullité de l'acte de suscription entraîne la nullité du testament tout entier. — *Turin*, 15 (et non 5) pluv. an XIII, Bergonzi c. Magnanini.

1113. — Il y aurait encore nullité du testament mystique si lors de l'ouverture on trouvait sous l'enveloppe un écrit d'une autre main que celle indiquée dans l'acte de suscription. — Coin-Delisle, sur l'art. 976, no 33.

1114. — Mais le testament nul comme testament mystique pourrait-il valoir comme testament olographe, s'il était écrit daté et signé par le testateur ?

1115. — La question était controversée dans l'ancien droit. Suivant Cujas et Ricard, le testament était nul comme olographe ; mais deux arrêts l'avaient déclaré valable. — *Parlem. Metz*, 12 sept. 1730 : *Parlem. Dijon*, 1er août 1748. — Merlin, *Quest.*, vo *Testament*, § 6.

1116. — Jugé que sous l'empire de cette ordonnance, les testamens olographes étaient restés assujétis aux formalités particulières prescrites par les coutumes locales et spécialement par celle de Bayonne (tit. 2, art. 5), qui exigeait la suscription de deux témoins ou d'un notaire ; que dès-lors, à défaut de cette suscription, le testatment écrit, daté et signé par le testateur ne pouvait valoir comme testament olographe. — *Cass.*, 28 thermid. an XI, Lataulade c. Casaubon.

1117. — Aujourd'hui, pour la négative on dit qu'un testament doit être parfait dans la forme choisie par le testateur ; que la forme mystique est un tout indivisible, qu'il n'y a plus de testament olographe du moment que le testament est revêtu de l'acte de suscription, qu'enfin le testateur ayant voulu rester dans la forme mystique, c'est dans ce sens que ses dispositions doivent être exécutées. — *Poitiers*, 28 (et non 21) mai 1824 (et non 1825), Valentin c. Beaupréau.

1118. — Pour l'affirmative, on répond que l'acte de suscription est indépendant du testament, et que l'un peut subsister sans l'autre ; que l'art. 970, n'exigeant pas d'autres formes pour le testament olographe que l'écriture en entier, la date et la signature par le testateur, l'addition de formalités incomplètes ne saurait lui préjudicier, suivant la règle *utile per inutile non vitiatur.* — Toullier, t. 5, no 480 ; Delvincourt, t. 2, p. 311 ; Duranton, t. 9, no 138 ; Grenier, t. 1er, no 276 (il avait d'abord émis l'opinion contraire) ; Merlin, *Quest.*, vo *Testament*, § 6 (depuis, après avoir abandonné cette opinion, il y est revenu). — Favard de Langlade (vo *Testament*, sect. 1re, § 4, nos 16 et 17) se prononce également pour la validité, mais pour le cas seulement où le testateur n'aurait pas paru subordonner la validité de ses dispositions à l'accomplissement des formalités prescrites par le testament mystique.

1119. — La jurisprudence la plus générale décide également que le testament nul comme mystique peut valoir comme testament olographe, s'il est écrit, daté et signé de la main du testateur. — *Cass.*, 6 juin 1815, Brechard c. Deschamps ; *Bastia*, 14 mars 1822, Grimaldi ; *Nîmes*, 30 mai 1823, Javel c. Raymond ; *Caen*, 26 janv. 1826, Grammont c. Benoist ; *Cass.*, 23 déc. 1828, Gauthey c. Goyard.

1120. — En tous cas, on ne saurait refuser le caractère du testament olographe au testament mystique, lorsqu'il a été expressément dit par le testateur, dans le corps du testament et dans l'acte de suscription, que sa disposition était entièrement écrite, datée et signée de sa main. — *Aix*, 18 janv. 1808, Viale c. Rigo.

Sect. 5e. — *Ouverture, dépôt et vérification du testament mystique.*

1121. — Le testament mystique doit rester clos et scellé comme il l'a été en présence du notaire et des témoins, pour n'être ouvert qu'après le décès du testateur.

1122. — Cependant il peut se faire que dès avant cette époque il soit ouvert par le testateur ou par un tiers agissant par ordre de celui-ci. Cette ouverture est réputée avoir lieu dans le but d'annuler ou de révoquer le testament. — V. *infrà*.

1123. — Toutefois, l'ouverture du testament faite avant la mort du testateur n'opère point la nullité de l'acte, si cette ouverture a eu lieu par l'effet d'une circonstance indépendante de la volonté du testateur. — *Cass.*, 20 mai 1812, Malgouyré c. Gisbert.

1124. — Après le décès du testateur, l'ouverture du testament mystique ne peut régulièrement être faite que par ceux à qui la loi en a donné la mission.

1125. — Sous l'ordonnance de 1735, un testament mystique n'était pas nul par le seul motif que l'ouverture en avait été faite par des gradués remplaçant des juges absens, au greffe et non à l'audience, sans que la minute du testament fût paraphée, et que l'ordonnance d'ouverture fût signée par le greffier. — *Cass.*, 7 avr. 1806, Ollivier c. Desmoutier.

1126. — Sous l'empire de l'ordonnance de 1735, un testament mystique ne devenait pas caduc, encore qu'au lieu d'être ouvert à l'audience il le fût au greffe ; que la minute n'en fût ni paraphée ni transcrite dans le procès-verbal d'ouverture ; que les juges de la juridiction, étant absens ou empêchés, l'ouverture s'en fit devant le plus ancien gradué du lieu ; enfin que le greffier ne signât ni l'ordonnance rendue par le juge pour l'ouverture ni le procès-verbal de l'ouverture du testament. — *Cass.*, 7 avr. 1809, Desmoutier c. N.....

1127. — Aujourd'hui, il faut appliquer au testament mystique tout ce qu'on a dit et fait relativement à la présentation au président du tribunal à l'ouverture, à la description et au dépôt du testament olographe, mais il y a de plus cette circonstance que l'ouverture du testament mystique ne peut se faire qu'en présence de ceux des notaires et des témoins signataires de l'acte de suscription qui se trouvent sur les lieux ou eux appelés. — C. civ., art. 1007.

1128. — Jugé qu'en conséquence les testamens mystiques sont assimilés aux testamens olographes, et soumis, par conséquent, à la formalité du dépôt. — *Montpellier*, 8 avr. 1839, (t. 2 1839, p. 118), de Roquefeuil c. Devic.

1129. — ... Que l'ordonnance du président du tribunal civil qui, sur la présentation d'un testament mystique, en ordonne le dépôt, est susceptible d'appel. — Même arrêt.

1130. — ... Que lorsque le choix du notaire désigné blesse les intérêts de la famille et les convenances, les héritiers ont le droit de demander que le testament soit déposé entre les mains du notaire qui le tenait de la confiance du testateur. Et que de plus, le notaire, privé de ce dépôt, a le droit d'intervenir sur l'appel, et de demander que le testament dont il a été dépouillé sans motif légitime soit réintégré dans ses minutes. — Même arrêt

1131. — Un mineur n'est pas recevable à se plaindre de l'inobservation des formalités prescrites pour l'ouverture d'un testament mystique, lorsque toutes les opérations relatives à cette ouverture ont été faites à la réquisition formelle de son tuteur. — *Cass.*, 8 avr. 1806, Nauthon c. Pellet.

1132. — Lorsque, après le décès du testateur, le testament mystique est ouvert d'autorité privée au lieu d'être, conformément à l'art. 1007, C. civ., présenté au président du tribunal, il ne devient pas caduc pour cela ; car le code n'ayant pas sanctionné les dispositions de cet art 1007 par la peine de nullité, on ne peut la suppléer. — Merlin, *Rep.*, vo *Testament*, sect. 2e, § 3, art. 3, no 25 ; Rolland de Villargues, vo *Testament*, no 271.

1133. — Dans le cas où le testateur n'a point laissé d'héritiers à réserve, le légataire universel nommé par un testament mystique est tenu de se faire envoyer en possession par une ordonnance du président mise au bas d'une requête à laquelle sera joint l'acte de dépôt. — C. civ., art. 1006 et 1008.

1134. — Mais y a-t-il lieu d'appliquer ce qui a été dit plus haut en parlant du testament olographe, relativement à la nécessité d'une vérification préalable, en cas de dénégation de la signature du testateur ?

1135. — D'abord il est évident que le testament mystique présenté au notaire et aux témoins, clos et scellé comme il est dit en l'art. 976, fait foi de la signature du testateur. — Merlin, *Rép.*, vo *Testament*, sect. 2e, § 3, art. 3, no 29 ; Coin-Delisle, sur l'art. 976, no 6.

1136. — Ensuite, jugé que le testament mystique régulier dans la forme et lorsque les cachets de l'enveloppe ont été reconnus sains et entiers est un acte authentique, en ce sens que la dénégation de la signature du testateur n'autorise pas le juge à ordonner la vérification de l'écriture ou à suspendre l'exécution de l'acte ; un pareil testament ne peut, dans ce cas, être valablement attaqué que par la voie de l'inscription de faux. — *Bruxelles*, 23 mars 1811 Hubens c. N... ; *Besançon*, 22 mai 1845 (t. 2 1846, p. 473), Pourron c. Bécoulet. — Duranton t. 9, no 145 ; Toullier, t. 5, no 501 ; Poujol, art. 979, no 21.

1137. — Jugé également qu'un testament mystique est un titre authentique dont les juges doivent ordonner l'exécution provisoire, quoique sa validité soit contestée. — *Bordeaux*, 7 sept. 1829, Goursier c. Sallegourde.

1138. — Jugé au contraire qu'un testament mystique n'est point un acte authentique. — *Paris*, 10 juin 1848 (t. 2 1848, p. 168), Rousse c. De Casariera.

1139. — Et l'acte de suscription ne saurait lui donner ce caractère ; en conséquence, si la signature du contrat est méconnue, ceux qui veulent se prévaloir du testament sont tenus d'en poursuivre la vérification. — Zachariæ, t. 5, § 671.

1140. — Quoi qu'il en soit jugé que l'héritier légitime a le droit de faire apposer les scellés, bien qu'il y ait un légataire universel. — *Nîmes*, 27 déc. 1810, Boyer c. Sévenne.

CHAPITRE V. — *Règles particulières pour la forme de certains testamens.*

1141. — Il y a certains testamens à l'égard desquels le législateur ne pouvait, à raison des

circonstances, exiger l'accomplissement des formalités voulues pour les testamens ordinaires — On donne à ces testamens le nom de *testamens privilégiés*.

1142. — Ce sont : 1° le testament militaire, 2° le testament fait en temps de peste ou aussi de maladie contagieuse, 3° le testament fait sur mer, 4° enfin le testament fait en pays étranger.

1143. — Chacun de ces testamens a ses règles particulières. Cependant ces différentes espèces, et surtout les trois premières, ont entre elles un grand nombre de règles communes. De là les cinq divisions suivantes.

Sect. 1re. — *Testament militaire.*

1144. — Le testament militaire est celui qui est fait par un militaire en activité de service ou par un individu employé dans les armées. — Duranton, t. 9, n° 147.

1145. — En droit romain, le testament militaire étant l'objet de priviléges nombreux, presque aucune formalité ne lui était imposée: on allait jusqu'à permettre au testateur de tracer ses dernières volontés sur le sable. Il pouvait impunément omettre ses enfans, léguer plus des trois quarts de ses biens, mourir partie testat et partie intestat, disposer de son hérédité même par codicille. — ff., liv. 29, tit. 1; cod., liv. 6, tit. 21; Inst., liv. 2, tit. 2. — Mais ces divers priviléges, qui se placent dans la période écoulée de César à Trajan, n'étaient pour la plupart qu'une satisfaction donnée aux exigences politiques.

1146. — Le testament militaire des Romains passa dans les pays de droit écrit.

1147. — Dans les pays coutumiers, au contraire, le fond du testament fut maintenu, même pour les militaires; seulement quelques modifications furent introduites quant aux formes.

1148. — Les art. 27 et suivans de l'ordonnance de 1735 ont été consacrés aux testamens militaires.

1149. — Les testamens des militaires qui ont survécu à la publication de la loi du 18 pluv. an V ne sont pas valables, même quant à la portion disponible, s'ils n'ont point été refaits ou renouvelés conformément à l'art. 47, L. 22 vent an II. — *Cass.*, 22 niv. an XI, Gardon.

1150. — Les testamens des militaires et des employés dans les armées peuvent, en quelque pays que ce soit, être reçus par un chef de bataillon ou d'escadron ou par tout officier d'un grade supérieur, en présence de deux témoins, ou par deux commissaires des guerres ou par un de ces commissaires en présence de deux témoins. — C. civ., art. 981. — Les commissaires des guerres ont été remplacés par les sous-intendans militaires. — V. ord. des 29 juill. 1817, 26 déc. 1827, 10 janv. 1829 et 11 déc. 1830.

1151. — Les gardes nationaux appelés, en vertu de l'art. 189 de la loi du 22 mars 1834, à la défense des places fortes, des côtes et des frontières du royaume, comme corps détachés et auxiliaires de l'armée active, doivent être mis au nombre des militaires. — Coin-Delisle, sur les art. 981 et 982.

1152. — *Par individus employés dans l'armée*, il faut entendre les personnes qui suivent l'armée en vertu de commissions, quand même ces commissions se rattacheraient à des fonctions purement civiles ou à une mission scientifique. — Merlin, *Rép.*, v° *Testament*, sect. 2e, § 3, art. 8; Coin-Delisle, art. 981, n° 2.

1153. — L'art. 31 de l'ordonnance de 1735 admettait à la faveur du testament militaire: « ceux qui, n'étant ni officiers ni engagés dans les troupes, se trouvent à la suite des armées ou chez les ennemis, soit pour les services qu'ils rendent aux officiers, soit à l'occasion des vivres et munitions des troupes. » Le Code civil a remplacé cet article par les mots plus restreints dans leur portée: *d'individus employés dans les armées*, qui ne comprennent que les individus employés dans les armées en vertu de commission. — Coin-Delisle, *ibid.*

1154. — Ainsi, les simples domestiques des officiers ne sont pas compris dans *les employés dans les armées*. — Coin-Delisle, *ibid.*

1155. — Deux sous-intendans militaires ont le droit de recevoir un testament sans être assistés de témoins; mais un seul sous-intendant doit être assisté de deux témoins. — Coin-Delisle, art. 981 et 982, n° 3.

1156. — Mais deux chefs d'escadron ou de bataillon ne peuvent recevoir le testament d'un militaire; il leur faut l'assistance de deux témoins, ou au moins d'un, parce qu'alors le second officier supérieur tiendrait lieu du second témoin. — Coin-Delisle, *ibid.*, n° 3; Poujol, sur l'art. 981.

1157. — Il n'est pas nécessaire que l'officier supérieur appartienne au corps dans lequel se trouve le militaire qui veut tester. — Coin-Delisle, *ibid.*

1158. — Les testamens peuvent encore, si le testateur est malade ou blessé, être reçus par l'officier de santé en chef, assisté du commandant militaire chargé de la police de l'hospice. — C. civ., art. 982.

1159. — L'art. 982 s'applique aux ambulances comme aux hospices. — Jourdan, séance du 25 vent. an XI; Coin-Delisle, *loc. cit.*, n° 4.

1160. — Les dispositions des art. 981 et 982 n'auront lieu qu'en faveur de ceux qui seront en expédition militaire ou en quartier, ou en garnison hors du territoire français, ou prisonniers chez l'ennemi, sans que ceux qui seront en quartier ou en garnison dans l'intérieur puissent en profiter, à moins qu'ils ne se trouvent dans une place assiégée ou dans une citadelle et autres lieux dont les portes soient fermées et les communications interrompues à cause de la guerre. — C. civ., art 983. — L'art. 30, ord. 1735, contenait une semblable disposition.

1161. — On est considéré comme étant en expédition militaire, lorsqu'on est parti pour sa destination; mais pour pouvoir tester militairement, il faut être sur le territoire étranger. — Coin-Delisle, sur l'art. 983, n° 1er.

1162. — Le militaire qui se trouve dans une place assiégée peut tester militairement même dans le temps où les hostilités sont suspendues. — Coin-Delisle, art. 983, n° 1er.

1163. — Le testament d'un général commandant une place assiégée a été valablement reçu par un commissaire des guerres assisté de deux témoins, bien que les notaires aient toujours librement exercé leurs fonctions dans la place, et qu'il y ait eu même une suspension d'hostilités au moment du testament. — Le fait du siége est suffisamment attesté par des certificats de trois officiers supérieurs. — *Paris*, 1er déc. 1815, Pélissier c. Gratien.

1164. — Un officier remplacé dans son commandement peut tester *jure militari*; son grade, et par conséquent sa qualité de militaire persiste, malgré la cessation de ses fonctions. — Vazeille, art. 983; Coin-Delisle, art. 983, n° 1er. — V. *contrà*, Delvincourt. — V. L. 20, ff., *De testam. milit.*

1165. — Il en doit être de même du soldat en congé tant qu'il n'a pas encore atteint les frontières de France. — L. 38, ff., § 1er, *loc cit.* — Coin-Delisle, *ibid.*

1166. — Le testament fait dans la forme militaire est nul six mois après que le testateur est revenu dans un lieu où il a la liberté d'employer les formes ordinaires. — C. civ., art. 984. — Car alors a cessé l'impossibilité de tester d'après les règles ordinaires. — Duranton, t. 9, n° 153.

1167. — Si, avant que le délai de six mois fût expiré, le testateur se trouvait de nouveau, soit en campagne, soit dans une ville assiégée, le testament reprendrait force pour six mois encore. — Delvincourt, note 3, sur la page 88; Duranton, n° 153; Coin-Delisle, sur l'art. 984; Zachariæ, t. 5, § 672 — V. aussi L. 38, § 1er, ff., *De testam. milit.*

1168. — Le testament militaire échappe à la déchéance prononcée par l'art. 984 si le testateur le fait revêtir de la forme mystique dans l'intervalle compétent. — Coin-Delisle, art. 979, n° 6-3°.

1169. — L'officier supérieur qui a reçu le testament doit en transmettre la minute au ministre de la guerre, qui est chargé de sa conservation et d'en délivrer une expédition. — Poujol, sur les art. 981 à 984.

1170. — Au surplus, une instruction générale du ministre de la guerre, du 8 mars 1823 (*Journ. milit. officiel* 1823, 1er sem., p. 341), a arrêté les mesures relatives à l'envoi des testamens faits à l'armée et à leur mise à exécution. Ces mesures sont analogues à celles tracées dans les art. 991 et 992, relativement aux testamens faits sur mer. — Coin-Delisle, art. 992, n° 3.

Sect. 2e. — *Testament fait pendant une maladie contagieuse.*

1171. — En droit romain, une constitution de Dioclétien et de Maximien à l'égard des testamens de ceux qui étaient atteints d'une maladie contagieuse dispensait les témoins de se présenter devant le testateur, et même de se réunir entre eux. — L. 8, C., *De testam.*, liv. 6, tit. 23.

1172. — Les pays de droit écrit, exposés souvent aux maladies contagieuses, allèrent plus loin, et assimilèrent, pour ainsi dire, ces testamens à ceux des militaires. Ces principes furent repoussés par le Parlement de Paris. — Coin-Delisle, n° 2, sur la sect. 2e, chap. 5, *Donat. et Test.*

1173. — Sous l'ordonnance de 1735, c'était aux curés, vicaires et desservans des paroisses, qu'il appartenait de recevoir les testamens en temps de peste, mais ils n'avaient pas qualité pour en délivrer copie. — Art. 26.

1174. — Les testamens faits dans un lieu avec lequel toute communication est interceptée à cause de la peste ou autre maladie contagieuse peuvent être faits devant le juge de paix ou devant l'un des officiers municipaux de la commune en présence de deux témoins. — C. civ., art. 985.

1175. — ... Mais il faut que les communications soient interceptées officiellement. — Coin-Delisle, art. 985, n° 2.

1176. — Ainsi, jugé que l'art. 985, C. civ., ne peut être étendu au cas d'une épidémie telle que le *choléra morbus*, qui n'a point nécessité de mesures extraordinaires ayant pour but de séquestrer les habitans et de leur interdire les communications avec d'autres lieux. — *Aix*, 16 déc. 1836 (t. 1er 1837, p. 401), Marcel.

1177. — Le juge de paix ou l'officier municipal dont parle l'art. 985 est celui du lieu où le testament est passé. — Coin-Delisle, art. 985, n° 3.

1178. — Deux juges de paix ou deux officiers municipaux ne pourraient recevoir le testament; il faut qu'ils soient assistés de témoins. — Coin-Delisle, n° 5.

1179. — Les membres des autorités sanitaires préposées aux lazarets ont le droit de recevoir les testamens des personnes soumises à la quarantaine, quand même aucune maladie contagieuse ne se serait déclarée. — L. 3 mars 1822, art. 19. — V. cependant POLICE SANITAIRE, n° 19.

1180. — C'est le président semainier de l'intendance ou de la commission sanitaire qui remplit les fonctions d'officier public. — Duranton, t. 9, n° 158 *bis*.

1181. — La disposition de l'art. 985 a lieu, tant à l'égard de ceux qui seraient attaqués des maladies contagieuses, que de ceux qui seraient dans les lieux qui en sont infectés, encore qu'ils ne fussent pas actuellement malades. — C. civ., art. 986. — V. ordonn. de 1735, art. 36.

1182. — Les testamens faits en temps de peste ou autre maladie contagieuse, dans le cas des art. 985 et 986, deviennent nuls six mois après que les communications ont été rétablies dans le lieu où le testateur se trouve, ou six mois après qu'il a passé dans un lieu où elles ne sont point interrompues. — C. civ., art. 987.

Sect. 3e. — *Testament fait sur mer.*

1183. — Dans l'ancien droit, la forme des testamens faits sur mer était réglée par les ordonn. de 1681, liv. 3, tit. 11, art. 1, 2 et 3, et de 1689, liv. 4, tit. 3, art. 47. — V. aussi ff., liv. 37, tit. 13, L. 1, § 1er, pour les testamens des *navarchi* et des *trierarchi*.

1184. — Aujourd'hui les testamens *faits sur mer*, dans le cours d'un voyage, pourront être reçus, savoir : — A bord des vaisseaux et autres bâtimens de la république, par l'officier commandant le bâtiment, ou, à son défaut, par celui qui le supplée dans l'ordre du service, l'un ou l'autre conjointement avec l'officier d'administration ou avec celui qui en remplit les fonctions. — Et à bord des bâtimens de commerce, par l'écrivain du navire (V. à ce sujet ÉQUIPAGE [gens d'], nos 13 et suiv.), ou celui qui en fait les fonctions, l'un ou l'autre conjointement avec le capitaine, le maître ou le patron, ou, à leur défaut, par ceux qui les remplacent. — Dans tous les cas ces testamens devront être reçus en présence de deux témoins. — C. civ., art. 988. — V. art. 989.

1185. — Ces dispositions s'appliquent, non seulement aux voyages de long cours, mais encore aux voyages de cabotage et même de petit cabotage. — Furgole, *Test.*, chap. 2, sect. 2e, nos 9 et 10; Coin-Delisle, art. 995, n° 2.

1186. — Tant que le voyage n'est pas commencé, le testament ne peut être fait que dans les formes ordinaires, quand même on séjournerait à bord. — Duranton, t. 9, n° 159.

1187. — A défaut des officiers mentionnés dans l'art. 988, ce sont ceux qui viennent immédiatement après dans l'ordre du service. — Coin-Delisle, art. 988, n° 4.

1188. — Sur les bâtimens de l'état, le testament du capitaine ou celui de l'officier d'administration, et, sur les bâtimens de commerce, celui du capitaine, maître ou patron, ou celui de l'écrivain, peuvent être reçus par ceux qui viennent après eux dans l'ordre du service, en se conformant pour le surplus aux dispositions de l'article précédent. — C. civ., art. 989.

1189. — Dans tous les cas, il doit être fait un

double original des testamens mentionnés aux art. 988 et 989. — C. civ., art. 990.

1190. — Mais ce n'est là qu'une forme extrinsèque dont l'inobservation n'entraînerait pas la nullité du testament. — Poujol, Vazeille et Coin-Delisle, sur l'art. 990. — *Contrà* Delvincourt, t. 2, p. 89, note 2e.

1191. — Si le testateur venait à mourir pendant qu'on dresserait le second original, le testament n'en serait pas moins valable. — Coin-Delisle, art. 990, n° 1er.

1192. — Si le bâtiment aborde dans un port étranger dans lequel se trouve un consul de France, ceux qui auront reçu le testament sont tenus de déposer l'un des originaux, clos ou cacheté, entre les mains de ce consul, qui le fera parvenir au ministre de la marine, et celui-ci en fera faire le dépôt au greffe de la justice de paix du lieu du domicile du testateur. — C. civ., art. 991.

1193. — Si le testateur est décédé avant le dépôt du testament, son acte de décès doit être déposé en même temps, soit à la chancellerie du consulat, soit au bureau de l'inscription maritime, comme il est prescrit par les art. 60, 86 et 87, C. civ. — Coin-Delisle, art. 991, n° 2.

1194. — Au retour du bâtiment en France, soit dans le port de l'armement, soit dans un port autre que celui de l'armement, les deux originaux du testament, également clos et cachetés, ou l'original qui resterait, si, conformément à l'article précédent, l'autre avait été déposé pendant le cours du voyage, sont remis au bureau du préposé de l'inscription maritime; ce préposé les fait passer sans délai au ministre de la marine, qui en ordonne le dépôt, ainsi qu'il est dit au même article. — C. civ., art. 992.

1195. — De ce que le ministre envoie le testament au greffe de la justice de paix, on en avait conclu qu'après la mort du testateur, c'était au greffier qu'appartenait le droit d'en délivrer expédition (Delaporte sur l'art. 991, n° 302; Vazeille sur l'art. 992); mais cette opinion est combattue, et avec raison, par M. Coin-Delisle (sur l'art. 992, n° 3). «Cette conséquence est fausse, dit-il; le paquet est envoyé au greffe de la justice de paix, parce que c'est là que la famille s'adressera pour l'apposition des scellés, et le juge de paix, quand le décès sera connu, devra faire la présentation du testament au président du tribunal civil qui en dressera procès-verbal et ordonnera le dépôt chez un notaire, suivant les art. 1007, C. civ., et 917 et 918, C. procéd. civ. La loi constitue bien le greffier dépositaire du paquet cacheté; mais comme elle n'indique ni la personne qui ouvrira le paquet, ni les formalités qui en accompagneront l'ouverture, ni quel en sera le dépositaire après l'ouverture, il faut recourir au droit commun. »

1196. —Les formalités prescrites par ces articles sont purement réglementaires et extrinsèques; leur absence n'entraînerait pas la nullité du testament. — Coin-Delisle, art. 981, n° 1er.

1197. — Il doit être fait mention sur le rôle du bâtiment, à la marge, du nom du testateur, de la remise qui aura été faite des originaux du testament, soit entre les mains d'un consul, soit au bureau d'un préposé de l'inscription maritime. — C. civ., art. 993.

1198. — Le testament ne sera point réputé fait en mer, quoiqu'il l'ait été dans le cours du voyage, si, au temps où il a été fait, le navire avait abordé une terre, soit étrangère, soit de la domination française où il y aurait un officier public français; auquel cas, il ne sera valable qu'autant qu'il aura été dressé suivant les formes prescrites en France, ou suivant celles usitées dans les pays où il aura été fait. — C. civ., art. 994.

1199. — Les dispositions ci-dessus sont communes aux testamens faits par les simples passagers qui ne font point partie de l'équipage. — C. civ., 995.

1200. — Cet article fait cesser une controverse soulevée par le texte de l'art. 2 de l'ordonn. de 1681, et duquel on voulait induire que les voyageurs, n'avaient pas le droit de tester *nautico jure*. — V. *contrà* Valin, sur l'art. 1er de l'ordonn., et Furgole, *Testamens*, chap. 2, sect. 2e, n° 9. — Aujourd'hui la difficulté est tranchée.

1201. — Sont considérés comme passagers, les militaires de l'armée de terre dont le corps est embarqué, même avec l'état-major. — *Instruct. du min. de la guerre* du 24 brum. an XII et du 8 mars 1823.—Delvincourt, note 5e sur la p. 88, t. 2. — Ils conservent aussi, dans ce cas, le droit de tester *jure militari*. — Coin-Delisle, art. 995, n° 3.

1202. — « Le testament fait sur mer, en la forme prescrite par l'art. 988, ne sera valable qu'autant que le testateur mourra en mer, ou dans les trois mois après qu'il sera descendu à terre dans un lieu où il aura pu le refaire dans les formes ordinaires. » — C. civ., art. 996. — Suivant l'ord. 1681, au contraire, le testament ne pouvait valoir qu'autant que le testateur serait mort en mer. — Liv. 3, tit. 11, art. 1er.

1203. — Le testament fait sur mer ne peut contenir aucune disposition au profit des officiers du vaisseau, s'ils ne sont pas parens du testateur. — C. civ., art. 997.—V. DISPOSITION A TITRE GRATUIT, nos 549 et suiv.

1204.— M. Beaussant (*Code marit.*, t. 1er, n° 152) excepte encore le cas de rémunération à titre particulier, eu égard à la fortune du testateur et aux services rendus.

1205. — L'art. 997, C. civ., comprend tous les parens au degré successible, c'est-à-dire jusqu'au douzième inclusivement. — Duranton, t. 9, n° 167; Poujol, art. 988 et suiv.—M. Vazeille (sur l'art. 997) critique cette solution qu'il taxe d'arbitraire. A quoi M. Coin-Delisle (sur l'art. 997, n° 4) répond qu'il y aurait au contraire arbitraire à décider autrement, puisqu'on ne saurait plus où s'arrêter, et qu'il n'y a plus de parenté civile là où la loi cesse de faire produire des effets à la parenté.

1206. — Cette incapacité des officiers du navire existe non-seulement pour le testament reçu en la forme prescrite par les art. 988 et suiv., C. civ., mais encore par le testament olographe fait en la forme ordinaire, par le testateur seul, pendant la traversée. — Valin, sur l'art. 3, tit. 2 de l'ordon. 1681; Beaussant, t. 1er, n° 152.

1207. — Le Code civil n'a pas reproduit la disposition de l'ordonnance de 1681, qui ne permettait au marin de disposer par testament fait en mer que des seuls effets qu'il avait dans le vaisseau et de ce qui pouvait lui être dû de ses gages. — Liv. 3, tit. 2, art. 2. — Toutefois il est à remarquer que, suivant l'art. 47, tit. 3, liv. 4, de l'ord. de 1689, les marins militaires avaient des droits de disposer bien plus étendus.

Sect. 4e. — *Règles communes aux trois espèces de testamens qui précèdent.*

1208.—On vient de voir que le Code civil trace des règles particulières pour chacune des trois espèces de testamens qui précèdent. De plus, l'art. 1001 ajoute que ces formalités doivent être observées à peine de nullité.

1209. — Indépendamment de ces règles propres à chaque espèce, il en est d'autres qui leur sont communes et qui font l'objet de l'art. 998.

1210.— « Les testamens compris dans les articles ci-dessus de la présente section, porte l'art. 998, § 1er, seront signés par les testateurs et par ceux qui les auront reçus. »

1211.—Mais il n'est pas nécessaire de faire mention de l'accomplissement de la formalité; il suffit que cela résulte du testament même. — Duranton, t. 9, n° 150; Zachariæ, t. 5, § 672.

1212.—Si le testateur déclare qu'il ne sait ou ne peut signer, il doit être fait mention de sa déclaration ainsi que de la cause qui l'empêche de signer. — Cod. civ., art. 998, § 2.—Le tout à peine de nullité.—C. civ., art. 1001.

1213.—Dans le cas où la présence de deux témoins est requise, le testament sera signé au moins par l'un d'eux, et il sera fait mention de la cause pour laquelle l'autre n'aura pas signé. — C. civ., art. 998, § 3. — Le tout également à peine de nullité.—C. civ., art. 1001.

1214.—Mais de ce que des formes particulières ont été tracées, faut-il induire que les règles spéciales tracées par le Code pour ces sortes de testamens soient seules applicables et que les règles générales doivent leur rester complétement étrangères?

1215.—L'ord. de 1735 traitait à la fois des testamens ordinaires et des testamens privilégiés, d'où il résulte que l'on devait appliquer à ces derniers, comme aux autres, la plupart de ses dispositions.

1216.—Sous la législation actuelle, des auteurs pensent que les règles posées dans la section sur les testamens privilégiés sont spéciales à la matière qui y est traitée et suffisent à leur sujet; que dès-lors il n'est pas nécessaire de recourir aux règles générales de la section précédente.—Grenier, n° 278; Duranton, t. 9, nos 150, 157; Poujol, art. 981, n° 2.

1217.—M. Coin-Delisle (ch. 5, sect. 2e, nos 3 et suiv.) soutient au contraire, et avec raison ce nous semble, que l'intitulé des deux sections peut induire en erreur, mais que quand on en examine les dispositions, on reconnaît que dans la première il existe des règles dont la seconde ne saurait se passer, et que, malgré le titre de *Règles générales* donné à la première section, il s'y rencontre des dispositions particulières à des espèces déterminées de testamens.

1218. — Ainsi, sont applicables aux testamens privilégiés : 1° L'art. 967, C. civ., qui permet de disposer de ses biens soit sous le titre d'institution d'héritier, soit sous tout autre titre ou dénomination.—Coin-Delisle, n° 5.

1219.— ... 2° L'art. 968, C. civ., qui ne permet pas de tester par disposition réciproque et mutuelle.—Coin-Delisle, *ibid.*

1220.— ... 3° L'art. 969, C. civ., sur les trois formes de testamens.— Coin-Delisle, n° 6. — Il en est de même de l'art. 978, sur l'incapacité pour celui qui ne sait ou ne peut lire de faire un testament mystique.—V. spécialement, pour ce qui a rapport à la forme mystique, le plaidoyer de M. Daniels, au *Rép.* de Merlin, v° *Testament*, sect. 2e, § 3, art. 3, n° 10.

1221.— ... 4° L'art. 970, C. civ.; dès-lors, si pour un testament fait à l'armée, en temps de peste ou sur mer, le testateur prend la forme olographe, toutes les formalités de cet article doivent être observées.—Coin-Delisle, *ibid.*

1222.—Mais les art. 971 et 972 ne seraient point applicables, attendu qu'ils contiennent des règles spéciales au testament par acte public. — Duranton, t. 9, n° 150; Vazeille, *Des testamens*, art. 981, n° 3; Coin-Delisle, n° 7.

1223. — Ainsi, le testament militaire peut être fait par signe, pourvu qu'il soit signé du testateur. —Coin-Delisle, n° 9.

1224.—De même, le testament militaire ne serait pas nul par cela seul que des interrogations auraient été adressées au testateur. — Coin-Delisle, n° 9.

1225.—Les officiers chargés de recevoir les testamens privilégiés ne sont pas astreints à écrire eux-mêmes les testamens qu'ils reçoivent; leur signature suffit pour leur en faire attribuer la réception.—Duranton, t. 9, n° 150; Coin-Delisle, n° 8; Zachariæ, t. 5, § 672: Poujol, art. 998, n° 4.

1226.—La mention de la dictée, de l'écriture et de la lecture du testament en présence des témoins n'est pas, pour les testamens exceptionnels, prescrite à peine de nullité.—V. Duranton, n° 150; Vazeille, art. 981, n° 3; Poujol, art. 998, n° 1er. — ... Pas plus que la mention des signatures.—Coin-Delisle, n° 10, art. 998.

1227.—Il est suppléé aux art. 973 et 974 par les deux premiers et le dernier alinéas de l'art. 998. — Coin-Delisle, *ibid.*

1228.— ... 5° L'art. 975, qui exclut certaines personnes comme témoins. — Zachariæ, t. 5, § 672. — L'ord. de 1735 le voulait ainsi, et c'est encore ainsi que l'ont entendu les instructions du ministre de la guerre.—V. Instr. 24 brum. an XII (Duvergier, à sa date) et 8 mars 1823 (*Journal milit. officiel*, 1er sem. 1823, p. 366).

1229.—Mais il ne faudrait pas assimiler les commis ou secrétaires d'un officier d'état-major aux clercs des notaires. — Coin-Delisle, n° 12.—V. cependant mêmes instr. minist.

1230.— ... 6° L'art. 980, qui fixe les règles de capacité des témoins. — Coin-Delisle, n° 17; Zachariæ, t. 5, § 673.—Poujol pense, au contraire, qu'on peut admettre comme témoins à ces testamens les femmes et même les étrangers.

1231.—Ainsi, les témoins appelés aux testamens militaires doivent toujours être mâles, majeurs, républicoles, jouissant des droits civils. Cependant il y aurait lieu, conformément à l'art. 40, ord. de 1735, d'admettre des étrangers, pourvu qu'ils ne fussent pas notés d'infamie.—Coin-Delisle, n° 17.

1232.—Les officiers chargés de recevoir les testamens privilégiés ne sont pas soumis à l'observation des formalités prescrites par la loi du 25 vent. an XI, sur le notariat.—Grenier, *Des testamens*, n° 279; Duranton, t. 9, n° 150; Delvincourt, t. 2, p. 87, note 2e.

1233.—Toutefois, les ratures, les surcharges et les interlignes doivent être approuvés.—Poujol, t. 2, art. 995, n° 3.

1234.—Il n'est pas nécessaire d'exprimer la qualité de l'officier qui les reçoit. — V. Duranton, nos 150 et 157.

1235.—Les testamens privilégiés doivent être datés; ils doivent l'être du lieu et du temps, pour indiquer qu'ils ont été faits au temps et au lieu sujets à l'exception. — Mais il n'y aurait pas nullité par suite du défaut de date.— Coin-Delisle, n° 18.—Il en était autrement sous l'empire de l'ord. de 1735 (art. 38).

1236.—Les notaires peuvent recevoir les testamens privilégiés, et alors ils sont dispensés d'observer les règles de la première section. « Pendant un siége ou pendant la contagion, dit M. Coin-Delisle, n° 19), la présence d'un notaire ne diminue pas les difficultés de rassembler le nombre de témoins nécessaires et de la qualité requise; il y a donc pour les notaires la même raison d'indulgence. »—V, ord. 1735, art. 27 et 33.—Toutefois, ils

sont toujours tenus de se conformer aux règles de rédaction prescrites par la loi du 25 vent. an XI, par exemple, en ce qui concerne les surcharges, les ratures, les interlignes.—Coin-Delisle, nº 20.

Sect. 5e. — *Testament fait en pays étranger.*

1237.—Un Français qui se trouve en pays étranger peut faire ses dispositions testamentaires par acte sous signature privée, ainsi qu'il est prescrit en l'art. 970, ou par acte authentique, avec les formes usitées dans le lieu où cet acte sera passé. —C. civ., art. 999.

1238.—Cette application de la règle du droit des gens : *Locus regit actum*, était déjà reconnue dans notre ancien droit. — Ricard, *Donat.*, part. 1re, nº 1295; Pothier, *Donat. testament.*, ch. 1er, art. 2, § 1er.

1239.—Autrefois, les chanceliers de consulat (V. CONSUL) pouvaient (V. ord. de 1681, liv. 1er, tit. 9; arr. du cons. 3 mars 1781 ; ord. 12 mars 1781, *sur les actes de donat. et testam. dans les échelles du Levant*; convent. entre la France et les Etats-Unis d'Amér. 6 nov. 1788) recevoir les testamens dans l'étendue du consulat, et ces testamens étaient réputés solennels et exécutoires tant sur les biens de France que sur ceux situés sur le territoire étranger (à moins de disposition contraire dans les traités), pourvu qu'ils eussent été reçus en présence du consul et de deux témoins. — Art. 24, tit. 9, ord. 1681.

1240.—Jugé que la présence du consul au testament d'un Français reçu en pays étranger, conformément à cet article de l'ordonnance, doit être constatée non seulement par la mention qu'en fait dans l'acte le chancelier du consulat, mais encore par la signature du consul. — *Paris*, 27 août 1825, Dugommier c. Colette.

1241.—Ces dispositions sont-elles encore en vigueur aujourd'hui ? —Quelques auteurs ont pensé que le droit des chanceliers de consulat n'avait, quant aux testamens, subi aucune modification par suite de la publication du Code.—Merlin, *Rép.*, vº *Testament*, sect. 2e, § 3, art. 8 ; Delvincourt, t 2, note 7e, sur la p. 88 ; Coin-Delisle, nos 8 et suiv., sur l'art. 999.—V. principalement la dissertation de cet auteur.

1242.—D'autres auteurs pensent même que les consuls ont le droit de recevoir les testamens de la même manière que les notaires en France. — Pardessus, nº 1466 ; Beaussant, *C. marit.*, t. 2, p. 590.—V. CONSUL, nº 317.

1243.—Mais d'autres auteurs refusent à tout officier français, hors du territoire de France, le droit de recevoir les testamens des Français.—Grenier, nº 280 ; Duranton, nº 160 ; Poujol, nº 4 ; Vazeille, nº 2, sur l'art. 994.—Suivant eux, cela résulte des termes et de l'esprit des ord. des 20 et 23 août, 23, 25 et 26 oct. 1833. D'ailleurs, d'après la loi du 30 ventôse an XI, la publication du Code civil a abrogé toutes les lois anciennes sur la forme des testamens ; et non seulement le Code civil n'a formulé aucune règle nouvelle sur les pouvoirs des chanceliers ou des consuls à cet égard, mais encore on peut, des art. 48 et 994, induire que le législateur a eu la volonté de leur retirer le pouvoir conféré par l'ord. de 1681.

1244. — La même prohibition doit également frapper les ambassadeurs ou autres agens diplomatiques français, alors même qu'ils observeraient dans la réduction de ce testament les formes voulues par la loi française.—Duranton, t. 9, nº 13.

1245. — Jugé, au reste, que l'art. 24, tit. 9, liv. 1er, de l'ord. de 1681, était encore en vigueur en 1805, à Amsterdam, nonobstant la promulgation en France du Code civ., tit. 2, liv. 3, sur les donations et les testamens, décrété le 3 mai 1803. — *Paris*, 27 août 1825, Dugommier c. Colette.

1246. — Avant le Code civil, la règle *locus regit actum* s'appliquait même au testament olographe fait par un Français en pays étranger.—Ord. 1735, art. 29, 32, 35, 37 ; arr. du Parl. de Paris, 10 mars 1620 (Merlin, *Rép.*, vº *Testament*, sect. 2e, § 4, art. 2), 15 janv. 1821, 14 juill. 1722 (*Journ. des audiences*, t. 7), 15 juill. 1777 (Merlin, *ibid.*); acte de notoriété du Châtelet, 13 sept. 1702. — *Cass.*, 28 prair. an XIII, Brunel c. Appoline ; 20 août 1806, Desnois c. Despuget (confirmatif de *Paris*, 7 thermid. an IX).—V. aussi Furgole, *Testam.*, ch. 2, sect. 2e, nº 23 ; Montvallon, *Tr. des success.*, t. 1er, p. 348 ; le *Nouveau Denisart*, vº *Acte*, § 4, nº 7 ; Brillon, vº *Testament*, nº 15 ; Ricard, *Tr. du don mutuel*, et *Tr. des donations*, part. 1re, nº 1286 ; Pothier, *Donat. et testam.*, ch. 1er, art. 251 ; Chabot, *Quest. transit.*, vº *Testament* : Merlin, *Rép.*, vis *Testament*, sect. 2e, § 4, art. 2, et *Filiation*, nº 22 ; Coin-Delisle, nº 3, sur l'art. 999.

1247. — M. Duranton (t. 9, nº 14) n'admet pas que la règle *locus regit actum* s'applique aux actes privés, et il s'appuie, en ce qui concerne le testament olographe, sur ce qu'il est toujours possible de ne pas le dater de lieu.—*Cass.*, 6 janv. 1814, de Larcy c. Belloc.—V Bouhier, *Sur la cout. de Bourgogne*, ch. 28, nº 20 ; Boullenois, *Tr. des stat. réels et personn.*, 2e part., tit. 2, ch. 3, obs. 34.

1248. — Jugé cependant qu'un testament émané d'un Français peut être considéré comme fait en pays étranger, et conséquemment comme régi, quant à la forme, par l'art. 997, C. civ., encore qu'il ne porte pas mention expresse du lieu où il a été fait.—La preuve, quant à ce fait, peut être réputée résulter des énonciations du testament, de sa date ou d'autres circonstances, telles, par exemple, que la rédaction en langue étrangère et le concours de témoins étrangers, sans que l'arrêt qui le décide ainsi encoure la censure de la cour de Cassation. — *Cass.*, 6 fév. 1843 (t. 1er 1843, p. 288), De Bonneval.

1249.— Quand le pays dans lequel se trouve le Français n'admet pas la forme olographe, le testateur doit faire ses dispositions par acte public, s'il laisse des biens dans ce pays, afin que ses héritiers ne trouvent pas d'obstacle dans l'exécution du testament relativement à ces biens. — Coin-Delisle, art. 999, nº 5.

1250. — Lorsque le Français en pays étranger adopte la forme authentique, l'acte doit recevoir son exécution en France, quand même les formes ne seraient pas les mêmes qu'en France.

1251.—Ainsi, un testament reçu en Hongrie par le juge de la noblesse, assisté d'un assesseur juré (magistrat auquel la loi délègue la mission de recevoir les déclarations de dernière volonté), est valable, quoiqu'il n'y soit pas fait mention de cette délégation ni de la lecture de l'acte au testateur. —*Cass.*, 30 nov. 1831, Charpentier c. Priqueler.

1252.—Ainsi encore, la cour de Paris a validé un testament fait à Cadix par un Français, devant un officier public compétent, quoique celui-ci, ne sachant pas le Français, ait employé l'entremise d'un interprète. — *Paris*, 23 déc. 1818, Imbault c. Clary.

1253.—Jugé de même qu'il n'est pas nécessaire, à peine de nullité, que le testament fait par un Français en pays étranger soit reçu par un officier public, si la législation étrangère ne l'exige pas, et il est valable, dès lors, pourvu que l'on ait observé les formes qui étaient en usage au moment où il a été passé. — Spécialement, le testament qu'un Français fait en Angleterre doit être maintenu, quoique non entièrement écrit par lui, lorsque, après l'avoir signé et scellé de son sceau, il le présente à quatre témoins anglais, et que ces derniers y apposent leur signature. — *Rouen*, 21 juill. 1840 (t. 2 1840, p. 727), Bonneval.

1254.—Le Français en pays étranger peut employer la forme mystique. — *Rouen*, 2 avr. 1821, Paulmier c. Trichard.

1255.—Jugé, relativement à un testament fait à la Nouvelle-Orléans, le 3 avril 1807, par un Français mort en 1809, par conséquent antérieurement à la loi du 14 juillet 1819, que si l'art. 999, C. civ., autorise le Français en pays étranger à tester selon les formes usitées dans ce pays, ce n'est néanmoins qu'en observant l'art. 912, qui ne permet de disposer au profit d'un étranger que dans le cas où cet étranger pourrait disposer au profit d'un Français.—Même arrêt.

1256.—Les testamens faits en pays étranger ne pourront être exécutés sur les biens situés en France qu'après avoir été enregistrés au bureau du domicile du testateur, s'il en a conservé un, sinon au bureau de son dernier domicile connu en France, et dans le cas où le testament contiendrait des dispositions d'immeubles qui y seraient situés, il devra être, en outre, enregistré au bureau de la situation de ces immeubles, sans qu'il puisse être exigé un double droit. — C. civ., art. 1000.—V. ENREGISTREMENT.

1257. — Ces formalités seraient applicables à l'exécution d'un testament par lequel un étranger aurait, en pays étranger, disposé d'immeubles situés en France.—Duranton, t. 9, nº 172.

1258. — Par application du principe d'exterritorialité (V. AGENT DIPLOMATIQUE, nº 282), les ambassadeurs ou agens diplomatiques qui testent en pays étranger sont censés tester sur le territoire de leur patrie, et conséquemment dispensés des formes du pays étranger, quelle que soit la législation sous laquelle ils exercent leurs fonctions. — Merlin, *Rép.*, vº *Testament*, sect. 2e, § 3, art. 8.

1259. —Ainsi, jugé que les ambassadeurs et autres ministres publics qui, par suite de leurs fonctions, se trouvent en pays étranger, peuvent tester dans la forme autorisée par la loi de leur nation. —*Cass.*, 28 vent. an XIII, de Gavres et de Rodoan c. d'Argenteau.

CHAPITRE VI. — *Clauses et conditions insérées dans les testamens.*

1260. — Le testateur ne peut insérer dans son testament aucune clause ou condition qui serait de nature à porter atteinte aux dispositions de la loi sur la capacité de donner ou de recevoir.—V. DISPOSITION A TITRE GRATUIT, QUOTITÉ DISPONIBLE.

1261. — Il ne peut non plus faire de disposition testamentaire qui aurait pour objet de faire parvenir indirectement à une personne ce qu'elle ne pouvait recevoir directement, ou bien encore de dispositions qui s'appliqueraient à des personnes incertaines. — V. DISPOSITION A TITRE GRATUIT, nos 531 et suiv., et DONATION DÉGUISÉE.

1262. — Toutefois, un testament qui contient institution d'un légataire universel n'est pas nul, bien qu'il annonce de la part du testateur des dispositions ou intentions secrètes, dont l'exécution est abandonnée à la foi de ce légataire. — *Paris*, 21 fév. 1814, Joly c. Thiesset.

1263. — Il n'est pas nécessaire, pour que l'arrêt qui déclare nul un testament comme renfermant un fidéicommis au profit d'un incapable soit maintenu, que cet arrêt constate que le légataire désigné s'est concerté avec le testateur et a connu ou pu connaître le fidéicommis. — *Cass.*, 20 avr. 1847 (t. 1er 1847, p. 543), Larrey c. Jamme.

1264. — La disposition testamentaire par laquelle l'héritier institué ou le légataire serait chargé de conserver et de rendre à un tiers est nulle, même à l'égard de l'héritier institué ou du légataire. — C. civ., art. 896. — Toutefois, si le testament contenait d'autres dispositions, ces dernières dispositions ne seraient pas nulles.—V. SUBSTITUTION.

1265. — Dans toute disposition testamentaire, les conditions impossibles, celles contraires aux lois ou aux mœurs doivent être réputées non écrites. — C. civ., art. 900. — V. CONDITION.

1266. — La condition *si elle n'a pas quitté mon service*, apposée à un legs fait à une domestique, doit être considérée comme impossible, et par conséquent comme non écrite, si c'est par suite de la démence furieuse du testateur que la légataire a été obligée de quitter son service. — Du moins une telle interprétation donnée à la condition échappe, comme rentrant dans les attributions exclusives de la cour d'appel, à la censure de la cour de Cassation.—*Cass.*, 21 janv. 1846 (t. 2 1846, p. 185), de Boisdelamotte c. Hervé.

1267. — La même condition ne peut être invoquée comme défaillie par la retraite momentanée de cette domestique, alors que celle-ci a été reprise par le fils du testateur interdit, devenu son tuteur, et agissant pour lui et en son nom. Du moins une telle interprétation rentre dans les attributions exclusives de la cour d'appel. — Même arrêt.

1268. — Pour qu'il y ait condition impossible dans le sens des art 900 et 1172, C. civ., il n'est pas nécessaire que l'impossibilité existe *in principio*, et il suffit qu'elle se manifeste plus tard. — Même arrêt.

1269. — Sous l'empire du Code civ., la disposition testamentaire par laquelle un testateur déclare, d'une manière générale, qu'il veut que sa succession soit partagée, suivant ce que prescrivait une ancienne coutume qu'il désigne, est nulle et doit demeurer sans effet. — *Angers*, 21 (et non 22) juill. 1827, Lanos.

1270. — Sauf l'observation de cette disposition expresse de la loi, le testateur a la plus grande latitude dans les conditions qu'il juge à propos de mettre à ses libéralités ; ainsi il peut protéger par une clause pénale l'exécution de ses dispositions. — Furgole, *Testament*, chap. 2, nos 141 et suiv.; Merlin, *Rép.*, vº *Peine testamentaire*, nos 5 et suiv.; Duranton, t. 8, nº 119. — V., au surplus, CONDITION, nos 245 et suiv., et LEGS.

1271. —Ainsi, est valable la clause pénale insérée dans un testament, lorsqu'elle n'est contraire ni aux lois ni aux bonnes mœurs, et notamment celle qui, prévoyant le cas où des contestations seront élevées contre l'exécution, attribue alors aux noncontestans la quotité disponible. — *Orléans*, 20 juin 1845 (t. 2 1845, p. 329), Bouvard c. Frot); *Cass.*, 7 avr. 1847 (t. 1er 1847, p. 466), mêmes parties.

1272. — Il en est de même de la clause par laquelle le testateur institue un légataire universel pour le cas où ses héritiers contesteraient les dispositions insérées dans son testament. — *Amiens*, 13 août 1846 (sous *Cass.*, 5 juill. 1847 [t. 2 1847, p. 332], Florin.

1273. — ... Ou bien de celle par laquelle le testateur déclarerait pour le même cas le legs nul et de nul effet. — *Amiens*, 17 déc. 1846 (t. 2 1847,

p. 96), Duquenel c. Mounier et Lecacheux ; *Cass.*, 10 juill. 1849 (t. 2 1849, p. 292), Regnier.

1274. — Ainsi, lorsque deux frères ont, par deux testamens réciproques, légué d'abord au survivant d'entre eux la pleine propriété de leurs meubles et l'usufruit de leurs immeubles, et, ensuite, à leurs neveux et nièce, chacun la moitié d'immeubles déclarés indivis entre eux, avec défense aux légataires de critiquer ces dispositions, sous peine d'être frustrés de leur succession; si, après la mort de l'un des testateurs, le survivant fait donation entre-vifs à une autre personne de la totalité d'un des immeubles légué par lui et par son frère en nue-propriété à leur nièce, et qu'il prétend lui appartenir exclusivement, il critique et détruit le testament de son frère prédécédé, et se trouve dès-lors déchu, ainsi que ses héritiers, de tout droit soit au legs fait en sa faveur par ce dernier, soit même à sa succession. — *Cass.*, 10 juill. 1849 (t. 2 1849, p. 292), Regnier.

1275. — Le légataire qui conteste l'efficacité de la donation de l'immeuble, dont la nue-propriété lui avait été précédemment léguée, nonobstant la prohibition que le donateur lui en a faite par un testament postérieur, sous peine d'être privé de tous droits à sa succession, encourt l'effet de cette clause pénale, encore bien que la donation soit nulle comme ayant pour objet la chose d'autrui. — De même, les légataires qui poursuivent l'exécution d'une donation et d'un testament postérieurs au testament par lequel ils ont été institués, et inconciliables avec lui, contreviennent personnellement à la défense qu'il renferme de ne pas le critiquer, et encourent également la déchéance qu'il prononce. — Même arrêt.

1276. — Si, dans un intérêt de moralité et de sécurité publique, la clause pénale doit être déclarée inapplicable à une contestation qui aurait pour fondement une cause légitime, on doit entendre par cause légitime celle prise en dehors de la volonté du testateur, comme l'erreur, la tromperie, la fraude, qui auraient vicié cette volonté; mais il en doit être autrement lorsque l'héritier, bien que respectant la volonté du testateur dans son principe, la méconnaît, tout en protestant de sa bonne foi, dans ses effets ou dans l'un de ses effets. — *Amiens*, 13 août 1846 (sous *Cass.*, 5 juill. 1847 [t. 2 1847, p. 332]), Florin.

1277. — Jugé cependant que la clause pénale doit recevoir son exécution, alors même que la contestation soulevée par le légataire aurait porté sur le point de savoir si le testament était l'œuvre de la volonté libre du testateur. — *Amiens*, 17 déc. 1846 (t. 2 1847, p. 96), Duquenel c. Mounier et Lecacheux.

1278. —La clause pénale peut être déclarée avoir été encourue par le légataire qui, tout en déclarant désirer que le testament ne reçoive pas son exécution, s'en rapporte à justice. — *Cass.*, 16 janv. 1838 (t. 1er 1838, p. 543), Berland c. Maurat.

1279. — Au surplus, l'arrêt qui, par interprétation de la volonté du testateur, ainsi que des faits, actes et circonstances de la cause, décide qu'une contestation élevée non sur l'existence du legs, mais sur son étendue, a fait encourir la clause pénale, ne contient la violation d'aucune loi. — *Cass.*, 5 juill. 1847 (t. 2 1847, p. 332), Florin.

1280. — Le légataire de l'usufruit de biens immeubles, qui a été déclaré déchu de son legs par application d'une clause pénale du testament, doit restituer tous les fruits qu'il a perçus depuis le jour du décès du testateur. — Mais il n'est tenu de payer les intérêts de ces fruits, ainsi que ceux de la valeur représentative du mobilier compris dans le legs, que du jour de la demande, et non, pour les fruits, du jour des perceptions successives, et, pour le mobilier, du jour de la délivrance, alors qu'il n'a pas été déclaré possesseur de mauvaise foi.—*Cass.*, 10 juill. 1849 (t. 2 1849, p. 292), Regnier. V., au surplus, FRUITS, nos 34 et suiv., et INTÉRÊTS, no 187.

1281. — Est valable la disposition testamentaire par laquelle le testateur qui ne laisse point d'héritier à réserve donne à l'exécuteur testamentaire le pouvoir de vendre dans l'année du décès, suivant les formes voulues pour l'aliénation des biens des mineurs, et aux conditions qu'il jugera convenables, tous les immeubles de la succession, pour le prix en être, après le paiement des legs particuliers, distribué entre les légataires universels. — Un semblable mandat donné à l'exécuteur testamentaire ne porte pas atteinte à la saisine des légataires universels, qui sont toujours en droit d'intervenir aux ventes à faire pour en vérifier et débattre les conditions. — *Douai*, 26 août 1847 (t. 1er 1848, p. 81), Bouche c. Roels.

1282. — Le légataire chargé par le testament de veiller à la conservation des restes mortels du testateur dans une chapelle que devra desservir un chapelain est, alors, d'ailleurs, qu'il n'a point été nommé exécuteur testamentaire, sans droit ni qualité pour se faire délivrer le corps du défunt par l'héritier du sang qui, dans l'ignorance du testament, a fait inhumer le testateur dans un autre lieu, ainsi que pour nommer le chapelain et pour exiger que son traitement soit compté à ce dernier par son intermédiaire. — Ce légataire a seulement le droit, dans l'intérêt de la conservation de son legs, de mettre l'héritier du sang en demeure de remplir les dispositions testamentaires du défunt, en ce qui touche sa sépulture, afin de faire constater par là qu'il a fait tout ce qui dépendait de lui pour que la volonté du testateur, à ce sujet, fût pleinement exécutée. — *Rennes*, 3 janv. 1848 (t. 1er 1849, p. 427), Hervé c. Dubois de la Motte.

1283. — Lorsque le testateur a ajouté une disposition à son testament, dans le but de l'expliquer, cette addition n'entraîne pas la nullité du testament, si elle n'est pas nécessaire pour faire connaître l'intention du testateur. — *Aix*, 25 août 1825, Portal c. Boyer.

1284. — Le testateur qui a des enfans ou petits-enfans peut faire entre eux la distribution et le partage de ses biens. — C. civ., art. 1075. — V. PARTAGE D'ASCENDANT.

1285. — Peu importe que dans un partage testamentaire se trouve compris un objet appartenant, non au testateur, mais bien aux appelés, pourvu que les droits de ceux-ci dans l'objet partagé n'en éprouvent aucune atteinte. — *Riom*, 22 juill. 1825, Riberolles c. Rudel-Dumirail.

1286. — Le testament peut contenir la reconnaissance d'un enfant naturel. — V. ENFANT NATUREL.

1287. — Mais alors cette reconnaissance est indépendante des dispositions testamentaires.—*Bastia*, 5 juill. 1826, Félix c. Suzzanna.

1288. — Quelle est la valeur de la reconnaissance d'une dette insérée dans un testament? La solution de cette question dépend nécessairement des circonstances. Aussi, la jurisprudence varie-t-elle sur ce point.

1289. — La déclaration consignée dans un testament, que le testateur doit à un tiers une certaine somme, ne forme pas en faveur de celui-ci un titre qui le dispense de toute justification de sa créance, et peut être attaquée pour cause de simulation. — *Aix*, 8 juin 1813, Gazel c. Bouisson. — Toullier, t. 5, p. 587.

1290. — La déclaration d'une dette dans un testament ne fait pas par elle seule preuve complète de la dette. Elle doit au contraire être considérée comme une libéralité, soumise aux lois de la réduction — *Paris*, 7 fév. 1832, Maréchal c. Guis. — V. aussi *suprà* no 881.

1291. — Mais la reconnaissance d'une dette dont il n'existe aucun titre, faite par un testateur dans son testament, ne peut pas être considérée comme une libéralité, lorsqu'il résulte des circonstances qu'elle existait réellement. — *Poitiers*, 17 mai 1832, Quinefault c. religieuses de Notre-Dame.

1292. — La reconnaissance d'une dette consignée dans un testament, qui a été ensuite révoqué, n'est point valable, surtout si elle avait été faite au profit d'une personne incapable de recevoir. — *Corse*, 10 mai 1823, Santelli c. Guasco.

1293. — La reconnaissance d'une dette ou d'un dépôt peut valablement être insérée dans un testament olographe. — *Pau*, 13 juill. 1822, de Serdobin c. Séminaire de Bayonne.

1294. — Dans le cas même où le testament olographe serait nul à défaut d'une signature régulière de la part du testateur, il n'y en aurait pas moins là contre lui un commencement de preuve par écrit, aux termes de l'art. 1347, C. civ. — Même arrêt.

CHAPITRE VII. — *Révocation des testamens de caducité des legs.*

1295. — Il y a cette différence entre la révocation et la caducité, que la première exprime la rétractation expresse ou tacite du testament ou d'un legs, tandis que la seconde est plutôt le résultat d'un événement indépendant de la volonté du testateur et qui met obstacle à ce que la libéralité soit recueillie par celui à qui elle avait été faite.

Sect. 1re. — *Révocation des testamens.*

1296. — La révocation du testament a lieu de deux manières : ou par le fait du testateur, ou par la disposition de la loi.

ART. 1er. — *Révocation du testament par le fait du testateur.*

1297. — Il est de l'essence du testament que le testateur puisse le révoquer jusqu'au jour de son décès. On devrait donc considérer comme nulle et non écrite toute clause qui tendrait à interdire au testateur l'exercice de ce droit de révocation.

1298. — Ainsi, jugé que l'acte par lequel le propriétaire dispose de ses biens, pour n'être pas surpris par la mort, ajoutant qu'il veut que la disposition soit irrévocable et vaille comme institution en meilleure forme que puisse valoir testament, codicille ou donation à cause de mort, ne constitue pas une donation irrévocable. — *Metz*, 19 nov. 1812, Feltus c. N...

1299. — La disposition testamentaire par laquelle la liberté avait été conférée à un esclave pouvait toujours être révoquée, même implicitement, par le maître : cet esclave n'acquérant en vertu du testament aucun droit du vivant de son maître. — *Cass.*, 31 janv. 1843 (t. 1er 1843, p. 667), Roseville.

1300. — Dans l'ancienne jurisprudence, on avait introduit l'usage des clauses dérogatoires ou clauses par lesquelles les testateurs ordonnaient que si, dans la suite, ils venaient à faire un second testament, il n'aurait aucun effet, à moins qu'il ne contînt une certaine sentence ou de certaines paroles insérées dans le premier pour être l'indication de la véritable volonté du testateur. — Denisart, *Collect. de jurispr.*, vo *Clause*, § 1er, no 3; — Rousseau de Lacombe, *Recueil de jurispr.*, vo *Testament*, sect. 9e ; — Bergier, annotateur de Ricard, *Tr. des donat. entre-vifs et testam.*, t. 1er, part. 3e, chap. 2, sect. 1re, note z.

1301. — C'était un moyen de venir au secours des esprits faibles et de paralyser l'effet des suggestions auxquels les testateurs pouvaient être en butte. Mais souvent cette précaution tournait contre les testateurs eux-mêmes qui l'avaient employée. Car, il arrivait quelquefois que celui qui voulait révoquer un testament par un autre, ne se souvenait plus de la clause dérogatoire qu'il avait insérée dans le premier, et sa volonté se trouvait ainsi enchaînée. Aussi la plupart des anciens jurisconsultes (V. notamment Ricard, *loc. cit.*, no 80) avaient-ils toujours considéré les clauses dérogatoires comme contraires aux vrais principes du droit, et comme ne servant qu'à multiplier les procès. — Rousseau de Lacombe, *loc. cit.*, et les auteurs qu'il cite.

1302. — L'usage des clauses dérogatoires fut aboli par l'art. 76 de l'ordonnance de 1735. — Pothier, chap. 6, sect. 2e, § 3. — Et il n'est pas douteux qu'elles ne seraient pas valables sous le Code civ. —Merlin, *Rép.*, vo *Révocation de testament*, § 1er, no 8; Toullier, t. 5, no 608; Duranton, t. 9, no 425; Favard de Langlade, *Rép.*, vo *Testament*, sect. 3e, § 1er, no 1er.

1303. — Pour pouvoir faire une révocation valable, il faut nécessairement que le testateur jouisse de la même capacité que pour faire le testament lui-même.

1304. — Ainsi, pour faire une révocation de testament, il faut être sain d'esprit comme pour faire un testament. — *Amiens*, 9 juin 1824, Roger c. Merlu.

1305. — Lorsque les faits qui ont motivé l'interdiction d'une personne ne paraissent pas avoir exercé d'influence sur un testament antérieur à l'interdiction, la révocation qui y est contenue doit recevoir tout son effet, encore bien que ce testament révocatoire ne soit antérieur que de huit jours à d'autres actes, dont l'annulation aurait été prononcée sur le motif que cette personne était alors dans un état notoire d'imbécillité. — *Cass.*, 25 fév. 1834, Dumesnil c. Pinot.

1306. — La révocation du testament est générale ou partielle selon que le testatateur révoque le testament en entier ou seulement quelques-unes de ses dispositions.

1307. — La révocation est expresse ou tacite : — *expresse*, lorsque dans un acte postérieur le testateur déclare son changement de volonté; — *tacite*, lorsqu'il fait de nouvelles dispositions incompatibles avec les premières, ou lorsque certains faits émanés de lui ne permettent plus l'exécution du testament en tout ou en partie.

§ 1er. — *Révocation expresse.*

1308. — Sous le droit romain, le testament, qui consistait essentiellement dans l'institution d'héritiers, ne pouvait être révoqué que par un autre testament revêtu de toutes les solennités. — Instit., *Quib. mob. test. infirm.*, § 7. — Néanmoins, les legs et fidéicommis contenus dans le testament étaient révoqués par le testament postérieur quoique nul. — L. 3, § 4, *De adm. vel transf. leg.* — Duranton, t. 9, no 433.

1309. — D'après les dispositions ultérieures du Code, le testament fait au profit d'étrangers peut

être révoqué par un second testament en faveur des héritiers légitimes, bien que ce dernier fût nul pour avoir été fait en présence de cinq témoins seulement. — L. 21, Cod., *De testam.* — Le testament qui avait dix ans de date pouvait être révoqué par une simple déclaration du testateur, faite devant trois témoins.— L. 27, *eod. tit.*

1310. — Jugé que dans les pays de droit écrit, le testament *inter liberos*, soit solennel, soit olographe, n'était révoqué par un testament postérieur régulier, qu'autant que ce dernier en énonçait sa révocation en termes exprès et formels.— *Cass.*, 2 messid. an XI, Carrion-Nizas c. Spinola. — Merlin, *Quest.*, v° *Révocation de testament*, § 2.

1311.—...Que sous l'empire du droit romain, un testament n'était pas révoqué par une donation postérieure.—*Cass.*, 13 (et non 12) mai 1829, Cotton c. Gigouley.

1312.—...Qu'en pays de droit écrit, un testament authentique, nul pour vice de forme, mais revêtu du reste de toutes les formes ordinaires des actes notariés, ne révoquait pas un testament antérieur régulier. — *Cass.*, 14 flor. an XI, Driancourt c. Lefebvre.

1313. — Il en était de même sous la coutume de Paris. — *Cass.*, 23 août 1825, Isambourg c. Fourgassié. — Furgole, sect. 2e, chap. 11, n° 14.— *Contrà* Pothier, *Donat.*, chap. 6, sect. 2e, § 1er.

1314. — Dans les pays coutumiers, un testament pouvait être révoqué par la simple manifestation écrite de la part du testateur de la volonté de le révoquer. — Furgole, chap. 11, n° 91; Pothier, chap. 6, sect. 2e, § 1er; Grenier, t. 1er, n° 342; Toullier, t. 5, n° 615; Duranton, t. 9, n° 435. — V. aussi Ricard, part. 3e, n° 127.

1315. — D'après l'art. 1035, C. civ., les testamens ne peuvent être révoqués, en tout ou en partie, que par un testament postérieur, ou par un acte devant notaire portant déclaration du changement de volonté.

1316. — La révocation peut avoir lieu dans un testament olographe postérieur, c'est-à-dire dans un acte entièrement écrit, daté et signé par le testateur.

1317. — Jugé même que le testament fait par lettre missive peut être révoqué par un acte pareil, lequel est valable, encore bien qu'il ne soit pas daté, s'il relate le précédent testament. — *Colmar*, 5 avr. 1824, Klein c. Burckenwald.

1318. — Mais un testament olographe ne peut valoir comme acte révocatoire lorsqu'il porte la date d'un mois postérieur au décès du testateur, et qu'il n'est pas possible de vérifier, d'après des élémens de l'acte en lui-même, s'il y a eu simple erreur dans cette indication.—*Rouen*, 19 juin 1829, Saint-Martin c. Lalou.

1319. — La clause par laquelle un testateur déclare, dans un dernier testament olographe, qu'il veut que celui-ci soit le *seul valable*, suffit pour révoquer les testamens antérieurs. — *Nîmes*, 30 juill. 1819, Antoine c. Sautet.

1320. — Mais *quid* si l'acte écrit, daté et signé par le testateur ne fait que contenir la révocation du précédent testament, sans contenir lui-même de nouvelles dispositions? La révocation n'en est pas moins valable, car un acte peut avoir le caractère d'un testament, quoiqu'il ne contienne que des dispositions révocatoires. Le testateur est réputé alors instituer les héritiers *ab instestat*. — *Paris*, 5 juill. 1813, Adam Frichet; *Cass.*, 17 mai 1814, mêmes parties.—L. 8, § 1, ff., *De jure codic.*— Domat, *Lois civ.*, part. 2e, liv. 3, tit. 1er, sect. 5e, n° 12; Voet, *Ad pand.*, tit. *De injust. rupt. testam.*, n° 8; Grenier, *Donat. et test.*, t. 1er, p. 500, n° 342; Merlin, *Rep.*, v° *Révocation de codicille*, § 4, n° 2; Toullier, t. 5, n° 633; Duranton, t. 9, n° 431; Vazeille, *Donat.*, nos 17 et 1035; Coin-Delisle, art. 1035, n° 7. — *Contrà* Delvincourt, t. 2, p. 101, note 2e; Marcadé, *Elém. de dr. civ.*, art. 1035, n° 2.

1321. — Et il en est de même à plus forte raison quand le testateur y rétablit un legs par lui précédemment révoqué. — *Paris*, 10 avr. 1811, Pauquet c. Picat.

1322. — Jugé également qu'un acte sous seing-privé écrit en entier, daté et signé de la même main, qui exclut de la succession toute la parenté d'une ligne, constituant un véritable testament olographe au profit de tous les parens de l'autre ligne, la révocation d'un premier testament, contenue dans un pareil acte, est valable. — *Colmar*, 22 juin 1831, Daufresne c. Paulnier; *Cass.*, 7 juin 1832, Dugier c. Lotz-Beck.

1323. — .. Que, comme il y a un véritable testament dans l'acte, réunissant toutes les conditions du testament olographe, par lequel un testateur, sans faire aucune disposition nouvelle, déclare révoquer tous testamens antérieurs pour s'en tenir exclusivement à ceux qui se trouvent entre les mains de personnes désignées, toutes les dispositions testamentaires autres que celles maintenues par l'acte, sont valablement révoquées.—*Bordeaux*, 27 mars 1846 (t. 2 1846, p. 710), Lapoyade.

1324. — La révocation d'un premier testament contenue dans un testament postérieur est comme non avenue, si ce second testament est frappé de nullité. — *Bourges*, 16 avr. 1815, Bourgier c. Gasté.

1325. — Le testament nul pour défaut de forme emporte la nullité de toutes ses dispositions, et notamment de la clause révocatoire. — *Bordeaux*, 25 août 1832, Delbos c. Ribières.

1326. — La révocation d'un premier testament faite par un testament postérieur, qui est annulé pour cause de démence, est sans effet. — *Cass.*, 22 août 1836, de Villereau c. d'Hozier.

1327. — Lorsqu'un individu laisse, en mourant, deux testamens olographes réguliers, datés du même jour, contenant l'un et l'autre une clause révocatoire de tous autres testamens antérieurs, ces deux testamens doivent être maintenus concurremment et leurs dispositions exécutées, à moins d'incompatibilité, encore bien que l'un des testamens ait été écrit sur papier timbré et confié à un ami, tandis que l'autre, écrit sur papier libre, est resté en la possession du testateur. — *Limoges*, 6 mars 1840 (t. 2 1843, p. 426), Delasalle c. Boissière.

1328. — Lorsqu'il y a dénégation des écritures et signatures de deux testamens, dont l'un contient révocation de l'autre, la vérification de ces écritures et signatures peut être ordonnée, sans qu'il en résulte un préjugé en faveur de l'un ou de l'autre de ces testamens. — *Cass.*, 17 août 1830, Labiche c. Moydier.

1329. — Sous le Code civil, l'acte notarié, nul comme testament, mais valable comme acte notarié, révoque-t-il un testament précédent, lorsqu'il contient une clause expresse de révocation? On a vu que la négative avait été décidée sous l'empire du droit écrit et du droit coutumier. Lors de la discussion du Code civil, la question fut agitée, et le conseil d'état reconnut formellement, pour l'observation de Tronchet, que la révocation aurait effet, bien que l'acte notarié qui en contient la clause fût nul comme testament. Cependant, cette décision n'ayant pas été adoptée, on se trouve dans la même position qu'autrefois.

1330. — Pour le maintien de la révocation, on dit que l'art. 1035 exigeant pour cette révocation un testament postérieur ou seulement *un acte devant notaire*, il suffit que le changement de volonté soit authentiquement constaté. Sans doute il faut des formes plus solennelles pour le testament, parce qu'il déroge à la loi des successions; mais la révocation est le retour au droit commun. Si le testament est indivisible dans les formes comme testament, on peut séparer ces mêmes formes dans le but de lui faire produire l'effet d'un simple acte notarié.—*Bruxelles*, 20 (et non 22) juill. 1807, Demoor c. Maes. — Toullier, t. 5, n° 620; Delvincourt, t. 2, p. 378; Duranton, t. 9, n° 439; Maleville, sur l'art. 1035; le *Dictionn. du notar.*, v° *Révocation de testament*, n° 22.

1331. — Pour la nullité de la révocation, on répond que la proposition émise au conseil d'état n'a pas été adoptée; qu'un testament est un acte indivisible qui est valable ou nul pour le tout, et qu'enfin le testateur est censé n'avoir voulu révoquer le premier testament qu'autant que le second serait valable. — Grenier, *Donat.*, t. 1er, p. 594; Merlin, *Rép.*, v° *Révocation de legs*, et *Quest.*, v° *Révocation de testament*, § 1er; Favard de Langlade, *Rép.*, v° *Testament*, sect. 3e, § 1er, n° 3.

1332. — Jugé dans ce dernier sens qu'un testament authentique, nul pour vice de forme quoique revêtu d'ailleurs de toutes les formalités ordinaires des actes notariés, ne suffit pas pour révoquer un testament antérieur régulier. — *Poitiers*, 29 août 1806, Bon c. Girouin; *Turin*, 4 avr. 1807, Anselmetti; *Limoges*, 8 juill. 1808, Boisse c. Mathis; *Pau*, 3 déc. 1808, Mainvielle; *Limoges*, 23 mars 1809, Lavaud; *Aix*, 20 avr. 1809, Billon c. Richaud; *Turin*, 19 mars 1810, Bongioanni c. Scarfiotti; *Cass.*, 20 févr. 1811, N...; 4 nov. 1811, Brissy; 20 fév. 1821, Busseuil c. Bernard; *Bruxelles*, 2 mars 1822, Derutter c. Vanhoutte; *Angers*, 24 mai 1822, Bodereau; *Nîmes*, 30 mai 1823, Javel c. Raymond; *Toulouse*, 12 août 1831, Cinq-Frais c. Caussette; *Bordeaux*, 25 août 1832, Delbos c. Ribière; *Aix*, 5 avr. 1834, Golrand; *Pau*, 27 août 1835 (sous *Cass.*, 24 juill. 1839 [t. 2 1839, p. 289]), Molinié c. Gassané; *Cass.*, 2 mars 1836, Lagier c. Arquier; 7 mai 1839 (t. 1er 1839, p. 503), Bonnard c. Chollet.

1333.— Quoi qu'il en soit, la révocation expresse dans un second testament nul ne saurait produire effet, lorsque les nouvelles dispositions ne font que confirmer les anciennes, au lieu d'amener un changement de volonté. Dans ce cas, la révocation est conditionnelle et censée subordonnée par le testateur à l'exécution du nouveau testament. — *Nîmes*, 7 déc. 1821, Poudevigne c. Gravil. — Toullier, t. 5, n° 634; Delvincourt, t. 2, p. 381; Duranton, t. 9, n° 439.

1334. — Ainsi jugé que la clause révocatoire contenue dans un testament nul en la forme, mais valable comme acte notarié, doit néanmoins demeurer sans effet, surtout s'il résulte des circonstances que la révocation n'était que conditionnelle et pour le cas où la seconde disposition pourrait être exécutée. — *Nîmes*, 30 mai 1823, Javel c. Raymond.

1335. — ... Que la clause révocatoire contenue dans un testament nul peut être elle-même annulée, comme subordonnée à une condition qui ne s'est pas accomplie.—*Cass.*, 23 janv. 1810, Losée c. Legros.

1336. — ... Qu'un testament par acte public, nul comme testament, ne peut avoir effet comme révocation par acte notarié d'un testament antérieur, surtout lorsque, dans les deux testamens, le testateur a institué le même héritier. — *Angers*, 24 mai 1822, Bodereau.

1337. — Un testament contenant une clause révocatoire d'un testament antérieur ne peut cependant être considéré comme l'ayant révoqué, lorsqu'il contient la disposition de la presque totalité de la succession en faveur de la même personne à laquelle le premier n'en attribuait que la moitié. — *Aix*, 20 avr. 1809, Billon c. Richaud.

1338. — La clause d'une donation universelle, portant révocation de toutes libéralités antérieures, peut, nonobstant le silence de l'acte à cet égard, et par interprétation de la volonté du disposant, être réputée ne pas s'appliquer à une première libéralité faite par testament, au profit du même donataire. — *Cass.*, 10 nov. 1836, Miron c. David.

1339. — La nullité des dispositions contenues dans un testament résultant d'un vice qui leur est particulier et qui est étranger à la forme, par exemple celui de substitution, ne s'étend point à la clause portant révocation des testamens antérieurs. — *Nîmes*, 7 déc. 1821, Poudevigne c. Gravil.

1340. — On ne peut considérer comme inutile, dans un testament qui contient un legs universel, la clause par laquelle le testateur déclare qu'il révoque tous testamens antérieurs, et si cette clause ajoutée au testament n'est pas revêtue de toutes formalités exigées par la loi, le testament est nul. — *Bourges*, 21 mars 1827, de Cottignon c. Millereau.

1341. — Quand la révocation est faite par acte notarié, il faut que cet acte soit revêtu de toutes les formes prescrites pour sa validité. — Toullier, t. 5, n° 630 et 631; Duranton, t. 9, n° 437.—V. ACTE NOTARIÉ.

1342. — Mais il suffit que l'acte soit rédigé en la forme d'un acte notarié ordinaire, et non pas en celle d'un acte notarié avec les solennités du testament. Ainsi, il suffit d'un notaire et de deux témoins, ou bien de deux notaires. — Maleville, sur l'art. 1035.

1343. — La présence simultanée du notaire en second et de deux témoins est-elle nécessaire pour la validité de l'acte? C'est une question qui avait été bien agitée en dernier lieu, surtout en matière de donations et de révocations de testamens, et qui donna naissance à des opinions et à des décisions contradictoires.—V. à ce sujet ACTE NOTARIÉ, nos 26 et suiv.

1344. — Aujourd'hui la difficulté se trouve tranchée par la loi du 21 juin 1843, dont l'art. 1er porte que les actes notariés passés depuis la promulgation de la loi du 25 vent. an XI ne pouvaient être annulés par le motif que le notaire en second ou les deux témoins instrumentaires n'auraient pas été présens à la réception desdits actes.

1345. — Puis l'art. 2 ajoute que « à l'avenir, les actes notariés contenant... révocation de testament... et les procurations pour consentir ces divers actes, seront, à peine de nullité, reçus conjointement par deux notaires ou par un notaire en présence de deux témoins. La présence du notaire ou des deux témoins n'est requise qu'au moment de la signature par les parties; elle sera mentionnée à peine de nullité. »

1346. — Jugé que dans un acte notarié contenant révocation de testament, il ne suffit pas d'énoncer que les témoins instrumentaires ont été présens à la rédaction et à la lecture de l'acte; il faut encore, à peine de nullité, constater leur présence à la signature des parties ou à leur déclaration qu'elles ne savent ou ne peuvent signer. Cette mention ne saurait être réputée implicitement comprise dans les mots *fait et passé en présence des témoins*, ni dans la mention que les témoins ont assisté à la rédaction de l'acte. Il n'y a pas mention suffisante de la présence des témoins à la déclara-

tion faite par une partie qu'elle ne sait signer dans la clause suivante : « Et ont les témoins signé avec nous notaire, N... (la partie) ayant déclaré ne le pouvoir à raison de la faiblesse occasionnée par son grand âge, de ce requis, lecture faite. » — *Dijon*, 12 août 1847 (t. 2 1848, p. 25), Desvilles c. Guenièvre. — V., au surplus, TÉMOIN INSTRUMENTAIRE.

1347. — Il faut que l'acte notarié ait réellement le caractère de l'authenticité. Il n'y aurait donc pas lieu d'appliquer la disposition de la loi du 25 vent. an XI, qui maintient comme actes sous seing-privé les actes signés des parties auxquels manquerait seulement quelques-unes des formalités de l'acte authentique. — Grenier, t. 1er, no 342; Favard de Langlade, *Rép.*, vo *Testament*, sect. 3e, § 1er, no 5e.

1348. — Comme une révocation de testament est un acte important et non un de ces actes simples qu'on peut délivrer en brevet, il convient d'en garder minute. — *Dict. du not.*, vo *Révocation de Testament*, no 20.

1349. — La révocation d'un testament faite par acte devant notaire contenant déclaration de changement de volonté n'est assujétie à aucune forme particulière; et, en conséquence, l'appréciation de la force et des effets de la déclaration est abandonnée à l'arbitrage du juge. — *Nîmes*, 14 déc. 1827, de Virgile c. Cartier. — V. cependant *Cass.*, 7 mai 1839 (t. 1er 1839, p. 503), Bonnaud c. Chollet.

1350. — Et la révocation d'un testament peut, sans avoir été formellement exprimée par le testateur, s'induire de ses intentions présumées, et de diverses circonstances de fait laissées à l'appréciation des tribunaux. — *Paris*, 15 vent. an XII, Godon c. Bozelli; *Limoges*, 9 mai 1809, Ducros.

1351. — Ainsi, on peut, selon les circonstances, déclarer valable un acte de révocation, lorsque le changement de volonté qu'il a pour but de constater ne résulte que des réponses par *oui* et par *non* que le disposant a faites aux questions que lui adressait le notaire en présence des témoins. — *Nîmes*, 24 déc. 1827, de Virgile c. Cartier.

1352. — La révocation faite dans un testament postérieur doit avoir tout son effet, quoique ce nouvel acte reste sans exécution par l'incapacité de l'héritier destitué ou du légataire, ou par leur refus de recueillir. — C. civ., art. 1037.

1353. — Il suffit que le second acte soit revêtu des formes légales qui lui sont propres pour qu'il demeure acquis qu'il y a eu de la part du testateur changement de volonté. — *Poitiers*, 6 mai 1847 (t. 2 1847, p. 289), Caldelar c. Lesage.

1354. — Ainsi, jugé que la clause d'un testament valable qui révoque un précédent testament doit produire son effet, encore bien que ce nouveau testament soit caduc par le prédécès de l'héritier institué ou du légataire. — *Cass.*, 13 mai 1834, Mathé-Dumaine c. Callandreau. — Dans ce cas, la succession retourne aux héritiers légitimes. — Duranton, t. 9, no 436.

1355. —... Que lorsque les dispositions testamentaires que pourrait avoir faites antérieurement le testateur sont incompatibles avec la disposition actuelle, et qu'ainsi la clause révocatoire est surérogative, ou du moins simplement explicative des dispositions qui l'ont précédée, la nullité de cette clause résultant de ce que le notaire n'a pas mentionné qu'il l'avait écrite lui-même, ne vicie pas les parties du testament à l'égard desquelles les formalités ont été remplies. — *Toulouse*, 28 janv. 1833, Martin c. Saint-Paul.

1356. —... Que la donation entre vifs, nulle par défaut d'acceptation, vaut cependant comme acte révocatoire, si elle contient une révocation expresse de toutes dispositions antérieures; car bien que la donation ne soit qu'un simple projet jusqu'à l'acceptation, la volonté de révoquer n'en est pas moins authentiquement constatée. — *Lyon*, 7 fév. 1827, Parleani c. comm. de Pioggiola.

1357. —... Que la révocation d'un legs contenu dans une donation entre-vifs, nulle pour défaut d'acceptation, doit produire son effet alors même que le legs et la donation, ayant pour objet les mêmes biens, s'adressent au même individu, si elles contiennent des conditions différentes. — *Cass.*, 25 avr. 1825, Parleani c. comm. de Pioggiola.

1358. — Toutefois, une donation nulle par défaut d'acceptation n'a point pour effet, même en l'admettant pour acte authentique, de révoquer un testament antérieur, lorsqu'elle ne contient pas une clause expresse de révocation de ce testament. — *Paris*, 11 déc. 1847 (t. 1er 1848, p. 350), Roger c. Delarue.

1359. — La clause dans une donation entre-vifs et partage de sa succession par une mère à ses enfans, du tiers en préciput et hors part en faveur de l'un deux, au cas où l'autre se refuserait au

partage y énoncé, n'est pas révocatoire d'un testament antérieur dont la donation n'est qu'une confirmation plus étendue. — *Bordeaux*, 14 mars 1832, Roux c. Pothié.

1360. — Le testateur peut, sans suivre les formes prescrites par l'art. 1035, C. civ., révoquer ou modifier son testament par le seul effet d'une donation déguisée postérieure. — *Cass.*, 3 août 1841 (t. 2 1841, p. 573), Verdat c. Veyre. — Alors il y a révocation tacite. — V. *infrà* no 1365.

1361. — La disposition de l'art. 1035 exclut évidemment la preuve par témoins du fait de la révocation d'un testament. — *Liége*, 8 avr. 1812, Loly c. Dewandre. — Merlin, *Rép.*, vo *Révocation de codicille*, § 4, no 4.

1362. — Jugé également que la révocation d'un testament ne peut résulter que d'un acte, et les tribunaux ne peuvent admettre la preuve d'une prétendue condition révocatoire verbale. Ainsi, n'est pas admissible au moyen de la preuve orale la déclaration, faite par le dépositaire d'un testament, que le testateur ne lui en a remis un second, révoquant le premier, qu'en lui recommandant de ne le remettre qu'au légataire institué par le premier, dans le cas où il survivrait à lui testateur, avec faculté d'en faire ce qu'il jugerait à propos. — *Cass.*, 1er sept. 1812, Samson c. Sauzeau.

1363. — Par la même raison, des présomptions ne sauraient suffire pour établir l'existence d'un testament révocatoire d'un testament antérieur. — *Caen*, 3 juin 1847 (t. 1er 1848 p. 335), Poullain-Lacroix c. Garnier. — Sauf toutefois le cas de suppression par un tiers.

1364. — La révocation expresse ne produit d'effet qu'autant que la personne à qui on enlève le legs est la même que celle à qui on l'avait fait, ou bien que la chose reprise est la même que celle qui avait été léguée. Cependant la révocation pourrait produire son effet sur partie seulement de cette chose; par exemple si après avoir légué une chose, le testateur révoquait le legs en ce qui concernait la nue-propriété, le légataire n'aurait plus que l'usufruit, etc. — Pothier, chap. 6, sect. 2e, § 1er; Toullier, t. 5, no 647; Merlin, *Rép.*, vo *Révocation de legs*, § 2.

§ 2. — *Révocation tacite.*

1365. — Le testateur qui ne révoque point son testament est censé persévérer toujours dans la même volonté, et il n'y a pas lieu de s'arrêter à l'intervalle, quelque long qu'il soit, qui s'écoule depuis la confection du testament jusqu'au décès du testateur. — Duranton, t. 9, no 10; Grenier, no 225; Coin-Delisle, sur l'art. 969.

1366. — Toutefois, cette règle ne s'étend pas aux testamens militaires et à ceux faits en temps de peste ou sur mer, qu'on a vu n'être valables qu'autant qu'ils ont été, après un délai déterminé, revêtus des formes ordinaires. — C. civ., art. 984, 798. — V. *suprà* nos 1208 et suiv.

1367. — Pour qu'il y ait révocation tacite, il faut donc qu'il y ait de la part du testateur un acte quelconque qui manifeste intention de changer de volonté; à cet égard, les faits peuvent se réduire à trois : 1o dispositions nouvelles incompatibles avec celles existantes; 2o aliénation des objets légués; 3o enfin, destruction totale ou partielle du testament.

1368. — 1o *Dispositions nouvelles incompatibles avec les premières.* — Dans le droit romain, où il ne pouvait y avoir existence simultanée de deux testamens, le second révoquait nécessairement le premier; mais il pouvait y avoir plusieurs codicilles successifs qui devaient tous recevoir leur exécution en tant que leurs dispositions étaient conciliables.

1369. — Aujourd'hui qu'il n'y a plus de distinction entre l'institution d'héritier et le legs, et par suite entre le testament et le codicille des Romains, une règle générale a été posée dans l'art. 1036, C. civ. « Les testamens postérieurs qui ne révoqueront pas d'une manière expresse les précédens, porte cet article, n'annuleront, dans ceux-ci, que celles des dispositions y contenues qui se trouveront incompatibles avec les nouvelles, ou qui seront contraires. »

1370. — Un premier testament non révoqué d'une manière expresse par le testateur doit cependant être annulé dans celles de ses dispositions qui sont incompatibles avec les nouvelles. — *Poitiers*, 6 mai 1847 (t. 2 1847, p. 289), Caldelar c. Lesage.

1371. — Lorsqu'il s'agit d'examiner si un testament contient révocation implicite d'un testament précédent, il faut s'en rapporter à la loi existante au jour du décès du testateur, bien que le testament ait été passé sous une loi différente. — *Nîmes*, 7 fév. 1809, Sauvet c. Lambert.

1372. — L'appréciation des clauses incompatibles et par conséquent révocatoires contenues dans deux testamens à la même date rentre dans les attributions exclusives des juges du fond. — *Grenoble*, 18 mai 1831, Gayet c. Jourdan; *Cass.*, 22 juin 1831, Daufresne c. Paulmier; 29 mai 1832, Bragade c. Balardy; 5 juin 1834, Peyron c. Peyroncelle; 8 juill. 1835, Delajonquière c. de Bonneval; 5 fév. 1839 (t. 2 1839, p. 409), mêmes parties; 30 mars 1841 (t. 2 1841, p. 53), Espanet c. Toucas.

1373. — L'incompatibilité entre les dispositions contenues dans des testamens différens résulte non seulement de la nature des choses léguées, mais encore de la volonté du testateur, manifestée soit par la teneur des actes, soit par tous les faits et circonstances de la cause, dont les tribunaux sont appréciateurs souverains. — *Bourges*, 16 mars 1847 (t. 2 1847, p. 342), Mardelle c. Desbans.

1374. — Une donation entre-vifs de tous biens présens et à venir faite par contrat de mariage renferme en elle-même une déclaration de changement de volonté qui suffit pour révoquer un testament. — Delvincourt, t. 2, p. 385; Maleville, sur l'art. 1035; Favard de Langlade, *Rép.*, vo *Testament*, sect. 3e, § 1er, no 11; Duranton, t. 9, no 449.

1375. — Une donation entre-vifs, « de tous les biens mobiliers et immobiliers du donateur, » qui ne se réserve que des rentes viagères, ne révoque point de plein droit par elle-même, sans clause révocatoire, le testament antérieur, par lequel le donateur avait fait un legs universel. — *Bordeaux*, 11 fév. 1828, Phelippon c. Douteau.

1376. — Une donation universelle, faite dans un contrat de mariage par un époux au profit de l'autre époux, en cas de survie, a pour effet de révoquer les dispositions testamentaires antérieures. — *Paris*, 2 fév. 1813, Samson c. Macé; *Cass.*, 16 nov. 1813, mêmes parties.

1377. — De même, la disposition testamentaire, et spécialement la donation, à cause de mort, qu'a faite une femme à son mari, est révoquée par la donation contractuelle qu'elle fait des mêmes biens, avec l'autorisation de son mari, encore bien que cette donation soit nulle, comme portant sur des biens dotaux et inaliénables. — *Montpellier*, 24 janv. 1825, Animat c. Calazel.

1378. — Une disposition faite par contrat de mariage en faveur d'héritiers collatéraux qui n'y ont point été présens et qui ne l'ont point acceptée peut être révoquée par un testament postérieur. — *Cass.*, 9 juill. 1806, Delebury c. Bonnet; 3 janv. 1843 (t. 1er 1843, p. 319), Béer.

1379. — Un testament est révoqué par une donation à cause de mort que le testateur a faite postérieurement, et qui a manqué son effet par le prédécès du donataire. Spécialement, les dispositions testamentaires par lesquelles des époux ont avantagé un de leurs enfans sont révoquées par la donation que, vingt jours après, ces mêmes époux se sont faite réciproquement à eux-mêmes, et au profit du survivant d'entre eux, de tous les biens meubles et immeubles, sans exception, qui composeraient la succession du prémourant, pour en jouir par le survivant en pleine propriété, sauf la réduction à la quotité disponible, dans le cas où il existerait des enfans. — *Paris*, 13 mai 1823, Fournier.

1380. — Une donation entre époux, faite pendant le mariage, est révoquée par les dispositions contraires contenues dans un testament postérieur. — *Amiens*, 13 juill. 1822, Delavande c. Desmarest; *Paris*, 17 juill. 1826, N...; *Douai*, 3 nov. 1836, Thorel c. Lefebon.

1381. — Une donation mutuelle faite sous l'empire de la loi du 17 ventôse an XI par un époux à l'autre, de la totalité de ses biens, ne révoque point un legs rémunératoire précédemment fait par le donateur, et ce legs doit être maintenu bien que le testament olographe dans lequel il est porté n'ait de date que le décès du testateur, et doive être considéré comme postérieur à la donation universelle. — *Caen*, 16 nov. 1812, Duhamel c. Lebault.

1382. — Le partage des biens paternels fait sous l'empire de l'ancienne jurisprudence, entre les enfans, en présence et du consentement de leurs père et mère, est révoqué de plein droit par le testament de ceux-ci, quoiqu'une loi postérieure l'ait frappé de nullité. — *Agen*, 10 mars 1810, Dagassan.

1383. — Deux legs universels faits dans deux testamens différens doivent-ils être maintenus quand rien ne démontre d'ailleurs l'intention du testateur? Oui; attendu qu'il peut y avoir concours de plusieurs légataires universels, et que, dans le doute, il faut interpréter les actes de manière à ce qu'ils produisent effet. — Toullier, t. 5,

nº 646. — Non selon Delvincourt, t. 2, p. 385; Duranton, t. 9, nº 445. — Car il n'y a concours de légataires universels qu'autant qu'ils sont nommés par le même testament ; dans ce cas le testateur est présumé agir en vue du droit d'accroissement; mais le même motif n'existe plus quand les nominations sont faites par actes séparés; le second legs universel fait donc présumer la révocation du premier.

1384. — Un testament contenant le legs de tout ce dont le testateur peut disposer emporte révocation d'un testament antérieur par lequel le testateur avait nommé une autre personne légataire universel. — *Cass.*, 1er sept. 1812, Samson c. Sauzeau.

1385. — Le testament contenant un legs universel n'est pas révoqué par un second testament contenant un legs à titre universel; car les deux dispositions peuvent s'exécuter en ce sens que le legs universel est diminué ou grevé de la quotité léguée à titre universel.— Delvincourt, t. 2, p. 385; Duranton, t. 9, nº 446.

1386. — En serait-il de même si c'était le legs universel qui se trouvât dans le second testament? Oui, car les deux legs peuvent concourir, et les art. 1011 et 1012, C. civ., règlent les obligations respectives des légataires sans distinguer s'ils sont contenus ou non dans le même testament. — *Nîmes*, 7 fév. 1809, Sauvet c. Lambert; — Favard de Langlade, *Rép.*, vº *Testament*, sect. 3e, § 1er, nº 10; Merlin, *Rép.*, vº *Testament*, sect. 2e, § 4, art. 1er.

1387. — M. Duranton (t. 9, nº 447) et Delvincourt (*loc. cit.*) sont d'une opinion contraire. Suivant eux, il n'est pas ordinaire d'instituer à la fois un légataire à titre universel et un légataire universel. Le legs à titre universel étant une délibation du legs universel, il faut que les deux legs se trouvent dans le même acte. Quand plus tard le testateur lègue tout, il doit être réputé n'avoir voulu faire aucune réserve.

1388. — Les legs particuliers ne sont pas révoqués par le legs universel postérieur. — *Grenoble*, 22 juin 1827, Joubert c. Roux La Mazelière; *Rouen*, 8 nov. 1830, de Bertrand c. Alabonne.

1389. — Et cela encore bien que les legs particuliers soient accompagnés d'une institution universelle. — *Paris*, 18 juill. 1831, de Verdonnet c. d'Argil.

1390. — De même lorsque, après un premier testament qui contient une institution universelle et des legs particuliers, le testateur fait un second testament renfermant purement et simplement une institution universelle au profit du légataire universel déjà nommé, le premier testament n'est point révoqué par le second, ces deux actes ne présentant ni incompatibilité ni contrariété dans tout ou partie de leurs dispositions. En conséquence, il y a lieu d'ordonner l'exécution des legs particuliers. — *Paris*, 25 avr. 1844 (t. 1er 1844, p. 650), de Birague c. de Veaufourand.

1391. — De même encore, un legs rémunératoire n'est pas nécessairement révoqué soit par une institution contractuelle postérieure, soit non plus par un legs universel postérieur, comprenant tous les biens du testateur *sans exception*, alors surtout qu'il est reconnu en fait que depuis ces nouvelles dispositions le testament contenant le legs rémunératoire est resté au pouvoir du légataire jusqu'au décès du testateur par l'effet de la libre volonté de celui-ci. — *Cass.*, 19 juill. 1847 (t. 1er 1848, p. 64), Carenet-Lablaquière c. Courtiade.

1392. — Jugé au contraire que lorsque dans un premier testament un testateur a institué une personne légataire universelle et légué l'usufruit à une autre, et que, dans un testament postérieur, il a donné à une troisième personne tous ses biens meubles et immeubles, le dernier testament est seul valable et l'usufruit se trouve révoqué. — *Bordeaux*, 28 avr. 1830, Jeanne Rivet. — Duranton, t. 9, nº 447.

1393. — ... Que le legs particulier d'une somme d'argent peut être déclaré révoqué quant à l'usufruit par l'institution d'un légataire universel en usufruit contenue dans un testament postérieur. — *Cass.*, 30 mars 1841 (t. 2 1841, p. 53), Espanet c. Toucas.

1394. — Un legs particulier fait postérieurement à un legs universel n'opère pas la révocation même pour partie. — *Limoges*, 20 déc. 1830, Assolant c. Renassy.

1395. — Ainsi, la disposition par laquelle une femme institue dans un premier testament son mari héritier universel n'est pas révoqué par le legs rémunératoire fait à sa domestique dans un second testament d'une rente viagère qui devra être acquittée par ses héritiers après la mort de son mari, auquel elle donne pendant sa vie l'usufruit de cette rente. — *Angers*, 21 mars 1821, de Collinet c. Boisnier.

1396. — De même, le legs particulier qu'un testateur fait à son légataire universel, à raison de la charge qu'il lui a imposée d'être son exécuteur testamentaire, n'opère point la révocation du legs universel pour cause d'incompatibilité, surtout si le légataire ne peut retirer aucun avantage du legs particulier. — *Cass.*, 29 mai 1832, Bragade c. Batardy.

1397. — Mais lorsque les legs particuliers doivent absorber tous les biens du testateur, leur maintien peut être considéré comme incompatible avec le legs universel. — *Cass.*, 22 juin 1831, Daufresne c. Paulmier.

1398. — Lorsque, après un premier testament qui contient institution universelle au profit de certains successibles, le testateur fait, par un second testament, un legs *à titre de préciput* à un autre successible, on ne peut conclure, de ce que cette disposition est faite par préciput, que le légataire ait droit, outre le legs, à une part héréditaire, et qu'ainsi le premier testament qui l'excluait de la succession se trouve révoqué. — *Riom*, 23 août 1817, Chegut.

1399. — Lorsque des testamens successifs contiennent le legs d'une même chose à la même personne, la révocation ne se présume pas et les deux legs doivent se cumuler, quand les deux dispositions peuvent s'exécuter. — Furgole, chap. 11, nº 112 et suiv.; Delvincourt, *loc. cit.* — Au contraire, suivant Toullier (t. 15, nº 643), le testateur doit être présumé n'avoir pas voulu faire les legs cumulativement, lorsqu'il ne s'est pas expliqué.

1400. — Ainsi, jugé qu'il n'y a point incompatibilité entre deux legs de la même somme faits à la même personne dans deux testamens différens, et le premier ne doit point être considéré comme révoqué par le second. — *Turin*, 24 fév. 1807, de la Turbie c. Mourialdo.

1401. — Jugé que le legs d'une créance déterminée n'est pas révoqué par le legs postérieur d'une somme à peu près équivalente. — *Paris*, 25 fév. 1836, Derieux c. Maillé.

1402. — ... Que deux legs de sommes d'argent, quoique faits dans deux testamens différens à la même personne, peuvent être exigés cumulativement, surtout lorsque les sommes léguées dans les deux testamens ne sont pas identiques. — *Grenoble*, 22 juin 1827, Joubert c. Roux-la-Mazelière.

1403. — Ainsi un codicille contenant un legs de 3,000 fr. au profit d'un domestique, en raison de ses services, n'entraîne pas la révocation d'un précédent testament contenant un legs de 1,800 fr. et du mobilier au profit de la même personne pour la même cause. — *Riom*, 8 nov. 1830, de Bertrand c. Alabonne.

1404. — De même, le legs d'une somme de deniers fait par un premier testament n'est pas contraire au legs d'une somme moins considérable fait au même légataire dans un second testament, et le légataire peut demander les deux sommes cumulativement. — *Grenoble*, 14 juin 1810, Martin c. Béard.

1405. — Un legs de corps certain n'est pas incompatible avec un legs universel postérieur, en telle sorte qu'on puisse opposer au légataire universel institué sa qualité, lorsqu'il vient réclamer le bénéfice de son legs primitif. — *Paris*, 25 fév. 1836, Derieux c. Maillé.

1406. — On ne saurait non plus voir une contradiction entre deux clauses d'un testament, dont l'une contient un legs particulier, l'autre un legs universel au profit de la même personne. En conséquence, le président du tribunal de première instance auquel ce légataire demande l'envoi en possession en vertu de ce testament ne peut, sous prétexte de la contradiction des deux dispositions, refuser cet envoi ni obliger le légataire à le faire ordonner avec les parties intéressées. — *Paris*, 25 juin 1825, Dupriez.

1407. — Le legs d'immeubles en usufruit à un individu et en nue-propriété aux enfans à naître de lui, sous la condition qu'en cas de non-survivance de ces enfans la nue-propriété reviendra aux héritiers du testateur, a pu être réputé révoqué par un second testament instituant le même individu légataire universel, bien que ce second testament déclare confirmer et ratifier le premier dans toutes les dispositions auxquelles il n'était pas dérogé. — *Cass.*, 5 fév. 1839 (t. 2 1839, p. 409), de Bonneval.

1408. — Le legs particulier de la pleine propriété de certains immeubles et de l'usufruit de tout ce que le testateur laissera à son décès n'est pas révoqué par un testament postérieur qui donne au même légataire l'usufruit de certains immeubles. — *Toulouse*, 14 juill. 1840 (t. 1er 1841, p. 283), Dubois.

1409. — Jugé cependant que lorsque des legs en argent, de sommes différentes, ont été faits à la même personne par deux testamens successifs, la révocation du premier peut être admise comme résultant des circonstances. — *Grenoble*, 18 mai 1831, Gayet c. Jourdan-Ponat.

1410. — Ainsi, dans le cas où l'un des testamens renfermerait en faveur d'une personne un legs de 1,200 fr., si ce legs était porté à 2,000 fr. dans l'autre, cette dernière disposition devrait être préférée comme contenant la première, mais toutes deux ne peuvent être cumulées. — *Limoges*, 6 mars 1840 (t. 2 1843, p. 426), de Lasalle c. Boissière.

1411. — Au surplus, ne donne point ouverture à cassation l'arrêt qui décide, dans le silence absolu du testateur, et par simple voie d'interprétation, qu'il y a incompatibilité entre deux dispositions testamentaires de sommes d'argent différentes faites postérieurement l'une à l'autre, et qui prononce en conséquence la révocation de la première par la seconde. — *Cass.*, 8 juill. 1835, de la Jonquière c. de Bonneval.

1412. — Par exemple, deux legs de sommes faits au profit de la même personne et pour la même cause, dans deux testamens olographes du même jour, conçus dans des termes à peu près identiques, ont pu être déclarés incompatibles entre eux, et l'exécution du legs le plus élevé a pu être ordonnée, alors surtout que le testament qui renferme ce dernier legs porte seul ces mots : *Le présent legs, qui est ma volonté formelle et bien arrêtée.* — *Bourges*, 15 mars 1847 (t. 2 1847, p. 342), Mardelle c. Desbans.

1413. — Enfin, si la disposition au profit de la même personne se retrouve, et dans un testament et dans une donation postérieure, il peut résulter des faits que le défunt n'a eu l'intention que de confirmer par la donation la libéralité contenue d'abord dans son testament; alors les deux dispositions se confondent et ne doivent point être exécutées cumulativement. Cette circonstance de fait empêche qu'il n'y ait lieu d'appliquer les règles ordinaires sur la révocation des dispositions testamentaires.— *Cass.*, 25 juin (et non juillet) 1828, Mahuzier c. Ducros.

1414. — En léguant à une personne une partie de ce qu'il lui avait légué par un testament précédent, le testateur est présumé avoir voulu révoquer le premier testament pour la partie non indiquée dans le second, à moins toutefois qu'il n'apparaisse que le second testament n'a pour but que d'expliquer le premier. — Ricard, part. 3e, nos 251 et 252; Pothier, chap. 6, sect. 2e, § 2; Toullier, t. 5, nº 641; Duranton, t. 9, nº 439.

1415. — Ainsi, lorsqu'après avoir précédemment légué tous ses biens meubles et immeubles, le testateur lègue ensuite tous ses biens meubles et effets, il révoque seulement, quant aux meubles le premier testament, qui doit subsister quant aux immeubles. — *Bordeaux*, 25 avr. 1833, Lacour.

1416. — Ainsi encore, un testament par lequel un testateur partageait entre ses légataires tous ses biens meubles et immeubles a été révoqué par un second testament qui ne contient que le partage des immeubles. — *Caen*, 2 déc. 1847 (t. 1er 1848, p. 546), Soynard c. Lebastard.

1417. — Toutefois, de ce que, après un premier testament qui a disposé de plusieurs objets en faveur d'un individu, un second testament a répété la même disposition, avec omission de certains objets, il n'en résulte pas nécessairement qu'il y ait révocation des objets omis. — *Rennes*, 3 mai 1833, La Houssaye c. N...

1418. — Ainsi, la donation contractuelle d'un usufruit ne révoque pas la disposition de la propriété déjà faite par un testament antérieur. — *Besançon*, 19 mai 1809, Duport.

1419. — La disposition par laquelle une somme est léguée en capital n'est oint en contradiction avec celle par laquelle il est donné à la même personne une pension annuelle; en conséquence, la première de ces dispositions ne révoque pas l'autre. — *Paris*, 14 mars 1818, Perrelle.

1420. — La dispense de faire inventaire, celle de contribuer aux dettes, insérées dans un premier testament contenant legs universel en usufruit, ne sont pas révoquées par le testament postérieur qui, en reproduisant le même legs d'usufruit, dispense seulement le légataire de donner caution et de toute formalité à cet égard. — *Bourges*, 14 mars 1831, Narjot.

1421. — Comme un écrit contenant les dernières volontés d'un défunt, et portant plusieurs dates et plusieurs signatures, ne forme point par cela seul plusieurs testamens, si le testateur, en confirmant son testament, n'a rappelé que la dernière date, on ne peut en induire une révocation implicite des dispositions qui précèdent la

première. — *Paris*, 13 août 1811, de Bayeul c. Gouxeville.

1422. — Un testament qui ne dispose que d'une partie des biens légués par un précédent testament ne révoque celui-ci que dans celles de ses dispositions qui ne peuvent se concilier avec les nouvelles, alors même que le testateur aurait dit qu'il révoquait *tout testament antérieur*. — *Cass.*, 17 juill. 1837 (t. 2 1837, p. 82), Compain c. Chenal.

1423. — Au surplus, il appartient sommairement aux juges du fait de déclarer par voie d'interprétation s'il a été dans l'intention du testateur de révoquer tout ou partie d'un legs précédemment fait. — *Cass.*, 18 janv. 1825, Morin; 17 juill. 1837 (t. 2 1837, p. 82), Compain c. Chenal.

1424. — Un testament qui casse et révoque tous autres testamens a pu détruire une réserve d'usufruit faite en faveur d'un tiers absent, dans un contrat de mariage, comme condition de la donation contractuelle qui y est contenue, alors même que ce testament, en assignant certains immeubles aux donataires pour les remplir de la part qui leur avait été précédemment assignée, ne fait aucune mention de la réserve stipulée dans le premier acte. — *Toulouse*, 19 nov. 1832, Meilhan c. Yerle.

1425. — Y a-t-il révocation lorsqu'une même chose, telle par exemple qu'une maison de campagne, est léguée par des testamens successifs à des personnes différentes? Pour la négative, on dit que plusieurs personnes peuvent, sans aucune contrariété, être légataires d'une même chose; que les légataires ainsi appelés partageront par portions viriles; que seulement, en cas de caducité d'un des legs, il n'y aura plus lieu à accroissement au profit des autres legs. — L. 33, ff., *De legat.* — Ricard, part. 3e, no 275; Pothier, chap. 6, sect. 2e, § 2; Merlin, *Rép.*, vo *Révocation de legs*, § 2; Toullier, t. 5, no 645. — Au contraire, M. Duranton (t. 9, no 443) et Delvincourt (t. 2, p. 385) pensent que quand les deux legs ne sont pas faits par le même acte, il y a lieu de présumer l'intention de révoquer.

1426. — Le legs fait à la personne qui sera au service du testateur au jour de son décès est transféré si le domestique, au jour de ce décès, n'est pas le même qu'au jour du testament. — *Parlem. Paris*, 26 mars 1779. — Merlin, *Rép.*, vo *Révocation de legs*, § 2; Toullier, t. 5, no 654.

1427. — Le legs fait à un individu en qualité d'exécuteur testamentaire, et pour le récompenser de ses soins est révoqué par un testament postérieur dans lequel le testateur nomme un autre exécuteur testamentaire ou déclare n'en plus vouloir. — L. 30, ff., *De adm. leg.* — Ricard, part. 3e, no 254; Pothier, ch. 6, sect. 2e, § 2; Toullier, t. 5, no 654. — Il en serait autrement si le legs était indépendant de la charge. — Delvincourt, t. 2, p. 384.

1428. — Une disposition corrélative à une autre peut être présumée révoquée par suite de la révocation de celle-ci. Tel est le cas où une créance a été léguée à un héritier jusqu'à concurrence de la valeur d'un fonds légué par préciput à un autre héritier. Le legs de cette créance est révoqué si le fonds est aliéné par le testateur. — L. 25, ff., *De adm. vel transf. ligat.* — Ricard, part. 3e, no 253; Delvincourt, t. 2, p. 364; Duranton, t. 9, no 455.

1429. — Un legs n'est révoqué par un autre legs conditionnel qu'autant que la condition est accomplie, à moins que les circonstances ne démontrent l'intention d'une révocation pure et simple. — L. 7, ff., *De adm. leg.* — Pothier, *loc. cit.*; Ricard, part. 3e, no 277; Toullier, t. 5, no 649; Duranton, t. 9, p. 452.

1430. — 2o *Aliénation.* — Sous l'ancienne jurisprudence, l'aliénation était une cause de révocation des testamens et legs. Toutefois, sous l'empire du droit écrit, on admettait la preuve, et même, dans certains cas, la présomption que le testateur, en aliénant, n'avait pas eu l'intention de révoquer ses dispositions. De plus, il y avait doute sur l'effet révocatoire de la vente à réméré ou de l'aliénation par échange. — Merlin, *Rép.*, vo *Révocation de legs*, § 2.

1431. — D'après l'art. 1038, C. civ., « toute aliénation, même celle par vente avec faculté de rachat ou par échange, que fera le testateur, de tout ou de partie de la chose léguée, emportera la révocation du legs pour tout ce qui a été aliéné, encore que l'aliénation postérieure soit nulle, et que l'objet soit rentré dans les mains du testateur. »

1432. — Ainsi, jugé que l'aliénation que fait le testateur de la chose léguée emporte la révocation du legs, encore bien que l'acte d'aliénation soit nul pour vice de forme. — *Caen*, 5 janv. 1844 (t. 1er 1844, p. 668), Desrivières c. de Fauchecourt; *Cass.*, 16 avr. 1845 (t. 2 1845, p. 280), mêmes parties.

1433. — ... Et il en est ainsi encore, bien que cette aliénation ait été consentie au profit du légataire lui-même. — En pareil cas, la nullité de la vente ultérieurement prononcée ne peut faire revivre le legs. — *Caen*, 5 janv. 1844 (t. 1er 1844, p. 668), Desrivières c. de Fauchecourt.

1434. — Lorsqu'un individu a fait, le même jour, 1o un testament à neuf heures du matin; 2o une vente par acte sans date, on peut présumer que ce dernier acte est postérieur au testament. — *Bourges*, 19 août 1824, d'Avigneau c. Levasseur.

1435. — Il y a révocation, encore bien que l'aliénation ait été forcée, par exemple qu'elle ait eu lieu pour cause d'utilité publique. Il n'y en a pas moins révocation, puisque la chose est sortie du patrimoine du testateur. — Toullier, t. 5, no 650; Delvincourt, t. 2, p. 386; Duranton, t. 9, no 459.

1436. — Par la même raison, l'aliénation emporte encore révocation, lors même qu'elle n'a été consentie que par le tuteur autorisé par le conseil de famille du testateur interdit depuis le testament, et cela pour arriver à payer ses dettes. — Duranton, no 460.

1437. — L'aliénation faite sous condition révoquerait-elle le legs si la condition venait à défaillir? Il faut distinguer:

1438. — Si l'aliénation a été faite sous une condition suspensive qui ne s'est pas accomplie, le donateur n'a jamais été dessaisi de la propriété de ses biens; ce n'est pas le cas, dès-lors, d'appliquer la disposition de l'art. 1038, C. civ. — Vazeille, *Donation*, sur l'art. 1038, no 7; Poujol, *id.*, no 7; Toullier, t. 5, no 653; Marcadé, sur l'art. 1038, t. 4, p. 136. — *Contrà* Delvincourt, t. 2, p. 101, note 8e; Coin-Delisle, art. 1038, no 4; Duranton, t. 9, no 459. — Toutefois, ce dernier auteur pense que la solution peut varier suivant les circonstances.

1439. — Ainsi, jugé que l'institution contractuelle faite par l'un des époux à l'autre, sous la condition de survie du donataire, ne saurait être considérée comme une aliénation ayant pour effet, d'après l'art. 1038, C. civ., d'opérer la révocation d'un testament antérieur de l'époux donateur. — Dès-lors, si l'époux donataire n'a pas survécu au donateur, les biens qui avaient fait l'objet de la donation doivent être dévolus aux légataires. — *Caen*, 25 nov. 1847 (t. 2 1848, p. 493), Chasseloup de Châtillon c. Elasse.

1440. — Mais, s'il s'agissait d'une aliénation sous condition résolutoire, tous les auteurs précédemment cités sont d'avis qu'elle emporte révocation du legs, bien que l'aliénation vienne ensuite à être résolue par suite de l'accomplissement de la condition. — V. mêmes auteurs.

1441. — Le legs de la quotité disponible ou d'un immeuble, au choix des héritiers du testateur, n'est pas révoqué par l'aliénation faite par celui-ci de l'immeuble légué, et les héritiers sont tenus de délivrer la quotité disponible. — *Angers*, 11 déc. 1807, Saunier c. Dugast.

1442. — Comme il faut qu'il y ait aliénation, c'est-à-dire dessaisissement de propriété de la part du testateur, il suit de là qu'il n'y a pas révocation par cela seul que le testateur a engagé ou hypothéqué l'objet du legs; il est présumé avoir l'intention de reprendre plus tard tous ses droits sur la chose. — Ricard, part. 3e, no 270; Pothier, chap. 6, sect. 2e, § 2; Delvincourt, t. 2, p. 386, Toullier, t. 5, no 652.

1443. — ... Qu'il n'y a pas non plus révocation de la part de la femme qui s'est constitué en dot la chose par elle précédemment léguée. — Toullier, *ibid.*

1444. — L'aliénation, pour opérer révocation, doit porter sur la chose même qui a été léguée. Le legs postérieur de corps certain ne saurait donc révoquer un legs universel ou à titre universel, lequel attribue, non telle chose actuellement existante, mais un droit éventuel à tout ou partie de ce qui se trouvera dans la succession. — Merlin, *Rép.*, vo *Révocation de codicille*, § 3.

1445. — Jugé donc que la vente faite par le testateur d'un corps certain ou d'un immeuble déterminé n'emporte par révocation du legs universel antérieur. — *Angers*, 19 avr. 1820, Choleau c. Prezelin; *Bourges*, 1er fév. 1832, Rabillon c. Roche; *Orléans*, 28 déc. 1843 (t. 1er 1844, p. 433), Audebert c. Barré.

1446. — ... Que la révocation prévue par l'art. 1038, C. civ., s'applique seulement au cas où le testateur a légué un corps certain ou une chose déterminée, et ne saurait être invoquée contre les legs universels ou à titre universel. — *Bourges*, 1er fév. 1832, Rabillon c. Roche; *Colmar*, 7 août 1834, Allimann c. Habermacher; *Montpellier*, 20 avr. 1842 (t. 2 1843, p. 344), Ginestat c. Loubatières; *Caen*, 25 juin 1845 (t. 2 1846, p. 349), Bonnet c. Jubé.

1447. — ... Que les aliénations, soit par vente, soit par donation, qu'un testateur peut faire, alors même qu'elles comprendraient tous ses biens présens, ne révoquent point le legs universel par lui fait antérieurement. — *Cass.*, 17 juin (et non mai) 1824, Devallion c. Albitte; 15 fév. 1827, mêmes parties.

1448. — Ainsi, la vente faite par un testateur de tous les biens dont il avait disposé en faveur d'un légataire universel ne révoque que la disposition de ces mêmes biens, et non le legs universel qui comprend aussi les biens que le testateur peut acquérir. — *Bourges*, 19 août 1824, d'Avigneau c. Levasseur.

1449. — Par la même raison, l'arrêt qui juge qu'une vente simulée d'objets particuliers n'opère pas révocation d'une donation universelle à cause de mort ne donne pas ouverture à cassation. — *Cass.*, 4 nov. 1807, Castelbon c. Castanié.

1450. — Toutefois, le légataire doit être déclaré mal fondé dans son action en rescision, bien que la vileté du prix de la vente soit prouvée, s'il résulte des circonstances de la cause que le testateur a voulu, par acte de vente, avantager indirectement une personne capable de recevoir directement. — *Colmar*, 7 août 1834, Allimann c. Habermacher.

1451. — Peu importe d'ailleurs que la vente des corps certains ou déterminés ait été faite au profit du légataire universel lui-même. — *Angers*, 19 avr. 1820, Choleau c. Prezelin; *Cass.*, 17 juin (et non mai) 1824, Devallivon c. Albitte.

1452. — De même, l'aliénation faite par le testateur depuis la confection de son testament et au profit de son légataire, de corps certains et présens, ne révoque point la disposition à titre universel, tant de biens présens que de biens à venir, précédemment faite. — *Cass.*, 9 mai (et non 7) 1808, Gourmand c. Bourdaiseau.

1453. — Lorsque le testateur a fait au profit de l'un des héritiers institués, la vente de tout ou partie de ses biens, cette vente n'entraîne pas la révocation du testament, et n'empêche pas les héritiers testamentaires de recueillir ce qui se trouve dans la succession au moment de la mort du testateur. — *Liége*, 19 nov. 1811, Henon.

1454. — On ne peut considérer comme emportant la révocation du legs de l'usufruit d'un immeuble la vente qui a été faite de cet immeuble à un tiers, précisément dans le but d'en faire parvenir la propriété à l'usufruitier même. — *Bruxelles*, 9 juill. 1811, Claise.

1455. — La vente de l'objet légué, faite au légataire même, lorsqu'elle n'est qu'une donation déguisée, ne peut être considérée comme une aliénation emportant la révocation du legs, aux termes de l'art. 1038, C. civ. — *Cass.*, 6 juin 1814, Belle c. Villard.

1456. — Un legs est révoqué par un acte de vente sous seing-privé, bien qu'un acte révocatoire sous cette forme fût insuffisant s'il ne constituait pas un testament olographe. — Toullier, t. 5, no 651.

1457. — Une donation entre-vifs peut être considérée comme une aliénation dans le sens de l'art. 1038, C. civ. — *Lyon*, 7 fév. 1827, Parleani c. comm. de Pioggiola.

1458. — Il en est sans doute ainsi quand la donation est faite à un tiers ou bien quand, étant faite au précédent légataire, elle lui impose des conditions différentes de celles du legs. Mais il en est autrement quand la donation ne change en rien la condition du légataire et ne fait que lui constituer un titre de plus.

1459. — La nullité d'une donation faite à une personne incapable de recevoir ne fait point obstacle à la validité d'un testament précédemment fait au profit de la même personne, à une époque où la cause d'incapacité n'existait pas encore. — *Cass.*, 10 nov. 1836, Miron c. David.

1460. — Une donation nulle pour défaut d'acceptation ne peut être considérée comme une aliénation, même nulle, dans le sens de l'art. 1038, C. civ., puisqu'il n'en résulte aucune dépossession du donateur au profit du donataire, et dès-lors n'emporte pas à ce titre la révocation des dispositions antérieures. — *Paris*, 11 déc. 1847 (t. 1er 1848, p. 350), Roger c. Delarue.

1461. — Cependant la révocation d'un legs contenu dans une donation entre-vifs, nulle pour défaut d'acceptation, doit produire son effet lorsque le legs et la donation, ayant pour objet les mêmes biens, s'adressent au même individu, mais contiennent des conditions différentes. — *Lyon*, 7 fév. 1827, Parleani c. commune de Pioggiola.

1462. — Quoi qu'il en soit, le legs universel n'est révoqué par une donation postérieure au testament que relativement aux biens compris dans cette donation, et non pour tous les autres biens dont le donateur se trouve en possession au jour de son décès. — Du moins l'arrêt qui le décide ainsi d'après l'interprétation des actes échappe à la censure de la cour de Cassation. — *Cass.*, 15 nov. 1841 (t. 1er 1842, p. 393), Susini c. Alain.

1463. — La déclaration faite par un père, dans un acte contenant partage de ses immeubles entre

ses enfans, qu'il se réserve son mobilier, *pour être partagé entre eux après son décès*, ne peut être considérée comme une révocation d'un legs antérieurement fait d'une quote-part de ce même mobilier à l'un de ses enfans. — *Grenoble*, 3 février 1832, Giraud.

1464. — Un legs universel est révoqué jusqu'à due concurrence par l'obligation imposée aux légataires, dans un traité postérieur passé avec le testateur, de payer *aux héritiers* de ce dernier certaine somme. Les héritiers naturels ont le droit de réclamer cette somme. — *Cass.*, 18 janv. 1825, Morin.

1465. — Si après avoir légué la créance qu'il a sur un tiers ou sur le légataire lui-même, le testateur en exige le paiement de tout ou partie, il y a révocation de la portion exigée du legs, quand même la demande n'aurait été encore que formée au jour du décès du testateur. — Instit. *De legat.*, § 21; L. 7, § 4, ff., *De liberat. leg.* — Duranton, t. 9, n° 462.

1466. — Toutefois, le recouvrement et l'emploi par le testateur d'une créance comprise dans une généralité de biens précédemment léguée par lui n'entraînent pas la révocation du legs en ce qui concerne même la créance recouvrée. — L'art. 1038, C. civ., est ici inapplicable. — *Grenoble*, 19 juin 1846 (t. 2 1847, p. 48), Néry-Deloche c. Néry.

1467. — Jugé aussi que l'art. 1038, C. civ., s'applique seulement au legs d'un corps certain ou d'une chose déterminée, et non à des créances. — *Bourges*, 1er fév. 1832, Rabillon c. Roche.

1468. — 3° *Destruction totale ou partielle du testament.* — Le testateur qui détruit matériellement son testament ou qui l'altère dans ses parties essentielles indique évidemment par là qu'il ne persévère plus dans la volonté par lui manifestée, qu'il en change; il y a donc là une véritable révocation tacite. Aussi ce mode de révocation a-t-il toujours été admis dans l'ancien et dans le nouveau droit.

1469. — Toutefois, il y a plusieurs distinctions à faire, suivant que les testamens sont en minutes ou en expéditions, et suivant qu'ils sont écrits ou non en plusieurs originaux.

1470. — Le testateur qui lacère, brûle ou bâtonne l'expédition de son testament par acte public, n'est pas pour cela censé le révoquer, car il sait qu'il existe une minute qui fait foi, et tant qu'il laisse subsister l'effet de la minute, il est réputé persévérer dans sa volonté. — Duranton, t. 9, n° 469.

1471. — Quant à la minute, elle peut exister de deux manières : ou bien n'être qu'un acte en brevet, ou bien constituer une véritable minute qui a pris place et doit rester parmi les autres minutes du notaire. — Dans le premier cas, il n'y a nul doute que le testament en brevet lacéré, brûlé ou bâtonné par le testateur n'emportât révocation des dispositions. Mais ce cas ne peut guère se réaliser, puisque, comme on l'a vu, les notaires doivent garder en minutes les testamens qu'ils reçoivent, et ne doivent point les délivrer en brevet. Cela ne pourrait avoir lieu que pour les testamens mystiques, à l'égard desquels l'acte de suscription peut être délivré en brevet. — V. *suprà*, n° 1054.

1472. — Dans le second cas, c'est-à-dire quand le testament est rangé parmi les minutes du notaire, le testateur ne serait point recevable à demander que le notaire lui fît la remise de cette minute, soit pour la détruire, soit pour en bâtonner une partie, car les notaires, obligés de garder les minutes des actes qu'ils reçoivent, ne peuvent s'en dessaisir qu'en vertu d'un jugement et à charge de réintégration. — L. 25, vent. an XI, art. 22. — Or, une pareille obligation imposée aux notaires entraîne pour eux l'obligation de conserver la minute envers et contre tous, et de la maintenir dans le même état matériel où ils l'ont reçue au moment de la perfection de l'acte par l'apposition de toutes les signatures. Le testateur ne peut détruire l'effet de cette minute qu'au moyen d'un acte révocatoire. — Duranton, t. 9, n° 470; *Dict. du notar.*, vis *minute*, nos 71 et 72, et *Révocation de testament*, n° 106; *Statuts des not. de Paris*, 8 germin. an XII. — V. cependant Merlin, *Rép.*, v° *Notaire*, § 5, n° 6; Delvincourt, t. 2, p. 384; Toullier, t. 5, n° 661. — Il est à remarquer toutefois que les autorités qu'ils invoquent sont toutes antérieures à la loi du 25 vent. an XI.

1473. — Lorsque le testament mystique revêtu de l'acte de suscription a été remis au testateur, la rupture des cachets et la lacération de l'enveloppe même par son fait n'opèrent pas la révocation quand le testament est entièrement écrit, daté et signé par le testateur, car alors ce testament vaut comme testament olographe. — V. *suprà* n° 1118. On présume alors que le testateur a seulement voulu revoir les dispositions qu'il avait faites. — Delvincourt, t. 2, page 384; Toullier, t. 5, n° 664; Duranton, t. 9, n° 470; *Dict. du notar.*, v° *Acte de suscription*, n° 51.

1474. — Dans le cas où le testament mystique n'aurait pas les caractères du testament olographe, l'ouverture de l'enveloppe opère la révocation, mais toutefois à la condition que le testament se trouve chez le testateur, car alors la présomption est que c'est lui qui l'a ouvert. — Mêmes auteurs; Furgole, chap. 11, nos 79 et suiv.

1475. — Si le testament mystique était trouvé ouvert chez un tiers ou chez le notaire où le testateur l'aurait déposé, la présomption n'est plus que le testateur ait voulu l'ouvrir; par suite, le testament doit recevoir son exécution, pourvu que l'identité soit bien établie. — Mêmes auteurs.

1476. — Ainsi, jugé qu'un testament mystique ne peut être considéré comme révoqué, par cela seul que le testateur sachant qu'il a été ouvert, n'a pas ultérieurement déclaré persister dans ses dispositions. — *Cass.*, 20 mai 1812, Malgouyré et Dumesny c. Gisbert. — V. cependant Toullier, t. 5, n° 665.

1477. — Quant au testament olographe, le testateur qui le lacère, brûle ou bâtonne, en opère évidemment la révocation. — Grenier, t. 1er, n° 347; Merlin, *Rép.*, v° *Révocation de testament*, § 4; Favard de Langlade, *Rép.*, v° *Testament*, sect. 3e, § 1er, n° 17; Toullier, t. 5, n° 657; Duranton, t. 9, n° 466.

1478. — Toutefois, un testament olographe régulier ne peut être réputé révoqué par le testateur par cela seul qu'il aurait été trouvé lacéré en partie parmi des papiers de rebut, et que le testateur aurait fait un testament postérieur, si d'ailleurs ce second testament n'est pas inconciliable avec le premier, et s'il n'est pas établi que le testateur avait voulu détruire celui-ci en le lacérant. — *Nancy*, 11 juin 1842 (t. 2 1842, p. 650), Martin c. Lefèvre.

1479. — Les ratures, renvois et surcharges existant sur un testament olographe, ne peuvent en faire supposer la révocation ou l'annulation de la part du testateur. — *Cass.*, 5 mai 1824, Leguy c. Chevalier.

1480. — Les ratures partielles faites par le testateur peuvent avoir été faites par mégarde ou sciemment. Dans le premier cas, les dispositions raturées doivent produire leur effet, si elles sont encore lisibles. Mais la présomption est que les ratures ont été faites de dessein prémédité. — Furgole, chap. 11, nos 81 à 82.

1481. — La cancellation dans un testament olographe détruit les dispositions bâtonnées ou biffées, lorsqu'il n'est point établi que le fait est l'œuvre d'un tiers, et non celle du testateur, et lorsqu'il ressort de la nature même des ratures qu'elles n'ont pas été faites par inadvertance. Au surplus, en pareil cas, lorsque le testament se trouve au domicile du défunt, c'est aux légataires institués à prouver que les bâtonnemens qui s'y remarquent sont l'œuvre d'une main autre que celle du testateur. — *Paris*, 8 mars 1844 (t. 1er 1844, p. 550), Schœel c. Haussmann.

1482. — Il n'y a de révoquées que les dispositions rayées, et le testateur est présumé avoir voulu conserver les autres; à moins que les dispositions rayées et celles conservées ne dépendent nécessairement les unes des autres. — Toullier, t. 5, n° 662.

1483. — D'un autre côté, la rature de l'un des caractères essentiels du testament, tels que la date ou la signature, opère la révocation du testament, à moins qu'il ne soit prouvé que la rature est le résultat d'un accident. — Merlin, *Rép.*, v° *Testament*, sect. 2e, § 2, n° 6.

1484. — Lorsqu'un testament olographe est trouvé dans les papiers du défunt avec la date et la signature biffées, il y a présomption que ces ratures ont eu lieu par son fait, et par suite de son intention de refaire cet acte et de l'invalider. L'arrêt qui prononce la nullité du testament, en se fondant sur cette présomption, ne viole point l'art. 970, C. civ. — *Cass.*, 12 janv. 1833, Evrard c. Fabre.

1485. — Pour que la lacération ou le bâtonnement du testament puissent opérer révocation, il faut qu'ils soient émanés d'un testateur privé d'esprit, car celui-ci est incapable de révoquer par un fait ce qu'il ne pouvait révoquer par un acte. — Furgole, chap. 11, n° 78; Toullier, t. 5, n° 660.

1486. — Les ratures sur un testament trouvé dans les papiers du testateur sont présumées l'œuvre de celui-ci. Il faudrait, au contraire, les attribuer à une main étrangère, si le testament était entre les mains d'un tiers; cependant cela dépendrait encore des circonstances. — Toullier, t. 5, n° 663.

1487. — Lorsqu'au sujet d'un testament trouvé, après le décès du testateur, bâtonné par deux lignes transversales l'une à l'autre et portant sur tout le corps de l'écriture sans la rendre illisible non plus que la signature, les juges ont à décider si cette radiation est l'œuvre du testateur et si elle a eu lieu avec l'intention d'anéantir l'acte testamentaire, ils peuvent admettre les héritiers du défunt à prouver par témoins ce double fait, et, par suite, prononcer la nullité de ce testament, si l'affirmative leur paraît résulter de l'enquête. Une telle décision tranche une question non de révocation, mais d'inexistence de dispositions de dernière volonté. — *Cass.*, 21 fév. 1837 (t. 1er 1837, p. 143), Fleury c. Huard.

1488. — Si celui qui se prétend légataire en vertu d'un testament olographe doit prouver, en cas de dénégation, que l'écrit représenté constitue un acte valable en la forme, il en est autrement lorsque, la régularité de l'acte étant reconnue, l'héritier du sang prétend que ce testament aurait été révoqué par le défunt, ou qu'il aurait subi, par le fait de tiers, des changemens ou altérations. — En excipant de ces faits, l'héritier du sang assigné en délivrance devient demandeur, et doit établir ce qu'il avance. — *Cass.*, 21 janv. 1846 (t. 2 1846, p. 185), Boisdelamotte c. Hervé.

1489. — La lacération ou le bâtonnement par un autre que le testateur n'opère pas révocation du testament, et ce testament doit recevoir son exécution si l'on en peut prouver l'existence et le contenu soit à l'aide de morceaux encore existans, soit par toute autre espèce de preuve légale. — Furgole, chap. 11, n° 78; Duranton, t. 9, n° 471.

1490. — Le testateur qui, ayant deux originaux ou exemplaires de son testament, en lacère ou en bâtonne un, n'est pas présumé avoir l'intention de révoquer pour cela ses dispositions; on doit croire qu'il a regardé un double exemplaire comme inutile. — *Lyon*, 26 janv. 1825, Seguy c. Chevalier. — Duranton, t. 9, n° 468; Toullier, t. 5, n° 662.

1491. — De même, si le testament a été rédigé en double original, l'annulation de l'un des doubles, à cause de ces ratures, renvois et surcharges qu'il contient, n'a point pour effet d'annuler l'autre double resté intact. — *Cass.*, 5 mai 1824, Seguy c. Chevalier.

1492. — Jugé en conséquence que lorsqu'un testament olographe a été fait double, et que l'un des doubles a été annulé comme informe pour cause de surcharges, renvois, ratures et interlignes, cette annulation doit entraîner celle de l'autre double, bien qu'il se trouve dans un état parfaitement régulier, surtout s'il est certain que le premier double annulé a servi de base à la rédaction d'un autre testament ultérieur qui n'est point attaqué. — *Riom*, 11 août 1820, Seguy c. Chevalier.

ART. 2. — *Révocation par la disposition de la loi.*

1493. — L'art. 1046, C. civ., porte : « Les mêmes causes qui, suivant l'art. 954 et les deux premières dispositions de l'art. 955, autoriseront la révocation de la donation entre-vifs, seront admises pour la demande en révocation des dispositions testamentaires. »

1494. — Ainsi, les dispositions testamentaires peuvent être révoquées : 1° pour cause d'inexécution des conditions (C. civ., art. 954 et 1046). — V. DONATION ENTRE-VIFS, n° 812 et suiv. — V. aussi *infrà* ce qui est dit de la caducité des legs en cas d'inaccomplissement de la condition.

1495. — Jugé cependant que le légataire qui se refuse à abandonner ses propres biens en vertu d'une clause du testament, sur ce fondement que le testateur n'a pu vouloir en disposer, ne peut être déclaré indigne du legs, comme ayant critiqué et combattu la volonté du testateur. — *Cass.*, 9 fév. 1808, Wischer-Celles c. Brouheven. — Sur le legs de la chose d'autrui, V. LEGS, nos 408 et suiv.

1496. — ... 2° Si le légataire a attenté à la vie du testateur. — C. civ., art. 955, nos 1er et art. 1047. — V. DONATION ENTRE-VIFS, nos 887 et suiv.

1497. — ... 3° Si le légataire s'est rendu coupable envers le testateur de sévices, délits ou injures graves (C. civ., art. 955, nos 2 et art. 1046), ou envers sa mémoire (Arg. C. civ., art. 1048). — V. DONATION ENTRE-VIFS, nos 891 et suiv.

1498. — Si la demande en révocation est fondée sur une injure grave faite à la mémoire du testateur, elle doit être intentée à compter du jour du délit. — C. civ., art. 1047.

1499. — Mais quel est le délai pour intenter l'action en révocation dans les autres cas? Lorsqu'il s'agit de sévices ou délits envers la personne du testateur, le délai est également d'un an à comp-

ter du jour du délit. — Duranton, t. 9, nº 479; Bugnet sur Pothier, *Donation entre-vifs*, p. 419, note 1re. — *Contrà* Coin-Delisle, art. 1047, nº 5; Marcadé, nº 1er; Vazeille, *Prescription*, nº 725. — Malleville (sur l'art. 1047) pense que, dans le silence du Code, il faut suivre le droit commun et accorder trente ans aux héritiers.

1500. — Suivant M. Duranton, quand il s'agit de crime, c'est-à-dire d'attentat par le légataire à la vie du testateur, le délai de l'action en révocation dure autant que l'action criminelle. — Discuss. au cons. d'état. — Duranton, t. 9, nº 479.

1501. — Jugé que les causes qui opèrent la révocation des donations entre-vifs opérant également celle des dispositions testamentaires, l'action en révocation est soumise, dans les deux cas, aux règles prescrites par l'art. 937, C. civ., relatif aux donations. — *Cass.*, 24 déc. 1827, Chantereau c. Labaume.

1502. — Ainsi, la révocation d'un testament pour ingratitude du légataire, résultant de sévices graves qui ont causé la mort du testateur, doit être formée par les héritiers de ce dernier dans l'année du délit, à peine de déchéance. — *Amiens*, 16 juin 1821, Gauthier.

1503. — Dans le cas où un légataire s'est rendu coupable d'un délit envers le testateur et que ce dernier est décédé dans l'année du délit, ses héritiers ont, pour intenter l'action en révocation du legs, le même délai qu'aurait eu le testateur lui-même, c'est-à-dire le délai d'un an à compter du jour où le délit a pu être connu. — *Cass.*, 24 déc. 1827, Chantereau c. Labaume.

1504. — Toutefois, lorsque les héritiers ont ignoré le délit, le délai ne court contre eux que du jour où ils ont pu en avoir connaissance. — Delvincourt, t. 2, p. 387; Duranton, t. 9, nº 480.

1505. — Ainsi, lorsqu'une demande en révocation d'un legs est fondée sur un délit commis par le légataire envers le testateur, et non sur une injure grave faite à la mémoire de ce dernier, le délai pour former cette demande commence à courir du jour où l'héritier du testateur a pu avoir connaissance du délit, et non du jour même de ce délit. — *Cass.*, 24 déc. 1827, Chantereau c. Labaume.

1506. — Quelles sont les injures graves qui doivent entraîner la révocation des dispositions testamentaires pour cause d'ingratitude? — V. DONATION ENTRE-VIFS, nºs 900 et suiv.

1507. — Le légataire qui, par la soustraction des titres que le testateur avait intérêt à faire disparaître, laisse planer sur celui-ci le soupçon de les avoir lui-même détruits, ne se rend pas par là coupable envers sa mémoire d'une injure grave qui entraîne la révocation du legs. — *Caen*, 3 juin 1847 (t. 1er 1848, p. 385), Poullain-Lacroix c. Garnier.

1508. — La spoliation d'objets appartenant à une succession n'emporte pas par elle-même la révocation du legs fait à celui qui s'en est rendu coupable. Pour qu'il en soit ainsi, il faut que cette spoliation ait eu pour but ou pour effet de porter atteinte à la mémoire du testateur. — *Cass.*, 25 juin 1822, Chantereau c. Labaume. — Ainsi, la destruction ou suppression frauduleuse d'un testament ne constitue pas, de la part de l'auteur de ce fait, un délit ou une injure grave envers le testateur, de nature à entraîner la révocation, pour cause d'ingratitude, des libéralités faites en sa faveur par un testament antérieur. — *Bordeaux*, 25 juin 1846 (t. 1er 1849, p. 127), Gay.

1509. — Jugé cependant qu'un vol commis par le légataire au préjudice du testateur, quelques jours avant le décès de ce dernier, peut être une cause de révocation du legs. — *Cass.*, 24 déc. 1827, Chantereau c. Labaume.

1510. — ... Que le vol commis par le légataire au préjudice du testateur est un délit qui donne lieu à l'action en révocation du legs pour cause d'ingratitude. Toutefois le fait de soustraction d'une somme d'argent n'aurait point le caractère de vol et n'entraînerait pas la révocation du legs, s'il ne réunissait les élémens constitutifs de la culpabilité en matière de crimes ou délits. — *Bordeaux*, 16 août 1838 (t. 2 1838, p. 460), Lescalier c. Petit.

1511. — L'inconduite de la femme durant l'année de deuil n'est pas une cause de révocation pour cause d'ingratitude des libéralités que lui a faites son mari. Un système contraire aurait trop d'inconvéniens pour les bonnes mœurs et pour le repos des familles. — Merlin, *Rép.*, vº *Deuil*, § 2; Delvincourt, t. 2, p. 387.

1512. — Jugé en ce sens que lorsqu'une veuve devient enceinte dans l'année de deuil, ce fait ne constitue pas une *injure grave* à la mémoire de son mari, qui entraîne la révocation du testament que celui-ci aurait fait en faveur de sa femme. — *Nîmes*, 14 fév. 1827, Gaudemard c. Estevenot. — Merlin, *Rép.*, vº *Deuil*, § 2; Delvincourt, p. 387.

1513. — Quant le légataire se trouve représenter la personne du testateur et qu'il recueille sa succession, il y a lieu de lui appliquer les causes d'indignité de succéder que l'art. 727 prononce contre l'héritier qui succède *ab intestat*. — V. SUCCESSION, nºs 98 et suiv. — D'ailleurs, les deux premières causes d'indignité énoncées dans l'art. 727 se trouvent comprises dans l'art. 955. Quant à la troisième, le défaut de dénonciation par l'héritier majeur du meurtre du testateur, il n'y a pas de raison pour qu'elle ne s'applique pas à l'héritier testamentaire tout aussi bien qu'à l'héritier naturel. — Merlin, *Rép.*, vº *Indignité*, nº 2; Delvincourt, t. 2, p. 387.

1514. — Les causes d'indignité qui, dans l'ancienne jurisprudence, donnaient lieu à la révocation des legs ou institutions, n'ont d'effet aujourd'hui qu'autant qu'elles rentrent dans l'une des causes fixées par les art. 955, 1046 et 1047, C. civ., combinés. — Merlin, *Rép.*, vis *Indignité* et *Legs*, sect. 7e, nº 2.

1515. — La survenance d'enfans n'est pas, comme pour les donations entre-vifs, une cause de révocation des dispositions testamentaires. En effet, c'est parce que les donations sont irrévocables que la loi a dû venir au secours du donateur et prononcer la révocation en raison de son intention présumée. Mais le testament doit conserver sa valeur, puisque le testateur est le maître de le changer, s'il préfère son enfant au légataire. — *Limoges*, 8 mars 1843 (t. 2 1844, p. 165), Bary. — Merlin, *Rép.*, vº *Legs*, sect. 7e, nº 4; Grenier, nº 341; Favard de Langlade, vº *Testament*, § 3, nº 2; Toullier, t. 5, nº 670; Duranton, t. 9, nº 473; Delvincourt, p. 387.

1516. — Jugé que la naissance même d'un enfant posthume ne révoque pas le testament fait par le père de cet enfant; peu importe que le testateur n'ait pu connaître la grossesse de sa femme, ni au moment où il testait ni au moment où il est décédé. — *Nîmes*, 17 fév. 1840 (t. 1er 1840, p. 479), Faure c. Vauclar. — Duranton, Toullier, Favard, *loc. cit.* — *Contrà* L. 36, § 2, ff., *De testam. milit.*; Chabot, *Quest. transit.*, vº *Testament*, § 9, nº 2; Grenier, nº 341; Delvincourt, t. 2, p. 387; Vazeille, art. 1037, nº 6.

1517. — ... Qu'en supposant qu'on pourrait déroger au principe pour le cas d'un enfant posthume dont le testateur aurait ignoré la conception, cette exception ne serait admissible qu'autant qu'il serait certain pour le juge que la prévision de la naissance de l'enfant aurait déterminé le testateur à changer de volonté. — *Limoges*, 8 mars 1843 (t. 2 1844, p. 165), Bary.

1518. — Jugé cependant que bien qu'en matière de testament la survenance d'enfans ne soit pas, comme en matière de donation, une cause absolue de révocation, néanmoins elle peut le devenir lorsqu'il est constant que le testateur (qui est décédé sans connaître la grossesse de sa femme, laquelle n'est accouchée que six mois après) n'a eu en vue, en faisant son testament, que de régler sa succession collatérale à défaut d'héritier direct. — *Douai*, 30 janv. 1843 (t. 2 1843, p. 643), Gondeur.

1519. — En droit romain, la prétérition des enfans entraînait la révocation du testament; mais en France, le testament restait valable, dans notre ancien droit, malgré la survenance d'enfans. — Arrêt du Parlement de Rouen du 20 déc. 1725 (*Recueil* d'Augeard, t. 2, ch. 174); du Parlement de Paris du 12 mars 1764 (rapporté par Bergier sur Ricard, addition à la sect. 4e du ch. 5 de la 3e part. du *Tr. des don.*)

1520. — Jugé que sous l'empire du droit écrit, un testament nul pour prétérition, mais contenant révocation de tous testamens antérieurs, valait néanmoins pour la clause révocatoire. — *Grenoble*, 16 mars 1812, Lacroix.

1521. — L'adoption, même assimilée à la survenance d'enfans, ne peut révoquer les libéralités testamentaires faites antérieurement par l'adoptant. — *Montpellier*, 20 avr. 1842 (t. 2 1843, p. 344), Ginestat c. Loubatières.

1522. — La mort civile est, comme sous l'ancien droit, le seul changement d'état qui entraîne de plein droit la révocation du testament de celui qui l'a encourue. — Pothier, ch. 6, sect. 1re; Toullier, t. 5, nº 668; Grenier, t. 1er, nº 340; Merlin, *Rép.*, vº *Révocation de Testament*, § 3; Favard de Langlade, vº *Testament*, sect. 3e, § 2.

1523. — La prescription produit encore la révocation ou plutôt l'extinction des legs. — Merlin, *Rép.*, vº *Legs*, sect. 7e, nº 4; Favard de Langlade, vº *Testament*, sect. 3e, § 2.

ART. 3. — *Effets de la révocation des testamens.*

1524. — Le principal effet de la révocation expresse ou tacite d'un testament, en tout ou en partie, est de faire considérer la disposition révoquée comme non avenue.

1525. — Bien plus, l'art. 1037 porte, ainsi qu'on l'a déjà vu, que : « La révocation faite dans un testament postérieur aura tout son effet, quoique ce nouvel acte reste sans exécution par l'incapacité de l'héritier institué ou du légataire, ou par leur refus de recueillir; » à quoi on peut ajouter encore *ou par leur prédécès*, quoiqu'à vrai dire cela rentre dans *l'incapacité*, puisqu'il faut exister pour être capable de recevoir. — C. civ., art. 906. — Duranton, t. 9, nº 450.

1526. — L'art. 1037 est encore applicable au cas où le testament n'aurait point d'effet par suite de l'indignité de l'héritier institué ou du légataire. — Grenier, t. 1er, nº 344; Toullier, t. 5, nº 668; Favard de Langlade, vº *Testament*, sect. 3e, § 1er, nº 9.

1527. — On a vu (*suprà* nºs 1288 et suiv.) quelle était la valeur d'une reconnaissance de dette insérée par le testateur dans son testament. Mais quel en serait l'effet si le testament vient à être révoqué? Il faut distinguer.

1528. — Si la reconnaissance de dette ne constituait en réalité qu'un legs, la révocation du testament entraînerait la révocation de la reconnaissance. — *Bastia*, 10 mai 1823, Sautelli c. Guasco. — Toullier, t. 5, nº 636; Pothier, ch. 6, sect. 2e, § 5.

1529. — Mais s'il s'agit d'une véritable dette, Delvincourt (t. 2, p. 382) pense que la reconnaissance ne subsiste pas moins et ne saurait être rétractée. D'autres auteurs pensent au contraire que la reconnaissance ne vaut plus que comme commencement de preuve par écrit. — Toullier, t. 5, nº 637; Ricard, *Donat.*, part. 1re, ch. 3, nºs 762 et suiv., et part. 3e, nº 114; Duparc-Poullain, *Principes du droit*, t. 9, p. 307.

1530. — Le bénéfice de la révocation profite tantôt aux héritiers naturels et tantôt aux légataires. — V. à ce sujet ce qui est dit sur le bénéfice de la caducité *infrà*, nºs 1597 et suiv.

1531. — Un premier testament révoqué pourrait-il revivre par suite de la révocation du second testament?

1532. — Jugé qu'en général on peut faire revivre un testament révoqué, en révoquant l'acte de révocation; qu'ainsi, lorsqu'un testateur a révoqué un premier testament par un second, le second par un troisième et les premier et troisième par un quatrième, les dispositions du second peuvent reprendre leur première force et doivent être exécutées, à moins qu'elles ne soient contraires aux dispositions renfermées dans le quatrième. — *Grenoble*, 14 juin 1810, Martin c. Beard.

1533. — En effet, la révocation qui était émanée de la seule volonté du testateur peut être anéantie par cette même volonté. Mais pour cela il faut que le testateur exprime positivement cette même volonté dans le dernier acte. — *Cass.*, 4 déc. 1811, Lehereau c. Ameline; 22 mars 1837 (t. 1er 1837, p. 268), Devillers; *Dijon*, 8 mars 1838 (t. 2 1840, p. 359), même partie. — L. 12, ff., *in princip.*, ff., *De injust. rupt. testam.*; L. 11, § 2, ff., *De bon. posses. secu. tab.* — D'Aguesseau, 46e plaidoyer; Furgole, *Testam.*, quest. 61e, p. 367; Merlin, *Rép.*, vº *Testament*, sect. 2e, § 1er, art. 4, nº 2; et *Révocation de testament*, § 4, nº 5; Favard de Langlade, *Rép.*, vº *Testament*, sect. 3e, § 1er; Toullier, t. 5, nº 635; Duranton, t. 9, nº 441; Delvincourt, t. 2, p. 382. — Cependant Ricard (*Donat.*, part. 3e, nºs 175 et suiv.) et Grenier (t. 1er, nºs 347 et 347 *bis*) n'admettent la révocation qu'autant que le second testament a été biffé.

1534. — Et il n'est pas nécessaire que le second testament rappelle expressément les dispositions du premier. — *Cass.*, 4 déc. 1811, Lehereau c. Ameline.

1535. — Mais la révocation du second testament ne fait pas revivre de plein droit le premier, si le testateur n'en a pas manifesté l'intention. — *Douai*, 3 nov. 1836, Thorel c. Lefebon; *Cass.*, 7 fév. 1843 (t. 2 1843, p. 81), Lebigot c. Fournerie.

1536. — D'un autre côté, lorsqu'un testament authentique, nul pour vice de forme, contient la révocation d'un premier testament, cette révocation n'est pas validée au moyen d'un troisième testament contenant simplement la confirmation, en termes généraux, de l'acte révocatoire. — *Turin*, 19 mars 1810, Bongioanni c. Scarliotti.

1537. — L'acte par lequel le testateur révoque son second testament n'est point soumis aux formalités prescrites pour les dispositions testamentaires par l'art. 971, C. civ.; il suffit, d'après l'art. 1035 même Code, qu'il soit fait dans la forme ordinaire des actes notariés. — *Cass.*, 22 mars 1837 (t. 1er 1837, p. 268), Devillers; *Dijon*, 8 mars 1838 (t. 2 1840, p. 459), même partie.

1538. — La question de savoir si la révocation d'un second testament fait ou non revivre un pre-

mier testament est une question qui doit se décider en fait d'après les circonstances, et surtout d'après les termes de la révocation. Spécialement, celui qui, ayant fait un premier testament, le révoque par un second, puis annule cet acte, qu'il rature et bâtonne, en laissant subsister en marge la mention qu'il se réserve d'en faire un autre à la place, ne doit pas être réputé avoir voulu faire revivre sa première disposition. — *Lyon*, 18 mai 1847 (t. 2 1847, p. 233), Benier.

1539. — Lorsqu'un testateur qui a révoqué son testament fait revivre dans un acte postérieur un legs fait dans ce testament, la nature de ce legs doit être déterminée d'après ce même testament, quoique révoqué pour le surplus. — *Rennes*, 14 juill. 1819, Collet c. Ameline.

1540. — Bien que, par sa date primitive, un testament olographe soit antérieur à un acte révocatoire, la nouvelle date qu'au moyen d'une surcharge approuvée lui donne le testateur a pour effet, si elle est postérieure à cet acte, d'empêcher les effets de la révocation. — *Cass.*, 15 juill. 1846 (t. 1er 1847, p. 49), Tronnel c. Forbras.

Sect. 2e. — *Caducité des legs.*

Art. 1er. — *Causes de caducité.*

1541. — On appelle *caduques*, dans le sens du Code civil, les dispositions testamentaires accidentellement déchues ou privées de leur effet, pour autres causes qu'un vice qui les annule dans leur principe. — Toullier, t. 5, no 671.

1542. — Les causes de caducité sont d'après les art. 1039 et suiv. au nombre de cinq, savoir : 1° le prédécès du légataire; 2° le défaut d'accomplissement de la condition pendant la vie du légataire; 3° la perte totale de la chose léguée ; 4° la répudiation du légataire; 5° et enfin l'incapacité de ce même légataire.

1543. — 1° *Prédécès du légataire.* — Toute disposition testamentaire est caduque, si celui en faveur de qui elle est faite n'a pas survécu au testateur. — C. civ., art. 1039.

1544. — Dans ce cas, le testateur est présumé n'avoir eu en vue que la personne même du légataire. Mais si le testateur avait compris les enfans dans la disposition, le legs ne serait plus caduc par le prédécès du légataire. — Merlin, *Rép.*, vo *Legs*, sect. 7e, no 3 ; Toullier, t. 5, no 672.

1545. — La règle que le legs est caduc par le prédécès du légataire ne s'applique aux communautés, établissemens et corporations qu'autant que l'établissement même serait supprimé avant le décès du testateur ; le prédécès des membres de la communauté n'est nullement à considérer. — Merlin, Toullier, *loc. cit.*; Grenier, t. 1er, no 348; Favard de Langlade, *Rép.*, vo *Testament*, sect. 3e, § 2, no 3; Delvincourt, t. 2, p. 331.

1546. — Il faut décider de même quand le legs est fait à une personne, non comme individu, mais comme revêtue d'un titre ou exerçant une fonction qui ne meurt pas, comme par exemple quand le legs est fait au curé d'une paroisse, au maire de telle commune, etc. Toutefois, il faut bien peser les circonstances et les termes du testament pour décider si c'est bien en vue de la dignité que le legs a été fait. — Mêmes auteurs.

1547. — La règle que le legs devient caduc par le prédécès du légataire souffre encore exception lorsque le legs a pour objet l'acquittement d'une dette. — *Nîmes*, 9 déc. 1822, Clamouse de Corsac c. de Baruel.

1548. — Une disposition ne devient pas non plus caduque par le prédécès de l'exécuteur testamentaire; le testateur, qui a survécu et qui n'en a pas nommé un nouveau, est censé s'en être référé à la volonté de la loi pour l'exécution de ses dispositions. — *Toulouse*, 10 juill. 1827, Danizan c. commission des hospices.

1549. — C'est à ceux qui réclament le legs à prouver que le légataire a survécu au testateur. Y aurait-il lieu toutefois d'appliquer les présomptions de survie établies en matière de succession par les art. 720 et suiv., C. civ.? — V. SUCCESSION, nos 36 et suiv.

1550. — Dans le cas où deux testamens ont été faits le même jour, en contemplation l'un de l'autre, par deux époux réciproquement testateurs et légataires, le testament de l'époux survivant se trouve frappé de caducité et est réputé non avenu, et dès-lors, celui de l'époux prédécédé doit être examiné isolément lorsqu'il s'agit de statuer sur sa validité et ses effets. — *Cass.*, 2 mai 1842 (t. 2 1842, p. 553), Sebire c. Rubin.

1551. — Quand le légataire ne décède qu'après le testateur, il transmet ses droits à ses héritiers, alors même qu'il n'en aurait pas demandé la délivrance. Toutefois, Proudhon (*Usufruit*, no 683) pense que le legs d'usufruit devient alors caduc.

1552. — 2° *Défaut d'accomplissement de la condition pendant la vie du légataire.* — Toute disposition testamentaire faite sous une condition dépendante d'un événement incertain, et telle que, dans l'intention du testateur, cette disposition ne doive être exécutée qu'autant que l'événement arrivera ou n'arrivera pas, est caduque si l'héritier institué ou le légataire décède avant l'accomplissement de la condition. — C. civ., art. 1040.

1553. — La condition qui, dans l'intention du testateur, ne fait que suspendre l'exécution de la disposition, n'empêchera pas l'héritier institué ou le légataire d'avoir un droit acquis et transmissible à ses héritiers. — C. civ., art. 1041.

1554. — En effet, il y a deux choses à distinguer dans toute donation testamentaire ou autre, la disposition et l'exécution. Or, bien que l'exécution soit suspendue par un événement ou par une condition, la disposition n'en est pas moins irrévocable et n'en donne pas moins au donataire un droit transmissible à ses héritiers, s'il meurt avant l'exécution de la condition qui suspendait l'exécution. — Toullier, t. 5, no 673.

1555. — Au contraire, si la disposition est elle-même suspendue par l'événement d'une condition, il faut distinguer entre les donations entre-vifs et les donations testamentaires. Dans les premières, la condition peut s'accomplir utilement après la mort du donataire qui transmet l'espérance à ses héritiers s'il meurt avant l'accomplissement de la condition. — Instit., *De verb. oblig.*, § 4. — Dans les seconds, au contraire, la condition ne peut s'accomplir utilement après la mort du légataire, parce que le legs n'étant censé fait qu'à la personne du légataire, l'espérance qu'il en profiterait serait évanouie par son décès et il ne peut la transmettre à ses héritiers. — L. 59, ff., *De condit. et demonstr.* — Toullier, *loc. cit.*

1556. — Ainsi, l'existence des dispositions testamentaires faites sous condition est doublement incertaine : car 1° elles n'auront pas existé, elles seront caduques, si la condition ne s'accomplit pas ; 2° elles n'auront point encore existé, elles seront caduques, quoique la condition s'accomplisse, si le légataire meurt avant l'accomplissement. — Toullier, *ibid.*

1557. — C'est de là que vient la règle qu'à l'égard des testamens le terme ou le jour incertain équivaut à une condition : *Dies incertus conditionem in testamento facit.* — L. 75, ff., *De condit. et demonstr.* — Pothier, *Donat. testam.*, chap. 5, sect. 2e, § 1er, et *Obligat.*, nos 203 et 208.

1558. — Cette règle s'applique non seulement au cas où il est incertain si le jour donné pour terme arrivera (par exemple : Je donne à Titius, lorsqu'il aura vingt-un ans), mais au cas même où il est certain que le jour arrivera, lorsqu'il est incertain s'il arrivera du vivant du légataire (par exemple : Je lègue 10,000 fr. à Titius lorsque Mévius mourra). — Toullier, *ibid.*

1559. — Le legs ainsi conçu : « Je donne à Paul 3,000 fr. qui lui seront comptés le jour de sa majorité, » ne renferme qu'un terme et non une condition. Si Paul meurt avant d'avoir atteint sa majorité, le legs est transmis à ses héritiers, qui pourront l'exiger au temps où Paul eût atteint vingt-un ans. — Toullier, *ibid.*; Ricard, nos 33 et 34 ; Delvincourt, t. 2, p. 321.

1560. — Le legs fait à une personne pour sa dot ou lorsqu'elle se mariera renferme non un terme, mais une condition, attendu que le testateur fait du mariage le but de la disposition. — Ricard, nos 38 et suiv.

1561. — Le legs fait sous la condition que le légataire se mariera devient caduc si le légataire est décédé sans s'être marié. En pareil cas, la condition ne doit pas être considérée comme impossible et nulle, par cela seul que le légataire est mort avant d'avoir atteint l'âge auquel il pouvait contracter mariage. — *Poitiers*, 29 juill. 1830, Potron c. Gormon ; *Cass.*, 20 déc. 1831, mêmes parties.

1562. — La condition du legs fait à une domestique, si elle n'a pas quitté le service du testateur, ne peut être invoquée comme défaillie par la retraite momentanée de cette domestique, alors que celle-ci a été reprise par le fils du testateur interdit, devenu son tuteur, et agissant pour lui et en son nom. Du moins une telle interprétation rentrait dans les attributions exclusives de la Cour d'appel. — *Cass.*, 21 janv. 1846 (t. 2 1846, p. 185), Du Boisdelamotte c. Hervé et Boutier.

1563. — Le legs fait conditionnellement, pour former le titre clérical d'un jeune homme qui paraissait se destiner à l'état ecclésiastique, dans le cas où il embrasserait cet état, ne peut plus être réclamé par lui, s'il a renoncé à cet état et s'il s'est marié. — *Grenoble*, 22 déc. 1825, Gellin c. Candy.

1564. — Le legs d'usufruit fait à une femme par son mari, sous la condition qu'elle ne se remariera pas, ne devient pas caduc par cela seul que cette femme, devenue veuve, a eu un enfant naturel. — *Douai*, 11 janv. 1848 (t. 2 1848, p. 290), Gottiniaux c. Carpentier.

1565. — Le legs d'usufruit fait à la femme ne peut, à moins de disposition expresse contraire, être réputé éteint par le convol, alors d'ailleurs qu'elle a, préalablement à ce convol, fait donner un tuteur à ses enfans. — *Grenoble*, 31 août 1819, Miribel c. Gerbolet.

1566. — La question de savoir si le testateur a voulu établir un terme ou une condition peut être souvent douteuse. Par exemple : Je donne à Paul, lorsqu'il aura acquis sa majorité. On peut demander si j'ai voulu établir une condition ou un terme. C'est là une question d'intention qui dépend beaucoup des circonstances et qui est abandonnée à la sagacité et à la prudence des juges. *Voluntatis defuncti questio in æstimatione judicis est.* — L. 7, C. *De fideicom.* — Toullier, t. 5, no 676.

1567. — Le legs n'est pas non plus conditionnel, bien que l'événement soit incertain, lorsque l'incertitude résulte, non des termes de la disposition, mais de sa nature *extrinsecùs*. Tel est le cas où le testateur lègue le chargement de tel navire qui est en mer, les fruits de la récolte qui suivra son décès. — Richard, nos 35, 36, 229 ; Delvincourt, t. 2, p. 324.

1568. — Un legs peut être autre que conditionnel, bien que le testateur ait employé le mot *condition*. Par exemple, s'il a dit : Je lègue à Paul telle chose, à la condition qu'il donnera telle somme à un tel. Il y a là charge et non pas condition. — V., au surplus, CONDITION.

1569. — Le légataire, institué sous la condition qu'il ne demandera pas le partage d'une succession ouverte à laquelle il a droit, peut être déclaré déchu de son legs s'il a opté, en pleine connaissance de cause et sans condition, pour l'exercice de ses droits héréditaires. — Des conclusions et déclarations postérieures n'ont pu avoir pour effet de changer les termes ni les conséquences de cette option. — *Cass.*, 16 août 1843 (t. 2 1843, p. 715), Montal c. Richard.

1570. — Lorsque, par suite de l'inexécution d'une condition exigée par le testateur pour l'efficacité d'un legs, ce legs a été annulé, et le légataire institué pour le cas d'inexécution de la condition envoyé en possession de la succession, si le premier légataire vient plus tard à remplir la condition exigée, l'action en restitution de la succession qu'il intente contre le légataire envoyé en possession doit être portée devant le tribunal du domicile de ce dernier et non devant le tribunal du lieu où la succession s'est ouverte, encore bien que cette succession ne se compose que d'immeubles situés en ce lieu et que les héritiers légitimes y domiciliés aient été mis en cause pour consentir la délivrance du legs, alors surtout que ces derniers sont sans intérêt dans la contestation. — *Rouen*, 14 déc. 1843 (t. 2 1844, p. 14), Delongchamp c. Papin-Ruillier.

1571. — Lorsque la cause déterminante d'un testament est venue à cesser, ce testament, n'ayant plus d'objet, ne doit point, encore bien qu'il n'ait pas été expressément révoqué, recevoir une exécution qui, par suite de faits accomplis depuis sa confection, serait contraire à la volonté de son auteur. — *Rouen*, 31 mars 1835, Carruette c. Defontenay; 3 déc. 1846 (t. 2 1847, p. 140), Messier c. Cahagne.

1572. — C'est aux tribunaux qu'il appartient d'apprécier la cause finale et vraiment conditionnelle du testament. — Pothier, chap. 6, sect. 2e ; § 2 ; Toullier, t. 5, no 654 ; Favard de Langlade, *Rép.*, vo *Testament*, sect. 3e, § 1er, no 16; Merlin, *Révocat. de legs*, 72, 6° ; Vazeille sur l'art. 1036 ; Zachariæ, t. 1er, § 25, p. 440 et 447.

1573. — Lorsqu'une personne, au moment de se lier par des vœux monastiques, insère dans son testament la réserve d'une portion de ses biens pour fournir à ses besoins, en cas de suppression de son ordre (V. CONDITION, no 193), le testateur ne peut, en cas d'inexécution de cette condition par un seul des héritiers institués, faire annuler son testament qu'à l'égard de cet héritier et pour la part qu'il devait fournir dans la somme réservée. — *Liége*, 29 août 1809, Delognay.

1574. — 3° *Perte totale de la chose léguée.* — Le legs est caduc si la chose léguée a totalement péri pendant la vie du testateur. — C. civ., art. 1042.

1575. — Si la chose léguée n'a péri qu'en partie, le legs continue de subsister pour le surplus. — V. LEGS.

1576. — Le legs *de la jouissance de ce qui restera à courir du loyer d'un immeuble après la mort du testateur* n'est pas frappé de caducité, par cela seul qu'il était expiré du vivant du testateur, si le bail a été renouvelé par celui-ci, et subsistait encore à

l'époque de son décès. — *Cass.*, 12 déc. 1831, Bonnefoy.

1577. — Le legs d'une créance désignée par le nom du débiteur n'est point révoqué par la novation qu'a consentie le testateur depuis la confection du testament qui le contient. — *Riom*, 29 juin 1830, Bonnefoy.

1578. — Lorsqu'un testateur, possédant deux immeubles *indivis*, a légué la moitié qu'il a dans chacun d'eux, il y a caducité du legs pour l'une de ces moitiés, si, par le partage qu'il a fait postérieurement, l'un de ces immeubles lui est échu, et l'autre à son copartageant. — *Cass.*, 28 fév. 1826, Lamirault c. Desplands.

1579. — Le legs de l'usufruit d'un bâtiment devient caduc par la destruction de ce bâtiment, et l'usufruitier n'a pas le droit de jouir du sol ni des matériaux. La reconstruction de la maison ne ferait pas revivre le legs. — Proudhon, t. 1er, no 41, et t. 5, nos 2557 et suiv.

1580. — Pour que la perte totale de la chose léguée entraîne la caducité du legs, il faut qu'il s'agisse de choses certaines et déterminées. Il en est autrement quand il s'agit du legs d'un genre, par exemple d'un cheval, bien qu'il ne s'en trouve pas dans la succession. — V., au surplus, LEGS.

1581. — Le legs d'une inscription de rente d'une valeur déterminée ne doit point être annulé comme constituant le legs d'un corps certain, bien qu'il ne se trouve dans la succession qu'une inscription d'une valeur supérieure, alors qu'il est constant qu'au moment du testament l'inscription était telle qu'elle a été léguée. — Dans ce cas, on doit faire au légataire délivrance de la rente, jusqu'à concurrence du montant spécifié par le testateur. — *Paris*, 2 août 1836 (t. 1er 1837, p. 261), Mournaud c. Angot.

1582. — Le legs fait à un couvent de filles, à la charge d'un service religieux, d'une inscription de rente 5 pour 100, portée sur le grand-livre sous un numéro désigné, ne doit pas être considéré comme un legs *certi corporis* ou comme le legs connu en droit romain sous le nom de *legatum nominis*, et par suite, comme non avenu, si, au décès du testateur, ou même à l'époque du testament, l'inscription de rente déterminée n'existait pas dans ses biens et ne lui appartenait plus. — On ne doit, au contraire, voir dans cette disposition que le legs d'une valeur suffisante pour assurer l'exécution des volontés du testateur, alors surtout qu'il laisse d'autres rentes sur l'état, de même nature, au moyen desquelles il est facile de remplir son vœu. — *Toulouse*, 19 juill. 1837 (t. 2 1837, p. 379), Brault c. Couvent de Notre-Dame d'Albi.

1583. — La caducité ou la nullité du legs résultant de l'insuffisance de la succession ne peut être opposée par l'héritier au légataire, sur le seul fondement de l'inventaire établissant les forces et charges de la succession, et avant même que cette insuffisance ait été constatée par une liquidation régulière et contradictoire. — *Paris*, 3 mars 1820, Hermel c. Bourguignon.

1584. — Le legs est également caduc si la chose a péri depuis la mort du testateur, sans le fait et la faute de l'héritier, quoique celui-ci ait été mis en retard de la délivrer, lorsqu'elle eût également dû périr entre les mains du légataire. — C. civ., art. 1042.

1585. — Il en serait ainsi, quand bien même la perte de la chose proviendrait du fait de l'héritier, si c'eût été le résultat d'une force majeure ou d'une injonction de l'autorité, par exemple si l'héritier est contraint de tuer le cheval légué parce qu'il est morveux, etc. — Pothier, chap. 6, section 4e, art. 1er, § 4 ; Duranton, t. 9, no 492.

1586. — 4o *Répudiation du legs.* — La disposition testamentaire est caduque lorsque l'héritier institué ou le légataire la répudie. — C. civ., art. 1043.

1587. — Comme l'héritier institué et le légataire universel tiennent la place de l'héritier naturel, ils sont obligés de faire comme lui leur renonciation au greffe. Quelques auteurs pensent qu'il en est de même du légataire à titre universel. — *Dict. du notar.*, vo *Renonciation à legs*, no 2. — V. SUCCESSION.

1588. — Quant au légataire particulier, comme il n'est pas tenu des dettes du testateur, il lui suffit de ne pas demander son legs, et sa répudiation peut être tout aussi bien tacite qu'expresse. — V. LEGS, nos 76 et suiv.

1589. — Le refus d'accomplir la condition emporte encore répudiation du legs. — Proudhon, *Usufruit*, no 686.

1590. — Le légataire qui aurait répudié pourrait cependant dans certains cas se faire restituer contre sa répudiation. — V. SUCCESSION, nos 615 et suiv.

1591. — Un légataire particulier qui a demandé la délivrance de son legs au légataire universel, détenteur de la quotité disponible, n'est pas non-recevable à opposer à ce dernier, par voie d'exception, qu'il est sans qualité pour réclamer la réduction de son legs, en ce que l'institution universelle faite à son profit est nulle. — *Cass.*, 11 mars 1834, de Moyria c. de Vogué.

1592. — 5o *Incapacité du légataire.* — ... La disposition testamentaire est caduque lorsque l'héritier institué ou le légataire est incapable de la recevoir. — C. civ., art. 1043.

1593. — Il en est de même si le légataire est déclaré indigne (V. *suprà*), sauf toutefois en ce qui concerne le droit d'accroissement. — V. *infrà* nos 1622 et suiv.

1594. — Le légataire universel déclaré indigne étant réputé n'avoir jamais eu la saisine de la succession, il en résulte que la déclaration d'indignité du légataire donne ouverture à la substitution vulgaire établie pour le cas où l'institution serait sans effet. — *Cass.*, 22 juin 1847 (t. 2 1847, p. 168), Gouthey c. Poussier.

1595. — Le legs est également caduque quand ayant été fait au profit d'un établissement public ou d'une commune, le gouvernement refuse d'autoriser son acceptation. — Favard de Langlade, vo *Testament*, sect. 3e, § 2, no 9.

1596. — Le gouvernement, en refusant sur la déclaration des héritiers naturels l'autorisation d'accepter des legs faits à un hospice, ne peut disposer de ces legs au profit de ces héritiers et au préjudice des légataires appelés au défaut de l'hospice. — *Cass.*, 6 juin 1815, Bréchard c. Deschamps.

ART. 2. — *A qui profite la caducité du legs.*

1597. — Le bénéfice d'un legs caduc peut être recueilli par un individu, soit parce que la défaillance du légataire le dispense de l'obligation où il était d'acquitter ce legs, soit parce que le testateur l'avait nommé expressément pour venir au lieu et place du légataire défaillant.

1598. — Dans le premier cas, il y a ce que des auteurs appellent *non-décroissement*. Le second cas constitue ce qu'on appelle le *droit d'acroissement*.

1599. — Dans le non-décroissement, l'héritier *ab intestat* ou bien le légataire universel, ou de quotité, retient le legs particulier qu'ils étaient chargés d'acquitter et qui formait une délibation de la succession ou du legs principal. Leur droit résulte de leur qualité même sans que le testateur se soit expliqué à cet égard, tandis que le droit d'accroissement suppose que le testateur a prévu le cas même de la défaillance du légataire.

1600. — Nous parlerons dans un premier paragraphe des règles générales qui concernent la matière, et dans le paragraphe suivant de ce qui est spécialement relatif au droit d'accroissement.

1601. — Toutefois, on remarquera que l'effet des dispositions testamentaires se réglant par les lois existantes lors du décès du testateur, il s'ensuit que c'est d'après ces lois qu'il faut décider à qui profite la caducité des legs. — *Cass.*, 20 juill. 1809, Brochand c. Duréclus.

1602. — De plus, nous ferons observer que les décisions relatives au bénéfice de la caducité des legs devront s'appliquer pour la plupart au bénéfice résultant de leur révocation, alors que le testateur n'a pas fait de nouvelles dispositions.

§ 1er. — *Dispositions générales.*

1603. — C'est une règle générale fondée sur la nature des choses et par la volonté présumée du testateur que le droit de profiter de la caducité des legs est attaché à la charge de les acquitter dans le cas où ils ne seraient pas caducs. Supportant la charge, ils doivent retirer les bénéfices éventuels. — L. 10, ff, *De reg. jur.* — Toullier, t. 5, no 677.

1604. — Ainsi, les héritiers *ab intestat* supportant seuls la charge des legs particuliers, lorsqu'il n'existe pas de légataire universel ou à titre universel, profitent seuls de la caducité de ces legs. — Toullier, t. 5, no 678.

1605. — S'il y a un légataire universel ou héritier institué, comme il est mis par la volonté du testateur dans la place de l'héritier, du moins quant à tous les biens disponibles, et qu'il acquitte seul tous les legs, quand même il serait en concours avec un héritier légitimaire (C. civ., art. 1009), c'est lui qui doit recueillir tous les legs caducs, même à l'exclusion du légitimaire qui n'a rien à prétendre au-delà de sa *réserve*. — Toullier, t. 5 no 679; Grenier, t. 1er no 349; Delvincourt, t. 2, p. 337, note; Favard de Langlade, *Rép.*, vo *Testament*, sect. 3e, § 2, no 10; Proudhon, *Usuf.*, t. 2, no 599 et 613. — Conf. *Cass.*, 2 brum. an VIII, Biard c. Lelivre; 20 juill. 1809, Roux c. Brazier; 14 déc. 1819, de Broé c. Thiesset; *Limoges*, 20 déc. 1830, Assolant c. Benassy; *Bourges*, 1er fév. 1832, Barillon c. Roche; *Cass.*, 22 juill. 1835, Albe c. Pélissier; *Montpellier*, 10 fév. 1836 (t. 1er 1837, p. 383), Albe c. Pélissier; *Cass.*, 24 mai 1837 (t. 2 1837, p. 342), mêmes parties; 20 nov. 1843 (t. 1er 1844, p. 78), Outters c. Delabarre.

1606. — De même, lorsque l'adoption que le testateur avait faite est déclarée nulle après son décès, la part que l'adopté aurait recueillie profite aux légataires universels institués par la disposition ci-dessus, et non aux héritiers du sang. — *Colmar*, 26 mai 1830, Lotzbeck c. Sander.

1607. — Lorsqu'une femme institue son mari son héritier universel, ou son légataire à titre universel, en ajoutant que c'est lui qui *doit disposer en toute propriété de la succession*, distraction faite de la réserve légale léguée par le même testament à l'héritier réservataire, le mari doit profiter seul, à l'exclusion des héritiers du sang, par voie d'accroissement, de la caducité du legs fait au profit de l'héritier légitimaire. — *Cass.*, 11 avr. 1838 (t. 1er 1838, p. 507), Mengelle c. Julien.

1608. — Dans le cas où un testament contient l'institution d'une personne comme héritier, pour par cette personne, *recueillir tout ce qui constuera la succession, sous la seule exception* de certains immeubles dont le testateur se réserve de disposer ultérieurement; si le testateur n'a pas disposé de ces immeubles, ils font partie du *legs universel* comme tout le reste de la succession, et ne doivent pas être recueillis par les héritiers naturels. — *Liège*, 9 mai 1821, Woot-Detixhe c. Jérome.

1609. — Lorsqu'un testament contient à la fois une institution générale d'héritier, et un legs d'usufruit avec la clause que le testateur *prive et exclut ce légataire de tous les autres biens*, le légataire de l'usufruit peut, nonobstant cette clause, recueillir l'hérédité entière, si l'institution générale d'héritiers est caduque par l'incapacité de l'institué. — *Nîmes*, 15 nov. 1808, Balmier c. Brouet.

1610. — De ce que l'héritier institué profite seul de la caducité des legs nuls, vicieux ou non recueillis, il suit qu'il a le droit, exclusivement aux héritiers du sang, de provoquer la nullité de ces legs, quand bien même le testateur aurait dit que dans le cas prévu la caducité des legs tournerait au profit de sa succession. — *Cass.*, 22 juill. 1835, Albe c. Pelissier; *Montpellier*, 10 fév. 1836 (t. 1er 1837, p. 383), mêmes parties; *Cass*, 24 mai 1837 (t. 2 1837, p. 342), mêmes parties.

1611. — Lorsque, après avoir institué un légataire de la totalité de son mobilier et un légataire universel, le testateur vient à vendre tous ses immeubles, en stipulant que partie déterminée du prix sera payable à ses héritiers, l'arrêt qui, en interprétant les termes et la corrélation de la disposition testamentaire et de l'acte d'aliénation, juge que ce prix, bien que mobilier, doit revenir au légataire universel comme suffisamment désigné par le mot *héritier*, contient seulement une appréciation d'acte et de volonté, et est, comme tel, à l'abri de la censure de la cour de Cassation. — *Cass.*, 9 mars 1830, Latil c. hospice de la Charité de Toulon.

1612. — Mais la caducité n'a point lieu au profit des légataires, lorsqu'il résulte des termes du testament ou des circonstances que la volonté du testateur est que les legs caducs retournent à ses héritiers légitimes. — Ricard, part. 3e, no 507.

1613. — Jugé de même que la nullité d'une donation prononcée depuis le décès du disposant ne doit point profiter au légataire à titre universel, comme aux héritiers *ab intestat*, s'il résulte des circonstances que l'intention du testateur n'a pas été que les biens donnés fussent jamais compris dans le legs. — *Cass.*, 18 mai 1826, Guedeney c Vollins.

1614. — Le légataire universel profite encore de la caducité des legs, encore bien que le testateur eût déclaré instituer son légataire universel *pour le surplus de ses biens*. Il faut entendre par ces mots, non le surplus de ce qui est exprimé, mais le surplus de ce qu'auront ceux à qui des legs particuliers ont été faits. — Toullier, t. 5, no 679 ; Proudhon, *Usuf.*, nos 601 et suiv. — Conf. Ricard, part. 3e, no 502 ; Pothier, chap. 6, sect. 5e, § 1er. — Arrêt conf., 28 mars 1640.

1615. — Cependant, si la disposition du surplus des biens suivait un legs de quotité, tel que le tiers ou le quart, comme elle ne serait alors qu'une disposition de quotité, et que chacun des légataires n'a droit qu'à la quotité qui lui est assignée, la caducité de l'un des legs ne profiterait pas au légataire de cette disposition. — Toullier, t. 5, no 680 ; Proudhon, nos 616 et 617 ; Grenier, *loc. cit.*

1616. — Lorsqu'un testament par lequel un testateur partageait entre ses légataires tous ses biens

meubles et immeubles a été formellement révoqué par un second testament qui ne contient que le partage des immeubles, le mobilier appartient à la succession *ab intestat* de ce même testateur, et doit être partagé d'après les dispositions de la loi. — *Caen*, 2 déc. 1847 (t. 1er 1848, p. 546), Sognard c. Lebastard.

1617. — La caducité des legs particuliers profite aux légataires à titre universel, proportionnellement à l'obligation où ils étaient de les acquitter, à moins qu'il ne résulte de la nature des legs ou des circonstances que ces legs particuliers étaient à la charge des légataires universels ou des héritiers. — Toullier, t. 5, no 681; Proudhon, nos 616 et suiv.; Delvincourt, t. 2, p. 337.

1618. — Jugé que le legs de la totalité des meubles, moins un meuble déjà compris dans un legs précédent, est réputé *legs à titre universel*. Si le legs du meuble particulier est caduc, *l'accroissement* tourne au profit du légataire de la totalité réduite. C'est donc lui, non l'héritier, qui a qualité pour contester le legs particulier d'un meuble déterminé. — *Poitiers*, 2 juin 1824, Romieux c. Nord.

1619. — Par la même raison, les légataires à titre universel, qui ne sont pas légataires partiaires ou de quotité, et même les légataires à titre particulier doivent tous profiter de la caducité du legs qu'ils auraient été chargés d'acquitter, ou à l'acquit desquels ils avaient été chargés de contribuer. Tel est le cas où des biens contenus dans le second legs ne sont qu'une délibation de ceux contenus dans le premier; de manière que sans le second legs, le légataire eût recueilli les biens qui le composent. — Toullier, t. 5, no 682; Delvincourt, t. 2, p. 338; Grenier, t. 1er no 349; Proudhon, nos 619 et suiv.

1620. — Il en serait de même si le testateur chargeait spécialement un de ses légataires d'acquitter un autre legs, comme de payer une somme à une autre personne. — Pothier, *Donat. testam.*, chap. 6, sect. 5e, § 1er; Toullier, *loc. cit.*

1621. — La règle générale que le droit de profiter de la caducité des legs est attaché à la charge de les acquitter souffre deux exceptions: 1o en cas de substitution directe dans le legs, la caducité profite à l'appelé; 2o et dans le legs conjoint, elle profite au colégataire. — Duranton, t. 9 no 495, Proudhon, *Usufruit*, no 615.

§ 2. — *Droit d'accroissement.*

1622. — Le droit d'accroissement est fondé sur la volonté présumée du testateur, qui a préféré à ses héritiers ou légataires grevés de l'acquittement du legs ceux à qui la chose avait été léguée. — Duranton, t. 9, no 498.

1623. — Le droit d'accroissement passait avec raison pour la matière la plus subtile et la plus épineuse du droit romain; et, de plus, les difficultés étaient augmentées par les distinctions qu'on faisait, à cet égard, entre les institutions d'héritiers, les simples legs, les testamens et les codicilles. — Vinnius, sur les *Instit.* tit. *De legat.*, § 8; — Pothier, *Donat. test.*, chap. 6, sect. 5e, § 3; Domat, part. 2e, liv. 3, tit. 1er, sect. 9e; Toullier, t. 5, no 683.

1624. — Nous nous bornerons à dire que les legs pouvaient être faits conjointement de plusieurs manières, c'est-à-dire qu'on désignait trois manières d'appeler, dans un testament, plusieurs personnes à recueillir la même chose. On distinguait la conjonction réelle (*conjunctio re*), la conjonction mixte (*conjunctio re et verbis*), et la conjonction purement verbale, (*conjunctio verbis tantùm*). — Toullier, t. 5, no 684.

1625. — Il y a conjonction réelle quand le testateur lègue la même chose à deux ou plusieurs personnes par autant de dispositions séparées: *re conjuncti videntur non etiam verbis, cùm duobus separatim eadem res legatur.* — L. 89, ff., *De legat.*, no 3. — Par exemple, Prinus, par une première disposition, lègue le fonds cornélien à Secundus; puis, par une autre disposition, il lègue le même fonds cornélien à Tertius.

1626. — La conjonction est mixte quand le testateur lègue une même chose à plusieurs légataires par une seule et même disposition et sans désignation de part. *Conjunctim re et verbis legatur, veluti si quis dicat, Titio et Veio hominem do, lego.* — Inst. 8, *De legat.*

1627. — Enfin, il y a conjonction purement verbale quand une chose est léguée à plusieurs par une seule et même disposition, mais avec désignation des parts de chacun: *conjuncti videntur verbis non etiam re, cùm Titio et Veio fundum æquis portionibus do, lego.* — L. 89, ff., *De legat.*, no 3.

1628. — Aujourd'hui, le droit d'accroissement est réduit par le Code civil à des principes assez simples. « Le legs sera réputé fait conjointement, porte l'art. 1044, lorsqu'il le sera par une seule et même disposition, et que le testateur n'aura pas assigné la part de chacun des colégataires dans la chose léguée. »

1629. — « Il sera encore réputé fait conjointement, ajoute l'art. 1045, quand une chose qui n'est pas susceptible d'être divisée sans détérioration aura été donnée par le même acte à plusieurs personnes, même séparément. »

1630. — C'est par le Code civil que doit être réglée, relativement au droit d'accroissement, l'institution d'héritiers faite par un testament antérieur au Code civil, mais dont l'auteur est mort depuis sa promulgation. — *Turin*, 23 août 1808, Dubois.

1631. — Le legs *hors part*, que le testateur a fait à deux de ses enfans conjointement, doit accroître au survivant à l'exclusion des enfans du prédécédé. — *Orléans*, 3 mars 1815, Boyer c. Archambault.

1632. — La conjonction réelle est-elle encore admise par le Code? La plupart des auteurs soutiennent la négative. La règle générale, disent-ils, résulte du texte même de l'art. 1044. « Le legs sera réputé fait conjointement lorsqu'il le sera *par une seule et même disposition.* » Donc plus de conjonction quand il y a deux ou plusieurs dispositions séparées de la même chose. Il est vrai que l'art. 1045 ajoute que le legs sera encore réputé fait conjointement « quand une chose qui n'est pas susceptible d'être divisée sans détérioration aura été donnée par le même acte à plusieurs personnes, *même séparément.* » Ainsi, quoiqu'on ait disposé même séparément au profit de plusieurs individus, la conjonction est admise ici. Il y a là une exception en cas d'indivisibilité, mais, comme toute exception, elle ne saurait être étendue. Sans doute, il y aurait les mêmes raisons d'attribuer la chose, même divisible; à l'un des légataires nommés séparément, en cas de défaillance de l'autre. Mais force est de décider autrement, en présence du texte formel de la loi. — Grenier, t. 1er, no 350; Toullier, t. 5, no 688; Maleville, sur l'art. 1045; Delvincourt, t. 2, p. 342; Duranton, t. 9, no 510.

1633. — Quand y a-t-il assignation de parts ayant pour effet d'empêcher le droit d'accroissement? C'est là une question qui a donné lieu à bien des controverses.

1634. — D'abord, on est généralement d'accord qu'il y a assignation de parts quand le testateur lègue simplement telle part à un individu et telle part à un autre; ou qu'il les institue pour portions égales, par exemple chacun pour moitié, etc. — Proudhon, no 704. — Toute la difficulté vient de la disposition qui accompagne ces expressions, ou de la place que ces mêmes expressions occupent.

1635. — Suivant certains auteurs, l'assignation des parts est toujours un obstacle à l'accroissement, quels qu'en soient les termes ou la place. L'art. 1044 ne fait aucune distinction, et le testateur est présumé n'avoir attaché aucune importance à l'ordre matériel de l'écriture. Il faut interpréter tous les membres de phrase d'une disposition de manière à ce que leur sens produise quelque effet. En supposant la phrase finale uniquement relative à l'exécution, elle aurait pu se suppléer. Il est donc plus naturel de présumer qu'en assignant les parts à la fin même de la clause, le testateur a voulu faire des legs distributifs et non un seul legs solidaire. — Grenier, no 350; Delvincourt, t. 2, p. 341; Proudhon, nos 704 et suiv.; Demante, t. 2, nos 427 et suiv.; Rolland de Villargues, *Rép. du notar.*, vo *Accroissement*; Coin-Delisle, art. 1044; no 7; Marcadé, nos 1er et 2; Breguet sur Pothier, t. 8, p. 325, note 3e, et p. 327, note 1re.

1636. — D'autres auteurs distinguent, au contraire, suivant la place qu'occupe l'assignation de parts. Il n'y a pas lieu d'accroissement quand l'assignation de parts se trouve dans la disposition même. Tel est le cas où le testateur lègue un fonds à Pierre, à Paul et à Jacques. Au contraire, s'il est dit que le fonds est légué à Pierre, à Paul et à Jacques pour le partager entre eux par égales portions, le second membre de phrase n'est relatif qu'au mode d'exécution; il ne préjudicie nullement aux droits donnés à chacun des légataires par le premier membre, et en cas de défaillance des légataires, il y a accroissement. — Merlin, *Rép.*, vo *Accroissement*, no 2; Toullier, t. 5, nos 691 et suiv.; Duranton, t. 9, nos 502 et suiv.; Favard de Langlade, *Rép.*, vo *Testament*, sect. 3e, § 3, no 3.

1637. — De même, le droit d'accroissement doit subsister, s'il résulte de l'ensemble du testament que l'assignation de parts, contenue dans une disposition additionnelle, après la conjonction, n'a été, dans l'intention du testateur, qu'un mode de lever les difficultés qui pourraient se présenter dans le partage. — Delvincourt, t. 2, p. 341; Toullier, t. 5, no 692; Duranton, t. 9, no 507.

1638. — En présence de cette divergence dans les opinions des auteurs, la jurisprudence a rendu sur la question les décisions suivantes:

1639. — Lorque trois héritiers sont institués pour recueillir toute la succession par portions égales, il y a lieu entre eux au droit d'accroissement. — *Cass.*, 19 oct. 1808, Planté c. Dubrana.

1640. — Il n'y a pas assignation de parts, et dès-lors il y a eu lieu à accroissement, lorsque le testateur a, par une seule et même disposition, institué deux sœurs ses héritières générales et universelles, pour recueillir sa succession intégrale après son décès. — *Pau*, 18 déc. 1834, Lajusan c. Passicousset.

1641. — Le legs ainsi conçu: *Je nomme mes deux sœurs mes seules et uniques héritières égales, en quoi que se monte mon hérédité*, est une vocation conjointe et sans assignation de parts. — *Bordeaux*, 28 juin 1831, Gaultier.

1642. — Le droit d'accroissement a lieu entre deux légataires que le testateur a institués ses héritiers universels, *pour, par eux, jouir et disposer de ses biens par portions égales.* — *Cass.*, 14 mars 1815, Diharce.

1643. — On ne doit pas considérer comme une assignation de parts s'opposant au droit d'accroissement la disposition additionnelle au legs conjonctif par laquelle le testateur indique le mode de partage de la chose léguée entre les légataires. Tel est le cas où, après le legs conjonctif d'une portion de ses biens aux trois branches représentant ses trois sœurs, le testateur ajoute qu'il y aura lieu à partage égal, non par têtes, mais par branches, et ordonne, en imposant des charges, qu'elles seront payées par les légataires, conjointement et solidairement. — *Cass.*, 22 juin 1833, Lemonnier c. Mouton.

1644. — De même, lorsque le testateur, après avoir énoncé qu'il lègue tel immeuble à plusieurs personnes, ajoute que cet immeuble sera divisé entre ses légataires en trois parts, et les charge ensuite d'exécuter conjointement et solidairement diverses conditions qu'il leur impose, un pareil legs doit être réputé fait conjointement et entraîner accroissement au profit des légataires. — *Cass.*, 18 déc. 1832, Lemonnier c. Couillard.

1645. — Il n'y a pas non plus assignation de parts s'opposant au droit d'accroissement, lorsqu'un testament contient, par une seule disposition conjonctive, un legs au profit de plusieurs légataires, et dispose, en outre, que les objets légués leur seront remis par son exécuteur testamentaire, pour qu'ils les partagent entre eux. — *Aix*, 14 déc. 1832, de la Bastide c. Nouen.

1646. — Lorsqu'un testament porte institution de deux légataires à titre universel, avec clause qu'ils *agiront de concert pour partager les biens*, il n'y a pas assignation de parts; et, en cas de décès de l'un des légataires avant le testateur, son legs accroît à son colégataire. — *Cass.*, 22 mai 1828, Simon.

1647. — Lorsqu'un legs universel est fait conjointement *re et verbis* à un incapable et à un individu capable, le legs est valable à l'égard de ce dernier, et celui-ci doit seul le recueillir en entier. — *Metz*, 4 fév. 1811, Keller c. Maire.

1648. — Jugé, au contraire, que lorsqu'un testateur a institué deux héritiers, *chacun pour une moitié*, il ne peut y avoir lieu entre eux au droit d'accroissement. — *Turin*, 23 août 1808, Dubois; *Cass.*, 18 mai 1825, Guedeney c. Volfins.

1649. — ... Qu'il en est de même lorsque trois héritiers sont institués pour recueillir toute la succession par portions égales. — *Agen*, 13 mars 1806, Dubrana c. Planté.

1650. — ... Que le legs d'une certaine quantité de terres fait à deux personnes, *pour moitié entre elles*, contient l'assignation de parts et exclut le droit d'accroissement. — *Douai*, 6 août 1846 (t. 1er 1848, p. 641), Lancien-Grigny c. Delaunay.

1651. — ... Que lorsque le testateur lègue à deux personnes une somme de 3,000 fr. à diviser entre elles par portions égales, cette disposition n'est pas un legs conjoint, susceptible d'accroissement. — *Toulouse*, 31 juill. 1828, Delpech c. Rollin; *Cass.*, 19 janv. 1830, mêmes parties.

1652. — Dans le cas où un testateur aurait ainsi disposé: « Je lègue ma maison à Louis; je lègue ma maison à Nicolas et à André, » il y aurait tout à la fois conjonction réelle entre le premier légataire et les deux autres, et conjonction mixte entre les deux derniers légataires. — Tous les légataires se présentant pour recueillir, Louis prendra la moitié de la maison; Nicolas et André n'auront ensemble que l'autre moitié; car étant spécialement conjoints, ils ne peuvent former qu'une seule tête. — L. 34, ff., *De legat*, no 1. — Duranton, t.

9, n° 515; Delvincourt, t. 2, p. 342 et 343; Toullier, t. 5, n° 693 et 694; Proudhon, nos 638 et suiv.

1653. — Mais si l'un des légataires est défaillant, il y aura lieu à non-décroissement ou à accroissement, suivant la nature de la conjonction. Si c'est Louis qui est défaillant, Nicolas et André prendront la totalité à titre de non-décroissement, par suite de la conjonction réelle; il en serait de même pour Louis si Nicolas et André étaient tous deux défaillans. Mais si l'un seulement de ces derniers vient à manquer, Louis ne recueillera toujours que la moitié; et la part du défaillant profitera à celui qui lui était attaché par la condition mixte, parce qu'ils sont considérés comme ne faisant qu'une seule tête. — Mêmes auteurs.

1654. — Quand le testateur a substitué directement un tiers au légataire défaillant, il n'y a pas lieu à accroissement au profit des autres, puisque la place vacante se trouve remplie par la volonté du testateur. — Proudhon, *Usufr.*, n° 566; Duranton, t. 9, n° 511.

1655. — Depuis le Code civ., comme dans l'ancien droit, il suffit qu'un legs conjoint soit grevé de substitution, pour qu'il n'y ait pas lieu à accroissement en faveur de colégataires, au préjudice des substitués. — *Paris*, 11 mars 1836, Rouyer c. Chemery.

1656. — La disposition ainsi conçue : « Je lègue à Pierre et à Paul (et si l'un d'eux vient à décéder avant moi, la part du défunt passera à ses enfans par représentation) telle chose... » ne contient pas une assignation de parts. Il y a là seulement une substitution vulgaire qui ne fera obstacle à l'accroissement qu'autant qu'elle se réalisera. — Merlin, *Rép.*, v° *Accroissement*.

1657. — Le droit d'accroissement existe sans contredit en faveur des donataires à cause de mort et des institués contractuellement, lorsqu'il y a conjonction entre eux. — Proudhon, *Usufruit*, n° 555; Duranton, t. 9, n° 511.

1658. — Comme la donation entre-vifs saisit actuellement et irrévocablement chacun des donataires, il n'y a point de portion vacante; par conséquent, il n'y a pas lieu en ce cas à accroissement. — Il en serait toutefois autrement si l'un des donataires qui avait accepté se trouvait être incapable. La présomption serait alors que le donateur a voulu avantager les codonataires conjoints, alors qu'il s'agirait d'un corps certain; la même présomption n'existerait pas s'il s'agissait d'une somme d'argent. Tout, d'ailleurs, dépendrait des circonstances. — Ricard, part. 3e, n° 477; Furgole, sur l'ord. de 1731, quest. 1re, n° 3; Delvincourt, t. 2, p. 339; Proudhon, *Usufruit*, nos 561 et suiv.; Duranton, t. 9, n° 514.

1659. — Le droit d'accroissement est un droit réel qui fait partie du legs. Il suit de là qu'en cas de décès d'un des colégataires conjoints après le testateur, ses héritiers ont le droit de profiter de l'accroissement qui pourra survenir du chef des autres colégataires. — Proudhon, n° 567; Duranton, t. 9, n° 499. — La même transmission du droit a lieu au profit du cessionnaire du légataire; toutefois c'était là un point controversé par les anciens jurisconsultes. — Pothier, *Vente*, n° 545; Proudhon, nos 568 et suiv.

1660. — Le droit d'accroissement est suspendu lorsque l'un des colégataires est à taux d'accepter et d'acquérir, parce que celui qui peut accepter fait part et que sa portion n'est vacante que quand elle est répudiée ou que le colégataire est exclu. — L'autre colégataire, s'il meurt, transmet à son héritier le droit de profiter de l'accroissement conditionnel, en cas de défaillance de la condition. — Toullier, t. 5, n° 696; Delvincourt, t. 2, p. 343

1661. — Par la même raison, le légataire qui, après avoir répudié le legs, devient héritier de son colégataire, recueille en cette qualité et en vertu du droit d'accroissement la part qu'il avait d'abord répudiée. — Pothier, chap. 6, sect. 5e, § 5; Toullier, t. 5, n° 697.

1662. — Le colégataire conjoint peut refuser le bénéfice de l'accroissement et s'en tenir à la part qui lui revient de son chef; en d'autres termes, l'accroissement a lieu *volentibus et non invitis*. — Toullier, t. 5, n° 695; Vazeille, nos 7 et suiv.

1663. — La renonciation que fait un légataire universel, en faveur des enfans de son colégataire, décédé avant le testateur, au droit d'accroissement qui lui appartient, ne constitue point une donation qui doive être acceptée d'une manière expresse pour être irrévocable. — *Cass.*, 12 nov. 1822, Bourguignon.

1664. — Lorsqu'un legs a été fait conjointement à plusieurs légataires, il devient caduc et il accroît aux autres colégataires dans le cas où l'un d'eux est décédé avant le testateur. Mais si ces colégataires sont en même temps héritiers présomptifs du défunt, et si, au lieu de demander la délivrance du legs, ils font acte d'héritiers, ils perdent par là irrévocablement leur droit au legs, étant obligés d'en faire le rapport à la succession. — *Colmar*, 31 juill. 1818, Richard.

1665. — Le colégataire qui accepte le bénéfice du droit d'accroissement doit supporter les décharges qui grevaient la part du colégataire défaillant. — — Ricard, *Donat.*, part. 3e, nos 551 et suiv.; Pothier, *Donat. test.*, chap. 6, sect 5e, § 5, *in fine*; Toullier, t. 5, n° 595; Proudhon, nos 643 et suiv.; Vazeille, art. 1044, n° 7; Poujol, n° 9. — La loi romaine ne disposait ainsi que dans le cas de conjonction mixte. — L., Cod., *De caduc. toll.*, tit. 10 et 11. — Mais la plupart des auteurs ci-dessus cités rejettent cette distinction et pensent que le colégataire est tenu des charges dans le cas de conjonction réelle. — *Contrà* Delvincourt, t. 2, p. 343; Duranton, t. 9, n° 517.

1666. — Lorsque, de deux héritiers institués conjointement, l'un répudie la succession, l'autre, à qui l'hérédité tout entière appartient par droit d'accroissement, doit être tenu de la charge imposée au renonçant de donner sa propre chose à un tiers, et, à défaut de cette chose, d'en payer la valeur. — *Turin*, 26 août 1806, Gianazio.

1667. — Toutefois, le légataire qui recueille en vertu du droit d'accroissement, n'est pas tenu des charges pures personnelles imposées à son colégataire défaillant, telle par exemple que celle de se marier. — Proudhon, n° 635; Bugnet sur Pothier, *Donat. test.*, t. 8, p. 329, note 1re.

1668. — Le droit d'accroissement cesse aussitôt que la portion du colégataire est acquise par l'acceptation. — Furgole, *Testam.*, chap. 9, n° 122; Toullier, t. 9, n° 698.

1669. — Il suit de là que la déchéance prononcée contre un des légataires déclaré indigne ne donne point ouverture au droit d'accroissement; car, jusqu'au jugement qui prononce cette déchéance, l'indigne était propriétaire; sa portion n'a donc jamais été caduque comme celle d'un incapable; elle est déférée après le jugement de déchéance à ceux qui devaient en faire la délivrance soit à l'héritier du sang, soit au légataire universel. — Furgole, *Testam.*, chap. 9, n° 116; Toullier, t. 5, n° 698. — *Contrà* Proudhon, n° 688. — Mais les raisons qu'on fait valoir pour cette seconde opinion conviennent plutôt au droit de non décroissement.

1670. — Comme il n'y a de différence entre le droit d'usufruit et le droit de propriété, relativement à l'acquisition, qu'en ce qui concerne la durée, il s'ensuit qu'il faudra appliquer aux legs conjoints d'usufruit les mêmes règles sur le droit d'accroissement qu'aux legs conjoints de la toute propriété. — Toullier, t. 6, n° 699.

1671. — Sous le droit romain, en cas de legs d'usufruit fait conjointement à plusieurs, si l'un d'eux mourait après avoir joui de sa portion, elle décroissait aux colégataires, au lieu de s'éteindre par la consolidation; cette consolidation n'avait lieu qu'au décès du dernier mourant des colégataires. Le motif de cette disposition était que l'usufruit constitue un droit successif qui ne s'acquiert qu'à mesure qu'on jouit de la chose. — L. 1, § 33, ff., *De usufr. accresc.* — Ricard, part. 3e, nos 444, 523 et suiv.; Pothier, *Donat. testam.*, chap. 6, § 3; Duport-Lavillette, *Quest. de droit*, v° *Accroissement*, t. 1er, p. 19.

1672. — Mais sous le Code, une pareille décision, qui n'est qu'une subtilité, ne peut être suivie. Le droit d'usufruit, comme tout autre droit, s'acquiert pour la totalité au moment de la mort du testateur; d'où la conséquence qu'il n'y a plus lieu au droit d'accroissement quand la portion du colégataire lui a été acquise par son acceptation. — Toullier, *loc. cit.*; Merlin, *Rép.*, v° *Usufruit*, § 5, art. 1er; Proudhon, n° 675; Grenier, n° 353; Favard de Langlade, v° *Testament*, sect. 3e, § 3, n° 5; Vazeille, n° 11; Bugnet sur Pothier, t. 8, p. 325, note 1re.

1673. — Jugé dans le même sens que, dans le cas de legs par un testateur de l'usufruit de tous les immeubles à deux individus conjointement, ces deux légataires ont été saisis *ab initio* de la totalité de cet usufruit. — *Cass.*, 1er juill. 1841 (t. 2 1841, p. 599), de Vaublanc c. Desegond.

1674. — Toutefois, si l'un de ces deux légataires est décédé après avoir recueilli le legs, le survivant peut conserver, par droit de non décroissement, l'intégralité de la jouissance des immeubles légués. — *Aix*, 11 juill. 1838 (t. 2 1838, p. 434), de Vaublanc c. Desegond; *Cass.*, 1er juill. 1841 (t. 2 1841, p. 599), mêmes parties.

1675. — Du moins, l'arrêt qui le décide ainsi n'est pas susceptible de cassation lorsqu'il déclare en fait que telle a été la volonté du testateur reconnue par toutes les parties. — *Cass.*, 1er juill. 1841, arrêt précité.

1676. — Si le testateur avait légué l'usufruit à deux individus pour en jouir alternativement, par exemple, chacun pendant une année, comme une pareille disposition équivaut à deux legs distincts, exclusifs de conjonction réelle entre les deux légataires, il n'y aurait pas lieu au droit d'accroissement en cas de défaillance de l'un des légataires. C'est le propriétaire qui jouira alternativement avec le légataire restant. — Proudhon, n° 677.

1677. — Dans le cas où l'usufruit a été légué à l'un, et la propriété à l'autre, la caducité du legs d'usufruit entraîne la réunion de l'usufruit au profit du nu-propriétaire et non au profit de l'héritier. — Ricard, part. 3e, n° 525; Grenier, n° 354; Toullier, t. 5, n° 700; Favard de Langlade, *Rép.*, v° *Testament*, sect. 3e, § 3, n° 6; Proudhon, n° 520.

1678. — En cas de vente de droits successifs, c'est à l'acquéreur et non au vendeur que l'accroissement profite. — Vazeille, art. 786, n° 5. — *Contrà* Delvincourt, t. 2, p. 175.

CHAPITRE VIII. — *Interprétation des testamens et des actes qui les révoquent.*

1679. — Il est de règle générale qu'on ne doit jamais recourir à l'interprétation ni rechercher quelle a été la volonté du testateur, lorsqu'il n'y a pas d'ambiguïté dans les termes, ou qu'il n'est pas évident que la pensée du testateur a été mal rendue. *Cum in verbis nulla ambiguitas est, non debet admitti voluntatis quæstio.* (L. 25, § 1, ff., *De legat*, 3° ...; L. 101, ff., *De condit. et dem.*) — Toullier, t. 6, n° 311; Zachariæ, t. 5, § 714.

1680. — Si d'après l'ambiguïté des termes, il s'élève des doutes sur l'intention du testateur, il faut s'attacher à découvrir quelle a été cette intention. — L. 96, ff., *De reg. jur.* — « Pour cela la première chose à faire, dit Merlin (*Rép.*, v° *Legs*, sect. 4e, § 1er, n° 1er), est de se placer dans la situation où se trouvait le testateur lorsqu'il a disposé. Par là, on découvre ses affections, on pénètre ses vues, on saisit ses motifs, on balance ses habitudes... »

1681. — Ainsi, c'est un droit et un devoir pour les Cours d'appel de rechercher la volonté du testateur, et de déterminer, d'après cette volonté, le sens des dispositions qui peuvent présenter des doutes. — *Cass.*, 5 juin 1834, Peyron c. Peyroncelli.

1682. — Bien que personne n'est présumé s'être écarté du sens ordinaire des mots (Wolff, *Instit. jur. nat.*, § 798), cependant l'obligation de donner aux mots le sens consacré par l'usage est moins rigoureuse dans les actes de dernière volonté que dans les actes entre-vifs. Les lois se montrent donc plus indulgentes dans l'interprétation des testamens, et elles établissent pour maxime qu'il faut interpréter les testamens plus pleinement que les conventions, *in testamentis plenius voluntates testantium interpretantur.* — L. 12, ff., *De reg. jur.*

1683. — Qu'est-ce qu'une interprétation pleine et entière? C'est celle qui ne tend à ne rien retrancher à cause de l'obscurité des dispositions, qui cherche à les expliquer dans toute leur étendue, de manière qu'elles aient une pleine et entière exécution, sans rien abandonner de ce qui paraît obscur. — Rolland de Villargues, *Rép.*, v° *Interprétation des testamens*, n° 10.

1684. — Cependant cette plénitude d'interprétation ne doit pas aller jusqu'à s'écarter de la signification propre des termes du testament, s'il n'y a pas des raisons pressantes pour croire que le testateur les a entendus dans un autre sens que leur sens naturel. *Non aliter a significatione verborum recedi oportet, quam cum manifestum est aliud sensisse testatorem.* — L. 9, ff., *De leg.*, 3. — Il vaut mieux, dans le doute, s'arrêter à ce qui est écrit que d'avoir recours à des circonstances incertaines. — Merlin, *Rép.*, v° *Legs*, sect. 4e, § 1er, n° 1er; Toullier, t. 6, n° 311.

1685. — Quand il y a de justes motifs de croire que les mots qui ont été employés par le testateur avaient pour lui une autre acception que celle consacrée par l'usage, il faut les entendre dans le sens dans lequel il est à croire qu'il les a entendus. — L. 24, ff., *De reb. dub.*, 34, 5; — Toullier, t. 6, n° 312.

1686. — Ainsi jugé que les termes d'un testament plusieurs fois répétés et susceptibles de plusieurs sens doivent être pris uniformément dans celui qui se trouve déterminé pour des cas particuliers rappelés par le testateur. — *Paris*, 29 janv. 1806, Gallet c. Grandchamp.

1687. — De plus, il faut avoir égard à la position personnelle du testateur, à ses rapports avec ses légataires et ses parens, et enfin aux usages du pays. — Toullier, t. 6, n° 310; Proudhon, *De l'usufruit*, t. 2, nos 487 et suiv.; Duranton, t. 9, n° 361; Zachariæ, t. 5, § 714.

1688. — Il est à remarquer néanmoins que

comme on ne parle que pour être entendu, on est toujours censé avoir employé des mots dans le sens où les autres hommes les entendent; et il ne suffirait pas que le testateur eût eu la mauvaise habitude de donner à un mot une signification contraire à l'usage reçu pour interpréter dans ce sens vicieux et abusif le testament où ce mot serait employé. Car quelle confusion n'en résulterait-il pas si chacun, par caprice ou par ignorance, pouvait employer les mots dans un autre sens que ses concitoyens! — Toullier, t. 6, nº 312.

1689. — L'interprétation des dispositions testamentaires douteuses doit au surplus se faire d'après les règles d'interprétation des conventions. — Rolland de Villargues, vº *Interprétation des testamens*, nº 1er.

1690. — Néanmoins, à la différence de ce qui a lieu dans l'interprétation des conventions où il faut rechercher la commune intention des parties, dans un testament c'est la seule intention du testateur qu'il faut rechercher, et non celle du légataire ou de l'héritier — L. 96, ff., *De reg. jur.* — Toullier, t. 6, nº 316.

1691. — En cas de doute, doit-on pencher pour le légataire ou pour l'héritier? « Cette question, dit d'Aguesseau (t. 4, p. 631 et suiv.), se forme, ou pour réduire simplement le legs dans les bornes où on prétend que le testateur l'a renfermée, ou pour l'anéantir absolument et priver le légataire du fruit de la libéralité de son bienfaiteur. Au premier cas, la cause de l'héritier peut être favorable. C'est alors qu'il peut alléguer ces maximes communes : *Parcendum hæredi in dubio pro hærede respondendum. Semper in obscuris quod minimum est sequimur;* parce qu'il y a au moins une des deux volontés qu'on suppose dans le testateur qui aura son exécution. Au second cas, on présume que le testateur n'a pas voulu faire un legs inutile et dérisoire, qu'il a voulu au contraire que sa volonté fût exécutée aussi pleinement qu'elle pouvait l'être; et c'est pour cela que les jurisconsultes nous disent que l'interprétation doit toujours se faire dans l'esprit de faire valoir l'acte plutôt que de l'anéantir. En un mot, il faut, avant toutes choses, que la volonté du testateur soit accomplie. Quand on peut l'exécuter en ménageant les intérêts de l'héritier, cette voie doit être préférée; mais quand, pour épargner l'héritier, il faudrait anéantir la loi du testateur, jamais on ne peut l'écouter. » — Merlin, *ibid.*, nº 4; Duranton, t. 9, nº 369; Zachariæ, t. 5, § 714.

1692. — Jugé que la clause ambiguë d'un testament doit être interprétée plutôt contre le légataire que contre l'héritier. — *Riom*, 28 août 1820, Augerolles c. Chevallier.

1693. — Lorsqu'un testateur, en instituant ses frères et neveux pour légataires, n'a pas clairement exprimé s'ils devraient appréhender l'hérédité par tête ou par souche, on doit, pour interpréter ses dispositions et fixer sa véritable intention, avoir plutôt égard à ses affections qu'au degré de parenté qui l'unit aux institués. — *Colmar*, 2 juin 1841 (t. 1er 1842, p. 438), Scherb c. Caspar.

1694. — La disposition générale de l'art. 1157, C. civ., d'après laquelle, lorsqu'une clause est susceptible de deux sens, on doit plutôt l'entendre dans celui avec lequel elle peut avoir quelque effet, que dans le sens avec lequel elle n'en pourrait produire aucun, est applicable aux testamens, et particulièrement à la partie de ces actes qui a pour objet d'exprimer l'accomplissement de formalités exigées par la loi. — *Riom*, 3 déc. 1827, Deveyrac.

1695. — La disposition par laquelle un testateur déclare instituer un légataire universel ne saurait prévaloir sur les dispositions suivantes du même testament, d'après lesquelles le prétendu légataire universel n'est réellement qu'un légataire à titre universel. — *Cass.*, 28 août 1827, Fabre c. Gouilly.

1696. — S'il y a dans le testament des dispositions qui se contrarient et soient absolument inconciliables, aucune d'elles ne vaut. — L. 188. ff., *De reg. jur.* — Merlin, *Rép.*, vº *Legs*, sect. 4e, § 1er, nº 8.

1697. — A cet égard, il appartient aux juges d'interpréter les dispositions obscures et ambiguës, et de déclarer nulles celles qui sont contradictoires et inconciliables entre elles. — *Cass.*, 28 déc. 1818, Bruère.

1698. — Les volontés ineptes des testateurs sont nulles. — L. 113, § 3, ff., *De legat.* 3º. — Merlin, *Rép.*, vº *Legs*, sect. 4e, § 1er, nº 1er; Rolland de Villargues, vº *Interprétation de testament*, nº 19.

1699. — On ne peut considérer comme utile la clause d'un testament par laquelle un mari, qui avait doué son épouse de 4,000 fr., et après l'avoir instituée légataire universelle de tous ses biens meubles, ajoute : « Je crois mettre, par ce testament, mon épouse tranquille, sans vouloir se prévaloir des avantages que j'aurais pu lui faire par notre contrat de mariage. » *Bourges*, 21 mars 1827, de Cotignon c. Millereau et de Cuy.

1700. — Ce qui est inintelligible dans un testament est réputé non écrit. — L. 2, ff., *De his quæ pro non scriptis.* — Merlin, vº *Legs*, sect. 4e, § 1er, nº 1er.

1701. — C'est dans l'acte qualifié de testament, et non dans des témoignages étrangers que les juges doivent rechercher les intentions attribuées à un testateur. — *Amiens*, 13 juill. 1822, Delavande c. Desmarest.

1702. — Le testament doit renfermer en lui-même l'opinion complète de la volonté du testateur, et par suite, l'indication de la chose léguée. Toutefois, il n'est point interdit au testateur qui a fait cette indication dans son testament même, de se référer à d'autres actes publics pour une désignation plus détaillée des objets donnés ou légués. — *Cass.*, 7 avr. 1847 (t. 1er 1847, p. 466), Bouvard c. Frot.

1703. — De même le testament qui se réfère, quant à la désignation des objets donnés, à un acte antérieur, est valable, pourvu que l'institution du légataire soit consignée dans le testament, et que l'objet du legs y soit suffisamment désigné. Plus particulièrement un partage testamentaire est valable, quoique la composition des lots soit contenue dans un acte notarié qu'il a fait dresser à cette fin, mais non revêtu des formes testamentaires. — *Orléans*, 20 juin 1845 (t. 2 1845, p. 329), Bouvard c. Frot.

1704. — L'appréciation, faite par les juges, du sens et de l'étendue des dispositions testamentaires et entre-vifs, ne donne pas ouverture à cassation, par cela seul que les juges auraient, à l'appui de leur opinion, invoqué des circonstances étrangères à cet acte, lorsqu'il est constant qu'ils ne l'ont fait que surabondamment et pour compléter la justification de l'interprétation qu'ils puisaient dans les actes eux-mêmes. — *Cass.*, 13 avr. 1837 (t. 2 1837, p. 243), Bon c. Assezat.

1705. — L'arrêt qui, après avoir basé l'interprétation qu'il adopte en matière testamentaire sur des preuves prises du testament lui-même, se fonde ensuite sur d'autres preuves extérieures, mais seulement d'une manière surabondante et accessoire, ne viole pas le principe qui exige que la volonté du testateur soit recherchée dans les dispositions mêmes du testament, et non dans des circonstances étrangères à cet acte. — *Cass.*, 13 août 1840 (t. 1er 1841, p. 25), Munier c. Paigné.

1706. — Spécialement, lorsqu'un testateur institue pour héritières ses deux sœurs, dont l'une a des enfans, et cela à l'exclusion d'un frère consanguin, cette disposition n'a pu être révoquée ou déclarée caduque à l'égard de celle-ci par son prédécès avant le testateur, alors que, dans un codicille fait depuis ce décès, ce dernier a chargé ses héritiers de payer à un oncle une rente viagère que les deux sœurs instituées étaient chargées de payer à une autre sœur, aussi décédée depuis le testament. — Même arrêt.

1707. — Si pour découvrir l'intention du testateur il devenait nécessaire de rechercher la vérité d'un fait contesté, la preuve même par témoins pourrait en être ordonnée. — Duranton, t. 9, nº 373; Favard de Langlade, *Rép.*, vº *Preuve*, § 1er, nº 18; Zachariæ, t. 5, § 714.

1708. — Jugé en ce sens que lorsqu'il y a obscurité ou contradiction dans les termes d'un testament, la preuve testimoniale est admissible pour établir la volonté du testateur. — *Paris*, 27 août 1811, Fauvel c. Delorme; *Orléans*, 23 janv. 1818, Bruère.

1709. — ... Que l'incertitude sur la personne du légataire peut être levée par la preuve de tous les faits quelconques, même puisés hors du testament, et tendant à constater le véritable légataire. — *Bruxelles*, 19 janv. 1833, Thomas c. Ermans.

1710. — Qu'en cas d'omission du nom du légataire dans le testament, mais cependant quand il y a des indications suffisantes pour le faire connaître, la preuve testimoniale est admissible au soutien des faits contenus dans le testament. — *Grenoble*, 1er déc. 1830, Reynier c. Meyssonier.

1711. — Jugé au contraire que la preuve testimoniale ne peut être admise, soit pour expliquer des dispositions écrites dans un testament, soit pour rechercher la volonté du testateur, sous le prétexte de l'obscurité et de l'ambiguïté de ses dispositions, ou de leur inconciliabilité entre elles. — *Cass.*, 28 déc. 1818, Bruère.

1712. — ... Qu'ainsi on ne pourrait admettre cette preuve pour établir que le testateur entendait ne donner effet à son testament que dans le cas où il viendrait à succomber dans un duel. — *Caen*, 8 déc. 1840 (sous *Cass.*, 8 mars 1842 [t. 1er 1842, p. 692]), Combrun c. Quesnel.

1713. — ... Qu'il n'y a pas lieu d'admettre non plus la preuve testimoniale pour établir qu'un père a voulu donner à l'un de ses enfans beaucoup plus que ce qui est exprimé en son testament, sous le prétexte que celui-ci lui a rendu de grands services, et a été cause de l'accroissement de sa fortune. — *Riom*, 17 janv. 1821, Aulanier.

1714. — L'interprétation de la volonté du testateur et de la portée des dispositions testamentaires sont des questions de fait qui appartiennent exclusivement aux juges du fond. — *Cass.*, 5 avr. 1825, Lorgueilleux c. Telot; 18 mai 1825, Guedenecq c. Volfin; 4 juill. 1836, Ruillier c. Delonchamp; 5 déc. 1838 (t. 1er 1839 p. 519), Deniau c. Mat; 22 janv. 1839 (t. 1er 1839, p. 82), Lascoups c. Paulhiac; 18 nov. 1840 (t. 2 1840, p. 648), de Bonnemain c. Fajon; 31 janv. 1842 (t. 1er 1842, p. 727), Lascoups c. Paulhiac.

1715. — Ainsi, les juges du fond ont pu, sans que leur décision pût être soumise à la censure de la cour de Cassation : apprécier souverainement le testament par le rapprochement des expressions, la combinaison des actes, l'esprit qui y a présidé et les circonstances propres à révéler la volonté du testateur. — *Cass.*, 5 fév. 1839 (t. 2 1839, p. 409), de Bonneval.

1716. — ... Apprécier des clauses incompatibles et révocatoires contenues dans deux testamens à la même date. — *Cass.*, 5 juin 1834, Peyron c. Peyroncelli.

1717. — ... N'accorder qu'un effet partiel aux dispositions révocatoires d'un testament. — *Cass.*, 17 juill. 1837 (t. 2 1837, p. 82), Compain c. Chenal.

1718. — ... Statuer sur la question de savoir si le testateur a entendu que son testament n'eût d'effet que dans le cas où il viendrait à périr dans un événement prévu. — *Cass.*, 8 mars 1842 (t. 1er 1842, p. 692), Combrun c. Quesnel.

1719. — ... Décider qu'il résulte des expressions employées par le testateur que c'est à titre de propriété et non de simple usufruit, qu'il a transmis une portion de ses biens. — *Cass.*, 31 janv. 1842 (t. 1er 1842, p. 727), de Lascoups c. Paulhiac.

1720. — ... Juger que le testament qui lègue à une personne la moitié des immeubles en nue-propriété, et à une autre l'usufruit de cette moitié et la *toute jouissance* de l'autre moitié, peut être interprété en ce sens que par ces mots *toute jouissance* le testament a entendu dire la *pleine propriété* et non pas seulement *l'usufruit*. — *Cass.*, 5 déc. 1838 (t. 1er 1839, p. 519), Deniau c. Mat.

1721. — ... Décider la question de savoir si des arrière-petits-enfants compris seulement dans la condition d'un testament doivent être censés compris aussi dans la disposition. — *Cass.*, 23 nov. 1842 (t. 2 1842, p. 750), Guilbert c. Loumagne. — V., à cet égard, ENFANT, nos 7 et suiv.; LEGS, nos 66 et suiv.

1722. — A quoi il faut ajouter que, pour que le mot *enfans*, employé dans un testament, par lequel le testateur ne dispose qu'en faveur de cousins, puisse comprendre les petits-enfans, il faut qu'il soit établi que telle a été l'intention ou la volonté du testateur, ou tout au moins qu'il n'y ait point présomption du contraire. — *Bruxelles*, 10 mai 1826, Pochet c. Marin.

1723. — L'arrêt qui décide, par interprétation des termes d'un testament, que le testateur, en subordonnant la validité de ses dispositions envers ses légataires à la constation du décès de son neveu, militaire absent, conformément à la loi du 13 janv. 1817, n'a voulu et entendu obliger lesdits légataires qu'à faire constater l'absence de son neveu dans les termes de cette loi, dont le but précisément est de donner aux familles le moyen de suppléer à la preuve, souvent impossible, d'un décès aux armées, échappe à la censure de la cour de Cassation. — *Cass.*, 12 juill. 1847 (t. 2 1847, p. 81), Goubault c. Sarrazin.

1724. — Lorsqu'un testament institue deux légataires universels dont il nomme l'un et omet de nommer l'autre, l'institution du légataire innommé est valable, si d'ailleurs le testament contient des énonciations suffisamment indicatives de la volonté du testateur sur le choix de ce second légataire. Si l'appréciation des indications justificatives de l'intention du testateur est du ressort exclusif des tribunaux, il appartient à la cour de Cassation de réserver leurs déclarations sur le point de savoir si ces preuves complémentaires se trouvent dans le testament. — *Cass.*, 24 avr. 1834, Rattier. — Coin-Delisle, *Comment. sur les donat. et testam.*, p. 147, nº 9.

1725. — Le droit d'interprétation et d'appréciation qu'ont les tribunaux en matière de testament s'applique tout aussi bien au fait de savoir si deux actes testamentaires produits ne doivent être considérés que comme un seul et même testament

qu'au fait de rechercher l'esprit des stipulations diverses d'un même acte. — *Bourges*, 15 mars 1847 (t. 2 1847, p. 342), Martelle c. Desbans.

1726. — Lorsqu'un mari a disposé par contrat de mariage de moitié de ses biens en usufruit, en faveur de sa femme, laquelle avait des enfans d'un premier lit, et que postérieurement il a, par son testament, donné le quart de ses biens en nue-propriété aux enfans de sa femme, une cour d'appel a pu décider souverainement que l'intention du testateur avait été de restreindre sa femme au don d'usufruit résultant du contrat de mariage, et une telle interprétation échappe à la censure de la cour de Cassation. — *Cass.*, 6 janv. 1830, Pêcheur c. Grenier.

1727. — Lorsqu'une femme, donataire en usufruit des biens de son mari décédé, contracte un nouveau mariage, avec donation réciproque entre les époux, de l'usufruit de tous les biens du prémourant; que plus tard, et par testament elle institue son mari héritier universel, et dispose que les biens dont son premier mari lui avait donné la jouissance *retourneront, comme il est juste*, à la famille de ce dernier; cette clause ne fixant point l'époque du retour laisse subsister la disposition du contrat de mariage par laquelle le second mari est donataire de l'usufruit; en conséquence, les héritiers du premier mari ne reprendront les biens qu'à la mort de ce dernier, et non à celle de la testatrice. — *Bordeaux*, 16 déc. 1816, Descorps c. Gaudin.

1728. — Au surplus il ne faut pas perdre de vue que les règles d'interprétation des actes contenues dans le Code civil ne sont que des conseils aux juges, et leur application est subordonnée aux faits et aux circonstances de la cause. Spécialement, dans une instance relative à l'interprétation d'un testament, où le testateur, après avoir légué en toute propriété une quote-part de ses biens à une personne, sous la condition qu'elle laisserait à son décès des enfans légitimes, et restreint, à défaut d'enfans, le legs à l'usufruit de cette quote-part, avait ajouté : « Et, audit cas (celui où le légataire universel décéderait sans enfans), je lègue la nue-propriété à N..., mon neveu ; et celui-ci venant à décéder avant l'ouverture de ma succession, je lègue cette nue-propriété à N..., son frère, aussi mon neveu, » une cour a pu décider que ces mots, *avant l'ouverture de ma succession*, se référaient, dans l'intention du testateur, non à sa propre succession, mais à celle de son légataire universel. — *Cass*, 11 avr. 1838 (t. 2 1838, p. 289), de Séré c. Duthil.

1729. — On peut voir v° LEGS les règles d'interprétation suivies par les tribunaux au sujet d'une foule de dispositions testamentaires. A ces différentes décisions, il convient d'ajouter les suivantes :

1730. — Lorsque le testateur a institué pour les héritiers tous ses successeurs de droit, à l'effet de partager son héritage entre eux, par portions égales, sa succession ne doit pas être divisée par moitié entre les deux lignes, mais elle doit se partager entre tous les successibles par égale part. — *Aix*, 27 janv. 1811, Aubert c. N... — V. aussi SUCCESSION, n° 221.

1731. — La clause d'un testament ainsi conçue : « Je rappelle à ma succession tous ceux de mes parens qui s'en trouvent exclus par la loi, voulant qu'ils représentent leurs pères ou mères décédés, dont les décès les excluent de ma succession, » doit être entendue en ce sens qu'elle appelle à la succession du testateur, non point tous ses parens à quelque degré qu'ils soient, mais seulement ceux dont les père et mère auraient été ses héritiers légitimes s'ils avaient existé. — *Angers*, 10 déc. 1846 (t. 2 1848, p. 647), N... c. Leroy.

1732. — La déclaration, écrite par le légataire universel institué en cette qualité sans condition, de laquelle il résulte que la volonté du testateur était de distribuer ses biens entre les personnes désignées dans cette déclaration, volonté que le légataire promet d'exécuter soit par lui-même, soit par ses héritiers, ne peut servir de titre aux personnes désignées, ni comme interprétation du testament en leur faveur, ni comme ayant force d'exécution sur la succession du légataire vis-à-vis de ses propres héritiers. — *Trib. de Saint-Yrieix*, 16 juill. 1838 (sous *Cass.*, 16 mars 1842 [t. 2 1843, p. 43]), Maumy c. Dauriat.

1733. — Lorsqu'en instituant un légataire universel, un testateur excepte du legs une somme déterminée dont il se réserve de disposer au profit de qui il jugera à propos, tout en en laissant l'usufruit au légataire universel pendant sa vie, une pareille disposition a pu être interprétée en ce sens que, le testateur étant décédé sans avoir disposé, de la somme en question, cette somme a été, quant à la nue-propriété, exclue du legs universel, et, par suite, qu'elle appartient aux héritiers légitimes du testateur. — En pareil cas, les héritiers du légataire universel poursuivis en restitution de la somme en doivent les intérêts du jour de la cessation de l'usufruit, et non du jour seulement de la demande judiciaire. — *Cass.*, 11 mars 1846 (t. 2 1846, p. 268), Richard c. Guillot.

1734. — Les tribunaux français sont compétens pour interpréter un testament fait en pays étranger relativement à des biens situés en France, alors même que la succession dont ces biens dépendent s'est ouverte en pays étranger. En pareil cas le droit d'interprétation des juges français est entier, quel que soit d'ailleurs le sens des actes de l'autorité étrangère intervenus sur l'exécution du testament. — *Cass.*, 10 nov. 1847 (t. 1er 1848, p. 145), François c. Henri.

CHAPITRE IX. — *Destruction ou suppression des testamens.*

1735. — On a vu *suprà* (n°s 80 et suiv.) que le testament devait toujours être fait par écrit, et que par suite on ne pourrait admettre la preuve testimoniale de l'existence de dispositions testamentaires.

1736. — Toutefois, de ce qu'une disposition testamentaire ne peut pas être prouvée par témoins, il ne s'ensuit pas que la preuve testimoniale soit inadmissible pour établir qu'un testament écrit a été soustrait ou qu'il a été lacéré en tout ou partie par le fait d'un tiers, ou encore qu'il a été détruit par force majeure ou par cas fortuit ; que de plus ce testament était régulier dans la forme et qu'il contenait telles dispositions. — Merlin, *Rép.*, v° *Preuve*, sect. 2e, § 3, art. 1er, n°s 25, 26 et 27, et v° *Testament*, sect. 2e, § 1er, art. 2, n° 5.

1737. — Ainsi, jugé que les art. 1341 et 1348, C. civ., relatifs à l'admission de la preuve testimoniale, s'appliquent aux dispositions de dernière volonté et aux donations, comme aux contrats ordinaires. Et spécialement, une cour appelée à examiner s'il n'a été possible au légataire de se procurer une preuve écrite, soit de l'existence d'un testament olographe, soit de la réalité d'un legs, et si la suppression du testament est l'œuvre de la personne chargée d'acquitter le legs, peut admettre la preuve testimoniale pour établir ces faits, et ordonner la délivrance du legs. — *Cass.*, 28 juin 1828, Trumeau c. Mignol.

1738. — De même, lorsqu'au sujet d'un testament trouvé, après le décès du testateur, bâtonné par deux lignes transversales l'une à l'autre et portant sur tout le corps de l'écriture sans la rendre illisible non plus que la signature, les juges ont à décider si cette radiation est l'œuvre du testateur et si elle a eu lieu avec l'intention d'anéantir l'acte testamentaire, ils peuvent admettre les héritiers du défunt à prouver par témoins ce double fait, et, par suite, prononcer la nullité de ce testament, si l'affirmative leur paraît résulter de l'enquête. Une telle décision tranche une question non de révocation, mais d'inexistence de dispositions de dernière volonté. — *Cass.*, 21 fév. 1837 (t. 1er 1837, p. 142), Fleury c. Huard.

1739. — Tant qu'on n'allègue ni le cas de force majeure, ni la suppression par un tiers, l'existence d'un testament olographe ne peut être établie par témoins lorsqu'il n'y a point de commencement de preuve par écrit. — *Paris* (et non *Pau*), 17 août 1821, Nogués.

1740. — On ne peut considérer comme un commencement de preuve par écrit pouvant faire admettre la preuve testimoniale qu'un testament olographe a existé, la transcription qui en aurait été faite sur les registres du greffe et du receveur de l'enregistrement. — *Lyon*, 22 fév. 1831, Chenal.

1741. — Mais l'existence d'un testament peut être prouvée par témoins, pourvu que l'on articule que ce testament a été soustrait par l'héritier *ab intestat*, ou détruit par l'effet d'un cas fortuit ou d'une force majeure. — *Metz*, 15 juill. 1813, Volff.

1742. — ... Ou bien que l'on offre de prouver préalablement que c'est par le fait et à l'instigation de l'une des parties intéressées à la suppression qu'elle a été opérée. — *Riom*, 17 nov. 1821, Recognat c. Buisson.

1743. — Par la même raison, la preuve par témoins n'est pas admissible pour prouver, soit l'existence d'un testament olographe qui a disparu, soit la sincérité de l'écriture et de la signature de ce testament, lors même qu'après avoir été présenté au président du tribunal, il aurait été transcrit sur les registres du greffe et de l'enregistrement, s'il n'est pas allégué que la disparition ait eu lieu par cas fortuit ou force majeure, et si cette disparition n'est imputable qu'à la négligence de ceux-là mêmes qui demandent à en prouver l'existence. — *Lyon*, 22 fév. 1831, Chenal.

1744. — Toutefois il ne suffit pas d'alléguer le cas de force majeure ou le fait de suppression par un tiers, il faut que ces allégations soient vraisemblables.

1745. — Ainsi les juges peuvent refuser d'admettre la preuve de la suppression d'un testament s'il résulte des circonstances que le défunt n'avait pas fait le testament qu'on prétend avoir été supprimé. — *Nîmes*, 27 déc. 1810 (et non 1818), Boyer c. Sévenne; *Grenoble*, 27 avr. 1831, Pérounier c. Mante.

1746. — De même l'allégation de la soustraction d'un testament ne peut être prouvée, lorsque des faits sur lesquels on la fonde ne résulte point la preuve précise du contenu de ce testament, ni qu'il ait été vu et lu par les témoins. — *Bordeaux*, 24 mai 1813, Heyraud c. Lageard.

1747. — Par la même raison la preuve de l'existence d'un testament postérieur à celui qui est produit, et prononçant sa révocation, ne peut être ordonnée qu'autant que les faits articulés sont précis. — *Orléans*, 3 mars 1815, Boyer c. Archambault.

1748. — L'existence d'un testament détruit peut encore être prouvée par la déclaration de celui qui en était dépositaire et par l'aveu des héritiers. — *Cass.*, 1er sept. 1812, Samson c. Sauzeau.

1749. — Lorsqu'il est reconnu par un héritier présomptif, ou prouvé contre lui, qu'un testament olographe a existé, lui a été remis par le dépositaire, et que cet héritier l'a détruit, le testament olographe doit nécessairement avoir effet au profit du légataire ; alors même qu'en reconnaissant l'existence du testament olographe, on aurait ajouté que ce testament avait été fait et remis, avec faculté de le supprimer au cas d'un événement accompli depuis. — Ici ne s'appliquent ni les art. 1924, C. civ., sur la *foi due au dépositaire*, ni l'art. 1356, C. civ., sur l'*indivisibilité* de l'aveu. — *Poitiers*, 22 janv. 1811, Samson c. Sauzeau.

1750. — Les aveux, présomptions ou commencemens de preuve par écrit, allégués pour suppléer au rapport de l'acte ou pour faire admettre la preuve testimoniale, doivent porter non seulement sur l'existence et la teneur du testament, mais encore sur sa validité, tant au fond qu'en la forme, et rendre cette validité vraisemblable. — *Riom*, 17 nov. 1821, Recoguat c. Buisson.

1751. — De même dans le cas où la preuve de l'existence d'un testament détruit accidentellement par des flammes a été ordonnée, la preuve doit établir que ce testament était régulier et qu'il était revêtu des formalités voulues par la loi. — *Cass.*, 17 fév. 1806 (et non 1807), Latour c. Gérard.

1752. — L'original d'un testament olographe étant adiré, il peut être suppléé, quant à la preuve des dispositions qu'il renferme, par leur transcription dans l'inventaire fait après le décès du testateur. — *Paris*, 4 avr. 1810, Guyot, c. N...

1753. — Jugé cependant que lorsqu'il est établi et prouvé en fait qu'un testament a existé, qu'il a été lacéré et brûlé par le propre fait des parties intéressées à son anéantissement, celles-ci ne peuvent être reçues à exiger la preuve de la légalité des formes du testament détruit; il y a, dans ce cas, présomption de droit que le testament était revêtu de toutes les formes nécessaires à sa validité. — *Poitiers*, 22 janv. 1811, Samson c. Sauzeau; *Cass.*, 1er sept. 1812, mêmes parties.

1754. — ... Que lorsqu'un légataire universel détruit un testament postérieur à celui qui l'institue, les héritiers légitimes peuvent, à titre de dommages-intérêts, réclamer la succession, comme si leur auteur était mort *ab intestat*. Ils ne sont même pas tenus de prouver que le second testament contenait révocation du premier. — *Cass.*, 3 juin 1829, Vicaire c. Mallendre.

1755. — Lorsque sur une demande en délivrance de legs formée en vertu d'un testament olographe par le légataire contre l'héritier du sang, celui-ci allègue que les feuillets testamentaires étaient en partie lacérés, il peut appeler en garantie le dépositaire du testament, alors même qu'il ne lui imputerait point lacération, et se bornerait à conclure à ce qu'il soit tenu de justifier du dépôt qui lui aurait été fait par le testateur, et en cas de refus, de comparaître en personne, conjointement avec le prétendu légataire, pour donner à la justice des explications relatives à ce dépôt. — *Rennes*, 2 janv. 1844 (t. 1er 1844, p. 283), Dubois de la Motte c. Hervé.

1756. — Le légataire institué par un premier testament, qui refuse d'en représenter un second dont il est reconnu rétenteur peut être déclaré déchu du bénéfice de son legs. Du moins l'arrêt qui le décide ainsi ne viole aucune loi, et n'est point su-

et à cassation. — *Cass.*, 29 fév. 1820, Barbot c. Delauque.

1757. — Lorsque des héritiers naturels ont soustrait un testament olographe dont l'existence est prouvée par une enquête, et qui contenait des dispositions particulières en faveur de non successibles, ils peuvent être condamnés à payer, à titre de dommages-intérêts, les sommes dont les légataires institués paraissent, d'après l'enquête, avoir été gratifiés par le testateur. — La condamnation doit être solidaire. — *Montpellier*, 23 mai 1832, Payre c. Viguier.

1758. — L'héritier condamné pour avoir détruit un testament n'a aucun recours contre ses cohéritiers, bien que ceux-ci profitent comme lui de la destruction du testament. — Duranton, t. 9, p. 48.

1759. — Les héritiers ne peuvent opposer aux créanciers d'un légataire exerçant ses droits, le défaut de représentation du testament dont ils excipent, lorsqu'il est constant que cet acte est tenu secret par suite d'un concert frauduleux entre eux et ce légataire. — *Cass.*, 16 nov. 1836 (t. 1er 1837, p. 187), Juin c. Thouin.

CHAPITRE X. — *Annulation des testamens.*

Sect. 1re. — *Action en nullité.*

1760. — Les testamens peuvent, comme tous les autres actes, être attaqués en la forme et au fond, et par suite déclarés nuls; mais jusque-là, la présomption est en faveur de leur validité.

1761. — Ainsi jugé qu'un acte sous seing-privé qualifié *testament*, quelque informe qu'il soit, doit produire son effet tant qu'il n'est pas détruit. — *Orléans*, 4 juin 1823, Archambaut c. Delamotte.

1762. — Les testamens peuvent être annulés si les formes prescrites pour leur validité n'ont pas été observées. — On a vu, en expliquant ces formes, à quel point les tribunaux portent la sévérité à cet égard. — Toullier, t. 5, no 701.

1763. — Le testament nul pour défaut de forme emporte la nullité de toutes ses dispositions, et notamment de la clause révocatoire. — *Bordeaux*, 25 août 1832, Delbos c. Ribières.

1764. — Au nombre de ces formes est celle qui doit constater que le testament est bien l'œuvre propre et tout à fait personnelle du testateur. — V. *suprà* no 63.

1765. — Dès-lors un testament est nul, lorsque l'héritier institué y est intervenu et a contracté des obligations envers les héritiers légitimes et le testateur lui-même. — *Turin*, 10 mai 1811, N..

1766. — Lorsqu'on allègue que les formes extérieures d'un testament ne sont pas l'expression exacte de ce qui s'est passé, on est forcé le plus souvent de recourir à la voie de l'inscription de faux, alors surtout qu'il s'agit de testament par acte public. — V. FAUX, FAUX INCIDENS.

1767. — Les dépositions du notaire et des témoins instrumentaires, concernant un testament par acte public, peuvent à elles seules et suivant les circonstances, et le caractère avec lesquels elles se présentent, former un témoignage contre la validité du testament. — *Rennes*, 7 janv. 1828, Jacquin c. Salmon. — V. à ce sujet FAUX INCIDENS, nos 410 et suiv.

1768. — Le tribunal qui a admis la demande en inscription de faux incident contre un testament authentique, fondée sur ce que les témoins n'auraient pas assisté à la confection entière de l'acte, peut repousser, comme inadmissible, la demande d'enquête, lorsque les demandeurs offrent seulement de prouver, sans préciser aucun fait particulier, aucune circonstance extérieure aux formalités consignées dans l'acte, que les témoins ont passé si peu de temps auprès du testateur qu'il est matériellement impossible que le testament ait été dicté et écrit en leur présence. — *Cass.*, 24 avr. 1849 (t. 2 1849, p. 358), Piron.

1769. — Celui qui prétend que la minute d'un testament par acte public n'est point revêtue de la vraie signature du testateur peut, lorsqu'il existe une expédition en due forme de testament, délivrée par le notaire dépositaire de la minute, et portant qu'elle est revêtue de cette signature, demander l'apport de cette même minute au greffe du tribunal appelé à connaître de la validité du testament, sans être obligé préalablement de s'inscrire en faux contre l'expédition produite. — *Bruxelles*, 2 juill. 1829, Demeurissé c. Walrand.

1770. — Lorsqu'en déclarant faux un testament notarié, une cour criminelle a omis d'en ordonner la suppression et le biffement dans les minutes du notaire, ainsi que le prescrit l'art. 465, C. inst. crim., il appartient aux tribunaux civils de réparer cette omission. — *Aix*, 14 août 1837 (t. 2 1837, p. 541), Mandin c. Demol.

1771. — Les testamens peuvent encore être annulés pour cause d'incapacité, soit du testateur, soit des légataires. — V. DISPOSITION A TITRE GRATUIT, nos 112 et suiv., nos 352 et suiv.

1772. — Lorsqu'un testateur déclare que sa volonté est qu'une partie de ses biens soit vendue, et que le prix en soit employé en prières pour le repos de son âme et de celle de son épouse, celle ci a qualité pour réclamer l'exécution d'une telle disposition. — *Caen*, 13 janv. 1823, Josse. — V., à cet égard, DISPOSITION A TITRE GRATUIT, nos 531 et suiv.

1773. — La preuve testimoniale n'est point admissible à l'effet d'établir qu'un testament qui ne contient l'expression d'aucun fidéicommis, et qui a été exécuté sans réclamation, renferme néanmoins un fidéicommis tacite ayant pour objet de procurer à des esclaves du testateur, soit l'affranchissement, soit la liberté de fait. — *Cass.*, 18 juin 1835, Delisle-Loture. — V. DONATION DÉGUISÉE.

1774. — Enfin les vices qui suffisent pour faire annuler les contrats par défaut de consentement, suffisent, à plus forte raison, pour faire annuler les testamens qui doivent toujours émaner de la volonté libre du testateur et qui sont souvent faits dans des momens où le testateur est le plus facile à surprendre. Ces vices sont l'erreur, la crainte, la violence, le dol ou la fraude. — Toullier, t. 5, no 702. — V. DISPOSITION A TITRE GRATUIT, no 217.

1775. — L'erreur est une cause de nullité lorsqu'elle tombe sur la personne du légataire ou sur la qualité en vue de laquelle la disposition a été faite, soit sur le motif qui a déterminé le testateur à la faire. — Zachariæ, t. 5, § 654.

1776. — La mention d'une fausse cause dans une institution n'est pas une cause de nullité quand l'acte renferme d'ailleurs une cause suffisante de libéralité. — *Turin*, 7 (et non 17) juin 1809, Servetti c. Ellena.

1777. — La violence vicie les dispositions testamentaires comme les conventions; cependant il suffit pour faire annuler un testament de violences moins graves que pour faire annuler une convention. — Zachariæ, t. 5, § 654.

1778. — Toutefois on ne doit pas accueillir une demande en nullité pour cause de violence, si les faits allégués remontent à une époque de longtemps antérieure au décès du testateur. La raison en est que dès que la violence a cessé, le testateur peut révoquer son testament. — Zachariæ, *ibid.*

1779. — La circonstance que le testateur aurait été empêché par violence ou tout autre moyen illicite de refaire son testament serait insuffisante pour entraîner la révocation des legs faits au profit de personnes qui n'auraient eu aucune part à cette manœuvre, surtout si le testateur n'avait pas fait connaître quelles étaient celles de ses dispositions qu'il entendait révoquer ou maintenir. — *Pau*, 10 juill. 1828, Lay-Delaborde c. curé de Bordères.

1780. — Un testament peut être attaqué pour dol soit dans son entier, soit seulement dans une de ses dispositions. Il en est de même d'un acte de révocation. — Zachariæ, *ibid.*

1781. — Il n'est pas nécessaire que les faits de dol soient personnels au légataire, ni qu'il soit établi qu'il en a eu connaissance. Le juge doit, pour les apprécier, tenir compte de l'état moral du testateur. — Zachariæ, *ibid.*

1782. — Il y a des impressions étrangères qui, sans détruire la liberté du testateur, influent sur sa volonté et la déterminent souvent. De ce nombre est la persuasion opérée par des moyens auxquels on ne peut reprocher ni violence, ni dol, ni fraude, ni surprise; l'ascendant d'un esprit fort sur un esprit faible. C'est ce que quelques auteurs ont appelé captation, suggestion. — Toullier, t. 5, no 705. — Y a-t-il là une cause de nullité du testament? — V. DISPOSITION A TITRE GRATUIT, nos 218 et suiv.

1783. — C'est aux juges du fond qu'il appartient d'apprécier souverainement les preuves du dol, de la captation, des violences et des autres manœuvres frauduleuses au moyen desquelles la volonté d'un testateur aurait été surprise, et de déclarer si le testament est le résultat de ces manœuvres. — *Cass.*, 22 déc. 1841 (t. 1er 1843, p. 160), Broquery c. Guignon. — V. enfin DISPOSITION A TITRE GRATUIT, no 259.

1784. — La nullité d'un testament demandée pour défaut de signature du testateur peut être prononcée pour captation et suggestion. Le juge, dans ce cas, ne commet pas un excès de pouvoir, et s'il y avait lieu de recourir contre une pareille sentence, ce ne serait pas la voie de la cassation, mais bien celle de la requête civile, qu'il faudrait prendre. — *Cass.*, 16 janv. 1843 (t. 1er 1843, p. 664), Framinet et Teillard c. Michaud.

1785. — Des dispositions testamentaires peuvent avoir été faites au milieu des transports d'une passion violente comme la jalousie, la colère, la haine. En pareil cas, le testament est dit fait *ab irato*. Ce testament peut-il être argué de nullité? — V. DISPOSITION A TITRE GRATUIT, nos 204 et suiv.

1786. — La demande en nullité d'un testament peut être formée par toute personne qui y a intérêt.

1787. — Le légataire universel institué pour le cas où un autre ne pourrait ou ne voudrait pas accepter le legs à lui fait a le droit, avant l'acceptation ou la répudiation de ce dernier, de demander la nullité d'un testament postérieur contenant révocation de celui par lequel il est institué conditionnellement. — *Amiens*, 19 juin 1840 (t. 1er 1842, p. 458), de Reverseaux c. Delegorgue-Dorval.

1788. — Les héritiers naturels, quoique n'ayant rien payé pour le droit de mutation, quant au mobilier, et ayant déclaré que ce mobilier ne leur appartenait pas, ne sont point pour cela non-recevables à attaquer le testament fait par leur auteur à leur préjudice. — *Angers*, 12 juill. 1809, Fleuri.

1789. — Lorsque des héritiers légitimes sont intervenus dans une instance en nullité de plusieurs testamens, introduite par l'un des légataires institués, si ces testamens ont été annulés, hormis un seul, fait au profit d'un légataire universel qui n'était point en cause, ces héritiers ont pu être déclarés sans intérêt dans la contestation, sauf à eux à faire valoir leurs droits, s'il y a lieu, contre le légataire universel, non présent au procès, dont l'institution a été reconnue valable. — *Cass.*, 22 août 1836 (t. 1er 1837, p. 351), de Villereau c. d'Hozier.

1790. — Le tribunal du lieu de l'ouverture de la succession est seul compétent pour connaître de la demande en nullité d'un testament, alors même qu'une ordonnance a déjà envoyé en possession le légataire institué. — *Toulouse*, 12 janv. 1844 (t. 2 1844, p. 210), Viguier c. Francazals.

1791. — Un arrêt ne contient rien de contraire aux règles du droit lorsque, sans méconnaître qu'en principe général une demande en nullité de legs doit, quand elle est formée par action principale, être portée devant le tribunal du lieu de l'ouverture de la succession, il se borne à décider que le tribunal saisi de l'action en délivrance d'un legs est compétent pour connaître de la demande en nullité de ce legs, formée reconventionnellement et comme défense unique et nécessaire à l'action du légataire. — *Cass.*, 27 nov. 1848 (t. 2 1849, p. 603), Aigoin c. de Monchy.

1792. — Lorsqu'un testament est argué de nullité sur le motif que l'un des témoins *instrumentaires* ne connaissait pas la langue française, et qu'un jugement interlocutoire exécuté par toutes les parties décide en droit que le testament est nul si le fait est prouvé, la cour saisie de l'appel peut rapporter cette décision et en rendre une directement opposée. — *Cass.*, 14 juill. 1818, Kœller c. Boucher. — Merlin, *Quest.*, vo *Testament*, § 17, art. 4.

1793. — Sous l'empire de la loi du 4 germin. an II, la nullité d'un testament pour défaut de signature a pu être opposée pour la première fois en appel. — *Cass.*, 2 vendém. an X, Coullon c. Fèvre. — V. DEMANDE NOUVELLE.

1794. — Lorsqu'en première instance, l'héritier s'est borné à demander la vérification du testament et la saisie provisoire de la succession, il ne peut, sur l'appel, conclure directement à la nullité et au rejet de l'acte testamentaire. — *Caen*, 13 nov. 1827, Lecouturier c. Benard.

1795. — Lorsqu'un testament contenant un legs universel est attaqué par les héritiers légitimes, les tribunaux peuvent ordonner qu'il sera fait tel emploi déterminé des sommes trouvées dans la succession, afin qu'elles ne demeurent pas improductives jusqu'à la conclusion du débat. — *Caen*, 16 nov. 1844 (t. 1er 1845, p. 641), Boscher c. Lélot.

1796. — Le juge doit annuler ou maintenir la disposition attaquée; il ne peut la réduire. — *Cass.*, 22 juin 1810, Ponthaye c. Boudrot. — Toullier, t. 5 no 715; Zachariæ, t. 5, § 634.

1797. — Lorsque l'héritier, sur la demande en nullité d'un testament, conclut à être déclaré propriétaire des biens du testateur et à être mis en possession, il n'y a pas lieu de le renvoyer à obtenir cette mise en possession par une action séparée. — *Liége*, 24 août 1807, Rousseau c. Constant.

1798. — L'héritier direct, maintenu définitivement en possession des biens dont il était dépouillé par un testament annulé, ne peut, sans les préciser, obtenir des dommages-intérêts de l'héritier institué. — *Rennes*, 12 fév. 1821, Legros c. Arondel.

1799. — Le légataire universel qui s'est empressé de transiger avec les héritiers légitimes peut n'être pas condamné aux dépens de l'instance en nullité

du testament dirigée par d'autres héritiers et dans laquelle il a succombé; c'est à la succession à supporter les frais occasionnés par la rédaction vicieuse des dernières volontés du testateur. — *Nancy*, 15 fructid. an XIII, N...

1800. — Le testament déclaré nul dans son tout ou dans une de ses parties ne saurait produire aucun effet, pour ce qui a été annulé. Il faut toutefois excepter le cas où un testament, nul comme mystique, peut cependant valoir comme testament olographe, s'il est entièrement écrit, daté et signé par le testateur. — V. *suprà* nos 1114 et suiv.

1801. — Jugé qu'un testament public, nul en la forme, ne peut valoir comme acte sous seing-privé, ni même comme commencement de preuve par écrit. — *Turin*, 14 mars 1807, Sola c. Pialo et Milanesio.

1802. — ... Qu'un testament fait sous le Code civil et entaché de nullité ne peut valoir, soit comme donation entre-vifs, soit comme donation à cause de mort, ou comme codicille, même dans les pays où la jurisprudence ancienne distinguait les codicilles des testamens. — *Turin*, 22 fév. 1806, Gantia.

1803. — Un testament déclaré nul en pays étranger peut être valable en France; par suite, les tiers détenteurs d'un immeuble situé dans ce dernier pays peuvent se prévaloir de droits résultant de ce testament. La créance de l'étranger sur les biens situés en France y est compensable avec le legs résultant dudit testament, bien que, par suite de son annulation en pays étranger, ladite compensation n'y puisse avoir lieu. — *Cass.*, 19 avr. 1841 (t. 2 1842, p. 440), Gentin c. Duret.

1804. — La restitution des frais par suite de l'annulation d'un testament ne doit être ordonnée que du jour de la demande. — *Colmar*, 15 mars 1826, Riegel c. Bauer.

1805. — Le détenteur ne pourrait être condamné à restituer les fruits à partir d'une époque antérieure qu'autant qu'il est expressément déclaré de mauvaise foi. — *Cass.*, 24 juill. 1839 (t. 2 1839, p. 289), Molinié c. Gassané. — V., au surplus, FRUITS.

1806. — La prescription de dix ans établie par l'art. 1304, C. civ., contre l'action en nullité des conventions n'est pas applicable à l'action en nullité d'un testament; une pareille action est donc recevable, bien que plus de dix années se soient écoulées depuis le décès du testateur. — *Bordeaux*, 14 mars 1843 (t. 2 1843, p. 652), Descombes. — Toullier, t. 7, no 617; Rolland de Villargues, *Rép. du notar.*, vo *Nullité*, no 55.

1807. — En tout cas, la prescription contre la demande en nullité d'un testament court contre les légitimaires, même pendant le temps qu'ils vivent sur les biens de la succession avec l'héritier institué, si cette cohabitation a lieu en exécution d'une clause du testament. — *Cass.*, 3 avr. 1821, Sobraquès.

Sect. 2e. — *Fins de non recevoir. — Ratification.*

1808. — Lorsque l'héritier argue de nullité le testament dont le légataire demande l'exécution, sa prétention peut être repoussée par plusieurs fins de non-recevoir ou exceptions. Les premières sont le défaut d'intérêt ou le défaut d'action de sa part.

1809. — Ainsi jugé que l'héritier naturel non réservataire est non-recevable, comme sans intérêt, dans sa demande en nullité d'un testament, lorsqu'il est constant qu'il existe deux autres testamens qui l'excluraient, quand celui qui fait l'objet de l'attaque serait annulé. — Dans ce cas l'héritier, pour écarter la fin de non-recevoir, ne peut prétendre que les institués n'ayant pas manifesté l'intention d'accepter, il est saisi des biens de la succession. — *Pau*, 21 fév. 1835, Molinié c. Larrondé.

1810. — ..., Que, d'un autre côté, l'héritier non réservataire, auquel on oppose un testament qui l'exclut de la succession, ne peut en arrêter l'exécution, lorsqu'il n'attaque point ce testament et se borne à de simples réserves. — *Bruxelles*, 11 déc. 1829, Cooreman c. N...

1811. — D'autres fins de non-recevoir peuvent ensuite se présenter qui constitueraient une espèce d'acquiescement anticipé de la part de l'héritier.

1812. — Ainsi celui qui, à l'époque où un testament a été fait, a reçu du testateur une procuration, et reconnu ainsi son état de sagacité et de présence d'esprit, n'est pas recevable, plus tard, à attaquer le testament pour cause de démence. — *Poitiers*, 18 flor. an IX, Poussineau c. Fouchier.

1813. — Ceux qui, dans le cours d'une instance, ont reconnu tacitement la signature d'un testament mystique, ne sont pas recevables, après avoir succombé sur les autre moyens, à critiquer cette même signature. — *Metz*, 8 mars 1821, Dominé c. Adnet.

1814. — Celui qui a reconnu l'écriture d'un testament olographe est non recevable à en demander ultérieurement la vérification, quand bien même il aurait fait cette reconnaissance par forme de concession et avec réserves. — *Metz*, 9 juill. 1813, Deysing.

1815. — L'héritier peut interjeter appel du jugement qui a ordonné la délivrance d'un legs et la liquidation de la succession, et peut encore sur l'appel demander pour la première fois la nullité de ce legs, bien qu'en première instance il eût déclaré s'en rapporter à justice, et que, dans l'ignorance du moyen de nullité, il ne se fût pas opposé aux opérations de la liquidation. — *Cass.*, 27 nov. 1848 (t. 2 1849, p. 603), Aigoin c. de Mouchy.

1816. — Lorsque de plusieurs héritiers *ab intestat*, qui avaient intenté une action en nullité d'un testament olographe qui les excluait, l'un se désiste et déclare, en ce qui le concerne, tenir le testament attaqué pour bon et valable, cette reconnaissance a pour effet de consolider les droits de l'héritier testamentaire, pour la part et portion à laquelle était appelé l'héritier *ab intestat* qui l'a faite, en sorte qu'il ne peut plus y être porté atteinte, bien que le testament soit annulé sur la poursuite des autres héritiers. — *Bruxelles*, 3 déc. 1831, Kerselaers c. Waterfort.

1817. — L'héritier qui aurait succombé dans une première demande en nullité du testament ne pourrait être repoussé par l'autorité de la chose jugée, relativement à une nouvelle demande qu'il formerait, qu'autant que cette action serait fondée sur les mêmes moyens. — C. civ., art. 1351. — V. CHOSE JUGÉE.

1818. — Ainsi, un testament peut être attaqué de nullité pour vice de forme, lorsque déjà il avait été l'objet d'une inscription de faux qui a été rejetée. — *Cass.*, 6 juin 1826, Huguenin.

1819. — La partie qui, en obtenant la vérification d'un testament par experts, s'est réservé tous moyens de droit, peut, après cette opération, être admise à prouver par témoins la fausseté de ce testament. — *Liége*, 11 déc. 1811 (et non 1810), N...

1820. — Après avoir réclamé les biens d'un succession en vertu d'un testament qui a été déclaré nul, un individu peut encore réclamer les mêmes biens en vertu d'un autre testament, qui porte que ses dispositions n'auront d'effet qu'autant que le premier serait annulé. — *Liége*, 11 juill. 1814, Lefebvre c. Collin.

1821. — La ratification ou confirmation soit expresse, soit tacite, du testament élève également une fin de non-recevoir contre l'action en nullité de ce même testament. — V. RATIFICATION, nos 197 et suiv. — Aux décisions qui y sont rapportées, nous ajouterons les suivantes:

1822. — L'art. 1340, C. civ., s'applique aussi bien aux testamens qu'aux donations entre-vifs; en conséquence on n'est plus recevable à se prévaloir des nullités d'un testament dont on a soi-même provoqué l'exécution. — *Nîmes*, 1er fév. 1843 (t. 1er 1843, p. 299), Descattes c. Vivet.

1823. — Ainsi la délivrance d'une partie du legs consentie par l'héritier le rend non-recevable à demander ensuite la nullité du testament. — *Besançon*, 29 mars 1811, Titon c. Billet.

1824. — De même, les héritiers qui ont volontairement exécuté le testament, soit en recevant, soit en demandant le paiement des legs à eux faits, ne sont plus recevables à attaquer ce testament pour vice de forme. — *Bordeaux*, 16 juin 1834, Conil c. Magne.

1825. — Le légataire qui a donné quittance de son legs sur le testament, et qui a de plus invoqué ce testament dans une instance antérieure, n'est pas recevable plus tard à se pourvoir en nullité de cet acte. Cette fin de non-recevoir peut être opposée alors même que la demande en nullité serait fondée sur l'extranéité de l'un des témoins instrumentaires, cette circonstance ne pouvant être considérée comme vice caché au moment où les ratifications sont intervenues. — *Colmar*, 12 déc. 1837 (t. 2 1838, p. 604), Siegel c. Utard.

1826. — Jugé toutefois que le légataire qui a touché un à-compte sur son legs viager, à une époque où son droit d'attaquer le testament n'était pas encore ouvert, n'a point donné, par là, au testament une approbation qui le rendît non recevable à l'attaquer. — *Bruxelles*, 23 mai 1822, N...

1827. — ... Que la réception des legs contenus dans un testament, sous toutes réserves de fait et de droit, n'empêche pas de demander ensuite la nullité de ce testament. — *Riom*, 28 mai 1819, Murret.

1828. — ... Que celui qui a formé, contre un détenteur des immeubles d'une succession, une action en paiement de la somme que lui devait le *de cujus*, n'est pas présumé avoir reconnu la validité du testament de ce dernier, qui crée légataire ce même détenteur, lorsque, surtout, en recevant le paiement, il a fait réserve expresse d'arguer le testament de nullité. — *Agen*, 12 juill. 1811, Capoulade c. Calmel.

1829. — D'un autre côté, l'approbation donnée au testament par l'héritier n'est point un obstacle à ce qu'il l'attaque ultérieurement, si elle ne remplit point les conditions prescrites par l'art. 1338, C. civ. — *Bruxelles*, 23 mai 1822, N...

1830. — Dès-lors, il ne peut y avoir ratification ou confirmation qu'autant que l'héritier a agi avec connaissance, et a indiqué par là qu'il avait l'intention de réparer le vice sur lequel l'action en nullité pouvait être fondée.

1831. — Dès-lors l'héritier légitime qui a reçu quelque chose en vertu d'un testament, ou qui l'a exécuté, ignorant qu'il était nul, ne perd pas par cela seul le droit de l'attaquer. — *Turin*, 4 mars 1806, Montanara c. Beltramo; 22 mars 1806, Albertini.

1832. — De même, l'exécution d'un testament n'en couvre pas la nullité, si les héritiers n'y ont pas donné, en connaissance de cause, une approbation expresse après en avoir entendu lecture entière. — *Nîmes*, 12 août 1809, Monteil.

1833. — De même encore, l'exécution faite par une partie d'un testament ne la rend pas non recevable à attaquer plus tard ce testament en nullité, lorsqu'il demeure établi qu'elle n'a connu que postérieurement à cette exécution le fait de nullité qu'elle invoque. — *Amiens*, 2 avr. 1840 (t. 1er 1840, p. 548), Guay-Grévin c. Lelovie.

1834. — L'exécution d'un testament ne couvre le vice de cet acte qu'autant qu'elle a eu lieu en connaissance de ce vice: ainsi la nullité résultant d'un vice existant dans la minute même du testament (par exemple, en ce que les noms des témoins n'auraient pas été écrits par le notaire lui-même) ne peut être réputée couverte qu'autant que l'exécution a suivi la production de cette minute, ou qu'il y a preuve d'une connaissance antérieure à cette production. — *Caen*, 15 fév. 1842 (t. 2 1842, p. 567), Barberel.

1835. — Mais la nullité dont est entaché un testament notarié où ont figuré comme témoins des parens des légataires au degré prohibé est couverte par l'exécution volontaire et en parfaite connaissance de cause qu'on en a faite. — *Angers*, 19 mars 1841 (t. 2 1842, p. 746), Charrault.

1836. — La demande en nullité d'un testament pour défaut de forme était non recevable, sous la jurisprudence du parlement de Bordeaux, lorsque le demandeur, en ayant eu connaissance, l'avait volontairement exécuté, bien qu'il n'existât d'ailleurs de sa part aucune remise explicite des moyens de nullité dont le testament pouvait être entaché. — *Agen*, 8 fév. 1825, Lafont c. Abelan.

1837. — Jugé de plus qu'une erreur de droit dans laquelle l'héritier est tombé en exécutant un testament dont il ne connaissait pas la nullité ne l'autorise pas à en poursuivre plus tard la nullité. — *Cass.*, 25 mars 1807, de Montjoux.

1838. — ... Que le légataire qui a ratifié l'interprétation donnée au testament en acceptant la part à lui attribuée, n'est pas recevable à prétendre ensuite qu'il y a eu, quant à lui, erreur de droit, et que le testament sainement interprété lui donnait une part plus forte. — *Colmar*, 2 juin 1841 (t. 1er 1842, p. 438), Scherb c. Caspar.

1839. — On ne peut contester la validité d'un testament après avoir transigé sur ses effets. — *Agen*, 31 mai 1809, Dufour.

1840. — La transaction sur un procès tendant à nullité d'un testament, qui intervient entre l'un des héritiers naturels du défunt et le légataire universel, conserve à celui-ci sa qualité jusqu'à concurrence de la quote-part à laquelle l'héritier qui transige a droit, même à l'égard des autres héritier, lorsque ces derniers ayant poursuivi l'instance, ont fait annuler le testament. — *Cass.*, 5 déc. 1838, Guibert de Govin c. Piquot-Lamarre.

1841. — L'héritier qui a transigé sur un testament avec l'individu au profit duquel il est fait, ne peut, dans le cas où ce testament est déclaré faux par jugement rendu entre le légataire et un autre héritier, refuser d'exécuter cette transaction comme faite sur une pièce fausse. — *Cass.*, 17 nov. 1830, Gilmaire c. Pinson.

1842. — Lorsque, après avoir argué de faux un testament, l'héritier qui avait intérêt à le contester en a consenti l'exécution pleine et entière, ses ayant-droit ne sont pas recevables à demander, plus tard, même la simple réduction des dispositions qu'il contient. — *Cass.*, 24 mars 1837 (t. 1er 1837, p. 330), Delaunay et Bontemps c. Tempé.

1843. — Le partage de la succession fait en exé-

cution d'un testament ne couvre pas la nullité qu'on peut reprocher à ce testament, s'il n'y a pas transaction formelle sur les chefs de nullité. — *Grenoble*, 7 août 1819, N...

1844. — Des héritiers qui, dans l'ignorance d'un testament fait en leur faveur, ont consenti à un partage égal avec leurs cohéritiers, peuvent révoquer ce consentement après la découverte du testament. — *Turin*, 25 juill. 1806, Vinardi.

1845. — Le partage fait par un héritier du sang, dans lequel il n'est point parlé d'un testament qui l'appelle, peut être considéré comme fait uniquement en vertu de la vocation de la loi, et ne contenant pas une approbation implicite du testament. — *Riom*, 22 juill. 1825, Riberolles c. Rudel.

1846. — La simple exécution d'un testament par l'héritier n'entraîne pas de sa part renonciation à l'attaquer, si cette renonciation n'a pas été formellement exprimée. — *Grenoble*, 17 juill. 1813, Seyssel c. Cordon.

1847. — L'arrêt qui décide, par voie d'interprétation d'un acte passé entre une femme et ses enfans, que cette femme a reconnu par ledit acte avoir reçu tout ce qui pouvait lui revenir en vertu du testament de son mari, ou qu'elle a renoncé en faveur de ses enfans au bénéfice de ce testament, ne donne point ouverture à cassation. — *Cass.*, 21 mai 1838 (t. 1er 1842, p. 236), Escudié.

1848. — En tout cas, la renonciation faite à un testament connu, et que l'héritier institué croit nul, ne peut rendre cet héritier non-recevable à demander l'exécution d'un autre testament, découvert depuis sa renonciation, et qui est valable. — *Paris*, 9 fév. 1818, Degange c. Dissez.

1849. — On peut être admis à prouver par l'aveu de l'héritier institué, qu'il a accepté la révocation du testament qui l'instituait, et consenti à l'exécution d'un testament antérieur. — *Liége*, 27 août 1811, Loly c. Dewandré.

1850. — Les héritiers qui ont consenti l'exécution d'un testament, ne peuvent en opposer la nullité du chef d'un autre héritier qui n'a pas donné de consentement, et en étendre l'effet au-delà de la part de cet héritier. — *Rouen*, 20 janv. 1812, Anest.

TESTAMENT AUTHENTIQUE OU PAR ACTE PUBLIC.

V. TESTAMENT.

TESTAMENT CONJONCTIF.

1. — C'est le nom qu'on donne au testament dans lequel deux ou plusieurs personnes se font un avantage respectif. — On l'appelle aussi testament *mutuel*.

2. — Cette forme de libéralité était fort usitée dans l'ancien droit français, surtout entre mari et femme. La donation de l'un n'était, pour ainsi dire, que le prix de l'avantage qu'assurait l'autre testateur, en cas de survie.

3. — Dans les pays où les testamens conjonctifs étaient autorisés, il fallait, s'ils étaient olographes, que les dispositions de chaque testateur fussent écrites en entier, datées et signées de sa main. — Merlin, *Rép.*, vº *Testament*, sect. 3e, § 2, art. 4, nº 4.

4. — Comme ces sortes de dispositions participaient à la fois des testamens et des contrats, elles donnaient lieu aux plus graves difficultés sur la question de savoir si elles étaient ou non révocables. — Coin-Delisle, nº 1er, sur art. 968.

5. — Ainsi, d'une part, on jugeait que les testamens conjonctifs dans les pays où ils étaient admis n'étaient valables qu'autant qu'ils contenaient une clause expresse d'irrévocabilité au profit de l'un et de l'autre des deux disposans. — *Bruxelles*, 21 avr. 1822, N...

6. — D'autre part, le parlement de Grenoble reconnaissait à l'un des testateurs le droit de révoquer, sans donner d'avertissement à l'autre. — Tandis que le parlement de Paris n'admettait de révocation qu'autant qu'elle était précédée ou accompagnée d'une notification authentique faite avant la dernière maladie.

7. — Jugé que dans les pays où, avant le Code civ., les testamens conjonctifs étaient autorisés, le décès de l'un des deux cotestateurs rendait le testament irrévocable. — *Cass.*, 17 vendém. an XII, Goffin c. Scholer. — Merlin, *Quest.*; vº *Testament conjonctif*, § 1er.

8. — Telle était la jurisprudence de Paris et de Bordeaux où le survivant était déclaré ne plus pouvoir révoquer ses dispositions alors qu'il avait recueilli la libéralité, et cela par suite d'une espèce de quasi-contrat : encore faisait-on, à cet égard, plusieurs distinctions, pour lesquelles on peut consulter : Brodeau sur Louet, lett., T, *somm.* 10 ; Expilly, ch. 173 ; Henrys, liv. 5, quest. 36 ; Ricard, *Don mutuel*, ch. 5, sect. 7e ; d'Aguesseau, t. 9, in-4º, lett. 324, p. 434.

9. — Dans les pays de droit écrit, au contraire, on tolérait la révocation, même après la mort de l'un des disposans. — Coin-Delisle, *Donat.*, nº 1er, art. 968.

10. — Jugé aussi que, suivant la coutume de Liége, un testament conjonctif, par lequel deux sœurs disposent confusément de leurs biens, n'est pas tellement irrévocable que la survivante ne puisse ultérieurement donner les biens qu'elle a acquis après le décès de sa cotestatrice. — *Cass.*, 22 messid. an XI, Bosquet c. Barré.

11. — ... Et qu'un testament conjonctif, par lequel deux époux se sont réciproquement institués héritiers, en ajoutant qu'après le décès du survivant les biens des deux côtés appartiendront à leur cousine, ne devient pas irrévocable par la mort de l'un d'eux, dans ce sens que le survivant ne puisse plus disposer autrement de sa propre fortune. — *Trèves*, 19 août 1811, N...

12. — Ces difficultés et l'incertitude qui en résultait dans la pratique indiquaient que l'institution elle-même était vicieuse ; en effet, que l'on déclarât ces testamens révocables ou irrévocables, c'était les considérer exclusivement, dans le premier cas, comme des contrats, dans le second comme des actes de dernière volonté, et pourtant, on ne saurait nier qu'ils participent de l'un et de l'autre. — Bigot-Préameneu, *Exposé des motifs*.

13. — D'un autre côté, ce sont de véritables traités sur des successions futures. Enfin, les testamens mutuels sont une source de fraudes, puisque l'un des testateurs pourrait toujours, à l'insu de l'autre, révoquer des dispositions qui cependant seraient la seule cause des avantages faits à son profit. — Duranton, t. 9, nº 9.

14. — Aussi fut-on amené à les prohiber, et aux termes de l'art. 77 de l'ord. de 1735, l'usage des testamens ou codicilles mutuels, ou faits conjointement, soit par mari et femme ou par d'autres personnes, fut abrogé.

15. — L'ord. de 1735, tout en proscrivant les testamens conjonctifs, les permettait néanmoins en faveur des enfans, lorsque ces testamens étaient conçus en forme de partages ; et aussi en faveur des époux, dans les pays où ceux-ci pouvaient se faire des donations mutuelles à cause de mort. — Merlin, *Rép.* et *Quest.*, vº *Testament conjonctif* ; Coin-Delisle, art. 968, nº 6.

16. — Mais que devait-on entendre, dans le sens de cette ordonnance, par testament mutuel ? Pour quelques auteurs, la mutualité n'exigeait pas l'unité du testament ; il suffisait que les libéralités fussent faites l'une en considération de l'autre, encore bien qu'elles fussent consignées dans deux actes. — Furgole, *Testam.*, chap. 2, sect. 3e, nº 77.

17. — D'autres, au contraire, ne reconnaissaient le caractère de mutualité que dans les libéralités testamentaires respectives qui se manifestaient dans un acte unique, de telle sorte que, dans cette opinion, l'ordonnance n'aurait pas proscrit les dispositions mutuelles qui auraient été insérées dans deux actes séparés, alors même qu'elles auraient été faites l'une en contemplation de l'autre. — Pothier, *Don. testam.*, chap. 1er, art. 1er ; Bourjon, 2e part., *Des testam.*, chap. 1er, nº 55. — *Parlem. Bordeaux*, avril 1745 et 31 mars 1775, au recueil de Salviat, p. 477.

18. — Au reste, la question est tranchée aujourd'hui par le Code civil, qui n'entend défendre que les dispositions mutuelles dans un même testament. — C. civ., art. 968.

19. — D'où il suit que des conjoints ou même d'autres personnes peuvent ostensiblement se concerter pour régler respectivement leurs hérédités, l'une au profit de l'autre, sans être exposées à tomber sous la prohibition de la loi, pourvu qu'elles fassent deux testamens distincts. — Merlin, *Rép.*, vº *Testament conjonctif*, nº 1er, 1º ; *Donat.*, sect. 2e ; Grenier, nº 224 ; Poujol, nº 3, sur l'art. 968. — V. aussi DON MUTUEL.

20. — Ainsi, il a été jugé que deux testamens faits le même jour, en contemplation l'un de l'autre, par des époux réciproquement testateurs et légataires, ne peuvent être considérés comme un seul et même acte annulable, en vertu de l'art. 968, C. civ., ni comme établissant des conditions mutuellement et réciproquement obligatoires. — *Cass.*, 2 mai 1842 (t. 2 1842, p. 553), Sebire c. Rubin.

21. — Dans ce cas, le testament de l'époux survivant se trouve frappé de caducité et est réputé non avenu, et dès-lors celui de l'époux prédécédé doit être examiné isolément, lorsqu'il s'agit de statuer sur sa validité et ses effets. — Même arrêt.

22. — En confirmant l'ordonn. de 1735, les rédacteurs du Code civil ont eu en vue, non seulement de maintenir la proscription d'un usage qui avait engendré de graves abus, mais encore de l'abroger directement dans les pays réunis qui, comme le Piémont et le pays de Liége, admettaient les testamens mutuels et n'avaient pas été atteints par l'ordonn. de 1735. — Coin-Delisle, art. 968, nº 3.

23. — La prohibition du testament conjonctif s'applique aux testamens olographes comme aux autres ; en conséquence, le testament fait par deux époux dans un même acte et écrit, daté et signé par l'un d'eux seulement, est entièrement nul. — *Bruxelles*, 18 juill. 1822, Cardon. — Merlin, *Rép.*, vº *Testament conjonctif*, nº 1, 2º.

24. — Cette prohibition, en effet, embrasse tous les testamens, sauf, ainsi que le pense M. Coin-Delisle (nº 5) : « Le testament conjonctif fait par un Français, en pays étranger, dans la forme authentique usitée dans le pays, lequel doit recevoir son exécution en France, parce que l'art. 968 n'est pas une loi de capacité, mais une loi réglementaire de la forme, qui ne peut déroger aux lois du même ordre subsistant en pays étranger. »

25. — Cette proposition s'appuie, au reste, sur des décisions spéciales qui prouvent que l'art. 968 règle la forme et non le fond du droit. Ainsi, il a été jugé qu'un testament conjonctif, fait en France, avant le Code civil, et même après la promulgation de ce Code, dans les pays réunis, le tout conformément aux lois et usages alors en vigueur dans ces diverses localités, doit être exécuté, bien que l'un des testateurs soit décédé depuis la publication du Code ou depuis la réunion du pays. — *Liége*, 28 mars 1809, Déjosé c. Combaire ; *Turin*, 7 juin 1809, Servetti c. Ellena ; *Liége*, 19 nov. 1811, Héron ; *Bruxelles*, 14 juill. (et non janv.) 1817, Fontaine.

26. — Sur cette solution, ainsi que sur les autres questions transitoires auxquelles ont donné lieu les testamens conjonctifs, V. Merlin, *Quest.*, vº *Testament*, § 2, et *Rép.*, vº *Effet rétroactif*, sect. 3e, § 5, nº 3 ; Chabot, *Quest. transitoires*, vº *Testament*, § 1er ; Toullier, t. 5, nº 382 ; Grenier, t. 1er, p. 149 ; Duranton, t. 1er, nº 10.

27. — Les avantages réciproques de survie faits entre deux époux, sous le Code civil, par des testamens séparés, peuvent avoir leur effet, encore bien que les droits et gains nuptiaux fussent déjà établis par leur contrat de mariage passé sous l'empire de la coutume de Flandre. — *Bruxelles*, 20 mars 1823, Dezaulère.

28. — Un testament conjonctif fait sous l'ancien droit et confirmé par un codicille, sous la loi du 4 germin. an VIII, doit, quant à ses effets, et notamment pour le réglement de la portion disponible, être régi par cette dernière loi. — *Cass.*, 4 pluv. an XII, Hagghe c. Geertz.

29. — Dans un testament conjonctif fait par plusieurs personnes, tous les testateurs survivans appelés réciproquement aux successions des prémourans, succédant directement à ces prémourans, et chacun d'eux étant libre de recevoir sa propre disposition et de renoncer à celle des autres, de pareilles dispositions ne peuvent être considérées comme des substitutions fidéicommissaires. — *Bruxelles*, 14 juill. (et non janv.) 1817, Fontaine.

30. — L'intervention d'un tiers dans un testament conjonctif ne le vicie pas, lorsqu'elle a pour objet les choses mêmes ou quelques-unes des choses dont le testament dispose. — *Cass.*, 30 messid. an XI, Decort c. Lankgpaep.

31. — Lorsque, dans un testament mutuel entre époux, il est dit : « Après le décès du survivant desdits donataires, les biens, s'il s'en trouve, retourneront à leurs souches ; » l'expression *s'il s'en trouve* signifie s'il n'en a été disposé à titre onéreux ou entre-vifs ; en conséquence, le survivant ne peut disposer par testamens des biens à lui ainsi donnés par son cotestateur prédécédé. — *Paris*, 4 mars 1811, Leblanc c. Hourseau.

32. — La donation faite par le survivant, en faveur d'un tiers, d'une partie des biens compris dans le testament conjonctif, ne doit être regardée comme une révocation du testament. — *Trèves*, 19 août 1811, N... ; *Liége*, 19 nov. 1811, Henou.

V. au surplus DON MUTUEL. — V. aussi DISPOSITION A TITRE GRATUIT, SUBSTITUTION, TESTAMENT.

TESTAMENT MILITAIRE.

V. TESTAMENT.

TESTAMENT MYSTIQUE.

V. TESTAMENT.

TESTAMENT OLOGRAPHE.

V. TESTAMENT.

TÊTE.

1. — Se dit en jurisprudence pour individu.
2. — Ainsi, une rente viagère peut être constituée sur plusieurs têtes. — V. RENTE.
3. — Les héritiers succèdent par têtes, lorsque chacun d'eux vient de son chef à la succession; au lieu qu'en succédant par souches, ils viennent par représentation de leurs auteurs. —V. SUCCESSION.

TÊTES DE CARTON.

Fabricans de têtes de carton, servant aux marchandes de modes: — patentables de huitième classe; —droit fixe basé sur la population;—droit proportionnel du quarantième de la valeur locative de tous les locaux qu'ils occupent, mais seulement dans les communes de 20,000 âmes et au dessus. — V. PATENTE.

THÉ (marchands de).

1. — Marchands de thé en gros; — patentables de première classe; droit fixe basé sur la population; droit proportionnel du quinzième de la valeur locative de l'habitation et des locaux servant à l'exercice de la profession.
2. — Marchands de thé en demi-gros ; marchands en détail; — patentables, les premiers de deuxième, et les autres de quatrième classe ; — même droit fixe que les précédens, sauf la différence de classe; droit proportionnel du vingtième établi comme ci-dessus.

THÉATRE.

Table alphabétique.

Sect. 1re. — *Notions générales.*

2. — Les premiers comédiens qu'on ait vus en France, connus sous le nom de troubadours ou jongleurs, n'avaient pas d'établissement fixe, et ils allaient jouer partout où on les louait. Les premiers qui eurent un théâtre organisé furent les confrères de la Passion de Jésus-Christ qui, après plusieurs années de luttes, parvinrent à obtenir un privilége que le parlement leur conféra par arrêt du 10 sept. 1577. Les confrères de la Passion cédèrent plus tard leur privilége à la troupe de la troupe de l'hôtel de Bourgogne.

3. — Les comédiens de l'hôtel de Bourgogne étaient divisés en deux troupes que Louis XIV fondit en une seule en 1680, et de cette réunion naquit la Comédie-Française. Les acteurs s'appelaient *comédiens ordinaires du roi* et recevaient une pension de douze mille francs. C'est vers cette époque que l'Opéra fut créé sous la direction de Lully et prit le nom d'Académie royale de musique. Il partagea le privilége de la Comédie-Française. Les autres théâtres qui s'établirent depuis, même dans les provinces, durent payer une redevance à ces deux grands théâtres.

4. — Les principes de liberté industrielle, qui furent proclamés en 1791, furent appliqués aux entreprises théâtrales par la loi du 13-19 janv. de la même année. Les entrepreneurs ne furent astreints qu'à faire une déclaration à la municipalité. Mais en l'an III, la Convention rétablit, par le décret du 27 flor., le régime prohibitif et la censure. Le Directoire persévéra dans ce système par ses décrets des 18 et 22 niv. et 25 pluv. an IV. — V. CENSURE DRAMATIQUE.

5. — La constitution actuelle des théâtres est réglée principalement par les décrets impériaux des 8 juin 1806 et 29 juill. 1807 qui sont encore en vigueur malgré les révolutions qui se sont accomplies depuis cette époque. Ces actes, qui manifestement inspirés par la pensée de mettre l'industrie des théâtres dans la dépendance absolue du gouvernement, ont été complétés ou modifiés par le réglement ministériel du 30 août 1814 puis par une ordonnance royale du 8 déc. 1824 qui sont conçus dans le même esprit. La loi du 9 sept. 1835 avait consacré dans ses dispositions les plus importantes de la législation antérieure en soumettant les théâtres à l'autorisation préalable de l'exploitation et à celle des pièces ; mais cette loi a été abrogée par le décret du gouvernement provisoire du 6 mars 1848.

6. — Dans les premières années qui ont suivi 1830, le gouvernement avait nommé une commission pour refondre la législation théâtrale et préparé une loi sur la matière. Un projet avait même été porté à la chambre des députés, mais il fut abandonné sans avoir été discuté.

7. — Depuis la révolution de février 1848, la question de censure dramatique a été soulevée à l'Assemblée constituante et elle y a été implicitement résolue dans un sens favorable à la liberté. Il est évident néanmoins que si, par le choix du sujet, par l'exhibition présumable des lieux, des personnages, par la connaissance acquise à l'avance de tel ou tel détail, une représentation théâtrale paraissait de nature à faire scandale, le gouvernement, chargé de veiller au maintien de l'ordre public, aurait le droit et qu'il serait de son devoir de l'empêcher. C'est ce qui a eu lieu, au moins dans certaines limites, au sujet de la pièce intitulée *Rome.*

Sect. 2e. — *Rapports des théâtres avec l'administration supérieure. — Privilége. — Autorisation des pièces.*

8.—*Délivrance du privilége.*—Aux termes de l'art. 21 de la loi du 9 sept. 1835 sur les crimes, délits et contraventions de la presse et des autres moyens de publication, il ne pouvait être établi, soit à Paris, soit dans les départemens, aucun théâtre ni spectacle, de quelque nature qu'il fussent, sans l'autorisation préalable du ministre de l'intérieur, à Paris, et des préfets dans les départemens. L'infraction à cette disposition était punie d'un emprisonnement d'un mois à un an et d'une amende de 4,000 fr. à 8,000 fr.

9. — C'est avec intention que le mot *spectacle* avait été introduit dans le texte de cet art. 24, et il résulte de la discussion à la chambre des députés qu'on a voulu désigner non-seulement les spectacles de curiosités, tels que les funambules, les polichinelles, les oiseaux et les chiens savans, etc. Cependant la volonté du ministre de l'intérieur déclaré qu'il n'entrait pas dans la pensée du gouvernement de retirer aux théâtres la faculté de permettre les spectacles de foire. Mais, ainsi que le fait remarquer M. Duvergier (*Coll. des lois*, t. 35, p. 370),il est impossible de concilier cette explication du ministre avec le texte de la loi, à moins qu'on ne distingue entre les établissemens fixes et les spectacles établis temporairement pendant les foires ou dans d'autres circonstances. Pour ces derniers, il suffirait de l'autorisation municipale.

10. — La cour de Cassation avait jugé, avant la loi de 1835, que lorsque, postérieurement à l'autorisation de louer une salle pour des *spectacles scéniques*, à la charge de se conformer aux ordonnances concernant les salles de spectacle, un arrêté municipal avait expressément interdit aux entrepreneurs de spectacles toutes représentations de comédies, vaudevilles ou autres ouvrages appartenant à l'art dramatique sans une permission en forme, délivrée par l'autorité compétente; et qu'un nouvel arrêté contenant la même défense et annulant toutes les autorisations précédentes, avait été notifié au prévenu, le tribunal saisi de la contravention faite à ces divers arrêtés excédait ses pouvoirs en le renvoyant des poursuites. — *Cass.*, 30 nov. 1833 et 3 janv. 1834, Vivien.

11. — En soumettant les entrepreneurs de théâtres à l'obligation d'obtenir l'autorisation préalable de l'autorité supérieure, la loi du 9 sept. 1835 n'avait fait que confirmer, par une disposition absolue, le régime qu'avait consacré la législation antérieure sur ce point. Suivant le décret du 8 juin 1806, aucun théâtre ne pouvait s'établir à Paris sans l'autorisation spéciale du chef de l'état donnée sur le rapport du ministre de l'intérieur (art. 1er), et dans les départemens sans l'autorisation du préfet (art. 7). Ceux qui auraient ouvert un théâtre ou spectacle sans permission étaient punis par le décret du 13 août 1811 des peines portées à l'art. 410, § 1er, C. pén., c'est-à-dire d'un emprisonnement de deux à six mois et d'une amende de 100 fr. à 6,000 fr.

12. — On avait prétendu, à la vérité, que cette législation avait été abrogée implicitement par les dispositions des chartes de 1815 et de 1830, qui reconnaissaient aux Français le droit de publier leurs opinions; mais la jurisprudence décidait que ce principe ne pouvait s'entendre d'une publication par voie de représentation théâtrale, et que dès-lors ces deux chartes n'avaient porté aucune atteinte à l'applicabilité des décrets prohibitifs de l'empire. — *Paris*, 3 oct. 1832, Génard; *Grenoble*, 6 juill. 1833, Gavin c. Couard; *Amiens*, 26 août 1834, Direct. du spectacle d'Abbeville c. Passavant; *Bordeaux*, 18 avr. 1836, Leroux c. Combelle; *Aix*, 16 juill. 1836, Rey c. Thériot. — C'est sous l'empire des décrets de 1806 et de 1811 que l'abrogation de la loi du 9 sept. a replacé les théâtres sous ce rapport.

13. — On avait jugé que l'ouverture d'un théâtre sans l'autorisation du gouvernement constitue un délit, alors même que les spectateurs n'y seraient admis que sur billets gratuits. — *Paris*, 3 oct. 1832, Génard.

14. — Dans les colonies, le pouvoir des préfets est exercé par le gouverneur. C'est donc à ce fonctionnaire que l'autorisation doit être demandée. Aussi a-t-il été décidé que le gouverneur d'une colonie a le droit de traiter avec un particulier pour l'établissement d'un théâtre. — *Cons. d'ét.*, 30 août 1832, théâtre d'Alger.

15. — La déclaration préalable est indispensable de la part de celui qui, dans un café dont il est propriétaire, établit un théâtre et y fait représenter des pièces annoncées par des affiches, encore bien que les spectateurs ne paient d'autre rétribution que leur consommation en liqueur, bière ou café. — *Grenoble*, 6 juill. 1833, Gavin c. Couard. — Goujet et Merger, no 2.

16. — Jugé qu'une représentation gratuite dans un local séparé, mais dépendant d'une guinguette, est réputée spectacle public si les personnes de la guinguette y sont admises; et que, dès-lors, le propriétaire de la guinguette qui a loué à des amateurs un local qui lui appartient, à l'effet d'y jouer la comédie, doit obtenir une autorisation préalable du pouvoir administratif. — *Cass.*, 22 juil. 1837 (t. 2 1837, p. 404), Jourdan.

17. — Un théâtre de société ne peut pas s'établir sans l'autorisation de l'administration, lorsque le public y est admis. — *Paris*, 29 janv. 1834, Verret.

18. — Bien qu'il soit d'un usage général de donner le nom de *privilége* à l'autorisation donnée à un entrepreneur d'ouvrir un théâtre, cette expression ne doit pas être prise dans une acception absolue. En accordant à un individu l'autorisation d'ouvrir un théâtre, l'administration n'abdique pas la faculté de faire des concessions semblables à d'autres personnes. — *Cons. d'ét.*, 6 sept. 1820, Acad. royale de musique. — Vivien et Blanc, *Législ. des théâtres*, nos 11 à 15.

19. — En accordant un privilége de théâtre, le pouvoir ne doit imposer aux concessionnaires que des conditions indiquées par l'intérêt général. Il faut reconnaître cependant que dans l'état de la législation le droit d'appréciation de l'administration n'est soumis à aucun contrôle. Si, par exemple, l'entrepreneur était tenu, aux termes de son privilége, d'acheter une salle appartenant à un propriétaire que l'on voudrait favoriser, cette prescription devrait être exécutée. — Vivien et Blanc, no 20.

20. — Une autorisation donnée par un maire d'ouvrir un théâtre ne pourrait suppléer celle qui doit être délivrée par le ministre de l'intérieur ou par le préfet. — *Lyon*, 11 mars 1832, Vivien.

21. — A Paris, l'autorisation administrative est nécessaire non-seulement pour la construction d'un nouveau théâtre, mais même pour un simple déplacement d'une troupe d'une salle à une autre. — Décr. 29 juill. 1807, art. 3.

22. — L'autorisation ne saurait être soumise à une redevance. — Vivien et Blanc, nos 19 et 64; Goujet et Merger, *Dict. droit comm.*, vo *Théâtre*, no 7.

23. — *Révocation du privilége.* — La législation des théâtres ne s'explique pas d'une manière générale sur la révocation du privilége par l'autorité. On lit seulement dans l'arrêté du ministre de l'intérieur du 25 avr. 1807, approuvé par le décret du 29 juill. suivant, qu'en cas d'inexécution par un directeur de troupe ambulante des conditions qui lui ont été imposées, son autorisation sera révoquée. La même disposition est appliquée aux théâtres de province par le réglement ministériel du 29 août 1814.

24. — Suivant MM. Vivien et Blanc (nos 164 et suiv), le droit qui appartient au ministre ou au préfet de révoquer un privilége n'est pas absolu, et ce droit ne peut être exercé que dans certaines circonstances données; à moins qu'il ne se présente de graves motifs de révocation, l'administration ne peut retirer, après les avoir concédées, des autorisations qui deviennent pour les concessionnaires une propriété particulière et inviolable.

25. — Tout en reconnaissant ce qu'aurait d'équitable l'application de la doctrine de ces auteurs sur ce point, nous ne croyons pas leur opinion conforme à l'esprit de la législation théâtrale. L'autorité a le droit incontestable d'accorder ou de refuser les priviléges, et son appréciation à cet égard est souveraine; elle a également, par voie de conséquence, celui d'imposer au concessionnaire telles conditions que bon lui semble, et rien n'empêcherait le ministre ou le préfet de se réserver par une stipulation le droit de révoquer l'autorisation à son gré. Il pourrait arriver, il est vrai, qu'en l'absence de toute réserve de ce genre, l'autorité voulût révoquer sans motif apparent le privilége d'un entrepreneur qui se serait exactement conformé aux conditions à lui prescrites. La position de ce dernier serait alors digne d'intérêt, mais on ne voit pas comment il pourrait se faire restituer contre la décision par laquelle le privilége serait révoqué.

26. — Le conseil d'état a décidé que les mesures de l'autorité relatives à l'ouverture, *à la clôture*, et à la police des théâtres sont des actes purement administratifs qui ne peuvent donner lieu à aucun recours par la voie contentieuse. — *Cons. d'ét.* 12 mai 1824, Allaux.

27. — La cour de Cassation a aussi reconnu (implicitement du moins) le droit de révocation de l'autorité administrative. Lorsqu'en 1838, la salle de la rue de Chartres dans laquelle s'exploitait le théâtre le Vaudeville fut incendiée, le gouvernement décida que les actionnaires auraient le droit de disposer du privilége qui leur avait été accordé, mais pendant quinze jours seulement. Une contestation s'étant élevée entre les intéressés, la cour de Cassation a été appelée à déterminer quelle influence avait pu avoir cette décision sur leur position respective, et le 13 juillet 1841 elle a rendu un arrêt dans lequel on lit « que le privilége d'exploiter un théâtre ne constitue pas une propriété libre, que sa disposition est au contraire entièrement dans la dépendance du gouvernement... que, dès-lors, il ne s'agissait pas dans l'espèce d'user d'un droit, mais de profiter d'une faveur. » — *Cass.*, 13 juill. 1841 (t. 2 1843, p 425), Laurey c. Lavarcille. — D'après la doctrine de l'arrêt, le ministre aurait donc pu, au lieu d'accorder un délai pour céder le privilége, le révoquer purement et simplement.

28. — Quoi qu'il en soit, il est incontestable que l'autorité peut prononcer la révocation du privilége lorsque, par suite de circonstances particulières, son exploitation blesse l'intérêt public ou un intérêt privé légitime. Les tiers blessés par la concession d'un privilége peuvent se pourvoir auprès de l'administration comme en matière d'ateliers insalubres, et si leur réclamation paraissait fondée, la révocation s'ensuivrait. — Vivien et Blanc, no 169.

29. — L'entrepreneur pourrait renoncer au privilége. Mais l'administration ne serait pas obligée d'accepter sa renonciation, si, en écartant ses compétiteurs, il avait placé l'autorité locale dans l'impossibilité de trouver, après sa renonciation, un autre entrepreneur.

30. — Suivant le décret de 1806 (art. 13) et l'ordonn. du 8 déc. 1824 (art. 10), l'entrepreneur de théâtre qui a fait faillite ne peut plus rouvrir de théâtre. L'administration a conclu de cette disposition que la faillite d'un directeur donnait à l'autorité administrative le droit de faire fermer immédiatement le théâtre.

31. — Jugé que, lorsque le directeur d'un théâtre est tombé en faillite, le ministre de l'intérieur peut retirer à ce directeur son privilége. — *Cons. d'ét.*, 14 nov. 1821, Fargeot. — V. Pardessus, *Dr. comm.* no 1313; Renouard, *Dr. d'aut.*, t. 2, no 512; Goujet et Merger, no 8. — V *infrà* l'ordonn. du 8 déc. 1824, art. 10.

32. — Le directeur failli et révoqué n'a droit à aucuns dommages-intérêts à raison de la résiliation de son bail. Si ce directeur se croit fondé à demander des dommages-intérêts pour d'autres causes, sa demande doit être portée devant les tribunaux. — Même ordonn.

33. — Jugé en tous cas que la concession de l'exploitation d'un théâtre, faite sous la condition qu'elle ne pourra être cédée et que si le concessionnaire vient à tomber en faillite la concession pourra être révoquée, donne le droit au ministre, les conditions arrivant, de révoquer cette concession même au préjudice des associés du concessionnaire. — Ordonn. cons. d'ét. 14 fév. 1842, Chevassus de Belleville.

34. — Décidé, avec raison, que lorsqu'un ministre a donné pour plusieurs années le privilége d'un théâtre, et que le concessionnaire a, pendant un court espace de temps, interrompu quatre fois son exploitation, le ministre a pu valablement, après avoir accordé plusieurs délais successifs, révoquer l'autorisation; et que l'arrêté qu'il a pris dans ce but est irrévocable. — *Cons. d'ét.*, 21 juin 1833, Actionn. de la salle Ventadour. — En effet, en obtenant le privilége, le concessionnaire contracte par cela même l'obligation d'exploiter.

35. — Jugé que la révocation de la concession d'un théâtre ne donne lieu à aucune indemnité, lorsqu'elle est fondée sur l'inexécution des conditions imposées au concessionnaire. — *Cons. d'ét.*, 16 juin 1808, Leclerc.

36. — Il faut ajouter aux observations qui précèdent que, dans l'usage, les actes par lesquels les priviléges sont accordés aux entrepreneurs contiennent l'indication de plusieurs cas dans lesquels l'autorisation pourra être révoquée, et qu'à moins de circonstances extraordinaires, l'administration se conforme aux stipulations de l'acte de concession sur ce point.

37. — Le ministre peut, en faisant une seconde concession, imposer au nouveau concessionnaire telles conditions qu'il juge convenables dans l'intérêt des créanciers de l'entreprise. — Ord. cons. d'ét. 14 fév. 1842, Chevassus de Belleville.

38. — Les priviléges de théâtres sont généralement accordés pour un temps limité. La durée de l'exploitation est, du reste, distincte de celle des fonctions du directeur.

39. — *Autorisation pour les pièces.* — La loi du 9 sept. 1835 voulait que chacune des pièces qui sont représentées sur un théâtre fût préalablement autorisée par le ministre de l'intérieur à Paris et par le préfet dans les départemens. Le défaut d'autorisation pour chaque pièce était puni comme le défaut d'autorisation pour ouvrir le théâtre même. — L. 9 sept. 1835, art. 21.

40. — Jugé sous cette loi que l'autorisation donnée par le ministre de l'intérieur de représenter une pièce sur un théâtre de Paris emportait autorisation pour toute la France, et dispense dès-lors d'obtenir l'autorisation du préfet. — *Cass.*, 31 mars 1838 (t. 1er 1838, p. 599), Ponchard.

41. — Mais le préfet n'en aurait pas moins le droit d'empêcher la représentation s'il la jugeait de nature à troubler l'ordre public. — Même arrêt.

42. — L'autorisation verbale donnée par le sous-préfet de représenter une pièce de théâtre ne pouvait remplacer l'autorisation du préfet exigée par l'art. 21 de la loi du 9 sept. 1835, et faire disparaître le délit puni par cet article. — *Cass.*, 1er mars 1844 (t. 2 1844, p. 206), Radou.

43. — L'autorisation accordée au propriétaire d'un théâtre de le louer pour des représentations scéniques ne dispensait pas le locataire d'obtenir une autorisation spéciale pour le genre de spectacle qu'il établissait et pour chaque pièce qu'il représentait. — *Lyon*, 11 mars 1832, Vivien. — V. du reste CENSURE DRAMATIQUE.

44. — Aujourd'hui (et jusqu'à ce qu'il intervienne une loi sur les théâtres), le droit d'autorisation

préalable, de la part du gouvernement, est en quelque sorte suspendu, sans que toutefois cela puisse nuire aux pouvoirs que le gouvernement tient de la loi dans l'intérêt de l'ordre public et des bonnes mœurs.

45. — L'administration a le droit de forcer les théâtres à se renfermer dans le *genre* qui leur a été assigné.

46. — Le décret de 1806 (art. 5) conférait au ministre de l'intérieur le droit d'assigner à chaque théâtre un genre de spectacle dans lequel il serait tenu de se renfermer.

47. — L'arrêté du ministre de l'intérieur du 25 avril 1807, rendu en exécution du décret du 8 juin 1806, a classé les divers théâtres de Paris et des départemens, et fixé le répertoire de chacun d'eux. Ce réglement a lui-même été approuvé sauf quelques modifications par le décret du 29 juill. 1807. Enfin, le réglement du 30 août 1814 et l'ordonnance royale du 8 déc. 1824 reproduisirent l'injonction aux directeurs de ne pas sortir du genre assigné à leur théâtre.

48. — Il n'est pas permis à un théâtre d'empiéter sur le genre d'un autre. Les difficultés élevées sur ce point sont, selon MM. Vivien et Blanc (no 31), de la compétence administrative. — MM. Goujet et Merger (no 25) pensent, au contraire, que ces contestations ne sont de la compétence administrative que si la concession a besoin d'être interprétée, et qu'elles sont de la compétence ordinaire si cet acte n'a besoin que d'être appliqué.

49. — Jugé, dans ce dernier sens, que les tribunaux ordinaires sont compétens pour statuer sur les privilèges de théâtre lorsqu'il s'agit, non pas d'interpréter les actes administratifs sur la matière, ni d'attaques au privilége, mais seulement d'examiner si la pièce donnée par un théâtre est du genre de celles dont la représentation exclusive est attribuée à un autre théâtre. — *Paris*, 23 mai 1840 (t. 2 1840, p. 122), Opéra c. th. Renaissance.

50. — Les directeurs de théâtre sont nommés par l'administration. Le pouvoir qu'exerce le ministre ou le préfet, en les désignant, est cependant d'une légalité très contestable. En effet, les décrets de l'empire ne contiennent aucune disposition sur ce point. Le réglement de 1814, maintenu plus tard par l'ordonnance du 8 déc. 1824, autorise seul le ministre à nommer les directeurs, mais ces deux actes ne s'appliquent qu'aux théâtres de province. Quoi qu'il en soit, à Paris même, un usage ancien et incontesté met les directeurs à la nomination du gouvernement.

51. — Décidé que les tribunaux peuvent statuer sur les conventions passées entre un directeur et des actionnaires, mais non annuler la décision ministérielle qui nomme le directeur, et ordonner que les actionnaires présenteront à l'autorité administrative un autre directeur. Les actionnaires qui auraient des griefs à faire valoir contre le directeur choisi par le ministre doivent recourir au conseil d'état. — *Cons. d'ét.*, 1er sept. 1825, Vaudeville c. Bérard.

52. — Les théâtres sont soumis à une redevance d'un dixième du prix des billets envers les hospices et établissemens de bienfaisance. — V. DROIT DES PAUVRES.

Sect. 3e. — *Constitution et droits respectifs des divers théâtres.*

§ 1er. — *Théâtres de Paris.*

53. — La législation sur les théâtres contient des dispositions spéciales aux théâtres de Paris, qu'elle divise en grands théâtres et théâtres secondaires. D'autres dispositions s'appliquent particulièrement aux théâtres de province et aux troupes sédentaires ou ambulantes par lesquelles ils sont exploités. Elle s'occupe aussi des spectacles de curiosité qui sont soumis à un régime exceptionnel.

54. — Les grands théâtres sont placés par la législation dans des conditions particulières, en ce qu'ils ont un répertoire tout spécial et que leur droit sur ce répertoire est absolu. — Décr. 8 juin 1806, art. 4. — Nul autre théâtre ne peut représenter à Paris des pièces comprises dans leur répertoire sans leur autorisation et sans leur payer une rétribution qui doit être réglée de gré à gré avec l'autorisation du ministre. — Régl. 25 avr. 1807, art. 4.

55. — Ce droit exclusif existant au profit des grands théâtres est une faveur que l'administration peut retirer ou restreindre. — Goujet et Merger, no 30.

56. — Les grands théâtres étaient placés sous la direction du ministre de l'intérieur. Sous la restauration, ils ont été administrés par l'intendant de la liste civile. L'ordonnance royale du 25 fév. 1831 les a fait passer de nouveau dans les attributions du ministre de l'intérieur, qui est chargé par cette ordonnance de leur administration, ainsi que de l'emploi des fonds qui leur sont alloués par le budget.

57. — L'état accorde une subvention aux grands théâtres. Leur subvention figure au budget des années précédentes pour une somme totale de douze cent soixante-quatorze mille francs par an. La subvention du Théâtre-Italien a été supprimée pendant plusieurs années, mais elle a reparu dans le budget de l'année 1850 pour une somme de soixante mille francs.

58. — Jugé que la clause par laquelle l'autorité municipale alloue une subvention à la personne qui entreprend l'exploitation d'un théâtre donne ouverture au droit proportionnel de garantie mobilière de 50 cent. par 100 fr. sur le montant de la subvention. — *Cass.*, 16 nov. 1847 (t. 2 1847, p. 539), Enreg. c. Toussaint.

59. — Les théâtres de Paris qui ont été successivement appelés théâtres *impériaux* ou *royaux*, et que les décrets de l'empire appellent aussi *grands théâtres*, sont l'Opéra, l'Opéra Comique, l'Opéra-Buffa ou Opéra italien, considéré comme annexe de l'Opéra-Comique, le Théâtre-Français, et l'Odéon, considéré comme annexe du Théâtre-Français. — Réglem. 15 avr. 1807, art. 1er.

60. — *Opéra.* — L'Opéra dépendait originairement de la ville de Paris; mais un arrêt du conseil du 27 mars 1780 l'avait placé dans les attributions de la liste civile. C'est à l'intendant général de la liste civile qu'appartenait le choix du directeur et des artistes, et la direction supérieure du théâtre. Sous l'empire, il a été soumis, comme les autres grands théâtres, à l'administration du ministre de l'intérieur. A la restauration, il a été placé de nouveau dans le département de l'intendant de la liste civile, qui dépendait lui-même du ministre de la maison du roi. L'ordonnance royale du 25 janvier 1831 l'a enfin rétabli dans les attributions du ministre de l'intérieur.

61. — Avant la révolution de 1791, les théâtres de second ordre et les petits théâtres, les entreprises de bals, concerts, etc.; les exploitations de cabinets de curiosités, tels que machines, figures et animaux, étaient soumis à une redevance envers l'Académie royale de musique. Cette redevance, fixée au cinquième de la recette brute pour les bals et autres lieux de divertissemens analogues et au vingtième brut pour les autres spectacles, a été abolie par la loi de 1791, puis rétablie par le décret du 13 août 1811. Attaquée comme inconstitutionnelle, en 1828, par les théâtres secondaires, cette redevance a été supprimée par l'ordonn. royale du 15 janvier 1831.

62. — La cour de Cassation a décidé que la subvention établie sur les théâtres secondaires, en faveur de l'Académie royale de musique, n'avait pas le caractère d'un impôt, mais bien d'une charge imposée aux petits théâtres comme condition de leur établissement et de leur existence, condition librement consentie par eux et à laquelle ils ne pouvaient se soustraire; et qu'une telle subvention avait été régulièrement établie par un décret impérial. — *Cass.*, 18 déc. 1832, théâtres secondaires c. Académie royale de musique.

63. — Suivant l'art. 6, décr. 1806, l'Opéra est le seul théâtre à Paris qui ait le droit de donner des bals masqués. Mais cette disposition n'est plus observée par l'administration.

64. — L'Opéra est placé sous la surveillance d'une commission administrative et d'une commission du gouvernement.

65. — Avant l'ordonnance de 1831, bien que le caractère de la liste civile vis-à-vis de l'Opéra fût en réalité celui d'un bailleur de fonds, la gestion du ministre de la maison du roi ne pouvait cependant être considérée comme commerciale. Aussi les tribunaux de commerce étaient-ils incompétens pour statuer sur les contestations engagées entre la liste civile et les personnes qui avaient traité à l'occasion de l'Opéra. — Vivien et Blanc, no 336.

66. — Décidé que c'était aux tribunaux ordinaires, et non à la juridiction administrative, qu'il appartenait de statuer sur les contestations relatives à l'engagement d'un acteur attaché à l'un des théâtres qui avaient été mis en régie sous l'autorité du ministre de la maison du roi. — *Cons. d'ét.*, 6 fév. 1828, Mainvielle c. Fodor.

67. — L'artiste attaché à un grand théâtre, et dont le traité, passé avec le directeur des beaux-arts de la maison du roi, avait été plus tard résilié par arrêté de ce directeur, confirmé plus tard par l'intendant général, n'avait d'action que contre celui-ci. — Même ord.

68. — Un réglement du 5 mai 1821, relatif à l'Académie royale de musique, attribuait compétence au ministre de la maison du roi pour statuer sur les contestations relatives aux engagemens des artistes attachés à ce théâtre. Depuis la suppression du ministre de la maison du roi, ces contestations sont rentrées dans le droit commun et doivent être déférées aux tribunaux ordinaires. — *Cass.*, 3 janv. 1837 (t. 1er 1837, p. 75), le liquidateur de l'ancienne liste civile c. Vigneron.

69. — L'arrêt du 15 janvier 1833, cité sous l'arrêt qui précède, entend par juridiction ordinaire la juridiction *civile* et non la juridiction *commerciale*; mais il s'agissait, dans l'espèce de cet arrêt, d'un engagement contracté avec le ministre de la maison du roi. Aujourd'hui que l'Opéra est administré par un directeur, les engagemens entre ce directeur et les artistes sont de la compétence du tribunal de commerce.

70. — Suivant MM. Vivien et Blanc (no 338), la compétence, en ce qui touche les pensions des artistes de l'Opéra, dépend de la nature de la pension réclamée. Lorsque celle-ci résulte d'un acte d'engagement passé sous l'intervention et à la charge de l'ancienne liste civile, les tribunaux civils doivent être saisis. Mais si la demande est basée sur des réglemens d'administration qui accorderaient cette pension au bout d'un certain nombre d'années de service, la juridiction administrative est seule appelée à statuer.

71. — Décidé que la pension d'un artiste de l'Opéra doit être liquidée d'après la législation existante au moment où il demande qu'elle soit réglée, et non d'après celle en vigueur lorsqu'il est entré au service de ce théâtre. — *Cons. d'ét.* 16 nov. 1825, Cantagrel.

72. — Les chefs de pupitre *solos* à l'Opéra avaient droit, après vingt ans de service, à la pension et l'augmentation d'appointemens d'un vingtième par année. Ce régime est aujourd'hui changé.

73. — D'après les réglemens et circulaires qui régissent l'Opéra, la réforme des artistes premiers sujets ne peut avoir lieu que sur l'avis de la commission de surveillance et en vertu d'une décision du ministre de l'intérieur.

74. — Lorsque les premiers sujets de l'Opéra continuent leur service après l'expiration de leurs engagemens, la durée de la tacite reconduction est fixée par l'usage à une année, à compter de cette époque, quel que soit d'ailleurs le terme auquel cette année doit aboutir. Le congé doit seulement être signifié six mois d'avance.

75. — Le théâtre de l'Opéra est spécialement consacré au chant et à la danse; son répertoire est composé de tous les ouvrages, tant opéras que ballets, qui ont paru depuis son établissement, en 1646. Il peut seul représenter les pièces qui sont entièrement en musique, et les ballets du genre noble et gracieux. Tels sont tous ceux dont les sujets ont été puisés dans la mythologie et dans l'histoire, et dont les principaux personnages sont des dieux, des rois ou des héros. Il peut aussi donner (mais non exclusivement à tout autre théâtre) des ballets représentant des scènes champêtres ou des actions ordinaires de la vie. — Réglem. 25 avr. 1807, art. 1er.

76. — *Opéra-Comique.* — *Opéra italien.* — Le théâtre de l'Opéra-Comique a été soumis au même régime que les autres grands théâtres. Il est spécialement destiné à la représentation de toute espèce de comédies ou drames mêlés de couplets, d'ariettes et de morceaux d'ensemble. Son répertoire ancien se compose de toutes les pièces jouées sur ce théâtre avant et après sa réunion à la Comédie italienne, pourvu que le dialogue de ces pièces soit coupé par du chant. — Régl. 25 avr. 1807, même art.

77. — La salle Favard, dans laquelle s'exploitait le Théâtre-Italien, ayant été incendiée en 1839, une loi du 7 août de la même année a autorisé le ministre de l'intérieur à mettre en adjudication la reconstruction de cette salle, pour y établir l'Opéra-Comique. La concession a eu lieu à titre d'emphythéose, au profit de l'adjudicataire, avec retour à l'état à l'expiration de sa jouissance.

78. — Suivant le même réglement du 25 avril 1807, l'Opéra-Buffa doit être considéré comme une annexe de l'Opéra-Comique. Il ne peut représenter que des pièces écrites en italien. Avant l'ordonnance de 1831, ce théâtre était mis en régie de la même manière que l'Opéra.

79. — *Théâtre-Français.* — *Odéon.* — Le Théâtre-Français s'appelait, sous la première république, Théâtre des Arts. La salle dans laquelle il s'exploitait fut réunie au domaine national le 7 messidor an III. Le théâtre avait été fermé le 3 septembre 1793; il fut rouvert en vertu d'un décret du 11 germinal an IV. Sa direction et son administration ont été réglées par le décret du 20 niv. an XI, et il a été placé sous la surveillance des préfets du palais par décret du 20 frim. de la même

année. Ces divers actes ont été remplacés par le décret du 15 octobre 1812, daté de Moscou, lequel a été modifié dans quelques-unes de ses parties par divers actes du pouvoir exécutif.

80. — Le régime adopté par le décret de Moscou est celui d'une société entre les acteurs appartenant au Théâtre-Français (art. 5). Le produit net des recettes est divisé en vingt-quatre parts, dont deux sont mises de côté et les vingt-deux autres sont réparties entre les comédiens sociétaires, depuis un huitième de part jusqu'à une part entière, qui est le *maximum* (art. 6 et suiv.). Le décret plaçait le théâtre sous la surveillance du surintendant des théâtres (art. 1er), au nom duquel un commissaire impérial devait administrer. — V. *infrà*.

81. — Le décret de Moscou règle comment les comédiens sociétaires peuvent prendre leur retraite et de quelle pension ils doivent jouir. — V. PENSIONS CIVILES ET MILITAIRES, nos 751 et suiv., et *infrà* le décret du 30 avr. 1850.

82. — La régie et administration des intérêts de la société était donnée par le décret à un comité de six membres sociétaires nommés par le surintendant et présidés par le commissaire impérial. Mais une nouvelle organisation du théâtre a été créée, sous ce rapport, par une ordonnance royale du 29 août 1847.

83. — Aux termes de cette ordonnance, les attributions conférées au surintendant des spectacles par le décret de Moscou continuent à être exercées par le ministre de l'intérieur. — Art. 1er.

84. — Les fonctions attribuées par le même décret au commissaire du gouvernement sont confiées à un administrateur. — Art. 2.

85. — L'administrateur est chargé de dresser annuellement le budget du théâtre, d'ordonner les dépenses, de passer les marchés, d'inspecter toutes les parties de la salle et des magasins, de prononcer les amendes, de distribuer les indemnités, de donner les congés, de statuer sur la formation du répertoire et sur les débuts, de distribuer les rôles, de composer le comité de lecture, de faire les engagemens, de prendre enfin toutes les mesures d'administration intérieure. — *Ibid.*

86. — Toutes les personnes attachées au théâtre, le caissier excepté, sont à la nomination et sous les ordres de l'administrateur. — Art. 5.

87. — Les comédiens sont tenus de se soumettre aux ordres de l'administrateur. Ils ne peuvent refuser aucun rôle de leur emploi, ni s'opposer à ce qu'un autre comédien en soit chargé, ni s'absenter sans congé, ni dépasser le terme des congés qu'ils auront obtenus. — Art. 13.

88. — Suivant l'art. 16, aucun privilége de théâtre à Paris ne peut être accordé ni renouvelé à l'avenir, qu'à la charge par le titulaire de consentir à l'avance, et pour toute la durée du privilége, à la résiliation, sans indemnité ni dédit, des traités qu'il passerait avec les artistes qui, appelés par la Comédie-Française, consentiraient à y contracter un engagement; toutefois, l'engagement contracté avec la Comédie-Française ne peut recevoir son exécution que six mois après qu'il a été notifié à l'autre théâtre.

89. — Aucun élève ne peut être reçu au Conservatoire de musique et de déclamation qu'en contractant l'engagement de débuter, s'il en reçoit l'ordre, à la fin de ses études, sur la scène de la Comédie-Française, et de se tenir à sa disposition pendant cinq années, sauf l'exécution, pendant six mois au plus, des engagemens qu'il aurait contractés après sa sortie du Conservatoire, s'il n'avait pas reçu un ordre de début dans le mois de ladite sortie. Les élèves qui ont obtenu un prix au Conservatoire ont le droit de débuter à la Comédie-Française et d'y choisir leurs rôles de début dans le courant de l'année qui suit le jour où ils ont été couronnés. — Art. 17.

90. — Enfin un décret tout récent du président de la république, en date du 30 avr. 1850, complète l'organisation du Théâtre-Français.

91. — Les art. 1er et 2 confirment les pouvoirs conférés à l'administrateur par l'ordonnance du 29 août 1847, à l'exception que l'administrateur ne pourra plus, à l'avenir, passer que les actes dont la durée n'excédera pas une année, ceux qui doivent être exécutés pendant un temps plus long devant être soumis au ministre de l'intérieur.

92. — Aux termes de l'art. 3, l'administrateur, après avoir pris l'avis du comité d'administration, propose au ministre de l'intérieur : 1° les admissions des sociétaires; 2° les accroissemens successifs de la part d'intérêt social, en ayant égard tant à la durée et à l'importance des services qu'à la nature de l'emploi (ces augmentations pourront être, à l'avenir, d'un douzième de la part sociale; 3° les engagemens d'acteurs pensionnaires dont la durée excède une année; 4° les décisions relatives au partage des bénéfices et à la fixation des allocations annuelles attribuées aux sociétaires; 5° les réglemens relatifs aux congés, aux amendes et autres peines disciplinaires, aux feux, à la composition du comité de lecture, à la nomination de ses membres et à la tenue de ses séances. — Art. 3.

93. — L'administrateur ne peut faire représenter aucune pièce n'ayant pas encore fait partie du Théâtre-Français, si elle n'a été admise par le comité de lecture. — Art. 8.

94. — L'administrateur a droit 1° à un traitement égal au *maximum* de l'allocation annuelle d'un sociétaire; 2° à une part dans les bénéfices nets, égale à deux fois le maximum d'une part de sociétaire. Il lui est alloué, en outre, pour frais de service, une indemnité dont la quotité est fixée par le ministre de l'intérieur. — Art. 9.

95. — Selon le même article, chaque sociétaire a droit à une allocation annuelle, à des feux, à une quotité dans les bénéfices nets, à une représentation à son bénéfice, à une pension (art. 12). L'allocation annuelle, calculée proportionnellement à la quotité de la part sociale, ne peut dépasser le *maximum* des allocations fixes accordées aux sociétaires; elle sera payable par douzième. La quotité des feux, suivant les services et les emplois, sera déterminée par le réglement. La quotité dans les bénéfices nets est proportionnée à la part ou portion de part de chaque sociétaire; une moitié est mise en réserve et placée pour le compte de la société. La représentation à bénéfice est accordée au sociétaire à l'époque de sa retraite définitive, après vingt années au moins de services en qualité de sociétaire. La pension de retraite ne sera acquise à l'avenir qu'après vingt années de services, à partir du jour de l'admission au titre de sociétaire. Elle ne peut dans aucun cas, et sauf les droits acquis, dépasser 4,000 fr. de rente viagère. — Même article.

96. — L'art. 13 ajoute que : « après une période de dix années de service, à partir du jour de la réception, il sera statué de nouveau sur la position de chaque sociétaire reçu postérieurement à la promulgation du présent décret. Le ministre, après avoir pris l'avis de l'administration et du comité d'administration, pourra prononcer la mise à la retraite. Dans ce cas, le sociétaire aura droit au tiers de la pension qui lui aurait été due après vingt années de service, et sera libre d'exercer son art soit à Paris, soit dans les départemens. » — Art. 13.

97. — Tout sociétaire qui, après vingt années de service, n'aura pas été mis en demeure de continuer à jouer sur le Théâtre-Français, sera libre de continuer à jouer sur les théâtres des départemens. Il ne pourra jouer sur les théâtres de Paris qu'avec l'autorisation du ministre de l'intérieur, sauf interruption du paiement de sa pension de retraite pendant la durée des engagemens qu'il aura contractés sur ces théâtres. — Art. 14.

98. — L'Odéon, que le réglement du 25 avr. 1807 appelait théâtre de l'Impératrice, a le droit de représenter 1° les comédies et drames spécialement composés pour ce théâtre; 2° les comédies jouées sur les théâtres dits *italiens*, jusqu'à l'établissement de l'Opéra-Comique; ces dernières peuvent être représentées par l'Odéon concurremment avec le Théâtre-Français. — Art. 1er.

99. — *Vaudeville. — Variétés. — Porte-Saint-Martin. — Gaîté.* — Quatre théâtres sont mentionnés comme théâtres secondaires par le réglement du 25 avr. 1807. Ce sont le Vaudeville, les Variétés, la Porte-Saint-Martin et la Gaîté.

100. — Les théâtres du Vaudeville et des Variétés ont un répertoire composé de petites pièces dans le genre grivois, poissard ou villageois, mêlées de couplets sur des airs connus. — Régl. 1807, art. 3; décr. 29 juill. 1807, art. 4.

101. — Le théâtre de la Porte-Saint-Martin avait été bâti sous Louis XVI pour le grand Opéra. Suivant le réglement du 25 avr. 1807, il est spécialement destiné au genre appelé mélodrame, aux pièces à grand spectacle. Mais dans les pièces du répertoire de ce théâtre comme dans toutes les pièces des théâtres secondaires, on ne peut employer pour les morceaux de chant que des airs connus. On ne peut donner sur ce théâtre des ballets dans le genre historique et noble, ce genre étant exclusivement réservé au grand Opéra.

102. — Le décr. du 29 juill. 1807, qui avait limité à huit le nombre des théâtres de Paris, ne parle pas du théâtre de la Porte-Saint-Martin, mais il mentionne l'Ambigu-Comique, sur lequel le réglement du 25 avr. gardait le silence.

103. — Aux termes du même réglement, le théâtre de la Gaîté était spécialement destiné aux pantomimes de tous genres, mais sans ballets, aux arlequinades et autres farces dans le goût de celles données, autrefois par Nicolet sur ce théâtre. Le genre de ce théâtre est actuellement analogue à celui du théâtre de la Porte-Saint-Martin, tel qu'il est défini par le réglement. Il faut en dire autant de l'Ambigu-Comique.

104. — Plusieurs théâtres secondaires ont été établis à Paris depuis la restauration. Le genre et le répertoire de chacun d'eux ont été réglés par les divers actes de concession.

105. — Aucun théâtre secondaire ne peut jouer des pièces qui sortiraient du genre qui lui a été assigné. Cependant, lorsqu'une pièce a été refusée à l'un des grands théâtres, elle peut être jouée sur l'un ou l'autre des théâtres de Paris, pourvu qu'elle se rapproche du genre assigné à ce théâtre. — Régl. 15 avr. 1807, art. 5.

106. — Les théâtres de Paris peuvent conserver la totalité de leur ancien répertoire, quand même il s'y trouverait quelques pièces qui ne seraient pas du genre qui leur est assigné. — Art. 7.

§ 2. — *Théâtres des départemens.*

107. — L'organisation des théâtres de province a été réglée principalement par l'ord. du 8 déc. 1824. Cette ordonnance divise les troupes de comédiens dans les départemens en troupes sédentaires, troupes d'arrondissemens et troupes ambulantes.

108. — L'ordonnance du 8 déc. 1824 exige que les troupes de comédiens dans les départemens soient placées sous la conduite de directeurs nommés par le ministre de l'intérieur.

109. — Suivant l'art. 3 de la même ordonnance, un directeur ne peut avoir qu'une seule troupe qu'il doit diriger en personne. Une ord. royale du 15 mai 1831 a disposé que cet art. 3 ne s'appliquerait plus à l'avenir aux entreprises sédentaires dans les départemens, et que celles-ci ne seraient plus assujéties à n'avoir qu'une seule troupe conduite par le directeur en personne.

110. — Les directeurs ne peuvent vendre ni céder leur brevet sous peine de destitution. — Art. 4.

111. — Les directeurs de département qui jouent des pièces représentées à Paris ne peuvent changer le titre sous lequel elles ont été jouées dans la capitale. — Art. 8.

112. — Il est interdit aux directeurs d'engager aucun élève du Conservatoire de musique et de déclamation sans une autorisation spéciale. — Art. 9.

113. — Tout directeur qui a fait faillite ne peut être appelé de nouveau à la direction d'un théâtre. — Art. 10.

114. — Dans les chefs-lieux de départemens, le théâtre principal jouit seul du droit de donner des bals masqués. — Décr. 8 juin 1806, art. 9.

115. — Néanmoins, au temps de carnaval, les directeurs jouissent du droit de donner des bals masqués dans les théâtres dont l'exploitation leur est confiée. — Ord. 1824, art. 13. — V. BALS PUBLICS, nos 32 et suiv.

116. — Les directeurs de troupes d'arrondissement, en recevant leur brevet, doivent désigner celles des villes dont ils se chargent d'exploiter les théâtres, et indiquer les époques précises où ils donneront des représentations. — Art. 20.

117. — Ils doivent conduire leur troupe au moins une fois tous les six mois dans chacune de ces villes, et donner au moins quinze représentations à chaque voyage. — Art. 21.

118. — Les directeurs de troupes ambulantes exploitent : 1° les théâtres des villes qui ne font partie d'aucun arrondissement théâtral; 2° les théâtres des villes qui n'ont pas été comprises dans la désignation que les directeurs de troupes d'arrondissement doivent faire, chaque année; 3° les théâtres des villes dans lesquelles les directeurs de troupes d'arrondissement ont été plus de six mois sans donner quinze représentations, bien que ces villes eussent été comprises dans la désignation sus-mentionnée; 4° ils peuvent en outre, et sur la demande des autorités, remplacer les directeurs de troupes d'arrondissement, lorsque ceux-ci ont donné les représentations fixées par leur itinéraire. — Art. 25.

119. — Les directeurs de troupes ambulantes sont nommés par le ministre de l'intérieur. — Régl. du 30 août 1814, art. 4. — Et pour trois ans au plus. — Art. 9.

120. — Les régl. du 15 avril 1807 et du 30 août 1814 disposent que lorsque dans une ville il y a deux théâtres, le principal théâtre jouit spécialement du droit de représenter les pièces comprises dans le répertoire des grands théâtres de Paris; le second théâtre doit représenter les pièces comprises dans le répertoire des théâtres secondaires. Mais le préfet peut autoriser le second théâtre à faire des emprunts au répertoire des grands théâtres s'il le juge convenable.

121. — Les directeurs de province doivent envoyer chaque année au ministre de l'intérieur le tableau de leur troupe, contenant les noms et prénoms des acteurs, actrices et employés à leurs gages, ainsi que leur répertoire. Le ministre veille, par l'intermédiaire de ses agens, à l'exécution des conditions imposées à l'autorisation, et se fait rendre un compte trimestriel de la conduite des directeurs. — Régl. 19 août 1814, art. 11 ; ord. 1824, art. 7.

§ 3. — *Des spectacles de curiosité.*

122. — Le décret du 8 juin 1806 (art. 15) porte qu'à l'avenir les spectacles de curiosité ne porteront plus le titre de théâtres.

123. — Il faut entendre par spectacles de curiosité toutes les entreprises qui sont vouées au chant, à la déclamation ou à la danse, ou qui sont ouvertes à la curiosité du public sans faire aucun emprunt au genre dramatique, telles que les marionnettes, panoramas, cosmoramas, expositions de tableaux, fêtes et concerts. Ces établissemens, qui n'étaient, sous l'empire de la loi de 1791, soumis qu'à la déclaration préalable, doivent être autorisés par le ministre de l'intérieur à Paris et les préfets dans les départemens lorsque leur existence est fixe. Lorsqu'ils ne sont établis que temporairement, il suffit de l'autorisation du préfet de police à Paris et des maires dans les départemens. Du moins cette distinction paraît résulter de la discussion de la loi du 9 sept. 1835.

124. — Une circulaire du ministre de l'intérieur du 1er juillet 1808 prescrit aux préfets de veiller sévèrement à ce qu'aucun entrepreneur de spectacles, dits de curiosité, ne représente, sous quelque prétexte que ce soit, des comédies, vaudevilles, ballets d'action, ou tout autre ouvrage qui appartienne à l'art dramatique.

125. — Une autre circulaire ministérielle de 1829 enjoint aux autorités chargées d'autoriser les spectacles de curiosité de se faire rendre compte préalablement des explications, parades, chants, dont les spectacles forains, tels que les marionnettes, ombres chinoises, etc., seraient accompagnés, afin d'exiger la suppression de ce qui pourrait s'y trouver de dangereux pour l'ordre, les mœurs et le gouvernement.

126. — Les spectacles de curiosité dans les départemens sont soumis par le régl. du 19 août 1814, (art. 21) et par l'ord. de 1824 (art. 11), à une redevance du cinquième brut de leur recette, défalcation faite du droit des pauvres, au profit des directeurs de théâtre.

127. — Décidé que le réglement ministériel du 15 mai 1815 et l'ordonnance du 8 déc. 1824 ont pu imposer aux spectacles de curiosité cette charge comme condition de l'autorisation qui leur était accordée, sans violer les principes de la liberté d'industrie inapplicables en matière de théâtre. — *Amiens*, 26 août 1834, directeurs du spectacle de curiosité d'Abbeville c. Passavant.

128. — ... Et que le directeur d'un spectacle du curiosité est non recevable à exciper, pour s'affranchir du paiement du cinquième de sa recette, de ce que le directeur privilégié ou sa troupe ne sont pas au chef-lieu de l'arrondissement, ou ont enfreint quelqu'une des conditions de leur engagement. — Même arrêt.

129. — Le principe que cette redevance n'a rien d'illégal a été consacré par plusieurs arrêts. — V. *Grenoble*, 6 juill. 1833, Gavin c. Couard ; *Bordeaux*, 18 avr. 1836, Leroux c. Combelle ; *Aix*, 16 juill. 1836, Rey c. Theriot ; — Goujet et Merger, no 27. — V. aussi les arrêts qui suivent. — *Contrà Rennes*, 21 avr. 1834, Vidal et Robba c. Poirier. — Vivien et Blanc, nos 77 et suiv.

130. — Cette redevance est due par celui qui a construit dans un café, dont il est propriétaire, un théâtre sur lequel sont jouées des pièces, alors même que les spectateurs ne sont soumis à aucune rétribution autre que celle de leur consommation en vin, liqueurs, etc. — *Grenoble*, 6 juill. 1833, Gavin c. Couard.

131. — Les spectacles équestres rentrent dans la catégorie des spectacles dits de curiosité : à ce titre, ils sont assujétis à une redevance du cinquième brut de leurs recettes, défalcation faite du droit des pauvres, vis-à-vis des théâtres privilégiés. — *Cons. d'ét.*, 25 avr. 1828, Franconi.

132. — Lorsqu'une contestation s'élève entre un directeur privilégié et celui d'un spectacle équestre sur le caractère de ce spectacle, le conseil de préfecture est compétent pour déterminer s'il doit être considéré comme spectacle de curiosité ; il ne l'est pas pour statuer sur la qualité du droit dont il est redevable envers le directeur privilégié. C'est aux tribunaux seuls qu'il appartient de vider ce point. — Même ordonn.

133. — Le paiement du cinquième de leur recette brute, défalcation faite du droit des pauvres, auquel les spectacles de curiosité sont astreints envers les directeurs privilégiés des théâtres, ne constitue pas un impôt, mais la représentation du dommage que cause à un directeur privilégié la concurrence d'un spectacle. — *Amiens*, 26 août 1834, Directeurs du spectacle de curiosité d'Abbeville c. Passavant ; *Paris*, 20 fév. 1844 (t. 1er 1844, p. 340), Chapiseau c. Ancessy.

134. — C'est une indemnité qui a pu dès-lors être valablement fixée sans l'intervention du pouvoir législatif, par des réglemens d'administration faits en exécution du décret du 8 juin 1806. — *Paris*, même arrêt du 20 fév.

135. — Les *concerts* doivent être compris sous l'expression générale de *spectacles de curiosité*. — Même arrêt.

136. — L'autorisation accordée à un entrepreneur de spectacles de curiosité implique *virtuellement* pour lui l'obligation de payer au directeur privilégié l'indemnité fixée par l'ordonnance de 1824. — Même arrêt.

137. — Le droit de prélèvement du cinquième des recettes brutes des spectacles de curiosité doit être réparti entre tous les directeurs ayant privilége dans une ville, sans aucune distinction entre les théâtres de premier et ceux de second ordre. — *Cass.*, 6 mai 1844 (t. 2 1844, p. 100), Gymnase de Marseille c. Grand-Théâtre de Marseille ; *Nîmes*, 23 déc. 1844 (t. 1er 1846, p. 767), Millon c. Bardou.

138. — Le directeur d'une entreprise théâtrale a le droit de percevoir un cinquième sur la recette brute des spectacles de curiosité qui s'ouvrent dans la circonscription de son privilége, dans le cas même où il n'exploiterait aucun théâtre dans les lieux où ces spectacles se sont ouverts. — — *Lyon*, 21 août 1845 (t. 1er 1846, p. 154), Directeur des théâtres de Lyon c. Borjal et Dufour. — V. De Grattier, *Comment. sur les lois de la presse*, t. 2, p. 369.

139. — Ce directeur a aussi seul, à moins cependant qu'il ne soit un directeur ambulant, le droit de donner des bals masqués, et il lui est dû une indemnité dans le cas où des bals de ce genre auraient été donnés contre son gré dans la localité où il exerce. — Même arrêt. — V. BALS PUBLICS, nos 31 et suiv.

Sect. 4e. — *De l'entreprise. — Caractères. — Directeurs. — Acteurs. — Auteurs.*

§ 1er. — *Caractères. — Directeurs.*

140. — Suivant l'art. 632 du Code de commerce, les entreprises de spectacles publics sont commerciales. Il résulte de ce principe : 1° que les entrepreneurs sont justiciables des tribunaux de commerce ; 2° qu'ils sont contraignables par corps pour les engagemens qu'ils contractent ; 3° qu'en cas de cessation de paiement, ils peuvent être déclarés en faillite ; 4° que si l'entreprise est exploitée par une société, cette société doit être *constituée* en observant les règles tracées par le Code de commerce. — Vivien et Blanc, no 195 ; Goujet et Merger, *Dict. de droit comm.*, vo *Théâtres*, nos 45 et suiv.

141. — Selon M. Pardessus (*Cours de droit comm.*, no 46), l'art. 632 ne s'applique qu'aux entreprises de spectacles formées par des particuliers et non aux administrations établies par le gouvernement pour la direction de certains théâtres.

142. — MM. Goujet et Merger (*loc. cit.*). Vivien et Blanc (nos 343 et suiv.), enseignent que l'existence de subventions n'enlève pas aux grands théâtres le caractère d'entreprises commerciales.

143. — Les établissemens de lieux de danses et autres divertissemens offerts au public sont aussi des opérations commerciales. — Pardessus, *loc. cit.* — V. ACTE DE COMMERCE, nos 392 et suiv.

144. — Dans une entreprise théâtrale formée en commandite, le commanditaire qui accepterait les fonctions de directeur serait tenu par cela même de toutes les dettes sociales. Mais ce ne serait pas faire acte de gestion que d'avoir rempli un service étranger à l'administration proprement dite, comme celui d'acteur, musicien ou autre. — Vivien et Blanc, no 198. — V. SOCIÉTÉ.

145. — Quelquefois la société se forme sans écrit pour exploiter en commun ; par exemple, en cas de faillite du directeur, il se forme une association entre les acteurs ; en ce cas, ils sont tenus solidairement des engagemens de la société. — Vivien et Blanc, no 199.

146. — L'intérêt d'une somme prêtée pour la construction ou la réparation d'une salle de spectacle public peut être stipulé à raison de 6 p. 0/0 par an, comme pour le prêt ayant pour objet une entreprise commerciale. — *Cass.*, 10 mai 1837 (t. 1er 1837, p. 433), Administration municipale de Saint-Pierre c. Thounens.

147. — Lorsque le directeur est lui-même propriétaire de l'entreprise, il doit être considéré comme un négociant qui exploite son industrie. Lorsqu'il n'en est que le gérant, il fait tous les actes d'administration dans la limite et en vertu des droits qui lui sont conférés par le pacte social ; et selon qu'il fait partie de la société ou qu'il lui reste étranger, il agit comme associé responsable ou comme un simple mandataire salarié. — Vivien et Blanc, nos 103 à 106.

148. — La cour de Paris a jugé que l'entrepreneur de théâtre qui, en cédant son exploitation, reste titulaire du privilége, ne cesse pas, tant qu'il est titulaire de ce privilége, de demeurer garant de plein droit des engagemens contractés par ses cessionnaires, quand même il serait tout-à-fait étranger à ces engagemens. — *Paris*, 3 juill. 1841 (t. 2 1841, p. 191), de Tully c. David Violet. — M. de Vatimesnil se prononce pour l'opinion contraire dans un mémoire contre cet arrêt.

149. — Décidé, aussi, que bien qu'un directeur de théâtre doive être considéré, même après sa révocation ou l'abandon de son privilége, comme responsable de tous les faits accomplis pendant sa gestion, ainsi que de toutes les conséquences résultant du fait même de sa retraite, néanmoins les acteurs ou employés qui consentent à continuer leur service sous le nouveau directeur renoncent par cela même à exercer contre le directeur ancien les droits que peuvent leur donner à l'avenir soit la continuation de leur service dans l'entreprise nouvelle, soit la rupture ultérieure de leur engagement par le fait du directeur nouveau, dans la gestion duquel le directeur révoqué n'a aucun pouvoir de s'immiscer, et des fautes duquel il ne saurait être dès-lors responsable. — *Paris*, 14 déc. 1844 (t. 1er 1845, p. 101), Chantagne c. Duterire.

150. — Le directeur peut rester à la tête de l'entreprise malgré les actionnaires. Ceux-ci sont bien fondés à faire prononcer par les tribunaux la résiliation des conventions intervenues entre eux et le directeur (Goujet et Merger, no 53), mais non à se faire autoriser par eux à présenter à l'administration un autre directeur. — *Cons. d'ét.*, 1er sept. 1825, théâtre du Vaudeville.

151. — Jugé par la même ordonnance que les tribunaux, compétens pour statuer sur les conventions privées intervenues entre les actionnaires d'un théâtre et le directeur, ne le sont pas pour ordonner qu'il sera présenté à l'autorité administrative un autre directeur que celui nommé et institué par le ministre de l'intérieur.

152. — Un directeur ne stipule avec les acteurs et les actionnaires que sous les injonctions de l'autorité, lesquelles sont considérées comme des cas de force majeure, à moins (*Trib. comm. Seine*, 12 sept. 1843 ; journal *le Droit*, 14 sept.) que les mesures administratives ne soient amenées par une faute à lui personnelle, cas auquel il doit en subir les conséquences.

153. — Décidé que la responsabilité de l'incendie imposée au locataire par l'art. 1733 du Code civil est applicable au directeur d'un théâtre, alors même qu'il n'habite pas les lieux loués. Le feu étant toujours prévu pour les théâtres, à la différence des édifices ordinaires, le locataire échappe à la responsabilité de l'art. 1733, lorsqu'il prouve que le sinistre a eu lieu sans imprudence ni négligence de sa part, encore qu'il n'établisse pas le fait du cas fortuit ou de la force majeure. — *Paris*, 18 avr. 1836 (t. 1er 1837, p. 437), Comp. d'assur. génér. c. Pixérécourt, Dubois et Marly.

154. — Les tribunaux civils sont compétens pour connaître des contestations qui s'élèvent entre les syndics des créanciers d'une administration théâtrale et le propriétaire de la salle de spectacle, au sujet de la propriété d'une partie du mobilier de la salle. — *Cons. d'ét.*, 19 mars 1817, Roux.

155. — Décidé que lorsqu'une des clauses d'un bail d'un théâtre porte que toutes les discussions qui pourront s'élever sur l'exécution de ce bail seront jugées administrativement, cette clause entraîne la juridiction administrative. — *Cons. d'ét.*, 14 nov. 1821, Fargeot c. Ministre de l'intérieur.

156. — Jugé au contraire, et avec raison, selon nous, que lorsqu'un traité est passé entre une ville et un directeur de spectacle pour l'exploitation d'un théâtre, les parties ne peuvent déroger à l'ordre naturel des juridictions. — *Cons. d'ét.* 10 juin 1829, ville de Lyon c. Sengier

157. — Le propriétaire d'une salle de spectacle peut parfois être obligé de faire, à raison de l'uti-

lité publique, la cession de la jouissance de sa propriété; mais, en pareil cas, l'indemnité doit être fixée par les tribunaux, et le Conseil d'état a reconnu qu'il y a excès de pouvoir de la part d'un préfet qui ordonne que le propriétaire sera tenu de louer sa propriété au directeur moyennant un prix déterminé. — *Cons. d'ét.* 4 juill. 1815, Brunel Montansier c. Robillon.

158. — La patente des directeurs de spectacle est fixée par la loi du 25 avr. 1844 au quart d'une représentation complète dans les théâtres où l'on joue tous les jours, au huitième si l'on ne joue pas tous les jours et si la troupe est sédentaire, et à 50 fr. si la troupe n'est pas sédentaire, c'est-à-dire si elle ne réside pas quatre mois consécutifs dans la même ville.

159. — Avant cette loi, la patente des directeurs de spectacles était d'une représentation complète. On jugeait que lorsqu'un directeur de troupe exploitait successivement plusieurs théâtres dans l'année, son droit de patente ne devait pas être fixé au montant d'une représentation complète d'après le nombre et le prix des places dans la ville qui produirait le prix le plus élevé, mais qu'on devait calculer un prix moyen d'après le montant d'une représentation sur chacun des théâtre exploités par l'entrepreneur. — *Cons. d'ét.* 31 janv. 1838, Ministre des finances c. Ferchaud.

160. — Il n'y a pas lieu d'exempter du droit de patente un directeur de troupe par le motif que la ville où il exerce principalement son industrie lui abandonne la salle gratuitement et lui accorde en outre une subvention. — Même ordonn.

161. — Le réglement de 1824 défend aux directeurs de vendre ou de céder leurs brevets. — Vivien et Blanc, no 43.

162. — Ils ne peuvent déléguer valablement une subvention qui leur est accordée par un conseil municipal qu'autant qu'ils remplissent les conditions du cahier des charges. — *Trib. civ. Lyon*, 14 juin 1843 (*le Droit*, 5 juill. 1843).

163. — Un nouveau directeur est-il tenu de faire jouer une pièce admise par son prédécesseur? — Aff. *Trib. comm. Seine*, 12 nov. 1840. — Nég. Même trib., 26 avr. 1843 (*le Droit*, 2 mai 1843).

164. — L'obligation existe à la charge du nouveau directeur si le ministre la lui a imposée. — *Trib. comm. Seine*, 7 août 1844 (*le Droit*, 19 sept. 1839 et 8 août 1844).

165. — ... Ou bien encore si l'engagement a été pris par l'entreprise qui reste la même. — *Trib. civ. Seine*, 16 avr. 1839 (*le Droit*, 18 avr. 1839).

166. — Les tribunaux de commerce sont incompétens pour connaître de l'action en dommages-intérêts intentée par un directeur de théâtre contre le directeur d'un journal, à raison d'un article de critique littéraire qui pourrait porter préjudice au directeur. — *Trib. comm. Seine*, 14 mai 1850, Thibaudeau c. Dumont (*Gaz. des trib.*, 15 mai 1850).

§ 2. — *Acteurs.*

167. — Quant aux acteurs, ils ne sont pas commerçans à raison de leur profession, car ils ne font que louer au directeur du théâtre leur travail et leur talent, ce qui constitue seulement un louage d'industrie, contrat purement civil. — Nouguier, *Lettre de change*, t. 1er, p. 442; Pardessus, *Droit comm.*, nos 18 et 46. — Cependant plusieurs arrêts, tout en reconnaissant que les engagemens souscrits par un acteur au profit de tiers créanciers n'ont rien de commercial, ont décidé que le tribunal de commerce est compétent pour statuer sur les contestations élevées contre un acteur par le directeur du théâtre. — V. ACTE DE COMMERCE, nos 401 et suiv.

168. — La cour de Paris a jugé que les acteurs sont contraignables par corps pour l'exécution de leurs engagemens envers les directeurs. — *Paris*, 22 janv. 1848, (t. 1er 1848, p. 508), Léon Pillet c. Carlotta Grisi.

169. — L'acteur qui achète, pour remplir ses rôles, des costumes, des parures, ne fait pas acte de commerce. — Pardessus, no 19; Vivien et Blanc, no 311.

170. — Les appointemens des acteurs ne sont pas saisissables pour un cinquième seulement, comme ceux des fonctionnaires publics. Ils peuvent être saisis en totalité par leurs créanciers. — Roger, *Traité de la saisie-arrêt*, no 303; Vulpian et Gauthier, *Code des théâtres*, no 229.

171. — Mais la jurisprudence, tout en reconnaissant ce principe, en a modifié l'application dans une vue d'humanité, et elle décide qu'on doit réserver à l'acteur ce qui lui est nécessaire pour vivre. — *Lyon*, 28 juin 1837 (t. 1er 1838, p. 188), Provence c. Ayasse et Ligny. — V. SAISIE-ARRÊT, no 185.

172. — Les tribunaux peuvent rechercher et paralyser dans leur exécution les conventions par lesquelles les directeurs et acteurs soustraient les appointemens de ceux-ci à leurs créanciers. Ainsi, ils peuvent déclarer valables les saisies-arrêts formées sur des appointemens stipulés payables à l'avance le jour de chaque représentation. — *Trib. Seine*, 6 mai 1843, 17 janv. 1846 (*Gaz. des Trib.*, 7 mai 1843; *le Droit*, 18 janv. 1846). — Goujet et Merger, no 131.

173. — Un acteur ne peut s'opposer à la saisie-exécution de ses costumes, sous prétexte qu'ils sont engagés au service du théâtre et nécessaires à ses travaux. Il a seulement le droit d'en conserver jusqu'à la valeur de 300 fr., conformément à l'art. 592, § 4, C. procéd.

174. — L'engagement par lequel un acteur s'oblige à entrer dans une troupe dramatique est soumis aux principes qui régissent les contrats synallagmatiques.

175. — La promesse d'engagement équivaut à l'engagement lui-même lorsque toutes les conditions ont été stipulées et acceptées en connaissance de cause. — Vivien et Blanc, nos 210 et 211.

176. — L'engagement du mineur doit, pour être valable, être approuvé par les personnes desquelles il dépend. — *Trib. comm. Seine*, 10 janv. 1828 (cité par Vivien et Blanc, no 212); *Trib. civ. Paris*, 9 janv. 1839 (*le Droit*, 10 janv. 1839).

177. — L'engagement du mineur, eût-il été approuvé par le cotuteur, est nul si la mère tutrice ne l'a pas autorisé. Le silence de celle-ci n'équivaut pas à une adhésion. — *Trib. civ. Seine*, 8 mai 1843 (*le Droit*, 9 mai 1843). — Goujet et Merger, no 113.

178. — Il doit de plus n'avoir rien de contraire aux intérêts du mineur, et avoir été connu de lui de manière à ce qu'il ait pu apprécier l'étendue des obligations qu'on lui faisait contracter. Autrement l'acte pourrait être annulé. — *Paris*, 8 juin 1839, Vaudeville c. Louise Mayer (*le Droit*, 9 juin 1839.

179. — En effet, l'engagement obligeant la personne même du mineur ne saurait intervenir qu'avec le consentement de celui-ci. — Goujet et Merger, no 116.

180. — MM. Goujet et Merger citent un arrêt de la cour de Paris du 5 janv. 1828 qui aurait annulé l'engagement pris par une jeune personne de douze ans avec l'autorisation de sa mère, par le motif que cette jeune fille « avait nécessairement ignoré les dangers de l'engagement qu'on lui faisait contracter. » — Cet arrêt nous paraît bien rendu.

181. — La mère qui a approuvé l'engagement théâtral de sa fille mineure ne saurait se prévaloir, pour en obtenir l'annulation contre le gré de celle-ci, de ce qu'à l'époque où elle a donné son assentiment elle n'était pas légale tutrice de son enfant, faute par elle d'avoir accompli les conditions imposées à la mère par l'art. 393, C. civ. — *Trib. civ. Seine*, 20 août 1845 (*le Droit*, 21 août). — Goujet et Merger, no 114.

182. — Une femme mariée ne peut contracter d'engagement valide, si elle n'est autorisée par le mari; et, comme lorsqu'il s'agit du mineur (V. *suprà* no 178), l'intervention de la femme comme partie contractante est nécessaire. — Vivien et Blanc, no 215.

183. — La durée de l'engagement est ordinairement fixée par la convention; lorsqu'elle se tait sur ce point, il faut s'en référer à l'usage à cet égard. En province, à défaut de stipulation expresse l'engagement, serait réputé fait pour un an.

184. — Aucun engagement ne peut être contracté pour la vie entière de l'acteur. Il y a lieu d'appliquer à ce cas les principes consacrés en matière de louage de services. — V. LOUAGE DE SERVICES ET D'INDUSTRIE.

185. — Suivant MM. Vivien et Blanc, les acteurs doivent être compris parmi les *gens de travail* dont parle l'art. 1781, C. civ., et dès-lors, quand des contestations s'élèvent entre eux et le directeur sur la quotité des appointemens, ce dernier doit être cru sur son affirmation. Nous croyons cette opinion erronée, et nous estimons au contraire que cette disposition n'est applicable aux acteurs ni par son texte ni par son esprit.

186. — Si un acteur tombait malade, le paiement de ses appointemens serait suspendu pendant sa maladie. En effet, le directeur ne pourrait être tenu de rémunérer des services qui ne lui seraient pas rendus. Mais une simple indisposition devrait être considérée comme un fait prévu et accepté lors du contrat, et elle n'entraînerait pas suspension du paiement des appointemens. Du reste, le cas de maladie est toujours prévu dans les actes d'engagemens. — Goujet et Merger, no 123.

187. — Dans le silence de l'engagement, la grossesse d'une actrice ne serait pas une cause de suspension de ses appointemens. — Goujet et Merger, *loc. cit.*

188. — Il est d'usage, dans la plupart des entreprises théâtrales, d'accorder aux acteurs, sous le titre de *feux*, un supplément de traitement par chaque représentation à laquelle ils concourent. Tout ce qui concerne les feux est habituellement réglé par l'acte d'engagement.

189. — L'acteur pourrait contraindre l'administration théâtrale à lui faire jouer les rôles qu'il s'est obligé de remplir par l'acte d'engagement, car une inactivité forcée nuirait à ses moyens acquis et à leur perfectionnement. — Vivien et Blanc, no 139.

190. — Quand les réglemens d'un théâtre ne déterminent pas d'avance l'indemnité dont est redevable envers l'administration l'acteur qui, sans cause légitime, empêche une représentation, la fixation en appartient aux tribunaux.

191. — Les directeurs ont, quant à la discipline intérieure du théâtre, une autorité dont il est difficile de déterminer les limites lorsque le privilége n'est pas suffisamment explicite à cet égard. Suivant MM. Vivien et Blanc (no 409), s'il s'élevait des difficultés sur l'étendue de leurs pouvoirs, l'autorité municipale déciderait provisoirement, sauf aux parties intéressées à se pourvoir ensuite, s'il y avait lieu, devant l'autorité compétente.

192. — Les ordres de la direction, relatifs aux heures, au lieu et au nombre des répétitions, sont obligatoires pour les acteurs, quelle qu'en soit du reste l'utilité à leur égard; il en est de même des mesures que le directeur croit devoir prendre pour l'administration intérieure.

193. — Quant aux amendes établies comme sanction pénale des réglemens, les acteurs n'y sont soumis qu'autant qu'une stipulation sur ce point a été insérée dans l'acte d'engagement. — Vivien et Blanc, nos 245 et suiv.

194. — Lorsqu'un rôle présente du danger pour celui qui est appelé à le remplir, l'acteur auquel on voudrait le faire jouer pourrait résister si le danger était de nature à faire impression sur un homme raisonnable. Il en serait autrement toutefois si cet inconvénient était inhérent au genre de spectacle auquel l'acteur se serait consacré, comme, par exemple, s'il s'agissait d'un cirque. — Vivien et Blanc, no 256.

195. — Le directeur d'une troupe sédentaire ne peut forcer les artistes de cette troupe à voyager dans l'intérêt de l'entreprise. — Goujet et Merger, no 120.

196. — Par le contrat qu'il passe avec une administration théâtrale, l'acteur s'engage tacitement à ne jouer que sur le théâtre auquel il s'attache. Mais il peut se montrer, même moyennant salaire et sans l'autorisation du directeur, dans une réunion particulière.

197. — Un acteur ne peut réclamer de congés qu'autant qu'il lui en est promis dans l'acte d'engagement. Lorsqu'il a stipulé qu'un ou plusieurs congés lui seraient donnés annuellement, il peut, pendant le temps des congés, jouer sur un autre théâtre, à moins qu'une disposition de l'acte d'engagement ne le lui interdise. Nous avons vu (*suprà* no 92) que l'autorité s'est réservé le droit d'accorder des congés aux acteurs du Théâtre-Français.

198. — A moins de stipulation contraire, l'acteur est lié non envers le directeur personnellement, mais envers l'administration théâtrale. Mais un changement de directeur ne met-il pas fin à l'engagement de l'acteur?

199. — Lorsque la durée d'un engagement est fixée par l'acte qui le constitue, il n'est pas nécessaire que le directeur ou l'acteur donne congé pour l'époque de l'expiration. Lorsque aucune durée fixe n'a été déterminée, le congé doit être donné par l'une ou l'autre des parties conformément aux usages.

200. — Jugé que l'acteur qui, après l'expiration d'un engagement écrit, demeure attaché au même théâtre sous des conditions nouvelles, sans engagement écrit, ne peut être congédié qu'à la charge d'un avertissement donné dans le délai fixé par l'usage, et spécialement à Paris, donné trois mois d'avance. — *Paris*, 29 avr. 1848 (t. 1er 1848, p. 692), Vachol c. Mourier.

201. — MM. Vivien et Blanc (no 268) pensent que, lorsqu'un acteur dont l'engagement est expiré reste attaché au même théâtre, l'effet de la tacite reconduction qui s'opère est de créer un nouvel engagement semblable au premier. Nous admettons cette opinion lorsqu'on considère seulement les conditions du nouvel engagement, abstraction faite de sa durée; mais nous la croyons trop absolue quant à ce dernier point. Si le premier engagement avait été contracté pour plusieurs années, il serait difficile d'imposer à l'acteur une nou-

velle obligation aussi considérable, par cela seul qu'il n'aurait pas quitté le théâtre à son expiration, et nous pensons qu'il serait tenu seulement de terminer l'année théâtrale commencée. — V. à cet égard Vulpian et Gauthier, *C. des théâtres*, p. 262.

202. — La faillite du directeur ne mettrait fin aux engagements des acteurs qu'autant que l'autorité refuserait d'accorder un privilége à un nouveau directeur.

203. — L'engagement d'un acteur non agréé par le public dans ses débuts est résilié par ce seul fait, à moins qu'il n'ait été engagé sans condition d'essai.

204. — L'ordre donné par écrit par l'autorité municipale à un directeur de spectacle d'éloigner de la scène un de ses artistes pourrait, suivant les circonstances, être considéré comme un événement de force majeure, être considéré comme un évênement de force majeure affranchissant le directeur de tous dommages intérêts envers l'acteur expulsé.

205. — De même, les injonctions de l'administration par suite desquelles la société serait obligée de se constituer sur d'autres bases doivent être considérées comme étant un événement de force majeure. Il pourrait cependant y avoir lieu à dommages-intérêts contre celle des parties par la faute de qui ces injonctions auraient été faites.

206. — Décidé toutefois que, bien qu'un acteur n'ait pas été agréé par le public, le directeur de théâtre qui l'a engagé n'en est pas moins tenu à des dommages-intérêts envers lui, lorsqu'il résulte des faits de la cause qu'avant l'arrivée de cet acteur un second engagement pour le même emploi avait été contracté avec un autre, et que la chute du premier avait été préparée d'avance. — *Nîmes*, 1er juill. 1828, Rolland c. Campigny.

207. — Décidé aussi que, bien que l'autorité municipale ait invité par écrit un directeur de spectacle à éloigner de la scène un de ses artistes, ce directeur n'a pas le droit de rompre sans dommages-intérêts, pour cause de force majeure, l'engagement qu'il a contracté avec cet artiste, alors surtout que ce dernier, qui a terminé ses débuts et même à joué depuis, n'a ni négligence ni incapacité à s'imputer. — *Toulouse*, 28 nov. 1829, L.... c. M....

208. — Aux termes de l'art. 11 du règlement de 1814, les directeurs ne peuvent engager ou faire engager aucun acteur que sur le vu d'un congé délivré par le directeur dont cet artiste quitte la troupe. En cas de refus par ce dernier de délivrer ce congé, une circulaire ministérielle du 12 oct. 1815 a décidé que le maire ou le préfet trancherait les difficultés que ce refus ferait naître, et même pourrait exiger une déclaration pour tenir lieu de congé.

209. — Les contestations qui s'élèvent entre les employés des théâtres et les directeurs doivent être jugées d'après les règles du droit commun, et en prenant pour guide les usages locaux. On peut leur appliquer la plupart des principes que nous venons d'exposer sur les rapports des directeurs avec les acteurs.

210. — L'usage s'est introduit dans la plupart des théâtres d'admettre dans la salle un certain nombre d'individus auxquels on donne les dénominations de claqueurs, entrepreneurs du succès dramatiques ou autres semblables, et qui s'engagent pour de l'argent à concourir au succès des pièces par des applaudissemens ou autres manifestations laudatives.

211. — La cour de Paris a décidé que le traité fait entre un directeur de théâtre et un entrepreneur, à l'effet d'assurer, moyennant salaire, le succès des pièces représentées à ce théâtre, est nul comme illicite et contraire aux bonnes mœurs et à l'ordre public. — *Paris*, 5 juin 1839, Mennicier c. Cormon et Cournal; 4 avr. 1840 (t. 1er 1840, p. 700), Dutacq c. Cochet.

§ 3. — Auteurs dramatiques.

212. — Les auteurs et les entrepreneurs sont libres de déterminer entre eux, par des conventions mutuelles, les rétributions dues aux premiers par somme fixe ou autrement. — Décr. 8 juin 106, art. 16.— Les autorités locales doivent veiller strictement à l'exécution de ces conventions.—Art. 11.

213.—Il arrive souvent qu'une pièce présentée par un auteur à une direction de théâtre n'est pas lue au comité de lecture par l'auteur lui-même. Ce dernier dépose son manuscrit, et il lui en est donné un reçu. La direction est alors responsable de ce manuscrit et il y aurait action contre elle s'il avait été communiqué à un tiers qui en eût pris copie; l'auteur aurait une double action : contre le directeur à raison de sa négligence ou de sa mauvaise foi, et contre le tiers comme contrefacteur. —Vivien et Blanc, n°s 363 et suiv.

214. — Les comités de lecture ont voix délibérative ou voix consultative seulement, suivant la manière dont ils fonctionnent. Lorsqu'ils se bornent à donner un avis, le directeur, n'étant pas lié par l'opinion qu'ils expriment, peut refuser la pièce qu'ils ont accueillie

215.—Lorsqu'une pièce n'est admise qu'à correction, c'est-à-dire sauf les changemens que le comité de lecture croit devoir lui faire subir, il n'y a pas de contrat définitif, et l'auteur peut retirer son manuscrit.—Renouard, t. 1er, n° 195.—Le contrat ne se forme que lorsque les corrections ont été acceptées.

216.—Lorsque l'ouvrage a été refusé par le comité de lecture, l'auteur a le droit de se faire restituer immédiatement, de même que la direction a le droit de le forcer à le reprendre.

217.—L'auteur qui a remis son manuscrit à un directeur de théâtre ou à son représentant est libre de le retirer tant que la pièce n'a pas été acceptée.—Renouard, t. 2, n° 195.

218.—Si la pièce ainsi remise était communiquée à un autre auteur, il y aurait quasi-délit entraînant des dommages-intérêts, et, suivant le cas, abus de confiance.—Renouard, loc. cit.

219.—L'administration théâtrale qui a reçu un ouvrage dramatique est tenue de le représenter lorsque son tour est venu, sous peine de dommages-intérêts envers l'auteur. — *Trib. de comm. de la Seine*, 13 mai 1839, et 12 nov. 1840; 25 mai 1839, cités par Goujet et Merger, n° 88. — Gastambide, *Traité des contrefaçons*, n° 240; Lesenne, *id.*, n° 190.

220.—Néanmoins, l'usage accorde aux théâtres la faculté de donner quelquefois des tours de faveur. — Renouard, *Dr. d'auteur*, t. 2, n° 198. — Et les réglemens de chaque théâtre prévoient même ce cas le plus souvent.

221.—Il y a certaines pièces qui doivent être représentées dès qu'elles sont reçues : ce sont celles qu'on appelle pièces de circonstance, comme elles n'ont de valeur que lorsqu'elles sont jouées à une époque déterminée, elles pourraient être retirées par l'auteur si leur représentation était retardée.

222.—L'auteur pourrait contraindre le théâtre qui aurait acheté sa pièce moyennant un prix déterminé à la jouer. L'intérêt de sa réputation légitimerait cette demande. — Vivien et Blanc, n° 363.

223.—Mais la décision du ministre de l'intérieur qui interdit sur un théâtre la représentation d'une pièce peut être considérée comme une force majeure qui empêche le directeur de remplir l'engagement qu'il avait pris vis-à-vis de l'auteur de faire jouer sa pièce, et l'affranchit de toute dommages-intérêts, lors même que cette pièce aurait été jouée sur un autre théâtre. — *Trib. comm. Seine*, 23 janv. 1832; 2 janv. 1833; 19 mai 1834 (*Gaz. des Trib.*, 24 janv. 1833, 3 janv. 1833, 21 mai 1834). — Renouard, n° 199; Lesenne, n° 191.

224.—L'admission définitive de l'ouvrage enlève au directeur le droit de lui faire subir des corrections et d'exiger que l'auteur y en apporte.—*Trib. comm. Seine*, 15 mars 1834 (*Gaz. des trib.*, 20 mars 1834).

225.—Cet d'usage que la réception d'un libretto d'opéra n'est définitive qu'autant que la musique a été également reçue.

226.—Lorsque l'ouvrage a été admis définitivement, il se forme un contrat qui oblige aussi bien l'auteur que l'administration du théâtre. L'auteur ne peut plus retirer sa pièce.

227.—Cependant l'auteur serait fondé à réclamer la résiliation du contrat et la restitution de son manuscrit si la direction avait représenté, préalablement au sien, et avant leur tour, des ouvrages écrits par d'autres auteurs.

228.—Bien que la loi du 49 janvier 1791, art. 3, exige, pour la représentation d'un ouvrage dramatique, le consentement formel et par écrit de l'auteur, cependant, dans l'usage, le consentement se donne verbalement, et quelquefois même se présume. La preuve du consentement pourrait se faire autrement que par écrit. — Gastambide, n° 232; Vivien et Blanc, n° 389.

229.—La direction du théâtre n'est tenue d'observer l'ordre dans lequel les ouvrages ont été reçus qu'autant qu'il s'agit d'ouvrages nouveaux. Ce ne serait pas violer la règle que fixe le rang où chaque ouvrage doit être joué que de reprendre des pièces déjà jouées antérieurement. —Vivien et Blanc, n° 402.

230.—L'auteur dont la pièce a été reçue définitivement peut y faire des changemens, pourvu qu'il ne fasse avec une certaine réserve et sans dénaturer le caractère de la pièce.

231.—En général, l'auteur a le droit de distribuer lui-même les rôles entre les acteurs et de

choisir dans la troupe les artistes qu'il pense devoir interpréter le mieux l'ouvrage. Il a le droit d'assister aux répétitions, mais leur nombre et les jours et heures où elles doivent avoir lieu sont fixés par le directeur.—Vivien et Blanc, n° 444.— V. aussi *Trib. comm. Seine*, 22 juill. 1831 (*Gaz. des trib.* du 23 juill. 1831) dans Goujet et Merger, n° 87.—M. Renouard (n° 197) pense que, dans le silence de la loi et des réglemens, la mise en scène et la distribution des rôles appartiennent au théâtre, et que seulement le théâtre ne peut rien faire qui soit de nature à compromettre le succès de la pièce.

232.—Bien qu'après la réception définitive de l'ouvrage, l'auteur n'eût pas le droit de le retirer, le théâtre ne pourrait faire représenter la pièce et intercompre ensuite les représentations sans motifs plausibles. Dans ce cas, le contrat pourrait être résilié.

233.—Le nombre des représentations auxquelles a droit une pièce admise se détermine par la convention et, à défaut de convention, par les usages et les réglemens.

234.—Dans plusieurs théâtres, les auteurs sont autorisés à retirer leurs pièces qui n'ont pas été représentées dans le cours d'une année. — Renouard, t. 2, n° 201; Gastambide, n° 240; Lesenne, n° 190. — L'appréciation du délai, en l'absence de conventions et réglemens, est souverainement abandonnée aux tribunaux. — Au reste, une mise en demeure est nécessaire, et la résiliation doit être judiciairement prononcée. — Gastambide et Lesenne, loc. cit.—Il ne suffirait pas, pour échapper à la résiliation, que le théâtre donnât une représentation par année. Cette exécution serait dérisoire.—*Ibid.*

235.—Lorsque le traité continue à être exécuté par une nouvelle administration théâtrale, sur la et au consentement tacite de l'auteur, celui-ci n'est plus recevable à opposer la résiliation.—*Trib. civ. Seine*, 19 août 1831.

236.—Un auteur ne pourrait évidemment pas faire représenter la même pièce sur plusieurs théâtres simultanément. Il ne pourrait même pas, après avoir fait représenter son ouvrage sur une scène, composer pour une autre entreprise une imitation sur le même sujet.

237.—Il est pas permis au directeur d'annoncer sur l'affiche qu'une pièce est représentée par autorisation de justice.—*Trib. comm. Seine*, 6 mai 1818 (*Gaz. des trib.*, 7 mai 1818). — Goujet et Merger, n° 93.

238.—S'il convient aux auteurs de garder l'anonyme ou de se faire désigner par un prénom, un pseudonyme, une initiale, leur volonté doit être respectée.—Renouard, t. 2, n° 197.

239.— La cession pure et simple ne donne au directeur que le droit de représentation, et seulement dans l'étendue de sa direction; mais l'auteur a seul le droit de défendre ou de permettre la représentation de sa pièce sur un théâtre d'une autre ville ou de la banlieue. — *Trib. comm. Seine*, 21 sept. 1836 (*le Droit*, 22 sept. 1836). — Goujet et Merger, n° 84.

240. — En l'absence de toute convention expresse entre le directeur et l'auteur sur la part qui doit appartenir à ce dernier dans les recettes produites par l'ouvrage, on se référerait au tarif du théâtre.

241.—Aux termes de l'art. 2, L. 19 juill. 1791, la rétribution des auteurs convenue avec eux ou leurs ayant-cause et les entrepreneurs de spectacles ne peut être ni saisie ni arrêtée par les créanciers de ces entrepreneurs. Cette disposition est fondée sur cette idée que les auteurs sont, quant à leur rétribution, moins les créanciers de l'entrepreneur que des copropriétaires à l'égard de la recette.

242. — La loi du 17 sept 1793 (art. 3) ajoute : « Les entrepreneurs ou associés seront tenus d'avoir un registre dans lequel ils inscriront et feront viser par l'officier de police de service, à chaque représentation, les pièces qui seront jouées, avec le nombre des représentations de chacune. »

243. — Les théâtres de Paris et ceux des provinces sont indistinctement soumis aux droits d'auteur. — L. 30 août 1792, 17 sept. 1793.

244. — Les auteurs peuvent céder les entrées et les billets dont ils jouissent aux théâtres qui y sont représenter leurs ouvrages. Ces entrées sont données à vie ou sont limitées dans leur durée, selon les circonstances.

245. — Quelquefois une partie des droits de l'auteur est représentée par un certain nombre de billets qui lui sont délivrés à chaque représentation. Dans ce cas, l'auteur a le droit d'exiger que ces billets donnent à ceux qui en profiteront les mêmes avantages que les billets pris au bureau du théâtre. — Vivien et Blanc, n° 443.

246. — Les auteurs dramatiques sont, comme les auteurs de productions littéraires de tout autre genre, propriétaires de leurs œuvres, et la législation leur garantit la conservation de leur droit de propriété en leur donnant une action contre les usurpateurs ou contrefacteurs. — V. PROPRIÉTÉ LITTÉRAIRE, nos 15, 20, 70 et suiv., 90, 105 et suiv., 135 et suiv., 156, 200, 252, 265 et suiv.

247. — Jugé que le décret du 13 janv. 1791, qui défend de représenter sur un théâtre public les ouvrages des auteurs vivans sans leur consentement, ne s'applique pas au cas où un auteur a traité de son ouvrage avec une administration théâtrale. — En ce cas, il se fait entre l'auteur et l'administration une convention qui s'interprète d'après le droit commun. — *Paris*, 26 juin 1840 (t. 2 1840, p. 142), Acad. de musique c. Spontini.

248. — Jugé spécialement que l'administration de l'Académie de musique qui a reçu et mis en scène un ouvrage a le droit de le remettre en scène sans que l'auteur qui a reçu les honoraires fixés par les statuts, et qui n'a pas usé de la faculté que les réglemens lui donnaient dans un temps déterminé de retirer son ouvrage, puisse s'y opposer. — Même arrêt.

249. — Le même arrêt pose en principe que le consentement de l'auteur une fois donné n'a pas besoin d'être renouvelé, quel que soit l'intervalle mis entre les représentations, et que seulement il a le droit d'assister aux répétitions de l'ouvrage et d'en diriger les études, enfin, de concourir à son succès par tous les moyens autorisés par les réglemens. — Même arrêt.

250. — Aux termes de l'art. 428, C. pén., tout directeur, tout entrepreneur de spectacle, toute association d'artistes qui a fait représenter sur son théâtre des ouvrages dramatiques, au mépris des lois et réglemens relatifs à la propriété des auteurs, est puni d'une amende de 50 fr. au moins, de 500 fr. au plus et de la confiscation des recettes.

251. — Le délit de représentation illicite est une espèce de contrefaçon. — Et. Blanc, p. 504; Goujet et Merger, no 99; Gastambide, nos 224 et 225.

252. — Ce délit existe, bien que la pièce usurpée ait subi une transformation, comme lorsqu'une comédie a été changée en vaudeville ou réciproquement.

253. — Peut-on puiser le sujet d'une pièce dans un roman, dans une nouvelle? — M. Et. Blanc (*Tr. des contref.*) soutient l'affirmative, à la condition, néanmoins, qu'on n'en reproduira pas des parties notables.

254. — Lorsque l'un des auteurs d'une pièce a autorisé le directeur d'un spectacle à représenter cette pièce sur son théâtre, les coauteurs qui protestent contre cette autorisation sont non recevables à poursuivre devant le tribunal correctionnel le directeur qui, de bonne foi, a donné des représentations de l'ouvrage auquel ils ont coopéré. La nullité ou la validité du consentement donné par un seul des auteurs ne peut soulever qu'une question du ressort du tribunal civil et qui devra s'agiter entre les auteurs. — *Paris*, 22 mars 1838 (t. 1er 1838, p. 625), Anicet Bourgeois et Ducange c. de Cès-Caupenne.

255. — Le directeur qui a traité du droit de faire représenter une pièce sur le théâtre qu'il exploite, et qui, postérieurement à ce traité, prend également la direction d'un autre théatre, a pu se croire autorisé à donner des représentations de cette pièce sur ce théâtre, alors surtout qu'elle avait été antérieurement représentée à ce même théâtre; qu'il ne résulte aucune espèce de préjudice moral ou matériel pour l'auteur par suite de ces représentations; et que, d'ailleurs il est établi que la poursuite n'a été introduite que dans l'intérêt d'une association dont le but est de frapper d'interdit le théâtre sur lequel la pièce a été représentée. — Même arrêt.

256. — Le délit prévu par l'art. 428 n'existe qu'autant que la représentation est donnée sur un théâtre public, c'est-à-dire sur un théâtre ouvert à tous moyennant un prix déterminé, ou dans lequel, malgré l'entrée gratuite, plusieurs sont admis à prix d'argent. — *Paris*, 17 mai 1832, cité par Goujet et Merger, no 102.

257. — Il n'y aurait pas de délit si la représentation n'avait pas été publique ou bien si elle avait été donnée par des amateurs dans un but de plaisir ou d'instruction. — Renouard, no 25.

258. — Le consentement de l'auteur serait nécessaire pour des représentations gratuites données à l'occasion d'une fête publique. L'auteur prendrait alors son émolument sur l'indemnité donnée au théâtre par l'autorité. Il faut en dire autant d'une représentation donnée au bénéfice d'un acteur, et même de celle qui serait donnée pour venir au secours d'une œuvre charitable, car, ainsi que le fait remarquer Renouard (*loc. cit.*), il n'est pas permis de faire la charité aux dépens de l'auteur. — *Trib. comm. Seine*, 26 mai 1828 (*Gaz. trib.*, 27 mai 1828). — V. aussi Gastambide, no 231.

259. — Pour déterminer le droit des auteurs dans les représentations à bénéfice, on suit les usages du théâtre sur lequel ces représentations ont lieu. Si donc la pièce appartient au répertoire des Variétés et qu'elle soit jouée à l'Opéra, c'est d'après les usages de ce dernier théâtre que sont fixés les droits d'auteur. — *Trib. comm. Seine*, 10 sept. 1838 (*Gaz. des trib.* 12 sept. 1838). — Goujet et Merger, no 106.

260. — La lecture publique, à prix d'argent, d'un ouvrage dramatique ne constituerait pas une représentation illicite. Mais l'auteur pourrait réclamer des dommages-intérêts si cette lecture lui était préjudiciable. — Renouard, no 26.

261. — L'auteur lui-même se rendrait coupable du délit de représentation illicite si, après avoir vendu à un théâtre le droit de représenter son ouvrage, il voulait transporter le même ouvrage sur un autre théâtre. — *Paris*, 19 mars 1823, cité par Goujet et Merger, no 109. — Vulpian et Gauthier, *C. des théât.*, no 167; Renouard, no 12.

262. — Le réglement du 25 avr. 1807 défend aux théâtres d'annoncer les pièces sous un autre titre que celui qui leur appartient.

Sect. 5e. — *Des représentations théâtrales.*

§ 1er. — *Droits du public.*

263. — La prise et le paiement des billets par le public au bureau du théâtre forme un véritable contrat entre lui et la direction. Celle ci est tenue de remplir toutes les obligations qu'elle a contractées par l'affiche et de donner le spectacle tel qu'il a été annoncé.

264. — Les billets de spectacles peuvent être vendus par ceux qui ont droit d'en profiter toutes les fois que ces billets ne portent pas la mention qu'ils sont incessibles.

265. — Lorsque la direction ne fait pas jouer le spectacle annoncé, ou lorsque les acteurs qui se présentent ne sont pas ceux dont les noms figurent sur l'affiche, le public a droit au remboursement du prix des billets, alors même qu'avant l'annonce du changement il aurait assisté à une partie de la représentation. — Vivien et Blanc, no 319; Vulpian et Gauthier, nos 112 et 113. — Il en serait autrement si le public avait continué d'assister au spectacle après le moment où le changement de pièce ou d'acteur lui a été annoncé officiellement.

266. — Mais la défense par l'autorité de laisser continuer le spectacle serait un cas de force majeure qui ne donnerait pas lieu au remboursement des billets. — Mêmes auteurs.

267. — Lorsque l'administration a, pendant plusieurs jours, porté à la connaissance du public le changement d'acteurs, avec offre de remboursement aux personnes qui rapporteront leurs coupons, on n'est plus en droit d'exiger ce remboursement le jour même de la représentation. — *Trib. comm. Seine*, 14 fév. 1845 (*le Droit*, 15 fév. 1845).

268. — Il n'est rien dû au spectateur au-delà du spectacle annoncé; le directeur peut donc se refuser à toute demande de pièces, de couplets, de divertissemens quelconques qui n'auraient pas été promis. — Vivien et Blanc, no 317; Vulpian et Gauthier, no 111.

269. — Tout spectateur porteur d'un billet a droit d'être placé là où l'indique son billet, soit que ce billet ait été pris au bureau, qu'il émane de l'auteur, ou même qu'il ait été délivré gratuitement par l'administration. — *Trib. comm. Seine*, 3 janv. 1837 (journal *le Droit*, 6 janv 1837). — Vivien et Blanc, nos 322 et 327. — Dans le cas où l'administration ne pourrait lui donner la place à laquelle il a droit, il y a lieu de lui rembourser le prix du billet C'est ce que les tribunaux ont plusieurs fois reconnu, et ce point ne pouvait souffrir de difficulté réelle. — Il peut même avoir droit à des dommages-intérêts. — *Trib. comm. Seine*, 3 et 22 janv. 1836 (*le Droit*, 5 et 23 janv. 1836).

270. — Il en serait ainsi, alors même que l'affiche porterait que le billet une fois pris ne pourrait plus être rendu. — Goujet et Merger, no 37.

271. — Toutefois, la direction peut attribuer certaines places aux billets de faveur, pourvu qu'elles soient du nombre de celles qui sont désignées sur ces billets: elle peut encore, en cas d'échange, assigner à ces billets une valeur inférieure au prix de la place qu'ils représentent, puisqu'elle aurait le droit de ne pas les échanger. — Vivien et Blanc, *loc. cit.*; Goujet et Merger, no 40.

272. — Le droit de disposer d'une loge louée pour une saison théâtrale n'appartient qu'au locataire, et l'administration ne peut y introduire personne, quand même ce dernier la laisserait vacante.

273. — Les locations se font quelquefois par abonnement. L'abonné pour un mois ne pourrait se plaindre de ce que le théâtre ferait relâche à raison des préparatifs nécessités par un nouvel ouvrage. Il en est autrement lorsque l'abonnement a été pris pour un certain nombre de représentations et pour un prix qui les représente exactement. Dans ce dernier cas, en cas de retard ou de suspension dans les représentations, la direction doit compléter plus tard le nombre promis.

274. — Le droit de se plaindre d'un changement de spectacle ou d'acteurs n'appartient pas aux abonnés, qui ne doivent compter que sur le nombre de représentations promises, sauf encore les accidens imprévus qui peuvent forcer à faire relâche. — Vivien et Blanc, no 320.

275. — Les entrées sont essentiellement personnelles et ne peuvent être transmises à autrui sans le consentement de la direction. — Vivien et Blanc, no 325.

276. — Le droit d'accès dans les coulisses n'appartient qu'à ceux auxquels le directeur l'a donné expressément. Le public n'a pas le droit d'y pénétrer. — Goujet et Merger, no 41.

277. — Un arrêté de la commission des théâtres nationaux du 1er fév. 1836 reconnaît le droit d'entrée sur le théâtre, 1o aux personnes appelées par leurs fonctions ou leur service; 2o aux auteurs ou compositeurs d'ouvrages au répertoire; 3o aux ambassadeurs, ministres, chargés d'affaires et premiers secrétaires d'ambassades étrangers qui auront déjà leur entrée dans la salle; 4o à quelques locataires titulaires d'une loge à l'année qui auront obtenu une permission spéciale. — Goujet et Merger, no 96.

278. — Ce droit, ajoutent les mêmes auteurs, a été consacré au profit des peintres décorateurs. — *Paris*, 9 mars 1839 (*Gaz. des trib.*, 10 mars 1839).

279. — Le moyen de censure qu'un ancien usage donne au public envers les acteurs en scène est de faire usage de sifflets (« C'est un droit qu'à la porte on achète en entrant »). — V. cependant *infrà* nos 297 et suiv. — Il est arrivé cependant que ce moyen de blâme paraissant insuffisant, le public a forcé des acteurs à lui faire une réparation sur la scène, et, par exemple, à lui demander pardon à genoux. Nous croyons, avec MM. Vivien et Blanc (no 296), qu'on ne peut que déplorer de pareils abus de la force. Il faut ajouter qu'ils deviennent de plus en plus rares.

280. — Le droit de siffler doit néanmoins se concilier avec les entraves que peuvent y mettre, selon les circonstances, les réglemens municipaux. — V. *infrà* nos 297 et suiv.

§ 2. — *Police de la salle.*

281. — C'est à l'autorité municipale qu'il appartient de faire la police des théâtres. — L. 24 août 1790, 19 janv. 1791, 14 août et 1er sept. 1793, décr. 17 frim. an XII — Cette police est exercée, dans les départemens, par les maires et adjoints; à Paris et dans la banlieue, par le préfet de police. — Arrêté 12 mess. an VIII. — Les commissaires de police ont également un droit de surveillance sur les théâtres

282. — Les diverses lois qui viennent d'être citées donnent à l'autorité municipale le droit de faire fermer les salles de spectacle pour des motifs graves. Leurs dispositions à cet égard étaient confirmées par la loi du 9 sept. 1835, qui portait: « L'autorité pourra toujours, pour des motifs d'ordre public, suspendre la représentation d'une pièce et même ordonner la clôture provisoire du théâtre. »

283. — Un théâtre ne peut être ouvert qu'autant qu'il a été constaté préalablement que la salle est solidement construite. La direction doit entretenir en tout temps des réservoirs plein d'eau, des pompes et agrès en état. — Arrêté 1er germ. an VII. — Si les précautions prescrites par cet arrêté, pour prévenir les incendies, avaient été omises même un seul jour, l'autorité municipale pourrait faire fermer la salle.

284. — Les entrepreneurs doivent prendre toutes les mesures nécessaires pour faciliter l'entrée et la sortie du théâtre et faire disparaître tout ce qui peut gêner la circulation.

285. — Les maires et adjoints peuvent régler à l'avance l'heure d'ouverture et de clôture du spectacle. Ils peuvent défendre aux directeurs de distribuer un nombre de billets supérieur à celui des places, et leur ordonner de faire fermer exactement, pendant toute la durée du spectacle, les portes de communication de la salle avec les coulisses, foyer et loges des acteurs. — Vivien et Blanc, nos 90 et 91.

286. — La contravention aux arrêtés relatifs à

l'heure de la fermeture des salles de spectacle n'est excusable qu'en cas de force majeure. — *Cass.*, 8 août 1840 (t. 1er 1841, p. 726), Lefèvre et Dessone, — V., sur ce principe, CRIMES, DÉLITS ET CONTRAVENTIONS.

287. — Si la présence d'un acteur ou son renvoi par le directeur devenait un sujet de désordre dans la salle, le maire pourrait défendre la pièce et même contraindre le directeur à congédier ou à rappeler l'acteur.

288. — L'autorité municipale est tenue de ne pas souffrir que les acteurs qui ont obtenu un congé de leur directeur, pour voyager dans les départemens, y prolongent leur séjour au-delà du temps fixé par le congé, et de défendre aux directeurs d'engager des élèves du Conservatoire, non autorisés du ministre de l'intérieur, ou des acteurs non munis d'un congé définitif des directeurs dont ils quittent la troupe. — Régl. août 1814, art. 28 et 29.

289. — La même autorité prononce provisoirement sur toutes les contestations, soit entre les directeurs et les acteurs, soit entre les directeurs et les auteurs ou leurs ayens, qui tendraient à interrompre le cours ordinaire des représentations. — *Ibid.*, art. 31.

290. — Dans l'intérêt du public, les maires et adjoints peuvent fixer le prix des places pour l'empêcher d'être porté à un chiffre excessif. Lorsque certains ouvrages occasionnent habituellement un désordre, ils peuvent même intervenir dans la composition du répertoire et dans celle de la troupe elle-même.

291. — Les réglemens municipaux pris pour la police des théâtres sont obligatoires pour les tribunaux tant qu'ils n'ont pas été réformés par l'autorité supérieure. — V. POUVOIR MUNICIPAL.

292. — Est légal et obligatoire l'arrêté du maire qui défend à tout acteur de rien ajouter ou changer à son rôle sans y avoir été autorisé par l'autorité municipale. Il n'appartient pas au tribunal de répression d'interpréter ni modifier un semblable arrêté. Dès-lors, l'acteur qui y a contrevenu ne peut être renvoyé des poursuites sur le motif qu'il n'a pas eu l'intention de troubler l'ordre, et que le maire ne peut avoir voulu réprimer de légers écarts d'esprit, et un esprit de licence en quelque sorte inhérent au genre comique. — *Cass.*, 4 avr. 1806, Bécusrdor.

293. — Jugé même que l'arrêté municipal qui enjoint à l'entrepreneur d'un spectacle de continuer ses représentations jusqu'à la fin de l'année théâtrale lient à l'ordre public; qu'en conséquence, l'entrepreneur, en n'ouvrant pas son théâtre, contrairement à cet arrêté publié et notifié, est passible des peines de simple police. — *Cass.*, 10 avr. 1806, Bécusrdor.

294. — Cette décision est susceptible de critique. En effet, les arrêtés de l'autorité municipale ne sont obligatoires pour les tribunaux qu'autant qu'ils ont été pris dans le cercle de ses attributions. — V. POUVOIR MUNICIPAL. — Or, la loi des 16-24 août 1790 (tit. 11, art. 3) a bien chargé les maires de veiller au maintien du bon ordre dans les spectacles; mais peut-on admettre qu'une pareille disposition les autorise à placer un entrepreneur dans la fâcheuse alternative de se ruiner s'il joue, ou d'être condamné en simple police s'il ne joue pas? Est-ce là ce qu'il faut entendre par le maintien du bon ordre dans les spectacles? D'un autre rô é, la faculté d'interdire telle ou telle pièce, ou même d'interdire toute représentation, paraît suffisamment comprendre le pouvoir de contraindre à tout jouer.

295. — Il appartient à l'autorité municipale de défendre l'annonce d'une représentation théâtrale quelconque, si l'on n'a pas obtenu préalablement son visa sur l'affiche. — *Cass.*, 3 janv. 1834, min. publ. — Vivien.—V. AFFICHE.

296. — Jugé que c'est à l'autorité municipale seule, chargée par la loi de la police des théâtres, qu'il appartient de poursuivre l'exécution du traité par lequel, en concédant à un entrepreneur de spectacle l'exploitation d'un théâtre, elle a stipulé la condition par cet entrepreneur d'avoir terminé les débuts de la troupe pour une certaine époque, et les amendes au profit de la ville en cas d'inexécution de cette condition ou de toutes autres. Mais que les abonnés ou quelques-uns d'entre eux, même à l'année, n'ont aucune qualité pour réclamer judiciairement contre le directeur des dommages-intérêts à raison de ce qu'il n'a pas fait faire tous les débuts à l'époque déterminée, et pour vacances d'emplois, alors même qu'un programme annonçant le personnel de l'entreprise, et se référant d'ailleurs au contrat passé entre ce directeur et l'autorité municipale, leur aurait été distribué pour justifier leur abonnement. — *Amiens*, 10 déc. 1847 (t. 1er 1848, p. 24), Lefèvre c. abonnés du théâtre d'Amiens.

297. — En ce qui concerne le droit de siffler, il a été jugé que 1° est légal et obligatoire l'arrêté par lequel un maire défend de troubler le spectacle par des huées, sifflets, vociférations, et d'interrompre les acteurs pendant la représentation. — *Cass.* (Sol. impl.), 11 avr. 1844 (t. 2 1844, p. 150), Sarlange.

298 — ... 2° Est pris régulièrement l'arrêté municipal relatif à la police du spectacle qui porte « que, si les cris et les sifflets se prolongent nonobstant l'avertissement du commissaire de police, il en sera référé à l'autorité supérieure, qui ordonnera, s'il y a lieu, de faire cesser le spectacle. » — Il suffit, pour constituer une contravention à ce règlement, qu'il y ait eu des coups de sifflets répétés et prolongés, sans qu'il soit besoin que des cris aient été poussés, que la toile ait été baissée, et que le commissaire de police ait consulté l'autorité supérieure sur les mesures à prendre. — *Cass.*, 18 oct. 1839 (t. 2 1843, p. 290), Chuquet.

299. — ...3° Les spectateurs qui sifflent dans une représentation théâtrale ne commettent pas une contravention à l'arrêté municipal qui défend de troubler le spectacle *en aucune manière*, soit pendant la représentation, soit pendant les entr'actes, si les sifflets ont été justement provoqués par la négligence du directeur à remplir ses promesses qu'il avait faites au public par la voie des journaux. — *Cass.*, 14 nov. 1840 (t. 2 1843, p. 290), Min. publ. c. Peyrasset et Durand.

300. — ... 4° Le procès-verbal qui constate que des individus ont sifflé dans un spectacle contrairement à un arrêté municipal qui défend les sifflets, et malgré l'injonction que le commissaire de police leur a faite de ne cesser de siffler, doit faire foi jusqu'à preuve contraire, et ne peut être détruit par la déclaration du tribunal de simple police qu'il n'est pas prouvé que les contrevenans aient sifflé. — *Cass.*, 18 oct. 1839 (t. 2 1843, p. 290), Chuquet.

301. — ... 5° Lorsqu'un arrêté municipal relatif à la police des théâtres a défendu, lors des débuts, les clameurs et interpellations bruyantes, les spectateurs qu'un procès-verbal non débattu par la preuve contraire, et dès-lors faisant foi pour la justice, désigne comme ayant sifflé et trépigné lors de la représentation d'un débutant à été suspendue à raison de la retraite de ce dernier occasionnée par les sifflets, et comme ayant ainsi troublé la représentation d'une autre pièce, doivent être condamnés aux peines portées par l'art. 474, n° 15, C. pén. — L'infraction à l'arrêté municipal commise par l'acteur délinquant qui, en quittant la scène, a fait manquer une représentation annoncée par l'affiche, ne peut être considérée que comme une circonstance atténuante, et n'autorise pas conséquemment le tribunal de simple police à appliquer aucune peine aux spectateurs qui, au lieu de se borner à faire entendre des sifflets que l'arrêté municipal n'interdit pas comme expression de l'opinion du public assistant aux débuts, se sont permis des manifestations turbulentes défendues après la retraite de l'acteur. — *Cass.*, 6 août 1841 (t. 2 1843, p. 289), Vossier et Coquatrix.

302. — Aucune loi ne permet à l'autorité municipale de faire incarcérer les acteurs par mesure de police. C'est donc abusivement que de pareilles incarcérations ont lieu dans quelques localités. — Vivien et Blanc, n° 289.

303. — Il y a dans chaque théâtre un officier de police chargé de la surveillance générale et du revêtu de son costume. Tout particulier est tenu de lui obéir provisoirement. En conséquence, tout individu invité ou sommé par lui de sortir de l'intérieur de la salle doit se rendre ou être conduit de suite au bureau de police, devant le commissaire, qui, seul, peut prononcer son renvoi devant l'autorité compétente ou le mettre provisoirement en liberté.

304. — Sous la royauté, la police des théâtres était faite à Paris par la garde municipale. Ce service est fait actuellement par la garde dite républicaine. — V. GARDE MUNICIPALE, SAPEURS POMPIERS.

305. — En cas de trouble, les maires, adjoints et commissaires de police peuvent faire entrer dans la salle la garde extérieure. Celle-ci est tenue d'obéir.

306. — Un individu ne peut être expulsé de la salle qu'autant qu'il n'obtiempérerait pas aux injonctions des officiers de police. Il est nécessaire que ces injonctions soient faites personnellement.

307. — Il ne doit être accordé d'entrées gratuites dans les théâtres qu'à ceux des agens de l'autorité dont la présence est jugée indispensable pour le maintien de l'ordre et de la sûreté publique. — Régl. 25 avr. 1807, art. 17; régl. 19 août 1814, art. 26 et 27; ord. de 1824, art. 14.

308. — Plusieurs ordonnances de police ont été rendues pour les théâtres de Paris. Ces ordonnances renvoient la police intérieure et extérieure de ces théâtres, et prévient ni, par diverses prescriptions, les difficultés qui pourraient s'élever entre les administrations théâtrales et le public. — V. Delesserl, *Coll. des ordonn. de police*, t. 3, p. 703; t. 4, n° 703.

309. — L'art. 7 de la première de ces ordonnances (30 mars 1844) défend aux directeurs d'élever, pour quelque cause que ce soit, le prix des places au-delà du tarif sans autorisation du préfet de police.

310. — Une ordonnance de police du 3 oct. 1827 (Delesserl, t. 3, n° 212) défend aux directeurs de théâtre de prolonger les représentations au-delà de minuit précis, à moins d'une autorisation spéciale du préfet de police.

TIERCE-OPPOSITION.

Table alphabétique.

TIERCE-OPPOSITION. — 1. — Voie extraordinaire ouverte à tous ceux qui veulent faire réformer un jugement qui préjudicie à leurs droits, et lors duquel ni eux ni ceux qu'ils représentent n'ont été appelés. — C. procéd., art. 474.

§ 1er. — Caractères de la tierce-opposition (n° 11).

§ 2. — Jugemens susceptibles de tierce-opposition (n° 11).

§ 3. — Qui peut former tierce-opposition. — Conditions requises (n° 32).

§ 4. — Délai. — Compétence. — Procédure et jugement (n° 174).

§ 5. — Effets de la tierce-opposition (n° 225).

§ 1er. — Caractères de la tierce-opposition.

2. — Il n'est question ici que de la tierce-opposition aux décisions émanées des tribunaux ordinaires. Pour ce qui concerne la tierce-opposition, en matière administrative, V. CONSEIL D'ÉTAT, n°s 640 et suiv., et CONSEIL DE PRÉFECTURE, n°s 529 et suiv.

3. — La tierce-opposition est principale ou incidente. La première est celle qui est formée par action principale, et elle doit être portée devant le tribunal qui a rendu le jugement attaqué. La seconde est celle qui est formée incidemment à une contestation dont un tribunal est saisi, et elle doit

RÉP. GÉN. — XII.

être formée par requête à ce tribunal, s'il est égal ou supérieur à celui qui a rendu le jugement (C. procéd. civ., art. 475); s'il n'est égal ou supérieur, elle doit être portée par action principale au tribunal qui a rendu le jugement. — Art. 476.

4. — De ce que la voie de la tierce-opposition n'appartient qu'à ceux qui n'ont point été appelés à un jugement ou n'y ont point été représentés (art. 474), il s'ensuit qu'elle ne peut être employée par les parties elles-mêmes, à la différence de l'opposition, de l'appel, du pourvoi en cassation et de la requête civile, qui n'appartiennent qu'à ces dernières.

5. — Cette voie est même la seule que puissent employer les tiers pour attaquer un jugement ou arrêt qui leur préjudicie. Ainsi, ils sont non recevables à agir contre la partie qui a obtenu un arrêt sur un objet indivisible de sa nature (par exemple sur la fixation de la hauteur d'un barrage à l'entrée d'un canal), par voie d'action principale, devant le tribunal de première instance; ils ne peuvent attaquer cet arrêt que par voie de tierce-opposition devant la cour d'appel qui l'a rendu. — Cass., 19 déc. 1832, Heilmann c. Thyss.

6. — Toutefois, la tierce-opposition n'est pas exclusive de toute autre recours. Ainsi on peut, après avoir pris d'abord cette voie, revenir à la voie d'appel ou de cassation, si l'on reconnaît avoir pris à tort le premier moyen; et réciproquement, la tierce-opposition est recevable, si l'on se désiste du recours en cassation ou en appel, pourvu que la demande, mal introduite, n'ait pas été repoussée par des moyens du fond. — Cass., 1er juill. 1823, Drée c. comm. de Lompnieux.

7. — La tierce-opposition, considérée en elle-même, a été l'objet de critiques. On l'a considérée comme inutile en présence du principe écrit dans l'art. 1351, C. civ., qui veut que la chose jugée n'ait d'effet qu'entre les parties qui ont figuré dans l'instance. Or, a-t-on dit, il suffit aux tiers d'opposer qu'ils n'ont point été parties au jugement qu'on veut exécuter contre eux pour en arrêter l'effet. Mais l'officier public chargé de l'exécution a-t-il qualité pour appréder la véritable déclaration? Évidemment non. Il faut toujours une instance pour en faire juger le mérite. D'un autre côté, le jugement revêtu de toutes les formalités requises a force obligatoire. Il importe aux tiers lésés par les dispositions de ce jugement non seulement en empêcher l'exécution, mais de les faire néantir. Tels sont donc les motifs qui ont rendu nécessaire l'établissement de la tierce-opposition.

8. — Aussi a-t-il été décidé qu'on ne peut, pour écarter les effets d'un jugement en dernier ressort, qu'un arrêt dans lequel on n'a point été partie, se pourvoir que par tierce-opposition. — Bourges, 18 mai 1822 (t. 17, p. 355) Rossignol c. Camus et Lepère.

9. — Le créancier hypothécaire revendiquant l'immeuble grevé de son hypothèque, et auquel on oppose un jugement qui, depuis son inscription, a résolu l'acte en vertu duquel le vendeur de son débiteur était propriétaire, ne peut écarter ce jugement par la maxime : Res inter alios judicata aliis prejudicare non potest, mais seulement l'attaquer, soit par la voie de tierce-opposition, soit par une demande en nullité pour dol et fraude. — Colmar, 12 janv. 1842 (t. 2 1842, p. 514), Nœppel c. Diemer.

10. — Jugé que le rejet, pour cause d'incompétence (on ce qu'elle a été formée devant le tribunal de première instance), d'une tierce-opposition incidente formée contre un jugement confirmé par arrêt, dont on exclsait sa réponse à la demande principale, et qui n'a pas contre celui à qui on l'oppose l'autorité de la chose jugée, n'a pas pour effet de rendre cette demande non recevable. — Elle doit être jugée abstraction faite de la tierce-opposition, qui n'était qu'un moyen surabondant. — Cass., 11 mai 1840 (t. 2 1840, p. 429), Pingot c. Maruille.

§ 2. — Jugemens susceptibles de tierce-opposition.

11. — Tout jugement préjudiciable à un tiers qui n'y a point été partie ni représenté peut être attaqué par la voie de la tierce-opposition : c'est ce qui résulte de l'art. 474, C. procéd. civ. Ainsi, peu importe que le jugement soit en premier ou en dernier ressort.

12. — Si cependant le jugement est en premier ressort, et qu'il ait été frappé d'appel par l'une des parties, le tiers peut alors intervenir dans l'instance. C'est pour cela qu'il a été jugé que la tierce-opposition ne peut être formée avant l'expiration du délai d'appel. — Bordeaux, 29 juin 1833, Raffinet c. Freyneau.

13. — Un jugement purement provisionnel peut

être attaqué par la voie de la tierce-opposition, s'il préjudicie aux droits du tiers opposant qui n'y a pas été appelé. — Cass., 22 fév. 1830, Bazire et Joannin c. Moreau.

14. — Les jugemens qui émanent des tribunaux de commerce et les sentences des juges de paix (Cass., 23 juin 1806, Allard c. Sauveterre) sont susceptibles d'être attaqués par la voie de la tierce-opposition comme les décisions rendues par les tribunaux civils. — V. en ce sens, Carré et Chauveau, quest. 1768; Merlin, Rép., v° Tierce-opposition, § 1er; Demiau Crouzilhac, p. 335.

15. — Mais les parties qui se sont présentées au bureau de paix, pour y terminer leurs différends, ne peuvent former tierce-opposition au procès-verbal dans lequel le juge de paix a recueilli leurs déclarations et conventions respectives. — Paris, 18 juill. 1813, Lange c. Sageret. — La raison en est que ce procès-verbal a plutôt le caractère d'une transaction que d'une décision judiciaire.

16. — Autrefois, les jugemens d'arbitres forcés, rendus sous l'empire de la loi du 10 juin 1793, pouvaient être attaqués par la voie de la tierce-opposition. — Cass., 11 vendém. an 14, comm. de Bartz-Willer c. comm. des Trois-Fontaines. — Il n'en est plus de même aujourd'hui. — V. ARBITRAGE, n°s 1106 et suiv.

17. — Quant aux jugemens rendus en matière criminelle, Merlin (Rép., v° Tierce-opposition, § 1er, n° 4) pense qu'ils peuvent aussi être attaqués par la voie de la tierce-opposition. C'est également l'avis de Carnot (Comm. Cod. instr. crim., t. 1er, p. 630, n° 11). — Mais la cour de Cassation a prononcé en sens contraire. — V. arrêts des 3 juin et 25 août 1808, Charles et Roux, et Champneuf. — Aucune disposition de lois criminelles ne s'explique, il est vrai, sur la tierce-opposition. On ne peut, toutefois, de nous semble, interpréter le silence du législateur dans le sens d'une prohibition; car il est de principe que nul ne peut être condamné sans avoir été entendu.

18. — Sous l'ancienne législation, la voie de la tierce-opposition était admise contre les jugemens des tribunaux de commerce qui homologuaient un concordat, même après la huitaine du jour de la signification de ces jugemens. — Nîmes, 5 frim. an IX, Gouin c. Milhaud.

19. — Aujourd'hui, au contraire, la tierce-opposition contre un jugement homologatif d'un concordat est recevable. — Toulouse, 18 janv. 1828, Bousquet c. Lerat.

20. — La partie qui n'a pas été appelée à l'homologation d'une délibération du conseil de famille portant un préjudice réel à ses droits, peut également former tierce-opposition au jugement d'homologation. — Rennes, 31 août 1818, N... — V. aussi l'arrêt de Toulouse cité au n° qui précède.

21. — Il a été paru pas que la voie de la tierce-opposition puisse être ouverte contre les jugemens qui donnent acte de la publication d'un cahier des charges ou prononcent une adjudication, parce qu'ils ne comportent pas de litige et ne sont pas susceptibles d'appel. — V. au surplus SAISIE IMMOBILIÈRE.

22. — Jugé aussi que le jugement d'homologation, donnant au partage judiciaire la même force qu'aurait eue un partage volontaire entre personnes capables de contracter, on ne faisant pas obstacle à ce que des cohéritiers exercent la reprise des biens qui par erreur auraient été compris dans le partage quoique leur appartenant à un autre titre que celui d'héritiers dans la succession partagée, la voie de la tierce-opposition n'est pas nécessaire contre ce jugement. — Cass., 23 nov. 1844 (t. 1er 1845, p. 468), Durand c. Fert.

23. — Une tierce-opposition a pu être déclarée admissible contre un arrêt du parlement rendu sur requête contre une ordonnance, et n'a jamais été exécuté. — Cass., 22 avr. 1828, Roquelaure c. comm. de Verdun. — Les jugemens rendus sur requête ne sauraient être affranchis de la tierce-opposition, s'ils portent condamnation contre une personne qui n'a pas été partie.

24. — Sur le point de savoir si la tierce-opposition est admise contre les jugemens rendus en matière de faillite, V. FAILLITE n°s 591, 911 et suiv., 916, 1330, 1529, 2742 et suiv., 2759, 2764, 2278, 2798 et suiv.

25. — Les jugemens rendus en matière de divorce ont-ils pu être attaqués par la voie de la tierce-opposition ? — V. DIVORCE, n° 375.

26. — Sont susceptibles de la tierce-opposition les jugemens qui statuent sur une question d'état. Ainsi, jugé spécialement que l'émigré amnistié est recevable à former tierce-opposition à un jugement rendu pendant son émigration contre sa femme, et qui a reconnu pour leur fils un enfant qu'elle a désavoué et que lui-même méconnaît. —

12

Cass., 7 déc. 1808, Voyneau c. Auguste. — V. aussi Toullier, t. 10, n° 225; Carré et Chauveau, quest. 1721°; Merlin, *Rép.*, v° *Tierce opposition*, § 2, art. 9, n° 2.

27. — Jugé encore que le jugement qui annule la donation sur le fondement que l'enfant est adultérin, et que la mère est une personne interposée peut, de la part de l'enfant, être attaqué par la tierce-opposition, comme mettant en question son état et ses droits. — *Cass.*, 1er août 1827, Malterre c. Pellerin.

28. — ... Que lorsqu'un individu a un enfant issu d'un mariage légitime, et qu'un autre enfant obtient contre le père seul un jugement qui le déclare aussi légitime, comme né du mariage de son père avec une autre femme, ce jugement a bien, contre l'enfant du premier lit, l'autorité de la chose jugée quant aux droits héréditaires, mais non relativement aux droits de famille, tels que le nom et la parenté, et qu'en conséquence, cet enfant est recevable, en ce point, à former tierce-opposition au jugement et à contester la légitimité de son frère. — *Cass.*, 9 mai 1821, N...

29. — Mais ne sont pas susceptibles de tierce-opposition les arrêts rendus en matière d'adoption. — Chauveau sur Carré, quest. 1712° *bis*. — V. ADOPTION, n°s 199 et suiv.

30. — A l'égard des jugemens et arrêts rendus en matière d'ordre, V. ORDRE, chap. 4, sect. 3e.

31. — Décidé enfin qu'une partie ne peut attaquer par voie de tierce-opposition les jugemens qui prononcent, à la requête de son adversaire, sur la récusation d'un juge. — *Besançon*, 27 août 1808, Crélin c. Voisard. — V. RÉCUSATION.

§ 3. — *Qui peut former tierce-opposition. — Conditions requises.*

32. — Le concours des deux conditions suivantes est indispensable pour pouvoir former tierce-opposition à un jugement; il faut : 1° n'y avoir point été appelé ou représenté, et 2° avoir intérêt à le détruire en ce qu'il vous préjudicie. — C. proc. civ., art. 474.

33. — Celui qui a été partie à un jugement ne peut en demander la réformation par la voie de la tierce-opposition; il n'a que celle de l'appel, et, en conséquence, son intervention en cause d'appel n'est pas recevable. — *Orléans*, 3 mai 1848 (t. 1er 1849, art. 532), Deschamps et Clément c. de Perthuis.

34. — On n'est réputé avoir été partie à un jugement qu'autant qu'on y a procédé en son nom personnel et pour y débattre ses intérêts propres. Le mari qui n'a fait qu'assister et autoriser sa femme dans une instance n'y a pas été partie. Dès-lors il peut, en son nom propre et pour un intérêt personnel, former tierce-opposition au jugement intervenu. — *Colmar*, 26 mai 1845 (t. 2 1845, p. 680), Jourdain c. Baruzzi.

35. — Le préjudice causé par le jugement auquel on n'a point été partie doit être direct et réel. Ainsi jugé que la voie de la tierce-opposition n'est ouverte qu'à celui qui éprouve un préjudice réel d'un jugement rendu contre un tiers. — *Rennes*, 31 mars 1819, Arnous c. Delaizir. — V. aussi, en ce sens, Chauveau sur Carré, quest. 1709° *bis*; Poncet, *Des jugemens*, t. 2, n°s 403 et suiv.

36. — Un dommage moral résultant de ce que les motifs d'engagement contiendraient une attaque à l'honneur ou à la considération d'un tiers ne serait pas une cause de tierce-opposition. — *Aix*, 16 déc. 1825, Gilbert Bouchet c. Trédos.

37. — Le donataire en vertu d'un acte antérieur à l'interdiction du donateur ne peut former tierce-opposition au jugement d'interdiction, lorsque la donation est attaquée comme consentie par une personne en état démence. — *Riom*, 9 janv. 1808, Noin c. Norcy. — Chauveau et Carré, quest. 1719. — V. INTERDICTION.

38. — De même, celui qui a acheté de l'héritier apparent les biens d'une succession est non recevable à attaquer par tierce-opposition le jugement qui reconnaît l'état du véritable héritier, surtout si ce jugement n'a rien prononcé relativement aux ventes qui ont pu être faites par l'héritier apparent. — *Trib. d'appel de Paris*, 18 vent. an XI, Lefèvre c. Lasalle.

39. — Quoiqu'un jugement civil constatant la mort d'un prévenu éteigne contre lui toute action publique, et fasse tomber une plainte correctionnelle portée contre lui, le plaignant ne peut former tierce-opposition à ce jugement; il suffit qu'il puisse intenter, contre les héritiers du prévenu, une action en dommages-intérêts pour qu'il soit mal fondé à soutenir que ce jugement préjudicie à ses droits. — *Colmar*, 6 nov. 1811, Turberg et Donzé c. Queloz.

40. — Lorsqu'on n'a pas été partie lors d'un jugement, ce n'est pas par la voie de l'appel qu'on peut l'attaquer, mais par la voie de la tierce opposition. — *Cass.*, 21 brum. an IX, préfet des Vosges c. comm. de Thons.

41. — La partie qui se pourvoit en cassation contre un jugement reconnaît par cela même qu'elle y était partie, et, par suite, est non-recevable, en cas de rejet du pourvoi, à attaquer le même jugement par voie de tierce-opposition. — *Cass.*, 3 fév. 1829, com. de Reynel c. Choiseul Stainville.

42. — L'art. 474, C. proc. civ., exige seulement qu'on n'ait point été partie au jugement et qu'on n'y ait point été appelé. Cependant il a été jugé qu'il fallait, de plus, pour être recevable à former tierce opposition à un jugement, avoir eu, lors de ce jugement, une qualité et des droits qui eussent obligé de vous y appeler. — *Cass.*, 21 fév. 1816, Auvray et Bivel c. Chauvel; 30 janv. 1818, N...; *Toulouse*, 18 janv. 1827, de Cahusac c. Raffet. — V. aussi, en ce sens, Carré, quest. 1709.

43. — Ainsi, lorsque l'acquéreur d'un immeuble a déclaré stipuler tant pour lui que pour un autre, mais qu'il n'est pas légalement établi à l'égard des tiers que ce dernier ait accepté cette stipulation, on a pu se dispenser de l'appeler dans l'instance introduite contre l'acquéreur en nom, et par suite, contester sa tierce-opposition au jugement rendu avec celui-ci. — V. l'arrêt de Toulouse cité au numéro qui précède.

44. — Spécialement, des légataires qu'aucune loi n'obligeait de mettre en cause sont recevables à former tierce-opposition à un arrêt lors duquel ils n'ont point été appelés, et qui, sur la demande d'autres légataires, attribue exclusivement à ceux-ci, au préjudice des premiers, l'entier reliquat d'un compte rendu par l'héritier bénéficiaire. — *Cass.*, 22 août 1827, Benquet c. Vergers.

45. — Jugé aussi qu'un jugement ne peut pas avoir l'autorité de la chose jugée à l'égard d'une partie qui n'y a été ni présente ni appelée, et que, dans ce cas, cette partie n'est pas tenue, pour se soustraire aux effets dudit jugement, de recourir à la voie de la tierce-opposition, cette décision ne lui étant pas opposable. — *Cass.*, 19 mars 1844 (t. 1er 1844, p. 688), Thionville c. Admin. de l'enregistrement.

46. — Les auteurs sont partagés sur la question de savoir si la tierce-opposition est purement *facultative*, ou si, au contraire, elle est *obligatoire*, en ce sens qu'il est nécessaire d'y avoir recours pour écarter l'autorité d'un jugement auquel on n'a été ni appelé ni représenté. En général, on est d'avis que la tierce-opposition est facultative, et qu'au lieu d'y avoir recours, l'individu étranger au jugement peut en repousser l'effet en disant que c'est pour lui *res inter alios judicata*. — Merlin, *Répert.*, v° *Opposition (tierce)*, § 6; Carré et Chauveau, quest. 1722; Proudhon, *De l'usufruit*, t. 3, n° 1285; Berriat, *Cours de procédure*, p. 500; Rauter, *Cours de pr.*, n° 255; Bioche et Goujet, *Dict. de pr.*, v° *Tierce-opposition*, n° 8. — Et c'est cette doctrine que consacrent les arrêts précités. — Cependant il est des cas où, bien qu'on veuille rester étranger à l'effet d'un jugement rendu entre des tiers, on a cependant intérêt à le critiquer : c'est quand, l'exécution de ce jugement ayant lieu comme elle doit avoir lieu entre les deux parties qui y ont figuré, elle doit vous causer, en définitive, un préjudice irréparable. Evidemment alors on ne peut se renfermer dans l'art. 1351, C. civ., et force est de prendre l'initiative par la voie de la tierce-opposition. — Boitard, *Leçons de proc.*, t. 2, p. 312; Thomine-Desmazures, *Comment. du Code de proc.*, t. 1er, n° 525.

47. — Aussi a-t-il été jugé plus généralement, et avec raison, que le droit de former tierce-opposition appartenait à tous ceux qui avaient intérêt à s'opposer à l'exécution d'un jugement qui leur causait préjudice, et lors duquel ils n'avaient été ni appelés ni représentés. — *Nîmes*, 20 déc. 1829, Laurent c. Murjas; *Bordeaux*, 4 janv. 1830, Beney c. Defarge; *Douai*, 23 mars 1831, Dupuis c. Vasseur; *Bastia*, 8 déc. 1834, Simonetti; *Agen*, 9 août 1827, Gary c. Delsol; *Nîmes*, 13 janv. 1836, Roujon c. Vidal; *Cass.*, 15 juill. 1822, Gouy d'Arcis c. Mouchet; 22 août 1827, Benquet c. Vergers; 26 mars 1838 (t. 1er 1838, p. 642), Trémoulet c. Bonnes; 24 déc. 1838 (t. 1er 1839, p. 24), Roujon c. Vidal. — V. aussi Chauveau sur Carré, *loc. cit.*

48. — Pour être admis à former tierce-opposition à un jugement ou à un arrêt, il suffit donc que ce jugement ou cet arrêt statue sur des droits que le tiers-opposant prétend lui appartenir. — *Orléans*, 3 janv. 1845 (t. 1er 1845, p. 444), Renard c. Lacroix et comp. d'assur. mutuelles du Loiret.

49. — Il a même été jugé que celui qui a été appelé dans une instance, mais d'une manière illégale et irrégulière, peut former tierce-opposition au jugement. — *Orléans*, 20 avr. 1825, Rochechouart. — Mais il est difficile d'admettre cette solution. Dans ce cas, en effet, la partie a la voie de l'opposition ou de l'appel. — *Nancy*, 23 nov. 1812, Bellanger c. Lallemand. — Poncet, t. 2, p. 105; Chauveau et Carré, quest. 1709.

50. — Celui à qui on oppose un jugement auquel il n'a été ni appelé ni représenté, et qui forme un titre au profit de la partie adverse, est tenu, pour écarter l'autorité de la chose jugée par ce jugement, d'y former tierce-opposition. — Spécialement, lorsque la saisie-arrêt formée par un créancier personnel d'un entrepreneur de travaux publics sur les sommes dues à celui-ci par l'état a été validée par un jugement passé en force de chose jugée, les ouvriers ne peuvent exercer sur ces sommes, et au préjudice du créancier saisissant, le privilége qui leur est accordé par le décret du 26 pluv. an II, pour le paiement de leurs salaires, qu'en faisant préalablement rétracter ce jugement par voie de tierce-opposition. — *Cass.*, 24 avr. 1844 (t. 1er 1845, p. 557), Martinet c. Lemur.

51. — La voie de la tierce-opposition est ouverte au profit de celui qui n'a pas été représenté dans une instance où il aurait dû être appelé, ou qui y a été représenté par une personne sans qualité. — *Grenoble*, 31 janv. 1822, Blanchet frères c. comm. de Saint-Gervais.

52. — L'intervenant en cause d'appel est non recevable à interjeter appel incident du jugement déféré à la cour d'appel quant aux chefs qui ne sont pas l'objet de l'appel principal. — Il n'a que la voie de la tierce-opposition incidente, et, lorsqu'il ne l'a pas prise, il ne peut discuter que les chefs relevés par l'appel principal. — *Orléans*, 15 déc. 1846 (t. 1er 1847, p. 405), Menou c. Lepelletier et Donlévy.

53. — La partie dont la mise en cause a été ordonnée par un jugement préparatoire peut interjeter directement appel du jugement définitif qui lui fait grief, sans être tenue de former tierce-opposition au jugement préparatoire. — *Rouen*, 28 fév. 1845 (sous *Cass.*, 9 déc. 1846 [t. 2 1847, p. 75]), Papavoine c. Boursier.

54. — Un débiteur qui avait été déclaré en état de faillite est recevable à demander, par voie de tierce-opposition, la nullité de la saisie et de l'adjudication définitive de ses immeubles, lorsque les poursuites intentées depuis la déclaration de la faillite n'ont point été dirigées contre les agens ou syndics, encore que ce débiteur se soit présenté, avant l'adjudication définitive, pour proposer ce moyen de nullité, et que le jugement déclaratif de la faillite ait été, plus tard, infirmé. — *Bordeaux*, 2 avr. 1828, Marchais-Dussablon c. Deluchet.

55. — Un débiteur déclaré en état de faillite est capable d'ester en jugement dans la poursuite en expropriation forcée de ses immeubles; et lorsqu'il a figuré dans cette poursuite, non en qualité de failli, mais en qualité de propriétaire exproprié, il est non recevable à former tierce-opposition au jugement d'adjudication définitive, et à demander la nullité de ce jugement, en ce que ses agens ou syndics n'y ont pas été appelés, surtout après qu'il a fait annuler le jugement qui l'avait indûment déclaré en état de faillite. — *Cass.*, 31 août 1831, Deluchet c. Dussablon.

56. — Le représentant de l'incapable qui aurait agi seul et sans son assistance pourrait se rendre tiers-opposant au jugement rendu contre celui-ci. Spécialement, un mari est recevable à attaquer le jugement d'interdiction rendu contre sa femme non autorisée. — *Cass.*, 9 janv. 1822, Barnaud c. Robert.

57. — Lorsque la cause d'une partie a été disjointe de celle des autres parties assignées au procès, le jugement ne peut acquérir contre cette partie l'autorité de la chose jugée; elle peut, en conséquence, former tierce-opposition au jugement, s'il préjudicie à ses droits. — *Paris*, 28 nov. 1823, Marseille c. brasseurs de Paris; *Cass.*, 24 janv. 1826, mêmes parties.

58. — Lorsqu'un individu a pris des conclusions dans une instance, tant au nom d'un client dont il dirige le procès comme avoué, qu'en son nom personnel, comme prétendant avoir des droits à faire valoir, on ne peut dire qu'il ait été nominativement partie dans l'instance; mais il suffit que le jugement ait pu, en quelque manière, lui porter préjudice pour qu'il ait le droit de l'attaquer par voie de tierce-opposition, en réclamant le bénéfice de l'art. 474, C. procéd. — *Orléans*, 12 déc. 1816, N....

59. — Cependant, la tierce-opposition d'une partie contre un arrêt qu'elle prétend être préjudiciable à ses droits, et lors duquel elle n'a point été appelée, est non recevable, si cet arrêt est purement et simplement confirmatif d'un jugement rendu contradictoirement avec elle ou avec son

représentant, et passé en force de chose jugée. — *Bourges*, 17 août 1831, commune de Marval c. Chaumette.

60. — Un mandataire n'est pas recevable à former tierce-opposition aux jugemens et arrêts dans lesquels son mandant était aux qualités des parties, alors qu'il ne réclame qu'un droit du chef du mandant. — *Cass.*, 1er déc. 1819, Lafond fils c. Thévenin.

61. — Jugé de même que lorsqu'un jugement a été rendu contre un individu comme prête-nom d'un autre, le premier peut attaquer par simple opposition ce jugement, sans être obligé de prendre la voie de la tierce-opposition. — *Paris*, 31 août 1813, Weiller c. Brisac.

62. — La chose jugée contre le prête-nom (propriétaire apparent) peut être opposée au propriétaire réel, qui, dès-lors, est sans droit pour y former tierce opposition. — *Paris*, 3 mars 1829, Ouvrard c. Cecconi.

63. — Les jugemens rendus, sans collusion, contre le propriétaire apparent, jouissant de tous les droits attachés à la propriété, ont l'autorité de la chose jugée contre le véritable propriétaire qui ne s'est jamais fait connaître qu'après la décision du procès, et ce dernier n'est point recevable à les attaquer par la voie de la tierce-opposition. — *Pau*, 4 juill. 1823, Fontan c. de Gestas; *Cass.*, 7 juill. 1824, mêmes parties.

64. — L'individu représenté par un consignataire ne peut former tierce-opposition au jugement condamnant celui-ci à raison de marchandises à lui consignées. — Les condamnations prononcées contre un consignataire obligent le propriétaire des marchandises consignées. — *Rennes*, 25 avr. 1814, N...

65. — En matière de prises, la tierce-opposition est interdite aux propriétaires du navire et de la cargaison, comme étant représentés par le capitaine. — *Cons. des prises*, 29 frim. an VIII.

66. — Un émigré ou un prêtre déporté n'a pu attaquer par tierce opposition les jugemens rendus avec l'état qui le représentait pendant sa mort civile. — *Cass.*, 14 juin 1815, Ribes c. de Siran. — Chauveau sur Carré, quest. 1721 *bis*. — V. au surplus ÉMIGRÉ, nos 449 et suiv.

67. — Avant le Code de proc. civ., un mineur ne pouvait pas former tierce opposition aux jugemens dans lesquels il était représenté par son tuteur. — *Cass.*, 23 brum. an V, Tesson c. Depitre. — Il en est de même aujourd'hui. — Chauveau sur Carré, quest. 1712 *ter*; Poncet, t. 2, no 399.

68. — ... A moins, toutefois, que les tuteurs n'aient excédé leurs pouvoirs, comme, par exemple, dans le cas où, sans autorisation du conseil de famille, ils ont intenté une action immobilière au nom de leurs pupilles, ou bien encore dans le cas où leurs intérêts dans l'instance sont en opposition avec ceux de leurs pupilles. — Chauveau, *loc. cit.*

69. — Jugé cependant que l'irrégularité résultant de la contrariété d'intérêts entre le mineur et le tuteur qui l'a représenté dans une instance, et de l'absence du subrogé tuteur, ne suffit point pour donner ouverture à la tierce-opposition de la part du mineur. — *Pau*, 2 juill. 1840 (t. 2 1841, p. 120), Forest c. Handré.

70. — L'interdit ne serait pas recevable dans sa tierce-opposition contre un jugement obtenu contre son tuteur, alors même qu'il alléguerait que le jugement portant homologation de la délibération du conseil de famille a été infirmé sur appel. — *Colmar*, 12 mars 1823, Martiny c. Ricklin.

71. — Le mineur émancipé ne peut non plus former une opposition à un arrêt dans lequel il a été représenté par son subrogé tuteur. — *Rennes*, 27 juill. 1814, N...

72. — Quand un père plaide comme tuteur de son enfant mineur, si avant le jugement cet enfant devient majeur, il doit dénoncer son changement d'état; sinon, il est considéré comme bien représenté par son père, et il ne peut former tierce-opposition au jugement rendu contre celui ci. — *Grenoble*, 18 fév. 1817, N...

73. — Un conseil de famille peut former tierce-opposition au jugement qui ordonne que la vente des biens du mineur sera faite sous des conditions autres que celles prévues par sa délibération, alors même que le tuteur aurait été partie à ce jugement, le tuteur ne représentant pas dans ce cas le conseil de famille. — *Colmar*, 11 avr. 1823, Baldenweck.

74. — En matière de conscription, les jugemens qui ont consacré quelque cause d'exemption, en faveur de jeunes gens désignés par leur numéro pour faire partie du contingent cantonal, peuvent être attaqués, au moyen de la tierce-opposition, par ceux qui sont appelés à les suppléer, sans qu'on puisse opposer à ces derniers qu'ils ont été représentés par le préfet. — *Agen*, 9 août 1827, Gary c. Delsol.

75. — Le ministère public est, dans l'intérêt de la société, toujours recevable à former tierce-opposition, même aux jugemens rendus sur ses conclusions. — *Paris*, 22 juill. 1815, Lainé c. Marguère.

76. — Le jugement rendu contre une personne ayant l'autorité de la chose jugée à l'égard de ses successeurs (V. CHOSE JUGÉE, nos 327 et suiv.), il s'ensuit que ces derniers sont non recevables à attaquer ce jugement par la voie de la tierce-opposition. Toutefois, l'héritier bénéficiaire pourrait former tierce-opposition au jugement rendu contre son auteur en tant qu'il préjudicierait à ses droits particuliers, parce qu'il ne confond pas son patrimoine avec celui du défunt. — *Cass.*, 1er germ. an XI, préfet de l'Aisne c. Bellisle.

77. — Un jugement rendu contre plusieurs cohéritiers en leurs propres et privés noms, pour raison d'une dette de l'hérédité qui était divisible, n'est pas susceptible de tierce-opposition de la part des autres cohéritiers qui n'y ont point été parties et qu'on n'a point poursuivis. — *Cass.*, 12 juill. 1814, Vigny c. Burtey.

78. — Un héritier ne peut, avant le partage, attaquer par tierce-opposition un jugement rendu contre son cohéritier, et relatif seulement à un objet particulier de la succession. — *Riom*, 24 nov. 1808, N...

79. — Les héritiers qui ne se sont pas fait connaître ont été représentés par le curateur nommé à un absent héritier présomptif, et, par suite, sont non recevables à former tierce-opposition au jugement rendu contre le représentant; il importerait peu que l'on eût nommé un notaire pour représenter l'absent et non un curateur, lorsque d'ailleurs la bonne gestion de ce notaire n'est pas critiquée. — *Cass.*, 12 août 1824, Laplanche c. Varsavaux.

80. — Lorsque, dans un ordre, un héritier figurait seul, tant pour lui que pour ses cohéritiers, et que la collocation qu'il avait requise a été, faute de justification des droits de son auteur, rejetée par un arrêt, ses cohéritiers sont recevables à attaquer cette décision par tierce-opposition. — *Caen*, 8 mai 1827, Luet c. Brioult.

81. — Le successeur, à titre particulier, de l'acquéreur originaire, est recevable à attaquer par la tierce-opposition les jugemens contradictoirement rendus contre ce dernier, sur la poursuite du premier vendeur, lorsque des circonstances du fait il résulte qu'il y a eu, dans la première instance, collusion de la part de l'acquéreur originaire, au préjudice de son successeur. — *Rouen*, 25 brum. an X, Gouy c. Malherbe et Bourguignole.

82. — Lorsqu'un mari commun en biens a acquis des immeubles pendant le mariage, et que, sur la demande formée contre lui seul, après le décès de sa femme, il a été condamné à restituer ces immeubles dont la vente est déclarée nulle, les enfans issus du mariage sont recevables, comme héritiers de leur mère, à se rendre tiers opposans au jugement qui a prononcé la nullité de la vente. Il doit être décidé ainsi, lors même qu'à l'époque du jugement qui a déclaré la vente nulle, les enfans, héritiers de leur mère, étaient majeurs, et auraient pu, en conséquence, intervenir dans l'instance. La raison en est que l'intervention étant facultative, on est toujours recevable à se rendre tiers opposant, bien qu'on n'ait pas d'abord jugé à propos d'user de cette voie de recours. — *Cass.*, 14 juin 1830, Guillemot c. Chaput.

83. — Le jugement qui, dans une instance contradictoire avec le curateur à une succession vacante, a réglé la quotité des sommes dues à divers créanciers du défunt, ne peut être attaqué par voie de *tierce-opposition* de la part d'un légataire de celui-ci, lorsqu'il n'a demandé et obtenu la délivrance de son legs qu'après le jugement. — *Paris*, 7 juill. 1809, Dureville c. Doncel.

84. — Jugé d'ailleurs qu'un légataire particulier ne peut pas attaquer par la voie de la tierce-opposition les jugemens rendus avec les héritiers. — *Nîmes*, 18 fév. 1807, Martial.

85. — Les jugemens rendus avec l'héritier présent et légalement saisi de la succession ne peuvent être attaqués par la voie de la tierce-opposition par l'héritier qui s'est d'abord abstenu et qui accepte ensuite. — *Metz*, 29 mai 1818, Pierret et Kurce c. Gouguenheim.

86. — Jugé de même que les jugemens rendus sans collusion contre le propriétaire apparent, jouissant de tous les droits attachés à la propriété, ont l'autorité de la chose jugée contre le véritable propriétaire qui ne s'est fait connaître qu'après la décision du procès, et ce dernier n'est point recevable à les attaquer par la voie de la tierce-opposition. — *Pau*, 4 juill. 1823, Fontan c. de Gestas.

87. — L'acquéreur est-il recevable à attaquer, par la voie de la tierce-opposition un jugement rendu contre son vendeur et qui préjudicie à ses droits? Il faut distinguer. Si l'acquéreur l'est devenu avant le procès, le vendeur n'ayant plus de droits lors de l'achat, ne représentait pas son vendeur, et celui-ci peut, par conséquent, former tierce-opposition. — *Cass.*, 10 août 1807, Weiss c. Gotteville; 21 fév. 1816, Havas, et Rivel c. Chauvel; 31 mai 1837 (t. 2 1837, p. 357), comm. de Vernoy c. Hoirol; *Douai*, 15 juin 1820, Deleau c. Gorillot; *Poitiers*, 2 mars 1832, Chereau c. Leclerc; — Pigeau, *Comment.*, t. 2, p. 61; Chauveau et Carré, quest. 1710e *ter*; Proudhon, *Droit d'usufruit*, t. 3, p. 325, no 1353; Thomine-Desmazures, t. 1er, p. 724. — *Contrà Paris*, 29 prair. an X, Menier c. Bourgmalon. — Poncet, t. 2, no 401.

88. — Spécialement, l'acquéreur n'est pas représenté par son vendeur dans une action en résolution de vente et en déguerpissement introduite postérieurement à l'époque où il est devenu propriétaire. — *Cass.*, 20 avr. 1836, Guillemet c. Sue.

89. — Jugé aussi que celui qui, antérieurement à l'action en résolution d'une donation, a acheté du donataire les biens objets de cette donation, est recevable à former tierce-opposition au jugement qui prononce cette résolution. Il ne peut être réputé avoir été représenté par son vendeur dans l'action en résolution. — *Cass.*, 5 janv. 1846 (t. 1er 1847, p. 221), Guérard c. Petit.

90. — Mais, de ce que l'acquéreur a connu la contestation existant entre son vendeur et un tiers, relativement à l'immeuble vendu, de ce qu'il a même été son conseil et son avocat, on peut conclure que le jugement a, contre cet acquéreur, la force de la chose jugée, et que, par suite, il n'est pas recevable à l'attaquer par tierce-opposition. Du moins, le tribunal a pu le décider ainsi, sans violer l'art. 474, C. proc., surtout s'il a reconnu que la vente était simulée. — *Cass.*, 16 fév. 1830, Gaffori c. duc de Padoue.

91. — Si l'acquéreur devient tel dans le cours d'un procès engagé contre son vendeur, par exemple durant une instance en revendication de l'immeuble vendu, il ne peut former tierce-opposition à l'arrêt jugeant, après la vente, que le vendeur n'était pas propriétaire de l'immeuble, encore bien que cet arrêt ait été précédé d'une reprise d'instance à laquelle l'acquéreur n'a pas été appelé. — *Liége*, 5 décembre 1812, Gerandon c. Schipps : — Pigeau et Chauveau, *loc. cit.*; Proudhon, nos 1338 et suiv. — V. Cependant Carré, quest. 1710.

92. — Jugé toutefois que l'acquéreur qui a été mis en possession ne peut être considéré comme représenté par son vendeur, et qu'il est recevable à former tierce-opposition au jugement rendu contre ce dernier postérieurement à la vente, encore que le procès fût engagé antérieurement. — *Bordeaux*, 19 août 1839 (t. 2 1840, p. 720), Perrocheau c. Belly.

93. — Si l'acquéreur est devenu tel après le procès terminé, il ne peut, à plus forte raison, former tierce-opposition au jugement rendu contre son vendeur, à moins qu'il ne soit établi que ce dernier a colludé avec son adversaire. — *Rouen*, 15 thermid. an X, Gouy c. Malherbe; *Cass.*, 10 août 1807, Weiss c. Gotteville. — V. aussi *Cass.*, 11 déc. 1834, Rousselle c. Boyer.

94. — Mais, dans le cas où l'immeuble vendu deviendrait ultérieurement l'objet d'un procès, l'acquéreur ne serait pas valablement représenté dans ce procès par son vendeur. Toutefois, s'il est constaté en fait que le procès soutenu depuis la vente l'a été en réalité par l'acquéreur et dans ses intérêts, les juges peuvent, sans qu'il y ait ouverture à cassation, décider que l'acquéreur a été représenté par son vendeur; et alors l'acquéreur n'est pas recevable à former tierce-opposition aux jugemens rendus avec ce dernier. — *Cass.*, 2 mai 1811, Dupont c. N...

95. — Jugé que l'acquéreur ne peut former tierce-opposition au jugement rendu avec son vendeur après la vente et prononçant la résolution pour défaut de paiement du prix. — *Grenoble*, 30 juin 1818, Mallet c. Pradelle.

96. — Mais l'acquéreur d'un immeuble peut former tierce-opposition aux jugemens rendus contre le vendeur depuis la vente. — *Cass.*, 11 mars 1834, d'Est c. Marcus.

97. — Le sous-acquéreur ne peut être considéré comme représenté par son vendeur dans les procès engagés avec ce dernier au sujet de la chose vendue; en conséquence, il est recevable à former tierce-opposition au jugement qui prononce contre celui-ci la résolution de la première vente au profit du vendeur primitif. — *Bordeaux*, 6 juill. 1841 (t. 2 1841, p. 348), Galand c. Maillard.

98. — Il a été jugé que l'acquéreur des biens d'une succession, au partage de laquelle il n'est pas intervenu, ne peut former tierce-opposition à l'arrêt qui juge des contestations relatives à ce partage entre les héritiers. — *Limoges*, 13 fév. 1816, Monaud c. Michon.

99. — Jugé encore que l'acquéreur d'un immeuble, troublé dans sa possession par le fait du cohéritier de son vendeur, qui vient s'emparer de cet immeuble, en vertu d'un arrêt portant autorisation pour lui de prendre une certaine valeur en fonds de terre sur la quote-part de biens héréditaires attribuée à son cohéritier, n'est pas recevable à former tierce-opposition à cet arrêt, alors surtout que la vente à lui consentie est postérieure en date à l'arrêt dont s'agit. — *Agen*, 21 fév. 1810, Guignard c. Grenouilleau.

100. — L'acquéreur de la portion d'un copartageant est, comme un créancier de celui-ci, non-recevable à former tierce-opposition au jugement qui pose les bases du partage, s'il n'a pas fait opposition avant que le partage fût commencé. — *Riom*, 11 fév. 1830, Brousse c. Cayrou.

101. — L'adjudicataire qui, conformément au cahier des charges, a payé le prix de son acquisition dans les mains du notaire chargé de procéder à la vente, est recevable à attaquer par la tierce-opposition un état de collocation arrêté entre les créanciers, et qui aurait pour objet de lui faire payer une seconde fois le prix de son adjudication. — *Cass.*, 12 déc. 1821, Trésor c. Nottinger; 4 nov. 1845 (t. 1er 1846, p. 194), Attenville c. Miod.

102. — L'acquéreur d'un immeuble sur lequel il a été pris inscription, pour la conservation d'un capital formant l'objet d'une substitution, est recevable à former tierce-opposition à un jugement homologatif d'une délibération du conseil de famille qui lui ordonne de payer, alors qu'il se fonde sur des faits tendant à prouver qu'il y a eu collusion au préjudice des mineurs appelés à recevoir le capital substitué. — *Angers*, 17 juin 1825, Thibault c. Danso.

103. — Celui qu'un acquéreur a déclaré son command, en vertu de la réserve qu'il s'en était faite par le contrat d'acquisition, peut former tierce-opposition au jugement qui, depuis et contradictoirement avec le vendeur, a déclaré le contrat d'acquisition frauduleux et nul, parce que le mandataire qui fait la déclaration de command n'a pas qualité pour plaider sur la validité de l'acquisition. — *Cass.*, 10 août 1807, Weiss, c. Gotteville. — Merlin, *Rép.*, vº *Tierce-opposition*, art. 4; Carré et Chauveau, quest. 1711.

104. — Le cessionnaire d'une créance hypothécaire inscrite est recevable à se pourvoir par tierce-opposition contre le réglement définitif auquel il n'a pas été appelé et qui lui porte préjudice, s'il a fait signifier son transport de créance. — *Paris*, 21 mai 1835, Robin-Grandin c. N...

105. — Le cessionnaire est recevable à former tierce-opposition aux jugemens rendus contre son cédant, postérieurement à la signification du transport, alors même que la cession n'aurait eu lieu que depuis le procès commencé, si toutefois il est constant qu'il n'a pas eu connaissance du procès. — *Colmar*, 11 mai 1811, Roos c. Rietling.

106. — Jugé cependant qu'un cessionnaire ne peut former tierce-opposition au jugement rendu contre son cédant. — *Riom*, 8 juin 1819, Carle c. Valicon.

107. — Mais un cocessionnaire d'un marché et codébiteur d'une lettre de change ne peut former tierce-opposition au jugement rendu contre son codébiteur. — *Paris*, 20 mars 1809, Baron et Audibert c. Vandervelde.

108. — Un cédant ne peut former tierce-opposition contre un jugement rendu avec son cessionnaire. — *Agen*, 13 juin 1833, Daubas c. Lajoie.

109. — Un fermier n'est pas recevable à former tierce-opposition à un arrêt qui condamne son bailleur sur une question de propriété, surtout lorsqu'il a eu connaissance de l'instance terminée par cet arrêt. — *Rennes*, 23 déc. 1812, Besnard c. Chevetel. — Chauveau sur Carré, quest. 1720.

110. — Le sous-locataire est valablement représenté par le locataire principal dont il tient ses droits, dans l'instance introduite par le propriétaire en résiliation du bail primitif. En conséquence, le sous-locataire expulsé, par suite de la résiliation du bail principal, ne peut attaquer par voie de tierce-opposition le jugement qui a prononcé a cette résiliation. — *Paris*, 11 nov. 1812, Cillat c. Conasse; *Bordeaux*, 3 déc. 1841 (t. 1er 1842, p. 321), Desverges c. de Bonnetot. — V. cependant Chauveau sur Carré, quest. 1720 *bis*.

111. — L'usufruitier est recevable à attaquer par la tierce-opposition le jugement qui dépouille le nu-propriétaire de l'objet dont il jouit, à la condition que la concession de l'usufruit soit antérieure à l'instance. Les droits d'usufruit et de propriété étant distincts, on ne peut dire que l'usufruitier ait été représenté par le nu-propriétaire. — Chauveau sur Carré, quest. 1720; Proudhon, *Usufruit*, t. 3, nº 1325.

112. — Le vendeur ne peut former tierce-opposition au jugement qui a dépouillé l'acquéreur; seulement il pourra faire valoir contre ce dernier tous les moyens propres à démontrer que la vente devait recevoir son exécution. — *Douai*, 20 juill. 1816, Hanquez c. comm. de Lacres.

113. — Il est de principe que ce qui est jugé avec un débiteur l'est avec ses créanciers (art. 1322, C. civ.), à moins qu'il n'y ait eu dol ou fraude; en d'autres termes, les créanciers sont les ayant-cause du débiteur; ils ne peuvent donc former tierce-opposition au jugement rendu avec celui-ci. — Poncet, t. 2, p. 109; Pigeau, *Comm.*, t. 2, p. 60; Thomine-Demazures, t. 1er, p. 714; Carré et Chauveau, quest. 1713. — V. AYANT-CAUSE, nos 1er et suiv.

114. — Décidé, en conséquence, que les créanciers hypothécaires, pas plus que les créanciers chirographaires, ne peuvent attaquer par tierce-opposition les jugemens rendus avec leur débiteur, alors qu'ils n'allèguent ni dol, ni collusion, ni mauvaise foi; et cela, alors même que ces jugemens ordonneraient le délaissement des immeubles sur lesquels reposerait leur hypothèque. — *Turin*, 3 mai 1809, Nisca c. Fanjola; *Paris*, 20 mars, 1810, Guyot Mouton c. de Grandon; *Aix*, 4 juill. 1810, Coullange c. Tronchet; *Rennes*, 4 juin 1811, N..., et 20 juin 1821, Lacour c. Jacob; *Nîmes*, 14 avr. 1812, Lafare c. Charcot; *Toulouse*, 21 avr. 1819, Maurette c. Teyssèdre; 17 août 1819, Lafont Bartet c. Bernard; *Bourges*, 7 mars 1823, Dupin c. Béfara; 21 août 1826, Brochart c. Bulteau Delbarre; 27 juin 1822, Déseglise c. Gendre, et 7 mars 1823, Dupin c. Béfara; *Lyon*, 2 mars 1825, Lafoy; *Riom*, 3 août 1826, Serviant c. Longevialle; *Paris*, 3 fév. 1832, Dumas de Polart c. Duhamel; *Cass.*, 3 juill. 1832, Darriule c. Huard; 26 mai 1841 (t. 2, 1841, p. 375), Heurtaux c. Lebec et Allegret; *Bordeaux*, 8 août 1833, Martin c. Griffon; 12 juill. 1847 (t. 2, 1847, p. 561), Moreau c. Plumejean et Foucauld. — Il en était de même sous l'ordonn. de 1667. — *Cass.*, 12 fruct. an IX, Leforestier c. Godet.

115. — Spécialement, la femme créancière hypothécaire de son mari ne peut attaquer par voie de tierce-opposition des jugemens rendus contre e débiteur qui est censé la représenter. — *Riom*, 3 août 1826, Servant c. Longevialle.

116. — Un créancier hypothécaire ne peut surtout former tierce-opposition à un jugement relatif à l'interdiction de son débiteur. — *Poitiers*, 1er fév. 1842 (t. 1er 1842, p. 749), Robain c. Bauré.

117. — Le créancier d'un héritier ne peut, du chef de cet héritier, former tierce-opposition à l'arrêt rendu entre lui et les créanciers de la succession, et qui le déclare déchu du bénéfice d'inventaire. — *Cass.*, 11 juin 1822, Bourgeois c. Lemaire.

118. — Les héritiers du mari représentent ses créanciers dans une instance formée par la femme en remboursement de ses reprises matrimoniales, et, par suite, les créanciers sont non-recevables à former tierce-opposition au jugement rendu entre les héritiers et la femme de leur débiteur, bien que ce jugement préjudicie à leurs droits, lorsqu'ils n'allèguent ni fraude ni dol. — *Agen*, 1er mai 1830, Goubil c. Doat-Roseau.

119. — L'héritier bénéficiaire représente les créanciers du défunt, de telle sorte que ceux-ci ne peuvent former tierce-opposition aux jugemens rendus avec lui. — *Nîmes*, 8 fév. 1832, Martin c. Bezard et Germain.

120. — Un créancier ne peut, non plus, attaquer par tierce-opposition un arrêt rendu entre son débiteur et un autre créancier, lors duquel le premier prétendait faire déclarer que toutes les obligations qu'il avait pu souscrire devaient demeurer sans effet. — *Montpellier*, 9 juin 1823, Bourrel c. Sarrazi-Cazeaux.

121. — La tierce-opposition formée par un créancier au jugement rendu en faveur d'un autre créancier est non-recevable, lorsque la décision attaquée ne change en rien la position du demandeur vis-à-vis du débiteur commun. — *Cass.*, 9 juin 1847 (t. 1er 1847, p. 690), Trésor public c. Séguin.

122. — Le créancier d'une succession acceptée sous bénéfice d'inventaire qui, après avoir formé opposition à la levée des scellés hors de sa présence, et assisté à la levée des scellés, ainsi qu'à l'inventaire, n'a fait depuis ni saisie, ni opposition, ni demande, est non recevable à former tierce-opposition à un jugement qui accorde régulièrement à un des créanciers de la succession une partie de la succession en paiement de sa créance. En pareil cas, ce créancier est réputé représenté par l'héritier bénéficiaire. — *Cass.*, 10 nov. 1828, Trésor public c. Rœttiers-Duplessis.

123. — La tierce-opposition n'est point ouverte aux créanciers contre les jugemens rendus avec le curateur à la succession vacante. Mais le créancier hypothécaire du défunt peut attaquer par tierce-opposition le jugement qui autorise le curateur à vendre un immeuble échu au lot de la succession vacante, pour acquitter les frais de partage mis à sa charge. — *Pau*, 28 mai 1834, Picard c. Guilhembernard.

124. — Le créancier qui n'a pratiqué une saisie sur l'immeuble frappé d'inscription à son profit que dans le cours d'une instance relative à la propriété de cet immeuble, et qui, après la saisie, n'a pas été appelé au procès, est non-recevable à former tierce-opposition au jugement qui dépouille son débiteur, s'il n'est établi contre ce dernier aucun fait de dol et de fraude. — *Cass.*, 3 fév. 1836, Lecussan c. Cazeneuve.

125. — Jugé que le débiteur ne représente pas valablement ses créanciers hypothécaires dans les contestations relatives au réglement de ses droits indivis dans l'immeuble hypothéqué, et que, dans ce cas, les créanciers hypothécaires peuvent former tierce-opposition aux jugemens rendus en leur absence, même sans fraude, contre leur débiteur, lorsque, par l'effet de ces jugemens, leur gage se trouve diminué. — *Paris*, 24 mars 1834, Roger c. d'Hubert.

126. — Le créancier hypothécaire peut surtout former tierce-opposition à un jugement rendu avec son débiteur, lorsqu'il préjudicie à ses droits, s'il a à opposer à la prétention accueillie par ce jugement des moyens qui lui sont propres, et que ce dernier ne pouvait faire valoir. — *Cass.*, 9 déc. 1835, Périer c. Veyrassat.

127. — Un créancier hypothécaire peut former tierce-opposition aux jugemens rendus postérieurement à l'adjudication préparatoire, et concernant la propriété des biens saisis. — *Pau*, 18 déc. 1834, Lajusan-Lafont c. Passicousset.

128. — ... Ou bien au jugement rendu entre le saisissant et la partie saisie, qui convertit la saisie en vente sur publications volontaires, et au jugement d'adjudication qui en a été la suite, lorsqu'il est établi que ces jugemens, auxquels il n'a été ni appelé ni représenté, lui causent un préjudice. — *Paris*, 30 avr. 1834, Delespinatz c. Michel et Dutartre.

129. — ... Ou encore au jugement qui a prononcé, au préjudice de son débiteur, la résolution de la vente de l'immeuble que celui-ci lui a hypothéqué. — Du moins, ne viole aucune loi l'arrêt qui, pour le décider ainsi, se fonde, entre autres motifs, sur ce que la propriété des biens compris dans la vente était déjà notoirement incertaine sur la tête de l'acquéreur, à l'époque où les créanciers qui se portent tiers-opposans ont imprudemment accepté la cession des créances hypothécaires auxquelles étaient affectés les biens dont il s'agit. — *Cass.*, 16 juill. 1834, Baloffet c. Daviot.

130. — ... Ou à celui qui, hors sa présence, et sans qu'il y ait été appelé, déclare que son débiteur n'a pas été propriétaire de l'immeuble qu'il lui a hypothéqué. — *Paris*, 27 mars 1824, Noël, Deblée c. Decroos.

131. — ... Ou qui prononce, contre son débiteur, l'envoi d'un tiers créancier en possession des biens affectés à son hypothèque, alors surtout que cette tierce-opposition a pour objet, non de faire rétracter l'envoi en possession, mais de le faire participer, lui créancier, au bénéfice de cet envoi. — *Caen*, 30 mai 1827, Pouganne c. Dollé.

132. — ... Ou à celui rendu contre le curateur au bénéfice d'inventaire d'une succession, si ce jugement a préjudicié à son hypothèque. — *Rennes*, 24 mai 1821, Le Calvé c. Quénot.

133. — Mais, hors le cas de collusion, la tierce-opposition formée par le créancier hypothécaire aux jugemens rendus contre son débiteur n'est pas recevable s'il ne propose pas des exceptions qui lui soient personnelles. — *Rennes*, 7 mars 1820, Chiron de Kerlaly c. Guillet de la Brosse.

134. — Jugé encore que lorsque, par un jugement rendu avec un débiteur, l'un de ses créanciers hypothécaires obtient la priorité (par exemple, par voie de subrogation) sur d'autres créanciers, alors inscrits, ceux-ci peuvent former tierce-opposition à ce jugement. — *Cass.*, 22 juin 1825, Bedarrides c. Fumagalli.

135. — ... Que tout créancier, inscrit dans l'intervalle de la radiation d'une inscription à l'arrêt qui en ordonne le rétablissement, a droit de former tierce-opposition à cet arrêt. — *Paris*, 15 avr. 1811, Duval c. Saint-Martin.

136.—Les créanciers du père ne peuvent former tierce-opposition aux jugemens qui fixent le droit des enfans dans la communauté, lorsque le partage et la licitation antérieurs à ce jugement n'étaient que provisionnels. — *Paris*, 17 mai 1814, Steculorum c. Lafontaine.

137. — Les créanciers chirographaires peuvent aussi former, dans le cas de collusion, tierce-opposition aux jugemens rendus contre leur débiteur. Mais cette voie ne leur est pas ouverte contre le jugement passé en force de chose jugée qui maintient la vente volontaire d'un immeuble arguée de nullité par les créanciers hypothécaires de leur débiteur.—*Paris*, 19 janv. 1808, Lafeuillade c. Dumard.— *Contrà* Chauveau sur Carré, quest. 1715 *bis*.

138.—Jugé aussi qu'un créancier chirographaire, même privilégié, n'ayant pas le droit de contraindre un créancier hypothécaire à restituer les sommes qu'il a reçues par suite d'une collocation définitive dans un ordre, ne doit pas être admis à former tierce-opposition au jugement d'ordre.— *Cass.*, 29 janv. 1835, Thévenard c. Barré de Saint-Venant.

139.—Sur le point de savoir si les syndics représentent la masse des créanciers et si ceux-ci peuvent attaquer par tierce-opposition les jugemens rendus avec eux, V. FAILLITE, n°s 903 et suiv., 910 et suiv., et 1798.

140.—Jugé que des créanciers d'un débiteur en faillite sont non recevables à former individuellement tierce-opposition à un jugement rendu contre ce débiteur. — *Paris*, 14 mai 1812, Meynard c. Ragouleau.

141. — Les créanciers d'un courtier de commerce tombé en faillite sont mal fondés à attaquer par tierce-opposition un jugement par défaut qui a prononcé, au profit du vendeur de la charge de ce courtier, la résolution du contrat de vente, faute de paiement du prix. — *Paris*, 6 août 1824, Besson c. Tartairon.

142. — Jugé, au contraire, que les créanciers d'un failli, et surtout les créanciers hypothécaires, ne sont pas tellement représentés par les syndics de la faillite, qu'ils ne puissent former tierce-opposition à un jugement rendu avec les syndics, lorsqu'ils ont intérêt à l'attaquer.—C. procéd., art. 474 — *Limoges*, 15 juin 1813, N...

143. — Des liquidateurs ou représentans d'une masse de créanciers ne sont pas recevables à former tierce-opposition aux jugemens obtenus sans collusion ou fraude contre le débiteur commun, à une époque où celui-ci jouissait de l'intégralité de ses droits. — *Paris*, 3 fév. 1834, Ouvrard c. Cecconi.

144.—Jugé aussi que les syndics d'une faillite ne peuvent attaquer par la tierce-opposition un jugement arbitral rendu avec leur débiteur, à une époque où il avait encore le libre exercice de ses droits, lorsqu'ils ne prouvent pas qu'il y a eu dol commis à leur préjudice. —*Angers*, 22 mai 1829, Lantaigne c. Moreau.

145.— Le débiteur principal sur qui un immeuble a été vendu ne peut former tierce-opposition au jugement d'adjudication préparatoire rendu avec le curateur au délaissement de cet immeuble. — *Paris*, 10 janv. 1835, Gentil c. Firmin.

146. — Le coobligé non solidaire peut attaquer par la tierce-opposition le jugement de condamnation rendu contre son coobligé. Mais le même droit n'appartient pas au coobligé solidaire.—*Paris*, 20 mars 1809, Baron c. Vandervelde; *Toulouse*, 18 janv. 1827, De Cahusac c. Raffit.—Carré et Chauveau, quest. 1718.

147. — Mais le vendeur d'un immeuble, coobligé solidaire avec ses acquéreurs au paiement des frais, déboursés et honoraires dus au notaire qui a passé l'acte de vente, est recevable à former tierce-opposition au jugement qui a condamné les acquéreurs au paiement de ces frais, déboursés et honoraires, et dont le notaire réclame l'exécution contre lui. On ne peut pas lui opposer l'autorité de la chose jugée, en ce qu'il aurait été représenté dans l'instance par ses coobligés solidaires à la même dette. Au fond, ce tiers opposant peut se prévaloir de toutes les exceptions qui lui sont personnelles, ou qui sont communes à tous les codébiteurs: on doit considérer comme telle l'exception tirée du paiement qui aurait eu lieu au profit du notaire, soit directement, soit au moyen d'une imputation avec des sommes touchées par lui pour le compte des acquéreurs dont il était l'associé. — *Cass.*, 29 nov. 1836, Guiffrey c. Bégis.

148. — La caution ne peut, de son chef, interjeter appel du jugement rendu au profit du créancier contre le débiteur principal, lorsque ce jugement a acquis contre ce dernier l'autorité de la chose jugée; mais elle peut agir par la tierce opposition, si elle allègue des exceptions personnelles. — *Cass.*, 27 nov. 1811, Borel c. Duchêne; *Grenoble*, 18 janv. 1832, Barril c. Buffevent et Ginet. — V. CAUTIONNEMENT, n°s 291 et 292.

149. — Jugé aussi que lorsqu'il est déclaré en fait qu'un arrêt d'expédient a été le résultat d'un concert frauduleux entre le débiteur principal et ses créanciers, des tiers, cautions, peuvent être admis à former opposition à ces arrêts et replacés dans l'état où ils étaient avant la prononciation.— *Lyon*, 8 août 1832, Roussel c. Boyer; *Cass.*, 11 déc. 1834, mêmes parties.

150. — La caution de l'adjudicataire d'une coupe de bois n'a pas qualité pour former tierce opposition à un jugement rendu contre l'adjudicataire. — *Grenoble*, 14 juill. 1838 (t. 1er 1847, p. 97), Forêts c. Brun. — Curasson, *C. forest*, t. 1er, p. 205; Meaume, *C. forest.*, t. 1er, p. 238, n° 142.

151. — Le garant de la vente d'un immeuble peut, lorsqu'il n'est plus recevable à former de son chef tierce-opposition à des jugemens qui évincent l'acquéreur, être considéré comme caution de ce dernier et être déclaré, comme tel, habile à former tierce-opposition au nom et du chef du garanti. — *Cass.*, 18 nov. 1828, Janvre c. Dupont.

152. — Le garant qui vient prendre fait et cause pour le garanti peut être déclaré non recevable à former tierce-opposition à un jugement rendu avec ce dernier, s'il est reconnu que le garant n'est pas resté étranger au système de défense développé par le garanti, lors de ce jugement, et que l'action provenait d'un fait personnel au garant. — *Cass.*, 29 déc. 1841 (t. 1er 1842, p. 498), Roussel et de Belvey c. Enregistrement.

153. — La partie qui a été présente à un jugement ou à un arrêt, mais qui n'a pas pris de conclusions, peut y former tierce-opposition du chef de ses garantis auxquels on veut l'appliquer et qui ont déclaré s'en rapporter à la justice. — *Amiens*, 26 mars 1825 (sous *Cass.*, 14 fév. 1826), Choquet c. Douzenel.

154. — Jugé encore que la tierce-opposition du garant au jugement rendu hors sa présence, dans une instance liée avec lui au possessoire, et son intervention sur l'appel de ce jugement, sont recevables. — *Cass.*, 18 janv. 1832, comm. d'Heilly c. Cordier.

155. — Le garanti qui, poursuivi en vertu d'un jugement lors duquel il n'avait point été appelé, a mis en cause son garant, peut, s'il a déclaré uniquement s'en rapporter à justice sur la tierce-opposition formée à ce jugement du chef de ce dernier, former à son tour tierce-opposition au même jugement, nonobstant l'arrêt qui déclare celle du garant non recevable. — *Cass.*, 18 nov. 1828, Janvre c. Dupont.

156. — Un associé ne peut, à moins de désaveu des mandataires et avoués qui ont représenté la société, former tierce-opposition aux jugemens rendus contre la société. Il est légalement présumé avoir été partie aux jugemens. — *Paris*, 11 mars 1835, Braff c. Arnault et Fournier.

157. — Le copropriétaire d'une usine exploitée en commun ét nt nécessairement et légalement représenté par son associé ne peut former tierce-opposition à un jugement rendu contre ce dernier. — *Cass.*, 19 fév. 1835, Maurel.

158.—Cependant, lorsqu'il s'agit de liquider une société de commerce, tout associé ou son représentant doit être appelé à la formation du tribunal arbitral et à tous jugemens qui statuent sur le pouvoir des arbitres, et il peut former tierce-opposition à ces jugemens, s'il n'a pas été appelé. — *Cass.*, 28 mars 1827, Milan c. Teston.

159. — L'individu condamné en qualité d'administrateur d'une société ne peut former tierce-opposition au jugement en son nom personnel.— *Metz*, 6 janv. 1818, Germain c. Matheline.

160. — Le sous-traitant d'un associé ne peut former tierce-opposition aux jugemens qui autorisent les autres associés à poursuivre la liquidation de leur société. — *Paris*, 16 sept. 1809, Lasne c. Corpman.

161. — Le mari peut former tierce-opposition au jugement qui condamne sa femme à payer une obligation qu'elle a contractée sans son autorisation, bien qu'il ait été cité lors de ce jugement, mais seulement pour autoriser sa femme à ester en justice. On ne peut soutenir en ce cas, et lorsque d'ailleurs cette autorisation a été donnée par la justice, qu'il ait été partie au jugement.—*Montpellier*, 27 avr. 1831, Hostalier c. Andrieux.

162. — Une femme ne peut former tierce opposition à un arrêt rendu contre son mari, lorsqu'elle a figuré, avec ce dernier, dans un précédent arrêt qui présentait la même question à juger, et lorsque d'ailleurs un arrêt postérieur a ordonné, contradictoirement avec elle, l'exécution de celui qu'elle attaque. — *Paris*, 9 juin 1812, Selves c. Boudard.

163. — La femme ayant une hypothèque légale sur les biens de son mari est non recevable à former tierce-opposition à un jugement qui envoie un tiers en possession de ces biens, quoiqu'elle n'ait été ni présente ni appelée à ce jugement, si son mari a invoqué, dans l'instance, les droits résultant de l'hypothèque légale de sa femme. — *Cass.*, 2 mars 1831, Boissel c. Lemoine. — Mais la tierce-opposition eût été recevable si le mari eût excédé la limite de ses pouvoirs; car, en ce cas, la représentation aurait cessé. — Bioche et Goujet, *Dictionn. de procéd.*, v^o^ *Tierce-opposition*, n° 25.

164. — Sous la coutume de Namur, la signification d'un arrêt faite au mari rendait la femme non recevable à former une tierce-opposition. — *Bruxelles*, 30 prair. (et non fruct.) an XIII, Linois c. Lambru.

165. — Une commune qui a procédé en première instance par son maire, sans être autorisée, et même à qui l'autorisation exigée par le tribunal a été ultérieurement refusée par l'administration, est recevable à former tierce-opposition à l'arrêt rendu sur l'instance d'appel dans laquelle elle n'a point figuré, si cet arrêt préjudicie aux droits de propriété qu'elle réclamait sur l'immeuble en litige. — *Cass*, 27 janv. 1830, comm. de Marval c. Rouilhac et Coperie.

166. — La commune non autorisée contre laquelle il a été rendu un jugement de débouté de l'opposition formée par son maire à un jugement par défaut n'a pas été valablement partie à ce jugement, et peut l'attaquer par la voie de la tierce-opposition. — *Bourges*, 7 mars 1835, comm. de Moulins-sur-Yèvre c. comm. d'Osmoy.

167. — Mais une commune ne peut, après avoir acquiescé au jugement qui l'a condamnée, conjointement avec un tiers, au délaissement d'un héritage, former tierce-opposition à l'arrêt, rendu sur l'appel de ce tiers, qui a confirmé le jugement de première instance, mais par de nouveaux motifs fondés sur l'examen de titres non produits devant le tribunal. — *Cass.*, 20 janv. 1838 (t. 2 1838, p. 144), comm. de Marval c. Coperie et Rouilhac.

168. — L'acquiescement au jugement ou arrêt susceptible de tierce-opposition constitue une fin de non recevoir. Ainsi, doit être rejetée la tierce-opposition incidemment formée à un jugement qu'on a connu et qu'on a laissé exécuter. — *Paris*, 18 avr. 1833, Montholon c. Aghiony.

169. — Un arrêt qui aurait été exécuté volontairement, quoique sous toutes protestations et réserves de droit, ne pourrait plus être attaqué par tierce-opposition. — *Paris*, 10 avr. 1810, Marnois c. Solliers.

170. — Mais la partie qui forme tierce-opposition à un seul chef d'un jugement, mais en déclarant qu'elle fait toutes ses réserves, ne doit point être réputée acquiescer aux autres dispositions de ce même jugement. Par conséquent, elle peut, par la suite, les attaquer par la même voie. — *Pau*, 28 mai 1834, Picard c. Guilhembernard.

171. — Lorsqu'un jugement a ordonné que la vente du bien d'un mineur aurait lieu, à la charge par l'adjudicataire de payer le douaire de la veuve mère du mineur; que cette veuve, comme poursuivant la vente, a signifié à tous les créanciers inscrits le cahier des charges avec la clause relative au douaire; que l'adjudication a été prononcée et l'ordre homologué à la charge de l'exécution de cette clause, les créanciers qui n'ont point interjeté appel des jugemens d'adjudication et d'ordre ne peuvent former tierce-opposition au premier jugement, bien qu'il ait été rendu avec un seul des créanciers. — *Cass.*, 25 août 1807, Auriol.

172. — Les offres faites par un possesseur sommé de déguerpir ne peuvent être considérées comme une renonciation à la tierce-opposition précédemment formée par ce possesseur à l'arrêt qui a ordonné le déguerpissement contre son vendeur. — *Cass.*, 20 avr. 1836, Guillemet c. Sue.

173. — Une partie ne cesse pas d'être recevable à former tierce-opposition à un jugement, par cela seul que dans ses conclusions elle a été déclarée n'avoir pas besoin de recourir à cette voie. — *Poitiers*, 2 mars 1832, Chereau c. Leclerc.

§ 4. — *Délai, compétence, procédure et jugement.*

174. — *Délai.* — Sous l'ordonnance de 1667, aucun délai n'était imparti pour former la tierce-opposition. — *Cass.*, 17 germin. an IV, Lesquier c. Née. — Et elle était recevable même après l'exécution du jugement. — *Cass.*, 26 frim. an IV, Roger c. Bouchainville.

175. — L'art. 474, C. proc. civ., est conçu dans les mêmes termes que ceux de l'art. 2 du tit. 35 de l'ordonnance. Un tiers pourra-t-il néanmoins conserver indéfiniment le droit de former tierce-op-

position ? Il n'est pas douteux d'abord que cette voie ne soit recevable tant que le jugement est susceptible d'exécution ; mais elle l'est même après que le jugement a été exécuté, tant que le tiers n'y a pas acquiescé expressément ou tacitement. — Demiau-Crouzilhac, p. 335 ; Thomine-Desmazures, t. 1er, p. 728 ; Poncet, t. 2, p. 145, nos 429 et 430 ; Carré et Chauveau, quest. 1725e. — V. cependant Pigeau, *Comment.*, t. 2, p. 58.

176. — Toutefois, la tierce-opposition doit, comme toute action, avoir un terme. Le législateur n'a pu vouloir, en effet, qu'il dépendît de la volonté d'un tiers de laisser incertains, d'une manière indéfinie, des droits consacrés par un jugement ou arrêt. La tierce-opposition devra donc être formée dans les trente ans, à partir de la date du jugement ou de l'arrêt, et ce délai est le même soit que la tierce-opposition soit principale, soit qu'elle soit incidente. — V. PRESCRIPTION, nos 71 et 784.

177. — Ainsi, jugé que la tierce-opposition incidente n'est recevable que dans les trente ans, à compter de la date du jugement ou de l'arrêt attaqué, et qu'autant qu'elle est formée par requête. — *Riom*, 13 juillet 1820, Vanduerne c. Demaistre. — Carré, quest. 1571e.

178. — Le délai fixé par l'art. 873, C. procéd., n'est point applicable à la tierce-opposition formée contre le jugement de liquidation des droits de la femme, postérieur au jugement de séparation de biens. — *Bordeaux*, 20 juin 1835, Ferchat c. Faure. — V. SÉPARATION DE BIENS.

179. — La partie à laquelle on a opposé un jugement en première instance peut, en appel, y former tierce-opposition. — *Colmar*, 19 déc. 1810, Lincourt c. Meyer.

180. — Mais la tierce-opposition incidente ne peut être formée pour la première fois en appel comme moyen de défense à l'action principale, lorsque le jugement contre lequel elle est dirigée avait déjà été produit en première instance. — *Colmar*, 12 janv. 1842 (t. 2 1842, p. 514), Nœppel c. Diemer.

181. — *Compétence.* — La tierce-opposition principale est portée au tribunal qui a rendu le jugement attaqué. Si la tierce-opposition est incidente à une contestation dont un tribunal est saisi, elle est portée à ce tribunal même, s'il est égal ou supérieur à celui qui a rendu le jugement ; dans le cas contraire, elle doit être portée à ce dernier tribunal. — C. proc. civ., art. 475 et 476.

182. — Une cour d'appel est compétente pour connaître de la tierce-opposition à un arrêt qu'elle a rendu. — *Cass.*, 16 fév. 1830, Gaffori c. duc de Padoue.

183. — Spécialement, la tierce-opposition à un jugement peut être formée devant les juges d'appel, lorsqu'ils sont juges supérieurs du tribunal qui a rendu le jugement. — *Paris*, 11 mai 1812, Renaud et Trabi fils c. Larchevêque.

184. — Toutefois, pour qu'un tribunal puisse connaître incidemment de la tierce-opposition, il faut qu'il soit compétent, *ratione materiæ*. Par exemple, un tribunal de commerce est compétent pour statuer sur la tierce-opposition formée à un jugement commercial, mais il ne l'est pas pour connaître de celle formée à un jugement civil. — Bioche, *Dict. de procéd.*, v° *Tierce-opposition*, n° 601 ; Carré et Chauveau, quest. 1730 ; Demiau-Crouzilhac, p. 337.

185. — De même, la tierce-opposition à un jugement de déclaration de faillite (qui ne peut émaner que d'un tribunal de commerce), n'est pas recevable devant un tribunal civil. — *Paris*, 30 mars 1833, Dureteste c. Thibout.

186. — Jugé aussi qu'on ne peut attaquer, par la voie de la tierce-opposition, devant un tribunal civil le jugement rendu par tribunal criminel. — *Paris*, 13 fructidor an X, Chevrier c. Benoist ; *Cass.*, 14 oct. 1806, Beuyeron c. Roger-Deschamps.

187. — Mais quand il s'agit d'une question de propriété ayant fait partie du domaine de l'état, les tribunaux sont compétens pour connaître de la tierce-opposition formée à des arrêts du ci-devant conseil du roi. La cour d'appel qui croirait devoir s'abstenir de statuer sur cette tierce-opposition devrait conséquemment refuser aussi de statuer sur le fond de la contestation. — *Cass.*, 12 août 1818, de Latour-Duligny c. Belbœuf.

188. — La tierce-opposition à un jugement qui a été confirmé par un arrêt de la cour d'appel peut n'être dirigée que contre le jugement seul, sans embrasser l'arrêt confirmatif ; et, dans ce cas, ce n'est pas devant la cour d'appel, mais devant le tribunal qui a rendu le jugement confirmé, que la tierce-opposition doit être portée. — *Bruxelles*, 9 avr. 1808, Scamp c. Debio ; *Florence*, 26 déc. 1809, N... ; *Douai*, 20 juill. 1816, Hauquez c. comm. de Lacres ; 4 janv. 1825, Gérard c. Dussard. — Chauveau sur Carré, quest. 1727.

189. — Jugé, au contraire, que la tierce-opposition à un jugement confirmé par arrêt doit être portée devant la cour qui a rendu cet arrêt et non devant le tribunal qui a rendu le jugement. — *Limoges*, 13 fév. 1816, Monaud c. Michon ; *Bourges*, 7 juill. 1824, Tenaille-Saligny c. d'Harthel ; *Paris*, 22 nov. 1825, Delormel c. Rubichon ; 11 mars 1835, Braff c. Arnault ; *Bordeaux*, 19 août 1839, Perrocheau c. Belly ; *Cass.*, 11 mai 1840 (t. 2 1840, p. 429), Pingot c. Mareille. — V. aussi, en ce sens, Carré ; *loc. cit.* ; Pigeau, *Comment.*, t. 2, p. 63 ; Poncet, t. 2, n° 418.

190. — Un tribunal n'a plus juridiction pour statuer sur une tierce-opposition formée contre un jugement par lui rendu, lorsque, depuis, il est intervenu un arrêt sur l'appel de ce jugement. — Peu importe que la tierce-opposition n'ait été formée que subsidiairement et incidemment à une demande en garantie. Il n'y a, dans ce cas, aucune distinction à faire entre les arrêts confirmatifs et les arrêts infirmatifs. A cet égard, la compétence est d'ordre public et doit être suppléée, même dans le silence des parties. — *Paris*, 22 juin 1846 (t. 2, 1846, p. 727), Joyeux c. d'Eckmuhl et Coutard.

191. — Lorsqu'il y a connexité entre trois jugemens frappés de tierce-opposition, et dont un seul a été frappé d'appel et confirmé par la cour d'appel, c'est devant elle que doit être portée la connaissance des trois tierces-oppositions. — *Bourges*, 28 déc. 1836, Feuillet c. Chatelain.

192. — Au surplus, un tribunal de première instance peut statuer sur la tierce-opposition formée contre un jugement qui a été infirmé en partie par un arrêt subséquent, si elle est dirigée contre le chef sur lequel la cour saisie de l'appel n'aurait pas eu à prononcer. — *Bordeaux*, 25 avr. 1833, Montaxier c. Sibilotte-Latour et Becette.

193. — Lorsqu'un jugement rendu en faveur de plusieurs parties a été confirmé, mais seulement à l'égard de l'une d'elles, les autres n'ayant point figuré en appel, la tierce opposition formée ultérieurement par un tiers, tant au jugement qu'à l'arrêt confirmatif, n'est pas de la compétence de la cour d'appel, mais de celle du tribunal civil, en ce qui concerne les parties qui n'ont pas été intimées. — *Bordeaux*, 3 août 1843, (t. 2, 1844, p. 442), Mayher c. Salomon.

194. — La cour d'appel saisie de la tierce-opposition dirigée contre un de ses arrêts est compétente pour juger au fond, et sans qu'il soit besoin de renvoyer devant le tribunal de première instance, les moyens employés par le tiers opposant, tels que la prescription, alors surtout que ces moyens ont fait, devant elle, l'objet d'une longue contestation. — *Cass.*, 31 mai 1837 (t. 2 1837, p. 357), comm. de Vernois c. Noirot.

195. — Le tribunal qui ne peut connaître de la tierce opposition qui lui a été déférée doit se borner à se déclarer incompétent, sans déclarer l'action non recevable. — *Paris*, 22 nov. 1825, Delormel c. Rubichon.

196. — *Procédure et jugement.* — La tierce-opposition principale, la tierce-opposition incidente portée à un tribunal autre que celui qui connaît de la cause, doivent être formées, à peine de nullité, par exploit à personne ou domicile, comme lorsqu'il s'agit d'introduire une instance. — Arg. art. 474 et 475, C. procéd. — Cette forme ne pourrait être suppléée. — Carré et Chauveau, quest. 1723.

197. — Ainsi, une tierce-opposition ne peut être formée par acte d'avoué à avoué. — *Turin*, 14 mai 1808, N....

198. — La forme de la requête ne peut être employée que lorsque le tribunal saisi de la contestation est compétent pour connaître de la tierce-opposition incidemment formée. — *Rennes*, 22 sept. 1818, N....

199. — Toutefois, il suffit, lorsqu'on s'est pourvu par action principale, qu'on l'ait fait par exploit à personne ou domicile. Cette action n'en est pas moins valable, quoique l'exploit ne contienne pas le mot *tierce*. — *Rennes*, 5 juin 1817, Admin. de la marine c. armat. du *Lucifer*.

200. — Le demandeur en tierce opposition, soit incidente, soit principale, doit appeler toutes les parties dénommées dans le jugement auquel il s'oppose. — *Besançon*, 16 juin 1809, Parandier c. Colombet.

201. — Si l'art. 475 indique la requête comme mode de former la tierce-opposition incidente, cette requête n'est pas cependant une formalité dont l'inobservation doive entraîner la nullité de la procédure. — Thomine-Desmazures, t. 1er, p. 727 ; Chauveau et Carré, quest. 1723. — Ainsi, la tierce-opposition est valable quoique formée à la barre, s'il n'y a point eu d'instruction ni de conclusions signifiées, alors surtout que les juges se sont décidés par des motifs étrangers au jugement qui était la base de l'action de la partie qui a obtenu la décision. — *Colmar*, 9 mars 1814, Lévy c. Hueber.

202. — On peut même former tierce-opposition incidente par simple libelle. — *Toulouse*, 18 août 1827, Delhom c. Caillau-Dordac.

203. — Mais des conclusions subsidiaires par lesquelles une partie déclare se porter, en tant que de besoin, opposante ou tierce opposante à un jugement où elle n'a point figuré, ne constituent point une action régulière, et le tribunal ne peut statuer sur une tierce-opposition de cette nature, parce qu'elle n'est point régulièrement formée. Ainsi, cette tierce opposition doit être écartée par une fin de non-recevoir, celui qui l'oppose n'ayant point attaqué par les voies légales le jugement qui a pu porter préjudice à ses droits. — *Orléans*, 22 nov. 1822, Etchégoyen c. Stabl ; — Chauveau et Carré, quest. 1723.

204. — En matière d'ordre, la tierce-opposition incidente ne doit pas être nécessairement formée par requête. — *Douai*, 23 mars 1831, Dupuis c. Vasseur.

205. — Une tierce-opposition est recevable lorsqu'elle est formée en ces termes : « sans s'arrêter au jugement du....., auquel le demandeur sera en tant que besoin reçu tiers opposant, ordonner, etc. » — *Metz*, 23 mars 1820, Nités c. Ailès.

206. — On ne peut convertir en tierce-opposition l'opposition simple formée contre un jugement par défaut. — *Nîmes*, 11 juin 1819, Chabert c. Pigeyre.

207. — La tierce-opposition incidente est dispensée du préliminaire de conciliation. — *Paris*, 29 prair. an X, Menier c. Bourgmalion. — Carré et Chauveau, quest. 1721.

208. — Mais la tierce-opposition principale est soumise à ce préliminaire. — *Paris*, 21 pluv. an X, Lemuet ; 5 pluv. an XI, Salmon c. Riolot.

209. — L'art. 166 serait applicable à l'étranger qui formerait tierce-opposition principale ; il devrait donc préalablement fournir caution. — Bioche, v° *Tierce-opposition*, n° 87. — Mais s'il ne formait qu'une tierce-opposition incidente, il nous semble qu'il ne devrait pas être soumis à la même obligation.

210. — Les demandes formées incidemment à une tierce-opposition doivent être jugées comme l'opposition elle-même. — *Cass.*, 12 brum. an X, comm. de Nehou c. Donessey.

211. — Les juges qui ont à statuer sur la tierce-opposition à un jugement qui a rescindé une vente pour cause de lésion, peuvent refuser d'ordonner une nouvelle expertise et prendre pour base de leur décision celle qui a été faite dans la première instance, lorsque les critiques dirigées contre cet acte leur paraissent mal fondées. — *Cass.*, 1er août 1820, Delage c. Beauregard.

212. — Le tiers-opposant à un arrêt ne peut, avant que sa tierce opposition soit jugée, intervenir dans une instance relative à l'exécution de cet arrêt. — *Paris*, 10 fructid. an XII, Leriche c. Laporée.

213. — Lorsqu'un tribunal a déclaré une tierce-opposition recevable et renvoyé la cause à une prochaine audience, pour être fait droit au fond, il ne peut, à cette audience, déclarer le tiers-opposant non recevable, sans violer la chose jugée ; et son nouveau jugement peut être attaqué par voie de cassation. — *Cass.*, 15 germin. an IX, Jeannin c. Bazin.

214. — Lorsque, sur une tierce-opposition formée par des légataires contre un arrêt qui attribue exclusivement à d'autres légataires le reliquat d'un compte, les juges ont ordonné la répartition du capital de ce reliquat entre tous les légataires, ils peuvent, à l'égard des intérêts, n'admettre les tiers opposans qu'au partage de ceux échus depuis l'instance de tierce-opposition. — *Cass.*, 22 août 1827, Banquet c. Vergers.

215. — Le rejet de la tierce-opposition entraîne une amende qui ne peut être moindre de 50 fr., sans préjudice des dommages et intérêts de la partie, s'il y a lieu (art. 479). Sous l'ordonnance de 1669, l'amende était de 150 fr. quand il s'agissait d'un arrêt, et de 75 fr. quand il s'agissait d'un jugement.

216. — Cette amende n'est encourue qu'en matière civile et non en matière criminelle. — *Cass.*, 25 août 1808, Deschampneuf. — Carnot, *Instr. crim.*, t. 1er, p. 621, n° 11 *in fine*.

217. — On a soutenu que l'amende ne peut excéder 50 fr., par la raison que si la loi a dit que l'amende ne serait pas moindre de 50 fr., elle n'a pas dit qu'elle pourrait être supérieure. — Boitard, t. 3, p. 191. — Mais l'opinion contraire doit prévaloir en présence des termes de l'art. 479, C. proc. civ. Lors de la préparation du projet du Code de procédure, plusieurs cours avaient demandé que

l'amende fût invariablement fixée. Mais il n'a pas été fait droit à cette réclamation. — Chauveau et Carré, quest 1734e; Merlin, *Rép.*, v° *Tierce-opposition*, § 5; Thomine-Desmazures, t. 1er p. 730.

218. — Les juges doivent prononcer d'*office* l'amende (art. 1029, C. proced. civ.). — V. lettre du ministre des finances du 4 mars 1826.

219. — Les syndics d'une faillite qui ont compromis l'intérêt de leur administration par de mauvaises procédures peuvent être condamnés personnellement, même d'office, aux dépens et à l'amende d'une tierce-opposition qu'ils ont formée. — *Cass.*, 25 mars 1823, Delaporte c. Taniel.

220. — Toutefois, l'amende ne peut être exigée qu'autant qu'elle a été prononcée. Elle n'est pas de droit. — Thomine Desmazures, t. 1er, p. 730; Carré et Chauveau, quest. 1734e.

221. — Il semble qu'on ne doit pas distinguer, pour l'application de l'amende, si la tierce-opposition a été rejetée par un moyen de forme ou par un moyen du fond. L'ordonn. de 1667 admettait cette distinction ; mais elle n'a pas été reproduite dans le Code de procédure. — V., en ce sens, Carré et Chauveau, quest. 1735e; Chauveau, *Tarif*, t. 2, p. 8, n° 27. — V. aussi APPEL, n°s 1672 et s. — Mais V. *contrà Bruxelles*, 9 avr. 1808, Scha c. Deblo ; — Pigeau, *Comm.*, t. 2, p. 65 ; Thomine-Desmazures, t. 1er, p. 730; Merlin, v° *Tierce-opposition*, § 4, n° 2.

222. — Celui qui a été débouté de sa tierce-opposition par le motif qu'elle frappait sur un jugement qui, faute d'avoir été exécuté dans les six mois de son obtention, était comme non avenu, n'est point, s'il ignorait ce défaut d'exécution, passible de l'amende de 50 fr. prononcée par l'art. 479, C. procéd. — *Paris*, 26 janv. 1810, Amory et Monnet c. Havard.

223. — Le jugement sur la tierce-opposition doit être susceptible d'appel, quelle que soit la valeur du litige. — Chauveau sur Carré, quest. 1730 ; Poncet, t. 2, n° 421 ; Merlin, *Rép.*, v° *Tierce-opposition*, § 4. — Ainsi, jugé spécialement que lorsqu'une tierce-opposition est incidente, le jugement qui la rejette peut être attaqué en appel, même lorsque la demande principale n'excède pas 1,000 fr. — *Besançon*, 16 juin 1809, Parandier c. Colombet. — *Contrà* Pigeau, *Comment.*, t. 2, p. 66.

224. — Les tribunaux de première instance n'ont pu surtout statuer en dernier ressort sur la tierce-opposition, dirigée contre une sentence arbitrale rendue en dernier ressort, sous l'empire de la loi du 10 juin 1793, si la demande avait pour objet la réintégration dans un immeuble d'une valeur indéterminée. — *Cass.*, 29 nov. 1820, comm. de Cirey c. Barthelat.

§ 5. — *Effets de la tierce-opposition.*

225. — La tierce-opposition incidente autorise le tribunal devant lequel le jugement attaqué a été produit, à surseoir à la décision du fond. Mais ce n'est là qu'une simple faculté qui lui est laissée. Il peut, suivant les circonstances, passer outre. — C. proc. civ., art. 477.

226. — L'art. 478, C. proc. civ., ajoute : « Les jugemens passés en force de chose jugée, portant condamnation à délaisser la possession d'un héritage, seront exécutés contre les parties condamnées, nonobstant la tierce-opposition et sans y préjudicier. — Dans les autres cas, les juges pourront, suivant les circonstances, suspendre l'exécution du jugement. »

227. — Ainsi, pour que l'exécution provisoire soit de droit, deux conditions sont exigées. Il faut : 1° qu'il y ait chose définitivement jugée ; 2° qu'il y ait condamnation ou délaissement d'un héritage. Si la première de ces conditions n'est pas remplie, les juges peuvent prononcer le sursis, encore bien que le jugement prescrive de délaisser un héritage. — Carré, quest. 1732 ; Demiau-Crouzilhac, p. 338.

228. — Peu importerait, dans cette hypothèse, que le jugement ordonnant le délaissement eût prononcé l'exécution par provision. L'art. 478 exige qu'il soit passé en force de chose jugée, pour que la tierce-opposition ne puisse arrêter le cours des poursuites. — Chauveau sur Carré, quest. 1732 bis. — *Contrà* Pigeau, *Comment.*, t. 2, p. 69.

229. — L'arrêté administratif pris à l'occasion d'une tierce-opposition à un arrêt contre le domaine, portée d'abord au conseil de préfecture, en conformité de l'art. 15 de la loi du 3 nov. 1790 ; et qui déclare que cet arrêt est passé en force de chose jugée par la prescription, n'est pas une décision obligatoire, mais un simple conseil d'administration intérieure. — Décision 27 déc. 1812, Guillebert.

230. — La disposition de l'art. 477, C. procéd., qui permet au tribunal devant lequel un jugement attaqué par la voie de la tierce-opposition est produit, de passer outre ou de surseoir suivant les circonstances, est applicable aussi bien au cas où ce tribunal n'est pas celui qui doit connaître de la tierce opposition, qu'au cas où c'est ce même tribunal qui doit en connaître. — *Bruxelles*, 14 juin 1828, H...

231. — Les juges ne peuvent, en s'appuyant sur un titre authentique dont la validité est contestée par la tierce-opposition, ordonner l'exécution provisoire de leur jugement. — *Montpellier*, 24 fév. 1835, Miquel c. Daudé.

232. — La tierce opposition ne peut, en règle générale, profiter qu'à la partie qui s'est pourvue par cette voie. Aucun doute surtout ne peut s'élever, à cet égard, pour le cas où la condamnation est divisible.

233. — La partie condamnée ne peut pas profiter de la tierce-opposition formée par une autre. — *Nimes*, 18 fév. 1807, Martial.

234. — La tierce opposition formée par l'un de plusieurs coïntéressés à un jugement rendu sur un objet divisible, ne profite point à ceux-ci. — *Cass.*, 28 août 1811, La Rivière c. Raynaud.

235. — Sous l'ord. de 1667, la tierce-opposition formée par un héritier ne profitait pas à ses cohéritiers. — Ord. 1667, tit. 27, art. 10, tit. 35, art. 2. — Il n'y avait exception à ce principe que dans le seul cas où il eût été absolument impossible d'exécuter le jugement rendu en premier lieu et celui intervenu sur la tierce-opposition. — *Cass.*, 15 pluv. an IX, Blancpoil c. Debrie.

236. — La tierce-opposition formée par un héritier à un jugement en dernier ressort profite aux cohéritiers contre lesquels il a été rendu, si l'objet de ce jugement est *indivisible*, de telle sorte qu'il soit impossible d'exécuter à la fois le premier jugement et le second. — *Cass.*, 6 fruct. an X, Darfeuil c. Dupont.

237. — Mais le tribunal saisi de la tierce-opposition pratiquée par un cohéritier à l'égard d'un jugement auquel il n'a pas été appelé, ne peut déclarer ce jugement non avenu à l'égard des autres parties qui l'ont exécuté. — *Cass.*, 23 germ. an VI, Debrye ; 21 vendém. an XI, mêmes parties. — Quoique rendues par application de l'ordonn. de 1667, ces décisions seraient encore parfaitement applicables aujourd'hui.

238. — La tierce-opposition formée par une partie qui n'a pas été appelée dans un jugement ne profite aux parties qui ont figuré dans l'instance qu'autant que l'objet de la contestation est indivisible et qu'il y a impossibilité d'exécuter le premier jugement et celui rendu sur la tierce-opposition. En conséquence, le mari est non recevable à interjeter appel du jugement qui, sur la tierce-opposition de ses créanciers, a annulé la séparation de biens prononcée au profit de sa femme. — *Orléans*, 24 déc. 1840 (t. 1er 1841, p. 356), Daudin c. de Courval.

239. — Jugé aussi que la tierce-opposition formée par une partie qui n'a point été dûment appelée dans un jugement ne profite aux parties qui ont figuré dans ce jugement qu'autant que l'objet du litige est tellement indivisible que l'exécution du jugement attaqué est absolument incompatible avec le résultat de la tierce-opposition, mais que, spécialement, l'objet du litige est divisible lorsqu'il s'agit de droits d'usage réclamés par différentes communes sur des bois divisés entre plusieurs acquéreurs depuis l'établissement de la servitude. — *Cass.*, 8 avr. 1829, Devault c. comm. de Bay.

TIERCEMENT.

1. — On appelait ainsi l'augmentation du tiers du prix d'une chose mise aux enchères, qu'on pouvait autrefois offrir, dans certains cas, pour se porter adjudicataire, alors même que l'adjudication avait été prononcée.

2. — L'ordonn. de 1669, sur les eaux et forêts, permettait le tiercement dans les ventes de bois ; elle permettait aussi le demi-tiercement, mais seulement sur un tiercement déjà fait. Enfin elle voulait qu'on pût d'une seule enchère faire le tiercement et le demi-tiercement, c'est-à-dire le doublement.

3. — Celui qui voulait offrir un tiercement ou un doublement devait en faire la déclaration au greffe ; il avait, pour cela, jusqu'à l'heure de midi du lendemain du jour où l'adjudication avait été prononcée. Il devait ensuite faire signifier, le même jour, ses offres de tiercement ou doublement aux adjudicataires et aux receveurs, en parlant à leurs personnes ou au domicile qu'ils avaient élu, sinon au greffe de la maîtrise. — Ordonn. 1669, tit. 15, art. 31 et 32.

4. — Un adjudicataire dans une vente de bois pouvait donc, le lendemain de l'adjudication, voir son droit remis en question, et se trouver en présence d'un tierceur et d'un doubleur. C'était entre eux, mais entre eux seulement, que de nouvelles enchères devaient avoir lieu. Ils étaient reçus à enchérir l'un sur l'autre, et la vente demeurait définitivement au dernier enchérisseur. Cette nouvelle opération devait se faire devant le grand-maître ou le commissaire qui avait fait l'adjudication, s'ils étaient sur les lieux ; sinon, pardevant les officiers de la maîtrise. — *Ibid.*, n° 35.

5. — Les dispositions de l'ordonn. de 1669 ont été observées jusqu'à la publication du Code forestier de 1827. Un arrêté du pouvoir exécutif du 5 thermid. an V, concernant les adjudications de bois nationaux, était même venu les consacrer en disant dans son art. 6 : « Les dispositions de l'ordonn. de 1669 relatives au tiercement et au doublement seront rappelées dans les cahiers des charges des adjudications et seront exécutées selon leur forme et teneur. » Enfin un décret du 19 août 1812 y faisait allusion en attribuant au pouvoir judiciaire la connaissance des contestations relatives aux tiercement.

6. — Le Code forestier de 1827 reconnaissait, comme l'ordonn. de 1669, que, dans une vente de bois de l'état, encore bien que l'adjudication eût été prononcée, on pouvait se porter adjudicataire, en offrant une augmentation de prix ; cette augmentation devait au moins être égale au cinquième du prix d'adjudication. L'art. 25 de ce Code, relatif à cette surenchère après adjudication, a été totalement abrogé et remplacé par la loi du 4 mai 1837. Il est aujourd'hui ainsi conçu : « Toute adjudication sera définitive du moment où elle sera prononcée, sans que, dans aucun cas, il puisse y avoir lieu à surenchère. » — V. FORÊTS.

TIERS.

1. — C'est celui qui n'a point été partie dans un acte ou dans un jugement.

2. — Il est de principe qu'un tiers ne peut recevoir aucun préjudice de ce qui a été fait entre d'autres. *Res inter alios acta vel judicata aliis non nocet.* — L. 2, C., *Quibus res. judicat.* ; L. 1, C., *Inter alios acta aliis non nocere.*

V. ACTE, ACTE AUTHENTIQUE, ACTE SOUS SEING-PRIVÉ, AMNISTIE, ARBITRAGE, AVAL, AVEU, AYANT-CAUSE, CHOSE JUGÉE ; COMMENCEMENT DE PREUVE PAR ÉCRIT, COMMUNAUTÉ, COMMUNE, COMMISSIONNAIRE, COMPENSATION, CONTRE-LETTRE, DÉPOT, DONATION ENTRE-VIFS, EXÉCUTION DES ACTES ET JUGEMENS, JUGEMENT PAR DÉFAUT, LETTRE DE CHANGE, OBLIGATION, PAIEMENT, RÉPÉTITION DE L'INDU, SUBROGATION PERSONNELLE.

TIERS (Droits de).

1. — Droit de prendre ou de réclamer le tiers d'une chose ou de sa valeur. Ce droit se rencontrait surtout dans l'ancienne législation ; où il recevait diverses qualifications suivant les circonstances dans lesquelles il se présentait.

2. — Tantôt il ne renfermait aucun élément de féodalité, tantôt il avait au contraire un caractère essentiellement féodal. Dans le premier cas, il existait, soit au profit des particuliers, soit au profit des seigneurs ; dans le second cas, il n'existait qu'au profit des seigneurs.

3. — Ce droit se présentait sans avoir rien de féodal dans le tiers-coutumier, et dans le droit que, suivant certaines coutumes, la femme avait sur les biens de la communauté. « Mari et femme sont communs en tous biens, dit Loisel, meubles et conquêts immeubles, au lieu que jadis elle n'y prenait qu'un tiers. » — Loisel, *Institutes coutumières*, liv. 3, tit. 3, règle 8e. — Ce qui nous apprend que certaines coutumes n'accordaient en effet à la femme qu'un tiers dans la communauté.

4. — Les droits de *tiers-denier* et de *tiers et danger*, quand ce droit était réduit au tiers sans comprendre le dixième, pouvaient aussi n'être pas de droits féodaux, et exister par suite soit au profit des seigneurs, soit au profit des particuliers. — Merlin, *Rép.*, v° *Danger*.

5. — Mais, dans la plupart des cas, ils avaient ce caractère, et telle a été, en effet, la présomption qu'on a admise quand on a eu, depuis la révolution de 1789, à faire l'application des lois abolitives du régime féodal. — Merlin, *Rép.*, v° *Danger*.

6. — Enfin, on peut citer comme droits féodaux le *tiers des puînés* et le *tiers lods*. Les coutumes de la Flandre flamande, comme la plupart de celles des Pays-Bas, accordaient à l'aîné des enfans tous les fiefs que le père délaissait ; mais plusieurs d'entre elles permettaient aux puînés d'en prendre

le tiers, en renonçant aux meubles et aux rotures. — Guyot, *Rép. de jurisp.*, v° *Tiers des puînés dans la Flandre flamande.*

7. — Tel était le droit nommé *tiers des puînés* que certaines coutumes accordaient aux fils cadets au préjudice du droit qu'on accordait généralement à l'aîné sur la totalité. Il était du reste formellement décidé que ce droit ne pouvait s'exercer que dans la succession du père ou de la mère. — Guyot, *ibid.*

8. — Le *tiers lods* était le droit qu'avait soit le roi, soit le seigneur haut justicier de prendre le tiers des lods et ventes dus au seigneur direct pour la vente des immeubles censitaires, et cela, en compensation de l'usage des eaux qu'ils étaient censés avoir concédé au tenancier du fonds. — Guyot, *Rép.*, v° *Tiers lods*

9. — Les lods et ventes, droit essentiellement féodal, qui appartenaient au seigneur censier ou direct de la censive duquel était l'héritage, se trouvaient ainsi partagés entre ce seigneur et le roi ou seigneur haut justicier qui en prenait le tiers en règle générale. Quelquefois le droit de ce dernier portait sur les deux tiers; c'est dans le cas où l'eau qui arrosait l'héritage en faisait le principal. — Guyot, *ibid.*

10.—Ce droit, avons-nous dit, était la condition, la compensation de la concession de l'usage sur un cours d'eau faite par le seigneur haut-justicier ou le roi. Dans le principe, il était constaté par un acte, entre les parties, dit acte de bénévis, ou par d'autres actes récognitifs. Mais les seigneurs tardèrent peu à se débarrasser de cette entrave et exigèrent le droit de tiers lods dans bien des cas où aucune concession ne pouvait être prouvée.

11. — Le droit de tiers lods qui n'existait que dans quelques provinces, telles que le Lyonnais, le Forez, le Beaujolais, le Dauphiné, dut disparaître comme le droit de lods et ventes, comme tous les autres droits féodaux, supprimés par les lois de la révolution.

TIERS ARBITRE.

— V. ARBITRAGE.

TIERS COUTUMIER.

C'était, dans la coutume de Normandie, ce qu'on désignait ailleurs par les termes de *douaire des enfans.* — V. COUTUME DE NORMANDIE. — V. aussi DOUAIRE.

TIERS ET DANGER.

1.—C'était le droit qu'avaient les seigneurs, en Normandie, d'exiger le tiers et le dixième dans les ventes des bois qui relevaient d'eux. — « Ce sont, disaient les anciens auteurs, la tierce et la dixième partie du prix de la vente de la coupe d'un bois; en sorte que si un arpent est vendu, dans sa totalité, pour le prix entier de 30 francs, la portion du tiers pour le roi (ou seigneur) est de 10 francs, et pour le droit de danger ou dixième, 3 francs; ce qui est 17 francs pour le propriétaire et 13 fr. pour le roi (ou seigneur). » — Meaume, *Comment. C. forest.*, p. 622, n° 408.

2.—Parmi les actes législatifs relatifs à ce droit, on peut citer, comme les plus importans, l'ordonn. de 1669, un édit d'avril 1673 et un arrêt du conseil de 1675. — A une époque plus reculée, on trouve encore des lettres de Louis-le-Hutin du 22 juill. 1315 qui portaient que le droit de tiers et danger ne serait pas exercé sur le mort-bois, qu'elles reconnaissaient être de neuf espèces, dont elles faisaient l'énumération.—V. FORÊTS, n° 14.

3.—L'ord. de 1669 avait consacré un titre entier au réglement du droit de tiers et danger. — On y voit que, selon l'ancienne coutume, le tiers et danger devait être pris sur le total de la vente, et qu'il pouvait consister, au choix du roi ou du seigneur, en espèces ou en deniers. Cette ordonnance nous apprend encore que le droit de tiers et danger pouvait se démembrer, c'est-à-dire qu'il y avait des bois qui n'étaient soumis qu'au droit de tiers sans danger, et que d'autres étaient soumis au droit de danger sans tiers.

4.—On doit surtout remarquer la disposition des art. 6 et 7 du tit. 23 qui, en faveur du pouvoir royal, venait déclarer le droit de tiers et danger imprescriptible et inaliénable comme faisant partie de l'ancien domaine de la couronne. Toutefois, elle exceptait de ce droit les bois plantés à la main, les morts-bois, et ceux dont les possesseurs rapporteraient des titres précis d'exemption, ou établiraient suffisamment une possession contraire. — Guyot, *Rép. de jurispr.*, v° *Danger*.

5. — Cette disposition amena l'arrêt du conseil du 15 août 1670, qui ordonnait, à tous ceux qui prétendaient que leurs bois étaient exempts du droit de tiers et danger, et à ceux qui se croyaient fondés à jouir de ce droit sur leurs vassaux, de représenter les titres sur lesquels ils s'appuyaient au commissaire départi et au grand-maître au département de Normandie; et cela, dans le délai d'un mois, passé lequel les bois seraient assujétis au droit du tiers et danger appartenant au roi.

6.—Il fut bientôt reconnu que cet état de choses qu'on voulait introduire entraînerait la ruine d'un grand nombre de familles, et que le recouvrement du droit de tiers et danger ne pourrait être fait qu'avec les plus grandes dépenses. Aussi, par un édit d'avril 1673, ce droit fut éteint et supprimé à perpétuité dans toute la province de Normandie. Seulement, en compensation, tous ceux qui possédaient des bois furent tenus de payer certaines sommes à régler et arrêter par le conseil.

7. — Cet édit de 1673 avait réservé les droits et redevances que les seigneurs particuliers des fiefs pouvaient avoir à exercer sur les bois de leurs vassaux, à cause de ces fiefs. Aussi plusieurs d'entre eux exigeaient-ils encore le droit du tiers et danger de leurs vassaux. Mais arrivèrent la déclaration du 7 nov. 1674 et l'arrêt du 15 janv. 1675. Il y était déclaré que les propriétaires des bois qui payaient des droits de tiers et danger à des seigneurs particuliers en seraient affranchis à perpétuité; mais que, pour tenir lieu de ce droit, ils seraient obligés de payer chaque année les sommes auxquelles le droit de tiers et danger aurait été fixé.— Les seigneurs particuliers n'eurent plus ainsi que la faculté de faire liquider le montant de leur droit de tiers et danger, et d'en exiger le paiement chaque année.

8. — Le droit de tiers et danger a-t-il été aboli par les lois survenues après 1792? Merlin répond par une distinction, en proposant l'affirmative, pour les cas où ce droit est reconnu être un droit seigneurial, et la négative lorsqu'il n'a pas ce caractère.—V. *Rép.*, v° *Tiers et danger*, et *Gruerie*.

TIERS DENIER.

1.—On appelait ainsi le droit de prélever le tiers du prix des ventes extraordinaires des bois et pâturages appartenant aux communautés.

2.—Ce droit n'existait que dans une partie du royaume, dans la Lorraine et le Barrois: peut-être le retrouvait-on aussi dans le Clermontois; mais ce point, sur lequel on a beaucoup raisonné et beaucoup écrit, paraît encore fort douteux. Généralement même on se décidait pour la négative. —Guyot, *Rép. de jur.*, v° *Tiers denier*.

3.—Dans le principe, le duc de la province avait seul droit au tiers denier. Mais le duc Léopold accorda cette prérogative aux seigneurs haut-justiciers par l'art. 4, tit. 3, ord. 31 janv. 1724, portant : « Le tiers denier du prix des bois, fruits champêtres et autres usages et profits appartenant aux communautés situées dans les hautes justices patrimoniales de nos vassaux, sera distrait à leur profit, après néanmoins que nous en aurons permis la vente à l'égard des bois seulement, comme il est dit en l'article ci-dessus, laissant auxdits vassaux la faculté de permettre auxdites communautés de vendre les fruits champêtres et autres usages au profit desdites communautés, ainsi qu'ils le trouveront à faire par raison. » — Guyot, *eod. loc.*

4. — Dans l'ancienne province de Lorraine, le droit de tiers denier était la condition légale et absolue de toute coupe et vente extraordinaire du produit des usages, sans qu'il y eût à se préoccuper ni du droit d'aménagement, ni du mode de jouissance, ni de l'étendue des besoins des usagers. — *Cass.*, 28 mai 1845 (t. 2 1848, p. 541), préfet des Vosges c. comm. de Chatel; préfet des Vosges c. comm. de Celles (deux arrêts).

5.—Ce droit avait été établi et réglementé par diverses ordonnances des princes souverains du pays. La plus remarquable est celle de Charles de Lorraine du 23 mai 1664. Entre autres dispositions, elle portait : « Voulons et ordonnons que du prix desdites ventes de bois et des fruits de leurs autres usages, le tiers denier en soit payé à nos gruyers, qui seront tenus d'en rapporter le profit aux comptes qu'ils rendront du fait de leurs charges. »

6.—Le droit du tiers denier portait seulement sur les bois et autres biens que les communautés possédaient à titre de simple usage, et nullement sur ceux qu'elles possédaient comme propriétaires. C'est ce qui résulte des ordonnances et des motifs qui avaient fait admettre ce droit. — Merlin, *Rép.*, v° *Tiers denier*, n° 8; Proudhon, *Traité des droits d'usage*, n°s 693 et suiv.; Curasson, *Notes sur Proudhon*, n°s 697 et suiv.

7.—M. Meaume (*Comm. C. forest.*, n°s 410 et suiv.) combat vivement cette opinion.—« On ne comprend pas bien, dit-il, comment une commune usagère peut vendre le produit des coupes de la forêt soumise à l'exercice de son droit, puisqu'il est de la nature et de l'essence de la servitude d'usage que les produits n'en doivent être ni vendus, ni cédés, ni aliénés par les ayant droit. Quelques auteurs, ajoute-t-il, ont aussi prétendu que les droits exercés sur les forêts par les communes de la Lorraine, du Bar et du Clermontois, étaient des usages d'une nature particulière, et dont les produits pouvaient être vendus; mais c'est là une grave erreur. » — Pour démontrer ce dernier point, il cite l'art. 23, tit. XV, cout. Lorr., qui s'oppose absolument à toute vente des fruits provenant de l'usage. — Quant aux argumens de texte tirés des ordonnances qui avaient réglementé le droit du tiers, il les combat en disant que les mots *usages, usagers*, étaient employés, par un abus de langage, pour désigner les biens patrimoniaux des communes, c'est-à-dire les biens dont les communes étaient propriétaires, et cela, notamment, dans l'ord. de 1667.

8. — Un point fort important que nous signale Guyot (*loc. cit.*), c'est que les seigneurs qui avaient droit au tiers denier ne pouvaient, dans l'origine, y renoncer pour demander le cantonnement qui leur aurait été plus avantageux.— Mais on ne respecta pas longtemps cette restriction; quelques seigneurs obtinrent, en effet, des arrêts du conseil et des lettres patentes qui distrayaient certaines portions des biens des communautés pour leur en attribuer la possession exclusive, moyennant leur renonciation au droit du tiers denier sur ces biens.

9.—Dans l'Assemblé constituante, on attaqua vivement les abus qu'on avait faits du droit de tiers denier, et pour y remédier, on décréta la loi des 15-28 mars 1790, qui est venue dire (tit. 1er, art. 32) : « Le droit de tiers denier est aboli dans les provinces de Lorraine, du Barrois et Clermontois, et autres où il pourrait avoir lieu, à l'égard des bois et autres biens qui sont possédés en propriété par les communautés; mais il continuera d'être perçu sur les prix des ventes des bois et autres biens dont les communautés ne sont qu'usagères.—Les arrêts du conseil et lettres patentes qui, depuis trente ans, ont distrait au profit de certains seigneurs desdites paroisses des portions des bois et autres lieux dont les communautés jouissent à titre de propriété ou d'usage sont révoqués, et les communautés pourront, dans le temps et par les voies indiqués plus haut, rentrer dans la jouissance desdites portions, sans aucune répétition des fruits perçus, sauf aux seigneurs à percevoir le droit de tiers denier dans les cas ci-dessus exprimés. »

10. — L'Assemblée législative revint sur cette mesure, et porta la loi du 28 août 1792, dont l'art. 2 est ainsi conçu : « Les édits, déclarations, arrêts du conseil, lettres patentes, et tous les jugemens rendus et actes faits en conséquence qui, depuis l'année 1660, ont distrait, sous prétexte du droit de tiers denier, au profit de certains seigneurs des ci-devant provinces de Lorraine, du Barrois, du Clermontois et autres où ce droit pourrait avoir eu lieu des portions des bois et autres biens dont les communautés jouissent à titre de propriété ou d'usage, sont également révoqués; et les communautés pourront, dans le temps et par les voies indiquées par l'art. précédent, rentrer dans la jouissance desdites portions, sans aucune répétition des fruits perçus, sauf aux ci-devant seigneurs à percevoir le droit de tiers denier sur le prix des ventes de bois et autres biens dont les communautés ne sont qu'usagères, dans le cas où ce droit se trouverait réservé dans le titre primitif de la concession de l'usage qui devra être représenté. »

11.—Sur la portée des deux dispositions qui précèdent, il a été jugé que le droit de tiers denier, établi en Lorraine par la législation générale du pays en faveur des souverains de la province, comme condition d'un abandon de droits d'usage dans des forêts domaniales, n'a été aboli ni par la loi des 15-28 mars 1790, qui a déclaré que ce droit continuerait d'exister sur le prix des ventes de bois ou autres biens dont les communes ne sont qu'usagères, ni par la loi des 25-28 août 1792, qui maintient ce droit sous la double condition que la réserve formelle en aura été faite dans l'acte primordial de concession du fonds, et que ce titre sera rapporté.—*Cass.*, 28 mai 1845 (t. 2 1848, p. 542), préfet des Vosges c. comm. de Celles.

12.—Quelle sera, sous l'empire de la loi de 1792, la position des ci-devant seigneurs qui ne pourront pas satisfaire aux conditions de preuve qu'elle

exige? Ils seront toujours propriétaires des biens donnés par eux à usage aux communes; et pour que cette qualité ne leur soit pas infructueuse, ne *proprietas domino reddatur inutilis*, il faut reconnaître qu'ils rentrent dans le droit commun, qu'ils peuvent demander le cantonnement. — Merlin, *Quest.*, v° *Usage*, § 3.

13. — Mais si ces deux lois ont laissé subsister le droit de tiers denier, c'est avec des caractères bien différens. — La première, celle de 1790, s'était contentée de la ramener à son premier, à son véritable état, en remédiant aux abus dont il avait été l'objet. La loi de 1793 s'est montrée plus sévère, en introduisant des innovations peu favorables au droit de tiers denier; elle a, en effet, maintenu ce droit seulement au profit des ci-devant seigneurs qui prouveront, par titres primitifs, qu'en accordant l'usage de leurs bois ou autres biens à des communes, ils se sont expressément réservé ce droit; et elle en a, par suite, privé tous ceux qui ne pourront pas rapporter cette preuve. En un mot, elle a aboli en fait, sinon en droit, un grand nombre de droits de tiers denier. N'est-elle pas allée un peu trop loin?

14. — M. Meaume (*loc. cit.*), persistant dans sa manière de voir, est d'avis que c'est pour n'avoir pas bien compris la nature du droit de tiers denier, et pour avoir cédé trop facilement aux idées fausses de Merlin, rapporteur du décret du 15 mars, que le législateur de 1790 a cru pouvoir, par l'art. 32, prononcer, pour les provinces de la Lorraine, du Bar et du Clermontois, l'abolition du droit du tiers denier relativement aux bois et autres biens possédés *en propriété* par les communautés, et le maintien de ce même droit en tant qu'il s'exerçerait sur les bois et autres biens dont les communautés ne sont qu'usagères. — Il est évident, dit-il, qu'on devait le supprimer complétement le droit du tiers denier, non seulement sur les biens possédés *en propriété.*

15. — Aussi le même auteur critique t-il l'arrêt de la cour de Cassation du 27 niv. an XII, rendu encore sur le réquisitoire de Merlin, et qui porte que : les lois de 1790 et 1792 ont, pour la ci-devant Lorraine et la ci-devant Barrois, et relativement aux bois qui appartenaient aux communautés d'habitans ou dont elles n'étaient qu'usagères, établi une différence très marquée entre le droit de propriété et le simple droit d'usage. — Les coupes des bois dont elles n'avaient que le simple usage étaient assujetties au droit du tiers denier, tandis que les communautés, lorsqu'elles étaient propriétaires, n'étaient assujetties à aucune sorte de droits. — *Cass.*, 27 niv. an XII, préfet de la Marne c. comm. Saint-Thiébaut.

16. — Si la demande alors si le droit du tiers denier, maintenu par les lois de 1790 et 1792, sur la vente des bois *usagers*, doit être inapplicable à ces bois. — Il répond par la négative, en disant que ces lois existent et que, quoique leur principe soit faux, il faut les exécuter. — Mais dans quel cas appliquera-t-on cette loi? C'est, dit-il, dans le cas où une commune usagère a subi l'ancien aménagement ou réserve; quand elle a sacrifié quelquefois cantonnement, et qu'elle a été autorisée à vendre les fruits de la portion ainsi aménagée; c'est sur le produit de ces ventes que le propriétaire a le droit d'exercer le tiers denier. — Il fait observer que ces cas seront excessivement rares; il en cite cependant un, où il a réuni toutes les circonstances, et au sujet duquel sont intervenus divers arrêts, notamment un arrêt de *Cass.*, 23 nov. 1841 (t. 1er 1842, p. 423), préfet des Vosges c. comm. de Chatel-sur-Moselle, et un autre arrêt *Metz*, 21 mars 1843, mêmes parties, cité par l'auteur.

17. — Lorsque, sur une demande en affranchissement d'un droit de tiers denier, un arrêt a, d'après les titres produits, décidé que le domaine de l'objet était copropriétaire du bois qui en était grevé, il n'a fait en cela qu'interpréter les titres, par suite, il n'a ni fait revivre un droit féodal, ni violé les lois abolitives de la féodalité. — La partie adverse ne peut exciper en cassation de ce que la question de simple redevance aurait été transformée en une question de propriété, si, en première instance ni en appel, elle n'a pas opposé le domaine était non recevable à l'agiter, et si un décret, en renvoyant les parties devant les tribunaux, ne s'opposait pas à ce que le domaine s'y défendît par de nouveaux moyens. — *Cass.*, 25 oct. 1809, Thiébault c. préf. de la Moselle.

TIERS DÉTENTEUR.

Table alphabétique.

TIERS DÉTENTEUR. — 1. — On désigne sous cette dénomination le propriétaire d'un immeuble grevé de privilèges ou d'hypothèques du chef d'un précédent propriétaire.

2 — Peu importe que le nouveau propriétaire ait acquis l'immeuble à titre gratuit ou à titre onéreux. Il est également réputé tiers détenteur à l'égard des créanciers qui ont un droit de suite sur l'immeuble possédé par lui. — V. DROIT (faculté, pouvoir), HYPOTHÈQUE, INSCRIPTION HYPOTHÉCAIRE.

3. — Le tiers détenteur demeure, par l'effet seul des inscriptions, obligé, comme détenteur, à toutes les dettes hypothécaires et jouit des termes et délais accordés au débiteur originaire. — C. civ., art. 2467. — V. HYPOTHÈQUE, INSCRIPTION HYPOTHÉCAIRE.

4. — Le tiers détenteur a, du reste, deux moyens de se soustraire aux obligations ci-dessus indiquées. 1° Il peut purger l'immeuble par lui acquis de toutes les inscriptions en accomplissant les formalités prescrites pour la purge des privilèges ou hypothèques dispensés d'inscription dont cet immeuble est grevé, en accomplissant certaines formalités réglées par la loi. — V. PURGE DES PRIVILÈGES ET HYPOTHÈQUES. — 2° Il peut abandonner l'immeuble aux créanciers de ses auteurs. C'est ce qu'on appelle délaissement. — C. civ., art. 2168.

5. — Le tiers détenteur qui ne veut purger ni délaisser doit payer aux créanciers tous les capitaux exigibles (art. 2168). Quant aux intérêts, il n'est tenu de payer que ceux qui sont conservés par les inscriptions hypothécaires; car il ne paie du reste que sa dette personnellement. — Troplong, n° 788.

6. — Les poursuites en délaissement se font au moyen de la sommation faite au tiers détenteur de payer la dette exigible ou de délaisser l'héritage. — Art. 2169. — Cette sommation est le point de départ du délai de trente jours dans lequel l'acquéreur doit intenter les notifications de purge. — V. PURGE DES PRIVILÉGES ET HYPOTHÈQUES.

7. — Un commandement est en même temps signifié au débiteur originaire (même art.). — V. SAISIE IMMOBILIÈRE.

8. — Bien qu'il soit préférable de signifier un commandement au débiteur originaire avant de faire sommation au tiers détenteur de l'immeuble

hypothéqué de payer ou de délaisser, cette manière de procéder n'est pas prescrite à peine de nullité de la sommation qui ne serait pas précédée du commandement. La seule obligation imposée au créancier hypothécaire, c'est qu'il ait fait un commandement au débiteur originaire avant de poursuivre sur lui la vente de l'immeuble hypothéqué.

9. — Le tiers détenteur qui paie les créances inscrites sur l'immeuble est subrogé par l'effet de la loi aux droits des créanciers désintéressés. Il n'y a donc plus lieu par lui d'opposer, à titre d'exception dilatoire, l'exception dite *cedendarum actionum*, par laquelle le tiers détenteur demandait autrefois que le créancier antérieur en droit lui lui cédât ses actions, privilèges et hypothèques.

10. — Le tiers détenteur qui est ainsi subrogé peut agir, non seulement contre le détenteur principal et ses cautions, mais encore contre les autres détenteurs de biens soumis à l'hypothèque. — Troplong, n° 788 bis.

11. — Cependant l'exception *cedendarum actionum* pourrait lui être opposée, si par sa faute le créancier ne pouvait plus céder ses actions au tiers détenteur. — C. civ., art. 2037. — Décidé que le créancier hypothécaire est irrecevable dans ses poursuites sur l'immeuble, en proportion du tort qu'il cause à l'acquéreur, lorsque, par suite de circonstances particulières, il ne peut plus céder ses actions à ce dernier. — *Cass.*, 23 janv. 1815, Anglès c. Trouillard. — Dumoulin, *De usuris*, quest. 89, n° 680 et suiv.; Loyseau, liv. 2, ch. 8, n° 49. — V. SUBROGATION.

12. — Jugé que le tiers détenteur d'un immeuble grevé de l'hypothèque légale de femme peut, comme la caution, opposer le bénéfice de l'art. 2037, C. civ., au créancier hypothécaire qui veut le contraindre à payer ou à délaisser; et que cet art. 2037, C. civ., est applicable quand la subrogation est devenue impossible, non seulement par sa fait, mais encore par la négligence du créancier; que, quand le créancier hypothécaire s'est mis par sa négligence dans l'impossibilité de subroger dans ses droits le tiers détenteur, en laissant des acquéreurs de biens frappés de la même hypothèque s'en affranchir au moyen de la prescription, ce tiers détenteur n'est tenu au paiement de la créance hypothécaire que jusqu'à concurrence de la valeur des biens qu'il détient comparativement à celle des biens vendus postérieurement à son acquisition. — *Bastia*, 22 nov. 1847 (t. 1er 1848, p. 185), Marini c. Marini et Fubiani.

13. — Le créancier n'est pas fondé non plus à exiger le total de sa créance lorsqu'il possède lui-même des héritages qui ont été hypothéqués à la même dette. — Troplong, n° 789 ter.

14. — Le tiers détenteur d'un immeuble ne peut à aucun titre être soumis au paiement de dommages-intérêts accordés à raison de la conduite du vendeur postérieure à son acquisition. — *Cass.*, 16 mai 1843 (t. 1er 1843, p. 252), Guébin c. de Boulen. — Troplong, *Hypoth.*, t. 3, sur l'art. 2193, n° 443 bis ; Pardessus, *Dr. comm*, n° 1457.

15. — Lorsqu'une hypothèque générale frappe sur plusieurs immeubles successivement vendus, celui des tiers détenteurs qui est poursuivi pour le total de la dette hypothécaire peut, avant de payer, mettre les autres en cause pour faire régler contradictoirement entre eux la part contributive de chacun au montant de l'hypothèque générale. — *Toulouse*, 19 fév. 1827, Foissac c. Gaillard.

16. — Le tiers détenteur qui n'est point personnellement obligé à la dette peut s'opposer à la vente de l'héritage hypothéqué qui lui a été transmis, s'il due demeuré d'autres immeubles hypothéqués à la même dette dans la possession du principal ou des principaux obligés, et ce requérir la discussion préalable selon la forme réglée en matière d'hypothèque générale; pendant cette discussion, il est sursis à la vente de l'héritage hypothéqué. — C. civ., art. 2170.

17. — L'exception de discussion ne peut être opposée au créancier privilégié ou ayant hypothèque spéciale sur l'immeuble. — C. civ., art. 2171.

18. — L'exception de discussion reconnue au profit du tiers détenteur par l'art. 2170, C. civ., a son origine dans la novelle. 4. Elle avait été admise par quelques coutumes. Abolie par la loi du 11 brum. an VII, elle a été rétablie par le Code civil. — Troplong, n° 796.

19. — Décidé qu'on ne peut opposer le Code civil, l'exception de discussion à des poursuites commencées sous la loi de brum. an VII. — *Cass.*, 16 déc. 1806, Cagnard c. Vincent.

20. — L'héritier du débiteur qui a payé sa part et portion de la dette, étant un simple tiers détenteur vis-à-vis du créancier, peut opposer l'ex-

ception de discussion. — Chabot, sur l'art. 873, C. civ; Grenier, *Hyp.*, t. 1er, p. 359, no 173; Duranton, t. 20, no 244.

21. — L'exception de discussion n'étant qu'un moyen d'empêcher la vente, elle ne peut être un obstacle à ce que le créancier intente l'action d'interruption. — *Cass.*, 2 mars 1830, Barbé c. Clareus.

22. — Suivant Rolland de Villargues, (*Répert. du notar.*, vo *Discussion*, no 21) l'exception de discussion peut être opposée par le tiers-détenteur, même après le délai de trente jours qui suit la sommation de payer ou de délaisser, si, après ce délai, aucunes poursuites n'ont été faites. — V. aussi Persil, sur l'art. 2170, no 6. — M. Troplong (no 801) estime que l'exception doit être proposée immédiatement après la sommation. — V. aussi Duranton, t. 20, no 249.

23. — L'exception de discussion ne peut être proposée pour la première fois en appel. — *Bourges*, 31 déc. 1830, Préville c. Davidière.

24. — Le tiers acquéreur pourrait proposer la discussion des autres biens hypothéqués à la même dette, quand même le débiteur aurait renoncé à ce moyen dans l'acte constitutif de l'hypothèque. Une pareille renonciation étant étrangère à l'acquéreur ne saurait lui préjudicier. — Pothier, *Orléans*, t. 20, no 35; Loyseau, liv. 3, ch. 8, nos 21, 22.

25. — La caution du débiteur principal et même le certificateur de cette caution qui sont en possession des immeubles grevés de l'hypothèque devraient être également discutés par le tiers détenteur. — Loyseau, *loc. cit.*; Despeisses, t. 1er, p. 403, 404. — Quant aux formes dans lesquelles la discussion doit être faite, V. CAUTIONNEMENT, nos 173 et suiv.

26. — Lorsque la discussion a été faite par un tiers détenteur, elle ne peut être proposée de nouveau par d'autres détenteurs de biens hypothéqués à la même dette.

27. — La cour de Rouen a jugé que le tiers détenteur peut s'opposer à la vente lorsqu'il a lui-même sur l'immeuble une hypothèque qui lui assure un rang antérieur au créancier poursuivant. — *Rouen*, 14 déc. 1816 (sous *Cass.*, 10 fév. 1818), Vimard c. Dupont. — Mais cette doctrine est contraire à l'art. 2169, qui accorde à tout créancier inscrit le droit de provoquer l'expropriation. Aussi, la cour suprême a-t-elle cassé cet arrêt. — V. SAISIE IMMOBILIÈRE.

28. — Cette exception ne serait pas non plus opposable au créancier qui aurait une hypothèque sur tous les biens présens du débiteur, ou tout à la fois sur ses biens présens et à venir. — Persil, sur l'art. 2171, no 4; Troplong, no 808; Delvincourt, t. 3, p. 180, no 7. — *Contrà* Grenier, t. 2, no 335; Tarrible, *Rép.*, vo *Tiers détenteur*.

29. — De même que la caution, le tiers détenteur ne peut indiquer, pour être discutés, des biens situés hors du ressort de la cour d'appel où le paiement doit être fait. — Persil, sur l'art. 2170, no 7; Troplong, no 801; Delvincourt, t. 3, p. 610. — V. cependant Duranton, t. 21, no 246.

30. — Le tiers détenteur doit avancer les frais de la discussion des immeubles, si le créancier l'exige. — Duranton, t. 20, no 247.

31. — Jugé que le tiers détenteur ne doit payer les frais de la discussion qu'autant qu'il en est requis. — *Cass.*, 21 mars 1827, Brouard c. Baudouin. — Il n'est pas obligé de faire des offres réelles de ces frais.

32. — Le recours subsidiaire que l'art. 340 de la cout. de Normandie ouvrait à la femme contre les acquéreurs de ses biens dotaux aliénés par son mari constituait un droit certain et déterminé, dont l'exercice n'était pas subordonné à la liquidation générale des droits matrimoniaux. — Sous l'empire de la cout. de Normandie, les détenteurs des biens dotaux aliénés par le mari, qui pouvaient opposer la discussion préalable des biens de ce dernier à l'action subsidiaire exercée contre eux par la femme, devaient, comme le tiers détenteur et la caution sous le Code civil, qui n'a fait que confirmer les anciens principes, réclamer, *in limine litis*, le bénéfice de discussion, et indiquer les biens qu'il y avait lieu de discuter. — En conséquence, les tiers détenteurs n'étaient plus recevables à demander la discussion des biens du mari, après avoir offert à la femme la valeur de ses biens dotaux aliénés, bien que celle-ci n'eût pas encore accepté ces offres qui n'en constituaient pas moins des conclusions au fond, exclusives de l'exception de discussion. — *Cass.*, 23 avr. 1849 (t. 1er 1849, p. 623), Barbey c. Leroux.

33. — Le délaissement par hypothèque, dit M. Troplong (*Hyp.*, t. 3, no 785), est l'abandon de la possession de l'héritage faite par le tiers détenteur aux créanciers inscrits pour s'exempter de l'expropriation. — V. aussi Duranton, t. 20, no 263.

34. — Le délaissement a de l'analogie avec le déguerpissement qui avait lieu autrefois de la part de celui qui voulait se libérer de la rente ou redevance foncière assise sur son fonds. Cependant, il en diffère en ce qu'il ne fait perdre que la possession, tandis que le déguerpissement faisait perdre la propriété. — V. DÉGUERPISSEMENT.

35. — Le délaissement par hypothèque peut être fait par tous les tiers détenteurs qui ne sont pas personnellement obligés à la dette, et qui ont la capacité d'aliéner. — Art. 2172.

36. — Les héritiers, légataires universels ou à titre universel, ne peuvent donc délaisser. Il en est de même du donataire universel. Au contraire, le légataire ou donataire à titre particulier a cette faculté, à moins que par une clause particulière le paiement des dettes n'ait été mis à sa charge.

37. — Cependant, l'héritier qui a payé sa part et portion de la dette pourrait délaisser, car il ne pourrait plus être considéré dans ce cas que comme un tiers détenteur. — Duranton, t. 20, no 214.

38. — L'acquéreur qui s'est personnellement, mais sans le concours du créancier dans l'acte, obligé de servir, en l'acquit du vendeur, une rente hypothéquée sur l'immeuble vendu, ne peut plus délaisser. — *Cass.*, 21 mai 1807, Morel c. Campion. — Loyseau, liv. 4, ch. 4, no 10.

39. — Décidé cependant que pour être non-recevable à faire le délaissement par hypothèque, il ne suffit pas que l'acquéreur se soit obligé vis-à-vis de son vendeur à payer les dettes hypothécaires; qu'il faut qu'il se soit obligé personnellement envers les créanciers eux-mêmes. — *Bruxelles*, 9 flor. an XIII, Charlier c. de Reuser.

40. — ... Et même que l'acquéreur qui s'est personnellement obligé à servir pour prix de la vente une rente au vendeur, reversible au profit d'un tiers, avec affectation de l'immeuble vendu, mais sans le concours dans l'acte du tiers en faveur duquel la concession a été stipulée, est affranchi de son obligation, même à l'égard de ce tiers, par le délaissement de l'immeuble. — *Cass.*, 25 juin 1838 (t. 2 1838, p. 27), Pereyra de Lammaule c. Mitchell.

41. — Le délaissement n'entraînant pas par lui-même la perte de la propriété pour le tiers détenteur, cet acte n'opère pas de mutation. — L. 22 frim. an VII, art. 68, § 4, no 1er.

42. — Par la même raison, lorsque les créanciers inscrits sur un immeuble délaissé par le tiers détenteur ont été payés, l'excédant du prix de l'adjudication, s'il y en a, appartient au tiers détenteur dépossédé à l'exclusion des créanciers chirographaires du vendeur. — *Colmar*, 22 nov. 1831, Mériau Hoffmann c. Kargès.

43. — Jugé cependant, mais à tort, que le tiers détenteur qui, sur les poursuites des créanciers hypothécaires, a délaissé l'immeuble, ne peut être contraint à révoquer ce délaissement, bien que les créanciers se désistent de leurs poursuites, et que le vendeur offre une garantie suffisante à raison des inscriptions prises sur l'immeuble; et qu'il en doit être ainsi surtout quand l'acquéreur a eu pour but de compenser le prix de l'immeuble avec la créance qu'il avait contre le vendeur, et que les créances inscrites font obstacle à ce que cette compensation s'opère actuellement. — *Riom*, 17 avr. 1820, Domergue c. Estieux.

44. — L'obligation imposée à l'acquéreur de purger serait un obstacle à ce qu'il délaissât l'immeuble. Le contraire paraît cependant avoir été posé par la cour de *Poitiers* (10 juill. 1817, Tortal et Trubert c. Branger) et par la cour de *Cass.* (8 juin 1819, mêmes parties). Mais ces arrêts s'expliquent par des circonstances de fait toutes spéciales. — Duranton, t. 20, no 255.

45. — L'adjudicataire d'un immeuble qui, par une clause du cahier des charges, est soumis à la revente sur folle-enchère, en cas d'exécution des conditions de la vente, ne peut délaisser. — *Paris*, 17 janv. 1816, Debaize c. Morand. — Troplong, no 815.

46. — Celui qui aurait hypothéqué son bien pour sûreté d'une créance sans cependant s'être obligé personnellement envers le créancier pourrait au contraire faire le délaissement. — Troplong, no 816; Persil, art. 2171, no 2.

47. — L'héritier bénéficiaire ayant capacité pour aliéner les biens dépendant de la succession peut par cela même avoir recours au même moyen. — V. SUCCESSION BÉNÉFICIAIRE.

48. — Le délaissement est interdit au curateur à une succession vacante qui n'est qu'un administrateur. Au contraire, il peut être fait par les syndics d'une faillite. — Grenier, t. 2, no 328.

49. — Les envoyés en possession provisoire des biens d'un absent ne peuvent délaisser, car ils ne peuvent aliéner ces biens. — Cod. civ., art. 128. — Grenier, *ibid.*

50. — Le tiers détenteur placé sous l'assistance d'un conseil judiciaire peut délaisser avec le concours de ce conseil. — Troplong, no 819. — Il en est de même du tuteur du mineur ou de l'interdit, pourvu que ce tuteur y soit autorisé par le conseil de famille. Mais les formalités qu'il faut alors remplir ne peuvent avoir pour effet de retarder les poursuites si le délai de la sommation était expiré. — Tarrible, *Rép.*, vo *Tiers détenteur*; de Fréminville, *Traité de la minorité*, t. 1er, no 441 *bis*. — Suivant Pigeau (*Proc. civ.*, t. 2, p. 447), Persil (art. 2172, no 4) et Battur (t. 3, no 482), l'homologation du tribunal est nécessaire. — Grenier estime que le tuteur ne peut délaisser (no 527).

51. — Le mari peut faire le délaissement pour un immeuble qui dépend de la communauté. Si l'immeuble était un propre de la femme, cet acte serait fait par cette dernière avec l'autorisation de son mari. Le délaissement de l'immeuble dotal ne peut être fait qu'avec l'autorisation de justice, conformément à l'art. 1558, C. civ.

52. — Le délaissement fait par un incapable serait nul. Il serait alors de l'intérêt du créancier de s'opposer à ce que le délaissement fût admis, surtout si la saisie avait été pratiquée sur cet incapable seul, car les poursuites elles-mêmes seraient alors nulles. — Troplong, no 822.

53. — Le tiers détenteur contre lequel la vente des biens hypothéqués est poursuivie ne peut demander la discussion préalable des biens restés entre les mains du débiteur principal, lorsque l'insuffisance de ces biens pour désintéresser les créanciers est évidemment démontrée. — *Toulouse*, 30 avril 1836, Coudere c. Broussé. — Troplong, no 802; Duranton, no 246.

54. — L'acquéreur qui a fait notifier son contrat aux créanciers inscrits avec offre de payer son prix, et contre lequel il a été délivré un bordereau de collocation, n'est plus recevable à offrir le délaissement de l'immeuble. — *Cass.*, 11 mars 1838 (t. 1er 1838, p. 542), Chagnin c. Delorme. — Troplong, no 814.

55. — L'acquéreur qui s'est obligé à payer le créancier délégué ne peut délaisser. — *Bruxelles*, 12 mai 1810, Delebecque c. Destoovère.

56. — Le délaissement de l'immeuble par l'acquéreur ne peut pas avoir lieu lorsque les créances inscrites sont d'une valeur inférieure au prix stipulé dans l'acte de vente. — *Rouen*, 12 juil. 1823, Bauhe c. Berson, *Cass.*, 9 mai 1836, Gros-Renaud c. Vauvilliers. — Rolland de Villargues, vo *Délaissement*, no 30; Troplong, nos 822 et 823; Grenier, no 345; Duranton, t. 20, no 252. — *Contrà*, Rodière, *Revue de législation*, t. 6, p. 469.

57. — Lorsqu'il y a plusieurs tiers détenteurs, ceux qui paient la part pour laquelle ils sont personnellement tenus peuvent opposer l'exception de discussion. — Bugnet sur Pothier (t. 9, p. 444).

58. — Le tiers détenteur n'est pas obligé de payer son prix au vendeur ou aux créanciers avant de délaisser. — *Cass.*, 8 août 1816, Ardent c. Legros. Admettre la doctrine contraire, ce serait placer l'acquéreur dans une position telle que le délaissement lui deviendrait impossible; ce serait le forcer à purger, et cependant il est de principe que la purge est toujours facultative pour l'acheteur. — Grenier, t. 2, p. 50; Troplong, no 823. — *Contrà*, Delvincourt, t. 3, p. 377, note 1re.

59. — Si les créanciers déclaraient tous dans un acte qu'ils se contentent du prix de vente, l'acheteur ne pourrait plus opérer le délaissement. — Grenier, t. 2, no 345.

60. — Le délaissement peut être fait même après que le tiers détenteur a reconnu l'obligation ou subi condamnation en cette qualité seulement : le délaissement n'empêche pas que, jusqu'à l'adjudication, le tiers détenteur ne puisse reprendre l'immeuble en payant toute la dette et les frais. — Art. 2173.

61. — Un tiers acquéreur, poursuivi par l'action hypothécaire, et condamné comme tel par un jugement à payer le montant de la créance hypothéquée, ne peut se faire un moyen de cassation de ce qu'on ne lui a pas laissé l'option de délaisser, à laquelle il n'avait pas conclu. Cette option résulte de la loi : il peut, dès-lors, l'exercer encore après le jugement. — *Cass.*, 14 messid. an XIII, Vanderlinden c. Van Zuydwick.

62. — Lorsqu'un immeuble hypothéqué a été délaissé et repris ensuite par l'acquéreur, les inscriptions non périmées au moment de la reprise ne peuvent plus tomber en péremption. — *Bordeaux*, 14 août 1828, Froidefond c. Papillon de la Ferté; *Cass.*, 24 fév. 1830, mêmes parties. — Ces arrêts se fondent sur ce principe que, par l'effet même de la reprise de possession de l'immeuble, le tiers détenteur se trouve substitué au débiteur originaire vis-à-vis du créancier, envers lequel ce tiers détenteur devient obligé personnellement.

63. — Les jugemens qui avaient validé des saisies-arrêts entre les mains de l'acquéreur ne peuvent plus être exécutés contre lui après le délaissement. — *Cass.*, 15 janv. 1839 (t. 1er 1839, p. 523), Blanchet c. Bosc. — Delvincourt, t. 3, p. 608. — *Contrà* Grenier, nº 334; Troplong, nº 813.

64. — Dans les principes du Code civil, le tiers détenteur ne peut être condamné à faire le délaissement. — Duranton, t. 20, nº 225.

65. — Le délaissement par hypothèque se fait au greffe du tribunal de la situation des biens; il en est donné acte par le tribunal. Sur la pétition du plus diligent des intéressés, il est créé à l'immeuble délaissé un curateur sur lequel la vente de l'immeuble est poursuivie dans les formes prescrites pour les expropriations. — Art. 2174

66. — L'acte de délaissement doit être signifié au vendeur et aux créanciers, puis, par un simple acte, le possesseur doit sommer le créancier poursuivant de comparaître devant le tribunal pour voir dire qu'attendu qu'il est simple détenteur, il lui sera donné acte du délaissement. — Pigeau, t. 2, p. 448; Pothier, t. 20, nº 50.

67. — En cas de contestation du délaissement, le créancier répond par un simple acte. On va à l'audience, et le tribunal statue. Si, au contraire, il n'y a pas de contestation, il n'est pas nécessaire de faire recevoir le délaissement par jugement. — Pigeau *(loc. cit.)*.

68. — Le créancier qui veut faire nommer un curateur doit simplement présenter une requête dans laquelle il demande acte du délaissement et nomination du curateur. — Pigeau, *ibid.*

69. — Le curateur n'est, ainsi que le dit M. Troplong (nº 829), que le plastron des poursuites en saisie immobilière, et sa présence n'empêche pas qu'en réalité la procédure en expropriation en cas de délaissement ne se poursuive contre le débiteur. C'est à ce débiteur que doit être signifié le commandement tendant à saisie immobilière dont parle l'art. 2169. Les actes subséquens se signifient au curateur.

70. — Le curateur au délaissement représentant non seulement l'acquéreur délaissant, mais encore le débiteur principal, celui-ci ne peut former tierce-opposition aux jugemens rendus avec le curateur. — *Paris*, 10 janv. 1835, Gentil c. Firmin.

71. — Le tiers détenteur qui a fait des améliorations sur l'immeuble qu'il possède ne doit pas faire, comme le constructeur, précéder ses travaux d'un procès-verbal constatant l'état des lieux, conformément à l'art 2103, nº 4. C. civ. — *Cass.*, 28 nov. 1838 (t. 2 1838, p. 655), Houyeau c. Moreau-Maugars.

72. — Les détériorations qui procèdent du fait ou de la négligence du tiers détenteur, au préjudice des créanciers hypothécaires ou privilégiés, donnent lieu contre lui à une action en indemnité. Mais il ne peut répéter ses impenses et améliorations que jusqu'à concurrence de la plus-value résultant de l'amélioration. — Art. 2175

73. — L'action en indemnité contre l'acquéreur à raison des détériorations de l'immeuble ne peut être intentée que par les créanciers hypothécaires, à l'exclusion des chirographaires. — *Toulouse*, 30 mai 1833, Desquiron. — Persil, sur l'art. 2175, nº 2.

74. — Les détériorations occasionnées par le défaut de réparation et d'entretien avant l'acquisition du tiers détenteur ne sont pas à sa charge s'il a fait des réparations; dans ce cas, il doit être indemnisé. Mais il est responsable du défaut d'entretien depuis son acquisition.

75. — On admettait autrefois comme certain que le tiers détenteur n'était responsable de son administration vis-à-vis des créanciers qu'à partir du jour où il avait été mis en demeure de payer ou de délaisser. Jusque-là, il pouvait gérer l'immeuble comme bon lui semblait Une pareille restriction devrait être repoussée aujourd'hui La publicité inhérente à notre système hypothécaire ne permet pas de supposer que le tiers détenteur ait pu ignorer l'existence des hypothèques qui grevaient l'immeuble. — Troplong, nºs 831 et suiv.

76. — Du reste, le tiers détenteur qui a délaissé se trouve, quant aux conséquences de son administration, dans la même position que l'acquéreur qui est évincé, soit par suite de surenchère, soit par toute autre cause indépendante de sa volonté. — V. SURENCHÈRE, VENTE. V. aussi IMPENSES. — Il faut remarquer cependant que le tiers acquéreur qui s'adresse aux créanciers hypothécaires pour se faire indemniser de ses impenses et améliorations est placé dans une position moins favorable que l'acquéreur évincé qui exerce une action en garantie contre son vendeur.

77. — L'art. 2175 accorde au tiers acquéreur un droit de répétition pour les impenses ou améliorations qu'il a faites jusqu'à concurrence de la plus-value qui en résulte; mais il ne lui donne pas le droit de retenir l'immeuble jusqu'à ce qu'il ait obtenu son remboursement. Dans le silence de la loi, on ne peut donc lui reconnaître cette faculté. — *Turin*, 30 mai 1810, Gilardini c. Meuta. — Troplong, nº 836; Grenier, t. 2, p. 83. — *Contrà Douai*, 18 mars 1840 (t. 1er 1840, p. 620), Lethierry c. Duforest et Dewitte. — Tarrible, *Rép.*, vº *Privilége*, et Battur, *Privil. et hyp.*, t. 2, p. 60 et 61. — V. RÉTENTION (droit de).

78. — Mais le tiers détenteur a néanmoins un droit de préférence, un privilége analogue, soit à celui qu'ont ceux qui ont fait des frais conservatoires de la chose, soit à celui qui appartient aux architectes ou entrepreneurs. — Grenier, t. 2, nº 336; Troplong, nº 836; Persil, art. 2175, nº 6; Coulon, *Quest. de dr.*, t. 2, p. 159, dial. 50. — Suivant Zachariæ (t. 2, § 287, not. 7e), le tiers détenteur a seulement une action *de in rem verso* qu'il peut exercer dans l'ordre par voie de distraction. — V. l'arrêt précité de la cour de Turin.

79. — L'acquéreur d'une concession qui s'est engagé par un contrat à faire les travaux nécessaires pour l'achèvement de l'entreprise concédée ne peut, en cas d'éviction par les créanciers inscrits, prétendre à un privilége à raison de la plus-value résultant des travaux qu'il a exécutés. — *Cass.*, 8 juill. 1840 (t. 2 1840, p. 516), Prevost de la Chanvellière c. Bordet.

80. — Jugé que lorsque le tiers détenteur, après avoir fait des améliorations à l'immeuble, s'en trouve évincé par les créanciers hypothécaires, les juges peuvent, sans avoir recours à une expertise, prendre pour mode d'évaluation de la plus-value la différence existant entre le prix de l'acquisition et celui de la revente de l'immeuble, sans qu'il y ait violation de la loi. — *Cass.*, 29 juill. 1819, Aguerre c. Cazemajor. — Favard, vº *Délaissement par hypothèque*, nº 5.

81. — Suivant M. Troplong *(loc. cit.)*, le tiers détenteur peut exiger avant la vente que le créancier poursuivant lui donne caution que l'immeuble sera porté à un prix suffisant pour couvrir le montant des impenses et améliorations.

82. — Si la plus-value dépassait l'impense, le tiers détenteur devrait se contenter du remboursement de ce qu'il a dépensé Telle était la décision de la loi romaine. — *Grenoble*, 31 déc. 1841 (t. 2 1842, p. 543), Terrat c. Odduz. — Battur, t. 3, nº 490; Troplong, nº 837.

83. — Et si l'impense n'avait pas produit d'amélioration, bien qu'elle fût nécessaire, le tiers détenteur ne pourrait la répéter. En effet, les dépenses faites pour conserver sont comprises parmi les *impenses* dont parle l'art. 2175 et qui ne donnent lieu à remboursement que jusqu'à concurrence d'une plus value. Mais si l'acquéreur ne peut répéter les dépenses de cette nature contre les créanciers hypothécaires, il pourrait certainement se les faire rembourser par son vendeur. — Troplong, nº 838 *bis*; Grenier, nº 411; Zachariæ, t. 2, § 287, note 27e.

84. — La cour de Cassation a cependant décidé que l'acquéreur évincé doit être remboursé par les créanciers hypothécaires des dépenses qui ont conservé l'immeuble. — *Cass.*, 11 nov. 1824, Beauvilliers c. Chenard-Freville. — V., dans ce sens, Pothier, *Introd. à la coutume d'Orléans*; Delvincourt, t. 3, p. 180.

85. — Ce n'est pas la valeur de l'immeuble à l'époque où les travaux ont été faits qu'on doit considérer pour déterminer la plus-value; cette plus-value doit se composer de la différence existant entre ce que vaudrait l'immeuble au jour de l'éviction, si les améliorations n'avaient pas eu lieu, et celle à laquelle l'ont portée ces améliorations. — *Cass.*, 28 nov. 1838 (t. 2 1838, p. 655), Houyeau c. Moreau-Maugars.

86. — Dans l'hypothèse de l'art. 2175, il n'y a pas lieu de rechercher si le tiers détenteur était ou non de bonne foi. On ne peut le considérer, dans tous les cas, comme un simple possesseur de bonne foi; car il est propriétaire de l'immeuble jusqu'à l'adjudication. — Loyseau, liv. 6, ch. 8, nº 12; Troplong, nº 838 *ter*.

87. — Les fruits de l'immeuble hypothéqué ne sont dus par le tiers détenteur qu'à compter du jour de la sommation de payer ou de délaisser, et si les poursuites commencées ont été abandonnées pendant trois ans, à compter de la nouvelle sommation qui serait faite. — Art. 2176.

88. — Les fruits sont dès-lors immobilisés à partir de cette sommation. Au contraire, lorsque la procédure de saisie immobilière n'est pas précédée d'un délaissement, l'immobilisation des fruits n'a lieu qu'à partir de la dénonciation de la saisie. — V. SAISIE IMMOBILIÈRE.

89. — La sommation faite au tiers détenteur de payer ou de délaisser, bien qu'elle oblige le tiers détenteur à restituer les fruits à compter du jour où elle a été faite, n'a pas pour effet d'interrompre la prescription des intérêts d'une créance hypothécaire, et le tiers détenteur peut profiter de cette prescription lorsqu'elle est acquise. — *Cass.*, 7 nov. 1838 (t. 2 1839, p. 307), Gouyequet de Bienassis c. Chassé.

90. — Le tiers détenteur qui, avant la sommation faite par les créanciers hypothécaires, a payé les intérêts de son prix au vendeur, n'est tenu vis-à-vis des créanciers des intérêts de ce prix que du jour de la sommation. — *Paris*, 24 avr. 1845 (t. 1er 1845, p. 684), Filhol c. Chardon.

91. — Décidé qu'en cas de vente volontaire les intérêts du prix n'appartiennent aux créanciers inscrits que du jour où l'acquéreur leur a fait notifier son contrat conformément à l'art. 2183, C. civ. — *Caen*, 23 avr. 1826, Belcour c. de Ponteurré; *Rouen*, 16 juill. 1844 (t. 1er 1845, p. 108), Hamel c. de Bosmelet — V. PURGE DES PRIVILÉGES ET HYPOTHÈQUES, nºs 94 et suiv.

92. — Les servitudes et droits réels que le tiers détenteur avait sur l'immeuble avant sa possession renaissent après le délaissement ou après l'adjudication faite sur lui. Les créanciers personnels, après tous ceux qui sont inscrits sur les précédens propriétaires, exercent leur hypothèque à leur rang sur le bien délaissé ou adjugé. — Art. 2177.

93. — Les servitudes constituées par le tiers détenteur sont valables et doivent être respectées, lorsque, du reste, les créanciers hypothécaires n'en éprouvent pas de préjudice. — Troplong, nº 843 *bis*.

94. — Il pourrait arriver que le tiers détenteur concédât des hypothèques sur l'immeuble après la vente qui lui a été faite, et que des créanciers du précédent propriétaire se fissent ensuite inscrire dans la quinzaine de la transcription de cette vente; ces derniers créanciers ne seraient colloqués qu'après les créanciers de l'acquéreur inscrits avant eux, car le rang hypothécaire ne peut se régler que par la date des inscriptions — Tarrible, *Rép.*, vº *Ordre*, § 2, nº 3; Troplong, nº 843. — *Contrà* Persil, art. 2177, nº 2.

95. — Le tiers détenteur qui a payé la dette hypothécaire, ou délaissé l'immeuble hypothéqué, ou subi l'expropriation de cet immeuble, a le recours en garantie, tel que de droit, contre le débiteur principal. — Art. 2178. — V. VENTE.

96. — Jugé que l'acquéreur évincé par l'effet d'une surenchère a bien un recours contre son vendeur en restitution du prix qu'il a payé; mais ce recours ne constitue qu'une action à laquelle n'est attaché ni privilége ni hypothèque. — *Cass.*, 28 mars 1843 (t. 1er 1843, p. 750), Laverlochère c. Rudigoz. — V. SURENCHÈRE.

97. — Lorsque l'immeuble périt par cas fortuit avant l'adjudication, la perte retombe sur l'acquéreur qui n'aura pas de recours en garantie contre son vendeur pour cette cause. — Delvincourt, t. 3, p. 378, nº 5.

TIERS-ÉTAT.

1. — On désignait autrefois par ce mot l'une des trois parties en lesquelles la nation se trouvait divisée. Elle comprenait tous ceux qui n'étaient ni nobles ni membres du clergé, et, à elle seule, elle était de beaucoup plus nombreuse que les deux autres parties réunies.

2. — Pour la condition qui avait été faite au tiers-état par les diverses institutions successivement admises en France, V. CLERGÉ et NOBLESSE.

3. — C'est surtout dans l'ordre public et politique que se faisait sentir l'inégalité établie entre le tiers-état, la noblesse et le clergé; tous les priviléges étaient accordés à ceux-ci, et toutes les charges imposées au premier. — V. CLERGÉ, ÉTATS-GÉNÉRAUX, NOBLESSE.

TIERS PORTEUR.

C'est celui à qui un effet de commerce a été passé. — V. ASSURANCE MARITIME, AVAL, BILLET A ORDRE, ENDOSSEMENT, LETTRE DE CHANGE.

TIERS-SAISI.

V. SAISIE-ARRÊT.

TILLAC.

1. — On appelle ainsi le plancher de chaque pont d'un navire.

2. — Le tillac est l'endroit du navire qui est le plus exposé aux coups de mer; les marchandises y sont par conséquent trop exposées à des avaries de toute nature; en outre, elles embarrassent le navire et gênent la manœuvre. C'est ce double

motif qui a fait restreindre autant que possible la faculté pour le capitaine de charger sur le tillac. Toutefois, il y a exception en matière de petit cabotage. — C. comm., art. 229. — V. CAPITAINE DE NAVIRE. — V. aussi ASSURANCE MARITIME, AVARIES.

3. — Les marchandises sont dites chargées *sous le franc tillac* lorsqu'elles sont placées sous le plancher ou pont supérieur du navire. — V. CAPITAINE DE NAVIRE., n°s 463 et suiv.

TIMBRE (1).

Table alphabétique.

Abonnement, 185, 141 *d* s., 187 s.
Absent (militaire), 212.
Acceptation, 526.
Accepteur, 175, 181, 184 *d* s.
Acquisition administrative, 341 s.
Acquit, 519.
Acquit à caution, 226 s.
Acte, 93. — acte (dépôt d'), 470. — acte (extrait d'), 468 s., 477, 562. — acte (rétention d'), 621 s. — administratif, 110, 285. d'administration publique, 190. — d'avoué, 71. — civil, 10, 14. — en conséquence d'un autre, 573 s. — de défenseur officieux, 71 s. — de dépôt, 509, 533 s. — d'établissement public, 84, 190. — de l'état civil, 89, 305, 328 s., 585. — de fonctionnaire public, 190. — du gouvernement, 188 s. — du greffe, 67. — de greffier, 67. — judiciaire, 10, 14, 107, 270 s. — de la justice de paix, 65. — législatif, 188. — en marge, 517. — de mariage, 37. — du ministère public, 67, 305. — notarié, 58. — de notoriété, 212, 329 s. — de police, 217. — privé, 57. — de procédure, 266, 330. — public, 57 s., 467. — de réquisition, 240. — respectueux, 528 s. — de société, 505. — sous seing-privé, 92, 260, 275, 472 s., 484. — à la suite d'un autre, 32, 34, 398, 500 s. — de tutelle, 55, 360. — de vindicte publique, 61, 217 s.
Adhésion, 505.
Adjudication, 427, 429. — (procès-verbal d'), 537 s., 541, 567. — administrative, 110 — publique, 419.
Administration publique, 2, 243. — (acte d'), 190. — (secrétaire d'), 475.
Administration du timbre, 39 s.
Adresse, 439 s., 649.
Affiche, 44, 290, 365, 407 s., 600, 602, 607, 630, 649. — (couleur du papier d'), 415 s. — à la brosse, 431 et s.
Afficheur, 414.
Affirmation de créance, 32.
Affirmation de procès-verbal, 630, 638 s.
Agent d'affaires, 129.
Agent de change, 130, 131 *a*.
Agent forestier, 232 s., 309.
Agent des ponts et chaussées, 314.
Agent-voyer, 313.
Agriculture, 388.
Algérie, 12, 90.
Alignement, 88, 343, 353 s.
Allonge, 157.
Altération, 494 s.
Amende, 36, 38, 42, 48 s., 141 *a* s., 184 *d* s., 187 *n*, 359, 365, 378, 381, 414 s., 450, 458, 467 s., 472, 474 s., 480, 484, 495, 573 s., 582, 587, 597, 611, 666. — remise d'), 651 s.
Amendes (pluralité des), 397, 503, 586.
Annexe, 562 s.
Annonce, 365, 439 s., 607 s. — (couleur du papier d'), 451, 453.
Appel correctionnel, 69, 324.
Apposition de placards, 556.
Apposition du timbre, 19 s.
Arbitrage, 65, 588.
Arbitre, 359, 475, 573.
Armateur, 130.
Arrêt, 330. — criminel, 446.
Arrêté, 82. — administratif, 573. — de conseil de préfecture, 86 — de préfet, 85, 87, 234, 318, 335, 343.
Arrêté de compte, 131 *a*, 156, 530.
Art mécanique, 457.
Artisan, 130.
Assignation, 561, 626.
Association ouvrière, 272.
Assurances, 141 *a* s. — maritimes, 141 *h* s.
Assureur, 141 *a* s.
Atermoiement, 526.
Aubergiste, 137.
Autorité administrative, 419. — (acte de l'), 82 s.
Avertissement, 241.
Avis, 44, 230, 365, 439 s., 601, 607, 628 s., 640. — (couleur du papier d'), 451, 453.
Avocat, 73 s., 606. — au conseil, 72.
Avoué, 116, 239, 539 s., 574 *a*, 601, 658. — (acte d'), 71.
Avoués (chambre des), 250.
Bail administratif, 332.
Banquier, 130.
Billet, 172, 276, 502, 577, 580, 583, 604. — non négociable, 144 s., 148. — à ordre, 144 s., 147, 164 s. 184 *a* s. — au porteur, 184 *a* s. — simple, 548.
Billet de banque, 185 s., 284.
Billet d'étape, 210.
Billet de logement, 210.
Billet de loterie, 95.
Billet de subsistance, 210.
Bois communaux, 308, 310, 319.
Bois domaniaux, 333.
Bordereau, 131 *a*, 574 *a*.
Brevet d'invention, 236.
Brevet de nomination, 228.
Brosse (affiche à la), 431 s.
Budget, 13.
Bulletin, 102. — de change, 443. — de dépôt, 368. — de prix de marchandises, 443.
Bureau de conciliation, 65.
Bureau de paix, 65.
Bureau de papier timbré, 26, 46.
Cahier des charges, 534 s.
Caisse des consignations, 566. — départementale, 141 *d*.
Canards, 445 s.
Cantonnier, 200.
Cartes à jouer, 10, 453.
Cartouche, 210.
Cassation, 395 s.
Catalogue, 454, 456, 460 s.
Cautionnement, 54, 84, 110, 545 s.
Certificat, 62, 210, 226, 334, 559. — d'action, 187 *a* s., 574 *a*. — d'indigence, 215.
Certificat de mariage, 83. — de propriété, 59. — de vie, 201 s., 477.
Cession d'action, 187 *b*.
Chambre des avoués, 250.
Chambre correctionnelle, 648.
Chambre des huissiers, 62, 115, 247.
Chambre des notaires, 114, 246, 248, 250. — (secrétaire de la), 70, 470.
Change (bulletin de), 443.
Charte-partie, 96, 98.
Chemin de fer, 102, 348.
Chemins vicinaux, 313, 320, 349.
Codicile, 572.
Collége, 447 s.
Colon de Saint-Domingue, 261 s.
Colonies, 12, 139, 141, 158, 176, 184 *c*, 616.
Command, 545.
Commandement, 555
Commission d'employé, 339.
Commission de garde champêtre, 298 s.
Commissionnaire, 130. — de roulage, 105.
Commune, 111, 187 *l* s., 320, 352 s., 422, 429.
Communication, 187 *m*, 612, 618 s.
Compagnie d'actionnaires, 187 *a* s. — d'assurances, 141 *b* s.
Compétence, 644 s. — commerciale, 181.
Comptable public, 196.
Comptant (visa au), 279 s.
Compte, 92, 196, 294. — (double de), 197. — de gestion, 197. — de tutelle, 530 s.
Compte-rendu, 383.
Conclusions, 78, 239.
Concordat, 589.
Connaissement, 96, 98, 101, 371, 376, 608.
Conseil de famille, 329 s., 340. — (délibération du), 329 s., 340.
Conseil municipal (délibération du), 319.
Conseil de préfecture (arrêté du), 86.
Consentement, 330.
Conservateur des hypothèques, 240, 334, 368, 481, 622.
Consignation, 153.
Consultation, 73 s., 606.
Contrainte, 295, 361, 554, 633 s. — (porteur de), 338.
Contrainte par corps, 414.
Contrat de mariage (extrait de), 470.
Contravention, 611 s.
Contre-timbre, 21, 23 s., 28, 278.
Contributions directes, 86, 206, 296.
Contributions indirectes, 206, 295.
Contributions publiques, 222, 257, 555.
Contrôleur, 40 s.
Copie, 58, 60 s., 63, 65, 67, 138, 190, 239, 330, 447, 482, 658. 663. — collationnée, 221.
Corse, 140.
Cote, 587.
Couleur du papier, 415 s., 451, 453.
Coupe de bois, 287, 310, 547. — (vente de), 422.
Courtier, 130, 131 *a*, 141 *m*, 469.
Créance (affirmation de), 32. — (transport de), 520, 532. — (vérification de), 32, 584.
Créanciers, 590 s. — (délibération de), 527.
Débet (visa en), 279, 302 s.
Débit de papier, 42 s., 101, 412 s., 493, 646.
Débiteur, 163 s., 175 s., 177, 575, 590 s.
Décharge, 93, 219, 515, 517. — de prix, 94.
Décime de guerre, 51, 133, 144, 410, 452.
Déclaration aux douanes, 267. — d'opérations, 141 *b*, 141 *i*. — de timbre, 574 *a*.
Découverte, 612 s., 616 s.
Défense, 93.
Défenseur officieux, 74, 359. — (acte de), 71 s.
Délai, 23, 627. — (prorogation de), 522.
Délibération, 82, 247 s. — du conseil de famille, 329 s., 340. — de conseil municipal, 319. — de créanciers, 527.
Délivrance de legs, 508.
Département, 187 *l* s., 350 s., 376, 390, 402.
Dépositaire public, 477.
Dépôt (acte de), 509, 533 s. — (bulletin de), 368. — (reconnaissance de), 151 s. — d'acte, 470. — d'empreinte, 22. — d'empreinte de marteaux, 231. — de somme, 517.
Dimension, 170 s., 182, 358, 389, 391, 393, 410 s., 450, 452, 492. — (timbre de), 8, 15, 51, 372, 434, 436.
Directeur, 39.
Distributeur, 378, 414.
Domaine extraordinaire, 357.
Domicile, 627.
Donation, 523.
Douanes, 226 s., 296, 421.
Double de compte, 197.
Double écrit, 473.
Droits d'enregistrement (restitution de), 207.
Droits de timbre, 7, 49, 51 s., 133, 142 s., 146, 325 s., 389 s., 393. — (paiement des), 376. — (restitution de), 207, 610, 665.
Duplicata, 92, 147, 173 s.
Echange de papier, 25 s.
Ecrit, 292. — (double), 473. — confidentiel, 79 s., 94. — imprimé, 462. — périodique, 377, 382, 385 s., 396, 460, 647. — privé, 364.
Ecritures, 14, 72, 93, 210.
Ecrou, 68, 256.
Effet de commerce, 167, 184 *a* s., 574 *a*, 276, 281 s., 370, 573, 579, 581 s.
Effet négociable, 45, 147, 158, 574 s., 582, 607, 613.
Effet non négociable, 148.
Effets publics, 193 s., 258.
Eglise, 426.
Elections politiques, 355.
Elections du tribunal de commerce, 271.
Emigrés, 260.
Emolumens, 198.
Employé, 40, 43, 241, 317. — (commission d'), 339.
Empreinte, 5 s., 17, 494 s — (dépôt d'), 22. — de marteaux (dépôt d'), 231.
Endossement, 160, 166, 520.
Endosseur, 175, 184 *d* s.
Engagement militaire, 210.
Enregistrement, 39, 43, 179, 187 *b*, 235, 662. — (présentation à l'), 574, 662. — receveur de l'), 46, 478, 570, 574.
Enrôlement, 210.
Enseignement, 128, 464.
Entreprise de travaux, 129.
Etablissement public, 117, 187 *l* s., 243, 286, 422. — (acte d'), 84, 190.
Etape (billet d'), 210
Etat, 331 s., 341 s., 594 s.
Etat de frais, 300.
Etat d'inscription, 336.
Etat mensuel d'instituteur, 268.
Etranger, 283, 401 s. — (pays), 139, 147, 158 s., 166 s., 176, 184 *c*, 576, 616.
Excuse, 656 s.
Exemption, 14, 131, 188 s., 259, 425.
Expédition, 34, 58, 60, 65, 67, 85, 87 s., 138, 190 s., 244, 249, 285, 330, 335, 475 s., 479, 510, 636.
Expert, 573, 605. — (rapport d'), 535, 537 s.
Expertise, 56.
Exploit, 60 s., 471, 486, 614, 652.
Expropriation pour utilité publique, 344 s.
Extrait, 58, 65, 67, 104, 138, 190, 251, 330, 478, 570 — d'acte, 468 s., 477, 562, — de contrat de mariage, 470. — de journal, 383 s. — de jugement, 544. — de jugement de séparation, 470.
Fabricant, 130.
Fabrication, 42.
Fabrique, 245. — (marques de), 108.
Faillite, 129, 424.
Falsification, 47, 493.
Femme mariée, 165.
Fermier, 99.
Fête patronale, 420
Feuille périodique, 10, 377. — (supplémentaire), 379 s., 391, 393 s.
Feuille de registre, 620.
Feuille de route, 102.
Feuillet, 135.
Filigrane, 6, 22, 415, 650.
Foire, 420.
Folle-enchère, 558.
Fonctionnaire public, 359, 466 s., 480, 484, 495. — (acte de), 190,
Forêts, 309.
Formule, 5. — imprimée, 295, 297.
Frais, 326 s., 518. — (état de), 300.
Garde, 63.
Garde champêtre, 220, 234, 303, 307. — (commission de), 298 s.
Garde forestier, 220, 303.
Garde du génie, 312.
Garde magasin, 40 s.
Garde particulier, 301, 316.
Garde-pêche, 315.
Garde nationale, 264 s.
Gazette, 10, 377.
Gendarme, 220, 303.
Gens de guerre, 210.
Gestion (compte de), 197.
Grainetier, 459.
Gratis (visa), 279, 328 s.
Greffe (acte du), 67.
Greffier, 66, 106, 359 s., 475, 477, 490, 534, 544, 573 s., 578 s., 650. — (acte de), 67.
Haïti, 263.
Haras, 423.
Héritier, 179, 603 s.
Historique, 4 s.
Homme de loi, 73 s.
Homologation (jugement d'), 329.
Hôpital, 427.
Horticulture, 458.
Hospice, 122 s.
Huissier, 61, 112, 220, 303, 359, 361 s., 435, 476, 482, 485 s., 552 s., 573 s., 658.
Huissiers (chambre des), 62, 115, 247.
Immeubles (vente d'), 433, 435 s., 533, 568 — (vente judiciaire d'), 557 s.
Imprimeur, 365, 378, 408, 414 s., 425, 460.
Indemnité (quittance d'), 208.
Indigence (certificat d'), 215.
Indigent, 191, 328 s., 330.
Inscription sur le grand-livre, 193 s.
Inscription hypothécaire, 272. — (état d'), 336. — (radiation d'), 563.
Inspecteur de la salubrité, 317.
Instance, 642.
Instituteur (état mensuel d'), 268.
Intercalation, 124.
Interdits (tableau des), 559.
Inventaire, 504, 524 s., 575, 615 s.
Journal, 10, 289, 377 s., 455, 607, 645. — (extrait de), 383 s.
Juge, 573, 587, 632. — (ordonnance du), 238. — (rapport du), 237. — (requête au), 238.
Jugement, 54, 266, 330, 424 s., 490, 504, 553, 573. — (extrait de), 544. — criminel, 446. — d'homologation, 329. — de séparation (extrait de), 470.
Jury, 270.
Justice de paix, 561. — (acte de la), 65.
Légion-d'Honneur, 202, 428.
Legs (délivrance de), 508.
Lettre de change, 144 s., 147, 159 s., 166, 173 s., 184 *a* s., 287.
Lettre missive, 91, 138, 230, 369, 440.
Lettre de voiture, 96 s., 100 s., 371, 376, 521, 608.
Lettres de nomination, 228.
Librairie, 454 s., 460.
Licitation, 558.
Lignes (nombre de), 479 s., 482.
Lithographie, 430, 441.
Livres, 138, 141 *m*, 474, 574 *a*, 578. — de commerce, 132 s., 474, 589.
Livret de la caisse d'épargne, 273.
Location, 428.
Logement (billet de), 210.
Logeur, 137.
Lois antérieures, 53.
Lois rétroactives, 192.
Loterie (billet de), 95.
Main-levée d'opposition, 560.
Maire, 438, 585, 596.
Maison d'éducation, 128.
Maître d'hôtel, 137.
Mandat, 369. — de paiement, 147 s., 183, 184 *a* s., 195, 204, 222, 233, 293, 519.
Mandement, 426.
Manifeste de navire, 267.
Manuscrit, 418, 433.
Marchand, 130, 619.
Marché, 269. — administratif, 288.
Marge (acte en), 517.
Mariage (acte de), 37. — (certificat de), 83.
Marque de fabrique, 108.
Maximum, 52.
Médecin, 462 s.
Mémoire, 73 s.
Mémorial, 136.
Mention, 574 *a*, 614.
Messageries, 125, 251.
Meubles (vente de), 515 s., 524.
Miltaire absent, 212.
Mineur, 436, 556.
Minimum, 52, 162, 172.
Ministère public, 632. — (acte du), 67, 305. — (re-

(1) *Nota.* Ce mot était sous presse lorsque la loi du 5 juin 1850 a été rendue. Nous avons intercalé les dispositions de cette loi au moyen de doubles numéros.

TIMBRE (droit de). — 1. — Le timbre est une marque ou empreinte particulière apposée sur un papier ou parchemin.

2. — Bien que l'apposition d'un timbre soit prescrite dans certains cas, même par des dispositions légales, au sujet d'actes émanés d'administrations publiques (tels sont, entre autres, les timbres apposés par l'administration des postes. — V. POSTES), nous ne considérons ici que le timbre que comme empreinte apposée au nom de l'État sur les papiers ou parchemins qu'il fait débiter ou dont il permet l'usage.

3. — Le droit de timbre est la contribution indirecte perçue à l'occasion du timbre apposé.

CHAP. 1er. — *Historique. — Dispositions générales* (n° 4.).

SECT. 1re. — *Historique* (n° 4).

SECT. 2e. — *Dispositions générales* (n° 11).

CHAP. II. — *Timbre ordinaire* (n° 50).

SECT. 1re. — *Droits de timbre. — Actes et registres soumis au timbre* (n° 50).

§ 1er. — *Timbre de dimension. — Actes et registres qui y sont soumis* (n° 51).

§ 2. — *Timbre proportionnel. — Actes qui y sont soumis* (n° 280).

SECT. 2e. — *Actes et registres non soumis au timbre* (n° 188).

SECT. 3e. — *Actes visés pour timbre* (n° 274).

§ 1er. — *Visa pour timbre au comptant* (n° 280).

§ 2. — *Visa pour timbre en débet* (n° 302).

§ 3. — *Visa pour timbre gratis* (n° 328).

CHAP. III. — *Timbre extraordinaire* (n° 338).

SECT. 1re. — *Dispositions générales* (n° 338).

SECT. 2e. — *Journaux, affiches et avis* (n° 377).

§ 1er. — *Journaux et écrits périodiques* (n° 377).

§ 2. — *Affiches* (n° 407).

§ 3. — *Avis et annonces* (n° 439).

CHAP. IV. — *Obligations des particuliers et des officiers ou fonctionnaires publics relativement au timbre* (n° 466).

SECT. 1re. — *Emploi du timbre à raison de la nature des actes* (n° 467).

SECT. 2e. — *Emploi d'un papier timbré ayant déjà servi* (n° 483).

SECT. 3e. — *Altération du timbre* (n° 494).

SECT. 4e. — *Acte à la suite d'un autre sur un même papier timbré* (n° 500).

SECT. 5e. — *Acte en conséquence d'un autre rédigé sur papier non timbré* (n° 573).

CHAP. V. — *Recouvrement des droits et amendes* (n° 590).

SECT. 1re. — *Paiement des droits et amendes* (n° 590).

SECT. 2e. — *Poursuites et instances* (n° 611).

SECT. 3e. — *Prescription* (n° 659).

CHAPITRE 1er. — Historique. — Dispositions générales.

Sect. 1re. — Historique.

4. — L'impôt du timbre est plus ancien et plus généralement établi que celui de l'enregistrement. Il existait sous Justinien (noc. 44). Il produit des sommes considérables en Angleterre. en Hollande, et l'on a supposé à son établissement que les Américains du N. rd ont conquis la liberté. Il ne fut établi en France que sous Louis XIV. — Dict. de l'enreg., v° Timbre, n° 5.

5. — A un édit du 19 mars 1673, qui avait ordonné l'impression des modèles ou formules, succéda un édit du mois d'avril 1674, qui remplaça ces formules par une marque ou empreinte appliquée sur les papiers et les parchemins que des officiers publics devaient employer pour leurs actes. Ces papiers conservaient pendant un temps le nom de formules ; on les appela ensuite papiers marqués, et enfin papiers timbrés, de la marque à laquelle on donna le nom de timbre.

6. — Le timbre n'était d'abord qu'une empreinte à l'encre facile à contrefaire. Dans la suite, on imprima dans la pâte même du papier une seconde marque appelée filigrane. Enfin, au timbre à l'encre on ajouta un timbre sec pour rendre la contrefaçon encore plus difficile. — Ibid., n° 7.

7. — La quotité du droit, fixée par l'édit de 1674 à un taux modéré, fut successivement augmentée en 1680, 1690 et 1748.

8. — La loi du 7-18 fév. 1791 abolit l'ancien timbre et divisa l'impôt en deux espèces de timbre encore admises aujourd'hui : l'une en raison de la dimension des papiers ; l'autre proportionnel, en raison des sommes. — Circ. 19 mars 1791, n° 36. — Dict. de l'enreg., v° Timbre, n° 11.

9. — La législation introduite par cette loi fut successivement modifiée par d'autres lois, entre autres, celles des 10-17 juin 1791, 15 messid. an III, 11 niv. et 14 thermid. an IV, 5 flor. an V, 9 vend. an VI, et enfin par la loi du 13 brum. an VII.

10. — Nous ne rappellerons pas les dispositions de ces différentes lois, puisque, d'après la loi du 13 brum. an VII, fondamentale sur la matière : « Toutes les lois et dispositions d'autres lois sur le timbre des actes civils et judiciaires, et des registres, sont abrogées pour l'avenir (art. 39). Toutefois, ont été maintenues les dispositions de la loi du 9 vendém. an VI relatives au timbre des journaux, gazettes, feuilles périodiques ou papiers-nouvelles, feuilles papier-musique, affiches et cartes à jouer.

11. — La loi du 13 brum. an VII a été elle-même, ainsi qu'on le verra, successivement modifiée ou abrogée dans quelques unes de ses dispositions, soit par la loi du 28 avr. 1816, soit par différentes lois de finances ou budgets, soit enfin par des lois spéciales. On verra le détail sous chacune des matières spéciales.

12. — Les lois, décrets et ordonnances sur le timbre ont été déclarés exécutoires, 1° à l'île de la Réunion (Bourbon). par un arrêté du gouverneur du 28 vendém. an XII, maintenue par ordonnance du 15 juin 1815; 2° et en Algérie par une ordon-

nance royale du 10 janv. 1843. On peut faire usage en France, sans les soumettre de nouveau au timbre ou au visa pour timbre, des actes et effets de commerce qui ont été timbrés dans ces deux colonies; s'ils n'y ont pas été timbrés, ils sont passibles des droits et amendes exigibles suivant les dispositions en vigueur dans les colonies. — Inst. 11 mai 1846, n° 1754.

13. — Chaque année, la loi des finances portant fixation du budget des recettes porte, indépendamment des dispositions particulières qu'elle peut contenir, que la perception des droits de timbre et autres droits continuera d'être faite au profit de l'état, conformément aux lois existantes. — Ainsi, pour le budget de 1847, V. L. 3 juill. 1846, art. 7.

Sect. 2e. — *Dispositions générales.*

14. — La contribution du timbre est établie sur tous les papiers destinés aux actes civils et judiciaires, et aux écritures qui peuvent être produites en justice et y faire foi. Il n'y a d'autres exceptions que celles nommément exprimées dans la loi. — L. 13 brum. an VII, art. 1er.

15. — La contribution du timbre est de deux sortes: la première est le droit de timbre imposé et tarifé en raison de la dimension du papier, c'est le *timbre de dimension*; la seconde est le droit de timbre créé pour les effets négociables ou de commerce, et gradué en raison des sommes à y exprimer, sans égard à la dimension du papier, c'est le *timbre proportionnel*. — L. 13 brum. an VII, art. 2.

16. — Il y a des timbres particuliers pour les différentes sortes de papiers. Ils sont gravés, les uns pour être appliqués en noir, et les autres pour être frappés à sec. Chaque timbre porte son prix. — L. 13 brum. an VII, art. 4.

17. — Quant aux empreintes, elles ont nécessairement changé de forme avec chacun des gouvernemens qui se sont succédé en France. Et même quelquefois, sous le même gouvernement, elles ont subi des modifications plus ou moins fréquentes. Il serait sans intérêt de rappeler les différentes prescriptions survenues à cet égard. Il suffira de citer, en dernier lieu, les ordonnances royales des 28 sept. et 17 déc. 1846, et l'arrêté du gouvernement provisoire du 8 sept. 1848.

18. — Le timbre est ou *ordinaire* ou *extraordinaire* : le premier est celui qui est appliqué sur les papiers que la régie fait débiter, et le second est celui qui sert pour les papiers autres que ceux de la débite et pour les parchemins que les fonctionnaires sont admis à faire timbrer.

19. — Avant la loi du 13 brum. an VII, les empreintes des timbres étaient apposées au haut du milieu de chaque feuille et demi-feuille du papier de la régie et au côté gauche du papier, que les parties faisaient timbrer.

20. — Depuis la loi du 13 brum. an VII, l'empreinte du timbre ordinaire a été apposée au haut de la partie à gauche de la feuille pliée, de la demi-feuille et du papier pour effet de commerce, et l'empreinte du timbre extraordinaire, au haut du côté droit de la feuille. — L. 13 brum. an VII, art. 6 et 7. — Roland et Trouillet, *Dict. d'enreg.*, v° *Timbre*, § 7, n°s 9 et 12.

21. — Le timbre supplémentaire et le contre-timbre se placent au milieu de la partie supérieure de la feuille. — Instr. 716. — Roland et Trouillet, *ibid.*, § 6, n° 13.

22. — La régie fait déposer au greffe des cours et tribunaux, lors de chaque changement de timbre, les empreintes nouvellement établies. Ces empreintes sont sur papier filigrané. Il est dressé, sans frais, procès verbal de chaque dépôt. — L. 13 brum. an VII, art. 38; arr. gouv. 7 fructid. an X, art. 8, et 16 messid. an XI, art. 5; décr. 17 avr. 1806, art. 13; ord. 17 mai 1814; 1 mai 1816, art. 7; 8 juill. 1827, art. 10; et 5 août 1834, art. 4.

23. — Les modifications ordonnées dans les formes des timbres à raison des changemens de gouvernement ne peuvent préjudicier à ceux qui se sont approvisionnés de papier timbré: aussi, les lois ont toujours accordé un délai, soit pour l'échange des papiers de débite, soit pour le contre-timbre gratuit de ceux frappés du timbre extraordinaire. En cas d'augmentation de droits, un délai a été également accordé pour appliquer un timbre supplémentaire et acquitter l'augmentation. — *Dict. de l'enreg.*, v° *Timbre*, n° 43.

24. — La faculté du contre-timbre gratuit a même été étendue aux formules imprimées et non remplies, à l'usage des administrations ou des particuliers, tant pour le timbre de dimension que pour le timbre proportionnel. — Circ. 7 mars 1807 et 10 avr. 1828; Instr. 28 août et 24 déc. 1827, art. 1217 et 1230, et 30 mai 1828, art. 1243.

25. — On n'admet point l'échange des papiers aux timbres supprimés sur lesquels des notaires, huissiers et avoués ont fait imprimer des formules pour des actes de leur ministère, ni l'échange des papiers frappés du timbre extraordinaire. — Circ. 30 mai 1806 et 24 fév. 1807. — On n'a que la faculté de les employer jusqu'à l'époque fixée ou de les faire contre-timbrer gratis, ou avec supplément, selon le cas. — *Dict. de l'enreg.*, v° *Timbre*, n° 43.

26. — D'après l'art. 5 de l'ordonnance du 11 nov. 1814, l'échange des papiers timbrés au type supprimé n'a pu être requis par chaque possesseur qu'au bureau de son domicile. — Roland et Trouillet. *Dict. d'enreg.*, v° *Timbre*, § 7, n° 15.

27. — Il suffit que la demande d'échange n'ait pas été faite ou constatée dans le délai prescrit pour que toute réclamation doive être rejetée. — Ord. 23 janv. 1820. — Rolland et Trouillet, *Dict. d'enreg.*, v° *Timbre*, n° 16.

28. — L'ordonnance du 11 nov. 1814, qui admet les papiers timbrés en échange ou au contre-timbre, ne s'applique pas à une quantité considérable de papier timbré présumée provenir de spoliation dans les dépôts publics. — Cons. d'état 20 nov. 1816, Richebraque.

29. — L'ordonnance rendue le 5 août 1834 pour l'exécution de la loi du 24 mai 1834, art. 18, qui réduit le droit proportionnel sur les effets négociables, porte que, jusqu'au 1er avr. 1835, les particuliers à qui il reste des papiers aux anciens timbres seront admis à les échanger contre d'autres papiers aux nouveaux timbres. Les particuliers devront payer l'excédant ou appoint s'il y a lieu; mais, dans tous les cas, l'échange doit s'opérer de manière que le trésor n'ait à faire aucun remboursement (art. 3). Déjà une décision du ministre des finances du 23 juill. 1827 avait prescrit des mesures analogues dans l'intérêt du commerce. — Roland et Trouillet, *Dict. d'enreg.*, v° *Timbre*, § 2, n° 5.

30. — S'il n'y a point eu de changement de timbre, les particuliers ne sont fondés en aucun cas, à demander l'échange ou le remboursement de papiers qu'ils auraient achetés, et qui ne pourraient pas servir à l'usage auquel on les destinait, ou qui excéderaient les besoins de l'acheteur. — Avis comm. fin. 28 sept. 1821, appr. le 20 oct. suiv. — *Dict. de l'enreg.*, v° *Timbre*, n° 46.

31. — Lorsque les dispositions de la loi permettent d'écrire un acte à la suite d'un autre, on peut user de cette faculté, quoique le timbre dont le papier a été frappé soit supprimé. — Déc. min. fin 4 brum. an XI; instr. 137. — Roland et Trouillet, § 5, n° 78.

32. — En général, on peut continuer sur du papier à l'ancien timbre les répertoires, registres et procès-verbaux d'affirmation et de vérification de créances sur un failli commencés avant l'établissement du nouveau timbre. — Délib. 19 juill. 1816; déc. min. fin. 11 nov. 1816; ord. 8 juill. 1827; solut. 16 avr. 1828. — Roland et Trouillet, *Ibid.*, § 7, n°s 2, 3 et 4.

33. — De même le double du répertoire des notaires, commencé sur du papier marqué des anciens timbres, n'est pas soumis au nouveau timbre pour les feuilles non écrites; en conséquence, les doubles du répertoire commencés avant l'émission des papiers aux nouveaux timbres peuvent continuer d'être tenus pour l'année courante sur papier aux anciens timbres. — Solut. 3 sept. 1847.

34. — Cependant des expéditions préparées et non signées par un notaire ne peuvent pas être signées par son successeur lorsque, depuis qu'elles sont faites, le timbre a changé; car l'époque où l'expédition a été faite ne peut être constatée que par la signature du notaire. — Délib. 5 janv. 1830. — *Dict. de l'enreg.*, v° *Timbre*, n° 30.

35. — L'ordonnance du 5 août 1834, relative à l'échange des papiers aux anciens timbres proportionnels contre des papiers aux timbres nouveaux, ne fait que limiter le délai dans lequel l'échange doit s'effectuer, mais ne prohibe pas l'usage, après ce délai, des papiers aux timbres anciens. — Délib. 21 août 1838.

36. — Le défaut de timbre donne lieu à des amendes; mais les actes non timbrés ne laissent pas que d'être valables. — Merlin, *Quest.*, v° *Mariage*, § 3.

37. — Ainsi, il a été jugé que, sous l'empire de la loi du 20 sept. 1792, un mariage n'était pas nul parce que l'acte n'en avait pas été inscrit sur registre timbré. — *Cass.*, 13 fructid. an X, Lenefranque.

38. — ... Que le défaut de timbre est toujours réparable et n'empêche pas l'existence de l'acte écrit sur papier libre. La peine contre le contrevenant se résout en une amende. — *Cass.*, 20 janv. 1845 (t. 1er 1845, p. 492), préf. de la Seine c. Finot.

39. — L'administration du timbre est la même que celle de l'enregistrement. — V. ENREGISTREMENT. — Toutefois, à Paris, il y a un directeur spécial pour le timbre, indépendamment du directeur de l'enregistrement.

40. — De plus, à l'administration du timbre, sont attachés quelques employés spéciaux, tels que les garde-magasins, contrôleurs du timbre, qui ont sous eux des timbreurs et des tourne-feuilles.

41. — Les garde-magasins, contrôleurs du timbre, au nombre de quatre vingt-six, ont la garde du papier timbré et contrôlent la recette du timbre extraordinaire. Ces emplois sont donnés le plus souvent aux anciens receveurs d'enregistrement pour lesquels le travail de leur bureau est devenu fatigant. — Arrêté gouvernem. 7 fructid. an X.

42. — A la régie seule appartient le droit de fabriquer les papiers timbrés. Nul ne peut en vendre ou distribuer qu'en vertu d'une commission de la régie à peine d'une amende de 100 fr. pour la première fois et de 300 fr. en cas de récidive. Le papier est, en outre, confisqué au profit de l'état. — L. 13 brum. an VII, art. 27. — La première de ces amendes a été réduite à 20 fr. par la loi du 16 juin 1824.

43. — Les employés de l'enregistrement dans les départemens et les veuves d'employés à Paris sont chargés exclusivement de la débite des papiers timbrés. — Déc. min. fin. 8 août 1821. — Roland et Trouillet, v's *Bureaux de distribution* et *Timbre*, § 2, n° 2.

44. — Toutefois le papier pour affiches, avis ou annonces n'ayant plus été, à compter du 1er janvier 1818, fourni par la régie (L. 15 mai 1818), les particuliers ont eu le droit de faire timbrer telle quantité qu'il leur plaît de papier de cette espèce dont ils veulent faire usage soit par eux-mêmes, soit par d'autres à qui ils peuvent le céder. Ce n'est qu'au papier de la débite ordinaire que s'applique la défense portée par l'art. 27 de la loi de brumaire. — Solut. 19 sept. 1823. — Roland et Trouillet, v° *Timbre*, § 2, n° 3.

45. — La régie est autorisée, sur la proposition du préfet du département, à charger les percepteurs des contributions directes résidant dans les communes où il n'existe pas de bureau de l'enregistrement du débit, au prix du tarif, de papier au timbre proportionnel de 25 et 50 cent., et de papier au timbre de dimension de 35 cent., 70 cent. et 1 fr. 25 cent. — Instr. 10 juin 1836. — Depuis la loi du 20 juill. 1837, ils ont été autorisés à débiter du papier au timbre de 15 cent. pour les effets et billets négociables ou non négociables d'une somme de 200 fr. et au-dessous. — Mais il leur est interdit de vendre du papier de dimension à 1 fr. 25 cent. la feuille. — Instr. 18 fév. 1841.

46. — Il est enjoint aux receveurs de l'enregistrement de faire débiter à leur domicile, le matin, une heure avant l'ouverture de leur bureau, et le soir, deux heures après la clôture, et les dimanches et jours fériés, jusqu'à deux heures de l'après-midi, des papiers au timbre proportionnel de 25 cent. et au dessous, et au timbre de dimension de 35 cent. — Instr. 4 juill. 1841.

47. — Ceux qui contrefont ou falsifient le timbre de l'état, ou qui auront fait des papiers falsifiés ou contrefaits, sont punis des travaux forcés à temps, dont le maximum est toujours appliqué dans ce cas. — Est puni de la réclusion, celui qui, s'étant indûment procuré les vrais timbres, en a fait une application ou un usage préjudiciable aux droits ou intérêts de l'état. — C. pén., art. 140 et 141. — L'art. 2 de la loi du 23 vent. an XII prononçait la peine de mort contre les préposés à la vente et à la distribution du papier timbré convaincus d'en avoir timbré sciemment avec un faux timbre ou même d'avoir distribué ce papier.

48. — Toutes les amendes fixes prononcées par les lois sur le timbre sont réduites, savoir: celles de 500 fr. à 30 fr.; celles de 100 fr. à 20 fr.; celles de 50 fr. à 10 fr., et toutes celles au-dessous de 50 fr. à 5 fr. — L. 16 juin 1824, art. 10.

49. — Dans les différens cas où la loi prononce la condamnation à une amende pour contravention à la loi du timbre, les contrevenans sont toujours tenus de payer, s'il y a lieu, les droits de timbre. — L. 13 brum. an VII, art. 26.

CHAPITRE II. — *Timbre ordinaire.*

Sect 1re. — *Droits de timbre. — Actes et registres soumis au timbre.*

50. — On a vu *suprà* que le droit de timbre ordinaire est de deux espèces : 1° *de dimension*; 2° ou *proportionnel*.

§ 1er. — *Timbre de dimension. — Actes et registres qui y sont soumis.*

51. — Les droits du timbre de dimension, d'abord déterminés par les lois antérieures à celles du 13 brum. an VII, et ensuite par l'art. 8 de cette même loi, ont été fixés par la loi du 28 avr. 1816 ainsi qu'il suit : 1° demi feuille de petit papier, 35 cent.; — 2° feuille *id.*, 70 cent.; — 3° feuille de moyen papier, 1 fr. 25 cent.; — 4° feuille de grand papier, 1 fr. 50 cent.; — 5° feuille de dimension supérieure, 2 fr. — L. 28 avr. 1816, art. 62. — La subvention du dixième n'est point ajoutée à ces droits. — Art. 67.

52. — Il n'y a point de droit supérieur à 2 fr., ni inférieur à 35 cent., quelle que soit la dimension du papier. — L. 13 brum. an VII, art 8.

53. — Relativement aux actes soumis à la formalité du timbre, ils avaient, antérieurement à la loi du 13 brum. an VII, été déterminés par les lois, entre autres, des 7-11 fév. 1791, 29 sept.-9 oct. 1791, 5 flor. an V et 9 vendém. an VI. — Jugé en conséquence par application de ces lois :

54. — ... Qu'un acte de cautionnement était assujéti au timbre, bien qu'il fût reçu en exécution d'un jugement qui était lui-même dispensé de cette formalité. — *Cass.*, 13 pluv. an II, Chicol.

55. — ... Que sous la loi des 26 sept.-9 oct. 1791, les actes de tutelle, les procès verbaux de nomination de tuteur, ainsi que ceux d'apposition de scellés devaient être rédigés sur papier timbré. — *Cass.*, 17 fév. 1806, 16 août 1809 et 28 août 1809, Reboulin.

56. — ... Qu'un acte de partage et un procès-verbal de nomination d'expert, rédigés par un greffier de justice de paix étant des actes soumis, d'après la loi du 9 vendém. an VI, à l'enregistrement sur la minute, ont dû être écrits sur papier timbré, à peine d'amende. — *Cass.*, 19 déc. 1809, Bonnefoy.

57. — D'après la loi du 13 brum. an VII, sont assujétis au droit de timbre établi en raison de la dimension tous les papiers à employer pour les actes ou écritures soit publics, soit privés, savoir :

58. — ... 1° Les actes des notaires, et les extraits, copies et expéditions qui en sont délivrés. — L. 13 brum an VII, art. 12, n° 1er.

59. — Ainsi, sont assujétis au droit de timbre, les certificats de propriété délivrés par un notaire, sans l'intervention de témoins aux héritiers de créanciers de l'état, à l'effet de justifier de leurs droits. — Déc. min. fin. 13 nov. 1847.

60. — ... 2° Les actes des huissiers et les copies et expéditions qu'ils en délivrent. — L. 13 brum. an VII, art. 12. n° 1er.

61. — Les copies d'actes d'huissiers faits à la requête du ministère public, dans l'intérêt de la vindicte publique, sont, tout comme les originaux, assujétis à la formalité du timbre ou doivent être visés pour timbre. — *Cass.*, 28 janv. 1833, Hidel.

62. — Le certificat délivré par une chambre d'huissiers, à l'effet de constater qu'un huissier cité pour procéder à une taxe n'a pas comparu, est assujéti au timbre. — *Cass.*, 17 juill. 1815, chambre des huissiers de Paris.

63. — ... 3° Les actes et les procès-verbaux des gardes et de tous les autres employés ou agens ayant droit de verbaliser, et les copies qui en sont délivrées. — L. 13 brum. an VII, art. 12, n° 1er.

64. — Les procès verbaux assujétis à l'enregistrement sont astreints à la formalité préalable du timbre. — *Cass.*, 22 juin 1842 (t. 2 1842, p. 588), Rieux et Ségé.

65. — ... 4° Les actes et jugemens de la justice de paix, des bureaux de paix et de conciliation, de la police ordinaire, des tribunaux et des arbitres, et les extraits, copies et expéditions qui en sont délivrés. — L. 13 brum. an VII, art. 12. n° 1er.

66. — Des actes de la justice de paix rédigés par le juge sur papier non timbré donnent lieu à l'amende, quoique non signés par le greffier. — *Cass.*, 7 mars 1808, Brewer.

67. — ... 5° Les actes particuliers des juges de paix et de leurs greffiers, ceux des autres juges et de commissaires du directoire exécutif (ministère public), et ceux reçus aux greffes et par les greffiers, ainsi que les extraits, copies et expéditions qui s'en délivrent. — L. 13 brum. an VII, art. 12, n° 1er.

68. — Tels sont les registres d'écrou en matière civile. — Déc. min. just. et fin. 9 et 22 mars 1808 ; déc. min. fin., 24 sept. 1808.

69. — En cas d'opposition ou d'appel d'un individu condamné par un jugement correctionnel sur les poursuites du ministère public, il doit écrire ces actes sur papier timbré, à moins qu'il ne soit emprisonné. — L. 25 mars 1817, art, 74 ; Solut. 5 janv. 1832.

70. — Le récépissé délivré par le greffier de la chambre des notaires, par constater le dépôt d'un extrait de contrat de mariage ou de jugement de séparation entre époux, dont l'un est négociant, peut être délivré sur papier timbré de petite dimension. — *Cass.*, 16 fév. 1824, Barazet.

71. — ... 6° Les actes des avoués ou défenseurs officieux près les tribunaux et les copies ou expéditions qui en sont faites ou signifiées. — L. 13 brum. an VII art. 12, n° 1er.

72 — Les écritures des parties signées par des avocats au conseil d'état sont assujéties au timbre. — Décr. 22 juill 1806, art. 48.

73. — ... 7° Les consultations, mémoires, observations et précis signés des hommes de loi et défenseurs officieux. — L. 13 brum. an VII, art 12, n° 1er.

74 — L'art. 12 de la loi de brum. an VII, soumettant au timbre les consultations, mémoires, observations et précis signés des hommes de loi et défenseurs officieux, cette disposition s'applique évidemment aux consultations, etc., des avocats. — Lettr. min. just. 28 janv. 1809.

75. — Il en est ainsi, encore bien que ces consultations ne soient pas destinées à être produites en justice — Avis comm. fin. 17 août 1829.

76. — ... Et qu'il n'en ait été fait aucun usage. — *Cass.*, 23 nov. 1824, Labougue.

77. — Jugé en conséquence qu'une consultation sur papier non timbré, signée d'un avocat et trouvée jointe à un dossier déposé au greffe du tribunal, donne lieu à l'amende. — *Cass.*, 6 fév. 1815, Chaufton; 19 nov 1839 (t. 2, 1839, p. 638), Dumay.

78. — .. Qu'une consultation signée d'un avocat, bien qu'elle ne soit qu'un simple modèle de conclusions motivées à prendre par l'avoué, doit être considérée en soi, et indépendamment de la circonstance qu'elle aurait été trouvée au greffe du tribunal où l'instance était pendante, comme un écrit pouvant être produit pour la défense du client; et, par conséquent, comme soumise au timbre. — *Cass.*, 8 janv. 1822, Jouhaud.

79. — Jugé au contraire qu'on ne doit pas considérer comme assujétie au timbre la consultation d'un avocat, qui n'était qu'un écrit confidentiel et n'a jamais été produite en justice. — *Cass.*, 14 juin 1808, Pagès.

80. — Toutefois, cet arrêt, dit Merlin (*Rép.*, v° *Timbre*, n° 8), n'a nullement décidé, comme l'avait fait d'une manière générale et absolue le jugement attaqué, que les consultations d'avocats ne sont assujéties au timbre que lorsqu'elles sont produites en justice; les motifs du rejet, fondé sur ce que la consultation dont il s'agissait au procès n'était qu'un *écrit confidentiel*, prouvent, au contraire, que la cour de Cassation a improuvé, *formâ negandi*, les considérans du jugement.

81. — La distinction que fait ensuite Merlin (*ibid.*) nous paraît mieux fondée. « S'il n'est pas nécessaire, dit il, pour qu'une consultation soit sujette au timbre, qu'elle soit produite en justice, il faut du moins qu'elle soit de nature à pouvoir y être produite, et c'est ce que fait entendre la loi elle-même, en assujétissant au timbre *tous actes... devant ou pouvant faire titre, ou être produits pour obligation, décharge, justification, demande ou défense* (art. 12). Or, une consultation que donne un avocat au désavantage de la partie qui le consulte, ne peut jamais être produite devant une autorité constituée; elle est donc essentiellement un écrit confidentiel entre l'avocat et sa partie. »

82. — ... 8° Les actes des autorités constituées administratives, qui sont assujétis à l'enregistrement, ou qui se délivrent aux citoyens, et toutes les expéditions et extraits de ces actes, arrêtés en délibération, desdites autorités qui sont délivrés aux citoyens. — L. 13 brum. an VII, art. 12, n° 1er.

83. — Ainsi, sont soumis au timbre de 35 cent les certificats délivrés par l'officier de l'état civil pour justifier aux ministres des cultes de l'accomplissement des formalités du mariage civil et les autoriser à procéder au mariage religieux. — Circ. min. just. 5 août 1848; décr. 9 déc. 1810. — *Contrà* déc. min. fin. 7 juin 1832 et 28 sept. 1833.

84. — Demeurent assujétis au timbre : 1° les actes des autorités administratives et des établissemens publics portant transmission de propriété, d'usufruit et de jouissance; — 2° les adjudications ou marchés de toute nature, aux enchères, au rabais, ou sur soumission ; — 3° les cautionnemens relatifs à ces actes. — L. 15 mai 1818, art. 78.

85. — Les expéditions des arrêtés des préfets qui autorisent les fabriques des églises à accepter des donations doivent être délivrées sur papier timbré. — Déc. min. fin. 9 nov. 1831.

86. — Le recours contre les arrêtés du conseil de préfecture rendus sur les réclamations en matière de contributions directes, et qui doit être transmis au gouvernement par l'intermédiaire du préfet, est cependant soumis au droit de timbre. — L. 21 avr. 1832, art. 30.

87. — Doivent être délivrées sur papier timbré les expéditions des arrêtés des préfets qui autorisent une commune à acquérir ou aliéner des terrains qui doivent faire partie ou être distraits d'un chemin vicinal, bien que cette délivrance soit requise par la commune elle-même. — Déc. min. fin. 24 fév. 1837.

88. — Il en est de même des expéditions d'arrêtés pris par les maires sur les demandes d'alignement et de voirie. — Circ. préfet du Nord, 30 oct. 1845.

89. — Ne sont pas exempts de la formalité du timbre les expéditions d'actes de l'état civil, délivrées au trésorier d'un conseil de fabrique, et ce dernier ne saurait être assimilé à un fonctionnaire public. — *Cass.*, 6 nov. 1832, Combeau.

90. — Une ordonnance du roi 19 oct. 1844 porte que les expéditions et quittances délivrées par les administrations financières de l'Algérie seront timbrées.

91. — ... 9° Les pétitions et mémoires, même en forme de lettres, présentés au directoire exécutif (chef de gouvernement), aux ministres, à toutes autorités constituées, au commissaire de la trésorerie nationale, au directeur de la liquidation générale et aux administrations ou établissemens publics. — L. 13 brum. an VII, art. 12, n° 1er. — Les pétitions non timbrées doivent être renvoyées au pétitionnaire, qui peut, en outre, être déclaré passible de l'amende de 5 fr. portée par l'art. 10 de la loi du 16 juin 1824, indépendamment du décime et du droit de timbre. — Instr. 25 avr. 1849.

92. — ... 10° Les actes entre particuliers sous signature privée, et les doubles des comptes de recette ou gestion particulière. — L. 13 brum. an VII, art. 12, n° 1er.

93. — ... 11° Et généralement tous actes et écritures, extraits, copies et expéditions soit publics soit privés, devant ou pouvant faire titre, ou être produits pour obligation, décharge, justification, demande ou défense. — L. 13 brum. an VII, art. 12, n° 1er.

94. — Il y a contravention lorsque les décharges de prix de ventes publiques de meubles jointes aux procès verbaux de vente sont écrites sur papier non timbré. Elles ne sauraient être considérées comme des pièces confidentielles dont la communication puisse être refusée. — *Dict. de l'enreg.*, v° *Timbre*, n° 741.

95. — Les billets émis par un particulier pour la mise en loterie d'un de ses immeubles sont assujétis au timbre, parce qu'ils sont pour celui qui les achète, un titre, soit pour se faire passer contrat de l'immeuble s'il le gagne, soit pour se faire rembourser le montant des billets, si la loterie n'a pas lieu — *Cass.*, 30 nov. 1807, Gouly.

96. — Les lettres de voiture, connaissemens, chartes-parties et polices d'assurances devraient, d'après l'art. 5, L. 6 prair. an VII, être inscrits sur du papier au timbre de 1 franc.

97. — Jugé dès-lors que les lettres de voiture sont assujéties au timbre. — *Cass.*, 13 messid. an IX, Jacquier; 2 brum. an X, Bimard et Glaize; 2 brum. an X, Coste.

98. — D'après un décret du 3 janv. 1809, les lettres de voiture, connaissemens, chartes-parties et polices d'assurance ont pu être rédigés sur telle dimension de papier timbré que les parties jugeraient convenable. Elles ne sont plus tenues d'employer exclusivement du papier frappé du timbre de 1 franc. — Art. 1er.

99. — Toutefois, ne sont point assujétis à se pourvoir de lettres de voiture timbrées, les propriétaires qui font conduire par leurs voituriers et leurs propres domestiques ou fermiers, les produits de leurs récoltes. — *Ibid.*, art. 2.

100. — Le souscripteur d'une lettre de voiture, faite depuis le 1er janv. 1815, sur du papier à l'ancien timbre au type royal, est passible de l'amende prononcée par la loi du 13 brum. an VII. — *Cass.*, 23 juin 1817, Buisset.

101. — Depuis la loi du 11 juin 1842, les lettres de voiture et les connaissemens ne peuvent être rédigés que sur du papier fourni par l'administration ou sur du papier timbré à l'extraordinaire, sous peine de 30 fr. d'amende. — L. 11 juin 1842, art 6.

102. — Sont sujets au timbre les feuilles et bulletins remis par les compagnies de chemins de fer aux conducteurs des trains de marchandises et destinés à tenir lieu de lettres de voiture. — *Trib. Lille*, 30 août 1845; *Cass.*, 5 mai 1846 (t. 2 1846, p. 60), chemin de fer de Paris à Rouen; 17 juin 1846 (t. 2 1846, p. 508), Levesque; 24 juin 1846 (t. 2 1846, p. 508) chemin de fer d'Orléans. — Et cela alors même que ces bulletins ou factures ne porteraient aucune signature, si cette

omission, ainsi que toute autre, n'a eu lieu que pour soustraire les pièces à l'exécution de la loi sur le timbre.— *Cass.*, 17 et 24 juin 1846, mêmes arrêts.

105.— On doit considérer, non comme une facture, mais bien comme une lettre de voiture, l'écrit remis à un voiturier et trouvé entre ses mains qui contient la date, la nature et les marques des objets à transporter, une stipulation sur le délai du transport, les noms de l'expéditeur et du destinataire, la signature de l'expéditeur, et le prix du transport. — *Cass.*, 10 juill. 1849 (t. 1er 1850, p. 59), Aubanel.

104. — Sont également assujétis au timbre, à défaut de production des lettres de voiture originales, et alors qu'ils en tiennent lieu, les extraits de ces mêmes lettres contenant la mention suivante : *Extraits des lettres de voiture timbrées, envoyées par la poste.* — *Cass.*, 17 avr. 1848 (t. 1er 1848, p. 612), Baes.

105. — Les commissionnaires de roulage à service accéléré ne peuvent exciper de l'exemption de timbre dont jouissent les feuilles de route des conducteurs ou cochers de messageries où se trouvent inscrits les noms des voyageurs.—Même arrêt.

106. — ... 12° Les registres de l'autorité judiciaire où s'écrivent des actes sujets à l'enregistrement sur les minutes et les répertoires des greffiers. — L. 13 brum. an VII, art. 12, n° 2.

107. — Ainsi, le répertoire des actes, relatifs à la police correctionnelle, doit être sur papier timbré. — Déc. min. fin. 25 mai 1827. — Roland et Trouillet, v° *Répertoire*, § 2, n° 8.

108. — Il en est de même des registres sur lesquels sont inscrits des dépôts de dessins, comme ceux des marques de fabrique. —Il en est de même de l'expédition du procès-verbal de dépôt ou bien du certificat destiné à servir de titre au fabricant. — Instr. 22 juin 1846.

109. — ... 13° Les registres des administrations centrales et municipales tenus pour objets qui leur sont particuliers, et n'ayant point de rapport avec l'administration générale et les répertoires de leurs secrétaires. — L. 13 brum. an VII, art. 12, n° 2.

110. — Est assujéti au timbre le répertoire qui doit être tenu dans les préfectures, sous-préfectures et mairies, relativement : 1° aux actes portant transmission de propriété, d'usufruit et de jouissance; 2° aux adjudications ou marchés de toute nature, aux enchères, au rabais ou sur soumission; 3° et aux cautionnemens relatifs à ces actes. — L. 15 mai 1818, art. 82.

111. — Les communes sont tenues de payer comptant le papier timbré nécessaire pour la formation des registres de l'état civil. — Déc. min. fin 20 déc. 1832.

112. — ... 14° Les registres des notaires, huissiers et autres officiers publics et ministériels, et leurs répertoires. — L. 13 brum. an VII, art. 12, n° 2.

113. — Sous la loi du 11 fév. 1791, comme sous celle du 13 brum. an VII, les notaires ont dû tenir leurs répertoires sur papier timbré, sous peine de 100 fr. (aujourd'hui 20 fr., L. 16 juin 1824, art. 10) d'amende, indépendamment du droit de timbre. —*Cass.*, 19 déc. 1808, Pascaud.

114. — Sont assujétis au timbre : 1° le registre tenu dans les chambres des notaires sur lequel seraient inscrits des actes de la nature de ceux que l'art. 78 de la loi du 15 mai 1818 déclare sujets à l'enregistrement ; 2° le registre des recettes et dépenses du trésorier de la chambre. — Déc. min. fin. 28 sept. 1829; instr. 1303, § 11. — Roland et Trouillet, v° *Chambres de discipline*, n° 28

115.—Le registre des recettes et dépenses tenu par les syndics des chambres de discipline des huissiers doit être timbré avant d'être présenté au visa du président du tribunal. — Délib. 4 juin 1823 : déc. min. fin. 25 juin 1823 : instr. 1099.

116.— Les registres des avoués doivent être formés avec du papier du timbre de dimension et non du timbre spécial aux registres de commerce. — Déc. min. fin. 27 déc. 1833. — Roland et Trouillet, v° *Registre*, § 4, n° 3.

117. — ... 15° Les registres des receveurs des droits et des revenus des communes et des établissemens publics. — L. 13 brum. an VII, art. 12, n° 2; décr. 4 messid. an XIII.

118.—...Tels que le registre des droits de voirie. — Déc. min. fin. 14 fév. 1809.

119 — ... Ou le livre à souche des recettes. — Arrêté min. fin. 7 nov. 1821 ; instr. 1263, § 7.

120. — .. Ou encore les rôles d'affouage.—Circ. du direct. de la comptabilité, 24 déc. 1845.

121. — Sont également assujétis au timbre les registres de perception des octrois d'une ville. — *Cass.*, 14 messid. an IX, commune de Rennes; 11 prair. an X, octroi de Lyon; 12 nov. 1810, Tiffy.

122 — ... Les registres où sont inscrites les délibérations d'un hospice. — *Cass.*, 23 nov. 1807, hospice de Rochefort.

123. — .. Alors surtout qu'il s'agit d'actes de l'administration temporelle et extérieure. — Déc. min. fin. 21 janv. 1820 et 25 juill. 1821.

124. — Il y a contravention et, par suite, lieu à amende, dans l'intercalation de feuilles non timbrées dans un registre destiné à la recette d'un octroi, et cela quand même il serait allégué que les feuilles originaires portaient l'empreinte d'un double timbre. — *Cass.*, 11 prair. an X, octroi de Lyon.

125. — ... 16° Les registres des fermiers des postes et messageries. — L. 13 brum. an VII, art. 12, n° 2.

126. — ... 17° Ceux des compagnies et sociétés d'actionnaires. — Le 13 brum. an VII, art. 12, n° 2.

127. — Tels sont les registres tenus par une société d'actionnaires pour la perception des droits de péage sur un pont. — *Cass.*, 23 vent. an X, actionnaires du pont Morand.

128. — ... 18° Ceux des établissemens particuliers et des maisons particulières d'éducation. — L. 13 brum. an VII, art. 12, n° 2.

129. — ... 19° Ceux des agens d'affaires, directeurs, régisseurs, syndics de créanciers et entrepreneurs de travaux et fournitures. — L. 13 brum. an VII, art. 12, n° 2.

130. — ... 20° Ceux des banquiers, négocians, armateurs, marchands, fabricans, commissionnaires, agens de change, courtiers, ouvriers et artisans. — L. 13 brum. an VII, art. 12, n° 2.

131. — Mais cette disposition se trouve aujourd'hui abrogée par l'art. 4 de la loi du 20 juill. 1837, qui porte qu'à partir du 1er janv. 1838, les livres de commerce ont été affranchis du droit de timbre par suite de l'addition de trois centimes additionnels au principal des patentes.

131 *a.* — L'art. 13, L. 5 juin 1850, porte : A compter du 1er juillet 1850, les bordereaux et arrêtés des agens de change ou courtiers ne pourront être rédigés, sous peine d'une amende de 500 francs contre l'agent de change ou le courtier contrevenant, que sur du papier au timbre de dimension ou timbre à l'extraordinaire, conformément à l'art. 6 de la loi du 11 juin 1842.

132. — Avant la loi du 20 juill. 1837, les livres de commerce avaient été l'objet des dispositions suivantes :

133. — Les livres de commerce devaient être timbrés à tous les feuillets du timbre spécial, et dont le prix était indépendamment du papier, que les parties devaient fournir, pour les registres de papier petit ou moyen par chaque feuillet recto et verso, 5 centimes, et pour les formats de dimension supérieure, 10 centimes. — L. 28 avr. 1816, art. 72; L. 16 juin 1824, art. 9. — Le décime pour franc était maintenu sur ce droit. — L. 28 avr 1816, art. 77. — Enfin, chaque contravention donnait lieu à une amende de 500 fr. (L. 28 avr. 1816, art. 72), réduite à 50 fr. par la loi du 16 juin 1824, art. 10.

134. — C'était du timbre spécial dont on vient de parler que devaient être frappés les registres des aubergistes, imprimeurs, entrepreneurs de messageries et de roulage, des horlogers, armuriers, débitans de poudre, droguistes, etc. — Déc. min. just. et fin., inst. 774. — Roland et Trouillet, v° *Livre de commerce*, n° 10.

135 — Le droit de timbre était dû par feuillet et non pas par feuille. -- Déc. min. fin. 17 juin 1830.

136. — Le livre de commerce tenu par un négociant sous le nom de *mémorial* n'était point soumis au droit de timbre établi par l'art. 72 (L. 28 avr. 1816), lorsque les énonciations qu'il contenait étaient insuffisantes pour constituer l'équivalent soit du livre-journal prescrit par l'art. 8, C. comm., soit du livre d'inventaire exigé par l'art. 9, même code. — *Cass.*, 15 janv. 1833, Delon-Delacombe.

137. — ... 21° Ceux des aubergistes, maîtres d'hôtels garnis et logeurs, sur lesquels ils doivent inscrire les noms des personnes qu'ils logent. — L. 13 brum. an VII, art. 12, n° 2. — Mais voyez ce qui vient d'être dit *suprà* au sujet des livres de commerce.

138. — ... 22° Et généralement tous livres, registres et minutes de lettres qui sont de nature à être produits en justice et dans le cas d'y faire foi, ainsi que les extraits, copies et expéditions qui sont délivrés desdits livres et registres. — L. 13 brum. an VII, art. 12, n° 2. — Mais voyez ce qui vient d'être dit *suprà* au sujet des livres de commerce.

139. — Tout acte passé en pays étranger ou dans les îles et colonies françaises, où le timbre n'avait pas encore été établi, est soumis au timbre avant qu'il puisse en être fait aucun usage en France, soit dans un acte public, soit dans une déclaration quelconque, soit devant une autorité judiciaire ou administrative.—L. 13 brum. an VII, art. 13.

140. — Une décision du 17 mai 1817, spéciale à l'île de Corse, porte que les actes passés en Corse ont leur effet en France sans être assujétis aux tarifs français et que la continuation de l'état de choses en Corse, tel qu'il existait avant la loi du 28 avril 1816, résulte implicitement de l'art. 77 de cette loi.—Roland et Trouillet, v° *Effet négociable*, n° 40.

141. — Le même principe a été étendu aux actes et effets souscrits à l'île Bourbon, où le timbre a été établi par des réglemens particuliers. — Déc. min. fin. 22 fév 1822.

141 *a.* — La loi du 5 juin porte, art. 33 : A compter du 1er octobre 1850, tout contrat d'assurance, ainsi que toute convention postérieure contenant prolongation de l'assurance, augmentation dans la prime ou le capital assuré, sera rédigé sur papier d'un timbre de dimension, sous peine de 50 fr. d'amende contre l'assureur, sans aucun recours contre l'assuré. Si l'assuré en fait l'avance, il aura un recours contre l'assureur. — Lorsque la police contiendra une clause de tacite reconduction, elle sera en outre soumise au visa pour timbre dans le délai de cinq jours de sa date, sous la même peine de 50 fr. d'amende contre l'assureur. Le droit de visa sera le même que celui du timbre employé pour l'acte.

141 *b.* — Art. 34. Les sociétés d'assurances mutuelles, les compagnies d'assurances à primes ou autres, sous quelque dénomination que ce soit, et tous assureurs à primes ou autres, seront tenus de faire, au bureau d'enregistrement du lieu où ils auront le siége de leur principal établissement, une déclaration constatant la nature des opérations, et les noms du directeur de la société ou du chef de l'établissement. Cette déclaration sera faite avant le 1er octobre 1850 par les sociétés, compagnies et assureurs actuellement établis, et par les autres, avant de commencer leurs opérations. Toute infraction aux dispositions de cet article sera passible d'une amende de 1,000 francs.

141 *c.* — Art 35. Les sociétés, compagnies et assureurs seront tenus d'avoir, au siége de l'établissement, un répertoire sommaire en un ou plusieurs volumes, non sujet au timbre, mais coté, paraphé et visé, soit par un des juges du tribunal de commerce, soit par le juge de paix, sur lequel ils porteront, par ordre de numéros, et dans les six mois de leur date, toutes les assurances faites soit directement, soit par leurs agens, ainsi que les conventions qui prolongeront l'assurance, augmenteront la prime ou le capital assuré. A l'égard des sociétés, compagnies et assureurs actuellement établis, le répertoire ne sera obligatoire que pour les opérations qui seront faites à compter du 1er octobre 1850. Ce répertoire sera soumis au visa des préposés de l'enregistrement, selon le mode indiqué par la loi du 22 frimaire an VII. Les préposés de l'enregistrement pourront exiger, au siége de l'établissement, la représentation, 1° des polices en cours d'exécution, ou renouvelées par tacite reconduction depuis au moins six mois; 2° de celles expirées depuis moins de deux mois. — Art. 36. Chaque contravention aux dispositions de l'article précédent sera passible d'une amende de dix francs.

141 *d.* — Art. 37. Les sociétés, compagnies d'assurances et tous autres assureurs contre l'incendie et contre la grêle, pourront s'affranchir des obligations imposées par l'article 33, en contractant avec l'état un abonnement annuel, à raison de deux centimes par mille francs du total des sommes assurées, d'après les polices ou contrats en cours d'exécution. Les caisses départementales administrées gratuitement, ayant pour but d'indemniser ou de secourir les incendiés au moyen de collectes, pourront aussi s'affranchir des mêmes obligations, en contractant avec l'état un abonnement annuel de 1 °/o du total des collectes de l'année. Les compagnies et tous assureurs sur la vie pourront également s'affranchir de l'obligation imposée par l'art. 33, en contractant avec l'état un abonnement annuel de 2 francs par 1,000 du total des versemens faits chaque année aux compagnies ou aux assureurs. L'abonnement de l'année courante se calculera sur le chiffre total des opérations de l'année précédente. Le paiement du droit sera fait par moitié et par semestre, au bureau de l'enregistrement du lieu où se trouvera le siége de l'établissement.

141 *e.* — Art. 38. Les sociétés, compagnies ou assureurs qui, après avoir contracté un abonne-

ment, voudront y renoncer, seront tenus de payer un droit de trente-cinq centimes par chaque police en cours d'exécution, quels que soient la dimension du papier et le nombre des doubles.

141 *f*. — Art. 39 Le pouvoir exécutif déterminera la forme du timbre qui, en cas d'abonnement, sera apposé, sans frais, sur le papier destiné aux polices d'assurances et aux feuilles de collectes.

141 *g*. — Art. 40. Les sociétés, compagnies d'assurances et tous autres assureurs seront tenus, dans le délai de six mois, à partir de la promulgation de la présente loi, de faire timbrer à l'extraordinaire, ou viser pour timbre, les actes d'assurances en cours d'exécution, et antérieurs au 1er oct. 1850. Il sera perçu par police, quels que soient le nombre des doubles et la dimension du papier, un droit fixe de trente-cinq centimes, sans aucune amende. L'avance de ce droit sera faite par la société, la compagnie ou l'assureur, sauf recours, pour moitié, contre l'assuré. Passé le délai de six mois, la compagnie ou l'assureur sera passible d'une amende de dix francs par chaque police d'assurance non timbrée. — Art. 41. Les sociétés, compagnies ou assureurs qui, pour l'année 1850, et dans les trois mois de la promulgation de la présente loi, contracteront avec l'état l'abonnement annuel autorisé par l'article 37, seront affranchis du droit fixé par l'article précédent, et leurs polices seront timbrées sans frais, quel qu'en soit le format.

141 *h*. — Art. 42. A compter du 1er oct. 1850, tout contrat d'assurance maritime, ainsi que toute convention postérieure contenant prolongation de l'assurance, augmentation dans la prime ou dans le capital assuré, ou bien (en cas de police flottante) portant désignation d'une somme en risque ou d'une prime à payer, sera rédigé sur papier d'un timbre de dimension, sous peine de 50 fr. d'amende contre chacun des assureurs et assurés. Les conventions postérieures énoncées dans le paragraphe précédent pourront être inscrites à la suite de la police, à la charge pour chacune d'un visa pour timbre, au même droit que celui de la police. Le visa devra être apposé dans les deux jours de la date des nouvelles conventions.

141 *i*. — Art. 43. Les compagnies d'assurances maritimes seront tenues de faire, au bureau d'enregistrement du *siége* de leur établissement et à celui du siége de chaque agence, une déclaration constatant la nature des opérations et les noms du directeur et de l'agent de la compagnie. Cette déclaration sera faite, pour les compagnies actuellement existantes, avant le 1er oct. 1850, et pour les autres, avant de commencer leurs opérations. Toute contravention aux dispositions de cet article sera passible d'une amende de 1,000 fr.

141 *j*. — Art. 44. Les compagnies d'assurances maritimes seront tenues d'avoir, dans chaque agence, un répertoire non sujet au timbre, mais coté, paraphé et visé, soit par un des juges du tribunal de commerce, soit par le juge de paix, sur lequel seront, dans les trois jours de leur date, portées, par ordre de numéros, les assurances qui auront été faites dans ladite agence, sans intermédiaire de courtier ou de notaire, ainsi que les conventions qui prolongeront l'assurance, augmenteront la prime ou le capital assuré, ou bien (en cas de police flottante) qui porteront la désignation d'une somme en risque ou d'une prime à payer. A l'égard des compagnies actuellement existantes, le répertoire ne sera obligatoire que pour les opérations qui seront faites à compter du 1er oct. 1850. Ce répertoire sera soumis au visa des préposés de l'enregistrement, selon le mode indiqué par la loi du 22 frim. an VII, et toutes les fois qu'ils le requerront, la représentation des polices pourra être exigée au moment du visa.

141 *k*. — Art. 45. « Quiconque voudra faire des assurances maritimes autrement que par l'entremise des notaires ou courtiers, sera tenu de se conformer à l'art. 43 et au 1er paragraphe de l'art. 44. Le répertoire des assureurs particuliers ne donnera lieu qu'au visa prescrit par l'art. 51 de la loi du 22 frim. an VII. La représentation des polices pourra être exigée lors du visa.

141 *l*. — Art. 46 Chaque contravention à l'art. 44 et au deuxième paragraphe de l'art. 45 sera passible d'une amende de 10 fr.

141 *m*. — Art. 47. Le livre que les courtiers doivent tenir, conformément à l'art. 84 du Code de commerce, sera assujéti au timbre de dimension. Les notaires seront tenus, comme les courtiers, d'avoir un registre spécial et timbré sur lequel ils transcriront les polices des assurances faites par leur ministère. Le livre des courtiers et le registre des notaires seront soumis au visa des préposés de l'enregistrement toutes les fois que ceux-ci le requerront. Toute contravention aux dispositions de cet article emportera une amende de 50 fr.

§ 2. — *Timbre proportionnel. — Actes qui y sont soumis.*

142. — Les droits du timbre proportionnel établis par les lois antérieures à celle du 13 brum. an VII n'offrant plus d'intérêt aujourd'hui, nous n'en parlerons pas.

143. — Les droits du timbre proportionnel ont été déterminés avec beaucoup de détails par l'art. 10 de la loi du 13 brum. an VII. Depuis, ces mêmes droits ont été augmentés des deux cinquièmes par l'art. 64 de la loi du 28 avr. 1816. De plus, l'art. 8 de la loi du 16 juin 1824 a réduit à 35 cent. au lieu de 70 cent. le droit de timbre proportionnel pour les effets et obligations de 500 fr. et au dessous.

144. — L'art. 18 de la loi du 24 mai 1834 porte que le droit proportionnel de timbre pour les lettres de change et billets à ordre, pour les billets et obligations non négociables, est réduit ainsi qu'il suit : à 25 cent. au lieu de 35 pour ceux de 500 fr. et au-dessous ; à 50 cent. au lieu de 70, pour ceux de 500 fr. jusqu'à 1,000; à 50 cent. par 1,000 fr. au lieu de 70 cent. pour ceux au-dessus de 1,000 fr. Le décime pour franc n'est point ajoué taux droits ainsi réduits.

145. — La loi du 20 juill. 1837 (art. 16) a encore réduit à 18 cent au lieu de 25 cent. le droit proportionnel de timbre sur les lettres de change et billets à ordre, sur les billets et obligations non négociables de 300 fr. et au-dessous. — Enfin la loi du 5 juin 1850 a établi sur de nouvelles bases le droit de timbre sur les effets de commerce. — V. *infrà* nos 184 et suiv.

146 — Il n'est point fabriqué de papier au timbre proportionnel pour billets excédant 20,000 fr.; les effets au-dessus de cette somme seront présentés au visa pour timbre, et le droit est de 50 c par 1,000 fr., sans fraction. — L. 13 brum. an VII, art. 11.

147. — D'après l'art. 14, L. 13 brum. an VII, sont assujétis au droit du timbre, à raison des sommes et valeurs, les billets à ordre ou au porteur, les rescriptions, mandats, mandemens, ordonnances, et tous autres effets négociables ou de commerce, même les lettres de change tirées par seconde, troisième et duplicata, et ceux faits en France et payables chez l'étranger.

148. — Cette disposition a été depuis applicable aux billets et obligations non négociables, et aux mandats à terme ou de place en place. — L. 6 prair. an VII, art. 6.

149. — Les obligations pour simple prêt non négociables, et même souscrites par des particuliers non commerçans, doivent être faites sur papier au timbre proportionnel. — *Cass.*, 1er mai 1809, Vanderbruggen.

150. — On ne peut considérer comme de simples quittances soumises au timbre de dimension des reçus ou récépissés de sommes avec cette clause : *dont nous lui ferons compte* ou *valeur de telle date*. Ce sont de véritables obligations qui doivent être, en conséquence, écrites sur du papier au timbre proportionel. — *Cass.*, 24 (et non 14) mars 1813, Garnier-Laboissière.

151. — Les reconnaissances de dépôt entre simples particuliers n'étant pas des effets donnés dans le commerce, ne sont point assujéties au timbre proportionnel. — *Cass.*, 29 juill. 1806, Brunet.

152. — Il en serait autrement si ces reconnaissances avaient pour objet de déguiser soit un prêt, soit une obligation. — Avis conseil d'état, 1er avr. 1808.

153. — De même, les actes sous seing-privé contenant reconnaissance sur dépôt ou consignation de marchandises ou valeurs, peuvent être écrits sur papier au timbre de dimension. — Délib. 10 mai 1831.

154. — Bien qu'un acte sous seing-privé contenant reconnaissance de somme porte que le remboursement n'en pourra être fait qu'en la demeure du prêteur, en monnaie décimale, et que l'emprunteur rapportera, s'il y a lieu, les frais d'enregistrement, un tel acte, même rédigé en double minute, constitue un acte unilatéral, et par conséquent il doit, à raison de l'obligation qu'il contient, être écrit sur papier au timbre proportionnel. — Déc. min. fin. 29 nov. 1832.

155. — De même encore, l'acte sous seing-privé par lequel le débiteur reconnaît des sommes antérieurement exigibles et le créancier donne quittance d'une partie des intérêts à échoir et consent en outre une prorogation de délai pour le paiement, est une convention purement synallagmatique qui peut par conséquent être écrite sur papier au timbre de dimension. — Délib. 25 oct. 1836.

156. — Un arrêté de compte ne peut être placé dans la classe des obligations assujéties au timbre proportionnel. — Instr. 371, § 1er. — *Dict. de l'enreg.*, vo *Timbre*, no 545. — V. cependant no 131 *a*.

157. — On peut, sans contravention, ajouter du papier non timbré à un effet de commerce sur papier timbré, lorsqu'il ne peut contenir tous les endossemens. — *Dict. de l'enreg.*, vo *Timbre*, no 549.

158. — Les effets négociables venant de l'étranger ou des îles et colonies françaises, où le timbre n'avait pas encore été établi, doivent, avant de pouvoir être négociés, acceptés ou acquittés en France, être soumis au timbre ou au visa pour timbre. — L. 13 brum. an VII, art. 15.

159. — Toutefois, la négociation ne serait pas nulle à défaut de timbre ou de visa pour timbre. — *Cass.*, 24 mai 1809, Mortier c. Van-Outryve.

160. — Mais la signature mise au dos d'une lettre de change n'en constituant ni l'acquit ni la négociation, il s'ensuit qu'une lettre venant de l'étranger a pu être revêtue d'un endossement en blanc avant d'être présentée au visa pour timbre. — *Cass.*, 2 brum. an X, Déona.

161. — Quant aux amendes encourues pour contravention au timbre proportionnel, si des dispositions nouvelles ont été introduites par la loi du 24 mai 1834, nous devons cependant rappeler les dispositions des lois précédentes pour l'intelligence des décisions rapportées.

162. — Les art. 26 de la loi du 13 brum. an VII, et 6 de la loi du 6 prair. suivant prononcent une amende du vingtième de la somme exprimée dans un effet négociable, s'il est écrit sur papier non timbré ou sur un papier timbré d'un timbre inférieur à celui qui aurait dû être employé. L'amende est de 30 francs dans les mêmes cas pour les effets au-dessous de 600 francs. Dans tous les cas, les contrevenans doivent payer en outre les droits de timbre. Cette amende de 30 francs pour les effets au-dessous de 600 francs, a été, depuis, réduite au vingtième du montant de ces effets, sans pouvoir, dans aucun cas, être inférieure à 5 francs. — L. 16 juin 1824, art. 12.

163. — Le signataire d'un billet de commerce écrit sur papier non timbré doit seul supporter l'amende, sans qu'on puisse la diviser par moitié entre lui et celui au profit de qui l'effet a été souscrit. — *Cass.*, 8 oct. 1810, Montant.

164. — Le débiteur d'un billet à ordre souscrit sur papier non timbré doit supporter les frais de visa pour timbre, enregistrement et amende, encore bien que ces frais aient été faits sans qu'il ait été mis en demeure de payer. — *Lyon*, 23 nov. 1825, Ponson c. Joly.

165. — Une femme mariée ne peut se soustraire à l'amende qu'elle a encourue, pour avoir souscrit des billets sur du papier timbré d'un timbre inférieur à celui prescrit à raison des sommes, en alléguant que ces billets sont nuls comme ayant été souscrits par elle sans l'autorisation de son mari, si cette nullité n'a point été prononcée avec la partie légitime. — *Cass.*, 13 fév. 1815, Miaume.

166. — Sous l'ordonnance de 1673, la signature en blanc mise au dos d'une lettre de change n'en constituant nécessairement ni l'acquit ni la négociation, de ce qu'une lettre de change venant de l'étranger était assujétie au timbre avant de pouvoir être négociée, il ne s'ensuivait pas qu'elle dût être timbrée avant de pouvoir être endossée en blanc. — *Cass.*, 2 brum., an X, Déona.

167. — Le porteur d'un effet de commerce venant de l'étranger est passible de l'amende encourue à raison de l'endossement qui en a été fait à son profit en France avant que le billet fût timbré. — *Cass.*, 16 juill. 1806, Ogez.

168. — Lorsqu'un effet de commerce venant de l'étranger a été négocié en France et a circulé dans plusieurs mains avant d'avoir été soumis au timbre, l'amende encourue par suite de cette contravention est due par celui qui, le premier, a négocié l'effet, et non pas les tiers porteurs. — *Paris*, 11 mai 1816, Behic et Mesnard c. Barillon.

169. — Le porteur d'une lettre de change écrite sur papier non timbré doit, quoiqu'il ne soit point l'auteur de la contravention, payer l'amende encourue avant d'être admis à faire enregistrer le protêt. — *Cass.*, 5 juin 1811, Maglione.

170. — Il n'est dû aucune amende lorsqu'on s'est servi d'un papier de dimension du même prix que le timbre proportionnel qui aurait été employé. — *Dict. de l'enreg.*, vo *Timbre*, no 548.

171. — Jugé cependant, avant la loi du 13 brum. an VII, que lorsqu'un effet de commerce était souscrit sur un papier qui n'est pas au timbre proportionnel, l'amende devait être perçue non pas seulement sur l'excédant de la somme, mais sur le montant total du billet. — *Cass.*, 24 therm., an VI, Jehu.

172. — Il faudrait décider le contraire sous la loi du 16 juin 1824, dont l'art. 12 est ainsi conçu : « Lorsqu'un effet, un billet ou une obligation aura été écrit sur du papier d'un timbre inférieur à celui qui aurait dû être employé, l'amende du ving-

tième ne sera perçue que sur la somme excédant celle qui aurait pu être exprimée sans contravention dans le papier employé, mais sans qu'elle puisse, dans aucun cas être inférieure à 5 francs. Les effets, billets ou obligations écrites sur papier portant le timbre de dimension ne seront assujétis à aucune amende, si ce n'est dans le cas d'insuffisance du prix du timbre et dans la proportion ci-dessus fixée.

173. — Les lettres de change tirées par seconde, troisième ou quatrième, peuvent, quoique étant écrites sur papier non timbré, être enregistrées dans le cas de protêt, sans qu'il y ait lieu au droit de timbre et à l'amende, pourvu que la première, écrite sur papier au timbre proportionnel, soit représentée conjointement au receveur de l'enregistrement. — L. 1er mai 1822, art. 6.

174. — Mais la lettre de change tirée par duplicata et qui a été mise en circulation séparément, est assujétie au timbre. — Délib. 16 nov. 1832.

174 *a*. — L'art. 10 de la loi du 5 juin 1850 porte : « L'exemption du timbre accordée, par l'art. 6 de la loi du 1er mai 1822 aux duplicata de lettres de change, est maintenue. Toutefois, si la première, timbrée ou visée pour timbre, n'est pas jointe à celle mise en circulation et destinée à recevoir les endossemens, le timbre ou visa pour timbre devra toujours être apposé sur cette dernière, sous les peines prescrites par la présente loi. »

175. — La loi du 24 mai 1834 a introduit de nouvelles dispositions sur le timbre proportionnel. L'art. 19 porte : « L'amende due au cas de contravention aux lois sur le timbre proportionnel par le souscripteur d'une lettre de change ou d'un billet à ordre, d'un billet ou obligation non négociable, et qui était fixée au vingtième (5 %) du montant des sommes exprimées dans lesdits actes, est portée à 6 % du montant des mêmes sommes. L'accepteur d'une lettre de change qui n'aura pas été écrite sur du papier au timbre prescrit, ou qui n'aura pas été visée pour timbre, sera soumis à une amende de même quotité, indépendamment de celle encourue par le souscripteur. A défaut d'accepteur, cette amende sera due par le premier endosseur. »

176. — Lorsqu'une lettre de change ou un billet à ordre venant soit de l'étranger, soit des îles ou des colonies dans lesquelles le timbre ne serait pas encore établi, aura été accepté ou négocié en France, avant d'avoir été soumis au timbre, l'accepteur et le premier endosseur résidant en France seront tenus chacun d'une amende de 6 % du montant de l'effet. — L. 24 mai 1834, art. 20. — Aucune de ces amendes ne peut être au-dessous de 5 fr. — Art. 21. — V. *infra* no 184 *c*.

177. — Les contrevenans aux dispositions de la loi sur le timbre, en ce qui regarde les lettres de change et billets à ordre, et les billets et obligations non négociables, sont solidaires pour le paiement des droits et amendes, sauf le recours de celui qui en aura fait l'avance, pour ce qui ne sera pas à sa charge personnelle. — L. 24 mai 1834, art. 21.

178. — Les dispositions des art. 19, 20 et 21 de la loi du 24 mai 1834, concernant les accepteurs et endosseurs, et l'augmentation de la quotité de l'amende, ne sont applicables qu'aux effets et obligations souscrites depuis le 1er janv. 1835 ; quant à ceux souscrits antérieurement, ils sont régis par les lois alors en vigueur. — L. 24 mai 1834, art. 22.

179. — Lorsqu'un créancier au profit de qui des billets ont été souscrits a fait timbrer et enregistrer ces billets avant leur échéance, à l'effet d'exercer une action en séparation de patrimoines contre la succession de son débiteur, les frais de timbre et l'amende encourue doivent lui être remboursés par les héritiers, mais le remboursement des frais d'enregistrement n'est dû qu'autant que les héritiers ne paieraient pas les billets à l'échéance. — *Lyon*, 24 juill. 1835, Lacour c. Chavot.

180. — Le porteur d'un effet négociable écrit sur papier non timbré qui, avant d'en exiger le paiement, le soumet au timbre, est fondé à réclamer le remboursement de la somme qu'il a avancée pour le droit et l'amende, sans que le débiteur puisse refuser et les juges ratifier ce refus par le motif que le porteur aurait, en présentant l'effet au timbre, agi méchamment et à dessein de nuire. — *Cass.*, 20 juill. 1841 (t. 2 1841, p. 165), Toussaint Prénel c. Adam. — Car l'obligation d'acquitter le timbre n'existe pas seulement au moment où l'effet est produit. — Horson, *Quest. sur le C. comm.*, nos 127 et 128.

181. — Le tireur d'une lettre de change écrite sur papier non timbré n'est point, quoiqu'elle soit faite à son ordre, passible de la deuxième amende établie contre l'accepteur — En ce cas, si l'accepteur est étranger, et par suite non justiciable des tribunaux français, cette seconde amende doit être prononcée contre le premier endosseur. — *Pau*, 17 avr. 1837 (t. 2 1837, p. 420), Lahirigoyen c. Nunez et Bastiat.

182. — Le souscripteur et l'accepteur de lettres de change ne sont passibles d'amende, pour s'être servis de papier au timbre antérieur à la loi du 24 mai 1834, qu'autant que ce papier est d'un timbre inférieur à celui prescrit par la loi. Dans le cas contraire, il n'y a point contravention de la part du notaire ou de l'huissier qui a fait le protêt. — Délib. 21 août 1838.

183. — L'art. 4 de l'ord. du 10 oct. 1834 porte que tous les mandats n'ayant pas pour objet un service public qui seront tirés par les receveurs généraux, soit par les départemens, soit par la caisse centrale à Paris, seront soumis à l'impôt établi par l'art. 18 de la loi du 24 mai 1834. La perception en sera faite par le trésor au moyen d'un débit porté au compte courant de chaque receveur général.

184. — Les lettres de change, billets à ordre et valeurs de commerce qui seront remis par les receveurs généraux au trésor doivent être timbrés et avoir acquitté le droit proportionnel fixé par l'art. 18 de la loi du 24 mai 1834. Sinon, ils sont visés pour timbre et soumis aux amendes prononcées par l'art. 19, pour le compte du receveur général qui en aura fait l'envoi. — Ord. 10 oct. 1834, art. 7 et 8.

184 *a*. — La loi du 5 juin 1850 porte : Art. 1er. Le droit de timbre proportionnel sur les lettres de change, billets à ordre ou au porteur, mandats, traites et tous autres effets négociables ou de commerce, est fixé ainsi qu'il suit : — A 5 cent. pour les effets de 100 fr. et au-dessous ; — à 10 cent. pour ceux au-dessus de 100 fr. jusqu'à 200 fr. ; — à 15 cent. pour ceux au-dessus de 200 fr. jusqu'à 300 fr ; — à 20 cent. pour ceux au-dessus de 300 fr. jusqu'à 400 fr ; — à 25 cent. pour ceux au-dessus de 400 fr. jusqu'à 500 fr. ; — à 50 cent. pour ceux au-dessus de 500 fr. jusqu'à 1,000 fr. ; — à 1 fr. pour ceux au-dessus de 1,000 fr. jusqu'à 2,000 fr. ; — à 1 fr. 50 cent. pour ceux au-dessus de 2,000 fr. jusqu'à 3,000 fr. ; — à 2 fr. pour ceux au-dessus de 3,000 fr. jusqu'à 4,000 fr., — et ainsi de suite, en suivant la même progression et sans fraction.

184 *b*. — Art. 2. Celui qui reçoit du souscripteur un effet non timbré, conformément à l'art. 1er, est tenu de le faire viser pour timbre dans les quinze jours de sa date, ou avant l'échéance, si cet effet a moins de quinze jours de date, et dans tous les cas avant toute négociation. Ce visa pour timbre sera soumis à un droit de 15 centimes par 100 francs ou fraction de 100 francs, qui s'ajoutera au montant de l'effet, nonobstant toute stipulation contraire.

184 *c*. — Art. 3. Les effets venant soit de l'étranger, soit des îles ou des colonies dans lesquelles le timbre n'aurait pas encore été établi, et payables en France, seront, avant qu'ils puissent y être négociés, acceptés ou acquittés, soumis au timbre ou au visa pour timbre, et le droit sera payé d'après la quotité fixée par l'art. 1er.

184 *d*. — Art. 4. En cas de contravention aux articles précédens, le souscripteur, l'accepteur, le bénéficiaire ou premier endosseur de l'effet non timbré ou non visé pour timbre, seront passibles chacun d'une amende de 6 %. A l'égard des effets compris en l'art. 3, outre l'application, s'il y a lieu, du paragraphe précédent, le premier des endosseurs résidant en France, et à défaut d'endossement en France, le porteur sera passible de l'amende de 6 %. Si la contravention ne consiste que dans l'emploi d'un timbre inférieur à celui qui devait être employé, l'amende ne portera que sur la somme pour laquelle le droit de timbre n'aura pas été payé.

184 *e*. — Art. 5. Le porteur d'une lettre de change non timbrée, ou non visée pour timbre, conformément aux articles 1er, 2 et 3, n'aura d'action, en cas de non acceptation, que contre le tireur ; en cas d'acceptation, il aura seulement action contre l'accepteur et contre le tireur, si ce dernier ne justifie pas qu'il y avait provision à l'échéance. Le porteur de tout autre effet sujet au timbre et non timbré, ou non visé pour timbre, conformément aux mêmes articles, n'aura d'action que contre le souscripteur. Toutes stipulations contraires seront nulles.

184 *f*. — Art. 6. Les contrevenans seront soumis solidairement au paiement du droit de timbre et des amendes prononcées par l'art. 4. Le porteur fera l'avance de ce droit et de ces amendes, sauf son recours contre ceux qui en seront passibles. Ce recours s'exercera devant la juridiction compétente pour connaître de l'action en remboursement de l'effet.

184 *g*. — Art. 7. Il est interdit à toutes personnes, à toutes sociétés, à tous établissemens publics, d'encaisser ou de faire encaisser, pour leur compte ou pour le compte d'autrui, même sans leur acquit, des effets de commerce non timbrés ou non visés pour timbre, sous peine d'une amende de 6 % du montant des effets encaissés.

184 *h*. — Art. 8. Toute mention ou convention de retour sans frais, soit sur le titre, soit en dehors du titre, sera nulle, si elle est relative à des effets non timbrés ou non visés pour timbre.

184 *i*. — Art. 9. Les dispositions de la présente loi sont applicables aux lettres de change, billets à ordre ou autres effets souscrits en France et payables hors de France.

184 *j*. — Art. 10. Les dispositions des articles précédens ne seront applicables qu'aux effets souscrits à partir du 1er octobre 1850.

184 *k*. — Art. 11. Jusqu'au 1er octobre 1850, et vingt-quatre heures au moins avant l'échéance, le porteur de tout effet de commerce assujéti au timbre aura la faculté de le faire timbrer à l'extraordinaire ou viser pour timbre, sans amende. Il ne sera dû que le droit fixé par la loi ancienne. L'avance de ce droit sera faite par le porteur, sauf son recours contre les divers obligés. Toute contravention sera passible d'une amende de 6 % contre le porteur, outre les amendes prononcées par les lois anciennes contre le souscripteur, l'accepteur et le premier endosseur. Les effets assujétis au timbre et échus antérieurement à la promulgation de la présente loi, seront admis, jusqu'au 1er août inclusivement, au visa pour timbre sans amende et au droit fixé par la loi ancienne.

185. — D'après la loi du 24 germ. an XI, art. 35, il pouvait être fait un abonnement annuel avec les banques privilégiées pour le timbre de leurs billets. Cette disposition avait pour but de ne pas nuire par des conditions trop rigoureuses au développement d'institutions naissantes. Mais ces considérations n'existent plus aujourd'hui.

186. — Aussi la loi du 30 juin 1840 sur la prorogation du privilége de la banque de France, porte, art. 9 : « A dater de la promulgation de la présente loi, les droits de timbre à la charge de la banque seront perçus sur la moyenne des billets au porteur ou à ordre qu'elle aura tenus en circulation pendant le cours de l'année. A partir du 1er janv. 1841, le même mode de perception sera appliqué aux banques autorisées dans les départemens. »

187. — De la sorte, la banque de France, qui, par abonnement, ne payait chaque année que 14 à 15,000 fr. pour le timbre de ses effets, est obligée de payer 100,000 fr., eu égard à la moyenne de sa circulation, évaluée à 200 millions.

187 *a*. — La loi du 5 juin 1850 porte en outre : — Art. 14. Chaque titre ou certificat d'action, dans une société, compagnie ou entreprise quelconque, financière, commerciale, industrielle ou civile, que l'action soit d'une somme fixe ou d'une quotité, qu'elle soit libérée ou non libérée, émis à partir du 1er janv. 1851, sera assujéti au timbre proportionnel de 50 cent. pour 100 fr. de capital nominal pour les sociétés, compagnies ou entreprises dont la durée n'excédera pas dix ans, et à 1 pour 100 pour celles dont la durée dépassera dix années. A défaut de capital nominal, le droit se calculera sur le capital réel, dont la valeur sera déterminée d'après les règles établies par les lois sur l'enregistrement. L'avance en sera faite par la compagnie, quels que soient les statuts. La perception de ce droit proportionnel suivra les sommes et valeurs de 20 fr. en 20 fr. inclusivement et sans fractions.

187 *b*. — Art. 15. Au moyen du droit établi par l'article précédent, les cessions de titre ou de certificat d'actions seront exemptes de tout droit et de toute formalité d'enregistrement.

187 *c*. — Art. 16. Les titres ou certificats d'actions seront tirés d'un registre à souche ; le timbre sera apposé sur la souche et le talon ; le dépositaire du registre sera tenu de le communiquer aux préposés de l'enregistrement, selon le mode prescrit par l'art. 54 de la loi du 22 frim. an VII, et sous les peines y énoncées.

187 *d*. — Art. 17. — Le titre ou certificat d'action, délivré par suite de transfert ou de renouvellement, sera timbré à l'extraordinaire ou visé pour timbre gratis, si le titre ou certificat primitif a été timbré.

187 *e*. — Art. 18. Toute société, compagnie ou entreprise qui sera convaincue d'avoir émis une action en contravention à l'art. 14 et au premier paragraphe de l'art. 16, sera passible d'une amende de 12 % du montant de cette action. — Art. 19. L'agent de change ou le courtier qui aura concouru à la cession ou au transfert d'un titre ou certificat d'action non timbré sera passible d'une amende de 10 % du montant de l'action.

187 *f*. — Art. 20. Il est accordé un délai de six

mois pour faire timbrer à l'extraordinaire ou viser pour timbre sans amende et au droit proportionnel de 5 c. par 100 fr., conformément à l'art. 1er, les titres ou certificats d'actions qui auront été, en contravention aux lois existantes, délivrés antérieurement au 1er janv. 1851. Le droit sera perçu sur la représentation du registre à souche, ou tout autre constatant la délivrance du certificat, et l'avance en sera faite par la compagnie, la société ou l'entreprise. Le délai de six mois expiré, la société, la compagnie ou l'entreprise sera, en cas de contravention, passible de l'amende déterminée par l'art. 18. L'avis officiel de l'acquittement du droit, inséré dans le *Moniteur*, équivaudra à l'apposition du timbre pour les titres ou certificats énoncés au premier paragraphe de cet article.

187 *g*. — Art. 21. L'art. 17 ne sera pas applicable aux renouvellemens des titres énoncés en l'art. 20. Ces renouvellemens resteront assujétis au timbre déterminé par cet article, et les cessions de titres ainsi renouvelés au droit d'enregistrement fixé par les lois anciennes, s'il résulte du titre nouveau que le titre primitif avait été émis antérieurement au 1er janv. 1850.

187 *h*. — Art. 22. Les sociétés, compagnies ou entreprises pourront s'affranchir des obligations imposées sur les art. 14 et 20, en contractant avec l'État un abonnement pour toute la durée de la société. Le droit sera annuel, et de 5 cent. par 100 francs du capital nominal de chaque action émise; à défaut de capital nominal, il sera de 5 cent. par 100 fr. du capital réel, dont la valeur devra être déterminée conformément au deuxième paragraphe de l'art. 14. Le paiement du droit sera fait, à la fin de chaque trimestre, au bureau de l'enregistrement du lieu où se trouvera le siége de la société, de la compagnie ou de l'entreprise. — Même en cas d'abonnement, les art. 16 et 18 resteront applicables. Un règlement d'administration publique déterminera les formalités à suivre pour l'application du timbre sur les actions. — Art. 23. Chaque contravention aux dispositions de ce règlement sera passible d'une amende de 50 fr.

187 *i*. — Art. 24 Seront dispensées du droit les sociétés, compagnies ou entreprises abonnées qui, depuis leur abonnement, se seront mises ou auront été mises en liquidation. Celles qui, postérieurement à leur abonnement, n'auront, dans les deux dernières années, payé ni dividendes ni intérêts, seront aussi dispensées du droit, tant qu'il n'y aura pas de répartition de dividendes ou de paiement d'intérêts. Jouiront de la même dispense les sociétés et compagnies qui, dans les deux dernières années antérieures à la promulgation de la présente loi, n'auront payé ni dividende ni intérêts, à la charge, toutefois, par elles de s'abonner dans les six mois qui suivront cette promulgation, et de payer le droit annuel à partir de la première répartition de dividendes ou au premier paiement d'intérêts.

187 *j*. — Art. 25. Les dispositions des articles précédens ne s'appliquent pas aux actions dont la cession n'est parfaite, à l'égard des tiers, qu'au moyen des conditions déterminées par l'art. 1690, C. civ., ni à celles qui en ont été formellement dispensées par une disposition de loi.

187 *k*. — Art. 26. Dans le cas de renouvellement d'une société ou compagnie constituée pour une durée n'excédant pas dix années, les certificats d'actions seront de nouveau soumis à la formalité du timbre, à moins que la société ou compagnie n'ait contracté un abonnement qui, dans ce cas, se trouvera prorogé par la nouvelle durée de la société.

187 *l*. — Art. 27. Les titres d'obligations souscrits à compter du 1er janvier 1850 par les départemens, communes, établissemens publics et compagnies, sous quelque dénomination que ce soit, dont la cession, pour être parfaite à l'égard des tiers, n'est pas soumise aux dispositions de l'art. 1690 du Code civil, seront assujéties au timbre proportionnel de 1 % du montant du titre. L'avance en sera faite par les départemens, communes, établissemens publics et compagnies. La perception du droit suivra les sommes et valeurs de 20 fr. en 20 fr. inclusivement, et sans fraction.

187 *m*. — Art. 28. Les titres seront tirés d'un registre à souche. Le dépositaire du registre sera tenu de le communiquer aux préposés de l'enregistrement, selon le mode prescrit par l'art. 54 de la loi du 22 frim. an VII, et sous les peines y énoncées.

187 *n*. — Art. 29. Toute contravention à l'art. 27 et au premier paragraphe de l'art. 28 sera passible, contre les départemens, communes, établissemens publics et sociétés, d'une amende de 10 % du montant du titre.

187 *o*. — Art. 30. Les départemens, communes, établissemens publics et compagnies auront un délai de six mois, à partir de la promulgation de la présente loi, pour faire timbrer à l'extraordinaire sans amende, ou viser pour timbre, au droit fixé par les lois existantes, les titres compris dans l'art. 27, et souscrits antérieurement au 1er janvier 1851. Ce délai expiré, les départemens, communes, établissemens publics et compagnies seront passibles de l'amende déterminée par l'art. 29.

187 *p*. — Art. 31. Les départemens, communes, établissemens publics et compagnies pourront s'affranchir des obligations imposées par les art. 27 et 30, en contractant avec l'État un abonnement pour toute la durée des titres. Le droit sera annuel et de 5 c. par 100 fr. du montant de chaque titre. Le paiement du droit sera fait à la fin de chaque trimestre au bureau d'enregistrement du lieu où les départemens, communes, établissemens publics et compagnies auront le siége de leur administration. En cas d'abonnement, le dernier paragraphe de l'art. 22 et l'art. 28 seront applicables.

187 *q*. — Art. 32. Les art. 15, 19, 23 et 25 sont applicables aux titres compris en l'art. 27.

Sect. 2e. — *Actes et registres non soumis au timbre.*

188. — Son exceptés du droit et de la formalité du timbre, savoir : 1o les actes du corps législatif et ceux du directoire exécutif (des chambres et du gouvernement. — L. 13 brum. an VII, art. 16, no 1er.

189. — Mais sont assujétis au timbre, lorsqu'elles sont destinées aux parties, les expéditions des ordonnances portant nomination des avocats à la cour de Cassation, notaires, avoués, greffiers, huissiers, agens de change, courtiers et commissaires priseurs. — L. 21 avr. 1832, art. 34.

190. — ... 2o Les minutes de tous les actes, arrêtés, décisions et délibérations de l'administration publique en général, et de tous les établissemens publics, dans tous les cas où aucun de ces actes n'est sujet à l'enregistrement sur la minute, et les extraits copiés et expéditions qui s'expédient ou se délivrent par une administration ou un fonctionnaire public à une autre administration publique ou à un fonctionnaire public, lorsqu'il y est fait mention de cette destination. — L. 13 brum an VII, art. 16, no 1er.

191. — Il en est de même des minutes de tous les actes, arrêtés et décisions des autorités administratives qui ne contiennent ni transmission de propriété, d'usufruit ou jouissance, ni adjudication ou marchés aux enchères, au rabais ou sur soumission, ni cautionnemens relatifs à ces actes. — L. 15 mai 1818, art. 78. — Toutefois, aucune expédition ne peut être délivrée aux parties que sur papier timbré, si ce n'est à des individus indigens et à la charge d'en faire mention dans l'expédition. — Même loi, art. 80.

192. — Cette exception est applicable aux actes des autorités administratives antérieurs à la publication de la loi. — Même loi, art. 81.

193. — ... 3o Les inscriptions sur le grand-livre de la dette nationale et les effets publics. — L. 13 brum. an VII, art. 16, no 1er.

194. — Doivent être considérés comme effets publics, les extraits d'inscriptions de rentes sur le grand-livre, les bons royaux, les mandats et les traites du trésor sur les départemens, les traites du caissier central du trésor sur lui-même pour le service des armées et des colonies, et tous autres effets ou valeurs négociables créés et émis directement par le trésor public. — Ord. 10 oct. 1834, art. 1er.

195. — Il en est de même des mandats tirés par les receveurs généraux et servant de moyens de transmission ou de viremens des sommes affectées aux services publics. — Ord. 10 oct. 1834, art 2.

196. — ... 4o Tous les comptes rendus par des comptables publics. — L. 13 brum. an VII, art. 16, no 1er.

197. — ... 5o Les doubles, autres que celui du comptable, de chaque compte de recette ou gestion particulière ou privée. — L. 13 brum. an 7, art. 16, no 1er.

198. — ... 6o Les quittances de traitement et émolumens des fonctionnaires et employés salariés par le gouvernement. — L. 13 brum. an VII, art 16, no 1er.

199. — De même n'est point assujétie au timbre la procuration que les sous-officiers et soldats en retraite donnent à l'effet de toucher pour eux, à la caisse du payeur, les arrérages de pension qui leur sont dus, alors que cette procuration ne concerne point d'autres intérêts. — Décr. 21 déc. 1808; Instr. 419, no 1er.

200. — Mais sont soumises au timbre les quittances de traitement des cantonniers de chemins vicinaux lorsque ces traitemens excèdent 300 fr. par an. — Instr. 25 nov. 1846, no 1768.

201. — Ne sont point non plus soumis au timbre les certificats de vie délivrés par les notaires aux titulaires de pensions militaires définitives, ou solde de retraite. — Ord. 20 juin 1818 ; Instr. 787. — Mais cette exemption ne s'applique pas aux certificats relatifs aux rentes sur l'État. — Décr. 21 août 1806, art. 10 ; Déc. min. fin. 23 mai 1821.

202. — ... Les certificats de vie délivrés aux membres de la Légion d'Honneur pour toucher leurs traitemens. — Déc. min. fin. 22 août 1817 et 28 fév. 1826.

203. — ... Les certificats de vie délivrés aux veuves de militaires ou de marins pour toucher en cette qualité les pensions dont elles jouissent sur le trésor. — Dec. min. fin. 17 juill et 28 août 1822.

204. — ... Les certificats de vie délivrés par les maires pour être joints à l'appui des mandats de paiement des mois de nourrice et des pensions des enfants trouvés. — Déc. min. fin. 26 janv 1832; Instr. 1401, § 9.

205. — Si l'on faisait des certificats de vie, qui jouissent d'une exemption spéciale, un usage auquel ils n'étaient point destinés, ils redeviendraient sujets au timbre. — Roland et Trouillet. *Dict. des dr. d'enreg.*, vo *Certificat de vie*, no 20.

206. — ... 7o Les quittances ou récépissés délivrés aux collecteurs et receveurs de deniers publics; celles que les collecteurs des contributions indirectes qui s'expédient sur les actes, et celles de toutes autres contributions qui se délivrent sur feuilles particulières et qui n'excèdent pas 10 francs. — L. 13 brum. an VII. art. 16, no 1er.

207. — Les quittances de restitution de droits d'enregistrement ou de timbre indûment perçus, ne sont point soumises au timbre. — Déc. min. fin. 16 août 1808; Instr. 397, no 3.

208. — ... 8o Les quittances des secours payés aux indigens et des indemnités pour incendies, inondations, épizooties et autres cas fortuits. — L. 13, brum. an VII, art. 16, no 1er.

209. — ... 9o Toutes autres quittances, même celles entre particuliers, pour créances en sommes non excédant 10 fr. quand il ne s'agit pas d'un à-compte ou d'une quittance finale sur une plus forte somme. — L. 13 brum. an VII, art. 16, no 1.

210. — ... 10o Les engagemens, enrôlemens, congés, certificats, cartouches, passeports, quittances pour prêts et fournitures ; billets d'étape, de subsistance et de logement, et autres pièces ou écritures concernant les cas de guerre, tant pour le service de terre que pour le service de mer. — L. 13 brum. an VII, art. 16, no 1.

211. — L'acte de remplacement militaire, est exempt du timbre quand il est passé devant l'autorité administrative et qu'il n'est que la substitution pure et simple d'un individu à la place d'un autre. — Déc. min fin. 3 flor. an XIII; Instr. 207. et 290 no 74 ; L. 15 mai, 1818, art 80.

212. — Sont également exempts du timbre les actes de notoriété et les procès-verbaux rédigés par les juges de paix pour constater la disparition des militaires et la privation des moyens d'existence de leurs veuves et orphelins. — Déc. min. fin. 26 janv. 1821, instr. 1124.

213. — ... 11o Les pétitions présentées au Corps législatif ; celles qui ont pour objet des demandes de congés absolus et limités et de secours et des pétitions des déportés et réfugiés des colonies, tendant à obtenir des certificats de résidence, passeports et passages pour retourner dans leur pays. — L. 13 brum. an VII, art. 16, no 1er.

214. — Outre les trois espèces de pétitions qui précèdent, celles qui se trouvent encore aujourd'hui exemples du timbre sont : 1o les observations que les propriétaires qui ont à réclamer contre les articles du classement parcellaire cadastral doivent, aux termes de l'art. 24, L. 15 sept. 1807, fournir au maire avant l'expiration du mois accordé pour prendre communication du classement (Instr. nos 387 et 1291); — 5o les réclamations en décharge ou réduction des contributions foncière, personnelle, mobilière, des portes et fenêtres et des patentes ayant pour objet une cote moindre de 30 fr. (L. 21 avr. 1832, art. 4 et 28; avis com. fin. 30 oct. 1833 appr. le 20 nov. suiv.) ; — 6o celles auxquelles peuvent donner lieu la composition de la liste du jury, de la liste des électeurs des tribunaux de commerce et de la liste des électeurs en matière électorale (Arg. déc. 7 août 1848 ; Instr. 1826, 1830 et 1833) ; — 7o enfin les mémoires et correspondances adressés par les chambres de commerce, soit au ministre, soit à l'administration des douanes, pour des demandes ou des réclamations d'un objet général. — Déc. min. fin. 13 août 1819 ; inst. no 1291 ; 25 avr. 1849.

215. — ... 12° Les certificats d'indigence. — L. 13 brum. an VII, art. 16, n° 1er.

216. — ... 13° Les rôles qui sont fournis pour l'appel des causes. — L. 13 brum. an VII, art. 16, n° 1er.

217. — ... 14° Les actes de police générale et de vindicte publique, et ceux des commissaires du directoire exécutif non soumis à la formalité de l'enregistrement, et les copies des pièces de procédure criminelle qui doivent être délivrées sans frais. — L. 13 brum. an VII, art. 16, n° 1er.

218. — On a considéré comme actes de vindicte publique, non soumis par conséquent à la formalité du timbre :

219. — ... Les décharges de pièces de conviction données par des particuliers en matière criminelle, et lorsqu'il n'y a pas de partie civile en cause. — Déc. min. fin. 11 août 1820 ; Instr. 952.

220. — ... Les procès-verbaux et actes destinés à constater et réprimer simultanément un délit et une contravention de simple police. — Toutefois, en matière de délit, restent maintenues les dispositions spéciales qui ont assujéti à la formalité du timbre ou du visa pour timbre, en débet, les jugemens correctionnels, les procès-verbaux d'infraction aux règlemens de police et d'impositions ; les procès-verbaux des gardes ruraux et forestiers et les exploits des huissiers et gendarmes. — Déc. min. fin. 13 fév. 1819 ; Instr. 1271.

221. — ... Les copies collationnées et le procès-verbal de vérification de ces copies, dressé conformément à l'art. 455, C. instr. crimin., lors même qu'il y a partie civile en cause, à moins qu'ils n'aient été faits à la requête spéciale et personnelle de cette partie civile. — Déc. min. fin. 26 août 1842 ; Instr. 1723.

222. — ... Les mandats délivrés par les maires et quittancés par les receveurs municipaux pour le remboursement de frais de poursuite dont ces derniers ont fait l'avance, en matière de contributions pour les chemins vicinaux. — Déc. min. fin. 27 oct. 1837.

223. — ... En matière de roulage, les procès-verbaux de contravention des préposés et les décisions des maires et conseillers de préfecture. Il en est autrement des actes postérieurs. — Ord. 22 fév. 1838.

224. — De même, ont été considérés comme actes de police générale, et par conséquent exempts de la formalité du timbre :

225. — ... L'acte de prestation du serment purement politique qui consiste dans celui de fidélité au gouvernement établi, lorsqu'il se prête indépendamment de celui d'exactitude et de probité dans l'exercice des fonctions. — Déc. min. fin. 8 flor. an XIII ; Instr. 290, n° 56 et 1331. — Mais l'exemption du timbre ne s'applique pas aux prestations de serment des comptables justiciables de la cour des comptes, reçus par l'autorité administrative. — Déc. min. fin. 18 fév. 1830 ; Instr. 922.

226. — Les passavans délivrés dans les bureaux des douanes pour les transports et la circulation des denrées et marchandises dans les deux myriamètres des frontières ; les acquits à caution pour la circulation des grains, et les certificats des maires et adjoints relatifs au transport de ces grains. — Arr. gouv. 30 frim. an XII ; Instr. 193.

227. — ... Les acquits à caution pour la circulation des bestiaux dans un rayon déterminé des douanes. — Déc. min. fin. 28 juin 1828 ; ord. 28 juill. 1832, art. 7.

228. — ... Les brevets de capitaine au long cours et de maître du cabotage, et les lettres de pilote lamaneur, délivrés par le ministre de la marine. — Délib. 13 juill. 1831.

229. — ... Les procès-verbaux de saisie relative à l'octroi, lorsque la valeur des objets saisis est présumée de 10 fr. et au-dessous. — Instr. 5 mai 1809, 432, n° 6.

230. — Il n'est point contrevenu à la loi sur le timbre par le jugement qui déclare que ce n'est pas pour frauder les droits dus à la régie qu'un maire, qui n'était pas autorisé à accorder une permission de chasse sur des biens communaux, a donné, par lettre missive, non pas cette permission, mais un simple avis, portant que cette lettre suffirait à ceux qui désireraient l'obtenir. — *Cass.*, 25 oct. 1813, Baud.

231. — ... L'acte de dépôt au greffe de l'empreinte des marteaux des agens forestiers. — Mais cette disposition n'est plus applicable quand il s'agit du dépôt de l'empreinte des marteaux des adjudicataires de coupes de bois ou des gardes des particuliers. — Solut. 8 juin 1830 ; Instr. 1336, § 4.

232. — ... Les actes des agens forestiers, portant simplement délivrance ou permis d'exploiter, et ayant pour objet les coupes ordinaires des bois communaux, délivrées aux habitans pour leur affouage. — Déc. min. fin. 3 déc. 1825 ; Instr. 1187, § 11.

233. — ... Les mandats de paiement délivrés par les conservateurs des forêts aux gardes forestiers pour leurs rétributions à raison de leur concours aux estimations des forêts à aliéner. — Délib. 22 mars 1833 appr. le 27.

234. — ... Les minutes des arrêtés par lesquels les sous-préfets agréent les gardes champêtres nommés ou présentés par des particuliers. — Déc. min. fin. 2 sept. 1830 ; Instr. 1347, § 7.

235. — ... Les procès-verbaux de vérification de régie des préposés de l'enregistrement et des domaines. — Déc. min. fin. 22 août 1821 ; instr. 995.

236. — ... Les procès-verbaux dressés aux secrétariats des préfectures pour constater : 1° le dépot des pièces concernant les demandes de brevet d'invention, de perfectionnement et d'importation, 2° la présentation d'actes passés devant notaires ; et contenant cession ou transport des droits attachés à ces brevets. — Déc. min. fin. 20 oct. 1828 ; inst. 1272, § 11.

237. — ... Les rapports faits en matière de faillite par le juge commissaire au tribunal de commerce. — Déc. min. fin. 10 mai 1832 ; instr. 1410, § 7.

238. — ... Les requêtes présentées au président du tribunal et les ordonnances rendues (ordon. 22 fév. 1829) à fin de remise par les greffiers aux préposés du domaine et pour être vendus, des effets déposés dans les greffes. — Déc. min. fin. 3 déc. 1820.

239. — ... Les copies des conclusions que les avoués sont dans l'usage de remettre au greffier, même dans les matières civiles. — Déc. min. fin. 30 nov. 1830

240. — ... Les réquisitions que les conservateurs des hypothèques sont tenus d'exiger par écrit pour la délivrance de copie des actes ou inscriptions. — C. civ., art. 2196 ; déc. min. fin. et just. 6 janv. 1841 ; instr. 1625.

241. — ... Les avertissemens que les employés d'enregistrement envoient aux redevables pour les inviter à venir payer les droits. — *Dict. des dr. d'enreg.*, v° *Avertissement*, n° 2.

242. — ... Les demandes de permis de chasse. — Instr. 12 mars 1846. — Il en était de même, avant la loi du 3 mai 1844, des quittances du prix de ports d'armes délivrées par les percepteurs des contributions directes. — Déc. min fin. 22 mai 1838. inst. n° 1577, § 27.

243. — ... 15° Les registres de toutes les administrations publiques et des établissemens publics pour ordre et administration générale. — L. 13 brum. an VII, art. 16, n° 2 — Tels sont :

244. — ... Les registres à souche sur lesquels s'inscriront les permis de construire ou de réparer, seulement pour la partie reservée aux minutes ; mais ils sont sujets au timbre de 1 fr. 25 c. pour celle destinée aux expéditions. — Déc. min. fin. 14 fév. 1809.

245. — ... Les registres des fabriques. — Déc. 30 déc. 1809, art. 81. Mais les actes dans lesquels des tiers concourent avec les fabriques ne pourraient y être inscrits. — L. 15 mai 1818, art. 78 ; déc. min. fin. 12 mars 1827 ; instr. 1210, § 14.

246. — ... Les registres tenus dans les chambres des notaires, soit en exécution des lois et réglemens, soit pour l'ordre intérieur. — Déc. min. fin. 28 sept. 1829 ; instr. 13·3, § 11 ;— Roland et Trouillet ; *Dict. des dr. d'enreg.*, v° *Chambre de discipline*, n° 28.

247. — ... Les délibérations des chambres de discipline des huissiers portant fixation de la somme qu'ils doivent verser annuellement à la bourse commune. — Déc. min. fin. 3 janv. 1823 ; instr. 1068.

248. — Les délibérations des chambres des notaires n'étant que de simples actes d'administration, d'ordre ou de discipline intérieure, ne sont pas sujettes au timbre. Il en serait autrement si elles constituaient des conventions avec des particuliers. — Arrêté du gouvern. 2 niv. an XII ; déc. min. just. et fin. (instr. 608). — Roland et Trouillet, *Dict. des dr. d'enreg.*, v° *Chambre de discipline*, n° 15.

249. — Les seules expéditions de ces délibérations qui soient exemptes du timbre sont celles délivrées aux procureurs de la république dans l'intérêt de l'administration. Les expéditions des délibérations prises dans l'intérêt des candidats, et remises pour être envoyées au ministre de la justice, etc., sont assujéties au timbre. — Déc. min. just. et fin. ; instr. 608. La même distinction est à suivre pour tous les extraits ou certificats délivrés. — Déc. min. fin. 28 sept. 1829 ; instr. 1308, § 11 ;— Roland et Trouillet, *Dict. des dr. d'enreg.*, v° *Chambre de discipline*, n° 17 et 18.

250. — Ces dispositions sont communes aux registres et actes des chambres des avoués et des notaires. — Déc. min. fin. 27 déc. 1830 ; instr. 1354, § 8.

251. — Ne sont pas assujétis au timbre les registres tenus en vertu de réglemens spéciaux et notamment des ordonnances des 4 fév. 1820 et 13 juill. 1828 concernant les messageries et voitures publiques. Quant aux extraits qui en sont délivrés aux voyageurs, ils ne doivent être exemptés du timbre que lorsque, n'étant pas signés, ils ne peuvent faire titre aux voyageurs à qui ils sont délivrés. A cet égard, la loi du 20 juill. 1837 n'a pas dérogé à l'art. 12 de la loi du 13 brum. an VII. — Délib. 16 janv. 1828, appr. par le min. le 27.

252. — Les registres des monts-de-piété avaient d'abord été considérés comme assujétis au timbre d'après les lois alors en vigueur. — *Cass.*, 14 vendém. an X, Enreg. c. Mont-de-Piété de Paris ; 12 prair. an X, Enreg. c. Mont-de-Piété de Paris.

253. — Depuis, des décrets ont déclaré exempts de l'enregistrement et du timbre les registres ainsi que tous les actes relatifs à l'administration des monts-de-piété dans les villes suivantes : Paris (décr. 8 therm. an XIII) ; Bordeaux (décr. 30 juin 1806) ; Marseille (décr. 10 mars 1807) ; Versailles (31 mai 1807) ; Plaisance (décr. 15 janv. 1813) ; Nîmes (ord. 6 mars 1828). — V. aussi déc. min. fin. 29 juin 1813.

254. — Toutefois, l'exemption ne s'étend pas aux actes personnels aux préposés de ces établissemens. — Déc. min. fin. 20 oct. 1812. — Roland et Trouillet, *Dict. des dr. d'enreg.*, v° *Mont-de-Piété*.

255. — ... 16° Les registres des tribunaux, des accusateurs publics et des commissaires du directoire exécutif, où il ne se transcrit aucune minute d'actes soumis à la formalité de l'enregistrement. — L. 13 brum. an VII, art. 16, n° 2.

256 — Tels sont les registres d'écrou en matière correctionnelle ou criminelle. — Déc. min. 4 juill. 1820.

257. — ... 17° Les registres des receveurs des contributions publiques et autres préposés publics. — L. 13 brum. an VII, art. 16, n° 2.

258. — Cette exemption est applicable aux registres que les receveurs généraux tiennent pour leurs opérations particulières relativement aux achats et reventes d'effets publics auxquels ils peuvent se livrer. — Déc. min. fin. 6 déc. 1820 ;— Roland et Trouillet, *Dict. d'enreg.*, v° *Livres de commerce*, n° 19.

259. — Ultérieurement, quelques lois ou ordonnances spéciales ont encore établi des exemptions du timbre dans certains cas. — Ainsi ont été affranchis du timbre :

260. — ... 1° Les actes sous seing-privé tendant uniquement à la liquidation de l'indemnité accordée aux anciens émigrés par la loi du 27 avril 1825, et en tant qu'ils devaient, en conformité de la loi du 26 frim. an VIII, servir aux opérations de la liquidation. — Ord 1er mars 1825, art. 61 ; instr. 1161.

261. — ... 2° Les titres et actes de tout genre produits par les réclamans de l'indemnité attribuée aux anciens colons de Saint-Domingue ou par leurs créanciers pour justifier de leurs qualités et de leurs droits. — L. 30 avr. 1826, art. 10.

262. — Cette exemption s'applique aux procurations données par les anciens colons ou par ceux qui les représentent, pourvu qu'elles soient spéciales pour faire des demandes en liquidation de l'indemnité. — Déc. min. fin. 11 janv. 1827 ; instr. 1210, § 7.

263. — La disposition de l'art. 10, L. 30 avr. 1826, a été déclarée, par la loi du 18 mai 1840 (art. 10), applicable aux sommes versées ou à verser par le gouvernement d'Haïti à la caisse des dépôts et consignations, ainsi qu'aux titres produits soit devant les tribunaux, soit devant la caisse, pour l'exécution de ladite loi.

264. — ... 3° Tous actes de poursuite devant les conseils de discipline et tous jugemens, recours et arrêts en matière de garde nationale. — L. 22 mars 1831, art. 121 ; instr. 1357.

265. — Cette disposition concerne tous les actes de procédure, tant en action qu'en défense. — Déc. min. fin 5 janv. 1832 ; instr. 1442.

266. — ... 4° Les actes de procédure et les jugemens rendus dans toutes les causes portées devant les juges des droits de navigation du Rhin. — Les parties ne doivent supporter d'autres frais que ceux portés aux art. 21 à 25, décr. 16 févr. 1811. — L. 21 avr. 1832, art. 2.

267. — ... 5° Les manifestes des navires et les déclarations des marchandises qui doivent être fournies aux douanes. — L. 2 juill. 1836, art 7. — Cette dispense avait déjà été prononcée par l'art. 16, ord. 8 juill. 1834.

268. — ... 6° Les états que les instituteurs produisent, mois par mois, des élèves, conformément à l'art. 14, L. 28 juin 1833 ; les rôles de recouvrement de la rétribution scolaire et les quittances des instituteurs. — L. 3 juill. 1846, art. 9.

269.— ... 7° Les marchés passés ou à passer par la ville de Paris pour l'achat de drap et la confection d'uniformes, ou tous autres marchés ayant pour but le même objet.—Décr. 24 mars 1848.

270.— ... 8° Les actes judiciaires auxquels peuvent donner lieu les réclamations relatives à la composition de la liste du jury.—Décr. 7 août 1848, art. 6; instr. 9 févr. 1849, n° 1830.

271.— ... 9° Les actes judiciaires relatifs aux instances en rectification de la liste des électeurs du tribunal de commerce.— C. comm., art. 619; décr. 28 août 1848; instr. 5 févr. 1849, n° 1829.

272. — ... 10° Les inscriptions hypothécaires prises en vertu de la loi du 15 nov. 1848 par les associations ouvrières. — L. 15 nov. 1848, art. 1er; instr. 29 déc. 1848, n° 1826, § 1er.

273.— ... 11° Les actes publics aussi bien que les actes privés qui ont pour but la vente des inscriptions provenant de la consolidation des livrets de la caisse d'épargne. — L. 21 nov. 1848, art. 7; instr. 29 déc. 1848, n° 1826, § 2.

Sect. 3e. — *Actes visés pour timbre.*

274.—Le visa pour timbre ne peut avoir lieu que pour les actes indiqués et dans les cas prévus par la loi.—Circ. 40, 930 et 1419.— Il est de plus donné aux actes et écrits en contravention aux lois du timbre.

275.—Un arrêté du ministre des finances du 13 mars 1848, en accordant un délai d'un mois pour faire enregistrer tous les actes sous seing-privé non encore enregistrés, a permis de les faire viser pour timbre sans amende.—Art. 1er.

276. — Un arrêté du même ministre du 8 mars 1848 accorda jusqu'au 20 mars, à Paris, et au 25 dans les départemens, pour faire viser pour timbre, sans amende, les effets de commerce, ainsi que les billets et obligations non négociables qui avaient été rédigés en contravention aux lois sur le timbre. — Ce délai fut ensuite prorogé jusqu'au 15 avr. par un autre arrêté du 17 mars.

277. — Dans toutes les villes où il existe un ou plusieurs receveurs des actes civils et un ou plusieurs receveurs des actes judiciaires, il est établi dans chacun de ces bureaux un registre du visa pour valoir timbre, savoir : un au bureau des actes judiciaires, pour tous les papiers à timbrer en débet, destinés aux actes qui s'y enregistrent aussi en débet, et au bureau des actes civils, un visa pour tous les autres papiers et actes susceptibles d'être visés pour timbre, moyennant le paiement des droits au comptant. — Circ. 7 juin 1806 — Roland et Trouillet, *ibid.*

278. — Dans le cas où un timbre ou contre-timbre ne peut être mis en activité au moment de la publication d'une nouvelle loi, le receveur y supplée par un visa énonciatif de la quotité ou du supplément de droit. — Instr. 716. — Roland et Trouillet, *ibid.*, n° 3.

279. — On vise pour timbre au comptant, en débet ou gratis.

§ 1er. — *Visa pour timbre au comptant.*

280. — Comme le visa pour timbre au comptant est autorisé ou défendu à peu près dans les mêmes cas que le timbre extraordinaire, il faut se reporter à ce que nous dirons à ce sujet *infrà* nos 356 et suiv.

281. — Le visa pour timbre est donné par le receveur de l'enregistrement aux papiers destinés à des effets de commerce qui excèdent 20,000 fr. — L. 13 brum. an VII, art. 11.

282. — Le visa doit alors énoncer la somme pour laquelle chaque effet peut être tiré, le montant du supplément de droit et la date de la perception. — Circ. 1419.

283. — En présentant à la formalité du timbre des effets négociables écrits en langue étrangère, le porteur doit inscrire sur ces effets une déclaration en langue française, certifiée et signée par lui, du montant des sommes qu'ils ont pour objet. — Déc. min. fin. 28 nov. 1834.

284. — Les billets à émettre par la banque de Bordeaux peuvent être visés pour timbre avec mention du droit perçu qui sera porté en recette sur le registre du visa. — Déc. min. fin. 25 juin 1819. — Même disposition à l'égard des billets de la banque de Nantes.—Déc. min. fin. 14 nov. 1821.

285. — On ne peut viser pour timbre ni les minutes, ni les expéditions des actes administratifs; car elles sont assujéties au timbre. — Circ. 1566, § 9; instr. 72, § 1er.

286. — Cependant les devis concernant les établissements publics peuvent être visés pour timbre après leur approbation. — Déc. min. fin. 8 fév. 1830.—Décidé de même au sujet des adjudications concernant l'administration militaire.—Déc. min. fin. 30 sept. 1830 —Roland et Trouillet, *ibid.*, n° 4.

287. — Les traites des adjudicataires des coupes de bois de l'état ne peuvent être visés pour timbre après leur confection. — Déc. min. fin. 28 avr. 1820 et 15 nov. 1830.

288. — Les marchés et adjudications concernant l'administration militaire, qui ne peuvent avoir d'effet que par l'approbation du ministre de la guerre, peuvent être rédigés sur papier timbré; mais, après cette approbation, ils doivent être soumis au visa pour timbre, aux frais des adjudicataires.— Déc. min. fin. 30 sept. 1830; instr. 1347, § 10.—Roland et Trouillet, *ibid.*, n° 11

289.— Les journaux ne peuvent être visés pour timbre. — Circ. 1105. — Roland et Trouillet, *ibid*, n° 15 *bis*.

290. — Les affiches sujettes au timbre ne peuvent être visées pour valoir. — Circ. 1105. — Roland et Trouillet, *ibid.*, n° 7.

291. — Un testament olographe, déposé après son ouverture, ne peut être visé pour timbre sans amende. — Roland et Trouillet, *Dict. des dr. d'enreg.*, v° *Timbre*, n° 680.

292. — Un écrit non signé n'est point un acte, ainsi il peut être visé pour timbre.—Délib. 12 oct. 1827.

293. —Les mandats des maires pour les dépenses communales excédant 10 fr., et qui jusqu'ici devaient être timbrés à l'extraordinaire, pourront, avant d'être quittancés, être admis, moyennant le droit de 35 cent., à la formalité du visa pour timbre dans des bureaux autres que ceux du chef-lieu de département. — Déc. min fin. 4 oct. 1831; instr. 1398, § 5. — La même faculté existe pour les mandats délivrés par les divers ministères, et il y a lieu d'appliquer la décision aux mandats de paiement délivrés par les commissions administratives des hospices et des établissemens de charité.—Roland et Trouillet, *Dict. des dr. d'enreg.*, v° *Visa pour timbre*, n° 10.

294. — On peut viser pour timbre, dans les chefs-lieux de sous-préfecture et moyennant le paiement du droit, l'expédition des comptes de receveurs municipaux qui est destinée à servir de décharge à ces comptables.—Déc. min. fin. 14 mai 1819: instr. 1180, § 9. — A cet effet, les sous-préfets ne devront remettre les doubles aux receveurs municipaux qu'après l'accomplissement de cette formalité. — Roland et Trouillet, *ibid*, n° 10.

295. — Les receveurs qui ont le registre du visa pour valoir timbre doivent admettre à la formalité les formules imprimées des procès-verbaux de saisie et des transactions en matière de contributions indirectes, pourvu que les droits soient acquittés à l'instant même. — Déc. min. fin. 8 fév. 1814. — Il en est de même pour les formules de contraintes. — Lett. du dir. gén. 19 fév. 1822. — Toutefois la faculté est toujours interdite au chef-lieu du département, attendu que là il existe des poinçons pour l'apposition du timbre extraordinaire. — Lett. du direct. gén. 6 mars 1821.

296. — Même autorisation pour les formules imprimées destinées au service de l'administration des douanes; elles peuvent être, moyennant le paiement des droits et avant qu'il en soit fait usage, timbrées à l'extraordinaire ou visées pour timbre, sans qu'on puisse opposer l'art. 18, L. 13 brum. an VII, à l'huissier qui signera la signification à la suite. — Déc. min. fin. 18 janv. 1828; instr. 1249, § 11. — La disposition a été étendue aux formules imprimées pour les actes des poursuites en matière de contributions directes. — Déc. min. fin. 28 janv. 1330; instr. 1329, § 11. — Roland et Trouillet, *ibid.*, n° 6.

297. — Les formules imprimées pour les procès-verbaux constatant la saisie des lettres et paquets transportés en fraude doivent, avant que ces procès-verbaux soient venus au procureur de la République, être timbrées à l'extraordinaire ou visées pour timbre, moyennant le paiement des droits, suivant la dimension du papier. — Déc. min. fin. 4 août 1826. — Roland et Trouillet, *ibid.*

298. — Les sous-préfets peuvent écrire sur papier non timbré les commissions des gardes champêtres, lesquelles doivent contenir en marge l'avis qu'elles ne seront délivrées qu'après avoir été revêtues soit du timbre extraordinaire soit du visa pour timbre, et à la charge en outre par les sous-préfets ou les maires de ne délivrer ces commissions que lorsqu'elles auront reçu la formalité avec paiement du droit dans les bureaux de chef-lieu ou de canton. — Déc. min. fin. 17 nov. 1831.— Roland et Trouillet, *ibid.*, n° 9.

299. — Les commissions des débitans de tabac et de poudre et autres employés subalternes des contributions indirectes peuvent être visées pour timbre, moyennant le paiement immédiat du droit, dans les chefs-lieux d'arrondissement. — Déc. min. fin. 30 juin 1827; instr. 1214. — On peut également y viser pour timbre les commissions des officiers publics et ministériels. — Instr. 1399. — Roland et Trouillet, *ibid.*

300. — On peut viser pour timbre au comptant, ou timbrer à l'extraordinaire les états de frais de justice en matière de délits forestiers qui sont rédigés par les greffiers et huissiers pour être annexés aux mandats de paiement à leur profit. — Déc. min. fin. 7 mars 1834; circ., n° 36. — Roland et Trouillet, *ibid.*, n° 15.

301. — On ne peut viser pour timbre les procès-verbaux des gardes des particuliers. — Déc. min. fin. 26 germin. an VII. — Roland et Trouillet, *ibid.*

§ 2. — *Visa pour timbre en débet.*

302. — Le visa pour timbre en débet est ordinairement accordé aux actes que la loi a soumis à l'enregistrement également en débet. — V. ENREGISTREMENT.

303. — Les actes et procès-verbaux des huissiers, gendarmes, préposés, gardes champêtres ou forestiers (autres que ceux des particuliers) et généralement tous les actes et procès-verbaux concernant la police ordinaire, et qui ont pour objet la poursuite et la répression des délits et contraventions aux réglemens généraux de police et d'impositions, sont visés pour timbre en débet, lorsqu'il n'y a pas de partie civile poursuivante, sauf à suivre le recouvrement des droits contre les condamnés.—L. 25 mars 1817, art. 74.

304. — Dès-lors, par application du principe qui a dicté l'art. 74 de la loi du 25 mars 1817, on a déclaré, aussi bien avant la publication de cette loi qu'après, qu'il y avait lieu de viser pour timbre en débet :

305. — ... Les actes et procédures de poursuite d'office par le ministère public : 1° en demande d'interdiction (C. civ., art. 491); 2° en condamnation pour défaut des formes légales, en matière d'actes de l'état civil et en rectification de ces mêmes actes; 3° pour contravention à la loi sur le notariat; 4° et généralement dans tous les cas où le ministère public agira dans l'intérêt de la loi. — Décr. 18 juin 1811; instr. 531.

306. — ... En matière de roulage, tous les actes postérieurs aux procès-verbaux de contravention, ainsi que les poursuites faites devant les tribunaux, et le droit est recouvré sur les condamnés. — Ord. 30 déc. 1822; déc. min. fin. 14 mai 1835; instr. 315 et 1598, § 8.

307. — Les procès-verbaux des gardes champêtres constatant des délits ruraux ou forestiers sont, comme tous les actes ayant pour but la poursuite et la répression des délits et contraventions, soumis au visa pour timbre en débet.—Cass., 21 juin 1842 (t. 2 1842, p. 461). Bourge et Rouault.

308. — ... Les procès-verbaux d'assiette, d'arpentage, de balivage, réarpentage et récolement des coupes de bois de l'état et des coupes de bois communaux, sauf le recouvrement du droit contre des adjudicataires. — Déc. min. fin. 19 germin. an XIII; instr. 281 et 475.

309. — ... Les procès-verbaux des délits commis dans les bois vendus par l'état, lorsque ces procès-verbaux sont dressés par les agens forestiers avant que le prix en ait été soldé: car l'adjudicataire n'est propriétaire incommutable qu'après le paiement intégral de son prix.— Solut. 2 août 1832.

310. — ... Les actes et procès-verbaux relatifs aux coupes et arbres délivrés en nature dans les bois des communes et des établissemens publics, parce qu'il n'y a lieu à la perception des droits que dans le cas de poursuite devant les tribunaux. — C. for., art. 104; instr. 10 fév. 1836, art. 1504, § 5.

311. —...Les procès-verbaux pour contravention en matière de grande voirie, sauf recouvrement des droits sur les parties condamnées ou par lesquelles les délits auront été reconnus. — Décr. min. fin., 11 frim. et 4 germ. an XI; instr. 290, n° 61, et 415, n° 1er.

312.—...Les procès-verbaux des gardes du génie pour contraventions relatives aux servitudes imposées à la propriété pour la défense de l'état, sauf recouvrement ultérieur des droits sur les contrevenans —L. 29 mars 1806; ord., 1er août 1821; instr. 998.

313. — ... Les procès-verbaux des agens-voyers (L. 21 mai 1836, art. 11) et de tous autres officiers de police judiciaire, constatant des délits ou contraventions commis sur les chemins vicinaux. — Déc. min. fin. 3 juill. 1837; instr. 1562.

314. — ... Les procès-verbaux des agens des ponts-et-chaussées, lesquels sont, relativement à leurs fonctions, assimilés aux gardes forestiers et ruraux. — Déc. min. fin. 16 frim. an XI et 15 déc. 1812.

315. — De même les garde-pêche sont assimilés aux agens forestiers, quant au timbre de leurs actes et procès-verbaux. — Instr. 63 et 246.

316. — Mais les procès-verbaux des gardes des particuliers, lors même qu'ils ont pour objet des délits poursuivis d'office par le ministère public, ne peuvent être visés pour timbre en débet ; à cet égard, la prohibition de la loi du 25 mars 1817 est formelle. — Déc. min. fin. 2 mai 1828.

317. — Les inspecteurs de la salubrité publique se trouvent compris sous les dénominations de *préposés* et d'*employés* dont se sert la loi. En conséquence, leurs procès-verbaux sont assujétis au visa pour timbre en débet. — *Cass.*, 22 juin 1842 (t. 2 1842, p. 588), Rieux-Segé.

318 — Les actes de signification des arrêtés des préfets relatifs à la délimitation des bois des communes et des établissemens publics peuvent être visés pour timbre en débet, sauf le recouvrement des droits contre les communes et les établissemens propriétaires des bois. — Déc. min. fin. 7 nov. 1828 ; instr. 1265, § 1er.

319. — Il existe même des délibérations des conseils municipaux portant nomination d'entrepreneurs pour l'exploitation des coupes affouagères délivrées aux communes, lorsqu'elles ne contiennent aucune autre convention arrêtée entre la commune et l'entrepreneur. Elles seraient assujéties au paiement immédiat du droit, si elles renfermaient en outre une convention de salaire accordé à cet entrepreneur. — Déc. min. fin. 17 avr. 1843 ; instr. 1697, § 1er.

320 — Les communes n'ont pas droit au visa pour timbre en débet pour les actes relatifs aux chemins vicinaux — Déc. min. fin. 8 janv. 1841 ; instr. 1627.

321. — Doivent être visés pour timbre en débet les actes d'apposition et levée de scellés dans lesquels les juges de paix agissent d'office (C. proc., art. 911), quand des successions s'ouvrent au profit d'héritiers absens et non représentés, ou de mineurs qui n'ont ni tuteur ni curateur. — Déc. min. fin., 20 fructid. an X et 1er prair. an XIII ; instr. 2 0, no 3.

322. — ... Ou bien encore, quand le juge de paix agit d'office, soit pour une nomination de subrogé-tuteur dans une tutelle antérieure au Code, soit pour provoquer le retrait de la tutelle dans le cas de l'art. 421, C. civ. — Déc. min. fin. 28 juin 1808 ; instr. 390, no 1er.

323. — Les actes de procédures suivies dans l'intérêt de l'université ne peuvent être admis au visa pour timbre. — Déc. min. fin. 2 févr. 1813 ; instr. 621.

324. — Sont également visées pour timbre en débet les déclarations d'appel de tous jugemens rendus en matière de police correctionnelle, lorsque l'appelant est emprisonné. — L. 25 mars 1817, art. 74.

325. — La rentrée des droits, des actes, procès-verbaux et jugemens visés pour timbre en débet, doit être suivie, contre les parties condamnées, d'après les extraits des jugemens qui sont fournis aux préposés de la régie par les greffiers. — L. 22 frim. an VII, art. 70, § 1er, no 5. — A ce sujet, V. ENREGISTREMENT.

326. — Le coût du visa en débet des procès-verbaux des gardes champêtres constatant des délits ruraux ou forestiers doit être compris dans la liquidation des frais. — *Cass.*, 24 juin 1842 (t. 2 1842, p. 461), Bourge et Rouault.

327. — Les droits de visa par timbre des rapports et procès-verbaux des agens et officiers de police étant à la charge des contrevenans reconnus coupables, les tribunaux ne peuvent se dispenser de les comprendre dans la taxe des frais, sur le motif qu'ils étaient inutiles, l'inculpé ayant fait l'aveu de la contravention à lui imputée. — *Cass.*, 16 avr. 1842 (t. 2 1842, p. 211), Hamelin.

§ 3. — *Visa pour timbre gratis.*

328. — Sont visés pour timbre gratis : les actes et procédure et les jugemens à la requête du ministère public, ayant pour objet : 1o de réparer les omissions et de faire les rectifications sur les registres de l'état civil d'actes qui intéressent les indigens ; 2o de remplacer les registres de l'état civil perdus par les événemens de la guerre et de suppléer aux registres qui n'auraient pas été tenus. — L. 25 mars 1817, art. 75.

329. — Ainsi, doivent être visés pour timbre gratis, lorsqu'ils concernent des individus qui justifient par un certificat du maire de leur commune, légalisé par le sous-préfet, qu'ils sont dans l'indigence : 1o l'acte de notoriété rédigé dans la forme prescrite par les art. 70 et 71, C. civ., pour remplacer l'acte de naissance de chacun des futurs époux ; 2o les jugemens d'homologation de cet acte de notoriété, exigé par l'art. 72, C. civ., ainsi que les actes de procédure auxquels le jugement peut donner lieu à la requête du ministère public ; 3o l'acte de notoriété prescrit par l'art. 155, C. civ., dans le cas d'absence des pères et mères des futurs époux ; 4o la délibération du conseil de famille portant consentement au mariage des fils ou filles mineurs de vingt-un ans, conformément à l'art. 160, C. civ. — Déc. min. fin. et instr. 11 nov. 1824, 4 oct. 1839, 24 fév. 1840 et 23 août 1841 ; instr. 1699.

330. — Ces dispositions ont depuis été consacrées par l'art. 8 de la loi du 3 juillet 1846, qui porte qu'on doit viser pour timbre gratis les extraits des registres de l'état civil, les actes de notoriété, de consentement, de publication, les délibérations des conseils de famille, les actes de procédure, les jugemens et arrêts dont la procédure est nécessaire pour la célébration du mariage des personnes indigentes et pour la légitimation de leurs enfans, lorsqu'il y a lieu à l'enregistrement. Les actes, extraits, copies ou expéditions ainsi délivrés ne peuvent servir que pour les causes ci-dessus indiquées. — L. 3 juill. 1846, art. 8.

331. — Doivent être également visés pour timbre gratis tous les actes dont les droits, s'ils étaient exigés, seraient à la charge de l'état ou devraient être remboursés par lui. Tels sont :

332. — ... Les baux des bâtimens et terrains dont le prix est à la charge de l'état. — Déc. min. fin. 21 juin 1830.

333. — ... Les procès-verbaux d'estimation des bois domaniaux, sol et superficie qui ont dû être vendus en vertu des lois des 25 mars 1817 et 25 mars 1831. — Arr. min. fin., 27 mars 1831 ; instr. 819 et 1361.

334. — ... Les certificats délivrés par les conservateurs des hypothèques sur une expropriation forcée poursuivie par l'administration des domaines, lorsqu'elle se rend adjudicataire pour le compte de l'état, faute d'enchérisseurs. — Instr. 21 pluv. an XII, 202.

335. — ... Les expéditions des arrêtés des préfets qui autorisent la main-levée d'inscriptions prises par erreur sur la réquisition des agens du gouvernement. — Instr. 176 — Roland et Trouillet, *Dict. des dr. d'enreg.*, vo *Timbre*, no 656.

336. — ... Les extraits ou états d'inscriptions et certificats de non inscription aux hypothèques, requis par les préfets dans l'intérêt du trésor pour connaître si les biens des comptables et de leurs cautions sont libres ou grevés d'hypothèque. — Circ. 2034. — Roland et Trouillet, *Dict. des dr. d'enreg.*, vo *Timbre*, no 657.

337. — ... Les procès-verbaux d'apposition et de levée des scellés sur les bureaux et caisses des comptables publics. — Déc. min. fin. 20 nov. 1846 ; Instr. no 1769.

338. — ... Les répertoires des porteurs de contrainte. — Instr. 363 et 382, § 2 — Roland et Trouillet, *Dict. des dr. d'enreg.*, vo *Timbre*, no 658.

339. — ... Les commissions nouvelles délivrées dans un but purement politique et dans l'intérêt du trésor, aux employés du gouvernement qui ne changent ni de grade ni de résidence. — Déc. min. fin. 11 fév. 1830.

340. — ... Les délibérations des conseils de famille ayant pour objet d'autoriser les tuteurs à consentir à l'engagement volontaire des mineurs âgés de moins de vingt ans. — Déc. min. fin. 9 nov. 1832 ; instr. 1422, § 3.

341 — ... Les actes pour acquisitions au profit du ministère de la guerre. — Ord. 1er août 1821, art. 64 ; instr. 998.

342. — ... Les actes pour l'achat de terrains pour l'agrandissement des routes royales ou départementales. — Instr. 1303, § 16. — Roland et Trouillet, *Dict. des dr. d'enreg.*, vo *Timbre*, no 650.

343. — ... Les arrêtés rendus par les préfets pour l'alignement des constructions sur la voie publique, s'il en résulte une concession qui tourne au profit de l'état. — Instr. 860. — Roland et Trouillet, *Dict. des dr. d'enreg.*, vo *Timbre*, no 660.

344. — Les plans, procès-verbaux, certificats, significations, jugemens, contrats, quittances et autres actes faits en vertu de la loi sur l'expropriation pour cause d'utilité publique, sont visés pour timbre gratis lorsqu'il y a lieu à la formalité de l'enregistrement. — L. 7 juill. 1833, art. 58. — Cette disposition a été reproduite textuellement dans l'art. 58 de la loi du 3 mai 1841

345. — Sur la question de savoir quand ces différens actes doivent être réputés faits en vertu de la loi sur l'expropriation publique, il faut consulter le mot ENREGISTREMENT. Toutefois, nous rapporterons quelques décisions rendues en ce qui concerne le timbre spécialement.

346. — Les seules acquisitions exemptées des droits ou admises, conformément à l'art. 58 de la loi du 3 mai 1841, à la restitution de ceux qui ont été précédemment payés, sont celles qui se réfèrent aux propriétés désignées dans l'arrêté préfectoral pris en vertu des art. 2 et 11 de la loi du 3 mai 1841. — Instr. 14 mars 1842, no 1660.

347. — Il faut décider de même au sujet d'acquisitions faites sous la loi du 7 juill. 1833. — *Cass.*, 13 nov. 1848 (t. 2 1848, p. 532), comp. du chemin de fer de Versailles (rive droite).

348. — Lorsque les droits de timbre sont réclamés à propos des contrats d'acquisition à l'occasion de l'établissement de chemins de fer, les tribunaux ne peuvent, sans excès de pouvoir, surseoir à en prononcer la condamnation jusqu'au moment où le bornage définitif opéré contradictoirement entre l'état et la compagnie établira si les immeubles acquis doivent être compris dans le périmètre du chemin de fer, sauf toutefois l'action de la compagnie en restitution de droits s'il y a lieu. — *Cass.*, 16 août 1843 (t. 1er 1844, p. 179), comp. du chemin de fer de Versailles (rive droite).

349. — Sont également visés pour timbre gratis, les actes relatifs à l'expropriation des terrains nécessaires à l'ouverture ou au redressement des chemins vicinaux. — Il en est de même des actes de cession amiable, lorsqu'un arrêté préfectoral a préalablement déclaré les travaux d'utilité publique et que les propriétés cédées se trouvent comprises dans l'emplacement destiné à la voie projetée. — Circ. min. de l'intér. 4 fév. 1847. — Le ministre des finances avait d'abord adopté l'opinion contraire. — Déc. min. fin. 12 janv. 1843 ; instr. 1684.

350. — Avant les lois de 1833 et 1841, on avait décidé que les actes passés dans l'intérêt des départemens et portant acquisition de terrains pour l'alignement ou le prolongement des routes départementales devaient être rédigés sur papier timbré. — Déc. min. fin. 29 mars et 10 oct. 1825, 7 janv. et 21 mai 1828 ; instr. 1249, § 1er.

351. — Décidé également, depuis la loi de 1841, que les acquisitions faites à l'amiable par les départemens, telles que des terrains nécessaires pour les routes départementales, sont soumises au droit ordinaire de timbre, lorsqu'elles sont antérieures à l'arrêté du préfet qui détermine les propriétés soumises à l'expropriation, sauf la restitution de ces droits, si, dans le délai de deux ans à partir de l'acquisition, les immeubles acquis se sont trouvés compris dans ces arrêtés. — Déc. min. fin. 20 nov. 1843 ; instr. 1698.

352. — Mais doivent être visés pour timbre gratis les acquisitions faites par les communes à l'amiable pour des travaux d'utilité publique et relatant la loi spéciale ou l'ordonnance d'autorisation de ces travaux et la poursuite en expropriation de ces propriétaires. — Déc. min. fin. 21 mai 1835 ; instr. 1485.

353. — ... Les acquisitions faites par une ville des terrains de propriétaires qui démolissent volontairement ou sur injonction faite par suite de vétusté, quand le plan d'alignement a été approuvé par ordonnance du gouvernement. Si le propriétaire vend-il avant le temps où la vétusté l'obligerait à démolir, il faudrait, pour que l'acquisition jouît de l'exemption du droit, qu'une ordonnance antérieure du gouvernement eût autorisé l'acquisition pour cause d'utilité publique. — Délib. 20 sept. 1844 ; instr. 1720

354. — ... Les arrêtés d'alignement, lorsque les constructions auxquelles ils sont relatifs doivent être faites sur les mêmes fondations. — Déc. min. fin. 5 sept. 1818 ; instr. 860.

355. — Sont visés pour timbre gratis, les actes judiciaires, les arrêts des cours d'appel et de la cour de Cassation, relativement aux contestations en matière d'inscriptions sur les listes d'élection des membres de la représentation nationale. — L. 19 avr. 1832, art. 33 ; déc. min. fin. 24 mai 1838 ; instr. 24 déc. 1838.

CHAPITRE III. — *Timbre extraordinaire.*

356. — Il n'y a point, à proprement parler, de timbre extraordinaire ; mais la loi s'étant servi de cette expression, on a contracté l'usage d'appeler *timbre extraordinaire* celui qui s'applique sur les papiers que les particuliers présentent eux-mêmes aux préposés chargés de la perception, ou sur les actes qui viennent des colonies et des pays étrangers. — Roland et Trouillet, *Dict. des dr. d'enreg.*, vo *Timbre*, no 572.

357. — De plus, comme la régie a cessé, en vertu de l'art. 76 de la loi du 15 mai 1818, de fournir le papier des avis, annonces et affiches, et qu'elle ne fournit pas non plus le papier des journaux et écrits périodiques, nous considérerons ces différentes matières comme se rattachant au timbre extraordinaire.

Sect. 1re. — *Dispositions générales.*

358. — Les particuliers et les administrations publiques qui veulent se servir de papiers autres que ceux de la régie ou de parchemins sont admis à les faire timbrer avant d'en faire usage. Si les papiers ou le parchemin se trouvent être de dimension différente du papier de la régie, le timbre, quant au droit établi en raison de la dimension, doit être payé au prix du format supérieur. — L. 13 brum. an VII, art. 7 et 18; circ. 1103.

359. — Cette faculté est interdite aux notaires, huissiers, greffiers, arbitres, avoués ou défenseurs officieux et à tous autres officiers ou fonctionnaires publics; ils sont tenus, sous peine d'une amende de 100 fr. (20 fr., L. 16 juin 1824, art. 10), de se servir du papier timbré débité par la régie. — L. 13 brum. an VII, art. 18 et 26.

360. — Ainsi, un greffier est passible d'amende pour avoir rédigé un acte de tutelle sur du papier timbré à l'extraordinaire. — *Cass.*, 15 messid. an XI, Sarrazin.

361. — Mais un huissier peut, à la suite d'une contrainte décernée par la régie sur une feuille de papier timbré à l'extraordinaire, écrire l'exploit de signification de cette contrainte. — *Cass.*, 15 juill. 1806, Thoinard de Jouy.

362 — Il peut aussi rédiger l'original d'une signification, à la suite d'actes ou pièces écrites et signées par la partie requérante, sur papier timbré à l'extraordinaire. — Délib. 4 juin 1833.

363. — Néanmoins, les notaires et autres officiers publics peuvent faire timbrer à l'extraordinaire du parchemin, lorsqu'ils sont dans le cas d'en employer. — L. 13 brum. an VII, art. 18.

364. — Les écritures privées qui auraient été faites sur papier libre, sans contravention aux lois du timbre, quoique non comprises nommément dans les exceptions, ne peuvent être produites en justice sans avoir été soumises au timbre extraordinaire ou au visa pour timbre, à peine d'une amende de 30 fr. (5 fr., L. 16 juin 1824, art. 10), outre le droit de timbre. — L. 13 brum. an VII, art. 30.

365. — Il est défendu aux imprimeurs, sous peine d'une amende de 500 fr. (50 fr., L. 16 juin 1824, art. 10), de livrer aucun exemplaire d'annonces, affiches ou avis sur papier non timbré, sous prétexte de les faire frapper d'un timbre extraordinaire. — L. 28 avr. 1816, art. 68.

366. — Les pétitions et autres pièces assujéties au timbre ne peuvent être admises au timbre extraordinaire ou visa, sans acquitter l'amende. — Circ. 1402. — Roland et Trouillet, *Dict. des dr. d'enreg*, vº *Timbre*, § 6, nº 10.

367. — Un acte non signé n'est pas un acte; ainsi il peut être timbré à l'extraordinaire sans amende. — Délib. 12 oct. 1827.

368. — Les conservateurs des hypothèques ont la faculté de faire timbrer à l'extraordinaire leurs bulletins de dépôt; car ils ne sont ni officiers ni fonctionnaires publics, mais préposés d'une administration publique. — Solut. 9 fév. 1832.

369. — Les mandats donnés par lettres ne sont point passibles de l'amende, lorsque, avant de s'en servir dans un acte public, on les fait timbrer à l'extraordinaire ou viser pour timbre. — Déc. min. fin. 25 oct. 1808.

370. — Les papiers destinés aux effets de commerce ne peuvent être timbrés à l'extraordinaire qu'à Paris. — Décr. 17 avr. 1806; ord. 8 juill. 1827. déc. min. fin. 6 mars 1832.

371. — Les lettres de voiture et les connaissemens ne peuvent, sous peine d'une amende de 30 fr., être rédigés que sur du papier timbré fourni par l'administration, ou sur du papier timbré à l'extraordinaire et frappé d'un timbre noir et d'un timbre sec. — L. 11 juin 1842, art. 6 et 7.

372. — Les droits de timbre extraordinaire de dimension sont les mêmes que ceux du timbre ordinaire de dimension. — L. 28 avr. 1816, art. 62.

373. — Il en est de même des droits du timbre proportionnel. — Arg. L. 13 brum. an VII, art. 15.

374. — Dans les lieux où le timbre extraordinaire ne peut être apposé sur les papiers ou actes, ils sont visés pour timbre.

375. — Le timbre extraordinaire ne peut être donné qu'au comptant. — Roland et Trouillet, *Dict. des dr. d'enreg.*, vº *Timbre*, nº 572.

376. — En ce qui concerne les lettres de voiture et les connaissemens, les particuliers qui, dans les départemens autres que celui de la Seine, veulent faire timbrer à l'extraordinaire des papiers destinés aux lettres de voiture ou aux connaissemens, sont admis à les remettre, en payant préalablement les droits, au receveur du timbre à l'extraordinaire établi au chef-lieu de chaque département. Ces papiers sont transmis par le directeur à l'administration, qui les fait timbrer et les renvoie immédiatement. Les frais de transport sont à la charge de l'administration. — L. 11 juin 1842, art. 6.

Sect. 2e. — *Journaux, affiches et avis.*

§ 1er. — *Journaux et écrits périodiques.*

377. — Les journaux, gazettes, feuilles périodiques ou papiers-nouvelles, ont été assujétis à un timbre fixe de dimension par la loi du 9 vend. an VI, art. 56. Toutefois, l'art. 57 a excepté les ouvrages périodiques relatifs aux sciences et aux arts qui ne paraissent qu'une fois par mois, et qui contiennent au moins deux feuilles d'impression.

378. — L'art. 60 de la même loi du 9 vend. an VI porte que ceux qui répandent des journaux ou papiers-nouvelles sans avoir fait timbrer leur papier seront condamnés à une amende de 100 fr. (20 fr.) par chaque contravention, et que les objets soustraits seront lacérés. Les auteurs, distributeurs et imprimeurs sont solidairement tenus de l'amende, sauf leur recours les uns contre les autres (art. 61).

379. — La loi du 6 prair. an VII ajoute (art. 3): Les feuilles de supplément jointes aux journaux paieront le droit de timbre comme les journaux eux-mêmes.

380. — Jugé par suite que si l'éditeur d'un journal quotidien joint à la feuille du journal une feuille supplémentaire non timbrée, il doit être condamné, non seulement à l'amende, mais en outre à la restitution des droits de timbre fraudés. — *Cass.*, 31 déc. 1823, Martainville et Dentu.

381. — Les contraventions aux dispositions de la loi du 6 prair. an VII sont punies, indépendamment des droits fraudés, d'une amende de 25 fr. (5 fr.) pour la première fois, et de 50 fr. (10 fr.) pour chacune des autres récidives. — L. 6 prair. an VII, art. 4.

382. — Les dispositions des lois qui concernent le timbre des journaux s'appliqueront à tous ouvrages, de quelque étendue qu'ils soient, qui paraîtraient soit régulièrement, soit irrégulièrement par semaine, soit par numéros, quand même le service n'en serait pas régulier. — L. 28 avr. 1816, art. 70.

383 — Ainsi, jugé que des feuilles d'impression publiant chaque jour le compte-rendu des séances d'un tribunal ne peuvent être imprimées, et surtout distribuées, sans avoir reçu la formalité du timbre. — *Cass.*, 13 avr. 1835, Dezairs.

384. — ... Que les extraits imprimés d'un journal soumis au timbre doivent, pour être émis dans le public, être timbrés comme le journal lui-même, encore bien qu'ils ne reproduiraient que le texte d'un jugement ou arrêt. — *Cass.*, 22 déc. 1834, Bousquet.

385. — ... Que la loi qui assujétit à la formalité du timbre les journaux et écrits périodiques s'applique à tous écrits formant une série de publications sous un même titre et par ordre de numéros, bien qu'ils paraissent irrégulièrement. — *Cass.*, 1er mars 1836 Cabet.

386. — Le bulletin d'une société d'avances mutuelles sur garantie, contenant des notions sur le résultat de l'entreprise et des moyens d'en accélérer le développement, ne doit pas être considéré comme une feuille périodique consacrée aux sciences et aux arts. — *Cass.*, 14 et non 13 ou 15 juillet 1829, Lambert.

387 — C'est plutôt une feuille destinée à favoriser une opération commerciale, et soumise, à ce titre, à la formalité du timbre prescrite par l'art. 56, L. 9 vendém. an VI — Même arrêt.

388. — A dater du 1er janvier 1841, le timbre cessera d'être exigé des écrits périodiques consacrés à l'agriculture, lors même qu'ils paraîtront plus d'une fois par mois, pourvu qu'ils restent étrangers à la politique. — L. 16 juill. 1840, art. 4.

389. — La dimension des papiers pour les journaux avait été réglée par l'art. 58 de loi du 9 vendém. an VI; mais l'art 3 de la loi du 13 du même mois l'a modifiée ainsi : « Le droit de timbre fixe ou de dimension pour les journaux sera de 5 cent. pour chaque feuille de 25 décimètres carrés de superficie (ou 341 pouces carrés) et de 3 cent pour chaque demi feuille de même espèce. Ceux qui voudraient user, pour lesdites impressions, de papier dont la superficie serait plus grande que 25 décimètres carrés pour la feuille entière et 12 décimètres et demi carrés pour la demi-feuille, paieront 1 cent. en sus du droit fixé pour chaque cinq décimètres carrés (ou 68 pouces carrés) d'excédant. Le papier sera fourni dans tous les cas par les citoyens auxquels il sera nécessaire.

390. — Plus tard, et indépendamment du droit de timbre, il fut perçu sur les journaux le droit de un centime et demi par feuille sur ceux imprimés à Paris et de un demi-centime sur ceux imprimés dans les départemens. — L. 15 mai 1818, art. 89; L. 17 juill. 1819, art. 2; L. 23 juill. 1820, art 5.

391. — Enfin, la loi du 14 déc. 1830 portait (art. 2) : « Le droit de timbre fixe ou de dimension pour les journaux ou écrits périodiques sera de 6 cent. pour chaque feuille de 30 décimètres carrés et au-dessus et de 3 cent. pour chaque demi-feuille de quinze décimètres carrés et au dessous. Tout journal ou écrit périodique imprimé sur une feuille de plus de 15 décimètres et de moins de 30 décimètres carrés paiera un centime en sus pour chaque cinq décimètres carrés. — Il ne sera perçu aucune augmentation de droit pour fractions au-dessous de cinq décimètres carrés. Il ne sera perçu aucun droit pour un supplément qui n'excédera pas trente décimètres carrés, publié par les journaux imprimés sur une feuille de trente décimètres carrés et au-dessus. — La loi du 9 vendém. an VI et l'art. 89 de la loi du 15 mai 1818 demeurent abrogés. — La loi du 6 prair. an VII est abrogée en ce qui concerne le droit de timbre sur les journaux ou feuilles périodiques. »

392. — Les ouvrages périodiques, relatifs aux sciences et aux arts, ne paraissant qu'une fois par mois et contenant la matière de deux feuilles d'impression de chacune 25 décimètres carrés, étaient exemptes du timbre, lors même que l'impression était faite sur une double feuille de papier de la dimension totale de 50 décimètres carrés. — Solut. 4 mars 1847.

393. — Le supplément d'un journal était exempt du timbre, bien qu'il ne parût pas en même temps que le journal, s'il n'excédait pas 30 décimètres carrés, et si le journal lui-même était imprimé sur une feuille de même dimension, ayant acquitté le droit de 6 cent., pourvu toutefois que ce supplément fût distribué aux abonnés seulement. — Délib. 11 juin 1833.

394. — Une feuille faisant habituellement suite aux livraisons d'un journal ou d'un écrit périodique et formant un même corps d'ouvrage avec ces livraisons, n'a pu être considérée comme un supplément de ce journal ou de cet écrit, et par conséquent exemptée du timbre. — Le supplément exempté des droits du timbre par la loi était seulement une publication accidentelle qui venait s'adjoindre à des époques indéterminées et imprévues, et qui n'en était pas une partie nécessaire. — *Cass.*, 13 avr. 1835, journal *la Mode*.

395. — Le jugement qui décidait à tort que la feuille imprimée d'un journal était un supplément exempt du timbre contenait autre chose qu'une appréciation de fait, et donnait ouverture à cassation. — *Cass.*, 13 avr. 1835, journal *la Mode*.

396. — Un écrit imprimé traitant de matières politiques, destiné à être vendu sur la voie publique, mais n'ayant pas le caractère de la périodicité, n'était pas soumis au timbre comme les annonces ou avis. — *Paris*, 11 oct. 1833 (sous *Cass.*, 22 nov. 1833), Detente.

397. — En cas de contravention aux lois du timbre, en matière de journaux et écrits périodiques, l'amende devait être appliquée à chaque exemplaire saisi dont le papier n'avait pas été soumis au timbre. — *Cass.*, 1er mars 1836, Cabet.

398. — La défense que l'art. 23 de la loi du 13 brum. an VII fait de mettre deux actes sur la même feuille de papier était applicable aux journaux. Ainsi, deux journaux qui différaient entre eux de date et de numéro ne pouvaient être imprimés sur la même feuille de papier timbré. — Solut. 29 pluv. an VIII.

399 — Les œuvres de musique étaient assujéties au timbre par l'art. 56 de la loi du 9 vendém. an VI. — Toutefois, la loi du 2 flor. suivant avait excepté de la formalité les œuvres de musique non périodiques contenant plus de deux feuiles d'impression.

400. — Par œuvre de musique, on entendait la réunion des diverses parties destinées aux instrumens pour lesquels cette musique avait été composée. Ces parties étaient inséparables et n'avaient aucune valeur l'une sans l'autre. — Solut. 25 oct. 1831. — Roland et Trouillet, *Dict. des dr. d'enreg.*, vº *Musique*, nº 4.

401. — Les droits de timbre pour la musique gravée en France et qui était exportée à l'étranger devaient être remboursés sur la représentation du certificat de sortie. — Décr. 30 thermid. an XII, art. 1er; circ. 1er brum. an XIII et 9 frim. an XIV.

402. — Les papiers-musique venant de l'étranger étaient également assujétis au timbre; la formalité avait lieu au chef-lieu du département par lequel ils arrivaient; et les directeurs de poste et de messageries ne pouvaient, sous peine d'amende, se charger de ces papiers s'ils n'étaient timbrés. — Déc. min. fin. 22 frim. an VI; circ. 1153; instr., nº 326.

403. — Postérieurement, l'art. 3 de la loi du 16

juill. 1840 portait : «Sont et demeurent abrogées, à partir du 1er janv. 1841, les dispositions de l'art. 56 de la loi du 9 vendém. an VI et de l'art. 1er de la loi du 2 flor. suivant, qui assujétissaient au timbre les œuvres de musique. — Les dispositions de l'art. 76 de la loi du 25 mars 1817 et de l'art. 2 de la loi du 14 déc. 1830 continueront d'être appliquées aux journaux et écrits périodiques consacrés à l'art musical. »

404. — Aussitôt après l'avénement de la République, un arrêté du gouvernement provisoire du 2 mars 1848 suspendit l'impôt du timbre sur les journaux et écrits périodiques dix jours avant la convocation des assemblées électorales, pour laisser aux élections la plus grande publicité possible.

405. — Deux jours après, le décret du 4 mars 1848 a supprimé l'impôt du timbre sur les écrits périodiques. — Aujourd'hui une loi soumise à l'assemblée nationale, mais non encore votée, propose de le rétablir.

406. — Dɩ·idé par application du décret du 4 mars 1848, que l'exemplaire d'un journal signé et légalisé, destiné à justifier de l'insertion d'une annonce judiciaire, peut dorénavant être soumis à l'enregistrement, sans être timbré ou visé pour timbre. — Délib. 16-19 mai 1848.

§ 2. — *Affiches.*

407. — Suivant la loi du 9 vendém. an VI (art. 56), toutes les affiches autres que celles émanées de l'autorité publique devant être sur papier timbré, les auteurs, afficheurs, distributeurs et imprimeurs sont solidairement tenus de l'amende. — Art. 61.

408. — Jugé sous l'empire de cette loi que l'imprimeur d'une affiche non timbrée, placardée même sans sa participation, est passible de l'amende, sauf son recours contre qui de droit. — *Cass.*, 23 vent. an X, Laurent.

409. — La loi du 28 avr. 1816, qui forme aujourd'hui l'unique règle de perception du droit de timbre sur les affiches porte (art 65) : « Toutes les affiches, quelqu'en soit l'objet, seront sur papier timbré... »

410. — Le prix de la feuille du papier des affiches portant 25 décimètres carrés de superficie est de 10 centimes ; celui de la demi-feuille de 5 centimes. — L. 28 avr. 1816, art. 65. — La subvention du dixième n'est pas ajoutée à ces droits. — Art. 67.

411. — Ainsi, on n'a pas conservé la progression d'un centime en sus que la loi du 9 vendém. an VI avait établie par chaque cinq décimètres carrés. Il n'existe donc plus que deux quotités de droits de timbre pour les affiches, l'une de cinq centimes par chaque demi feuille de douze centimètres et demi carrés et au-dessous, l'autre de 10 cent pour les papiers qui excèdent cette dimension. — Déc. min. fin. 12 juill. 1833, qui abroge celle du 11 août 1818. — Roland et Trouillet, *Dict. des dr. d'enreg.*, v° *Affiches*, n° 7.

412. — Il avait d'abord été dit que le papier timbré pour affiches serait fourni par la régie. — L. 28 avr. 1816, art. 65. — Mais depuis faculté a été accordée aux particuliers de faire timbrer avant l'impression du papier autre que celui de l'administration dont ils voudraient se servir pour affiches. — L. 25 mars 1817, art 77.

413. — Enfin l'art. 76 de la loi du 1er juill. 1818 a déclaré que le papier ne serait plus fourni par la régie, et que les particuliers seraient tenus de le présenter au timbre avant l'impression sous les peines portées par l'art. 69 de la loi du 28 avr. 1816.

414. — La contravention d'un imprimeur aux dispositions qui précèdent est punie d'une amende de 500 fr. (50 fr., L. 16 juin 1824, art. 10), sans préjudice du retrait de sa commission. Ceux qui sont convaincus d'avoir ainsi fait afficher et distribuer des imprimés non timbrés sont condamnés à une amende de 100 fr. (20 fr., L. 16 juin 1824, art. 10), et de plus aux peines de simple police (C. pén. art 474). L'amende est solidaire et emporte contrainte par corps. — L. 28 avr. 1816, art. 69.

415. — Le papier des affiches ne peut être de couleur blanche ; il doit porter le même filigrane que les autres papiers timbrés. — L. 28 juill. 1791 ; L. 28 avr. 1816, art. 65.

416. — Si on s'est servi de papier de couleur blanche, il y a lieu à une contravention de 100 fr. (20 fr., L. 16 juin 1824, art. 10) à la charge de l'imprimeur, qui est toujours tenu d'indiquer son nom et sa demeure au bas de l'affiche (L. 25 mars 1817, art 77). — Cette amende de 100 fr. contre l'imprimeur a été maintenue par l'art. 76. — L. 15 mai 1818.

417. — Toutefois, ces dispositions générales de la loi relativement au timbre et à la couleur des affiches souffrent quelques exceptions ; ainsi elles ne concernent pas :

418. — .... Les affiches manuscrites sur papier ou sur bois que les particuliers apposent sur leurs demeures pour annoncer une location, un genre de commerce ou d'industrie, ou la vente de la maison même. — Déc. min. fin. 7 brum an VI et 2 déc. 1813 ; circ. 1124. — Ces affiches peuvent donc être écrites sur papier blanc. — Roland et Trouillet, *ibid.*, n° 11.

419. — .... Les affiches émanées de l'autorité publique. — L. 9 vend. an VI, art. 56. — Cette disposition s'applique aux affiches que l'autorité administrative fait apposer pour annoncer des ventes, baux et adjudications au nom de l'Etat — Circ. 1133. — La loi du 28 avril 1816 n'a rien changé à ses dispositions. — Déc. min. fin. 17 nov. 1817 ; — Roland et Trouillet, *ibid.* nos 16 et 17.

420. — .... Les affiches annonçant des foires et fêtes patronales ; car elles doivent être considérées comme tenant à l'ordre public que l'autorité doit maintenir dans les réunions. — Déc. min. fin. 28 mai 1819. — Roland et Trouillet, *ibid.*, n° 19.

421. — ... Les affiches apposées au nom de l'administration des postes (Circ. 1161) ou de celles douanes pour vente d'effets saisis par ses préposés (même circ.). — Roland et Trouillet, *ibid.*, n° 18.

422. — ... Les affiches annonçant la vente de coupes de bois des communes et établissemens publics, par interprétation de l'art 104, C. for. — Solut. 6 janv. 1832. — Cette solution est critiquée avec raison par le journal de l'enregistrement (art. 10, 288) et par le mémorial (art. 2272). — Roland et Trouillet, *ibid.*, n° 13.

423. — ... Les affiches annonçant la location des biens affectés aux haras. — Solut. 1er juill. 1830. — Roland et Trouillet, *ibid.*, n° 15.

424. — ... Les affiches qui ont pour objet de donner connaissance d'une faillite (C. com. 457) ; car elles rentrent dans la classe de celles qui sont apposées par mesure d'ordre public. — Déc. min. fin. 15 mars 1814. — D'où il suit que les affiches contenant l'extrait d'un jugement de déclaration de faillite peuvent être annexées au procès-verbal de l'huissier constatant l'apposition de cet extrait, quoiqu'elle soit sur papier libre. — Déc. min. fin. 26 juillet 1832. — Roland et Trouillet, *ibid.*, n° 32.

425. — Mais l'exemption du timbre, accordée aux affiches des actes émanés de l'autorité publique, ne s'applique qu'aux affiches des actes uniquement faits dans l'intérêt public. — Dès-lors, celui qui fait afficher un jugement qui prononce une condamnation en sa faveur, est passible de l'amende, solidairement avec l'imprimeur, si les affiches ne sont point faites sur papier timbré. — *Cass.*, 16 juill. 1811, Duverger, et Hacquart.

426. — On tolère l'apposition des placards imprimés sur papier blanc et sans timbre, destinés à indiquer à la porte ou dans l'intérieur des églises, l'ordre des offices, des sermons, des prières, les noms des prédicateurs, etc.. Il en est de même des mandemens des évêques. — Pic, *Code des libraires et des imprimeurs*, n° 214 à la note *in fine*, t. 1er, n° 217.

427. — Mais on a considéré comme étant assujéties au timbre : les affiches pour adjudication des biens des hopitaux et maisons de charité. — Déc. min. fin. 28 vend. an IX.

428. — ... Celles pour la location des biens de la légion d'honneur. — Déc. min. fin. 24 vendém. an XIII ; instr. 326. — Roland et Trouillet, *ibid.*, n° 14.

429. — ... Celles apposées dans l'intérêt des communes pour annoncer des adjudications aux enchères ou au rabais. — Déc. min. fin. 24 nov. 1826 ; instr. 1205, § 15. — Rolland et Trouillet, *ibid.*, n° 12.

430. — ... Les affiches imprimées par le procédé lithographique. — Déc. min. fin. 20 fév. 1818 et 24 déc. 1819 ; instr. 288. — Rolland et Trouillet, *ibid.*, n° 10.

431. — ... Les affiches à la brosse. — Déc. min. fin. 13 juill. 1831 ; instr. 1374. — Roland et Trouillet, *ibid.*, n° 9. — *Contrà* déc. min. fin. 24 sept. 1819, 18 juill. 1812 et 8 mai 1824.

432. — Des affiches faites à l'aide de planches de cuivre noircies avec un pinceau, et qu'on applique ensuite à la main sur le papier, ne sont pas assujéties aux formalités prescrites par la loi pour les affiches imprimées. — *Paris*, 13 mai 1836, Deluchanterie.

433. — Les affiches manuscrites annonçant une vente d'immeubles dans l'étude d'un notaire, et apposées dans des lieux publics, sont assujéties au timbre. — *Cass.*, 18 janv. 1842 (t. 2 1842, p. 328), Ansart.

434. — Il y a même des cas où les affiches ayant un caractère légal doivent porter non plus le timbre à affiches, mais le timbre de dimension. — L. 13 brum. an VII, art. 12

435. — Ainsi, on doit considérer comme des actes assujétis au timbre de dimension les affiches ou placards, dont le Code de procéd. ordonne l'apposition pour annoncer au public la vente en justice des biens immeubles. — L'huissier qui dresse le procès-verbal de ces affiches ou placards, commet une contravention qui le rend responsable de l'excédant du droit de timbre et passible d'une amende, par cela seul que les affiches ou placards ont été imprimés sur du papier au timbre de 10 et de 5 cent. — *Cass.*, 2 avr. 1818, Jurdin.

436. — Décidé de même que les affiches relatives à la vente des biens des mineurs, à faire devant un notaire délégué par le tribunal sont sujettes au timbre de dimension, comme étant ordonnées par les lois. — Déc. min. fin. 16 fév. 1818, confirmé par déc. min. just. et fin. 5 et 15 fév. 1818.

437. — Toutefois il n'y a que les affiches apposées aux lieux indiqués par la loi et par ordre de justice qui soient sujettes au timbre de dimension ; celles que l'on destine à donner plus de publicité à une vente, non certifiée par un officier public et qui relatent seulement le nom de l'officier ne comportent que le timbre à affiches. — Délib. 4 mars 1813 ; instr. 1667.

438. — Avant de certifier par leur visa l'exactitude des énonciations d'un procès-verbal d'apposition d'affiches en matière de ventes judiciaires, les maires doivent s'assurer si ces affiches sont revêtues du timbre de dimension auquel elles sont assujéties comme acte de procédure. — Circ. min. fin. 20 mai 1849.

§ 3. — *Avis et annonces.*

439. — L'art. 1er de la loi du 5 prair. an VII porte : « Les avis imprimés, quel qu'en soit l'objet, qui se crient et distribuent dans les rues et lieux publics, ou que l'on fait circuler de toute autre manière sont assujétis au droit de timbre, à l'exception des adresses concernant la simple indication de domicile ou le simple avis de changement. »

440. — Ainsi, les avis imprimés, qui circulent dans le public par voie et sous la forme de lettres missives, sont assujétis au timbre. — *Cass.*, 12 sept. 1809, Ducommun.

441. — Il en est de même des avis et annonces imprimés par le procédé lithographique. — Déc. min. fin 20 fév. 1818 et 24 déc. 1819 ; instr. 287. — Roland et Trouillet, *ibid.*, n° 10.

442. — Toute adresse qui contient d'autres indications que le nom, la qualité et la demeure ancienne et nouvelle de l'individu est un acte une annonce sujette au timbre. — Déc. min. fin. 8 germ. an VIII,

443. Les feuilles imprimées qui circulent publiquement dans des villes maritimes et de commerce, pour annoncer le prix courant des marchandises et l'arrivée des bâtimens dans la rade, sont soumis au timbre. — Déc. min. fin. 25 flor. an XII, 9 fév. 1808, et 31 janv. 1817. — Mais les bulletins des changes et du prix des marchandises, qui circulent de la main à la main ou par lettres cachetées, sont exempts du timbre. — Déc. min. fin 23 sept. 1806.

444. — Sont assujéties au timbre : 1° les prospectus relatifs à l'administration de la tontine perpetuelle d'amortissement (Déc. min. fin. 12 janv. 1821) ; 2° les titres des actions de cette même tontine (avis com. fin. 19 nov. 1819, appr. le 31 janv. suiv.) ; 3° les prospectus de l'agence générale des placemens temporaires et viagers sur les fonds publics (Délib. 19 avr. 1826). — Roland et Trouillet, *ibid.*, n° 44.

445. — L'art. 1er, L. 6 prair. an VII, ne s'entendant que des annonces faites dans un intérêt privé, ne s'applique pas aux imprimés qui ne contiennent que la narration d'un fait isolé, comme ceux qui se crient dans les rues pour annoncer l'arrestation d'un criminel. — Délib. 8 avr. 1834 appr. le 24. — Roland et Trouillet, *ibid.*, n° 17.

446. — Les arrêts et les actes de la cour criminelle peuvent s'imprimer et se distribuer sur papier libre, lorsqu'il est constant que ces impression et distribution ont lieu sous la surveillance du procureur général. — Déc. min. fin. 28 mars 1810.

447. — Les prospectus des proviseurs des colléges royaux annonçant le prix de la pension et le mode d'enseignement, ne sont pas sujets au timbre. — Lettre du dir. gén. 10 oct. 1817.

448. — Il en est de même des prospectus des colléges communaux et des écoles secondaires ecclésiastiques. — Délib. 22 déc, 1845 ; déc. min. fin. 9 janv. 1846.

449. — Mais les prospectus des colléges particuliers et ceux des institutions et pensions particulières sont soumis au timbre. — Déc. min. fin. 5 oct. 1825, 18 avr. 1826 et 9 janv. 1846; délib. 22 déc. 1845.

450. — L'art. 2, L. 6 prair. an VII, détermine le droit à payer en raison de la grandeur de la feuille d'impression. Puis l'art. 3 de la même loi ajoute : « Les contraventions aux dispositions de la présente seront, indépendamment de la restitution des droits fraudés, d'une amende de 25 fr. (5 fr.) pour la première fois, de 50 fr. (10 fr.) pour la seconde et de 100 fr. (20 fr.) pour chaçune des autres récidives. »

451. — Les avis et autres annonces, de quelque nature qu'ils soient, assujétis au timbre par la loi du 6 prair. an VII, qui ne sont pas destinés à être affichés, peuvent être imprimés sur papier blanc. — L. 28 avr. 1816, art. 66.

452. — Le prix de la feuille est de 10 c. : celui de la demi-feuille de 5 c.; celui du quart de feuille de 2 c. 1/2; celui du demi-quart, cartes et autres de plus petite dimension est d'un centime. — L. 28 avr. 1816, art. 66. — La subvention du dixième n'est point ajoutée à ces droits. — Art. 67.

453. — L'art. 66, L. 28 avr. 1816, porte que le papier pour avis et annonces sera fourni par la régie et que les cartes seront fournies par les particuliers, mais timbrées avant tout emploi. Depuis, l'art. 77, L. 25 mars 1817, a donné aux particuliers qui voudraient se servir pour avis et annonces d'autre papier que celui de l'administration, la faculté de le faire timbrer avant l'impression. — Enfin l'art. 76, L. 15 mai 1818, porte que le papier pour avis et annonces ne sera plus fourni par la régie; que les particuliers feront timbrer le papier dont ils voudront faire usage; et que le papier sera présenté au timbre avant l'impression sous les peines portées par l'art. 68, L. 28 avr. 1816. — V. *suprà* n° 413.

454. — Sont exempts du timbre les annonces, prospectus et catalogues de librairie. — L. 25 mars 1817, art. 76.

455. — Ainsi, le prospectus d'un journal est, comme ceux de tout autre ouvrage politique et littéraire, exempté du timbre. — Déc. min. fin. 5 mai 1820; solut. 5 mars 1831. — *Contrà* déc. min. fin. 20 déc. 1832.

456. — L'exemption a été étendue aux annonces, prospectus et catalogues d'objets relatifs aux sciences et aux arts. — L. 15 mai 1818, art. 83.

457. — ... Et cela, soit qu'il s'agisse des arts libéraux ou des arts mécaniques, attendu que la loi ne distingue pas. — Déc. min. fin. 27 sept. 1822; Instr. 1058.

458. — Sont dispensés du timbre les avis contenant le catalogue et les prix courans des arbres et plantes que cultive le propriétaire d'un établissement d'horticulture. — Déc. min fin. 13 avr. 1829. — Roland et Trouillet, *ibid.*, n° 27.

459. — Mais l'exemption n'est point applicable à l'avis imprimé et distribué par lequel un marchand grainetier annonce au public des grains, graines de fleurs, légumes secs et fourrages qu'il vend et dont il indique le prix. — *Cass.*, 10 juill. 1839 (t. 2 1843, p. 273), Floy.

460. — L'avis annonçant qu'on met des livres en lecture, qu'on abonne aux journaux et qu'on fait des reliures, ne doit pas être assimilé à un ouvrage périodique sur les sciences et arts ou à un catalogue de librairie, et comme tel est dispensé du timbre. En conséquence, l'imprimeur qui l'a imprimé et le libraire qui l'a distribué sur papier non timbré sont passibles de l'amende prononcée par les lois. — *Cass.*, 7 fév. 1832, Prudhomme.

461. — Jugé également que, dans les avis imprimés assujétis au droit de timbre par la loi du 6 prair. an VII, on doit comprendre les descriptions bibliographiques ou catalogues de livres qui se distribuent avec une page imprimée séparément, annonçant le jour et le local de la vente publique. — *Bruxelles*, 2 fév. 1822, Demat.

462. — L'écrit imprimé et distribué contenant la nomenclature de diverses maladies, et l'annonce d'un remède qui doit en assurer la guérison, renfermant les initiales des noms des personnes traitées ou guéries, et divers articles médicaux, enfin indiquant l'adresse et les heures de consultation du docteur en médecine qui en est l'auteur, n'est pas exempt du droit de timbre comme prospectus relatif aux sciences. — *Cass.*, 16 nov. 1836, Benech de Saint-Cirq.

463. — Jugé de même au sujet de l'avis imprimé par lequel un médecin prévient le public qu'il donne des consultations à des heures déterminées, et énumère les cures qu'il prétend avoir faites par une méthode de son invention. — *Cass.*, 12 juill. 1842 (t. 2 1842, p. 180), Payerne.

464. — Est sujet au timbre, comme étant un objet de spéculation, l'avis par lequel on annonce l'intention de céder le droit d'enseigner une méthode utile aux arts et aux sciences (par exemple une méthode de calligraphie). — Délib. 9 oct. 1828

465. — Une circulaire imprimée par laquelle un notaire donne connaissance au public de sa nomination, de son entrée en exercice et de sa demeure n'est pas assujétie au timbre. — Délib. 7 avr. 1824. — Roland et Trouillet, *ibid.*, n° 31.

CHAPITRE IV. — *Obligations des particuliers et des officiers ou fonctionnaires publics, relativement au timbre.*

466. Les obligations des particuliers et des officiers ou fonctionnaires publics relativement au timbre, consistent à : 1° se servir du timbre prescrit, en raison de la nature des actes; 2° ne pas employer un papier timbré ayant déjà servi; 3° ne pas altérer l'empreinte du timbre; 4° ne pas écrire deux ou plusieurs actes à la suite l'un de l'autre sur la même feuille de papier timbré; 5° enfin ne faire aucun acte ou rendre aucun jugement en vertu d'un acte écrit sur papier non timbré.

Sect. 1re. — *Emploi du timbre à raison de la nature des actes.*

467. — Les officiers et fonctionnaires publics ne peuvent rédiger aucun acte public ou délivrer aucune expédition sur papier non timbré, sous peine d'une amende de 100 fr. (aujourd'hui 20 fr. L. 16 juin 1824, art. 10.) — L. 13 brum. an VII, art. 17 et 26, n° 5.

468. — Ainsi un notaire ne peut, sous peine d'amende, délivrer sur papier libre un extrait d'un acte par lui précédemment reçu. — *Cass.*, 23 (et non 25) mai 1808, Barthélemy. — On avait décidé de même sous la loi du 7-18 fév. 1791. — *Cass.*, 15 brum. an II, Pilette.

469. — D'après l'art. 48, L. 5 juin 1850, tout courtier ou notaire qui sera convaincu d'avoir rédigé une police d'assurance ou d'en avoir délivré une expédition ou un extrait sur papier non timbré, conformément à l'art. 42, encourra une amende de 500 fr., et, en cas de récidive, une amende de 1000 fr., outre les peines disciplinaires prononcées par les lois spéciales.

470. — Le récépissé par lequel le secrétaire de la chambre des notaires constate le dépôt d'un extrait de contrat de mariage ou de jugement de séparation entre époux dont l'un est négociant, peut être délivré sur papier timbré de petite dimension — *Cass.*, 16 fév. 1824, Barazer.

471. — Un exploit n'est pas nul pour n'être pas écrit sur un papier timbré de la qualité prescrite, et la contravention ne donne lieu qu'à une amende. — *Cass.*, 22 messid. an XII, Vigier c. Margerin.

472. — Chaque acte ou écrit sous signature privée fait sur papier non timbré donne lieu à une amende de 30 fr. (aujourd'hui 5 fr.) — L. 13 brum. an VII, art. 26, n° 3; L. 16 juin 1824, art. 10.

473. — Quoiqu'un acte sous seing-privé ait été rédigé en plusieurs doubles sur papier non timbré, il n'est dû qu'une seule amende, car il ne s'agit que d'un seul acte — Solut. 2 juill. 1812; déc. min. fin. 11 août 1812. — Roland et Trouillet, *Dict. de l'enreg.*, v° *Timbre*, n° 674.

474. — Tous individus assujétis à tenir des livres par les lois et réglemens sont tenus de les faire timbrer sous peine d'une amende; de 500 fr. (aujourd'hui 50 fr., L. 16 juill. 1824, art. 10) pour chaque contravention. — L. 28 avr. 1816, art. 72. — Il y a dérogation à cet égard en ce qui concerne les livres de commerce qui, comme on l'a vu *suprà*, ont été affranchis du timbre par la loi du 20 juill. 1837.

475. — Les notaires, greffiers, arbitres et secrétaires des administrations ne peuvent sous peine d'une amende de 50 fr. (10 fr., L. 16 juin 1824, art. 10) employer pour les expéditions qu'ils délivrent des actes retenus en minute et de ceux déposés ou annexés, de papier timbré d'un format inférieur à celui appelé *moyen papier*. — L. 13 brum. an VII, art. 19 et 26, n° 4.

476. Les huissiers et autres officiers publics ou ministériels ne peuvent non plus sous la même peine employer du papier timbré d'une dimension inférieure à celle du moyen papier pour les expéditions des procès-verbaux de ventes de mobilier. — L. 13 brum. an VII, art. 19 et 26, n° 4.

477. — D'après l'art. 63 de la loi du 28 avr. 1816, aucune expédition, copie ou extrait d'actes, reçus par les notaires, greffiers ou autres dépositaires publics, ne pourra être délivré que sur du papier de 1 fr. 25 cent. — Et il n'a point été dérogé à ce qui a lieu pour les certificats de vie des rentiers et des pensionnaires de l'état ou des administrations et établissemens publics.

478. — Les receveurs de l'enregistrement peuvent délivrer des extraits de leurs registres sur papier timbré de toute dimension, même sur celui d'un format inférieur au papier de 1 fr. 25 cent. la feuille établi pour les expéditions. — Délib. 1er fév. 1839.

479. — Les papiers employés à des expéditions ne peuvent contenir, compensation faite d'une feuille à l'autre, savoir : plus de vingt-cinq lignes par page de moyen papier; plus de trente lignes par page de grand papier; et plus de trente-cinq lignes par page de grand-registre. — L. 13 brum. an VII, art. 20.

480. — ... Et cela, à peine d'une amende de 25 fr. (5 fr., L. 16 juin 1824, art. 10) pour contravention par les officiers et fonctionnaires publics. — L. 13 brum. an VII, art. 26, n° 2.

481. — Les conservateurs qui portent sur leurs registres d'inscription et de transcription plus de trente-cinq lignes à la page et dix-huit syllables à la ligne, sont responsables des droits de timbre résultant de l'excédant des lignes. Toutefois, si à raison de son cadre resserré le registre des inscriptions contenait moins de dix-huit syllabes à la ligne, la page peut contenir plus de trente-cinq lignes, pourvu que le nombre total des syllabes par page n'excède pas six cent trente, produit du nombre des syllabes multiplié par celui des lignes. — Circ. 16 fév. 1807 et 23 sept. 1809; déc. min. fin. 11 avr. 1815; délib. 14 déc. 1822; solut. 28 juin 1832.

482. — Les copies des actes du ministère de l'huissier ne doivent pas, non plus que celles des actes qui y sont étrangers, contenir, à peine d'amende, plus de trente-cinq lignes par page de petit papier. — Décr. 29 août 1813.

Sect. 2e. — *Emploi d'un papier timbré ayant déjà servi.*

483. — Le papier timbré qui a été employé à un acte quelconque ne peut plus servir pour un autre acte, quand même le premier n'aurait pas été achevé. — L. 13 brum. an VII, art. 22.

484. — ... Et cela sous peine d'une amende de 30 fr. (aujourd'hui 5 fr., L. 16 juin 1824, art. 10) s'il s'agit d'acte sous seing privé; et de 100 fr. (aujourd'hui 20 fr., même loi) s'il s'agit d'actes reçus par des officiers et fonctionnaires publics. — L. 13 brum. an VII, art. 26, nos 3 et 5.

485. — Ainsi, un huissier est en contravention lorsque, pour un acte de son ministère, il se sert de papier timbré qui a déjà été employé à un autre acte, quand bien même il n'y aurait eu que quelques lignes écrites et que ces lignes auraient été rayées. — *Cass.*, 1er frim. an X, Hureau.

486. — Mais il n'y a pas lieu à l'amende, parce qu'un exploit qui devait être signifié par un huissier, dont il portait l'immatricule, l'a été par un autre qui a effacé cette immatricule pour y substituer la sienne. — *Cass.*, 11 juill. 1815, Cœffe.

487. — L'amende n'est pas non plus encourue pour un acte qui a été recommencé à la suite d'un premier dont la rédaction a été biffée, comme présentant des irrégularités que le second a pour objet de rectifier. — Délib. 3 déc. 1816. — Roland et Trouillet, *Dict. d'enreg.*, v° *Timbre*, § 4, n° 3.

488. — Il n'y a point contravention de la part d'un officier public qui a rédigé un acte à la suite de lignes biffées n'ayant aucun rapport avec cet acte, si les mots rayés ne constituent pas un commencement d'acte. — Délib. 29 juill. 1828. — Roland et Trouillet, *Dict. d'enreg.*, v° *Timbre*, § 4, n° 5.

489. — Si à la suite d'une vente un notaire a écrit quelques lignes relatives à un autre acte, et qu'après les avoir rayées, il a rédigé sur la même feuille la quittance du prix de cette vente, ces ratures constituent une méprise et non une contravention. — Solut. 1er juin 1832. — Roland et Trouillet, *ibid.*, § 4, n° 6.

490. — Les jugemens pouvant être écrits à la suite les uns des autres, un greffier peut rédiger un jugement à la suite d'un autre de la même audience qui n'a point été achevé et qui même se trouve rayé. — Déc. min. fin. 12 nov. 1817. — Roland et Trouillet, *ibid.*, § 5, nos 43 et 44.

491. — La prohibition d'employer à la rédaction d'un acte du papier timbré qui a déjà servi à un autre acte, même non achevé, n'est pas applicable à l'emploi d'une feuille de papier contenant quelques lignes raturées étrangères à cet acte, lorsque ces lignes ne portent aucune des indications, soit de date, soit d'objet de convention, soit de faits qui peuvent constituer un acte quelcon-

que commencé. — *Cass.*, 27 janv. 1836, Boulineau.

492. — Il y a contravention lorsque la feuille employée n'est pas entière, ou au moins lorsque la partie qui en a été enlevée est assez grande pour faire présumer qu'elle a servi à un premier acte; spécialement, si un notaire a employé une feuille de papier de format dit *moyen papier*, n'ayant que les 5/8es à peu près de la dimension légale, même en conservant les empreintes du timbre. — *Cass.*, 10 avr. 1839 (t. 1er 1839, p. 567), Quincerot.

493. — Bien que l'enlèvement, par un procédé chimique, de l'écriture existant sur des feuilles de papier timbrée déjà employées pour les faire servir une seconde fois, ne constitue ni crime ni délit, la distribution et la vente de ce papier donne lieu à une amende dont le recouvrement doit être effectué par voie de contrainte. — *Cass.*, 11 juill. 1834, Monié.

Sect. 3e. — *Altération du timbre.*

494. — L'empreinte du timbre ne peut être couverte d'écriture ni altérée. — L. 13 brum. an VII, art. 21.

495. — ... A peine d'une amende de 15 fr. (5 fr.) pour les particuliers, et de 25 fr. (5 fr.) pour les officiers et fonctionnaires publics. — L. 13 brum. an VII, art. 26, nos 1 et 2; L. 16 juin 1824, art. 10.

496. — Lorsque le timbre du papier employé aux répertoires des officiers publics est couvert par l'impression des colonnes, il n'y a contravention, ni de fait, ni d'intention. — Déc. min. fin. 26 mai 1820. — Roland et Trouillet, *ibid*, § 3, no 4. — *Contrà*, si les chiffres du répertoire couvraient l'empreinte du timbre. — Déc. min. fin. 1er mai 1832. — Roland et Trouillet, *ibid.*, no 5.

497. — Pour qu'il y ait altération du timbre, dans le sens de la loi, il faut qu'il soit constant que l'altération a eu pour but de falsifier l'empreinte des timbres; ainsi, il n'y a point contravention quand, par l'empreinte du timbre noir de son répertoire, un huissier a écrit des chiffres dans la colonne des numéros d'ordre. — Solut. 3 déc. 1834.

498. — Décidé de même quand quelques lignes traversent l'empreinte du timbre d'un répertoire, ou que quelques chiffres d'un tableau contenus dans une liquidation sont écrits sur cette même empreinte. — Solut. 6 août 1832. — Roland et Trouillet, *ibid.*, § 3, no 6.

499. — Toutefois, comme la défense ne s'applique qu'à la face des empreintes, il n'y a pas contravention lorsque le *verso* des empreintes du timbre noir et du timbre sec est couvert d'écriture ou de traits de plume. — Déc. min. fin. 16 juin 1807.

Sect. 4e. — *Acte à la suite d'un autre sur un même papier timbré.*

500. — Il ne peut être fait ni expédié deux actes à la suite l'un de l'autre sur la même feuille de papier timbré. — L. 13 brum. an VII, art. 23. — Et cela, sous peine d'une amende de 30 fr. (aujourd'hui 5 fr., L. 16 juin 1824, art. 10), s'il s'agit d'actes sous signature privée, et de 100 fr. (aujourd'hui 20 fr., même loi), en cas de contravention par des officiers et fonctionnaires publics. — *L.* 13 brum. an VII, art. 26, nos 3 et 5.

501. — Ainsi, deux billets ou promesses de payer ne peuvent, sans contravention, être écrits l'un à la suite de l'autre, sur la même feuille de papier timbré. — Roland et Trouillet, *Dict. d'enreg.*, vo *Billet*, no 17.

502. — On ne peut écrire sur la même feuille deux polices d'assurance relatives au même bien, l'une au profit du propriétaire, et la seconde au bénéfice de son acquéreur agréé par la compagnie. — Délib. 26 août 1831. — Roland et Trouillet, *Dict. d'enreg.*, vo *Timbre*, § 5, no 47.

503. — Lorsque deux actes qui devaient être tous deux séparément sur timbre, sont écrits sur une même feuille de papier libre, il y a lieu à une double amende, parce qu'il y a une double contravention. — *Journal de l'enreg.*, art. 2471.

504. — Toutefois sont exceptés de la prohibition : les ratifications des actes passés en l'absence des parties; les quittances de prix de ventes et celles de remboursement de contrats de constitution ou obligation; les inventaires, procès-verbaux et autres actes qui ne peuvent être consommés dans un même jour et dans la même vacation; les procès-verbaux de reconnaissance et levée des scellés qu'on pourra faire à la suite du procès-verbal d'apposition, et les significations des huissiers, qui peuvent également être écrites à la suite des jugemens et autres pièces dont il est délivré copie.

— L. 13 brum. an VII, art. 23. — L'application de cet article a donné lieu aux décisions suivantes :

505. — On peut, à la suite d'un acte de société, rédiger les adhésions données par de nouveaux associés, en vertu d'une stipulation du contrat. — Déc. min. fin. 5 janv. 1829. — Roland et Trouillet, *ibid.*, § 5, no 73.

506. — La ratification sous seing privé d'un acte authentique peut être écrite sur l'expédition de cet acte. — *Journal de l'enreg.*, art. 224.

507. — Mais ne saurait être considérée comme ratification l'adhésion donnée par un individu à un procès-verbal d'expertise auquel il est étranger et où personne n'a paru pour lui; dès-lors une pareille adhésion ne peut, sans contravention, être écrite à la suite du procès-verbal. — Solut. 7 mai 1833.

508. — Un acte notarié portant délivrance de legs peut-il, sans contravention, être écrit à la suite de l'acte de consentement à l'exécution de ce testament? Non. — Déc. min. fin. 1er juin 1829. — Décidé au contraire que l'acte d'acceptation et de délivrance d'un legs peut être mis à la suite du testament. — Solut. 27 fév. 1831. — Roland et Trouillet, *ibid.*, § 5, no 29.

509. — Un notaire peut, sans contravention, rédiger : 1o l'acte de dépôt d'une ratification reçue par un autre notaire, à la suite de la vente ratifiée; 2o l'acte de dépôt d'une quittance reçue également par un autre notaire, à la suite d'une vente contenant obligation du prix stipulé; 3o et à la suite d'un testament, l'acte de dépôt de la quittance d'un legs qu'il contient, bien que cette quittance n'ait pas été passée dans son étude. — Délib. 11 fév. 1834. — Roland et Trouillet, *ibid.*, § 5, no 30.

510. — Comme la loi ne distingue pas, on peut, sans contravention, écrire, tant sur la minute que sur l'expédition des actes de vente, les quittances du prix de ces mêmes ventes, soit que ces quittances aient la forme authentique ou celle d'actes sous seing privé; toutefois ces dernières ne peuvent se mettre que sur l'expédition. — Déc. min. fin. 19 mars 1824, qui abroge délib. 20 fév. 1819. — Roland et Trouillet, *ibid.*, § 5, no 52.

511. — Bien que l'acte de ratification d'une vente puisse être écrit sur l'acte de vente même, il ne s'ensuit pas que la quittance du prix de vente puisse être écrite sur la ratification même, quand celle-ci est rédigée sur une feuille de papier séparée. — Déc. min. fin. 7 août 1832.

512. — Les quittances d'arrérages de rentes ne peuvent, sans contravention, être écrites à la suite de l'acte de constitution. — Déc. min. fin. 12 mars 1833.

513. — Il y a contravention quand la quittance d'un prix de vente est rédigée à la suite de l'acte de ratification de cette vente, écrit sur une feuille séparée du contrat d'acquisition. — Déc. min. fin. 7 août 1832. — Rolland et Trouillet, *ibid.*, § 5, no 59.

514. — Un notaire peut, sans contravention, rédiger un retrait de réméré à la suite de l'acte de vente, parce que l'acte de retrait ne constate qu'un paiement effectué par le vendeur ou son créancier, d'une somme qu'on doit nécessairement considérer comme prix de vente ou comme montant d'obligation. — Déc. min. fin. 5 déc. 1823. — Roland et Trouillet, *ibid.*, § 5, no 64.

515. — Les quittances ou décharges du prix des ventes mobilières faites par les notaires, greffiers, commissaires-priseurs et huissiers, peuvent être mises à la suite ou en marge des procès-verbaux de vente. — Avis cons. d'état 7-21 oct. 1809.

516. — L'officier public chargé de vendre les meubles de divers particuliers peut rédiger de la vente un seul procès-verbal précédé d'une seule déclaration. — Délib. 16 juin 1824; instr. 1146, § 13. — Roland et Trouillet, *Dict. d'enreg.*, vo *Timbre*, § 5, no 80.

517. — Les décharges données aux officiers publics des titres ou sommes d'argent déposés entre leurs mains peuvent être rédigées à la suite ou en marge des actes de dépôt. — Déc. min. fin. 23 fév. 1826; instr. 1189, § 8.

518. — Le notaire qui, sur la minute d'un de ses actes, a fait mention du montant des frais que lui ont avancés les parties, peut, sans contravention, écrire, à la suite de cette mention, la quittance de ce qu'il a restitué aux parties sur ces frais, car une pareille quittance n'est qu'une mention d'ordre. — Déc. min. fin. 21 fév. 1824.

519. — On peut mettre l'acquit d'un paiement à la suite du mandat que ce paiement concerne. — Déc. min. fin. 11 fév. 1806. — Roland et Trouillet, *ibid.*, § 5, no 7.

520. — Les transports-cessions ou endossemens peuvent être écrits sur des promesses de payer ou simples billets faits sur du papier de la quotité prescrite. — Déc. min. 31 août 1813; instr. 648. — V. *suprà* no 187 *j*, 187 *q*.

521. — On peut, sans contravention, mettre au bas d'une lettre de voiture l'accusé de réception, parce qu'il peut être assimilé à l'acquit d'une lettre de change ou d'un billet à ordre. — Délib. 2 vendém. an XIV. — Roland et Trouillet, *Dict. d'enreg.*, vo *Lettre de voiture*, no 4.

522. — Une prorogation de délai ne peut, sans contravention, être écrite à la suite du titre de la créance dont le terme est prorogé. — Déc. min. fin. 11 août 1831. — *Contrà* délib. 6 oct. 1815.

523. — Il y a contravention, quand le donataire d'une créance à vue en délivre quittance au débiteur sur la feuille de papier timbré qui contient la donation. — Déc. min. fin. 10 juill. 1832.

524. — Le notaire qui, dans un même contrat, rédige, sous forme de procès-verbal, l'inventaire d'une succession, ainsi que la vente publique des immeubles et effets qui en dépendent, agit sans doute d'une manière irrégulière; mais il ne commet pas de contravention, s'il est dit dans le préambule de l'acte que les parties entendaient ne rédiger qu'un seul acte. — Délib. 4 déc. 1832.

525. — Mais un partage ne peut être rédigé à la suite d'un inventaire qui a été clos. — Délib. 12 août 1831.

526. — Un notaire peut, sans contravention, rédiger à la suite d'un acte d'atermoiement et sur la même feuille de papier timbré les actes constatant l'acceptation des créanciers et les paiemens faits par le débiteur. — Délib. 24 avr. 1838.

527. — De même, les délibérations de créanciers unis peuvent être rédigées sur un seul cahier de papier, à la suite les unes des autres. — Roland et Trouillet, *Dict. d'enreg.*, vo *Timbre*, § 5, no 79.

528. — La réquisition de l'acte respectueux et sa notification à l'ascendant peuvent être écrites sur la même feuille de papier timbré; car il n'y a en réalité qu'un seul procès-verbal en deux parties. — Solut. 16 juin 1832.

529. — Mais les seconde et troisième notifications d'un acte respectueux ne peuvent, sans contravention, être écrites à la suite de la première. — Délib. 3 fév. 1833.

530. — Un notaire peut rédiger un arrêté de compte de tutelle à la suite du projet de compte. — Solut. 12 et 20 fév. 1830. — Roland et Trouillet, *Dict. d'enreg.*, vo *Timbre*, § 5, no 25.

531. — On peut rédiger, à la suite de l'acte de présentation d'un compte de tutelle, la quittance du reliquat qu'il présente, puisque le reliquat du compte peut être envisagé comme une obligation en faveur de l'oyant. — Déc. min. fin. 28 juin 1828; délib. 8 sept. 1838. — Roland et Trouillet, *ibid.*, § 5, no 61.

532. — Un notaire ne peut, sans contravention à la loi du timbre, écrire, à la suite d'un acte de transport de créance, l'acte d'acceptation de la part du débiteur. — *Cass.*, 16 juill. 1838 (t. 2 1838, p. 43), Brulé. — *Contrà* délib. 11 fév. 1825 et 23 mars 1830, par le motif que les deux actes ne peuvent être consommés dans la même vacation.

533. — Un notaire ne peut rédiger l'acte de dépôt d'un procès-verbal d'arpentage à la suite de l'acte d'adjudication des biens arpentés. — Instr. 1446, § 13. — Roland et Trouillet, *ibid.*, § 5, no 21.

534. — Un greffier ne peut, sans contravention, rédiger l'acte de dépôt du cahier des charges, pour parvenir à une adjudication immobilière, à la suite de ce cahier des charges. — Délib. 20 oct. 1816; déc. min. fin. 15 mars 1818. — Roland et Trouillet, *ibid.*, § 5, no 31.

535. — De même le notaire chargé par justice de procéder à une vente d'immeubles ne peut, sans encourir l'amende, écrire sur la même feuille de papier timbré les actes de dépôt en ses mains du procès-verbal d'expertise et du cahier des charges. — *Cass.*, 25 janv. 1836, Chevalier.

536. — ... Ni écrire à la suite de l'acte de dépôt du cahier des charges, et sur la même feuille de papier timbré, des modifications à ce même cahier des charges, ainsi que le renvoi de l'adjudication à un autre jour. — *Cass.*, 24 mars 1829, Garnier.

537. — ... Ni dresser le procès-verbal d'adjudication préparatoire à la suite de l'acte de dépôt du cahier des charges, ou du rapport d'experts, sur la même feuille de papier timbré. — *Cass.*, 8 janv. 1838 (t. 1er 1838, p. 219), Michel.

538. — On ne peut, non plus, sans contravention, rédiger le procès-verbal d'adjudication d'immeubles à la suite de l'acte de dépôt du cahier des charges et du rapport des experts, lors même que cet acte de dépôt contient dans le même contexte la réquisition des parties pour l'indication du jour de l'adjudication préparatoire et cette indication faite par le notaire. — Même arrêt.

539. — Mais un acte qui contient des modifications à un cahier des charges déposé par un avoué dans l'étude d'un notaire (C. proc., art. 699) peut être rédigé à la suite du cahier et sur la même

feuille de papier timbré. — Solut. 8 sept. 1831.

540. — On peut, sans contravention, rédiger les procès-verbaux d'adjudication à la suite des procès-verbaux de corvées ou du cahier des charges, attendu que ces actes ne forment ensemble qu'un seul tout par leur connexité et par le besoin de recourir constamment au cahier des charges pour l'enregistrement des adjudications. — Délib. 31 déc. 1817. — Peu importe que le cahier des charges ait été rédigé par un avoué. — Délib. 6 avr. 1829. — Roland et Trouillet, *ibid.*, § 5, nº 15.

541.—Sous la loi du 2 juin 1841, comme sous l'ancien Code de procédure, le procès-verbal d'adjudication judiciaire d'immeubles peut, sans contravention à la loi sur le timbre, être écrit à la suite du cahier des charges et des dires des parties, cette disposition résultant virtuellement de la loi nouvelle, qui a été de réunir dans un même contexte tous les élémens de l'acte judiciaire de l'aliénation.—Instr. direct. gén. 29 juin 1842, nº 1667.

542. — ... Et il en est ainsi non-seulement en matière de vente sur saisie immobilière, mais encore pour les ventes de biens appartenant à des mineurs, ou indivis entre copropriétaires ou cohéritiers, ou dépendant d'une succession bénéficiaire.—Même instr.

543. ... Toutefois l'acte de dépôt du cahier des charges ne peut être rédigé à la suite de ce cahier et sur la même feuille de papier timbré. — Même instr.

544. — Un greffier ne peut, sans contravention, rédiger, sur le même état, plusieurs extraits de jugemens portant condamnation de dommages-intérêts au profit des communes.—Déc. min. fin. 1er mars 1808. — Roland et Trouillet, *ibid.*, § 5, nº 37.

545. — Les actes de cautionnement et ceux de déclaration de commandite, en matière de bois de la caisse d'amortissement, peuvent être rédigés à la suite des procès-verbaux d'adjudication dont ils sont le complément. — Déc. min. fin. 19 fév. 1819, qui abroge celle du 9 nov. 1813. — Roland et Trouillet, *Dict. d'enreg.*, vº *Timbre*, § 5, nº 20.

546. — Il suit de cette décision qu'en général toutes les fois que l'obligation de fournir caution est imposée par l'acte d'adjudication, l'acte de cautionnement étant le complément du premier, et étant indispensable pour son exécution, peut être mis à sa suite sans contravention. — Délib. 11 fév. 1824. — Roland et Trouillet, *ibid.*, § 5, nº 21.

547. — L'extrait du procès-verbal d'adjudication de coupes de bois de l'état et du cautionnement qui est délivré à l'adjudicaire, peut être écrit à la suite d'un exemplaire du cahier des charges. — Inst. 789.— Roland et Trouillet, *ibid.*, § 5, nº 36.

548. — Mais l'acte de cautionnement d'un billet simple ne peut, sans contravention, être écrit à la suite de ce billet sur la même feuille de papier timbré. — Délib. 16-20 juin 1846.

549. — En cas de surenchère sur aliénation volontaire, le cahier des charges additionnelles peut, sans contravention, être rédigé à la suite de l'acte qui donne lieu à la surenchère. — Déc. min. fin. et just. 6 et 11 déc. 1822. — Roland et Trouillet, *ibid.*, § 5, nº 75.

550. — L'adjudication qui a lieu par suite de la surenchère autorisée par l'art. 708 C. procéd. nouveau, et celle prononcée par suite de cette surenchère, peuvent, sans qu'il y ait contravention à la loi du timbre, être mises à la suite de la première adjudication et du cahier des charges.—Instr. direct. gén. 29 juin 1842, nº 1667.

551. — L'ordonnance et le procès-verbal de levée de scellés peuvent être mis à la suite du procès-verbal d'apposition. — Déc. min. fin. 20 avr. 1813.

552. — Les huissiers peuvent, sans contravention, rédiger à la suite du protêt la dénonciation à l'endosseur; car cette dénonciation est la suite nécessaire et obligée du protêt. — Délib. 22 oct. 1807.

553. — Deux exploits de signification d'un même jugement faits à la même requête et aux mêmes personnes, l'un au domicile élu et l'autre au domicile réel par deux huissiers différens, peuvent être écrits à la suite de l'expédition de ce jugement.—Solut. 27 août 1812. — Roland et Trouillet, *ibid.*, § 5, nº 71.

554.—Une feuille de papier timbré à l'extraordinaire peut contenir à la fois une contrainte décernée par la régie de l'enregistrement, le visa du juge de paix et l'exploit de signification de la contrainte. — *Cass.*, 15 juill. 1806, Thoinard de Jouy.

555. — Les commandemens et autres actes collectifs en matière de contribution de toute espèce, peuvent, sans contravention, être rédigés sur la même feuille de papier timbré. — Déc. min. fin. 15 oct. 1829.—Roland et Trouillet, *ibid.*, § 5, nº 26.

556. — Un huissier ne peut rédiger un procès-verbal d'apposition de placard à la suite d'un exemplaire de cette affiche, soit qu'il s'agisse de saisie immobilière (Déc. min. fin. 30 janv. 1810, instr. 468), soit dans le cas de vente de biens de mineurs. — Déc. min. fin. 13 déc. 1832.

557.—Décidé au contraire que d'après l'art. 699, C. proc. nouveau, qui a abrogé en cela l'art. 683 de l'ancien Code de procédure, le procès-verbal de l'huissier constatant que l'apposition des affiches pour ventes judiciaires d'immeubles a été faite aux lieux déterminés par la loi peut être rédigé sur un exemplaire du placard.—Instr. direct. gén. 29 juin 1842, nº 1667.

558. — ... Et que ce mode de constater l'apposition des affiches est également prescrit pour les ventes sur licitation, pour celles des biens de successions bénéficiaires, enfin pour les adjudications par suite de surenchère ou de folle-enchère. — Même inst.

559. — On peut mettre le certificat d'insertion au tableau des interdictions, ou le procès-verbal de nomination du conseil de l'interdit sur l'expédition du jugement d'interdiction. — Déc. min. fin. 23 juin 1807.

560. — La main levée sous seing-privé des oppositions signifiées au trésor ne peut pas être donnée à la suite des exploits d'opposition.—Déc. min. fin. 28 oct. 1841.

561. — Le mandat pour plaider devant le tribunal de commerce peut être donné au bas de l'original ou de la copie de l'assignation (C. proc., art. 414). Mais cette exception ne peut s'étendre aux procurations données pour plaider à la justice de paix. — Roland et Trouillet, *ibid.*, § 5, nº 48.

562. — Les actes ou extraits d'actes, et les procurations en vertu desquelles ils ont été passés et qui doivent y demeurer annexés, peuvent être expédiés sur la même feuille de papier timbré. — Déc. min. fin. 11 oct. 1808, inst. 403. — Roland et Trouillet, *ibid.*, § 5, nº 34.

563. — Il en est de même du consentement à la radiation d'une inscription hypothécaire et de la procuration en vertu de laquelle cet acte a été rédigé, quoique cette procuration ne soit point annexée à l'acte de consentement, pourvu qu'elle soit annexée à un acte antérieur de la même étude. — Déc. min. fin. 17 nov. 1819. — Roland et Trouillet, *ibid.*, nº 35.

564. — L'art. 35 ordonn. 1er août 1821, relatives aux servitudes imposées à la propriété pour la défense de l'état, autorise les gardes du génie à expédier la copie de chaque procès-verbal de contravention et la notification qui en est faite à la suite l'une de l'autre, sur du papier visé pour timbre. — Instr. 998. — Roland et Trouillet, *ibid.*, § 5, nº 73.

565. — Il peut être donné plusieurs quittances sur une même feuille de papier timbré pour à-comptes d'une seule et même créance, ou d'un seul terme de fermage ou loyer. Toutes autres quittances qui sont données sur une même feuille de papier timbré n'ont pas plus d'effet que si elles étaient sur papier non timbré. — L. 13 brum. an VII, art. 23.

566. — Ainsi, on ne peut rédiger à la suite les unes des autres, et sur la même feuille de papier, les quittances que les créanciers donnent séparément à la caisse des consignations des sommes appartenant à leur débiteur et qui leur ont été distribuées; car les droits des créanciers sont distincts comme si le débiteur payait directement. —Déc. min. fin. 17 mai 1831.—Roland et Trouillet, *ibid.*, § 5, nº 55.

567. — Il y a contravention quand douze quittances ont été écrites sur quatre feuilles seulement de papier timbré, à la suite d'un procès-verbal d'adjudication, bien qu'il y eût plusieurs vendeurs et plusieurs adjudicataires ayant un intérêt distinct. — *Cass.*, 12 mars 1844 (t. 1er 1844, p. 564), Vigneau.

568. — Des quittances de prix de vente ne peuvent, sans contravention, être écrites à la suite d'une première quittance donnée à l'acquéreur et énonçant que la somme reçue a été remise au notaire pour être payée aux créanciers en présence du vendeur, et à la suite de ladite quittance. — Délib. 8 août 1834. — Roland et Trouillet, *ibid.*, § 5, nº 58.

569. — On n'a pu, sans contravention, écrire à la suite d'un acte de vente, comme constituant de simples quittances, des quittances constatant des paiemens successifs faits par un tiers, avec subrogation à la décharge de l'acquéreur, mais sans libération de ce dernier. — *Cass.*, 12 mars 1844 (t. 1er 1844, p. 564), Vigneau.

570. — Les receveurs de l'enregistrement peuvent écrire plusieurs extraits sur la même feuille de papier timbré, pourvu que ces extraits soient compris dans un même certificat.—Délib. 1er fév. 1839.

571. — Les révocations de procurations et de testamens peuvent être faites et expédiées sur la même feuille que les actes. — Décr. 15 juin 1812, instr. 591. — Roland et Trouillet, *ibid.*, § 5, nº 55.

572. — Plusieurs codicilles peuvent être écrits à la suite du testament auxquels ils se rapportent; car ils peuvent être considérés ou comme des ratifications ou comme des révocations. — Délib. 11 juin 1823.

Sect. 5e. — *Acte en conséquence d'un autre rédigé sur papier non timbré.*

573. — Il est fait défense, sous peine d'une amende de 100 fr. (aujourd'hui 20 fr., L. 16 juin 1824, art. 10), aux notaires, huissiers, greffiers, arbitres et experts d'agir, aux juges de prononcer aucun jugement, et aux administrations publiques de rendre aucun arrêté sur un acte, registre ou effet de commerce non écrit sur papier timbré du timbre prescrit ou non visé pour timbre. — L. 13 brum. an VII, art. 24 et 26, nº 5.

574. — Il est également défendu à tout receveur d'enregistrement, sous peine d'une amende de 50 fr. (aujourd'hui 10 fr., L. 16 juin 1824, art. 10), 1º d'enregistrer aucun acte qui ne serait pas sur papier timbré du timbre prescrit, ou qui n'aurait pas été visé pour timbre; 2º d'admettre à la formalité de l'enregistrement des protêts d'effets négociables, sans se faire représenter ces effets en bonne forme. — L. 13 brum. an VII, art. 25.

574 *a*. — De plus, l'art. 49 de la loi du 5 juin 1850 porte : « Lorsqu'un effet, certificat d'action, titre, livre, bordereau, police d'assurance, ou tout autre acte sujet au timbre et non enregistré, sera mentionné dans un acte public, judiciaire ou extrajudiciaire, et ne devra pas être représenté au receveur de l'enregistrement de cet acte, l'officier public ou officier ministériel sera tenu de déclarer expressément dans l'acte si le titre est revêtu du timbre prescrit et d'énoncer le montant du droit de timbre payé. —En cas d'omission, les notaires, avoués, greffiers, huissiers et autres officiers publics sont passibles d'une amende de 10 fr. par chaque contravention. »

575. — Les notaires peuvent écrire, dans un inventaire, des actes sur papier non timbré, mais le paiement des droits et amendes doit être poursuivi contre les signataires. — Roland et Trouillet, *Dict. de l'enreg.*, vº *Timbre*, nº 185.

576. — Un notaire peut, sans encourir d'amende, faire mention dans un de ses actes d'un acte passé en pays étranger et non timbré ou visé pour timbre, pourvu que ce dernier acte soit soumis à la formalité avant celui dans lequel il est mentionné. L'art. 13 L. 13 brum. an VII a été modifié à cet égard par l'art. 13 L. 16 juin 1824. — Délib. 7 sept. 1832; déc. min. fin. 18 sept. 1832.

577. — Si des billets non timbrés sont produits aux cours d'instance, les juges peuvent se refuser à faire mention de cette circonstance dans le jugement. — Déc. min. just. et fin. 19 juill. 1822. — Roland et Trouillet, *Dict. de l'enreg.*, vº *Timbre*, nº 187.

578.— Un greffier peut recevoir, quoique écrits sur papier non timbré, les livres et tous titres actifs faits par le débiteur réclamant le bénéfice de la cession judiciaire (C. civ., art. 1828; C. proc., art. 898), sauf aux préposés à poursuivre le recouvrement des droits et amendes.—Déc. min. fin. 7 juin 1808; Instr. 386, nº 18, et 436, nº 71.

579. — De même, le greffier qui reçoit en dépôt des effets sur papier non timbré, qu'on déclare avoir trouvés, ne commet aucune contravention et n'est point responsable des amendes encourues par les souscripteurs. — Délib. 12 mai 1829. — Roland et Trouillet, *Dict. de l'enreg.*, vº *Timbre*, nº 47.

580. — Lorsqu'un billet est déclaré adiré dans l'exploit par lequel on en demande le paiement, il est présumé avoir été fait sur papier timbré. — Instr. 548, nº 2. — Roland et Trouillet, *Dict. de l'enreg.*, vº *Timbre*, nº 190.

581. — Avant la loi du 24 mai 1834, les notaires pouvaient, par application de l'art. 13. L. 16 juin, 1824, rédiger des protêts d'effets de commerce écrits sur papier non timbré sans faire viser préalablement ces effets pour timbre, pourvu qu'ils acquittassent les droits de timbre et d'amende au moment de l'enregistrement du protêt. — Délib. 2 fév. 1830.

582. — Mais d'après l'art. 23 (L. 24 mai 1834), aucun notaire ou huissier ne peut protester un effet négociable ou de commerce non écrit sur le papier du timbre prescrit, ou non visé pour timbre, sous peine de supporter personnellement une amende de 20 fr. pour chaque contravention; il

est tenu en outre d'avancer le droit de timbre et les amendes encourues, sauf son secours contre les contrevenans. — Enfin il y a abrogation à cet égard de l'art. 13, L. 16 juin 1824.

583. — Par cela qu'un testament authentique énonce que le testateur possède des billets écrits sur papier non timbré, il n'y a pas lieu d'exiger les droits et amendes, si le testament ne constate ni que les effets ont été représentés au notaire ni qu'ils existaient entre les mains du testateur, et que d'ailleurs l'on ne prouve pas qu'ils aient été acquittés dans l'intervalle du testament au décès. — Délib. 9 sept.-24 oct. 1836.

584. — Le juge-commissaire d'une faillite peut admettre à la vérification et recevoir l'affirmation des créanciers, bien que leurs titres ne soient pas sur papier timbré ; car la loi ne défend que de rendre *des jugemens* sur des actes non timbrés. — Roland et Trouillet, *Dict. de l'enreg.*, v° *Timbre*, n° 182.

585. — Les maires agissant en qualité d'officiers de l'état civil ne peuvent annexer aux actes de l'état civil aucun acte, même passé en pays étranger, sans qu'il ait été préalablement à cette annexe revêtu de la formalité du timbre, s'il n'en est pas exempt par sa nature. — Av. com. fin. 20 sept 1833, appr. le 17 oct.

586. — Un officier public qui a passé plusieurs actes en conséquence d'un acte sur papier non timbré a encouru autant d'amendes qu'il a passé d'actes. — Roland et Trouillet, *Dict. de l'enreg.* v° *Timbre*, n° 186.

587. — Aucun juge ou officier public ne peut, sous peine d'une amende de 100 fr. (aujourd'hui 20 fr., L. 16 juin 1824, art. 10), coter ou parapher un registre assujéti au timbre, si les feuilles n'en sont timbrées. — L. 12 brum. an VII, art. 24 et 26, n° 5.

588. — Aucun livre assujéti au timbre par les lois ne peut être produit en justice ou devant des arbitres, déposé à un greffe en cas de faillite, ni énoncé dans aucun acte, s'il n'est timbré, ou si l'amende n'a été acquittée. — L. 28 avr. 1816 art. 74.

589. — Aucun concordat ne peut être rédigé, sans énoncer si les livres du failli sont timbrés ni recevoir d'exécution avant que les amendes aient été payées. — L. 28 avr. 1816, art. 74. — Mais cette disposition ne peut plus avoir lieu à partir de la mise à exécution de la loi du 20 juill. 1837, qui, comme on l'a vu *suprà*, a affranchi du droit de timbre les livres de commerce.

CHAPITRE V. — *Recouvrement des droits et amendes.*

Sect. 1re. — *Paiement des droits et amendes.*

590. — Sont solidaires pour le paiement des droits de timbre et des amendes : tous les signataires pour les actes synallagmatiques; les prêteurs et emprunteurs, pour les obligations; les créanciers et les débiteurs, pour les quittances ; les officiers ministériels qui auront reçu ou rédigé des actes énonçant des actes ou livres non timbrés. — L. 28 avr. 1816, art. 75.

591. — Avant la loi du 28 avr. 1816, il a été décidé que le timbre d'une quittance était à la charge non du créancier qui l'avait écrite, mais du débiteur dont elle constatait la libération. — *Cass.*, 2 fruct. an IX, Pousseaux ; 11 frim. an IX, Lacour.

592. — ...Que les frais d'une quittance étant à la charge de celui qui l'exige, il était passible de l'amende, lorsque cette quittance avait été écrite sur papier libre. — *Cass.*, 28 (et non 24) août 1809, Ratier dit Poulet.

593. — ... Que la production en justice d'une quittance écrite sur papier libre ne pouvait donner lieu d'exiger l'amende non plus que les droits de timbre de celui qui n'avait ni écrit ni produit cette quittance. — *Cass.*, 17 fév. 1807, Bonnecarrère c. Roucolle.

594. — Le timbre des quittances fournies à l'état est à la charge des particuliers qui les donnent ou les reçoivent; il en est de même pour tous les autres actes entre l'état et les citoyens. — L. 13 brum. an VII, art. 29. — Cette disposition est toujours en vigueur, nonobstant l'art. 1248, C. civ., et l'art 75, L. du 28 avr. 1816. — Déc. min. fin. 13 oct. 1832.

595. — Ainsi, le timbre des quittances notariées données aux payeurs du trésor par des fournisseurs de l'état qui ne savent pas signer, est à la charge de ces derniers, ainsi que celui des expéditions. — Déc. min. fin. 12 sept. 1835.

596. — Lorsque des quittances sujettes au timbre et écrites sur papier non timbré sont jointes aux comptes d'un receveur municipal, c'est contre ce receveur et non contre le maire qu'on doit poursuivre le recouvrement des droits dus et des amendes encourues. — Roland et Trouillet, *Dict. de l'enreg.*, v° *Timbre*, n° 755.

597. — Les notaires qui font des actes en vertu et par suite d'actes non timbrés sont personnellement responsables, non-seulement des droits de timbre, mais encore des amendes. — L. 16 juin 1824, art. 13.

598. — Si l'enveloppe d'un testament mystique sur laquelle a été rédigé l'acte de suscription est sur papier non timbré, le notaire n'est point responsable de l'amende encourue ; car l'enveloppe est l'œuvre du testateur. — Délib. 17 sept. 1807 ; déc. min. fin. 3 nov. 1807 ; instr. 359. — Mais les deux actes ne formant qu'un seul tout, il n'est dû qu'une seule amende, s'ils sont l'un et l'autre sur papier non timbré. — Roland et Trouillet, *Dict. de l'enreg.*, v° *Timbre*, n° 682.

599. — La révocation d'un testament olographe écrit sur papier non timbré n'a pu annihiler la contravention. L'amende est due, et en cas de décès du testateur, elle peut être exigée de ses héritiers. — Délib. 31 mai 1823.

600. — Lorsqu'une affiche manuscrite sans signature porte qu'une vente et un bail auront lieu dans l'étude d'un notaire désigné, lequel est chargé de donner tous les renseignemens, cette indication ne suffit pas par elle-même pour faire réputer le notaire auteur de cette affiche et de son apposition; en conséquence, on ne peut le poursuivre en paiement du droit et de l'amende pour défaut de timbre. — Solut. 13 mars 1838.

601. — Un procès-verbal, portant saisie d'un avis imprimé et non timbré, qui annonce une vente et indique l'avoué chez lequel on pourra prendre des renseignemens, ne donne pas lieu à prononcer l'amende contre cet avoué, lorsqu'on n'établit pas que l'avis a été distribué et a circulé dans le public, et qu'on ne prouve pas que l'auteur de cet avis est l'avoué lui-même, qui n'est pas tenu à cet acte parmi ceux de son ministère. — *Cass.*, 11 juin 1811, Barcy-de-Saint-Marc.

602. — L'apposition de placards *non timbrés*, annonçant une vente d'immeubles en justice, n'est pas nécessairement présumée le fait de la partie poursuivante ou de son avoué, et ne suffit pas pour leur faire encourir l'amende, surtout lorsque le poursuivant offre de prouver par les procès-verbaux d'apposition, que les affiches qu'il a fait apposer étaient timbrées et conformes à la loi. — *Cass.*, 28 mai 1816, Hourbette et Tanton.

603. — En cas de décès des contrevenans, les droits et amendes sont dus par leurs successeurs, et jouissent, soit dans les successions, soit dans les faillites ou tous autres cas, du privilége des contributions directes. — L. 28 avr. 1816, art. 76.

604. — Ainsi, lorsque des billets écrits sur papier libre sont compris dans un inventaire, le recouvrement des droits de timbre et d'amende peuvent être poursuivis contre les héritiers du souscripteur. — Déc. min. fin. 23 déc. 1831.

605. — Des experts et des héritiers qui ont rédigé et signé sur papier non timbré le partage, sous signature privée, d'une succession, sont tenus solidairement au paiement de l'amende. — Roland et Trouillet. *Dict. de l'enreg.*, v° *Timbre*, n° 670.

606. — Lorsqu'une consultation est écrite sur papier non timbré, l'avocat qui l'a signée est personnellement passible de l'amende. — *Cass.*, 6 fév. 1815, Chaufton ; 23 nov. 1824, Labougue; 19 nov. 1839 (t. 2 1839, p. 638), Dumay.

607. — On a vu plus haut contre qui le paiement des amendes pouvait être exigé en cas de contravention aux dispositions de la loi sur les effets négociables (V. n° 532), sur les journaux et sur les affiches, avis et annonces.

608. — L'amende de 30 fr. encourue pour toute lettre de voiture ou connaissement non timbré ou non frappé du timbre noir et du timbre sec, est payable solidairement par l'expéditeur et par le voiturier s'il s'agit d'une lettre de voiture, et par les chargeur et capitaine s'il s'agit de connaissement. — L. 11 juin 1842, art. 7.

609. — L'amende encourue pour défaut de timbre est due, bien que l'acte puisse être annulé. Car il n'y a point d'exception pour les actes nuls, et les préposés ne sauraient être juges de ces nullités. — Roland et Trouillet, *Dict. de l'enreg.*, v° *Timbre*, n° 675.

610. — La régie ne doit pas la restitution du droit de timbre des pétitions. — Instr. 24 sept. 1829, n° 1291, et 20 sept. 1831, n° 1381, § 10.

Sect. 2e. — *Poursuites et instances.*

611. — La contravention pour les actes assujétis au timbre est indépendante de leur production en justice; l'amende est encourue du moment que la contravention est légalement constatée. — Déc. min. fin. 24 sept. 1808.

612. — Toute contravention aux lois sur le timbre, découverte et légalement constatée par les préposés de la régie, peut être l'objet de poursuites, encore bien que les pièces qui y donnent lieu ne leur aient été communiquées par aucun des fonctionnaires que la loi charge spécialement de cette communication, dès-lors que les agens de la régie n'ont employé dans cette découverte aucun moyen insidieux ni désavoué par la loi. — *Cass.*, 16 et non 6 mai 1815, Montcharmont.

613. — Le souscripteur d'un effet négociable, écrit sur papier non timbré, est passible de l'amende, encore bien qu'il n'ait été fait aucun usage de ce billet, si d'ailleurs, pour le découvrir, la régie n'a employé aucun moyen insidieux ou désavoué par la loi. — *Cass.*, 1er juill. 1811, Rambault.

614. — La mention, dans un exploit d'assignation, que le titre de la créance a été mis sous les yeux du débiteur autorise le receveur de l'enregistrement à requérir l'exhibition de ce titre et à dresser procès-verbal constatant qu'il est fait sur papier non timbré. — *Cass.*, 18 janv. 1825, Villain.

615. — Quant un notaire s'est officieusement chargé des titres, papiers, argenterie, et autres objets décrits dans un inventaire par lui reçu, en s'obligeant de les représenter quand et à qui il appartiendra, il est tenu de communiquer aux préposés de la régie tous les billets inventoriés à l'égard desquels ceux-ci veulent poursuivre contre les parties le paiement des droits et amendes pour défaut de timbre. — Délib. 2 janv. 1835.

616. — Lorsqu'il est énoncé dans un inventaire que parmi les papiers inventoriés se trouvent des obligations *que le notaire déclare être sur papier libre*, cette déclaration est suffisante pour autoriser, par voie de contrainte, contre les héritiers, la poursuite en paiement des amendes. Déjà il avait été décidé que la description, dans un inventaire authentique, d'actes, effets et obligations non timbrés suffisait pour mettre à même de réclamer le paiement des droits de timbre et des amendes. — Déc. min. fin. 30 avr. 1819 et 23 déc. 1831. — Vainement on oppose que ces actes peuvent avoir été passés en pays étranger ou dans les colonies, ou bien avoir été visés pour timbre (*Contról.*, art. 1541). Il est clair que si ces justifications étaient faites, l'amende ne serait pas exigée. — Roland et Trouillet, *Dict. d'enreg.*, v° *Timbre*, § 9, n° 7.

617. — On ne peut réclamer ni les droits ni l'amende de timbre pour une reconnaissance sous seing-privé, écrite sur papier libre et trouvée dans l'étude d'un notaire décédé par un vérificateur *présent à l'inventaire*. Une pareille découverte n'est point licite, puisqu'elle n'entre pas dans les attributions de cet employé. — Déc. min. fin. 12 janv. 1818; — Roland et Trouillet, *ibid.*, § 9, n° 8.

618. — On ne peut poursuivre, contre un officier public, le paiement d'amendes de contraventions au timbre, relevées sur des expéditions qu'on s'est procurées au moyen d'avertissemens adressés aux parties, sans indiquer le but de la communication demandée. — Délib. 30 sept. 1834. — Roland et Trouillet, *ibid.*, § 9, n° 9.

619. — On n'est point autorisé à se présenter chez les particuliers, même chez les marchands, pour s'assurer s'ils se sont conformés aux dispositions de la loi sur le timbre. — *Dict. de l'enregistr.*, v° *Timbre*, n° 740.

620. — Lorsqu'un procès-verbal constate l'absence des feuilles d'un registre à souche destinées à contenir les quittances que les fermiers de l'octroi sont tenus de délivrer pour le paiement des droits excédant 15 fr., et que d'ailleurs le contrevenant en a fait la reconnaissance et l'aveu dans ce procès-verbal qu'il a signé, il y a preuve suffisante de contravention aux lois du timbre, sans que la régie soit tenue d'en justifier par la représentation des feuilles non timbrées. — *Cass.*, 12 nov. 1810, Tiffy.

621. — Les préposés de la régie, à qui il est présenté des actes, registres ou effets en contravention à la loi du timbre, sont autorisés à les retenir et à les joindre aux procès-verbaux qu'ils doivent dresser. — L. 13 brum. an VII, art. 31. — Ils doivent même désigner ces pièces d'une manière exacte et circonstanciée pour suppléer à leur perte. — Instr. 19 juill. 1834.

622. — Ainsi, lorsqu'un acte contenant une contravention au timbre est présenté aux hypothèques, le conservateur doit donner la formalité requise, sauf à retenir l'acte pour faire le recouvrement de l'amende, dans le cas où le requérant se refuse à l'acquitter. — Déc. min. fin. 21 mai 1809. — Roland et Trouillet, *Dict. de l'enreg.*, v° *Timbre*, n° 744.

623. — Mais les préposés de la régie ne sont au-

torisés à retenir les actes qui contreviennent à la loi du timbre que dans le cas où ces actes leur sont présentés; s'ils ne sont que joints accidentellement à un autre acte que l'on soumet à la formalité de l'enregistrement, un tribunal, après avoir établi ce fait, peut se refuser à prononcer l'amende contre celui auquel il serait imputé. — *Cass.*, 14 avr. 1807, Barang.

624. — Les préposés peuvent ne pas retenir les actes en contravention à la loi du timbre, si les contrevenans consentent à signer les procès-verbaux ou à acquitter sur le champ l'amende encourue et le droit de timbre.—L. 13 brum. an VII, art. 31.

625. — Toutefois, s'il s'agissait d'actes existans dans un dépôt public, le préposé de la régie ne pourrait les retenir, malgré le refus du contrevenant de signer le procès verbal (L. 22 frim an VII, art. 54); il devrait seulement exposer les faits dans son procès-verbal. — Roland et Trouillet, *Dict. de l'enreg.*, v° *Timbre*, n° 745.

626. — En cas de refus de la part des contrevenans de signer le procès-verbal ou d'acquitter sur le champ l'amende encourue et le droit de timbre, les préposés leur font signifier dans les trois jours le procès-verbal dressé, avec assignation devant le tribunal civil. — L. 13 brum. an VII, art. 32.

627. — Lorsque les contrevenans ont leur domicile hors de l'arrondissement du bureau où les procès-verbaux ont été dressés, le délai est de huit jours jusqu'à cinq myriamètres de distance et d'un jour de plus par cinq myriamètres au-delà de cette distance. — L. 25 germin. an XI — Roland et Trouillet, *Dict. d'enreg.*. v° *Timbre*, § 9, n° 15.

628. — Le procès-verbal qui constate la distribution d'avis imprimés, non timbrés, doit être rédigé au moment où le délit vient de se commettre et être notifié au contrevenant dans les trois jours. —Délib. 16 oct. 1829. — Roland et Trouillet, *ibid.*, § 9, n° 15.

629 — Le procès-verbal qui constate la distribution ou le dépôt dans les bureaux de la poste d'avis imprimés sur papier libre doit mentionner le nom de la personne qui a fait cette distribution ou ce dépôt. — Délib. 20 août 1833. — Il doit être accompagné des pièces non timbrées, ou du moins y suppléer par des explications détaillées.—Délib. 4 fév. 1834; instr 1458, § 11.

630. — Dans le cas de contravention au timbr des affiches, il ne faut jamais enlever l'affiche; il suffit d'affirmer le procès-verbal. — Solut. 4 mars 1813.—Roland et Trouillet, *Ibid.*, § 9, n° 18.

631. — Les préposés des douanes, des contributions indirectes et des octrois, les gendarmes, garde-ports et jurés-compteurs sont autorisés à constater la contravention au timbre en ce qui concerne les lettres de voiture. — Déc. min. fin. 14 fév. 1817 et 3 nov. 1820; instr. 575. — Roland et Trouillet, *Dict. de l'enreg.*, v° *Lettre de voiture*, 13, 14 et 15.

632. — Les juges, ainsi que les membres du parquet, doivent veiller à ce qu'on ne produise en justice que des actes revêtus du timbre. — Circ. min. just. 6 mars 1813 et 25 mai 1834; lettre min. fin. 19 juill 1822.

633. — Le recouvrement des droits de timbre et des amendes de contravention y relatives sera poursuivi par voie de contrainte.—L. 28 avr. 1816, art. 76.

634. — Toutefois, la voie des contraintes substituée aux assignations n'est pas exclusive des procès verbaux. — Les procès-verbaux doivent au contraire servir de base aux contraintes. — *Cass.*, 26 fév. 1835, Cahen.

635 — ... Et les contraventions ne peuvent devenir l'objet de poursuites qu'après avoir été constatées par des procès-verbaux. — Même arrêt.

636. — Une déclaration annexée à la minute d'un acte notarié, signée de la partie et portant que le notaire a délivré une expédition de l'acte sur papier timbré, ne suffit pas pour constater la contravention. — Roland et Trouillet, *Dict. de l'enreg.*, v° *Timbre*, n° 746.

637. — Si l'on reconnaît en même temps des contraventions au timbre et d'autres aux lois sur l'enregistrement, il faut rapporter deux procès-verbaux. — Roland et Trouillet, *Dict. de l'enreg.*, v° *Timbre*, n° 747 *bis*.

638. — Les procès-verbaux dressés par les préposés de la régie en cas de contravention aux lois sur le timbre n'ont pas besoin d'être affirmés. — *Cass.*, 12 messid. an IX, Jacquier; 2 brum. an X, Coste; 2 brum an X, Bimard et Glaize; 13 brum. an X, Gerleier; 1er vent. an X, Mallet.

639. — Par conséquent ils ne sont point nuls à défaut de cette affirmation. — *Cass.*, 21 germin. an X, Coste; 26 frim. an XIII, Caille.

640. — Cependant, il est toujours prudent d'affirmer devant le juge de paix, dans les vingt-quatre heures, les procès verbaux de contravention qui ne sont pas appuyés de pièces probantes, par exemple quand il s'agit de distribution d'avis, c'est-à-dire d'une contravention fugitive et d'un fait susceptible d'être nié. — Roland et Trouillet, *Dict. d'enreg.*, v° *Procès verbal de contravention*, n° 6.

641. — En général, on doit se dispenser de dresser procès-verbal, toutes les fois que la contravention est constante, sauf à insérer dans la contrainte tous les développemens qui seraient de nature à entrer dans le procès-verbal. — Délib. 18 août 1834; instr. 2150, § 17. — Roland et Trouillet, *Dict d'enreg.*, v° *Timbre*, § 9, n° 12.

642. — En cas d'opposition aux contraintes, les instances sont instruites et jugées selon les formes prescrites par les lois des 22 frim. an VII et 27 vent. an IX sur l'enregistrement. — L. 28 avr. 1816, art. 76. — V. ENREGISTREMENT, n°s 4578 et suiv.

643. — En ordonnant que les droits et amendes de contravention en matière de timbre seront recouvrés par voie de contrainte, et qu'en cas d'opposition les instances seront inscrites et jugées dans les formes prescrites par les lois des 22 frim an VII et 27 vent. an XI, l'art. 76 de la loi du 28 avr. 1816 a abrogé l'art. 32 de celle du 13 brum. an VII, qui exigeait que le procès-verbal de contravention fût signifié dans les trois jours avec assignation. — *Cass.*, 11 juill. 1849 (t. 1er 1850, p. 112), Dubreuil.

644. — La connaissance d'une contravention sur le timbre appartient au tribunal dans l'arrondissement duquel cette contravention a été commise, et non à celui du domicile du contrevenant. — *Bruxelles*, 27 fév. 1828, L...

645. — Il en est de même dans le cas d'une contravention aux lois sur le timbre, commise dans la publication d'un journal; le tribunal du lieu où la contravention a été constatée et poursuivie est compétent pour connaître de l'opposition aux poursuites, à l'exclusion de celui du lieu où le journal est publié. — *Cass.*, 30 mai 1826, Fuzier.

646. — C'est au tribunal civil et non au tribunal de police correctionnelle qu'il appartient de connaître de la contravention commise par un individu qui a distribué du papier timbré, sans commission de la régie. — *Cass.*, 17 messid. an VII, Oudet.

647. — C'est également devant le tribunal civil et non devant le tribunal de simple police que doit être poursuivie la contravention résultant de la publication d'un écrit périodique sur papier non timbré. — *Paris*, 11 oct. 1833 (sous *Cass.*, 22 nov. 1833), Delente.

648. — Toutefois, la chambre correctionnelle d'un tribunal, constituée en chambre civile, peut juger les contraventions à la loi du timbre, comme toutes affaires civiles; elle est présumée, à moins de preuve contraire, en avoir reçu la délégation du président. — *Cass.*, 16 juill. 1838 (t. 2 1838, p. 43), Brulé.

649. — Le tribunal de simple police ne peut se déclarer incompétent pour connaître de la contravention commise par un individu qui a affiché ou distribué des adresses imprimées non timbrées, sous le prétexte que la loi prononce une amende de 100 fr. — *Cass.*, 16 avr. 1829, Cabassol; 16 avr. 18.9, Berteau.

650. — Lorsqu'une action est intentée contre un greffier pour s'être servi de papier timbré à l'extraordinaire, le tribunal ne peut pas dire que la contravention n'est pas suffisamment constatée, lorsque, indépendamment du procès verbal dressé à ce sujet, il suffit de l'inspection du papier pour voir qu'il ne porte pas le filigrane de la régie. — *Cass.*, 15 messid. an XI, Sarrazin.

651. — Si un registre assujéti au timbre a été écrit sur papier libre, les tribunaux ne peuvent décharger le contrevenant de l'amende, lors même que ce serait celui-ci qui aurait présenté le registre à l'enregistrement pour le faire viser et timbrer. — *Cass.*, 2 nov. 1808, Loeis.

652. — Le juge ne peut faire remise par modération de l'amende encourue par un huissier pour avoir signifié un acte sur une feuille de papier timbré qui avait déjà servi à d'autres actes. — *Cass.*, 19 pluv. an 11, Roger.

653. — Quand la contravention est constante, les tribunaux ne peuvent refuser de prononcer l'amende encourue. — *Cass.*, 26 oct. 1814, Verneau.

654. — ... Ni en faire la remise. — *Cass.*, 17 messid. an VII, Oudet.

655. — Il en était de même sous la loi des 29 sept.-9 oct. 1791. — *Cass.*, 17 fév. 1806, Bon.

656. — Ils ne peuvent non plus excuser le contrevenant, sous prétexte qu'il a été de bonne foi. — *Cass.*, 23 nov. 1807, hospice de Rochefort.

657. — ... Ni modérer l'amende pour la même raison. — *Cass.*, 23 (et non 25) mai 1808, Barthelemy.

658. — Mais un tribunal peut, sans violer la loi, décharger un huissier de l'amende poursuivie contre lui, lorsqu'il a décidé, en fait, qu'une pièce non timbrée et considérée par la régie comme la copie d'un exploit signifié à avoué n'en est que le modèle, et que la véritable copie se trouve dans les mains de cet avoué écrite sur timbre. — *Cass.*, 28 nov. 1814, Daniot.

Sect. 3e. — *Prescription.*

659. — La prescription de deux ans établie par le § 1er, art. 61, L. 22 frim. an VII, s'applique aux amendes pour contravention sur le timbre. Elle court du jour où les préposés ont été mis à portée de constater les contraventions, au vu de chaque acte soumis à l'enregistrement. — L. 16 juin 1824, art. 14.

660. — Jugé par la cour supérieure de Bruxelles (7 oct. 1822, Pollenus) qu'un notaire dont les actes ont été écrits sur papier non timbré peut invoquer la prescription de l'amende, encore bien que la régie ait ignoré l'existence de cette contravention.

661. — Mais sous notre législation, peu importe que la régie ait ou n'ait pas ignoré, il faut qu'elle ait été à même de connaître la contravention.

662. — Ainsi, à la différence des contraventions en matière d'enregistrement, à l'égard desquelles la prescription de deux ans court contre la régie lorsqu'elle a été mise à portée, par la présentation d'autres actes, de découvrir la contravention, la prescription de l'amende, en matière de contravention aux lois sur le timbre, ne court que du jour où la régie a été mise à portée de constater la contravention par la présentation à l'enregistrement de l'acte même soumis au droit. — *Cass.*, 11 nov 1834, Auger. — Conf. déc. min. fin. 4 nov. 1844; instr. 1721.

663. — La prescription biennale relative à la contravention commise par un huissier qui, dans la copie d'un procès-verbal de saisie immobilière, a dépassé le nombre de lignes déterminé par le décret du 29 août 1813 court du jour de l'enregistrement de l'original constatant que la copie incriminée a été déposée dans un lieu public (au greffe de la justice de paix) où les préposés de l'enregistrement pouvaient vérifier cette copie et constater la contravention. — *Cass.*, 7 août 1844 (t. 2 1844, p 363), Castoul. — *Contrà* délib. 21 juill. 1846, par le motif que la signification d'une copie au greffier et même son dépôt au greffe ne mettent pas les préposés à même de reconnaître la contravention.

664. — Lorsque les préposés n'ont pas pas été mis à portée de constater les contraventions, les amendes ne se prescrivent que par trente ans. — Déc. min. fin. 12 sept. 1825; délib. 21 juill. 1846.

665. — Les demandes en restitution des amendes sont soumises à la prescription de deux ans. — Déc. min. fin. 4 nov. 1844; instr 1721.

666. — Dans tous les cas, la prescription pour le recouvrement des droits de timbre dus indépendamment des amendes reste réglée par les lois existantes. — L. 16 juin 1824, art. 14.

667. — Ainsi, la loi du 13 brum. an XII n'ayant déterminé aucune prescription particulière pour la demande des droits, il y a lieu de suivre les règles établies par le Code civil pour les prescriptions. Il s'agit là d'une action personnelle qui est par conséquent prescriptible par trente ans. — Déc. min. fin. 4 nov. 1844; instr. 1721. — Roland et Trouillet, *Dict. de l'enreg*, v° *Timbre*, n° 756.

TIMBRE DE L'ÉTAT.

V. CONTREFAÇON DES SCEAUX, TIMBRES, MARTEAUX ET POINÇONS DE L'ÉTAT; SCEAU.

TIRAGE AU SORT.

V. PARTAGE, RECRUTEMENT, REMPLACEMENT MILITAIRE. — V. aussi COMMUNE.

TIRAGE DU JURY.

V. JURY.

TIRAILLEURS D'AFRIQUE.

V. ALGÉRIE.

TIRÉ.

Le tiré (*numerator pecuniæ* ou *solvens*), c'est celui que le tireur d'une lettre de change charge de payer à l'échéance la somme indiquée. — V. LETTRE DE CHANGE.

TIREUR.

Tireur (*trahens* ou *scribens*); on appelle ainsi celui qui crée une lettre de change. — V. LETTRE DE CHANGE.

TIREUR POUR COMPTE.

C'est celui qui, en tirant la lettre de change agit par ordre et pour le compte d'un tiers. — V. LETTRE DE CHANGE.

TIREURS D'OR ET D'ARGENT.

Tireurs d'or et d'argent : — patentables de sixième classe ; — droit fixe, basé sur la population et droit proportionnel du vingtième de la valeur locative de l'habitation et des locaux servant à l'exercice de la profession.

TISSAGE MÉCANIQUE.

Entrepreneurs de tissage mécanique : — patentables soumis au droit fixe de 2 fr. 50 c. par chaque métier, jusqu'au maximum de 400 fr., et à un droit proportionnel du vingtième de la valeur locative de l'habitation, des magasins de vente complétement séparés de l'établissement, et du cinquantième de cet établissement industriel.

TISSERANDS.

Tisserands : — patentables de huitième classe ; — droit fixe basé sur la population et droit proportionnel du quarantième de la valeur locative de tous les locaux qu'ils occupent, mais seulement dans les communes de 20,000 âmes et au-dessus. — V. PATENTE. — V. aussi ACTES DE COMMERCE, COMMERÇANT, CHOSE, POIDS ET MESURES.

TISSU.

1. — Marchands de tissus de laine de fil, de coton, ou de soie en gros ; — marchands en demi-gros ; — marchands en détail : — patentables, les premiers de première classe ; les seconds, de deuxième classe, et les derniers, de troisième classe ; — droit fixé basé sur la population ; — droit proportionnel, pour les premiers, du quinzième, et pour les autres, du vingtième de la valeur locative de l'habitation et des locaux servant à l'exercice de la profession.

2. — Brûleries en grand des galons et tissus d'or et d'argent : — deuxième classe des établissemens insalubres.

TITRE.

1. — Ce mot a diverses acceptions.

2. — 1° D'abord il signifie une dignité, une fonction. — V. NOBLESSE, FONCTIONNAIRE PUBLIC, OFFICE.

3. — 2° Il se dit aussi de la cause en vertu de laquelle on possède. Ainsi il y a le titre gratuit, le titre onéreux, le titre lucratif ; il y encore le titre universel et le titre particulier, etc.

4. — 3° Le titre est encore synonyme de *qualité*. On dit par exemple le titre d'héritier, celui de cessionnaire, de tiers-acquéreur, etc.

5. — 4° Le mot *titre* se prend encore pour le droit qu'on a de posséder, de demander ou de faire quelque chose. Sous ce point de vue on remarque principalement :

6. — ... Le titre *apparent* ou *coloré* ; c'est celui qui paraît légitime, qui a l'apparence de la bonne foi, bien qu'il ne soit point valable pour transférer la propriété, sans le secours de la prescription. — V. PRESCRIPTION.

7. — ... Le titre *présumé*, ou celui qu'on ne produit pas, mais dont la loi, dans le doute, présume l'existence. Tel est le cas où la loi suppose, après trente ans, qu'il y a eu titre.

8. — ... Le titre *putatif*, ou celui qu'on croit avoir, mais qu'on n'a point en réalité. Tel est le cas où l'on serait héritier sans l'être. — V. HÉRITIER APPARENT.

9. — ... Le *juste* titre, ou celui qui, en matière de prescription, est par sa nature, translatif de propriété, soit qu'il ait eu lieu à titre gratuit ou à titre onéreux. — V. PRESCRIPTION.

10. — ... Le titre *nul* ou *vicieux* ; c'est celui qui, en matière de prescription, manque des conditions nécessaires pour transmettre la propriété. — V. PRESCRIPTION.

11. — 5° Le mot *titre* est encore synonyme de celui *acte*. — V. ce mot. — Dans l'usage, on appelle *titres* les actes qui confèrent les droits à une personne.

12. — Sous ce point de vue on remarque principalement, le *titre ancien*, le *titre authentique*, etc. — V. ces mots.

13. — ... Le titre *exécutoire*, ou celui qui, outre l'authenticité, réunit les conditions qui lui donnent l'exécution parée. — V. EXÉCUTION DES ACTES ET JUGEMENS, GROSSE.

14. — Ne peut être considéré comme titre exécutoire un arrêt qui décide que la clause pénale convenue dans un traité sera encourue si, dans un délai déterminé, l'un des contractans n'a pas rempli l'obligation à l'exécution de laquelle ladite clause était attachée. C'est par voie ordinaire d'action que doit se pourvoir celui qui prétend que la peine résultant de cette clause est encourue. — *Douai*, 24 janv. 1846 (t. 1er 1846, p. 606), Pompuy c. Blanquart.

15. — ... Le titre *primordial*, ou celui qui le premier constate l'établissement d'un droit. Ainsi le titre primordial d'une rente est l'acte par lequel elle a été constituée. — V. TITRE NOUVEL.

16. — ... Le titre *récognitif* ou celui qui, passé depuis le titre primordial, contient une nouvelle reconnaissance de la dette (V. ACTE RÉCOGNITIF). On lui donne spécialement le nom de titre *nouvel* lorsqu'il s'agit de la reconnaissance d'une rente ou d'une redevance. — V. TITRE NOUVEL.

17. — Le titre *confirmatif* par lequel on approuve un acte précédemment fait. — V. ACTE CONFIRMATIF, CONFIRMATION, RATIFICATION.

18. — L'art. 943-7°, C. proc., exige, dans tout inventaire, la déclaration des *titres actifs et passifs*. — V. à ce sujet INVENTAIRE, nos 278 et suiv.

TITRE ADIRÉ.

1. — C'est le titre perdu par suite de circonstances fortuites et quelquefois par suite de la négligence ou imprudence de l'une des parties, ou bien du notaire ou autre dépositaire public.

2. — Dans certains cas, les copies ou expéditions du titre original ou de la minute adirée font preuve de ce qui y était contenu. — C. civ., art. 1334 et 1335. — V. COPIE DES TITRES ET ACTES.

3. — La transcription d'un acte sur un registre public et même son enregistrement ne sauraient suffire pour établir l'existence, et ne dispensent point de la représentation de cet acte. Autrement, et si une pareille transcription faisait foi, il serait au pouvoir d'un faussaire de faire transcrire un faux acte et d'éluder la preuve qu'on pourrait faire de la fausseté, en détruisant ensuite cet acte. — Pothier, *Oblig.*, n° 738.

4. — Ainsi, l'original d'un acte sous seing-privé, et spécialement d'un acte de nantissement, ne peut être remplacé par un extrait des registres de l'enregistrement, encore bien qu'il y ait été transcrit en entier. — *Aix*, 21 fév. 1840 (t. 1er 1840, p. 622), Lançon c. Lafond.

5. — De même, la transcription littérale sur le registre du receveur de l'enregistrement d'une quittance sous signature privée, dont l'original n'est pas représenté, n'est point un titre suffisant pour établir la libération du débiteur. — *Bordeaux* (et non *Bourges*), 20 janv. 1831, Cousinon c. Montgenet.

6. — La partie défenderesse en cassation, qui soutient que le pourvoi n'a été formé qu'après le délai prescrit, ne peut suppléer au défaut de représentation de l'exploit de signification de la décision attaquée, en argumentant de certaines circonstances et notamment d'extraits d'enregistrement. — *Cass.*, 7 brum. an XIII, Portalis c. comm. d'Ansouis.

7. — L'extrait du registre du receveur de l'enregistrement ne peut suppléer au défaut d'exhibition d'un exploit, et prouver en même temps son existence et sa régularité. — *Riom*, 28 déc. 1808, Majeure c. Fougères ; *Grenoble*, 17 juill. 1810, Albert c. Bernard ; *Cass.*, 1er août 1810, Lempereur c. Poncet ; *Rennes*, 22 avr. 1814, N..., *Rennes*, 17 mai 1825, Lemasson c. Solidu.

8. — En effet, les certificats des receveurs de l'enregistrement ne peuvent établir que la date, mais non le contenu d'un exploit. — *Besançon*, 7 juill. 1808, Outhenin c. Truche.

9. — D'un autre côté, les receveurs d'enregistrement ne sont pas des fonctionnaires à la signature desquels la loi accorde foi en justice. — Un tribunal ne contrevient donc pas à la disposition de l'art. 1335, C. civ., lorsqu'il rejette comme non probant l'extrait délivré par eux d'un titre qu'on ne lui rapporte pas. — *Cass.*, 16 (et non 15) juin 1807, Domaine c. Rouly.

10. — L'existence d'une sentence arbitrale n'est pas suffisamment justifiée par la représentation de l'extrait de l'enregistrement, et par la déclaration que font les arbitres de l'avoir déposée. — *Besançon*, 1er août 1809, Milleroud c. Joly.

11. — Le certificat d'un notaire qui déclare avoir rapporté une quittance, et l'extrait de l'enregistrement de cette quittance, ne peuvent suppléer à la représentation de celle-ci. — *Rennes*, 3 janv. 1818, Perron c. Léon.

12. — Les extraits du registre du receveur de l'enregistrement et du répertoire de l'huissier sont insuffisans pour justifier de l'existence d'un acte d'appel, dont ni l'original ni la copie ne sont produits. — *Colmar*, 7 déc. 1816, Hirtz c. Schaffer.

13. — Cependant il est des cas où l'on a jugé que la transcription d'un acte dans un autre acte et même sur un registre pouvait suppléer au défaut de représentation du titre adiré.

14. — Ainsi jugé que l'existence d'un compromis est suffisamment justifiée par sa transcription dans le jugement arbitral. — *Cass.*, 3 janv. 1821, Helley c. Lemarié.

15. — ... Que les titres qui ne peuvent plus être représentés par suite de leur adirement sont suffisamment suppléés par les actes authentiques qui en constatent l'existence. Ainsi, en cas d'adirement des traites qui se trouvent relatées d'une manière précise dans des jugemens de condamnation prononcés contre le débiteur qui les a endossées et dans des quittances notariées qui leur ont été délivrées, il ne peut se refuser à payer le solde de compte, sous prétexte que les traites elles-mêmes ne lui sont pas représentées, alors surtout qu'il ne doit souffrir aucun préjudice de l'adirement à l'égard des tiers contre lesquels il avait recours. — *Aix*, 28 mars 1832, Vidal c. Trésor public.

16. — Lorsqu'un tiers détenteur de deniers a payé un créancier, en vertu d'une ordonnance de justice, il n'est pas tenu, pour prouver qu'il s'est valablement dessaisi, de représenter l'acte même de signification du jugement en vertu duquel il a payé. Il peut être suppléé à cette justification par la mention, même vague, de cette signification dans la quittance notariée du paiement. — *Cass.*, 2 déc. 1829, d'Annebault c. Domaine.

17. — L'original d'un testament olographe étant adiré, il peut être suppléé, quant à la preuve des dispositions qu'il renferme par leur transcription dans l'inventaire fait après le décès du testateur. — *Paris*, 4 avr. 1810, Guyot c. N...

18. — Une donation contractuelle dont la minute n'est pas représentée n'est pas nulle par cela seul que le donataire lui-même avait déclaré, en déposant l'expédition chez un notaire, que la minute n'existe pas et que l'acte n'a pas été contrôlé, si d'ailleurs l'expédition déposée mentionne l'accomplissement de ces formalités. — *Cass.*, 29 nov. 1830, Badua.

19. — Un titre de donation qui attribue des biens à une section de commune, et dont la production est impossible, a pu être suppléé par les actes d'exécution qui l'ont suivi, et notamment par l'acte d'authentication du titre délivré à la section, après sommation par elle faite aux communes co-intéressées d'être présentes à cette délivrance. — *Cass.*, 19 nov. 1833, comm. de Chevery c. hameau de Naz.

20. — Encore bien que les registres de l'enregistrement ne fournissent pas une preuve suffisante de l'existence ou de la teneur des actes enregistrés, on peut cependant les invoquer utilement, lorsque des faits postérieurs attestent l'exécution de la convention stipulée. — *Toulouse*, 18 nov. 1812, Galissier c. Mans.

21. — Lorsque les actes dressés pour parvenir régulièrement à une adjudication publique sont adirés, leur existence est suffisamment constatée par le jugement même d'adjudication et par les certificats de leur enregistrement. — *Cass.*, 9 germ. an XI, Leroux c. N...

22. — Jugé que l'administration départementale qui n'exhibe pas la copie d'un acte d'appel à elle signifié peut prouver l'existence de cet acte par la transcription qu'elle en a faite sur les registres. — *Cass.*, 8 (et non 3) prair. an XIII, Millot c. préfet de l'Ardèche.

23. — Sur les moyens de suppléer à la représentation des titres constitutifs des rentes, lorsque ces titres se trouvent adirés, V. RENTE, nos 50 et suiv. — V. aussi ACTE RÉCOGNITIF.

24. — Lorsqu'une partie a perdu un acte qui faisait le titre d'une obligation, elle ne peut en général être admise à prouver par témoins l'existence et la perte de cet acte. — On éluderait autrement par un moyen détourné la disposition du Code civ., qui, dans les choses au-dessus de 150 fr., ne permet pas de prouver les faits qui, par leur nature, sont susceptibles de la preuve par écrit. Trop souvent, celui qui aurait la faculté de prouver par témoins que tel acte a existé, que cet acte a été vu et lu, qu'il contenait telle chose, trouverait des témoins complaisans qui viendraient ajouter aux

dispositions de l'acte qu'ils auraient réellement vu, ou même qui viendraient attester l'existence d'un acte qui n'aurait jamais été passé. — L. 29 et 30, *De leg.*; C. civ., art. 1348; Toullier, t. 9, nº 206.

25. — Cependant on doit admettre à la preuve testimoniale celui qui, par suite d'un cas fortuit, imprévu ou résultant d'une force majeure, a perdu le titre qui lui servait de preuve littérale. — C. civ., art. 1348. — V. PREUVE TESTIMONIALE.

26. — Mais il faut : 1º que l'accident lui-même soit d'abord prouvé. — L. 18, C. *De testib.* — Toullier, t. 9, nºs 206 et suiv.; Rolland de Villargues, *Rép. du notar.*, vº *Acte*, nº 151.

27. —...2º Que les témoins en déposant sur la *teneur* du titre, déclarent qu'avant l'accident ils l'ont vu et lu, ou entendu lire par telle personne digne de foi et désintéressée. — Toullier, t. 7, nºs 207, 212 et suiv.

28. —... 3º Que les témoins déposent sur les *formalités* dont l'acte était revêtu, par exemple, s'il s'agit d'un testament. — Toullier, t. 9, nº 216.

29. — Toutefois, la preuve des formalités cesse d'être nécessaire, si l'acte a été détruit ou supprimé par des personnes intéressées à cette suppression; par exemple, s'il s'agit d'un testament qui ait été détruit par l'héritier *ab intestat*. — *Cass.*, 1er sept. 1812, Samson c. Sauzeau.

30. — La preuve testimoniale est encore admissible lorsqu'il existe un commencement de preuve par écrit. — C. civ., art. 1347. — V. COMMENCEMENT DE PREUVE PAR ÉCRIT.

31. — La transcription d'un acte sur les registres publics ne peut servir que de commencement de preuve par écrit; et il faut même pour cela : 1º qu'il soit constant que toutes les minutes du notaire de l'année dans laquelle l'acte paraît avoir été fait soient perdues, ou que l'on prouve que la perte de la minute de cet acte a été faite par un accident particulier; 2º qu'il existe un répertoire en règle du notaire qui constate que l'acte a été fait à la même date. — Lorsqu'au moyen du concours de ces deux circonstances la preuve par témoins sera admise, il sera nécessaire que ceux qui ont été témoins dans l'acte, s'ils existent encore, soient entendus. — C. civ., art. 1336.

32. — La transcription ou la mention d'un acte sur les registres du receveur de l'enregistrement peut-elle servir de commencement de preuve par écrit? — V. COMMENCEMENT DE PREUVE PAR ÉCRIT, nºs 74 et suiv.

33. — Jugé qu'aux termes de l'art. 1336, C. civ., la mention d'un acte notarié en brevet sur les registres d'un receveur de l'enregistrement peut, si elle énonce à la fois la date de cet acte, son objet et le nom des parties, servir de commencement de preuve par écrit de son existence lorsqu'il a été perdu par accident particulier, ainsi que le ferait sa transcription elle-même sur ces registres, pourvu que le répertoire du notaire soit en règle et constate que l'acte a été fait à la même date. — *Cass.*, 16 fév. 1837 (t. 1er 1837, p. 112), Coste.

34. — Jugé aussi que des extraits d'enregistrement joints à d'autres indices peuvent servir à constater si c'est contre une partie que des poursuites ont été dirigées, et si, par suite, celle-ci est recevable dans sa tierce-opposition; ce n'est pas violer le principe que de simples extraits d'enregistrement ne peuvent suppléer les actes de procédure qu'on ne représente pas. — *Nancy*, 23 nov. 1812, Bellanger c. Lallemand.

35. — Lorsque l'existence d'un acte est déniée par le notaire qui l'a reçu, et qu'il n'en est point fait mention sur son répertoire, elle peut être suffisamment établie par un extrait des registres du bureau de l'enregistrement, alors surtout que le notaire ne justifie pas de la tenue d'un répertoire régulier. — *Douai*, 1er juill. 1816, Delsaux c. Faure.

V. aussi ACTES DE L'ÉTAT CIVIL, PERTE, SOUSTRACTION DE PIÈCES ET TITRES, TESTAMENT.

TITRE CLÉRICAL.

V. BÉNÉFICE ECCLÉSIASTIQUE.

TITRE CONFIRMATIF.

V. TITRE.

TITRES DE NOBLESSE.

V. ACTE, ARMOIRIES, NOBLESSE, NOM, SCEAU.

TITRE NOUVEL.

1. — C'est l'acte par lequel celui qui est tenu d'une rente ou autre redevance quelconque en donne une nouvelle reconnaissance au créancier.

2. — Ainsi qu'on l'a vu (vº RENTE, nºs 445 et suiv.) le titre nouvel peut être exigé lorsque le créancier peut empêcher la prescription de la dette. L'art. 2263, C. civ., l'autorise à faire cette demande après vingt-huit ans de la date du dernier titre, parce qu'il ne saurait être obligé d'attendre la fin de trente ans, terme après lequel la prescription serait acquise. — C'est là le cas le plus fréquent du titre nouvel.

3. — Le décès du débiteur ne rend plus nécessaire aujourd'hui la possession d'un nouveau titre de la part de ses héritiers. Mais l'exécution du titre primordial ne peut être poursuivie contre eux qu'après que signification leur a été faite. — C. civ., art. 877. — Rolland de Villargues, *Rép. du not.*, vº *Titre nouvel*, nº 3. — V. aussi EXÉCUTION DES ACTES ET JUGEMENS, nºs 134 et suiv.; SUCCESSION, nº 733.

4. — Le tiers détenteur d'un immeuble grevé d'une rente ne peut, comme on l'a vu (vº RENTE, nº 419), être contraint de fournir à ses frais un titre nouvel au créancier. — *Cass.*, 23 fév. 1831, Lefèvre c. Sourdon. — Troplong, *Prescription*, t. 2, nº 842. — *Contrà*, *Nancy*, 14 juin 1837 (t. 1er 1839, p. 431), Levyllier c. Jollani.

5. — ... Et à plus forte raison, quand l'obligation de servir la rente ne lui a pas été imposée par le contrat translatif de propriété. — *Trib. d'Altkirch*, 20 juill. 1843 (sous *Colmar*, 13 juin 1845 [t. 2 1845, p. 248]), Teutsch c. Huser.

6. — Il peut cependant être amené à faire une déclaration d'hypothèque. — Troplong, *Prescript.*, t. 2, nº 842.

7. — D'un autre côté, lorsque, par un jugement d'ordre, l'acquéreur a été chargé de servir la rente, il y a là l'équivalent d'un titre nouvel, et, par suite, le créancier est non recevable à exiger la passation d'un titre de cette espèce, s'il ne s'est pas écoulé vingt-huit ans depuis la date du jugement d'ordre. — *Cass.*, 23 fév. 1831, Lefèvre c. Sourdon.

8. — « Il n'y a, dit M. Troplong (*Prescript.*, nº 844), que le débiteur d'une rente qui soit tenu de passer à ses frais titre nouvel. Cette obligation, dictée dans le cas de rente par la nature des choses, ne doit pas être étendue à d'autres espèces. On ne peut grever arbitrairement un débiteur d'obligations non prévues par son contrat ou par la loi. »

9. — Il suit de là que le créancier d'une servitude ne saurait contraindre le débiteur de cette même servitude à lui en passer à ses frais un titre nouvel. — Troplong, *loc. cit.*; Toullier, t. 3, nº 722. — *Contrà* Pardessus, *Servitude*, nº 296.

10. — Le débiteur d'une rente viagère peut être contraint d'en passer un titre nouvel. En effet, la rente viagère est sujette à prescription comme la rente perpétuelle, et l'art. 2263 ne distingue pas. — Duranton, t. 2, nº 348; Rolland de Villargues, *Rép. du notar.*, vº *Titre nouvel*, nº 9.

11. — Les établissemens publics, et, par exemple, le Mont-de-Piété, peuvent aussi bien que les particuliers être contraints à passer titre nouvel. — *Trib. de la Seine*, 3e chamb., 19 févr. 1825. — Rolland de Villargues, *Rép.*, nº 10.

12. — Pour pouvoir consentir un titre nouvel valable, il faut avoir la même capacité que pour s'obliger.

13. — Suivant M. Bellot (*Contrat de mariage*, t. 1er, p. 267), le mari peut passer seul titre nouvel d'une rente due par sa femme. Il en donne pour motif que, si la rente était due à la femme, il serait bien obligé d'exiger le titre nouvel, et qu'il répondrait de la prescription qu'il laisserait acquérir; que, dès-lors, il doit avoir le même droit d'agir dans le cas inverse. — Mais Rolland de Villargues (nº 14) répond avec raison que si le titre nouvel passé par le mari peut avoir pour effet d'interrompre la prescription lorsqu'il constatera le paiement des arrérages, le mari ne saurait avoir le droit d'engager les biens de la femme, sans le consentement de celle-ci.

14. — Le titre nouvel d'une rente consenti par une femme non autorisée peut néanmoins avoir pour effet de constater le service exact et non interrompu de la rente, et conséquemment de relever le créancier de la prescription. — *Paris*, 29 août 1814, Souchet c. Leportier. — Vazeille, *Prescription*, nº 216; *Dict. du notar.*, vº *Prescription*, nº 13.

15. — C'est au domicile du débiteur et non à celui du créancier que doit être fourni le titre d'une rente même foncière. — *Parlem. Rouen*, 10 mai 1782. — Merlin, *Quest.*, vº *Rente foncière*, § 2.

16. — Les actes récognitifs ou titres nouvels ne dispensent point de la représentation du titre primordial, à moins que sa teneur n'y soit spécialement relatée. — C. civ., art. 1337. — V., à cet égard, ACTE RÉCOGNITIF.

17. — Néanmoins, s'il y avait plusieurs reconnaissances conformes soutenues de la possession, et dont l'une eût trente ans de date, le créancier pourrait être dispensé de représenter le titre primordial. — C. civ., art. 1337. — En ce qui concerne spécialement le défaut de représentation du titre primordial ou constitutif d'une rente, V. RENTE, nºs 50 et suiv.

18. — Ce que le titre récognitif ou titre nouvel contient de plus que le titre primordial, ou ce qui s'y trouve de différent n'a aucun effet. — C. civ., art. 1337.

19. — Ainsi jugé que le titre nouvel ne change pas la nature du contrat primordial par cela seul qu'il attribue à la rente une fausse qualification, par exemple en soutenant que c'est une rente forcée, tandis que ce n'est qu'une rente constituée. — *Cass.*, 12 janv. 1814, Jay c. hospice de Vienne.

20. — Le titre nouvel n'ajoute donc ni ne diminue rien aux droits acquis par les titres précédens, il ne fait que reconnaître et confirmer ce qui existe déjà. Il n'entraîne dès-lors aucune novation et laisse subsister les priviléges et hypothèques, tels qu'ils étaient acquis. — Toullier, t. 10, nº 330.

21. — Comme le titre nouvel est fondé sur une obligation antérieure, il n'est pas nécessaire que le créancier l'accepte. Il ne s'agit en réalité que d'une reconnaissance de dette qui interrompe la prescription. — Rolland de Villargues, *Rép.*, nº 20.

22. — Lorsque le titre nouvel est consenti par plusieurs débiteurs qui sont tenus pour des parts inégales, chacun ne doit contribuer aux frais qu'au prorata de ce qu'il doit dans la rente. — *Annales du notar.*, t. 8, p. 412; Rolland de Villargues, *Rép.*, nº 22.

TOILE.

1. — Fabriques de toile cirée. — Fabriques de toiles vernies. — Première classe des établissemens insalubres.

2. — Etablissemens destinés au blanchiment des toiles par l'acide muriatique oxigéné; — deuxième classe des établissemens insalubres.

3. — Ateliers de toiles peintes; — troisième classe des établissemens insalubres. — V. ÉTABLISSEMENS INSALUBRES (nomenclature).

4. — Fabricans de toiles cirées ou vernies; — patentables imposés au droit fixé de 50 fr., et à un vingtième de la valeur locative de l'habitation, des magasins de vente complètement séparés de l'établissement et du vingt-cinquième de cet établissement.

5. — Marchands de toiles cirées ou vernies; — Fabricans de toiles métalliques pour leur compte. — Patentables de cinquième classe : — droit fixe basé sur la population et droit proportionnel du vingtième de la valeur locative de l'habitation et des locaux servant à l'exercice de la profession.

6. — Fabricans de toiles grasses pour emballage. — Fabricans de toiles métalliques, à façon; — Patentables de septième classe : — même droit fixe que les précédens, sauf la différence de classe; — droit proportionnel du quarantième de la valeur locative de tous les locaux qu'ils occupent, mais seulement dans les communes de 20,000 âmes et audessus. — V. PATENTES.

TOISEURS.

Toiseurs de bâtimens; — toiseurs de bois; — patentables de septième classe; — droit fixe basé sur la population, et droit proportionnel du quarantième de la valeur locative de tous les locaux qu'ils habitent, mais seulement dans les communes de 20,000 âmes et au-dessus. — V. PATENTE.

TOIT.

V. EGOUT, HABITATION, MITOYENNETÉ, POUVOIR MUNICIPAL, SERVITUDES.

TOLE, TOLIER.

1 — Fabricans d'ouvrages en tôle vernie; — marchands d'ouvrages en tôle vernie; — tôliers; — patentables : les premiers de quatrième, les seconds de cinquième, et les derniers de sixième classe; — droit fixe, basé sur la population; — droit proportionnel du vingtième de la valeur locative de l'habitation et des locaux servant à l'exercice de la profession. — V. PATENTE.

2. — Fabrique de tôle vernie. — Deuxième classe des établissemens insalubres. — V. ÉTABLISSEMENS INSALUBRES (nomenclature).

TOLÉRANCE.

V. DOMAINE PUBLIC, MITOYENNETÉ, POSSESSION, PRESCRIPTION, SERVITUDE. — V. aussi PLACES DE GUERRE, POIDS ET MESURES, SERVITUDES MILITAIRES.

TOMBEAU.

V. CIMETIÈRE, EXHUMATION, INHUMATION, SÉPULTURE.

TONDEURS DE DRAPS.

Tondeurs de draps et autres étoffes de laine; — patentables de septième classe; droit fixe basé sur la population, et droit proportionnel du quarantième de la valeur locative de tous les locaux qu'ils occupent, mais seulement dans les communes de 20,000 âmes et au-dessus.

TONNAGE, TONNEAU.

1. — Le tonnage est la mesure du nombre de tonneaux que contient un navire.

2. — Le tonneau est l'unité de mesure adoptée pour déterminer la grandeur du navire. L'arrêté du 13 brumaire an IX a fixé à 1,000 kilogr. le poids du tonneau. — V. NAVIRE, nos 17 et suiv. — V. aussi FRET.

TONNAGE (Droit de).

1. — C'est le droit qui est perçu sur l'entrée de tout navire dans un port français. — L. 27 vendém. an II, art 33.

2. — Ce droit prend son nom de ce que, spécial au navire, il est calculé sur sa contenance. Il varie suivant que le navire est français ou étranger. — Beaussant, *Code marit*, t. 1er, no 445.

3. — Les bâtimens français de 30 tonneaux et au-dessous, et ceux qui étant au-dessus de 30 tonneaux viennent de la pêche, de la course ou d'un port étranger, sont exempts du droit de tonnage. — L. 27 vendém. an II, art. 30 et 32.

4. — Cette exemption s'étend, 1o aux bâtimens français qui font le cabotage d'un port à l'autre; 2o à ceux qui arrivent des possessions françaises d'outre-mer. — L. 6 mai 1841, art. 20.

5. — Il n'est pas dû pour l'entrée dans une baie ou dans une rade, à moins que le capitaine n'y fasse une opération de commerce (Circul. 9 juill. 1832). Il n'est pas dû non plus quand la relâche est nécessitée par force majeure, à moins qu'il n'y ait débarquement des marchandises ou de la plus grande partie (Circul. 27 nov. 1812); et encore faut-il que ce soit en vue d'une opération commerciale. — Beaussant, *loc. cit.*

6. — Le droit de tonnage est dû quelque court que soit le séjour fait dans un port gardé; il est dû sur les navires chargés et sur ceux au lest; il est perçu dans les vingt jours de l'arrivée et avant le départ du bâtiment. — Beaussant, *loc cit.*

7. — Au droit de tonnage, la loi du 14 flor. an X a ajouté une contribution dont le produit devait être exclusivement affecté aux dépenses d'entretien et de réparation des ports; elle consiste dans une moitié en sus du droit de tonnage et se perçoit de la même manière que ce droit. — Beaussant, t. 1er, no 446.

TONNEAU, TONNELIER.

Marchands et fabricans de tonneaux. — Tonneliers: — patentables de septième classe; — droit fixe basé sur la population et droit proportionnel du quarantième de la valeur locative de tous les locaux qu'ils occupent, mais seulement dans les communes de 20,000 âmes et au-dessus.

TONTE DES BESTIAUX.

V. BAIL A CHEPTEL.

TONTINE.

1. — C'est une association entre créanciers de rentes perpétuelles ou viagères, formée sous la condition que les rentes des prédécédés accroîtront aux survivans, soit en totalité, soit jusqu'à une certaine concurrence. — Merlin, *Rép.*, vo *Tontine.*

2. — Le nom de *Tontine* vient de celui de *Tonti*, Napolitain, inventeur de cette espèce de société. C'est en 1653 que Tonti vint en France la proposer.

3. — Le projet de Tonti fut accueilli par Fouquet, alors surintendant des finances. Des tontines furent établies; mais elles finirent par avoir dans la suite un sort très malheureux. Aucune surveillance n'était exercée sur leur administration, et de graves abus s'y glissèrent. Une déclaration du roi les proscrivit en 1763; mais en 1770, l'abbé Terray convertit les rentes tontiniè es qui existaient en rentes purement viagères. — Magnitot et Delamarre, *Dict. de dr. admin.*, vo *Tontine.*

4. — Au nombre des tontines qui existaient en dernier lieu, on remarquait celle connue sous le nom de *Caisse Lafarge.* Elle fut fondée en 1786 par Joachim Lafarge, qui ne put alors obtenir du roi, ni plus tard de l'Assemblée Constituante, l'autorisation qui lui était nécessaire. Le 22 août 1792, il obtint un brevet d'invention. Ce brevet fut presque aussitôt annulé par la loi de sept 1792 qui révoqua tous les brevets d'invention accordés pour des établissemens de finance. La société continua d'exister, sans autorisation, se réorganisa même sur de nouvelles bases, et porta son capital à 60 millions.

5. — Outre la caisse Lafarge, il y avait encore la *Caisse des employés et artisans* et la *Tontine du pacte social.* Plus tard, le décret du 9 fév. 1810 relatif à cette dernière fut rapporté par une ordonn. royale du 25 oct. 1829.

6. — Cependant, pour offrir plus de garantie aux intéressés, le gouvernement retira l'administration de ces établissemens à leurs fondateurs par les décrets des 1er avr. 1809, 9 fév., 22 oct. et 18 nov. 1810. — Plus tard et par une ordonnance du 7 oct. 1818, cette administration fut confiée à trois membres du corps municipal de Paris désignés par le préfet de la Seine et devant prendre le titre d'administrateurs des tontines. — Magnitot et Delamarre, *loc. cit.*

7. — Suivant un avis du conseil d'état du 25 mars 1809, appr. le 1er avr. suivant, aucune association de la nature des tontines ne peut être établie, sans une autorisation spéciale donnée par le chef du gouvernement, dans la forme des réglemens d'administration publique.

8. — Jugé toutefois que la tontine ou caisse Lafarge n'a pas été supprimée par le décret du 1er avr. 1809. — *Cass.*, 22 mai 1822, administrateur de la caisse Lafarge c. Lafarge et Mitouflet.

9. — Une association fondée sur des chances de décès et de survie des individus assurés présente les caractères d'une tontine et ne peut avoir d'existence valable qu'avec l'autorisation du gouvernement. — *Paris*, 26 janv. 1843 (t. 1er 1843, p. 343), Caisse mutuelle d'épargne c. Méry; 11 fév. 1843 (t. 1er 1843. p. 344), Caisse mutuelle d'épargne c. Biot, 23 fév. 1843 (t. 1er 1843, p. 344), Banque des écoles c. Madeline; 24 nov. 1843 (t. 1er 1844, p. 130), compagnie la Fraternelle c. Gournay; 12 juin 1844 (t. 1er 1844, p. 838), compagnie la Fraternelle c. Fosse.

10. — Il en est de même des associations qui ont pour objet des placemens sur la vie, avec accroissement de capitaux au profit des survivans. Toutes conventions formées avec de telles sociétés non autorisées sont donc essentiellement nulles. — *Amiens*, 8 fév. 1843 (t. 2 1846, p. 472), Cayasse c. Brazier.

11. — Néanmoins, le liquidateur de la société a droit de retenir, sur les sommes versées par les souscripteurs à forfait, les frais d'établissement et de gestion, dont l'importance doit être non pas fixée d'après les polices, mais arbitrée par les tribunaux eu égard à la durée de la société. — *Paris*, 24 nov. 1843 (t. 1er 1844, p. 130), compagnie la Fraternelle c. Gournay; 12 juin 1844 (t. 1er 1844, p. 838), compagnie la Fraternelle c. Fosse.

12. — De même, les sommes versées pour frais de gestion ne peuvent être répétées par les souscripteurs, et ceux ci ne sauraient être admis à réclamer la restitution de ces frais, fixés *à* forfait par les polices, qu'en établissant que le contrat d'assurance a été le résultat du dol et de la fraude, ou que les sommes versées n'ont pas reçu l'emploi auquel elles étaient destinées, ou bien encore que l'assureur n'a pas accompli son mandat autant qu'il pouvait l'être. — *Paris*, 30 nov. 1842 (t. 1er 1843, p. 342), Banque philanthropique c. Saussier; 26 janv. 1843 (t. 1er 1843, p. 343), Caisse mutuelle d'épargnes c. Méry, Bernier, etc.; 11 fév. 1843 (t. 1er 1843, p. 344), Caisse mutuelle d'épargnes c. Biot; 23 fév. 1843 (t. 1er 1843, p. 344), Banque des écoles c. Madeline.

13. — Cependant des sociétés et agences tontinières s'étant formées en grand nombre, il importait de prendre de nouvelles mesures pour assurer davantage les intérêts des personnes qui y étaient engagées.

14. — Une ordonnance du 12 juin 1842, relative à la surveillance des sociétés et agences tontinières, confie cette surveillance à une commission spéciale composée de cinq membres, et placée sous l'autorité du ministre de l'agriculture et du commerce. — Art. 1er.

15. — Cette commission, dont les membres sont nommés et peuvent être révoqués par ce ministre, est présidée par un maître des requêtes en service extraordinaire. Ces cinq membres peuvent exercer la surveillance qui leur est confiée séparément ou collectivement. — Art. 2 et 3.

16. — Ils prennent communication des livres, registres et documens propres à éclairer la surveillance qu'ils doivent exercer; ils doivent constater, au moins une fois par semaine, la situation des sociétés ouvertes ou fermées, le nombre des admissions, le montant des mises versées, leur emploi en rentes sur l'état, l'exacte observation des statuts, etc. — Art. 4.

17. — La commission doit transmettre ses observations au ministre, et peut même suspendre provisoirement l'exécution des opérations qui lui paraîtraient contraires aux lois, statuts et réglemens, ou de nature à porter atteinte à l'ordre public ou aux intérêts des sociétaires. Dans ce cas, ils doivent, dans les vingt-quatre heures, en référer au ministre du commerce. — Art. 5.

18. — Un *duplicata* des états de situation remis au ministre est adressé à la commission. — Art. 6.

19. — Tous les ans la commission adresse au ministre de l'agriculture et du commerce un rapport détaillé sur les opérations de chacune des sociétés et agences tontinières, et un rapport général sur la situation comparée et la gestion des différens établissemens. — Art. 7.

20. — L'art. 8 alloue un traitement aux membres de cette commission; ce traitement est pris sur un fonds spécial à la formation duquel les sociétés et agences tontinières doivent concourir.

21. — Chaque année, le budget des recettes autorise la perception des rétributions imposées pour frais de surveillance sur les compagnies et agences tontinières dont l'établissement a été autorisé par ordonnance rendue dans la forme des réglemens d'administration publique. — Avis du cons. d'état 25 mars 1809, approuvé le 1er avr.

22. — Un arrêté du ministre des finances du 20 mars 1848 avait ordonné que le montant des arrérages et annuités à percevoir par les établissemens tontiniers serait provisoirement versé au Trésor. Mais cet arrêté fut abrogé par l'art. 1er du décret du 29 juill. suivant, qui porte que les fonds versés en exécution de cet arrêté seront convertis en rentes 5 %, au cours moyen de cette rente, pendant le délai fixé par les statuts de chaque compagnie, en calculant du jour de chaque versement opéré dans les caisses des diverses compagnies.

23. — Les entreprises de tontines doivent être rangées dans la classe des agences d'affaires. — Pardessus, no 44. — V. AGENT D'AFFAIRES, no 8 et suiv.

24. — Mais elles ne constituent pas des sociétés proprement dites. — Pardessus, no 970. — V. SOCIÉTÉ, no 75 et suiv.

25. — Le certificat d'un agent de change est suffisant pour constater légalement le prix de la vente d'actions négociables et susceptibles d'être cotées à la Bourse, telles que celles de la tontine perpétuelle d'amortissement. — *Paris*, 1er juin 1825, Denuelle Saint-Leu c. Clair-Monnier.

26. — Bien que l'administration soit intervenue dans le réglement intérieur d'une tontine, les contestations entre les actionnaires doivent être renvoyées aux tribunaux civils. — *Cons. d'ét.*, 25 mars 1844, Tontine du Pacte social.

27. — Lorsque l'autorité administrative autorise les actionnaires d'une tontine à se faire représenter par des commissaires dans un procès qui intéresse la tontine, les actionnaires ne peuvent être déclarés non recevables à intervenir eux-mêmes, sous le motif qu'ils ont des mandataires en cause. — *Cass.*, 22 mai 1822, Caisse Lafarge c. Lafarge et Mitouflet.

28. — Un directeur de tontine n'étant revêtu d'aucun caractère public, les tribunaux correctionnels sont compétens pour connaître du délit de diffamation commis envers lui. — *Cass.*, 25 avr. 1824 (t. 1er 1844, p. 746), Desertine c. Lavalée.

29. — Les détournemens de fonds commis par le directeur d'une tontine au préjudice de la société pour les employer à son profit constituent le délit d'abus de confiance prévu par l'art. 408, C. pén., encore bien que la tontine ait été illégalement fondée sous la forme de société en commandite. L'arrêt qui déclare que les détournemens qu'il a spécifiés ont eu lieu au profit du prévenu et au préjudice des souscripteurs de la société caractérise suffisamment la fraude constitutive du délit, et donne ainsi les motifs de l'application de l'art. 408. — *Cass.*, 13 juin 1845 (t. 1er 1845, p. 7), Moreau.

30. — Les sociétés de tontine sont soumises à la patente. — Droit fixe de 300 fr.; droit proportionnel du quinzième de la valeur locative de

l'habitation et des locaux servant à l'exercice de l'industrie. — V. PATENTE. — V. aussi ACTE DE COMMERCE, ASSURANCE SUR LA VIE, BANQUE, CERTIFICAT DE VIE.

TORCHES.

Patente de septième classe; — droit fixe basé sur la population; droit proportionnel du quarantième de la valeur locative de tous les locaux occupés, mais seulement dans les communes de 20,000 âmes et au-dessus. — V. PATENTE.

TORRENT.

V. COURS D'EAU.

TORTURE (Peine).

V. QUESTION (torture).

TORTURE ET ACTE DE BARBARIE.

1. — Aux termes de l'art. 303, C. pén., sont punis comme coupables d'assassinat, tous malfaiteurs, quelle que soit leur dénomination, qui, pour l'exécution de leurs crimes, emploient des tortures ou commettent des actes de barbarie.

2. — Cette incrimination toute spéciale et exceptionnelle doit être soigneusement distinguée des crimes et délits ordinaires résultant des blessures ou coups volontaires. — Les caractères, la portée, la peine, en diffèrent essentiellement.

3. — Il résulte de l'exposé des motifs du Code pénal et d'un passage d'un discours de M. Monseignat (Locré, t. 30, p. 504), que cet article n'avait en vue que les malfaiteurs qui, sous le nom de chauffeurs principalement, désolaient alors une partie de la France. Le projet du Code portait même : «Seront punis comme coupables d'assassinat, les *garotteurs*, les *chauffeurs* et autres *malfaiteurs* qui, etc.»

4. — Les expressions de la loi sont vagues; mais en se reportant à son origine, on en saisit plus facilement la portée : 1° actes de tortures ou de barbarie commis; 2° que ces actes émanent de malfaiteurs; 3° qu'ils aient eu pour but l'exécution de leurs crimes.

5. — 1° La loi ne définit point les actes de barbarie ou les tortures; en sorte que leur appréciation est abandonnée à l'arbitraire des juges et des jurés, qui ne sont pas tenus de les spécifier dans leur déclaration de culpabilité. — *Cass.*, 9 fév. 1816, Simonin. — Bourguignon, *Jur. C. crim.*, t. 3, art. 303, C. pén.

6. — Ainsi pas de règles, pas de limites ; la loi exige seulement qu'il y ait *des actes*, ce qui exige des faits matériels, et exclurait par conséquent les tortures morales. — Chauveau et Hélie, *ibid.*, t. 5, p. 345; Carnot sur l'art. 303 C. pén., t. 2, p. 36, n° 4.

7. — Les simples menaces que feraient les malfaiteurs d'exercer des tortures ou de commettre des actes de barbarie, ne constitueraient qu'une circonstance aggravante du crime qu'ils auraient commis ou tenté de commettre, mais ne rentreraient nullement dans les prévisions de l'art. 303. — Carnot, C. pén., art. 303, n° 3.

8. — D'ailleurs, en se reportant aux motifs, on trouve, pour exemple donné, *les cruautés commises par les bandes de brigands dans les guerres civiles* : sans doute, cela ne restreint point à pareils cas les actes de barbarie susceptibles de rendre un crime passible de la peine de mort, mais du moins on peut voir par là quelle a été la pensée du législateur, et, dès-lors, apprécier plus sûrement la véritable nature des actes auxquels on veut attacher un caractère aussi criminel.

9. — 2° Quel est le sens du mot malfaiteur? Nous pensons que la seule réunion en bande dans le but de commettre des méfaits suffit ici pour faire attribuer aux individus qui en font partie l'épithète de malfaiteurs dans le sens de notre article. — Il en est ici comme de l'art. 265 Code pén., où le même mot est évidemment employé dans le même sens. Au reste, le projet du Code, à la pensée duquel, bien que les expressions n'aient pas été admises, on est resté fidèle, indiquent assez, en parlant des *chauffeurs*, *gratteurs* et *autres malfaiteurs*, ce que l'on doit entendre par cette dernière expression.

10. — C'est donc dans les circonstances intrinsèques du fait, dans la réunion, dans son but, dans ses moyens, que l'on doit voir le caractère de malfaiteur, mais non dans des accidens extrinsèques et sans liaison directe et nécessaire avec lui; ainsi le coupable peut être considéré comme malfaiteur, bien qu'il n'ait encore subi aucune condamnation. — Chauveau et Hélie, *ibid.*, p. 345.

11. — 3° Il n'est point nécessaire que la mort de la victime ait suivi les actes de torture ou de barbarie, ou même que les malfaiteurs aient eu dessein de la donner ; la seule circonstance que ces actes ont servi de moyen d'exécution à d'autres crimes, quels qu'ils soient, suffit pour les faire distinguer des blessures et coups dans lesquels ils auraient sans cela été compris, et pour leur donner le caractère de gravité auquel la loi attache la peine capitale.

12. — MM. Chauveau et Hélie expriment le regret (*ibid.*, p. 346) qu'en 1832 on n'ait pas fait disparaître du Code pénal cette incrimination mal définie et aujourd'hui sans application ; peut-être eût-on dû en préciser davantage les caractères, mais à coup sûr, pour être devenus infiniment plus rares, ces crimes n'ont malheureusement point entièrement disparu, et il ne serait pas impossible, en parcourant nos statistiques criminelles, de rencontrer encore de nos jours, surtout dans le cas de guerre civile, quelques exemples de vols, pillages, dévastations, ou vengeances accomplis à l'aide de ces épouvantables moyens.

13. — Remarquons enfin que la prescription de l'art. 303, étant tout exceptionnelle, doit être restreinte autant que possible dans son application, et que, pour peu qu'il s'élève de doutes, on devra revenir aux crimes et délits généraux que peuvent constituer les blessures et coups volontaires.

V. ASSASSINAT, BLESSURES ET COUPS.

TOUR D'ÉCHELLE.

1. — Espace destiné, en dehors des constructions, à placer les échelles lorsqu'il est nécessaire d'y faire quelques travaux de réparations ou autres, à échafauder, faire passer les ouvriers, déposer momentanément les matériaux, etc. — Lorsque l'espace laissé libre appartient au propriétaire des constructions, il reçoit le nom plus spécial d'*échelage* et d'*investison*.

2. — Quelques Coutumes anciennes accordaient au propriétaire le droit de passer sur l'héritage de son voisin pour faire des réparations au bâtiment ou au mur contigu. C'est ce droit qui était connu sous le nom de *tour d'échelle*. — V. Cout. de Melun, art. 204 ; d'Etampes, art. 86 ; d'Orléans, art. 240 ; de Dunois (locale de Blois), art. 62.

3. — Dans les Coutumes qui n'admettaient pas de servitudes sans titres, bien qu'elles admissent la destination du père de famille ; et, par exemple, en Normandie, la servitude du tour d'échelle ne pouvait s'établir par prescription, encore bien que celui qui prétendrait au tour d'échelle eût sur le même terrain et la même maison la double servitude de larmier et de passage avec charrette. — *Caen*, 8 juill. 1826, Gaillard c. Jouin.

4. — Le droit de faire passer des ouvriers sur le fonds voisin et d'y poser des échelles pour les réparations des édifices, était, en Bretagne, une servitude légale, d'après l'art. 17, Usement de Nantes. — *Rennes*, 8 fév. 1828, Le Gros c. Delourme. — V. aussi *Paris*, 6 août 1810, Leperche c. Dumé (et la note).

5. — Le Code civil n'a pas enlevé ce droit aux propriétaires de constructions faites sous l'empire de ce principe. — Même arrêt.

6. — Sous la cout. de Paris, le terrain dit *tour de l'échelle* était l'objet d'une propriété qui, à défaut de titre, pouvait se prouver par une possession immémoriale. On ne pouvait le considérer comme un droit de servitude pour l'établissement duquel il eût fallu nécessairement un titre. — *Paris*, 13 messid. an XII, Videl c. Lebaron.

7. — Le Code civil n'a pas consacré le droit de tour d'échelle, qui, dès-lors, n'est plus une servitude légale. — Locré, *Législ. civ.*, t. 8, p. 406 ; Merlin, *Rép.*, v° *Tour d'échelle*, § 2 ; Pardessus, *Servit.*, n°s 228 et 343 ; Solon, *Servit. réelles*, n° 341 ; Garnier, *Act. possess*, n° 320 ; Toullier, t. 3, n° 559 ; Duranton, t. 5, n° 316 ; Zachariæ, t. 2, § 246, not. 19° ; Marcadé, sur l'art. 681.

8. — Quelques auteurs pensent cependant que, dans les villes où la clôture est forcée, le propriétaire d'un mur dont la réparation est urgente peut contraindre son voisin à souffrir le passage des ouvriers ainsi que le placement des échelles. — Pardessus, n° 312 ; Duranton, t. 5, n° 316 ; Zachariæ, t. 2, § 246, note 19° ; Marcadé, sur l'art. 681.

9. — ... Mais qu'il en est autrement dans les lieux où la clôture n'est pas forcée. — Pardessus, n° 312 ; Duranton, t. 5, n° 316 ; Marcadé, sur l'art. 681.

10. — D'autres pensent au contraire qu'il n'y a aucune distinction à faire, et que, dans tous les cas, le passage peut être refusé. — Favard de Langlade, *Rép.*, v° *Servitude*, sect. 2e, § 7, n° 7 ; Toullier, t. 3, n° 559.

11. — Cette décision nous semble trop absolue. Il paraîtrait plus convenable, à notre avis, de partir du principe posé dans les art. 682 et suivans, et d'accorder le droit de tour d'échelle dans les cas où il y a nécessité et moyennant la réparation du dommage qui peut être causé.

12. — Ainsi jugé que le propriétaire d'un bâtiment élevé sur la limite d'un héritage non bâti peut exercer sur ce fonds le passage des ouvriers avec échelles et matériaux indispensables aux réparations des murs et des toits, moyennant une indemnité proportionnée aux dommages que ces travaux peuvent occasionner. — *Bruxelles*, 28 mars 1823, Vanhagendoren c. Peeters.

13. — Mais on ne pourrait pas réclamer le passage comme nécessaire, si les réparations à la couverture de la maison pouvaient se faire au moyen d'échelles volantes. — *Caen*, 8 juill. 1826, Gaillard c. Jouin.

14. — M. Pardessus veut qu'on distingue si le mur est mitoyen ou non. Dans le premier cas, chaque voisin devant concourir à son entretien sera tenu de fournir le passage. Cette décision est incontestable. — *Servit.*, n° 227.

15. — Si même, pour réparer un bâtiment, il était nécessaire de rompre une partie de la couverture du voisin, celui-ci ne pourrait s'y refuser pourvu que tout fût rétabli promptement et qu'on l'indemnisât. — Pothier, *Contr. de société*, n° 246 ; Pardessus, *Servit.*, n° 227.

16. — Le droit de tour d'échelle n'existant pas comme servitude légale, ne pourrait empêcher le voisin de porter son mur sur la limite de son héritage. — *Paris*, 6 août 1810, Leperche c. Dumé.

17. — Mais il en serait autrement s'il avait été établi par titre. Sans doute, le propriétaire grevé du droit de tour d'échelle reste maître de faire de son fonds l'usage qui lui convient, mais à la condition de ne point y bâtir et de ne rien faire qui empêche l'exercice du droit de tour d'échelle. — Pardessus, n° 228.

18. — L'existence de la servitude conventionnelle de tour d'échelle ne mettrait point obstacle à l'acquisition de la mitoyenneté, sauf à l'acquéreur à indemniser le vendeur à raison de l'extinction forcée de la servitude existant à son profit. — *Ibid.*

19. — Le droit d'échelle n'est pas accessoire de celui d'égout, en telle sorte que l'existence de celui-ci donne lieu à la présomption légale de l'existence de l'autre, quand cette présomption a pour elle une possession trentenaire. — *Bourges*, 3 août, 1831, Berger c. Dunais. — Toullier, t. 3, n° 561 et 646 ; Perrin, *C. des constructions*, n° 2218. — *Contrà*, Pardessus, n° 227 ; Merlin, *Rép.*, v° *Tour d'échele*, § 1er, *in fine*.

20. — Le mode, l'exercice, l'étendue du droit de tour d'échelle se règlent par le titre constitutif. — Perrin, *C. des construct.*, n° 2221.

21. — Quant à la largeur, lorsqu'elle n'est pas fixée par le titre, elle est réglée par les usages soit du lieu même, soit du lieu le plus voisin, mais qui veulent assez généralement au moins un mètre à partir du parement extérieur du mur au rez-de-chaussée. — Perrin, *C. des constructions*, n° 2212 ; Vaudoré, *Dr. civ. des juges de paix*, v° *Tour d'échelle*, n° 3.

22. — Ainsi jugé qu'en Normandie l'étendue de la servitude du tour d'échelle doit être, conformément à l'usage constamment suivi dans le ressort de la Coutume de Paris et souvent appliqué dans ce pays, fixée à un mètre, sauf toute disposition contraire qui se trouverait dans le titre constitutif de propriété. — *Rouen*, 6 fév. 1841 (t. 2 1841, p. 610), Lethuillier c. Desvaux.

23. — Cependant, si l'élévation du mur rendait insuffisante la largeur d'un mètre pour le service des échelles, le propriétaire assujéti ne pourrait se refuser à ce qu'elle fût augmentée de ce qui serait nécessaire. — Lepage, t. 1er, n° 246, 253 ; Toullier, t. 3, n° 563 ; Pardessus, n° 237 ; Paillet, *Servit.*, sur l'art. 654 ; Perrin, *C. des construct.*, n° 2222.

V., au surplus, ÉGOUT, MITOYENNETÉ, SERVITUDE.

TOURBE, TOURBIÈRES.

1. — Ateliers consacrés à la carbonisation de la *tourbe* à vases ouverts ; première classe des établissemens insalubres.

2. — Les ateliers où la carbonisation a lieu à vases clos ne font partie que de la deuxième classe desdits établissemens.

V. ÉTABLISSEMENS INSALUBRES (nomenclature). V. aussi MINIÈRES.

TOURNERIE DE SAINT-CLAUDE.

Marchands expéditeurs d'articles de tournerie

de Saint-Claude ; — patentables de troisième classe; — droit fixe, basé sur la population; — droit proportionnel du vingtième de la valeur locative de l'habitation et des locaux servant à l'exercice de la profession. — V. PATENTE.

TOURNELLE.

1. — On désignait sous ce nom des chambres du parlement chargées d'expédier des affaires d'une importance moins grande que celles réservées à la grand'chambre.

2. — Il y avait la tournelle criminelle et la tournelle civile. Mais la tournelle criminelle fut créée longtemps avant la tournelle civile.

3. — *Tournelle criminelle.* — On appelait tournelle criminelle ou simplement *tournelle* une chambre du parlement destinée à juger les procès criminels. Ce nom lui venait soit de ce que les conseillers de la grand chambre et des enquêtes y passaient chacun à leur tour, soit de ce qu'elle tenait ses séances dans une tour du palais appelée *Tournelle.* — V. PARLEMENT, nº 39.

4. — Sous le règne de Charles VII, on voit dans le parlement une chambre distincte formée d'un certain nombre de conseillers de la grand'chambre et des enquêtes, spécialement chargée de juger les procès criminels, sauf ceux qui donnaient lieu à l'application de la peine de mort, toujours réservés à la grand'chambre. Mais ce n'était pas encore la tournelle criminelle ordinaire.

5. — Dans le principe, il n'y avait dans le parlement qu'une seule chambre pour juger les affaires civiles et les affaires criminelles. C'était la chambre du parlement dite, depuis, la grand'chambre. Ce fut seulement sous Charles VI et Charles VII, qu'en présence du grand nombre des affaires portées au parlement s'introduisit l'usage de faire juger certaines affaires civiles et le petit criminel par quelques-uns de ses membres dans une chambre appelée *la petite chambre de derrière la grand'-chambre.* Mais on ne jugeait à mort qu'à la grand'-chambre. — Guyot, *Rép. de jurispr.*, vº *Tournelle.*

6. — Enfin, François Ier établit d'une manière définitive la tournelle criminelle. Par son ordonnance du mois d'avril 1515, il prescrivit, en effet, que dorénavant le parlement séant, les présidens et les conseillers, qui seraient ordonnés pour tenir la tournelle criminelle, vaqueraient diligemment au jugement et à l'expédition des procès criminels, soit de peine de mort ou autre peine corporelle, en expédiant premièrement les prisonniers enfermés et ayant égard aux cas qui pour le bien de la justice requièrent prompte expédition ; déclarant que les arrêts et jugemens qui seraient faits et donnés dans ces matières auraient la même autorité ou vertu que s'ils étaient donnés et faits à la grand'chambre.

7. — Toutefois, cette ordonnance établissait une exception pour les causes et procès criminels des gens d'église, nobles et officiers : elle les enlevait à la juridiction de la tournelle, statuant qu'ils ne seraient jugés que par la grand'chambre. Mais une ordonnance de Charles IX (ordonn. de Moulins, 1566) vint décider que les causes et procès seraient jugés à la grand'chambre si faire se pouvait et si les accusés le requéraient; qu'autrement et sans cette réquisition, ils se pourraient poursuivre et juger à la chambre de la tournelle, voulant néanmoins qu'au jugement de ces procès criminels faits en grand'chambre vinssent assister les présidens et conseillers de la tournelle.

8. — Les présidens et conseillers de la tournelle allaient tenir séance aux prisons de la Conciergerie et au parc civil du Châtelet quatre fois l'année : la surveille de Noël, le mardi de la semaine sainte, la surveille de la Pentecôte, et la veille de l'Assomption. — Guyot, *ibid.*

9. — *Tournelle civile.* — C'était une chambre du parlement établie seulement pour un temps déterminé et chargée de l'expédition de certaines affaires dont la grand'chambre ne pouvait s'occuper à cause de ses nombreux travaux.

10. — La première fut établie par une déclaration du 18 avril 1667. Elle était composée d'un président et d'un certain nombre de conseillers pris tant dans la grand'chambre que dans la chambre des enquêtes. Elle devait connaître de toutes les causes de la somme et valeur de 1,000 liv., ou de 50 liv. de rente et au-dessous.

11. — La seconde tournelle civile fut créée par la déclaration du 11 août 1669, mais pour un an seulement. Elle devait juger toutes les causes où il s'agirait seulement de la somme de 1,000 liv. ou de 50 liv. de rente et au-dessous; à l'exception des causes du domaine, des matières bénéficiales et ecclésiastiques, appels comme d'abus, requêtes civiles, et causes concernant l'état des personnes, les qualités d'héritiers, etc., qui devaient être portées à la grand'chambre. Elle fut prorogée pendant quelque temps d'année en année, puis supprimée, puis encore rétablie pour repasser par les mêmes phases. — V. PARLEMENT, nº 50.

TOURNETTES.

V. CAGES.

TOURNEURS.

1. — Tourneurs sur métaux; — patentables de sixième classe ; — droit fixe basé sur la population, et droit proportionnel du vingtième de la valeur locative de l'habitation et des locaux servant à l'exercice de la profession.

2. — Marchands tourneurs en bois vendant en boutiques divers objets en bois faits au tour ; — fabricants tourneurs en bois sans boutique ; — patentables, les premiers de septième et les derniers de huitième classe; — même droit fixe que les précédens, sauf la différence de la classe; — droit proportionnel du quarantième de la valeur locative de tous les locaux qu'ils occupent, mais seulement dans les communes de 20,000 âmes et au-dessus. — V. PATENTE.

TOURNOIS (Livre).

V. LIVRE (monnaie), MONNAIE.

TOURTEAUX (Marchands de).

Marchands de tourteaux; — marchands en détail; — patentables, les premiers de troisième et les autres de sixième classe; — droit fixe, basé sur la population; — droit proportionnel du vingtième de la valeur locative de l'habitation et des locaux servant à l'exercice de la profession. — V. PATENTE.

TRAÇONS (Maître de).

Patentables de cinquième classe; — droit fixe basé sur la population ; — droit proportionnel du vingtième de la valeur locative de l'habitation et des locaux servant à l'exercice de la profession.

TRADITION.

C'est l'action par laquelle on livre une chose à une personne. — V. COMMISSIONNAIRE, DON MANUEL, DONATIONS ENTRE-VIFS, FAILLITE, GAGE, NANTISSEMENT, OBLIGATION, PROPRIÉTÉ, TRANSPORT (entrepreneur de), VENTE.

TRADUCTION.

V. ACTE NOTARIÉ, AFFECTATION, JUGEMENT (matière civile), PROPRIÉTÉ LITTÉRAIRE, nºs 25, 161, 235 et suiv.; TESTAMENT.

TRAFIC.

V. ACTE DE COMMERCE, COMMERÇANT, COMMERCE, COMPÉTENCE COMMERCIALE.

TRAHISON.

1. — Le crime de trahison consiste dans le fait de compromettre la sûreté extérieure de l'état, soit en révélant ses secrets, soit en facilitant l'espionnage aux puissances étrangères, soit en lui suscitant des ennemis ou en secondant leurs projets.

2. — Le Code pénal, dans ses articles 75 et suiv. et plus spécialement encore dans les art. 77 et suiv., s'occupe des faits qui constituent le crime de trahison. — V. à cet égard, CRIMES CONTRE LA SURETÉ DE L'ÉTAT, nºs 1er et suiv., 31 et suiv. — V. aussi COMPLOT, ESPIONNAGE, ESPION.

3. — Le Code des délits et des peines pour les troupes de la République du 21 brum. an V, renferme un titre (tit. 8) consacré au crime de trahison.

4. — Aux termes de cette loi sont réputés coupables de trahison, 1º tout individu qui en présence de l'ennemi sera convaincu de s'être permis des clameurs tendant à jeter l'épouvante et le désordre dans les rangs. — Art. 1er.

5. — ... 2º Tout commandant d'un poste, toute sentinelle ou vedette qui, en présence de l'ennemi, soit à l'armée, soit dans une place assiégée, aura donné de fausses consignes, lorsque, par suite de cette faute, la sûreté du poste aura été compromise. — Art. 2.

6. — ... 3º Tout commandant d'une patrouille à l'armée ou dans une place assiégée, qui, envoyé en présence de l'ennemi pour faire quelques découvertes ou reconnaissance locale, aura négligé d'en rendre compte, ou bien n'aura pas exécuté ponctuellement l'ordre qui lui était donné, lorsque, par suite de sa négligence ou de sa désobéissance, le succès de quelque opération militaire se sera trouvé compromis. — Art. 3.

7. — ... 4º Tout commandant d'un poste à l'armée, en présence de l'ennemi ou dans une place assiégée, qui n'aurait pas rendu compte à celui qui le relève des découvertes qu'il aurait faites, soit par lui-même, soit par ses patrouilles, lorsque, par suite de son silence, la sûreté du poste se sera trouvée compromise. — Art. 4.

8. — ... 5º Tout militaire convaincu d'avoir communiqué le secret du poste ou le mot d'ordre à l'ennemi. — Art. 5.

9. — ... 6º Tout militaire ou autre individu attaché à l'armée et à sa suite qui entretiendrait une correspondance dans l'armée ennemie sans la permission par écrit de son supérieur. — Art. 6.

10. — ... 7º Tout militaire ou autre individu attaché à l'armée ou à sa suite qui, sans ordre de son supérieur, ou sans motif légitime, aurait encloué ou mis hors de service un canon, mortier, obusier ou affût, ainsi que tout charretier ou conducteur qui, dans une affaire, déroute ou retraite, en présence de l'ennemi, aurait, sans ordre supérieur, coupé les traits des chevaux, brisé ou mis hors de service aucune pièce de train ou équipage confié à sa conduite. — Art. 7.

11. — ... 8º Tout commandant d'une place assiégée qui, sans avoir pris l'avis ou contre le vœu de la majorité du conseil militaire de la place (auquel devront toujours être appelés les officiers en chef de l'artillerie et du génie), aura consenti à la reddition de la place avant que l'ennemi y ait fait brèche praticable ou qu'elle ait soutenu un assaut. — Art. 8.

12. — ... 9º Tout commissaire-ordonnateur ou autre en faisant les fonctions, qui n'aurait pas pourvu aux distributions de vivres et fourrages ordonnées pour toutes les parties du service confié à sa surveillance, lorsqu'il en avait les moyens, ou qui aurait négligé ou refusé d'instruire le général en chef de l'armée ou d'une division détachée de l'armée, des besoins en ce genre de ladite armée ou division, si par suite de cette prévarication le salut de l'armée ou le succès de ses opérations a été compromis. — Art. 9.

13. — A côté du crime de trahison vient se placer celui de *haute trahison* : ce crime est rangé parmi ceux contre la sûreté intérieure de l'état. Nous nous en sommes occupés vº CRIMES CONTRE LA SURETÉ DE L'ÉTAT, nºs 166 et suiv.

14. — L'art. 68 de la Constit. de 1848 dispose que toute mesure par laquelle le président de la République dissout l'Assemblée nationale, la proroge ou met obstacle à l'exercice de son mandat, est un crime de haute trahison. — V. POUVOIR EXÉCUTIF, nºs 51 et suiv., PRÉSIDENT DE LA RÉPUBLIQUE, nºs 23 et suiv.

TRAIN DES ÉQUIPAGES MILITAIRES.

V. ALGÉRIE, ARMÉE.

TRAITE.

1. — C'est le nom qu'on donne, dans l'usage, à la lettre de change considérée relativement à celui qui la tire.

2. — La traite diffère de la remise en ce qu'elle est tirée par un banquier sur son correspondant et que celui-ci est chargé de l'acquitter, tandis que la remise est la lettre de change tirée sur un autre individu, et que le banquier l'envoie à son correspondant, soit à titre de paiement, soit pour en faire le recouvrement. — V. LETTRE DE CHANGE.

3. — En matière de douanes, le propriétaire ou consignataire de marchandises en douanes peut, s'il est d'une solvabilité connue, être admis à les faire enlever après la visite en remettant des traites suffisamment acceptées et endossées, pour être acquittées dans le délai de quatre mois à compter du jour de la vérification des marchandises. — Décis. min. du 8 vent. an IX et du 18 juin 1816.

4. — Le crédit doit être limité aux seuls articles de marchandises passibles de droits montant à 50 fr. et au-dessus; tout ce qui est au-dessous de cette valeur doit être acquitté à l'instant même de l'enlèvement. — Dujardin-Sailly, *Code des douanes*, B. 109, note.

5. — Ceux qui enlèvent des sels des lieux de fabrication peuvent également, lorsque la déclaration donne ouverture à un droit de plus de 600 fr., être admis à remettre des traites payables à trois, six ou neuf mois. — L. 24 avr. 1806, art. 58.

6. — Dans le cas de non-paiement des traites en

acquit de droits de douanes, les payeurs du trésor ou tous autres agens chargés du recouvrement desdites valeurs en doivent faire faire le protêt, et le présentent au receveur général du département où se trouve le chef-lieu de la direction des douanes où l'effet protesté a été souscrit. Le receveur général rembourse ledit effet protesté, sauf son recours sur le receveur des douanes chargé de faire les poursuites nécessaires. — Arrêté 5 vend. an III.

7. — Les négocians et commissionnaires convaincus d'avoir fait la fraude peuvent être privés de tout crédit de droits. — L. 8 flor. an XI, art. 83.

V. LETTRE DE CHANGE.

TRAITE DES NOIRS.

Table alphabétique.

1. — On appelle ainsi le trafic qui se fait des nègres après les avoir réduits en esclavage.

2. — La traite des noirs remonte aux premières invasions que les Portugais firent dans la Guinée. Ayant fait des prisonniers dans des combats, ils s'imaginèrent de les vendre aux Espagnols pour repeupler le Nouveau-Monde.

3. — La traite des noirs était autrefois en Europe une chose tellement passée dans les mœurs qu'elle paraissait naturelle. Elle donnait lieu à des contrats d'assurance. — Valin, liv. 2, tit. 1er, art. 16; Beaussant, *Code maritime*, t. 1er, no 218. — — V. au surplus ESCLAVAGE, nos 26 et suiv.

4. — Ce ne fut que vers le milieu du dix-huitième siècle que l'humanité réclama, par la bouche d'écrivains illustres de toutes les nations, contre une pareille violation de ses droits. La France, la première, en abolissant l'esclavage par la loi du 16 pluv. an II, proscrivit la traite des noirs pour l'avenir.

5. — Mais l'esclavage ayant été rétabli dans les colonies après le traité d'Amiens, la traite des noirs devait subir le même sort. Aussi la loi du 10 flor. an X porta-t-elle, dans son art. 3, que la traite des noirs et leur importation dans les colonies auraient lieu conformément aux lois et règlemens existant avant 1789.

6. — En 1814, les vœux de l'humanité furent entendus par les puissances européennes réunies à Paris. Il fut convenu entre elles, lors du traité du 30 mai 1814, que la traite des noirs serait absolument défendue. La même résolution fut encore adoptée lors du traité du 20 nov. 1815.

7. — Par suite, la répression de la traite des noirs a été successivement en France l'objet du décret du 29 mars 1815, de l'ordonn. du 8 janv. 1817, de la loi du 15 avr. 1818, des ordonn. des 24 juin 1818, 22 déc. 1819 et 13 août 1823, des lois des 25 avr. 1827 et 4 mars 1831, et enfin du décret du 27 avr. 1848.

8. — D'après le décret du 29 mars 1815, la traite des noirs était abolie, et il ne pouvait être accordé aucune expédition pour ce commerce ni dans les ports de France ni dans les colonies (art. 1er). Il ne pouvait être introduit, pour être vendu dans les colonies, aucun noir provenant de la traite soit française, soit étrangère (art. 2). Enfin, en cas de contravention, il y avait lieu à la confiscation du bâtiment et de la cargaison, laquelle devait être prononcée par les tribunaux (art. 3).

9. — L'art. 1er, ordonn. 8 janv. 1817, portait que tout bâtiment qui tentait d'introduire dans une des colonies des noirs de traite, soit française, soit étrangère, était confisqué, et le capitaine, s'il était Français, interdit de tout commandement. Etait également confisquée toute la partie de la cargaison qui ne consistait pas en esclaves; à l'égard des noirs, ils devaient être employés dans les colonies aux travaux d'utilité publique.

10. — Jugé que cette ordonnance ne contenait de dispositions prohibitives et pénales que contre l'introduction ou la tentative d'introduction des noirs dans les colonies françaises; elle était inapplicable au capitaine de navire qui achetait dans une colonie des noirs appartenant aux habitans de la colonie, ou qu'on y avait amenés pour les vendre, encore bien qu'il eût l'intention de les exporter. — *Cass.*, 9 juill. 1824, Tessier.

11. — D'après l'art. 1er de la loi du 15 avr. 1818, toute part quelconque prise à la traite des noirs par des sujets et des navires français en quelque lieu, sous quelque condition et prétexte que ce fût, et par des individus étrangers dans les pays soumis à la domination française, était punie par la confiscation du navire et de la cargaison, et par l'interdiction du capitaine, s'il était français.

12. — Jugé que le délit de traite des noirs ne consiste pas uniquement dans le négoce qui se réalise sur la côte d'Afrique, mais dans la part à ce négoce résultant des actes préparatoires tels que la construction particulière, le genre d'armement et d'approvisionnement, l'encastillage, l'arrimage d'un navire destiné pour la traite, la réunion à bord des objets propres à cette destination, la direction du navire vers les lieux où se fait la traite, et les divers moyens employés pour consommer ce trafic frauduleux. — En conséquence, celui qui a armé et fait voile pour la côte d'Afrique avec les dispositions nécessaires pour se livrer à la traite, et qui n'en a été empêché que par des circonstances indépendantes de sa volonté, ne peut pas être acquitté sous le prétexte qu'il n'y a pas pris part. — *Cass.*, 14 janv. 1826, Blais; 28 oct. 1826, Denys; 17 nov. 1826. Ernest.

13 — ...Que lorsqu'il est établi qu'un navire s'est approvisionné d'objets propres à la traite des noirs, qu'il a été trouvé à l'ancre dans une rivière où se fait cet odieux trafic, qu'il a été rapporté à des témoins que les officiers du bord étaient à terre pour faire la traite; que le commandant du navire n'était pas un capitaine au long cours; qu'il y avait à bord dix hommes de plus que sur le rôle d'équipage; et qu'enfin on avait obligé tous les matelots à changer de nom, les juges peuvent, sans contrevenir à la loi, déclarer que ces faits constituent une participation à la traite des noirs. — *Cass.*, 21 juill. 1827, Rancé.

14. — ... Que la loi prohibitive de la traite des noirs est applicable non seulement à ceux qui vont arracher à leur pays des noirs de traite et qui font ce trafic dans les lieux où se fait l'achat primitif des nègres, mais encore à ceux qui introduisent dans les colonies, achètent ou revendent des esclaves qu'ils savent être le produit récent d'expéditions de cette nature. — Même arrêt.

15. — ... Que toutefois on ne saurait étendre les dispositions pénales au simple transport d'anciens esclaves créoles ou francisés, d'une colonie française ou même d'une colonie étrangère où la traite est interdite dans une de nos colonies, sans qu'il soit établi que ces esclaves soient une provenance directe ou indirecte de la traite. — *Cass.*, 26 mai 1827, Chauvet. — *Contrà*, proc. gén. Mourre.

16. — Sous la loi du 15 avril 1818, la confiscation était toute réelle et n'avait rien de personnel. — *Rennes* (sous *Cass.*, 23 mai 1823), Ducoudray.

17. — Il y avait, dès-lors, excès de pouvoir dans la disposition d'un jugement qui ordonnait le versement au Trésor d'une somme égale à la valeur du navire confiscable comme ayant servi à la traite. — Même arrêt.

18. — Un tribunal ne pouvait pas se dispenser de prononcer la confiscation du navire qui avait servi à la traite, soit qu'il fût rentré en France, soit qu'il se trouvât encore dans des pays soumis à la domination étrangère, et encore bien qu'il n'eût pas été saisi. — Même arrêt.

19. — Lorsqu'un navire ayant servi à la traite avait été confisqué et vendu, sans qu'aucune poursuite pour piraterie eût été intentée contre le capitaine par les armateurs, il y avait présomption que la traite avait eu lieu du consentement et au su de ces derniers. Dès-lors, ils n'étaient pas fondés pour se soustraire à leurs obligations envers les gens de l'équipage à soutenir que la traite entreprise avec leur navire ne l'avait été qu'à leur insu. — *Cass.*, 2 juin 1829, admin. de la marine c. armateurs du navire la *Petite-Betzy*.

20. — La confiscation d'un navire par suite de la traite des noirs n'a pu être assimilée au cas d'abandon, de prise, bris ou naufrage du navire, et avoir pour effet de décharger les armateurs de toute responsabilité civile envers l'équipage. — Même arrêt.

21. — La loi du 15 avril 1818, art. 1er, relative à la traite, ne prononçant des peines que contre les armateurs et le capitaine et non contre les gens de l'équipage qui sont censés ignorer la destination du navire, les dispositions de cette loi ne peuvent être étendues aux marins de l'équipage, notamment pour les priver de leurs gages, loyers ou indemnités de voyages, sous prétexte que toute convention faite entre eux et les armateurs, au sujet de la traite, serait illicite et nulle. — Même arrêt.

22. — L'administration de la marine qui, en vertu de l'obligation par elle imposée, a pourvu à la nourriture, aux frais de traitement dans les hôpitaux, et au rapatriement des marins ou gens de l'équipage d'un navire arrêté et confisqué, comme ayant servi à la traite a, pour le remboursement de ses avances, contre les armateurs, une action qui doit être considérée comme directe, et non une simple subrogation aux droits des gens de l'équipage, à raison des gages, loyers et indemnités qui peuvent leur être dus. Par suite on ne saurait appliquer à cette action la prescription d'un an dont sont passibles ces gages et loyers; il n'y a lieu, dans ce cas, qu'à la prescription de trente ans. — Même arrêt.

23. — La disposition de la loi de 1818 qui prononçait l'interdiction du capitaine, s'appliquait à tous ceux qui de quelque manière et par quelque cause que ce fût, avaient le commandement au moment du trafic, et particulièrement au capitaine en second qui avait pris le commandement après la mort du capitaine en premier, arrivée pendant le voyage. — *Cass.*, 15 fév. 1822, Baisse.

24. — Ces affaires devaient être instruites devant les tribunaux connaissant des contraventions en matière de douanes et jugées par eux. — L. 15 avr. 1818, art. 2.

25. — C'était au tribunal de police correctionnelle et non au juge de paix qu'il appartenait de connaître des contraventions en matière de traite. — *Cass.*, 29 mars 1822, Denis.

26. — Les tribunaux français étaient incompétens pour juger un bâtiment américain prévenu de s'être livré à la traite des noirs. — Commission des prises de la Martinique, 10 avr. 1824 (sous *Cons. d'état*, 1er mars 1826), le *Ploughboy* c. la *Jeanne d'Arc*.

27. — Dans le cas où un armateur avait formé contre l'administration des douanes une action en restitution d'objets saisis sous prétexte de contravention à la loi du 15 avr. 1818 et en dommages-intérêts à raison du retard apporté au départ du navire, les tribunaux étaient compétens pour statuer sur la remise des objets saisis; mais c'était devant le ministre de la marine, sauf recours au Conseil d'état, que devait être portée la demande en dommages-intérêts, ainsi que la demande récursoire de l'administration des douanes contre l'administration de la marine. — Cons. d'état 6 mars 1828, Favre c. douanes. — V. aussi dans le même sens, sur la question d'indemnité, *Cons. d'état*, 21 sept. 1827, Lemercier.

28. — La contestation qui avait pour objet un nègre saisi comme *épave*, était du ressort de l'autorité judiciaire, soit qu'on prétendît que le nègre avait été importé dans la colonie depuis l'abolition de la traite des noirs, soit qu'il fît partie des esclaves antérieurs à cette abolition. — *Cons. d'état*, 6 nov. 1822, ministre de la marine.

29. — Le ministère public avait le droit de rechercher et de poursuivre les contraventions en matière de traite. — *Cass.*, 29 mars 1822, Denis.

30. — Les poursuites exercées par le ministère public, en matière de traite des noirs, ne peuvent pas être assimilées à celles qui sont exercées par des administrations publiques dans un intérêt pécuniaire, et ne donnent pas lieu à des dommages-intérêts contre le gouvernement, en cas d'acquittement. — *Cass.*, 17 sept. 1825, armateurs et capitaine de la goëlette la *Marie-Madeleine*.

31. — Depuis la loi du 15 avril 1818, les moyens de preuve, en matière de traite des noirs, étaient rentrés dans le cercle et les principes du droit commun. — En conséquence, un tribunal n'a pu refuser de prononcer la confiscation et l'interdiction portées par la loi contre des individus qui

avaient introduit dans une colonie française des noirs de traite, sous le prétexte qu'il n'y avait pas eu de saisie lors de l'introduction, ni de procès-verbal pour la constater, ainsi que cela est prescrit en matière de douanes. — *Cass.*, 12 oct. 1821 (intérêt de la loi), Achard.

32. — Dans le but d'empêcher la traite des noirs, une ordonnance royale du 24 juin 1818 établit une croisière sur les côtes d'Afrique.

33. — L'ordonnance royale du 22 nov. 1819 (art. 2), détermine la manière dont seraient instruites et jugées les poursuites relatives à la traite des noirs à la Martinique et la Guadeloupe, dans les établissemens français de l'Inde et de Cayenne.

34. — Une autre ordonnance du 22 déc. 1819 établit une commission spéciale pour donner son avis sur les actions à intenter en matière de contravention aux lois prohibitives de la traite des noirs.

35. — Une ordonnance royale du 18 janv. 1823 défend, sous les peines y exprimées, à tout armateur et capitaine français d'employer et d'affréter des bâtimens qui leur appartiennent ou qu'ils commandent, à transporter des esclaves.

36. — Enfin, une autre ordonnance du 13 août 1823, complétant les dispositions de l'ordonnance du 8 janv. 1817 et de la loi du 15 avr. 1818, statue, en cas de poursuites, sur l'empêchement d'embarquer et sur l'interdiction définitive du capitaine.

37. — La loi du 15 avril 1818 a été abrogée par celle du 25 avril 1827, laquelle contenait les dispositions suivantes :

38. — Les négocians, armateurs, subrécargues et tous ceux qui, par un moyen quelconque, se seraient livrés à la traite des noirs, le capitaine ou commandant et les autres officiers de l'équipage, tous ceux qui sciemment auraient participé à ce trafic comme assureurs, actionnaires, fournisseurs ou à tout autre titre, sauf toutefois l'exception portée en l'an III, devaient être punis de la peine de bannissement et d'une amende égale à la valeur du navire et de la cargaison prise dans le port de l'expédition. — L'amende devait être prononcée conjointement et solidairement contre tous les individus condamnés. Le navire était, en outre, confisqué. — Art. 1er.

39. — La loi était applicable à ceux qui avaient seulement participé comme à ceux qui avaient fait la traite pour leur propre compte. En conséquence, étaient punissables tant celui qui, dans l'expédition, était chargé de la conduite et de la subsistance des nègres que le capitaine du navire qui les portait, lors même que les nègres auraient été momentanément entreposés sur un islet dépendant d'une colonie où la traite était permise, s'il était d'ailleurs constant que le chargement consistât en noirs nouveaux. — *Cass.*, 24 avr. (et non 22 mai) 1829, Moras.

40. — Le capitaine et les officiers de l'équipage étaient déclarés incapables de servir à aucun titre, tant sur les vaisseaux et bâtimens du roi, que sur ceux du commerce français. — Art. 2.

41. — Les autres individus faisant partie de l'équipage étaient passibles de la peine de trois mois à cinq ans d'emprisonnement. Toutefois, étaient exceptés ceux qui, dans les quinze jours de l'arrivée du navire, auraient déclaré aux autorités maritimes des faits relatifs au susdit trafic dont ils auraient eu connaissance. — Art. 3.

42. — Lorsque des individus étaient traduits devant un tribunal maritime, à raison de faits de piraterie et de traite des noirs, ce tribunal n'a pu connaître que du premier de ces crimes malgré la connexité existant entre eux, et il a dû renvoyer à la juridiction ordinaire la connaissance du délit de traite des noirs. — *Cass.*, 25 mars 1830, Vincent.

43. — Les arrêts et jugemens de condamnation devaient être insérés au *Moniteur* par extraits contenant les noms des individus condamnés, ceux des navires et des ports d'expédition. Cette insertion devait être ordonnée par les Cours et tribunaux, indépendamment des publications prescrites par l'art. 36, C. pénal. — Art. 4.

44. — Les peines portées par cette loi étaient indépendantes de celles qui devaient être prononcées, conformément au Code pénal pour les autres crimes ou délits qui auraient été commis à bord du navire. — Art. 5.

45. — Suivant l'art. 1er d'une ordonnance royale du 16 nov. 1831, les sommes provenues et à provenir ultérieurement des ventes de navires capturés, pour motifs de traite des noirs, par les bâtimens de l'état, et confisqués définitivement par jugemens prononcés dans les colonies en vertu de la loi du 25 avril 1827, doivent être réparties entre les capteurs, conformément aux lois et réglemens sur les prises maritimes.

46. — La loi du 25 avr. 1827 a été elle-même abrogée par celle du 4 mars 1831, laquelle statue en ces termes :

47. — Quiconque aura armé ou fait armer un navire dans le but de se livrer à la traite des noirs sera puni d'un emprisonnement de deux à cinq ans si le navire est saisi dans le port d'armement avant le départ. Les bailleurs de fonds et assureurs qui auront sciemment participé à l'armement, le capitaine et le subrécargue du navire seront punis de la même peine. La poursuite ne pourra avoir lieu que lorsque la preuve du but de l'armement paraîtra résulter soit des dispositions faites à bord, soit de la nature du chargement. — Art. 1er.

48. — Si le navire est saisi en mer avant qu'aucun fait de traite ait eu lieu, les armateurs seront punis de dix ans à vingt ans de travaux forcés. Seront aussi punis : de la réclusion, les bailleurs de fonds et assureurs qui auront sciemment participé à l'armement ; de cinq à dix ans de travaux forcés, le capitaine et le subrécargue ; de la réclusion, les officiers, et d'un emprisonnement d'un an à cinq ans, les hommes de l'équipage. — Art. 2.

49. — Si un fait de traite a eu lieu, le capitaine et le subrécargue seront punis de dix ans à vingt ans de travaux forcés ; les officiers, de cinq ans à dix ans de travaux forcés ; les hommes de l'équipage seront punis de la réclusion ainsi que tous les autres individus qui auront sciemment participé ou aidé au fait de traite, sans préjudice des peines portées contre les armateurs, bailleurs de fonds et assureurs par l'article précédent. — Art. 3.

50. — Les peines prononcées par les précédens articles contre le capitaine et le subrécargue sont applicables aux individus qui, quoique non inscrits comme tels sur les rôles d'équipages, en auront rempli les fonctions. L'aggravation des peines prononcées par l'art. 198, C. pén., sera encourue par les fonctionnaires publics qui, chargés d'empêcher et de réprimer la traite, l'auraient favorisée ou y auraient pris part. — Art. 4.

51. — Dans tous les cas ci-dessus, le navire et la cargaison seront saisis et vendus. Si le navire et la cargaison n'ont pas été saisis, les armateurs, bailleurs de fonds et assureurs seront solidairement condamnés à une amende égale à leur valeur. Dans tous les cas, les coupables pourront en outre être condamnés solidairement à une amende qui ne sera pas moindre de la valeur du navire et de la cargaison, et qui n'excèdera pas le double de cette valeur. — Art. 5.

52. — Ne seront passibles d'aucune peine les hommes de l'équipage autres que les capitaines, officiers et subrécargues qui, avant toute poursuite connue d'eux et au plus tard dans les quinze jours après leur débarquement, auront déclaré aux agens du gouvernement ou, à leur défaut, devant l'autorité du lieu, les faits relatifs à la traite auxquels ils auraient participé. — Art. 6.

53. — L'exemption de la peine pourrait être réclamée même par les hommes de l'équipage qui seraient partis connaissant la destination du navire. De plus, un homme embarqué, sans savoir que le navire était destiné à la traite, qui aurait rempli dans le voyage son devoir comme matelot ou officier par suite de l'obéissance due à ses chefs, ne serait pas punissable au cas de non révélation. — Duvergier, sur cet art. 6, *Collect. des lois*, t. 27, p. 84 et 85, et t. 31, p. 56.

54. — Les crimes et délits commis à bord d'un navire contre les noirs embarqués seront punis des peines portées par le Code pénal. — L. 4 mars 1831, art. 7.

55. — Les hommes de l'équipage qui, par suite de la révélation qu'ils auraient faite, conformément à l'art. 6, se seraient soustraits à la peine de la traite, n'échapperaient pas, pour cela, à celles dues pour les crimes et délits qu'ils auraient commis contre les noirs à bord, tels que coups et blessures, attentats à la pudeur, etc. — Beaussant, t. 1er, nº 227.

56. — Quiconque fabriquera, vendra ou achètera des fers spécialement employés à la traite des noirs sera puni d'un emprisonnement d'un an à deux ans. Tout possesseur, au moment de la promulgation de la loi, de fers de cette espèce, est tenu d'en faire la déclaration dans le délai de quinze jours et de les dénaturer dans le délai de trois mois sous peine de six mois d'emprisonnement. — Art. 8.

57. — Quiconque aura sciemment recélé, vendu ou acheté un ou plusieurs noirs introduits par la traite dans une colonie depuis la promulgation de la présente loi, sera puni d'un emprisonnement de six mois à cinq ans. Les délits prévus et punis par le présent article seront prescrits, et aucune poursuite ne pourra être exercée lorsqu'il se sera écoulé une année depuis l'introduction dans la colonie du noir recélé, vendu ou acheté. — Art. 9.

58. — « Dans l'état précédent de la législation, dit M. Duvergier (*Collect. des lois*, t. 31, p. 57, sous cet article), un noir éloigné des côtes de cent toises n'était plus réputé *noir de traite*. On sent combien un pareil principe était favorable à l'introduction des noirs, et par conséquent à la traite. Désormais celui qui aura acheté, recélé ou vendu un noir sera punissable, quelle que soit la distance des côtes où le noir aura été recélé ou vendu. Seulement, il faudra la réunion de ces trois circonstances : 1° que le noir ait été introduit par la traite ; 2° que l'acheteur, le vendeur ou le receleur l'ait su ; 3° enfin qu'il ne se soit pas écoulé plus d'un an depuis l'introduction du noir.

59. — Les noirs reconnus noirs de traite, dans les cas prévus par les art. 5 et 9 ci-dessus, seront déclarés libres par le même jugement. Acte authentique de leur libération sera dressé et transcrit sur un registre spécial déposé au greffe du tribunal. Il leur en sera remis expédition en forme et sans frais. » — L. 4 mars 1831, art. 10.

60. — Les noirs ainsi libérés pourront toutefois être soumis envers le gouvernement à un engagement dont la durée n'excédera pas sept ans, à partir de l'introduction dans la colonie ou de l'époque où ils seront devenus adultes. Ils seront employés pendant le cours de cet engagement dans les ateliers publics. — Art. 11. — Ces dispositions sont applicables aux noirs de traite provenant des saisies antérieures et actuellement en la possession du gouvernement. La durée de l'engagement auquel ces noirs seraient soumis sera comptée à dater de la promulgation de la présente loi. — Art. 12.

61. — Lorsque le fait incriminé aura été commis dans un port du territoire continental de la France, et lorsque le navire aura été saisi et conduit dans ce port, le jugement du crime ou délit sera attribué à la Cour d'assises du département. — Art. 13.

62. — Lorsque le fait incriminé aura été commis dans une colonie française, et lorsque le navire aura été saisi ou conduit dans un de ses ports, le jugement du crime ou délit sera attribué à la Cour d'assises de la colonie. — Les quatre assesseurs seront tirés au sort par le gouverneur, en séance publique, parmi les fonctionnaires de l'ordre administratif les plus élevés en grade. — Au Sénégal, le jugement des crimes et délits commis en matière de traite des noirs continuera d'être attribué au conseil d'appel. — Art. 14. — « La loi, ajoute M. Duvergier (*loc. cit.*, sous cet article), n'a pas voulu que les assesseurs fussent choisis suivant le mode ordinaire. On a craint que les préjugés dont sont encore imbus des colons ne les rendissent trop indulgents contre les auteurs du crime de traite. » — Quant à la composition des cours d'assises dans les colonies, V. COLONIES et les différens mots de renvoi aux colonies particulières.

63. — Lorsqu'il pourra être nécessaire de réclamer le renvoi du jugement du crime ou du délit à une Cour autre que celle de la colonie, le procureur général, soit d'office, soit sur la réquisition du gouverneur, se pourvoira à cet effet devant la Cour de cassation. La poursuite sera suspendue jusqu'à la notification de l'arrêt de cette cour. — L. 4 mars 1831, art. 15.

64. — Le renvoi pour cause de suspicion légitime peut être demandé par le procureur général ou le gouverneur, suivant le Code d'instr. crim. Cela a été formellement déclaré par les rapporteurs de la loi, à la Chambre des Pairs et à la Chambre des Députés. — Duvergier, sur cet art., t. 31, p. 58.

65. — Les fonds provenant de la vente des navires et cargaisons seront affectés, ainsi que le produit des amendes, à l'amélioration du sort des noirs libérés, sauf les droits attribués aux capteurs, conformément aux lois et réglemens sur les prises maritimes. — L. 4 mars 1831, art. 16. — V. PRISES MARITIMES.

66. — Les arrêts et jugemens de condamnation seront insérés dans le *Moniteur* et dans le Bulletin officiel de la colonie, par extraits, contenant les noms des individus condamnés, ceux des navires et des ports d'expédition. Cette insertion sera ordonnée par les cours et tribunaux, indépendamment des publications prescrites par l'art. 36, C. pén. — Art. 17.

67. — La loi de 1831, ne parlant que de la *traite des noirs*, ne s'applique dès-lors qu'au trafic qui a lieu sur les côtes africaines. Mais cet infâme commerce se fait également avec et contre les Indiens, les peaux rouges, cuivrées, etc. Il faut, dans ce dernier cas, recourir à l'ordonnance du 18 janv. 1823, qui ordonne l'arrestation de tout navire français employé au transport des *esclaves*. — Beaussant, t. 1er, nº 233.

68. — Cependant, l'intérêt particulier trouvait toujours le moyen d'éluder les lois et les traités

précités, au moyen d'un pavillon autre que celui de la nation auquel appartenait le contrevenant. Les divers états qui consentaient à la répression de la traite, devaient donc nécessairement prendre des mesures communes et un droit de surveillance réciproque, pour arriver à cette répression.

69. — Une première convention intervint donc à ce sujet entre la France et l'Angleterre le 30 nov. 1831, laquelle fut suivie d'une autre convention supplémentaire du 22 mars 1833. — V. ordonnance de publication du 25 juill. 1833.

70. — D'après ces conventions, le droit de visite réciproque peut être exercé à bord des navires de l'une et l'autre nation, dans des parages indiqués, et par des croiseurs ou bâtimens de guerre, dont le nombre sera indiqué chaque année.

71. — On détermine également les circonstances d'après lesquelles un bâtiment des deux nations sera présumé, à moins de preuve contraire, s'être livré à la traite ou avoir armé pour ce trafic. — Convent. 22 mars 1833, art. 6.

72. — Les navires capturés pour s'être livrés à la traite, ou comme soupçonnés d'être armés pour ce trafic, doivent être, ainsi que leurs équipages, remis, sans délai, à la juridiction de la nation à laquelle ils appartiennent, pour être jugés d'après les lois en vigueur dans leurs pays respectifs. — Convent. 30 nov. 1831, art. 7.

73. — A ces conventions ont accédé successivement le Danemark Convent. 8 déc. 1834; ord. de public. 24 déc. 1834); la Sardaigne (Convent. 8 août et 8 déc. 1834; ord. de public. 26 sept. 1835); les villes anséatiques (Convent. 9 juin 1837; ord. de public. 6 déc. 1838); la Toscane (Convent. 24 nov. 1837; ord. de public. 8 déc. 1838); les Deux-Siciles (Convent. 10 déc. 1838; ord. de public. 14 fév. 1838); Haïti Convent. 29 août 1840; ord. de public. 10 juill. 1841).

74. — Une autre convention spéciale pour la répression de la traite des noirs a également eu lieu entre la France et le royaume de Suède et de Norwége, le 21 mai 1836. (V. ord. de public. 20 août 1836).

75. — Jugé que la traite faite par un navire portugais n'est point punissable par les tribunaux français, aucune convention entre la France et le Portugal n'autorisant la capture des navires de traite, et la punition des capitaines et équipages qui se livrent à ce trafic. — Commission des prises de l'île Bourbon, 24 déc. 1840 (sous *Cons. d'état*, 4 fév. 1842), le navire *le Pocha*.

76. — Le 29 mai 1845, il est intervenu entre la France et l'Angleterre une nouvelle convention destinée à remplacer celles des 20 nov. 1831 et 22 mars 1833, et ayant pour but de suivre des mesures plus efficaces pour arriver à la répression de la traite. — V. ord. de public., 28 janv. 1846.

77. — Le décret du 27 avril 1848, qui a de nouveau aboli l'esclavage dans les colonies et possessions françaises, porte dans son art. 8 : « A l'avenir, même en pays étranger, il est interdit à tout français de posséder, d'acheter ou de vendre des esclaves, et de participer soit directement, soit indirectement, à tout trafic ou exploitation de ce genre. Toute infraction à ces dispositions entraînera la perte de la qualité de citoyen français. »

V. aussi BOURBON (île), COLONIES, ESCLAVAGE.

TRAITÉ.

Mot générique par lequel on désigne les conventions de toute nature qui interviennent entre les particuliers. — V. CONTRAT, CONVENTION, FAILLITE, MARCHÉ, PACTE. — V. aussi OFFICE, TUTELLE.

TRAITÉS DIPLOMATIQUES.

1. — Conventions entre nations, qui ont pour objet de régler leurs relations réciproques.

2. — La Charte de 1830 avait attribué au roi le pouvoir de faire les traités. « Le roi, portait l'art. 13 de cette charte, commande les forces de terre et de mer, déclare la guerre, *fait les traités de paix, d'alliance et de commerce*, nomme à tous les emplois d'administration publique, et fait les réglemens et ordonnances nécessaires pour l'exécution des lois, *sans pouvoir jamais ni suspendre les lois elles-mêmes, ni dispenser de leur exécution.* » La Charte du 4 juin 1814 contenait une disposition semblable.

3. — La Constitution du 3 sept. 1791, en conférant au roi le même droit, avait exigé la ratification du corps législatif (chap. 4, sect. 3e, art. 3). Sous celle du 24 juin 1793, les actes du corps législatif concernant la ratification des traités étaient désignés sous le nom particulier de *décrets* (art. 55). L'art. 50 de la Constitution du 22 frim. an VIII était également ainsi conçu : « Les déclarations de guerre et les traités de paix, d'alliance et de commerce, sont proposés, discutés, décrétés et promulgués comme des lois. » Seulement, le gouvernement pouvait demander que les discussions et délibérations sur ces objets se fissent en comité secret. — Même article.

4. — Avait-il été dérogé à ces dispositions par les Chartes de 1814 et de 1830 ? En d'autres termes, le droit accordé au roi de négocier, de faire les traités de paix et de guerre, était-il plus étendu que celui qui était attribué à l'empereur ? Les traités passés par le roi étaient-ils obligatoires envers les nations contractantes, sans l'intervention des chambres ?

5. — On reconnaissait généralement la nécessité de soumettre aux chambres législatives les traités qui contenaient une clause financière. Ce n'était pas que la Charte de 1830 leur eût fait une condition à part; car elle disait purement et simplement, comme nous l'avons vu : *le roi fait les traités*. Mais elle voulait en même temps qu'aucun impôt ne pût être *établi* ni *perçu*, s'il n'était consenti par les chambres (art. 40). Or, comme toute clause financière d'un traité se résout en impôt, on en avait conclu qu'elle devait être soumise aux chambres.

6. — On reconnaissait encore que notre droit public ne permettait pas qu'aucune aliénation de domaine pût avoir lieu, sans le consentement des chambres. Cette question avait été examinée spécialement, sous l'empire de la Charte de 1814, lors de la discussion de la loi du 30 avr., — 13 mai 1826, sur la répartition de l'indemnité stipulée en faveur des anciens colons de Saint-Domingue. Si l'on consulte l'histoire, disait-on, on voit toujours les parlemens et les états-généraux protester contre les aliénations ou concessions de territoire. On citait notamment les exemples des traités faits par les rois Jean et François 1er, que les états refusèrent de ratifier ; les actes de saint Louis, de Charles V, Charles VI et Charles VIII, révoquant toutes les aliénations du domaine de la couronne, faites par leurs prédécesseurs ; l'édit de Charles IX, de fév. 1566, vulgairement désigné sous le titre d'ordonnance du domaine; l'édit d'avril 1667 et celui de 1717, relatif aux princes légitimes, dans lequel Louis XV s'exprimait ainsi : « Puisque les lois fondamentales de notre royaume nous mettent dans une heureuse impuissance d'aliéner le domaine de notre couronne (c'est-à-dire le domaine de l'état), nous faisons gloire de reconnaître qu'il nous est encore moins libre de disposer de notre couronne même. » Vainement, ajoutait-on, on argumenterait pour soutenir qu'il en devrait être autrement, de ce qu'aucun article de notre constitution n'exigeait le concours des chambres pour l'aliénation d'une partie du territoire. La Charte de 1814 et celle de 1830 avaient étendu les droits de la nation, lui en avaient conféré de nouveaux, en laissant subsister ceux qu'elle possédait déjà. Ainsi, l'inaliénabilité du territoire étant un principe de notre ancien droit public, ce principe s'était trouvé confirmé par le silence des deux Chartes précitées.

7. — Ces deux cas étaient-ils les seuls dans lesquels les traités dussent être soumis à l'approbation des chambres ? La négation résultait des termes et de l'esprit de l'art 13 de la Charte de 1830. D'après cet article, en effet, le roi ne pouvait faire les traités, que comme il pouvait faire tous les autres actes qui étaient de son domaine, c'est-à-dire en se conformant aux lois qu'il n'avait pas le droit ni de modifier, ni de suspendre. Ainsi, dans ses relations avec les puissances étrangères, comme dans ses rapports avec les différens pouvoirs de l'état, son action était renfermée dans le cercle des lois. Il n'avait pas plus le droit de faire des lois par un traité, qu'il n'avait le droit d'établir des impôts ou d'abdiquer une partie du territoire français. Il suit de là que les conventions diplomatiques qui, comme celles de 1831 et 1833 relatives au droit de visite, déléguaient la souveraineté, donnaient action à des étrangers sur nos propriétés et sur nos personnes, chargeaient une force armée étrangère de faire exécuter les lois françaises, modifiaient les règles de notre législation maritime, et renversaient le principe fondamental de notre législation criminelle, excédaient les limites de ses attributions et ne devaient pas être conclues sans le concours du pouvoir législatif, en supposant encore toutefois qu'il pût lui-même apporter à nos institutions de si graves changemens.

8. — En conséquence, sous la monarchie de 1830, toute convention diplomatique qui avait pour objet de déroger à ce principe incontestable, savoir qu'un acte quelconque du pouvoir chargé de l'exécution des lois ne pouvait modifier ni la Charte, ni les lois, si elle n'avait pas été approuvée par les chambres, était entachée d'un vice de nullité. « Les traités publics ne peuvent être *valablement* conclus que d'une manière conforme aux lois constitutionnelles. » — Kluber, *Droit des gens*, § 142. — Vatel (*Droit des gens*, liv. 2. chap. 12, § 154) a dit également : « C'est dans les lois fondamentales de chaque état qu'il faut voir quelle est la puissance capable de contracter *valablement* au nom de l'état. »

9. — Mais cette nullité était-elle de droit public et de droit des gens, de telle sorte qu'elle pût être opposée à l'état avec lequel la convention avait été conclue ? La négative a été soutenue par M. Hello, dans un article intitulé *Du droit de visite dans ses rapports avec les principes de notre droit public*. — V. *Revue de législation*, par Wolowski, année 1843, t. 1er, p. 139. — « Quand le vice de l'acte, a dit cet auteur, a passé dans une convention avec une puissance étrangère, et que la ratification a donné un caractère définitif à l'ouvrage des plénipotentiaires, nous n'en restons plus les seuls juges ; l'autre partie contractante tient du contrat même le droit d'être écoutée. Si le sort des traités entre les puissances dépendait indéfiniment de la constitution intérieure de chacune d'elles, les traités seraient impossibles ; la foi en serait détruite ; le droit public d'une nation peut être une raison de ne pas conclure, mais n'en saurait être une bonne de se dégager seul après la conclusion. » Cette doctrine ne tendait à rien moins qu'à conférer au pouvoir exécutif la faculté de violer la Charte, de renverser les lois par des traités que l'état se serait trouvé dans l'obligation d'exécuter et de maintenir, parce qu'ils auraient été ratifiés par le roi. Mais elle ne pouvait, ce nous semble, prévaloir en présence de ce principe qui domine toutes les conventions internationales, que le pouvoir exécutif n'avait pas qualité pour conclure des traités contraires à la Charte et aux lois, pour traiter efficacement et valablement en dehors de ses attributions constitutionnelles. Toutes les conventions contraires à ce principe sont l'œuvre d'un pouvoir qui n'a pas reçu le droit de les faire. Elles sont donc nulles selon le droit des gens et le droit public. Cette conséquence n'est pas plus injuste qu'illégale. En effet, dans le droit public, nul n'est censé ignorer la loi. C'est là, il est vrai, une présomption rarement d'accord avec les faits ; mais qu'il faut cependant accepter comme une de ces nécessités d'ordre public sans lesquelles aucune société ne serait possible. La même règle doit être admise dans le droit des gens. Un état est toujours présumé connaître la constitution de l'état avec lequel il contracte ; car les règles de cette constitution déterminent le caractère des pouvoirs de ses représentans et fixent les limites de leur mandat. Ainsi, un traité qui avait modifié ou suspendu les lois, conclu par le roi sans l'approbation des chambres, ne pouvait être exécuté, ne pouvait engager la France. « Les traités, dit Grotius (*De jure belli et pacis*, lib. 2. cap. 15), qui outrepassent les pouvoirs des négociateurs sont nuls de plein droit et ne peuvent lier la puissance au nom de laquelle ils ont été contractés. »

10. — Le silence, quelque long qu'il soit, gardé sur la nullité qui vicie un traité, l'erreur commune qui s'est perpétuée à cet égard, ne sauraient même le valider pour l'avenir. Il est comme l'édit de ce préteur esclave dont parlent les lois romaines. Son inconstitutionnalité découverte, ses effets ne doivent plus subsister que pour le passé. Les tribunaux enfreindraient leurs pouvoirs si, nonobstant, ils persistaient à en appliquer les dispositions dans ce qu'elles ont de contraire à la Charte et aux lois. Ce silence ou cette erreur ne peuvent être qu'un obstacle à tout brusque changement.

11. — Dans les cas mêmes où les traités avaient été conclus dans les limites du pouvoir exécutif, s'ils étaient pernicieux au royaume, les chambres avaient le droit de demander au roi de charger ses ministres d'en proposer l'abolition. Elles suivaient en cela l'exemple des états généraux, qui, en l'an 1506, engagèrent Louis XII à rompre le traité qu'il avait fait avec l'empereur Maximilien et l'archiduc son fils, parce que ce traité était pernicieux au royaume. — Vatel, *Droit des gens*, liv. 11, chap. 12, § 160.

12. — La Constitution du 4 nov. 1848 n'a pas admis, relativement à la conclusion des traités diplomatiques, le système consacré par la Charte de 1830. Cette Constitution veut, au contraire, comme celle du 3 septembre 1791, qu'aucun traité conclu par le pouvoir exécutif ne puisse être exécutoire, s'il n'a été approuvé par l'Assemblée législative. L'art. 53 de la Constitution de 1848 est en effet ainsi conçu : « Il (le président de la République) négocie et ratifie les traités — Aucun traité n'est définitif qu'après avoir été approuvé par l'Assemblée nationale. » — V. POUVOIR EXÉCUTIF, PRÉSIDENT DE LA RÉPUBLIQUE.

13.—Les traités cessent d'être obligatoires entre nations dans le cas où telle ou telle circonstance, dont l'existence est supposée nécessaire par les deux parties, vient à disparaître. — Kluber, *Droit des gens*, § 165.

14.—Les traités légalement stipulés doivent-ils être conformes avec de simples actes administratifs et d'exécution? Ne sont-ils pas des actes de gouvernement et de souveraineté? N'ont-ils pas le caractère de lois? « Les traités, a dit M. le procureur général Dupin (réquisitoire prononcé lors de l'arrêt de Cassation ci-après du 24 juin 1839), ont force de loi; et ce n'est pas même une simple assimilation, c'est une réalité, quand ils stipulent une abdication de territoire, une aliénation de domaine, un payement de subsides; car, dans tous ces cas, notre constitution exige l'intervention et la sanction du pouvoir législatif. » Et la cour de Cassation a consacré cette doctrine. (V. arrêts des 24 juin 1839 (t. 2 1839, p. 208) et 11 août 1841 (t. 2 1841, p. 554), Napier c. Charles Lennox, duc de Richmond. — Aujourd'hui, tous les traités, sans distinction, ont force de loi, puisqu'ils sont tous revêtus de l'approbation du pouvoir législatif.

15.—Mais à partir de quel jour les traités deviennent-ils obligatoires pour les citoyens? Ce n'est ni du jour de la signature ni du jour de la ratification. Le principe général, que les lois n'obligent pas et elles ne sont promulguées (*non obligat lex nisi promulgata*), est applicable aux traités. Le sénatus-consulte du 16 thermid. an X (art. 58) et celui du 28 flor. an XII (art. 44) le déclaraient formellement, et cette disposition des sénatus-consultes ne saurait être considérée comme abrogée.

16.—Les traités politiques légalement stipulés ne deviennent donc lois de l'état que quand ils ont été reçus et publiés en France. — Cass., 10 avr. 1838 (t. 2 1838, p. 232), tenanciers arrosans de Caramany c. tenanciers de Rivesaltes.

17.—Ainsi, lorsque le traité de réunion d'un pays à la France porte que les concessions faites par l'ancien souverain seront maintenues, ces concessions acquièrent la même force que si elles étaient émanées des rois de France eux-mêmes, alors surtout que les rois de France reconnaissent postérieurement la possession qui a eu lieu. — Même arrêt.

18.—Telles étaient les concessions consacrées par le traité de 1657, en vertu duquel le Roussillon fut réuni à la France.—Même arrêt.

19.—Un traité d'alliance avec une puissance étrangère qui n'a pas été promulgué en France ne peut légalement devenir la base d'une poursuite judiciaire contre des citoyens qu'on inculperait, à raison d'infractions à ce traité, des crimes punis par les art. 76, 77, 79 et 84, C. pén. — Cass., 26 nov. 1824, Jauge.

20.—L'exécution d'un traité appartient soit à la diplomatie, quand un traité principal exige des conditions accessoires; soit à l'armée, quand on ne peut l'obtenir autrement (on en a un exemple dans le siège et la prise d'Anvers); soit à l'autorité administrative, si les actes sont de son ressort; ainsi, par exemple, une convention postale est exécutée par la direction des postes françaises); soit à l'autorité judiciaire, si, à l'occasion des traités; il s'élève des contestations privées qui sont de sa compétence, telles que des questions de propriété, de famille, de succession, ou autres de ce genre.—Dupin, réquisit. prononcé lors de l'arrêt du 24 juin 1839 (V. t. 2 1839, p. 208 et suiv. de notre collection, où ce réquisitoire est rapporté).

21.—Les tribunaux civils sont compétens pour faire l'application des traités diplomatiques, dans le cercle des intérêts privés qui s'agitent devant eux. — Douai, 2 janv. 1843 (t. 2 1843, p. 266) hospices de Béthune c. Goudemetz.

22.—L'interprétation des traités étant surtout dévolue à chaque autorité sous le point de vue qui lui appartient, a recours, pour cette interprétation, dans les questions internationales, à de nouvelles négociations, qui sont pour issue la bonne foi ou la force. Dans les questions d'intérêt privé, les parties et les tribunaux ont recours à l'interprétation doctrinale. Toutefois, cette interprétation ne peut avoir lieu qu'en vue d'appliquer les conséquences naturelles qui dérivent d'un traité, d'après son esprit, le sens logique des termes et les maximes générales du droit, et non en vue de le modifier ou quoi que ce soit dans ses effets politiques. On doit procéder ici, comme on fait dans l'interprétation des lois ordinaires. — Cass., 24 juin 1839 (t. 2 1839, p. 208); Paris, 18 mai 1840 (t. 2 1840, p. 145), et Cass., 11 août 1841 (t. 2 1841, p. 554), Napier c Charles Lennox, duc de Richmond. —Dupin, eod. loc.

23.—Lorsqu'un traité a ordonné la remise à un étranger d'un immeuble situé en France et appar-

tenant à son auteur, les tribunaux français sont compétens pour décider si cette remise doit, d'après le traité, être opérée au profit du seul héritier qui y est nommé, ou bien de tous les héritiers dans la proportion de leurs droits héréditaires. — Mêmes arrêts.

24. — Dans l'interprétation des traités diplomatiques, les juges doivent préférer l'interprétation qui concorde avec le droit commun et le droit public français à celle qui en contrarierait les principes. — V. l'arrêt ci-dessus du 24 juin 1839.

25.—Spécialement, le traité du 30 mai 1814, qui, dans un de ses articles additionnels, ordonne 1° la levée du séquestre apposé par le décret de Berlin du 21 nov. 1806 sur la terre d'Aubigny, appartenant au duc de Richmond, troisième du nom; 2° la restitution de cette terre au neveu de ce dernier nominativement, ne doit pas être considéré comme attributif en faveur de celui-ci de la propriété de cette terre, à l'exclusion des autres héritiers du duc de Richmond. — V. les arrêts précités de Cassation et de Paris.

26. — Cette attribution, quoique nominative à l'égard du quatrième duc de Richmond, n'a été faite en réalité qu'à la succession du duc de Richmond, troisième du nom, de telle sorte que tous les héritiers de celui-ci ont droit au partage de la terre restituée, conformément aux règles du droit civil français. — Mêmes arrêts.

27. — L'autorité judiciaire est incompétente pour connaître des contestations qui s'élèvent à l'occasion de la propriété d'immeubles situés en France appartenant aux fondations anglaises, et à elles particulièrement restitués en vertu des traités de 1814 et 1815. — Douai, 8 mars 1844 (t. 2 1841, p. 493), Féry c. préfet du Pas-de-Calais.

28. — Si l'interprétation et l'explication de ces traités doivent, à raison du caractère de loi qui y est attaché, ressortir de l'autorité judiciaire, il n'en est pas ainsi quand que l'état aurait effectué la remise des immeubles réclamés par les parties intéressées (parce qu'en pareil cas, et à raison de cette délivrance, il ne s'agirait plus que du règlement d'intérêts privés), et non lorsque, loin d'effectuer cette remise, il a pris des dispositions qui lui sont contraires. — Même arrêt.

29. — C'est toujours d'après le principe que l'interprétation des dispositions des traités qui ont pour objet de régler des intérêts privés, appartient aux tribunaux, qu'il a été jugé : 4° que les traités de paix des 30 mars 1814 et 20 nov. 1815 n'avaient pas détruit les effets du droit d'aubaine, quant aux propriétés confisquées par le décret de Berlin du 21 nov. 1806. — Agen, 26 janv. 1825, Auste c. Latour-Saint-Igest.

30 — 2° Que le traité par lequel la France et l'Espagne ont exempté leurs sujets respectifs des droits d'aubaine n'avait pu avoir pour effet de neutraliser le décret du 26 août 1811. — Pau, 19 mars 1834, Caminondo c. héritiers Bordes.

31.—Les traités de ce genre ne sont faits qu'en faveur des nationaux d'origine, sans pouvoir affranchir des peines prononcées par le décret susdaté ceux qui, sans remplir les conditions qu'il impose, se font naturaliser en pays étranger. — Même arrêt.

32. — Quel est, à l'égard des traités existant entre les gouvernemens, l'effet d'une guerre survenue? Ces traités sont-ils anéantis par le seul fait de la guerre? Non; autrement la Convention nationale n'aurait pas eu besoin d'annuler tous traités d'alliance ou de commerce existant entre l'ancien gouvernement français et les puissances avec lesquelles la République était en guerre. — Déc. du 1er mars 1793. — Mais les traités ne sont-ils pas au moins suspendus pendant la guerre? C'est ce que la jurisprudence a plusieurs fois décidé, du moins en ce qui concerne les dispositions des traités qui ont pour objet de régler l'état des personnes, qui confèrent des droits civils, comme le droit de succéder. — Cass., 3 vendém. an X, Fassy c. Béraud; Turin, 10 janv. 1810, Bergera c. Carina; Colmar, 2 avr. 1824, Zwickert c. Mayer; Poitiers, 2 juin 1824, Romieux c. Nord; Cass., 9 juin 1825, mêmes parties.

33. — Jugé également que le traité de commerce avec la Russie, du 11 janv. 1787, n'a pas été annulé, mais seulement suspendu par l'état de guerre de la France avec ce pays. — Cass., 15 juill. 1811, Champeaux-Grammont c. Cardon.

V. AGENT DIPLOMATIQUE, AUBAINE (droit d'), ÉTRANGER, GUERRE, LOI, NEUTRALITÉ, SARDAIGNE, SUISSE, VISITE DE NAVIRE, etc.

TRAITÉ A FORFAIT.

V. FORFAIT.

TRAITEMENT.

V. PENSIONS, SAISIE-ARRÊT.

TRAITEUR.

V. ACTE DE COMMERCE, HOTEL, HOTELIER, PRESCRIPTION.— V. aussi BOISSONS, CONTRIBUTIONS INDIRECTES, FERMETURE DES LIEUX PUBLICS.

TRANSACTION.

Table alphabétique.

TRANSACTION. — 1. — Contrat par lequel les parties terminent une contestation née ou prévienent une contestation à naître. — C. civ., art. 2044.

2. — Cette définition, empruntée par les rédacteur du Code civil à Pothier (t. 1er, p. 22) résume les observations que présentait devant le corps législatif, M. Bigot de Préameneu : « De tous les moyens, disait-il, de mettre fin à ces différends que font naître entre les hommes leurs rapports variés et multipliés à l'infini, le plus heureux dans tous ses effets c'est la transaction, ce contrat par lequel sont terminées les contestations existantes, ou par lequel on prévient les contestations à naître. Chaque partie se dégage alors de toute prévention; elle balance de bonne foi, et avec le désir de la conciliation, l'avantage qui résulterait d'un jugement favorable, et la perte qu'entraînerait une condamnation; elle sacrifie une partie de l'avantage qu'on pourrait espérer pour ne pas éprouver toute la perte qu'est à craindre; et lors même que l'une d'elles se désiste entièrement de sa prétention, elle se détermine par le grand intérêt de rétablir l'union et de se garantir des longueurs, des frais, et des inquiétudes d'un procès. »

§ 1er. — *Caractère de la transaction. — Conditions de son existence* (n° 3).

§ 2. — *Qui peut transiger* (n° 41).

§ 3. — *De ce qui peut faire l'objet d'une transaction* (n° 65).

§ 4. — *Formes de la transaction. — Preuve de son existence* (n° 109).

§ 5. — *Effets de la transaction. — Interprétation* (n° 124).

§ 6. — *Causes de nullité ou rescision des transactions. — Comment elles peuvent être attaquées* (n° 175).

§ 1er. — *Caractère de la transaction, conditions de son existence.*

3. — Il n'est pas absolument nécessaire pour l'existence de la *transaction* qu'il y ait, à proprement parler, sacrifice *réciproque*; c'est ce qui résulte des observations précédentes de M. Bigot de Préameneu : c'est aussi ce que dit Domat (*Lois civ.*, liv. 1er, tit. 13, sect. 1re), qui en définissant la *transaction* « une convention entre deux ou plusieurs personnes qui, pour prévenir ou terminer un procès, règlent leur différend de gré à gré, de la manière dont elles conviennent, et que chacune d'elles craint de perdre ce qu'elle espère de gagner jointe au péril de perdre » (V. L. 1, ff, Transact., L. 2 et L. ult., C., eod. tit.), explique que « celui qui avait quelque prétention ou s'en *désiste* pour une

transaction, ou en obtient une partie ou même *le tout*. »

4. — Suivant M. Duranton, au contraire (t. 18, n° 431 et suiv.), sans cet abandon *réciproque*, la transaction ne se distinguerait nullement du désistement, de l'acquiescement et des actes confirmatifs et de ratification. « *Transactio, nullo dato vel retento seu promisso, minime procedit.* » L. 38, Cod., *De transact.* — V., dans le même sens, Zachariæ, *Dr. civ. th. franc.*, t. 3, § 418.

5. — Quoi qu'il en soit, M. Duranton lui-même (n° 392) dit que la question de distinction entre la transaction proprement dite et un désistement ou acquiescement présentera rarement un grave intérêt, attendu que généralement il faudra dans la personne qui fera un désistement ou acquiescement les mêmes pouvoirs que pour faire une transaction. Dans tous les cas, il n'est pas nécessaire que les conventions respectives des parties soient de la même importance et forment l'équivalent exact les unes des autres. — V. aussi Zachariæ, t. 3, § 418; Marbeau, n° 465.

6. — Les transactions sont judiciaires ou extrajudiciaires, suivant qu'elles sont ou non conclues dans le cours d'une existence judiciaire; ces deux transactions sont régies par les mêmes principes, sauf ce qui sera dit plus bas relativement aux transactions judiciaires qui ont été converties en jugemens, au moyen de conclusions respectivement prises par les parties, et dont le juge a donné acte. — Zachariæ, t. 3, § 419.

7. — La transaction suppose l'existence *actuelle* ou la *possibilité* d'une contestation entre les parties.

8. — Dès-lors, une transaction faite sur des droits qui n'avaient absolument rien de douteux ou sur des prétentions totalement dénuées de toute espèce de fondement doit être considérée comme dépourvue de cause, et, par suite, comme non avenue. — Duranton, t. 18, n° 395 et suiv.; Rigal p. 59; Zachariæ, t. 3, § 418; Championnière et Rigaud, *Dr. d'enregist.*, t. 1er, n° 608; Merlin, *Rép.*, v° *Transaction*, § 2, n° 1er; Troplong, *Transaction*, n° 5 et suiv.

9. — Toutefois le traité intervenu sur des droits non douteux pourrait valoir, suivant les circonstances, comme simple renonciation. — Zachariæ, § 418. — V. ce qui sera dit *infra*, n° 5, sur les art. 2055, 2056, 2057.

10. — Toutefois, suivant M. Marbeau (*Trans.*, n° 466), lorsqu'une partie consent à transiger sur un droit non douteux, le sachant tel, la transaction doit être exécutée, il vaut semblerait plus rationnel de voir dans une pareille convention une cession, donation, échange, etc., suivant les circonstances et les conditions dans lesquelles est intervenue, qu'une véritable transaction.

11. — La crainte raisonnable d'un procès non encore engagé ou la moindre doute sur l'issue d'un procès déjà entamé suffit pour servir de cause à une transaction, quoique les parties n'aient pas eu de motifs suffisans pour croire que les prétentions ou les droits de l'une d'elles pourraient être poursuivis ou contestés avec quelque espoir de succès. — Zachariæ, § 418. — *Sufficit metus litis instantis vel eventus dubius litis pendentis.* — L. 65, § 4, ff., *De cond. indeb.* — V. aussi Duranton, t. 18, n° 398.

12. — Quant à la question de savoir si le droit sur lequel on a transigé était douteux, ou s'il y a eu crainte raisonnable sur l'issue d'une contestation engagée, elle est nécessairement dans le domaine des tribunaux. —*Cass.*, 7 fév. 1609, de Reynaud c. Vourey; Duranton, t. 18, n° 396; Zachariæ, t. 3, § 418, Marbeau, n° 432.

13. — On doit réputer nulle la transaction sur un procès terminé par un jugement *passé en force de chose jugée*, dont les parties ou l'une d'elles avaient connaissance. — C. civ., art. 2056.

14. — Si le jugement ignoré des parties était susceptible d'appel, la transaction serait valable (art. 2056). En effet la possibilité d'appel laisse subsister le *litige*, c'est-à-dire la cause de transaction.

15. — En serait-il de même si le jugement était seulement susceptible de pourvoi en cassation? La difficulté naît dans les termes mêmes de l'art. 2056, C. civ., qui, dans le cas d'ignorance des parties, ne déclare la transaction valable qu'autant que le jugement est encore *susceptible d'appel.* Marbeau (p. 87) la résout négativement en se fondant sur les paroles prononcées par l'orateur du gouvernement : « On ne fait pas mention dans la loi, dit Bigot de Préameneu (Exposé des motifs), du pourvoi en cassation lorsqu'il s'agit de certains cas, parce que les jugemens qui ne sont pas susceptibles d'appel. Le pourvoi en cassation n'empêche pas qu'il n'y ait un droit acquis, un droit dont l'exécution n'est pas suspendue. — Delvincourt,

3, p. 433, note 6. — Tel paraît être l'avis de Rigal, qui veut que la transaction sur un procès, encore sujet à pourvoi, ait lieu *en vue du jugement*, ce qui suppose une connaissance préalable du jugement rendu. — V. aussi conf. Duranton, t. 18, n°° 431-432. — On cite généralement comme déclarant que la possibilité du pourvoi en cassation rend la transaction valable, un arrêt de la cour de Cassation du 16 prair. an XIII (Bourgeois c. Lamotte); mais il faut remarquer que cet arrêt a été rendu dans une espèce où les parties *avaient connaissance du jugement*. — La question n'est donc pas tranchée. — V. le numéro qui suit immédiatement. — Pour nous, nous pensons qu'il suffit que le jugement soit susceptible de pourvoi en cassation pour que la transaction soit valable, car il est évident que la possibilité du pourvoi empêche qu'il n'y ait droit *absolument* et définitivement acquis par l'effet du jugement.

16. — Ce qui vient d'être dit relativement au recours en cassation peut être appliqué à la voie de requête civile.

17. — Il est de principe que la transaction faite en connaissance du jugement même passé en force de chose jugée est valable, les parties étant toujours libres de transiger sur l'exécution. — Duranton, t. 18, n° 432; Marbeau, p. 87; Rigal, p. 74. — V. aussi 8 thermid. an X, Guyeaud c. Colas, et l'arrêt précité du 16 prair. an XIII, Bourgeois c. Lamotte.

18. — Enfin la transaction intervenue sur le point de savoir si le jugement était non passé en force de chose jugée serait valable.—Car ce serait là aussi la matière d'une contestation.—Duranton, t. 18 n° 432.

19. — Si la transaction, pour être valable, suppose l'existence d'un droit douteux, du moins il suffit que le doute ait existé au *moment où elle est intervenue*.

20. — Ainsi il a été jugé que la promulgation postérieure d'une loi qui lève toute espèce de doute ne peut mettre obstacle à l'exécution de la transaction. — Et spécialement, que la loi du 2 prair. an VII, qui déclare inapplicable aux ventes faites dès l'origine nationale l'action en lésion consacrée par la loi du 19 flor. an VI pour les ventes faites en papier-monnaie, n'a pas agi rétroactivement sur la validité des transactions intervenues sous l'empire de la loi qui laissait la question indécise. — *Cass.*, 18 messid. an X, Chauvin c. Gibert; 10 prair. an XII, Bouchot c. Lamotte.

21. — En jurisprudence, il résulte qu'on doit considérer comme transaction valable par laquelle un co-intéressé un propriétaire estiment ou d'après d'un commun accord, après vérification de pièces, le montant de réparations faites par le premier, et qu'il sera autorisé à retenir sur ses loyers; dès-lors, le propriétaire ne peut plus revenir, en demandant une justification des dépenses prétendues faites. — 7 juill. 1842, Ritzenthaller c. Thureau.

22. — Il en est de même de l'acte par lequel le débiteur, après avoir plaidé sur la nature de la rente, s'engage à la servir et se soumet au paiement des frais. — *Cass.*, 15 fév. 1813, Deloune c. Hardy.

23. — Jugé encore, par un arrêt qui se rattache à celui qui précède, que l'acte par lequel le détenteur d'un immeuble affecté au service d'une rente originairement féodale, approuve et ratifie le titre primordial de cette rente, doit néanmoins être considéré comme une transaction et non comme un simple acte récognitif, se confondant avec l'obligation primitive, si les parties ont été en procès, si cet acte contient des stipulations différentes de celles renfermées dans le premier contrat, enfin si les engagemens du débiteur ne s'y trouvent relatés qu'en partie; dès-lors, le droit exécutif si aucune des stipulations féodales qui viciaient le premier contrat n'a été rappelée. — *Cass.*, 26 juill. 1825, Delourne c. Hardy.

24. — On doit réputer transaction l'acte par lequel, à la suite d'un règlement de compte entre associés, il a été dit que, pour terminer d'une manière définitive, les parties renoncent expressément à se rechercher directement ou indirectement pour cause de leur association, de quelque manière et pour quelque cause que ce soit, sans exception ni réserve. — *Cass.*, 3 janv. 1834, Lemarchand c. Varin.

25. — Il en est de même de l'acte contenant liquidation de compte entre deux parties, qui déclare le rendant quitte et libéré de tous comptes envers l'oyant; dès-lors, l'oyant ne pourrait réclamer, moyennant une certaine somme. — *Cass.*, 21 août 1832, Rancès c. d'Osuna.

26. — De l'arrêté de compte par lequel deux associés ont déclaré qu'au moyen de ce compte, ils se tenaient respectivement quittes, sans pouvoir en aucun cas, et sous quelque prétexte que ce soit,

revenir sur l'arrêté de compte, renonçant même à en demander la révision pour quelque cause que ce soit. — *Cass.*, 21 nov. 1832, Vassal c. Joly.

27. — ...Ou de l'acte par lequel les parties déclarent qu'elles *traitent à nouveau*, sans avoir égard à une décision arbitrale antérieure, et pour confondre dans un seul et même réglement définitif tous leurs droits, comptes et prétentions. — *Cass.*, 21 janv. 1835, Laurent c. Bruneau.

28. — On peut également réputer tel l'acte contenant liquidation des comptes d'un mandataire, alors que, d'une part, il a été qualifié transaction par les parties, et que, d'autre part, il est intervenu à la suite d'un état de situation précédemment envoyé ou remis par le mandataire. — *Cass.*, 8 juill. 1834, Giron c. Rancès.

29. — De même, l'acte par lequel des individus assignés, comme détenteurs d'un héritage acensé, à fin de passation d'un titre nouvel du cens, se reconnaissent effectivement détenteurs de cet héritage et s'obligent à payer le cens réclamé. — *Metz*, 26 mai 1835 et 10 fév. 1836 (t. 1 1839, p. 20), Hensienne c. Schwartz.

30. — L'acte par lequel, à la suite d'une opposition formée par le débiteur contre un jugement par défaut obtenu par le créancier, il intervient, entre les parties, un acte qui règle leurs droits, et qui donne main-levée de l'opposition, doit être considéré comme une transaction et non comme un arrêté de compte, bien que le débiteur se soit engagé à payer tout ce qui était réclamé par le créancier. — *Cass.*, 9 fév. 1836, Gaffet c. Fayez-Bouthors.

31. — Il y a *transaction* et non rétrocession dans l'acte par lequel un cédant et un cessionnaire conviennent, à la suite de contestations survenues depuis la cession faite entre eux, que celui-ci ne touchera qu'une partie des sommes à lui cédées. — *Cass.*, 2 janv. 1839 (t. 1er 1839, p. 349), Laurent c. Doublat; 28 nov. 1846 (t. 2 1846, p. 567), mêmes parties.

32. — Et une pareille transaction ne doit pas, comme une cession, être signifiée au dépositaire des sommes qu'elle a pour objet, à peine d'être réputée non existante à l'égard des tiers. En conséquence, le cédant originaire peut, en l'absence de cette signification, transporter à une nouvelle personne l'excédant de la portion à laquelle le cessionnaire a réduit ses droits dans la transaction; et les sous-cessionnaires de celui-ci ne peuvent réclamer ladite portion, lors même qu'ils auraient signifié leur transport avant la signification de la transaction au dépositaire. L'arrêt qui, dans les circonstances ci-dessus, qualifie de rétrocession la transaction litigieuse, et décide qu'elle a dû être signifiée à peine d'être réputée non existante à l'égard des tiers, viole les art. 2052 et 1690, C. civ., et doit être cassé. — Même arrêt.

33. — Il y a encore transaction dans l'acte par lequel un prêtre déporté rendu à la vie civile, après avoir, en l'an X, actionné ses héritiers présomptifs en restitution des biens dont ils avaient été envoyés en possession en vertu de la loi du 22 fruct. an III, a consenti à les laisser propriétaires, moyennant une somme convenue. — *Cass.*, 4 mars 1840 (t. 1er 1840, p. 298), Buhot c. Lemaignen.

34. — ...Ou dans l'acte par lequel les parties propriétaires indivises d'une chose, mais dans une proportion inconnue d'elles, conviennent que, dans le cas où l'une d'elles gagnerait un procès relatif à cette chose, le partage aurait lieu entre elles sur telles ou telles bases; dès-lors, l'une des parties ne peut se refuser à l'exécution de la transaction, sous prétexte qu'elle aurait découvert depuis avoir droit à une part de propriété plus étendue. — *Nancy*, 2 juill. 1827 (sous *Cass.*, 26 nov. 1828), Bouvet c. Dambly.

35. — Peu importe, au surplus, que l'acte soit ou non qualifié transaction; ce n'est pas la qualification donnée aux contrats, mais bien le contenu de ces contrats qui en fixe le véritable caractère. — *Cass.*, 21 nov. 1832, Varsal c. Jolly.

36. — Jugé, en conséquence, qu'un acte qualifié *transaction* ne doit pas être réputé tel, alors que les parties avaient moins à plaider qu'à faire un partage. — *Cass.*, 1er brum. an XII, Layet.

37. — Jugé aussi que bien que le traité fait entre une mère et ses enfans sur les droits et reprises à exercer par la mère, contienne quelque avantage au profit des enfans, il ne doit pas, par cela même, perdre son caractère de transaction; dès-lors, il n'est pas nul en ce qu'il ne serait pas dans les formes prescrites pour les donations. — *Cass.*, 2 mars 1808, Dumouchel. — Toullier, t. 5, no 176; Duranton, no 397.

38. — Cependant l'acte notarié qualifié de donation et de transaction, acte accepté ou signé par une mère et par ses enfans, et dans lequel la mère assigne à l'un de ceux-ci, enfant naturel, pour tout droit, une somme à prendre dans sa succession, est entaché de nullité soit comme donation, en ce qu'il n'opère pas le dessaisissement actuel du donateur, soit comme transaction, en ce qu'il offre une stipulation sur succession non ouverte. — *Nancy*, 22 janv. 1838 (t. 2 1843, p. 326), André c. Masson.

39. — La transaction peut être faite sous une condition suspensive. — Duranton, t. 18, no 394.

40. — C'est à la cour d'appel, et non au tribunal de première instance, qu'il appartient de prononcer l'homologation d'une transaction intervenue sur l'appel de jugemens attaqués devant elle et dans laquelle des mineurs sont intéressés. — *Caen*, 1er mars 1847 (t. 2 1848, p. 291), Ameline.

§ 2. — *Qui peut transiger.*

41. — Pour transiger valablement, il faut être capable non seulement de s'obliger, mais encore de disposer des objets que l'on entend abandonner en tout ou en partie. *Transigere est alienare.* — C. civ., art. 2045.

42. — Dès-lors les mineurs et femmes mariées non dûment autorisées, les interdits et les personnes placées sous l'assistance d'un conseil judiciaire, ne peuvent en général transiger valablement, en ce sens que si la transaction leur est désavantageuse, ils peuvent en demander la nullité, soit par voie d'action, soit par voie d'exception. — C. civ., art. 1125. — Duranton, t. 18, no 408.

43. — Les communes et les établissemens publics, tels que les hospices, ne peuvent transiger sans autorisation expresse du président de la république. — Art. 2045. — V., quant aux formalités à remplir pour ces transactions, arrêté du 12 frim. an XII, arrêté du 7 messid. an IX. — Duranton, t. 18, no 411; Rigal, p. 27 et suiv. — V. COMMUNES, HOSPICES.

44. — Pour les douanes, l'administration des contributions indirectes, relativement au droit de de transiger avec les contrevenans, les postes pour les affaires contentieuses concernant son service, V. décr. 5 germ. an XII, art. 23. — V. CONTRIBUTIONS INDIRECTES, DOUANES, POSTES.

45. — Le tuteur ne peut, quelle que soit la nature des droits litigieux, transiger, au nom du mineur ou de l'interdit, que conformément à l'art. 467, C. civ. (Autorisation du conseil de famille, avis de trois jurisconsultes, homologation de la transaction par le tribunal. — V., à cet égard, TUTELLE.

46. — De même, le tuteur ne peut transiger *avec le mineur* devenu majeur sur le compte de tutelle que conformément à l'art. 472. — C. civ., art. 2045. — V. TUTELLE.

47. — Le père ne peut transiger au nom de son fils mineur qu'avec toutes les formalités nécessaires à un tuteur pour transiger au nom de son pupille. — Merlin, *Rép.*, vo *Transaction*, § 1er, no 7 *in fine*; Rigal, p. 43.

48. — Le mari ne peut transiger au nom de sa femme sur les droits qui la concernent, qu'autant que celle-ci lui en donne le pouvoir exprès ou avec son assistance. — Merlin, *Rép.*, vo *Transaction*, § 1er, no 8; Rigal, p. 47.

49. — La femme séparée de biens pouvant disposer de son mobilier et l'aliéner sans autorisation (art. 1449) peut par la même raison valablement transiger sur un objet mobilier. — Duranton, t. 18, no 400.

50. — Mais la femme mariée sous le régime dotal ne peut, même avec l'autorisation de son mari, abandonner par transaction des biens dotaux dont le contrat de mariage n'aurait pas autorisé l'aliénation. — Argum. de l'art. 1554, C. civ. — Zachariæ, t. 3, § 420; Duranton, t. 18, no 408. — Toullier (t. 14, nos 175, 182, 186) n'applique ce principe qu'à la dot *immobilière*, parce qu'il ne considère pas la dot *mobilière* comme inaliénable. Mais la transaction par laquelle la femme dûment autorisée s'engagerait à payer à un tiers une somme d'argent ou à lui céder un objet non dotal, pour conserver ses biens dotaux devrait être maintenue. — Duranton, t. 18, no 407.

51. — M. Duranton (t. 18, no 407) pose la question de savoir si la justice pourrait autoriser la femme à transiger sur ses droits dotaux. Et bien qu'il penche pour la validité d'une transaction qui serait ainsi faite, il mentionne que les dispositions du Code qui permettent, par exception avec l'autorisation du juge, le droit d'aliénation des biens dotaux, ne mentionnent pas celui de transaction. On peut, pour éclaircir cette difficulté, faire remarquer que la loi ne permet pas non plus d'une manière expresse aux juges d'autoriser l'affectation hypothécaire des biens dotaux, et que cependant la doctrerine et la jurisprudence sont d'accord pour leur reconnaître ce droit. — V. DOT. — Ne peut-on pas en dire autant du droit de transiger?

52. — Le mineur émancipé peut, sans l'assistance de son curateur, transiger sur les effets d'actes de simple administration et sur les objets dont il a la libre disposition (par exemple sur des fermages ou autres revenus). — Art. 481. — Duranton, t. 18, no 409; Marbeau, no 67; Zachariæ, t. 3, § 420. — C'est au surplus ce que disait l'orateur du gouvernement. « La capacité nécessaire pour transiger, disait-il, est relative à l'objet de la transaction. Ainsi le mineur émancipé pourra transiger sur les objets d'administration qui lui sont confiés *et sur ceux dont il a la disposition.* — V. ÉMANCIPATION.

53. — Mais il ne pourrait, même avec l'assistance de ce curateur, transiger sur un capital soit mobilier, soit immobilier, sans observer les formalités prescrites pour la validité de transactions concernant les mineurs non émancipés. — Art. 482-484. — Duranton, t. 18, no 409; Zachariæ, t. 3, § 420. — V. toutefois Marbeau, no 67; Favard de Langlade, *Rép.*, vo *Transaction*, § 1er, no 5 (en ce qui concerne un capital mobilier). — La raison en est, dit Duranton, que si le mineur peut avec l'autorisation de son curateur recevoir un capital et en donner décharge, il ne peut en disposer, puisqu'au contraire la loi prescrit au curateur de surveiller l'emploi des deniers (art. 482), ce qu'elle ne dit pas à l'égard des simples revenus; or, il ne faut pas oublier que la transaction est un acte d'aliénation. — V. ÉMANCIPATION.

54. — Ce qui vient d'être dit relativement au mineur émancipé s'applique aux individus placés sous l'assistance d'un conseil judiciaire.

55. — Dans tous les cas, celui qui aurait transigé avec un incapable ne pourrait se prévaloir de son incapacité. — Duranton, no 408. — C. civ., art. 1125.

56. — L'héritier bénéficiaire a qualité pour transiger quant aux biens de la succession, sauf à perdre par là les avantages du bénéfice d'inventaire. — *Limoges*, 10 mars 1836, S... c. Filloucaud.

57. — Bien que celui-là seul puisse transiger qui est maître de la chose qui fait l'objet de la transaction, cependant Marbeau (nos 125 et suiv.) pense que les transactions faites de bonne foi avec l'héritier apparent et le propriétaire putatif sont valables et lient le véritable héritier. — V. en ce sens Toullier (t. 6, no 54; t. 7, nos 29 et 30), qui cite un arrêt du parlement de Bretagne du 18 août 1752, rapporté par Duparc-Poulain (*Journ. du parlem. de Bretagne*, t. 4, p. 437); Marbeau, (p. 125 et suiv). — V. toutefois Duranton (t. 18, no 425.) sur la question générale de savoir quelle est la valeur des actes passés avec l'héritier apparent, vo PÉTITION D'HÉRÉDITÉ.

58. — L'absent serait lié par la transaction passée avec l'envoyé en possession définitive de ses biens. — C. civ., art. 132. — Marbeau, no 124.

59. — De même, les auteurs reconnaissent la validité de la transaction faite dans l'intérêt de la société par l'administrateur associé d'une société civile ou commerciale. — C. civ., art. 1856. — Duvergier, *Société* (*continuat.* Toullier, *Ibid.*), t. 20, no 320; Pardessus, t. 4, no 1014; Marbeau, *Transaction*, no 128; Pardessus, *Droit commerc.*, t. 4, no 1014; Malepeyre et Jourdain, *Société*, p. 55. — *Contrà* Pothier, *Société*, no 68; Troplong, *Société*, t. 2, no 690.

60. — Ils reconnaissent aussi la validité de la transaction passée par un acquéreur à réméré relativement à l'administration des biens, vis-à-vis du vendeur qui exerce le rachat. — Marbeau, nos 115, 130; Rolland de Villargues, *Rép. not.*, vo *Transaction*, no 35.

61. — Quant au droit de transiger accordé aux syndics d'une faillite et aux conditions et formes de la transaction en pareil cas. V. FAILLITE.

62. — Le saisi peut aussi transiger sur la saisie immobilière dirigée contre lui; spécialement renoncer au bénéfice d'un jugement qui a déclaré nulle ladite saisie et consentir à ce qu'elle soit reprise. Cette transaction, bien que postérieure à la notification du placard aux créanciers inscrits, ne peut être arguée de nullité par le saisi, comme ayant eu lieu entre lui et le poursuivant seulement, et sans le concours des autres créanciers hypothécaires. Ces créanciers n'ont pas droit d'intervenir dans les poursuites ainsi reprises en vertu de la susdite transaction, et de reproduire les moyens de nullité dont s'était désisté le saisi. — *Cass.*, 23 juill. 1817, Martin, c. Burdin.

63. — On peut transiger par mandataire, mais il faut que le mandat contienne à cet égard pouvoir *exprès*. — Sur ce point, les lois romaines et le droit nouveau sont d'accord. — V. L. 67., C. *De transact.*; L. 30., ff., *De procuratorib.*; L. 18., ff., *de jure juran-*

do.—Art. 1989, C. civ. —V. MANDAT.—Rigal, nº 41, cite un arrêt du parlement d'Aix du 11 déc. 1671, rapporté par Boniface, t. 2, liv. 4, tit. 6, ch. 1er.

64. — Les grevés de substitution n'ayant pas la propriété absolue des biens substitués, ne peuvent transiger sur cette propriété (si ce n'est relativement aux majorats et conformément aux formalités particulières prescrites par les lois). — V. MAJORAT, nos 61 et suiv. — Mais ils peuvent, en tous cas, transiger pour ce qui regarde la jouissance qui leur appartient ou sur tout autre objet qui ne tend pas à léser la propriété. —Rigal, p. 48 et suiv. — V. Duranton, t. 18, nº 422.

§ 3.— *De ce qui peut faire l'objet d'une trans action.*

65. — On peut, en général, transiger sur toute espèce de droits, quelles qu'en soient l'origine et la nature, et lors même qu'ils seraient éventuels, non encore ouverts et subordonnés à une condition. — *Cass.*, 31 déc. 1835, de Fumel.—Zachariæ, t. 3, § 420.

66.—Toutefois, la transaction, pour être valable, doit porter sur des choses qui soient dans le commerce et non sur des objets dont l'aliénation soit prohibée, ou qui ne puissent, suivant la loi, faire la matière de conventions, ou qui touchent à l'ordre public.

67. — Ainsi, on ne peut transiger en matière d'état politique.—C. civ., art. 6, 2045.—Duranton, t. 18, nº 399. — Et il a été décidé qu'on ne peut opposer à un individu les actes d'où résulterait une renonciation à la qualité de Français et aux droits qui découlent de cette qualité. — *Rennes*, 12 fév. 1824, Hæutjens c. préf. Loire-Inf.

68. — Sont nulles également les transactions relatives à l'état civil des personnes. — *Cass.*, 12 juin 1838 (t. 2 1838, p. 388, Martin c. Ferrand, qui casse un arrêt d'*Aix*, du 16 juin 1836 (t. 1er 1837, p. 192), mêmes parties; *Grenoble*, 18 janv. 1839 (sous *Cass.*, 21 avr. 1840 [t. 2 1840, p. 460]), Martin c. Ferrand; *Cass.*, 27 fév. 1839 (t. 1er 1839, p. 218), Delille c. Durrillet; *Orléans*, 6 mars 1841 (t. 2 1841, p. 241), Grandvillers c. Legendre. — Marbeau, nº 112-3º; Duranton, t. 18, nº 399; Zachariæ, t. 3, p. 143.—M. Troplong (nº 63) n'admet cette opinion qu'autant que la transaction tend à détruire l'état de la personne, mais il pense qu'elle est valable si elle y est favorable.

69. — Mais l'enfant naturel pourrait transiger sur les résultats pécuniaires de son état admis et reconnu. — *Cass.*, 12 juin 1838 (t. 2 1838, p. 366), Martin c. de Ferrand. — Zachariæ, t. 3, § 420.

70. — Si la transaction portait à la fois sur l'état civil d'une personne et sur les droits pécuniaires attachés à cet état, serait-elle tellement indivisible qu'elle ne pût être annulée pour une partie et maintenue pour l'autre? — Rés. nég. par un arrêt de la cour d'*Orléans*, 6 mars 1841 (t. 2 1841, p. 241), Granvilliers c. Legendre.—Toutefois, une solution contraire résulte d'un arrêt de la cour de *Cass.*, 27 fév. 1839 (t. 1er 1839, p. 218), Delille c. Durillet, pour le cas où la transaction sur l'état en lui-même et ses conséquences nécessaires a eu lieu moyennant *un seul et même prix*.—Troplong, nº 68.— V., sur la question de savoir si en principe les transactions sont divisibles, *infrà* nº 153.

71.—Jugé, dans tous les cas, que la renonciation ainsi faite doit être réputée indivisible et nulle pour le tout, alors qu'il est reconnu que le prix stipulé dans l'acte est le prix de la renonciation à la réclamation d'état. — *Cass.*, 22 avr. 1840 (t. 2 1840, p. 461), de Férand c. Martin.

72.—Peut-on transiger sur une demande en nullité de mariage? Non; en tant, du moins, que la transaction aurait pour but d'opérer la dissolution. Mais on peut transiger à l'effet de maintenir le lien conjugal. — Ces deux règles, dit Rigal (*Tr. des transactions*, p. 86), sont universellement reconnues.—Voët, sur le Dig., lit. *De transact.*, nº 15, dit: *De causis quoque matrimonialibus transactionem* PRO *matrimonio quidem*, AT NON CONTRA *illud, interponi tradunt interpretes.*—V. aussi, en ce sens, Vinnius, *Tr. de transactionibus*, ch. 4, nº 12, et Gail, *Observationes praticæ*, liv. 2, observ. 94, nº 14. — Elles doivent être admises sous le droit nouveau, puisqu'elles tendent à prohiber ce qui blesse l'ordre public et les bonnes mœurs, et à favoriser ce qui les protége. — Merlin, *Rép.*, vº *Transaction*, § 2, nº 5, et surtout Troplong, nº 88.

73.—De même, des époux ne peuvent, pendant la durée du mariage ou de la communauté, transiger sur leurs conventions matrimoniales ou sur la faculté qui appartient à la femme de provoquer la séparation de biens. — C. civ., art. 1395, 1443, 1563. — Zachariæ, t. 3, § 420.

74. — On ne peut, non plus, opérer par transaction une séparation de corps, toutes les séparations volontaires étant nulles. — C. civ., art. 407. — Duranton, t. 18, nº 401.

75. — Toutefois, on doit considérer comme valable la transaction par laquelle on confère à la communauté de fait qui a existé entre un homme et une femme mariés seulement devant l'église, tous les effets relativement aux intérêts civils et pécuniaires qui résultent d'une communauté conjugale. Ce n'est pas là transiger sur une matière d'ordre public. — *Liége*, 4 fév. 1822, Christiaens c. Luc Crombez.

76. — On ne peut transiger sur les droits de la puissance paternelle ou maritale.—Zachariæ, t. 3, § 420.

77. — Peut-on transiger sur les dons ou legs d'alimens, logemens et vêtemens, ou sur des alimens dus en vertu de la loi? (Art. 1004 et 581, C. proc.) — Non; suivant Duranton, t. 18, nº 408; Delvincourt, t. 3, p. 477; Zachariæ, t. 3, § 420; Carré, *Lois de la proc.*, nº 3264; Marbeau, p. 68. — V. aussi Duvergier, *Vente*, t. 1er, nº 214; Chardon, *Puiss. pat.*, nº 276; Troplong, *Vente*, t. 1er, nº 227; Rolland de Villargues, *Traité des enfans natur.*, nº 340. — Ainsi, il a été jugé que l'acte par lequel un donataire avait renoncé au don d'alimens qui lui avait été fait pour être perçus *en nature* moyennant une somme représentative du capital de sa pension était nul et de nul effet. — *Nîmes*, 18 déc. 1822, Barjelon.

78. —... Que toute renonciation de la part d'un enfant naturel à demander des alimens à ses père et mère est réputée non écrite. — *Bruxelles*, 17 juin 1807. Pasteele c. Caroline.

79. — La transaction sur une dette d'alimens serait nulle si la pension fixée par elle était insuffisante eu égard aux besoins du créancier.

80. — Merlin (*Rép.*, vº *Alimens*, § 8, nº 2, et vº *Transaction*, § 2, nº 4) professe l'opinion contraire, pour le cas du moins où la pension alimentaire a été constituée par contrat, parce que ayant, en ce cas, reçu l'être de la volonté des parties, il est naturel que la volonté des parties puisse aussi la modifier. — V. en ce sens la loi 8, § 2, *De transact.*, et arrêt du parlem. de Rouen du 17 mai 1754. — Rigal (*Tr. des transact.*, p. 85) soutient que dans tous les cas il est permis de transiger sur les pensions alimentaires, par cela seul que le Code civil n'a pas reproduit la défense consacrée par les anciens principes.

81. — Quoi qu'il en soit, la prohibition de transiger n'est relative qu'au droit de réclamer les alimens, et en tant que la transaction tendrait à détruire ou à restreindre ce droit. — V. ALIMENS. — Mais on devrait réputer valable la transaction qui porterait uniquement *sur le mode de prestation des alimens.* — Zachariæ, t. 3, § 420; Duranton, t. 18, nº 403.

82. — ... Ou sur le paiement d'arrérages échus d'une pension alimentaire.—Zachariæ et Duranton, *loc. cit.*; Marbeau, p. 68; Carré, nº 3264. — La raison en est, dit M. Duranton, que le créancier ayant vécu sans ces mêmes arrérages, le motif de la prohibition n'a pas la même force que pour les arrérages futurs. —V. même solution, L. 8, au Cod., *De transact.* — Il semble, néanmoins, qu'il ne faudrait pas prendre ceci à la lettre, et que si celui qui doit les alimens avait été en demeure de les payer, et que celui auquel ils sont dus eût été obligé d'emprunter pour vivre, les arrérages, même échus, ne sauraient, quant au droit de transiger, être distingués des arrérages à venir. — V. au surplus, sur cette matière, Troplong, nos 93 et suiv.

83.—Dans tous les cas, suivant M. Duranton (nº 403), la transaction en matière d'alimens devrait être réputée valable si elle avait lieu avec l'autorisation de la justice; car il peut être dans l'intérêt de celui qui prétend avoir droit à des alimens de transiger plutôt que de plaider. — L'auteur s'appuie sur la loi 8, au Cod., *De transact.*

84. — Jugé qu'on peut transiger sur une rente viagère quand il n'est pas constant qu'elle a été constituée à titre d'alimens. — *Poitiers*, 30 flor. an XI, Duguy c. Mocquay. — V. au surplus ALIMENS.

85. — Du principe qu'on ne peut transiger sur des choses qui ne sont pas dans le commerce, il résulte qu'on doit réputer nulle la transaction qui porterait sur des droits éventuels à une succession non encore ouverte. — C. civ., art. 1130. — *Cass.*, 27 déc. 1837, dans ses motifs (t. 1er 1838, p. 449), Colombel c. Pouzin. — Zachariæ, t. 3, § 420; Duranton, t. 18, nº 427.

86. — Mais on ne peut attribuer ce caractère à la transaction convenue entre les héritiers présomptifs d'un absent déclaré, mais dont le décès n'est pas constaté, relativement au partage de ses biens, et dans tous les cas, une telle transaction doit être validée s'il est constant qu'elle a eu lieu en vue de l'opinion où étaient les parties du décès de l'absent, et si elle a reçu son exécution. — Même arrêt.

87. — Jugé qu'une transaction faite sous la condition expresse que l'un des contractans deviendra propriétaire d'une partie de l'hérédité de l'autre, si celui-ci prédécède sans enfans mâles, est nulle, même entre frères. — *Turin*, 2 mai 1806, Caffarato.

88. — On ne peut transiger sur une donation entre-vifs révoquée pour cause de survenance d'enfans. Mais on peut transiger sur la donation faite en faveur du mariage par les ascendans aux conjoints, ou par les conjoints l'un à l'autre. — Rigal, p. 109 et suiv. — C'est ce qui résulte des art. 960, 964 et 965 C. civ.

89. — Du principe qu'on ne peut transiger sur des matières qui touchent à l'ordre public, il résulte qu'on ne peut *déroger*, par exemple, à l'ordre des juridictions, quand il s'agit d'incompétence *ratione materiæ.* — Jugé toutefois que des parties peuvent transiger sur le sens d'un acte administratif, si, quel que soit l'objet du litige, aucune action ne peut refléchir contre le domaine. Car alors ils ne traitent que sur des objets dont ils ont la libre disposition, ce qui rentre dans l'art. 2045 C. civ. — *Cass.*, 17 janv. 1811, Lenoir. —Duranton, t. 18, nº 402; Rigal, p. 215.

90. — Peut-on transiger sur un délit ou un crime? — A Rome, où l'on ne connaissait pas l'institution du ministère public et la distinction qui existe entre l'action privée et l'action publique, la prohibition de transiger sur les délits et les crimes n'était pas absolue. — Ainsi, on pouvait transiger quant aux *délits privés*, tels que le larcin et l'injure (L. 7 et 27, *De pactis*), et même quant aux crimes emportant peine capitale (C., *De transact.*, L. 18), sauf le cas d'adultère (L. 30, C., *De adult.*) Mais on ne pouvait transiger sur les crimes qui n'emportaient pas peine capitale (C., *De transact.*, L. 18), sauf le faux.— V. à cet égard Rigal, *Tr. des transact.*, p. 104.

91. — Dans notre ancien droit, l'art. 19, tit. 25 de l'ord. de 1670, portait : «Enjoignons à nos procureurs et à ceux des seigneurs de poursuivre incessamment ceux qui seront prévenus de crimes capitaux, et auxquels *il écherra peine afflictive*, nonobstant toutes transactions et cessions de droits faites par les parties; et, à l'égard de toutes les autres, seront les transactions exécutées sans que nos procureurs et seigneurs puissent en faire aucune poursuite.»

92. — Sous les principes actuels, on ne peut transiger sur un crime, un délit, ou même une simple *contravention* (Duranton, t. 18, nº 400), en ce sens du moins qu'on ne peut arrêter la poursuite du ministère public. — C. civ., art. 2046; C. inst. crim., art. 4.

93. — Mais on peut transiger sur l'intérêt civil qui résulte d'un délit ou d'un crime. — C. civ., art. 2046.

94.—Et il faut remarquer, dit M. Duranton (t. 18, nº 400), que cette transaction n'est pas une preuve ni un aveu du délit lui-même; qu'elle ne doit même pas faire préjuger la culpabilité, car un innocent peut fort bien transiger pour éviter les désagrémens d'une procédure humiliante. — V. aussi Rigal, p. 90. — Cette décision, puisée dans les motifs donnés par l'orateur du gouvernement, est contraire au droit romain, suivant lequel la transaction faite sur des crimes, à l'égard desquels il n'y avait pas de transaction possible, était réputée un *aveu* de culpabilité. — V. L. 18, *De transact.* — Voët, *Ad Pandectas*, L. 2, tit. 15, nos 17 et 18.

95. — L'échec du ministère public et la déclaration de non culpabilité entraînerait-elle l'annulation de la transaction pour défaut de cause? On cite comme jugeant l'affirmative un arrêt de *Cass.*, 17 mars 1813, Tourangin c. Charrel. — Cet arrêt est vivement combattu par Rigal (p. 90 et suiv.), qui invoque, et avec raison, les principes du droit criminel (art. 358 et 366), qui laissent l'accusé, *même acquitté*, soumis à l'action en dommages-intérêts. La déclaration de non-culpabilité ne saurait donc porter atteinte à une transaction antérieurement faite sur la réparation civile, pas plus qu'elle n'empêcherait une transaction postérieure.

96. — Toutefois, l'arrêt précité se justifie par cette triple considération que, dans l'espèce, 1º non-seulement l'accusé avait été acquitté, mais encore il avait été déclaré qu'il n'existait pas de corps de délit; 2º il était constant en fait que l'aveu du vol avait été extorqué au signataire de la transaction par de mauvaises voies; 3º l'écrit avait été signé sans liberté d'esprit. Dans ces circonstances, il était impossible de lui reconnaître une cause sérieuse et réelle.

97. — On peut transiger sur un faux certain, puisqu'on le peut sur l'intérêt civil résultant d'un délit; mais l'art. 249, C. procéd., veut qu'aucune transaction sur la poursuite du faux incident ne puisse être exécutée si elle n'a été homologuée en justice, après communication au ministère public. — V. Duranton, n° 429, et sa discussion.

98. — L'usure peut-elle devenir la matière d'une transaction ? Il faut distinguer. Ainsi, il est généralement reconnu qu'on peut transiger sur une action en restitution d'intérêts usuraires. — *Cass.*, 21 nov. 1832, Vassal c. Joly ; 22 janv. 1833, Prevot c. Codevelle; 9 fév. 1836, Gaffet c. Fayez-Bouthors. — Rigal, p. 216; Petit, *Usure*, p. 272; Zachariæ, t. 3, § 420.

99. — Mais il ne semble pas que l'on puisse réputer valable la transaction intervenue sur la validité de titres imprégnés d'usure, lorsqu'elle n'est elle-même qu'un acte fait pour déguiser le vice d'usure, pour favoriser et maintenir des stipulations usuraires, ou lorsqu'elle en contient elle-même. — V., en ce sens, *Cass.*, 22 juin 1830, Dublan-Delahot c. Depontet .— Zachariæ, t. 3, § 420.

100. — Ainsi, jugé qu'est licite la transaction ayant pour objet non de faire produire des intérêts usuraires à la créance sur laquelle elle est intervenue, mais de réduire ces intérêts. — *Cass.*, 22 janv. 1833, Prévot c. Codevelle. — V. toutefois *Douai*, 27 avr. 1827, et *Cass.*, 29 mai 1828 (sous lequel il est rapporté), Crinon c. Drapier, qui réputent valable la transaction intervenue sur un procès tendant à l'annulation d'un contrat comme vicié d'usure, alors même qu'on offrirait de prouver que cette transaction a laissé subsister l'usure. — M. Duranton, qui paraît approuver cette décision (t. 18, n° 404), essaie de la concilier avec celle de l'arrêt du 22 juin 1830, par la différence des circonstances dans lesquelles elle est intervenue.

101. — La transaction faite par un débiteur avec son créancier sur l'effet de contrats usuraires n'est valable qu'autant qu'il se trouve pleinement libéré. —*Cass.*, 16 nov. 1836, de Pontet c. Dublan. — Chardon, *Dol et Fraude*, t. 3, n° 535.

102. — La nullité d'une donation résultant de l'usure n'est pas couverte par la transaction entre le donateur et le donataire sur le montant et l'époque de l'exigibilité de la donation. — *Bordeaux*, 17 déc. 1827, Maze.

103. — Jugé qu'on ne peut transiger ni acquiescer en matière d'*usure* ni de *contrainte par corps*, et qu'ainsi on doit réputer recevable l'appel interjeté à fin d'être déchargé de la contrainte par corps et à fin de réduction de la condamnation pour cause d'usure, encore qu'il y ait eu acquiescement au jugement par défaut qui la prononçait. — *Paris*, 17 avr. 1841 (t. 1er 1841, p. 541), Béchem c. Berncastel; 17 mai 1843 (t. 1er 1844, p. 408), Leleu c. Béchem.

104. — Les parties ne peuvent transiger sur l'affiche et la publication des jugemens de condamnation en matière de contrefaçon de lisières de draps. — Décr. 22 déc. 1812, art. 6.

105. — Le dol peut être la matière d'une transaction valable. — *Cass.*, 18 mai 1836, Janson de Sailly c. l'Université.

106. — Jugé qu'on peut transiger sur la question de savoir si une rente est féodale ou purement foncière. — *Cass.*, 5 juill. 1810, Pillette. — V. aussi Rigal, p. 88.— Mais à la condition que la transaction reconnaîtra la rente comme foncière et qu'elle écartera toute apparence de féodalité.

107. — Jugé aussi qu'une transaction faite entre un avocat et son client pour couvrir les vices d'une société faite précédemment entre eux dans l'objet de devenir, pour le profit commun, adjudicataire des biens dont le client poursuivait l'expropriation, est valable en droit et obligatoire suivant sa teneur, si elle ne porte pas les caractères du dol et de la violence. — *Cass.*, 11 mars 1807, Princt c. d'Affry, qui casse un arrêt de Besançon du 15 thermid. an XIII.—Mais, dit M. Duranton (t. 18, n° 405), cela devrait dépendre beaucoup des circonstances de la cause. — V. AVOCAT.

108. — Est valable comme transaction l'acte par lequel un redevable s'oblige envers un contrôleur de la régie au paiement d'une somme fixe à titre d'amende et de confiscation, sous la réserve expresse de la ratification et de l'approbation du directeur général. — *Cass.*, 26 juin 1811, Hérard c. contributions indirectes.

§ 4. — *Formes de la transaction. — Preuve de son existence.*

109. — Dans l'ancien droit, les transactions n'exigeaient pas plus de formes que les conventions ordinaires. La loi 28, Cod., *De transact.*, déclare qu'il importe peu si l'on transige en jugement ou dehors, par écrit ou devant témoins, et que, dès qu'il y a preuve légale, c'est tout ce qu'il faut.

110. — Jugé qu'avant le Code la preuve testimoniale n'était admise qu'autant que l'objet de la transaction n'excédait pas le taux au-delà duquel ce genre de preuves pouvait être admis ou qu'il existait un commencement de preuve par écrit.— Ordonn. 1566, art. 54 ; ordonn. 1667, tit. 20, art. 2 et 3; L. 17, Cod., *De fide instrumentorum*. — *Cass.*, 9 vent. an VIII, Boisvair c. Brunschwig.

111. — Sous le Code civil, l'art. 2044 dispose que la transaction doit être rédigée par écrit; mais de là faut-il conclure que l'écriture soit une condition *sine quâ non* de la validité de cette sorte d'acte? On s'accorde assez généralement à reconnaître que le but du législateur n'a été que d'exclure la preuve testimoniale, mais qu'une transaction non écrite pourrait parfaitement être établie, soit par l'aveu judiciaire, soit par la voie du serment, et que celui qui en allègue l'existence peut être admis à faire interroger son adversaire sur faits et articles. — Duranton, t. 18, n° 406; Marbeau, n° 203; Rigal, chap. 1er, n° 2; Merlin, *Quest.*, v° *Transaction*, § 8, nos 1er et 2; Zachariæ, t. 3, § 420; Delvincourt, t. 3, p. 132, note 2e; Favard de Langlade, v° *Transaction*, § 2, n° 7; Troplong, n° 27.

112. — Ainsi, jugé que la preuve d'une transaction non écrite peut être établie par l'aveu judiciaire; dès lors, celui qui en allègue l'existence a le droit de faire interroger son adversaire sur faits et articles. — *Bruxelles*, 1er déc. 1810, Ciplet c. Quertemont.—Merlin, *loc. cit.*, n° 2; Delvincourt, t. 3, p. 247, notes; Marbeau, *loc. cit.*; Duranton, t. 18, n° 406; Zachariæ, t. 3, p. 141, note 6. — *Contrà* Troplong, n° 31. — Cependant, suivant Marbeau (nos 214 et suiv.) et Rigal (p. 19), un aveu verbal ne suffit pas; il doit être constaté par écrit.

113. — Jugé encore que, bien que la loi porte que les transactions doivent être rédigées par écrit, cette énonciation n'est pas exclusive de la preuve de l'existence d'une transaction soit par l'aveu de la partie, soit par le serment litisdécisoire. Mais le serment, en ce cas, doit être déféré dans les termes les plus simples; il ne doit porter que sur la substance même de la transaction. — *Nancy*, 29 juill. 1837 (t. 1er 1839, p. 435), Cholley c. Claudel; *Limoges*, 6 fév. 1845 (t. 1er 1846, p. 147), Choury c. Passemard. — Merlin, *ubi suprà*; Duranton, t. 18. n° 406 ; Zachariæ, *loc. cit.*; Marbeau, nos 203 et 216. — Ce dernier auteur pense même que le serment peut être déféré d'office.

114. — V. toutefois *contrà*, quant au serment décisoire, *Montpellier*, 5 déc. 1825 (sous *Cass.*, 7 juill. 1829), Brail. — Troplong, n° 29.

115. — Mais on est d'accord sur l'exclusion de la preuve testimoniale en matière de transaction. —*Cass.*, 9 vent. an VIII, Boisvair c. Brunschwig; *Bruxelles*, 1er déc. 1810. Ciplet c. Quertemont. — « Pourquoi cela ? dit Delvincourt. Je n'en vois d'autre raison si ce n'est que la transaction étant un moyen de terminer les procès, on n'a pas voulu qu'elle pût donner lieu à un procès sur la question de savoir s'il y avait eu ou non transaction. » Et on décide ainsi, alors même que l'objet du contrat serait inférieur à 150 fr. —*Caen*, 12 avr. 1845 (t. 2, 1845, p. 420). Legregeois c. Nicolle. — Rigal, p. 17; Morelot, *Leçons d'un professeur*, t. 3, p. 272; Troplong, n° 27. — V. *contrà* Maleville, sur l'art. 2044. — Zachariæ pense que la preuve testimoniale serait admissible dans l'hypothèse indiquée par l'art. 1348, n° 4, c'est-à-dire au cas où le titre a été perdu par suite d'un cas fortuit, imprévu, et résultant de force majeure.

116. — *Quid* s'il existait un commencement de preuve par écrit? Dans ce cas, Merlin (*Quest.*, v° *Transaction*, § 8, n° 3) pense que la preuve testimoniale serait admissible. — *Bordeaux*, 28 mai 1834 (sous *Cass.*, 25 fév. 1835), Calvimont c. Barilault. — Mais Zachariæ (*loc. cit.*) dit que cette opinion serait sujette à difficulté d'après l'esprit dans lequel a été rédigé l'art. 2044. — *Caen*, 12 avr. 1845 (t. 2 1845, p. 420), Legregeois c. Nicolle. — V. rapport fait au tribunat par M. Albisson (Locré, t. 15, p. 431 et 432, n° 2). — Marbeau, nos 203 et 204 ; Rigal, p. 17 ; Troplong, n° 30.

117. — Il a été jugé à cet égard que lorsque par acte notarié deux sœurs ont transigé sur la succession de leur mère commune, que la transaction ne se trouve plus dans les minutes du notaire et qu'elle est déniée par l'une des parties, les tribunaux peuvent considérer comme établissant un commencement de preuve par écrit et même comme preuve de l'existence et de l'exécution de l'acte, un billet souscrit par le mari de l'une d'elles le jour même de la transaction et payé par lui, ainsi que la mention de la transaction sur le répertoire du notaire et le registre de l'enregistrement. — Dans ce cas, les tribunaux peuvent, même sans ordonner la preuve testimoniale, ordonner que la transaction sera refaite. — *Amiens*, 17 déc. 1822, et *Cass.*, 17 mars 1825, Denivelle c. Saulnier.

118. — La transaction, si elle est faite par acte sous seing-privé, doit être soumise pour sa validité aux règles établies pour ces sortes d'actes. — V. ACTE SOUS SEING-PRIVÉ.

119. — Elle peut également avoir lieu par acte authentique, par forme de jugement (appelé expédient) ou se conclure au bureau de conciliation. — Dans ces divers cas, elle est soumise aux formes requises pour ces actes et produit les effets qui y sont attachés (V. ACTE AUTHENTIQUE), sauf ce qui sera dit *infrà* relativement aux jugemens. — V. Rolland de Villargues, v° *Transaction*, n° 59; Zachariæ, § 419; Rauter, *Th. C. proc. civ.*, § 168; Carré, *L. proc. civ.*, t. 1er, n° 231; Merlin, *Rép.*, v° *Bureau de conciliation*, nos 3 à 5.

120. — En ce qui concerne les transactions dans lesquelles sont intéressés des mineurs, des interdits, des communes, établissemens publics, etc., V. COMMUNES, CONSEIL JUDICIAIRE, HOSPICES, INTERDICTION, MINEUR, TUTELLE, etc.

§ 5. — *Effets de la transaction. — Interprétation.*

121. — La transaction tient lieu de loi à ceux qui l'ont faite (art. 1134). Elle engendre entre les parties une exception analogue à celle de la chose jugée en dernier ressort. — *Exceptio litis per transactionem finitæ.* — C. civ., art. 2052. — Duranton, t. 18, n° 412; Rigal, p. 128 ; Domat, tit. 13, sect. 1re, n° 9. — « *Non minorem auctoritatem transactionum quàm rerum judicatarum esse recta ratione placuit.* » (L. 20, Cod. *De transact.*). — M. de Catelan (liv. 5, ch. 46) dit que la transaction a un avantage sur un jugement en dernier ressort, en ce que ce jugement peut ne pas convaincre celui qui est condamné de la justesse de sa condamnation, tandis qu'il en est autrement de la transaction, qui est le fruit de la volonté respective de ceux qui l'ont souscrite. »

122. — Ainsi, les parties qui ont transigé sur des dépenses prétendues faites ne peuvent revenir sur cette transaction en demandant la justification de ces dépenses. — *Cass.*, 7 juill. 1818, Retzenthaller c. Thureau.

123. — Sous l'empire de l'ordon. de 1560, un tribunal n'a pu anéantir les effets d'une transaction non attaquée. — *Cass.*, 24 pluv. an IX, Verdier c. Dabadie.

124. — Jugé encore que la transaction relative à un dépôt et précédée d'un inventaire contradictoire de l'état de la chose déposée interdit toute poursuite relative à son enlèvement illégal, tant qu'elle n'a pas été rescindée. — *Rennes*, 2 août 1819, Leguyader c. Quentin.

125. — De ce que la transaction est assimilée à la chose jugée, il résulte qu'elle ne peut être opposée qu'autant que la contestation a lieu entre les parties qui ont conclu la transaction, et que ces parties procèdent dans les mêmes qualités. — C. civ., art. 1351.

126. — Ainsi, une transaction passée avec l'un des intéressés ne profite pas aux autres et ne peut leur être opposée. — C. civ., art. 2051. — M. Duranton (t. 18, n° 417) fait l'application de ce principe au cas où un créancier transige avec *l'un* des héritiers de son débiteur en lui faisant une remise *sur sa part* dans la dette, et au cas où un légataire universel *chargé de divers legs* transige avec les héritiers légitimes sur la nullité du testament. Cette transaction n'altère en rien les droits des autres légataires.

127. — Jugé, d'après ce principe, que la transaction passée entre un héritier et un acquéreur sur une action rescisoire ne donne point au cohéritier qui n'a pas figuré dans l'instance et qui a laissé prescrire, le droit de réclamer sa part dans l'émolument de cette transaction, sur le fondement que l'héritier s'est engagé dans l'acte à faire ratifier par tous les cohéritiers indistinctement. — *Bordeaux*, 23 mars 1809, Gazeau et Retailleau c. Toubeys et Vergnon.

128. — *Quid* à l'égard de la transaction passée avec l'un des débiteurs solidaires? Zachariæ (t. 3, § 421) dit qu'elle profite aux autres codébiteurs, sans pouvoir leur être opposée si ce n'est pour sa part dans la créance. M. Duranton (n° 420) admet bien qu'une pareille transaction ne peut être opposée aux codébiteurs solidaires, quelque avantageuse qu'elle semblât devoir être pour eux lorsqu'elle a été faite; mais sur la question de savoir s'ils peuvent s'en prévaloir pour profiter de la remise faite au codébiteur, il distingue, si la transaction a eu lieu sur le fait de la solidarité de ce débiteur ou sur quelque autre moyen à lui personnel, ou bien encore si en le déchargeant de la solidarité le créancier a réservé expressément ses droits contre les autres; dans ces divers cas, la

remise ayant eu lieu *intuitu personæ*, le créancier peut toujours demander le paiement de la dette nonobstant la transaction, sous la déduction de la part de ce débiteur et de sa part aussi dans la perte résultant de l'insolvabilité de tel ou tel des codébiteurs (C. civ., art. 1285-1215). Si, au contraire, la transaction n'ayant pas eu lieu en considération de quelque moyen personnel au débiteur, il n'a été fait aucune réserve de droits contre les autres, dans ce cas la transaction profite à tous (induction de l'art. 1285, quant aux effets de la remise conventionnelle). Sur ce dernier point, Delvincourt (t. 3, p. 132, note 6) est d'une opinion contraire : il pense que dans l'esprit de l'art. 2051, la transaction est toujours censée faite *intuitu personæ*. — V. encore sur cette question Morelot, *Leçons d'un professeur*, t. 3, p. 276 ; Marbeau, n° 263 ; Troplong, n° 126.

129. — M. Duranton (*loc. cit.*) dit encore 1° que, même dans le cas où la transaction ne profiterait pas aux codébiteurs solidaires à raison de ce qui a été dit plus haut, néanmoins tout ce que le débiteur aurait payé *au delà de sa part* dans la dette devrait leur profiter, parce qu'en somme le créancier ne doit rien recevoir au-delà de cette même dette ; 2° que le paiement fait par les autres codébiteurs du montant intégral de la dette, moins la part du transigeant, n'empêcherait pas la transaction d'avoir *plein et entier* effet *contre celui-ci*, alors même que, pour se décharger de la solidarité, il aurait promis de payer *plus que sa part*, et qu'en somme, par ce moyen, le créancier touchât au-delà de sa créance. Il y a entre ces deux cas cette différence que, dans le premier, le créancier voudrait tirer parti de la transaction contre les autres codébiteurs en n'imputant pas tout ce que lui aurait procuré la transaction, et que, dans le second, c'est contre le débiteur transigeant qu'il invoque la transaction ; si elle lui a fait courir une chance désavantageuse, il doit profiter de la chance favorable.

130. — La transaction faite avec le débiteur principal profite à la caution. — Zachariæ, *loc. cit.* ; Merlin, *Rép.*, v° *Transaction*, § 4, n° 3 ; Delvincourt, t. 3, p. 247 ; Troplong, n° 128 ; Duranton, n° 420 (sauf la distinction posée plus haut pour le cas de solidarité).

131. — Mais celle faite avec la caution ne profite pas au débiteur principal (arg. de l'art. 1287). — V. L. 7, § 1er, *De transact.* — Toutefois, ce que la caution aurait payé viendrait à la décharge du débiteur. Et si le débiteur se libérait *en entier*, la caution serait relevée des promesses de la transaction. — Duranton, *loc. cit.* — V. aussi Rolland de Villargues, p. 87.

132. — Dans le cas d'obligation indivisible (par exemple, si l'un des copropriétaires d'un héritage qui a un droit de servitude douteux sur l'héritage voisin transige avec le propriétaire de ce dernier héritage), M. Duranton pense (n° 418) que les copropriétaires peuvent *invoquer* la transaction, mais qu'elle ne peut leur être *opposée*. Suivant Delvincourt, le créancier qui a transigé sur une obligation indivisible avec l'un des héritiers du débiteur peut toujours demander la chose entière aux autres cohéritiers, en offrant de leur faire raison de la part de celui avec lequel il a transigé. — Arg. de l'art. 1224.

133. — Du principe posé n° 125, il résulte encore qu'une transaction faite par une personne au sujet d'un droit qu'elle a fait valoir de son propre chef ne peut être invoquée par elle ni lui être opposée lorsque plus tard elle exerce ce droit comme successeur d'une autre personne. — C. civ., art. 2050.

134. — La transaction créant l'exception *litis finitæ* ne peut être invoquée qu'autant que la nouvelle contestation porte sur le même objet que la précédente (art. 2048). Et sous ce rapport, dit Zachariæ (§ 421), les transactions doivent être interprétées restrictivement. Ainsi, elles ne règlent que les différends qui s'y trouvent compris et sur lesquels les contractans ont eu réellement l'intention de transiger, soit que les parties aient manifesté leur intention par des expressions spéciales ou générales, soit qu'on reconnaisse cette intention par une suite nécessaire de ce qui est exprimé. Et la renonciation faite dans une transaction à tous droits, actions et prétentions, ne s'entend que de ce qui est relatif aux contestations sur lesquelles la transaction est intervenue. — Art. 2048, 2049. — V. encore Marbeau, n° 242 ; Duranton, t. 18, n° 415 ; Troplong, n° 110.

135. — Par application de ces principes, il a été jugé que l'effet d'une transaction ne peut être étendu à des choses autres que celles qui en ont été l'objet. — *Paris*, 17 avr. 1812, Petit c. Bottard.

136. — ... Que la transaction survenue entre un bailleur et le preneur, sur le point de savoir qui supportera certaines réparations exigées par l'état des biens loués, ne peut être étendue, dans ses effets, aux réparations de même nature devenues plus tard encore nécessaires. — *Cass.*, 24 nov. 1832, Gauguier c. d'Alsace.

137. — Jugé aussi qu'un grevé de substitution ancienne a pu invoquer la loi du 14 nov. 1792, abolitive des substitutions, encore qu'à une époque antérieure il se fût obligé par une transaction à maintenir et exécuter la substitution dont il était chargé. — *Cass.*, 17 nov. 1812, Gaultier. — La transaction ne portait pas sur l'abolition de la substitution qu'on ne prévoyait pas alors, et elle s'est trouvée sans cause par l'effet de la loi de 1792.

138. — Jugé, d'après ces principes, que la transaction que fait un voyageur sur l'indemnité à lui due pour la blessure qu'il a reçue par suite du versement d'une diligence ne fait pas obstacle à ce que la survenance de sa mort, qu'on ne pouvait prévoir à l'époque de ladite transaction, donne au profit de la veuve et des enfans du défunt ouverture à de nouveaux dommages-intérêts. — *Aix*, 29 janv. 1833, Michel c. Truchemann. — Cette décision, conforme à deux arrêts des 18 janv. 1631 et 21 déc. 1652, cités par Rigal (p. 132), comme extraits du *Journal des audiences*, dépendrait, comme on le comprend, des circonstances. — V. aussi Merlin, *Rép.*, v° *Transaction*, § 4, n° 2 ; Marbeau, n° 242.

139. — Jugé que la transaction par laquelle deux communes se sont réciproquement accordé le droit de dépaissance sur leurs terrains respectifs avec faculté de pernocter, c'est-à-dire de laisser leurs bestiaux pendant la nuit sur quelques-uns seulement de ces terrains spécialement désignés, a pu être déclarée comprendre implicitement celle d'établir des cabanes sur tous les terrains soumis au droit de compascuité. — *Cass.*, 20 déc. 1832, comm. d'Aulus c. comm. d'Erce.

140. — Jugé aussi que la transaction par laquelle deux propriétaires de terrains contigus ont, par suite d'une plantation de bornes, déclaré éteindre le procès existant entre eux et tous procès à naître au sujet de leurs limites, peut être déclarée applicable même à une contestation qui longtemps après s'élèverait sur un droit d'alluvion prétendu par l'un des propriétaires. — *Riom*, 7 juill. 1830 (sous *Cass.*, 26 juin 1833), Givols c. Rouganne. — V. aussi *Cass.*, 3 janv. 1831, Lemarchand.

141. — Un arrêt doit être annulé lorsqu'il a accueilli une fin de non recevoir basée sur une transaction qui, depuis, et par arrêt rendu sur requête civile, a été reconnue n'avoir jamais existé. — *Cass.*, 7 mars 1826, Sombret c. de Beauvoir.

142. — Chacune des parties est tenue de respecter les droits qu'elle a reconnus au profit de l'autre, et d'accomplir les prestations auxquelles elle s'est engagée. Ainsi, jugé que la transaction sur un procès tendant à la nullité d'un testament qui intervient entre l'un des héritiers naturels du défunt et le légataire universel conserve à celui-ci sa qualité jusqu'à concurrence de la quote-part à laquelle l'héritier qui transige a droit, même à l'égard des autres héritiers, lorsque ceux-ci, ayant poursuivi l'instance, ont fait annuler le testament, et qu'il peut dès-lors exercer le retrait successoral. — *Cass.*, 5 déc. 1833, Guibert c. Piquot.

143. — Jugé aussi que l'instance sur un procès terminé par une transaction ne peut être reprise, tant que cette transaction n'a pas été résolue par un jugement. — *Liége*, 23 déc. 1816, Defavereau c. Jaymaert.

144. — Suivant l'art. 2047, on peut ajouter à une transaction la stipulation d'une peine contre celui qui manquera de l'exécuter.

145. — Zachariæ (§ 421) dit que dans ce cas les effets de cette stipulation se déterminent d'après les principes généraux sur les clauses pénales (art. 1229), et qu'ainsi, *en général*, la partie au profit de laquelle la peine serait encourue ne pourrait poursuivre à la fois la peine et l'exécution de la transaction.

146. — Au contraire, Rigal (p. 135) considère l'art. 2047 comme une exception au droit commun établi par l'art. 1229, en ce sens que la peine imposée est *absolue, irrévocable* et indépendante de toute autre condition. C'est aussi ce que pensent M. Duranton (t. 11, n° 345) et Toullier (t. 6, n° 830), par le motif qu'en matière de transaction la stipulation d'une clause pénale n'est qu'une indemnité des inquiétudes d'un procès que la transaction était destinée à prévenir. La partie qui fait revivre le procès doit donc supporter la peine convenue. — V. aussi Pothier, *Oblig.*, nos 343 et suiv. ; Troplong, nos 106 et 107.

147. — Toullier va même jusqu'à soutenir (t. 6, n° 829 et 835) que la peine est encourue dès qu'il y a attaque dirigée contre la transaction, encore bien qu'ultérieurement on s'en désisterait ; que le juge devrait prononcer *hic et nunc* la condamnation à la peine encourue sans pouvoir attendre le jugement de la contestation engagée ; et que même la peine ne serait pas restituable dans le cas où, par suite de l'action engagée, la transaction *serait rescindée même en totalité*. Il n'admet de restitution qu'au cas où la transaction serait *annulée* pour un vice qui en assurerait la nullité *radicale* (V. 816-832) ; mais, même pour ce cas, il ne peut être question que de *restitution*, la clause pénale devant être exécutée encore que la transaction soit *attaquée comme nulle*.

148. — Cette manière d'interpréter la loi paraît trop rigoureuse. — Rolland de Villargues, v° *Transaction*, nos 66, 67 ; Marbeau, n° 182 ; Rigal, p. 136. — Au surplus, Zachariæ (*loc. cit.*) convient que si la peine avait été stipulée *pour le cas d'attaque* judiciaire dirigée contre la transaction, la peine et l'exécution de la transaction pourraient être réclamées cumulativement, à moins de circonstances spéciales. — M. Duranton et Toullier, ainsi qu'on l'a vu, considèrent cette convention comme implicitement renfermée dans la clause pénale ajoutée à la transaction.

149. — Jugé toutefois que la partie qui croit de bonne foi qu'il y a eu seulement une erreur de calcul commise dans la rédaction de l'acte, et se borne à demander la réparation de cette erreur, n'encourt pas la peine stipulée contre celui qui attaquerait la transaction, alors même que sa demande serait repoussée en ce qu'il ne s'agirait pas d'une simple erreur de calcul. — *Bastia*, 8 fév. 1837 (t. 2 1837, p. 244), Mattei c. Cannelli. — Dans ce cas, en effet, la contravention était plutôt apparente que réelle. — Toullier, t. 6, n° 835 ; Troplong, n° 104.

150. — Les tribunaux sont juges souverains de la question de savoir si tel cas prévu dans une transaction est ou n'est pas arrivé. — *Cass.*, 1er mars 1830, Cie des Salins c. Cappeau.

151. — V., pour l'application à la transaction des principes écrits dans l'art. 1230, C. civ., sur la mise en demeure, Toullier, t. 6, nos 274 et 834.

152. — Même sous le droit romain, la transaction sur procès par laquelle une partie avait fait abandon d'une portion de sa propriété, en vue de travaux que l'autre partie s'obligeait d'exécuter dans un délai déterminé, était résolue de plein droit à défaut d'exécution de ces travaux dans le temps fixé, encore bien qu'il n'y eût eu aucune mise en demeure. — Dès-lors, s'il s'est écoulé un délai suffisant pour prescrire depuis l'époque où la transaction aurait dû être exécutée, l'autre partie est fondée à opposer la prescription libératoire de l'engagement par elle contracté. — *Cass.*, 20 nov. 1833, Sillac-Delapierre c. comm. de Brangues.

153. — La question de savoir s'il est possible de diviser une transaction en ce sens qu'elle puisse être annulée dans une de ses dispositions et maintenue dans les autres est l'objet d'une controverse. Mais il paraît résulter de la jurisprudence qu'elle doit être résolue affirmativement, lorsque les clauses de l'acte sont *indépendantes* les unes des autres. — Il en serait autrement si elles étaient corrélatives.

154. — Ainsi jugé, par arrêt de la cour de Cassation, qu'une cour d'appel peut maintenir certaines clauses d'une transaction et annuler les autres, *lorsqu'elle juge que ces clauses sont distinctes et indépendantes les unes des autres*. — *Cass.*, 9 fév. 1830, de Bonmarchand c. Alviset. — V. aussi Rigal, p. 153 et suiv.

155. — Jugé de même pour le cas où des cohéritiers ont par le même acte transigé sur des difficultés relatives à l'étendue du patrimoine du défunt et à celle de leurs droits respectifs, et procédé au partage suivant les bases arrêtées ; que si plus tard l'un d'eux se prétend lésé, son action ne peut porter que sur la deuxième partie de l'acte, relative aux opérations matérielles du partage ; mais que la première partie doit être maintenue. — *Toulouse*, 11 juill. 1828, Gardel.

156. — Mais, d'un autre côté, on a soutenu que tout est essentiellement dépendant et corrélatif dans une transaction, en sorte que l'annulation d'une disposition entraîne nécessairement celle des autres. — V. Rolland de Villargues, *Rép. not.*, v° *Transaction*, n° 19 ; Merlin, *Rép.* v° *Transaction*, § 5, n° 3 ; Marbeau, n° 23 ; Zachariæ, § 418 (qui argumente de l'art. 2055) ; Duranton, n° 429 ; Troplong, n° 133.

157. — Jugé, en ce sens, que la nullité résultant du défaut de pouvoir dans la personne du mandataire pour consentir l'une des clauses d'une transaction est indivisible et s'étend même aux autres clauses que le mandataire aurait pu souscrire. — *Paris*, 15 mars 1820, Brion de Marolle c. Margé.

158. — V., en outre, ce qui a été dit plus haut

quant aux transactions relatives à la fois à l'état d'un individu et aux conséquences pécuniaires de cet état, nos 70 et suiv.

159. — Une transaction consentie par un majeur tant en son nom qu'en celui du mineur, quoique nulle vis-à-vis de ce dernier, est valable à l'égard du majeur lorsque l'objet de cette transaction est susceptible de division. — *Cass.*, 25 nov. 1834, Ladague c. Philippot.

160. — La transaction qui ne contient aucune réserve est définitive à ce point que, si elle est intervenue entre un mandant et un mandataire, le premier ne peut plus forcer le second à lui remettre les pièces dont il aurait dû appuyer ses comptes. — *Cass.*, 21 août 1832, Rancès c. d'Ossuna.

161. — L'arrêt qui interprète une transaction donne-t-il ouverture à cassation? Cette question a été résolue diversement par la cour de Cassation. Ainsi, par plusieurs arrêts, cette cour s'est reconnu le pouvoir d'apprécier les transactions et de casser les décisions qui en méconnaissaient l'esprit et les termes et qui en détruisaient les dispositions. — V. (sous l'empire des lois romaines) *Cass.*, 20 fructid. an X, Cremer c. Franquinet. — Et sous l'empire des lois nouvelles, *Cass.*, 15 fév. 1815, Delonne c. Hardy; 26 juill. 1823, Delorme-Hardy, 21 août 1832, Rancès c. d'Ossuna; 21 nov. 1832, (dans ses motifs), Vassal c. Joly; 8 juill. 1834 (dans ses motifs), Giron c. Rancez.

162. — Jugé, d'après le même principe, que lorsque, dans une transaction, les parties ont déclaré qu'elles *traitaient à nouveau* sans avoir égard à une décision arbitrale antérieure, laquelle serait considérée comme nulle et non avenue, qu'elles voulaient confondre dans un seul et même réglement définitif tous leurs droits, tous leurs comptes, toutes leurs prétentions; lorsqu'en outre elles ont, en effet, réglé leurs comptes et conventions à forfait, en répétant à plusieurs reprises que, par cette transaction, tout était réglé, soldé et terminé *à nouveau*, une cour d'appel ne peut, sans violer l'autorité de la chose jugée, substituer à ce traité la décision qu'elle a eu pour objet d'anéantir, et qu'elle a expressément annulée. — *Cass.*, 21 janv. 1835, Laurent c. Bruno-Blanche.

163. — Un autre arrêt a également posé en principe que la disposition qui attache aux transactions l'autorité de la chose jugée ne permet d'y chercher, par voie d'interprétation, la volonté des parties, que lorsque le sens en est obscur et douteux. Mais que l'arrêt qui, sous prétexte d'interprétation, détruit la substance et les dispositions claires, expresses et positives d'une transaction, est sujet à cassation pour violation de la chose jugée. — *Cass.*, 6 juill. 1836, Laurent c. Blanche; 9 fév. 1836, Gaffet c. Fayez-Bouthors.

164. — Jugé aussi que l'arrêt qui qualifie de *rétrocession*, et applique les principes relatifs à ce contrat (notamment la nécessité de signification aux tiers) à la *transaction* par laquelle un cédant et un cessionnaire conviennent, à la suite de contestations survenues depuis la cession faite entre eux, que celui-ci ne touchera qu'une partie des sommes à lui cédées, doit être cassé comme violant l'art. 2052. — *Cass.*, 2 janv. 1839 (t. 1er 1839, p. 349), Laurent c. Doublat.

165. — Mais, d'un autre côté, il a été jugé par la cour de Cassation que l'arrêt qui déclare qu'un acte contient une transaction et qui lui donne cette qualification, échappe, comme jugeant en fait, à la censure de la cour de Cassation. — *Cass.*, 26 nov. 1828, de Bouvet c. d'Ambly. — V., en ce sens, Duranton, t. 18, n° 396; Troplong, n° 116.

166. — ...Que l'acte par lequel, à la suite d'un réglement de compte entre associés, il a été dit que, pour terminer d'une manière définitive, les parties renoncent expressément à se rechercher directement ou indirectement pour cause de leur association, de quelque manière et pour quelque cause que ce soit, sans exception ni réserve, a pu être considéré comme renfermant les élémens d'une véritable transaction, sans que l'arrêt qui le décide ainsi encoure la censure de la cour de Cassation. — *Cass.*, 3 janv. 1831, Lemarchand c. Varin. — Et que cette transaction a pu également, sans donner ouverture à cassation, être déclarée s'étendre, non seulement à tout ce qui faisait l'objet de leur association, mais aussi à tout ce qui pouvait être personnel à chacun des associés, et étranger à la gestion de la société, comme, par exemple, aux dettes personnelles à l'un des associés, que l'autre aurait acquittées. — Même arrêt.

167. — ...Que les juges ont pu décider, sans que leur décision tombât sous la censure de la cour suprême, qu'une transaction passée avant 1814 (en 1809) entre les héritiers d'un émigré, lors du partage des biens alors existans dans la succession, et réglant dans quelle proportion chacun des héritiers doit y prendre part, contenait réglement des droits de ces mêmes héritiers sur les biens remis en vertu de la loi du 27 avr. 1825. — *Cass.*, 16 janv. 1834, Desnoyers c. marquis de Lillers.

168. — ...Que, bien qu'une transaction ait entre les parties l'autorité de la chose jugée, les tribunaux ne méconnaissent pas cette autorité en appréciant la transaction et les faits articulés. — A cet égard, leur décision échappe à la censure de la cour de Cassation. — *Cass.*, 20 juin 1834, Noël c. Nogent.

169. — Il paraît aussi résulter d'un autre arrêt de la chambre des requêtes que l'appréciation des termes, de l'esprit ou de l'étendue d'une transaction rentre exclusivement dans le pouvoir souverain des juges du fond, dont les décisions à cet égard sont à l'abri de la cour de Cassation. — *Cass.*, 31 déc. 1835, de Fumel; 2 juin 1847 (t. 1er 1847, p. 667), Potier c. de Rohan-Rochefort.

170. — Une cour d'appel qui, en appréciant les plans, les titres produits, et la commune intention des parties qui ont contracté une transaction sur procès attribuant à la commune les bois situés sur tel canton désigné de son territoire, juge que certaines parties de lois n'ont pas été comprises dans cette transaction, use du pouvoir souverain et discrétionnaire d'interprétation qui lui appartient, et dès-lors son arrêt ne peut être cassé. — *Cass.*, 5 janv. 1841 (t. 1er 1843, p. 558), comm. de Mailleroncourt c. Goultefroy.

171. — Lorsque l'interprétation d'une transaction tend non à appliquer cette transaction à un autre différend qu'à celui qui s'y trouve compris, ni à en caractériser les clauses, mais simplement à en étendre ou à en restreindre la portée, et à déclarer par appréciation des titres, des faits, et de l'intention présumée des parties, qu'elle s'applique à tel objet déterminé, une pareille décision a été rendue dans les limites du pouvoir discrétionnaire attribué aux cours d'appel. — Par cela qu'un arrêt a dans un de ses motifs visé un acte étranger aux parties, il n'y a pas ouverture à cassation si cette énonciation a été évidemment sans influence sur le dispositif. — *Cass.*, 20 juin 1842 (t. 1er 1843, p. 558), comm. de Bonneuil c. Damainville.

172. — Il n'y a d'exception à ce principe que dans le cas où le juge du fond détruit, sous prétexte d'interprétation, la substance de la transaction, et en méconnaît les dispositions claires et formelles, et encore lorsqu'il étend la transaction au delà de son objet reconnu et en fait l'application à un différend autre que celui qu'elle avait pour but de régler. — *Cass.*, 2 juin 1847 (t. 1er 1847, p. 667), Potier c. de Rohan-Rochefort.

173. — Jugé, en outre, qu'un arrêt a pu, sans encourir la cassation, considérer comme transaction sur procès l'acte par lequel un prêtre déporté, rendu à la vie civile après avoir actionné ses héritiers présomptifs en restitution des biens dont ils avaient été envoyés en possession en vertu de la loi du 21 fruct. an III, a consenti à les laisser propriétaires moyennant une somme convenue. — *Cass.*, 4 mars 1840 (t. 1er 1840, p. 298), Buhot c. Lemaignen.

174. — Zachariæ (§ 418) résume les principes sur ce point, en disant que l'*interprétation* des transactions, comme des autres conventions, appartient souverainement aux tribunaux; mais qu'un jugement qui refuserait les effets de la transaction à une convention réunissant tous les caractères de ce contrat, tomberait sous la censure de la cour de Cassation.

§ 6. — *Causes de nullité ou rescision. — Comment les transactions peuvent être attaquées.*

175. — Suivant l'art. 2052, C. civ., les transactions ne peuvent être attaquées pour *erreur de droit*. — La raison en est que la transaction a pour but de prévenir ou terminer un procès douteux; or, le doute peut venir de l'ignorance sur l'existence, le sens ou la manière d'appliquer la loi; on ne peut donc pas dire que cette ignorance annulle le consentement donné à la transaction, puisque c'est précisément cette ignorance qui en a été le motif. — Toullier, t. 6, n° 71.

176. — Ainsi, jugé avec raison que la promulgation d'une loi qui lève toute espèce de doute sur le point litigieux ne peut mettre obstacle à l'exécution de la transaction. — *Cass.*, 10 prair. an XII, Bouchot c. Lagarde.

177. — La clause d'une transaction qui met à la charge d'une partie une portion de dettes plus considérable que celle qu'elle devrait supporter d'après sa qualité contient une erreur de droit, et non une erreur de fait pouvant donner lieu à rescision. — *Bastia*, 8 fév. 1837 (t. 2 1837, p. 244), Mattei c. Cannelli.

178. — Toutefois, si l'erreur de droit avait été tellement générale que le législateur se fût cru obligé de la faire cesser par une déclaration de sa volonté, et, en outre, de relever ceux qui l'auraient commise de tous les acquiescemens auxquels elle aurait pu les entraîner, Merlin (*Rép.*, v° *Transaction*, § 5, n° 2) pense que la transaction qui aurait été la suite d'une pareille erreur serait incontestablement nulle. — V. aussi *Cass.*, 24 mars 1807, de Valence c. comm. de Saint-Jory. — Troplong, n° 136.

179. — De même, elles ne peuvent être attaquées *pour cause de lésion* (même art.), c'est-à-dire que l'une des parties ne serait pas admise à soutenir que le droit par elle abandonné avait une valeur supérieure à celle énoncée dans la transaction, ou que le droit auquel a renoncé son adversaire a reçu une estimation supérieure à sa valeur réelle. La raison en est également qu'il s'agit d'un réglement sur un droit douteux, incertain, et que l'acte a pour objet, en réglant les prétentions respectives des parties, d'assurer leur tranquillité en leur épargnant les frais et les embarras d'un procès. — Duranton, t. 18, n° 424.

180. — Cette règle demande à être conciliée avec l'art. 888 du Code relatif aux partages. — V. PARTAGE.

181. — Mais jugé que la qualification de transaction et de forfait donnée à un acte ne le met pas à l'abri de la rescision pour lésion, s'il n'a eu lui-même que le caractère de simple partage de communauté. — *Cass.*, 14 avr. 1807, Hudelot c. Delelis.

182. — Cependant Merlin (*Rép.*, v° *Transaction*, § 5, n° 8) pense que les transactions qui intéressent les mineurs peuvent être rescindées pour cause de lésion; mais l'opinion contraire est soutenue par MM. Rigal (p. 185 et suiv.) et Troplong (n° 140).

183. — La transaction, dit Zachariæ (§ 421), est récognitive et non transmissive de droits. D'où il conclut qu'elle ne donne pas ouverture à garantie à raison de l'éviction que l'une des parties éprouverait quant aux droits reconnus à son profit. — V. aussi Pothier, *Vente*, nos 646 et suiv.; Marbeau, n° 175; Duranton, t. 18, n° 426; Troplong, n° 12.

184. — Il en serait autrement, suivant MM. Duranton (*loc. cit.*) et Morelot (*Leç. d'un prof.*, p. 271), si l'éviction avait eu lieu par le fait de la partie évincée.

185. — Il en serait encore autrement des droits qui, sans faire l'objet du litige, auraient été abandonnés à une des parties comme prix ou condition des concessions qu'elle faisait de son côté. Dans ce cas, il y aurait non pas *reconnaissance* de droit, mais *transmission*. — V. L. 33, Cod., *De transact.* — Duranton, t. 18, n° 426.

186. — Quant à l'*erreur de fait*, il est des cas où elle *peut* servir de fondement à la rescision d'une transaction. — Et il faut remarquer que, dans ce cas, l'art. 2053 se borne à dire que la transaction *peut*, dans ces cas, *être rescindée*, mais non pas qu'elle est nulle. La rescision dépend des circonstances que les juges pèsent dans leur sagesse. — Toullier, t. 6, n° 54; Troplong, nos 137 et 138.

187. — L'arrêt qui décide qu'une transaction ne contient pas d'erreurs de nature à donner lieu à rescision, ne fait qu'une appréciation qui échappe à la censure de la cour suprême. — *Cass.*, 3 janv. 1831, Lemarchand c. Varin.

188. — Jugé aussi que le désistement d'une adjudication de biens nationaux donné par l'adjudicataire sous forme de transaction en faveur d'un émigré qui avait obtenu des arrêtés administratifs constatant qu'il avait été porté à tort sur la liste des émigrés, a pu, encore que ces arrêtés soient nuls vis-à-vis de l'adjudicataire, protégé par le principe de l'irrévocabilité de l'adjudication des biens nationaux, être maintenu sans que l'arrêt qui le décide ainsi tombe sous la censure de la cour de Cassation. On ne peut dire qu'il y ait eu là erreur de fait ou absence de cause. — *Cass.*, 3 déc. 1813, Bourgoin.

189. — La transaction est susceptible de rescision lorsqu'il y a erreur dans la personne (art. 2053). — Car, en général, les transactions sont faites en considération de la personne avec laquelle on traite, parce qu'on peut vouloir faire en sa considération des sacrifices qu'on ne voudrait peut-être pas faire si c'était tout autre. — Duranton, n° 425.

190. — Ainsi, si la personne qui a un procès transige avec celui qu'elle croit être sa partie, et qui ne l'est pas, cette transaction sera inutile et sans

effet. — C'est une conséquence du principe qu'on ne peut stipuler pour autrui. — Domat, *Lois civ.*, lit. 13, sect. 1re, no 5. — Toullier, t. 6, no 54.

191. — Y aurait-il erreur sur la personne, et lieu à la rescision de la transaction, si un débiteur ou un créancier avait transigé avec celui qu'il croyait être l'héritier d'une succession et qui ne l'était pas? Toullier (no 54), distingue le cas où celui qui a transigé a suivi trop facilement la foi de celui qui se disait héritier, du cas où il a eu des motifs suffisans de croire à la réalité de cette qualité, par exemple, si le prétendu héritier était en possession de l'hérédité. — Dans le premier cas, il dit que la transaction est nulle et sans effet vis-à-vis de tous. — Dans le deuxième cas, au contraire, la transaction produit tout son effet tant *pour* que *contre* le véritable héritier. — « C'est ainsi, ajoute-t-il, qu'il faut concilier l'art. 2053 avec l'art. 1240, qui porte que le paiement fait de bonne foi à celui qui est en possession de la créance est valable, encore que le possesseur en soit ensuite évincé. » — M. Duranton (no 425) pense au contraire que l'art 1240 ne protége que le paiement fait par le débiteur au possesseur apparent de la créance, et non la remise qui aurait pu lui être accordée par la transaction; et que de même le véritable héritier resterait tenu de toute la dette, malgré la transaction et le paiement partiel qui aurait pu être fait par l'héritier apparent. — Seulement, ce dernier aurait contre le créancier, à raison de ce paiement, une action en répétition contre le créancier.

192. — La transaction peut aussi être rescindée lorsqu'il y a erreur sur l'objet de la contestation (C. civ., art. 2053), « par exemple, dit Zachariæ (§ 420) si l'une des parties entendait transiger sur le possessoire seulement, et l'autre partie sur le pétitoire. » Mais cette espèce d'erreur sera fort rare, puisque l'idée de transaction suppose une difficulté sur quelque objet mentionné dans l'acte, et, par conséquent, que cet objet est connu de l'une et de l'autre parties. — Duranton, no 425.

193. — La transaction peut aussi, comme les autres contrats, être rescindée dans tous les cas où elle a eu lieu par suite de dol et de violence (art. 2053). — V., sur le dol et la violence, les principes généraux énoncés vis DOL, VIOLENCE.

194. — L'appréciation faite par une cour d'un acte de transaction, et de laquelle il résulte que le consentement donné à cette transaction n'a point été surpris par dol, et a été, au contraire, souscrit librement et en pleine connaissance de cause, est souveraine et ne peut donner lieu à un recours en cassation. — *Cass.*, 5 déc. 1838 (t. 1er 1839, p. 263), Ducoté c. Moret.

195. — La partie qui a commis le dol ne pourrait elle-même demander la rescision pour cette cause. — L. 30, C., *De transact.* — Duranton, no 427.

196. — La transaction faite dans une maison d'arrêt entre un débiteur et son créancier, qui l'a fait incarcérer, n'est pas nulle en l'absence de tout dol, fraude ou violence. — *Paris*, 12 fév. 1806, Withersheim c. Defrance.

197. — Lorsque, dans la présomption de perte d'un navire, il a été dit par un abandon anticipé que l'assureur jouirait, moyennant un prix convenu, de la propriété pleine et entière du navire, s'il venait à être retrouvé, celui-ci peut, le navire retrouvé, et s'il découvre que l'assuré lui a dissimulé des contrats à la grosse qui en diminuent la valeur, obtenir la rescision de la transaction. — *Bordeaux*, 2 avr. 1835, comp. Leali-Assecuratori c. Lavau.

198. — On peut être admis, en matière commerciale, à prouver par témoins que la cause énoncée dans une transaction est fausse et illicite. — *Cass.*, 4 janv. 1808, Deloy c. Clavelin. — Marbeau, nos 141 et suiv.

199. — Il y a également lieu à l'action en rescision contre une transaction, lorsqu'elle a été faite en exécution d'un titre nul, à moins que les parties n'aient expressément transigé sur cette nullité. — Art. 2034.

200. — Cette disposition de la loi demande à être conciliée avec celle de l'art. 2032, qui porte que la transaction ne peut être attaquée pour cause d'erreur de droit, sans exiger que les parties aient traité expressément sur la nullité. — Aussi plusieurs auteurs pensent-ils que l'erreur sur la nullité du titre qui est devenu l'objet de la transaction n'entraîne la nullité de cette transaction qu'autant qu'il s'agit d'une *erreur de fait*. — Duranton, nos 423 et 428; Solon, *Théor. des nullités*, t. 2, no 402; Troplong, nos 135 et 148. — *Contrà* Zachariæ (§ 422) et Rigal (*Transaction*, p. 155), qui se décident par le motif que l'action en nullité ouverte par l'art. 2034 ne repose pas sur l'erreur dont le consentement de l'une des parties a pu être entaché, *mais sur le défaut de cause de la transaction*. Il n'y a donc pas à distinguer entre l'erreur de fait et l'erreur de droit. — V. aussi Marbeau, nos 233 et suiv.; Merlin, *Rép.*, vo *Transcription*, § 5, no 4.

201. — La jurisprudence paraît favorable à la première opinion. — *Cass.*, 25 mars 1807, Rigot de Montjoux (dans une espèce où il s'agissait d'un partage opéré en vertu d'un testament nul); 3 déc. 1813, Bourgoin; *Paris*, 21 fév. 1814, Joly c. Thiessel (dans ses motifs).

202. — Jugé de même que l'art. 2054 ne s'applique pas au cas où il est prouvé que les contractans ont connu l'acte litigieux, puisque alors ils ne peuvent invoquer que l'erreur de droit et non l'erreur de fait. — *Cass.*, 28 déc. 1829, Sabatier c. Lyonnel.

203. — Jugé encore en ce sens que les héritiers présomptifs d'un prêtre déporté qui ont, après son amnistie, traité avec lui de la restitution de ses biens, ne peuvent faire annuler la transaction comme sans cause, ou reposant sur une fausse cause, par cela seul que la loi du 22 fruct. an III leur garantissait la propriété incommutable des biens du déporté; s'il est certain qu'ils ont connu la loi, on ne doit voir là qu'une erreur *de droit*, ce qui ne peut donner matière à l'annulation de la transaction. — *Cass.*, 22 juill. 1811, Cabiro c. Caussados. — Troplong, no 133.

204. — Rigal (p. 168 et suiv.) présente comme reconnaissant, au moins implicitement, le bien fondé du système contraire, les motifs de l'arrêt du 23 juin 1813, *Cass.*, Frégeville. — Mais il paraît évident que par cet arrêt la cour n'a pas jugé la question qui nous occupe.

205. — Lorsqu'il est constant que les parties qui ont transigé sur l'exécution d'un acte ont eu connaissance d'un acte postérieur portant annulation du premier, elles doivent être réputées avoir transigé sur la validité de cet acte, et elles ne peuvent être reçues à se prévaloir de l'erreur résultant de ce qu'il aurait été à tort considéré comme valable. Cette erreur ne serait d'ailleurs qu'une erreur de droit, qui n'est point de nature à faire rescinder une transaction. — *Cass.*, 14 nov. 1838 (t. 1er 1839, p. 254), Cavay c. Duclerc.

206. — L'exécution volontaire d'une transaction faite par suite d'un titre nul, mais sur la nullité duquel on n'a pas traité, rend inapplicable l'art. 2054. — *Cass.*, 23 juin 1813, Frégeville — Merlin, *Rép.*, vo *Transaction*, § 5, no *4 bis*; Solon, *Traité des nullités*, t. 2, no 435. — *Contrà* Zariæ, t. 3, p. 147, § 422.

207. — Ainsi les héritiers qui ont transigé avec un légataire sur l'exécution d'un testament dont ils ont eu pleine connaissance ne peuvent se pourvoir contre la transaction en se fondant sur ce qu'il n'aurait pas été statué expressément sur la nullité dont ce testament serait infecté. — *Paris*, 21 fév. 1814, Joly c. Thierret. — V. TESTAMENT.

208. — Jugé, sous l'empire de l'ord. de 1560, qu'une transaction n'a pu être annulée pour cause d'erreur de droit, alors surtout que cette erreur n'a été reconnue que par les dispositions d'une loi postérieure à la transaction, et que d'ailleurs elle a déjà été exécutée en partie par celui qui en demande la nullité. — *Cass.*, 1er niv. an XII, Lagarde.

209. — Une demande en rescision d'une transaction, faite avec un cohéritier renonçant, sur des prétentions qu'il élevait, malgré sa renonciation, et fondée sur le motif qu'elle équivaut à un acte de partage, n'est pas admissible, tant que cette renonciation antérieure n'est pas annulée, surtout lorsque, par suite de la transaction, l'héritier a reçu la somme convenue. — *Cass.*, 20 fév. 1839 (t. 2 1839, p. 269), de Cluny c. Doublet de Persan.

210. — Jugé que le traité fait sur un titre nul produit néanmoins une fin de non-recevoir contre toute action ultérieure, aux termes de l'art. 1340, C. civ., lorsque le titre renferme des dispositions à titre gratuit; l'art. 2054 n'est applicable qu'aux transactions faites à l'occasion d'actes à titre onéreux. — *Grenoble*, 26 août 1808, Lebaty c. Montjoux. Vo TESTAMENT.

211. — La transaction faite sur pièces qui depuis ont été reconnues fausses est entièrement nulle (art. 2055). La première rédaction de l'art. 2055 était ainsi conçue : « La transaction faite sur des pièces fausses est entièrement nulle. » Il résulte de la modification de rédaction introduite sur les observations de M. Jollivet (V. Locré, t. 15, p. 407), que la transaction ne peut être attaquée à raison de la fausseté de pièces sur lesquelles elle a été conclue qu'autant que les parties ou l'une d'elles ignoraient cette circonstance. La partie qui connaissait la fausseté des pièces qui ont servi de basse à la transaction est censée avoir renoncé à la faculté d'en contester la vérité. — Zachariæ, § 422.

212. — De même, si la contestation roule sur l'allégation de fausseté des pièces, la transaction qui intervient est valable, alors même que ce ne serait que depuis que le faux viendrait à être clairement établi; car, dans ce cas, la transaction à sa cause dans le litige lui-même. — Duranton, no 429.

213. — Jugé que l'héritier qui a transigé, sur un testament, avec l'individu au profit duquel il est fait, ne peut, dans le cas où ce testament est déclaré faux par jugement rendu entre le légataire et un autre héritier, refuser d'exécuter cette transaction comme faite sur pièce fausse. — *Cass.*, 17 nov. 1830, Gilmaire c. Pinson. — V. TESTAMENT.

214. — Dans le cas qu'il prévoit, l'art. 2055 dit que le transaction est *entièrement nulle*. Ce qui ne fait, dit Zachariæ (§ 422), que consacrer le principe de l'indivisibilité des transactions. — V. aussi Duranton, no 429; Rigal, p. 150; Julien, *Comm. sur les statuts de Provence*, t. 2, p. 211, 212, 213. — Il en était autrement en droit romain : la loi 42, Cod., *De transact.*, n'annulait la transaction que sur les chefs relatifs à la pièce fausse. — V., sur l'*indivisibilité* des transactions, *suprà* nos 153 et suiv.

215. — La transaction intervenue *généralement* sur toutes les affaires que les parties pouvaient avoir ensemble, ne peut être attaquée sous prétexte de la découverte postérieure de pièces nouvelles, à elles jusqu'alors inconnues (art. 2057). — La raison en est qu'il est possible que la transaction n'en eût pas moins été passée, quoique les parties eussent su que l'un des points, l'une des affaires n'étaient pas douteux. — Toullier, t. 6, no 45.

216. — Toutefois, il en serait autrement si les pièces avaient été retenues par le fait de l'une des parties (même article), sans même que cette partie fût admise à prouver qu'elle ignorait les avoir en sa possession. — Arg. de l'art. 1352. — Toullier, t. 6, no 45.

217. — La partie qui aurait retenu les titres ne pourrait, pour éviter la rescision de la transaction, offrir de payer ce qu'elle pourrait devoir à raison de ces mêmes titres. Et en sens inverse, la partie dont les titres auraient été retenus pourrait, en certains cas, prétendre au maintien de la transaction, et réclamer en même temps les droits résultant des titres nouvellement découverts. Ainsi, par exemple, si ces titres s'appliquaient à des objets non compris nominativement dans la transaction. — Duranton, no 433.

218. — Mais la transaction serait nulle si elle n'avait qu'un objet sur lequel il serait constaté, par des titres nouvellement découverts, que l'une des parties n'avait aucun droit. — Art. 2057. — Il est en effet à présumer que l'ignorance de ces titres a été le motif déterminant de la convention.

219. — Jugé, sous l'ordonn. de 1560, qu'une transaction n'a pu être attaquée par l'une des parties sur le fondement de pièces nouvellement recouvrées, si ces pièces n'avaient pas été retenues ou détournées par l'autre partie. — *Cass.*, 1er germ. an X, Binet c. Guillot.

220. — Mais cette solution, malgré le silence de l'ordonn. de 1560, nous paraît peu conciliable avec le principe qu'une obligation sans cause est nulle et de nul effet. Or, dans l'espèce, si les quittances recouvrées étaient sérieuses, la transaction manquait évidemment de cause et péchait par sa base. Dans tous les cas, il devrait en être décidé autrement sous le Code civil, qui admet comme base de nullité de la transaction la découverte de pièces nouvelles constatant l'absence de droit chez l'une des parties, sans exiger qu'elles aient été retenues par elle. — Marbeau, *Transaction*, p. 253; Rigal, *Transactions*, p. 177 et suiv.; Toullier, t. 6, no 45.

221. — Si les pièces nouvellement découvertes, dit Zachariæ (no 422), ne faisaient que confirmer les droits de l'une des parties, celle-ci ne pourrait s'en prévaloir pour demander l'annulation de la transaction, à moins que l'autre partie ne les eût retenues par dol.

222. — Dans tous les cas, la partie (par exemple une femme) qui a transigé sur les soustractions frauduleuses commises à son préjudice (par exemple par son mari pour la priver d'une partie de ses droits en reprises testimoniales) n'est pas recevable à demander plus tard la rescision de la transaction, sous prétexte qu'au moment où elle a eu lieu, l'autre partie (le mari) aurait eu en sa possession des titres établissant la réalité des soustractions reprochées. L'art. 2057, C. civ., qui admet comme cause de rescision de la transaction le fait, de la part de l'une des parties, d'avoir retenu des titres inconnus à sa partie adverse, ne reçoit pas ici son application. — *Cass.*, 18 mai 1836, Janson de Sailly c. Université.

223. — L'erreur de calcul dans une transaction doit être réparée. — Art. 2058.

224. — On ne peut attaquer une transaction contenant réglement et apurement de compte, entre les parties que pour erreur de calculs, mais non pour erreurs, omissions, faux ou doubles emplois. — *Rennes*, 25 janv. 1813, Favin c. Lefebvre.

225. — Mais l'erreur de calcul ne donne pas lieu à la nullité ou rescision de la transaction. — Duranton, n° 434.

226. — Jugé toutefois que la transaction intervenue sur un acte de partage fondé sur des bases tellement vicieuses que les erreurs de calcul qu'elles ont entraînées ont produit un résultat absolument faux peut être déclarée nulle. — *Trèves*, 23 août 1811. N.....

227. — Le délai pour agir en rescision ou en rescision de la transaction est de dix ans, conformément à l'art. 1304, C. civ. — Bigal, p. 198.

228. — L'action tendant à faire prononcer la nullité ou rescision est une action personnelle qui, suivant l'art. 59, C. proc., doit être portée devant le tribunal du domicile du défendeur; elle ne peut être formée incidemment devant le juge saisi du débat dans lequel elle est invoquée. — *Liège*, 23 déc. 1816, Dutavereau c. Jaymaert.

229. — Elle doit être précédée du préliminaire de conciliation. — *Rennes*, 2 août 1819, Leguyader c. Quentin.

230. — Il ne suffit pas, pour la validité de la demande en rescision d'une transaction formée incidemment à une action, relative à un dépôt sur lequel il a été transigé, qu'il soit déclaré d'une manière générale qu'on entend se pourvoir contre la transaction, et contre tous les actes qui auraient pour effet d'écarter la demande. Il faut qu'elle désigne les faits de nature à opérer la rescision, avec offre d'en faire preuve. — Même arrêt.

231. — S'il s'agissait d'une transaction judiciaire convertie en jugement au moyen de conclusions prises par les parties et dont le juge aurait donné acte, cette transaction ne pourrait être attaquée par action principale en nullité, mais seulement par les voies de recours ouvertes contre les jugemens en général, et dans les délais fixés par la loi pour l'exercice de ces recours. — Zachariæ, § 419; Rauter, *Cours de proc. civ.*, § 161; Carré, *Lois proc.* t. 2, n° 1681.

232. — En outre, il faut remarquer que les jugemens convenus, étant censés acquiescés à l'avance, ont cela de particulier qu'ils ne sont susceptibles d'être attaqués au fond qu'autant que la transaction qu'ils ont eu pour objet de faire consacrer est elle-même entachée d'une cause de nullité ou de rescision. — Zachariæ, § 419.

V. ABONNEMENT, ABSENCE, ACTE AUTHENTIQUE, ACTE SOUS SEING-PRIVÉ, ALIÉNÉS, ASSURANCE MARITIME, AVEU, CAUTIONNEMENT, COMMENCEMENT DE PREUVE PAR ÉCRIT, DOUBLE ÉCRIT, PRÉSOMPTION, SERMENT.

TRANSBORDAGE, TRANSBORDEMENT.

C'est l'action de transporter des objets et principalement des marchandises, soit de bord à bord des navires ou bateaux, soit même du bord des navires ou bateaux sur d'autres véhicules à terre et réciproquement. — V. BOIS A CHARBO n, CAPITAINE DE NAVIRE, COMMISSIONNAIRE DE TRANSPORTS. — V. aussi ASSURANCE MARITIME.

Table alphabétique.

TRANSCRIPTION. — 1. — Copie entière, sur les registres du conservateur des hypothèques, d'un contrat translatif de la propriété d'immeubles ou de droits réels immobiliers pour arriver à purger les privilèges et hypothèques dont ces biens peuvent être grevés.

2. — Ainsi, la transcription, moyen de rendre public l'acte translatif de propriété, est aujourd'hui un élément nécessaire de la purge. Elle influait, d'après la législation antérieure au Code civil, sur la transmission même de la propriété.—V. PURGE DES PRIVILÉGES ET HYPOTHÈQUES, n° 5.

§ 1er. — *De la transcription sous l'ancienne législation* (n° 3.)

§ 2. — *Effet de la transcription sous la loi du 11 brumaire an 7.* (n° 19).

§ 3. — *Effets de la transcription sous le Code civil* (n° 39).

§ 4. — *Effets de la transcription sous le Code de procédure civile* (n° 59).

§ 5. — *Actes de nature à être transcrits* (n° 77).

§ 6. — *Mode de la transcription* (n° 99).

§ 1er — *De la transcription sous l'ancienne législation.*

3. — Les lois romaines, qui reconnaissaient à l'expropriation forcée l'effet de purger les hypothèques (L. 6, C., *De remiss. pig.*), n'avaient pas organisé de règles pour la purge des hypothèques frappant des biens aliénés volontairement et ne s'occupaient pas de la transcription.

4. — L'ancien droit français, pour purger les hypothèques en cas d'aliénation spontanée, avait introduit le décret volontaire qui, à l'image du décret forcé, purgeait la propriété envers tous ceux qui n'y avaient pas formé une opposition afin de distraire. Les effets de ces décrets étaient si absolus qu'on a dù juger que les communes n'ont pas été relevées par la loi du 28 août 1792 de la purge qu'ils opéraient.— *Cass.*, 18 août 1830, commune de Bigny c. Sainte-Maure.

5. — Mais les frais énormes que cette procédure occasionnait firent substituer par l'édit de juin 1771 les lettres de ratification. — V. LÉGRETS D'IMMEUBLES, LETTRES DE RATIFICATION, et PURGE DES PRIVILÈGES ET HYPOTHÈQUES. n° 3.

6. — D'après cet édit, l'opposition du contrat portant aliénation annonçait aux créanciers que les biens soumis à leurs hypothèques étaient vendus, et les avertissait de songer à la conservation de leurs droits. Ainsi mis en demeure, ils étaient présumés avoir eu connaissance de la vente, et lorsqu'ils négligeaient de former opposition au sceau des lettres de ratification, ils étaient censés avoir renoncé à leurs droits, et l'immeuble passait à l'acquéreur affranchi des droits des créanciers non opposans.

7. — Aussi, a-t-on jugé que les lettres de ratification, scellées sans opposition, ont purgé les hypothèques des créanciers indiqués et assuré contre eux la décharge de l'acquéreur qui pour ce qu'il avait payé du prix de l'aliénation à son vendeur. — *Paris*, 18 flor., an XIII, Paulmier c. Jolas et la dame Beaugrand.

8. — Sous l'édit de 1771, l'acquéreur d'un immeuble pouvait consigner le prix de la vente sans appeler les créanciers opposans au sceau des lettres de ratification.— *Cass.*, 18 germin. an XIII, Frébourg c. Maze. —Merlin, *Rép.*, v° *Transcription*, § 7, n° 3; Grenier, *Hypothèque*, t. 2, p. 369.

9. — D'après l'édit de 1771, on pouvait se dispenser de prendre pour chaque mutation des lettres de ratification. Mais pour que les lettres obtenues sur l'aliénation la plus récente purgeassent les privilèges et hypothèques procédant du chef des propriétaires antérieurs, il fallait que le contrat déposé ou l'extrait placé dans l'auditoire fit expressément mention des noms, prénoms, profession et demeure de tous ces prétendus propriétaires. — *Besançon*, 4 août 1812, Bergère.

10. — Les lettres de ratification scellées sans opposition ne purgeaient pas des rentes foncières qui étaient considérées comme une débilitation de la propriété. — *Cass.*, 12 juin 1811, Sauvage c. Bataille; *Limoges*, 29 août 1839 (t. 1er 1840 p. 58), Maumy c. hosp. de Limoges.—Merlin, *Rép.*, v° *Lettres de Ratification*, § 3; Favard, *Répert.*, v° *Rente*, sect. 4re, n° 13; Felix et Henrion, *Traité des rentes foncières*, p. 138.

11. — Elles ne purgeaient pas, suivant la jurisprudence du parlement de Toulouse, l'hypothèque de la dot de la femme sur les biens du mari. — *Cass.*, 23 prair., an XI. Desnojean et Albert c. Delté. — Merlin, *Rép.*, v° *Lettres de ratification.*

12. — L'hypothèque inscrite auprès du conservateur créé par la loi du 9 messid., an III n'était pas purgée par des lettres de ratification scellées après la promulgation de la loi du 19 prair. an IV, sans qu'il soit fait mention de cette inscription et sans qu'il soit représenté un certificat du conservateur qui l'a enregistrée. — *Paris*, 22 thermid., an IX, Théaulon c. Clément et Doisy.

13. — L'opposition au sceau des lettres de ratification à exclu le créancier opposant du bénéfice de la suspension de transcription prononcée par l'art. 1er, L. 25 messid. an III. — *Cass.*, 21 vendém. an IX, Guichard c. Racie.

14. — Dans diverses provinces de l'ancienne France, et notamment ceux de Hainaut, on ne pouvait acquérir aucun droit de propriété sur les biens vendus sans avoir préalablement accompli ce qu'on appelait les œuvres de la loi. Le vendeur se présentait devant les officiers du seigneur ou les juges de la baillie du lieu dont les héritages étaient tenus et mouvans, et déclarait se dépouiller entre leurs mains de la propriété de l'immeuble, et ceux-ci la transportaient à l'acquéreur. Cette formalité, plus particulièrement connue sous le nom de déshéritance et d'adhéritance, ressemblait beaucoup à celle qui était en usage dans les pays de nantissement, sous la dénomination de vest et de devest. Elle était indispensable pour consommer l'aliénation, et tant qu'elle n'avait pas été consommée l'acquéreur ne pouvait pas être considéré comme propriétaire. Tout son droit se réduisait à une action personnelle contre son vendeur. — V. NANTISSEMENT (féod.) et ŒUVRES DE LA LOI

15. — Sous la coutume de Valenciennes, des lettres de déshéritance étaient nécessaires pour que l'ancien propriétaire fût dépossédé, et pour que la propriété passât au nouveau. — *Cass.*, 29 frim. an 11, Haussy c. Dathis. — Merlin, *Rép.*, v° *Déshéritance.*

16. — L'inscription ne tenait pas lieu de l'une ancienne dette hypothécaire, en pays de nantissement, à été utilement faite par un tiers originaire, bien qu'à cette époque le fonds hypothéqué fût passé dans les mains d'un tiers-acquéreur qui avait fait transcrire. — *Bruxelles*, 7 mars 1807, Matoulie c. Caroly.

17. — Ces divers usages qui tiraient leur origine du droit féodal disparurent avec lui, et les formalités exigées dans les pays de nantissement pour la transmission et la consolidation de la propriété furent, à compter de l'installation des tribunaux de district, remplacées, aux termes de l'art. 8, t. 19-27, sept. 1790, par la transcription des grosses des contrats d'aliénation ou d'hypothèque, qui devait être faite au greffe du tribunal du district dans le ressort duquel les immeubles étaient situés.

18. — C'est donc avec raison qu'on a jugé que ces formalités, nommées déshéritance, adhéritance ou œuvres de la loi, ont été suffisamment suppléées pour les mutations anciennes, par la transcription du contrat de vente effectuée en vertu de la loi du 27 sept. 1790, et que cette transcription a interrompu le cours de la prescription introduite par le statut local contre l'acquéreur en retard d'accomplir les œuvres de la loi, et a consommé l'aliénation à son profit.—*Cass.*, 5 janv. 1813, Pochet c. Mairiaux.

§ 2. — *Effets de la transcription sous la loi du 11 brumaire an VII.*

19. — La loi du 9 messid. an III avait, par son art. 105, introduit des formalités qui, différentes de la transcription, n'empêchaient pas la vente d'être parfaite par la simple tradition. — *Cass.*, 28 juin 1816, Bousquet c. Lefer-Dugué.

20. — La loi du 11 brumaire an VII n'a pas rendu la transcription nécessaire pour que la vente consentie sous la loi du 5 messid. an III pût produire effet à l'égard des tiers. — Même arrêt.

21. — Avant la loi du 11 brum. an VII, l'immeuble vendu ne pouvait être affecté de l'hypothèque acquise contre le vendeur, depuis la vente, avant la transcription. — *Cass.*, 23 juin 1812, Michel c. Bonaud. — Merlin, *Rép.*, v° *Transcription*, § 3, n° 1er.

22. — La loi du 11 brum. an VII ordonna, par son art. 26, que tout acte d'aliénation, pour pouvoir être opposé aux tiers, serait transcrit sur des registres publics tenus par les conservateurs des hypothèques. Cette transcription transmettait à l'acquéreur les droits du vendeur, à la charge des dettes et hypothèques dont l'immeuble était grevé. Une fois cette transcription opérée, l'acquéreur qui voulait se mettre à l'abri des poursuites hypothécaires devait remplir, pour la notification de son contrat aux créanciers hypothécaires inscrits, des formalités qui se rapprochent de celles prescrites par le Code civil, et les créanciers avaient alors le droit de surenchère. — V. SURENCHÈRE.

23. — Sous cette loi, la préférence entre deux acquéreurs était due à celui qui avait fait transcrire le premier, bien qu'en réalité son titre fût postérieur en date. — *Cass.*, 23 messid. an X, Signol c. Charpentier; *Nîmes*, 21 germ. an XI, Vital c. Talagran. — Duvergier, *Vente*, t. 1er, n° 25; Grenier, *Hyp.*, t. 2, n° 347. — Sous le Code civil, la préférence se détermine par la date du contrat. — V. Troplong, *Vente*, t. 1er, n° 41; Duvergier, *Vente*, n° 24.

24. — Sous la loi du 11 brum. an VII, l'acquéreur, par la transcription de son contrat, était affranchi des hypothèques non inscrites, alors même qu'il les aurait connues avant la transcription. — *Cass.*, 12 oct. 1808, Albert c. Bastian.

25. — Mais on pouvait prendre utilement inscription sur le vendeur d'un immeuble, tant que le contrat par lequel il se dépouillait de sa propriété n'était pas transcrit. — *Paris*, 15 janv. 1811, Bureau c. Bourgoin. — Chabot, *Quest. transitoires*, t. 2, p. 82 et suiv.

26. — Les créanciers hypothécaires du vendeur étaient recevables, alors que l'acquéreur n'avait pas purgé son acquisition, à contester la résiliation du contrat comme faite à leur préjudice. — *Paris*, 5 fruct. an XII Darmenon c. Melleville.

27. — Dans le cas de concours entre les créanciers du vendeur et ceux de l'acquéreur qui n'avait pas fait transcrire son contrat, le rang de l'hypothèque devait être réglé par la date de l'inscription. — *Cass.*, 10 brum. an XIV, Lambert c. Andrieux et Boursier.

28. — La loi du 11 brum. an VII, en établissant la publicité du régime hypothécaire, voulut plier à cette formalité essentielle les hypothèques qui avant sa promulgation étaient générales et occultes; par son art. 37 elle accorda un délai de trois mois à partir de sa promulgation, pour inscrire dans la forme qu'elle prescrivait les hypothèques anciennement constituées. A défaut d'inobservation de ce délai, ces hypothèques anciennes ne devaient produire effet qu'à dater de l'inscription qui en serait requise (art. 39).

29. — Pour conserver sous la loi du 11 brum. an VII l'hypothèque acquise en vertu des anciennes lois, à l'égard de l'acquéreur de la chose hypothéquée, le créancier n'était soumis qu'à la formalité de l'inscription dans le délai de la loi, ou même après ce délai écoulé, pourvu que l'inscription précédât la transcription de l'acte de mutation. — *Cass.*, 30 août 1807, Champeron c. Rouzet Folmon.; *Paris*, 13 niv. an XIII, Deschamps c. Aufray, Gougy et Molot; *Bruxelles*, 4 avr. 1806, Lemaire c. Vandenbonne.; *Turin*, 16 déc. 1807, Coda c. Quarunta. — Chabot, *Quest. transit.*, t. 2, p 8 et suiv.

30. — La même décision a été adoptée bien que l'acquéreur eût, en exécution de la loi du 27 nov. 1790, fait au greffe le dépôt de son titre. — *Cass.*, 1er prair. an XII Filliard c. Loiro; 20 frim. an XIV, Duval et Enlard c. Legrand. — V. conf. *Cass.*, 1er prair. an XII. — Merlin, *Rép.*, v° *Hypothèque*, sect. 2e, § 2, art. 14.

31. — L'opposition au sceau des lettres de ratification obtenues par celui qui se trouvait propriétaire à la publication de la loi du 11 brum. an VII, ne dispensait pas l'opposant de prendre inscription dans le délai prescrit par l'art. 37 de cette loi, pour la conservation des anciennes hypothèques. — *Paris*, 21 juill. 1807, Mauduit et Boucher c. Estiennol; *Cass.*, 13 déc. 1808, Champflour c. Chabot; *Poitiers*, 15 juin 1819, Treuille et Fradin c. Lambert.

32. — L'acquéreur dont les lettres de ratification n'ont été scellées qu'à la charge de l'opposition d'un créancier est resté obligé personnellement envers ce créancier; il a pu dès-lors être poursuivi par action personnelle, alors même que l'inscription prise par le créancier en vertu de la loi du 11 brum. an VII, aurait été entachée de nullité. Cette action a été conservée par ladite loi. — *Cass.*, 28 déc. 1813, D'Ewiller c. Romand.

33. — Une hypothèque ancienne non inscrite dans les délais fixés par la loi du 11 brum. an VII a pu l'être ultérieurement, bien qu'au moment de l'inscription l'immeuble n'appartînt plus au débiteur, si toutefois l'acquéreur n'avait pas encore fait transcrire son contrat. — *Lyon*, 14 mars 1811, Laphin et Desfrennes c. Renaud et Dunoyer; *Caen*, 9 déc. 1824, Huchon c. Herrier.

34. — Il en serait ainsi, lors même que la vente aurait été consentie postérieurement au Code civil, mais antérieurement au Code de procéd. — Même arrêt de Lyon.

35. — Ainsi, sous la loi du 11 brum. an VII, l'acquéreur de biens soumis à des hypothèques existant en vertu des anciennes lois, ne pouvait les purger que par la transcription. — Ces principes étaient applicables aux anciennes hypothèques sur les rentes foncières créées avant la loi du 11 brum. an VII, et aliénées depuis. — *Cass.*, 30 août 1807, Champeron c. Rouzet-Folmont.

36. — La rente foncière dont le titre est antérieur au Code civil constitue une simple créance hypothécaire, en telle sorte que l'acquéreur de l'immeuble qui en est grevé est dispensé d'en servir les arrérages s'il a rempli les formalités prescrites par les art. 2181 et suiv. du Code civil. — *Cass.*, 27 nov. 1835, Frottier c. Poupet.

37. — Sous l'empire de la loi du 11 brum. an VII, une inscription de la part du vendeur, à défaut de transcription du contrat par l'acquéreur, était nécessaire pour la conservation de la rente foncière créée pour le prix de l'aliénation. — L'inscription d'office, faite en suite de la transcription d'un second ou d'un troisième acquéreur, ne conservait que les droits du dernier vendeur, et nullement ceux des précédens propriétaires. — *Poitiers*, 2 pluv. an XIII, Desminière c. Godu.

38. — Les hypothèques constituées sur une rente foncière rachetée avant la loi du 11 brum. an VII ont été purgées par le défaut d'opposition, conformément à la loi du 18 déc. 1790. — *Colmar*, 9 mai 1813, Ferrino c. Mounier.

§ 3. — *Effets de la transcription sous le Code civil.*

39. — D'après les art. 1583 et 2182, C. civ., la vente d'un immeuble est parfaite par le consentement des parties. Le vendeur est, par le fait même, dessaisi de la propriété, il ne peut plus la revendre ni la grever de nouvelles hypothèques. Le vendeur, dit l'art. 2182, C. civ., ne transmet à l'acquéreur que la propriété et les droits qu'il avait lui-même sur la chose vendue. Il les transmet sous l'affectation des mêmes priviléges et hypothèques, dont il était chargé. Il faut toutefois noter cette différence, que le tiers détenteur n'est tenu que des inscriptions existant lors de la vente, et depuis le Code de procéd., de celles qui surviennent dans la quinzaine de la transcription, tandis que le vendeur était tenu de toutes les hypothèques inscrites ou non.

40. — Le Code civil dispose, par son art. 2181, que les contrats translatifs de la propriété d'immeubles ou droits réels immobiliers, que les tiers détenteurs voudront purger de priviléges et hypothèques, seront transcrits en entier, par le conservateur des hypothèques, dans l'arrondissement duquel les biens sont situés.

41. — La simple transcription des titres translatifs de propriété ou de droits immobiliers sur le le registre du conservateur, ne purge pas les hypothèques et priviléges établis sur l'immeuble. Cette transcription n'est qu'un préliminaire pour arriver aux formalités qui peuvent affranchir l'immeuble, et dont le détail a été exposé au mot PURGE DES PRIVILÉGES ET HYPOTHÈQUES.

42. — Le Code civil décidant que la vente était parfaite par le seul consentement des parties, et qu'elle transmettait à l'acquéreur les droits du vendeur sur l'immeuble, a affranchi par sa seule promulgation les acquéreurs des formalités prescrites par la loi du 11 brum. an VII, pour devenir propriétaires. Dès l'instant où le Code civil est devenu obligatoire, la propriété est passée sur la tête de l'acquéreur, qui n'a plus eu à redouter que son vendeur aliénât de nouveau l'immeuble à son préjudice, ou consentît de nouvelles charges hypothécaires sur un bien dont la propriété ne reposait plus sur sa tête.

43. — Aussi, a-t-il été jugé que la propriété de l'immeuble acquis sous le régime de la loi du 11 brum. an VII, a passé à l'acquéreur, en vertu des dispositions des art. 2181 et 2182, C. civ., quoiqu'il n'eût pas fait transcrire. — *Liége*, 17 nov 1810, Crassier c. Lebens; *Paris*, 9 fév. 1814, Blavoyer c. Lemaire. — Grenier, *Traité des hypoth.*, t. 2, p. 114; Troplong, *Hypoth.*, t 4, n° 894.

44. — Conséquemment, lorsqu'un débiteur a acquis un immeuble sous le nom d'une personne interposée, ses créanciers peuvent poursuivre l'expropriation de cet immeuble, nonobstant la transcription que l'acquéreur supposé a fait faire du contrat d'acquisition au bureau des hypothèques. — *Cass.*, 19 niv. an XII, Breun et Kushne c. Delescailles.

45. — C'est l'antériorité, non de la transcription, mais du contrat de vente qui détermine lequel des deux acquéreurs est propriétaire de l'immeuble. — *Nîmes*, 11 juin 1807, Gibert c. Guin.

46. — Jugé dans le même sens, que la transcription du contrat de vente n'est pas nécessaire pour transférer la propriété à l'acquéreur à l'égard des tiers. En conséquence, l'expropriation forcée des immeubles vendus ne peut plus être poursuivie contre le vendeur même. — *Poitiers*, 18 janv. 1810, Lortie c. Fleuriau.

47. — On a prétendu que le Code civil n'avait pas conféré à l'aliénation seule la force d'arrêter les inscriptions, et que cet effet n'était attaché qu'à la transcription du contrat lui-même. — Guichard, *Jurispr. hypoth.*, t. 3, p. 346; Jourdan, *Thémis*, t. 5, p. 481.

48. — On a aussi jugé sous le Code civ. et jusqu'à la mise en vigueur du Code de procéd., que les hypothèques antérieures à la vente pouvaient être inscrites après la vente et jusqu'à la transcription du contrat. — *Bruxelles*, 31 août 1808, Begmans c. Jacquemyns; *Turin*, 2 oct. 1811, Oddone c. Ferrera et Devanghencim.

49. — Jugé encore que l'inscription prise (ou renouvelée) sur l'ancien propriétaire, débiteur primitif, et non sur le détenteur actuel de l'immeuble, est valable, lorsque ce dernier n'a pas fait transcrire son contrat, encore que l'immeuble ait été saisi réellement sur sa tête. — *Caen*, 6 mai 1812, de Caraman c. de Créqui.

50. — Mais cette opinion sur les effets de la transcription sous le Code civ., est réfutée par l'art. 2166 qui n'accorde le droit de suite qu'aux créanciers ayant une hypothèque inscrite, et par l'avis du conseil d'état du 11 fructid. an XIII, qui, bien que non rendu public, n'en a pas moins été approuvé par le chef de l'état, ainsi que l'atteste Locré (*Espr. C. procéd. civ.*, art. 834 et 835, n° 1er). — *Paris*, 22 déc. 1809, Perrot c. Laubé; *Turin*, 23 nov. 1810 (et non du 20), Noli c. Mollea; *Cass.*, 12 juill. 1824, Vallée c. Gantrelle. — Tarrible, *Rép.*, v° *Transcription*; Grenier, t. 2, p. 117; Troplong, *Hypoth.*, n° 899.

51. — D'après le Code civil, l'aliénation purgeait donc toutes les hypothèques non inscrites, et la transcription n'était utile que pour arriver à la purge des hypothèques inscrites.

52. — L'acquéreur qui n'a pas fait transcrire son contrat ne peut exiger la preuve de la radiation de toutes les inscriptions avant de payer son prix. — *Paris*, 7 thermid. an X, Bourbion-Chavanges c. Jacobé.

53. — Il a été jugé que la promulgation du Code civ. a dispensé de la transcription ceux qui ayant acheté par contrats passés sous la loi du 11 brum. an VII avaient négligé d'accomplir cette formalité; — Que depuis cette promulgation, la propriété incommutable des objets à eux vendus leur a été irrévocablement acquise; — Et qu'en conséquence, le créancier hypothécaire du vendeur dont le titre est postérieur au Code civil, ne peut s'inscrire utilement sur l'immeuble, bien que l'acquéreur n'ait pas fait transcrire son contrat. — *Cass.*, 16 oct. 1810, Bolsée c. Clément; *Bruxelles*, 6 août 1811, Goossens c. Weyd; *Turin*, 11 déc. 1812, domaine c. Salmatoris; *Cass.*, 28 juill. 1813, mêmes parties; *Rouen*, 8 janv. 1824, Baube c. Roussel.

54. — Mais puisque le Code civ. établissait la transcription comme un moyen d'arriver à la purge des priviléges et hypothèques, c'est-à-dire des droits acquis à des tiers, les créanciers par titres antérieurs au Code civ. ont dû conserver la faculté de faire inscrire leurs priviléges ou hypothèques jusqu'à ce que l'acquéreur ait rempli les formalités pour purger. Le Code n'a porté aucune

atteinte aux titres de ces créanciers, qui peuvent être inscrits tant que le nouveau possesseur ne s'est pas mis en règle.

55. — Aussi de nombreux arrêts ont-ils décidé que la simple publication du Code civ. n'a pas dispensé les acquéreurs d'immeubles vendus sous la loi du 11 brum. an VII de faire transcrire leur contrat pour purger les hypothèques établies légalement avant leur acquisition, mais inscrites seulement après la promulgation dudit Code. — *Bruxelles*, 13 juill. 1808, Huygelen c. administ. des pauvres d'Hombeek; *Angers*, 23 avr. 1809, Turpin c. Lecrosnier et Wuillaume; *Bordeaux*, 18 mars 1810, Lautourne c. Pauly; *Cass.*, 9 fév. 1818, Girardeau c. Rouget; 19 nov. 1817, Tardif c. Cottun. — La vente faite sous la loi du 11 brum. an VII, et qui n'a été transcrite que depuis le Code civ., ne peut être opposée au créancier dont l'inscription a été prise depuis le Code, mais avant la transcription, si le titre de ce créancier est antérieur au Code. — *Bruxelles*, 2 janv. 1812, Lamiral c. la fabrique d'Ath; *Cass.*, 14 janv. 1820, Henrion de Magnoncourt c. Vuilleret; 11 juill. 1820, Baube c. Roussel. — Merlin, *Quest.*, v^is *Transcription au bureau des hypothèques*, § 2, et *Transcription*, § 5; Grenier, t. 2, nº 350; Troplong, *Hypoth.*, t. 4, nº 901; Mailher de Chassat, t. 2, p. 212.

56. — Décidé conformément à cette jurisprudence, qu'un acte de vente passé sous la loi du 11 brum. an VII ne peut, s'il n'a pas été transcrit, servir, même depuis la promulgation du Code civ., de base à la prescription de dix et vingt ans établie par l'art. 2265 contre le véritable propriétaire. —*Lyon*, 17 fév. 1834, Daviot c. Deschelus.

57. — De même l'acquéreur, dans des conditions semblables, ne peut invoquer la prescription pour repousser la saisie exercée sur lui par un créancier de son vendeur. — *Cass.*, 28 avr. 1823, Sageaud c. de Nexon. — Delvincourt, t. 3, p. 388, note 4e; Grenier, § 2, p. 556, et Troplong, t. 4, nº 883.

58. — Avant le Code de procéd. civ., la transcription d'un acte d'acquisition d'immeubles mettait l'acquéreur à l'abri de toute créance hypothécaire non inscrite avant ladite transcription; en conséquence, lorsqu'il n'existait, d'ailleurs, aucune autre inscription prise antérieurement, l'acquéreur était tenu de consentir la radiation de l'inscription d'une hypothèque stipulée dans le contrat de vente, pour sûreté de la jouissance paisible de cet acquéreur. — *Liége*, 8 vent. an XIII, Carbonnel c. Lemielle.

§ 4. — *Effets de la transcription sous le Code de procédure civile.*

59. — On a vu, au mot PURGE DES PRIVILÉGES ET HYPOTHÈQUES, nº 11, comment, malgré les dispositions du Code civil, la régie de l'enregistrement et des domaines donna une instruction aux conservateurs des hypothèques, afin d'inscrire tous les titres de créances hypothécaires qui leur seraient présentés jusqu'à la transcription des contrats des tiers-acquéreurs. C'est par suite de cet antagonisme fiscal que le véritable sens du Code civil fut fixé par l'avis inédit du conseil d'état du 11 fruct. an XIII, et que furent insérées dans le Code de procédure les dispositions qui en sont devenues les art. 834 et 835.

60. — L'art. 834 du Code de procéd. a autorisé les créanciers du vendeur antérieurs à l'aliénation à faire inscrire les titres hypothécaires ou privilégiés depuis l'acte translatif de propriété, mais au plus tard dans la quinzaine de la transcription de cet acte, et l'art. 835 affranchit l'acquéreur de l'obligation de faire aux créanciers inscrits, dans ce délai de quinzaine, les notifications prescrites par les art. 2183 et 2184, C. civ.

61. — Les modifications introduites par l'art. 834 ont cet avantage de faire un appel pour l'inscription des droits appartenant aux tiers et de les empêcher d'être les victimes d'une aliénation clandestine et frauduleuse, mais il faut bien reconnaître que le mode de publication de l'aliénation eût pu être plus complet et qu'à la faculté appartenant à chacun de consulter les registres de la conservation des hypothèques, il eût été utile d'ajouter, comme dans l'art. 2194, l'affiche dans l'auditoire du tribunal, et comme dans l'art. 680 du Code de procéd., l'insertion dans les journaux. — Grenier, t. 2, nº 352; Troplong, *Hypoth.*, nº 900. — V. aussi *Doc. réf. hypoth.*, t. 2, p. 747 et 774.

62. — Les seuls créanciers ayant hypothèque antérieure à la vente peuvent requérir inscription dans la quinzaine de la transcription, mais ceux dont l'hypothèque n'est née qu'après l'aliénation ne peuvent prendre inscription, ni par conséquent surenchérir. — *Colmar*, 10 juin 1820, Blum et Meyer c. Trésor.

63. — Le créancier qui ne s'est inscrit qu'après l'expiration de la quinzaine de la transcription, ne peut contester, lors de l'ordre, la collocation d'une créance dont l'acquéreur avait fait compensation jusqu'à due concurrence avec le prix de son acquisition. — *Turin*, 6 oct. 1812, Trivero c. maire de Moncalier.

64. — Les lois qui ont réduit les rentes foncières, quelle que soit l'époque de leur création, au rang de simples créances, ont imposé à l'état, comme à tout autre créancier, l'obligation de prendre une inscription hypothécaire, pour pouvoir exercer son action sur les immeubles affectés à leur paiement; dès-lors, en cas d'aliénation, l'inscription ne peut plus être prise quinzaine après la transcription faite par l'acquéreur. — *Cass.*, 24 mars 1829, préfet du Haut-Rhin c. Keller.

65. — Le créancier inscrit tout à la fois sur un immeuble et sur les immeubles par destination qui y sont attachés, conserve, en cas de vente séparée des meubles immobilisés, et tant que l'acquéreur n'a pas rempli les formalités de purge, son droit hypothécaire contre ce dernier. Peu importe que ce créancier n'ait pas réclamé contre cette vente faite séparément, et qu'il se soit même rendu adjudicataire de l'immeuble vendu sur une poursuite séparée. — *Paris*, 29 fév. 1836, Laine c. Monchy.

66. — Les art. 834 et 835, C. procéd., n'ont pas d'effet rétroactif. — *Cass.*, 22 fév. 1825, Duval c. Renaud; — Grenier, t. 2, p. 120; Troplong, nº 901.

67. — Une hypothèque ancienne, régulièrement inscrite sur l'immeuble au moment de la vente, par conséquent bien connue de l'acquéreur, et dont l'inscription subsistait encore lors de la publication du Code de procéd., n'a pu être purgée que par la transcription, et elle a pu dès-lors être conservée par une inscription prise en renouvellement dans la quinzaine de la transcription. — *Cass.*, 13 août 1822, Lebret du Désert c. Marchant.

68. — L'acquéreur peut, même après avoir purgé de toutes hypothèques l'immeuble qui lui a été vendu, prendre inscription sur les biens que le vendeur a spécialement affectés à la garantie de la vente. — *Cass.*, 15 avr. 1806, Lamotte et de Vitray c. Véraquin d'Avrilly. — Grenier, *Hypothèques*, t. 1er, nº 139.

69. — L'hypothèque non inscrite du douaire a été purgée par l'accomplissement, de la part des acquéreurs de l'immeuble hypothéqué, des formalités prescrites à cet effet par les lois introductives de la publicité du système hypothécaire. — *Paris*, 10 déc. 1823, Garnier c. Mellié.

70. — La transcription d'un contrat d'aliénation est utile au vendeur et au prêteur de deniers, elle conserve leur privilége. — V. PRIVILÉGE, nºs 739 et suiv., et 825 et suiv. — En effet, lorsque cette formalité est négligée par l'acquéreur, le vendeur est obligé de prendre pour sûreté du prix une inscription qui le constitue en avance de frais, il répond des nullités que contiendraient ses bordereaux et acquitte un droit proportionnel, tandis que quand l'inscription est prise d'office, le conservateur demeure garant des vices et accomplit la formalité sans faire payer aucun droit. Enfin lorsqu'une portion du prix reste due, les intérêts du vendeur peuvent à défaut de transcription se trouver compromis par la faillite de l'acquéreur. Car si la faillite est reportée à une époque antérieure à l'accomplissement des formalités, le vendeur, peut se trouver primé par d'autres créances absorbant la valeur de l'immeuble. — Baudot, *Tr. des form. hyp.*, nº 1057.

71. — Les créanciers du vendeur peuvent, d'après l'art. 778, C. procéd., pour conserver leurs droits, requérir la transcription, parce qu'aux termes de l'art. 2108, C. civ., cette formalité vaut inscription et elle assure le privilége de leur auteur. — Baudot, *Tr. des form. hypothéc.*, nº 1058.

72. — La transcription a pour effet, à l'égard de l'acquéreur, de lui fournir les moyens d'arriver à la purge des hypothèques et d'empêcher les précédens propriétaires de prendre inscription après la quinzaine, à dater de l'accomplissement de la formalité.

73. — Quant au donataire, la transcription lui transfère la propriété de l'immeuble donné à l'égard des tiers. — V. DONATION ENTRE-VIFS, nº 499.

74. — La transcription du contrat de vente volontaire et l'expiration du délai de quinzaine fixé par l'art. 844, C. procéd., ne font pas produire à une inscription hypothécaire son effet légal et ne dispensent pas de la renouveler. — *Cass.*, 27 mai 1816, Desisnard c. de Gaste et Dampenne; *Caen*, 20 nov. 1824, Caille c. de Roncherolles; *Cass.*, 15 déc. 1829, Wischer c. Fichsbach.

75. — Celui qui a acquis depuis la promulgation du Code civ. et du Code de procéd. un immeuble donné en engagère sous l'empire de la cout. de Luxembourg, est tenu d'en abandonner la jouissance au créancier engagiste, bien que celui-ci n'ait pris aucune inscription dans la quinzaine de la transcription, dont parle l'art. 834, C. procéd. — *Liége*, 15 nov. 1822, Quollin c. Gaspar.

76. — Toutes les questions concernant la transcription, les effets et les actes sur lesquels elle doit porter, qui ont été agitées lors des travaux préparatoires à la réforme hypothécaire, sont indiquées dans les *Doc. réf. hyp.*, t. 3, p. 473 et suiv.

§ 5. — *Actes de nature à être transcrits.*

77. — Les actes qui transmettent des biens et droits susceptibles d'hypothèques sont de nature à être transcrits; il faut donc soumettre à la transcription les ventes, cessions ou donations d'immeubles déterminés par l'art. 2118, C. civ.

78. — La loi du 11 brumaire an VII avait aussi astreint à la transcription les actes translatifs du droit à des rentes foncières et autres, qui, créées avant sa promulgation, étaient, dans quelques provinces, considérées comme immeubles.

79. — On doit transcrire tous les actes d'aliénation quelconques qui n'obligent pas personnellement l'acquéreur à la dette; car la purge ne pourrait pas effacer cet engagement formé par convention.

80. — ... Quelle que soit d'ailleurs la forme dans laquelle l'acte a été rédigé. — V. PURGE DE PRIVILÉGES ET HYPOTHÈQUES, nº 15, TRANSCRIPTION (droits de), nº 8.

81. — Sous la loi du 11 brum. an VII, on a pu valablement transcrire un acte de vente sous seing-privé. — *Cass.*, 23 messid. an X, Signol c. Charpentier; 27 niv. an XII, Guymont c. Delavault et Leclerc.

82. — Les actes passés en pays étranger, sous une forme que la législation du lieu où ils sont reçus répute authentique, ne sont pas exécutoires en France et n'ont pas plus de valeur qu'un acte sous seing-privé; ils sont susceptibles de payer de nouveau le droit d'enregistrement, et, dès que ce droit est acquitté, il n'y a pas de difficulté pour les transcrire.

83. — Jugé que sous la même loi (du 11 brum. an VII), il n'était pas nécessaire de faire transcrire la procuration en vertu de laquelle un acte de vente avait eu lieu. — *Cass.*, 27 niv. an XII, Guymont c. Delavault et Leclerc. — V. *contrà* Baudot, *Tr. des form. hyp.*, nº 1091, qui objecte que la procuration est la simple manifestation du consentement du vendeur.

84. — Une ratification est susceptible d'être transcrite, car elle est nécessaire à la perfection de l'acte, et dès-lors il est utile que les tiers la connaissent. — Baudot, *Tr. des form. hyp.*, nº 1090.

85. — La vente à faculté de réméré est translative de la propriété, quoique sous une condition résolutoire facultative pour le vendeur. Cette vente doit donc être transcrite. — Pour l'acte constatant le retrait du réméré, V. TRANSCRIPTION (droits de), nº 37.

86. — Il y a lieu de transcrire un acte contenant échange d'immeubles. — V. PURGE DES PRIVILÉGES ET HYPOTHÈQUES, nº 40.

87. — Pour le cas où le contrat d'aliénation a pour objet plusieurs immeubles distincts, V. PURGE DES PRIVILÉGES ET HYPOTHÈQUES.

88. — Lorsqu'un immeuble a été l'objet de ventes successives, l'acquéreur doit-il se borner à transcrire le contrat qui l'a investi de la propriété? L'affirmative a été jugée sous la loi du 11 brum. an VII, par la cour de Cassation, le 27 mai 1807 (Robineau c. Grelet), et par la cour de Turin, le 16 mars 1811 (Berutti c. Bachi); mais la jurisprudence n'a pas confirmé ces décisions. — V. PRIVILÉGE, nºs 763 et suiv., PURGE DES PRIVILÉGES ET HYPOTHÈQUES, nºs 41 et suiv.

89. — Un second acquéreur peut former tierce-opposition à un jugement rendu entre le premier acquéreur et le vendeur originaire qui prononce la résolution de cette première vente en cas de non paiement du prix, dans un délai déterminé, encore que l'instance sur laquelle est intervenu ce jugement soit antérieure à la transcription du second contrat de vente, et que le tiers opposant qui en avait connaissance n'y soit pas intervenu. — *Cass.*, 19 août, 1818, Larade c. Azaïs.

90. — Il y a lieu de transcrire le titre constitutif d'un usufruit, ainsi que l'acte contenant la renonciation à l'usufruit d'un immeuble faite au profit des nus propriétaires avant l'expiration du terme fixé pour sa durée. — Baudot, *Tr. des form. hyp.*, nº 1094.

91. — Il y a lieu de faire transcrire les dispositions testamentaires, contenant des legs particuliers d'immeubles. — V. PURGE DES PRIVILÉGES

ET HYPOTHÈQUES, n° 16. — La cour de Rouen a proposé, pour conserver cette interprétation, de substituer au mot *contrat* de l'art. 2181, ces mots *les actes translatifs de propriété*, expression qui s'applique aussi bien aux donations et testaments qu'aux contrats de vente. — V. *Doc. réf. hyp*, t. 3, p. 473.

92. — Il n'y a pas lieu de soumettre à cette formalité les actes qui virtuellement et par eux-mêmes emportent l'extinction des privilèges et hypothèques. — V. PURGE DES PRIVILÈGES ET HYPOTHÈQUES, n°ˢ 15 et suiv.

93. — Les droits d'usage et d'habitation régis par le Code civil sont incessibles; ils ne peuvent être hypothéqués. Les actes qui en stipuleraient l'aliénation seraient nuls, et dès-lors ils ne doivent pas être transcrits.

94. — Mais lorsqu'il s'agit d'un droit d'usage en bois dans les forêts de l'état ou des particuliers converti par suite de l'action en cantonnement en propriété de la portion assignée à l'usager, la vente que l'usager ferait de cette portion devrait être transcrite.

95. — Les servitudes ou services fonciers n'étant pas susceptibles d'hypothèques d'après les termes de l'art. 2118, C. civ., il n'y a pas lieu de transcrire l'acte qui les constitue.

96. — V. au reste, pour les actes de nature à être transcrits, v° TRANSCRIPTION (droits de), n°ˢ 7 et suiv.

97. — Le conservateur, qui, d'après l'art. 2199, C. civ., ne peut, sans engager sa responsabilité, refuser ou retarder la transcription des actes ou mutation, ne doit pas, lorsqu'il existe quelque incertitude sur la nature du droit aliéné, refuser la transcription; mais, lorsque la loi a décidé que les actes auxquels la transcription ne peut être donnée, lorsqu'elle a indiqué le bureau où elle doit se faire, ou que, dans l'intérêt public, elle a établi un mode rigoureux auquel les parties et le conservateur sont tenus de se conformer, nul doute que la formalité qui serait contraire à ces dispositions ne doive être refusée; ainsi le conservateur ne pourrait transcrire les actes en faveur des établissemens non autorisés ni la vente des biens situés dans un autre arrondissement. — Baudot, *Tr. des form. hyp.*, n° 1174.

98. — Lorsqu'un acte a été transcrit sur la demande de l'un des intéressés, par exemple de l'acquéreur, et que le vendeur reunit, de son côté, l'expédition pour requérir la transcription, le conservateur doit l'informer que la formalité a été accomplie et se borner à délivrer à ce vendeur l'extrait inscrit en office. — Baudot, *Tr. des formes hyp.*, n° 1079.

§ 6. — *Mode de transcription.*

99. — La transcription de l'acte translatif de la propriété ou de droits réels immobiliers doit se faire sur un registre à ce destiné, et le conservateur est tenu d'en donner reconnaissance à la partie requérant la transcription. — C. civ., art. 2181.

100. — La transcription doit avoir lieu dans chacun des bureaux de la situation des biens; lorsque les immeubles aliénés sont dans divers arrondissemens, le nouveau propriétaire qui n'aurait fait transcrire que dans un arrondissement ne peut se prévaloir de cette formalité pour purger la propriété située dans une autre. — Baudot, *Tr. des form. hyp.*, n° 1060.

101. — La loi n'a fixé aux parties aucun délai pour l'accomplissement de la transcription, c'est aux parties à se déterminer d'après leur intérêt personnel. — Baudot, *Tr. des form. hyp.*, n° 1175.

102. — La transcription pour la conservation du privilège doit, comme les inscriptions hypothécaires, avoir lieu, à peine de nullité, avant les dix jours qui précèdent la faillite du débiteur, même dans le cas où le titre qui conférerait le privilège ou l'hypothèque daterait d'une époque bien antérieure à ces dix jours. — Cass., 12 juill. 1824, Valée c. Gantrelle.

103. — Le conservateur indique en marge de la transcription le volume de l'article du répertoire, le volume de l'article de l'inscription d'office, le nom des parties, et indique en chiffres les valeurs sur lesquelles les droits ont été perçus. — Baudot, *Tr. des form. hyp.*, n° 1065.

104. — Lorsque le conservateur transcrit des hypothèques a délivré un bulletin de dépôt de l'acte qu'il s'agit de transcrire, il exprime dans le certificat le coût du timbre de ce bulletin. — Baudot, *Tr. des form. hyp.*, n° 1081.

105. — Le registre doit contenir trente-cinq lignes par pages, et chaque ligne dix-huit syllabes, compensation faite d'une ligne à l'autre.

106. — En transcrivant un contrat, le conservateur doit prendre l'inscription d'office lorsqu'elle

est nécessaire. — V. PRIVILÈGE, n°ˢ 739 et suiv.

107. — Le conservateur des hypothèques atteste l'accomplissement de la transcription par un certificat qui est placé à la suite de l'acte qui lui a été déposé par la partie intéressée, et il en est ainsi lors même que le timbre de cet acte serait hors d'usage. — Délibération de la régie de l'enreg. du 22 prair. an VIII.

108. — La transcription d'un acte translatif de propriété n'est pas nulle pour avoir été faite un jour férié. — Cass., 18 fév. 1806, Guillot c. La Beraudière.

109. — Le conservateur ne peut exiger qu'on lui produise la minute des actes notariés ou judiciaires, puisque la loi lui interdit de déplacer les minutes; dès-lors, quand il ne s'agit pas d'actes sous seing-privé, ce sont des copies qu'il faut présenter.

110. — Il faut que ces copies soient entières et qu'elles soient régulières; mais une expédition délivrée non pas d'après la minute, mais d'après une première expédition, peut réunir ces conditions. Ainsi, lorsque, dans le cas d'une adjudication en détail faite en justice, les acquéreurs ont déposé chez un notaire l'expédition entière qu'ils ont obtenue en commun, le conservateur des hypothèques ne peut se refuser à transcrire l'extrait ou copie délivré par le notaire des dispositions générales et de ce qui dans le jugement d'adjudication concerne chaque acquéreur. — Baudot, *Tr. des form. hyp.*, n° 1059.

111. — Un conservateur des hypothèques peut refuser de transcrire l'extrait analytique d'un contrat que les parties lui présenteraient. — Baudot, *Tr. des form. hyp.*, n° 1062.—Instr. n° 1569. — V. toutefois PURGE DES PRIVILÈGES ET HYPOTHÈQUES, n°ˢ 37 et 38.

112. — La transcription donne ouverture à des droits perçus par l'administration de l'enregistrement. — V. TRANSCRIPTION (droits de).

TRANSCRIPTION (Droits de).

Table alphabétique.

TRANSCRIPTION (Droits de). — 1. — Ce sont les droits à percevoir sur les actes qui sont transcrits ou doivent être transcrits dans le cas de conservation des hypothèques.

2. — Ils se composent : 1° du droit de transcription proprement dit; 2° et, dans certains cas, des salaires du conservateur. — Nous ne nous occuperons ici que du premier des droits. Quant aux salaires du conservateur, V. CONSERVATEUR DES HYPOTHÈQUES, n°ˢ 443 et suiv.

3. — Le droit de transcription établi par l'art. 62 de la loi du 9 vendém. an VI a été de nouveau consacré par celle du 24 vent. an VII (art. 49) à l'égard des actes emportant mutation de propriétés immobilières. — Enfin, après avoir fixé le droit d'enregistrement des ventes d'immeubles à 5 1/2 %, l'art. 52 de la loi du 28 avr. 1816 ajoute que « la formalité de la transcription au bureau des hypothèques ne donnera plus lieu à aucun droit proportionnel. »

4. — L'art. 54 de la même loi ajoute que « Dans tous les cas où les actes sont de nature à être transcrits au bureau des hypothèques, le droit doit être augmenté d'un demi pour cent, et que la transcription ne donne plus lieu à aucun droit proportionnel. » — Ainsi, en ajoutant le droit de transcription à celui d'enregistrement, la loi du 28 avr 1816 n'a point supprimé ce droit, mais en a changé seulement le mode de perception. — Cass., 28 nov. 1848 (t. 1ᵉʳ 1849, p. 420), Sinety. Et le droit de transcription est un droit distinct et indépendant du droit d'enregistrement. —Cass., 13 avr. 1847 (t. 2 1847, p. 427), de Courtivron.

5. — Cette augmentation d'un demi pour cent s'applique à toutes les transmissions immobilières susceptibles de la transcription, lors même que les nouveaux possesseurs prétendent qu'il n'existe pas de conventions écrites et que, pour y suppléer, il faut la déclaration prescrite par l'article 4 de la loi du 27 vent. an IX.— Déc. min. fin. 18 mai 1821.

6. — Les actes de transmission d'immeubles et droits immobiliers ne sont assujettis à la transcription que pour un droit fixe de 1 fr., outre le droit du conservateur, lorsque les droits en ont été acquittés lors de l'enregistrement.—L. 28 avr. 1816, art. 61.

§ 1ᵉʳ. — *Actes de nature à être transcrits* (n° 7).

§ 2. — *Formes de la transcription relativement à la perception des droits* (n° 97).

§ 3 — *Droits à percevoir* (n° 114).

§ 4. — *Paiement, restitution et prescription des droits* (n° 165).

§ 1ᵉʳ — *Actes de nature à être transcrits.*

7. — Les actes de nature à être transcrits sont

18

ceux qui emportent mutation de propriété immobilière. — L. 9 vendém. an VI, art. 62, n° 2; L. 21 vent. an VII, art 19 et 25.

8. — Les actes sous seing-privé, dûment enregistrés, peuvent être valablement transcrits, quoique les signatures ne soient pas reconnues devant notaire ou par jugement. — Avis cons. d'ét. 3-12 flor. an XIII; Instr. 316.

9. — Les actes contenant donation entre-vifs et acceptation de biens immeubles sont susceptibles d'être transcrits, ainsi que la notification de l'acceptation qui aurait lieu par acte séparé.— C. civ., art. 939.

10. — La donation que le survivant des époux a faite à ses enfans, ses cohéritiers, de sa part indivise dans les immeubles de la communauté, est passible du droit de transcription, sans qu'on puisse prétendre qu'un pareil acte fait seulement cesser l'indivision. — Délib. 14 janv. 1834.

11. — La donation entre-vifs de partie d'un immeuble indivis, faite au propriétaire de l'autre, est passible du droit de transcription. — Délib. 6 fév. 1835.

12. — La donation par contrat de mariage d'immeubles indivis entre le donateur et le donataire est de nature à être transcrite, bien que l'un de ses effets soit de faire cesser entièrement l'indivision.—*Cass.*, 5 mai 1841 (t. 2 1841, p 47), Enreg. c. Louet de Terrouenne. —Championnière et Rigaud, t. 3, n° 2723.

13. — Si l'on présente à la transcription une donation éventuelle, le droit proportionnel est exigible, bien qu'il puisse arriver que la transmission n'ait pas lieu. — Solut. 2 mars 1825. — Roland et Trouillet, *Dict. de l'enreg.*, v° *Hypothèque*, n° 854.

14. — La transcription d'une donation de biens présens et à venir, faite par contrat de mariage, est passible du droit proportionnel sur la valeur des biens présens. — Délib. 16 oct. 1838.

15. — Avant la loi du 16 juin 1824, on avait décidé que les démissions de biens devaient, comme les donations entre-vifs, être transcrites et qu'elles étaient sujettes à l'augmentation du droit de 1 fr. 50 c. pour 100. — Déc. min. fin. 10 avr. 1818; Instr. 832, n° 2.

16.— L'art. 3 de la loi du 16 juin 1824 porte que le droit proportionnel de transcription auquel sont soumises les donations portant partage faites par actes entre-vifs par des père et mère ou autres ascendans à leurs enfans et descendans ne doit être perçu que lorsque la transcription de ces donations est requise au bureau des hypothèques.

17. — Toutefois, des donations entre-vifs contenant partage d'ascendans ne sont soumises qu'au droit fixe pour la transcription si elles sont antérieures à la loi du 16 juin 1824.—Instr. 1150, § 15.

18. — Lorsqu'un testament ou une donation contient un legs ou une donation d'immeubles à charge de restitution, le droit de transcription est exigible en même temps que le droit d'enregistrement par une conséquence de l'art. 1069, C. civ.— *Cass.*, 14 fév. 1848 (t. 1er 1848, p. 676), Beauce; 28 nov. 1848 (t. 1er 1849, p. 120), Sinety; 17 (et non 7) avril 1849 (t. 1er 1850), Terrien; 25 avril 1849 (t. 1er 1850, p. 35), de Colbert.—Délib. 22 avril 1836; Instr. 1528, § 14. — V. *contrà*, *Cass. belge*, 30 mai 1826, Coppyn. — Avant la loi du 28 avril 1816, la régie avait d'abord pensé que le droit proportionnel n'était dû que lors de l'avènement de la restitution. — Solut. 26 août 1814.

19. — Et le droit proportionnel est dû alors même que le donataire grevé déclarerait qu'il requiert la transcription, non pour arriver à la purge des hypothèques, mais uniquement pour se conformer à l'art. 1069, C. civ., qui veut que les donations à charge de restitution soient rendues publiques par la transcription.—*Cass.*, 14 fév. 1848 (t. 1er 1848, p. 676), Beauce. — Ou bien alors même que la substitution serait subordonnée à une condition suspensive, par exemple à la survivance des descendans au premier degré du grevé de substitution. — *Cass.*, 25 avril 1849 (t. 1er 1850, p. 35), de Colbert.

20. — Du moment qu'un usufruit est susceptible d'hypothèque, il y a lieu de faire transcrire le contrat qui en renferme la cession. — *Cass.*, 6 août 1823, Sourda. — Et cela, lors même que la cession a été faite à l'un des co-propriétaires de la nue-propriété. Tel est le cas où une mère, donatrice contractuelle de l'usufruit de partie des biens de son mari, a consenti que cet usufruit fût joint à la nue-propriété pour être vendu avec elle et que l'adjudication a eu lieu au profit des enfans. — *Cass.*, 8 juin 1847 (t. 2 1847, p. 735), Dufau.

21.— L'acte contenant renonciation à l'usufruit d'un immeuble au profit du nu-propriétaire, avant l'expiration du terme fixé pour la durée de cet usufruit, est, de sa nature sujet à transcription et, comme tel, passible du droit supplémentaire de 1 1/2 %. — *Cass.*, 6 janv. 1830, Bertrand; 10 août 1830, Dagoville.

22. — Toutefois, il faut que la renonciation par l'usufruitier ait été acceptée par le nu-propriétaire. Si la renonciation était pure, simple et unilatérale, le droit de transcription ne serait pas exigible. Il ne le deviendrait que si la formalité était requise au bureau des hypothèques, ou bien encore sur un acte ultérieur d'acceptation. — Délib. 23 janv. 1835.

23.—De même, le droit de transcription est dû sur l'acte par lequel le légataire à titre universel d'un usufruit y renonce moyennant une somme d'argent. — *Cass.*, 2 déc. 1839 (t. 1er 1840, p. 31), Thiroux de Gervilliers.

24.— La renonciation par un ascendant à l'usufruit qu'il s'est réservé dans le partage anticipé qu'il a fait de ses biens, entre ses enfans, n'est, comme la donation de la nue-propriété, passible du droit de transcription qu'autant que la formalité est requise.— Délib. 28 juill. 1830; 1er mars et 19 avril 1833.

25. — Bien que le droit de transcription ait été perçu sur la valeur entière des immeubles vendus ou donnés sous réserve d'usufruit, et sur l'acte de vente ou de donation même, il est dû un nouveau droit de transcription sur l'acte ultérieur par lequel le vendeur ou donateur renonce à cet usufruit au profit de l'acquéreur ou donataire, moyennant une rente viagère.—Délib. 31 mai 1836.

26.— Mais décidé que, lorsqu'à la présentation d'un acte de donation d'immeuble avec réserve d'usufruit, les droits d'enregistrement et de transcription ont été perçus sur la valeur *entière* de l'immeuble, la renonciation à l'usufruit n'est passible que d'un droit fixe de transcription.—Délib. 27 oct. 1843.

27.— Le droit de transcription est dû quand la réunion de l'usufruit à la nue-propriété a lieu par l'effet d'une donation de la part de l'usufruitier. —Délib. 20 mai 1825; Instr. 20 sept. 1825, 1178, § 13.

28. —... Ou bien lorsque cette réunion a eu lieu par suite de décès, attendu que l'usufruit a pu avoir été grevé d'hypothèques. — Déc. min. fin. 28 nov. 1821; Délib. 19 fév. et 11 oct. 1823.

29. —...Ou bien encore quand cette réunion s'est effectuée par une vente, par exemple dans le cas où un père, usufruitier de la moitié d'un domaine provenant de la possession de sa femme, a cédé, pour un prix stipulé, cet usufruit à ses enfans possédant la nue-propriété de cette moitié.— Délib. 18 mars 1836.

30.— Les concessions de terrains pour sépulture n'étant pas des ventes proprement dites, ne sont point de nature à être transcrites. — Solut. 4 nov. 1837.

31.— Le droit proportionnel de 5 1/2 % est dû sur les adjudications sur poursuites judiciaires comme sur les ventes volontaires.—*Cass.*, 25 juill. 1821, Cornudet. — Autrefois, les droits de lods et ventes étaient toujours perçus sur les adjudications faites par suite de saisies immobilières.—d'Argentrée, *de Laudimiis*, cap. 1er, § 23; Despeisses, *des Lods*, part. 5e, n° 6, et cout. de Paris, art. 83; Championnière et Rigaud, *Tr. des dr. d'enreg.*, t. 3, nos 1729 et suiv.

32.— Avant la loi du 28 avril 1816, l'acquéreur qui, par suite d'une surenchère, était resté adjudicataire pour un prix plus considérable que celui de la vente, et qui n'avait pas fait transcrire le jugement d'adjudication, ne devait pas un supplément de droit de transcription. L'art. 25, L. 21 vent. an VII, ne contient que la règle ordinaire à laquelle il a été dérogé par l'art. 2189, C. civ. — *Cass.*, 10 juin 1812, Chiron de Caly.

33. — Mais depuis la loi du 28 avril 1816, qui élève à 5 1/2 % le droit des ventes, etc., la difficulté n'existe plus, parce que les jugemens d'adjudication, même par suite de surenchère, ne peuvent être considérés que comme des ventes. — Roland et Trouillet, *Dict. de l'enreg.*, vis *Supplément* n° 10, *Surenchère*, § 1er, n° 16, et *Transcription*, § 2, n° 75.

34.— Lorsqu'une déclaration de command produit l'effet d'une nouvelle mutation, le droit proportionnel de transcription est exigible. Mais il ne l'est pas dans le cas contraire, lors même que la déclaration est transcrite après l'acte de vente, ou que la notification de la déclaration n'a pas été faite dans les vingt-quatre heures au receveur de l'enregistrement. — Déc. min. just. et fin. 22 germ. et 3 flor. an XIII; Instr. 316, n° 6. — *Dict. de l'enreg.*, v° *Hypothèque*, n° 848.

35. — Les résolutions de ventes prononcées en justice pour défaut de paiement du prix ne sont pas de nature à être transcrites. — Déc. min. fin. 7 nov. 1823; Solut. 31 juill. 1828.

36.— Le jugement qui prononce la résolution d'une vente pour défaut de paiement du prix n'est exempt du droit de mutation et de transcription qu'autant que la résolution est prononcée au profit du vendeur. Il n'en est pas de même lorsqu'elle est prononcée au profit d'un créancier subrogé dans tous les droits du vendeur. — *Cass.*, 26 août 1839 (t. 2e 1839, p. 240), Charrier. — Solut. 3 sept. 1832; Délib. 22 mai 1836.

37. — Le retrait d'un immeuble dans le délai fixé pour l'exercice du réméré n'est point passible du droit de transcription quand le délai n'excède pas cinq ans. — Instr. 11 sept. 1806, n° 316.

38. — Lorsque le délai d'une vente à réméré est prorogé au-delà de cinq ans, ou bien que la prorogation n'est consentie qu'après l'expiration du terme stipulé, comme les charges dont l'acquéreur a pu grever l'immeuble dans l'intervalle se sont consolidées, l'acte est sujet à la transcription.— Solut. 7 mai 1830.

39. — L'adjudication au profit de l'héritier bénéficiaire d'immeubles dépendant de la succession a besoin d'être transcrite, soit pour faire fixer le prix de la vente relativement aux créanciers inscrits, soit pour purger les hypothèques du chef de l'auteur de la succession. De plus, l'héritier bénéficiaire qui s'est rendu adjudicataire demeure comptable du prix, et a intérêt à faire fixer ce prix et purger les priviléges et hypothèques. L'acte d'adjudication est donc passible du droit de transcription. — *Cass.*, 26 déc. 1831, Lambert; 15 (et non 14) janv. 1834, de Béarn; 21 janv. 1839 (t. 1er 1839, p. 46), Boyer; 12 août 1839 (t. 2 1839, p. 221), Colombel; 12 août 1839 (t. 2 1843, p. 776), Crépon; 15 avr. 1840 (t. 1er 1840, p. 574), Lemoine et Coquerel; 10 mai 1841 (t. 2 1841, p. 95), Sannel; 16 fév. 1842 (t. 1er 1842, p. 320), Rœderer; 10 avr. 1848 (t. 1er 1848, p. 714), Bayard.

40. — Il n'y a point de distinction à faire, à cet égard, entre les héritiers majeurs et les héritiers mineurs. — *Cass.*, 21 janv. 1839 (t. 1er 1839, p. 46), Boyer; 16 fév. 1842 (t. 1er 1842, p. 320), Rœderer (2 arrêts); 10 avr. 1848, (t. 1er 1848, p. 714), Bayard.

41. — Peu importe d'ailleurs que le jugement d'adjudication ait été suivi d'un acte de partage, et que les deux actes aient été simultanément présentés à l'enregistrement. — *Cass.*, 10 avr. 1848 (t. 1er 1848, p. 714), Bayard.

42. — Le droit de transcription est dû, soit que l'héritier bénéficiaire requière la transcription du jugement d'adjudication qui a eu lieu à son profit (*Cass.*, 12 nov. 1823, Duroure), soit qu'il ne le requière pas. — *Cass.*, 26 (et non 29) déc. 1831, Lambert; 12 août 1839 (t. 2 1843, p. 776), Crépon.

43. — Le droit de transcription est dû sur l'adjudication, au profit d'un héritier bénéficiaire, d'immeubles rapportés à la succession par un autre héritier qui en était donataire en vertu d'un acte sur lequel le droit de transcription a été perçu. — Délib. 22 juill. 1836.

44. — Le droit de transcription n'est pas dû sur l'adjudication d'un immeuble prononcée au profit d'un héritier bénéficiaire, si, au moment de l'enregistrement, il est devenu héritier pur et simple. Si le droit avait été perçu, il devrait être restitué, car l'art. 60 de la loi du 22 frim. an VII ne s'applique pas à une perception irrégulière. — Délib. 11 oct. 1838.

45. — Si l'héritier bénéficiaire adjudicataire des biens provenant de la succession en possède une partie comme héritier pur et simple, il est tenu de payer le droit de transcription sur la portion revenant à la succession bénéficiaire.—Délib. 8 nov. 1833.

46. — Les licitations et les partages, même avec soulte, de biens immeubles entre copropriétaires sont-ils exempts du droit de transcription? L'affirmative avait d'abord été décidée par le motif que de pareils actes sont déclaratifs et non attributifs de propriété. Mais, comme on le verra, une jurisprudence contraire s'est établie ensuite par le motif que la fiction de l'art. 883, C. civ., n'était pas applicable en matière d'enregistrement.

47. — Ainsi jugé que les actes de partage et de licitation ne sont pas du nombre de ceux sujets par leur nature à la transcription.—*Cass.*, 27 juill. 1819, Gonin.

48. — ...Que si la loi du 22 frim. an VII assimile aux ventes, quant à la perception du droit d'enregistrement, les soultes ou retours de lots, il ne s'ensuit pas qu'ils soient assujétis, de même que les ventes, au droit de 5 1/2 % établi par la loi du 28 avr. 1816. — Ces soultes et retours demeurent seulement soumis au droit de 4 % établi par l'art. 69, L. frim. — Même arrêt.

49. — ...Que les licitations entre copropriétaires de biens immeubles acquis par donation en avancement d'hoirie sont soumises, non au droit de

5 1/2 %, mais à celui de 1 %. — *Cass.*, 27 nov. 1821, d'Argence.

50. — Lorsqu'une licitation est présentée à la transcription par des adjudicataires étrangers à la succession, le droit proportionnel de transcription ne peut être exigé sur les lots adjugés aux colicitans. — Délib. 28 nov. 1828. — Roland et Trouillet, *Dictionnaire des Hypothèques*, vº *Droits*, § 2 nº 26.

51. — Lorsqu'un procès-verbal de licitation porte qu'une expédition générale de l'adjudication sera transcrite, la formalité de la transcription donnée sur la réquisition du notaire ne rend pas exigible la perception du droit proportionnel sur les lots adjugés à des cohéritiers, parce que cette formalité a dû être requise indépendamment de leur volonté et quoiqu'ils n'eussent personnellement aucun intérêt à faire transcrire. — Délib. 13 nov. 1821. — Roland et Trouillet, *Dict. des hypothèques*. — V. DROIT, § 2, nº 27.

52. — L'acte de partage, avec soulte, passé entre deux copropriétaires d'immeubles qu'ils possédaient en commun, ne peut être considéré comme vente, et passible dès-lors du droit de transcription. — *Cass.*, 10 août (et non avr.) 1824, Jardin.

53. — L'acquisition d'un immeuble, faite en commun par plusieurs acquéreurs formant entre eux une société particulière, et l'art. 1872, C. civ., déclarant applicables aux partages entre associés les règles établies pour les partages et licitations entre cohéritiers, il en résulte qu'à l'instar de ce qui a lieu entre cohéritiers, l'effet du partage ou de la licitation entre coacquéreurs d'un immeuble commun est que le colicitant qui se rend adjudicataire est censé avoir seul acquis et possédé l'immeuble en entier. Dès-lors cet acte, ou pareil acte de licitation n'est point assujéti au droit proportionnel de transcription, si l'acquéreur ne fait point transcrire son contrat. — *Cass.*, 14 juill. (et non juin) 1824, Leclercq.

54. — Mais le droit de transcription est exigible sur les soultes d'un partage, si la formalité est requise. — Déc. min. fin. 8 oct. 1819; instr., 903.

55. — L'acte par lequel une veuve, usufruitière en partie des immeubles de son mari, se rend adjudicataire sur licitation de quelques uns de ces immeubles, est un acte de nature à être transcrit, et par conséquent il y a lieu de percevoir, lors de l'enregistrement, le droit de 5 fr. 50 c., et non celui de 4 fr. %. — *Cass.*, 30 mars 1841 (t. 1er 1841, p. 682), Delaremanichère.

56. — Décidé, au contraire, qu'un tel acte est un acte de partage non susceptible d'être transcrit. — Délib. 23 oct. 1838.

57. — Lorsque, par suite d'un partage sous seing-privé, un immeuble formant deux lots est resté à deux cohéritiers qui le possèdent par indivis, à la charge par eux de payer une soulte, chacun par moitié aux autres lots également composés d'immeubles, mais distincts et séparés, le droit de transcription n'est pas dû par un pareil acte. — Solut. 19 nov. 1832.

58. — L'acte par lequel les copropriétaires indivis d'un immeuble font cesser l'indivision entre eux est un véritable acte de partage, non sujet au droit additionnel de transcription, soit que l'acte ait lieu entre les copropriétaires primitifs de l'immeuble, soit entre leurs cessionnaires; et il en est de même dans le cas où un tiers, s'étant rendu acquéreur ou cessionnaire des droits de l'un des copropriétaires primitifs, devient, par l'acte qui fait cesser l'indivision, propriétaire de la totalité de l'immeuble. — *Cass.*, 22 fév. 1827, Bouzenot; 6 nov. 1827, Imbault. — Mais depuis, comme on le verra plus loin, elle est revenue sur cette jurisprudence.

59. — Tout premier acte qui intervient entre cohéritiers pour faire cesser l'indivision est réputé acte de partage, quelle que soit la dénomination qu'on lui donne. Ainsi, doit être considéré comme partage, et par conséquent comme exempt du droit de transcription, l'acte qualifié de *vente à forfait*, par lequel un cohéritier cède à son cohéritier, moyennant un prix déterminé, mais à ses risques et périls, tous ses droits dans la succession commune. — *Cass.*, 5 nov. 1822, Soureil.

60. — La cession faite par un héritier à ses cohéritiers de tous ses droits héréditaires, moyennant un certain prix et à la charge d'acquitter sa portion de dettes dans la succession, doit être considérée comme une vente à forfait susceptible de transcription, et par conséquent donnant en sus ouverture au droit proportionnel d'enregistrement de 1/2 %, non seulement sur le prix principal des immeubles, mais encore sur la portion de dettes mise à la charge des cessionnaires. Il y a d'autant moins lieu de considérer cette cession comme une licitation entre cohéritiers, qu'il a été déclaré, dans l'acte même, par les parties qu'il était impossible de partager la succession, et que, de plus, le cédant a promis de garantir de toutes les hypothèques qui pourraient exister, de son chef, ou de celui de sa mère, sur les biens vendus. — *Cass.*, 4 fév. 1822, d'Espinghal.

61. — La vente faite par un cohéritier à ses cohéritiers de sa part dans un immeuble indivis entre eux ne faisant pas cesser l'effet des hypothèques du chef du vendeur, il en résulte que ce contrat est de nature à être transcrit, et qu'il y a lieu, lors de l'enregistrement, de percevoir le droit de transcription. — *Cass.*, 16 mai 1832, Desabes.

62. — Jugé également que l'acte par lequel un cohéritier cède la totalité de ses droits successifs à un ou plusieurs de ses cohéritiers, ne peut être assimilé à un partage ayant pour effet de priver les créanciers du cédant des hypothèques à eux conférées sur sa part, qu'autant que cet acte fait cesser entièrement l'indivision entre les cohéritiers; qu'autrement l'acte doit être réputé contenir une véritable vente, et est passible, par conséquent, du droit de transcription. — *Cass.*, 6 nov. 1832, Buchère.

63. — ...Que dans le cas où un immeuble est indivis entre plusieurs copropriétaires, dont l'un seulement vend sa portion à un autre, cet acte, qui ne fait réellement pas cesser l'indivision de l'immeuble dont une portion a été transmise, a le caractère d'une vente, et ne peut être considéré comme un partage ou une licitation. Dès-lors, un tel acte est soumis au droit proportionnel de 5 1/2 %, comme étant sujet à être transcrit. — *Cass.*, 16 janv. 1827, Janson de Sailly; 27 déc. 1830, même partie; 31 janv. 1832 (et non 1831), Paillard. — V., dans le même sens, *Cass.*, 21 juin et 12 juill. 1848 (t. 2 1848, p. 72), Riant et Ballet.

64. — Il en est de même lorsque deux cohéritiers vendent à un troisième leurs parts dans un immeuble indivis entre eux, l'acheteur et un quatrième cohéritier. — *Cass.*, 24 août 1829, Duprel.

65. — Dans tous ces différens cas, on ne saurait appliquer la fiction de droit établie par l'art. 883, C. civ., d'après laquelle chaque communiste est censé avoir été propriétaire *ab initio* des objets à lui échus par le partage; elle n'a lieu que par les actes qui font cesser d'une manière absolue l'indivision préexistante. — *Cass.*, 27 déc. 1830, Janson de Sailly; 31 janv. 1832 (et non 1831), Paillard; 24 janv. 1844 (t. 1er 1844, p. 332), Ferréol; 29 nov. 1848 (t. 1er 1850, p. 34), de Brézillac.

66. — Et même, jugé que la vente de la moitié indivise d'un immeuble, faite par un copropriétaire à un tiers qui s'était déjà rendu acquéreur de l'autre moitié, est, quoique faisant cesser l'indivision, sujette au droit de transcription. — *Cass.*, 21 janv. 1840 (t. 1er 1842, p. 411), Mauger et Auguy; 19 déc. 1845 (ch. réunies) [t. 1er 1846, p. 186], mêmes parties.

67. — Il en est de même de la vente des trois quarts indivis d'un immeuble, faite par les copropriétaires à un tiers qui s'était déjà rendu acquéreur de l'autre quart. — *Cass.*, 11 fév. 1846 (t. 1er 1846, p. 283), Gaudry. — V., dans le même sens, *Cass.*, 9 nov. 1847 (t. 2 1847, p. 533), Lanquetin; 26 janvier 1848 (t. 1er 1848, p. 462), Coulon; 18 déc. 1848 (t. 1er 1849, p. 342), Vidal; 14 fév. 1849 (t. 1er 1850, p. 163), Cabit; 7 nov. 1849 (t. 1er 1850, p. 163), Duval, Noireterre (deux arrêts).

68. — ... Et il en est surtout ainsi quand l'acte qualifie la transmission de *vente*, et impose à l'acquéreur l'obligation de faire transcrire ou de remplir les formalités de purge des hypothèques légales. Peu importe au reste que la vente, ayant été faite par une personne se portant fort pour les cohéritiers mineurs, fût par cela même subordonnée à un ratification ultérieure. — *Cass.*, 9 nov. 1847 (t. 2 1847, p. 533), Lanquetin.

69. — Lorsque, après avoir acquis, par acte enregistré, la part de l'un des copropriétaires d'un immeuble indivis, des tiers se sont rendus conjointement adjudicataires du surplus de cet immeuble sur la licitation poursuivie entre eux et les autres copropriétaires, le droit de transcription est dû sur le montant du prix d'adjudication, déduction faite du prix de l'acquisition partielle antérieurement faite. — *Cass.*, 24 janv. 1844 (t. 1er 1844, p. 332), Ferréol. — Jugé au contraire que le droit de transcription étant indivisible frappe la valeur intégrale de l'immeuble, sans déduction de la portion appartenant aux héritiers adjudicataires; et que cette déduction ne doit être faite que lorsqu'il s'agit du droit d'enregistrement. — *Cass.*, 7 nov. 1849 (t. 1er 1850, p. 163), Duval, Noireterre (deux arrêts).

70. — Si, après le partage d'une succession, deux des cohéritiers abandonnent aux autres une maison reconnue impartageable et exploitée en commun comme maison de ferme, à la condition

par eux de payer pour les cédans une part des dettes à leur charge dans la succession, une pareille disposition conserve le caractère de partage et ne donne pas lieu au droit de transcription. — Délib. 28 juin 1833.

71. — Dans le cas où un acte contenant abandon par un père à ses enfans d'immeubles de la communauté, pour les remplir des droits de leur mère, a été volontairement présenté à la transcription, cette transcription pouvant importer à la libération des immeubles, et les parties ayant jugé elles-mêmes qu'elles y avaient intérêt, il en résulte que le droit de transcription doit être perçu. — *Cass.*, 6 mai 1840 (t. 2, 1840, p. 527), Sarrebourse; 13 mai 1844 (t. 1er 1844, p. 672), mêmes parties.

72. — Lorsqu'un mari et sa femme acquièrent des parties d'un immeuble dont le mari possédait déjà une portion indivise et déclarent que l'objet acquis appartiendra à la femme, à titre de remploi de ses propres aliénés, un tel acte ne peut être considéré comme une licitation, et le droit de transcription est dû sans que le mari puisse invoquer l'art. 1408, C. civ. — Délib. 5 mars 1833. — Mais si le mari a conjointement avec sa femme, avec laquelle il est commun en biens, acquis un immeuble dont il était copropriétaire par indivis, cette acquisition est exempte du droit de transcription, si le mari l'a faite pour lui tenir lieu de propres et s'il réunit la totalité de l'immeuble dans ses biens. — Délib. 15 sept. 1837. — Il en est de même de la cession par un mari pour remploi de deniers appartenant à sa femme, lorsqu'elle ne porte que sur des conquêts. — Solut. 2 déc. 1834 et 17 mars 1835; instr. 1490, § 12.

73. — Le droit proportionnel de transcription est encore dû sur l'acquisition que le mari, commun en biens et légataire à titre universel de sa femme, a faite, après la dissolution du mariage, d'immeubles propres de sa femme, encore bien que quelques portions de ces immeubles appartinssent à la communauté. — *Cass.*, 17 nov. 1847 (t. 2 1848, p. 550), Guilleminot.

74. — Le droit de transcription n'est pas exigible sur le contrat de mariage contenant clause d'ameublissement; car il n'y a pas mutation. — Délib. 15 déc. 1843.

75. — Lorsque l'apport d'un immeuble en société n'entraîne point de transmission de propriété, et qu'en conséquence l'acte qui le constate ne donne lieu qu'au droit fixe, le droit de transcription n'est point exigible, alors que la transcription de l'acte n'est point requise. — *Cass.*, 23 mars 1846 (t. 2 1846, p. 52), Aubry, Guillemin etc., (cinq arrêts); 23 juin 1846 (t. 2 1846, p. 407), Adam; 8 juill. 1846 (t. 2 1846, p. 381), Houel; 5 janv. 1848 (t. 1er 1848, p. 370), Puissant. — Et il en est de même à l'égard des sociétés en participation. — Délib., 23-31 mai 1845. — Mais le droit proportionnel est dû si la transcription est volontairement requise. — *Cass.*, 13 déc. 1843 (t. 1er 1844, p. 350), Leclerc et Duval; 21 fév. 1849 (t. 1er 1850, p. 35), Blanchet; 26 mars 1849 (t. 1er 1850, p. 35), Puy Laroque; 17 av. 1849 (t. 1er 1850, p. 81, 116); Mouchot et Lepelletier (2 arrêts); 2 mai 1849 (t. 1er 1850, p. 116), Haynin; 30 janv. 1850 (t. 1er 1850, p. 117), Chollet. — Et il en est ainsi, bien que l'apport d'immeubles n'ait donné lieu à aucun droit proportionnel d'enregistrement. — *Cass.*, 17 avr. 1849 (t. 1er 1850, p. 116), Lepelletier.

76. — Le droit proportionnel est encore dû quand en apportant un immeuble en société, l'associé s'est obligé de faire transcrire ou de livrer l'immeuble libre de toutes hypothèques. — *Cass.* 3 et 4 janv. 1848 (t. 1er 1848, p. 369), Hallette et Levardat; 4 déc. 1849 (t. 1er 1850, p. 113), Comp. d'éclairage au gaz de Rennes; — Décis. minist. publ. 20 janv. 1843; instr. 1686. — Mais toujours faut-il que, même dans ce cas, la transcription soit requise, ou qu'on mette à exécution les stipulations relatives à l'obligation de transcrire ou de purger. — *Cass.*, 5 fév. 1850 (t. 1er 1850, p. 113), Blanc. — V. aussi, dans le même sens, *Cass.*, 13 déc. 1843 (t. 1er 1844, p. 350), Leclerc et Duval. — Et cela, encore bien qu'il s'agisse d'une société anonyme d'après les statuts de laquelle la purge est obligatoire, sous peine de révocation de l'autorisation. — *Cass.*, 5 fév. 1850 (arrêt ci-dessus).

77. — Le droit proportionnel est encore dû lorsqu'il y a transcription immédiate de l'immeuble au profit de la société. — *Cass.*, 4 déc. 1849 (t. 1er 1850, p. 113), compagnie d'éclairage au gaz de Rennes. — Et alors surtout que l'associé qui l'apporte doit en recevoir le prix, ou la valeur représentative en actions sociales; en effet, dans ce cas, il y a véritable vente. — *Cass.*, 3 et 4 janv. 1848 (t. 1er 1848, p. 369), Hallette et Levardat.

78. — De même, est passible du droit porportionnel de transcription l'adjudication des im-

meubles d'une ancienne société faite au profit d'une nouvelle, encore bien que deux des trois associés de la première aient la même qualité dans la seconde. — *Cass.*, 13 avr. 1847 (t. 2 1847, p. 77), Roques.

79. — Le transport d'une rente constituée avant la loi du 11 brum. an VII, sous l'empire d'une législation ou d'une coutume qui déclarait les rentes susceptibles d'être affectées par hypothèque, est un acte susceptible d'être transcrit, et comme tel, passible du droit de 1 1/2 %. — *Cass.*, 22 déc. 1823, Thomas; 12 mai 1824, Boilleau. — Et il en est de même des transports ou cessions de ces rentes qui, depuis la loi du 28 avr. 1816, reçoivent la formalité de l'enregistrement. — *Cass.*, 12 mai 1824, Boilleau.

80. — Jugé également que les rentes constituées sous l'empire d'une coutume qui les réputait immeubles n'ont pas été affranchies des hypothèques qui les grevaient, par le seul effet de la loi qui a déclaré les rentes meubles. Au contraire, les rentes anciennement constituées sont restées grevées des hypothèques lors existantes, et ne peuvent en être affranchies que par la transcription des nouveaux possesseurs, de telle sorte que le transport d'une rente de cette nature, étant susceptible d'être transcrit, est passible, lors de son enregistrement, du droit additionnel de transcription — *Cass.*, 4 mars 1828, Montaiglon.

81. — Décidé cependant qu'un jugement a pu, sans violer aucune loi, et contrairement à l'assertion de la régie de l'enregistrement qui ne cite, à cet égard, aucun texte, décider que, dans l'ancien comtat Venaissin, régi par le droit écrit, les rentes constituées étaient mobilières, et que, dès-lors, le transport de pareilles rentes ne donne pas lieu au droit de transcription — *Cass.*, 11 nov. 1823, Dumas. — Déc. minist. fin. 8 fév. 1819.

82. — Le droit de transcription n'est pas dû sur l'acte qui constate le remboursement d'une rente ancienne, susceptible d'hypothèque. — Délib. 25 juill. 1818, 7 avr. 1819 et 10 janv. 1824.

83. — Les baux à rentes perpétuelles de biens immeubles étant de véritables aliénations de la propriété (L. 22 frim. an VII, art. 69, § 7, n° 2), donnent lieu au droit proportionnel de transcription.

84. — Avant le Code civil, les jouissances emphytéotiques étaient susceptibles d'hypothèque, le droit était réglé d'après un capital formé de dix fois le prix annuel du bail, lorsque la durée du bail ou ce qui restait à courir n'excédait pas trente années, et de vingt fois pour ceux au-dessus de trente années, en y joignant les charges et deniers d'entrée. — Déc. minist. fin. 19 niv. an XII; Instr. 198. — Depuis, la régie a pensé que les baux emphytéotiques temporaires n'opérant pas de mutation, n'étaient soumis a aucun droit de transcription. — Délib. 20 sept. 1816; Jug. trib. de *Versailles*, 21 déc. 1826 (sous *Cass.*, 11 mars 1829, Enreg. c. Bidault et Mame). — Aujourd'hui que la jurisprudence décide que les baux emphytéotiques sont susceptibles d'hypothèques, cette dernière décision ne peut plus être suivie.

85. — Comme le propriétaire foncier ou ses concessionnaires ne peuvent grever d'hypothèque les édifices et superfices d'un domaine congéable pendant la durée du bail; et que les hypothèques dont les édifices et superfices auraient pu être grevés par le preneur, n'étant que conventionnelles, sont anéanties par le congément, la quittance du prix des édifices et superfices d'un domaine congéable, payé par le cessionnaire du droit de congément au premier preneur ou domanier n'est pas de nature à être transcrite, et ne peut en conséquence autoriser la régie à percevoir un 1/2 % sur la somme portée en cette quittance pour droit de transcription. — *Cass.*, 11 nov. 1833, Leguyadier.

86. — De même, la quittance de congément donnée au propriétaire ou concessionnaire d'un domaine congéable n'est pas, en outre et indépendamment du droit de 4 % sur le prix des sommes y énoncées, passible du droit de 1 1/2 % pour droit de transcription. Spécialement, l'acte énonçant le prix au moyen duquel le colon a vendu au foncier ou à son cessionnaire les édifices et superfices en bâtimens qu'il a construits sur ledit domaine sont réputés meubles à son égard, et comme tels non soumis au droit de transcription. — *Cass.*, 5 mai 1834, Leroux.

87. — Les actes d'antichrèse sont dispensés de la transcription. — *Cass.*, 21 juin 1809, Moreau-Gozenflot c. Foucault.

88. — Lorsqu'un bail à vie est stipulé dans les termes d'une *vente à vie*, c'est-à-dire s'il transmet un véritable usufruit, et qu'il ne constitue point un simple louage, le droit de transcription doit être exigé lors de l'enregistrement. Dans ce cas, il n'y a pas lieu d'ajouter à la redevance annuelle le montant des contributions, attendu qu'elles sont une charge de la propriété. — Délib. 6 déc. 1817 et 17 août 1822. — Mais si le bail à vie reste dans les termes d'un louage, il n'est passible que du droit de 4 % — Circ. 17 déc. 1832.

89. — Les actions des canaux du midi, de Loing et d'Orléans ayant été immobilisées (Décr. 16 mars 1810), le transport qui en est fait donne lieu au droit de transcription. — Roland et Trouillet, *Dict. de l'enr.* v° *Transcription*, n° 28.

90. — Les propriétaires d'actions immobilisées de la Banque de France qui veulent rendre à ces actions leur qualité première d'effets mobiliers sont tenus d'en faire la déclaration à la Banque. Cette déclaration doit être transcrite au bureau des hypothèques, à Paris. — L. 17 mai 1834, art. 5.

91. — Lorsqu'un majorat est constitué en rentes sur l'état ou en actions de la Banque de France, il n'y a lieu à aucune transcription hypothécaire. — Decr. 1er mars 1808; instr. 12 janv. 1809, art. 413. — Roland et Trouillet, *Dict. des hypothèques*, v° *Majorat*, n° 10.

92. — Quand des immeubles sont proposés pour la formation des majorats de ceux qui ont la faculté de transmettre leur titre, l'acte indicatif doit être transcrit. Le salaire de cette transcription est celui déterminé pour les transcriptions ordinaires. — Si la demande en création du majorat n'est pas admise, la transcription est rayée par le conservateur; le salaire et les droits sont recouvrés par les parties. — Décr. 1er mars 1808; instr. 12 janv. 1809, 413. — Roland et Trouillet, *Dict. des hypothèques*, v° *Majorat*, nos 13 et 18.

93. — L'acte de constitution ou le procès-verbal de désignation des biens composant les majorats de propre mouvement doit être transcrit sur le registre de la situation des biens, et le conservateur a droit au salaire fixé par la loi du 21 vent. an VII et le décret du 21 sept. 1810. — Instr. 12 janv. 1809, art. 413. — Relativement aux majorats, constitués sur la demande de ceux qui n'ont pas le droit de requérir la transmission, les formalités et le salaire du conservateur pour la transcription, la radiation, si elle a lieu, et la transcription des lettres patentes sont les mêmes que si le majorat était formé par ceux qui ont le droit de transmettre leur titre. — Inst. 12 janv. 1809, art. 413.

94. — La concession, pour un temps illimité, d'un droit de passage, d'une prise d'eau, d'une partie d'eau provenant d'une pompe à feu est susceptible de transcription. — Décr. min. fin. 29 nov. 1809. — Roland et Trouillet, *Dict. des hypothèques*, v° *Transcription*, § 3, n° 33.

95. — N'est point sujet à transcription ni par conséquent passible du droit, l'acte contenant cession du droit d'exploiter temporairement une mine. En conséquence, si l'acte a été, par suite d'une stipulation y insérée, présenté à la formalité, elle doit être accomplie au droit fixe de 1 fr. — Délib. 20 oct. 1843.

96. — La redevance payable annuellement par le concessionnaire d'une mine au propriétaire de la surface n'est susceptible d'hypothèque que lorsque, réunie à la valeur de cette surface, elle forme avec elle un tout resté indivis; mais si la redevance se trouve séparée de la surface, elle ne constitue plus qu'une rente purement mobilière. — En conséquence, lorsque le concessionnaire de la mine rachète la redevance qui se trouvait depuis long-temps séparée de la surface par suite de contrats de vente transcrits, l'acte qui constate ce rachat n'est point passible du droit de transcription. — *Cass.*, 15 janv. 1849 (t. 1er 1849, p. 351.); Enregist. c. Comp. des houillères de la Chazotte.

§ 2. — *Formes de la transcription relativement à la perception des droits.*

97. — La transcription des actes translatifs de propriété immobilière doit se faire au bureau des hypothèques de l'arrondissement où les biens sont situés. — C. civ. art. 939 et 2181.

98. — Il n'y a point de délai fixé par la loi pour la transcription tant que le nouveau possesseur n'a pas essuyé de poursuites de la part des créanciers hypothécaires. — Roland et Trouillet, *Dict. des hypothèques*, v° *Transcription*, § 3, n° 2.

99. — Les actes contenant mutation immobilière à l'égard desquels on a laissé expirer le délai sans les faire enregistrer, sont passibles non seulement du double droit d'enregistrement, mais encore du double droit de transcription. — Délib. 17 déc. 1836.

100. — Bien que la transcription d'une acte ne doive pas se faire les jours de dimanche ou fêtes reconnues par la loi (V. CONSERVATEUR DES HYPOTHÈQUES, n° 111), cependant elle ne serait pas nulle pour cela. — *Cass.*, 18 fév. 1808, Guillot c. Laberaudière.

101. — Le but de la transcription étant de donner au public une connaissance exacte des charges dont les conventions peuvent grever les immeubles, le conservateur a droit de refuser de faire la transcription d'une manière inexacte ou incomplète. — Ainsi, comme on l'a vu (v° CONSERVATEUR DES HYPOTHÈQUES, n° 169), le conservateur n'est pas tenu de transcrire l'expédition d'un contrat de vente qui n'est pas la copie fidèle de la minute, et dans laquelle notamment plusieurs clauses de la vente ont été omises. — *Orléans*, 6 juin 1839 (t. 2 1839, p. 393), Transon c. Androu.

102. — Lorsqu'une vente d'immeubles est faite *in globo*, soit par plusieurs copropriétaires à un seul acquéreur ou à plusieurs acquéreurs par un ou plusieurs vendeurs, la transcription n'en peut être faite partiellement, parce que la formalité doit faire connaître toutes les dispositions de l'acte. — Délibér. 6 mess. an VII; Instr. 6 juin 1809, art. 433.

103. — La faculté de syncoper un acte de mutation d'immeubles, pour ne présenter à la formalité de la transcription que la partie du contrat qui intéresse particulièrement le requérant, a donné lieu à quelques notaires de penser que lorsqu'il s'agissait d'un contrat volumineux, on pouvait, par la même raison, n'en faire transcrire que l'analyse exacte. Cette espèce de dérogation à l'art. 2181, C. civ., qui veut que le contrat soit transcrit en entier, a fourni l'occasion de demander à la régie si les actes de mutation de propriétés pouvaient être transcrits seulement par extrait analytique. Sa réponse, du 4 sept. 1825, laisse la question indécise. — Roland et Trouillet, *Dict. des hypoth.*, v° *Transcription*, § 3, n° 5.

104. — Mais la cour de Paris a décidé, ainsi qu'on l'a vu (v° CONSERVATEUR DES HYPOTHÈQUES, n° 70), que le conservateur pouvait se refuser à transcrire un procès-verbal d'adjudication notarié dont l'expédition était représentée par l'un des adjudicataires, non en entier, mais par extrait. — *Paris*, 28 juin 1840 (t. 2 1840, p. 127), Legros.

105. — De même, un simple extrait analytique ou même littéral d'un acte de mutation ne suffit pas pour la transcription à fin de purge hypothécaire; il faut produire une expédition entière de l'acte. — Décis. min. fin. 8 août 1838.

106. — Décidé cependant que s'il s'agit d'un procès-verbal d'adjudication d'immeubles en plusieurs lots, ou d'un partage d'ascendant, l'extrait littéral suffit pour la transcription du lot de l'adjudicataire ou du donataire; car cet extrait est, à leur égard, une copie entière de l'acte. — Déc. min. 8 août 1838.

107. — Lorsque, dans un partage d'ascendant, la transcription est requise à l'égard de l'un des lots seulement, il ne suffit pas de produire l'extrait du partage, il faut encore que cet extrait soit accompagné de la déclaration par ventilation de la valeur du lot à transcrire. — Délib. 19 août 1843.

108. — Le conservateur des hypothèques à qui la transcription d'un acte est demandée ne pouvant se rendre juge de l'utilité de cette transcription (V. CONSERVATEUR DES HYPOTHÈQUES, nos 68 et suiv.), est tenu de déférer à cette réquisition. — *Cass.*, 11 mars 1829, Bidault et Mame; 26 mars 1843 (t. 2 1843, p. 75), Rohaut.

109. — ...Et il doit transcrire le titre tel qu'on le lui présente. — Décis. min. just. et fin. 25 mai et 7 juin 1808.

110. — Lorsqu'un acte susceptible tout à la fois d'inscription et de transcription est déposé, avec des bordereaux, entre les mains du conservateur, ce fonctionnaire doit en opérer la transcription, si le déposant ne lui a pas annoncé une intention contraire. — *Bourges*, 27 mars 1829, Vidascène c. Rasle.

111. — Lorsque le même acte donne lieu à transcription dans plusieurs bureaux, le droit est acquitté en totalité dans le premier bureau, et il n'est payé dans les autres que le simple salaire du conservateur, sur la représentation de la quittance constatant le paiement entier du droit. — L. 21 vent. an VII, art. 26.

112. — Si un contrat de vente avait été présenté et transcrit à un bureau des hypothèques qui n'était pas celui de la situation des biens, on pourrait rectifier cette erreur en le faisant transcrire de nouveau au bureau dans l'arrondissement duquel les biens sont situés. Dans ce cas il n'est dû, pour frais de la seconde transcription, que les droits attribués au conservateur et le timbre de la partie du registre employée à la nouvelle formalité. — Décis. min. fin. 26 sept. 1809. — Roland et Trouillet, *Dict. des Hypoth.*, v° *Droits*, § 3, n° 9.

113. — Les conservateurs doivent donner quittance des droits et salaires qui leur sont payés au pied

des actes et certificats par eux remis et délivrés; chaque somme y est mentionnée séparément et en toutes lettres.—L. 21 vent. an VII, art. 27.

§ 3.—*Droits à percevoir.*

114.—Le droit de transcription est, ainsi qu'on l'a déjà vu, ou proportionnel ou fixe. Quelquefois même la transcription doit se faire gratis.

115.—En règle générale, le droit sur la transcription des actes emportant mutation des propriétés immobilières est de 1 1/2 % du prix intégral desdites mutations, suivant qu'il a été réglé à l'enregistrement.—L. 21 vent. an VII, art. 25.—Il en était de même sous la loi du 9 vendém. an VI, art. 62, n° 2.

116. — Ce même droit proportionnel de 1 1/2 % a été conservé par les art. 52 et 54, L. 28 avr. 1816.

117. — Le droit fixe de transcription est de 1 fr. — Il est dû avec le salaire du conservateur quand le droit proportionnel de transcription a été acquitté avec celui d'enregistrement. — L. 28 avr. 1816, art. 61.

118. — D'après l'art. 7, L. 16 juin 1824, les actes d'acquisition à titre onéreux ou gratuit faits pour les départements, communes, hospices, séminaires et généralement tous établissemens publics autorisés, n'étaient passibles que d'un droit fixe de 10 fr. pour enregistrement et transcription, quand les immeubles acquis ou donnés avaient une destination d'utilité publique et ne produisaient pas de revenus; et encore ce droit était-il réductible à 5 fr., quand la valeur des immeubles n'excédait pas 500 fr.— Mais cette disposition a été abrogée par l'art. 17, L. 18 avr. 1831, qui a déclaré ces acquisitions, donations ou legs soumis aux droits proportionnels d'enregistrement et de transcription établis par les lois existantes.

119. — La transcription des acquisitions faites pour le domaine extraordinaire ne donnait lieu qu'au droit de 3 fr. pour la transcription. — Décr. 28 mars 1812; Instr. 580.

120. — Il n'est dû qu'un droit fixe pour la transcription des actes de concession à des particuliers de marais à dessécher, ou de la cession par les propriétaires d'une portion des terrains en paiement de l'indemnité due pour le dessèchement.— L. 16 sept. 1807, art. 23 et 31; déc. min. fin. 19 déc. 1800. — Le directeur doit s'entendre, à cet effet, avec le préfet. — Instr. 380 456 et 464.

121. — Jusqu'au 1er mai 1830, les acquisitions faites par les émigrés des biens dont ils ont été dépossédés par les lois de la révolution, ont pu être transcrites moyennant le droit fixe, outre les salaires. — Déc. min. fin. 23 août et 26 sept. 1825; Instr. 1180, § 11 et 1280. —Roland et Trouillet, *Dict. des hyp.*, v° *Droit*, § 2, n° 5.

122.—La transcription des lettres-patentes portant institution de majorats n'est passible que d'un droit fixe. — Décr. 24 juin 1808; ord. 7 oct. 1808; Instr. 12 janv. 1809, 413.

123.—Bien que les donations entre-vifs par contrat de mariage jouissent d'une réduction du droit, cette réduction ne s'étend pas au droit proportionnel de transcription. En pareil cas, il est toujours de 1 1/2 %. — Solut. 17 sept. 1817.

124. — Il ne doit être perçu qu'un seul droit fixe pour les donations renfermées dans un contrat de mariage soumis à la transcription, et quelque nombreuses que soient les donations faites en faveur des futurs époux. — Délib. 7 juill. 1844; Instr. 1150, § 15.

125. — L'art. 33, L. 21 avr. 1832 a établi de nouvelles quotités de droit pour les donations entre-vifs dans la ligne collatérale et entre personnes non parentes. Le droit de transcription ne doit pas être ajouté à ces droits. — Instr. 1399. — Roland et Trouillet, *Dict. d'enreg.*, v° *Mariage*, § 4, n° 2.

126.—Il suit de là que la donation d'une rente créée antérieurement à la loi du 13 brum. an XII faite par une tante à son neveu dans son contrat de mariage, n'est passible que du droit de 2 %, lors même qu'il n'est pas justifié qu'il n'existe aucune inscription sur cette rente au moment de la donation. — Solut. 2 mars 1837.

127. — La cession d'action dans une mine avait d'abord été considérée comme mobilière, ne donnant lieu qu'à un droit fixe de 1 fr. pour transcription.—Solut. 6 mai 1818.—Mais décidé depuis que c'est une vente immobilière, passible, par conséquent, du droit de 1 1/2 %. — Déc. min. just. et fin. 5 et 18 déc. 1818.

128. — Avant la loi du 28 avr. 1816, l'échangiste qui requérait la transcription de son contrat ne pouvait contraindre son coéchangiste à faire transcrire de son côté, et n'était tenu de payer le droit que par rapport à l'immeuble qu'il avait acquis; et surtout, lorsque les immeubles respectivement échangés étaient situés dans des arrondissemens différens. — *Cass.*, 15 fév. 1813, Trégomain.

129. — On avait d'abord pensé qu'en matière d'échange, il était conforme à l'esprit de la loi de faire porter le droit de transcription sur les deux parts. — Déc. min. fin. 25 sept. 1816; Instr. 758, n° 7.

130. — Mais on a reconnu depuis que ce droit n'était exigible que sur l'une des parts, que la transcription était facultative pour chaque échangiste, et que chacun d'eux devait, lorsqu'il requérait cette formalité, payer le droit fixe de 1 fr. — Déc. min. fin. 1er juin 1821; Instr. 983.

131. — Enfin la loi du 16 juin 1824 (art. 2) a déclaré que le droit de transcription ne devait être pris que sur l'une des deux parts; et que ce droit était, en outre, dû sur la soulte ou plus-value.

132. — L'art. 2 de la loi du 16 juin 1824 ne soumettait qu'au droit fixe de 1 fr. pour tous droits d'enregistrement et de transcription l'échange entre immeubles ruraux dont l'un était contigu aux propriétés de celui des échangistes qui le recevait. Une pareille disposition avait été déclarée applicable, alors même que la transcription était requise dans l'intérêt des échangistes. — Solut. 10 mars 1832.— Mais la disposition de la loi du 16 juin 1824 a été depuis abrogée par les art. 16 et 17, L. 24 mai 1834.

133. — Le transcription d'un acte d'échange qui a subi le droit proportionnel d'enregistrement, n'est passible que d'un seul droit fixe de 1 fr., quoique la formalité soit requise dans l'intérêt des deux échangistes. — Solut. 10 mars 1832.

134. — Enfin il y a des actes qui doivent être transcrits gratis; ce sont : 1° les contrats d'échange faits avec l'état. — L. 22 frim. an VII, art. 70, § 2, n° 1; ord. 12 déc. 1827, art. 8; Inst. 1233.

135. — ..2° Les échanges des biens du domaine de la couronne.—L. 22 frim., an VII, art. 70, § 2, n° 1er; décr. 11 juill. 1812, art 7. — Par le domaine de la couronne, il faut entendre les biens affectés à la liste civile. Si le roi fait des acquisitions pour son compte particulier, le droit de transcription est dû comme pour les actes des particuliers. — Roland et Trouillet, *Dict. de l'enreg.*, v° *Hypothèques*, n° 845 *bis*.

136.—... 3° Les lettres d'investiture des dotations en biens situés en France, ainsi que les actes d'acquisition ou d'échange en remplacement des biens affectés à ces dotations.— Décr. 22 déc. 1812; Instr. 25 fév. 1813, 625.

137. — ... 4° En matière d'expropriation pour utilité publique, les actes faits en vertu de la loi du 7 juill. 1833, art. 58. — Il en est de même pour la loi du 3 mai 1841, art. 58.

138. — Mais dans ces divers cas, le salaire du conservateur lui est payé et le timbre des registres remboursé. — Instr. 22 juill. 1836. — Roland et Trouillet, *Dict. de l'enreg.*, v° *Hypothèques*, n° 845

139. — Ainsi spécialement, à l'égard des actes relatifs à l'expropriation pour cause d'utilité publique, l'exception des droits de timbre et d'enregistrement s'applique seulement aux droits qui doivent profiter au trésor, mais non aux salaires dus aux conservateurs pour la formalité de la transcription. — Instr. 14 mars 1842, n° 1660.

140.—Jugé, dans le même sens, que l'art. 58, L. 3 mai 1841, ne dispense pas les concessionnaires de travaux publics du paiement de la moitié du droit formant le salaire des conservateurs, et que cet article fait remise aux concessionnaires de l'autre moitié de ce même droit qui, attribuée au trésor public par l'ordonnance du 1er mai 1816, constitue seule l'impôt proprement dit. —*Cass.*, 25 fév. 1846 (t. 1er 1846, p. 260), Comp. du chemin de fer de Rouen.

141. — Toutefois, quand par suite d'expropriation pour utilité publique, les acquisitions sont faites pour le compte de l'état et à la charge du budget général, les conservateurs n'ont le droit d'exiger aucun salaire pour la transcription des actes. — Déc. minist. fin. 24 juill. 1837 et 16 nov. 1843; Instr. 1664.

142. — Il n'est dû, pour la transcription d'une adjudication consentie en faveur de la régie de l'enregistrement, pour des poursuites de saisie immobilière, ni droit d'hypothèque, ni salaire du conservateur, ni timbre des registres dont le montant doit être déduit de la débite. — Instr. 202; — Roland et Trouillet, *Dict. des Hyp.* v° *Droits*, § 2, n° 21.

143. — Il suffit qu'une partie ait, dans son intérêt bien ou mal entendu, requis la transcription d'un acte, pour que le droit exigible à raison de cette formalité soit régulièrement perçu. — *Cass.*, 25 juill. 1827, Decrès.

144. — Il en est ainsi alors même qu'on alléguerait que le contrat n'est point translatif de propriété, s'agissant, par exemple, de la mise en société d'un immeuble.— *Cass.*, 13 déc. 1843 (t. 1er 1844, p. 350) Leclerc et Duval; 23 juin 1846 (t. 2 1846, p. 407), Adam; 12 janv. 1847 (t. 2 1847, p. 68), Allard de Jassy. — Et la demande de transcription ne cesse pas d'être volontaire par cela que, s'agissant d'une société anonyme, la transcription de l'acte a été imposée comme condition par l'ordonnance royale portant institution de la société. — Même arrêt de *Cass.*, du 12 janv. 1847.

145. — De même, le préposé à qui la transcription d'un acte est demandée n'étant pas juge de l'utilité de cette transcription, perçoit valablement le droit que la loi applique à cette formalité.— *Cass.*, 11 avr. 1829, Bidault et Mame; 26 avr. 1843 (t. 2 1843, p. 75), Rohaut.

146. — Ainsi, bien que l'acquisition des immeubles indivis d'une succession, faite sur licitation par l'un des cohéritiers, ne soit pas assujétie au droit additionnel pour transcription, néanmoins, lorsque le cohéritier acquéreur a requis volontairement la transcription de son contrat, il y a lieu de percevoir le droit additionnel de 1 1/2 %. — *Cass.*, 30 août 1826, Dufour.

147. — Ainsi encore, lorsqu'il résulte du cahier des charges dressé par la vente d'immeubles appartenant à une société, que les associés vendeurs ont reconnu que, dans leur intérêt, le jugement était de nature à être transcrit, et que, par suite, ils ont imposé à l'adjudicataire du plus fort lot l'obligation de faire transcrire pour tous les adjudicataires, c'est avec raison que le conservateur a, sur la réquisition de la transcription faite par un des adjudicataires étrangers, perçu le droit de transcription sur les lots adjugés à quelques-uns des associés, bien que ceux-ci n'eussent pas requis la formalité. — *Cass.*, 26 avr. 1843 (t. 2 1843, p. 75), Rohaut.

148. — Quand, dans un acte où la femme, agissant en vertu de l'autorisation qui lui en a été accordée par son contrat de mariage, a substitué d'autres immeubles à ceux de ses immeubles stipulés dotaux, les parties sont expressément convenues que l'acte serait soumis à la transcription, le droit proportionnel de transcription doit être perçu soit sur cet acte, soit sur le jugement qui l'a homologué, sans que le receveur ait à s'enquérir de l'utilité de cette formalité. — *Cass.*, 28 mai 1845 (t. 2 1845, p. 29), de Castellane.

149.—Si la transcription d'une donation, d'une vente ou de tout autre acte portant transmission d'objets mobiliers, était requise, il y aurait lieu de percevoir le droit de 1 fr. 50 c.; car la formalité ne peut être donnée gratis, et, d'un autre côté, si les nouveaux possesseurs assimilent les objets mobiliers qui leur sont transmis à des immeubles, le conservateur ne peut y trouver à redire.—*Dict. de l'enregist.*, v° *Hypothèque*, n° 865.—Cependant il résulte d'une solution du 6 mai 1818, qu'en pareil cas il ne devrait être perçu que le droit fixe de 1 fr.

150. — Lorsque le créancier d'un donataire requiert la transcription partielle d'une donation contenant partage, la transcription ne peut se diviser et le droit est dû sur la totalité des biens donnés.—Délib. 19 mars 1825 et 28 mars 1827.— *Contrà* délib. 27 fév. 1829.

151. — Lorsqu'à la suite de l'adjudication de biens licités, la déclaration de command en a attribué une partie à des colicitans et l'autre partie à des étrangers, le droit de transcription ne peut être exigé sur la part des colicitans qu'autant qu'ils présentent volontairement leur grosse à la formalité. — Délib. 28 oct. 1836.

152. — Si une vente, comprenant des meubles et des immeubles, ne contient pas l'estimation des objets mobiliers article par article, le droit est dû comme vente d'immeubles sur le tout, et lors même qu'avant la transcription les objets mobiliers auraient été estimés par un acte supplémentaire. — Déc. min. fin. 30 mai 1809.

153. — Le prix qui a servi de base à la perception du droit d'enregistrement doit servir de type à la perception du droit de transcription. — *Cass.*, 24 vent. an VII, art. 25. — Déc. min. fin. et just. 21 mars 1809.

154. — Le droit de transcription d'une vente de la nue propriété, avec réserve de l'usufruit par un tiers, ne se perçoit que sur le prix stipulé; car l'usufruit, étant lui-même susceptible d'hypothèque, on ne peut, pour la transcription, en ajouter la valeur au prix. — Solut. 7 niv. an XIII. — Roland et Trouillet, *Dict. des hyp.*, v° *Droits*, § 2, n° 41.

155. — Dans le cas de réunion d'usufruit par acte de cession, le droit de transcription doit être assis, non sur le capital au denier dix du revenu

des biens, mais sur le prix de la cession. —Délib. 30 janv. 1834.

156. — Si le droit de transcription d'un acte de mutation immobilière doit être perçu sur le prix principal, ainsi que ce prix a été réglé lors de l'enregistrement, il ne s'ensuit pas que le droit de transcription ne puisse être exigé que sur la somme même qui a été soumise au droit d'enregistrement. Dès-lors, si, par des motifs particuliers à l'acte, aucun droit proportionnel n'a été perçu pour l'enregistrement, il y a toujours lieu de percevoir le droit lors de la transcription. — Spécialement, encore bien que l'adjudicataire colicitant n'ait eu à payer le droit d'enregistrement que sur le quart du prix de l'immeuble, il n'en doit pas moins le droit proportionnel de 1 1/2 % sur le prix intégral, s'il requiert la transcription de l'acte d'adjudication.—*Cass.*, 15 juin 1840 (t. 2 1840, p. 103), Caron; 7 nov. 1849 (t. 1er 1850, p. 163), Duval, Noireterre (2 arrêts). — V. aussi *Cass.*, 9 mai 1837 (t. 1er 1837, p. 446), Giraudeau.

157. — Jugé également que si le propriétaire qui achète l'immeuble commun ne doit le droit d'enregistrement que sur la portion de l'immeuble qu'il acquiert, il n'en est pas de même du droit de transcription. Ce droit doit être perçu par le conservateur sur le prix intégral lors de la transcription du contrat. —*Cass.*, 15 nov. 1841 (t. 2 1841, p. 693), Leroux.

158. —... Que la transcription d'un jugement d'adjudication étant un fait indivisible de sa nature, le droit est dû non pas seulement sur les parts nouvellement acquises par les colicitans, mais sur le prix intégral des immeubles, alors surtout que la transcription a été requise volontairement et conjointement ou en exécution d'une clause du cahier des charges. — *Cass.*, 3 mai 1841 (t. 2 1841, p. 31), de Balzan; 17 janv. 1842 (t. 1er 1842, p. 185), Marsilly; 13 avr. 1842 (t. 2 1847, p. 127), de Courtivron.

159. —Lorsque les immeubles d'une succession échue à deux héritiers, dont l'un n'a hérité que sous bénéfice d'inventaire, leur ont été conjointement et par indivis adjugés moyennant un seul prix dû par eux solidairement, le droit de transcription doit être perçu sur la totalité de ce prix, et non pas seulement sur la portion correspondant à la part des biens acquis par l'héritier bénéficiaire. — *Cass.*, 17 janv. 1842 (t. 1er 1842, p. 184), de Verdun.

160. — Bien que, par suite de contestations entre l'acquéreur et le vendeur, le prix d'une vente ait été réduit depuis l'enregistrement de l'acte, le droit de transcription n'en doit pas moins être exigé sur le prix stipulé au contrat, c'est-à-dire sur la somme qui a servi de base au droit d'enregistrement.—Roland et Trouillet, *Dict. de l'enreg.*, v° *Hypothèque*, n° 874.

161. — Le droit proportionnel de transcription, étant entièrement assimilé à celui d'enregistrement, suit les séries de 20 fr. à 20 fr. sans fractions.—L. 21 vent. an VII, art. 25; L. 28 avr. 1816, art. 60; Solut., 13 mars 1829;—Roland et Trouillet, *Dict. de l'enreg.*, v° *Transcription*, n° 27.

162. — Le conservateur qui soupçonne que la véritable valeur des biens a été déguisée n'a pas, comme le receveur de l'enregistrement, le droit de requérir l'expertise. — Déc. min. just. 14 mars 1809; instr. 433.

163. — Lors de la transcription d'un contrat au profit de plusieurs acquéreurs non solidaires qui ont payé distinctement les droits d'enregistrement, à raison de 5 1/2 % sur leurs acquisitions respectives, il est dû autant de droits fixes qu'il y a d'acquéreurs qui requièrent la transcription ou auxquels cette formalité profite. — Délib. 16 juill. 1819; Déc. min. fin. 18 mai et 14 août 1821; Instr. 31 mai 1821, 980.

164. — Toutefois, il n'y a pas lieu d'appliquer ce principe de la pluralité des droits au cas où un seul acquéreur a fait transcrire un contrat de vente consenti à son profit par plusieurs particuliers non solidaires; la transcription est uniquement dans son intérêt; elle ne profite qu'à lui seul. —Solut. 28 déc. 1822.—Roland et Trouillet, *Dict. des hypothèques*, v° *Droits*, § 2, nos 8 et 9.

§ 4. — *Paiement, restitution et prescription des droits.*

165. — *Paiement.*—Les droits de transcription et les salaires du conservateur doivent être payés d'avance par les requérans, sauf les cas d'exception expressément établis. — L. 21 vent. an VII, art. 27.

166. —Les notaires n'étant point obligés de remplir les formalités extrinsèques aux actes qu'ils reçoivent et par conséquent d'en requérir la transcription (V. NOTAIRE, nos 929 et suiv.), il s'en suit qu'ils ne sauraient être, vis-à-vis de la régie, tenus des frais de transcription. — V. *Dissertation* au *Journal du Palais* (sous *Cass.*, 10 avr. 1833, Regnard c. enregistrement et conservateur des hypothèques d'Arcis).

167. — Mais il en est autrement : 1° quand il s'agit de droits de transcription qui doivent être perçus en même temps que les droits d'enregistrement. — Ainsi, le notaire qui, par ordonnance du président du tribunal, a été constitué dépositaire d'un testament olographe, est tenu personnellement d'acquitter le droit de transcription exigible sur une clause de substitution fidéi-commissaire que contient ce testament. — *Cass.*, 17 (et non 7) avr. 1849 (t. 1er 1850), Terrien. — Toutefois une décision aussi rigoureuse ne saurait être admise qu'autant qu'il y a acceptation du legs par le légataire. — V. les observations sous cet arrêt.

168. —...2° Ou bien quand les actes ont été déposés par eux aux bureaux des hypothèques avec réquisition de transcription. — *Bourges*, 27 mars 1829, Vidasène c. Rasle; *Cass.*, 10 avr. 1833, Regnard c. enregistrement et conservateur des hypothèques d'Arcis.

169. — Les droits de transcription sont, ainsi qu'on l'a vu (v° CONSERVATEUR DES HYPOTHÈQUES, n° 160), acquis irrévocablement au trésor, par le fait du dépôt du contrat, et la partie ne peut retirer son titre et se dispenser de payer les droits, si le dépôt est inscrit sur les registres du conservateur. — *Cass.*, 10 avr. 1833, Regnard c. enregistrement et conservateur des hypothèques d'Arcis.

170. — Si les employés omettaient de percevoir un droit de transcription évidemment exigible, ils en seraient responsables.— Délib. 22 déc. 1808. — Roland et Trouillet, *Dict. de l'enreg.*, v° *Transcription*, n° 24.

171. — Le conservateur, forcé en recette, qui acquitte les droits au trésor, ne peut agir contre le notaire par voie de contrainte. — *Bourges*, 27 mars 1829, Vidasène c. Rasle.

172. —Peut-on agir par voie de contrainte pour recouvrer des droits de transcription? Oui; et comme on l'a vu v° CONSERVATEUR DES HYPOTHÈQUES, n° 174, les conservateurs ont, dans ce cas, qualité pour intervenir.— *Cass.*, 10 avr. 1833, Regnard c. enregistrement et conservateur des hypothèques d'Arcis.

173. — La régie de l'enregistrement ne peut se faire un moyen de cassation de ce que le jugement qu'elle attaque a annulé une contrainte pour le tout, au lieu de la maintenir en ce qui concerne un droit supplémentaire de transcription, lorsque, ni dans la contrainte, ni dans les conclusions prises devant le tribunal, la régie n'avait demandé le paiement de ce droit supplémentaire.—*Cass.*, 15 fév. 1830, Ducayla.

174. — *Restitution.* — Le droit perçu pour transcription requise par une partie dans son intérêt bien ou mal entendu, ne peut être restitué, alors même qu'il serait prouvé que la transcription était inutile.— *Cass.*, 25 juill. 1827, Decrès; 28 mai 1845 (t. 2 1845, p. 29), de Castellane; 23 juill. 1846 (t. 2 1846, p. 407), Adam; 21 fév. 1849 (t. 2 1849, p. 35), Blanchet; 26 mars 1849 (t. 2 1849, p. 35), Puylaroque.

175. — Comme le préposé à qui la transcription d'un acte a été demandée n'était pas juge de l'utilité de cette transcription et qu'il en a valablement perçu les droits, il n'y a pas lieu d'ordonner la restitution du droit perçu sur l'acte d'adjudication d'un bail emphytéotique pour le temps qui en reste à courir, sous prétexte que cette adjudication ne constituant qu'un droit mobilier, n'était pas de nature à être transcrite pour purger les hypothèques. — *Cass.*, 11 mars 1829, Bidault et Mame

176. — Lorsqu'une licitation a été transcrite par suite de l'erreur où on a laissé le conservateur, il n'y a pas lieu à restitution du droit perçu; car le conservateur n'était pas juge de la validité de la transcription, et le déposant doit s'imputer de n'avoir pas clairement expliqué sa volonté. — Délib. 31 mars 1829.

177. — Décidé cependant qu'il y a lieu à restitution des droits même déjà consignés, si, d'ailleurs la transcription n'a pas encore été faite lorsque le résultat de la transcription a été le résultat d'une erreur manifeste, par exemple, si la formalité avait été requise sur l'adjudication de biens faite au profit d'un copropriétaire à titre commun de ces biens, tel qu'un colégataire, et que l'erreur ait été aussitôt reconnue. — Délib. 17 déc. 1844.

178. — Le droit de transcription perçu sur une licitation soumise à la formalité n'est pas restituable, alors même que le droit proportionnel perçu pour l'enregistrement de l'acte le devienne, si, dans les deux ans, il est justifié d'un partage définitif. — Solut. 30 juin 1832. — Cette décision est sans importance aujourd'hui qu'une jurisprudence constante déclare le droit d'enregistrement non restituable en pareil cas.

170. — Lorsqu'un cohéritier, adjudicataire sur licitation des immeubles de la succession, a volontairement requis la transcription de son contrat et en a acquitté le droit additionnel, il ne peut se faire restituer le montant de cette perception dans le cas même où, la totalité du prix d'adjudication lui ayant été abandonnée par ses cohéritiers pour complément de sa part héréditaire, il a obtenu la restitution du droit proportionnel d'enregistrement perçu sur la licitation. — *Cass.*, 9 mai 1837 (t. 12 1837, p. 446), Giraudeau.

180. — Le droit de transcription perçu lors de l'enregistrement de l'adjudication sur licitation d'un immeuble de la succession au profit d'un héritier bénéficiaire, n'est point restituable par suite de la renonciation au bénéfice d'inventaire et de l'acceptation pure et simple de l'hérédité, faites ultérieurement par l'héritier adjudicataire.—*Cass.*, 12 août 1839 (t. 2 1843, p. 776), Crépon.

181. — Le droit de transcription perçu sur une adjudication d'immeubles, faite en justice, doit être restitué lorsque l'adjudication est annulée par les voies légales. —Déc. min. fin. 21 oct. 1806.

182. — Mais quand la transcription d'un procès-verbal d'adjudication et la délivrance de l'état des inscriptions ont eu lieu sur la réquisition des parties, il n'y a pas lieu à restitution des salaires et droits de timbre perçus, alors même que l'adjudication est annulée par les voies légales. — Délib. 14 fév. 1834.

183. — Le droit de transcription n'est pas restituable dans le cas de rescision d'une vente pour cause de nullité radicale ou de lésion. — Roland et Trouillet, *Dict. des droits d'enreg.*, v° *Transcription*, n° 21.

184. — Le droit de transcription perçu sur un legs avec charge de substitution n'est pas restituable, sous prétexte de l'insuffisance des biens de la succession, après l'acquittement des dettes et charges, pour donner effet à la condition de restitution. — *Cass.*, 2 janv. 1850 (t. 1er 1850, p. 178), Tison d'Argence.

185. — Lorsqu'après avoir déposé un contrat pour être transcrit et avoir acquitté les droits de transcription, les parties déclarent changer d'intention et vouloir retirer leur contrat avant qu'il soit transcrit, le droit perçu ne peut pas être restitué. — Solut. 28 juin 1824. — Néanmoins, le contrat ne devra pas être transcrit : car le conservateur doit obtempérer à l'opposition qui lui a été signifiée. — Roland et Trouillet, *Dict. des droits d'enreg.*, v° *Hypothèque*, n° 837.

186. —*Prescription.*—Les dispositions de l'art. 61, L. 22 frim. an VII, concernant la prescription des droits d'enregistrement, sont applicables aux perceptions des droits de transcription. — L. 24 mars 1806.

187. — Ainsi, c'est relativement à une demande en restitution d'un droit de transcription indûment perçu, qu'on a vu (v° ENREGISTREMENT, n° 4885) que la prescription de deux ans était encourue, si, le droit ayant été perçu le 20 oct. 1825, la demande avait été formée plus tard que le 19 oct. 1827. — *Cass.*, 1er août 1831, Auger.

TRANSCRIPTION DES ACTES SUR LES REGISTRES PUBLICS.

V. COMMENCEMENT DE PREUVE PAR ÉCRIT, TITRE ADIRÉ.

TRANSCRIPTION DES DONATIONS.

Table alphabétique.

TRANSCRIPTION DES DONATIONS. — 1. — C'est la copie littérale, sur les registres du conservateur, des donations de biens susceptibles d'hypothèques.

§ 1er. — Dispositions générales (n° 2).

§ 2. — Quelles donations doivent être transcrites (n° 11).

§ 3. — Par qui et dans quel délai la transcription doit être requise. — Preuve de la transcription (n° 32).

§ 4. — Qui peut opposer le défaut de transcription (n° 47).

§ 5. — Du défaut de transcription à l'égard des donataires. — Recours à exercer par eux (n° 91).

§ 1er. — Dispositions générales.

2. — Lorsqu'il y aura donation de biens susceptibles d'hypothèques, porte l'art. 939, C. civ., la transcription des actes concernant la donation et l'acceptation, ainsi que la notification de l'acceptation qui aurait eu lieu par acte séparé, devra être faite aux bureaux des hypothèques de l'arrondissement desquels les biens sont situés.

3. — Cette formalité, qui a été établie dans l'intérêt des tiers, reproduit, sous un autre nom, la formalité de l'insinuation qui était anciennement établie (ordonn. 1539, art. 132; ordonn. fév. 1566, art. 58; ordonn. 1731, art. 23; déclarat. du 17 fév. même année, etc.), et qui a subsisté jusqu'au Code. — V. INSINUATION.

4. — Sous l'ordonn. 1731, une donation était nulle lorsque les charges, clauses et conditions qu'elle renfermait n'avaient pas été transcrites sur le registre des insinuations. — Paris, 14 germ. an X, Carteron c. Massenet; Cass., 12 prair. an XI, mêmes parties. — Conf. arrêt parlement de Paris, 23 janv. 1743.

5. — De même que l'insinuation, la transcription a pour objet de transmettre et de consacrer la propriété à l'égard des tiers. Tant que cette formalité n'a pas été remplie, la donation peut leur être opposée et n'a d'effet qu'à l'égard du donateur et de ses héritiers. — C. civ., art. 938 et 941.

— En pareil cas, la transcription a un résultat plus étendu que celle qui a lieu en matière d'hypothèque. Ce n'est pas seulement un moyen de purger les hypothèques qui peuvent frapper les biens grevés, c'est encore la une des solennités nécessaires à la donation pour qu'elle puisse être opposée aux tiers. — Grenier, Hypoth., t. 1er, n° 167; Tarribie, v° Donation, sect. 64, § 3 et Quest.; Merlin, Rép., v° Transcription, § 1, 1er, n° 904; Poujol, art. 939, n° 2; Marcadé, n° 3; Coin-Delisle, n° 5; Rolland de Villargues, Rép. du notar., v° Transcription des donat., n° 3. — Contrà, Toullier, t. 5, n° 238; Vazeille, sur l'art. 941.

6. — En matière de donation comme en matière de vente, la transcription n'est pas nécessaire pour la transmission de la propriété. En conséquence, la donation entre-vifs, même non transcrite, peut servir de juste titre au donataire de bonne foi pour prescrire l'immeuble par la possession de dix ou vingt ans. — Agen, 24 nov. 1842 (t. 1er 1843, p. 748), Lavieille c. Dubouch.

7. — De ce que la donation entre-vifs est, entre le donateur et le donataire, parfaite par l'acceptation et avant toute transcription, il ne s'ensuit pas que l'hypothèque consentie postérieurement par le donateur à des tiers sur les biens compris dans la donation ne soit point valable; seulement il doit garantie au donataire pour le préjudice que lui causent ces hypothèques. — Riom, 7 déc. 1848 (L. 2 1849, p. 350), Fournier, de Frédeville et Ceytre c. Mauzat-Laroche.

8. — Sous la loi du 11 brum. an VII, les donations n'étaient pas soumises à la transcription. — Grenoble, 25 mars 1807, Bernard c. Mourier.

9. — Les donations entre-vifs antérieures au Code civil, faites par des donateurs encore vivans lors de sa publication, se sont trouvées dispensées de la formalité de l'insinuation. — Cass., 2 juin 1835, Bellamy c. Dublanc.

10. — La transcription des donations au bureau des hypothèques donne lieu à la perception du droit de transcription. — V. TRANSCRIPTION (droits de).

§ 2. — Quelles donations doivent être transcrites.

11. — Sous l'ordonn. 1731, les donations mobilières étaient assujetties à l'insinuation aussi bien que les donations d'immeubles. — Ordonn. 1731, art. 22; déclar. 17 fév. 1731, art. 1er.

12. — Il y avait de plus quelques donations pour lesquelles l'insinuation était purement fiscale et qui ne pouvaient être annulées à défaut de cette formalité; c'étaient : les dons mobiliers, augmens, engagemens, droits de rétention, payemens, gains de noces et de survie (déclar. 25 juin 1729; ordonn. 1731, art. 21); et les donations de choses mobilières quand il y avait tradition réelle ou qu'elles n'excédaient pas 1,000 livres. — Ordonn. 1731, art. 22.

13. — Toutefois, l'ordonnance de 1731 (art. 24) et la déclaration de 1769 dispensaient de l'insinuation les donations d'usufruit de tous biens présens subordonnées à la condition de survie du donataire. — Agen, 13 janvier 1836, Rouslér c. Dulong.

14. — D'après le Code civil, les donations qui doivent être transcrites sont celles de biens susceptibles d'hypothèques. — C. civ., art. 939.

15. — Par ces mots, biens susceptibles d'hypothèques, il faut entendre les biens immobiliers, tous les droits réels qui sont des démembremens de la propriété, tels que les servitudes, les droits d'usage et d'habitation. — Delvincourt, t. 2, p. 268; Grenier, sur l'art. 939. — Contrà, Vazeille et Coin-Delisle, sur l'art. 939. — Contrà, Duranton, t. 8, n° 504; Poujol, art. 939, n° 3.

16. — S'il s'agissait de la donation d'une action tendant au recouvrement d'un immeuble, telle, par exemple, que d'une action en réméré, ou d'une action en rescision pour lésion, tous les auteurs ci-dessus sont d'accord pour décider qu'il y a lieu à la transcription.

17. — Les donations conditionnelles sont sujettes à la transcription aussi bien que les donations pures et simples. — Duranton, t. 8, n° 510; Coin-Delisle, art. 939, n° 16.

18. — Les donations rémunératoires et les donations onéreuses ayant le caractère de véritables libéralités doivent être également transcrites. — Coin-Delisle, n° 16.

19. — Les donations déguisées ne sont pas non plus dispensées de la transcription pour produire leur effet. — Coin-Delisle, n° 17.

20. — Les donations par contrat de mariage en ligne directe étaient autrefois exemptes de l'insinuation. — Ordonn. 1731, art. 19; déclar. de fév. 1731, art. 1er. — Aujourd'hui la même exception n'a plus lieu, et la transcription est nécessaire. — Duranton, t. 9, n° 668.

21. — Jugé toutefois que dans un contrat de mariage, une donation entre-vifs, quoique faite au futur époux, était nulle faute d'insinuation. — Riom, 31 janv. 1809, Clément c. Bourgin.

22. — L'institution contractuelle n'est pas sujette à la transcription pour les droits immobiliers. En effet, la donation n'est pas actuellement faite; il n'aura que des biens que le donateur laissera à son décès; et jusque-là celui-ci peut encore vendre ou hypothéquer ses biens. — Grenier, n° 430; Toullier, t. 5, n° 845; Delvincourt, t. 2, p. 427; Du-

ranton, t. 8, n° 506, et t. 9, n° 706; Vazeille, art. 941, n° 3; Coin-Delisle, art. 939, n° 48; Poujol, n° 8. — Conf. Pau, 2 janv. 1827, Lousteau. — V. au surplus DONATION PAR CONTRAT DE MARIAGE.

23. — Sous l'ord. 1731, le défaut d'insinuation d'une donation entre époux par contrat de mariage ne pouvait être opposé par les héritiers du mari, ni par qui ce soit, si la donation était mutuelle. — Bourges, 1er juill. 1816, Delafond c. Lagrave.

24. — Est valable, sous l'empire du Code civil, une donation faite entre-vifs par un époux à son conjoint de biens meubles et immeubles, tels qu'ils appartiendront au donateur lors de son décès, et sans état estimatif des meubles, ni transcription. — Duranton, 2 mai 1807, Darras c. Paris.

25. — S'il s'agit d'une donation de biens présens et à venir cumulativement (C. civ., art. 1084), la transcription est nécessaire pour les biens présens. — Grenier, n° 437; Toullier, t. 5, n° 863; Duranton, t. 8, n° 507; Vazeille, art. 939, n° 3.

26. — Quid, des donations entre époux, alors qu'elles portent sur des biens présens. Il faut distinguer : elle doit être transcrite, attendu qu'elle est irrévocable. — Grenier, Donat., n° 445; Duranton, t. 8, n° 505.

27. — Jugé que les donations de biens présens, même celles faites par contrat de mariage, ne sont pas opposables aux tiers acquéreurs des biens donnés à titre onéreux qui n'ont par été revêtues de la formalité de la transcription. — Douai, 16 fév. 1846 (t. 4er 1846, p. 575), Durut c. Deloffre; Caen, 9 nov. 1847 (t. 1er 1848, p. 328), Voutier c. Allaire. — Conf. Duranton, t. 9, n° 668.

28. — La donation d'un immeuble faite dans un contrat de mariage, par le futur époux à la future épouse, à titre de gain de survie, est sujette à transcription. Celui qui depuis a acquis cet immeuble du donateur peut arguer du défaut de transcription pour en induire la nullité de la donation à son égard. — Bruxelles, 3 avr. 1830, N. c. Dainer.

29. — Si la donation est faite durant le mariage, il semble au premier aspect quelle est soumise à la transcription, de même que l'institution contractuelle, et à plus forte raison, puisqu'elle est révocable. — Grenier, n° 456; Delvincourt, t. 2, p. 430; Duranton, n° 509; Coin-Delisle, art. 939, n° 19.

— Toutefois, cette opinion ne peut pas être adoptée d'une manière absolue. La transcription serait inutile, dit M. Coin-Delisle (art. 1096, n° 11), si le donateur vendait ou même hypothéquait l'immeuble, parce que ce seraient là des actes révocatoires ou important le même effet. Mais la transcription serait utile si le testateur se trouvait soumis à des hypothèques judiciaires. Car elle empêcherait les créanciers d'exercer leurs droits sur les biens donnés sans fraude. — Rolland de Villargues, Rép. du not., Transcript. des donations, n° 7.

30. — Une donation entre la forme d'un partage d'ascendant n'est pas dispensée de la transcription prescrite par l'art. 939. — Rolland de Villargues, ibid., n° 46.

31. — L'abandon anticipé des biens d'une substitution doit-il être transcrit ? Le doute vient surtout de ce que l'art. 4053, C. civ., réserve en pareil cas les droits du créancier, du grevé antérieur à l'abandon ; d'où il résulterait que l'abandon pourrait toujours être opposé aux créanciers postérieurs sans qu'il fût besoin de l'avoir fait transcrire. Delvincourt, t. 2, p. 400. — Cependant, comme l'abandon anticipé a le caractère d'une donation, il convient, dans le doute, de remplir cette formalité, parce qu'autant plus de raison que le grevé a pu, pendant la jouissance, hypothéquer les biens substitués, et qu'alors la transcription aurait un double objet, celui de libérer les biens de ces hypothèques, et celui de prévenir d'autres dispositions de la part du grevé. — Rolland de Villargues, ibid., n° 17.

§ 3. — Par qui et dans quel délai la transcription doit être requise. — Preuve de la transcription.

32. — La transcription doit être faite à la diligence du mari, lorsque les biens ont été donnés à la femme, et si le mari ne remplit pas cette formalité, la femme pourra la faire procéder sans autorisation. — C. civ., art. 940.

33. — Lorsque la donation sera faite à des mineurs, à des interdits, ou à des établissemens publics, la transcription sera faite à la diligence des tuteurs, curateurs ou administrateurs. — C. civ., art. 940.

34. — En énumérant ici les maris, tuteurs, cura-

teurs et administrateurs, la loi a eu pour but, non de limiter le nombre des personnes qui requerraient valablement l'accomplissement de la formalité, mais de désigner seulement celles à qui l'obligation en est imposée; toute autre personne peut donc aussi requérir la formalité.—Duranton, t. 8, nº 511; Delvincourt, t. 2, p. 268; Coin-Delisle et Vazeille, sur l'art. 940.

35.—Sous l'ord. de 1731, on avait un délai de quatre mois pour faire l'insinuation (art. 26); elle pouvait même être faite avant la mort du donateur; mais après l'expiration des quatre mois, l'hypothèque ne datait plus que du jour de l'insinuation.

36.—Jugé qu'une donation faite sous l'empire de l'ordonnance de 1731 n'est pas nulle pour défaut d'insinuation, si le donateur n'est mort qu'après la publication du Code civil, qui n'exige plus la formalité de l'insinuation.—*Limoges*, 10 janv. 1810, Lafarge c. Rougié; — *Cass.*, 17 avr. 1811, mêmes parties; 23 (et non 4) août 1814, Pothier c. Mourret.

37.—Aujourd'hui le Code ne fixe aucun délai pour faire la transcription, on s'est rapporté à cet égard à l'intérêt du légataire.—Duranton, t. 8, nos 512.

38.—Sous l'empire du Code civil, la transcription des donations peut être valablement accomplie après la mort du donateur.—*Limoges*, 10 janv. 1810, Rougié c. Lafarge; *Cass.*, 17 avr. 1811, mêmes parties.

39.—Le défaut de transcription avant la mort du donateur n'est pas, comme autrefois le défaut d'insinuation, une cause de nullité de la donation. — *Colmar*, 13 déc. 1808, Pflieger c. Kieffer; *Cass.*, 12 déc. 1810, Baldeyron c. Villa.

40. — Sous l'ancien Code de commerce, une donation antérieure à une faillite, mais transcrite seulement dans les dix jours qui la précèdent, n'est point passible de la nullité portée par l'art. 444.—*Grenoble*, 17 juin 1822, Dossat c. Charvet.

41.—Une donation d'immeubles faite par une personne depuis tombée en faillite est valable, bien qu'elle n'ait été transcrite que dans les dix jours qui ont précédé cette faillite. Peu importerait d'ailleurs qu'il se fût écoulé plus de quinze jours entre la donation et la transcription. — *Bourges*, 9 août 1847 (t. 2 1847, p. 580), Mouroult c. Comitis; *Cass.*, 24 mai 1848 (t. 2 1848, p. 653), mêmes parties.

42. — ... Il en est surtout ainsi quand la bonne foi des donataires ne saurait être mise en doute. — Même arrêt de Cass.

43.—Une donation par contrat de mariage faite et exécutée de bonne foi longtemps avant la cessation de paiemens du donateur, et à un moment où il jouissait de la réputation de la solvabilité la plus notoire, a pu être valablement transcrite, même dans l'intervalle de temps qui a séparé cette cessation de paiemens de l'époque à laquelle l'ouverture de la faillite a été depuis judiciairement fixée. Du moins l'arrêt qui le décide ainsi en présence des circonstances de la cause, et notamment par cette considération que le retard apporté à la transcription n'a eu ni pour résultat ni pour but de nuire aux créanciers, ne viole aucune loi.—*Cass.*, 26 nov. 1845 (t. 1er 1846, p. 121), Vassal; autre arrêt, Duchauffour c. Javal.

44.—Jugé toutefois que la donation est sans effet à l'égard des créanciers du donateur, bien qu'elle ait été transcrite avant le jugement qui a déclaré celui-ci en état de faillite, si ce jugement fait remonter la faillite à une époque antérieure à la transcription.—*Montpellier*, 27 avr. 1840 (t. 1er 1841, p. 501), Ricard. — Coin-Delisle, art. 941, nº 14.

45. — La formalité de la transcription de la donation est prouvée par les registres du conservateur et par la mention qu'il fait sur le titre qui lui a été présenté.

46.—Dès-lors, on ne peut suppléer à l'omission de la formalité de la transcription d'une donation aux hypothèques, en prouvant de toute autre manière qu'un tiers en a eu connaissance. — *Rennes*, 10 août 1812, Mazurais c. N...; *Nîmes*, 27 juin 1842 (t. 2 1842, p. 73), Rajeauge c. Ludreyt.

§ 4. — *Qui peut opposer le défaut de transcription.*

47.—Suivant l'ordonnance de 1731, le défaut d'insinuation des donations qui y étaient sujettes à peine de nullité pouvait être opposé, tant par les tiers acquéreurs et créanciers du donateur que par les héritiers, donataires postérieurs ou légataires, et généralement par tous ceux qui y avaient intérêt, autres néanmoins que le donateur. — Art. 27.

48.—Jugé que, sous l'ordonnance de 1731, la

TRANSCRIPTION DES DONATIONS, § 4.

nullité d'une donation, faite conjointement à des majeurs et à des mineurs au préjudice du tuteur de ces derniers, pouvait être invoquée pour défaut de transcription par les majeurs, bien que son effet subsistât à l'égard des mineurs.—*Paris*, 10 janv. (et non fév.) 1814, Dupont c. Luisné et Maquin.

49. — Aujourd'hui, le défaut de transcription peut être opposé par toutes personnes ayant intérêt, excepté toutefois celles qui sont chargées de faire faire la transcription, ou leurs ayant-cause, et le donateur. — C. civ., art. 941.

50. — Les tiers acquéreurs, c'est-à-dire ceux auxquels le donateur aurait, depuis la donation, cédé par contrat onéreux l'immeuble donné, peuvent toujours se prévaloir du défaut de transcription de ce dernier acte. — Grenier, nos 167 et 168; Merlin, *Rép.*, vº *Donation*, sect. 6e, § 3; Duranton, t. 8, nº 518; Favard de Langlade, *Rép.*, vº *Donat.*, § 2; Troplong, *Hypoth.*, nº 304; Poujol, art. 941, nº 3; Coin-Delisle, *ibid.*, nº 3; Rolland de Villargues, *Ibid.*, nº 23.

51.—Jugé que le défaut de transcription d'une donation entre vifs peut être opposé par le tiers acquéreur.—*Cass.*, 10 avr. 1815, Deiss c. Zimmermann; *Caen*, 9 nov. 1847 (t. 1er 1848, p. 528), Vautier c. Allaire.—*Contrà Grenoble*, 14 juill. 1824 (et non 1814), Camand c. Trouillon.

52.—Dès-lors, l'acquéreur d'un immeuble peut suspendre le paiement de son prix tant que la donation qui avait transmis la chose à son vendeur n'a pas été transcrite; jusque-là, il y a pour lui danger d'éviction. — *Poitiers*, 4 mai 1825, Verron-Vergnaut c. Bernardin.

53. — Ce qu'on dit du tiers acquéreur de l'immeuble donné est applicable à tout acquéreur de droits réels, comme usufruit, usage, servitude, etc., concédés par le donateur sur l'immeuble par lui précédemment donné. — Coin-Delisle, *loc. cit.*; Rolland de Villagues, *ibid.*, nº 24.

54. — Il n'est pas besoin que le tiers acquéreur à titre onéreux, postérieur à la donation, ait lui-même fait transcrire son contrat pour qu'il puisse se prévaloire du défaut de transcription de la donation. — Coin-Delisle, nº 4.

55. — La transcription d'un acte de donation immobilière est prescrite d'une manière rigoureuse à l'égard des tiers, et un acquéreur de biens précédemment donnés peut opposer au donataire le défaut de transcription, bien que dans son contrat d'acquisition même l'existence de la donation antérieure lui ait été signalée en termes exprès et formels. — En d'autres termes, la donation d'immeubles n'a d'existence *légale* à l'égard des tiers que par la transcription, abstraction faite de toutes les circonstances qui, en dehors de cette transcription, tendraient à établir que le tiers a eu connaissance *réelle* de la donation. — *Grenoble*, 14 juill. 1824, Camand c. Trouillon; *Limoges*, 16 mai 1839 (t. 1er 1840, p. 657), Redon c. Chazal; *Nîmes*, 27 juin 1842 (t. 2 1842, p. 73), Rajeauge c. Ludreyt.

56. — La circonstance que le tiers qui a traité avec le donateur connaissait la donation ne saurait constituer une fraude qui le rend non recevable à exciper contre le donataire du défaut de transcription. — *Caen*, 9 nov. 1847 (t. 1er 1848, p. 328), Vautier c. Allaire.

57. — Les créanciers hypothécaires, antérieurs ou postérieurs à la donation, sont aussi fondés à opposer le défaut de transcription. —*Grenoble*, 16 déc. 1844 (t. 2 1845, p. 782), Tibière c. Sillan. —Grenier, n. 967 et 168 *bis*; Duranton, t. 8, nº 513; Poujol, art941, nº 2; Coin-Delisle, nº 6.

58.— Ainsi, les créanciers inscrits peuvent saisir valablement les immeubles donnés par leur débiteur, tant que la donation n'a pas été transcrite. —*Montpellier*, 27 avr. 1840 (t. 1er 1841, p. 501), Ricard.

59.—De même, les créanciers hypothécaires peuvent saisir les immeubles de leur débiteur, bien que ces immeubles fassent l'objet de donations qui n'ont pas été transcrites; et les tribunaux ne peuvent, sans contrevenir à la loi, annuler la saisie, en réservant seulement aux créanciers leur droit de suite sur les biens du débiteur.—*Cass.*, 23 juill. 1822, Cherieau c. Papon.

60.—Quant aux créanciers chirographaires, antérieurs ou postérieurs à la donation, les auteurs et la jurisprudence sont divisés. — En faveur des créanciers, on argumente du texte de l'art 941, qui porte que le défaut de transcription peut être opposé *par toute personne ayant intérêt*; de plus, on dit que les art. 1070 et 1167 ne distinguent pas entre les divers créanciers.—*Limoges*, 9 mars 1843 (t. 2 1845, p. 781), Buffière c. Lafarge. — Delvincourt, t. 2, p. 268; Duranton, t. 8, nº 517.

61. — Jugé, en ce sens, que la saisie faite par le créancier, même chirographaire, du mari, des

TRANSCRIPTION DES DONATIONS, § 4.

fruits pendans par racines sur des pièces de terre appartenant en propre à la femme, est valable, alors même qu'elle est postérieure à la donation entre vifs que celle-ci a faite de ces terres, si cette donation n'a pas été transcrite. — Ce créancier a intérêt à opposer le défaut de transcription. — *Cass.*, 7 avr. 1841 (t. 1er 1841, p. 714), Rabot c. Geoffroy.

62.— ... Qu'en accordant à toute personne ayant intérêt le droit d'opposer le défaut de transcription d'une donation, l'art. 941, C. civ., n'a pas entendu limiter ce droit aux acquéreurs des immeubles donnés ou aux créanciers qui pourraient être inscrits sur ces immeubles. — Ainsi, par exemple, l'acquéreur d'un immeuble non compris dans la donation faite par le vendeur à sa femme peut, comme ayant intérêt (en raison de l'action en garantie qui lui appartient contre son vendeur), opposer à la femme le défaut de transcription. — On ne saurait, non plus, repousser cet acquéreur comme compris dans l'exception de l'art. 941, en ce qu'il serait l'ayant-cause du mari chargé de faire faire la transcription.—Le droit dont il excipe lui est personnel.—*Cass.*, 10 mars 1840 (t. 1er 1840, p. 389), Bordier c. Frogier.

63.—Pour l'opinion contraire, on dit que l'art. 941 n'est que le corollaire de l'art. 939. Or, par ce dernier article, le législateur, en ordonnant la transcription, n'a eu en vue que les biens susceptibles d'hypothèque; d'où la conséquence qu'il n'a pu donner, par l'art. 941, qu'aux créanciers porteurs d'hypothèques le droit d'opposer le défaut de transcription. — Grenier, *Hypoth.*, nº 360; Coin-Delisle, nº 40 et suiv.

64.—Jugé, en ce sens, que le défaut de transcription ne peut être opposé par des créanciers chirographaires postérieurs à la donation; il ne peut l'être que par des créanciers hypothécaires. —*Grenoble*, 17 juin 1822, Dossat c. Charvet.

65. — ... Que le droit d'opposer le défaut de transcription d'une donation doit être restreint à toute personne qui, avant la transcription, a acquis du donateur ou contre lui un droit réel, ou au moins exercé une mainmise sur l'immeuble donné. Ce droit n'appartient pas aux créanciers chirographaires du donateur. — En conséquence, la donation d'un immeuble faite de bonne foi par un commerçant, avant sa faillite, ne peut être arguée de nullité au nom de la masse chirographaire, bien que la transcription n'ait eu lieu que postérieurement à la cessation de paiemens, mais avant le jugement déclaratif de faillite. — *Amiens*, 3 août 1844 (t. 1er 1845, p. 228), Gayet c. N....

66. — Jugé, d'une manière générale, que la donation d'un immeuble, tant qu'elle n'est pas transcrite, ne peut être opposée aux créanciers du donateur. — *Riom*, 10 nov. 1814, Decombes c. Delchier.

67. — ... Qu'il en est ainsi, même des donations faites par contrat de mariage.—*Paris*, 18 juin 1808, Millier c. Châtelain.

68. — ... Que le défaut de transcription d'une donation peut être opposé même par les créanciers dont les titres sont postérieurs à la donation. — *Amiens*, 11 juin 1814, Legrand c. Trefcon; *Montpellier*, 28 février 1821, Domaine c. Gleizes; *Cass.*, 2 avr. 1821, Barbuat de Bois-Gérard c. Dizel; *Toulouse*, 29 juin 1825, N....; *Pau*, 16 janvier 1829, Louhan c. Pontous.—*Contrà. Agen*, 17 déc. 1824, Mayonnade c. Debelmas; *Bordeaux*, 2 juin 1827, Eyraud c. Hang.

69.—L'acquéreur d'un immeuble que le vendeur ne possédait qu'en vertu d'une donation non transcrite peut être contraint, par un créancier du donateur, de payer ou de délaisser, encore que l'hypothèque de ce créancier soit postérieure à la donation et à la transcription du contrat de vente, cette transcription ne pouvant remplacer, à l'égard des tiers, la transcription de la donation.—*Cass.*, 21 fév. 1828, Lignières c. Daude.

70. — Le donataire ne peut opposer aux créanciers du donateur la donation qui n'a point été transcrite, soit qu'elle ait été faite sous l'empire de la loi du 11 brum. an VII, soit qu'elle ait été consentie sous l'empire du Code civil. — *Cass.*, 4 janv. 1830, Lefaucheux c. Laugrenier.

71. — Le défaut de transcription peut être invoqué, même au cas où la donation ayant été faite au profit d'une femme, le mari de celle-ci, chargé de faire la transcription, se trouve codébiteur du créancier qui attaque la donation. — *Bordeaux*, 5 juin 1827, Eyraud c. Hang.

72. — Lorsqu'un acte de démission de biens contenant donation à l'un des enfans de tous les immeubles du donateur n'a pas été soumis à la formalité de la transcription, ce défaut de transcription ne peut être opposé par la femme créancière, pour ses reprises dotales, de l'un des enfans entre lesquels la démission des biens a été

faite. — *Paris*, 21 nov. 1840 (t. 2 1840, p. 621), Fouque c. Meunier.

75. — Les héritiers du donateur peuvent-ils opposer le défaut de transcription? L'ordonnance 1731 leur donnait expressément cette faculté; mais c'était là une dérogation au droit commun qui veut que les héritiers soient tenus de respecter les actes de leur auteur. La législation ancienne tendait toujours à conserver les biens dans les familles. — Ordonn. 1539, art. 32; ordonn. 1566, art. 58; ordonn. 1731, art. 20 et 27. — Aujourd'hui la transcription a lieu dans l'intérêt des tiers, et non dans l'intérêt du donateur ou de ses héritiers. Ces derniers représentent leur auteur; ils sont donc passibles des mêmes exceptions que lui. — Merlin, *Rép.*, v° *Donation*, sect. 6e, § 3; Grenier, n° 167; Delvincourt, t. 2, p. 269; Duranton, t. 8, n° 518; Toullier, t. 5, n° 239; Rolland de Villargues, *Rép. du not.*, n° 32.

74. — Jugé en ce sens que les héritiers du donateur ne sont point recevables à opposer le défaut de transcription. — *Toulouse*, 27 (et non 29) mars 1808, Lafont; *Angers*, 8 avr. 1808, Fusil c. Villaye; *Colmar*, 13 déc 1808, Pfliéger c. Kieffer; *Montpellier*, 18 janv. 1809, N..; *Toulouse*, 11 avr. 1809, Delpy c. Rouffier; *Limoges*, 10 janv. 1810, Lafarge c. Rougié; *Cass.*, 12 déc. 1810, Baldeyron c. Villa; 23 (et non 4 août) 1814, Pothier c. Mourret.

75. — Mais jugé que, sous l'ordonnance de 1731, les héritiers du donateur pouvaient opposer au donataire le défaut d'insinuation, bien qu'ils eussent figuré dans l'acte de donation et qu'ils l'eussent approuvé. — *Cass.*, 20 messid. an XIII, Jeanne.

76. — Peu importe au reste que les héritiers aient ignoré l'existence de la donation et que la succession par eux acceptée leur soit onéreuse. La transcription n'étant pas prescrite dans leur intérêt, ils ne peuvent jamais avoir à se plaindre de l'inobservation de cette formalité. Du moins, il leur faudrait prouver que le retard apporté par le donataire à faire transcrire et à faire ainsi connaître la donation serait un dol pratiqué pour les déterminer à accepter une succession onéreuse. — Duranton, t. 8, n° 519; Coin-Delisle, n° 16; Rolland de Villargues, *Rép. du not.*, n° 33. — *Contrà* Delvincourt, t. 2, p. 269.

77. — Le créancier de l'héritier du donateur est son ayant-cause et ne peut, non plus que lui, opposer la nullité de la donation pour défaut de transcription. — *Paris*, 21 nov 1840 (t. 2 1840, p. 621), Fouque c. Meunier.

78. — Le donataire particulier peut opposer le défaut de transcription à un donataire précédent. En effet, il n'est pas le représentant du donateur; il n'est pas tenu des faits de celui-ci, ni obligé personnellement à aucune de ses dettes. S'il est l'ayant-cause du donateur, il ne l'est pas plus que l'acquéreur à titre onéreux; il doit donc avoir comme celui-ci le droit d'opposer le défaut de transcription de la donation antérieure. D'ailleurs, l'art. 27 de l'ordonnance 1731 lui accordait expressément ce droit. — Grenier, n° 168; Malleville, sur l'art. 941; Delvincourt, t. 2, p. 271; Duranton, t. 8, n° 515; Coin-Delisle, n° 18; Vazeille, n° 2; Rolland de Villargues, *Ibid.*, n° 36.

79. — Jugé au contraire que, dans le concours de plusieurs donations successives à titre particulier portant sur les mêmes biens, le second donataire ne peut opposer le défaut de transcription de la première donation. — *Nîmes*, 1er déc. 1826, Mathon c. Bèque; *Montpellier*, 2 juin 1832, Palès c. Soulié; *Toulouse*, 8 mai 1847 (t. 2 1847, p. 365), Arnal; *Bordeaux*, 1er fév. 1849 (t. 1er 1850, p. 165), Deguiral c. Roche. — Jaubert, *Rapport au tribunat*; Merlin, *Rép.*, v° *Donations*, sect. 6e, § 3; et *Quest.*, v° *Transcription*, § 6; Grenier, *Hypoth.*, t. 2, p. 139; et *Donations*, t. 1er, n° 168 *bis*, 3e éd. (dans la 1re éd. de ce dernier ouvrage, cet auteur avait embrassé l'opinion contraire); Marcadé, *Elém. de dr. civ.*, art. 941, n° 4; Guilhon, n° 586.

80. — Le donataire universel des biens présens ne serait pas recevable à opposer le défaut de transcription; car il est tenu des obligations du donateur. — Imbert, *Rapport au tribunat;* Toullier, t. 5, n° 239; Grenier, t. 1er, n° 168.

81. — Le défaut de transcription d'une donation ne peut pas plus être opposé par le légataire universel du donateur, qu'il ne pourrait l'être par le donateur lui-même. — *Agen*, 18 nov. 1822, Vieillescazes c. Decros.

82. — Le légataire particulier d'un immeuble ne peut opposer le défaut de transcription de la donation de ce même immeuble consentie par le testateur. En effet, le donataire évincé par un légataire du même objet deviendrait créancier de la succession pour raison de la garantie des faits du donateur; or, les légataires ne peuvent être payés qu'après les créanciers. D'un autre côté, si la donation est postérieure au legs, elle l'a révoqué. — *Caen*, 17 janv. 1813, Chevalier c. Sarande. — Duranton, t. 8, n° 516; Coin-Delisle, n° 20; Rolland de Villargues, *Ibid.*, n° 38.

83. — Au nombre de ceux que l'art. 939 déclare ne pouvoir opposer le défaut de transcription, viennent d'abord les personnes chargées de faire faire la transcription.

84. — On doit entendre par ces personnes, non-seulement celles que la loi charge de faire faire la transcription (C. civ., art. 940), mais encore celles qui y sont obligées par un mandat conventionnel ou tacite. Tels seraient le mandataire du donataire, le curateur du sourd-muet, l'ascendant qui aurait accepté la donation. — Coin-Delisle, n° 23.

85. — Peu importe d'ailleurs que les personnes chargées de faire faire la transcription aient intérêt, comme créanciers ou acquéreurs, à opposer le défaut d'accomplissement de la formalité; elles ne sauraient profiter de leur faute ou négligence dont elles doivent d'ailleurs garantir le donataire. Elles seraient d'ailleurs repoussées par la maxime *quem de evictione*, etc. — Furgole, sur l'ordonn. 1731, art. 31; Coin-Delisle, *loc. cit.*; Rolland de Villargues, n° 31.

86. — Sont ensuite déclarés non recevables à opposer le défaut de transcription les *ayans-cause* des personnes qui étaient chargées de faire faire cette même transcription. — C. civ., art 941.

87. — Par ces mots *ayans-cause*, il faut entendre ceux qui tiennent de ces personnes leurs droits même à titre particulier. En effet, si ces mots *le donateur* suffisaient pour exclure du droit d'opposer le défaut de transcription et les héritiers et les successeurs à titre universel du donateur, les mots *celles qui sont chargées de faire faire la transcription* auraient été suffisans pour exclure du même droit leurs héritiers et autres successeurs universels. Les mots *et leurs ayans-cause* ont donc été ajoutés pour ôter à leurs successeurs à titre particulier la faculté d'opposer le défaut de transcription. — Merlin, *Rép.*, v° *Donation*, sect. 6e, § 3, et *Quest.*, v° *Transcription*, § 6, n° 5; Coin-Delisle, n° 24; Rolland de Villargues, *Ibid.*, n° 39.

88. — Sous l'empire de l'ordonnance de 1731, comme sous le Code civil, le défaut de transcription d'une donation faite par le mari à sa femme ne peut être opposé par l'acquéreur du mari, dont il est réputé l'ayant-cause. — *Cass.*, 20 mars 1821, Courard de Mahé; 4 juin 1823, Damour c. Cauteleau; *Angers*, 31 mars 1830, Crelon c. Chollet; *Agen*, 13 janv. 1836, Ronsier c. Dulong.

89. — Jugé cependant que les créanciers du mari sont des tiers et non des ayans-cause à l'égard de la femme. — *Cass.*, 4 janv. 1830, Lefaucheux c. Laugrenière.

90. — Lorsque c'est le *donateur* lui-même qui est chargé de faire faire la transcription, par exemple, en cas de donation faite par un tuteur à son pupille, par un mari à sa femme dans leur contrat de mariage, il est évident que les créanciers et les acquéreurs postérieurs du mari ou tuteur sont à la fois ayans-cause du donateur et ayans-cause de la personne chargée de faire transcrire. Or, les deux qualités réunies sur le même individu étant inséparables, les créanciers sur l'immeuble ou le tiers acquéreur du chef de l'administrateur sont non recevables à opposer à l'incapable le défaut de transcription. — Merlin, *Quest.*, v° *Transcription*, § 6, n° 5; Coin-Delisle, n° 26.

§ 5. — *Du défaut de transcription à l'égard des donataires et recours à exercer par eux.*

91. — Les mineurs, les interdits, les femmes mariées ne peuvent être restitués contre le défaut de transcription des donations. — C. civ., art. 942.

92. — Le défaut de transcription peut être opposé au mineur, lors même qu'il n'a pas été nommé de tuteur à la substitution. — *Bruxelles*, 21 juin 1824, Delrue c. Duchesne.

93. — Bien que la loi ne parle pas des établissemens publics, ils ne sont pas non plus, par les mêmes motifs, restituables contre le défaut de transcription. — Jaubert, *Rapport au trib.*; Grenier, n° 166; Delvincourt, t. 2, p. 269; Duranton t. 8, n° 523; Coin-Delisle, n° 11.

94. — A défaut de transcription des donations, les mineurs, les interdits, les femmes mariées ont leur recours contre leurs tuteurs ou maris s'il y échet, et sans que la restitution puisse avoir lieu, dans le cas même où les dits tuteurs ou maris se trouveraient insolvables. — C. civ., art. 942. — Il en était de même sous l'ordonn. de 1731, art. 14, 28, 29 et 32.

95. — Le tuteur est responsable du défaut de transcription, alors même qu'il s'agit d'une donation par lui faite à son pupille. En effet, par l'acceptation que le subrogé tuteur a faite de la donation, les biens donnés sont devenus les biens du mineur, et le tuteur est responsable de leur administration. — Coin-Delisle, art. 942, n° 10; Poujol, n° 2.

96. — De son côté le subrogé tuteur peut en pareil cas être lui-même responsable du défaut de transcription. Car après l'acceptation même, il existe encore une opposition d'intérêts qui appelle sa surveillance. — Coin-Delisle et Poujol, *ibid.*

97. — Sous l'ord. de 1731, art. 28, le mari n'était responsable que du défaut d'insinuation et non du défaut d'acceptation. M. Coin-Delisle (art. 942, n° 3) et Vazeille (n° 1er) sont d'avis qu'il en doit être de même sous le Code civil. Mais Toullier (t. 5, n° 201), Poujol (sur l'art 942) et Rolland de Villargues (*Ibid.*, n° 46) admettent la responsabilité du mari pour le défaut d'acceptation comme pour le défaut de transcription.

98. — Quand par suite du refus du mari d'autoriser sa femme à accepter la donation, elle a été obligée de demander l'autorisation de la justice. Le mari ne saurait être responsable du défaut de transcription, c'est-à-dire des suites d'une affaire dont il n'a pas voulu se mêler. — Ricard et Furgole, *ibid*; Coin-Delisle, n° 9.

99. — Si la femme est donataire séparée de biens, Ricard et Furgole (*ibid.*) pensent que le mari échappe à la responsabilité par le motif que la femme ayant la direction de ses affaires, c'est à elle de veiller à la perfection de la donation. Mais M. Coin-Delisle (n° 9) pense que cette décision n'est pas sûre, attendu qu'aujourd'hui la transcription ne s'applique qu'à des donations de biens immeubles, à la conservation desquels doit veiller même le mari d'une femme séparée de biens.

100. — La femme donataire de son mari, à qui l'acquéreur d'un immeuble autre que celui donné oppose le défaut de transcription, a un recours en garantie contre son mari pour le préjudice que lui cause le défaut de transcription de la donation, recours auquel tous ses immeubles sont affectés par hypothèque légale. — Dès-lors, l'acquéreur, bien qu'il oppose valablement le défaut de transcription de la donation, ne peut pas repousser l'action récursoire par laquelle la femme réclame sur l'immeuble vendu par son mari l'effet de son hypothèque légale non purgée, et l'indemnité du dommage que lui cause la nullité de la donation. — *Cass.*, 10 mars 1840 (t. 1er 1840, p. 389), Bordier c. Frogier.

101. — La responsabilité du défaut de transcription est encore encourue, bien que la loi n'en parle point, par tous ceux auxquels la loi impose l'obligation d'accepter la donation pour des incapables; par exemple, par le curateur du sourd-muet, etc.; et cela, soit par identité de raison, soit par suite du droit commun. — Arg., C. civ., art. 942 et 1382. — Coin-Delisle, n° 5; Rolland de Villargues, *Ibid.*, n°s 51 et 52.

102. — Il en serait de même à l'égard de ceux qui, libres d'accepter ou non pour un incapable, se sont déterminés à faire l'acceptation — Coin-Delisle, n° 10; Rolland de Villargues, n° 53.

103. — Quant à la responsabilité des administrateurs des établissemens publics, Jaubert disait dans son rapport au tribunal : « Le projet garde le silence sur le recours à exercer contre les administrateurs; à leur égard il ne doit y avoir que la responsabilité attachée à leurs fonctions. » — Mais alors, s'il y avait faute grave de leur part, cette responsabilité devrait être régie par les principes du droit commun. — Duranton, § 8, *Ibid.*, n° 524.

104. — Sur la responsabilité des notaires par défaut de transcription des actes par eux reçus, V. NOTAIRE, n°s 929 et suiv.

105. — Quoi qu'il en soit, il résulte de ces termes de l'art. 942, *s'il y échet*, que c'est par les circonstances qu'il faut décider si le tuteur et le mari sont responsables. Cela suppose qu'il y a eu faute ou négligence. — Toullier, t. 5, n° 201; Duranton, t. 8, n° 524; Coin-Delisle, n°s 4 et 9. — Conf. Ricard, part. 1re, n° 1243; Furgole, sur l'art. 28 de l'ord. 1731.

V. aussi DON MUTUEL, DONATION A CAUSE DE MORT, DONATION PAR CONTRAT DE MARIAGE, DONATION ENTRE ÉPOUX, DONATION ENTRE-VIFS, DONATION ONÉREUSE.

TRANSFÈREMENT DE DÉTENUS.

1. — Transport d'un lieu dans un autre d'un ou plusieurs individus placés sous la main de justice.

2. — Il peut y avoir lieu à transfèrement de détenus, soit pour conduire devant le juge d'instruction un inculpé contre lequel a été décerné ur

mandat d'amener ou un mandat d'arrêt, soit pour amener dans les maisons d'arrêt ou de justice les prévenus ou accusés contre lesquels a été rendu un jugement de police correctionnelle, une ordonnance de prise de corps, ou un arrêt par défaut de cour d'assises, soit enfin pour transporter du chef-lieu d'arrondissement au chef-lieu de département les condamnés correctionnels qui doivent comparaître devant le tribunal d'appel, ou pour transférer les condamnés des maisons d'arrêt ou de justice dans les maisons centrales ou dans les bagnes ou autres lieux où ils doivent subir leur peine.

3. — Aux termes des art. 4 et 5 du décret du 18 juin 1811 contenant le tarif criminel, tous les prévenus ou accusés qu'il y avait lieu de déplacer étaient conduits à pied par la gendarmerie, de brigade en brigade, sauf à eux à se faire transporter en voiture à leurs frais et leur semblait. La translation en voiture aux frais de l'état n'avait lieu que sur un ordre de justice, délivré dans des cas extraordinaires, lorsqu'il était urgent que le détenu fût rendu dans un bref délai à sa nouvelle destination, ou en cas de maladie dûment constatée.

4. — Une ordonnance de cette ordonnance a modifié cet état de choses pour l'avenir. Suivant l'art. 1er de cette ordonnance, la translation des prévenus et accusés doit avoir lieu par voitures cellulaires; néanmoins, si les circonstances l'exigent, les prévenus et accusés peuvent être conduits à pied.

5. — L'exécution de cette ordonnance a été réglée par une circulaire du garde-des-sceaux, du 20 mars suivant.

6. — D'après cette circulaire, une voiture cellulaire à trois places devait être établie au chef-lieu judiciaire de chaque département.

7. — Mais la plupart des conseils généraux n'ont pas voté les fonds indispensables à l'acquisition de cette voiture, ainsi qu'à son entretien et à celui des chevaux nécessaires.

8. — Lors même qu'une voiture existe au chef-lieu du département, elle ne peut servir qu'au transfèrement des détenus conduits de ce chef-lieu dans un autre endroit; mais elle ne saurait servir aux inculpés qui, arrêtés à l'extrémité du département, doivent être conduits au chef-lieu ou dans un autre arrondissement.

9. — Il en résulte que l'ordonn. de 1845 ne reçoit que très rarement son application pour la translation des détenus qu'il faut conduire isolément d'un endroit à un autre. Mais elle est rigoureusement applicable pour le transfèrement des condamnés, parce que leur départ n'ayant lieu qu'à une époque fixe et le nombre des transférés étant toujours assez considérable, il est facile de faire venir une voiture cellulaire pour les prendre dans la maison d'arrêt ou de justice où ils se trouvent déposés.

10. — Lorsque les prévenus et accusés sont transférés par les voitures cellulaires départementales, les mêmes gendarmes peuvent être préposés à la garde et à la conduite des détenus pendant tout le trajet. — Ordonn. 1845, art. 2. — Cette disposition est substituée à l'art. 12 du décret de 1811, suivant lequel les gendarmes ne pouvaient accompagner les prévenus ou accusés au delà de la résidence des brigades les plus voisines de celle dont ils faisaient eux-mêmes partie, sans un ordre exprès du capitaine commandant la gendarmerie du département.

11. — Les gendarmes qui servent d'escorte ont droit, sur les fonds des frais de justice criminelle, à une indemnité spéciale qui est réglée ainsi qu'il suit : Gendarmes à pied, par jour : gendarme, 40 cent.; brigadier, 50 cent.; maréchal-des-logis, 60 cent.; — Gendarmes à cheval, par jour : gendarme, 50 cent.; brigadier, 60 cent.; maréchal-des-logis, 70 cent — Même art. 2. — L'art. 12 du tarif veut que les gendarmes soient remboursés de leurs frais extraordinaires de transport.

12. — Une fraction de jour doit être comptée comme un jour entier pour l'indemnité des gendarmes. — De Dalmas, Suppl., p. 32.

13. — Dans les cas extraordinaires, et quand l'intérêt du service exige que le transport soit fait avec une grande célérité, on peut requérir l'emploi des chevaux de poste. Le tarif des frais à payer aux entrepreneurs des convois militaires ou aux maîtres de poste se trouve dans une circulaire du ministre de l'intérieur du 3 août 1841.

14. — On peut aussi conduire les détenus dans les charrettes des convois militaires, si les circonstances l'exigent.

15. — Dans les communes où le service des convois militaires n'est pas établi, il faut, pour obtenir les chevaux nécessaires, s'adresser à la municipalité.

16. — Les réquisitions faites au détenteur des voitures par le ministère public des arrondissemens doivent lui être remises par l'intermédiaire du ministère public du chef-lieu judiciaire du département. — Circ. 20 août 1845.

17. — La voiture cellulaire doit franchir les limites du département dans lequel elle est placée lorsqu'il s'agit de conduire des prévenus devant la cour ou le tribunal d'appel siégeant dans un département voisin. — Même circ.

TRANSFERT.

V. AGENT DE CHANGE, CAISSE D'AMORTISSEMENT, CERTIFICAT DE PROPRIÉTÉ, DETTE PUBLIQUE, GRAND LIVRE, RENTES SUR L'ÉTAT.

TRANSFUGE.

1. — Le transfuge est le déserteur qui ne se borne pas à abandonner l'armée à laquelle il appartient, mais qui joint à cet acte coupable l'acte plus coupable encore de porter ses services à l'ennemi et sa patrie.

2. — Jugé que le ministre de la guerre, chef et commandant des troupes, a, comme les commandans particuliers des troupes en campagne, le droit de traduire devant la juridiction militaire les transfuges pris les armes à la main. — Cass., 5 fév., 28 mai, 18 sept. 1824, Carrel, Vernet, Bride.

3. — ... Et que le décret du 6 avr. 1809, relatif aux poursuites à exercer contre les Français pris les armes à la main combattant contre la France, exclut toute distinction entre ceux qui étaient militaires lorsqu'ils ont abandonné leurs drapeaux et ceux qui ne l'étaient pas. — Mêmes arrêts.

4. — La compétence attribuée à la juridiction militaire pour juger les Français qui seraient pris les armes à la main combattant contre la France, n'a été abrogée ni par l'art. 62, charte de 1814, portant que nul ne peut être distrait de ses juges naturels, ni par l'art. 63 de la même charte, qui défend de créer des tribunaux et des commissions extraordinaires, ni par l'art. 4 de l'ordonn. du 10 avr. 1823. — Mêmes arrêts de 1824.

5. — Aucune disposition n'ayant restreint, en cas de flagrant délit, l'exercice de la juridiction militaire au rayon du territoire occupé par l'armée française qui a saisi les transfuges les armes à la main, ils peuvent être traduits devant un conseil de guerre permanent de l'une des divisions de l'intérieur de la France. — Mêmes arrêts.

V. au reste CRIMES CONTRE LA SÛRETÉ DE L'ÉTAT, DÉSERTION, TRIBUNAUX MILITAIRES.

TRANSIT.

V. DOUANES.

TRANSMISSION.

C'est l'action de transmettre une chose ou un droit en la possession d'un autre. — V. ENDOSSEMENT, ENREGISTREMENT, OBLIGATION. — V. aussi PROPRIÉTÉ.

TRANSPORT-CESSION.

Table alphabétique.

§ 3. — *Formes de la signification* (no 109).

§ 4. *Effets de la signification* (no 125).

§ 5. — *Personnes qui peuvent opposer le défaut de signification* (no 140).

ART. 3. — *Acceptation du transport par le débiteur* (no 148).

SECT. 5e. — *Effets du transport* (no 164).

ART. 1er. — *Effets du transport entre les parties* (no 164).

§ 1er. — *Choses comprises dans le transport* (no 164).

§ 2. — *Obligations du cédant; garantie* (no 177).

§ 3. — *Obligations du cessionnaire* (no 253).

ART. 2. — *Effets du transport vis-à-vis des tiers* (no 258).

§ 1er. — *Effets du transport régulièrement signifié ou accepté* (no 258).

§ 2. — *Effets du transport non signifié ni accepté* (no 292).

—

Sect. 1re. — *Caractères du transport. — Ses élémens essentiels.*

2. — Le transport des créances, droits ou actions sur un tiers constitue une véritable vente. — Il est en conséquence régi en général par les mêmes règles que ce contrat.

3. — Trois élémens essentiels sont nécessaires pour sa validité : 1° le consentement des parties dont l'une veut transmettre la propriété du droit ou de la créance, et l'autre l'acquérir; 2° une chose, objet de la convention, c'est-à-dire les créances, droits ou actions cédés ; 3° le prix qui consiste dans la somme que promet le cessionnaire comme l'équivalent du droit dont il devient titulaire. — Duvergier, *de la Vente*, t. 2, no 160

4. — Ce prix peut être inférieur au montant de la créance, encore bien que cette créance soit exigible au moment de la cession. — *Rennes*, 18 déc. 1811, Drouadaine c. Baudé.

5. — Toutefois, une cession peut être déclarée nulle, comme entachée de dol et de fraude, par le motif : 1° que le prix de la cession était inférieur à la créance cédée, malgré la solvabilité notoire du débiteur; 2° que le cessionnaire avait contracté avec le cédant, bien qu'il sût que ce dernier était menacé d'une interdiction et d'un conseil judiciaire; 3° que le contrat ne porte pas mention d'indication et de numération des espèces au vu du notaire, quoique cela fût dans les usages de la secte hébraïque, à laquelle appartenait le cessionnaire. — *Cass.*, 10 nov. 1836, Gougeneim c. Bary et Hoffmann.

6. — Les juges peuvent, suivant les circonstances, décider qu'un acte de transport n'est pas sérieux et que, dès-lors, le cessionnaire n'a pas plus de droits que le cédant. — *Angers*, 27 (et non 26) juill. 1816, Camproger et Hoffman c. Girard.

7. — L'effet principal du transport est de faire passer sur la tête du cessionnaire la créance ou le droit cédé. Mais il ne suffit pas qu'une transmission semblable se manifeste pour qu'on doive en induire qu'elle est le résultat d'un transport. — Il faut qu'on retrouve les trois caractères ci-dessus indiqués, savoir : la volonté de transmettre et la volonté d'acquérir, moyennant un prix, la propriété du droit transporté. — Duvergier, no 161.

8. — A l'aide de cette distinction il devient facile d'éviter, dans l'application, toute confusion entre le transport proprement dit et certains autres contrats qui ont avec celui-ci une grande affinité et qui usurpent parfois son nom, soit dans les arrêts des jurisconsultes, soit dans les dispositions légales elles mêmes.

9. — Telles sont : la dation en paiement, la subrogation, la délégation et l'indication de paiement. — V. DATION EN PAIEMENT, SUBROGATION, INDICATION DE PAIEMENT. — Quant à *la cession*, elle ne diffère en rien du transport. — « Le transport d'une dette, dit Renusson (*De la Subrogation*, chap. 2, no 2), est ce qu'on appelle cession ; on joint ordinairement les deux termes ensemble, et on dit vulgairement *cession-transport*, afin de la distinguer de la simple cession d'action appelée subrogation. »

10. — *La dation en paiement* est la convention par laquelle, au lieu de la chose due, le débiteur en donne une autre que le créancier accepte. Si la chose donnée en paiement est une créance ou un droit incorporel, la propriété en est transmise comme par la cession, mais il y a cette différence que l'équivalent de la créance transportée ne consiste point en une somme d'argent : c'est l'extinction de l'obligation préexistante qui tient lieu de prix. — Duvergier, *Ibid.*, no 163.

11. — *La subrogation* (V. ce mot) est conventionnelle ou légale : la subrogation conventionnelle se divise elle-même en deux espèces ; la première a lieu lorsque le créancier recevant son paiement d'une tierce personne la subroge dans ses droits, actions, priviléges ou hypothèques contre le débiteur. Elle constitue une véritable cession et en produit tous les effets, ou, si l'on veut trouver une différence, il faut dire qu'il existe entre ces deux contrats la même différence qu'entre la cause et l'effet. La cession est la cause, la subrogation l'effet. — Toullier, t. 7, no 115. — Mais deux conditions sont indispensables pour que cette subrogation soit valable : il faut qu'elle soit faite en même temps que le paiement et qu'elle soit expresse.

12. — La deuxième espèce de subrogation conventionnelle est celle qui est consentie par le débiteur à celui qui lui prête la somme nécessaire pour payer le créancier. Elle a lieu, par conséquent, sans le concours de celui-ci ; elle peut même s'opérer contre sa volonté. Elle diffère donc essentiellement de la cession. La cession est un acte de la volonté du créancier, la subrogation a lieu sans lui, malgré lui. La cession transmet l'ancienne créance, la subrogation l'éteint par le paiement. — Duvergier, no 166.

13. — La subrogation légale s'opère également sans le concours du créancier et quelquefois contre sa volonté, elle diffère, par conséquent, de la cession sous les mêmes rapports que la subrogation conventionnelle consentie par le débiteur. — Duvergier, no 167.

14. *La délégation* est une espèce de novation par laquelle l'ancien débiteur, pour s'acquitter envers son créancier, lui donne une tierce personne qui, à sa place, s'oblige envers le créancier. — Pothier, *Traité des obligations*, no 600. — Il résulte de cette définition que la délégation est une véritable *dation* en paiement à laquelle intervient le débiteur. — Si le créancier délégataire ne décharge pas son débiteur, la délégation est imparfaite, et n'emporte plus novation, mais elle diffère toujours du transport invoqué ; elle n'est pas faite moyennant un prix en argent.

15. — *L'indication de paiement* a lieu lorsque le créancier ou le débiteur annoncent qu'un tiers recevra ou paiera pour eux. — Dans ce cas, aucun droit n'est éteint ni transmis, il n'y a de changement que dans le lieu ou dans le mode du paiement. On ne rencontre donc aucun des caractères essentiels de la cession. — Duvergier, no 172.

16. — Ainsi la simple autorisation donnée à un débiteur de payer à un tiers tout ou partie de la somme due n'équivaut pas à un transport, ce n'est là qu'une simple indication de paiement. Et le tiers au profit de qui l'autorisation a été donnée n'est pas saisi, même par la notification de l'acte contenant autorisation. Le débiteur peut valablement, et malgré toute défense, payer le créancier originaire. — *Rouen*, 11 mars 1815, Caré c. Guibert.

17. — L'acte par lequel un héritier déclare céder à son créancier une somme à prendre sur les premiers deniers qui lui reviendront dans la succession peut être considéré comme ne constituant qu'une simple reconnaissance de dette avec indication de paiement, et non comme un transport-cession, lequel ne peut avoir lieu que sur un débiteur certain et déterminé ; et l'arrêt qui, par interprétation de l'acte de cession, décide que ce créancier, malgré la notification par lui faite, soit aux cohéritiers, soit à un débiteur de la succession, ne peut être préféré à d'autres créanciers saisissans après lui, échappe à la censure de la cour de Cassation. — *Cass.*, 2 juin 1830, Reydelet c. Janvier.

18. — Mais on doit considérer comme renfermant une véritable *cession* et non une simple *indication de paiement*, l'acte par lequel un individu cède à un autre ce qui lui est dû par une ville et lui confère le droit de retirer lui-même, en *son propre et privé nom*, les mandats de paiement à délivrer par cette ville. — *Douai*, 17 juill. 1833, Degobart-Piérart c. Debœuf.

19. — De même, l'acte par lequel un débiteur déclare *nantir son créancier en représentation de sa dette, de la cession de plusieurs créances*, peut être considéré comme contenant une véritable cession de droits, et non un simple contrat de nantissement et, dès lors, comme de nature à autoriser le créancier à poursuivre, en son propre nom, le recouvrement des créances. — *Cass.*, 8 juill. 1824, Mellis c. Carrère.

20. — La négociation par laquelle un banquier escompte des traites, en échange desquelles il remet un *bon* payable à vue sur sa caisse, en retenant un droit d'escompte, constitue également une vente ou cession parfaite, qui rend l'escompteur propriétaire des traites, de telle sorte que l'opération soit pleinement consommée à l'instant même de la remise du bon payable à vue, quand bien même ce bon ne serait touché que quelques jours plus tard. — En conséquence, si dans l'intervalle entre l'opération d'escompte et le paiement du bon à vue, l'escompté tombe en faillite, et s'il intervient un concordat par lequel ses créanciers acceptent la cession de biens qu'il leur fait, et le déchargent de tout ce qu'il leur doit, un arrêt ne peut, sans violer l'art. 524, C. comm., condamner le failli, personnellement et par corps, à rembourser à l'escompteur le montant des traites, surtout si l'escompteur, bien qu'il n'ait pas paru au concordat, avait fait admettre sa créance au passif de la faillite, après vérification et affirmation. — *Cass.*, 20 août 1828, Guiguet c. Coste.

Sect. 2e. — *Choses qui peuvent être l'objet d'un transport.*

21. — Toutes les créances, tous les droits incorporels qui sont dans le commerce peuvent, à moins d'une exception formelle contenue dans une disposition législative, être l'objet d'une cession-transport. — Arg. C. civ., art. 1598.

22. — Peu importe même que ces droits soient éventuels ou aléatoires. Ainsi une créance sous condition suspensive est valablement transportée, et la condition une fois réalisée, la propriété est réputée avoir été transmise au cessionnaire, même à l'égard des tiers, du jour de la signification de celle-ci. — Delvincourt, t. 3, p. 396 ; Toullier, t. 6, no 529.

23. — Conséquemment, si l'un des copropriétaires, en constituant une hypothèque au profit de son créancier, lui a transporté en même temps sa part éventuelle dans le prix de la vente, pour le cas où il ne se rendrait pas adjudicataire, ce transport est valable, et la signification qui en est faite aux autres propriétaires, avant la licitation, entraîne la saisie immédiate du cessionnaire. — *Paris*, 16 avr. 1821, Gaudissart c. Simonot.

24. — Il a cependant été jugé que la cession consentie par un entrepreneur du prix des travaux qu'il s'est obligé de faire ne saisit pas le cessionnaire au préjudice des créanciers qui viendraient à se présenter avant l'accomplissement des travaux. — *Aix*, 15 juin 1838 (t. 2 1838, p. 591), Demaye c. Neveu.

25. — Jugé encore que la cession par un entrepreneur du prix de travaux faits et à faire ne saisit le cessionnaire, à l'égard des tiers, que des sommes dues pour travaux déjà exécutés et qu'en conséquence le prix qui pourrait être dû pour les travaux et fournitures postérieurs à une opposition formée par des tiers entre les mains du débiteur devrait être partagé entre tous les créanciers au marc le franc de ce qui leur serait respectivement dû, sans que le cessionnaire pût y prétendre un droit exclusif. — *Cass.*, 7 août 1843 (t. 1er 1844, p. 476), Tugot c. Venteclave et l'intendant de la liste civile.

26. — Le motif de ces décisions est que, jusqu'à l'accomplissement de la condition, il n'y a réellement pas de créance qui puisse faire la base d'une tradition au profit du cessionnaire. — Mais s'il est vrai qu'aux termes de l'art. 1179, C. civ., la condition accomplie ait un effet rétroactif au jour de l'engagement, ne doit-on pas reconnaître qu'une fois cette condition accomplie, la créance sera censée née du jour de l'obligation, et que, par une conséquence nécessaire, le cessionnaire sera censé avoir eu la tradition, même vis-à-vis des tiers, du jour du transport et de sa signification

27. — Jugé que l'action directe accordée par l'art. 1798, C. civ., aux ouvriers employés à la construction d'un bâtiment est limitée à ce dont le propriétaire se trouve débiteur au moment où cette action est intentée, et ne peut être exercée au préjudice d'un transport régulier, fait par l'entrepreneur, de sa créance, alors même que ce transport aurait eu lieu avant l'exigibilité de ladite créance. — *Paris*, 6 juin 1844 (t. 2 1844, p. 145), Lardet c. Chartier. — V., sur la nature de l'action accordée aux ouvriers par l'art. 1798, LOUAGE D'OUVRAGE ET D'INDUSTRIE.

28. — Est également régulier le transport fait pour servir de garantie à un crédit ouvert au cédant. Néanmoins, la signification d'un tel transport ne saisit le cessionnaire de la créance cédée que jusqu'à concurrence de la somme à laquelle le crédit a été limité, mais non relativement aux autres sommes qu'il aurait pu fournir, après épuisement du crédit ouvert; il en est ainsi, alors

même que ces sommes auraient été fournies pour la continuation de l'opération qui avait donné lieu à l'ouverture du crédit. — *Cass.*, 12 déc. 1831, Doré c. Fradin.

29. — Les mêmes principes sont applicables dans le cas où la cession a pour objet des loyers à échoir. — *Rouen*, 28 nov. 1825, Nourrit c. Nicolas.

30. — Jugé toutefois que la cession faite au propriétaire de plusieurs années de loyers à échoir ne peut, en cas de vente de l'immeuble, nuire, pour les loyers échus depuis la vente, aux créanciers inscrits sur cet immeuble avant l'acte de cession. — *Cass.*, 3 nov. 1813, Marletti c. Montalenghe; *Bruxelles*, 4 nov. 1815, Paquet c. Wibo; *Colmar*, 28 janv. 1818, Iché c. Doss.

31. — ... Encore qu'il s'agisse d'une vente volontaire. — *Nîmes*, 24 août 1819, Legros c. Gailhardon. — V. BAIL, SAISIE-ARRET.

32. — Cependant la cour de Caen a jugé, le 5 mai 1836 (Maheust-Chardin c. Valmont-Bomare), que la délégation des arrérages à échoir d'une rente viagère, sans abandon du fonds même de la rente, soit en propriété, soit en usufruit, ne constitue pas, au profit du délégataire, un droit de préférence sur les arrérages cédés et que, dès-lors, les créanciers du déléguant pouvaient, nonobstant la signification faite au délégué, saisir-arrêter les arrérages cédés, et venir en concurrence sur ces arrérages avec le créancier délégataire.

33. — Mais cet arrêt nous paraît avoir fait une fausse application des principes de la matière; il se fonde, en effet, sur ce que les fruits civils n'appartiennent au propriétaire que par le droit d'accession; qu'il n'y a dans la personne du propriétaire sur les mêmes fruits, avant qu'ils soient nés, aucun droit réel que l'on puisse concevoir existant indépendamment de la propriété ou de l'usufruit de la chose auxquels seuls est attaché le droit d'accession; et que, dès-lors, quand le propriétaire ne se dessaisit ni de la propriété ni de l'usufruit de la chose, il ne peut prendre, relativement à la délégation des fruits à venir, qu'un engagement personnel qui n'est susceptible d'exécution sur ces fruits lorsqu'ils viennent à échoir que concurremment avec les autres engagemens de même nature qu'il a contractés. Mais n'est-ce pas véritablement équivoquer sur les mots que d'établir une différence entre la cession de l'usufruit d'une rente durant un certain nombre d'années, stipulation que l'arrêt nommait parfaitement licite, et le transport des arrérages de cette rente pendant le même espace de temps. Les choses futures peuvent, aux termes de l'art. 1130, C. civ., être l'objet des conventions licites des parties; aucune disposition de la loi n'excepte de cette règle les arrérages à échoir de rentes viagères ou perpétuelles, et la volonté des contractans doit par conséquent être respectée toutes les fois que des tiers ne peuvent pas argumenter d'une fraude commise à leur préjudice.

34. — Le droit de réméré peut être cédé comme toute autre espèce de créance. Mais le cessionnaire n'est saisi à l'égard de l'acquéreur que par la signification du transport qui lui en est faite; et si, avant cette signification, le cédant a renoncé, en faveur de l'acquéreur, à l'exercice de l'action du réméré, la renonciation doit être préférée au transport. — *Cass.*, 22 frim. an XI, Géricault c. Lebigot; *Turin*, 17 germ. an XII, Celebuni c. Brunetti; *Toulouse*, 18 mars 1812, Besse c. Debant; *Cass.*, 25 avr. 1812, Lannoye c. Boulanger; 7 juill. 1829, Lapareillé c. Heudehert. — Pothier, *Vente*, nos 389 et 391; Troplong, *Vente*, t. 2, no 702; Duvergier, *Vente*, t. 1er, no 18. — *Contrà* Toullier, t. 17; Duranton, t. 16, no 407. — V. VENTE.

35. — Les choses déclarées insaisissables par la loi sont également incessibles et ne peuvent faire la matière d'un transport valable. — V. SAISIE-ARRÊT.

36. — Mais il ne peut dépendre d'une partie de soustraire une portion de sa fortune à ses créanciers, en la frappant d'incessibilité ou d'insaisissabilité.

37. — En conséquence, la stipulation qu'une rente viagère constituée pour le prix de la vente d'un immeuble sera incessible et insaisissable est nulle comme contraire à l'ordre public; la cession d'une pareille rente est valable, et le cessionnaire est recevable à en demander le paiement à celui qui en est débiteur. — *Orléans*, 6 août 1841 (t. 2 1841, p. 415), Chevalier c. de Moriès.

38. — Jugé que les pensions données ou léguées par des particuliers sont, à la différence de celles accordées par le gouvernement, susceptibles de cession, encore bien que le donateur ou testateur les ait déclarées insaisissables. — *Cass.*, 1er avr. 1844 (t. 1er 1844, p. 714), Trublet c. Normand. — En effet, de ce que l'art. 581, C. proc. civ., consacrant la volonté du donateur ou testateur, déclare insaisissables les sommes et pensions pour alimens, il en résulte bien que l'on ne peut être privé de ces pensions, malgré soi, sur la poursuite de créanciers; mais il n'en résulte pas qu'on soit dans l'incapacité d'en disposer, ni que la cession qui en est librement consentie soit nulle. — Troplong, *Vente*, no 227. — V. aussi SAISIE-ARRÊT.

39. — Le droit éventuel que l'art. 1733, C. civ., accorde au propriétaire contre le locataire, en cas d'incendie de la maison louée, peut-il être l'objet d'une cession valable? — *Aix*, 30 mai 1844 (t. 2 1844, p. 394), Comp. la *Sécurité*. — V. aussi BAIL, nos 705 et suiv.

40. — Quant aux droits exclusivement attachés à la personne, il est évident qu'ils ne peuvent être l'objet d'aucune cession. — Arg. C. civ., art. 1066.

41. — On peut, du reste, transporter non-seulement un objet particulier et déterminé, mais une masse de droits et d'actions en bloc, tels par exemple qu'une hérédité. — V. DROITS SUCCESSIFS.

42. — Un cautionnement de fonctionnaire peut-il être l'objet d'un transport? — V. CAUTIONNEMENT (fonctionnaire), no 242 et suiv.

Sect. 3e. — *Personnes qui peuvent faire ou accepter un transport.*

43. — Toutes personnes non déclarées incapables par la loi peuvent faire ou accepter un transport. La capacité exigée pour cette espèce de contrat est, au surplus, la même que celle requise pour le contrat de *vente*. — V. ce mot.

44. — En conséquence, l'acquéreur d'un héritage grevé de créances hypothécaires peut, même après l'ouverture de l'ordre, devenir cessionnaire de ces créances. — *Cass.*, 5 juill. 1819, Bosserve c. Langlumé.

45. — Est valable le transport stipulé au profit d'un tiers, quand même le stipulant aurait agi sans se porter fort pour ce tiers, si les stipulations faites au profit du cédant ont reçu leur exécution. — *Paris*, 7 fév. 1807, d'Hozier c. Babut. — V., sur les stipulations pour autrui, vo OBLIGATION, nos 169 et suiv.

46. — Un tuteur ne peut accepter la cession d'aucun droit ou créance contre son pupille; même dans les cas où l'art. 1701, C. civ. n'admet pas le retrait litigieux. — V. DROIT LITIGIEUX, TUTELLE.

Sect. 4e. — *Source du transport et saisine.*

ART. 1er. — *Manière dont le transport doit être fait.*

47. — Un transport peut être valablement fait par acte authentique ou par acte sous seing-privé. — Arg. C. civ., art. 1582.

48. — Ainsi, jugé que le cessionnaire par acte sous seing-privé d'une créance emportant la contrainte par corps peut en poursuivre le recouvrement par ce mode d'exécution, lorsqu'aucun doute n'est élevé sur la sincérité des signatures apposées sur le transport. Aucune loi n'exige que le transport soit fait par acte authentique. — *Paris*, 11 juin 1847 (t. 2 1847, p. 161), Deschamps c. Arnaud. — V. CONTRAINTE PAR CORPS, no 361.

49. — Mais il doit nécessairement être constaté par écrit du moment que la créance cédée excède 150 francs.

50. — Ainsi, la délibération par laquelle un conseil de famille reconnaît qu'une créance supérieure à cette somme a été cédée verbalement par le père défunt du mineur ne constitue qu'une preuve testimoniale inadmissible pour constater le transport. Dans les mêmes circonstances, le consentement donné par le tuteur à ce que le prétendu cessionnaire touche la créance est également insuffisant pour que ce dernier la touche valablement, par le motif que c'est là une sorte de transaction, qui aurait dû être précédée des formalités qu'exige l'art. 467, C. civ. — *Bordeaux*, 6 avr. 1830, Mazurier c. Gré et Malleville. — V. TUTELLE, TRANSACTION.

51. — Le négociant qui a cédé verbalement à un tiers sa créance sur un débiteur en état de cessation de paiemens, pour la somme représentative du taux moyennant lequel un atermoiement a été convenu avec celui-ci, est recevable dans son action contre le cessionnaire, tendante à faire déclarer qu'il ne lui a pas cédé la créance entière, mais seulement la créance réduite d'après le projet d'atermoiement. Cette action est surtout recevable lorsqu'elle a été provoquée par une sommation du cessionnaire à l'effet de faire convertir la cession verbale en un acte régulier. — *Cass.*, 5 août 1841 (t. 2 1841, p. 571), Wahl c. Werthmann.

52. — Entre les parties, la cession est parfaite par le seul consentement, et la propriété est acquise de droit à l'acheteur, dès qu'ils sont convenus de la chose et du prix, quoique la chose n'ait pas encore été livrée ni le prix payé. La disposition de l'art. 1583 s'applique à la cession comme à toute autre vente. — Duvergier, *Vente*, t. 2, no 175. — *Contrà* Toullier, t. 17.

53. Toutefois la délivrance, quoiqu'elle ne soit plus, comme sous l'ancien droit, nécessaire pour transférer la propriété, n'en produit pas moins des effets importans. Aussi elle donne à l'acheteur le moyen d'exercer librement et complètement les droits qui lui sont transmis; elle garantit les tiers des fraudes qu'on pourrait pratiquer en vendant successivement à plusieurs la même chose. — Duvergier, no 176.

54. — Elle s'opère entre le cédant et le cessionnaire par la remise du titre. — C. civ., art. 1689.

55. — Mais la détention du titre ne saurait suffire seule ni vis-à-vis des tiers, ni même entre les parties, pour faire preuve de la cession.

56. — La maxime: qu'en fait de meubles possession vaut titre, n'est pas applicable aux meubles incorporels, et celui qui détient un titre de créance souscrit au nom d'un tiers ne peut se prétendre propriétaire de cette créance, s'il ne prouve qu'elle lui a été régulièrement transférée; ces droits ne sont pas, en effet, susceptibles de la tradition manuelle et de la possession corporelle à laquelle l'art. 2279 limite les effets qu'il détermine. — V. POSSESSION.

57. — Cette règle ne souffre exception que pour les titres au porteur: le but qu'on s'est proposé, en créant de semblables valeurs, étant de les assimiler au numéraire, il devient impossible d'astreindre le débiteur à aucune espèce de justification autre que la possession, — sauf aux parties intéressées à établir que le titre a été soustrait par celui entre les mains duquel il se trouve, qu'il a été extorqué par dol ou arraché par violence à son légitime propriétaire. — *Cass.*, 23 mai 1822, Dierl-Kerckweerd c. Jacquet; *Cass. belge*, 4 juin 1833, compagnie d'assurances maritimes c. Carasco; *Poitiers*, 27 nov. 1833, Sarran c. Fradin; *Cass.*, 4 mai 1836, Dreux c. Abeille-Laveyssière. — Merlin, *Quest.*, vo *Privilége*, § 1er; Troplong, *Prescription*, no 1065; Coin-Delisle, art. 938, no 25; Dunod, p. 145; Vazeille, *Prescription*, t. 2, p. 280.

58. — Jugé, conformément à ces principes, que les obligations, quoique déclarées meubles par la loi, ne sont pas transmissibles par la simple tradition du titre. — *Grenoble*, 12 janv. 1816, Chenevas c. Corniel.

59. — ... Que la règle de l'art. 2279, C. civ., portant qu'en fait de meubles possession vaut titre, ne s'applique pas aux meubles corporels. Ainsi, par exemple, elle ne s'applique pas à une créance d'indemnité acquise du propriétaire apparent sur le vu d'un titre de liquidation émané du trésor et délivré au cessionnaire. Dans ce cas, ce cessionnaire, même de bonne foi, doit être, sur la réclamation du véritable propriétaire, condamné à restituer la créance ou la valeur qu'il a touchée. — *Cass.*, 11 mars 1839 (t. 1er 1839, p. 263), Reculot c. Rebattu; 14 août 1840 (t. 2 1840, p. 228), d'Auselle c. Peydière. — V. POSSESSION.

60. — Jugé que la cession d'une facture de vente *contre argent* s'opère par la remise du titre acquitté contre son montant. Cette opération, usuelle dans le commerce, n'est point soumise aux formalités de l'art. 1690, C. civ., et elle ne peut être attaquée par les syndics du cédant, tombé plus tard en faillite, pour défaut de signification. Il suffit qu'elle ait été faite de bonne foi et dans un temps non suspect. — *Aix*, 30 janv. 1845 (t. 1er 1846, p. 437), Creisson c. Paléologue. — V. FAILLITE, no 554.

61. — Jugé que l'endossement constitue un mode de cession qui peut être employé pour le transport d'une obligation purement civile. — *Bordeaux*, 18 août 1845 (t. 1er 1846, p. 346), Daisse c. Papin. — Mais un pareil mode de cession n'est suffisant que du cédant au cessionnaire. — Nouguier, *Lettr. de change*, t. 1er, p. 297. — V. aussi BILLET SIMPLE, nos 9 et suiv.

62. — A l'égard du tiers, le cessionnaire n'est saisi que par la signification du transport faite au débiteur ou par l'acceptation de celui-ci consignée dans un acte authentique. — C. civ., art. 1690.

63. — Il résulte des termes de cet article que la remise du titre de créance n'emporte pas saisine à l'égard des tiers. — Mais est-il nécessaire que cette remise ait précédé la signification du transport ou l'acceptation du débiteur cédé, pour que la cession produise tous ses effets? — Le doute naît de ce que la détention du titre par le cédant peut, dans certains cas, lui fournir le moyen d'induire des tiers en erreur, et qu'il semblerait naturel de faire supporter au cessionnaire, qui n'a pu exiger la remise de ces titres, la conséquence de sa né-

gligence. — Mais l'inconvénient signalé peut être facilement évité en s'informant auprès du débiteur des significations qui lui auraient été faites, et d'ailleurs la loi se bornant à prescrire la notification du transport pour opérer la saisine vis-à-vis des tiers, on ne saurait ajouter à son texte et autoriser ceux-ci à se prévaloir du défaut de délivrance entre les parties. — Duvergier, *Vente*, n° 179.

64. — En conséquence, le cessionnaire doit être préféré au saisissant si la signification du transport est antérieure à la saisie, alors même que le titre de l'objet de la cession ne lui aurait pas été remis. — *Bruxelles*, 30 janv. 1808, Toris c. Roelens.

65. — Jugé que la remise des titres n'est pas nécessaire pour rendre parfaite la vente de droits incorporels. — *Cass.*, 20 fructid. an X, Sauvabœuf c. Latour.

66. — ... Et que, avant le Code, le défaut par le vendeur de remettre les titres, à l'époque convenue, ne rendait pas la vente nulle de plein droit; il pouvait seulement donner naissance à une action en résiliation. — Même arrêt.

ART. 2. — *Signification du transport.*

§ 1er. — *Cas où la signification est nécessaire.*

67. — Le principe posé par l'art. 1690, que le cessionnaire n'est saisi à l'égard des tiers que par la signification du transport au débiteur cédé, est général. — Il s'applique au cas où c'est un débiteur qui s'est rendu cessionnaire d'une créance contre son propre créancier, comme à celui où la cession a été consentie au profit de toute autre personne.

68. — En conséquence, bien que les deux créances soient également liquides et exigibles, la compensation ne peut pas s'opérer au préjudice de tiers créanciers du débiteur cédé, tant que la notification du transport n'a pas été régulièrement faite. — V. en ce sens *Paris*, 28 fév. 1825, Faillant, c. Alliot. — Duvergier, *Vente*, t. 2, n° 197 (contin. de Toullier, t. 17); Troplong; *Vente*, n° 891.

69. — La cour d'appel de Bordeaux a néanmoins jugé, le 14 avril 1829 (Rousset et Desgeorges c. d'Hugonneau), qu'en pareille circonstance il s'opérait de plein droit, par la seule force de la loi, une compensation qui éteignait les deux dettes jusqu'à due concurrence, et qui pouvait être invoquée contre un tiers devenu depuis concessionnaire du créancier originaire. — Mais cette décision nous paraît en opposition manifeste avec le texte de l'art. 1690; vainement la cour prétend-elle que la cession faite par le créancier originaire ne saurait produire d'effet, la créance ayant été éteinte par la compensation, et le cessionnaire ne pouvant avoir plus de droits que son cédant; ce raisonnement pourrait être invoqué avec autant de force dans le cas de deux cessions successives de la même créance, et personne n'oserait pourtant prétendre dans ce cas que le premier cessionnaire qui n'aurait pas fait notifier son transport, dût être préféré au second qui aurait rempli cette formalité.

70. — La compensation serait toutefois opposable aux tiers si le cessionnaire pouvait établir qu'au moment où ils ont acquis leurs droits, ils avaient connaissance du transport; parce que cette circonstance les constituerait en état de mauvaise foi. — *Cass.*, 13 juill. 1831, Busco c. Perrin. — Duvergier, *ib.*, n° 209; Troplong, *ib.*, n° 900.

71. — Les règles précédentes sont applicables en matière commerciale comme en matière civile; le Code de comm. ne contient, en effet, aucune dérogation à l'art. 1670, C. civ., et, à moins d'une exception formelle, la disposition de ce dernier Code régissent toujours les transactions commerciales. — Duvergier, *ib.*, n° 213; Troplong, *ib.*, n° 908; Duranton, t. 16, n° 505; Pardessus, *Droit comm.*, t. 2, n° 313. — En conséquence, la cession non signifiée ni acceptée du prix des marchandises vendues, faite par le commissionnaire tombé ultérieurement en faillite, est sans effet à l'égard du propriétaire, et ne fait aucun obstacle à la revendication. — *Cass.*, 23 nov. 1813, Lévy et Sacerdote c. Tron.

72. — Jugé, en sens contraire, qu'en matière commerciale le transport saisit sans notification au débiteur cédé. — *Rennes*, 6 fév. 1811, Ducoudrai c. Panneton.

73. — La cour de Cassation a jugé, le 3 juillet 1827 (Ardaillon c. Mion-Bouchard), que l'art. 1690 n'était pas applicable aux cessions de marchés faits entre commerçans pour des marchandises à livrer. — Spécialement, que celui qui s'est obligé à livrer une certaine quantité de marchandises, à des époques déterminées, peut refuser d'effectuer ces livraisons en mains d'un tiers, cessionnaire de son acheteur, et ne reconnaître que ce dernier pour l'exécution du marché et le règlement du prix; — que, par suite, l'acheteur qui a cédé son marché demeure garant de l'exécution du marché envers son concessionnaire, quoique celui-ci n'ait point notifié la cession au vendeur qui doit faire la livraison, et ait consenti à se charger de faire exécuter le marché et de régler le prix de la vente; — et que le cessionnaire ne doit être considéré, et ne peut agir, à raison de ces opérations, vis-à-vis du vendeur, que comme mandataire de l'acheteur.

74. — M. Troplong (*loc. cit.*) critique cet arrêt comme ayant méconnu les principes posés par la précédente décision de la cour du 23 nov. 1813. Mais M. Duvergier fait remarquer, avec raison que cet arrêt n'a pas la portée qu'on lui suppose. Il juge seulement que l'art. 1690 est applicable *à des marchés qui lient sous des rapports particuliers les parties qui les ont souscrits.* « Ainsi, dit cet auteur, la cour ne fait pas du caractère commercial de la convention un argument, elle n'en dit pas un mot; elle tire la raison de décider de ce que l'objet de la cession était non une simple créance, mais bien un traité produisant des obligations réciproques. »

75. — Quoi qu'il en soit, les mêmes auteurs pensent qu'il existe une différence importante entre les matières commerciales et les matières civiles, quant à la forme dans laquelle le débiteur cédé peut donner une acceptation susceptible de suppléer à la signification du transport. — V. *infrà* n° 160 et suiv.

76. — Jugé que le transport d'une créance commerciale à un non commerçant ne constitue pas un acte de commerce, et rentre par suite sous l'application des principes du droit civil, notamment en ce qui concerne les conditions imposées par l'art. 1690, C. civ. — V. ACTE DE COMMERCE, nos 421 et 528. — *Riom*, 8 mars 1845 (t. 2 1846, p. 74), Cellier et Archimbaut c. Cariol et Sambucy.

77. — Mais, en matière civile, de même qu'en matière commerciale, les dispositions de l'art. 1690 doivent être restreintes au cas pour lequel elles ont été portées, c'est-à-dire aux transports de créances ou de droits incorporels sur un tiers.

78. — Ainsi elles cessent d'être applicables à la vente, par un propriétaire, de sa portion dans un immeuble indivis, lequel est certain et déterminé. Une pareille vente comporte transmission réelle d'un objet corporel immobilier et elle est parfaite, à l'égard des tiers, par l'enregistrement et la transcription du contrat. — *Cass.*, 22 avr. 1840 (t. 2 1840, p. 597), Boursier c. De Norman.

79. — Quelques auteurs pensent également qu'elles sont inapplicables à la vente de droits successifs; dans ce cas, en effet, disent-ils, il y a bien cession de droits incorporels, mais non de *droits sur des tiers*; la succession forme un être à part distinct des individus qui sont appelés à la recueillir, comme on en voit la preuve évidente dans une succession acceptée sous bénéfice d'inventaire seulement. Le cédant peut d'ailleurs être seul héritier, et il deviendrait alors évidemment impossible de remplir la formalité de la signification.

80. — Jugé, en ce sens, que le cessionnaire de droits successifs est donc, même à l'égard des cohéritiers du cédant, saisi des droits cédés du moment même de l'acte de cession, sans qu'il soit nécessaire de faire signifier cet acte aux cohéritiers. — *Cass.*, 16 juin 1829, Torchon de Lihu c. Lagrené; *Toulouse*, 24 nov. 1832, Bèz. c. Cros.

81. — ... Et que, par suite, le cédant est sans qualité pour représenter le cessionnaire dans une instance relative aux droits cédés, et introduite même avant l'acte de cession. Et le cessionnaire, bien qu'il n'ait pas notifié cet acte aux cohéritiers, est recevable à former tierce-opposition au jugement rendu, après la cession, entre ces derniers et le cédant. — *Cass.*, 16 juin 1829, Torchon de Lihu c. de Lagrené. — Duvergier, *Vente*, n° 351; Troplong, *Vente*, n° 907.

82. — Le 18 nov. 1819 (Estran c. Bruno-Barral), la cour de Cassation avait jugé que l'héritier institué qui a payé au légitimaire le montant de ses droits, avant la signification du transport qu'il en avait fait à un tiers, est valablement libéré. — Mais cet arrêt se fonde sur ce que que le légitimaire n'était point saisi, d'après les anciens principes, des biens composant l'hérédité, qu'il n'avait qu'une créance contre l'héritier; or, en appuyant sa décision sur ce motif, la cour indiquait que la solution eût été différente, si c'eût été l'héritier qui eût vendu l'hérédité.

83. — Mais la chambre des requêtes a jugé, contrairement à cette jurisprudence, le 25 juill. 1835 (Calsat c. Fournier et Couderc), qu'un transport de droits successifs non signifié ne pouvait pas être opposé à un tiers qui avait acquis postérieurement la portion héréditaire du cédant. — M. Duvergier (*loc. cit.*) critique vivement cet arrêt. — V. DROITS SUCCESSIFS, nos 44 et suiv.

84. — L'acte par lequel un cédant et un cessionnaire conviennent, à la suite de contestations survenues depuis la cession, que le cessionnaire ne touchera qu'une partie des sommes cédées réunit les caractères d'une véritable transaction, et non pas ceux d'une rétrocession; il n'est donc pas sujet à notification. — *Cass.*, 2 janv. 1839 (t. 1er, 1839, p. 349), Laurent c. Doublat. — V. TRANSACTION.

85. — La cession des titres au porteur et de ceux transmissibles par la voie de l'endossement, ainsi que les rentes sur l'état et les actions de la Banque de France, n'est pas sujette à signification. Des formes spéciales sont établies par des lois particulières pour ces diverses sortes de valeurs. — V. ENDOSSEMENT, RENTE, SOCIÉTÉ.

86. — La connaissance que le débiteur cédé aurait eue du transport ne saurait suppléer vis-à-vis des tiers à la signification. — Duvergier, *Vente*, n° 208.

87. — Ainsi, la transcription de l'acte de cession au bureau des hypothèques et les paiemens faits par le débiteur au cessionnaire sont insuffisans pour opérer la saisie vis-à-vis des tiers. — *Cass.*, 2 mars 1814, Magnée c. Pierrat.

88. — Mais quant au débiteur lui-même, la connaissance personnelle qu'il aurait du transport pourrait, selon les circonstances, le rendre non-recevable à opposer au cessionnaire le défaut de signification. — Troplong, *Vente*, n° 900. — Par exemple, le débiteur qui aurait été averti de la cession par une lettre du cédant, ne pourrait plus payer valablement entre ses mains; il serait non recevable à opposer au cessionnaire le défaut de signification régulière du transport. — *Bastia*, 2 mai 1842 (t. 2 1843, p. 721), Nicod c. Berthier.

89. — M. Troplong (*loc. cit.*) cite comme sanctionnant cette doctrine un arrêt rendu par la chambre civile de la cour de Cassation, le 13 juill. 1831 (Busco c. Perrin). — Mais M. Duvergier (n° 210) fait avec raison remarquer que la cour n'a pas précisément jugé la question dont il s'agit. En effet, la contestation s'élevait entre Perrin, cessionnaire d'une créance qu'il prétendait compenser avec une somme dont il était débiteur, et Busco, cessionnaire du débiteur, qui soutenait que la cession faite à Perrin n'avait pu avoir son effet, et par suite la compensation s'opérer sans signification. Il s'agissait donc de décider, et les termes de l'arrêt le prouvent, si la connaissance que Busco avait eue du transport fait à Perrin avait pu être considérée comme équivalant, à son égard, à une signification. La cour a jugé l'affirmative.

90. — Il a également été décidé par la cour de Cassation et par la cour de Paris que les tiers ne pouvaient se prévaloir de l'absence de signification du transport que dans les cas où ils étaient de bonne foi; et par suite de ce principe on a déclaré :

91. — ... 1° Que le transport consenti par le mari est opposable à la femme qui, dans l'inventaire fait après l'interdiction du mari, a fait des déclarations dont il résulte qu'elle a connaissance de ce transport. — *Paris*, 25 fév. 1839 (t. 1er 1839, p. 453), Perrot c. Gasnault.

92. — ... 2° Qu'un mari qui a assisté sa femme dans un acte de transport fait à son profit, ne peut se prévaloir d'une cession postérieure faite en sa faveur, sous prétexte que la cession première n'a pas été notifiée au débiteur, et qu'ainsi le cessionnaire n'a pas été saisi. — *Cass.*, 14 mars 1831, Gros c. Simon.

93. — ... 3° Qu'on pouvait annuler, à titre de réparation du dommage causé au premier cessionnaire qui n'avait pas signifié son titre, le transport de la même créance consenti ultérieurement à un tiers dans des circonstances telles que ce tiers n'avait pu ignorer l'existence de la première cession, et s'était rendu coupable d'une grave imprudence. — *Cass.*, 5 mai 1838 (t. 2 1838, p. 192), Borniche c. créanciers Racine.

94. — ... 4° Que le transport d'une somme d'argent fait, même par acte authentique, au mépris de conventions verbales intervenues antérieurement entre le cédant et un tiers, peut être annulé, s'il est constaté que le cessionnaire avait connaissance de ces conventions. — *Cass.*, 25 janv. 1842 (t. 2 1842, p. 657), Girault.

95. — Toutefois faut-il induire de ces divers arrêts que la simple connaissance qu'un tiers aurait eue du transport doive nécessairement faire réputer ce tiers en état de mauvaise foi et remplacer, à son égard, la signification. L'affirmative paraîtrait résulter d'un arrêt de Rennes du 6 fév. 1811 (Ducoudrai c. Panneton). — Mais cet arrêt se fonde en outre sur ce qu'il s'agissait dans l'espèce d'une créance commerciale, et sur ce que l'art. 1690 n'est applicable qu'en matière civile, motif qui semble avoir principalement déterminé la cour.

96. — M. Duvergier (nº 209) incline vers la même opinion. « Si les tiers, dit-il, qui contestent au cessionnaire la propriété de la chose cédée, avaient eu connaissance eux-mêmes du transport antérieurement à l'époque où ils ont acquis leurs droits, cette circonstance, qui presque toujours les constituerait en état de mauvaise foi, sera suffisante pour que la cession soit maintenue, quoiqu'elle n'ait pas été signifiée. Ainsi, après une première cession, le cédant en fait une seconde à une personne qui a connu la première, par exemple, en assistant à l'acte qui la renferme : quoique la seconde cession soit signifiée avant l'autre, le premier cessionnaire sera préféré au second, parce que la tradition (et, pour les tiers, la signification n'est que cela) ne donne un droit de préférence qu'à la condition qu'il y a eu bonne foi de la part de celui qui possède. » — Mais M. Troplong réfute cette doctrine dans les termes suivans : « Il est, dit-il, un point qui me paraît à l'abri de toute controverse, c'est que la connaissance indirecte que les tiers auraient de l'existence du transport, non signifié ni accepté, ne pourrait les empêcher de saisir pour le compte du cédant entre les mains du débiteur, et qu'un second cessionnaire ne devrait pas être considéré comme de mauvaise foi et comme devant être primé par un premier cessionnaire qui n'aurait pas signifié son transport, tandis que le sien serait revêtu de cette formalité. On objecterait en vain l'art. 1141, C. civ.; sa disposition n'est pas applicable ici. La matière des transports est réglée par des principes particuliers. Tout est imparfait à l'égard des tiers tant que la signification n'a pas été faite. Qu'importe la connaissance de la cession, puisque, sans signification, elle est présumée simulée et non sérieuse à l'égard des tiers. » — V. aussi, en ce sens, Duranton, t. 16, nº 499.

97. — Jugé, dans ce dernier sens, que l'art. 1690, C. civ., aux termes duquel le cessionnaire d'une créance n'est saisi, *à l'égard des tiers*, que par la signification du transport au débiteur, est général et ne souffre pas d'exception, en telle sorte que cette règle peut être invoquée par un second cessionnaire qui a rempli la formalité de la notification contre et avant un cessionnaire antérieur.., encore bien qu'il fût fait mention du premier transport dans le second... Dans ce cas, il n'y a pas lieu d'appliquer l'art. 1141, C. civ., uniquement relatif à la transmission des meubles corporels. — *Paris*, 2 déc. 1843 (t. 1er, 1844, p. 132, Postansque c. Lepy. — V. *infrà*, nos 125 et suiv.

98. — La signification du transport prescrite par l'art. 1690, C. civ. n'est exigée que pour empêcher le débiteur d'en payer le prix au cédant, ou pour autoriser le cessionnaire à procéder par voie exécutoire contre le débiteur. Elle n'est nullement nécessaire pour empêcher ou interrompre la prescription. — *Caen*, 7 mai 1845 (t. 2 1848, p. 202), Auvray c. Cotentin. — V. PRESCRIPTION.

§ 2. — *Quand la signification peut être faite.*

99. — La loi ne fixe pas de délai pour la signification du transport; le cessionnaire peut donc remplir cette formalité, quand il le juge convenable, sans avoir à redouter aucune déchéance; mais sauf, bien entendu, les droits que des tiers pourraient avoir acquis sur les sommes cédées pendant l'intervalle qui se serait écoulé entre la cession et la signification

100. — La mort du cédant n'empêcherait pas que le transport par lui consenti fût valablement signifié au débiteur cédé. Peu importerait même que la succession n'eût été acceptée que sous bénéfice d'inventaire seulement, la loi ne dessaisissant le cessionnaire de la créance transportée qu'en cas de paiement de la part du débiteur ou de saisie-arrêt faite entre ses mains avant la délégation. — *Douai*, 17 juill. 1833, Degobert-Piérart c. Debœuf; *Montpellier*, 3 mai 1841 (t. 2 1841, p. 715), Anduze c. Debosque.

101. — Dans tous les cas, la nullité résultant de la tardiveté de cette notification ne pourrait être opposée que par les créanciers de la succession bénéficiaire, et non par le débiteur cédé. — *Bordeaux*, 10 fév. 1837 (t. 1er 1837, p. 431), Puthod c. Bodard.

102. — Mais il en serait autrement si le cédant était tombé en état de faillite. Le transport, quoique loyalement passé avant le jugement déclaratif de la faillite, ne pourrait plus être régularisé après ce jugement, par la raison que la faillite opère dessaisissement, qu'elle produit une véritable saisie au profit des créanciers, et que, dès-lors, le cessionnaire arrive tardivement pour en prendre possession. — *Paris*, 13 déc. 1814, Vernière c. Dubois; *Bordeaux*, 18 août 1829, Sazerac c. Gounin-Cornille; — Duvergier, *Vente*, nº 215; Troplong, *Vente*, nº 911; Merlin, *Quest. de Droit*, vº *Transport*, § 6.

103. — Jugé toutefois que la signification faite le jour même du jugement déclaratif de la faillite du cédant pourrait être déclarée valable, s'il n'était pas prouvé qu'elle fût postérieure à la prononciation de ce jugement. — *Orléans*, 21 août 1841 (t. 2 1841, p. 417), Ranvoizé c. Hénault. — Cet arrêt admet en outre dans ses motifs que la faillite du cédant ne fera pas obstacle à la signification du transport, attendu que la créance ayant cessé d'appartenir au failli, par suite du transport fait de bonne foi, ne peut, sous aucun rapport, être soumise à l'influence de la faillite. Mais cette doctrine nous semble entièrement contraire aux principes.

104. — La signification faite avant le jugement déclaratif de la faillite, mais depuis l'époque de la cessation de paiemens du failli, est régulière et produit tous ses effets, à moins qu'il ne soit établi qu'au moment où elle a été notifiée le cessionnaire avait connaissance de la cessation de paiemens. — C. com., art. 447. — V. FAILLITE.

105. — Jugé que le transport dont la signification n'a été faite au débiteur que postérieurement à la faillite du cédant ne peut être opposé aux créanciers du failli. Le cessionnaire exciperait en vain de la notification qu'il aurait faite du transport, avant la déclaration de la faillite, à la femme commune en biens, débitrice, pour cause antérieure au mariage, de la créance cédée. Cette dette de la femme étant, par le mariage, tombée dans le passif de la communauté, c'était au mari que le transport devait être signifié, sous peine de nullité. — *Bourges*, 18 juin 1839 (t. 1er 1845, p. 495), Collet c. André.

106. — La cession consentie par un négociant antérieurement à sa faillite, mais dont la notification n'a eu lieu que postérieurement à celle-ci, est sans valeur à l'égard de la masse de la faillite. On doit regarder en pareil cas les créanciers du failli comme des *tiers*, aux termes de l'art. 1690, C. civ., et non comme ses *ayans-cause*, incapables dès-lors de demander la nullité des engagemens contractés par lui. — *Nancy*, 22 août 1844 (t. 1er, 1845, p. 513), Lévylier c. Laurent.

107. — Jugé que le transport de créance fait par un individu tombé depuis en faillite est valable au regard de la masse des créanciers, lorsqu'il a été enregistré et signifié avant le jugement déclaratif de faillite, bien que l'époque de la cessation de paiemens ait été fixée, par un jugement subséquent, à une date antérieure auxdits enregistrement et signification, alors d'ailleurs qu'aucune circonstance de la cause n'est de nature à faire suspecter la sincérité de la date du transport : à ce cas ne s'applique pas l'art. 446, § 3. C. comm. — *Paris*, 17 fév. 1849 (t. 1er 1849, p. 507), Bérillon c. Cousinard. — V., au reste, FAILLITE nos 555 et suiv.

108. — On ne saurait considérer comme emportant, de la part de la faillite, exécution d'une cession consentie par le failli, et comme mettant obstacle à ce que la nullité de cette cession puisse être prononcée, soit l'admission au passif, de la créance résultant de la cession, soit le paiement fait au cessionnaire de dividendes afférant à ladite créance, lorsque des réserves quant à la nullité de la cession ont été faites et par le créancier, et par la faillite. — *Nancy*, 22 août 1844 (t. 1er 1845, p. 513), Lévylier c. Laurent.

§ 3. — *Formes de la signification.*

109. — La signification doit être faite par acte d'huissier dans la forme ordinaire des exploits. — Duvergier, *Vente*, nº 182; Troplong, *Vente*, nº 902.

110. — Celle faite par le ministère d'un notaire, est nulle et ne saisit pas le cessionnaire. — *Bruxelles*, 23 mars 1811, Quirini. — Rolland de Villargues, *Rép. du Not.*, vis *Notaire*, nº 50, et *Transport*, nº 53.

111. — Elle a lieu indifféremment à la requête du cessionnaire ou à celle du cédant : tous deux ont en effet intérêt à régulariser le transport. — Duvergier, *Vente*, nº 184.

112. — Elle doit être notifiée à tous les débiteurs cédés.

113. — Ainsi dans le cas où une mère, sans s'obliger personnellement, a traité pour le remplacement militaire de son fils mineur, à la charge de rapporter la ratification de celui-ci, si le remplaçant vient à céder sa créance à un tiers, la notification que fait le cessionnaire à la mère seule ne suffit pas pour invalider le paiement fait par le fils dans l'ignorance de la cession et de la notification. — *Montpellier*, 18 mars 1840 (t. 1er 1840, p. 651), Fraissines c. Simian.

114. — La cession par un cohéritier de sa part dans les reprises de sa mère doit être signifiée aux cohéritiers représentant la succession paternelle débitrice des sommes dotales. — La signification qui serait faite seulement à l'adjudicataire des biens du père tant que l'état de collocation ne serait pas définitivement réglé, serait insuffisante pour paralyser les effets d'une saisie-arrêt formée par un créancier du cédant entre les mains de la succession. — ... Mais la signification que le cessionnaire ferait ultérieurement entre les mains de la succession, avant le jugement de délivrance aux opposans antérieurs, vaudrait comme opposition. — *Nîmes*, 12 juin 1838 (t. 2 1839, p. 447), Corbier c. Salles.

115. — Jugé que le cessionnaire des droits successifs mobiliers, après fixation des parts, est valablement saisi, à l'égard des tiers, par la notification de son transport au dépositaire seul de ces valeurs, et ne peut être primé par un cessionnaire postérieur qui avait signifié son transport, non seulement au dépositaire des valeurs, mais encore aux cohéritiers du cédant. — *Cass.*, 8 mai 1844 (t. 2 1844, p. 143), Lépaux c. Fontanat.

116. — Il faut nécessairement qu'elle soit faite à la personne ou au domicile réel du débiteur cédé. — Duvergier, *Vente*, nº 182. — Ainsi, est nulle même à l'égard du créancier du cédant la signification du transport d'une obligation faite au domicile qui a été élu pour l'exécution de cette obligation. — *Bruxelles*, 30 nov. 1809, Huin c. Frénelet.

117. — A plus forte raison la signification à l'avoué du débiteur d'une cession de créances litigieuses ne suffit pas pour que le cessionnaire puisse exercer contre les tiers les actions relatives à ces créances, et, spécialement, pour qu'il puisse former opposition à un jugement de défaut obtenu contre le cédant. — *Cass.*, 23 juill. 1832, Fould c. Ardouin.

118. — Dans le cas où le débiteur cédé ne réside pas en France sur le continent, il ne suffit pas de lui signifier le transport au parquet conformément aux dispositions de l'art. 69 nº 9, du C. procéd. civ., il est indispensable de notifier à personne ou domicile, comme le prescrit l'art. 560, C. procéd. civ., pour les saisies-arrêts. — *Paris*, 28 fév. 1825, Faillant c. Alliot. — Troplong, *Vente*, nº 902.

119. — Cependant, il ne faudrait pas appliquer dans toute leur rigueur les dispositions de cet article à la signification de transport. — L'art. 560, dit fort bien M. Duvergier (*Vente* nº 187), ne dispose que dans l'intérêt du tiers saisi, afin de le garantir des conséquences fâcheuses que pourrait avoir un paiement par lui fait postérieurement à la saisie et dans l'ignorance de la signification au parquet du procureur du roi. Par la même raison, le débiteur cédé, seul, pourrait arguer de nullité une signification au parquet ignorée de lui au moment où il aurait payé son créancier originaire, et en supposant qu'on voulût l'obliger à payer une deuxième fois. Mais si la signification lui est parvenue et s'il n'a pas payé, s'il est désinteressé dans la question, on ne comprendrait pas que des tiers, vinssent critiquer la forme de la signification. Qu'on songe bien que l'art. 560 n'est pas fait pour les significations de cessions ; que c'est par identité de raison qu'on l'applique à une matière à laquelle il est étranger; qu'en conséquence il faut que l'identité soit parfaite.

120. — Si la créance cédée n'est pas détenue par le débiteur, les principes précédens cessent d'être applicables, et la signification doit être faite au tiers en la possession duquel se trouve la créance. Ainsi, le transport consenti par le bailleur des fonds formant le cautionnement d'un officier ministériel doit être notifié au ministère des finances ou au directeur de la caisse des consignations et non à l'officier ministériel par qui le cautionnement a été déposé. C'est là une conséquence des dispositions de l'art. 557, C. procéd. civ., d'après lequel la saisie-arrêt doit être signifiée, non au débiteur sur lequel elle est formée, mais au tiers détenteur des sommes ou effets que la saisie a pour objet d'atteindre. — *Cass.*, 17 nov. 1841 (t. 1er 1842, p. 706), Paillet c. Lecomte.

121. — Jugé que lorsque la cession d'une créance hypothécaire n'a été consentie que postérieurement à l'adjudication de l'immeuble hypothéqué, il suffit, pour que le cessionnaire soit valablement saisi, que la signification de cette cession soit faite à l'adjudicataire, sans qu'elle doive l'être nécessairement en outre au débiteur saisi. — *Limoges*, 14 janv. 1842 (t. 2 1843, p. 161), Cères c. Rognes de Fursac.

122. — Il n'est pas nécessaire que l'exploit de signification contienne une copie littérale et en

tière de l'acte de cession; il suffit que la signification fasse connaître d'une manière équipollente l'acte en vertu duquel elle est faite.— *Orléans*, 26 fév. 1813, Quittet c. Duplet.— L'art. 108, cout. de Paris, prescrivait de signifier le transport à la partie, et en laisser copie auparavant que d'exécuter; mais le Code civil a supprimé, dans l'art. 1690, les mots *en donner Copie.* — *Toulouse*, 11 janv. 1831, Sausac c. Colmettes et Trémouille. — Duvergier, *Vente* t. 2 (contin. de Toullier, t. 17), n° 183; Troplong, *Vente*, t. 2, n° 902;

123. — Si l'existence ou la régularité de la signification du transport est contestée, le cessionnaire est en général tenu de représenter l'original de l'exploit qui seul fait preuve complète.— V. EXPLOIT.

124 — Cependant il a été jugé que lorsque la signification remontait à une époque éloignée, on pouvait surtout après un temps de révolution, faire résulter la preuve de cette signification d'autres actes que de l'exploit lui même.— *Paris*, 19 mai 1810, Papin c. Lambert.

§ 4. — *Effets de la signification.*

125. — La signification du transport a pour principal effet de saisir le cessionnaire de la créance cédée, tant vis-à-vis du débiteur qu'à l'égard des tiers.

126 — En conséquence, lorsque le transport d'une créance a été signifié au débiteur, ce débiteur peut valablement se libérer entre les mains du cessionnaire, alors même qu'antérieurement il aurait été assigné en paiement par le cédant, mais sans révocation formelle de transport. La libération ainsi consommée doit être validée, alors surtout qu'elle a eu lieu de bonne foi par le cessionnaire. — *Riom*, 12 mars 1816, Sadourni c. Vernière.

127. — En principe, entre deux cessionnaires successifs d'une même créance, la préférence est due à celui qui a notifié le premier sa cession au débiteur cédé, alors même que l'autre cessionnaire aurait été mis seul en possession du titre de créance: l'art. 1141, C. civ., qui porte que lorsqu'une chose mobilière a été promise à deux personnes, celle des deux qui en a été mise en possession doit être préférée, ne s'appliquant qu'aux objets mobiliers, et non aux droits incorporels.— *Bordeaux*, 26 août 1831, Pillet c. Chauvin; *Caen*, 10 fév. 1832, Marc Colle et Pagnest c. Sénicourt. — Duvergier, *Vente*, n° 196; Troplong, *Vente*, n° 888.

128. — Jugé encore que, entre deux cessionnaires du même droit, la préférence doit être donnée à celui qui le premier a fait enregistrer son titre, fût-il certain en fait que ce titre est postérieur en date. En pareil cas le cessionnaire dont le titre a date certaine est par rapport à l'autre un véritable tiers, dans le sens de l'art. 1328, C. civ. — *Besançon*, 21 nov 1843 (t. 1er 1844, p. 639), Jacquot.— Sur la date certaine des actes sous seing privé, V. ACTE SOUS SEING-PRIVÉ, nos 102 et suiv.

129.— ... Et que lorsque deux individus ont acquis une même rente par des actes authentiques, celui qui s'en est saisi le premier par la notification de son titre au débiteur doit avoir la préférence, quand même le contrat de l'autre serait antérieur en date. — *Caen*, 4 janv. 1814, Letournel c. Marguerie. — Toullier, t. 8, n° 205.

130. — Jugé aussi que le cessionnaire dont le transport a été régulièrement signifié est préférable à un cessionnaire antérieur, mais qui n'était pas valablement saisi vis à-vis des tiers, en ce que l'acceptation de son transport aurait été faite par acte sous seing privé, bien que ce second cessionnaire eût connaissance du transport antérieur.— Dans ce cas, le cessionnaire exclu a son recours contre le cédant en réparation du dommage résultant pour lui du second transport. — *Douai*, 11 fév. 1845 (t. 2 1848, p. 71), Smet c. Brame et Demessine.

131. — La cour de Cassation a également jugé que lorsqu'une créance consistant dans le prix d'un remplacement militaire a d'abord été cédée purement et simplement à une autre personne, la préférence est due au second cessionnaire, s'il a fait le premier signifier son transport.— *Cass.*, 13 janv. 1845 (t. 1er 1845, p. 68), Beauvisage c. Guy.

132.—Mais, par un arrêt postérieur rendu dans la même affaire, elle a décidé que le bénéfice de l'art. 1690, C. civ., aux termes duquel, entre deux cessionnaires d'une même créance, la préférence est due à celui qui a le premier fait signifier son transport, ne peut être invoqué par le second cessionnaire, lorsqu'il existe entre lui et le cédant des relations d'affaires telles, qu'il n'a pu ignorer de bonne foi, et qu'en réalité il n'a pas ignoré les conventions antérieurement faites par celui-ci; et que, spécialement, celui qui fournit habituellement des capitaux à des agens de remplacement militaire, qui le garantissent de ses avances par la cession des bénéfices stipulés à leur profit dans les divers contrats d'assurance, ne peut être considéré comme un tiers étranger aux contrats de remplacement, et être réputé avoir ignoré de bonne foi les stipulations que ces contrats renferment. Qu'en conséquence, ce bailleur de fonds, qui a connu le transport fait par un de ses agens à un jeune conscrit pour assurer son remplacement, ne peut se prévaloir du second transport à lui fait de la même créance, quoiqu'il ait été le premier notifié au débiteur. Que du moins l'arrêt qui le juge ne viole aucune loi. — *Cass.*, 4 janv. 1848 (t. 1er 1848, p. 13), Beauvisage c. Guy.

133.— Cette décision, comme on le voit, rentre dans l'esprit de celles citées plus haut (nos 93 et 94). — *Cass.*, 5 mars 1838 (t. 2 1838, p. 192), Borniche c. Racine; 25 janv. 1842 (t. 2 1842, p. 657), Girault. —Dans l'espèce de l'arrêt du 4 janv. 1848, il y avait un motif de plus pour écarter l'application de l'art. 1690, c'est que, d'après les déclarations de la décision attaquée, le deuxième cessionnaire n'était pas, à proprement parler, *un tiers*, mais bien une *partie* intéressée dans les opérations qui avaient donné naissance au premier transport.

134.— La signification peut, en outre, être considérée comme acte interruptif de la prescription. Par exemple, la signification du transport d'une créance, faite par le cessionnaire au débiteur, avec défense de payer à autres personnes, équivaut au moins à une saisie notifiée, et interrompt la prescription qui avait commencé à courir contre le créancier originaire. — *Riom*, 24 mai 1822, Aizac c. Claux.

135.— Mais, pour que la signification produise ces effets, deux conditions sont nécessaires, il faut: 1° qu'elle soit régulière: un exploit de signification nul en la forme n'aurait aucune valeur; 2° qu'il n'existe, au moment de la notification, aucune saisie-arrêt formée entre les mains du débiteur sur les valeurs cédées. Ainsi, jugé sous l'empire de la cout. de Paris, dont les dispositions étaient analogues à celles des art. 1690 et 1891, C. civ.— *Cass.*, 3 prair. an IX, Ponètre c. Servières.

136.— Jugé que le cessionnaire qui a fait signifier son transport *avant midi* prime le saisissant dont la saisie n'a été faite *qu'après midi*: il n'y a pas concurrence entre eux comme au cas de deux inscriptions prises le même jour. — *Bruxelles*, 30 janv. 1808, Toris c. Roelens. — Troplong, *Vente*, n° 903; Duvergier, *Vente*, n° 187; Roger, *De la saisie-arrêt*, n° 212.

137. — Mais il faut que l'heure de la signification soit indiquée dans les exploits; autrement les créanciers saisissans viendraient par contribution. M. Duvergier pense que la preuve de l'antériorité d'une signification sur l'autre ne pourrait avoir lieu par témoins.— Il est vrai qu'un arrêt de cassation du 15 juill. 1818 semble admettre cette preuve dans un cas où il s'agissait de savoir lequel de deux actes avait été signifié le premier. Mais le même auteur fait remarquer que, dans l'espèce de cet arrêt, il était nécessaire de prendre un parti, et qu'il n'y avait pas de concurrence possible, puisqu'il fallait choisir entre un acte interruptif de péremption et une demande en péremption. — Pigeau (*Comment.*, t. 2, p. 153) dit qu'en cas d'absence d'indication de l'heure dans les exploits, le cessionnaire, pour avoir la préférence, doit prouver que sa signification est la première, sinon la saisie doit avoir effet contre lui. — Mais Roger (*loc. cit.*, n° 213) fait très bien remarquer que le raisonnement peut être retourné en faveur du cessionnaire contre le saisissant: le parti le plus rationnel à adopter est donc la concurrence.

138. — Jugé que lorsque la saisie-arrêt et la notification au débiteur du transport de la créance ont été faites le même jour, et que la preuve de l'antériorité de l'un des deux actes ne résulte pas du contexte des exploits, la preuve de cette antériorité peut se faire par témoins. — *Grenoble*, 30 déc. 1837 (t. 2 1839, p. 44), Bret c. Taverdon.

139.— S'il existe une opposition antérieure à la signification du transport, cette opposition empêche-t elle le transport de produire son effet même vis-à vis des créanciers qui pratiqueraient ultérieurement des saisies arrêts entre les mains du débiteur cédé? — V. SAISIE-ARRÊT.

§ 5. — *Personnes qui peuvent opposer le défaut de signification.*

140. — Aux termes de l'article 1690, C. civ. la signification du transport est indispensable pour saisir le cessionnaire à l'égard des *tiers*. — Tous les *tiers* peuvent donc se prévaloir contre le cessionnaire de l'inaccomplissement de cette formalité.

141.— Mais quelles sont les personnes comprises par cette dénomination de *tiers?* Ce sont toutes celles autres que les parties contractantes et les représentans de celles-ci à titre universel. — Duvergier, *Vente*, n° 190.

142.—Ainsi, les représentans à titre particulier ou ayans-cause du cédant et des créanciers sont des tiers relativement au cessionnaire. — Duvergier, *loc. cit.*

143.— Le débiteur cédé lui-même est un tiers, puisqu'il est formellement autorisé par l'art. 1691 à opposer le défaut de signification.

144. — L'époque à laquelle ont pris naissance les droits des ayans-cause du cédant, de ses créanciers ou de tous autres intéressés à contester la cession, n'a du reste aucune influence sur l'application qu'on peut leur faire de la qualification de tiers. Il est indifférent que ces droits soient antérieurs ou postérieurs au transport: le texte de la loi n'établit en aucune façon cette distinction, et rien d'ailleurs ne la justifierait. — *Cass.*, 2 mars 1814, Magné c. Pierrot. — Duvergier, *Vente*, n° 191; Troplong, *Vente*, n° 896.

145. — Néanmoins la chambre des requêtes de la cour de Cassation a déclaré, dans les motifs d'un arrêt de rejet, que ceux-là seuls peuvent invoquer l'art. 1690 qui ont acquis des droits entre le transport et la signification qui en est faite au débiteur. — *Cass.*, 22 juill. 1828, Martin c. Bertrand.

146. — Mais MM. Duvergier et Troplong (*loc. citat.*) critiquent avec raison cette doctrine et font remarquer qu'une opinion ainsi énoncée dans un arrêt dont elle n'est pas le motif déterminant ne commande pas le respect dû aux décisions de la cour suprême.

147.— De ce que, hors le cas de privilége, les syndics d'une faillite ne peuvent être considérés comme des tiers à l'égard du failli, il résulte que le défaut de signification d'un transport qui ne pourrait pas être opposé par le failli ne peut l'être non plus par ses syndics. — *Aix*, 31 janv. 1845 (t. 1er 1846, p. 437), Creisson c. Paléologue.— V., sur le principe, FAILLITE, nos 911 et suiv.

ART. 3. — *Acceptation du transport par le débiteur.*

148. — La signification du transport peut être suppléée par l'acceptation qui en est faite par le débiteur cédé. — C. civ. art. 1690.

149. — Il faut nécessairement que cette acceptation soit constatée par un acte authentique. L'authenticité est exigée dans l'intérêt des tiers afin de prévenir toute collusion frauduleuse entre le cédant et le débiteur cédé. Peu importe, du reste, que l'acceptation soit donnée par acte séparé ou dans l'acte même qui contient la cession, pourvu que cet acte soit authentique.—Troplong, *Vente*, n° 901.

150. — Jugé, en ce sens, que l'acceptation du transport par le débiteur cédé devant, pour saisir le cessionnaire à l'égard des tiers, avoir lieu par acte authentique, cette acceptation est insuffisante si elle est faite par acte sous seing-privé, même ayant date certaine —Et qu'il en est ainsi alors même qu'il s'agit non d'une cession de créance, mais d'une délégation. — *Dijon*, 9 fév. 1847 (t. 2 1848, p. 77), Désert c. David.

151.— Mais l'acceptation solennelle n'est indispensable que pour la sûreté des tiers; l'acceptation sous-seing privé suffit pour lier le débiteur cédé envers le cessionnaire: c'est une conséquence du principe d'après lequel les actes sous seing privé ont entre les parties la même force que les actes authentiques. Du moment que le débiteur a, par un acte quelconque, accepté le transport, il doit payer au cessionnaire.— Duvergier, *Vente*, n° 216; Troplong, *Vente*, n° 901; Duranton, t. 16, n° 496.

152.—Il en serait de même si l'acceptation était verbale, pourvu qu'elle fût prouvée par un aveu ou de toute autre manière. Ou même si elle résultait implicitement d'un fait qui contiendrait une adhésion nécessaire comme, par exemple, si le débiteur payait au cessionnaire une partie de la somme due ou des intérêts. Il est clair que le fait du paiement équivaut à une acceptation. — Troplong, *Vente*, n° 901.

153.—Jugé, en ce sens, que le débiteur qui, par une convention sous seing privé passée entre lui, le cédant et le cessionnaire, a dispensé ce dernier de signifier son transport, et qui s'est obligé de lui payer directement le montant de la cession, ne peut se refuser à exécuter son engagement, sous prétexte que, faute par le premier cessionnaire d'avoir fait cette signification, il a été obligé de payer la même créance à un second cessionnaire

saisi par une signification faite conformément à l'art. 1690, C. civ. — *Orléans*, 29 nov. 1838 (t. 1er 1839, p. 242), Deville-Chabrol c. Creuzillet.

154. — La cour de Cassation a jugé que, lorsqu'au bas d'un transport sous seing-privé, le débiteur de la créance cédée a écrit ces mots : *accepté pour payer la somme au cessionnaire*, on peut induire de là que ce débiteur a contracté un engagement personnel envers le cessionnaire, et le condamner à payer celui-ci, nonobstant la signification postérieure d'un second transport consenti par le créancier. — *Cass.*, 31 janv. 1821, Tourailles c. Foucher.

155. — Jugé toutefois par un arrêt postérieur que, bien que le débiteur cédé se soit engagé, en acceptant le transport fait sur lui, à payer le cessionnaire, il n'en résulte pas qu'il soit obligé de payer, malgré des oppositions survenues postérieurement entre ses mains de la part des créanciers du cédant. — *Cass.*, 17 janv. 1832, Bridet c. Guesnu. — Et que le cessionnaire est tenu, comme l'aurait été le cédant, de faire lever les oppositions existantes, dont le débiteur cédé n'est pas obligé de le constituer payé.

156. — Jugé encore que le débiteur d'une créance cédée qui, au bas de la délégation sous seing-privé, ajoute ces mots suivis de sa signature : *vu et approuvé la présente délégation pour y être fait droit et exécuter*, ne contracte pas d'engagement personnel et direct envers le cessionnaire, et que, dès-lors, ce débiteur satisfait à son obligation, si des transports ultérieurs lui sont régulièrement signifiés, en ne se dessaisissant pas de ses fonds au profit du premier cessionnaire, mais en les consignant pour être remis à qui de droit. — *Douai*, 11 fév. 1845 (t. 2 1848, p. 71), Imet c. Brame et Demessine.

157. — Lorsque le transport d'une créance a été accepté par le débiteur avec déclaration qu'il n'a aucune compensation à opposer au cédant, mais qu'il n'entend s'obliger envers le cessionnaire que de la manière et dans les mêmes termes qu'il l'était envers ce cédant, il n'y a pas novation dans la dette, et le débiteur peut, en conséquence, opposer au cessionnaire les causes de réduction provenant du dol du cédant. Tel est le cas où le débiteur, acquéreur d'un office, en a fait réduire le prix à raison de la dissimulation, par le vendeur, des véritables produits de cet office. — *Cass.*, 2 août 1847 (t. 2 1847, p. 601), Gravelle c. Regnard.

158. — Si en général le cessionnaire d'une créance n'est saisi, à l'égard des tiers, que par la signification du transport faite au débiteur, toutefois le fait du paiement par ce dernier équivaut à la signification. En conséquence une saisie-arrêt postérieure audit paiement ne peut utilement porter sur cette créance, qui se trouve désormais éteinte. Le fait du paiement est laissé à l'arbitrage des tribunaux ; il n'est point nécessaire qu'il soit établi par des actes ayant date certaine. — *Toulouse*, 15 juill. 1843 (t. 2 1844, p. 79), Brune c. Dutrey. — Rousseau de Lacombe, vo *Transport*; Maleville, sur l'art. 1690, C. civ.

159. — Mais le débiteur cédé qui paie au cessionnaire non sciemment et volontairement, mais par erreur et en vertu d'ordonnance de référé, a un recours contre ce cessionnaire, si plus tard l'annulation de la cession le force à payer une seconde fois. — *Cass.*, 7 août 1843 (t. 1er 1844, p. 476), Tugot c. Venteclaye et l'intendant de la liste civile.

160. — En matière commerciale, est-il nécessaire, comme en matière civile, que l'acceptation du débiteur cédé soit faite par acte authentique ?

161. — M. Pardesssus (t. 2, no 313) enseigne la négative. Il pense que, dans certaines circonstances, l'acceptation du débiteur cédé, quoique non faite par acte authentique, par exemple celle qui serait prouvée par les livres du débiteur, pourrait suffire pour opérer la transmission à l'égard des tiers, et il invoque à l'appui de cette doctrine un arrêt de la cour de Cassation du 7 janv. 1824 (Gay c. de Wolmar), dans une espèce où, il est vrai, l'acceptation faite par simple lettre par le débiteur cédé a été réputée valable ; mais, dit M. Duvergier, ce débiteur était une administration publique, en sorte que ses actes avaient une sorte d'authenticité. Au reste, M. Duvergier pense aussi (VENTE, no 213) que le principe qui fait de l'authenticité de l'acceptation par le débiteur cédé une condition essentielle de la faillite à l'égard des tiers, doit être concilié avec la doctrine généralement admise, qu'en matière commerciale la certitude de la date des actes peut être établie par d'autres moyens qu'en matière civile. « C'est aux tribunaux, dit-il, à user avec réserve du pouvoir qui leur est attribué, et à renfermer dans de justes limites l'exception à la règle générale. »

162. — Cette doctrine a été sanctionnée par un êt de la cour de Cassation du 17 juill. 1837 (t. 2

1837, p. 592, Lédin c. Danré), qui a jugé que le cessionnaire, par acte sous seing-privé, des droits d'un négociant dans la liquidation d'une société ayant existé entre ce dernier et un tiers pouvait être préféré au cessionnaire des droits du même individu par titre authentique postérieur en date, si la sincérité de la date du permier transport résultait tant des faits et circonstances de la cause que des élémens de procédure admis par l'art. 109, c. com.

163. — Quoi qu'il en soit, la cour d'appel de Bordeaux (18 août 1829, Sazerac c. Gounin Cornlille) a décidé que le transport d'une créance, fait même par acte authentique antérieur à la faillite du cédant, est nul à l'égard de ses créanciers, si l'acceptation du débiteur cédé n'a acquis de date certaine qu'après la faillite.

Sect. 5e — *Effets du transport.*

ART. 1er. — *Effets du transport dans les parties.*

§ 1er. — *Choses comprises dans le transport.*

164. — Entre les parties, le transport est parfait et la propriété de l'objet cédé est acquise au cessionnaire, du moment qu'il y a accord sur la chose et sur le prix. — C. civ., art. 1585.

165. — Propriétaire de la créance, le cessionnaire l'est de tout ce qui s'y rattache et de tout ce qu'elle produit en vertu du droit d'accession, et conformément aux principes établis par les art. 547 et suiv., du C. civ. Lorsque l'objet de la cession est un capital productif d'intérêts ou une vente, les intérêts ou arrérages échus depuis la cession sont donc sa propriété. — Duvergier, *Vente*, nos 219, 220 ; Troplong, *Vente*, no 914.

166. — La question de savoir si les intérêts échus avant la cession doivent être réputés en faire partie presente plus de difficulté. Cependant elle doit, à moins de circonstances particulières, être résolue dans le même sens : les intérêts dus sont en effet une dépendance de la créance ; c'est d'ailleurs au vendeur à expliquer clairement sa pensée. Ce pacte obscur doit s'interpréter contre lui. — Duvergier, no 221 ; Troplong, no 915. — S'il a remis le titre constitutif de la créance, cette circonstance vient encore ajouter une nouvelle présomption contre lui, puisque sans titre il ne peut plus exercer de poursuites contre le débiteur cédé. — Mêmes auteurs.

167. — Ainsi, la cession que consent un mineur devenu majeur du droit de demander la nullité de la vente d'un de ses biens faite pendant sa minorité, sans l'observation des formalités légales, doit être réputée, à moins de stipulation expresse contraire, comprendre le droit de réclamer les jouissances perçues par l'acquéreur depuis le jour de son entrée en possession. — *Bourges*, 11 mars 1837 (t. 1er 1837, p. 445), Dubosc de Neuilly c. Clément.

168. — La cession faite par le survivant des époux à un tiers de tous les droits et reprises quelconques qu'il a à exercer sur la société d'acquêts qui a existé entre lui et son conjoint prédécédé, doit être réputée comprendre non seulement la part revenant au cédant en sa qualité d'associé, mais encore les droits qu'il a acquis comme héritier d'un de ses enfans, héritier lui-même de l'époux prédécédé. — *Bordeaux*, 29 déc. 1831, Bodin c. Linard.

169. — La cession faite par une femme de tous les droits résultant de son contrat de mariage contre la succession de son père, avec subrogation à toutes les actions dérivant à son profit de cet acte, sans aucune exception ni réserve, comprend nécessairement l'action de la cédante contre la succession de son mari en restitution de sa dot. — En conséquence, si, nonobstant la généralité de ce transport, la cédante a touché des héritiers de son mari le montant de sa dot et donné mainlevée de son hypothèque, le cessionnaire a le droit de demander la résolution de son contrat et la restitution du prix qu'il a payé. — *Limoges*, 27 août 1838 (t. 1er 1839, p. 211), Tourlaud c. Robert.

170. — Lorsqu'un cohéritier a cédé à sa cohéritière ses droits dans un domaine de l'hérédité et ses dépendances dans l'état où il se trouve, une pareille cession est censée comprendre une pièce de terre qui lui appartenait particulièrement, mais qu'il avait incorporée à ce domaine depuis plusieurs années, alors surtout que dans l'acte de cession, le cédant s'est engagé à affranchir cette pièce de terre d'une hypothèque dont elle était grevée. — *Paris*, 14 mai 1830, Laixagne c. Villenave.

171. — Une question plus délicate consiste à savoir si la cession de droits successifs faite par un héritier comprend la part qui, depuis l'acte lui est accrue par suite de la renonciation d'un de ses cohéritiers. — Cette question doit, selon

nous, se résoudre à l'aide d'une distinction : s'il résulte que l'intention des parties a été que l'acquéreur profitât de l'avantage de l'accroissement, par exemple si l'héritier a vendu sa part héréditaire avec tous les droits qu'il avait et qu'il pourrait avoir à l'avenir dans la succession, nul doute que le bénéfice de l'accroissement ne passe à l'acheteur, mais si cela ne résulte pas, il ne faut point le supposer. Comment croire qu'il a été dans l'intention des parties de stipuler sur un chef qu'elles ignoraient et qu'elles aient voulu dépasser les bornes d'une cession qui en soi était limitée à la part du vendeur ? — Troplong, *Vente*, no 972 ; Duranton, t. 16, no 524 ; Delvincourt, t. 3, p. 178.

172. — Les privilèges, hypothèques, cautionnements et autres garanties affectés à la créance, passent aussi au cessionnaire qui peut en général exercer contre les tiers tous les droits qui appartenaient à son cédant. — V. *infrà* no 269.

173. — Si du reste il s'élève quelques difficultés sur l'interprétation des conventions des parties, les tribunaux ont un pouvoir discrétionnaire pour les trancher, et pour décider quels sont les objets compris dans la cession.

174. — Ainsi, la cession de sommes qui seront reconnues être dues au cédant à partir d'une époque déterminée peut être réputée comprendre les sommes devenues exigibles depuis cette époque, alors même que les créances à raison desquelles ces sommes sont payées auraient une date antérieure à l'époque déterminée par la cession ; du moins l'arrêt qui juge ainsi échappe, comme se livrant à une pure interprétation du contrat, à la censure de la cour de Cassation. — *Cass.*, 12 mai 1835, Glaumont-Roullet c. Comte-Grandchamp.

175. — La cession de l'hypothèque attachée à une créance peut être considérée comme emportant cession de la créance elle-même. En effet, céder l'accessoire indivisible d'une créance, et qui en garantit principalement le recouvrement, sans lequel la créance ne présenterait plus qu'un droit incertain et subordonné à la volonté du débiteur, n'est-ce pas nécessairement céder la créance elle-même, puisque c'est dans ce sens là seul qu'elle peut avoir effet ? — *Nîmes*, 11 déc. 1809, Mazein c. Bardel et Jean Bonnet.

176. — La cession de partie d'une somme à prendre sur la totalité (ainsi, par exemple, de 900 fr. à prendre sur 1,000) avec subrogation à l'hypothèque qui y est attachée, emporte consentement de la part du cédant à ce que le cessionnaire soit payé avant lui ; dès-lors, si les fonds à distribuer ne suffisent qu'au paiement de la somme cédée, le créancier du surplus ne vient pas en ordre utile. — *Bordeaux*, 3 fév. 1831, Darrieux c. Rodrigues-Henriquez.

§ 2. *Des obligations du cédant.* — *Garantie.*

177. — Le cédant a deux obligations principales, celle de délivrer et celle de garantir la chose vendue. — La délivrance s'opère par la remise du titre. — C. civ., art. 1689. — S'il n'y a pas de titre, l'acte de transport lui même opère délivrance.

178. — La garantie due par le cédant est analogue à celle due par le vendeur, et qui consiste : 1o à empêcher l'éviction, ou si elle a lieu à indemniser l'acheteur ; 2o à assurer que la chose vendue est propre à l'usage auquel on la destine, et qu'elle n'est pas atteinte de défauts cachés, tels que l'acheteur ne l'aurait pas acquise ou n'en aurait donné qu'un prix moindre, s'il les avait connus. — Duvergier, *Vente*, no 244.

179. — L'étendue et la nature de la garantie peuvent du reste être modifiées par les conventions des parties, de telle sorte qu'il faut distinguer *la garantie de droit*, c'est-à-dire celle qui est imposée au cédant en l'absence de toute stipulation et *la garantie de fait*, c'est-à-dire celle qui naît de conventions particulières.

180. — *Garantie de droit.* — Celui qui vend une créance ou autre droit incorporel doit en garantir l'existence au temps du transport, quoiqu'il soit fait sans garantie. — C. civ. art. 1693. — Il ne répond de la solvabilité du débiteur que lorsqu'il s'y est engagé et jusqu'à concurrence seulement du prix qu'il a retiré de la créance. — C. civ. art. 1694.

181. — En conséquence, celui qui a cédé sans autre garantie que celle de ses faits et promesses une créance qui au moment de la cession était éteinte par la compensation, est soumis à la garantie de droit. — *Cass.*, 6 oct. 1807, Prat c. Dervieux ; 1er août 1808, mêmes parties.

182. — Celui qui transporte une créance non encore liquidée sur le gouvernement français est garant de l'existence actuelle et de la recon-

naissance future de cette créance par l'autorité compétente : si, par une décision ministérielle postérieure au transport, il est déclaré que cette créance n'est pas due par le gouvernement français, mais qu'elle peut l'être par le gouvernement espagnol, la créance transportée n'est pas censée avoir existé au moment du transport. En conséquence, quoique le transport soit fait sans garantie, le cessionnaire peut exercer son recours contre le cédant, alors toutefois qu'il l'a mis à même, en l'instruisant en temps opportun de la décision ministérielle, d'en appeler s'il l'eût cru utile.— *Cass.*, 21 nov. 1825, Revel c. Lippman et Sombrel; 9 fév. 1830, mêmes parties. — Duvergier, *Vente*, nº 267; Troplong, *Vente*, nº 936.

183. — Mais celui qui consent une délégation n'est pas de droit et sans convention tenu de la garantie des faits du prince.— Spécialement, le vendeur qui, au moyen d'une délégation acceptée sur un tiers, a donné quittance du prix de la vente, ne peut exercer de recours contre l'acquéreur lorsque, par un évènement ultérieur et de force majeure, la créance se trouve réduite ou que le mode de paiement est changé.— *Cass.*, 23 niv. an XII, Brevic c. Lévis.— V. VENTE.

184.— Lorsque plusieurs rentes ont été vendues par un seul et même acte, moyennant un prix fixe et déterminé, la circonstance que plusieurs de ces rentes se trouvent éteintes et ne peuvent plus être délivrées donne à l'acheteur le droit de demander la résiliation de la vente pour le tout. Le vendeur ne peut éviter cette résiliation en offrant à l'acquéreur une diminution proportionnelle du prix. — *Bruxelles*, 18 mars 1809, Denefs c. Vanhavre. — V. VENTE.

185.— La clause stipulée dans un transport que le cédant ne sera tenu que de ses faits personnels n'empêche pas que celui-ci ne doive la restitution du prix, en cas d'éviction, si le cessionnaire n'a point traité à ses risques et périls, et s'il n'est pas établi qu'il ait connu les dangers de l'éviction au moment de la signature de l'acte. — *Paris*, 26 nov. 1836 (t. 1er 1837, p. 274), André et Cottier c. Dreux.

186.— Le cédant est obligé de garantir le cessionnaire de la nullité du titre de la créance (titre auquel, lui, cédant, a concouru), malgré la stipulation insérée dans le transport, de non garantie, recours ni restitution. Cette nullité peut être considérée comme un *fait personnel* au cédant.— *Paris*, 27 août 1816, Prignot c. Robin.

187.— Le cessionnaire de plusieurs créances qui, après en avoir touché la plus forte partie, cède le surplus, sans indiquer duquel de ses cédans provient la somme cédée, et à quelle cession elle s'applique, est garant de l'existence de la portion cédée, quoiqu'il ait stipulé la non garantie des faits de ses cédans, cette clause devant être réputée non écrite, à cause de l'impossibilité de découvrir ceux des cédans originaires contre lesquels le second cessionnaire doit recourir. — *Cass.*, 25 août 1829, Boucher c. Hennet et Riondel.

188. — La décision judiciaire qui impose au cédant d'une créance sur l'état l'obligation de rapporter au cessionnaire, comme preuve qu'aucun paiement antérieur n'a été fait au cédant, l'original de la reconnaissance de liquidation, ou, en cas de perte de l'original, une expédition ou copie en forme, est rendue dans les limites des pouvoirs de l'autorité judiciaire, et ne saurait être annulée comme empiétant sur l'autorité administrative.— *Cass.*, 7 déc. 1830, Mural c. Damarzit.

189.— Mais la stipulation de la garantie de droit n'oblige pas le cédant à autre chose qu'à garantir l'existence de la créance. — *Paris*, 21 avr. 1809, Lafontaine c. Delamarlière et Chamey.

190. — Le cessionnaire d'une somme due à un tiers par un débiteur pour le compte duquel ce tiers a payé une dette privilégiée avec subrogation dans le privilége, ne peut à raison de la nullité de la subrogation, exercer aucun recours contre son cédant qui ne se serait rendu garant que de l'existence de la créance au moment du transport. — En effet, la nullité de la subrogation n'empêche pas que le tiers, qui, en payant pour le débiteur, a éteint ainsi la dette primitive, ne soit, à raison de ce paiement, créancier du débiteur qu'il a libéré, alors surtout que celui-ci est intervenu à l'acte de subrogation pour l'accepter et s'obliger personnellement. — *Cass.*, 10 juill. 1839 (t. 2, 1839, p. 157), Sibire c. Marey et Eschasseriaux.

191. — Toutefois, si la créance avait été présentée au cessionnaire comme garantie par une hypothèque, un privilége, un cautionnement, il ne suffirait pas qu'elle existât sans ces garanties pour que la responsabilité du cédant fût à couvert; le cessionnaire serait en droit d'exiger l'hypothèque, le cautionnement ou le privilége promis; car il n'eût point acheté la créance sans ces accessoires. Lorsque l'art. 1693 dispose que le cédant doit garantir l'existence de la créance, il n'entend pas seulement que la créance existe, il veut qu'elle existe telle que les parties l'ont comprise, environnée de tous les accessoires indiqués dans la convention.— Duvergier, t. 2, *Vente*, nº 252; Troplong, *Vente*, nº 933.

192.— Ainsi, le cédant d'une rente hypothéquée est garant de l'éviction totale ou partielle de l'hypothèque.— *Bruxelles*, 18 oct. 1822, Bogaert-Declercq c. B... et Pieters.

193.— Si néanmoins l'intention des parties n'a pas été de céder et d'acquérir certains élémens qu'on pouvait considérer comme naturellement attachés au droit cédé, le cessionnaire est non recevable à les réclamer. — Duvergier, *Vente*, nº 254.

194. — Il a été jugé, par application de ce principe, que celui qui s'est rendu acquéreur ou cessionnaire d'actions d'une société projetée anonyme, mais en plein exercice, quoique non encore autorisée par le gouvernement, ne peut, si cette autorisation est refusée, et si, par suite, la société est dissoute, demander la résiliation ou nullité de la cession, alors que le défaut d'autorisation était notoirement connu à l'époque de la cession.— *Lyon*, 12 juin 1827, Aynard c. Dumoy; 26 avr. 1837, Montain c. Delelo.

195. — Lorsque la somme d'une créance est fixée, il est dû garantie, non que la créance produira la somme désignée, mais qu'elle est bien réellement de cette somme. Il y a lieu à garantie par le cédant toutes les fois que, même sans son fait, et par un motif autre que l'insolvabilité du débiteur, la créance vient à subir une diminution dont la cause est antérieure à la cession. — Duvergier, *Vente*, nº 256.

196. — En conséquence, si l'acte énonce que les droits transportés ne seront primés que par quatre créanciers désignés, et qu'il s'en trouve un cinquième, le cédant doit garantie au cessionnaire, encore bien qu'il l'ait promise seulement pour ses faits et promesses, et qu'il ait été stipulé que, quel que fût le résultat de la surenchère élevée sur le prix mis en distribution, le cessionnaire ne pourrait exercer aucun recours contre le cédant. — *Cass.*, 13 déc. 1832, d'Hérîcy c. de Conantre.

197. — Le cédant d'une créance, tenu de la garantie de son transport, et qui, à défaut de paiement entre les mains du cessionnaire, l'a remboursé, est fondé à se pourvoir contre les décisions judiciaires qui ont refusé de reconnaître la validité de la créance cédée.— *Angers*, 26 fév. 1846 (t. 2, 1848, p. 292), Carié et Bretonnière c. Villain.

198. — Le cédant est d'ailleurs garant, dans tous les cas, de ses faits personnels; si ces faits ont précédé la cession, les droits cédés n'existaient pas au moment du contrat tels que le cessionnaire a entendu les acquérir; si, au contraire, ils sont postérieurs à la cession, ils constituent une infraction formelle à l'engagement que tout vendeur contracte de conserver la chose dans la possession de l'acheteur. — Duvergier, *Vente*, nº 262.

199. — Les effets de la garantie de droit imposée au cédant n'étant déterminés par aucune disposition spéciale, il faut se reporter aux règles générales sur les effets de la garantie due par le vendeur à l'acheteur. — V. VENTE.

200. — Le cessionnaire ne peut donc pas réclamer, en cas d'éviction, le montant de la créance cédée; il n'a droit qu'au remboursement de la somme par lui payée : le cédant ne saurait être tenu, sans injustice, de rendre autre chose que ce qu'il a reçu. — Duvergier, *Vente*, nº 263; Duranton, t. 16, nº 512; Troplong, *Vente*, nº 945.

201. — Mais à ce prix principal viennent s'ajouter les frais et loyaux coûts du contrat, les frais faits sur la demande en garantie, ceux de l'instance dirigée par le demandeur originaire, et enfin, s'il y a lieu, les dommages-intérêts. — Arg. C. civ., art. 1630. — Duvergier, Troplong, Duranton, *loc. cit.*

202.— Ainsi, le cessionnaire d'une créance reconnue, par jugement obtenu contre le débiteur délégué, n'avoir point existé lors de la cession qui lui en a été faite, est recevable à exercer son recours en garantie contre son cédant, et à lui demander, outre le paiement du principal, celui des frais employés dans l'instance, encore bien qu'il ne l'y ait point appelé, et alors que le cédant ne justifie pas qu'il existât de moyens suffisans pour faire admettre la demande du cessionnaire. — *Cass.*, 27 mars 1833, Stacpool c. Mahon.

203. — Jugé encore que les frais de l'instance doivent être mis à la charge du cédant condamné à restituer le prix de la cession au cessionnaire évincé, encore qu'il n'ait garanti que ses faits personnels. — *Cass.*, 30 avr. 1838 (t. 2 1838, p. 112) André et Cottier c. Dreux.

204. — Dans le cas de cession, aux frais, risques et périls de l'acquéreur, d'une créance sur le gouvernement, créance non litigieuse, mais susceptible de réduction quant à sa quotité seulement par l'effet de la liquidation, on ne doit rendre au cessionnaire, exerçant son recours en garantie, que le prix réel de la cession, et non l'intégralité de la créance, qui a souffert une diminution par suite de cette liquidation.— *Paris*, 4 mai 1825, Saudrié-Vincourt c. habitans de Montigny.

205. — Jugé par le même arrêt : 1º que les intérêts du prix de la cession de cette créance non garantie ne sont dus qu'à compter du jour de la demande, même lorsqu'une loi les fait partir, pour le créancier originaire, d'une époque bien antérieure.

206. — ... 2º Que lorsque cette créance a été revendue par l'acquéreur avec garantie, ce dernier ne peut faire supporter à son vendeur primitif, qu'il a appelé en garantie sur la demande principale formée par le second acquéreur, les dépens de cette demande principale faits antérieurement à la demande en garantie.

207.— ... 2º Que lorsque la vente a été faite, par les maire et habitans d'une commune collectivement, d'une créance dans laquelle chacun des cédans avait un droit particulier, quoique non exprimé dans l'acte de cession, la garantie que l'on vient à exercer contre eux, à raison de cette vente, est solidaire, bien que l'acte de cession ne contienne aucune stipulation de solidarité. Il résulte, en effet, de la nature de l'engagement que l'intention des parties a été que la dette ne pût s'acquitter partiellement.

208. — Pour que la demande en garantie dirigée par le cessionnaire contre son cédant soit recevable, il faut, en général, qu'une action en éviction ait été antérieurement formée contre le cessionnaire. — En conséquence, l'action dirigée par le cessionnaire d'une créance en garantie contre son cédant, avant qu'il ait été jugé que la créance n'existait pas au moment de la cession, ou avait été acquittée, peut être déclarée prématurée, encore bien qu'un compte ait été ordonné au sujet de cette créance.— *Cass.*, 14 déc. 1829, Peyrand c. Rostaing.

209. — Néanmoins, les tribunaux peuvent, dans certaines circonstances, lorsque l'éviction est imminente, admettre le recours du cédant, quoiqu'aucune instance régulière ne soit encore introduite contre lui. — *Bruxelles*, 18 oct. 1822, Bogaert Declercq c. Pieters.

210. — Jugé qu'encore qu'il n'y ait éviction que d'une partie de l'hypothèque, l'action en garantie est recevable avant la discussion de la partie restante, bien que le garant la soutienne suffisante pour faire face à la rente.— *Bruxelles*, 18 oct. 1822, Bogaert-Declercq c. Pieters.

211. — Mais l'action en garantie cesse d'être recevable si la créance a péri par la faute du cessionnaire ou la négligence de faire en temps utile des actes conservatoires. Ainsi, par exemple, le cessionnaire d'une créance communale, devenue dette de l'état, ne peut, à raison de la déchéance encourue à défaut de production de titres, en temps utile, depuis la cession, exercer contre son cédant l'action en garantie, bien qu'à l'époque même des diligences à faire, le procès sur la réalité de la créance ne fût pas encore terminé. — *Cass.*, 30 mai 1826, Gide c. Jeansing. — Duvergier, *Vente*, nº 258.

212. — Le cessionnaire est non-recevable dans sa demande en garantie, si l'éviction ne résulte que d'un partage dans lequel il aurait pu intervenir pour la conservation de ses droits, à moins qu'il ne prouve que l'action du revendiquant ne pouvait être repoussée. — *Bruxelles*, 18 oct. 1822, Bogaert-Declercq c. Pieters.

213. — Le cédant n'est également pas tenu de la prescription commencée avant et accomplie depuis la cession. En effet, d'une part, la cause de l'extinction du droit est réelle, postérieure à la cession, et, de l'autre, il y a un reproche de négligence à faire au cessionnaire. — Duvergier, *Vente*, nº 240.

214. — *Garantie de fait.* — Les effets ordinaires de la garantie peuvent être restreints ou étendus par la volonté des parties. La garantie ainsi modifiée prend le nom de *garantie de fait*. — Duvergier, *Vente*, nº 264.

215. — Ainsi, le cédant peut stipuler qu'il ne sera tenu que de ses faits personnels, et qu'il ne garantira pas même l'existence de la créance cédée. Dans ce cas, l'éviction soufferte par le cessionnaire ne donne pas ouverture à une action en restitution du prix de la cession. — Duvergier, *Vente*, nº 265.

216. — Une pareille stipulation dérogeant au

droit commun ne se présume pas facilement; elle n'a cependant pas besoin d'être constatée dans des termes sacramentels et peut s'induire des circonstances qui ont accompagné la convention.

217. — Ainsi, par exemple, aucune garantie n'est due, si le contrat exprime que le droit est vendu comme litigieux, que le cessionnaire l'acquiert à ses risques et périls, ou bien si, par d'autres expressions équivalentes, la convention reçoit un caractère aléatoire; le cessionnaire ne peut se plaindre dans ces diverses hypothèses dès que les chances auxquelles il s'est exposé volontairement ont tourné contre lui. — Duvergier, *Vente*, nº 265. — V. CONTRAT ALÉATOIRE, DROIT LITIGIEUX.

218. — En conséquence, le transport sans garantie, et à titre de forfait, de plusieurs créances, au nombre desquelles il s'en trouve une appuyée sur un jugement par défaut frappé d'opposition et prononçant une condamnation *personnelle* contre un tiers saisi, ne donne pas lieu à la garantie contre le cédant, dans le cas où le jugement vient à être rétracté en ce qui concerne cette condamnation. On ne saurait, dans ce cas, considérer la créance comme non *existante* au moment du transport; et le contrat présente en outre un caractère aléatoire qui exclut toute idée de garantie. — *Cass.*, 9 mars 1837 (t. 1er 1837, p. 434), Second c. Lamey.

219. — Il en est de même si, au moment du contrat, le cessionnaire a connu les chances d'éviction résultant de ce que la créance cédée était due par une ville étrangère et que le gouvernement étranger était disposé à refuser le paiement sous prétexte que l'obligation aurait été contractée par la ville sans cause légitime. — *Cass.*, 16 juill. 1828, Parker c. Rapp.

220. — C'est aux juges du fond qu'il appartient exclusivement de décider si l'acte de cession a ou non un caractère aléatoire. — Spécialement, la déclaration en fait, de la part des juges du fond, que la cession d'une créance déterminée sur l'état n'a formé qu'un contrat purement aléatoire dont le cessionnaire a accepté et dû prévoir les chances, les autorise, même au cas de non existence de la créance cédée, à refuser à ce cessionnaire le droit de garantie consacré par l'art. 1693. — *Cass.*, 25 fév. 1835, Julienne c. Chamborant.

221. — Toutefois, la simple stipulation de non garantie n'empêche pas le cédant d'être obligé de restituer le prix de la cession dans le cas où la créance n'existait pas au moment du contrat. — V. *suprà*. — Elle l'affranchit seulement de tous dommages-intérêts. — Pothier, *Vente*, nº 186; Duvergier, *Vente*, nº 268. — Pour que le cédant puisse garder ce qu'il a reçu du cessionnaire comme équivalent du droit cédé, il faut nécessairement que ce droit ait été présenté comme aléatoire, que le cessionnaire l'ait acquis à ses risques et périls.

222. — Il n'est même pas impossible, en présence d'une déclaration du cédant qu'il acquiert à ses risques et périls, que les tribunaux décident que la restitution du prix de la cession est due, s'il leur apparaît que les parties ont entendu dire seulement que le cédant ne répondrait ni de la solvabilité du débiteur ni des difficultés et des frais de recouvrement.

223. — Ainsi, bien que, par un cahier des charges, les loyers échus depuis une certaine époque aient été délégués à l'adjudicataire *sans aucune garantie et à la charge par lui de les répéter à ses risques et périls*, il peut retenir sur son prix la portion de ces loyers qui serait justifiée n'avoir pas été due au moment de l'adjudication, parce qu'elle aurait été employée par le locataire en réparations augmentant la valeur de l'immeuble. — *Cass.*, 20 janv. 1830, Bardin c. Santerre.

224. — De même que le cédant ne peut diminuer sa responsabilité que par une stipulation formelle, le cessionnaire n'est recevable à réclamer un supplément de garantie que dans le cas où les limites de la garantie légale ont été étendues par une convention particulière. Dans l'un comme dans l'autre cas, il s'agit en effet d'une dérogation au droit commun. Dans le doute sur l'intention des parties, on doit toujours se rapprocher le plus possible des règles tracées par le Code.

225. — Lorsque le cédant a promis la garantie de la solvabilité du débiteur, cette promesse ne s'entend donc que de la solvabilité actuelle et ne s'étend pas au temps à venir, si le cédant ne l'a expressément stipulé. — C. civ., art. 1695.

226. — De même, sous l'empire du droit écrit, le cédant d'un contrat de rente qui avait promis la garantie de fait, n'était pas tenu de l'insolvabilité du débiteur survenue depuis la cession. — *Besançon*, 16 pluv. an X, Gérard c. Jobelot. — Pothier, *Contrat de vente*, nos 560 et suiv.; Loyseau, *Garantie des rentes*, chap. 1er, nº 10; Merlin, *Rép.*, vis *Garantie de créance* et *Hypothèque*, sect. 2e, § 2, art. 14, nº 2, et *Rente foncière*, § 1er; Domat, liv. 1er, tit. 2, sect. 10e, nos 6 et 7; Bourjon, liv. 3, tit. 3, sect. 8e, nos 13 et 14.

227. — Le transport d'une créance fait *avec toute garantie*, en admettant que dans l'intention des parties, ces expressions dussent s'appliquer à la solvabilité du débiteur, ne soumet le cédant qu'à la garantie de la solvabilité *actuelle*. — Une telle énonciation est insuffisante pour exprimer la garantie de la solvabilité *future*, laquelle, aux termes de la loi, doit être expressément stipulée. — *Paris*, 24 déc. 1840 (t. 1er 1841, p. 223), de Saint-Didier c. de Montesquieu.

228. — Mais la clause de *fournir et faire valoir* est considérée comme engageant la responsabilité du cédant d'une manière plus étendue que la garantie de tous troubles et empêchemens. — Duvergier, *Vente*, nº 273.

229. — Ainsi, celui qui cède une rente avec promesse de garantir, fournir et faire valoir, doit garantie de l'insolvabilité survenue depuis la cession. — *Riom*, 8 mai 1809, Flourat.

230. — Il peut même être contraint à payer provisoirement les arrérages de la rente en cas de refus du propriétaire qui doit la servir. — *Bruxelles*, 3 août 1812, Baquelaine c. Delamotte.

231. — Celui qui s'est obligé au paiement d'une rente foncière, avec promesse de *fournir* et *faire valoir*, n'a pas été relevé de son obligation par la confiscation opérée sur lui comme émigré, et suivie de vente faite par l'état de l'immeuble arrenté. — *Cass.*, 30 avr. 1806, Craipain c. Chaboneau.

232. — Néanmoins le cédant, quoique expressément obligé à la garantie par la clause *fournir* et *faire valoir*, ne peut être tenu d'acquitter la créance dont il a fait le transport, qu'autant que le débiteur a été prouvé insolvable par une *pleine discussion*. — *Colmar*, 12 nov. 1830, Flotta c. Wahl.

233. — Le cédant n'est en effet qu'une caution soumise au paiement dans le cas d'insolvabilité du débiteur principal. — Or l'insolvabilité ne peut être prouvée que par la discussion, laquelle, pour être complète, doit embrasser non-seulement les biens spécialement affectés à la créance, mais encore tous ceux que le garant peut posséder : les anciens auteurs disaient que la discussion doit être poussée *usquè ad peram et saccum*. « La discussion, dit Brodeau (sur Louet, lettre F, § 25), qui va à l'effet de démontrer le débiteur insolvable, soit lors du transport, soit depuis, n'est ni bien ni suffisamment justifiée que *per solemnem auctionem bonorum debitoris* et non par la simple relation d'un sergent contenue en son rapport. » — Baquet (*Traité des rentes constituées*) dit également que « le cessionnaire ne peut valablement dire qu'il soit évincé de la rente qui lui a été cédée, et qu'elle ne soit bonne, perceptible et exigible, jusqu'à ce qu'il ait fait discussion des biens du débiteur d'icelle, tant meubles qu'immeubles, *usquè ad ungulam, usque ad cespitem terræ*. » — V. aussi Mornac, loi dernière, ff., *Si certum petatur*; Chopin, *Cout. de Paris*, liv. 3, tit. 2, art. 19; Loyseau, *Garantie des rentes*, chap. 4, nº 22, et chap. 8, nº 9; Merlin, *Quest.*, vº *Billet de commerce*, § 2; Troplong, *Vente*, nº 939. — V. CAUTIONNEMENT.

234. — Il en était ainsi sous l'empire du droit écrit. — *Besançon*, 16 pluv. an X, Gérard c. Jobelot.

235. — Il a également été jugé que bien qu'il ait été promis par le cédant garantie *de fait et de droit*, le cessionnaire d'une rente ne peut agir en garantie contre lui qu'après discussion des immeubles affectés au paiement de la rente et qu'il ne lui suffirait pas d'offrir la preuve de l'insolvabilité du débiteur — *Turin*, 7 mars 1810, Bruno c. Bruno-Deyro.

236. — A plus forte raison, le cessionnaire ne peut-il pas agir contre le cédant *par voie parée*, l'obligation de celui-ci est en effet modifiée par une condition dont l'accomplissement ne peut être vérifié que par la justice, à savoir, la discussion du débiteur principal. — *Bruxelles*, 13 avr. 1811, Prost c. Hélin; *Agen*, 19 juin 1824, Pagée c. Sidonar. — Troplong, *Vente*, nº 950.

237. — C'est là en effet une mesure conservatoire plutôt qu'une exécution. — V. SAISIE-ARRÊT. — Mais le cessionnaire d'une créance qui a stipulé son recours en garantie contre le cédant peut, en cas de non-paiement de cette créance et avant d'avoir entièrement discuté le débiteur principal, faire, à titre de mesure conservatoire, et sauf à ne toucher qu'après la discussion du débiteur, une saisie-arrêt au préjudice du cédant. — *Bordeaux*, 2 juill. 1813, Maldant c. Merturat.

238. — Celui qui a cédé un prix de vente, avec obligation de payer, après un commandement resté infructueux, est passible du recours en garantie dans le cas où l'acquéreur refuse de payer parce qu'il est en danger d'éviction. — *Toulouse*, 31 mars 1810, Lavergne et Foulquié.

239. — Quelque étendue du reste que soit la garantie du cédant, elle cesse du moment que l'insolvabilité du débiteur provient du fait du cessionnaire, par exemple, si ce dernier a donné main-levée gratuite ou inopportune des hypothèques qui garantissaient la créance; s'il a consenti à décharger quelques unes des cautions ou des débiteurs solidaires, il ne saurait être reçu, dans ce cas, à se plaindre que la créance est mauvaise, puisque c'est lui qui l'a rendue telle. — Troplong, *Vente*, nº 940; Duvergier, *Vente*, nº 278.

240. — Il en serait de même si le cessionnaire avait laissé prescrire les hypothèques : il n'y a aucune distinction à établir entre le cas où l'on peut reprocher un fait au cessionnaire et celui où il s'est rendu coupable d'une simple négligence; il est propriétaire de la créance; c'est donc à lui à la soigner et non au cédant, qui répond uniquement des cas de fortuits. — Toullier (t. 7, nº 172) combat cette opinion, en se fondant sur ce que le cédant qui a promis de fournir et faire valoir s'est engagé à agir, et, en outre, sur ce que l'art. 2037 ne décharge la caution que si la subrogation dans les droits du créancier ne peut plus s'opérer *par le fait* de celui-ci. Mais sa doctrine est universellement repoussée par tous les auteurs. — Troplong, *Vente*, nº 941; Delvincourt, t. 3, p. 263; Duranton, t. 12, nº 171; Duvergier, *Vente*, nos 276 et 279. — V. CAUTIONNEMENT.

241. — La cour de Cassation a également décidé que l'action récursoire du cessionnaire contre le cédant est inadmissible lorsqu'elle a pour fondement une éviction résultant de la négligence du cessionnaire à remplir les formalités prescrites pour conserver son droit, lors même que la garantie aurait été stipulée pour le cas d'éviction, de quelque manière que ce fût. — *Cass.*, 26 fév. 1806, de Bourbonne c. Dubois et Renault.

242. — La prorogation de terme accordée au débiteur par le cessionnaire d'une créance a, par les mêmes raisons, pour effet de faire perdre à ce dernier son recours en garantie contre le cédant, alors même que l'acte contiendrait stipulation de garantie, surtout s'il n'est pas établi qu'au moment de l'exigibilité de la créance le débiteur fût hors d'état de payer. — *Paris*, 18 mars 1830, Hermain c. Gentil-Lapeyrière; 27 mars 1817, Dunant c. Hulin. — Duvergier, *Vente*, nº 279; Troplong, *Vente*, nº 942

243. — Loiseau, qui émet cette opinion (chap. 11, nº 15, et chap. 5, nº 3), semble la restreindre au cas où il s'agit d'une créance dont l'échéance est rapprochée de l'époque de la cession : « S'il était question, dit-il, d'une simple dette *promptement exigible*, le cessionnaire de laquelle eût laissé, par sa négligence, consommer par le débiteur d'icelle plusieurs meubles, tellement qu'il apparût qu'il serait devenu insolvable à cause de cette négligence, alors il y a grande apparence que le cédant qui aurait promis icelle fournir et faire valoir et tout autre obligé subsidiaire n'en serait plus tenu par la raison de la loi 1, C., *De divid. tutel.* » — M. Troplong, en citant ce passage, parle aussi de la cession d'une créance exigible *peu de temps après*. « Mais, dit M. Duvergier, on comprend que le motif qui fait affranchir le cédant de la garantie, lorsque l'incurie ou la bonté du cessionnaire a accordé des délais pendant lesquels l'insolvabilité est survenue, subsiste également lorsque l'époque de l'exigibilité de la créance est voisine de l'époque de la cession et lorsqu'elle en est éloignée. » — V. aussi Rousseau de la Combe, vº *Garantie*, nº 4.

244. — Toutefois, nous voyons que toujours la décharge du cédant est fondée sur *l'incurie*, *la négligence* ou *la bienveillance du cessionnaire*. — Qu'arriverait-il et que devrait-on décider dans le cas où l'insolvabilité aurait existé du jour de l'échéance? les terme et délai accordés au débiteur n'étant alors en réalité qu'un moyen de se mettre en mesure, ne devrait-on pas considérer la concession faite par le cessionnaire comme faite aussi bien dans l'intérêt du cédant que dans le sien propre? et il semble que, dans ce cas, le cédant ne pourrait reprocher à son cessionnaire d'avoir rendu le débiteur insolvable et échapper ainsi à la responsabilité. Tout dépendrait des circonstances.

245. — La promesse de payer à défaut du débiteur a les mêmes effets que la clause de fournir et faire valoir. — Duvergier, *Vente*, nº 274.

246. — Mais celle de payer si le débiteur ne paie point, sans que le cessionnaire ait aucune poursuite à faire contre le débiteur, ou après un simple commandement, a une plus grande étendue. Elle constitue en effet le cédant obligé direct et principal, au lieu d'obligé subsidiaire.

247. — Il suit de là : 1° que le cessionnaire n'est pas tenu de discuter préalablement le débiteur cédé ; 2° qu'il ne perd pas son recours contre le cédant, si la créance a péri par suite de sa négligence ; en stipulant la garantie après un simple commandement, il s'est déchargé de toute autre diligence. — Troplong, *Vente*, n° 944 ; Duvergier, *Vente*, nos 5280, 284. — V. SOLIDARITÉ.

248. — Dans tous les cas, celui qui a cédé une créance avec promesse de garantie a qualité pour intervenir en appel, dans une contestation sur cette créance entre le débiteur et le cessionnaire. — *Colmar*, 14 mars 1836, Rieffel c. Plinreissen.

249. — Ainsi que nous l'avons vu, la garantie de *droit* n'oblige le cédant qu'à restituer le prix qu'il a reçu. — Et la garantie de fait n'est plus étendue qu'en ce qu'elle rend le cédant responsable de la solvabilité actuelle du débiteur.

250. — Quant à la garantie résultant de la clause de *fournir et faire valoir*, elle diffère de la garantie de fait simple, en ce qu'elle s'applique à la solvabilité future du débiteur, mais elle n'oblige le cédant qu'à rembourser ce qu'il a reçu du cessionnaire. Cette clause n'implique point l'intention d'aggraver la responsabilité du garant quant à l'importance des restitutions. — Duvergier, *Vente*, n° 282 ; Troplong, *Vente*, nos 946 et 948.

251. — Si le débiteur n'est insolvable que pour partie, le cessionnaire a son recours contre le cédant, seulement pour une part proportionnelle du prix que ce dernier a retiré de la cession. — Duranton, t. 16, n° 514 ; Troplong, *Vente*, n° 947.

252. — Mais si la garantie a été portée jusqu'à la stipulation de payer après un simple commandement, comme le cédant est obligé personnel, il ne peut plus se refuser à payer la valeur nominale de la créance. — Troplong, *Vente*, n° 949 ; Duranton, t. 16, n° 515 ; Duvergier, *Vente*, n° 283.

§ 5. — *Obligations du cessionnaire.*

253. — La principale obligation du cessionnaire est de payer le prix de la cession au jour et au lieu indiqués dans le transport. — C. civ., art. 1650.

254. — Toutefois, le cessionnaire à titre onéreux d'une créance sur le trésor public peut suspendre le paiement du prix jusqu'après liquidation de la créance cédée. — *Turin*, 14 niv. an XIII, Dellatorre c. Zonco.

255. — C'est par lui et non par le débiteur, que doivent être supportés les frais du transport. — *Cass.*, 25 nov. 1840 (t. 1er 1841, p. 215), de Maraise c. Prévost.

256. — C'est également à lui qu'incombe l'obligation de notifier l'acte de cession. S'il ne l'a pas fait, il ne peut, à raison des retards que ce défaut de notification aurait pu entraîner, demander des dommages-intérêts au cédant, sous prétexte que c'était à lui de notifier l'acte au débiteur cédé ou de le faire ratifier par lui. — *Cass.*, 1er déc. 1835, Comp. de Menat c. Mossier, Dumont et Derosne.

257. — Lorsqu'il est constant que des titres sont restés entre les mains du cédant pour en aider au besoin le cessionnaire, le mandataire de celui-ci ne peut être tenu, sur la demande d'un créancier du cédant, de représenter ces titres en vertu desquels il a agi. — *Cass.*, 18 janv. 1832, Vauver c. Bouqueau.

ART. 2. — *Effets du transport vis-à-vis des tiers.*

§ 1er. — *Effets du transport régulièrement signifié ou accepté.*

258. — Le transport parfait, c'est-à-dire le transport régulièrement signifié ou accepté par le débiteur cédé, opère novation par suite de la substitution du cessionnaire aux lieu et place du cédant, de telle sorte que ce dernier devient, pour l'avenir, complétement étranger au débiteur cédé, et que celui-ci, de son côté, n'est plus tenu de la dette qu'envers le cessionnaire, dont il demeure l'obligé direct.

259. — En conséquence, le débiteur cédé ne peut opposer en compensation au cessionnaire des sommes qu'il prétend lui être dues par le cédant, en vertu d'actes émanés de celui-ci, mais n'ayant pas de date certaine avant la signification du transport. — *Caen*, 1819, Ridel c. Grant-Devaux.

260. — Le vendeur qui a cédé à un tiers le prix de la vente dû par l'acquéreur ne peut, après la signification faite par le cessionnaire, demander la nullité de la vente pour cause de dol ou de fraude. — *Bordeaux*, 12 août 1828, Drouinaud c. Prévot.

261. — Lorsque le débiteur d'une créance s'est libéré vis-à-vis du cessionnaire, en vertu de jugemens et arrêts passés en force de chose jugée qui ont fixé le chiffre de la créance, cette libération est opposable au cédant, quoiqu'il ait fait ultérieurement annuler l'acte de cession. — *Cass.*, 19 mai 1835, Potel c. Lalette.

262. — Cependant les créanciers délégataires, qui reçoivent de l'acquéreur d'un immeuble tout ou partie de ce qui leur est dû par le vendeur, ne sont pas tenus à restitution dans le cas où l'acquéreur est obligé de payer une seconde fois, par suite des hypothèques ; dans ce cas, l'acquéreur n'a d'action en répétition que contre le vendeur. — *Cass.*, 28 avr. 1840 (t. 2 1840, p. 64), Labrillantais c. Laffitte et Rotschild. — C'est en effet à l'acquéreur qui paie un créancier à s'assurer que le paiement doit lui profiter, et que sa libération ne peut en souffrir. Il peut, en effet, refuser de payer ce créancier s'il éprouve quelque crainte sur la validité de la délégation. Il en résulte donc que s'il paie, lors surtout qu'il connaît les droits d'un autre créancier, c'est qu'il le veut bien ; et, dans ce cas, toute action en répétition contre le délégataire, si la créance est légitime, doit lui être interdite. — V. OBLIGATION et VENTE.

263. — Le cessionnaire d'une créance est recevable à former tierce-opposition aux jugemens rendus contre son cédant postérieurement à la signification du transport, alors même que la cession n'aurait eu lieu que depuis le procès commencé, si toutefois il est constant qu'il n'a pas eu connaissance de l'existence de ce procès. — *Colmar*, 11 mai 1811, Roos c. Rietling ; *Cass.*, 26 mars 1838 (t. 1er 1838, p. 648), Tremoulet c. Bonnes. — V. TIERCE-OPPOSITION.

264. — Jugé toutefois que la cession, même notifiée, des droits accordés par un jugement de première instance, n'empêche pas que la partie condamnée continue de procéder régulièrement avec son adversaire originaire, et lui signifie l'appel de ce jugement ; surtout si, depuis la cession, le cédant a signifié en son nom le jugement contre lequel l'appel est formé. La cession a bien en effet pour résultat de transformer la propriété des créances qui en sont l'objet, mais elle ne peut changer les errements d'une procédure commencée contre le créancier primitif dont la présence dans l'instance peut être indispensable pour répondre d'actes qui lui sont personnels. — *Trèves*, 3 juin 1807, Gloentzer c. Brener ; *Douai*, 5 mars 1827, Godfrin c. Garnier et Clément.

265. — Jugé de même que le transport d'une créance qui fait l'objet du procès n'empêche point le cédant de suivre l'instance et d'en demander, s'il y a lieu, la péremption, s'il ne contient pas novation, c'est-à-dire cession de l'action même. — *Grenoble*, 27 août 1817, Dusserre c. Savoie. — Il a, en effet, un intérêt personnel et direct à terminer le procès pour éviter un recours en garantie de la part de son cessionnaire.

266. — La cour d'Orléans a jugé que le cessionnaire n'a pas qualité pour défendre à l'appel du jugement qui, avant la cession, avait prononcé la condamnation de la somme cédée ; — et qu'en conséquence cet appel ne peut être interjeté que contre celui qui avait obtenu la condamnation. — *Orléans*, 26 juin 1840 (t. 1er 1843, p. 683), Bobée c. Leriche de Chevignée.

267. — Mais le contraire a été implicitement décidé par la cour de Cassation, qui a jugé que lorsqu'un jugement de condamnation a été rendu au profit et sur la poursuite du tiers-porteur d'une lettre de change, le cessionnaire peut être admis à conclure sur l'appel à la confirmation du jugement. — *Cass.*, 24 fév. 1806, Bouton c. Bruneau. — V., en outre, INTERVENTION, nos 24 et suiv.

268. — Tous les accessoires de la créance, tels que caution, privilége, hypothèque, suivent le sort du principal et sont transmis au cessionnaire. — Duvergier, *Vente*, n° 218.

269. — Tous les moyens d'exécution, notamment la voie parée, la contrainte par corps, lui sont également transportés. — Duvergier, *ib.* ; Duranton, t. 16, n° 509 ; Troplong, *Vente*, n° 924.

270. — Ainsi, il n'est pas tenu, avant d'agir, de se faire autoriser par justice. Il peut poursuivre l'exécution des titres de son cédant, sans même les faire notifier par acte séparé ; il suffit que cette notification accompagne le commandement. — *Nîmes*, 2 juill. 1808, Perrochel c. Leplay.

271. — Quelques anciennes coutumes (V. Blois, art. 263 ; Melun, art. 311) voulaient que le cessionnaire intentât au préalable une action pour faire déclarer son titre exécutoire ; mais Dumoulin déclarait ces dispositions tout-à-fait ineptes : « *Iste » articulus valdè est ineptus* (sur Blois, art. 263), *con» trarium enim ubique observatur.* » Elles étaient en effet contraires au droit commun de la France, et on pouvait considérer comme absurde de remettre en question ce qui, de soi, était, comme dit le judicieux Coquille (sur Nivernais, t. 32, art. 1er), en prompte exécution.

272. — Dans l'ancienne jurisprudence, la cession même générale des droits et actions ne comprenait point les actions rescindantes et rescisoires, parce qu'elles étaient considérées comme dépendant uniquement de la volonté du cédant, et intéressant quelquefois son honneur. — Rousseau de Lacombe, v° *Transport*, n° 6. — Mornac, *Ad. rubric.*, ff., tit. *De rescend vend.*, et *Ad. legem* 6, *De integ. restit.* — *Parlem. Paris*, juill. 1587 ; — Un arrêt de la cour d'appel de Limoges, du 27 nov. 1811 (Maulmond de Chalard c. Jagot La Goussière), a sanctionné cette doctrine et jugé en principe que la cession des actions rescindantes et rescisoires devait être spéciale.

273. — Mais l'opinion contraire a été adoptée par un arrêt de la cour de Bordeaux du 25 fév. 1829 (Dublan Delaher c. Depontet), et la cour de Cassation a rejeté, le 22 juin 1830, le pourvoi dirigé contre cet arrêt, par le motif qu'il appartient aux juges du fond de statuer, d'après l'appréciation des actes, sur la question de savoir si le cédant a entendu transmettre même les actions rescindantes et rescisoires, ce qui est bien décider que ces actions ne sont pas d'une nature telle qu'il faille, pour en opérer la transmission, une clause *expresse et spéciale*. Tel est aussi l'avis de M. Duranton (t. 16, n° 508). — V. aussi Troplong, *Vente*, t. 2, n° 916 ; Duvergier, *Vente*, t. 2 (contin. de Toullier, t. 17), n° 222 ; Rolland de Villargues, *Rép. du not.*, v° *Rescision*, n° 39. — M. Troplong s'attache à démontrer que les lois romaines invoquées par les anciens auteurs (V. la loi 25, § 1er, ff., *De minoribus*, et la loi 68, ff., *Mand. vel contr.*), n'ont pas le sens qu'ils leur attribuaient. — « Sous le Code civil, dit fort bien M. Duvergier, tous les droits qui ne sont pas attachés à la personne sont transmissibles ; dès que les termes de la cession sont généraux et absolus, il est impossible d'admettre aucune exception ; si le cédant pensait que son honneur et sa réputation dussent être compromis par l'exercice d'une action en nullité et en rescision, il devait l'excepter formellement du transport qu'il faisait. Ne serait-il pas, d'ailleurs, singulier que le débiteur, contre lequel serait exercée l'action, vînt se faire le défenseur d'office de la bonne renommée du cédant, et montrât une susceptibilité que peut-être celui-ci n'éprouve pas ? »

274. — Ainsi, la cession du prix d'une vente emporte, à titre d'accessoire, cession du droit résolutoire qui y est attaché. — *Paris*, 8 juill. 1829, Seguin c. Cahnelet Durozay ; *Bordeaux*, 16 mars 1832, Dupay c. Ridarichon ; 23 mars 1832, Gatinel c. de Beauroyre ; *Cass.*, 25 nov. 1834, Ladayne c. Philippon ; *Bordeaux*, 6 juill. 1841 (t. 2 1841, p. 348), Galand c. Mallard.

275. — Peu importe même que le cédant se soit réservé une portion du prix dû. La cession partielle du prix de vente emporte implicitement cession du droit d'exercer l'action résolutoire à défaut de paiement par le débiteur cédé. — *Paris*, 19 avr. 1837 (t. 1er 1837, p. 409), Bordier c. Letellier.

276. — La cession portant subrogation du cessionnaire en tous droits, noms, actions, hypothèque et privilége du cédant, confère au cessionnaire le droit de demander la résolution de la vente faite par ce dernier, et dont le prix ne lui a pas été payé. — *Amiens*, 9 nov. 1825, Cormette c. Vasseur ; *Bordeaux*, 19 août 1839 (t. 2 1840, p. 720), Perrocheau c. Belly.

277. — Le cessionnaire d'une rente constituée dans un contrat de mariage peut, en sa qualité d'ayant-droit du cédant, exiger une expédition entière de ce contrat. Le notaire ne saurait s'y refuser et prétendre qu'il ne doit délivrer au cessionnaire qu'un simple extrait. — *Dijon*, 21 janv. 1847 (t. 2 1848, p. 128), Sauthier c. Protheau. — V. COPIE DES TITRES ET ACTES, n° 87 ; EXTRAIT, nos 27 et suiv.

278. — Quoi qu'il en soit, si le cessionnaire peut, en général, se prévaloir de tous les droits qui appartenaient au cédant, il est, par réciprocité, soumis à toutes les exceptions applicables à ce dernier.

279. — En conséquence, le tiers-porteur d'une obligation sans cause qui en a connu le vice lors de la cession, est passible de l'exception du défaut de cause ouverte au profit de l'obligé contre le cédant. — *Cass.*, 18 juill. 1808, Karker c. Platian. — Ce principe ne souffre exception qu'à l'égard des effets de commerce et dans le cas où le tiers-porteur est de bonne foi. — V. BILLET A ORDRE, LETTRE DE CHANGE.

280. — Le cessionnaire d'une créance n'est que le représentant du cédant à l'égard du débiteur ; et si celui-ci est soumis à tous les droits et actions que le cessionnaire tient du cédant, il peut nécessairement user contre ce cessionnaire de toutes les

actions ou exceptions auxquelles, de son côté, était soumis envers lui le cédant. — En conséquence, l'acquéreur d'un immeuble qui a payé son prix au cessionnaire du vendeur est fondé, s'il est en danger de perdre l'immeuble vendu, à exiger du cessionnaire qu'il fasse cesser le trouble ou restitue le prix. — *Paris*, 5 fév. 1848 (t. 2 1848, p. 43), Aubry c. Fezard.

281. — L'acquéreur d'une créance contre l'état, à qui l'administration du trésor a indûment payé cette créance, dont un premier cessionnaire se trouvait saisi, ne peut se soustraire à la restitution, en alléguant qu'il n'a accepté le transport à lui fait que par suite d'une erreur dans laquelle il a été induit par les registres de l'administration; la communication qui lui en a été faite étant purement officieuse n'a pu engager la responsabilité du trésor. — *Paris*, 12 janv. 1826, agent du trésor c. Barbier Saint-Hilaire et Devirgile.

282. — L'art. 1167, C. civ., suivant lequel les créanciers peuvent attaquer les actes faits par leur débiteur en fraude de leurs droits, s'applique même contre le tiers devenu cessionnaire d'une créance sur le débiteur, alors que cette créance est reconnue simulée ou frauduleuse, et qu'il est prouvé que le cessionnaire lui-même n'a pas été étranger à la fraude ou à la simulation. — *Cass.*, 12 mars 1827, Saint-Clair et Dulé c. Griet et Courtade.

283. — L'obligation imposée par l'art. 1303 au débiteur de céder au créancier les droits ou actions en indemnité qu'il pourrait avoir relativement à la chose formant le gage de la créance et qui a péri, met obstacle à ce que la cession puisse être consentie à d'autres; et si les tiers sont de mauvaise foi et complices de la fraude, la cession ainsi faite doit être annulée à leur égard. — *Grenoble*, 27 fév. 1834, Campana et Maury c. Dussert et Biava.

284. — Un cessionnaire n'est point recevable à opposer à celui qui se prétend son cocessionnaire l'action en nullité de la cession intentée par les syndics de la faillite du cédant, pour en tirer contre lui un défaut de qualité tant que l'action en nullité n'aura pas été jugée, et cela surtout quand il a agi, dans l'acte de cession et dans ceux qui en ont été la suite, comme mandataire de son cocessionnaire. — *Cass.*, 1er août 1837 (t. 1er 1840, p. 529), Mallez c. Devaux et Werhaegue.

285. — Lorsque les diverses parties d'une créance ont été cédées à plusieurs, et que cette créance se trouve réduite par suite de l'insolvabilité du débiteur, le premier des cessionnaires doit être préféré aux autres, si, dans l'acte de cession le cédant l'a subrogé, sans aucune réserve, dans tous ses droits, priviléges et hypothèques, et lui a déclaré expressément que la somme qu'il lui cédait était le restant de sa créance, et lui a fait remise de son titre. — *Cass.*, 2 août 1820, Labbey c. Renard-Duvergier.

286. — L'acte de cession n'étant valable à l'égard des tiers qu'autant qu'il a été régulièrement notifié au débiteur, le cessionnaire est directement intéressé à l'enregistrement du titre constitutif de la créance; et si, en vue de cette notification, il présente à la formalité et le titre primitif et l'acte de cession consenti à son profit, c'est sur lui que doivent retomber tant les frais d'enregistrement du titre primitif que ceux de la cession même. — En tous cas, si le cessionnaire n'a pas expressément requis la condamnation au montant de ces frais, les tribunaux ne peuvent les lui allouer d'office, sans adjuger au-delà de ce qui leur était demandé; car ils ne font pas essentiellement partie des frais de l'instance. — *Bordeaux*, 6 août 1844 (t. 1er 1845, p. 780), Flisch c. Desgardins.

287. — Le débiteur cédé peut opposer au cessionnaire toutes les quittances données par le cédant avant la signification du transport. — Mais faut-il que ces quittances aient une date certaine?

288. — D'après les principes rigoureux du droit, on devrait se prononcer pour l'affirmative. — C. civ., art. 1328. — *Lyon*, 26 nov. 1823, Rochette. — V. ACTE SOUS SEING-PRIVÉ et surtout AYANT-CAUSE, nos 52 et suiv. — Cependant l'intérêt du débiteur, qu'il serait injuste de forcer à prendre dans tous les cas des quittances authentiques ou enregistrées, fait fléchir la règle ordinaire et l'on abandonne à l'équité des tribunaux le soin de décider si les quittances opposées par ce débiteur peuvent, d'après les circonstances de la cause, faire foi contre le cessionnaire.

289. — Tous les auteurs s'accordent du reste à enseigner que le débiteur doit s'empresser, aussitôt qu'il a reçu la notification du transport, de donner connaissance au cessionnaire des à-comptes qu'il a payés antérieurement au cédant. — Ferrière, sur l'art. 104 de la cout. de Paris, § 1er, no 25; Bourjon, t. 1er, p. 466, no 1er; Delvincourt, t. 3, p. 170; Troplong, *Vente*, no 920; Duranton, t. 16, no 504; Duvergier, *Vente*, no 224. — V. au reste AYANT-CAUSE, *loc. cit.*

290. — Quant à la contre-lettre qu'aurait cédée le débiteur, et de laquelle il résulterait que la créance est simulée, elle ne produirait aucun effet contre le cessionnaire. La raison de cette différence est que le débiteur, en recevant des quittances sous seing-privé non enregistrées, se conforme à un usage général, tandis que celui qui se déclare débiteur par un acte ostensible, en se fiant à une contre-lettre, doit s'imputer les conséquences d'un acte qui a induit les tiers en erreur. — Duvergier, *Vente*, no 225; Troplong, *Vente*, no 921.

291. — Si la cession ne comprend qu'une partie de la créance, le cessionnaire a pour cette partie, les mêmes actions que le cédant. Mais le débiteur a le droit de forcer le cédant et le cessionnaire à se réunir, afin de ne point diviser l'exécution de l'obligation qu'il a contractée. — Duvergier, *Vente*, no 226; Troplong, *Vente*, no 923, Toullier, t. 7, no 120, note.

292. — Bien qu'imparfait, le transport non signifié au débiteur cédé, ni accepté par lui, produit néanmoins à son égard certains effets importans.

293. — Ainsi il autorise le cessionnaire à faire tous les actes conservatoires de sa créance. — Par exemple: 1o à prendre une inscription hypothécaire. — *Cass.*, 25 mars 1816, Pommé c. Jeannès Lantier; 11 août 1819, Aclocque c. Lériger. — Troplong, *Hypothèques*, t. 1er, no 365 et *Vente*, t. 2, no 894; Duvergier, *Vente*, no 206.

294. — Cette inscription a effet même vis-à-vis des tiers qui se sont fait inscrire à une date postérieure, bien qu'antérieurement à la signification du transport. — *Paris*, 13 vent. an XIII, Lenormand c. Goubron. — *Contrà*, *Paris*, 10 vent. an XII, Chanel c. Saint-Phâle.

295. — L'inscription peut du reste être également faite par le cessionnaire sous le nom de son cédant décédé. — *Cass.*, 4 avr. 1811, de Carcado c. de Roussel.

296. — ... 2o A intervenir dans l'instance pendante entre le débiteur cédé et le cédant, alors surtout que la notification du transport a lieu à l'avoué du débiteur dans la requête d'intervention. — *Douai*, 17 déc. 1813, Boulo c. Daffrengue.

297. — ... 3o A requérir des surenchères dans le cas d'aliénation de l'immeuble hypothéqué à la créance cédée. En conséquence, lorsque des créanciers conviennent que, dans la huitaine de l'adjudication des biens de leur débiteur, ils auront la faculté d'enchérir d'un dixième, au lieu du quart déterminé par l'art. 710, C. procéd., si l'un d'eux vend sa créance après l'adjudication, son cessionnaire peut, dans ce délai de huitaine, surenchérir d'un dixième seulement comme son cédant aurait pu le faire, bien qu'il n'ait pas signifié son transport au débiteur. — *Cass.*, 22 juill. 1828, Martin c. Bertrand.

298. — Toutefois M. Troplong (*Vente*, no 895) professe une opinion contraire à cette décision, en se fondant sur ce qu'une surenchère résolvant le titre de l'acquéreur ne saurait être considérée comme un acte conservatoire.

299. — Mais M. Duvergier (*Vente* nos 205 et 206) nous paraît combattre victorieusement cette considération par les motifs suivans : « La loi, dit-il, tend à empêcher que la situation des tiers ne soit modifiée par des transmissions occultes de droits ou de créances. Elle doit donc déclarer non avenus les actes faits par le cessionnaire avant que la cession ait reçu la publicité convenable, mais seulement lorsque ces actes ont des résultats qu'ils n'auraient pas eus si le cédant les avait faits. Quand l'existence de la cession est sans influence sur les conséquences des actes, s'il est différent pour leur validité et pour leurs traites qu'ils aient été faits par le cédant ou par le cessionnaire, n'est-il pas raisonnable de les maintenir et de leur donner effet sans s'occuper de celui de qui ils émanent? »

300. — La signification du transport n'est nécessaire que lorsqu'il s'agit d'empêcher le débiteur de payer au cédant, ou de procéder par voie exécutoire contre le débiteur. — *Cass.*, 25 mars 1816, Pomme c. Jeannès et Lautier.

301. — Il ne faudrait pas néanmoins induire des observations précédentes que le cédant est privé de la faculté de faire en son nom personnel les actes conservatoires de la créance cédée; tant que le transport n'est pas signifié, il continue vis-à-vis des tiers à être propriétaire apparent; et dès-lors il a, sans aucun doute, qualité pour veiller à la conservation de ses droits. Le cédant et le cessionnaire ayant tous deux intérêt à ne pas laisser périr la créance, sont également recevables à faire chacun de leur côté des actes conservatoires, mais le droit de l'un ne saurait paralyser le droit de l'autre. — Troplong, *Vente*, no 894.

302. — En conséquence, le cédant est recevable à interjeter appel en son nom. — *Bordeaux*, 29 avr. 1829, Laville c. Causseronge.

303. — ... A consigner les alimens pour le débiteur incarcéré. — *Paris*, 15 oct. 1829, Bertin c. Drouard.

304. — ... A prendre ou à renouveler les inscriptions hypothécaires. — Troplong, *Vente*, no 887.

305. — Le cédant peut également (mais à l'exclusion du cessionnaire) faire tous les actes de poursuites et d'exécution contre le débiteur cédé jusqu'au moment où le transport est régulièrement notifié à ce dernier. Lui seul a en effet saisine, et le débiteur se libérant valablement entre ses mains est non recevable à lui opposer qu'il a transmis la créance à un tiers. — Duvergier, *Vente*, no 195, Troplong, *Vente*, no 885.

306. — Jugé, par application des principes ci-dessus, que lorsque le transport d'une créance n'a pas été signifié au débiteur, ce dernier est sans droit pour contester au prétendu cédant sa qualité de créancier, et demander pour ce motif la nullité des poursuites dirigées contre lui. — *Bordeaux*, 20 mars 1835, Lalune c. Maury; *Agen*, 13 août 1824, Pégrecave c. Bellamy; *Bordeaux*, 7 avr. 1829, Salles c. Marmon; *Metz*, 22 déc. 1827, Pollseiger.

307. — Il en est ainsi surtout lorsque le cédant est resté en possession du titre constitutif de la créance. — *Cass.*, 4 déc. 1827, Mairan c. Luttenschlager.

308. — Le cessionnaire d'une rente qui lui a été transportée par l'état n'est, comme le cessionnaire d'une créance transportée par un particulier, saisi à l'égard des tiers que par la signification du transport au débiteur. — En conséquence, le cédant a pu depuis le transport, mais avant la signification, procéder en justice avec le débiteur sur la propriété même de la créance, et le jugement rendu en faveur de ce dernier a contre le cessionnaire l'autorité de la chose jugée. — *Cass.*, 16 juill. 1816, Foulongne c. hospice de Rouen.

309. — Toutefois, il a été jugé contrairement à cette jurisprudence, aujourd'hui surtout, que le défaut de signification du transport d'une créance dont le titre a été remis, ne conserve pas au cédant le droit de faire directement, lui-même, des poursuites contre son débiteur; — que le cédant qui allègue que son cessionnaire lui a imposé l'obligation de faire toutes poursuites à raison de la créance cédée, s'il déclare d'ailleurs être sans *intérêt*, se trouve par cela même dépouillé du droit de faire des poursuites. — *Colmar*, 27 avr. 1822, Mairan c. Walgenvitz.

310. — ... Et même d'une manière encore plus absolue que celui qui a cédé une créance n'a plus qualité pour agir contre le débiteur, encore que le titre de cession n'ait pas encore été signifié; ce droit appartient, dès-lors, au cessionnaire seul. — *Liége*, 26 avr. 1834, Henseval c. Masson et Lefèbre.

V. en outre ACTE SOUS SEING-PRIVÉ, ANNEXE DE PIÈCES, ASSURANCES MARITIMES, AYANT-CAUSE, BILLET SIMPLE, CAUTIONNEMENT (fonct. pub., etc.), COMMENCEMENT DE PREUVE PAR ÉCRIT, COMPROMIS, DONATION ENTRE-VIFS, DON MANUEL, DROITS LITIGIEUX, DROITS SUCCESSIFS, GAGE, INTERVENTION.

TRANSPORTS (Entrepreneur de).

Table alphabétique.

TRANSPORTS (Entrepreneur de). — 1. — C'est celui qui, moyennant un prix convenu, se charge de transporter des personnes ou des objets dans un lieu déterminé et le plus souvent dans un délai fixé.

—

Sect. 1re. — Diverses espèces d'entrepreneurs de transports.

2. — L'industrie des transports est l'un des auxiliaires les plus actifs et les plus utiles du commerce et de la civilisation. Elle est exercée par : 1° les voituriers dont la profession consiste à faire habituellement des transports, tels que les rouliers, les bateliers et les toueurs de voitures particulières; 2° les commissionnaires de transports par terre et par eau; 3° les entrepreneurs de voitures publiques; en un mot par tous ceux qui

louent leurs services pour transporter soit par terre, soit par eau, les personnes et les marchandises. — Zachariæ, Dr. civil, t. 3, p. 40; Troplong, Louage, n° 894. — On s'occupera ici spécialement des entrepreneurs de transports. — V. aussi LOUAGE D'INDUSTRIE.

3. — Il y a deux sortes d'entrepreneurs de transports : 1° ceux qui, n'ayant pas de service habituellement annoncé, se chargent, quand bon leur semble et à des prix convenus, d'effectuer des transports, ce sont les entrepreneurs particuliers; 2° ceux qui, ayant annoncé leur établissement au public, avec des conditions de prix, de périodicité, de jours et d'heures, ne sont pas maîtres de refuser de partir au moment déterminé ni d'exiger d'autres prix que ceux indiqués dans leurs annonces, ce sont les entrepreneurs publics. — Pardessus, Dr. commercial, t. 2, n° 537; Duvergier, Louage, n° 318.

4. — Suivant M. Troplong (Louage, n° 895) il faut comprendre, sous la dénomination d'entrepreneurs publics, tous ceux dont la profession consiste à faire habituellement des transports et à se charger d'entreprises de voiturage, et qui se font connaître au public comme tels. « Du reste, ajoute-t-il, outre ces entrepreneurs publics, les individus qui peuvent se charger accidentellement d'un transport; tel serait le charretier d'une ferme ou le fermier lui-même. »

5. — La loi du 26 août 1790 avait statué sur la direction et l'administration générale des messageries, ainsi que des postes aux lettres et des postes aux chevaux. Plus tard, la loi du 24 juillet 1793 établit les messageries en régie nationale, et leur attribua le privilège exclusif de transporter tout ballot ou paquet pesant moins de vingt-cinq kilogrammes. Mais cette loi a été abolie par celle du 9 vendém. an VI (tit. 7, art. 65 et suiv.). Et à partir de ce moment les entreprises de diligences et de voitures publiques sont tombées dans le droit commun. — Gouget et Merger, Dict. de dr. commerc., v° Transports (entrepreneur de), n° 5.

6. — Dans quelques cas, et à raison de la nature des choses, les entrepreneurs publics de transports tiennent du gouvernement le droit d'exercer ce genre d'industrie, et alors les obligations entre eux et ceux qui les emploient sont modifiées par des règlemens spéciaux ou locaux; tels sont les fermiers des bacs. Hors ces cas, ces sortes d'entreprises sont libres, sans autorisation du gouvernement. — Pardessus, n° 553.

7. — Quant à ce qui concerne les entrepreneurs de transports pour le compte de l'état ou des établissemens, et aux règles spéciales auxquelles ils sont astreints, V. MARCHÉS DE FOURNITURES.

8. — Les dispositions qui concernent les commissionnaires de transports et les voituriers en général sont déclarées communes aux maîtres de bateaux et aux entrepreneurs des diligences et voitures publiques. Mais ces derniers s'occupant du transport des personnes, une double responsabilité pèse sur eux : responsabilité quant aux personnes, responsabilité quant aux effets. — E. Vincent, Lég. comm., t. 1er, p. 628; Pardessus, n° 553. — V. COMMISSIONNAIRE DE TRANSPORTS, VOITURIER.

9. — Une compagnie de bateaux à vapeur qui fait publiquement, à jours fixes, et moyennant des prix déterminés, le transport, de France en Algérie et d'Algérie en France, de personnes, de bagages et de marchandises, est une entreprise commerciale de louage de service ou d'industrie, dont les obligations et la responsabilité sont réglées par les dispositions générales du Code civil et du Code de commerce relatives aux voitures par terre et par eau. — Alger, 16 déc. 1846 (t. 2 1847, p. 300), Rol·lin c. compagnie d'assurances générales.

10. — L'association formée par des individus réunis en communauté, sous la direction d'un syndic, dans le but de se charger, moyennant un prix déterminé, et au nom de la compagnie, du halage et de la touée des bateaux qui traversent une ville en remontant ou descendant une rivière, constitue une entreprise de transport par eau, laquelle est justiciable, à raison de ses opérations, des tribunaux de commerce. — Cass., 24 févr. 1841 (t. 2 1841, p. 383), Rol·lin c. compagnie d'assurances générales.

11. — Les entrepreneurs de diligences et voitures publiques tiennent des commissionnaires, en ce qu'ils saisissent en leur propre nom, soit en ce qu'ils se chargent du transport des personnes en même temps que de celui des marchandises, soit enfin en ce qu'ils sont obligés de partir aux jours et heures annoncés. — Pardessus, n° 553.

12. — Les entrepreneurs de transports publics sont soumis à la patente. — V. DILIGENCES (entrepreneurs de), ROULAGE, n° 2.

13. — Lorsqu'il résulte de l'instruction qu'un

particulier est entrepreneur de voitures publiques, et non pas seulement loueur de voitures publiques, ce particulier doit être imposé à la patente d'entrepreneur de voitures publiques. — Troplong, Louage, n° 904.

14. — Il en est de même aussi de celui qui, chargé du transport des dépêches transporte aussi des voyageurs dans la même voiture. — Cons. d'ét., 17 janv. 1838, Cabrulier; 26 nov. 1841, Flageollet.

Sect. 2e. — Nature, formation et preuve du contrat.

15. — Tout transport pour le compte d'autrui renferme l'obligation de faire qui constitue le louage de services. — Troplong, Louage, n° 904.

16. — Mais y a-t-il également louage de choses? Il faut distinguer : si la convention expresse ou tacite n'a eu pour objet que le fait même du transport, il n'y a pas louage de choses; car peu importe que l'entrepreneur se serve de tels chevaux ou de telle voiture plutôt que de tels autres. Il suffit que l'entrepreneur exécute l'engagement qu'il a pris, c'est-à-dire que le transport s'effectue sans accidens et dans le délai fixé. — Troplong, n° 904.

17. — Il en serait autrement si l'on était convenu de telle voiture spécialement désignée, ou bien encore de telle place déterminée. Quand une personne a retenu une place déterminée, il y a véritablement location de la voiture, et l'entrepreneur est obligé de la livrer. — Troplong, n° 905.

18. — Les transports, soit qu'ils s'étendent sur une grande échelle, soit qu'ils se renferment dans un cercle borné, dès qu'ils s'effectuent par une entreprise, constituent un acte de commerce (C. comm., art. 632.) Dans tous les autres cas, le transport des personnes et des choses est un contrat de louage relevant uniquement du droit civil. Ainsi, lorsque, en sus des prestations qu'il me doit, mon fermier consent, moyennant tel prix, à effectuer pour moi le transport de matériaux ou de bois de chauffage, cette convention est un louage ordinaire de services sans mélange d'aucun élément commercial. — Troplong, n° 903. — Cette distinction est importante, puisqu'elle influe sur la durée de l'action à intenter contre le voiturier en cas de perte ou d'avarie de la chose qui lui avait été confiée. — Troplong, n° 928.

19. — Le contrat qui a pour objet le transport de personnes ou d'objets est un contrat consensuel; cependant il ne reçoit sa perfection que par la remise des personnes ou des choses à transporter. Jusqu'à cette remise, il ne peut y avoir lieu qu'à dommages-intérêts en cas d'inexécution de la part de l'une ou de l'autre des parties.

20. — La remise se fait soit à l'entrepreneur lui-même, soit à ses agens, qui la constatent ordinairement par une inscription sur un registre.

21. — Le moment précis où commence la responsabilité des entrepreneurs de transports est fixé par l'art. 1783, C. civ., en ces termes : « Ils répondent non seulement de ce qu'ils ont déjà reçu dans leur bâtiment ou voiture, mais encore de ce qui leur a été remis sur le port ou dans l'entrepôt pour être placé dans leur bâtiment ou voiture. » — Pardessus, ibid., n° 542.

22. — Ainsi, jugé que les bagages appartenant aux voyageurs sont réputés confiés aux entrepreneurs de transports par bateaux à vapeur du moment où ils sont introduits à bord desdits bateaux, surtout lorsque ces entrepreneurs n'ont pas l'habitude d'inscrire les malles et paquets que les voyageurs ont la faculté de transporter avec eux. Il importe peu, pour l'exercice de l'action en responsabilité, que les objets confiés aux entrepreneurs de voitures publiques par terre ou par eau aient ou n'aient pas été inscrits sur un registre tenu à cet effet. — Alger, 16 déc. 1846 (t. 2 1847, p. 300), Gabanon c. Buzin.

23. — Il suffit, pour que l'entrepreneur soit responsable, que la remise ait été faite à l'un de ses préposés ayant qualité pour recevoir les objets. — Troplong, n° 931; Pardessus, n° 554; Duvergier, n° 322; Merlin, Rép., v° Vol, sect. 4, § 3, n° 3.

24. — Les domestiques uniquement employés au service de la personne de l'entrepreneur ne sont pas regardés comme préposés à la réception des effets. — Cass., 5 mars 1811, Muggia c. Batiela; 29 mars 1814, Huot c. Suard. — Troplong, n° 933; Duvergier, loc. cit.

25. — Mais il en est autrement quand il s'agit d'un domestique ayant qualité pour recevoir, et alors même que la remise a été faite, selon l'usage, à l'insu de l'entrepreneur de transports. — Pau, 20 avr. 1822, Lasserre c. Lagardère.

26. — Toutefois, dans les lieux où il y a des bureaux, la remise des objets au conducteur sans

passer par les bureaux pouvant n'être que le résultat d'une connivence entre celui-ci et le voyageur pour échapper à la taxe de ces objets, le conducteur ne saurait engager l'entrepreneur. — Duranton, t. 17, n° 245; Troplong, n° 934; Goujet et Merger, *loc. cit.*, n° 13.

27. — Ainsi, jugé que l'entrepreneur d'une voiture publique ne peut être réputé responsable de de la perte du porte-manteau d'un voyageur (et surtout de l'argent qui pouvait s'y trouver contenu), lorsque ce voyageur s'est borné à en faire la remise au conducteur sans le faire inscrire sur les registres, alors d'ailleurs qu'il existait un bureau de l'entreprise dans le lieu où a été faite cette remise. — *Toulouse*, 9 juill. 1829, Desplats c. Grach.

28. — Jugé même que, dans ce cas, le voyageur était également privé de toute action contre le conducteur, alors qu'aucun contrat n'était intervenu entre le voyageur et le conducteur, et que le premier, arrivant au moment où la voiture allait partir, s'était contenté de remettre le porte manteau au conducteur, qui l'avait placé sur l'impériale. — Même arrêt.

29. — Cependant, en ce qui touche certains objets qu'il n'est pas d'habitude de faire inscrire, les sacs de nuit, par exemple, la remise qui en est faite au conducteur engage l'administration. — Troplong, n° 935; Duranton, n° 245.

30. — Mais le conducteur représente l'entrepreneur pour les chargemens effectués sur la route. — Troplong, nos 930 et 933; Pardessus, n° 554; Zachariæ, t. 3, p. 41, not. 2e.

31. — Ce qu'on vient de dire relativement aux conducteurs de diligences en cours de voyage, s'applique aux facteurs attachés aux entreprises de transport pour remettre à destination les objets apportés des divers lieux desservis par les voitures de ces mêmes entreprises, et aux conducteurs de camions des maisons de roulage, préposés tout à la fois pour remettre à destination les colis arrivés, et pour prendre chez les négocians et les particuliers, afin de les conduire à l'établissement, les colis à expédier. — Vanhuffel, *Louage et Dépôt appliqué aux voituriers*, n° 6.

32. — La preuve du louage des places et de la remise des effets à transporter résulte de la mention ou inscription qui est faite sur les registres de l'entreprise et de la reconnaissance qui est délivrée au voyageur ou à l'expéditeur. — Goujet et Merger, n° 14.

33. — La reconnaissance donnée d'une expédition par un entrepreneur de messageries fait foi en faveur du premier, bien qu'elle ne soit pas d'accord avec la feuille du bureau. — *Colmar*, 22 nov. 1814, Traut c. Garbin.

34. — Si le voyageur ne pouvait représenter son reçu ou s'il ne lui en avait pas été donné, la preuve testimoniale serait-elle admissible s'il s'agissait d'une somme excédant 150 fr.? — M. Troplong (n° 956) est d'avis que, dans l'un comme dans l'autre cas, le voyageur étant en faute, l'entrepreneur doit être renvoyé des fins de la demande.

35. — Pour l'admissibilité de la preuve testimoniale, on invoque au contraire la discussion au conseil d'état. — Fenet, t. 14, p. 360. — De plus la loi astreignant l'entrepreneur public à tenir des registres où il devra inscrire l'argent et les effets qui lui seront confiés, s'il a méconnu son devoir, s'il a commis une négligence, peut-être même un dol, le voyageur n'en doit pas supporter la conséquence; et on ne pourrait exiger raisonnablement de lui que, dans la prévoyance de l'incurie ou de la mauvaise foi possible de l'entrepreneur, il réclamât et conservât un reçu de lui. — Vanhuffel, n° 9; Goujet et Merger, n° 16.

36. — Jugé, en ce dernier sens, qu'on peut être admis à prouver par témoins que des effets ont été remis à un entrepreneur de voitures publiques pour être transportés. — *Metz*, 17 juin 1819, Brouhet c. Montguyon.

37. — Jugé même qu'après avoir ordonné, pour s'éclairer sur la perte de l'objet confié à une entreprise, non une enquête proprement dite, mais la simple comparution des parties en personne, un tribunal a pu recevoir des déclarations soit de ces parties, soit de leurs préposés, sans suivre les règles tracées pour les enquêtes sommaires par les art. 407 et 408, C. proc. — *Cass.*, 4 déc. 1837 (t. 1er 1838, p. 284), Boscher c. Levasseur.

Sect. 3e. — *Obligations et droits des entrepreneurs de transports.*

§ 1er. — *Obligations des entrepreneurs de transports.*

38. — Les entrepreneurs de voitures publiques par terre et par eau et ceux des roulages publics doivent tenir registre de l'argent, des effets et des paquets dont ils se chargent. — C. civ., art. 1785. — Cette disposition est renouvelée de l'édit de 1685.

39. — Ils doivent également tenir registre du nom des voyageurs qu'ils transportent. — Copie de ce double enregistrement doit être remise au conducteur.

40. — Comme l'enregistrement des effets est un titre et une garantie pour le voyageur, au profit duquel il fait preuve du dépôt, il est forcé, de la part de l'entrepreneur. Il doit être effectué sans que le voyageur le requière, et même malgré lui, sinon l'entrepreneur est en faute. — Pardessus, n° 554; Troplong, n° 945; Duvergier, n° 328; Fenet, t. 14, p. 359 et suiv.

41. — Jugé, en ce sens, qu'il n'y a pas légalement obligation expresse pour les voyageurs de faire inscrire et constater la valeur des effets qu'ils portent avec eux. — C'est aux directeurs et entrepreneurs de voitures à exiger l'inscription et la déclaration de la valeur des objets remis à leurs bureaux. — *Grenoble*, 29 août 1833, Gringeat c. Léaz. — V. *infrà* n° 47.

42. — ... Que l'inscription sur un registre n'étant, dans ce cas, une obligation imposée par la loi que pour ajouter aux sûretés des voyageurs, il s'ensuit qu'elle doit être opérée en l'absence de toute réquisition de la part de ces derniers, même malgré leur refus, et que son omission, surtout habituelle et volontaire, constitue les entrepreneurs en faute. — *Alger*, 16 déc. 1846 (t. 2 1847, p. 300), Gabanon c. Bazin.

43. — Par conséquent, l'entrepreneur est responsable alors même que les expéditeurs ou voyageurs auraient négligé de faire enregistrer les objets. — *Cass.*, 16 avr. 1828, Leyris c. Fabre; 18 juin 1833, Messageries royales c. Morize; *Paris*, 15 juill. 1834, Langlet c. Charpentier; *Lyon*, 15 mai 1839 (t. 1er 1839, p. 624), Tourraton c. Déal.

44. — Jugé au contraire que bien que la loi impose l'obligation aux directeurs de messageries ou diligences d'enregistrer les effets qu'ils transportent, c'est néanmoins aux voyageurs ou expéditeurs auxquels appartiennent ces effets à provoquer cet enregistrement. — Même arrêt.

45. — Quoi qu'il en soit, le défaut seul d'enregistrement ne peut rendre les directeurs responsables des effets perdus, et la responsabilité n'a lieu qu'autant que le dépôt de ces effets est constaté et prouvé. — *Cass.*, 10 nov. 1829, Buchon c. Duclos-Robin.

46. — Les voyageurs ne sont pas obligés de déclarer sur le registre des messageries tous les objets que leurs malles et paquets peuvent contenir. — *Paris*, 19 avr. 1809, Fadate c. Dumontet.

47. — ... Et aucune disposition de loi, aucun règlement ou usage n'oblige le propriétaire des objets confiés aux voitures publiques à en déclarer la valeur à l'avance. — Arg. *Paris*, 7 juill. 1832 (sous *Cass.*, 18 juin 1833), Messageries royales c. Morize. — V. cependant *suprà*, n° 42.

48. — Quand le voyageur a fait inscrire sa valise, mais qu'il n'a pas nommément déclaré une somme d'argent qui y était renfermée, l'entrepreneur de messageries est-il responsable? Pour la négative, on dit que l'article 1785, C. civ., en obligeant les entrepreneurs à tenir registre de l'argent, semble avoir pour conséquence nécessaire d'obliger le voyageur à le déclarer. — Toullier, t. 11, n° 255; Duvergier, t. 4, n° 329.

49. — Jugé, en ce sens, que la responsabilité des entrepreneurs de messageries ne s'étend pas aux sommes d'argent contenues dans les paquets à eux confiés, lorsque ces sommes n'ont pas été déclarées par celui qui a remis le paquet pour être inscrites sur les registres de l'entreprise. — *Bruxelles*, 28 avr. 1810, Depinois c. Messageries de Gand.

50. — ... Que les entrepreneurs de messageries ne sont responsables de l'argent et des objets précieux que l'on prétendrait contenus dans une malle qu'autant qu'il y aurait eu désignation et évaluation préalable. — *Lyon*, 6 mars 1821, Osborn c. Richard.

51. — ... Que la responsabilité d'une compagnie de chemin de fer ne s'étend pas aux sommes d'argent qui, se trouvant dans la malle du voyageur, n'ont été l'objet d'aucune déclaration spéciale de la part de ce dernier, qui n'a pas dès-lors acquitté le prix spécialement fixé pour le transport de l'argent... Il en est ainsi alors surtout qu'il ne s'agit pas d'une somme modique placée par le voyageur dans sa malle pour subvenir aux frais de sa route, et qui pourrait, à ce titre, être considérée comme l'accessoire de son bagage. — *Douai*, 17 mars 1847 (t. 1er 1849, p. 362), Chemin de fer du Nord c. Dupen.

52. — Pour l'affirmative, on répond que l'art. 1785 n'exige la mention spéciale de l'argent que quand il doit voyager seul. Dans les autres cas, les sommes d'argent sont placées sur la même ligne que tous les effets ordinaires, et aucune disposition légale ne force à les payer. Il suffit dès-lors que la remise d'argent soit prouvée, et que la somme ne soit pas assez considérable pour que le voyageur doive être considéré comme coupable d'imprudence pour l'avoir renfermé dans une malle. — Troplong, n° 952; Goujet et Merger, n° 23.

53. — Jugé, en ce sens qu'encore bien que lors de la remise d'une malle au bureau des messageries il n'ait été fait aucune déclaration relative à son contenu, les juges peuvent condamner les entrepreneurs à payer au propriétaire de la malle la valeur, non seulement des effets de corps, mais encore les sommes d'argent qu'il prétend y avoir renfermées, s'il résulte des circonstances de la cause que l'affirmation faite à cet égard par le propriétaire devant la justice est conforme à la vérité. — *Cass.*, 16 avr. 1828, Leyris c. Fabre.

54. — Cependant, il est des objets qu'on n'est pas dans l'habitude de faire inscrire parce qu'ils sont pour les besoins journaliers des voyageurs; tels que des sacs de nuit. Le défaut d'inscription ne saurait dégager la responsabilité de l'entrepreneur. — Troplong, n° 935; Duranton, t. 17, n° 245.

55. — Jugé que sous l'empire de la loi du 24 juill. 1793, les directeurs des messageries publiques étaient responsables envers un voyageur de la perte *de son sac de nuit* occasionnée par la négligence du conducteur, alors même que ce sac ne se trouvait pas inscrit sur les registres, pourvu toutefois que l'apport en fût prouvé. — *Cass.*, 19 frim. an VII, Messageries publiques c. Duport.

56. — Les entrepreneurs de voitures publiques sont assujétis pour la garde et la conservation des choses qui leur sont confiées, aux mêmes obligations que les aubergistes. — C. civ., art. 1782. — V. HOTELIER. — Les dispositions concernant les commissionnaires de transports et les voituriers en général sont communes aux maîtres de bateaux et aux entrepreneurs de diligences et de voitures publiques. — C. comm., art. 107. — V. COMMISSIONNAIRES DE TRANSPORTS, VOITURES PUBLIQUES, VOITURIER.

57. — Dans le cas où des objets ne seraient pas réclamés dans les six mois du jour de leur arrivée au lieu de leur destination, il est procédé par le juge de paix, en présence des préposés de l'enregistrement et des entrepreneurs de transports, à l'ouverture et à l'inventaire des ballots, malles, caisses et paquets. Puis après une insertion dans les journaux faite un mois à l'avance, il est procédé à la vente aux enchères de ces mêmes objets, à la requête de la régie de l'enregistrement. Il est dressé un état séparé du produit de ces ventes pour le cas où il surviendrait, dans les deux ans, quelque réclamation susceptible d'être recueillie. — Déc. 13 août 1810.

58. — Comme les entrepreneurs de diligences et de voitures publiques se chargent encore du transport des personnes, ils sont en outre assujétis à une responsabilité d'une espèce particulière. — Pardessus, n° 553; Vincens, t. 1er, p. 628.

59. — Ainsi, ils sont obligés de partir aux jours et heures annoncés, que leur chargement soit complet ou non. — Pardessus, nos 537 et 553; Duvergier, n° 318.

60. — Jugé à cet égard, sous l'empire de la loi du 9 vendém. an VI, que lorsqu'il était justifié par des affiches émanées du prévenu et par des procès-verbaux réguliers qu'un entrepreneur de voitures, qui n'avait déclaré à la régie que des départs d'occasion et à volonté, avait au contraire établi des départs journaliers à heures fixes, un tribunal ne pouvait pas le renvoyer de la poursuite exercée contre lui à raison de sa fausse déclaration, sous le prétexte qu'il n'avait pas contracté d'engagement avec le public, et que l'heure de ses départs avait varié. — *Cass.*, 15 vent. an VIII, Court.

61. — Les entrepreneurs de messageries sont tenus d'assurer à chacun des voyageurs la place qu'il a louée, et alors que cette place a été spécialement désignée. (Troplong, n° 905.) En pareil cas, la place n'est autre chose que la location de la banquette. — Ph. Dupin, Consul. pour les messageries royales, 29 juill. 1839.

62. — Ils doivent tenir le voyageur clos ou couvert, à moins de convention ou d'usage contraire, et remplir envers lui des devoirs à peu près semblables à ceux que l'art. 1719, C. civ., prescrit au bailleur envers le preneur. — Troplong, n° 906.

63. — Un service des messageries autre que les malles-postes, qui entreprend de transporter en France les étrangers, s'oblige naturellement de laisser à ceux qui profitent de ce service le temps nécessaire pour remplir, aux villes frontières, les

formalités imposées par la loi. Dès-lors, si le conducteur de l'une de ces messageries, après s'être arrêté dans une ville, en part avant que l'un des voyageurs ait eu le temps nécessaire pour remplir ces formalités, et sans attendre ce voyageur, les propriétaires de l'établissement sont tenus de l'indemniser. — *Colmar*, 19 mars 1827, Rantz c. Messageries de Strasbourg.

64. — L'entrepreneur de transports est tenu de faire arriver les objets au lieu de leur destination dans le délai qui a été fixé. Il n'y a d'excuse que dans la force majeure. — Pardessus, n° 544; Troplong, n° 910.

65. — Le contrat relativement au délai dans lequel ces marchandises devront être rendues à destination, peut, en l'absence de lettres de voiture, résulter des usages du commerce. Spécialement, l'entrepreneur de diligences qui accepte des marchandises avec promesse de les transporter dans un lieu désigné s'engage, par le fait seul de son acceptation, à les faire arriver dans le délai ordinaire que met sa diligence pour atteindre la destination convenue. — *Nîmes*, 11 août 1831 (sous *Cass.*, 3 août 1835), Poulain c. Cazeing.

66. — En cas d'obstacles ou de force majeure qui empêchent la circulation des voitures par les routes ordinaires, les entrepreneurs sont tenus de prendre tous les moyens et toutes les mesures nécessaires pour que les choses ou les objets arrivent au lieu de leur destination. — Pardessus, n° 540; Troplong, n° 909.

67. — D'un autre côté, presque toutes les entreprises de messageries se chargent en outre, moyennant salaire, du recouvrement d'effets de commerce. Elles sont tenues, à ce sujet, de toutes les obligations d'un mandataire, et par suite elles sont obligées de faire toutes les diligences nécessaires, soit pour l'encaissement des effets, soit pour faire constater en temps utile le défaut de paiement. — Goujet et Merger, n° 34.

68. — Jugé que les messageries qui se chargent, moyennant salaire, du recouvrement des effets de commerce ne cessent point d'être responsables de l'inexécution du mandat qui leur est confié lorsque, par suite d'événemens de force majeure, leurs voitures n'ont pu partir, si toutefois elles avaient d'autres moyens pour son accomplissement. En tout cas, l'inexécution du mandat ne peut être opposée aux endosseurs comme étant le résultat d'une force majeure dont ils doivent également subir les conséquences. — *Paris*, 9 juin 1831, Loignon c. messageries royales.

69. — L'entrepreneur de transports ou son agent ne peut remettre les objets qu'à la personne qui a été désignée pour les recevoir, qui justifie surtout de son droit par la représentation du bulletin ou de la reconnaissance du chargement, s'il en a été délivré, et qui consent à en donner décharge.

70. — Jugé dès-lors que si la perte des marchandises a eu lieu par suite de la remise qui en a été faite à un inconnu, sans décharge ni précaution quelconques, il doit en payer la valeur. — *Paris*, 6 avril 1826, Saxus c. les Jumelles.

71. — ... Que, si un porte-manteau a été déposé à la diligence de Strasbourg, pour être rendu à Bâle, l'entrepreneur ne peut le remettre à Colmar, à une personne qui s'y présente sous le nom de celle désignée dans la feuille d'envoi, mais sans représenter la reconnaissance du bureau de Strasbourg; le porteur de cette reconnaissance est toujours en droit de réclamer sa propriété ou une indemnité. L'entrepreneur ne peut exciper de sa bonne foi. — *Colmar*, 22 nov. 1814, Traut c. Garbin.

72. — En cas de refus ou contestation pour la réception des objets transportés, l'entrepreneur est tenu de faire vérifier et constater leur état, conformément à l'art. 106, C. comm., et suivre les voies tracées à cet égard pour le voiturier. — V. VOITURIER.

73. — Jugé que le commissionnaire de transports qui, par quelque raison que ce soit, ne trouve pas le destinataire des objets dont il a été chargé de faire la remise, doit, conformément à l'art. 106, C. comm., ou garder ces objets par devers lui, ou les déposer dans le lieu indiqué par la justice. — Mais il n'est pas tenu de renvoyer lesdits objets à l'expéditeur. — *Cass.*, 21 mars 1848 (t. 1er 1848, p. 367), entreprise des Jumelles c. Dozeau.

74. — Les entrepreneurs et directeurs de voitures et roulages publics, les maîtres de barques et de navires sont, en outre, assujétis à des réglemens particuliers qui font la loi entre eux et les autres citoyens. — C. civ., art. 1786.

75. — Ces réglemens sont établis principalement en vue de la sûreté publique et de la conservation des grandes routes. Les voyageurs et les expéditeurs sont tenus de s'y conformer et d'en souffrir l'exécution; d'un autre côté, ils ont une action pour en réclamer l'observation quand ils y ont intérêt. — Zachariæ, t. 3, p. 44 et 45; Troplong, n° 958; Goujet et Merger, n° 36. — V. VOITURES.

76. — A plus forte raison en doit-il être ainsi quand le mode de transport concédé aux entrepreneurs par le gouvernement constitue une sorte de monopole en leur faveur, par exemple en matière de chemins de fer. — Pardessus, n° 553.

§ 2. — *Droits des entrepreneurs de transports.*

77. — Les droits des entrepreneurs naissent ou de la convention ou de la loi.

78. — Relativement aux droits résultant de la convention, les entrepreneurs peuvent exiger que la convention soit exécutée telle qu'elle a été formée. Sinon ils peuvent, suivant les cas, forcer les expéditeurs ou voyageurs à exécuter cette même convention, ou bien obtenir contre eux des dommages-intérêts pour cause d'inexécution.

79. — Cependant un entrepreneur de transports militaires n'est pas fondé à réclamer une indemnité lorsque des événemens de force majeure ont empêché le gouvernement de délivrer les objets de transport à l'époque déterminée par le marché. — *Cons. d'ét.*, 23 juill. 1823, Massart et Cochaux.

80. — De même, un entrepreneur de transports militaires n'est pas fondé à demander une indemnité pour un transport par mer qui a été effectué par l'administration de la guerre, lorsqu'il n'est pas établi que son marché l'autorisât à faire un transport de cette nature. — *Cons. d'ét.*, 24 août 1832, Guillard.

81. — Quant aux droits, actions et priviléges qui naissent de la loi, ils sont, pour les maîtres de bateaux, entrepreneurs de diligences et voitures publiques, les mêmes que pour les voituriers. — C. comm., art. 107. — Pour éviter toutes redites à cet égard, V. VOITURIER.

Sect. 4e. — *Responsabilité des entrepreneurs de transport.*

82. — Les entrepreneurs de transports qui se chargent à la fois du transport des personnes, des voyageurs et des effets appartenant soit à des voyageurs, soit à d'autres, encourent une double responsabilité. — De plus, ils sont garans civilement des contraventions aux lois de police et d'intérêt général commises par leurs postillons, conducteurs, porteurs et courriers, sauf leur recours. — Arrêté des consuls, 27 prair. an IX, art. 9. — De là les trois divisions suivantes :

§ 1er. — *Responsabilité relativement aux personnes.*

83. — Les entrepreneurs des messageries sont responsables, vis-à-vis des voyageurs, de tous accidens provenant, soit de la faute de leurs préposés, soit d'un vice inhérent à leurs voitures. — *Paris*, 20 juin 1836, Messageries royales c. Collet-Delamarre.

84. — De même, les entrepreneurs de messageries sont civilement responsables des blessures et accidens arrivés aux voyageurs par la négligence ou l'imprudence du conducteur. — *Bordeaux*, 20 fév. 1845 (t. 2 1845, p. 192), Mespoulède c. Messag. royales.

85. — Il y a faute grave de la part du conducteur d'une diligence, soit lorsqu'il entreprend le voyage avec une machine à enrayer qu'il sait en mauvais état, soit lorsqu'aux descentes rapides il néglige de placer le sabot. — Même arrêt.

86. — La rupture d'un des accessoires d'une voiture publique, spécialement de la chaîne de la mécanique à enrayer, ne peut être considérée de plein droit comme un événement de force majeure affranchissant les entrepreneurs de toute responsabilité à raison des accidens qui en sont résultés. C'est aux entrepreneurs à prouver que cette rupture n'a pas été le résultat d'un mauvais état d'entretien. — *Lyon*, 22 janv. 1847 (t. 2 1848, p. 91), Laffitte-Caillard c. Rozier.

87. — Jugé que l'appréciation des faits qui peuvent constituer la faute et la négligence de la part de l'entrepreneur d'une voiture publique et de ses préposés, et, par suite, entraîner sa responsabilité, à raison des accidens arrivés aux voyageurs, rentre dans le domaine exclusif des juges du fond. Spécialement, bien que la chute d'une voiture ait eu pour cause immédiate la rupture d'un essieu, les juges peuvent décider qu'elle provient de la faute de l'entreprise, alors surtout qu'il est établi que la voiture était en mauvais état au moment du départ, qu'il y avait surcharge de voyageurs, et qu'elle était conduite avec une extrême vitesse. — *Cass.*, 9 août 1837 (t. 2 1837, p. 316), Arnoult c. Lambert.

88. — Les entrepreneurs de voitures publiques sont responsables des blessures faites aux voyageurs dans l'intérieur de leurs voitures par un morceau de verre laissé par négligence dans la paille destinée à recevoir les pieds. Le voyageur ne peut être déclaré non recevable à réclamer une indemnité parce qu'il occupait, quand il a été blessé, une place autre que celle qui lui avait été louée, qu'il n'a pas sur-le-champ formé sa demande en indemnité, et qu'il n'a pas mis en demeure l'entrepreneur de la voiture de lui envoyer un médecin pour constater sa blessure. — *Douai*, 20 déc. 1839 (t. 1er 1841, p. 243), Administ. des Cambrésiennes c. Sablan.

89. — L'autorisation donnée par l'administration publique, conformément à l'ordonn. du 23 juill. 1828, de mettre une voiture en circulation, ne saurait élever une fin de non recevoir contre l'action des particuliers qui viendraient à être lésés, par suite d'un vice de construction de cette même voiture. — *Paris*, 20 juin 1836, Messag. royales c. Collet-Delamarre.

90. — L'entrepreneur de voitures publiques dont la voiture a versé et blessé une ou plusieurs personnes doit être condamné, non seulement comme civilement responsable de la faute de ses préposés, mais encore comme auteur du délit, s'il a personnellement et directement participé aux faits qui ont occasionné la chute de la voiture et les blessures qui en ont été la suite. — *Cass.*, 23 nov. 1827, Mainot c. Lépine.

91. — De plus, l'action en dommages-intérêts contre un commettant civilement responsable, tel qu'une entreprise de messageries, est recevable, bien que le conducteur, auteur du fait dommageable, n'ait pas été mis en cause. — *Bordeaux*, 20 fév. 1845 (t. 2 1845, p. 192), Mespoulède c. Messag. royales. — V. RESPONSABILITÉ.

92. — Lorsqu'un entrepreneur de voitures a été cité tout à la fois comme prévenu de blessures par imprudence et comme civilement responsable du fait de ses préposés, et que le ministère public a appelé du jugement rendu au profit de cet entrepreneur, le tribunal d'appel peut régulièrement prononcer des peines contre lui pour le fait qui lui est personnel et le condamner aux dommages-intérêts de la partie civile. — *Cass.*, 23 nov. 1827, Mainot c. Lépine.

93. — Les entrepreneurs d'une même voiture publique sont solidairement responsables des accidens causés par ceux auxquels ils en confient la conduite. — *Bordeaux*, 9 fév. 1839 (t. 2 1839, p. 335), Grangé c. Gauthier.

94. — Il a même été jugé que lorsque deux diligences cherchent à se dépasser mutuellement, et que l'une d'elles vient à verser, les entrepreneurs des deux voitures sont solidairement passibles de dommages-intérêts envers les voyageurs qui ont souffert de cet accident. — *Rouen*, 24 fév. 1821, Administ. des messag. c. Bourgeois.

95. — L'administration des messageries dont les relais sont desservis par des chevaux de poste ne peut décliner la responsabilité civile des accidens occasionnés par ses voitures, sous le prétexte que les maîtres de postes doivent répondre des faits de leurs postillons. — *Cass.*, 27 mars 1835, Messag. générales de France. — V. POSTES.

96. — Les fermiers des bacs et bateaux servant au passage des messageries sont responsables envers les entrepreneurs des accidens arrivés lors du passage des voitures, autres que ceux provenant de cas fortuits et de force majeure. — *Paris*, 31 août 1808, Vital c. Boulade.

97. — Lorsqu'il est reconnu que la submersion d'une voiture publique, lors de son passage sur un bac, n'a eu lieu que par la rupture des cordes de ce bac, le maître de la voiture ne peut être tenu des avaries occasionnées par cette submersion aux marchandises à lui confiées. On ne peut, en ce cas, reprocher au conducteur de ne s'être pas assuré de la force des cordes, puisqu'il n'avait pas le droit de les visiter, la police et l'entretien des bacs étant exclusivement sous l'inspection de l'autorité administrative. — *Cass.*, 17 mars 1806, Monthieu c. Martin.

98. — Le gérant d'une société en commandite, pour l'exploitation de bateaux à vapeur, est civilement responsable des délits commis par les patrons, comptables et capitaines dans l'exercice de leurs fonctions. — *Bordeaux*, 11 juin 1847 (t. 2 1847, p. 479), Gelot c. Dussaut.

§ 2. — *Responsabilité relativement aux effets.*

99. — Les entrepreneurs de transports sont responsables, soit de la perte ou des avaries, soit du retard éprouvé par les effets qui leur ont été confiés. — C. civ., art. 1784.

100. — 1° *Perte.* — Les entrepreneurs de trans-

ports sont responsables de la perte de tous les effets qui leur ont été confiés.

101. — Ils sont responsables des marchandises inscrites sur la feuille de voyage, encore bien qu'elles soient transportées franches de port et comme bagage de voyageur. — *Paris*, 6 avr. 1826, Saxus c. les Jumelles.

102. — Ils sont également responsables, dans le cas où le propriétaire des effets perdus les a accompagnés et a traité en même temps du transport de sa personne. — *Lyon*, 15 mai 1839 (t. 1er 1839, p. 624), Tourraton c. Déal.

103. — La circonstance que les effets n'auraient été ni déclarés ni enregistrés ne saurait, ainsi qu'on l'a vu *suprà*, nº 43, les décharger de la responsabilité. — *Paris*, 15 fév. 1810, Debersée c. Leroy; 15 juill. 1814, Langlet.

104. — Il n'y a pour eux d'excuse que dans le cas de force majeure, ou d'un événement impossible à prévoir et à prévenir. — *Cass.*, 2 therm. an VIII, Monthieu c. Mejean; *Paris*, 31 août 1808, Vital c. messag. Boulade; 15 fév. 1810, Debersée c. Leroy.

105. — Mais alors il faut qu'ils prouvent que la perte est le résultat du cas fortuit ou de la force majeure. — *Paris*, 20 vent. an XIII, Duplessis c. Guary; *Cass.*, 6 fév. 1809, Petitpain c. Jouenne et Breton.

106. — Il ne leur suffirait pas de faire connaître l'événement dont ils auraient été victimes pour être déchargés de la responsabilité et mettre la preuve de la négligence ou de la faute à la charge du propriétaire des effets perdus. — *Paris*, 20 vent. an XIII, Duplessis c. Guary.

107. — Toutefois, l'excuse tirée de la force majeure ou du cas fortuit ne saurait être accueillie quand l'entrepreneur a pris à ses risques et périls toutes les chances du transport.

108. — Ainsi, le marchand qui s'est chargé de transporter, à ses risques et périls, les marchandises qu'il a vendues, doit en répondre, même lorsqu'elles lui ont été enlevées en cas de pillage. — *Cons. d'ét.*, 23 janv. 1820, Seck.

109. — Autrefois, un édit de 1576, confirmé par l'art. 12 d'un arrêt du conseil du 26 juin 1678, déclarait les messageries responsables du vol des marchandises, papier, or et argent, s'il n'avait pas été fait en plein jour. Aujourd'hui, les entrepreneurs de transports ne sont jamais responsables de vols résultant de la force majeure; mais la force majeure doit être bien établie par eux. — Pardessus, nº 545; Goujet c. Merger, nº 57.

110. — Sous l'empire des lois des 10 avril et 23-24 juillet 1793, les entrepreneurs de roulage étaient responsables du vol des effets chargés sur leurs voitures, lorsque ce vol n'était pas le résultat de la force majeure, mais bien de l'insuffisance des précautions prises contre l'accident. Tel est le cas où on avait volé des marchandises contenues dans le magasin d'une voiture, alors que ce magasin n'était fixé que par des cordes. — *Cass.*, 2 therm. an VIII, Monthieu c. Méjean.

111. — Un courrier de la malle, à qui des objets ont été confiés pour être transportés, est responsable de leur perte, lors même que les objets placés dans le coffre de la voiture destiné à cet usage ont été volés la nuit et à l'aide d'effraction, si, du reste, il n'est pas constant qu'il y ait eu force majeure. — *Paris*, 3 mars 1831, Joanne c. Choppin et Arlaud.

112. — Mais un entrepreneur de voitures, et spécialement un entrepreneur de malle-poste, chargé du transport d'objets, même précieux, tels que des sacs d'argent qui lui ont été confiés par un receveur général, n'est pas responsable du vol qui a lieu sur sa voiture, alors qu'il a pris toutes les précautions possibles. En pareil cas, on doit considérer comme précautions suffisantes le fait d'avoir placé les sacs d'argent derrière la voiture dans un coffre fermé, et d'avoir fait escorter la voiture par la force armée. — *Rennes*, 18 juill. 1826, le trésor c. Mazier.

113. — L'entrepreneur de transports est encore responsable de la perte des objets, si, comme on l'a vu (*suprà*, nº 69), il les a remis à des personnes autres que le destinataire.

114. — Lorsque des objets expédiés pour une certaine destination sont confiés à un conducteur de voiture, et notamment à un courrier de la malle, pour les transporter jusqu'au point du trajet où s'arrête son service, avec charge de les remettre à un autre conducteur pour les transporter jusqu'à leur destination, la perte de ces objets, survenue pendant cette dernière partie du trajet, ne donne lieu à une condamnation en dommages et intérêts que contre le second courrier seulement. — *Paris*, 3 mars 1831, Joanne c. Choppin.

115. — La loi du 24 juill. 1793 (art. 62) avait fixé à 150 fr. l'indemnité dont les entrepreneurs étaient responsables pour les objets perdus, à défaut d'évaluation lors de leur chargement. Mais cette restriction de l'indemnité à 150 fr., dérogatoire aux règles du mandat, n'avait été introduite qu'en faveur du gouvernement, et pendant que les messageries étaient en régie nationale.

116. — La loi du 9 vendém. an VI ayant aboli ces messageries, il s'ensuit que les entrepreneurs particuliers de diligences et voitures publiques sont assujétis au droit commun. — *Cass.*, 13 vendém. an X, Duclos c. Aumont; 1er germin. an XIII, Girard c. Dubois; *Rouen*, 2 fructid. an XIII, Lambert c. Thomas; *Cass.*, 6 fév. 1809, Petitpain c. Jouenne et Breton; *Rouen*, 20 fév. 1816, Carpentier c. Lecomte; *Lyon*, 6 mars 1821, Osborn c. Richard; *Alger*, 16 déc. 1846 (t. 2 1847, p. 300) Gabanon c. Bazin; *Douai*, 17 mars 1847 (t. 1er 1849, p. 362), chemin de fer du Nord c. Dupen. — Merlin, *Rép.*, vº *Messageries*, § 2, nºs 4 et 7; Duranton, t. 17, nº 243; Troplong, nº 924; Duvergier, nº 324; Fenet, t. 14, p. 359.

117. — S'il y avait eu convention expresse entre les parties qu'en cas de perte l'entrepreneur de messageries ne serait tenu de payer que cette même indemnité de 150 fr., la convention devrait recevoir exécution comme étant la loi des parties. — Troplong, nº 925; Goujet et Merger, nº 62.

118. — Ainsi, quand l'extrait des registres des messageries prouve que l'entrepreneur ne se rend responsable que d'une somme déterminée pour des objets de tel ou tel poids, l'expéditeur ne peut réclamer une somme plus forte, sauf toutefois des dommages-intérêts. — *Colmar*, 22 nov. 1814, Traut c. Garbin. — Duvergier, *Louage*, t. 2, nº 325.

119. — Toutefois, une pareille convention ne saurait s'induire de cela seul que les voyageurs auraient accepté des bulletins ou récépissés imprimés sur lesquels la plupart des administrations déclarent qu'en cas de perte l'indemnité à payer ne serait que de 150 fr.; souvent, en effet, le voyageur ne réclame pas sa place lui-même, et d'ailleurs il lui serait impossible de se faire délivrer un autre bulletin que ceux imprimés à l'avance. La responsabilité de l'entrepreneur étant de droit, la dérogation à cette responsabilité ne se présume pas; il faut qu'elle soit prouvée par une déclaration positive. — Pardessus, nº 534; Troplong, nº 926; Goujet et Merger, nº 63.

120. — Jugé, en ce sens, qu'une compagnie de chemin de fer ne peut restreindre sa responsabilité, en imprimant sur les bulletins délivrés aux voyageurs qu'en cas de perte d'effets il ne sera pas alloué au-delà d'une somme fixe et déterminée. Rien ne prouve en effet qu'une pareille condition ait été connue, et encore moins acceptée par le propriétaire des objets perdus. — *Douai*, 17 mai 1847 (t. 1er 1849, p. 362), chemin de fer du Nord c. Dupen.

121. — ...Que d'ailleurs, une compagnie de chemin de fer, obligée d'effectuer le transport de tous les objets qui lui sont remis moyennant les conditions déterminées dans le cahier des charges, ne pourrait imposer aux voyageurs ou expéditeurs une condition qui limiterait ainsi sa responsabilité, en cas de perte, qu'autant qu'elle y serait formellement autorisée par la loi. — Même arrêt.

122. — Jugé également qu'il ne peut dépendre de la volonté des entrepreneurs de voitures publiques de s'affranchir de la responsabilité légale qui pèse sur eux en imprimant sur les bulletins délivrés aux voyageurs qui vont retenir leurs places que *l'administration ne répond pas des bagages*, cette clause étant contraire à l'essence du contrat de louage de service, et n'étant consentie ni tacitement ni expressément par les voyageurs, qui, en recevant leur bulletin, ne sont jamais mis en demeure d'accepter ou de rejeter cette clause particulière qu'il contient. — *Alger*, 16 déc. 1846 (t. 2 1847, p. 300) Gabanon c. Bazin.

123. — La responsabilité s'étend donc à la totalité dûment justifiée des objets perdus. — *Lyon*, 15 mai 1839 (t. 1er 1839, p. 624), Tourraton c. Déal; *Alger*, 16 déc. 1846 (t. 2 1847, p. 300), Gabanon c. Bazin; *Douai*, 17 mars 1847 (t. 1er 1849, p. 362), chemin de fer du Nord c. Dupen.

124. — Au cas de perte d'un ballot de marchandises inscrit sur leurs registres, les entrepreneurs de messageries sont responsables de l'entière valeur des objets qui y sont contenus, bien que cette valeur n'ait pas été déclarée lors de l'enregistrement. Dans ce cas, c'est au propriétaire ou expéditeur à établir la valeur des objets perdus, et il peut le faire au moyen de ses registres ou de tous autres documens dont l'appréciation est abandonnée à la sagesse des juges. — *Cass.*, 18 juin 1833, Messageries royales c. Morize.

125. — Lorsqu'il n'y a point eu de déclaration réciproquement acceptée de la valeur des objets remis à des entrepreneurs de transports, l'estimation de l'indemnité est abandonnée à l'appréciation des tribunaux. — *Cass.*, 13 vendém. an X, Duclos c. Aumont; *Paris*, 15 fév. 1810, Debersée c. N...; *Grenoble*, 29 août 1833, Gringeat c. Léaz; *Paris*, 15 juill. 1834, Langlet c. Charpentier; *Lyon*, 15 mai 1839 (t. 1er 1839, p. 624), Tourraton c. Déal.

126. — Pour fixer la valeur d'une chose perdue, les juges ont un pouvoir discrétionnaire pour entendre des témoins, interroger les parties sur faits et articles, ou même déférer le serment au demandeur en indemnité. — C. civ., art. 1369. — Troplong, nº 922; Duranton, t. 17, nº 248; Toullier, t. 11, nº 256; Duvergier, t. 4, nºs 322 et 323.

127. — Ainsi, les juges ne sont pas tenus d'adopter l'avis de l'expert qu'ils auraient nommé pour évaluer cette indemnité. — *Paris*, 15 fév. 1810, Debersée c. Leroy.

128. — Jugé également que la preuve de la valeur des effets remis à l'entrepreneur peut être faite par le serment *in litem*. — *Rouen*, 2 fructid. an XIII, Lambert c. Thomas; *Paris*, 19 avr. 1809, Fadate c. Dumontet.

129. — Si, lors du départ, l'expéditeur n'a pas déclaré la valeur des objets, lesquels étaient des ouvrages d'orfèvrerie renfermés dans une caisse, mais s'il s'est borné à en payer le port d'avance, à raison du poids de la caisse, la somme dont la restitution est ordonnée à son profit doit être arbitrée par le juge, d'après la valeur que font présumer le poids et le port payé, sans que l'expéditeur puisse invoquer ses livres de commerce pour établir une valeur plus forte. — *Paris*, 3 mars 1831, Joanne c. Choppin.

130. — Les entrepreneurs de transports et les directeurs de messageries sont responsables même par corps de la perte des objets qui leur ont été confiés. — *Paris*, 1er germ. an XIII, Girard c. Dubois; 19 avr. 1809, Fadate c. Dumontet; *Colmar*, 22 nov. 1814, Traut c. Garbin.

131. — Les directeurs des messageries ont un recours contre les conducteurs de voitures pour la perte des effets qu'ils transportent, lorsque cette perte a été occasionnée par la faute ou négligence de ces conducteurs. — *Paris*, 19 avr. 1809, Fadate c. Dumontet; *Paris*, 15 fév. 1810, Debersée c. Leroy.

132. — Toutefois, la responsabilité d'un conducteur des messageries, en cas de perte d'objets confiés à l'entreprise, a pu être appréciée d'après les réglemens intérieurs qui fixent les rapports du conducteur envers son administration, et, par suite, les juges peuvent ne le condamner qu'au remboursement de 150 fr., encore bien que les entrepreneurs eux-mêmes soient condamnés à payer au propriétaire l'entière valeur des objets perdus. — *Cass.*, 18 juin 1833, Messageries royales c. Morize.

133. — 2º *Avaries*. — Les entrepreneurs sont responsables des avaries ou détériorations survenues aux objets qu'ils ont été chargés de transporter.

134. — Ainsi, ils sont responsables de l'avarie arrivée à des marchandises tombées dans l'eau avec la voiture au moment de l'embarquement de celle-ci dans un bateau pour passer la rivière, si l'accident n'est pas le résultat d'une force majeure. — *Paris*, 31 août 1808, Vital-Saugeon c. Messageries Boulade.

135. — Ainsi, encore, l'entrepreneur de transports par eau, qui confie la conduite d'un bateau à un simple relayeur ou loueur de chevaux chargé de le mener d'un relai à un autre, est responsable du dommage occasionné par le choc de ce bateau contre un autre. Et il en est ainsi alors même que le choc ou abordage dommageable serait imputable à un facteur préposé par l'entrepreneur à la garde des marchandises, et que ce facteur se serait indûment immiscé dans la conduite du bateau, à laquelle il devait rester étranger. — *Dijon*, 27 nov. 1848 (t. 2 1849, p. 226), Gaudet c. Necloux.

136. — Mais les entrepreneurs de transports cessent d'être responsables des avaries survenues aux objets, alors que ces objets ont été livrés ou sont réputés livrés au destinataire. — Ainsi, comme la livraison de marchandises arrivant par eau résulte suffisamment de leur mise à quai par les soins du destinataire, c'est à ce dernier, et non au capitaine chargé du transport, à subir la perte de la marchandise. — *Rouen*, 3 juin 1845 (t. 2 1845, p. 242), Hiarquier c. Trichard.

137. — 3º *Retard*. — La responsabilité des entrepreneurs de transports ne se borne pas à la perte et à la détérioration ou dégradation des objets, elle s'étend aussi au retard mis dans les transports. Il n'y a d'excuse, à cet égard, que dans la force majeure. — Troplong, nº 910; Pardessus, nº 544.

138. — Si, par suite du retard, il ne peut être

tiré aucun parti des marchandises, M. Pardessus (*ibid.*) pense que le messagiste peut être condamné à les prendre pour son compte en en payant la valeur. — *Cass.*, 3 août 1835, Poulain c. Cazeing. — V. au surplus COMMISSIONNAIRE DE TRANSPORTS, nos 84 et suiv.

§ 3. — *Responsabilité vis à vis de l'état.*

139. — Les entrepreneurs de transports sont civilement responsables envers l'état des contraventions commises par leurs préposés. — C. civ., art. 1384. — V. RESPONSABILITÉ.

140. — Ainsi, l'entrepreneur de messageries dont la voiture a transporté des objets en fraude aux lois des douanes, n'est déchargé de la responsabilité de cette contravention que dans le cas où le registre de chargement porte le nom d'un expéditeur contre lequel une action peut efficacement être exercée. L'entrepreneur reste soumis à la responsabilité, lorsque l'expéditeur n'est point un individu domicilié et connu, ou lorsque, ayant son domicile en pays étranger, il ne peut pas être poursuivi devant les tribunaux français. — *Cass.*, 28 avr. 1820, Brimont; 13 nov. 1823, Boulogne. — V. au surplus DOUANES.

141. — De même, en cas de transport illicite de lettres ou paquets, l'entrepreneur de la voiture où la saisie s'en est opérée, ne peut pas être déchargé de la responsabilité, sous le prétexte que le registre de chargement faisait connaître les expéditeurs, si ce sont des personnes domiciliées en pays étranger. — *Cass.*, 13 nov. 1823. — V. POSTES.

142. — Ainsi encore, l'excédant de charge, en contravention aux réglemens sur la police du roulage, doit être considéré comme son propre fait, et à ce titre, il est directement et personnellement passible de l'amende. — *Cass.*, 7 fév. 1822, Jailloux. — V. VOIRIE, VOITURES.

143. — Toutefois, il ne saurait être personnellement passible des amendes pour contravention aux réglemens sur les chargemens, lorsqu'il est constant qu'il y est demeuré étranger, et qu'il a donné à ses préposés des ordres exprès de se conformer aux lois et ordonnances sur le chargement des voitures. — *Cass.*, 18 nov. 1825, Jailloux; 22 mai 1834, Messageries royales. — Chauveau et Hélie, *Théor. du C. pénal*, t. 1er, p. 215. — V. au surplus AMENDE, nos 37 et suiv.

144. — Lorsque l'inobservation des réglemens dans la conduite d'une diligence a occasionné un accident dans lequel une personne a péri, l'entrepreneur qui a laissé introduire cet abus est passible des peines portées par l'art. 319, C. pén., comme ayant été la cause involontaire de la mort de cette personne. Dans ce cas, l'entrepreneur, le conducteur et le postillon sont solidairement passibles de l'amende. — *Grenoble*, 7 mars 1834, Gaillard.

Sect. 5e. — *Action en responsabilité.*

145. — L'action en responsabilité contre les entrepreneurs de transports est nécessairement fondée sur l'une des causes énoncées dans la section précédente. Reste à voir devant quel tribunal elle doit être portée et quelles fins de non-recevoir peuvent y être opposées.

§ 1er. — *Compétence.*

146. — Les juges de paix prononcent, sans appel, jusqu'à la valeur de 100 fr., et à charge d'appel, jusqu'au taux de la compétence en dernier ressort des tribunaux de première instance, sur les contestations entre les voyageurs et les voituriers ou bateliers, pour retard, frais de route et perte ou avaries d'effets accompagnant les voyageurs. — L. 25 mai 1838, art. 2. — V. JUSTICE DE PAIX.

147. — Lorsque les contestations entre les voyageurs ou expéditeurs et les entrepreneurs de voitures publiques par terre ou par eau excèdent la compétence du juge paix, c'est aux tribunaux de commerce qu'il appartient d'en connaître, alors que l'action est formée par les voyageurs ou expéditeurs contre les entrepreneurs; car toute entreprise de transport par terre ou par eau constitue un acte de commerce. — Duranton, no 247; Favard de Langlade, *Rép.*, vo *Voiturier*, no 10. — V. ACTE DE COMMERCE, COMPÉTENCE COMMERCIALE.

148. — Par suite, l'art. 420, C. procéd. qui, en matière commerciale, permet d'assigner le défendeur, soit devant le tribunal de son domicile réel, soit devant le tribunal du lieu où le paiement doit être fait, s'applique aux entreprises de transports de marchandises. En conséquence, le tribunal de commerce du domicile du destinataire est compétent pour connaître de la demande en dommages-intérêts formée par ce dernier contre un entrepreneur de roulage, à raison du retard apporté par lui dans la remise des marchandises dont le transport lui avait été confié. — *Orléans*, 31 juill. 1844 (t. 2 1844, p. 413), Blanc c. Bonneau-Foucher.

149. — Toutefois, l'individu qui a traité, non comme commerçant, mais comme simple particulier, avec un entrepreneur de transports reste libre d'actionner celui-ci, s'il le préfère, devant le tribunal de première instance. — Goujet et Merger, no 83.

150. — Jugé, en ce sens, que l'action résultant au profit d'un voyageur contre un entrepreneur de messageries de la perte d'un sac de nuit est de la compétence des tribunaux civils; car le dépôt d'un sac de nuit à une diligence ne saurait constituer un acte de commerce de la part du dépositaire. — *Cass.*, 20 mars 1811, Messageries de la Rochelle c. Fusibay. — Troplong, no 908. — *Contrà* Carré, *Lois de la proc.*, quest. 475 et suiv.; E. Vincens, *Législ. comm.*, t. 1er, p. 130.

151. — La responsabilité résultant pour un entrepreneur de voitures publiques, du dommage causé par la mauvaise direction d'une de ses voitures aux chevaux d'une autre voiture publique, n'a rien de commercial, et, dès-lors, les tribunaux de commerce sont incompétens pour en connaître. — *Paris* 16 mars 1844 (t. 1er 1844, p. 554), Barbier.

152. — La contestation, à l'occasion d'avaries survenues à un bateau de transport requis par l'autorité administrative et salarié par elle, élevée entre le propriétaire du bateau et l'administration, est de la compétence judiciaire. — *Cons. d'ét.*, 9 juill. 1820, Audaire.

§ 2. — *Fins de non recevoir.*

153. — Outre les fins de non recevoir qui peuvent être opposées, comme dans toute autre action en général, l'entrepreneur de transports qui n'est en réalité qu'un voiturier, peut opposer les fins de non recevoir qui résultent pour lui de cette même qualité.

154. — Ainsi, la réception des objets transportés, et le paiement du prix de la voiture éteignent toute action contre l'entrepreneur de transports. — C. comm., art. 105. — V. à cet égard VOITURIER. — Toutefois, il faut y ajouter les décisions suivantes qui concernent spécialement les entrepreneurs de transports :

155. — La transaction que fait un voyageur sur l'indemnité à lui due pour la blessure qu'il a reçue par suite du versement d'une diligence ne fait pas obtacle à ce que la survenance de sa mort, qu'on ne pouvait prévoir à l'époque de la première transaction, donne, au profit de la veuve et des enfans du défunt, ouverture à de nouveaux dommages-intérêts. — *Aix*, 29 janv. 1833, Michel c. Trucheman.

156. — Le voyageur qui, étant arrivé à destination, paie sa place et reçoit, sans réclamation, les effets déclarés et enregistrés, ne peut ensuite demander compte à l'entrepreneur d'effets non enregistrés qu'il prétend avoir remis, à l'instant du départ, au conducteur de la voiture; du moins, l'arrêt qui, en se fondant, tant sur ce défaut d'enregistrement que sur les circonstances de la cause, le décide ainsi, échappe à la censure de la cour de Cassation. — *Cass.*, 10 nov. 1829, Buchon c. Duclos-Robin.

157. — Mais la responsabilité de l'entrepreneur du transport ne cesse pas d'exister, encore que le propriétaire ait retiré ses marchandises avariées, s'il ne l'a fait qu'en se réservant son action en dommages-intérêts. — *Paris*, 31 août 1808, Vital c. Messageries Boulade.

158. — Le destinataire qui a reçu, sans numération préalable, des sacs d'argent à lui expédiés, mais qui n'a ni payé le prix du transport, ni donné de décharge au voiturier, ne cesse pas d'avoir son recours contre le voiturier ou entrepreneur de transport à raison du déficit trouvé dans les sacs, encore bien que l'ouverture de ces sacs ait été faite par lui, en l'absence de ce dernier. — *Douai*, 27 août 1847 (t. 2 1848, p. 23), Messageries royales c. Banque de Lille.

159. — Une administration de messageries poursuivie en pareil cas par le destinataire a elle-même son recours contre le directeur du bureau d'arrivée, comme responsable, même en son absence, du fait du facteur, son agent, qui a remis les sacs au destinataire, sans en avoir exigé de décharge. Peu importe que les sacs d'argent aient été, à l'arrivée de la voiture, reçus par le contrôleur nommé par l'administration elle-même, et que ce soit lui qui ait donné l'ordre au facteur de les transporter au lieu de leur destination. — Même arrêt.

160. — L'art. 105, C. comm., d'après lequel la réception des objets transportés et le paiement du prix de la voiture éteignent toute action contre le voiturier, n'ayant entendu parler que d'un paiement postérieur au transport, n'est point applicable aux transports par chemins de fer, pour lesquels on est forcé de payer le prix d'avance. — *Paris*, 27 août 1847 (t. 2 1847, p. 467), Compagnie du chemin de fer du Nord c. de Vatry.

161. — Evidemment la même décision devrait, au cas de paiement fait d'avance, s'appliquer à tout transport opéré par un voiturier quelconque; pas plus que la compagnie exploitant le chemin de fer, il ne saurait tirer du fait du paiement, comme conséquence, la ratification et l'approbation du fait postérieur du transport.

162. — De plus, l'entrepreneur de transports peut, comme le voiturier, invoquer, à raison de la perte ou de l'avarie des marchandises, la prescription de six mois pour les expéditions faites dans l'intérieur de la France, et d'un an pour celles faites à l'étranger. — C. comm., art. 108. — V. VOITURIER. — V. aussi COMMISSIONNAIRE DE TRANSPORT.

TRANSPORT EN COMMUN.

V. VOITURES PUBLIQUES.

TRANSPORT DE DROITS SUCCESSIFS.

1. — La vente des droits appartenant à un héritier dans la succession de son auteur est soumise, en général, aux règles tracées pour la cession des droits incorporels. — V. VENTE.

2. — Cependant quelques dispositions spéciales déterminent les obligations respectives imposées tant au cédant qu'au cessionnaire par une convention de cette nature. — V. DROITS SUCCESSIFS.

TRANSPORT SUR LIEUX.

V. DESCENTE SUR LES LIEUX.

TRANSPORTS MILITAIRES.

1. — Le service des convois militaires consiste à fournir des voitures, des chevaux, des barques, diligences, coches d'eau, etc., etc., pour transporter d'un point déterminé sur un autre, dans l'intérieur du pays, les hommes voyageant en troupe ou isolément, ainsi que les menus bagages des corps et détachements.

2. — L'organisation du service des convois militaires, déterminée successivement par le réglement des 16 pluv. an XI et 18 frim. an XIV, a fait depuis l'objet d'un nouveau réglement du 31 déc. 1823, dont on trouve un extrait dans le tome 2 de l'ouvrage de M. Durat-Lasalle, intitulé : *Droit et Législation des armées de terre et de mer.*

3. — Indépendamment de cet extrait, M. Durat-Lassalle mentionne également avec détail : 1o un extrait du cahier de charges relatif aux convois militaires arrêté par le ministre de la guerre le 30 sept. 1838; 2o une instruction sur l'exécution du service des convois militaires, adressée à MM. les intendans des divisions militaires, le 27 fév. 1836; 3o un extrait du réglement du 1er déc. 1838, pour servir à l'exécution, en ce qui concerne le département de la guerre, de l'ord. du 31 mai 1838, sur la comptabilité publique.

4. — Un décret du 10 avr. 1806 charge les corps de pourvoir au transport de leurs gros bagages et des militaires convalescens ou éclopés et des effets d'un usage journalier; mais quand un corps n'a pu traiter de gré à gré pour la fourniture des chevaux et voitures nécessaires, les maires des lieux de gîte doivent la lui procurer par voie de réquisition, jusqu'à concurrence du nombre alloué par sa feuille de route.

5. — Si, pour quelque motif que ce soit, le service des convois se trouvait interrompu dans un lieu de gîte, le maire devrait y pourvoir aux risques et périls de l'entrepreneur, soit par des marchés d'urgence, soit par des réquisitions.

6. — En outre, aux termes d'un décret du 3 août 1808, les individus qui, ayant à leur disposition des voitures et des chevaux, refuseront de les fournir pour les transports militaires, lorsqu'ils en seront requis par le maire, seront condamnés par les tribunaux, au profit du Trésor public, à une amende égale au prix qu'aura coûté la fourniture qu'ils auront refusé d'effectuer.

7. — L'art. 139 du réglement du 31 déc. 182, défend expressément à tous officiers, sous-officiers

et soldats voyageant en troupe ou isolément, de surcharger les voitures, d'excéder ou surmener les chevaux, de maltraiter les conducteurs, de menacer ou d'injurier les fonctionnaires publics, non plus que les préposés au service. — Il leur défend également de s'emparer, pour ajouter aux voitures ou pour tout autre usage, d'aucun cheval travaillant dans la campagne ou passant sur la route. Enfin, il charge les commandans des corps ou détachemens, sous leur responsabilité, de réprimer tous les excès et abus qui pourraient se commettre et d'en punir ou faire punir les auteurs. (Ce soin étant également recommandé aux officiers généraux, commandans de gendarmerie, intendans et sous-intendans militaires.) — V. aussi art. 198, réglement du 31 déc. 1823.

8. — La connaissance des contestations relatives aux marchés qui ont eu pour objet le service et la fourniture d'une réquisition sur une commune et qui ont été passés avec l'intervention du maire est réservée à l'autorité administrative. — *Cons. d'état*, 18 avr. 1816, Blanc, c. Lipmann.

9. — Entreprise générale du transport de la guerre; — entreprise générale des transports militaires. — Les soumissionnaires de ces entreprises sont soumis à la patente et imposés, par suite, à un droit fixe de 1,000 fr., et à un droit proportionnel du vingtième de la valeur locative de l'habitation, des magasins de vente complétement séparés de l'établissement et du quarantième de cet établissement.

10. — Entrepreneurs particuliers du transport de la guerre pour une division militaire; — entrepreneurs particuliers pour gîtes d'étapes; — droit fixe, pour les premiers, de 100 fr., et pour les autres, de 25 fr.; même droit proportionnel que les précédens. — V. PATENTE.

11. — V. au reste, sur la matière, les nombreuses dispositions citées par Duvergier (*Coll. lois*, Table générale, v° *Armée*, § *Transports militaires*.

V. au surplus ARMÉE, COMPÉTENCE ADMINISTRATIVE, MARCHÉS DE FOURNITURES, CONVOIS MILITAIRES (entrepreneurs de).

TRANSPORTS DES TABACS.

Les soumissionnaires de l'entreprise générale des transports des tabacs sont soumis à la patente et imposés, par suite, à un droit fixe de 1,000 fr., et à un droit proportionnel du vingtième de la valeur locative de l'habitation, des magasins complétement séparés de l'établissement, et du quarantième de cet établissement. — V. PATENTE, TABACS.

TRANSPORTATION.

1. — La transportation n'existe point comme peine dans nos lois pénales. Elle exprime l'idée du bannissement dans un lieu déterminé, et, sous ce rapport, on ne peut nier qu'il n'y ait entre elle et la déportation une parfaite identité. — V. DÉPORTATION.

2. — Antérieurement au Code pénal de 1810, la transportation existait comme moyen de répression de la mendicité; et elle était alors une peine afflictive (V. *infrà* n° 19). Si elle a été récemment rétablie à l'occasion de l'insurrection de juin 1848, c'est moins comme peine que comme mesure de sûreté publique.

—

§ 1er. — *Historique. — De la transportation appliquée aux mendians.*

3. — La transportation comme moyen de répression de la mendicité avait été établie par un décret du 24-27 vendém. an II (15-18 oct. 1793).

4. — Aux termes de l'art. 2 de ce décret, tout mendiant domicilié, repris en troisième récidive, devait être condamné à la transportation.

5. — Le mendiant ou vagabond, arrêté une première fois, et mis dans la maison de répression pour causes aggravantes, s'il était repris une seconde fois, devait également subir la peine de la transportation. — Art. 3.

6. — Cette peine était aussi encourue par les mendians qui, mis dans les maisons de répression, ne pouvaient justifier d'aucun domicile après un an de détention. — Art. 5.

7. — La transportation était prononcée contre le mendiant ou vagabond qui se trouvait dans le cas de la subir par le tribunal criminel, sur le vu des pièces qui constataient ou sa troisième récidive, ou les causes aggravantes de sa détention, ou son défaut de domicile. — Art. 4.

8. — Il existait cependant, dans ces différens cas, un moyen d'éviter qu'elle fût prononcée. Ainsi, tout citoyen qui, avant un jugement de transportation, consignait entre les mains du receveur une somme de 500 livres, pour répondre de la conduite ultérieure du condamné, empêchait sa transportation et obtenait sa liberté. Mais si le mendiant était repris en récidive, la somme consignée demeurait à la disposition de l'agent de secours, et la caution était en outre condamnée aux nouveaux frais d'arrestation, d'emprisonnement et de transportation. — Art. 6.

9. — La peine de la transportation ne pouvait être d'une durée moindre de huit années. Elle n'avait lieu que pour les mendians au-dessus de seize ans et au-dessous de soixante. Elle pouvait être prolongée si la conduite du banni le méritait, comme elle pouvait être abrégée. — Art. 7.

10. — En attendant que le mendiant au-dessous de seize ans, qui avait encouru la peine de la transportation, eût atteint l'âge fixé pour subir son jugement, il demeurait dans une maison de détention. Celui qui avait passé l'âge de soixante ans était condamné à rester toute sa vie dans la maison de répression. — Art. 8.

11. — Un décret du 11-12 brum. an II (1-2 nov. 1793), avait déterminé le mode de transfert des mendians condamnés à la transportation et le lieu de leur séjour. Ils devaient, d'après ce décret, être transportés à la partie du Sud-Quart-Est de l'île de Madagascar, au lieu ci-devant dit le Fort-Dauphin, et qui, à partir de la date dudit décret, prenait le nom de *Fort de la loi*.

12. — Il y avait, dans la colonie, une administration civile, sous la dénomination de conseil de surveillance; cette administration était chargée de faire exécuter les ordonnances et réglemens pour la discipline, l'ordre du travail, la culture, la récolte, la vente des productions, et de rendre compte de ses opérations au conseil exécutif. — Décret du 26 vendém. an II, art. 9.

13. — Il était établi, en outre, dans les colonies une force militaire qui n'avait aucune autorité civile et ne pouvait être employée contre les transportés ou contre les naturels du pays, que sur la réquisition des administrateurs. — Art. 11.

14. — Les transportés étaient, dans la colonie, employés au travail déterminé par le conseil de surveillance. Tant qu'ils étaient dans le terme de leur jugement, ils ne pouvaient travailler que pour le compte de la nation. Ils recevaient seulement le sixième du prix de la journée de travail fixé pour la colonie. La moitié de cette rétribution leur était délivrée chaque semaine, et le restant leur était conservé pour l'époque de leur liberté. — Art. 12.

15. — Le terme de la liberté étant arrivé, le transporté recevait une portion de terrain, telle qu'en travaillant, sa subsistance pût être assurée. La portion du produit de son travail qui lui avait été conservée aidait à lui fournir les outils ou denrées et les moyens de mettre son fonds en activité. — Art. 13.

16. — Nul transporté ne pouvait revenir en France qu'il ne se fût écoulé un an entre le moment de sa liberté et celui de son retour, et qu'il n'en eût obtenu l'agrément du conseil de surveillance; et, dans ce cas, les fonds qui lui avaient été concédés rentraient à l'établissement, sans qu'il pût en disposer autrement. — Art. 16.

17. — Si le transporté se mariait dans la colonie, il était affranchi du quart de l'indemnité qu'il devait payer à l'établissement à la naissance d'un enfant, et de la moitié, s'il en avait plus de trois. — Il transmettait à ses enfans en toute propriété, les fonds qui lui avaient été concédés. — Art. 17.

18. — Le transporté avait, en tout temps, la faculté de présenter des pétitions au conseil de surveillance, qui était tenu d'y faire droit provisoirement, sauf la détermination ultérieure du conseil exécutif. — Art. 18.

19. — La transportation, telle qu'elle était caractérisée par la loi du 24 vend. an II, n'était ni une peine de simple police, ni une peine correctionnelle. Elle ne pouvait donc être prononcée ni dans la forme de procéder particulière aux tribunaux de police, ni dans la forme de procéder particulière aux tribunaux correctionnels. Elle devait être considérée comme peine afflictive, et, par suite, les tribunaux criminels étaient seuls compétens pour la prononcer. — V. motifs de l'arrêt de cassa. du 29 prair. an VIII, Nicolas Prevot.

20. — Maintenue quant à ses dispositions par le Code du 3 brum. an IV, la loi du 24 vendém. an II, avait été rapportée, quant au mode de l'application de la peine envers les prévenus, par l'art. 594 du Code précité. Ainsi, sous l'empire de ce Code, la peine de la transportation pouvait toujours être appliquée aux mendians en troisième récidive; mais elle ne pouvait être prononcée que sur déclarations affirmatives de jurys d'accusation et de jugement, et non d'office. — Arrêt de *Cass.* précité, du 29 prair. an VIII. — V. aussi en ce sens les conclusions conformes de Merlin, rapportées dans son répertoire de jurisprudence, v° *Transportation*.

21. — La transportation établie par la loi du 24 vendém. an II était une véritable déportation. La convention nationale avait, en effet, déclaré, par le décret du 11 brum. an II, interprétatif de la loi précédente, que c'était véritablement à la déportation proprement dite qu'elle avait entendu obliger les tribunaux de condamner les mendians. — V. aussi, en ce sens, Merlin, *loc. cit.*

22. — La peine de la transportation portée par la loi du 24 vendém. an II n'a pas survécu à la législation moderne. Elle a été abrogée par les art. 269 et suiv. du Code pénal de 1810, qui y ont substitué, dans tous les cas, de simples peines correctionnelles. — V. VAGABONDAGE.

§ 2. — *De la transportation des insurgés de juin* 1848.

23. — Avant d'analyser les dispositions de la loi du 24-30 janv. 1850, relative à la transportation des individus arrêtés à l'occasion de l'insurrection de juin 1848, il n'est pas sans utilité de rappeler quelques faits antérieurs et d'indiquer comment il a été procédé à leur égard.

24. — Un arrêté du chef du pouvoir exécutif, en date du 25 juin 1848, ordonna, d'abord, qu'il fût immédiatement procédé, par les officiers rapporteurs près les conseils de guerre, à l'information contre tous les individus arrêtés à l'occasion des attentats commis les 23 juin et jours suivans, pour être ultérieurement statué à l'égard desdits individus, conformément aux lois pénales.

25. — Par un décret du 27 du même mois, l'assemblée constituante rendit un décret par lequel elle ordonna la transportation, par mesure de sûreté générale, dans les possessions françaises d'outre-mer autres que celles de la Méditerranée, des individus détenus à ladite époque et qui seraient reconnus avoir pris part à l'insurrection du 23 juin et jours suivans. — Art. 1er.

26. — Le projet de décret présenté par M. Senard comprenait dans la mesure de la transportation tous les insurgés pris les armes à la main, sans renvoi devant les conseils de guerre. Mais l'assemblée constituante maintint la compétence de ces conseils pour le jugement de ceux que l'instruction reconnaîtrait comme chefs, fauteurs ou instigateurs de l'insurrection, comme ayant fourni ou distribué de l'argent, des armes ou des munitions de guerre, exercé un commandement ou commis quelque acte aggravant leur rébellion, et pour le jugement des réclusionnaires ou forçats libérés ou évadés qui auraient pris part à l'insurrection. — Décret du 27 juin, art. 2.

27. — Huit commissions militaires furent alors constituées, le 8 juillet 1848, pour examiner les dossiers des prisonniers, pour vérifier les culpabilités. Ces commissions militaires ne procédèrent cependant pas militairement; elles se firent, en effet, assister de magistrats, d'hommes de lois, qui, avec elles, examinèrent les dossiers et apportèrent les tempéramens convenables en pareille circonstance. Ces commissions mirent en liberté un grand nombre de détenus, en renvoyèrent quelques-uns devant les conseils de guerre institués par le décret du 27 juin 1848. D'autres, détenus comme insurgés, furent maintenus en état de détention.

28. — Le 25 septembre suivant, dix commissions nouvelles, qu'on appela *commissions de clémence*, furent instituées pour examiner de nouveau les dossiers de la dernière catégorie d'insurgés. Ces commissions, qui étaient composées uniquement de magistrats, en mirent encore un grand nombre en liberté.

29. — Enfin, le 11 novembre, une dernière commission, appelée la *commission de révision*, fut encore instituée; et cette commission, qui a fonctionné jusque dans ces derniers temps, a encore provoqué la libération d'une partie des détenus.

30. — Il a été jugé que les décisions des commissions militaires nommées par le chef du pouvoir exécutif pour statuer sur le sort des individus arrêtés par suite de l'insurrection de juin 1848 et sujets à être transportés n'étant autre chose que l'exécution, par voie de délégation, des mesures de sûreté générale confiées au pouvoir exécutif par l'art. 4 du décret du 27 juin 1848, n'avaient, dès lors, aucun caractère judiciaire, et qu'en consé-

quence, il n'y avait lieu, de la part de la cour de Cassation, de statuer sur les pourvois formés contre de pareilles décisions. — *Cass.*, 17 nov. 1848 (t. 2 1848, p. 568), N...

31. — Le décret du 27 juin 1848 ne s'est point expliqué sur les circonstances accessoires et les conséquences légales de la transportation, et n'en a pas limité la durée. Il a laissé à la législation ultérieure le soin de déterminer le régime spécial auquel devaient être soumis les individus transportés. — Art. 3.

32. — Une loi fut présentée dans ce but à l'assemblée constituante le 25 oct. 1848. Mais, après avoir subi l'examen d'une commission de cette assemblée, elle ne put être discutée.

33. — Le décret du 27 juin 1848 ne s'appliquait expressément, comme on l'a vu (nº 25), qu'aux insurgés qui, au moment où il fut rendu, se trouvaient sous la main de la justice. Les commissions, tout en cherchant autant que possible à se maintenir dans les termes de ce décret, se sont trouvées cependant dans la nécessité de laisser en état de détention un certain nombre d'insurgés arrêtés postérieurement à la promulgation du décret précité.

34. — Avant que l'assemblée constituante ne se séparât, MM. Crémieux, Goudchaux, Lagrange et Laussedat, déposèrent une proposition ainsi conçue : « Seront mis immédiatement en liberté tous les transportés qui ont été arrêtés postérieurement au 27 juin 1848. » Mais, le 26 mai 1849, l'assemblée nationale déclara qu'elle ne passerait pas à la discussion de cette proposition.

35. — Il était réservé à l'assemblée législative de pourvoir au réglement des conditions de la transportation des insurgés de juin. Un nouveau projet de loi, préalablement soumis à l'examen du conseil d'état, et conçu à peu près dans les mêmes termes que celui du 25 oct. 1848, a été présenté à cette assemblée par M. Dufaure, ministre de l'intérieur, dans la séance du 2 oct. 1849. — V. *Moniteur* du 4 oct., p. 2965.

36. — L'urgence, proposée par le gouvernement et admise par la commission chargée de l'examen du projet de loi, fut d'abord votée par l'assemblée législative (Séance du 21 janv. 1850, *Moniteur* du 22); de sorte que la loi sur la transportation n'a été soumise qu'à une seule délibération.

37. — Le décret du 27 juin 1848, en prescrivant que les insurgés fussent transportés dans les possessions françaises d'outre-mer, avait exclu formellement celles de ces possessions qui se trouvent dans la Méditerranée. Mais une commission ayant été chargée de désigner un lieu propre à recevoir les transportés, les recherches nombreuses auxquelles elle s'est livrée ont démontré l'impossibilité de maintenir l'exclusion prononcée par le décret précité, et eut pour résultat de faire porter le choix du gouvernement sur l'Algérie. Ce choix a été consacré par l'art. 1er de la loi du 24 janv. 1850.

38. — Cet article, qui a d'ailleurs pour objet de régulariser la position des individus arrêtés depuis le 27 juin 1848, est ainsi conçu : « Tous les individus actuellement détenus à Belle-Isle, et dont la transportation a été ordonnée en vertu du décret du 27 juin 1848, par suite des décisions des commissions instituées par le pouvoir exécutif, seront transférés en Algérie, quelle qu'ait été l'époque de leur arrestation. »

39. — Plusieurs amendemens avaient été présentés sur cet article. L'un, ayant pour auteur M. Sauteyra, avait pour objet de faire rentrer dans le droit commun tous les individus dont la transportation avait été ordonnée en vertu du décret du 27 juin 1848 par suite des décisions des commissions, et de les soumettre à une nouvelle instruction judiciaire, à la suite de laquelle ils auraient été renvoyés devant le jury ou mis en liberté. Mais, sur l'observation faite par le rapporteur, M. de Crouseilhes, que cet amendement avait pour effet de désavouer et de réformer la décision de salut public de l'assemblée constituante, et que, pour que l'exécution en fût légale et complète, il faudrait l'appliquer aux individus qui avaient été déjà mis en liberté comme à ceux qui avaient continué à être détenus, il fut rejeté. — Séance du 21 janv. 1850 (*Moniteur* du 22).

40. — Un autre amendement, tendant à faire renvoyer tous les individus détenus à Belle-Isle devant la juridiction des conseils de guerre instituée pour juger les faits relatifs à l'insurrection de juin 1848, eut le même sort que l'amendement précédent. — Séance du 22 janv. (*Moniteur* du 23).

41. — M. Charles Lagrange avait aussi proposé d'ajouter à l'art. 1er un paragraphe additionnel ainsi conçu : « Avant tout envoi en Algérie des transportés, une révision de tous les dossiers de tous les citoyens conservés à Belle-Isle ou sur les pontons sera faite par les soins d'une commission tirée au sort parmi les membres de l'assemblée nationale présens à Paris. Cette commission statuera sur la mise en liberté immédiate des citoyens reconnus par elle innocens, ou susceptibles d'être rendus à leur famille, sans danger pour la société. » Mais cet amendement, présenté dans le cours de la discussion, ne fut pas pris en considération. — Séance du 23 janv. (*Moniteur* du 24).

42. — L'art. 2 de la loi du 30 janv. 1850 porte : « Les individus transportés seront réunis sur les terres du domaine de l'état, et y formeront un établissement disciplinaire spécial. Cet établissement devra être entièrement séparé des colonies agricoles créées en vertu du décret du 19 sept. 1848 et des établissemens fondés par les colons volontaires. » Le mot *disciplinaire* a été substitué par la commission au mot *agricole* qui se trouvait dans le projet présenté par le gouvernement. Lors de la discussion, M. Charras a vainement réclamé contre cette substitution. — Même séance.

43. — D'après l'art. 3 de la loi des 24-30 janv. 1850, les transportés sont assujétis au travail sur l'établissement; l'exercice de leurs droits politiques reste suspendu ; ils sont soumis à la juridiction militaire, et les lois militaires leur sont applicables. Cet article prévoit ensuite le cas d'évasion de l'établissement, et prononce contre les transportés évadés un emprisonnement dont la durée ne peut excéder le temps pendant lequel ils ont encore à subir la transportation. Enfin, il soumet les transportés à la discipline et à la subordination militaires envers leurs chefs et surveillans civils ou militaires.

44. — L'art. 4 règle la durée de la transportation. « Dix années après la promulgation de la présente loi, porte le § 1er de cet article, la transportation cessera de plein droit. » M. Sauteyra avait proposé à l'assemblée législative d'abréger la durée de la transportation et de décider qu'elle cesserait de plein droit le 1er janv. 1853. Mais cet amendement ne fut pas adopté. — Séance du 24 janv. 1824 (*Moniteur* du 25).

45. — Le § 2 de l'art. 4, ajouté par la commission au projet du gouvernement, dispose ainsi : « Néanmoins, le président de la république pourra ordonner des mises en liberté, mais seulement par des décisions individuelles, et après avoir pris l'avis du conseil d'état. »

46. — Lorsque ce dernier paragraphe fut soumis à la délibération de l'assemblée législative, M. le général de Lamoricière, se fondant sur ce que la loi relative à la transportation était une mesure politique, que les hommes auxquels elle devait s'appliquer n'avaient pas été condamnés judiciairement, mais par une loi exceptionnelle, révolutionnaire, et que par conséquent ils étaient des condamnés politiques, prétendit que le droit de commutation et de grâce ne pouvait être alors exercé que par l'assemblée nationale, conformément au § 3 de l'art. 55 de la constitution, et proposa de substituer au § 2 précité de l'art. 4 l'amendement suivant : « Toute mesure abrégeant la durée de la transportation pour les individus auxquels la présente loi est applicable devra être soumise à l'assemblée nationale. » Appuyé par M. Sainte-Beuve, cet amendement fut vivement combattu par le ministre de l'intérieur, M. Ferdinand Barrot, et fut rejeté. — Séance du 24 janv. (*Moniteur*, du 25).

47. — Un autre amendement fut aussi présenté par M. Dabeaux. Il avait pour objet de permettre au président de la république d'ordonner la mise en liberté des transportés, *sans avis préalable du Conseil d'état*. M. Dabeaux soutint que ce n'était pas le cas d'observer l'art. 55, § 1er, de la constitution, qui veut que le président de la république ne puisse exercer le droit de faire grâce qu'après avoir pris l'avis du conseil d'état. La faculté accordée par la loi sur la transportation au président ne rentre pas, disait-il, dans la juridiction gracieuse déterminée par l'art. 55 de la constitution. Dans cet article, en effet, le droit de faire grâce suppose une condamnation judiciaire, tandis qu'ici aucun jugement n'a été prononcé contre les transportés. Combattu également par M. le ministre de l'intérieur, l'amendement de M. Dabeaux ne fut pas non plus adopté. — Même séance.

48. — L'art. 5 du projet du gouvernement était ainsi conçu : « Trois années après le débarquement des transportés en Algérie, ceux qui justifieront de leur bonne conduite pourront obtenir, à titre provisoire, la concession d'une habitation et d'un lot de terre sur l'établissement. » La commission lui avait substitué la rédaction suivante : « Trois années après le débarquement des transportés en Algérie, ceux qui justifieront de leur bonne conduite pourront obtenir la *jouissance* d'un lot de terre sur l'établissement. » Lors de la discussion, M. Jules Favre reprit l'art. 5 du projet du gouvernement et le présenta à titre d'amendement. Il fit remarquer que le mot *jouissance* dans la pensée de la commission, signifiait probablement une concession purement précaire, non seulement dans ce sens que l'administration supérieure pourrait l'enlever au transporté, mais que le capitaine commandant pourrait la retirer au transporté par mesure disciplinaire, pour une infraction disciplinaire, pour une faute dont il serait seul juge. « Or, ajoutait-il, l'assemblée doit désirer éviter l'arbitraire et faire arriver le transporté le plus tôt possible au bénéfice de la propriété. » Sur ces observations et malgré l'insistance de la commission, l'assemblée adopta l'art. 5 du projet du gouvernement, lequel est alors devenu définitivement l'art. 5 de la loi. — Même séance.

49. — Après une nouvelle période de sept années, si le transporté qui a obtenu la concession d'un lot de terre, à titre provisoire, déclare vouloir s'établir en Algérie, et s'il a continué de tenir une bonne conduite, la propriété définitive pourra lui être concédée. — L. 24-30 janv. 1850, art. 6.

50. — Dans le cas de désertion ou d'évasion, les condamnés pourront être déclarés déchus de tous droits aux concessions qu'ils auraient précédemment obtenues. — Art. 7.

51. — Des réglemens d'administration publique détermineront l'étendue, la nature et les conditions des concessions à faire, en vertu de la présente loi, soit à titre provisoire, soit à titre définitif, et le mode suivant lequel ces concessions seront accordées ou révoquées. — Art. 8.

52. — Des décrets du président de la république régleront l'organisation militaire de l'établissement des transportés. — Art. 9.

53. — Des arrêtés du ministre de la guerre détermineront les formes de la comptabilité, et tous les autres détails relatifs au service et à la gestion de ces établissemens. — Art. 10.

54. — M. Théophile Roussel avait proposé sur l'art. 10 précité l'amendement suivant : « Des arrêtés du ministre de la guerre détermineront toutes les mesures propres à assurer dans l'établissement *disciplinaire* de Lambessa la salubrité des habitations et du travail agricole, ainsi que l'organisation d'un service de santé en rapport avec les conditions d'existence des transportés. — Une commission spéciale sera immédiatement chargée de tracer le plan des mesures à suivre sur chacun de ces points. Deux membres de cette commission devront veiller à l'exécution des mesures prescrites, et assister à l'installation des transportés dans l'établissement disciplinaire de Lambessa. » — Cet amendement ne fut pas adopté. — Séance du 24 janv. 1850 (*Moniteur* du 25 janv.).

55. — Le décret du 27 juin 1848 (art. 1er, alin. 2) admettait les femmes et les enfans des individus transportés à partager immédiatement le sort de leurs maris et de leurs pères. Le projet présenté par le gouvernement le 2 oct. 1849, en disposant (art. 11) que les femmes et les enfans des transportés qui voudront les suivre en Algérie adresseront leur demande au ministre de la guerre, laissait à ce fonctionnaire la faculté d'accorder ou de refuser cette demande. Aucune condition ne lui était imposée : d'où il résultait qu'il pouvait, d'après le projet, conformément au décret du 27 juin, autoriser les femmes et les enfans des transportés à les suivre immédiatement en Algérie.

56. — La commission modifia les termes de l'art. 11 du projet du gouvernement de la manière suivante : « Il sera pourvu par l'état, est-il dit dans le § 1er de l'art. 11 du projet par elle présenté, aux dépenses du voyage des femmes et enfans légitimes des transportés, quand l'état de l'établissement permettra qu'ils soient réunis à leur mari ou à leur père. »

57. — Lors de la discussion à laquelle cet article donna lieu, M. Emile Barrault proposa de ne point laisser subsister le vague de la rédaction et de fixer à six mois l'époque de la réunion. Sur le rejet de cet amendement, M. Antony Thouret proposa d'étendre le délai à un an. Mais cette proposition ne fut pas davantage admise. L'art. 11 a donc été voté avec la rédaction de la commission. — Séance du 24 janv. 1850 (*Moniteur* du 25).

58. — Une modification a été cependant introduite dans le paragraphe précité de cet article. Il n'admettait, comme on l'a vu, à partager le sort des transportés, que les femmes et les enfans légitimes : ce qui excluait les enfans naturels, même reconnus. M. Valette proposa alors de rédiger ainsi la première partie du § 1er de l'art. 11 : « Il sera pourvu par l'état aux dépenses du voyage des femmes légitimes et des enfans des transportés, etc..., »

rédaction qui fut adoptée, nonobstant les observations présentées par M. Baze au nom de la commission. — Même séance.

59. — Les femmes et les enfans des transportés sont soumis au régime du territoire sur lequel ils sont établis. — Ils peuvent être admis à prendre part aux travaux de l'établissement. — L. 24-30 janv. 1850, art. 11, § 2 et 3.

60. — L'art. 12 règle les droits des femmes et enfans des transportés, dans le cas de décès de ceux-ci. En voici les termes : « En cas de décès du transporté, les droits de sa femme et de ses enfans seront réglés comme il suit : Si le transporté avait obtenu la jouissance d'un lot de terre, cette concession pourra être conservée à la femme et aux enfans, et convertie ultérieurement en propriété définitive ; si le transporté avait obtenu une concession définitive, elle sera transmise à ses héritiers, suivant le droit commun ; si le transporté n'avait encore obtenu aucune concession, sa femme et ses enfans pourraient se pourvoir auprès de l'autorité compétente pour obtenir la concession d'une habitation et d'un terrain. »

61. — Enfin, l'art. 13 ouvre au ministre de la guerre un crédit d'un million pour l'exécution de la loi, et l'art. 14 contient une disposition transitoire, ainsi conçue : « Jusqu'à ce que l'établissement ait été approprié pour recevoir les transportés, le gouvernement est autorisé à détenir ces transportés dans celle des forteresses de l'Algérie qui sera déterminée par le chef du pouvoir exécutif. »

TRAVAIL.

1. — Tout ce qui se rattache à ce mot a été déjà traité v^is^ APPRENTISSAGE, COALITION ENTRE MAITRES ET ENTRE OUVRIERS, COMPAGNON, COMPAGNONNAGE, CORPS D'ARTS ET MÉTIERS, FAILLITE, LOUAGE D'OUVRAGE ET D'INDUSTRIE, PRESCRIPTION, PRIVILÉGE, etc., surtout au mot OUVRIERS, mot sous lequel nous avons renvoyé à divers autres de ce répertoire.

2. — Nous avons aussi expliqué, v^is^ COMMERÇANT, COMPÉTENCE COMMERCIALE, JUSTICE DE PAIX, PRUD'HOMMES, ce qui concerne la compétence en pareille matière.

3. — Il nous reste à mentionner quelques dispositions législatives que nous avions réservées pour le cas où certaines propositions aujourd'hui pendantes devant l'assemblée nationale viendraient les modifier.

4. — Après la révolution de février 1848 parut, le 3 mars, un décret dont le résultat fut 1° de diminuer d'une heure la durée du travail : ce qui la réduisit à *onze heures* pour Paris et à *douze heures* pour la province ; 2° d'abolir le *marchandage*, ou (disait le décret) l'exploitation des ouvriers par les sous-entrepreneurs. — « Il est bien entendu, ajoutait le décret, que les associations d'ouvriers qui n'ont pas pour objet l'exploitation des ouvriers les uns par les autres ne sont pas considérées comme marchandage. »

5. — Un autre décret du 6 avril, donnant une sanction, pour Paris, à celui du 2 mars, dispose que : « Tout chef d'atelier qui exigerait de ses ouvriers plus de dix heures de travail effectif, serait puni d'une amende de 50 fr. à 100 fr. pour la première fois, de 100 fr. à 200 fr. en cas de récidive, et s'il y avait double récidive, d'un emprisonnement qui pourrait aller de un à six mois. » — « Le produit des amendes, ajoutait le décret, sera destiné à secourir les invalides du travail. »

6. — Le décret du 2 mars (porte la circulaire du min. du comm. du 18 sept. 1848) était en opposition avec les habitudes et les vrais intérêts de l'industrie. Cet acte établissait une inégalité choquante entre les ouvriers de Paris et ceux des départemens. Bien qu'il semblât pris en faveur des ouvriers, il devait avoir pour eux de funestes conséquences, soit en entravant le mouvement de la consommation intérieure par un renchérissement des objets fabriqués, soit en plaçant le travail national dans des conditions trop inférieures en face de la concurrence étrangère.

7. — Aussi, le 9 sept. 1848, l'assemblée constituante rendit un décret dont le but fut l'abrogation partielle de celui du 2 mars. Il dispose ainsi qu'il suit : « Art. 1er. La journée de l'ouvrier dans les manufactures et usines ne pourra excéder douze heures de travail effectif.

8. — Art. 2. Des réglemens d'administration publique détermineront les exceptions qu'il sera nécessaire d'apporter à cette disposition générale, à raison de la nature des industries ou des causes de force majeure.

9. — Art. 3. Il n'est porté aucune atteinte aux usages et aux conventions qui, antérieurs au 2 mars, fixaient pour certaines industries la journée de travail à un nombre d'heures inférieur à douze. »

10. — La circulaire précitée s'explique ainsi, sur l'art. 3 : « Vous ne manquerez pas, citoyen préfet, de remarquer que, tout en prenant en considération les besoins légitimes de l'industrie, le décret du 9 septembre n'en a pas moins voulu mettre obstacle à l'abus d'un travail trop prolongé. Il a tenu compte des habitudes les plus universellement adoptées, en fixant la durée du travail effectif à douze heures sur vingt-quatre. Ce terme doit être considéré comme un maximum qu'aucune convention particulière ne saurait autoriser à dépasser. Je n'ai pas besoin de vous dire qu'en déterminant une limite extrême, la loi ne dit pas que le travail ne pourra jamais durer moins de douze heures. Elle maintient même expressément, dans l'art. 3, les usages qui, à raison de certaines nécessités industrielles et de certains inconvéniens intéressant directement la santé et les forces physiques des ouvriers, ont consacré un travail inférieur à douze heures. Ces usages doivent être considérés comme l'expression des forces qui peuvent se dépenser dans l'industrie où ils ont été établis. Le même article a respecté les conventions librement intervenues à ce sujet entre les patrons et les ouvriers : ces conventions paraissent attester, en effet, que les industries qu'elles concernent ne comportent pas un travail de douze heures ; mais, pour offrir ce caractère, il fallait évidemment qu'elles eussent été contractées en dehors de toute espèce d'influence qui aurait altéré le libre consentement de l'une ou de l'autre des parties. C'est pour cette raison que l'article précité exige que ces conventions soient antérieures au décret du 2 mars. »

11. — L'art. 4 du décret du 9 septembre 1848 est ainsi conçu : « Tout chef de manufacture ou usine qui contreviendra au présent décret et aux réglemens d'administration publique promulgués en exécution de l'article 2, sera puni d'une amende de cinq francs à cent francs. Les contraventions donneront lieu à autant d'amendes qu'il y aura d'ouvriers indûment employés, sans que ces amendes réunies puissent s'élever au-dessus de mille francs. Le présent article ne s'applique pas aux usages locaux et conventions indiqués dans la présente loi. » Et l'article 5 ajoute que l'article 463 du Code pénal pourra toujours être appliqué.

12. — Sur cet article 4, la circulaire précitée s'exprime ainsi qu'il suit : « En ce qui concerne la répression, l'art. 4 a déterminé les peines qui devraient être prononcées ; mais il n'a pas fixé le mode d'après lequel les infractions seraient constatées. On doit, pour le moment du moins, se référer au droit commun. Les délits seront donc constatés et poursuivis devant les tribunaux de police correctionnelle, comme tous les autres délits. Sera-t-il nécessaire d'instituer une surveillance spéciale pour assurer l'exécution de la loi ? Faudra-t-il réclamer l'intervention des chambres consultatives des arts et manufactures et des conseils de prud'hommes ? ou bien, comme les ouvriers sont immédiatement intéressés à l'exécution du décret, les moyens ordinaires de constatation seront-ils reconnus suffisans, sans qu'il soit besoin de recourir à une inspection particulière ? L'expérience seule peut fournir à l'administration supérieure les moyens de répondre à ces questions. Je vous invite à suivre avec sollicitude les faits qui se produiront et à me communiquer les observations dont ils vous paraîtront susceptibles. »

13. — Enfin, l'art. 9 du décret du 9 septembre porte que le décret du 2 mars, en ce qui concerne la limitation des heures de travail, est abrogé.

14. — Il résulte de la discussion du décret du 9 septembre, que la question relative au marchandage a été réservée pour être discutée et résolue ultérieurement.

15. — Le travail des enfans dans les manufactures est l'objet de dispositions spéciales. — V. TRAVAIL DES ENFANS DANS LES MANUFACTURES.

16. — Depuis la publication des mots : LOUAGE D'OUVRAGE ET D'INDUSTRIE et OUVRIERS, l'assemblée a pris en considération une proposition tendant à l'abrogation de l'art. 1781 du Code civil, en ce qui concerne les rapports des maîtres et des ouvriers. Il est probable que cette proposition sera incessamment convertie en loi.

17. — La législation sur les coalitions entre maîtres et entre ouvriers a reçu également une modification destinée à rétablir entre les maîtres et les ouvriers l'égalité devant la loi pénale. Voici les dispositions nouvelles de la loi du 27 nov. 1849 :

18. — « Art. 414 : Sera punie d'un emprisonnement de six jours à trois mois, et d'une amende de 16 à 3,000 fr., toute coalition entre ceux qui font travailler des ouvriers, tendant à forcer l'abaissement des salaires, s'il y a eu tentative ou commencement d'exécution ; 2° toute coalition de la part des ouvriers pour faire cesser en même temps de travailler, interdire le travail dans un atelier, empêcher de s'y rendre avant ou après certaines heures, et, en général, pour suspendre, empêcher, enchérir les travaux, s'il y a eu tentative, ou commencement d'exécution. Dans les cas prévus par les deux paragraphes précédens, les chefs ou moteurs seront punis d'un emprisonnement de deux à cinq ans.

19. — Art. 415. Seront aussi punis des peines portées dans l'art. précédent, et d'après les mêmes distinctions, les directeurs d'ateliers ou entrepreneurs d'ouvrage et les ouvriers qui, de concert, auront prononcé des amendes autres que celles qui ont pour objet la discipline intérieure de l'atelier, des défenses, des interdictions ou toutes proscriptions sous le nom de damnations ou sous quelque qualification que ce puisse être, soit de la part des directeurs d'ateliers ou entrepreneurs contre les ouvriers, soit de la part de ceux-ci contre les directeurs d'ateliers ou d'entrepreneurs, soit les uns contre les autres.

20. — Art. 416. Dans les cas prévus par les deux art. précédens, les chefs et moteurs pourront, après l'expiration de leur peine, être mis sous la surveillance de la haute police pendant deux ans au moins et cinq ans au plus. »

21. — Les délits punis par les nouveaux articles 414, 415, 416 restent soumis à la juridiction des tribunaux correctionnels. — Un amendement présenté par M. Chauffour, et qui avait pour objet de les soumettre au jury, a été écarté.

22. — Il résulte également des explications données que les nouveaux articles, comme ceux qu'ils ont remplacés, ne s'appliquent qu'aux patrons et ouvriers de l'industrie, et non aux patrons et ouvriers de l'agriculture. — V., à ce dernier égard, v° COALITION ENTRE MAITRES ET ENTRE OUVRIERS, n°s 15 et suiv.

23. — Une loi du 7 mars 1850 est intervenue sur les moyens de constater les conventions entre patrons et ouvriers en matière de tissage et de bobinage.

24. — Aux arrêts cités sous les mots qui précèdent, nous joindrons les suivans, rendus récemment. — Jugé 1° que les conventions intervenues entre un négociant et son commis-voyageur quant au salaire de celui-ci ont un caractère purement civil. Que, dès-lors, les contestations qui s'élèvent relativement à ces conventions sont de la compétence des tribunaux civils, alors même que ces salaires consisteraient dans un droit de commission sur les ventes réalisées. — *Rouen*, 6 nov. 1845 (t. 1er 1847, p. 413), Oache c. Carpentier. — V., à cet égard, les nombreuses décisions et autorités citées, v° COMPÉTENCE COMMERCIALE, n°s 65 et suiv.

25. — ... 2° Que la disposition de l'art. 5, § 3, L. 25 mai 1838, qui fait entrer dans la compétence des juges de paix les contestations relatives aux engagemens respectifs des gens de travail et de ceux qui les emploient, doit recevoir son application même lorsque ces derniers sont commerçans ; — Que l'incompétence des tribunaux de commerce, pour connaître de ces contestations, étant une incompétence *ratione materiæ*, laquelle peut être proposée en tout état de cause, lorsque des entrepreneurs de travaux publics assignés devant un tribunal de commerce en paiement de salaires par des ouvriers par eux employés ont décliné la compétence du tribunal, ils peuvent reproduire le moyen d'incompétence devant la cour sur l'appel du jugement qui a statué au fond, bien qu'aucun appel n'ait été interjeté par eux du jugement qui a rejeté le déclinatoire. — *Riom*, 3 janv. 1849 (t. 1er 1849, p. 311), N... — V. JUSTICE DE PAIX, n° 466 ; COMPÉTENCE COMMERCIALE, n°s 631 et suiv.

26. — ... 3° Que le commis qui forme contre son maître une demande pour paiement de ses appointemens n'a droit, à titre de dommages-intérêts, qu'aux intérêts de la somme due depuis le jour de la demande jusqu'à celui du paiement de cette somme. — *Colmar*, 18 août 1846 (t. 1er 1847, p. 108), comp. du chem. de fer de Strasbourg à Bâle c. Lequin.

27. — ... 4° Que les contestations relatives aux salaires réclamés par des individus qui n'ont pas travaillé en qualité de sous-traitans, mais comme simples ouvriers, sont de la compétence du juge de paix, et non du tribunal de commerce. — *Lyon*, 7 juill. 1847 (t. 1er 1848, p. 286), Tavernier c. Levrat. — V. COMMERÇANT, n°s 167 et suiv.

28. — ... 5° Que le juge de paix n'est compétent pour statuer, dans les termes du n° 3, art. 5, L. 25 mai 1838, sur l'action des ouvriers en paiement de leurs salaires, qu'autant que cette action est diri-

gée contre celui qui les a employés et a commandé les travaux. — Mais que l'action *de in rem verso* formée par les ouvriers contre celui qui, sans les avoir employés, a profité de leur travail, est de la compétence du tribunal civil. — *Cass.*, 7 juin 1848 (t. 2 (845, p. 291), Meunier c. Aufrère.

TRAVAIL DES ENFANS DANS LES MANUFACTURES.

Table alphabétique.

1. — Réglementer l'industrie, ce n'est point porter atteinte à la liberté du travail; c'est, loin de là, assurer cette liberté dans de justes limites. La loi dont nous entreprenons ici l'analyse a pour objet de prévenir un mal qui, dans ces derniers temps surtout, avait soulevé les plaintes les mieux fondées. De jeunes enfans, sacrifiés à l'odieuse cupidité de chefs d'établissemens industriels par la misère ou l'indifférence de leurs parens, étaient enfermés des quatorze, seize et quelquefois dix-sept heures par jour, dans des lieux malsains, continuellement occupés à un travail qui était soit excessif, soit toujours le même, ou exigeant que leur corps restât pendant tout ce temps dans la même position, soit dans leur jeune âge, de toute culture intellectuelle. Ils se préparaient à avoir une population débile, exténuée, sans vigueur et sans principes de moralité.

2. — La concurrence excessive des individus qui dans chaque pays exercent la même industrie,

disait M. Charles Dupin dans son rapport à la chambre des pairs; la concurrence non moins redoutable des nations qui luttent ensemble, afin d'obtenir l'avantage en fabriquant au même genre de produits; telles sont les causes les plus générales de la funeste tendance d'accroître au-delà de toutes bornes la durée du travail journalier. — Cette extension acquit de nouveaux motifs; elle devint plus dangereuse dans les établissemens où la force productive est fournie par des moteurs à la fois inépuisables et infatigables, tels que les moteurs mécaniques de l'eau, du feu, de la vapeur. »

3. — L'exagération du travail a une action funeste sur la santé des hommes les plus robustes; mais quels ravages bien autrement déplorables ne doit-elle pas exercer sur les adolescens et surtout sur les enfans? — M. Charles Dupin (*ibid.*) en résume ainsi les conséquences : « Un rapide affaiblissement de la santé, des maladies professionnelles variées et fréquentes, des infirmités précoces et graves; enfin, ceux des jeunes travailleurs qui ne périssent pas victimes du trop d'excès de barbarie, n'atteignent la virilité qu'avec un tempérament débattu, des forces énervées et des maux la plupart incurables. »

4. — En Angleterre, déjà au commencement de ce siècle, on signalait les dangers de semblables excès, et on se préoccupait des moyens propres à y mettre un terme. — C'est du mois de juin 1802 que datent même les premiers actes du parlement destinés à atteindre ce but. — Depuis, d'autres dispositions ont été prises, en 1819, 1820, 1825, 1830 et 1831; mais les abus se perpétuant, les mesures énergiques devinrent nécessaires : la chambre des communes ordonna une enquête qui révéla les faits les plus monstrueux; enfin, une loi, applicable à toutes les manufactures de coton, de laine, de lin, de chanvre et de soie qu'une chute d'eau ou une pompe à feu met en mouvement, fut rendue en 1833, et paraît avoir produit d'heureux résultats.

5. — Les principales dispositions de cette loi portent : qu'aucun enfant ne peut être admis au travail avant l'âge de neuf ans; que de neuf à treize ans, chaque enfant ne doit pas travailler plus de quarante-huit heures par semaine ni plus de neuf heures par jour; pour ceux de treize à dix-huit, le travail ne doit pas dépasser soixante-neuf heures par semaine, ni douze heures par jour. Cependant, si un accident imprévu, arrivé au moteur, fait chômer la manufacture, le travail peut être prolongée trois heures par semaine, jusqu'à réparation du temps perdu. Nul ouvrier de moins de dix-huit ans ne peut travailler entre huit heures et demie du soir et cinq heures et demie du matin. Outre le temps fixé pour le travail, il est accordé une heure et demie au moins pour les repas. De neuf à treize ans, tout ouvrier doit aller aux écoles au moins pendant douze heures par semaine, ou deux heures par jour.

6. — Un dernier bill du 6 juin 1844 a apporté encore à ces dispositions des modifications destinées à les rapprocher davantage d'une perfection impossible à atteindre du premier abord.

7. — Depuis, des mesures analogues ont été prises, notamment par la Prusse et par la Russie, où il ne serait point permis d'employer les enfans dans les manufactures.

8. — Chez nous, au retour de la paix, en favorisant le développement de l'industrie, n'a pas tardé à produire des résultats analogues. Les premières réclamations auxquelles ils donnèrent lieu paraissent remonter vers l'année 1820; M. de Gérando s'en fit même l'écho dans le discours d'ouverture qu'il prononça alors au Conservatoire des arts et métiers. Depuis, de nombreuses pétitions adressées aux deux chambres ont provoqué des rapports et des discussions pleins d'intérêt, qui ont enfin rendu nécessaire la présentation d'un projet de loi.

9. — Notre situation à cet égard n'est pas aussi cruelle que celle signalée en Angleterre; cependant le mal était grave, les discours prononcés à la tribune, en 1837 mais il présenté au ministre du commerce en 1837 par le bureau des manufactures, et distribué aux conseils généraux de l'agriculture, des manufactures et du commerce, enfin, les rapports aux deux chambres de la loi présentée, signalent des faits déplorables et qui attestent la nécessité d'une prompte réforme. — V. dans le *Moniteur* du 1er et 16 juin 1839 les rapports de MM. Tascher à la ch. des pairs et Billaudel à la ch. des députés. V. aussi un discours de M. Alban de Villeneuve, prononcé à la ch. des députés, cité par M. Duvergier (*Collect. des lois*).

10. — Mais dans quelles limites la renfermer, comment concilier la protection due à l'enfance

avec les droits sacrés de la puissance paternelle et le principe de la liberté du travail? — Si les conditions imposées à l'industrie semblaient trop gênantes, n'était-il pas à craindre que les manufacturiers, pour s'en affranchir, ne cherchassent à se passer du travail plein d'entraves des enfans et ne privassent ainsi des créatures abandonnées ou dans le besoin d'une partie nécessaire de leurs ressources. — « Nous sommes toujours entre deux terribles écueils dans la question, disait M. Rossi, l'un de permettre qu'on impose aux enfans un travail meurtrier, l'autre de leur arracher le morceau de pain qui les nourrit; nous sommes toujours entre deux écueils dont le résultat cependant est le même, d'abréger le cours de leur vie, déjà si fragile, ou par les excès du travail, ou par les souffrances non moins douloureuses de la faim. »

11. — Quant à l'autorité paternelle, elle ne pouvait présenter d'obstacles véritablement sérieux; sans doute, le père doit pouvoir diriger l'éducation de ses enfans, choisir leurs travaux, préparer leur carrière; mais à côté de ce droit peut se placer l'abus, et la loi ne doit point oublier qu'elle existe pour les enfans comme pour tous les membres de la société. Ce n'est pas détruire l'autorité paternelle que de protéger l'existence et la santé des enfans contre les abus du père. La société a intérêt à ce que le corps des enfans se développe librement tant qu'il n'a pas acquis la plénitude de ses forces physiques; que leur âme et leur intelligence reçoivent une éducation morale tant qu'elles sont incapables de se diriger elles-mêmes. La puissance paternelle est le droit du bienfait et non le droit de l'abus. Il est donc juste que la loi intervienne quand l'abus commence, et empêche, par exemple, des pères de laisser épuiser leurs enfans par des travaux qui dépassent la force de leur âge, dans l'unique but d'accroître leur salaire et d'aller quelquefois dissiper en orgies ce prélèvement fait sur la vie de leurs enfans. — Rapport de M. Renouard à la chambre des députés.

12. — La liberté de l'industrie est également soumise aux lois plus élevées de la morale et de l'humanité; ce n'est pas l'enchaîner que d'en réprimer les écarts; et lorsqu'on ne lui reconnaît pas le droit d'incommoder les citoyens par les exhalaisons de ses fabriques ou le bruit de ses marteaux, ne serait-il pas étrange qu'on se crût obligé de lui livrer à discrétion l'enfance, avenir de nos générations! — Disc. de M. Corne à la chambre des députés.

13. — Il est donc hors de doute que la loi peut conserver à l'autorité paternelle sa part légitime d'influence, et laisser à l'industrie la liberté qui lui est due, sans laisser à l'abandon le sort, la santé, le bien-être des enfans, et cesser de surveiller leur éducation religieuse, morale et intellectuelle.

14. — Des difficultés d'un autre ordre se présentaient encore : d'après le projet du gouvernement, la loi devait se borner à prononcer des peines contre tout emploi des forces des enfans au-dessous de seize ans, susceptible de nuire à leur développement physique, intellectuel et moral. Quant aux cas et conditions d'application, des réglemens généraux ou locaux les auraient déterminés.

15. — Ce système se fondait sur ce que les faits essentiellement différens et des industries variées à l'infini ne pouvaient raisonnablement être assujétis à une loi uniforme. — En effet, le développement des enfans étant plus précoce dans le Midi que dans le Nord, et certaines fabrications étant plus fatigantes à exercer que certaines autres, il en résulte que, selon les localités et les industries, les enfans peuvent commencer plus ou moins jeunes à travailler. — D'ailleurs, dans une matière où tout était nouveau, il était bon d'étudier les difficultés, de tenter quelques expérimentations et d'attendre les enseignemens de l'expérience avant de prendre une voie aussi solennelle que celle de la loi.

16. — Mais la chambre des pairs ne s'est point arrêtée à ces considérations; elle a pensé que le pouvoir réglementaire abandonné aux autorités locales serait susceptible de subir des influences puissantes ou des oppositions passionnées, qu'il n'offrirait donc point les mêmes garanties d'autorité et de fermeté que la loi; — que la variété des dispositions créerait inévitables choquantes, et, plaçant certains départemens et certaines industries dans des conditions meilleures, mettrait d'autres départemens ou des industries semblables dans l'impossibilité de soutenir la concurrence, et cela avec d'autant plus de raison que la population ouvrière se porterait nécessairement vers les lieux où la tolérance serait plus grande; — que le pouvoir réglementaire devrait évidemment, dans quelques cas, statuer par voie de disposition générale

il était plus sage de laisser ce soin à la loi, qui, si elle ne doit pas descendre à de trop minces détails, ne doit pas non plus se tenir dans les horizons théoriques; — que, dès-lors, enfin, il y avait lieu de ne laisser à régler aux ordonnances royales que les applications secondaires, les mesures d'exécution et la détermination de quelques cas exceptionnels sur lesquels la loi lui déléguerait le soin de prononcer. — Duvergier (*Coll. des lois.*, L. 22 mars 1841, not. prélim., t. 41, p. 33 et suiv.).

17. — Ces raisons l'ont emporté; et la loi, telle qu'elle est sortie des discussions des chambres, établit elle-même des règles précises sur les points fondamentaux tels que le minimum de l'âge d'admission des enfans, la détermination de la durée du travail, l'obligation des livrets, etc.; puis elle fixe les cas et les circonstances dans lesquels il sera permis au pouvoir réglementaire d'étendre ou de lever les dispositions qu'elle a déterminées d'une manière générale.

18. — Cette loi, présentée pour la première fois à la chambre des pairs le 11 janvier 1840, et à la chambre des députés le 11 avril suivant, reprise par cette dernière le 16 novembre de la même année, puis revenue à la chambre des pairs le 12 janvier 1841, et à la chambre des députés le 3 mars, a été enfin promulguée les 22-24 mars 1841.

19. — Deux points fondamentaux dominent la loi du 22 mars 1841 et doivent être constamment présens à la pensée, quand on en veut examiner et apprécier les dispositions. — Le premier, c'est que la loi n'a entendu réglementer que le travail des enfans de moins de seize ans. — Nulle part, en effet, dans ses divers articles, on ne voit qu'elle se soit occupée des personnes plus âgées; ce n'est guère qu'au-dessous de cet âge, d'ailleurs, que les enfans, placés sous une dépendance plus grande vis-à-vis de leurs parens, et ayant à redouter davantage les suites funestes d'un travail excessif, ont besoin d'une protection spéciale. — Le second, c'est qu'elle n'a réglementé le travail des enfans qu'autant qu'il s'exercerait dans les établissemens industriels; la rubrique de la loi le démontre suffisamment; elle porte : *Loi relative au travail des enfans employés dans les* MANUFACTURES, USINES *ou* ATELIERS.

20. — L'art. 1er de la loi est ainsi conçu : « Les enfans ne pourront être employés que sous les conditions déterminées par la présente loi, 1° dans les manufactures, usines et ateliers à moteur mécanique, ou à feu continu, et dans leurs dépendances; 2° dans toute fabrique occupant plus de vingt ouvriers réunis en atelier. »

21. — Sur la première partie de notre article, il faut remarquer que, par le fait seul qu'un établissement est à moteur mécanique ou à feu continu, il ne peut y être employé d'enfant au-dessous de seize ans qu'aux conditions déterminées par la loi de 1841, tandis que dans toutes autres fabriques, cette loi n'est applicable qu'autant que les ouvriers réunis excèdent le nombre de vingt.

22. — Le § 2 de l'art. 1er ne rend donc point inutile le § 1er, ainsi qu'on l'avait à tort prétendu, car il y a des établissemens à moteur mécanique ou à feu continu qui emploient moins de vingt ouvriers. — Deuxième rapport à la chambre des pairs de M. Dupin.

23. — Le mot *ateliers* avait été omis au § 1er de l'article dans le projet adopté par la chambre des pairs; il a été introduit dans la loi par la commission de la chambre des députés. — L'adjonction de ce mot ne donne peut-être pas plus de force à l'article; mais il témoigne clairement de l'intention qu'avait le législateur de soumettre à la loi tous les établissemens de travail où l'action productive est donnée par un moteur mécanique. — L'usage applique ce mot à certains genres d'industrie, quel que soit le nombre d'ouvriers employés, ou même à tout établissement qui n'occupe qu'un petit nombre d'ouvriers. — La loi prévient ainsi les équivoques que cette acception trop restreinte aurait pu faire naître, en présence surtout du sens plus large donné généralement au mot *manufactures*.

24. — L'article du projet adopté par la chambre des pairs désignait spécialement *les fabriques affectées à la filature, à la fabrication et à l'impression des tissus*; mais la chambre des députés a fait disparaître cette mention, qui signalait un genre d'industrie à la défiance publique, sans que plus d'abus ou de dangers motivassent une suspicion spéciale. — La chambre des pairs, tout en faisant remarquer que les filatures et établissemens de tissages étaient les premiers et les principaux qui, en Angleterre, en Suisse, en Prusse comme en France, eussent appelé et même réclamé une organisation légale du travail des enfans, n'a point rétabli le texte primitif, qui, du reste, ne paraît pas avoir une utilité bien sensible.

25. — Tous les travaux dépendant d'une manufacture ne se font pas dans son local principal. L'expression *et dans leurs dépendances* a pour but, selon M. Renouard, rapporteur à la chambre des députés, d'empêcher qu'on n'élude la loi, en transportant dans d'autres lieux les opérations accessoires.

26. — Le mot *fabrique*, employé dans le dernier alinéa de l'article, s'applique aux manufactures, aux usines et aux ateliers; il est pris dans un sens générique; la seule raison qui y ait fait omettre le mot *atelier*, c'est qu'il revenait encore à la fin de l'article. — Duvergier, *Coll. des lois*, t. 41, p. 40.

27. — On avait proposé de porter à quarante le chiffre des ouvriers réunis dans un atelier; mais la chambre des députés l'a trouvé trop élevé. Il laissait en dehors presque toute la fabrication, et ne permettait pas d'atteindre les ateliers de moyenne importance, où se commettent les abus les plus nombreux.

28. — La dernière disposition du § 2 s'applique même au cas où des fabricans, ne pouvant ou ne voulant point se procurer un atelier considérable, établiraient dans des maisons différentes des ateliers distincts, qu'ils prétendraient soustraire séparément aux prescriptions de la loi. Il ne suffirait donc pas de diviser un établissement en deux ou plusieurs ateliers, de placer dans deux ou plusieurs bâtimens les ouvriers d'un même maître, et faisant le travail d'une seule fabrique ou manufacture, pour pouvoir dire qu'ils ne sont pas réunis en un seul atelier, et que, par conséquent, le paragraphe n'atteint pas la fabrique. — Duvergier, *ibid.*

29. — Un député voulait également qu'on comprît dans l'art. 1er les mines, ainsi que les minières et les carrières exploitées par galeries souterraines. — On a fait, il est vrai, remarquer que l'art. 29 du décret du 3 janv. 1813, sur la police des mines, remplissait le même but, puisqu'il défend de laisser travailler dans les mines des enfans de moins de dix ans; mais il a été répondu que si cette disposition indique l'âge d'admission, nulle part, dans la loi de 1810 ni dans le décret de 1813, on ne trouve de règles sur la durée du travail. Toutefois, M. Teste, ministre des travaux publics, ayant ajouté que le gouvernement, sous la surveillance duquel les mines sont placées par la loi de 1810, prendrait les dispositions dont la nécessité se ferait sentir, et compléterait les prescriptions du décret de 1813, si celles qu'il contient ne lui paraissaient pas suffisantes, la proposition fut rejetée.

30. — A cette occasion, quelques membres de la chambre avaient prétendu que les mines et carrières étaient comprises dans la dénomination générale d'*usines ou fabriques*. — Mais c'est une erreur : l'acception française de ces derniers mots repousse une semblable interprétation que, sans doute, aucun tribunal ne consentirait à consacrer. — Telle est aussi l'opinion de M. Duvergier, *loc. cit.*

31. — Après avoir dit, dans l'art. 1er, quels sont les établissemens soumis au régime de la loi, le législateur, dans les art. 2 et suivans, détermine l'âge auquel l'enfant peut être admis à travailler dans les manufactures, et le *maximun* de la durée du travail. Cette durée varie selon l'âge de l'enfant et selon que le travail a lieu de jour ou de nuit.

32. — L'art. 2 est ainsi conçu : « Les enfans devront, pour être admis, avoir au moins huit ans.

» De huit à douze ans ils ne pourront être employés au travail effectif plus de huit heures sur vingt-quatre, divisées par un repos.

» De douze à seize ans, ils ne pourront être employés au travail effectif plus de douze heures sur vingt-quatre divisées par des repos.

» Ce travail ne pourra avoir lieu que de cinq heures du matin à neuf heures du soir.

» L'âge des enfans sera constaté par un certificat délivré sur papier non timbré et sans frais par l'officier de l'état civil. »

33. — Personne n'a songé à fixer à moins de huit ans le minimum d'âge d'admission des enfans au travail. — C'était la limite en usage dans une partie du royaume. — En Angleterre, en Prusse, elle est fixée à neuf ans.

34. — Quelques membres des chambres avaient même proposé de porter à dix ans ce minimum et d'adopter pour le temps du travail, jusqu'à seize ans, une durée uniforme de douze heures. De huit à dix ans, disaient-ils, les enfans sont encore trop faibles pour supporter un travail continu; il vaut mieux leur laisser prendre plus de développement et de vigueur, ils profiteront de ce temps pour fréquenter les écoles. — D'ailleurs, les nécessités de la fabrication, qui exigent presque toujours la réunion d'un enfant et d'un adulte, s'opposent à ce qu'on introduise pour chacun d'eux une durée de travail différente.

35. — Mais on a maintenu le minimum de huit ans; on a considéré que l'admission dans les fabriques à cet âge favorisait, par une occupation modérée, le développement des forces plus qu'elle ne lui nuisait; qu'abandonnés à eux-mêmes, loin d'espérer qu'ils fréquenteraient les écoles, il y avait plutôt lieu de craindre qu'ils ne s'habituassent à l'oisiveté et au vagabondage; leur admission, au contraire, serait, pour les parens, un moyen de surveillance, pour l'enfant, un commencement d'apprentissage, pour la famille une ressource. — Quant aux inconvéniens résultant de la durée différente du travail des adultes et des enfans qui leur sont nécessaires, il serait facile d'y remédier en divisant les enfans en relais qui se succéderaient de manière à ne point laisser inoccupés les premiers. — C'est du reste ce qui se pratique déjà en Angleterre. — Enfin si, dans certains cas, l'âge était réellement trop bas et la durée du travail trop élevée, l'art. 7 y pourvoit suffisamment, en permettant à l'administration d'élever l'un et d'abaisser l'autre.

36. — Il s'agit ici de huit ans *accomplis*. — La commission de la chambre des députés le disait même formellement par l'article; mais toute équivoque étant impossible sur ce point, de l'aveu même du rapporteur, il n'en a même plus été question lors de la discussion. — Duvergier, *ibid.*, p. 45.

37. — On avait demandé que le travail au-dessus de douze ans fût porté à treize heures; mais douze heures, non compris les repas et les repos, ont paru pleinement suffisantes, d'après l'avis même du plus grand nombre des manufacturiers, dont quelques uns auraient même souhaité que cette limite fût généralisée pour les adultes aussi bien que pour les enfans.

38. — L'époque et la durée des repas par lesquels doivent être divisées les heures de travail des enfans de moins de douze ou de seize ans, ne sont pas et ne pouvaient pas être réglées par la loi : c'est un détail qui appartient exclusivement aux réglemens intérieurs de chaque atelier, sauf l'intervention des réglemens d'administration publique, si la nécessité s'en fait sentir.

39. — Du reste, cette durée du travail des enfans s'estime quotidiennement, et, par conséquent, un manufacturier ne pourrait pas l'excéder sous prétexte de compensation. La loi serait donc violée, si un enfant au-dessous de douze ans avait travaillé dix heures un jour, quoique la veille il n'eût travaillé que six heures. Ce point résulte des discussions dans les deux chambres. — De même, la loi serait violée, si un enfant de moins de seize ans travaillait quatorze heures un jour et dix heures seulement le lendemain. — Duvergier, *ibid.*, p. 46.

40. — La chambre des pairs avait fixé à huit heures du soir la fin du travail de jour; mais la chambre des députés, sur les réclamations de l'industrie et dans le but de donner plus de latitude en lui permettant de faire commencer la journée plus tard en hiver et de prolonger la veillée, a porté la limite à neuf heures.

41. — M. le ministre des travaux publics pensait qu'au lieu du certificat exigé par l'alinéa final de notre article, il eût été plus simple d'autoriser la délivrance de l'acte de naissance sur papier non timbré et sans frais. — Mais on a répondu que l'acte de naissance pourrait servir à autre chose, et qu'il suffisait au fabricant de savoir l'âge.

42. — « D'où la double conséquence, fait remarquer, M. Duvergier avec raison (*Collect. des lois*, t. 41, p. 46, note 1re), 1° que les énonciations de l'acte de naissance sont inutiles dans le certificat, qui peut se borner à indiquer l'âge de l'enfant; 2° que le certificat, quelle que soit sa forme, ne pourrait suppléer à l'acte de naissance pour autre chose que l'admission dans une manufacture. »

43. — C'est évidemment par l'officier de l'état civil du lieu de naissance de l'enfant que doit être délivré le certificat. Le dernier alinéa de l'art. 2 ne fait pas double emploi avec le premier alinéa de l'art. 6, ainsi que le fait remarquer le rapporteur de la chambre des pairs; car le domicile de l'enfant peut être autre que le lieu de sa naissance. — Dans ce cas, l'enfant devra être porteur du certificat délivré par l'officier de l'état civil du lieu de sa naissance, et le remettre au maire du lieu de son domicile pour qu'il lui délivre son livret.

44. — L'art. 3 porte : « Tout travail entre neuf heures du soir et cinq heures du matin est considéré comme travail de nuit.

» Tout travail de nuit est interdit pour les enfans au-dessous de treize ans.

» Si la conséquence du chômage d'un moteur hydraulique ou des réparations urgentes l'exigent,

les enfans au-dessus de treize ans pourront travailler la nuit, en comptant deux heures pour trois, entre neuf heures du soir et cinq heures du matin.

» Un travail de nuit des enfans ayant plus de treize ans, pareillement supputé, sera toléré, s'il est reconnu indispensable, dans les établissemens à feu continu dont la marche ne peut pas être suspendue durant le cours de vingt-quatre heures. »

45. — Les dispositions de cet article se justifient facilement. On n'intervertit pas sans danger pour la santé les deux périodes du jour et de la nuit, de la veille et du sommeil. D'un autre côté, comme le travail de nuit peut être quelquefois une nécessité, on ne pouvait le proscrire absolument. La loi, par ses précautions à cet égard, a pourvu à ce qu'exige l'humanité et à ce que réclame l'intérêt de l'industrie.

46. — L'interdiction en principe du travail de nuit n'a point été contestée; on variait seulement sur le moment où il était possible de la lever. — L'Angleterre a fixé treize ans; la Prusse, seize; la chambre de commerce de Mulhouse proposait douze ans; celles de Morlaix, Strasbourg, Troyes, treize ans; celle de Lyon, quinze; Amiens, Reims et Boulogne allaient jusqu'à seize ans.—La chambre des pairs s'était arrêtée à douze ans : le terme de treize ans, définitivement adopté, se rapproche davantage de la moyenne entre tous ces avis. — Duvergier, *ibid.*, p. 46, not. 2e.

47. — Outre le chômage d'un moteur et les réparations urgentes, la chambre des députés avait admis comme pouvant rendre le travail de nuit nécessaire *la nature de l'industrie*, sauf au gouvernement à fixer par des réglemens les industries pour lesquelles cette nécessité existerait. Mais la chambre des pairs a craint qu'on n'abusât de cette extension, et que chaque manufacturier cherchant à se faire appliquer le bénéfice de la disposition, l'exception ne devînt la règle; elle a, en conséquence, écarté *la nature de l'industrie*, comme autorisant le travail de nuit.

48. — On voulait même ne faire d'exception qu'en faveur des usines à feu continu; mais, en reconnaissant qu'il y a un assez grand nombre d'usines dans lesquelles les opérations commencées doivent être conduites à fin sans interruption, on n'a point persisté dans cette pensée.

49. — On doit considérer comme travaux à feu continu les opérations seulement qui exigent un feu continu de vingt-quatre heures consécutives et dont la marche ne peut pas être suspendue. C'est ainsi que les ont définis les explications données aux chambres et que l'explique la fin de l'article.

50. — Les alinéas 3 et 4, contenant des exceptions, doivent n'être interprétés que restrictivement. Ainsi les *réparations urgentes* désignent celles seulement qui nécessitent une suspension du travail. Il faut qu'elles produisent le même effet que le chômage du moteur. — Duvergier, *ibid.*, p. 46, note 4e.

51. — Peu importe d'ailleurs que le chômage ait pour cause la nécessité de réparations ou tout autre événement, et qu'il ait eu lieu pour tout ou partie seulement de la fabrique. Il suffit qu'il ait existé pour que le travail de nuit soit autorisé. — On avait demandé que le travail de nuit ne fût permis qu'autant que le chômage aurait été général, c'est-à-dire autant seulement que l'activité de la fabrique tout entière se serait trouvée suspendue. Cette proposition, que rien ne justifiait, a été rejetée avec raison.

52. — En aucun cas, la période de travail fixée par l'art. 2 ne peut être dépassée dans les vingt-quatre heures. Il suit de là que les enfans dont le travail a été interrompu le jour doivent seuls être admis au travail de nuit, et de manière seulement à compléter le laps de douze heures qu'ils n'ont pu atteindre, en ayant même soin de supputer chaque heure de nuit pour une heure et demie. — Foucart, *El. dr. adm.*, t. 1er, no 335.

53. — Ainsi, l'enfant qui n'a point travaillé le jour peut travailler la nuit pendant huit heures, ces huit heures de nuit équivalent à douze heures de jour. S'il a travaillé le jour six heures, il pourra être employé encore la nuit, mais pendant quatre heures seulement. Mais s'il a donné ses douze heures de jour, il ne peut plus, sous aucun prétexte, être admis à travailler la nuit.

54. — L'organisation du travail de nuit, la détermination des établissemens dans lesquels il doit être autorisé peuvent faire l'objet de réglemens d'administration publique. C'est ce qui résulte de l'art. 7, § 6, qui réserve au gouvernement le droit de statuer ultérieurement sur les cas de travail de nuit prévus par notre article.

55. — D'après l'art. 4 : « Les enfans au-dessous de seize ans ne pourront être employés les dimanches et jours de fête reconnus par la loi. »

56. — Un membre de la chambre des députés, pour se prêter aux convenances des ouvriers israélites, dont les jours fériés ne coïncident pas avec ceux des autres cultes, avait proposé de rédiger ainsi l'art 4 : « Les enfans au-dessous de seize ans ne pourront être employés plus de six jours par semaine. » De cette façon, chaque jour de la semaine pouvait être pris indifféremment pour celui du repos. Mais sur les observations mêmes d'un député israélite, cet amendement a été rejeté. On a pensé qu'aucune fabrique ne refuserait à ceux qui voudraient aller à leur temple le samedi le temps de remplir leurs devoirs religieux. On ne leur interdit pas de fêter le samedi; mais s'ils le font, ils auront deux jours de repos.

57. — La loi du 18 nov. 1814, sur l'observation des dimanches et fêtes, ne rend pas inutile la disposition de l'art. 4, et cela, pour deux raisons. La première, c'est que la jurisprudence n'est pas unanimement et définitivement fixée sur la question de savoir si cette loi est encore en vigueur. La seconde, c'est que cette loi ne parle de la suspension du travail qu'à l'extérieur, et qu'ainsi elle n'atteindrait pas le travail dans l'intérieur des ateliers.

58. — Toutefois, les travaux indispensables peuvent être tolérés les dimanches et fêtes de la part des enfans, dans les usines à feu continu, mais il doit être statué sur ce cas par des réglemens d'administration publique. C'est l'objet du § 3 de l'art. 7.

59. — Art. 5. Nul enfant âgé de moins de douze ans ne pourra être admis qu'autant que ses parens ou tuteurs justifieront qu'il fréquente actuellement une des écoles publiques ou privées existant dans la localité. Tout enfant admis devra, jusqu'à l'âge de douze ans, suivre une école. Les enfans âgés de plus de douze ans seront dispensés de suivre une école, lorsqu'un certificat donné par le maire de leur résidence attestera qu'ils ont reçu l'instruction primaire élémentaire.

60. — La loi fixe à douze ans l'âge jusqu'auquel la fréquentation des écoles est obligatoire pour les enfans, pour coordonner ce chiffre avec la première catégorie de durée du travail, qui, bornée à huit heures par jour, laisse à l'enseignement un temps suffisant. — Rapport de M. Renouard à la ch. des députés.

61. — Une semblable prescription n'a pas besoin de justification. L'instruction était d'autant plus nécessaire pour les jeunes travailleurs industriels que leur moralité doit être soumise à des tentations plus actives, exposée à des périls plus grands. Cette disposition a cela de bon, surtout, que les parens dont l'apathie tendrait à priver leurs enfans d'instruction se verront excités par leur propre intérêt à ce qu'elle leur soit donnée, puisque la fréquention des écoles sera une condition de l'admission des enfans au travail dans les manufactures.

62. — La commission de la chambre des pairs et plusieurs membres de celle de la chambre des députés auraient même voulu que nul enfant ne pût être admis dans une manufacture qu'autant qu'il aurait fréquenté les écoles pendant un temps déterminé. Mais cette mesure, en punissant les enfans de l'incurie de leurs parens, eût été trop rigoureuse; elle n'a donc pas été admise.

63. — Un amendement fut également proposé pour n'autoriser l'admission dans les fabriques des enfans de moins de douze ans, qu'autant que les parens justifieraient qu'ils ont été vaccinés. Mais sur l'observation du ministre du commerce, que la disposition serait mieux placée dans les réglemens d'administration publique autorisés par l'art. 7, et sur l'engagement pris par lui de mettre cette condition d'admission dans les réglemens, l'auteur de la proposition l'a retirée. — M. Duvergier fait remarquer avec raison (*ibid.*, t. 41, p. 49, renvoi 1er) que cette condition ne sera nécessaire que pour les enfans fréquentant les écoles privées; car tous ceux admis dans les écoles publiques doivent être vaccinés.

64. — Les art. 7 et 8, qui déterminent les matières sur lesquelles peuvent porter les réglemens d'administration publique, ne semblent, en les parcourant, contenir aucune disposition qui permette au gouvernement d'assujétir les enfans à être vaccinés. — Mais la discussion aux chambres, et le § 5 de l'art. 8, qui permet d'assurer les conditions de salubrité et de sûreté nécessaires à la vie et à la santé des enfans, ne laissent subsister aucun doute sur l'existence de ce pouvoir. — Duvergier, *ubi suprà*.

65. — Art. 6. « Les maires seront tenus de délivrer au père, à la mère ou au tuteur, un livret sur lequel seront portés l'âge, le nom, les prénoms, le lieu de naissance et le domicile de l'enfant, et le temps pendant lequel il aurait suivi l'enseignement primaire.

» Les chefs d'établissement inscriront :

» 1° Sur le livret de chaque enfant, la date de son entrée dans l'établissement et de sa sortie;

» 2° Sur un registre spécial toutes les indications mentionnées au présent article. »

66. — Cet article contient une disposition analogue à celle de l'arrêté du 9 frim. an XII, qui impose aux ouvriers l'obligation de se munir d'un livret coté et paraphé par le maire, et à Paris par le commissaire de police, sous peine, s'ils voyagent, d'être réputés en état de vagabondage. Les livrets dont parle notre article sont délivrés par le maire au père, à la mère ou au tuteur de l'enfant; les énonciations que le maire doit y insérer ont pour objet d'assurer le fabricant que les enfans qu'il emploie réunissent toutes les conditions d'admission.

67. — La commission de la chambre des députés proposait simplement d'assujétir les enfans à la législation des livrets; mais, outre que cette législation contient des dispositions inapplicables à des enfans de moins de seize ans, elle ne prescrit point toutes les énonciations énumérées dans notre article, notamment la mention du temps pendant lequel ils ont suivi les écoles; on s'est donc arrêté définitivement à la disposition actuelle.

68. — La chambre des pairs avait chargé les chefs d'établissemens de délivrer des livrets; le maire en devait donner visa; le changement qu'on a introduit a pour but d'empêcher que chaque enfant puisse jamais avoir plus d'un livret, et être par suite employé, contrairement au vœu de la loi, dans plusieurs fabriques à la fois.

69. — C'est au gouvernement à déterminer la forme de ces livrets et les règles à suivre pour leur délivrance, leur terme et leur renouvellement. Le § 1er de l'art. 8 lui donne à cet égard tous les pouvoirs nécessaires.

70. — Le registre prescrit par le 2° de l'article a pour but d'assurer l'exécution de la loi en facilitant les inspections. « Il serait même à désirer, disait M. Renouard, rapporteur à la chambre des députés, que de pareils registres existassent pour tous les ouvriers; ce serait un moyen de prévenir les inconvéniens qu'entraînent les pertes de livrets, et d'obvier aux abus que l'expérience signale dans la délivrance des livrets renouvelés. »

71. — L'art. 7 pourvoit à ce que les principes consacrés dans la loi puissent recevoir toujours leur application, sans qu'il soit nécessaire d'une décision législative. On a voulu laisser à l'administration le pouvoir de compléter la loi de 1841 selon les temps, les localités, et selon les besoins que les progrès de l'industrie peuvent faire naître, en se conformant toutefois à l'esprit qui a dicté cette loi.

72. — Cet article diffère de l'art. 8 en ce qu'il laisse à l'administration la faculté de réglementer les circonstances qu'il prévoit, tandis que l'art. 8 lui en fait un devoir; selon le premier, l'administration *pourra*, d'après le second elle *devra*. Toutefois, cette faculté doit être entendue en ce sens seulement que les cas prévus pouvant ne pas se présenter, il ne fallait pas rendre nécessaires des réglemens impossibles; mais s'il arrivait que ces cas se présentassent, alors ce serait un devoir pour l'administration d'y pourvoir. — Duvergier, *ibid.*, p. 50, note 2e.

73. — L'art. 7 est ainsi conçu : « Des réglemens d'administration publique pourront, 1° étendre à des manufactures, usines ou ateliers autres que ceux qui sont mentionnés dans l'art 1er l'application des dispositions de la présente loi; 2° élever le minimum de l'âge et réduire la durée du travail, déterminés dans les article deuxième et troisième, à l'égard des genres d'industrie où le labeur des enfans excéderait leurs forces et compromettrait leur santé; 3° déterminer les fabriques où, pour cause de danger ou d'insalubrité, les enfans au-dessous de seize ans ne pourront être employés; 4° interdire aux enfans, dans les ateliers où ils sont admis, certains genres de travaux dangereux ou nuisibles; 5° statuer sur les travaux indispensables à tolérer de la part des enfans, les dimanches et fêtes, dans les usines à feu continu; 6° statuer sur les cas de travail de nuit prévu par l'article troisième.

74. — Un membre de la chambre des députés avait proposé de donner au gouvernement le pouvoir d'abaisser l'âge d'admission et d'augmenter la durée du travail, quand cela ne présenterait aucun inconvénient; mais on a pensé avec raison que le gouvernement ne pouvait être investi du pouvoir de détruire la loi, et l'amendement a été repoussé.

75. — Il en a été de même, et à peu près par la même raison, d'un amendement présenté par la

commission de la chambre des députés, sous-amendé par un député, et qui, dans le but d'encourager les manufacturiers à donner à leurs ouvriers enfans plus d'instruction religieuse et de bien-être physique, aurait autorisé l'augmentation d'une heure dans la durée du travail des enfans de dix à douze ans dans les établissemens où des garanties spéciales seraient assurées, tant pour leur instruction religieuse que pour leur nourriture et leur entretien.

76. — Le § 4 a été introduit dans l'article, sur la proposition d'un député, qui donnait pour exemples : dans les filatures de coton, les ateliers où on bat et où on carde le coton, à cause de la poussière irritante, du duvet tenu et impalpable qui les remplissent et s'attachent à la poitrine, à ce point que les hommes les plus forts sont obligés de s'y relayer ; et dans les usines où on apprête, soit les étoffes de laine, soit les étoffes de coton, les étuves, où la chaleur, portée à trente-huit ou quarante degrés centigrades, énerverait prématurément les forces des enfans.

77. — Art. 8 : Des réglemens d'administration publique devront : 1° pourvoir aux mesures nécessaires à l'exécution de la présente loi : 2° assurer le maintien des bonnes mœurs et de la décence publique dans les ateliers, usines et manufactures ; 3° assurer l'enseignement primaire et l'enseignement religieux des enfans ; 4° empêcher, à l'égard des enfans, tous mauvais traitemens et tout châtiment abusif ; 5° assurer les conditions de sûreté et de salubrité nécessaires à la vie et à la santé des enfans.

78. — Dans le principe, l'art. 8 n'imposait pas au gouvernement l'obligation de faire ces réglemens ; ce n'est que lors de la discussion, et sur la proposition d'un député, que cet article, de facultatif qu'il était, est devenu *impératif*.

79. — Un membre de la chambre des pairs voulait, dans l'intérêt des bonnes mœurs, ajouter à l'article un paragraphe relatif à la séparation des sexes, sans cependant en faire une nécessité. — Il serait utile également d'indiquer pour chaque sexe des heures de sortie et d'entrée différentes. — La chambre n'a pas cru devoir en faire l'objet d'une disposition spéciale, le gouvernement devant trouver, dans le § 2, les pouvoirs nécessaires pour prendre à cet égard les mesures qu'il jugerait utiles et praticables.

80. — La chambre des députés, sur le motif que l'instruction primaire comprend nécessairement l'instruction morale et religieuse, avait supprimé du § 3 la mention de l'enseignement religieux. — Mais elle a été rétablie par la chambre des pairs. Elle a pensé que « l'enseignement religieux spécial étant distinct de l'enseignement primaire pour tous les cultes, il fallait qu'on le rendît toujours possible, et qu'on le facilitât avec plus de zèle encore que l'instruction primaire proprement dite. » — Rapport de la deuxième commission de la chambre des pairs.

81. — Dans le § 5, le projet adopté par la chambre des pairs n'indiquant que les conditions de salubrité, c'est la chambre des députés qui a cru devoir y ajouter les mesures de sûreté que peut rendre nécessaires le danger des machines. — Duvergier, L. 22 mars 1841, sur l'art. 8, § 5, note, t. 41, p. 52.

82. — Les réglemens d'administration publique prescrits par cet article n'ont jamais été faits ; aussi la question s'était-elle élevée, dans une circonstance où un manufacturier était prévenu d'avoir enfreint les dispositions de l'art. 5, de savoir si l'application et l'exécution n'en étaient pas subordonnées à l'existence d'un réglement spécial d'administration publique promulgué conformément à notre art. 8 ; mais la cour de Cassation a tranché la difficulté, et avec raison, dans le sens de la négative. — *Cass.*, 14 mai 1846 (t. 2 1846, p. 61), Dupont-Boilletot.

83. — Art 9. Les chefs d'établissemens devront faire afficher, dans chaque atelier, avec la présente loi et les réglemens d'administration publique qui y sont relatifs, les réglemens intérieurs qu'ils seront tenus de faire pour en assurer l'exécution.

84 — D'après le projet adopté par la chambre des Pairs, les réglemens intérieurs, actes de magistrature privée, en quelque sorte, devaient être soumis au visa et, par conséquent, à l'approbation du préfet. Cette prescription a été supprimée par la chambre des députés, qui a considéré ces actes comme ne pouvant émaner que de la libre stipulation des maîtres, et formant un véritable contrat entre ceux-ci et les ouvriers qui acceptent l'obligation de se soumettre à ces réglemens. — L'autorité peut d'ailleurs toujours examiner si ces réglemens sont conformes à la loi. — Rapport à la chambre des députés. — L'opinion des conseils de prud'hommes et des chambres consultatives paraît, d'après le témoignage de M. le ministre du commerce, avoir été à peu près unanime à cet égard.

85. — Pour empêcher qu'au moment des inspections prescrites par l'art. 10, on ne pût substituer un réglement à un autre, la seconde commission de la chambre des pairs avait proposé un paragraphe additionnel portant que copie des réglemens intérieurs, signée par le chef de l'usine, serait déposée à la sous-préfecture ; mais cette disposition a été rejetée, par le motif que ce n'était qu'une mesure purement réglementaire, dont l'utilité ne paraissait pas bien certaine, et qui pouvait toujours être prescrite par le gouvernement en vertu du § 1er de l'art. 8. — Duvergier, *ibid*, sous l'art. 9, p. 52, note 3e.

86. — L'art. 10 porte : Le gouvernement établira des inspections pour surveiller et assurer l'exécution de la présente loi. Les inspecteurs pourront, dans chaque établissement, se faire représenter les registres relatifs à l'exécution de la présente loi, les réglemens intérieurs, les livrets des enfans et les enfans eux-mêmes. Ils pourront se faire accompagner par un médecin commis par le préfet ou le sous-préfet.

87. — Cet article ne détermine pas le mode d'inspection, ni la classe des personnes dans laquelle le gouvernement devra choisir les inspecteurs. Cette question devra être, comme celles posées dans l'art. 8, résolue par un réglement d'administration publique.

88. — En Angleterre, les inspections sont faites par quatre inspecteurs généraux ayant chacun sous ses ordres quatre inspecteurs ; les inspecteurs généraux consignent dans des rapports faits périodiquement deux fois par an le résultat de leurs observations sur l'exécution de la loi, et les améliorations à y introduire. Il paraît toutefois que l'utilité s'est fait déjà sentir de centraliser ce service en le faisant converger vers un seul inspecteur général. — Duvergier, *ibid.* p. 52, note 4e.

89. — La question de savoir si les inspections devaient être confiées à des commissaires spéciaux, à des magistrats de l'ordre administratif ou judiciaire, ou aux inspecteurs de l'instruction primaire, avait été proposée aux conseils généraux, aux conseils de prud'hommes, aux chambres de commerce et aux chambres consultatives, et de la diversité des réponses qu'elle a amenées, il résulta que l'expérience seule pourrait permettre de donner à la question une solution satisfaisante, et que la loi devait se borner à poser à cet égard le principe en laissant à l'administration le soin de son application.

90. — Toutefois, il est un point sur lequel il ne pouvait s'élever aucun doute, c'est la nécessité de ne faire porter le choix des inspecteurs que sur les notabilités de diverses localités. « Une inspection, pour être efficace, disait le ministre du commerce dans son exposé de motifs à la chambre des pairs, pour être digne du but de la loi et convenable pour l'industrie, doit être entourée de considération et placée haut dans l'estime des populations ouvrières ; nous en chercherons donc les élémens parmi les notabilités honorables que la voix publique signale à la confiance du gouvernement dans les conseils généraux des départemens et des arrondissemens, dans les conseils des manufactures et du commerce, en un mot, dans toutes les positions qui sont la récompense des services rendus au pays et la marque d'une probité bien établie, unie à la capacité dans les affaires et au dévouement pour le bien public. »

91. — Le projet adopté par la chambre des pairs portait simplement que les inspecteurs pourraient se faire présenter *les registres*. — C'est la chambre des députés, qui, pour donner plus de précision à la portée véritable de cette expression, et empêcher qu'en l'étendant abusivement on en portât un examen préjudiciable dans les affaires privées des manufacturiers, a ajouté aux mots *les registres* ceux *relatifs à l'exécution de la présente loi*. Tels sont par exemple, et surtout, les registres où le fabricant inscrit les énonciations que contient le livret des enfans.

92. — L'adjonction d'un médecin peut être utile pour apprécier la salubrité des ateliers et l'état sanitaire des enfans.

93. — Art. 11. En cas de contravention, les inspecteurs dresseront des procès-verbaux qui feront foi jusqu'à preuve contraire.

94. — On avait proposé à la chambre des députés de donner foi aux procès-verbaux des inspecteurs *jusqu'à inscription de faux*, pour empêcher qu'usant de son influence sur les ouvriers, les fabricans ne pussent trop facilement contredire les énonciations du procès-verbal, ne portassent ainsi atteinte au respect dont ils doivent rester environnés, et ne décourageassent leur zèle en les exposant à de trop faciles démentis. Mais on a pensé que dans cette matière, les moyens conciliateurs devaient être préférés aux moyens répressifs, et qu'il y aurait trop de rigueur à forcer des industriels à recourir pour leur défense à une voie exceptionnelle, extraordinaire, appliquée le plus souvent à des délinquans suspects par eux-mêmes.

95. — C'est aux inspecteurs surtout que la loi s'en remet pour constater les contraventions en cette matière ; c'est eux qu'elle charge spécialement de veiller à l'exécution de la loi ; aussi peuvent-ils pénétrer à toute heure dans les ateliers.

96. — Toutefois, leur compétence n'est pas exclusive, et les contraventions et délits commis dans les ateliers pourraient également être constatés selon les règles du droit commun par les fonctionnaires que la loi générale charge ordinairement de ce soin. La seule différence qui existe entre ces fonctionnaires et les inspecteurs, c'est qu'ils ne peuvent pénétrer dans les ateliers, que tout le monde dans les chambres paraît s'être accordé pour considérer comme faisant partie du domicile, que dans les cas où la loi les autorise à pénétrer dans le domicile. Cette double proposition ressort de la manière la plus incontestable de la discussion qui a eu lieu à la chambre des députés, et surtout des explications fort nettes données par le garde des sceaux et le rapporteur de la commission. — V., à cet égard, l'extrait de la discussion reproduit par M. Duvergier dans son *Recueil de lois*, sous cet article, p. 54, à la note.

97. — L'art. 12 s'occupe des contraventions commises en cette matière et édicte les peines auxquelles elles donneront lieu ; c'est lui qui contient la sanction de la loi tout entière. Il est ainsi conçu :

« En cas de contravention à la présente loi ou aux réglemens d'administration publique rendus pour son exécution, les propriétaires ou exploitans des établissemens seront traduits devant le juge de paix du canton et punis d'une amende de simple police qui ne pourra excéder 15 fr.

» Les contraventions qui résulteront soit de l'admission d'enfans au-dessous de l'âge, soit de l'excès de travail, donneront lieu à autant d'amendes qu'il y aura d'enfans indûment admis ou employés, sans que ces amendes réunies puissent s'élever au-dessus de 200 fr.

» S'il y a récidive, les propriétaires ou exploitans des établissemens seront traduits devant le tribunal de police correctionnelle et condamnés à une amende de 16 à 100 fr. Dans les cas prévus par le paragraphe second du présent article, les amendes réunies ne pourront jamais excéder 500 fr.

» Il y aura récidive, lorsqu'il aura été rendu contre le contrevenant, dans les douze mois précédens, un premier jugement pour contravention à la présente loi ou aux réglemens d'administration publique qu'elle autorise. »

98. — La commission de la chambre des députés proposait de ne rendre responsable et passible des amendes encourues que le *directeur*, dans les manufactures que les propriétaires ou exploitans ne dirigeraient point personnellement. L'adoption de cette disposition eût, selon la remarque d'un député, ôté à la loi toute sa moralité : si l'homme porteur d'un nom devenu célèbre en industrie a souffert, ne fût-ce que par négligence, qu'un acte réprouvé par la loi se commît dans son établissement, c'est à lui seul d'en porter la peine, c'est à son nom que la tache doit être infligée et non pas à un nom inconnu. — Aussi la proposition a-t-elle été justement écartée, et la chambre a-t-elle préféré s'en tenir au droit commun.

99. — Il résulte de là, ainsi que le fait observer, avec raison, M. Duvergier (*loc. cit.*, p. 56) : 1° qu'au point de vue civil, les maîtres et exploitans sont responsables, soit en vertu des art. 1382 et 1383, s'ils sont eux-mêmes les auteurs du fait, soit en vertu de l'art. 1384, si le fait a été commis par un de leurs préposés, et spécialement par le directeur de la fabrique ; 2° que, sous le point de vue criminel, les maîtres et exploitans sont punissables si le fait leur est imputable personnellement, mais qu'ils échappent à toute répression quand ils ont ignoré la contravention qui a été commise en leur absence ou malgré eux ; dans ce dernier cas, c'est contre le gérant seul que les poursuites peuvent être dirigées.

100. — Il avait été question d'attribuer la connaissance des contraventions, non pas restrictivement aux juges de paix, mais aux tribunaux de police, afin de ne point déroger au droit commun qui y comprend la juridiction des maires ; on a préféré concentrer dans la main de l'autorité judiciaire, c'est-à dire du juge de paix le jugement de cette sorte de contravention ; le déplacement peu considérable qui en résultera devait être com-

pensé par l'unité plus grande dans la manière de présider. — Duvergier, *loc. cit.*, p. 56, note 1re.

101. — La chambre des pairs avait adopté la peine de 16 à 100 fr. d'amende, qui devait être doublée en cas de récidive ; il en résultait que les tribunaux de police correctionnelle pouvaient seuls la prononcer. La chambre des députés a vu là trop de rigueur, elle a craint qu'une semblable condamnation n'affaiblît l'autorité des maîtres sur ses ouvriers, et pensant que la certitude des peines est un meilleur élément de la loi pénale que la sévérité, elle n'a porté qu'une peine de simple police; il en résultait d'ailleurs moins de déplacemens et de perte de temps, toujours préjudiciable à un chef d'industrie.

102. — L'art. 12 se terminait par un paragraphe prononçant des peines de simple police contre les pères, mères ou tuteurs qui auraient eux-mêmes contrevenu à la loi ou aux règlemens destinés à en assurer l'exécution. — Cette disposition, repoussée par la presque unanimité des conseils généraux, des chambres de commerce et des conseils de prud'hommes, a été supprimée par la chambre des députés. — L'autorité paternelle aurait pu se trouver atteinte par de semblables condamnations, et les pères et mères, blessés de souffrir à cause de leurs enfans, feraient peut-être retomber sur eux le poids de leurs colères ; c'était donc un ferment de haines et de discordes jeté dans les familles. D'ailleurs, l'ouvrier ne pourrait pas payer l'amende, et le condamner à la prison, ce serait porter le trouble dans une famille déjà misérable et la priver de sa seule ressource. Ne serait-ce pas une punition intolérable pour des malheureux qui, le plus souvent, auraient été poussés à enfreindre la loi, moins encore par cupidité que par misère? — Néanmoins, la seconde commission de la chambre des pairs, craignant surtout que des enfans ne fussent envoyés chaque jour dans deux manufactures, et soumis ainsi à un travail excessif à l'insu même des manufacturiers, reproduisit sa première disposition ; mais la nécessité d'avoir un livret délivré par le maître, et les diverses obligations imposées tant aux manufacturiers qu'aux parens et aux enfans, relativement à l'emploi du temps de ces derniers et à leur instruction primaire et religieuse, ont paru des obstacles suffisans à la perpétration d'une semblable infraction. — En conséquence, le paragraphe, rejeté également par la chambre des pairs, s'est trouvé définitivement écarté.

103. — Toutefois, dit M. Duvergier (*ibid.*, p. 57, note), si le fait que redoutait la commission de la chambre des pairs se présentait, il est certain que les deux chefs d'établissement qui auraient reçu l'enfant, sachant la fraude dont il est l'objet, seraient punissables l'un et l'autre, car ils auraient également concouru à faire travailler l'enfant au delà des limites fixées par la loi.

104. — Un manufacturier est passible des peines prononcées par les art. 5 et 12 de la loi du 22 mars 1841, s'il admet à travailler dans sa fabrique des enfans âgés de moins de douze ans, sans pouvoir justifier qu'ils fréquentent actuellement et qu'ils continuent à suivre l'une des écoles publiques ou privées existant dans la localité, ou des enfans âgés de plus de douze ans et de moins de seize qui ne sont pas munis d'un certificat du maire attestant qu'ils ont reçu antérieurement l'instruction élémentaire. — *Cass.*, 14 mai 1846 (t. 2 1846, p. 61), ministère public c. Dupont-Boilletot.

105. — L'art. 13 et dernier de cette loi, promulguée le 24 mars 1841, porte : « La présente loi ne sera obligatoire que six mois après sa promulgation. »

106. — Ce délai était nécessaire aux maîtres et aux ouvriers, auxquels il donnait plus de facilités pour se conformer aux prescriptions de la loi nouvelle, et au gouvernement pour préparer les mesures propres à en assurer l'exécution uniforme.

107. — Le gouvernement a toujours attaché la plus grande importance à tout ce qui concerne cette matière ; la loi de 1841 a été l'objet de sa constante sollicitude, et de nombreux témoignages attestent l'intérêt qu'il portait à sa loyale et complète exécution. Plusieurs circulaires du ministre du commerce (V. notamment le *Moniteur* aux années 1841, p. 751, et 1843, p. 2299), ne laissent aucun doute à cet égard. Un rapport présenté au roi par le ministre du commerce le 24 juill. 1845 (*Monit.* du 25 juill., année 1845, p. 2209), contient un exposé complet et curieux des efforts que le gouvernement a dû faire pour vaincre les résistances suscitées par l'ignorance, le mauvais vouloir, les difficultés d'exécution, la routine, l'intérêt personnel, l'inexpérience même de toutes les parties intéressées, et des résultats heureux qu'il était alors parvenu à réaliser à travers tant et de si graves difficultés.

108. — Cependant l'expérience révéla des inconvéniens réels, assez graves pour qu'on songeât sérieusement à y remédier; aussi les rapports des inspecteurs, les avis des préfets et des autorités locales, les observations des conseils généraux de département, des chambres du commerce et même du conseil général des manufactures réclamant unanimement une révision de la loi de 1841, le gouvernement se décida-t-il en 1847 à présenter à la chambre des pairs, dans sa séance du 15 février, un projet nouveau en 5 articles, destiné surtout à mettre les dispositions principales de la loi de 1841 plus complétement en harmonie avec les conditions pratiques du travail industriel et les nécessités impérieuses de la famille ouvrière. — V. *Moniteur* des 15 et 16 fév. 1847, p. 314 et 339.

109. — L'exposé de motifs qui accompagne ce projet signale les divers points dont l'exécution a révélé l'imperfection et qu'il importe de modifier. — Ces imperfections résultent surtout soit de la nomenclature incomplète des établissemens industriels soumis au régime de la loi de 1841, soit de la durée du travail des enfans combinée avec l'âge d'admission ; les inspections ne présentent pas non plus tous les résultats désirables par suite d'obstacles venant non du dévouement des fonctionnaires qui en sont chargés, mais de l'insuffisance de la loi.

110. — En effet, les manufactures, usines et ateliers autres que ceux à feu continu ou à moteur mécanique, et les fabriques occupant moins de vingt ouvriers, échappaient, par suite des limitations de la loi, à tout contrôle et paralysaient complétement l'exécution de la loi ; de plus, la classification adoptée troublait les conditions naturelles de la concurrence entre les établissemens livrés à l'exploitation d'une même industrie, puisque les fabricans d'un même produit étaient assujettis à des conditions différentes selon le nombre de leurs ouvriers; d'où cette conséquence, que certains chefs d'ateliers faisaient des efforts de toute nature pour échapper à des prescriptions les plaçant au point de vue de la concurrence dans une position défavorable. — C'est pour obvier à ces inconvéniens que l'art. 1er du projet portait : « Les dispositions de la loi du 22 mars 1841 seront applicables aux enfans travaillant dans toutes les manufactures, fabriques, usines, chantiers et ateliers.

111. — En ce qui concerne l'âge d'admission combiné avec la durée du travail, la différence de temps pendant lequel l'enfant de huit à douze ans et celui de douze à seize pouvaient travailler, et la nécessité d'interrompre ce temps par des repos et d'assurer l'instruction religieuse et intellectuelle des enfans, telle était la source d'une foule d'embarras, dont un des moindres était que dans les intervalles des séries de travail l'enfant se trouvait abandonné à lui-même sans surveillance ; en outre, la différence des temps de travail de l'enfant et de l'adulte auquel l'enfant est souvent assujetti, forçant ou d'interrompre le travail de l'ouvrier ou d'organiser une double série d'aides, ce qui a pour effet de réduire la tâche de ceux-ci à une demi-journée, il en résultait un trouble sérieux dans le travail, et qui même, dans un grand nombre d'industries, avait déterminé l'exclusion des enfans de huit à douze ans ; aussi cette disposition était-elle considérée, par le conseil général des manufactures et les conseils généraux de département, comme d'une exécution impossible. L'art. 2 du projet, dans le but de remédier à ces fâcheuses conséquences, élevait le minimum d'âge des enfans à dix ans au lieu de huit, et portait qu'au-dessous de seize ans la durée du travail des enfans ne pourrait excéder douze heures sur vingt-quatre non compris le temps du repos.

112. — Tout en conservant le principe de l'art. 5 de la loi de 1841 qui rend obligatoire la fréquentation des classes, tant que l'enfant n'a pas reçu l'instruction primaire, disposition qui a produit les plus heureux effets, l'art. 3 du projet ne maintenait cette obligation que jusqu'à l'âge de douze ans et seulement pour ceux qui n'auraient pas reçu l'instruction primaire avant leur entrée dans l'établissement. Ce même article astreignait les chefs d'établissement à indiquer dans le règlement intérieur de leurs ateliers les jours et heures affectés à la fréquentation d'une école publique ou privée par les enfans non pourvus d'un certificat d'instruction primaire.

113. — Quant à l'art. 4, il astreignait les chefs d'établissement à faire afficher la nouvelle loi dans chaque atelier avec celle de 1841 et étendait à ses dispositions les pénalités de la loi ancienne.

114. — Enfin, l'art. 5 portait abrogation de toutes dispositions antérieures contraires à la loi nouvelle.

115. — M. Charles Dupin nommé rapporteur de ce projet de loi présenta à la chambre des pairs son rapport et les amendemens introduits par la commission dans la séance du 31 janv. 1848. — *Monit.* des 1er et 4 fév., p. 240, 244 et 275.

116. — Les amendemens proposés apportaient d'assez notables modifications au projet ; voici succinctement en quoi ils consistaient : l'article 1er, au lieu d'étendre l'application de la loi de 1841 à tous les ateliers sans distinction du nombre d'ouvriers, ne s'étendait qu'à ceux occupant moins de dix personnes de tout âge et de tout sexe, ou cinq personnes, enfans, adolescens ou femmes ; seulement, il laissait au pouvoir exécutif la possibilité de réduire ce nombre par un règlement d'administration publique.

117. — L'art. 2 maintenait les dispositions de la loi de 1841 en faveur des enfans de huit à dix ans et des adolescens de douze à seize, et étendait celles relatives aux adolescens de douze à seize, et spécialement la disposition qui limite à douze heures leur travail journalier, aux filles et aux femmes quel que soit leur âge.

118. — L'art. 3 ordonnait de publier le règlement d'administration publique, prescrit par l'art. 8 de la loi de 1841, dans l'année (ce règlement n'avait pas encore été fait), pour tout ce qui concernait l'enseignement primaire et religieux. — Ce règlement devait coordonner les heures de travail et celles d'école, le travail devant être réduit pendant trois jours ouvrables par semaine, à onze heures, et l'heure supprimée faire obligatoirement partie du temps consacré à l'instruction primaire.

119. — L'art. 4 établissait quatre inspecteurs généraux du travail des manufactures, devant avoir, chacun sous sa direction, au moins un inspecteur divisionnaire ; le même article déterminait leurs attributions. — Les comités d'inspection locale devaient continuer à être organisés par arrêtés ministériels et fonctionner sous la présidence et la direction des inspecteurs généraux et divisionnaires.

120. — Enfin l'art. 5 et dernier prescrivait l'affiche de la nouvelle loi dans les manufactures, ateliers, etc., et appliquait les dispositions pénales des art. 10, 11 et 12 de l'ancienne loi.

121. — Mais ce projet ne put être discuté ; la révolution de février, en faisant disparaître la chambre des pairs, arrêta tous ses travaux. — La question est donc encore aujourd'hui telle que l'ont posée la loi du 24 mars 1841 et les circulaires ministérielles qui en ont assuré l'application, et bien que le nouvel état de choses n'ait pu que donner un degré de plus d'intérêt et d'urgence aux améliorations déjà faites, longtemps reconnues nécessaires, rien, jusqu'à ce jour, dans les actes du gouvernement, n'a fait connaître quelles étaient ses vues à cet égard.

TRAVAUX AUTORISÉS PAR LE GOUVERNEMENT (Opposition aux).

1. — Ce qui concerne cette matière a été traité v° OPPOSITION AUX TRAVAUX AUTORISÉS PAR LE GOUVERNEMENT.

2. — Aux arrêts cités sous ce mot, il faut joindre le suivant : Jugé que la disposition de l'art. 438 C. pén., qui punit quiconque s'oppose par des voies de fait à la confection des travaux autorisés par le gouvernement, est générale et absolue, et s'applique à celui-là même qui se prétendrait propriétaire du terrain sur lequel ont lieu les travaux ordonnés. Que dès lors le tribunal saisi de la poursuite sur ces voies de fait ne doit point surseoir à prononcer jusqu'à ce qu'il ait été statué sur la question préjudicielle de propriété, cette question n'étant pas de nature, en pareil cas, à faire disparaître le délit. — *Cass.*, 6 juillet 1844 (t. 2 1844, p. 593), Ministère public c. Ballias.

TRAVAUX FORCÉS.

1. — C'est une peine que l'art. 7 C. pén. range parmi les peines afflictives et infamantes. L'art. 15 du même Code dispose : « Les hommes condamnés aux travaux forcés seront employés aux travaux les plus pénibles ; ils traîneront à leurs pieds un boulet, ou seront attachés deux à deux avec une chaîne lorsque la nature du travail auquel ils seront employés le permettra. »

2. — La peine des travaux forcés du Code pénal de 1810 est venue remplacer la peine *des fers* des Codes de 1791 et de brumaire an IV, qui elle-même avait remplacé la peine des galères de l'ordonnance de 1670. — V., pour les détails relatifs à ces deux anciennes peines, FERS (peine des) et GALÈRES, GALÉRIENS.

3. — La peine des fers, disait le Code de 1791 (t. 1er, art. 6), ne pourra en aucun cas être perpétuelle. Ailleurs, il fixait le maximum de sa durée à vingt-quatre ans. L'ordonnance de 1670 admettait au contraire que les galères pouvaient être prononcées à perpétuité. La question de la perpétuité des peines, longuement discutée par les criminalistes, se présenta au Conseil d'Etat à propos de la peine des travaux forcés, lors de la discussion du Code en 1810. Après un long débat, on décida qu'on adopterait la règle de l'ordonnance de 1670; mais il fut convenu en même temps que la peine des travaux forcés à temps ne pourrait être prononcée pour plus de vingt ans, et que celle des travaux forcés à perpétuité ne pourrait l'être que dans les cas déterminés par une loi formelle et spéciale. Il fut, du reste, reconnu que le chef du gouvernement ayant le droit de faire grâce, avait celui de commuer la peine, et par suite celui de rendre temporaire une peine qui devait être perpétuelle.

4. — La peine des travaux forcés peut donc être perpétuelle ou simplement temporaire. — C'est ainsi que nous la présente l'art. 7 C. pén. L'article 19 vient dire ensuite : « La condamnation aux travaux forcés à temps sera prononcée pour cinq ans au moins et vingt ans au plus. » Toutefois, il est un cas où ce maximum pourra être dépassé, c'est lorsque l'accusé se trouvera en état de récidive. Il résulte, en effet, de l'art. 56 5° qu'un individu peut être condamné à quarante ans de travaux forcés.

5. — Sous la législation antérieure à notre Code pénal, les hommes seuls pouvaient être condamnés soit aux galères, soit à la peine des fers. Aujourd'hui, la peine des travaux forcés peut être prononcée contre les personnes des deux sexes. Seulement, à l'égard des femmes ou filles, elle a un mode spécial d'exécution, comme nous le verrons plus loin.

6. — Mais la peine des travaux forcés ne peut jamais être prononcée contre un individu âgé de soixante-dix ans accomplis au moment du jugement. — Art. 70 C. pén. — Elle est remplacée par la peine de la réclusion, soit à perpétuité, soit à temps, selon la durée de la peine qu'on eût dû appliquer. — Art. 71. — Enfin, pour les mêmes motifs, et poursuivant la même idée, la loi ajoute : « Tout condamné à la peine des travaux forcés à perpétuité ou à temps dès qu'il aura atteint sa soixante-dixième année accomplie, en sera relevé et sera enfermé dans une maison de force pour le temps à expirer de sa peine, comme s'il n'avait été condamné qu'à la réclusion. » — Art. 72.

7. — Jugé, par application de l'art. 70 C. pén., qu'est nul l'arrêt de la Cour d'assises qui, après avoir constaté que l'accusé est âgé de plus de soixante-dix ans, l'a condamné à la peine des travaux forcés. — *Cass.*, 11 sept. 1845 (t. 2 1848, p. 221), Goguelat. — V. SEPTUAGÉNAIRES, nos 10 et suiv.

8. — L'art. 15 précité ne fait aucune distinction entre les condamnés aux travaux forcés à perpétuité et les condamnés aux travaux forcés à temps; il devra donc être appliqué aux uns comme aux autres.

9. — Rien dans le Code n'indique quel est le lieu où les hommes condamnés aux travaux forcés doivent subir leur peine. De là la question de savoir si cette peine peut être régulièrement subie dans un lieu autre que les bagnes, local généralement affecté à la détention des forçats. — M. Berriat Saint-Prix (*De l'exécution des jugemens et arrêts et des peines*, nos 62 et 62 *bis*) pense, comme M. Faustin-Hélie, qu'il résulte de la lettre et de l'esprit de l'art. 15 C. pén. qu'aucun lieu n'a été spécialement affecté à l'exécution de la peine des travaux forcés prononcée contre les hommes; mais il ajoute qu'il ne dépend pas absolument de l'administration, en l'état actuel de la législation, d'affecter aux forçats un local autre que celui des bagnes, et que ce changement ne pourrait régulièrement être opéré que par une ordonnance portant règlement d'administration publique, si ce n'est même par une loi. En effet, dit-il, depuis le Code de 1791 des ordonnances et même des décrets ayant force de loi n'ont pas cessé de reconnaître et de consacrer l'existence des bagnes comme destinés à l'exécution de la peine des travaux forcés. Et cela est si vrai que le projet de loi sur la réforme des prisons adopté en 1844 par la chambre des députés, contient un article spécial (art. 13) qui dispose qu'à l'avenir les condamnés aux travaux forcés subiront leur peine dans des maisons appelées maisons des travaux forcés.

10. — Dans la pratique, c'est à cette manière de voir de M. Berriat Saint-Prix qu'on se conforme. Tous les forçats, même ceux condamnés aux colonies françaises ou en Algérie, et quelle que soit la durée de leur peine, se trouvent, en effet, détenus aux bagnes de Brest, Rochefort et Toulon. Pour les détails sur les bagnes, sur le mode de transfèrement des forçats, sur l'administration intérieure, etc. — V. BAGNE.

11. — Nous ajouterons seulement que pour l'exécution des travaux forcés le ministère public (les délais de pourvoi expirés ou les pièces reçues de M. le garde des sceaux) n'a, en général, qu'une chose à faire, c'est de veiller à ce que l'extrait de l'arrêt de condamnation soit exactement rédigé par le greffier sur un des imprimés qui sont fournis à cet effet, par le ministre de la marine, extrait qui doit être certifié par le procureur général ou le procureur de la République. Cet extrait est ensuite envoyé au préfet du département, lequel en réfère au ministre de l'intérieur, d'après les ordres de qui les voitures cellulaires viennent prendre les forçats en cours d'exécution pour les transporter au bagne. — Berriat Saint-Prix, *loc. cit.*, n° 65.

12. — Comme on l'a vu l'art. 15 C. pén. se contente de dire que les condamnés aux travaux forcés doivent être employés aux travaux les plus pénibles, sans indiquer en quoi consisteront ces travaux. Le projet de l'art. 15, et en cela il se conformait au Code de 1791, présentait, à cet égard, une assez longue nomenclature. Mais le Conseil d'Etat jugea à propos de n'entrer dans aucun détail et de laisser le choix des travaux à l'administration. Toutefois, un membre voulut soutenir que les mots *les plus pénibles* indiquaient une sorte d'acharnement qu'on recommandait à cette administration, et insista pour leur suppression. Mais M. Treilhard parut le satisfaire en répondant qu'on ne pouvait se dispenser de qualifier la nature du travail auquel les condamnés devaient être appliqués. — Locré, t. 29, p. 118 et 161.

13. — Le Code pénal de 1791 (t. 1er, art. 6) déclarait formellement que le travail des condamnés aux fers devait profiter à l'Etat. Le Code actuel reste muet sur ce point. Que conclure de ce silence? La solution la plus sûre, et c'est celle qui est généralement admise, consiste à dire, qu'on doit suivre la règle du Code de 1791. C'est, du reste, à ce résultat qu'on arrive en comparant l'art. 15 aux art. 31 et 41 du C. pén. — Chauveau et Faustin-Hélie, *Théorie C. pén.*, t. 1er, p. 326; Berriat Saint-Prix, *loc. cit.*, n° 62. — Toutefois, Carnot paraît adopter l'opinion contraire (*Comm. C. pén.*, art. 15, n° 4). « N'y aurait-il pas, dit-il, une rigueur extrême à priver les condamnés de la totalité des produits de leur travail? Ne peut-on pas dire d'ailleurs que le nouveau Code n'ayant pas renouvelé la disposition du Code de 1791, il en résulte la conséquence implicite que le législateur a voulu laisser à l'administration toute la latitude convenable pour concilier les besoins de l'humanité avec les principes d'une exacte justice? »

14. — Suivant l'art. 16 du Code pénal : « Les femmes et les filles condamnées aux travaux forcés n'y seront employées que dans l'intérieur d'une maison de force. » — C'est la comparaison de cet article avec l'art. 15 qui indique la différence, quant à l'exécution, entre la peine des travaux forcés prononcée contre les hommes et celle prononcée contre les femmes. D'abord, la loi désigne ici le lieu où la peine doit être subie : c'est une maison de force, local destiné à la détention des personnes condamnées à la réclusion. En second lieu, l'art. 16 ne dit pas que les femmes seront employées aux travaux *les plus pénibles*. On devra donc avoir égard à leur âge et à leur force physique, en leur imposant tel ou tel travail. — Quant au produit de leur travail, même question, mêmes considérations, mêmes raisons de solution que plus haut.

15. — Les condamnations aux travaux forcés entraînent avec elles l'application de diverses autres peines attachées comme accessoires à la peine principale. Nous citerons d'abord, comme ne présentant plus qu'un intérêt historique, la flétrissure, le carcan ou l'exposition. — Pour les détails, voir ces trois mots. — La flétrissure, admise par le Code de 1810 (art. 20), fut supprimée par le Code de 1832. La peine du carcan, admise aussi par le Code de 1810, fut de son côté grandement modifiée. D'abord, elle changea de dénomination; elle fut appelée du nouveau nom d'exposition publique. En second lieu, l'exposition publique n'était pas attachée irrévocablement, nécessairement comme le carcan à toute condamnation aux travaux forcés. — L'art. 22 du nouveau Code porte en effet : « En cas de condamnation à la peine des travaux forcés *à temps* (ou à la réclusion), la Cour d'assises pourra ordonner par son arrêt que le condamné, s'il n'est pas en état de récidive, ne subira pas l'exposition publique. » Et il ajoute : « L'exposition publique ne sera jamais prononcée à l'égard des mineurs de dix-huit ans et des septuagénaires. »

16. — A son tour l'exposition publique a été abolie. — Un décret du Gouvernement provisoire porte en effet : « Le Gouvernement provisoire, vu l'art. 22 du C. pén., considérant que la peine de l'exposition publique dégrade la dignité humaine, flétrit à jamais le condamné et lui ôte, par le sentiment de son infamie, la possibilité de la réhabilitation; considérant que cette peine est empreinte d'une odieuse inégalité en ce qu'elle touche à peine le criminel endurci, tandis qu'elle frappe d'une atteinte irréparable le condamné repentant; considérant enfin que le spectacle des expositions publiques éteint le sentiment de la pitié et familiarise avec le crime, décrète : La peine de l'exposition publique est abolie. » — Décr. 12 avril 1848.

17. — Les autres peines accessoires de la peine des travaux forcés, celles que reconnaît la législation actuelle, sont :

18. — 1° La *mort civile*. — Les condamnations aux travaux forcés *à perpétuité* (et à la déportation) emporteront mort civile. — Art. 18 C. pén. — V. MORT CIVILE.

19. — 2° La *dégradation civique*. — La condamnation à la peine des travaux forcés *à temps* (de la détention, de la réclusion et du bannissement) emportera la dégradation civique. La dégradation civique sera encourue du jour où la condamnation sera devenue irrévocable, et, en cas de condamnation par contumace, du jour de l'exécution par effigie. — Art. 28 C. pén. — V. DÉGRADATION CIVIQUE.

20. — 3° L'*interdiction légale*. — Quiconque aura été condamné à la peine des travaux forcés à *temps* (de la détention ou de la réclusion), sera de plus, pendant la durée de sa peine, en état d'interdiction légale; il lui sera nommé un tuteur et un subrogé tuteur pour gérer et administrer ses biens, dans les formes prescrites pour les nominations des tuteurs et subrogés tuteurs aux interdits. — C. pén., art. 29. — Les biens du condamné lui seront remis après qu'il aura subi sa peine, et le tuteur lui rendra compte de son administration. — Art. 30. — Pendant la durée de la peine, il ne pourra lui être remis aucune somme, aucune provision, aucune portion de ses revenus — Art. 31. — V. INTERDICTION LÉGALE.

21. — 4° La *surveillance de la haute police*. — Les coupables condamnés aux travaux forcés *à temps* (à la détention et à la réclusion), seront de plein droit, après qu'ils auront subi leur peine, et pendant toute leur vie, sous la surveillance de la haute police. — Art. 43. — V. SURVEILLANCE DE LA HAUTE POLICE.

22. — La durée de la peine des travaux forcés à temps doit compter, comme la durée des peines temporaires, du jour où la condamnation est devenue irrévocable. — C. pén., art. 23. — V. PEINES, nos 245 et suiv.

TRAVAUX PUBLICS.

Table alphabétique.

TRAVAUX PUBLICS. — 1. — Travaux qui ont un caractère d'utilité générale.

2. — M. Dufour (*Traité du droit administratif*, t. 4, n° 2570) résume en ces termes l'objet des travaux publics : « Comme propriétaire de palais, d'hôtels et autres édifices, d'établissemens agricoles, de forges, de fonderies et de manu-
factures, l'Etat a journellement à faire exécuter des travaux de construction, d'entretien et de réparation. Mais ce n'est pas dans les travaux de ce genre que se révèle au plus haut degré l'u-
tilité qui distingue les travaux publics. Ce carac-
tère a plus d'éclat dans les entreprises destinées à doter le pays, à le pourvoir de moyens de défense, à l'enrichir de voies de communication, et à en augmenter ou conserver la fertilité.
La création de nouveaux monumens et la restauration des anciens, la conservation et la construction des fortifications, l'établissement des chemins de fer, l'amélioration et le développement des routes, l'entretien et l'achèvement des canaux de navigation, les dessèchemens, les grands canaux d'irrigation, les digues pour la protection du territoire, répondent à des intérêts dont l'importance et la gravité placent au premier rang parmi les intérêts publics. »

3. — Entrepris sur une large échelle dans les derniers règnes de l'ancienne monarchie, conti-
nués même pendant notre première révolution, les travaux publics ont, sous l'Empire, pris une extension qui n'a cessé de s'accroître depuis la paix générale, et les entreprises de chemins de fer leur ont donné une impulsion jusqu'a-
lors inconnue.

4. — La législation des travaux publics, dont le caractère presque nécessaire est d'être à beaucoup d'égards exceptionnelle, ne s'est perfec-
tionnée et complétée que successivement et par expérience ; elle est éparse dans des dispositions nombreuses, anciennes ou récentes, qui ne peu-

vent être appréciées et bien comprises que par leur rapprochement ; aussi n'aurons-nous pas seulement à reproduire les textes et à les éclairer par les solutions du Conseil d'Etat et parfois par l'autorité de la doctrine ; notre tâche princi-
pale sera de rechercher les textes eux-mêmes et de les coordonner avec suite et logique.

5. — Nous partagerons donc notre travail en trois grandes parties comprenant : la première, les travaux des ponts et chaussées, auxquels a toujours été appliquée plus spécialement la dénomination de travaux publics ; la seconde, les travaux exécutés pour le compte de l'Etat, autres que ceux des ponts et chaussées ; la dernière en-
fin, les travaux qui, bien que non entrepris par l'Etat, peuvent également recevoir la dénomina-
tion de travaux publics.

—

CHAPITRE Iᵉʳ. — *Travaux des ponts et chaussées.*

6. — « Les travaux des ponts et chaussées, dit M. Frémy-Ligneville (*Traité de la législation des bâtimens et constructions, ch.* 19, *Des travaux publics*, nᵒ 885), comprennent l'établissement, l'amélioration, la conservation des routes nationales, stratégiques, départementales, des chemins de fer et des ponts; les fleuves et rivières navigables ou flottables, les canaux, bacs et bateaux, les ports de commerce, quais, digues et dunes; le dessèchement des marais. »

7. — Pendant longtemps l'administration des ponts et chaussées fut confiée à un directeur général agissant sous la haute direction d'abord du ministre de l'intérieur, puis, après le morcellement de ce ministère, sous celle du ministre de l'agriculture, du commerce et des travaux publics.

8. — En 1839, l'importance toujours croissante des travaux publics entrepris et projetés par l'État amena la suppression du directeur général des ponts et chaussées et la création d'un ministre spécial des travaux publics.

9. —Du reste, à part cette suppression du directeur général, le corps des ponts et chaussées est demeuré maintenu tel qu'il était auparavant. — V., sur l'organisation et les attributions générales de ce corps, PONTS ET CHAUSSÉES.

10. — Nous avons à examiner ici les règles qui régissent les travaux exécutés par les ponts et chaussées; règles qui d'ailleurs peuvent, sauf quelques points exceptionnels, être considérées comme applicables indistinctement à tous les travaux publics, quelle que soit leur nature.

Sect. Iʳᵉ. — *Opérations préparatoires.* — *Crédits.* — *Projets.* — *Enquêtes.* — *Cahier des charges.*

11. — Les opérations préparatoires comprennent : 1ᵒ la formation des budgets et l'ouverture des crédits; 2ᵒ la rédaction des projets et devis, accompagnés des détails estimatifs; 3ᵒ l'enquête préalable; 4ᵒ la rédaction du cahier des charges.

ART. 1ᵉʳ. — *Formation des budgets, ouverture des crédits, emprunts.*

12. — Les fonds portés au budget du ministère des travaux publics, pour les travaux : 1ᵒ des routes nationales et ponts; 2ᵒ de navigation, bacs, canaux, quais; 3ᵒ de ports maritimes de commerce, s'appliquent, les uns aux travaux d'entretien et aux réparations ordinaires, les autres aux travaux neufs et de grosses réparations. — Ordonn. 10 mai 1829, art. 1ᵉʳ.

13.— Nous n'indiquerons ici que les règles générales relatives aux travaux neufs et aux grosses réparations; pour ce qui concerne les travaux de réparation et d'entretien, V. *infrà*, nᵒ 1586 et suiv.

14. — Les fonds qui ont pour objet les travaux neufs ou grosses réparations sont votés par le pouvoir législatif avec ou sans affectation spéciale. — Ordonn. 10 mai 1829, art. 1ᵉʳ.

15. — Dans le premier cas, on ne peut, sous aucun prétexte, s'écarter des budgets qui déterminent les sommes à dépenser pour chaque objet. L'exécution de cette règle repose sur les préfets et les ingénieurs en chef. — Arr. Cons. 11 mars 1727; instr. 28 déc. 1773, 13 août 1810, art. 8 et 9.

16. — Dans le second cas, le ministre des travaux publics règle la répartition des fonds par département. — Ordonn. du 10 mai 1829, art. 2.

17. — La loi du 17 mai 1837, dans le but d'accorder de nouveaux avantages aux travaux publics, veut que les excédans de recette résultant du règlement définitif des budgets, et dont il n'aura pas été autrement disposé, soient appliqués aux fonds extraordinaires des travaux publics. — L. du 17 mai 1837, art. 2.

18. — Toutefois, ce n'est pas toujours aux frais de l'État que sont entrepris les travaux publics.

19. — Ainsi, le concours des départemens, des communes, des établissemens publics ou même des propriétaires dans la dépense, peut être exigé lorsque l'exécution d'un travail d'utilité générale leur procure des avantages évidens. — Husson, *Législation des travaux publics,* t. 1ᵉʳ, p. 225.

20. — En outre, l'État, dans les ressources, quelque étendues qu'elles soient, ont cependant une limite, croit quelquefois devoir faire appel à la fortune privée, à l'effet d'opérer certains travaux publics.

21. — Cet appel a lieu soit par la voie d'emprunts, soit par la voie des concessions.

22. — Nous reviendrons (*infrà* nᵒˢ 146 et suiv.) sur ce qui concerne l'exécution des travaux par voie de concessions directes. Quelques mots seulement sur les emprunts.

23. — Les emprunts peuvent être purs et simples, ou s'opérer avec affectation spéciale.

24. — L'emprunt pur et simple est celui que l'État, en prévision des charges que doit lui occasionner un grand travail public, contracte en vertu d'une loi, mais sans que les prêteurs aient aucun privilège direct et spécial sur les travaux. Tel a été l'emprunt fait, en 1840, pour parvenir à l'exécution du travail projeté des fortifications de Paris.

25. — L'emprunt avec affectation spéciale est celui qui, fait en vue de l'exécution d'un travail public déterminé, assure aux prêteurs des droits spéciaux sur les produits à obtenir du travail projeté. Tel a été notamment l'emprunt contracté en vertu de la loi du 14 août 1822 pour l'achèvement d'un grand nombre de canaux.

26. — Or, dit M. Dufour (nᵒ 2705), sans avoir à apprécier leur mérite à ce point de vue, nous devons dire que, dans leur application à des travaux publics, ces opérations financières entraînent une complication d'intérêts et de mouvemens toujours redoutables pour l'administra-tion, qu'elles laissent à l'État tous les périls de l'entreprise, sans même lui ménager une compensation dans cette célérité d'exécution qui n'appartient qu'à l'industrie privée, et que de graves inconvéniens ne permettent pas de pourvoir le retour à un système inspiré par la nécessité de suppléer au défaut de confiance des particuliers et aux manques de ressources du Trésor.

27. — Quel que soit le reste le mode d'exécution adopté, aux termes de l'art. 3 de la loi du 1 mai 1841 : « Tous grands travaux publics, canaux, chemins de fer, canalisation de rivières, bassins et docks, entrepris par l'État, les départemens, les communes, ou par compagnies particulières, avec ou sans aliénation du domaine public, ne peuvent être exécutés qu'en vertu d'une loi. »

Une ordonnance du chef de l'État suffit pour autoriser l'exécution des routes départementales, celle des canaux et chemins de fer d'embranchement de moins de 20,000 mètres de longueur, des ponts et de tous autres travaux de moindre importance. — *Ibid.*

29. — Il convient maintenant que nous examinions quelles formalités préalables doivent être accomplies avant la mise à exécution de la loi ou de l'ordonnance ou décret, que ces formalités, du reste, précèdent ou suivent la loi ou l'ordonnance.

ART. 2. — *Projets.*

30. — Les projets de travaux neufs et de grosses réparations sont soumis à l'ordonnance du ministre. —Ordonn. 10 mai 1829, art. 7.

31. — L'ordonnance de 1829 n'a fait sur ce point que reproduire une prescription déjà en vigueur et estimée tellement rigoureuse que le Conseil d'État avait décidé qu'un préfet ne pouvait, sans l'autorisation préalable du gouvernement, adjuger les travaux à exécuter à une chaussée du département. —Cons. d'État, 16 frim. an XIV, Préfet du Nord.

32. — ... Ni même faire percevoir une taxe destinée à réparer et entretenir une route. — *Ibid.*

33. — Moins rigoureuse, l'ordonnance de 1829 a autorisé le préfet à approuver immédiatement le projet d'exécution sur la proposition de l'ingénieur en chef, si l'estimation n'excède pas 5,000 francs. Mais ce n'est que lorsque les fonds sont fixés par la loi du 3 mai 1841, qui exige une ordonnance du chef de l'État et une enquête (V. *infrà* nᵒ 49 et suiv.), n'est relatif qu'aux travaux d'une certaine importance dont parle l'art. 8 de la même ordonnance, et ne fait pas obstacle à ce que l'art. 7 de l'ordonnance demeure toujours applicable. — Frémy de Ligneville, nᵒ 883; Dufour, nᵒ 2595.

34. — Les projets doivent être faits à l'avance pour chaque campagne. —Instr. 13 août 1810.

35. — Les avantages et les inconvéniens du projet doivent être joints, par l'ingénieur, dans un mémoire assez développé, aux projets pour les travaux importans. Il y signale également les moyens d'exécution, les résultats qu'on se propose d'obtenir, les dépenses, les produits, dans les cas où l'on doit en attendre; les motifs qui peuvent exiger des réparations, tout ce qui peut, enfin, tendre à éclairer l'administration. — Circ. 20 juin 1807.

36. — Ces mémoires sont destinés à faire connaître l'objet et le but du travail à entreprendre, les motifs de préférence qui ont déterminé l'auteur dans la composition au choix des moyens. On doit, autant que possible, aller au-devant des objections et les combattre; rien n'est à négliger lorsqu'il s'agit d'éclairer l'administration et de la mettre à même de donner son approbation en pleine connaissance de cause. « Un mémoire obscur ou incomplet oblige à demander successivement des explications et des renseignemens. Il en résulte des retards toujours préjudiciables au bien du service, et surtout beaucoup d'ennui pour celui qui n'a pas su d'abord exposer ses motifs de manière à les faire bien comprendre. » — Tarbé de Vauxclairs, *Dict. des travaux publics,* vᵒ *Mémoires.*

37. — Un détail estimatif doit être également joint au mémoire, détail qu'il ne faut pas confondre avec le devis joint au cahier des charges (V. *infrà* nᵒˢ 229 et suiv.), et qui a à d'autre fin que d'éclairer l'administration sur l'importance de la dépense et de prévenir contre les prétentions exagérées des entrepreneurs, en exposant les véritables prix de chaque partie du travail.—Dufour, nᵒ 2595; Tarbé de Vauxclairs, *loc. cit.*

38. — Cependant, ainsi que le fait remarquer M. Dufour (n° 2586), les entrepreneurs commettent souvent la faute de confondre en une seule pièce le devis et le détail estimatif. « Il en résulte que dans une adjudication passée sur un devis estimatif, l'entrepreneur peut exciper de toutes les erreurs du détail pour s'en faire un titre contre l'administration, et obtenir des indemnités qui, en conscience, ne lui étaient pas dues ; car, bien certainement, les prix qu'il avait consentis ne reposaient pas sur les erreurs du détail, mais sur la connaissance qu'il avait des prix courans, toujours mieux connus des entrepreneurs que des ingénieurs ».—Tarbé de Vauxclairs, v° *Devis.*

39. — L'ingénieur doit joindre aussi aux projets de route, les nivellemens et les profils en travers, pour les parties qui en exigeraient, les renseignemens sur la nature du sol, sur les frais propres à motiver le choix entre les diverses directions; pour les ponts, les profils en travers et les sondes, les renseignemens relatifs à la quantité des eaux, à leur vitesse dans un temps donné, à la comparaison du débouché proposé avec ceux des ponts les plus voisins, en amont et en aval; pour les ouvrages d'art, le résultat des sondes nécessaires pour connaître la nature du fonds sur lequel on se propose de construire. — Instr. 20 juin 1807.

40. — Du reste, pas plus que le détail estimatif, l'avant-métré, uniquement établi pour éclairer l'administration, ne peut être invoqué pour ou contre l'entrepreneur.

41. — C'est donc avec raison qu'il a été jugé qu'en matière de travaux publics, la pièce intitulée détails et sous-détails du prix des ouvrages, ne doit être considérée que comme un simple document et ne peut servir de base aux prétentions de l'entrepreneur qu'autant que le devis ou procès-verbal d'adjudication s'y serait référé. — *Cons. d'Etat*, 7 mars 1821, Blanchard ; 17 févr. 1830, Maury.

42. — Au surplus, lorsqu'un acte relatif à l'exécution de travaux publics est resté à l'état de simple projet, il ne peut y avoir lieu par le Conseil d'Etat à statuer sur le sens et l'interprétation de cet acte. — *Cons. d'Etat*, 17 sept. 1844, Lance.

43. — Les inspecteurs généraux, chacun pour leur arrondissement, doivent recevoir communication de tous les projets et demandes concernant les travaux des ponts et chaussées, canaux et autres ouvrages.

44. — Les inspecteurs généraux font leurs rapports au Conseil des ponts et chaussées sur les objets d'art et d'intérêt général. Leurs avis sur les autres articles sont remis au ministre.

45. — Ils prennent connaissance sur les lieux de l'utilité et des moyens d'exécution des projets que l'on se propose d'envoyer à l'approbation du ministre l'année suivante. — Instr. 26 floréal an IV.

46. — Les ingénieurs ordinaires se rendent au chef-lieu du département, à la fin de chaque campagne, pour rédiger, avec l'ingénieur en chef, les états de situation et les projets à faire exécuter à la campagne suivante. — *Ibid.*

47. — Les ingénieurs ne peuvent s'occuper d'aucun autre projet que de ceux dont la rédaction a été ordonnée par le ministre.

48. — Les administrateurs s'adressent au ministre pour lui demander de charger l'ingénieur de faire les projets des ouvrages neufs, dont l'utilité publique nécessite l'exécution prompte dans le courant de la campagne commencée.

ART. 3. — *Enquêtes.*

49. — L'art. 3 de la loi du 3 mai 1841, qui n'a fait du reste en ce point que confirmer la législation antérieure, veut qu'aucun travail d'utilité publique ne soit entrepris sans l'accomplissement préalable d'une enquête administrative, laquelle a lieu dans certaines formes solennelles déterminées par l'ordonnance royale du 18 février 1834, dont nous n'avons qu'à reproduire les prescriptions.

50. — Les entreprises de travaux publics qui, aux termes du premier paragraphe de l'art. 3 de la loi du 7 juillet 1833, ne peuvent être exécutées qu'en vertu d'une loi, seront soumises à une enquête préalable dans les formes ci-après déterminées. — Ordonn. 18 févr. 1834, art. 1er.

51. — L'enquête pourra s'ouvrir sur un avant-projet où l'on fera connaître le tracé général de la ligne des travaux, les dispositions principales des ouvrages les plus importans, et l'appréciation sommaire des dépenses. — *Ibid.*, art. 2.

52. — S'il s'agit d'un canal, d'un chemin de fer ou d'une canalisation de rivière, l'avant-projet sera nécessairement accompagné d'un nivellement en longueur et d'un certain nombre de profils transversaux; et si le canal est à point de partage, on indiquera les eaux qui doivent l'alimenter. — *Ibid.*

53. — A l'avant-projet sera joint, dans tous les cas, un mémoire descriptif indiquant le but de l'entreprise et les avantages qu'on peut s'en promettre; on y annexera le tarif des droits, dont le produit sera destiné à couvrir les frais des travaux projetés, si ces travaux devaient devenir la matière d'une concession. — *Ibid.*, art. 3.

54. — Il sera formé, au chef-lieu de chacun des départemens que la ligne des travaux devra traverser, une commission de neuf membres au moins et de treize au plus, pris parmi les principaux propriétaires de terres, de bois, de mines, les négocians, les armateurs et les chefs d'établissemens industriels. Les membres et le président de cette commission seront désignés par le préfet dès l'ouverture de l'enquête. — *Ibid.*, art. 4.

55. — Des registres destinés à recevoir les observations auxquelles pourra donner lieu l'entreprise projetée, seront ouverts, pendant un mois au moins et quatre mois au plus, au chef-lieu de chacun des départemens et des arrondissemens que la ligne des travaux devra traverser. — *Ibid.*, art. 5.

56. — Les pièces qui, aux termes des art. 2 et 3, doivent servir de base à l'enquête, resteront déposées pendant le même temps et aux mêmes lieux. — La durée de l'ouverture des registres sera déterminée dans chaque cas particulier par l'administration supérieure. — *Ibid.*

57. — Cette durée, ainsi que l'objet de l'enquête, sera annoncée par des affiches. — *Ibid.*

58. — A l'expiration du délai qui sera fixé en vertu de l'article précédent, la commission mentionnée à l'art. 4 se réunira sur-le-champ : elle examinera les déclarations consignées aux registres de l'enquête, elle entendra les ingénieurs des ponts et chaussées et des mines employés dans le département; et après avoir recueilli, auprès de toutes les personnes qu'elle jugerait utile de consulter, les renseignemens dont elle croira avoir besoin, elle donnera son avis motivé tant sur l'utilité de l'entreprise que sur les diverses questions qui auront été posées par l'administration. — Ces diverses opérations, dont elle dressera procès-verbal, devront être terminées dans un nouveau délai d'un mois. — *Ibid.*, art. 6.

59. — Le procès-verbal de la commission d'enquête sera clos immédiatement; le président de la commission le transmettra sans délai, avec les registres et les autres pièces, au préfet, qui l'adressera avec son avis à l'administration supérieure, dans les quinze jours qui suivront la clôture du procès-verbal. — *Ibid.*, art. 7.

60. — Les chambres de commerce, et au besoin les chambres consultatives des arts et manufactures des villes intéressées à l'exécution des travaux, seront appelées à délibérer et à exprimer leur opinion sur l'utilité et la convenance de l'opération. — Les procès-verbaux de leurs délibérations devront être remis au préfet avant l'expiration du délai fixé dans l'art. 6. — *Ibid.*, art. 8.

61. — Les formalités prescrites par les art. 2, 3, 4, 5, 6, 7 et 8 seront également appliquées, sauf les modifications ci-après, aux travaux qui, aux termes du second paragraphe de l'art. 3 de la loi du 7 juill. 1833, peuvent être autorisés par un décret du président de la République. — *Ibid.*, art. 9.

62. — Si la ligne des travaux n'excède pas les limites de l'arrondissement dans lequel ils sont situés, le délai de l'ouverture des registres et du dépôt des pièces sera fixé au plus à un mois et demi, et au moins à vingt-cinq jours.

63. — La commission d'enquête se réunira au chef-lieu de l'arrondissement, et le nombre de ses membres variera de cinq à sept. — *Ibid.* — V. ENQUÊTE *de commodo et incommodo.*

ART. 4. — *Cahier des charges.*

64. — La rédaction du cahier des charges constitue une des plus essentielles formalités préalables de l'exécution des travaux publics, car il est destiné à déterminer les obligations réciproques de l'entrepreneur qui soumissionne l'exécution du travail et de l'Etat.

65. — Les cahiers des charges renferment : 1° les clauses et conditions générales communes à tous les genres de travaux et à toutes les entreprises; 2° les clauses et conditions spéciales et relatives qui varient suivant les lieux, les circonstances, la nature des travaux, l'objet des entreprises.

66. — Nous n'avons pas évidemment à nous arrêter sur ces clauses et conditions spéciales; mais il convient d'examiner avec soin, et c'est ce que nous ferons dans les différentes parties de ce travail, les conditions générales qui prennent évidemment le caractère d'une sorte de règle représentant dans le droit administratif les conditions constantes et universelles sur lesquelles reposent les déterminations, bien que cette règle ne devienne obligatoire que par l'effet de la convention.

67. — Un premier cahier des charges et conditions générales de toutes les adjudications a été rédigé à la date du 30 juillet 1811 ; mais, en 1833, l'expérience, la législation nouvelle et la jurisprudence du Conseil d'Etat ont nécessité l'introduction de certaines dispositions et modifications qui en ont fait un travail nouveau, qui a été transmis aux préfets le 25 août 1833, avec les observations suivantes du directeur général des ponts et chaussées.

68. — « Ces clauses et conditions ne diffèrent pas essentiellement de celles qui ont été adoptées en 1811 : on s'est efforcé de combler les lacunes qui pouvaient exister dans ces dernières, et d'introduire les changemens dont l'utilité a été signalée par l'expérience. Pour s'écarter le moins possible des habitudes déjà prises et pour éviter toute confusion, on s'est attaché à ne pas augmenter le nombre des articles et à placer dans le même ordre ceux qui se correspondent dans l'ancien et dans le nouveau travail. »

69. — « Il est souvent arrivé que MM. les ingénieurs ont inséré dans leurs devis quelques-unes des conditions générales sur lesquelles ils désiraient appeler particulièrement l'attention des entrepreneurs; quelquefois même ils en ont modifié la teneur. Ces insertions partielles et ces changemens de texte ont de graves inconvéniens : il en résulte des contestations dont l'examen et le jugement peuvent offrir des difficultés, et le but qu'il est utile d'atteindre, celui d'une jurisprudence uniforme, est nécessairement manqué. Il convient que les devis ne renferment que les conditions particulières à chaque entreprise, et pour le surplus ils doivent renvoyer au cahier des clauses et conditions générales adoptées par l'administration. »

70. — L'ordonnance générale du 4 déc. 1836, rendue en exécution de la loi du 31 janv. 1833 (art. 12), sur les marchés de fournitures en général, n'a fait que très-peu de modifications au cahier de 1833, en ce qui concerne les travaux publics. — Cotelle, *Droit admin.*, t. 3, p. 5.

Sect. 2e. — *Modes divers d'exécution des travaux publics.— Adjudications.— Concessions. — Régies.*

71. — Les travaux publics, exécutés pour le compte de l'Etat, et en particulier ceux des ponts et chaussées, sont susceptibles de modes d'exécution divers.

72. — Nous ne nous arrêterons point sur l'exécution des travaux publics qui peut avoir lieu au moyen d'ouvriers à la journée, et qui ne s'applique d'ailleurs qu'à des travaux de fort peu d'importance. « Il n'y a pas là, dit M. Dufour (n° 2710), d'intermédiaire; l'administration se trouve en contact immédiat avec les ouvriers qu'elle emploie, et les réclamations de ceux-ci ne peuvent avoir d'autre objet que le paiement des salaires.»

73. — Cependant un nouveau mode d'exécution des travaux publics a été introduit récemment dans notre législation : les travaux de l'Etat peu-

vent être confiés à des *associations ouvrières*. — V. *infrà* nos 688 et suiv.

74. — En dehors des travaux à la journée, on peut ramener à trois principaux les modes d'exécution des travaux publics : 1° l'adjudication, 2° la concession directe, 3° la régie.

75.—Toutefois, et en dernier lieu, nous devons encore mentionner les marchés par série de prix, dont nous aurons à traiter séparément. — V. *infrà* nos 701 et suiv.

ART. 1er. — *Adjudications.*

76.—En principe, aux termes de l'ordonnance du 4 déc. 1836, tous les marchés, et dans ce mot la confection des travaux publics est évidemment comprise, doivent être concédés avec concurrence et publicité.

77.—Il n'est fait exception que dans certains cas que nous aurons plus tard à examiner (V. *infrà* nos 147 et suiv.), et dans lesquels la concession peut avoir lieu par voie de concession directe.

78. — Or la concurrence et la publicité en ce qui concerne la concession des travaux publics sont assurées par le mode solennel de l'adjudication.

79. — A cet effet, les adjudications sont annoncées par des affiches apposées dans les principales villes du département où les travaux doivent s'effectuer et des départemens limitrophes. — Arrêté 19 vent. an XI.

80.—L'avis des adjudications à passer doit être publié au moins un mois à l'avance. — Ordonn. 10 mai 1829, art. 9.

81. — Il n'est fait exception que pour le cas d'urgence; toutefois, alors, la réduction du délai ne peut avoir lieu qu'avec l'autorisation du ministre des travaux publics. — *Ibid.*

82. — L'avis fait connaître : 1° le lieu où l'on peut prendre connaissance du cahier des charges; 2° les autorités chargées de procéder à l'adjudication ; 3° le jour, l'heure et le lieu fixés pour l'adjudication. — Ordonn. 4 déc. 1836, art. 1er.

83. —Aux termes de l'arrêté du 19 vent. an XI, l'avis doit encore indiquer, soit en entier, soit par extrait, les conditions portées au cahier des charges.

84. — Dans le cas d'une difficulté sur le sens des termes d'un cahier des charges, l'affiche qui a ouvert le concours et annoncé au public l'objet de l'adjudication, peut offrir un document de quelque poids pour l'interprétation du contrat. — Cotelle, t. 3, p. 8.

85. — Les personnes qui se présentent pour l'adjudication peuvent prendre communication des clauses du cahier des charges. — Arrêté 19 vent. an XI. — Toute facilité doit être donnée à cet effet aux personnes qui se proposent de soumissionner l'exécution du travail mis en adjudication.

86. — Quiconque pense devoir se porter adjudicataire doit rédiger une soumission comprenant l'obligation de s'y conformer et d'exécuter les travaux à un prix déterminé.

87. — Cette soumission doit toujours être cachetée. — Ordonn. 10 mai 1829, art. 9.

88. — La soumission n'est pas le seul acte exigé. Nul n'est en effet admis à concourir s'il n'a les qualités requises pour entreprendre les travaux et en assurer le succès. — *Ibid.*

89. — Chaque concurrent est donc tenu de fournir un certificat constatant sa capacité, et de présenter un acte régulier ou au moins une promesse valable de cautionnement. Ce certificat et cet acte ou cette promesse sont joints à la soumission ; mais celle-ci est placée sous un second cachet. — Ordonn. 18 déc. 1829, art. 10. — Cahier des charges des ponts et chaussées, art. 1er.

90. — Il n'est pas exigé de certificat de capacité pour la fourniture des matériaux destinés à l'entretien des routes, ni pour les travaux de terrassement dont l'estimation ne s'élève pas à plus de 15,000 fr. — *Ibid.*

91. — Le refus fait par un maire de délivrer un certificat de capacité exigé par un cahier des charges de travaux publics est, de la part de ce fonctionnaire, un acte purement administratif qui ne peut donner lieu à un recours par la voie contentieuse. — *Cons. d'Et.*, 19 août 1835, Culhat-Chassis.

92. — Bien que ni l'arrêté de l'an XI, ni l'or-

donnance de 1829 n'en fassent mention, il est évident qu'une note indicative des noms, âge et profession des soumissionnaires doit être jointe aux pièces ci-dessus indiquées.

93. — Rien, du reste, ne fait obstacle à ce que les soumissionnaires, au lieu d'agir en leur nom personnel, se réunissent en société, en association en participation, formées suivant les règles du droit commun.

94. — Il faut même remarquer qu'en fait, lorsqu'il s'agit d'entreprises d'une grande importance, la soumission est faite presque toujours pour le compte d'une société ou association, qu'elle se soit, du reste, définitivement constituée avant l'adjudication, ou que, demeurée provisoire, elle ait subordonné sa constitution définitive aux résultats de l'adjudication. — C'est ce qui a eu lieu notamment dans toutes les adjudications des chemins de fer, à l'exception de la seule ligne du Nord, soumissionnée par M. de Rothschild seul ; encore ce dernier s'est-il empressé, l'adjudication obtenue, de rétrocéder ses droits à une compagnie formée par ses soins et placée sous sa direction. — V., au surplus, sur ces sociétés ou associations, *infrà*, nos 688 et suiv.

95. — Aux termes de plusieurs cahiers des charges, et alors qu'il s'agit d'adjudications importantes, le dépôt des pièces que nous venons d'indiquer doit précéder d'un certain nombre de jours déterminé celui de l'adjudication ; mais de droit commun, ce dépôt préalable n'est pas exigé.

96. — D'ordinaire, les adjudications sont passées au chef-lieu de la préfecture sous la présidence du préfet ou du conseiller de préfecture par lui délégué à cet effet en cas d'empêchement de sa part.

97. — Dans certaines circonstances, et lorsqu'il ne s'agit que de travaux neufs dont la dépense n'excède pas 15,000 francs, le préfet peut déléguer au sous-préfet la faculté de passer l'adjudication au chef-lieu de la sous-préfecture. — Ordonn. 10 mai 1829, art. 19.

98. — Le sous-préfet suit les formes et les dispositions ci-dessus indiquées; il est assisté du maire du chef-lieu de la sous-préfecture, de deux membres du conseil d'arrondissement, et d'un ingénieur ordinaire. — *Ibid.*

99.—D'autres fois, au contraire, et quand il s'agit de travaux de grande importance, l'adjudication a lieu au ministère des travaux publics, sous la présidence du ministre ou du secrétaire général, assisté d'une commission spéciale. — C'est ce qui a été notamment pratiqué depuis quelques années à l'occasion de l'adjudication des grandes lignes de chemins de fer aujourd'hui achevées ou en cours d'exécution.

100. — Dans ce cas, les ordonnances ou arrêtés qui ont constitué ces commissions ont déterminé dans quelles formes les adjudications devaient être passées. — Ces formes, du reste, n'ont guère différé de celles suivies quant aux adjudications ordinaires, et dont nous allons présenter l'analyse.

101. — Au jour indiqué par l'adjudication, les paquets sont reçus cachetés par le préfet, le conseil de préfecture assemblé, en présence de l'ingénieur en chef. Ils sont immédiatement rangés sur le bureau, et reçoivent un numéro dans l'ordre de leur présentation. — Ordonn. 10 mai 1829, art. 11.

102. — Il n'est pas besoin de dire que si au jour fixé aucune soumission n'est présentée, la séance serait levée, et l'administration aurait à pourvoir à de nouvelles publications, si elle persistait dans la pensée de confier l'exécution du travail projeté à l'adjudication.

103. — A l'instant fixé pour l'ouverture des paquets, le premier cachet est rompu publiquement, et il est dressé un état des pièces contenues sous ce premier cachet. — *Ibid.*, art. 12.

104. — L'état dressé, les concurrens se retirent de la salle de l'adjudication, et le préfet, après avoir consulté les membres du conseil de préfecture et l'ingénieur en chef, arrête ainsi qu'il suit la liste des concurrens agréés.

105. — Il est procédé par le préfet, en conseil de préfecture, à l'examen tant du certificat de capacité que de l'acte régulier ou de la promesse du cautionnement.

106. — Le certificat doit avoir été délivré dans les trois ans qui précèdent l'adjudication. Il contient l'indication des travaux exécutés ou suivis par l'entrepreneur, ainsi que la justification de l'accomplissement des engagemens qu'il

a contractés. — Cahier des charges des ponts et chaussées, art. 1er.

107. — « Au reste, dit M. Cotelle (t. 3, p. 10), l'ordonnance du 10 mai 1829 laisse sous ce rapport toute latitude aux préfets, puisqu'elle ne dit même pas par quelles personnes la capacité des concurrens devra être attestée. »

108. — Quant au cautionnement, l'ordonnance de 1829, aussi bien que le cahier des charges, détermine à quelles conditions il peut être accepté.

109. — L'ordonnance (art. 20) et le cahier des charges (art. 2) autorisent les soumissionnaires à présenter à leur volonté un cautionnement mobilier ou immobilier.

110. — Dans le premier cas, les valeurs mobilières ne peuvent être que des effets publics ayant cours sur la place. — Même ordonn., art. 20. — Cahier des charges des ponts et chaussées, art. 2.

111. — Lorsque le cahier des charges exige que les concurrens déposent, avant l'adjudication, un cautionnement en numéraire ou en rentes au pair, il n'est pas nécessaire, si le cautionnement consiste en rentes 3 p. 100, 1° que ces rentes aient été transférées au receveur, et 2° que, calculées sur le pied de 75 fr., elles représentent la somme demandée pour cautionnement. — *Cons. d'État*, 28 janv. 1836, Séguin et Colin.

112. — Si le cautionnement est immobilier, les notaires doivent faire la déclaration que les biens offerts en cautionnement sont quittes et francs de toutes hypothèques, ou qu'au moins, malgré les hypothèques dont ils pourraient être grevés, ils présentent encore une valeur égale au montant du cautionnement demandé.

113. — Au surplus, le montant du cautionnement n'excède pas le trentième de l'estimation des travaux, déduction faite de toutes les sommes portées à valoir pour cas imprévus, indemnités de terrains et ouvrages en régie. — Cahier des charges des ponts et chaussées, art. 2.

114. — Immédiatement après l'examen des pièces dont nous venons de parler, la séance redevient publique et le préfet annonce sa décision. — Ordonn. 10 mai 1829, art. 13.

115. — Si aucun des concurrens n'avait paru réunir les conditions nécessaires soit quant à la capacité, soit quant au cautionnement, il y aurait lieu par le préfet à lever immédiatement la séance devenue sans objet. Mais c'est là un cas fort rare.

116. — Si quelques-uns des concurrens n'ont pas été agréés, il n'y a lieu de procéder, quant à eux, à aucun examen ultérieur de leur soumission, qui n'est pas ouverte. — *Ibid.*, art. 15.

117. — Les arrêtés par lesquels un préfet refuse d'admettre un particulier à concourir aux adjudications passées devant lui sont rendus par ce fonctionnaire dans les limites de ses pouvoirs, et ne sont pas susceptibles d'être attaqués par la voie contentieuse. — *Cons. d'État.* 9 janv. 1843, Chovelon.

118. — Si, comme cela arrive le plus fréquemment, un certain nombre de concurrens a été agréé, leurs soumissions sont alors ouvertes publiquement. — Ordonn. 10 mai 1829, art. 13.

119. — Toute soumission qui n'est pas exactement conforme au modèle adopté, est déclarée nulle et non avenue. — *Ibid.*, art. 16.

120. — Le soumissionnaire qui fait l'offre d'exécuter les travaux aux conditions les plus avantageuses, doit être déclaré adjudicataire. — *Ibid.*, art. 13.

121. — Dans le cas où deux ou plusieurs soumissions renferment les mêmes offres, un nouveau concours est ouvert, mais seulement entre les signataires de ces soumissions, et, à cet effet, la clôture de l'adjudication peut être remise au lendemain.

122. — Il est d'usage, surtout quand il s'agit de l'exécution de travaux importans, que le gouvernement de son côté détermine par avance un maximum au-dessus duquel l'adjudication ne peut être reçue. Ce maximum est déposé dans une note cachetée sur le bureau à l'ouverture de la séance. — Ordonn. 4 déc. 1836, art. 7. — Frémy de Ligneville, n° 888.

123. — Or l'ordonnance du 10 mai 1829 (art. 14) statue que si les prix de la soumission excèdent ceux du projet approuvé, le préfet souscrit à l'adjudication, et rend compte au directeur général (aujourd'hui au ministre), qui lui transmet les instructions conformes aux circonstances.

124. — C'est ici le lieu de rappeler le cas particulier qui s'est présenté le 20 décembre 1845 lors de l'adjudication du chemin de fer de Lyon; aucune des deux compagnies soumissionnaires n'ayant demandé un prix inférieur au maximum déterminé par le ministre, l'adjudication allait être renvoyée purement et simplement, lorsque l'une des compagnies qui avait concouru à l'adjudication offrit de prendre le chemin à un prix qui rentrait dans les limites déterminées par l'administration, et le lendemain, 21 décembre, une ordonnance royale faisait directement la concession du chemin à la compagnie aux offres par elle faites.

125. — Pendant longtemps l'administration crut devoir faire précéder l'adjudication définitive d'une adjudication préparatoire. Une seconde affiche annonçant les prix des soumissions admises, sans néanmoins annoncer les auteurs, invitait le public à faire de nouvelles soumissions au rabais. — Dufour, *Dr. administ.*, t. 4, n° 2687.

126. — « Mais l'expérience, dit le même auteur, a démontré qu'un seul concours n'offrait pas moins de garanties. En conséquence, l'ordonnance du 10 mai 1829 statue que : Les adjudications relatives aux travaux dépendant de l'administration des ponts et chaussées auront lieu à l'avenir sur un seul concours. »

127. — Toutefois, l'art. 10 de l'ordonnance du 4 décembre 1836 ajoute que : « Il peut être fixé par le cahier des charges un délai pour recevoir des offres de rabais sur le prix de l'adjudication. Si pendant ce délai, qui ne doit pas dépasser trente jours, il est fait une ou plusieurs offres de rabais d'au moins 10 p. 0/0 chacune, il doit être procédé à une réadjudication entre le premier adjudicataire et l'auteur ou les auteurs des offres de rabais, pourvu que ces derniers aient, préalablement à leurs offres, satisfait aux conditions imposées par le cahier des charges pour pouvoir se présenter aux adjudications. »

128. — Il doit être dressé pour chaque adjudication un procès-verbal de toutes les opérations, relatant toutes les circonstances. — Ordonn. 10 mai 1829, art. 17; 4 déc. 1836, art. 9.

129. — Le préfet délivre d'abord à l'adjudicataire des expéditions en bonne forme du procès-verbal d'adjudication, du devis, du détail estimatif. Toutefois, rien n'est encore, du moins d'ordinaire, définitif.

130. — En effet, les adjudications et réadjudications sont toujours subordonnées à l'approbation du ministre et ne deviennent valables et définitives qu'autant qu'elles ont obtenu cette approbation, sauf les exceptions spécialement autorisées par le gouvernement. — Ordonnances 10 mai 1829, art. 17; 4 déc. 1836, art. 11.

131. — Quelquefois même, et à raison de l'importance du travail à exécuter, l'adjudication ne peut être approuvée que par arrêté du chef de l'Etat : c'est ainsi, notamment, que les adjudications de chemins de fer ont été validées par des ordonnances royales.

132. — Il est indispensable que cette ordonnance approbative ait été délibérée en Conseil d'Etat, lorsque l'ordonnance qui autorise les travaux a été rendue dans cette forme. — *Cons. d'Etat*, 28 janv. 1836, Seguin et Colin.

133. — C'est sur le vu d'une copie du procès-verbal, transmise avec les pièces justificatives à l'autorité supérieure, que celle-ci donne ou refuse son approbation.

134. — Si l'administration supérieure approuve purement et simplement l'adjudication, aucune difficulté ne peut s'élever, l'adjudication devient définitive et irrévocable.

135. — Et c'est immédiatement après cette approbation donnée que les préfets doivent, au nom de l'Etat, prendre hypothèque sur les biens des cautions. — Inst. 31 juill. 1834.

136. — Mais l'administration peut apporter quelques modifications au projet ou au devis, avant d'y donner son approbation, ou même refuser purement et simplement son approbation.

137. — Lorsqu'il est dit dans un cahier des charges « que l'adjudication ne sera valable et définitive qu'après avoir été homologuée par une ordonnance royale, laquelle ne sera rendue qu'après qu'il aura été reconnu que les projets présentés par le concessionnaire satisfont aux conditions, » le gouvernement peut refuser l'homologation, sans contester ces projets ni la régularité de l'adjudication. — *Cons. d'Etat*, 25 mai 1832, Colin c. Ministre des travaux publics.

138. — Dans le premier cas, si, en homologuant l'adjudication, l'administration ordonne quelques changemens au projet ou au devis, l'entrepreneur doit s'y conformer, et il lui est fait état de la valeur de ces changemens, soit en plus, soit en moins, au prorata des prix de l'adjudication, sans qu'il puisse, en cas de réduction, réclamer aucune indemnité, à raison des prétendus bénéfices qu'il aurait pu faire sur les fournitures et main-d'œuvre. — Cahier des charges des ponts et chaussées, art. 3.

139. — Spécialement, lorsque l'ingénieur en chef d'un département a traité avec un géomètre pour la levée des plans destinés à l'étude de travaux publics, le marché intervenu ne peut recevoir son exécution avant l'approbation de l'administration supérieure; et si cette administration exige des diminutions sur les prix établis par le traité, le géomètre doit les subir, même pour la partie du travail qui se trouve déjà faite lorsque la réduction a été exigée et consentie par ce géomètre. — *Cons. d'Etat*, 14 janv. 1841, Andral.

140. — Néanmoins, lorsque ces changemens dénaturent fortement le projet, en opérant sur le prix total une différence de plus d'un sixième en plus ou en moins, l'entrepreneur est libre de retirer sa soumission. — Cahier des charges des ponts et chaussées, art. 3.

141. — L'adjudication n'étant pas approuvée, le soumissionnaire ne peut prétendre à aucune indemnité. — Instr. 30 juill. 1811, 9 mai 1817, 25 août 1833. — Cahier des charges des ponts et chaussées, art. 3.

142. — Le concurrent qui prétend que l'adjudication est irrégulière, peut attaquer l'ordonnance qui l'approuve. — *Cons. d'Etat*, 28 janv. 1836, Charles Seguin et Colin c. Jules Seguin.

143. — Les particuliers qui croient avoir à se plaindre d'une disposition insérée au devis de l'administration doivent se pourvoir au ministre de l'intérieur, sauf recours au Conseil d'Etat. — Ord. du min. de l'int. du 16 janv. 1828. — Cormenin, *Dr. admin.*, v° *Travaux publics*, t. 2, p. 421; Cotelle, *Cours de droit admin.*, t. 2, p. 490; Chevalier, *Jurispr. admin.*, v° *Travaux publics*, t. 2, p. 420.

144. — Du reste, les dispositions insérées au cahier des charges peuvent être attaquées après que l'adjudication a été prononcée, suivant le mode et dans les formes qui y sont indiqués. — *Cons. d'Etat*, 19 août 1835, Culhat-Chassis.

145. — L'entrepreneur paie comptant les frais relatifs à son adjudication, sur un état arrêté par le préfet. Ces frais ne peuvent être autres que ceux d'affiches et de publications, ceux de timbre et d'expédition du devis du détail estimatif et du procès-verbal d'adjudication; enfin, le droit d'enregistrement, fixé à un franc par la loi du 7 germ. an VIII, l'arrêté du 15 brum. an XII, et le décret du 25 germ. an XIII. — Cahier des charges des ponts et chaussées, art. 41.

ART. 2. — *Concessions.*

146. — L'exécution des travaux publics par voie de concession est, ainsi que nous l'avons dit plus haut (V. *suprà*, n° 77), un mode exceptionnel, qui n'est admis que dans certaines circonstances déterminées.

147. — La concession peut avoir lieu de gré à gré : 1° Pour les travaux dont la dépense totale n'excède pas 10,000 francs, ou, s'il s'agit d'un marché passé pour plusieurs années, dont la dépense annuelle n'excède pas 3,000 fr. — Frémy-Ligneville, n° 889.

148. — ... 2° Pour les travaux qui n'auraient été l'objet d'aucune offre aux adjudications, ou à l'égard desquels il n'aurait été proposé que des prix inacceptables. Toutefois, lorsque l'administration croit devoir arrêter et faire connaître un maximum de prix, elle ne doit pas dépasser ce maximum. — Frémy-Ligneville, *ubi suprà.*

149. — ... 3° Pour les travaux qui, dans les cas d'urgence évidente, amenés par des circonstances imprévues, ne peuvent pas subir les délais de l'adjudication. — Ordonn. 4 déc. 1836, art. 11. — Cette exception n'est plus limitée aux dépenses de 5,000 francs, comme le portait l'art. 18 de l'ordonn. du 10 mai 1829. — Frémy-Ligneville, *ubi suprà.*

150. — En outre, ainsi que nous l'avons dit plus haut (nos 20 et suiv.), il arrive que lorsqu'il s'agit de grandes entreprises, l'Etat croit devoir faire appel à l'industrie privée au moyen de concessions directes.

151. — Les canaux, les chemins de fer, les ponts, les rectifications des rampes des routes, les écluses, débarcadères et autres ouvrages de navigation, font plus particulièrement l'objet de concessions directes. — Husson, *Travaux publics*, t. 1er, p. 375.

152. — Ces concessions sont faites, soit par des lois, soit par des décrets ou ordonnances du chef de l'Etat, suivant les distinctions posées en la loi d'expropriation, et que nous avons indiquées plus haut. — L. 3 mai 1841, art. 3. — V. *suprà.*

153. — L'effet des concessions est de soumettre un seul particulier ou une association à l'obligation de construire et d'entretenir à ses frais, risques et périls, un ouvrage d'utilité publique, moyennant l'abandon de l'exercice de droits qui consistent soit dans un péage, soit dans la jouissance des produits avec ou sans subvention de la part de l'Etat, suivant les circonstances.

154. — Cet abandon est d'ordinaire déterminé; quelquefois, cependant, il a été fait à titre perpétuel : c'est ce qui a eu lieu, notamment, il y a plus de vingt années, en ce qui concerne l'exécution de certains chemins de fer dans le rayon de Saint-Etienne.

155. — Autrefois, on estimait que ces concessions directes devaient avoir lieu par voie de concours ainsi que les adjudications. « Mais on n'a pas tardé à reconnaître que les adjudications, au lieu de mettre en présence de l'Etat des compagnies sérieuses et puissantes, avaient le danger de substituer l'agiotage à l'esprit d'exécution, et même d'écarter ceux qui avaient une véritable vocation pour créer de grands travaux, par l'éventualité des succès d'un concours. » Dufour, n° 2708.

156. — Aujourd'hui les concessions, du moins pour les travaux de grande importance, ont toujours lieu de gré à gré entre les compagnies qui font des offres et l'administration qui dicte ses conditions. — Dufour, *ubi suprà.*

157. — Au surplus, la même loi ou le même décret du chef de l'Etat, tout à la fois autorise l'exécution et confère la concession. — C'est ainsi que l'art. 1er des lois pour l'établissement des divers chemins de fer concédés directement porte : « L'offre faite par le sieur N..., d'exécuter à ses frais, risques et périls un chemin de fer de... à.... est acceptée. En conséquence, toutes les clauses et conditions, soit à la charge de l'Etat, soit à la charge du sieur N..., stipulées dans le cahier des charges arrêté le... par le ministre des travaux publics, et accepté le... par le sieur N..., recevront leur pleine et entière exécution. — Ce cahier des charges restera annexé à la présente loi. »

158. — Du reste, les particuliers ou les compagnies qui se chargent ainsi, par voie de concession directe, et moyennant un prix déterminé, de l'exécution ou de l'entretien de certains travaux publics, deviennent de véritables entrepreneurs de travaux publics substitués à tous les droits comme à toutes les obligations de l'Etat. — *Cons. d'Et.*, 24 juin 1840, Hindenlang c. Compagnie du canal Saint-Martin.

ART. 3. — *Régies.*

159. — Le troisième mode d'exécution des travaux publics est l'exécution par voie de régie. — Les travaux en régie s'exécutent sous l'action directe des agens de l'administration.

160. — Il y a lieu d'y recourir, soit pour les travaux qui exigent certaines conditions ou qui ne sont l'objet d'aucune offre de la part des entrepreneurs, soit pour les mêmes ouvrages ou dépenses auxquelles se rapporte la somme à valoir que l'on comprend ordinairement dans la plupart des projets. — Husson, p. 77.

161. — C'est par voie de régie que l'Etat a entrepris, dans ces dernières années, l'établissement de certains chemins de fer, sauf ensuite à en livrer l'exploitation à l'industrie privée. Telles sont les lignes d'Orléans à Bordeaux, Tours à Nantes, du Centre, de Strasbourg, depuis concédées, quant à l'exploitation, à des compagnies particulières, mais dont les frais d'achèvement, quant à l'établissement du chemin, deviennent à la charge de l'Etat. Tel est le chemin de l'Ouest qui, à la différence de ceux que nous venons de citer, est non-seulement exécuté, mais encore, jusqu'ici, exploité par l'Etat.

162. — On distingue deux sortes de régies : la régie simple, ou par économie, et la régie intéressée.

163. — « Lorsque, dit M. Dufour (n° 2713), l'exécution a lieu par voie de régie simple, les marchés partiels passés par les agens préposés à la gestion, participent du caractère de marchés relatifs aux travaux publics, et tombent sous le coup de l'art. 4 de la loi du 28 pluv. an VIII. Les particuliers qui ont traité ont évidemment, en ce qui concerne l'objet du contrat, la qualité d'entrepreneurs. »

164. — Mais « l'entrepreneur n'intervient jamais dans les régies par économie, qui sont gérées par des agens péciaux. Ceux-ci, sous la direction des chefs de service, font les commandes et soldent les dépenses. Il leur est fait, pour cet objet, des avances qui ne peuvent ensemble excéder 20,000 fr., à la charge par eux de rapporter dans le mois quittance des créanciers réels. » — Husson, p. 377. — V. ordonn. 14 sept. 1822, art. 17 ; instr. minist., 11 juin 1843 et 29 nov. 1845.

165. — Quant aux régies intéressées, elles diffèrent des régies simples en ce sens que l'entrepreneur, bien que placé sous la direction des chefs de service, ne se borne plus cependant à exécuter certains travaux qui lui sont remboursés au prix convenu, sans courir aucune chance, mais se soumet au contraire à certaines avances de fonds qui motivent pour lui des chances de gain ou de perte.

166. — « Dans les régies intéressées le paiement des dépenses est fait à titre d'avance par l'entrepreneur sur l'ordre du chef de service, il lui est accordé des avantages proportionnels tant pour les avances des fonds que pour le loyer et l'usure des outils, ustensiles et machines qu'il peut être appelé à fournir. » — Husson, p. 377.

167. — La régie intéressée, qui est toujours accompagnée d'un cahier des charges, constitue, du reste, entre l'Etat et l'entrepreneur, des droits et obligations réciproques analogues en beaucoup de points aux droits et obligations qui résultent de l'adjudication, et dont nous allons maintenant présenter l'analyse.

Sect. 3e. — *Exécution des travaux.*

ART. 1er. — *Règles générales.*

168. — A l'époque fixée par l'adjudication, l'entrepreneur doit mettre la main à l'œuvre. — Cahier des charges des ponts et chaussées, art. 6.

169. — L'adjudicataire ne peut s'éloigner des travaux que pour des affaires relatives à son marché, et après en avoir obtenu l'autorisation tant que l'entreprise ne sera pas terminée. — *Ibid.*, art. 5.

170. — Et même dans ce cas, pour éviter toute suspension des travaux par l'absence de l'entrepreneur, l'adjudicataire choisit et fait agréer un fondé de pouvoirs, qui le supplée pour le paiement des ouvriers. — *Ibid.*

171. — Il faut bien se garder de confondre ce fondé de pouvoirs, qui représente momentanément l'entrepreneur, demeurant toujours seul responsable, avec un sous-traitant.

172. — L'entrepreneur ne doit pas céder son entreprise pour éviter que les travaux ne soient abandonnés à des spéculateurs incapables ou sur lesquels on ne pourrait appuyer sa confiance. — Cahier des charges, et conditions générales, art. 4.

173. — Lorsqu'aucune clause du marché n'a prévu le cas où l'adjudicataire pourrait se substituer un autre entrepreneur, le conseil de préfecture doit renvoyer une telle demande devant l'administration. — *Cons. d'Etat*, 22 oct. 1830, Lancesseur.

174. — Toute cession non autorisée pourrait en outre motiver la résiliation de l'adjudication, et l'entreprise devrait subir une nouvelle adjudication faite à sa folle enchère. — Cahier des charges et conditions générales, art. 4.

175. — En tous cas, tant qu'il n'y a pas eu reconnaissance ou acceptation du cessionnaire par l'administration, le service est réputé continuer pour le compte de l'entrepreneur en titre. — *Cons. d'Etat*, 8 août 1844, Savalète.

176. — Il a de plus été jugé qu'alor même que

la substitution d'un entrepreneur à un autre a été approuvée par décision ministérielle, cette substitution n'est réellement censée faite que lorsqu'il y a eu remise du service ; tant que cette remise n'a pas eu lieu, l'individu qui doit être substitué ne peut être considéré que comme le mandataire de l'ancien fournisseur, et le service continue d'être géré pour le compte de ce dernier. — V. *Cons. d'Etat*, 16 août 1841, Chégaray. — « La raison de cette solution est que, comme le fait justement remarquer M. Dufour, (n° 2008), alors même que l'Etat s'est réservé et exerce le droit de refuser ou d'agréer les sous-traitans, ils n'ont à l'égard du gouvernement, d'autre position que celle de préposés de l'entrepreneur qui, ne cesse en aucune manière d'être responsable. »

177. — Mais du moment où la prise de possession a eu lieu, la subrogation consentie par l'entrepreneur d'un service public, au profit d'un cessionnaire, du marché à lui adjugé, confère au cessionnaire, lorsqu'il a été reconnu et agréé par l'autorité compétente tous les droits et obligations résultant du cahier des charges de l'entreprise. — *Cons. d'Etat*, 8 août 1844, Savalète.

178. — En conséquence, l'entrepreneur subrogé, avec l'agrément de l'administration, à l'adjudicataire primitif d'un service, a seul qualité pour réclamer, ce cas échéant, auprès de l'administration, quoiqu'il ait lui-même rétrocédé, mais sans l'aveu de l'autorité, la même entreprise à un sous-traitant. — Même ordonn.

179. — Le sous-traitant d'une portion de travaux publics soumissionnés par un entrepreneur général a un privilége sur la portion du prix de l'adjudication générale afférente à la fraction de travaux qu'il a exécutée. — *Angers*, 19 juill. 1843 (t. 1er 1844, p. 163), Bost c. Brétaudeau.

180. — L'entrepreneur est tenu de fournir à ses frais les magasins, équipages, voitures, ustensiles et outils de toute espèce, sauf les exceptions qui sont stipulées au devis. — Cahier des charges des ponts et chaussées, art. 10.

181. — Sont également à sa charge, les frais de tracé d'ouvrages, les cordeaux, piquets et jalons, et généralement tout ce qui constitue les faux frais et menues dépenses dont un entrepreneur n'est pas admis à compter. — *Ibid.*, art. 10.

182. — Dans le cas d'adjudication en continuation d'ouvrages, si l'entrepreneur sortant juge à propos de garder pour son compte les matériaux par lui approvisionnés en vertu d'ordres des ingénieurs, et non soldés par l'administration, ainsi que ses propres outils et équipages, il est tenu d'évacuer, dans le délai qui a été fixé par le devis, tous les chantiers, magasins et emplacements publics. — *Ibid.*, art. 8.

183. — Si, au contraire, il a déclaré vouloir céder tout ou partie des objets ci-dessus indiqués, l'entrepreneur entrant est tenu d'accepter les matériaux au prix de la nouvelle adjudication, et sur un état dressé contradictoirement entre les deux entrepreneurs, et en supposant toutefois qu'on ait reconnu à ces matériaux les qualités requises. — *Ibid.*

184. — Les outils et équipages sont payés de gré à gré, ou à dire d'expert. — *Ibid.*

185. — L'entrepreneur doit veiller à ce que le nombre des ouvriers employés soit toujours suffisant. — *Ibid.*, art. 6.

186. — L'entrepreneur a soin de ne choisir pour commis, maîtres et chefs d'ateliers, que des gens probes et intelligents, capables de l'aider et même de le remplacer au besoin dans la conduite et le métrage des travaux. — *Ibid.*, art. 18.

187. — Il choisit également les ouvriers les plus habiles et les plus expérimentés, et, néanmoins, il demeure responsable, en son propre et privé nom, comme en celui de sa caution, des fraudes ou malfaçons que ses agens peuvent commettre sur les fournitures, la qualité et l'emploi des matériaux, sous les peines déjà indiquées. — *Ibid.*

188. — Le nombre des ouvriers, de quelque espèce qu'ils soient, est toujours proportionné à la quantité d'ouvrage à faire ; et, pour mettre l'ingénieur à même d'assurer l'accomplissement de cette condition, et de reconnaître les individus, il lui est remis périodiquement, et aux époques qu'il a fixées, une liste nominative. — *Ibid.*, art. 20.

189. — L'ingénieur a le droit d'exiger le changement ou le renvoi des agens et ouvriers de l'entrepreneur, pour cause d'insubordination,

d'incapacité ou de défaut de probité. — *Ibid.*, art. 19.

190. — Pour assurer la bonne et solide exécution des travaux, l'entrepreneur doit solder les ouvriers, les commis et les autres agens dont il peut avoir besoin. — *Ibid.*, art. 11.

191. — L'entrepreneur, soit par lui-même, soit par ses commis, visite les travaux aussi souvent que peut le réclamer le bien du service. Il justifie de ses visites, et accompagne les ingénieurs dans leur tournée toutes les fois qu'il en est requis. — *Ibid.*, art. 27.

192. — Il surveille, dans l'étendue de son entreprise, les propriétaires riverains et les cultivateurs qui se permettent de labourer et de planter trop près des routes, canaux et autres propriétés publiques, ou qui détériorent les bornes, talus, fossés et plantations. — *Ibid.*, art. 28.

193. — L'entrepreneur avertit sur-le-champ les ingénieurs des contraventions qu'il aperçoit à cet égard, comme aussi de celles qui consistent en des dépôts de bois et de fumier, ou autres encombremens quelconques, ainsi que des anticipations qui sont faites sur le domaine de la voie publique. — *Ibid.*, art. 28.

194. — Au surplus, l'entrepreneur exécute tous les travaux en suivant ponctuellement les plans, profils, tracés, instructions et ordres de service donnés par les ingénieurs ou leurs préposés. — *Ibid.*, art. 6.

195. — Il doit en conséquence, pendant la durée du travail, se conformer aux modifications qui lui sont signifiées par écrit par les ingénieurs qui en ont seuls la responsabilité, pour des motifs d'utilité, de convenance ou d'économie, et il lui en est fait compte — *Ibid.*, art. 6.

196. — Mais l'adjudicataire ne peut de lui-même et sous aucun prétexte, apporter au projet ou au devis le plus léger changement. — *Ibid.* — V., au surplus, *infrà*.

197. — L'ingénieur en chef fait tous les réglemens pour le bon ordre des travaux, ou pour l'exécution des clauses du devis. — *Ibid.*, art. 27.

198. — Le préfet, après avoir reconnu que de nouvelles charges ne sont pas imposées à l'entrepreneur, vise ces règlemens, qui deviennent alors obligatoires pour ce dernier. — *Ibid.*

199. — Il en est référé à l'ingénieur en chef pour toutes les difficultés qui peuvent survenir entre l'ingénieur ordinaire et l'entrepreneur, et il applique les règles admises dans les ponts et chaussées. — *Ibid.*, art. 20.

200. — L'entrepreneur ne peut, dans aucun cas, invoquer en sa faveur les us et coutumes auxquels il est formellement dérogé par l'art. 36 de l'instruction du 25 août 1833. — *Ibid.*

201. — L'ingénieur doit constater par un procès-verbal toute contestation de l'entrepreneur, mais celui-ci conserve le droit de consigner à la suite de ce procès-verbal, qui doit lui être communiqué, toutes ses observations. L'administration statue ensuite ce qu'il appartient. — *Ibid.*, art. 12.

202. — Aux termes de l'art. 9 de l'instruction du 28 févr. 1834, au cas d'exécution par voie de concession directe, les particuliers ou compagnies qui sont autorisés à entreprendre à leurs frais, risques et périls, une entreprise de travaux publics, et qui, pour prix de leurs avances, reçoivent concession des produits, ont le libre choix des agens ou des moyens d'exécution.

203. — Les concessionnaires soumis, sans aucun doute, en vertu de leurs cahiers des charges, aux conditions qu'il a paru utile de leur imposer dans l'intérêt public ou celui des tiers, ne sont du reste assujettis qu'à un simple programme qui définit le système et les dimensions générales du travail à exécuter. — Frémy-Ligneville, n° 887.

204. — « La surveillance de l'administration, dit le même auteur, ne s'applique qu'aux conditions générales de l'entreprise, telles qu'elles sont stipulées dans le programme des travaux et dans le cahier des charges. »

205. — C'est ainsi qu'il a été jugé que lorsque le cahier des charges pour la construction d'un pont, tout en prescrivant aux concessionnaires d'exécuter à leurs frais les levées nécessaires pour raccorder le nouveau pont avec les communications déjà établies, ne spécifie rien quant à la direction desdites levées, les concessionnaires peuvent adopter la direction qui leur convient, sans être obligés de suivre celle indiquée au plan annexé au cahier des charges. — *Cons. d'Etat*, 31 août 1837, Ministre des travaux publics c. Séguin.

206. — Au surplus, lorsqu'il a été stipulé dans le marché un prix fixe pour la totalité des travaux spécifiés au devis, si des changemens ont été opérés sans autorisation par l'entrepreneur, aucune réduction du prix ne peut être prononcée qu'après un examen contradictoire. — *Cons. d'Etat*, 25 sept. 1830, Dardel.

ART. 2. — *Matériaux employés.*

207. — L'entrepreneur fait l'achat, la fourniture, le transport à pied d'œuvre, la façon, la pose et l'emploi des matériaux, au moyen des prix préalablement approuvés et consentis. — Cahier des charges des ponts et chaussées, art. 11.

208. — Les matériaux doivent provenir des lieux indiqués au devis; ils doivent être de la meilleure qualité, parfaitement travaillés et mis en œuvre conformément aux règles de l'art. — *Ibid.*, art. 12.

209. — Les matériaux ne peuvent au surplus être employés qu'après qu'ils ont été visités par l'ingénieur. — *Ibid.*

210. — L'entrepreneur est tenu de remplacer à ses frais la mauvaise qualité ou la malfaçon, même en cas de suprise. — *Ibid.*, art. 2.

211. — C'est un point incontestable que les conséquences du rejet et du remplacement des matériaux rebutés sont à la charge de l'entrepreneur. — *Cons. d'Etat*, 2 juin 1837, Hayer c. Ministre des travaux publics.

212. — Toutefois, si l'entrepreneur conteste les faits, l'ingénieur dresse immédiatement procès-verbal des circonstances de cette contestation. L'entrepreneur peut consigner à la suite du procès-verbal, qui doit lui être communiqué, les observations qu'il se croit en droit de présenter. — Il est ensuite statué par l'administration. — Cahier des clauses et conditions générales, art. 11.

213. — En général, tous les matériaux ont les dimensions prescrites par le devis. — Cahier des charges des ponts et chaussées, art. 14.

214. — Si l'entrepreneur leur donne des dimensions plus fortes, il ne peut réclamer aucune augmentation de prix. Les métrages et les pesées sont basés sur les dimensions des devis, et néanmoins les pièces qui ont été jugées nuisibles ou difformes sont enlevées et remplacées aux frais de l'entrepreneur. — *Ibid.*, art. 14.

215. — Dans le cas de dimensions plus faibles, les prix sont réduits en proportion, et néanmoins les pièces dont l'emploi est reconnu contraire au goût et à la solidité sont également enlevées et remplacées aux frais de l'entrepreneur. — *Ibid.*, art. 14.

216. — Dans tous les cas, l'entrepreneur ne peut employer aucune pièce ni aucune matière qui n'est pas des dimensions ou du poids prescrits par les devis, sans autorisation écrite de l'ingénieur. — *Ibid.*, art. 14.

217. — L'entrepreneur ne peut, sans une autorisation par écrit, détourner pour un autre service les matériaux déposés sur l'atelier, ceux-ci n'étant plus considérés comme approvisionnement. — *Ibid.*, art. 15.

218. — Si, aux termes du devis, l'entrepreneur est tenu de démolir d'anciens ouvrages, les matériaux sont déplacés avec attention, pour pouvoir être réparés et mis en place, s'il y a lieu, avec les mêmes précautions que les matériaux neufs. Dans les cas où les démolitions n'avaient pas été prévues, il en est tenu compte à l'entrepreneur dans les formes prescrites ci-après, art. 22. — *Ibid.*, art. 16.

219. — Toutes les fois que, par des motifs d'économie ou de célérité, on croit devoir employer des matières neuves ou de démolition appartenant à l'Etat, l'entrepreneur n'est payé que des frais de main-d'œuvre et d'emploi, sans pouvoir répéter de dommages pour manque de gain sur les fournitures supprimées. — *Ibid.*, art. 17.

ART. 3. — *Carrières ouvertes pour l'entreprise.*

220. — Lorsque le devis n'indique pas de carrières ou sablières appartenant à l'Etat, l'entrepreneur en ouvre à ses frais dans les lieux indiqués par le devis; il est tenu de prévenir les propriétaires avant de commencer les extractions, et de les dédommager de gré à gré ou à dire d'expert, conformément aux lois et règlemens sur la matière; il doit représenter, toutes les fois qu'il en est requis, le traité qu'il a fait avec eux. — Cahier des charges des ponts et chaussées, art. 9.

221. — Il paie, sans recours contre l'administration, tous les dommages que peuvent occasionner la prise, le transport et le dépôt des matériaux. — *Ibid.*

222. — Il en est de même des dommages pour établissement de chantiers, chemins de service, et autres indemnités temporaires qui font partie des charges et faux frais de l'entreprise. — *Ibid.*

223. — L'entrepreneur n'est entièrement soldé et ne peut recevoir le montant de la retenue pour garantie qu'après avoir justifié, par des quittances en forme, qu'il a payé les indemnités et dommages mis à sa charge. — *Ibid.*

224. — Dans le cas où le devis prescrit d'extraire les matériaux dans les bois soumis au régime forestier, l'entrepreneur doit se conformer, sans recours en indemnité contre l'administration des ponts et chaussées, aux obligations résultant pour lui de l'art. 145 du Code forestier, ainsi que des art. 172, 173 et 175 de l'ord. royale du 1er août 1827, concernant l'exécution de ce Code. — *Ibid.*

225. — Si, pendant la durée de l'entreprise, il est reconnu indispensable de prescrire à l'entrepreneur d'extraire des matériaux dans des lieux autres que ceux qui ont été prévus au devis, les ingénieurs établissent de nouveaux prix d'extraction et de transport d'après les élémens de l'adjudication. Ces changemens, après avoir été soumis à l'approbation du préfet, sont signifiés à l'entrepreneur, qui, en cas de refus, doit déduire ses motifs dans le délai de dix jours, et il est statué par l'administration ce qu'il appartient. Dans ce même cas de refus, l'administration a le droit de considérer l'extraction et le transport desdits matériaux comme ne faisant pas partie de l'entreprise. — *Ibid.*

226. — Si l'entrepreneur parvient à découvrir de nouvelles carrières plus rapprochées que celles qui ont été indiquées au devis et offrant des matériaux d'une qualité au moins égale, il reçoit l'autorisation de les exploiter, et il ne subit sur les prix de l'adjudication aucune déduction pour cause de diminution de frais d'extraction, de transport et de taille de matériaux. — *Ibid.*

227. — L'entrepreneur ne peut, en aucun cas, livrer au commerce des matériaux qu'il a fait extraire d'une carrière qui ne lui appartient pas, attendu que le droit d'exploitation ne lui a été conféré qu'en sa qualité d'entrepreneur de travaux publics, et pour un objet déterminé. — *Ibid.*

228. — Nous nous bornons du reste ici à cette simple reproduction des prescriptions contenues au cahier des charges, attendu que nous devons plus bas revenir avec détail sur les droits et obligations qui naissent pour les tiers, et principalement pour les propriétaires du sol exploité, de l'ouverture et de l'exploitation des carrières.

Sect. 4e. — *Obligations respectives de l'entrepreneur et de l'Etat.*

ART. 1er. — *Devis*

229. — Le devis fait la loi des parties. Un entrepreneur ne peut obliger l'administration à exécuter une clause qui n'a pas été insérée textuellement dans l'acte d'adjudication. — *Cons. d'Et.*, 15 oct. 1826, Penneret.

230. — L'entrepreneur de travaux publics qui a négligé de prendre connaissance d'une dernière clause ajoutée au cahier des charges, avant l'adjudication doit s'imputer à lui-même les résultats de cette négligence. — *Cons. d'Et.*, 22 oct. 1830, Lancesseur.

231. — Au surplus, l'art. 11 des clauses et conditions générales ne peut laisser aucun doute sur les conséquences rigoureuses du devis accepté, car les termes qu'il emploie sont absolus. « Au moyen des prix consentis et approuvés, y lit-on, l'entrepreneur fait l'achat, la fourniture et le transport à pied d'œuvre, la façon, la pose et l'emploi de tous les matériaux. — Il ne peut, sous aucun prétexte d'erreur ou d'omission dans la composition des prix de sous-détail, revenir sur les prix par lui consentis, attendu qu'il a dû s'en rendre préalablement un compte exact, et qu'il est censé avoir refait et vérifié tous les calculs d'appréciation. »

232. — C'est donc un point constant qu'en matière de travaux publics, les approbations régulièrement données par le ministre à l'acte d'adjudication et aux avis supplémentaires, forment la loi des parties, et les prix des travaux doivent être réglés conformément à ces actes. — *Cons. d'Etat*, 11 août 1824, Delalande.

233. — Donc, lorsqu'il s'élève des difficultés pour les prix à appliquer dans une entreprise de travaux publics, les termes du devis doivent être rigoureusement suivis. — *Cons. d'Etat*, 18 mai 1837, Rousseau c. Ministre des cultes.

234. — Que si, il est vrai, dans le cahier des charges d'une entreprise de travaux publics, un article contient deux dispositions contradictoires la difficulté doit être résolue conformément aux usages les plus généraux. — *Cons. d'Etat*, 16 avr. 1828, Perret et Deplaces. — V. conf. Chevalier, p. 423 et 424.

235. — Mais, au résumé, il est certain qu'un entrepreneur de travaux publics ne peut étendre à des matières non prévues la clause du marché qui a déterminé celles à l'occasion desquelles des modifications dans les prix peuvent être réclamées. — *Cons. d'Etat*. 4 juill. 1834, Lebobe.

236. — Cependant, bien que le cahier des charges et conditions générales imposées à tous les entrepreneurs par l'administration déclare formellement que les entrepreneurs ne peuvent, sous aucun prétexte d'erreur ou d'omission dans la composition des prix de sous-détail, revenir sur les prix par eux consentis, c'est là un point sur lequel il s'élève journellement des réclamations. Mais la jurisprudence du Conseil d'Etat repousse invariablement cette prétention. — *Cons. d'Etat*, 23 août 1826, Magnan; 11 juin 1828, Commune de Belmont c. Grizard; 20 févr. 1835, Rinjard; 19 mai 1835, Merle; 28 mai 1835. Magny; 23 juill. 1841, Mieulet. — V. Cormenin, *Droit administratif*, vo *Travaux publics*, t. 2, p. 441 et 442; Chevalier, *Jurisprudence administrative*, vo *Travaux publics*, t. 2, p. 431.

237. — Un prix fixé par le devis ne peut être modifié ni au préjudice de l'entrepreneur, ni à son profit, sous prétexte d'erreur même matérielle commise dans la composition de ce prix. — *Cons. d'Etat*, 22 févr. 1833, Martenot; 23 juill. 1841, Mieulet; 6 juin 1844, Letellier.

238. — Vainement aussi l'entrepreneur argumenterait-il d'une erreur de calcul dans la composition des prix de sous-détail. Il ne peut sous aucun prétexte d'erreur ou d'omission dans la composition des prix de sous-détail être permis à un entrepreneur de revenir sur les prix par lui consentis. — *Cons. d'Etat*, 27 avril 1829, Marot; 22 nov. 1836, Blanchard; 2 juin 1837, Hayer c. Min. des trav. publ.; 4 juill. 1837, Barbe; 30 janv. 1841, Servy; 15 déc. 1842, Franciel; 12 avr. 1843; Serres; 22 juin 1843, Laperrière; 7 févr. 1845, Delorme; 14 mars 1845, Baudoin.

239. — Jugé spécialement que l'entrepreneur ne peut, sous aucun prétexte, même pour omission dans le sous-détail des droits d'octroi à payer pour l'entrée des matériaux en ville, revenir sur les prix par lui consentis. — *Cons. d'Etat*, 28 mai 1835, Magny. — V. Chevalier, *Jurispr. administ.*, vis *Travaux publics*, sect. 2, § 5; *Indemnités aux entrepreneurs*, p. 430.

240. — ... Que l'adjudicataire de l'approvisionnement d'une route royale ne peut demander une indemnité, en se fondant sur les erreurs de distances qui auraient été commises dans la composition des divers prix de sous-détail. — *Cons. d'État*, 22 juin 1836, Narbonne.

241. — Un entrepreneur n'est pas fondé à réclamer une indemnité, sur le motif de l'augmentation survenue dans les frais d'exploitation d'une carrière à lui désignée; l'acceptation par lui faite des prix convenus d'après la composition des prix de sous-détail entraîne présomption qu'il s'en est rendu un compte exact, et il est censé avoir refait et vérifié tous les calculs d'appréciation. — *Cons. d'Etat*, 6 déc. 1820, Carrey; 6 juin 1834, Tisserand. — V. encore 25 mai 1841, Roger-Berdoly.

242. — Un entrepreneur de travaux publics, chargé de faire des déblais dans des terrains où se trouvent d'anciennes maçonneries, n'est pas recevable à demander une surélévation de prix en raison de la nature de quelques-uns des terrains dans lesquels il est chargé d'opérer, lorsque le devis n'établit qu'un seul prix pour tous les

déblais à effectuer. — *Cons. d'État*, 29 juin 1844, Sicaud.

243. — Il n'a pas droit non plus au paiement de refouillemens par lui exécutés, lorsqu'il n'allègue pas qu'ils l'aient été autrement qu'ils étaient indiqués par les devis et plans. — *Cons. d'Etat*, 28 mai 1835, Magny.

244. — Un entrepreneur de travaux publics n'est pas fondé à réclamer un supplément de prix pour la substitution des civières aux brouettes dans l'enlèvement des déblais, lorsque le mode d'enlèvement n'a pas été spécifié dans le devis. — Même ordonnance.

245. — Il faut encore reconnaître que lorsqu'une adjudication de travaux publics n'a été approuvée que sous la condition qu'il serait rédigé un tableau de série de prix, ce tableau devient la loi des parties, et toute demande de l'entrepreneur qui ne rentre pas dans ses prévisions doit être rejetée. — *Cons. d'Etat*, 1er mars 1826, Berdoly.

246. — ... Et encore que lorsque l'entrepreneur s'est engagé à exécuter des travaux additionnels jusqu'à concurrence du sixième, et à des prix proportionnés à ceux de son adjudication, il ne peut demander d'autres prix que les prix proportionnels. — *Cons. d'État*, 18 oct. 1832, Coulaud.

247. — Tenu de se conformer aux obligations contenues au devis, l'entrepreneur ne peut de lui-même, et sous aucun prétexte, y apporter le plus léger changement. — Cahier des charges et conditions générales, art. 7.

248. — C'est ainsi qu'il a été jugé que les mots *cailloux soigneusement posés*, insérés dans un devis, doivent être entendus en ce sens que les cailloux doivent être pris à la main; en conséquence, l'entrepreneur ne peut prétendre qu'il peut les verser à la corbeille. — *Cons. d'Etat*, 12 avril 1843, Serres.

249. — L'entrepreneur ne saurait revenir sur les marchés par lui consentis, ou se refuser à remplir sans une augmentation de prix ou indemnité ses obligations, sous aucun prétexte, du moment où l'excédant de travail ou dépenses, quel qu'il soit, n'est que la conséquence du devis.

250. — Ainsi, on ne peut considérer comme donnant droit à une indemnité l'obligation imposée à un entrepreneur de travaux publics par l'ingénieur, de mouiller ses briques par immersion et non par aspersion. Ce mode de mouillage rentre dans l'obligation générale de se conformer aux règles de l'art. — *Cons. d'Etat*, 15 nov. 1826, Pomerat.

251. — L'obligation de mener les déblais doucement et par reprises ménagées jusqu'au terrain solide, existe dans toutes les entreprises où il y a des déblais pour fondations à exécuter, et en conséquence ne peut non plus donner lieu à indemnité en faveur de l'entrepreneur. — *Cons. d'Etat*, 3 avril 1841, Puyoo.

252. — Jugé même que lorsque le cahier des charges d'une concession met à la charge de l'adjudicataire toutes les indemnités à payer pour l'acquisition des terrains et bâtimens nécessaires, l'adjudicataire ne peut, en se fondant sur ce qu'il a été aussi stipulé que le concessionnaire ne serait tenu à aucune indemnité envers la ville et l'Etat pour les terrains qu'il pourrait leur prendre, se dispenser de payer ceux que la ville était autorisée à acquérir, mais qu'elle n'avait pas encore acquis. — *Cons. d'Etat*, 3 janv. 1834, Desjardin.

253. — Au surplus et en règle générale, les demandes en indemnité qui ne sont fondées ni sur des traités des entrepreneurs, ni sur des promesses à eux faites par l'administration, doivent être rejetées. — *Cons. d'Etat*, 16 avr. 1823, Perret et Deplaces; 19 août 1832, Guinot; 24 oct. 1832, Fraixe.

254. — D'où il suit que les constructions non prévues au devis et non autorisées par les ingénieurs, restent à la charge de l'entrepreneur. — *Cons. d'Etat*, 2 juin 1837, Hayer c. Min. des trav. publics.

255. — Du moins lorsqu'une indemnité réclamée par un entrepreneur de travaux publics ne résulte pas des termes même de son marché, elle ne peut être accordée que par mesure d'équité, et ne peut pas être réclamée par la voie contentieuse.

256. — Lorsque le devis ne parle pas de la distance à laquelle l'entrepreneur doit trouver le sable et les cailloux nécessaires à ses travaux, les difficultés plus ou moins grandes qu'il a pu rencontrer dans la recherche et l'approvisionnement de ces matériaux doivent demeurer à sa charge et ne donnent pas lieu à indemnité. — *Cons. d'Etat*, 3 avril 1841, Puyoo.

257. — L'entrepreneur ne peut demander que l'administration lui restitue le montant des indemnités qu'il a été tenu de payer à divers propriétaires pour le transport des matériaux. — *Cons. d'Etat*, 22 juin 1836, Narbonne.

258. — Les entrepreneurs de travaux des ponts et chaussées n'ont droit à aucune indemnité pour renchérissement survenu dans le prix des matériaux en cours d'exécution, et ils ne peuvent en obtenir une que par voie de disposition gracieuse de l'administration. — *Cons. d'Etat*, 9 août 1836, Ninot-Narjoux.

259. — L'entrepreneur qui a fourni et employé des moellons d'une dimension supérieure à celle fixée au devis, ne peut réclamer une augmentation de prix. — *Cons. d'Etat*, 5 sept. 1842, Pellé.

260. — A plus forte raison l'entrepreneur de travaux publics qui a exploité une autre carrière que celle indiquée au devis n'est pas fondé à réclamer une indemnité pour les travaux de mine qu'il a été obligé de faire. — *Cons. d'Etat*, 31 mai 1833, Soullié.

261. — Lorsque le marché passé entre un entrepreneur et l'administration n'indiquait ni l'appareil des pierres destinées aux travaux, ni la quantité de pierres de taille qui serait employée, le choix que l'administration a pu faire d'un appareil entraînant l'emploi d'une plus ou moins grande quantité de pierres de taille n'a pu donner, en faveur de l'entrepreneur, ouverture à une indemnité. — *Cons. d'État*, 3 avril 1841, Puyoo.

262. — De même, il n'est pas dû d'indemnité à l'entrepreneur pour le séjour prolongé dans les magasins et l'altération des bois destinés à être employés, alors surtout que le devis ne garantit pas à l'entrepreneur soit l'emploi immédiat des bois, soit l'intérêt de la valeur desdits bois en cas de prolongation de séjour en magasin. — *Cons. d'Etat*, 3 avril 1841, Puyoo.

263. — L'entrepreneur d'un pont qui par son marché s'est engagé à remplacer par des bois de Champagne et de Bourgogne les bois de Fontainebleau fournis par l'Etat, est non recevable à demander une indemnité pour la diminution survenue dans le prix des bois de Fontainebleau, et par laquelle ces bois sont devenus d'une valeur inférieure à ceux de Champagne et de Bourgogne. — *Cons. d'Etat*, 26 oct. 1828, Bagros.

264. — L'entrepreneur de travaux publics n'est pas fondé, en l'absence d'une stipulation expresse dans le cahier des charges, à réclamer une indemnité pour la suspension des travaux, lorsqu'elle est occasionnée par l'épuisement des fonds affectés à l'entreprise. — *Cons. d'Etat*, 7 nov. 1834, Laurent. — V. anal. ord. 8 juill. 1829, Gilly, et la note. — Chevalier, *Jurisp. admin.*, v[is] *Travaux publics*, sect. 2, § 5, *Indemnités aux entrepreneurs*, p. 429.

ART. 2. — *Travaux non prévus.*

265. — En principe, un adjudicataire de travaux publics n'est point obligé d'exécuter des travaux non prévus ou qui ne sont point imposés par le cahier des charges. — *Cons. d'Etat*, 3 mai 1837, Roche.

266. — C'est ainsi qu'il a été jugé que lorsqu'aux termes du cahier des charges les entrepreneurs d'un pont ne sont chargés que de l'entretien du pont, il y a lieu d'annuler l'arrêté du conseil de préfecture qui met à leur charge les réparations des abords la banquette de halage. — *Cons. d'Etat*, 16 nov. 1836, Compagnie du pont de Langon.

267. — De même, lorsqu'un entrepreneur de travaux publics est obligé, aux termes du cahier des charges, à faire le raccordement d'un pont avec les communications existantes, d'après un projet conforme aux règles de l'art, approuvé par l'administration et exécuté sous le contrôle et la surveillance de ladite administration, il y a lieu d'annuler l'arrêté du conseil de préfecture qui détermine pour ce raccordement un mode spécial de construction. — *Cons. d'Etat*, 14 juin 1836, Jules Séguin c. Ministre des travaux publics.

268. — Toutefois, s'il est vrai que jamais un tribunal administratif ne peut intervenir pour modifier le contrat; ce n'est pas à dire que des changemens ne puissent être introduits en ce qui concerne soit les travaux eux-mêmes, soit leur mode d'exécution.

269. — En effet, l'art. 22 du cahier des clauses et conditions générales contient, en ce qui concerne les travaux non prévus, les dispositions suivantes: 1° Les prix des ouvrages non prévus par le devis sont réglés d'après ceux de l'adjudication, par assimilation aux ouvrages les plus analogues. Si cette assimilation ne pouvait avoir lieu, les prix sont réglés sur estimation contradictoire, en prenant les prix courans du pays pour termes de comparaison.

270. — ... 2° Dans le cas où ces travaux seraient considérables, il en est fait un avant-métré que l'entrepreneur accepte, tant pour les prix que pour l'indication des ouvrages par une soumission particulière qui est présentée à l'approbation de l'administration.

271. — Rien de plus sage assurément que cette distinction établie entre les travaux importans et ceux qui ne peuvent être considérés que comme de simples additions aux travaux en cours d'exécution.

272. — En effet, en ce qui concerne les travaux importans, c'est véritablement en vertu d'une concession nouvelle et directe, entièrement volontaire de sa part, que l'entrepreneur peut en être chargé.

273. — Il n'en est pas de même alors qu'il s'agit de travaux peu importans, ou, pour nous servir des expressions consacrées par le cahier des charges, de *parties d'ouvrages non prévues par le devis*. L'entrepreneur doit nécessairement les exécuter.

274. — Toutefois, cette obligation a elle-même ses justes limites: Ainsi, si l'entrepreneur est tenu, en principe, d'exécuter les nouveaux ordres sans réclamations dans le cas où, pendant le cours de l'entreprise, il est ordonné par l'administration d'augmenter ou de diminuer la masse des travaux. Néanmoins, cette obligation prend fin si l'entrepreneur a été autorisé à faire des approvisionnemens de matériaux qui demeureraient sans emploi, et encore si les changemens en plus ou en moins excèdent le sixième du montant de l'entreprise, auquel cas il peut demander que son marché soit résilié. — V., au surplus, *infrà*, n°s 398 et suiv.

275. — Jugé, au surplus, que le droit réservé à l'administration de changer, s'il y a lieu, en cours d'exécution, le tracé d'un canal, ne fait pas obstacle à ce que, conformément aux art. 3, 7 et 22 des clauses et conditions générales, il soit examiné, si, par suite des changemens, les prix de marché ne doivent pas subir de modifications. — *Cons. d'Etat*, 30 juin 1842, Beslay.

276. — Evidemment, l'administration doit payer, en outre du devis arrêté, le prix des travaux non prévus qui ont été exécutés d'après ses ordres. — *Cons. d'Etat*, 7 mars 1821, Blanchard.

277. — Or, ainsi que nous l'avons dit tout à l'heure, à moins d'impossibilité, les prix des ouvrages non prévus au devis doivent être réglés par assimilation aux ouvrages analogues. — *Cons. d'Etat*, 19 mai 1835, Merle; 19 nov. 1837, Coste et Caminade c. Ministre des travaux publics. — Aucune difficulté sur ce point.

278. — Lorsque des travaux imprévus sont susceptibles d'être mesurés et payés d'après le prix servant de base aux sous-détails, l'entrepreneur n'est pas fondé à en demander le paiement sur estimation et d'après le prix des journées et de la main-d'œuvre. — *Cons. d'Etat*, 26 juin 1835, Administration des tabacs c. Vaudet; 11 janv. 1837, Chanard c. Ministre des travaux publics.

279. — Jugé spécialement que le prix de travaux de remblais exécutés par un entrepreneur en sus des prévisions de son marché, doit être réglé par assimilation aux ouvrages les plus analogues. — *Cons. d'Etat*, 11 févr. 1836, Beziat.

280. — ... Et encore que lorsque les prix portés au devis pour le mètre cube de son remblai ont été établis sans distinction de la qualité des terres que l'entrepreneur aurait à fouiller, les remblais exécutés en sus des prévisions du devis doivent être assimilés, quant aux prix, aux travaux de même nature prévus au devis. — Même ordonnance.

281. — Lorsqu'une ville s'est réservé le droit de fournir à un entrepreneur deux espèces de pierre, que le prix de la taille de parement a été stipulé au devis pour une seule espèce, mais que les deux peuvent être assimilées, il doit être accordé à l'entrepreneur le même prix pour la taille de la pierre qui n'a pas été indiquée au devis que pour l'autre. — *Cons. d'Etat*, 31 août 1837, Saigne c. Ville de Paris.

282. — Dans les mêmes circonstances, s'il avait été précédemment établi un prix par comparaison avec la taille d'une autre pierre, d'après des sous-détails tenus par l'administration, et que l'entrepreneur n'excipe d'aucune modification survenue dans les rapports qui avaient été reconnus exister entre les deux espèces de main-d'œuvre, il y a lieu d'accorder le prix déjà précédemment alloué. — Même ordonnance.

283. — Au surplus, lorsqu'un cahier des charges passé entre l'administration et un entrepreneur porte que, dans le cas d'augmentation de travaux, l'entrepreneur aura le droit de les faire au prix de son adjudication, pourvu que ces changemens n'élèvent pas la dépense à moitié en plus du montant primitif, le droit accordé à l'entrepreneur doit être maintenu, dans le cas même où la dépense s'élèverait à moitié en plus, si elle a eu pour objet des changemens demandés par l'administration elle-même en remplacement des projets primitifs. — *Cons. d'Etat*, 14 févr. 1845, Saigne.

284. — A plus forte raison lorsque, dans un marché intervenu entre une administration publique et un entrepreneur, il a été stipulé qu'une nouvelle adjudication aurait lieu dans le cas où il serait fait aux travaux prévus des augmentations s'élevant à la moitié en sus du montant primitif des devis, à moins que l'entrepreneur ne consentît à exécuter cet excédant de travaux aux prix de la soumission, et que, cette hypothèse s'étant réalisée, l'administration a ordonné à l'entrepreneur, à raison des circonstances, de continuer l'exécution des travaux, cet entrepreneur peut exiger que le prix des derniers travaux soit fixé par une expertise, et l'administration ne peut pas lui imposer les prix primitivement fixés par le devis. — *Cons. d'Etat*, 22 juin 1843, Lepontois.

285. — Au contraire, lorsqu'une espèce de pierre a été employée à une destination non prévue au devis, il y a lieu de fixer un nouveau prix pour fourniture et main-d'œuvre. — Même ordonnance.

286. — Cependant lorsqu'un entrepreneur a été autorisé par le ministre à exécuter des travaux supplémentaires moyennant un prix déterminé, et qu'il les exécute en effet, il est censé avoir accepté le prix fixé, et n'est plus recevable à demander que ces travaux soient estimés par experts. — *Cons. d'Etat*, 30 déc. 1842, Thomas.

287. — Comme aussi lorsqu'un entrepreneur exécute des travaux non prévus par le marché *sans ordre écrit*, il est tenu d'accepter le prix offert par l'administration, à moins qu'il n'établisse que leur appréciation est insuffisante. — Même ordonnance.

288. — Lorsqu'au contraire un entrepreneur n'a souscrit aucun traité pour l'exécution de travaux étrangers à son adjudication, il n'y a pas lieu d'appliquer à ces travaux les prix portés dans l'adjudication, et, en l'absence de convention écrite, ils doivent être payés à dire d'experts. — *Cons. d'Etat*, 4 mai 1825, Alloard.

289. — Mais ici une question grave se présente; — en présence de la prescription de l'art. 7 des clauses et conditions générales, lequel veut que l'entrepreneur ne puisse de lui-même et sous aucun prétexte apporter le plus léger changement au projet ou devis (V. *suprà* n° 247), on s'est demandé comment l'entrepreneur pourrait justifier que des travaux non prévus lui ont été commandés, et par conséquent obtenir suivant les cas l'indemnité en supplément du prix prévue en l'art. 22?

290. — Saisie de cette question dans une espèce spéciale, où il s'agissait de travaux communaux, la Cour de cassation a jugé que nonobstant la clause du cahier des charges qui interdit à l'adjudicataire de travaux communaux de faire, sans un ordre écrit de l'architecte, aucune modification aux devis arrêtés, les changemens opérés sur un ordre verbal de cet architecte peuvent être considérés par les juges à raison des actes et documens produits, comme engageant sa responsabilité, sans que leur décision puisse tomber sous la censure de la Cour de cassation. — *Cass.*, 23 nov. 1842 (t. 1er 1843, p. 452), Mieulet-Dubullay c. Letellier. — Mais cette décision ne constitue réellement au fond qu'une solution de fait et ne tranche pas d'une manière formelle la difficulté de principe.

291. — Or, le Conseil d'Etat nous paraît avoir parfaitement résolu cette question en décidant que lorsque l'administration convient du fait, l'entrepreneur a droit à une indemnité pour un changement prescrit dans les matériaux, lorsque ce changement a été ordonné par l'administration, bien qu'il ne rapporte pas un ordre écrit de l'ingénieur. — *Cons. d'Etat*, 19 nov. 1837, Coste et Caminade c. Ministre des travaux publics.

292. — ... Que bien que des travaux publics aient été exécutés sans autorisation de l'administration, cependant si l'administration reconnaît qu'ils ont été faits dans l'intérêt public, le règlement en est dû en principal et intérêts aux entrepreneurs et ouvriers qui ont travaillé de bonne foi et auxquels le défaut d'autorisation est étranger. — *Cons. d'Etat*, 26 févr. 1823, Soubiron et Vincent c. Ministre de l'intérieur.

293. — ... Mais qu'il en est autrement lorsque l'entrepreneur invoque un prétendu ordre verbal que l'administration ne reconnaît pas avoir donné. — *Cons. d'Etat*, 19 nov. 1837, Coste et Caminade c. Ministre des travaux publics.

294. — Il est, en effet, indubitable qu'en principe l'ordre écrit est de rigueur. L'entrepreneur ne pourrait, en invoquant sa bonne foi, demander à prouver par témoins qu'il a été donné un ordre verbal et formel. — *Cons. d'Etat*, 31 mai 1836, Souillé. — V. aussi Cotelle, *Dr. admin.*, t. 3, p. 35, n° 7.

295. — Il n'y a donc pas lieu d'accorder des indemnités à un entrepreneur pour des changemens opérés aux prévisions du devis, s'il ne justifie pas d'ordres écrits en vertu desquels ils aient eu lieu. — *Cons. d'Etat*, 28 août 1837, Clauzel c. Ministre des travaux publics. — V. encore *Cons. d'Etat*, 2 août 1826, Gauthey.

296. — Spécialement, lorsqu'un entrepreneur ne justifie d'aucun titre écrit des ingénieurs qui lui ait enjoint de donner à un port à gradins un plus grand développement que celui que prescrivait le devis, il ne peut réclamer une augmentation de prix pour ses travaux non autorisés, alors surtout qu'il a préféré laisser au port l'excédant de longueur plutôt que de modifier les travaux par lui exécutés. — *Cons. d'Etat*, 14 mars 1845, Baudoin.

297. — Un entrepreneur ne peut non plus réclamer une indemnité pour un excédant de remblai qu'il aurait fait, lorsqu'il ne peut justifier d'un ordre des ingénieurs. — *Cons. d'Etat*, 29 juin 1844, Sicaud.

298. — L'entrepreneur qui a donné à la taille de bas appareil plus de finesse que ne le comportaient les stipulations du devis est non recevable à demander une augmentation de prix s'il ne justifie d'un ordre écrit sur ce point. — *Cons. d'Etat*, 27 nov. 1838, Laurent.

299. — Pareillement, lorsqu'un article du devis porte que les moellons à employer proviennent de deux carrières désignées; que la proportion de la quantité de pierres à extraire n'a pas été spécifiée, et que, d'ailleurs, l'entrepreneur ne justifie pas d'un ordre qui lui ait prescrit de prendre des pierres exclusivement dans l'une des deux carrières, il ne peut demander un supplément de prix pour un transport extraordinaire. — *Cons. d'Etat*, 3 févr. 1830, Colin.

300. — Il ne peut non plus demander une indemnité pour frais d'extraction à l'escoude, lorsqu'il ne justifie d'aucun ordre pour l'emploi de ce moyen d'extraction. — Même ordonnance.

301. — Un entrepreneur de travaux publics ne peut effectuer en maçonnerie de pierres de taille certaines parties d'un pont qui devaient être construites en maçonnerie de moellons, sans en avoir reçu l'autorisation par écrit. — *Cons. d'Etat*, 6 juin 1844, Leselier.

302. — L'entrepreneur qui était tenu, aux termes de son marché, de transporter ses matériaux à pied d'œuvre, moyennant des prix par lui consentis, ne peut réclamer un supplément de prix de bordage pour réparation et entretien des chemins aux abords et au pourtour de l'atelier, lorsqu'il ne justifie d'aucun ordre ou d'aucune convention particulière en vertu desquels la ville se serait engagée à lui payer ledit supplément. — *Cons. d'Etat*, 31 août 1837, Saigne c. ville de Paris.

303. — Au surplus, comme les entrepreneurs sur le territoire continental de la France, les entrepreneurs de travaux coloniaux ne peuvent réclamer d'indemnité pour ce qu'ils ont fait en augmentation du devis, qu'autant qu'ils représentent l'ordre écrit de l'ingénieur chargé de la direction, en vertu duquel ces travaux ont été exécutés. — *Cons. d'Etat*, 21 déc. 1837, Dupeyrat c. Ministre de la marine.

304. — Mais du moment où l'entrepreneur justifie de l'ordre régulièrement donné, aucune fin de non-recevoir ne peut être opposée à son action fondée sur l'utilité ou la non-utilité de l'ouvrage nouveau.

305. — L'entrepreneur obligé de se conformer aux ordres d'un inspecteur voyer, chargé de la direction des travaux, n'a pas le droit de vérifier préalablement si ces ordres ont été régulièrement donnés; d'où il suit que les dépenses extraordinaires qu'ils ont occasionnées ne peuvent être mises à la charge de l'entrepreneur. — *Cons. d'Etat*, 31 janv. 1838, Chérion c. Ministre des finances.

306. — Lorsque les entrepreneurs se sont soumis aux modifications apportées au devis par l'architecte préposé par l'administration à la surveillance et à la direction des travaux, l'administration ne peut refuser de leur tenir compte de ces modifications. — *Cons. d'Etat*, 5 déc. 1837, Ministre de la justice et des cultes c. Lalliel et Chauffeur. — V. 19 nov. 1837, Coste et Caminade, et la note.

307. — Ainsi, lorsqu'aux termes du devis l'entrepreneur ne devait tailler à la fine pointe que les paremens extérieurs des pierres destinées à faire le revêtement d'un môle, et 2 centimètres et demi de retour pour former la vive arête, si les ingénieurs ont exigé en sus, sur les joints et lits, 7 centimètres et demi de taille, il y a lieu de tenir compte de ce travail à l'entrepreneur au prix de l'adjudication. — *Cons. d'Etat*, 13 août 1828, Bert c. Administ. des ponts et chaussées.

308. — De même il a droit à une indemnité lorsque, sur l'ordre de l'ingénieur, il a porté les déblais à une distance plus grande que celle indiquée au devis. — Même ordonnance.

309. — Mais un entrepreneur ne peut demander un supplément de prix pour augmentation de distance dans le transport des matériaux, lorsque déjà un supplément de prix a été alloué, et que l'augmentation de la distance a été équitablement calculée par application de l'art. 22 des clauses et conditions générales du marché. — *Cons. d'Etat*, 14 mars 1845, Baudoin.

310. — D'ailleurs, il n'y a pas lieu à indemnité pour une modification de prix acceptée par l'entrepreneur. — *Cons. d'Etat*, 31 mai 1833, Lavergne.

311. — Spécialement, en cas de stipulation dans le cahier des charges que les ouvrages accessoires prévus au devis seront payés en prenant pour base ceux de l'adjudication, l'entrepreneur ne peut réclamer d'autres prix pour ceux non compris dans sa soumission, qu'il a exécutée sans réclamation sous les conditions portées dans les arrêtés du préfet. — *Cons. d'Etat*, 1er déc. 1819, Poisson c. Ville de Paris.

312. — Il n'est dû non plus aucune indemnité à l'entrepreneur pour double chargement et déchargement de pierres de taille, lorsqu'il n'a présenté sa réclamation à ce sujet qu'à une époque où il n'était plus possible de constater, soit la réalité, soit les causes, soit le montant du dommage qu'il allègue. — *Cons. d'Etat*, 30 juin 1842, Beslay.

313. — Remarquons aussi que l'entrepreneur qui s'est conformé sans protestation ni réserve à l'interprétation donnée par l'administration au cahier des charges de son entreprise, et qui, sans réclamer d'indemnité, a fait tous les travaux à lui demandés comme conséquence de cette interprétation, est non recevable à prétendre ultérieurement qu'une indemnité lui est due pour la manière dont son marché a été exécuté. *Cons. d'Etat*, 8 août 1844, Savalète.

314. — Mais il en est autrement dès que l'entrepreneur n'a exécuté les travaux additionnels exigés de lui que comme contraint et forcé et en réclamant contre l'extension donnée à son marché : à partir de ce moment, on ne peut lui opposer comme fin de non-recevoir les paiemens partiels qu'il aurait acceptés sur son marché, en vertu des clauses du cahier des charges, alors même qu'il n'aurait pas particulièrement protesté à l'occasion de ces paiemens. — Même ordonnance.

315. — Nous ne pouvons terminer ce qui a trait aux travaux non prévus sans mentionner ce qui concerne un genre de travaux tout à fait spéciaux, mais fort usités dans l'exécution des travaux publics, ce sont les épuisemens.

316. — S'il y a lieu de faire des épuisemens qui n'ont pas été mis par le devis à la charge de l'entrepreneur, les dépenses y relatives sont constatées par attachement, et sur des contr

tenus sous la surveillance de l'ingénieur. Elles sont du reste acquittées régulièrement par l'entrepreneur à la fin de chaque semaine, aux conditions portées en l'art. 41. — Cahier des charges des ponts et chaussées, art. 23.

317. — Le minimum de travaux assuré à un entrepreneur (spécialement à l'entrepreneur de l'épuisement des eaux d'une rivière) doit être augmenté en raison du nombre de machines qu'il a mises en œuvre en sus du nombre fixé par le marché. — *Cons. d'Etat*, 25 juin 1845, Dumoulin.

318. — Le prix des travaux d'épuisement ne peut être réduit proportionnellement à l'élévation des eaux qu'il a suffi d'atteindre lorsque ce prix a été fixé à forfait en raison du nombre de jours employés. — Même ordonnance.

319. — Mais lorsque le prix n'a été établi que comme paiement du travail réellement exécuté, quoique dans la prévision de l'élévation des eaux à une certaine hauteur, il doit, si cette hauteur n'a pas été atteinte, être réduit dans la même proportion. — Même ordonnance.

320. — Comme aussi, lorsque les épuisemens à faire pendant l'exécution des travaux de terrassement et de déblais du canal ont été mis, par un article du devis, à la charge de l'entrepreneur, le prix fixe alloué pour les déblais comprend un élément de prix relatif aux épuisemens, et dès lors l'entrepreneur ne peut être admis à compter de clerc à maître et à réclamer une indemnité pour des épuisemens extraordinaires. — *Cons. d'Etat*, 3 févr. 1830, Colin.

ART. 3. — *Cas où il peut être dû une indemnité à l'entrepreneur.*

321. — Lorsqu'en dehors des prévisions, il s'offre pour l'une des parties contractantes une cause de perte indépendante de son fait et de sa volonté, il est naturel qu'elle demande, soit la résiliation du contrat, soit une indemnité. C'est de ce dernier cas seulement que nous nous occuperons ici.

322. — Les pertes de l'entrepreneur peuvent provenir de trois causes : la négligence ou imprévoyance de sa part, le défaut de moyens ou les fausses manœuvres; la force majeure, et enfin, le fait dommageable de l'administration.

§ 1er. — *Faute ou négligence de l'entrepreneur.*

323. — L'entrepreneur ne reçoit aucune indemnité pour les pertes, avaries ou dommages occasionnés par fausses manœuvres, imprévoyance, négligence, ou défaut de moyens. — Cahier des clauses et conditions générales, art. 11. — *Cons. d'Etat*, 18 oct. 1832, Coulaud; 6 juin 1834, Tisserand; 4 juill. 1837, Barbe c. Min. des travaux publics.

324. — Ainsi, il n'est pas dû une indemnité aux entrepreneurs de travaux publics, par exemple à raison d'un éboulement de matériaux causé par une tempête, lorsqu'il n'est pas prouvé qu'il y eût obligation de déposer ces matériaux dans un lieu exposé à l'action des vagues, et que d'ailleurs l'entrepreneur n'a pas fait régulièrement constater la perte alléguée. — *Cons. d'Etat*, 13 août 1828, Best c. Administration des ponts et chaussées.

325. — De même, un entrepreneur de pavage d'une route ne peut demander une indemnité pour difficultés imprévues dans l'exploitation des carrières désignées au devis, lorsqu'il ne justifie d'aucune circonstance extraordinaire qui ait amené une augmentation notable dans les prix de fournitures. — *Cons. d'Etat*, 6 janv. 1837, Chabert.

326. — Lorsque des vices de construction constatés et reconnus par l'entrepreneur ont donné lieu à des changemens au plan primitif, à des maçonneries de remplissage, la demande en paiement des maçonneries doit être rejetée. — *Cons. d'Etat*, 14 mars 1845, Baudoin.

327. — Lorsque la perte d'un certain nombre de mètres cubes de pierres de taille a été causée par le fait de l'entrepreneur qui les a extraites dans une saison trop avancée, lui seul doit en supporter le dommage. — *Cons. d'Etat*, 3 avril 1841, Puyoo.

328. — Pareillement, lorsque, d'après les conditions du marché, les approvisionnemens des matériaux auraient dû être commencés à une époque déterminée, et qu'une partie des ouvrages n'a été exécutée qu'après que la cause alléguée du renchérissement du prix n'existait plus, la remise du rabais promis et une allocation supplémentaire offerte par l'adversaire de l'entrepreneur composent une indemnité suffisante. — *Cons. d'Etat*, 31 août 1830, Hospice de Dax c. Dangoumeau.

329. — Lorsque les entrepreneurs de construction d'un môle ont pris l'engagement de transporter les matériaux par mer, et qu'après l'adjudication ils ont fait leurs charrois par terre, ils ne peuvent réclamer une indemnité, sous prétexte que la mer n'était pas praticable, et que le trajet par terre leur a été onéreux. — *Cons. d'Etat*, 15 févr. 1833, Tempier et Moreau.

330. — L'entrepreneur ne peut évidemment réclamer le remboursement des frais de transport et les droits d'octroi payés pour du bois ou autres matériaux rebutés. — *Cons. d'Etat*, 2 juin 1837, Hayer c. Ministre des travaux publics.

331. — Pareillement, lorsque les déchets extraordinaires de bois employés doivent être attribués au mauvais emploi des bois et à l'inhabileté des ouvriers qui les ont mis en œuvre, il n'y a pas lieu à indemnité. — Même ordonnance.

332. — Il n'y a pas lieu d'accorder des indemnités à un entrepreneur pour les déblais qu'il a été obligé de faire par suite d'éboulemens survenus aux travaux d'une route, avant l'expiration du délai de garantie, et pendant que l'entrepreneur était encore responsable de ses ouvrages. — *Cons. d'Etat*, 28 août 1837, Clauzel c. Min. des trav. publics.

333. — L'entrepreneur qui a dû terminer des travaux de canalisation dans un délai déterminé, et qui ne l'a pas fait, ne peut demander une indemnité dans le cas où, postérieurement au délai qui lui était imparti, d'autres travaux entrepris par l'Etat auraient empêché cet entrepreneur d'achever ses travaux, et en auraient forcé l'ajournement à une époque éloignée. — *Cons. d'Etat*, 25 nov. 1842, Braemt et Bayard de la Vingtrie.

334. — Lorsque, par le cahier des charges, un entrepreneur est tenu de fournir quinze voitures pour le déblaiement du port, sans distinction des causes qui auront occasionné l'encombrement, et que l'ingénieur du port, à défaut d'exécution de l'engagement, est autorisé à faire faire le déblaiement aux frais de l'entrepreneur, celui-ci ne peut refuser le service de quinze voitures, sous prétexte que l'encombrement serait l'effet d'une force majeure. — Le conseil de préfecture doit mettre à la charge de l'entrepreneur le remboursement de la dépense résultant des travaux de déblaiement ordonné par l'ingénieur dans les limites du service de quinze voitures. — *Cons. d'Etat*, 23 mars 1836, Nel.

335. — Ainsi encore, la résiliation de l'adjudication fondée sur des contraintes par corps dirigées contre l'entrepreneur, ne peut donner ouverture à une indemnité à son profit. — *Cons. d'Etat*, 20 juill. 1830, Orfray.

336. — A plus forte raison aucune indemnité n'est due à l'entrepreneur, lorsque la perte est le résultat d'un délit ou d'une contravention de son fait.

337. — Jugé en conséquence que si, d'après les termes du cahier des charges, une ville était tenue d'indemniser un entrepreneur, à raison de droits d'octroi par lui avancés pour l'introduction de matériaux destinés à la construction d'un pont suspendu, cette ville ne peut être rendue passible des amendes et frais auxquels l'entrepreneur ou les préposés ont été condamnés par suite de contraventions par eux commises. — *Cons. d'Etat*, 16 janv. 1844, Ville d'Avignon c. Séguin.

§ 2. — *Force majeure ou cas fortuit.*

338. — L'entrepreneur de travaux publics a droit à une indemnité, aux termes de l'art. 28 des clauses et conditions générales, pour les dommages occasionnés par force majeure, survenus pendant le cours des travaux; mais, pour que cette indemnité puisse être allouée, il faut que la force majeure soit constatée, les circonstances appréciées, et le montant de l'indemnité contradictoirement débattu. — *Cons. d'Etat*, 8 fév. 1835, Bagros c. Ministre des travaux publics.

339. — Les cas de force majeure qui, dans le délai de dix jours au plus, ont été signalés par l'entrepreneur ne sont pas compris dans cette disposition; néanmoins, il ne lui peut être alloué aucune indemnité sans l'approbation de l'administration. Ce délai de dix jours étant expiré, aucune réclamation ne pourrait être entendue. — Cahier des clauses et conditions générales, art. 26.

340. — Lorsque des avaries ont été causées aux travaux de construction d'un pont par une crue subite des eaux, et que l'entrepreneur a remis immédiatement entre les mains des agens des ponts et chaussées un état des dégâts, l'administration ne peut se refuser à faire procéder contradictoirement à la vérification du dommage. — *Cons. d'Etat*, 19 nov. 1837, Coste et Caminade c. Ministre des travaux publics. — Cormenin, *Quest.*, v° *Trav. publ.*, t. 3, p. 467; Chevalier, *Jurispr. admin.*, v° *Trav. publ.*, sect. 2, § 5. — V. encore conf. 20 juin 1816, Bissé; 10 juill. 1822, Asselin; 19 déc. 1827, Duchon; 13 août 1828, Best; 21 juin 1833, Thomas; 28 fév. 1834, Méjan; 20 juill. 1836, Delamarre; 5 déc. 1837, Ministre de la justice et des cultes.

341. — Il n'est dû d'indemnité aux entrepreneurs de travaux publics que dans le cas de force majeure légalement constatée. — *Cons. d'Etat*, 10 juin 1829, Remuzat et Bar.

342. — Ainsi, l'entrepreneur n'a droit à une indemnité, à raison d'une réparation qu'il a été obligé de faire au radier de l'écluse d'un pont, qu'autant qu'elle est motivée sur un événement de force majeure légalement constaté. — *Cons. d'Etat*, 17 janv. 1838, Ministre de l'intérieur c. Jacob.

343. — Il ne peut davantage demander une indemnité pour remplacement de remblais prétendus emportés par les eaux d'un fleuve, lorsqu'il n'a pas fait constater le cas de force majeure dans le délai fixé par l'art. 26 des clauses et conditions générales des ponts et chaussées. — *Cons. d'Etat*, 29 juin 1844, Sicaud. — V., dans le même sens, *Cons. d'Etat*, 10 août 1825, Teulade; 16 nov. 1825, Boutry; 4 juill. 1827, Blanc; 23 fév. 1830, Colin; 31 avr. 1830, Hospices de Dax; 28 mai 1835, Ministère du commerce; 25 août 1835, Boucherot; 16 mai 1837, Ministre des travaux publics c. Colin; 31 août 1837, Département des Deux-Sèvres.

344. — Un entrepreneur de travaux publics ne peut réclamer une indemnité pour une perte causée par une force majeure, lorsqu'il s'y est exposé dans un but d'économie personnelle, et en agissant contrairement aux indications contenues dans son cahier des charges. — *Cons. d'Etat*, 9 janv. 1828, Hayet. — C'est une conséquence de l'application rigoureuse qui doit être faite des conditions du marché. — Cormenin, *Dr. admin.*, v° *Travaux publics*, t. 2, p. 441; Chevalier, *Jurispr. admin.*, v° *Travaux publics*, sect. 2, § 5, *Indemnités aux entrepreneurs*, p. 430.

345. — Lorsqu'un adjudicataire de travaux publics a renoncé, dans un article du cahier des charges, à exciper d'aucune circonstance qui lui serait désavantageuse, d'aucune perte ou cas fortuit prévu ou imprévu, pour solliciter la résiliation de son bail ou une modification de ses charges, une telle renonciation exclut de sa part toute demande en indemnité pour travaux exécutés et dépenses faites pendant le cours de l'entreprise. — *Cons. d'Etat*, 16 nov. 1825, Boutry c. Ville de Bordeaux.

346. — A plus forte raison, lorsque l'entrepreneur s'est engagé à exécuter tous les travaux à ses risques et périls, il n'est pas fondé à réclamer une indemnité pour des travaux extraordinaires de terrassement nécessités par un accident. — *Cons. d'Etat*, 31 août 1837, Département des Deux-Sèvres c. Rrivaud-Gaillard.

347. — C'est ainsi qu'il a été décidé que l'adjudicataire des travaux publics dépendant de l'administration des ponts et chaussées, n'avait droit à aucune indemnité à raison des pertes et dégâts résultant d'événemens de guerre. — *Cons. d'Etat*, 28 juill. 1820, Gignoux c. Ponts et chaussées.

348. —... Spécialement, qu'un entrepreneur de travaux publics ne pouvait réclamer une indemnité pour des matériaux qui lui avaient été enlevés par les armées belligérantes durant la campagne de 1814.

349. — L'entrepreneur ne peut, dans ce cas, que se pourvoir devant la commission départementale pour obtenir une indemnité par voie de justice gracieuse. — *Cons. d'Etat*, 28 juill. 1820, Gignoux c. Ponts et chaussées. — V., au surplus, analogue, 3 févr. 1830, Colin; 18 janv. 1831, Cayla; 19 août 1832, Guinot; 24 oct. 1832, Fraixe; 15 févr. 1833, Tempier; 31 mai 1833, Lavergne; 22 nov.

1833, Vaulier; 6 juin 1834, Tisserand; 7 nov. 1834, Laurent; 25 août 1835, Boucherot.—V. aussi Chevalier, *Jurispr. adm.*, v° *Travaux publics*, t. 2, p. 249; Cormenin, t. 2, p. 445.

350. — Jugé, cependant, que lorsqu'un article du devis admet l'adjudicataire à réclamer des indemnités dans les cas de force majeure légalement constatés, il y a lieu de considérer comme un cas de force majeure le passage des armées qui fait enchérir les matériaux. — *Cons. d'Etat*, 31 août 1830, Hospices de Dax c. Dangoumeau.

§ 3. — *Pertes occasionnées par le fait de l'administration.*

351. — L'administration doit indemniser l'entrepreneur des dommages qu'elle lui a causés par sa faute et des pertes qu'il a éprouvées sans qu'il y eût de sa faute.—V. Cormenin, *Dr. adm.*, v° *Travaux publics*, t. 2, p. 446; Chevalier, *Travaux publics*, p. 417; Cotelle, t. 3, p. 70.

352. — Il ne s'agit, du reste, ici que d'une règle de droit commun dont le Conseil d'Etat a fait l'application à l'administration dans de nombreuses circonstances.

353. — Et d'abord, malgré les prescriptions si sévères du cahier des clauses et conditions générales sur les obligations résultant pour l'entrepreneur de l'acceptation du devis, celui-ci ne peut-il pas être admis, dans certains cas, à former une demande en indemnité, à raison d'erreurs contenues au devis donné par l'administration ?

354. — L'art. 11 du cahier des clauses et conditions générales répond affirmativement à cette question, en déclarant que l'entrepreneur peut réclamer, s'il y a lieu, l'indemnité en supplément de prix, dans le cas où le devis contient des erreurs de métrés ou de dimensions d'ouvrages.

355. — Mais le Conseil d'Etat n'a pas cru que cette disposition fût limitative; c'est ainsi qu'il a décidé que lorsque les plans et devis remis à l'entrepreneur n'indiquaient pas suffisamment que des feuillures extérieures seraient nécessaires pour des baies de croisées, il y a lieu de considérer la taille de ces feuillures comme une dépense non prévue et dont il doit être tenu compte à l'entrepreneur.—*Cons. d'Etat*, 2 juin 1837, Hayer c. Ministre des travaux publics.

356. — L'entrepreneur a droit à une indemnité pour des déblais énormes et non prévus par le devis qu'il a été obligé de faire dans les lieux désignés par le génie militaire pour l'extraction du moellon. — *Cons. d'Etat*, 13 août 1828, Best c. Admin. des ponts et chaussées.

357. — Il est dû une augmentation à l'entrepreneur pour une partie de déblais exécutée dans un gravier dur, là où le devis ne supposait que de la terre. — *Cons. d'Etat*, 28 mai 1835, Magny.

358. — Il a également droit à une indemnité pour des dépenses provenant du fait de l'administration, notamment d'une erreur commise dans le tracé du prolongement d'un môle. — Même ordonnance du 13 août 1828.

359. — Un entrepreneur de travaux publics est fondé à réclamer une augmentation de prix, à raison d'une augmentation de dépenses résultant d'un changement devenu indispensable dans le cours de l'exécution et indépendant de sa volonté, notamment lorsque l'adjudication a été faite dans l'opinion où était l'administration que les blocs détachés d'une carrière voisine pourraient fournir la pierre de taille nécessaire à la construction, et que cette pierre n'ayant pas été jugée convenable, l'entrepreneur a été obligé d'ouvrir une autre exploitation plus coûteuse. — *Cons. d'Etat*, 19 déc. 1827, Gleyses.

360. — Du reste, dans ce cas, lorsque les ingénieurs chargés de la direction des travaux ont déterminé par un grand nombre d'expériences non contestées par l'entrepreneur l'augmentation de dépense, on doit s'en tenir à cette estimation pour fixer l'augmentation du prix à accorder à l'entrepreneur.—Même décision.

361. — Par des motifs analogues, le Conseil d'Etat a encore décidé que lorsque des difficultés indépendantes de la volonté des concessionnaires d'un pont de bateaux ont empêché l'ouverture de deux gares mentionnées au devis et que l'administration a renoncé à en exiger la construction, non-seulement les concessionnaires ne doivent pas être condamnés à rembourser le prix des gares non construites, mais encore il y a lieu de compenser ce prix avec le produit éventuel des droits d'amarrage porté au tarif et dont les concessionnaires ont été privés. — *Cons. d'Etat*, 28 mai 1838, Mourrier c. Ministre des travaux publics.

362. — ... Que l'entrepreneur qui, à défaut de chantier, a été contraint de barder les pierres sur le quai pour les y faire tailler et les y faire transporter à pied d'œuvre, a droit à une indemnité à raison de cette dépense. — *Cons. d'Et.*, 13 août 1828, Best c. Administration des ponts et chaussées.

363. — Mais il a également jugé que le manque d'emplacement suffisant pour occuper les ouvriers d'entrepreneurs de travaux publics n'est pas une cause d'indemnité, lorsque le contraire a été stipulé au devis, et qu'il n'est pas établi que les retards dont se plaignent les entrepreneurs proviennent de l'imprévoyance et de la négligence de l'administration. — *Cons. d'Et.*, 20 juill. 1836, Leharivel, Guillaume et Ducouédic-Ducosquer.

364. — Le cas le plus favorable assurément à la demande d'indemnité de l'entrepreneur est celui où le préjudice résulte d'un ordre ou d'un acte de l'administration.

365. — Sans doute, en principe, un entrepreneur de travaux publics n'est pas fondé à réclamer une indemnité à raison de travaux autres que ceux compris dans son marché, exécutés par l'administration sans sa participation. — *Cons. d'Et.*, 19 août 1832, Guinot.

366. — Mais l'entrepreneur auquel l'administration enlève une partie des travaux portés dans son marché pour les réunir, à raison de leur connexité, à une autre entreprise, a droit à une indemnité, sans qu'on puisse lui opposer la disposition du cahier des charges qui autorisait l'administration à réduire les travaux d'un sixième. — *Cons. d'Et.*, 16 janv. 1828, Coudere.

367. — Du reste cette indemnité ne doit être réglée ni sur la comparaison des prix portés dans les marchés des deux entreprises, à raison des travaux distraits, ni sur le dixième réservé par le devis à l'entrepreneur pour bénéfice, emploi de temps et avances (V. *infrà*), mais elle doit représenter uniquement le dommage souffert par suite de la résiliation.—Même ordonn.

368. — Lorsqu'il a été stipulé qu'un adjudicataire de travaux publics, en cas de non achèvement des travaux, aurait droit à une indemnité déterminée, la résiliation prononcée par le gouvernement, pour adopter un autre plan de construction, donne lieu au règlement de ladite indemnité. — *Cons. d'Et.*, 10 juill. 1822, Asselin et Duvey c. Ministre de la marine.

369. — En matière de travaux publics, un entrepreneur est fondé à demander la réception et le paiement, aux prix déterminés par l'adjudication, de fournitures faites par ordre de l'administration, pour un système de travaux ultérieurement abandonné par elle. — *Cons. d'Et.*, 13 juill. 1828, Fiard.

370. — Un entrepreneur de travaux publics forcé d'abandonner, par suite de l'opposition du génie militaire, une carrière qu'il avait découverte, est fondé à demander le remboursement des sommes qu'il avait dépensées pour acquisitions de terrain et frais de découverte de la carrière. — *Cons. d'Et.*, 13 août 1828, Best c. Admin. des ponts et chaussées.

371. — Jugé même que lorsque le marché d'un entrepreneur de travaux publics se trouve résilié par le fait de l'administration, il y a lieu de lui allouer une indemnité pour le manque des bénéfices qu'il aurait pu faire, en prenant pour base les travaux qui restaient à exécuter au moment de la résiliation et les prix fixés dans les conventions faites avec l'entrepreneur. — *Cons. d'Et.*, 1er juin 1836, Comte.

372. — En règle générale, lorsque la résiliation du marché d'un entrepreneur de travaux publics n'est pas fondée sur l'un des motifs énoncés aux art. 36, 39 et 40 L. 28 pluv. an VIII, il y a lieu d'accorder une indemnité à l'entrepreneur pour le manque de bénéfice et les pertes par lui éprouvées. — *Cons. d'Et.*, 4 juin 1833, Thomas.

373. — Remarquons, toutefois, que lorsque l'administration s'est réservé la faculté de résilier le bail, l'entrepreneur ni sa caution n'ont droit à aucune indemnité pour le fait de cette résiliation. — *Cons. d'Et.*, 10 août 1825, Teulade.

374. — Lorsque l'administration en modifiant son projet primitif, n'a pas dépassé les limites fixées par les art. 7, 22 et 39, des clauses et conditions générales, l'entrepreneur n'a aucune plainte à former ni aucune indemnité à réclamer, alors surtout que, s'étant refusé à l'exécution des travaux, l'administration a résilié purement et simplement son marché et a consenti à lui reprendre ses outils, ses ustensiles, et les matériaux par lui approvisionnés. — *Cons. d'Et.*, 12 févr. 1841, Best c. Ministre des travaux publics.

375. — Mais il est dû une indemnité à l'entrepreneur de travaux publics dont les biens ont été vendus aux enchères à la requête de l'administration pour des causes ultérieurement reconnues injustes et mal fondées. — *Cons. d'Et.*, 20 juin 1846, Bissé c. Ponts et chaussées.

376. — Cependant, quelque absolue que soit, en principe, la responsabilité de l'administration, elle a elle-même ses limites, et il faudrait bien se garder de l'étendre outre mesure.

377. — C'est ainsi que nous verrons (*infrà* nos 661 et suiv.) qu'en principe général le retard apporté par l'administration au paiement des sommes dues à l'entrepreneur n'est pas de nature à lui donner le droit de réclamer une indemnité.

378. — Bien plus, le simple retard, non plus dans le paiement de sommes dues, mais dans la prise de possession des terrains que l'Etat doit livrer à l'entrepreneur n'est pas toujours une cause d'indemnité.

379. — Ainsi, il a été jugé que, lorsque l'administration n'a pas pris l'engagement de livrer dans un délai déterminé les terrains nécessaires à l'établissement d'un canal, l'entrepreneur ne peut se plaindre des pertes essuyées par suite des retards dans la livraison et demander à cet effet une indemnité. — *Cons. d'Etat*, 25 août 1835, Boucherot.

380. — Il est évident aussi que l'entrepreneur n'est pas fondé à réclamer une indemnité à raison des pertes qu'il prétend avoir éprouvées lorsqu'il ne justifie ni du montant ni de la cause de ces pertes. — *Cons. d'Etat*, 10 août 1825, Teulade.

381. — Par exemple, à défaut par l'entrepreneur d'avoir fait constater la nécessité où il prétend s'être trouvé de prendre des terres de remblai à une plus grande distance que celle indiquée par le devis, lesdits remblais ne doivent lui être payés qu'aux prix de l'adjudication. — *Cons. d'Etat*, 6 juin 1844, Letellier.

382. — Jugé même que de ce que des experts ont proposé d'allouer une indemnité à l'entrepreneur, il n'en résulte pas que leur proposition doive être accueillie, si le droit à cette indemnité ne résulte ni du marché ni des travaux exécutés, ni même du texte du corps de l'expertise. — *Cons. d'Etat*, 1er déc. 1819, Poisson c. Ville de Paris. — Cormenin, *Travaux publics*, t. 2, p. 443 et suiv.

383. — Ainsi encore, un entrepreneur n'est pas recevable à réclamer une indemnité pour inexécution par l'administration des travaux dont il s'était rendu adjudicataire, lorsqu'il ne justifie pas des pertes que l'abandon de ces travaux lui aurait causées. — *Cons. d'Etat*, 17 sept. 1844, Brunel.

384. — Il ne serait fondé, dans ce cas, qu'à réclamer les frais d'affiche et d'adjudication par lui payés, ainsi que les frais qu'il justifierait avoir faits par suite de l'adjudication. — Même ordonnance.

385. — A plus forte raison, lorsque, dans les travaux d'un aqueduc, on a substitué aux conduits en maçonnerie des tuyaux en fonte, dont la fourniture a été adjugée à un entrepreneur spécial, mais qu'en définitive, la masse totale de la maçonnerie, loin d'avoir subi une diminution, a été augmentée, les adjudicataires des travaux de maçonnerie ne peuvent réclamer une indemnité pour cette substitution. — *Cons. d'Etat*, 14 déc. 1837, Dormont et Commoy c. Minist. des travaux publics.

386. — On ne saurait non plus douter que lorsque, d'après le devis, l'entrepreneur est tenu de se conformer aux changemens qui lui seraient prescrits en cours d'exécution, sauf aux ingénieurs à lui faire état desdits changemens, soit en plus, soit en moins, d'après le prix de l'adjudication, les travaux supprimés par le directeur général ne doivent donner lieu à aucune allocation à son profit. — *Cons. d'Etat*, 25 août 1835, Boucherot.

387. — Ainsi, lorsqu'un entrepreneur a déclaré, dans sa soumission, se référer, en ce qui concerne la proportion du mortier entrant dans le mètre cube de maçonnerie de remplissage, aux résultats des expériences faites par les ingénieurs, et qu'une indemnité a été allouée d'a-

près ces expériences, il n'est pas fondé à en demander une plus considérable. — *Cons. d'Etat*, 22 févr. 1837, Martenot c. Ministre des travaux publics.

388. — Jugé encore que lorsque l'entrepreneur des travaux d'une digue n'a fait en cours d'exécution aucune réclamation pour que des journées ou nuits passées par ses ouvriers aux travaux de la régie lui fussent comptées comme journées ou nuits d'eau, et que ses allégations à cet égard sont dénuées de preuves et formellement contredites par les ingénieurs qui ont surveillé les travaux, il y a lieu de rejeter sa demande en supplément de prix. — *Cons. d'Etat*, 16 mars 1836, Legrand.

389. — Mais, lorsqu'aux termes du devis l'entrepreneur avait le droit de fournir au prix du bordereau les ouvriers nécessaires à ceux des travaux de son entreprise qu'il y aurait lieu d'exécuter en régie, et qu'il n'est pas établi qu'il ait renoncé à ses droits à cet égard, l'administration n'a pu employer d'autres ouvriers auxdits travaux sans l'indemniser du tort qui a pu en résulter pour lui. — Même ordonnance.

390. — Enfin, il n'y a pas lieu non plus d'accorder une nouvelle indemnité à un entrepreneur qui a déjà été couvert des pertes par lui éprouvées, et qui a renoncé à toute réclamation à ce sujet. — *Conseil d'Etat*, 18 janvier 1831, Cayla.

391. — Le fait par un entrepreneur de recevoir le montant d'une indemnité qui lui a été allouée sur le règlement de compte par le conseil de préfecture emporte, de sa part, renonciation à débattre ce même règlement devant le Conseil d'Etat. — *Cons. d'Etat*, 2 juin 1837, Hayer c. Ministre des travaux publics. — V., au surplus, sur ce point, *infrà*.

392. — A plus forte raison un entrepreneur n'est pas fondé à demander une indemnité pour la perte qu'il a éprouvée en négociant des valeurs de l'arriéré qui lui ont été données en paiement. — *Cons. d'Etat*, 22 nov. 1833, Vautier c. Ville de Paris.

393. — Jugé avec non moins de raison que l'entrepreneur de travaux publics qui a donné quittance au payeur du département d'une somme de 100,000 fr. à valoir sur les travaux dont il a l'entreprise n'est pas recevable à prétendre, en cas de faillite du payeur, que cette quittance est simulée et à réclamer contre l'Etat le paiement de ladite somme. — *Cons. d'Etat*, 27 avril 1815, Nucker. — V. Chevalier, t. 2, p. 432.

Sect. 5e. — *Cas de résiliation de l'entreprise.*

394. — La résolution du contrat existant entre l'administration et l'entrepreneur a, d'ordinaire, lieu de deux manières : 1° par l'achèvement des travaux ; 2° par la mort de l'entrepreneur, alors toutefois que les travaux n'ont pas été adjugés à une société, auxquels cas la mort d'un ou plusieurs des gérans pourrait n'apporter aucune modification au contrat existant, suivant au surplus les règles ordinaires qui régissent les sociétés.

395. — Les clauses et conditions générales ont gardé le silence sur le cas de mort. Il faut y appliquer les dispositions de l'art. 40 (V. *infrà*, nos 47 et suiv.), qui règle certaines conséquences de la résiliation du marché, lorsque l'administration la prononce. — Cotelle, t. 3, p. 75.

396. — En outre, en appliquant à ce cas la disposition de l'art. 1796 du Code civil, l'administration devra payer à la succession les ouvrages faits d'après les prix du devis, lors seulement que les travaux ou les matériaux peuvent être utiles, c'est-à-dire en tant qu'ils seraient de la qualité fixée par le devis. — Cotelle, *ibid.*

397. — En dehors des cas de terminaison des travaux ou de celui de mort de l'entrepreneur, le contrat peut prendre fin par diverses causes accidentelles. — Il peut y avoir en effet 1° résiliation facultative de la part de l'entrepreneur ; 2° résiliation facultative de la part de l'administration ; 3° déchéance de l'entrepreneur par suite de son fait.

Art. 1er. — *Résiliation facultative provoquée par l'entrepreneur.*

398. — Les art. 36, 39 et 40 des clauses et conditions générales déterminent ainsi qu'il suit dans quels cas et à quelles conditions la résiliation peut être demandée par l'entrepreneur lui-même.

399. — Le gouvernement ordonnant la cessation ou l'ajournement indéfini des travaux, l'entrepreneur peut requérir la réception provisoire immédiate des ouvrages exécutés, et après l'expiration du délai de garantie leur réception définitive. Il est déchargé de toute garantie pour raison de son entreprise et de sa caution, après la réception définitive. — *Ibid.*, art. 36.

400. — Le marché peut être résilié, sur la demande de l'entrepreneur, si les prix subissent une augmentation notable durant le cours de l'entreprise. — *Ibid.*, art. 39.

401. — Il peut l'être encore dans le cas où, pendant le cours de l'entreprise, et sans changer les charges et les prix, il serait ordonné des travaux supplémentaires dont les changemens excéderaient en plus ou en moins le sixième de l'entreprise. — *Ibid.*, art. 39. — V., d'ailleurs, *suprà*.

402. — Un point important à constater, c'est que la résiliation facultative par l'entrepreneur n'étant admise que par exception, elle doit être strictement restreinte aux cas formellement prévus.

403. — Ainsi décidé que la difficulté d'exploiter les carrières destinées à la construction d'une route n'est pas pour l'entrepreneur un motif de résiliation de son adjudication. — *Cons. d'Etat*, 28 janv. 1841, Servy.

404. — Il en est de même de l'insuffisance de la carrière. L'entrepreneur, dans ce cas, doit recourir aux autres carrières désignées, alors même qu'elles seraient plus éloignées ou d'une exploitation plus onéreuse. — *Cons. d'Etat*, 15 déc. 1842, Franciel.

405. — L'opposition d'un tiers aux travaux d'une partie de la route à construire n'est pas une raison suffisante pour justifier l'abandon des travaux par l'entrepreneur ; il doit les continuer sur la partie exempte de contestation. — *Cons. d'Etat*, 28 janv. 1841, Servy.

406. — La clause d'un cahier de charges qui autorise l'entrepreneur à demander la résiliation du marché en cas d'augmentation notable et subite des prix par suite d'une circonstance majeure et imprévue, n'autorise pas une demande en résiliation fondée sur les difficultés imprévues du terrain et sur les épuisemens qu'elles ont nécessités. — Il ne peut résulter de là qu'une prétention à indemnité. — *Cons. d'Etat*, 24 oct. 1827, Diény et Roux.

407. — A plus forte raison, lorsque les entrepreneurs ont soumissionné une entreprise dont le montant est indéterminé, ils ne peuvent demander la résiliation aux termes de l'art. 39 des clauses et conditions générales, sous prétexte qu'il y a un excédant du sixième, lors surtout que le devis et l'affiche leur interdisent une pareille demande, et que d'ailleurs elle n'a pas été présentée avant l'exécution des travaux. — *Cons. d'Etat*, 23 déc. 1835, Deshubert et Noury.

408. — Même dans les cas prévus par le cahier des clauses et conditions générales, la demande en résiliation formée par l'entrepreneur peut être rejetée, soit comme mal fondée au fond, soit comme non recevable à raison de certaines circonstances.

409. — C'est ainsi qu'en ce qui concerne le premier cas il a été jugé que lorsqu'il ne résulte pas de l'instruction que le prix des matériaux ait subi une augmentation notable pendant l'entreprise, aux termes de l'art. 36 des clauses générales, il n'y a pas lieu à la résiliation du marché consenti entre l'Etat et l'entrepreneur. — *Cons. d'Etat*, 15 déc. 1842, Béraud et Perrichon.

410. — D'un autre côté, un entrepreneur de travaux publics n'est plus recevable à se pourvoir contre un arrêté du préfet qui a prononcé la résiliation de son marché, lorsqu'il y a acquiescé en signant et acceptant un décompte, sauf la réserve de ses droits à une indemnité. — *Cons. d'Etat*, 7 avril 1823, Treillet c. Actionnaires du pont de Milhaud.

411. — L'entrepreneur de travaux publics qui a exécuté le marché en se conformant aux modifications qui y ont été faites par l'administration, et s'est borné à réclamer une indemnité pour ce cas de préjudice constaté, ne peut plus demander la résiliation du marché. — *Cons. d'Etat*, 10 juill. 1832, Zhendre.

412. — A plus forte raison, lorsqu'il résulte des pièces qu'un entrepreneur de travaux publics, qui demande la résiliation d'un marché, a eu connaissance des changemens apportés au plan primitif, ainsi que de la dépense à laquelle leur exécution devait donner lieu, et qu'il n'en a pas moins continué les travaux sans réclamation, sa demande ne peut être admise. — Chevalier, *Jurispr. admin.*, v° *Trav. publics*, sect. 2e, § 2, p. 425 ; Cormenin, *Droit adm.*, v° *Travaux publics*, t. 2, p. 443.

413. — Lorsque la résiliation d'une entreprise est prononcée, les prix de l'adjudication cessent d'être obligatoires pour l'entrepreneur en ce qui concerne les travaux exécutés postérieurement à cette époque, et il y a lieu d'appliquer à ces ouvrages les prix alloués par la régie. — *Cons. d'Etat*, 16 mai 1837, Ministre des travaux publics c. Collin.

414. — Lorsqu'un marché est résilié, les travaux exécutés doivent être payés au prix du devis, déduction faite du rabais consenti par l'adjudicataire. C'est en ce sens que doit être entendue la disposition de l'arrêté du conseil de préfecture, qui ordonne que l'entrepreneur sera payé au prix du devis. — *Cons. d'Etat*, 23 janv. 1828, Rémuzat.

415. — Lorsqu'un cas prévu par la résiliation est arrivé et que l'administration juge nécessaire la poursuite immédiate des travaux, ils ne peuvent être continués qu'en vertu d'une convention nouvelle, dont il faut, au préalable, arrêter les bases. — *Cons. d'Etat*, 14 juill. 1830, Jouvenel et Maury. — Chevalier, *Jurispr. administ.*, v° *Travaux publics*, sect. 2, § 6, p. 433 et 434.

416. — En l'absence de cette convention, la seule voie régulière pour déterminer le prix des ouvrages est celle d'une expertise contradictoire, dont les effets, toutefois, ne doivent atteindre ni les travaux antérieurs à la demande en résiliation, ni ceux dont la valeur a été réglée par un arrêté inattaquable. — Même ordonnance.

417. — Dans le cas de cessation ou d'ajournement indéfini des travaux adjugés, par ordre de l'administration, l'administration prononce la résiliation du marché, les outils et ustensiles indispensables à l'entreprise que l'entrepreneur ne veut pas garder pour son compte sont acquis par l'Etat, sur l'estimation qui en est réglée de gré à gré, ou à dire d'experts, d'après la valeur première desdits outils et ustensiles, et déduction faite de leur degré d'usure ; le tout au taux du commerce, et sans augmentation de dixièmes ou de toute autre plus-value, sous prétexte de bénéfice présumé. — Cahier des charges des ponts et chaussées, art. 40.

418. — Les matériaux approvisionnés par ordre et déposés sur le lieu des travaux, s'ils sont de bonne qualité, sont également acquis par l'Etat, au prix de l'adjudication. — *Ibid.*

419. — Les matériaux qui ne sont pas déposés sur les lieux des travaux restent au compte de l'entrepreneur ; mais, tant pour cet objet que pour toutes autres réclamations, il peut lui être alloué une indemnité qui est fixée par l'administration et qui, dans aucun cas, ne doit excéder le cinquantième du montant des dépenses restant à faire en vertu de l'adjudication. — *Ibid.*

420. — Il est certain qu'en cas d'ajournement indéfini des travaux d'une entreprise, l'entrepreneur a le droit de demander que les matériaux par lui approvisionnés soient reçus par les ingénieurs et acquis par l'Etat au prix d'adjudication, alors même que les matériaux n'auraient pas encore été déposés à pied d'œuvre, lorsque cette circonstance est le résultat du retard que l'administration a apporté dans la fixation du lieu d'emploi. — *Cons. d'Etat*, 2 mars 1839, Piedvache c. Ministre des travaux publics. — L'art. 40 des clauses et conditions générales ne donne, il est vrai, le droit à l'entrepreneur de réclamer de l'Etat le prix des matériaux approvisionnés qu'autant que ces matériaux ont été déposés *sur le lieu des travaux*. — Ceux qui ne sont pas déposés sur le lieu des travaux restent au compte de l'entrepreneur, auquel il peut être alloué, tant pour cet objet que pour toute autre réclamation, une indemnité qui ne doit pas ex-

céder le montant des dépenses restant à faire. Mais évidemment, l'entrepreneur ne peut souffrir de l'irrésolution de l'administration.

421. — Du reste, lorsqu'un marché a été résilié et que l'administration a repris les matériaux approvisionnés par l'entrepreneur, la quantité de ces matériaux à la charge de l'administration n'est point celle indiquée par les états de fin d'année; elle ne doit compte que des matériaux qui lui ont été réellement livrés. — *Cons. d'Etat*, 12 févr. 1841, Best c. Ministre des travaux publics.

422. — Mais, lorsque après la résiliation d'une entreprise l'administration a consenti à reprendre des pierres de granit et des moellons, et l'a fait sans aucune réserve, elle n'est pas recevable plus tard à soutenir que ces pierres de granit et moellons étaient de mauvaise qualité. — Même ordonn.

423. — En tous cas, il n'est passé de déchet à l'entrepreneur, pour les pierres de granit approvisionnées, que celui d'un vingtième, exclusivement applicable à la taille des pierres. Aucun autre n'est admis. — Même ordonn.

ART. 2. — *Résiliation facultative provoquée par l'administration.*

424. — Une clause spéciale d'un cahier des charges peut avoir stipulé pour l'administration le droit de résilier le marché conclu avec l'entrepreneur. Dans ce cas, évidemment, aucune difficulté ne peut exister sur le droit de l'administration, tel que l'établit la convention arrêtée.

425. — Mais en dehors de toutes conventions, et par une juste réciprocité du droit de résiliation accordé à l'entrepreneur pour augmentation notable des prix, la résiliation du marché peut être également prononcée dans le cas de *diminution considérable* des prix, à la requête de l'administration, à moins que l'entrepreneur n'accepte les modifications prescrites par l'administration. — Cahier des clauses et conditions générales, art. 39.

426. — « Cette disposition, dit M. Cotelle (t. 3, p. 78), doit s'entendre en termes absolus et exclusifs d'indemnités pour ce que l'entrepreneur aurait pu gagner dans l'entreprise. En effet, elle a une analogie évidente avec le cas où, homologuant l'adjudication, l'administration ordonne quelques changements au projet du devis. »

427. — Toutefois, comme à la différence de ce qui se passe dans ce dernier cas, les choses ne sont plus entières, il y a lieu pour l'entrepreneur dont le marché se trouve résilié, à obtenir la juste indemnité des pertes réelles qu'il éprouve.

428. — Aussi, les dispositions contenues en l'art. 40 du cahier des clauses et conditions générales, que nous venons de reproduire tout à l'heure (V. *suprà*, n° 420), demeurent applicables au cas de résiliation qui nous occupe.

429. — Jugé, en conséquence, que lorsque le cahier des charges prescrit à l'entrepreneur d'avoir toujours en approvisionnement les matériaux nécessaires aux travaux d'une campagne, l'administration est tenue, en cas de résiliation de sa part du marché, de reprendre tous les matériaux apportés à pied d'œuvre au moment de la résiliation. — *Cons. d'Etat*, 1er juin 1836, Court c. Ministre de la guerre.

430. — Il faut bien se garder aussi d'étendre la faculté réservée à l'administration au delà de ses justes limites, et de constater ainsi en sa faveur un droit absolu livré à son arbitraire.

431. — Soumise au contraire contre l'entrepreneur au devis qu'elle a rédigé elle-même, elle ne saurait, hors du cas prévu par l'art. 39 du cahier des charges, s'en écarter pour imposer à l'entrepreneur soit une résiliation, soit même une réduction de prix.

432. — C'est donc, avec raison, qu'on peut dire que l'entrepreneur qui parvient à découvrir une nouvelle carrière plus rapprochée que celles qui ont été indiquées au devis, et qui a reçu l'autorisation de l'exploiter, ne doit subir, sur les prix de l'adjudication, aucune déduction pour cause de diminution de frais d'extraction, de transport et de taille de matériaux.

433. — ... Et que même si les pavés extraits de cette carrière ont été transportés à pied d'œuvre au moyen de journées de prestation en nature,

RÉP. GÉN. — XII.

l'administration ne doit déduire du prix porté au devis que la somme afférente au transport effectué par la prestation en nature. — Même ordonn.

ART. 3. — *Déchéance de l'entrepreneur, mise en régie, réadjudication à folle enchère.*

434. — Le concessionnaire d'un marché de travaux publics, qui ne s'est pas conformé aux clauses et conditions de l'ordonnance de concession, doit en être déclaré déchu. — *Cons. d'Et.*, 15 août 1834, Davril.

435. — Et ce, bien entendu, sans préjudice de la condamnation au paiement des dommages-intérêts pour retard dans l'exécution des travaux, lorsque ce cas prévu dans le marché se réalise. — *Cons. d'Et.*, 6 mai 1836, Brosson frères c. Ministre de l'intérieur.

436. — Outre que cette déchéance n'est que l'application d'une règle de droit commun, il convient de remarquer qu'elle est la conséquence du principe que le procès-verbal d'adjudication régulièrement approuvé est la loi des parties. — V. Cormenin, *Droit admin.*, v° *Travaux publics*, t. 2, p. 441 et suiv., et Chevalier, *Jurispr. admin.*, v° *Travaux publics*, sect. 2e, § 2, et *Résiliation*, etc., p. 425 et 426.

437. — Sans doute, si le retard apporté dans l'exécution des travaux a été le résultat de la force majeure, l'entrepreneur n'est pas responsable des conséquences de ce retard, alors surtout que le cas a été prévu et stipulé dans le cahier des charges. — *Cons. d'ét.*, 29 janv. 1841, Ville de Chinon c. Barras et Bridier.

438. — Mais lorsque des travaux, objet d'une entreprise, n'ont pas été terminés dans le délai fixé par le cahier des charges, et que les retards ne proviennent d'aucune force majeure, il y a lieu de prononcer contre l'entrepreneur la déchéance prononcée par le cahier des charges. — *Cons. d'Et.*, 11 janv. 1838, Grulet c. Commune de Goudargues. — V. aussi *Cons. d'Et.*, 8 août 1834, Catelin.

439. — Jugé en conséquence que, lorsque ni le devis ni le sous-détail relatif à un déblai de roc à faire en mer ne font mention de la durée des marées, l'entrepreneur ne peut élever aucune réclamation; et que, s'il a dépassé le terme porté au marché, les travaux en retard doivent être mis en régie. — *Cons. d'Et.*, 25 févr. 1841, Lesguer.

440. — Lorsque l'ingénieur chargé de la direction des travaux, a omis de communiquer à l'entrepreneur les profils en travers et métrages, il n'y a pas lieu à prononcer de déchéance contre ce dernier. — *Cons. d'Et.*, 30 juin 1842, Beslay.

441. — Au résumé, et sauf le cas de force majeure ou de faute de l'administration, lorsqu'un entrepreneur a laissé expirer le délai exigé pour l'exécution des travaux, il est du devoir de l'administration de mettre un terme à ce retard. — *Cons. d'Et.*, 19 mars 1823, Chanard.

442. — Bien plus, et lors même que le délai n'est pas expiré, si un ouvrage languit, faute de matériaux, d'ouvriers, etc., de manière à faire craindre qu'il ne soit pas achevé aux époques prescrites, ou que les fonds crédités ne puissent pas être consommés dans l'année, le préfet, dans un arrêté qu'il notifie à l'entrepreneur, ordonne l'établissement d'une régie, aux frais dudit entrepreneur, si, à une époque fixée, il n'a pas satisfait aux dispositions qui lui sont prescrites. — Cahier des charges des ponts et chaussées, art. 21.

443. — A l'expiration du délai, si l'entrepreneur n'a pas satisfait à ces dispositions, la régie est organisée immédiatement et sans autre formalités. — *Ibid*

444. — Il en est aussitôt rendu compte au directeur général (aujourd'hui au ministre), qui, selon les circonstances de l'affaire, peut ordonner la continuation de la régie, aux frais de l'entrepreneur, ou prononcer la résiliation du marché et ordonner une nouvelle adjudication sur folle enchère. — *Ibid.*

445. — Dans ces divers cas, les excédans de prix et de dépenses sont prélevés sur les sommes qui peuvent être dues à l'entrepreneur, sans préjudice des droits à exercer contre lui et sa caution en cas d'insuffisance. — *Ibid.*

446. — Si la régie ou l'adjudication sur folle enchère amène, au contraire, une diminution

dans les prix et les frais des ouvrages, l'entrepreneur ou sa caution ne peuvent réclamer aucune part de ce bénéfice, qui reste acquis à l'administration. — *Ibid.*

447. — Le cahier des charges ne contient aucune autre prescription sur la mise en régie et ses conséquences, qu'il importe pourtant d'examiner.

448. — La mise en régie des travaux d'un entrepreneur consiste dans l'imposition d'un gérant qui poursuit les achats et les opérations pour son compte, ce qui en général est fort désastreux pour l'entrepreneur.

449. — Ainsi que nous l'avons vu (V. *suprà* n° 442), la régie a lieu sans autres formalités que celles de la notification de l'ordre spécial du préfet, revêtu de l'approbation du ministre. C'est là un acte de pure administration.

450. — La résiliation et la mise en régie de l'adjudication de travaux publics, à défaut d'accomplissement par l'entrepreneur de ses engagemens, doit être prononcée par le préfet sous l'approbation du ministre de l'intérieur et non par le conseil de préfecture. — *Cons. d'Etat*, 22 févr. 1821, Dubournial et Detlz c. Ponts et chaussées; 10 févr. 1830, Motte; 23 février 1844, Dufour et Dosmann c. Commune de Crotenay. — V. conf. Cormenin, *Dr. admin.*, v° *Travaux publics*, t. 2, p. 421, et Chevalier, *Jur. admin.*, v° *Travaux publics*, p. 419. — V. aussi *Cons. d'Etat*, 19 juill. 1833, Commission syndicale des digues de la Saône; 27 oct. 1837, Barbe c. Ministre des travaux publics.

451. — Le conseil de préfecture n'est compétent pour prononcer la déchéance d'un entrepreneur, qu'autant que les motifs en sont puisés dans une stipulation spéciale du cahier des charges. — *Cons. d'Etat*, 11 janv. 1838, Grulet c. Commune de Goudargues.

452. — Un arrêté du conseil de préfecture, qui enjoint à un entrepreneur de travaux publics de les continuer immédiatement, ne fait pas obstacle à ce que, sur l'opposition à cet arrêté par ce même entrepreneur, sa déchéance puisse être prononcée sur les conclusions reconventionnelles de la commune intéressée à ces travaux. — Même ordonnance. — V. au surplus *infrà*.

453. — Mais il ne suit pas de là que la mise en régie soit abandonnée à l'appréciation arbitraire de l'administration. Evidemment, une mesure aussi grave que celle par laquelle une entreprise de travaux est mise en régie ne peut être prise, ne fût-ce que par mesure provisoire, sans que, dans l'intérêt tant de l'entrepreneur que de l'administration elle-même, certaines règles soient observées dans le but de prévenir tout abus d'autorité.

454. — « D'ordinaire, dit M. Cotelle (*ubi suprà*), la régie régulièrement organisée a lieu dans une saison avancée où le temps est pluvieux et les travaux défavorables, le régisseur n'effectue pas ces travaux avec autant d'économie que l'entrepreneur et il doit d'ailleurs être indemnisé aux frais de celui-ci de son temps et de ses peines. » Toutes ces causes réunies font qu'une régie est ordinairement fort onéreuse et ruineuse pour l'entrepreneur originaire.

455. — Aussi, pour que les régies aient un caractère légal qui puisse ôter tout prétexte d'opposition ou de réclamation aux entrepreneurs, dit M. l'inspecteur général des ponts et chaussées Bruyère, rapporteur d'une commission nommée en 1817 par le gouvernement, il faut : 1° Qu'il soit constaté par un procès-verbal ou un rapport bien motivé que les conditions de l'adjudication n'ont pas été remplies.

456. — ... 2° Qu'une décision de M. le directeur général (aujourd'hui le ministre) autorise la régie.

457. — ... 3° Qu'un arrêté en détermine les conditions, nomme le régisseur qui doit fournir le cautionnement et à qui il doit être prescrit un mode de comptabilité tel qu'il ne puisse passer aucun marché, faire aucune dépense sans l'ordre ou l'approbation formelle de l'ingénieur, et qu'enfin les dépenses soient bien justifiées et puissent être vérifiées, chaque fois que cela sera nécessaire.

458. — ... 4° Qu'au moment de l'établissement de la régie, il soit dressé un inventaire des équipages, outils et ustensiles de l'entrepreneur, et dressé un état de situation des travaux, approvisionnemens et dépenses exécutés par l'entrepreneur conformément au devis, lesquels inven-

24

taire et état de situation, en cas de refus par l'entrepreneur de les reconnaître et de les signer, doivent être revêtus de toutes les formes nécessaires pour établir leur authenticité.

459. —...5° Que les marchés passés par l'entrepreneur soient maintenus, lorsque les parties avec lesquelles il a contracté offrent des garanties suffisantes pour l'exactitude de l'exécution, qu'il ait connaissance de toutes les opérations de la régie, et la faculté de présenter ses fournisseurs, sous-traitans, et ouvriers auxquels on devra donner la préférence, lorsque l'ingénieur les aura reconnus admissibles et que la régie n'aura pas déjà pris avec d'autres des engagemens définitifs.

460. —...6° Enfin que la régie ne puisse subsister que le temps nécessaire pour passer une adjudication à la folle enchère, à moins que la situation des travaux ne permette d'en rendre la gestion à l'entrepreneur.

461. — La régie n'est en effet, de sa nature, et à moins que l'entrepreneur, ce qui, du reste, arrive ordinairement, ne préfère que les travaux s'achèvent par ce mode, qu'une mesure provisoire, qui doit être suivie de la réadjudication à la folle enchère. — Cotelle, *ubi suprà*, n° 17.

462. — L'accomplissement des formalités préalables indiquées aux quatre premiers numéros de l'avis précité est de rigueur; et le conseil d'Etat a dans plusieurs circonstances, condamné, à raison de leur inobservation, l'administration à des dommages-intérêts envers l'entrepreneur.

463. — Aucune disposition des clauses et conditions générales n'autorise l'administration à établir de régie aux frais de l'entrepreneur avant de l'avoir mis en demeure et de lui avoir donné délai. — *Cons. d'Etat*, 25 mai 1841, Roger-Berdoly; 6 juin 1844, Lesellier.

464. — Spécialement, lorsque les travaux ont été mis en régie, sans que l'arrêté du préfet qui ordonne cette mesure ait été régulièrement notifié à l'entrepreneur, celui-ci est fondé à réclamer une indemnité pour le préjudice que la mise en régie a pu lui causer, alors même que l'administration prétendrait avoir pu les faire effectuer à des prix inférieurs à ceux de l'adjudication. — *Cons. d'Etat*, 2 juin 1837, Hayer c. Minist. des travaux publics.

465. — L'entrepreneur n'est pas responsable, si la mise en régie a été exécutée avant que l'arrêté qui l'a permise lui ait été notifié, et qu'il ait pu la prévenir en effectuant lui-même les travaux. — *Cons. d'Etat*, 19 (et non 16) juillet 1833, Commission syndicale des digues de la Saône et du Doubs c. Dubost.

466. — Il est dû indemnité à l'entrepreneur, lorsque après la mise en régie, l'administration des ponts et chaussées s'empare des matériaux et approvisionnemens par lui laissés, sans observer les formalités ordinaires. — *Cons. d'Etat*, 22 févr. 1821, Dubournial et Detlz c. Ponts et chaussées.

467. — L'administration doit une indemnité à l'entrepreneur, lorsqu'elle a employé pour des travaux effectués en régie une partie des outils de cet entrepreneur. — *Cons. d'Etat*, 6 juin 1844, Lesellier.

468. — Du reste, lorsque le matériel d'un entrepreneur de travaux publics, dont le marché a été résilié et les travaux mis en régie, a été repris par l'administration, que le prix en a été réglé par expertise, il n'y a lieu d'ordonner une nouvelle expertise, quelle que soit l'irrégularité de la première, s'il est constant que l'évaluation du matériel est devenue impossible à raison du laps de temps écoulé depuis la remise du matériel à l'administration. — *Cons. d'Etat*, 27 juin 1834, Planthié.

469. — Lorsque la mise en régie a été motivée par la négligence de l'entrepreneur, les frais en doivent être supportés par lui. — *Cons. d'Etat*, 11 janv. 1837, Chanard c. Ministre des travaux publics.

470. — En conséquence, l'entrepreneur des travaux mis en régie est tenu du salaire et des frais de déplacement d'agens employés pour le compte de la régie. — *Cons. d'Etat*, 24 janv. 1845, Bibal.

471. — Si la réadjudication a été opérée à des prix supérieurs à ceux de la première adjudication, l'entrepreneur est évidemment passible de cette différence.

472. — Bien plus, lors même qu'une mise en régie a été ordonnée par l'administration, sans avoir été autorisée par le cahier des charges, il y a lieu, si elle a profité aux entrepreneurs, de mettre à leur charge une somme représentative des frais que la mise en régie leur a évités. — *Cons. d'Etat*, 22 juill. 1835, Lemoine et Mandaroux.

473. — Cependant, la responsabilité de l'entrepreneur négligent, dont les travaux ont été mis en régie, a elle-même ses limites. Quand l'administration aura préféré la régie à la folle enchère pour l'achèvement des travaux, il faut qu'elle fasse choix d'un régisseur qui mérite toute sa confiance par sa capacité, sa probité et sa responsabilité. — Cotelle, *ubi suprà*, n° 16.

474. — C'est ainsi qu'il a été décidé que, lorsque la mauvaise gestion du régisseur a occasionné une perte, le montant, ainsi que les frais d'une expertise faite pour constater l'état des choses, doivent en être mis par moitié à la charge du département et de l'entrepreneur. — *Cons. d'Etat*, 31 août 1837 (et non 1835), département des Deux-Sèvres c. Rivaud-Gaillard.

475. — Si les matériaux fournis à la régie établie pour le compte de l'entrepreneur sont semblables à ceux qui ont été prévus au devis, le prix d'adjudication doit être payé dans la proportion des quantités prévues par le marché, et le prix effectif payé aux fournisseurs par la régie ne doit être appliqué qu'aux quantités qui dépassent les prévisions de régie. — *Cons. d'Etat*, 2 juin 1837, Hayer c. Minist. des travaux publics.

476. — Si, dans le cours de travaux mis en régie, des pierres ont été extraites de carrières non désignées au devis, l'excédant de dépense occasionné par l'exploitation desdites carrières ne doit pas être mis à la charge de l'entrepreneur. — *Cons. d'Etat*, 24 janv. 1845, Bibal.

477. — Ainsi encore, lorsqu'une église, commencée par des entrepreneurs et adjugée à leur folle-enchère, n'a ni les formes ni les dimensions de celle dont les travaux ont fait la base de la première adjudication, les conséquences de cette folle enchère ne peuvent être mises à leur charge. — *Cons. d'Etat*, 20 janv. 1830, Bouzac c. commune de la Magistère.

478. — Néanmoins, à défaut par eux d'avoir fait au préalable établir l'estimation des dépenses du plan modifié, ils sont non recevables à demander des dommages-intérêts. — Même ordonnance.

479. — Quoi qu'il en soit, la mise du service en régie, imposant à l'administration des charges imprévues que l'entrepreneur doit en définitive supporter lorsqu'elles proviennent de son fait, remet à son égard tout en question, en ce sens du moins que la liquidation finale de l'entreprise peut seule faire apprécier s'il est ou non créancier de l'Etat.

480. — Lorsqu'une entreprise est mise en régie par suite de l'abandon du service par l'entrepreneur, la somme due à cet entrepreneur au moment de l'abandon du service doit être retenue pour être comprise dans le compte général de la régie à intervenir entre l'administration et l'entrepreneur. — *Cons. d'Etat*, 8 août 1844, Savalète.

481. — Par une conséquence des mêmes principes, il a été jugé que jusqu'à ce que cette liquidation finale ait eu lieu, l'administration ne peut être contrainte à réordonnancer le montant d'un mandat d'à-compte qu'elle avait d'abord délivré, et qui, n'ayant pas été présenté au paiement dans les délais fixés par les règlemens, avait été annulé. — *Cons. d'Etat*, 16 août 1841, Chégaray.

482. — Lorsque le cahier des charges d'une entreprise porte que le cautionnement fourni par l'entrepreneur sera affecté au paiement des dépenses faites par l'administration au cas d'abandon du service, ainsi qu'à l'augmentation de prix qui pourrait résulter de la mise en régie de l'entreprise, s'il arrive que l'entrepreneur ait abandonné réellement son service, et que par suite l'administration ait pris le service en régie, c'est avec raison que le conseil de préfecture refuse d'ordonner la restitution du cautionnement jusqu'à ce qu'il ait été procédé au compte de cette régie. — *Cons. d'Etat*, 8 août 1844, Savalète.

483. — On s'est demandé pendant longtemps si, lorsque la régie donne des bénéfices, ils doivent profiter à l'administration ou à l'entrepreneur. La réalisation de cette hypothèse est rare, mais s'est cependant quelquefois produite.

484. — Consulté sur cette question, M. le directeur général des ponts et chaussées avait cru devoir se prononcer contre l'entrepreneur, par ce motif que la régie étant une peine, il était impossible d'admettre qu'une mesure qui avait pour objet de remédier à la négligence de l'entrepreneur pût tourner à son avantage.

485. — Et c'est en ce sens que s'est prononcé le Conseil d'Etat, en décidant, par deux ordonnances en date du même jour, que l'entrepreneur était fondé à faire valoir tous les droits qui pouvaient résulter pour lui de son marché, notamment celui de réclamer l'établissement du décompte général de son entreprise, et la justification, par compte de clerc à maître, de toutes les dépenses et frais de régie que l'administration consent mettre à sa charge. — *Cons. d'Etat*, 15 sept. 1831, Fourdinier; 14 févr. 1834, Vourgère; même jour, Raquin. — Dans cette dernière espèce le bénéfice réalisé était de 24,000 francs. — V. Cormenin, *Droit admin.*, v° *Travaux publics*, t. 2, p. 446; Chevalier, *Jurisp. adm.*, v° *Travaux publics*, sect. 2, § 7, p. 436.

486. — Le conseil d'Etat considérant ce droit comme exclusivement personnel, a même refusé de reconnaître à un créancier qualité pour demander communication de la liquidation de l'entreprise, et pour réclamer du conseil de préfecture l'allocation des bénéfices qui pouvaient en résulter. — Mêmes ordonn.

487. — Toutefois, ces solutions pouvaient paraître douteuses, car les clauses et conditions générales restant les mêmes, ne pouvaient, dans leur silence sur ce point délicat, être entendues que conformément au droit commun. Or, ainsi que le fait remarquer avec raison M. Cotelle (t. 3, n° 86), le contrat n'étant pas dissous par la mise en régie, l'entrepreneur a droit dès lors aux bénéfices, de même qu'il est soumis aux chances de perte, qui sont plus ordinaires.

488. — Aujourd'hui, ainsi que nous l'avons vu (*suprà* n° 445), aucun doute n'est plus possible depuis que l'art. 21 du cahier des clauses et conditions générales a formellement décidé que l'entrepreneur ne peut réclamer aucune part du bénéfice qui resterait acquis à l'administration par suite du compte d'une régie provisoire.

489. — Il n'en reste pas moins vrai pour cela que l'entrepreneur contre lequel la mise en régie a été prononcée demeure toujours investi du droit de demander, dans son propre intérêt, la justification de toutes les dépenses et frais de régie.

490. — Quant aux difficultés qui peuvent s'élever entre l'administration et l'entrepreneur au sujet de la mise en régie, et à l'autorité compétente pour en connaître, V. *infrà*, n°s 751 et suiv.

Sect. 6e. — *Comptes des entrepreneurs avec l'administration.*

Art. 1er. — *Règles générales.*

491. — Les travaux et les prix dus se règlent au fur et à mesure de l'exécution au moyen des pièces suivantes, savoir : les états d'indication, les états de situation, métrages et états d'attachement, les procès-verbaux de réception provisoire et définitive, la quittance du solde et le retrait du cautionnement. — Cotelle, t. 3, p. 89.

492. — Au commencement de chaque année il est remis à l'entrepreneur un état d'indication, dont l'objet est de lui faire connaître avec précision les travaux qu'il aura à exécuter et le montant des sommes à dépenser d'après les crédits ouverts pour l'exercice courant. C'est là un document à conserver pour justifier que les ordres de l'administration n'ont point été dépassés. — Dufour, n° 2765.

493. — En l'absence d'états indicatifs à l'aide desquels on puisse déterminer à quelle époque précise les travaux ont été faits, la seule manière d'établir l'exécution de ces travaux est de les supposer faits proportionnellement au temps pendant lequel ils ont dû l'être, conformément au devis. — 10 sept. 1817, Clicot.

494. — A la fin de chaque mois l'ingénieur ordinaire adresse à l'ingénieur en chef un état qui fait connaître le degré d'avancement des travaux, et sur le vu duquel les à-compte dont nous parlerons plus loin (V. *infrà*, n°s 602 et suiv.) peuvent être mandatés en faveur de l'entrepreneur.

495. — Les états mensuels non plus que les états d'indication n'ont point trait au contrôle des ouvrages exécutés; ils ne préjugent en rien sous ce rapport; il en est autrement des pièces dont il nous reste à parler.

496. — Les états de situation sont des comptes rendus à l'administration par les ingénieurs, de l'emploi des sommes qui ont été portées dans la répartition de l'exercice. — L'entrepreneur a droit de les invoquer; c'est une pièce comptable dont il doit être justifié, qui lui doit être représentée en tout état de cause s'il le requiert. — Cotelle, t. 3, p. 90.

497. — L'état de situation suppose nécessairement des métrages, et pour les ouvrages exécutés par voie de régie on y joint les états d'attachement et les états de dépense. Ce sont là les pièces qui, après avoir servi de base au compte annuel, contribuent encore à établir le compte général et final de l'entreprise. Elles se rapportent à des faits dont la constatation serait désormais impossible, et partant elles ont pour effet de fixer irrévocablement, en ce qui les concerne, la position respective de l'administration et de l'entrepreneur. — Dufour, n° 2770.

498. — Ainsi, décidé que lorsqu'il a été tenu attachement contradictoire des quantités de bois abandonnées dans la tranchée pendant les travaux d'un égout, la déclaration de l'aspirant ingénieur signataire de cet attachement donnée postérieurement, et portant qu'il avait apposé sa signature sans vérification suffisante, ne peut être admise et le conseil de préfecture ne peut écarter cet état d'attachement comme suspect d'inexactitude. — *Cons. d'Etat*, 22 fév. 1838, Saint-Salvi c. Commune de Paris.

499. — Immédiatement après l'achèvement des travaux, a lieu leur réception provisoire, laquelle, aux termes de l'art. 38 du cahier des clauses et conditions générales, doit être faite par l'ingénieur, en présence de l'entrepreneur ou lui dûment appelé par écrit. Le même article ajoute comme sanction de cette dernière prescription, qu'en cas d'absence de l'entrepreneur, mention doit en être faite au procès-verbal.

500. — « Mais, dit M. Tarbé de Vaux Clairs (v° *Réception*), cette formalité n'est pas toujours remplie, ou ne l'est pas avec une exactitude convenable. Trop souvent la constatation de travaux exécutés par les entrepreneurs ne se trouve que dans les états de situation qui comprennent ces travaux, mais qui ne sont point accompagnés de procès-verbaux de réception, ou ces procès-verbaux ne sont qu'un relevé sommaire des états auxquels ils sont joints. »

501. — Cet inconvénient néanmoins n'existe pas pour les grandes entreprises; la réception s'en fait ordinairement avec appareil et solennité. — Dufour, n° 2780.

502. — La réception provisoire peut être une approbation pure et simple des travaux; elle peut aussi indiquer des changemens et rectifications à faire en déclarant les travaux recevables, en ce sens, par exemple, qu'une partie de route ou de canal puisse être livrée au public, et cependant sous la condition expresse que l'entrepreneur reprendra les parties reconnues défectueuses, et qu'il aura fait les réparations indiquées avant l'expiration du délai de garantie. — Pour ce qui concerne l'étendue de cette garantie due par l'entrepreneur, celle de sa responsabilité à l'égard de l'administration, V. *infrà*, n°s 625 et suiv.

503. — Jugé que lorsqu'il n'a pas été procédé à la réception provisoire des ouvrages suivant les formes prescrites par les clauses et conditions générales des ponts et chaussées, le délai dans lequel doit avoir lieu la réception définitive ne peut courir. — *Cons. d'Etat*, 14 déc. 1837, Dormont et Commoy c. Ministre des travaux publics.

504. — ... Et qu'en conséquence les entrepreneurs ne peuvent se prévaloir d'une réception irrégulière pour réclamer la restitution des sommes qui leur ont été retenues à titre de garantie jusqu'à la réception définitive. — Même ordonnance.

505. — A l'expiration du délai de garantie vient la réception définitive. — Cahier des clauses et conditions générales, art. 35. — Quelquefois, et particulièrement lorsque l'entrepreneur a dû refaire certaines parties, elles font l'objet d'un procès-verbal. Le plus souvent la réception définitive résulte de ce seul fait que le délai de garantie s'est écoulé sans interpellation de la part de l'administration. — Dufour, n° 2786.

506. — Du moment que le délai de garantie a pris fin, et que par conséquent la réception définitive a eu lieu, l'entrepreneur a droit au solde immédiat de ses travaux. Le reliquat du prix est payé sur le vu d'un mandat délivré pour solde. Sur la manière dont s'effectue ce paiement et les difficultés auxquelles donne lieu le retard que met l'administration à l'effectuer, V. *infrà*, n°s 665 et suiv.

507. — Ce n'est qu'après toutes ces formalités que peut avoir lieu le retrait du cautionnement. A cet égard, nous avons vu (*suprà*, n°s 507 et suiv.) que le cautionnement peut être immobilier ou mobilier.

508. — S'il est immobilier, il suffit pour l'intéressé au retrait de poursuivre la radiation des inscriptions hypothécaires, laquelle a lieu en vertu des actes de mainlevée obtenus de l'administration.

509. — Si le cautionnement est mobilier, qu'il consiste en rentes ou en numéraire, il faut réclamer du chef de l'administration un acte de mainlevée, et adresser au ministre des finances une demande en remboursement accompagnée de cet acte, et en outre des pièces indiquées par les réglemens applicables aux cautionnemens exigés de certains fonctionnaires. — Dufour, n° 2794.

510. — Remarquons encore que si la réception définitive des travaux suivie de la quittance, du solde et du retrait du cautionnement clôt tous les comptes résultant de l'exécution des travaux entre l'entrepreneur et l'Etat, il ne faut point oublier que c'est à la condition que l'entrepreneur se sera libéré entièrement des obligations de quelque nature qu'elles puissent être, qu'il pouvait avoir contractées envers l'administration.

511. — C'est ainsi que, dans une espèce où il s'agissait du décompte définitif d'une entreprise résiliée, le Conseil d'Etat a jugé que lorsqu'un entrepreneur a été par inventaire constitué détenteur d'ustensiles et matériaux appartenant à l'Etat, et qu'il en a refusé la restitution, le préfet peut ordonner aux ingénieurs de prendre possession des chantiers dans lesquels se trouvaient lesdits ustensiles et matériaux. — *Cons. d'Etat*, 15 juin 1841, Bau.

ART. 2. — *Bases et élémens des comptes.*

512. — Aux termes de l'article 31 du cahier des charges, toutes dimensions d'ouvrages, tous les prix, salaires et dépenses doivent être calculés d'après le système légal des poids et mesures.

513. — Quant à la base des prix soit des travaux, soit des matériaux ou tous autres objets servant à l'exploitation, c'est évidemment au devis particulier passé entre l'administration et l'entrepreneur qu'il convient de se reporter. Si le devis est en effet la preuve des obligations contractées par l'entrepreneur, il demeure aussi la preuve justificative de ses droits.

514 — Quand il s'agit d'un marché à forfait, peu de difficultés peuvent s'élever sur le règlement des comptes. En effet, lorsque de la soumission de l'entrepreneur, du procès-verbal d'adjudication, et des usages du pays, il résulte la preuve que l'adjudication des travaux entrepris a été faite à forfait, l'entrepreneur a droit à l'intégralité de la somme fixée par le devis. — *Cons. d'Etat*, 1er juin 1836, Rioudet c. Ministre de l'intérieur.

515. — Dans les autres marchés, au contraire, la fixation des droits de l'entrepreneur peut donner lieu à des questions de fait souvent fort délicates pour bien déterminer l'étendue des droits de chacune des deux parties intéressées.

516. — Aucune théorie absolue ne saurait donc être établie; c'est à l'autorité, en présence des faits, qu'il appartient de statuer. Remarquons cependant que les décisions que nous allons indiquer, bien que fort diverses suivant les espèces, paraissent toutes se rattacher à cette idée première qu'il faut avant tout établir le compte de l'entrepreneur sur les énonciations du devis de son cahier des charges.

517. — Ainsi jugé que lorsqu'aux termes du devis les matériaux doivent être emmétrés et livrés par tas ayant un mètre cube, les entrepreneurs doivent être payés d'après le nombre des tas, et non d'après le cube réel de leurs fournitures. — *Cons. d'Etat*, 16 déc. 1835, Gaumont. — Chevalier, *Jurispr. admin.*, v° *Travaux publics*, t. 2, p. 434.

518. — Toutefois, si l'entrepreneur ne prouve point l'existence d'un toisé duquel il résulterait qu'il a exécuté une certaine quantité de mètres cubes de terrassement au delà de ce qui lui est alloué, il faut s'en tenir au toisé fait par les ingénieurs. — *Cons. d'Etat*, 3 févr. 1830, Tourneur.

519. — Lorsque l'administration des ponts et chaussées est convenue d'un prix pour payer des bois de construction rendus au chantier, ceux qui s'y trouvent à l'époque de la résiliation du marché doivent être comptés à raison de ce prix. — *Cons. d'Etat*, 17 nov. 1819, Delhomme c. Rondard.

520. — Le vingtième en sus du prix fixé pour une fourniture de moellons doit être payé à l'entrepreneur, si le devis porte un vingtième de faux frais pour l'extraction, l'indemnité de carrières, le transport, la charge et la décharge du moellon. — Même ordonn.

521. — Il n'en est pas de même du vingtième réclamé en sus du prix fixé pour une fourniture de bois, s'il résulte du devis que ce vingtième n'est accordé aux entrepreneurs que pour les faux frais qu'entraîne la mise en œuvre des matériaux, et non pour ceux qu'a pu nécessiter le transport des bois au chantier, et si ces derniers sont les seuls dont justifie l'entrepreneur. — Même ordonn.

522. — Il n'y a pas lieu d'allouer à un entrepreneur le prix de matériaux qu'il prétend ne pas lui avoir été rendus et avoir été conduits dans les magasins de l'administration, lorsqu'il ne fournit point la preuve de cette assertion. — *Cons. d'Etat*, 7 mai 1823, Pelletier.

523. — Il n'y a pas lieu non plus de maintenir l'allocation d'une somme faite en masse et sans détail, lorsque, d'une part, cette somme dépasse les réclamations de l'entrepreneur, et que, d'autre part, le conseil de préfecture, qui a fait cette allocation, s'est uniquement fondé sur le règlement de compte arrêté par l'ingénieur ordinaire des travaux, sans avoir égard aux rectifications faites à ce règlement par l'inspecteur général, encore bien que ces rectifications aient été basées sur le marché même de l'entrepreneur et qu'elles aient été dûment reconnues par lui. — Même ordonn.

524. — Il ne faut voir assurément aucune dérogation au principe que le devis fait la loi des parties dans l'ordonnance du Conseil d'Etat, qui a décidé que lorsque le prix des réparations d'outils n'a pas été fixé pour un marché, et que l'ingénieur n'en a pas tenu note, le registre présenté par le forgeron fait foi, si l'administration qui le repousse ne constate aucune inexactitude. — *Cons. d'Etat*, 26 août 1829, Vigneau. — Dans ce cas, en effet, il s'agissait d'un fait resté en dehors des prévisions du marché, et dont la preuve dès lors pouvait s'établir suivant les voies ordinaires.

525. — Lorsque deux séries de prix ont été établies avec cette condition qu'on ne recourrait à l'une d'elles que pour les travaux où l'on emploierait des matériaux dont les prix ne seraient pas prévus dans l'autre série, on peut se dispenser de ce recours pour des remblais de galet, lorsqu'il y a, pour les déblais de galet, un prix fixé aux sous-détails. — *Cons. d'Etat*, 2 juin 1837, Hayer c. Ministre des travaux publics.

526. — Lorsque, dans le cas où des travaux seraient faits par attachement, le prix de la main-d'œuvre doit être payé d'après les rôles tenus en cours d'exécution, on doit faire entrer dans le prix de la main-d'œuvre le logement fourni aux ouvriers par l'entrepreneur, lorsqu'il est reconnu que ce logement a diminué les salaires des ouvriers. — Même ordonn.

527. — Lorsque les devis ont été modifiés par une décision ministérielle postérieure, c'est cette décision qui doit servir de base aux comptes à établir pour les travaux faits depuis sa date. — *Cons. d'Etat*, 17 août 1825, Labarre.

528. — Cependant, lorsqu'un entrepreneur offre durant les travaux un rabais plus considérable que celui convenu, si les fonds nécessaires à l'achèvement desdits travaux sont versés dans un délai déterminé qu'il indique, et que l'offre soit acceptée, le rabais n'a pas lieu sur la partie des fonds dont le versement n'a été fait que postérieurement au délai stipulé. — *Cons. d'Etat*, 7 avril 1841, Legrand.

529. — Lorsque des doubles emplois dans le paiement des fournitures d'un entrepreneur ont été constatés par un arrêté du conseil de préfecture, et que l'entrepreneur n'oppose aux documens relatés dans cet arrêté que des allégations, il y a lieu par le Conseil d'Etat de reconnaître la

réalité de ces doubles emplois. — *Cons. d'Etat*, 31 oct. 1821, Rigolet et Hotelard c. Ville de Lyon.

530. —Ainsi, lorsque l'entrepreneur est chargé à la fois de travaux de gazonnement et de déblais, et qu'il enlève des gazons du sol à déblayer, il n'y a pas lieu de faire entrer dans le déblai le volume de gazons extraits de l'emplacement du déblai. — *Cons. d'Etat*, 23 avril 1837, Ministre des travaux publics c. Pelais.

531. — Il n'y a pas non plus, par les mêmes motifs, lieu d'allouer à l'entrepreneur le paiement de matériaux qu'il annonce avoir fournis, lorsque ces matériaux sont déjà compris dans un compte général. — *Cons. d'Etat*, 7 mai 1823, Pelletier.

532. — Les travaux, qu'un entrepreneur dont le bail est résilié est contraint de continuer, doivent être liquidés conformément aux prix stipulés dans le bail de ses successeurs. — *Cons. d'Etat*, 20 juin 1816, Bissé c. Ponts et chaussées.

533. — Il en est de même des matériaux par lui laissés sur la route, à moins que le prix n'en eût déjà été réglé par une expertise contradictoire. — Même ordonnance.

534. — Lorsque des travaux ont été mis en régie, la partie de fournitures faite et employée par l'entrepreneur doit être liquidée comme les travaux; celle restée en approvisionnement doit être portée aux prix portés dans le nouveau bail. — *Cons. d'Etat*, 10 sept. 1817, Clicot.

535. — .... Et les sommes qui sont allouées à l'entrepreneur doivent être calculées d'après les prix du devis, et réduites en proportion des rabais par lui offerts sur les prix du devis, et qui sont devenus la condition de son marché. — *Cons. d'Etat*, 16 mai 1837, Ministre des travaux publics c. Collin.

536. — Si des difficultés s'élèvent sur la fixation des droits respectifs de l'entrepreneur et de l'Etat, c'est la juridiction administrative qui est appelée à en connaître. — V. *infrà*, nos 754 et suiv.

537. — Dans ce cas, un conseil de préfecture procède régulièrement en ordonnant une expertise pour apprécier les oppositions faites par un entrepreneur aux décomptes précédemment dressés par les directeurs des travaux. — *Cons. d'Etat*, 19 janv. 1825, Pernot.

538. — Spécialement, un conseil de préfecture n'excède pas ses pouvoirs en décidant, par un arrêté interlocutoire, que les approvisionnemens laissés sur le chantier par l'entrepreneur, seront portés en compte, qu'il sera procédé à une expertise pour la vérification des faits sur lesquels l'entrepreneur et l'administration ne sont pas d'accord. — *Cons. d'Etat*, 3 févr. 1830, Lespinosse.

539. — Mais le conseil de préfecture ne peut ordonner d'une manière générale la vérification des décomptes des travaux d'un entrepreneur; il doit se borner à l'examen des chefs de réclamation qui lui ont été déférés par l'entrepreneur, et qui peuvent constituer par leur nature des omissions ou erreurs matérielles. — *Cons. d'Etat*, 17 janv. 1838, Ministre de l'intérieur c. Jacob.

540. — Ainsi, quand les experts contradictoirement nommés ont été d'accord sur les toisés et les quantités des ouvrages énoncés dans les mémoires d'un entrepreneur de travaux publics, l'application des prix doit être réglée par les termes mêmes du contrat, sans qu'il soit nécessaire d'ordonner une nouvelle expertise. — *Cons. d'Etat*, 1er déc. 1819, Poisson c. Ville de Paris.

541. — Il y a lieu encore de maintenir la fixation faite par un conseil de préfecture pour le prix de travaux publics, lorsque l'évaluation par lui adoptée se trouve conforme à celle résultant d'une expertise ordonnée par le garde des sceaux durant le cours de l'instance au Conseil d'Etat. — *Cons. d'Etat*, 23 mars 1836, Auclair.

542. — Au surplus, un arrêté du conseil de préfecture qui admet en principe la fixation de prix faite par un entrepreneur n'empêche point que le chiffre de sa réclamation soit fixé par un second arrêté. — *Cons. d'Etat*, 4 nov. 1835, Naudin.

543. — Lorsque, par suite des réclamations élevées par un entrepreneur sur la liquidation de ses travaux, il est procédé à un nouveau décompte auquel il acquiesce, le pourvoi formé contre la première liquidation devient sans objet. — *Cons. d'Et.*, 9 mars 1832, Berdoly. — V., au surplus, *infrà*.

544. — Notons, enfin, et comme règle générale

que l'entrepreneur qui s'est obligé, dans son traité, à tenir compte des frais de rectification d'erreurs ou d'inexactitudes n'est pas tenu de payer les frais de vérification de ses travaux. — *Cons. d'Et.*, 25 juill. 1827, Rigaux.

ART. 3. — *Difficultés sur le règlement des comptes. — Compétence.*

545. — C'est le ministre qui d'abord est compétent pour régler provisoirement les comptes de l'entrepreneur. — *Cons. d'Et.*, 16 janv. 1828, Ministre de l'intérieur. — Cormenin, vo *Travaux publics*, t. 2, p. 422; Chevalier, *eod. verb.*, p. 420.

546. — Néanmoins, une décision ministérielle portant règlement du prix d'ouvrages à exécuter par un entrepreneur ne peut être assimilée à un jugement susceptible d'acquérir l'autorité de la chose jugée. — *Cons. d'Et.*, 23 juin 1824, Carmagnac c. Descombes.

547. — L'entrepreneur de travaux publics qui n'est pas satisfait du règlement du ministre, peut s'adresser au conseil de préfecture. — *Cons. d'Et.*, 21 juin 1833, Puyoo; 18 sept. 1833, Chauffour et Lallier; 19 déc. 1834, Garde nationale de Montbéliard.

548. — Spécialement, le refus par le ministre des travaux publics d'admettre des réserves faites par des entrepreneurs à l'état de situation de travaux arrêté pour une époque déterminée, ne fait pas obstacle à ce qu'il soit prononcé par le conseil de préfecture sur les réclamations de ces entrepreneurs, sauf le recours au conseil d'Etat. — *Cons. d'Et.*, 4 avr. 1845, Roidot et Paire.

549. — Toutefois, et par suite de ce principe que le ministre d'abord est compétent lorsqu'il n'a pas été statué en première instance sur un chef de demande, il y a lieu par le conseil d'Etat de renvoyer devant le ministre du département auquel ressortit la demande. — *Cons. d'Et.*, 21 oct. 1831, Boulevert.

550. — Tous les actes ayant trait au règlement de comptes entre l'Etat et un entrepreneur peuvent évidemment être contestés, soit par l'entrepreneur, soit par l'administration elle-même.

551. — C'est ainsi qu'en ce qui concerne l'administration il a été jugé avec raison qu'elle n'est pas liée envers l'entrepreneur par le procès-verbal de réception définitive et le décompte général dressé par l'architecte; que le préfet a le droit de refuser son approbation au décompte et d'en constater le chiffre. — *Cons. d'Et.*, 22 mars 1841, Pontois.

552. — Cependant ce droit de la part de l'administration ne saurait être exercé arbitrairement. — Ainsi, lorsque, sur un arrêté rendu par un conseil de préfecture relativement aux réclamations élevées par un entrepreneur de travaux départementaux, il a été dressé par les ingénieurs un décompte dans lequel ont été comprises les sommes allouées à l'entrepreneur par le conseil de préfecture; lorsque d'ailleurs, par suite du décompte, l'ingénieur en chef a délivré un certificat de paiement, et que le préfet a délivré un mandat sans réserve, ce fonctionnaire ne peut, plus de trois mois après cette délivrance, attaquer au nom du département l'arrêté du conseil de préfecture devant le conseil d'Etat. — *Cons. d'Et.*, 7 juin 1836, Toussaint-Fauchon.

553. — A plus forte raison, lorsque le décompte de l'entrepreneur a été dressé en exécution d'une décision du ministre, qu'il a été accepté et suivi de paiement, l'administration ne pourrait revenir sur ledit décompte que pour cause d'omission, faux ou double emploi, ou toute autre erreur matérielle. — *Cons. d'Et.*, 31 oct. 1833, Min. des travaux publics c. Cayla.

554. — L'entrepreneur a également le droit incontestable de se pourvoir, par les voies hiérarchiques et régulières, contre les décisions rendues à l'occasion des comptes ouverts entre lui et l'Etat, et qu'il estime n'être pas fondées.

555. — Ce droit ne saurait même être tenu comme exclusivement attaché à la personne de l'entrepreneur; il appartient en principe à toute personne intéressée. — V., en ce sens, *Cons. d'Et.*, 25 sept. 1830, Dardel.

556. — Néanmoins, le conseil d'Etat paraît avoir restreint de beaucoup le nombre des tiers intéressés qui peuvent agir ou intervenir dans les règlemens des comptes d'un entrepreneur.

557. — C'est ainsi qu'il a jugé : 1° que les créanciers d'un adjudicataire de travaux publics n'ont

pas qualité pour intervenir en leur nom dans le pourvoi formé par l'adjudicataire contre les arrêtés administratifs qui règlent ses comptes. — *Cons. d'Etat*, 22 févr. 1821, Dubournial et Deltz c. Ponts et chaussées.

558. — 2° Que, lorsque l'entrepreneur est seul désigné dans le procès verbal de l'adjudication, la caution est sans qualité pour demander l'annulation ou la réformation des actes qui dérivent de ce marché. — *Cons. d'Etat*, 14 juill. 1830, Jouvenel et Maury.

559. — Quoi qu'il en soit, et en supposant l'action dirigée par l'entrepreneur lui-même ou quelqu'un ayant qualité; à quelles conditions s'exerce cette action, et quand doit-elle être réputée non recevable?

560. — Il est de principe que l'entrepreneur n'est pas admissible à réclamer contre des paiemens, décomptes, etc., reçus et acquiescés sans réserves, protestations ni opposition. — V. Cotelle, *Travaux publics*, no 195; Cormenin, *Quest.*, t. 3, p. 464.

561. — Décidé qu'il y a acquiescement de la part d'un entrepreneur de travaux publics, qui a reçu des sommes ordonnancées à son profit et donné des quittances pures et simples, au règlement de compte arrêté par le conseil de préfecture; qu'il n'est plus recevable à se pourvoir contre ce règlement de compte. — *Cons. d'Etat*, 28 avr. 1824, Lapotterie c. Ville de Paris.

562. — Des entrepreneurs de travaux publics ne sont pas recevables à attaquer par appel des condamnations auxquelles ils ont acquiescé soit en réclamant, soit en recevant les sommes allouées par lesdits arrêtés, sans faire aucune réserve. — *Cons. d'Etat*, 31 oct. 1821, Rigolet et Hotelard c. Ville de Lyon.

563. — Spécialement, lorsque les travaux de terrassement d'un canal ont été divisés en plusieurs adjudications; que, bien qu'il n'y eût qu'un seul adjudicataire, les travaux de chaque adjudication ont été reçus et liquidés séparément, l'entrepreneur ne peut, à l'occasion de la liquidation de la dernière partie des travaux de terrassement, faire des réserves applicables à une autre partie précédemment liquidée sans réclamation de sa part, — *Cons. d'Etat*, 27 oct. 1837, Beslay c. Ministre des travaux publics.

564. — En tous cas, il doit être considéré comme ayant renoncé au bénéfice de ses réserves en touchant le mandat à lui délivré pour solde de l'entreprise, à l'appui duquel il a dû produire un certificat pour paiement, lequel visait une décision du directeur général des ponts et chaussées qui avait repoussé les réserves. — Même ordonnance.

565. — De même, lorsqu'un entrepreneur a signé sans restriction ni réserve le procès-verbal de reconnaissance et vérification définitives de travaux dont le prix est arrêté à la somme portée dans le devis, et qu'il ne justifie d'aucun marché supplémentaire, il n'est pas fondé à réclamer une augmentation de prix pour des travaux imprévus qu'il a exécutés d'après les ordres de l'architecte. — *Cons. d'Etat*, 11 juin 1828, Commune de Belmont c. Grizard.

566. — Spécialement encore, l'entrepreneur, qui a accepté un état de situation sous des réserves spéciales consignées à la suite de son acceptation, ne peut être admis, sauf lesdites réserves, à élever aucune réclamation relativement aux travaux mentionnés dans ledit état. — *Cons. d'Etat*, 16 mai 1838, Ministère des finances c. Colin.

567. — Jusqu'ici aucune difficulté : dans les espèces soumises, l'acquiescement, quoique tacite, est évident, et, par conséquent, tout recours de la part de l'entrepreneur demeure non recevable. Mais en dehors des faits spéciaux, comment en principe déterminer la mise en demeure de l'entrepreneur, et par conséquent la recevabilité de ses réclamations et le délai dans lequel elles peuvent être admises? La question est fort importante.

568. — En effet, dans les rapports de comptabilité et de finances, il est d'un égal intérêt pour les deux parties d'être fixées, jour par jour, sur leur situation respective. Rien n'est plus conforme à l'équité que de considérer comme établis et irrévocables les reconnaissances et consentemens en matière soit d'ouvrages faits, soit de prix convenus ou de quantités de matériaux employés.

569. — A la vérité, tant que les ouvrages ne sont pas achevés, les états de situation ne sont que *provisoires* et partiels; mais s'ils ont été si-

gnés des deux parties, leur résultat est fixe et certain en lui-même, et offre des élémens qu'on ne pourra plus contester dans le compte définitif.

570. — C'est ce que beaucoup d'entrepreneurs ne paraissent point comprendre, s'imaginant que, s'ils se trouvent lésés par les prix fixés dans des décomptes provisoires signés d'eux, ils pourront toujours revenir sur ces prix dans la discussion qu'ils élèveront sur le décompte définitif. Mais c'est une erreur ; la distinction du *provisoire* et du *définitif* n'est réelle que relativement à la masse des ouvrages, dont une partie est exécutée et dont une autre reste à faire. Mais tout arrêté de compte *sur un objet déterminé* n'en est pas moins acquis à celle des parties qui a intérêt de s'en prévaloir, s'il a été signé ou non contesté en temps utile par l'autre partie.

571. — L'art. 32 du cahier des clauses et conditions générales a pour but d'arriver à ce résultat si désirable; ses dispositions précises ne laissent aucune place à l'ambiguïté. « Les métrages généraux et partiels, y lit-on, les états d'attachement, les états de dépenses, les états de situation et les procès-verbaux de réception doivent être communiqués à l'entrepreneur et acceptés par lui.

572. — En cas de refus il déduit, par écrit, ses motifs dans les dix jours qui suivent la présentation desdites pièces, et dans ce cas seulement il est dressé procès-verbal de l'acte de présentation et des circonstances qui l'ont accompagné. Un plus long délai mettrait souvent dans l'impossibilité de rechercher et de constater les causes d'erreur qui peuvent donner lieu à quelques réclamations.

573. — En conséquence, il est expressément stipulé que l'entrepreneur n'est jamais admis à élever de réclamations au sujet des pièces ci-dessus indiquées après le délai de dix jours, et que, passé ce délai, lesdites pièces sont censées acceptées par lui, quand bien même il ne les aurait pas signées. — Même cahier des charges, article 32.

574. — Le procès-verbal de présentation doit toujours être joint à l'appui des pièces qui n'ont pas été acceptées. — *Ibid.*

575. — A ces dispositions l'art. 33 ajoute : « Indépendamment de la communication des pièces énoncées, l'entrepreneur est autorisé à s'en procurer des expéditions qu'il peut faire transcrire par ses propres commis dans les bureaux de l'ingénieur en chef ou dans ceux de la préfecture.

576. — De nombreuses ordonnances du Conseil d'Etat, rendues soit avant, soit depuis la publication du cahier général des charges de 1833, confirment les dispositions que nous venons de reproduire sur la nécessité où est l'entrepreneur de présenter par écrit les motifs de ses refus d'acceptation dans les dix jours.

577. — Ainsi jugé en ce qui concerne les griefs contre : 1° les métrages généraux et partiels. — *Cons. d'Etat*, 17 janv. 1838, Ministre de l'intérieur c. Jacob.

578. — ... 2° Les états de dépense. — Même ordonnance.

579. — ... 3° Les états de situation. — *Cons. d'Etat*, 14 déc. 1837, Merle c. Ministre des trav. publics; 19 déc. 1839, Camus; 13 août 1840, Tirait; 26 déc. 1840, Chéronnet; 28 août 1843, Ardenne.

580. — ... 4° Les procès-verbaux de réception. — *Cons. d'Etat*, 4 juill. 1827, Blanc; 17 janv. 1838, Ministre de l'intérieur c. Jacob.

581. — ... 5° Les règlemens définitifs. — *Cons. d'Etat*, 4 juill. 1827, Blanc; 15 juin 1841, Bau.

582. — ... 6° Les réclamations contre le décompte arrêté. — *Cons. d'Etat*, 19 déc. 1839, Camus; 19 mars 1840, Ministre des trav. publics c. Ornano; 13 août 1840, Tirait; 18 mars 1843, Loubet; 28 août 1843, Ardenne.

583. — Spécialement un entrepreneur de travaux publics qui, après avoir exécuté des travaux supplémentaires sur un avant-métré dressé par l'administration, a accepté sans réserves les prix portés au décompte, et sous des réserves non développées dans les dix jours, ne peut réclamer un supplément de prix pour l'emploi de la pierre de taille. — *Cons. d'Etat*, 7 juin 1836, Melchior.

584. — De même, lorsqu'il a été dit par le cahier des charges que toute réclamation contre la rédaction des métrages et les certificats de réception devrait être formée dans les dix jours de la présentation et avant l'acceptation desdits certificats et métrages, l'entrepreneur qui a accepté, sans observation ni réserve, des décomptes définitifs, ne peut demander une allocation nouvelle pour des travaux extraordinaires et imprévus. — *Cons. d'Etat*, 11 janv. 1837, Chanard c. Minist. des trav. publ.

585. — Dans tous les cas précités, passé le délai des dix jours, il est censé avoir adopté la rédaction des pièces communiquées, quand bien même il ne les aurait pas signées, sauf les cas d'omissions, faux ou doubles emplois. — *Cons. d'Etat*, 2 fév. 1826, Peccot c. Comm. de Loroux; 17 janv. 1838, Minist. de l'int. c. Jacob; 19 déc. 1839, Camus.

586. — ... Et encore, dans ce cas, il faut que les erreurs soient justifiées. — *Cons. d'Etat*, 19 déc. 1839, Camus. — V. Foucart, *Droit administ.*, t. 2, n° 289.

587. — Ainsi, on ne peut considérer comme erreur matérielle l'erreur qui tient au choix même de la base du décompte. — *Cons. d'Etat*, 31 oct. 1833, Ministre des trav. publ. c. Cayla.

588. — Les dix jours expirés, la non-recevabilité doit être prononcée, quelles que soient les réserves générales qu'ait pu faire l'entrepreneur dans le même délai. — *Cons. d'Etat*, 14 déc. 1837, Merle c. Ministre des travaux publics; 19 mars 1840, Ministre des travaux publics c. Ornano; 13 août 1840, Tirait; 23 août 1843, Ardenne.

589. — Les entrepreneurs ne sont pas davantage relevés de cette déchéance par la demande qu'ils auraient faite d'une prorogation de délai ni par la demande en communication de pièces détenues par l'administration. — *Cons. d'Etat*, 26 déc. 1840, Chéronnet.

590. — L'entrepreneur qui, en exécution d'un arrêté du conseil de préfecture, a porté sa réclamation devant le ministre, et qui a adhéré aux propositions faites par ce fonctionnaire, n'est plus recevable, surtout après l'expiration des délais du règlement, à se pourvoir contre l'arrêté du conseil de préfecture. — *Cons. d'Etat*, 14 mai 1817, Delachaussée.

591. — Le délai de dix jours pendant lequel l'entrepreneur doit se pourvoir contre les métrages, états de situation, etc., présentés à son acceptation par les ingénieurs, court pour chacune desdites pièces à dater du jour de sa présentation, et non du jour où la remise de toutes les pièces est effectuée. — *Cons. d'Etat*, 15 mars 1838, Delavault c. Min. des trav. publ.

592. — Ainsi, une lettre par laquelle un entrepreneur est mis en demeure de prendre communication du métré général des travaux par lui exécutés, doit faire courir le délai de dix jours qui lui est donné pour réclamer contre ce métré.

593. — Mais, si cet entrepreneur n'a été mis par aucun acte en demeure de prendre communication du décompte dressé sur le métré devenu définitif faute de réclamation en temps utile, il doit être admis à réclamer contre ledit décompte, en tant que ses réclamations ne tendent pas à remettre en question les quantités d'ouvrages énoncées au métré. — Même ordonnance.

594. — En effet, il ne faut pas oublier qu'aux termes de l'art. 32 du cahier des charges, si l'entrepreneur n'a que dix jours pour déduire les motifs de son refus, c'est à la condition que les pièces lui ont été communiquées, et que cette communication a été régulièrement constatée.

595. — Jugé en conséquence, que les métrages généraux et partiels, les états d'attachement, les états de dépense, les états de situation et les procès-verbaux de réception, doivent être communiqués aux entrepreneurs pour qu'ils les acceptent ou déduisent les motifs de refus dans les dix jours de la présentation desdites pièces : à défaut de cette communication, le conseil de préfecture peut donner suite à la réclamation de l'entrepreneur. — *Cons. d'Etat*, 29 janv. 1841, Ville de Chinon c. Barras et Bridier.

596. — L'arrêté ministériel du 18 juin 1812, l'instruction du 12 fév. 1820, et le cahier des clauses et conditions générales, peuvent être opposés à un entrepreneur, lorsqu'ils ne font point partie des pièces sur lesquelles l'adjudication a été passée. — *Cons. d'Etat*, 5 déc. 1837, Min. de la just. et des cultes c. Lalliel et Chauffeur.

597. — Spécialement, lorsque le procès-verbal constatant la réception de matériaux formant l'approvisionnement d'une route n'a pas été communiqué à l'entrepreneur, il n'y a pas lieu d'appliquer à la réclamation qu'il a formée contre le cube des matériaux la déchéance prononcée par l'art. 32 du cahier des clauses et conditions générales. — *Cons. d'Etat*, 25 mai 1841, Roger-Berdoly.

598. — Par les mêmes motifs, lorsque des états de situation et décompte dressés par des ingénieurs n'ont pas été notifiés à l'entrepreneur ou à ses ayans droit, ni par conséquent acceptés par eux, ces états et décomptes n'ont pu constituer en faveur de ceux-ci un droit acquis à l'allocation des quantités d'ouvrages ou des prix qui y sont portés. — *Cons. d'Etat*, 9 janv. 1839, Tilly-Kerveno c. Min. des trav. publ.

599. — Il en est de même des états partiels qui, ayant été dressés en présence de l'entrepreneur, n'auraient été acceptés par lui que sous certaines réserves, et n'auraient pas d'ailleurs reçu l'approbation de l'administration supérieure. — Même ordonn.

600. — Il convient enfin de remarquer que les états de situation des travaux ne peuvent être réputés contradictoires qu'autant qu'ils sont acceptés par l'entrepreneur, ou accompagnés d'un procès-verbal qui constate qu'ils ont été présentés à la signature. — *Cons. d'Etat*, 14 juillet 1830, Jouvenel et Maury.

601. — Un employé d'entrepreneur ne peut, à cet égard, être considéré comme procureur fondé de cet entrepreneur, lors même qu'il aurait signé les états de situation ou bordereaux, s'il ne l'a fait que sauf l'approbation de son mandant. — *Cons. d'Etat*, 30 juin 1842, Beslay.

ART. 4. — *A-compte, avances de fonds.*

602. — Rigoureusement parlant, l'entrepreneur n'a aucune réclamation d'argent à faire à l'administration tant qu'il ne justifie pas de l'entier accomplissement des obligations qui résultent de son contrat. — Mais l'administration, tempérant avec raison cette rigueur, a toujours admis qu'il y avait lieu dans certains cas de délivrer des à-compte aux entrepreneurs de travaux publics.

603. — C'est ainsi que l'art. 15 du cahier des clauses et conditions porte que des à-compte, jusqu'à concurrence des quatre cinquièmes de leur valeur, peuvent être accordés sur le prix des matériaux approvisionnés.

604. — « Mais, dit M. Tarbé de Vauxclairs (v° *Approvisionnemens*), ces matériaux souvent informes et toujours disséminés sont d'une appréciation difficile ; d'ailleurs rien ne garantit leur bonne qualité. Jusqu'à leur emploi, ils sont la propriété de l'entrepreneur qui en a la garde, et qui pourrait les laisser divertir par accident ou autrement. »

605. — L'art. 15 des clauses et conditions générales a résolu cette difficulté en décidant, ainsi du reste que nous l'avons déjà vu (*suprà*, nos 418 suiv.), que les matériaux ne peuvent être réputés approvisionnés que du jour où ils ont été déposés sur l'atelier, et où, par conséquent, ils ne peuvent plus être détournés sans une autorisation par écrit.

606. — L'ingénieur ordinaire dresse les certificats d'approvisionnemens, qui, certifiés par l'ingénieur en chef, sont mandatés à l'effet de paiement par le préfet. — Cotelle, t. 3, p. 90; Dufour, n° 2767.

607. — « Mais, dit ce dernier auteur (*loc. cit.*), il importe de ne point se méprendre sur l'effet de ces paiemens; ils constituent des avances sur le prix sans impliquer livraison. Les matériaux approvisionnés n'en demeurent pas moins, pour déchets ou pertes, à la charge de l'entrepreneur. »

608. — C'est ainsi qu'il a été décidé que, lorsqu'une entreprise a été résiliée, et que l'administration a repris les matériaux approvisionnés par l'entrepreneur, la quantité de ces matériaux qui demeure à la charge de l'administration n'est point celle indiquée par les états de fin d'année, mais celle qui lui a été réellement livrée au moment de sa prise de possession. — *Cons. d'État*, 12 févr. 1841, Best c. Ministre des travaux publics.

609. — De même que les approvisionnemens de matériaux, les avances de fonds que l'entrepreneur est obligé de faire pour certains ouvrages lui donnent droit à un remboursement opéré aussi en vertu d'un mandat d'à-compte.

610. — Tous les paiemens pour épuisemens, ouvrages par attachement, indemnités et *autres articles* imputés sur la somme à valoir, sont remboursés à l'entrepreneur, avec un quarantième en sus, pour le dédommager de ses avances de fonds. — Cahier des charges des ponts et chaussées, art. 24.

611. — Les mots *autres articles* indiquent suffisamment que l'énonciation n'est pas limitative.

C'est ainsi, par exemple, que lorsque des droits de navigation sur des matériaux employés aux travaux publics ne devaient pas être à la charge de l'entrepreneur, les dépenses faites par ce dernier tant pour le paiement de ces droits que pour leur atténuation au moyen de la transformation en bateaux à quille des bateaux plats précédemment employés au transport, doivent être considérées comme des avances faites pour le compte de l'Etat et remboursées à l'entrepreneur, avec deux quarantièmes à titre de dédommagement desdites avances. — *Cons. d'Etat*, 22 févr. 1843, Naboulet.

612. — L'entrepreneur est tenu de payer à vue, en présence d'un employé désigné par l'ingénieur, les rôles ou états qui sont dressés pour le compte des travaux, et de les faire quittancer par les parties prenantes, avant de pouvoir en demander le remboursement. — Cahier des charges des ponts et chaussées, art. 24.

613. — Deux quarantièmes lui sont, en outre, alloués pour ceux desdits articles qui nécessitent de sa part des outils, soins, frais de conduite des travaux, fournitures et entretien de machines. — Art. 24.

614. — Ainsi, quand il s'agit d'avances de fonds, non-seulement il y a lieu à remboursement immédiat, mais encore le cahier des charges accorde à titre d'indemnité de dédommagement une somme en plus.

615. — Au surplus, en règle générale tous ouvrages faits, donnent lieu, déduction faite des à-compte qui ont pu déjà être délivrés sur les approvisionnemens avant leur emploi, à des paiemens d'à-compte, lesquels s'effectuent en raison de l'avancement des travaux, en vertu des mandats du préfet, expédiés sur les certificats de l'ingénieur en chef, d'après les états fournis par l'ingénieur ordinaire. — *Ibid.*

616. — Ces paiemens sont toutefois soumis à la double condition : 1° qu'ils ne s'élèvent pas à plus des neuf dixièmes de la dépense totale, l'autre dixième étant la retenue exigée pour la garantie de l'entrepreneur (V. *infrà*, n° 638); 2° qu'ils ne soient faits qu'au fur et à mesure des ordonnances et fonds disponibles. (V. *infrà*, n° 664.)

617. — Le paiement d'à-compte ne peut du reste jamais avoir lieu qu'autant que la dépense ou l'avance de fonds faite par l'entrepreneur est bien réellement établie.

618. — C'est ainsi que l'art. 25 des clauses et conditions générales déclare que : sont exceptés des dispositions de l'art. 24, les paiemens qu'on peut être obligé de faire par l'intermédiaire de l'entrepreneur, mais qui n'exigent réellement de sa part aucune avance de fonds, et pour lesquels conséquemment il n'est alloué aucune rétribution.

619. — Jugé, en conséquence, que les adjudicataires n'ont pas droit à un huitième à titre d'intérêt, lorsque aucune avance de fonds n'a été faite. — *Cons. d'Etat*, 14 déc. 1837, Dormont et Commoy c. Ministre des travaux publics.

620. — ...Spécialement, que lorsque l'entrepreneur n'a fait aucune avance de fonds pour le paiement de ses ouvriers employés en régie, il n'y a pas lieu de lui accorder un vingtième de bénéfice. — *Cons. d'Etat*, 16 mars 1836, Legrand.

621. — Toute dépense d'ailleurs n'est pas admissible. — Un entrepreneur de travaux publics n'est pas fondé à demander le remboursement d'une avance qui n'a été faite ni pour le compte ni d'après les ordres de l'administration. — *Cons. d'Etat*, 10 août 1825, Teulade.

622. — A plus forte raison, la demande de l'entrepreneur devrait-elle être déclarée non recevable, si des conventions insérées dans son cahier des charges lui avaient imposé des obligations particulières en ce qui concerne les avances de dépense.

623. — Ainsi lorsque, par une clause du cahier des charges, l'adjudicataire s'est obligé à se tenir toujours en avance des dépenses à faire pendant la campagne, on ne peut considérer comme le constituant en avance, ni comme travaux exécutés, des extractions, approvisionnemens et tailles ou façons de matériaux non mis en place. — *Cons. d'Etat*, 22 févr. 1821, Dubournial et Detlz c. Ponts et chaussées.

624. — Ainsi encore, lorsque, par une clause particulière du devis passé avec un entrepreneur des ponts et chaussées, le vingtième alloué pour avances de fonds, aux termes des conditions générales auxquelles il était soumis, a été réduit à un quarantième, le conseil de préfecture ne peut accorder à l'entrepreneur, indépendamment du quarantième fixé par le devis, deux vingtièmes en sus, comme s'il était entrepreneur de travaux en régie. — *Cons. d'Etat*, 2 avril 1828, Merle.

ART. 5. — *Responsabilité des entrepreneurs.*

625. — Conformément aux règles du droit commun, l'entrepreneur est responsable; mais jusqu'où s'étend cette responsabilité, et comment est-elle garantie? C'est ce que nous avons maintenant à examiner.

626. — Toutefois, nous ne considérerons ici que la responsabilité de l'entrepreneur vis-à-vis de l'Etat, en ce qui concerne les ouvrages vicieux et les malfaçons, celle qu'il encourt vis-à-vis des particuliers, à raison des dommages qu'il peut leur avoir fait éprouver dans l'exécution de ses travaux, devant faire l'objet d'un examen spécial. — V. *infrà*, nos 895 et suiv.

627. — Aux termes de l'art. 13 du cahier des clauses et conditions générales, lorsque les ingénieurs présument qu'il existe dans les ouvrages des vices d'exécution, ils ordonnent la démolition et la reconstruction des ouvrages présumés vicieux.

628. — Lorsque les vices de construction ont été constatés et reconnus, les dépenses résultant de cette vérification sont à la charge de l'adjudicataire. — *Ibid.*

629. — En cas de contestation de l'entrepreneur sur les vices signalés, il est statué dans les mêmes formes que celles prescrites pour les contestations sur la qualité des matériaux. — V. *suprà*, nos 213 et suiv. — *Ibid.*

630. — Du reste, il convient de remarquer qu'en matière de travaux publics les malfaçons qui ne sont pas comprises dans les cas de résiliation expressément prévus au marché ne peuvent donner lieu qu'à des réfections et non à la résiliation. — *Cons. d'Etat*, 22 janv. 1824, Delier.

631. — Ainsi que nous l'avons dit plus haut (V. *suprà*, nos 499 et suiv.), lorsque les travaux sont complétement achevés, il doit être sans doute immédiatement procédé à leur réception; mais cette réception n'est que provisoire, jusqu'à l'expiration du délai de garantie, époque à laquelle seulement peut avoir lieu le règlement définitif. — Cahier des clauses et conditions générales, art. 35.

632. — Ce délai de garantie est de trois mois après la réception pour les travaux d'entretien, de six mois pour les terrassemens et les chaussées d'empierrement, d'un ou de deux ans pour les ouvrages d'art, selon les stipulations du devis. — *Ibid.*

633. — L'entrepreneur est responsable de ses travaux et demeure dans l'obligation de les entretenir pendant la durée de ce délai. — *Ibid.*

634. — A cet effet, le dernier dixième de ce qui peut lui être dû ne lui est payé qu'après l'expiration du délai fixé pour la garantie de ses ouvrages, sauf en outre les justifications préalables exigées par le paragraphe 4 de l'art. 9 sur le paiement des indemnités et dommages-intérêts dus aux tiers. — *Ibid.*

635. — Si le dixième des dépenses est jugé devoir excéder la proportion nécessaire pour la garantie de l'entreprise, il peut être stipulé au devis que la retenue cessera de croître lorsqu'elle aura atteint un maximum déterminé. — *Ibid.*

636. — En outre, tant qu'il n'a pas été procédé à la réception définitive des ouvrages, l'entrepreneur ne peut demander à être libéré de ses obligations. — *Cons. d'Etat*, 18 oct. 1821, Couland.

637. — Sans doute, l'administration peut consentir à faire immédiatement abandon de tout ou partie des sommes retenues pour garanties. Mais jamais les entrepreneurs ne peuvent demander au Conseil d'Etat, par la voie contentieuse, qu'en attendant la réception des travaux, il leur soit payé, à titre de provision, une portion de ces sommes. — *Cons. d'Etat*, 14 déc. 1837, Dormont et Commoy c. Ministre des travaux publics.

638. — La retenue du dixième et le cautionnement ne sont pas d'ailleurs les seules garanties que l'Etat ait contre l'entrepreneur; celui-ci demeure, en outre, passible de la contrainte au cas d'inexécution des engagemens par lui souscrits.

639. — Mais c'est là une ressource extrême. Aussi, a-t-il été jugé, avec raison, que la contrainte décernée par le ministre des finances contre un entrepreneur de travaux publics faisant courir les intérêts des sommes dues, il n'y a aucun inconvénient à accorder un sursis pendant les litispendances, à l'exécution de la contrainte, lorsque l'entrepreneur justifie qu'il possède des propriétés suffisantes pour garantir au Trésor le paiement des sommes réclamées. — *Cons. d'Etat*, 24 déc. 1833, Leblond.

640. — Notons, d'un autre côté, en ce qui concerne l'étendue de la responsabilité de l'entrepreneur, qu'en matière de travaux publics, ce sont les ingénieurs qui remplissent les fonctions d'architectes, et qui répondent des *vices du plan*, ou du manque de solidité du sol, responsabilité toute morale et dans l'ordre du service. — Cotelle, t. 3, p. 92.

641. — C'est, au surplus, ce que le Conseil d'Etat a jugé, en décidant que la responsabilité des entrepreneurs n'est pas engagée lorsque les travaux périssent par les vices du plan. — *Cons. d'Etat*, 30 oct. 1834, Desgranchamps c. Commune d'Oltingen.

642. — Spécialement, et en conséquence du même principe, les entrepreneurs chargés du curage des canaux d'une ville ne sont pas tenus d'enlever à leurs frais les nouveaux envasemens survenus pendant la mauvaise saison, et avant que le curage fût entièrement terminé, alors surtout que la quantité de vase s'est trouvée de beaucoup supérieure à celle indiquée dans le devis, et que l'administration, par suite de quelques modifications par elle adoptées, a retardé l'achèvement des travaux. — *Cons. d'Etat*, 14 déc. 1843, ville de Valenciennes c. de Warlez.

643. — L'entrepreneur n'a à répondre que de la qualité des *matériaux*, de ses *malfaçons*, de l'omission de faire les ouvrages qui lui étaient prescrits, et surtout de la fraude qu'il aurait pratiquée en changeant les dimensions du projet.

644. — Jugé, par application de ces principes, que les entrepreneurs sont responsables de leurs matériaux jusqu'à ce qu'ils aient été mis en œuvre, par exemple, de l'écorcement des pierres de taille et de leur nettoyage lors de la pose. — *Cons. d'Etat*, 13 août 1828, Best c. Administr. des ponts et chaussées.

645. — Remarquons, néanmoins, que la faute de l'entrepreneur doit être bien positivement établie. A ce sujet, mentionnons que le Conseil d'Etat a décidé avec raison, en matière de travaux communaux, que la mauvaise qualité de certains matériaux ne peut être reprochée à un entrepreneur, alors que la commune a exigé l'emploi de ces matériaux. — *Cons. d'Etat*, 30 oct. 1834, Desgranchamps c. commune d'Oltingen.

646. — Par les mêmes motifs, doit être annulé l'arrêté d'un conseil de préfecture portant une déduction pour fausses manœuvres de l'entrepreneur, lorsque cette déduction n'est pas justifiée. — *Cons. d'Etat*, 3 févr. 1830, Tourneur. — Chevalier, v° *Travaux publics*, p. 420.

647. — A plus forte raison, l'entrepreneur ne doit pas supporter les dépenses nécessaires pour protéger les ouvrages terminés contre les accidens et dégradations indépendans de la bonne confection des travaux, lorsqu'aucune clause du marché ne les met à sa charge. — *Cons. d'Etat*, 31 août 1837, Saigne c. Ville de Paris.

648. — Ainsi encore, l'entrepreneur de l'entretien des routes qui, pendant la durée de son bail, a exécuté chaque année les travaux qui lui étaient désignés par les états d'indication des ingénieurs, lesquels travaux ont été reçus et payés sur les mandats du préfet, sans qu'alors il se soit élevé de réclamation, ne peut, après la résiliation dudit bail, être déclaré passible des dépenses nécessaires pour mettre les routes en bon état de viabilité. — *Cons. d'Etat*, 7 nov. 1814, Bissé c. Directeur général des ponts et chaussées.

649. — Mais lorsqu'il est constant qu'il y a faute ou dol de la part de l'entrepreneur, la responsabilité doit être appliquée telle qu'elle résulte des obligations prises par l'entrepreneur, sauf à l'autorité à tempérer en fait la rigueur des principes.

650. — C'est ainsi qu'il a été jugé qu'un conseil de préfecture, en autorisant un entrepreneur à enlever, sous la surveillance de l'architecte, à charge de remplacement par des objets prévus au devis, ceux qu'il avait placés contre les prévisions dudit devis, et dont le changement pouvait s'opérer sans nuire d'aucune manière à l'édifice, avait fait une juste application des règles

de la matière. — *Cons. d'Etat*, 30 nov. 1830, Thomé.

651. — Du principe que la réception provisoire laisse subsister la garantie, il suit que les entrepreneurs de travaux publics sont assujettis à entretenir les ouvrages faisant partie de leurs adjudications, jusqu'au moment où il est procédé à la réception définitive des travaux, et ce indépendamment de l'époque de l'achèvement des ouvrages. — *Cons. d'Etat*, 23 janv. 1837, Min. de l'intérieur c. Roux et Diény.

652. — Conséquemment, un conseil de préfecture ne peut mettre à la charge de l'Etat les frais de curage des contre-fossés d'un canal, par les motifs que ces contre-fossés, qui devaient, selon le devis, être faits en dernier lieu, auraient été exécutés dès l'origine des travaux pour prévenir des inondations dont l'Etat aurait été responsable, et se seraient ainsi trouvés affectés au service public avant la confection du canal. — Même ordonn.

653. — Du reste, en vertu du procès-verbal de réception provisoire, l'ouvrage est censé conforme au devis, sauf les vérifications qui pourront avoir lieu pendant le délai de garantie. Ce délai passé, la présomption simple se change en *prescription particulière*, qui met l'entrepreneur à l'abri des poursuites. — Cotelle, t. 3, p. 92.

654. — Au surplus, les contraventions d'un entrepreneur de travaux publics aux clauses et obligations du cahier des charges ne peuvent donner lieu à des retenues contre lui, lorsqu'elles n'ont pas été constatées régulièrement dans les formes voulues. — *Cons. d'Etat*, 4 nov. 1835, Vitry. — V. ordonn. 20 janv. 1830, Bouzac; 19 juill. 1833, Dubost; 30 oct. 1834, Desgranchamps. — V. encore Cormenin, t. 2, p. 444; Chevalier, sect. 2, § 2; et *Responsabilité des entrepreneurs*, p. 125.

655. — Mais aussi, lorsque le cahier des charges d'une entreprise porte que l'entrepreneur sera payé par portions déterminées, d'époque en époque, sauf les retenues pour contravention, l'entrepreneur qui, en recevant ces paiemens partiels, a subi les retenues que l'administration a cru devoir faire, sans réclamer ni protester, est non recevable à réclamer ultérieurement la restitution de ces mêmes retenues. — *Cons. d'Etat*, 8 août 1844, Savalète. — V., dans le même sens, *Cons. d'Etat*, 7 mars 1834, Vanlesberghe; 1er nov. 1837, Roby; 16 août 1843, Armand; 7 déc. 1843, Gervais. — Dans ces diverses hypothèses, il est évident que le silence de l'entrepreneur ou l'exécution qu'il donne aux demandes de l'administration, constitue de sa part un acquiescement contre lequel il n'est plus recevable à revenir. — V., dans ce sens, Chevalier, t. 2, p. 131; Dufour, n° 2022.

656. — Il en est ainsi, à plus forte raison, à l'égard des retenues contestées par l'entrepreneur et sur lesquelles il a été définitivement statué par l'autorité compétente. — Même ordonn. du 8 août 1844.

657. — Des entrepreneurs ne peuvent être déclarés solidaires, lorsque la solidarité n'a pas été stipulée expressément dans l'acte de soumission, et qu'il résulte au contraire de cet acte que l'un des entrepreneurs n'est associé que pour un quart et l'autre pour les trois autres quarts. — *Cons. d'Etat*, 31 oct. 1821, Rigolet et Hotelard c. Ville de Lyon.

ART. 6. — *Paiement, intérêt des sommes dues à l'entrepreneur.*

658. — Le prix de travaux publics doit être payé par le département du ministre qui a procédé à la liquidation. — *Cons. d'Etat*, 21 octobre 1831, Boulevert.

659. — Il n'y a pas lieu à compensation entre les sommes dues à un entrepreneur par un département et celles dont cet entrepreneur est débiteur envers l'Etat. — *Cons. d'Etat*, 9 juin 1842, Fourdinier.

660. — Il suit de là que le conseil de préfecture ne peut prononcer la réception de travaux dont il a reconnu les vices en se fondant sur ce qui s'est passé à l'égard d'une entreprise antérieure étrangère à l'entrepreneur, et en admettant une compensation entre les malfaçons commises par cet entrepreneur et les dépenses mises à sa charge. — *Cons. d'Etat*, 11 janvier 1838, Ministre des travaux publics c. Courtois.

661. — Il n'est jamais alloué d'indemnité pour retard de paiement pendant l'exécution des travaux, les paiemens ne pouvant être faits qu'au fur et à mesure des ordonnances et des fonds disponibles. — Cahier des clauses et conditions générales, art. 34. — Telle a toujours été au surplus à toutes les époques la jurisprudence du conseil d'Etat. — *Cons. d'Etat*, 16 avr. 1823, Perret et Desplaces; 6 mai 1836, Ghéfaldy; 16 mai 1837, Ministre des travaux publics c. Colin; 31 août 1837, Saigne.

662. — Doit être réformé l'arrêté du conseil de préfecture qui alloue à un entrepreneur, à partir du jour de la demande, des intérêts pour cause de retard de paiement, alors que le cahier des clauses et conditions générales ne les alloue qu'après l'expiration du délai de garantie. — *Cons. d'Etat*, 1er févr. 1844, Ducasse.

663. — Le cinquième de la retenue faite aux entrepreneurs, à titre de garantie, ne produit pas non plus d'intérêts. — *Cons. d'Etat*, 2 juin 1837, Hayet.

664. — Bien plus, lorsqu'un conseil de préfecture, en reconnaissant la créance d'un entrepreneur de travaux publics, a affecté à son paiement une somme qu'il croyait disponible, s'il est constaté plus tard que les fonds affectés ont été épuisés, le conseil de préfecture peut, sans commettre un excès de pouvoir, rapporter la disposition de son arrêté concernant l'affectation. — *Cons. d'Etat*, 7 juin 1836, Gleyzes.

665. — Mais l'entrepreneur peut demander des intérêts pour cause de retard dans le paiement de la somme qui lui reste due à dater de cette époque, si, les travaux étant reçus définitivement, il ne peut être entièrement soldé à l'expiration du délai de garantie. — Cahier des clauses et conditions générales, art. 34.

666. — Pourvu, bien entendu, dirons-nous avec le Conseil d'État, que ce retard soit imputable à l'administration. — *Cons. d'Etat*, 26 févr. 1823, Soubiron; 30 nov. 1832, Lespinosse; 22 nov. 1833, Vautier; 4 juill. 1834, Lebobe: 6 mai 1836, Ghéfaldy; 1er juin 1836, Riondet; 22 juin 1843, Lepontois. — V. encore Cormenin, t. 2, p. 467; Chevalier, sect. 2, § 6, p. 434.

667. — Un entrepreneur n'est pas fondé à réclamer des intérêts, à raison d'un retard dans le règlement de son compte, lorsque ce retard provient uniquement des difficultés de la liquidation à laquelle il y a à procéder. — *Conseil d'Etat*, 1er juin 1836, Court c. Ministre de la guerre; 3 avr. 1841, Puyoo; 8 août 1844, Savalète.

668. — Et le Conseil d'Etat a même été jusqu'à décider dans une espèce où il s'agissait, il est vrai, non de travaux publics, mais d'un marché de fournitures, qu'il n'y avait pas lieu d'accorder à un fournisseur des intérêts pour retard de paiement, lorsque le marché n'a stipulé aucun terme fixe ou de rigueur. — *Cons. d'Etat*, 11 juin 1817, Levacher-Duplessis.

669. — Quant aux intérêts des sommes accordées à titre d'indemnité aux entrepreneurs de travaux publics, ils ne courent qu'à partir du jour de la liquidation définitive de leur créance, et non du jour où la demande en indemnité a été formée. — *Cons. d'Etat*, 28 mars 1838, Court c. Ministre de la guerre.

670. — Toutefois, et dans les mêmes circonstances, la Cour de cassation a décidé que l'intérêt d'une somme accordée à titre d'indemnité est dû à partir du jour de la demande; elle se fonde sur ce que ces intérêts n'étant pas moratoires, mais compensatoires, ils doivent être considérés comme faisant partie intégrante de l'indemnité. — *Cass.*, 8 août 1832, Préfet du Jura c. Comm. de Champagnolles.

671. — En tous cas, il est incontestable que si l'administration, par suite de la résiliation du marché de l'entrepreneur, a apporté du retard à la reprise des matériaux approvisionnés par cet entrepreneur, les intérêts de la somme due, représentant les matériaux, courent du jour de la mise en demeure, et cette mise en demeure résulte suffisamment d'une lettre écrite dans cet objet par l'entrepreneur. — *Cons. d'Etat*, 28 mars 1838, Court c. Ministre de la guerre.

672. — Du reste, le ministre de l'intérieur est sans intérêt ni qualité pour demander la réformation d'un arrêté du conseil de préfecture qui accorde des intérêts à un entrepreneur. — *Cons. d'Etat*, 25 sept. 1830, Ferrari.

Sect. 7e. — *Modes exceptionnels d'exécution de certains travaux publics.*

673. — En dehors des modes généraux d'exécution des travaux publics dont nous nous sommes occupés jusqu'ici, il existe pour certains travaux des modes entièrement spéciaux que nous ne pouvons passer sous silence.

674. — Ces modes exceptionnels peuvent se résumer à trois : 1° certains travaux publics peuvent être exécutés par des associations ouvrières; 2° quelques-uns peuvent faire l'objet de marchés de série de prix; 3° les travaux d'entretien peuvent avoir lieu au moyen de baux spéciaux passés entre l'Etat et les entrepreneurs. On peut ajouter à cette énumération les ateliers nationaux, institution toute de circonstance, à laquelle on a eu recours surtout après la révolution de 1848, et qui n'a rien de normal et d'organisé.

ART. 1er. — *Associations ouvrières.*

675. — Les associations ouvrières, qui peuvent se former pour l'exécution des travaux publics, sont une institution complétement nouvelle, reconnue et consacrée depuis la révolution de 1848.

676. — L'Assemblée constituante de 1848 voulant prouver sa sollicitude pour les ouvriers et combien elle protégeait les associations volontaires qui peuvent améliorer les conditions du travail; voulant non-seulement encourager par des prêts ces associations, mais aussi leur ouvrir toutes les carrières, lever tous les obstacles qui pouvaient entraver leur formation et leur réussite, a rendu à la date du 15 juillet 1848 un décret ainsi conçu :

677. — Art. 1er. Le ministre des travaux publics est autorisé à adjuger ou à concéder aux associations d'ouvriers les travaux publics qui en seront susceptibles.

678. — Art. 2. Pour être admises à soumissionner une entreprise de travaux publics, les associations doivent préalablement justifier auprès de l'administration de l'acte contenant les conditions auxquelles l'association s'est formée, lequel acte stipule notamment la création d'un fonds de secours destiné à subvenir aux besoins des associés malades, ou qui seraient blessés par suite de l'exécution des travaux; des veuves et enfans des associés morts. Il doit être pourvu à ce fonds de secours par une retenue de 2 p. 0/0 au moins sur les salaires.

679. — Le décret ne contient que ces seules prescriptions et laisse par son art. 1er « à un règlement d'administration publique le soin de déterminer la nature des travaux à adjuger ou à concéder, la forme et les conditions des adjudications ou des concessions. Ce règlement devait être publié dans le délai d'un mois, à dater de la promulgation dudit décret. »

680. — Effectivement, le 18 août 1848, le président du conseil, chef du pouvoir exécutif, signa, sur la proposition du ministre des travaux publics, un arrêté portant règlement des associations ouvrières, lequel n'a subi jusqu'ici aucune modification, et dont nous devons reproduire toutes les dispositions.

681. — L'art. 1er contient l'énumération des travaux qui peuvent être concédés à des associations ouvrières : « Les travaux que le ministre des travaux publics est autorisé à adjuger aux associations d'ouvriers, dans les conditions ci-après déterminées, sont les terrassemens à exécuter à la pelle, à la brouette ou au tombereau; les extractions de rochers; les exploitations de carrières ouvertes par l'Etat; les percemens des puits et galeries, les draguages; les fournitures de matériaux pour construction ou entretien de chaussées pavées et empierrées; les maçonneries à pierres sèches pour perrés et murs de soutènement, les sculptures d'ornement; les ouvrages de maçonnerie, de charpente, de menuiserie, de couverture, de pavage, etc., quand il n'y aura pas de matériaux à fournir par l'association pour l'exécution des ouvrages. » — Arrêté du 18 août 1848, art. 1er.

682. — Le gouvernement n'a du reste nullement entendu fixer à tout jamais par cet article l'énumération des travaux qui pouvaient être confiés à des associations ouvrières. — L'art. 9 de

l'arrêté dit en effet formellement : « Il sera pourvu, par des règlemens d'administration publique ultérieurs, à la classification des natures de travaux dont l'addition à ceux qui sont déterminés à l'art. 1er serait reconnue utile. » — Art. 9.

683. — Toutefois, ce qu'aucun arrêté ne pourrait faire, c'est d'étendre à d'autres travaux qu'à ceux entrepris pour le compte de l'Etat l'application de la voie d'exécution par associations ouvrières. Le décret de l'Assemblée constituante n'autorise pas cette extension.

684. — Il est vrai que depuis divers membres de l'Assemblée législative, MM. Nadaud, Morellet et autres, ont présenté une proposition dont l'art. 1er était ainsi conçu : « L'Etat, les administrations départementales et municipales, les hospices et établissemens charitables sont autorisés à traiter de gré à gré avec les associations de patrons et d'ouvriers, ou d'ouvriers seulement, pour les travaux qui ne dépasseront pas 30,000 francs. »

685. — La proposition, prise en considération à une grande majorité sur l'insistance de M. Lacrosse, alors ministre des travaux publics, contrairement à l'avis de la commission d'initiative parlementaire, fut renvoyée à l'examen d'une commission spéciale, laquelle, par l'organe de son rapporteur, M. Léon Faucher, proposa cette rédaction nouvelle : « Les dispositions du décret du 15 juill. 1848 sont applicables à tous les travaux de l'Etat, à ceux des départemens, des communes et des établissemens publics. Un nouveau règlement d'administration publique déterminera la nature des travaux à adjuger ou à concéder, la forme et les conditions des adjudications. » — Cette rédaction fut adoptée à la première délibération, malgré les efforts du gouvernement, représenté par le ministre des travaux publics, M. Bineau.

686. — La seconde délibération s'étant ouverte le 18 juin 1850, le ministre de l'intérieur, M. Baroche, vint de nouveau combattre l'article proposé par la commission, tout en reconnaissant qu'il était de beaucoup préférable à la proposition originaire. Plus heureux dans sa résistance, le gouvernement obtint, à la majorité de 296 voix contre 268, le rejet de l'article de la commission.

687. — A la séance du lendemain, M. Morellet reprit la proposition primitive; mais après une discussion fort vive, et sur les observations du rapporteur, M. Léon Faucher, qui exposa à l'Assemblée quelles différences existaient entre l'article de la commission, rejeté la veille, et la proposition primitive, 390 voix contre 211 repoussèrent l'art. 1er de la proposition, rejet qui nécessairement entraîna celui de la proposition tout entière.

688. — Par une faveur toute spéciale et contraire aux règles du droit commun, l'administration est autorisée à passer avec les associations des marchés directs pour les travaux qui peuvent être concédés à ces associations, et dont l'estimation ne dépasse pas 20,000 francs. — Arrêté du 18 août 1848, art. 1er.

689. — Pour être admises à soumissionner les entreprises de travaux publics déterminés par l'art. 1er, ou en obtenir la concession, les associations doivent préalablement justifier : 1° de la liste nominative des ouvriers ou patrons et ouvriers associés en nombre suffisant, nombre dont le minimum sera fixé par le cahier des charges. — Arrêté du 18 août 1848, art. 2.

690. — ...2° De l'acte contenant les conditions auxquelles l'association s'est formée, lequel acte stipule notamment, conformément au décret du 15 juillet 1848, la création d'un fonds de secours destiné à subvenir aux besoins des associés malades, ou qui seraient blessés par suite de l'exécution des travaux; des veuves et enfans des associés morts. Il doit être pourvu à ce fonds de secours par une retenue de deux pour cent au moins sur les salaires. — *Ibid.*

691. — ...3° De la constitution d'un conseil de famille, de trois membres au moins, choisis par les associés, dans leur sein ou en dehors; lequel doit être renouvelé aux époques et dans les formes déterminées par l'acte d'association. Ce conseil est chargé de juger en dernier ressort, et comme amiable compositeur, toutes les difficultés qui peuvent s'élever entre les associés, lorsque leur objet ne dépassera pas 150 francs ; de faire exécuter le règlement intérieur de l'association, et d'infliger les peines qui y sont stipulées (sans préjudice des droits attribués par les règlemens aux ingénieurs et architectes sur le personnel des chantiers) ; de fixer la part de chacun des associés dans les paiemens d'à-compte, et de partager le solde de l'entreprise proportionnellement aux sommes reçues par chacun d'eux pendant la durée de sa participation aux travaux de l'association ; de faire la distribution du fonds de secours, et de régler la condition des ouvriers associés qui seraient exclus des chantiers par les ingénieurs ou architectes. — *Ibid.*

692. —4° De la nomination d'un ou de deux syndics, fondés de pouvoirs, munis de certificats de capacité et de moralité au moment de l'élection, lesquels sont chargés de soumissionner les travaux, de les diriger, de contracter pour l'association, de la représenter dans ses rapports avec l'administration pour la réception des travaux, le règlement des comptes et l'acquittement des mandats de paiement. — *Ibid.*

693. — Les pièces justificatives exigées par l'art. 2 doivent être déposées au secrétariat de la préfecture quatre jours au moins avant celui de l'adjudication, et le préfet, en conseil de préfecture, assisté de l'ingénieur en chef ou de l'architecte, examine les pièces produites et prononce, en séance publique, sur l'admission des associations. — *Ibid.*

694. — Toutes les fois que des associations d'ouvriers sont admises à concourir, un maximum de rabais est fixé par le préfet sur l'avis de l'ingénieur en chef ou de l'architecte. Ce maximum est inscrit dans un paquet cacheté, qui est déposé sur le bureau au moment de l'adjudication, et qui est ouvert immédiatement après le dépouillement des soumissions, lorsque cette limite a été dépassée par un ou plusieurs concurrens. — Art. 3.

695. — Les associations d'ouvriers sont dispensées de fournir un cautionnement; mais elles sont soumises à une retenue d'un dixième de garantie jusqu'à réception définitive des travaux, sauf à l'administration à déterminer, toutes les fois qu'elle le jugera convenable, un maximum au delà duquel cette retenue cessera d'être exercée. — Art. 4.

696. — A égalité de rabais entre une soumission d'entrepreneur et une soumission d'association d'ouvriers, celle-ci est préférée. — A égalité de rabais n'ayant pas atteint le maximum entre plusieurs soumissions d'associations d'ouvriers, il est procédé, séance tenante, à un nouveau concours entre elles. — A égalité de rabais ayant atteint le maximum entre soumissions d'associations d'ouvriers, il est procédé à un tirage au sort entre elles. — Art. 5.

697. — Le paiement des ouvrages exécutés, déduction faite de la retenue de garantie, est effectué tous les quinze jours aux associations. Il a lieu sur des états de situation approximative des travaux et approvisionnemens. — Art. 6.

698. — Les priviléges attribués par les lois et règlemens aux fournisseurs contre l'entrepreneur sont attribués aux fournisseurs contre l'association d'ouvriers. — Art. 7.

699. — Les associations d'ouvriers sont soumises aux clauses et conditions générales imposées aux entrepreneurs, en tout ce qu'elles n'ont pas de contraire au règlement du 18 août 1848. — Art. 8.

700.—Du reste, les associations ouvrières sont dispensées des droits d'enregistrement pour les actes qui les constituent. — Décret 15 déc. 1848.

ART. 2. — *Marchés par série de prix.*

701. — Les marchés par série de prix conclus pour l'exécution des travaux publics ont beaucoup d'analogie avec les marchés de fournitures; nous aurons donc peu d'observations nouvelles à ajouter ici à ce que nous avons dit au mot MARCHÉS DE FOURNITURES.

702. — Les marchés par série de prix sont généralement interdits par suite des inconvéniens auxquels ils sont sujets. Cependant, l'expérience a fait reconnaître que, dans certains cas, ce mode d'exécution peut recevoir une utile application pour éviter l'exécution par régie directe faute d'entrepreneurs.

703. — On y a recours, par exemple, dans les ports de commerce pour les menus entretiens courans, ou les réparations urgentes, nécessaires, lorsqu'ils éprouvent une dégradation subite et imprévue par l'effet des coups de mer.

704. — Dans de telles circonstances, il est à propos d'avoir un entrepreneur qui soit toujours prêt à mettre à l'œuvre au premier ordre et d'après les prix convenus.

705. — Aux termes des instructions ministérielles, les ingénieurs doivent préparer pour chacun des ports de commerce, autant que besoin en est, un bordereau ou série de prix : 1° pour la fourniture de chaque espèce de matériaux; 2° pour la main-d'œuvre de chaque nature d'ouvrage.

706. — Cette série devient la base d'une adjudication qui peut être passée pour trois années consécutives au plus. Elle doit être soumise au ministre.

707.—Si, pendant la durée du bail, il survient un ouvrage de réparations ou d'entretien à faire, une avarie à réparer, les ingénieurs donnent l'ordre à l'entrepreneur; ils doivent en outre comme à l'ordinaire en dresser, au prix du marché passé, les devis et détails estimatifs.

708. — L'entrepreneur les souscrit de sa soumission, par laquelle il s'engage à exécuter l'ouvrage prescrit pour la somme déterminée par le détail estimatif.

709. —Le ministre, à l'approbation duquel le tout est immédiament soumis, fait, s'il y a lieu, les fonds en même temps qu'il approuve les devis.

710. — Au moyen des attachemens qui ont été tenus, ces travaux sont régularisés et les états des dépenses ainsi faites sont soumis au ministre pour être, avec le tout, examinés et approuvés, s'il y a lieu, dans les trois mois au plus tard de leur confection.

711. — On peut immédiatement mettre la main à l'œuvre en employant, sauf remplacement, les fonds disponibles du service auquel appartiennent les ouvrages, lorsque la réparation est d'une urgence telle qu'on ne peut en différer l'exécution et attendre l'autorisation du ministre, sans courir des dangers et s'exposer à de nouveaux accidens.

712. — Pour l'exécution des travaux exécutés en vertu de marchés de série de prix, les ouvriers et les transports peuvent aussi être organisés par les ingénieurs eux-mêmes ; et l'administration préfère ce mode à tout autre. — V., au surplus, Instruction du 11 juin 1813.

ART. 3. — *Baux d'entretien.*

713. — Divers décrets et ordonnances ont établi, en ce qui concerne les travaux d'entretien, des règles particulières, qui consistent principalement dans la faculté laissée à l'administration d'affermer les travaux qui peuvent être à exécuter pendant un temps plus ou moins long.

714. — C'est principalement à l'entretien des routes que s'appliquent les baux d'entretien, il nous suffit donc de renvoyer à ce que nous avons déjà eu occasion de dire sur l'entretien des routes. — V. ROUTES, nos 51 et suiv. — Ajoutons seulement ici quelques explications supplémentaires.

715. — La répartition par départemens des fonds affectés aux travaux d'entretien et de réparations ordinaires est arrêtée par le ministre. — Ordonn. 10 mai 1829, art. 3.

717. — La sous-répartition ainsi arrêtée devient définitive. Une copie en est transmise au ministre des travaux publics. — *Ibid.*

716. — Dans chaque département, un conseil local, présidé par le préfet, fait la sous-répartition suivant les besoins particuliers. Ce conseil est composé de l'inspecteur divisionnaire, de l'ingénieur en chef et de deux membres du conseil général de département, désignés chaque année par le ministre de l'intérieur. — Les ingénieurs sont admis dans ce conseil avec voix consultative. — *Ibid.*

718. — Les travaux d'entretien et de réparations ordinaires, dépendant de l'administration des ponts et chaussées, sont exécutés dans chaque département, sous l'autorité du préfet et la direction des ingénieurs. En conséquence le préfet approuve les projets, passe les adjudications. — *Ibid.*, art. 4.

719. — L'administration centrale n'a plus à exercer qu'une haute surveillance pour cette partie du service, le préfet ayant approuvé les projets et passé les adjudications. Néanmoins, ces travaux demeurent soumis aux formes établies pour la comptabilité de l'administration des ponts et chaussées. — *Ibid.*

720. — Chaque année, le préfet présente le

compte des travaux au conseil local, et le ministre reçoit une copie de ce compte avec le procès-verbal de la délibération dont il a été l'objet. — *Ibid.*

721. — Ainsi que nous avons déjà eu occasion de le dire (V. ROUTES, n° 51), les travaux de simple entretien sont de deux espèces : la fourniture des matériaux donnée à l'entreprise; leur emploi et les autres travaux d'entretien qui sont adjugés aux cantonniers.

722. — Or, aucun individu, s'il n'est maître de poste, ne peut obtenir l'adjudication simultanée des matériaux et des travaux d'entretien d'une route.

723. — Il n'est pas exigé de cautionnement pour la fourniture de matériaux destinés à l'entretien des routes. — Ord. 10 mai 1829, art. 8.

724. — Les matériaux pour la réparation des chaussées d'empierrement, cailloutis ou gravelage doivent être les plus durs et de la meilleure qualité; ils sont extraits ou ramassés à l'avance, passés à la claie, et purgés de toute glaise, terre végétale ou autres substances adhérentes. — Instr. min. 9 mai 1812.

725. — Il ne peut être extrait de sable, ni aucuns matériaux sur les accotemens, dans les fossés, entre les arbres, ni sur les talus ou banquettes.

726. — L'entrepreneur ne peut également faire aucune excavation à ciel ouvert ou souterraine, ni continuer celles existantes, plus près que vingt mètres au delà du bord extérieur des accotemens.

727. — Une décision du préfet, prise sur l'avis motivé de l'ingénieur en chef, peut seule autoriser toute dérogation à cette règle; et, dans ce cas, les fouilles sont remplies soigneusement, au fur et à mesure avec les décombres, pour éviter toute altération de la route.

728. — Le caillou pour les chaussées en cailloutis est emmétré par tas réguliers, dont les dimensions sont prescrites par les tas d'indication.

729. — L'entrepreneur ne peut, sans y être autorisé, extraire des matériaux autre part que dans les carrières ou sablières prescrites.

730. — Jusqu'à la fin de son bail, il doit user des carrières sans les détériorer ni encombrer, non plus que les chemins de service qu'il est tenu d'entretenir.

731. — L'ingénieur en chef est autorisé par le préfet à suppléer aux frais de l'entrepreneur, en établissant dans les carrières et ateliers les ouvriers nécessaires, dans le cas où l'exploitation et la fabrication des matériaux ne sont pas assez activées pour assurer les approvisionnemens.

732. — Les plans, devis, les détails ou sous-détails estimatifs sont toujours relatifs à l'entreprise particulière. Ils servent à éclairer, à guider à la fois l'administration et l'entrepreneur.

733. — Le soumissionnaire doit examiner les évaluations de détails et de sous-détails; elles ne sont que des indications qu'il rectifie au besoin dans ses propres calculs et qui ne lient point l'administration, à moins qu'elles ne soient marquées comme conditions expresses dans le cahier des charges.

734. — Les détails estimatifs établissent l'unité de chaque nature d'ouvrages en faisant connaître les quantités de travaux qu'on doit attendre dans un temps donné, le prix des journées et celui des matériaux.

735. — Les détails et sous-détails estimatifs sont communiqués aux entrepreneurs; mais la demande d'une indemnité ou d'un supplément de prix ne peut être, en aucun cas, appuyée sur des erreurs de détails vraies ou prétendues.

736. — Ils demeurent ce qu'ils ont toujours été, un simple moyen pour l'administration de se rendre compte; seulement, le cahier des charges peut indiquer qu'on y aura recours pour régler la proportion du prix de cette nature de travaux. — Instr. min. 20 juin 1807.

737. — C'est aux préfets qu'il appartient, sauf l'approbation du ministre de l'intérieur, et non au conseil de préfecture, de prononcer la résiliation du marché passé pour l'entretien d'une route. — *Cons. d'ét.*, 2 août 1826, Rue.

738. — C'est au ministre de l'intérieur seul qu'il appartient, s'il y a lieu, d'allouer une indemnité à l'entrepreneur. — Même ordonnance. — Chevalier, *loc. cit.*, t. 2, p. 415.

ART. 4. — *Ateliers nationaux.*

739. — Le surlendemain de la révolution de février, et en présence de la stagnation subite de tous les travaux, le Gouvernement provisoire crut devoir offrir aux ouvriers sans ouvrage une occupation immédiate par la création d'*ateliers nationaux*.

740. — En conséquence, le 26 fév. 1848 il parut un décret ainsi conçu : « Le Gouvernement provisoire décrète l'établissement immédiat d'ateliers nationaux. Le ministre des travaux publics est chargé de l'exécution du présent décret. »

741. — Dès le lendemain, un nouvel arrêté du Gouvernement organisait, sur divers points, joignant la capitale, des ateliers de terrassemens, seul genre de travaux qui pût évidemment être pratiqué par des hommes appartenant aux industries les plus diverses.

742. — Mais le nombre des individus qui venaient s'enrôler dans les ateliers nationaux s'augmenta bientôt d'une manière démesurée; aussi les charges que leur entretien imposait à l'Etat devenant de plus en plus considérables, il parut bientôt nécessaire de prendre des mesures pour y mettre ordre.

743. — L'Assemblée nationale constituante considérant donc que le travail des ateliers nationaux était devenu improductif; que son maintien dans les conditions actuelles serait en contradiction avec une bonne administration de la fortune publique, avec le retour de l'ordre et la reprise des opérations industrielles et commerciales; qu'il constituerait une aumône déguisée; que le plus grand nombre des travailleurs inscrits aux ateliers nationaux réclament eux-mêmes le moyen de gagner plus librement leur existence, et refusent de prélever plus longtemps sur la fortune publique des deniers qui n'appartiennent qu'aux orphelins, aux infirmes et aux vieillards, rendit, le 30 mai, le décret suivant, dont plusieurs dispositions méritent d'être reproduites.

744. — Art. 1er. Le travail à la tâche sera substitué, sous le plus bref délai possible, dans les ateliers nationaux, au travail à la journée. Il sera livré directement au prix des devis, sans rabais et sans intermédiaire d'entrepreneurs, soit à des ouvriers associés, soit à des ouvriers isolés, suivant la nature des travaux.

745. — Art. 2. Des crédits spéciaux seront ouverts aux ministères des travaux publics, du commerce et de l'intérieur, pour hâter, par voie d'avances et de primes, la reprise des travaux départementaux, communaux, ou d'industrie privée.

746. — Art. 3. Les ouvriers séjournant depuis moins de trois mois dans le département de la Seine, et qui n'y justifieront pas de leurs moyens d'existence, recevront pour eux et leurs familles une feuille de route, avec indemnité de déplacement, dont partie sera payée pendant le trajet, et partie au lieu de destination.

747. — Ce décret conduisait, comme on le voit, à la suppression plus ou moins rapprochée des ateliers nationaux, mesure dont la proposition, faite bientôt à l'Assemblée, contribua à amener, comme on le sait, les journées sanglantes de juin 1848.

748. — Les ateliers nationaux, supprimés immédiatement dans le département de la Seine, ne furent plus conservés au compte de l'Etat qu'exceptionnellement et à titre temporaire dans certaines localités : ainsi, en Sologne, où ils ne tardèrent pas à être remplacés eux-mêmes par des mises en régie directes ou intéressées.

749. — Une loi du 15 janvier 1849 a eu pour objet de régler d'une manière définitive la liquidation des ateliers nationaux qui avaient été établis pour le compte de l'Etat.

750. — Quant aux ateliers qu'après les événemens de 1848 un certain nombre de villes avaient jugé à propos d'établir, ils n'ont eu également qu'une existence temporaire, et leur liquidation doit être depuis longtemps déjà achevée par les soins des administrations municipales.

Sect. 8e. — *Compétence sur les difficultés se rattachant au sens et à l'exécution des clauses des marchés.*

ART. 1er. — *Difficultés résultant de circonstances prévues dans les marchés.*

751. — Conformément aux dispositions du second paragraphe de l'art. 4 de la loi du 28 pluv. an VIII, toutes les difficultés qui peuvent s'élever entre les entrepreneurs de travaux publics et l'administration concernant les clauses et conditions des marchés sont portées devant le conseil de préfecture, qui statue, sauf recours au Conseil d'Etat. — Cahier des clauses et conditions générales, art. 42.

752. — La compétence administrative est, en cette matière, unanimement reconnue. — V. COMPÉTENCE ADMINISTRATIVE, nos 189 et suiv. — « Cependant, dit M. Dufour (n° 2801), à ne consulter que la nature du contrat entre l'administration et les entrepreneurs, la mission de pourvoir à son exécution par les moyens juridiques ne pouvait appartenir qu'aux tribunaux civils. Ce contrat, en effet, n'est autre que le contrat de louage prévu, défini et régi par les dispositions du droit commun. Il ne s'en distingue que par la forme de l'acte qui l'exprime. Or, ce n'est point dans la forme, mais dans la nature, le caractère et les effets des actes que les règles de compétence ont leur raison. Il s'ensuit que la juridiction des conseils de préfecture ne repose que sur une attribution *exceptionnelle.* »

753. — Pour rendre compte des motifs qui l'ont commandée, nous n'avons qu'à faire remarquer que le conseil de préfecture offre incontestablement les avantages de l'économie et de la célérité, et que ces avantages ont assez de prix dans l'exécution d'entreprises qui absorbent chaque année des sommes immenses, et sont toujours destinées à répondre aux plus pressantes exigences de l'intérêt public, pour justifier la préférence dont il a fait l'objet. La loi a considéré la juridiction des conseils de préfecture comme plus utile que celle des tribunaux civils pour arriver à la confection prompte, économique des travaux. — Dufour, *loc. cit.*; Serrigny, *Organis. et compét. administr.*, t. 1er, p. 5, nos 560 et 561.

754. — Les explications dans lesquelles nous sommes entrés v° COMPÉTENCE ADMINISTRATIVE sur les caractères généraux de la juridiction administrative, l'étendue de sa compétence, les formes de sa procédure, les conséquences de ses décisions, nous dispensent de revenir ici sur ces questions générales, et nous permettent de nous renfermer dans l'examen spécial des difficultés qui naissent de l'exécution des travaux publics, en ce qui concerne les rapports de l'entrepreneur avec l'administration, ou celles que peuvent faire naître les droits et la position d'ayans cause autres que les tiers propriétaires, à qui l'exécution d'un travail public peut porter préjudice, et dont, au surplus, nous nous occuperons séparément. — V. *infrà*.

755. — La jurisprudence du Conseil d'Etat est unanime sur ce point que c'est au conseil de préfecture qu'il appartient de statuer sur les difficultés qui s'élèvent entre les entrepreneurs de travaux publics et l'administration concernant le sens ou l'exécution des clauses de leurs marchés. — *Cons. d'Etat*, 6 mars 1816, Depuichault; 20 juin 1822, Fourdinies c. Leflon; 19 fév. 1823, Teston c. Ville de Toulouse; 7 mai 1823, Reille; 8 sept. 1823, Leradoux; 22 janv. 1824, Minist. int.; 16 févr. 1825, Thomas; 16 mai 1827, Commune de Saint-Barthélemy; 16 janv. 1828, Minist. intér.; 2 (et non 25) avr. 1828, Carmignac; 30 avr. 1828, Duval; 1er juin 1828, Raguerte; même jour, Mayer; 13 juill. 1828, Lambert; 21 avr. 1830, Minist. aff. ecclés.; 31 août 1830, Darlas; 24 oct. 1832, Fraise; 11 janv. 1833, Taverne; 21 juin 1833, Puyoo; 18 sept. 1833, Chauffour; 7 nov. 1834, Laurent; 27 févr. 1835, Grillon; 11 janv. 1837, Maurin; 23 janv. 1837, Roux; 3 mars 1837, Liébaut; 20 août 1843, Brun c. Ville de Montpellier; 21 mars 1844, André et Cottier; 4 avr. 1845, Roidot et Parie.

756. — Chaque fois donc que la juridiction ordinaire se trouve saisie d'une contestation, qui présuppose l'interprétation des engagemens qu'un entrepreneur a pu contracter envers l'Etat, c'est un devoir pour elle de surseoir et de

renvoyer à l'autorité administrative, pour statuer sur la question préjudicielle, sinon le préfet est en droit d'élever le conflit.

757. — Ainsi, la question de savoir si un entrepreneur de travaux publics a excédé l'autorisation résultant de son marché est une question préjudicielle, sur laquelle les tribunaux, saisis d'une question de leur compétence, doivent surseoir à statuer jusqu'à la décision administrative. — *Cons. d'Etat*, 6 mars 1816, Depuichault; 3 sept. 1823, Leradoux; 16 mai 1827, Commune de Saint-Barthélemy; 16 janv. 1828, Ministre de l'int.; 1er juin 1828, Mayer-Lotten; 21 avr. 1830, Min. des aff. ecclésiast.; 24 oct. 1832, Fraisne; 21 juin 1833, Puyoo; 18 sept. 1833, Chauffour; 7 nov. 1834, Laurent; 27 févr. 1835, Grillon. — Cormenin, *Droit admin.*, vo *Travaux publics*, t. 2, p. 421 et suiv.; Chevalier, *loc. cit.*, t. 2, p. 415; Daviel, *Cours d'eau*, no 437.

758. — ... Et le jugement qui statue sur une pareille demande, malgré le conflit élevé par l'administration, doit être considéré comme non avenu. — *Cons. d'Etat*, 18 juill. 1838, Lecanu c. Lalande.

759. — On ne saurait non plus douter que la question de savoir si, en fait de travaux publics, l'exécution des arrêtés d'un préfet approuvés par une décision ministérielle a pu être suspendue par un arrêté de sous-préfet, est une question préjudicielle sur laquelle les tribunaux, saisis d'une question de leur compétence, doivent surseoir à statuer jusques après la décision administrative. — *Cons. d'Etat*, 9 mai 1827, Dupont de Boredon c. Comp. des canaux de la Corrèze et de la Vézère.

760. — Peu importe du reste que les travaux soient ou non entièrement à la charge de l'Etat. Lorsqu'ils sont exécutés par lui, même avec le concours de particuliers, l'autorité administrative est seule compétente pour connaître des recours dirigés contre l'Etat à raison de la confection vicieuse de ces travaux. — *Cons. d'Etat*, 22 oct. 1810, Liborel; 23 déc. 1815, Bessard; 14 mai 1817, Delachaussée; 14 janv. 1818, Mourier; 4 mars 1819, Martin; 7 mai 1825, Treilly; 1er mars 1826, Budolz; 28 juin 1837, Société des moulins d'Alby c. l'Etat; 28 juin 1837, Chemin de fer de Saint-Etienne.

761. — L'exécution complète des travaux ne met pas non plus fin immédiate à cette compétence. — En effet, il faut se rappeler qu'un entrepreneur de travaux publics est responsable des dégradations survenues durant le temps pour lequel il a garanti son entrepreprise. — *Cons. d'Etat*, 14 janv. 1848, Mourier. — Or, en pareil cas les contestations sont évidemment de la compétence du conseil de préfecture.

762. — Le conseil de préfecture est compétent pour prononcer sur la contestation qui s'élève entre l'administration départementale et l'entrepreneur, relativement au décompte général. — *Cons. d'Etat*, 22 mars 1841, Pontois.

763. — Cette compétence s'étend aussi aux travaux communaux. Toutefois, nous verrons (*infrà*) à quelles difficultés a donné lieu, sinon le principe même de la compétence, du moins l'étendue qu'il convient de lui donner.

764. — La compétence de la juridiction administrative est, en pareil cas, absolue. Aussi a-t-il été jugé avec raison qu'on devait considérer comme nulle la clause du marché qui attribue à des arbitres le jugement de ces contestations. — *Cons. d'Etat*, 19 janv. 1833, de Taverne.

765. — Cependant, lorsqu'il ne s'agit point d'interpréter un marché administratif fait avec un entrepreneur de travaux publics, mais seulement d'appliquer les règles du droit commun à des travaux ordinaires exécutés par de simples entrepreneurs de bâtimens d'après une convention particulière, les tribunaux sont seuls compétens. — *Cons. d'Etat*, 6 mars 1816, Pittance et Duclos c. Goulard.

766. — On ne saurait douter en effet que les difficultés élevées à raison de l'exécution d'une convention verbale entre un particulier et un entrepreneur de travaux publics sont de la compétence judiciaire. — *Cons. d'Etat*, 8 août 1827, Mullon c. Chenaud; 28 août 1827, Prévost.

767. — Par les mêmes raisons, les difficultés en matière de travaux publics, à l'occasion d'un contrat passé entre le préfet et un particulier, sont de la compétence des tribunaux. — *Cons. d'Etat*, 20 mars 1828, Marcilliajon.

768. — Il en serait autrement si les parties s'étaient soumises à ce que leurs contestations fussent jugées administrativement; alors elles ne

seraient plus recevables à décliner la compétence du conseil de préfecture. — *Cons. d'Etat*, 1er déc. 1819, Poisson c. ville de Paris.

769. — « On n'a jamais fait difficulté, dit M. Dufour (t. 4, no 2814), d'assimiler l'architecte à un entrepreneur sous le rapport de la compétence. Il est vrai que, dans l'origine, on a cru qu'il fallait réserver aux tribunaux les questions de responsabilité, de nature à se régler par application des art. 1792 et 2270 du C. civ. » — *Cons. d'Etat*, 19 déc. 1827, Costain c. Comm. de Malachère; 13 juill. 1828, Pambet c. Comm. de Passavant.

770. — Mais depuis, ainsi que le fait remarquer M. Dufour (*ubi suprà*), le Conseil d'Etat a compris que la compétence du conseil de préfecture ayant sa raison dans l'objet et non dans la forme du contrat, ne doit point être subordonnée au genre de titres et de dispositions invoqué. — *Cons. d'Etat*, 17 nov. 1835, Perrin; 20 juin 1837, Perré c. Comm. d'Eloyes; 9 déc. 1844, Ville de Cusset c. Beauvais.

771. — Et puisque nous parlons de la responsabilité de l'architecte, disons, à ce sujet, que l'architecte qui accepte la direction de travaux publics, et à qui il est alloué, sur les fonds de ces travaux, des honoraires proportionnels aux sommes dépensées, est responsable des vices de construction qui peuvent être attribués au défaut de surveillance. — *Cons. d'Etat*, 20 juin 1837, Perrin c. Commune d'Eloyes.

772. — Ajoutons cependant avec le Conseil d'Etat que néanmoins lorsque, par le cahier des charges, les entrepreneurs se sont engagés à garantir la solidité des ouvrages pendant un délai déterminé, indépendamment de la garantie ordinaire des art. 1792 et 2270 du Code civil, et qu'il résulte de l'instruction que les malfaçons proviennent de leur négligence à se conformer aux conditions du devis, la responsabilité de l'architecte ne doit être encourue que subsidiairement et dans le cas seulement d'insolvabilité des entrepreneurs. — Même ordonnance.

773. — Comme aussi l'architecte qui a ordonné et dirigé des travaux publics pour un prix excédant les décisions et instructions qu'il a reçues, est responsable de cet excédant; mais jusqu'à concurrence seulement de ses honoraires, qui doivent lui être retenus. — *Cons. d'Etat*, 23 oct. 1816, Dubut.

774. — Jugé même que lorsqu'un conseil de préfecture ordonne la démolition de certains travaux et qu'il en ordonne la reconstruction aux frais de l'entrepreneur et de l'architecte, il n'y a pas lieu d'ordonner la restitution des sommes touchées par ces derniers. — *Cons. d'Etat*, 23 oct. 1844, Dufour et Dosmann c. Commune de Crotenay.

775. — Remarquons au surplus et avant d'aller plus loin, que les questions qui peuvent s'élever sur l'interprétation et l'étendue des engagemens respectifs de l'entrepreneur et de l'Etat, ne sont pas toutes de nature à être portées devant le conseil de préfecture, du moins *de plano* et sans qu'aucune autre autorité ait été appelée à statuer.

776. — En effet, si le conseil de préfecture est juge en matière contentieuse, il ne faut pas oublier, d'un autre côté, qu'en principe le ministre seul, et dans certains cas le préfet par lui délégué, a seul qualité pour approuver, surveiller et diriger la gestion de l'entrepreneur. — Cormenin, t. 2, p. 421; Chevalier, *ibid.*, t. 2, p. 415.

777. — La juridiction gracieuse est, ainsi que nous avons déjà plusieurs fois eu l'occasion de le dire, seule compétente à l'exclusion de la juridiction contentieuse du conseil de préfecture. C'est ainsi qu'il a été décidé que lorsqu'aux termes du cahier des charges, l'adjudication passée pour le service du lestage et du délestage des bâtimens ne devenait définitive que par l'approbation de l'autorité supérieure, le refus d'approuver cette adjudication constitue un acte de pure administration qui ne peut être attaqué par la voie contentieuse. — *Cons. d'Etat*, 31 août 1830, Nel.

778. — Il appartient à l'administration seule, et non au conseil de préfecture, de décider s'il y a lieu ou non d'ajourner l'achèvement des fournitures qui font l'objet d'un marché passé entre elle et un particulier. — *Cons. d'Etat*, 17 sept. 1838, Ministre des travaux publics c. Delarivière.

779. — Il n'appartient qu'aux préfets d'arrêter les comptes de situation des entrepreneurs de travaux publics, et d'ordonner la répartition de la contribution occasionnée par les travaux; les

conseils de préfecture sont incompétens à cet égard. — *Cons. d'Etat*, 2 janv. 1826, Salé.

780. — Lorsqu'un arrêté a prescrit des mesures sur des travaux restant à faire et a été exécuté par les parties, le conseil de préfecture ne peut, sans excéder ses pouvoirs, réformer cet arrêté par une décision ultérieure. — *Cons. d'Etat*, 4 juill. 1827, Pambet c. Commune de Genevreuille.

781. — Un conseil de préfecture est incompétent pour statuer soit sur une contrainte décernée par le ministre des finances contre un entrepreneur de travaux publics, soit sur sa liquidation déjà terminée. — *Cons. d'Etat*, 8 mars 1827, Leblond.

782. — Un entrepreneur de travaux publics n'est pas fondé à réclamer la compétence du conseil de préfecture stipulée dans son marché, pour le cas où il s'agirait de l'interprétation du devis ou du mode d'exécution des travaux, lorsqu'il s'agit de la demande formée par l'entrepreneur en prorogation de la concession de péage, à titre de remboursement du surplus des travaux. — *Cons. d'Etat*, 3 janv. 1827, Mignot et Boules.

783. — L'ordonnancement du solde de compte d'un entrepreneur ne pouvant avoir lieu que par arrêté de l'administration, et le privilége des ouvriers ne pouvant, d'un autre côté, être exercé que sur le solde ordonnancé, il s'ensuit que le conseil de préfecture est incompétent pour statuer à cet égard. — *Cons. d'Etat*, 2 fév. 1826, Salé.

784. — Du reste, chaque fois qu'il ne s'agit pas d'une décision exclusivement réservée à la juridiction gracieuse, les décisions du préfet ou du ministre ne font point obstacle à ce que l'entrepreneur se retire devant le conseil de préfecture. — *Cons. d'Etat*, 27 févr. 1835, Grillon.

785. — Ainsi, une ordonnance rendue sur une contestation intervenue entre l'administration et un concessionnaire de travaux publics, mais en l'absence de ce dernier, ne fait point obstacle à ce que le concessionnaire porte devant le conseil de préfecture, contradictoirement avec l'administration, telles questions qu'il juge à propos, relativement au sens et à l'exécution des clauses du cahier des charges de sa concession. — *Cons. d'Etat*, 8 avr. 1842, Bayard de la Vingtrie.

786. — Une décision ministérielle qui rejette les prétentions d'un entrepreneur des travaux publics, ne fait point obstacle à ce que la contestation soit déférée au jugement du conseil de préfecture. — *Cons. d'Etat*, 30 nov. 1830, Thomé.

787. — L'arrêté par lequel le préfet met l'entrepreneur en demeure de compléter les travaux de son adjudication est une mesure purement administrative, prise dans les limites de la compétence du préfet, et qui ne fait pas obstacle à ce que l'entrepreneur se pourvoie devant le conseil de préfecture. — *Cons. d'Etat*, 22 févr. 1833. Fourdinier et Désoteux.

788. — L'arrêté d'un préfet qui ne contient que la liquidation d'une entreprise de travaux publics n'est qu'un acte purement administratif qui ne met pas obstacle à ce que le réclamant se pourvoie devant le conseil de préfecture pour faire statuer sur le règlement de ses comptes, sauf à ce conseil, en cas de doute sur l'application d'une ordonnance du Conseil d'Etat, à renvoyer devant ce conseil pour obtenir l'interprétation de son ordonnance. — *Cons. d'Etat*, 1er juill. 1848, Desgranchamps c. Commune d'Oltingen.

789. — Des décisions ministérielles intervenues sur les simples propositions du préfet d'allouer le paiement de travaux exécutés sans autorisation préalable, ne sont que des actes de pure administration qui ne font pas obstacle à ce que l'affaire soit portée devant le conseil de préfecture. — *Cons. d'Etat*, 31 août 1830, Darlas et Guichemé.

790. — Quoi qu'il en soit, et en dehors des cas spécialement réservés à la juridiction gracieuse du ministre ou du préfet, il est évident qu'il suit de l'art. 4 de la loi du 28 pluv. an VIII reproduit par l'art. 42 du cahier général, que c'est au conseil de préfecture qu'il convient de déférer toutes les contestations qui peuvent surgir de l'interprétation des marchés des entrepreneurs avec l'administration.

791. — C'est donc devant lui que doivent être portées les contestations sur la visite et la réception des ouvrages. — *Cons. d'Etat*, 19 mars 1823, Chamard.

792. — ... Ou la demande de l'entrepreneur en

paiement d'ouvrages qu'il prétend n'avoir pas été prévus au devis. — *Cons. d'Etat*, 9 juin 1830, Tisserand. — Cormenin, *Droit admin.*, vº *Travaux publics*, t. 2, p. 427, et Chevalier, *Jurispr. admin.*, vº *Travaux publics*, p. 418.

793. — ... Ou les difficultés qui s'élèvent entre l'entrepreneur de travaux publics et l'administration sur la liquidation, faite par le ministre, des supplémens de prix et indemnités réclamés par l'entrepreneur, sauf à ce conseil, s'il y a lieu à interprétation d'une ordonnance du Conseil d'Etat précédemment rendue, à surseoir à statuer jusqu'à ce qu'il ait été procédé par le Président de la République en son conseil à ladite interprétation. — *Cons. d'Etat*, 5 mars 1840, Hayet.

794. — Lorsque, postérieurement à la résiliation du bail d'entretien d'une route, il s'agit de savoir si les dépenses nécessaires pour mettre cette route en bon état de viabilité doivent être mises à la charge de l'entrepreneur, c'est au conseil des ponts et chaussées chargé de liquider les comptes de cet entrepreneur sous la surveillance du directeur général et du ministre de l'intérieur, qu'il appartient de statuer sur cette question. — *Cons. d'Etat*, 7 nov. 1814, Clicot; même jour, Bissé c. Ponts et chaussées.

795. — C'est encore au conseil de préfecture, et non au préfet, à statuer sur les réclamations de l'entrepreneur d'un pont dont l'entretien est à la charge de l'Etat. — *Cons. d'Etat*, 8 sept. 1819, Gignoux c. Ministre des finances. — Cormenin, *Droit admin.*, vis *Baux administratifs*, t. 1er, p. 268, et *Travaux publics*, t. 2, p. 428; Chevalier, *Jurispr. admin.*, vº *Travaux publics*, t. 2, p. 418.

796. — Ainsi encore, par exemple, lorsque le conseil de préfecture reconnaît que les adjudicataires d'un pont se trouvent placés dans un des cas de prorogation du péage prévus par le cahier des charges, il peut prononcer lui-même cette prorogation. — *Cons. d'Etat*, 3 mars 1837, Ministre des trav. publ. c. Liébaut et Guyard.

797. — Lorsqu'il a été stipulé que toute interruption du passage sur un pont voisin donnerait droit à une prorogation de péage, les entrepreneurs peuvent réclamer devant le conseil de préfecture la prorogation si l'administration interdit le passage de ce pont à certaines voitures. — Même ordonnance.

798. — Lorsque les entrepreneurs fondent leurs réclamations sur l'un des articles du devis qui a servi de base au marché, c'est au conseil de préfecture qu'il appartient de juger ces réclamations. — *Cons. d'Etat*, 31 août 1830, Darras et Guichemé.

ART. 2. — *Difficultés résultant de circonstances non prévues dans les marchés.*

799. — La compétence des conseils de préfecture ne s'étend pas seulement à l'interprétation des marchés des entrepreneurs avec l'administration, elle comprend aussi toutes les difficultés qui peuvent surgir des circonstances non prévues dans ces marchés. C'est ainsi qu'elle s'applique aux demandes d'indemnité formées par un entrepreneur, aux résiliations prononcées à sa requête ou à celle de l'administration, à la déchéance qui peut être prononcée contre lui, même à sa mise en régie.

800. — Ainsi décidé, que les demandes en indemnité formées par des entrepreneurs de travaux publics en vertu des clauses de leurs cahiers des charges, sont de la compétence des conseils de préfecture. — *Cons. d'Etat*, 7 mars 1834, Deschandeliez.

801. — Il en est ainsi, spécialement d'une demande d'indemnité, fondée sur un prétendu cas de force majeure prévu au marché. — *Cons. d'Etat*, 31 mai 1833, Lavergne.

802. — Jugé encore que le conseil de préfecture est compétent pour statuer sur une demande en indemnité formée contre l'Etat par le concessionnaire d'un pont, lors même que, par une ordonnance royale qui aurait pour objet la concession d'un nouveau pont, il serait dit que, dans aucun cas, les indemnités dues à raison de la construction de ce nouveau pont ne donneraient lieu à un recours contre l'Etat. — *Cons. d'Etat*, 12 avril 1838, Compagnie du pont Milhau.

803. — Mais l'entrepreneur ne peut être admis à réclamer contre l'ordonnance qui ne lui a accordé qu'une indemnité inférieure à sa demande lorsqu'il n'a pas usé de la faculté de demander la résiliation qui lui était accordée par son marché. — *Cons. d'Etat*, 12 avr. 1838, Maingot et Bordes.

804. — La décision par laquelle un ministre refuse d'accorder à un entrepreneur une indemnité ou un supplément du prix auquel celui-ci prétend avoir droit n'est pas susceptible d'être attaquée devant le Conseil d'Etat par la voie contentieuse. — *Cons. d'Etat*, 26 juin 1845, Ponsat; même jour, Soyez.

805. — Toutefois, une décision ministérielle refusant une allocation d'indemnité ne fait point obstacle à ce que le réclamant se retire devant le conseil de préfecture pour obtenir l'interprétation de son cahier des charges. — *Cons. d'Etat*, 6 avr. 1836, Luénot: 26 juin 1845, Ponsat; même jour, Soyez. — V. encore, dans le même sens, *Cons. d'Etat*, 17 sept. 1844, Giraud.

806. — En ce qui concerne la résiliation, la distinction que nous avons faite entre la résiliation provoquée par l'administration, et celle demandée par l'entrepreneur, sert à expliquer la jurisprudence du Conseil d'Etat.

807. — Dans le premier cas, la décision par laquelle un préfet a prononcé la résiliation d'une entreprise de travaux publics par suite de l'ajournement indéfini desdits travaux est un acte administratif qui ne peut être l'objet d'un pourvoi au Conseil d'Etat par la voie contentieuse. — *Cons. d'Etat*, 18 janv. 1826, Chanard.

808. — Spécialement, c'est au préfet qu'il appartient, sauf l'approbation du ministre de l'intérieur, de prononcer la résiliation du marché passé pour l'entretien d'une route. — *Cons. d'Etat*, 2 août 1826, Rue.

809. — « Mais, dit M. Cormenin (t. 2, p. 422), la question de résiliation si elle est d'ordre public n'est pas contentieuse; c'est la question d'indemnité qui l'est, et le refus du ministre ne fait point obstacle à ce que l'entrepreneur ou le particulier se pourvoie devant le conseil de préfecture pour réclamer l'indemnité qui lui est due.

810. — Aussi, l'entrepreneur dont le marché a été ainsi résilié, peut-il, malgré la décision du ministre qui la lui refuse, se pourvoir devant le conseil de préfecture afin d'obtenir une indemnité. — *Cons. d'Etat*, 18 janv. 1826, Chanard.

811. — Il est vrai qu'en même temps le Conseil d'Etat a jugé qu'il n'appartient qu'au préfet et au ministre de l'intérieur de statuer sur les demandes en indemnité de l'adjudicataire, par suite de la résiliation de son marché, et que le conseil de préfecture est incompétent. — *Cons. d'Etat*, 2 août 1826, Rue; 23 janv. 1828, Rémuzat. — Mais, ces solutions ne sont point en contradiction avec celles qui précèdent, et doivent seulement être entendues en ce sens qu'il convient avant tout de s'adresser à la juridiction gracieuse pour le règlement, sauf, en cas de contestation, à se retirer devant le conseil de préfecture.

812. — Au surplus, depuis et dans une espèce où il s'agissait d'une résiliation poursuivie à la requête de l'administration, le Conseil d'Etat a décidé qu'en matière de travaux publics, le règlement des indemnités auxquelles peuvent donner lieu les cas de résiliation prévus aux marchés est de la compétence du conseil de préfecture. — *Cons. d'Etat*, 20 janv. 1830, Orfray.

813. — D'un autre côté, il est certain que les conseils de préfecture sont seuls compétens pour prononcer sur une demande en résiliation de marché, formée par des entrepreneurs de travaux publics et fondée sur les dispositions de l'art. 39 du cahier des clauses et conditions générales de l'administration des ponts et chaussées. — *Cons. d'Etat*, 20 juill. 1836, Delamarre et Renout; 15 sept. 1843, Copigneaux-Touleux.

814. — Le conseil de préfecture méconnaît donc sa compétence lorsqu'il refuse de statuer sur une demande en résiliation de marché de travaux publics, formée par un entrepreneur et fondée sur un droit qu'il prétend résulter de son contrat. — *Cons. d'Etat*, 16 févr. 1835, Franciel.

815. — A plus forte raison, le conseil de préfecture doit-il, en même temps qu'il prononce la résiliation, statuer sur les indemnités et autres conséquences de la résiliation demandée.

816. — C'est ainsi qu'il doit être statué immédiatement par lui sur les chefs de réclamation relatifs au bardage des pierres de taille et au transport de la chaux et du sable approvisionnés par l'entrepreneur, et que l'administration doit reprendre après résiliation du marché, et ce, sans qu'il y ait lieu par le conseil d'attendre la mise en cause du nouvel entrepreneur, pour régler ce qui peut être dû à l'ancien, de ce chef. — *Cons. d'Etat*, 12 févr. 1841, Best c. Ministre des travaux publics.

817. — Du reste, quelle que soit la cause de la résiliation, qu'elle soit provoquée par l'entrepreneur, ou prononcée par l'administration, les tribunaux ordinaires demeurent toujours incompétens pour statuer sur le fait de cette résiliation, et interpréter les actes administratifs qui l'ont prononcée. — *Cons. d'Etat*, 7 avr. 1823, Treillet c. Actionnaires du pont de Milhaud.

818. — Mais la demande en indemnité formée par l'entrepreneur dépossédé, relativement à une carrière qu'il prétend avoir découverte, est de la compétence des tribunaux, et doit être dirigée contre les actionnaires des travaux, bailleurs de fonds et non contre le gouvernement. — Même ordonnance. — Il ne s'agit plus là, en effet, que d'un intérêt privé, cas où la juridiction ordinaire demeure seule compétente. — V., au surplus, *suprà*.

819. — Sur la compétence du conseil de préfecture en matière de déchéance, le Conseil d'Etat a statué que lorsque les concessionnaires d'un travail public, notamment un pont, ont encouru, faute d'avoir achevé les travaux dans le délai déterminé par le cahier des charges, la déchéance de leur concession, c'est au conseil de préfecture qu'il appartient de la prononcer. — *Cons. d'Etat*, 8 avr. 1842, Ministre des travaux publics c. Concessionnaires du pont de Roquemaure sur le Rhône.

820. — Mais il a jugé en même temps que l'administration seule a le droit d'apprécier s'il y a lieu de surseoir à l'exécution de la déchéance encourue et régulièrement prononcée. — Même ordonnance.

821. — ... Et qu'en conséquence, on doit considérer comme nul l'arrêté du conseil de préfecture qui, en prononçant une semblable déchéance, ordonne qu'il sera sursis à son exécution pendant un délai déterminé. — Même ordonnance.

822. — En ce qui concerne la mise en régie, la demande en indemnité formée par un entrepreneur de travaux publics dont l'adjudication a été annulée par l'établissement d'une régie, ainsi que les répétitions pour avances, prix d'ouvrages, matériaux et autres causes relatives à l'entreprise, doivent être présentées au ministre compétent, avant d'être introduites par la voie contentieuse. — *Cons. d'Et.*, 14 mai 1817, Delachaussée; 16 mai 1827, Veissot.

823. — Mais, au résumé, les actes par lesquels un préfet et le ministre des travaux publics ordonnent la mise en régie et la réadjudication à la folle enchère d'un entrepreneur, et, par suite de la réadjudication, le déclarent débiteur envers le Trésor, sont des actes administratifs, qui ne sont pas susceptibles d'être déférés au Conseil d'Etat par la voie contentieuse, mais qui ne font point obstacle à ce que l'entrepreneur saisisse le conseil de préfecture des réclamations fondées sur les droits qu'il prétend résulter de son marché. — *Cons. d'Et.*, 27 oct. 1837, Barbe c. Ministre des travaux publics.

824. — C'est devant le conseil de préfecture, sauf recours au Conseil d'Etat, que doivent être portées les réclamations d'un entrepreneur contre un arrêté du préfet, contenant liquidation de travaux en régie, qui porte atteinte aux droits résultant des clauses et conditions de son marché. — *Cons. d'Et.*, 16 mai 1827, Veissot; même jour, Bourdon.

825. — Les conseils de préfecture sont compétens pour connaître des contestations qui s'élèvent entre l'entrepreneur de travaux publics et l'administration, au sujet d'un boni résultant de la mise en régie. — *Cons. d'Et.*, 14 févr. 1834, Vourgère; même jour, Raquin.

826. — Spécialement: pour statuer sur les réclamations formées par l'entrepreneur des travaux d'une route contre les dispositions de l'arrêté du préfet qui lui ordonnent de verser la somme nécessaire pour l'achèvement des travaux par voie de régie, et qui prescrivent l'expropriation immédiate des biens affectés à son cautionnement. — *Cons. d'Et.*, 11 janv. 1837, Chanard c. Ministre des travaux publics.

827. — Au surplus, le conseil de préfecture n'excède pas ses pouvoirs en critiquant un arrêté du préfet relatif à la mise en régie des travaux pour le compte de l'entrepreneur. — *Cons. d'Et.*, 21 mai 1833, Lavergne.

ART. 3. — *Réclamations des intéressés autres que les entrepreneurs.*

828.—Les tribunaux ordinaires sont seuls compétens pour statuer, en matière de travaux publics, sur les contestations qui peuvent s'élever entre associés, sur l'accroissement de leurs droits réciproques, par suite du décès ou de la retraite de certains associés. — *Cons. d'Et.*, 23 sept. 1810, Fabre c. Godot.

829. — Cependant, lorsque l'Etat est intéressé dans la société, comme représentant des émigrés, le conseil de préfecture est compétent pour connaître des difficultés auxquelles elle peut donner lieu. — Même ordonnance.

830.—De ce que les tribunaux ordinaires sont compétens pour statuer sur les droits et obligations respectives des associés entre eux, il suit, par exemple, que l'autorité judiciaire peut, en statuant sur les contestations élevées entre un entrepreneur de travaux publics et le tiers qui est devenu son associé après l'adjudication des travaux, point à l'égard duquel ils sont compétens, ordonner par voie d'interprétation du marché fait avec l'Etat, que l'entrepreneur conviendra avec son associé de l'ordre des travaux, marchés, entreprises à donner, gens à employer pour l'exécution de ce qui serait ordonné par le gouvernement, etc. — *Cons. d'Et.*, 7 août 1810, Depaw et Jacob. — De Cormenin, *Droit admin.*, v° *Travaux publics*, t. 2, p. 438; Macarel, *Elemens de droit admin.*, t. 2, p. 206.

831. — « Au contraire, dit M. de Cormenin (t. 2, p. 438), il n'appartiendrait pas aux tribunaux de statuer sur l'intervention d'un associé, dans l'ordre, le règlement et l'exécution d'une entreprise adjugée uniquement et personnellement à un autre, et à laquelle les adjudicataires reconnus et acceptés par le Gouvernement peuvent seuls prendre une part directe. » —V., en ce sens, *Cons. d'Etat*, 25 mai 1811, Jacob c. Depaw.

832. — Mais le décret qui déclare un individu devenu associé d'un entrepreneur de travaux publics, postérieurement à l'adjudication, sans droit pour participer à la direction des travaux, ne porte aucune atteinte aux actions que ce tiers peut avoir à exercer contre son associé dans son intérêt privé, quant aux bénéfices qui peuvent résulter de l'entreprise. — Même ordonnance.

833. — ... Et au résumé, les contestations entre deux entrepreneurs de travaux publics, relativement au recours qu'ils peuvent exercer l'un contre l'autre, à raison de leur acte d'association, ou de la solidarité convenue entre eux, sont de la compétence judiciaire. — *Cons. d'Etat*, 16 janv. 1822, Martin.

834. — Mais les tribunaux sont incompétens pour statuer sur la demande formée contre le Trésor par le sous-traitant d'un entrepreneur de travaux publics en paiement de ce qui lui est dû. — *Cons. d'Etat*, 9 déc. 1843, Crouy. — Ce remboursement ne peut en effet avoir lieu qu'en vertu et comme conséquence d'un règlement de compte, lequel ne peut procéder que de l'administration, et n'est susceptible de pourvoi contentieux que devant la juridiction administrative. — V. *suprà*, n°

835.— De même les tribunaux civils sont seuls compétens pour statuer sur les contestations qui s'élèvent entre les entrepreneurs de travaux publics et leurs sous-traitans, au sujets d'actes privés auxquels l'administration est étrangère. — *Cons. d'Etat*, 15 janv. 1813, Beaugeard c. Malcoffe; 15 mai 1813, Cavard et Bastière; 4 juin 1815, Brunet c. Butin; 17 juill. 1816, Lepointe c. Beugnot; 12 avr. 1832, Société anonyme du pont Henry c. Trabucco; 10 juin 1835, Dardel.

836. — La compétence des tribunaux ordinaires est, en pareil cas, absolue; on ne saurait y déroger par aucune stipulation contraire. — *Cons. d'Etat*, 12 avr. 1832, Société anonyme du pont Henry c. Trabucco.— Mais pourvu, remarquons-le bien, qu'il ne s'agisse toujours que de questions d'intérêts privés.

837. — La Cour de cassation partant de ce principe que les tribunaux ne sont tenus de surseoir à prononcer et de renvoyer à l'autorité compétente l'interprétation des actes administratifs que lorsqu'il y a de l'obscurité dans ces actes, a décidé spécialement que les tribunaux dans la compétence desquels rentre la connaissance des contestations qui s'élèvent entre un concessionnaire de travaux publics et son sous-traitant, quant à l'exécution des conventions in-

tervenues entre eux, ne sont pas obligés de surseoir à prononcer et de renvoyer à l'autorité administrative pour qu'elle ait à déterminer l'étendue du traité de concession passé entre l'Etat et l'entrepreneur, traité auquel il faut recourir pour interpréter le sous-traité, si cet acte de concession est suffisamment clair. — *Cass.*, 17 avr. 1844 (t. 2 1844, p. 58), Usquin c. Solignac.

838. — ... Que l'on doit particulièrement le décider ainsi, lorsqu'il s'agit seulement de déterminer quels travaux étaient restés à la charge de l'entrepreneur, et quels étaient ceux dont s'était chargé le sous-traitant, et aussi de fixer l'indemnité qui doit être accordée à ce dernier pour les travaux qu'il a faits au delà de ce qu'il avait pris à son compte, ainsi que pour le dommage que lui cause l'inexécution de la partie de l'entreprise que devait terminer le concessionnaire. — Même arrêt.

839. — ... Et que même, il importe peu qu'il faille, pour déterminer l'indemnité, consulter un rapport des ingénieurs, si ceux-ci ont agi pour le compte et comme mandataires des parties, et non comme agens du gouvernement. — Même arrêt.

840.—C'est donc avec raison qu'il a été décidé que les conseils de préfecture sont incompétens pour connaître des difficultés existant entre un entrepreneur et ses fournisseurs et voituriers, à raison de marchés auxquels l'Etat est étranger. — *Cons. d'Etat.*, 20 juin 1812, Delhomme et Boucher c. Baudoin.

841. — Le cahier des charges qui, dans la vue d'exclure la juridiction administrative, attribue les contestations aux tribunaux ordinaires, n'exclut pas celle des tribunaux de commerce. — *Rouen*, 26 déc. 1840 (t. 2 1844, p. 504), Commune d'Ingouville c. Berson et Letendu.

842. — Ainsi, par exemple, l'entrepreneur de travaux publics qui s'engage à fournir les matériaux nécessaires à la construction d'une église qu'il se charge d'élever fait acte de commerce et est justiciable des tribunaux de commerce. — Même arrêt. — V. encore Goujet et Merger, *Dict. de dr. comm.*, v° *Actes de commerce*, n° 113; Nouguier, *Des tribunaux de commerce, des commerçans et des actes de commerce*, t. 1er, p. 424.

843. — Par les mêmes motifs, le Conseil d'Etat a décidé, de son côté, que la contestation élevée entre un armateur et l'entrepreneur du lestage à l'effet de savoir si le retard provient du fait de l'entrepreneur est de la compétence administrative; mais que, du moment où l'autorité administrative a constaté le fait du retard, il appartient aux tribunaux ordinaires de statuer sur des dommages-intérêts dus aux capitaines ou armateurs. — *Cons. d'Etat*, 16 févr. 1827, Quesnel c. Nel.

844. — Les tribunaux ordinaires sont seuls compétens pour prononcer sur les contestations qui s'élèvent entre les entrepreneurs de travaux publics et leurs créanciers, pour reconnaître les privilèges desdits créanciers, et déterminer l'ordre des créances. — *Cons. d'Etat*, 17 juill. 1816, Lepointe c. Beugnot. — Cormenin, v° *Travaux publics*, t. 2, p. 437; Chevalier, *Jurisprudence administr.*, v° *Travaux publics*, p. 422. —V., en outre, *Cons. d'Etat*, 4 juin 1815, Brunet, et le renvoi; 6 mars 1816, Pittance.

845. — Spécialement, le créancier de l'entrepreneur d'un pont, qui se prétend délégataire privilégié, doit, pour faire reconnaître ses droits, porter sa demande devant l'autorité judiciaire.— *Cons. d'Etat*, 1er mai 1815, Lepointe c. Delachaussée.

846. — L'autorité administrative demeure encore incompétente pour statuer sur le paiement de lettres de change tirées par un entrepreneur de travaux publics sur son caissier au profit d'un particulier, alors que ces lettres de change ont été par lui signées en nom privé et sans indiquer qu'elles eussent été consenties pour valeurs relatives à son entreprise. — *Cons. d'Etat*, 14 févr. 1813, Cézannes. — Cormenin, *Droit administr.*, v° *Travaux publics*, t. 2, p. 437.

847. — Les contestations entre des entrepreneurs de travaux publics et un payeur de la guerre, à l'occasion de prêts d'argent à eux faits par ce dernier, sont de la compétence des tribunaux ordinaires lorsque le trésor public ne s'y trouve point intéressé. — *Cons. d'Etat*, 15 nov. 1810, Beguin c. Plantaz.

848. — La juridiction ordinaire est encore compétente pour connaître des contestations qui s'élèvent entre un comptable et un entrepreneur de travaux publics et sa caution, relativement aux effets du cautionnement, si d'ailleurs la caution ne prétend pas se soustraire aux obligations

contractées par elle envers le gouvernement. — V., en ce sens, *Cons. d'Etat*, 23 oct. 1811, Barreau.

849. — Mais si le fond même du droit venait à être contesté, le Trésor n'étant pas alors désintéressé, et les actes de l'administration devant être appréciés, il ne s'agirait plus de questions d'intérêts privés, et la juridiction administrative devrait être saisie. — V., à ce sujet, Roche et Durieu, *Rép.*, *des établ. de bienfaisance*, v° *Contrainte par corps*, p. 15.

850. — C'est en ce sens qu'il est vrai de dire que l'administration est seule compétente pour apprécier les effets d'un cautionnement consenti pour l'accomplissement d'un traité passé entre un entrepreneur et l'Etat, et relatif à l'exécution de travaux publics. — *Cons. d'Etat*, 30 mars 1842, Deschamps.

851. — Les tribunaux ordinaires sont encore compétens pour statuer sur le mérite d'une saisie-arrêt faite entre les mains du payeur du département par des ouvriers se prétendant créanciers d'un entrepreneur de travaux publics. — *Cons. d'Etat*, 30 avr. 1828, Duval c. Dardel.

852.— ... Et cette compétence existe alors même que l'engagement résulterait d'une convention formelle passée entre les parties et constatée. Ainsi jugé, au surplus, dans une espèce où il s'agissait d'un ouvrier employé au transport des matériaux par un entrepreneur de travaux publics sur les routes. — *Cons. d'Etat*, 11 janv. 1808, Saunier.

853. — Si donc, pour fixer le salaire des ouvriers de l'entrepreneur d'un canal, il y a lieu de mesurer et de classer des terrains fouillés pour l'ouverture de ce canal, le mesurage et le classement doivent sans doute être faits par l'autorité administrative; mais c'est aux tribunaux ordinaires à prononcer ensuite sur les condamnations demandées. — *Conseil d'Etat*, 19 mars 1808, Clairé c. Papillon.

854. — Bien plus, le Conseil d'Etat a jugé que la clause par laquelle, dans une adjudication de travaux publics intéressant à la fois l'Etat et les particuliers, il est dit que les contestations qui naîtront entre l'adjudicataire, les ouvriers, fournisseurs de matériaux, ou autres, ayant rapport aux ouvrages énoncés au devis, seront de la compétence de l'autorité administrative, ne s'étend pas aux transactions faites en l'absence et à l'insu de l'administration, pour des intérêts pécuniaires, entre l'adjudicataire et les particuliers cointéressés de l'Etat. — Même ordonnance.

855. — La même ordonnance ajoute que, dans ce cas, le Conseil d'Etat règle définitivement le compte général de travaux, et, après avoir déterminé la portion à la charge de l'Etat, renvoie les contractans devant les tribunaux pour se faire compte réciproquement dans les termes de la transaction. — *Cons. d'Etat*, 12 août 1818, Rolland c. Vial.

856. — Il est un cas pourtant où cesse la compétence des tribunaux ordinaires, c'est celui où il s'agit de travaux exécutés directement, au compte de l'Etat par les soins de ses préposés, et cette compétence cesse aussi bien en ce qui concerne l'action des entrepreneurs et fournisseurs que celle des simples ouvriers.

857. — En effet, en pareils cas, l'ingénieur, pas plus que l'agent par lui préposé à la surveillance des travaux, au paiement des ouvriers qui travaillent à un canal, ne peut être personnellement condamné à payer l'entrepreneur ou l'ouvrier qu'il a chargé d'une partie des travaux; c'est l'administration seule qui est responsable, sauf à elle son recours contre l'agent qui peut être en faute. — *Cons. d'Etat*, 6 juin 1807, Romanson c. Thomn; même jour, Dambrun c. Romanson.

858. — Or, de ce que l'administration est responsable, il suit que c'est devant le conseil de préfecture que doit être dirigée l'action de l'ouvrier ou entrepreneur. — Mêmes ordonnances.

859. — Spécialement, l'ingénieur chargé de la direction des travaux d'un pont, qui a contracté avec un tiers, au nom et pour le compte de l'administration, n'est pas justiciable des tribunaux, et ne peut être actionné pour l'exécution du contrat que devant le conseil de préfecture.— *Cons. d'Etat*, 3 janv. 1827, Vigneau c. Laffore. — Chevalier, *Jurispr. admin.*, v° *Travaux publics*, t. 2, p. 416.

860. — Ainsi encore, une contestation relative à l'effet d'un mandat délivré par un préfet à un conducteur des ponts et chaussées, est de la compétence administrative, et les tribunaux doivent refuser de statuer, même sur le mérite d'offres réelles faites par suite dudit mandat.—

Cons. d'Etat, 6 mars 1816, Depuichault c. Plantadis.

861. — La compétence du conseil de préfecture demeurerait également seule admissible, s'il s'agissait d'actions dirigées contre un entrepreneur, opérant non plus pour son propre compte, comme un adjudicataire ordinaire, mais comme agent et représentant de l'administration, tel, par exemple, l'entrepreneur par régie intéressée.

862. — Dans ce sens, il est exact de dire avec le Conseil d'Etat, que lorsqu'il s'agit de travaux publics ordonnés par le gouvernement, c'est aux conseils de préfecture qu'il appartient de connaître des contestations entre les entrepreneurs et leurs ouvriers ou fournisseurs. — *Cons. d'Etat*, 22 mars 1813, Rigolet c. Gastaldi. — Pourvu, toutefois, que la contestation se rattache à l'exécution même du marché. — V. conf. Dufour, nº 2813.

863. — S'il résulte des déclarations de l'ingénieur en chef des ponts et chaussées que la construction d'un pont, commencée par un individu comme entrepreneur, a été ensuite exécutée par lui comme régisseur pour le compte du gouvernement, ce n'est pas à lui, mais au gouvernement, que le fermier du bac doit s'adresser pour le paiement du passage des ouvriers et équipages employés aux travaux. D'où il suit que les tribunaux ordinaires sont incompétens pour statuer sur cette demande, et sur la compensation à laquelle elle pourrait donner lieu. — *Cons. d'Etat*, 29 déc. 1819, Giraud c. Bruyères.

864. — Mais nous ne saurions admettre, avec l'ordonnance déjà citée du 22 mars 1813, que la juridiction administrative serait compétente pour statuer sur des faits complétement étrangers à l'exécution du marché, et qu'ainsi, notamment, il lui appartient de connaître du mérite des saisies-arrêts formées sur les premiers, et du classement des créances privilégiées ou non privilégiées.

ART. 4. — *Procédure.*

865. — Le défaut de qualité rendrait non recevable une action introduite devant le conseil de préfecture, à l'occasion de l'interprétation ou de l'exécution d'une entreprise de travaux publics, quelle que fût, du reste, par elle-même, la légitimité de la demande.

866. — Ainsi, lorsque le cahier des charges de l'adjudication d'un pont a stipulé une indemnité à payer par le concessionnaire à une compagnie qui avait fait les études préliminaires du pont, un ingénieur, se prétendant auteur de ces travaux, n'a pas qualité pour réclamer en son nom personnel le paiement de l'indemnité stipulée. — *Cons. d'Etat*, 2 juin 1837, Jollois c. Moustier. — L'Etat, en effet, ne connaît que la compagnie, et n'a aucun compte à régler avec les agens qu'elle peut avoir employés.

867. — De même, une commune est sans qualité pour intervenir dans un débat entre l'administration et des entrepreneurs sur le sens et l'exécution d'un contrat auquel elle est étrangère, et qui a pour objet la construction d'un pont sur une route départementale. — *Cons. d'Etat*, 3 mars 1837, Ministre des travaux publics c. Liébault et Guyard.

868. — Comme aussi, est non recevable à demander la réformation d'un arrêté du conseil de préfecture le prétendu associé d'un entrepreneur, alors que le titulaire est seul en qualité dans l'adjudication et dans l'instance devant le conseil qui a rendu l'arrêté attaqué. — *Cons. d'Etat*, 12 févr. 1841, Best c. Ministre des travaux publics.

869. — Mais, et ici la position est toute différente, les associés pour une entreprise de travaux publics peuvent agir collectivement ; et le défaut de justification des droits ou qualités, ou de l'existence de l'un d'eux ne peut être opposé comme une fin de non-recevoir, si la cause est en état. Ce n'est que lorsqu'il s'agit de fixer la portion afférente à chaque intéressé dans l'entreprise commune que chacun doit justifier individuellement de son existence et de ses droits particuliers. — *Cons. dEtat*, 23 sept. 1810, Fabre c. Godot. — Cormenin, *Droit admin.*, vº *Mode de procéder devant le conseil*, art. 1er, note 2, p. 44.

870. — Le conseil de préfecture étant le juge en premier ressort de toutes les contestations qui peuvent s'élever à l'occasion de l'interprétation et de l'exécution des marchés (*Cons. dEtat*, 31 août 1830, Darlas et Guicheme. — Un entrepre-

neur ne peut soumettre au Conseil d'Etat des réclamations qui n'ont pas été portées en première instance devant un conseil de préfecture. — *Cons. d'Etat*, 17 févr. 1820, Maury ; 6 avr. 1836, Bois.

871. — Le conseil de préfecture saisi de la contestation doit statuer dans le plus bref délai ; on comprend, néanmoins, que parfois les difficultés de la question soumise sont telles qu'elles ne permettent pas une solution immédiate. Dans ce cas, il peut y avoir lieu d'ordonner interlocutoirement des vérifications préalables. — V., notamment, *Cons. d'Etat*, 5 nov. 1828, Thevin ; 23 mai 1830, même partie.

872. — Du reste, la prolongation de délai qui peut être accordée à l'entrepreneur par le conseil de préfecture devant lequel il a été traduit et sous la réserve des droits de l'administration, ne peut être préjudiciable aux droits de l'entrepreneur. — *Cons. d'Etat*, 19 mars 1823, Chanard.

873. — Lorsque des ouvrages ont été faits en augmentation, et que le conseil de préfecture a différé à statuer sur leur mérite, jusqu'au procès-verbal de visite et de réception à dresser après l'exécution des travaux principaux, son arrêté ne peut être critiqué avant cette confection s'il réserve les droits respectifs des parties. — Même ordonnance.

874. — Les conseils de préfecture doivent, dans les contestations entre les entrepreneurs de travaux publics et l'administration, prononcer d'après les termes du devis ; ils ne peuvent adopter des moyens d'équité et de conciliation sans le consentement du ministre. — *Cons. d'Etat*, 18 mars 1816, Lachaume c. Daillant.

875. — Ainsi, lorsque, par suite d'une demande en résiliation de son marché formée par un entrepreneur contre un hospice, cet entrepreneur a, d'accord avec l'hospice, fait une soumission nouvelle en même temps qu'on lui promettait une indemnité, cette soumission n'a pas changé sa position à l'égard de l'hospice, et dès lors, c'est d'après les termes du devis qui a servi de base à l'adjudication primitive que doit être jugée la contestation relative à l'indemnité. — *Cons. dEtat*, 31 août 1830, hospice de Dac c. Dangoumeau.

876. — Lorsqu'une somme a été payée deux fois à un entrepreneur, par suite de double emploi, il doit être contraint à la restitution par le conseil de préfecture. — *Cons. d'Etat*, 8 mars 1827, Leblond.

877. — En ce qui concerne les dépens, il y a lieu d'appliquer les règles générales. Ainsi, lorsqu'un entrepreneur de travaux publics a succombé devant le conseil de préfecture sur une partie de ses prétentions contre l'administration, il y a lieu de prononcer la compensation des dépens. — *Cons. d'Etat*, 26 juin 1835, Administration des tabacs c. Vaudet.

878. — Notons encore que lorsque les honoraires de l'architecte à qui la vérification des travaux était confiée ont été mis à la charge de l'entrepreneur par un arrêté préfectoral dont il a été donné lecture au moment de l'adjudication, l'entrepreneur ne peut se refuser à les supporter. — *Cons. d'Etat*, 31 août 1837, dép. des Deux-Sèvres c. Pivaud-Gaillard.

879. — Les entrepreneurs de travaux publics sont tenus de faire signifier les arrêts obtenus par eux contre l'administration, pour faire courir contre elle les délais du pourvoi. Ces délais ne courent pas par la cessation des travaux. — *Cons. d'Etat*, 24 oct. 1827, Roux.

880. — Mais par une juste réciprocité il ne peut être opposé aucune fin de non-recevoir contre le pourvoi d'un entrepreneur de travaux publics, lorsqu'il n'est justifié ni de la notification de l'arrêté, ni d'un acquiescement de sa part. — *Cons. d'Etat*, 10 fév. 1830, Motte.

881. — L'administration ne peut non plus opposer à un entrepreneur, à l'occasion d'une demande faite par celui-ci et comme élevant contre lui une fin de non-recevoir tirée de l'autorité de la chose jugée, un arrêté du conseil de préfecture précédemment rendu contre lui, lorsque cet arrêté, bien que réellement intervenu entre l'administration et l'entrepreneur, n'a pas statué sur la même demande. — *Cons. d'Etat*, 8 août 1844, Savalète.

882. — A plus forte raison l'arrêté du conseil de préfecture qui réserve à un entrepreneur la faculté de faire valoir, s'il y a lieu, ses droits à une indemnité contre l'administration, ne préjuge rien quant au droit que l'entrepreneur peut avoir à cette indemnité. En conséquence, l'arrêté

ultérieur qui rejette la demande en indemnité ne peut être attaqué comme contenant violation de la chose jugée. — *Cons. d'Etat*, 17 sept. 1844, Lespinosse.

883. — Mais lorsque par un arrêté contradictoire et définitif un conseil de préfecture a rejeté la réclamation d'un entrepreneur contre le décompte de son entreprise, ce même conseil ne peut pas, par un nouvel arrêté, ordonner une expertise à l'effet de vérifier l'exactitude des allégations de l'entrepreneur. — *Cons. d'Etat*, 22 juin 1843, Pellé.

884. — Un entrepreneur n'est pas davantage recevable à se pourvoir devant le Conseil d'Etat, hors des délais du règlement, contre la disposition d'un arrêté du conseil de préfecture qui a rejeté la demande en indemnité par lui formée contre l'administration, lorsque le ministre, que le litige concernait, s'étant lui-même pourvu contre cet arrêté, et ce pourvoi lui ayant été communiqué, il n'a formé ni recours incident, ni recours principal dans les délais. — *Cons. d'Etat*, 17 sept. 1844, Lespinosse.

885. — Est encore non recevable l'opposition formée par un entrepreneur de travaux publics à un arrêté du conseil de préfecture rendu contradictoirement avec lui, lors de la première instruction de l'affaire. — *Cons. d'Etat*, 26 juin 1822, Fourdimes c. Leflon.

886. — Lorsqu'un arrêté du conseil de préfecture vise une lettre adressée par le ministre au préfet du département relativement aux prétentions de l'entrepreneur, et une lettre du préfet audit entrepreneur en réponse à un appel en garantie dirigé contre l'Etat, l'arrêté doit être considéré comme rendu contradictoirement avec l'administration ; et celle-ci peut l'attaquer directement devant le Conseil d'Etat, sans être obligée de prendre la voie de tierce opposition devant le conseil de préfecture. — *Cons. d'Etat*, 7 juin 1836, Brochet.

887. — Il est de même incontestable qu'un entrepreneur est non recevable à attaquer devant le conseil d'Etat des arrêtés du conseil de préfecture qui ont été exécutés par son coassocié solidaire. — *Cons. d'Etat*, 16 janv. 1822, Martin.

888. — ... Que, la tierce opposition n'est plus recevable, lorsque le droit du tiers opposant a été reconnu par ses adversaires et qu'il se trouve ainsi désintéressé. — *Cons. d'Etat*, 23 sept. 1810, Fabre c. Godet. — Chevalier, *Jurispr. admin.*, vº *Procédure*, ch. 1er, sect. 4, § 3, p. 263, t. 2.

889. — Saisi régulièrement par voie d'appel, le Conseil d'Etat, comme le conseil de préfecture, est appelé à l'examen des faits. C'est ainsi qu'il décide, par interprétation du cahier des charges d'une entreprise de travaux publics, dans quels délais les déblais et les profils relatifs à ces travaux devaient être critiqués et comment il doit être procédé à leur mesurage. — *Cons. d'Etat*, 17 sept. 1844, Lance.

890. — Toutefois, il convient de remarquer que l'arrêté d'un conseil de préfecture qui règle l'indemnité due à un entrepreneur ne peut être attaqué par lui sur de simples allégations dénuées de preuve ; et que, par conséquent, en pareille circonstance, le conseil devrait rejeter immédiatement le pourvoi. — *Cons. d'Etat*, 9 janv. 1828, Delmas. — Chevalier, *Jurispr. admin.*, vº *Travaux publics*, t. 2, p. 424.

891. — Pareillement, lorsque le droit à une indemnité n'est pas contesté, que l'indemnité a été légalement arbitrée par le conseil de préfecture, il y a lieu de maintenir son arrêté. — *Cons. d'Etat*, 7 avr. 1835, Ministre du commerce et des travaux publics c. Deschandelliers. — Chevalier, *Jurispr. admin.*, vº *Travaux publics*, t. 2, p. 419.

892. — En tous cas, il est certain que lorsque le principe d'une indemnité, en raison des excédans de distance pour transport de matériaux, a été admis par un arrêté qui a acquis force de chose jugée, il ne peut plus y avoir de question que sur la fixation de cette indemnité. — *Cons. d'Etat*, 27 août 1833, Pommerat.

893. — Le défaut d'intérêt devant mettre fin à toute contestation, il est également indubitable, par exemple, que lorsque le ministre déclare avoir admis la demande en résiliation formée par l'entrepreneur, et avoir chargé le préfet de la prononcer, le pourvoi devient sans objet, et il n'y a lieu par le Conseil d'Etat de statuer. — *Cons. d'Etat*, 16 fév. 1835, Franciel.

894. — Le Conseil d'Etat a décidé, dans un cas spécial, qu'en matière de cotisations de propriétaires pour des travaux publics auxquels leurs propriétés sont intéressées, tels que des travaux

de défense à exécuter sur les rives du Rhône, et pour régler les cotisations, les délibérations de la commission spéciale instituée pour ces travaux, aux termes de la loi du 16 sept. 1807, sont soumises au directeur général des ponts et chaussées; et si les propriétaires intéressés adressent des réclamations au directeur général, et que le tout soit soumis au Conseil d'Etat, la décision intervenue est réputée contradictoire comme si la direction des ponts et chaussées avait fait l'instruction du litige; en ce cas, la décision du Conseil d'Etat n'est susceptible que d'une opposition extraordinaire pour moyens de requête civile. — *Cons. d'Etat*, 7 août 1816, Chabran c. Commission spéciale des travaux de défense de la rive gauche du Rhône.

Sect. 9e. — *Torts et dommages occasionnés aux tiers par l'exécution des travaux publics.*

895. — Foucard, rendant compte dans le journal *le Droit*, de l'ouvrage de M. Gosson sur les travaux publics, résume en ces termes les torts et dommages que peuvent occasionner aux tiers l'exécution des travaux publics : « Dans l'exécution si fréquente aujourd'hui des grands travaux d'utilité publique, l'autorité se trouve habituellement en contact avec les particuliers, et elle s'y trouve armée de pouvoirs exceptionnels qui modifient la propriété privée en vue de l'intérêt général. Les agens de l'administration traversent les champs ensemencés, foulent aux pieds les récoltes, détruisent les clôtures, coupent les arbres, et tout cela pour étudier un projet qui ne sera peut-être jamais réalisé. Lorsque le projet approuvé est mis à exécution, c'est la propriété elle-même qu'on enlève aux particuliers, sans égard à leurs affections ou à leurs convenances, puis on fouille les terrains souvent éloignés du lieu où s'exécutent les travaux pour en extraire du sable, de la terre, des pierres; on établit des chemins pour le transport des matériaux, des chantiers pour leur préparation; on enterre des maisons par des remblais, on les déchausse en faisant des déblais; on détourne le cours des ruisseaux, on comble des vallées, on perce des montagnes. Lorsque les grandes voies de communication sont terminées, les propriétés qui les bordent se trouvent grevées de servitudes fort lourdes. On ne peut plus planter dans de certaines limites, construire des édifices sur leurs bords, réparer les édifices riverains qu'avec une autorisation, et l'on est puni si l'on a négligé de la demander. »

896. — Obligé de supporter l'exécution du travail d'utilité publique sans pouvoir s'y opposer, lorsqu'il est régulièrement autorisé, forcé même s'il le faut de renoncer complétement à sa propriété, le propriétaire n'a d'autre droit que celui de réclamer une indemnité à raison du dommage causé.

897. — Pour apprécier la nature du dommage en lui-même, l'indemnité qui peut être due pour sa réparation, pour savoir quelle est la procédure à suivre ou la juridiction appelée à statuer, il est nécessaire de distinguer les quatre circonstances suivantes :

898. — 1° Avant l'exécution du travail d'utilité publique, il peut arriver que les études faites par ordre de l'administration occasionnent un préjudice au propriétaire dont les terrains sont occupés ou traversés par ces études; c'est là le premier cas de dommages.

899. — 2° L'exécution du travail arrêtée, il peut être nécessaire que le propriétaire cède tout ou partie de son terrain à l'administration ou à l'entrepreneur qui la représente; et alors il y a lieu à expropriation.

900. — 3° Sans prendre possession du terrain d'une manière définitive, l'entrepreneur peut néanmoins dans certains cas et en vertu de règlemens, y exercer des droits de fouilles, d'extraction ou de recherches de matériaux; c'est le troisième cas d'indemnité.

901. — 4° Enfin, soit de l'exécution même du travail, soit du travail exécuté, il peut résulter, pour un propriétaire, un dommage temporaire ou permanent, qui nécessite une réparation dont nous aurons à examiner aussi la nature et l'étendue.

902. — Du reste, dès qu'on n'a plus qu'à envisager l'exécution des travaux publics dans ses rapports avec les intérêts et les droits des tiers

étrangers à l'entrepreneur, les distinctions fondées sur la nature du traité ne doivent avoir aucune importance. Que l'exécution se poursuive par voie de régie ou par l'intermédiaire d'un adjudicataire ou cessionnaire, les questions à prévoir et les principes auxquels il faut demander la solution sont toujours les mêmes. — Dufour, n° 2840.

Art. 1er. — *Etude des projets. — Travaux préparatoires.*

903. — Quelques explications fort courtes suffiront en ce qui concerne les torts et dommages que peuvent occasionner aux tiers les études préparatoires aux travaux publics.

904. — Les préfets autorisent sur la propriété privée les nivellemens, sondages et autres travaux jugés nécessaires pour l'étude des projets. Nulle opération ne peut en effet être faite sans autorisation régulière.

905. — Les maires des communes dans lesquelles ces études doivent être faites, doivent les favoriser en prêtant l'appui de leur autorité aux agens chargés de les faire. — Les arrêtés pris par les préfets les invitent à les faciliter par leur bienveillant concours. Les opérations d'études qui n'entraînent que le passage sur les propriétés, ou de menus travaux de sondage et de plantations de jalons et de points de repère, sont autorisées, pour l'ordinaire, d'après ces simples formalités.

906. — Mais les études relatives aux grands travaux, tels que chemins de fer, canaux de navigation, etc., sont habituellement permises par des arrêtés du chef de l'Etat, parce que ces études, dont les résultats sont plus graves, en ce qu'elles exigent souvent le jaugeage des cours d'eau, entraînent conséquemment le chômage plus ou moins prolongé des usines; ces opérations dépassent toujours aussi les limites d'un département.

907. — Le droit que l'administration a exercé de tout temps, d'autoriser les études de travaux sur la propriété privée, résulte implicitement des lois des 28 pluv. an VIII, 16 sept. 1807, et 3 mai 1841, ainsi que de l'article 438 du Code pénal. On ne concevrait pas, en effet, que l'administration ne pût, par des travaux préparatoires, recueillir les élémens indispensables pour la rédaction des projets. Comment établir, par exemple, les nivellemens qui en sont la base nécessaire; comment déterminer la direction du tracé d'une route ou d'un chemin de fer, si l'on ne pouvait préalablement étudier le terrain, reconnaître les passages les plus faciles et les plus favorables aux intérêts publics? Les auteurs de la *Théorie du Code pénal* (t. 6, p. 173) font remarquer, avec raison, que l'article 438 ne parle que des travaux *autorisés par le gouvernement*, sans distinguer entre les travaux définitifs et les travaux préparatoires, d'où découle cette conséquence que la loi a entendu permettre les opérations d'études. — Husson, t. 1er, p. 325.

908. — Cette opinion se trouve au surplus confirmée par les considérans d'un arrêt de la Cour de cassation, qu'il importe de reproduire. « Attendu, dit cet arrêt, qu'il faut distinguer entre la déclaration d'utilité publique, exigée par la loi du 8 mars 1810, qui ne peut émaner que du gouvernement, et la confection de travaux préparatoires autorisés par l'administration, et destinés à l'éclairer sur la nécessité de cette déclaration; que si la déclaration d'utilité publique doit toujours intervenir dans la forme d'une ordonnance royale, il ne s'ensuit pas que les travaux préparatoires et d'études doivent être autorisés avec la même solennité, que le contraire résulte même de la différence qui existe entre les résultats de ces travaux et ceux de la déclaration d'utilité publique; qu'en effet la déclaration d'utilité publique entraîne nécessairement l'expropriation des terrains auxquels elle s'applique, tandis que les travaux dont il s'agit ne portent aucune atteinte aux droits de propriété; qu'il s'ensuit de là que les agens de la direction générale des ponts et chaussées sont suffisamment autorisés à s'y livrer, lorsqu'ils sont munis des ordres de leurs supérieurs et de l'autorité administrative compétente, sauf la réparation et l'indemnité des torts et dommages que ces travaux pourraient causer, et à la charge par lesdits agens de la direction générale de justifier de leur qualité et de leur mission aux propriétaires des terrains sur lesquels ils s'exécutent; que toute opposition, par voie de fait, à des opérations de

cette nature, entreprise par des ingénieurs des ponts et chaussées, dûment autorisés par le préfet du département, serait passible des peines déterminées dans l'article 438 du Code pénal. — *Cass.*, 4 mars 1825, Mayet.

909. — Cet arrêt est précieux à recueillir en ce qu'il ne se borne pas seulement à affirmer le droit de l'administration, mais qu'il reconnaît encore que des décisions administratives sont suffisantes pour autoriser les études à faire sur les propriétés privées. On remarquera qu'il admet aussi qu'il doit être donné connaissance officielle des ordres de l'administration aux propriétaires intéressés. — Husson, *loc. cit.*

910. — En fait, l'administration se conforme toujours à cette indication; dans ce but, l'acte d'autorisation des études à faire est remis aux agens, avec mission de le représenter au besoin, sur la réquisition des propriétaires.

911. — Mais si cette communication individuelle est suffisante au point de vue légal, pour que les agens puissent, avec l'assistance de l'autorité du lieu, s'introduire dans les propriétés, il nous semble que, s'appliquant à une matière qui touche à des intérêts délicats, elle devrait être donnée dans une forme plus solennelle. Nous croyons donc que les préfets feraient sagement de transmettre sans délai leurs autorisations aux maires des communes intéressées, en les invitant à les porter, par voie d'affiche et de publication, à la connaissance de leurs administrés. — Même auteur, *ibid.*

912. — Nous pensons aussi qu'il n'est point superflu que les préfets prescrivent aux agens d'exécution d'apporter la plus grande réserve dans toutes les opérations qui se rattachent aux études, par exemple, de n'abattre des plantations d'arbres fruitiers ou autres, ou de ne pratiquer des brèches aux murs pour la pose des jalons, que dans les cas de nécessité absolue, enfin, de constater, avant de quitter la propriété, et contradictoirement avec les ayans droit, les dégâts commis, sauf par l'administration à notifier ultérieurement les sommes qu'elle entend offrir pour la réparation de ces dommages. — *Ibid.*

913. — Quant à ce qui a trait aux demandes d'indemnité formées par les propriétaires, et aux contestations qui peuvent s'élever sur leur règlement, V. *infrà*.

Art. 2. — *Expropriation pour cause d'utilité publique.*

914. — Chaque fois que l'acquisition d'un héritage est reconnue indispensable pour l'exécution d'un travail public, et que cette utilité a été reconnue dans les formes prescrites par la loi, il y a lieu à *expropriation* du propriétaire.

915. — L'expropriation ne peut avoir lieu sans que le propriétaire ait été préalablement indemnisé du préjudice éprouvé, et même sans que l'indemnité fixée ait été versée entre ses mains. Si nous insistons ici sur cette dernière circonstance, c'est que, ainsi que nous le verrons plus bas, elle n'est pas de droit commun pour la réparation de tous torts et dommages.

916. — Une autre différence essentielle est aussi à constater quant à la juridiction appelée à statuer en cas d'expropriation, et celle qui prononce sur la réparation des dommages. Autrefois, c'était à l'administration qu'il était exclusivement réservé de prononcer dans l'un et l'autre cas. — L. 28 pluv. an VIII, 16 sept. 1817. — Depuis la loi du 7 juill. 1833, la compétence en matière d'indemnités dues pour expropriation a passé à la juridiction toute nouvelle des jurys d'expropriation.

917. — Cette compétence des jurys d'expropriation est absolue, et s'étend à tous les cas où le propriétaire subit l'éviction de sa propriété en tout ou en partie.

918. — C'est ainsi qu'il a été décidé que l'autorité administrative est incompétente pour statuer sur l'indemnité réclamée relativement à la prise de possession d'une portion de la propriété d'un particulier destinée au redressement d'un chemin de grande communication. — *Cons. d'Etat*, 6 sept. 1843, Boutin.

919. — Le conseil de préfecture est également incompétent pour prononcer sur une demande en paiement du prix d'un mètre de terrain qui aurait été enlevé au propriétaire. — Dans ce cas, et s'agissant véritablement d'expropriation, le propriétaire doit suivre sa demande, s'il s'y croit

fondé, dans les formes prescrites par la loi d'expropriation. — *Cons. d'Etat*, 26 déc. 1827, Laget-Levieux.

920. — Mais aussi, en matière de travaux publics, le renvoi aux tribunaux ordinaires ne peut être demandé, lorsque l'entreprise ne nécessite pas une expropriation forcée, mais occasionne seulement une dépréciation ou des dommages qu'il s'agit de constater et d'évaluer. — *Cons. d'Etat*, 22 janv. 1823, de Gourgues.

921. — En effet, les lois des 8 mars 1810, 7 juillet 1833 et 3 mai 1841, n'ont enlevé à l'autorité administrative que la connaissance des actions pour expropriation totale ou partielle. — Tribunal des conflits, 29 mars 1850, préfet des Bouches-du-Rhône c. Séjourné et ville de Marseille. — V. aussi *Cons. d'Etat*, 17 mai 1844, Société du moulin d'Albaredès à Montauban.

922. — S'il s'agit d'une propriété appartenant au domaine public, la juridiction administrative demeure exclusivement compétente, même en ce qui concerne l'expropriation dont elle est l'objet. — *Cons. d'Etat*, 22 janv. 1823, de Gourgues.

923. — Quant à la procédure et aux règles relatives à l'expropriation pour cause d'utilité publique, V. ce mot, où elles sont exposées en détail, et sur lesquelles nous n'avons point à revenir.

924. — Disons seulement ici que l'expropriation réellement consommée donne seule lieu à l'indemnité. Ainsi, lorsqu'un ministre accepte la soumission d'un particulier qui s'engage à vendre sa propriété à l'Etat, et que le ministre fait réserve expresse de l'ordonnance nécessaire pour l'autorisation, une pareille autorisation est conditionnelle, et, en conséquence, ne peut jamais obliger l'Etat à acquérir ou à payer une indemnité pour défaut d'acquisition. — *Cons. d'Et.*, 27 nov. 1835, Michon.

925. — Toutefois, si, sur la provocation de l'administration, provocation établie par des actes émanés d'elle, le particulier a fait des travaux et des dépenses, il est dû indemnité pour cet objet. — Même décision.

ART. 3. — *Fouilles et extractions.*

926. — D'après un arrêt du conseil du 7 sept. 1755, confirmatif des arrêts des 3 oct. 1667, 3 déc. 1672 et 22 juin 1706, les entrepreneurs peuvent prendre la pierre, le grès, le sable et autres matériaux, pour l'exécution des ouvrages, dans tous les lieux indiqués par les devis et adjudications desdits ouvrages.

927. — Le même arrêt de 1755 ajoute, comme sanction de ces prescriptions, que « les propriétaires ainsi soumis à cette servitude d'ordre public, ne peuvent apporter aucun empêchement à l'extraction des matériaux dont l'enlèvement a été régulièrement autorisé. »

928. — Les dispositions de l'arrêt du conseil de 1755 sont encore aujourd'hui en vigueur; au surplus, l'art. 2 de la loi du 28 juill. 1791, et l'art. 1er de la sect. 6 de la loi du 28 sept.-6 oct. 1791 ne peuvent laisser aucun doute sur ce point. « Cette dernière loi (celle de 1791), dit M. Husson (t. 1er, p. 308), comprend explicitement la *terre* parmi les matériaux qui peuvent être *empruntés* à la propriété particulière. »

929. — Le droit de fouilles et d'extraction, existe tant à l'égard de l'entrepreneur chargé de l'exécution du travail qu'à l'égard de celui qui n'a soumissionné que la fourniture des matériaux destinés à un emploi ultérieur. — Cette observation n'est pas sans importance.

930. — En effet, dans une espèce qui lui était soumise, le Conseil d'Etat a décidé que de simples fournisseurs de pavés pour la ville de Paris n'ont pu être considérés comme entrepreneurs de travaux publics; qu'en conséquence le ministre n'avait pu autoriser les fournisseurs à extraire leurs matériaux d'une propriété privée, et que l'acte qui avait accordé une pareille faculté pouvait être attaqué devant le Conseil d'Etat, pour excès de pouvoir. — *Cons. d'Etat*, 16 août 1843, Lemoine c. Jobert.

931. — « Mais, dit M. Husson (p. 314), et les raisons qu'il donne à l'appui de son opinion nous paraissent décisives, cette solution intervenue dans une espèce où les autorisations n'étaient point régulières, et où il paraît y avoir eu des détournemens de matériaux, nous semble basée sur une erreur manifeste. On n'a jamais imaginé de distinguer, dans le service des ponts et chaussées, les entrepreneurs de la fourniture des matériaux, de ceux chargés de la main-d'œuvre. Les marchés relatifs aux uns et à l'autre sont de même nature. L'adjudicataire de la fourniture des matériaux et celui des travaux concourent à un même but, qui est l'exécution des ouvrages publics. Or, si l'administration a la faculté de prendre elle-même dans les propriétés, les matériaux qu'elle fait ensuite mettre en œuvre par des ouvriers de son choix, on ne comprendrait pas qu'elle ne pût déléguer ce droit à un entrepreneur adjudicataire; ce qu'il faut voir surtout, c'est la destination des matériaux. Les lois et les règlemens ont même prescrit et autorisent encore la séparation de la fourniture et de la main-d'œuvre pour les travaux des ponts et chaussées; on peut consulter à cet égard les art. 28 et suiv. du décret du 16 déc. 1811, ainsi que l'ordonnance du 4 déc. 1836. L'entrepreneur de la fourniture des matériaux qui doivent être employés dans la confection d'un ouvrage public a donc la même qualité et les mêmes droits que l'entrepreneur chargé de l'exécution; l'un et l'autre sont les délégués de l'administration, et ils peuvent exercer, chacun en ce qui le concerne, le privilége que celle-ci aurait pu revendiquer pour elle-même. »

932. — Remarquons encore que les règles relatives aux fouilles et extractions s'appliquent au ramassage de pierres dans une propriété privée. — *Cons. d'Etat*, 25 avr. 1828, Lemor; même jour, Becquet c. Prévost.

§ 1er. — *Lieux qui peuvent être désignés pour les fouilles et extractions.*

933. — Nous avons vu (*suprà*) qu'en principe, la servitude légale, dont nous nous occupons, demeure, aux termes de la loi qui l'a constituée, applicable à *tous les terrains en général.*

934. — Cependant, quelque étendu que soit en principe le droit accordé à l'administration de désigner les lieux dans lesquels peuvent être pratiquées les fouilles et extractions, le même arrêté du conseil de 1755 apporte cette restriction importante: Les propriétés sont à l'abri de la servitude de fouille ou d'extraction, lorsqu'elles sont closes de murs. — Cormenin, *Dr. admin.*, v° *Travaux publics*, t. 2, p. 431; Chevalier, *Jurispr. admin.*, v° *Travaux publics*, t. 2, p. 434; Cotelle, *Cours de Dr. admin.*, t. 3, p. 305.

935. — Les entrepreneurs de travaux publics peuvent donc extraire des matériaux dans tous les lieux qui leur sont indiqués par le devis ou par désignation ultérieure émanée de l'autorité compétente, mais ils ne peuvent les prendre dans les lieux qui sont fermés de murs ou autres clôtures équivalentes, suivant l'usage du pays. — *Cons. d'Etat*, 5 nov. 1828, Pasquier; 27 juin 1834, Latour-Maubourg; 24 oct. 1834, Tarbé des Sablons c. Pernet.

936. — Aucune difficulté ne pourrait exister sur l'application de cette exception, si l'arrêt du conseil n'ajoutait à ces mots *fermés de murs*, les suivants: *ou d'une autre clôture équivalente, suivant les usages du pays.* — Quel sens convient-il de donner à ces dernières expressions?

937. — M. Tarbé de Vauxclair (*Dict. des travaux publics*), répond en ces termes: « Il semble naturel de penser que le législateur n'a voulu étendre l'exception qu'aux propriétés véritablement closes, comme le seraient des cours, jardins et parcs, ou tous autres héritages, qui, par leur nature, auraient mérité les frais d'une véritable clôture de défense, c'est-à-dire d'une clôture équivalente à des murs, suivant les usages du pays. Ainsi, il est permis de penser que des clôtures en bauge, en pisé, en pieux, planches ou palissades, des haies vives continues et même des espèces de grands parapets ou remparts en terre, peuvent équivaloir à des clôtures telles que le règlement les a définies.

938. — « En est-il de même, continue le même auteur, des simples fossés de limites ou de démarcations de propriété, lors même qu'ils sont en partie bordés de haies vives? Si telle eût été l'intention du législateur, il n'eût pas manqué de désigner textuellement les fossés, puisque leur usage, beaucoup plus général que celui des murs, suffit d'ailleurs pour interdire le parcours, à l'égard duquel il établit un genre de clôture spéciale; mais à l'égard des carrières, cette extension aurait, de fait, annulé la servitude imposée, car, avec des sommes très-modiques, il n'est pas de propriétaire qui n'eût pu se soustraire à cette servitude, en ouvrant de petits fossés; néanmoins, c'est un moyen invoqué par la plupart des réclamans, lors même que leurs champs ne sont fossoyés que sur deux ou trois côtés. Les fossés ne peuvent, selon nous, être considérés comme clôture équivalente à des murs, que lorsque, d'après leurs dimensions en largeur et profondeur, le propriétaire a manifesté l'intention formelle de s'enclore et de se défendre. Hors de là, l'extension demandée par certains propriétaires et plaidée par d'habiles défenseurs, renverserait le système de la loi. »

939. — Cette doctrine de M. Tarbé de Vauxclair paraît généralement adoptée par les auteurs. — V. Husson, p. 308; Dufour, *loc. cit.*, n° 2844. — « L'exemption, ajoute ce même auteur, ne doit profiter qu'aux héritages que leur genre de clôture, eu égard aux usages du pays, doit faire considérer comme *réservés*, par opposition aux héritages ceints d'une clôture seulement destinée, soit à en démarquer les limites, soit à en interdire le parcours. »

940. — C'est conformément à ces principes que le Conseil d'Etat a décidé que, si la propriété sur laquelle une sablière existe n'est pas entièrement close de murs ou de haies vives, suivant l'usage du pays, et qu'il résulte d'une enquête faite à ce sujet qu'il est possible d'arriver à la sablière, de plusieurs points, sans passer par la barrière qui ferme la propriété, le propriétaire n'est pas fondé à réclamer l'exception relative aux propriétés totalement entourées de murs ou autres clôtures, suivant les usages du pays. — *Cons. d'Etat*, 4 juin 1823, Peillon.

941. — Qu'un simple fossé ne pouvait être considéré comme une clôture équivalente à un mur. — *Cons. d'Etat*, 27 juin 1834, Latour-Maubourg c. Dupont.

942. — Bien plus, et depuis les décisions que nous venons de citer, les recherches faites sur la législation des travaux publics par un savant ingénieur des ponts et chaussées, M. Tostain, ont fait connaître à l'administration un document législatif de la plus haute importance, c'est un arrêt du Conseil du 20 mars 1780, aux termes duquel la prohibition de prendre des matériaux dans des biens fermés de murs ou de clôtures équivalentes, ne doit s'entendre que des cours, jardins, vergers et autres possessions de ce genre, et qu'elle ne s'étend point aux terres labourables, herbages, prés, bois, vignes et autres terres de la même nature, *quoique closes.*

943. — « Il est vrai, dit M. Dufour (*ubi suprà*), que cet arrêt ne vise que des faits relatifs à la généralité de Rouen; mais bien que rendu à propos de faits particuliers rappelés dans le préambule, les anciens arrêts du Conseil statuaient souvent d'une manière générale, et à l'égard de celui qui nous occupe, ces termes: *interprétant en tant que de besoin les dispositions de l'arrêt du 7 septembre* 1755, indiquent assez la pensée d'une application générale. » — V. conf. Husson, p. 310.

944. — Et les mêmes auteurs indiquent au surplus une ordonnance inédite du Conseil d'Etat, en date du 1er juillet 1840, qui statue dans ce sens, dans une espèce où il s'agissait d'un terrain situé dans le département de la Mayenne.

945. — « Cependant, dit encore M. Husson, de l'exemple que nous venons de rappeler, il ne faudrait point conclure que malgré l'existence d'une clôture, on soit autorisé à faire des extractions dans tous les héritages, tels que terres labourables et vignes. Une ordonnance récente (du 5 juin 1846) décide que si l'exception stipulée en faveur des lieux fermés ne peut, aux termes de l'arrêt du 20 mars 1780, être étendue aux terres labourables et autres terres de même nature, quoique closes, elle est, néanmoins, applicable à tous les terrains attenans à une maison d'habitation et qui sont compris dans la même clôture. »

946. — Ajoutons qu'il nous semble convenable que l'autorité n'use du bénéfice de l'arrêt de 1780 qu'avec une certaine réserve, et seulement lorsque les champs et bois non clos ne peuvent produire les matériaux indispensables au service public, car le droit d'extraction est, pour les propriétaires, une charge onéreuse, et que l'on doit s'efforcer d'alléger autant que possible, aux termes mêmes de l'arrêt de 1755. — Husson, *ibid.*

947. — Une dernière difficulté s'est encore présentée, en ce qui concerne le bénéfice accordé aux terrains clos. Pour que ce bénéfice puisse être invoqué par le propriétaire, est-il nécessaire que la clôture ait été établie avant la désignation faite par l'administration; est-il, au con-

traire, encore temps pour le propriétaire de se clore après cette désignation?

948. — Le Conseil d'Etat a décidé en faveur des propriétaires par le motif que, s'il leur est défendu pour les lieux non clos d'apporter aucun empêchement à l'enlèvement des matériaux (V. *infrà*), « aucune disposition ne leur interdit la faculté d'enclore les terrains contenant les carrières en exploitation pour un service public; qu'aux termes de l'art. 4, sect. 4 de la loi du 6 oct. 1791, le droit de clore et déclore ses héritages résulte essentiellement de celui de propriété, et que toutes les lois et coutumes qui peuvent contrarier ce droit ont été abrogées. » — *Cons. d'Etat*, 5 nov. 1828, Pasquier.

949. — M. Serrigny (*Traité de l'organisation, de la compétence*, etc., *en matière contentieuse administrative*) s'élève avec raison contre cette solution. « Quand, dit-il, l'arrêt du Conseil de 1755 a excepté de la servitude d'extraction les lieux fermés de murs ou autre clôture, il a voulu parler des clôtures qui existeraient à l'époque de l'entreprise des travaux, et qui auraient été faites de bonne foi. La législation prend toujours en considération les constructions ou clôtures établies avant les mesures qu'elle ordonne. — V. L. 8-10 juill. 1791, art. 16, 17, 18 et 33; décr. 22 janvier 1808, art. 4; décr. 15 oct. 1810, art. 9; L. 21 avr. 1810, art. 11; L. 3 mai 1841, art. 52. — Mais il ne peut pas dépendre d'un propriétaire de libérer son héritage d'une servitude déjà établie. La désignation régulièrement faite, par l'administration, d'un terrain pour y prendre des matériaux, imprime à ce terrain une servitude tout aussi respectable que celle qui résulterait d'une convention, et il ne dépend pas de lui de détruire l'une plutôt que l'autre. » — V. conf. Dufour, n° 2849; Husson, p. 311.

950. — Nous ajouterons cependant avec M. Husson qu'il faut faire une distinction aujourd'hui plus facile d'après les règles posées par l'arrêt du 20 mars 1780. On a vu que, d'après cet arrêt, une clôture ne suffit pas pour affranchir une propriété de la servitude d'extraction, qu'il faut encore, pour que cet affranchissement ne puisse être contesté, qu'il s'agisse de cours, jardins, vergers ou autres possessions de ce genre. Or, si, de bonne foi, un propriétaire veut transformer son champ, où des extractions s'exécutent, en propriété de cette dernière espèce, il est certain qu'il ne fait qu'user d'un droit légal, et qu'en conséquence il acquiert le bénéfice qui résulte de la clôture et des dispositions qu'il a faites de bonne foi. Mais si ce propriétaire se borne à former une clôture, dans l'unique intention de s'exonérer de la servitude, la solution nous paraît devoir être différente; car l'établissement de la clôture n'est plus qu'un expédient qui ne saurait prévaloir d'ailleurs, contre les termes de l'arrêt du 20 mars 1780.

951. — Remarquons, en terminant, ce qui a trait aux lieux qui peuvent être désignés pour les fouilles et extractions, qu'en ce qui concerne les forêts, il résulte de l'art. 145 C. forest. qu'il n'est pas dérogé au droit conféré à l'administration des ponts et chaussées d'indiquer les lieux où doivent être faites les extractions de matériaux pour les travaux publics. — *Cons. d'Etat*, 1er juill. 1829, Delattre.

952. — Seulement, ces fouilles et extractions sont soumises à des formalités particulières, déterminées par l'ordonnance du 1er août 1827, formalités que nous avons au surplus déjà eu lieu d'examiner. — V. FORÊTS, nos 1538 et suiv.

953. — V. aussi, pour ce qui concerne les droits de l'administration dans les forêts des départemens limitrophes du Rhin, FORÊTS, nos 1512 et suiv., et RHIN.

954. — Quant au privilége dit de *martelage*, aujourd'hui supprimé, et dont l'Etat jouissait pour les bois dont il avait besoin pour le service de la marine, V. FORÊTS, nos 1454 et suiv.

§ 2. — *Désignation des lieux pour les fouilles et extractions.*

955. — La désignation des immeubles dans lesquels les fouilles et extractions peuvent avoir lieu était, aux termes de l'arrêt de 1755, faite dans les devis ou par un ordre écrit, signé des ingénieurs; mais cette forme de désignation a été modifiée, par suite des changemens dans notre organisation, depuis la Révolution.

956. — Les ingénieurs n'ont aujourd'hui aucun pouvoir en ce qui touche les tiers; ils ne sont que des agens d'exécution, et un entrepreneur ne pourrait s'introduire sur un terrain et y prendre des matériaux avec un ordre venant de l'un d'eux. L'art. 2 de la loi du 28 juillet 1791 spécifie d'ailleurs formellement, que les permissions nécessaires pour opérer des fouilles ou des extractions seront données par le directoire du département (le préfet), sur l'avis du directoire du district (le sous-préfet).

957. — Or, il est bon d'appeler l'attention particulière des préfets sur les soins qu'ils doivent apporter dans la désignation des propriétés à fouiller pour l'extraction des matériaux. Ces fonctionnaires ne doivent point perdre de vue que l'arrêt du 7 septembre 1755 impose à l'administration le devoir de n'indiquer, autant qu'elle le pourra, que les lieux où l'extraction causera le moins de dommage. — Husson, p. 315.

958. — Il est donc indispensable que les propositions des ingénieurs soient accompagnées de tous les documens et renseignemens propres à éclairer les préfets, et que ceux-ci soumettent à une instruction critique et à un examen approfondi les demandes de désignation spéciales qui sont formées par les entrepreneurs ou les compagnies concessionnaires; car il arrive souvent que, dans les lieux mêmes où de nombreuses carrières sont ouvertes, ceux-ci prétendent opérer leurs extractions dans des propriétés non encore mises en exploitation. — *Ibid.*

959. — Enfin, il est utile, continue le même auteur, que les arrêtés de désignation rappellent aux entrepreneurs les obligations que la loi leur impose et dont nous parlerons plus loin.

960. — Les devis et adjudications des ouvrages qui deviennent exécutoires par l'approbation qui leur est donnée, contiennent ordinairement la désignation des lieux d'extraction. — Dufour, n° 2846; Husson, t. 1er, p. 312. — Mais cette désignation peut avoir été ou omise ou incomplète.

961. — Des arrêtés spéciaux, postérieurs à l'adjudication, peuvent désigner d'autres lieux d'extraction, lorsque cette désignation n'a pas été faite dans les devis ou que les matériaux et matières nécessaires aux ouvrages ne se trouvent pas en quantité suffisante dans les endroits indiqués. — *Cons. d'Etat*, 27 juin 1834, de Latour-Maubourg c. Dupont.

962. — Il est à remarquer, à ce propos, que les préfets peuvent exercer leurs droits dans la désignation des propriétés, en dehors du département administré par chacun d'eux. Il est utile que chaque partie du territoire puisse participer aux ressources abondantes renfermées dans une localité. Donc, des carrières ou propriétés situées dans un autre département peuvent être indiquées dans un devis ou dans un arrêté spécial, pour les travaux à faire dans un département; cependant, il est nécessaire de distinguer la désignation du lieu, de celle de la propriété.

963. — Il faut encore, lorsque le préfet, dans la circonscription duquel s'exécutent les travaux, a indiqué le lieu d'extraction dans un autre département, que, se fondant sur l'acte de son collègue, celui-ci désigne de nouveau la propriété par un arrêté, tout acte ne venant pas directement des ministres ne pouvant être exécuté sur le territoire soumis à son administration qu'avec son autorisation.

964. — « Mais, dit M. Husson (p. 313), lorsqu'une carrière a été indiquée dans un devis, le préfet d'un département étranger au lieu désigné ne peut autoriser un entrepreneur à prendre des matériaux dans une propriété dépendant de son département, si le préfet qui a fait exécuter les ouvrages qui ont motivé la première désignation n'a point, par un nouvel acte, indiqué la localité. » — V. conf. *Cons. d'Et.*, 16 août 1843, Lemoyne c. Jobert.

965. — De graves difficultés peuvent surgir de cette faculté de prendre les matériaux pour la confection des ouvrages publics dans toute l'étendue d'un Etat, par la concurrence ainsi établie entre les administrations départementales. Plusieurs départemens, par exemple, se procurent quelquefois, pour le pavage des routes et des rues des villes, des matériaux dans un même lieu. D'où il suit que des entrepreneurs autorisés régulièrement peuvent faire valoir leurs droits à extraire des matériaux concurremment dans une carrière déjà exploitée pour le service public. Il appartient alors au préfet qui les a autorisés à examiner si le partage de la carrière est nécessaire; c'est à lui qu'ils doivent référer dans cette circonstance.

966. — Les préfets des départemens intéressés examinent ensemble, si la carrière désignée est suffisante pour l'extraction des matériaux par les entrepreneurs qui en revendiquent le partage, et en règlent la division. — Les ministres compétens statuent, à défaut par eux de s'entendre sur ce sujet.

967. — Lorsqu'il s'agit de désigner à un entrepreneur de travaux publics, pour fouille de matériaux, un terrain qui n'est pas suffisamment indiqué au devis, le préfet, et, en cas de contestation, le ministre, est compétent. — *Cons. d'Et.*, 27 juin 1854, Latour-Maubourg c. Dupont.

968. — L'administration supérieure doit d'ailleurs, en principe, approuver ces arrêtés, en matière de ponts et chaussées. — Décision du directeur général, 14 juill. 1828.

969. — Les entrepreneurs autorisés doivent avertir préalablement les propriétaires par la signification de l'acte d'autorisation, pour que ceux-ci soient ainsi mis en demeure de former tout recours de droit, de surveiller l'opération et de débattre et consentir les prix d'extraction. — *Cons. d'Et.*, 27 juin 1834, Latour-Maubourg c. Dupont.

970. — Un entrepreneur de travaux publics, notamment un entrepreneur de ponts et chaussées, ne peut extraire des pavés d'un champ non spécialement désigné dans son devis, s'il n'y est point autorisé par le propriétaire actuel de ce champ, ou par une désignation ultérieure et spéciale faite par l'administration, encore qu'il excipe d'une autorisation du précédent propriétaire. — *Cons. d'Et.*, 30 janv. 1828, Best.

971. — Il y a lieu à des dommages-intérêts contre l'entrepreneur qui, autorisé par l'administration à exploiter une carrière désignée dans le domaine d'un particulier, a étendu ses travaux à une autre carrière située dans le même domaine. — *Cons. d'Et.*, 27 avr. 1825, de Fontanges c. Dumoulin.

972. — Si, pendant l'exploitation, la propriété change de maître, l'entrepreneur ne peut, sous peine de dommages-intérêts, continuer l'exploitation, sans avoir averti le nouveau propriétaire. — *Cons. d'Et.*, 21 juill. 1824, Bourdon c. Best.

973. — Du reste, lorsque, avant de fouiller la propriété d'un particulier, un entrepreneur a réglé contradictoirement avec lui, dans la prévision d'un travail de plusieurs années, les bases de l'indemnité due pour les fouilles, ces bases doivent continuer d'être appliquées, alors même que la propriété aurait changé de main. — *Cons. d'Et.*, 28 juin 1837, Papault c. Mauny.

974. — Les matériaux extraits ne peuvent être employés qu'aux ouvrages auxquels l'acte d'autorisation les a destinés, à peine de tous dommages-intérêts envers les propriétaires. — Arrêt du conseil, 7 sept. 1755, art. 1er; ordonn. 1er août 1827, art. 173.

975. — Lorsque les travaux sont terminés, les entrepreneurs doivent, à moins d'arrangement contraire avec les intéressés, rejeter à leurs frais et dépens, dans les fouilles et ouvertures qu'ils ont faites, les terres et décombres qui en sont provenus. — Arrêt du Conseil, 7 sept. 1755, art. 8.

976. — En outre, un conseil de préfecture peut enjoindre à un entrepreneur d'enlever, dans le délai de deux ans, les matériaux approvisionnés par lui dans une carrière, à peine d'être réputé les avoir abandonnés au propriétaire. — *Cons. d'Etat*, 7 juin 1836, Brochet.

977. — Les préfets peuvent, sans inconvénient, révoquer les autorisations qu'ils ont données aux entrepreneurs, s'ils le jugent convenable; mais si le premier arrêté avait été sanctionné par le ministre, il est indispensable que celui portant révocation suive la même voie.

§ 3. — *Compétence sur les difficultés entre les entrepreneurs et les propriétaires.*

978. — Les difficultés qui peuvent s'élever entre les entrepreneurs et les propriétaires au sujet des fouilles de terrain ou des extractions de matériaux sont de deux genres bien distincts: ou il s'agit de contester la désignation faite par l'autorité, ou il s'agit de faire régler l'indemnité pour le préjudice causé. — Husson, t. 1er, p. 316.

979. — Dans la première hypothèse, c'est par voie de juridiction gracieuse que les parties doivent se pourvoir soit devant le préfet, soit devant le ministre, suivant les cas. — Mais pas plus l'arrêté préfectoral que la décision ministérielle, ne saurait être attaqué par la voie contentieuse.

980. — L'arrêté d'un préfet rendu en exécution d'un arrêté du conseil de préfecture, et par lequel ce magistrat a ordonné l'extraction des matériaux nécessaires à la construction d'une route nationale, n'est pas de nature à être déféré au Conseil d'Etat par la voie contentieuse. — *Conseil d'Etat*, 9 janv. 1839, Caillaux c. Gaetan.

981. — C'est à l'autorité administrative qu'il appartient exclusivement d'interpréter les actes administratifs qui règlent dans quelles localités, dans quel temps et à quelles conditions, le ramassage des cailloux peut avoir lieu dans un département, par les entrepreneurs de travaux d'entretien des routes. — *Trib. des conflits*, 8 mai 1850, Leflon c. Poulain.

982. — Toutefois, une ordonnance inédite du 1er juill. 1840, citée par M. Husson (p. 316), semblerait avoir admis la légalité d'un pourvoi contentieux, basé par un propriétaire sur le fait que sa propriété, quoique close, avait été désignée par l'administration pour être soumise aux fouilles et extractions. — V. conf. Dufour, n° 2851.

983. — Quant à nous, nous croyons cette solution mauvaise; car, dirons-nous avec M. Husson (*loc. cit.*), la loi du 28 pluv. an VIII n'attribue formellement aux tribunaux administratifs que les *demandes et autorisations concernant les indemnités*. Donc tout ce qui se rapporte à la désignation des lieux est de la compétence de l'administration.

984. — Mais la voie contentieuse serait ouverte si le réclamant affirmait que l'individu auquel l'autorisation a été accordée a été considéré à tort par le ministre comme entrepreneur de travaux publics; il s'agirait alors d'excès de pouvoir; le pourvoi formé deviendrait recevable. — *Cons. d'Etat*, 1er juill. 1840, Lemoyne c. Jobert.

985. — En ce qui concerne les demandes en indemnité, aucun doute n'est possible sur la compétence; car la loi est formelle. — « Le conseil de préfecture, porte l'art. 4 de la loi du 28 pluv. an VIII, prononce sur les demandes et contestations concernant les indemnités dues aux particuliers à raison des terrains pris ou fouillés pour la confection des chemins, canaux et autres ouvrages publics. »

986. — Cette compétence, qui est générale en matière de travaux publics, et dont nous nous occuperons plus loin d'une manière générale ne doit être examinée ici, qu'au point de vue spécial des questions soulevées par l'extraction et la fouille des matériaux.

987. — Or, bien des fois le Conseil d'Etat a été appelé à faire application de ce principe, et toujours il a décidé que les difficultés élevées entre un particulier et un entrepreneur de travaux publics, à raison de fouilles et extractions de matériaux, sont de la compétence administrative. — *Cons. d'Etat*, 5 déc. 1810, Guyenot-Chateaubourg; 15 mai 1813, Hulot et Lobineau c. Fauconnet; 1er nov. 1814, Fauconnet c. Conturier; 27 nov. 1814, Dubrez c. Pasquette; 19 mars 1833, Bordenave c. Pijon; 24 juin 1824, Pernel; 21 juillet 1824, Favand c. Ansart; même jour, Aubelle c. Fernand; 3 mars 1825, Berthe c. Nony-Hom; 13 juill. 1825, Thiellière c. Vincent; 15 nov. 1826; Aliezard c. Chardonnet; 31 janv. 1827, Seyctres de Caumont; 19 déc. 1827, Duchon; 25 avr. 1828, Lemor; même jour, Becquet et Prévost; 1er juin 1828, Mayerloffen c. Diesch; même jour, Raynerie; 15 sept. 1831, Therwayne; 24 oct. 1834, Tarbé des Sablons c. Pleissier; 4 sept. 1841, Mairot c. Redont; 24 févr. 1843, Dezoteux c. Préville; 30 mai 1844, Ruet c. Goisier.

988. — Spécialement, les contestations relatives aux indemnités dues par les entrepreneurs de travaux publics aux propriétaires, pour matériaux extraits de leurs propriétés, et destinés à l'entretien des chemins publics, sont de la compétence des conseils de préfecture et non des tribunaux ordinaires. — *Cons. d'Etat*, 18 sept. 1807, Filleul c. Desmont; 22 nov. 1810, Lepineuil c. Pastoureau; 12 mars 1811, Vernier c. Bertrand, 19 oct. 1811, Mercier c. Doyen; 3 déc. 1817, Ollien c. Girodet, 25 avr. 1820, Berlin; 12 mai 1820, Mousseron c. Pinguet; même jour, Dières; 6 sept. 1820, Perrot; même jour, Reynaud; 22 janv. 1823, Guidelleur c. Richard-Duplessis; 23 avr. 1823, Fourby c. Labitte; 4 juin 1823, Milon; 23 juillet 1823, Laussat; 6 août 1823, Mergier; 13 août 1823, Roux; 3 sept. 1823, Loradoux c. Monrtons; 24 mars 1824, Lefebvre; 23 juin 1824, Perinel; 21 juill. 1824, Cavaud; 16 févr. 1825, Thomas; 4 mai 1825, Treynet; 13 juill. 1825, Bourguignon. 17 août 1825, Demoustier; 19 oct. 1825, Pelissier; 7 juin 1826, Diesse; 22 nov. 1826, Prève c. Ferrier; 31 janv. 1827, Fontanges; 28 févr. 1827, Jerannez; 22 mars 1827, Niboyer; 16 mai 1827, Commune de Saint-Barthélemy; 19 déc. 1827, Marcellot; 30 janv. 1828, Best; 13 avr. 1828, Berdoy; 14 mai 1828, Honnorez; 1er juin 1828, Mayerloffen; 1er juill. 1829, Delaître; 25 sept. 1830, ministre de l'intérieur; 15 sept. 1831, préfet de la Seine; 16 nov. 1832, préfet de Seine-et-Marne; même jour, préfet du Doubs; 24 oct. 1834, Tarbé des Sablons; 3 févr. 1835, Berthier; 4 avr. 1837, Devars c. Richon; 24 févr. 1843, Dezoteux c. de Préville 10 mars 1843, Armelin c. Arlingue, 30 mai 1844, Ruet c. Goisier.

989. — Cette compétence est absolue et s'applique à tous les cas. — Ainsi, ce n'est pas à l'autorité judiciaire, mais à l'autorité administrative qu'il appartient de connaître d'une demande en indemnité formée par un propriétaire à raison des fouilles opérées sur son terrain par l'entrepreneur d'une route départementale, soit qu'il s'agisse de savoir si l'entrepreneur est sorti des limites fixées par le devis des travaux ou s'il n'a pas rempli les formalités préalables prescrites par ce devis, soit qu'il s'agisse de régler le montant de l'indemnité. — Mêmes ordonnances.

990. — Et ce alors même que l'extraction aurait eu lieu sur un terrain dépendant d'une forêt domaniale. — *Cons. d'Etat*, 28 févr. 1827, Jaumey. — En effet, l'art. 175 de l'ordonnance réglementaire du 1er août 1827, rendue pour l'exécution du Code forestier, se réfère expressément, pour le jugement des contestations, à la loi du 17 févr. 1800 (28 pluv. an VIII). — *Cons. d'Etat*, 1er juillet 1819, Delatire.

991. — La jurisprudence de la Cour de cassation et des Cours d'appel est, au surplus, en concordance parfaite avec la doctrine consacrée par le Conseil d'Etat et qui n'est, au surplus, que l'application littérale de la loi.

992. — Il est vrai que la Cour de Rennes a jugé, en 1825, que la connaissance des réclamations des particuliers qui se plaignent des torts et dommages procédant du fait personnel des entrepreneurs, ainsi que les demandes et contestations relatives aux indemnités dues à raison des terrains pris ou fouillés pour la confection des chemins, canaux ou autres ouvrages publics, sont, depuis la loi du 8 mars 1810, de la compétence des tribunaux ordinaires. — *Rennes*, 10 janv. 1825, de la Bourdonnaye de Blossac.

993. — Mais cette solution est manifestement contraire à la loi, et d'ailleurs elle est formellement repoussée par divers arrêts de la Cour de cassation, lesquels se sont toujours prononcés en faveur de la compétence administrative. — *Cass.*, 1er août 1837 (t. 2 1837, p. 93), Gilquin c. Dagieu.

994. — Ainsi jugé que les juges de paix sont incompétens pour statuer sur les demandes en indemnité formées par des particuliers contre les *entrepreneurs de travaux publics* pour les fouilles et extractions de matériaux opérées sur leurs terrains. — La compétence, en pareille matière, appartient exclusivement aux conseils de préfecture. — L. 28 pluv. an VIII, art. 4. — En conséquence, doit être annulée par la chambre des requêtes, et pour excès de pouvoir, la sentence par laquelle un juge de paix a prononcé sur un différend de cette nature. — *Cass.*, 2 déc. 1839, (t. 2 1839, p. 636), Chambon. — Foucart, *Elémens de droit public et administratif*, t. 2, n° 278, p. 250.

995. — L'action dirigée par un particulier contre un entrepreneur de travaux publics, en cette qualité, *qui lui était connue*, à fin de dommages-intérêts pour le tort que celui-ci a causé en faisant des fouilles et extractions de matériaux dans sa propriété, pour la confection des travaux dont il est chargé, est de la compétence de l'autorité administrative. — *Cass.*, 9 juin 1841 (t. 2 1841, p. 67), de Clermont-Tonnerre. — De Cormenin, *Quest. de droit admin.* (4e édit.), t. 3, p. 448.

996. — Un entrepreneur de travaux publics ne peut être actionné devant les tribunaux civils ou de répression pour avoir fait ramasser des cailloux nécessaires à l'entretien de la route dans des pièces de terre ensemencées, lorsqu'il justifie que ces pièces de terre *lui avaient été indiquées par le devis de l'administration*. — L'action, dans ce cas, ne peut être portée que devant les tribunaux administratifs. — *Cass.*, 1er oct. 1841 (t. 2 1841, p. 553), Delicourt.

997. — Toutefois, remarquons que, dans les espèces citées, la Cour de cassation partait, pour établir la compétence administrative, de ce fait, que l'exploitation était régulière et autorisée, indiquant par cela même que la solution donnée par elle serait différente, s'il s'agissait de travaux non autorisés.

998. — Et c'est, en effet, ce qui résulte notamment d'un arrêt du 16 avr. 1836, lequel a jugé que les fouilles et extractions faites par un entrepreneur dans un terrain qui ne lui est indiqué ni par le cahier des charges, ni par aucun devis supplémentaire, sont dans les attributions des juges ordinaires et non dans celles des conseils de préfecture. — *Cass.*, 16 avr. 1836, Guy c. Martin dit Larivière.

999. — Jugé même que les extractions ou enlèvemens non autorisés de pierres, terres, etc., dans les bois et forêts, constituent un délit de la compétence exclusive de l'autorité judiciaire, alors même qu'il a été commis par un entrepreneur de travaux publics et pour l'exécution de ces travaux. — *Nanci*, 21 fév. 1844 (t. 1er 1844, p. 817), Forêt c. Jouve.

1000. — Les auteurs se montrent, en général, favorables à cette solution : « Si le cahier des charges, dit M. Serrigny (t. 1er, n° 591), ni le préfet n'ont indiqué à l'entrepreneur des travaux publics de lieux pour extraire des matériaux ou pratiquer des fouilles, il n'est, quant aux travaux d'extraction de matériaux, qu'un simple particulier vis-à-vis des tiers, qui peuvent le traduire devant les tribunaux ordinaires, en raison des dommages-intérêts qu'il leur a causés.

1001. — Il en serait de même, selon le même auteur, si les lieux d'extraction étant spécifiés par le cahier des charges ou indiqués par l'autorité administrative, l'entrepreneur allait extraire des matériaux dans d'autres terrains que ceux désignés; il pourrait être poursuivi devant les tribunaux ordinaires. — V. Husson, t. 1er, p. 316; Cormenin, t. 2, p. 432; Chevalier, t. 2, p. 421; Cotelle, t. 3, p. 404.

1002. — « Si donc, continue M. de Cormenin, les entrepreneurs n'ont pas justifié, lors de la fouille, ni même lors de la sommation à eux faite, du droit qu'ils avaient d'opérer cette fouille et cette extraction, les tribunaux, tout en renvoyant à faire prononcer par l'administration sur l'indemnité due aux propriétaires du terrain fouillé, peuvent compétemment régler les frais de la procédure judiciaire, et condamner les entrepreneurs. A cet égard, et dans ces circonstances, le conflit serait mal élevé; c'est aux entrepreneurs condamnés à se pourvoir, s'il y a lieu, par la voie d'appel. — Le conflit serait aussi mal élevé si l'entrepreneur n'avait pas été appelé en garantie dans l'instance judiciaire entre ses préposés et le particulier qui se plaint.

1003. — C'est au surplus dans ce sens que le conseil d'Etat a jugé que la loi du 28 pluv. an VIII, qui attribue à l'autorité administrative la connaissance des réclamations élevées contre les entrepreneurs de travaux publics, à raison de terrains pris ou fouillés, n'est applicable que lorsque ces entrepreneurs se sont renfermés dans les limites à eux tracées par le devis des travaux ou par les arrêtés préfectoraux. — La compétence du conseil de préfecture cesse également lorsque les extractions ont lieu sur d'autres terrains que ceux indiqués à l'entrepreneur par le procès-verbal. — *Cons. d'Etat*, 4 sept. 1841, Mairot c. Redont; 30 août 1842, Béguery c. Dury.

1004. — Ainsi, lorsqu'un entrepreneur a fait des fouilles sur le terrain d'autrui, avant d'y avoir été légalement autorisé, il commet une voie de fait dont l'autorité judiciaire peut seule connaître. — Mêmes ordonnances.

1005. — Lorsque la carrière du propriétaire plaignant est différente de celle qui a été exclusivement désignée à l'entrepreneur par le devis ou par l'administration, les contestations qui s'élèvent entre eux sont du ressort des tribunaux. — *Cons. d'Etat*, 18 fév. 1829, Astier.

1006. — Lorsqu'un entrepreneur n'a pas été autorisé à extraire de la pierre sur la propriété d'un particulier, et que celui-ci n'a pas été mis en demeure de débattre et consentir les prix de cette extraction, si, en cet état de choses, l'entrepreneur commence l'exploitation, il commet une voie de fait dont la connaissance appartient aux tribunaux et non aux conseils de préfecture. — *Cons. d'Etat*, 21 sept. 1827, Rousseau.

1007. — A plus forte raison, lorsqu'un entrepreneur de travaux publics qui, d'après le devis de l'adjudication, ne peut extraire des matériaux que dans les carrières nommément indiquées, enlève les pierres d'un mur servant de clôture à la propriété d'un particulier, il commet une voie de fait dont la connaissance appartient aux tribunaux et non aux conseils de préfecture. — *Cons. d'Etat*, 5 nov. 1828, Ducroc-Bernard.

1008. — Lorsqu'une compagnie de chemin de fer n'a pas été autorisée à faire une extraction de matériaux dans une forêt communale, c'est devant le tribunal correctionnel, et non devant l'administration, que doit être portée l'action de l'administration des eaux et forêts. — *Cons. d'Etat*, 19 déc. 1839, Préfet du dép. du Gard.

1009. — Toutefois, il ne faudrait pas tirer des exemples que nous venons de produire, des conséquences telles, qu'elles eussent pour résultat de porter atteinte à la compétence administrative créée par la loi du 28 pluv. an VIII. Le respect des limites imposées à chacune des deux juridictions importe au plus haut point à l'ordre social; l'une d'elles ne peut et ne doit jamais empiéter sur l'autre.

1010. — Ainsi, lorsqu'un particulier réclame une indemnité à raison de l'indue disposition de pierres à lui appartenant, faite par un entrepreneur de travaux publics sur une route, l'autorité judiciaire est compétente pour statuer sur la question de propriété des pierres, et l'autorité administrative pour statuer sur la question d'indemnité. — *Cons. d'Etat*, 27 nov. 1814, Dubrez c. Pasquette.

1011. — ...Et lorsqu'il s'agit d'une action intentée à raison d'un terrain fouillé pour l'exécution d'un marché de travaux publics, la question de savoir si l'entrepreneur est sorti des limites à lui tracées par les devis des travaux, et le règlement de l'indemnité due aux propriétaires pour les fouilles exécutées dans les limites et les formes prescrites par le devis, sont de la compétence administrative. — *Cons. d'Etat*, 22 avr. 1842, Tavena c. Blanchet.

1012. — En matière de fouilles de terrains faites par un entrepreneur de travaux publics, l'autorité administrative est seule compétente, soit pour décider la question préjudicielle de savoir si l'entrepreneur est sorti des limites tracées par les devis des travaux, soit s'il a agi en cette qualité, pour apprécier les conséquences du défaut d'accomplissement des formalités qui lui étaient prescrites et pour régler l'indemnité due aux propriétaires dont les terrains ont été fouillés. — *Cons. d'Etat*, 7 déc. 1844, Jouan c. Laurent.

1013. — Les contestations relatives aux indemnités dues par un entrepreneur de travaux publics aux propriétaires, pour matériaux extraits de leurs propriétés, sont de la compétence des conseils de préfecture et non des tribunaux ordinaires, alors même que le propriétaire soutiendrait que son terrain n'est pas compris dans l'autorisation donnée à l'entrepreneur. Cette circonstance n'autorise pas l'autorité judiciaire à rester saisie, sauf l'interprétation par l'autorité administrative de l'arrêté de concession. — *Cons. d'Etat*, 6 déc. 1820, Palerne c. Lesecq.

1014. — Comme aussi l'autorité administrative est seule compétente pour statuer sur les indemnités auxquelles peut donner lieu contre un entrepreneur des travaux de réparations d'une route, l'ouverture d'une carrière sur une propriété communale autre que celle indiquée dans un contrat d'adjudication. — *Cons. d'Etat*, 13 nov. 1810, Commune de Roy c. Labouret.

1015. — C'est en ce sens encore qu'il a été décidé que le conseil de préfecture est seul compétent pour statuer sur les torts et dommages provenant du fait personnel d'un entrepreneur de travaux publics, qui a extrait des pavés d'un champ non désigné dans son devis, et sans l'autorisation du propriétaire. — *Cons. d'Etat*, 2 janv. 1828, Bat c. Rozier.

1016. — Les derniers arrêts rendus par les tribunaux ordinaires confirment ces solutions. — Jugé, en effet, que lorsqu'une carrière a été désignée par l'administration à un entrepreneur de travaux publics, pour en extraire les pavés qui lui sont nécessaires, l'action du propriétaire contre l'entrepreneur, en cessation de l'exploitation et en paiement de dommages-intérêts, est de la compétence non des tribunaux ordinaires, mais des conseils de préfecture, nonobstant toute conventions contraires invoquées par le propriétaire, lesquelles ne sauraient porter atteinte aux droits de l'administration ni déroger à l'ordre des juridictions. — *Paris*, 1er février 1849 (t. 1er 1849, p. 300), Nourric et Préfet de la Seine c. Lemoine.

1017. — ...Et encore, lorsqu'un entrepreneur de travaux publics, autorisé par un arrêté préfectoral à extraire des matériaux dans le terrain d'un particulier, a procédé à l'extraction sans avoir rempli vis-à-vis de ce dernier les conditions qui lui étaient imposées par l'administration, la demande en dommages et intérêts qui en résulte est de la compétence exclusive du conseil de préfecture. — *Cass.*, 2 avril 1849 (t. 2 1849, p. 231), Nicé c Chevré et Saubana. — V. CONSEIL DE PRÉFECTURE, nos 96 et suiv.

1018. — Au surplus, ces diverses espèces ne sont que l'application d'un principe incontesté, à savoir que chaque fois que devant les tribunaux s'élève une question préjudicielle quelle qu'elle soit, se rattachant aux obligations de l'entrepreneur, le tribunal doit surseoir jusqu'à décision de l'autorité administrative. — *Cons. d'Etat*, 16 mai 1827, Commune de Saint-Barthélemy c. Fauchen; 4 avril 1837, Devars c. Richon; 2 août 1838, Laurent et Laurain; 19 déc. 1839, Besnard; 22 avril 1842, Tavena c. Blanchet; 9 déc. 1843, Reynier c. Béon; 7 déc. 1844, Mesnard de la Tacherie c. Rossillon.

1019. — La jurisprudence de la Cour de cassation a également reconnu ce principe, en décidant que, lorsqu'il y a contestation sur le point de savoir si le lieu où les extractions ont été faites se trouve compris dans le cahier des charges ou devis, et qu'il est nécessaire d'interpréter ces actes, le tribunal saisi de la poursuite doit surseoir et renvoyer devant l'autorité administrative la connaissance de cette question, et non se déclarer incompétent. — *Cass.*, 16 avril 1836, Guy c. Martin dit Larivière.

1020. — La Cour de Paris a même été dans ce sens jusqu'à juger que les contestations concernant les indemnités dues aux propriétaires à raison des terrains pris ou fouillés pour la confection ou l'entretien des chemins ou d'autres ouvrages publics, doivent être portées devant les conseils de préfecture, et non devant les tribunaux, encore bien qu'il y ait convention entre l'entrepreneur et le propriétaire sur l'indemnité à revenir à ce dernier, et qu'il ne s'agisse plus que de l'exécution de cette convention. — *Paris*, 19 août 1847 (t. 2 1847, p. 460), Desjardins c. Vermeil. — Il ne faudrait pas toutefois s'exagérer la portée de cette décision.

1021. — En effet si, après avoir traité avec un propriétaire de l'exploitation de ses carrières, des individus étaient actionnés par lui pour inexécution des conditions de leur traité, ils ne pourraient, pour décliner la compétence du tribunal, appeler en intervention l'entrepreneur des travaux publics à qui une partie des pierres aurait été livrée. — Il suffit que les carrières ne soient point exploitées par l'entrepreneur en vertu de son devis pour que la cause ne puisse être portée devant le conseil de préfecture. — *Cons. d'Etat*, 28 août 1827, Prévost. — Dufour, *Dr. admin.*, n° 2853.

1022. — Il est en effet incontestable que lorsque l'entrepreneur de travaux publics autorisé à prendre des matériaux dans une carrière a traité de gré à gré de ces matériaux avec le propriétaire de la carrière, les tribunaux sont compétens pour statuer sur les difficultés qui s'élèvent entre eux. — *Cons. d'Etat*, 20 nov. 1815, Remond c. Rigolet; 4 juin 1823, Milon c. Montaigne; 3 janv. 1828, Best c. Bézier. — Cormenin, *Droit admin.*, v° *Travaux publics*, t. 2, p. 438; Chevalier, *Jurispr. admin.*, v° *Travaux publics*, p. 421.

1023. — La jurisprudence des Cours d'appel a également consacré ce principe, en décidant qu'en matière de fouilles et d'extraction l'autorité administrative n'est compétente pour prononcer sur les dommages causés par les entrepreneurs de travaux publics que lorsqu'il s'agit des dommages causés par leur fait personnel, indépendamment de toute convention privée. — *Lyon*, 22 mars 1833, Comp. du chemin de fer de Saint-Etienne c. Bécote; *Caen*, 24 avril 1838 (t. 2 1838, p. 408), Cottin c. Fontaine.

1024. — ... Et qu'ainsi, c'est aux tribunaux qu'il appartient de statuer sur la validité, les effets et l'exécution d'une convention faite par un entrepreneur de travaux publics et un particulier, relativement à l'extraction, dans la propriété de ce dernier, des matériaux nécessaires aux travaux dont l'entrepreneur était chargé, comme aussi de prononcer sur les dommages résultant de l'inexécution de cette convention. — Mêmes arrêts.

1025. — Cette suspension de la juridiction ordinaire a lieu alors même qu'il ne s'agirait plus de poursuites à fins civiles, mais même de poursuites correctionnelles, alors que l'existence du délit dépend de la question de savoir s'il y a eu ou non infraction au cahier des charges.

1026. — Ainsi, le Conseil d'Etat a jugé que

lorsque le jugement d'un délit porté devant le tribunal correctionnel dépend du point de savoir si un employé à des travaux publics s'est conformé aux clauses de son cahier des charges, et s'il a pleinement exécuté les ordres de l'administration, ces points constituent une question préjudicielle, sur laquelle il n'appartient qu'à l'autorité administrative de statuer. — *Cons. d'Etat*, 23 avril 1840, Sauphar c. préfet de Seine-et-Oise.

1027. — Lorsque, sur une poursuite dirigée contre un entrepreneur de travaux publics à raison d'extraction de sables et graviers par lui faite sur des chemins vicinaux, s'élève la question préjudicielle de savoir si l'entrepreneur a agi en vertu d'ordres de l'administration, cette question préjudicielle est de la compétence de l'autorité administrative. — *Cons. d'Etat*, 12 avril 1843, Palayrac.

1028. — La Cour de cassation et les Cours d'appel ont également décidé que lorsque l'entrepreneur prétend s'être conformé au devis qui lui a été imposé par l'administration, les tribunaux correctionnels, tout en retenant le fond, doivent surseoir à statuer, et renvoyer les parties devant l'autorité administrative, pour faire juger la question préjudicielle. — *Cass.*, 1er juill. 1843 (t. 1er 1844, p. 11), Liétot; *Nancy*, 1er févr. 1844, (t. 1er 1844, p. 817), Administ. forestière c. Jouve.

1029. — Le procès-verbal de reconnaissance des lieux et des points précis d'une forêt où les extractions de matériaux ayant pour objet des travaux publics, doivent être faites, bien que dressé, malgré la prescription contraire de l'art. 170 de l'ordonnance réglementaire du Code forestier, postérieurement à la réduction du cahier des charges des travaux, s'unit à cet acte, et en devient partie intégrante. — Jugé, en conséquence, que les désignations des lieux d'extraction insérées dans ce procès-verbal ayant, pour les adjudicataires des travaux, la même autorité que si elles avaient été insérées textuellement dans le cahier des charges lui-même, les fouilles faites par eux hors des endroits indiqués par le procès-verbal de reconnaissance doivent être considérées comme faites en dehors des endroits indiqués par le cahier des charges, et ne donnent aucunement lieu à l'interprétation des clauses de cet acte. — Que, dès lors, il n'y a pas lieu par les tribunaux correctionnels de surseoir à statuer sur les faits incriminés à la charge des entrepreneurs, jusqu'à ce que l'autorité administrative ait interprété le cahier des charges. — *Cass.*, 24 avril 1847 (t. 2 1847, p. 351), Forêts c. Moreau et Beguéry.

1030. — Enfin, en dernier lieu le tribunal des conflits a jugé que lorsqu'un entrepreneur est poursuivi devant les tribunaux ordinaires pour une contravention prévue par le Code pénal, et que l'existence de la contravention est subordonnée aux dispositions et à l'interprétation du cahier des charges, le juge doit surseoir jusqu'à ce que cette interprétation ait été donnée par l'autorité administrative. — *Tribunal des conflits*, 8 mai 1850, Leflon et Poulain.

1031. — Il résulte des mêmes principes que c'est encore aux tribunaux ordinaires qu'il appartient de statuer sur les dommages-intérêts qui peuvent être dus à un propriétaire par suite du détournement des matériaux extraits et de leur application à un usage autre que celui déterminé par le devis de l'entrepreneur. — Husson, p. 312.

1032. — Quelquefois les réclamations des propriétaires se manifestent par une opposition violente; ils refusent l'entrée de leurs propriétés aux agens de l'administration et aux ouvriers de l'entrepreneur, ou même ils les repoussent par la force. « Dans ce cas, dit M. Husson (t. 1er, p. 317), on doit agir avec la plus grande prudence : l'entrepreneur ou les agens se rendent auprès du maire ou du commissaire de police, justifient des autorisations dont ils sont porteurs, et les requièrent de leur donner assistance, et, au besoin, de leur prêter main-forte pour s'introduire dans la propriété désignée. »

1033. — L'opposition par voie de fait à la confection de travaux autorisés par le préfet d'un département constitue, aussi bien que s'il s'agissait de travaux autorisés par le gouvernement, le délit prévu et réprimé par l'art. 438 du Code pénal, et par conséquent entraînerait les poursuites du délinquant devant la juridiction correctionnelle. — *Cass.*, 3 mai 1834, Bertrand.

1634. — La circonstance que dans l'exécution des travaux on aurait dépassé la limite tracée

par l'arrêté du préfet, ne peut légitimer les voies de fait des opposans. — Même arrêt.

1035. — Mais serait-ce au conseil de préfecture ou aux tribunaux ordinaires que devrait s'adresser l'entrepreneur pour obtenir les dommages-intérêts qui pourraient lui être dus par le propriétaire, alors surtout qu'il est constant que le devis a été ponctuellement exécuté?

1036. — Saisi de cette question, le conseil de préfecture d'Indre-et-Loire avait, par arrêté du 11 septembre 1840, reconnu implicitement sa compétence en condamnant l'entrepreneur.

1037. — Sur le pourvoi formé par le condamné, le ministre disait en ce qui concerne la question de compétence : « Il suffira de quelques mots pour repousser le moyen d'incompétence invoqué par le demandeur. La loi du 28 pluviôse an VIII n'aurait, suivant lui, soumis à la juridiction des conseils de préfecture que les réclamations formées par les particuliers contre les entrepreneurs, et non pas celles des entrepreneurs contre les particuliers. En premier lieu, il est permis, je crois, de répondre avec le défendeur que la loi a statué *de eo quod plerùmque fit*, et qu'elle n'a pas entendu enlever aux conseils de préfecture la connaissance des plaintes des entrepreneurs, lorsqu'il s'agit d'un fait relatif à l'exécution de l'entreprise et touchant directement aux intérêts publics. En second lieu, la loi du 28 pluviôse an VIII appelle formellement les conseils de préfecture à prononcer *sur les difficultés qui pourront s'élever en matière de grande voirie*. Cette disposition si large, si étendue de la loi qu'on s'est bien gardé de citer, ferait au besoin rentrer la contestation dans le domaine du tribunal administratif, en supposant qu'elle ne lui appartînt pas en vertu des dispositions mêmes que le demandeur considère comme exclusives de cette juridiction. De quoi s'agit-il, en effet, dans l'espèce, si ce n'est d'un débat né au sujet de l'application d'un règlement de grande voirie et de l'exercice d'une servitude créée dans un but d'utilité publique.

1038. — Cependant, contrairement à l'avis du ministre, le Conseil d'Etat a prononcé l'incompétence du conseil de préfecture. — *Cons. d'Etat*, 30 mai 1844, Ruet c. Goisier.

§ 4. — *Règlement de l'indemnité.*

1039. — L'arrêt du conseil du 7 septembre 1755, art. 53, veut que les propriétaires des terrains sur lesquels des matériaux ont été pris soient entièrement et pleinement dédommagés de tout le préjudice qu'ils ont pu en souffrir, tant par la fouille pour l'extraction que par les dégâts auxquels elle pourrait donner lieu. — *Cons. d'Etat*, 24 août 1827, Chicou Saint-Fort.

1040. — Si la détérioration devenait même très-grande, il pourrait arriver que le propriétaire demandât à vendre son terrain; il pourrait même se faire que l'administration proposât elle-même cette acquisition.

1041. — C'est à ce cas que s'applique la loi du 16 septembre 1807, lorsqu'elle veut que les terrains occupés pour prendre les matériaux nécessaires aux routes et aux constructions publiques pourront être payés comme s'ils eussent été pris pour la route elle-même. — L. 16 sept. 1807, art. 55.

1042. — Dans ce cas, il s'agit d'une véritable expropriation, et, par conséquent, si les parties ne sont pas d'accord sur le chiffre de l'indemnité, il y a lieu évidemment de recourir aux formalités de l'expropriation. — V. Dufour, n° 2859.

1043. — Mais, le plus souvent, il ne s'agit pas d'expropriation véritable, et le propriétaire demeurant toujours maître du tréfonds, il n'y a pour lui qu'un préjudice plus ou moins grand que la juridiction administrative est appelée à constater et à estimer dans des formes que nous indiquerons tout à l'heure.

1044. — Or, en ce qui concerne la valeur des matériaux, l'arrêt du 7 sept. 1755 porte que lorsque la carrière n'a pas encore été ouverte et exploitée, il n'est pas dû d'indemnité, parceque le propriétaire, ne tirant aucun profit de la carrière, ne souffre d'autre préjudice que celui résultant des fouilles et de l'occupation de son terrain; c'est aussi de ce préjudice seul qu'il reçoit la réparation. La loi du 16 sept. 1807, art. 55, contient la même prescription.

1045. — Jugé, en conséquence, que la valeur des matériaux extraits ne doit être payée au propriétaire que lorsqu'il s'agit de matériaux pris dans une carrière déjà en exploitation; la valeur de ceux pris dans une terre en nature de culture à l'époque de l'extraction, n'est pas due. — *Cons. d'Etat*, 20 juin 1839, Gréban.

1046. — ... Et encore que, lorsqu'une carrière n'est pas en état d'exploitation régulière, le propriétaire ne peut réclamer la valeur des matériaux enlevés, et ne doit être indemnisé que pour le dommage causé à ses propriétés par l'extraction et le transport. — *Cons. d'Etat*, 6 sept. 1813, Lasalle; 21 juillet 1824, Bourdon c. Best.

1047. — Lors, au contraire, que la carrière étant en exploitation, il y a lieu de tenir compte aux propriétaires de la valeur des matériaux extraits, lesdits matériaux sont évalués d'après leurs prix courans, abstraction faite de l'existence ou des besoins de la route pour laquelle ils seraient pris, ou des constructions auxquelles on les destine.

1048. — En cas de désaccord sur le prix courant, les matériaux extraits d'une carrière en état d'exploitation doivent être payés par l'entrepreneur de travaux publics d'après leur estimation. — *Cons. d'Etat*, 15 oct. 1832, Tarride.

1049. — Mais que faut-il entendre par une carrière *déjà en exploitation*? La jurisprudence du Conseil d'Etat a varié sur ce point. Il avait d'abord décidé que l'on ne devait entendre par carrières en exploitation que celles qui offraient un revenu assuré au propriétaire, soit qu'il les exploitât régulièrement par lui-même ou par d'autres, et non celles dont l'exploitation avait été abandonnée. — *Cons. d'Etat*, 6 sept. 1813, Lasalle.

1050. — Mais depuis, le Conseil d'Etat a réformé sa jurisprudence et a décidé qu'il suffit, pour que l'indemnité des matériaux soit due, que la carrière ait été exploitée, lors même qu'elle ne le serait pas au moment où l'administration en prend possession. — *Cons. d'Etat*, 13 juill. 1825, d'Arthel; 1er mars 1826, Gallichet c. Bizemont; 4 mai 1826, Tiolier; 12 août 1829, Boirot-Desserviers c. Passart et Sienf; 29 juin 1832, Jouard et Bilhaud c. Maillard; 24 oct. 1834, Tarbé des Sablons c. Plessier; 7 juin 1836, Brochet; 27 avr. 1838, Fargeot c. Desfougères; 15 juill. 1841, Ardenne c. Halary-Asté; 30 nov. 1841, Mercier de la Vendée c. Gois. — Husson, *ubi suprà*; Favard de Langlade, *Dr. administ.*, t. 2, n° 365; Proudhon, *Domaine public*, n°s 419 et 430; Cormenin, t. 2, p. 433.

1051. — Et même, il n'est pas exigé que les fouilles nouvelles aient lieu dans des jours ou puits déjà pratiqués. — L'indemnité est également due, si les matériaux sont extraits d'une nouvelle carrière située dans la même propriété et non loin de l'ancienne, surtout s'il est prouvé qu'ils sont de même nature et proviennent du même banc, à une distance qui n'excède pas celle que pourrait atteindre l'ancienne exploitation, d'après l'extension dont elle est susceptible; car alors, il faudrait considérer les deux carrières comme n'en faisant qu'une. — *Cons. d'Etat*, 24 oct. 1834, Tarbé des Sablons c. Plessier; 9 janv. 1839, Caillaux. — V. encore Lepec sur l'art. 55 de la loi du 16 sept. 1807; de Cormenin, 5e édit., t. 2, v° *Travaux publics*, note 2.

1052. — Spécialement, le gouvernement est censé s'être emparé d'une carrière déjà en exploitation, bien qu'il ait commencé ses travaux à 600 mètres de distance de ceux du propriétaire de la mine, si ces travaux sont exécutés sur le terrain de ce dernier, s'ils s'appliquent à la même nature de pierre et au prolongement du même banc, la distance de 600 mètres n'excédant pas celle que pourrait atteindre l'ancienne exploitation, d'après l'extension dont elle est susceptible. Par suite, et d'après l'art. 55 de la loi du 16 septembre 1807, la valeur des matériaux à extraire doit entrer dans l'estimation du terrain occupé par l'administration. — *Cons. d'Etat*, 4 mai 1836, Tiolier.

1053. — Bien plus, la carrière est considérée comme en exploitation lorsque, ouverte par un premier entrepreneur, elle a continué à être exploitée par des maîtres carriers étrangers à l'administration. — *Cons. d'Etat*, 15 juill. 1841, Ardenne c. Halary-Asté.

1054. — Si l'on n'est pas tenu de payer la valeur des matériaux extraits de terres qui ne sont point en exploitation, il n'est point dû non plus d'indemnité pour la valeur des pierres ramassées dans les vignes ou dans les champs. La raison en est que les propriétaires n'en tiraient aucun parti. Les indemnités, dans ce cas, ne peuvent s'appliquer qu'aux dégâts que l'opération du ramassage et de l'enlèvement aurait pu causer sur la propriété.

1055. — L'indemnité accordée au propriétaire, en cas d'expropriation, doit être, comme on le sait, *juste et préalable*. Cette double condition est-elle admise lorsqu'il s'agit de déterminer quelle indemnité? Nous venons de voir comment s'établit le chiffre de l'indemnité. Reste le point de savoir si l'indemnité doit être préalable.

1056. — « Beaucoup d'auteurs se prononcent dans le sens de l'affirmative, dit M. Husson (*loc. cit.*), et les plus graves considérations semblent justifier cette solution. Ne peut-on pas dire en effet, qu'il y aurait véritable injustice à refuser ce bénéfice au propriétaire, lorsqu'on pense qu'il peut être privé pendant longtemps non-seulement du fonds sur lequel les fouilles ont lieu, mais encore des fruits de ce fonds à raison desquels il a fait des dépenses de semences et de culture. Et tel est au surplus ce que semble prescrire la loi de 1791. »

1057. — Cependant, en examinant la question de plus près, on est amené à conclure que l'indemnité ne saurait être préalable aux travaux, ainsi que semblerait le prescrire l'art. 1er de la sect. 6, tit. 1er, de la loi du 28 sept. 1791, par la raison qu'on ne peut savoir, avant que les fouilles soient effectuées, quels seront les dommages qu'elles causeront au fonds mis en culture, ni quelle sera la quantité de matériaux qui sera extraite. — Husson, *loc. cit.*; Dufour, 2860; Cormenin, t. 2, p. 430 et suiv.

1058. — C'est ainsi que la jurisprudence du Conseil d'Etat décide formellement qu'en cas de travaux d'extraction pour la confection et l'entretien des routes, il ne s'opère pas une dépossession totale ou partielle qui, aux termes des lois, entraînerait une indemnité préalable. — *Cons. d'Etat*, 20 juin 1839, Grébin.

1059. — A plus forte raison, un particulier ne peut-il s'opposer à l'extraction, sous prétexte qu'il n'y a pas eu d'indemnité préalable, lorsqu'il a été mis en demeure de faire régler cette indemnité. — *Cons. d'Etat*, 27 juin 1834, Latour-Maubourg c. Dupont.

1060. — M. Serrigny (t. 1er, p. 615, n° 602) veut, il est vrai, qu'on distingue, sous ce rapport, les travaux exécutés par l'Etat de ceux exécutés par des concessionnaires, et il invoque à cet effet l'art. 48 de la loi du 16 sept. 1807. « Mais, dit M. Dufour, l'article 48 de la loi du 16 sept. 1807 n'a point en vue les dommages provenant de fouilles; il ne prévoit que des faits d'une autre nature, et dont les conséquences doivent être bien différentes. Les occupations pour extraction de matériaux n'ont leurs règles que dans les art. 55 et suiv., et ne relèvent que de cette portion des dispositions écrites dans la loi de 1807, le Code des travaux publics de l'époque, que la législation sur l'expropriation forcée a, jusqu'à présent, respectées. Or, à la différence de l'art. 48, qui appartient à un ordre de dispositions dont le sort a été tout autre, l'art. 55 et les articles suivans gardent le silence sur la nécessité d'une indemnité préalable. »

1061. — Une décision assez récente de la Cour de cassation ne permet d'ailleurs aujourd'hui aucun doute. Il en résulte, en effet, d'une manière générale qu'aucune loi n'oblige l'entrepreneur à faire procéder à l'estimation préalable du terrain dans lequel il doit exécuter des fouilles. — *Cass.*, 12 août 1848 (t. 1er 1850), Molé.

1062. — En conséquence, il n'y a pas de délit quand l'extraction des matériaux a été opérée dans une forêt régulièrement désignée à l'entrepreneur, bien que l'indemnité due au propriétaire n'ait pas été préalablement déterminée, et qu'en conséquence l'estimation du terrain n'ait pas précédé les fouilles opérées, alors que ce propriétaire a été averti du moment où l'extraction aurait lieu. — Même arrêt.

1063. — Mais s'il n'est pas nécessaire que le paiement de l'indemnité soit préalable, du moins faut-il reconnaître qu'il doit avoir lieu sans délai après qu'il a été réglé, et autant que possible avant l'enlèvement des matériaux, lorsqu'on doit en payer la valeur. — Husson, p. 320.

1064. — Les intérêts de l'indemnité doivent courir depuis cette époque jusqu'au moment du paiement en principal. — *Cons. d'Etat*, 21 juill. 1824, Bourdon c. Best.

1065. — Si les matériaux sont pris dans une carrière en exploitation, le point de départ des intérêts est le jour de la demande, et l'on n'a point égard aux diverses époques de l'enlèvement successif des matériaux. — *Cons. d'Etat*, 29 juin 1832, Jouard et Bilhaud c. Maillard; 30 nov. 1841, Mercier de la Vendée c. Gois.

1066. — Quant à la procédure à suivre pour la fixation des indemnités concernant les fouilles et les extractions de matériaux, elle est la même que celle relative aux dommages généraux résultant de l'exécution des travaux, c'est-à-dire réglée par expertise. — V. *infrà*.

1067. — Disons seulement ici que lorsqu'une expertise a été ordonnée à l'effet de régler l'indemnité due à des propriétaires pour la fouille de leurs terrains par des entrepreneurs de travaux publics, et que ces propriétaires ont désigné leur expert, il ne peut leur en être nommé d'office un autre avant que celui qu'ils ont choisi n'ait été mis en demeure de se trouver aux jour et heure fixés pour l'expertise, et qu'il n'ait fait défaut. — *Cons. d'Etat*, 18 mai 1837, Pelletier c. Papault.

1068. — ... Que conséquemment, s'il n'est pas suffisamment établi que l'expert désigné par les propriétaires ait été averti des jour et heure fixés pour l'expertise, et qu'en son absence il ait été procédé à cette opération par un expert nommé d'office, l'expertise ne peut leur être opposée. — Même décision.

1069. — ... Qu'il y a lieu d'allouer l'indemnité fixée par expertise régulière, au propriétaire qui se plaint de dommages occasionnés par les fouilles faites par un entrepreneur de travaux publics pour l'exécution de ses travaux. — *Cons. d'Etat*, 11 juill. 1834, Duming.

1070. — ... Que, lorsque la quantité de matériaux, extraits et enlevés d'une propriété par un entrepreneur de travaux publics, a été constatée par des procès-verbaux des agens de l'administration des ponts et chaussées spécialement chargés de ce service; que le propriétaire ne prétend point qu'il ait été enlevé d'autres matériaux que ceux dont le métrage a été ainsi constaté, le conseil de préfecture ne peut se fonder sur une vérification d'experts pour régler l'indemnité due à raison des matériaux extraits sur une autre quantité que celle portée aux procès-verbaux. — *Cons. d'Etat*, 16 mars 1820, Servois c. Prévost.

1071. — Qu'un entrepreneur de travaux publics n'est pas recevable à attaquer l'arrêté d'un conseil de préfecture qui homologue une expertise et qui détermine l'indemnité due à un propriétaire pour extraction de matériaux dans ses propriétés, s'il n'a pas formé opposition à l'expertise avant l'homologation, et si d'ailleurs l'indemnité est inférieure aux prix alloués par son devis. — *Cons. d'Etat*, 20 juin 1812, Bidard et Delmas c. Giana.

1072. — ... Spécialement, que lorsqu'une sablière appartenant à un particulier a été désignée par le devis des entrepreneurs dans l'extraction des matériaux nécessaires à la construction ou à la réparation d'une route, et qu'un arrêté du préfet a mis le propriétaire en demeure de faire régler l'indemnité qui lui est due, soit de gré à gré, soit à dire d'experts, sauf à faire statuer par le conseil de préfecture, en cas de contestation sur la quotité de ladite indemnité, ce propriétaire n'est pas recevable à demander la réformation ou l'annulation de cet arrêté devant le conseil d'Etat. — *Cons. d'Etat*, 4 juin 1823, Peillon.

1073. — Enfin, constatons que l'entrepreneur qui, sur une expertise faite à défaut de règlement amiable, a été condamné, par le conseil de préfecture, à payer à un particulier une indemnité fixée sur rapport d'experts, pour extraction de matériaux, doit être condamné aux dépens de l'instance, s'il n'est pas établi qu'il ait fait auparavant des offres suffisantes. — *Cons. d'Etat*, 20 juin 1844, Rémy c. Lœillet.

1074. — Et remarquons que l'Etat, à défaut de l'entrepreneur reconnu insolvable, est responsable des dommages causés par la faute de cet entrepreneur dans l'exécution de travaux publics, alors surtout que ces dommages doivent être attribués à un défaut de surveillance de la part des agens de l'administration dans la direction et l'exécution des travaux. — *Cons. d'Etat*, 27 mai 1839, Mériet.

ART. 4. — *Torts et dommages autres que ceux résultant des fouilles et extractions de matériaux.*

1075. — L'obligation de laisser libre action aux agens de l'administration chargés des études préparatoires des travaux, l'expropriation du terrain nécessaire à la confection du travail, enfin la servitude si rigoureuse qui soumet les terrains aux fouilles et extractions de matériaux, ne sont pas les seuls dommages que l'exécution des travaux publics puisse occasionner. Ces dommages peuvent se produire sous toutes les formes.

1076. — Autrefois, il est vrai, l'Etat ne se croyait, hors le cas d'expropriation, tenu à aucune indemnité vis-à-vis de ceux auxquels les travaux d'utilité publique qu'il exécutait avaient porté préjudice; mais aujourd'hui la législation, mieux pénétrée des droits sacrés de la propriété, ne permet d'y apporter aucun trouble, même dans l'intérêt public le mieux justifié, sans que les personnes lésées soient indemnisées.

§ 1er. — *Cas où il n'est pas dû d'indemnité. — Dommages indirects, force majeure, faute. Règlemens locaux, conventions particulières.*

1077. — L'administration, ou l'entrepreneur qui la représente, demeure soumise comme les particuliers à l'application des articles 1382 et suivans du Code civil. Sur ce point, aucun privilége ne peut être constitué en sa faveur. — Dufour, t. 4, n° 2286; Cotelle, t. 2, p. 545.

1078. — Mais l'Etat, pas plus que les particuliers, ne peut être tenu d'indemniser d'un dommage, qu'autant que ce dommage est le résultat de la faute de ses agens, c'est-à-dire lorsqu'il est produit par la violation du devoir imposé à chacun de respecter la propriété d'autrui.

1079. — Il suit de là que « l'Etat ne peut être tenu, dit Cotelle (t. 2, p. 545), d'indemniser ceux qui souffrent du préjudice de ses actes dans les trois cas suivans : 1° S'il ne fait qu'user de son *droit* sur les choses qui auront subi, par l'effet de son commandement, une transformation dommageable pour autrui ; 2° s'il n'a porté atteinte qu'à des *facultés* communes à tous, dont l'usage n'avait pas produit des droits privatifs et fondés en titre; 3° si les personnes et les choses n'ont fait que subir les conséquences de la *condition* à laquelle elles étaient soumises d'après les lois et règlemens, soit d'une manière générale, soit dans une position particulière. »

1080. — *Dommages indirects.* — C'est donc avec raison qu'aucune loi n'impose à l'Etat l'obligation de réparer les dommages indirectement causés par les travaux qu'il effectue pour le service public. — *Cons. d'Etat*, 14 déc. 1836, Delattre; 5 déc. 1837, Coulon; 25 avr. 1842, Rougane; 20 déc. 1842, de Galliffet; 20 janv. 1843, Delmas et Talon; 3 mai 1844, Lecorgne de Bonabry.

1081. — Cette règle s'applique même au cas où les dommages sont le résultat de la suspension des travaux. — *Cons. d'Etat*, 20 janv. 1843, Delmas et Talon.

1082. — C'est ainsi que l'ouverture d'une nouvelle communication publique est un acte d'administration motivé sur des considérations d'ordre public et d'utilité générale, qui ne peut donner lieu qu'à une demande en indemnité de la part des tiers qui se croient lésés. — *Cons. d'Etat*, 18 août 1831, Compagnie des ponts.

1083. — De même, le particulier qui ne justifie pas que des travaux d'ouverture d'une route aient causé à sa propriété un dommage du fait de l'administration, n'est pas recevable à réclamer à ce sujet une indemnité. — *Cons. d'Etat*, 5 juin 1845, Corbara.

1084. — Lorsque la construction d'un nouveau pont ou d'une route n'empêche pas les propriétés riveraines d'être en communication avec la voie publique, le propriétaire n'est pas fondé à réclamer une indemnité, sous prétexte que sa propriété est enclavée. — *Cons. d'Etat*, 16 nov. 1836, Dubos.

1085. — L'établissement d'un péage sur le pont voisin ne peut donner droit à une prorogation au profit des entrepreneurs de l'autre pont. — *Cons. d'Etat*, 3 mai 1847, Ministre des travaux publics c. Liébault et Guyard.

1086. — Lorsque des travaux de voirie dûment autorisés ont été exécutés, sans qu'on puisse reprocher à l'administration ou à ses agens, non plus qu'aux entrepreneurs, aucune faute ou négligence, les propriétaires des magasins adjacens ne peuvent réclamer une indemnité des pertes qu'ils ont éprouvées momentanément dans leur commerce, par suite de l'interruption ou du resserrement de la circulation des passans gênés par l'exécution des travaux. — *Cass.*, 12 juin 1833, Préfet de la Seine c. Michelot.

1087. — Dans un autre ordre d'idées, et toujours par le même motif, il a été jugé que le dommage résultant de l'inondation d'une prairie ne peut donner lieu à une indemnité, lorsqu'il n'est pas positivement établi qu'elle a eu pour cause des travaux d'exhaussement de la chaussée d'une rivière navigable. — *Cass.*, 10 oct. 1834, Dupasquier.

1088. — Même solution pour le cas d'inondation, alléguée provenir de la construction d'un pont, lorsqu'il n'est pas positivement établi que la construction du pont soit la cause directe du dommage. — *Cons. d'Etat*, 25 avr. 1842, Rougane.

1089. — Jugé, par application du même principe, qu'un particulier ne peut réclamer une indemnité, par le motif que les travaux exécutés pour défendre un canal contre les eaux d'une rivière, et redresser le cours de ces eaux, auraient amené l'envahissement d'un îlot qui lui appartenait. — *Cons. d'Etat*, 5 déc. 1837, Coulon.

1090. — Bien plus, lorsque, sur une demande en indemnité formée contre les concessionnaires d'un canal par suite d'inondations, il est allégué que plusieurs causes étrangères à l'établissement du canal ont contribué avec le canal lui-même à produire ces inondations, le conseil de préfecture ne peut condamner les concessionnaires à la réparation entière du dommage avant que les faits aient été constatés et appréciés par les experts chargés d'évaluer contradictoirement les indemnités. — *Cons. d'Etat*, 6 déc. 1844, Canal de la Sambre à l'Oise c. Brancourt.

1091. — De même, lorsque le bief d'un moulin a perdu, par filtration, une partie de ses eaux pendant les constructions d'un canal, sans qu'il ait été fait aucune prise d'eau, soit au bief du moulin, soit au cours d'eau alimentaire, et que la perte d'eau résulte uniquement de la nature perméable du sol, l'Etat ne peut être tenu de payer une indemnité au propriétaire du moulin. — *Cons. d'Etat*, 20 juill. 1836, Klein.

1092. — Le dommage indirect qui résulte pour les propriétaires riverains du curage d'un cours d'eau navigable opéré par les soins de l'administration ne saurait donner lieu à indemnité. ... Alors d'ailleurs qu'il n'est pas justifié que ce dommage ait eu pour cause l'exécution des travaux. — *Cons. d'Etat*, 20 janvier 1843, Breteau-Aubry.

1093. — Aussi encore, l'Etat ne peut être tenu de réparer le dommage occasionné à des propriétés par l'invasion accidentelle des eaux de la mer, invasion qui serait le résultat du détournement des eaux d'une rivière. — *Cons. d'Etat*, 14 déc. 1836, Delattre.

1094. — Les propriétaires d'une usine sur une rivière navigable et flottable qui réclament une indemnité de l'Etat sous prétexte que le chômage de ladite usine aurait été augmenté par suite des changemens apportés par l'administration au régime du fleuve, ne sont point recevables dans leur réclamation, s'il résulte de l'instruction que les travaux n'ont point eu pour effet d'augmenter les heures de chômage. — *Cons. d'Etat*, 14 déc. 1837, Cacheux c. Ministre des travaux publics.

1095. — Spécialement, lorsqu'un cours d'eau a été, vers la fin du XVIIe siècle, soumis à des travaux considérables exécutés par l'administration, dans l'intérêt de la navigation, les usines construites sur ce cours d'eau, soit avant, soit après ces travaux, sont demeurées subordonnées, dans leur service, à toutes les mesures que l'administration pouvait juger nécessaires pour les services publics : en conséquence, les propriétaires de ces usines n'ont pu réclamer des indemnités à raison du chômage qu'elles ont éprouvé par suite d'un détournement des eaux qui les alimentaient, et si des sommes ont été payées pour indemnité à la suite d'arrêtés rendus contre eux, ces sommes doivent être restituées lorsque ces arrêtés sont annulés. — *Cons. d'Etat*, 23 févr. 1844, Bayard de la Vingtrie c. Paix-Bris.

1096. — En règle générale, lorsque les travaux exécutés par l'Etat dans l'intérêt de la défense publique ont laissé intacte la propriété d'un particulier, les inconvéniens dont il peut avoir à se plaindre ne sont pas de nature à lui donner droit à une indemnité. — *Cons. d'Etat*, 22 nov. 1826, Guerlin-Houel.

1097. — Examinant cette jurisprudence au point de vue des travaux faits pour les chemins et routes, M. Gasson (t. 1er, p. 330) s'exprime ainsi : « Cette doctrine, qui tend à refuser des indemnités pour tous les dommages qui n'atteignent pas matériellement et directement les propriétés, nous paraît fondée en raison; car le premier intérêt des voies de communication est, sans contredit,

leur viabilité et leur assainissement; les droits d'usage dont y jouissent les riverains doivent être subordonnés à tout ce que l'administration peut entreprendre pour améliorer la circulation, pourvu qu'elle ne détruise pas ces droits. Mais soutenir qu'elle ne puisse, dans l'intérêt public, les modifier sans une réparation pécuniaire, c'est mettre l'accessoire avant le principal et placer le droit individuel d'habitation au-dessus du droit général de circulation; c'est donner à de simples droits d'usage toute la valeur de véritables servitudes et renverser les principes qui veulent qu'il n'en puisse jamais être acquis sur le domaine public. »

1098. — En effet, comme le faisait remarquer le ministre des travaux publics, en 1844, devant le Conseil d'Etat, lorsque l'administration, par suite des travaux de relèvement ou d'abaissement qu'elle exécute sur les chemins publics, apporte quelque dépréciation dans la valeur des héritages qui bordent les chemins, elle est absolument dans le même cas d'un propriétaire qui, en élevant sur son terrain, en face de l'habitation de son voisin, un mur d'une plus ou moins grande hauteur, enlève à celui-ci la vue dont il jouissait. Evidemment, cette construction a causé un dommage réel à sa propriété et en a diminué la valeur; mais on n'a jamais prétendu qu'il y ait lieu à indemnité, sauf le cas de servitude résultant de stipulation contraire. — Les mêmes principes doivent trouver leur application en ce qui concerne les travaux que l'administration exécute sur les chemins publics. Ces chemins, en effet, ne peuvent être grevés de servitudes; dès lors, les propriétaires ne peuvent réclamer aucune indemnité pour la dépréciation causée à leurs héritages par les travaux de la nature de ceux dont je viens de parler.

1099. — « L'administration, dit M. Husson (*loc. cit.*), lorsqu'elle exhausse ou abaisse le sol des voies publiques, admet volontiers, comme étant à sa charge, le rétablissement des accès. Ainsi, elle relève le pavage suivant les nouvelles pentes, raccorde le sol des cours, fait des reprises aux maçonneries déchaussées, ou bien elle accorde des indemnités aux propriétaires pour qu'ils exécutent eux-mêmes ces travaux. »

1100. — Mais jamais les réclamations des propriétaires ne peuvent suivre la voie contentieuse. En conséquence, quelle que soit la décision de l'administration, sur ce point, elle ne peut être attaquée devant le Conseil d'Etat. Toujours la demande en indemnité doit être réglée administrativement. — *Cons. d'Etat*, 18 août 1831, Comp. des ponts.

1101. — D'un autre côté, le dommage fût-il même constant, il y aurait encore à examiner quelle est sa cause, et s'il peut être imputé à l'administration ou à ses agens, ou aux entrepreneurs qui la représentent.

1102. — *Force majeure.* — Ainsi, il est évident qu'il n'est pas dû d'indemnité lorsque les dommages sont le résultat de circonstances de force majeure. — *Cons. d'Etat*, 17 janv. 1838, Rodet c. min. des travaux publics.

1103. — Ainsi jugé spécialement, en cas d'inondation, que l'inondation de propriétés particulières est le résultat d'une force majeure. — *Cons. d'Etat*, 1er sept. 1841, Rodet.

1104. — *Faute du propriétaire.* — Comme aussi, quelle que soit l'étendue du dommage et sa nature, il ne donne lieu à aucune indemnité en faveur de celui qui en a souffert, quand il peut être imputé à sa faute ou à sa négligence.

1105. — Ainsi, le propriétaire dont le bateau vient se heurter sur des pieux plantés dans une rivière navigable à l'occasion de la réparation d'un pont, et fait naufrage, n'est pas recevable à demander une indemnité contre l'administration des ponts et chaussées, lorsqu'il est reconnu que ces pieux étaient apparens et que la navigation avait été prévenue du danger. — *Cons. d'Etat*, 5 janv. 1813, Lepaire.

1106. — *Règlemens locaux, conventions particulières.* — L'indemnité cesserait encore d'être due, s'il était établi que des règlemens locaux ou des conventions particulières avaient imposé aux tiers qui se plaignent des dommages, l'obligation de les supporter sans indemnité.

1107. — Jugé, en ce sens, que le propriétaire riverain d'une route, en Provence, qui a éprouvé des dommages par suite de l'exhaussement de la route, ne peut réclamer une indemnité ou réparation du dommage, lorsqu'il existe un ancien règlement local qui impose cette servitude. — *Cons. d'Etat*, 26 déc. 1827, Laget-Levieux.

1108. — A plus forte raison, en accordant l'autorisation d'établir une usine sur une rivière navigable, l'Etat peut stipuler que la suppression de cette usine pour cause de travaux ou pour l'utilité de la navigation ne donnera lieu à aucune indemnité. — *Cons. d'Etat*, 15 mars 1826, Gauthier c. ville de Paris. — Chevalier, *Jurispr. administr.*, v° *Cours d'eau*, t. 1er, p. 297; Garnier, *Rég. des eaux*, n° 467; Daviel, *Cours d'eau*, n° 342; Cotelle, *Cours de dr. administr.*, t. 3, p. 614.

1109. — Mais une pareille condition peut-elle être attachée à l'établissement d'une usine sur un cours d'eau non navigable? « Cette question, dit Cormenin (v° *Cours d'eau*, t. 1er, p. 508), est très-controversée. Pour nous, nous pensons qu'il y a lieu de distinguer. Si les usines ont été établies sans condition, il est dû une indemnité de dépossession comme pour tous les droits irrévocablement acquis. Si, dans la prévoyance d'une navigabilité prochaine du cours d'eau, ou d'une dérivation nécessaire pour alimenter des canaux navigables ou rivières canalisées, l'Etat impose à l'établissement d'une usine la condition de la démolition future sans indemnité, cette condition est licite : car le gouvernement se verrait sans cela exposé soit à des indemnités très-onéreuses, soit à l'abandon de ses projets d'utilité publique. Mais si aucune de ces prévoyances ne le domine avec raison au moment de l'autorisation, il est plus rassurant pour la propriété, il est plus avantageux pour l'industrie que le gouvernement n'impose pas ces conditions. » — V. aussi Isambert, v° *Voirie*, t. 1er, p. 219. — V., au surplus, *infrà*.

§ 2. — *Cas où il est dû indemnité. — Dommages aux personnes, accidens, passages et occupations temporaires, chômages et suppressions d'usines.*

1110. — Dès que le dommage causé aux tiers n'est le résultat, ni de leur faute, ni de la force majeure, il doit être réparé, si des règlemens locaux ou des conventions particulières ne l'ont pas mis à leur charge.

1111. — L'appréciation des faits et circonstances dans lesquels se sont produits les dommages peut seule éclairer la juridiction compétente sur le point de savoir s'il est dû indemnité, et quel en doit être le montant; il est, à cet égard, impossible de poser aucune règle précise et invariable; nous nous bornerons donc à citer, à titre d'exemples, quelques-unes des espèces dans lesquelles le Conseil d'Etat a été appelé à se prononcer.

1112. — Lorsqu'un dommage direct et matériel a été occasionné par la rupture d'une digue d'un fleuve canalisé, récemment reconstruite pour le compte de l'administration, et que ce dommage ne provient pas de force majeure, il est dû une indemnité au propriétaire qui a subi le dommage. — *Cons. d'Etat*, 2 mai 1845, Charpentier.

1113. — L'inondation des propriétés riveraines, survenue par le fait des concessionnaires d'un canal, constitue un dommage direct dont les riverains ont droit d'être indemnisés. — *Cons. d'Etat*, 12 avr. 1844, Compagnie du canal de jonction de la Sambre à l'Oise c. la Commune de Bernot; 3 sept. 1844, Martin c. Deschamps.

1114. — L'entrepreneur de travaux publics qui a causé des dommages aux propriétés riveraines d'un canal par le vice de construction d'un pont, est tenu à une indemnité envers le propriétaire lésé. — *Cons. d'Etat*, 27 août 1823, Morot c. Espérandieu.

1115. — Le particulier dont la propriété a éprouvé un dommage direct et matériel, par suite d'une inondation qu'on peut attribuer à la construction d'un pont et au remblai d'une rampe contiguë est en droit de réclamer une indemnité. — *Cons. d'Etat*, 3 sept. 1844, Martin c. Deschamps.

1116. — Le dommage causé à un particulier par l'inondation provenant du peu de hauteur des bords extérieurs des contre-fossés d'un canal constitue un dommage direct, dont ce particulier a le droit de demander la réparation. — *Cons. d'Etat*, 10 janv. 1845, Compagnie du canal de la Sambre à l'Oise c. Semery.

1117. — Par des motifs analogues, il est dû une indemnité aux propriétaires riverains d'une route lorsque, par suite de travaux, les facilités d'accès aux maisons leur appartenant sont diminuées. — *Cons. d'Etat*, 19 mars 1845, Tendret.

1118. — Le propriétaire qui a souffert un dommage direct et matériel par l'exhaussement du sol d'une route a droit à une indemnité. — *Cons. d'Etat*, 9 mai 1845, Rassicod.

1119. — En d'autres termes, lorsque le sol d'une route a été exhaussé et que l'exhaussement a eu pour effet d'empêcher l'accès d'une maison, il est dû au propriétaire une indemnité égale à la dépense à faire pour rétablir la communication avec la route, et à la dépréciation qu'a subie la propriété. — *Cons. d'Etat*, 15 mars 1844, Scalabre.

1120. — Le pépiniériste dont la pépinière est endommagée par suite de l'exécution de travaux publics, a droit à une indemnité égale au dommage qu'il a éprouvé. — *Cons. d'Etat*, 10 déc. 1817, Tollard c. Ville de Paris.

1121. — *Torts et dommages aux personnes, accidens.* — Les mots *torts et dommages* employés dans la loi du 28 pluviôse an VIII ne s'entendent pas seulement des dommages faits aux propriétés, mais encore de ceux causés aux personnes; par exemple, à l'action en dommages-intérêts pour blessures éprouvées par un individu tombé dans un puits laissé ouvert par la faute des agens de l'administration chargés de la confection des travaux publics. — *Cons. d'Etat*, 19 déc. 1839, Lœumé.

1122. — En effet, ceux qui sont autorisés à faire des constructions sur la voie publique répondent des accidens que les travaux peuvent occasionner, quand les précautions nécessaires pour les prévenir n'ont pas été prises. — *Cons. d'Etat*, 24 juin 1808, Association des trois ponts de Paris c. Meynard.

1123. — *Passage sur le terrain. — Occupation temporaire.* — Dès que les projets ont été dressés et approuvés, il faut pourvoir à leur exécution; le transport des matériaux, la nécessité de les approvisionner et de les préparer exigent quelquefois l'établissement de passages provisoires, de dépôts ou d'ateliers sur les fonds voisins. Ces opérations doivent être, comme celles relatives aux études, autorisées par l'autorité administrative.

1124. — Nous verrons *infrà* que lorsque le passage ou l'occupation temporaire ont été autorisés, c'est à l'autorité administrative qu'il appartient de statuer sur les contestations auxquelles peut donner lieu le paiement de l'indemnité.

1125. — Mais à défaut d'autorisation, doit-on considérer l'occupation de la propriété comme une voie de fait donnant lieu à une demande en dommages-intérêts de la part du propriétaire? C'est là une fort grave question.

1126. — Dans une espèce où il s'agissait d'une prise de possession de terrain avant l'accomplissement des formalités d'expropriation, le Conseil d'Etat a jugé que les torts et dommages dont la loi attribue l'appréciation aux conseils de préfecture, sont ceux qui résultent de travaux publics autorisés, et non ceux qui résultent de l'occupation irrégulière d'un immeuble par un entrepreneur, avant qu'il y ait eu déclaration d'utilité publique, et accomplissement des formalités prescrites par la loi pour l'expropriation. Dans ce cas, c'est au juge de paix qu'il appartient de statuer sur les dommages-intérêts à raison du trouble apporté à la possession. L'administration peut seule ordonner la distribution des travaux opérés par ses ordres. — *Cons. d'Etat*, 5 sept. 1842, Pannetier et Coutenot c. Batines.

1127. — C'est la même jurisprudence que nous avons vu appliquer en matière de fouilles et extractions non autorisées — Il semblerait donc qu'il y a lieu de l'appliquer en cas de dommages résultant d'occupations temporaires ou de passage des voitures ou des ouvriers, ou enfin de dépôts de terre et matériaux.

1128. — Cependant, en maintenant la compétence exclusive des conseils de préfecture, alors qu'il s'agit de dommages occasionnés par un dépôt de matériaux non autorisé, ou autre préjudice de ce genre (V. *infrà*), le Conseil d'Etat (10 mars 1843, Jemmolle c. Chaussat) semble avoir adopté une solution différente.

1129. — « Mais, dit M. Husson (p. 328), en constatant l'état de la jurisprudence à cet égard, nous devons exprimer le regret que l'obligation de se pourvoir d'autorisations administratives et d'avertir les intéressés, avant les occupations temporaires de terrains, ne soit pas imposée par la loi aux entrepreneurs. L'équité et le bon ordre justifieraient cette mesure, qui préviendrait les occupations arbitraires. »

1130. — Il est de principe d'ailleurs que les nécessités de l'exécution des travaux ne peuvent et ne doivent être appréciées que par l'autorité administrative. La faculté que s'arrogent les en-

trepreneurs ou des agens d'exécution, en occupant selon leur bon plaisir la propriété, est donc une usurpation des droits qui appartiennent à l'administration seule, et qu'elle ne doit exercer que pour l'utilité publique.

1131. — En tous cas, les entrepreneurs ne peuvent être tenus à réparer les dommages faits à des chemins publics par la simple fréquentation de leurs voitures. Une telle obligation constituerait un véritable impôt, qui ne peut être établi que par la loi. — *Cons. d'Etat*, 14 janv. 1824, ville de Marseille.

1132. — *Chômage et suppression d'usines.*—L'exécution des travaux publics, notamment l'ouverture de nouvelles canalisations, et l'établissement d'ouvrages en rivière, ont souvent pour conséquence la suppression des usines existant sur les cours d'eau, ou la diminution de leur force motrice. Les questions d'indemnité qui s'élèvent dans ces derniers cas se décident d'après les principes qui régissent le domaine des eaux courantes. — Husson, p. 328.

1133.—Or, pour bien comprendre les questions si délicates d'indemnité en matière d'usines, nous croyons devoir ici entrer dans quelques explications spéciales, et aussi courtes que possible, sauf à renvoyer, pour tout ce qui est étranger à notre matière, au mot spécial qui se trouve dans ce répertoire. — V. USINES.

1134. — Et d'abord il convient de remarquer que lorsque pour exécuter un travail d'utilité publique on supprime des moulins et des usines, qu'on les déplace ou modifie, ou qu'on réduit l'élévation de leurs eaux, il doit être examiné d'abord, avant toute expertise, si leur établissement est légal, ou si le titre qui les autorise ne soumet pas les propriétaires à voir démolir lesdits établissemens sans indemnités. — L. 16 sept. 1807, art. 48; arr. du Gouvernement, 19 vent. an XI.

1135. — C'est ainsi qu'il a été décidé que lorsqu'il s'agit d'une demande de nature à être soumise à la juridiction ordinaire, les prétendans droit à une indemnité à raison du dommage permanent que font éprouver à leurs usines des travaux faits par l'Etat aux cours d'eau navigables sur lesquels elles sont placées, ne peuvent porter leur demande devant les tribunaux civils qu'après avoir produit leurs titres à l'autorité administrative, seule compétente pour examiner si l'établissement de ces usines est légal ou si le titre d'établissement ne soumet pas les propriétaires à en souffrir la démolition ou la modification sans indemnité, au cas où l'utilité publique le requerrait. — *Cons. d'Etat*, 6 sept. 1842, de Tauriac, de Lostanges et Rocques; 4 mai 1843, Compagnie des Moulins de Moissac.

1136. —De même le conseil de préfecture, saisi d'une demande en indemnité de cette nature, doit, avant toutes choses, ordonner que la justification exigée par la loi sera faite. — *Cons. d'Etat*, 14 janv. 1841, Honnorez; 3 sept. 1844, propriétaires des moulins de Pontivy; même jour, Radault.

1137. — Spécialement, il ne peut, sous prétexte que l'affaire présente à juger des questions de propriété, renvoyer préalablement le réclamant et l'administration devant les tribunaux. — *Cons. d'Etat*, 3 sept. 1844, Radault.

1138. — Cet examen doit avoir lieu, que les usines ou moulins soient situés sur un cours d'eau navigable ou flottable, ou qu'ils aient été établis sur un cours d'eau non navigable. — *Cons. d'Etat*, 14 janv. 1841, Honnorez; 26 nov. 1841, même partie; 7 janv. 1842, Piard c. Lannez; 6 sept. 1842, de Mauriac; 27 nov. 1844, Pruvot.

1139. — A l'égard des moulins et usines situés sur rivières navigables ou flottables, l'indemnité n'est due qu'autant qu'il est justifié que l'origine de l'usine remonte à une époque antérieure à 1566. — *Cons. d'Etat*, 19 mars 1840, Conqueret; 16 mars 1842, Baraignes; 23 févr. 1844, Bayard de la Vingtrie c. Paix-Bris.

1140. — L'indemnité serait encore nécessairement due si, l'usine provenant d'une vente nationale, le propriétaire établit qu'il y a eu affectation spéciale à l'établissement vendu d'une force motrice déterminée. — *Cons. d'Etat*, 22 mars 1841, Aubertot; 16 mars 1842, Baraignes.

1141. — Dans tous les autres cas, il n'est dû aucune indemnité. Ainsi, notamment, il n'y a lieu à aucune indemnité, lorsque l'Etat en accordant l'autorisation d'établir une usine sur un cours d'eau lui appartenant a stipulé que la suppression de cette usine pour cause de travaux ou pour l'utilité de la navigation aurait lieu sans indemnité. — *Cons. d'Etat*, 15 mars 1826, Gauthier c. Ville de Paris. — V., au surplus, *suprà*.

1142. — Aucune indemnité n'est encore due pour la suppression d'un moulin sur une rivière navigable lorsqu'elle a été ordonnée en l'an VI, en exécution de l'arrêté du gouvernement, du 19 vent. de la même année, qui ne contient aucune disposition relative à l'indemnité, et alors surtout qu'au lieu d'attaquer l'arrêté d'exécution de l'administration centrale, le réclamant s'est borné à demander en 1814 l'autorisation de rétablir le moulin. Au surplus, l'indemnité serait frappée de déchéance comme constituant une créance antérieure à l'an VIII. — *Cons. d'Etat*, 13 juillet 1828, Massé.

1143. — Lorsque anciennement et antérieurement à 1656 il a été fait une concession d'eau à un particulier pour l'établissement d'un moulin, un arrêt du conseil du roi, postérieur, n'a pu augmenter l'importance de cette concession ni faire une concession nouvelle, le domaine de l'Etat ayant été déclaré inaliénable; partant, aucune indemnité ne saurait être accordée. — *Cons. d'Etat*, 17 mai 1844, Société des moulins d'Albaredès.

1144. — Enfin, la déchéance peut atteindre les droits même les mieux fondés. Ainsi, lorsqu'un barrage construit en 1804, reconstruit avant 1816, et entretenu par des travaux jusqu'en 1819, a donné lieu à une demande en indemnité, mais pour dommages à partir seulement de 1819, l'administration peut opposer aux réclamans la déchéance prononcée par la loi du 25 mars 1817, en se fondant sur ce que la cause de la demande est antérieure à 1816. — *Cons. d'Etat*, 8 avr. 1840, Berthier.

1145. — En ce qui concerne les usines établies sur cours d'eau non navigables ni flottables, la difficulté est plus délicate, par suite de la diversité des principes qui régissaient dans notre ancien droit la propriété des eaux. Dans certaines provinces, les seigneurs étaient, comme on le sait, réputés propriétaires des cours d'eau autres que ceux dépendant du domaine public, et rigoureusement l'établissement légal d'une usine ne pouvait résulter que d'un acte de concession de leur part. Dans d'autres localités où les riverains avaient conservé la propriété des petites rivières, l'absence de toute contradiction de la part des parties auxquelles l'établissement des usines aurait pu porter préjudice, la jouissance sans trouble de ces établissemens, pendant le temps requis pour la prescription, ont pu en consacrer l'existence.

1146. — Mais dans tous les cas, il est évident qu'à l'égard de ces dernières usines la légalité de leur établissement n'a pas besoin d'être prouvée par la production d'un acte administratif, et qu'elle peut résulter de la production de tous autres actes, de circonstances équivalant à titre, d'après les règles du droit commun et même de la prescription.

1147. — C'est au surplus en ce sens que le Conseil d'Etat a statué que la disposition de l'art. 48 de la loi du 16 sept. 1807, qui veut, qu'au cas de demande en indemnité pour chômage ou suppression d'une usine, il soit d'abord examiné si l'établissement de cette usine est légal, n'exige pas que cette légalité soit établie par la production d'un titre administratif qui ait autorisé ou validé la construction de l'usine. — *Cons. d'Etat*, 28 août 1844, Honnorez.

1148. — En conséquence, la preuve de la légalité de l'établissement d'une usine peut, à défaut d'actes écrits, émanés de l'administration, résulter des circonstances, et notamment de l'époque de la construction de l'usine, de la qualité de ses constructeurs, du caractère de la transmission qui en aurait été faite, et même, selon le cas, de la prescription acquise avant la promulgation des lois abolitives de la féodalité. — Même ord. — V. aussi, dans le même sens, Daviel, *Des cours d'eau*, t. 2, n° 610; Proudhon, *Du domaine public*, n° 1165; Nadault de Buffon, t. 2, n° 314; Dufour, *Dr. adm.*, n° 1215; Husson, p. 335.

1149. — Même à l'égard des usines existant sur les cours d'eau non navigables ni flottables, la règle qui ressort de la solution ci-dessus n'est applicable qu'à ceux de ces établissemens dont l'existence remonte au delà de 1790; à l'égard des établissemens d'une création postérieure, leur existence ne peut être considérée comme légale qu'autant qu'elle repose sur une autorisation émanée de l'administration, et c'est ce qui résulte évidemment des lois des 16-20 août 1790 et 6 oct. 1791, qui, en attribuant à l'administration la police des cours d'eau, exigent, par cela même, qu'elle préside à la construction de toute nouvelle usine. — *Cons. d'Etat*, 15 mars 1844, Glais-Bizoin.

1150. — Un moulin anciennement possédé par le seigneur féodal du lieu et vendu nationalement en 1791, tel qu'il se poursuivait et comportait, doit être considéré comme ayant une existence légale. — *Cons. d'Etat*, 11 juillet 1844, Boulogne c. Canal de la Sambre à l'Oise.

1151. — En conséquence, lorsque sa force motrice vient à être diminuée par suite de l'établissement d'un canal d'utilité publique, le propriétaire est fondé à réclamer une indemnité, conformément à l'art. 48 de la loi du 16 sept. 1807, si d'ailleurs aucune clause de l'acte de vente ne lui en a retiré le droit. — Même ord.

1152. — Néanmoins, et ce n'est ici que l'application des règles du droit commun, cette indemnité ne peut s'étendre au surcroît de force motrice que le moulin pourrait avoir acquis depuis la vente nationale, par suite de travaux non autorisés. — Même ordonnance. — V. conf. Husson, p. 336; Nadault de Buffon, t. 2, p. 317.

1153. — Lorsqu'il y a lieu d'allouer des indemnités pour suppression ou diminution de la force motrice des usines ou pour des chômages occasionnés par des travaux publics, il faut avoir égard dans la fixation des indemnités à toutes les causes de dommages.

1154. — Ainsi, dans l'évaluation de l'indemnité due pour chômage d'une usine, on doit faire compte de l'entretien des machines, de la patente, des frais d'exploitation qui ne cessent pas aussitôt que les travaux, et enfin de l'intérêt du capital consacré à l'exploitation. — *Cons. d'Etat*, 6 févr. 1831, Brun. — V. Cormenin, *Droit administratif*, v° *Cours d'eau*, t. 1er, p. 550, et Chevalier, *Jurispr. administr.*, v° *Cours d'eau*, t. 1er, p. 316.

1155. — Le prix du bail sera également une base juste de l'indemnité due. — Ordonn. 28 oct. 1831, Gailleminault.

1156. — On doit tenir compte encore du désachalandage. — *Cons. d'Etat*, 11 novembre 1831, Millet.

1157. — Lorsqu'il y a suppression du moteur, la prisée du moulin doit être l'un des élémens du capital de l'indemnité, attendu qu'elle est un accessoire nécessaire d'un établissement de cette nature. — *Cons. d'Etat*, 9 juin 1830, Chambaut c. ville de Paris.

1158. — Dans tous les cas, le conseil de préfecture doit, pour l'appréciation du dommage, et la fixation de l'indemnité, suivre les règles prescrites par la loi du 16 sept. 1807, et non celles prescrites par la loi du 28 juill. 1824, cette dernière loi n'étant applicable qu'au cas où le chômage résulte de l'exercice du flottage. — *Cons. d'Etat*, 5 mai 1830, Moitet.

§ 3. — *Compétence sur les contestations relatives aux torts et aux dommages.*

1159. — Aux termes de l'art. 4 de la loi du 28 pluv. an VIII, c'est le conseil de préfecture qui prononce sur les réclamations des particuliers qui se plaindront des torts et dommages procédant du fait personnel des entrepreneurs et non du fait de l'administration.

1160. — Il n'est assurément pas de disposition qui ait donné lieu à plus de controverse dans son application que cet article; les fréquens arrêts émanés des Cours d'appel et de la Cour de cassation, mais surtout les décisions continues que rend chaque année le Conseil d'Etat, témoignent assez des difficultés qu'il soulève.

1161. — *Compétence sur le mode d'exécution, la continuation ou la cessation des travaux.* — Quelle que soit la nature du dommage causé, c'est un fait constant qu'il ne peut appartenir aux tribunaux ni d'arrêter le cours de travaux publics ni de porter atteinte aux actes administratifs qui les ont ordonnés. — *Cons. d'Etat*, 6 sept. 1843, Boutin; 2 mai 1845, Lecy.

1162. — Ainsi, les mesures prescrites par un préfet avec l'approbation du ministre de l'intérieur, pour faciliter, dans un intérêt public, l'écoulement des eaux d'un torrent, constituent des actes d'administration qui ne peuvent être attaqués devant le Conseil d'Etat par la voie contentieuse. — *Cons. d'Etat*, 28 août 1844, commune de Volognat.

1163. — Le juge du référé ne peut, sans violer les règles qui interdisent à l'autorité judiciaire de porter atteinte à l'autorité administrative, ordonner la suspension de travaux faits par ordre de l'administration des ponts et chaussées, spé-

cialement l'abattage d'arbres existant dans les limites du lit d'un fleuve fixées par arrêté du préfet. — *Cass.*, 6 juill. 1847 (t. 1er 1848, p. 223), Barsalou c. Marchand. — Debelleyme, *Ordonnances sur référés*, t. 1er, p. 399.

1164. — Les demandes qui ont pour objet de s'opposer à des travaux entrepris en vertu d'une loi, pour cause d'utilité publique, sont, aux termes du titre 2 de la loi du 8 mars 1810, de la compétence de l'autorité administrative. — *Cons. d'Etat*, 24 mars 1824, Lefebvre.

1165. — Sans aucun doute, des particuliers intéressés au maintien d'une décision ministérielle qui prescrit aux concessionnaires d'un canal d'exécuter certains travaux propres à prévenir les inondations, sont recevables à intervenir dans l'instance introduite contre cette décision. — *Cons. d'Etat*, 6 déc. 1844, Canal de la Sambre c. Brancourt.

1166. — Mais les tribunaux civils sont incompétens pour ordonner la destruction des ouvrages commencés par un entrepreneur de travaux publics sur une propriété privée avant l'accomplissement des formalités prescrites pour l'expropriation et sans déclaration préalable d'utilité publique, mais d'après les ordres de l'administration. — *Cons. d'Etat*, 30 déc. 1841, Buecher et Lorentz c. Concessionnaires du chemin de fer de Strasbourg à Bâle; 13 sept. 1843, Doré c. Reymont; 21 déc. 1843, Roussey c. Reymont.

1167. — Cette dernière peut seule dans ce cas prononcer la révocation des mesures par elle prescrites, et statuer sur les torts et dommages provenant du fait de l'entrepreneur. — Mêmes ordonnances.

1168. — Ainsi, il n'appartient qu'à l'administration de prononcer sur une demande tendant à faire ordonner par les tribunaux la suppression de travaux exécutés sur un ru, dans l'intérêt de la salubrité publique. — *Cons. d'Etat*, 4 sept. 1840, Fortier-Beaulieu c. Préfet de la Seine.

1169. — Les tribunaux ne peuvent ordonner la démolition des travaux exécutés par l'entrepreneur conformément aux ordres de l'administration, ni le condamner à des dommages-intérêts. — *Cons. d'Etat*, 14 oct. 1836, Le Balle c. Joly.

1170. — Les tribunaux ne peuvent ordonner la destruction de travaux administratifs, alors même que ces travaux auraient été exécutés sur une propriété privée, avant la déclaration d'utilité publique et l'entier accomplissement des formalités préalables à l'expropriation. — *Nancy*, 26 déc. 1842 (t. 1er 1844, p. 12), Milard-Levrechon c. Varlet et Préfet de la Meuse.

1171. — ... Et les tribunaux ne pouvant ordonner la destruction de travaux autorisés par l'administration, mais étant compétens seulement pour accorder des dommages-intérêts proportionnés au préjudice causé par ces travaux, il en résulte qu'ils ne sauraient admettre la complainte possessoire qu'a formée la partie lésée sans conclure à des dommages-intérêts. — Il en serait encore ainsi quand bien même ladite partie demanderait les dommages-intérêts en appel, cette réclamation constituant une demande nouvelle qui devrait être rejetée, aux termes de l'art. 464 C. proc. — *Cass.*, 19 août 1845, (t. 2 1845, p. 753), Gilbert c. Roussel.

1172. — S'il n'appartient qu'à l'autorité administrative d'ordonner ou de suspendre l'exécution des travaux prescrits par l'autorité supérieure dans les rivières navigables, cependant, si une ordonnance de référé, rendue par le président d'un tribunal, et qui n'a été attaquée par aucune voie légale, a enjoint à l'entrepreneur de discontinuer les travaux commencés à une digue, la partie qui a chargé un huissier de poursuivre l'exécution de cette ordonnance, ne peut, dans aucun cas, être considérée comme ayant commis une contravention de grande voirie, et c'est à tort que le conseil de préfecture la condamnerait à une amende. — *Cons. d'Etat*, 15 juin 1842, de Tauriac.

1173. — Lorsque le Conseil d'Etat a ordonné la cessation d'une exploitation poussée par un entrepreneur de travaux publics au delà de l'autorisation à lui conférée, si ces travaux ont été postérieurement autorisés par le conseil de préfecture, la décision du Conseil d'Etat cesse d'être applicable, et il ne reste plus qu'à régler les dommages-intérêts. — *Cons. d'Etat*, 31 janv. 1827, de Fontanges c. Dumoulin.

1174. — *Compétence en matière d'expropriation.* — Le règlement de la question de compétence alors qu'il s'agit d'une expropriation, ne soulève pas plus que la question précédente aucune difficulté sérieuse, du moins en principe, sauf l'application des faits.

1175. — On sait que jusqu'à la loi du 8 mars 1810 les indemnités de toute nature réclamées pour torts et dommages provenant du fait de l'administration devaient être réglées suivant les principes et d'après les formes établies par la loi du 16 sept. 1807. — *Cons. d'Etat*, 3 fév. 1835, Berthier.

1176. — D'où il suit que quelle que soit la nature du dommage causé par des travaux ordonnés et mis en adjudication avant la loi du 8 mars 1810, l'autorité administrative était seule compétente pour connaître des demandes d'indemnité. — *Cons. d'Etat*, 21 déc. 1837, Germain de la Chapelle; 8 fév. 1838, Marlet c. Préfet de la Côte-d'Or.

1177. — C'est donc à l'autorité administrative qu'il appartient de statuer sur les contestations qui s'élèvent entre les propriétaires et l'administration, par suite de l'ouverture d'un canal dont le plan a été approuvé antérieurement à la loi du 8 mars 1810. — *Cons. d'Etat*, 24 mars 1824, Lefebvre.

1178. — De même il appartient aux conseils de préfecture de statuer sur les indemnités dues pour les expropriations commencées sous l'empire de la loi du 16 septembre 1807, lorsque le plan dans lequel les terrains litigieux ont été compris a été approuvé *avant* la loi du 8 mars 1810. — *Cons. d'Etat*, 4 mai 1825, Soullier c. Roux et Diény.

1179. — Lorsque les travaux d'un canal ont été repris en vertu d'un décret spécial et sur les plans anciennement approuvés, toutes les indemnités auxquelles peuvent donner lieu les travaux dudit canal doivent être réglées administrativement dans les formes prescrites par la loi du 16 septembre 1807. — *Cons. d'Etat*, 22 nov. 1829, Léonard. — Cormenin, *Droit administratif*, v° *Cours d'eau*, t. 1er, p. 537; Chevalier, *Jurispr. admin.*, v° *Cours d'eau*, t. 1er, p. 330; Garnier, *Rég. des eaux*, n° 627.

1180. — Au contraire, depuis la loi du 8 mars 1810 et surtout celle du 7 juillet 1833, la compétence a cessé d'appartenir à l'autorité administrative et est entièrement dévolue à l'autorité judiciaire, alors qu'il s'agit d'une dépossession complète du propriétaire.

1181. — Ainsi, jugé, que s'il est vrai qu'il n'appartient pas aux tribunaux d'ordonner la suppression de travaux ordonnés par l'administration, néanmoins lorsque ces travaux constituent une atteinte à la propriété, les tribunaux sont seuls compétens pour apprécier les dommages auxquels donnent lieu les actes de cette nature. — *Cons. d'Etat*, 29 juin 1842, Pruvost c. Concessionnaires du canal de jonction de la Sambre à l'Oise.

1182. — Spécialement, lorsqu'un terrain se trouve couvert par les eaux, par suite de travaux publics, cette occupation de terrain constitue une expropriation, et l'indemnité doit être fixée par l'autorité judiciaire conformément aux lois des 7 juillet 1833 et 3 mai 1841. — *Cons. d'Etat*, 25 août 1841, Boch.

1183. — De même lorsqu'un entrepreneur de travaux publics a, par suite du tracé d'un ouvrage d'art, envahi un terrain à l'égard duquel il n'y avait point eu déclaration d'utilité publique, ni accomplissement des formalités prescrites par les lois des 8 mars 1810 et 7 juillet 1833, les tribunaux sont compétens pour statuer sur la demande du propriétaire en remise en possession de son terrain. — *Cons. d'Etat*, 14 oct. 1836, Leballe c. Joly.

1184. — Jugé encore que, lorsque, par suite de travaux publics, un particulier a été privé de la jouissance de son fonds et qu'il réclame à ce sujet une indemnité, un conseil de préfecture ne peut rejeter cette demande en se fondant sur ce que le sol, dont le demandeur se prétend propriétaire, dépend du domaine de l'Etat. — En cela le conseil de préfecture préjuge une question de propriété de la compétence des tribunaux. — *Cons. d'Etat*, 27 avril 1825, Bourdet. — Cormenin, *Droit administr.*, v° *Travaux publics*, t. 2, p. 439; Chevalier, *Jurisprudence admin.*; v° *Travaux publics*, t. 2, p. 422.

1185. — Lorsqu'une décision du jury a fixé le chiffre d'une indemnité due à un particulier, et que cette décision n'a été attaquée, ni par l'entrepreneur, ni par l'administration, elle a acquis l'autorité de la chose jugée, et, s'il survient des difficultés sur son exécution, l'autorité judiciaire seule peut en connaître. — *Cons. d'Etat*, 29 juin 1842, Pruvost c. les Concessionnaires du canal de jonction de la Sambre à l'Oise.

1186. — Toutefois, les lois du 8 mars 1810 et du 7 juillet 1833 n'ont apporté de changement à cet état de choses, qu'en ce qui concerne l'expropriation pour cause d'utilité publique, ou les dommages qui sont la conséquence directe d'une expropriation. — *Cons. d'Etat*, 3 févr. 1835, Berthier; 23 oct. 1835, Nicol; 17 mai 1844, Société du moulin d'Albaredès à Montauban.

1187. — Lors donc que les réclamans n'ont été expropriés ni en tout ni en partie, et qu'ils n'ont supporté qu'un dommage, ils ne peuvent invoquer les lois des 8 mars 1810 et 7 juillet 1833. — Le règlement des dommages causés par l'exécution des travaux publics est resté dans les attributions de l'administration, conformément aux lois des 28 pluviôse an VIII et 16 septembre 1807. — Mêmes ordonnances. — Quelle est l'étendue de cette compétence?

1188. — Toute incertitude, s'il en existait encore, doit cesser devant les décisions récentes du tribunal des conflits, lequel a jugé qu'aux termes des lois des 28 pluviôse an VIII et 16 septembre 1807, l'autorité administrative était chargée de prononcer sur tous les torts et dommages résultant pour les propriétés privées de l'exécution des travaux publics, y compris même l'expropriation, et les lois des 8 mars 1810, 7 juillet 1833 et 3 mai 1841 n'ont changé cet état de choses primitif qu'en ce qui touche l'expropriation totale ou partielle. — *Tribunal des conflits*, 29 mars 1850, Préfet des Bouches-du-Rhône c. Séjourné; 3 avril 1850, Préfet de l'Orne c. Thomassin.

1189. — *Dommages résultant du fait personnel des entrepreneurs.* — Le texte de l'article 4 de la loi du 28 pluv. an VIII, ne permet aucun doute sur le principe même de la compétence de la juridiction administrative en pareil cas. La Cour de cassation ainsi que les Cours d'appel ont été appelées plus d'une fois à statuer sur cette question.

1190. — Jugé, en effet, que le conseil de préfecture est seul compétent pour statuer, entre des particuliers et un concessionnaire de travaux publics, sur toutes les causes de dommage dérivant de la non-exécution ou de l'exécution imparfaite des travaux imposés au concessionnaire, par le cahier des charges, comme condition de sa concession. — *Cass.*, 15 décembre 1841 (t. 1er 1842, p. 329), de Robillard c. Mosselmann.

1191. — L'entrepreneur de travaux publics appelé en garantie, à raison de dommages temporaires occasionnés par ses travaux, devant le tribunal civil saisi d'une demande principale aux mêmes fins, peut demander son renvoi devant l'autorité administrative pour cause d'incompétence absolue et d'ordre public. — Même arrêt.

1192. — Peu importe que la demande soit formée contre l'administration ou contre l'entrepreneur lui-même, le conseil de préfecture est compétent dans l'un et l'autre cas. — *Cass.*, 20 août 1834, Préfet de la Vendée c. Meriet.

1193. — Et même, le consentement qu'a donné un entrepreneur, par une convention particulière, à se porter garant envers un propriétaire des dommages qu'éprouverait son fermier, n'emporte pas par lui-même dérogation aux principes de la compétence administrative. — *Cass.*, 13 déc. 1841 (t. 1er 1842, p. 529), de Robillard c. Mosselmann.

1194. — De son côté, le Conseil d'Etat décide également que les réclamations des particuliers pour tous dommages provenant du fait personnel des entrepreneurs de travaux publics, ou de leurs employés, sont de la compétence des conseils de préfecture et non de l'autorité judiciaire. — *Cons. d'Etat*, 20 nov. 1806, Bouvigny c. Dieu et Clément; 19 août 1813, Ritz c. Vermeulen; 14 févr. 1842, Perrot.

1195. — ... Et que cette règle s'applique, même au cas où une commune s'est obligée de réparer elle-même les dommages. — *Cons. d'Etat*, 5 sept. 1842, Defline.

1196. — *Dommages résultant du fait de l'administration.* — M. Daunou, rapporteur de la loi du 28 pluv. an VIII, s'exprimait ainsi sur ce point: « En vain l'un des paragraphes de l'art. 4 prend soin de distinguer les faits personnels de l'entrepreneur des faits de l'administration. Il faut bien, de nécessité, admettre et faire juger par le bureau du contentieux des réclamations contre l'administration elle-même. » — *Moniteur*, 4 vent. an VIII. — En présence de paroles aussi formelles, il semblerait qu'aucun doute ne devrait

exister sur la compétence de la juridiction administrative pour ce cas.

1197. — Cependant, l'incompétence de la juridiction administrative a trouvé des partisans, qui citent à l'appui de leur opinion une ordonnance du Conseil d'Etat, décidant que les conseils de préfecture, compétens pour connaître des dommages qui proviennent du fait des entrepreneurs des travaux publics, sont incompétens pour connaître des dommages provenant du fait de l'administration. — *Cons. d'Etat*, 22 juin 1825, Combes. — V., en ce sens, Cotelle, t. 2, p. 480.

1198. — Mais c'est là une décision isolée, et depuis, au contraire, le Conseil d'Etat a constamment jugé que, si l'autorité administrative peut seule connaître des demandes en indemnité résultant des torts et dommages qui proviennent du fait personnel des entrepreneurs de travaux publics, à plus forte raison cette autorité est seule compétente pour connaître des demandes de cette nature formées contre l'administration elle-même. — *Cons. d'Etat*, 24 oct. 1821, Thomas; 16 nov. 1832, Préfet du Doubs; 27 août 1833, Préfet du Nord c. Questel; 8 nov. 1833, Comp. des Trois-Ponts c. Préfet de la Seine; 3 févr. 1835, Berthier; 20 juillet 1836, Klein; 4 juill. 1837, Boucher; 17 janv. 1838, Rodet; 22 févr. 1838, Ministre des travaux publics c. Bachelé; 19 déc. 1839, Préfet du Gard; 10 déc. 1840, Jacques c. Comm. de Sirod; 19 avril 1844, Henry c. Préfet du Finistère.

1199. — C'est donc aujourd'hui un point bien décidé. On aurait peine à comprendre, en effet, que les conseils de préfecture cessassent d'être compétens pour régler les indemnités, suivant que l'administration se servirait ou ne se servirait pas d'intermédiaire pour l'exécution de ses travaux. Il est indifférent que l'administration publique procède par le moyen d'ouvriers choisis directement par elle, ou en déléguant ses droits et ses pouvoirs à des entrepreneurs qu'elle connaît. Ni l'une ni l'autre de ces circonstances ne changent rien au caractère et à la nature des travaux, et les réclamations auxquelles ils peuvent donner lieu rentrent essentiellement dans le contentieux administratif, qui appartient en principe aux conseils de préfecture. — Husson, p. 338.

1200. — Le concours des particuliers ou des communes à l'exécution des ouvrages qui donnent lieu aux réclamations, ne peut pareillement changer la compétence. — *Cons. d'Etat*, 28 juin 1837, Société des moulins d'Alby c. l'Etat; 5 sept. 1842, Vaillant.

1201. — *Torts et dommages provenant de faits non autorisés.* — Sur cette question, commence une divergence complète entre les deux juridictions, qui l'une et l'autre revendiquent leur compétence en pareil cas.

1202. — Il est vrai que la Cour de Bourges a jugé que le conseil de préfecture est seul compétent pour statuer sur la réclamation d'un particulier qui se plaint de torts et dommages provenant du fait personnel d'un entrepreneur de travaux publics, lors même que le local où le dommage a été causé ne se trouve point désigné dans le cahier des charges par l'administration pour recevoir les matériaux destinés à l'entreprise. — *Bourges*, 3 mars 1831, Camus.

1203. — Lors même que le conseil de préfecture ne serait pas compétent, la juridiction correctionnelle ne pourrait être saisie de la demande en dommages-intérêts, si l'entrepreneur ayant agi sans intention de nuire, son fait ne constituait ni délit ni contravention. — Même arrêt.

1204. — Mais cet arrêt est seul rendu en ce sens, et la Cour de cassation décide au contraire constamment que l'art. 4 de la loi du 28 pluv. an VIII n'attribue au conseil de préfecture la connaissance des torts et dommages procédant du fait personnel des entrepreneurs, que dans le seul cas où ces derniers sont renfermés dans les termes du cahier des charges et n'ont donné lieu à la poursuite qu'en s'y conformant. — *Cass.*, 16 avr. 1836, Guy c. Martin; 3 août 1837 (t. 1er 1838, p. 560), Grevin. — Autre arrêt du même jour, Liste civile c. Godard; 1er juill. 1843 (t. 1er 1844, p. 11), Ministre des travaux publics c. Liétot.

1205. — Ce serait, en conséquence, à tort, qu'un tribunal ordinaire déciderait qu'un entrepreneur de travaux publics qui a passé, avec une voiture chargée de cailloux destinés à l'entretien de la route, sur une pièce de terre ensemencée, n'a fait qu'user de son droit, alors qu'il n'a été ni établi ni même allégué que le cahier des charges, en exécution duquel le transport de matériaux était fait, ait autorisé ce transport par le champ sur lequel il a eu lieu. — Même arrêt du 3 août 1837.

1206. — La jurisprudence du Conseil d'Etat est formellement contraire à cette solution. — V. notamment, *Cons. d'Etat*, 30 janv. 1828, Bat c. Rozier; 19 déc. 1839, Besnard; 7 déc. 1844, Mesnard de la Tascherie. — Magnitot et Delamarre, *Dictionnaire de droit administr.*, v° *Travaux publics;* Husson, *loc. cit.* — V. au surplus *infrà*. — Toutefois, le Conseil d'Etat avait auparavant décidé en sens contraire et admis la compétence judiciaire. — *Cons. d'Etat*, 21 sept. 1827, Rousseau. — V. en ce sens Cotelle, *Cours de Dr. admin.*, t. 3, liv. 10, p. 304.

1207. — Mais la question a été récemment tranchée dans le sens de la jurisprudence actuelle du Conseil d'Etat par le tribunal des conflits, qui a décidé que, si les dommages et intérêts pour violation de droits de propriété sont de la compétence de l'autorité judiciaire, c'est à l'autorité administrative seule qu'il appartient de reconnaître préjudiciellement si l'acte d'acquisition est ou non ratifié par l'administration supérieure, et si, à ce titre, les réserves insérées dans l'acte d'acquisition sont définitives. — *Trib. des conflits*, 29 mars 1850, Préfet des Bouches-du-Rhône c. Séjourné; 3 avril 1850, Préfet de l'Orne c. Thomassin.

1208. — *Dommages temporaires, dommages permanens.* — Sur ce point, la divergence entre l'autorité judiciaire et l'autorité administrative est encore plus tranchée. — Déjà nous avons eu occasion (V. DOMMAGE PERMANENT) d'indiquer à quels nombreux conflits cette divergence a donné lieu entre les deux juridictions. Nous n'avons ici qu'à compléter ce travail.

1209. — Chaque fois qu'il ne s'agit que d'un dommage temporaire, pas de difficulté, les tribunaux n'hésitent point à reconnaître la compétence de la juridiction administrative.

1210. — Ainsi jugé, que l'autorité administrative est seule compétente pour statuer sur le règlement des indemnités dues aux particuliers pour dommages provenant du fait de l'administration dans la confection des chemins, canaux et autres ouvrages publics, alors qu'il ne s'agit point d'expropriation totale ou partielle, mais seulement d'un dommage accidentel et temporaire. Spécialement, l'action en dommages-intérêts intentée contre un préfet par le propriétaire d'une usine, par suite de travaux faits à un pont par l'administration, et dont l'effet serait de faire refluer l'eau sous la roue, est de la compétence de la juridiction administrative. — *Rouen*, 4 févr. 1842 (t. 1er 1842, p. 515), Morlet.

1211. — Le recours du bailleur contre l'administration pour raison de travaux de voirie est de la compétence du conseil de préfecture, s'ils ne constituent qu'un préjudice temporaire, alors même que cette demande serait, non principale, mais en garantie de celle formée par le preneur. — *Paris*, 19 févr. 1844 (t. 1er 1844, p. 375), Dutreix et Gautereau c. Chapey et Préfet de la Seine.

1212. — C'est à l'autorité administrative, et non aux tribunaux ordinaires, qu'appartient la connaissance d'une demande en indemnité formée par un particulier contre une commune, à raison du préjudice qu'il éprouve par suite de l'abaissement d'une rue, lorsque ce préjudice n'est que temporaire. — *Toulouse*, 1er août 1842 (t. 1er 1844, p. 188), Cassan et Fourié c. Commune de Graulet.

1213. — Jugé de même, que l'autorité administrative est seule compétente pour statuer sur la demande en dommages-intérêts formée par un propriétaire, à raison de dégradations survenues à son héritage par suite de l'exécution de travaux publics prescrits par l'autorité administrative. Peu importe que ces travaux soient depuis longtemps terminés, ou qu'il soit intervenu des jugemens qui aient statué sur un semblable litige. L'incompétence est d'ordre public et doit être prononcée par les juges ordinaires. — *Metz*, 25 juin 1836, Florion c. Préfet des Ardennes.

1214. — L'autorité judiciaire est incompétente pour statuer sur une demande dirigée contre le domaine de l'Etat, à raison de l'écroulement d'un mur attribué aux travaux exécutés sur une route qui borde ce mur. Cette incompétence s'étend même à la constatation des dégradations, qu'il n'appartient pas au juge du référé d'ordonner. — *Paris*, 9 mars 1846 (t. 1er 1846, p. 595), Domaine de l'Etat c. Lemarié.

1215. — L'autorité judiciaire est incompétente pour statuer sur une demande en garantie dirigée contre un entrepreneur de travaux publics, alors même que la demande principale rentrerait dans ses attributions. Cette incompétence s'étend même aux juges des référés, en ce qui

concerne les mesures provisoires et urgentes, par exemple la constatation d'un dommage. — *Paris*, 2 janv. 1847 (t. 1er 1847, p. 135), Compagnie du canal Saint-Martin c. Delley.

1216. — Le désistement du défendeur principal du bénéfice de l'ordonnance de référé qui a prescrit les mesures provisoires n'est point un obstacle à ce que le garant oppose l'incompétence de la juridiction civile, alors que le demandeur s'est approprié cette ordonnance et en a poursuivi l'exécution contre le garant. — Même arrêt.

1217. — L'infiltration des eaux provenant de l'ouverture d'un canal de navigation sur les propriétés riveraines constitue un dommage temporaire, qui, par conséquent, rentre dans la compétence des conseils de préfecture. — *Toulouse*, 24 févr. 1844 (t. 2 1844, p. 213), Préfet de la Haute-Garonne c. Sentis.

1218. — La Cour de cassation, d'accord en cela avec le Conseil d'Etat, a jugé que le règlement des indemnités qui peuvent être dues à des particuliers, par suite de travaux publics en cours d'exécution, est de la compétence des conseils de préfecture, soit que la demande ait été formée contre l'administration, soit qu'elle l'ait été contre l'entrepreneur lui-même. — *Cass.*, 20 août 1834, Préfet de la Vendée c. Mériet.

1219. — Mais, lorsqu'il s'agit d'un dommage permanent, la jurisprudence des cours et tribunaux n'a jamais hésité à y voir une altération de la propriété, et par conséquent, à se déclarer compétente pour en connaître. — V. les nombreux arrêts tant de la Cour de cassation que des Cours d'appel cités au mot DOMMAGE PERMANENT, n° 49.

1220. — D'autres décisions survenues depuis l'impression de ce mot ont encore consacré la même solution, et jugé que si l'action en réparation des dommages temporaires causés aux propriétés privées pour l'exécution des travaux d'utilité publique, doit être portée devant les conseils de préfecture, il en est différemment des dommages permanens dont la connaissance est réservée aux tribunaux civils. — *Toulouse*, 24 févr. 1844 (t. 2 1844, p. 213), Préfet de la Haute-Garonne c. Sentis. — V. encore *Paris*, 23 août 1842 (t. 1er 1843, p. 106), Commune de Courbevoie c. Chameau; *Rouen*, 17 juill. 1843 (t. 2 1843, p. 283), Brard c. ville de Verneuil.

1221. — Le dommage causé au propriétaire d'une maison bordant la route, dont la porte d'entrée et le mur de clôture du jardin se trouvent enfouis par les terrains employés pour l'exhaussement de cette route, étant permanent, l'appréciation de ce dommage et de l'indemnité qui en résulte est du ressort des tribunaux civils, non de l'autorité administrative. — *Aix*, 17 juin 1845 (t. 2 1846, p. 296), maire de Draguignan et préfet du Var c. Giraud.

1222. — Il en est de même d'une demande en indemnité formée par un particulier contre l'Etat à raison des lâchures qui peuvent être faites par l'administration, et dont l'effet est de suspendre le travail d'un moulin situé sur la rivière au milieu de laquelle un barrage est pratiqué. Un pareil dommage doit être considéré comme une altération de la propriété, et non comme un trouble momentané. — *Cass.*, 23 avr. 1838 (t. 1er 1838, p. 596), Pollet.

1223. — Au contraire, le Conseil d'Etat s'est toujours prononcé contre la compétence des tribunaux ordinaires. Nous ne croyons, du reste, avoir rien de mieux à faire que de reproduire ici, en nous servant du travail de M. Husson, les nombreuses espèces qui se sont présentées devant le conseil.

1224. — La compétence des conseils de préfecture existe: 1° pour les dommages superficiels, tels que les dégâts causés par les opérations d'un tracé de route. — *Cons. d'Etat*, 30 nov. 1814, de Baud; 6 sept. 1813, Gilbert c. Tillard; 20 mars 1828, Combault.

1225. — ... Ou par le passage sur les propriétés des voitures chargées de matériaux. — *Cons. d'Etat*, 16 oct. 1813, Besnier et Gabillard c. Barbier.

1226. — ... Ou par des dépôts de matériaux et terres. — *Cons. d'Etat*, 17 nov. 1824, Viguier; 30 juill. 1840, Jeannolle c. Chaussat.

1227. — ... Ou par des enlèvemens de matériaux. — *Cons. d'Etat*, 15 mai 1813, Hulot et Lubineau c. Fauconnet; 9 avril 1817, Quesseur c. Préfet du Finistère.

1223. — Le conseil de préfecture est compétent pour statuer sur l'indemnité réclamée par

l'amodiataire des francs-bords d'un canal, à raison des dommages que lui auraient causés le passage des voitures et le dépôt de matériaux sur ces francs-bords. — *Cons. d'Etat*, 4 juill. 1837 Ministre des finances c. Papinot. — V. Cormenin, *Quest.*, t. 3, p. 447, 29e, vo *Travaux publics.*

1229. — Et encore, un entrepreneur de travaux publics qui dépose des matériaux sur la place publique d'une commune ne peut être traduit au tribunal de simple police comme passible d'amende pour embarras de la voie publique; il ne peut être poursuivi que pour torts et dommages devant le conseil de préfecture, aux termes de l'art. 4 de la loi du 28 pluv. an VIII. — *Cons. d'Etat*, 11 déc. 1816, commune de Mesle-sur-Sarthe c. Servy.

1230. — C'est aux conseils de préfecture qu'il appartient de régler les indemnités auxquelles peuvent donner droit les dommages causés à des particuliers, par suite de travaux exécutés pour la confection des grandes routes, alors que l'administration ne demande pas le terrain sur lequel l'empiétement a eu lieu, et ne s'oppose pas à la réparation des constructions endommagées, et qu'ainsi il n'y a pas d'expropriation. — *Cons. d'Etat*, 24 oct. 1821, Thomas.

1231. — ... 2o Pour dommages causés aux récoltes, arbres et fruits, savoir : Par la destruction des récoltes. — *Cons. d'Etat*, 29 juill. 1829, Brahat; 5 juill. 1833, Letellier; 4 juill. 1837, Boucher et Deschamps.

1232. — ... Par abatis d'arbres ou de haies. — *Cons. d'Etat*, 19 oct. 1825, Magne.

1233. — ... Ou enlèvement d'ajoncs, broussailles et arbustes. — *Cons. d'Etat*, 8 juill. 1829, Bareyre.

1234. — ... 3o A raison des dommages résultant d'infiltration des eaux d'un canal ou d'une rivière à travers une propriété. — *Cons. d'Etat*, 25 juill. 1834, Canal d'Aire à la Bassée c. Desjardins; 4 juillet 1837, Boucher et Deschamps; 24 juin 1840, Hindenlang et Compagnie du canal Saint-Martin; 9 juin 1842, Commune de Pouillenay; 29 juin 1842, Lamy.

1235. — ... 4o A raison de débordemens et inondations causés par les travaux. — *Cons. d'Etat*, 14 mai 1828, Honorez; 21 avril 1830, Gestat; 16 nov. 1832, Préfet du Doubs; 1er sept. 1841, Rodet; 3 sept. 1844, Propriétaires des moulins de Pontivy; 10 janv. 1845, Compagnie du canal de la Sambre à l'Oise c. Semery; 28 févr. 1845, Marmagnant.

1236. — ... Ou résultant de négligence dans la manœuvre des écluses. — *Cons. d'Etat*, 30 nov. 1841, Ministre des travaux publics c. Charpentier.

1237. — ... Ou de l'insuffisance du débouché d'un pont. — *Cons. d'Etat*, 2 juin 1843, Joubert.

1238. — Il en est ainsi, alors même que ces inondations seraient périodiques, et laisseraient à leur suite des dépôts de sable empêchant toute culture. — *Cons. d'Etat*, 23 oct. 1835, Delattre; 25 avril 1842, Rougane.

1239. — ... 5o Pour les torts et dégradations provenant de la confection de travaux faits sur une rivière. — *Cons. d'Etat*, 31 oct. 1838, Boutillié.

1240. — Spécialement, l'établissement d'un barrage. — *Cons. d'Etat*, 23 mars 1836, Honnorez c. Destouilly; 12 avril 1844, Compagnie du canal de la Sambre à l'Oise c. Commune de Bernot; 17 mai 1844, Société du moulin d'Albarèdes.

1241. — ... Ou résultant du défaut de réparation, de la rupture ou de l'exhaussement d'une digue. — *Cons. d'Etat*, 16 nov. 1836, Vernoy; 17 mai 1844, La Bretonnière c. Masserot; 2 mai 1845, Charpentier.

1242. — ... Ou causés par une digue établie en rivière et qui éloignerait une propriété du lit navigable et l'empêcherait d'ailleurs de s'exploiter à l'aide de bateaux. — *Cons. d'Etat*, 22 janv. 1823, Guidelleur.

1243. — C'est au conseil de préfecture et non point aux tribunaux civils qu'il appartient de statuer sur la demande formée par un particulier contre une compagnie concessionnaire d'un chemin de fer, à l'effet d'obtenir soit la construction d'un aqueduc pour l'écoulement des eaux qui séjournent sur sa propriété par suite des travaux exécutés pour l'établissement du chemin de fer, soit le paiement de dommages-intérêts. — *Cons. d'Etat*, 2 juin 1843, Baguet c. Concessionnaires du chemin de fer de Montpellier.

1244. — Spécialement encore, la demande d'une indemnité à raison du dommage que prétend éprouver un particulier par suite de la construction d'un ponceau en face de sa propriété doit être portée devant le conseil de préfecture. — *Cons. d'Etat*, 2 juin 1843, Joubert.

1245. — ... 6o Pour les dommages résultant de l'exécution d'un desséchement de marais. — *Cons. d'Etat*, 4 mars 1819, Martin c. Bessard; 7 févr. 1845, Concessionnaires des marais de Lauthier c. Dumoinsniel.

1246. — ... 7o A raison des dommages qui obligent une commune à exécuter certains travaux de salubrité. — *Cons. d'Etat*, 9 juin 1842, Commune de Pouillenay.

1247. — ... 8o Pour les dommages quelconques prétendus, à raison des chômages, des diminutions, ou même de la suppression totale de la force motrice des moulins et usines existant sur les rivières navigables et flottables. — *Cons. d'Etat*, 15 mars 1826, Gauthier c. la ville de Paris; 17 mai 1837, Majouvel et Labétrie; 19 août 1837, Badin d'Hurtebise; 27 mars 1839, Préfet de Tarn-et-Garonne c. Moulins d'Albarèdes; 14 avril 1839, Deboisredon c. Préfet de la Nièvre; 27 août 1839, Préfet de la Manche c. Rostingue; 26 déc. 1840, Audebert.

1248. — « Et cela, dit M. Husson (p. 341), soit qu'il s'agisse de fixer les indemnités dues, soit qu'il y ait lieu de statuer sur la validité des titres, sur la navigabilité du cours d'eau à une époque ancienne, et sur la question de savoir si la déchéance est encourue. »

1249. — Cependant, une ordonnance du 10 juill. 1833 renvoie aux tribunaux la question de savoir si les titres produits avaient pu légalement comprendre l'aliénation d'une portion de la force motrice de la rivière navigable de l'Oise; mais « cette ordonnance, dit M. Husson (*loc. cit.*), est en opposition avec la jurisprudence constante du Conseil d'Etat, et nous croyons qu'il n'y a pas lieu de s'y arrêter. » — *Cons. d'Etat*, 10 juill. 1833, Truffaut et hospices de Pontoise.

1250. — ... 9o Pour les dommages résultant du chômage des moulins et usines sur les rivières non navigables ni flottables. — *Cons. d'Etat*, 19 déc. 1827, Duchen; 8 nov. 1829, Divuz; 21 avr. 1830, Costar; 5 mai 1830, Moitet; 14 juill. 1830, Deroy; 14 nov. 1833, Danglemont.

1251. — ... Et cela, lors même que ces dommages seraient causés par des ouvrages permanens, si l'administration allègue qu'elle s'occupe d'exécuter les travaux ayant pour objet de conserver aux établissemens intéressés toute la force motrice dont ils étaient en possession. — *Cons. d'Etat*, 9 mai 1841, Aguado; 2e esp., de Bengy c. l'Etat; 8 juin 1842, Devienne du Flot c. Compagnie concessionnaire du canal de jonction de la Sambre à l'Oise; 29 juin 1842, Pruvost.

1252. — ... Ou qui seraient la suite de diminutions de force motrice, sur les mêmes rivières, si ces diminutions sont produites par le refoulement des eaux sous les roues hydrauliques. — *Cons. d'Etat*, 21 avr. 1830, Costar; 14 avr. 1839, de Boisredon c. Préfet de la Nièvre; 27 août 1839, préfet de la Manche c. Rostingue.

1253. — Il en serait de même, s'il s'agissait de donner l'interprétation des titres de concession ou d'actes émanant d'une autorité souveraine. — *Cons. d'Etat*, 27 mars 1839, Préfet de Tarn-et-Garonne c. propriétaires du moulin d'Albarèdes; 4 juill. 1840, Gerspach c. l'Etat.

1254. — Remarquons, toutefois, à ce sujet avec M. Husson, que le conseil de préfecture ne serait compétent que pour interpréter les actes de ventes nationales (L. du 28 pluv. an VIII, art. 4), et que l'interprétation des actes émanés d'une autorité souveraine devrait être demandée directement en Conseil d'Etat au gouvernement par la voie contentieuse. — *Cons. d'Etat*, 4 juill. 1840, Gerspach c. l'Etat; 29 janv. 1841, Payssé c. de Bonnaire; 22 mars 1841, Gayelin; 31 déc. 1844, Commune d'Elne c. Guillebout.

1255. — ... 10o Le conseil de préfecture serait encore compétent à raison des dommages causés par l'ouverture d'une rue ou par des travaux exécutés sur la voie publique, et qui auraient amené la chute d'une partie de bâtiment, ou la nécessité de reconstruire à l'alignement la façade d'une maison ainsi ébranlée. — *Cons. d'Etat*, 22 avr. 1842, Perruchon; 25 nov. 1843, Salmon; 5 juin 1845, Corbara.

1256. — ... Pour destruction par suite de l'élargissement d'un chemin public, de baraques et hangars élevés par un locataire sur un terrain cédé sans contestation par le propriétaire. — *Cons. d'Etat*, 6 sept. 1843, Gaudin; 15 septemb. 1843, Doré c. Reymont.

1257. — « Nous croyons, dit à ce sujet M. Husson (p. 342), qu'il a été mal jugé dans ces deux affaires. Le consentement du propriétaire du sol ne pouvait suffire pour changer la compétence, et le règlement des indemnités appartenait évidemment au jury. »

1258. — ... 11o Ou pour le tort que des particuliers prétendraient leur être causé par suite de la suppression d'une partie de la voie publique, spécialement d'une impasse, y compris celle des droits de jour, d'issue et de passage. — *Cons. d'Etat*, 15 juill. 1842, Phalipau.

1259. — ... Du détournement d'une route. — *Cons. d'Etat*, 16 nov. 1836, Dubos.

1260. — ... Ou de la suppression d'un pont. — *Cons. d'Etat*, 16 mars 1836, Gobillon.

1261. — ... Ou du remplacement d'un pont par une passerelle. — *Cons. d'Etat*, 30 mai 1834, Imbert-Dubey.

1262. — ... 12o Pour les exhaussemens et les remblais de la voie publique devant les propriétés. — *Cons. d'Etat*, 26 déc. 1827, Laget Levieux; 20 fév. 1828, Lannier; 6 juin 1830, Ministre de l'intérieur; 14 juill. 1830, Cornet; 12 avril 1832, Massip; 25 mai 1832, Préf. de la Nièvre c. Blandin Vallière; 6 avril 1836, Bois; 22 fév. 1837, Bruneau c. Ville de Nantes et l'Etat; 24 avril 1837, Ministre des trav. pub. c. Benoist; 17 janv. 1838, Rodet c. Min. des trav. pub.; 23 fév. 1839, Préf. de la Corrèze c. Mespoulier; même jour, Delcambre; 14 avril 1839, Magnien c. Préf. de la Nièvre; 23 juill. 1840, Augustin c. Concess. du chem. de fer de Mulhouse à Thann; 10 déc. 1840, Jacques c. Comm. de Sirod; 25 déc. 1840, Bayle; 12 fév. 1841, Richert c. Concess. du chem. de fer de Mulhouse; 18 mars 1841, Min. des trav. pub. c. Dubay; 28 mars 1843, Chameau c. Comm. de Courbevoie; 12 janv. 1844, Daube c. l'Etat; 15 mars 1844, Scalabre; 28 août 1844, Ballin; 27 déc. 1844, Min. des trav. pub. c. Meiller; 19 mars 1845, Chauvin; 25 avril 1845, Bernardet; 2 mai 1845, Lecq; 9 mai 1845, Rassicod; 19 mai 1845, Collin c. Comm. de Mareuil-le-Port. — Cormenin, t. 2, p. 428 et 429, vo *Travaux publics*; Chevalier, *Jurispr. adm.*, t. 2, p. 417, vo *Travaux publics.*

1263. — Et ce, lors même qu'ils causeraient la chute d'un mur de clôture. — *Cons. d'Etat*, 24 oct. 1821, Thomas.

1264. — ... Ou qu'ils modifieraient les conditions de la jouissance. — *Cons. d'Etat*, 12 fév. 1841, Richert c. Concess. du chem. de fer de Mulhouse à Thann.

1265. — ... Ou qu'ils supprimeraient les jours d'une maison. — *Cons. d'Etat*, 12 janv. 1844, Daube c. l'Etat.

1266. — Alors même qu'il devrait en résulter un dommage permanent. — *Cons. d'Etat*, 23 juill. 1840, Augustin c. Concess. du chemin de fer de Mulhouse à Thann.

1267. — Spécialement, l'élévation du sol d'une route, alors même qu'elle obstrue complétement l'entrée d'un magasin, n'est considérée que comme un dommage, et non comme une expropriation. En conséquence, la demande en indemnité à raison du dommage, qui, en France, se porte devant le conseil de préfecture, doit l'être à Alger devant le conseil d'administration, dont la compétence est analogue. — *Cons. d'Etat*, 25 déc. 1840, Bayle.

1268. — ... 13o Pour les abaissemens et les déblais. — *Cons. d'Etat*, 29 juin 1832, Maulor; 6 nov. 1839, Perpesat c. Préf. de la Gironde; 24 fév. 1842, Mallet c. Comm. de Graulhet; 20 janv. 1843, Delmas; même jour, Breteau-Aubry; 19 mars 1845, Chauvin; même jour, Tendret; 18 juin 1846,

1269. — ... 14o Pour défaut de nivellement et de raccordement du sol d'un quai avec les seuils des maisons riveraines, et pour défaut de pavage aux abords desdites propriétés. — *Cons. d'Etat*, 30 mai 1834, Imbert-Dubey.

1270. — ... Ou modifications résultant de travaux de pavage ou autres exécutés sur la voie publique, et qui ont eu pour effet soit de déverser les eaux pluviales et ménagères sur une propriété, soit d'empêcher désormais leur écoulement, qui s'opérait précédemment dans une rue. — *Cons. d'Etat*, 2 juin 1843, Baguet c. Concess. du chem. de fer de Montpellier; 12 janv. 1844, Daube c. l'Etat; 23 mai 1844, Lemaire c. Ville de Paris; 28 mai 1846,

1271. — Ne peuvent être considérés comme expropriation, et par conséquent de la compétence de l'autorité judiciaire, les dommages causés à une maison par le pavage d'un boulevard, bien que cette maison ait été ébranlée jusque dans ses fondations, et alors même que, par suite, il faille reconstruire un mur en entier sur un alignement qui nécessitera un reculement de plusieurs mètres. — *Cons. d'Etat*, 22 avril 1842, Perruchon.

1272. — ... 15o A raison du préjudice résultant de l'établissement d'un pont dans le voisinage pour les concessionnaires d'un pont déjà établi. —

Cons. d'Etat, 8 nov. 1833, Comp. des Trois-Ponts c. préfet de la Seine; 12 avr. 1838, Comp. du pont Milhau.

1273. — ... Ou pour le fermier d'un bac. — *Cons. d'Etat*, 14 juill. 1830, Dubourdier.

1274. — ... Enfin, pour le dommage provenant du naufrage d'un navire contre un pont en construction. — *Cons. d'Etat*, 8 juill. 1818, Rosier c. Vinard.

1275. — ... Ou pour pertes et accidens résultant de la rupture du tablier d'un pont. — *Cons. d'Etat*, 27 août 1833, préfet du Nord c. Questel; 2 août 1836, mêmes parties.

1276. — Mais le conseil de préfecture n'est point compétent pour statuer sur les poursuites à fins civiles exercées contre des fonctionnaires et agens de l'administration et tendant à les faire condamner personnellement à la réparation d'un sinistre attribué à leur négligence. — *Cons. d'Etat*, 6 juill. 1843, de Rotrou c. préfet de police. — V. au surplus *infrà*.

1277. — Il est cependant un point sur lequel le Conseil d'Etat paraît s'être rapproché de la doctrine de la Cour de cassation et des Cours d'appel; c'est lorsqu'il s'agit de réclamations d'indemnités pour dommages causés aux moulins et usines établis sur les rivières non navigables.

1278. — Sans doute, il a décidé contrairement au système des Cours d'appel que les conseils de préfecture sont seuls compétens pour statuer sur les indemnités réclamées par des particuliers à raison du dommage qu'ils ont éprouvé par la confection de travaux publics commencés sous l'empire de la loi du 28 pluv. an VIII, encore que l'indemnité réclamée ait pour objet l'inaction d'un moulin ou la privation temporaire de la jouissance d'un terrain par suite de ces travaux. — *Cons. d'Etat*, 17 août 1825, Leguéré; 5 mai 1830, Moitet; 14 nov. 1833, Danglemont; 18 avril 1835, Diestch; 7 août 1843, Blanc.

1279. — Et il établit aussi, quant aux diminutions de force motrice, une distinction que les Cours d'appel ne paraissent pas avoir admises et résultant de ce que, si la diminution résulte de l'engorgement des eaux sous les roues motrices, il considère qu'il n'y a point appropriation par l'Etat des eaux de la rivière, et que dès lors le préjudice causé n'est plus qu'un simple dommage dont l'appréciation appartient au conseil de préfecture. — *Cons. d'Etat*, 21 avril 1830, Gestat; 17 avr. 1834, Dutertre.

1280. — Mais il a décidé que si, au contraire, la diminution de la force motrice résulte d'un détournement des eaux au profit de l'Etat, cette diminution constitue une expropriation partielle qui tombe dans le domaine judiciaire. — *Cons. d'Etat*, 18 avr. 1835, Diestch; 7 août 1843, Blanc.

1281. — « On voit que le système admis sur ce point important de compétence repose sur la supposition que les chutes d'eau atteintes par l'effet des entreprises d'utilité publique formeraient dans les mains des particuliers qui en jouissent légalement une véritable propriété. Mais le système du Conseil d'Etat paraît à M. Husson reposer sur une base peu solide (p. 344), cet auteur pense, en effet, que la juridiction administrative est compétente pour connaître tous les dommages quelconques qui peuvent être causés aux usines par les travaux publics. » — *Cons. d'Etat*, 17 mai 1844, Société du moulin d'Albarèdes. — Garnier, *Régime des eaux*, t. 4, p. 213, n° 1213.

1282. — Au surplus, toute incertitude sur la compétence absolue des conseils de préfecture nous paraît impossible depuis les récentes décisions du Tribunal des conflits, lequel a jugé que c'est à l'autorité administrative et non à l'autorité judiciaire qu'il appartient de connaître des dommages permanens causés aux propriétés privées par des travaux publics. — *Trib. des conflits*, 27 mars 1850, 29 mars 1850, 3 avr. 1850.

1283. — Deux jugemens du même tribunal rendus le même jour ont en outre formellement décidé que les lois des 28 pluv. an VIII et 16 sept. 1807 ont chargé l'autorité administrative de prononcer sur les réclamations des particuliers pour tous les torts et dommages résultant de l'exécution des travaux publics, jusques et y compris l'expropriation des immeubles. — *Trib. des conflits*, 29 mars 1850.

1284. — Qu'en conséquence, c'est à l'autorité administrative qu'il appartient de statuer sur une réclamation d'indemnité formée par un particulier à raison d'un dommage, même permanent, qu'aurait causé à sa propriété l'exécution des travaux publics, s'il n'y a eu expropriation d'aucune partie de cette propriété. — Mêmes jugemens.

1285. — Jugé encore par ce tribunal que les actes d'acquisition amiable de terrains destinés à des travaux publics, bien que passés en forme administrative, ne constituent pas des actes administratifs ordinaires dont il soit défendu à l'autorité judiciaire de connaître. — *Trib. des conflits*, 15 mars 1850.

1286. — *Questions préjudicielles.* — Quelque absolue que soit la compétence de la juridiction administrative, il faut néanmoins bien se garder de l'étendre outre mesure; et si l'examen d'une contestation soumise à la juridiction administrative suppose la solution préalable d'une question qui rentre dans la compétence des tribunaux ordinaires, cette juridiction doit surseoir à sa décision jusqu'à celle desdits tribunaux.

1287. — Lorsque, par suite de travaux publics, un particulier a été privé de la jouissance de son fonds et qu'il réclame à ce sujet une indemnité, un conseil de préfecture ne peut rejeter cette demande, en se fondant sur ce que le sol dont le demandeur se prétend propriétaire dépend du domaine de l'Etat. — *Cons. d'Etat*, 27 avril 1825, Bourdet.

1288. — En cela, le conseil de préfecture préjuge une question de propriété de la compétence des tribunaux. — Même ordonnance.

1289. — De même, lorsqu'un particulier prétend avoir droit soit à conserver l'usage des eaux de sources interceptées par suite de travaux d'utilité publique, soit à une indemnité pour la privation de ces eaux, la contestation élevée sur la propriété des eaux doit être jugée préalablement par l'autorité compétente. — *Cons. d'Etat*, 12 août 1818, Baligant c. Ministre de l'intérieur.

1290. — Jugé encore, que l'autorité administrative, bien que seule compétente pour connaître des recours dirigés contre l'Etat, par suite de l'exécution de travaux publics, doit renvoyer devant les tribunaux pour les questions relatives aux inscriptions hypothécaires prises sur les biens de l'entrepreneur et de ses cautions. — *Cons. d'Etat*, 3 fév. 1835, Jantes.

1291. — Mais aussi, lorsqu'une action tendante, à la fois, à obtenir la restitution d'un terrain usurpé au paiement d'une indemnité pour dommages causés par l'exécution de travaux publics, est portée devant un tribunal civil, ce tribunal doit statuer sur la première partie de la demande et renvoyer la seconde devant la justice administrative. — *Cons. d'Etat*, 23 juill. 1838, Potier c. Bayard de la Vingtrie.

1292. — De même encore, la question de savoir si un entrepreneur de travaux publics a excédé l'autorisation résultant de son marché est une question préjudicielle sur laquelle les tribunaux, saisis d'une question de leur compétence, doivent surseoir à statuer jusqu'à la décision administrative. — *Cons. d'Etat*, 16 mai 1827, Commune de Saint-Barthélemy c. Fauchen.

1293. — Le préposé d'un entrepreneur de travaux sur une grande route poursuivi pour enlèvement de matériaux sur une propriété particulière doit être préalablement traduit devant le conseil de préfecture, sauf le renvoi, s'il y a lieu, devant l'autorité judiciaire. — *Cons. d'Etat*, 17 janv. 1814, Chenaud c. Pejou.

1294. — *Questions réservées à la juridiction ordinaire.* — Il ne faut pas perdre de vue que la loi du 28 pluv. an VIII ne s'applique qu'aux torts et dommages commis sur la propriété d'autrui, dans l'exécution des travaux publics, par le fait des entrepreneurs ou de leurs agens; quant aux autres contestations qui peuvent s'élever entre les particuliers et un entrepreneur de travaux publics relativement à l'emploi d'ouvriers qui n'auraient pas leurs congés d'acquit, elles sont de la compétence de l'autorité judiciaire. — *Cons. d'Etat*, 22 nov. 1826, Daverton c. Grené.

1295. — Lors donc que les réclamations formées par un particulier contre un entrepreneur n'ont pas pour objet un fait relatif aux travaux publics, la loi du 28 pluv. an VIII n'est pas applicable. — *Cons. d'Etat*, 30 juin 1824, Jugla c. Barreyre. — Cormenin, *Dr. admin.*, v° *Travaux publics*, t. 2, p. 421; Cotelle, *Travaux publics*, t. 2, p. 473 et suiv.

1296. — Ainsi, c'est aux tribunaux ordinaires qu'il appartient de statuer sur les contestations qui s'élèvent relativement à la propriété des arbres plantés sur le sol des routes. — *Cons. d'Etat*, 15 juill. 1841, de Montmaur.

1297. — Lorsque, par suite de l'exécution de travaux publics, et, par exemple, de la suppression d'un chemin vicinal cédé à un particulier, un propriétaire éprouve un dommage, et que son héritage se trouve enclavé, il doit s'adresser aux tribunaux civils pour obtenir la réparation du préjudice qu'il éprouve et la concession du passage qui lui est nécessaire. — *Cons. d'Etat*, 22 sept. 1812, Boucher c. Provigny.

1298. — Mais lorsque, dans une vente d'immeubles consentie pour cause d'utilité publique, un droit de passage a été stipulé au profit du vendeur, et que, momentanément l'administration empêche l'exercice de ce droit, il n'appartient pas aux tribunaux de déterminer l'indemnité due à ce dernier; ce droit n'appartient qu'au conseil de préfecture. — *Cons. d'Etat*, 13 juill. 1828, de Bengy.

1299. — Lorsque des travaux ordonnés ou autorisés par l'administration donnent lieu à des difficultés qui ne sont pas relatives à la voirie urbaine, mais à des questions de propriété et de servitude, les tribunaux ordinaires sont seuls compétens pour prononcer. — *Cons. d'Etat*, 2 juill. 1820, Comte c. Ville de Bordeaux.

1300. — Le règlement d'une indemnité due à raison d'une servitude imposée à perpétuité sur un fonds inférieur, par suite de travaux publics, est de la compétence des tribunaux ordinaires. — *Cons. d'Etat*, 6 mars 1828, Vigne.

1301. — Spécialement, il appartient aux tribunaux de statuer sur le règlement d'une indemnité réclamée par le propriétaire d'un terrain sur lequel l'administration a fait pratiquer, pour l'écoulement des eaux de la route, une crique qui doit rester ouverte indéfiniment. — *Cons. d'Etat*, 5 sept. 1836, Ledos. — Cormenin, *Droit admin.*, v° *Cours d'eau*, t. 1er, p. 527, et Cotelle, *Cours de Dr. admin.*, t. 2, p. 508. — Mais V. Ord. 14 déc. 1836 (Delattre), et la note.

1302. — A plus forte raison, c'est devant les tribunaux civils, et non devant l'administration, que doit être portée l'action en dommages-intérêts d'un preneur contre son bailleur, à raison d'un chômage opéré par l'exécution de travaux publics, alors même que par suite de cette demande une action en garantie est exercée contre l'administration. — *Cons. d'Etat*, 28 janv. 1841, Foulc c. Hospices d'Avignon.

1303. — Jugé, par les mêmes motifs, que la demande en indemnité et en résiliation de bail formée par un fermier contre son bailleur, à raison des dommages occasionnés par les travaux du canal de l'Ourcq et de celui de Saint-Denis, est du ressort des tribunaux ordinaires. — *Cons. d'Etat*, 29 janv. 1828, Destor et Chapuis.

1304. — Mais il n'en est pas de même de la demande récursoire formée par le bailleur, soit contre la ville de Paris, soit contre la compagnie des canaux. Cette dernière réclamation doit être portée devant le conseil de préfecture. — Même ordonn.

§ 4. — *Règlement de l'indemnité.*

1305. — *Qui peut réclamer.* — L'intérêt est la mesure des actions; la demande en réparations de dommages ne peut donc être accueillie qu'autant qu'elle est formée par celui qui a qualité.

1306. — Ainsi, le droit à l'indemnité due à un propriétaire, par suite de travaux publics, ne peut être exercé par ses acquéreurs qu'autant qu'ils justifient qu'ils sont aux droits qui auraient pu appartenir à l'ancien propriétaire, à l'époque de la vente. — *Cons. d'Etat*, 30 juin 1843, de Brouquens et de Bellecote c. Ville de Paris.

1307. — Ainsi encore, le propriétaire est sans qualité pour exiger, au nom de son fermier, l'indemnité des pertes éprouvées par celui-ci par le résultat d'une inondation. — *Cons. d'Etat*, 28 fév. 1845, Marmagnant.

1308. — Remarquons en outre que dans tous les cas l'appréciation de la qualité du réclamant, s'il y a difficulté à ce sujet, soulève une question préjudicielle, laquelle presque toujours doit être renvoyée à l'examen de la juridiction ordinaire, toutes choses restant en état. — Husson, p. 349.

1309. — L'action même intentée par celui ayant originairement droit, pourrait devenir non recevable par une cause postérieure, telle que par exemple la prescription, s'il s'agit d'un dommage temporaire, ou encore l'acquiescement constaté.

1310. — C'est ainsi qu'il a été jugé, que le particulier qui a accepté après expertises le prix

d'expropriation d'un immeuble, et a déclaré se désister de toute autre demande, ne peut être admis à réclamer une indemnité, pour suspension d'industrie. — *Cons. d'Etat*, 31 juillet 1833, Hallé.

1311. — Mais l'acquiescement de même que la renonciation doivent, pour être valables, avoir été faits, si ce n'est par l'individu lésé, au moins par quelqu'un ayant reçu, soit mandat exprès, soit délégation de la loi. Autrement aucune fin de non-recevoir ne pourrait être opposée au réclamant.

1312. — Il est certain, par exemple, qu'un mari simple administrateur des biens de sa femme ne peut renoncer pour elle et ses héritiers à l'indemnité qui pourrait lui être due à l'avenir pour dommages causés à sa propriété par suite de travaux de canalisation. — *Cons. d'Etat*, 28 févr. 1845, Marmagnant.

1313. — *Personnes responsables.* — Les règles ordinaires de la responsabilité demeurent applicables, en ce qui concerne la réparation des torts et dommages.

1314. — Ainsi, un entrepreneur de travaux publics est responsable des dégradations commises dans la prairie d'un particulier, par le fait de ses agens, sauf son recours contre eux. — *Cons. d'Etat*, 26 mars 1812, Massart et Vaincart.

1315. — Spécialement, le constructeur d'un pont sur un cours d'eau est responsable envers les navigateurs des dommages qu'il leur cause par sa négligence. — *Cons. d'Etat*, 24 juin 1808, Association des trois ponts de Paris c. Meynard.

1316. — Les concessionnaires d'un pont qui doit être exécuté sous la conduite et d'après les plans et devis des ingénieurs des ponts et chaussées, approuvés par le ministre, ne sont justiciables que de l'autorité administrative, pour les dommages que leur imputent les navigateurs. En conséquence, ceux-ci ne peuvent, *même par voie de garantie*, les appeler devant l'autorité judiciaire. — *Cons. d'Etat*, 10 févr. 1806, Concessionnaires des trois ponts à Paris, c. le directeur des coches d'Auxerre; 12 février 1807, Masse c. Entrepreneurs du pont du Jardin des Plantes; 16 mars 1807, Courtois c. Gorlay et autres entrepreneurs du pont d'Austerlitz. — V. aussi Macarel, *Elém.*, t. 2, pag. 260 et 261; Cormenin, *Droit administr.*, v° *Travaux publics*, t. 2, pag. 128.

1317. — .... Et ce, bien que l'autorité judiciaire soit seule compétente pour connaître de l'action principale dirigée par les chargeurs contre le propriétaire du bateau naufragé. — *Cons. d'Etat*, 10 févr. 1806, Concessionnaires des trois ponts à Paris, c. le directeur des coches d'Auxerre.

1318. — C'est donc avec raison que l'autorité judiciaire saisie d'une action principale entre particuliers, relativement aux avaries éprouvées par un bateau, et d'une action en garantie formée contre les chefs de ponts de Paris, ne s'est réservé que la connaissance de la première et a renvoyé la seconde devant l'autorité administrative. — *Cons. d'Etat*, 5 août 1809, Ardant c. Thibaut

1319. — Spécialement, lorsqu'à la suite de dommages causés à un navire par un abordage, un conseil de préfecture est saisi d'une demande en indemnité contre un adjudicataire de travaux publics, le conseil de préfecture doit se borner à reconnaître quelle est la responsabilité qui pèse sur cet entrepreneur, en raison des clauses de son marché avec l'administration publique, et il doit renvoyer les parties à se pourvoir devant l'autorité judiciaire, pour y débattre la question des dommages-intérêts, et l'application de l'art. 407 du Code de commerce. — *Cons. d'Etat*, 14 mai 1817, Granier c. Prévost. — Cormenin, v° *Travaux publics*, t. 2, p. 425.

1320. — Mais l'autorité administrative est incompétente pour connaître des actions en dommages-intérêts formées contre les ouvriers d'un entrepreneur de travaux publics, lorsque celui-ci n'est pas appelé en garantie. — *Cons. d'Etat*, 11 avr. 1826, Hyver c. Poirier.

1321. — La responsabilité n'est pas, du reste, restreinte aux entrepreneurs et aux ouvrages par eux exécutés; l'Etat, sur ce point, peut être également déclaré responsable.

1322. — Ainsi, les dommages que les eaux d'un canal appartenant à l'Etat causent à un particulier, par défaut de curage et d'entretien, doivent être supportés par l'administration, encore que la propriété endommagée provienne d'un émigré, et qu'à l'époque où le canal a été tracé cette propriété fût sous la main de l'Etat par suite de séquestre. — *Cons. d'Etat*, 4 juin 1823, Philippon.

1323. — Des dommages-intérêts peuvent être dus par l'Etat, en raison de faits de dévastation allégués contre les ouvriers ou préposés d'ateliers nationaux, dans l'exercice des fonctions auxquelles ils ont été employés par l'Etat; ces dommages-intérêts sont réglés par le conseil de préfecture. — *Tribunal des conflits*, 28 mai 1850.

1324. — Jugé que lorsqu'aucune disposition du devis n'indiquait aux entrepreneurs que la carrière appartînt à l'Etat, celui-ci n'a pu être appelé en garantie pour le prix des matériaux que les entrepreneurs ont été condamnés à payer aux propriétaires de la carrière qu'ils ont fouillée. — *Cons. d'Etat*, 7 juin 1836, Brochet.

1325. — ... Et encore, que la demande formée par un propriétaire à fin de suspension de travaux publics, jusqu'au paiement de l'indemnité qui lui est due, ne peut être dirigée contre l'agent voyer chargé de surveiller ces travaux, et de constater les contraventions à l'arrêté qui les a ordonnés. Dans tous les cas, cette demande ne pourrait être valablement intentée contre l'agent voyer qu'après une autorisation du Conseil d'Etat, l'agent voyer devant être considéré comme un agent du gouvernement. — *Rouen*, 8 mars 1844 (t. 2 1844, p. 127), Legrand c. Havas.

1326. — Il convient, du reste, que les conseils de préfecture appelés à statuer sur les demandes en indemnité s'attachent avec soin à reconnaître qui, de l'Etat ou de l'entrepreneur, doit être tenu comme responsable.

1327. — Ainsi, lorsqu'en opérant un nivellement entre un quai et une rue, un remblai a été fait devant une maison et en a causé l'enfouissement, l'indemnité n'est due au propriétaire par l'administration des ponts et chaussées, qu'autant que c'est cette dernière qui a ordonné le remblai. — *Cons. d'Etat*, 18 mars 1841, Ministre des travaux publics c. Dubay et la ville de Nantes.

1328. — Mais l'entrepreneur des travaux d'où le dommage est résulté n'est passible d'aucun recours, lorsqu'il n'a fait que se conformer aux ordres des ingénieurs des ponts et chaussées. — *Cons. d'Etat*, 3 sept. 1844, Martin c. Deschamps.

1329. — *Constatation du dommage.* — Les parties intéressées doivent, en général, en tout état de cause, faire constater dans le plus bref délai la nature et les causes du dommage que leur a occasionné l'exécution des travaux publics.

1330. — Jugé que le conseil de préfecture n'est pas compétent pour prononcer sur le dommage causé par un entrepreneur de travaux publics à un pont communal, lorsqu'il n'a pas été dressé de procès-verbal constatant un fait particulier de contravention à la charge dudit entrepreneur. — *Cons. d'Etat*, 16 janv. 1828, Dangoumeau.

1331. — *Recours devant la juridiction gracieuse.* — Ainsi que nous l'avons vu au paragraphe précédent, c'est par la voie de juridiction contentieuse qu'il convient de s'adresser aux conseils de préfecture. Toutefois, si les parties intéressées sont dispensées de s'adresser d'abord à la juridiction gracieuse, ce n'est qu'une faveur dont elles peuvent ne pas user.

1332. — La réparation des dommages dont on prétend avoir à se plaindre peut, en effet, être réclamée administrativement dans beaucoup de cas, avant d'adresser une requête au conseil de préfecture. Le préfet, par cette réclamation, est mis à même de se rendre compte des faits qui l'ont provoquée, et, par suite, d'éviter de recourir à la juridiction contentieuse, par des déterminations qui permettent de s'y soustraire.

1333. — «Nous croyons cependant, dit M. Husson (p. 347), qu'on ne saurait imposer aux parties de faire statuer ainsi par la voie administrative sur les réclamations relatives aux dommages; aucune disposition légale ne le prescrit, et d'ailleurs il est telles circonstances où la nécessité oblige à faire constater contradictoirement, dans un très-bref délai, la situation qui résulte des travaux opérés par l'administration.»

1334. — Quoi qu'il en soit d'ailleurs, il faut bien remarquer que les arrêtés d'un préfet qui rejettent une demande en indemnité sont des actes purement administratifs rendus dans les limites de ses pouvoirs et qui ne font point obstacle à ce que le réclamant se retire devant qui de droit pour faire statuer sur sa demande. — *Cons. d'Etat*, 11 janv. 1837, Chanard c. Ministre des travaux publics; 15 juill. 1841, Montmaur.

1335. — Spécialement, des arrêtés pris par un préfet pour obtenir des maires de diverses communes voisines d'un canal, des renseignemens sur les indemnités réclamées par ces communes, ou par les propriétaires riverains, des concessionnaires de ce canal, et enfin pour mettre en demeure ces mêmes concessionnaires de faire droit aux réclamations des indemnitaires, ne constituent que de simples actes administratifs pris dans les limites des pouvoirs préfectoraux, et qui ne font pas obstacle à ce qu'il soit statué par les autorités compétentes sur les réclamations formées contre ces concessionnaires. — *Cons. d'Etat*, 21 févr. 1845, Basse et Samson Davilliers.

1336. — Pas plus que le refus du préfet, le refus fait par le ministre des travaux publics d'une indemnité réclamée pour dommages résultant de l'exécution de travaux ne fait obstacle à ce que la partie intéressée fasse valoir ses droits devant l'autorité compétente, et n'est dès lors susceptible de pourvoi devant le Conseil d'Etat. — *Cons. d'Etat*, 23 déc. 1844, hospices de Troyes.

1337. — C'est ainsi, qu'une décision du ministre qui rejette la demande d'une indemnité formée par suite de dommages causés à une propriété par la construction d'un canal n'est point un obstacle à ce que le réclamant porte sa demande devant les juges compétens. — *Cons. d'Etat*, 26 mai 1837, Tavenaux.

1338. — Comme aussi le rejet d'une demande en indemnité formée par les riverains d'un canal à raison de dommages causés par des infiltrations ne constitue de la part du ministre des travaux publics qu'un refus de reconnaître les droits des indemnitaires, et ne fait pas obstacle à ce qu'ils se pourvoient devant le conseil de préfecture, s'ils s'y croient fondés, pour y faire statuer ce que de droit sur ladite demande. — *Cons. d'Etat*, 6 juin 1844, Commune d'Apilly.

1339. — *Procédure devant le conseil de préfecture. Expertises.* — Nous n'avons point à nous occuper ici du mode de procéder en matière de réclamations d'indemnité devant le conseil de préfecture; ce mode ne différant en rien de celui qui est suivi généralement devant cette juridiction, et que nous avons déjà exposé. — V. CONSEIL DE PRÉFECTURE.

1340. — Cependant notre attention doit se fixer sur la formalité spéciale de l'expertise contradictoire, qui est destinée à fournir au conseil de préfecture les renseignemens nécessaires pour statuer sur les indemnités réclamées.

1341. — Les experts pour l'évaluation des indemnités, dit l'art. 56 de la loi du 16 sept. 1807, sont nommés l'un par le propriétaire, l'autre par le préfet, et le tiers expert, s'il en est besoin, sera de droit l'ingénieur en chef du département; lorsqu'il y aura des concessionnaires, un expert sera nommé par le propriétaire, un par le concessionnaire, et le tiers expert par le préfet.

1342. — Quant aux travaux des villes, un expert doit être nommé par le propriétaire, un par le maire de la ville ou de l'arrondissement s'il s'agit de Paris, et le tiers expert par le préfet. — L. 16 sept. 1807, art. 56. — V. *infrà*.

1343. — Un préfet est compétent pour nommer un expert chargé d'évaluer, avec celui du réclamant, l'indemnité qui peut être due à ce dernier, à raison de fouilles pratiquées dans son terrain. — *Cons. d'Etat*, 15 juill. 1841, Montmaur.

1344. — L'expertise n'est pas uniquement ordonnée pour régler les droits respectifs de l'administration ou des entrepreneurs avec les tiers. — Elle peut également être ordonnée, si l'administration et les entrepreneurs ne sont pas d'accord entre eux sur la fixation de cette somme. — Même ordonnance.

1345. — Lorsqu'il est soutenu d'une part, que les travaux exécutés par une ville ont porté préjudice à une caserne, et de l'autre, que le préjudice allégué se trouve compensé par les avantages résultant pour la caserne desdits travaux, il y a lieu d'ordonner une expertise contradictoire sur les faits respectivement allégués. — *Cons. d'Etat*, 24 janv. 1845, Ville de Clermont.

1346. — Un conducteur des ponts et chaussées peut être nommé expert à l'effet de procéder à l'estimation de l'indemnité due à un particulier, pour expropriation d'utilité publique. — *Cons. d'Etat*, 12 avr. 1829, Leveil; même jour, Devoyer.

1347. — En désignant un expert pour procéder, au nom de l'Etat, suivant les formes prescrites, à l'évaluation d'une indemnité, un préfet ne fait qu'un acte purement administratif, dans les limites de ses pouvoirs, et qui ne fait pas obstacle à ce que le réclamant porte devant qui de droit, s'il s'y croit fondé, toutes les questions relatives au règlement de ladite indemité. — *Cons. d'Etat*, 1er mars 1842, Ville de Joyeuse.

1348. — Le travail des experts est adressé au préfet, qui le transmet au conseil de préfecture chargé de statuer.

1349. — Si la partie contre laquelle l'instance est dirigée refuse de désigner son expert, repoussant tout arrangement, il faut, pour que la loi reçoive son exécution, nommer d'office un expert pour défendre ses intérêts, mais il doit être démontré que cette partie, aussi bien que le demandeur, a été à même de choisir. — Une requête contenant l'exposé des faits, et à laquelle est joint l'original d'une signification extrajudiciaire est présentée au préfet. Cet original déclare, le choix d'un expert fait par l'une des parties et la sommation faite à l'autre d'indiquer le sien à l'expiration d'un délai fixé.

1350. — Une autre voie est encore ouverte pour mettre les contestations relatives aux dommages en état d'être jugées; pour les difficultés qui surviennent entre les particuliers et les entrepreneurs ou concessionnaires de travaux publics, des arrêtés enjoignant aux parties rebelles de désigner leur expert au bout d'un temps donné sont pris par les préfets à la demande des intéressés, mais si cette notification demeure sans succès; l'affaire est portée devant le conseil. Cette marche est préférable à toute autre, bien qu'elle soit moins simple souvent, en ce qu'elle n'entraîne à aucun frais, et doit être indiquée aux administrés et aux administrateurs, dans leur intérêt.

1351. — Au surplus, c'est un point constant que le mode de nomination d'experts prescrit par le Code civil et le Code de procédure n'est pas obligatoire en matière administrative; d'autres modes ont été tracés par la loi du 16 sept. 1807 et par l'ordonnance du 25 juin 1817. — Il est de règle et d'usage, en matière administrative, de laisser aux parties le soin de choisir leurs experts; il ne leur en est donné d'office que sur leur refus et quand elles ont été mises en demeure. — *Cons. d'Etat*, 17 nov. 1819, Hardy c. Guernon de Ranville.

1352. — Mais les conseils de préfecture n'ont ni greffe ni audience, leurs décisions sont délibérées à huis clos, sans débat des parties; une citation faite à la requête d'un particulier enjoignant de comparaître à jour déterminé devant ce conseil ne peut être considérée comme valable.

1353. — Le conseil de préfecture, dans le cas où une semblable demande en règlement d'indemnité lui est adressée, doit statuer s'il n'y a point à s'en occuper, ou se déclarer incompétent s'il y a lieu, quel que soit d'ailleurs l'état de l'affaire, ou nommer d'office un expert à la partie qui fait défaut, pour prendre en main la défense de ses intérêts.

1354. — M. Husson, qui cite, sur ce point, une ordonnance inédite du Conseil d'Etat, en date du 4 mai 1843, fait remarquer que dans ce cas c'est au conseil de préfecture seul, et non au préfet, qu'appartient la désignation de l'expert.

1355. — Lorsqu'il est établi par des documens qu'un concessionnaire de travaux publics s'en est rapporté au préfet pour nommer les experts chargés de procéder à l'évaluation de l'indemnité qu'il doit à un tiers, pour fouilles faites sur son terrain; que ce concessionnaire a approuvé la nomination des experts, que l'évaluation a été faite en sa présence, sans réclamation de sa part, il est non recevable à attaquer pour violation de l'art. 56 de la loi du 16 sept. 1807 la validité des opérations. — *Cons. d'Etat*, 2 fév. 1844, Dupan c. Duchet-Bricourt. — En effet, lorsque le propriétaire déclare renoncer à son droit et s'en rapporter au préfet pour le choix des experts, il serait absurde de l'admettre plus tard à exciper de la violation de la loi qui l'autorise à se choisir un expert.

1356. — D'un autre côté, lorsqu'une expertise a été ordonnée à l'effet de régler l'indemnité due à des propriétaires pour la fouille de leurs terrains par des entrepreneurs de travaux publics, et que ces propriétaires ont désigné leur expert, il ne peut leur en être nommé d'office un autre, avant que celui qu'ils ont choisi n'ait été mis en demeure de se trouver aux jour et heure fixés pour l'expertise, et qu'il n'ait fait défaut. — *Cons. d'Etat*, 18 mai 1837, Pelletier c. Papault.

1357. — Conséquemment, s'il n'est pas suffisamment établi que l'expert désigné par les propriétaires, ait été averti des jours et heure fixés pour l'expertise, et qu'en son absence il ait été procédé à cette opération par un expert nommé d'office, l'expertise ne peut leur être opposée. — Même ordonn.

1358. — Les experts nommés peuvent être récusés. Ainsi, il y a lieu à récusation des experts à qui il a été confié une mission par un conseil de préfecture, lorsque pendant le cours de leurs opérations ils ont mangé, bu et logé chez l'une des parties. — *Cons. d'Etat*, 15 juin 1812, Lassis c. Sénat.

1359. — Les experts doivent-ils prêter serment préalablement à leurs opérations. Saisi une première fois de cette question, le Conseil d'Etat avait décidé que la loi du 16 sept. 1807 n'ayant pas imposé aux experts la formalité du serment, préalablement à leurs opérations, des propriétaires ne peuvent attaquer ces opérations par le motif qu'ils n'auraient pas prêté serment avant d'estimer les terrains soumis au desséchement. — *Cons. d'Etat*, 8 sept. 1819, Defrance c. de l'Aubépin.

1360. — Mais depuis, revenant avec raison sur sa première jurisprudence, il a décidé constamment que la prestation de serment par un expert est une formalité substantielle dont l'omission entraîne la nullité de l'expertise. — *Cons. d'Etat*, 13 juin 1821, Ville de Nancy c. Douville; 14 fév. 1839, de Feuchères c. Commune de Montlignon; 9 janv. 1843, Aubelle; 6 déc. 1844, de Biron c. de Bagleux; 19 mars 1845, Phalipau.

1361. — Ainsi que nous l'avons dit tout à l'heure, quand les experts ne sont pas d'accord il y a lieu de choisir un tiers expert. Mais, si le tiers expert décède avant les opérations, il n'y a lieu de les recommencer en présence de son successeur, qu'autant que les deux autres seraient discordans. — *Cons. d'Etat*, 8 sept. 1819, Defrance c. de l'Aubépin.

1362. — En matière de grande voirie, doit être regardée comme irrégulière l'expertise dans laquelle l'ingénieur en chef des ponts et chaussées n'a pas été, aux termes de l'art. 56 de la loi du 16 sept. 1807, appelé à concourir aux discussions de l'expertise, mais seulement invité à donner son avis. — *Cons. d'Etat*, 11 mars 1830, Trinquelague.

1363. — Toutefois, l'ingénieur en chef, chargé des travaux publics qui donnent lieu à l'expropriation, peut être désigné comme tiers experts tout aussi bien que l'ingénieur en chef du département. — *Cons. d'Etat*, 12 avril 1829, Leveil; même jour, Devoyer.

1364. — Mais, dans le cas où une occupation de terrain a pour objet des travaux de grande voirie, cas où l'ingénieur en chef est de droit tiers expert, l'approbation par lui donnée, avant l'expertise, à un avis donné sur la demande de l'ingénieur ordinaire, ne peut tenir lieu de la tierce expertise. — *Cons. d'Etat*, 23 juillet 1840, Cailloux.

1365. — Suivant M. Husson (p. 351), un arrêté qui serait rendu sur un rapport fait par l'ingénieur tiers expert, avant que l'expertise contradictoire eût été consommée, serait entaché de nullité.

1366. — Il n'est point dû d'honoraires aux ingénieurs en chef lorsqu'ils agissent comme tiers experts. — Circ. du directeur général, des 13 sept. 1828 et 17 avril 1829.

1367. — Jugé, en ce qui concerne les autres experts, qu'il n'y a pas lieu de réduire les honoraires d'un expert, lorsqu'il est reconnu qu'ils n'ont pas été taxés à un taux excessif. — *Cons. d'Etat*, 31 août 1837, Département des Deux-Sèvres c. Rivaud-Gaillard.

1368. — Les prescriptions de la loi du 16 septembre 1879, sur la nécessité de prendre l'ingénieur en chef pour tiers arbitre, ne s'appliquent pas aux travaux exécutés par des concessionnaires (V. *suprà*). Alors le choix de l'autorité reste libre. — V. Husson, *loc. cit.*

1369. — D'un autre côté, le contrôleur et le directeur des contributions directes sont appelés à donner leur avis sur le procès-verbal d'expertise, qui doit être soumis par le préfet au conseil de préfecture. — L. 16 sept. 1807, art. 57.

1370. — Dans tous les cas, le préfet peut provoquer une nouvelle expertise. — *Idem.*

1371. — L'expertise sert à déterminer le montant des indemnités. Ainsi, lorsque les concessionnaires d'un canal ont cédé tous leurs droits à une société, en demeurant seulement chargés des travaux à faire audit canal, si, dans l'exécution de ces travaux, des dommages ont été faits aux propriétés riveraines, l'indemnité due en raison de ces dommages, réglés par un procès-verbal d'expertise où ont figuré les concessionnaires, a pu être mise à la charge de la société par le conseil de préfecture saisi de l'affaire, alors surtout que le procès-verbal d'expertise a été signifié à la société avec sommation d'y satisfaire ou de présenter ses moyens de défense. — *Cons. d'Etat*, 12 avril 1844, Comp. du canal de la Sambre à l'Oise c. Comm. de Bernot.

1372. — Cependant, il ne faudrait pas donner à la formalité de l'expertise plus d'importance qu'elle n'en a. Sans doute lorsqu'une expertise contradictoire a été ordonnée pour évaluer l'indemnité due à des particuliers pour dommages résultant de l'exécution des travaux publics, le conseil de préfecture ne peut, avant qu'il ait été procédé à cette expertise, et sur le simple rapport d'un ingénieur, statuer sur le règlement de l'indemnité. — *Cons. d'Etat*, 6 déc. 1844, de Biron c. Bagieux.

1373. — Mais au résumé, le conseil peut admettre devant lui tous les genres de preuves sans aucune procédure obligatoire, ne cherchant en tout que la sincérité et la certitude : les moyens ci-dessus indiqués ne sont pas d'une rigueur telle qu'on ne puisse suivre une autre voie.

1374. — En réalité, les expertises faites pour la fixation des indemnités dues par l'Etat en cas de chômage, dépréciation ou suppression d'usines, ne constituent que de simples actes d'instruction, et aucune disposition de loi n'assujettit les conseils de préfecture à se conformer à l'avis des experts. — *Cons. d'Etat*, 31 janv. 1845, Andouand.

1375. — C'est ainsi qu'il a été décidé qu'une demande en indemnité formée contre l'Etat, à raison de dommages prétendus causés par l'exécution de travaux publics, est suffisamment instruite par la production du rapport des ingénieurs, et le conseil de préfecture ne commet aucun excès de pouvoir en prononçant sur ce seul document. — *Cons. d'Etat*, 17 janv. 1838, Rodet c. Ministre des travaux publics.

1376. — ... Et que le travail fait par l'expert de l'administration est suffisant pour servir de base à la décision du conseil de préfecture sur cette indemnité. — Même décision.

1377. — Jugé encore, que le Conseil d'Etat peut se dispenser d'ordonner une expertise nouvelle, lorsque les avis donnés dans la cause et l'opinion du tiers expert, irrégulièrement appelé, offrent des élémens suffisans pour servir de base à la décision souveraine à intervenir. — *Cons. d'Etat*, 11 mars 1830, Trinquelague.

1378. — Du reste, lorsque dans une contestation relative à une indemnité pour dommages causés par la confection de travaux publics, une expertise a été ordonnée et que des experts ont dépassé les bornes de leur mission, leur rapport ne peut servir de base à la décision du juge. — *Cons. d'État*, 5 mai 1830, Ministre de l'intérieur c. Barras.

1379. — *Indemnité, fixation, plus-value.* — Jamais l'indemnité ne peut consister que dans le versement d'une somme d'argent entre les mains du propriétaire lésé; en conséquence, les conseils de préfecture ne sauraient en aucune façon ordonner que l'administration exécute elle-même les travaux jugés nécessaires pour la réparation du dommage. — Husson, p. 348. — V., au surplus, *suprà*.

1380. — Ainsi, lorsqu'il a été accordé à une commune une somme à titre d'indemnité, pour dommages que lui ont causés des travaux publics, et que cette commune refuse la somme qui lui a été allouée, elle n'est pas autorisée à demander qu'il lui soit permis d'exécuter elle-même les réparations ordonnées aux frais de l'Etat. — *Cons. d'Etat*, 9 juin 1842, Commune de Pouillenay.

1381. — Il y a lieu pareillement de résoudre en dommages-intérêts l'indemnité due pour incorporation d'un terrain litigieux à la voie publique qui a pour effet d'empêcher l'autorité judiciaire de prononcer l'envoi en possession, et qui serait la conséquence de la déclaration de propriété qui pourrait être prononcée. — *Trib. des conflits*, 15 mai 1850.

1382. — Du reste, l'indemnité due pour les dommages, privations de jouissance et dépréciation ou moins-value du sol, ne peut être cumulée avec le remboursement des contributions. — *Cons. d'État*, 21 juill. 1824, Bourdon c. Best.

1383. — Les indemnités dues pour occupations de terrains occasionnées par des travaux publics doivent être fixées d'après les résultats de l'instruction, et sous les conditions reconnues nécessaires. — *Cons. d'Etat*, 28 août 1844, Débrousse.

1384. — En général l'indemnité doit représen-

TRAVAUX PUBL., ch. 1er, s. 9e, a. 4, § 4.

ter tout le préjudice résultant de l'exécution des travaux. Si donc des ouvrages effectués sur la voie publique ont fait condamner un propriétaire à payer à un locataire une indemnité de résiliation, l'administration lui doit le remboursement de cette indemnité ainsi que les frais de l'instance mis à sa charge. — Husson, p. 348.

1385. — Par exemple, on doit comprendre dans les indemnités allouées à un particulier, 1° le prix du terrain à lui enlevé pour ouverture d'un canal; 2° la privation qu'il éprouve de roseaux nécessaires à son exploitation; 3° la dépense d'une cabane à construire sur une portion du domaine séparée par le canal; 4° l'augmentation de la dépense qu'il doit supporter pour les frais de garde; 5° la détérioration des herbages par défaut d'écoulement des eaux; 6° le défaut d'abreuvoir sur la partie séparée par le canal; 7° la destruction d'une pêcherie. — *Cons. d'Etat*, 11 mars 1830, Trinquelague.

1386. — Ainsi encore, l'administration ayant été condamnée à faire un chemin jusqu'au pont établi sur le canal, afin de réparer le préjudice causé au particulier par le morcellement de sa propriété, il doit lui être alloué, jusqu'à la confection de ce chemin, une indemnité annuelle représentative de l'intérêt du capital auquel est estimé le préjudice que lui cause ce défaut de communication. — Même ordonn.

1387. — Mais lorsque, par suite de la construction d'un canal, il y a lieu d'indemniser les propriétaires voisins pour des dommages occasionnés à leurs propriétés, et qu'un de ces propriétaires a touché les indemnités afférentes à plusieurs années, sans réserves pour les années antérieures, il ne peut être admis à réclamer des indemnités qui remonteraient à plusieurs années au delà de celles pour lesquelles il a été indemnisé. — *Cons. d'Etat*, 20 juill. 1836, Morin c. Ministre de l'intérieur.

1388. — Il ne faut pas non plus oublier qu'aux termes des lois qui régissent la matière, la plus-value résultant pour un particulier de l'exécution de travaux publics, doit entrer jusqu'à due concurrence en compensation avec l'indemnité qui lui est due pour le dommage que l'exécution des mêmes travaux a pu lui causer. — *Cons. d'Etat*, 27 déc. 1844, Ministre des travaux publics c. Meiller.

1389. — Les propriétés privées, améliorées ou protégées par des travaux publics doivent supporter la totalité ou une portion proportionnelle des frais de ces travaux. — *Cons. d'Etat*, 7 avril 1819, Gallien et Romers c. Préfet de la Seine. — Delamarre et Magnitot, *Dictionn. de droit admin.*, v° *Travaux publics*, t. 2, p. 541; Daviel, *Cours d'eau*, n° 274; de Gérando, *Inst. de droit admin.*, t. 4, p. 349 et suiv.

1390. — Toutefois l'indemnité due à un particulier pour dommage causé à sa propriété par suite de l'exhaussement de la voie publique, ne peut être restreinte en raison de la plus-value que pourrait acquérir la même propriété, qu'autant qu'il est justifié que cette plus-value provient de l'exhaussement. — *Cons. d'Etat*, 28 août 1844, Ballin.

1391. — *Intérêts.* — L'indemnité allouée pour dommages au propriétaire lésé est parfois susceptible de produire des intérêts qui se comptent différemment, suivant la nature du préjudice et le mode de composition du chiffre de l'indemnité. — Husson, p. 349.

1392. — En général les intérêts de l'indemnité doivent courir depuis la clôture du dernier procès-verbal d'expertise jusqu'au jour du paiement du principal. — *Cons. d'Etat*, 21 juill. 1824, Bourdon c. Best.

1393. — Mais les intérêts de l'indemnité accordée à un propriétaire pour la détérioration causée à son fond par un dépôt de déblais doivent remonter à l'époque du dommage, afin de lui tenir lieu des fruits qu'il a perdus, mais en tant seulement qu'ils n'excèdent pas ce qui pourrait être alloué pour la perte des fruits. — *Cons. d'Etat*, 31 déc. 1828, Bejot c. Ville de Paris.

1394. — De même, les intérêts d'une indemnité accordée à un propriétaire à raison de détériorations causées à son fonds par suite de l'établissement d'un canal sont dus à partir du jour de la dépossession. — *Cons. d'Etat*, 25 avr. 1839, Delorme-Chauvet c. Ville de Paris.

1395. — Les intérêts de l'indemnité pour chômage d'une usine doivent courir à partir du jour du jugement du tribunal qui a référé au conseil de préfecture le règlement de cette indemnité. — *Cons. d'Etat*, 11 nov. 1831, Millet.

1396. — Lorsque l'indemnité due à un particulier à raison de la dépréciation causée à sa propriété par des travaux publics, a été réglée par le paiement d'une somme annuelle, il ne peut demander qu'il lui soit alloué l'intérêt du capital de ladite indemnité. — *Cons. d'Etat*, 16 nov. 1832, d'Harville.

1397. — Les intérêts des sommes allouées pour une indemnité doivent être calculés jusqu'au jour du paiement. — *Cons. d'Etat*, 20 juill. 1836, Klein.

1398. — Bien que le dommage ait été successif, le propriétaire d'une usine ne peut pas prétendre aux intérêts de la somme accordée, à dater de l'époque de la dérivation des eaux. — *Cons. d'Etat*, 18 sept. 1833, Fournier.

1399. — *Pourvoi au Conseil d'Etat.* — Conformément aux règles du droit commun, l'arrêté du conseil de préfecture portant homologation de l'estimation donnée par un arbitre sur une indemnité demandée par des particuliers pour dommages causés par des travaux publics, peut donner lieu à un pourvoi du ministre de l'intérieur devant le Conseil d'Etat. — *Cons. d'Etat*, 20 juill. 1836, Klein.

1400. — Lorsqu'aux termes d'un marché de travaux publics, les indemnités dues à des particuliers ont été mises à la charge de l'entrepreneur, l'arrêté du conseil de préfecture qui le met à la charge de l'Etat doit être annulé. — *Cons. d'Etat*, 20 juill. 1832, Guérault.

1401. — En matière de travaux publics, le Conseil d'Etat est fondé à réduire l'indemnité accordée à un particulier par un conseil de préfecture, lorsqu'il résulte de l'instruction de l'affaire que cette indemnité est exagérée. — *Cons. d'Etat*, 1er mars 1826, Chevallier.

1402. — Comme aussi, lorsqu'il résulte de l'instruction que l'indemnité allouée par le conseil de préfecture pour chômage d'un moulin est insuffisante, il y a lieu de procéder à une évaluation plus équitable de cette indemnité. — *Cons. d'Etat*, 11 nov. 1831, Millet.

1403. — Mais lorsqu'il résulte de l'instruction qu'un conseil de préfecture, en accordant à un propriétaire une indemnité à raison des remblais exécutés devant sa maison par suite de travaux publics, a fait une juste appréciation de ladite indemnité, et que le ministre, qui en demande la réduction n'oppose aucun document de nature à infirmer l'appréciation, le Conseil d'Etat doit maintenir la décision du conseil de préfecture. — *Cons. d'Etat*, 24 avr. 1837, Ministre des travaux publics c. Benoist.

1404. — Lorsque l'indemnité accordée au propriétaire d'une usine représente convenablement le dommage qu'il a éprouvé par suite de la dérivation d'un cours d'eau, il y a lieu de rejeter le pourvoi. — *Cons. d'Etat*, 18 sept. 1833, Fournier.

1405. — Il y a lieu alors d'adopter l'indemnité fixée par le conseil de préfecture, lorsque, d'ailleurs, postérieurement à son pourvoi, le ministre a reconnu qu'il n'y avait pas lieu à contester l'arrêté attaqué. — *Cons. d'Etat*, 5 mai 1830, Ministre de l'intérieur c. Barras.

1406. — Lorsque, par suite du refus d'un propriétaire exproprié pour utilité publique d'adhérer à la première expertise ordonnée par le préfet, il a été procédé à une expertise contradictoire, que les experts sont d'un avis unanime, et que le conseil de préfecture n'a prononcé qu'après avoir pris l'avis du directeur des canaux et de l'inspecteur des travaux, le propriétaire n'est plus fondé à demander une nouvelle estimation contradictoire. — *Cons. d'Etat*, 4 juin 1823, Calmontier c. Préfet du Doubs.

1407. — Enfin, lorsque l'indemnité due à un propriétaire pour dommage résultant du fait de la direction des ponts et chaussées a été réglée par le conseil de préfecture, et que ce règlement a été approuvé par le ministre, le propriétaire lésé doit se pourvoir au Conseil d'Etat contre l'arrêté du conseil de préfecture, et non contre l'avis du ministre, qui ne peut être considéré comme une décision. — *Cons. d'Etat*, 25 avril 1820, Bissé c. la Direction des ponts et chaussées.

1408. — *Dépens.* — Nous n'avons rien à ajouter ici aux règles générales que nous avons indiquées en traitant de la procédure devant les conseils de préfecture. — V. CONSEIL DE PRÉFECTURE.

1409. — Disons seulement ici que lorsque les réclamations contraires des entrepreneurs et des particuliers à raison de la fixation des indemnités, faite par le conseil de préfecture, sont rejetées, il y a lieu de compenser les dépens de l'instance devant le conseil de préfecture et devant le Conseil d'Etat. — *Cons. d'Etat*, 16 mars 1836, Servois c. Prévost.

1410. — ...Et que les frais faits devant le juge de paix pour la constatation des dommages, ne peuvent être réglés par le conseil de préfecture. — *Cons. d'Etat*, 27 août 1833, Morot c. Espérandieu.

CHAPITRE II. — *Travaux publics autres que ceux des ponts et chaussées.*

1411. — Les travaux publics autres que ceux des ponts et chaussées, et qui du reste demeurent en règle générale, et sauf les cas où il y a été spécialement dérogé, soumis aux mêmes règles, peuvent se diviser ainsi qu'il suit: 1° travaux des bâtimens civils; — 2° travaux militaires; — 3° travaux de la marine; — 4° travaux mixtes; — 5° travaux pour ministères divers.

Sect. 1re. — *Travaux des bâtimens civils.*

1412. — Outre les travaux des ponts et chaussées, le ministre des travaux publics a, sous sa direction immédiate, la direction d'un service spécial de travaux, connus sous la dénomination générale de travaux des bâtimens civils.

1413. — Le service des bâtimens civils comprend la construction, la réparation, l'entretien et la conservation des monumens et édifices consacrés à des services d'intérêt général. Il s'étend aussi à la construction, la reconstruction, ou à l'agrandissement de bâtimens de ministères autres que celui des travaux publics, lorsque les crédits alloués pour en acquitter les dépenses sont ouverts au budget de ce ministère, ou lorsque son intervention est réclamée par les autres.

1414. — Le service ordinaire comprend la conservation et l'entretien simple des bâtimens, les travaux de réparation et ceux de restauration et de reconstructions partielles. — Arrêté ministériel, 22 juill. 1838.

1415. — Le service extraordinaire se compose des nouvelles constructions des monumens publics, des restaurations et reconstructions totales. — Même arrêté.

1416. — Les travaux des bâtimens civils ne comprennent pas seulement ceux entrepris pour le compte de l'Etat, cette détermination s'applique encore à des travaux d'intérêt général entrepris pour le compte des départemens ou des communes.

1417. — Nous avons déjà vu ce que l'on doit entendre par bâtimens civils, et même posé, quant à leur confection, quelques principes, dont nous avons renvoyé à l'article qui nous occupe maintenant l'examen détaillé. — V. BATIMENS CIVILS.

1418. — De nombreux arrêtés émanant de l'initiative ministérielle, et dont le dernier est celui du 20 déc. 1841, suivi de l'instruction ministérielle d'avr. 1842, constituent la législation des bâtimens civils.

1419. — L'ensemble des règles contenues dans ces divers arrêtés a pour objet tant de garantir la bonne confection des travaux, que d'assurer l'économie nécessaire dans l'emploi des deniers de l'Etat ou des établissemens publics.

1420. — Et remarquons encore que pour les travaux qu'ils sont chargés d'autoriser, les préfets et les maires suivent les mêmes règles que l'administration générale, à l'égard de ceux dont l'autorisation lui est réservée.

ART. 1er. — *Conseil des bâtimens civils.*

1421. — Bien qu'au ministre seul en définitive appartienne la direction des travaux des bâtimens publics, néanmoins à côté de lui et sous son autorité, est placé un conseil central, connu sous le nom de *Conseil des bâtimens civils.*

1422. — Nous avons vu, dans un article précédent, tout ce qui concerne la composition et les attributions du conseil des bâtimens civils. — V. CONSEIL GÉNÉRAL DES BATIMENS CIVILS.

1423. — Ajoutons cependant qu'il peut être nommé des membres honoraires; leur nombre ne peut jamais dépasser celui des membres en

service actif. — Arr. min. 9 janv. 1840 et 30 déc. 1841.

1424. — Les membres honoraires peuvent toujours assister aux séances, mais ils n'ont voix délibérative que lorsqu'ils ont été convoqués spécialement par le ministre à cet effet. — Mêmes arrêtés.

1425. — Huit jeunes architectes, choisis de préférence parmi les anciens pensionnaires de l'Académie de France, à Rome, sont attachés, sous le titre d'auditeurs, aux membres du conseil, pour les aider dans leur travail et les accompagner dans leurs tournées. Leurs fonctions sont gratuites, mais s'ils les remplissent avec zèle ils ont droit les premiers aux places à donner dans les agences des travaux publics. — Arr. 9 janv. 1840.

1426. — *Conseils départementaux.* — Il existe dans plusieurs départemens une commission des bâtimens civils, instituée par les préfets dans le but d'examiner les projets non susceptibles de l'approbation ministérielle. Cette commission est composée d'hommes de l'art et d'architectes expérimentés. — Husson, *Travaux publics*, p. 63.

ART. 2. — *Agens préposés à l'exécution des travaux des bâtimens civils.*

1427. — *Inspecteurs généraux.* — Les inspecteurs généraux font la recherche des différens moyens de construction, de matières et de matériaux en usage dans les départemens soumis à leur surveillance, en dressent la statistique, chacun dans son arrondissement respectif.

1428. — Les inspecteurs généraux visitent, plusieurs fois par mois, les travaux de Paris, soumis à leur surveillance supérieure, et, indépendamment de la correspondance, ils adressent, tous les trois mois, à l'administrateur des monumens publics des comptes circonstanciés de la situation des travaux. — Arr. min. 15 avril 1838.

1429. — Ils constatent si les travaux s'exécutent conformément aux projets généraux et particuliers approuvés par le ministre, si les attachemens écrits et figurés sont constamment à jour, et si les divers membres des agences remplissent fidèlement leurs devoirs. — Même arrêté.

1430. — Ces inspecteurs font chaque année une tournée générale dans les départemens compris dans leurs arrondissemens respectifs, et ils constatent si la comptabilité est en bon ordre, si ces travaux sont exécutés conformément aux projets approuvés. Indépendamment de ces inspections périodiques, leur présence peut être réclamée dans les cas extraordinaires par les administrations départementales ou municipales. Le ministre lui-même les envoie quelquefois aussi d'office sur les lieux où il juge utile de les appeler.

1431. — Ils se font alors représenter les projets approuvés et les attachemens figurés ou écrits; puis ils apposent leur visa sur ces documens divers.

1432. — Les inspecteurs généraux adressent directement au ministre des rapports circonstanciés de leurs tournées, dans lesquels ils émettent leur opinion sur le plus ou moins de talent, de zèle et d'exactitude que les architectes des départemens apportent dans l'exercice de leurs fonctions. — Arr. min. 15 avril 1838.

1433. — *Administration des monumens publics.* — L'administration des monumens publics propose chaque année au ministre la division des travaux de Paris et des départemens, en arrondissemens d'inspections générales. Lorsqu'il y a des travaux neufs, la surveillance en peut être répartie entre plusieurs inspecteurs généraux, indépendamment de la circonscription annuellement déterminée. — Arr. min. 22 juill. 1838.

1434. — *Architectes en chef.* — Des architectes en chef et des architectes inspecteurs font partie des agens employés à la surveillance et à la direction des bâtimens civils.

1435. — Chaque département a des architectes nommés par le ministre de l'intérieur sur la présentation des préfets. Ils ont ordinairement un traitement fixe; quelquefois ils touchent en sus de leur traitement fixe des remises proportionnelles, ou seulement des remises proportionnelles au montant du règlement des travaux. Ces remises le plus souvent n'excèdent pas 5 p. 0/0. — Instr. du 26 déc. 1838. — Husson, t. 1er, p. 163.

1436. — Les projets, devis et détails estimatifs des travaux, sont rédigés par les architectes en chef du service ordinaire; la direction de l'exécution, la surveillance de toutes les opérations du service leur sont également confiées; chaque semaine, ils visent les attachemens écrits et figurés; et les règlemens de comptes et mémoires, ainsi que les états de situation mensuels sont arrêtés et certifiés par eux.

1437. — L'état général des travaux de réparation et d'entretien, classés dans l'ordre de leur urgence sont présentés au commencement de chaque année par ces mêmes architectes. Mais dans ces travaux qu'ils ont jugés nécessaires, ceux-là seuls qui sont dans l'intérêt général de la conservation des bâtimens doivent être compris.

1438. — Ils doivent préparer et proposer des projets de marché pour tous les travaux d'entretien et pour les fournitures périodiques qui peuvent former l'objet d'un bail, ou être mises en adjudication. — Arr. min. du comm. et des trav. publ. du 22 juill. 1832, art. 8. — Husson, *ibid.*

1439. — Ils assistent aux adjudications, ou s'y font remplacer par l'inspecteur. — Husson, *ibid.*

1440. — Il leur est remis copie certifiée des plans, profils, élévations, devis descriptifs et estimatifs, cahiers des charges et soumissions des entrepreneurs qu'ils déposent au bureau de l'agence, afin qu'ils puissent être communiqués à l'inspecteur général, ou consultés par les fonctionnaires sous ses ordres. — Husson, *loc. cit.*

1441. — Les architectes ne peuvent faire commencer aucun ouvrage avant d'en avoir reçu l'autorisation écrite. — *Ibid.*

1442. — Ils doivent se conformer avec soin aux plans, dessins et devis approuvés, sans pouvoir y introduire aucun changement qui n'ait été autorisé. — *Ibid.*

1443. — Le cas de force majeure seul autorise l'architecte à agir de son chef et sans autorisation, sauf ensuite au ministre à apprécier si véritablement la force majeure était telle qu'elle ait pu autoriser l'architecte à procéder ainsi.

1444. — Mais dans le cas où des circonstances impérieuses exigeraient des changemens ou des additions aux prévisions des devis, l'architecte est tenu d'en donner préalablement connaissance, et de produire, dans les formes ordinaires, des projets et devis particuliers pour les nouvelles dépenses dont il a reconnu la nécessité, en ayant soin de représenter les projets et devis précédemment approuvés. Il ne peut toutefois opérer ces changemens avant la décision du ministre et sans qu'il en ait reçu l'autorisation écrite. — Frémy de Ligneville, n° 900.

1445. — Indépendamment des mesures de répression qu'entraînent avec elles des irrégularités, tous travaux, toutes dépenses faites sans autorisation, ou en dehors de cette autorisation, restent à la charge des entrepreneurs et des architectes.

1446. — Les architectes remettent aux inspecteurs tous les dessins, détails et instructions nécessaires, ils ordonnent tout ce qui concerne l'exécution des travaux, surveillent la construction, examinent la qualité des matériaux, et font observer aux entrepreneurs les règles de l'art, ainsi que les clauses et conditions des adjudications et marchés. — Husson, *ibid.*

1447. — Ils doivent s'assurer de la tenue régulière des attachemens et de leur inscription sur les registres, surveiller le travail des vérificateurs, et généralement les opérations des agens qui leur sont subordonnés. — *Ibid.*

1448. — Ils rendent compte de la conduite et de l'aptitude de ces agens, et signalent leur négligence et leur incurie. — Husson, *ibid.*

1449. — Ils doivent transmettre à l'administrateur des propositions d'à-compte au profit des entrepreneurs, qu'ils dressent d'après les états de situation établis par l'inspecteur et le vérificateur. — *Ibid.*

1450. — Ils doivent visiter l'atelier pendant le cours des travaux toutes les fois que le besoin du service l'exige.

1451. — Ils obligent les entrepreneurs à leur remettre leurs mémoires aux époques fixées par l'administration, et ne les reçoivent qu'autant qu'ils sont conformes aux modèles et certifiés par l'inspecteur; ils les transmettent ensuite à l'administration avec un état sommaire indiquant le montant de chaque mémoire, et font connaître les entrepreneurs en retard. — *Ibid.*

1452. — Ils peuvent adopter ou modifier les règlemens provisoires proposés par le vérificateur, et après la clôture du règlement de chaque mémoire, ils en informent l'entrepreneur intéressé, afin que ce dernier ait le temps de s'occuper des réclamations qu'il pourrait se croire fondé à présenter. — *Ibid.*

1453. — Ils reçoivent les réclamations des entrepreneurs, les examinent, prennent l'avis du vérificateur, et les transmettent à l'administration, ainsi que les mémoires réglés, en y joignant leur avis personnel, lorsqu'ils ne partagent pas celui du vérificateur. — *Ibid.*

1454. — On ne peut considérer comme un entrepreneur de travaux publics l'architecte qui se rend adjudicataire de quelques travaux communaux, tels que la démolition d'une église, la construction d'un collége, etc. — Perrin, n° 411.

1455. — Ils maintiennent le bon ordre, veillent à la santé des ouvriers, et proposent des secours en faveur de ceux qui sont blessés sur les ateliers. — Instr. 15 mai 1824, art. 9 et suiv.

1456. — D'après les ordres et les instructions transmis par le ministre et par le directeur des bâtimens civils, à l'aide de programmes indiquant avec précision les besoins, les convenances et les vues à satisfaire, les architectes en chef du service extraordinaire rédigent les projets des édifices et des monumens à construire.

1457. — Les architectes ont droit à une allocation de 1,000 francs pour les travaux ordinaires et de 600 francs à 1,000 francs pour les travaux extraordinaires. Cette allocation est applicable à leurs frais de bureau. Ils ont de plus des honoraires proportionnels à la dépense des travaux. — Arr. 22 juill. 1832, art. 20 et 26. — Husson, *ibid.*

1458. — Ils sont encore remboursés des frais de rédaction des projets des travaux importans, aussitôt après leur définitive approbation.

1459. — Après vérification par les contrôleurs-réviseurs et examen par les inspecteurs généraux, ces frais sont réglés par le ministre sur les états présentés par les architectes.

1460. — Outre le remboursement des frais de rédaction, les architectes reçoivent une indemnité proportionnée au temps qu'aurait exigé l'étude des projets définitifs commandés et reconnus susceptibles d'approbation restés sans exécution ou dont l'exécution est confiée à d'autres pour des causes étrangères. Le mérite de ces projets, sous le rapport de l'art, est pris encore en considération dans l'allocation de cette indemnité.

1461. — Un architecte venant à mourir, soit dans l'intervalle de l'approbation des projets à la mise en activité des travaux, soit dans l'exécution même, sa veuve et ses enfans ont droit au quart de la rétribution payée à l'architecte chargé de la direction des travaux, pendant un espace de trois années au plus.

1462. — Les architectes qui sont chargés de travaux extraordinaires, et notamment de la construction neuve de monumens ou de grands édifices, reçoivent : 1° un traitement fixe; 2° un traitement proportionnel à la dépense; 3° ils ont droit, dans certains cas, d'obtenir une gratification. — Règl. 18 oct. 1808.

1463. — *Architectes-inspecteurs.* — Les architectes inspecteurs ont pour mission d'assister les architectes en chef dans toutes leurs opérations et de les suppléer au besoin, et de faire observer par leurs inférieurs les règlemens et instructions sur le service. — Arr. 22 juill. 1832, art. 9; instr. 15 mai 1824. — Husson, *ibid.*

1464. — Ils surveillent l'exécution des travaux et répondent de la réception des matériaux et matières, ainsi que de la tenue des attachemens qu'ils doivent faire relever ou relever eux-mêmes jour par jour. — Husson, *ibid.*

1465. — Le traitement des architectes-inspecteurs est de 1,800 francs pour des travaux ordinaires et de 2,400 francs pour les travaux extraordinaires. Ils jouissent en outre, lorsque le montant de la dépense des divers travaux à l'exécution desquels ils ont concouru excède 50,000 fr., mais seulement sur les dépenses venant au delà de cette somme, d'une rétribution proportionnelle égale au tiers de celle de l'architecte. — Arr. du 22 juillet 1832, art. 10. — Husson, *ibid.*, v° *Travaux publics*.

1466. — *Agens inférieurs.* — Les garde-magasins, concierges et gardiens sont placés sous la surveillance des architectes. — Husson, *ibid.*

1467. — Ils sont chargés de tout ce qui concerne les logemens des fonctionnaires et la conservation des bâtimens. — *Ibid.*

ART. 3. — *Règles sur l'exécution des travaux des bâtimens civils.*

§ 1er. — *Opérations préparatoires.*

1468. — Il est de principe fondamental que les plans, devis et cahiers des charges doivent être approuvés avant que les travaux soient autorisés; cette approbation est donnée par le ministre, sur l'avis du conseil général des bâtimens civils.

1469.—Il ne peut être fait aucuns travaux dans les édifices publics dépendant du ministère, même sur les fonds des budgets particuliers des administrations et établissemens qui les occupent, ou aux frais de personnes qui y sont logées, à quelque titre que ce soit, que sur les autorisations formelles du ministre, sous la surveillance du directeur des bâtimens civils, et par les soins des architectes, inspecteurs et vérificateurs attachés à ces édifices. — Arr. min. int. 22 juill. 1838.

1470. — *Avant-projet.* — Préalablement à la rédaction de tout projet, un avant-projet doit être dressé, lequel contient un *programme raisonné de tous les besoins de l'édifice projeté*, contenant notamment l'*indication du nombre approximatif: 1° des individus qui doivent y être reçus, y demeurer et le fréquenter; 2° des pièces à consacrer à des usages communs ou particuliers.*

1471. — Toutefois, le programme doit laisser à l'architecte chargé de la rédaction des projets une latitude convenable dans le choix des dispositions d'ensemble et de détail.—Frémy de Ligneville, n° 896.

1472. — Les avant-projets ou programmes présentés doivent être composés : des plans généraux, sur une échelle de 5 millimètres; des plans particuliers; de deux coupes transversales et d'une coupe longitudinale; de profils indiquant les pentes du sol, les hauteurs des planchers et des combles et des élévations des différentes faces; ces deux derniers dessins à l'échelle de 10 millimètres; d'un mémoire explicatif; et enfin, d'un métrage estimatif et sommaire.

1473. — Les programmes arrêtés et visés par les maires, sous-préfets et préfets, doivent toujours être joints aux projets transmis à l'examen du conseil des bâtimens civils. — Ils peuvent, lorsque les autorités locales le jugent nécessaire, être communiqués préalablement à ce conseil, afin qu'il puisse les examiner et faire connaître les observations dont ils lui paraîtraient susceptibles avant la rédaction du projet.—Frémy de Ligneville, *ubi suprà*.

1474. — Lorsque cette rédaction doit être l'objet d'un concours et qu'il s'agit d'exécution aux frais de l'État ou des départemens, le programme doit spécifier que tous les projets des concurrens, examinés préalablement par les autorités locales, seront transmis au ministre compétent pour être examinés par le conseil des bâtimens civils. Cette condition peut également être énoncée pour les travaux payés sur les fonds communaux.—*Ibid.*

1475. — *Projets.* — Pour être admis par le conseil des bâtimens civils, les projets doivent être composés comme il suit: pour les constructions nouvelles, les reconstructions, les restaurations générales ou l'appropriation des anciens édifices à des destinations nouvelles: 1° d'un programme arrêté par les administrations locales et approuvé par les autorités supérieures; 2° d'un plan général des lieux indiquant la masse de l'édifice avec ses tenans et aboutissans, sur une échelle de 2 millimètres par mètre; 3° des plans des fondations et des divers étages, sur une échelle de 10 millimètres par mètre; 4° des coupes longitudinales et transversales à la même échelle; 5° des élévations des différentes faces, sur une échelle de 10 millimètres; 6° des dessins des principaux détails de construction et de décoration, à l'échelle de 20 millimètres; 7° d'un mémoire explicatif des vues et des considérations qui ont déterminé le parti général et les dispositions de détail adoptés par l'architecte; 8° d'un devis descriptif des ouvrages à exécuter indiquant les conditions et procédés de l'exécution, les nature et qualité des matières et matériaux, et toutes les données nécessaires pour l'appréciation des ouvrages; 9° d'un détail général métrique et estimatif des ouvrages; 10° d'un cahier des charges.

1476.—En ce qui concerne les restaurations partielles et les simples réparations, les projets doivent être composés des plans, coupes et élévations de l'édifice à restaurer ou à réparer; de dessins aux échelles ci-dessus indiquant l'état présent des parties auxquelles s'appliquent les travaux projetés, des devis descriptifs et estimatifs et d'un cahier des charges.

1477. — Lorsque la composition des projets n'est pas conforme à ces instructions, ils sont renvoyés à une rédaction nouvelle. — Arr. min. int. 15 avr. 1836.

1478. — *Devis.* — Le devis qui accompagne le projet doit comprendre trois choses distinctes : 1° *un détail descriptif; 2° un détail métrique et estimatif accompagné de sous-détails; 3° un cahier de charges* précisant les obligations de l'entrepreneur.

1479. — Toutes ces pièces doivent être projetées, rédigées et signées par l'architecte, puis visées et signées par l'administration ou par le directeur de l'établissement, ensuite adressées au ministre qui les soumet lui-même au conseil des bâtimens civils. — Circ. min. int. 13 vendém. an VIII.

1480. — Il est nécessaire de donner au moins une description sommaire des ouvrages à faire dans l'impossibilité de toujours prévoir la totalité des détails; indiquer les précautions à prendre dans leur exécution; exprimer l'espèce, la qualité, la façon et l'emploi des divers matériaux, ainsi que leur prix et celui de la main-d'œuvre ; expliquer la manière dont les fondations doivent être assises et construites pour avoir le degré de solidité désirable ; donner les sondes du terrain ; déterminer, pour chaque partie séparée de la construction, les dimensions des divers ouvrages, afin d'en pouvoir vérifier les quantités; enfin, spécifier, pour chaque article, la manière dont les travaux mentionnés doivent être exécutés, et leurs prix présumés, en justifiant cette évaluation par des détails et sous-détails que les préfets doivent exiger absolument. — Instr. min. int. 22 oct. 1812.

1481. — Le détail estimatif énumère et détaille les prix courants de toutes les espèces de matériaux, d'ouvrages et de main-d'œuvre, suivant les dimensions et les conditions portées au devis, et où se trouve, à la fin, le montant aperçu et très-approché de la dépense entière. — Circ. min. int. 13 vendém. an VIII.

1482. — L'exactitude du tableau et des détails des divers travaux doit être telle que, dans l'exécution de l'ensemble de l'édifice, le devis puisse être suivi en tout point.

1483. — Le cahier des charges de l'adjudication énonce d'une manière précise les diverses époques des travaux, quand ils doivent être successivement terminés, quels degrés d'avancement donnent lieu à des paiemens d'à-compte. — Circ. 22 oct. 1812.

1484. — Aucune dépense pour les constructions, les distributions et les réparations des bâtimens civils ne peut être faite avant que les devis explicatifs, les détails estimatifs et les dessins figuratifs aient été examinés par le conseil des bâtimens civils et revêtus de l'approbation ministérielle. — Circ. 13 vendém. an VIII.

1485. — Il n'y a que deux exceptions : la première concerne les réparations dites locatives, lesquelles ne changent rien aux distributions ni aux décorations, tant intérieures qu'extérieures. Elles comprennent seulement le remplacement de quelques briques dans les planchers, la pose de quelques carreaux de verre aux croisées, lorsqu'ils ont été cassés par accident et que la dépense n'en peut être supportée par les auteurs du dommage. La seconde concerne les réparations urgentes, dans le cas de péril imminent, comme d'une poutre qui menace de se rompre, d'un mur incliné, etc., cas auxquels l'architecte, même l'administration ou le directeur, est autorisé à faire une dépense de 150 francs au plus, à la charge de rendre compte, dans le plus court délai, au ministre, afin qu'il approuve d'abord la mesure prise, et qu'il pourvoie ensuite aux mesures ultérieures.

1486. — Lorsque les projets, plans et devis ont été approuvés par le ministre, il ne peut y être fait ni changement ni altération lors de leur exécution, que sur la proposition transmise par le préfet dans le département duquel s'exécutent les travaux, et adoptés par le ministre, d'après l'avis du conseil des bâtimens civils, qui est préalablement consulté. — Arr. 18 juin 1812.

§ 2. — *Exécution des travaux.*

1487. — Les détails dans lesquels nous sommes entrés précédemment sur les attributions des architectes, quant à l'exécution des travaux des bâtimens civils (V. *suprà*), nous dispensent de donner ici aucune explication nouvelle, si ce n'est en ce qui a trait aux états d'attachement.

1488. — Les attachemens destinés à constater la disposition, la nature et les dimensions de tous les travaux, particulièrement de ceux qui ne resteraient pas visibles ou facilement accessibles lors de la reddition des comptes, tels par exemple que les approvisionnemens de matériaux, ou les fouilles, doivent être, autant que possible, et sauf le cas de nécessité absolue, tenus sur registre; en outre, il convient qu'arrêtés contradictoirement et au jour le jour, ils soient signés en double entre l'architecte d'une part et l'entrepreneur de l'autre. — Frémy de Ligneville, n° 900.

§ 3. — *Réglemens de compte.*

1489. — M. Frémy de Ligneville (n° 901) s'exprime en ces termes, en ce qui concerne la rédaction des mémoires des entrepreneurs : « Les mémoires des travaux exécutés sont établis par les entrepreneurs ou par leurs préposés. Ils sont rédigés selon l'ordre adopté pour la rédaction des devis et la tenue des attachemens, et conformément aux services du prix qui ont fait la base des adjudications. Ils indiquent les autorisations en vertu desquelles les travaux ont été exécutés. Ils sont rédigés, au fur et à mesure de l'exécution des travaux, en double expédition, dont l'une est sur papier timbré. Ils doivent toujours être accompagnés des projets, devis primitifs ou supplémentaires, et du cahier des charges, ainsi que des procès-verbaux d'adjudication et de réception. »

1490. — Le vérificateur doit les avoir reçus avant le 10 du mois qui suit celui pendant lequel les travaux ont été faits, et la date du jour où ils ont été remis est indiquée en tête des mémoires.

1491. — Les mémoires qui n'ont pas été remis à l'époque fixée sont renvoyés comme arriérés, à l'exercice suivant, et une retenue de 1 p. 0/0 par chaque mois de retard est faite aux entrepreneurs qui n'ont pas accompli cette disposition.

1492. — L'administration se réserve cependant le droit de faire établir d'office les comptes en retard, par un agent attaché au ministère des travaux publics, mais l'entrepreneur supporte les frais fixés par le ministre pour ce travail.

1493. — Les mémoires régulièrement présentés, vérifiés dans le délai d'un mois au plus par le vérificateur, ensuite transmis par lui à l'architecte, puis, lorsqu'ils ont été par lui transmis au ministre, revisés dans les bureaux du ministère par les contrôleurs, sont en dernier lieu visés par l'inspecteur général et soumis à l'approbation du ministre, sauf, en cas de difficulté ou contestation, l'avis du conseil général des bâtimens civils.

1494. — Comme sanction de ces prescriptions, les règlemens veulent que tout agent qui par négligence aurait occasionné des retards soit dans la production des mémoires, soit dans la vérification, soit révoqué de ses fonctions.

1495. — Les mémoires sont réglés d'après les conditions insérées au cahier des charges et les séries de prix sur lesquelles l'adjudication a été passée. S'il n'y a pas eu d'adjudication, les prix de série arrêtés à la fin de l'exercice précédent continuent d'être appliqués.

1496. — Aucun à-compte n'est délivré à l'entrepreneur que d'après un certificat du préfet qui atteste que la portion exécutée est conforme au projet. — Arr. 18 juin 1812.

1497. — Immédiatement après l'approbation du ministre, les mémoires sont liquidés; mais les paiemens ne sont faits sur la liquidation qui s'effectue après l'exercice, qu'à titre d'à-compte.

1498. — Toute erreur, matérielle ou de double emploi, est rectifiée, s'il y a lieu, dans le compte de cette dernière liquidation, où se trouve rapporté le montant de chacun des rapports mensuels.

1499. —Les mémoires des travaux dits d'entretien sont vérifiés comme ceux des grands travaux, et établis par trimestre.

1500. — Tous les entrepreneurs ayant exécuté des travaux pendant un exercice, doivent regarder comme obligatoire la série de prix arrêtés à la fin du précédent exercice.

1501. — De même que pour les programmes, projets et devis (V. *suprà*), le préfet et les autorités locales doivent apposer leur visa, joint à leur avis motivé, sur les mémoires et décomptes de travaux soumis à l'examen du conseil général des bâtimens civils. Les pièces dépourvues de ce visa seraient renvoyées aux autorités locales.

Sect. 2e. — *Travaux du ministère de la guerre.*

1502. — Les travaux militaires ont lieu ou à la guerre, ou dans les places fortes et établissemens militaires de la frontière ou de l'intérieur.

1503. — Les constructions, réparations d'édifices et bâtimens, ponts, digues et ouvrages d'art analogues à ceux des ponts et chaussées; les ouvrages destinés, soit à l'attaque, soit à la défense, et tout à fait spéciaux, sont l'objet des travaux militaires et, en général, toutes les opérations qui ont quelque rapport avec les ouvrages de l'armée.

1504. — L'intérêt de la défense de l'Etat et celui de l'économie motivent les règles relatives aux projets et à leur exécution dans les considérations des travaux militaires.

1505. — Le ministre de la guerre seul donne des ordres pour la construction des bâtimens militaires. — Régl. 17 août 1824.

1506. — Les chefs du génie rédigent et présentent les projets de ces constructions, et sont chargés de leur exécution. — Régl. 17 août 1824.

1507. — Mais les officiers d'artillerie seuls dirigent les travaux dans les bâtimens occupés par cette arme.

ART. 1er. — *Projets des travaux.*

1508. — Les travaux à exécuter aux fortifications et aux bâtimens militaires donnent lieu : 1° à des projets ordinaires ou annuels; dans quelques cas, 2° à des projets généraux ou d'ensemble, 3° à des projets d'urgence. — Instr. 22 mars 1842.

1509. — Cette classification est indépendante de la nature et de l'origine des fonds affectés à l'exécution des travaux. — Même instr.

1510. — *Projets annuels ou ordinaires.* — Les projets à présenter, pour l'exercice suivant, et les bases sur lesquelles ils sont appuyés, sont arrêtés sur les lieux par les directeurs dans leurs tournées.

1511. — Les officiers du génie ayant la direction en chef des travaux dans chaque plan, rédigent eux-mêmes ces projets.

1512. — Les mémoires d'ensemble, l'état estimatif des travaux proposés et les dessins nécessaires à l'intelligence parfaite constituent les projets annuels.

1513. — On y ajoute des procès-verbaux de convenance, le mémoire militaire, le relevé des observations des inspecteurs généraux d'armes et des inspecteurs des services administratifs.

1514. — Les travaux de toute espèce à exécuter dans l'exercice suivant et pour l'ensemble desquels le chef du génie doit éviter de réclamer plus du double de la somme totale des fonds accordés sur l'exercice courant, ou de celle qui lui est indiquée par le ministre, et de disséminer les fonds sur un nombre considérable d'articles, sont encore joints aux projets annuels, avec les travaux déjà en cours d'exécution, ou du moins dont les projets sont adoptés en principe; quand le chef du génie pense qu'ils doivent faire l'objet d'une allocation de fonds par anticipation sur l'exercice qui doit suivre celui pour lequel les projets sont rédigés. Enfin, les constructions nouvelles, dont les projets sont proposés à entreprendre, dans l'exercice qui vient après celui qui va s'ouvrir, bien qu'ils ne soient pas encore arrêtés, complètent l'ensemble des projets annuels.

1515. — Les travaux à créer entièrement à neuf, comme une place, un fort, une partie d'enceinte, une partie distincte de fortification, un nouveau corps de logis ou un bâtiment entier, ou tout établissement principal à ajouter à un autre existant déjà, peuvent être seuls considérés comme constructions nouvelles.

1516. — Tout objet étranger au projet n'y peut être compris, et lorsque les chefs du génie croient utile d'appeler l'attention du ministre sur des choses de cette nature, ils en doivent faire des rapports spéciaux, séparés du projet proposé.

1517. — Lorsque des fonds semblent nécessaires au chef du génie, comme allocations partielles, pour les suites d'un accident imprévu, ou d'une circonstance quelconque, le directeur en doit être informé et lui donner ses ordres.

1518. — Les projets sont présentés en suivant le même ordre tous les ans. Cet ordre est celui de la nomenclature générale qui doit être établie, une fois pour toutes, dans chaque place, tant pour les fortifications que pour les bâtimens militaires. — V., pour plus de détails, l'instruction du 22 mars 1842.

1519. — Le ministre de la guerre répartit entre les différentes places, postes militaires et garnisons de l'intérieur, selon leur classe et selon leurs besoins, les fonds accordés au département de la guerre pour les travaux militaires. — L. 8-10 juill. 1791, tit. 6.

1520. — *Projets généraux ou d'ensemble.* — La base de la rédaction des projets annuels repose sur les projets généraux qui ont pour objet l'étude des dispositions d'ensemble, soit des fortifications, soit des bâtimens militaires.

1521. — Dans les projets courans, le degré d'urgence classe les diverses parties des projets généraux au fur et à mesure.

1522. — A l'exception des dessins de détails qui ne sont nécessaires qu'au moment de l'exécution des travaux, les projets généraux sont rédigés comme les projets annuels. En général, on se borne à y joindre par front, un seul article.

1523. — Les projets annuels doivent être accompagnés des projets généraux, autant qu'on le peut; mais si le retard de l'envoi des premiers devait s'ensuivre, il vaudrait mieux les adresser séparément.

1524. — *Projets d'urgence.* — Toutes les fois qu'un corps ou un service administratif réclame des travaux comme urgens, le chef du génie prend les ordres du directeur. Si cette urgence ne lui semble pas absolue, il joint à son rapport un procès-verbal dressé par le sous-intendant militaire chargé de la police du corps ou du service administratif, constatant, avec les observations du chef du génie, l'objet de la réclamation et ses motifs.

1525. — Les réparations demandées étant reconnues absolument urgentes par le chef du génie, le procès-verbal devient inutile.

1526. — Le degré d'urgence de ces travaux est soumis à l'appréciation du directeur.

1527. — Ce dernier rend compte au ministre, dans le plus court délai, de l'ordre qu'il a donné d'exécuter les travaux qui lui ont paru ne pouvoir être différés, et lui adresse en même temps une demande de fonds.

1528. — Il prend les ordres du ministre, si l'urgence des ouvrages ne lui paraît pas absolue. Il lui transmet les pièces faisant connaître le montant présumé de la dépense, mais ce n'est que sur la réclamation du ministre, que le directeur lui transmet le projet détaillé.

1529. — Les projets d'urgence sont rédigés dans les mêmes formes que les projets annuels, mais le mémoire est remplacé par un simple rapport, et, s'il s'agit de travaux peu importans surtout, les détails de l'état estimatif sont joints à la fin de ce rapport.

1530. — Lorsque la dépense est autorisée par le ministre ou par le directeur, les demandes de fonds d'urgence, faites avant l'envoi des projets ordinaires de l'exercice qu'elles concernent, sont rappelées sommairement pour ordre dans ces derniers projets. Dans toute autre circonstance, elle doit être réitérée avec tous les détails.

ART. 2. — *Adjudication des travaux.*

1531. — Le ministre de la guerre trace et détermine d'avance quelques conditions générales pour les devis des travaux que dirigent les officiers du génie.

1532. — Le devis général est formé de deux sections, dont l'une renferme les conditions générales du marché, et l'autre les conditions particulières.

1533. — L'objet des conditions générales dont nous avons à nous occuper seulement, ont pour

objet : 1° les conditions exigées pour le concours à l'adjudication et l'admission à l'entreprise; 2° les obligations et prérogatives de l'entrepreneur et de ses agens; 3° les dispositions préparatoires pour l'ouverture des travaux; 4° l'exécution des travaux et la garantie des ouvrages par l'entrepreneur; 5° le mesurage des ouvrages, le paiement des travaux; 6° les conditions relatives aux localités.

1534. — Les lois et règlemens particuliers exposent et traitent avec développemens les divers genres de conditions qu'il suffit d'indiquer. — L. 8-10 juill. 1791, tit. 6, art. 21, 22, 31. — V. DEVIS DES TRAVAUX DU GÉNIE.

1535. — Lorsque, pour des travaux militaires, il s'agit de passer un marché, le ministre adresse à l'intendant militaire : 1° l'ordre de procéder à l'adjudication; 2° un état par aperçu des travaux à exécuter pendant la durée du marché; 3° les devis et conditions que les agens militaires préposés à cet effet ont fournis.

1536. — L'intendant militaire informe le préfet du département, ou le sous-préfet, ou les officiers municipaux des ordres qu'il a reçus, suivant que les travaux qui ont été l'objet du marché intéressent tout le département, un seul arrondissement, ou l'étendue d'une municipalité. Ils conviennent du délai dans lequel ils devront procéder à l'adjudication du marché, à la requête de l'intendant militaire.

1537. — Le directeur du génie prévient l'intendant militaire, lorsque le ministre de la guerre a donné ordre de procéder à l'adjudication des travaux militaires de la place. Alors le sous-intendant fait afficher dans la place et aux lieux circonvoisins, une indication signée par lui, de l'objet, de la durée du marché et du lieu où il doit être passé, afin que tous les concurrens à l'adjudication se mettent en mesure. — Devis modèle des travaux dépendans du service du génie, publié par le ministre de la guerre.

1538. — En outre, des affiches indicatives de l'objet, de la durée du devis, et des conditions du marché, signées par l'intendant militaire, sont apposées dans les places et les lieux circonvoisins, d'après l'époque déterminée entre lui et les préfets et sous-préfets. Tous ceux qui peuvent y avoir quelque intérêt sont ainsi avertis du lieu où doit être passé le marché, et sont aptes à se mettre en mesure de concourir à l'adjudication.

1539. — Pendant tout le temps des affiches, chacun peut aller consulter à la mairie, chez le sous-intendant militaire et au bureau du génie, des copies du devis et du bordereau des prix, et de l'état présumé des frais de l'adjudication, déposés à l'effet de mettre au courant des conditions du marché les particuliers qui veulent concourir.

1540. — Ceux des particuliers qui se présentent pour avoir connaissance des devis et des conditions du marché, s'adressent à l'intendant militaire, qui est tenu de leur donner tous les renseignemens qui dépendent de lui.

1541. — Pour tout ce qui a rapport aux indications nécessaires pour l'entreprise des travaux, on peut s'adresser au secrétariat du département, de la sous-préfecture ou de la municipalité.

1542. — Tout individu doit, pour concourir à l'adjudication, être Français, ou domicilié légalement en France avec l'autorisation préalable du ministre de la guerre, s'il est étranger; justifier devant le maire de sa solvabilité; produire une caution personnelle reconnue elle-même solvable, conformément aux formalités prescrites par le titre 1er du règlement du 15 nov. 1822, sur les cautionnemens en général.

1543. — Il doit, en outre, fournir un cautionnement matériel, conformément aux titres 2 et 3 du même règlement, si l'importance de l'entreprise l'exige.

1544. — Le montant nominal de ce cautionnement doit être au moins du quart présumé de la dépense annuelle. Il est indiqué dans les conditions générales, et soumis à l'acceptation du ministre, qui maintient ou modifie la fixation du cautionnement matériel, lorsque le travail préparatoire de l'adjudication lui est présenté.

1545. — Le chef du génie s'assure de l'acquis de chacun des candidats et de sa capacité dans l'art des constructions. Tous doivent se faire agréer pour les concours par cet officier, qui examine aussi le certificat du maire attestant leur solvabilité et celle de leurs cautions, dont ils doivent être munis.

1546. — Tous les travaux de construction, entretien ou réparation des fortifications, bâtimens et établissemens militaires quelconques,

et de tout ce qui en dépend, sont faits par entreprise d'après une adjudication au rabais.

1547. — Cette adjudication comprend le détail des prix affectés à chaque nature d'ouvrage et de matériaux qui y sont employés. Elle n'est jamais passée en masse.

1548. — L'adjudication est faite par l'intendant militaire, au rabais et publiquement, au jour fixé, le préfet, le sous-préfet ou le maire, suivant les distinctions déjà faites, s'étant rendu au lieu d'assemblée de celui des agens de l'administration devant lequel est passé le marché. Sont encore présens les officiers du génie préposés par le ministre de la guerre. Celui qui offre les meilleures conditions devient, avec les formalités prescrites, adjudicataire.

1549. — Les directeurs du génie viennent sur les lieux assister à tous les travaux de l'adjudication, lorsqu'il s'agit d'entreprises majeures pour lesquelles le ministre se réserve de les envoyer.

1550. — Le chef du génie fait l'examen des candidats dans cette circonstance devant le directeur.

1551. — La liste des concurrens est arrêtée par le directeur ou le chef du génie, et envoyée au sous-intendant militaire chargé de passer le marché, avant de procéder à l'adjudication.

1552. — A la séance d'adjudication, chacun des concurrens déclare connaître clairement et entièrement toutes les conditions indiquées au devis général.

1553. — Celui des concurrens qui présente les conditions les plus avantageuses, devient adjudicataire de l'entreprise.

1554. — Les articles du bordereau sont considérés en masse et non en détail pour l'établissement des offres.

1555. — Le rabais, ou la surenchère, n'est reçu que par unités ou demi-unités.

1556. — Les marchés sont ordinairement une durée de six années; mais, à l'expiration du premier ternaire, ils peuvent être résiliés réciproquement.

1557. — L'approbation du ministre de la guerre rend seule l'adjudication définitive.

1558. — L'adjudicataire supporte les frais de publication et d'affiches qui seuls dépendent de l'adjudication.

1559. — Les cahiers des charges sont joints en double expédition aux devis qui accompagnent les propositions de travaux à exécuter; et les conditions en paraissent satisfaisantes, une expédition en est renvoyée approuvée, avec l'autorisation de mettre les travaux en adjudication. — Circul. 26 nov. 1818.

1560. — Cette expédition, revêtue du visa du ministre, forme la base invariable de l'adjudication. — Même circul.

1561. — Tous les devis, soit pour construction, soit pour réparations de bâtimens, doivent porter en tête les prix courans de toutes les matières qui doivent y être employées, en distinguant ceux des matières premières et ceux des matières ébauchées. — Même circul.

ART. 3. — *Exécution des travaux. — Règlemens de comptes de l'entrepreneur.*

1562. — Les officiers du génie surveillent les différens ouvrages des entrepreneurs adjudicataires, à mesure que ces travaux avancent, ils en font les toisés particuliers, en leur présence ou devant leurs commis avoués.

1563. — Les officiers du génie chargés de la direction des travaux certifient les toisés particuliers signés par les entrepreneurs ou par leurs commis avoués.

1564. — La surveillance des officiers du génie chargés de la direction des travaux militaires sur les frontières, s'étend aussi sur les constructions de l'intérieur.

1565. — Ils indiquent les principales réparations, dressent les devis des travaux, les états de dépense, et veillent à la conservation des établissemens militaires comme pour ceux des places de guerre, et d'après les ordres qu'ils en adresse le ministre de la guerre.

1566. — Les frais de déplacement sont remboursés aux officiers du génie que l'on aurait momentanément employés dans les garnisons de l'intérieur pour constater les établissemens militaires. Ces indemnités sont prises sur les fonds de la guerre.

1567. — Les préfets et sous-préfets sont tenus

de pourvoir à prouver le supplément d'ouvriers nécessaires en cas d'urgence, lorsque les troupes en garnison ont fourni toutes les ressources qu'on en pouvait attendre. Réquisition leur est faite par les officiers du génie d'employer toutes les mesures légalement praticables pour la prompte exécution des travaux.

1568. — Les préfets ou sous-préfets déterminent eux-mêmes ce cas le salaire qu'il convient de donner aux ouvriers.

1569. — Si les travaux exigent cette grande célérité, les officiers du génie avertissent la municipalité de la détermination qu'ils ont prise de ne les interrompre, ni les dimanches, ni les jours de fêtes chômées.

1570. — Les entrepreneurs sont tenus de payer les ouvriers employés aux travaux militaires, au bout de trois semaines au plus, d'après les toisés particuliers, et chaque semaine par le nombre des journées de travail.

1571. — La retenue du salaire ne peut avoir lieu qu'envers les ouvriers militaires. La somme nécessaire pour payer leur service de garnison et leur habillement de travail, s'ils ne sont pas acquittés, peut être prélevée sur ce qui leur revient.

1572. — Les lois concernant l'action des créanciers envers les débiteurs, et leurs oppositions ne subissent d'ailleurs aucune atteinte.

1573. — Après avoir prévenu le maire et pris avec lui les mesures convenables pour que le service public ne soit point en souffrance, les agens militaires peuvent ordonner l'interruption momentanée de communications publiques, une manœuvre d'eaux ou toute autre disposition extraordinaire que la sûreté ou des fortifications l'exigent.

1574. — Les officiers du génie réunissent chaque année, à la fin des travaux dont ils ont surveillé et dirigé tous les détails, les toisés particuliers en un toisé général.

1575. — L'entrepreneur signe ce toisé, qui est certifié par les officiers du génie; ceux d'entre eux qui ont inspecté les travaux y ajoutent leur visa.

1576. — Ce toisé est ainsi remis à l'intendant militaire, qui, après en avoir vérifié les calculs, l'arrête définitivement.

1577. — De là, il est soumis au visa de l'agent de l'administration devant lequel a été passé le marché.

1578. — En outre, il doit y avoir, dans toutes les places, un registre in-folio sur lequel, à la fin de chaque exercice, et après que les comptes définitifs en ont été approuvés par le ministre, on inscrit le montant des dépenses faites à chacun des articles comparativement, y compris celui du magasin. — Instr. min. 22 sept. 1826.

1579. — L'entrepreneur peut avoir, s'il le juge à propos pour sa garantie, un second registre de comptabilité, en tout semblable au précédent, mis à jour, arrêté et signé aux mêmes époques. — Même instr.

1580. — Toutes ces formalités doivent être parfaitement remplies avant que les entrepreneurs des travaux militaires aient droit à être payés entièrement, et que le ministre de la guerre ordonne qu'il leur soit fait.

1581. — Ce n'est que trois mois après la formation du toisé général que les paiemens peuvent être exigés par les entrepreneurs.

1582. — Cependant ils peuvent, pendant la durée des travaux, recevoir des à-compte proportionnés aux ouvrages exécutés jusqu'à concurrence des trois quarts des travaux entrepris, d'après les ordres du ministre de la guerre, sur les certificats des agens militaires.

ART. 4. — *Règles spéciales aux travaux de réparations.*

1583. — Il y a trois sortes de réparations à faire dans les bâtimens militaires : 1° les réparations dites *locatives* ou menues réparations ; 2° celles qui ont pour objet l'entretien des bâtimens et les convenances du service ; 3° les réparations d'urgence.

1584. — Le sous-intendant militaire transmet au chef du génie, avec son avis, toutes les demandes de réparations qui lui sont faites par les chefs de corps ou d'administration.

1585. — Les officiers du génie peuvent faire immédiatement effectuer les réparations locatives ou menues réparations, sur les fonds alloués chaque année pour les entretiens courans.

1586. — Mais ils doivent soumettre au directeur du génie par les chefs de cette arme l'état

estimatif, dans les formes usitées, et ce n'est qu'après l'approbation du ministre que les réparations pour l'entretien des bâtimens et les convenances du service peuvent être exécutées.

1587. — Le chef du génie, après un procès-verbal rédigé par lui et par le sous-intendant militaire et constatant l'urgence, exécute avec soin les réparations, puis il envoie à son directeur la copie du procès-verbal et de l'état estimatif, en lui rendant compte de ses travaux.

1588. — Le directeur du génie adresse au ministre les pièces que lui ont été transmises, afin d'avoir son assentiment.

1589. — Notons ici, que les corps ou agens des administrations, logés dans les bâtimens militaires, ne peuvent, sous aucun prétexte, arrêter, gêner ou retarder l'exécution des travaux confiés aux soins des officiers du génie. — Règl. 47 août 1824.

1590. — Ce règlement prévoit les cas où des dégradations auraient été commises dans les bâtimens militaires, par les occupans; il pose à cet égard quelques règles relatives aux états de lieux, ordres de réparations, retenues sur la solde pour causes de dégradations, etc. — Art. 145 à 123.

ART. 5. — *Règles spéciales aux travaux de l'artillerie.*

1591. — Les clauses et conditions générales des travaux de construction dirigés par l'artillerie sont rédigées par la direction de cette arme, dans un cahier des charges. — Ces clauses universellement admises aujourd'hui sont insérées dans tous les cahiers des charges destinés à réglementer les travaux d'artillerie.

1592. — Au cahier des charges, renfermant les conditions générales, ou complète des articles de garantie tenant aux localités et à la nature spéciale des travaux, et des conditions particulières relatives à l'emploi et à la qualité des matériaux, etc.

1593. — L'instruction du 25 mars 1840 régit le service de l'artillerie; elle comprend : 1° les attributions des officiers supérieurs pendant le temps de paix, dans les places en état de guerre, dans les places et état de siége; 2° l'administration et la comptabilité.

Sect. 3°. — *Travaux du ministère de la marine.*

1594. — Sont compris, sous la dénomination de travaux maritimes, tous les ouvrages relatifs à la sûreté, facilité et protection de la navigation, soit à la mer, soit dans l'intérieur des ports et havres de la République, le creusement des ports, ainsi que la construction et l'entretien des bâtimens désignés sous le nom de bâtimens civils. — Arr. 26 vent. an VIII.

1595. — Les ouvrages et établissemens maritimes des ports et rades de Brest, Lorient, Rochefort et Toulon, les travaux de la rade de Cherbourg, les travaux du port de Boulogne font seuls partie des attributions du ministère de la marine. — Arr. 22 prair. an X.

1596. — Les travaux à effectuer dans les ports et sur les côtes, et les fournitures divisent en deux parties les travaux et entreprises du département de la marine et des colonies.

1597. — Les travaux, marchés, entreprises et fournitures de la marine et colonies sont à l'adjudication publique et au rabais. — Arr. 9 fruct. an VI.

1598. — Sur les lieux mêmes où les ouvrages doivent être exécutés, ou dans le port le plus voisin, les entreprises de main-d'œuvre dans les travaux des ports et des côtes sont adjugées et au rabais en public, d'après les formalités prescrites par l'art. 30, tit. 3, de la loi du 2 brumaire an IV.

ART. 1er. — *Service des ports et arsenaux.*

1599. — Le directeur des travaux hydrauliques et des bâtimens civils, sous les ordres duquel sont les ingénieurs et conducteurs employés dans la direction de ces mêmes travaux, dirige tous les ouvrages d'architecture des arsenaux de

28

la marine, et en particulier les constructions nouvelles, les réparations et l'entretien des édifices des ports, des batteries et fortifications maritimes, quais, cales et bassins.

1600. — La direction des ateliers destinés à ce service lui est aussi soumise.

1601. — Le directeur est également chargé de la construction et de l'entretien des phares dépendans de la marine. — L. 2 brum. an IV; ord. 17 déc. 1828, art. 48 et 49.

1602. — Le ministre de la marine et des colonies doit approuver les plans et les devis avant l'entreprise des constructions nouvelles et des réparations importantes.

1603. — Mais les travaux d'entretien ordinaire et les autres menus ouvrages sont exécutés d'après les décisions du préfet maritime. — Loi 2 brum. an IV.

1604. — Le ministre de la marine, afin d'avoir l'avis du comité des fortifications, transmet au ministre de la guerre les travaux ayant pour objet la défense de la navigation. Cette formalité doit être remplie avant leur exécution.

1605. — Cependant, d'après l'avis du conseil d'administration et sur le rapport de l'ingénieur chargé du service, le préfet maritime ordonne d'urgence la réparation des dégâts causés par un coup de mer, ou tout autre accident imprévu. Le ministre, qui est aussitôt informé de la nécessité absolue de se mettre immédiatement à l'œuvre, approuve ou modifie ce qui a été ordonné. — Arr. 17 vent. an VIII.

1606. — Le programme et le devis des travaux à exécuter et des marchés à passer dans les ports sont déposés au contrôle de la marine. — Arr. 9 fruct. an VI.

ART. 2. — Service des constructions navales.

1607. — *Travaux dans les ports et arsenaux.* — Le directeur des constructions navales est chargé des constructions, refontes et radoubs, de l'entretien des bâtimens flottants, de tous les travaux à exécuter dans les chantiers de construction, des ateliers de forges à l'usage des constructions, de ceux de la mâture, des hunes, des cabestans, de la corderie, des étoupes, de la poulierie, de la tonnellerie, des pompes de vaisseau et à incendie, des caisses en tôle, de la serrurerie, de la taillanderie, de la ferblanterie, de la chaudronnerie, de la menuiserie, de la sculpture, de l'avironnerie, des gournables; de l'atelier spécial établi pour la réparation des machines à vapeur, et de tous les autres ateliers où s'exécutent des travaux relatifs aux constructions navales; de l'arrangement et de la conservation des bois de construction, de mâture et autres. — Ord. 17 déc. 1828, art. 39.

1608. — Le chef de service présente au conseil d'administration l'état des dépenses en matières et en main-d'œuvre, lorsque la construction navale, hydraulique ou civile qu'il a dirigée, est complétement achevée.

1609. — Les plans, devis et détails estimatifs qui ont été approuvés avant le commencement des travaux sont joints à cet état. — Ord. 17 déc. 1828, art. 59.

1610. — Les administrateurs de la marine préposés à l'inscription maritime procèdent à l'enregistrement des charpentiers de navire, perceurs, calfats, voiliers, poulieurs, tonneliers, cordiers, et scieurs de long exerçant leur profession dans les ports et lieux maritimes, et non inscrits comme marins. — Arr. 7 vent. an XI.

1611. — Si les besoins du service de la marine exigent que des ouvriers d'autres professions, tels que des forgerons, menuisiers et ouvriers des bâtimens civils, soient appelés dans les ports, ils sont tenus de s'y rendre sur la réquisition qui en est faite par les administrateurs.

1612. — Les ouvriers levés pour le service reçoivent pour le paiement les frais et indemnités fixées par les lois et arrêtés. — Arr. 7 vent. an XI.

1613. — *Travaux sur les bâtimens à la mer.* — Les travaux d'entretien et de réparation des bâtimens, dans le cours de la campagne, sont dirigés par l'officier du génie maritime employé en chef dans une armée, une escadre ou une division, sous les ordres du commandant en chef.

1614. — Il ne peut s'absenter sans l'autorisation de ce commandant. — Ordonn. 31 oct. 1827, art. 879.

1615. — Les devis de construction, d'armement et d'arrimage des bâtimens faisant partie de l'armée, de l'escadre ou de la division qu'il dirige, et les devis fournis par les capitaines qui

ont commandé ces bâtimens, sont remis à l'officier du génie maritime, par la direction des constructions.

1616. — Il recueille avec soin toutes les observations capables de perfectionner l'architecture navale.

1617. — S'il juge utile de faire des essais dans l'inclinaison de la mâture, la position des poids à bord des bâtimens ou toute autre partie de l'installation, il en soumet le projet au commandant en chef.

1618. — Ce dernier l'ayant autorisé à faire ces expériences, l'officier du génie en rédige un mémoire.

1619. — Pour l'emploi des ouvriers et des matériaux disponibles à bord, il doit aussi se munir des ordres de son commandant en chef, préalablement à l'exécution des travaux de construction ou de réparation.

Sect. 4°. — *Travaux mixtes.*

1620. — La nature de quelques travaux publics tient à la fois des travaux civils et des travaux militaires ou de la marine; pour conserver dans ce cas l'harmonie des différens services publics, le concert des diverses administrations devient urgent.

ART. 1er. — *Commission mixte des travaux publics.*

1621. — Une commission, connue sous le nom de commission mixte des travaux publics, a été créée et organisée par les décrets des 20 févr. et 20 juin 1810 (inédits) et du 22 déc. 1812; elle a été modifiée dans sa composition par les ordonnances des 18 sept. 1816 et 28 déc. 1828.

1622. — Nous avons vu déjà la composition, ainsi que les attributions de cette commission; elle est chargée d'examiner les travaux qui intéressent à la fois les départemens des travaux publics, de la guerre et de la marine, et de donner son avis sur chacun des objets renvoyés à son examen. — V. COMMISSION MIXTE DES TRAVAUX PUBLICS.

ART. 2. — *Travaux qui intéressent le ministère de la guerre et celui des travaux publics.*

1623. — Les directeurs ou ingénieurs en chef du génie concertent sur les lieux d'un commun accord les travaux mixtes du génie, des ponts et chaussées et de la marine. A l'époque de la rédaction primitive du projet, ce concert s'établit, et, de droit et par devoir, les ingénieurs prennent l'initiative pour entrer en conférences sans que l'ordre ou l'invitation leur en ait été transmise.

1624. — Ils annexent les plans nécessaires, ils les arrêtent et les signent conjointement, avec les procès-verbaux de leurs conférences, qui sont rédigés par eux.

1625. — Ces procès-verbaux et plans sont faits et signés au nombre d'exemplaires suffisant pour qu'il en soit adressé un par chaque chef de service au ministère du département auquel il ressortit. — Décr. 22 décembre 1812, ord. 18 sept. 1816.

1626. — Le comité des fortifications, le conseil général des ponts et chaussées, l'inspection générale des travaux maritimes reçoivent ces procès-verbaux et plans avec les pièces à l'appui qui doivent leur être envoyés.

1627. — L'un des membres de la commission mixte apporte les délibérations de ces conseils, avec les pièces, à la discussion de cette nouvelle commission.

1628. — La commission mixte adresse le résultat de ses discussions aux ministres respectifs; les projets sont soumis au chef du gouvernement, qui prend à leur égard une décision spéciale, et la commission n'a plus qu'à concilier les intérêts des divers services.

1629. — Chaque année les ministres des travaux publics et de la marine donnent connaissance au ministre de la guerre de tous les projets de construction et de démolition nouvelle dépendant de leurs départemens, qu'ils se proposent de faire exécuter dans les limites militaires fixées sur une carte qui leur est adressée à cet effet par le ministre de la guerre; et aucuns travaux, excepté ceux de réparation et d'entretien, ne peu-

vent être exécutés dans l'étendue de ces limites qu'autant qu'ils ont été jugés sans inconvénient pour la défense du territoire. — Ord. 27 févr. 1815, 18 sept. 1816.

1630. — Les départemens de la marine et des travaux publics sont réciproquement instruits, par le ministre de la guerre, des travaux militaires qui les intéressent.

1631. — L'autorisation du ministre de la guerre est absolument nécessaire pour la publication et l'impression des plans et mémoires relatifs aux travaux publics dans le ressort de la commission mixte.

ART. 3. — *Travaux qui intéressent le ministère de la marine et celui des travaux publics.*

1632. — Tous les travaux des ports du commerce sont dans les attributions du ministre des travaux publics et sont dirigés par des ingénieurs des ponts et chaussées. — Arr. 22 prair. an X.

1633. — Mais ces travaux sont arrêtés par le gouvernement, sur les rapports concertés du ministre des travaux publics et du ministre de la marine et des colonies. — Même arrêté.

1634. — Les phares, fanaux, balises et amers placés sur les côtes font partie des attributions du ministre des travaux publics. Les phares d'Ouessant, de Saint-Mathieu et de Groin sont néanmoins entretenus par le ministre de la marine.

1635. — Il ne peut être procédé à une nouvelle construction de phares, fanaux et balises, que sur des projets concertés entre les ministres de la marine et des travaux publics. — Il en est de même lorsqu'il s'agit de modifier les dimensions et l'éclairage des phares et fanaux, ainsi que le placement des balises et amers actuellement existans.

1636. — Les préfets, sous-préfets et maires sont spécialement chargés de veiller à la conservation de ces établissements, à l'exécution des travaux qui y sont faits, de pourvoir à tout ce qui peut être relatif à leur entretien et d'en arrêter et certifier les comptes de dépenses. — L. 15-20 sept. 1792.

1637. — Dans les cas où les balises sujettes à être abattues par des coups de mer sont détruites, les municipalités les plus voisines sont tenues de les faire réparer et rétablir, et d'en rendre compte sur-le-champ au ministre des travaux publics. — L. 15-20 sept. 1792.

1638. — Il est enjoint aux pilotes lamaneurs, sous peine de trois jours de prison, de prévenir les officiers municipaux du canton ou ceux de l'endroit où ils abordent, de la destruction des balises, lorsqu'ils en ont connaissance, afin qu'on puisse y pourvoir. — Même loi.

Sect. 5°. — *Travaux relevant de ministères divers.*

1639. — *Ministère de l'intérieur.* — Le ministre de l'intérieur a dans ses attributions l'érection des monumens, la conservation des monumens historiques, la construction et l'entretien des hôtels, bureaux et autres dépendances du ministère, l'établissement et l'entretien des lignes télégraphiques.

1640. — Les travaux d'entretien et de simple réparation ou autres n'excédant pas 2,000 francs sont autorisés par le ministre de l'intérieur, sur de simples devis sommaires dressés par l'architecte. Les travaux plus importans sont autorisés d'après les plans, devis détaillés et cahiers des charges. On suit, du reste, la marche établie pour les travaux des bâtimens civils et des ponts et chaussées.— Frémy de Ligneville, n° 905.

1641. — *Ministère des cultes.* — Le ministre des cultes est chargé d'approuver les projets de travaux concernant les cathédrales, archevêchés et séminaires.

1642. — Quand les travaux d'entretien ne dépassent pas 3,000 francs, il n'est pas besoin d'un devis et d'un rapport d'architecte, qui ne sont exigés que pour les grosses réparations et les constructions et reconstructions. Dans ce dernier cas, le projet dressé par les soins du préfet est transmis avec l'avis officiel de l'évêque au ministre, sans l'approbation duquel il ne pourrait y avoir d'exécution régulière des travaux. —

1643. — *Ministère de l'instruction publique.* —

Les travaux des bâtimens de l'instruction publique ne figurent pas au compte général de l'Etat; ils sont exécutés aux frais des départemens et des communes.

1644. — *Ministère du commerce et de l'agriculture.* — Sont placés dans les attributions du ministre de ce département : les bâtimens du Conservatoire des Arts-et-Métiers, des écoles des Arts-et-Métiers, des écoles vétérinaires, des haras, de l'Institut agronomique, des écoles régionales d'agriculture, des bergeries nationales, des établissemens thermaux et des lazarets.

1645. — Les projets relatifs à ces divers établissemens sont dressés par les architectes attachés à ces établissemens, et à défaut par l'architecte du département. Le ministre avant d'approuver, demande l'avis du conseil des bâtimens civils; il prend, en outre, l'avis du directeur et du médecin inspecteur, quand il s'agit d'un établissement thermal.

1646. — Un arrêté du 9 novembre 1834 institue près du ministère de l'agriculture et du commerce un architecte chargé de rédiger les projets des travaux à faire dans les bâtimens des haras et dépôts d'étalons, ou d'examiner ceux qui ont été dressés par les architectes des localités; mais il arrive rarement que le ministre soumette les projets de ces travaux au conseil des bâtimens civils. — Husson, *Traité de la législation des travaux publics*, t. 1er, p. 71 *in fine*.

CHAPITRE III. — *Travaux assimilés aux travaux publics.*

1647. — Le caractère de travaux publics appartient sans doute essentiellement aux travaux qui intéressent l'universalité des habitans du territoire, et dont l'exécution a lieu aux frais de l'Etat et sous sa direction. — Dufour. *Dr. admin.*, t. 4, n° 2804; Favard de Langlade, *Rép.*, v° *Travaux publics;* Tarbé de Vauxclairs, *Dict. des travaux publics;* Serrigny, t. 1er, n°s 561 et suiv. — Mais ces travaux sont-ils les seuls qui doivent être considérés comme publics? n'y en a-t-il pas d'autres qui, par leur caractère d'utilité publique, doivent leur être assimilés, et à ce titre être soumis aux mêmes règles ou à des règles analogues?

1648. — L'affirmative n'est pas douteuse; on assimile aux travaux publics les travaux départementaux, ceux dits communaux; enfin certains autres travaux que nous réunirons sous la dénomination commune de travaux divers.

ART. 1er. — *Travaux départementaux.*

1649. — Sont à la charge des départemens les dépenses qui concernent : 1° la construction, la reconstruction et l'entretien des routes départementales et autres ouvrages d'intérêt local, non compris au budget des ponts et chaussées, sauf les cas où les arrondissemens et les communes peuvent être appelés à y concourir. — Décr. 16 déc. 1811, art. 7; L. 31 juill. 1821, art. 28. — 2° Les bâtimens des maisons centrales de détention et des Cours d'appel, et ceux de préfecture, tribunaux, prisons, dépôts, casernes et autres édifices départementaux. — Décr. 9 avr. 1811, art. 3.

1650. — Le département peut exécuter ces travaux seul et par ses propres ressources; d'autres fois il obtient, à raison de l'insuffisance de ses ressources, et dans une certaine mesure, le concours de l'Etat, ou fait appel à la fortune privée, soit en offrant aux associations particulières certains avantages, tels que péages, subventions (V. *infrà* n°s 1749, 1758), soit au moyen de souscriptions recueillies; c'est ce qui a été pratiqué plus d'une fois, sans pour cela, du reste, que les travaux entrepris perdissent leur caractère de travaux départementaux.

1651. — Jugé, en conséquence, que lorsqu'une adjudication de travaux publics a été prononcée par le préfet en conseil de préfecture, que lesdits travaux ont été qualifiés de départementaux par les affiches et par les cahiers des charges qui ont servi de base à l'adjudication, et qu'aucune clause desdites affiches ou des cahiers des charges n'indiquait que les entrepreneurs dussent être payés sur des fonds recueillis par souscription et ne dussent travailler qu'au fur et à mesure des souscriptions recueillies ou des crédits votés; que d'ailleurs, après l'insuffisance des fonds constatée, le conseil général a déclaré persister à achever l'œuvre commencée, le département ne peut se refuser à payer aux entrepreneurs le solde qui leur est dû. — *Cons. d'Etat*, 23 avril 1836, Robert et Dumy.

1652. — Nous avons vu, en retraçant les règles générales relatives à la confection des travaux départementaux (V. DÉPARTEMENT, n°s 130 et suiv.), qu'en principe et aussitôt que le travail est de quelque importance, l'administration générale se réserve un droit de haute surveillance, qui consiste non-seulement dans la nécessité de l'autorisation préalable, mais encore dans la direction de l'exécution. — V. aussi *infrà* l'ordonnance du 23 août 1835, dont les dispositions demeurent applicables, pour la plupart, aux travaux départementaux.

1653. — Sous le rapport de l'art, la surveillance de l'Etat a pour objet d'écarter les projets que le goût ne pourrait avouer, ou de modifier ceux qui pourraient compromettre la solidité et la conservation des édifices; sous le rapport des convenances, elle isole les besoins réels des influences accessoires qui cherchent quelquefois à les contrarier; sous le rapport de l'économie, elle détermine, d'après des comparaisons générales et d'après l'expérience, les limites des ressources et fait la part de la nécessité et du luxe.

1654. — On doit réputer travaux publics ceux qui ont été exécutés par ordre du préfet sur les fonds départementaux, d'après les plans et sous la surveillance de l'architecte du département. — *Cons. d'Etat*, 1er juin 1828, Raynerie et Baudeau.

1655. — ... Et même ceux qui ont eu pour objet la construction d'un calorifère dans les bâtimens d'une préfecture, alors que ces travaux ont eu lieu sur un devis dressé par l'architecte du département, accepté par le préfet dans les formes administratives, et que le prix en devait être payé sur les fonds départementaux. — *Cons. d'Et.*, 14 fév. 1839, Berrani c. Départem. du Jura.

1656. — Cependant cette décision spéciale était-elle une déduction bien logique des principes généraux? Il est permis d'en douter. En effet, on entend par travaux publics, dit M. Tarbé de Vauxclairs (*Dictionn. des trav. publ.*), ceux dont l'utilité intéresse l'universalité des habitans du royaume, d'un département ou arrondissement, d'un canton ou même d'une commune, lorsque cette utilité n'a pas les caractères résultant de la propriété patrimoniale et privée. Or, d'après cette définition généralement adoptée, la décision ci-dessus serait-elle bien juridique? L'utilité de la construction d'un calorifère dans une préfecture intéresse-t-elle la généralité des habitans d'un département ou même d'une commune? Nous ne le pensons pas; et si quelques travaux présentent par leur nature un caractère se rattachant à la propriété privée, à coup sûr ce sont bien ceux dont il s'agissait dans l'espèce. Ce qui tendrait, au surplus, à faire considérer ces travaux comme non publics et d'une utilité toute privée, c'est l'absence des formes dont ils devaient être précédés. D'après la loi du 10 mai 1829, art. 19, il faut en effet que les travaux publics, lorsque la dépense à faire pour leur confection excède 5,000 fr., soient donnés à l'entrepreneur par la voie de l'adjudication publique, ce qui n'avait pas eu lieu dans l'espèce. Le devis en avait été dressé, il est vrai, par l'architecte du département, et il avait été accepté par le préfet; mais nul concours n'avait été établi entre les entrepreneurs des lieux, et une simple et unique soumission avait été faite, celle du sieur Berrani. D'un autre côté, d'après l'art. 7 de la même loi, les projets de travaux *neufs* et de grosses réparations doivent être soumis à l'approbation du directeur général des ponts et chaussées, à moins que l'estimation ne dépasse pas 5,000 fr. Or, celui de la construction du calorifère objet de la difficulté ne l'avait pas été. Il y avait là, selon nous, plus de raisons qu'il n'en fallait pour motiver une décision contraire à celle de l'ordonnance que nous recueillons ici.

1657. — Quoi qu'il en soit, il est un fait constant, c'est que les travaux des départemens ont été considérés de tous temps comme des travaux publics, « sans pourtant, ajoute M. Dufour (n° 2805), qu'on se soit jamais rendu un compte bien exact de leur assimilation sous ce rapport avec les travaux de l'Etat. »

1658. — Si les travaux intéressent plusieurs départemens, leurs conseils généraux doivent s'entendre pour régler comment chacun doit y concourir. — Frémy de Ligneville, n° 909.

1659. — Au cas où des travaux intéressent tout à la fois les départemens et les communes, l'art. 35 de la loi du 10 mai 1838 veut qu'en cas de désaccord il soit statué par arrêté du chef de l'Etat, après avoir entendu les conseils d'arrondissement et le conseil général.

1660. — Les entrepreneurs de travaux départementaux sont soumis à la juridiction administrative, alors surtout qu'ils s'y sont soumis par les clauses et conditions générales de leurs marchés. — *Cons. d'Etat*, 16 janvier 1822, Martin.

ART. 2. — *Travaux communaux.*

1661. — Les dépenses qui regardent les communes sont 1° l'entretien du pavé, excepté sur les grandes routes; 2° la voirie communale et les chemins vicinaux; 3° l'entretien et la réparation des bâtimens militaires attribués aux communes par le décret du 23 avril 1810; 4° l'entretien des fossés, aqueducs et ponts d'utilité communale qui ne font pas partie des objets compris dans les dépenses générales des travaux publics. — Décr. 9 avr. 1811, art. 3; 16 décemb. même année, art. 3 et 7; 23 avril 1810; 31 juill. 1821, art. 28.

1662. — La direction des travaux communaux appartient au maire. — L. 18 juill. 1837, art. 10.

1663. — Cependant, aux termes de l'article 19, n° 6, de cette loi, le conseil municipal doit délibérer sur toutes espèces de travaux à entreprendre.

1664. — Les dépenses d'entretien qui n'excèdent pas 300 francs sont autorisées valablement par les maires. — Décr. 10 brum. an XIV, art. 5; 17 juill. 1808.

1665. — « Au-dessus de 300 francs, dit M. Frémy de Ligneville (n° 910), les travaux d'entretien nous paraissent devoir être autorisés par le préfet, comme le veut l'art. 5 de la loi du 18 juill. 1837. »

1666. — L'autorisation du préfet suffit encore en ce qui concerne les travaux neufs ou de reconstruction quand le montant de ces travaux n'excède pas 30,000 francs.

1667. — Ce n'est qu'autant que la dépense projetée excède 30,000 francs qu'il y a lieu de demander l'approbation du chef du ministre de l'intérieur.

1668. — Du reste, les grands travaux d'utilité publique communale sont régis par l'art. 3 de la loi du 3 mai 1841. Ils sont autorisés après une enquête par une loi ou un arrêté du chef de l'Etat, suivant l'importance des travaux. — Frémy de Ligneville, *ubi suprà*.

1669. — Un avis du Conseil d'Etat, du 30 août 1811, voulait au surplus qu'avant de proposer un projet d'acquisition de maisons ou terrains nécessaires à l'embellissement ou à l'utilité de toute ville ou commune, le ministre fît précéder cette demande soit du plan des alignemens déjà arrêté légalement, s'il y en a eu, soit d'un projet de plan d'alignement, pour ledit plan être arrêté en Conseil d'Etat, en exécution de l'art. 52 de la loi du 16 septembre 1807.

1670. — L'ordonnance du 23 août 1835, considérant que l'ordonnance du 18 février 1834 s'appliquant aux travaux projetés dans un intérêt général, prescrit des formalités dont quelques-unes seraient sans objet ou incomplètes, en ce qui concerne les travaux purement d'intérêt communal, a statué ainsi qu'il suit sur les autorisations de travaux communaux, même, ainsi que nous avons déjà eu lieu de le dire (V. *suprà* n° 1652), au sujet des travaux départementaux.

1671. — Les enquêtes qui, aux termes du paragraphe 3 de l'art. 3 de la loi du 7 juill. 1833, doivent précéder les entreprises de travaux publics dont l'exécution doit avoir lieu en vertu d'un décret du chef de l'Etat sont soumises aux formalités ci-après déterminées pour les travaux proposés par un conseil municipal dans l'intérêt exclusif de sa commune. — Ordonn. 23 août 1835, art. 1er.

1672. — L'enquête s'ouvre sur un projet où l'on fait connaître le but de l'entreprise, le tracé des travaux, les dispositions principales des ouvrages et l'appréciation sommaire des dépenses. — Même ordonn., art. 2.

1673. — Ce projet doit rester déposé à la mairie pendant quinze jours, pour que chaque habitant puisse en prendre connaissance; à l'expiration de ce délai, un commissaire désigné par le préfet reçoit à la mairie, pendant trois jours consécutifs, les déclarations des habitans sur l'utilité publique des travaux projetés. Les délais ci-dessus prescrits pour le dépôt des pièces à la mairie et pour la durée de l'enquête, peuvent être prolongés par le préfet. Dans tous les cas, ces délais ne courent qu'à dater de l'avertissement donné

TRAVAUX PUBLICS, ch. 3, a. 2.
TRAVAUX PUBLICS, ch. 3, a. 2.

par voie de publication et d'affiches. Il est justifié de l'accomplissement de cette formalité par un certificat du maire. — Même ordonn., art. 3.

1674. — Après avoir clos et signé le registre de ces déclarations, le commissaire le transmet immédiatement au maire avec son avis motivé et les autres pièces de l'instruction qui auront servi de base à l'enquête. — Art. 4.

1675. — Si le registre d'enquête contient des déclarations contraires à l'adoption du projet, ou si l'avis du commissaire lui est opposé, le conseil municipal est appelé à les examiner, et émet son avis par une délibération motivée, dont le procès-verbal doit être joint aux pièces. Dans tous les cas, le maire adresse immédiatement les pièces au sous-préfet, et celui-ci au préfet, avec son avis motivé. — Art. 4.

1676. — Le préfet, après avoir pris, dans les cas prévus par les règlemens, l'avis des chambres de commerce et des chambres consultatives des arts et manufactures, dans les lieux où il en est établi, envoie le tout au ministre de l'intérieur, avec son avis motivé, pour, sur son rapport, être statué, par décret du chef de l'Etat, sur la question d'utilité publique des travaux, conformément aux dispositions de la loi du 7 juill. 1833. — Art. 5.

1677. — Lorsque les travaux n'intéressent pas exclusivement la commune, l'enquête a lieu, suivant les degrés d'importance, conformément aux art. 9 et 10 de l'ordonnance du 18 fév. 1834, — Art. 6.

1678. — Le ministre des finances est préalablement consulté toutes les fois que les travaux entraînent l'application de l'arrêt du Conseil d'Etat, approuvé le 21 févr. 1808, sur la cession aux communes de tout ou partie des biens de l'Etat. — Art. 7.

1679. — L'adjudication des travaux autorisés a lieu suivant les formes ordinaires. Les soumissions ne sont jamais reçues que sous cachet, et ne sont ouvertes qu'en assemblée publique, et en présence de l'architecte qui a dressé les plans et devis des travaux et en doit diriger l'exécution. — Circul. 12 frim. an XIV.

1680. — Lorsque, dans une adjudication de travaux, une ville s'est réservé la faculté d'en restreindre l'étendue, le cas échéant; qu'elle a usé de cette faculté à l'égard d'une maison d'habitation qui restait à construire, et qu'alors les parties ont clos les travaux; si, dans un pareil état de choses, la ville, après plusieurs années, veut effectuer son projet de construction de la maison d'habitation, l'entrepreneur n'a pas le droit d'en réclamer les travaux à faire, comme une suite de son adjudication. — *Cons. d'Etat*, 8 juill. 1840, Mongrard c. Ville du Havre.

1681. — L'arrêté d'un sous-préfet portant approbation d'un marché de travaux communaux ne peut pas être attaqué directement devant le Conseil d'Etat. — *Cons. d'Etat*, 25 juill. 1827, Durand et Bégaud.

1682. — *Compétence.* — Il est peu de questions plus délicates et plus agitées en matière de travaux publics que celle de savoir si des travaux communaux doivent ou non être réputés travaux publics.

1683. — Cependant, dit M. Serrigny (t. 1er, n° 567), il semble que de pareilles questions ne puissent pas se présenter dans la législation d'un pays comptant plus de trente-sept mille communes qui, tous les jours, sont dans le cas de faire confectionner des travaux; et cependant il est impossible au jurisconsulte le plus consommé de donner, dans l'état actuel de la législation et de la jurisprudence françaises, une solution sûre à ces questions. Cela prouve clairement que la loi n'est pas très-claire.

1684. — Si l'on consulte la jurisprudence des Cours d'appel, il semble que les différents arrêts s'accordent tous à poser une distinction tirée de ce que les travaux ont été ou non autorisés ou exécutés suivant les formes administratives.

1685. — Ainsi, la Cour de Colmar a jugé par deux arrêts: 1° que les travaux exécutés pour une commune *dans un but d'utilité publique*, et spécialement les fournitures d'ameublement d'une maison d'école communale, rentrent dans l'application de l'article 4, § 2, de la loi du 28 pluviôse an VIII. — Que du moins il en est ainsi lorsque, le marché ayant eu lieu au rabais devant le sous-préfet de l'arrondissement, il a été stipulé, par le cahier des charges, que la réception des travaux se ferait par l'architecte voyer du département, et que l'adjudication ne serait définitive qu'après la ratification du préfet. — En conséquence, c'est aux conseils de préfecture qu'il appartient exclusivement de connaître des difficultés survenues entre les communes et les entrepreneurs au sujet de l'exécution de ces travaux. — *Colmar*, 2 mai 1838 (t. 2 1838, p. 607), Commune de Woerth c. Fels.

1686. — ... 2° Que des travaux exécutés pour une commune à un édifice ou à un lieu dont l'usage appartient à l'universalité des habitans, tels que le cimetière, le beffroi et le clocher de l'église, et pour lesquels on a observé les formalités usitées pour les travaux qui sont ordonnés par l'Etat, doivent être considérés comme des travaux publics ou d'utilité publique. — En conséquence, les difficultés qui s'élèvent entre l'entrepreneur et la commune sur l'étendue et l'exécution de ces travaux doivent être portées devant le conseil de préfecture. — *Colmar*, 5 juin 1840 (t. 1er 1841, p. 177), Commune de Mackenheim c. Kœhly.

1687. — Par les mêmes motifs, la Cour de Nancy a pensé que les travaux de constructions ordonnées par l'administration sur un chemin de grande vicinalité sont des travaux publics. — En conséquence, l'autorité administrative est seule compétente pour connaître de l'action en réparation de dommage formée par un propriétaire riverain contre l'entrepreneur des travaux, que des anticipations de propriétés soient imputées à ce dernier, ou que le dommage causé ait eu lieu dans les limites ou conditions distinctes du devis. — *Nancy*, 26 déc. 1842 (t. 1er 1844, p. 12), Milard-Levrechon c. Varlet et préfet de la Meuse.

1688. — Mais il en serait autrement des travaux qui sont rangés dans les attributions de la petite voirie, ou parmi les actes de l'administration purement communale, tels que réparations au presbytère et à la maison commune, creusement ou revêtement en maçonnerie de puits dans les pâturages de la commune; ces travaux n'ont pas le caractère de travaux publics, et les contestations qu'ils font naître sont de la compétence des tribunaux civils. — *Colmar*, 5 juin 1840 (t. 1er 1841, p. 177), Commune de Mackenheim c. Kœhly.

1689. — Jugé, de même, qu'on ne peut considérer comme travaux publics et par conséquent comme donnant lieu à la compétence du conseil de préfecture les travaux pour la construction d'un presbytère et d'une école communale, lorsqu'ils ont été adjugés par le maire, agissant non pas au nom du gouvernement, mais comme délégué de la commune, lorsqu'ils ont été surveillés par un agent de l'autorité municipale, et payés avec les fonds de la caisse communale. — *Caen*, 16 janv. 1843 (t. 1er 1845, p. 192), Commune de Mesnilard c. Huvé.

1690. — ... Et que telle est la rigueur des principes que l'approbation par le préfet, en sa qualité de tuteur légal des communes, des devis, du cahier des charges et de l'adjudication, ne saurait changer la nature de ces travaux, qui sont purement communaux. — Même arrêt.

1691. — Jugé, à plus forte raison, dans ce sens, que sont de la compétence des tribunaux les contestations entre les créanciers et les sous-traitans, de celui qui s'est rendu adjudicataire des travaux à faire à un édifice communal, quoique le cahier des charges porte que celui-ci sera justiciable du conseil de préfecture pour toutes les contestations relatives à l'adjudication. — *Nîmes*, 1er févr. 1831, Daussegure c. Maigron.

1692. — Quant à la Cour de cassation, elle a jugé que la construction d'un pont qu'une ville fait exécuter, pour son compte et avec les deniers municipaux, en prolongement d'une de ses rues dépendant de la petite voirie, ne rentre pas dans les travaux publics dont parle l'art. 4 de la loi du 28 pluv. an VIII; et qu'en conséquence, c'est aux tribunaux ordinaires, et non à la juridiction administrative, qu'il appartient de connaître des difficultés qui naissent de l'exécution du marché passé pour la construction de ce pont. — *Cass.*, 11 mars 1839 (t. 1er 1839, p. 371), Michel et Pieddevache c. Ville de Rennes.

1693. — ... Et qu'il en est ainsi, lors même que les plans et devis ont dû recevoir l'approbation de l'autorité supérieure, et qu'il a été stipulé dans le cahier des charges que les contestations à naître seraient jugées administrativement. — Même arrêt.

1694. — Quelques mois plus tard, la même Cour a, au contraire, décidé qu'on doit considérer comme travaux publics les travaux communaux ayant un caractère d'utilité générale, bien qu'ils ne soient pas ordonnés par l'autorité supérieure. — *Cass.*, 27 août 1839 (t. 2 1839, p. 168), Brame c. Commune de Monchaux.

1695. — Spécialement, les travaux faits pour la construction d'une route vicinale qui traverse plusieurs communes, alors qu'ils ne se rattachent pas uniquement aux besoins d'une propriété communale, mais qu'ils intéressent le département, qui se charge même d'une partie des dépenses. — Même arrêt.

1696. — Qu'ainsi il y a contestation sur les clauses et l'exécution du devis, et, conséquemment, lieu à la juridiction administrative, alors que les communes, même après la réception des travaux, et en se fondant sur les principes du droit commun, actionnent l'entrepreneur pour le faire déclarer responsable du mauvais état de la route, et demandent la constatation préalable de la manière dont il a suivi les clauses du devis, si l'entrepreneur prétend que le devis stipulait un délai particulier de garantie dérogatoire au droit commun, et s'il invoque comme preuve de la bonne confection de ses travaux des actes de réception provisoire et définitive qu'il s'agit d'interpréter. — Même arrêt.

1697. — ... Qu'il doit en être ainsi, alors surtout que les plans et devis dressés par les ingénieurs du département ont été approuvés par le ministre, et que la confection et l'entretien de la route ont été l'objet d'une adjudication passée devant le préfet dans les formes prescrites pour les adjudications de travaux publics, et que l'exécution en a dû être et en a été suivie par les ingénieurs des ponts et chaussées, délégués à cet effet par l'administration supérieure. — Même arrêt.

1698. — Jugé cependant, que les contestations qui s'élèvent entre une commune et un entrepreneur, relativement à l'exécution d'un marché passé pour la construction d'une église, et dont le prix doit être entièrement acquitté avec les fonds de la commune, sont de la compétence de l'autorité judiciaire, encore que les devis, le cahier des charges, et même l'adjudication, aient été approuvés par le préfet et le ministre de l'intérieur. — *Cass.*, 3 févr. 1841 (t. 1er 1841, p. 375), Gillée c. Comm. de Léré.

1699. — La jurisprudence du Conseil d'Etat ne présente pas plus de fixité. En effet, pour que l'assimilation des travaux exécutés pour le compte des communes aux travaux publics fût reconnue et déclarée, relativement à la compétence de l'autorité administrative, il avait d'abord exigé certaines conditions: ainsi, il fallait: 1° qu'il s'agît de travaux destinés à l'usage public et gratuit de tous; 2° qu'en même temps les travaux eussent été adjugés en la forme administrative; 3° que la compétence du conseil de préfecture eût été stipulée.

1700. — Il avait notamment décidé que les travaux destinés à l'embellissement d'une ville et qui ont pour objet l'utilité publique doivent être considérés comme des travaux publics; dès lors, les difficultés auxquelles ils donnent lieu sont de la compétence des conseils de préfecture. *Cons. d'Etat*, 7 févr. 1809, Ville de Marseille c. Chardigny.

1701. — Cependant, presque au même moment il décidait que des entreprises de travaux communaux ne peuvent être entièrement assimilées aux entreprises de travaux publics. — *Cons. d'Etat*, 17 déc. 1809, Millin.

1702. — ... Que, par exemple, la juridiction administrative était incompétente lorsqu'il s'agissait: 1° de la construction ou de la réparation d'une église ou d'un temple protestant. — *Cons. d'Etat*, 17 avril 1822, Comm. d'Angles c. Viallèle; 25 avril 1828, Urbain.

1703. — ... 2° A plus forte raison de la construction d'un autel dans une église. — *Cons. d'Etat*, 12 avril 1829, Bazin c. Comm. de Mollans.

1704. — ... 3° Les travaux exécutés dans un lycée ou collége. — *Cons. d'Etat*, 17 mai 1813, Procureur général du lycée de Toulouse; 2 sept. 1829, Ville de Dunkerque.

1705. — ... 4° Ou de la construction d'une salle de spectacle. — *Cons. d'Etat*, 29 août 1821, la ville de Poitiers c. Mathé.

1706. — ... 5° Ou de l'établissement d'une fontaine publique. — *Cons. d'Etat*, 25 avril 1828, Urbain.

1707. — ... De travaux pour protéger contre des inondations. — *Cons. d'Etat*, 16 févr. 1826, Meilhou; 19 juin 1828, Péraldi.

1708. — ... 7° De travaux de pavage et d'exhaussement. — *Cons. d'Etat*, 6 nov. 1817, Ville de Gray c. Beuret; 1er sept. 1819, Deschampsneufs c. Ville de Nantes.

1709. — ... 8° Ou de la construction d'un pont communal. — *Cons. d'Etat*, 31 déc. 1831, Bénard.

1710. — ... Et cela, bien que les devis et cahier des charges aient été rédigés par ordre de l'administration municipale; que l'adjudication ait

eu lieu devant le maire; que les travaux aient été dirigés par un architecte à ce désigné; que le prix des travaux dût être entièrement acquitté sur les revenus de la commune, et que le pont fût établi sur une voie communale. — Même ordonnance.

1711. — ... Qu'il en est de même, lorsqu'il faut apprécier l'étendue de la responsabilité d'un architecte pour dégradations d'ouvrages achevés. — *Cons. d'Et.*, 19 déc. 1827, Castain c. Commune de Malachère.

1712. — Jugé encore, qu'alors qu'il s'agit d'extractions opérées dans l'intérêt de l'exécution d'un travail communal, si la commune, dans l'intérêt de laquelle a eu lieu l'extraction et le propriétaire de la sablière ne peuvent se concilier sur l'indemnité due pour ce fait, la contestation doit être portée devant les tribunaux ordinaires. — *Cons. d'Etat*, 4 juin 1823, Peillon.

1713. — ... Et que dans tous les cas l'incompétence existe encore bien que les parties se soient formellement soumises à la juridiction des conseils de préfecture, l'ordre des juridictions étant de rigueur. — *Cons. d'Etat*, 16 déc. 1830, Souchon et Louzon c. Masson et Commune de Metz-le-Comte; 31 déc. 1831, Bénard.

1714. — Cependant, en présence de circonstances favorables, le Conseil d'Etat a paru déroger à la rigueur des principes qui le dirigent, pourvu, bien entendu, que l'exécution des travaux eût été bien régulièrement autorisée.

1715. — C'est ce qui lui est arrivé, notamment : 1° En matière de travaux de constructions et de réparations d'une église. — *Cons. d'Etat*, 24 déc. 1823, Jullien; 24 mars 1824, Dufour et Ernult; 7 déc. 1825, Pierron c. Chapuy.

1716. — ... 2° A l'occasion de fouilles opérées pour travaux communaux. — *Cons. d'Et.*, 12 mars 1811, Vernier c. Bertrand.

1717. — ... 3° Ou encore d'un pont destiné à mettre en communication plusieurs communes. — *Cons. d'Etat*, 13 juill. 1827, Bourguignon c. Commune de Corps.

1718. — Cependant, et surtout à partir de 1831, la jurisprudence du Conseil d'Etat paraît devoir changer, et diverses ordonnances consacrent la compétence administrative en matière de travaux communaux, pourvu que les plans aient été approuvés par le gouvernement, les travaux adjugés comme en matière de travaux publics et exécutés sous la haute surveillance de l'administration supérieure.

1719. — Ainsi, jugé que, lorsque des travaux ont été faits à une église dans un but d'utilité publique, que les plans et devis ont été approuvés par le préfet, que l'adjudication en a été passée dans les formes prescrites pour les travaux publics, les difficultés qui s'élèvent sur le sens ou l'exécution des clauses du marché qui a été passé sont de la compétence administrative. — *Cons. d'Etat*, 16 nov. 1835, Perrin c. Commune d'Eloyes; 20 juin 1837, mêmes parties; 12 avr. 1838, Gilbert Aléonard c. Commune d'Auxon.

1720. — ... Que les travaux exécutés à la fontaine d'une mairie et d'une école communale sont considérés comme faits dans un but d'utilité publique, alors surtout que les projets et devis ont été approuvés par le préfet et que l'adjudication en a été passée dans les formes prescrites pour les travaux publics; en conséquence, les contestations qui s'élèvent concernant l'exécution des marchés relatifs à ces travaux sont de la compétence de l'autorité administrative. — *Cons. d'Et.*, 22 mai 1840, Borey c. Commune de Rhélouse.

1721. — ... Que les travaux de construction d'un lavoir et d'un abreuvoir publics dans une commune, adjugés dans les formes prescrites par l'ordonnance réglementaire du 14 nov. 1837, sont considérés comme travaux publics; dès lors c'est au conseil de préfecture à statuer sur les contestations qui peuvent s'élever à l'occasion de ces travaux. — *Cons. d'Et.*, 23 juill. 1841, Vuillet c. Commune de Bois-de-Gand.

1722. — ... Que le conseil de préfecture est compétent pour prononcer sur les difficultés qui s'élèvent entre des communes et l'entrepreneur d'une route vicinale exécutée dans des vues d'utilité publique, dont les plans et devis ont été faits aux frais du département par l'ingénieur en chef et approuvés par le préfet, à l'adjudication de laquelle ce dernier a présidé, et pour l'exécution de laquelle des fonds ont été accordés par le département. — *Cons. d'Et.*, 9 nov. 1836, François c. Commune de Premery.

1723. — ... Que les travaux d'abaissement et de raccordement du sol d'une place publique avec le sol d'une route qui la traverse, exécutés par une commune avec l'autorisation du ministre et après adjudication, ont le caractère de travaux publics, dès lors, c'est à l'autorité administrative qu'il appartient de connaître des demandes en indemnité pour dommages causés par ces travaux. — *Cons. d'Et.*, 5 mars 1841, Lecointre c. Commune de Flers; 25 nov. 1843, Salmon.

1724. — ... Mais lorsque le devis et cahier des charges des travaux d'un pont communal ont été rédigés par ordre de l'administration municipale; que l'adjudication a eu lieu par-devant le maire; que les travaux ont été dirigés et surveillés par un architecte à ce désigné; que le prix des travaux devait être entièrement acquitté sur les revenus de la commune, et que le pont était d'ailleurs établi sur une voie communale, l'adjudication ne constitue, par sa nature, qu'un marché ordinaire, dont l'exécution est soumise à la juridiction des tribunaux. — *Cons. d'Et.*, 31 déc. 1841, Benard; 17 août 1841, Thionnet c. Commune de Ruffey; 10 mars 1843, Mercier c. Commune de Fouchécourt.

1725. — Vers les années 1840 et 1841, le Conseil d'Etat paraît être entré dans une ère nouvelle, dans laquelle il a depuis persévéré. Il ne recherche plus si les travaux communaux ont été ou non autorisés par l'administration supérieure; dès qu'ils sont entrepris dans un but d'intérêt général, le Conseil d'Etat les considère comme devant être tenus pour de véritables travaux publics.

1726. — C'est cette dernière doctrine que le Conseil d'Etat a consacrée : 1° en matière de construction ou réparation d'église. — *Cons. d'Etat*, 2 sept. 1840, Prost c. Commune de Bellefontaine; 23 juin 1841, Gillet; 26 juin 1845, Derre c. Commune de Montreuil-sous-Bois. — Déjà une première ordonnance avait, quelques années auparavant, consacré le même principe. — *Cons. d'Etat*, 30 oct. 1834, Desgranchamps c. Commune d'Ottingen.

1727. — 2° De construction et de réparation de presbytère. — *Cons. d'Etat*, 23 août 1843, Huvé c. Commune de Mesnilard; 7 déc. 1843, Grandidier; 23 mars 1845, Delettre.

1728. — 3° De construction ou réparation de collége, pensionnat, maison d'école, salle d'asile. — *Cons. d'Etat*, 23 août 1843, Huvé c. Commune de Mesnilard; 9 déc. 1843, Ville de Cusset c. Rose-Beauvais.

1729. — 4° De construction de maisons d'aliénés. — Même ordonnance du 9 décembre.

1730. — 5° De construction de prison. — *Cons. d'Etat*, 23 mars 1845, Delettre.

1731. — 6° D'entrepôt établi pour une ville. — *Cons. d'Etat*, 8 juillet 1840, Montgrard c. Ville du Havre.

1732. — 7° D'abattoirs municipaux. — *Cons. d'Etat*, 9 déc. 1843, Ville de Cusset c. Rose-Beauvais; 7 mai 1844, Deboulle c. Commune de Belleville; 2 mai 1845, Ville de Bordeaux c. Dupouy et Durand.

1733. — 8° De halles à la viande ou aux grains. — *Cons. d'Etat*, 9 déc. 1843, Ville de Cusset c. Rose-Beauvais.

1734. — 9° Construction et réparations de lavoirs ou de fontaines publiques. — *Cons. d'Etat*, 7 déc. 1843. Grandidier c. Commune de Serqueux.

1735. — 10° Construction d'un pont sur un chemin vicinal. — Même ordonnance.

1736. — 11° D'ouvertures de rues nouvelles. — *Cons. d'Etat*, 9 déc. 1843, Ville de Cusset. c. Rose-Beauvais; 28 août 1844, Ville de Mayenne c. Touillard.

1737. — 12° De travaux d'exhaussement d'une rue. — *Cons. d'Etat*, 6 sept. 1843, Lamothe c. Ville de Nantes; 25 nov. 1843, Salmon; 17 mars 1845, Tendret.

1738. — 13° Enfin de travaux de pavage d'une rue ou place publique d'une commune. — *Cons. d'Etat*, 2 sept. 1840, Jardin c. Pouplin et la ville du Mans; 30 nov. 1841, de Vichet c. Commune de Pernes; 28 mars 1843, Chameau c. Commune de Courbevoie; 6 sept. 1843, Lamothe c. Ville de Nantes; 25 nov. 1843, Salmon; 7 déc. 1843, Grandidier c. Commune de Serqueux.

1739. — A plus forte raison, les travaux ordonnés d'office pour la réparation du pavage d'un chemin vicinal ont le caractère de travaux publics. — *Cons. d'Etat*, 23 févr. 1844, Commune de La Chapelle d'Armentières c. Deleforge.

1740. — C'est, selon nous, à cette dernière jurisprudence qu'il convient de se rattacher; du moment qu'il s'agit d'un travail entrepris dans un but d'utilité publique, il n'y a nul motif de distinguer entre les travaux des communes et ceux des départemens. — V., au surplus en ce sens, les longues dissertations de MM. Serrigny (t. 1er, nos 67 et suiv.), Dufour (nos 2806 et suiv.). — V. aussi Cormenin, *Droit admin.*, v° *Communes*, t. 1er, p. 428, et v° *Travaux publics*, t. 2, p. 428 et 429; Chevalier, *Jurispr. admin.*, t. 2, v° *Travaux publics*, p. 416.

1741. — Toutefois, le Conseil d'Etat nous paraît avoir été trop loin quand il a décidé que l'autorité administrative est seule compétente pour connaître des contestations élevées entre une commune et l'entrepreneur, au sujet de travaux nécessaires exécutés par ce dernier, quand bien même celui-ci ne serait engagé que par de simples conventions verbales. — *Cons. d'Etat*, 7 déc. 1844, Deboulle c. Commune de Belleville.

1742. — On peut, en effet, invoquer contre la doctrine consacrée par cette décision un jugement récent du Tribunal des conflits, duquel il résulte que la demande en paiement des travaux de construction d'une église, formée par un entrepreneur contre une fabrique et fondée uniquement sur des conventions verbales intervenues entre le curé et deux membres du conseil de fabrique d'une part, et d'autre part ledit entrepreneur, doit être considérée comme une contestation entre parties privées, et relative à des travaux privés. En conséquence, c'est à l'autorité judiciaire, et non à l'autorité administrative, qu'il appartient d'en connaître. — *Tribun. des conflits*, 18 avril. 1850, Breynat c. Bédoin.

1743. — Quant aux travaux de la ville de Paris, ils font l'objet de règles spéciales, qui trouvent mieux leur place ailleurs. — V. VILLE DE PARIS.

ART. 3. — *Travaux divers.*

1744. — Si les intérêts privés ont souvent à subir quelques inconvéniens par suite des travaux d'art entrepris pour l'utilité d'une commune, parfois aussi il en ressort pour eux des avantages. La répartition de ces sacrifices et de ces avantages est faite par des règlemens spéciaux.

1745. — Il est des travaux publics qui sont en même temps entrepris dans l'intérêt des propriétés privées.

1746. — Il est des travaux dont la nécessité ou l'utilité sont d'un intérêt commun pour un certain nombre de propriétaires.

1747. — L'administration publique doit regarder comme un véritable devoir de provoquer ou de régulariser le concert des propriétaires intéressés et de faire pourvoir à l'exécution des travaux.

1748. — Les propriétaires qui profitent des travaux partagent d'une manière équitable, en proportion des avantages qu'ils en retirent, les dépenses qui ont été faites dans l'entreprise.

1749. — Ainsi, lorsqu'il s'agit de construire des digues à la mer ou contre les fleuves, rivières et torrens navigables ou non navigables, la nécessité en est constatée par le gouvernement, et la dépense supportée par les propriétés protégées, dans la proportion de leur intérêt aux travaux, sauf les cas où le gouvernement croit utile et juste d'accorder des secours sur les fonds publics. — L. 15-20 sept. 1792; 16 sept. 1807.

1750. — Lorsqu'il y a lieu de pourvoir aux dépenses d'entretien ou de réparation des mêmes travaux, au curage des canaux qui sont en même temps de navigation ou de dessèchement, il est fait des règlemens d'administration publique qui fixent la part contributive du gouvernement et des propriétaires. — L. 16 sept. 1807.

1751. — Il en est de même lorsqu'il s'agit de levées, de barrages, de pertuis, d'écluses, auxquels des propriétaires de moulins ou d'usines sont intéressés. — Même loi.

1752. — Si le territoire d'un ou de plusieurs arrondissemens doit recevoir une amélioration à sa valeur par l'ouverture d'un canal de navigation, le perfectionnement de la navigation d'une rivière, l'ouverture d'une grande route ou la construction d'un pont, ils sont susceptibles de contribuer aux dépenses de ces travaux, dans les proportions indiquées dans les lois spéciales, par voie de centimes additionnels aux contributions.

1753. — Ces contributions ne peuvent pas dépasser la moitié de la dépense, et le gouvernement pourvoit à ce qui reste à payer.

1754. — Selon les degrés d'utilité respective, les départemens, les arrondissemens, les communes les plus intéressés, chacun dans une propor-

tion différente, doivent contribuer dans les travaux à faire soit pour l'établissement ou le perfectionnement d'une petite navigation, d'un canal de flottage, soit pour l'ouverture ou l'entretien des grandes routes, d'un intérêt local, soit enfin à la construction et l'entretien de ponts sur ces routes ou sur des chemins vicinaux.

1755. — Des lois spéciales règlent les proportions des diverses contributions, et, dans ce cas, le gouvernement ne fournit de fonds que lorsqu'il le juge convenable.

1756. — Sont appelés à contribuer pour la totalité de la dépense, dans les proportions diverses des avantages qu'elles en retirent, toutes les propriétés générales, communales ou privées qui doivent profiter de l'ouverture ou du perfectionnement des moyens de navigation qui servent à l'exploitation des forêts ou bois, des mines ou minières, ou de l'établissement d'un débouché.

1757. — Cependant, le gouvernement peut accorder les secours qu'il croit nécessaires sur les fonds publics.

1758. — L'art. 4 de la loi du 10 mai 1838 veut que, si des offres sont faites par des communes, des associations ou des particuliers pour concourir à la dépense des routes départementales ou autres travaux à la charge du département, ces offres soient soumises à l'approbation du conseil général.

1759. — Les propriétaires se libèrent des obligations par eux prises, dans les formes énoncées dans les art. 21 et 22 de la loi du 16 sept. 1807.

1760. — Lorsque, par suite des travaux déjà énoncés ci-dessus, par l'ouverture de nouvelles rues, par la formation de places nouvelles, par la construction de quais ou par tous autres travaux publics généraux, départementaux ou communaux, ordonnés ou approuvés par le gouvernement, des propriétés privées ont acquis une notable augmentation de valeur, ces propriétés peuvent être chargées de payer une indemnité qui peut s'élever jusqu'à la valeur de la moitié des avantages qu'elles ont acquis. — Le tout est réglé par estimation, dans les formes prescrites, jugé et homologué par la commission qui a été nommée à cet effet. — L. 16 sept. 1807, art. 30.

1761. — Les indemnités pour paiement de plus-value sont acquittées, au choix des débiteurs, en argent ou en rentes constituées à quatre pour cent, ou en délaissement d'une partie de la propriété si elle est divisible. — Même loi, art. 31.

1762. — Ils peuvent aussi délaisser en entier les fonds, terrains ou bâtimens dont la plus-value donne lieu à l'indemnité, et ce, sur l'estimation réglée d'après la valeur qu'avait l'objet avant l'exécution des travaux desquels la plus-value résulte. — Même loi.

1763. — Les indemnités ne sont dues par les propriétaires des fonds voisins des travaux effectués que lorsqu'il a été décidé, par un règlement d'administration publique rendu sur le rapport du ministre de l'intérieur, et après avoir entendu les parties intéressées, qu'il y a lieu à l'application des deux articles précédens. — Même loi, art. 32.

1764. — Evidemment, tous les travaux que nous venons d'indiquer, et à l'achèvement desquels les particuliers, les arrondissemens ou communes contribuent dans une certaine proportion, ne perdent pas leur caractère de travaux publics par cela seul qu'ils ne demeurent pas complétement à la charge de l'Etat; toutes les contestations auxquelles peut donner lieu leur exécution doivent donc être déférées à la juridiction du conseil de préfecture.

1765. — C'est, notamment, ce qui a été décidé à l'occasion de travaux adjugés au nom de l'Etat, tels que les travaux de construction d'un pont du domaine de la grande voirie, auxquels une commune s'était engagée à contribuer. — *Cons. d'Etat*, 26 mai 1845, Escarraguel.

1766. — En conséquence, à défaut par la commune de remplir ses obligations, c'est contre l'Etat seul, et non contre la commune, que doit être dirigée l'action de l'entrepreneur qui réclame des dommages-intérêts, sauf le recours de l'Etat, s'il y a lieu, contre la commune. — Même ordonnance.

1767. — Lorsqu'une convention a été passée entre le préfet au nom de l'Etat et le maire au nom d'une ville, à l'effet de régler les engagemens réciproques entre l'Etat et la ville pour la confection d'un canal qui doit la traverser, si des particuliers ont des indemnités à réclamer, non pour expropriation, mais pour dommages causés à leurs maisons par suite des travaux de canalisation, ce n'est pas à l'autorité judiciaire, mais à l'autorité administrative qu'il appartient de connaître de cette demande. — *Cons. d'Etat*, 22 févr. 1837, Bruneau c. la Ville de Nantes et l'Etat. — Cormenin, *Quest.*, t. 3, p. 441, vº *Travaux publics*; Chevalier, *Jurispr. admin.*, vº *Travaux publics*, sect. 1re, § 1er; Magnitot et Delamarre, *Dict. de droit adm.*, vº *Travaux publics*, § 11.

1768. — Du reste, le maire agissant au nom d'une commune qui a consenti à se charger de travaux publics à exécuter sur une route départementale, doit être considéré comme entrepreneur desdits travaux, et est justiciable du conseil de préfecture à raison du dommage dont se plaint un particulier. — *Cons. d'Etat*, 23 janv. 1820, Maire de Sérée c. Péré dit Seraillé.

1769. — *Concessionnaires de canaux et chemins de fer. — Autres travaux.* — D'autres fois, non-seulement l'Etat accepte le concours de la fortune privée, mais encore il croit devoir confier l'exécution de certains travaux aux efforts exclusifs d'associations particulières; telles ont été, par exemple, les concessions de la plus grande partie des canaux et des chemins de fer.

1770. — Or, on ne saurait douter que les compagnies concessionnaires de grands travaux publics, tels que canaux, chemins de fer et autres ouvrages, ne doivent être considérées comme des entrepreneurs, sous le rapport de la compétence du conseil de préfecture qui doit statuer sur les contestations qui peuvent s'élever entre elles et l'Etat. — Serrigny, nº 574.

1771. — La jurisprudence des tribunaux ordinaires, aussi bien que celle du Conseil d'Etat, est formelle sur ce point. Jugé, en effet, que les particuliers et les compagnies qui se chargent soit de la construction des canaux de navigation, soit de leur entretien moyennant un prix déterminé, sont de véritables entrepreneurs de travaux publics substitués à tous les droits comme à toutes les obligations de l'Etat. — *Cons. d'Etat*, 24 juin 1840, Hindenlang c. Compagnie du canal Saint-Martin.

1772. — Spécialement, lorsqu'une loi spéciale a ordonné la confection d'un canal (le canal Saint-Martin), que les plans et devis ont été dressés par l'administration des ponts et chaussées, et les travaux exécutés sous la surveillance de ses agens; que ce canal complète une ligne de navigation importante et d'un intérêt général, les travaux dont il est l'objet doivent être considérés comme travaux publics. — Même ordonnance.

1773. — De même, l'établissement d'un chemin de fer constitue des travaux d'utilité publique, pour lesquels la compagnie qui les entreprend est subrogée aux droits de l'Etat lui-même. Dès lors, le particulier qui se prétend lésé par l'effet de pareils travaux doit porter sa demande en indemnité, non pas devant les tribunaux ordinaires, mais devant le conseil de préfecture, aux termes de l'art. 4 de la loi du 28 pluviôse an VIII. — *Nîmes*, 10 juin 1840 (t. 2 1840, p. 557), D... c. l'Entreprise du chemin de fer du Gard.

1774. — La demande formée contre une compagnie de chemin de fer, afin de faire cesser l'interruption pratiquée entre des rues ou voies publiques à travers lesquelles le chemin de fer a été admis en tranchée, sinon en paiement de dommages-intérêts, ne peut être soumise aux tribunaux ordinaires. — *Paris*, 25 nov. 1839 (t. 1er 1840, p. 67), Hagermann c. la Comp. du chemin de fer de Saint-Germain.

1775. — Toutefois la Cour de cassation a pensé que si le préjudice causé était non pas momentané, mais permanent, il faudrait porter la demande en réparation devant les tribunaux civils. — *Cass.*, 23 avril 1838 (t. 1er 1838, p. 596), Pollet c. Préfet de l'Oise; 4 févr. 1842 (t. 1er 1842, p. 515), Préfet de la Seine-Inférieure c. Morlet. — Mais nous avons vu (*suprà*, nos 1282 et suiv.) que cette jurisprudence, combattue par celle du Conseil d'Etat, avait été depuis peu repoussée par le Tribunal des conflits.

1776. — Dans tous les cas, si la clause de la concession d'un chemin de fer présente de l'obscurité, les tribunaux doivent surseoir à statuer jusqu'à ce que l'interprétation ait été donnée par l'autorité administrative. — *Lyon*, 1er juill. 1836, Durand et Berthon c. Comp. du chemin de fer de Saint-Etienne.

1777. — Le Conseil d'Etat avait jugé qu'un ouvrage public *terminé*, un canal par exemple, constituait dans les mains du concessionnaire une véritable propriété, et que les tribunaux ordinaires étaient compétens pour statuer sur les réclamations intentées aux propriétaires de ce canal, par suite des préjudices qu'il aurait causés à une propriété riveraine. — *Cons. d'Etat*, 16 juin 1831, Canal d'Aire à la Bassée.

1778. — Mais, revenant sur cette jurisprudence, il décide aujourd'hui que les concessionnaires des canaux de navigation, même après que les canaux sont terminés, doivent être considérés comme des entrepreneurs de travaux publics, et qu'ils sont justiciables des conseils de préfecture pour les indemnités qui leur sont réclamées. — *Cons. d'Etat*, 25 juill. 1834, Canal d'Aire à la Bassée.

1779. — Ce que nous venons de dire des canaux et des chemins de fer, relativement au caractère de travaux publics, peut encore s'appliquer à quelques travaux concédés à l'industrie particulière non-seulement par l'Etat, mais encore, dans certains cas, par les départemens ou les communes.

1780. — C'est ainsi que le Conseil d'Etat a estimé que lorsque des particuliers ont été autorisés à ouvrir plusieurs rues sur leurs terrains sous la condition qu'ils feraient à la ville l'abandon du terrain de ces rues, l'ordonnance d'autorisation doit être considérée comme ayant eu pour but de constituer, dans un intérêt de viabilité publique, un système de communications générales qui ne peut être changé par le refus de la part des propriétaires de faire l'abandon du terrain promis, au moyen de la renonciation du droit à eux concédé d'ouvrir les rues projetées. — *Cons. d'Etat*, 23 mars 1845, Hagermann et Mignon c. Ville de Paris.

1781. — *Hospices. — Fabriques d'Eglise, — Etablissemens de bienfaisance, etc.* — Nous ne pouvons terminer ce qui concerne la matière des travaux publics sans dire un mot des travaux exécutés pour le compte de certains établissemens publics, tels que les hospices. Doit-on reconnaître aux travaux effectués pour ces établissemens le caractère de travaux publics? « Si la distinction proposée à l'égard des communes (V. *suprà* nº 1725) est exacte, elle nous donnera la solution de cette question. » Serrigny, t. 1er, nº 573.

1782. — « Du moment, dit M. Dufour (nº 2810), qu'il est admis que partout où il y a affectation à un service public, il y a utilité publique, et utilité publique de nature à entraîner la juridiction administrative, ce ne sont plus seulement les marchés d'ouvrages avec toutes les communes, mais en outre les marchés relatifs à tous les établissemens publics dont l'exécution peut être, en cas de contestation, réglée par les conseils de préfecture. »

1783. — Aussi, est-on d'accord sur ce point, que les contestations élevées entre un entrepreneur et un hospice au sujet des clauses d'une entreprise de travaux doivent être portées devant le conseil de préfecture. — Vuillefroy et Monnier, *Principes d'administration*, p. 426; Dufour, nº 2810; Serrigny, nº 573.

1784. — Il est vrai que le Conseil d'Etat a décidé qu'on ne peut considérer comme travaux publics les réparations faites à l'église d'un hospice, et dont l'adjudication n'a pas été faite avec les formalités usitées pour les travaux publics, et que, par suite, le conseil de préfecture est incompétent pour juger les contestations de l'administration avec l'entrepreneur. — *Cons. d'Etat*, 26 oct. 1825, Mathurel c. Hospices de Paris. — « Mais, dit M. Serrigny (*ubi suprà*), il ne faut pas attacher d'importance à cet arrêt, parce qu'il est motivé sur des circonstances de fait et se ressent surtout des variations du Conseil d'Etat au sujet de la compétence des travaux communaux, surtout à l'époque où cet arrêt a été rendu (V. *suprà* nos 1699 et suiv.).

1785. — Ce que l'on dit des travaux des hospices, il faut évidemment l'appliquer aux travaux entrepris pour le compte des fabriques, des établissemens et bureaux de bienfaisance, etc.

1786. — Inutile d'ajouter que le conseil de préfecture n'est compétent qu'autant qu'il s'agit de difficultés relatives à un travail d'utilité publique, mais que la juridiction ordinaire reprend toute son activité lorsqu'il est question de travaux entrepris à un autre titre, tels, par exemple, s'il s'agit d'hospices, de travaux faits sur leurs biens patrimoniaux.

TRAVAUX PUBLICS (Peine).

1. — Peine appliquée à certains délits militaires, ainsi, en matière de vente d'effets militaires

(V. EFFETS MILITAIRES), et de désertion à l'intérieur. — V. DÉSERTION.

2. — L'arrêté du 19 vendémiaire an XII (art. 82 et suiv.) détermine le mode d'exécution de cette peine.

3. — Tout condamné aux travaux publics qui aura subi sa peine ou obtenu sa grâce, sera mis en liberté; il recevra une cartouche sur papier blanc, portant qu'il a expié sa peine, et qu'il est, à compter de ce jour, à la disposition du gouvernement pendant huit ans. Il sera du reste placé dans le corps de troupes qui sera indiqué par le ministre de la guerre. Il y sera inscrit au moment de son arrivée, comme une recrue ordinaire, et traité de même. Il ne sera fait sur les contrôles du corps aucune mention de la peine qu'il aura subie. La cartouche lui sera délivrée par le maréchal-des-logis de la gendarmerie, visée par le commissaire des guerres, approuvée par le général commandant la division. Il sera fait mention de la délivrance de la cartouche en marge de l'enregistrement du jugement. — Même arrêté, art. 83.

4. — Tout condamné aux travaux publics qui, après avoir subi sa peine ou obtenu sa grâce, ne se serait pas rendu à sa destination huit jours après l'époque qui lui aura été prescrite, sera traduit devant un conseil de guerre, et condamné au boulet comme déserteur en récidive. — Décr. 7 mars 1808, art. 1er.

5. — Un autre décret du 8 juin 1809 contient des dispositions nombreuses sur le service des condamnés aux travaux publics. — V. Merlin, *Rép.*, v° *Travaux publics*. — V. aussi le décr. du 14 oct. 1811 sur les condamnés qui désertent des corps où ils ont été conduits ou des ateliers où ils ont été enfermés.

6. — La peine des travaux publics est simplement afflictive, et n'a aucun caractère infamant.

7. — Les militaires condamnés aux travaux publics restent soumis aux régime et discipline militaires, et après l'expiration de leur peine ils sont à la disposition du gouvernement pour être placés dans des corps de troupe sur l'indication du ministre de la guerre. De là il résulte que les condamnés aux travaux publics ne cessent pas d'être militaires. — *Cass.*, 10 mars 1836, Blanchard.

TRAVESTISSEMENT.

V. DÉGUISEMENT.

TRÉBELLIANIQUE.

On désigne quelquefois par ce seul mot la quarte trébellianique. — V. QUARTE TRÉBELLIANIQUE, SÉNATUS-CONSULTE TRÉBELLIEN.

TRÉFILERIES, TRÉFILEURS.

1. — Les tréfileries en fer ou laiton sont imposées à un droit fixe de 25 fr. pour dix bobines et au-dessous, de 50 fr. pour vingt bobines, de 4 fr. pour chaque bobine en gros numéro, et de 1 fr. par bobine d'un numéro fin jusqu'au maximum de 400 fr.; — droit proportionnel du 20e de la valeur locative de l'habitation, des magasins de vente complétement séparés de l'établissement, et du 40e de cet établissement.

2. — Les tréfileurs par les procédés ordinaires sont rangés dans la 6e classe des patentables. — Droit fixe basé sur la population, — droit proportionnel du 20e de la valeur locative de l'habitation et des locaux servant à l'exercice de la profession. — V. PATENTE.

3. — Les tréfileries sont rangées dans la 3e classe des établissemens insalubres. — V. ce mot (nomenclature).

TREILLAGEURS.

Patentables de 7e classe. — Droit fixe basé sur la population; — droit proportionnel du 40e de la valeur locative de tous les locaux qu'ils occupent, mais seulement dans les communes de 20,000 âmes et au-dessus. — V. PATENTE.

TREIZIÈME.

On appelait ainsi, dans la Coutume de Normandie, les droits de mutation désignés, dans la plupart des autres Coutumes, sous les noms de *lods* et *ventes*, et de *quint* et *requint*. — V. FÉODALITÉ.

TRÉSOR.

1. — Aux termes de l'art. 716 C. civ., le trésor est toute chose cachée ou enfouie sur laquelle personne ne peut justifier sa propriété, et qui est découverte par le pur effet du hasard.

2. — On entend par chose cachée, celle qui a été placée dans un lieu d'où elle ne puisse être aperçue. L'objet qui est enfoui est celui qui a été mis dans la terre. Si la chose n'avait pas été mise à dessein dans le lieu où elle se trouve, ce ne serait plus un trésor, mais une chose perdue. — Proudhon, *Domaine de la propriété*, t. 1er, nos 396 et 397; Delvincourt, t. 2, p. 5.

3. — Suivant Proudhon (*ibid.*), on ne doit donner le nom de trésor qu'aux choses mobilières qu'on trouve renfermées dans la terre ou dans quelque construction, et non à celles qui auraient été serrées dans un endroit simplement propre à les soustraire aux regards.

4. — Ainsi, jugé que de riches tombeaux enfouis dans un champ, et dans lesquels étaient renfermées des pièces d'or, ne sont pas un trésor dont la propriété appartienne à celui qui les trouve dans le fonds d'autrui. — *Bordeaux*, 6 août 1806, Blancherot c. de Couilly.

5. — Cependant, une somme d'argent contenue dans un meuble vendu à l'encan après décès, ou même vendu à l'amiable, pourrait, suivant les circonstances, être considérée comme un trésor. — Duranton, t. 4, n° 311.

6. — La loi 31, § 1er, au D., *De acquir. rerum domin.* ne considérait comme trésors que les choses qui avaient été cachées anciennement. L'art. 716 C. civ. ne fait pas cette restriction. — Proudhon, n° 398. — Il faut seulement remarquer que, lorsque la chose n'a été cachée ou enfouie que depuis peu de temps, il arrivera rarement qu'on ne puisse arriver à en connaître le propriétaire. — Duranton, n° 311.

7. — Jugé, néanmoins, que des pièces d'or d'une époque peu reculée, enfouies dans la cave d'une maison, ne peuvent être assimilées au trésor dont parle l'art. 716 C. civ., et dont la propriété appartient à celui qui le découvre dans son propre fonds. — Et que, dès lors, l'ancien propriétaire de la maison où ces pièces d'or ont été découvertes peut les réclamer par préférence au propriétaire actuel, et être admis à prouver par témoins que les pièces furent enfouies par ses auteurs, bien que leur valeur excède 150 fr. — *Bordeaux*, 22 févr. 1827, Mimaud c. Chabot. — Pothier, *Traité de la propr.*, n° 68; Duranton, nos 310 et 311; Toullier, t. 4, p. 49.

8. — Lorsque l'on peut par des présomptions connaître la personne qui a enfoui dans l'intérieur d'une maison des pièces de monnaie, celui qui, lors de la démolition de cette maison, les a trouvées, doit les restituer à cette personne ou à ses héritiers, et il ne peut se prévaloir des dispositions de l'art. 716 C. civ., relatif au trésor. — Et, si parmi ces pièces de monnaie il en est dont le millésime indique que le dépôt a été fait au temps où le père du précédent propriétaire occupait la maison, la présomption résultant de cette circonstance, jointe à quelques autres indices, empêche de faire considérer comme un trésor les pièces d'argent ainsi déposées. — *Bruxelles*, 5 avr. 1823, Lambert c. N....

9. — Suivant le même art. 716 du Code civil, la propriété d'un trésor appartient à celui qui le trouve dans son propre fonds; si le trésor est trouvé dans le fonds d'autrui, il appartient par moitié à celui qui l'a découvert, et pour l'autre moitié au propriétaire du fonds.

10. — Dans cette dernière hypothèse, il y a tout à la fois une acquisition par occupation et une sorte d'accession. L'inventeur devient propriétaire d'une moitié comme premier occupant. Le propriétaire du fonds acquiert l'autre moitié par accession. — Duranton, n° 309.

11. — Il résulte de ces principes que le trésor trouvé dans un fonds communal appartient pour moitié à la commune *jure accessionis*, et pour moitié à l'inventeur *jure inventionis*. Il en faut dire autant du cas où le fonds appartiendrait à l'État ou à une corporation. — Duranton, n° 317; Delvincourt, t. 2, p. 5.

12. — L'ouvrier salarié qui, en démolissant un bâtiment sous les yeux du propriétaire du fonds, y trouve un trésor, doit en avoir la moitié. — *Bruxelles*, 15 mars 1810, Droissart c. Berton. — Il en serait de même des domestiques du maître du fonds. — Delvincourt, t. 2, p. 209, note 6; Duranton, n° 315; Zachariæ, t. 1er, p. 418; Marcadé, sur l'art. 716, n° 3.

13. — Cette dernière décision est conforme à la loi unique au Code, *De thesauris*, et à l'article précité du Code civil; car, par cela seul qu'il ne fait aucune distinction, il admet nécessairement au partage les ouvriers et même les domestiques du maître; l'équité d'ailleurs le veut ainsi, attendu que, si le fonds appartient au maître, c'est par le fait de l'ouvrier ou du domestique que le trésor a été découvert. Mais il faut faire attention que, dans l'espèce jugée par la Cour de Bruxelles, l'ouvrier avait été mis en œuvre uniquement pour démolir un bâtiment qui masquait la vue d'un jardin, et non pour faire la recherche d'un trésor. Au contraire, s'il était reconnu et constaté en fait que les fouilles opérées par l'ouvrier avaient été ordonnées, dirigées et surveillées par le propriétaire, dans la vue d'arriver à la découverte du trésor dont il avait de graves motifs de soupçonner la présence dans son fonds, l'ouvrier n'aurait droit à rien, et le trésor appartiendrait tout entier au propriétaire. — Duranton, n° 316.

14. — Jugé, dans ce dernier sens, que celui qui, présumant que sa propriété recèle un trésor, en fait faire la recherche par un ouvrier salarié, dont il dirige et surveille à cet effet les travaux, a un droit exclusif à la propriété du trésor dont cette recherche a procuré la découverte. — *Orléans*, 10 févr. 1842 (t. 1er 1842, p. 250), Deschamps c. Preslé. — Dans ce cas la chose trouvée n'est pas un trésor dans le sens de la loi, puisqu'elle n'a pas été découverte par le seul effet du hasard.

15. — L'ouvrier qui, en travaillant dans une maison habitée, trouve un sac d'argent caché derrière une boiserie, peut être admis à prouver par témoins que c'est un trésor qu'il a découvert, et quelle en est l'importance, malgré la dénégation du propriétaire qui prétend que cet argent lui appartient, que c'est lui qui l'a caché, et que la somme est bien inférieure à celle déclarée par l'ouvrier. — *Amiens*, 19 janv. 1826, Rey-Fay c. Thierry.

16. — Le propriétaire ne peut, pour écarter la preuve offerte, se prévaloir de l'indivisibilité de son aveu et de la circonstance que la somme respectivement avouée excède 150 francs. — Même arrêt.

17. — L'ouvrier qui, en démolissant un mur, découvre un trésor en présence de l'adjudicataire des matériaux qui l'emploie, a plutôt que ce dernier droit à la moitié qui revient à l'auteur de la découverte. — Jug. du trib. de la Seine, 25 janv. 1825, sous *Paris*, 26 déc. 1825, Préfet de la Seine c. Rousseau. — Pothier, *Traité de la propriété*, n° 65.

18. — L'autre moitié appartient au propriétaire du sol, vendeur des matériaux, et non à l'adjudicataire de ces matériaux. — Même arrêt.

19. — Lorsque, dans le cours de travaux exécutés par plusieurs ouvriers, l'un d'eux découvre un trésor, la moitié que la loi attribue à l'inventeur appartient exclusivement à celui qui a fait la découverte. Les autres prétendraient inutilement, pour être admis au partage, que les travaux étaient exécutés par association formée entre eux. — *Angers*, 25 mai 1849 (t. 2 1849, p. 579), Lecomte c. Jeaussé.

20. — Le trésor, trouvé par l'un des époux mariés en communauté sur le fonds de l'autre époux, appartient pour moitié à la communauté, et pour l'autre moitié, au propriétaire du fonds dont le trésor est partie intégrante. — Marcadé, *Elém. de dr. civ.*, sur l'art. 716, n° 2; Duvergier sur Toullier, t. 12, n° 129; Duranton, n° 313; Pothier, *Comm.*, p. 98; Demante, *Thémis*, vol. 8, p. 181. — C'est à tort que l'opinion contraire est enseignée par Toullier, *loc. cit.*, et Battur, t. 1er, n° 161. — V. COMMUNAUTÉ, n° 75.

21. — Si le trésor est trouvé par l'un des époux sur le fonds de la communauté, il appartient à la communauté en entier, la communauté profitant de tout le mobilier acquis par les époux pendant le mariage. — Duranton, *ibid.*

22. — Le trésor trouvé sur un fonds n'appartient à l'usufruitier que pour la moitié dont il est inventeur : l'autre moitié appartient au nu propriétaire. — Duranton, n° 313.

23. — Il semble qu'il doit en être de même de l'emphytéote qui n'est qu'un locataire à long terme, depuis que la loi du 18-29 août 1790 a supprimé les rentes foncières et défendu les baux emphytéotiques pour une durée illimitée. — Du-

ranton, n° 314; Delvincourt, t. 3, p. 185; Proudhon, *Usufruit*, t. 1er, n° 97. — V. EMPHYTÉOSE, n° 45.

24. — La vente étant parfaite et translative de propriété dès que les parties sont tombées d'accord sur ses conditions, le trésor qui serait trouvé sur le fonds vendu immédiatement après la vente appartiendrait pour moitié à l'acquéreur; l'autre moitié appartiendrait à l'inventeur. — Proudhon, *Domaine de la propriété*, t. 1er, n° 400.

25. — Lorsque la vente a été faite avec condition de rachat, l'acquéreur devient propriétaire, si le rachat n'est pas fait par le vendeur. Dans le cas contraire, ce dernier devient propriétaire de moitié du trésor, tandis que l'autre moitié appartient à l'inventeur et l'acquéreur n'aurait plus droit à rien. En effet, la vente était résolue par l'exercice de la faculté de rachat, le vendeur est censé n'avoir jamais cessé d'être propriétaire. — Proudhon, n° 401. — Mais si le trésor avait été trouvé par l'acquéreur lui-même, ce dernier pourrait en conserver la moitié comme inventeur.

26. — Celui qui trouve un trésor, et qui n'en restitue pas la moitié au propriétaire du fonds où il le trouve, commet une soustraction frauduleuse qui le rend passible des peines portées en l'art. 401 du Code pénal. — *Rouen*, 12 févr. 1825, Chevalier c. Lemoule; *Cass.*, 18 mai 1827, Emiland Vadrot; *Lyon*, 17 janv. 1828, Vallet c. Lagay; *Cass.*, 29 mai 1828, Gilbert-Lacroix.

27. — Il ne faut pas confondre les choses auxquelles l'art. 716 donne la qualification de trésor avec celles qui ont été perdues et dont le maître ne se retrouve pas. — Art. 717. — Ces dernières appartiennent à l'inventeur, qui doit se conformer à certaines formalités prescrites par diverses décisions ministérielles. — V. ÉPAVES, nos 73 et suiv., et sur le droit du propriétaire de la chose de la revendiquer pendant trois ans, POSSESSION, nos 101 et suiv.

TRÉSOR PUBLIC.

1. — Avant la révolution de 1789, le trésor public a été l'objet de plusieurs édits ou ordonnances parmi lesquels il faut remarquer ceux qui furent rendus sous les ministères de Sully et de Colbert.

2. — Par la loi du 15-17 avril 1791, l'Assemblée constituante créa un ministre des contributions et revenus publics, et institua en même temps une trésorerie nationale indépendante de ce ministère. Cette trésorerie était administrée par six commissaires indépendans du ministre et du roi lui-même, mais soumis à la surveillance de l'Assemblée nationale et aux ordres de son comité des finances. — Dumesnil, *Du trésor public*, n° 3.

3. — L'organisation établie par la loi de 1791 fut modifiée par les lois du 12 germ. an II et 10 vend. an IV et par l'arrêté du 1er pluv. an VIII.

4. — L'arrêté du gouvernement du 7 vendém. an X créa tout à la fois un ministre des finances et un ministre du trésor public. Le dernier avait pour unique mission de veiller aux intérêts du trésor.

5. — Ce système s'est maintenu pendant tout l'Empire, et il a même été rétabli pendant les Cent-Jours; mais à la seconde Restauration, l'administration des finances et celle du trésor ont été concentrées entre les mains du ministre des finances.

6. — Pendant la Restauration et après la révolution de 1830, d'importantes améliorations ont été apportées dans les diverses parties de la gestion du trésor. Un règlement général a été publié sur cet objet par l'ordonnance du 31 mai 1835 rendue sous le ministère de Lacave-Laplagne. Cette ordonnance contient 695 articles et présente un véritable code de la comptabilité publique. — V. COMPTABILITÉ GÉNÉRALE, MINISTRE.

7. — Enfin, une ordonnance du 17 décembre 1844 qui n'a guère fait que sanctionner les règlemens antérieurs, a réglé l'organisation de l'administration des finances.

8. — Un décret du 16 juillet 1806 avait établi au trésor public une caisse particulière sous le nom de caisse de service. Cette caisse était principalement chargée d'opérer avec célérité, dans les départemens, l'application locale des recettes aux dépenses; elle devait diriger les excédans de recettes vers les lieux où les recettes seraient insuffisantes pour les dépenses. — Décr. 16 juill. 1806, art. 2.

9. — La caisse de service ouvrait des comptes courans à tous les receveurs généraux, et elle acceptait les mandats tirés sur elle par ces receveurs jusqu'à concurrence du montant du crédit de leurs comptes courans, en principal et intérêts. — Art. 4 et 5.

10. — Cette caisse a fonctionné jusqu'au commencement de la Restauration. A cette époque, la gestion du Trésor a été centralisée par l'ordonnance du 18 nov. 1817, qui a supprimé les diverses caisses alors existantes au trésor public sous les titres de caisse générale, caisse des recettes, caisse des dépenses et caisse de service, ainsi que toutes les caisses secondaires, et qui a disposé qu'à l'avenir les recettes et les dépenses du Trésor à Paris seraient faites au nom et sous la responsabilité d'un comptable qui prendrait le titre de caissier de la caisse centrale et de service du Trésor.

11. — Aux termes de l'ordonnance du 17 déc. 1844, art. 8, le service de la caisse centrale est suivi par un caissier central, seul justiciable de la Cour des comptes, et sous sa responsabilité personnelle, par les agens placés sous ses ordres. Il a pour principal auxiliaire un sous-caissier central ayant rang de sous-directeur. Le service est partagé en huit bureaux.

12. — Les sous-caissiers sont assimilés aux chefs de bureau. — Ord. 17 déc. 1844, art. 9.

13. — Une seconde ordonnance du 18 novembre 1817 avait disposé que le service des dépenses du trésor serait dirigé, sous les ordres du ministre des finances, par un agent supérieur qui aurait le titre de directeur des dépenses.

14. — Suivant l'art. 5 de la même ordonnance, les dépenses de la dette publique devaient être acquittées par un agent qui aurait le titre de payeur principal de la dette publique, et celles des divers ministères par un autre agent appelé payeur principal des dépenses des ministères.

15. — Le service des payeurs de département a été réorganisé par une ordonnance du 1er novembre 1829 qui a réuni à leurs fonctions celles des payeurs spéciaux de la marine et des ports. Il existe un payeur par département. Le service de l'armée se fait par des payeurs d'armée. — Ord. 31 mai 1838, art. 306.

16. — L'ordonnance du 27 déc. 1823 a supprimé la place de directeur des dépenses et institué un payeur central en remplacement des deux payeurs principaux.

17. — Le service du payeur central du trésor est actuellement dirigé par ce payeur, comptable responsable de la Cour des comptes, qui a pour principal auxiliaire un sous-directeur. Le travail est partagé entre un bureau central et de comptabilité, six bureaux de paiement de la dette publique, et trois bureaux de paiement des dépenses des ministères. — Ordonn. du 17 déc. 1844, art. 10.

18. — Les sous-payeurs des dépenses des ministères sont assimilés aux chefs de bureau, et les sous-payeurs de la dette publique, de même que les vérificateurs, aux sous-chefs. — Art. 11.

19. — C'est au trésor public que doivent être versés les cautionnemens des fonctionnaires publics et officiers ministériels, des comptables du Trésor, des fournisseurs, entrepreneurs et concessionnaires de services et travaux d'utilité publique, des gérans et propriétaires de journaux ou écrits périodiques. — V. CAUTIONNEMENT (fonctionnaires, etc.), ÉCRITS PÉRIODIQUES, MARCHÉS ET FOURNITURES, TRAVAUX PUBLICS.

20. — Le Trésor a un privilége ou une hypothèque légale, suivant les circonstances, sur les biens des comptables publics. — V. COMPTABLES PUBLICS, HYPOTHÈQUE LÉGALE, PRIVILÉGE.

21. — Le Trésor peut encore exercer un privilége pour le recouvrement des frais de justice en matière criminelle, correctionnelle ou de police, pour celui des contributions directes ou indirectes, des droits de douane, des droits de mutation après décès et des droits de timbre. — V. PRIVILÉGE.

22. — Certaines prescriptions ou déchéances ont en outre été créées par diverses lois, à l'effet de libérer le trésor public. — V. DETTE PUBLIQUE.

23. — Le trésor public n'est engagé par les récépissés de versemens ou autres titres qu'il délivre, qu'autant que certaines formes ont été observées. — L. 24 avr. 1833. — V. COMPTABILITÉ GÉNÉRALE.

24. — Le ministre des finances peut délivrer des contraintes, dans certains cas, contre les comptables et autres débiteurs du Trésor. — V. CONTRAINTE ADMINISTRATIVE.

25. — Les actions judiciaires qui appartiennent au trésor public sont exercées au nom d'un agent judiciaire qui a été créé par un décret du 27-31 août 1791. — V. AGENT JUDICIAIRE DU TRÉSOR PUBLIC. — Cet agent ne procède qu'avec l'autorisation du ministre des finances.

26. — Les assignations ou significations faites à l'agent du Trésor doivent être visées par lui.

27. — Mais c'est au ministre des finances seul qu'il appartient de représenter le Trésor devant le Conseil d'Etat, et dans les instances administratives, de même que lui seul a le droit de statuer sur les réclamations contentieuses qui ressortissent au ministère des finances. — V. CONSEIL D'ÉTAT.

28. — Les instances dans lesquelles le trésor public est engagé ne sont pas soumises au préliminaire de conciliation. Elles doivent être communiquées au ministère public. — C. proc., art. 49 et 83.

29. — Aux termes du décret du 7 mai 1808, un avoué, résidant dans le chef-lieu de chaque département, doit être commissionné par le ministre des finances en qualité d'agrégé à l'agence judiciaire du trésor public.

30. — Par l'effet d'un privilége tout spécial, le Trésor peut arrêter, par un pourvoi en cassation, l'effet des condamnations prononcées contre lui. — Décr. 16-19 juill. 1793. — C'est une exception au principe qu'en matière civile le pourvoi en cassation n'est pas suspensif.

31. — Les jugemens rendus sur les instances dans lesquelles l'agent du trésor public a été partie, soit en demandant, soit en défendant, sont exécutoires par provision à son profit. — L. 11 fruct. an V, art. 1er.

32. — Au contraire, l'exécution provisoire n'a lieu, en faveur des particuliers qui veulent en user, qu'après avoir fourni bonne et suffisante caution dans les formes ordinaires. — Même loi, art. 2.

33. — La loi du 21 févr. 1827 dispense le Trésor d'offrir et de donner caution lorsque, dans le cas prévu par les art. 2185 C. civ. et 832 C. procéd., la mise aux enchères est requise au nom de l'Etat. — V. SURENCHÈRE.

34. — Mais le Trésor est soumis au droit commun quant aux formes des appels et des pourvois en cassation.

35. — Les saisies-arrêts ou oppositions formées entre les mains des receveurs, payeurs et administrateurs de caisses et de deniers publics, sont soumises à des formalités spéciales par le décret du 18 août 1807. — V. SAISIE-ARRÊT.

36. — Les sommes appartenant à l'Etat et celles par lui dues, qui sont affectées à des services publics, sont insaisissables. — V. SAISIE-ARRÊT.

TRÉSORIER DE FRANCE.

1. — C'était celui qui était spécialement chargé de la garde et de la direction du trésor du roi. Dans le principe, c'était en cela seulement que consistaient ses fonctions; mais bientôt les trésoriers de France devinrent des magistrats, des juges devant connaître des affaires qui concernaient le domaine du roi. — V. BUREAU DES FINANCES.

2. — Toutefois, ce caractère de juges leur fut enlevé à différentes époques; d'autres fois, quand il se présentait quelques différends relatifs au domaine du roi, ils devaient, pour les décider, appeler auprès d'eux des conseillers au parlement ou des conseillers de la Chambre des comptes.

3. — Leurs fonctions de directeurs du trésor du roi éprouvèrent moins de variations. Elles comprenaient les finances ordinaires, c'est-à-dire le domaine proprement dit, et les finances extraordinaires, les aides, les tailles et les autres impositions.

4. — Ils avaient immédiatement au-dessous d'eux le *changeur* ou *receveur général*; ils devaient surveiller sa gestion et lui adresser des mandemens ou ordonnances pour lui indiquer l'emploi qu'il devait faire des deniers qu'il avait reçus des receveurs particuliers. — Guyot, *Rép. de jurisp.*, v° *Trésorier de France*.

5. — Ils avaient aussi une grande surveillance à exercer sur ces receveurs particuliers. Les tailles et les impositions ayant été réglées, ils en dressaient un état qu'ils faisaient parvenir aux receveurs particuliers, l'accompagnant d'un autre état estimatif des dépenses qu'ils auraient à faire.

6.—Le nombre des trésoriers de France a varié d'une époque à l'autre. Il y en avait tantôt deux, tantôt trois ou quatre, tantôt un plus grand nombre; quelquefois il n'y en avait qu'un seul.

7.—Les trésoriers de France ont été supprimés par la loi du 7-11 sept. 1790.—Art. 10.

TRIAGE.

1. — On appelle ainsi une certaine étendue de bois. Sous l'ancien droit, les maîtrises et grueries étaient divisées en triages que les grands maîtres étaient chargés de visiter chaque année. Les grands maîtres ont été remplacés par les conservateurs des eaux et forêts; la loi du 29 sept. 1791, tit. 6, prescrit également à ces agens de visiter les forêts de leurs départemens.

2. — Le mot triage désignait encore, et c'était son sens le plus usuel, le droit qu'avait un seigneur de reprendre le tiers des bois ou marais qu'il avait lui ou ses auteurs concédés en toute propriété à une commune de son territoire.

3. — Le triage ne s'est introduit qu'au commencement du XVIᵉ siècle. Il est venu postérieurement à l'aménagement, dont l'origine remonte à des temps très-reculés, et il a précédé incontinennement, qui ne date que de l'ordonnance de 1669. — Contrairement à l'aménagement et au cantonnement, qui ne supposent qu'un droit d'usage pour les communaux, le triage suppose que les bois ou marais dont s'exercent appartiennent en pleine propriété aux communautés, et qu'ils lui ont été concédés gratuitement par le seigneur qui prétend exercer le droit de triage ou par les siens. — Merlin, Rép., vᵒ Triage et Usage (droit d'), sect. 2, § 7.

4. — Ce droit a été aboli pour l'avenir par la loi du 15-28 mars 1790, qui porte, art. 30 : « Le droit de triage, établi par l'art. 4 du tit. 25 de l'ordonnance des eaux et forêts de 1669, est aboli pour l'avenir. » Ce n'était pas encore assez; aussi la rétroactivité de cette disposition jusqu'à la publication de l'ordonnance de 1669 est-il venu révoquer et déclarer non avenus les triages faits depuis cette époque (art. 1er); obligeant les communaux, pour rentrer en possession des biens dont elles avaient été dépouillées par l'effet du triage, à se pourvoir dans les cinq ans devant les tribunaux, sans pouvoir prétendre aucune restitution des fruits perçus, et sans qu'il puisse y avoir distraction des tiers des communaux; il en résultait aussi que le triage ne pouvait être exercé pour cause d'impenses (art. 9).

5. — Enfin, un édit antérieur à l'ordonnance de 1669, l'édit d'avril 1667, avait annulé les triages qui avaient été accomplis depuis 1630, et astreint les seigneurs dont la possession remontait à une époque antérieure à 1630 à représenter le titre de leur possession. — L'application de ces divers actes législatifs a donné lieu à quelques décisions judiciaires.

6. — Ainsi, bien que dans le Hainaut et dans le ressort du Parlement de Flandre, le triage avait lieu au profit du seigneur sur les biens communaux. Mais aux termes des art. 4 et 19 du tit. 25 de l'ordonnance de 1669 sur les eaux et forêts, le seigneur ne pouvait demander à son profit la distraction des tiers des communaux, qu'à la charge par lui de prouver que ces biens étaient de la concession gratuite du seigneur, sans charge d'aucun cens, redevance, prestation et servitude, et que les deux autres tiers suffisaient pour l'usage et la communauté des habitans. — Cass., 10 sept. 1791, Préseau.

7. — Un triage postérieur à l'ordonnance de 1669 prouve seul, et indépendant de toute autre circonstance, que les biens qui en ont été l'objet étaient la propriété de la commune. — Cass., 30 juin 1806, de Piolho; 27 avr. 1829, Préfet des Landes c. Commune de Pouy. — Merlin, Rép., vᵒ Triage, § 6.

8. — La loi du 10 juin 1793 n'a pas abrogé celle du 28 août 1792, portant révocation de tous les triages postérieurs à l'ordonnance de 1669. — Cass., 9 mars 1809, Lafresnaye c. Commune de Saint-Aignan. Merlin, Rép., vᵒ Triage, nᵒ 6; Lafruffe, Des droits des communes sur les biens communaux, t. 1er, p. 354.

9. — Ainsi, la matière des triages ayant été complètement réglée par les lois de 1790 et 1792, on ne peut aller chercher la solution des questions qui se réfèrent à cet objet dans la loi du 10 juin 1793, qui ne s'est occupée que des terres vaines et vagues. — Cass., 13 févr. 1822, Dumont.

10. — La loi du 28 août 1792 n'a voulu révoquer que les triages postérieurs à l'ordonnance de 1669. — Cette loi, qui réintègre les communes dans les biens dont elles ont été dépouillées par l'effet de la puissance féodale, a excepté les biens accordés aux seigneurs par voie de triage antérieurement à 1669. — Cass., 14 brum. an XIII, Préfet de la Côte-d'Or c. Commune de Villote; 22 brum. an XIII, Testu-Balincourt c. Commune de Champigny; 1er avr. 1806, Maynon-d'Invau c. Commune de Michery; 7 mai 1806, Chavaudon c. Commune de Sainte-Maure; 22 oct. 1806, Maynon-d'Invau c. Commune de Gisy; 20 avr. 1808, Testu-Balincourt c. Commune de Champigny; 12 juin 1809, de Zaulai c. Commune de Saint-Vinnemmes. — Merlin, Quest., vᵒ Triage, nᵒ 155, et Rép., vᵒ Triage, nᵒ 5; Meaume, Comment C. forest., p. 620, nᵒ 404.

11. — L'art. 8, l. 28 août 1792, qui autorise les communes à se faire réintégrer dans la propriété et la possession des biens dont elles ont été dépouillées par l'effet de la puissance féodale, sans fixer aucun délai à l'exercice de leur action, est inapplicable au cas où il s'agit de biens qui ne sont passés dans les mains du seigneur que par la voie du triage. — Dans ce cas, c'est uniquement l'art. 1er de la loi précitée qu'il faut appliquer, et la commune qui ne s'est point pourvue dans les cinq ans fixés par cet article, doit être déclarée non-recevable dans sa demande en réintégration. — Cass., 27 avr. 1829, Préfet des Landes c. Commune de Pouy. — Meaume, nᵒ 405, p. 621.

12. — L'édit d'avril 1667 révoquait-il les triages faits depuis 1630, ou seulement ceux qui auraient été faits depuis 1637 ? La jurisprudence s'est prononcée dans ce dernier sens. — Cass., 31 brum. an XIII, Testu-Balincourt c. Commune de Champigny; 20 avr. 1808, mêmes parties. — Merlin, Quest., vᵒ Triage, § 2 (où se trouvent les conclusions que l'auteur a données comme procureur général), et Rép., vᵒ Triage, nᵒ 5.

13. — L'expression triage, employée dans un arrêt du conseil antérieur à l'ordonnance des eaux et forêts de 1669, ne peut être considérée comme signifiant un véritable triage, tel que l'a défini depuis ladite ordonnance, mais un simple aménagement, qui, en déterminant la portion des usages dans lesquels les usages devaient être exercés, n'en a pas changé la nature et n'a fait aucune intervention dans les qualités des usagers. — Cass., 31 juill. 1837 (t. 2 1838, p. 397), Commune de Chalonne.

TRIBUNAL DES CONFLITS.

Table alphabétique.

§ 1er. — Institution et organisation. — Costume (nᵒ 4).

§ 2. — Procédure. — Dispositions générales (nᵒ 29).

§ 3. — Conflit positif (nᵒ 47).

§ 4. — Conflit négatif (nᵒ 57).

§ 5. — Recours contre les arrêts de la Cour des comptes (nᵒ 68).

§ 6. — Revendications formées en vertu de l'art. 47 L. 3 mars 1849 (nᵒ 74).

---

§ 1er. — Institution et organisation. — Costume.

1. — Toutes les Constitutions qui se sont succédé depuis 1789 ont proclamé comme base fondamentale de notre ordre politique et social la séparation des pouvoirs, et ce principe a été également consacré par la Constitution du 4 nov. 1848 (art. 19).

2. — De l'indépendance de l'autorité administrative et de l'autorité judiciaire est née la nécessité d'un pouvoir régulateur, de l'institution des conflits d'attribution.

3. — L'Assemblée constituante, ayant aboli le Conseil d'Etat, avait conféré au Tribunal de cassation le droit de prononcer sur les conflits de juridiction comme sur les règlemens de juges. — Decr. 27 nov. 1790, art. 2 et 4.

4. — Le Tribunal de cassation continua à connaître des conflits de juridiction jusqu'à la promulgation du décret du 21 frucl. an III, par lequel la Convention transféra au ministre de la connaissance des conflits de juridiction. Toutefois, le ministre ne statuait pas seul. Sa décision devait être confirmée par le Directoire exécutif, qui pouvait même en référer au Corps législatif. Mais, dans tous les cas, le Directoire exécutif était tenu de prononcer dans le mois qui suivait la décision du ministre. — Decr. 21 fruct. an III, art. 27.

5. — Sous le Consulat, le Conseil d'Etat fut investi par un arrêté du 5 niv. an VIII (art. 11), du droit de statuer sur les conflits de juridiction, et un arrêté du 13 brum. an X, qui est resté pendant longtemps le seul règlement en cette matière, détermina la forme et l'instruction des conflits. — V. CONFLIT, CONSEIL D'ÉTAT.

6. — Le Conseil d'Etat prononçant sur les conflits d'attribution entre le pouvoir judiciaire et le pouvoir administratif, comme représentant du souverain, et par application de ce principe monarchique que toute justice émanait du roi. Mais, après la révolution du 24 février 1848, la justice étant rendue au nom du peuple, il n'y avait pas plus de raison pour attribuer au Conseil d'Etat qu'à la Cour de cassation la connaissance des conflits; de là nécessité d'un tribunal spécial des conflits.

7. — Ce tribunal a été créé par la Constitution du 4 nov. 1848 qui a établi quelques règles principales devant présider à sa formation. « Les conflits d'attribution, porte l'art. 89 de cette Constitution, entre l'autorité administrative et l'autorité judiciaire, seront réglés par un tribunal spécial de membres de la Cour de cassation et de conseillers d'Etat, désignés tous les trois ans, en nombre égal, par leurs corps respectifs. Ce tribunal sera présidé par le ministre de la justice. »

8. — Ainsi, d'après cette disposition, les magistrats appelés à composer le tribunal des conflits ne peuvent être pris que parmi les conseillers d'Etat et les membres de la Cour de cassation; ils sont tirés en nombre égal de chacun de ces deux corps, et sont désignés dans chacun d'eux par les suffrages de leurs collègues et investis pour trois ans de la haute mission qui leur est confiée.

9. — La Constitution, en se bornant à ces règles, a laissé à la législation ultérieure le soin de les développer. La loi organique du 3 mars 1849, sur le Conseil d'Etat, a déterminé le nombre de magistrats devant composer le tribunal des conflits et comment ce tribunal serait formé. L'art. 64 de cette loi est ainsi conçu : « Les conseillers d'Etat et les conseillers à la Cour de cassation qui doivent composer ce tribunal seront au nombre de quatre pour chacun de ces deux corps.... »

29

10. — Mais il ne suffisait pas d'avoir déterminé le nombre de magistrats dont devait se composer le tribunal des conflits, il fallait déterminer le nombre de magistrats nécessaire pour la décision des affaires portées devant ce tribunal; la proportion à maintenir entre les deux élémens qui servent à le former, et, par suite, la manière de le compléter quand, par absence forcée, maladie, parenté, ou peut-être même intérêt personnel, quelques-uns de ses membres se trouvaient hors d'état de siéger. Tel a été l'objet de la loi du 4-8 février 1850 sur l'organisation du tribunal des conflits.

11. — Conformément à la Constitution du 4 nov. 1848, la loi du 4-8 févr. 1850 (art. 1er, § 1er) a confié au ministre de la justice la présidence du tribunal des conflits. Mais, aux termes du § 2 du même art. 1er, les décisions du tribunal des conflits ne peuvent être rendues qu'au nombre de neuf juges, pris également, à l'exception du ministre, dans les deux corps qui concourent à sa formation.

12. — Comment devait-il être pourvu au remplacement du ministre de la justice dans le cas où la nécessité de ses autres fonctions ne lui permettrait pas d'occuper au tribunal des conflits la place que la Constitution et la loi du 4 février 1850 lui assignent? La présidence devait-elle être alors déférée à l'un des membres du tribunal? ou bien devait-elle être attribuée à un autre ministre? Mais à quel ministre? et comment serait-il désigné?

13. — Le projet de loi pour l'organisation du tribunal des conflits voulait que, en cas d'empêchement du ministre de la justice, la présidence appartînt à l'un des ministres désignés par le président de la République. — Art. 1er.

14. — Cette disposition n'a point été admise, parce que, d'une part, elle s'éloignait profondément de l'esprit de la Constitution, qui, en déférant la présidence du tribunal des conflits au ministre de la justice, ne l'a choisi, entre tous les autres, qu'à raison de la nature de ses attributions, et aussi des habitudes antérieures que cette dignité suppose dans celui qui en a été investi, et, de l'autre, parce qu'attribuer ainsi au pouvoir exécutif le droit de choisir, pour chaque affaire, et peut-être selon le caractère de chaque affaire, le magistrat chargé de présider le débat et de diriger la délibération, ce serait sortir de toutes les règles établies dans l'administration de la justice et ouvrir la porte à de graves abus. — V. *rapport* de M. Thomine-Desmazures sur le projet de loi pour l'organisation du tribunal des conflits. (*Moniteur* du 30 déc. 1849.)

15. — Le moyen de compléter le tribunal des conflits, en cas d'empêchement du ministre de la justice, sans sortir du sein même de ce tribunal, présentait une double difficulté. Il altérait la juste pondération établie par la Constitution entre les divers élémens qui composent le tribunal des conflits, si le magistrat chargé momentanément de la présidence n'était plus compté dans le nombre des magistrats appelés également, de part et d'autre, pour statuer sur chaque affaire; et, s'il y était compris, ce moyen constituait le tribunal en *nombre pair*, c'est-à-dire ouvrait, dans le sein même du tribunal, la porte à une nouvelle sorte de *conflits*, perpétuait, aggravait ainsi la perturbation que cet état de choses apporte toujours dans l'expédition des affaires et la bonne administration de la justice. Le partage une fois établi, il faudrait toujours bien le vider. — Même rapport.

16. — La commission pensa alors, comme le gouvernement l'avait admis dans le projet de loi, que c'était dans le ministère même qu'il fallait chercher le suppléant du ministre de la justice, mais qu'au lieu d'en laisser le choix au président de la république, la loi devait se charger de le désigner. Ainsi le demandaient l'importance de la juridiction et l'esprit même de la Constitution. En conséquence, la commission porta son choix, pour la présidence du tribunal des conflits dans le cas dont il s'agit, sur le ministre de l'instruction publique, comme étant à la fois celui des membres du cabinet dont le département présente le moins de cas de conflits, et aussi comme réunissant, au moins en général, toutes les autres conditions désirables pour remplir cette haute fonction. — Même rapport. — Et ce choix fut sanctionné par l'Assemblée législative.

17. — En cas d'empêchement du ministre de la justice, porte en effet l'art. 2 de la loi du 4-8 févr. 1850, il est remplacé dans la présidence du tribunal des conflits par le ministre chargé du département de l'instruction publique.

18. — Il est également pourvu au cas d'absence ou d'empêchement des autres membres du tribunal des conflits. Si un autre membre du tribunal est empêché, il est remplacé, selon le corps auquel il appartient, soit par un conseiller d'Etat, soit par un membre de la Cour de cassation. A cet effet, chacun des deux corps élit dans son sein deux suppléans. Ces suppléans seront appelés à faire le service dans l'ordre de leur nomination. La durée de leurs fonctions est la même que celle des membres titulaires, et ils sont nommés en même temps. — L. 4-8 févr. 1850, art. 3. — Il a été, en exécution du même article, procédé à la nomination des suppléans par le Conseil d'Etat et par la Cour de Cassation, dans les huit jours qui ont suivi la promulgation de la loi.

19. — Un rapporteur chargé de rédiger et de déposer un rapport par écrit dans toutes les affaires, et un ministère public dont les conclusions sont également exigées dans toutes les affaires, sont deux élémens qui concourent à préparer les décisions du tribunal des conflits.

20. — Le rapporteur est pris parmi les membres du tribunal. Les fonctions en sont alternativement confiées à un conseiller d'Etat et à un membre de la Cour de cassation, sans que cet ordre puisse être interverti. — L. 4-8 févr. 1850, art. 4 et 5. — Le règlement du 26 octobre 1849 voulait (art. 6) que les rapporteurs fussent désignés par le ministre de la justice. Mais cette disposition a été abrogée par la loi du 4-8 févr. 1850.

21. — Les fonctions du ministère public sont remplies par deux commissaires du gouvernement, choisis tous les ans par le président de la République, l'un parmi les maîtres des requêtes au Conseil d'Etat, l'autre dans le parquet de la Cour de cassation. Il est adjoint à chacun de ces commissaires un suppléant choisi de la même manière et pris dans les mêmes rangs, pour le remplacer en cas d'empêchement. Ces nominations devront être faites chaque année avant l'époque fixée pour la reprise des travaux du tribunal. — L. 4-8 févr. 1850, art. 6.

22. — Pour maintenir scrupuleusement la pondération entre les deux élémens dont se compose le tribunal des conflits, pour en bannir, enfin, toute tendance exclusive, la loi du 4-8 févr. 1850 (art. 7) veut que les fonctions du rapporteur et celles du ministère public ne puissent jamais être remplies dans la même affaire par deux membres tirés du même corps.

23. — Enfin, un secrétaire, nommé par le ministre de la justice, est attaché au tribunal des conflits. — Règlement du 26 octobre 1849, art. 5.

24. — Le tribunal des conflits se réunit sur la convocation du ministre de la justice. — Règlement du 26 octobre 1849, art. 1er. — Et les séances sont publiques, ainsi que cela résulte de l'art. 8 du même règlement.

25. — Un arrêté du président de la République, du 11 octobre 1849, a déterminé le costume et les insignes des membres qui composent le tribunal des conflits.

26. — Les juges portent, à l'audience et dans les cérémonies publiques, la robe de soie noire bordée d'hermine, avec la toque en velours ornée de deux galons d'or, le rabat en dentelle, et la ceinture noire frangée d'or à l'extrémité. — Arrêté précité, art. 1er, § 1er.

27. — Le président porte, en outre, l'épitoge en hermine, avec quatre galons d'or à la toque, qui est bordée d'hermine; la ceinture est terminée par des torsades en or. — Même article, § 2.

28. — Le greffier du même tribunal porte la robe de soie noire sans hermine et la toque de velours sans galons d'or; le rabat est en mousseline. — Art. 2.

§ 2. — *Procédure. — Dispositions générales.*

29. — L'exercice du droit relatif aux conflits est déterminé aujourd'hui par l'ordonnance du 1er juin 1828, dont nous avons fait connaître les dispositions au mot CONFLIT, et par le règlement d'administration publique du 26 octobre 1849, qui a eu pour objet de mettre les formes de procéder en rapport avec l'institution nouvelle du tribunal des conflits, règlement qui, aux termes de l'art. 64 de la loi du 3 mars 1849, sur le Conseil d'Etat, doit être converti en loi dans l'année de sa promulgation.

30. — Toutes les pièces des affaires à l'occasion desquelles s'engage un conflit d'attribution sont

transmises et enregistrées au secrétariat du tribunal des conflits. Elles sont, après leur enregistrement, remises au rapporteur, dont le rapport doit être fait par écrit. — Règlement du 26 octobre 1849, art. 7. — L. 4-8 févr. 1850, art. 4.

31. — Les rapports sont déposés par les rapporteurs au secrétariat, et transmis ensuite à celui des commissaires du Gouvernement qui doit connaître de l'affaire. — Règl. 26 oct. 1849, art. 7.

32. — Les avocats au Conseil d'Etat et à la Cour de cassation peuvent être chargés, par les parties intéressées, de présenter devant le tribunal des conflits des mémoires et des observations. — Même règl., art. 4.

33. — L'art. 64 de la loi du 3 mars 1849, sur le Conseil d'Etat, contenait une disposition transitoire ainsi conçue : « Les lois et ordonnances concernant les formes et délais des conflits continueront à être observées. Néanmoins, les délais établis pour le jugement demeureront suspendus pendant le temps qui s'écoulera entre la cessation des fonctions de l'ancien Conseil d'Etat et l'installation du tribunal des conflits. »

34. — Le délai dans lequel les questions de conflits doivent être décidées avait été fixé à deux mois, à partir de la réception des pièces, par l'art. 5 de l'ordonnance du 12 mars 1831. Le projet de loi pour l'organisation du tribunal des conflits portait (art. 5) ce délai à trois mois pour le jugement des conflits qui auraient été élevés au moment de l'installation du tribunal.

35. — Si cette disposition eût été ainsi restreinte aux conflits élevés lors de l'installation du tribunal, elle eût pu être insuffisante, en plaçant le tribunal dans la nécessité d'intervertir l'ordre de ses décisions et de s'occuper des affaires nouvelles avant d'avoir réglé les anciennes. Cette considération a déterminé la commission chargée de l'examen du projet de loi pour l'organisation du tribunal des conflits à étendre le délai ci-dessus aux conflits qui pourraient survenir dans les trois mois de la promulgation de la loi du 4-8 fév. 1850.

36. — De là, l'art. 8 de cette loi, qui est ainsi conçu : « Le délai fixé par l'art. 7, ord. 12 mars 1831, est porté à trois mois pour le jugement des conflits actuellement pendans et de ceux qui pourront être élevés dans les trois mois qui suivront l'installation du tribunal des conflits. »

37. — Mais, à l'égard des conflits élevés après les trois mois qui ont suivi l'installation du tribunal des conflits, l'art. 7 de l'ordonnance du 12 mars 1831, a repris son empire, et ces conflits doivent être jugés dans le délai de deux mois, conformément à cette ordonnance. C'est ce qui nous paraît résulter de l'art. 8, précité, de la loi du 4-8 févr. 1850.

38. — Ce délai est suspendu pendant les mois de septembre et octobre. — Règl. 26 oct. 1849, art. 15. — En d'autres termes, le tribunal des conflits profite, comme les tribunaux ordinaires, des vacances légales. — V. TRIBUNAUX.

39. — Ainsi que nous l'avons dit (V. *suprà*, n° 24), les séances du tribunal des conflits sont publiques. — Les art. 88 et suivans du Code de procédure civile, sur la police des audiences, sont applicables au tribunal des conflits. — Règl. 26 oct. 1849, art. 11. — V. POLICE DE L'AUDIENCE.

40. — Le rapport est lu en séance publique. Immédiatement après le rapport, les parties sont admises à discuter publiquement, soit par elles-mêmes, soit par des avocats au Conseil d'Etat et à la Cour de cassation, la question de compétence. Le commissaire du Gouvernement est ensuite entendu dans ses conclusions. — Art. 8.

41. — Aucune décision du tribunal des conflits ne peut être rendue qu'après un rapport écrit, fait par l'un des membres du tribunal et sur les conclusions du ministère public. — L. 4-8 févr. 1850, art. 4.

42. — Les décisions du tribunal des conflits portent en tête la mention suivante : *Au nom du peuple français, le tribunal des conflits.* — Elles contiennent les noms et conclusions des parties, s'il y a lieu, le vu des pièces principales et des dispositions législatives dont elles font l'application. Elles sont motivées. Les noms des membres qui ont concouru à la décision y sont mentionnés. La minute est signée par le président, le rapporteur et le secrétaire. — Règl. 26 oct. 1849, art. 9.

43. — Le ministre de la justice fait transmettre administrativement aux ministres expédition

des décisions dont l'exécution rentre dans leurs attributions. — Même art.

44. — Les parties ont le droit de se faire délivrer un expédition des décisions rendues par le tribunal des conflits. Cette expédition est délivrée par le secrétaire du tribunal. — Même art.

45. — Les décisions du tribunal des conflits ne sont pas susceptibles d'opposition. — Art. 10.

46. — Nous n'avons indiqué sous ce paragraphe que les règles générales relatives aux formes de procéder du tribunal des conflits; mais il existe encore d'autres règles spéciales à chacune des attributions dont le tribunal des conflits est investi, et qui ont été placées sous les paragraphes suivans concernant ces attributions.

§ 3. — *Conflit positif.*

47. — Il y a *conflit positif*, lorsque le jugement d'une contestation soumise aux tribunaux ordinaires, et qu'on prétend être de la compétence de l'autorité administrative, est revendiquée au nom de l'administration. — V. CONFLIT, ch. 1er, sect. 1re.

48. — Sur le point de savoir quels sont les fonctionnaires qui ont le droit d'élever le conflit, et quelles sont les conditions et les formalités nécessaires pour pouvoir l'élever, V. aussi CONFLIT, chap. 1er, sect. 2 et suiv. — Il n'a été rien changé à cet égard par les lois et règlement qui sont relatifs à l'institution du tribunal des conflits.

49. — Les arrêtés de conflits et les pièces continuent d'être transmis au ministre de la justice par les procureurs de la république et les procureurs généraux, conformément à l'art. 14 de l'ordonn. du 1er juin 1828 et à l'art. 6 de l'ordonn. du 12 mars 1831, et ils sont enregistrés immédiatement au secrétariat du tribunal des conflits. — Règl. 26 oct. 1849, art. 12.

50. — Dans les cinq jours de l'arrivée, les arrêtés de conflits et les pièces sont communiqués au ministre dans les attributions duquel se trouve placé le service auquel se rapporte le conflit. La date de la communication est consignée sur un registre à ce destiné. Dans la quinzaine, le ministre doit fournir les observations et les documens qu'il juge convenables sur la question de compétence. Dans tous les cas, les pièces seront rétablies au secrétariat du tribunal des conflits dans le délai précité. — Même article.

51. — Les avocats des parties peuvent être autorisés à prendre communication des pièces au secrétariat sans déplacement. — Art. 13.

52. — Dans les vingt jours qui suivent la rentrée des pièces, le rapporteur fait au secrétariat le dépôt de son rapport et des pièces. — Art. 14.

53. — Il est statué par le tribunal des conflits dans le délai de deux mois, à dater de la réception des pièces au ministère de la justice. — V. *suprà* n° 37.

54. — La décision du tribunal des conflits ne peut porter sur le fond, mais uniquement sur la question de compétence. Ses attributions consistent à approuver ou annuler l'arrêté de conflit, à qualifier la contestation, et à déclarer quelle est, de la juridiction civile ou administrative, la juridiction compétente. Il n'a pas le droit de renvoyer devant un tribunal en particulier pour le jugement du fond de la contestation. — Laferrière, *Cours de droit public et administratif*, 3e édit., t. 2, p. 730 et 739.

55. — Lorsque la décision a été rendue, le ministre de la justice pourvoit à la notification prescrite par l'art. 7 de l'ordonnance du 12 mars 1831, et par l'art. 16 de l'arrêté du 30 déc. 1848. — Règl. 26 oct. 1849, art. 16.

56. — L'arrêté du 30 déc. 1848 a déterminé les cas dans lesquels il peut y avoir conflit d'attributions entre les tribunaux et l'autorité administrative en Algérie, ainsi que les formes à suivre pour faire statuer sur les conflits.

§ 4. — *Conflit négatif.*

57. — Il y a conflit négatif lorsque l'autorité judiciaire et l'autorité administrative refusent respectivement de connaître d'une affaire. — V. CONFLIT, nos 597 et suiv.

58. — Dans le cas où une déclaration d'incompétence émane de deux conseils de préfecture, ou d'un préfet et d'un conseil de préfecture, il n'y a pas là un *conflit d'attribution* sur lequel il doive être statué par le tribunal des conflits. Il y a lieu seulement à *règlement de juges;* et c'est au Conseil d'Etat, section du contentieux, qu'il appartient de déclarer quel est le juge administratif compétent. — Laferrière, t. 2, p. 741.

59. — Lorsque l'autorité administrative et l'autorité judiciaire se sont respectivement déclarées incompétentes sur la même question, le recours devant le tribunal des conflits, pour faire régler la compétence, est exercé directement par les parties intéressées. Ce recours est formé par requête signée d'un avocat au Conseil d'Etat et à la Cour de cassation. — Règl., 26 oct. 1849, art. 17.

60. — Lorsque l'affaire intéresse directement l'Etat, le recours peut être formé par le ministre dans les attributions duquel se trouve placé le service public que l'affaire concerne. — Même règl., art. 18.

61. — Lorsque la déclaration d'incompétence émane, d'une part, de l'autorité administrative, de l'autre, d'un tribunal statuant en matière de simple police ou de police correctionnelle, le recours peut, en outre, être formé par le ministre de la justice. — Art. 19.

62. — Dans tous les cas, le recours doit être communiqué aux parties intéressées. — Art. 20.

63. — Cette communication a lieu, soit par voie administrative, s'il s'agit d'un recours formé par un ministre, soit par une ordonnance de *soit communiqué* rendue par le ministre de la justice en sa qualité de président du tribunal des conflits, s'il s'agit d'un recours formé par des particuliers.

64. — Lorsque le recours est formé par des particuliers, l'ordonnance de *soit communiqué*, rendue par le ministre de la justice, président du tribunal des conflits, doit être signifiée par les voies de droit, dans le délai d'un mois. Ceux qui demeurent hors de la France continentale ont, outre le délai d'un mois, celui qui est réglé par l'art. 75 du Code de procédure civile. — Règl. 26 oct. 1849, art. 21.

65. — Lorsque le recours est formé par un ministre, il en est, dans le même délai, donné avis à la partie intéressée, par la voie administrative. Dans les affaires qui intéressent l'Etat directement, si le recours est formé par la partie adverse, le ministre de la justice est chargé d'assurer la communication du recours au ministre que l'affaire concerne. — Art. 22.

66. — La partie à laquelle la notification a été faite est tenue, si elle réside sur le territoire continental, de répondre et de fournir ses défenses dans le délai d'un mois à partir de la notification. A l'égard des colonies et des pays étrangers, les délais seront réglés, ainsi qu'il appartiendra, par l'ordonnance de *soit communiqué*. — Art. 23.

67. — Les parties intéressées peuvent prendre, par elles-mêmes ou par leurs avocats, communication des productions au secrétariat, sans déplacement, et dans le délai déterminé par le rapporteur. — Art. 24.

§ 5. — *Recours contre les arrêts de la Cour des comptes.*

68. — Le premier projet de Constitution (art. 94) voulait que les recours contre toutes les décisions de la Cour des comptes fussent portés devant la juridiction des conflits. Le second projet (art. 92) déférait à cette juridiction les recours pour incompétence et excès de pouvoirs contre les arrêts du tribunal administratif supérieur et contre les arrêts de la Cour des comptes.

69. — Mais il n'a été, en définitive, attribué au tribunal des conflits que la connaissance des recours pour incompétence et excès de pouvoir contre les arrêts de la Cour des comptes. — Const. 4 nov. 1848, art. 90.

70. — Ces recours doivent être signés par un avocat au Conseil d'Etat et à la Cour de cassation. — Règl. 26 oct. 1848, art. 25, § 1er.

71. — Il en est donné connaissance aux parties intéressées dans les délais et les formes établis par les art. 21 et 22, § 2, précités, du règlement du 26 oct. 1849. — Art. 25, § 2.

72. — Si le recours est formé par le ministre des finances, ou par un autre ministre, pour ce qui concerne son département, le recours est introduit par un rapport du ministre, et il est procédé, quant à l'avis à donner aux parties intéressées, conformément au premier paragraphe de l'art. 22. — Art. 26.

73. — Les art. 23 et 24 du règlement du 26 oct. 1849, qui déterminent les délais dans lesquels la notification du recours, en cas de conflit négatif, doit être faite aux parties intéressées, et la communication des productions peut être prise au secrétariat, sont applicables aux recours contre les arrêts de la Cour des comptes. — Art. 27.

§ 6. — *Revendications formées en vertu de l'art. 47 L. 3 mars 1849.*

74. — Lors de la discussion de la loi du 3 mars 1849, organique du Conseil d'Etat, M. Raudot avait présenté un amendement par lequel il demandait que toutes les décisions de la section du contentieux du Conseil d'Etat contenant excès de pouvoir ou violation de la loi fussent déférées au tribunal des conflits, au lieu de l'être à l'assemblée générale du Conseil d'Etat, comme le veut l'art. 46 de la loi précitée. Mais cet amendement fut rejeté. — V. Séance de l'Assemblée nationale du 27 janv. (*Moniteur* du 28).

75. — Dans la séance du 1er mars 1849, à la troisième délibération de la loi précitée, la proposition suivante fut présentée : « Le ministre de la justice a le droit de revendiquer les affaires portées devant la section du contentieux, et qui n'appartiendront pas au contentieux administratif. — Si le ministre allègue que l'affaire est de la compétence de l'autorité judiciaire, la demande en revendication est portée devant la juridiction des conflits, organisée par l'art. 89 de la Constitution. — Si le ministre allègue que la décision de l'affaire appartient au gouvernement, sous sa responsabilité, il est statué sur la demande en revendication, par le président de la République, en conseil des ministres, après avoir pris l'avis du Conseil d'Etat, en assemblée générale. — Dans tous les cas, le ministre ne peut se pourvoir soit devant la juridiction des conflits, soit devant le président de la République, qu'après que la section du contentieux a refusé de faire droit à la demande en revendication, qui doit lui être préalablement soumise. » — V. *Moniteur* du 2 mars 1849.

76. — Cette proposition, discutée dans la séance du 2 mars (V. *Moniteur* du 3), a été vivement combattue par la minorité de la commission et rejetée par l'Assemblée nationale, qui lui a substitué l'art. 47 de la loi du 3 mars 1849. — Cet article est ainsi conçu :

77. — « Le ministre de la justice a le droit de revendiquer devant le tribunal spécial des conflits, organisé par l'art. 89 de la Constitution, les affaires portées devant la section du contentieux, et qui n'appartiendraient pas au contentieux administratif. Toutefois, il ne peut se pourvoir devant cette juridiction qu'après que la section du contentieux a refusé de faire droit à la demande en revendication qui doit lui être préalablement soumise. »

78. — La forme de cette demande a été déterminée par le règlement du 26 oct. 1849.

79. — Ainsi, lorsque le ministre de la justice estime qu'une affaire portée devant la section du contentieux du Conseil d'Etat n'appartient pas au contentieux administratif, il adresse au président de la section un mémoire pour revendiquer l'affaire. — Règl. précité, art. 28, § 1er.

80. — Dans les trois jours de l'enregistrement du mémoire au secrétariat de la section, le président désigne un rapporteur. Avis de la revendication est donné, dans la forme administrative, aux parties intéressées; il peut en être pris communication dans le délai fixé par le président. — Même art., § 2 et 3.

81. — Dans le mois qui suit l'envoi des pièces au rapporteur, le rapport est déposé au secrétariat de la section, pour être transmis immédiatement au ministère public. Le rapport est fait à la section en séance publique, et il est procédé, d'ailleurs, ainsi qu'il est établi au paragraphe 3 du titre 4 de la loi du 3 mars 1849, et au paragraphe 5 du titre 3 du règlement intérieur du Conseil d'Etat du 26 mai 1849. — Même art., § 4 et 5.

82. — La section du contentieux prononce dans le mois qui suit le dépôt du rapport. — A défaut de décision dans ce délai, le ministre de la jus-

tice peut se pourvoir conformément à l'art. 47 de la loi du 3 mars. — Art. 29.

83. — Les délais établis par les art. 28 et 29 précités sont suspendus pendant les mois de septembre et octobre. — Art. 30.

84. — La décision de la section du contentieux est transmise par le président au ministre de la justice. Dans la quinzaine de cet envoi, le ministre fait connaître, par une déclaration adressée au président, s'il entend porter la revendication devant le tribunal des conflits. — Art. 31, § 1er et 2.

85. — Lorsque la section a refusé de faire droit à la revendication qui lui a été soumise, il est sursis à statuer sur le fond jusqu'à ce que le ministre ait fait connaître qu'il n'entend pas se pourvoir devant le tribunal des conflits, ou jusqu'à l'expiration du délai de quinzaine établi ci-dessus. Lorsque le ministre a déclaré qu'il portait la revendication devant le tribunal des conflits, la section doit surseoir à statuer jusqu'à la décision de ce tribunal. — Même article, § 2 et 4.

86. — Lorsque le ministre de la justice se pourvoit devant le tribunal des conflits, il adresse à ce tribunal un mémoire contenant l'exposé de l'affaire et ses conclusions. A ce mémoire sont jointe la demande en revendication qui a été soumise à la section du contentieux, et la décision par laquelle cette section a refusé de faire droit à la demande du ministre. Il est procédé conformément aux art. 13, 14, 15 et 16. — Art. 32.

87. — La décision qui intervient est transmise au président de la section du contentieux du Conseil d'État. Il en est fait mention en marge de la décision qui a donné lieu au recours du ministre. — Art. 33.

TRIBUNAL CRIMINEL.

Table alphabétique.

TRIBUNAL CRIMINEL. — **1.** — Dans un sens absolu, on appelle ainsi tous les tribunaux institués pour le jugement et la répression des crimes, délits et contraventions.

2. — Avant la promulgation du Code d'instruction criminelle il existait, dans chaque département, des tribunaux qui étaient connus sous la dénomination spéciale de *tribunaux criminels*. Mais, ainsi que nous le faisons remarquer au mot TRIBUNAUX, il n'y a plus aujourd'hui chez nous de tribunaux qui portent la qualification spéciale de *tribunaux criminels*. Il n'est donc question ici que des tribunaux criminels antérieurs au Code d'instruction criminelle, qui ont été remplacés par les Cours d'assises. — V. COUR D'ASSISES.

§ 1er. — Institution, organisation, composition (n° 3).

§ 2. — Compétence (n° 43).

---

§ 1er. — Institution. — Organisation. — Composition.

3. — Toutes les juridictions antérieures à 1789 ayant été supprimées, il fallut pourvoir par des institutions nouvelles aux besoins de la justice criminelle comme de la justice civile. De là, le décret de l'Assemblée constituante du 20 janv.-25 fév. 1791, qui ordonna l'établissement, pour chaque département, d'un tribunal criminel (art. 1er). Ces tribunaux devaient être tenus dans les villes qui étaient le siège des administrations ou des directoires des départemens.

4. — Cette institution des tribunaux criminels par département fut confirmée par le décret du 16-29 sept. 1791, concernant la police de sûreté, la justice criminelle et l'établissement des jurés. D'après ce décret, les tribunaux criminels se composaient de deux élémens : des juges permanens, et des jurés.

5. — Chaque tribunal criminel se composait d'un président, nommé pour six ans par les électeurs du département, mais rééligible, et de trois juges, pris chacun tous les trois mois et par tour dans les tribunaux de district : de sorte que le jugement ne pouvait être rendu que par quatre juges. — Décr. 20 janv.-25 fév. 1791, art. 2 et 6 ; 16-29 sept. 1791, tit. 2, art. 2, 4 et 5.

6. — Jugé, qu'un tribunal criminel ne devait être composé, à l'exception du président, que de juges pris dans les tribunaux de district ; et qu'un juge de loi ne pouvait pas y remplacer un juge, sous peine de nullité du jugement. — *Cass.*, 16 frim. an IV, Beletain. — V. *infra* nos 38 et suiv.

7. — Il y avait près des tribunaux criminels un accusateur public, qui, comme le président, était nommé par les électeurs du département, mais pour quatre ans seulement, et un commissaire du gouvernement. — Décr. 20 janv.-25 fév. 1791, art. 6, 16-29 sept. 1791, tit. 2, art. 3, 4 et 5. — Le commissaire du gouvernement auprès des tribunaux criminels y exerçait ses fonctions d'une manière particulière et exclusive. — Décr. 17-29 sept. 1791.

8. — Le greffier du tribunal criminel était nommé aussi par les électeurs du département. Mais, à la différence des fonctions du président et

de l'accusateur public, qui étaient temporaires, celles du greffier étaient à vie.—Décr. 20 janv.-25 févr. 1791, art. 5 et 6; 16-29 sept. 1791, tit. 2, art. 1 et 5.

9. — Nous avons vu que le président du tribunal criminel ne pouvait être pris parmi les juges de district. Un décret du 8 juin-12 sept. 1791 déclara, en effet, la place de président incompatible avec celle de juge. La place de greffier du tribunal criminel était également incompatible avec celle de greffier du tribunal de district.

10. — Un décret du 30 mars-17 avril 1791 avait déterminé les qualités nécessaires pour être président et accusateur public du tribunal criminel. Ces qualités étaient les mêmes que celles qui étaient exigées pour les juges des tribunaux de district. — V. TRIBUNAUX. — V. aussi ACCUSATEUR PUBLIC.

11. — Les juges de district qui se déplaçaient pour servir auprès des tribunaux criminels recevaient, en sus de leur traitement ordinaire, une indemnité égale au traitement des juges du lieu où siégeait le tribunal criminel, à raison des trois mois de leur service.—Décr. 29 sept.-12 oct. 1791, art. 2.

12. — A Paris, un décret du 14 mars 1791 y avait établi six tribunaux criminels qui furent dissous par un décret du 8 septembre 1792.

13. — Par un décret du 18 août 1792, les commissaires du gouvernement près les tribunaux criminels furent suspendus de leurs fonctions (art. 1er) ; les conseils généraux de département furent chargés de nommer, à la pluralité des suffrages et par la voie du scrutin, un citoyen pour remplir provisoirement ces fonctions (art. 3). A Paris, les juges des tribunaux criminels nommaient eux-mêmes celui qui devait exercer près de chacun d'eux les fonctions de commissaire du gouvernement (art. 5).

14. — L'art. 5 précité du décret du 18 août 1792 se trouva abrogé par le décret du 8 septembre 1792, qui, comme nous l'avons vu, prononça la dissolution des tribunaux criminels établis à Paris. A l'égard des commissaires du gouvernement près les tribunaux criminels des autres départemens, ils furent formellement supprimés par un décret du 20 octobre 1792, qui attribua les fonctions qu'ils exerçaient aux accusateurs publics.

15. — Le tribunal criminel du département de Paris reçut une organisation particulière par un décret du 14 mars 1793. Ce tribunal était composé d'un président et de deux vice-présidens, d'un accusateur public et de deux substituts, de six juges, d'un greffier et de six commis greffiers-assermentés. Il se formait lui-même en deux sections, dont l'une était en activité.

16. — Le décret du 16-29 sept. 1791, en même temps qu'il avait organisé les tribunaux criminels, avait réglé la procédure qui devait être suivie devant eux. Cette procédure était assez compliquée. Après une information préliminaire, confiée au juge de paix et complétée ensuite par le directeur du jury, ce magistrat portait l'affaire devant la chambre du conseil du tribunal de district, qui décidait s'il y avait lieu à suivre. Dans ce dernier cas, l'affaire était déférée au jury d'accusation. Ce jury, après un débat oral, décidait s'il y avait ou non lieu à accusation. En cas d'affirmative, l'affaire était renvoyée au tribunal criminel, devant le jury de jugement. Ces jurés étaient pris sur une liste de deux cents citoyens, avec faculté pour l'accusateur public et l'accusé d'en récuser péremptoirement chacun vingt. Les autres récusations étaient admises ou rejetées par le Tribunal. Les douze jurés de jugement étaient tirés au sort sur les noms restans. — Sur les attributions du jury d'accusation. — V. au surplus, JURY D'ACCUSATION.

17. — Le président du tribunal criminel, assisté de ses assesseurs, dirigeait l'audience. Le débat était oral et public. L'accusateur public exposait le sujet de l'accusation ; l'accusé ne subissait aucun interrogatoire (on ne pouvait donc, il n'indait point à le faire lui-même) ; les témoins étaient entendus ; l'accusateur et l'accusé avaient ensuite la parole. Le président résumait le débat et posait les questions. Les jurés faisaient leur déclaration dans la chambre du conseil, en présence de l'un des juges et de l'accusateur public ; chacun d'eux énonçait à haute voix son opinion ; il fallait six déclarations pour condamner. Les juges appliquaient la loi sur cette déclaration, et donnaient aussi, mais publiquement, leur avis à haute voix. L'accusé avait trois jours pour se pourvoir en cassation.

18. — La Constitution du 5 fruct. an III (22 août 1795) maintint l'institution d'un tribunal

criminel pour chaque département (art. 244), institution qui fut de nouveau consacrée par le Code du 3 brum. an IV (25 oct. 1795), art. 265. Ce Code conserva aussi le jury d'accusation et le jury de jugement, dont il réorganisa la composition et les attributions.

19. — Sous l'empire de cette législation nouvelle, le tribunal criminel était composé d'un président, d'un accusateur public, de quatre juges pris dans le tribunal civil, du commissaire du pouvoir exécutif près le même tribunal, d'un substitut qui lui était donné spécialement pour le service du tribunal criminel, et d'un greffier. — Const. 5 fruct. an III, art. 245; C. 3 brum. an IV, art. 266.

20. — Ainsi, le tribunal criminel fut, dès lors, composé de cinq juges, tandis que, d'après le décret du 16-29 sept. 1791 (V. *suprà* n° 5), il ne l'était que de quatre. Ces cinq juges devaient concourir à tout jugement, même de simple instruction, rendu par le tribunal criminel. — C. 3 brum. an IV, art. 272.

21. — Tout jugement rendu, sous l'empire du Code du 3 brum. an IV, par un tribunal criminel composé seulement de quatre juges, était nul, et cette nullité entraînait celle de la déclaration du jury et même de l'ordonnance d'acquittement prononcée par le président en conséquence de cette déclaration. — *Cass.*, 17 niv. an VII, Vaille.

22. — A plus forte raison, le jugement d'un tribunal criminel était nul, s'il n'avait été rendu que par trois juges. — *Cass.*, 6 brum. an IX, Vermaire.

23. — Décidé, de même, qu'un jugement du tribunal criminel, qui n'était pas signé par les cinq juges composant le tribunal, était nul. — *Cass.*, 21 brum. an VIII, Leclerc. — *Contrà Cass.*, 6 juin 1810, Lavatori.

24. — D'un autre côté, les fonctions de commissaire du pouvoir exécutif près les tribunaux criminels, supprimées, comme nous l'avons vu, par un décret du 20 oct. 1792, furent rétablies par la Constitution du 5 fructidor an III et le Code du 3 brumaire an IV. — V. COMMISSAIRE DU GOUVERNEMENT PRÈS LES TRIBUNAUX, COMMISSAIRE DU POUVOIR EXÉCUTIF PRÈS LES TRIBUNAUX, et COMMISSAIRE DU ROI.

25. — Le jugement d'un tribunal criminel était nul, s'il n'avait été précédé ni des conclusions de l'accusateur public ni de celles du commissaire du gouvernement. — *Cass.*, 6 brum. an IX, Vermaire.

26. — Dans le tribunal criminel du département de la Seine, il y avait de plus un vice président et un substitut de l'accusateur public. Ce tribunal pouvait alors être divisé en deux sections. Huit membres du tribunal civil y exerçaient les fonctions de juges. — Const. 5 fruct. an III, art. 245; V. aussi C. 3 brum. an IV, art. 300.

27. — Les présidens du tribunal civil et des sections de ce tribunal ne pouvaient jamais remplir les fonctions de juges au tribunal criminel, — Const. 5 fruct. an III, art. 246; C. 3 brum. an IV, art. 267.

28. — Les juges du tribunal civil faisaient le service au tribunal criminel, chacun à leur tour, pendant six mois, dans l'ordre de leur nomination, et ils ne pouvaient, pendant ce temps, exercer aucune fonction au tribunal civil. — Const. 5 fruct. an III, art. 247; C. 3 brum. an IV, art. 268.

29. — Jugé, par application de la disposition précitée, que les membres du tribunal civil qui avaient déjà siégé au tribunal criminel, suivant l'ordre de leur nomination, ne pouvaient être appelés à renouveler leur service à ce tribunal qu'après l'épuisement total du tableau, et qu'il y avait nullité si cet épuisement n'avait pas eu lieu, et que rien ne constatât que les juges appelés par le tour du tableau fussent absens ou légitimement empêchés. — *Cass.*, 24 brum. an VII, Dumas.

30. — En admettant que les juges composant un tribunal criminel auraient dû, suivant l'ordre de relation établi par la loi entre les juges des tribunaux, se trouver de service, non au tribunal criminel, mais dans une fonction de directeur du jury, il ne pouvait résulter de là la nullité du jugement auquel ils avaient concouru. — *Cass.*, 16 mess. an VIII, Gilles-Moreau.

31. — En cas de mort, ou d'empêchement légitime, du président, les quatre juges réunis à un cinquième, qui était pris pour cet effet dans le tribunal civil, suivant l'ordre du tableau, nommaient entre eux, au scrutin, celui qui devait le remplacer provisoirement. — C. 3 brum. an IV, art. 269.

32. — Le juge qui remplissait les fonctions de président sans y avoir été nommé dans la forme ci-dessus prescrite, commettait une usurpation de pouvoir, et les actes faits sous sa présidence étaient nuls. — *Cass.*, 17 prair. an VIII, Denies.

33. — Le jury de jugement devait être composé de douze jurés au moins. L'accusé avait le droit d'en récuser un nombre déterminé, sans donner de motifs. — C. 3 brum. an IV, art. 251. — L'instruction devant le jury de jugement était publique; l'accusé devait être assisté d'un défenseur. — Art. 252. — Il était formellement interdit aux juges de poser aux jurés aucune question complexe. — Art. 250. — V. COUR D'ASSISES, JURY.

34. — Le Code du 3 brum. an IV, en déterminant les attributions du directeur du jury (V. DIRECTEUR DU JURY), lui avait imposé l'obligation de donner lecture aux jurés d'une instruction dont l'art. 257 de ce Code traçait les termes. Si le procès-verbal des débats ne mentionnait pas que cette lecture eût été faite, il y avait présomption qu'elle avait été omise, et dès lors nullité de toute la procédure. — *Cass.*, 29 mars 1810, Paira.

35. — La Constitution du 22 frim. an VIII (13 déc. 1799) conserva l'établissement des tribunaux criminels, sans rien changer à leur mode de fonctionner. Ainsi, d'après l'art. 62 de cette Constitution, un premier jury admettait ou rejetait l'accusation; si elle était admise, un second jury reconnaissait le fait; et les juges, formant un tribunal criminel, appliquaient la peine. Leur jugement était sans appel.

36. — Mais cette Constitution supprima la fonction d'accusateur public près les tribunaux criminels et en attribua l'exercice aux commissaires, du gouvernement près ces tribunaux. — Art. 63.

37. — La loi du 27 vent. an VIII, qui a réorganisé les tribunaux, n'apporta également aucune modification à l'organisation antérieure des tribunaux criminels. Il en fut de même du sénatus-consulte organique du 28 flor. an XII (18 mai 1804). Seulement, à la dénomination de *tribunaux criminels*, ce sénatus-consulte substitua celle de *Cours de justice criminelle*. — Art. 136.

38. — Nous avons vu précédemment (n° 6), que, sous l'empire du décret du 16-29 sept. 1791, un homme de loi ne pouvait faire partie d'un tribunal criminel. Mais il a été décidé que les Cours de justice criminelle pouvaient, en cas d'absence ou d'empêchement des juges ou suppléans, s'adjoindre un homme de loi. Autrement, en effet, le cours de la justice eût pu être interrompu. — *Cass.*, 12 pluv. an XIII, Gleize; 23 vent. an XIII, N...; 11 prair. an XIII, Jamaigne.

39. — Les Cours de justice criminelle pouvaient appeler spécialement des avocats pour se compléter. — *Cass.*, 26 vend. an XIV, Touzard.

40. — Toutefois, il fallait, à peine de nullité, que les juges, ou suppléans ayant caractère de juges, siégeassent en majorité. — V. arrêts précités des 11 prair. an XIII et 26 vend. an XIV, nos 38, 39.

41. — Les décisions emportant condamnation, rendues par un tribunal criminel ou une Cour de justice criminelle, devaient être prononcées publiquement. Il y avait nullité si elles étaient rendues en la chambre du conseil, sans la présence des parties et du public. — *Cass.*, 13 août 1807, Soulié c. Octroi du Saint-Esprit.

42. — Les Cours de justice criminelle fonctionnèrent jusqu'à la promulgation du Code d'instruction criminelle, qui en prononça la suppression, et les remplaça par les Cours d'assises instituées dans chaque département. Ce Code supprima également le jury d'accusation, auquel les chambres d'accusation furent substituées; mais il laissa subsister le jury de jugement. — V. COUR D'ASSISES.

§ 2. — *Compétence.*

43. — Les tribunaux criminels étaient, dans certains cas, appelés à remplir les fonctions qui sont attribuées aujourd'hui aux chambres d'accusation. Ainsi, dans le cas où il n'y avait point de partie plaignante ou dénonciatrice, si le directeur du jury trouvait, par la nature du délit, que l'accusation ne devait pas être présentée au jury, il assemblait dans les vingt-quatre heures le tribunal criminel, lequel prononçait sur cette question, après avoir entendu le commissaire du gouvernement. — Décr. 16-29 sept. 1791, *De la justice criminelle*, t. 1er, art. 6. — Cette attribution avait été maintenue par le Code du 3 brum. an IV.

44. — Mais jugé que, dans le cas précité, un tribunal criminel ne pouvait connaître, sur le rapport du directeur du jury, que de la question de droit, si le délit, par sa nature, devait être présenté au jury, et qu'il était incompétent pour prononcer sur de pures questions de fait relatives au degré des preuves ou présomptions acquises contre chaque prévenu, et pour décider, en conséquence, que les uns seraient mis en liberté, d'autres renvoyés à la police et d'autres traduits devant le jury d'accusation. — *Cass.*, 16 prair. an VIII, Michaud.

45. — Tous les crimes ou délits emportant peine afflictive ou infamante étaient de la compétence des tribunaux criminels, qui, toutefois, ne pouvaient juger que sur une accusation légalement reçue par un jury composé de huit citoyens. — Code 3 brum. an IV, art. 301.

46. — Lorsque la déclaration du jury avait été rendue dans la commune où était établi le tribunal criminel, ou lorsque la commune dans laquelle était établi le tribunal criminel se trouvait être celle de la résidence habituelle de l'accusé, celui-ci pouvait demander à être jugé par l'un des tribunaux criminels des deux départemens les plus voisins. — C. 3 brum. an IV, art. 303. — Il avait vingt-quatre heures à partir de la signification de l'ordonnance de prise de corps pour faire son option. — Art. 307.

47. — L'accusé ne pouvait exercer le droit d'option que dans les deux cas précités. Le tribunal qui le lui réservait indéfiniment commettait un excès de pouvoir. — *Cass.*, 9 prair. an VII, Pommier et Delpech.

48. — Le tribunal criminel devait prononcer en audience publique, et non en chambre du conseil, sur la demande de l'accusé tendant à exercer un droit d'option entre divers tribunaux. — *Cass.*, 8 vendém. an X, Calvet et Léanet.

49. — L'accusé qui s'était soustrait à l'ordonnance de prise de corps n'était pas recevable, lors de son arrestation, à opter pour être jugé par l'un des tribunaux criminels des deux départemens les plus voisins. — *Cass.*, 5 fruct. an XII, Boisson.

50. — Lorsqu'un accusé avait usé du droit d'option que lui accordait le Code du 3 brum. an IV, le tribunal criminel récusé ne pouvait retenir la connaissance de l'affaire. — *Cass.*, 5 flor. an VII, Rebuffel.

51. — Le tribunal criminel saisi par l'option de l'accusé ne pouvait pas, en cassant l'acte d'accusation, renvoyer la procédure devant un directeur du jury d'un autre département. — *Cass.*, 24 vent. an VII, Moutardon; 9 prair. an VII, Pommier et Delpech; 18 prair. an VIII Angot. — Un pareil droit n'appartenait qu'au tribunal de cassation. — *Cass.*, 9 vend. an VII, Bernard.

52. — Si le renvoi avait été fait devant un directeur du jury du département où la poursuite avait été commencée, le tribunal criminel de ce département était incompétent pour connaître de l'affaire; l'option exercée par l'accusé l'en avait dessaisi pour toujours. — V. arrêts de *Cass.* précités des 24 vent. an VII, 18 prair. an VIII, n° 51, et *Cass.*, 26 fruct. an VII, Fournier et Bompard. — Ce droit d'option n'existe pas dans notre législation criminelle.

53. — Le tribunal criminel saisi d'une affaire par l'option de l'accusé était tenu d'en prendre connaissance et de prononcer aux termes de la loi, sans pouvoir renvoyer l'affaire devant un autre tribunal. S'il s'en dessaisissait, le tribunal de cassation devait la renvoyer devant lui. — *Cass.*, 9 vend. an X, Falcon; 26 niv. an X, Martin et Rue.

54. — Les tribunaux criminels n'étaient saisis, comme nous l'avons dit, d'une instruction criminelle que par une accusation légalement reçue et par une ordonnance de prise de corps rendue sur la déclaration du jury d'accusation. — *Cass.*, 8 germ. an VIII, Baudin et Allègre. — Le commissaire du pouvoir exécutif près ces tribunaux ne pouvait requérir devant eux que pour la régularité des formes dans les instructions criminelles dont ils étaient saisis. Les actes d'un jugement contraires à la loi étaient soumis à la surveillance de l'accusateur public et à l'examen du directeur du jury. Ils ne pouvaient entrer dans la juridiction des tribunaux criminels qu'autant qu'ils faisaient partie des procédures sur lesquelles ces tribunaux avaient droit de statuer. — Constit. 5 fruct. an III, art. 248 et 249; C. 3 brum. an IV, art. 23 et 301; *Cass.*, 18 vent. an

VII, Roustan; 12 flor. an VII, Flory et Sicard; 7 therm. an VII, Olivier.

55. — Spécialement, un tribunal criminel était incompétent pour annuler, sur la dénonciation de l'accusateur public, une ordonnance du directeur du jury dont il n'était point saisi par une accusation légalement admise. Ce droit n'appartenait qu'au tribunal de cassation — Même arrêt du 12 flor. an VII; 29 niv. an VII, Hébrard.

56. — ... Une ordonnance du directeur du jury portant qu'une procédure serait instruite conformément aux dispositions de la loi du 30 prair. an III. — *Cass.*, 26 brum. an VIII, Dupont.

57. — ... Une ordonnance du directeur du jury portant renvoi de la procédure pour la rédaction de l'acte d'accusation. — *Cass.*, 11 brum. an VIII, Mathieu Acreus.

58. — En général, les ordonnances du directeur du jury procédant comme officier de police judiciaire sur des délits emportant peine afflictive et infamante ne pouvaient être réformées ni annulées par les tribunaux criminels, qui n'étaient saisis des affaires de grand criminel que par une accusation légalement admise. — *Cass.*, 29 brum. an IX, Douanes c. Sponcy.

59. — Il existait toutefois un cas où les tribunaux criminels pouvaient annuler une ordonnance rendue par un directeur du jury : c'était celui où les formes prescrites n'avaient pas été observées. — C. 3 brum. an IV, art. 326.

60. — Mais, dans ce cas, le tribunal criminel ne pouvait, à peine de nullité, statuer en la chambre d'instruction, c'est-à-dire à huis clos, hors la présence du public, sur la légalité de la procédure. — *Cass.*, 10 juill. 1807, Collin et Poux. — Aujourd'hui, il est statué en pareille matière en la chambre du conseil. — C. instr. crim., art. 218.

61. — Un tribunal criminel était incompétent pour annuler un acte d'accusation et une procédure sur lesquels un jury légal avait déclaré n'y avoir lieu à accusation. — *Cass.*, 4 fruct. an VII, Groslevin. — ... Ainsi que l'ordonnance de mise en liberté qui avait été la suite de la déclaration négative du jury d'accusation. — *Cass.*, 15 mess. an VIII, Haslaver; 15 brum. an XIII, Ghislain.

62. — Après qu'il était était intervenu une déclaration du jury portant qu'il n'y avait lieu à accusation, le tribunal criminel ne pouvait pas, sous le prétexte que le mandat d'arrêt était nul, faire recommencer une procédure contre l'inculpé à raison du même fait. — *Cass.*, 13 vent. an VIII, Ghislain de Meulnaer.

63. — Tant que le jury d'accusation n'avait pas encore statué sur l'acte d'accusation dressé contre les prévenus, le tribunal criminel ne pouvait, sans excéder ses pouvoirs, ordonner l'apport de la procédure à son greffe, pour examiner des nullités dénoncées par le commissaire du gouvernement. — *Cass.*, 28 germin. an VIII, Chaumard et Roux.

64. — Le tribunal criminel qui ne trouvait pas suffisant, pour fonder sa compétence, l'acte d'accusation qui lui était présenté, à cause de l'omission d'une circonstance aggravante, ne pouvait pas renvoyer d'office le prévenu devant le tribunal correctionnel : il devait annuler l'acte d'accusation et renvoyer devant un autre directeur du jury pour en faire dresser un nouveau. — *Cass.*, 14 prair. an VII, Cadet.

65. — Sous l'empire du Code du 3 brum. an IV (art. 359), l'accusé avait la faculté de faire entendre aux débats des témoins qui n'avaient pas préalablement déposé par écrit, et cette faculté était générale et illimitée. Ainsi, il pouvait faire entendre de pareils témoins non-seulement sur sa moralité, mais aussi sur des faits qu'il croyait directement relatifs à sa disculpation; et la Cour de justice criminelle qui refusait leur audition excédait ses pouvoirs. — *Cass.*, 29 oct. 1808, Genta, dit Mascotti. — Il en est différemment aujourd'hui. — V. COUR D'ASSISES.

66. — Lorsque, dans une affaire où il y avait eu accusation légalement admise, un tribunal criminel condamnait un accusé sans déclaration préalable du jury de jugement, sa décision était nulle comme entachée d'excès de pouvoir. — *Cass.*, 26 messid. an VIII, Orsini.

67. — Un tribunal criminel ne pouvait, en effet, baser son jugement que sur la déclaration formelle d'un jury. — *Cass.*, 19 flor. an IX, Duflef.

68. — Jugé, par le même motif, qu'une Cour de justice criminelle ne pouvait, sans excès de pouvoir, déclarer constans, comme résultant des débats ou de l'aveu de l'accusé, des faits ou des circonstances aggravantes, sur lesquels les jurés n'avaient pas été consultés et n'avaient pas donné de déclaration, et baser sa condamnation sur ces faits et circonstances. — *Cass.*, 26 juin 1806, Benoît.

69. — Le président d'une cour de justice criminelle ne pouvait pas, à plus forte raison, lors du débat, en introduire un autre qui fût étranger à l'accusé. — *Cass.*, 24 (et non 25) janv. 1806, Babuie.

70. — Le tribunal criminel connaissait, mais alors comme tribunal correctionnel, et sans qu'il pût y avoir appel de ses jugemens, des délits n'emportant peine, ni afflictive, ni infamante, commis par un officier de police judiciaire dans l'exercice de ses fonctions (C. 3 brum. an IV, art. 285) et par un directeur du jury, même hors de l'exercice de ses fonctions. — Art. 289.

71. — Mais le tribunal criminel qui prononçait des peines contre un directeur du jury, à raison d'un excès de pouvoir qui n'était qualifié délit par aucune loi, commettait lui-même un excès de pouvoir, et son jugement devait être cassé. — *Cass.*, 18 vendém. an IX, Pianelli.

72. — Sous l'empire du décr. du 16-29 sept. 1791, les tribunaux criminels étaient incompétens pour prononcer sur des intérêts civils résultant d'actes de la police correctionnelle. Ils n'en auraient pu connaître qu'autant que ces intérêts seraient résultés de procès criminels instruits devant eux. — *Cass.*, 5 oct. 1792, Colson c. Lachaulme.

73. — En prononçant la peine établie par la loi, ou l'acquittement de l'accusé, les tribunaux criminels pouvaient par le même jugement statuer sur les dommages-intérêts prétendus par la partie plaignante ou par l'accusé. — C. 3 brum. an IV, art. 432. — Mais ce n'était que relativement à ces personnes seules que cette faculté leur était accordée. Ainsi, ils ne pouvaient prononcer de dommages-intérêts contre un simple dénonciateur. — *Cass.*, 29 vendém. an V, Quelin c. Delaine.

74. — Du reste, le tribunal criminel n'était compétent pour statuer sur les dommages-intérêts de l'accusé contre la partie plaignante ou dénonciatrice, que dans le cas où, le fait dont l'accusé était déclaré convaincu par le jury ne se trouvant pas défendu par la loi, le tribunal lui-même prononçait l'acquittement. Mais lorsque l'acquittement était prononcé par le président comme organe du jury qui l'avait déclaré non convaincu, son action était laissée à la connaissance ordinaire des tribunaux civils. — *Cass.*, 13 vent. an VII, Vitallis c. Tholozé; 9 germ. an VII, Hugues c. Baylé; 29 therm. an VII, Gros c. Chataignier.

75. — Les tribunaux criminels connaissaient aussi de l'appel des jugemens rendus par les tribunaux correctionnels. — C. 3 brum. an IV, art. 198; L. 11 pluv. an IV, art. 1er; Const. 22 frim. an VIII, art. 64.

76. — L'appel, aux termes des art. 194 et 195, C. 3 brum. an IV, devait être formé par une déclaration passée au greffe du tribunal correctionnel, dans les dix jours de la prononciation du jugement, et accompagnée d'une requête contenant les moyens d'appel, le tout à peine de déchéance. Mais le défaut d'enregistrement de la requête dans les dix jours n'emportait pas déchéance. — *Cass.*, 8 therm. an VIII, Douanes c. Bernal. — L'accusateur public seul avait un délai d'un mois, à compter de la prononciation du jugement, pour en interjeter appel. — C. 3 brum. an IV, art. 197.

77. — Décidé, par application de l'art. 195 C. 3 brumaire an IV, que la requête d'appel visée par le président et par le greffier du tribunal criminel ne pouvait pas suppléer à la déclaration d'appel qui devait être faite au greffe. — *Cass.*, 13 vent. an VII, Douanes c. Coudray.

78. — La requête d'appel devait, sous peine de non-recevabilité de l'appel, être signée par la partie ou par un fondé de pouvoir. — *Cass.*, 15 therm. an VII, Nicolas Thill.

79. — Lorsque la déclaration d'appel contenait les moyens de l'appelant, il n'était pas alors nécessaire de les fournir séparément par une requête déposée au greffe. — *Cass.*, 14 prair. an VII, André; 7 flor. an IX, Masurie.

80. — L'appel était jugé à l'audience sur un rapport qui devait être fait par l'un des juges, à peine de nullité. Ce rapport devait avoir lieu dans le mois de la notification de l'appel. — C. 3 brum. an IV, art. 199. — Toutefois, cette dernière formalité n'était pas exigée à peine de nullité. — *Cass.*, 8 therm. an VIII, Douanes c. Bernal.

81. — Lorsqu'à la suite du rapport fait sur l'appel d'un jugement de police correctionnelle, il était intervenu un jugement par défaut, et que l'un des juges appelés à statuer sur l'opposition formée à ce jugement n'avait pas assisté au rapport de l'affaire, il en devait être fait un nouveau, à peine de nullité. — *Cass.*, 22 oct. 1807, Bovisage.

82. — Le prévenu, soit qu'il eût été condamné ou acquitté, la partie plaignante, l'accusateur public et le commissaire du pouvoir exécutif devaient être entendus après le rapport, et avant que le rapporteur et les autres juges émissent leur opinion. Le tout à peine de nullité. — C. 3 brum. an IV, art. 200.

83. — Jugé en effet, conformément à la disposition qui précède, qu'il y avait nullité si, à la suite du rapport, le prévenu n'avait pas été entendu, alors que l'accusateur public en avait fait la réquisition expresse. — *Cass.*, 6 brum. an VII, Digonneau.

84. — Jugé, que le ministère public devait parler le dernier. C'était seulement dans les affaires qui se jugeaient par jurés que la loi avait ordonné que l'accusé ou son conseil auraient toujours la parole les derniers. Cette disposition était inapplicable aux matières correctionnelles. — *Cass.*, 18 avr. 1806, Flachat et Charpentier c. Delaunay.

85. — Les témoins pouvaient être entendus de nouveau, si le prévenu ou l'accusateur public le requéraient. — C. 3 brum. an IV, art. 200.

86. — Il n'était pas nécessaire, pour que les témoins pussent être appelés de nouveau, qu'ils eussent déposé devant le tribunal correctionnel; il suffisait qu'ils eussent fait leurs déclarations dans l'instruction et qu'elles eussent été lues au prévenu. — *Cass.*, 26 pluv. an XIII, Masson.

87. — Un tribunal criminel ou une Cour de justice criminelle ne pouvait refuser à un appelant la faculté de faire entendre des témoins, sous le seul prétexte qu'ils n'avaient pas été entendus devant le tribunal correctionnel; la loi n'établissait pas une semblable prohibition. — *Cass.*, 6 niv. an XIV, Deneuville.

88. — Des témoins produits par le prévenu pour la première fois en appel pouvaient même être entendus. — *Cass.*, 28 mars 1807, Bréant. — *Contrà*, *Cass.*, 11 vent. an VIII, Houvard.

89. — Jugé aussi, que les tribunaux criminels n'étaient pas obligés d'entendre les témoins qui avaient déjà déposé en première instance et que la loi laissait l'appréciation de l'utilité d'une nouvelle audition à leur sagesse et à leur discrétion. — *Cass.*, 18 avril 1806, Flachat et Charpentier c. Delaunay.

90. — Une cour de justice criminelle ne pouvait cependant refuser au ministère public la faculté de faire entendre des témoins pour corroborer un procès-verbal de délit forestier. — *Cass.*, 9 mai 1807, Vallet et Gastier.

91. — Lorsque l'accusateur public présentait, comme moyen d'appel, que le fait était de nature à mériter une peine afflictive ou infamante, le tribunal criminel ne pouvait pas écarter ce moyen, par forme de fin de non-recevoir, en décidant qu'il n'y avait lieu à appel que dans le cas où le délit était de nature à être poursuivi par la voie des jurés. La loi ne mettait pas de restriction au cas et à l'objet de l'appel permis à l'accusateur public. — *Cass.*, 2 frim. an VII, N...

92. — Mais, lorsqu'il n'avait été fait aucun appel par le ministère public, un tribunal criminel ne pouvait pas, sur le seul appel du prévenu, lui appliquer des peines que le tribunal correctionnel n'avait pas prononcées. — *Cass.*, 22 frim. an VI, Offroy, Durieu et Mauret; 10 janv. 1806, Deramond.

93. — Le tribunal criminel, qui n'était saisi que par l'appel du prévenu, commettait un excès de pouvoir, si, tout en rejetant la requête d'appel, il modifiait la condamnation prononcée par les premiers juges et en ajoutait d'autres. — *Cass.*, 23 frim. an VIII, Boldorino.

94. — Il ne pouvait pas davantage, sur l'appel de la partie plaignante, et sans qu'aucun appel eût été interjeté par le ministère public, prononcer contre le prévenu acquitté en première instance une peine d'emprisonnement qui n'avait pour objet que la vindicte publique. — *Cass.*, 23 niv. an XI, Raymond Ledoux; 22 prair. an XI, Crespin et Cosnard c. Douanes; 16 frim. an XII, Pancrace Olh.

95. — Lorsque le prévenu ne s'était pas porté

appelant du jugement de condamnation contre lui rendu en police correctionnelle, le tribunal criminel ne pouvait pas non plus prononcer son acquittement sur le simple appel *à minimâ* du ministère public. — *Cass.*, 9 prair. an VIII, Lucas.

96. — Un tribunal criminel ne pouvait statuer sur l'appel incident du commissaire du gouvernement qu'autant qu'il avait été notifié à l'accusé. — *Cass.*, 29 brum. an X, Blat.

97. — Un jugement d'appel était nul, si le tribunal criminel avait refusé d'ordonner, malgré les réquisitions du prévenu, la comparution de la partie plaignante et l'apport des notes que le greffier du tribunal correctionnel devait avoir tenues. — *Cass.*, 22 frim. an VI, Offroy, Durieu et Maurel; 1er frim. an VII, Schwalin.

98. — Jugé aussi, que le jugement d'appel intervenu sans que la partie plaignante eût été entendue ni même citée à un délai utile, était nul. — Même arrêt du 1er frim. an VII.

99. — Le tribunal criminel, jugeant en appel de police correctionnelle, n'était autorisé qu'à rejeter l'appel ou à annuler le jugement, — C. 3 brum. an IV, art. 201. — Il commettait un excès de pouvoir s'il se permettait de le *casser* et d'ordonner la transcription de son jugement sur les registres du tribunal correctionnel. — *Cass.*, 22 vendém. an VII, Douanes c. Coppens; 15 frim. an X, Douanes c. Aertsens.

100. — Le tribunal criminel qui infirmait un jugement de police correctionnelle pour mal jugé au fond, devait retenir la cause et la juger. — C. 3 brum. an IV, art. 204. — *Cass.*, 9 pluv. an X, Moïse May.

101. — Il ne pouvait, en amendant un procès-verbal de saisie en matière de douanes, renvoyer la cause devant un autre tribunal correctionnel. L'annulation portant, dans ce cas, sur le titre même de l'action, il ne restait rien à juger; le tribunal devait alors se borner à ordonner la confiscation sans amende. — *Cass.*, 2 therm. an VII, Douanes c, N...

102. — Mais lorsqu'un tribunal criminel infirmait un jugement de police correctionnelle qui ne jugeait rien de définitif et présentait un déni de justice ou ordonnait simplement un sursis, il ne pouvait pas s'emparer du fond et y statuer, sans priver les parties d'un degré de juridiction, et sans excéder ses pouvoirs. — *Cass.*, 7 therm. an IX, Rondy c. Grouin; 8 prair. an XI, Lardet. — Mais depuis la loi du 20 avr. 1806, il a été interdit aux tribunaux criminels, jugeant comme tribunaux d'appel de renvoyer devant un autre tribunal correctionnel, hors le cas d'incompétence.

103. — Dans le cas où un tribunal criminel annulait un jugement correctionnel, sur le motif que le fait résultant du procès-verbal ne constituait pas de délit, il ne pouvait renvoyer devant un autre tribunal correctionnel, puisqu'il ne restait rien à juger. — *Cass.*, 2 frim. an XIV, Habitans d'Igey. — V. C. instr. crim., art. 212.

104. — Lorsqu'un tribunal criminel, réformant un jugement correctionnel, annulait le mandat d'arrêt et toute la procédure, sur le motif que le délit n'était passible que d'une amende au-dessous de trois journées de travail, il ne pouvait pas renvoyer la cause devant un autre tribunal correctionnel : il n'y avait lieu qu'à décerner un mandat de comparution, conformément à l'art. 69, C. 3 brum. an IV. — *Cass.*, 8 germ. an VIII, Brassel.

105. — Le tribunal criminel qui, sur l'appel d'un jugement de police correctionnelle, apercevait les traces d'un autre délit, pouvait bien, cependant, le dénoncer afin qu'il fût poursuivi; mais il ne pouvait se dispenser de statuer sur le mérite de l'appel en renvoyant l'affaire à une nouvelle instruction. — *Cass.*, 8 frim. an XIV, Wauters.

106. — Il excédait ses pouvoirs en refusant au ministère public qui le requérait, un délai suffisant pour rapporter la preuve qu'un prévenu traduit devant lui par suite de l'appel d'un jugement correctionnel, était en état de récidive. — *Cass.*, 13 févr. 1806, Villemer.

107. — Le tribunal criminel qui n'annulait pas un jugement correctionnel infecté d'une nullité radicale, résultant, par exemple, de ce que les conclusions de la partie plaignante et celles du prévenu n'avaient pas été fixées par écrit, la communiquait à son propre jugement, et il résultait de là une ouverture à cassation. — *Cass.*, 26 messidor an VIII, Puvis c. Guyot; 29 vendém. an IX, Ledy c. Feltin; 15 frim. an XIII, Douanes c. Indermans. — Il n'en serait pas de même sous l'empire de la législation actuelle.

108. — Quel que fût le vice dont fût infecté un jugement correctionnel, il n'entrait pas dans les attributions d'un tribunal criminel ou d'une Cour de justice criminelle, saisis de la connaissance de ce jugement par suite de l'appel qui en avait été interjeté, de le casser dans l'intérêt de la loi. — *Cass.*, 19 avr. 1809, Chalvidan. — V. *suprà* n° 99.

109. — Une Cour de justice criminelle, saisie d'un seul des chefs d'un jugement correctionnel, excédait ses pouvoirs en infirmant une disposition du même jugement sur laquelle il n'y avait appel de la part d'aucune des parties. — *Cass.*, 23 oct. 1806, Douanes c. Scaparocum.

110. — Une Cour de justice criminelle pouvait, même après la mort d'un prévenu, connaître de l'appel d'un jugement du tribunal de police correctionnelle, en ce qui touchait l'action civile restant à juger avec les héritiers du prévenu décédé depuis le jugement. — *Cass.*, 11 flor. an X, Douanes c. Huyben.

111. — Soit qu'ils rejetassent la requête d'appel ou qu'ils annulassent le jugement, les tribunaux criminels devaient motiver leur décision. — C. brum. an IV, art. 201.

112. — Il a été décidé que les jugemens des tribunaux criminels ou les arrêts des Cours de justice criminelle devaient contenir, en outre, la déclaration des faits qu'ils avaient reconnus constans et dont ils avaient déduit la conséquence de la culpabilité. — *Cass.*, 29 janv. 1807, Griffon c. Chaulieu.

113. — Un jugement rendu par un tribunal criminel, sur l'appel d'un jugement de police correctionnelle, était nul s'il n'était pas motivé. — *Cass.*, 27 vendém. an XIII, Antoni. — V. cependant *Cass.*, 28 avr. 1807, Malaspina.

114. — Il suffisait toutefois, pour la régularité d'un arrêt confirmatif rendu par une Cour de justice criminelle, que les motifs du jugement attaqué y fussent insérés en entier. — V. JUGEMENT (mat. crim.). — V. aussi APPEL (mat. crim.), TRIBUNAUX CORRECTIONNELS.

115. — Sous l'empire de la loi du 23 flor. an X, qui avait placé le crime de faux dans les attributions exclusives des Cours spéciales (V. TRIBUNAUX SPÉCIAUX), une Cour de justice criminelle ne pouvait, sans usurpation de pouvoirs, prendre connaissance de ce crime. — *Cass.*, 13 août 1807, Soulié c. octroi de Saint-Esprit. — V. FAUX.

TRIBUNAL DE FAMILLE.

1. — C'était une juridiction spéciale, créée par la loi de 1790, pour statuer, en premier ressort, sur toutes les contestations, n'intéressant pas l'ordre public, qui pouvaient s'élever entre mari et femme, tuteurs et pupilles, parens ou alliés au degré désigné par l'art. 12. tit. 10 du décret.

2. — Indépendamment de cette attribution, le tribunal de famille était encore investi d'un pouvoir disciplinaire sur les enfans ou pupilles contre lesquels il existait des sujets de mécontentement très-graves. — Lois 16-24 août, tit. 10, art. 15.

3. — L'idée première de cette institution, assez semblable à l'arbitrage forcé, fut probablement empruntée à quelques monumens assez peu connus, du reste, de l'ancien droit.

4. — Deux anciens statuts de Provence, l'un de l'an 1469 et l'autre de l'an 1491, disposaient que les contestations survenues entre les nobles, entre les seigneurs et leurs vassaux, entre les communautés et les particuliers, et entre les parens, alliés et conjoints, seraient décidées par des arbitres.

5. — M. Fournel dit que ces statuts, après avoir figuré pendant quelque temps dans notre procédure, laissèrent apercevoir une foule d'inconvéniens qui les firent abandonner. — V. *Histoire du barreau de Paris*, p. 107 et 108.

6. — Cette assertion n'est pas parfaitement exacte, car l'ordonnance du mois d'août 1560 prescrivit que les contestations relatives au partage de successions entre parens, à la reddition des comptes de tutelle ou autre administration, aux restitutions de dot ou à la délivrance d'un douaire, fussent jugées, si les parties étaient majeures, par trois arbitres, bons et notables personnages, choisis entre parens, amis ou voisins.

7. — Cette ordonnance fut confirmée par l'art. 83 de l'ordonnance de Moulins et par l'art. 152 de celle de janv. 1629. — Code Michaud.

8. — Toutefois la jurisprudence ne se conforma pas toujours à ces dispositions impératives. — Henrys atteste que les juges renvoyaient difficilement aux arbitres-parens la connaissance des causes qui leur appartenaient; il ajoute même que souvent les tribunaux refusaient de se dessaisir, quoique les parties l'eussent expressément requis.

9. — Quoi qu'il en soit, l'Assemblée constituante espéra, en établissant les tribunaux domestiques, assurer le repos des familles et mettre la conciliation à l'ordre du jour.

10. — Cette espérance fut partagée par quelques jurisconsultes enthousiastes qui crurent voir jaillir toutes les vertus privées du pouvoir donné à la famille. On peut en juger par le passage suivant que nous empruntons à un auteur contemporain : « Chacun des membres qui composent la famille, dit-il, devant être tour à tour le juge et le client des autres, cette défense mutuelle et le besoin qu'elle donne de l'estime réciproque resserrent les liens de la nature et incitent plus puissamment à la vertu. Il faut mériter l'opinion de ses parens, puisqu'un jour cette opinion peut devenir si nécessaire, c'est-à-dire qu'il ne suffit point de ne pas commettre des crimes, mais qu'il faut encore être homme de bien : de là la probité. Il faut se garder surtout de les choquer et de les aigrir jamais, de peur que leur ressentiment secret ne dicte dans l'occasion leurs jugemens : de là la bonne intelligence et la concorde. Il faut avoir même leur bienveillance et leur amitié, afin qu'ils soient favorablement disposés lorsqu'ils monteront sur le tribunal : c'est-à-dire qu'il faut soigneusement entretenir les rapports mutuels; c'est-à-dire qu'il faut remplir tous les devoirs de famille; c'est-à-dire qu'il faut être bon ami, bon père, bon fils, bon frère, bon mari, bon parent : de là la piété filiale, l'amour paternel, la haine de la débauche, l'amour conjugal, le goût des plaisirs de la nature; de là ce qu'il y a de plus sublime, de plus aimable et de plus touchant parmi les vertus. » — Guichard, *Tribun. de famille*, introduct., p. 6.

11. — Malheureusement, les effets qu'on attendait de ce tribunal exceptionnel répondirent mal aux espérances qu'on avait conçues. La loi avait été précipitamment rédigée et était fort incomplète. De là des difficultés d'exécution, des lacunes, des embarras, qui rendirent son application presque impossible. — *Moniteur*, vent. an II, n° 165.

12. — Aussi, à peine avait-elle été promulguée, que le comité de constitution, le grand-juge et le conseil de justice durent publier des avis et des instructions destinés à aplanir aux parties la voie qu'elles avaient à parcourir; mais la situation politique et morale de la France était peu favorable aux développemens de cette institution. « L'expérience, dit Meyer, ne tarda pas à en faire justice. » — *Institut. judic.*, t. 4, p. 373, à la note.

13. — Nous croyons inutile d'expliquer ici la compétence et l'organisation du tribunal de famille, de faire connaître les formes de procédure usitées devant lui et le mode d'exécution de ses jugemens; il suffit de dire que cette juridiction avait beaucoup de rapport avec l'arbitrage forcé, et que ses formes et son mode d'action différaient peu des formes de la procédure usitées devant arbitres.

14. — Ajoutons seulement que les tribunaux de famille avaient une double compétence : l'une *contentieuse* et relative aux débats entre mari et femme, tuteurs et pupilles, parens ou alliés, et qui n'intéressaient pas l'ordre public; — l'autre purement *disciplinaire* et qui ne s'exerçait que sur les enfans et pupilles dont la mauvaise conduite méritait correction.

15. — La première était mal définie et beaucoup trop étendue; elle fut plus souvent pour les familles une entrave qu'un avantage. — Fournel, *ibid.*, p. 108.

16. — La seconde avait un défaut radical : elle empiétait sans motifs raisonnables sur l'autorité paternelle et l'affaiblissait au lieu de la faire respecter.

17. — M. Berryer père, dans ses Mémoires (t. 2, p. 420), paraît croire que le pouvoir *correctionnel* des tribunaux de famille avait pour objet d'atteindre dans leur vie désordonnée, les individus *majeurs* que la puissance paternelle ne pouvait plus corriger. Mais c'est une erreur échappée à ce jurisconsulte distingué. La loi de

1790 ne s'appliquait qu'aux pupilles et aux mineurs de vingt-un ans.—Guichard, *ibid.*, p. 111.

18. — On s'est trompé également, lorsqu'on a dit que les législateurs, en instituant le tribunal de famille, n'avaient eu d'autre but que de *couvrir d'un voile impénétrable des faits qui toujours portent avec eux un scandale public* (Duport, lettre du 14 mars 1792). — Cet objet eût été difficilement atteint avec une loi qui laissait aux parties la faculté de l'appel devant les tribunaux de district, et qui n'avait pas établi, pour ce cas, d'exception à la règle de la publicité des jugemens.

19. — La vérité est que le principal avantage qu'on espérait obtenir par la création des tribunaux de famille était surtout de prévenir et d'arrêter les procès, de concilier les parties et d'arranger les affaires avant que les esprits fussent aigris. L'économie de la loi répondit mal au but qu'on se proposait.

20. — D'une part, on pouvait craindre que des questions trop graves et trop importantes (par exemple les séparations de corps et de biens) ne fussent soumises à ce tribunal domestique; — de l'autre, on se plaignait que son mode de procéder était trop lent, trop compliqué pour les petites causes.

21. — Pour remédier à ce dernier inconvénient qui était réel, l'art. 5 du décret du 6 mars 1791 modifia l'art. 12, tit. 10, du décret du 16-24 août 1790, en attribuant au juge de paix la connaissance des contestations entre parens, *dans les cas qui n'excédaient pas sa compétence*. Ainsi, pour les affaires de peu d'importance, les parens échappaient à la juridiction du tribunal de famille, et obtenaient plus promptement justice.

22. — Cette amélioration (car c'en était une) ne fut pas jugée suffisante. L'institution tout entière fut supprimée par la loi du 9 ventôse an IV, qui renvoya aux juges ordinaires la connaissance des affaires dont le jugement était antérieurement attribué à des tribunaux de famille.

23. — Le législateur moderne n'a pas essayé de rendre la vie à cette juridiction exceptionnelle, morte avec la Constitution de l'an III. — Le Code civil a conservé seulement, en les modifiant et en les perfectionnant, quelques-unes des dispositions relatives à l'exercice du *droit de correction* — C. civ., art. 375 et suiv. — Merlin, *Rép.*, v° *Puissance paternelle*, sect. 3, § 1er, n° 2. — V. PUISSANCE PATERNELLE.

TRIBUNAL RÉVOLUTIONNAIRE.

1. — Ce tribunal qui fut institué par un décret de la Convention nationale du 10-12 mars 1793, pour les accusations politiques, alors que des lois dites de salut public laissaient aux criminels vulgaires, aux voleurs et aux meurtriers la protection du droit commun, ne reçut pas d'abord cette dénomination ; il fut appelé *tribunal criminel extraordinaire*. Le nom de *tribunal révolutionnaire* ne lui fut donné pour la première fois que par le décret du 27 germ.-5 flor. an II (16-24 avr. 1794), sur la police générale.

2. — Ce tribunal si affreusement célèbre, fut créé malgré la vive opposition de tout ce que l'assemblée renfermait de députés sages et modérés. Il n'était astreint à l'observation d'aucunes formes et jugeait sans recours. Ce fut une juridiction sanguinaire qui n'offrit que le vain simulacre d'un tribunal et qui fit peser sur la France la désolation et la honte. — Dupin, *Discours de rentrée* prononcé à l'audience de la Cour de cassation du 3 nov. 1847.

3. — Il fut établi à Paris. Il connaissait de toute entreprise contre-révolutionnaire, de tous attentats contre la liberté, l'égalité, l'unité, l'indivisibilité de la République, la sûreté intérieure et extérieure de l'Etat, et de tous les complots tendant à rétablir la royauté, ou à établir toute autre autorité attentatoire à la liberté, à l'égalité et à la souveraineté du peuple, soit que les accusés fussent fonctionnaires civils ou militaires, ou simples citoyens. — Décret 10-12 mars 1793, tit. 1er, art. 1er.

4. — La connaissance des crimes de conspiration et délits nationaux lui était déférée par un décret d'accusation porté par la Convention. Les actes d'accusation étaient rédigés par une commission de six membres de la Convention nationale, à laquelle devaient être adressés, à cet effet, tous les procès-verbaux de dénonciation, d'information et d'arrestation, ainsi que toutes les autres pièces. Cette commission était chargée, en outre, de surveiller l'instruction qui se faisait devant le tribunal extraordinaire, d'entretenir une correspondance suivie avec l'accusateur public et les juges, sur toutes les affaires qui étaient envoyées au tribunal, et d'en rendre compte à la Convention nationale. — Art. 9 et 10.

5. — Le tribunal criminel extraordinaire était composé d'un jury formé de douze citoyens du département de Paris et des quatre départemens qui l'environnaient, et de cinq juges. — Même décret, tit. 1er, art. 2 et 7.—Les jurés et les juges étaient nommés par la Convention nationale, à la pluralité relative des suffrages, qui ne pouvait, néanmoins, être inférieure au quart des voix. — Art. 5 et 7.

6. — Les jurés déclaraient la culpabilité ou l'innocence des accusés. Ils devaient voter et formuler leur déclaration publiquement, à haute voix et à la pluralité absolue des suffrages.—Art. 12.— Les accusés avaient le droit d'en récuser un ou plusieurs; mais ils étaient tenus de faire connaître les causes de récusation.—Art. 11.

7. — Les juges, présidés par celui qui avait été élu le premier (art. 4), dirigeaient l'instruction et appliquaient la loi, après la déclaration des jurés sur le fait. — Art. 2. — Ils statuaient aussi sur la validité des causes de récusation proposées par les accusés.—Art 11.—Toutefois, ils ne pouvaient rendre aucun jugement, s'ils n'étaient au moins au nombre de trois.—Art. 3.

8. — Il y avait auprès du tribunal un accusateur public et deux substituts, qui étaient nommés par la Convention nationale, comme les juges et suivant le même mode (art. 6), et un greffier et deux huissiers élus par les juges à la pluralité absolue des suffrages. — Art. 15. — Par un décret du 27-29 mars 1793, le nombre des huissiers fut élevé à quatre, et l'accusateur public et ses substituts admis à concourir avec les juges à leur nomination.—Art. 3.—Un autre décret du 7 mai suivant augmenta encore de deux le nombre des huissiers, et adjoignit à l'accusateur public deux secrétaires et au greffier trois commis.

9. — Les juges, le greffier et les huissiers devaient recevoir un traitement. Ce traitement était le même que celui qui avait été décrété pour les juges, greffier et huissiers du tribunal criminel du département de Paris. — Décr. 10-12 mars 1793, tit. 2, art. 5.—Ceux des juges, accusateur public, substitut et jurés, qui étaient tenus de se déplacer pour se rendre au poste où ils avaient été appelés près le tribunal criminel extraordinaire étaient, en outre, indemnisés de leurs frais de voyage.— Décr. 27-29 mars 1793, art. 2.

10. — Le décret du 10 mars 1793 n'avait pas pour objet seulement de régler la formation, la composition et les attributions du tribunal criminel extraordinaire; il déterminait aussi les peines qu'il pouvait prononcer. Ces peines étaient celles portées par le Code pénal et les lois postérieures. Lorsque les délits rentraient dans la classe de ceux qui devaient être punis des peines de la police correctionnelle, le tribunal appliquait ces peines, sans renvoyer les accusés aux tribunaux de police. — Tit. 2, art. 1er.

11. — Les accusés qui étaient convaincus de crimes ou de délits qui n'avaient pas été prévus par le Code pénal et les lois postérieures, ou dont la punition n'était pas déterminée par les lois, et dont l'incivisme et la résidence sur le territoire de la République étaient un sujet de trouble public et d'agitation, étaient condamnés à la peine de déportation.—Art. 3.—Cet article fut rapporté plus tard par le décret du 8 niv. an II, art. 72. — V. *infrà* n° 52.

12. — Les biens de ceux qui étaient condamnés à la peine de mort étaient acquis à la République; et il était pourvu à la subsistance des veuves et des enfans, s'ils n'avaient pas de biens d'ailleurs.—Art. 2.

13. — Les jugemens rendus par le tribunal criminel extraordinaire étaient exécutés sans recours au tribunal de cassation.—Tit. 1er, art. 13.

14. — Par un décret du 28 mars 1793, la Convention nationale ordonna que le tribunal criminel extraordinaire, établi par le décret du 10 du même mois de mars, serait mis dans le jour en pleine activité, et l'autorisa à juger au nombre de dix jurés.

15. — Un autre décret de la Convention nationale, du 5 avril 1793, rapporta la disposition du décret du 10 mars précédent qui ordonnait que le tribunal extraordinaire ne pourrait juger les crimes de conspiration et délits nationaux que sur le décret d'accusation porté par la Convention, et permit à l'accusateur public près dudit tribunal de faire arrêter, poursuivre et juger tous prévenus desdits crimes, sur la dénonciation des autorités constituées ou des citoyens. Il ne fut fait exception qu'en faveur des membres de la Convention nationale, et des ministres et généraux des armées de la République. Les premiers ne purent être arrêtés qu'en vertu d'un décret d'accusation, et les seconds qu'en vertu de l'autorisation de la Convention.

16. — Nous avons vu que, d'après le décret du 10 mars 1793, les jurés devaient être pris parmi les citoyens du département de Paris et des quatre départemens voisins. Ce mode fut modifié aussi par un décret du 24-25 mai suivant, qui appela tous les départemens à fournir les jurés du tribunal extraordinaire. Les départemens dans lesquels devaient être pris les jurés étaient désignés par le sort, et les jurés étaient nommés à la pluralité des suffrages par la Convention nationale, qui les choisissait parmi les citoyens domiciliés dans ces départemens. — Art. 1er et suiv.

17. — Les fonctions de juré, dont l'exercice était limité à un mois (décr. du 24 mai 1793, art. 6), n'étaient point obligatoires. Le juré élu par la Convention nationale pouvait refuser ces fonctions, et alors le citoyen de son département qui avait eu le plus de suffrages après lui était appelé en son lieu et place.—Art. 4.

18. — Les juges et les jurés du tribunal criminel extraordinaire ne pouvaient être parens et alliés des membres de la Convention nationale, jusqu'au degré de cousin germain inclusivement. —Décr. du 6 juin 1793.

19. — Fixé d'abord à cinq par le décret d'institution, comme on l'a vu, le nombre des juges composant le tribunal criminel extraordinaire fut d'abord porté à sept, y compris le président par un décret du 24 juillet 1793, et ensuite à dix par un autre décret du 31 du même mois, qui éleva aussi à trente le nombre des jurés, et autorisa en même temps le tribunal révolutionnaire à se former en deux sections pour accélérer le jugement des affaires. Le personnel des substituts de l'accusateur public et des commis greffiers fut par suite également augmenté.

20. — Une modification fut encore apportée au traitement des juges et des jurés par le décret précité du 24 juillet. Ce traitement fut fixé à dix-huit francs par jour.—Art. 2.

21. — Telles étaient l'organisation et la composition du tribunal criminel extraordinaire, lorsque fut rendu le décret du 27 germ.-5 flor. an II (15-24 avr. 1794), qui conféra à ce tribunal sa véritable dénomination, celle de *tribunal révolutionnaire* « Les prévenus de conspiration, portait l'art. 1er de ce décret, seront traduits, de tous les points de la République, au tribunal révolutionnaire à Paris. » Les conspirateurs et leurs complices devaient être traduits au tribunal révolutionnaire par les comités de salut public et de sûreté générale.—Art. 2.

22. — Un décret du 19-29 flor. an II (8-18 mai 1794) réorganisa la compétence du tribunal révolutionnaire de Paris. Aux termes de ce décret, le tribunal révolutionnaire connaissait exclusivement de tous les crimes contre-révolutionnaires énoncés dans le décret du 10 mars 1793, en quelque partie de la République qu'ils eussent été commis, à moins que le comité de salut public ne jugeât utile d'en attribuer la connaissance à des commissions révolutionnaires établies à cet effet dans les départemens.—Art. 1er, 2 et 3. — Il jugeait aussi, concurremment avec les tribunaux criminels : d'une part, les crimes d'embauchage, de fabrication, distribution ou introduction de faux assignats; et, de l'autre, les émigrés et déportés rentrés en France, ainsi que les individus mis hors la loi. —Art. 4 et 5.

23. — Peu de temps après la promulgation du décret du 19 flor. an II, le tribunal révolutionnaire fut de nouveau réorganisé, et quant à sa composition et quant à ses attributions, par un décret du 22 prair. an II (10 juin 1794).

24. — Suivant ce dernier décret, le tribunal révolutionnaire se composait d'un président et de quatre vice-présidens, d'un accusateur public, de quatre substituts de l'accusateur public et de douze juges.—Art. 1er.—Les jurés étaient au nombre de cinquante.—Art 2.—Tous les membres du tribunal révolutionnaire continuèrent d'être nommés par la Convention nationale. — Et le décret du 22 prair. an II désignait tous ceux qui devaient faire partie du tribunal révolutionnaire qu'il réorganisait. — Art. 3.

25. — Ce tribunal se divisait par sections, composées de douze membres, savoir : trois juges et neuf jurés, lesquels ne pouvaient juger en

moindre nombre que celui de sept.—Art. 3 *in fine*.

26. — Il était chargé de punir les *ennemis du peuple* (art. 4); et étaient appelés ainsi tous ceux qui cherchaient à anéantir la liberté publique, soit par la force, soit par la ruse.—Art. 5.

27. — Le décret du 22 prair. an II réputait *ennemis du peuple* ceux qui provoquaient le rétablissement de la royauté, ou cherchaient à avilir ou à dissoudre la Convention nationale et le gouvernement révolutionnaire et républicain dont elle était le centre; — ceux qui trahissaient la République dans le commandement des places et des armées, ou dans toute autre fonction militaire, ou entretenaient des intelligences avec les ennemis de la République, et travaillaient à faire manquer les approvisionnemens ou le service des armées; — ceux qui cherchaient à empêcher les approvisionnemens de Paris, ou à causer la disette dans la République; — ceux qui secondaient les projets des ennemis de la France, soit en favorisant la retraite et l'impunité des conspirateurs et de l'aristocratie, soit en persécutant et calomniant le patriotisme, soit en corrompant les mandataires du peuple, soit en abusant des principes de la révolution, des lois ou des mesures du gouvernement, par des applications fausses et perfides; — ceux qui trompaient le peuple ou les représentans du peuple, pour les induire à des démarches contraires aux intérêts de la liberté; — ceux qui cherchaient à inspirer le découragement pour favoriser les entreprises des tyrans ligués contre la République; — ceux qui répandaient de fausses nouvelles pour diviser ou pour troubler le peuple; — ceux qui cherchaient à égarer l'opinion et à empêcher l'instruction du peuple, à dépraver les mœurs et à corrompre la conscience publique, à altérer l'énergie et la pureté des principes révolutionnaires et républicains, ou à en arrêter les progrès soit par des écrits contre-révolutionnaires ou insidieux, soit par toute autre machination; — les fournisseurs de mauvaise foi qui compromettaient le salut de la République; — ceux qui, étant chargés de fonctions publiques, en abusaient pour servir les ennemis de la révolution, pour vexer les patriotes, pour opprimer le peuple; — enfin, tous ceux qui, par quelques moyens que ce fût et de quelques dehors qu'ils se couvrissent, attentaient à la liberté, à l'unité, à la sûreté de la République, ou travaillaient à en empêcher l'affermissement. — Art. 6.

28. — Le même décret obligeait les citoyens à se faire dénonciateurs. « Tout citoyen, portait en effet l'art. 9 de ce décret, est tenu de dénoncer les conspirateurs et les contre-révolutionnaires, dès qu'il en connaît. »

29. — Mais nul ne pouvait traduire personne au tribunal révolutionnaire, si ce n'était la Convention nationale, le comité de salut public, le comité de sûreté générale, les représentans du peuple commissaires de la Convention, et l'accusateur public du tribunal révolutionnaire. — Article 10. — Les autorités constituées en général ne pouvaient exercer ce droit, sans en avoir prévenu le comité de salut public et le comité de sûreté générale, et obtenu leur autorisation. — Art. 11.

30. — Toute espèce de documens soit matériel, soit moral, soit verbal, soit écrit, qui pouvaient naturellement obtenir l'assentiment de tout esprit juste et raisonnable, constituait une preuve suffisante pour condamner les ennemis du peuple.—Art. 8.—Le décret du 22 prair. an II déterminait cependant les moyens à employer et les formes à suivre pour parvenir à la connaissance de la vérité.

31. — L'interrogatoire secret de l'accusé n'existait que comme exception et non comme règle générale : l'accusé était interrogé à l'audience et en public. — Art. 12. — S'il existait des preuves, soit matérielles, soit morales, indépendamment de la preuve testimoniale, il n'était point entendu de témoins. — Art. 13. — Dans le cas où il y avait lieu à la preuve testimoniale, l'accusateur public faisait appeler les témoins qui pouvaient éclairer la justice, sans distinction de témoins à charge ou à décharge. — Art. 14. — Toutes les dépositions devaient être faites en public; aucune déposition écrite n'était reçue. — Art. 15.

32. — L'art. 16 du décret du 22 prair. an II était ainsi conçu : « La loi donne pour défenseurs aux patriotes calomniés des jurés patriotes; elle n'en accorde point aux conspirateurs. » — Cet article suffit seul pour caractériser cette justice révolutionnaire, qu'on appelait la justice du peuple.

33. — Les débats terminés, le président posait la question avec clarté, précision et simplicité. Les jurés formaient leurs déclarations, et les juges prononçaient la peine. — Art. 17.

34. — La peine portée contre les ennemis du peuple était la mort. — Art. 7. — Aucune autre peine ne pouvait lui être substituée. — Art. 20.

35. — Le tribunal révolutionnaire, réorganisé par le décret du 22 prair. an II, fonctionna jusqu'au 8 niv. an III (28 déc. 1794), époque à laquelle il fut encore, mais pour la dernière fois, soumis à une nouvelle réorganisation, par un décret de la Convention nationale.

36. — Le titre 1er du décret du 8 niv. an III avait pour objet de déterminer la compétence du tribunal révolutionnaire. D'après ce décret, ce tribunal connaissait de tous les attentats contre la sûreté intérieure et extérieure de l'Etat, contre la liberté, l'égalité, l'unité et l'indivisibilité de la République, contre la représentation nationale, et de tous complots tendant au rétablissement de la royauté, ou à l'établissement de toute autorité attentatoire à la souveraineté du peuple. — Art. 1er. — La compétence du tribunal révolutionnaire était ramenée, comme on le voit, par le décret du 8 niv. an III, aux limites tracées par celui du 10-12 mars 1793.

37. — Le décret du 8 niv. an III ajouta cependant aux attributions du tribunal révolutionnaire la connaissance des négligences, malversations et autres délits dont pouvaient se rendre coupables les membres et adjoints des commissions exécutives, et les juges et accusateurs publics des tribunaux criminels. — Art. 2.

38. — Les titres 2 et 3 de ce décret réglaient la composition du tribunal révolutionnaire et l'ordre du service.

39. — Le nombre des juges composant le tribunal révolutionnaire fut réduit à douze, y compris le président et les vice-présidens (art. 5), et celui des jurés à trente (art. 6). L'institution d'un accusateur public près de ce tribunal fut conservée, mais il ne lui fut adjoint que trois substituts au lieu de quatre. — Art. 5. — Un greffier complétait la composition de ce tribunal. — Même article.

40. — La durée des fonctions du tribunal révolutionnaire fut fixée à trois mois. Tous les trois mois, le tribunal et le jury étaient renouvelés en entier. — Art. 7. — Les citoyens qui étaient appelés aux fonctions de juge, d'accusateur public, de substitut ou de juré, étaient tenus de se rendre sans délai à leur poste. — Art. 8. — Il leur était alloué des frais de route, tant pour l'aller que pour le retour, sans diminution des indemnités et appointemens qui leur étaient attribués par les lois antérieures. — Art. 9.

41. — Enfin, il était attaché au tribunal révolutionnaire six commis greffiers, six commis expéditionnaires et six huissiers, et au parquet sept secrétaires commis. — Art. 10.

42. — Le tribunal révolutionnaire était divisé en deux sections (art. 11), composées chacune de six juges (art. 12), qui étaient tous les jours et alternativement employés, savoir : trois à tenir l'audience pour juger publiquement les accusés, et trois à faire en chambre du conseil les actes d'instruction qui devaient précéder le débat et l'examen public de chaque procès. — Art. 13. — Les juges étaient répartis par le sort dans les deux sections. — Art. 14.

43. — Lorsqu'un procès était porté au tribunal révolutionnaire, le sort décidait à laquelle des deux sections il devait être assigné. — Art. 17. — Mais les procès qui faisaient suite ou qui étaient connexes à celui dont une section se trouvait déjà saisie, étaient portés devant cette section sans tirage au sort. — Art. 20.

44. — Les titres 4, 5 et 6 du décret du 8 niv. an III s'occupaient de la traduction des prévenus devant le tribunal révolutionnaire, de la procédure qui devait y être suivie, de l'examen du procès et de la conviction, et enfin le titre 8 du jugement. Nous n'en rappellerons que les principales dispositions.

45. — Aucun citoyen ne pouvait être traduit devant le tribunal révolutionnaire que par un décret de la Convention nationale, ou par un arrêté du comité de sûreté générale, ou par un mandat d'arrêt, soit du tribunal, soit de l'accusateur public. — Art. 21. — S'il s'agissait des membres et adjoints des commissions exécutives, des généraux en chef et de ceux de division ou de brigade, ils ne pouvaient être traduits au tribunal révolutionnaire que par un décret de la Convention nationale ou par un arrêté des comités de salut public et de sûreté générale réunis. — Art. 26. — Il appartenait aux représentans du peuple en mission dans les départemens de faire conduire au comité de sûreté générale les individus mis en état d'arrestation, comme prévenus de délits de la compétence du tribunal révolutionnaire. — Art. 24.

46. — Aussitôt qu'un procès était porté au tribunal révolutionnaire, le président de la section à laquelle le procès était assigné faisait, en présence de l'accusateur public, tirer au sort onze jurés pour prononcer sur les faits imputés à l'accusé. — Art. 27. — Vingt-quatre heures au moins avant les débats, l'un des juges d'instruction, commis à cet effet par le président, faisait amener devant lui l'accusé, lui communiquait l'acte d'accusation, dont il lui faisait en outre délivrer copie, lui communiquait également la liste des jurés, l'interrogeait sur les faits qui lui étaient imputés et faisait tenir note par le greffier de ses réponses. — Art. 28 et 29.

47. — L'accusé avait le droit, comme sous l'empire du décret du 10 mars 1793 (V. *suprà*, n° 6), de récuser un ou plusieurs jurés. Mais il était tenu de le faire lors de la communication qui lui était faite de la liste des jurés, et il devait en même temps indiquer les causes de récusation, causes sur lesquelles le tribunal devait statuer dans les vingt-quatre heures. — Art. 30.

48. — A la différence du décret du 22 prairial an II, qui, comme nous l'avons dit, refusait un défenseur aux accusés, le décret du 8 niv. an III leur permettait au contraire de se faire assister d'un conseil. Ils pouvaient le choisir parmi tous les citoyens indistinctement. — Il suffisait, pour que celui qu'ils avaient choisi pût les assister, qu'il fût muni d'un certificat de civisme. — Art. 28, 31 et 52.

49. — Au jour fixé pour l'examen du procès, l'accusé comparaissait devant le tribunal, libre et sans fers. — Art. 39. — Après que le président avait fait prêter aux onze jurés le serment exigé, et rempli quelques autres formalités préparatoires, l'accusateur public exposait le sujet de l'accusation, et il était ensuite procédé à l'audition des témoins, tant à charge qu'à décharge.—L'accusé pouvait répondre à chaque déposition. — Art. 40 et suiv.

50. — Les débats finis, l'accusateur public était entendu, l'accusé ou son conseil pouvait lui répondre. — Art. 57.— Le président résumait ensuite l'affaire, et posait distinctement et avec simplicité les questions que les jurés avaient à décider tant sur les faits que sur l'intention dans laquelle ils avaient été commis. — Art. 58.

51. — Les jurés devaient faire, chacun à haute voix et publiquement, leur déclaration individuelle sur les questions qui leur avaient été soumises. — Art. 61 et 62. — Chaque question était décidée à la pluralité absolue des voix. — Art. 63.

52. — Si l'accusé était déclaré non convaincu, le président prononçait qu'il était acquitté de l'accusation et ordonnait qu'il fût mis sur-le-champ en liberté. — Art. 67. — S'il était au contraire déclaré convaincu, les juges lui appliquaient la peine établie par la loi. Dans le cas où le fait dont il était convaincu n'était prévu par aucune loi, ils ne pouvaient, comme sous le décret du 10 mars 1793 (V. *suprà*, n° 11), prononcer contre lui la déportation, mais devaient l'acquitter. — Art. 72.

53. — Toute condamnation à la peine de mort emportait la confiscation des biens du condamné. — Art. 73.

54. — Quoiqu'aucun des décrets postérieurs à celui du 10 mars 1793 n'eût reproduit la disposition de ce dernier décret qui voulait que les jugemens rendus par le tribunal révolutionnaire fussent exécutés sans recours au tribunal de cassation, (V. *suprà*, n° 13), cette disposition n'en était pas moins restée en vigueur, et elle fut de nouveau formellement consacrée par l'art. 75 du décret du 8 niv. an III.

55. — Le tribunal révolutionnaire fut enfin définitivement supprimé par la loi du 12 prair. an III (31 mai 1795); et les délits dont la connaissance lui étaient attribués furent déférés par cette loi au tribunal criminel du département dans lequel ils avaient été commis.

56. — Le 16 pluv. an V, une loi rapporta les art. 13 du décret du 10 mars 1793 et 75 du décret du 8 niv. an III, et permit le recours en cassation contre les jugemens rendus par le tribunal révolutionnaire.

TRIBUNAL TERRIER.

1. — C'était aux îles de France et de Bourbon (aujourd'hui de la Réunion) un tribunal spécial

chargé de connaître des contestations qui s'élevaient à l'occasion des concessions des terres.

2. — Ce tribunal fut institué dans chacune des deux colonies par une ordonnance du roi du 25 sept. 1766.

3. — Les objets de sa compétence étaient : 1° les contestations sur les concessions ; 2° les demandes en réunion de terrains au domaine ; 3° les demandes d'eaux, leur conduite, distribution et passage ; 4° les contestations sur l'ouverture des chemins particuliers et sur les servitudes pour les chemins ; 5° les contestations sur la pêche, la chasse, l'établissement des ponts, bacs, et l'ouverture des chemins nationaux. — Delabarre de Nanteuil, *Législation de l'île Bourbon*, v° *Tribunal terrier*.

4.— Le tribunal terrier, supprimé en 1793, fut rétabli par un arrêté des consuls du 8 germinal an XI, qui remit en vigueur l'ordonnance du 25 septembre 1766, en changeant, toutefois, la composition du tribunal.

5. — L'institution du tribunal terrier a été abolie de fait par l'ordonnance organique du 21 août 1825, dont l'art. 160, § 4, 5, 6 et 7, confère au conseil privé, constitué en conseil du contentieux administratif, presque toutes les attributions du tribunal terrier. — Delabarre de Nanteuil, *ibid.* — V. BOURBON (île).

TRIBUNAT.

1. — Le Tribunat, institué par la Constitution du 22 frimaire an VIII (13 déc. 1799), était une branche du Pouvoir législatif, qui se composait alors du Corps législatif et du Tribunat.

2. — Aux termes de l'art. 25 de la Constitution précitée, il ne pouvait en effet être promulgué de lois nouvelles que lorsque le projet en avait été proposé par le gouvernement, communiqué au Tribunat, et décrété par le Corps législatif.

3. — Le Tribunat fut d'abord composé de cent membres, qui devaient être âgés de vingt-cinq ans au moins. — Const. 22 frim. an VIII, art. 27. — Le nombre des membres du Tribunat fut réduit à cinquante à dater de l'an XIII, par l'art. 76 du sénatus-consulte organique du 16 thermid. an X (4 août 1802), réduction qui fut implicitement maintenue par le sénatus-consulte organique du 28 flor. an XII (18 mai 1804).

4. — Les membres du Tribunat étaient élus par le Sénat, qui les choisissait parmi les citoyens compris dans la liste nationale. — Const. 22 frim. an VIII, art. 19 et 20. — Depuis le sénatus-consulte organique du 16 therm. an X, l'acte de nomination d'un membre du Tribunat fut intitulé *arrêté*. — Art. 59.

5. — La Constitution du 22 frim. an VIII voulait que les membres du Tribunat fussent renouvelés par cinquième tous les ans, et qu'ils fussent indéfiniment rééligibles, tant qu'ils demeuraient sur la liste nationale. — Art. 27. — Le sénatus-consulte organique du 16 therm. an X, qui, comme nous l'avons dit, réduisait à cinquante le nombre des membres du Tribunat, disposait (art. 76) que vingt-cinq membres sortiraient tous les trois ans, et que, jusqu'à la réduction indiquée, les membres sortants ne seraient pas remplacés. — Le sénatus-consulte organique du 28 flor. an XII fixa à dix années la durée des fonctions des membres du Tribunat, et décida qu'il serait renouvelé par moitié tous les cinq ans. — Art. 88 et 89.

6. — Antérieurement au sénatus-consulte organique du 28 flor. an XII, les membres du Tribunat désignaient eux-mêmes l'un d'entre eux pour remplir les fonctions de président ; mais le sénatus-consulte précité attribua à l'Empereur la nomination du président du Tribunat. L'Empereur nommait le président du Tribunat sur présentation de trois candidats faite par le Tribunat au scrutin secret et à la majorité absolue. — Art. 90.

7. — Les fonctions du président du Tribunat duraient deux ans. — Art. 91.

8. — Le Tribunat avait deux questeurs, qui étaient nommés aussi par l'Empereur, sur une liste triple de candidats choisis par le Tribunat au scrutin secret et à la majorité absolue, et dont les fonctions étaient les mêmes que celles attribuées aux questeurs du Corps législatif par le sénatus-consulte organique du 28 frim. an XII. — Un des questeurs était renouvelé chaque année. — Art. 92

9. — Le sénatus-consulte organique du 16 th. an X portait, d'une manière générale, que le

Tribunat se divisait en sections (art. 76). On trouve à cet égard dans le sénatus-consulte organique du 28 flor. an XII une disposition plus complète. D'après l'art. 93 de ce dernier sénatus-consulte, le Tribunat était divisé en trois sections, savoir : section de législation, section de l'intérieur, section des finances.

10. — Chaque section formait une liste de trois de ses membres, parmi lesquels le président du Tribunat élisait le président de la section. Les fonctions du président de section duraient un an. — Art. 94.

11. — Lorsque les sections respectives du Tribunat demandaient à se réunir, les conférences avaient lieu sous la présidence de l'archichancelier de l'Empire ou de l'architrésorier, suivant la nature des objets à examiner. — Art. 95.

12. — Le Tribunat discutait les projets de loi qui lui étaient communiqués par le gouvernement ; il en votait l'adoption ou le rejet.—Const. 22 frim. an VIII, art. 28. — Sous l'empire de cette constitution, le Tribunat n'étant point encore divisé en sections, les projets de loi y étaient nécessairement discutés en assemblée générale.

13. — Mais le sénatus-consulte organique du 28 flor. an XII modifia cet état de choses. A partir de la promulgation de ce sénatus-consulte, les projets de loi ne purent plus en aucun cas être discutés par le Tribunat en assemblée générale. —Art. 97. — Chaque section les discutait séparément et en assemblée de section. — Art. 96.

14. — Sous l'empire de la constitution du 22 frim. an VIII, le Tribunat devait envoyer trois orateurs pris dans son sein, par lesquels les motifs du vœu qu'il avait exprimé sur chacun des projets de loi qui lui avaient été soumis étaient exposés et défendus devant le Corps législatif. — Art. 28.—Au contraire, sous l'empire du sénatus-consulte du 28 flor. an XII, deux orateurs de chacune des trois sections portaient au Corps législatif le vœu de cette section, et en développaient les motifs. — Art. 96.

15. — Ainsi, sous le sénatus-consulte du 28 flor. an XII, le Tribunat était représenté au Corps législatif par six orateurs, tandis que, sous la Constitution du 22 frim. an VIII, il ne l'était que par trois. Mais ce n'était pas là la seule différence qui existait entre l'organisation du Tribunat par la Constitution de l'an VIII et celle établie par le sénatus-consulte de l'an XII. D'après la Constitution de l'an VIII, le vœu du Tribunat avait toujours un objet unique, l'adoption ou le rejet du projet de loi, et ses orateurs ne pouvaient que défendre la résolution qui avait été adoptée par le Tribunat. Au contraire, sous le sénatus-consulte de l'an XII pouvant émettre un vœu différent, il en résultait que la mission des orateurs de chacune d'elles pouvait ne pas être une, que les uns pouvaient défendre la résolution prise, tandis que les autres la combattaient.

16. — Les attributions du Tribunat ne consistaient pas seulement à discuter les projets de loi. Il avait aussi le droit d'exprimer son vœu sur les lois faites et à faire, sur les abus à corriger, sur les améliorations à entreprendre dans toutes les parties de l'administration publique. Toutefois, les vœux qu'il manifestait ainsi n'avaient aucune suite nécessaire, et n'obligeaient aucune autorité constituée à une délibération. Il lui était expressément interdit d'émettre des vœux sur les affaires civiles ou criminelles portées devant les tribunaux. — Const. 22 frim. an VIII, art. 29.

17. — Le Tribunat pouvait également déférer au Sénat, pour cause d'inconstitutionnalité, les listes d'éligibles, les actes du Corps législatif et ceux du gouvernement. — Même Const., art. 28.

18. — Il pouvait encore arrêter, en formant la demande par écrit, la dénonciation portée par le Corps législatif contre un ministre ou un agent de l'autorité, lorsqu'il y avait eu, de la part du Sénat, déclaration de fortes présomptions de détention arbitraire ou de violation de la liberté de la presse. — Sénat.-cons. 28 flor. an XII, art. 113 et 114.

19. — Pour l'exercice de ces dernières attributions, il se réunissait en assemblée générale, sous la présidence de son président.

20.—Les séances du Tribunat étaient publiques ; mais le nombre des assistans à ses séances ne pouvait excéder deux cents. — Const. 22 frim. an VIII, art. 35.

21. — Le traitement annuel d'un tribun était de quinze mille francs. — Même Const., art. 36.

22.—La session du Tribunat était permanente.

Cependant, il avait le droit de s'ajourner ; et, dans ce cas, il pouvait nommer une commission de dix à quinze de ses membres, chargée de le convoquer si elle le jugeait convenable.—Art. 30.

23. — Le Tribunat pouvait être dissous par le Sénat (sénat.-cons. org. 16 therm. an X, art. 55, 5°) ; et alors il était renouvelé dans tous ses membres.—Même sénat.-cons., art. 77.

24.—Enfin, le Tribunat subsista et fonctionna jusqu'au 19 août 1807, époque à laquelle un sénatus-consulte en prononça implicitement la suppression.

V., au surplus, LOIS, POUVOIR LÉGISLATIF, SÉNAT, SESSION LÉGISLATIVE.

TRIBUNAUX.

Table alphabétique.

TRIBUNAUX. — 1. — Dans un sens étendu, l'expression *tribunal* s'emploie indifféremment pour désigner le lieu où les juges rendent la justice, et l'ensemble des juges composant une même juridiction, quelle qu'elle soit.

2. — Mais, dans un sens plus restreint, cette expression est employée pour désigner spécialement les juridictions inférieures. La dénomination de *Cour* est plus particulièrement réservée pour les juridictions supérieures.

3. — Les tribunaux, considérés d'une manière générale, peuvent être divisés en deux grandes catégories : en tribunaux civils et en tribunaux criminels. Les uns et les autres se subdivisent en tribunaux ordinaires et en tribunaux spéciaux.

4. — Les tribunaux ordinaires et les tribunaux spéciaux ont un caractère commun, qui est la permanence. C'est ce caractère qui les distingue des tribunaux extraordinaires, lesquels sont institués à raison de certaines circonstances, pour juger certains faits déterminés, et n'ont qu'une durée temporaire. — V. TRIBUNAUX EXTRAORDINAIRES, TRIBUNAUX SPÉCIAUX.

5. — Il est cependant un lien qui rapproche les tribunaux extraordinaires des tribunaux spéciaux, c'est que les uns et les autres n'ont qu'une juridiction exceptionnelle, c'est-à-dire qu'ils ne connaissent que par exception des faits qui leur sont expressément attribués, faits qui se trouvent, par là, enlevés à la juridiction ordinaire qui est investie d'une manière générale du droit d'en connaître. Et, pour cette raison, les tribunaux extraordinaires et les tribunaux spéciaux sont appelés *tribunaux d'exception.* — V. TRIBUNAUX D'EXCEPTION.

6. — Les tribunaux ont tous une qualification qui leur est particulière. Cette qualification dérive tantôt des matières elles-mêmes dont la connaissance leur est attribuée, comme celle de *tribunaux administratifs, tribunaux civils, tribunaux de commerce, tribunaux maritimes*, etc. (V. ces différents mots) ; tantôt des circonstances qui ont été la cause de leur institution, comme celle de *tribunaux révolutionnaires.* — V. TRIBUNAL RÉVOLUTIONNAIRE.

7. — La dénomination de *tribunaux criminels* peut être considérée comme une dénomination générique. Elle s'applique cependant plus particulièrement aux tribunaux qui ont pour mission de juger et de réprimer les faits qui sont qualifiés crimes par les lois criminelles, et ce n'est qu'en la prenant dans un sens général qu'on l'emploie pour désigner les tribunaux qui ne sont appelés qu'à juger des délits ou des contraventions. Ces derniers reçoivent plus spécialement le nom de *tribunaux correctionnel* et de *tribunaux de police.* — V. TRIBUNAL CORRECTIONNEL, TRIBUNAL DE POLICE.

8. — Il n'existe plus chez nous de tribunaux qui portent la qualification légale de *tribunaux criminels.* Les tribunaux chargés du jugement et de la répression des crimes se nomment aujourd'hui *Cours d'assises* et *Haute Cour de justice.* — V. COUR D'ASSISES et TRIBUNAUX SPÉCIAUX.

CHAP. Ier. — *Organisation judiciaire.* — *Historique* (no 9).

SECT. 1re. — *Première période : depuis les temps anciens jusqu'à la révolution de 1789* (no 9).

SECT. 2e. — *Seconde période : depuis la révolution de 1789 jusqu'à nos jours* (no 48).

CHAP. II. — *Organisation judiciaire actuelle* (no 124).

SECT. 1re. — *Tribunaux ordinaires, — civils* (no 130).

§ 1er. — *Justices de paix* (no 130).

§ 2. — *Tribunaux d'arrondissement* (no 137).

§ 3. — *Cours d'appel* (no 179).

SECT. 2e. — *Tribunaux ordinaires, — de police, correctionnels et criminels* (no 187).

§ 1er. — *Tribunaux de police* (no 187).

§ 2. — *Tribunaux correctionnels* (no 207).

§ 3. — *Tribunaux d'appel en matière correctionnelle* (no 226).

§ 4. — *Cours d'assises* (no 239).

SECT. 3e. — *Tribunaux spéciaux* (no 240).

SECT. 4e. — *Cour de cassation* (no 241).

SECT. 5e. — *Serment. — Installation* (no 245).

SECT. 6e. — *Inamovibilité* (no 251).

SECT. 7e. — *Incompatibilités, résidence, absence, congés, récusation, mise à la retraite, suspension, honorariat* (no 278).

SECT. 8e. — *Costume* (no 343).

SECT. 9e. — *Pouvoir judiciaire. — Attributions générales* (no 321).

SECT. 10e. — *Vacances. — Chambre des vacations* (no 373).

CHAPITRE Ier. — *Organisation judiciaire. — Historique.*

Sect. 1re. — *Première période : depuis les temps anciens jusqu'à la révolution de 1789.*

9. — L'organisation judiciaire, se rattachant intimement à la constitution même de la société, a subi chez nous, pour ainsi dire, autant de transformations que son existence politique a eu de phases diverses.

10. — On ne peut guère indiquer quels étaient les tribunaux établis dans les Gaules avant la conquête des Romains ; car il est presque impossible d'en retrouver des traces. Il est probable toutefois qu'il y existait une justice foncière qui était exercée par les grands propriétaires.

11. — En conquérant les Gaules, les Romains y importèrent leurs institutions. Ainsi, au Ve siècle, les Gaules étaient encore divisées en quatre préfectures, ayant chacune à leur tête un *préfet du prétoire*, qui était représenté dans chaque diocèse par un *vicaire*. Les diocèses étaient eux-mêmes subdivisés en provinces gouvernées par des *præsides* ou *rectores*, jugeant soit en premier ressort, soit en appel, à l'aide d'*adsessores*, qui remplissaient ordinairement les fonctions de *judices pedanei*. Dans chaque province, il y avait aussi des magistrats municipaux ou des *legati* chargés de rendre la justice. — De Fresquet, *Organisation judiciaire chez les Francs* (V. *Revue de droit français et étranger*, 1849, p. 1009).

12. — Ces tribunaux n'étaient pas les seuls qui existaient dans les Gaules à l'époque dont nous parlons. A côté d'eux, il faut placer l'*audientia episcopalis*, dont les attributions étaient à la fois civiles et criminelles ; les *defensores civitatum*, que le suffrage universel ne pouvait aller chercher que parmi les plébéiens ; les *patrocinium* des grands propriétaires ; et enfin des tribunaux administratifs et militaires. — De Fresquet, *loc. cit.*

13. — Les peuplades germaines survinrent, et, en se substituant dans les Gaules à l'empire romain, y apportèrent l'élément de leurs mœurs et de leurs lois. La nation fut alors divisée en grandes circonscriptions désignées par le nom générique de *comtés*. Ces circonscriptions furent subdivisées en *centene* et *decania*.

14. — A la tête de chaque ressort se trouvaient des chefs dans l'origine nommés par le peuple, et plus tard, par les rois. Le chef du comté se nommait *comes*, celui de la centaine, *centenarius*, et celui de la dizaine, *decanus*. Ces chefs, chargés de l'administration de la justice, constituaient les juridictions ordinaires. — De Fresquet, p. 1012 ; Bonnier, *Élémens d'organisation judiciaire et de procédure civile*, t. 1er, no 8.

15. — Le tribunal du comté, connu sous les noms divers de *mallum placitum* ou *conventus co-*

mitis, se composait de trois élémens : 1° du comte, 2° des hommes libres, et 3° des sagibarons. — De Fresquet, *loc. cit.*

16. — Le *mallum comitis* était convoqué à des époques et dans des endroits déterminés. Les hommes libres, appelés tantôt *arimans*, tantôt *échevins*, tantôt enfin *rachimbourgs*, formaient l'élément le plus important du *placitum comitis*. C'étaient eux qui étaient chargés de dire la loi (*dicere legem*), c'est-à-dire d'appliquer la loi au point en litige. Les sagibarons étaient des hommes versés dans la connaissance de la loi et étaient chargés de venir, dans les cas difficiles, en aide aux rachimbourgs, choisis parmi tous les hommes libres sans exception de la circonscription territoriale. Le comte ne prenait aucune part à l'examen du procès. Sa mission consistait à diriger les débats, à recueillir les suffrages, à prononcer la sentence, rendue par les hommes libres, sans pouvoir y rien changer, et à la faire exécuter. — Bonnier, *loc. cit.*; de Fresquet, p. 1012 et suiv.

17. — Le *mallum* ou *placitum centenarii*, composé d'hommes libres faisant partie de la *centaine*, et présidé par le *centenarius*, différait du *mallum comitis* par la nature des attributions et le nombre des sessions. Le *mallum centenarii* se tenait douze fois par an. Les actes de juridiction gracieuse concernant les personnes d'origine germanique avaient surtout lieu devant ce tribunal. — De Fresquet, p. 1015. — On ne sait rien de la composition et des attributions du tribunal tenu par le *decanus*.

18. — Telle était l'organisation des tribunaux ordinaires sous les Mérovingiens. Mais à mesure que l'existence des populations devint plus régulière et plus sédentaire, les hommes libres, considérant l'assistance au *mallum* comme une obligation onéreuse, négligèrent de s'y rendre. On fut alors obligé, à l'époque de Charlemagne, d'investir certains hommes d'un caractère spécial et permanent. De là, l'institution des *scabins*. Selon M. Bonnier (t. 1er, n° 8, *in fine*), les *scabins* étaient choisis par le comte avec le concours des hommes libres. — M. de Fresquet pense, au contraire (p. 1015), que les scabins n'étaient pas électifs, et qu'ils étaient désignés seulement par les comtes ou par les *missi dominici*.

19. — Toutefois, l'institution des scabins ne changea pas l'ancien ordre de choses. Ainsi, si les hommes libres ou rachimbourgs se trouvaient au nombre de sept au *mallum*, ils avaient le droit de juger, en l'absence des scabins. Ils pouvaient aussi siéger concurremment avec les scabins. Seulement, leur assistance avait cessé d'être nécessaire; et les scabins avaient été institués précisément pour obvier à leur absence. Le comte continua de présider le *mallum*. Il pouvait cependant déléguer la présidence à un scabin. — Bonnier, *loc. cit.*; de Fresquet, p. 1016.

20. — La conduite des comtes et des autres magistrats ayant donné lieu à des plaintes fort graves, les *missi dominici* furent institués par Charlemagne pour réformer les abus, les signaler au roi, révoquer et remplacer les comtes, les scabins, les centeniers qui remplissaient mal leurs fonctions. Chaque circonscription appelée *missaticum* avait deux *missi*, un laïque et un évêque. Les *missi dominici* avaient aussi le droit de juger les causes du ressort du *mallum comitis*, lorsque le comte avait négligé de le faire. — De Fresquet, p. 1017 et 1018.

21. — Au-dessus de ces juridictions, que nous venons d'énumérer, s'élevaient deux juridictions supérieures : le plaid ou banc du roi, *placitum regis*, et le *placitum generale Francorum*.

22. — Le *placitum regis* était un tribunal tenu par le roi avec l'assistance des évêques et des grands. Les attributions de ce tribunal furent d'abord assez restreintes. Elles se réduisaient à connaître des cas de déni de justice et de refus de répondre à l'*admonitio* devant le *mallum comitis* ou d'exécuter le jugement des rachimbourgs. Mais, sous les Carlovingiens, il prit une grande extension. Tous les procès des évêques, des comtes, des abbés, devaient être portés devant lui. Lorsque le roi ne présidait pas lui-même ce tribunal, aucun procès ne pouvait être terminé, sans qu'on eût pris préalablement son avis. Le *placitum regis* disparut avec la puissance des Carlovingiens. — De Fresquet, p. 1019.

23. — Le *placitum generale Francorum* était une sorte de parlement ou de Haute Cour nationale, convoquée selon l'usage des Francs, *sicut mos erat Francorum*, pour juger les grands procès d'Etat. — De Fresquet, p. 1018; Dupin, *Discours* prononcé à l'audience solennelle de rentrée de la Cour de cassation le 3 novembre 1847.

24. — Dès la première race, on vit aussi, à l'extrémité opposée de la hiérarchie, poindre les justices privées, attachées à la terre, dépendances du droit de propriété. Contenues par le génie de Charlemagne et la vigilance des *missi*, ces justices finirent par prévaloir, lorsque les personnes et les propriétés se trouvèrent enveloppées dans le système de la féodalité. A cette époque, vers la fin du x° siècle, l'organisation judiciaire prit une face toute nouvelle. Deux sortes de juridictions acquirent alors un grand développement : la juridiction féodale et la juridiction ecclésiastique. « Ces juridictions rivales entre elles, dit M. Dupin, *loc. cit.*, s'accordaient seulement dans leur tendance à miner l'autorité royale, à la dépouiller de ses prérogatives et à se substituer à sa juridiction. »

25. — La juridiction royale et la juridiction féodale ou seigneuriale furent appelées, par opposition à la juridiction ecclésiastique, *juridiction séculière* ou *temporelle*.

26. — La juridiction *royale* était celle qui s'exerçait en vertu de commission immédiate du roi. La juridiction *seigneuriale* s'exerçait, au contraire, en vertu de commission des seigneurs, auxquels le roi l'avait concédée, soit tacitement, en gardant le silence sur l'attribution que les seigneurs s'en étaient faite, soit expressément par un acte de concession. — Carré, *Traité des lois et de l'organisation judiciaire*, etc., édit. Foucher, t. 1er, n° 94. — Mais, le plus souvent, les justices seigneuriales furent le résultat de l'usurpation des seigneurs. — Foucher sur Carré, t. 1er, p. 89, note *a*.

27. — La juridiction *seigneuriale* consistait dans le pouvoir qu'avaient les seigneurs d'administrer la justice dans le territoire de leurs seigneuries. La justice était rendue dans des assemblées judiciaires appelées *assises*. Ces assemblées étaient tenues à certaines époques par le seigneur ou par son délégué le bailli. Le seigneur ou le bailli se bornait à diriger les débats; le jugement était rendu par des hommes du fief au nombre de trois. — Bonnier, t. 1er, n° 12.

28. — Il y avait trois genres de justices seigneuriales : la *haute justice*, qui donnait à ceux qui en étaient investis la plénitude de juridiction en matière civile et en matière criminelle; la *basse justice*, qui ne permettait de juger qu'en matière civile et jusqu'à concurrence de soixante sous parisis; et enfin, la *moyenne justice*, qui conférait le droit de statuer sur toutes les causes civiles, mais en premier ressort seulement. Les appels de la moyenne et de la basse justice ressortissaient à la haute justice. L'officier qui tenait la basse ou la moyenne justice se nommait *maire* ou *prévôt*. — Carré, t. 1er, n°s 95 et suiv. et les notes; Bonnier, t. 1er, n° 13. — V., au surplus, JUSTICES SEIGNEURIALES, ch. 3, sect. 2 et 3.

29. — A la différence de la féodalité qui rattacha la justice à la terre, l'Eglise la fit descendre du ciel; et ce principe ne contribua pas peu à l'extension de la juridiction ecclésiastique. Dans l'origine, le pouvoir juridictionnel du clergé au temporel ne s'étendait pas seulement sur les membres du clergé proprement dit, c'est-à-dire sur les prêtres et sur les moines; il s'exerçait aussi sur les clercs, les écoliers, les veuves, les orphelins, les étrangers, et, en un mot, sur tous ceux qui avaient besoin d'un appui. Mais une ordonnance de 1539 restreignit ce pouvoir aux titulaires de bénéfices et aux étudians en théologie, et ne lui réserva que la connaissance des causes personnelles des clercs et des questions relatives au sacrement du mariage. — Carré, t. 1er, n°s 86 et suiv., et les notes; Bonnier, t. 1er, n°s 16 et suiv.

30. — Les évêques rendirent d'abord eux-mêmes la justice, comme les rois et les seigneurs. Ce ne fut qu'après le concile de Latran, en 1215, qu'ils déléguèrent le pouvoir judiciaire à des fonctionnaires ecclésiastiques qui reçurent le nom d'*officiaux*. Le tribunal où s'exerçait la juridiction ecclésiastique s'appela *officialité*. Ce tribunal se composait de l'*official*, qui jugeait sans assesseurs, ou du *vice-gérant*, son suppléant, du *promoteur*, qui remplissait les fonctions du ministère public, et d'un greffier. — Carré, t. 1er, n° 85, et son annotateur, p. 77, note 2; Bonnier, t. 1er, n° 20.

31. — Mais la juridiction ecclésiastique n'ayant pas de force publique, ne pouvait elle-même mettre à exécution les jugemens qu'elle rendait; elle était obligée de s'adresser, à cet effet, à l'autorité séculière ou temporelle. — Bonnier, *loc. cit.* — V. TRIBUNAUX ECCLÉSIASTIQUES.

32. — La juridiction ecclésiastique n'était qu'une concession faite à l'Eglise par la puissance temporelle d'une portion du pouvoir judiciaire. Il en résultait que toute usurpation de la juridiction ecclésiastique sur la juridiction séculière donnait lieu à un recours immédiat à l'autorité royale, recours qui reçut plus tard le nom d'*appel comme d'abus*. — V. APPEL COMME D'ABUS.

33. — A côté de la juridiction seigneuriale et de la juridiction ecclésiastique se trouvait placée, comme nous l'avons vu, la juridiction royale, qui était appelée à dominer, à soumettre les deux premières. Anéanti pendant quelque temps, le *placitum regis*, dont nous avons constaté l'existence sous les races mérovingienne et carlovingienne, reprit naissance sous le nom de *plaid du palais*. Le *plaid du palais* était tenu par le roi, et, à son défaut, par le comte du palais. On y appelait un certain nombre de personnages laïques et ecclésiastiques. — V. PLAIDS.

34. — La juridiction royale se divisait en deux sortes : en juridiction *ordinaire* et en juridiction *extraordinaire*. La première embrassait, soit au criminel, soit au civil, toutes les affaires. La seconde comprenait les affaires qui étaient expressément attribuées à certains juges. Cette distinction entre la juridiction ordinaire et la juridiction extraordinaire, empruntée au droit romain, fut établie en France vers la fin du XIII° siècle. — Carré, t. 1er, n° 104, et Foucher, sur ce numéro, note *a*.

35. — La juridiction ordinaire se composait de six branches distinctes. Ainsi, il y avait : 1° les *prévôts*, auxquels on affermait les justices inférieures, désignées habituellement sous le nom de *prévôtés*, et qui étaient subordonnés aux baillis ou sénéchaux. — V. PRÉVÔT. — Dans certaines villes, notamment à Paris, la juridiction du prévôt reçut le nom de tribunal du *Châtelet*. — V. CHATELET.

36. — ... 2° Les *baillis* ou *sénéchaux* qui administraient la justice dans chaque province. Le nom de *bailli* était employé dans les pays coutumiers, et celui de *sénéchal* dans les pays de droit écrit. — V. BAILLI, SÉNÉCHAL.

37. — ... 3° Les *présidiaux*. On appelait ainsi les membres d'un tribunal désigné par le nom de *présidial*. Ce tribunal avait été établi dans certaines villes. Il était formé de sept juges au moins. Il jugeait, suivant les cas, en premier ou dernier ressort. Sa compétence n'était pas limitée aux affaires civiles; elle s'étendait aussi à certaines matières criminelles. Dans l'origine, le *présidial* était distinct du *bailliage* ou de la *sénéchaussée*. Mais ces tribunaux furent plus tard confondus. — V. PRÉSIDIAUX.

38. — ... 4° Les *parlemens*, ou Cours souveraines, qui connaissaient, d'une part, de certaines affaires qui leur étaient expressément réservées, et, de l'autre, des appels portés contre les jugemens rendus par les justices royales inférieures. — V. PARLEMENT.

39. — ... 5° Le *Conseil privé du roi* ou *conseil d'Etat*, spécialement chargé des affaires politiques. — V. CONSEIL DU ROI, CONSEIL D'ÉTAT.

40. — ... 6° Le *conseil des parties*, ou *grand conseil* ou *conseil supérieur*, qui n'avait pas pour mission, à proprement parler, de rendre la justice. Ses attributions consistaient, non à vérifier le bien ou le mal jugé des décisions émanées des Parlemens, mais seulement à examiner si ces décisions étaient ou non conformes aux ordonnances royales. C'était une espèce de Cour de cassation. — Bonnier, t. 1er, n° 28 *in fine*.

41. — Les fonctions judiciaires des baillis étant avec le temps devenues plus importantes, il leur fut adjoint des lieutenans, lesquels finirent même par devenir les véritables titulaires de la justice royale. La justice criminelle fut aussi séparée de la justice civile, et il y eut alors dans chaque bailliage un *lieutenant criminel* et un *lieutenant civil*. — Ord. de François Ier, du 14 janv. 1522. — Ces lieutenances furent établies à titre d'office, et les anciens titulaires n'eurent plus qu'une dénomination honorifique. En 1571, des assesseurs furent attachés d'une manière permanente aux bailliages. — V. LIEUTENANT CIVIL, LIEUTENANT CRIMINEL.

42. — Quant à la juridiction extraordinaire, elle était divisée et subdivisée, pour ainsi dire, à l'infini. Indépendamment de la juridiction exceptionnelle des tribunaux de commerce, qui se divisait en *juridiction consulaire* pour les affaires commerciales de terre, et en *amirautés* pour tout ce qui concernait celles de mer, il y avait la *Chambre des domaines* ou des *trésoriers de France*,

les *maîtrises pour les eaux et forêts*, la *Cour des aides*, celles des *monnaies*, etc., qui étaient chargées de juger les contestations qui intéressaient le domaine, le fisc, la comptabilité, etc. — V, AMIRAUTÉ, CHAMBRE DES DOMAINES, COUR DES AIDES, EAUX ET FORÊTS, nos 9 et suiv.; FORÊTS, nos 101 et suiv.; PRÉVOT DES MARÉCHAUX, etc.

43. — La juridiction extraordinaire se composait encore de juges appelés *juges de privilége*, parce qu'ils connaissaient exclusivement des causes de certaines personnes privilégiées. Tels étaient les *maîtres des requêtes de l'hôtel et du palais*, le *grand prévôt de l'hôtel* et les *juges des universités*. — V. REQUÊTE DE L'HOTEL, REQUÊTE DU PALAIS, UNIVERSITÉ.

44. — Indépendamment des diverses juridictions principales que nous venons de rappeler, il existait encore, dans certaines provinces des juges extraordinaires qui étaient inconnus dans d'autres. La juridiction du *prévôt des marchands* est de ce nombre. Elle n'existait qu'à Paris et à Lyon. — V. PRÉVOT DES MARCHANDS.

45. — Comme on le voit, il y avait en France, vers le quatorzième siècle, un nombre excessif de tribunaux ordinaires et extraordinaires. Cette multiplicité de tribunaux tenait à la vénalité des offices de judicature. La finance des places rentrant à chaque création dans les caisses du roi, celui-ci en établissait de nouvelles toutes les fois qu'il avait besoin d'argent. — Foucher, sur Carré, t. 1er, p. 98, note *a*.

46. — En dehors de toutes ces juridictions, il ne faut pas oublier de mentionner les *commissions extraordinaires*, ces Hautes Cours de l'ancien despotisme, instituées pour juger certains crimes d'État, commis par de grands personnages qu'on voulait plus sûrement perdre et opprimer : tribunaux d'exception dont on a dit qu'on les avait toujours vus condamner et jamais absoudre. — Dupin, *Discours de rentrée* prononcé le 3 nov. 1847.

47. — Cet état de la juridiction royale continua à subsister jusqu'à la fin du XVIIIe siècle, sauf quelques modifications que le temps avait rendues nécessaires. Mais la juridiction seigneuriale ne conserva pas la même étendue. En s'agrandissant et en devenant plus puissant, le pouvoir royal l'absorba, et l'on vit prévaloir définitivement cette maxime que « toute justice émane du roi. » La juridiction ecclésiastique se trouva aussi considérablement amoindrie.

Sect. 2e. — *Seconde période : depuis la révolution de 1789 jusqu'à nos jours.*

48. — En 1789, toutes les institutions judiciaires antérieures avaient fait leur temps. La Révolution en entraîna la chute. Toutes les justices seigneuriales furent d'abord déclarées supprimées, sans aucune indemnité. Mais leurs officiers furent autorisés à continuer d'exercer jusqu'à ce qu'il eût été pourvu à un nouvel ordre judiciaire. — Décr. de l'Assemblée constituante, des 4, 6, 7, 8 et 11 août 1789, art. 4 et 13.

49. — Les Parlemens ne furent pas immédiatement supprimés. Il fut seulement arrêté qu'ils resteraient en vacance jusqu'à l'époque où l'Assemblée constituante devait s'occuper de l'organisation du pouvoir judiciaire. Il fut permis aux chambres des vacations seules de continuer leurs fonctions. — Décr. du 3 nov. 1789.

50. — Dans la séance du 24 mars 1790, l'Assemblée constituante décida que l'ordre judiciaire serait reconstruit en entier, et, par un décret du 31 du même mois, elle posa les questions qui devaient être préalablement discutées et décidées. Une discussion solennelle s'ouvrit donc tout d'abord sur les principes fondamentaux qui devaient être adoptés comme bases de la nouvelle organisation judiciaire.

51. — Arrêté, quant à ses bases essentielles, dans cette discussion générale et par divers décrets rendus depuis le 30 avril jusqu'au 27 mai 1790, le nouveau système d'organisation judiciaire fut développé dans le décret du 16-24 août 1790.

52. — Ce décret posa d'abord en principe que la vénalité des offices de judicature était abolie pour toujours, que les juges rendraient gratuitement la justice, qu'ils seraient salariés par l'État et élus par les justiciables. — Titre 2, art. 2 et 3.

53. — Les institutions judiciaires, fondées par l'Assemblée constituante, furent les suivantes : les arbitres, les juges de paix, les juges de première instance, les juges d'appel, les juges en matière de commerce et le tribunal de cassation.

TRIBUNAUX, ch. 1er, sect. 2e.

54. — L'institution des arbitres, qui ne vient qu'en dernier lieu dans notre Code de procédure, avait, au contraire, été placée en tête du décret du 16-24 août 1790. — V. tit. 1er. — Thouret en donnait pour raison que la justice des tribunaux n'est instituée que pour ceux qui n'ont pas l'esprit de s'en passer. — V. ARBITRAGE, nos 27 et suiv.

55. — Par le décret du 27 août 1790, un juge de paix fut institué dans chaque canton et dans chaque ville du bourg du canton, dont la population excédait 2,000 âmes. Les juges de paix devaient être assistés de prud'hommes assesseurs. Ils ne pouvaient être choisis que parmi les citoyens éligibles aux administrations de département et de district, et âgés de trente ans accomplis, sans autre condition d'éligibilité. Ils étaient élus au scrutin individuel et à la pluralité absolue des suffrages, par les citoyens actifs réunis en assemblées primaires. Les mêmes électeurs devaient nommer parmi les citoyens actifs de chaque municipalité, au scrutin de liste et à la pluralité relative, quatre notables pour remplir les fonctions de prud'hommes ou assesseurs du juge de paix. Le juge de paix et les prud'hommes étaient élus pour deux ans, et pouvaient être réélus. La compétence du juge de paix, jugeant soit seul, soit avec les assesseurs, était également déterminée par ce décret. — V. tit. 3. — Quelques-unes de ses dispositions régissent encore l'institution des juges de paix. — V. JUSTICE DE PAIX.

56. — L'Assemblée constituante mettant la répartition des tribunaux en harmonie avec l'organisation administrative établit ensuite dans chaque district un tribunal de première instance composé de cinq juges et de quatre suppléans, dont deux au moins devaient être pris dans la ville de l'établissement du tribunal, ou tenus de l'habiter. Dans les districts où il se trouvait une ville dont la population excédait 50,000 âmes, le nombre des juges pouvait être porté à six. Celui des juges qui avait été élu le premier était président. Dans les tribunaux divisés en deux chambres, le juge élu le second présidait la seconde chambre. — Décret 16-24 août 1790, tit. 4.

57. — Les juges étaient élus pour six ans; à l'expiration de ce terme, il devait être procédé à une nouvelle élection, dans laquelle les mêmes juges pouvaient être réélus. Mais pour être éligible, il fallait être âgé de trente ans accomplis et avoir été, pendant cinq ans, juge ou homme de loi. — Tit. 2, art. 4 et 9.

58. — Les tribunaux de district connaissaient de l'appel des sentences des juges de paix et étaient chargés de statuer en dernier ressort sur les contestations dans lesquelles il s'agissait d'une valeur inférieure à 1,000 livres, et, en première instance, dans celles où il s'agissait d'une valeur supérieure. L'appel des décisions rendues en première instance par un tribunal de district était porté devant un autre tribunal de district. La crainte de faire revivre l'ancienne autorité des Parlemens fit écarter la création de tribunaux chargés spécialement de juger sur appel et consacrer le principe de l'égalité des tribunaux.

59. — D'après l'art. 1er du titre 5 du décret du 16-24 août 1790, les juges de district étaient juges d'appel les uns à l'égard des autres. Les parties pouvaient s'entendre sur le choix du tribunal qui devait connaître par appel de la contestation. Aucune limite n'était imposée à leur choix. Il pouvait s'exercer indistinctement sur tous les tribunaux de district du royaume. — Art 2. — Mais si les parties ne s'accordaient pas sur le choix à faire, la connaissance de l'appel appartenait à l'un de sept tribunaux les plus voisins du district de celui qui avait d'abord jugé l'affaire. L'un de ces sept tribunaux au moins devait être choisi hors du département.

61. — L'appelant pouvait récuser trois de ces tribunaux, l'intimé pouvait aussi exercer trois récusations ; c'était alors le septième qui jugeait. S'il y avait, en première instance, trois parties ayant des intérêts opposés, chacune d'elles pouvait exercer deux récusations. Si le nombre des parties était au-dessus de trois jusqu'à six, chacune d'elles pouvait seulement exclure l'un des sept tribunaux. Lorsqu'il y avait plus de six parties, l'appelant devait s'adresser au directoire du district, qui faisait au tableau un supplément d'autant de tribunaux qu'il y avait de parties au-dessus du nombre de six. — Décr. 16-24 août 1790, tit. 5, art. 3, 4 et 5.

61. — Dans un article qu'il a publié sur l'*organisation judiciaire* et qui a été inséré dans la *Gazette des tribunaux* du 13 mai 1848, M. Chassan fait remarquer avec raison que ce système de l'égalité entre les juges du premier et du deuxième degré, s'il satisfaisait l'égalité républicaine, ne répondait guère au but de toute organisation judiciaire, qui est d'obtenir la confiance des justiciables. Les tribunaux de district n'ayant aucun guide à suivre, il en résulta, en effet, qu'il s'établit, dans chaque département, autant de manières d'interpréter la loi qu'il existait de tribunaux de district. L'anarchie judiciaire fut, dès lors, la conséquence de cet excès d'indépendance des tribunaux les uns à l'égard des autres.

62. — Le décret du 16-24 août 1790 maintint les tribunaux de commerce dans les villes où ils étaient déjà établis et autorisa l'établissement de nouveaux tribunaux sur la demande des administrations départementales. Les juges de commerce étaient élus pour deux ans comme les juges de paix, par une assemblée spéciale de négocians, bourgeois, marchands, etc. Pour être élu juge de commerce, il fallait habiter depuis cinq ans la ville où siégeait le tribunal. Restreinte autrefois aux affaires du commerce de terre (V. *suprà*, no 1), la compétence des tribunaux de commerce fut étendue aux affaires maritimes. Ces tribunaux prononçaient, du reste, en dernier ressort, comme les tribunaux civils, jusqu'à la valeur de 1,000 francs.

63. — Quant à la justice criminelle, elle était administrée par des tribunaux de police municipale et correctionnelle. — Déc. 19-22 juill. 1791. — Et par des tribunaux criminels de département. — Décr. 20 janv.-25 févr. 1791.

64. — En matière de police municipale et de police correctionnelle, les juges de paix, au nombre fixé par le décret du 19-22 juill. 1791, jugeaient en premier ressort. Les tribunaux de district jugeaient sur appel.

65. — Il était établi un tribunal criminel par chaque département. Ce tribunal était composé d'un président, nommé pour six ans par les électeurs du département, et de trois juges, pris chacun tous les trois mois, et par tour, dans les tribunaux du district, le président excepté, de telle sorte que le jugement ne pût être rendu qu'à quatre juges. Il y avait près de chaque tribunal criminel un accusateur public nommé par les électeurs du département. Un commissaire du roi était toujours de service près du tribunal criminel. Le greffier était nommé aussi à vie par les électeurs. — Décr. 20 janv.-25 févr. 1791.

66. — Une Haute Cour de justice avait été aussi établie pour connaître des crimes intéressant la sûreté de l'État qui devaient lui être déférés par le corps législatif. — V. HAUTE COUR.

67. — Au-dessus de ces diverses juridictions, l'Assemblée constituante plaça le tribunal de cassation, qu'elle substitua à l'ancien conseil des parties, dont elle prononça la suppression. La base de cette haute juridiction fut l'élection. Les membres de ce tribunal n'étaient élus que pour quatre ans et pouvaient être réélus. Les départemens de France devaient concourir successivement, par moitié, à l'élection ; de telle sorte que quarante-deux départemens désignés par le sort devaient pourvoir à la première élection, et les quarante-deux autres départemens à la seconde. L'élection ne pouvait être faite qu'à la majorité absolue des suffrages. Il était nommé un nombre égal de suppléans afin de pourvoir aux vacances. Pour être éligible, il fallait trente ans accomplis et avoir exercé pendant dix ans les fonctions de juge ou d'homme de loi. Le commissaire du roi devait être nommé par le roi et le greffier par les membres du tribunal. — Décr. 27 nov.-1er déc. 1790.

68. — On voit, d'après ce qui précède, que la justice criminelle était entièrement séparée de la justice civile. Seulement, le recours en cassation était permis en matière pénale aussi bien qu'en matière civile.

69. — La Constitution du 3-14 sept. 1791 proclama de nouveau le principe de la justice gratuite rendue par des juges élus à temps par le peuple, et institués par lettres patentes du roi, qui ne pouvait les refuser (chap. 5, art. 2), et réserva au pouvoir législatif le soin de régler le nombre et les arrondissemens des tribunaux, et le nombre des juges dont chaque tribunal devait être composé (art. 8). — Seulement, elle maintint expressément l'institution des arbitres (art. 4) et des juges de paix dans les cantons et dans les villes (art. 7).

70. — Le nouvel ordre judiciaire, créé par le

décret du 16-24 août 1790, subsista, sans modifications, jusqu'en 1792. A cette époque, par décret du 22 sept., la Convention nationale ordonna que les corps judiciaires, les juges de paix et leurs greffiers seraient renouvelés en entier, sauf la faculté de réélire ceux qui auraient bien mérité de la patrie. Elle supprima, en outre, toutes les conditions de capacité auxquelles le législateur de 1790 avait subordonné l'élection des juges, et elle reconnut au peuple le droit de choisir les juges, non plus seulement parmi les hommes de loi, mais parmi tous les citoyens indistinctement. Les commissaires nationaux et les greffiers durent aussi être nommés de la même manière et dans les mêmes formes.

71. — La Constitution du 24 juin 1793, qui, à peine promulguée, se trouva suspendue par l'établissement du gouvernement révolutionnaire le 19 vendém. an II, allait plus loin encore. Elle supprima le nom même de juge, et, en même temps qu'elle donnait une grande extension, à l'institution des arbitres privés, elle établit des *arbitres publics* élus tous les ans par le peuple et qui paraissaient appelés à remplacer les juridictions civiles antérieures. — Art. 86 et suiv. — Elle maintint seulement l'institution du tribunal criminel et celle du tribunal de cassation. Ces deux tribunaux étaient composés de juges nommés tous les ans par les assemblées électorales. — Art. 96 et 97, 98 et suiv.

72. — La Constitution du 5 fructid. an III (22 août 1795) et la loi du 19 vendém. an IV, modifièrent l'organisation judiciaire établie par le décret du 16-24 août 1790 et maintenue par la Constitution de 1791. On s'était jusque-là étudié à mettre la justice sous la main des citoyens. Mais la nouvelle organisation rendit les tribunaux d'un accès plus difficile, en les éloignant des justiciables.

73. — Après avoir proclamé, d'une part, le principe que la justice était rendue gratuitement (art. 205), et, de l'autre, le droit des parties de se faire juger par arbitres (art. 210 et 211), la Constitution du 5 fruct. an III institua dans chaque arrondissement un juge de paix et des assesseurs, lesquels étaient élus pour deux ans et pouvaient être immédiatement et indéfiniment réélus. — Art. 212 et suiv.

74. — Tous les tribunaux de district furent supprimés et remplacés par un tribunal civil, siégeant au chef-lieu du département. Ce tribunal était composé de vingt juges au moins et de cinq suppléans élus tous les cinq ans et rééligibles, d'un commissaire et d'un substitut nommés et destituables par le directoire exécutif, et d'un greffier. — Art. 216.

75. — Les tribunaux civils de département jugeaient en dernier ressort jusqu'à la valeur de 1,000 livres, et les appels des jugemens des juges de paix, des arbitres et des tribunaux de commerce, dont l'institution était également maintenue. — Art. 214. — Ils étaient divisés en sections, et aucune section ne pouvait juger au-dessous du nombre de cinq juges. — Art. 218 et 220.

76. — Comme dans le système du décret du 16-24 août 1790, les tribunaux civils de département étaient juges d'appel les uns des autres. L'appel des jugemens prononcés par un tribunal civil se portait au tribunal civil de l'un des trois départemens les plus voisins. — Art. 219.

77. — Il y avait en outre, dans chaque département, trois tribunaux correctionnels au moins, et six au plus. Ces tribunaux étaient composés chacun d'un président, de deux juges de paix ou assesseurs, d'un commissaire du pouvoir exécutif et d'un greffier. Le président était pris tous les six mois, et par tour, parmi les membres des sections du tribunal civil de département, les présidens exceptés. — Art. 233, 234 et 235.

78. — Chaque département avait encore un tribunal criminel, connaissant de l'appel des jugemens correctionnels et statuant avec l'assistance du jury sur les accusations criminelles. Ce tribunal était composé d'un président, d'un accusateur public, de quatre juges pris dans le tribunal civil, du commissaire du pouvoir exécutif près le même tribunal ou de son substitut. — Art. 244, 245 et suiv.

79. — En maintenant le tribunal de cassation, la Constitution du 5 fruct. an III en modifia la composition. Le nombre des juges de ce tribunal ne pouvait excéder les trois quarts du nombre des départemens. Ce tribunal était renouvelé par cinquième tous les ans. Les assemblées électorales des départemens nommaient successivement et alternativement les juges qui devaient

remplacer les juges sortans, lesquels toutefois pouvaient être réélus. — Art. 254 et suiv.

80. — La Constitution de l'an III créa, en outre, une Haute Cour de justice pour juger les accusations admises par le Corps législatif, soit contre ses propres membres, soit contre ceux du Directoire exécutif. Cette Haute Cour était composée de cinq juges et de deux accusateurs nationaux tirés du tribunal de cassation, et de hauts jurés nommés par les assemblées électorales des départemens. Les cinq juges de la Haute Cour choisissaient entre eux un président. — Art. 265 et suiv.

81. — L'ordre judiciaire établi par la Constitution de l'an III ne laissait pas que de présenter de graves inconvéniens. Nous en signalerons deux principaux : l'éloignement du tribunal siégeant au chef-lieu du département et l'absence de toute hiérarchie judiciaire. Le premier, en obligeant les citoyens de se transporter quelquefois à de longues distances, leur occasionnait une grande gêne. Le second, en établissant une rivalité entre les tribunaux voisins qui, sans autorité l'un sur l'autre, ne songeaient qu'à contrarier réciproquement leur propre jurisprudence, était, pour les justiciables, la cause d'un préjudice énorme et, pour l'ordre judiciaire, lui-même, la cause d'une déconsidération. — Chassan, *De l'organisation judiciaire*. — V. *Gazette des tribunaux* du 13 mai 1848.

82. — Avec la Constitution du 22 frim. an VIII (13 déc. 1799), qui remplaça celle de l'an III, commença pour l'organisation judiciaire une ère nouvelle.

83. — Cette Constitution posa en principe, d'une part, l'institution de tribunaux d'appel distincts de ceux de première instance (art. 61), et, de l'autre, la nomination à vie des juges autres que les juges de paix. — Art. 68.

84. — Les tribunaux criminels et ceux de police correctionnelle continuèrent de subsister. L'appel des jugemens rendus par les tribunaux correctionnels était porté aux tribunaux criminels. — Art. 62 et 64.

85. — Le tribunal de cassation fut également maintenu. — Art. 65 et 66.

86. — Mais une autre innovation apportée par la Constitution de l'an VIII, consistait dans la nomination par le premier consul de tous les juges criminels et civils autres que les juges de paix, et des juges de cassation. — Art. 41.

87. — Seulement, pour ne pas abolir complétement le droit d'élection, la Constitution voulut que les juges composant les tribunaux de première instance fussent pris dans la liste communale ou dans la liste départementale, les juges formant les tribunaux d'appel dans la liste départementale, et les juges composant le tribunal de cassation dans la liste communale. — Art. 67.

88. — Une loi spéciale devait déterminer l'organisation des tribunaux de première instance et des tribunaux d'appel, leur compétence et le territoire formant le ressort de chacun. — Art. 61. — De là, la loi du 27 vent. an VIII sur l'organisation des tribunaux.

89. — Cette loi maintint les juges de paix et les tribunaux de commerce tels qu'ils existaient alors. Elle ne dérogea point non plus aux droits qu'avaient les citoyens de faire juger leurs contestations par des arbitres de leur choix. Mais elle supprima les tribunaux civils et criminels de département et les tribunaux de police correctionnelle, et posa les bases d'une organisation judiciaire qui est encore aujourd'hui en grande partie en vigueur.

90. — Elle établit, par chaque arrondissement, un tribunal de première instance jugeant les affaires civiles et correctionnelles; par chaque département, un tribunal criminel pour connaître de toutes les affaires criminelles, et, en appel, des jugemens émanés des tribunaux de première instance en matière correctionnelle. Il y eut, en outre, vingt-neuf tribunaux chargés de statuer sur l'appel des jugemens des tribunaux de première instance et des tribunaux de commerce. Les tribunaux criminels étaient composés de deux juges, de deux suppléans et d'un président choisi tous les ans, par le premier consul, parmi les juges du tribunal d'appel et rééligible. Les tribunaux d'appel étaient composés de douze à trente-un juges. Ceux de vingt à trente juges pouvaient se diviser en deux sections; ceux de trente-un en trois. Ils ne pouvaient pas juger à moins de sept juges. Les juges de première instance étaient pris dans la liste communale d'éligibilité; ceux d'appel dans la liste départementale. Il ne fut apporté par la loi du 27 vent. an VIII aucune mo-

dification importante à l'organisation du tribunal de cassation.

91. — Cette loi institua, en outre, près le tribunal de cassation et près de chaque tribunal d'appel et de première instance un nombre fixe d'avoués et d'huissiers, dont la nomination appartint au premier consul. — V. AVOCAT A LA COUR DE CASSATION, AVOUÉ, HUISSIER.

92. — Le sénatus-consulte organique du 16 therm. an X (4 août 1802) constitua les juridictions inférieures dans un état de dépendance hiérarchique vis-à-vis des juridictions supérieures, en décidant que les tribunaux d'appel auraient droit de surveillance sur les tribunaux civils de leur ressort, et les tribunaux civils sur les juges de paix de leur arrondissement. — Art. 83. — Le tribunal de cassation avait droit de censure et de discipline sur les tribunaux d'appel et les tribunaux criminels. — Art. 82.

93. — Nous avons vu que, d'après la Constitution de l'an VIII, les membres du tribunal de cassation devaient être nommés par le premier consul et pris sur la liste nationale. Le sénatus-consulte organique du 16 therm. an X attribua, au contraire, au sénat la nomination des membres du tribunal de cassation. Ils étaient nommés sur la présentation du premier consul, qui devait présenter trois sujets pour chaque place vacante. — Art. 85.

94. — Le sénatus-consulte du 16 therm. an X maintint l'institution d'une justice de paix dans chaque canton (art. 1er). Mais les juges de paix cessèrent d'être élus par les citoyens. Leur nomination fut dévolue au premier consul, qui devait choisir chaque juge de paix et chaque suppléant entre deux candidats désignés par l'assemblée de canton (art. 8). Les juges de paix et leurs suppléans étaient nommés pour dix ans. — Art. 9.

95. — Enfin, le sénatus-consulte du 16 therm. an X donna au ministre de la justice le titre de grand juge (art. 78), et lui attribua le droit de présider le tribunal de cassation et les tribunaux d'appel, quand le gouvernement le jugeait convenable. — Art. 80.

96. — Le sénatus-consulte organique du 28 flor. an XII (18 mai 1804) donna au tribunal de cassation la dénomination de *Cour de cassation*, aux tribunaux d'appel celle de *Cours d'appel*, et aux tribunaux criminels celle de *Cours de justice criminelle* (art. 136). Les jugemens émanés de ces Cours furent intitulés *arrêts*. — Art. 134.

97. — Le président de la Cour de cassation et celui des Cours d'appel, divisées en sections, reçurent, par le même acte, la qualification de *premiers présidens*. Les vice-présidens prirent le titre de *présidens*. — Art. 136.

98. — Les commissaires du gouvernement près la Cour de cassation, les Cours d'appel et les Cours de justice criminelle, furent appelés *procureurs généraux impériaux*; et les commissaires du gouvernement près les autres tribunaux, *procureurs impériaux*. — Même art.

99. — Les présidens de la Cour de cassation, des Cours d'appel et de justice criminelle, étaient nommés à vie par l'empereur, et pouvaient être choisis hors des Cours qu'ils devaient présider. — Art. 135. — V., sur l'inamovibilité de la magistrature, *infrà*, nos 251 et suiv.

100. — Par un décret du 16 mars 1808, il fut créé un corps de juges-auditeurs près chaque Cour d'appel. Ces juges avaient voix délibérative à vingt-cinq ans. Leur position n'était point fixe, invariable. Le gouvernement avait la faculté de les faire passer d'un tribunal à un autre, et même de les faire descendre d'un siége supérieur à un siége inférieur. L'institution des conseillers et juges auditeurs fut réorganisée par un décret du 22 mars 1813.

101. — Promulgué en novembre 1808, le Code d'instruction criminelle contient, avec quelques dispositions sur l'organisation des divers tribunaux de répression, les règles de leur compétence. Ce Code n'avait pas maintenu seulement les tribunaux institués par la législation antérieure, il créa aussi des *Cours spéciales* dont l'organisation et la compétence étaient réglementées par les art. 553 et suiv.

102. — La loi du 20 avril 1810, rattachant en quelque sorte à la personne du souverain les membres mêmes des Cours, consacra les dénominations de *Cours impériales* et de *conseillers de Sa Majesté* (art. 1er). Cette loi embrassant d'ailleurs les objets les plus importans de l'organisation judiciaire et de l'administration de la justice, a posé des règles dont la sagesse a été consacrée par l'expérience.

103. — Cette dernière loi avait créé aussi des *Cours spéciales* pour remplacer les Cours d'assises dans les départemens où le jury n'avait pas été établi et dans ceux où il était suspendu. Elle les appela *Cours spéciales extraordinaires* pour les distinguer de celles dont le Code d'instruction criminelle contenait l'institution, et qu'elle désigna par la dénomination de *Cours spéciales ordinaires*. — V. TRIBUNAUX SPÉCIAUX.

104. — Un décret du 6 juill. 1810 contient un règlement relatif à l'organisation et au service des Cours, et un décret du 18 août suivant, un règlement relatif aux tribunaux de première instance et de police.

105. — Ce fut aussi par un décret du 14 déc. 1810 que fut rétabli l'ordre des avocats, avec son conseil de discipline et son bâtonnier; ordre qui fut réorganisé, plus tard, sur des bases plus libérales, par une ordonnance du 20 novembre 1822 et par une autre ordonnance du 27 août 1830. — V. AVOCAT.

106. — La Charte du 4-10 juin 1814, en rendant à l'organisation judiciaire le caractère monarchique qu'elle avait autrefois, par la proclamation du principe que « toute justice émane du roi, » laissa néanmoins subsister les Cours et tribunaux ordinaires tels qu'ils étaient au moment de sa promulgation, et déclara qu'il ne pouvait y être rien changé qu'en vertu d'une loi. Seulement elle fit disparaître définitivement les dernières traces du système électif. Tous les juges furent nommés par le roi, sans qu'il y eût pour lui obligation de les prendre sur une liste d'éligibles. Les commissions et tribunaux spéciaux qualifiés *ordinaires* ou *extraordinaires*, ne furent pas maintenus. — Art. 57 et suiv.

107. — L'art. 63 de cette Charte contenait même la prohibition formelle de créer des commissions et tribunaux extraordinaires. Il exceptait cependant de cette prohibition les *juridictions prévôtales*, si leur rétablissement était jugé nécessaire. La loi du 20 décembre 1815, en supprimant formellement les Cours spéciales, réorganisa, en vertu de l'article précité de la Charte de 1814, les *Cours prévôtales*, auxquelles elle attribua la connaissance des crimes qui avaient été dévolus aux Cours spéciales par le Code d'instruction criminelle. Cette loi du 20 décembre 1815 a elle-même cessé d'avoir son effet. — V. TRIBUNAUX EXTRAORDINAIRES.

108. — Il n'a été publié, durant la Restauration, que quelques lois sur l'ordre judiciaire. Une ordonnance du mois de septembre 1814 a d'abord réglementé la matière des pensions des magistrats (V. PENSIONS). Une autre ordonnance du 11 octobre 1820 est relative au roulement entre les membres des tribunaux.

109. — Une loi du 28 avril 1816, en augmentant le cautionnement des officiers publics, rétablit la vénalité des offices par l'autorisation qu'elle accorda aux titulaires de présenter des successeurs à l'agrément de Sa Majesté. — V. OFFICES.

110. — L'institution des conseillers et juges auditeurs reçut aussi, sous la Restauration, un plus grand développement. Cette institution fut réorganisée par une ordonnance du 19 décembre 1823, qui autorisa l'établissement de juges auditeurs auprès des tribunaux composés de plus de trois juges. Les conseillers et juges auditeurs n'avaient aucune position assurée et ne recevaient aucun traitement.

111. — La loi du 16 juin 1824 régla les droits à la retraite et les formes à suivre pour les constater; et une ordonnance du 24 septembre 1828 fit cesser les difficultés qui s'étaient élevées sur la composition et les attributions des chambres d'appel de police correctionnelle.

112. — La Charte du 14 août 1830 n'a rien changé à l'organisation judiciaire telle qu'elle avait été établie par la Restauration. Une seule modification importante a été introduite. La Charte de 1814 permettait, comme nous l'avons vu, de rétablir les Cours prévôtales. La même disposition n'a point été reproduite dans la Charte de 1830. Ainsi, toutes les commissions et tous les tribunaux extraordinaires, sous quelque dénomination que ce pût être, furent désormais supprimés. — Art. 54.

113. — Une loi du 10 décembre 1830 a supprimé l'institution des juges et conseillers auditeurs. Cette loi contient, en outre, diverses dispositions concernant les *juges suppléans*.

114. — Toutefois, la nécessité d'un noviciat judiciaire ayant été reconnue, un projet de loi voté par la Chambre des pairs en 1842, mais qui n'a pas été discuté dans la Chambre des députés, instituait auprès des tribunaux des *auditeurs* qui prenaient part aux délibérations, mais avec voix consultative seulement. Cette nouvelle institution est restée à l'état de projet.

115. — Une importante amélioration s'est cependant accomplie, sous la monarchie de juillet, dans l'organisation judiciaire : c'est la réforme de la législation qui régit la compétence des diverses juridictions civiles. Cette réforme a été opérée, pour les tribunaux civils de première instance (V. COMPÉTENCE EN MATIÈRE CIVILE), par la loi du 11 avril 1838, qui a apporté aussi divers changemens dans le personnel de quelques tribunaux, et, pour les justices de paix, par la loi du 25 mai 1838 (V. JUSTICE DE PAIX).

116. — Une loi du 3 mars 1840 a également rectifié et complété les dispositions du Code de commerce en ce qui concerne les attributions et l'organisation des tribunaux de commerce. — V. TRIBUNAUX DE COMMERCE.

117. — Enfin deux ordonnances royales des 4 et 12 octobre 1847, relatives à l'organisation judiciaire dans les colonies, ont réglé la composition et la compétence de la Cour et des tribunaux qui y sont établis. — V., pour l'organisation judiciaire antérieurement à ces ordonnances, v° COLONIES.

118. — V. également, pour ce qui concerne l'organisation judiciaire en Algérie, v° ALGÉRIE.

119. — Tel était l'état de l'ordre judiciaire au moment de la révolution du 24 février 1848. La question de l'organisation judiciaire, une des plus importantes qui restent encore à résoudre, préoccupa vivement tous les esprits. Le Gouvernement provisoire s'empressa de faire préparer les bases du projet qui devait être soumis à l'Assemblée constituante. Une commission fut instituée à cet effet, sous la présidence de M. Martin (de Strasbourg). Elle s'acquitta de sa mission. Mais son projet, qui contenait des réformes radicales, ne put être discuté et réalisé.

120. — La Constitution du 4 nov. 1848 proclame d'abord le principe que : « La justice est rendue gratuitement au nom du peuple français » (art. 81), maintient ensuite l'institution du jury pour les matières criminelles (art. 82) et pour les délits politiques et ceux commis par la voie de la presse (art. 83 et 84), déclare que les juges de paix et leurs suppléans, les juges de première instance et d'appel, les membres de la Cour de cassation et de la Cour des comptes, sont nommés par le président de la République, d'après un ordre de candidature ou d'après des conditions qui seront réglées par des lois organiques (art. 85), et, enfin, par son article 88, dispose que les conseils de guerre et de révision des armées de terre et de mer, les tribunaux maritimes, les tribunaux de commerce, les prud'hommes et autres tribunaux spéciaux conservent leur organisation et leurs attributions actuelles, jusqu'à ce qu'il y ait été dérogé par une loi.

121. — Elle crée, en outre, un tribunal spécial pour juger les conflits d'attribution qui peuvent s'élever entre l'autorité administrative et l'autorité judiciaire (art. 89. — V. TRIBUNAL DES CONFLITS), et elle institue enfin une Haute Cour de justice, à laquelle elle attribue la connaissance des accusations portées par l'Assemblée nationale contre le président de la République ou les ministres, et des crimes, attentats ou complots contre la sûreté intérieure ou extérieure de l'Etat, que l'Assemblée nationale aura également renvoyés devant elle. — Art. 91 et suiv. — V. TRIBUNAUX SPÉCIAUX, sect. 2.

122. — Le titre 1er de la loi relative à l'organisation judiciaire a seul été voté et promulgué. L'art. 1er de cette loi, en date du 8-11 août 1849, maintient les Cours et tribunaux actuellement existans et les magistrats qui les composent. L'art. 2 ajoute qu'aucune réduction dans le personnel des Cours et tribunaux ne pourra s'opérer que par voie d'extinction, et, enfin, conformément à l'art. 3, une institution nouvelle a été donnée par le gouvernement aux Cours et tribunaux maintenus par l'art. 1er.

123. — Les titres suivans du projet de loi relatif à l'organisation judiciaire ont été soumis à l'examen d'une commission de l'Assemblée législative, dont le rapport a été déposé. Il est probable que ce projet sera bientôt discuté. Nous en indiquerons plus loin les principales dispositions.

CHAPITRE II. — *Organisation judiciaire.*

124. — L'organisation judiciaire, régie encore aujourd'hui en grande partie, comme nous l'avons vu, par les lois des 27 vent. an VIII et 20 avr. 1810, se compose de divers rouages qui concourent, chacun dans les limites de ses attributions, à l'administration de la justice.

125. — Les tribunaux, organes directs de la justice, peuvent être divisés en deux grandes classes : en tribunaux ordinaires et en tribunaux spéciaux.

126. — Les tribunaux *ordinaires* sont, en matière civile, les justices de paix, les tribunaux de première instance ou d'arrondissement, et les Cours d'appel ; en matière criminelle, les tribunaux de simple police, les tribunaux correctionnels, les chambres des appels de police correctionnelle et les Cours d'assises.

127. — Les tribunaux spéciaux sont : les tribunaux de commerce, les tribunaux maritimes, les prud'hommes, les tribunaux administratifs, le tribunal des conflits, les conseils de guerre et de révision des armées de terre et de mer, les conseils de discipline des gardes nationales, le conseil de l'Université, etc. M. Laferrière (*Cours de droit public et administratif* [3e édit.], t. 2, p. 669), qualifie les *tribunaux administratifs*, mais à tort, suivant nous, de *tribunaux extraordinaires*. Cette dernière dénomination ne nous paraît, en effet, convenir qu'aux tribunaux qui sont institués à raison de certaines circonstances et disparaissent avec elles. — V. TRIBUNAUX EXTRAORDINAIRES.

128. — Au-dessus des tribunaux ordinaires et de quelques-uns des tribunaux ordinaires spéciaux, plane la juridiction régulatrice de la Cour de cassation.

129. — La Charte de 1830 n'avait pas permis qu'il pût être créé, comme autrefois, des tribunaux extraordinaires (art. 54). La Constitution du 4 nov. 1848 a rétabli, au contraire, pour le jugement de certains crimes politiques, le tribunal extraordinaire, institué depuis la révolution de 1789 et maintenu jusqu'en 1814, et connu successivement sous le nom de *tribunal criminel extraordinaire* ou de *Haute Cour de justice*. C'est cette dernière dénomination qu'a reproduite la Constitution du 4 novembre. — V. TRIBUNAUX SPÉCIAUX.

Sect. 1re. — *Tribunaux ordinaires, — civils.*

§ 1er. — *Justices de paix.*

130. — La loi du 24 août 1790 avait établi, dans chaque canton, un juge de paix, qui devait être assisté dans les jugemens qu'il rendait de prud'hommes assesseurs. Ces prud'hommes assesseurs furent supprimés par la loi du 29 vent. an IX, et, depuis cette époque, le juge de paix assisté de son greffier composa, comme il compose encore aujourd'hui, tout le tribunal.

131. — Primitivement élus par les justiciables, les juges de paix furent nommés, à partir du sénatus-consulte organique du 16 thermid. an X, par le chef du gouvernement, mais sur la présentation de deux candidats élus par les assemblées de canton. Cette dernière formalité tomba en désuétude, et l'Empereur commença à nommer les juges de paix, sans présentation. Sous la Restauration et sous la monarchie de juillet, les juges de paix étaient également nommés par le roi, sans candidature. Aucune durée n'était assignée à leurs fonctions.

132. — Après la révolution du 24 févr. 1848, un premier projet de loi fut rédigé par une commission instituée par décision du gouvernement provisoire du 2 mars 1848. Ce projet maintenait l'institution d'une justice de paix dans chaque canton et attachait à cette justice un juge de paix et deux suppléans (art. 1er et 7). Il laissait également la nomination des juges de paix au pouvoir exécutif, qui, toutefois, était tenu de les choisir parmi les licenciés en droit ou parmi ceux qui avaient exercé pendant cinq ans au moins les fonctions d'avoué, de notaire ou de greffier (art. 80 et 81). Il n'était d'ailleurs rien

changé à la compétence des juges de paix. — Art. 24.

133. — Dans un second projet présenté par M. Marie, alors ministre de la justice, à l'Assemblée constituante, les justices de paix étaient purement et simplement maintenues telles qu'elles étaient instituées par les lois existantes (art. 22). — V. le texte de ce second projet dans le *Moniteur* du 22 oct. 1848. — La Constitution du 4 nov. 1848 s'est bornée à confier au président de la République la nomination des juges de paix et de leurs suppléans (art. 85). Enfin, l'institution actuelle des justices de paix a été consacrée par la loi du 8-11 août 1849. Seulement, l'art. 15 de cette loi, dont les titres 2 et suivans restent à voter, enjoint aux présidens et aux procureurs de la République d'envoyer à chaque vacance de justice de paix une liste de trois candidats, aux premiers présidens et procureurs généraux, chargés de la transmettre avec leurs observations au ministre de la justice. Cette disposition n'est que la consécration d'un usage qui existe déjà depuis longtemps.

134. — V., au surplus, pour ce qui concerne l'institution et l'organisation des justices de paix, les attributions et la compétence judiciaire des juges de paix, JUSTICE DE PAIX.

135. — Nous rappellerons seulement ici que, depuis la révolution du 24 février, la compétence des juges de paix a été étendue aux matières électorales. Ainsi, d'après la loi organique électorale du 15 mars 1849, l'appel de la décision rendue par la commission municipale instituée par cette loi doit être portée devant le juge de paix du canton (art. 10), qui juge en dernier ressort, sauf recours à la Cour de cassation (art. 11).

136. — La loi du 31 mai-3 juin 1850, modificative de la loi électorale du 15 mars 1849, attribue également au juge de paix le pouvoir de constater le fait du domicile des fils majeurs ou ouvriers chez leurs père, mère ou autres ascendans, ou chez leurs maîtres ou patrons, en cas d'empêchement ou de refus de ceux-ci de faire la déclaration exigée par ladite loi du 31 mai. — Art. 4, § 5.

§ 2. — *Tribunaux d'arrondissement.*

137. — Les tribunaux civils ont été institués dans chaque arrondissement par la loi du 27 vent. an VIII (art. 6), qui supprima les tribunaux civils de département établis en vertu de la Constitution de l'an III, et qui eux-mêmes remplacèrent les tribunaux de district institués par la loi du 24 août 1790.

138. — Les tribunaux civils d'arrondissement sont ordinairement appelés *tribunaux de première instance*. Cette dernière dénomination leur vient de ce qu'ils jugent habituellement en premier ressort. Cependant ces tribunaux ne jugent pas seulement en premier ressort, à charge d'appel. D'une part, ils connaissent d'une manière définitive, ou en dernier ressort, de certaines affaires; de l'autre, ils sont aussi chargés de statuer sur les appels des sentences de justice de paix. Ces deux considérations rendent, ce nous semble, préférable la dénomination de *tribunaux civils d'arrondissement* à celle de *tribunaux de première instance*.

139. — Les tribunaux de district étaient composés de cinq juges et quatre suppléans : le nombre des juges pouvait être porté à six dans les villes de plus de 50,000 âmes, si cela était nécessaire. Les tribunaux civils de département, respectivement juges d'appel, étaient composés de vingt juges au moins. Les lois des 27 vent. an VIII et 20 avr. 1810 ont fixé le nombre des juges des tribunaux civils d'arrondissement d'après la population de chaque arrondissement et l'importance des villes où ils sont placés.

140. — Les tribunaux civils d'arrondissement, placés dans les villes les moins populeuses et où il y a le moins d'affaires, sont composés de trois juges, dont deux autres que le président, et de deux ou trois suppléans. — L. 27 vent. an VIII, art. 8; 20 avr. 1810, art. 36. — L'art. 8 précité de la loi du 27 vent. an VIII détermine les tribunaux auxquels s'applique cette première composition.

141. — Les tribunaux placés dans des villes plus importantes se composent de quatre juges et de trois suppléans. C'est ce que porte l'art. 9 de la loi du 27 vent. an VIII, qui indique également les tribunaux qui sont ainsi composés.

142. — D'après la même loi, les tribunaux civils d'Amiens, Angers, Caen, Lille, Metz, Montpellier, Nancy, Nantes, Nîmes, Orléans, Reims, Rennes, Rouen, Strasbourg, Toulouse, Versailles, étaient composés de sept juges et quatre suppléans (article 10), et les tribunaux civils de Marseille, Bordeaux et Lyon, de dix juges et cinq suppléans.— Art. 11.

143. — Mais, plus tard, lorsque les membres de certains tribunaux purent être appelés à siéger dans les Cours d'assises, ou lorsque, dans certaines villes, l'accroissement des affaires eut acquis un plus grand développement, il devint nécessaire de mettre le personnel en rapport avec l'étendue des attributions qui se trouvaient confiées à ces tribunaux. La loi du 11 avr. 1838 détermina de nouveau le nombre des magistrats attachés à chaque tribunal civil. La composition de certains tribunaux a été modifiée par cette loi, soit en plus, soit en moins. Toutefois, le minimum est resté de trois juges, mais le maximum a été élevé à douze, y compris le président.

144. — Il suffit de trois juges pour constituer un tribunal civil. — V., à cet égard, JUGEMENT (mat. civ.), nos 411 et suiv.

145. — Sous l'empire de la loi du 24 août 1790 (tit. 4, art. 2), les tribunaux, composés de six juges, pouvaient se répartir en deux chambres. Aujourd'hui, ces tribunaux ne le peuvent plus, à cause des fonctions particulières, telles que celles de juge d'instruction, qui peuvent empêcher un membre de siéger à l'audience.

146. — Pour qu'un tribunal civil puisse se diviser en deux chambres, il faut qu'il soit composé de sept juges au moins et de dix au plus. Ceux de douze juges (il n'y a pas de tribunaux de onze juges) se répartissent en trois chambres. — Décr. du 18 août 1810, art. 3 et 4.

147. — Il est à remarquer que, pour la répartition des juges en sections, il n'est pas nécessaire, comme pour la fixation de leur nombre, qu'une loi intervienne. La division des tribunaux en sections peut être fixée par un règlement d'administration publique. — L. 20 avril 1810, art. 38.

148. — Par suite de la création d'un tribunal civil dans chaque arrondissement, la circonscription judiciaire a été mise en harmonie avec la circonscription administrative. Toutefois, il a été fait exception à cette règle pour le département de la Seine. Il n'y a, en effet, pour ce département, qu'un seul tribunal, dont le siége est à Paris : aussi le nomme-t-on *tribunal de la Seine*, et non pas *tribunal de Paris*.

149. — L'immense quantité des affaires qui se plaident devant le tribunal de la Seine l'a toujours placé dans une position tout exceptionnelle. Aussi le nombre des juges appelés à le composer a-t-il souvent varié et bien des fois été augmenté.

150. — D'après la loi du 27 vent. an VIII, le tribunal de la Seine était composé de vingt-quatre juges et de douze suppléans (art. 41) et se divisait en six sections ou chambres (art. 44). — Le décret du 18 août 1810 (art. 5) maintint la division en six chambres du tribunal de la Seine.

151. — Une loi du 10 déc. 1830 a d'abord modifié la composition du tribunal de la Seine, en élevant à vingt le nombre des juges suppléans.

152. — Une loi du 9 juill. 1837 a modifié ensuite complétement la composition du tribunal civil de la Seine. Elle porte que ce tribunal sera composé d'un président, de huit vice-présidens, de douze juges d'instruction, de seize juges suppléans, d'un procureur du roi (aujourd'hui de la République), de seize substituts et d'un greffier en chef. Ainsi, le nombre des juges du tribunal de la Seine s'est trouvé élevé par cette loi à quarante-neuf. La même loi disposait, en outre, que la réduction du nombre actuel des juges suppléans s'effectuerait par voie d'extinction.

153. — Le personnel du tribunal de la Seine fut encore plus tard augmenté par la loi du 23 avril 1841. « Il est créé, porte l'art. 1er de cette loi, quatre nouvelles places de juges d'instruction et deux nouvelles places de substitut du procureur du roi près le tribunal de première instance de la Seine. » Le personnel de ce tribunal se trouva élevé, par là, immédiatement à cinquante-trois juges.

154. — Mais la même loi du 23 avril 1841 décida qu'il serait porté ultérieurement par des nominations successives jusqu'à soixante-cinq. L'art. 2, § 1er, de cette loi est, en effet, ainsi conçu : « A chaque vacance qui aura lieu parmi les douze juges suppléans actuellement attachés au service des chambres du tribunal de première instance de la Seine, ou à l'instruction criminelle près le même tribunal, il sera nommé un juge titulaire. »

155. — Le § 2 de l'art. 2 porte qu'à chaque vacance qui aura lieu parmi les quatre juges suppléans attachés au service du ministère public près le même tribunal, il sera nommé un substitut.

156. — Enfin, aux termes de l'art. 3 de la même loi, les juges suppléans, nommés à l'avenir près le tribunal de première instance de la Seine, et dont le nombre est fixé à huit, ont les mêmes attributions et sont soumis aux mêmes règles que les juges suppléans près les autres tribunaux de première instance du royaume.

157. — Nous avons vu que, autrefois, le tribunal de la Seine se divisait en six chambres. Aujourd'hui il est divisé en huit chambres, et cette division résulte d'une ordonnance du 13 juill. 1837.

158. — La composition des diverses chambres dont se compose un tribunal civil n'a pas lieu d'une manière définitive, pour tout le temps où les juges doivent exercer leurs fonctions, mais est modifiée chaque année, au moyen de ce qu'on appelle le *roulement*.

159. — Dans les tribunaux composés de deux chambres seulement, le renouvellement des chambres ou roulement se fait en vertu de l'art. 50 du décret du 30 mars 1808 : qui veut que tous les juges fassent consécutivement le service de toutes les chambres.

160. — Mais, dans les tribunaux qui ont plus de deux chambres, le soin de fixer le roulement est confié à une commission composée du président, des vice-présidens et du doyen ou plus ancien juge. Le travail de cette commission est soumis à l'approbation des chambres assemblées; et si la commission et l'assemblée des chambres ne peuvent s'entendre, c'est au ministre de la justice qu'il appartient de prononcer. — Ordonn. 11 oct. 1820.

161. — Les dispositions sur le roulement n'étant qu'une affaire de discipline intérieure, peuvent d'ailleurs, comme celles qui concernent la division des tribunaux en sections, être l'objet d'arrêtés rendus dans la forme des réglemens d'administration publique. — Bonnier, t. 1er, no 121.

162. — La répartition des juges des tribunaux de première instance, divisés en plusieurs chambres, doit être faite de telle manière qu'il n'y ait pas moins de trois ni plus de six juges dans chaque chambre. — Décr. 18 août 1810, art. 6.

163. — Les suppléans sont compris dans le roulement; mais ils ne sont pas dispensés de faire, s'il y a lieu, le service dans les chambres autres que celle à laquelle ils sont attachés. — Même décr., art. 7.

164. — Jugé que le roulement qui doit s'opérer chaque année dans les chambres d'un tribunal n'est pas un roulement intégral qui puisse faire sortir tous les membres d'une chambre pour les faire passer dans une autre, mais un roulement partiel qui fait seulement sortir la majorité des juges d'une chambre pour les répartir dans une ou plusieurs autres : de manière que chacun d'eux soit successivement appelé à faire le service de toutes les chambres du tribunal. — *Cass.*, 8 janv. 1834, tribunal d'Evreux.

165. — Chaque chambre d'un tribunal constitue un tribunal à part. Ainsi, on ne peut, à peine de nullité, appeler à siéger dans une affaire un juge qui n'appartient pas à la chambre saisie du procès. — Bonnier, t. 1er, no 120, p. 103 *in fine*.

166. — De même, si une cause se trouve distribuée à une chambre autre que celle qui doit en connaître, chacune des parties a le droit de demander le renvoi devant la chambre qui a plus spécialement qualité pour statuer sur l'affaire. Mais elles peuvent consentir à ce qu'elle soit jugée par la chambre où elle est pendante. — Bonnier, *loc. cit.*, p. 104.

167. — Toutefois, lorsque, par suite des attributions qui lui sont dévolues, une chambre de tribunal est surchargée, tandis que les autres chambres ne sont pas suffisamment occupées, le président du tribunal peut déléguer à l'une d'elles partie des affaires attribuées à cette chambre (décr. 18 août 1810, art. 35). Et, par là, la chambre désignée par le président se trouve investie du droit de juger les affaires qui lui sont déléguées. — *Cass.*, 16 juill. 1838 (t. 2 1838, p. 43), Enregistrement c. Brulé.

168. — Si les circonstances l'exigent, un règlement d'administration publique peut même établir une chambre temporaire. Cette chambre peut être composée de juges et de suppléans. — L. 20 avril 1810, art. 39. — V. CHAMBRE TEMPORAIRE.

169. — Les suppléans appelés à en faire partie reçoivent le même traitement que les titulaires. — L. 11 avril 1838, art. 8. — Sur le point de savoir quel est le traitement affecté aux membres des différens tribunaux, V. JUGE, nos 111 et suiv.

170. — Pour tout ce qui concerne la constitution d'un tribunal, le mode de le compléter, le remplacement du président et des juges, et le mode de délibération, V. JUGEMENT (mat. civ.), nos 398 et suiv.

171. — Enfin, il existe auprès de chaque tribunal d'arrondissement une *chambre du conseil*, dont les attributions consistent à statuer par des ordonnances de non-lieu ou de renvoi devant les autorités compétentes sur les affaires criminelles ou correctionnelles que le juge d'instruction a été chargé d'instruire. — V. CHAMBRE DU CONSEIL (mat. crim.)

172. — Les tribunaux d'arrondissement ne peuvent jamais se réunir en *audience solennelle*, pour juger, plusieurs chambres assemblées, les causes importantes qui leur sont soumises.

173. — Mais ils peuvent se réunir en assemblées générales, lesquelles ne sont pas publiques et n'ont point trait au jugement du procès, mais ont pour objet soit un règlement intérieur, soit l'exercice du pouvoir disciplinaire vis-à-vis d'un membre du tribunal, des avocats ou des officiers ministériels, soit un avis réclamé par le gouvernement sur un projet de loi ou sur tout autre objet d'intérêt public.

174. — Toutefois, un tribunal ne peut statuer en assemblée générale, sauf le cas où il s'agit d'émettre un avis sur la demande du gouvernement, qu'autant que l'assemblée est composée de la majorité au moins des juges en titre, et alors le nombre exigé est complété par des suppléans, qui ont, en ce cas, voix délibérative. Les suppléans qui ne remplacent pas un juge n'ont que voix consultative. — L. 18 avril 1838, art. 11.

175. — Dans le cas où il s'agit d'émettre un avis, les suppléans et les membres du parquet délibèrent et votent comme les juges. — Ordonn. 18 avril 1841.

176. — Sur l'institution du ministère public auprès des tribunaux d'arrondissement et ses attributions, V. MINISTÈRE PUBLIC.

177. — Le premier projet de loi rédigé, après la révolution du 24 février 1848, par la commission instituée par décision du Gouvernement, provisoire du 2 mars 1848, et le second projet préparé par une nouvelle commission et déposé à l'Assemblée nationale dans la séance du 18 oct. 1848, laissaient subsister les tribunaux d'arrondissement, sauf des modifications dans le personnel des tribunaux.

178. — Le troisième projet de loi actuellement soumis à l'Assemblée législative conserve telle qu'elle existe l'organisation civile des tribunaux de première instance, et dispose seulement que des lois spéciales détermineront les modifications qui pourraient être apportées au nombre des magistrats qui les composent. — Art. 13.

§ 3. — *Cours d'appel.*

179. — Nous avons vu que les tribunaux civils d'arrondissement statuent tantôt en premier ressort, tantôt en dernier ressort. Les jugemens rendus par ces tribunaux en premier ressort peuvent être déférés, par la voie de l'appel, à des tribunaux supérieurs désignés sous la monarchie par la dénomination de *Cours royales*, et, depuis la révolution du 24 février 1848, par celle de *Cours d'appel*.

180. — Sur l'organisation des Cours d'appel, à laquelle il n'a rien été changé depuis la révolution du 24 février, V. COUR ROYALE.

181. — Il n'est pas sans intérêt, toutefois, de rappeler ici les différentes modifications qu'apportaient à l'organisation judiciaire actuelle les divers projets présentés sur l'organisation judiciaire. — D'abord, le projet de la commission instituée par le gouvernement provisoire substituait à la dénomination de *Cours d'appel* celle de *tribunaux d'appel*. Chaque tribunal d'appel était composé d'un président, de deux présidens de chambre et de douze juges, et était divisé en deux chambres jugeant au nombre fixe de cinq juges. Dans les tribunaux d'appel où il était nécessaire d'établir plus de deux chambres, le nombre des magistrats était augmenté d'un président de chambre et de six juges pour chaque chambre. Il devait y avoir près de chaque tribunal d'appel un procureur général et autant d'avocats généraux que de chambres (V. le ch. 3 de ce projet). — La place de premier président, celle de premier avocat général et celle de substitut se trouvaient implicitement supprimées.

182. — Le second projet, qui maintenait la dénomination de *Cours d'appel* et conservait les ressorts actuellement existans, contenait une réorganisation plus complète. Les Cours d'appel devaient être composées de la manière suivante : Paris, un premier président, cinq présidens de chambre, quarante-huit conseillers, un procureur général, cinq avocats généraux et onze substituts; — Rennes, un premier président, deux présidens, vingt-deux conseillers, un procureur général, trois avocats généraux et trois substituts; — Bordeaux, Lyon, Rouen, Toulouse, Caen, Riom et Grenoble, un premier président, deux présidens, vingt conseillers, un procureur général, trois avocats généraux et deux substituts; — Agen, Aix, Amiens, Angers, Bastia, Besançon, Bourges, Colmar, Dijon, Douai, Limoges, Metz, Nancy, Orléans et Pau, un premier président, un président, quatorze conseillers, un procureur général, deux avocats généraux et deux substituts. — Ce projet supprimait formellement la place de premier avocat général, dont les fonctions devaient être remplies par un avocat général délégué par le procureur général. — V. le titre 2 de ce projet.

183. — La loi du 8 août 1849 maintient d'une manière générale les Cours actuellement existantes et les magistrats qui les composent (art. 1er). L'art. 2 porte qu'aucune réduction dans le personnel des Cours, comme dans celui des tribunaux, ne pourra s'opérer que par voie d'extinction, mais que, néanmoins, sur deux places vacantes, le gouvernement pourra pourvoir à l'une des deux.

184. — On sait que cette loi ne contient que le titre 1er d'un troisième projet qui avait été soumis à l'Assemblée législative. Les titres suivans restent à voter. Or, le titre 3 s'occupe spécialement des Cours d'appel. D'après l'art. 8 de ce projet, les ressorts des Cours d'appel et la composition de ces Cours sont conservés tels qu'ils existent, et l'art. 9 confie à une loi spéciale le soin de régler les réductions ou les augmentations que les besoins du service peuvent exiger dans quelques-unes de ces Cours, quant au nombre des magistrats. L'art. 12 veut que, quel que soit le nombre des chambres des Cours d'appel, les audiences solennelles soient composées de quatorze présidens ou conseillers au moins. Enfin, l'art. 10 maintient le titre de premier avocat général et donne au pouvoir exécutif le droit de le conférer.

185. — Sur le mode de constituer les Cours d'appel, de les compléter en pourvoyant au remplacement des conseillers, V. JUGEMENT (mat. civ.), nos 398 et suiv.

186. — V. également, pour ce qui concerne la compétence des Cours d'appel, COMPÉTENCE (mat. civ.), COMPÉTENCE ADMINISTRATIVE et DEGRÉS DE JURIDICTION.

Sect. 2e. — *Tribunaux ordinaires, — de police, — correctionnels et criminels.*

§ 1er. — *Tribunaux de police.*

187. — L'institution des tribunaux de police est due à la loi *sur la police municipale et correctionnelle* du 19-22 juill. 1791. D'après l'art. 42 du tit. 1er de cette loi, le tribunal de police se composait de trois membres, que les officiers municipaux choisissaient parmi eux; de cinq, dans les villes où il y avait 60,000 âmes et davantage, et de neuf à Paris. Aucun jugement ne pouvait être rendu que par trois juges, et sur les conclusions du procureur de la commune ou de son substitut. — Art. 43.

188. — Le Code du 3 brum. an IV substitua à ces tribunaux de police municipale des *tribunaux de police*. Ce Code institua un tribunal de police dans l'arrondissement de chaque administration municipale. Ce tribunal était composé du juge de paix et de deux assesseurs (art. 151). S'il y avait plusieurs juges de paix dans l'arrondissement de l'administration municipale, chacun d'eux y faisait le service par tour pendant un mois (art. 152).

189. — La loi du 9 vent. an IX supprima les assesseurs de juge de paix, et la loi du 28 flor. an X disposa que dans les villes où il y aurait plusieurs justices de paix, un seul tribunal de police serait constitué par chaque juge de paix, tour à tour, pendant trois mois.

190. — Sous l'empire du Code du 3 brum. an IV, les fonctions du ministère public près chaque tribunal de police étaient exercées par les commissaires du pouvoir exécutif de l'administration municipale du lieu (art. 162). Après les suppressions de ces commissaires, une loi du 27 vent. an VIII conféra les fonctions du ministère public aux commissaires de police et aux adjoints de maire.

191. — Le greffier et les huissiers du juge de paix étaient appelés à exercer leurs fonctions auprès du tribunal de police — C. 3 brum. an IV, art. 166. — Dans les villes où il y avait plusieurs justices de paix, un greffier particulier pour le tribunal de police était nommé par le gouvernement. — L. 28 flor. an X, art. 14.

192. — Le Code d'instruction criminelle, qui régit encore aujourd'hui l'organisation des tribunaux de police, a créé deux sortes de tribunaux de police : l'un tenu dans chaque canton par le juge de paix, qui a une compétence exclusive pour certaines contraventions; l'autre tenu dans les communes qui ne sont pas chefs-lieux de canton, par le maire, qui statue concurremment avec le juge de paix sur certaines contraventions. — C. instr. crim., art. 138, 139 et 166.

193. — Dans les communes où il n'y a qu'un juge de paix, c'est lui seul qui connaît des affaires de la compétence du tribunal de police. Le greffier et les huissiers de la justice de paix font le service auprès de ce tribunal. — Art. 141.

194. — Dans les communes divisées en deux justices de paix ou plus, le service au tribunal de police est fait successivement par chaque juge de paix, en commençant par le plus ancien, et il y a, dans ce cas, un greffier particulier pour le tribunal de police. — Art. 142. — Il peut aussi, dans le cas précédent, y avoir deux sections pour la police; chaque section est tenue par un juge de paix, et alors le greffier a un commis assermenté pour le suppléer. — Art. 143.

195. — Le juge de paix peut, en cas d'empêchement, être remplacé pour siéger au tribunal de police par l'un de ses suppléans. Mais est nul le jugement rendu par un juge de paix par intérim, qui n'y a énoncé ni le titre ni la qualité en vertu de laquelle il exerçait ses fonctions. — *Cass.*, 19 juin 1828, Laye.

196. — Les fonctions du ministère public près le tribunal de police tenu par le juge de paix, sont remplies par le commissaire de police du lieu où siége le tribunal; en cas d'empêchement du commissaire de police, ou s'il n'y en a point, elles sont remplies par le maire, qui peut se faire remplacer par son adjoint. S'il y a plusieurs commissaires de police, le procureur général près la Cour d'appel nomme celui ou ceux d'entre eux qui feront le service. — C. instr. crim., art. 144.

197. — Jugé qu'un membre du conseil municipal ne peut remplir les fonctions de ministère public près le tribunal de police tenu par le juge de paix. — *Cass.*, 25 fév. 1830, Chaize-Martin c. Maury; 29 janv. 1835, Champanhet; 10 sept. 1835, Deligny c. Hesdin. — Mangin, *De l'action publique*, t. 1er, no 204; Massabiau, *Manuel du ministère public*, t. 3, no 2963.

198. — Mais le conseiller chargé des fonctions municipales, à défaut de maire et d'adjoints, ou en cas d'empêchement de leur part, a incontestablement qualité pour y exercer ces fonctions, en vertu de l'art. 5 de la loi du 21 mars 1831. — Massabiau, *loc. cit.*

199. — Le maire tient de la loi, de l'art. 166 C. instr. crim., le droit d'organiser dans sa commune, lorsqu'il n'y a pas de juge de paix, un tribunal de police. Bien qu'on ne puisse se dissimuler les dangers que peut quelquefois présenter la création d'un tribunal de cette nature, on ne peut cependant s'empêcher de reconnaître qu'aucune disposition de la loi n'oblige le maire à demander au préalable l'autorisation soit de l'autorité judiciaire, soit de l'autorité administrative.

200. — Le ministère public auprès du tribu-

RÉP. GÉNÉR. — XII. 31

nal de police tenu par le maire est exercé par l'adjoint. En l'absence de l'adjoint, ou lorsque l'adjoint remplace le maire comme juge de police, le ministère public est exercé par un membre du conseil municipal, désigné par le procureur de la République pour une année entière. — C. instr. crim., art. 167.

201. — A cet effet, le procureur de la République se fait remettre soit par le sous-préfet, soit par le maire de la commune où siége le tribunal de police, la liste des membres des conseillers municipaux de cette commune, et prend au parquet un arrêté par lequel il désigne le conseiller qui lui paraît pouvoir remplir convenablement les fonctions du ministère public près le tribunal de police, et il envoie un extrait de cet arrêté au maire, qui est chargé d'en assurer l'exécution.

202. — Les fonctions de greffier des maires dans les affaires de police sont exercées par un citoyen que le maire propose, et qui prête serment en cette qualité au tribunal de police correctionnelle. — Art. 168.

203. — Ce greffier ne peut être admis à la prestation de serment que sur la présentation du procureur de la République. Il résulte de là que ce magistrat a le droit de s'enquérir, avant la présentation, non-seulement de la moralité du citoyen désigné par le maire, mais encore de sa capacité. Il peut, à cet effet, le soumettre à un examen; et si, après avoir constaté ses réponses, il le juge impropre à remplir les fonctions de greffier, il peut refuser de le présenter au tribunal correctionnel.

204. — Le greffier du tribunal de police tenu par le juge de paix ne peut remplir les mêmes fonctions auprès du tribunal de police tenu par le maire. — Décis. minist. 8 juin et 5 août 1811.

205. — Le greffier fait partie intégrante du tribunal de police. Il s'ensuit que ce tribunal ne peut, à peine de nullité, procéder à un jugement, sans l'assistance du greffier. — *Cass.*, 25 févr. 1819, Hospices de Pouilly. — Il en est ainsi, que le tribunal soit tenu par le juge de paix ou qu'il le soit par le maire.

206. — Le ministère des huissiers n'est pas nécessaire auprès du tribunal de police tenu par le maire, comme auprès de celui qui est tenu par le juge de paix. Le maire peut appeler devant lui les prévenus par de simples avertissemens. — C. instr. crim., art. 169.

§ 2. — *Tribunaux correctionnels.*

207. — La loi du 19-22 juillet 1791 avait attribué aux juges de paix la répression des délits correctionnels. Dans les lieux où il n'y avait qu'un juge de paix, le tribunal de police correctionnelle était composé du juge de paix et de deux assesseurs; dans ceux où il y avait deux juges de paix, de ces deux juges de paix et d'un assesseur; dans les villes où il y avait trois juges de paix, de ces trois juges; en cas d'absence de l'un d'eux, il était remplacé par l'un des assesseurs; dans les villes où il y avait plus de trois juges de paix, le tribunal correctionnel était tenu par trois juges de paix servant par tour. Dans ce dernier cas, le tribunal pouvait être divisé en deux ou trois chambres. — Art. 46 et suiv. — Ainsi, d'après la loi précitée, le tribunal correctionnel se composait de trois juges.

208. — Les fonctions du ministère public près chaque tribunal correctionnel étaient remplies par le procureur de la commune et ses substituts, et, au besoin, par des hommes de loi commis par le corps municipal (art. 44); celles de greffier, par le greffier de la justice de paix, dans les lieux où il n'y avait qu'un juge de paix, et, dans ceux où il y en avait plusieurs, par un greffier *ad hoc*, à la nomination du corps municipal. — Art. 51 et 52. — Les huissiers étaient ceux du juge de paix. — Art. 55.

209. — Les tribunaux correctionnels, tels qu'ils avaient été institués par la loi du 19 juillet 1791, furent supprimés par le Code du 3 brumaire an IV, qui réorganisa ces tribunaux sur de nouvelles bases. — Dans le système de ce Code, il y avait par département trois tribunaux correctionnels au moins et six au plus. — Art. 167.

210. — Chaque tribunal correctionnel était composé d'un président, de deux juges de paix ou assesseurs de juge de paix de la commune où le tribunal était établi, d'un commissaire nommé et destituable par le directoire exécutif et d'un greffier (art. 169). Le président était pris tous les six mois, et par tour, parmi les membres des sections du tribunal civil du département, les présidens exceptés (art. 171). En cas de mort ou d'empêchement légitime, il était suppléé par celui des juges du tribunal qui le suivait immédiatement dans l'ordre du tableau. — Art. 172.

211. — Si la commune où siégeait le tribunal correctionnel n'avait qu'un juge de paix, ses assesseurs étaient appelés à tour de rôle pour tenir lieu du second. S'il y avait plus de deux juges de paix dans cette commune, ils faisaient à tour de rôle, et chacun pendant un mois, le service du tribunal correctionnel (art. 173 et 174). Mais, en aucun cas, un juge de paix ne pouvait siéger au tribunal correctionnel pour le jugement d'une affaire dans laquelle il avait fait les fonctions d'officier de police judiciaire, et s'il était en tour de siéger, il était remplacé momentanément par le juge de paix qui le suivait dans l'ordre du tableau, et à défaut de juge de paix, par l'assesseur qui était pareillement indiqué par l'ordre du tableau. — Art. 175.

212. — A Paris, le tribunal correctionnel était divisé en deux sections. A cet effet, un vice-président était pris tous les six mois dans le tribunal civil, suivant le mode prescrit par l'art. 171, et le directoire exécutif nommait un substitut à son commissaire près le tribunal correctionnel. Le service des deux sections se faisait par quatre juges de paix appelés par le président et le vice-président, dans l'ordre réglé par l'art. 174. — Art. 176.

213. — Le greffier de chaque tribunal correctionnel était nommé par le président et les deux juges de paix ou assesseurs de juges de paix en activité de service au tribunal, qui le destituaient à volonté (art. 170). Il y avait, en outre, dans chaque tribunal correctionnel, et à Paris dans chaque section de ce tribunal, un commis greffier et deux huissiers (art. 177), qui étaient commis par le président, vice-président et juges de paix de service. — Art. 178 et 179.

214. — Les tribunaux correctionnels institués par le Code du 3 brum. an IV ont été eux-mêmes supprimés par la loi du 27 vent. an VIII, qui les remplaça par des tribunaux d'arrondissement, auxquels elle attribua la connaissance, outre l'appel des jugemens de juges de paix, des matières correctionnelles, ainsi que des matières civiles (art. 1er et 7), et elle chargea le tribunal criminel de département de statuer sur l'appel des jugemens correctionnels. — Art. 33.

215. — L'organisation des tribunaux correctionnels réglée par la loi du 27 vent. an VIII a été maintenue par le Code d'instruction criminelle et par le décret du 18 août 1810. Et, sauf quelques légères modifications, cette organisation est restée celle des tribunaux correctionnels actuels.

216. — Ainsi, les tribunaux d'arrondissement ont mission de connaître, sous le titre de *tribunaux civils*, des affaires civiles, et sous le titre de *tribunaux correctionnels*, des délits attribués à la juridiction correctionnelle par le Code d'instruction criminelle ou des lois spéciales, et des appels dirigés contre les jugemens du tribunal de police. — L. 27 vent. an VIII, art. 7; C. instr. crim., art. 174 et 179; décr. 18 août 1810, art. 3 et 9.

217. — Dans les tribunaux d'arrondissement qui ne sont composés que de trois ou quatre juges, les affaires correctionnelles sont portées devant les mêmes magistrats que les affaires civiles, mais à des jours différens. Les tribunaux qui sont composés de sept à dix juges se divisent en deux chambres, dont l'une est exclusivement chargée de connaître des affaires correctionnelles. Ceux qui sont composés de douze juges au moins se divisent en trois chambres; la troisième est seule chambre correctionnelle. — Décr. 18 août 1810, art. 2, 3 et 4. — Le tribunal de la Seine a eu longtemps deux chambres correctionnelles seulement; mais aujourd'hui il en possède trois.

218. — Constitués en tribunaux correctionnels, les tribunaux d'arrondissement peuvent prononcer au nombre de trois juges. — C. instr. crim., art. 180; décr. 20 avr. 1810, art. 40.

219. — Aucune loi n'interdit au juge d'instruction de concourir au jugement des affaires correctionnelles qu'il a instruites. — *Cass.*, 3 prair. an XI, Lambilly; 29 oct. 1808, Forgues et Besançon; 17 août 1811, Havard; 30 oct. 1812, N...; 22 nov. 1816, Gauchart. — Carnot, sur l'art. 55 C. instruction criminelle, t. 1er, p. 280, no 7. — *Contrà*, *Cass.*, 28 mess. an VIII, Husson; 16 mess. an IX, Raphoz. — V., au surplus, JUGE D'INSTRUCTION, nos 32 et suiv. — L'art. 235 C. instr. crim. n'exclut, en effet, le juge que de la composition des Cours d'assises, et il est de principe que les exclusions ne s'étendent pas. Cette décision est d'ailleurs suivie dans la pratique et ne paraît plus contestable.

220. — Sur le point de savoir comment les tribunaux correctionnels peuvent se compléter, V. les règles générales qui sont rappelées vo JUGEMENT (mat. civ.), nos 524 et suiv. Ces règles sont applicables aussi bien en matière correctionnelle qu'en matière civile. — V. aussi RÉCUSATION.

221. — Les fonctions du ministère public près des tribunaux correctionnels sont remplies par les procureurs de la République ou leurs substituts. — V. MINISTÈRE PUBLIC, nos 65 et 66.

222. — En cas d'absence ou d'empêchement du ministère public, les fonctions n'en peuvent être exercées près les tribunaux correctionnels que par les juges ou suppléans. Un avocat n'y peut remplacer le ministère public, à peine de nullité du jugement. — *Aix*, 16 nov. 1824, Andrieu c. Vaux. — Mais il paraît en être autrement en matière civile. — *Toulouse*, 24 mai 1836 (t. 1er 1837, p. 384), N.... — V. AVOCAT, nos 474 et suiv.

223. — La présence du ministère public est indispensable à toutes les audiences des tribunaux correctionnels. Il est partie intégrante et nécessaire de ces tribunaux. — *Cass.*, 12 mai 1820, Masson c. Dunepart. — Massabiau, t. 2, no 2010.

224. — Le fait de sa présence et de son audition suffit toutefois pour la régularité du jugement, sans qu'il soit nécessaire d'y spécifier la nature et l'étendue de ses conclusions. — *Cass.*, 4 août 1832, Grimard-Doulcet c. Gauvain.

225. — Comme les tribunaux civils, les tribunaux de police correctionnelle sont assistés d'un greffier ou d'un commis greffier assermenté. — Décr. 18 août 1810, art. 25. — Et l'assistance du greffier ou du commis greffier est également nécessaire, à peine de nullité. — *Cass.*, 11 août 1838 (t. 2 1838, p. 435), N....

§ 3. — *Tribunaux d'appel en matière correctionnelle.*

226. — Les Cours d'appel ne sont pas seules appelées à connaître, comme en matière civile, de l'appel des jugemens rendus en matière correctionnelle.

227. — Dans les départemens où il n'y a pas de Cour d'appel, les tribunaux des chefs-lieux de département sont chargés de statuer sur les appels des jugemens correctionnels rendus par les tribunaux d'arrondissement. — C. instr. crim., art. 200, § 1er.

228. — La loi du 20 avril 1810 veut que les tribunaux des chefs-lieux de département, lorsqu'ils sont appelés à prononcer comme juges d'appel en matière correctionnelle, soient composés de cinq juges. — Art. 40.

229. — Si la loi du 20 avril 1810 exige que les juges soient au nombre de cinq, elle ne dit pas cependant qu'ils ne pourront prononcer au nombre de plus de cinq. Il ne peut donc résulter aucune nullité de ce qu'un tribunal de première instance, jugeant comme tribunal d'appel de police correctionnelle, a siégé au nombre de six juges, faisant tous partie de la même chambre. — *Cass.*, 20 mars 1817, Toulain et Loysel-Précourt c. Chevalier.

230. — Mais, il y aurait nullité si des magistrats d'une autre chambre, appelés sans nécessité, avaient porté le nombre des juges à plus de cinq. — Même arrêt.

231. — Lorsqu'un tribunal correctionnel de département, statuant comme tribunal d'appel, s'est complété par l'appel des juges qui ne sont pas les plus anciens dans l'ordre du tableau, il y a présomption légale qu'ils ne l'ont été qu'à cause de l'empêchement légitime des plus anciens. — *Cass.*, 15 déc. 1827, Fonteuillat c. de Queslin.

232. — Quant aux jugemens rendus en police correctionnelle par les tribunaux des chefs-lieux judiciaires de département, l'appel en est porté soit au tribunal du chef-lieu du département voisin quant il est dans le ressort de la même Cour d'appel, sans néanmoins que les tribunaux puissent, dans aucun cas, être respectivement juges d'appel de leurs départemens (C. instr. crim., art. 200, § 2), soit à la Cour d'appel dont ils dépendent, lorsque la distance de cette Cour n'est pas plus forte que celle du chef-lieu d'un autre département. — Art. 201, § 2.

233. — Indépendamment de l'appel des juge-

mens correctionnels rendus par les tribunaux des chefs-lieux judiciaires de département, les Cours d'appel connaissent aussi de l'appel des jugemens correctionnels rendus par tous les tribunaux du département dans lequel elles siégent. — Art. 201, § 1er.

234. — Une chambre spéciale est, dans chaque Cour, chargée de statuer sur les appels des jugemens correctionnels, dans les deux cas qui viennent d'être déterminés. Cette chambre est connue sous le nom de *chambre des appels correctionnels*.

235. — La chambre des appels correctionnels est composée d'au moins sept conseillers. — Ord. 24 sept. 1828. — Le nombre de cinq juges est indispensable pour la validité des arrêts rendus par cette chambre. — L. 20 avr. 1810, art. 40; décr. 6 juill. 1810, art. 2. — En cas de nécessité, les membres des autres chambres peuvent être appelés à compléter ce nombre. — Décr. 6 juill. 1810, art. 9; ordonn. 24 sept. 1828, art. 4.

236. — Quand cinq des magistrats composant la chambre d'appel de police correctionnelle sont réunis, cette chambre est aussi complète qu'elle a besoin de l'être pour juger les affaires qui lui sont soumises; il ne saurait être alors nécessaire d'appeler des magistrats d'une autre chambre. Le concours de ces magistrats appelés sans nécessité, rend nul l'arrêt de la chambre d'appel. — *Cass.*, 30 (et non 23) août 1821, Capparelli.

237. — Les membres de la chambre d'accusation qui ont concouru à l'arrêt de renvoi en police correctionnelle, peuvent siéger comme juges d'appel. — *Cass.*, 10 févr. 1831, Paget-Duclaux et Desguerinelles.

238. — Un tribunal d'appel de police correctionnelle ou une chambre des appels correctionnels qui ne sont composés que de cinq juges, dont deux sont parens au degré prohibé, sont illégalement constitués, quoiqu'il y ait eu dispense de parenté, et les jugemens et arrêts qu'ils rendent sont nuls. La raison en est que, en cas de conformité d'opinions, les voies de ces deux magistrats ne doivent être comptées que pour un. — *Cass.*, 11 oct. 1822, Rambaud c. Etaix; 31 oct. 1828, Contrib. indir. c. Teyssonnier; 7 nov. 1840 (t. 2 1840, p. 677), Grillon.

§ 4. — *Cours d'assises.*

239. — Tout ce qui est relatif à l'organisation et à la composition des Cours d'assises a été traité sous le mot COUR D'ASSISES, auquel nous nous bornerons ici à renvoyer. Nous ferons remarquer seulement que, depuis la révolution du 24 févr. 1848, il n'a été apporté aucune modification à l'organisation et à la composition actuelles des Cours d'assises. Mais leur compétence a été étendue en matière de délits de presse.

Sect. 3e. — *Tribunaux spéciaux.*

240. — Pour compléter tout ce qui concerne l'organisation judiciaire actuelle, il nous resterait à traiter de l'institution et de la composition des tribunaux spéciaux. Mais tout ce qui concerne l'organisation en général de ces tribunaux se trouve exposé sous les mots par lesquels ils sont désignés. Nous ne pouvons donc qu'y renvoyer le lecteur. — V. CONSEIL D'ÉTAT, CONSEIL DE PRÉFECTURE, COMMISSION ADMINISTRATIVE, COUR DES COMPTES, CONSEIL DE GUERRE, CONSEIL DE RÉVISION, TRIBUNAUX ADMINISTRATIFS, TRIBUNAL DES CONFLITS, TRIBUNAUX DE COMMERCE, TRIBUNAUX MARITIMES, PRUD'HOMMES, TRIBUNAUX MILITAIRES, etc.

Sect. 4e. — *Cour de cassation.*

241. — V., pour ce qui concerne l'organisation et la composition de la Cour de cassation, le mot COUR DE CASSATION.

242. — Le projet de loi présenté par la commission instituée par la décision du gouvernement provisoire du 2 mars 1848 supprimait la dénomination de *Cour de cassation*, qu'il remplaçait par celle de *Tribunal de cassation*. D'après ce projet, le tribunal de cassation devait être composé d'un premier président, de trois présidens de chambre, de trente-sept conseillers, d'un procureur général, et de six avocats généraux. Il était divisé en trois chambres, deux chambres civiles et une chambre criminelle; chacune d'elles était composée d'un président et de douze juges, sauf celle à laquelle était attaché le doyen, qui était composée de treize juges. Les arrêts devaient être rendus par neuf juges au moins. — Art. 6, 20 et 21.

243. — Le second projet présenté à l'Assemblée nationale le 18 oct. 1848 maintenait la dénomination de *Cour de cassation* et reproduisait littéralement l'organisation contenue dans le premier projet. Il prononçait en outre formellement la suppression de la chambre des requêtes, que le premier projet n'abrogeait qu'implicitement. — Art. 1er, 2 et 4.

244. — La loi du 8 août 1849 maintient la Cour de cassation telle qu'elle existe. Le titre 2 du projet, qui reste à voter, est relatif spécialement à la Cour de cassation. Il n'apporte aucune modification à son organisation. Les trois chambres actuelles, la chambre civile, la chambre des requêtes et la chambre criminelle sont conservées. — Art. 6.

Sect. 5e. — *Serment.*

245. — Avant la révolution du 24 février 1848, aucun magistrat ne pouvait être admis à siéger qu'après avoir prêté serment et avoir été installé. L'installation consistait dans la lecture de l'extrait du registre constatant que la formalité du serment avait été remplie, et dans l'invitation que faisait le président du siége au nouveau magistrat de prendre place au tribunal près duquel il devait exercer ses fonctions. — V. JUGE, nos 55 et suiv.

246. — Par suite, il était assez généralement admis que le magistrat nouvellement nommé ne prenait rang que du jour de sa prestation de serment. De sorte que quand deux magistrats appelés à siéger près d'un même tribunal avaient été nommés en même temps, par la même ordonnance, celui qui avait été nommé le second prenait rang avant celui qui avait été nommé le premier, s'il prêtait serment et était déclaré installé avant lui.

247. — Cette interprétation pouvait quelquefois présenter de grands inconvéniens, surtout à l'égard des membres du parquet des tribunaux de première instance. Car l'on sait qu'en l'absence du chef du parquet, la direction en appartient à celui qui est investi des fonctions de premier substitut. Or, de l'interprétation que nous avons rappelée, il pouvait résulter qu'un magistrat, que le gouvernement avait pu placer en troisième rang dans le parquet d'un tribunal d'arrondissement (par exemple, d'un chef-lieu judiciaire), pouvait, en l'absence du chef du parquet, se trouver appelé à remplir des fonctions pour lesquelles il n'avait peut-être pas encore été jugé digne. Cet inconvénient ne pouvait guère se présenter dans les parquets des Cours, le gouvernement ayant la faculté de nommer un premier avocat général, auquel la direction du service revenait de droit, dans le cas d'absence du procureur général.

248. — Après la révolution du 24 février 1848, les magistrats ayant été affranchis de la formalité du serment, il ne resta plus que celle de l'installation, à laquelle il était procédé de la manière suivante : il était, sur la réquisition de l'un des membres du parquet, donné lecture, par le greffier, en présence du tribunal ou de la Cour, chambres assemblées, du décret portant nomination, et cette lecture faite, le tribunal ou la Cour déclarait le magistrat installé dans ses fonctions et l'invitait à venir prendre place au tribunal ou à la Cour. A partir de ce jour, le magistrat pouvait exercer ses fonctions et toucher le traitement qui y était afférent.

249. — La question de priorité, élevée avant la révolution du 24 février et résolue de la manière que nous avons indiquée, se présenta de nouveau. Mais elle fut tranchée dans un sens tout différent. Appelé à vider cette question, le ministre de la justice décida, en effet, que la priorité ne résultait pas de l'installation, mais de l'ordre des nominations d'après le décret qui les portait. Et même, pour éviter toute difficulté, le Gouvernement provisoire prit le parti d'indiquer lui-même l'ordre des nominations à l'égard des membres des parquets par les mots *premier, second, troisième* substitut ou avocat général.

250. — Le mode adopté en dernier lieu par le gouvernement provisoire cessa d'être suivi lorsqu'il fut remplacé par la Commission exécutive, et l'on en revint alors au mode de nomination qui était usité sous la monarchie. Depuis encore, la loi du 8 août 1849 a rétabli la formalité du serment. — V., à cet égard, SERMENT DES FONCTIONNAIRES, nos 58 et suiv. — Mais la question que nous avons indiquée n'a point encore été législativement résolue. Il serait utile cependant, autant dans l'intérêt du service qu'à raison des conflits qu'elle peut élever entre différens membres des Cours et tribunaux, qu'elle le fût par une disposition expresse.

Sect. 6e. — *Inamovibilité.*

251. — Ce fut à l'époque des dernières luttes de la royauté et de la noblesse que l'inamovibilité de la magistrature fut établie pour la première fois. Lorsque les Parlemens étaient annuels, leurs membres étaient nommés chaque année. Les Parlemens étant devenus sédentaires sous Charles VI, les juges furent institués pour toute la durée du règne pendant lequel ils avaient été nommés. Une déclaration de Louis XI, du 21 oct. 1467, leur assura l'exercice viager de leurs fonctions, en prescrivant « qu'à l'avenir les juges ne pourraient être destitués ou privés de leur charge que pour forfaiture préalablement jugée et déclarée judiciairement, selon les termes de justice, par juge compétent. »

252. — En établissant l'inamovibilité de la magistrature, la royauté lui conféra une indépendance qu'elle dut peut-être plus d'une fois regretter en présence de la résistance que les Parlemens apportèrent aux exigences royales; et cependant, malgré cette résistance, l'inamovibilité fut maintenue. Louis XIV confirma même par une déclaration nouvelle de 1648, la déclaration de Louis XI.

253. — A la révolution de 1789, le principe de l'inamovibilité de la magistrature succomba. La défiance qu'inspirait l'esprit de conservation inhérent à la magistrature fit rejeter la proposition de nommer les juges à vie. La loi du 24 août 1790 (tit. 2) déclara, en effet, que les fonctions judiciaires seraient temporaires et admit le principe de l'élection par le peuple. Seulement, pendant la durée de leurs fonctions, les juges étaient inamovibles en ce sens qu'ils ne pouvaient être révoqués que pour cause de forfaiture. Les mêmes principes furent maintenus par la Constitution du 3-14 sept. 1791, chap. 5, art. 2.

254. — La Constitution du 24 juin 1793, qui modifiait complétement l'organisation judiciaire, avait rendu également temporaires les fonctions des juges qu'elle instituait. Il en était de même de la Constitution du 5 fruct. an III (22 août 1795). — Mais, comme sous l'empire de la loi du 24 août 1790, les juges, élus à temps, ne pouvaient être, pendant la durée de leurs fonctions, destitués que pour cause de forfaiture légalement jugée, et suspendus que par une accusation admise. — Art. 206.

255. — La Constitution du 22 frim. an VIII (13 déc. 1799) posa en principe la nomination à vie par le gouvernement des juges autres que les juges de paix. L'art. 68 de cette Constitution était ainsi conçu : « Les juges, autres que les juges de paix, conservent leurs fonctions toute leur vie, à moins qu'ils ne soient condamnés pour forfaiture, ou qu'ils ne soient pas maintenus sur les listes d'éligibles. » La loi du 27 vent. an VIII, qui organisa les tribunaux, laissa subsister le principe de l'inamovibilité. Seulement, les présidens et vice présidens de ces tribunaux, nommés par le premier Consul qui les choisissait parmi les juges eux-mêmes, ne remplissaient ces fonctions que temporairement. Ce fut le sénatus-consulte organique du 28 flor. an XII (18 mai 1804) qui la leur conféra à vie. — Art. 135.

256. — Quoique nommés à vie par le chef de l'Etat, d'après la Constitution du 22 frim. an VIII, et indépendamment dès lors du pouvoir exécutif qui n'avait pas le droit de les révoquer, les juges cependant restaient dépendans du peuple, puisque, comme on l'a vu, ils ne devaient conserver leurs fonctions qu'autant qu'ils étaient maintenus sur les listes d'éligibles. Le peuple pouvait donc les priver de leur emploi, en les rayant de la liste des éligibles. Le sénatus-consulte organique de l'an X les mit à l'abri de ce danger, en remplaçant les listes d'éligibles par des colléges électoraux dont les membres étaient nommés à vie. — Art. 20.

257. — Un sénatus-consulte du 12 oct. 1807 retira à la magistrature l'inamovibilité qui lui avait été promise par la Constitution du 22 frim. an VIII. Ce sénatus-consulte décida, en effet, qu'à l'avenir les provisions à vie ne seraient plus délivrées aux juges qu'après cinq ans d'exercice de leurs fonctions, si, à l'expiration de ce délai, *Sa Majesté l'Empereur et Roi reconnaissait qu'ils méritaient d'être maintenus dans leurs places*. Et l'on sait que lorsqu'un décret du Sénat, en date du 3 avr. 1814, déclara Napoléon déchu du trône, un des principaux reproches qui lui étaient adressés fut celui d'*avoir détruit l'indépendance du corps judiciaire*.

258. — Après la chute du pouvoir impérial, le gouvernement de la Restauration s'empressa de rétablir le principe de l'inamovibilité de la magistrature. Toutefois, il ne le posa que pour l'avenir. Ce ne fut, en effet, aux termes de la Charte de 1814 (art. 58), qu'aux juges *nommés par le Roi* que l'inamovibilité fut réservée. C'est ce qui résulte d'une ordonnance du 12 juill. 1815, d'après laquelle les fonctionnaires de l'ordre judiciaire nommés par le gouvernement précédent ne pouvaient conserver leur position, qu'autant qu'ils auraient obtenu une nouvelle institution.

259. — Autrefois, l'institution était conférée aux titulaires par des *provisions*, c'est-à-dire par des lettres patentes que délivrait la chancellerie, moyennant le paiement de certains droits de sceau. Une ordonnance du 3 mars 1815 fit revivre cette pratique, en imposant à toute personne appelée aux fonctions de juge l'obligation de se pourvoir par-devant la chancellerie, afin d'obtenir des provisions signées du roi. Mais il fut bientôt reconnu que, d'après le texte comme d'après l'esprit de l'art. 58 de la Charte de 1814, la nomination suffisait pour conférer l'inamovibilité au juge. Aussi la disposition précitée de l'ordonnance de 1815 ne fut-elle jamais exécutée.

260. — La Chambre des députés élue en 1815, voulut, cependant, mettre obstacle à la reconstitution de l'ordre judiciaire sur la base de l'inamovibilité. D'après une proposition votée par cette chambre, l'institution des juges devait être suspendue pendant un an; mais elle échoua devant la Chambre des pairs.

261. — Toutefois, une exception au principe de l'inamovibilité fut admise en ce qui concernait les juges de paix. Quoique nommés par le roi, ils n'étaient point inamovibles. — Charte de 1814, art. 61. — Cette exception était motivée sur la position toute spéciale des juges de paix, qui réunissaient à leurs fonctions de magistrat d'autres attributions, auxquelles l'inamovibilité ne pouvait s'appliquer.

262. — La Restauration porta plus tard, néanmoins, indirectement atteinte au principe de l'inamovibilité, en développant l'institution des juges auditeurs et en autorisant l'établissement de ces juges auprès des tribunaux composés de plus de trois juges. — Ord. 19 déc. 1823.—Et, lorsque, en 1830, les juges auditeurs furent supprimés, personne ne réclama pour eux le bénéfice de l'inamovibilité.

263. — Le principe de l'inamovibilité de la magistrature survécut encore à la révolution de 1830. Il reçut même la consécration la plus remarquable. Lors de la révision de la Charte par la Chambre des députés, on proposa de soumettre les juges à une nouvelle institution; mais cette proposition, vivement combattue par M. Dupin, fut rejetée à une forte majorité.

264. — La Charte de 1830 s'est bornée dès-lors à reproduire les dispositions de la Charte de 1814 à cet égard. Ainsi, d'après l'art. 49 de la Charte de 1830, « les juges nommés par le roi étaient inamovibles; » mais ils n'eurent pas besoin d'institution nouvelle. L'exception à l'égard des juges de paix fut maintenue. — Art. 52.

265. — Les conseillers d'Etat et les conseillers de préfecture n'étaient pas non plus inamovibles. Ils pouvaient toujours, de même que les juges de paix, être révoqués par le gouvernement.

266. — Il en était différemment des juges de commerce. Leur mission était temporaire. Mais, pendant la durée de leurs fonctions, ils étaient inamovibles comme les juges ordinaires.

267. — Après la révolution du 24 février 1848, le principe de l'inamovibilité sembla un instant ébranlé. Par un décret du 17 avril 1848, le Gouvernement provisoire proclama l'incompatibilité de l'inamovibilité de la magistrature avec le gouvernement républicain. Ce décret était, au surplus, ainsi conçu :

268. — « Le principe de l'inamovibilité, incompatible avec le gouvernement républicain, a disparu avec la Charte de 1830. Provisoirement, et jusqu'au jour où l'Assemblée nationale prononcera sur l'organisation judiciaire, la suspension ou la révocation des magistrats peut être prononcée par le ministre de la justice, délégué du Gouvernement provisoire, comme mesure d'intérêt public. La suspension ou la révocation des magistrats de la Cour des comptes peut être prononcée par le ministre des finances, délégué du Gouvernement provisoire, comme mesure d'intérêt public. »

269. — Néanmoins, ce décret ne reçut aucune application relativement à la révocation. Pas un seul magistrat assis ne fut, en effet, révoqué sous le Gouvernement provisoire. Des suspensions furent seulement prononcées, suspensions qui ont été levées plus tard.

270. — Le premier projet de loi sur l'organisation judiciaire, rédigé par la commission instituée par décision du Gouvernement provisoire, du 2 mars 1848, laissa subsister l'inamovibilité et se borna à déterminer les causes et les formes d'après lesquelles les magistrats pourraient être suspendus ou révoqués (articles 102 et suivans). Il en fut de même du second projet, préparé par une nouvelle commission et soumis à l'Assemblée nationale dans la séance du 18 oct. 1848. — V. ce projet dans le *Moniteur* du 22 oct.

271. — Déclaré incompatible avec le gouvernement républicain par le décret précité du 17 mars 1848, le principe de l'inamovibilité de la magistrature a été néanmoins voté, sans la moindre contestation, par l'Assemblée nationale lors de la discussion sur la Constitution du 4 nov. 1848, et définitivement consacré, d'une manière formelle, par l'art. 87 de cette Constitution, dont voici les termes : « Les juges de première instance et d'appel, les membres de la Cour de cassation et de la Cour des comptes sont nommés à vie. — Ils ne peuvent être révoqués ou suspendus que par un jugement, ni mis à la retraite que pour les causes et dans les formes déterminées par les lois. »

272. — Un membre de l'Assemblée nationale, M. Camille Bérenger, avait même proposé d'étendre aux juges de paix la prérogative de l'inamovibilité. Mais si de graves motifs ont dû faire rejeter sa proposition, l'Assemblée nationale a pensé toutefois qu'il était dangereux de rendre les juges de paix, comme ils le sont encore aujourd'hui, révocables *ad nutum*; et si elle a écarté une proposition subsidiaire tendant à soumettre leur révocation par le pouvoir exécutif à certaines conditions propres à en prévenir les abus, ce n'est qu'afin qu'elle trouvât place ultérieurement dans la loi organique.

273. — Enfin, un troisième projet sur l'organisation judiciaire, présenté par le ministre de la justice à l'Assemblée législative dans la séance du 23 juill. 1849, et dont le titre 1er a été voté le 8 août 1849, contient une nouvelle consécration du principe de l'inamovibilité judiciaire, qui a reçu son baptême officiel par l'institution nouvelle donnée par le gouvernement aux Cours et tribunaux actuellement existans, en vertu de la loi du 8 août 1849.

274. — Il n'a été apporté aucune modification sous le rapport de l'inamovibilité à la position des juges de commerce et des conseillers de préfecture. Quant aux membres du Conseil d'État, leurs fonctions sont aujourd'hui temporaires; ils sont nommés pour six ans par l'Assemblée nationale (Const. 4 nov. 1848, art. 72). Mais pendant la durée de leurs fonctions ils sont inamovibles, en ce sens qu'ils ne peuvent être révoqués ou suspendus que de la même manière que les juges ordinaires.

275. — L'inamovibilité qui protége le juge légalement investi de ses fonctions a pour effet d'empêcher le gouvernement de lui enlever non-seulement son titre de juge, mais même le droit de siéger dans le tribunal dont il est membre. Toutefois, le pouvoir législatif, toujours maître de modifier l'organisation judiciaire, peut supprimer radicalement l'inamovibilité ou la soumettre à de nouvelles conditions. Car les lois qui réglementent l'organisation judiciaire ne sont pas plus que toutes les autres à l'abri des réformes et des changemens que le temps et les nécessités rendent indispensables.

276. — Ainsi, dans le cas où le pouvoir législatif, usant du droit de changer la constitution de l'ordre judiciaire, ou de la modifier en tout ou en partie, l'abolirait pour en substituer une nouvelle, ou supprimerait un ou plusieurs des tribunaux établis, l'institution des juges serait considérée comme non avenue; et, particulièrement, dans le cas de suppression d'un tribunal, les juges qui en faisaient partie perdraient non-seulement le droit de siéger, mais aussi leur qualité de juge et leur traitement. — Carré, *Traité des lois de l'organisation judiciaire*, etc. (édit. Foucher), t. 1er, p. 134 et suiv. — V., cependant, Foucher, sur Carré, p. 137, note *a*; Bonnier, t. 1er, no 113.

277. — Les cas de révocation ou de suspension des juges sont encore aujourd'hui bien déterminés, et les formes à suivre réglées par la législation antérieure à la révolution du 21 février 1848. — V., à cet égard, JUGE, nos 80 et suiv. — V. aussi DISCIPLINE.

Sect. 7e. — *Incompatibilités, résidence, absence, congés, récusation, mise à la retraite, suspension, honorariat.*

278. — Les fonctions de la magistrature, en général, sont incompatibles avec les autres fonctions publiques ou privées, et particulièrement avec toute espèce de négoce. Toutefois, la prohibition de tout négoce ou commerce ne s'applique ni aux membres des tribunaux de commerce ni aux prudhommes. — V. JUGE, nos 31 et suiv.

279. — Les membres des Cours, des tribunaux, des parquets, les greffiers et les commis greffiers sont tenus, en outre, de résider dans la ville où siége la Cour ou le tribunal auquel ils appartiennent. — Décr. 30 mars 1808, art. 100. — Les juges suppléans peuvent résider hors la ville, mais ils doivent habiter le canton. — Décr. 18 août 1810, art. 29. — V. COUR DE CASSATION, COUR DES COMPTES, COUR D'ASSISES, COUR ROYALE, JUGE, nos 139 et suiv.; JUGE SUPPLÉANT, no 6; JUSTICE DE PAIX, nos 155 et suiv.; MINISTÈRE PUBLIC, nos 237 et suiv.

280. — L'obligation de résider, dont parle l'art. 100 précité du décret du 30 mars 1808, doit s'entendre d'une résidence réelle, permanente, et telle que les magistrats soient prêts à remplir leurs devoirs chaque fois que le besoin du service le réclame. — Circ. min. 8 mars 1843.

281. — Le défaut de résidence est considéré comme absence (Décr. 30 mars 1808, art. 100), et donne lieu à la retenue du traitement. Mais l'absence est régulière lorsqu'un congé a été accordé; elle l'est aussi pendant les vacations, quant aux magistrats qui ont le droit d'avoir des vacances.

282. — Si des congés peuvent être accordés aux magistrats, ils ne doivent l'être, toutefois, que pour des causes reconnues nécessaires. — Décr. 30 mars 1808, art. 17. — On comprend qu'aucune règle absolue ne puisse être tracée sur ce point. C'est à la sagesse des chefs des Cours et des tribunaux à apprécier les cas divers. — Circ. min. 8 mars 1843.

283. — La circulaire ministérielle précitée contient, en outre, une disposition éminemment utile, et qui, dans l'intérêt même de la dignité de la magistrature, ne saurait être trop rigoureusement observée. Cette disposition est ainsi conçue : « *Jamais* les magistrats ne peuvent quitter leurs siéges pour solliciter de l'avancement; un intérêt purement personnel ne doit pas les détourner de leurs devoirs. Les chefs des compagnies sont chargés de rappeler et de faire valoir leurs titres, qui ne sauraient dès lors être méconnus. » Un magistrat ne fonde jamais, il est vrai, sa demande en congé sur le besoin qu'il éprouve de solliciter de l'avancement. Mais les chefs des compagnies ont un pouvoir souverain pour apprécier la sincérité du motif allégué, dont ils ont même le droit d'exiger la justification.

284. — Aucun congé ne peut d'ailleurs être obtenu quand le service n'est point assuré. Il faut empêcher, en effet, que l'absence d'un magistrat n'entrave le cours de la justice, ou ne force à recourir, pour compléter le tribunal, à des mesures extraordinaires, qui, trop souvent employées, nuisent à la considération de la magistrature. — Circ. min. 8 mars 1843.

285. — Sur le point de savoir à qui appartient le droit de délivrer les congés, et quel est le temps pendant lequel ils peuvent être accordés, V. JUGE, nos 153 et suiv.; JUGE D'INSTRUCTION, no 59; JUSTICE DE PAIX, nos 158, 159 et 177; MINIS-

TÈRE PUBLIC, nos 241 et suiv.—V. aussi TRIBUNAUX DE COMMERCE.

286. — Plusieurs congés peuvent être délivrés successivement par les chefs des compagnies, pourvu que, réunis, ils n'excèdent pas la durée du plus long congé que ces magistrats ont le droit d'accorder. — Circ. min. 8 mars 1843.

287. — Les congés successifs émanent quelquefois de deux autorités différentes. Dans ce cas, le second congé est nul, s'il est accordé par l'autorité inférieure à celle qui a délivré le premier. Si, au contraire, le second congé est délivré par l'autorité supérieure, il est valable; seulement les chefs des Cours d'appel ne doivent jamais accorder un second congé qui, joint au premier, excède la durée de vingt-neuf jours. Il n'appartient qu'au ministre de la justice d'accorder des congés d'un mois et au-dessus. — Même circul.

288. — Le ministre de la justice doit être prévenu, dans le délai de trois jours, de tous les congés accordés. C'est aux magistrats qui les ont délivrés à l'en instruire dans ce délai. — Ordonn. 6 nov. 1822, art. 1er.

289. — Il doivent lui faire connaître la date et la cause du congé, l'époque où il commence, celle où il prend fin, et le lieu dans lequel le magistrat qui l'a obtenu se propose de se rendre. Un certificat doit être joint, pour constater que le service ne souffrira pas de l'absence. Ce certificat est délivré par le premier président pour les conseillers, présidens, juges et greffiers, et par le procureur général pour les membres du parquet. — Décr. 30 mars 1808, art. 17; circul. minist. 8 mars 1843.

290. — Il suit de là que le magistrat qui veut obtenir une prolongation de congé ne doit point, même dans le cas où cette prolongation ne peut être accordée que par le ministre de la justice, adresser directement sa demande à ce dernier. Cette demande ne peut jamais parvenir à ce fonctionnaire que par l'intermédiaire du premier président ou du procureur général, selon qu'elle est formée par un membre de la magistrature assise ou par un officier du ministère public. — Circ. précitée du 8 mars 1843.

291. — Un registre destiné à inscrire tous les congés, quelles que soient leur durée et l'autorité de laquelle ils émanent, doit être tenu au greffe. Chaque fois qu'un congé est délivré, le magistrat qui l'accorde doit faire parvenir au greffier les indications nécessaires pour opérer cette inscription. — Même circul.

292. —Les congés accordés sans les formalités prescrites sont nuls de plein droit. — Ord. 6 nov. 1822, art. 4. — Le ministre peut aussi révoquer les congés accordés par les chefs des compagnies, s'ils lui paraissent avoir été délivrés à tort. — Même ordonn., art. 5. — Sur les conséquences de l'absence sans congé, V. JUGE, nos 158 et suiv.

293. — Aucun magistrat ne peut sortir du royaume, même pendant les vacations, sans une autorisation du ministre de la justice. — Décr. 6 juill. 1810, art. 28; décr. 18 août 1810, art. 33. — Et cette autorisation ne le dispense pas de satisfaire, comme les autres citoyens, aux lois sur les passe-ports. — Circul. minist. 8 mars 1843.

294. — Des magistrats ont cru qu'en cas de maladie ils pouvaient s'absenter sans demande de congé, en se contentant de déposer au greffe une attestation du mauvais état de leur santé. Ils ont appuyé cette prétention sur l'art. 13 du décret du 30 mars 1808, ainsi conçu : « Les droits d'assistance, ainsi qu'ils sont réglés par la loi, n'appartiendront qu'aux membres présens. Néanmoins, les absens pour cause de maladie attestée par un officier de santé, dont le certificat demeurera déposé au greffe, ne perdront point leur droit d'assistance. » Cependant tel n'est pas, d'après la circulaire ministérielle du 8 mars 1843, le sens de cette disposition. Elle veut seulement que le magistrat, éloigné de l'audience par une maladie, ne soit pas privé du droit d'assistance; mais elle ne lui permet pas de s'absenter, sans autorisation, du lieu où il doit résider.

295. — La récusation fournit quelquefois aussi aux magistrats le moyen de s'abstenir de rester sur leurs siéges. — V. RÉCUSATION. — Toutefois, ils ne doivent pas user de ce moyen sans qu'il y ait raison légale de récusation en leur personne. Ils se doivent, en effet, à eux-mêmes de ne se déporter que dans les cas prévus par la loi. Ils éviteront par là des absences qui désorganisent les tribunaux et enlèvent aux justiciables le droit qu'ils ont de faire décider leurs procès par les magistrats que la composition du tribunal leur donne pour juges. — Circul. minist. 8 mars 1843.

296. — Après trente années d'exercice ou après dix ans au moins de service, en cas d'accidens, de blessures ou d'infirmités graves et permanentes les mettant hors d'état de remplir leurs fonctions, les magistrats peuvent être mis à la retraite soit d'office, soit sur leur demande. — V. JUGE, nos 127 et suiv.

297. — Le projet de loi sur l'organisation judiciaire, actuellement soumis à l'Assemblée législative, détermine les conditions de mise à la retraite. Ce projet ne reproduit pas la disposition de la législation antérieure, d'après laquelle les magistrats pouvaient être mis à la retraite après trente années de service. Il se borne à poser en principe que tout magistrat inamovible, que l'âge ou les infirmités rendraient incapable d'exercer ses fonctions, sera admis à faire valoir ses droits à la retraite. — Art. 28.

298. — D'après ce projet, si le magistrat devenu incapable n'a pas demandé sa mise à la retraite, le gouvernement a le droit de la provoquer, mais elle ne peut être prononcée que de la manière suivante : si la demande concerne un membre d'un tribunal de première instance, elle doit être portée devant la Cour d'appel qui, convoquée d'office ou sur réquisition du procureur général, prononce à huis clos, toutes les chambres réunies; s'il s'agit d'un magistrat d'une Cour d'appel ou de la Cour de cassation, la Cour de cassation, chambres réunies et à huis-clos, est seule compétente pour statuer. — Art. 29, 30 et 31.

299. — Il serait procédé, pour les demandes de mise à la retraite, comme en matière disciplinaire. Aucune décision ne pourrait être prise sans que le magistrat eût été entendu ou dûment appelé. Il pourrait se faire assister d'un conseil. — Art. 33. — Les juges et le ministère public auraient le droit de se pourvoir devant la Cour de cassation contre les arrêts des Cours d'appel. — Art. 32.

300. — Le projet conserve en outre au ministre de la justice, dans tous les cas, le droit de saisir directement la Cour de cassation des demandes de mises à la retraite concernant les magistrats à tous les degrés de juridiction. — Art. 34.

301. —Les magistrats mis à la retraite auraient droit à une pension qui serait liquidée conformément aux lois et règlemens. — Art. 35. — V. PENSIONS, nos 451 et suiv.

302. — Aux termes de l'art. 50 de la loi du 20 avr. 1810, la suspension provisoire emporte privation de traitement pendant sa durée. — Relativement aux cas dans lesquels un magistrat peut être suspendu, V. DISCIPLINE.

303. — Après la révolution du 24 févr. 1848, des suspensions, comme nous l'avons dit (V. *suprà* no 269), furent provisoirement prononcées contre des magistrats par le Gouvernement provisoire. Un décret du même Gouvernement du 24-26 mars 1848 décida que depuis le jour où la suspension avait été prononcée, jusqu'au jour où elle pourrait cesser, le traitement des magistrats suspendus cesserait et appartiendrait au trésor national. — Art. 3.

304. — Par un décret de l'Assemblée législative du 10 août 1849, les suspensions prononcées par le Gouvernement provisoire contre divers magistrats inamovibles furent levées, et les magistrats suspendus autorisés à reprendre immédiatement leurs fonctions.

305. — Et le projet sur l'organisation judiciaire dispose (art. 36) que « les dispositions de l'art. 50 de la loi du 20 avr. 1810 ne sont pas applicables, en ce qui concerne le temps requis pour l'obtention de la pension, aux suspensions prononcées en vertu des arrêtés des 24 mars et 9 avr. 1848. »

306. —Les magistrats admis à la retraite peuvent recevoir le titre de *magistrats honoraires*, lorsqu'ils ont bien mérité dans l'exercice de leurs fonctions. — Décr. 6 juill. 1810, art. 77.

307. — Le titre de magistrat honoraire ne s'acquiert jamais de plein droit. Le décret du 6 juillet 1810 (art. 77) a modifié, à cet égard, les dispositions de celui du 2 octobre 1807, d'après lesquelles les magistrats en retraite conservaient les honneurs de leur charge. Le titre de magistrat honoraire ne peut être aujourd'hui conféré que par un arrêté du chef du pouvoir exécutif, rendu sur la demande, soit du ministre, soit du magistrat qui a été admis volontairement à la retraite.

308. — Il y a deux classes de magistrats honoraires : les uns qui conservent simplement les honneurs de leur charge, c'est-à-dire leur titre, leur rang et leurs prérogatives honorifiques, sans pouvoir exercer aucune fonction (décr. 2 oct. 1807, art. 8; L. 16 juin 1824, art. 13, § 2); les autres qui, en vertu de lettres qui leur sont données par le chef du pouvoir exécutif, ont le droit d'assister, avec voix délibérative, aux assemblées générales des chambres et aux audiences solennelles.—Décr. 6 juill. 1810, art. 77.

309. — Décidé, en effet, que pour que des juges ou conseillers honoraires aient le droit d'assister, avec voix délibérative, aux assemblées des chambres et aux audiences solennelles, il faut que ce droit leur ait été expressément conféré par des lettres du souverain expédiées à cet effet. — *Cass.*, 10 janv. 1821, Jégu c. de Cryel.

310. — L'arrêt auquel des conseillers honoraires qui n'avaient point obtenu ces lettres ont concouru est nul.—Même arrêt.

311. —Le titre d'*honoraire* ne pouvant être attaché à une fonction révocable, il en résulte qu'on ne peut conférer le titre de procureur de la République ou de substitut honoraire. Les magistrats du parquet ne peuvent être nommés que présidens ou juges honoraires.

312. —Enfin, les portraits des magistrats morts dans l'exercice de leurs fonctions, après s'être illustrés par un profond savoir, par une pratique constante des vertus de leur état, et par des actes notables de courage et de dévouement, peuvent être placés dans l'une des salles d'audience, en vertu d'un arrêté du chef du pouvoir exécutif. Mais cet arrêté ne peut être rendu que trois ans après la mort du magistrat.—Décr. 6 juill. 1810, art. 78.

Sect. 8e. — *Costume.*

313. —Sur le costume des juges de paix, V. JUSTICE DE PAIX, nos 160 et 161.

314. — Quant au point de savoir quel est le costume des procureurs de la République, de leurs substituts et des membres des tribunaux de première instance, V. MINISTÈRE PUBLIC, nos 197 et suiv.

315. — Un arrêté du 2 nivôse an XI avait réglé de la manière suivante le costume des magistrats des tribunaux d'appel : les juges des tribunaux d'appel et des tribunaux criminels, les commissaires du gouvernement et leurs substituts près ces tribunaux porteront : aux audiences ordinaires, simarre de soie noire, toge de laine noire, à grandes manches; ceinture de soie noire pendante et franges pareilles; toque de soie noire; cravate tombante, de batiste blanche, plissée; cheveux longs ou ronds. Les présidens et vice-présidens auront, au bas de la toque, un galon de velours noir, liséré d'or.—Aux grandes audiences et aux cérémonies publiques, ils porteront le même costume avec les modifications suivantes : la toge de même forme, en laine rouge; toque de velours noir, bordée, au bas, d'un galon de soie, liséré d'or. Le président aura un double galon à la toque.—Art. 2.

316. — Les greffiers en chef portaient le même costume que les juges, sans galon à la toque. Les commis greffiers tenant la plume portaient : aux audiences ordinaires, la toge noire, sans simarre, et la toque noire sans galon; aux grandes audiences et cérémonies, la toge noire, avec simarre et ceinture.—Art. 3.

317. — Un décret du 29 messidor an XII (18 juillet 1804) modifia ce costume, en ce qui concernait les premiers présidens et procureurs généraux. Il voulut qu'ils eussent le revers de la robe doublé d'une fourrure blanche.

318. — Aux termes d'un décret du 6 janvier 1811, les membres des Cours et des parquets portaient, aux grandes audiences et aux jours de cérémonies publiques, des robes, simarres et chausses de soie. Il n'était rien innové, par ce décret, aux formes, couleurs et distinctions établies antérieurement.

319. — Enfin, une ordonnance du 25 décembre 1822-1er janvier 1823 maintint le costume établi par les arrêtés et décrets précités. Elle le modifia seulement en ce qui concerne les présidens de chambre. — « Aux grandes audiences et dans les cérémonies publiques, est-il dit dans l'art. 1er de cette ordonnance, les présidens de chambre des Cours royales porteront la robe rouge et le revers doublé d'hermine. » — Il n'a rien été changé depuis cette ordonnance au costume des membres des Cours d'appel.

320. — Relativement au costume des membres de la Cour de cassation, V. COUR DE CASSATION, nos 102 et suiv., et des membres du tribunal des conflits, V. TRIBUNAL DES CONFLITS.

Sect. 9e. — *Pouvoir judiciaire. — Attributions générales.*

321. — Les anciennes Cours souveraines du royaume, c'est-à-dire les Parlemens et les conseils supérieurs, rendaient autrefois, sur toutes sortes de matières, des *arrêts de règlement* qui étaient tout à la fois des *jugemens* et des *lois*; des *jugemens* pour la cause sur laquelle ils étaient rendus, et des *lois* par rapport aux questions semblables ou analogues qui pouvaient se présenter à l'avenir. — Ces arrêts de règlement étaient lus et publiés dans le ressort de la juridiction qui les avait rendus, et conservaient *force de loi* jusqu'à ce que le monarque eût lui-même expliqué sa volonté par un édit, une ordonnance. — V. ARRÊT DE PARLEMENT, ARRÊT DU CONSEIL, LOIS, PARLEMENT.

322. — Toutes les institutions antérieures ayant disparu avec la Révolution de 1789, l'organisation nouvelle de la justice reposa sur la séparation des pouvoirs, et ce principe est resté la base fondamentale de notre ordre politique et judiciaire. — V. Const. du 4 nov. 1848, art. 19.

323. — L'Assemblée nationale constituante proclama en ces termes l'indépendance respective des corps administratifs et des tribunaux : « Les fonctions judiciaires sont distinctes et demeureront toujours séparées des fonctions administratives. — Les juges ne pourront, à peine de forfaiture, troubler, de quelque manière que ce soit, les opérations des autorités administratives, ni citer devant eux les administrateurs, pour raison de leurs fonctions. » — L. 24 août 1790, tit. 2, art. 13.

324. — La Constitution du 3-14 septembre 1791 consacra de nouveau le même principe, et limita même, d'une manière plus complète, les attributions du pouvoir judiciaire. — L'art. 3 (chap. 5) de cette Constitution était ainsi conçu : « Les tribunaux ne peuvent ni s'immiscer dans l'exercice du pouvoir législatif, ou suspendre l'exécution des lois, ni entreprendre sur les fonctions administratives, ou citer devant eux les administrateurs pour raison de leurs fonctions. »

325. — Jugé, par application de la disposition précitée, que l'ordonnance par laquelle un tribunal mettait un particulier sous la protection et sauvegarde de la loi et du tribunal devait être déclarée nulle, comme empiétant sur les attributions de l'autorité administrative, et comme contenant un excès de pouvoir. — *Cass.*, 16 févr. 1792, Bléont; 4 oct. 1793, Gosset.

326. — La Constitution du 5 fructidor an III (22 août 1795) s'exprimait à peu près dans les mêmes termes que la Constitution de 1791. « Les juges, portait en effet l'art. 203 de la Constitution de l'an III, ne peuvent s'immiscer dans l'exercice du pouvoir législatif, ni faire aucun règlement. Ils ne peuvent arrêter ou suspendre l'exécution d'aucune loi, ni citer devant eux les administrateurs pour raison de leurs fonctions. »

327. — Une loi du 16 fructidor an III fit défense expresse aux juges de connaître des actes d'administration, de quelque nature qu'ils fussent, aux peines de droit.

328. — D'après la loi du 24 août 1790, cette défense avait pour sanction, comme nous l'avons vu (no 323), la peine de forfaiture. Cette peine a été remplacée par celle de la dégradation civique. — C. pén., art. 127, § 2. — V. FORFAITURE.

329. — Du reste, la défense est réciproque. C'est un principe en effet constant, que l'autorité administrative ne peut pas plus s'immiscer dans l'exercice des fonctions de l'autorité judiciaire, qu'elle n'a pas plus de droit à l'égard des jugemens ou arrêts rendus par les Cours et tribunaux, que ceux-ci n'en ont à l'égard des actes de cette autorité. — Décret 17 janv. 1814.

330. — L'art. 131 du Code pénal punit même d'une amende de 16 fr. à 150 fr. les administrateurs qui entreprendraient sur les fonctions judiciaires en s'ingérant de connaître de droits et intérêts privés du ressort des tribunaux; et l'art. 130 du même Code prononce la peine de la dégradation civique contre tout administrateur qui se serait ingéré de prendre des arrêtés généraux tendant à intimer des ordres ou des défenses quelconques à des Cours ou tribunaux.

TRIBUNAUX, ch. 2, sect. 9e.

331. — Si les fonctions judiciaires doivent toujours être distinctes des fonctions administratives, il en est, toutefois, qui les remplissent cumulativement, non-seulement comme officiers de police judiciaire, mais aussi comme juges de police. Ces fonctionnaires, désignés dans les art. 9, 10, 178, 144, 166 et 167 du Code d'instruction criminelle, sont les commissaires généraux et ordinaires de police, les maires, les adjoints, les gardes champêtres et forestiers, et en certains cas les préfets. Mais ces agens relèvent uniquement de l'un ou de l'autre des pouvoirs judiciaire et administratif selon la qualité en laquelle ils agissent : ce qui maintient intacte la séparation des deux pouvoirs. — Foucher sur Carré, t. 1er, p. 174, note *a*.

332. — Pour ce qui concerne les attributions respectives des tribunaux judiciaires et des tribunaux administratifs, V. COMPÉTENCE (matière civile), COMPÉTENCE ADMINISTRATIVE et COMPÉTENCE CRIMINELLE. — V. aussi ÉTABLISSEMENS INSALUBRES.

333. — Il fallait, d'un autre côté, en maintenant l'indépendance de l'autorité judiciaire, empêcher qu'elle n'empiétât, comme autrefois les Parlemens et les Conseils supérieurs, sur les attributions du pouvoir législatif. De là l'art. 5 du Code civil qui interdit aux tribunaux de prononcer, par voie de disposition générale et réglementaire, sur les causes qui leur sont soumises. — La loi du 24 août 1790 (tit. 2, art. 12) portait également que les tribunaux ne pouvaient point faire de règlemens.

334. — Il résulte de la disposition de l'art. 5 du Code civil, que les tribunaux ne doivent jamais appliquer leurs décisions qu'à l'affaire dont ils ont été saisis, et qu'ils ne peuvent leur attribuer la force d'un règlement général applicable à tous les cas semblables qui pourraient se présenter. L'expérience, en leur démontrant l'erreur d'une opinion qu'ils ont précédemment admise, leur permet de la rétracter. — Carré, *Lois de l'organis. judiciaire*, etc., t. 1er, p. 160 et 161; Zachariæ, t. 1er, § 39, p. 73.

335. — De là les décisions suivantes : — Est entaché d'excès de pouvoir l'arrêt qui décide par voie générale et réglementaire que le ministère public ne pourra, à l'avenir, assister soit par lui-même, soit par ses substituts, aux assemblées des créanciers du failli, ni déplacer ses livres et papiers, si ce n'est au cas de poursuite en banqueroute, et qui enjoint au greffier du tribunal de commerce de délivrer au ministère public, à toutes réquisitions et sans délai, toutes expéditions ou extraits de registres qui lui seront demandés. — *Cass.*, 20 août 1812 (intérêt de la loi).

336. — Il en est de même de la délibération par laquelle un tribunal décide, par forme d'arrêté, d'une manière générale et embrassant l'avenir, qu'à l'exception de la délibération annuelle concernant le roulement, les juges suppléans ne seront appelés à aucune des délibérations secrètes, générales ou particulières que le tribunal pourra être dans le cas de prendre. — *Cass.*, 19 déc. 1833 (intérêt de la loi).

337. — Les lois et règlemens d'administration publique sur l'ordre judiciaire, qui autorisent les tribunaux à prendre, dans certaines limites, des délibérations sur des objets d'ordre et de service intérieurs, ne font en effet aucune exception au principe posé dans l'art. 5 du Code civil. Ils ne comprennent pas, d'ailleurs, parmi les objets de ces délibérations, les questions sur l'étendue des attributions légales d'une partie des membres qui composent les tribunaux.

338. — Spécialement, la faculté qui était accordée aux tribunaux par l'art. 35 de la loi du 27 mars 1791, de faire des arrêtés, était restreinte aux seuls arrêtés qui concernaient la police et l'ordre des audiences. — *Cass.*, 4 pluv. an XII, Lavaux.

339. — Jugé aussi qu'il n'entre pas dans les attributions d'une Cour d'appel, chambres assemblées pour les règlemens à faire en vertu de l'art. 3, ord. de 1822, de connaître de la demande d'un avoué licencié en droit, tendante à se faire maintenir d'une manière générale dans l'exercice du droit de plaider, concurremment avec les avocats, toutes les causes dans lesquelles il occupe et occuperait. — *Nîmes*, 8 janv. 1834, Bouvier.

340. — Lorsque, sur la prétention d'un avoué, réclamant en sa qualité la faculté de défendre un prévenu, un tribunal correctionnel déclare « qu'aux avocats seuls appartient le droit de plaider au correctionnel, quand les prévenus ne se bornent pas à se défendre eux-mêmes, » il dispose par là d'une manière générale sur les droits respectifs des avocats et des avoués à la plaidoirie des affaires de police correctionnelle, et viole ainsi également le principe de droit public établi dans l'art. 5 précité. — *Cass.*, 25 janv. 1822, Tanton.

TRIBUNAUX, ch. 2, sect. 9e.

341. — De même, le juge de paix qui rend une ordonnance qu'il fait publier, par laquelle il défend à ses huissiers de donner aucunes citations sans les lui avoir préalablement communiquées, et qu'il maintient dans un jugement, prend part à l'exercice du pouvoir législatif, et son jugement doit être cassé comme contenant un excès de pouvoir. — *Cass.*, 7 juill. 1817, Clot.

342. — La délibération par laquelle un tribunal de première instance arrête que les avoués n'assisteront plus aux interrogatoires en matière d'interdiction, contient aussi un excès de pouvoir en ce qu'elle statue par voie de disposition générale et réglementaire. Elle doit, en conséquence, être déclarée nulle. — *Cass.*, 26 janv. 1841 (t. 1er 1841, p. 554). Procureur général à la Cour de cassation c. les Avoués de Beauvais.

343. — Il en est de même de la délibération par laquelle il arrête qu'il n'admettra pas les conclusions de la régie des douanes, autrement que par le ministère d'un avoué. — *Cass.*, 1er germ. an X, N....

344. — Un tribunal ne peut, à plus forte raison, faire un règlement sur la procédure à suivre dans son ressort. — *Cass.*, 24 prair. an IX (intérêt de la loi).

345. — ... Ni défendre à une partie et à tous officiers ministériels de faire mettre à exécution dans l'étendue de son ressort aucuns actes ou jugemens émanés d'un autre tribunal. — *Cass.*, 8 brum. an VIII, Glouteau et Gillis.

346. — Doit être cassé, comme étant un arrêt réglementaire, rendu contrairement à l'art. 5 C. civ., l'arrêt par lequel une Cour, sans être saisie d'aucune contestation particulière, prend une délibération pour rappeler un ancien règlement, et ordonne : 1o que les huissiers de son ressort qui se transporteront hors de leur résidence, ne pourront exiger que le salaire qui serait passé à l'huissier le plus prochain, à moins qu'ils ne soient nommés d'office; 2o que les huissiers seront tenus de numéroter chaque jour leurs exploits, et de répartir le voyage entre les diverses commissions pour lesquelles ils l'auront fait. — *Cass.*, 22 mars 1825, Cour de Colmar. — Bioche et Goujet, *Dictionnaire de procéd.*, vo *Huissier*, no 274, (2e édit).

347. — Lorsque, sur l'ordre du ministère de la justice, le procureur général a requis l'annulation de cet arrêté de la Cour même qui l'a rendu, la Cour ne peut pas se borner à déclarer que l'arrêté se trouvant caduc faute d'approbation du gouvernement, il n'y a pas lieu de statuer autrement sur le réquisitoire; elle doit prononcer elle-même l'annulation de son arrêté. — Même arrêt.

348. — Il y a encore excès de pouvoir lorsqu'un tribunal civil délègue d'office, sur les réquisitions du ministère public, le juge de paix du canton le plus voisin pour suppléer à l'empêchement du juge de paix et de ses suppléans pendant un temps donné, et pour toutes les affaires à venir, et dans toute l'étendue du canton. — *Cass.*, 4 mars 1834, Trib. de Gien. — V. DÉLÉGATION DE JURIDICTION.

349. — Mais on ne peut considérer comme disposant par voie générale et réglementaire l'arrêt par lequel une chambre des mises en accusation, en annulant une instruction, trace la marche que devront suivre le ministère public et le juge d'instruction de la nouvelle procédure. — *Cass.*, 4 fév. 1832, Ouessen-Moedim.

350. — Au contraire, l'arrêt par lequel cette Cour, au lieu de régulariser l'instruction, en a ordonné une nouvelle, et a enjoint au juge d'instruction et au ministère public de suivre la marche par elle tracée, contient un excès de pouvoir. — Même arrêt.

351. — Serait une disposition générale et réglementaire, celle par laquelle un tribunal attesterait, d'une manière générale, et sans qu'aucune contestation particulière fût soumise à sa décision, qu'à telle époque telle question de législation ou de droit était résolue dans un sens donné. — *Bruxelles*, 9 mai 1832, Corswaren.

352. — L'arrêt qui ordonne la destruction de certains obstacles déterminés apportés à la navigation à laquelle l'une des parties a droit, ne statue que par voie de disposition réglementaire,

par cela seul qu'il fait en même temps défense de renouveler ces obstacles, et qu'il autorise la partie lésée à les détruire en cas de contravention. Cette disposition additionnelle n'est que la conséquence juridique et logique de la condamnation principale, et ne saurait être critiquée lorsqu'elle n'a pour objet que les obstacles mêmes qui faisaient le sujet du litige, et non des obstacles d'une autre nature. — *Cass.*, 2 avr. 1845 (t. 1er 1845, p. 431), de Souchy c. Gouziau de Souchy et Loubery.

353. — Un des principes fondamentaux de l'exercice du pouvoir judiciaire, c'est que les tribunaux ne peuvent et ne doivent statuer que sur les contestations actuellement existantes. La Cour de Paris a annulé, en conséquence, par arrêt du 4 déc. 1841 (t. 1er 1842, p. 123) [Seguin c. Peuch], un jugement du tribunal civil de la Seine qui avait prononcé une condamnation dans la prévision d'une contravention non encore existante à une convention précédemment établie. Un pareil jugement ressemble beaucoup, d'ailleurs, à une disposition par voie générale et réglementaire.

354. — Aussi il nous paraît difficile de considérer comme une règle qui doive être suivie, la décision suivante de la Cour de cassation (V. arrêt du 4 juill. 1838 (t. 2 1838, p. 63 [Barberaud]), à savoir que l'injonction adressée par un tribunal à celle des parties dont un écrit a été supprimé comme injurieux, de ne plus en imprimer de semblables, n'a pas le caractère d'une décision rendue par voie de disposition générale et réglementaire interdite par l'art. 5 C. civ.

355. — M. de Grattier (*Comment. sur les lois de la presse*, t. 1er, p. 504) penche pour l'opinion que nous exprimons ici d'une manière dubitative : « Un tel jugement, dit-il, renferme certainement un règlement, bien qu'il soit spécial à une seule personne et à certains actes de cette personne ; car il embrasse, d'ailleurs, tous les actes de même nature auxquels cette personne pourra se livrer, et il dispose, à cet égard, et vis-à-vis d'elle, d'une manière générale. »

356. — Le tribunal de simple police qui, en déclarant les prévenus non coupables, leur fait *défense de récidiver*, statue aussi par voie de règlement et commet un excès de pouvoir. — *Cass.*, 6 juill. 1826, Coutures. — V., cependant, *Cass.*, 18 germin. an XI, Forêts c. Rattellier. — V., au surplus, pour ce qui concerne la défense aux tribunaux de statuer par voie réglementaire, en matière criminelle, COMPÉTENCE CRIMINELLE, nos 120 et suiv.

357. — Il en est de même du tribunal de police qui fait à un condamné la défense générale de continuer à tenir de mauvais propos contre ses voisins. — *Cass.*, 19 juin 1828, Laye.

358. — C'est également statuer par voie de règlement, que de défendre, en déclarant un individu incapable de se marier, à tous officiers de l'état civil de passer outre à la célébration du mariage. — *Turin*, 30 mai 1811, M....

359. — Jugé encore, par application du principe consacré par l'art. 5 C. civ., qu'un tribunal de commerce ne peut prendre un arrêté pour s'opposer à la perception d'un droit d'enregistrement qu'il ne croit pas dû par les justiciables. — *Cass.*, 4 pluv. an XII, Lavaux.

360. — ... Que le jugement qui, après avoir ordonné la restitution d'un droit perçu, ajoute que l'administration sera tenue de prendre des mesures pour que semblable restitution ait lieu à l'avenir sans obstacle dans les mêmes circonstances, doit être annulé comme prononçant par voie générale et réglementaire. — *Cass.*, 7 juin 1830, Julliard.

361. — ... Qu'il y a excès de pouvoir de la part d'un tribunal de commerce qui, sans litige porté devant lui et d'office ou sur mémoire, reconnaît aux courtiers de commerce, concurremment avec les commissaires priseurs, le droit de procéder aux ventes publiques, ordonne que ces ventes auront lieu désormais à la bourse et fixe la valeur des lots qui peuvent en faire l'objet. — *Cass.*, 18 mai 1829, Trib. de commerce de Montauban.

362. — ... Que lorsqu'un tribunal de commerce prend une délibération portant : *Nous arrêtons provisoirement, jusqu'à ce qu'il en ait été autrement ordonné par l'autorité supérieure, qu'un mandat donné à un tiers, pour représenter le mandant dans toutes les affaires commerciales qu'il peut avoir devant le tribunal, est suffisamment spécial ;* cet arrêté est illégal et doit être annulé comme contraire au principe qui défend au juge de prononcer par voie de disposition générale et réglementaire. — *Cass.*, 19 juill. 1825, Tribunal de commerce de Reims.

363. — Un conseil de discipline ne doit prononcer aucune injonction par visa réglementaire. Ainsi il ne peut faire défense à un garde national de se présenter à l'avenir dans sa compagnie *coiffé d'un chapeau à cornes*. — *Cass.*, 31 mars 1832, Bertrand.

364. — Est également nulle la décision d'un conseil de discipline de la garde nationale, prise en chambre du conseil par voie de disposition réglementaire et générale pour les causes à venir, sur les conclusions du capitaine rapporteur, par laquelle il déclare qu'il maintient irrévocablement sa jurisprudence sur le mode de preuve à faire pour établir les excuses pour cause de maladie, et spécialement qu'il n'aura égard qu'aux exemptions délivrées par le médecin attaché au bataillon. — *Cass.*, 27 sept 1833, Conseil de discipline de la banlieue de Paris.

365. — Un tribunal n'a pu défendre à un receveur des droits d'enregistrement de réitérer une perception illégale, à peine d'être poursuivi comme concussionnaire. — *Cass.*, 17 nov. 1791, Régie des domaines et des droits réunis.

366. — Relativement aux actes qui servent de base aux procès qui leur sont soumis, les tribunaux ont incontestablement le droit de les apprécier ou de les interpréter. Mais on comprend qu'il est difficile de tracer les limites de leur pouvoir ou de leurs attributions à cet égard. Il est cependant quelques principes constans résultant de la jurisprudence et auxquels ils doivent se conformer.

367. — Ainsi, ils peuvent apprécier et interpréter souverainement le sens et la lettre des conventions ; par exemple, décider sans encourir la censure de la Cour de cassation, et par interprétation d'un acte de vente, que l'acquéreur a acheté de bonne foi la totalité d'un terrain dont une partie est revendiquée par un tiers. — *Cass.*, 4 juill. 1843 (t. 2 1843, p. 619), Préfet de la Seine c. Lhuillier.

368. — ... Ou qu'un acte de vente présente les caractères d'un contrat aléatoire. — *Cass.*, 11 fév. 1834, Bourdiaux c. Louvrier.

369. ... — Ou qu'un acte qualifié de constitution de rente viagère renferme une obligation ordinaire dont la cause est justifiée, et non une donation. — *Cass.*, 3 fév. 1846 (t. 2 1846, p. 70), de Mésauge c. Lecomte.

370. — Mais le pouvoir des tribunaux ne s'étend pas jusqu'à changer la nature et l'essence des contrats, jusqu'à méconnaître les caractères des actes dans leurs rapports avec la loi qui en a défini les élémens constitutifs, et il appartient essentiellement à la Cour de cassation de statuer sur l'application qui peut avoir été faite par les arrêts des Cours d'appel, aux conventions et actes litigieux, des dispositions de la loi qui déterminent le caractère de ces actes, ou fixent les conditions auxquelles on peut reconnaître ce caractère. — *Cass.*, 15 juill. 1835, de Villequier c. de Cayeux ; 22 juin 1841 (t. 2 1841, p. 132), Barbaud c. Vergue-Dugoulet ; 24 avr. 1844 (t. 1er 1844, p. 619), Combes ; 23 déc. 1846 (t. 1er 1847, p. 115), Bigot c. Ruten.

371. — Spécialement, les tribunaux ne peuvent, sous prétexte d'interpréter un acte, en changer la nature ou l'essence, lui donner une fausse qualification, pour l'affranchir des règles particulières qui doivent le régir, ou pour le soumettre à des règles qui ne lui sont pas applicables. — *Amiens*, 19 juin 1847 (t. 1er 1848, p. 247), Gandon c. Paris et Gardin ; et *Cass.*, 4 juin 1849 (t. 1er 1849, p. 353), mêmes parties.

372. — Sur le point de savoir si les tribunaux ont le droit de réformer, de rectifier ou d'interpréter leurs décisions, V. JUGEMENT (mat. civ.), nos 1706 et suiv.

Sect. 10e. — *Vacances. — Chambre des vacations.*

373. — A Rome, l'administration de la justice était suspendue à deux époques de l'année, à l'époque des moissons et à celle des vendanges. Aussi les vacances étaient-elles appelées *messivæ* et *vindemiales feriæ*.

374. — Nous avons vu précédemment qu'en France, dans les premiers temps de la monarchie, les tribunaux ne siégeaient qu'à des époques déterminées. N'étant pas permanens, il n'y avait pas pour eux nécessité de vacances.

375. — Les vacances judiciaires ne furent créées qu'après que les tribunaux furent devenus sédentaires. Mais l'époque de ces vacances et leur durée n'étaient déterminées par aucun acte législatif. Ainsi, les parlemens et les autres corps judiciaires fixaient eux-mêmes leurs vacances.

376. — Lors de la réorganisation judiciaire qui eût lieu à la suite de la révolution de 1789, on reconnut qu'il était utile de réglementer d'une manière légale les vacances judiciaires. Deux mois ont été consacrés aux vacances : les mois de septembre et d'octobre.

377. — Toutefois, tous les tribunaux ne peuvent pas profiter du bénéfice des vacances. L'expédition des affaires criminelles ne saurait éprouver de retard. C'est seulement aux magistrats chargés des affaires civiles que des vacances sont accordées. — Décr. 6 juill. 1810, art. 31 ; décr. 18 août 1810, art. 37.

378. — Les chambres d'accusation et les chambres correctionnelles des Cours d'appel, ainsi que les Cours d'assises et les tribunaux spéciaux criminels, comme la Haute Cour de justice, lorsqu'ils sont appelés à fonctionner, n'ont pas de vacances. Il en est de même des chambres correctionnelles des tribunaux d'arrondissement. — Arr. 5 fruct. an VIII (23 août 1800), art. 3 ; décr. 6 juill. 1810, art. 29 et 30 ; décr. 18 août 1810, art. 36 ; circul. minist. du 8 mars 1843.

379. — Jugé que les tribunaux correctionnels peuvent siéger aussi les jours fériés. — *Cass.*, 8 mars 1832, Lepetit. — Toutefois, il nous semble qu'il faut en excepter les jours de fêtes expressément réservées.

380. — L'arrêté précité du 5 fruct. an VIII (art. 3) voulait aussi que le tribunal de cassation n'eût point de vacances. Mais aujourd'hui la section des requêtes et la section civile prennent des vacances ; la section criminelle seule n'en a pas. — Ordonn. 24-27 août 1815 ; 15-19 janv. 1826, § 6. — V. COUR DE CASSATION, nos 158 et suiv.

381. — Aucune loi n'accorde de vacances aux juges de paix. — Circul. minist., 8 mars 1843. — V. JUSTICE DE PAIX, no 92.

382. — Les tribunaux de commerce n'ont pas non plus de vacances. — Arr. 5 fruct. an VIII, art. 3.

383. — L'action du ministère public devant être incessante, les membres des parquets n'ont également aucunes vacances. Ils ne peuvent s'éloigner du siége de leurs fonctions à aucune époque de l'année qu'en vertu de congés. — Circul. minist. 8 mars 1843.

384. — Il en est de même des juges d'instruction. — V. JUGE D'INSTRUCTION, no 59.

385. — Indépendamment des vacances légales, c'est-à-dire celles qui ont lieu du 1er sept. au 1er nov. les tribunaux sont dans l'usage de prendre à Pâques quelques jours de vacances. Mais aucune loi ni aucun règlement n'autorisant ces vacances, il en résulte que, si elles sont tolérées, elles ne peuvent l'être toutefois qu'autant que le service n'en souffre pas. — De Fréminville, *Traité de l'organisation et de la compétence des Cours d'appel*, t. 1er, no 83.

386. — Les vacances judiciaires ne doivent pas cependant empêcher le jugement des affaires qui réclament une prompte solution. De là l'institution d'une chambre siégeant pendant les vacances, et connue sous le nom de *Chambre des vacations*. — Décr. 6 juill. 1810, art. 32 ; 18 août 1810, art. 37.

387. — L'organisation et le service de cette chambre sont réglés par le décret du 30 mars 1808.

388. — La chambre des vacations de chaque tribunal d'arrondissement doit être composée au moins de trois juges. — Décr. 30 mars 1808, art. 75. — Celle des Cours d'appel est composée d'un président et de sept juges. — Même décr., art. 49 et suiv.

389. — La chambre des vacations est renouvelée chaque année, de manière que tous les membres des cours et tribunaux y fassent le service chacun à son tour. — Art. 44 et 78.

390. — Elle doit donner au moins deux audiences par semaine. Les jours en sont indiqués lors de son ouverture, et peuvent être fixés à d'autres jours que ceux désignés par le règlement du tribunal ou de la Cour, pour leurs audiences ordinaires. — Décr. 30 mars 1808, art. 44.

391. — Les fonctions du ministère public y sont remplies, chaque année, alternativement par le procureur général, le procureur de la République et leurs substituts. — Art. 76.

392. — La loi veut, en outre, que le premier président de la Cour d'appel et le président du tribunal ouvrent la chambre des vacations. Le procureur général et le procureur de la République doivent également siéger à la première audience. — Art. 40 et 77.

393. — La chambre des vacations n'a de compétence que pour les matières civiles qui sont sommaires ou requièrent célérité. — Décr. 6 juill. 1810, art. 32; 18 août 1810, art. 37.

394. — Au nombre des affaires urgentes de la compétence de la chambre des vacations figurent les adjudications sur expropriation forcée. — *Cass.*, 18 prair. an XI, Legendre c. Mauger; 16 flor. an XIII, Conigé c. Rieux-Peyroux; *Bordeaux*, 8 mai 1811, Deslandes-Combetles c. Thomas; *Paris*, 27 août 1811, Boileau c. Raboulin. — Merlin, *Rép.*, v° *Chambre des vacations*, n° 4; Carré, *Organis. jud. et compét.*, t. 2, p. 468; Lachaize, *Traité de l'expropriation forcée*, t. 2, n° 418.

395. — ... Les instances en matière d'ordre. — V., à cet égard, ORDRE, n°s 104 et suiv.

396. — Sur le point de savoir si le délai pour faire une enquête est suspendu pendant les vacations, V. ENQUÊTE, n° 251.

397. — Est une affaire ordinaire qui ne peut être jugée pendant les vacances, l'action en rescision de partage pour cause de lésion. — *Rennes*, 6 juill. 1847 (t. 2 1847, p. 494), Levavasseur.

398. — Si l'affaire civile dont est saisie une chambre des vacations n'est pas de nature à être jugée par elle, les parties peuvent aussi bien que les juges invoquer la suspension légale des débats judiciaires. Mais il nous semble que la décision qui interviendrait ne devrait pas être frappée de nullité, si les parties avaient consenti à être jugées par la chambre des vacations. — V. aussi, en ce sens, Bonnier, t. 1er, n° 120.

399. — Jugé, en effet, que la chambre des vacations peut statuer sur une affaire qui ne requiert pas célérité, lorsque les parties consentent à plaider devant elle. — *Cass.*, 22 janv. 1806, Charasse c. Goutardier. — Merlin, *Rép.*, v° *Vacances*, n° 2.

400. — Décidé cependant que l'incompétence des chambres des vacations pour connaître de toute contestation non sommaire ou ne requérant pas célérité est absolue, et que, dès lors, elle ne peut être couverte par le silence des parties. — *Cass.*, 14 juill. 1830, Fedar.

401. — La loi, en établissant des vacances pour les tribunaux, n'a eu d'autre motif que d'accorder aux juges un repos nécessaire. Mais elle n'a pas entendu les priver de leur caractère et de leur pouvoir pendant la durée des vacances légales. — *Cass.*, 19 avril 1820, de Belloy c. Bonnard (dans ses motifs).

402. — Néanmoins, il est certain qu'en général les tribunaux ne peuvent pas proroger leur juridiction pendant le temps qui leur a été accordé pour le repos des juges, ni reprendre leurs fonctions avant l'expiration de ce temps. Les vacances sont en quelque sorte une trêve judiciaire qu'il n'appartient pas plus aux juges qu'aux parties d'enfreindre. Ainsi, un tribunal ne pourrait pas se réunir pendant le temps des vacances, même avec le consentement des parties pour juger leur différend.

403. — Un édit de 1669 prononçait la nullité des jugemens et arrêts qui étaient rendus en temps de vacances, autres que ceux émanés de la chambre des vacations et dans les matières qui étaient de sa compétence. Pendant cette période de temps, les magistrats étaient frappés d'une telle incapacité qu'au Parlement de Paris l'un des juges de la chambre de vacation ne pouvait pas, en cas de maladie ou d'absence, être remplacé par aucun autre membre de la compagnie sans une nomination du roi.

404. — Nos lois modernes n'ont point, il est vrai, reproduit la prohibition que contenait l'édit de 1669. Mais il n'en est pas moins constant aujourd'hui que les tribunaux ne peuvent rendre de jugemens valables pendant le temps des vacances.

405. — Ainsi, jugé qu'un tribunal ne peut même, à peine de nullité de son jugement, proroger, contre le gré de l'une des parties, ses audiences durant les vacances, à l'effet de continuer et de juger une affaire ordinaire commencée. — *Paris*, 12 juill. 1814, de Polignac; *Cass.*, 13 juin 1815, même partie.

406. — Toutefois, cette règle doit être interprétée et appliquée de manière qu'elle ne puisse causer préjudice aux parties. Le jugement d'une cause plaidée avant les vacations peut donc être remis et prononcé au temps des vacances, si les parties ne s'y opposent pas. — *Cass.*, 25 flor. an IX, Brognier; 12 brum. an X, Poussineau c. Fouchier. — Carré, *Lois de l'organisation judiciaire et de la compétence*, t. 2, p. 475.

407. — Un arrêt rendu dans les premiers jours de septembre, à la suite de plaidoiries commencées à la fin d'août, ne peut non plus être attaqué par l'une des parties, et annulé comme rendu pendant les vacances, lorsque cette partie présente aux plaidoiries et à la prononciation de l'arrêt, n'a élevé aucune réclamation, et qu'au contraire elle a demandé et obtenu la réplique avant le jugement de la cause. — *Cass.*, 19 avr. 1820, de Belloy c. Bonnard.

408. — Nous avons vu que les vacances cessent le 1er novembre. La rentrée des tribunaux et des Cours d'appel se fait cependant, chaque année, le 3 novembre dans une audience solennelle à laquelle assistent toutes les chambres.

TRIBUNAUX ADMINISTRATIFS.

1. — On appelle ainsi les tribunaux institués pour juger les contestations qui peuvent s'élever soit entre l'administration, un particulier ou une personne morale, soit entre deux particuliers, entre deux établissemens publics, ou entre une commune et un citoyen, à l'occasion d'un acte administratif.

2. — Du principe de la séparation des pouvoirs, proclamé, après la Révolution de 1789, par le décret du 16 août 1790, maintenu depuis, et consacré de nouveau par la Constitution du 4 nov. 1848, dérive l'indépendance respective du pouvoir administratif et du pouvoir judiciaire, et, comme une conséquence naturelle de cette indépendance, l'institution de la justice administrative.

3. — En principe, la plénitude de juridiction appartient à la justice civile. Aussi, à la différence des tribunaux ordinaires qui ont le droit de connaître de l'exécution de leurs jugemens, les tribunaux administratifs ne connaissent pas de l'exécution de leurs jugemens et des voies de contrainte ; cette exécution est du ressort de la justice civile.

4. — Il résulte de là que les tribunaux administratifs sont, relativement à la justice civile, des tribunaux d'exception et non des tribunaux extraordinaires, comme les qualifie M. Laferrière (*Cours de droit public et administratif* (3e édit., t. 2, p. 669), cette expression de *tribunaux extraordinaires* devant être réservée, ce nous semble, pour les tribunaux non permanens, institués à raison de certaines circonstances. — V. TRIBUNAUX, n° 4, et TRIBUNAUX D'EXCEPTION.

5. — Sur le point de savoir quelles sont, en général, les affaires dont connaissent les tribunaux administratifs à l'exclusion de la justice civile, V. COMPÉTENCE ADMINISTRATIVE.

6. — Comme la justice civile, la justice administrative se divise en juridiction inférieure, ou de premier degré, et en juridiction supérieure ou de second degré.

7. — La juridiction inférieure ou de premier degré se compose de plusieurs branches. Elle comprend : 1° Les maires, qui connaissent, comme juges, de certaines affaires en matière administrative. — V. MAIRE, n° 17.

8. — ... 2° Les sous-préfets, qui exercent une certaine juridiction en matière de grande voirie, aux termes de la loi du 29 flor. an X, art. 3. — V. SOUS-PRÉFET, VOIRIE.

9. — ... 3° La juridiction des préfets, qui prononcent également comme juges en certaines matières. — V. PRÉFET, n°s 26 et suiv.

10. — ... 4° La juridiction des conseils de préfecture. — Sur tout ce qui concerne l'institution, l'organisation et les attributions des conseils de préfecture, V. CONSEIL DE PRÉFECTURE.

11. — ... 5° La juridiction des ministres, qui statuent spécialement en matière de liquidation de la dette publique, de pensions, d'entreprises de travaux publics, de marchés de fournitures passés en leur nom ou avec leurs agens. — V. MINISTRE, § 2.

12. — ... 6° Le conseil de l'Université, qui prononce sur toutes les affaires contentieuses, relatives à l'administration générale des académies et de leurs écoles, et sur celles qui concernent les membres de l'Université en particulier par rapport à leurs fonctions. — V. ENSEIGNEMENT, n°s 180 et suiv. — V. aussi UNIVERSITÉ.

13. — ... 7° Les facultés de droit et de médecine, qui ont le pouvoir d'exclure de toutes les académies, pour deux ans au plus, l'étudiant qui est convaincu d'avoir pris part à des troubles publics. — Ordonn. 5 juill. 1820, art. 19. — V. UNIVERSITÉ.

14. — La juridiction supérieure ou du second degré se divise également en plusieurs branches. Elle comprend : 1° Les préfets, qui connaissent des arrêtés rendus par les maires comme juges administratifs. — V. PRÉFETS.

15. — ... 2° Les ministres, devant lesquels l'appel des arrêtés rendus par les préfets en certaines matières peut être porté. Le recours est ouvert devant le ministre que la matière concerne.

16. — ... 3° Le conseil de préfecture, qui connaît aussi de l'appel des arrêtés du préfet qui disposent sur une chose d'intérêt public ou collectif, mais en agissant directement sur l'intérêt privé : ce qui s'applique aux réclamations relatives au cadastre, à l'autorisation d'établissemens insalubres de 2e classe, au curage des rivières, etc. — V. CONSEIL DE PRÉFECTURE.

17. — ... 4° Enfin, le Conseil d'Etat, qui a la plénitude de la juridiction administrative, et connaît du recours formé contre les arrêtés des conseils de préfecture, contre les décisions des ministres en matière contentieuse, contre celles rendues par les Facultés de droit et de médecine dans le cas cité plus haut, et contre les décisions du conseil de l'Université.

18. — Pour tout ce qui concerne l'institution du Conseil d'Etat, son organisation antérieurement à la révolution du 24 février 1848, et ses attributions, V., au surplus, CONSEIL D'ÉTAT. — Mais le Conseil d'Etat a été réorganisé sur de nouvelles bases par la loi des 15 et 27 janvier et 3 mars 1849, promulguée le 8 mars.

19. — Parmi les tribunaux administratifs, il faut encore ranger : 1° la Cour des comptes, qui a une juridiction spéciale, renfermée dans la connaissance des faits de comptabilité nationale, départementale et communale, et de ceux qui se rattachent à la comptabilité des établissemens publics. — V. COUR DES COMPTES.

20. — ... 2° Les conseils de révision, qui prononcent en dernier ressort en matière de recrutement militaire. — V. CONSEIL DE RÉVISION, RECRUTEMENT.

21. — ... 3° Les jurys de révision, qui prononcent également sans recours en matière de garde nationale. — V. GARDE NATIONALE, sect. 4, art. 4.

22. — Les tribunaux administratifs qui viennent d'être énumérés sont des tribunaux permanens. Mais il y a aussi des tribunaux administratifs qui sont temporaires ou accidentels : telles sont les *commissions administratives*, la *commission mixte des travaux publics*. — V. ces mots.

23. — Avant la révolution du 24 février 1848, les conflits de juridiction et d'attributions, élevés entre l'autorité judiciaire et l'autorité administrative, étaient de la compétence du Conseil d'Etat. — La Constitution du 4 novembre 1848 les a attribués à un tribunal spécial créé par elle. Ce tribunal est connu sous le nom de *Tribunal des conflits*. — V. ce mot.

TRIBUNAUX CIVILS.

1. — On appelle, en général, *tribunaux civils* ceux qui connaissent des affaires ordinaires d'intérêt privé, par opposition à ceux qui jugent les affaires criminelles, correctionnelles et de police.

2. — Ainsi, dans un sens absolu, l'expression de *tribunaux civils* comprend les justices de paix, les tribunaux de première instance, les tribunaux de commerce, les Cours d'appel et même la Cour de cassation. Mais, dans un sens plus restreint, il s'emploie pour désigner plus particulièrement les tribunaux de première instance établis dans chaque arrondissement.

3. — Ces derniers tribunaux remplacent aujourd'hui les tribunaux de districts. Leur institution a pour base, ainsi que nous l'avons dit (v° TRIBUNAUX), la division des départemens en arrondissemens, comme celle des tribunaux de districts avait été la conséquence de la division des départemens en districts.

4. — Les tribunaux de première instance éta-

blis dans chaque département ont été diversement qualifiés. On les a appelés *tribunaux civils*, *tribunaux de première instance* ou *tribunaux d'arrondissement*. Ces trois qualifications ne laissent pas que d'être inexactes ou incomplètes.

5. — D'abord, en effet, la dénomination de *tribunaux civils*, employée pour désigner les tribunaux de première instance établis dans chaque arrondissement, ferait supposer que ces tribunaux sont seuls chargés de statuer sur les affaires civiles, tandis que la justice de paix et les tribunaux de commerce sont aussi des tribunaux civils.

6. — La dénomination de *tribunaux de première instance* ne nous paraît pas désigner d'une manière plus exacte les tribunaux dont nous nous occupons ici. Car elle suppose, d'une part, que les tribunaux n'ont compétence qu'au premier degré de juridiction, tandis qu'ils connaissent en dernier ressort de certaines affaires ainsi que des appels des jugemens rendus par les justices de paix, et, de l'autre, qu'ils sont les seuls à prononcer en première instance, tandis que les tribunaux de commerce statuent aussi dans les affaires commerciales en première instance. Il résulte d'ailleurs de la loi de l'institution de ces tribunaux (L. 27 vent. an VIII) qu'ils n'ont été appelés *tribunaux de première instance* que par opposition aux *tribunaux d'appel*.

7. — La qualification de *tribunaux d'arrondissement* ne saurait être davantage préférée, par la raison que les tribunaux dont il s'agit ne sont pas seuls tribunaux d'arrondissement. Les tribunaux de commerce sont aussi des tribunaux d'arrondissement.

8. — La dénomination de *tribunaux civils d'arrondissement*, appliquée aux tribunaux connus généralement sous le nom de tribunaux civils de première instance, nous semble, au contraire, distinguer suffisamment ces tribunaux des tribunaux de commerce, en même temps qu'elle empêche de les confondre avec les tribunaux d'appel, et, par conséquent, devoir être préférée. — V. aussi, en ce sens, Foucher sur Carré, *Traité des lois de l'organisation judiciaire et de la compétence*, t. 6, p. 345, note 3.

9. — L'institution des tribunaux civils par arrondissement offre un immense avantage, celui de rendre la justice d'un accès plus facile, en la rapprochant des justiciables. Aussi cette institution est-elle bien préférable à celle d'un tribunal civil par département. Cependant, mais par exception, il n'existe pour le département de la Seine qu'un seul tribunal civil, dont le siége est à Paris. Cette exception se justifie par la distance si courte qui rapproche de Paris les différens arrondissemens qui composent le département de la Seine.

10. — Le tribunal civil de la Seine est soumis à une organisation qui lui est spéciale, particulière. Quant aux tribunaux civils établis dans les autres départemens, ils peuvent, d'abord, être divisés en tribunaux appelés à composer les Cours d'assises et en tribunaux qui ne fournissent pas de juges aux Cours d'assises.

11. — Les tribunaux appelés à composer les Cours d'assises se subdivisent en deux classes: les tribunaux de la première classe forment deux chambres et se composent de dix juges, quatre suppléans, un procureur de la République et deux substituts; ceux de la seconde classe forment également deux chambres et se composent de neuf juges, quatre suppléans, un procureur de la République et deux substituts.

12. — Les tribunaux qui ne fournissent pas de juges aux Cours d'assises se subdivisent en cinq classes: les tribunaux de la première classe forment trois chambres et se composent de douze juges dont deux juges d'instruction, six suppléans, un procureur de la République et quatre substituts; ceux de la deuxième classe forment deux chambres et se composent de huit juges, quatre suppléans, un procureur de la République et deux substituts; ceux de la troisième ont aussi deux chambres, mais ne se composent que de sept juges, et il y a aussi près de ces tribunaux quatre suppléans, un procureur de la République et deux substituts; ceux de la quatrième n'ont qu'une chambre et quatre juges, trois suppléans, un procureur de la République et un substitut; enfin, ceux de la cinquième classe forment une chambre et sont composés de trois juges, trois suppléans, un procureur de la République et un substitut.

13. — Au surplus, sur l'institution des tribunaux civils en général, et sur tout ce qui se rapporte à leur organisation et à leur institution, V. TRIBUNAUX.

14. — Nous ajoutons ici, toutefois, qu'il a été décidé que lorsqu'un avocat était appelé pour compléter le tribunal en l'absence des juges titulaires et suppléans empêchés, le jugement devait énoncer, à peine de nullité, que cet appel avait eu lieu dans l'ordre d'inscription au tableau des avocats. — *Cass.*, 3 mai 1848 (t. 1er 1849, p. 217), Hérissé c. Ferêts.

15. ... Qu'un tribunal est légalement constitué, lorsqu'en cas d'empêchement des juges titulaires il est composé de deux juges suppléans et, à défaut d'avocat, d'un avoué, en suivant l'ordre du tableau. — *Paris*, 8 janv. 1850 (t. 1er 1850, p. 219), Rouyer. — V. aussi JUGEMENT, n° 586.

16. — ... Que l'avocat ou l'avoué appelé à remplacer accidentellement un juge empêché n'est point tenu de prêter le serment prescrit aux magistrats, le serment professionnel les rendant l'un et l'autre aptes à remplir tous les devoirs auxquels ils peuvent être appelés, notamment à remplacer les juges dans les cas présens. — Même arrêt. — V. JUGEMENT, n° 597.

17. — ... Que lorsqu'un juge est appelé à remplacer le président absent, il ne résulte aucune nullité de ce que le jugement ne mentionne pas que ce juge était le plus ancien de ceux présens, alors que, étant désigné, les parties ont pu vérifier s'il était le plus ancien et ne le constatent point. — *Cass.*, 12 janv. 1847 (t. 1er 1847, p. 245), Pascal c. Mazaurié.

18. — Les tribunaux civils d'arrondissement exercent en matière civile, sur les personnes et sur les choses, une juridiction universelle, pleine et entière. L'exercice de cette juridiction s'étend à toutes les affaires qui n'ont pas été formellement attribuées aux tribunaux d'exception. Ainsi, toutes les matières qui n'ont pas été expressément attribuées aux justices de paix, aux tribunaux de commerce et aux tribunaux administratifs, sont nécessairement de la compétence des tribunaux civils d'arrondissement.

19. — Il résulte de ce qui précède qu'il suffit qu'une cause n'ait pas été formellement attribuée aux juridictions exceptionnelles, pour que la connaissance n'en puisse être contestée aux tribunaux civils d'arrondissement. Dans le cas d'incertitude, d'ailleurs, la règle générale doit toujours prévaloir; car elle domine l'exception. — Carré, *Lois de l'org. judic. et de la compét.*, édit. Foucher, t. 6, p. 350.

20. — Ce n'est que par exception que les affaires commerciales sont dévolues aux tribunaux de commerce: de sorte que dans les arrondissemens où il n'y a pas de tribunaux de commerce, les tribunaux civils reprennent la plénitude de leur juridiction. Ce sont eux alors qui exercent les fonctions et connaissent des matières attribuées aux juges de commerce. — C. comm., art. 640.

21. — Nous avons fait connaître vis COMPÉTENCE (mat. civ.) et COMPÉTENCE COMMERCIALE toutes les affaires, toutes les causes sur lesquelles les tribunaux civils ont juridiction. Mais depuis la publication du volume dans lequel ces mots ont été insérés et auxquels nous ne pouvons que renvoyer le lecteur, il a été rendu, relativement à la compétence des tribunaux civils, différentes décisions que nous croyons devoir indiquer ici.

22. — Ainsi, jugé que le tribunal civil saisi de la connaissance d'une affaire commerciale est, en vertu de la plénitude de juridiction, compétent pour faire droit aux parties lorsque aucune d'elles n'a demandé son renvoi devant le tribunal de commerce. — *Cass.*, 11 janv. 1847 (t. 1er 1849, p. 56), Albrecht c. X....

23. — L'incompétence des tribunaux civils pour juger les affaires commerciales n'est pas, en effet, une incompétence *ratione materiæ* qui doive être suppléée d'office; elle est couverte si elle n'a été proposée *in limine litis*. — *Cass.*, 20 nov. 1848 (t. 1er 1849, p. 540), Albrecht c. Batré.

24. — L'exception d'incompétence ne peut donc, en pareil cas, être proposée pour la première fois en appel. — V. l'arrêt de *Cass.* précité du 11 janv. 1847.

25. — Mais lorsque les tribunaux civils connaissent des matières commerciales, ils doivent être constitués conformément aux lois spéciales qui règlent leur organisation. — *Cass.*, 20 déc. 1847 (t. 1er 1848, p. 124), Mauprivez c. Baronnat.

26. — En conséquence, le jugement rendu par un tribunal civil jugeant commercialement est nul, lorsqu'un avoué y a concouru sans qu'il soit constaté par le jugement lui-même que les juges suppléans et les avocats attachés au barreau étaient empêchés, et que cet avoué était le plus ancien dans l'ordre du tableau. — Même arrêt.

27. — Décidé également qu'en pareil cas le ministère public, qui fait partie intégrante des tribunaux civils, doit participer aux audiences commerciales de la même manière qu'aux audiences civiles ordinaires, et dès lors, être entendu dans tous les cas où il le serait devant ces tribunaux jugeant en matière civile. — *Cass.*, 21 avr. et 15 juill. 1846 (t. 2 1846, p. 684) (trois arrêts), tribunal de Pontoise, d'Arcis-sur-Aube et de Jonzac; 12 juill. 1847 (t. 2 1847, p. 305), tribunal de Schelstadt; 24 nov. 1847 (t. 1er 1848, p. 215), tribunal de Saint-Amand.

28. — ... Et qu'il y a nullité du jugement qui, en pareille circonstance, ne constate pas la présence du ministère public, nullité qui ne peut être couverte, soit par le motif que l'appelant ne l'a pas proposée, soit dans son acte d'appel, soit dans ses premières conclusions. — *Poitiers*, 16 déc. 1847 (t. 2 1848, p. 524), Bossière c. Boucher et Simonneau.

29. — Le tribunal civil qui décide, par voie de disposition générale et réglementaire, qu'il n'y a pas lieu d'entendre le ministère public dans un procès pendant à l'audience, par le motif que ce procès est de nature commerciale, commet un excès de pouvoir qui doit entraîner l'annulation de son jugement. — *Cass.*, 12 juill. 1847 (t. 2 1847, p. 305), tribunal de Schelestadt. — V. au surplus sur la prohibition faite aux tribunaux de statuer par voie de disposition réglementaire, V° TRIBUNAUX, sect. 9.

30. — Nous avons vu que les tribunaux civils d'arrondissement étaient juges d'appel des sentences de justices de paix. Lorsque, dans ce cas, un tribunal civil, après avoir infirmé, évoque le fond, il doit, à peine de nullité, statuer sur le tout par un seul et même jugement. — *Cass.*, 2 déc. 1846 (t. 1er 1847, p. 196), Compagnie des trois anciens ponts sur la Seine c. Hingray et Basset. — V. aussi ÉVOCATION, nos 448 et suiv.

31. — Si un tribunal de première instance est souverain pour connaître, sur l'appel d'un jugement du juge de paix, d'une action en dommages-intérêts à raison d'une diffamation verbale, d'injures publiques ou non publiques, verbales ou par écrit, commises autrement que par la voie de la presse, d'une rixe ou de voies de fait, c'est, toutefois, devant ce tribunal que doit être portée directement l'action en dommages-intérêts que forme un individu qui se plaint d'avoir été à tort traduit devant la justice criminelle, d'avoir été, par suite d'une dénonciation, privé de sa liberté pendant six semaines, enfin d'avoir été frappé jusqu'à effusion de sang, et l'appel du jugement rendu en premier ressort sur cette action doit être porté devant la Cour d'appel. — *Cass.*, 26 janv. 1842 (t. 1er 1844, p. 287), Burnel c. Paris.

32. — Jugé aussi, que l'action civile en réparation du dommage causé par un délit de contrefaçon peut être portée directement devant les tribunaux civils; mais que, alors, le tribunal civil est incompétent pour prononcer l'amende déterminée par la loi du 7 janv. 1791. — *Angers*, 4 juin. 1842 (t. 1er 1843, p. 101), Brion c. Hossard.

33. — Un des principes fondamentaux sur lesquels repose, ainsi que nous l'avons dit V° TRIBUNAUX, notre ordre politique, est la séparation des pouvoirs. De ce principe découle nécessairement la prohibition pour les tribunaux civils d'empiéter sur les attributions de l'autorité administrative, et *vice versâ*. Sur le point de savoir quelles sont les affaires dont connaissent les tribunaux civils à l'exclusion des tribunaux administratifs, V. COMPÉTENCE ADMINISTRATIVE.

34. — Les tribunaux civils sont compétens pour prononcer sur une action qui a pour objet de faire reconnaître le droit à une place d'honneur concédé dans une église luthérienne moyennant un abandon de biens à son profit, surtout s'il s'agit, pour constater ce droit, d'interpréter un acte notarié émané du père commun des prétendans. — *Colmar*, 16 nov. 1846 (t. 1er 1847, p. 641), Litt.

35. — Un tribunal civil, en se déclarant incompétent pour connaître d'une contestation, ne peut statuer sur une fin de non-recevoir se rattachant au fond même du procès. — *Paris*, 13 août 1847 (t. 2 1847, p. 721), Etignard c. Desplipher.

36. — Les tribunaux civils sont seuls compétens pour déclarer exécutoire en France un jugement rendu au profit d'un étranger contre un

RÉP. GÉN. — XII. 32

Français par un tribunal étranger, alors même qu'au fond la nature de la contestation serait commerciale.— *Bordeaux,* 6 août 1847 (t. 1er 1848, p. 343), Renouil c. Herry. — V. ÉTRANGERS, nos 594 et suiv.

37. — Les présidens des tribunaux civils d'arrondissement ou ceux qui les remplacent ont une juridiction particulière distincte de celle des tribunaux. Cette juridiction est tantôt contentieuse, tantôt non contentieuse.

38. — Les cas dans lesquels la loi attribue juridiction au président seul du tribunal sont excessivement nombreux et se rattachent non-seulement à presque toutes les matières qui font partie du Code de procédure, mais encore à un grand nombre de matières réglées par des lois spéciales. On peut, du reste, les ramener à quelques points principaux. Ainsi, les cas pour lesquels le président a une compétence distincte de celle du tribunal sont ceux où il y a lieu d'ordonner un référé (V. RÉFÉRÉ), ceux où il s'agit de prescrire des mesures d'urgence, mesures qu'il autorise par une ordonnance au bas des requêtes qui lui sont présentées à cet effet (V. OR-DONNANCE DU JUGE), et enfin ceux où il s'élève des difficultés entre les avoués pour l'instruction des causes.

39. — C'est aussi au président du tribunal civil qu'il appartient de procéder à l'ouverture des testamens mystiques et olographes et des paquets cachetés (C. civ., art. 1007; C. proc. civ., art. 916 et suiv.), et de prononcer l'envoi en possession du légataire universel institué par ces testamens. — C. civ., art. 1008. — V. TESTAMENT.

40. — ... De coter et parapher les registres de l'état civil, opération pour laquelle il peut déléguer les membres du tribunal, et d'en légaliser les extraits. — V. ACTES DE L'ÉTAT CIVIL. — De coter et parapher le répertoire que les huissiers sont obligés de tenir, conformément à la loi du 22 frim. an VII. — V. RÉPERTOIRE.

41. — ... De certifier la copie figurée des minutes dont les notaires se trouvent obligés de se dessaisir, d'ordonner, le cas échéant, que les notaires délivrent expédition ou donneront connaissance des actes à d'autres que les personnes directement intéressées, de légaliser la signature des actes hors du ressort, quand on doit se servir des actes hors du département, et de viser les répertoires de leurs fonctionnaires. — L. 25 vent. an XI, art. 22, 23, 30 et 58. — V. NOTAIRES, nos 358, 694, 696 et suiv., 732 et 1163.

42. — ... De taxer les vacations des experts et de décerner des exécutoires pour taxe d'experts (V. EXPERTISE, nos 440 et suiv.), et de taxer ceux des actes des notaires qui sont spécifiés dans l'art. 173 du tarif en matière civile. — V. NOTAIRES, nos 719 et suiv. — V. aussi TARIF.

43. — Le président du tribunal est chargé encore d'avertir tout juge qui compromet la dignité de son caractère (L. 20 avril 1810, art. 49), d'avertir et de réprimander le greffier, lorsqu'il y a lieu (même loi, art. 92), et de délivrer des congés aux vice-présidens et aux juges, pourvu que ce soit pour un temps moindre de huit jours (V. JUGE, n° 732), Durand c. Hoctin. — V., au surplus, DESCENTE SUR LES LIEUX, n° 22 et suiv.

44. — Enfin, le président du tribunal ou le juge qui le remplace en cette qualité à l'audience, a seul la police de l'audience. — V. POLICE DE L'AUDIENCE.

45. — Sur les obligations imposées au président relativement aux formalités qui concernent les jugemens, et à leur validité, V. JUGEMENT (mat. civ.), n° 1413 et suiv.

46. — Le président d'un tribunal civil, lorsqu'il préside l'audience dans laquelle une cause est discutée, n'a point d'attributions spéciales en ce qui touche la cause soumise au tribunal, en dehors de ce tribunal. Ainsi, lorsqu'il fait seul, sans avoir été délégué à cet effet, une visite de lieux, cette visite , purement officieuse de sa part, ne peut devenir un élément légal de décision. En conséquence, est nul le jugement qui s'appuie sur cette visite. — *Cass.,* 17 mars 1847 (t. 1er 1847, p. 732), Durand c. Hoctin. — V., au surplus, DESCENTE SUR LES LIEUX, n° 22 et suiv.

47. — Sur les attributions du procureur de la République près les tribunaux civils d'arrondissement, V. MINISTÈRE PUBLIC.

TRIBUNAUX DE COMMERCE.

Table alphabétique.

TRIBUNAUX DE COMMERCE. — **1.** — Juridiction exceptionnelle instituée pour connaître des contestations relatives aux actes de commerce.

§ 1er. — *Historique.*

2. — Dès les premiers temps où les Italiens vinrent en France fonder des colonies commerciales, ils obtinrent le privilège d'être jugés par leurs pairs pour tout ce qui concernait l'exécution des marchés. —Ces juridictions spéciales reçurent d'abord la dénomination de *Conventions royaux*. — Em. Vincens, *Légist. comm.,* t. 1er, p. 38.

3. — Vers le milieu du quatorzième siècle, à une époque où le commerce se faisait presque exclusivement dans les foires, on comprit la nécessité d'une institution analogue pour les contestations qui pouvaient s'élever entre les marchands forains, et on créa les *Conservations des privilèges des foires,* connues par abréviation sous le nom de *Conservations*.

4. — La Conservation de Nancy remonte à 1340 ; celle de Lyon, d'après Jousse, serait antérieure à 1349. Il en existait d'autres pour les foires de Brie et de Champagne, ainsi qu'à Perpignan et à Marseille. — Les juges conservateurs étaient nommés par les marchands eux-mêmes, et le principe de l'élection se trouve consacré par un édit du roi Louis XI, du 29 avril 1464, qui « octroye pouvoir aux »conseillers, bourgeois, manans et habitans de la ville de Lyon, de commettre un prudhomme suffisant et idoine pour régler les contestations qui pourroient arriver entre les marchands fréquentant les foires de la ville de Lyon.»

5. — Ce ne fut qu'un siècle plus tard qu'on songea à étendre la juridiction des juges commerciaux aux contestations autres que celles qui prenaient leur source dans les transactions foraines. — Un édit de Henri II, de l'année 1549, créa à Toulouse et à Thiers un *prieur* et des *consuls* chargés de juger, sans formes de procès, tous les différends entre marchands. — En 1555, une institution analogue fut accordée à la ville de Rouen.

6. — Le chancelier de l'Hospital résolut alors d'établir des juridictions commerciales dans toutes les villes de commerce. — L'édit du roi Charles IX, du mois de novembre 1563, créa pour la ville de Paris un *juge* et quatre *consuls*, et ordonna qu'ils connaîtraient de tous procès issus entre marchands, leurs veuves, facteurs ou serviteurs, tous marchands, pour faits de marchandises.

7. — Les *juge et consuls*, car telle est la qualification qu'on leur donne, étaient élus annuellement par une assemblée des notables bourgeois-marchands des corporations de Paris. Ils prêtaient serment entre les mains du Parlement comme les juges ordinaires, et rendaient la justice gratuitement.

8. — Des consulats furent également établis dans la même année à Angers, Auxerre, Bordeaux, Dieppe, Dijon, Orléans et Troyes, et successivement dans les villes de commerce les plus importantes du royaume. Un édit du mois de mars 1710 en créa vingt nouveaux, ce qui porta à soixante-dix-sept le nombre de ceux qui existaient alors en France. On peut voir dans Jousse, à la fin de son commentaire sur l'ordonnance de 1673, la table des villes où ils étaient établis, avec la date de leur création.

9. — La juridiction consulaire eut d'abord à lutter tout à la fois et contre la rivalité des autres juridictions, et contre la répugnance des plaideurs, qui, soit par habitude, soit pour pouvoir se décharger sur les avocats et procureurs des soins de leurs intérêts, s'adressaient aux tribunaux civils. Mais enfin elle surmonta tous les obstacles, et parvint à s'établir sur une base tellement solide, que la révolution de 1789, qui renversa tant d'institutions, laissa celle-là debout et se contenta d'en changer le nom. Les juge et consuls s'appelèrent alors tribunaux de commerce. — L. 16-24 août 1790, L. 27 janv.-4 févr. 1791.

10. — Ils furent maintenus par l'art. 60 de la Charte de 1814, 51 de celle de 1830, et par l'art. 88 de la Constitution de 1848.

11. — Le Code de commerce, promulgué en 1807, détermina leurs attributions, que la loi du 3 mars 1840 vint modifier sur certains points.

12. — Nous nous sommes déjà occupés de la compétence des tribunaux de commerce (V. COMPÉTENCE COMMERCIALE et ACTES DE COMMERCE) ainsi que de ce qui concerne les jugemens commerciaux (V. JUGEMENT COMMERCIAL). Il sera principalement question sous cet article de ce qui a trait à l'organisation de ces tribunaux.

§ 2. — *Création et ressort des tribunaux de commerce.*

13. — C'est au gouvernement qu'appartient le droit de créer des tribunaux de commerce dans les villes qui lui semblent susceptibles d'en recevoir par l'étendue de leur commerce et de leur industrie. — C. comm., art. 615.

14. — Le gouvernement pourrait également supprimer un tribunal de commerce existant, si les besoins de la localité ne lui paraissaient pas en exiger le maintien. — Même art.

15. — L'arrondissement territorial de chaque tribunal de commerce est ordinairement le même que celui du tribunal civil dans le ressort duquel il se trouve placé. Néanmoins le gouvernement a la faculté, lorsque l'intérêt des localités l'exige, d'établir plusieurs tribunaux de commerce dans le même arrondissement. Dans ce cas les ordonnances de création doivent fixer les limites du ressort de chacun d'eux. — C. comm., art. 616.

16. — Alors même qu'il n'existerait qu'un seul tribunal de commerce dans un arrondissement, le siége peut en être établi dans une ville autre que celle où siége le tribunal civil.

17. — Dans les arrondissemens où il n'existe pas de tribunaux de commerce, les affaires dont la connaissance leur est attribuée sont portées devant les juges du tribunal civil, qui statuent alors conformément aux règles du droit commercial, et d'après les formes prescrites pour les tribunaux de commerce. — C. comm., art. 640 et 641 (V. JUGEMENT COMMERCIAL).

18. — Jugé qu'un jugement rendu en matière commerciale par un tribunal civil d'une ville où il n'existe pas de tribunal de commerce, est compétemment rendu, quoiqu'il n'annonce pas que le tribunal ait jugé consulairement, et quoiqu'on ait procédé par le ministère d'avoués. — *Metz*, 21 janv. 1812, Beaudeux c. Vincent.

19. — Des commerçans peuvent bien porter même une affaire de commerce devant le tribunal civil, mais ils conservent le droit d'invoquer devant ce tribunal toutes les preuves admises pour les affaires commerciales. — *Bourges*, 23 janv. 1824, Brière c. Monnot.

20. — Toutefois, l'art. 640 C. comm. n'a pas fait cesser, dès la publication de ce Code, l'attribution donnée par les lois précédentes à certains tribunaux de commerce d'une juridiction s'étendant au delà de l'arrondissement communal où ils se trouvaient établis. — Ce même article n'a pas conféré *ipso facto* cette attribution aux tribunaux de district dans l'arrondissement desquels n'est pas le siége des anciens tribunaux de commerce. — *Grenoble*, 2 août 1809, Jouve c. Bellier.

21. — Ainsi, encore que, d'après la loi du 24 août 1790, les tribunaux consulaires établis dans une des villes de district connussent des affaires commerciales dans toute l'étendue du district, et qu'aujourd'hui les districts soient remplacés par les arrondissemens, ces tribunaux n'ont point de juridiction pour les parties des arrondissemens qui n'étaient pas comprises dans les districts formant le ressort, d'après la loi du 24 août 1790, s'il se trouve que ces arrondissemens soient plus étendus que les districts. — *Pau*, 26 juill. 1806, Larrosse c. Darramon.

22. — Si le tribunal civil et le tribunal de commerce d'un même arrondissement n'étaient pas placés dans la même ville, le gouvernement pourrait, à raison de l'éloignement et de la disposition des lieux, distraire une portion du territoire assigné au tribunal de commerce, et la placer sous la juridiction du tribunal civil jugeant commercialement. — Em. Vincens, t. 1er, p. 114.

23. — Lorsque, par suite de l'abstention de tous les membres d'un tribunal de commerce, il y a impossibilité de faire juger une affaire qui se présente, cette affaire doit être portée devant le juge civil de l'arrondissement, et non devant le tribunal de commerce le plus voisin. — *Rouen*, 4 nov. 1836, Porteu-Alber c. Assur. maritimes.

24. — L'établissement d'un tribunal de commerce dans un lieu où il n'en existait pas auparavant dessaisit la juridiction civile des causes commerciales qui y étaient pendantes, comme il l'empêche de connaître des causes de même genre qui s'élèveront à l'avenir. — *Bruxelles*, 24 déc. 1812, Jacquet c. Morgat.

25. — C'est devant les tribunaux de commerce, et non devant les tribunaux civils, que doivent être poursuivies les affaires commerciales pendantes aux anciens tribunaux ordinaires, lors de leur suppression. — *Bruxelles*, 11 janv. 1816, Thellusson c. Ackerman.

§ 3. — *Composition des tribunaux de commerce.*

26. — Chaque tribunal de commerce est composé d'un président, de deux juges au moins et de quatorze au plus, et d'un nombre de juges suppléans proportionné aux besoins du service. — C. comm., art. 617.

27. — Le décret du 6 octobre 1809, en déterminant les villes dans lesquelles il y aurait des tribunaux de commerce, a fixé en même temps le nombre de juges et de juges suppléans qui composeraient chacun de ces tribunaux. Des ordonnances postérieures l'ont fixé également pour les tribunaux qu'elles instituaient dans de nouvelles localités, ou ont modifié celui qui avait été déterminé primitivement par le décret de 1809. — V., notamment, ordonn. royale du 17 juill. 1840, relative au tribunal de commerce de la Seine.

28. — Il n'existe auprès des tribunaux de commerce aucun magistrat chargé d'exercer les fonctions du ministère public. Seulement on s'est demandé si, lorsqu'un tribunal de première instance juge comme tribunal de commerce, le ministère public doit être entendu. — V. MINISTÈRE PUBLIC, nos 24 et suiv.

§ 4. — *Fonctions près des tribunaux de commerce.*

29. — Il y a près de chaque tribunal un greffier nommé aux termes de l'art. 624 du C. de comm. par le roi (aujourd'hui par le président de la Républiques) et un ou plusieurs commis assermentés.

30. — Le greffier et ses commis assermentés sont soumis aux mêmes règles d'incompatibilité et aux mêmes obligations que ceux des tribunaux ordinaires, soit pour les cautionnemens exigés de ces fonctionnaires, soit pour la tenue des feuilles d'audience, répertoires, etc. — V. GREFFIER.

31. — Les rétributions auxquelles ils ont droit sont réglées par l'ordonnance du 9 octobre 1825. — V. GREFFE (droits de), nos 185 et suiv. — Le tarif des émolumens dus aux greffiers près les tribunaux de commerce a été modifié par arrêté du Gouvernement provisoire du 11 avril 1848, ainsi conçu : « Le papier du plumitif, porté à 50 c. sur chaque expédition, est réduit à 25 c. — Les droits de rédaction pour les jugemens contradictoires expédiés sont réduits de 2 fr. à 1 fr. 50 c. » — Les émolumens en matière de faillite sont modifiés ainsi qu'il suit : « Sur le procès-verbal de remise à huitaine pour le concordat, au lieu de 4 fr., 3 fr. — Sur le procès verbal de reddition de compte des syndics, au lieu de 4 fr., 3 fr. — Sur la rédaction, l'impression, l'envoi des lettres aux créanciers, par chaque lettre, au lieu de 20 c., 10 c. — Sur les droits de recherche (loi du 21 vent. an VII), au lieu de 50 c., 25 c.

32. — La Cour d'appel est incompétente pour recevoir le serment des greffiers des tribunaux de commerce; le serment de ces fonctionnaires doit être prêté devant les juges consulaires. — *Cass.*, 22 mars 1843 (t. 2 1843, p. 215), Tallonneau. — V. SERMENT DES FONCTIONNAIRES.

33. — Le service des audiences se fait, à Paris, par quatre huissiers audienciers, et, dans les autres villes, par deux, qui doivent être choisis, autant que possible, parmi les huissiers ordinaires. — C. comm., art. 624; décr. du 6 oct. 1809, art. 5 et 6.

34. — Les tribunaux de commerce ne peuvent choisir leur huissier audiencier que parmi ceux qui exercent dans la ville même où ils siégent, et non parmi ceux exerçant dans les autres localités de leur ressort. — *Cass.*, 14 déc. 1836, huissiers d'Amiens.

35. — Le tarif des émolumens dus aux huissiers audienciers près les tribunaux de commerce a été modifié par l'arrêté du Gouvernement provisoire, du 11 avril 1848, qui a réduit le droit d'appel des causes de 30 c. à 20 c.

36. — Il existe aussi près le tribunal de commerce de la Seine des *gardes du commerce* chargés de l'arrestation des débiteurs contre lesquels la contrainte par corps a été prononcée. — V. au mot GARDES DU COMMERCE.

37. — Le ministère des avoués est interdit dans les tribunaux de commerce. — C. proc. civ., art. 414. — Les parties comparaissent en personne ou par le ministère de fondés de pouvoirs. Cependant, la plupart de ces tribunaux sont dans l'usage d'*agréer* un certain nombre de défenseurs officieux qu'ils recommandent ainsi spécialement à la confiance des justiciables pour la défense de leurs intérêts. — V. AGRÉÉ.

38. — On ne peut plaider devant un tribunal de commerce sans pouvoir spécial, lorsque la partie n'est pas présente. — *Rennes*, 10 juill. 1820, Duchesne c. Desjardin.

39. — Jugé, toutefois, que le procureur fondé qui a pris des conclusions devant le tribunal de commerce, dans l'intérêt d'une partie, sans en être désavoué, est censé avoir été pourvu du pouvoir spécial prescrit par l'art. 627 C. comm. — *Toulouse*, 27 avr. 1820, Cazeaux c. Beze. — V. DÉSAVEU.

40. — Les huissiers porteurs de pouvoirs spéciaux ne peuvent défendre les parties devant les tribunaux de commerce. — *Riom*, 2 avr. 1830, Achard, Poiret et Dornère c. Laurent. — Conf. *Amiens*, 24 juill. 1833, Hardy.

§ 5. — *Électorat. — Formation des listes. — Radiation.*

41. — Les membres des tribunaux de commerce sont nommés par la voie de l'élection. — C. comm., art. 618.

42. — Avant le décret du 30 août 1848, la liste des électeurs était dressée par le préfet. Cette liste était soumise autrefois à l'approbation du ministre du commerce. — C. comm., art. 619. — Ord. 20 janv. 1828, art. 1er, § 6.

43. — Le Code n'ayant pas fixé les époques auxquelles les listes devraient être revisées, on en concluait que ce point était laissé à l'arbitraire de l'autorité administrative. — Em. Vincens, t. 1er, p. 64.

44. — Le nombre des électeurs était indéterminé quant à son *maximum* (Em. Vincens, t. 1er, p. 64); mais son *minimum* était fixé à 25 pour les villes où la population n'excédait pas 15,000 âmes. Au-dessus, il devait être augmenté d'un électeur par 1,000 âmes. — C. comm., art. 619.

45. — Les électeurs pouvaient être pris dans toutes les branches de commerce de l'arrondissement; mais le choix du préfet ne devait porter que sur les commerçans notables, et principalement sur les chefs des maisons les plus anciennes et les plus recommandables par la probité, l'esprit d'ordre et d'économie. — C. comm., art. 618 et suiv.

46. — L'appréciation des conditions d'électorat énumérées dans le numéro précédent était encore laissée à l'arbitraire du préfet, sauf l'approbation du ministre (Em. Vincens, t. 1er, p. 65); et on reconnaissait que les listes électorales ne pouvaient être attaquées par aucune voie légale, sur le motif que des commerçans remplissant toutes les conditions voulues y auraient été omis, ou que d'autres y auraient été inscrits quoiqu'ils ne remplissent pas véritablement ces conditions.

47. — Les électeurs inscrits qui cessaient de remplir les conditions voulues devaient être rayés de la liste des notables. La radiation pouvait être opérée par le préfet, d'office ou sur les réclamations qui lui étaient adressées, sauf à la faire approuver par le ministre du commerce.

48. — La radiation ainsi opérée ne pouvait être attaquée par aucune voie. Le négociant radié pouvait seulement présenter des observations au préfet ou au ministre, pour se faire rétablir sur la liste des notables. Le commerçant rayé de la liste des notables ne pouvait voter à l'assemblée électorale, bien que la décision du préfet n'eût pas encore reçu l'approbation ministérielle.

49. — Lorsqu'un commerçant inscrit sur la liste des notables se trouvait dans un des cas d'exclusion prévus par la loi, sa radiation pouvait être demandée par tout notable inscrit. — Arg. art. 25 L. 19 avr. 1831. — La demande en radiation devait être notifiée à la partie intéressée et portée devant le préfet statuant en conseil de préfecture. — Arg. art. 26 et 27 même loi. — Le recours contre la décision rendue par le préfet, en conseil de préfecture, devait être porté devant le Conseil d'État.

50. — Les art. 618 et 619, relatifs aux conditions d'électorat et à la formation des listes, ont

été modifiés ainsi qu'il suit par le décret du 30 août 1848.

51. — Art. 618. Les membres des tribunaux de commerce seront élus par une assemblée de citoyens français, commerçans patentés depuis cinq ans, deux capitaines au long cours et deux maîtres au cabotage ayant commandé des bâtimens pendant cinq ans et domiciliés au moins depuis deux ans dans le ressort du tribunal.

52. — Ainsi aujourd'hui, comme avant le décret du 30 août, les *électeurs* ne peuvent être pris que parmi les commerçans exerçant le commerce au moment de la formation des listes, et non parmi les anciens négocians retirés des affaires. — C. comm., art. 618 et 619. — Décr. 9-10 août 1791. — Em. Vincens, t. 1er, p. 60.

53. — Les agens de change et courtiers de commerce doivent être considérés comme commerçans. — C. comm., art. 1er et 632. — Pardessus, t. 1er, n°s 41 et 121; Em. Vincens, t. 1er, p. 62; Mollot, *Bourses de comm.*, n°s 94 et 101. — V. v^is^ AGENT DE CHANGE et COMMERÇANT. — *Contrà*, Bioche et Goujet, v° *Agent de change*, n° 2. — En conséquence, ils peuvent être portés sur la liste des notables. — C. comm., art. 618. — Em. Vincens, *loc. cit.*; Horson, t. 2, n° 194. — *Contrà*, Bioche et Goujet, v° *Trib. de comm.*, n° 16.

54. — La loi nouvelle, plus explicite que l'ancienne, n'accorde, comme on le voit, le droit d'élire des juges au tribunal de commerce qu'aux citoyens français. — Pardessus, t. 6, n° 1339; Em. Vincens, t. 1er, p. 65; Bioche et Goujet, v° *Trib. de comm.*, n° 17.

55. — Autrefois, de ce que la loi n'avait pas fixé l'âge auquel on pouvait être porté sur la liste des notables, on concluait qu'il suffisait d'avoir vingt et un ans accomplis. La loi nouvelle ne conférant le droit d'électorat qu'aux individus patentés depuis cinq ans, et l'art. 2 du C. comm. ne permettant pas de faire le commerce, et, par conséquent, de prendre patente, avant dix-huit ans, il en résulte que le minimum de l'âge pour élire les juges du tribunal de commerce est de vingt-trois ans.

56. — Ne peuvent participer à l'élection : 1° les individus condamnés soit à des peines afflictives ou infamantes, soit à des peines correctionnelles pour des faits qualifiés crimes par la loi, ou pour délit de vol, escroquerie, abus de confiance, usure, attentat aux mœurs, soit pour contrebande, quand la condamnation, pour ce délit, aura été d'un mois, au moins, d'emprisonnement; 2° les individus condamnés pour contravention aux lois sur les maisons de jeu, les loteries, les maisons de prêts sur gages; 3° les individus condamnés pour les délits prévus aux art. 413, 414, 419, 420, 421, 423, 439, § 2, C. pén., et aux art. 596 et 597 C. comm. — Décr. 30 août 1848, art. 1er (lequel modifie l'art. 618 du Code de comm.). — V. BANQUEROUTE, COALITION ENTRE MAITRES ET OUVRIERS, DESTRUCTION DE TITRES ET ACTES, FAILLITE, HAUSSE ET BAISSE, INDUSTRIE, JEU ET PARI, POIDS ET MESURES, TROMPERIE SUR LA MARCHANDISE.

57. — Le droit d'électeur est suspendu par l'état de débiteur failli non réhabilité. — Même article.

58. — M. Derodé demandait qu'à l'égard des faillis concordataires l'exclusion ne fût que temporaire (cinq ans). — M. Rondeau avait proposé la rédaction suivante : « Lorsque la peine prononcée contre le failli n'excédera pas quinze jours de prison, l'interdiction de participer à l'élection ne durera que six ans. » — Ces amendemens ne furent pas même appuyés.

59. — Un autre représentant, M. Ketsner, demanda si l'on entendait maintenir la disposition de la Constitution de l'an VIII qui n'admettait pas au droit d'élire et d'être élu « les fils héritiers détenteurs à titre gratuit des biens du père failli non réhabilité. » — Le rapporteur répondit qu'il n'était pas douteux, en présence des explications données dans le rapport, que cette disposition ne subsistait plus.

60. — Le nouvel art. 619 porte : « Tous les ans, la liste des électeurs du ressort de chaque tribunal sera dressée pour chaque commune par le maire, dans la première quinzaine du mois de septembre. Le maire enverra la liste ainsi préparée au préfet ou au sous-préfet, qui fera publier et afficher la liste générale dans toutes les mairies de l'arrondissement du tribunal. Cette publication devra être faite cinquante jours avant l'élection. — § 1er et 2.

61. — Pendant les quinze jours qui suivront la publication et l'affiche, tout commerçant patenté de l'arrondissement aura le droit d'élever des réclamations sur la composition de la liste, soit qu'il se plaigne d'avoir été indûment omis ou rayé, soit qu'il demande l'inscription d'un électeur omis ou la radiation d'un citoyen indûment inscrit. Dans le premier cas, sa réclamation et les pièces justificatives seront communiquées par lui au ministère public; dans le second cas, il devra fournir la preuve que la demande a été notifiée par lui à la partie intéressée, qui aura cinq jours pour intervenir. — Même art., § 3.

62. — Les réclamations seront jugées en dernier ressort par le tribunal civil de l'arrondissement, toute affaire cessante, sommairement, sans qu'il soit besoin du ministère d'avoué. — Les actes judiciaires auxquels l'instance donnera lieu ne seront pas soumis au timbre et seront enregistrés gratis. — L'affaire sera rapportée en audience publique par un des membres du tribunal, et le jugement sera prononcé après que les parties ou leur défenseur et le ministère public auront été entendus. — En cas de pourvoi en cassation, il sera procédé, toutes affaires cessantes, comme devant le tribunal, avec exemption des droits de timbre, d'enregistrement, et sans consignation d'amende. — Même article, § 4, 5, 6, 7.

63. — La liste rectifiée, s'il y a lieu, par suite de décision judiciaire, sera close définitivement dix jours avant l'élection. Cette liste servira pour toutes les élections de l'année. — Même article, § 9.

§ 6. — *Éligibilité.*

64. — L'ancien art. 620 du C. comm. portait que les membres des tribunaux de commerce pouvaient être élus non-seulement parmi les commerçans inscrits sur la liste des notables, mais encore parmi tous ceux qui exercent le commerce avec honneur et distinction depuis cinq ans.

65. — L'âge exigé pour être élu juge, ou juge suppléant, était celui de trente ans. Il fallait être âgé de quarante ans pour être élu président. — C. comm., art. 620.

66. — Aux termes du même article, les présidens ne pouvaient être choisis que parmi les anciens juges. — C. comm., art. 620.

67. — Le décret du 30 août 1848 (nouvel art. 620) porte que : « Sont éligibles aux fonctions de juge et de suppléant, 1° tout citoyen français qui a déjà exercé l'une ou l'autre de ces fonctions; 2° tout citoyen français, âgé de trente ans, ayant exercé le commerce avec patente pendant cinq ans au moins, tout capitaine au long cours ou maître au cabotage ayant commandé pendant cinq ans, pourvu que chacun des éligibles désignés ait son domicile réel dans le ressort du tribunal et qu'il ne se trouve dans aucun des cas prévus aux paragraphes 2, 3, 4 et 5 de l'art. 618. — V. *suprà*.

68. — Comme on le voit, l'éligibilité, aussi bien que l'électorat, est suspendue par l'état de failli non réhabilité. — Art. 618 nouveau.

69. — Le nouvel art. 620 proclame *éligibles* tous citoyens français *ayant exercé* le commerce, ce qui comprend les anciens commerçans. Même avant cet article, les membres du tribunal de commerce pouvaient être pris parmi les anciens négocians qui, après s'être retirés, n'avaient embrassé aucune autre profession. — Avis du Conseil d'Etat, 26 janv. 1808, approuvé le 2 fév. suivant.

70. — A Paris, nul ne pourra être nommé juge, s'il n'a été suppléant. — Même art. 620.

71. — Pour être éligible à la présidence, il faut, à Paris, avoir exercé pendant quatre ans comme juge; dans les tribunaux de neuf membres, avoir exercé pendant quatre ans dont deux au moins comme juge. — Dans les autres tribunaux, il suffit d'avoir été juge ou suppléant. — Nouvel art. 620. — Comme on le voit, l'âge de 40 ans n'est plus exigé pour la présidence.

72. — On suivrait, sans doute, encore aujourd'hui les prescriptions de l'avis du Conseil d'Etat du 18 déc. 1810 (approuvé le 21) suivant lequel, lorsqu'un tribunal vient à être créé dans une localité où il n'en existait pas encore, le président peut être désigné lors de la première élection seulement parmi tous commerçans remplissant les autres conditions de la loi.

73. — On a vu que, pour être élu membre d'un tribunal de commerce, il n'est pas nécessaire d'avoir son domicile dans la ville même où ce tribunal est établi; il suffit d'habiter le ressort. — Mais après l'élection, la résidence dans la ville semble devoir être obligatoire pour le juge. — V. la discussion qui eut lieu au Conseil d'État sur l'ancien art. 620 C. comm. — Locré sur cet article, n° 3.

§ 7. — *Élections. — Institution.*

74. — Sous l'ancienne loi, l'assemblée électorale pour l'élection des juges de commerce se tenait dans la forme commune aux assemblées politiques. Le doyen d'âge présidait provisoirement, et le plus jeune servait de secrétaire. — E. Vincens, t. 1er, p. 66; Bioche et Goujet, v° *Tribunal de commerce*, n° 18. — Chacun des électeurs présens prêtait entre les mains du président provisoire serment de fidélité au roi, d'obéissance à la Charte constitutionnelle et aux lois du royaume. — Em. Vincens, Bioche et Goujet, *loc. cit.* — On procédait ensuite, par voie de scrutin, à la nomination du président et des scrutateurs qui devaient composer le bureau définitif. — Ces nominations avaient lieu à la majorité relative. — Celle du président devait être faite au scrutin individuel, celle des scrutateurs au scrutin de liste. — En outre, aucune disposition législative n'ayant fixé le nombre de notables nécessaire pour procéder à l'élection, les opérations étaient valables, quelque peu nombreuse que fût l'assemblée. — Em. Vincens, Bioche et Goujet, *loc. cit.*

75. — En outre, l'ancien art. 621 traçait certaines règles exigées pour la validité du scrutin.

76. — Le nouvel art. 621 dispose ainsi qu'il suit : « L'assemblée électorale se tiendra dans le lieu où siége le tribunal. Elle sera convoquée par le préfet du département dans la première quinzaine de décembre au plus tard. Elle sera présidée par le maire ou son délégué, assisté de quatre électeurs qui seront les deux plus âgés et les deux plus jeunes des membres présens. Le bureau, ainsi composé, nomme un secrétaire pris dans l'assemblée. Il décide toutes les questions qui peuvent s'élever dans le cours de l'élection. Cette assemblée pourra être divisée en plusieurs sections, dans les localités où l'administration le croira nécessaire. »

77. — Le même article ajoute : « 1° L'élection du président sera faite au scrutin individuel et à la majorité absolue des suffrages exprimés; 2° les juges seront nommés tous par un seul scrutin de liste; 3° les suppléans seront également nommés tous par un seul scrutin de liste; 4° la majorité absolue des suffrages exprimés sera nécessaire pour chaque nomination; 5° la durée de chaque scrutin sera de deux heures au moins. »

78. — Le président de l'assemblée proclame le résultat de l'élection. Le procès-verbal est rédigé en triple original. Le président de l'assemblée transmet immédiatement l'un des trois originaux au préfet, le second au greffe du tribunal, le troisième au procureur général près la Cour d'appel. — Même article.

79. — Dans les cinq jours de l'élection, tout citoyen ayant pris part à l'opération électorale aura le droit d'élever des réclamations sur la régularité ou la sincérité de l'élection : dans les dix jours de la réception du procès-verbal, le procureur général aura le même droit. Ces réclamations seront communiquées aux citoyens dont l'élection serait attaquée, et qui auront le droit d'intervenir dans les cinq jours de la communication. Elles seront jugées sommairement et sans frais, dans la quinzaine, par la Cour d'appel dans le ressort de laquelle l'élection a lieu. — Même article.

80. — La nullité partielle ou absolue de l'élection ne pourra être prononcée que dans les cas suivans : 1° si l'élection n'a pas été faite selon les formes prescrites par la loi; 2° si le scrutin n'a pas été libre, ou s'il a été vicié par des manœuvres frauduleuses; 3° s'il y a incapacité légale dans la personne de l'un ou de plusieurs des élus. — Même article.

81. — Ceux qui ont été élus membres d'un tribunal de commerce peuvent en refuser les fonctions. — Em. Vincens, t. 1er, p. 67; Locré, *Esprit du Code de commerce*, sur l'art. 618, n° 1er.

82. — Si, avant la clôture de la séance, un des membres qui viennent d'être nommés déclare qu'il ne peut accepter, il doit être pourvu de suite à son remplacement. — Em. Vincens, t. 1er, p. 67; Bioche et Goujet, v° *Tribunaux de commerce*, n° 20.

83. — Sur le refus ou la démission survenus depuis la clôture de la séance, V. *infrà*, n° 95.

84. — Anciennement, les juges de commerce, après avoir reçu l'institution royale, prêtaient serment devant la Cour d'appel lorsqu'elle siégeait dans l'arrondissement où le tribunal de commerce était établi. Dans le cas contraire, la Cour pouvait commettre pour recevoir ce serment le tribunal civil de l'arrondissement. — C. comm., art. 629.

85. — Jugé que, sous le décret du 24 messidor an XII, les Cours d'appel pouvaient commettre le président de la Cour criminelle du lieu pour recevoir le serment des tribunaux de commerce. — *Paris*, 15 niv. an XIII, Tribunal de commerce de Châlons-sur-Marne.

86. — Le nouvel art. 629 porte : « Dans la quinzaine de la réception du procès-verbal, s'il n'y a pas de réclamation, ou dans la huitaine de l'arrêt statuant sur les réclamations, le procureur général invite les élus à se présenter à l'audience de la Cour d'appel, qui procède publiquement à leur réception et en dresse procès-verbal, consigné dans ses registres. — Si la Cour ne siége pas dans l'arrondissement communal où le tribunal de commerce est établi, la réception a lieu devant le tribunal civil assemblé, sur l'invitation adressée aux élus par le procureur de la République. — Le procès-verbal de cette séance est transmis à la Cour d'appel, qui en ordonne l'insertion dans ses registres. Le jour de l'installation publique du tribunal de commerce, il est donné lecture du procès-verbal de réception.

87. — Avant d'entrer en fonctions, les juges prêtent le serment professionnel établi pour la magistrature par la loi du 11 août 1849. — V. SERMENT DES FONCTIONNAIRES, n° 59.

§ 8. — *Durée des fonctions. — Renouvellemens annuels. — Remplacement.*

88. — Les membres des tribunaux de commerce sont élus pour deux ans. — C. comm., art. 622. — Il n'existe d'exceptions à cette règle que pour le cas de remplacement, et pour celui où il s'agit des premières élections dans un tribunal nouvellement créé, la moitié des juges et des suppléans n'étant nommée que pour une année dans cette dernière hypothèse.

89. — Le président et les juges peuvent être réélus pour deux ans, après l'expiration de leurs deux premières années de fonctions. Cette nouvelle période expirée, ils ne sont rééligibles qu'après une année d'intervalle. — C. comm., art. 623.

90. — Néanmoins, les juges suppléans qui auraient siégé en cette qualité pendant quatre années successives peuvent immédiatement, et sans qu'il soit nécessaire de laisser écouler un intervalle d'une année, être élus aux fonctions de président ou à celles de juge. — Pardessus, t. 6, n° 1341 ; Em. Vincens, t. 1er, p. 70 ; Bioche et Goujet, v° *Trib. de comm.*, n° 22.

91. — Tous les membres compris dans une même élection sont simultanément soumis au renouvellement périodique, encore bien que l'institution de l'un ou de plusieurs d'entre eux ait été différée. — C. comm., art. 622.

92. — Les renouvellemens ne se font pas à la même époque dans tous les tribunaux, les années de fonctions ne commençant à courir que du jour où les magistrats s'en sont trouvés réellement investis. — V., ci-après, nos

93. — L'art. 4 du décret du 30 août 1848 a disposé qu'il serait procédé à une élection générale dans les formes nouvelles, et qu'à cette première élection et aux élections postérieures, les règles prescrites par l'art. 622 C. comm. seraient appliquées. « Les pouvoirs des juges actuels, ajoute l'article, sont prorogés jusqu'à l'installation de ceux qui doivent les remplacer. »

94. — Il a été jugé que de ce que la loi du 28 août 1848 a changé le mode d'élection des juges des tribunaux de commerce, et substitué le suffrage de tous ceux qui font le négoce au suffrage restreint des notables commerçans, il ne s'ensuit pas que l'art. 623 du Code de commerce, qui prescrit un intervalle d'une année pour la rééligibilité de ceux qui ont rempli les fonctions de juge pendant deux ans, ait été abrogé, ou du moins que son application ait dû être suspendue pour la première élection faite en vertu de la loi du 28 août 1848. Le but unique de cette loi a été d'élargir le cercle électoral sur la matière ; mais on n'y trouve ni expressément ni virtuellement une disposition abrogative, même transitoirement, de la condition attachée par l'art. 623 du Code de commerce à la rééligibilité des membres des tribunaux consulaires. Cette condition a donc continué de subsister dans toute sa force, sans qu'il y ait lieu de distinguer entre les juges encore en exercice au moment de la promulgation de la loi de 1848, et ceux dont les pouvoirs, étant alors sur le point d'expirer, ont été prorogés par cette loi jusqu'aux élections qui étaient à faire suivant le nouveau mode qu'elle introduisait. — *Cass.*, 7 mai 1850 (*Gaz. des Trib.*, 9 mai), Lacaze.

95. — Lorsque, après l'assemblée électorale, un commerçant élu membre du tribunal de commerce veut en refuser les fonctions, ou bien encore lorsque, après la réception et le serment, il veut cesser de remplir ces mêmes fonctions, il doit adresser son refus ou sa démission au gouvernement ; qui juge s'il y a lieu de procéder à une élection nouvelle avant l'époque du renouvellement annuel. — Em. Vincens, t. 1er, p. 67 ; Bioche et Goujet, v° *Tribunal de commerce*, n° 20.

96. — Le gouvernement est également juge de l'opportunité d'une nouvelle élection, dans le cas où un membre du tribunal de commerce viendrait à décéder ou se trouverait frappé d'incapacité pour en remplir les fonctions, par suite de la perte de la qualité de Français, de condamnation judiciaire, d'interdiction, ou pour toute autre cause.

97. — Le remplaçant n'est élu que pour le temps pendant lequel le remplacé devait encore remplir ses fonctions. — C. comm., 623. — Em. Vincens, t. 1er, p. 67.

98. — Il est procédé aux renouvellemens périodiques et aux remplacemens dans les formes tracées pour les élections générales. — V. *suprà*.

99. — Jugé qu'un juge de commerce peut valablement continuer ses fonctions jusqu'à la nomination de son successeur, encore bien que les deux années auxquelles la loi a limité la durée soient expirées. — *Bastia*, 27 nov. 1823, Ferpi c. Morandi ; *Colmar*, 31 déc. 1830, Lévy c. Reichenbach ; *Cass.*, 13 juin 1838 (t. 1er 1838, p. 646), Cesbron c. Bourjuge et Montel. — *Contrà*, Carré, *Organ. judic.*, quest. 480.

100. — Et qu'il peut les continuer, même après cette nomination et la prestation de serment du nouveau juge, jusqu'à l'installation de celui-ci. — *Cass.*, 5 août 1841 (t. 2 1841, p. 571), Wahl c. Werthmann.

101. — Carré (*loc. cit.*) est d'un avis opposé. « Pour qu'un jugement soit valable, dit-il, il faut qu'il soit rendu non-seulement par un juge compétent, mais encore par un juge qui tienne son caractère ou de ses pairs ou de l'institution royale, ou tout à la fois de la nomination et de l'institution royale, et qui, en outre, a prêté, préalablement à son entrée en fonctions, le serment exigé par la loi. Or, le juge de commerce dont les fonctions sont expirées a-t-il encore son caractère de juge ? Non. Loin de là, la loi le lui retire par une disposition bien formelle et qui répugne à toute interprétation. A-t-il du moins reçu institution ? A-t-il prêté serment ? Oui, lorsqu'il est en fonctions ; non, après qu'elles sont expirées et qu'il les a reprises par le fait ; car l'institution n'avait été donnée, le serment n'avait été prêté que pour la durée des fonctions ; ils ne pouvaient s'étendre au delà. Ainsi, pas de nomination, pas d'institution, pas de serment ; au contraire, un texte formel qui bannit, pour un an au moins, le juge de commerce du siége qu'il a occupé pendant deux ans. En vain dirait-on qu'en pareille matière le cours de la justice pourrait se trouver interrompu, puisqu'à défaut du tribunal de commerce le jugement appartiendrait au tribunal d'arrondissement. »

102. — Jugé qu'il peut, tout au moins, les continuer jusqu'à ce qu'il ait connaissance officielle de la nomination de son successeur. — *Limoges*, 18 juill. 1828, Michel et Paillasse c. Lasserre.

§ 9. — *Caractère et rang des tribunaux de commerce.*

103. — Les fonctions de juges des tribunaux de commerce sont purement honorifiques. — C. comm., 628. — Aucun traitement n'y est donc attaché.

104. — Elles sont soumises aux mêmes incompatibilités que celles des juges ordinaires, sauf l'incompatibilité résultant de l'exercice du négoce. — V. JUGE, nos 31 et suiv.

105. — Mais il n'y a pas incompatibilité entre les fonctions de juge au tribunal de commerce et celles de mandataire d'un négociant qui plaide devant le même tribunal. — *Rennes*, 10 juill. 1820, Duchesne c. Desjardin.

106. — Les tribunaux de commerce sont dans les attributions et sous la surveillance du ministre de la justice. — C. comm., 630.

107. — La poursuite des crimes et délits commis par des juges de commerce, dans l'exercice de leurs fonctions, est soumise à des formes et à une juridiction particulières déterminées par les art. 483 et suiv. C. instr. crim. — V. FONCTIONNAIRE PUBLIC.

108. — Les tribunaux de commerce peuvent faire des règlemens pour l'ordre de leurs audiences. — L. 27 mars 1791, art. 35.

109. — Mais on a considéré avec raison comme nulle pour excès de pouvoir la délibération prise par un tribunal de commerce et contenant un blâme contre l'autorité administrative relativement au mode de confection de la liste des notables. — *Cass.*, 16 janv. 1844 (t. 1er 1844, p. 529), Procureur général à la Cour de cassation.

110. — Les membres des tribunaux de commerce portent, en fonctions, la robe de soie noire avec paremens de velours. — Décr. 6 oct. 1809.

111. — Dans les cérémonies publiques, les tribunaux de commerce sont placés immédiatement après les tribunaux civils de première instance. Dans les marches, leur rang est après l'état-major des places. — Décr. 24 messid. an XII, art. 1er et VIII. — V. HONNEURS ET PRÉSÉANCES.

112. — Les tribunaux de commerce n'ont point de vacances. — L. 21 fruct. an IV, art. 6 ; arrêté Cons. d'État 5 fructid. an VIII, art. 3.

113. — Les membres des tribunaux de commerce sont de véritables juges, et, à ce titre, peuvent se dispenser du service de la garde nationale, nonobstant leur inscription. — *Cass.*, 10 mars 1848 (t. 1er 1849, p. 435), Lehoult. — V. GARDE NATIONALE.

§ 10. — *Du nombre de juges nécessaire pour rendre un jugement.*

114. — Nous avons vu (v° JUGEMENT COMMERCIAL, n° 15) que les jugemens des tribunaux de commerce doivent être rendus par trois juges au moins, y compris le président (C. comm., art. 626), et qu'aucun suppléant ne peut être appelé que pour compléter ce nombre.

115. — Un décret du 6 octobre 1809 (art. 4) portait que, à défaut de suppléant, on devait compléter le tribunal au moyen de négocians pris sur la liste des notables formée en vertu de l'art. 619 du Code de commerce, en suivant l'ordre dans lequel ils y sont portés, si d'ailleurs ils remplissent les conditions requises par l'art. 620 du Code de commerce pour être élus juges. — Vincens, t. 1er, p. 73.

116. — On a jugé, sous l'empire de cette loi, que, lorsqu'un tribunal de commerce avait appelé un négociant pour se compléter, la partie présente à l'audience qui ne s'est pas opposée à cette adjonction, ne peut s'en faire, plus tard, un moyen de cassation. — *Cass.*, 29 prair. an XII, Lucas c. Gohier. — *Contrà*, *Rennes*, 8 sept. 1815, Métairie c. Rouxel.

117. — ... Que, des négocians non suppléans ne pouvaient, hors le cas de nécessité de compléter le tribunal, être appelés à concourir au jugement. — *Rennes*, 8 sept. 1825, N...

118. — ... Que la qualité d'un *notable* et la nécessité qui l'avait fait appeler étaient suffisamment indiquées dans un jugement du tribunal de commerce dans lequel il est dit : *Où siégeaient MM..... et Plessis, notable appelé pour cause d'absence des autres membres.* — *Cass.*, 9 août 1831, Savalle c. Viart.

119. — ... Que lorsqu'un jugement du tribunal de commerce déclare qu'un notable commerçant qui y a concouru n'avait été appelé *qu'à défaut des autres juges et des juges suppléans*, cette énonciation était suffisante pour constater l'absence ou l'empêchement du juge remplacé, la loi n'exigeant pas d'ailleurs qu'il fût fait mention des causes de l'empêchement ou de l'absence ; et que, dans le cas où le notable appelé à compléter le tribunal n'était pas le premier inscrit sur la liste formée en vertu de l'art. 619 du Code de commerce, le jugement était nul s'il n'énonçait pas qu'il avait été appelé à raison de l'absence ou de l'empêchement de tous ceux qui le précé-

daient, dans l'ordre d'inscription. — *Poitiers*, 27 juin 1838 (t. 2 1840, p. 25), Poirault c. Vée.

120. — Jugé, contrairement au second principe de l'arrêt qui précède, que, pour que le jugement d'un tribunal de commerce auquel a concouru un notable fût valable, il n'était pas nécessaire qu'il contînt la mention qu'un négociant avait été appelé, en suivant l'ordre de la liste des notables. — *Colmar*, 7 janv. 1828, Kœchlin c. Hofer.

121. — ... Et qu'il n'était pas nécessaire, à peine de nullité, que le jugement auquel a concouru un notable commerçant contînt la mention que ce notable avait prêté serment. — *Poitiers*, 2 déc. 1824, Gallien; *Colmar*, 7 janvier 1828, Kœchlin c. Hofer. — Locré, *Esprit du Code comm.*, t. 8, p. 43.

122. — Le décret du 30 août 1848, en prononçant l'abrogation de l'art. 4 du décret du 6 octob. 1809, a complété l'art. 626 par les dispositions suivantes : « Le rang à prendre, dans le tableau des juges et des suppléans, sera fixé, à la majorité absolue, par un scrutin de liste, auquel concourront le président, les juges et les suppléans. Ce scrutin, qui sera secret, aura lieu dans la salle du conseil, avant la séance d'installation » (§ 1 et 2).

123. — Le *Moniteur* constate l'adoption du paragraphe suivant, qui cependant ne se retrouve pas dans la loi : « En cas d'égalité dans le nombre des suffrages pour le même rang, le plus âgé l'emporte. »

124. — En outre, le même décret dispose que, lorsque, par des récusations ou empêchemens, il ne restera pas un nombre suffisant de juges ou suppléans, il y sera pourvu au moyen d'une liste formée annuellement par chaque tribunal de commerce, entre les éligibles du ressort, et, en cas d'insuffisance, entre les électeurs, ayant les uns et les autres leur résidence dans la ville où siége le tribunal. Cette liste sera de cinquante noms pour Paris, de vingt-cinq noms pour les tribunaux de neuf membres, de quinze noms pour les autres tribunaux. Les juges complémentaires seront appelés dans l'ordre fixé par un tirage au sort, fait en séance publique, par le président du tribunal, entre tous les noms de la liste » (§ 4, 5, 6).

125. — On a jugé, avant le décret du 30 août 1848, que le principe, d'après lequel les tribunaux ne peuvent se compléter par des juges adjoints supérieurs en nombre aux juges en titre, est applicable aux tribunaux de commerce; qu'ainsi spécialement, un tribunal de commerce est irrégulièrement composé, lorsque deux juges suppléans ou deux notables sont appelés à juger, sous la présidence d'un juge en titre. — *Colmar*, 31 déc. 1831, Thiébaud c. Dolfuss-Mueg; *Rouen*, 16 janv. 1840 (t. 1er 1840, p. 435), Dechaud c. Alexandre. — *Contrà*, *Poitiers*, 2 déc. 1824, Bindault c. Rival.

126. — Le même art. 626 nouveau dispose qu'un juge titulaire ou suppléant au moins doit concourir à tout jugement du tribunal de commerce, à peine de nullité (§ 3). Ainsi, depuis cet article, le jugement rendu par un suppléant et par deux juges complémentaires serait valable.

127. — Nous avons expliqué, V^is JUGEMENT (mat. civ.) et JUGEMENT COMMERCIAL, tout ce qui a trait à la composition des tribunaux et aux formes des jugemens.

128. — Décidé notamment, 1° qu'on ne doit pas considérer comme nul le jugement d'un tribunal de commerce qui fait mention de la présence à l'audience d'un juge suppléant, quoique son assistance ne fût pas nécessaire, si d'ailleurs il n'est pas établi que ce magistrat ait participé au jugement. — *Orléans*, 11 avr. 1821, Delavergne C. Bourdault; *Cass.*, 5 nov. 1835, N....

129. — ... Mais qu'il en était autrement du jugement du tribunal de commerce auquel a pris part un juge suppléant dont la présence n'était pas nécessaire pour compléter le nombre de juges prescrit par la loi. — *Cass.*, 23 déc. 1812, Davranches c. Hussemais; *Orléans*, 17 mars 1822, N...; *Cass.*, 30 janv. 1828, Gueyffieb c. Kricberg. — *Contrà, Turin*, 13 nov. 1807, N....

130. — Jugé encore, que le jugement n'est pas nul, s'il énonce que ce juge suppléant n'a pas pris part à la délibération, et qu'il n'a siégé que pour remplacer un de ses collègues, dans le cas où celui-ci se trouverait empêché. — *Cass.*, 5 nov. 1835, Buffet c. Devinck.

131. — ... Ou bien encore s'il énonce que les voix ont été recueillies conformément à la loi. — *Cass.*, 31 mai 1827, Marescal c. Subiray.

132. — ... Que le juge suppléant du tribunal de commerce, qui a assisté aux plaidoiries lorsque le tribunal était composé de quatre juges et de trois suppléans, a qualité pour prendre part au délibéré et à la prononciation du jugement, lorsque le tribunal n'est plus composé que de deux juges et du suppléant, ce dernier siégeant en l'absence des autres juges. — *Paris*, 11 nov. 1839 (t. 2 1839, p. 667), Degois c. Vinot.

133. — ... Que, si des juges d'un tribunal de commerce se récusent après les plaidoiries, le tribunal peut, pour se compléter, appeler des suppléans en présence desquels elles ont eu lieu, sans qu'il soit nécessaire de les recommencer. — *Paris*, 24 août 1833, Perregaux c. Banque de France.

134. — ... Que, quand un juge suppléant est appelé à compléter un tribunal, il y a présomption suffisante que l'ordre des nominations a été suivi. — *Cass.*, 9 févr. 1836, Lecointe c. Caron.

135. — ... Qu'un tribunal de commerce peut appeler le second juge suppléant sans faire mention de l'absence ou de l'empêchement du juge remplacé et du premier suppléant. En d'autres termes, l'art. 49, L. 30 mars 1808, qui règle l'ordre dans lequel seront appelés les juges suppléans, n'est applicable qu'aux tribunaux civils. — *Cass.*, 18 août 1825, Parlongue c. Viala.

136. — ... Qu'en matière commerciale, les conseillers auditeurs ayant voix délibérative peuvent concourir aux arrêts de la chambre à laquelle ils sont attachés, quoique, lors de cet arrêt, il y ait un nombre suffisant de juges titulaires. — *Cass.*, 18 déc. 1827, Roux c. Jalabard-Lamotte.

V., au surplus, pour plus amples détails, V^is JUGEMENT (mat. civ.) et JUGEMENT COMMERCIAL, en observant néanmoins que les décisions citées sous ces mots et les précédens, doivent être comparées avec les nouvelles dispositions du décret du 30 août 1848.

§ 11. — *Procédure.*

137. — Devant les tribunaux de commerce, toute demande doit être formée par exploit d'ajournement, comme devant les tribunaux ordinaires. — Art. 415 C. proc. — V. EXPLOIT.

138. — Le délai de l'ajournement doit être d'un jour au moins. — Art. 416.

139. — Néanmoins, dans les cas qui requièrent célérité, le président peut permettre d'assigner, même de jour à jour, d'heure à heure, et de saisir les effets mobiliers; il peut, suivant l'exigence des cas, assujettir le demandeur à donner caution ou à justifier de solvabilité suffisante. Ces ordonnances seront exécutoires nonobstant opposition ou appel. — Art. 417 C. proc.

140. — Les affaires commerciales sont dispensées du préliminaire de conciliation et de la constitution d'avoué, même dans les lieux où les tribunaux civils jugent commercialement. — Art. 49, 414 C. proc., et 640 C. comm. — V. AVOUÉ, CONCILIATION.

141. — Dans les affaires maritimes où il existe des parties non domiciliées, dans celles où il s'agit d'agrès, victuailles, équipages et radoubs de vaisseaux prêts à mettre à la voile, les assignations peuvent être données de jour à jour, d'heure à heure, sans qu'il soit besoin d'ordonnance du président, et le défaut jugé sur-le-champ. — Art. 418 C. proc.

142. — Il en est de même, lorsqu'une affaire, quoique non maritime, est urgente et nécessite une décision dont le retard serait nuisible (même article). — Le tribunal apprécie les motifs d'urgence quand ils sont contestés. — Pardessus, *Droit comm.*, n° 1367.

143. — Le défaut de représentation de la citation devant le tribunal de commerce n'est point un motif de nullité de la demande. — *Nîmes*, 27 frim. an XI, Bartelier c. Astruc.

144. — Jugé que, lorsque la partie assignée devant un tribunal de commerce est empêchée de comparaître par un événement de force majeure, le tribunal peut ajourner indéfiniment la cause : il n'est pas tenu d'ordonner que la partie se fera représenter dans un délai fixé. — *Paris*, 26 germ. an XII, Bonne-Carrère c. Boyd.

145. — Toutes les assignations données à bord à la personne assignée sont valables. — C. comm. 419.

146. — Les art. 420, 424, 425 règlent ce qui concerne la compétence et le jugement de cette compétence. — V. COMPÉTENCE COMMERCIALE, EXCEPTIONS, JUGEMENT COMMERCIAL.

147. — Ce qui a trait à l'élection de domicile devant les tribunaux de commerce est réglé par l'art. 422. — V. JUGEMENT COMMERCIAL, n°s 53 et suiv.

148. — En matière de commerce les étrangers ne sont pas assujettis à fournir la caution *judicatum solvi*. — V. CAUTION JUD. SOLVI.

149. — Les veuves et les héritiers des justiciables du tribunal de commerce, porte l'art. 426, y seront assignés en reprise ou par action nouvelle, sauf, si les qualités sont contestées, à les renvoyer aux tribunaux ordinaires pour y être réglés, et ensuite être jugés sur le fond au tribunal de commerce. — V. REPRISE D'INSTANCE.

150. — L'article 427 s'occupe du faux incident (V. JUGEMENT COMMERCIAL, n°s 35 et suiv.), et l'art. 428, de la comparution des parties en personne (V. JUGEMENT COMMERCIAL, n° 39, et COMPARUTION DES PARTIES).

151. — Le droit pour le tribunal de commerce de renvoyer les parties devant des arbitres experts, ou de recourir soit à des enquêtes, soit au serment, est réglé V^is JUGEMENT COMMERCIAL, n°s 40 et suiv.; EXPERTISE, n°s 534 et suiv.; ENQUÊTE, n° 1106; SERMENT JUDICIAIRE ET EXTRA-JUDICIAIRE.

152. — V. enfin, en ce qui concerne la rédaction des jugemens, les jugemens par défaut, et l'exécution des jugemens, les voies ouvertes contre eux et l'exécution, V° JUGEMENT COMMERCIAL, n°s 63 et suiv., 98 et suiv., 124 et suiv., et les mots auxquels il est renvoyé sous cet article.

153. — Aux divers arrêts qui ont été rapportés sous les mots qui viennent d'être indiqués, nous nous bornerons à en ajouter quelques-uns qui ont été rendus depuis la publication de ces mots dans notre *Répertoire*.

154. — Jugé que, les tribunaux de commerce peuvent, sans contrevenir à la loi qui leur défend de connaître de l'exécution de leurs jugemens, commettre un huissier pour faire le commandement préalable à la contrainte par corps. — *Douai*, 23 nov. 1839 (t. 2 1846, p. 406), Buchot c. Sire. — V. JUGEMENT COMMERCIAL.

155. — ... Que les tribunaux de commerce ne sont point astreints à se conformer rigoureusement à l'art. 153 C. proc., qui, lorsque, sur plusieurs défendeurs, quelques-uns seulement comparaissent, ordonne de joindre le profit du défaut. — *Rouen*, 25 avril 1845 (t. 1er 1848, p. 226), Rham c. Lizardy. — V. JUGEMENT COMMERCIAL, n° 10; JUGEMENT PAR DÉFAUT, n°s 130 et suiv.

156. — ... Que, lorsqu'il s'agit de l'exécution d'une vente entre négocians, le tribunal de commerce du lieu du paiement est compétent pour connaître de la demande par cela seul que le demandeur est porteur d'un acte qui a tous les caractères apparens d'une vente. Il ne devient pas incompétent parce que le défendeur conteste la vente, soit en la forme, soit au fond. — *Orléans*, 17 juin 1846 (t. 2 1847, p. 510), Michelot c. Vernay.

157. — ... Que la signature d'un commerçant sur un billet à ordre suffit pour rendre le tribunal de commerce compétent pour en connaître. — *Paris*, 15 juill. 1846 (t. 2 1846, p. 558), Dysons c. Canneaux.

158. — ... Que, la juridiction commerciale n'est compétente pour connaître des actions des commis contre leurs patrons en paiement de leurs salaires qu'autant que les accords intervenus entre le maître et le commis sont commerciaux; mais qu'il n'en est pas ainsi, lorsque le commis n'est chargé par le maître que d'une surveillance qui n'exige aucune connaissance spéciale, et constitue plutôt un louage de service qu'un louage d'industrie, qui seule eût entraîné une participation réelle du commis au commerce du maître. — *Grenoble*, 31 déc. 1846 (t. 1er 1848, p. 215), Duval c. Liard; *contrà*, 6 nov. 1845 (t. 1er 1847, p. 418), Oache c. Carpentier. — V., à cet égard, COMPÉTENCE COMMERCIALE, n°s 65 et suiv.

159. — ... Qu'en matière commerciale, le tribunal dans l'arrondissement duquel la promesse a été faite, la marchandise livrée et le prix stipulé payable, est compétent, encore bien qu'une modification ait été, dans l'arrondissement du domicile du défendeur, apportée à la convention primitive, mais sans l'anéantir. — *Caen*, 26 mai 1847 (t. 2 1847, p. 640), Louveau c. Lenfant. — V. COMPÉTENCE COMMERCIALE.

160. — ... Que c'est aux tribunaux de commerce, et non aux tribunaux civils, qu'il appartient de déclarer exécutoires en France les jugemens rendus par les tribunaux de commerce étrangers; que les tribunaux français ne sont point appelés, en pareil cas, à accomplir une pure formalité, mais qu'ils ont le droit de reviser la sen-

tence étrangère, et de ne lui accorder la force exécutoire en France qu'autant qu'il les reconnaîtraient qu'elle n'est contraire ni aux lois politiques du pays, ni à ses traités, ni à l'ordre civil, ni à la morale, ni même aux justes intérêts des Français en cause. — *Colmar*, 17 juin 1847 (t. 2 1848, p. 235), Weil c. Paraf. — V. ÉTRANGERS, nᵒˢ 594 et suiv.

161. — ... Qu'en matière commerciale, les tribunaux français, qui ont déclaré exécutoire, après révision, un jugement rendu à l'étranger entre étrangers, doivent ordonner l'exécution par corps dans les cas déterminés par la loi française, sans se préoccuper de quelle manière le jugement qui leur est soumis aurait été exécuté en pays étranger. — *Paris*, 2 déc. 1848 (t. 1ᵉʳ 1849, p. 10), Klug c. Schwann. — V. ÉTRANGERS, nᵒˢ 552 et suiv.

162. — ... Que les tribunaux de commerce sont incompétens pour statuer sur les demandes en péremption de leurs jugemens par défaut.—*Paris*, 7 août 1847 (t. 1ᵉʳ 1848, p. 404), Emery c. Guitton. — V. COMPÉTENCE COMMERCIALE, nᵒ 726.

163. — Jugé, d'un autre côté, que le tribunal de commerce saisi d'une opposition à un jugement de défaut par lui précédemment rendu, est compétent pour statuer sur les divers moyens imaginés à l'appui de l'opposition, notamment sur l'exception de péremption. — *Bastia*, 30 juill. 1844 (t. 1ᵉʳ 1845, p. 227), Marcelli c. Gandié.

164. — ... Que l'art. 439 C. proc. civ., qui autorise les tribunaux de commerce à ordonner l'exécution provisoire de leurs jugemens, nonobstant l'appel et sans caution, lorsqu'il y a titre non attaqué, s'applique aux cas où, dans l'absence de titre écrit, il existe une convention verbale reconnue par les parties. — *Bordeaux*, 28 août 1847 (t. 1ᵉʳ 1848, p. 410), Laclaverie c. Monget. — V. EXÉCUTION PROVISOIRE, nᵒˢ 216, 223.

165. — ... Que sous l'empire du Code de procédure, comme sous l'ancienne législation, les jugemens des tribunaux de commerce sont de plein droit exécutoires par provision, à la charge de donner caution, sans qu'il soit besoin que cette exécution provisoire ait été ordonnée par la sentence. Il n'est nécessaire de l'exprimer que lorsqu'elle est ordonnée sans caution. — Ces principes sont applicables aux sentences arbitrales en matière d'arbitrage forcé, lesquelles ont le même caractère que les jugemens des tribunaux de commerce. — En conséquence le porteur d'une sentence arbitrale de cette nature peut se pourvoir devant le tribunal de commerce pour faire recevoir la caution par lui présentée pour la garantie de l'exécution du provisoire. — *Paris*, 24 juill. 1847 (t. 1ᵉʳ 1848, p. 254), Monnesson c. Rasleau. — V. ARBITRAGE, nᵒ 1109 et suiv.; EXÉCUTION PROVISOIRE, nᵒˢ 195 et suiv.

166. — ... Que les jugemens des tribunaux de commerce sont de plein droit exécutoires par provision, nonobstant l'appel. — Seulement, si le créancier n'a pas été dispensé de fournir caution, il ne peut, après que le débiteur en a interjeté appel, poursuivre l'exécution qu'en fournissant caution. — *Orléans*, 31 août 1847 (t. 2 1847, p. 547), Cardin c. Pellé et Gois.

167. — ... Que le tribunal de commerce saisi de la connaissance d'un litige entre deux commerçans est incompétent pour connaître de la demande en garantie dirigée contre un tiers non-négociant, à raison d'un fait qui ne constitue pas un acte de commerce. — En pareil cas, l'incompétence étant *ratione materiæ*, le tribunal doit se dessaisir d'office. — *Cass.*, 20 déc. 1847 (t. 2 1847, p. 539), Husson c. Royer. — V. COMPÉTENCE COMMERCIALE, nᵒ 683 et suiv.

168. — ... Que l'individu non-négociant qui a apposé sa signature sur un effet de commerce portant la signature de négocians peut être traduit devant le tribunal de commerce, encore qu'aucun des signataires négocians ne soit en cause avec lui. — *Cass.*, 20 déc. 1847 (t. 1ᵉʳ 1848, p. 126), Husson c. Royer. — V. COMPÉTENCE COMMERCIALE, nᵒ 282 et suiv.

169. — ... Qu'en interdisant aux tribunaux de commerce la connaissance des contestations élevées sur l'exécution de leurs jugemens, la loi a entendu seulement leur défendre de connaître des actes de poursuite exercés en vertu de ces jugemens. — Mais... compétens pour statuer sur l'opposition aux jugemens par eux rendus par défaut, ils le sont également pour juger les contestations que fait naître cette opposition, et notamment pour décider si le jugement frappé d'opposition est ou non tombé en péremption, faute d'exécution dans les six mois, alors que, pour résoudre cette question, ils n'ont à appré-

cier le mérite d'aucun acte d'exécution. — *Cass.*, 27 nov. 1848 (t. 1ᵉʳ 1849, p. 38), Audubert c. Frois. — V. COMPÉTENCE COMMERCIALE, nᵒ 723 et suiv.

170. — ... Que le tribunal de commerce dont la compétence est déclinée ne peut, sans s'expliquer sur ce déclinatoire, ordonner, tout en réservant les droits des parties, une mesure d'instruction. — Un pareil jugement, rejetant implicitement l'exception d'incompétence, est définitif sur cette question et, par conséquent, susceptible d'appel. — *Paris*, 23 janv. 1849 (t. 1ᵉʳ 1849, p. 349), Desrousseaux c. Migeon. — V. COMPÉTENCE COMMERCIALE, nᵒˢ 696 et suiv.

V. ACTE DE COMMERCE, AGRÉÉ, ALGÉRIE, APPEL, ARBITRAGE, COMPAGNIE COMMERCIALE, COMPARUTION DE PARTIES, CONTRAINTE PAR CORPS, COURS ROYALES, ENQUÊTE, ÉTRANGERS, EXCEPTION, EXÉCUTION PROVISOIRE, EXPERTISE, EXPLOIT, GARDE DU COMMERCE, JUGEMENT COMMERCIAL, JUGEMENT PAR DÉFAUT, MINISTÈRE PUBLIC, PÉREMPTION, PRUD'HOMMES, REPRISE D'INSTANCE, SERMENT JUDICIAIRE ET EXTRAJUDICIAIRE, etc.

TRIBUNAUX CORRECTIONNELS.

Table alphabétique.

1. — TRIBUNAUX CORRECTIONNELS. — Ce sont les tribunaux ordinaires institués pour juger et réprimer ces faits important peine correctionnelle.

2. — Dans ce cas, ils statuent en première instance. Mais ils ont aussi le droit de connaître de l'appel des jugemens rendus par les tribunaux de police.

3. — Pour ce qui concerne l'organisation et la composition des tribunaux correctionnels, V. TRIBUNAUX.

SECT. 1ʳᵉ. — *Compétence des tribunaux correctionnels* (nᵒ 4).

SECT. 2ᵉ. — *Mode de procéder devant la juridiction correctionnelle* (nᵒ 80).

§ 1ᵉʳ. — *Formalités générales* (nᵒ 80).

§ 2. — *De l'audition des témoins* (nᵒ 121).

Sect. 1ʳᵉ. — *Compétence des tribunaux correctionnels.*

4. — Les tribunaux correctionnels sont saisis des affaires de leur compétence, soit par le renvoi qui leur en est fait par la chambre du conseil (C. instr. crim., art. 130) ou par la chambre d'accusation (art. 230) soit par la citation donnée directement au prévenu et au ministère public ou par la partie civile, et, à l'égard des délits forestiers, par le conservateur, inspecteur ou sous-inspecteur forestier ou par les gardes généraux (art. 182). — V. ACTION PUBLIQUE, CHAMBRE D'ACCUSATION, CHAMBRE DU CONSEIL.

5. — Le tribunal correctionnel peut être également saisi par la Cour de cassation par l'effet d'un renvoi après cassation ou pour cause de suspicion légitime (C. instr. crim., art. 427 et 542) et par voie de règlement de juges (art. 526). — V. CASSATION (mat. crim.), RÈGLEMENT DE JUGES.

6. — S'il survenait de nouvelles charges, après une déclaration de non-lieu par la chambre du conseil, le ministère public pourrait citer directement le prévenu devant le tribunal.—Leselleyer, t. 1ᵉʳ, nᵒ 358.

7. — La comparution volontaire et spontanée des parties, sans citation préalable ni ordonnance de renvoi, peut saisir valablement le tribunal correctionnel, lorsque la connaissance du fait qui lui est déféré se trouve, d'ailleurs, placée dans ses attributions. — *Cass.*, 18 avr. 1822, Burlin. —Mais, dans cette hypothèse, le tribunal pourrait refuser d'entendre les parties.

8. — Mais le tribunal correctionnel ne peut être saisi par la citation donnée à la partie civile que le prévenu demandant saisine sur une instruction qui se poursuit contre lui. — *Cass.*, 1ᵉʳ déc. 1827, Durand et Bauzely. — Carnot, sur l'art. 182, t. 2, p. 29, nᵒ 1ᵉʳ.

9. — Sous le Code du 3 brumaire an IV, le tribunal correctionnel n'était pas complétement saisi à l'égard d'un prévenu dont le nom n'était

pas compris dans la permission de citer délivrée par le directeur du jury. En conséquence, il excédait ses pouvoirs, en condamnant à la restitution d'une lettre de change le tiers porteur qui n'était point compris dans la plainte en escroquerie faite, à raison de cette traite, par le souscripteur, ni dans le permis de citer délivré par le directeur du jury. — *Cass.*, 14 frim. an XIV, Janey.

10.—Un tribunal correctionnel viole les règles de sa compétence, en s'abstenant de statuer sur une action publique ou civile dont il est saisi, soit par le ministère public, soit par la partie civile. — *Cass.*, 11 juill. 1823, Gémond.

11. — *Quels sont les faits que le tribunal correctionnel peut juger en général?* — La compétence des tribunaux de police correctionnelle commence là où finit celle des tribunaux de simple police, c'est-à-dire qu'ils connaissent de tout délit punissable, soit d'un emprisonnement de plus de cinq jours, soit d'une amende de plus de 15 fr. — C. instr. crim., art. 179.—Quelques exceptions ont cependant été faites par la législation à cette règle générale, notamment pour les délits de presse et les délits politiques dont le jury seul peut connaître.—V. DÉLITS DE PRESSE, DÉLITS POLITIQUES.

12. — Leur compétence finit ou commence celle des Cours d'assises, c'est-à-dire lorsqu'il s'agit d'infractions punies d'une peine afflictive ou infamante et qualifiées crimes par la loi.

13. — Il y a cependant un cas où le tribunal correctionnel est compétent pour connaître d'un fait qualifié crime. C'est celui où un individu agé de moins de seize ans, et qui n'a pas de complices présens au-dessus de cet âge, est prévenu de crimes autres que ceux que la loi punit de la peine de mort, de celle des travaux forcés à perpétuité, de celle de la déportation ou de celle de la détention. — C. pén., art. 68.

14. — Mais, en dehors de cette hypothèse, la question d'excuse qui a pour résultat de faire dégénérer en une peine correctionnelle la peine afflictive ou infamante attachée à un crime, ne peut être appréciée et constatée que par le jury. Un tribunal correctionnel est donc incompétent pour statuer sur le crime, dans ce cas, lors même qu'il reconnaîtrait que le fait est excusable. — *Cass.*, 22 mai 1830, Dupré. — V. COUR D'ASSISES, EXCUSE.

15. — L'accusé âgé de moins de seize ans qui a un complice au-dessus de cet âge doit être renvoyé ainsi que lui devant la Cour d'assises. La loi du 25 juin 1824 n'a point dérogé, à cet égard, à l'ordre des juridictions établi par le Code d'instruction criminelle. — *Cass.*, 18 nov. 1824, Hutchinson. — C'est là une conséquence de l'indivisibilité de la poursuite.

16. — Le prévenu d'un crime, qui prétend qu'au moment de sa perpétration il n'avait pas encore seize ans, mais qui ne justifie pas son exception, doit être renvoyé devant la Cour d'assises à laquelle la question d'âge devra être soumise. — *Cass.*, 28 avr. 1836, Bonnin.

17. — Il est incontestable que le tribunal correctionnel qui retiendrait la connaissance d'un fait qualifié crime par la loi, sous prétexte qu'il existe dans la cause des circonstances atténuantes déterminant l'application de peines correctionnelles, commettrait un grave excès de pouvoir. — *Cass.*, 23 juin 1838 (t. 2 1838, p. 17), Copillet.

18. — Le tribunal ne pourrait non plus écarter une circonstance aggravante indiquée par l'ordonnance de la chambre du conseil, et transformer ainsi un crime en délit.—*Cass.*, 17 oct. 1837 (t. 1er 1840, p. 92), Rainon.—Mais si, au contraire, il reconnaissait comme constante une circonstance aggravante écartée par la chambre du conseil, il pourrait se déclarer incompétent. — Lesellyer, t. 1er, no 363.

19. — La juridiction correctionnelle est sans droit pour décerner une ordonnance de prise de corps contre le prévenu qui paraît coupable d'un fait qualifié crime. — *Cass.*, 4 fév. 1832, Ramassamy.

20. — Les tribunaux correctionnels sont chargés spécialement de prononcer sur tous les délits forestiers poursuivis à la requête de l'administration, alors même que la peine portée par la loi n'est qu'une peine de simple police. — *Cass.*, 16 frim. an XIV, N....

21. — Mais il résulte du même art. 179 que c'est devant le tribunal de simple police que doivent être portées les contraventions forestières poursuivies par les simples particuliers. — V. aussi l'art. 139, no 4 du même Code.

22. — Sous le Code du 3 brum. an IV, tout délit forestier donnant lieu à une amende qui excédait ou pouvait excéder la valeur de trois journées de travail, rentrait nécessairement dans la compétence exclusive des tribunaux correctionnels. — *Cass.*, 6 août 1807, N.... — V. FORÊTS.

23. — Les délits dont la connaissance appartient à la juridiction correctionnelle, soit aux termes du Code pénal, soit en vertu de lois spéciales, sont très-nombreux. Nous avons traité de chacun d'eux dans un article séparé. On en trouvera du reste la nomenclature vo CRIMES, DÉLITS ET CONTRAVENTIONS.

24. — Il est de principe que les Cours et tribunaux jugeant correctionnellement sont investis des attributions qui, dans les matières de grand criminel, appartiennent aux juges de la Cour d'assises et aux jurés. — *Cass.*, 9 vendém. an VII, Vallet; 22 mai 1812, Raymond; 4 mars 1825, Autard; 15 oct. 1825, Catineau; 23 déc. 1825, Vicaire.

25. — Le fait d'avoir fait pâturer un troupeau de moutons dans un champ de jeunes trèfles appartenant à autrui, constitue le délit de garde à vue de bestiaux dans les récoltes d'autrui, prévu par l'art. 26, tit. 2, de la loi du 28 sept.-6 oct. 1791, et par conséquent, du ressort de la juridiction correctionnelle, et non pas seulement la contravention de mener des bestiaux sur le terrain d'autrui dans des prairies artificielles, prévue par l'art. 479, no 10, du Code pénal, et, par suite, du ressort du tribunal de simple police. — *Cass.*, 10 sept. 1847 (t. 1er 1848, p. 411), Baillon et Claré. — V. DÉLIT RURAL.

26. — C'était au tribunal de police correctionnelle, et non au tribunal de police, qu'il appartenait de connaître des infractions à l'art. 1er de la loi du 15 avril 1818, prohibitive de la traite des noirs, loi qui a été abrogée par celle du 25 avr. 1827, qui l'a été, à son tour, par la loi du 4 mars 1831. — *Cass.*, 29 mars 1822, Denis.

27. — Avant la loi du 25 mai 1838, la question de savoir si le juge de l'action en contrefaçon pouvait statuer sur l'exception de déchéance était fort controversée. L'affirmative était enseignée par Henrion de Pansey (*Compétence des juges de paix*, ch. 63), Foucart (t. 2, p. 69), E. Blanc (*Traité de la contrefaçon*, p. 116). — La négative était, au contraire, soutenue par Carré (*Justice de paix*, no 1791), et par Biret (t. 1er, no 334). — Depuis la loi de 1838 on regarde généralement la question comme tranchée dans ce dernier sens. — V. BREVET D'INVENTION.

28. — La peine de la destitution portée par l'art. 81 du Code de commerce contre les agens de change qui ont contrevenu aux prescriptions des art. 85 et 86, peut, comme celle de l'amende, être prononcée par le tribunal correctionnel saisi de la connaissance desdites contraventions. — Trib. corr. de *Lyon*, 11 janv. 1848 (t. 1er 1848, p. 6), N.... — V. AGENT DE CHANGE, no 214.

29. — Le tribunal correctionnel n'est compétent pour statuer en matière de garde nationale que lorsque la juridiction disciplinaire a épuisé sa compétence par deux condamnations pour refus de service (d'ordre et de sûreté) prononcées dans le cours de la même année, et lorsque le garde national, au moment où il commet de nouvelles infractions, a subi ces condamnations. Ainsi les faits antérieurs auxdites condamnations ne peuvent être l'objet d'une poursuite correctionnelle. — Dans ce cas, les tribunaux correctionnels ont le droit et le devoir de vérifier les élémens des condamnations antérieurement prononcées, pour déclarer leur propre compétence. — *Cass*, 13 avril 1848 (t. 2 1848, p. 520), Defaux.

30. — La compétence pour le jugement des délits appartient tout à la fois au tribunal correctionnel du lieu où le délit a été commis, à celui du lieu du domicile du prévenu, et à celui du lieu où le prévenu a pu être trouvé. — C. instr. crim., art. 23, 63 et 69. — Carnot, t. 1er, p. 31, *Disposit. prélim.*, no 42. — V. COMPÉTENCE CRIMINELLE.

31. — Si, au lieu de constituer un délit, le fait dont le tribunal est saisi n'est qu'une contravention de police, et si la partie publique ou la partie civile n'a pas demandé le renvoi, le tribunal applique la peine et statue, s'il y a lieu, sur les dommages-intérêts. Dans ce cas, son jugement est en dernier ressort. — Art. 192.

32. — La disposition qui précède ne permet explicitement qu'à la partie publique et à la partie civile de demander le renvoi, lorsque le fait présente les caractères d'une simple contravention de police. D'où Carnot (sur cet article) conclut que la même faculté ne peut jamais appartenir au prévenu. Legraverend (*Législ. crim.*, t. 2, p. 393) estime que, dans le silence de la loi, à l'égard des droits du prévenu, le tribunal peut, sur le déclinatoire proposé par ce dernier, retenir la cause ou ordonner le renvoi à son gré. Enfin, Bourguignon (*Man. d'instr. crim.*, sur l'art. 192) et Favart (vo *Jugement*, sect. 2, § 1er, no 9) sont d'avis que si la loi n'a parlé que de la partie publique et de la partie civile, c'est parce que c'est seulement pour elles que la question pouvait faire doute; mais qu'on ne peut contester au prévenu le droit de réclamer le bénéfice des deux degrés de juridiction.

33. — Cette dernière opinion a été consacrée par un arrêt de la Cour suprême (*Cass.*, 18 nov. 1824, Anfray). — Cependant il semble résulter de deux arrêts plus récens, qu'il faudrait distinguer entre le cas où le fait qualifié délit devant le tribunal correctionnel, et dont cette juridiction se trouve dès lors régulièrement saisie, a dégénéré par suite des débats en une simple contravention de police, et celui où le fait, d'après la citation, ne constituerait qu'une contravention. Dans ce dernier cas, le prévenu pourrait demander le renvoi; mais il ne le pourrait pas dans le premier. — *Cass.*, 16 oct. 1835, Simon; 8 oct. 1839 (t. 1er 1839, p. 596), Ledent. — Lesellyer, *Traité de l'action publique et de l'action privée*, t. 1er, no 355. — V., du reste, INCOMPÉTENCE (Exception d') (mat. crim.).

34. — Décidé que lorsque le tribunal de police correctionnelle, saisi de la connaissance d'un fait qualifié délit, a déclaré qu'il ne constituait qu'une contravention de simple police, et, à défaut de demande en renvoi de la part du ministère public ou de la partie civile, a condamné l'inculpé aux peines de la contravention, celui-ci n'est pas recevable à interjeter appel du jugement, quand même il soutiendrait que le fait incriminé constituait réellement un délit, et qu'ainsi le tribunal n'avait pu prononcer qu'en premier ressort. — *Orléans*, 26 août 1846 (t. 2 1846, p. 362), Livenais.

35. — Les dispositions de l'art. 192, d'après lesquelles les tribunaux correctionnels jugent en dernier ressort, à défaut de réclamation des parties, les contraventions de simple police, ne s'appliquent pas indistinctement à toutes les contraventions, mais uniquement à celles qui sont, en première instance, de la compétence du tribunal de simple police. — En conséquence, elles ne concernent pas les contraventions qu'une loi spéciale place dans les attributions du tribunal correctionnel, et dont le tribunal de simple police ne peut jamais connaître, notamment celles prévues et punies par l'art. 36 de la loi du 19 ventôse an XI sur l'exercice de la médecine, pour lesquelles il y a lieu de suivre les règles ordinaires des juridictions. — *Cass.*, 12 nov. 1842 (t. 1 1843, p. 257), Lignon.

36. — *Quels faits il peut juger d'après l'état de l'instruction. — Action civile.* — La juridiction correctionnelle a le droit de se prononcer sur des questions ayant un caractère purement civil, lorsque l'appréciation de la culpabilité du prévenu est subordonnée à l'examen et à la solution de ces questions.

37. — Ainsi, le tribunal de police correctionnelle saisi d'une plainte en soustraction de testament, est compétent pour instruire sur l'existence de cet acte à l'époque du décès du testateur, en même temps qu'il instruit sur le fait de sa soustraction. — *Cass.*, 4 octobre 1816, Fiquet.

38. — Le tribunal de police correctionnelle est compétent pour connaître du délit d'habitude d'usure sur la poursuite directe du ministère public et sans qu'il soit nécessaire que le tribunal civil ait préalablement déclaré que les prêts ont été faits à un intérêt excédant le taux légal. — *Cass.*, 2 déc. 1813, Courbé. — Mangin, *Traité de l'action publique*, t. 1er, p. 364, no 169. — V. USURE.

39. — Lorsqu'un prévenu de soustraction de titre nie l'existence du titre, le tribunal correctionnel a juridiction pour prononcer sur cette exception comme sur l'action principale, sans qu'il soit besoin de renvoyer devant les tribunaux civils. — *Cass.*, 31 juill. 1812, Bourgeois; 5 mai 1815, Delsaux; 25 mai 1816, Sanitas.

40. — Les tribunaux correctionnels saisis d'une plainte en abus de blanc seing sont compétens pour statuer sur la préexistence du blanc seing. Mais, comme la remise d'un blanc seing constitue une convention purement civile, la preuve de cette remise ne peut être autorisée que conformément

aux règles du droit civil, c'est-à-dire qu'autant qu'elle est prouvée par écrit, ou du moins qu'autant qu'il existe un commencement de preuve par écrit. — Ce commencement de preuve peut résulter d'un interrogatoire sur faits et articles subi devant la juridiction civile. — *Cass.*, 5 mai 1831, Forest; 25 janv. 1838 (t. 1er 1840, p. 205), Boussenet; *Orléans*, 24 août 1840 (t. 2 1840, p. 529), C... c. Saisy. — V. la savante dissertation de M. Mangin, en son *Traité de l'action publique et de l'action civile en matière criminelle*, t. 1er, p. 355, nos 167 et suiv.: Lesellyer, no 1488.

41. — Le tribunal correctionnel saisi de la connaissance du délit de détournement de fonds est compétent pour connaître de l'exception invoquée par le prévenu, et résultant de ce qu'il serait libéré par le résultat d'un compte à régler. — *Cass.*, 13 mars 1840 (t. 1er 1841, p. 12), Lherminier.

42. — La question de savoir si l'adjudicataire d'une coupe de bois a ou non outrepassé les limites qui lui étaient assignées par l'acte d'adjudication ne constitue pas une question préjudicielle en dehors de la compétence d'un tribunal correctionnel. Ce tribunal viole donc les règles de la compétence, lorsqu'au lieu d'ordonner la vérification du fait, il renvoie l'affaire au tribunal civil. — *Cass.*, 25 janv. 1810, Arnaud; 3 nov. 1810, Reculard.

43. — Le tribunal de police correctionnelle est compétent pour décider si, d'après un arrêt civil, un usager a pu, sans commettre un délit, faire les actes d'exercice du droit d'usage pour lesquels il est poursuivi. — *Cass.*, 29 mai 1830, de Rohan c. Génus.

44. — Mais lorsqu'un délit présuppose une convention antérieure dont la preuve testimoniale n'est pas admise par la loi, les tribunaux correctionnels ne peuvent autoriser le plaignant à prouver le délit par témoins, tant que l'existence de la convention n'est pas établie par une autre voie légale. — Néanmoins, les actes de poursuite ne sont pas nuls, et il y a seulement nécessité pour le tribunal de surseoir jusqu'à ce que les juges civils aient statué sur l'existence de la convention. — *Cass.*, 20 fruct. an XII, Merlin-Hall c. Potter; 2 déc. 1313, Courbé. — Bourguignon, *Manuel d'instruction criminel*, t. 1er, p. 23, sur l'art. 3 C. instr. crimin., no 3, et Carnot, sur le même article, t. 1er, p. 23, nos 30 et 31. — V., toutefois, *Cass.*, 18 vend. an X, Méat.

45. — Le tribunal de police correctionnelle saisi d'une poursuite exercée contre l'auteur d'un remplacement militaire frauduleusement effectué est compétent pour prononcer, sur la demande du ministère public et dans l'intérêt de l'État, la nullité du contrat de remplacement. — *Lyon*, 12 déc. 1833, Pitrat.

46. — De même, encore bien qu'un fermier prévenu d'avoir abattu des arbres dans un taillis dépendant de l'immeuble loué, prétende qu'il en avait le droit, en vertu de son bail, le tribunal correctionnel est compétent et ne peut renvoyer à fins civiles. — *Cass.*, 10 août 1833, Milhiet et Aremberg.

47. — Mais le tribunal de police correctionnelle excède ses pouvoirs, en déclarant que des individus ont qualité pour rendre plainte, comme étant propriétaires des lieux où le délit a été commis, en vertu d'un partage fait entre les habitans de la commune, sans le concours de l'autorité administrative ou judiciaire, et malgré une opposition légale des prévenus. — *Cass.*, 18 juin 1830, Barnier.

48. — Du reste, un tribunal de première instance constitué en police correctionnelle est incompétent pour connaître des questions purement civiles étrangères à la poursuite correctionnelle. — *Cass.*, 8 frim. an VII, Germain; 15 therm. an VII, Thill; 28 janv. 1835, Merlivas; 4 déc. 1840 (t. 1er 1841, p. 615 et la note), N....

49. — Ainsi, un tribunal de police correctionnelle est incompétent pour connaître de l'enlèvement d'un billet, lorsqu'il résulte, tant de la plainte que des moyens de défense, que le point principal de la contestation consiste à savoir si la somme contenue dans ce billet a été convertie en d'autres valeurs en vertu de transactions et autres actes. Il n'appartient qu'aux tribunaux civils d'en connaître. — *Cass.*, 28 therm. an IX, Goubeaux-Baudot.

50. — Lorsqu'une plainte en escroquerie, qui se rattache à l'exécution d'actes signés par les parties, ne présente aucuns faits de dol ou manœuvres frauduleuses, au moyen desquels on aurait pu abuser de la crédulité du plaignant, pour le déterminer à donner sa signature à ces actes, il n'y a qu'une action civile, et la demande n'est pas susceptible de la juridiction correctionnelle. — *Cass.*, 28 mess. an IX, Micol; 2 août 1811, Vaucelles; 31 oct. 1811, Fusi.

51. — La juridiction correctionnelle n'est compétente pour statuer sur l'action civile qu'autant que le prévenu a été appelé devant elle en même temps que le civilement responsable. — *Cass.*, 15 déc. 1827, Michault; 24 déc. 1830, Lebugle.

52. — En effet, les tribunaux correctionnels ne peuvent prononcer sur les dommages-intérêts de la partie civile qu'accessoirement à une peine appliquée à un délit constaté. — *Metz*, 26 févr. 1821, Belval.

53. — Un tribunal de police correctionnelle est incompétent pour condamner à des dommages-intérêts envers la partie civile le prévenu qu'il ne déclare coupable d'aucun fait qualifié délit ou contravention par la loi. — *Limoges*, 30 mars 1837 (t. 1er 1837, p. 444), Constant c. Thomas.

54. — Le tribunal correctionnel n'étant compétent pour adjuger des dommages-intérêts à la partie civile qui se prétend lésée par un délit ou une contravention qu'autant qu'il est saisi de ce délit ou de cette contravention, il ne peut connaître de l'action de la partie civile contre les personnes civilement responsables d'un délit, si aucune poursuite n'est dirigée contre l'auteur du délit. — *Cass.*, 7 juin 1832, Desvigny; *Liége*, 30 janv. 1835, Pettingen.

55. — Cependant, le tribunal correctionnel saisi de la connaissance d'un délit dont la répression est poursuivie par le ministère public et par la partie lésée, ne cesse pas d'avoir le droit de qualifier le délit, et conséquemment d'être compétent pour statuer accessoirement sur l'action civile, par l'effet d'une condamnation à une peine afflictive et infamante prononcée contre le prévenu par une autre juridiction pendant le cours de l'instance correctionnelle et pour des faits antérieurs aux poursuites, bien qu'à raison de cette condamnation aucune autre peine ne puisse être appliquée par le tribunal correctionnel. — *Cass.*, 18 juin 1841 (t. 2 1842, p. 634), Lafarge c. Leautaud. — V. ACTION CIVILE.

56. — Le tribunal de police correctionnelle a le droit de retenir la connaissance d'une plainte qui a pour principal objet une restitution de lettres de change, lorsqu'elle porte en même temps sur des faits de nature à saisir ce tribunal. Mais il faut évidemment qu'il y ait entre les faits poursuivis et la demande en restitution une liaison nécessaire. — *Cass.*, 7 therm. an XIII, Bosset; 24 mess. an XIII, Mouru-Lacoste. — Merlin, *Rép.*, vo *Dépôt*, § 1er.

57. — Un tribunal de police correctionnelle une fois dessaisi par le jugement définitif qu'il a rendu dans une affaire, est incompétent pour connaître ensuite de l'action en responsabilité civile exercée contre un individu qui n'a pas été appelé et n'a aucunement figuré dans l'instance. — *Cass.*, 3 niv. an XI, Bougon.

58. — Un tribunal correctionnel est incompétent pour connaître incidemment à une plainte portée devant lui, d'une demande civile formée reconventionnellement par le prévenu contre la partie plaignante. — *Cass.*, 29 therm. an XII, Malassis. — Sauf le cas où le prévenu demande reconventionnellement des dommages-intérêts pour le tort que le plaignant lui a causé par une poursuite sans fondement. — C. instr. crim., art. 191 et 212.

59. — *Ce qu'il doit faire lorsqu'il se reconnaît incompétent.* — Les tribunaux correctionnels ne sont pas liés par les arrêts des chambres du conseil qui ont prononcé sur le règlement de la compétence, et ils doivent refuser de juger les affaires qui ont été renvoyées devant eux, lorsqu'ils reconnaissent qu'elles n'appartiennent pas à leurs attributions. — *Cass.*, 21 oct. 1813, Bourdies; 19 juill. 1816, Lemoine; 15 nov. 1816, Deville; 12 juin 1817, Maubreuil; 3 juin 1825, Foucher-Seguinard. — Merlin, *Quest. de dr.*, vo *Incompétence*, § 1er, art. 2, no 6; Carnot, sur l'art. 408 C. instr. crim., t. 3, p. 112, no 26; Lesellyer, t. 1er, no 362.

60. — En effet, l'ordonnance de la chambre du conseil qui renvoie un prévenu en police correctionnelle est indicative et non attributive de juridiction. Le tribunal correctionnel doit, nonobstant cette ordonnance, et sans qu'il soit survenu de nouvelles charges, déclarer son incompétence, s'il reconnaît que les faits présentent le caractère d'un crime. — *Cass.*, 12 juin 1817, Guery de Maubreuil.

61. — ... Et le tribunal peut se déclarer incompétent, sans qu'il soit besoin que le ministère public ait formé opposition à l'ordonnance de la chambre du conseil. — Le tribunal peut même se déclarer incompétent, quoique le renvoi lui ait été fait par la chambre des mises en accusation. — *Grenoble*, 28 avril 1824, Gessen.

62. — Si le fait est de nature à mériter une peine afflictive ou infamante, le tribunal peut, en se déclarant incompétent, décerner de suite le mandat de dépôt ou le mandat d'arrêt, et il renvoie le prévenu devant le juge d'instruction compétent. — Art. 193.

63. — Dans ce cas et lorsqu'il s'agit d'un délit dont la Cour d'assises doit connaître, le tribunal est tenu de se déclarer incompétent, sans distinction entre le cas où le tribunal est saisi par une citation directe et celui où il est saisi par un renvoi soit de la chambre du conseil, soit de la chambre d'accusation, ni entre le cas où la qualification du fait résulte de l'acte même qui a saisi le tribunal, et celui où le fait n'a ainsi été caractérisé que par le résultat des débats.

64. — Mais c'est seulement dans le cas où le tribunal a été saisi par la voie de la citation directe qu'il peut ordonner le renvoi devant le juge d'instruction compétent. — *Cass.*, 5 août 1813, Bouchard; 7 déc. 1827, Lefrançois; 31 déc. 1829, Berard; 16 janv. 1830, Pradeur; 15 avril 1830, Philipon.

65. — Lorsque le tribunal correctionnel, saisi par une ordonnance de renvoi de la chambre du conseil, reconnaît que le fait imputé au prévenu est de nature à encourir une peine afflictive et infamante, il doit se borner à se déclarer incompétent. Il commet un excès de pouvoir en annulant indirectement l'ordonnance de la chambre du conseil, par le renvoi du prévenu devant le juge d'instruction. — *Cass.*, 4 févr. 1830, Glubeber; 28 nov. 1833, Thomas; 18 août 1837 (t. 1er 1840, p. 95), Magne. — V. RÈGLEMENT DE JUGES.

66. — De même, lorsque le tribunal correctionnel ou le tribunal d'appel s'est déclaré incompétent pour connaître d'une affaire dont il était saisi par le renvoi de la chambre du conseil, et a renvoyé la poursuite devant le juge d'instruction compétent, l'instruction faite par ce magistrat et la nouvelle ordonnance rendue par la chambre du conseil sur ce renvoi qui renfermait un excès de pouvoir, doivent être annulées. — *Cass.*, 25 sept. 1828, Klein; 16 avril 1829, Stibel.

67. — Le tribunal correctionnel qui se reconnaît incompétent ne peut non plus renvoyer l'affaire devant la chambre d'accusation. — *Cass.*, 5 nov. 1819, Villet. — Legraverend, t. 2, chap. 4, p. 394.

68. — Le tribunal correctionnel saisi de la connaissance d'un délit peut aussi appliquer aux faits incriminés une qualification contraire même aux appréciations de fait que peut contenir l'ordonnance de la chambre du conseil qui a renvoyé le prévenu devant la police correctionnelle. — *Cass.*, 3 juill. 1847 (t. 2 1847, p. 377), Roger.

69. — Lorsque le ministère public a requis que le tribunal de police correctionnelle se déclarât incompétent et que le prévenu fût renvoyé devant le juge d'instruction sur le motif que le fait qui est l'objet de la plainte constitue un crime, il y a nullité si le tribunal n'a pas statué sur cette réquisition. — *Cass.*, 3 juin 1813, Lamy.

70. — Le jugement d'un tribunal correctionnel qui, au sujet d'un nouveau délit révélé aux débats, renvoie le prévenu en état de mandat d'amener devant un juge d'instruction, pour être par ce magistrat informé ainsi qu'il appartiendra, est nul pour atteinte portée au libre exercice de l'action publique, incompétence et excès de pouvoir. — *Cass.*, 10 sept. 1836 (t. 1er 1837, p. 543), Hubert.

71. — Lorsqu'un tribunal correctionnel, saisi d'une affaire par une citation directe de la partie plaignante, croit devoir renvoyer cette cause devant un juge d'instruction, attendu que des explications données à l'audience ont révélé des complices non compris dans la citation, il reste saisi et ne peut se dessaisir de la connaissance des faits articulés contre l'auteur principal. En conséquence, la chambre du conseil ne peut statuer que sur les présumés complices. — *Paris*, 22 mai 1838 (t. 1er 1838, p. 618), Graziani; *Cass.*, 5 nov. 1819, Villet; 7 nov. 1827, Dupré; 8 mars 1828, Roy.

72. — Mais le tribunal correctionnel peut connaître d'un fait de sa compétence et y appliquer

la peine légale, encore bien que la partie poursuivante l'ait mal qualifié, ou bien ait requis l'application d'une disposition qui le placerait dans les attributions d'un autre tribunal. En effet, le tribunal est libre de changer une qualification erronée, pourvu qu'il ne prononce que sur les faits exposés, soit dans l'ordonnance, soit dans la citation par laquelle il est saisi.—*Cass.*, *Pau*, 24 déc. 1829, Larazet; 17 janv. 1829, Blaye; 15 janv. 1830, Marquezy.

73. — Le tribunal correctionnel qui pense qu'une affaire portée devant lui appartient à la juridiction militaire, doit se borner à déclarer son incompétence. Il excède ses pouvoirs, en attribuant la poursuite et le jugement à un conseil de guerre quelconque. — *Cass.*, 11 oct. 1827, Derville; 1er déc. 1827, Glatigny. — « En effet, saisir un tribunal d'une affaire, dit Carnot (sur l'art. 127 C. instr. crim., t. 1er, p. 496, n° 10), c'est faire un acte de juridiction, tout en se reconnaissant incompétent à l'égard de cette affaire. »

74. — Le tribunal de police correctionnelle saisi par la citation directe du ministère public, peut bien se déclarer incompétent, mais il ne peut suspendre sa décision sur la compétence et ordonner préalablement que l'affaire sera renvoyée devant le juge d'instruction pour, sur son rapport et d'après les résultats de ses investigations, être par les parties requis et par le tribunal statué ce qu'il appartiendra, tant sur la compétence que sur le fond de l'affaire. Il faut s'occuper de la compétence avant de faire acte de juridiction. *Priùs de judice quàm de re.*—*Cass.*, 18 nov. 1824, Aufray.

75. — Lorsque, sur la poursuite dirigée contre lui, un prévenu de diffamation a conclu d'abord à ce que le tribunal correctionnel se déclarât incompétent, et, subsidiairement, à ce qu'il fût sursis à statuer au fond jusqu'à la décision à intervenir sur la dénonciation par lui adressée au ministère public relativement aux faits dont l'allégation formait la base de l'action en diffamation, le tribunal ne peut, sans s'expliquer sur l'exception d'incompétence, se borner à ordonner le sursis, *tous droits, moyens et dépens réservés.* —Une pareille décision, qu'on la considère comme rejetant implicitement ou comme réservant l'exception d'incompétence, viole, soit l'art. 7 de la loi du 20 avr. 1810, qui prescrit de motiver les jugemens, soit la règle d'après laquelle tout tribunal doit, avant tout, juger sa compétence lorsqu'elle est contestée, et les art. 408 et 413 C. instr. crim., qui prononcent la nullité des jugemens qui omettent de statuer sur une demande du prévenu tendante à user d'un droit accordé par la loi. — *Cass.*, 6 mars 1847 (t. 2 1847, p. 421), Dessaignes et Renou-Ruet.

76. — Un tribunal correctionnel qui acquitte un individu prévenu de vagabondage, ne peut, sans commettre un double excès de pouvoirs, lui permettre de se rendre dans une commune qu'il détermine, et ordonner qu'il lui sera délivré un extrait du jugement pour lui servir de passe-port. — *Cass.*, 23 juill. 1836, Fauconnier.

77. — Décidé qu'un tribunal correctionnel excède ses pouvoirs, en s'arrogeant juridiction sur un adjoint du maire, pour lui interdire de prendre, à l'avenir, la qualité d'officier de police judiciaire, qui, d'ailleurs, lui appartient incontestablement. — *Cass.*, 4 mai 1807, Borelly.

78. — Les tribunaux de police correctionnelle connaissent des appels formés contre les jugemens des tribunaux de simple police.—V. APPEL (mat. crim.).

79. — Décidé que lorsque, sur l'appel d'un jugement du tribunal de police, le ministère public, au lieu d'user de la faculté qui lui appartient de faire citer, à l'appui de la poursuite, des témoins autres que ceux entendus devant le premier juge, s'est borné, après le rapport de l'affaire, et lorsqu'elle se trouvait ainsi engagée, à demander qu'elle fût renvoyée à un autre jour pour faire entendre de nouveaux témoins, le tribunal peut refuser le renvoi s'il reconnaît que le supplément d'enquête ne serait d'aucune utilité et que l'instruction est complète et ne laisse rien à désirer. — *Cass.*, 26 déc. 1845 (t. 2 1848, p. 571), Guillerand.

Sect. 2e. — *Mode de procéder devant la juridiction correctionnelle.*

§ 1er. — *Formalités générales.*

80. — Lorsqu'un tribunal est saisi par une citation directe de la partie civile, cette partie fait, par l'acte de citation, élection de domicile dans le lieu où siége le tribunal. La citation énonce les faits et tient lieu de plainte. — Art. 183. — V. ACTION CIVILE.

81. — Il y a au moins un délai de trois jours, outre un jour par trois myriamètres, entre la citation et le jugement, à peine de nullité de la condamnation qui serait prononcée par défaut contre la personne citée. Néanmoins, cette nullité ne peut être proposée qu'à la première audience et avant toute exception ou défense. — Art. 184.

82. — Une citation en police correctionnelle n'est pas nulle parce que le prévenu a été assigné à un délai plus long que celui de trois jours fixé par l'art. 184 C. instr. crim., sauf à lui, s'il veut être jugé plus tôt, à anticiper le délai qui lui a été donné.—*Orléans*, 26 déc. 1842 (t. 1er 1842, p. 20), Administration des forêts de la couronne c. Mathieu.

83. — Décidé que si la juridiction répressive est, en matière correctionnelle, saisie de la connaissance des délits de sa compétence par la citation directement donnée au prévenu à la requête des tiers qui se prétendent lésés par ces délits, et si, en cas de conviction, elle est tenue de statuer tant sur les conséquences pénales qui en dérivent que sur les réparations civiles, ce n'est qu'autant que la partie poursuivante a qualité pour lier l'instance, et que la citation qui amène le prévenu devant le juge peut avoir pour effet d'engager compétemment l'action. — Mais, lorsqu'une action répressive, engagée par voie de citation directe, a été, avant toutes défenses au fond, déclarée non-recevable comme émanant d'un tiers étranger au fait poursuivi, le tribunal cesse d'être compétent pour prononcer l'application d'une peine, alors que le ministère public ne s'est pas personnellement rendu propre la poursuite dirigée contre le prévenu. — *Cass.*, 20 août 1847 (t. 2 1847, p. 585), Devin.

84. — Si le prévenu ne comparaît pas, il est jugé par défaut. — Art. 186.

85. — La condamnation par défaut est comme non avenue, si, dans les cinq jours de la signification qui en a été faite au prévenu ou à son domicile, outre un jour par cinq myriamètres, celui-ci forme opposition à l'exécution du jugement et notifie son opposition tant au ministère public qu'à la partie civile. Néanmoins, les frais de l'expédition, de la signification du jugement par défaut et de l'opposition, demeurent à la charge du prévenu. — Art. 187. — V., quant aux jugemens par défaut en matière correctionnelle et à l'opposition qui peut leur être faite, JUGEMENT (mat. crim.).

86. — Dans les affaires relatives à des délits qui n'entraînent pas la peine de l'emprisonnement, le prévenu peut se faire représenter par un avoué. Le tribunal peut néanmoins ordonner sa comparution en personne. — Art. 185. — V. AVOUÉ.

87. — Lorsque les parties poursuivies correctionnellement sont dispensées de comparaître personnellement à l'audience et peuvent s'y faire représenter par un fondé de procuration spécial, les avoués tenant de leur qualité le droit d'être admis à comparaître pour la partie dont les pièces sont entre leurs mains, doivent être considérés comme fondés d'une semblable procuration et être admis à représenter lesdites parties, sans être tenus de produire l'acte par lequel ce pouvoir leur aurait été conféré. — *Cass.*, 11 mars 1848 (t. 1er 1848, p. 719), Frisnecker.

88. — La Cour de Bruxelles a décidé que, devant les tribunaux de police correctionnelle, les prévenus ne peuvent pas être admis, comme les accusés devant les cours d'assises, à faire présenter leur défense par un ami de leur choix. — *Bruxelles*, 16 juin 1832, C... — Carré (*Traité des lois de l'organisation judiciaire*, t. 1er, p. 250 et suiv., quest. 38) soutient qu'aucune disposition n'ayant interdit aux parties de faire présenter leur défense en matière correctionnelle par une personne de leur choix, il y avait lieu de recourir au principe général posé dans la loi du 24 août 1790. L'art. 295 C. instr. crim. qui subordonne le choix de l'accusé au consentement du président, ne concerne que les Cours d'assises; c'est, dit-il, une exception qui confirme la règle au lieu de l'affaiblir. Mais Victor Foucher, son annotateur (*ibid.*, p. 257, note *B*), répond que le principe posé dans la loi du 24 août 1790 a été modifié par les lois et règlemens postérieurs; il pense que les motifs donnés par l'orateur du gouvernement à l'appui de l'art. 295 C. instr. crim. s'appliquent à *fortiori* aux tribunaux correctionnels, beaucoup plus nombreux que les Cours d'assises, et d'un exercice beaucoup plus constant; enfin, il soutient que, dans le silence du Code, ce n'est point à la loi de 1790 qu'il faut se reporter, mais à la loi de vent. an XII et aux ordonnances plus récentes sur la profession d'avocat. — Nous ferons remarquer, à notre tour, que l'art. 14, tit. 2, loi 16-24 août 1790, qui accorde à tout citoyen le droit de *défendre lui-même sa cause*, soit verbalement, soit par écrit, et non pas de la faire plaider *par un défenseur de son choix*, est toujours en vigueur, et qu'il constitue la prérogative la plus essentielle au droit de défense.—V. C. instr. crim., art. 190 et 210. — Le silence de la loi sur le choix du défenseur ne suffit pas, selon nous, pour rendre ce choix illimité. On trouve une règle beaucoup plus sûre dans la disposition de l'art. 295 C. instr. crim. qui présente la plus parfaite analogie. C'est donc le cas de l'appliquer aux matières correctionnelles.

89. — L'individu renvoyé devant un tribunal correctionnel n'est pas recevable à se plaindre de ce qu'il lui a été désigné d'office un avocat pour l'aider dans sa défense.— *Cass.*, 28 août 1847 (t. 1er 1848, p. 66), Truffet. — V. DÉFENSE.

90. — Aucune disposition n'ordonne la communication de la procédure soit au prévenu, soit à son conseil. S'ensuit-il qu'on puisse la leur refuser? Nous ne le pensons point. Cette communication est pour lui un droit inné, un droit tellement incontestable, qu'il n'a pas besoin d'être écrit dans la loi pour exister. C'est sans doute parce que le législateur n'a pas imaginé qu'on pût le mettre en question, qu'au lieu d'en faire l'objet d'une disposition spéciale, il s'est confié, à cet égard, à la loyauté des magistrats chargés de veiller à cette communication. Sans elle, en effet, non-seulement la lutte n'est pas égale, mais toute défense est impossible. Comment le prévenu discutera-t-il les preuves tirées du corps du délit, s'il ne connaît pas le procès-verbal qui l'a constaté? Comment combattra-t-il l'avis des experts si leur rapport lui est celé? Comment dressera-t-il sa liste de témoins à décharge, s'il ignore les noms des témoins qui pourront lui être opposés et ce qu'ils ont déclaré dans l'instruction? Comment s'expliquera-t-il sur le compte de ces derniers et comment relèvera-t-il les contradictions dans lesquelles ils sont tombés, s'il ne lui est pas permis de puiser ce renseignement dans l'instruction écrite? On dit que la véritable instruction est celle qui se fait à l'audience et que la loi n'admet pas d'autres preuves que celles produites par le débat oral; mais la défense n'en sera pas moins paralysée, puisque le débat oral est lui-même produit par l'information écrite, et qu'il peut arriver que la condamnation ait pour base principale des papiers saisis soit chez le prévenu, soit partout ailleurs, ou d'autres pièces du dossier. Enfin, dans les instances d'appel où les témoins sont rarement entendus, il faut, de toute nécessité, communiquer la procédure aux prévenus ou à leurs défenseurs. Si la règle est suivie en appel, elle doit l'être aussi en première instance; car la loi est absolument la même.

91. — La preuve des délits correctionnels se fait de la manière prescrite aux art. 154, 155 et 156, concernant les contraventions dont connaissent les tribunaux de simple police. Les dispositions des art. 157, 158, 159, 160 et 161, sont également communes aux tribunaux en matière correctionnelle (C. instr. crim., art. 189). Les divers articles visés par cette disposition sont relatifs à la foi due aux procès-verbaux (art. 154), à tout ce qui concerne les témoins (art. 155 à 158), et à l'obligation pour le tribunal d'acquitter le prévenu s'il n'est pas coupable (art. 159), de renvoyer les parties devant le procureur du roi (de la République) si le tribunal est incompétent (art. 160), et d'appliquer la peine si le prévenu est coupable d'un fait dont le tribunal doit connaître (art. 161).

92. — Il résulte de la rédaction de l'art. 189 du Cod. instr. crim. que la juridiction correctionnelle et celle des tribunaux de simple police sont soumises aux mêmes principes, en ce qui con-

cerne la preuve soit écrite, soit orale, qui doit être faite à l'audience du tribunal saisi, pour qu'une condamnation puisse intervenir contre le prévenu. Aussi, bien que, dans le présent article, il soit spécialement traité de ce qui concerne les tribunaux correctionnels, croyons-nous devoir indiquer les diverses applications faites de ces principes par la jurisprudence en matière de jugemens de simple police. On remarquera d'ailleurs que, par leur contexte même, la plupart des décisions que nous allons rapporter, et notamment celles qui sont relatives aux témoins, ont en vue tout à la fois l'une et l'autre juridiction.

93. — Suivant l'art. 190 du C. instr. crim., l'instruction devant le tribunal correctionnel est publique à peine de nullité. Le procureur de la République, la partie civile ou son défenseur, et à l'égard des délits forestiers, le conservateur, inspecteur ou sous-inspecteur forestier, ou, à leur défaut, le garde général, exposent l'affaire; les procès-verbaux ou rapports, s'il en a été dressé, sont lus par le greffier; les témoins pour et contre sont entendus, s'il y a lieu, et les reproches proposés et jugés. Les pièces pouvant servir à conviction ou à décharge sont représentées aux témoins et aux parties; le prévenu est interrogé. Le prévenu et les personnes civilement responsables proposent leurs défenses; le procureur de la République résume l'affaire et donne ses conclusions. Le prévenu et les personnes civilement responsables du délit peuvent répliquer. — L'art. 153 relatif aux débats devant le tribunal de simple police est conçu dans des termes presque identiques.

94. — Le principe de la publicité de l'audience, écrit dans les art. 153 et 900, ne s'oppose pas à ce que le tribunal ordonne le huis clos, lorsque l'intérêt des bonnes mœurs paraît l'exiger. — V. HUIS CLOS.

95. — Le tribunal peut accorder un sursis quand il le croit convenable. — La Cour de cassation a décidé que, lorsqu'un sursis a été accordé sur l'exception de propriété proposée par l'individu prévenu d'un délit forestier, et que dans les délais déterminés par le tribunal il n'a été fait aucune diligence, pour faire statuer sur cette exception, le tribunal doit passer outre au jugement, sauf à en suspendre l'exécution et à ordonner que le montant des condamnations sera déposé à la caisse des dépôts et consignations, pour être remis à qui de droit. — *Cass.*, 11 févr. 1837 (t. 1er 1838, p. 223), Massoutier.

96. — Les délits ou contraventions sont constatés, soit par procès-verbaux ou rapports, soit par témoins, à défaut de rapports, ou procès-verbaux à leur appui. — Art. 154. — V. PROCÈS-VERBAL. — Quant à l'audition des témoins. — V. *infrà* nos 121 et suiv.

97. — Le tribunal peut ordonner toutes les mesures propres à l'éclairer sur la culpabilité du prévenu. Ainsi, il a le droit d'ordonner la levée d'un plan figuratif, lorsque l'intérêt de la vérité paraît l'exiger. — *Cass.*, 26 brum. an XII, Collet c. Robin.

98. — De même la loi n'interdit pas aux tribunaux correctionnels ou de simple police de déléguer à des officiers de police judiciaire des vérifications de faits qui ne peuvent avoir lieu à l'audience; mais elles doivent être exécutées, sans qu'il en résulte aucune atteinte aux formes introduites en faveur des prévenus. — Ainsi, les dépositions des témoins et des experts entendus dans ces vérifications hors la présence d'un prévenu doivent être répétées à l'audience et en sa présence, afin qu'il puisse proposer ses reproches et défenses. — *Cass.*, 9 germin. an X, Voisinet c. Guernault. — Cette intéressante décision est en parfaite harmonie avec le jugement de cassation, 7 fruct. an IX, Jourgon.

99. — Le tribunal doit statuer sur les conclusions prises par le président. Décidé qu'on ne peut pas considérer comme des chefs de conclusions proprement dits les moyens et exceptions d'un prévenu d'usure habituelle, qui soutient que des opérations de banque ne doivent pas être confondues avec des prêts usuraires; que les intérêts des capitaux ne doivent pas être comptés pour l'évaluation de l'amende, et qu'un capital, dont le prix a été renouvelé ne doit être compté qu'une fois. En conséquence, le prévenu ne peut tirer une ouverture à cassation de ce qu'il n'aurait pas été statué sur ces divers moyens et exceptions. — *Cass.*, 24 déc. 1825, Duclos.

100. — Lorsque le moyen d'incompétence proposé par le prévenu se lie essentiellement aux moyens du fond, le tribunal peut statuer sur la compétence et sur le fond par un seul et même jugement. Dans ce cas le jugement qui intervient n'est susceptible que d'un seul appel. — *Cass.*, 7 déc. 1844 (t. 1er 1845, p. 668), Pellaut et Perriquet.

101. — Lorsque le ministère public a résumé l'affaire et donné ses conclusions, le tribunal peut refuser de lui accorder de nouveau la parole, pour répliquer au prévenu, s'il reconnaît que l'affaire est suffisamment instruite. — *Cass.*, 31 mars 1832, Caire.

102. — Le refus fait par le ministère public de résumer l'affaire et de donner ses conclusions, après qu'il a été fait lecture des procès-verbaux, que les prévenus ont proposé leur défense et que le ministère public a été entendu et a soutenu l'existence de la contravention, n'enlève pas au tribunal le droit de statuer sur le fond, lors surtout que le ministère public n'avait pas demandé à être admis à faire une preuve testimoniale à l'appui des procès-verbaux ou rapports. — *Cass.*, 10 juin 1836, Clermont.

103. — Aucune loi ne défend aux juges correctionnels de première instance ou d'appel de faire entrer dans les élémens de leur conviction l'aveu du prévenu et ne leur impose, à cet égard, des règles différentes de celles qui existent pour les jurés. — *Cass.*, 23 sept. 1837 (t. 1er 1843, p. 436), Perrachon.

104. — La conviction des juges peut aussi se former sur les aveux des complices comme sur les déclarations des témoins. — *Cass.*, 9 mars 1820, Laperche c. Courtiers de Paris.

105. — Il est de principe que le prévenu ne peut être condamné que pour les délits qui font directement l'objet de la prévention et qui ont été qualifiés dans la citation qui lui a été délivrée, soit à la requête du ministère public, soit à celle de la partie civile.

106. — Ainsi, les tribunaux correctionnels sont incompétens pour statuer *de plano* sur les délits nouveaux qui se révèlent aux débats et n'ont été compris ni dans l'ordonnance de renvoi ni dans la citation; ils doivent seulement réserver au ministère public l'action à laquelle ces nouveaux délits peuvent donner lieu. — Spécialement, un tribunal correctionnel saisi, par une ordonnance de renvoi, d'un délit de vagabondage, est incompétent pour connaître d'un délit de rupture de ban qui se découvre aux débats. — *Cass.*, 24 juin 1836, Rocher; 10 sept. 1836, Hubert; 23 nov. 1837 (t. 1er 1840, p. 156), Reynaud. — Legraverend, t. 1er, chap. 11, p. 452; Mangin, *Tr. de l'action publ.*, t. 2, p. 317, no 389.

107. — Décidé que lorsqu'un individu n'a été cité devant le tribunal correctionnel que comme prévenu du délit de destruction de clôture, ce tribunal ne peut, sans excès de pouvoir et sans violer les règles de sa compétence, statuer en même temps sur un fait d'usurpation de la voie publique commis par le même individu, encore bien que ce dernier fait soit énoncé dans le procès-verbal même qui constate le délit de destruction de clôture, et alors d'ailleurs que le ministère public a déclaré à l'audience qu'il se réservait de poursuivre spécialement le prévenu pour cette contravention. — *Cass.*, 4 mars 1848 (t. 1er 1849, p. 8), Thiriet.

108. — Du reste, le tribunal correctionnel légalement saisi de la connaissance d'un délit est autorisé à statuer sur toutes les circonstances qui résultent de l'instruction et des débats, lors même qu'elles ne seraient pas énoncées dans la plainte, à moins que le fait ne prenne le caractère d'un crime. — *Cass.*, 19 mars 1811, Gans; 18 juin 1813, Lavallée.

109. — Le jugement est prononcé de suite ou au plus tard, à l'audience qui suit celle où les débats ont été terminés. — Art. 190.

110. — L'art. 336 C. instr. crim., qui prescrit au président de faire le résumé des débats, étant exclusivement relatif à la procédure devant la Cour d'assises, il n'y a pas lieu de l'appliquer devant les tribunaux de l'Algérie, où les procédures criminelles ont lieu dans les formes établies en France pour les matières correctionnelles. — — *Cass.*, 25 janv. 1839 (t. 1er 1839, p. 569), Soliman-abd-el-Rahman.

111. — Si le fait n'est réputé ni délit ni contravention de police, le tribunal annule l'instruction, la citation et tout ce qui a suivi, renvoie le prévenu et statue sur les demandes en dommages-intérêts. — Art. 191.

112. — Lorsqu'un prévenu est renvoyé de la plainte, les tribunaux de répression ne peuvent prononcer de dommages-intérêts qu'en faveur de ce prévenu injustement poursuivi; ils ne peuvent statuer sur l'action civile des plaignans. — *Cass.*, 20 nov. 1840 (t. 2 1843, p. 737), Demaisons c. Raveton. — Quant au cas où le tribunal reconnaîtrait son incompétence, soit d'office, soit sur le déclinatoire proposé par la partie publique, la partie civile ou le prévenu, V. *suprà* nos 59 et suiv.

113. — Tout jugement de condamnation rendu contre le prévenu et contre les personnes civilement responsables du délit, ou contre la partie civile, les condamne aux frais même envers la partie publique; les frais sont liquidés par le même jugement. — Art. 194. — V. FRAIS ET DÉPENS (mat. crim.).

114. — Quant à ce qui touche les formalités relatives à la prononciation du jugement en matière correctionnelle, leur rédaction, la signature de la minute, la délivrance des expéditions et l'exécution de ces jugemens, V. EXÉCUTION DES ACTES ET JUGEMENS, JUGEMENT (mat. crim.).

115. — S'il se commet un délit correctionnel dans l'enceinte et pendant la durée de l'audience, le président doit dresser procès-verbal des faits, entendre le prévenu et les témoins, et le tribunal applique, sans désemparer, les peines prononcées par la loi. — C. instr. crim., art. 181. — V. DÉLIT D'AUDIENCE.

116. — Les jugemens rendus en matière correctionnelle par le tribunal de première instance constitué en tribunal de police correctionnelle, peuvent être attaqués par la voie de l'appel. L'appel est porté soit à la Cour d'appel du ressort, soit au tribunal du chef-lieu judiciaire du département. — C. instr. crim., art. 199, 200 et 201. — V. APPEL (mat. crim.).

117. — Lorsqu'un tribunal correctionnel s'est déclaré incompétent *ratione materiæ*, le tribunal d'appel, s'il annule le jugement, peut et doit statuer au fond. — *Rennes*, 5 août 1847 (t. 2 1848, p. 673), de Boispean c. de la Pilorgerie.

118. — Quelles qu'aient été la peine appliquée et la qualification donnée par un tribunal correctionnel à des faits consignés dans une plainte, il appartient toujours aux juges supérieurs d'examiner de nouveau ces faits pour savoir s'ils ont été bien ou mal qualifiés ou appréciés. — En conséquence, si le jugement d'un tribunal correctionnel qui, ne voyant qu'une contravention dans le fait incriminé, prononce une peine de simple police, doit être considéré comme en dernier ressort, il n'en résulte pas qu'il ne puisse être déféré au tribunal supérieur à l'effet d'examiner si le fait a été bien ou mal qualifié par le tribunal inférieur. — *Dijon*, 17 févr. 1847 (t. 2 1847, p 548), Vincent c. Magnin. — V., en ce sens, Merlin, *Rép.*, vo *Cassation*, § 3, no 1er; Carnot, *Instr. crim.*, sur l'art. 192; Bourguignon, *Jurispr. des Codes crim.*, sur le même article; Lesellyer, *Tr. de dr. crim.*, t. 3, no 940.

119. — Aucune disposition de loi n'autorise les tribunaux d'appel en matière correctionnelle à se déclarer incompétens pour d'autres causes que celles spécifiées aux art. 213 et 214 C. instr. crim. — Ils ne peuvent dès lors se dessaisir de la connaissance des faits dont ils sont compétemment saisis, sous le prétexte de leur connexité avec d'autres faits appartenant à une juridiction différente. — *Cass.*, 1er sept. 1848 (t. 2 1848, p. 434), Bonel.

120. — Lorsque l'appel d'un jugement rendu par un tribunal correctionnel est porté devant la Cour d'appel, cet appel doit être jugé par l'une des chambres de la Cour ayant spécialement mission de statuer en matière correctionnelle. Nous nous sommes expliqués sur la composition de cette chambre sous le mot COURS ROYALES, nos 61 et suiv.

§ 2. — *De l'audition des témoins.*

121. — Les témoins qui déposent à l'audience des tribunaux correctionnels ou de simple police doivent faire, sous peine de nullité, le serment de dire toute la vérité, rien que la vérité, et le greffier en tient note, ainsi que de leurs nom, prénoms, âge, profession et demeure, et de leurs principales déclarations. — Art. 155.

122. — Tous les témoins que la loi n'a pas déclarés incapables de prêter serment doivent remplir cette formalité, sans distinction entre ceux qui sont à charge ou à décharge. — *Cass.*, 23 mars 1832, Azot; 23 sept. 1837 (t. 1er 1840, p. 108), Francis.

123. — Ainsi un jugement de simple police doit être annulé, lorsque rien n'établit que les

témoins entendus aient prêté le serment prescrit par la loi. — *Cass.*, 4 févr. 1826, Posse; 28 avr. 1827, Lacroix; 3 nov. 1827, Renaut.

124. — En matière de police correctionnelle ou de simple police, le président du tribunal n'a pas le droit qui appartient au président de la Cour d'assises, en matière de grand criminel, de faire entendre des témoins à titre de renseignement et sans prestation de serment. — *Cass.*, 24 mai 1833, Beaufort; 28 sept. 1836 (t. 2 1837, p. 49), Hourbette; 13 mai 1837 (t. 1er 1840, p. 441), Lefebure-Loseray; 5 oct. 1838 (t. 2 1838, p. 600), Bonicard; 13 sept. 1839 (t. 1er 1840, p. 494), Sas; 13 sept. 1845 (t. 1er 1846, p. 562), Arjuzon; 19 juin 1846 (t. 1er 1849, p. 519), Dauphin; 12 mai 1848 (t. 2 1848, p. 415), Terseron.

125. — Les témoins qui comparaissent volontairement à l'audience doivent être entendus sous la foi du serment, comme les témoins qui sont appelés par citation, et cela en matière correctionnelle comme en matière de simple police. Il n'y a pas de distinction à établir entre ces matières. — *Cass.*, 8 août 1817, Dessommes; *Poitiers*, 14 févr. 1837 (t. 2 1837, p. 437), Magnan.

126. — Cependant il a été jugé que le défaut de serment de la part des témoins entendus devant un tribunal de police correctionnelle ne peut être allégué devant la Cour de cassation qu'autant qu'il a été dénoncé au tribunal d'appel, et que ce tribunal a refusé de statuer sur le grief et d'y faire droit. — *Cass.*, 11 mars 1825, Aaron.

127. — La formule du serment est sacramentelle et ne peut être remplacée par aucune autre. Il y a, en conséquence, nullité, lorsque les témoins entendus à un tribunal de simple police, au lieu de prêter le serment de dire toute la vérité, rien que la vérité, ont déclaré qu'ils déposaient *à la perte de leur âme.* — *Cass.*, 25 avr. 1840 (t. 2 1840, p. 93), Furelle.

128. — Est nul le jugement de simple police qui se borne à constater que le tribunal a reçu le serment d'un témoin, sans que rien n'établisse que le serment prêté par ce témoin ait été celui qu'exige l'art. 155 C. instr. crim. — *Cass.*, 15 janv. 1848 (t. 2 1848, p. 422), Grandidier.

129. —... Et le mot unique *serment* qui précède les noms et déclarations des témoins dans les notes d'audience tenues, certifiées et signées par le greffier, est insuffisant pour constater, soit que le serment prescrit par l'art. 155 a été prêté par lesdits témoins, soit qu'il l'a été dans les termes mêmes formulés par cet article. — *Cass.*, 3 juill. 1846 (t. 1er 1849, p. 433), Baffoy.

130. — Mais la mention contenue dans l'arrêt ou le jugement que les témoins ont été entendus après le serment et les formalités prescrites par la loi emporte présomption légale que la formule de ce serment a été celle de l'art. 155 C. instr. crim. — Et, dans tous les cas, le serment que les témoins auraient prêté (en matière correctionnelle) dans les termes des art. 75 ou 317 C. instr. crim. n'en aurait pas moins le caractère de légalité exigé par l'art. 155. — *Cass.*, 1er juin 1838 (t. 1er 1839, p. 16), Veils. — V. pour la prestation de serment des témoins devant le juge d'instruction, v° INSTRUCTION CRIMINELLE, et pour la même formalité devant la Cour d'assises, v° COUR D'ASSISES.

131. — La peine de nullité prononcée par l'article 155 C. instr. crim., ne s'applique qu'à sa première disposition, qui ordonne que les témoins prêteront serment à l'audience. Cette peine ne peut pas être étendue à la seconde disposition, concernant les notes à tenir par le greffier. — *Cass.*, 12 sept. 1812, Labourdette; 30 oct. 1812, Sani; 8 juill. 1837 (t. 1er 1840, p. 304), Perry et Dubost.

132. — Décidé que lorsqu'il est authentiquement constaté par le contexte même d'un jugement de police correctionnelle que les témoins entendus ont prêté le serment prescrit par la loi, ce jugement ne peut pas être infirmé sur le motif que les notes d'audience, tenues par le greffier ne mentionnent pas la prestation de serment de quelques témoins. — *Cass.*, 5 mai 1820, Bourderonnet.

133. — Il y a nullité lorsque le témoin qui a déposé devant un tribunal de police, au lieu de prêter le serment de dire toute la vérité et rien que la vérité, s'est borné à affirmer par serment la vérité du fait imputé au prévenu. — *Cass.*, 8 août 1840 (t. 1er 1841, p. 726), Déré.

134. — Lorsque les témoins entendus par un tribunal de simple police ont seulement prêté le serment de *dire la vérité*, ce serment n'a point la latitude de celui exigé par l'art. 155 C. instr. crim., et n'offre point à la société la garantie que cet article a voulu lui donner. En conséquence, le jugement rendu sur leurs dépositions est nul. — *Cass.*, 10 nov. 1820, Lhospital; 7 nov. 1822, Briard.

135. — Lorsqu'il résulte de l'expédition d'un jugement de police correctionnelle que l'un des témoins entendus a seulement prêté serment de *dire et déposer vérité*, la déclaration de ce témoin n'étant pas entourée des garanties prescrites, il y a lieu d'annuler le jugement pour violation des art. 155, 189 et 211 C. instr. crim., encore bien que, devant le tribunal d'appel la partie, se soit bornée à proposer la nullité, sans ajouter qu'elle concluait, en outre, à la nullité du jugement de première instance qui se trouvait nécessairement attaqué dans son essence par les conclusions renfermant le moyen dont il s'agit. — *Cass.*, 19 mai 1832, Filliette.

136. — De même, les témoins entendus devant un tribunal correctionnel doivent, à peine de nullité, prêter le serment non-seulement de dire la vérité et rien que la vérité, mais encore *toute* la vérité. — *Cass.*, 27 août 1818, Drayon-Gomiccourt; 18 mai 1821, Cadet; 8 août 1824, Siruquit; 28 juin 1832, Gabourd; 5 nov. 1835, Pucelle.

137. —... Et c'est le cas d'appliquer la nullité, lorsqu'il résulte du jugement que les témoins ont seulement juré de dire la vérité et rien que la vérité, ce qui ne leur impose pas l'obligation de dire toute la vérité. — *Cass.*, 26 oct. 1821, Bezy; 13 sept. 1845 (t. 1er 1846, p. 562), Arjuzon.

138. — Il y a encore nullité lorsque les témoins entendus à l'audience d'un tribunal de police correctionnelle ont seulement prêté le serment de dire la vérité et toute la vérité et qu'ils n'ont pas prêté le serment de dire rien que la vérité. — *Cass.*, 15 mars 1816, Chenu.

139. — ... Et lorsque, au lieu de prêter le serment de dire *toute la vérité* et *rien que la vérité*, les témoins entendus devant un tribunal de simple police ont seulement juré de dire *vérité* et *toute vérité*. — *Cass.*, 18 août 1832, Bernardini; 6 mars, 26 et 20 sept. 1845 (t. 1er 1848, p. 650), Paullier, Dany et Jourdain; 5, 26 fév., 25 juill. 1846, 28 fév. 1847 (t. 1er 1849, p. 434), Hébert, Lazanette-Desvignes, Vernimmen, Rodier et Decool.

140. — C'est seulement devant la Cour d'assises que les témoins doivent prêter le serment de *parler sans haine et sans crainte*; il suffit que ceux qui sont entendus devant le tribunal de police correctionnelle prêtent le serment de dire toute la vérité et rien que la vérité. — *Cass.*, 23 nov. 1815, Parent c. Desabie. — Carnot sur l'art. 155 C. instr. crim., t. 1er, p. 663, n° 5.

141. — Mais il ne peut résulter aucune nullité de ce que les témoins entendus par le juge de police auraient prêté serment de dire toute la vérité, rien que la vérité, et de plus de parler sans haine et sans crainte, quoique cette dernière partie ne se trouve pas dans la formule prescrite. — *Cass.*, 12 nov. 1835, Cambon. — Cette formule contient une garantie de plus, et ne peut conséquemment fournir un moyen de nullité à l'accusé qui n'en éprouve aucun préjudice.

142. — Décidé que l'art. 155 C. instr. crim., qui règle la formule du serment à prêter par les témoins en matière correctionnelle, est applicable même en matière criminelle, dans l'Algérie. Ainsi les témoins doivent jurer de dire toute la vérité, rien que la vérité, sans faire précéder ces paroles du serment de parler sans haine et sans crainte. — *Cass.*, 31 mars 1842 (t. 2 1842, p. 58), Gras.

143. — Les ascendans ou descendans de la personne prévenue, ses frères et sœurs ou alliés au même degré, la femme ou son mari, même après divorce prononcé, ne sont ni appelés ni reçus en témoignage, sans que néanmoins l'audition de ces personnes puisse opérer une nullité, lorsque, soit le ministère public, soit la partie civile, soit le prévenu, ne se sont pas opposés à ce qu'elles fussent entendues. — Art. 156.

144. — Sous le Code du 3 brumaire an IV, l'audition des témoins en matière correctionnelle devait précéder les reproches qui pouvaient être proposés contre eux. Il résultait de là que tous les témoins présentés devaient être entendus à peine de nullité, sauf aux juges à apprécier les moyens de défense et les reproches en jugeant le fond. — *Cass.*, 14 août 1807, Bertrand; 2 décembre 1808, Didier c. Kraeser; 12 mai 1809, Anrousseau. — Il semblerait aussi, d'après la construction grammaticale de l'article 190 du Code instr. crimin. que les reproches ne doivent être proposés et jugés qu'après l'audition des témoins; mais tel n'est évidemment pas le sens de cet article. — « Les parties, dit Carnot (t. 1er, p. 58, n° 7), présentent respectivement la liste des témoins qu'elles ont fait appeler; s'il est proposé des reproches, ils sont jugés: c'est un préalable à leur audition, puisque, si le reproche est valable, la déposition du témoin reproché *ne doit pas être reçue.* » — V. aussi Bourguignon, *Jurispr. crim.*, t. 1er, p. 355, n° 4.

145. — Jugé qu'en matière correctionnelle, les témoins reprochés doivent être entendus, s'ils ne sont pas du nombre de ceux dont la loi prohibe le témoignage. — *Bruxelles*, 22 mai 1817, Gondezonne.

146. — La déclaration, en fait, que les reproches proposés contre un témoin ne reposent que sur des allégations dénuées de toutes preuves, est irréfragable. — *Cass.*, 30 sept. 1826, Bissette, Fabien et Volny.

147. — L'ordonnance de 1670 ne défendait pas, comme le fait l'art. 156 C. instr. crim., d'entendre les parens ou alliés des prévenus. Il en était de même sous le Code du 3 brum. an IV.

148. — Décidé que l'art. 358 C. 3 brum. an IV, qui prohibait l'audition en témoignage de divers parens ou alliés du prévenu, n'était relatif qu'aux procédures par jurés. Ainsi, en matière correctionnelle, un tribunal ne pouvait pas, à peine de nullité de son jugement, refuser d'entendre des témoins à décharge, sous le prétexte qu'ils étaient parens du prévenu au degré prohibé. — *Cass.*, 7 fruct. an VII, Spener.

149. — Spécialement, l'interdiction d'entendre en témoignage la femme du frère du prévenu, n'était applicable qu'aux matières criminelles, et ne pouvait être étendue aux matières correctionnelles. — *Cass.*, 14 nov. 1806, Berra.

150. — Les frères et sœurs consanguins ou utérins sont comme les frères et sœurs germains compris dans la disposition de l'art. 156 C. instr. crim. — Carnot, *Code instruction criminelle*, t. 1er, p. 672, n° 13.

151. — Le tribunal peut refuser d'entendre les témoins reprochables soit qu'ils aient été appelés par le ministère public, soit qu'ils l'aient été par le prévenu. — Carnot, t. 1er, p. 666, n° 4.

152. — Mais les parens de l'un des prévenus au degré mentionné en l'art. 156 C. instr. crim. peuvent être entendus en témoignage, à la requête de son coprévenu, sur un fait personnel à celui-ci. — *Metz*, 10 oct. 1820, Bression.

153. — Il faut remarquer que les parens de la partie civile, même ceux qui se trouvent au degré prohibé par l'art. 156 C. instr. crimin., par exemple ses frères et sœurs, peuvent être entendus comme témoins; la prohibition de l'art. 156 doit être restreinte aux parens du prévenu. — *Cass.*, 27 mai 1837 (t. 1er 1838, p. 375), Lezin-Delpech c. Vianès. — Carnot, *Instr. crimin.*, t. 2, art. 156, p. 459.

154. — L'art. 156 C. instr. crimin., qui indique comment, en matière correctionnelle ou de simple police, les témoins peuvent être reprochés pour cause de parenté avec le prévenu, est du reste rédigé dans des termes presque identiques avec ceux de l'art. 322 du même Code, qui s'occupe des mêmes causes de reproches dans les affaires portées devant la Cour d'assises. Aussi peut-on consulter les nombreuses décisions judiciaires que nous avons rapportées sur ce point sous le mot COUR D'ASSISES, nos 855 et suivans.

155. — Il est incontestable que le tribunal peut former sa conviction sur la déposition d'un témoin reprochable, mais qui a été entendu sans opposition de la part du ministère public, de la partie civile ou du prévenu. — *Cass.*, 14 août 1818, Froust et Cosson.

156. — Un tribunal de police correctionnelle ou de simple police ne peut refuser d'entendre des témoins sous le prétexte qu'ils ont bu avec le prévenu et qu'ils se sont trouvés avec lui en état d'ivresse. Un témoin n'est pas reprochable pour une pareille cause. — *Cass.*, 25 avr. 1834, Lemerle.

157. — Jugé, avec raison, que le tribunal doit recevoir la déposition des gardes qui auraient fait un rapport, nul pour défaut de forme, sur les faits que leur rapport avait pour objet de constater. — *Cass.*, 1er mars 1822, Dufour.

158. — ... Du garde champêtre dont le procès-verbal a été annulé à défaut de forme, quoiqu'il reçoive une prime par chaque procès-verbal qu'il dresse. — *Metz*, 26 févr. 1821, Belval et Dauvilliers.

159. — ... Et des préposés des douanes rédacteurs

d'un procès-verbal annulé pour vice de forme pour établir oralement l'existence du délit de fraude, sauf aux tribunaux correctionnels à avoir, en jugeant au fond, tel égard que de raison aux considérations diverses qui pourraient atténuer la foi due à leur témoignage. — *Douai*, 14 janvier 1842 (t. 2 1842, p. 71), Douanes c. Couterie.

160. — Décidé que, sous le Code du 3 brum. an IV, il ne pouvait résulter aucune nullité de ce que le juge tenant le tribunal de simple police avait entendu comme témoin son greffier, sans le faire remplacer. — *Cass.*, 2 févr. 1809, Richardière.

161. — Le tribunal pourrait entendre le plaignant lui-même comme témoin. Il pourrait également entendre un dénonciateur même salarié. La prohibition portée pour les dénonciateurs salariés par l'art. 322 C. instr. crimin. en matière de grand criminel, ne s'applique pas aux tribunaux correctionnels ou de simple police. — V. COUR D'ASSISES.

162. — Un tribunal ne peut refuser de procéder à l'audition des témoins produits devant lui sous prétexte qu'ils ont un intérêt dans l'affaire et que la poursuite n'a été intentée que sur leur provocation. — *Cass.*, 11 oct. 1845 (t. 1er 1849, p. 236), Lebrun.

163. — Des négocians qui ont employé le ministère d'un courtier marron peuvent être entendus comme témoins sur la poursuite exercée contre lui pour courtage clandestin, quoiqu'ils soient susceptibles d'être considérés comme ses complices. — *Cass.*, 9 mars 1820, Laperche c. courtiers de Paris.

164. — Décidé, avant l'abolition de l'esclavage, que les dispositions du Code d'instruction criminelle colonial (art. 156 et 189), qui ne permettaient pas d'admettre, en matière de délits correctionnels, le témoignage des esclaves pour ou contre leurs maîtres étaient inapplicables lorsqu'il s'agissait de délits commis par les maîtres contre les esclaves, et punis par les art. 6 et suiv. de la loi du 17 juill. 1845. — *Cass.*, 9 mars 1848 (t. 1er 1848, p. 311), intérêt de la loi.

165. — Il n'est pas nécessaire que le ministère public, la partie civile ou le prévenu qui veulent faire entendre des témoins devant le tribunal correctionnel ou de simple police obtiennent à cet effet une autorisation du président. — *Contrà*, Carnot, *Instr. crimin.*, t. 2, p. 142, n° 3.

166. — Jugé que le ministère public n'est pas obligé d'obtenir l'autorisation du tribunal correctionnel pour faire citer des témoins. — En conséquence, et bien que le tribunal ait le droit de refuser d'entendre les témoins produits par le ministère public, s'il est suffisamment éclairé, il y a lieu d'annuler le jugement par lui rendu, lorsque son refus s'est fondé sur une fin de non-recevoir tirée de ce que le ministère public n'aurait pas obtenu une autorisation de citer. — *Cass.*, 25 nov. 1824, Lesgourges; 24 sept. 1831, Dyou.

167. — Cependant, dans plusieurs Cours d'appel, et notamment dans celle de Paris, il est intervenu des décisions intérieures qui obligent les parties à demander au président l'autorisation de faire citer les témoins. Ces décisions sont évidemment contraires à la loi, et il n'est pas douteux, pour nous, que l'arrêt qui déciderait que les témoins ne seront pas entendus parce que le président n'en a pas autorisé l'audition, serait annulé par la Cour de cassation. — *Cass.*, 24 janv. 1840 (t. 2 1840, p. 786), Lepesant c. Maubuisson. — Morin, *Dict. de dr. crim.*, v° *Témoins*, p. 746.

169. — Lorsque le prévenu a réclamé l'audition de témoins qui ont été cités à la requête du ministère public, mais qui n'ont pas été trouvés au domicile indiqué, s'il n'a pas demandé la remise de la cause, pour les faire réassigner utilement, il ne peut attaquer le jugement ou l'arrêt intervenu en cet état, pour omission ou refus de statuer. — *Cass.*, 25 nov. 1837 (t. 1er 1840, p. 140), Phétu.

170. — Bien que des témoins aient été entendus, lors d'un jugement par défaut, le ministère public a toujours le droit, sur l'opposition de la partie condamnée, de reproduire de nouveau ces témoins à l'appui du procès-verbal. — *Cass.*, 25 sept. 1841 (t. 2 1842, p. 231), Bertrand.

171. — Néanmoins, le procès-verbal de leur audition, lors du jugement par défaut, peut servir de base au jugement sur l'opposition et sans qu'il soit besoin de les entendre de nouveau. — *Cass.*, 3 sept. 1831, Boudetty.

172. — Jugé que le tribunal d'appel de police correctionnelle a la faculté d'ordonner l'audition des témoins déjà produits en première instance, et d'en entendre d'autres, ou même de passer outre immédiatement aux débats, s'il juge cette audition inutile. — *Cass.*, 31 janv. 1835, Istasse.

173. — Sous le Code de brum. an VII, un tribunal de police correctionnelle ne pouvait pas refuser d'entendre un témoin, sous le prétexte qu'il était arrivé tardivement à l'audience, si ce témoin s'était présenté avant le jugement. — *Cass.*, 15 vendém. an VII, Pinel.

174. — La disposition de l'art. 315 C. instr. crim., qui veut que les témoins assignés par le prévenu ne puissent être entendus que si notification de leurs nom, profession et résidence, a été faite au procureur général, vingt-quatre heures au moins à l'avance, est uniquement relative à l'instruction des affaires soumises au jury; elle ne saurait être appliquée en matière correctionnelle, même en cause d'appel. — *Besançon*, 17 déc. 1844 (t. 1er 1846, p. 560), Feuvrier.

175. — Les témoins qui ne satisfont pas à la citation peuvent y être contraints par le tribunal qui, à cet effet, et sur la réquisition du ministère public, prononce, dans la même audience, sur le premier défaut, l'amende, et, en cas d'un second défaut, la contrainte par corps. — Art. 157. — L'amende ne peut excéder 100 fr. — Art. 80.

176. — Le témoin ainsi condamné à l'amende sur le premier défaut, et qui, sur la seconde citation, produit, devant le tribunal, des excuses légitimes, peut, sur les conclusions du ministère public, être déchargé de l'amende. Si le témoin n'est pas cité de nouveau, il peut comparaître volontairement par lui ou par un fondé de procuration spécial, à l'audience suivante, pour présenter ses excuses et obtenir, s'il y a lieu, décharge de l'amende. — Art. 158.

177. — Le tribunal n'est tenu d'entendre les témoins que *s'il y a lieu*. — Art. 153 et 190.

178. — Il a été soutenu que les mots, *s'il y a lieu*, devaient s'interpréter en ce sens que le tribunal ne pouvait se dispenser d'entendre les témoins que dans les cas où leur audition ne devait pas avoir lieu, soit parce que les faits n'étaient pas susceptibles de la preuve testimoniale, soit parce qu'elle était offerte contre un procès-verbal faisant foi jusqu'à inscription de faux, soit parce que les témoins étaient reprochables. — Bourguignon, *Jurispr. crim.*, t. 1er, p. 861, n° 3; Carnot, *C. inst. crim.*, t. 2, p. 630, n° 5.

179. — Cette interprétation n'a pas été sanctionnée par la jurisprudence, qui a décidé, avec raison, que le tribunal peut refuser d'entendre les témoins produits, lorsqu'il se trouve suffisamment éclairé par une visite des lieux faite en présence des parties ou par tout autre moyen d'instruction. — *Cass.*, 25 nov. 1824, Lesgourges; 9 déc. 1830, Maurice-Duval; 4 août 1837, Mathieu; 23 sept. 1837 (t. 1er 1840, p. 106), Francis. — Legraverend, t. 2, p. 325. — *Contrà*, *Bruxelles*, 23 mai 1817, Sondezonne.

180. — Décidé que la loi laisse aux tribunaux d'appel de police correctionnelle un pouvoir purement discrétionnaire sur l'opportunité d'une nouvelle audition de témoins. Ces tribunaux peuvent rendre jugement sur les simples notes d'audience tenues par le greffier de première instance, quoiqu'elles ne soient signées ni de lui ni des témoins. — *Cass.*, 4 août 1820, Ridaud.

181. — Aussi, les moyens de contrainte contre les témoins défaillans sont-ils simplement facultatifs pour le tribunal qui peut motiver son refus de les ordonner sur ce que l'audition de ces témoins est inutile. — *Cass.*, 11 août 1827, de Maubreuil.

182. — Jugé que l'art. 153 C. inst. crim., qui dispose que les témoins appelés seront entendus, s'il y a lieu, n'oblige le tribunal saisi de la prévention à recevoir leur déposition que dans le cas où elle est nécessaire pour établir l'existence de la contravention ou du délit. Le tribunal peut donc s'abstenir de procéder à l'audition de ces témoins lorsque la preuve du fait reproché résulte d'un procès-verbal non débattu par la preuve contraire. — *Cass.*, 11 sept. 1847 (t. 2 1848, p. 95), Fessiez.

183. — Un coprévenu qui a acquiescé au jugement de première instance portant condamnation contre lui n'est plus, en instance d'appel, partie au procès, et peut, dès lors, y être entendu comme témoin. — *Cass.*, 14 févr. 1845 (t. 2 1848, p. 498), Moulin c. Minpuli. — Ce coprévenu doit alors prêter le serment que la loi prescrit à tous les témoins en matière correctionnelle. — *Cass.*, 30 juill. 1847 (t. 2 1847, p. 536), Laurent. — V. APPEL (mat. crim.).

184. — Les solutions qui précèdent s'appliquent aux témoins à décharge comme aux témoins à charge. — Legraverend, t. 1er, p. 250, note 1re.

185. — Cependant, il a été jugé que lorsque les témoins contredisent l'exactitude des énonciations d'un procès-verbal, et que le ministère public demande la remise de l'affaire à l'effet de faire entendre des témoins à l'appui de cet acte, le tribunal ne peut refuser cette remise et rendre immédiatement son jugement. — *Cass.*, 8 oct. 1836 (t. 2 1837, p. 330), Couchard; 4 août 1837, Mathieu; 23 sept. 1837 (t. 1er 1840, p. 106), Francis.

186. — Jugé de même, que lorsque le ministère public demande à prouver par témoin la date d'une contravention que, par erreur, le procès-verbal fixe à une date différente, le tribunal ne peut, sans avoir autorisé cette preuve, acquitter le prévenu. — *Cass.*, 18 oct. 1834, Duplichon.

187. — Nous ne pouvons admettre cette jurisprudence qui a pour effet de créer au profit du ministère public, une exception qui n'est pas dans la loi. La règle suivant laquelle le tribunal peut refuser l'audition de certains témoins, lorsque cette audition lui paraît inutile, s'applique au ministère public comme au prévenu.

188. — En matière correctionnelle, les témoins peuvent être entendus après les conclusions du ministère public. — *Cass.*, 20 août 1840 (t. 2 1840, p. 405), les Actionnaires de Mege-Coste.

189. — Décidé qu'il n'est pas exigé, à peine de nullité, que les décisions du tribunal ordonnant l'audition des témoins ou le dépôt des pièces soient précédées des conclusions spéciales et formelles du ministère public, alors d'ailleurs qu'il ne s'élève aucune contestation sur cet incident. — ... Et le ministère public qui, après avoir été entendu dans son exposé avant la décision ordonnant l'audition de témoins et le dépôt de pièces, a conclu au fond après cette audition et ce dépôt, ne peut se plaindre de ce que ses droits auraient été méconnus. — *Cass.*, 19 juill. 1844 (t. 2 1845, p. 535), Paya.

190. — Le tribunal correctionnel peut, avant faire droit, ordonner que des témoins qui n'ont été appelés ni par le ministère public ni par l'accusé seront assignés à la requête du ministère public. — Cette injonction ne porte aucune atteinte à l'indépendance du ministère public. — *Cass.*, 17 mai 1844 (t. 2 1845, p. 475), Leforestier.

191. — Les témoins qui n'ont pas été entendus doivent être taxés comme ceux qui l'ont été. — *Cass.*, 29 avril 1837 (t. 1er 1838, p. 361), Laithier.

192. — Le tribunal peut se transporter au domicile d'un témoin qui se trouve dans l'impossibilité de comparaître, et lire ensuite sa déposition à l'audience, en présence du prévenu. — *Cass.*, 12 nov. 1835, Cambon.

193. — Il ne peut résulter une ouverture à cassation de ce qu'il aurait été fait lecture aux débats, en matière correctionnelle, de la déposition d'un témoin absent. — *Cass.*, 17 nov. 1808, N....

194. — En matière correctionnelle, le ministère public a, comme en matière criminelle, le droit d'adresser directement et sans l'intermédiaire du président, des questions aux témoins, après avoir néanmoins demandé la parole au président. — *Cass.*, 19 sept. 1834, N....

TRIBUNAUX ECCLÉSIASTIQUES.

1. — Les tribunaux ecclésiastiques portaient autrefois le titre d'*officialités*. — L'abbé André, *Cours de droit canon*, v° *Officialités*.

2. — L'officialité était ou diocésaine, ou métropolitaine, ou primatiale. L'officialité métropolitaine connaissait des appels, des sentences rendues dans les officialités des suffragans de la métropole. Aussi y avait-il, près des métropoles, deux officialités, celle de diocèse et celle d'appel.

3. — L'officialité primatiale prononçait sur les appels des jugemens des officialités métropolitaines.

4. — Les évêques pouvaient composer les officialités à leur gré et en destituer les membres.

Le chapitre avait le même pouvoir pendant la vacance du siége.

5. — L'official formait à lui seul ce tribunal. Lorsque, dans des affaires difficiles, ce juge prenait des assesseurs ou que l'évêque lui en donnait, ceux-ci avaient seulement voix consultative.

6. — Auprès de l'officialité les fonctions du ministère public étaient remplies par le promoteur. L'official et le promoteur pouvaient être récusés par l'accusé dans certains cas. L'évêque nommait alors un nouveau tribunal.

7. — La mise en jugement n'avait lieu qu'après trois monitions faites à l'accusé pour lui laisser le temps de préparer ses moyens de défense.

8. — Les officialités connaissaient de toutes les fautes touchant la foi, la morale, le culte et la discipline, et de tous les délits et abus de pouvoir commis dans les fonctions ecclésiastiques.

9. — Ces tribunaux n'avaient pour mission que de connaître des affaires ou contestations concernant les clercs. Les laïques n'étaient jugés par eux que lorsqu'ils acceptaient leur juridiction. Cependant, un certain nombre d'officiaux ayant attiré devant leur tribunal des causes qui lui étaient étrangères, plusieurs ordonnances furent rendues pour réprimer ces empiétemens. L'ordonnance de François Ier, de 1539, restreignit la juridiction des officialités aux affaires civiles, personnelles, aux clercs, au pétitoire des bénéfices, aux questions de nullité des promesses de mariage, quant au lieu seulement, à tous les délits susceptibles de l'application des peines canoniques; en un mot, à la connaissance de toutes les causes purement spirituelles.

10. — Les tribunaux ecclésiastiques ont été abolis par la loi du 7-11 sept. 1791. Depuis cette époque plusieurs de ces tribunaux ont cependant continué d'exister en fait avec leur ancienne dénomination d'officialités, mais ils n'eurent plus qu'un pouvoir de pure discipline ecclésiastique; et leur juridiction dérivant uniquement du consentement des ecclésiastiques qui s'y soumettent, n'a plus aucun caractère légal.

V. ÉVÊCHÉ, ÉVÊQUE.

TRIBUNAUX D'EXCEPTION.

1. — Tous les tribunaux qui, sous quelque dénomination que ce soit, sont institués, d'une manière permanente ou temporaire, pour connaître spécialement et extraordinairement de certaines affaires soit civiles soit criminelles, qui, par l'attribution qui leur en est faite, se trouvent momentanément enlevées aux juridictions ordinaires, sont des tribunaux d'exception.

2. — Cette dénomination de *tribunaux d'exception* est, d'après cela, comme on le voit, une dénomination générique qui comprend, au point de vue civil, les *tribunaux administratifs*, les *tribunaux de commerce*, les *tribunaux maritimes*, etc., et au point de vue criminel, les *tribunaux extraordinaires*, les *tribunaux révolutionnaires* et les *tribunaux spéciaux*. — V. ces différents mots.

3. — Les tribunaux d'exception, n'existant qu'en vertu d'une dérogation expresse au droit commun, n'ont d'autres attributions que celles qui leur sont expressément conférées, d'autre autorité que celle qu'ils tirent du texte précis de la loi qui les institue. — *Cass.*, 9 et 28 prair. an IX, Phelipot et Leblond; 28 therm. (Lemierre et Marie) et 6 fruct. (Argoud) an IX; 27 vend. an X, Balaruque; 23 mars 1809, Louveau d'Assey. — Carré, *Lois de l'organisation judiciaire et de la compétence*, édit. Foucher, t. 4, p. 28.

4. — S'ils pouvaient régler leur compétence, non sur le texte précis de la loi, mais par des raisonnemens d'induction ou par similitude, ils arriveraient, en effet, insensiblement à une infinité de cas hors de leur compétence et des motifs qui ont déterminé le législateur dans leur institution. — V. *Motifs* de l'arrêt de cassation précité du 28 therm. an IX.

5. — L'extension qu'ils donneraient à leurs attributions par voie d'induction constituerait évidemment un excès de pouvoir, surtout si l'induction était formellement contraire à la lettre et à l'esprit de la loi. — *Cass.*, 8 juill. et 4 août 1808, Taly.

6. — Ainsi, en matière criminelle, ils ne peuvent étendre leur juridiction sur d'autres individus que ceux qui y sont soumis, soit par la nature du crime ou du délit dénoncé, soit à raison de la qualité des personnes, ni, sous prétexte de connexité, enlever à leurs juges naturels des prévenus qui ne sont leurs justiciables ni sous l'un ni sous l'autre de ces rapports. — *Cass.*, 19 fév. 1813, Gau et Rouanet.

7. — Toutefois, ils peuvent, malgré le silence de la loi de leur institution, connaître de la tentative des crimes de leur compétence, la tentative du crime étant assimilée au crime même. — *Cass.*, 28 prair. an IX, Leblond.

TRIBUNAUX EXTRAORDINAIRES.

1. — Ce sont des tribunaux spéciaux qui, à la différence des tribunaux spéciaux ordinaires, dont le caractère est d'être permanents (V. TRIBUNAUX SPÉCIAUX), sont institués temporairement pour connaître de certaines affaires ou d'une seule, et sont composés d'hommes choisis soit indistinctement dans toutes les classes de citoyens, soit dans telle ou telle classe déterminée de citoyens. Créés avec les circonstances qui en commandent l'emploi, ils disparaissent avec elles.

2. — Dans l'ancien droit, l'organisation judiciaire n'était point, en principe, contraire à l'institution de tribunaux extraordinaires temporaires: et l'action d'ôter aux juges naturels et ordinaires la connaissance d'une affaire, pour la conférer à d'autres, avait lieu, ou par *grâce spéciale du roi*, en faveur de certaines personnes ou de certains corps, soit pour toutes les affaires qu'ils pouvaient avoir, soit pour une seule, ou par *autorité de justice*, dans les cas prévus par les ordonnances. — V. ÉVOCATION.

3. — On ne peut cependant se dissimuler tout ce qu'avait de dangereux, et même de monstrueux, le droit que s'arrogeait autrefois le pouvoir exécutif de créer, après l'accomplissement de certaines circonstances, des tribunaux momentanés, des commissions extraordinaires, pour juger les faits particuliers produits par ces circonstances, notamment au criminel. C'est surtout de ces commissions que l'on peut dire, avec Montesquieu (*Esprit des lois*, liv. 12, ch. 22), *qu'elles attaquaient la liberté*.

4. — Des plaintes s'étant élevées contre l'institution de ces commissions extraordinaires, l'ordonnance de Blois (art. 98) voulut qu'aucune poursuite, en quelque matière que ce fût, ne pût être faite que par devant les juges à qui la connaissance en avait été dévolue. Cette disposition fut reproduite dans les art. 14 et 15 de la déclaration du 21 oct. 1648.

5. — Au contraire, lorsqu'en prévision d'un danger on établit, pour des circonstances formellement spécifiées, non pas une juridiction dont la composition est livrée à l'arbitraire du pouvoir exécutif et la compétence abandonnée à sa merci; mais soit un changement dans les juridictions déjà existantes, soit des tribunaux dont l'organisation et la compétence sont déterminées à l'avance par le pouvoir législatif, ces tribunaux, temporaires dans la durée de leurs pouvoirs, qu'ils reçoivent des circonstances, ont alors une existence légale; et chacun peut, par sa propre volonté, se mettre à l'abri de leur juridiction.

6. — Aussi la loi du 24 août 1790 (tit. 2, art. 17) conserva-t-elle expressément ce principe que: nul ne pouvait être distrait de ses juges naturels par aucune commission ni par d'autres attributions ou évocations que celles qui étaient déterminées par une loi antérieure.

7. — Ce principe fondamental fut cependant plus d'une fois méconnu. Les représentans du peuple qui, dans les premiers temps de la Révolution, furent envoyés en mission dans les départemens, y établirent, en effet, par des arrêtés qu'ils prirent eux-mêmes, des *commissions révolutionnaires*, chargées de juger les crimes contre-révolutionnaires. Ces commissions ne furent supprimées que par un décret du 19-29 flor. an II. — Art. 2.

8. — Un décret du 27 germ.-5 flor. an II (15-24 avr. 1794) autorisa l'établissement, dans les départemens, de *commissions populaires*. — Art. 3. —L'institution de ces commissions n'avait point d'effet rétroactif. Elles devaient juger ceux qui, depuis la promulgation du décret qui les instituait, s'étaient plaints de la Révolution. En cas de conviction, si les accusés vivaient sans rien faire, et n'étaient ni sexagénaires ni infirmes, elles devaient ordonner leur déportation à la Guyane. — Art. 23. — Les biens des condamnés étaient en outre confisqués. Ces commissions fonctionnèrent pendant quelque temps.

9. — Mais, par un premier décret du 21 prair. an III (9 juin 1795), la Convention nationale, considérant l'abus que l'on avait fait des lois révolutionnaires, l'impossibilité de distinguer par des révisions les innocens des coupables, et qu'il y avait moins d'inconvéniens et plus de justice et de loyauté à rendre des biens aux familles de quelques conspirateurs, que de s'exposer à retenir ceux des innocens, déclara non avenues, sauf quelques exceptions, toutes confiscations de biens prononcées par les commissions militaires ou populaires.

10. — Ce décret maintint notamment les confiscations prononcées par les tribunaux ou commissions, même militaires, qui pourraient être établis, postérieurement à sa promulgation, par la Convention. — Art. 5, sect. 1re. — Mais cette disposition fut elle-même rapportée par une loi du 4 frim. an VI (24 nov. 1797).

11. — Par un décret du 28 therm. an III (15 août 1795), la Convention nationale déclara aussi non avenus les jugemens rendus, depuis le 10 mars 1793 jusqu'au 8 niv. an III, contre des personnes actuellement vivantes, portant peine afflictive ou infamante, détention ou emprisonnement, soit par les commissions populaires, soit par les tribunaux ou commissions militaires jugeant des individus non militaires et pour des faits à eux extraordinairement attribués, et renvoya les condamnés devant les tribunaux criminels ordinaires.

12. — Mais elle ne rendit point à ces derniers tribunaux le jugement des rebelles connus sous le nom de *Chouans*, *Barbets*, etc., qui continuèrent à être jugés par les commissions militaires instituées à cet effet, jusqu'au 1er vendém. an IV (23 sept. 1795), époque à laquelle elles furent implicitement abrogées, et où le jugement de ces rebelles fut attribué aux conseils militaires établis par le décret du deuxième jour complémentaire an III (18 sept. 1795), attribution qui fut maintenue par l'art. 598 C. 3 brum. an IV. Ces conseils, dont les sessions étaient temporaires, furent eux-mêmes abrogés par la loi du 13 brum. an V (3 nov. 1796).

13. — Des doutes s'étaient élevés sur le point de savoir si les rebelles autres que des militaires, saisis dans un rassemblement armé, devaient être traduits devant les conseils militaires. Ils ont été tranchés d'une manière affirmative par une loi du 24 fruct. an IV (10 sept. 1796).

14. — Jugé que, sous l'empire de la loi du 1er vendém. an IV, celui qui avait été l'instigateur d'un rassemblement de rebelles armés pour arrêter et voler les diligences et particulièrement pour arrêter et assassiner plusieurs citoyens au nom du roi, devait être traduit devant un conseil de guerre et non devant un tribunal criminel. — *Cass.*, 17 flor. an X, Macarty.

15. — Une loi du 15 vendém. an IV créa une commission militaire pour juger seulement les auteurs et les principaux instigateurs de la conspiration et rébellion des 12, 13 et 14 du même mois. Tout individu qui n'était pas accusé d'avoir pris part à cette conspiration ne pouvait devenir justiciable de cette commission. — *Cass.*, 14 vend. an V, Langevin.

16. — A la suite de la conspiration royale (ou du coup d'Etat) du 18 fruct. an V, une loi du 19 du même mois institua aussi une commission militaire, dont les attributions consistaient uniquement à juger tous les individus qui, inscrits sur la liste des émigrés, et non rayés définitivement, étaient arrêtés sur le territoire de la République, après le délai qui leur était fixé pour en sortir. — L. 19 fruct. an V (5 sept. 1797), art. 15 et 16.

17. — Cette commission était composée de sept membres, qui étaient nommés par le général commandant la division militaire dans l'étendue de laquelle l'individu inscrit sur la liste des émigrés, et non rayé définitivement, avait été arrêté. — Art. 17.

18. — La loi du 19 fruct. an V n'ayant attribué à la commission qu'elle instituait que le droit de juger les émigrés, en d'autres termes les individus inscrits sur les listes des émigrés, il en résultait que cette commission ne pouvait pas étendre sa juridiction aux complices ou recéleurs d'émigrés. — V. ÉMIGRÉS, nos 219 et suiv.

19. — Les jugemens des commissions militaires n'étaient point susceptibles de recours en cassation. Une loi du 21 fruct. an IV (7 sept. 1796) a décidé que ce recours serait admissible pour cause d'incompétence.

20. — Jugé, par application de la loi du 21 fruct. an IV, que le recours en cassation était

permis contre les jugemens des commissions militaires, pour cause d'incompétence. — *Cass.*, 14 vend. an V, Langevin; 18 mess. et 19 fruct. an VII, Massoni et Carletti.

21. — Une loi du 11 frim. an VI (1er déc. 1797) institua, dans toutes les places de guerre investies et assiégées, et pour toute la durée de l'état de siége, des conseils de guerre, dont les membres étaient pris parmi les officiers et sous-officiers de la garnison, et qui étaient chargés de juger les crimes dont la connaissance était attribuée aux tribunaux militaires permanens, quels qu'en fussent les auteurs.

22.—Par une loi du 29 niv. an VI (18 janv. 1798), qui ne devait être exécutée que pendant une année, à dater de sa promulgation, mais qui fut prorogée par une loi du 29 brum. an VII (19 nov. 1798) jusqu'au 29 niv. an VIII, la connaissance 1° des vols commis à force ouverte ou par violence sur les routes et voies publiques, dans les maisons habitées, avec effraction extérieure ou escalade; 2° des attaques sur les routes et voies publiques, soit contre les voitures publiques de terre ou d'eau, soit contre les courriers de la poste ou leurs malles, soit contre les courriers porteurs des dépêches du gouvernement, des ministres ou des autorités constituées, soit enfin contre les voyageurs, lorsque ces attaques avaient eu lieu dans le dessein d'assassiner ou de voler, ou d'enlever les lettres, papiers ou dépêches, et 3° de l'introduction dans les maisons habitées, à l'aide d'effraction extérieure ou d'escalade, dans le but d'y assassiner ou voler, fut attribuée aux conseils de guerre, lorsque ces crimes avaient été commis par un rassemblement de plus de deux personnes; et la peine encourue à raison de ces crimes était la peine de mort. — L. 29 niv. an VI, art. 1er et suiv., et 22.

23. — Le conseil de guerre qui, sous la loi du 29 niv. an VI, avait été légalement saisi d'une affaire, n'avait pas cessé d'être compétent par l'événement de l'arrestation des prévenus, opérée sous l'empire de la loi du 18 pluv. an IX, qui avait attribué la connaissance du délit aux tribunaux spéciaux. — *Cass.*, 26 pluv. an X, Coulet.

24. — Le Directoire exécutif fut également autorisé par une loi du 14 fruct. an VII (31 août 1799) à faire établir dans les départemens déclarés en état de troubles civils, ou même dans les communes déclarées en cet état, un conseil de guerre spécial, indépendant et séparé de celui de la division militaire, pour y juger les délits dont la connaissance était attribuée aux conseils de guerre. — Art. 1er.

25. — Les membres de ce conseil de guerre spécial pouvaient être pris et choisis parmi des militaires ayant grade de chef de brigade, de bataillon ou d'escadron, de capitaine, de lieutenant, de sous-lieutenant et sous-officier, retirés avec la pension nationale, et ayant fait une ou plusieurs campagnes dans la guerre de la liberté. — Art. 2.

26. — Le conseil pouvait, pour instruire et juger, se transporter dans les points du département qu'il jugeait pouvoir le mieux à sa sûreté personnelle et obvier le plus efficacement aux dangers de la translation des prévenus. — Art. 3.

27. — Il ne jugeait pas sans recours. La révision de ses jugemens appartenait au conseil de révision de la division militaire du département où il exerçait ses fonctions. — Art. 4.

28. — Sous le Consulat, le général commandant en chef, dans les départemens où la Constitution était suspendue, fut investi du pouvoir de faire des règlemens, même portant peine de mort; d'instituer un lieutenant de justice et police, et d'établir pour l'exercice de la justice criminelle un tribunal extraordinaire. — Arrêté du 26 niv. an VIII, art. 1er, 4 et 5.

29. — Ce tribunal était composé du lieutenant de justice et police, de sept assesseurs et d'un commissaire du gouvernement. Il était présidé par le lieutenant. L'un des assesseurs faisait les fonctions de rapporteur. — Art. 6. — Le lieu où il devait siéger était déterminé par le lieutenant de justice et police, avec l'approbation du général en chef. — Art. 12.

30. — Ce tribunal connaissait des délits portés au Code pénal et des contraventions aux règlemens du général en chef. Les prévenus lui étaient déférés par le général en chef, les généraux sous ses ordres, le lieutenant de justice et police, et le commissaire du gouvernement. — Art. 9. — Toutefois, les individus arrêtés hors des lieux de sa juridiction ne pouvaient être traduits devant lui qu'avec l'autorisation du ministre de la justice. — Art. 10.

31. — Les conseils de guerre spéciaux continuèrent d'être seuls compétens pour juger les individus arrêtés les armes à la main ou faisant partie de rassemblemens armés. Ils étaient saisis de la même manière que le tribunal extraordinaire. — Art. 9.

32. — Sous l'empire de l'arrêté du 26 niv. an VIII, les jugemens du tribunal extraordinaire et des conseils de guerre étaient exécutés sans appel, révision ni cassation. Seulement, en cas de condamnation à mort, le général en chef pouvait suspendre l'exécution du jugement, à la charge d'en référer dans les vingt-quatre heures au gouvernement. — Art. 11.

33. — Par un arrêté du 19 vendém. an XII (12 oct. 1803), des conseils de guerre spéciaux furent établis pour juger les militaires accusés de désertion et les conscrits réfractaires. — V. DÉSERTION, TRIBUNAUX MILITAIRES.

34.—Un décret du 17 mess. an XII (6 juill. 1804) rétablit les commissions militaires spéciales et temporaires pour juger les crimes d'embauchage et d'espionnage, dont il enleva la connaissance aux conseils de guerre permanens (art. 1er et 11), qui, aujourd'hui, sont seuls compétens pour connaître du crime d'embauchage. — V. EMBAUCHAGE. — V. aussi TRIBUNAUX SPÉCIAUX.

35. — Ces commissions étaient composées de sept membres, parmi lesquels il y avait au moins un officier supérieur. — Art. 2. — Les membres de chaque commission étaient nommés, savoir, dans les camps et armées, et dans les lieux où étaient stationnées les troupes françaises, par le général commandant en chef, et, dans l'intérieur, par le général commandant la division, et choisis parmi les officiers en activité. — Art. 3. — La commission était présidée par celui de ses membres le plus élevé en grade, et, à grade égal, par le plus ancien dans ce grade. — Art. 4. — Les fonctions de rapporteur étaient remplies par un des membres de la commission, qui avait voix délibérative au jugement. — Art. 5.

36. — Les officiers qui étaient appelés à composer les commissions militaires spéciales n'avaient droit à aucune indemnité pour ce service extraordinaire. — Art. 10.

37. — Les jugemens rendus par ces commissions ne pouvaient être attaqués par recours à aucun autre tribunal, et étaient exécutés dans les vingt-quatre heures de leur prononciation. — Art. 7.

38. — Toute commission militaire était dissoute dès qu'elle avait prononcé sur les accusés pour le jugement desquels elle avait été convoquée. — Art. 8.

39. — Aux termes d'un décret du 17 frim. an XIV (8 déc. 1805), les délits commis par les prisonniers de guerre, dans toute l'étendue de l'Empire, étaient justiciables aussi de commissions militaires. — Art. 1er.

40. — Ces commissions étaient composées d'un officier de gendarmerie faisant fonctions de rapporteur, et de cinq officiers, le président ayant au moins le grade de chef de bataillon, et elles étaient réunies et convoquées par le général commandant la division dans l'arrondissement de laquelle le délit avait été commis. — Art. 2.

41. — Toute mutinerie, résistance à la gendarmerie, à la garde nationale, tout complot dont se rendaient coupables des prisonniers de guerre, étaient punis de mort. — Art. 3.

42. — Un décret impérial, du 31 janvier 1806, institua aussi une commission militaire spéciale et extraordinaire pour juger les délits commis par les employés du gouvernement, et qui avaient pour objet d'apporter un préjudice au trésor impérial et aux opérations de l'escadre alors en rade à l'île d'Aix.

43. — Décidé que, lorsque cette commission déclarait que les faits dont elle était saisie avaient un tout autre caractère que celui sous lequel ils lui avaient été renvoyés, rien ne lui donnait juridiction pour statuer sur ces faits, s'ils rentraient dans la classe des délits ordinaires. — *Cass.*, 8 mai 1806, Parelle et Gresil.

44. — Le jugement de cette commission militaire pouvait être attaqué par la voie du recours en cassation pour cause d'incompétence. — Même arrêt.

45. — Enfin, un décret du 1er mai 1812 institua un conseil de guerre extraordinaire, qui n'avait point le caractère de permanence propre aux tribunaux militaires ordinaires, pour juger les commandans militaires qui capituleraient devant l'ennemi hors des cas où il leur était permis de le faire. — Art. 1er et suiv.

46. — Ce conseil de guerre extraordinaire était composé de sept membres, savoir : d'un président, qui était toujours, tant que cela était possible, d'un grade supérieur à celui du prévenu, et de six officiers généraux, si le prévenu était officier général, et, dans tous les autres cas, de six officiers du même grade ou de grade supérieur. Le rapporteur et le commissaire du gouvernement étaient, autant que possible, d'un grade supérieur à celui de l'accusé. — Art. 7.

47. — Les membres de ce conseil décidaient, dans leur âme et conscience, et d'après toutes les circonstances du fait, si le délit existait, si le prévenu était coupable, et s'il convenait de lui appliquer la peine de mort. Lorsqu'il se présentait des circonstances atténuantes, la peine de mort pouvait être commuée dans la peine de la dégradation ou en celle de la prison, pour un temps qui était déterminé par le jugement. — Art. 8.

48. — Le condamné pouvait se pourvoir devant la Cour de cassation, dans les trois jours qui suivaient le prononcé du jugement. Le commissaire du gouvernement avait la même faculté. — Art. 9.

49. — La Charte du 4-10 juin 1814, après avoir proclamé le principe que nul ne pouvait être distrait de ses juges naturels (art. 62), prononça l'abolition de toutes les juridictions exceptionnelles ou extraordinaires antérieures, et proscrivit d'une manière formelle, par son art. 63, le rétablissement de commissions et tribunaux militaires. Etaient seules exceptées de cette disposition les Cours prévôtales, si leur réinstitution était jugée nécessaire, et qui furent rétablies par une loi du 20 déc. 1815. — V. TRIBUNAUX SPÉCIAUX, nos 234 et suiv.

50. — Il a été décidé, en conséquence, que les conseils de guerre spéciaux, les commissions militaires et les conseils de guerre extraordinaires qui, d'après des lois antérieures à la promulgation de la Charte, pouvaient être formés pour juger d'une manière spéciale certains délits, et étaient dissous aussitôt qu'ils avaient prononcé, étaient des tribunaux extraordinaires qui, d'après les art. 62 et 63 Charte 1814, n'avaient pu être formés sans que leur création ne fût une violation du principe consacré dans ces articles. — *Cass.*, 12 oct. 1815, Mire; 8 août 1816, Prudhome; 16 avr. 1818, Satrius d'Hem.

51. — Il en était de même de la formation de toute commission militaire ou de tout autre tribunal, fût-il créé pour être permanent et pour connaître des délits militaires en général, s'il n'était pas organisé dans les formes établies par les lois des 13 brum. an V, 18 vendém. et 11 frim. an VI, et si ses jugemens étaient privés du droit de recours qu'accordaient ces lois envers les jugemens des conseils de guerre permanens. — Arrêt de cassation précité du 12 oct. 1815.

52. — Spécialement, le général en chef commandant l'armée de la Loire n'a pu, au mois de juillet 1815, établir une commission militaire permanente pour juger tous les crimes et délits des troupes qui étaient sous ses ordres. — Même arrêt. — Le lieutenant du roi, à l'île d'Oleron, n'a pu également y ordonner la création d'une commission militaire. — Arrêt de cassation précité du 8 août 1816.

53. — La Charte du 14 août 1830 fut plus explicite encore que celle de 1814. Elle prohiba, en effet, la création de commissions et de tribunaux extraordinaires, *à quelque titre et sous quelque dénomination que ce pût être.* — Art. 54. — « Pour prévenir tout abus possible, nous avons ajouté, a dit M. Dupin dans son commentaire sur la Charte de 1830, à l'ancien texte de la Charte : *A quelque titre et sous quelque dénomination que ce soit*, car les noms trompeurs n'ont jamais manqué aux mauvaises choses; et, sans cette précaution, on pourrait donner au tribunal le plus irrégulier et le plus extrordinaire la dénomination d'un tribunal ordinaire. »

54. — Jugé, par application de l'art. 54 de la Charte de 1830, que les conseils de guerre, chargés de statuer sur les crimes commis par des militaires ou par des individus qui leur sont assimilés par la loi, sont devenus des tribunaux extraordinaires en étendant leur compétence sur des crimes ou délits commis par des citoyens non militaires, et, par conséquent, qu'en statuant à l'égard de ces derniers, ils ont violé les règles de

leur compétence, que la mise en état de siége d'une ville n'a pu même modifier. — *Cass.*, 29 et 30 juin 1832, Geoffroy et Colombat ; 7 et 13 juill. 1832, Poiron et N.... — V., cependant, *Angers*, 14 juin 1832, N...

55. — Lorsqu'un conseil de guerre, s'appropriant illégalement une juridiction dévolue à la Cour d'assises, s'était permis de procéder au jugement d'un accusé condamné par contumace par la Cour d'assises, sa décision ne pouvait détruire l'attribution précédemment conférée à cette Cour, et n'était point un obstacle à l'exercice de cette attribution. Dans cet état, il y avait lieu à règlement de juges par la Cour de cassation. — *Cass.*, 21 sept. 1815, Delatre.

56. — Il s'est présenté à quelques années, la question de savoir si le décret du 1er mai 1812, relatif à la capitulation devant l'ennemi et dont nous avons fait connaître les dispositions, était encore en vigueur. Cette question s'est produite devant la Cour de cassation sur le pourvoi formé par le lieutenant Marin contre un jugement du conseil de guerre d'Oran, du 21 déc. 1846, qui l'avait condamné à la peine de mort, par application du décret précité, pour avoir, étant chef d'un détachement chargé de conduire un convoi de cartouches de Tlemcen à Aïn-Mouchem, mis bas les armes en rase campagne et sans combat.

57. — Mais, sur les conclusions conformes de M. le procureur général Dupin, qui faisait remarquer d'ailleurs que le fait incriminé ne présentait pas le caractère de la capitulation (le détachement commandé par le lieutenant Marin se trouvant entouré par un nombre considérable de cavaliers arabes , avait mis bas les armes au moment où son chef, après avoir pris toutes les dispositions pour la résistance, était allé offrir à l'émir Abd-el-Kader sa vie pour racheter la liberté des deux cents hommes qu'il commandait), la Cour de cassation a décidé, par arrêt du 21 mai 1847 (t. 1er 1847, p. 749), que le décret du 1er mai 1812 avait été abrogé par la Charte, soit à raison des peines arbitraires qu'il prononçait, soit à raison du tribunal extraordinaire qu'il établissait, soit à raison de la procédure exceptionnelle qu'il prescrivait.

58. — Tel était l'état de la législation et de la jurisprudence sur les commissions et tribunaux extraordinaires, lorsque l'insurrection du mois de juin 1848. Cette insurrection amena le rétablissement des commissions extraordinaires, composées d'abord de magistrats, ensuite et d'hommes de loi, et ensuite de magistrats et civils seulement. Ces commissions furent chargées d'examiner et d'apprécier les charges qui pesaient sur les individus qui avaient été arrêtés pour avoir pris part à l'insurrection.— Sur la manière dont procéderent ces commissions, V. TRANSPORTATION.

59. — Les conseils de guerre furent aussi spécialement chargés de juger : 1° tous ceux qui furent désignés comme chefs, fauteurs ou instigateurs de l'insurrection, comme ayant fourni ou distribué de l'argent, des armes ou des munitions de guerre, exercé un commandement, ou commis quelque acte aggravant leur rébellion, et 2° les réclusionnaires ou forçats libérés ou évadés qui avaient pris part à l'insurrection. — Décrets des 24 et 27 juin 1848. — Ces conseils ne tenaient évidemment aux conseils de guerre qu'une juridiction accidentelle et temporaire ; et, sous ce rapport, ces conseils peuvent être considérés comme des tribunaux extraordinaires.

60. — La Constitution du 4 nov. 1848 a reproduit littéralement les dispositions des art. 53 et 54 de la Charte de 1830. L'art. 4 de cette Constitution est, en effet, ainsi conçu : « Nul ne sera distrait de ses juges naturels. Il ne pourra être créé de commissions et de tribunaux extraordinaires, à quelque titre et sous quelque dénomination que ce soit. »

61. — Il a été cependant dérogé au principe consacré par l'art. 4 de la Constitution de 1848 pour le cas d'état de siège, par la loi du 9-11 août 1849, qui a attribué aux tribunaux militaires la connaissance des crimes et délits contre la sûreté de la République, contre la Constitution, contre l'ordre et la paix publique, quelle que soit la qualité des auteurs principaux et des complices (art. 8). Mais, hors le cas d'état de siège, la connaissance de ces crimes et délits appartient, suivant les circonstances, aux Cours d'assises ou à la Haute Cour de justice. — V. TRIBUNAUX SPÉCIAUX, n°s 276 et suiv.

TRIBUNAUX MARITIMES.

Table alphabétique.

CHAPITRE Ier. — *Historique.* — *Législation.*

1. — Dans notre ancien droit, le jugement des délits maritimes fut attribué à diverses juridictions, aux officiers de l'amirauté, à l'amiral, aux

juges-consuls et aux conseils de guerre maritimes.

2. — Une ordonnance de 1400 (art. 3), d'abord conféra aux officiers de l'amirauté juridiction pour tous les faits de la mer et des dépendances, criminellement et civilement.

3. — Par une autre ordonnance de 1517 (art. 15), la connaissance de tous les délits et différends qui concernaient le fait de la mer fut attribuée à l'amiral.

4. — Cette dernière disposition fut renouvelée et confirmée par les ordonnances du 27 janv. 1534, de 1543 (art. 1er), des 12 févr. 1576 et 6 août 1582, du mois de mars 1584 (art. 2) et de 1629 (art. 450 et 451).

5. — En 1673, une nouvelle ordonnance saisit de la connaissance des mêmes objets la juridiction des juges-consuls, concurremment avec la juridiction de l'amirauté.

6. — Enfin, les ordonnances de 1681 (liv. 1er, tit. 2, art. 10) et 1689 (liv. 4, tit. 1er) instituèrent des conseils de guerre maritimes, qu'elles investirent du droit de juger, dans certains cas, les délits maritimes.

7. — Après la révolution de 1789, l'Assemblée constituante s'étant fait rendre compte par son comité de la marine des lois pénales suivies jusqu'alors dans les escadres et sur les vaisseaux de l'Etat, et les ayant jugées incompatibles avec les principes d'une Constitution libre, rendit le décret du 21-22 août 1790, qui devint le Code pénal de la marine. Ce décret abrogea toutes les dispositions pénales contenues dans les ordonnances de la marine militaire qui avaient paru jusqu'alors. — Décr. 21-22 août 1790, tit. 2, art. 61.

8. — Il détermina en conséquence les peines à infliger pour les fautes et délits commis par les officiers, officiers mariniers et sous-officiers, matelots et soldats, et autres personnes servant dans l'armée navale, et institua de nouveaux tribunaux pour en faire l'application. Les dispositions de ce décret, relatives aux peines à infliger, sont encore en grande partie en vigueur.

9. — Ce décret avait divisé les peines en peines de discipline ou de simple correction et en peines afflictives. — Tit. 1er, art. 1er.

10. — Les peines de discipline pouvaient être prononcées par le commandant du bâtiment, par l'officier commandant le quart ou la garde, et par le commandant de la garnison, à la charge par ces derniers d'en rendre compte au commandant du vaisseau après le quart ou la garde. — Tit. 1er, art. 2. — V. aussi déc. 27 oct., 2 nov. 1790, art. 1er.

11. — Un conseil de justice avait seul le droit de prononcer, d'après le rapport d'un jury militaire qui, sur les charges et informations, constatait le délit et déclarait l'accusé coupable, les peines afflictives, sauf celles de la mort et des galères, qui ne pouvaient être prononcées que par un conseil martial. — Décr. 21-22 août 1790, tit. 1er, art. 3, 17 et 18.

12. — Le jury militaire était composé : pour les officiers mariniers et sous-officiers, de deux officiers de l'état-major ou deux officiers de troupes, et de cinq officiers-mariniers ou sous-officiers; — pour les matelots et autres gens de l'équipage, d'un officier de l'état-major, trois officiers-mariniers et trois matelots; — pour les soldats embarqués, d'un officier de troupe, ou, à son défaut, d'un officier de l'état-major, trois sous-officiers, et, à leur défaut, trois officiers-mariniers et trois soldats; — et pour les ouvriers et autres employés dans les ports et arsenaux, d'un officier militaire ou d'administration, de trois chefs d'atelier, et de trois ouvriers ou employés de l'Etat, du grade de l'accusé. — Même décr., tit. 1er, art. 5.

13. — C'était au commandant du vaisseau qu'il appartenait de procéder à la formation du jury, lorsqu'il s'agissait de juger un officier-marinier, sous-officier, matelot, soldat ou autres personnes de l'équipage non comprises dans l'état-major; et au directeur ou commissaire sous les ordres duquel l'accusé était employé, lorsqu'il s'agissait de juger les ouvriers et autres employés dans les ports et arsenaux. Le jury devait être indiqué, dans les deux cas, en nombre double de chaque grade, et l'accusé avait le droit d'en récuser la moitié. — Tit. 1er, art. 8 et 11.

14. — Le conseil de justice était composé des officiers de l'état-major, s'ils étaient au nombre de cinq, et, s'ils étaient en moindre nombre, les premiers maîtres du vaisseau y étaient appelés, en commençant par le maître d'équipage, le premier pilote et le maître canonnier; et il était présidé par l'officier le plus ancien en grade après le commandant du vaisseau, qui en était exclu. Celui qui le suivait remplissait les fonctions de rapporteur, et le commis aux revues, celles de greffier du conseil. S'il y avait un commissaire d'escadre à bord du vaisseau où se tenait le conseil de justice, il y assistait et y avait voix délibérative. — Tit. 1er, art. 6.

15. — L'avis du jury se formait à la majorité de cinq sur sept. Aussitôt qu'il avait arrêté son avis, il faisait avertir sur-le-champ le conseil de justice, qui s'assemblait sur le pont en présence de l'équipage, et dans les ports à bord de l'amiral. Si le jury déclarait l'accusé coupable, le conseil prononçait la peine que la loi appliquait au délit. Son jugement était rendu à la majorité simple. Le jugement était ensuite porté au capitaine de vaisseau, chargé d'en ordonner l'exécution. Cet officier pouvait cependant, suivant les circonstances, adoucir la peine prononcée et la commuer en une peine plus légère d'un degré seulement. — Tit. 1er, art. 12 à 16.

16. — Si le délit dont le jury reconnaissait l'accusé coupable donnait lieu à la peine de mort ou à celle des galères, le conseil se déclarait incompétent, et l'accusé était alors renvoyé devant le conseil martial, lequel était composé de onze officiers pris à tour de rôle dans les grades de capitaine et de lieutenant. Si le vaisseau auquel était attaché l'accusé était en escadre ou faisait partie d'une division composée au moins de trois vaisseaux de ligne, le commandant convoquait le conseil martial à son bord à la première relâche. Dans tout autre cas, le conseil martial était formé au premier port où il y avait un nombre d'officiers suffisant pour le composer. Le conseil martial ne pouvait condamner aux galères qu'à la pluralité de sept contre quatre, et à la mort, à la pluralité de huit contre trois. — Tit. 1er, art. 18.

17. — Dans le cas où il s'agissait de juger un officier prévenu d'un crime, le conseil de justice, composé comme il est dit ci-dessus, était converti en jury militaire. Ses attributions consistaient alors uniquement à prononcer sur la culpabilité ou la non-culpabilité de l'accusé. S'il le reconnaissait coupable, il le suspendait de ses fonctions et le retenait prisonnier à bord jusqu'à ce qu'il pût être traduit devant un conseil martial, qui seul pouvait prononcer la peine. — Tit. 1er, art. 21.

18. — Pour les officiers généraux, capitaines de vaisseau et autres officiers commandant des bâtimens de l'Etat, le jury était composé de quatre officiers du grade de l'accusé et de trois officiers du grade immédiatement inférieur. Après avoir subi le jugement de ce jury, l'accusé était traduit, s'il y avait lieu, devant un conseil martial composé de onze officiers, pris à tour de rôle parmi les officiers généraux ou capitaines de vaisseau présens, dont trois au moins et cinq au plus dans le premier de ces deux grades. — Tit. 1er, art. 23 et 24.

19. — Un décret du 22-23 janv. 1791 prévit le cas où le capitaine d'un bâtiment se rendrait accusateur contre son équipage ou une partie de son équipage. Le commandant de l'escadre dont le bâtiment faisait partie, ou le commandant du port, si le bâtiment n'était point en escadre, était chargé alors de composer le jury conformément à l'art. 5 précité du décret du 21-22 août 1790; les membres en devaient être pris parmi les hommes de mer étrangers au bâtiment. Le prononcé du jury était porté ensuite à un conseil de justice, également formé par le commandant de l'escadre ou du port, et composé d'officiers étrangers au bâtiment, au nombre de cinq au moins, et, s'il était possible, en nombre égal à celui des officiers de l'état-major du bâtiment. Le jugement du conseil de justice était mis à exécution par le commandant du port.

20. — Sous l'empire du décret du 21-22 août 1790, tout officier commandant une escadre ou un bâtiment de guerre quelconque, coupable de n'avoir pas rempli la mission dont il était chargé, et cela par impéritie ou négligence, était, s'il était officier général ou capitaine de vaisseau, déclaré incapable de commander; et s'il avait tout autre grade, il était déchu de tout commandement pendant trois ans. S'il était coupable d'avoir volontairement manqué à la mission dont il était chargé, il était condamné à la mort. — Décr. 21-22 août 1790, tit. 2, art. 38. — Cette disposition peut encore aujourd'hui recevoir son application.

21. — Mais décidé que les peines qu'elle prononce ne peuvent avoir lieu que contre des officiers commandant une escadre ou un bâtiment de guerre coupables de n'avoir pas rempli la mission dont ils étaient chargés, soit par impéritie, soit par négligence, et non contre ceux qui n'ont été chargés d'aucune mission. — *Cass.*, 3 vend. an VIII, Dalbarrade et Lavillegris.

22. — Un décret du 20 sept.-12 oct. 1791 institua dans chacun des ports de Brest, Toulon, Rochefort et Lorient, une Cour martiale maritime, qui, comme le conseil martial établi par le décret du 22 août 1791, jugeait avec l'assistance d'un jury.

23. — Par un décret du 25 therm. an XII (13 août 1804), la formation de Cours martiales maritimes fut autorisée dans les ports d'Anvers, du Havre, de Cherbourg et Dunkerque.

24. — Chaque Cour martiale maritime était composée d'un grand juge et de deux assesseurs. L'ordonnateur civil remplissait les fonctions de grand juge, et le plus ancien des capitaines de vaisseau qui se trouvaient dans le port et des chefs d'administration, celles d'assesseurs. — Décret 20 sept.-12 oct. 1791, tit. 1er, art. 1er.

25. — Plus tard, un décret du 3 brum. an IV (25 oct. 1795) chargea l'ordonnateur de marine de remplir les fonctions qui avaient été attribuées aux ordonnateurs civils par la loi du 20 sept.-12 oct. 1791. — Décr. 3 brum. an IV, art. 13.

26. — Et un arrêté du 3 vendémiaire an IX (25 sept. 1800) attribua au préfet maritime dans chaque port les fonctions qui étaient exercées par les ordonnateurs de la marine, en exécution de la loi du 20 septembre-12 octobre 1791. En cas d'empêchement ou d'absence, le préfet maritime était remplacé par celui des chefs de service qui avait été désigné par le ministre pour remplir ces fonctions. — Arr. 3 vend. an IX, art. 1er et 2.

27. — Le jury était composé de sept jurés, dont quatre de grade supérieur à celui de l'accusé, et trois de grade égal ou état correspondant. A défaut de personnes du grade de l'accusé, il en était pris dans les grades supérieurs, et, à défaut de personnes des grades supérieurs, on prenait dans le grade ou état de l'accusé et ensuite dans le grade inférieur. — Décr. 20 sept.-12 oct. 1791, tit. 1er, art. 8. — Les jurés étaient indiqués en nombre double de chaque grade, et l'accusé proposait ses récusations conformément à la loi du 21-22 août 1790. — Art. 9. — Lorsqu'il y avait plusieurs accusés, le nombre des jurés indiqués était de huit de grade supérieur à tous les accusés, et de six jurés de plus pour chacun des accusés, pris dans le grade ou état respectif de chaque accusé. — Art. 10.

28. — Lorsque le nombre des jurés indiqués par l'art. 10 précité ne pouvait être pris ni dans le grade supérieur à tous les accusés, ni dans le grade ou état respectif de chaque accusé, il devait être pris dans le grade inférieur, comme il était dit à l'art. 8 de la même loi. — L. 4 fruct. an VI (21 août 1798).

29. — Les Cours martiales maritimes prononçaient, avec l'assistance du jury, sur tous les délits commis dans les arsenaux, et sur tous ceux relatifs au service maritime, commis par les officiers d'administration et tous autres employés dans le département de la marine, autres que les délits de police simple et de police correctionnelle. — Décr. 20 sept.-12 oct. 1791, tit. 1er, art. 2.

30. — Jugé, par application de la disposition précitée, qu'une Cour martiale maritime n'était point compétente pour prononcer sur un délit qui n'avait pas été commis dans un arsenal et qui était imputé à un individu étranger au service de la marine et préposé à la garde d'un magasin particulier. — *Cass.*, 20 fruct. an XIII, Belamy.

31. — Les Cours martiales maritimes prononçaient encore, sur le rapport du jury, sur tous les délits militaires commis à terre par les officiers de la marine militaire et par les officiers, sous-officiers et soldats des troupes de la marine. Les équipages des bâtimens en armement étaient aussi soumis à leur juridiction pour les délits commis relatifs au service maritime, jusqu'au moment de la mise en rade, et au désarmement, depuis la rentrée dans le port jusqu'au licenciement de l'équipage. — Décr. 20 sept.-12 oct. 1791, tit. 1er, art. 3.

32. — Les forçats étaient également justiciables des Cours martiales maritimes; mais, à leur égard, ces cours prononçaient sans l'assistance du jury. — Même décret, tit. 1er, art. 12.

33. — Mais les Cours martiales maritimes n'étaient pas compétentes pour connaître des délits militaires commis dans les ports et arsenaux. Ces délits continuèrent à être jugés en conformité du

décret du 21-22 août 1790. — Même décret, tit. 3, art. 2.

34. — Les officiers généraux et chefs de division ne pouvaient être traduits à raison des délits qu'ils commettaient relativement au service maritime devant une Cour martiale maritime. Ils n'étaient justiciables que d'un conseil de guerre établi dans les formes prescrites par la loi du 4 fruct. an V. — *Cass.*, 3 vendém. an VIII, Dalbarade et Lavillegris.

35. — Une loi du 13 therm. an VII (31 juill. 1799) déclara tous les jugemens rendus par les tribunaux maritimes, à dater du mois d'août 1790, susceptibles de révision, et, lorsqu'ils prononçaient peine afflictive ou infamante, de cassation. Cette loi déterminait en même temps les formes et les délais d'après lesquels le recours en cassation et en révision devait être formé.

36. — Décidé qu'une Cour martiale maritime était incompétente pour prononcer sur la demande formée par un condamné en abolition de la peine des galères prononcée contre lui, et que c'était au tribunal criminel seul qu'il appartenait d'en connaître. — *Cass.*, 26 vend. an X, Rouy.

37.—Une loi du 4 niv. an IV institua des Cours martiales maritimes spéciales, chargées de juger ceux qui recruteraient pour l'ennemi des marins français prisonniers de guerre; et il a été jugé, par application de cette loi, que les individus qui s'étaient rendus coupables de ce fait ne pouvaient être traduits devant les tribunaux criminels. — *Cass.*, 18 vent. an VII, Laurençon. — Sur le point de savoir quelle est aujourd'hui l'autorité compétente pour connaître des crimes d'embauchage, V. EMBAUCHAGE.

38. — La loi du 4 niv. an IV, abrogée par la loi du 22 mess. an IV, a été reproduite temporairement par celle du 13 brum. an V, art. 9; mais ses dispositions ont été successivement abrogées par la loi du 18 pluv. an IX, art. 11, le décret du 17 mess. an XII, art. 1er, et par les chartes de 1814 et 1830, qui ont définitivement aboli les tribunaux spéciaux. — *Cass.*, 17 juin 1831, Vincentius.

39. — Un arrêté du 18 vent. an XII (9 mars 1804) avait établi pour chacune des grandes divisions de la flottille nationale des conseils de guerre spéciaux, auxquels appartenait la connaissance de tous les délits commis par ceux qui faisaient partie des équipages de la flottille, pendant la durée de leur embarquement. — Essentiellement temporaires, ces conseils de guerre cessèrent d'exister lorsque les circonstances qui avaient nécessité leur établissement eurent elles-mêmes disparu.

40. — Des conseils de guerre maritimes spéciaux avaient été également institués par un arrêté du 5 germ. an XII (26 mars 1804), pour juger les officiers mariniers, matelots et novices embarqués ou levés pour être embarqués sur les bâtimens de l'Etat, qui étaient accusés de désertion. Cet arrêté fut complété par un autre arrêté du 1er flor. suivant (21 avril 1804). Mais l'ordonnance du 22 mai 1816 abrogea, quant à la compétence, ces deux arrêtés, en attribuant à des conseils de guerre permanens la connaissance des crimes de désertion. — V. *infrà* nos 247 et suiv.

41. — Tout ce qui concerne la police et l'administration de la justice à bord des vaisseaux a été réglé par un décret du 22 juill. 1806, qui a organisé aussi les conseils de marine. Ce décret n'a point cessé d'être en vigueur.

42. — Un autre décret du 12 nov. 1806 a abrogé les Cours martiales maritimes, et leur a substitué des tribunaux maritimes. C'est par ces tribunaux que sont jugés encore aujourd'hui les crimes et délits commis dans les ports et arsenaux.

43. — L'existence légale de ces tribunaux a été cependant un instant contestée. Mais la Cour de cassation a décidé qu'ils n'avaient point été supprimés par les art. 54 et 70 de la Charte de 1830. — *Cass.*, 11 avril 1839 (t. 1er 1839, p. 470), Marsaud.

44. — Un décret du Gouvernement provisoire, du 3 mai 1848, a apporté des modifications importantes à l'organisation des conseils de guerre et des conseils de révision, en ce qui concerne les rapporteurs, les greffiers et les commissaires du gouvernement. Ce décret, relatif seulement aux conseils de guerre et de révision de l'armée de terre, a été déclaré applicable par un arrêté du chef du pouvoir exécutif, du 16 juill. 1848, aux conseils de guerre et de révision maritimes; et la Cour de cassation a fait application de ces décret et arrêté. — *Cass.*, 8 déc. 1848 (t. 1er 1850), Vigier et Dittière.

45. — Mais jusqu'à l'organisation définitive des parquets et des greffes dans les ports, les tribunaux maritimes ont dû continuer de fonctionner comme par le passé. — Décis. minist. du 16 août 1848. — En conséquence, les conseils de guerre et de révision de la marine n'ont pu surseoir à rendre la justice jusqu'à la nomination des nouveaux commissaires du gouvernement, rapporteurs et greffiers, créés par le décret du 3 mai 1848. — Même arrêt.

46. — Enfin, la Constitution du 4 nov. 1848 (art. 88) porte que les conseils de guerre et de révision des armées de mer ainsi que les tribunaux maritimes conservent leur organisation et leurs attributions actuelles, jusqu'à ce qu'il y ait été dérogé par une loi.

CHAPITRE II. — *De l'administration de la justice dans les ports et arsenaux.*

Sect. 1re. — *Tribunaux maritimes ordinaires.*

§ 1er. — *Composition et convocation.*

47. — A la différence des cours martiales maritimes, qui siégeaient sans discontinuation, les tribunaux maritimes, institués par le décret du 12 nov. 1806 pour les remplacer, sont intermittens. Ces tribunaux, porte l'art. 9 du décret précité, sont dissous dès qu'ils ont prononcé sur le délit pour le jugement duquel ils ont été convoqués. Mais ils n'en sont pas moins permanens, en ce sens que leur institution continue de subsister, et qu'il n'est pas nécessaire qu'une loi nouvelle les appelle à fonctionner chaque fois que les circonstances l'exigent.

48. — Les tribunaux maritimes sont composés de huit juges, y compris le président, d'un commissaire-rapporteur et d'un greffier: nul ne peut être membre de ces tribunaux, s'il n'est âgé de vingt-cinq ans accomplis. — Même décret, art. 2.

49. — Le président doit être un des contre-amiraux présens dans le port, et, à défaut de contre-amiraux, l'officier le plus élevé en grade et le plus ancien. — Art. 3. — Cet article voulait de plus que le président fût, dans l'un et l'autre cas, désigné par le préfet maritime. — Mais une ordonnance du 29 déc. 1815, en attribuant à un intendant de marine les fonctions de préfet maritime, conféra à cet intendant la désignation du président. — Rétablis par une ordonnance postérieure, du 27 déc. 1836, les préfets maritimes ont repris l'exercice de cette attribution.

50. — Les juges qui concourent à la formation du tribunal maritime sont, outre le président, deux capitaines de vaisseau, deux commissaires de marine, un ingénieur de la marine, et deux membres du tribunal de première instance de l'arrondissement. — Décr. 12 nov. 1806, art. 4.

51. — Les capitaines de vaisseau, commissaires et ingénieurs de marine présens dans le port, doivent siéger à tour de rôle et par rang d'ancienneté dans le tribunal. A défaut de capitaines de vaisseau, on doit appeler des capitaines de frégate; à défaut de commissaires de marine, des sous-commissaires; à défaut d'ingénieurs, des sous-ingénieurs. Ces officiers et administrateurs de marine sont convoqués, à cet effet, comme le président du tribunal, par le préfet maritime, ou, en cas d'absence, par celui qui le remplace. — Art. 5.

52. — Bien que, d'après la disposition précitée, le tour de rôle et le rang d'ancienneté doivent être exactement observés, si, cependant, les officiers et administrateurs de marine qui y sont désignés se trouvent empêchés, ceux qui les remplacent peuvent être appelés sans irrégularité à composer le tribunal. Mais il est indispensable qu'il soit fait mention de l'empêchement dans le procès-verbal de convocation du tribunal, afin que les accusés ne puissent, en cas de condamnation, se faire un moyen de nullité du remplacement. — Legraverend, *Législ. crim.*, 3e édit., t. 2, p. 686.

53. — Les juges des tribunaux de première instance, à leur défaut les suppléans suivant l'ordre du tableau, et, à défaut de ceux-ci, les gradués suivant le même ordre, sont appelés à prendre séance au tribunal maritime, d'après la demande qui en est faite au président du tribunal de première instance par le chef de service de la marine. — Décr. 12 nov. 1806, art. 5.

54. — Quoique ce décret ne contienne aucune prohibition pour cause de parenté, deux parens ou alliés au degré de cousin germain inclusivement ne peuvent néanmoins siéger ensemble au tribunal maritime. — Legraverend, t. 2, p. 687.

55.—Les commissaires-rapporteurs et les greffiers près les tribunaux maritimes sont nommés directement par le pouvoir exécutif.—Décr. 12 nov. 1806, art. 6 et 7. — L'art. 6 ajoute que les conditions d'éligibilité pour les commissaires-rapporteurs sont les mêmes que celles exigées pour les *procureurs généraux* près les Cours de justice criminelle. — L'âge requis par cet article n'est pas cependant celui de trente ans exigé pour les *procureurs généraux* près les Cours d'appel, mais celui de vingt-cinq ans. L'art. 2 précité du décret de 1806, qui détermine ce dernier âge pour les membres du tribunal maritime est applicable aussi bien aux commissaires-rapporteurs qu'aux juges. — Legraverend, t. 2, p. 686, note 3.

56. — Nous avons fait remarquer précédemment que les tribunaux maritimes devaient être considérés comme permanens. — V. *suprà* nos 47 et suiv. — Il en est de même des fonctions de commissaire-rapporteur et de greffier près les tribunaux. Ces fonctions ont même été formellement déclarées permanentes par l'art. 8 du décret du 12 nov. 1806.

57. — Les dispositions qui précèdent, touchant la composition des tribunaux maritimes, doivent être exécutées dans les ports de Brest, Toulon, Rochefort et Lorient (décr. 12 nov. 1806, art. 1er), ainsi que dans le port de Cherbourg, qui, depuis le décret précité, a pris rang parmi les grands ports.

58. — Mais, dans les autres ports et arsenaux, il peut être également, lorsque le cas le requiert, établi un tribunal maritime, qui doit être composé de la même manière, sauf les modifications rendues nécessaires par l'organisation administrative et militaire de ces ports et les autres circonstances locales. — Décr. 12 nov. 1806, art. 50.

59. — Dans ceux desdits ports où il n'y a pas de préfet maritime, les fonctions qui lui sont attribuées sont exercées par les commissaires généraux ou principaux de la marine qui ont remplacé les chefs du service de la marine. — Décr. 12 nov. 1806, art. 60; ord. 29 nov. 1815, art. 15.—Ainsi, il appartient à ces commissaires généraux ou principaux, à défaut de préfet maritime, de désigner le président du tribunal maritime, qui doit être choisi parmi les officiers les plus élevés en grade présens dans le port. — Décr. 12 nov. 1806, art. 61.

60. — Lorsque le nombre des juges ne peut être complété par des officiers militaires et d'administration des grades déterminés pour la formation des tribunaux maritimes dans les grands ports, il doit être pourvu à leur remplacement par des officiers militaires et d'administration d'un grade inférieur, pourvu néanmoins que ce grade soit supérieur ou au moins égal à celui du prévenu. A défaut de ces officiers, des gradués, choisis par rang d'ancienneté dans le lieu où siége le tribunal maritime, sont appelés à le compléter. Pour la convocation des membres du tribunal de première instance, on suit également la règle ci-dessus rappelée. — Art. 62.

61. — Comme dans les ports autres que ceux de Brest, Cherbourg, Lorient, Rochefort et Toulon, il n'existe pas de commissaires-rapporteurs permanens, les fonctions en sont remplies par le procureur de la République près le tribunal civil de l'arrondissement, et, en cas d'absence ou d'empêchement, par un substitut. — Art. 63.

62. — Un commis de la marine, nommé par le commissaire général ou principal de marine, remplit les fonctions de greffier auprès des tribunaux maritimes établis dans les ports secondaires. — Art. 64.

63. — Les tribunaux maritimes des grands ports et ceux qui sont établis dans les ports secondaires ne diffèrent que par quelques élémens de leur composition. Leurs attributions et leur compétence sont absolument semblables.

§ 2. — *Compétence.*

64. — Les tribunaux maritimes connaissent de tous les délits commis dans les ports et arsenaux, qui sont relatifs soit à leur police ou sûreté, soit au service maritime. — Décr. 12 nov. 1806, art. 10.

65. — Ainsi, les propos injurieux tenus dans l'intérieur du port, par un individu employé dans un arsenal maritime contre un autre employé du même arsenal, sont de la compétence du tribunal maritime et non de la juridiction ordinaire. — *Cass.*, 12 nov. 1819, Pourquier. — Merlin, *Quest.*, vº *Tribunal maritime*, § 2; Legraverend, t. 2, 3e édit., p. 688, note 4.

66. — La disposition de l'art. 11, tit. 3, décr. 20 sept.-12 oct. 1791, qui punit de cinq ans de gêne (au plus) et de l'expulsion de l'arsenal les voies de fait commises par les officiers d'administration et tous employés dans le département de la marine envers l'ordonnateur, les chefs, sous-chefs et autres supérieurs, n'a point été abrogée par le Code pénal de 1810, et est applicable au fait, par un ouvrier employé dans un atelier de l'arsenal maritime, d'avoir frappé le maître de cet atelier. — *Cass.*, 26 févr. 1847 (t. 1er 1847, p. 307), François.

67. — Le vol commis dans un lieu dépendant d'un arsenal par un matelot, au préjudice d'un autre matelot, des vêtemens fournis à ce dernier par l'Etat, est également de la compétence du tribunal maritime, comme portant atteinte tout à la fois à la police et à la sûreté de l'arsenal, ainsi qu'au service maritime. — *Cass.*, 2 sept. 1836 (t. 1er 1837, p. 538), Ducasse.

68. — De même, encore, le vol commis dans un port au préjudice de l'Etat par un garde-chiourme de service, est de la compétence des tribunaux maritimes; mais ce vol est passible des peines portées par la loi pénale militaire du 15 juill. 1829, et non de celles prononcées par la loi du 20 sept. 1791. C'est ce qui résulte de l'ordonnance royale du 16 juin 1820, qui a donné une organisation militaire aux garde-chiourmes. Ces derniers ayant été assimilés aux militaires doivent, par conséquent, être soumis aux lois pénales militaires. — *Cass.*, 21 juin 1833, Salmon.

69. — Mais, d'après le décret du 12 nov. 1806, la juridiction des tribunaux maritimes ne s'étend pas seulement sur les prévenus qui appartiennent à la marine. Ces tribunaux connaissent des délits déterminés par l'art. 10 précité (V. *suprà*, nº 64), à l'égard de tous ceux qui s'en rendent coupables comme auteurs, fauteurs ou complices, quelle que soit leur qualité, qu'ils soient ou non gens de guerre, attachés ou non au service de la marine. — Art. 11.

70. — Jugé, par application de cet article, que lorsque des vols d'objets relatifs au service de la marine ont été commis dans les ports ou dans les arsenaux, la connaissance en appartient aux tribunaux maritimes, même à l'égard des complices qui ne sont pas marins. — *Cass.*, 27 août 1813, Derez. — V. aussi Merlin, *Rép.*, vº *Vol*, sect. 3, § 3.

71. — Il nous semble évident que les tribunaux maritimes existent comme tribunaux ordinaires. La composition et la compétence de ces tribunaux sont, en effet, réglées de manière qu'il ne peut exister d'arbitraire ni dans cette composition ni dans la nature des affaires qui lui sont soumises. Il suit de là qu'on ne peut les assimiler à des commissions et tribunaux extraordinaires que l'autorité saisit d'une affaire spéciale.

72. — Toutefois, après la promulgation de la Charte de 1814, qui voulait que nul ne pût être distrait de ses juges naturels et abrogeait les commissions et tribunaux extraordinaires, on douta que la disposition de l'art. 11 du décret de 1806 fût restée en vigueur. — V. PORTS ET ARSENAUX, nº 20. — Une ordonnance royale du 14 oct. 1818 voulut faire cesser ce doute en déclarant que les tribunaux maritimes étaient maintenus *dans toute l'étendue de leurs dispositions*, et qu'on ne pouvait induire d'aucune des dispositions de la Charte l'abrogation des lois et réglemens relatifs à la juridiction maritime.

73. — Néanmoins, la question de savoir si la Charte de 1814 n'avait pas abrogé la disposition de l'art. 11 du décret de 1806 fut déférée aux tribunaux. Et, par un premier arrêt du 22 août 1822, la Cour de cassation décida que les crimes commis dans les arsenaux et leurs dépendances, par des individus étrangers au service de la marine, avaient continué, depuis la promulgation de la Charte de 1814, à être soumis à la juridiction des tribunaux maritimes, conformément à l'art. 11 du décr. de 1806. — *Cass.*, 22 août 1822, Caron et Roger. — V. aussi, en ce sens, Legraverend, t. 2, p. 688.

74. — Mais, après 1830, la même question se représenta devant la Cour de cassation, qui, sur les conclusions de M. le procureur général Dupin, revint sur sa première jurisprudence. Elle considéra que la disposition de l'art. 11 du décret de 1806 était inconciliable avec le texte et l'esprit des art. 53 et 54 de la Charte de 1830, qui reproduisaient les dispositions ci-dessus rappelées de la Charte de 1814. Elle admit alors la distinction suivante: Selon elle, les tribunaux maritimes ne sont des tribunaux ordinaires que pour le jugement des crimes ou délits commis par des gens de mer ou par des individus qui leur sont assimilés par la loi, mais ils deviennent des tribunaux extraordinaires lorsqu'ils étendent leur compétence sur des citoyens qui n'appartiennent ni à l'une ni à l'autre de ces catégories. — *Cass.*, 12 avr. 1834, Toumelin c. Min. public.

75. — Quelque grave que soit l'autorité de ce dernier arrêt, il nous paraît difficile d'en admettre la solution. Déjà, nous avons fait remarquer, d'une manière générale, que tout, dans l'institution des tribunaux maritimes, concourait à les faire considérer comme tribunaux ordinaires. Quoique intermittens, ils n'en sont pas moins permanens; et cette circonstance peut bien être regardée comme exclusive du caractère extraordinaire appliqué aux tribunaux maritimes. D'un autre côté, peut-on dire que l'individu qui se rend coupable d'un crime ou délit déterminé par le décret du 12 nov. 1806 soit distrait de ses juges naturels lorsqu'il est traduit devant un tribunal maritime? Ne sait-il pas d'avance, en effet, que ce crime ou délit le rend justiciable de ce tribunal? Or, on ne peut méconnaître qu'il appartient au législateur de déterminer les tribunaux qui doivent connaître d'une manière générale et permanente de certains crimes et délits. Nous croyons donc qu'une abrogation expresse pourrait seule faire cesser l'application de l'art. 11 du décret de 1806.

76. — Quoi qu'il en soit sur le point de savoir ce qu'il faut entendre par *ports et arsenaux*, et par *gens de guerre* ou *attachés au service de la marine*, dans le sens du décret du 12 novembre 1806, V. PORTS ET ARSENAUX, nos 15 et suiv., et 23 et suiv.

77. — Jugé spécialement, qu'un entrepreneur ou fournisseur de la marine, par suite d'adjudication, ne peut pas être considéré comme attaché à la marine; et n'est point justiciable des tribunaux maritimes, à raison des crimes ou délits par lui commis en cette qualité. — *Cass.*, 12 avr. 1834, Toumelin c. Minist. publ.

78. — De même, l'individu qui, pour un service industriel, loue simplement son temps à la journée dans un magasin général de la marine, ne peut être considéré comme attaché à la marine, c'est-à-dire comme incorporé parmi les employés à ce service, et, par suite, n'est point justiciable des tribunaux maritimes à raison des délits qu'il a commis. — *Cass.*, 23 janv. 1835, Abrard.

79. — Mais le gardien distributeur dans un chantier de constructions navales, administré par le département de la marine, qui s'y rend coupable de la soustraction frauduleuse d'objets confiés à sa garde, est justiciable des tribunaux maritimes. — *Cass.*, 14 nov. 1834, Pernot.

80. — Les équipages des bâtimens en armement sont également soumis à la juridiction des tribunaux maritimes, pour les délits relatifs au service maritime, commis jusqu'au moment de la mise en rade, et, au désarmement, depuis la rentrée dans le port jusqu'au licenciement de l'équipage. — Décr. 12 nov. 1806, art. 12. — Lorsque les bâtimens sont en rade, les délits relatifs au service maritime sont jugés par des conseils de justice ou par des conseils de guerre. — V. *infrà* nos 154 et suiv.

81. — Décidé que le matelot qui s'est rendu coupable dans un lieu dépendant d'un arsenal, au préjudice d'un autre matelot, du vol des vêtemens fournis à ce dernier par l'Etat, est justiciable pour ce délit, encore bien qu'il soit embarqué sur un vaisseau armé ou en réarmement, alors en réparation dans l'arsenal, du tribunal maritime, et non du conseil de justice de son bâtiment. — *Cass.*, 2 sept. 1836 (t. 1er 1837, p. 538), Ducasse.

82. — Les faits de service maritime, pour lesquels les tribunaux maritimes ont juridiction, sont des faits de service du port ou de l'arsenal, indépendans de la discipline militaire. Ainsi, les délits d'insubordination commis sur un vaisseau, non en rade ou en mer, mais dans le port, par des marins ou par des apprentis marins enrôlés dans les équipages, doivent être jugés par les conseils de guerre maritimes, et non par les tribunaux maritimes. — *Cass.*, 18 août 1820, Girard. — Legraverend, t. 2, p. 688, note 3.

83. — Lorsqu'un vol d'objets appartenant à l'Etat, commis dans les ports et arsenaux, est de de la valeur de 6 francs et au-dessus, le tribunal maritime peut condamner l'auteur et les complices du vol, suivant les circonstances, au carcan, à la peine de la chaîne, à l'expulsion de l'arsenal, à la dégradation civique et à une amende triple de la valeur de la chose volée. — Décr. 20 sept., 12 oct. 1791, tit. 3, art. 3 et 4. — Jugé toutefois, que ces peines ne sont applicables qu'aux individus attachés spécialement au service de la marine, tels que les maîtres, contre-maîtres, charpentiers et ouvriers civils, et non à des militaires de service momentanément dans les ports et arsenaux. — *Cass.*, 31 août 1821, Hauchois.

84. — Dans le cas où les délits commis dans les ports et arsenaux ne sont relatifs ni à la police, ni à la sûreté desdits ports et arsenaux, ni au service maritime, les prévenus sont renvoyés devant les tribunaux qui en doivent connaître. — Décr. 12 nov. 1806, art. 15.

85. — Les actes de piraterie sont des crimes relatifs au service maritime. Aussi la connaissance de ces actes avait-elle été attribuée aux cours martiales maritimes. Les tribunaux maritimes, qui les ont remplacées, sont aussi compétens pour juger les faits de piraterie. — *Cass.*, 11 avril 1839 (t. 1er 1839, p. 470), Marsaud. — V., au surplus, PIRATERIE, nos 35 et suiv.

86. — Mais les crimes de baraterie sont de la compétence des tribunaux ordinaires. — L. 10 avr. 1825, art. 11 et suiv., et art. 20. — V. BARATERIE, nº 36.

§ 3. — *Instruction.* — *Procédure.* — *Jugement.*

87. — Le décret du 12 nov. 1806 indique la forme de procéder tant devant le commissaire-rapporteur que devant le tribunal maritime.

88. — Voyons d'abord quelles sont les attributions du commissaire-rapporteur. — Lorsqu'un délit de la compétence du tribunal maritime est commis, le commissaire-rapporteur est chargé d'instruire, soit sur la plainte qui lui en est portée, soit d'office (décr. 12 nov. 1806, art. 14); et, pour l'information comme pour le reste de la procédure jusqu'au jugement définitif, il se fait aider du greffier. — Art. 15.

89. — Le commissaire-rapporteur commence par dresser procès-verbal du corps du délit et entend ensuite, s'il y a lieu, les témoins qui lui sont indiqués comme ayant ou qu'il juge avoir connaissance des faits. Les témoins signent leurs déclarations; et s'ils ne savent ou ne veulent signer, il en est fait mention. — Art. 14.

90. — Lorsque des pièces de conviction sont produites, le commissaire-rapporteur les paraphe et les fait parapher par les témoins qui les présentent. Si ces pièces ne sont pas susceptibles de recevoir des caractères d'écriture, il y attache des bandes de papier qui sont revêtues de son sceau et qui sont alors paraphées comme les pièces elles-mêmes. — Même article.

91. — Si les témoins qu'il fait citer refusent de comparaître, il décerne contre eux un mandat d'amener, en vertu duquel ils sont conduits devant lui par la force publique. Si comparaissant ou amenés devant lui, les témoins refusent de déposer, il décerne alors contre eux un mandat d'arrêt en vertu duquel ils sont traduits devant le tribunal maritime et condamnés aux peines portées par la loi du 11 prair. an IV. — Même article.

92. — Après avoir constaté le corps et les circonstances du délit, et reçu la déposition des témoins, le commissaire-rapporteur procède à l'interrogatoire du prévenu, lui représente les preuves matérielles du délit, s'il y en a, pour qu'il ait à déclarer s'il les reconnaît et à les parapher, et lui donne lecture du procès-verbal d'information ainsi que de son interrogatoire, afin qu'il déclare si ses réponses ont été fidèlement transcrites, si elles contiennent vérité, et s'il y persiste. Le prévenu doit signer son interrogatoire; et s'il ne peut ou ne veut signer, il en

est fait mention. L'interrogatoire est signé également par le commissaire-rapporteur et le greffier. — Art. 16 et 18.

93. — S'il y a plusieurs prévenus du même délit, chacun d'eux est interrogé séparément. — Art. 17. — Les interrogatoires et réponses des prévenus du même délit sont inscrits de suite sur un seul et même procès-verbal et séparés seulement par leurs signatures et celles du rapporteur et du greffier. — Art. 19.

94. — Après la clôture de l'interrogatoire, le rapporteur doit dire au prévenu de faire choix d'un défenseur : lequel peut être pris dans toutes les classes de citoyens présens sur les lieux ; et si le prévenu déclare qu'il ne peut faire ce choix, le rapporteur le fait pour lui. — Art. 20. — Le procès-verbal d'information et de l'interrogatoire subi par le prévenu ainsi que toutes les pièces tant à charge qu'à décharge sont communiqués au défenseur (art. 22), sans que, en aucun cas, cette communication puisse retarder la convocation du tribunal maritime. — Art. 21.

95. — Ces formalités remplies, le commissaire-rapporteur rend compte, sans délai, de la procédure au préfet maritime, et, dans les ports où il n'y en a pas, à l'intendant de marine, qui ordonnent de suite la convocation du tribunal. — Art. 23.

96. — Les juges qui doivent composer le tribunal dont les séances doivent être tenues dans un autre lieu que dans l'intérieur de l'arsenal, où aucune personne ne peut entrer, se rendent dans le lieu indiqué à cet effet par le préfet ou l'intendant, à l'heure de la matinée qui a été prescrite la veille par le président du tribunal. — Art. 24. — Les séances du tribunal sont publiques; la police en appartient au président. — Art. 25.

97. — Le président fait apporter et déposer devant lui, sur le bureau, un exemplaire de la loi, et le procès-verbal doit faire mention de cette formalité indispensable. Il est ensuite donné lecture du procès-verbal d'information et des pièces tant à charge qu'à décharge. Ce n'est qu'après cette lecture que l'accusé est introduit devant le tribunal. Il est alors interrogé par le président et peut répondre par lui ou par son défenseur, excepté sur les questions auxquelles il est interpellé de répondre personnellement. Tous les membres du tribunal ont le droit de lui adresser des questions. — Art. 26, 27 et 28.

98. — Le commissaire-rapporteur, les accusés, et la partie plaignante, s'il y en a une, peuvent produire des témoins, qui sont tous entendus l'un après l'autre, après avoir prêté serment de dire la vérité. L'accusé, le rapporteur et les juges ont le droit d'adresser aux témoins telles questions qu'ils jugent convenables. — Art. 29 et suiv. — Les accusés peuvent aussi faire entendre, sans citation préalable, les personnes présentes à l'audience, dont les déclarations sont invoquées par eux. — Art. 34. — Si la partie plaignante est présente à l'audience, elle peut être admise à faire ses observations, auxquelles l'accusé a le droit de répondre, ou son défenseur pour lui. — Art. 36.

99. — Lorsqu'un accusé n'a pu être arrêté ni constitué prisonnier, il est déclaré coutumace. Il n'est pas nommé de curateurs aux accusés absens. La procédure est instruite contre eux, à la diligence du commissaire-rapporteur, conformément aux règles établies par le Code d'instruction criminelle, qui a remplacé le Code du 3 brum. an IV, auquel renvoyait l'art. 49 du décret du 12 nov. 1806.

100. — Quoique le tribunal ne puisse, ainsi que nous l'avons vu, prononcer que sur l'objet de sa convocation, il n'est pas tenu, néanmoins, de juger sans désemparer. Ainsi, il est formellement autorisé à employer plusieurs séances à l'examen et aux débats, si les circonstances l'exigent. — Art. 32.

101. — Le greffier est tenu de rédiger un procès-verbal de chaque séance, de manière que ce procès-verbal puisse servir à constater l'accomplissement ou l'inobservation de chacune des formalités qui doivent avoir lieu dans le cours de l'instruction. Il sert à apprécier la régularité, la validité du jugement. — Art. 37.

102. — L'instruction à l'audience une fois terminée, le commissaire-rapporteur résume l'accusation et les dépositions des témoins, et requiert l'absolution ou la condamnation de l'accusé, et, dans ce dernier cas, l'application de la peine. — Art. 32. — L'accusé propose, soit par lui-même, soit par l'organe de son défenseur, ses moyens de justification ou d'atténuation. Le rapporteur peut ensuite reprendre la parole; l'accusé et son défenseur ont la même faculté. Mais les plaidoiries ne peuvent pas se prolonger au delà de cette réplique; il n'est jamais accordé de duplique. — Art. 33. — C'est l'application de ce principe général que la parole doit toujours, en matière criminelle, rester en dernier lieu aux accusés. — C. instr. crim., art. 335.

103. — Le président ne doit pas; comme en matière criminelle, résumer les débats. C'est aux membres du tribunal qu'il appartient de déclarer que la cause est suffisamment instruite. Cette déclaration doit être rendue à la majorité des voix. Lorsqu'elle a été prise, le président ordonne que le défenseur se retire et que l'accusé soit reconduit en prison. — Décr. 12 nov. 1806, art. 38.

104. — Les membres du tribunal opinent à huis clos. Et, comme les juges civils appelés à la formation du tribunal maritime siégent à la droite du président et les juges appartenant aux différens corps de la marine *du côté de son épée* (Legraverend, 3e édit., t. 2, p. 692), il en résulte que les juges attachés à la marine doivent opiner les premiers, dans l'ordre de leur grade, et le plus ancien en grade est considéré comme le plus élevé; les juges civils donnent ensuite leur avis, et le président émet le dernier son opinion. — Art. 39.

105. — Les jugemens sont rendus à la majorité absolue des voix, et, comme les tribunaux maritimes jugent en nombre pair, l'avis le plus doux doit prévaloir en cas de partage. — Art. 40.

106. — Le jugement est ensuite rédigé, et il est signé de tous les juges, même de ceux qui ont été d'un avis différent de celui qui a prévalu (art. 41). Les portes du tribunal sont alors rouvertes, et le président prononce le jugement en présence de l'auditoire (art. 43). Il ordonne en même temps au rapporteur de faire ses diligences pour qu'il soit mis de suite à exécution. — Art. 43.

107. — Aussitôt que le jugement a été prononcé, le greffier doit se rendre à la prison pour en faire lecture à l'accusé ; il le prévient qu'il a vingt-quatre heures pour se pourvoir en révision. Le procès-verbal de la lecture est écrit au bas du jugement, et signé seulement du greffier. — art. 44.

108. — Les minutes des jugemens sont inscrites sur un registre qui est déposé, à la fin de chaque année, au bureau de l'inspection de la marine, pour y avoir recours en cas de besoin (art. 47). Les pièces de toutes les procédures instruites doivent être jointes aux minutes (art. 46, 47). Des copies certifiées de tous les jugemens rendus par le tribunal maritime sont, en outre, adressées par le commissaire-rapporteur au ministre de la marine. — Art. 48.

109. — Nous avons vu qu'aux termes de l'art. 43 précité, les jugemens maritimes devaient être mis de suite à exécution. L'art. 45 fixe un délai de vingt-quatre heures. Mais ce délai peut être suspendu soit par le recours en révision, soit en vertu d'un ordre du pouvoir exécutif. Le greffier est tenu d'assister et de veiller aux exécutions; il en dresse procès-verbal au bas du jugement.

§ 4. — *Révision des jugemens. — Conseils de révision.*

110. — Les jugemens rendus par les tribunaux maritimes peuvent être soumis à la révision (décr. 12 nov. 1806, art. 51). Mais la révision ne doit être ordonnée que lorsqu'il y a violation des formes prescrites, ou fausse application des lois pénales. — Art. 52.

111. — Toutefois, malgré le silence du décret sur ce point, il est évident qu'il y aurait également et surtout lieu à révision pour cause d'incompétence des tribunaux maritimes. Il y a même, pour cette cause, lieu à recours en cassation, quand le prévenu est étranger à l'armée et à la marine militaire. — L. 27 vent. an VIII, art. 77. — *Cass.*, 18 août 1826, Girard; 10 mars 1831, Morant; 12 avr. 1834, Toumelin; 23 janv. 1835, Abrard; 11 avr. 1839 (t. 1er 1839, p. 470), Marsaud. — V. aussi *infrà* n° 230.

112. — Le recours en révision peut être exercé, soit par le commissaire-rapporteur, soit par l'accusé directement, soit en son nom par son défenseur. — Art. 53.

113. — Le délai dans lequel doit être formé le recours est de vingt-quatre heures pour le commissaire-rapporteur comme pour le condamné. — Même article.

114. — Mais quel est le point de départ de ce délai? Il semblerait, d'après l'art. 53 précité, que les vingt-quatre heures doivent courir, à l'égard du condamné comme à l'égard du rapporteur, du moment de la prononciation du jugement. Toutefois, il est à remarquer que, lorsque le jugement est prononcé à l'audience, l'accusé n'est pas présent; il ne connaît le jugement que par la lecture qui lui en est donnée par le greffier, lecture qui, il est vrai, doit avoir lieu immédiatement après que le jugement a été prononcé. Il résulte de là que le délai de vingt-quatre heures ne peut commencer à courir pour l'accusé qu'à partir de la lecture qui lui est donnée du jugement. — Legraverend, t. 2, p. 664, note 7.

115. — Le recours en révision se forme par déclaration au greffe. Et aussitôt que cette déclaration a été faite, toutes les pièces de la procédure doivent être adressées avec l'acte même de recours par le commissaire-rapporteur à l'intendant de marine ou à celui qui le remplace, pour qu'il convoque le conseil de révision.

116. — Le conseil, institué pour décider s'il y a lieu d'admettre ou de rejeter le recours en révision, se compose aujourd'hui de l'intendant de marine, du commissaire général ou principal de la marine, du major général de la marine, du président du tribunal civil de l'arrondissement et du procureur de la République près ce tribunal. — Décr. 12 nov. 1806, art. 54. — Ainsi, les juges qui forment le conseil de révision sont au nombre de cinq.

117. — En cas d'absence de l'un des fonctionnaires ci-dessus désignés, il est suppléé dans ses fonctions de juge par celui que les lois appellent à le remplacer. — Art. 54.

118. — La composition ci-dessus du conseil de révision s'applique à celui qui est formé dans les grands ports. Dans les ports et arsenaux de marine secondaires, le conseil de révision est composé du commissaire général ou principal de la marine qui en est le président, des deux officiers militaires et civils de la marine les plus élevés en grade dans le port, du président et du procureur de la République près le tribunal civil de l'arrondissement. — Art. 65.

119. — Dans les grands ports où il y a un commissaire-rapporteur spécial (V. *suprà*, n° 48), la désignation du procureur de la République comme membre du conseil de révision ne présente aucune difficulté. Mais dans les ports secondaires, où le procureur de la République est appelé à remplir les fonctions du commissaire-rapporteur près le tribunal maritime, il est évident que ce magistrat ne peut plus siéger au conseil de révision, lorsqu'il a lui-même dirigé l'instruction à la suite de laquelle a été rendu le jugement attaqué. Il doit alors être remplacé dans ce conseil par son substitut. Si ce dernier, au contraire, avait siégé au conseil maritime, il n'y aurait pas d'obstacle à ce que le procureur de la République siégeât au conseil de révision. — Legraverend, t. 2, p. 695.

120. — Les fonctions de rapporteur devant le conseil maritime de révision sont remplies par l'un des juges appelés à former ce conseil. — Legraverend, t. 2, p. 697.

121. — A la différence des tribunaux maritimes, qui sont recomposés chaque fois qu'un délit nouveau leur est soumis, les conseils maritimes de révision dont il s'agit ici sont, au contraire, sauf les cas d'empêchement, composés toujours des mêmes membres. — Ils tiennent leurs séances à l'intendance de marine. — Décr. 12 nov. 1806, art. 54.

122. — Ces conseils ne peuvent prendre connaissance du fond des affaires. Leurs attributions se bornent, comme nous l'avons vu, à examiner s'il n'y a pas eu violation des formes prescrites, ou fausse application des lois pénales: ce qui comprend l'excès de pouvoir, l'incompétence du tribunal, les irrégularités commises dans l'instruction, dans l'audition des témoins, dans la composition du tribunal, dans les débats, dans la délibération, etc.

123. — Ils doivent examiner, dans les vingt-quatre heures de la remise qui leur est faite des pièces de la procédure, si le jugement est conforme aux lois, tant pour la forme que pour l'application de la peine; leurs décisions sont rendues à la majorité des voix. — Décr. 22 nov. 1806, art. 54 et 56.

124. — Lorsqu'ils décident que les formes dé-

terminées par la loi ont été observées et que la peine est conforme aux dispositions qu'elle prescrit, ils consignent leur approbation au bas du jugement du tribunal maritime, laquelle est signée par chacun des membres du conseil. Le jugement est alors renvoyé par le président du conseil de révision au commissaire-rapporteur près le tribunal maritime, qui doit le faire exécuter dans les vingt-quatre heures. — Art. 55.

125. — Si le conseil reconnaît que le jugement a été illégalement rendu, il en ordonne la révision. Sa décision doit contenir en entier le texte de la loi sur lequel elle repose, ainsi que les violations dont l'existence a été constatée. — Art. 56.

126. — Cette décision est transmise par le président du conseil au commissaire-rapporteur près le tribunal maritime, qui la communique à l'intendant de marine. Celui-ci est tenu de convoquer sur-le-champ un autre tribunal maritime, composé d'un nouveau président et de nouveaux juges (art. 57) ; et il est procédé, sans délai, au nouveau jugement (art. 58).

127. — Le commissaire-rapporteur et le greffier qui ont exercé ces fonctions devant le premier tribunal maritime les remplissent aussi devant le second. — Art. 57. — M. Legraverend (t. 2, p. 696 et 697) conclut de là que la procédure ne doit pas être recommencée, et qu'il ne doit être procédé qu'à de nouveaux débats et à un nouveau jugement. Toutefois, on ne saurait, ce nous semble, refuser au second tribunal le droit d'ordonner un supplément d'instruction, s'il le jugeait nécessaire.

128. — Le nouveau jugement peut lui-même être frappé de recours en révision. Ce recours est soumis au même conseil de révision, composé des mêmes juges, s'il est fondé sur un moyen autre que celui qui a déterminé l'annulation du premier jugement. Mais s'il est fondé sur le même moyen que le premier, la question ne peut plus alors être immédiatement agitée devant les officiers et magistrats formant le conseil de révision. L'affaire doit être préalablement soumise au Conseil d'Etat, et le conseil de révision est tenu de se conformer à la décision rendue par le Conseil d'Etat et approuvée par le chef du pouvoir exécutif. — Legraverend, t. 2, p. 698.

129. — Jugé, que l'ordonnance royale intervenue dans le cas prévu par l'art. 58 du décret du 12 nov. 1806, c'est-à-dire à la suite d'un second recours en révision fondé sur les mêmes moyens que ceux qui avaient déjà motivé l'annulation du jugement du premier tribunal maritime, est obligatoire pour les tribunaux auxquels l'affaire est renvoyée, et qui sont tenus de s'y conformer. — *Cass.*, 21 juin 1833, Salmon.

130. — Le recours en révision n'est pas la seule voie ouverte contre les jugemens rendus par les tribunaux maritimes. Les individus non marins ni assimilés par les lois aux marins sont autorisés à se pourvoir aussi en cassation contre les jugemens des tribunaux maritimes, mais seulement pour cause d'excès de pouvoir on d'incompétence. — Legraverend, *loc. cit.* — V. aussi *suprà*, n° 230.

131. — Jugé, que les mécaniciens et ouvriers chauffeurs attachés au service des bâtimens à vapeur de la marine de l'Etat doivent être considérés comme faisant partie de l'armée de mer, et, par suite, ils sont non recevables à se pourvoir en cassation contre les condamnations qui leur sont infligées par les tribunaux maritimes. — *Cass.*, 8 nov. 1849 (t. 1er 1850), Porquet.

132. — Lorsque la Cour de cassation annule la déclaration d'incompétence, rendue par le conseil de révision sur le recours formé contre un jugement de condamnation d'un tribunal maritime, elle renvoie devant un autre conseil de révision, bien qu'elle ne soit saisie que par les ordres du ministre de la justice, en vertu de l'art. 441 C. instr. crim. — *Cass.*, 29 déc. 1831, Bourgognon.

Sect. 2e. — *Tribunaux maritimes spéciaux.*

133. — Indépendamment des tribunaux maritimes ordinaires, dont nous venons de retracer les attributions et la compétence, le décret du 12 nov. 1806 a établi des tribunaux maritimes spéciaux, qui ont continué de subsister, sauf quelques modifications apportées à leur compétence, depuis la Charte de 1814, ainsi que cela résulte d'une ordonnance royale du 2 janv. 1817, et sont encore en vigueur.

134. — Aux termes de l'art. 66 du décret du 12 nov. 1806, ces tribunaux ne sont composés que de cinq juges, savoir : le commissaire général ou principal de la marine, qui le préside (ord. 29 nov. 1815, art. 15), deux capitaines de vaisseau ou de frégate, un commissaire ou sous-commissaire, et un ingénieur ou sous-ingénieur de marine : ces quatre juges sont désignés par l'intendant de marine. Avant l'ordonnance de 1815, les tribunaux maritimes spéciaux étaient présidés par le préfet maritime, dans les ports où il en existait un, et c'était lui qui nommait les juges.

135. — Dans les ports où il n'existe pas d'intendant de marine, ou en son absence, les tribunaux maritimes spéciaux sont convoqués par le commissaire général ou principal de marine, qui a remplacé le chef du service de la marine, que le décret du 12 nov. 1806 (art. 67) désignait à cet effet, et en son absence la présidence appartient à un commissaire de marine.

136. — Il n'est pas nécessaire, pour la composition de ces tribunaux, de suivre le tour de rôle et le rang d'ancienneté, comme pour les tribunaux maritimes ordinaires. L'intendant de marine peut sans doute suivre cet ordre, cela est même préférable, mais rien dans la loi ne lui en fait une obligation. — Legraverend, 3e édit., t. 2, p. 700.

137. — Dans le cas où le nombre de juges ne peut être complété comme il est prescrit ci-dessus, il y est pourvu en appelant des gradués pris dans l'ordre du tableau, dans le lieu où se tient le tribunal. — Décr. 12 nov. 1806, art. 67.

138. — Les fonctions de commissaire-rapporteur et de greffier près les tribunaux maritimes spéciaux sont remplies, dans les grands ports, par des individus nommés par le pouvoir exécutif, et, dans les ports secondaires, les premières par le procureur de la République près le tribunal de première instance, ou, en son absence, par son substitut ; et les secondes par un commis de la marine désigné par le commissaire général ou principal de la marine. — Art. 66 et 67.

139. — Sous l'empire du décret du 12 nov. 1806, les tribunaux maritimes spéciaux connaissaient exclusivement de tous les délits commis par les forçats et par les garde-chiourmes, des contraventions aux ordonnances et règlemens concernant la police des chiourmes et des bagnes, quelle que fût la qualité de ceux qui s'en rendaient coupables, et du délit d'évasion de forçats contre tous auteurs et complices de cette évasion. — Art. 69, 70 et 71.

140. — Mais la juridiction des tribunaux maritimes spéciaux s'est trouvée modifiée par la Charte de 1814. Depuis cette Charte, la disposition du décret du 12 nov. 1806 qui étendait la compétence de ces tribunaux sur des individus étrangers à la marine, en cas de complicité dans l'évasion d'un forçat ou de délits contre la police des chiourmes ou des bagnes, a cessé de recevoir son exécution. Les forçats détenus dans les bagnes sont seuls justiciables, à raison des délits qu'ils y commettent, des tribunaux maritimes spéciaux. Les crimes et délits commis par d'autres individus et dont la connaissance était attribuée à ces tribunaux, sont jugés maintenant par les tribunaux maritimes ordinaires, lorsque ces crimes et délits ont été commis dans l'intérieur des ports et arsenaux. — Ordonn. royale 2 janv. 1817.

141. — Il résulte des termes de l'ordonnance du 2 janvier 1817, que la compétence des tribunaux maritimes spéciaux étant restreinte aux *forçats détenus dans les bagnes*, c'est la présence dans le bagne, ou du moins la qualité de forçat au moment des poursuites qui détermine cette compétence.

142. — Ainsi, le forçat qui, étant encore détenu en cette qualité, s'est rendu coupable d'un vol, n'est point justiciable des tribunaux maritimes spéciaux si, au moment des poursuites, il était libéré de sa peine. — *Cass.*, 4 fév. 1832, Gauthier.

143. — Il ne peut être justiciable que des tribunaux maritimes ordinaires, si le vol à raison duquel il est poursuivi a été commis dans le port ou arsenal. Mais s'il a été commis dans la ville, même au préjudice de l'Etat, ces tribunaux cessent d'être compétens. La connaissance de l'affaire ne peut appartenir qu'au tribunal correctionnel. — Même arrêt.

144. — D'après le décret du 12 novembre 1806, il aurait suffi toutefois que les poursuites eussent été commencées avant la libération du forçat pour qu'il restât justiciable du tribunal maritime spécial à raison d'un délit commis dans le port. Mais une ordonnance du 16 février 1827 y a dérogé sous ce rapport.

145. — Dans les lieux où le tribunal ordinaire et le tribunal maritime ont une prison commune, c'est au tribunal ordinaire, exclusivement à tout autre, qu'il appartient de procéder au jugement du concierge et des guichetiers inculpés d'avoir favorisé l'évasion de deux détenus dont l'un, quoique désigné pour servir comme forçat dans l'arsenal, n'a pas encore été déposé dans le bagne. — *Cass.*, 31 juill. 1812, Birolleau.

146. — Quoique naturellement justiciable des tribunaux maritimes spéciaux, le forçat doit également être renvoyé devant les tribunaux lorsqu'il a pour coaccusé un individu justiciable de ces tribunaux. — *Cass.*, 3 août 1827, Clément.

147. — Jugé, que les tribunaux maritimes spéciaux sont exclusivement compétens pour connaître de toutes les infractions aux ordonnances et règlemens concernant la police des bagnes, et de tous les délits y relatifs ; par conséquent des crimes à l'aide desquels l'évasion s'accomplit — *Cass.*, 14 mars 1845 (t. 2 1845, p. 568), Hernandez ; — ainsi que des crimes commis par un forçat en tentant de s'évader. — *Cass.*, 2 janv. 1845 (t. 2 1845, p. 567), Georges.

148. — Ces crimes ne peuvent être déférés à une Cour d'assises sous prétexte de connexité avec d'autres crimes commis par le même forçat postérieurement à son évasion. — V. arrêt de *Cass.* précité, du 14 mars 1845.

149. — Les tribunaux maritimes spéciaux sont compétens pour connaître du fait de l'évasion d'un forçat, et, par suite, des crimes qui ont accompagné cette évasion. — *Cass.*, 23 fév. 1837 (t. 1er 1837, p. 365), Godet.

150. — Les règles prescrites pour l'instruction, la tenue et la police des audiences, la direction des débats, la délibération, la prononciation du jugement, et les devoirs du président, des juges, du commissaire-rapporteur et du greffier, en matière spéciale, sont les mêmes que celles qui sont observées en matière ordinaire. — Décr. 12 nov. 1806, art. 68.

151. — Mais les jugemens rendus par les tribunaux maritimes spéciaux ne peuvent, en aucun cas, être soumis au recours en révision. — Même article.

152. — Décidé cependant qu'ils peuvent être déférés à la Cour de cassation pour cause d'incompétence et d'excès de pouvoir. — *Cass.*, 2 janv. 1845 (t. 2 1845, p. 567), Georges.

CHAPITRE III. — *De l'administration de la justice à bord des vaisseaux.*

153. — Tout ce qui concerne l'exercice de la police et la justice à bord des vaisseaux est réglé par un décret du 22 juill. 1806, qui a reproduit en certaines parties et modifié dans d'autres la loi du 22 août 1790.

154. — Les tribunaux maritimes ordinaires, comme nous l'avons vu précédemment, ne statuent sur les délits commis dans les ports et arsenaux par des individus faisant partie d'équipages que lorsqu'ils l'ont été avant la mise en rade des bâtimens ou depuis leur désarmement. Mais aussitôt que les marins sont à la mer et pendant qu'ils y restent, ils sont justiciables, suivant les circonstances, des conseils de justice ou des conseils de guerre, pour les délits dont ils se rendent coupables.

155. — D'après le règlement général sur la course, du 2 prair. an XI (art. 31, ch. 5, tit. 1er), les lois et les règlemens sur la police et la discipline militaire doivent être observés à bord des bâtimens armés pour la course ou armés en guerre, et chargés en même temps de marchandises. Les marins employés sur ces bâtimens sont justiciables à raison des délits qu'ils y commettent de la juridiction de l'un ou de l'autre des tribunaux précités.

156. — Les officiers, sous-officiers et soldats des troupes de terre, qui sont embarqués sur des bâtimens de guerre, sont justiciables, pendant le temps de leur séjour dans ces bâtimens, des tribunaux maritimes, et spécialement des conseils de justice. Mais il en est autrement des officiers, sous-officiers et soldats des troupes de terre étant à bord des bâtimens de commerce nolisés pour le trans-

port desdites troupes naviguant en convoi ou à la suite d'une escadre. La raison en est que le nolissement ne fait point perdre aux bâtimens de commerce leur qualité. Ainsi, ces officiers, sous-officiers et soldats restent assujettis à la juridiction ordinaire des troupes de terre pour les délits qu'ils peuvent commettre à bord des bâtimens de commerce nolisés. — *Cass.*, 11 déc. 1828, Lemarchand.

157. — Les personnes embarquées sur les vaisseaux de l'Etat ne cessent pas d'avoir la qualité de *personnes embarquées*, quoiqu'elles soient momentanément à terre, ou que le vaisseau de l'équipage dont elles font partie soit en réarmement dans le port. — Ces personnes, dès lors, sont justiciables des conseils de justice ou des conseils de guerre, à raison des crimes et des délits qu'elles peuvent commettre dans cette situation. — *Cass.*, 23 juin 1838 (t. 2 1838, p. 556), Lefrançois et Lethuit.

158. — Les marins levés comme appartenant au régime des classes, ou incorporés dans les équipages de ligne, en vertu de la loi sur le recrutement, sont militaires, et, dès lors, soumis, pendant leur séjour à terre, aux dispositions des lois et ordonnances concernant la discipline et la police des corps militaires de la marine, et, lorsqu'ils sont embarqués, aux dispositions du Code pénal des vaisseaux. — Ainsi, dans le premier cas, ce sont les conseils de guerre maritimes qui doivent faire l'application de ces lois et ordonnances; et, dans le second, les conseils de justice séant à bord appliquent les dispositions du Code pénal des vaisseaux. — *Cass.*, 8 avr. 1842 (t. 2 1842, p. 453), Suzanne.

159. — Indépendamment des conseils de justice et des conseils de guerre chargés à bord des vaisseaux de la répression des délits, une espèce de juridiction est en outre exercée par les capitaines commandant les vaisseaux, sous l'autorité du commandant de l'armée navale, de l'escadre, ou de la division à laquelle ils appartiennent. Ils ne peuvent toutefois prononcer que les peines de discipline déterminées par la loi du 22 août 1790. — Décr. 22 juill. 1806, art. 18 et 19.

160. — Les conseils de justice et les conseils de guerre maritimes se réunissent pour juger les délits de leur compétence et sont dissous aussitôt que le jugement est prononcé. Ainsi, ces tribunaux ne sont pas permanens. D'un autre côté, leurs décisions ne sont pas sujettes à révision (V. *infrà*, nº 181). Ces circonstances ont conduit la Cour de cassation à décider qu'ils avaient été abrogés par la Charte de 1814. — *Cass.*, 9 juin 1843 (t. 2 1843, p. 474), Vallerin). — Mais il est à remarquer que les conseils de guerre institués par l'ordonnance du 22 mai 1816 n'ont pu remplacer ceux qui avaient été créés par le décret du 22 juill. 1806, puisque les premiers ne doivent connaître que des faits de désertion. Aucune loi ne leur a attribué la connaissance des faits compris dans les attributions des conseils de guerre institués par le décret du 22 juill. 1806.

161. — Les conseils de justice et les conseils de guerre maritimes, établis par le décr. du 22 juill. 1806, nous paraissent être des tribunaux ordinaires pour la connaissance et le jugement des affaires qui leur sont dévolues. Ils ne sauraient être considérés comme des commissions ni comme des tribunaux extraordinaires. Par conséquent, ils ont survécu à la Charte de 1814. La Cour de cassation l'avait elle-même jugé ainsi. — *Cass.*, 18 avr. 1828, Favella et Zimmermann (deux arrêts).

Sect. 1re. — *Conseils de justice.*

162. — Chaque conseil de justice est composé de cinq officiers, y compris le président. — Décr. 22 juill. 1806, art. 23. — Le capitaine du vaisseau ou autre bâtiment sur lequel est embarqué le prévenu est chargé de présider le conseil. — Art. 22. — Les autres membres sont nommés, autant que cela est possible, parmi les officiers embarqués à bord du même vaisseau ou bâtiment. — Art. 23.

163. — Le conseil se réunit sur la convocation du président. — Art. 22.

164. — Lorsque le capitaine du bâtiment est commandant supérieur, il n'a pas besoin d'autorisation préalable pour convoquer et réunir le conseil de justice. Mais dans le cas contraire il doit prendre les ordres de l'officier qui commande en chef, soit en rade, soit à la mer. — Art. 28.

165. — Les fonctions de greffier sont remplies par l'agent comptable du bâtiment. — Argum. art. 25.

166. — L'art. 21 du décret du 22 juill. 1806 ne désignait comme soumis à la juridiction du conseil de justice que les délits emportant peine de la cale ou de la bouline. Mais ces peines ainsi que celles des coups de corde au cabestan ont été abolies par un décret du Gouvernement provisoire du 12 mars 1848, qui les a commuées en l'emprisonnement au cachot.

167. — Toutefois, la disposition de l'art. 21 du décret du 22 juill. 1806 ne devait être considérée comme limitative qu'en ce sens qu'elle ne pouvait s'étendre au delà. Ainsi, un conseil de justice ne pouvait pas prononcer de peine plus grave que la cale et la bouline. Mais il ne lui était pas interdit de juger les délits qui n'étaient passibles que d'une peine moindre, par exemple, des coups de corde au cabestan, des fers, de la prison, ou de la réduction de grade ou de paie. — Legraverend, 3e édit., t. 2, p. 706. — Rien ne l'empêche aujourd'hui d'appliquer encore la peine des fers, de la prison, de la réduction de grade ou de paie, de l'attache au grand mât et de l'emprisonnement au cachot par lequel le décret du Gouvernement provisoire du 12 mars 1848 a remplacé, ainsi que nous l'avons dit, la peine de la cale, de la bouline et des coups de corde au cabestan.

168. — Il avait été jugé avant le décret du 12 mars 1848, que la peine des fers et autres peines dont la loi du 21-22 août 1790 avait rendu passibles, en cas d'insubordination, les matelots, officiers et autres personnes qui servent sur les bâtimens de l'Etat, n'avaient pas cessé d'être en vigueur. — *Aix*, 17 sept. 1827, Cannac et Carlini c. Violle. — Il en est de même encore aujourd'hui, sauf les modifications apportées par le décret précité du 12 mars 1848. — *Cass.*, 10 mai 1849 (t. 1er 1850), Minard.

169. — Spécialement, le fait de désobéissance et d'insoumission commis à bord par un matelot de service est punissable, non de la peine portée par l'art. 39 L. 21 mars 1832, mais de celle établie par l'art. 14, tit. 2, L. 21-22 août 1790. — *Cass.*, 15 oct. 1849 (t. 1er 1850), Levasseur. — Cette peine était celle de douze coups de corde au cabestan. Mais elle a été commuée en l'emprisonnement au cachot par un décret du Gouvernement provisoire du 12 mars 1848.

170. — Toute personne embarquée sur un vaisseau et inscrite au rôle de l'équipage, autre que les officiers de la marine, officiers mariniers, matelots, troupes de terre embarquées sur les bâtimens de guerre, est soumise à la juridiction du conseil de justice à raison des vols qu'elle y commet, encore bien qu'elle soit étrangère et qu'au moment du vol le navire se soit trouvé dans un port étranger. — *Cass.*, 1er juill. 1830, Damel.

171. — Mais le conseil de justice établi à bord d'un vaissau de l'Etat, en vertu du décret du 22 juillet 1806, est incompétent pour juger un matelot qui ne se trouvait qu'accidentellement à bord du navire et faisait partie d'un détachement d'un autre corps étranger à l'équipage du bâtiment, et employé uniquement à une corvée temporaire. — *Cass.*, 22 juill. 1837 (t. 2 1837, p. 281), Thibaudot.

172. — En mer, les séances du conseil de justice se tiennent sur le pont; dans les ports, le conseil peut se réunir à bord de l'amiral (loi 22 août 1790, tit. 1er, art. 12). — Les séances du conseil sont publiques. — Legraverend, t. 2, p. 707.

173. — Le décret du 22 juillet 1806 n'a tracé aucune espèce de formalité pour la procédure devant le conseil de justice. Il se borne à dire que l'affaire doit être instruite oralement (art. 24). Il résulte de là nécessairement que la procédure doit être très-sommaire.

174. — Néanmoins, dans le silence du décret du 22 juillet 1806, on doit recourir à la loi du 22 août 1790, dont toutes les dispositions relatives à la manière de procéder devant les conseils de justice établis par cette loi, qui ne sont pas explicitement ou implicitement abrogées par le décret précité, doivent être considérées comme étant encore en vigueur. — Legraverend, *loc. cit.*

175. — Ainsi, lorsqu'un délit de nature à être déféré au conseil de justice vient à être commis, l'officier de quart ou de garde doit, conformément à la loi du 22 août 1790 (tit. 1er, art. 7 et 8), en dresser la plainte par écrit, à moins que la partie plaignante n'en ait elle-même rédigé une. Cette plainte est ensuite remise au commandant qui donne des ordres pour que l'instruction soit faite. — Legraverend, *ibid.*

176. — Il n'existe pas auprès du conseil de justice, comme auprès des tribunaux maritimes ordinaires, de rapporteur distinct des membres du conseil. La loi du 22 août 1790 voulait que les fonctions de rapporteur fussent remplies par l'officier le plus élevé en grade après le président du conseil (art. 6). Mais le décret du 22 juillet 1806 n'ayant pas reproduit cette disposition, il s'ensuit que le rapporteur peut être pris indistinctement parmi tous les officiers appelés à former le conseil. Il est désigné par le président. — Legraverend, *ibid.*

177. — L'officier qui a fait le rapport du délit imputé au prévenu ne peut, à peine de nullité, faire partie comme juge du conseil de justice. — *Cass.*, 15 oct. 1849 (t. 1er 1850), Levasseur.

178. — Les prévenus comparaissent devant le conseil de justice assistés de défenseurs. Toutefois le jugement rendu sans que le prévenu ait été assisté d'un défenseur n'est pas nul si ce prévenu n'a point élevé de réclamation. Le devoir de désigner d'office un défenseur au prévenu qui n'en a point choisi, n'existe que devant les tribunaux maritimes permanens. — *Cass.*, 22 janv. 1848 (t. 2 1849, p. 201), Mérieult.

179. — L'instruction à l'audience devant les conseils de justice se fait de la même manière que devant les tribunaux maritimes. Le jugement est rendu à la pluralité des voix (décr. 22 juill. 1806, tit. 3, art. 24). Ainsi le prévenu est condamné ou absous suivant que trois suffrages se réunissent contre lui ou en sa faveur.

180. — Les voix sont recueillies, hors la présence des assistans, en commençant par le grade inférieur et par le moins ancien dans chaque grade; le président opine le dernier. — Le jugement est rédigé de suite par le greffier, qui y fait mention du délit, de ses circonstances et du nombre des voix qui l'ont déterminé. — Même décret, tit. 3, art. 25. — La minute du jugement est signée par tous les juges, quel qu'ait été leur avis. — Tit. 3, art. 26.

181. — Les décisions du conseil de justice ne sont soumises à l'examen d'aucun tribunal supérieur. Cependant, le capitaine du bâtiment qui a présidé le conseil a le droit de les modifier. Ainsi, il peut, suivant les circonstances, commuer la peine prononcée par le conseil de justice en une peine plus légère d'un degré seulement. — Tit. 3, art. 24. — Il manifeste sa volonté à cet égard par l'énonciation au bas du jugement de la formule suivante : *Soit commuée la peine portée au présent en celle de..., conformément à l'article 24 du décret du 22 juillet* 1806. — Tit. 3, art. 27.

182. — Les jugemens rendus par les conseils de justice sont inscrits sur un registre particulier tenu à bord de chaque bâtiment. — Art. 30. — Des expéditions authentiques, signées du président et du greffier, en sont adressées au ministre de la justice, ainsi que cela se pratique pour les tribunaux maritimes. Et, lorsque le bâtiment est désarmé, le registre précité est déposé au bureau des classes du port où il est rentré.

183. — Nous avons vu que les conseils de justice ne peuvent pas appliquer de peines plus fortes que celles de la cale et de la bouline. Si, par l'examen des affaires portées devant eux, la peine encourue par les prévenus leur paraît devoir être plus grave que celle de la cale ou de la bouline, ils doivent alors se déclarer incompétens et exprimer les motifs de leur déclaration. Cette décision doit porter en outre que les prévenus resteront détenus jusqu'au moment où l'on pourra faire statuer sur leur sort par un conseil de guerre. — Décr. 22 juill. 1806, tit. 3, art. 31.

184. — Lorsqu'un conseil de justice s'est dessaisi d'une affaire portée devant lui, il a épuisé sa juridiction, et il ne peut plus connaître de cette affaire, quand bien même il se serait trompé, et que le délit serait de sa compétence. Le conseil de guerre devant lequel le prévenu a été renvoyé doit prononcer définitivement. — Même article.

185. — Quant à l'exécution des jugemens rendus par les conseils de justice, elle est ordonnée par le capitaine qui a présidé le conseil. A cet effet, il écrit au bas du jugement cette formule : *Soit exécuté selon sa forme et teneur.* — Art. 27. — S'il est commandant supérieur, il peut directement ordonner l'exécution. Mais dans le cas contraire il doit préalablement prendre les ordres de l'officier qui commande en chef, comme pour la convocation du conseil. — Art. 28.

186. — Avant et au moment de l'exécution du jugement, il est donné lecture sur le pont au

condamné par le greffier, la garde sous les armes et l'équipage assemblé et en silence. — Art. 29. — Le greffier dresse procès-verbal de cette opération ainsi que de l'exécution du jugement.

Sect. 2e. — *Conseils de guerre maritimes.*

187. — Les conseils de guerre maritimes sont composés de huit juges au moins, y compris le président. Les membres de ces conseils doivent être âgés de vingt-cinq ans accomplis, et nommés parmi les officiers généraux et les plus anciens capitaines de vaisseau ou de frégate. — Décr. 22 juill. 1806, art. 39. — Le président doit être évidemment un officier général. Il ne saurait être, en effet, d'un grade inférieur à celui des juges.

188. — Le nombre des juges appelés à former les conseils de guerre maritimes ne peut pas être moindre que huit; mais il peut être élevé au delà de ce chiffre, si les circonstances l'exigent. C'est ce qui résulte de l'expression *au moins* qui se trouve dans l'art. 39 précité. — Legraverend, t. 2, p. 741.

189. — On ne peut, pour la formation d'un conseil de guerre maritime, comme pour celle d'un tribunal maritime, suppléer, en cas de nécessité, les officiers d'un grade supérieur par ceux d'un grade inférieur. Le décret du 22 juill. 1806 indique lui-même comment il doit être procédé en cette circonstance. Si le bâtiment sur lequel un délit a été commis navigue isolément, porte l'art. 37 de ce décret, ou s'il ne se trouve pas dans l'escadre ou division dont il fait partie un nombre suffisant d'officiers du grade requis pour former le conseil de guerre, le commandant du bâtiment fait arrêter et détenir le prévenu; il est dressé procès-verbal du délit et de la déposition des témoins; toutes les pièces de conviction sont recueillies : le tout est remis, à la première occasion, ainsi que le prévenu, à la disposition soit du préfet maritime, soit de l'intendant de marine, soit enfin du commandant des forces navales, lesquels convoquent le conseil de guerre, s'il y a lieu.

190. — Il y a près de chaque conseil de guerre maritime un rapporteur. Les fonctions en sont exercées par un officier choisi hors du tribunal. Ce rapporteur, qui est en même temps procureur ou commissaire du gouvernement, doit, comme les membres du conseil, être âgé de vingt-cinq ans accomplis, et pris parmi les officiers des grades désignés pour le choix des juges. — Décr. 22 juill. 1806, art. 41.

191. — Lorsque le conseil de guerre maritime siége dans un port, les fonctions de greffier y sont remplies par le greffier du tribunal maritime de l'arrondissement, et, à son défaut, par un greffier nommé d'office. — Art. 42.

192. — Dans le cas où le prévenu d'un délit de la compétence d'un conseil de guerre maritime est tout autre qu'un officier, la convocation du conseil et la nomination du président, des juges, du rapporteur et du greffier, s'il y a lieu d'en désigner un d'office, doivent être faites soit par le commandant de l'armée navale, de l'escadre ou de la division, si l'on se trouve en rade ou à la mer, soit par le préfet maritime ou l'intendant de marine, si le bâtiment sur lequel le prévenu est embarqué est soumis à leur autorité. — Art. 36, 40, 41 et 42.

193. — Dans les colonies, les attributions conférées aux préfets maritimes et aux intendans de marine relativement à la convocation et à la formation des conseils de guerre maritimes, appartiennent aux gouverneurs. — Art. 38.

194. — Lorsque le prévenu est un officier ou tout autre ayant rang d'officier, il ne peut être traduit devant un conseil maritime sans un ordre du pouvoir exécutif. Cependant, dans les cas qui exigent célérité, les préfets maritimes, les intendans de marine, les gouverneurs des colonies, les commandans en chef des forces navales et les commandans supérieurs dans les ports sont autorisés à faire arrêter les officiers qui ont commis un délit et faire entendre les témoins pour constater la vérité des faits; mais ils doivent aussitôt en informer le ministre de la marine. — Art. 35.

195. — Dans ce dernier cas, le droit de convoquer le conseil de guerre maritime et d'en nommer les membres, ainsi que le rapporteur, appartient exclusivement au chef du pouvoir exécutif. — Art. 40 et 41.

196. — La compétence des conseils de guerre maritimes commence où finit celle des conseils de justice. Ainsi, les conseils de guerre maritimes connaissent de tous les délits commis par des personnes embarquées sur les vaisseaux ou autres bâtimens de l'Etat, qui sont susceptibles d'emporter une peine plus forte que celle de la cale ou de la bouline. — Art. 33.

197. — Tous les délits qui sont susceptibles d'emporter peine capitale ou les galères, lorsqu'ils ont été commis sur les bâtimens armés en course ou chargés de marchandises, en même temps qu'ils sont armés en guerre, sont aussi de la compétence des conseils de guerre maritimes. — Legraverend, t. 2, p. 740.

198. — Les conseils de guerre maritimes connaissent également des crimes et délits qui sont commis à terre par les officiers, matelots et soldats faisant partie de l'équipage d'un bâtiment, lorsque ces crimes ou délits ont eu lieu entre eux ou sont relatifs au service maritime. — Décr. 22 juill. 1806, art. 76.

199. — Spécialement, est de la compétence des conseils de guerre maritimes, et non des tribunaux maritimes ordinaires, le délit d'insultes avec menaces envers ses supérieurs, commis à terre par un matelot. — *Cass.*, 5 sept. 1834, Peroy.

200. — ... Ainsi que le délit d'insubordination par un marin ou par un apprenti marin enrôlé dans les équipages envers son supérieur, lorsqu'il a été commis sur un vaisseau, même dans le port. — *Cass.*, 18 août 1826, Girard; 4 avr. 1834, Peroy.

201. — Les individus incorporés dans un régiment de la marine, portés sur les contrôles, recevant la solde et assujettis à la discipline des corps réguliers, sont, par le seul fait de leur service effectif, justiciables des conseils de guerre maritimes, pour les crimes ou délits qu'ils peuvent commettre étant en activité de service (*Cass.*, 6 août 1829, Renoult), nonobstant l'irrégularité de leur incorporation. — *Cass.*, 30 avr. 1825, Vuillemot et Manceau; 15 sept. 1825, Mazas; 7 janv. 1826, Melchior-Gros; 8 mai 1828, Barilliet.

202. — Ainsi, spécialement, un apprenti marin porté sur les contrôles, recevant la solde et soumis à la discipline des corps, est, par le seul fait de son service effectif, justiciable des conseils de guerre maritimes, à raison des délits par lui commis en activité de service contre l'État ou contre ses camarades, malgré la nullité de l'engagement qu'il avait contracté avant d'avoir atteint l'âge requis. — *Cass.*, 10 mars 1826, Rasse et Fera; 30 juin 1827, Savoye; 5 juin 1835, Corblot.

203. — L'individu porté comme marin sur les contrôles d'une division et qui y sert activement et réellement est, par cela seul, soumis aux lois et juridictions militaires de la marine pour les fautes de discipline, les délits et les crimes qu'il commet envers d'autres militaires, sans que les tribunaux de répression puissent juger la validité ou la nullité de l'acte qui l'a appelé au service. — *Cass.*, 29 déc. 1831, Bourgognon.

204. — Sont notamment justiciables des conseils de guerre maritimes, à raison des vols qu'ils ont commis au préjudice de leurs camarades, les marins inscrits placés à la suite des équipages de ligne et mis ainsi en activité par l'ordonnance du 29 mai 1830. — Même arrêt.

205. — Le vol d'argent ou d'effets commis par un apprenti marin des équipages de ligne *non embarqué*, au préjudice d'un de ses camarades, rentre dans les prévisions du deuxième alinéa de l'art. 1er de la loi du 15 juillet 1829, et non dans celles de l'art. 401 C. pén. ordinaire. — *Cass.*, 8 avr. 1842 (t. 2 1842, p. 453), Suzanne.

206. — Un sous-traitant pour la fourniture des vivres de la marine doit être considéré comme munitionnaire, et est en cette qualité justiciable du conseil de guerre maritime, à raison des prévarications par lui commises dans les fournitures faites aux équipages. — *Cass.*, 25 mars 1808, Cornette.

207. — Quant aux délits contre le service déférés par le décret du 22 juillet 1806 (art. 76), à la connaissance des conseils de guerre maritimes, ils ne peuvent s'entendre que des délits contre le service maritime ou entre les officiers, matelots et soldats. — *Cass.*, 6 oct. 1842 (t. 1er 1843, p. 61), Varaldi.

208. — Spécialement, la désobéissance de la part d'un officier de la marine à un ordre qui lui a été donné par un capitaine ou lieutenant d'un port de commerce constitue un délit contre le service de la compétence des conseils de guerre maritimes. — *Cass.*, 24 sept. 1836, Coulon.

209. — Jugé aussi, que le décret du 22 juillet 1806 (art. 76), qui attribue aux conseils de guerre maritimes la connaissance des délits commis par les personnes embarquées sur les vaisseaux de l'Etat, lorsque ces délits ont eu lieu entre officiers, matelots et soldats, s'applique même au cas où le délit a été commis contre un soldat non embarqué sur le même navire que le prévenu, et, par exemple, contre un agent de la force publique (un gendarme) dans l'exercice de ses fonctions. — *Cass.*, 22 févr. 1850 (V. t. 1er 1850), Franceschi.

210. — Dans la station des îles Marquises et des îles de la Société, la répression des voies de fait commises par un matelot embarqué, envers son supérieur, est également de la compétence du conseil de guerre maritime créé par le décret du 22 juill. 1806; et si la composition de ce conseil n'est pas possible, le commandant du vaisseau fait mettre le prévenu à la disposition du préfet maritime, ou d'un commandant des forces navales, pour être procédé contre lui conformément aux dispositions du décret précité. — *Cass.*, 22 févr. 1850 (t. 1er 1850), Moyet.

211. — Le conseil de guerre maritime qui reconnaît un matelot coupable d'avoir levé la main contre un officier pour le frapper, crime qui est puni de trois ans de galères (L. 22 août 1790, art. 16), ne peut l'acquitter sous le prétexte qu'il a été purifié de ce fait par le *baptême de feu*. — *Cass.*, 24 sept. 1831, Prunet. — Par là, en effet, il admet une excuse qui n'est point autorisée par la loi, et excède ses attributions en usurpant en quelque sorte le droit de grâce.

212. — Cet arrêt suppose que le fait, par un matelot ou officier marinier, d'avoir levé la main contre un officier d'un grade supérieur pour le frapper, est encore de la compétence d'un conseil de guerre maritime. Aucun doute ne pourrait exister à cet égard si la loi répressive de ce fait était celle du 22 août 1790, puisqu'elle le punit de trois ans de galères. Mais la loi du 16 niv. an II (5 janv. 1794) a substitué, pour ce fait, à la peine des galères celle de la cale (art. 6). Or, cette dernière peine peut être prononcée par un conseil de justice. Lors donc que le fait ne doit emporter que la peine de la cale, il semble que ce soit alors à ce conseil, et non au conseil de guerre, qu'il appartient d'en connaître.

213. — Dans tous les cas, le jugement du conseil de guerre maritime doit, à peine de nullité, constater la présence de l'officier qui se plaint de la désobéissance d'un inférieur avec menace; cette présence ne résulterait pas suffisamment de la déclaration contenue au jugement que l'*accusé a dégaîné à moitié une arme offensive pour frapper son supérieur*, si, d'ailleurs, il n'est pas déclaré coupable d'avoir *levé la main sur lui pour le frapper*. — *Cass.*, 24 juin 1842 (t. 2 1842, p. 454), Haley.

214. — Mais la connaissance des crimes et délits commis à terre contre les habitans par les officiers, matelots et soldats, faisant partie de l'équipage d'un bâtiment, appartient exclusivement aux juges des lieux. — Décr. 22 juill. 1806, art. 76.

215. — Jugé, que l'art. 76 précité du décret du 22 juill. 1806, qui attribue aux conseils de guerre maritimes la connaissance des crimes et délits commis par des officiers, matelots et soldats contre d'autres officiers, matelots et soldats, n'entend parler que des officiers, matelots et soldats en activité de service, que les individus portés sur les rôles de l'inscription maritime ne sont pas, par cela seul, assimilés aux navires en activité de service et ne doivent être considérés que comme simples habitans, et que, par conséquent, c'est à la juridiction ordinaire, et non aux tribunaux maritimes, qu'il appartient de connaître des crimes ou délits dont ils peuvent se rendre coupables entre eux, ou qui peuvent être commis à leur préjudice. — *Cass.*, 14 juill. 1827, Offret.

216. — Spécialement, si un commissaire des classes, qui est en même temps sous-commissaire de la marine, chargé de la police de la navigation, ordonne arbitrairement l'arrestation d'un pêcheur qui refuse de lui remettre soit son rôle de pêche, soit son rôle d'équipage, le fait qui a donné lieu à ce délit n'ayant aucun rapport à la police des classes, le prévenu doit être jugé par les tribunaux correctionnels ordinaires. — Même arrêt.

217. — Les délits de rébellion, de violence et d'injures, commis par des marins contre des préposés des douanes, et la force armée, intervenue pour le rétablissement de l'ordre, doivent, bien qu'intéressant un service public, être considérés également comme des délits commis contre des habitans, et rentrent, à ce titre, dans

les attributions de la juridiction ordinaire. — *Cass.*, 6 oct. 1842 (t. 1er 1843, p. 61), Varaldi.

218. — Jugé aussi, que l'art. 76 du décret du 22 juill. 1806, qui attribue expressément aux juges des lieux la connaissance des crimes et délits commis contre les habitans par des officiers, matelots et soldats, est applicable non-seulement aux marins embarqués descendus à terre, mais aussi à tout autre corps dont la destination est également le service de mer, et qui, malgré le casernement auquel il est soumis, ne séjourne à terre que temporairement : tel est, par exemple, le corps des équipages de ligne. — *Cass.*, 21 juin 1833, de Maucroix.

219. — ... Que les marins sont justiciables des tribunaux ordinaires, à raison des crimes ou délits qu'ils commettent étant en congé, ou contre les habitans, ou en cas de complicité avec des citoyens non militaires. — *Cass.*, 10 mars 1826, Rasse et Fera.

220. — ... Que c'est à la juridiction ordinaire, et non au conseil de guerre maritime, qu'il appartient de connaître d'un délit commis au préjudice d'un particulier non marin, par un matelot qui se trouvait en ce moment sur terre et hors du service de la marine. — *Cass.*, 10 sept. 1813, Marcks.

221. — L'article 76 du décret du 22 juillet 1806, attribuant expressément aux juges des lieux la connaissance des délits commis contre les habitans par les officiers, matelots et soldats, et ne soumettant aux conseils de guerre maritimes que les délits commis contre le service ou entre officiers, matelots et soldats, il s'ensuit que les tribunaux ordinaires sont seuls compétens pour connaître d'un délit de vol imputé à un matelot du corps des équipages de ligne, et commis à bord d'un navire marchand au préjudice d'un marin du commerce, lequel, ne faisant point partie de l'armée de mer, doit être considéré comme un habitant dans le sens dudit article 76. — *Cass.*, 13 août 1846 (t. 1er 1847, p. 166), Chanteloup.

222. — Si, dans le cas où l'art. 76 du décret du 22 juill. 1806 attribue juridiction aux conseils de guerre maritimes, les juges des lieux avaient fait arrêter les prévenus, les intendans de marine et les commandans des forces navales ne pourraient les faire sortir de prison ; ils n'ont que le droit de requérir les magistrats civils de les leur remettre, et, en cas de refus, ils doivent se pourvoir, par l'intermédiaire du ministre de la justice, auprès du chef du pouvoir exécutif. — Même art. 76.

223. — Les art. 17 et 18 de la loi du 3 mars 1822, qui disposent que les intendances sanitaires connaîtront, dans les parloirs et lazarets, des contraventions en matière sanitaire, en concurrence avec les *officiers ordinaires*, ont entendu désigner par ces derniers mots les tribunaux ordinaires et non les conseils de guerre maritimes qui n'ont qu'une juridiction exceptionnelle. — *Cass.*, 27 sept. 1828, de Vitroles.

224. — L'intendance sanitaire ne pouvant connaître que des délits et contraventions contre la police sanitaire, tout doit rentrer dans l'ordre ordinaire des juridictions, dès qu'il ne s'agit pas de contraventions, délits ou crimes contre les lois sanitaires, lors même qu'ils auraient eu lieu à leur occasion. — En conséquence, l'injure faite à un garde sanitaire, par le commandant d'un bâtiment sur lequel ce garde était placé pour y exercer ses fonctions, bien qu'elle ait eu lieu à l'occasion de la qualité du garde, ne peut être considérée que comme une infraction à la police ordinaire à bord des vaisseaux, si d'ailleurs elle n'a pas interrompu ou empêché le service du garde, et par suite cette injure ne rend son auteur justiciable que du conseil de guerre maritime. — Même arrêt.

225. — Les gardes de santé placés à bord des bâtimens par les autorités sanitaires sont responsables seulement envers leurs chefs et indépendans de l'autorité des commandans, sauf la soumission aux lois de police ordinaires à bord des vaisseaux, comme tout autre individu non marin embarqué, sans toutefois qu'ils puissent être empêchés dans l'exercice de leur surveillance. — En conséquence, les violences et séquestration exercées sur ces gardes pendant qu'ils exercent leurs fonctions sur un bâtiment sont de la compétence des tribunaux ordinaires et non de celle des conseils de guerre maritimes. — *Cass.*, 3 déc. 1831. Lapierre.

226. — Le décret du 22 juill. 1806 indique, dans les art. 43 et suiv., la forme de procéder devant les conseils de guerre maritimes. Les règles qui concernent les opérations du rapporteur et du greffier, le mode d'instruction préliminaire, la police des audiences, la direction des débats, le jugement et l'exécution, sont les mêmes que celles qui sont suivies devant les tribunaux maritimes ordinaires. — V., à cet égard, *suprà* nos 47 et suiv.

227. — Devant un conseil de guerre maritime, le défaut de nomination, par le capitaine rapporteur, d'un défenseur à l'accusé après la clôture de l'interrogatoire, comme aussi l'absence, authentiquement constatée par le jugement, de tout défenseur pour assister l'accusé dans sa défense, constituent une violation de l'art. 19 de la loi du 13 brum. an V et une violation flagrante des droits de la défense, qui doivent entraîner l'annulation du jugement du conseil de guerre, et, par voie de conséquence, l'annulation de celui du conseil de révision qui déclare régulière une pareille instruction. — Cette annulation, lors même qu'elle est demandée dans l'intérêt de la loi, doit profiter au condamné. — *Cass.*, 3 janv. 1846 (t. 1er 1846, p. 252), Gravié ; 2 mai 1846 (t. 2 1846, p. 200), Pitoux.

228. — Jugé aussi, que lorsqu'un jugement rendu par un conseil de guerre maritime ne constate pas que les témoins ont prêté le serment prescrit par l'art. 59 du décret du 22 juill. 1806, ce jugement doit être déclaré nul. — *Cass.*, 24 sept. 1831, Prunet.

229. — ... Que, après avoir déclaré que la cause était instruite et avoir commencé la délibération à huis clos, un conseil de guerre maritime ne peut, pas plus que tout autre tribunal, rendre de nouveau la séance publique et rouvrir les débats. — Même arrêt.

230. — Les jugemens rendus par les conseils de guerre maritimes ne sont sujets ni à révision ni à cassation. — Décr. 22 juill. 1806, art. 74. — Cependant, cette règle doit souffrir exception dans le cas d'incompétence ou d'excès de pouvoir, alors surtout que le recours est formé par un individu non militaire. — *Cass.*, 19 prair. an X, Rivoir ; 25 mars 1808, Cornette.

231. — La Cour de cassation, lorsqu'elle annule simultanément un jugement du conseil maritime de révision, et un jugement du conseil de guerre maritime déclaré à tort régulier par le conseil de révision doit renvoyer l'affaire devant un autre conseil de guerre. — *Cass.*, 2 mai 1846 (t. 2 1846, p. 200), Pitoux.

232. — Hors le cas de recours en cassation pour excès de pouvoir ou incompétence, les jugemens des conseils de guerre maritimes doivent être exécutés dans les vingt-quatre heures, à moins d'un ordre contraire émané directement du chef du pouvoir exécutif. — Décr. 22 juill. 1806, art. 74.

233. — Cependant, les gouverneurs des colonies, et les commandans en chef des forces navales, à la mer seulement, dans les pays étrangers ou dans les colonies, sont autorisés à surseoir, lorsqu'ils le jugent à propos, à l'exécution des jugemens entraînant la mort civile ou naturelle. Mais il leur est prescrit de ne faire usage de cette faculté que dans les circonstances qui leur paraissent de nature à appeler la clémence du gouvernement sur les condamnés. Et, dans dans tous les cas, ils doivent en rendre compte immédiatement au ministre de la marine, qui communique au chef du pouvoir exécutif les motifs qui ont déterminé la suspension de l'exécution et prend ses ordres. — Art. 75.

234. — Le décret du 22 juill. 1806 a conféré, de plus, aux commandans des bâtimens un droit bien autrement important que celui de surseoir à l'exécution des jugemens des conseils de guerre maritimes. L'art. 34 de ce décret est, en effet, ainsi conçu : « Dans le cas de crime de lâcheté devant l'ennemi, de rébellion ou de sédition, ou de tous autres crimes commis dans quelque danger pressant, le commandant, sous sa responsabilité, pourra punir ou faire punir, sans formalité, les coupables suivant l'exigence des cas. — Toutefois, ledit commandant sera tenu de dresser procès-verbal de l'événement, et de justifier devant le conseil de marine de la nécessité où il s'est trouvé de faire usage de la faculté à lui donnée par le présent article. »

CHAPITRE IV. — *Conseils de marine.*

235. — Les conseils de marine, institués par le décret du 22 juill. 1806, ne sont pas, à proprement parler, des tribunaux. Ils ne prononcent point, en effet, de jugemens et n'appliquent pas de peines. Ce sont de véritables commissions administratives. Nous indiquerons sommairement leur composition et leurs attributions.

236. — Les conseils de marine sont chargés seulement d'examiner la conduite des officiers généraux de mer, des capitaines de vaisseau et des autres officiers, qui ont été investis du commandement des armées, escadres, divisions ou bâtimens particuliers, de vérifier s'ils ont exactement et fidèlement rempli les missions qui leur ont été confiées, si leurs dépenses et consommations ne contiennent aucun excès, si les commandans n'ont pas usé, sans nécessité reconnue, du pouvoir de vie et de mort qui leur est conféré dans certains cas sur les individus formant leurs équipages (V. *suprà* no 234), et si, enfin, ils se sont conformés à tout ce qui leur est prescrit par les lois et règlemens. — Décr. 22 juill. 1806, art. 1er, 10 et 12.

237. — Le nombre des membres de ces conseils n'est pas fixe, déterminé. Ces membres sont désignés par le chef du pouvoir exécutif en tel nombre qu'il juge à propos. Ils doivent être choisis parmi les officiers généraux ou les capitaines de vaisseau. Ils prennent séance suivant leur ancienneté dans leurs grades respectifs (art. 2). Le plus ancien est le président du conseil. — Art. 5.

238. — Lorsqu'il est question d'examiner la conduite d'un officier général, le conseil de marine ne doit être composé, autant que possible, que d'officiers généraux. — Art. 3. — Lorsqu'il s'agit de l'examen des objets relatifs à l'économie dans les dépenses et consommations, le chef d'administration et l'inspecteur doivent assister au conseil. Mais l'inspecteur n'a pas voix délibérative. — Art. 4.

239. — Il appartient au chef du pouvoir exécutif de convoquer les conseils de marine. A cet effet, le commandant en chef d'une escadre, ainsi que les officiers généraux employés sous ses ordres, et le commandant d'un bâtiment particulier, au retour de la mer, doivent envoyer leurs journaux au ministre de la marine, par l'intermédiaire duquel ils sont transmis au chef du pouvoir exécutif. Si ce dernier juge à propos de faire tenir un conseil de marine, en même temps qu'il nomme les officiers qui doivent le composer, il fait adresser au plus ancien, qui en est le président, lesdits journaux et une copie des instructions données au commandant. — Art. 5.

240. — Le port où le conseil de marine doit tenir ses séances est également désigné par le chef du pouvoir exécutif. — Art. 1er. — Les officiers qui doivent le composer se réunissent sur l'invitation qui leur en est faite par le président. — Art. 6.

241. — A l'ouverture de la séance, le président du conseil rappelle aux officiers qui le composent qu'ils sont tenus envers le gouvernement et envers leur propre honneur et conscience, d'écarter tout préjugé et toute partialité dans l'examen qu'ils sont chargés de faire ; de sorte qu'aucune considération étrangère au service ne doit déterminer l'avis qui leur est demandé. — Art. 6. — Il leur observe en outre qu'ils sont tenus au secret le plus inviolable sur tout ce qui aura été agité et délibéré dans l'assemblée, hors de laquelle ils ne s'entretiendront pas de ce qui aura fait le sujet de leurs délibérations. — Art. 7.

242. — Le rapporteur près le conseil de marine est nommé par le président de ce conseil, qui doit le prendre parmi les membres appelés à le composer. — Art. 8. — Lorsqu'il s'agit de l'examen des dépenses et consommations, deux des membres du conseil, nommés par le conseil même, sont chargés de lui en faire le rapport. — Art. 12.

243. — Celui qui doit être examiné au conseil, ou qui y est appelé, y comparaît sur l'avertissement qui lui est donné à cet effet par le président ; il doit, après avoir préalablement fait serment de dire la vérité, répondre à toutes les interrogations qui lui sont faites et fournir tous les mémoires qui lui sont demandés. — Art. 9. — Il résulte de la disposition de cet article que l'officier dont la conduite est l'objet de l'examen du conseil doit aussi bien prêter serment de dire la vérité que ceux qui peuvent être appelés à fournir des renseignemens au conseil.

244. — Les délibérations du conseil de marine sont signées de tous les membres, elles sont prises à la pluralité des voix, et, si les voix sont égales, l'avis auquel s'est rangé le président est prépondérant ; mais, en ce cas, ceux dont l'avis

n'a pas prévalu doivent en exposer les motifs au bas de la délibération et les signer. — Art. 13.

245. — Le rapporteur du conseil est chargé de porter sur un registre le résultat de l'examen qui a été fait par le conseil, et les délibérations. — Art. 14.

246. — Sont ensuite envoyés par le président au ministre de la marine les journaux, plans et mémoires des officiers dont la conduite a été examinée au conseil de marine, ainsi que la délibération avec les motifs exposés par ceux des membres du conseil dont l'avis n'a point prévalu. Ces pièces sont présentées par le ministre de la marine au chef du pouvoir exécutif qui prend alors telles mesures qu'il juge convenable. — Art. 13 et 15. — Les ordres en conséquence desquels le conseil s'est réuni et les registres où sont portés les résultats et délibérations dudit conseil restent en dépôt dans les ports. — Art. 15.

CHAPITRE V. — *Conseils de guerre maritimes permanens, institués pour juger les crimes de désertion. — Conseils de révision.*

247. — Les conseils de guerre maritimes spéciaux, institués par l'arrêté du 5 germinal an XII (26 mars 1804) pour juger les déserteurs de la marine, ayant été supprimés par la Charte de 1814 (V. *Cass.*, 9 juin 1843 [t. 2 1843, p. 474], Vallerin), une ordonnance du 22 mai 1816 a établi, en conformité des lois des 13 brumaire an V et 18 vendémiaire an VI, des conseils de guerre maritimes permanens, dans les ports de Brest, Cherbourg, Lorient, Rochefort et Toulon, pour le jugement des officiers mariniers et marins, sous-officiers, canonniers et ouvriers du corps d'artillerie de la marine, qui seraient prévenus de désertion.

248. — En conséquence, est entaché de nullité radicale le jugement rendu depuis l'ordonnance du 22 mai 1816, pour crime de désertion, par un conseil de guerre maritime spécial assemblé à bord d'un navire, en vertu de l'arrêté du 5 germinal an XII. — *Cass.*, 2 déc. 1824, Lassery.

249. — Les conseils de guerre maritimes permanens créés par l'ordonnance du 22 mai 1816 sont composés de sept juges, savoir : un capitaine de vaisseau ou colonel du corps d'artillerie de la marine, président; un officier de la marine ou d'artillerie ayant le grade de lieutenant-colonel ou de chef de bataillon ; deux officiers de la marine ou d'artillerie ayant le grade de capitaine; deux officiers de la marine ou d'artillerie ayant le rang ou le grade de lieutenant en premier; et un maître d'équipage, ou maître canonnier, ou un sous-officier d'artillerie.

250. — Il y a en outre auprès de ces conseils un rapporteur et un commissaire du gouvernement chargé de remplir les fonctions du ministère public; l'un et l'autre ont dans la marine ou dans l'artillerie le rang ou le grade de capitaine.

251. — Lorsqu'il s'agit de procéder au jugement soit d'un officier marinier ou marin accusé de désertion, soit d'un déserteur du corps d'artillerie de marine, quatre membres au moins du conseil de guerre maritime, ainsi que le rapporteur et le commissaire du gouvernement, doivent être pris, dans le premier cas, parmi les officiers de marine, et, dans le second, parmi les officiers d'artillerie de la marine. — Ordonn. 22 mai 1816, art. 5.

252. — Ainsi, d'après cet article, le conseil de guerre doit être formé en majorité de membres appartenant au corps de l'accusé, et le rapporteur et le commissaire du gouvernement doivent aussi faire partie de ce corps. Mais jugé que cette disposition n'est applicable qu'aux officiers-mariniers et marins, sous-officiers et canonniers d'artillerie de la marine, et ne peut être étendue aux soldats *de l'infanterie de marine* établie par l'ordonnance du 20 novembre 1836, lesquels doivent être jugés par les conseils de guerre maritimes ordinaires. — *Cass.*, 2 juill. 1840 (t. 2 1841, p. 119), Guilbon et Robineau.

253. — D'ailleurs l'art. 5 précité de l'ordonnance du 22 mai 1816 n'est point une règle générale de la matière. Cet article n'a pas, en effet, été emprunté aux lois constitutives des tribunaux militaires. Ainsi la loi du 13 brumaire an V est muette à cet égard. C'est une raison pour circonscrire l'application de cet article dans les limites fixées par l'ordonnance. Dans une lettre jointe aux pièces de l'affaire qui a donné lieu à l'arrêt de cassation précité, le ministre de la marine déclarait même que la condition imposée par cet article serait le plus souvent impossible à remplir, si on devait l'appliquer au corps de l'infanterie de marine, à raison du petit nombre d'officiers de marine qui se trouvent dans chaque port.

254. — Les membres des conseils de guerre maritimes sont nommés dans chaque arrondissement par le commandant de la marine. Il en est de même du rapporteur et du commissaire du gouvernement près ces conseils.

255. — Le greffier est laissé au choix du rapporteur, qui peut le prendre indifféremment parmi les simples militaires et les marins.

256. — Quant à la procédure devant les conseils de guerre maritimes permanens, elle varie suivant qu'il s'agit de juger des sous-officiers ou canonniers du corps d'artillerie de marine prévenus de désertion, — ou des marins levés pour le service qui sont prévenus de désertion, des marins qui ont déserté de l'hôpital ou de la caserne, et des marins embarqués qui ont abandonné leur bâtiment.

257. — Dans le premier cas, elle a lieu conformément à l'arrêté du 19 vendémiaire an XII (12 octobre 1803), concernant les conseils de guerre spéciaux institués pour juger les sous-officiers et soldats de l'armée de terre prévenus de désertion et aux actes subséquens relatifs à l'armée de terre. — V. TRIBUNAUX MILITAIRES, n°s 28 et suiv.

258. — Dans le second cas, elle a lieu conformément aux arrêtés du 5 germinal et 1er floréal an XII, dont les dispositions sur ce point ont continué d'être en vigueur.

259. — Si le prévenu de désertion est un marin levé pour le service ou un marin qui a déserté de l'hôpital ou de la caserne, la plainte doit être dressée par l'administrateur chargé du détail des armemens des classes, de l'hôpital ou de la caserne, lequel administrateur est tenu de la faire parvenir sans retard à l'intendant de la marine. — Arrêté 5 germ. an XII, art. 10.

260. — Si c'est un marin embarqué qui a déserté son poste, la plainte doit être portée par le commandant du bâtiment, soit à l'officier général ou supérieur commandant, lorsque le bâtiment sur lequel était embarqué le prévenu fait partie d'une armée navale, escadre ou division, soit à l'intendant de la marine, lorsque le bâtiment est dans le port en armement ou lorsqu'il ne fait pas partie d'une armée navale, escadre ou division. — Même arrêté, art. 11.

261. — Dans l'un et l'autre cas, les plaintes doivent être adressées par l'intendant ou l'officier supérieur commandant au commandant de la marine, à qui, en définitive, doivent être adressées toutes les plaintes portées pour cause de désertion contre des marins, officiers mariniers, sous-officiers, canonniers et ouvriers d'artillerie de marine.

262. — Il ne suffit pas, toutefois, qu'un marin soit classé pour qu'il devienne justiciable, en cas de désertion, d'un conseil de guerre maritime permanent. Ainsi, ne sont pas justiciables de ce conseil les marins classés, non appelés au service de l'Etat, et les individus qui, n'étant ni ouvriers classés, ni ouvriers du corps d'artillerie, n'ont pu être employés sur un bâtiment que par voie de réquisition. — Legraverend, t. 2, p. 716, note 1re.

263. — L'incompétence des conseils de guerre maritimes permanens, à l'égard des complices non militaires du crime de désertion imputé à des marins, ne saurait, ce nous semble, être douteuse dans l'état actuel de la législation. Outre la loi du 22 messidor an IV, qui, sans distinguer entre l'armée de terre et l'armée de mer, défend de traduire devant un tribunal militaire un individu non militaire, l'art. 4 de la Constitution, qui ne permet pas de distraire un citoyen de ses juges naturels, a proscrit le jugement par les tribunaux militaires, quels qu'ils fussent, des prévenus étrangers à l'armée.

264. — Ainsi, les conseils de guerre maritimes sont incompétens pour connaître d'une complicité de désertion de marins imputée à un individu qui ne fait point partie de l'armée navale; ils ne peuvent, même en ne prononçant point la peine, se permettre de le déclarer coupable. — *Cass.*, 18 juill. 1811, Thevenet.

265. — M. Legraverend (t. 2, p. 719) pense que les conseils de guerre maritimes permanens institués par l'ordonnance du 22 mai 1816 ne sont pas seulement compétens pour statuer sur les faits de désertion que leur attribue cette ordonnance, et qu'ils connaissent également de tous autres délits commis par les individus qui font partie des troupes de la marine. Lorsqu'ils s'occupent d'un fait de désertion, ils procèdent, dit-il, en exécution de l'ordonnance du 22 mai 1816; lorsqu'ils jugent un tout autre fait commis par un individu faisant partie des troupes de la marine, ils procèdent en vertu des lois des 13 brumaire an V et 18 vendémiaire an VI.

266. — Un conseil de guerre maritime permanent peut se déclarer incompétent pour connaître d'une affaire renvoyée devant lui par la Cour de cassation, s'il juge que cette affaire est de la compétence des conseils de guerre maritimes établis à bord des vaisseaux de l'Etat par le décret du 22 juillet 1806. — *Cass.*, 2 févr. 1850 (t. 1er 1850), Veyrier et Pascal. — Et, dans ce cas, les conseils de guerre de cette dernière classe ne peuvent se saisir du délit qu'en vertu d'un nouvel arrêt de renvoi de la Cour de cassation. — Même arrêt.

267. — Les règles à suivre devant les conseils de guerre maritimes permanens pour l'examen et les débats, et celles qui sont relatives aux attributions du président, du rapporteur et du ministère public, et au mode de prononcer le jugement, sont également déterminées par l'arrêté du 5 germ. an XII, tit. 2.

268. — Les conseils de guerre maritimes organisés conformément à la loi du 13 brum. an V et à l'ordonnance royale du 22 mai 1816 ne peuvent, même quand ils jugent un marin accusé de désertion, prononcer une condamnation que lorsque la culpabilité a été reconnue à la majorité de cinq voix contre deux. — *Cass.*, 9 juin 1843 (t. 2 1843, p. 474), Vallerin.

269. — En conséquence, doit être cassé le jugement d'un conseil de guerre maritime qui constate que la culpabilité même d'un déserteur a été déclarée à la majorité de quatre voix contre trois. — Même arrêt.

270. — Le jugement doit indiquer la loi ou l'ordonnance d'après laquelle les conseils sont convoqués et réunis. Cette mention est nécessaire, parce qu'elle fait connaître l'origine et la légalité de leur compétence.

271. — Sur le point de savoir quelles sont les peines qui peuvent être prononcées par les conseils de guerre maritimes permanens et sur l'exécution des jugemens rendus par ces conseils, V. DÉSERTION, sect. 1re, § 2.

272. — Sous l'empire de l'arrêté du 5 germ. an XII (art. 41), les jugemens des conseils de guerre maritimes spéciaux n'étaient sujets ni à l'appel, ni à pourvoi en cassation, ni à révision; ils devaient être exécutés à la diligence du rapporteur dans les vingt-quatre heures. Toutefois, lorsqu'il s'agissait de la peine de mort, le préfet maritime ou l'officier général qui avait convoqué le conseil, pouvait, après avoir pris l'avis des deux officiers les plus anciens dans les grades les plus élevés parmi ceux qui étaient employés sous ses ordres, suspendre l'exécution du jugement, à la charge par eux d'en rendre compte dans les vingt-quatre heures au ministre de la marine.

273. — Mais, aujourd'hui, les jugemens des conseils de guerre maritimes permanens chargés de juger les déserteurs de la marine sont, aux termes de l'art. 10 de l'ordonnance du 22 mai 1816, expressément soumis à la révision. Il est douteux alors que la faculté accordée par l'art. 41 précité de l'arrêté du 5 germ. an XII, aux commandans de marine, puisse encore être considérée comme subsistant. En soumettant les jugemens dont il s'agit à la révision, l'ordonnance du 22 mai 1816 n'a-t-elle pas, en effet, rendu applicables à leur exécution les règles du droit commun? Or, d'après le droit commun, lorsque les jugemens militaires n'ont point été attaqués par la voie de la révision ou lorsqu'ils ont été confirmés, l'exécution n'en peut être suspendue. — Legraverend, t. 2, p. 717, *in fine*.

274. — Le recours en révision formé contre les jugemens des conseils de guerre maritimes permanens est porté devant un conseil permanent de révision. Ce recours peut être formé soit par le condamné, soit par le commissaire du gouvernement près le conseil de guerre maritime.

275. — Il existe dans chaque arrondissement maritime un conseil permanent de révision. Ce conseil est composé de cinq membres, savoir : un officier général de la marine ou du corps d'artillerie de la marine, qui le préside; un ca-

pitaine de vaisseau ou colonel d'artillerie; un capitaine de frégate ou lieutenant-colonel d'artillerie, deux lieutenans de vaisseau ou deux capitaines d'artillerie.

276. — Les membres du conseil désignent l'un d'eux pour remplir les fonctions de rapporteur. Celles de commissaire du gouvernement près le conseil de révision sont exercées par un commissaire ou sous-commissaire de marine. Le greffier est choisi par le président.

277. — Les membres des conseils de révision ainsi que les commissaires du gouvernement près ces conseils sont, comme ceux des conseils de guerre maritimes, nommés dans chaque arrondissement par le commandant de marine. De même que les conseils de guerre maritimes, les conseils de révision doivent aussi être composés de manière que la majorité des membres fasse partie du corps auquel appartient le prévenu.

278. — Les conseils de guerre maritimes et les conseils de révision tiennent leurs séances à terre; ils sont convoqués par le commandant de marine, qui est également chargé de désigner le local où ils doivent se réunir. — Ord. 21 mai 1816, art. 11.

279. — Les conseils de guerre et de révision dont il s'agit ici étant permanens, il s'ensuit, ce nous semble, qu'il n'est pas nécessaire qu'ils soient renouvelés pour chaque affaire; ils peuvent être formés à l'avance dans chaque arrondissement. Alors, ils n'éprouvent d'autres changemens, lorsqu'ils sont convoqués, que ceux produits par les mutations qui se sont opérées dans la destination de service des membres qui y avaient été appelés. — V. aussi, en ce sens, Legraverend, t. 2, p. 719.

TRIBUNAUX MILITAIRES.

Table alphabétique.

Sect. 1ʳᵉ. — *Organisation des tribunaux militaires, et mode de procéder devant eux.*

§ 1ᵉʳ. — *Historique et législation.*

1. — La répression des crimes et délits commis par les militaires a de tout temps été confiée à une juridiction spéciale.

2. — Dans l'ancien droit, les délits commis par les gens de guerre étaient jugés par les conseils de guerre dans les places et garnisons, par le prévôt général dans les temps de guerre, et par les maréchaux de France dans les affaires relatives au point d'honneur. — Muyart de Vouglans, p. 730; Jousse, t. 1ᵉʳ, p. 376; Chénier, *Guide des tribunaux militaires*, préface p. 479.

3. — Les conseils de guerre étaient composés de sept officiers. — Edit 1ᵉʳ mars 1768.

4. — Par le décret du 22 sept.-29 oct. 1790, l'Assemblée constituante organisa des tribunaux militaires sous le nom de Cours martiales. Ces Cours fonctionnaient avec le concours d'un jury d'accusation et d'un jury de jugement, composés tous deux d'officiers, sous-officiers et soldats.

5. — Le 30 sept.-19 oct. 1791 fut publié un autre décret qui, sous le nom de Code militaire, spécifia de quelles peines seraient punis les délits contre les lois militaires. Les dispositions de ce décret ont été remplacées en grande partie par celles de la loi du 21 brum. an V, appelée Code des délits et peines. — V. aussi DÉLITS MILITAIRES.

6. — Aux Cours martiales, le décret du 12-16 mai 1793 substitua des tribunaux militaires composés d'un accusateur militaire, d'un jury de jugement et de trois juges. Dans cette organisation, le jury d'accusation était supprimé.

7. — Le décret du 3-18 pluv. an II divisa les tribunaux militaires en tribunaux criminels, tribunaux de police correctionnelle et conseils de discipline.

8. — Les *conseils de guerre* ont été institués sous cette dénomination par un décret du deuxième jour complém. an III. Ce décret composait ces conseils de neuf membres, savoir : trois officiers, trois sous-officiers et trois soldats.

9. — Mais cette composition des conseils a été changée par la loi du 18 brum. an V, à laquelle est dû l'établissement des conseils de guerre permanens qui fonctionnent encore actuellement.

10. — L'art. 1ᵉʳ de cette loi établit pour toutes les troupes françaises et jusqu'à la paix un conseil de guerre permanent dans chaque division d'armée et dans chaque division de troupes employées dans l'intérieur, pour connaître de tous les délits militaires.

11. — Suivant l'art. 2, chaque conseil de guerre est composé de sept membres, savoir : d'un chef de brigade (maintenant d'un colonel) qui remplit toujours les fonctions de président, d'un chef de bataillon ou chef d'escadron, de deux capitaines, d'un lieutenant, d'un sous-lieutenant et d'un sous-officier. Un capitaine fait les fonctions de rapporteur.

12. — La loi du 18 vendém. an VI, a établi dans chaque division d'armée et dans chaque division de troupes à l'intérieur un conseil de guerre permanent, pour juger tous les délits militaires en cas d'annulation des jugemens du premier conseil par le conseil de révision. — Art. 19.

13. — Un décret du 4 fructid. an V additionnel à celui du 18 brum., a disposé que lorsqu'un colonel serait prévenu par les lois militaires d'un général d'armée, ce général serait traduit devant un conseil de guerre composé d'un général ayant commandé en chef une armée, de trois généraux de division, de trois généraux de brigade, d'un commissaire du gouvernement et d'un rapporteur. C'est en vertu de ce décret qu'une ordonnance royale du 2 août 1815 a ordonné la formation d'un conseil de guerre pour juger le maréchal Ney.

14. — Depuis, les seconds conseils de guerre établis par la loi de l'an VI, ont été déclarés compétens par une loi du 27 fructid. de la même année pour connaître de tous les délits militaires concurremment avec les conseils qui avaient été créés par celle de brum. an V. En cas d'annulation de leurs jugemens par le conseil de révision, chacun de ces conseils connaît des affaires qui ont été jugées par l'autre. — L. 27 fructid. an VI, art. 1ᵉʳ et 2.

15. — On trouve le principe de la révision des jugemens militaires dans le décret du 17 germin. an IV. Aux termes de ce décret, les décisions des conseils de guerre devaient être transmises au général commandant avec toutes les pièces. Ce général devait former sur-le-champ un conseil composé des trois plus anciens officiers supérieurs sous ses ordres, et ce conseil avait pour mission d'examiner, dans les vingt-quatre heures, et le jugement et les pièces, non pas pour la forme que pour l'application de la peine. — Décr. 18 fructid. an IV.

16. — Les conseils de révision permanens qui fonctionnent encore ont été institués par le décret du 18 vend. an VI. Aux termes de l'art. 2 de ce décret, ces conseils sont composés d'un officier général qui préside, d'un chef de brigade (colonel), d'un chef de bataillon ou d'escadron et de deux capitaines. Le rapporteur est pris parmi les membres du conseil et choisi par eux.

17. — Outre les tribunaux militaires ordinaires il a été formé, dans diverses circonstances, des conseils ou commissions exceptionnelles chargées de juger certains délits ou certaines personnes.

18. — Un arrêté du 18 vendém. an XII, art. 46, avait attribué à des conseils de guerre spéciaux la connaissance des délits de désertion des militaires de l'armée de terre. Ces conseils étaient dissous, aussitôt qu'ils avaient prononcé sur le délit pour le jugement duquel ils avaient été convoqués. — L'ordonnance du 21 févr. 1816 a restitué aux conseils de guerre permanens la connaissance de ces délits. — V. DÉSERTION.

19. — Le décret du 19 vendém. an XII (art. 51 et 55), déférait à une commission militaire spéciale la connaissance des délits commis par les militaires condamnés à la peine du boulet ou à celle des travaux publics.

20. — Décidé que les conseils de guerre spéciaux, les commissions militaires et les conseils de guerre extraordinaires, étant des tribunaux d'exception prohibés par la Charte constitutionnelle, c'est aux conseils de guerre *permanens*, et non à la commission militaire établie par l'arrêté du 19 vendém. an XII, qu'appartient le droit de juger les infractions commises par les condamnés au boulet ou aux travaux publics, lorsqu'elles constituent un crime ou un délit prévu par une loi pénale. — Autrement, c'est à l'autorité chargée de la discipline du corps ou de l'atelier qu'il appartient d'appliquer une peine disciplinaire. — L'abolition de la juridiction extraordinaire a entraîné avec elle la suppression de la pénalité particulière établie par les dispositions mêmede cet arrêté. — *Cass.*, 19 juillet 1839 (t. 1er 1840, p. 564), Vigné.

21. — Par le décret du 1er mai 1812, les généraux et commandans militaires qui capitulaient, hors des cas où la capitulation est permise, étaient renvoyés devant les conseils de guerre extraordinaires. — V. CAPITULATION, nos 12 et suiv.

22. — Les jugemens de ces conseils de guerre extraordinaires pouvaient être annulés par la Cour de cassation pour violation des formes ayant pour objet d'assurer la défense des prévenus. — *Cass.*, 15 janv. 1814, Guillot.

23. — Spécialement, un jugement de condamnation devait être annulé, lorsqu'il ne contenait pas la preuve que l'information eût été lue au prévenu après son interrogatoire. — Même arrêt.

24. — Lorsque la Charte de 1814 a été promulguée, l'existence des commissions spéciales instituées antérieurement pour diverses causes est devenue incompatible avec les dispositions de cette Charte, et la jurisprudence a reconnu que les décrets qui avaient créé ces commissions étaient dès lors virtuellement abrogés. Par la même raison, aucun conseil de guerre extraordinaire n'a pu être formé depuis cette époque. — *Cass.*, 12 oct. 1815, Aure; 8 août 1816, Prudhomme; 16 avr. 1818, Satrius d'Hem. — V. TRIBUNAUX SPÉCIAUX.

25. — Décidé que la loi n'ayant établi que deux conseils de guerre permanens dans chaque division militaire, et l'ex-garde royale ne formant pas une division particulière, il s'ensuit que la création de conseils de guerre particuliers dans son sein était une violation des dispositions de la Charte, qui ne permettent pas d'établir des juridictions d'exception ou privilégiées. — *Cass.*, 6 sept. 1816, Hoffmann. — Legraverend, t. 2, ch. 14, p. 651.

26. — Avant la suppression des cours spéciales, la juridiction militaire était incompétente à l'égard des militaires dans tous les cas réservés à ces cours. — *Cass.*, 12 févr. 1813, Vigneron. — Legraverend, t. 2, chap. 7, p. 513; Merlin, *Rép.*, vis *Rébellion*, § 8, no 19, et *Délit militaire*, no 13.

27. — Spécialement, le conseil de guerre était incompétent pour juger le quartier-maître trésorier d'un régiment prévenu de vol de deniers publics à l'aide d'un faux, la connaissance du crime de faux ayant été attribuée, sans aucune distinction, même de la qualité du prévenu, aux tribunaux spéciaux par la loi du 23 flor. an X. — *Cass.*, 27 flor. an XII, Gallois; 16 vent. an XIII, Loiseau.

§ 2. — *Des conseils de guerre.*

28. — Nous avons dit que l'organisation actuelle des conseils de guerre est puisée dans les dispositions de la loi du 13 brum. an V. Cette loi était cependant destinée à n'avoir qu'une existence temporaire, car elle n'établissait ces conseils que jusqu'à la paix. Aussi a-t-on prétendu que ces tribunaux militaires fonctionnaient irrégulièrement et illégalement, l'acte législatif qui les avait créés n'ayant plus d'applicabilité. Mais la jurisprudence a constamment repoussé ce système et proclamé la légalité de l'institution des conseils de guerre, tant qu'une loi nouvelle ne serait pas substituée à la loi du 13 brumaire an V et à celle du 18 vend. an VI qui a créé les seconds conseils dans chaque division.

29. — Dans tous les cas, et lors même que ces conseils ne trouveraient pas dans la consécration du temps et dans l'exercice non interrompu de leur juridiction sous plusieurs gouvernemens successifs la justification de leur institution, toute difficulté serait levée à cet égard par la Constitution du 4 nov. 1848, dont l'art. 88 porte: « Les conseils de guerre et de révision des armées de terre et de mer conservent leur organisation et leurs attributions actuelles jusqu'à ce qu'il y ait été dérogé par une loi. »

30. — Il y a auprès de chaque conseil de guerre un capitaine faisant les fonctions de commissaire du gouvernement, tant pour l'observation des formes que pour l'application et l'exécution de la loi. — L. 13 brum. an V, art. 3 et 32.

31. — Il résulte de ces dispositions que les fonctions du commissaire du gouvernement se bornent à requérir l'application des peines prononcées par la loi et à se pourvoir d'office, dans certains cas, contre les jugemens du conseil auquel il est attaché. — *Cass.*, 19 déc. 1834, Osmond.

32. — Il peut être adjoint au capitaine-rapporteur un ou plusieurs substituts nommés par le commandant en chef de la division et pris dans les officiers du grade de capitaine ou de lieutenant. Leurs fonctions ne peuvent durer que trois mois, mais après ce délai ils peuvent être continués ou remplacés au besoin sur la demande du président du conseil de guerre. — L. 27 fructidor an VI, art. 3.

33. — Les juges militaires doivent, conformément à la règle générale et au droit public en France, être, comme tous ceux qui exercent des fonctions judiciaires, âgés de vingt-cinq ans accomplis. — *Cass.*, 24 juin 1842 (t. 2 1842, p. 525), Guerry. — V., dans ce sens, une circulaire du ministre de la guerre du 18 avril 1837.

34. — Une lettre du ministre de la justice du 28 niv. an VI considère les rapporteurs des conseils de guerre comme remplissant près de ces conseils les mêmes fonctions que les accusateurs publics près les tribunaux ordinaires.

35. — Tous les membres des conseils sont nommés par le commandant en chef de la division militaire, qui pourvoit à leur remplacement en cas d'empêchement légitime. — Décr. 13 brum. an V, art. 4.

36. — A moins de maladie bien constatée, aucun officier ou sous-officier nommé membre d'un conseil de guerre ne peut refuser sa nomination, sous peine d'être destitué et puni de trois mois de prison. — Art. 6.

37. — Les parens et alliés ne peuvent faire partie du même conseil de guerre, et aucun parent du prévenu ne peut siéger comme juge au conseil qui connaît de l'affaire; il doit être momentanément remplacé. — Art. 7 et 8.

38. — Aux termes de l'ordonnance du 9 févr. 1827, art. 14, § 2, quand un gouverneur des colonies traduit devant le conseil de guerre des individus non militaires pour des faits relatifs à leur service dans la milice, pendant que la colonie est en état de siége, le conseil doit être composé, indépendamment du président, d'un nombre égal d'officiers de l'armée de terre et d'officiers de milice.

39. — Le justiciable d'un conseil de guerre, prévenu d'un délit militaire, doit être mis aussitôt en état d'arrestation sous la garde d'une force suffisante qui en répond. — Décr. de brum. an V, art. 11.

40. — Sur l'ordre qui lui en est donné par l'officier supérieur commandant, le capitaine rapporteur est tenu de recevoir la plainte, lorsqu'il en a été fait une, de faire sur-le-champ l'information, d'entendre les témoins, d'interroger le prévenu, et de recueillir toutes les preuves du fait. S'il y a plusieurs prévenus du même délit, chacun d'eux est interrogé séparement. — Art. 12 à 16.

41. — Le conseil de guerre ne peut procéder par défaut contre les officiers prévenus d'absence illégale qu'après qu'ils ont été dûment appelés. — *Cass.*, 25 mars 1836, Renaux.

42. — En conséquence, l'officier condamné par défaut sans qu'aucune citation préalable lui ait été donnée peut revenir, par opposition, contre le jugement que le conseil de guerre a rendu contre lui. — Même arrêt.

43. — Après l'information terminée, le capitaine rapporteur avertit le prévenu de faire choix d'un défenseur. Ce défenseur peut être choisi par le prévenu dans toutes les classes de citoyens présens sur les lieux. Si ce dernier déclare qu'il ne peut faire ce choix, le rapporteur le fait pour lui. — Art. 19.

44. — Il est donné communication au défenseur de toutes les pièces, tant à charge qu'à décharge. — Art. 21.

45. — Le rapporteur rend aussitôt compte à l'officier commandant de l'état de la procédure, et cet officier convoque sur-le-champ le conseil de guerre. — Art. 22.

46. — Le conseil de guerre, une fois assemblé, ne peut désemparer avant que les prévenus pour lesquels il a été convoqué ne soient définitivement jugés. — Art. 23.

47. — Les séances du conseil de guerre sont publiques; mais le nombre des spectateurs ne peut excéder le triple de celui des juges. Si quelqu'un des spectateurs s'écartait du respect dû au tribunal, le président peut le reprendre et le condamner à garder prison jusqu'au terme de quinze jours, suivant la gravité du fait. — Art. 24.

48. — Les conseils de guerre permanens sont de véritables tribunaux, et les militaires qui y siégent de véritables juges. Dès lors, ceux qui les outragent pendant qu'ils rendent la justice doivent être punis des peines portées par l'art. 222 C. pén. contre l'outrage par paroles fait à des magistrats de l'ordre judiciaire dans l'exercice de leurs fonctions. En conséquence, l'outrage commis par un militaire qui, traduit devant un conseil de guerre, a traité les juges de *lâches* et le colonel président de *chiffonnier*, doit être puni de la peine correctionnelle prononcée par l'art. 222 C. pén. et non de la peine de cinq ans de fers prononcée par l'art. 15, tit. 8, de la loi du 21 frim. an V, contre tout militaire convaincu d'avoir insulté son supérieur. — *Cass.*, 31 janv. 1845 (t. 1er 1845, p. 324), Schwartz.

49. — Le président fait apporter et déposer devant lui, sur le bureau, un exemplaire de la loi, et le procès-verbal doit faire mention de cette formalité. Le rapporteur donne lecture des pièces, puis l'accusé est amené, libre et sans fers, accompagné de son défenseur. — Art. 25 et 26.

50. — On procède ensuite au débat oral. Est nul le jugement d'un conseil de guerre rendu sur la simple lecture du procès-verbal d'information, sans qu'il y ait eu ni témoins appelés ni débat oral, et sans que le défenseur ait été entendu au fond. — *Cass.*, 30 nov. 1832, Soulier.

51. — Le président interroge l'accusé, lequel répond par lui ou par son défenseur, excepté sur les questions auxquelles il est interpellé de répondre personnellement. Les membres du conseil peuvent faire des questions à l'accusé. — Art. 27.

52. — Devant les conseils de guerre, c'est au capitaine rapporteur seul, et non au commissaire du gouvernement, qu'il appartient d'exposer les faits, soutenir l'accusation et prendre des conclusions sur la culpabilité des prévenus. — *Cass.*, 19 déc. 1834, Osmond. — V., dans ce sens, une circulaire ministérielle en date du 26 janv. 1835.

53. — Si la partie plaignante se présente au conseil, elle y est admise et entendue; elle peut faire ses observations, auxquelles l'accusé répond, ou son défenseur pour lui; après quoi, le président demande à l'accusé et à son défenseur s'ils n'ont rien à ajouter à leur défense. Sur leur réponse négative, il leur ordonne de se retirer. L'accusé est reconduit à la prison par son escorte. — Art. 28.

54. — Avant que la délibération du conseil ne commence sur le jugement à prononcer, le président doit demander à ses membres s'ils ont des observations à faire. Sur leur réponse et avant d'aller aux opinions, il ordonne que tout le monde se retire; les membres du conseil opinent à huis clos, en présence seulement du capitaine faisant les fonctions de commissaire du gouvernement. — Art. 29.

55. — Le président pose la question ainsi qu'il suit : N..., accusé d'avoir commis tel délit, est-il coupable? Il recueille les voix, en commençant par le grade inférieur; il émet son opinion le dernier. — Art. 30.

56. — Lorsqu'un conseil de guerre, délibérant sur la question de savoir si l'accusé était *coupable* de désertion, s'est borné à répondre qu'il était *prévenu*..., sa déclaration ne purge pas l'accusation et ne peut donner lieu à l'application d'aucune peine. — *Cass.*, 18 mars 1842 (t. 2 1842, p. 536), Chambaz.

57. — Lorsque, par le résultat des débats, un individu traduit devant un conseil de guerre se trouve inculpé d'un autre délit qui n'est pas un fait nouveau, mais une modification du fait principal, le conseil ne peut, en l'acquittant de l'accusation principale, se dispenser de statuer sur le nouveau délit, sous le prétexte qu'il n'était pas compris dans la plainte. — *Cass.*, 7 avril 1832, Bunel.

58. — L'accusation portée, en Algérie, contre

un individu d'avoir été, par ses discours, l'un des principaux instigateurs de l'assassinat d'un Français, comprend virtuellement celle d'excitation à la révolte contre l'autorité française. En conséquence, un conseil de guerre saisi de l'accusation principale a pu, sans dépasser les limites de sa compétence, poser et résoudre cette question d'excitation à la révolte comme modification du fait objet de la plainte. — *Cass.*, 11 mars 1842 (t. 2 1843, p. 477), El-Chourfi.

59. — Décidé avec raison que si les tribunaux militaires peuvent prononcer des peines correctionnelles ou de police contre un accusé, ce ne peut être qu'à raison du fait pour lequel il a été poursuivi devant eux, et jamais contre des tiers qui n'ont figuré dans l'instruction que comme dénonciateurs ou témoins, et qui ne sont prévenus que de faux témoignage ou de calomnie. — *Cass.*, 15 nov. 1811, Giorgetti.

60. — Dans le cas où trois membres du conseil déclarent que l'accusé n'est pas coupable, il est mis en liberté sur-le-champ et rendu à ses fonctions. — Art. 31. — C'est ce qu'on appelle dans la pratique la minorité de faveur.

61. — Si le conseil déclare à la majorité de cinq voix que l'accusé est coupable, l'officier faisant les fonctions de commissaire du gouvernement requiert l'application de la peine prononcée par la loi contre le délit; le président lit le texte de la loi et prend l'avis des juges pour l'application de la peine qui est déterminée par la majorité de cinq voix. — Art. 32.

62. — Dans le cas où la majorité de cinq voix ne se réunirait pas pour l'application de la peine, l'avis le plus favorable à l'accusé est adopté. — Art. 33.

63. — Les opinions ainsi recueillies, le président fait rouvrir la porte du conseil; le rapporteur et le greffier reprennent leur place. Le président, après avoir rendu à haute voix et fait inscrire au procès-verbal la décision du conseil sur la culpabilité de l'accusé, lit de nouveau le texte de la loi, et applique la peine prononcée par le conseil. — Art. 34 et 35.

64. — Le jugement de condamnation ainsi prononcé, le président ordonne au rapporteur de faire ses diligences pour qu'il soit mis de suite à exécution. Le greffier, en présence du conseil, écrit le jugement motivé au pied du procès-verbal, qui est ensuite clos et signé de tous les membres du conseil, du rapporteur et du greffier. — Art. 36.

65. — Dans le cas prévu par l'art. 31 ci-dessus, le procès-verbal est terminé par le renvoi ou la décharge d'accusation, et la mise en liberté du prévenu, clos et signé comme il vient d'être dit. — Art. 37.

66. — Le conseil de guerre qui, dans le silence des lois militaires, est obligé de recourir au Code pénal ordinaire, ne peut appliquer que la peine proprement dite et non l'accessoire relatif à l'exécution déterminée par les lois militaires. — *Cass.*, 10 juin 1830, Bonnefoi. — V. DÉLITS MILITAIRES.

67. — Aucune loi ne confère aux conseils de guerre le droit de prononcer des réparations civiles. — *Cass.*, 13 oct. 1817, de Rayniac. — Legraverend, t. 2, chap. 13, p. 670; Chauveau et Hélie, *Théorie du C. pén.*, t. 1er, p. 76; Gastambide, *Traité des contrefaçons*, p. 184, n° 157, et Merlin, *Rép.*, v° *Conseil de guerre*, n° 3 (qui invoque l'opinion de d'Aguesseau).

68. — Dans les trois jours qui suivent l'exécution de la peine, le rapporteur est tenu d'envoyer une copie certifiée du jugement de chaque condamné au conseil d'administration du corps dont il faisait partie, afin qu'il soit pourvu de suite à sa radiation définitive de tout état et contrôle de solde, masse, fournitures et décomptes.

69. — Un avis du conseil d'Etat du 4 janv. 1806 attribue aux tribunaux correctionnels, à l'exclusion des conseils de guerre, la connaissance des délits de chasse commis par des militaires.

70. — Le commandant en chef de chaque division peut changer tout ou partie des membres du conseil de guerre, lorsqu'il le croit nécessaire pour le bien du service; ce changement ne peut néanmoins avoir lieu pour le jugement d'un délit à raison duquel le prévenu est arrêté ou l'information commencée. — *Cass.*, 25 nov. 1847 (t. 1er 1848, p. 240), Lavergne de Cerval.

§ 3. — *Des conseils de révision.*

71. — Suivant l'art. 16 du décret du 18 vend. an VI, qui a créé les conseils de révision permanens, il y a lieu à reviser les jugemens des conseils de guerre : 1° lorsque le conseil de guerre n'a pas été formé de la manière prescrite par la loi; 2° lorsqu'il a outrepassé sa compétence, soit à l'égard des prévenus, soit à l'égard des délits dont la loi lui attribue la connaissance; 3° lorsqu'il s'est déclaré incompétent pour juger un prévenu soumis à sa juridiction; 4° lorsqu'une des formes prescrites par la loi n'a pas été observée, soit dans l'information, soit dans l'instruction; 5° enfin, lorsque le jugement n'est pas conforme à la loi dans l'application de la peine.

72. — Le conseil de révision ne peut connaître du fond de l'affaire; mais il est tenu d'annuler le jugement lorsqu'il est attaqué d'un des vices spécifiés dans l'art. précédent. — Art. 17.

73. — Le conseil de révision est donc, comme on le voit, une Cour de cassation militaire établie près des conseils de guerre permanens de chaque division. Le pourvoi en cassation est interdit aux condamnés *militaires* pour quelque nullité que ce soit. — V. CASSATION et *infrà*, n° 104.

74. — Le conseil de révision qui annule le jugement d'un conseil de guerre par le motif qu'aucune peine n'aurait dû être prononcée contre le fait reproché à l'accusé ne peut, sans violer l'art. 17 de la loi du 18 vend. an VI, qui lui interdit de statuer sur le fond de l'affaire, prononcer l'absolution définitive du prévenu, et ordonner sa mise en liberté. — Mais il doit, aux termes de l'art. 18 de la loi précitée, renvoyer l'affaire devant l'autre conseil de guerre de la division militaire. — *Cass.*, 13 juin 1846 (t. 2 1846, p. 178), Clerc.

75. — La nomination des membres des conseils de révision appartient aux généraux d'armée ou généraux commandant chaque division. Il en est de même de leur remplacement. — Décr. vend. an VI, art. 4.

76. — Aucun militaire ne peut être membre d'un conseil de révision, s'il n'est âgé de trente ans accomplis, s'il n'a fait trois campagnes devant l'ennemi, ou s'il n'a six ans de service effectif dans les armées de terre ou de mer. — Art. 6.

77. — Il y a près chaque conseil de révision un commissaire ordonnateur ou un commissaire des guerres (intendant militaire) de première classe, faisant les fonctions de commissaire du gouvernement. — Art. 3.

78. — Le commissaire du gouvernement peut se pourvoir d'office en révision, s'il n'existe pas de pourvoi de la part des parties; cependant, en cas d'acquittement des prévenus, il n'a que vingt-quatre heures de délai pour notifier son pourvoi au greffe du conseil de guerre. — Art. 12.

79. — Décidé que le commissaire du gouvernement a le droit de se pourvoir en révision contre un jugement du conseil de guerre prononçant l'acquittement du prévenu; qu'il n'y a pas lieu d'appliquer par analogie à ce fonctionnaire les dispositions des art. 409 et 410 du C. instr. crim., qui ne permettent pas au ministère public de se pourvoir en cassation contre les arrêts d'acquittement au préjudice de la partie acquittée. — *Cass.*, 3 août 1833, Bourgeois.

80. — Dans les vingt-quatre heures de la notification du pourvoi, le conseil de guerre envoie les pièces de la procédure, avec copie de son jugement, au président du conseil de révision, qui est tenu de convoquer aussitôt les membres de ce conseil. — Art. 13.

81. — Les défenseurs des parties sont admis au conseil; s'ils s'y présentent, ils peuvent, après le rapport, faire toutes observations pertinentes; ensuite, le commissaire du gouvernement fait ses réquisitions, auxquelles les défenseurs des parties sont admis à répondre, s'ils le croient nécessaire, puis le conseil procède au jugement. — Art. 15.

82. — Si la nullité du jugement résulte du défaut de compétence, le conseil de révision renvoie le fond du procès au tribunal qui doit en connaître. Dans tous autres cas, il le renvoie au second conseil de guerre permanent établi dans chaque division militaire, par la même loi du 18 vendém. an VI, pour juger tous les délits militaires, en cas d'annulation des jugemens par le conseil de révision de la division. — Art. 18 et 19.

TRIBUN. MILITAIRES, sect. 1re, § 3.

83. — Le conseil de révision qui annule le jugement rendu par un conseil de guerre, en ce que le délit qui a motivé la condamnation n'est pas suffisamment justifié, doit renvoyer le prévenu devant le second conseil de guerre siégeant dans la même division pour y être procédé à une nouvelle instruction, et non pas devant le lieutenant-général commandant la division, pour être statué sur son compte. — *Cass.*, 13 août 1833, Lemerle.

84. — Un conseil de révision ne peut, en annulant un jugement, renvoyer devant le conseil de guerre qui a rendu le jugement annulé. — *Cass.*, 15 juill. 1819, Fabry.

85. — De même, lorsque le conseil de révision annule le jugement par lequel un conseil de guerre s'est mal à propos déclaré incompétent, il doit renvoyer la cause devant un autre conseil de guerre et ne peut, à peine de nullité, la renvoyer devant celui qui a rendu le jugement annulé. — *Cass.*, 9 sept. 1824, Allavoine.

86. — En cas de confirmation du jugement, le conseil de révision renvoie les pièces du procès avec copie de sa décision signée de tous ses membres, au conseil de guerre dont le jugement est confirmé, lequel est tenu d'en poursuivre l'exécution. En cas d'annulation, l'envoi des pièces et de la décision du conseil se fait, dans les vingt-quatre heures, au second conseil de guerre. L'envoi de la décision seulement se fait tant au ministre de la guerre qu'au conseil de guerre dont le jugement est annulé. — Art. 22.

87. — Jugé que lorsqu'un comptable traduit devant le conseil de guerre sous la prévention de divers crimes ou délits a été acquitté sur les uns et condamné sur les autres, et que sur son pourvoi en révision il est intervenu un jugement d'annulation, cette annulation doit être restreinte aux chefs à l'égard desquels il y avait eu condamnation, et, par suite, le nouveau conseil de guerre saisi doit borner son examen à ces mêmes chefs, sans pouvoir prononcer une condamnation sur ceux à l'égard desquels le premier conseil de guerre avait prononcé un acquittement. — *Cass.*, 26 nov. 1842 (t. 2 1843, p. 529), Fabus.

88. — Jugé encore que l'annulation d'un jugement d'un conseil de guerre, comme ayant été rendu par une juridiction incompétente, n'a pas pour effet de lui enlever l'autorité de la chose jugée dans les chefs prononçant un acquittement et contre lesquels aucun pourvoi n'avait été dirigé. — *Cass.*, 20 juill. 1832, Geoffroy.

89. — Mais, lorsque le conseil de révision a annulé le jugement d'un conseil de guerre qui avait reconnu en faveur de l'accusé des circonstances atténuantes, le second conseil de guerre devant lequel l'affaire a été renvoyée a pu, sans excès de pouvoir, ne pas reconnaître de circonstances atténuantes. — *Cass.*, 18 et 19 janv. 1844 (t. 2 1845, p. 286), Otéro.

90. — Une loi du 15 brumaire an VI exige qu'indépendamment de l'envoi que le conseil de révision est tenu de faire de sa décision au ministre de la guerre et au conseil de guerre qui a rendu le jugement, il soit fourni, en cas de confimation, une expédition au condamné. — Art. 5.

91. — Le conseil de révision qui n'est saisi que du pourvoi de deux condamnés, ne peut sans excès de pouvoir annuler la procédure à l'égard d'un troisième inculpé acquitté, et le renvoyer devant un conseil de guerre pour y être jugé de nouveau. — *Cass.*, 24 mess. an XI, Olard.

92. — L'art. 23 voulait que lorsqu'après une annulation le second jugement sur le fond était attaqué par les mêmes moyens que le premier, la question fût soumise au Corps législatif qui rendrait une loi à laquelle le conseil de révision serait tenu de se conformer. Mais cet article est abrogé comme inconciliable avec l'état actuel de la législation. Dans le cas prévu par cet article, l'affaire doit être portée de nouveau devant le conseil de révision, lequel, s'il annule, renvoie pour le jugement du fond devant le premier conseil de guerre de l'une des divisions militaires les plus voisines. — *Cass.*, 18 août 1831, Portugal; 21 avril 1832, Gravet; 8 déc. 1836 (t. 1er 1837, p. 227), Maurin; 30 août 1838 (t. 1er 1840, p. 483), Renault; 22 août 1839 (t. 1er 1840, p. 484), Lévêque.

93. — Le conseil de révision qui a annulé un premier jugement d'un conseil de guerre, et qui se trouve de nouveau saisi par un nouveau recours contre la décision du conseil de guerre devant lequel il a renvoyé le prévenu, ne doit pas se borner à déclarer que ce recours présente

à juger la question qu'il a déjà résolue, et renvoyer devant un autre conseil de guerre. Il doit de plus prononcer l'*annulation* de la sentence qui lui est déférée. — *Cass.*, 22 août 1839 (t. 1er 1840, p. 485), Normant.

94. — Les arrêts des 18 août 1831 et 21 avr. 1832 précités ont décidé également que la loi du 30 juillet 1828 sur l'interprétation législative au cas de cassation successive de plusieurs jugemens ou arrêts, dans la même affaire, entre les mêmes parties, et attaqués par les mêmes moyens, ne s'applique pas aux jugemens rendus par des tribunaux militaires.

95. — Aucune décision ne peut être prise par le conseil de révision, sans qu'au préalable le président n'ait fait apporter et déposer sur le bureau un exemplaire tant de la loi du 13 brum. an V que de celle du 4 fruct. relative à la composition du conseil de guerre pour le jugement des officiers généraux et autres, et de celle du 18 vend. an VI. — Art. 26 de cette dernière loi.

96. — Les décisions du conseil de révision doivent être motivées, à peine de nullité. — *Cass.*, 10 juill. 1828, Lamare.

97. — Le délai pour se pourvoir en révision contre les jugemens rendus par les conseils de guerre est de vingt-quatre heures à partir de la lecture du jugement, qui doit être faite par le rapporteur à l'accusé. Le rapporteur est tenu, après la lecture, d'avertir l'accusé de cette disposition et d'en faire mention au pied du jugement. — L. 15 brum. an VI, art. 8.

98. — Le commissaire du gouvernement n'a également que vingt-quatre heures pour se pourvoir d'office, après le délai accordé à l'accusé. — Art. 9.

§ 4. — *Des pourvois en cassation contre les décisions des tribunaux militaires.*

99. — Aux termes de la loi du 27 vent. an VIII, il y a ouverture à cassation contre les jugemens des tribunaux militaires de la part de ceux qui ne sont ni militaires ni assimilés aux militaires par les lois à raison de leurs fonctions, pour cause d'incompétence et d'excès de pouvoir. — *Cass.*, 24 mess. an XI, Olard; 11 mars 1842 (t. 2 1843, p. 477), El-Chourfi.

100. — Indépendamment de ces deux causes qui, seules et en règle générale, donnent lieu au pourvoi en cassation, cette ouverture existe encore, lorsqu'en cas de conflit entre la juridiction ordinaire et la juridiction militaire, il y a lieu à règlement de juges.

101. — Ainsi, lorsqu'une chambre du conseil s'est déclarée incompétente sur le motif que le délit appartenait à la juridiction militaire, si le conseil de guerre refuse d'en connaître, il y a lieu à recourir en règlement de juges devant la Cour de cassation. — *Cass.*, 11 déc. 1812, Legros; 5 mars 1818, Cora; 12 oct. 1820, Pereyre; 21 mars 1823, Adelys; 10 avr. 1829, Diéval; 3 juill. 1829, Mollard. — V. au recueil de *Quest. de droit*, vo *Désertion*, § 2, le réquisitoire sur lequel l'arrêt Legros est intervenu. — V. aussi vo DÉSERTION, no 7.

102. — De même, lorsqu'un conseil de guerre ou de révision s'est déclaré incompétent et a envoyé devant la juridiction ordinaire, et que, de son côté, la chambre du conseil du tribunal de première instance s'est déclarée incompétente en considérant le délit comme appartenant à la juridiction militaire, ce conflit négatif appelle un règlement de juges par la Cour de cassation. — *Cass.*, 25 juill. 1823, Bidal; 7 mai 1824, Pernot; 18 juin 1824, Renaud; 3 mars 1831, Russemberger; 17 juin 1831, Vicentini.

103. — Il y a également lieu à règlement de juges par la Cour de cassation, lorsqu'un conseil de guerre ou de révision et un tribunal correctionnel se sont successivement déclarés incompétens pour connaître d'une affaire qu'ils ont prétendu appartenir l'un à la juridiction ordinaire, l'autre à la juridiction militaire. — *Cass.*, 10 fruct. an XII, François; 15 nov. 1811, Chabaud; 17 juin 1813, Vanesse; 12 déc. 1817, Bernard.

104. — Mais le pourvoi contre un jugement de condamnation d'un conseil de guerre ou de révision est non recevable lorsque le jugement n'est pas critiqué pour excès de pouvoir ou incompétence, et qu'il n'y a pas lieu à règlement de juges.

105. — Jugé qu'un lieutenant quartier-maître est non recevable en sa qualité de militaire à se pourvoir en cassation contre le jugement d'un conseil de guerre, par lequel il a été condamné comme coupable d'un détournement de deniers appartenant à l'État. — *Cass.*, 6 juillet 1815, Fabry.

106. — ... Que les jeunes gens appelés définitivement par le résultat des opérations du tirage et des décisions du conseil de révision à faire partie du contingent de leur classe appartiennent dès lors à l'armée et sont soldats, et qu'en conséquence, les jugemens des conseils de guerre rendus contre eux pour délits d'insoumission ne sont pas susceptibles de recours en cassation. — *Cass.*, 27 janv. 1837 (t. 2 1837, p. 136), Dardeux. — V. au reste DÉLITS MILITAIRES.

107. — ... Que lorsque les tribunaux militaires se sont déclarés incompétens pour connaître du délit d'insoumission imputé à un individu par le motif qu'aucune pièce officielle ne constatait qu'il fît partie de l'armée, et que, postérieurement à ce jugement, son acte de remplacement a été retrouvé, il y a lieu par la Cour de cassation d'annuler ce jugement d'incompétence et de renvoyer le prévenu devant un autre conseil de guerre. — *Cass.*, 20 août 1836, Dumoulié.

108. — L'excès de pouvoir pouvant résulter d'une application illégale de la peine, la Cour de cassation, saisie d'un semblable pourvoi, a compétence pour vérifier si la peine a été légalement appliquée par le conseil de guerre aux faits déclarés constans. — *Cass.*, 15 mai 1845 (t. 2 1845, p. 287), Hilario et Arduy dit Perico.

109. — Le droit qu'a le procureur général près la Cour de cassation de se pourvoir d'office, en vertu de l'art. 442 C. instr. crim., contre les décisions en dernier ressort des tribunaux ordinaires, sujettes à cassation et non attaquées par les parties en temps utile, s'étend également aux décisions des tribunaux militaires. — *Cass.*, 12 juill. 1838 (t. 2 1843, no 487), Klein.

110. — L'annulation d'un jugement prononcé pour cause d'incompétence, sur un réquisitoire présenté par le procureur général près la Cour de cassation, en vertu de l'art. 441 C. instr. crim., sur un ordre formel du ministre de la justice, n'a pas lieu dans le seul intérêt de la loi, mais avec renvoi devant un tribunal compétent pour être procédé au fond. — *Cass.*, 5 fév. 1824, Carrel.

111. — Il suffit que dans l'acte de son pourvoi en cassation contre le jugement rendu par un conseil de révision, un prévenu ait pris la qualité de propriétaire pour que son pourvoi ait un effet suspensif, et qu'un nouveau conseil de guerre ne puisse pas connaître de l'affaire avant qu'il ait été statué par la Cour de cassation qui seule a le droit de régler alors la compétence. — *Cass.*, 18 sept. 1824, Bride.

112. — Le commissaire du gouvernement près un conseil de guerre épuise les pouvoirs qui lui sont conférés par la loi en formant un pourvoi en révision contre un jugement d'incompétence rendu par ce conseil de guerre. — Il est sans qualité pour attaquer devant aucune autorité, et par exemple devant la Cour de cassation, le jugement rendu sur son recours par le conseil de révision. — *Cass.*, 22 juill. 1837 (t. 2 1837, p. 284), Lespagnol; 22 août 1839 (t. 1er 1840, p. 485), Mormant.

113. — Lorsque le jugement du conseil de révision est entaché d'incompétence, c'est à l'officier chargé des fonctions du ministère public près cette juridiction qu'il appartient d'en provoquer la mesure et l'annulation par une dénonciation au ministre de la guerre, et la Cour de cassation n'en peut être saisie que dans la forme indiquée en l'art. 441 C. instr. crim. — *Cass.*, 22 juill. 1837 (t. 2 1837, p. 284), Lespagnol.

114. — Lorsqu'un militaire s'est pourvu en cassation contre un jugement d'un conseil de guerre, le conseil de révision ne peut se permettre d'y statuer. — *Cass.*, 15 juill. 1819, Fabry.

115. — Aux termes de l'art. 42 de l'ordonnance du 26 sept. 1842, qui a organisé la justice en Algérie, les jugemens rendus par les conseils de guerre dans ce pays ne donnent lieu qu'au pourvoi en révision. Néanmoins, lorsqu'un Français ou Européen, étranger à l'armée, a été traduit devant un conseil de guerre, le jugement peut être déféré à la Cour de cassation; mais seulement pour incompétence ou excès de pouvoir.

116. — Jugé que ce n'est que pour incompétence ou excès de pouvoir que le pourvoi en cassation est ouvert à un Européen domicilié dans les possessions françaises de l'Algérie contre le jugement d'un conseil de guerre qui l'a condamné pour un crime commis hors des limites territoriales assignées à la juridiction des tribunaux civils et criminels d'Algérie. — *Cass.*, 15 mai 1845 (t. 2 1845, p. 287), Hilario et Arduy dit Perico.

117. — .... Que l'expression *Européen*, employée dans cet article, ne doit pas être limitée aux habitans de l'Europe, mais s'étend aux sujets des puissances européennes établis dans leurs colonies hors d'Europe, et aux sujets des puissances étrangères qui participent, aux termes des traités, au bénéfice des droits réciproques résultant du droit public europén. — Qu'ainsi, un Brésilien est dès lors compris dans cette expression, et recevable, par suite, à se pourvoir contre les jugemens des conseils de guerre d'Algérie. — *Cass.*, 19 janv. 1844 (t. 2 1845, p. 285), Otéro.

118. — Cet arrêt a évidemment étendu le sens littéral du mot *Européen*; mais nous croyons que, considéré dans son application à l'espèce, il ne s'est pas écarté de l'esprit de l'ordonnance du 26 sept. 1842. La difficulté d'interprétation eût été plus grande et la solution eût peut-être été différente s'il se fût agi, au procès, d'un Asiatique, par exemple, qui, sectateur de Mahomet, serait venu pour prêter, contre la France, secours à ses coreligionnaires. — Au surplus, la compétence de la juridiction exceptionnelle n'en subsiste pas moins, et l'intérêt politique ne paraît pas avoir beaucoup à souffrir d'un recours qui, entravant une exécution immédiate, peut empêcher de consommer d'irréparables erreurs judiciaires.

119. — Jugé encore que les conseils de guerre d'Algérie sont compétens pour connaître des infractions commises par un individu non militaire dans un lieu situé hors des limites territoriales assignées à la juridiction des tribunaux ordinaires, mais indépendans de la division militaire. — Même arrêt.

120. — Les individus condamnés en matière correctionnelle par *des conseils de guerre* pour délits commis en Algérie en dehors des limites tracées aux tribunaux correctionnels ne sont pas dispensés de consigner l'amende lorsqu'ils se pourvoient en cassation. — *Cass.*, 9 août 1845 (t. 1er 1846, p. 111), Toubout.

121. — Le pourvoi en cassation formé par un indigène contre le jugement d'un conseil de guerre d'Algérie est suspensif. — *Cass.*, 11 mars 1842 (t. 2 1842, p. 477), El-Chourfi. — V., en outre, CASSATION (mat. crim.), DÉLITS MILITAIRES.

Sect. 2e. — *Compétence militaire.*

122. — En examinant, sous le mot DÉLITS MILITAIRES, quels sont les faits qu'il appartient à la juridiction militaire de juger, et dans quelles circonstances un crime ou un délit est *militaire*, nous avons par cela même traité de la compétence des tribunaux militaires, soit quant aux faits, soit quant aux personnes. Nous compléterons seulement l'exposé des principes que nous avans fait, à cet égard, sous ledit mot, par quelques observations.

123. — Ainsi que nous l'avons dit, il faut entendre, en principe général, par délit militaire, toute infraction commise par les militaires sous les drapeaux, ou par ceux que la loi leur assimile, qu'il s'agisse de faits touchant à la discipline militaire, ou bien de faits qualifiés par le Code pénal et rentrant dans la catégorie des délits communs. Dans ces différentes hypothèses, la juridiction militaire est seule compétente.

124. — Décidé qu'il suffit qu'un individu soit porté sur les contrôles d'un régiment, qu'il reçoive la solde, et qu'il soit assujetti aux exercices et à la discipline du corps, pour qu'il se trouve soumis, par ce service effectif, à la juridiction des conseils de guerre, à raison des délits par lui commis pendant qu'il est sous les drapeaux, lors même que son temps de service serait expiré, et qu'il n'aurait pas renouvelé son engagement. — *Cass.*, 23 janv. 1829, Nicolet.

125. — De même, le conseil de guerre devant lequel un soldat est traduit pour toute autre cause que la désertion, commet un excès de pouvoirs, en se permettant de décider que le prévenu a cessé d'être militaire, par l'expiration de la durée du service dont il était tenu. — Même arrêt. — V. DÉLITS MILITAIRES, nos 36 et suiv.

126. — Le délit commis à l'armée et sous les drapeaux par le chef d'un corps de partisans, levé sur l'autorisation du ministre de la guerre,

est de la compétence du conseil de guerre, et non de la juridiction ordinaire. — *Cass.*, 23 déc. 1819, Brice.

127. — Ceux qui font partie d'un corps franc levé en vertu d'un décret, et placé sous les ordres d'un général en chef, doivent être assimilés aux militaires, et sont justiciables des conseils de guerre, pour tous les délits quelconques qu'ils peuvent commettre à l'armée, sous les drapeaux et dans l'exercice de leur qualité de partisans. — *Cass.*, 30 juin 1820, Pelletier de Chambure.

128. — Toutes les fois que la qualité du prévenu détermine spécialement la juridiction à laquelle il appartient, le tribunal doit fixer sa compétence d'après la qualité que le prévenu avait lors de la perpétration du crime ou délit, soit qu'il ait perdu ultérieurement cette qualité, soit qu'il en ait acquis une autre. — Ainsi, le militaire qui a commis un délit pendant qu'il était au régiment, doit être jugé par le conseil de guerre, quoiqu'il ait perdu, lors du jugement, sa qualité de militaire par l'effet de la dégradation prononcée contre lui pour d'autres faits. — *Cass.*, 18 juin 1824, Renaudin. — Merlin, *Rép.*, vo *Délit militaire*, no 11. — V. COMPÉTENCE CRIMINELLE.

129. — Lorsqu'un militaire a commis un délit dans la prison où il était écroué comme prévenu de crime, le conseil de guerre ne peut, au lieu de statuer sur les deux faits, sauf à n'appliquer que la peine la plus forte, commencer par statuer sur le crime, en condamnant le prévenu aux travaux forcés, puis se déclarer incompétent à l'égard du second fait, sous le prétexte que le prévenu ayant encouru la dégradation, n'est plus militaire. — Même arrêt.

130. — Le meurtre commis sur le guichetier par un individu militaire, détenu dans une prison militaire, sous la surveillance exclusive de ses chefs, est de la compétence du conseil de guerre et non de la juridiction ordinaire. — *Cass.*, 10 déc. 1824, Gravelle.

131. — De même, les tribunaux militaires sont seuls compétens pour connaître, à l'exclusion des tribunaux ordinaires, des crimes de faux commis par un militaire à son corps. — *Cass.*, 30 nov. 1836 (t. 1er 1837, p. 357), Kast.

132. — Le militaire appartenant à la réserve, qui, ayant encouru une condamnation criminelle prononcée par les tribunaux ordinaires, est transféré dans un pénitencier militaire pour y subir sa peine, devient, par le fait de cette translation, soumis à la discipline militaire, et par suite il est justiciable du conseil de guerre à raison des délits par lui commis durant sa détention. — *Cass.*, 4 déc. 1847 (t. 1er 1848, p. 170), Giraud. — En effet, la jurisprudence assimile les militaires qui sont détenus dans une prison exclusivement militaire à ceux qui sont sous le drapeau. — V. DÉLITS MILITAIRES, nos 76 et suiv.

133. — Un officier en retraite ne peut pas être considéré comme militaire. Il en est de même à l'égard du commandant d'un dépôt de prisonniers de guerre, il doit être assimilé aux gardiens des autres détenus. — *Cass.*, 3 sept. 1813, Gauthier.

134. — Les personnes assimilées aux militaires sous les drapeaux par l'art. 9 de la loi du 13 brumaire an V, sont les individus attachés à l'armée et à sa suite, les embaucheurs, les espions et les habitans du pays ennemi occupé par les troupes françaises.

135. — Mais cette disposition n'est plus attributive de juridiction pour les délits d'embauchage ou d'espionnage imputés à des individus non militaires. La juridiction correctionnelle est seule compétente dans ce cas. — Décr. 17 mess. an XII, art. 11. — C'est ce que reconnaît la jurisprudence. — V. EMBAUCHAGE, nos 18 et suiv. — Quant à ce qu'il faut entendre par individus attachés à l'armée, V. ARMÉE, no 250.

136. — Les enfans de troupe sont réputés attachés à l'armée, et, à ce titre, sont justiciables des tribunaux militaires pour les délits qu'ils commettent, soit dans le lieu de la garnison, soit dans la caserne même du régiment dont ils font partie. — *Douai*, 2 janv. 1845 (t. 1er 1845, p. 729), N.... — V. aussi VIVANDIÈRES et ARMÉE.

137. — Le sous-officier attaché au service du recrutement est justiciable des tribunaux militaires à raison des délits qu'il commet dans l'exercice de ses fonctions. — *Cass.*, 13 mars 1835, Ferrand.

138. — Le pharmacien d'un hôpital militaire qui dilapide les objets à lui confiés en cette qualité est justiciable des tribunaux militaires. — — *Cass.*, 26 niv. an VI, Tabouret.

139. — Mais le musicien gagiste n'est pas militaire et ne peut être considéré comme étant à la suite de l'armée quand le régiment auquel il est attaché est en garnison à l'intérieur et ne fait partie d'aucun corps d'armée. — Le musicien gagiste n'est donc pas justiciable des conseils de guerre, lors même qu'en contractant avec le conseil d'administration du régiment il aurait déclaré se soumettre aux règles de la discipline militaire. — *Cass.*, 19 mai 1838 (t. 1er 1838, p. 602), Messemer.

140. — Le maître cordonnier gagiste d'un régiment qui n'a point été reçu sous les drapeaux, soit comme appelé, soit comme remplaçant, n'est pas militaire, et, bien qu'il se trouve soumis aux règles de la discipline militaire et passible des punitions disciplinaires, la répression des crimes et délits communs dont il peut se rendre coupable n'en appartient pas moins à la juridiction des tribunaux ordinaires, alors d'ailleurs que le régiment auquel il est attaché tient garnison dans l'intérieur et ne fait partie d'aucun corps d'armée. — *Cass.*, 13 juill. 1843 (t. 2 1843, p. 612), Coraze.

141. — Les canonniers gardes-côtes créés par l'arrêté du 8 prair. an XI, et supprimés par l'ordonn. du 14 août 1815, étaient soumis, en temps de guerre maritime, à la même discipline et police, et aux mêmes peines que le reste des troupes françaises; ils étaient conséquemment justiciables des tribunaux militaires et non des tribunaux ordinaires, à raison des délits qu'ils pouvaient commettre. — *Cass.*, 3 brum. an XIII, Stable. — Merlin, *Rép.*, vo *Délit militaire*, no 9; Carnot, sur l'art. 137 C. instr. crim., t. 1er, p. 552, no 12.

142. — Quant aux militaires qui sont hors de leur corps ou en congé, il faut distinguer entre les différentes infractions dont ils peuvent se rendre coupables. Lorsqu'il s'agit de faits portant atteinte aux lois de la discipline, les tribunaux militaires sont compétens; mais lorsqu'il s'agit de délits prévus par le Code pénal ordinaire, les tribunaux ordinaires doivent être saisis. — V. DÉLITS MILITAIRES, nos 60 et suiv.

143. — L'infirmier d'un hôpital militaire qui s'absente avec autorisation pendant deux jours, cesse durant ce temps d'être soumis à la juridiction militaire et devient, comme les autres citoyens, justiciable des tribunaux ordinaires. — *Cass.*, 8 juill. 1843 (t. 2 1843, p. 613), Albertini.

144. — Les gendarmes qui, hors de leur service, commettent des délits au préjudice des habitans, sont justiciables de la juridiction ordinaire et non des conseils de guerre, encore bien qu'ils ne soient pas organisés en compagnies sédentaires, mais en un régiment détaché dans diverses garnisons d'une division militaire. — *Cass.*, 14 nov. 1833, Ludwig. — V. GENDARME, GENDARMERIE, nos 248 et suiv.

145. — Le militaire en état de désertion qui s'est rendu coupable d'un crime ou délit commun, hors de son corps, est justiciable des tribunaux ordinaires, encore bien que son nom ait été maintenu pendant six mois sur les contrôles de son régiment, et que le délit ait été commis dans le lieu même de sa garnison. — Avis Cons. d'Etat 7 fruct. an XII. — *Cass.*, 10 avr. 1829, Diéval. — Chauveau et Hélie, *Théorie du Code pénal*, t. 1er, p. 67.

146. — Le vol commis par un militaire dans une maison d'arrêt où il avait été déposé momentanément, pour être reconduit à son corps, par suite de désertion, est de la compétence de la juridiction ordinaire, et non du conseil de guerre. — *Montpellier*, 3 déc. 1832, Ferrier.

147. — De même, c'est à la juridiction ordinaire et non au conseil de guerre qu'appartient la connaissance d'un délit non militaire, commis par un déserteur qui n'était ni dans un camp ni dans un cantonnement, ni dans l'arrondissement d'une armée. — *Cass.*, 3 pluv. an XIII, Arroy. — Merlin, *Rép.*, vo *Délit militaire*, no 6. — V. DÉSERTION.

148. — Mais un militaire en garnison, accusé d'un vol sur un grand chemin, est justiciable des tribunaux militaires, quoique ce crime ait été commis au delà de la limite fixée à la garnison; cette dernière circonstance n'est qu'une infraction disciplinaire qui ne peut pas constituer ce militaire en état de congé ou d'absence de son corps, ni le soustraire à sa juridiction. — *Cass.*, 14 déc. 1827, Doyen.

149. — Jugé que c'est à la juridiction ordinaire qu'il appartient de connaître d'un crime de faux en écriture de commerce ou privée, commis par un militaire qui n'était pas à son corps, quoiqu'il fût dans un lieu où il se trouvait porteur d'une feuille de route, pour aller le rejoindre, et d'un billet d'hôpital. — *Cass.*, 2 oct. 1828, Olive.

150. — Un autre principe certain et qui n'est que le corollaire de ce qui précède, c'est que l'individu qui n'est pas militaire, ni assimilé par la loi aux militaires, ne peut être traduit devant un conseil de guerre. — L. 22 mess. an IV, art. 1er. — La Cour de cassation a consacré ce principe d'une manière éclatante lors des questions de compétence qui ont été soulevées en 1832 par la mise en état de siége de la ville de Paris. — V. ÉTAT DE SIÉGE.

151. — Le principe qui interdit aux tribunaux militaires toute juridiction sur ceux qui ne sont pas considérés comme militaires par les lois, a été suspendu dans son application après les journées de juin 1848. Un décret de l'Assemblée constituante du 24 juin ayant mis Paris en état de siége, le chef du pouvoir exécutif a ordonné par un arrêté du 25 juin que, par les officiers rapporteurs près les conseils de guerre de la première division militaire, il serait immédiatement procédé à l'information contre tous les individus arrêtés à l'occasion des attentats commis les 23 juin et jours suivans. Un second décret du 27 juin a ordonné que l'instruction commencée devant les conseils de guerre suivrait son cours, nonobstant la levée de l'état de siége, en ce qui concernait ceux que cette instruction désignerait comme chefs, fauteurs ou instigateurs de l'insurrection, comme ayant fourni ou distribué de l'argent, des armes ou des munitions de guerre, exercé un commandement ou commis quelque acte aggravant leur rébellion; et qu'il en serait de même à l'égard des réclusionnaires ou forçats libérés ou évadés qui auraient pris part à l'insurrection.

152. — La Cour de cassation a décidé que les conseils de guerre, saisis par le décret du 27 juin 1848 de la connaissance des faits relatifs à l'insurrection de juin et des actes qui auraient aggravé la rébellion, sont compétens pour connaître de ces derniers actes, alors même qu'ils constitueraient par eux-mêmes des crimes de droit commun, tels que celui d'assassinat. — *Cass.*, 9 mars 1849 (t. 1er 1849, p. 141), Daix et Lahr (affaire des assassins du général de Bréa). — V. SIÉGE (Etat de).

153. — Lorsque parmi les prévenus d'un délit se trouvent tout à la fois des militaires et des personnes étrangères à l'armée, le délit doit être jugé par les tribunaux ordinaires. — L. 22 mess. an IV, art. 2. — V. COMPÉTENCE CRIMINELLE, nos 117 et suiv.; DÉLITS MILITAIRES, nos 92 et suiv.

154. — En conséquence, lorsqu'un individu non militaire a commis le crime de faux, de complicité avec un militaire, en fabriquant un faux acte de naissance et en se faisant inscrire sous un faux nom sur le contrôle de l'armée, comme remplaçant d'un jeune soldat, c'est à la juridiction ordinaire et non au conseil de guerre qu'il appartient d'en connaître, parce que l'un des prévenus n'était pas militaire lorsqu'il a commis le crime, et que c'est à l'aide de ce crime qu'il a été admis au corps. — *Cass.*, 7 mai 1824, Pernot et Klinger.

155. — Et lorsque, par suite du même faux, les deux prévenus ont commis envers le père de celui dont le nom a été emprunté des escroqueries et des tentatives d'escroquerie, soit conjointement, soit séparément, ces délits étant connexes aux faits principaux doivent être également poursuivis devant la juridiction ordinaire. — Même arrêt.

156. — Le conseil de guerre saisi de la connaissance d'un crime commis par des militaires et un individu justiciable des conseils de guerre maritimes est compétent même à l'égard de celui-ci. — *Cass.*, 7 févr. 1840 (t. 2 1840, p. 513), Mouynès.

157. — En principe donc, on peut résumer de la manière suivante les règles sur la compétence militaire. *Quant aux personnes*, la juridiction militaire s'étend à tous individus militaires ou attachés à l'armée ou assimilés par la loi aux militaires présens au corps et sous les drapeaux. *Quant aux faits*, elle s'étend : 1o à tous les délits contre la discipline; 2o à tous les délits même communs, commis aux corps et sous les drapeaux.

158. — La loi du 21 mars 1832, sur le recrutement de l'armée, en établissant des peines contre certains délits relatifs à cette matière et notamment contre le délit d'insoumission, ne s'est pas écartée de ces principes de compétence. — V. RECRUTEMENT.

159. — Un conseil de guerre était incompétent pour juger un militaire pair de France à l'épo-

que des faits incriminés. Il n'appartenait qu'à la Chambre des pairs, constituée en Cour de justice, de connaître des crimes et délits imputés à ses membres. — Jugement du conseil de guerre, 1re div. mil., Ney.

160. — Lorsque les conseils de guerre sont saisis de faits prévus et punis par les lois pénales ordinaires, ils doivent appliquer ces lois comme le feraient les tribunaux de droit commun.

161. — Nous avons donné sous le mot DÉLITS MILITAIRES l'énumération des crimes et délits qui sont spécialement prévus par les lois militaires. Chacun d'eux fait l'objet d'un article séparé.

162. — La loi militaire applique aussi des peines spéciales et exceptionnelles à plusieurs des crimes ou délits qu'elle réprime. Telles sont la peine des fers, celle de la gêne, celle du boulet, l'exposition devant la troupe, la dégradation des travaux publics. — V. BOULET, DÉGRADATION (peine de la), FERS, GÊNE, HARAUDE, TRAVAUX PUBLICS.—Toutefois, la peine des fers a le même caractère que les travaux forcés, et, à ce titre, elle se confond avec une peine prévue par les lois criminelles ordinaires. — Chénier, *Guide des tribunaux militaires*, préface.

TRIBUNAUX ORDINAIRES DES DOUANES.

1. — Avant le décret du 18 octob. 1810, portant création de tribunaux chargés de la répression de la fraude et contrebande en matière de douanes, la connaissance du crime de contrebande appartenait aux Cours spéciales créées par le Code d'instruction criminelle de 1808, et qui avaient remplacé les tribunaux spéciaux chargés également de juger les contrebandiers.—V. TRIBUNAUX SPÉCIAUX.

2. — Le décret du 18 octob. 1810 substitua aux Cours spéciales, pour le jugement des contrebandiers, les Cours prévôtales des douanes et les tribunaux ordinaires des douanes.

3. — Pour ce qui concerne la composition et les attributions des Cours prévôtales des douanes, V. COURS PRÉVÔTALES DES DOUANES, DOUANES, nos 1032 et suiv.

4. — Les tribunaux ordinaires des douanes étaient établis sur toutes les frontières occupées par les lignes des douanes, et connaissaient de toutes les affaires relatives à la fraude des droits de douanes, qui ne donnaient lieu qu'à la confiscation, à l'amende ou à de simples peines correctionnelles.— Décr. 18 oct. 1810, art. 7. — V. également, relativement à la compétence des tribunaux ordinaires des douanes, le mot DOUANES, nos 1032 et suiv.

5. — Les arrondissemens soumis à la juridiction de chacun de ces tribunaux, et les lieux dans lesquels ils devaient siéger, étaient déterminés par un tableau qui était annexé au décret du 18 oct. 1810.

6. — Ils étaient composés d'un président, de quatre assesseurs, d'un procureur impérial, d'un greffier, et des huissiers nécessaires à leur service: ils ne pouvaient juger en moindre nombre de trois, et sur les conclusions du procureur impérial. — Décr. 18 oct. 1810, art. 8.

7. — Ils instruisaient et jugeaient les affaires de douanes, selon les formes prescrites pour les affaires correctionnelles.— Art. 9.

8.—Les appels de leurs jugemens étaient portés devant les Cours prévôtales dans le ressort desquelles ils se trouvaient; ils y étaient instruits et jugés conformément aux dispositions du Code criminel. Les arrêts rendus sur ces appels étaient sujets au recours en cassation.— Art. 10.

9. — Les tribunaux ordinaires des douanes étaient sous l'autorité et l'inspection des Cours prévôtales.— Art. 11.

10. — Ils ont été supprimés, ainsi que les Cours prévôtales, par le décret du 26-28 avril 1814, et finalement abolis par la charte de 1814.— Sur la compétence actuelle en matière de douanes, V. DOUANES, nos 976 et suiv.

TRIBUNAUX DE PAIX.

V. JUSTICE DE PAIX, TRIBUNAUX, TRIBUNAUX DE POLICE.

TRIBUNAUX DE POLICE.

Table alphabétique.

TRIBUNAUX DE POLICE. — 1. — On appelle ainsi les tribunaux institués pour la répression des faits que la loi qualifie de *contraventions*.

2. — Il y a deux sortes de tribunaux de police : l'un est tenu par le juge de paix du canton et a une compétence exclusive pour certaines contraventions; l'autre est tenu par le maire de la commune, et concourt avec le premier au jugement de certaines contraventions.

SECT. 1re. — *Tribunal de police tenu par le juge de paix* (no 3).

§ 1er. — *Compétence* (no 24).

§ 2. — *Procédure, instruction, preuve, témoins, conclusions du ministère public, défense du prévenu, jugement, etc.* (no 148).

§ 3. — *Formalités requises pour la validité des jugemens* (no 334).

SECT. 2e. — *Tribunal de police tenu par le maire* (no 389).

SECT. 3e. — *Appel. — Cassation* (no 402).

—

Sect. 1re. — *Tribunal de police tenu par le juge de paix.*

3. — Il ne faut pas confondre la justice de paix avec le tribunal de simple police tenu par le juge de paix. Quoique l'un et l'autre aient le même juge, ce sont cependant deux tribunaux différens. A la justice de paix est réservée la connaissance des affaires civiles, tandis que c'est au tribunal de police seul qu'il appartient de prononcer sur les faits de police. — *Cass.*, 27 vendém. an IX, Paney.

4. — Ainsi, un tribunal de paix saisi d'une pure action civile ne peut la transformer en une affaire de police municipale, en la renvoyant au tribunal de police du même canton. — Le tribunal qui, sur ce renvoi, prononce les peines applicables aux seules contraventions de police, commet une usurpation de pouvoirs qui donne lieu à la cassation de son jugement. — *Cass.*, 18 prair. an VIII, Auchier et Moinard.

5. — Un juge de paix ne peut, à plus forte raison, lorsqu'il est saisi de la connaissance d'une affaire comme juge civil, se transformer immédiatement en juge de police et prononcer des peines de police. — *Cass.*, 25 avr. 1806, Deleschelle; 1er avr. 1813, Landrin. — V. Mangin, *Tr. de l'action publ.*, t. 1er, p. 64, no 33, et t. 3, no 375.

6. — Il ne peut, par exemple, dans une même affaire, statuer d'abord comme *juge civil* sur une question préjudicielle du ressort de la justice de paix, et ensuite comme juge de police sur le délit. — *Cass.*, 2 therm. an IX, Bernardet-Chesne. — V. Merlin, *Rép.*, vo *Question préjudicielle*, no 10, et Carnot, sur l'art. 3 C. instr. crim., t. 1er, p. 80, no 32.

7. — En conséquence, est nul le jugement qui, statuant en matière de simple police, est énoncé avoir été rendu par le tribunal de paix. — *Cass.*, 6 brum. an VII, N....

8. — Plus généralement sont nuls les jugemens qui, prononçant en matière de simple police, sont intitulés comme ayant été rendus par le tribunal de paix, en ce qu'ils contiennent une intervention de l'ordre des juridictions et un empiétement sur les droits du tribunal compétent. — *Cass.*, 6 brum. an VII, N...; 5 niv. an VII, Bouillé et Théveneau; 9 brum. an IX, Diot. — Mais s'il était évident que la qualification de *tribunal de paix* appliquée à un *tribunal de simple police* était le résultat d'une erreur de rédaction, cette qualification ne saurait être alors une cause d'infirmation du jugement.

9. — De même est nul le jugement par lequel un tribunal de paix, après avoir statué sur une question de possession, s'est déclaré tribunal de simple police et a prononcé des peines contre l'une des parties, sans citation et sans autre formalité. — *Cass.*, 9 therm. an IX, Moreau-Chassy. — V. aussi Merlin, *Quest. de droit*, vo *Tribunal de police*, § 12, no 2.

10. — Nous avons fait connaître, vo TRIBUNAUX, l'organisation actuelle du tribunal de police tenu par le juge de paix. Nous nous bornerons à rappeler ici quelques décisions, qui n'ont plus du reste qu'un intérêt historique, sur la constitution du tribunal de police.

11. — Ainsi, sous le Code du 3 brumaire an IV (art. 151), un tribunal de police devait être essentiellement composé d'un juge de paix et de deux assesseurs. Le jugement rendu par trois assesseurs, en l'absence du juge de paix, était entaché d'incompétence et d'excès de pouvoirs. — *Cass.*, 28 germ. an VII, Devigne; 26 niv. an VII, Mercier; 29 messidor an IX, Neurochs; 7 floréal an IX, Mailly; 8 vend. an X, N...

12. — Sous ce même Code, un tribunal de police composé du juge de paix et de trois assesseurs était illégalement constitué; il y avait usurpation de pouvoirs de la part du troisième assesseur. — *Cass.*, 16 pluv. an X, Langlois et Sellier; 26 brum. an VII, Boismarin; 17 brum. an VIII, Margues-Blatgé; 3 germ. an VIII, Burel; 1er germ. an VIII, Majourel; 27 germ. an IX, Savard; 16 prair. an VII, Mariol et Forel; 6 prair. an VIII, N...; 1er frim. an VIII, Messerchmit; 26 vend. an VIII, Scellier; 29 vend. an IX, Poumeyrol; 13 vent. an VIII, Vase; 16 messid. an IX, Kaiser; 22 germin. an VII, N....; 8 frim. an IX, May.

13. — Un tribunal de police ne pouvait pas davantage être composé de deux juges de paix et de quatre assesseurs. — *Cass.*, 17 fruct. an VII, Lelièvre; 11 brum. an VIII, intérêt de la loi; 17 fruct. an IX, Butz.

14. — Ce tribunal devait rigoureusement être composé du juge de paix et de deux assesseurs qui avaient le caractère de juges. Un plus grand nombre d'assesseurs viciait la composition du tribunal. — *Cass.*, 13 brum. an VII, Dolfus; 21 germ. an VII, N...; 16 prair. an VII, Taupiel; 4 flor. an VII, N...; 22 vend. an VII. N...; 7 mess. an VIII, Deboubers; 17 vend. an IX, Pancy; 23 fruct. an X, Glisse.

15. — Un juge de paix excédait ses pouvoirs en prononçant comme juge de police, sans l'assistance de deux assesseurs. — *Cass.*, 14 pluviôse an X, Thazade.

16. — Le juge de paix absent ne pouvait pas être remplacé au tribunal de police par un assesseur. Ainsi le jugement rendu par trois assesseurs était nul. — *Cass.*, 28 frim. an VII, Guillet; 11 messid. an VII, N.; 7 messid. an VIII, Deboubers; 16 therm. an VIII, Freby c. Clergel; 29 brum. an IX, N...; 27 brum. an X, N...

17. — Il fallait que le jugement fût rendu par les mêmes juges et assesseurs qui avaient assisté à l'instruction orale; si l'un des assesseurs était remplacé après l'audition des témoins, ils devaient être entendus de nouveau, à peine de nullité, parce qu'il y avait une nouvelle composition du tribunal. — *Cass.*, 23 germ. an VII, N...; 5 vent. an VII, Nessert; 6 flor. an VII, Letellier; 2 frim. an VIII, Casanova.

18. — Sous la loi du 21 fruct. an III (art. 15), le commissaire du gouvernement près le tribunal de simple police ne pouvait être provisoirement remplacé par un assesseur du juge de paix; il devait l'être, à peine de nullité, par un membre de la municipalité. — C. instr. crim., art. 144. — *Cass.*, 27 messid. an VIII, Voisin.

19. — La disposition du Code d'instruction criminelle portant que les juges de paix alterneront pour l'expédition des affaires de simple police, dans les communes où il y en a plusieurs, ne déroge point aux droits de leurs suppléans respectifs. Ainsi, le jugement de simple police, rendu par un suppléant, dans un canton où il y a plusieurs juges de paix, n'est pas nul. — *Cass.*, 2 frim. an XIV, Picard; 12 janv.-7 juill. 1809; 17 juill. 1823.

20. — Le suppléant qui remplace au tribunal de simple police le juge de paix malade ou absent, a qualité comme le juge de paix lui-même pour connaître de toutes affaires où il peut être question de prononcer quelque peine. — *Cass.*, 7 juill. 1809, Boots.

21. — Mais un jugement est nul, lorsqu'il a été rendu par un suppléant de juge de paix, qui n'avait pas encore prêté le serment prescrit par la loi du 29 vent. an IX. — *Cass.*, 12 janv. 1809, Maure. — V. TRIBUNAUX, SERMENT DE FONCTIONNAIRE.

22. — Il y a aussi nullité lorsque les fonctions de greffier ont été remplies par un huissier, et cette nullité ne peut pas être couverte par le consentement des parties. — *Cass.*, 29 messid. an IX, Neurochs.

23. — Pour ce qui concerne le droit qui appartient au juge de police de se récuser, et sur le point de savoir quelle est l'autorité compétente pour juger la récusation, V. RÉCUSATION.

§ 1er. — *Compétence.*

24. — Les tribunaux de police connaissent de toutes les contraventions de police simple. — C. instr. crim., art. 138. — Or, on appelle contraventions de police simple tous les faits qui, d'après les dispositions du 4e livre du Code pénal, peuvent donner lieu, soit à 15 francs d'amende ou au-dessous, soit à cinq jours d'emprisonnement ou au-dessous, qu'il y ait ou non confiscation des choses saisies, et quelle qu'en soit la valeur. — C. instr. crim., art. 137. — Sur l'énumération des contraventions de la compétence des tribunaux de police, V. au surplus CRIMES, DÉLITS ET CONTRAVENTIONS, § 4.

25. — Parmi les contraventions, il en est dont le juge de paix connaît exclusivement comme juge de police et d'autres dont il ne connaît que concurremment avec le maire. Ainsi, les juges de paix connaissent, comme juges de police, exclusivement : 1° des contraventions commises dans l'étendue de la commune chef-lieu du canton; 2° des contraventions dans les autres communes de son canton, lorsque, hors le cas où les coupables auront été pris en flagrant délit, les contraventions auront été commises par des personnes non domiciliées ou non présentes dans la commune, ou lorsque les témoins qui doivent déposer n'y sont pas résidens ou présens; 3° des contraventions à raison desquelles la partie qui réclame conclut, pour ses dommages-intérêts, à une somme indéterminée ou à une somme excédant 15 francs; 4° des contraventions forestières, poursuivies à la requête des particuliers; 5° des injures verbales; 6° des affiches, annonces, ventes, distributions ou débit d'ouvrages, écrits ou gravures contraires aux mœurs; 7° de l'action contre les gens qui font le métier de deviner et pronostiquer ou d'expliquer les songes. — C. instr. crim., art. 139. — Toutes autres contraventions commises dans le canton peuvent être portées indistinctement devant le juge de paix ou devant le maire du lieu du délit. — C. instr. crim., art. 140 et 166.

26. — Si la juridiction du juge de paix statuant comme juge de police et celle du maire varient quant à leur étendue, il est toutefois certaines règles générales qui sont aussi bien applicables aux maires qu'aux juges de paix. Ainsi, les tribunaux de police ne peuvent, en aucun cas, prononcer sur un délit passible d'une peine correctionnelle (*Cass.*, 8 therm. an VIII, Vareins), ni appliquer une peine correctionnelle. — *Cass.*, 17 juill. 1792, Guiraud de Taleyrac.

27. — Le tribunal de police qui se permettrait de prononcer sur le fait d'un délit correctionnel et sur la culpabilité du prévenu, quand même il renverrait devant le tribunal de police correctionnelle pour l'application de la peine, n'en excéderait pas moins ses pouvoirs. — *Cass.*, 12 pluv. an XIII, Brizoux; 28 févr. 1807, Chazot; 1er avr. 1813, Landrin.

28. — Il résulte de là qu'un tribunal de simple police est incompétent, notamment pour connaître soit d'une escroquerie, soit d'un détournement de titre emportant obligation. — *Cass.*, 2 juill. 1807, Moineaux. — Ces faits constituent, en effet, des délits de la compétence des tribunaux correctionnels.

29. — Sous le Code du 3 brum. an IV, le renvoi d'une affaire au tribunal de simple police fait par le directeur du jury n'obligeait pas ce tribunal d'en connaître, si l'affaire n'était pas réellement de sa compétence. Le tribunal n'était pas lié par ce renvoi. — *Cass.*, 5 févr. 1808, Vitta. — Il en serait de même aujourd'hui pour le cas où une ordonnance de la chambre du conseil aurait à tort renvoyé un prévenu devant le tribunal de simple police.

30. — L'incompétence des tribunaux de police est d'ordre public, et elle peut être proposée même par le ministère public qui les a saisis de l'affaire. — V. cependant *Cass.*, 28 prair. an VIII, Lapanne.

31. — Les attributions qui dérogent au droit commun ne peuvent pas être étendues par induction, surtout lorsque les inductions sont formellement contraires à la lettre et à l'esprit de la loi. — *Cass.*, 8 juill. et 4 août 1808, Taly.

32. — Est nul l'arrêté du préfet qui ordonne

que des faits que la loi a soumis à la juridiction correctionnelle seront déférés au tribunal de simple police. En effet, un arrêté émané d'un préfet n'a de force que pour ce qui concerne les matières administratives, et ne peut pas changer l'ordre des juridictions établies par la loi. — *Cass.*, 8 therm. an XIII, Hugot et Blanchot; 22 juin 1809, Timmermans; 10 avr. 1819, Gébelin; 26 juill. 1827, Renault, Guesdoy et Lasné.

33. — Si les tribunaux de police ne peuvent connaître des faits correctionnels ni appliquer des peines correctionnelles; par une juste réciprocité, les faits de police ne peuvent être jugés que par des tribunaux de police. — *Cass.*, 27 vendém. an IX, Pancy.

34. — Mais un tribunal de simple police qui s'est déclaré incompétent pour connaître d'une affaire qui lui était soumise, ne peut s'en ressaisir, même en vertu d'une ordonnance de la chambre du conseil qui renvoie l'affaire devant lui, sans violer la chose jugée par son premier jugement, lequel ne peut être anéanti que par la Cour de cassation. — *Cass.*, 18 therm. an VIII, Duporté; 27 prair. an IX, Tubœuf.

35. — Jugé aussi, qu'un tribunal de simple police qui retient la connaissance d'une contravention dont un autre tribunal était régulièrement saisi avant lui, commet un excès de pouvoir. — *Cass.*, 27 vend. an XIII, Lechevalier.

36. — Il y a déni de justice et excès de pouvoir de la part du tribunal de police qui surseoit à statuer sur une prévention jusqu'après la décision à rendre par un autre tribunal de police sur une autre question semblable. — *Cass.*, 31 janv. 1811, Millot; 7 juill. 1838 (t. 1er 1839, p. 393), Maurasca et Dengis. — Chauveau et Hélie, *Théorie du Code pénal*, t. 4, p. 224.

37. — Avant la révolution du 24 février 1848, les contraventions de police commises par les pairs de France étaient dévolues à la juridiction des tribunaux ordinaires, et non à la juridiction exceptionnelle de la Chambre des pairs. — *Cass.*, 25 mai 1833, de la Villegontier. — V. Parant, *Lois de la presse*, p. 253, note 1re.

38. — La compétence des tribunaux de police se détermine par le maximum de la peine applicable et non pas de celle appliquée. Il s'ensuit qu'un tribunal de simple police ne peut prononcer sur un délit passible d'une peine indéterminée susceptible d'excéder les limites de sa compétence, et son jugement dans ce cas n'en serait pas moins incompétemment rendu et comme tel entaché d'un vice radical, alors même qu'il n'aurait en réalité appliqué qu'une peine qui n'excéderait pas ces limites. — *Cass.*, 4 brum. an XIII, Gastaldy; 1er mess. an XIII, Parquet et Legros; 18 juill. 1806, Ponchet; 20 mars 1806, Barreau; 16 janv. 1807, Bonnefoi; 12 oct. 1810, Bouillot; 2 avr. 1812, Fiéger; 25 juin 1813, Larzat; 9 mars 1821, Laporte; 15 janv. 1825, Gayraud. — V. Merlin, *Rép.*, vo *Tribunal de police*, sect. 1re, § 3.

39. — Nous avons dit que les tribunaux de police ne sont compétens que pour statuer sur les faits qui sont qualifiés de *contraventions* par la loi. Aussi a-t-il été maintes fois décidé qu'un tribunal de police excédait ses pouvoirs lorsqu'il s'immisçait dans la connaissance d'une question de propriété, la solution de cette question fût elle-même nécessaire pour le jugement de la contravention. — *Cass.*, 5 brum. an V, Durand; 7 pluv. an VII, Doumonge; 1er prair. an VII, Doudon; 1er frim. an VIII, Messerchmidt; 7 et 26 brum. an IX, Jean, Duprat et Vignac; 26 vent., 27 germ., 19 prair. et 7 mess. an IX, Leclerc, Savard, Gounon, et Ester; 7 pluv., 26 mess. et 9 fruct. an X, Locquin, Lecomte, et Giron; 10 vend., 26 frim. et 2 therm. an XI, Mante-St.-Etienne, Loché et Bernardel; 12 brum., 7 niv., 7 flor., 22 therm. et 7 fruct. an XII, Feuger, Jacotot, Quesnard, Pâris et Nys; 4 brum., 23 frim. et 20 prair. an XIII, Cocagne, Berger et Avrillaud.

40. — Spécialement, un tribunal de police est incompétent pour prononcer sur des faits qui ne constituent qu'une simple question possessoire. — *Cass.*, 16 germ. an V, Bence; 14 brum. an XI, Deschamps. — Par exemple, pour maintenir un prévenu dans la possession d'un droit de passage, le jugement d'une pareille question étant de la compétence exclusive de la juridiction civile. — *Cass.*, 9 frim. an XIII, Richebois; 29 août 1828, Martin.

41. — ... Pour connaître d'une demande en délaissement provisoire de terrains en litige, et il commet, par conséquent, une usurpation de pouvoirs en ordonnant ce délaissement, nonobstant le déclinatoire proposé par le défendeur. — *Cass.*, 16 germal an V, Bence; 18 brumaire an VII, Saint-Clair; 18 prairial an VIII, Auchier.

42. — ... L'action exercée contre un particulier pour avoir perçu une portion des fermages d'un bien sur lequel il prétend avoir un droit de copropriété. — *Cass.*, 24 germ. an XI, Rénure Dentschmann.

43. — Lorsqu'un prévenu de délit rural soutient qu'en vertu d'un titre il avait le droit d'agir ainsi qu'il l'a fait, cette défense présente à juger une question préjudicielle dont le tribunal de police ne peut connaître, il doit renvoyer devant les juges ordinaires. — *Cass.*, 12 juin 1807, Mayeux; 16 août 1808, Bouttiaux c. Rich.

44. — L'incompétence du tribunal de simple police pour prononcer sur une question de propriété élevée devant lui est absolue et peut être opposée en tout état de cause et même pour la première fois en appel. — *Cass.*, 3 mai 1811, Deyresse; 11 sept. 1818, Laroyenne; 13 mai 1826, Drocourt; 24 déc. 1840 (t. 2 1841, p. 130), Bussière.

45. — Que doit donc faire, dans ce cas, le tribunal de police? Il doit se déclarer incompétent, non pas d'une manière absolue pour connaître de la contravention, mais seulement de l'incident, et se borner en conséquence à surseoir au jugement de la poursuite, jusqu'à décision sur cet incident, par l'autorité compétente. — *Cass.*, 29 août 1828, Martin.

46. — L'art. 182 C. for. est un principe général qui ne s'applique pas seulement aux matières, mais bien à tous les cas de justice répressive où la propriété des objets du délit venant à être prouvée par le prévenu, ferait disparaître le caractère de criminalité du fait poursuivi comme délit ou contravention. — *Cass.*, 10 mai 1845 (t. 1er 1846, p. 243), Burnel.

47. — Ainsi, lorsque sur une plainte en suppression d'un chemin ou d'un sentier, le prévenu soutient qu'il ne doit point ce sentier pratiqué sur sa propriété, le tribunal de police doit surseoir au jugement de l'affaire et renvoyer devant qui de droit, pour qu'il soit d'abord statué sur la question préjudicielle. — *Cass.*, 9 fruct. an X, Giron; 22 et 23 frim. an XIII, Verdrine, Justin et Berger.

48. — De même, lorsque le droit de passage sur un terrain, réclamé par une commune et entravé par le prévenu, est contesté par celui-ci dans sa défense, le tribunal de simple police doit surseoir à prononcer sur la prévention jusqu'à ce que la question préjudicielle ait été jugée par les tribunaux compétens. — *Cass.*, 2 therm. an XI, Bernardet-Chesne.

49. — Il y a également lieu à sursis et à renvoi devant la juridiction civile dans le cas où le prévenu pour délit de pâturage soutient qu'il a droit au pâturage, si cette exception est reconnue admissible. — *Cass.*, 1er frim. an VIII, Messerchmitt; 16 vend. an XI, Mante-Saint-Etienne; 4 janv. 1810, Montagne; 9 mars 1821, Laporte; 11 nov. 1836 (t. 1er 1837, p. 235), Collard c. Fournier et Parissot; 9 juin 1837 (t. 2 1837, p. 158), Commune de Réal et Odeilo.

50. — De même encore, lorsqu'un individu est poursuivi devant le tribunal de police pour refus d'acquitter un droit de péage, dont la perception est autorisée par les règlemens administratifs, s'il conteste que ce droit soit dû par lui, à raison des causes d'exemption qui peuvent se trouver en sa personne ou dans sa qualité, le tribunal de police doit se déclarer incompétent et surseoir jusqu'après jugement de l'exception invoquée. — *Cass.*, 2 janv. 1817, Lecardé; 4 sept. 1818, Aubier; 24 sept. 1825, Chapelle; 26 août 1826, Moreau et Duluc. — V. aussi Merlin, *Quest.*, vo *Péage*; Mangin, *Tr. de l'act. publ.*, t. 1er, p. 397, no 180.

51. — Les tribunaux de répression ne peuvent accueillir légalement l'exception préjudicielle opposée par le prévenu à la poursuite exercée contre lui que dans le cas où cette exception aurait pour résultat, si elle était décidée en sa faveur, de faire disparaître la contravention. — *Cass.*, 25 sept. 1847 (t. 1er 1848, p. 466), Larbaud.

52. — Lorsque le fait allégué par la prévention ne peut être la base que d'un différend civil, et qu'il ne renferme ni crime, ni délit, ni contravention, ce n'est plus un sursis pour faire statuer préalablement sur une question préjudicielle que le tribunal doit ordonner : il doit purement et simplement se déclarer incompétent pour connaître de l'affaire. — V. Merlin, *Quest. de droit*, vo *Voie de fait*, § 1er; Favard de Langlade, *Rép.*, vo *Complainte*, sect. 2e, et Garnier, *Tr. des actes poss.*, p. 346.

53. — Spécialement, l'usurpation de partie d'une pièce de terre au préjudice d'une commune étant une matière purement civile, le tribunal de simple police qui en est saisi doit rendre une déclaration d'incompétence absolue et ne peut pas se borner à prononcer un simple sursis. — *Cass.*, 1er mai 1828, Messier.

54. — Toutefois, un tribunal de police, régulièrement saisi d'une action de sa compétence, ne peut se déclarer incompétent pour en connaître, sous le prétexte que le prévenu a allégué dans sa défense des faits qui peuvent donner lieu à une action particulière devant une autre juridiction, mais qui n'altèrent en rien les faits qui forment la base de la poursuite. — *Cass.*, 4 frim. an XI, Nicoud et Treyer; 5 juin 1835, Gonnet.

55. — Jugé aussi, qu'un tribunal de police saisi de plusieurs chefs de poursuite, dont l'un présente une question préjudicielle de propriété, doit retenir les autres chefs qui peuvent recevoir un jugement immédiat. — *Cass.*, 4 brum. an XIV, Chambors.

56. — Nous avons fait remarquer plus haut (V. no 38) que c'était la peine susceptible d'être prononcée qui réglait la compétence des tribunaux de police, et non la peine qu'ils appliquaient. Par cela seul qu'un fait peut entraîner une peine excédant 15 francs ou cinq jours d'emprisonnement, un tribunal de simple police ne peut en connaître. — *Cass.*, 25 juin 1813, Larzat; 29 juin 1820, Bréan; 25 juill. 1823, Barre; 2 août 1828, Enguerrand. — Alors même qu'il acquitterait le prévenu. — *Cass.*, 8 oct. 1808, N....

57. — Il ne peut, même en réduisant la peine, connaître d'un délit de garde à vue de bestiaux dans les récoltes d'autrui. — *Cass.*, 12 et 26 vend. an XIII, Binet et Fèvre. — V. GARDE A VUE DE BESTIAUX, et ANIMAUX, nos 71 et suiv.

58. — Lorsque le maximum de la peine applicable excède celle de simple police, le tribunal de simple police ne peut, en effet, se rendre compétent en la restreignant dans les limites de sa compétence. — *Cass.*, 13 brum. an V, Ferand; 21 therm. an XII, Houdel; 4 juin 1824, Masson.

59. — Ainsi, le tribunal de police est incompétent pour connaître d'un délit susceptible d'entraîner un emprisonnement d'un mois, et ne peut se créer une compétence en restreignant la peine au niveau de celles de simple police. — *Cass.*, 12 vend. an XIII, Binet; 18 juill. 1806, Ponchet; 9 mars 1821, Laporte.

60. — C'est par application du même principe qu'il a été décidé que lorsque la peine prononcée par la loi était une amende égale à la valeur du dédommagement, lequel est indéterminé, un tribunal de simple police n'était compétent pour connaître du délit qu'autant que le dommage éprouvé avait été fixé à 15 francs ou au-dessous, soit par la plainte, soit par la citation, et que, hors ce cas, c'était au tribunal correctionnel qu'en appartenait la connaissance. — *Cass.*, 28 vendém. an V, Laurent; 27 prair. an IX, Tubœuf; 7 floréal an IX, Broca; 11 nov. 1808, Beauvais; 2 nov. 1810, Perrier-Boisselle; 1er août 1818, Broust c. Thibéry-Castel; 31 oct. 1822, Moreau; 4 avr. 1823, Petit; 21 août 1823 (et non 1821), Jacquet fils; 20 janv. 1826, Perrin, Froment, Roch et Simon; 21 avril 1826, Beaufils; 14 oct. 1826, Moreau; 15 déc. 1827, Michault et Doumerque; 11 avr. 1828, Blaise; 28 nov. 1828, Giraud; 25 juin 1830, Bontemps; 23 avr. 1831, Turquet; 6 oct. 1837 (t. 1er 1840, p. 563), Dumont.

61. — C'est au tribunal de police correctionnelle et non au tribunal de simple police qu'il appartient de prononcer sur un délit passible d'une amende double du dédommagement et d'un emprisonnement de trois mois. — *Cass.*, 13 brum. an XI, Lacour.

62. — Spécialement, le fait d'avoir laissé pâturer son troupeau dans un champ ensemencé de blé (V. arrêt de *Cass.* précité, du 6 oct. 1837), ou celui d'avoir coupé et enlevé du bois dans les plantations d'arbres appartenant à autrui, étant susceptibles le premier d'une amende égale au dédommagement, et le second d'une amende double, excèdent la compétence du tribunal de police, et doivent être déférés aux juges correctionnels. — *Cass.*, 22 févr. 1839 (t. 1er 1839, p. 318), Berdat.

63. — Jugé de même, que c'est au tribunal de police correctionnelle et non au tribunal de police simple qu'il appartient de connaître des poursuites exercées contre l'individu dont les

bestiaux, laissés à l'abandon, ont causé des dégâts sur les propriétés d'autrui, ce délit étant passible d'uue amende indéterminée. — *Cass.*, 14 mai 1830, Rameau.—V. *contrà*, *Cass.*, 23 déc. 1814, Lebelle. — V., au surplus, ANIMAUX, nos 28 et suiv.

64. — A plus forte raison, le tribunal de police est incompétent, lorsque, dans le cas où l'amende encourue peut être égale au dédommagement, la plainte elle-même évalue ce dédommagement à 50 ou 300 francs.—*Cass.*, 6 et 27 mess. an IX, Binet et Daniel.

65. — Un tribunal de police est, en effet, incompétent pour connaître d'une contravention qui est susceptible d'entraîner une amende de 20, 50, 100, 500 et 600 francs. — *Cass.*, 27 therm. an VIII, Fournier; 2 frim. an XII, Drouet; 11 pluv. an XIII, Tonnère; 11 fév. 1808, Minery et Duru; 10 avr. 1819, Gebelin; 30 sept. 1842 (t. 1er 1843, p. 169), Gémonel.

66. — Ainsi, c'est aux tribunaux correctionnels, et non aux tribunaux de simple police, qu'il appartient de connaître des contraventions aux réglemens pris sur la récolte du varech ou goëmon par les préfets en vertu de l'arrêté des consuls du 18 therm. an X, et contre lesquelles la déclaration du 10 mai 1731 prononce une amende de 50 livres au minimum. — *Cass.*, 9 sept. 1842 (t. 2 1842, p. 742), Cramoissan.

67. — Le tribunal de police ne peut, quand le dédommagement est indéterminé, en ordonner l'estimation avant de se prononcer. Sa compétence doit être fixée *in limine litis* et ne peut dépendre d'une éventualité.— *Cass.*, 15 mars 1828, Doumergue.

68. — Sous l'empire de ce Code (du 3 brum. an IV) et de la loi du 22 juill. 1791, aux termes de laquelle l'aubergiste qui n'avait pas inscrit sur son registre les personnes qu'il logeait, encourait une amende égale au tiers du montant de sa patente, le tribunal de simple police était compétent pour connaître de la contravention, lorsque ce tiers n'excédait pas la valeur de trois journées de travail. — *Cass.*, 11 vent. an XII, Champagne.

69. — Les violences légères n'ayant point été comprises dans les dispositions du Code pénal, sont restées de la compétence du tribunal de simple police et passibles des peines portées par la loi du 22 juill. 1791 et le Code de brum. an IV. — *Nancy*, 6 août 1842 (t. 2 1843, p. 264), Viviat c. Obtel.

70. — Mais, les tribunaux de simple police ne peuvent connaître que des voies de fait légères, et non des rixes dans lesquelles une personne a été frappée. Il y a, dans ce dernier cas, un délit de la compétence des tribunaux correctionnels. — *Cass.*, 23 frim., 13 et 25 fruct., et 18 flor. an VII, N..., Pierre Bonnard, N... et Hervet-Bailleul; 19 brum. an VIII, Schenin; 29 mess. an VIII, Martin; 16 frim. an IX, Olive; 19 germ. an IX, Delattre; 1er fruct. an X, Joseph Muttel; 11 mess. an X, Dorcy; 17 pluv. an X, intérêt de la loi; 27 niv. an X, Thuron; 4 fruct. an XI, Schuler, Mohr; 16 et 17 therm. an XI, Masse, Thuret et Chappier; 26 br. an XII, Vandeau; 5 prair. an XII, Philisot; 29 mess., 16 flor. et 25 pluv. an XIII, Renault, Gaudion et Gilles; 27 déc. 1806, Legrand; 8 oct. 1807, Buret; 5 nov. 1807, Villemin; 3 juin 1808, N...; 25 janv. 1810, Pizani; 10 mars 1810, Operto.

71. — Ainsi, un tribunal de simple police est incompétent pour connaître d'une plainte qui a pour objet non des violences légères, mais des coups portés et des cheveux arrachés. — *Cass.*, 3 sept. 1807, Crépinel.

72. — ... D'une plainte portée contre un commissaire de police, qui en voulant mettre fin à des rixes aurait frappé l'un des attroupés. — *Cass.*, 22 juin 1810, Poyart.

73. — Il ne peut connaître d'une plainte qui a pour objet des coups ou blessures, même en réduisant la peine au niveau de celles de sa compétence. — *Cass.*, 18 juill. 1806, Ponchet; 6 août, 12 oct., 19 nov. et 7 déc. 1810, Menestrier, Pierre, Bouillot, Dominique Conard, et Pasquier et Gounot; 19 oct. 1809, Castagneto; 6 juin 1811, Ramboudon; 30 oct. 1813, Hudelot; 17 mars 1817, Nicolas Denis. — V. BLESSURES ET COUPS, nos 34 et suiv.

74. — Sous l'empire du Code du 3 brumaire an IV, un tribunal de police ne pouvait connaître que des infractions dont les peines n'excédaient pas trois journées de travail et un emprisonnement de trois jours. Lorsque l'infraction était susceptible d'une peine excédant trois jours de travail, il devait se déclarer incompétent.—*Cass.*, 1er frim., 2 germ., 28 mess. et 27 therm. an VIII, Messerchmitt, Casinetti, Guibert et Fournier; 7 flor. et 29 therm. an IX, Broca et Riat; 22 prair. et 29 fruct. an X, Aymard et Lallemand; 13 brum., 4 frim. et 19 vent. an XI, Lacour, Lefebvre et Gautrin; 22 niv., 7 therm., 7 fruct. et 11 vent. an XII, Henri, Lucot, Nys et Champagne; 26 vendém., 1er mess. et 8 therm. an XIII, Fèvre, Parquet, Calard, Hugot et Blanchot.

75. — Spécialement, le fait d'avoir conduit des chevaux dans un bois de l'âge de deux ans entraînant une amende de 12 francs et excédant par conséquent la valeur de trois journées de travail, le tribunal de simple police était incompétent pour en connaître. — *Cass.*, 4 brum. an XIV, N....

76. — Il en était de même de la prévention d'avoir négligé d'écheniller les arbres.—*Cass.*, 27 févr. 1806, Hoenighst.—Mais aujourd'hui, le défaut d'échenillage des arbres est classé dans les contraventions de simple police.—C. Inst. crim., art. 137, et C. pén., art. 471, no 8. — V. ÉCHENILLAGE, nos 7 et suiv.

77. — ... D'un délit de maraudage et d'enlèvement des productions utiles de la terre. — *Cass.*, 8 août 1806, Tanizot et Pourcher. — Sous la législation actuelle, la compétence à l'égard du fait de maraudage est réglée d'après les circonstances qui l'accompagnent. — V. MARAUDAGE. — V. aussi DÉLIT RURAL.

78. — Le droit de fixer la valeur de la journée de travail n'appartenait qu'à l'autorité administrative. Un tribunal de police excédait ses pouvoirs en déterminant lui-même la valeur des journées de travail auxquelles il condamnait le prévenu à titre d'amende. — *Cass.*, 29 fruct. an XI, intérêt de la loi, Bassinet.

79. — La loi du 28 sept.-6 oct. 1791 (art. 40) déclarait les tribunaux de simple police incompétens pour connaître des faits d'anticipation sur la voie publique, lesquels pouvaient donner lieu à une amende de 24 francs et les déférait aux tribunaux correctionnels. Sur le point de savoir quelle est aujourd'hui l'autorité compétente pour statuer sur ces faits, V. CHEMINS VICINAUX, nos 935 et suiv. — A l'égard des empiétemens sur les chemins ruraux, V. CHEMINS RURAUX. — V. aussi VOIRIE.

80. — Lorsque dans une rue dépendant en partie de la grande voirie, et en partie de la petite, un particulier a fait reconstruire un banc existant près de sa maison, nonobstant un arrêté municipal qui interdit toute reconstruction de ce genre, le tribunal de simple police ne peut le renvoyer de la poursuite, sous prétexte que la rue dépend de la grande voirie, alors que le jugement ne constate pas que la rue en dépend dans toute sa largeur et dans la partie où le banc est situé, ni sous prétexte que le préfet aurait permis la conservation du banc.—*Cass.*, 3 août 1837 (t. 2 1843, p. 758), Grosselête.

81. — Le fait d'avoir traversé au galop, avec une charrette attelée d'un cheval, la rue d'un bourg, constitue une contravention qui rentre dans la juridiction exclusive du tribunal de simple police, encore bien que cette contravention ait eu lieu sur la grande voirie.— *Cass.*, 11 déc. 1846 (t. 1er 1847, p. 615), Favrot.

82. — Le délit d'inondation donnant lieu non-seulement à un emprisonnement, mais aussi à une amende qui peut être égale au dédommagement, n'est pas de la compétence du tribunal de simple police, mais des tribunaux correctionnels. — V. INONDATION.

83. — Avant la loi du 28 avril 1832, les tribunaux de simple police étaient incompétens pour connaître des enlèvemens de terres commis dans un fonds communal. Mais ces faits sont aujourd'hui compris au nombre de leurs attributions. — V. DÉLIT RURAL, ENLÈVEMENT DE GAZONS, PIERRES ET MATÉRIAUX.

84. — La dégradation des clôtures, la destruction des haies vives, sont des faits dont la connaissance appartient aux juges correctionnels, et non au tribunal de simple police. — C. pén., art. 456. — V. DESTRUCTION DE CLOTURES.

85. — Il a été jugé longtemps qu'un tribunal de simple police était incompétent pour connaître d'une contravention aux anciens réglemens de police, lorsque ces règlemens prononçaient une amende qui excédait celle de simple police. — *Cass.*, 2 frim. an XIV, Drouet; 28 mars 1807, Sauveur; 11 févr. 1808, Minery; 20 juin 1809, Collet; 4 juill. 1812, Mousset.

86. — Mais cette jurisprudence a été abandonnée. Si les arrêtés ou règlemens anciens sur des matières de police peuvent encore recevoir application, ce n'est que dans leurs dispositions

qui érigent certains faits en contraventions, et nullement dans leurs dispositions pénales, lesquelles sont abrogées. Ainsi, un tribunal de police ne peut se déclarer incompétent pour connaître des infractions à un ancien règlement de police, sous prétexte qu'il prononce une amende qui excède sa compétence. Il doit réprimer la contravention, en lui appliquant la peine de police édictée par le Code pénal. — *Cass.*, 6 fév. 1807, Cornet; 1er déc. 1809, Pooters; 23 fév. 1811, Gaillard; 10 avril 1819, Gebelin. — V. aussi Merlin, *Rép.*, vo *Tribunal de police*, sect. 1re, § 2, no 6, et *Quest. de droit*, *eod. verbo*, § 4, no 5.

87. — Spécialement, c'est au tribunal de simple police qu'il appartient de connaître des contraventions à un arrêté du préfet et portant défense de tirer des armes à feu dans l'intérieur des villes et villages, encore bien que cet arrêté rappelle d'anciens arrêts de règlement prononçant des peines qui excèdent celles de sa compétence, sauf au tribunal à n'appliquer que des peines de simple police. — *Cass*, 7 oct. 1820, Tribouley.

88. — Mais nul ne peut être condamné par un tribunal de simple police s'il n'a comparu volontairement, ou s'il n'a été régulièrement cité comme prévenu. — Ainsi, un gendarme dont le cheval a été assailli par un chien dont il n'a pu se débarrasser qu'en lui tirant un coup de pistolet ne peut, lorsqu'il est cité comme témoin devant le tribunal de simple police saisi de la contravention imputée au maître du chien d'avoir laissé divaguer un animal dangereux, être lui-même condamné comme coupable d'avoir contrevenu à un règlement de police qui défend de tirer une arme à feu dans l'intérieur de la ville. — *Cass.*, 22 mars 1844 (t. 1er 1844, p. 750), Vasseur.

89. — L'arrêté municipal portant défense aux ménétriers et autres de donner des bals publics, aux jours fériés par l'ancien calendrier, doit recevoir pleine et entière exécution, tant qu'il n'a pas été rapporté; en conséquence, un tribunal de police ne peut méconnaître cet arrêté, en renvoyant de la demande les contrevenans.—*Cass.*, 2 vend. an VII, Pontot et Garnier.

90. — Jugé de même, qu'un tribunal de police ne peut, sans excès de pouvoir, déclarer non obligatoire un arrêté administratif portant défense de donner des bals publics un jour de dimanche. — *Cass.*, 29 frim. an VII, Godefroy; 3 therm. an VII, Mainot.

91. — Décidé, au contraire, que les maires ni les préfets ne peuvent défendre de danser les jours de dimanche et les fêtes patronales, si ce n'est pendant les heures consacrées aux offices. — *Cass.*, 18 juill. 1823, Motelet.

92. — En conséquence, le tribunal de police qui se refuse à appliquer les peines de la loi aux contrevenans à l'arrêté d'un maire ou d'un préfet qui défend de danser les jours de dimanche et les fêtes patronales, aux heures mêmes qui ne sont point celles des offices, ne viole aucune loi; car un tel arrêté ajoute illégalement aux prohibitions de la loi du 18 nov. 1814, sur l'observation des fêtes et dimanches, qui défend les danses seulement aux heures des offices. — Même arrêt.

93. — L'autorité militaire est incompétente pour arrêter ou suspendre l'exécution d'un règlement de police fait pour l'intérieur de la commune. — En conséquence, le tribunal de simple police ne peut s'abstenir de prononcer la peine encourue par des militaires qui auraient tiré des pièces d'artifice en contravention aux règlemens de police, sous prétexte qu'ils avaient la permission de leurs chefs militaires. — *Cass.*, 28 août 1829, Giroy.

94. — Du pouvoir qui appartient à l'autorité municipale de faire des règlemens sur les objets confiés par la loi à sa vigilance et à son autorité, ne dérive pas celui de déterminer arbitrairement les peines qui seront encourues par les contrevenans; et ceux-ci ne peuvent être punis de peines, ni plus fortes, ni plus faibles, que celles qui sont déterminées par le Code pénal ou par des lois spéciales.— *Cass.*, 12 nov. 1813, Godin.

95. — Par conséquent, le tribunal de simple police ne peut se déclarer incompétent pour connaître d'une contravention à un arrêté de police, sous le prétexte que cet arrêté porte des peines qui excèdent sa compétence, sauf à ne prononcer que les peines établies par la loi. — *Cass.*, 13 déc. 1821, Vignale.

96. — Les infractions aux règlemens faits par l'administration municipale ou supérieure sur l'exercice du droit de parcours et du droit de vaine pâture, sont des contraventions de police

prévues par la loi du 16-24 août 1790, et justiciables des tribunaux de police. — *Cass.*, 4 juin 1824, Masson. — V. PARCOURS ET VAINE PATURE.

97. — Les contraventions aux règlemens de l'autorité administrative qui assurent la perception des droits de péage sur les ponts doivent être également portées devant les tribunaux de simple police, ainsi que l'art. 56 de la loi du 6 frim. an VII le prescrit pour les bacs et bateaux. — *Cass.*, 26 août 1826, Moreau et Duluc. — V. PONT. — V. aussi *infrà*, n° 101.

98. — Le tribunal de police est compétent pour réprimer les contraventions commises à l'arrêté préfectoral relatif à la tenue d'une usine. On prétendrait à tort que l'action civile est seule ouverte aux particuliers qui peuvent éprouver du dommage desdites contraventions. Mais lorsque l'individu poursuivi comme prévenu d'une pareille contravention excipe de ce que les conditions imposées par l'arrêté ont été remplies et de ce que des plaintes élevées à ce sujet ont été déjà portées devant l'autorité administrative et appréciées par elle, il en résulte une question préjudicielle de la compétence exclusive de l'autorité administrative, et le tribunal de police doit surseoir à statuer jusqu'à ce que cette autorité ait prononcé sur la contravention alléguée à l'arrêté d'autorisation. — *Cass.*, 6 février 1846 (t. 1er 1849, p. 590), Jeanbernat.

99. — Lorsque l'excuse alléguée par un individu qui n'a point éclairé la porte de sa maison, à l'heure et de la manière prescrites par un règlement de police, ne repose sur aucun fait de force majeure, le tribunal doit appliquer la peine, et viole les règles de la compétence en renvoyant l'affaire à l'autorité administrative. — *Cass.*, 17 mai 1811, Schlemmer. — V. Merlin, *Rép.*, v° *Tribunal de police*, sect. 1re, § 2, n° 5.

100. — C'est à l'autorité administrative seule qu'il appartient de décider si un terrain communal est ou non destiné à la circulation publique. — En conséquence, lorsqu'un procès-verbal, constatant qu'il a été contrevenu à un arrêté municipal prohibitif du passage des voitures et chevaux sur un terrain appartenant à la ville, qualifie ce terrain de promenade publique, le tribunal de police ne peut, sans excès de pouvoir et sans empiéter sur l'autorité administrative, décider que ce terrain est une voie publique sur laquelle la circulation est libre, et renvoyer, par ce motif, le prévenu des poursuites dirigées contre lui. — *Cass.*, 12 févr. 1848 (t. 1er 1849, p. 66), Calmels de Puntis.

101. — Est légale et obligatoire la défense faite par un arrêté municipal aux capitaines de navire, aux maîtres et patrons de barque, de les amarrer aux arbres d'une promenade qui borde la rivière. En conséquence, la contravention à cet arrêté est réprimée par l'art. 471, n° 15, du C. pén., et le tribunal de simple police ne peut se déclarer incompétent en prétendant que le fait est de la compétence exclusive des tribunaux civils, à raison du dommage causé aux arbres. — *Cass.*, 8 oct. 1842 (t. 1er 1843, p. 167), Jonassen. — V. Garnier, *Régime des eaux*, t. 2, n° 503; Daviel, *Cours d'eau*, t. 1er, n° 267; Merlin, *Rép.*, v° *Tribunal de police*, sect. 1re, § 2.

102. — Les contraventions aux règlemens de police commises hors barrière, sur les boulevards extérieurs, ne sont pas de la compétence du tribunal de simple police de Paris. — *Cass.*, 4 mars 1836, Algériennes (deux arrêts).

103. — Les règlemens municipaux en matière de police doivent être provisoirement exécutés. Ainsi, lorsque, par un arrêté de police, le maire a fait défense à tous particuliers de passer avec une voiture ou du bétail sur une promenade, le tribunal de simple police ne peut surseoir à prononcer les peines encourues par les contrevenans, sous le prétexte qu'il y a appel d'un jugement de la justice de paix qui a maintenu les habitans en possession du droit de passage, cette exception n'étant pas de nature à effacer le délit. — *Cass.*, 11 déc. 1829, Durand.

104. — Le tribunal de police excède ses pouvoirs en examinant la question de savoir si des travaux faits en contravention à des arrêtés administratifs, en matière de petite voirie, sont ou ne sont pas confortatifs. Il n'appartient qu'à l'administration, en effet, d'apprécier s'ils sont de nature à prolonger la durée des constructions auxquelles ils s'appliquent. — *Cass.*, 28 août 1835 et 25 juin 1836, Kœchlin-Dolfus; 10 nov. 1836 (t. 2 1837, p. 267), Aubert et Favet; 17 févr. 1837 (t. 1er 1838, p. 74), Bossu; 5 oct. 1837 (t. 1er 1840, p. 144), Caillot; 8 oct. 1842 (t. 1er 1843, p. 167), Bronstel. — V. au surplus ALIGNEMENT, VOIRIE.

105. — Lorsque le tribunal juge que le fait n'est puni par aucune loi, ce n'est pas une déclaration d'incompétence qu'il doit rendre, c'est un renvoi de la poursuite qu'il doit prononcer en faveur du défendeur. — Le tribunal de simple police qui décide que le fait de la cause n'est pas une contravention à un arrêté municipal, soit parce qu'il n'est pas défendu par l'autorité compétente, soit parce qu'il ne rentre pas dans les dispositions de cet arrêté, ne peut donc pas se déclarer incompétent pour en connaître; il doit annuler la citation et renvoyer le prévenu sans dépens. — *Cass.*, 29 janv. 1813, Lejeune; 11 nov. 1824, Zanckel; 5 janv. 1839 (t. 2 1839, p. 664), Folliot.

106. — Jugé, sous l'empire du Code du 3 brum. an IV, qu'un tribunal de police commettait un excès de pouvoir lorsque, un prévenu ayant détruit entièrement les inculpations portées contre lui, il ordonnait sa mise en liberté, alors qu'il comparaissait libre et qu'aucun mandat n'avait été décerné contre lui. — *Cass.*, 29 therm. an IX, Riat.

107. — Le tribunal de simple police excède ses pouvoirs en appréciant, sur une poursuite pour contravention à un règlement de police, la légalité de la nomination du maire qui l'a rendu dans les limites des attributions municipales. — *Cass.*, 9 juin 1832, Baudenet.

108. — Plus généralement, les tribunaux de simple police ne peuvent se permettre d'interpréter, de changer, de modifier les arrêtés légaux de l'autorité administrative, sans violer les lois et les principes sur la démarcation des pouvoirs. — *Cass.*, 27 juin 1823, Habitans d'Aix; 30 oct. 1823, Jumel; 24 juin 1831, Bourey.

109. — Un tribunal de police commet un excès de pouvoir en interprétant un arrêté de police. — Ainsi, lorsqu'il est établi que contrairement à un arrêté de police, un coquetier a fait porter et déposer chez un aubergiste une certaine quantité de beurre, et que cet aubergiste en a souffert le dépôt chez lui, le tribunal ne peut les acquitter, sous le prétexte que le beurre déposé n'était pas mis en vente. — *Cass.*, 8 décemb. 1827, Billard.

110. — Mais un tribunal de police devant lequel un notaire est traduit pour avoir contrevenu à un arrêté municipal par lequel les vendeurs à l'encan sont soumis à certaines formalités, ne peut se déclarer incompétent sous le prétexte qu'il n'a pas le droit de connaître des actes notariés. — *Cass.*, 1er germin. an XII, Everaerts.

111. — Est nul, comme incompétemment rendu, le jugement qui, en condamnant un ouvrier pour avoir rayé, en exécution d'un arrêté municipal, des noms qui étaient inscrits sur une cloche, ordonne que ces noms seront remis sur la cloche. — *Cass.*, 28 messid. an VIII, N....

112. — L'arrêté pris par l'autorité administrative sur une matière réglée par la loi ne peut avoir pour effet de changer la nature de l'infraction ni d'aggraver ou d'atténuer la peine établie par la loi. Spécialement, lorsqu'un arrêté de police publie la prohibition de se servir des anciennes mesures, le cabaretier qui a contrevenu à cette défense est passible non de la peine portée contre ceux qui enfreignent les règlemens administratifs, mais bien de la peine plus grave portée par la loi contre ceux qui emploient des mesures prohibées. — *Cass.*, 13 mai 1820, Bradaine. — V., au surplus, sur ce qui concerne les contraventions aux règlemens de police, POUVOIR MUNICIPAL, nos 291 et suiv.

113. — Les fonctions administratives sont entièrement indépendantes des fonctions judiciaires. En conséquence, un tribunal de police ne peut ordonner aux maire et adjoints de la commune où il siége de tenir la main à l'exécution de ses jugemens. — *Cass.*, 23 août 1810, Martin.

114. — ... Ni se permettre de critiquer les actes ou la conduite, soit des fonctionnaires de l'ordre administratif, soit des officiers de police judiciaire; par exemple, exprimer dans son jugement qu'un maire n'a pas entièrement rempli sa mission dans l'espèce soumise au tribunal. — *Cass.*, 7 août 1818, Cambourgnac; 8 mars 1821, Martinet; 8 déc. 1826, Calmette; 25 avr. 1835, Laval.

115. — ... Ni faire injonction aux gendarmes qui ont dressé un procès-verbal porté devant lui de se renfermer dans les bornes de leur devoir, et de ne plus se permettre de violer les lois. — *Cass.*, 2 prair. an VII, Tribunal de police d'Auchy. — Cette décision, toutefois, doit être entendue en ce sens que l'injonction dont il s'agit ne peut faire l'objet d'un chef de jugement. Mais rien n'empêche le juge de police de recommander, en dehors des termes de son jugement, aux gendarmes d'apporter plus de circonspection dans l'exercice de leurs fonctions.

116. — Les tribunaux n'ont également aucun droit de censure sur les officiers du ministère public qui exercent près d'eux leurs fonctions. — Spécialement, un tribunal ne peut, sans excès de pouvoirs, reprocher au commissaire de police remplissant les fonctions du ministère public d'avoir donné suite à des plaintes qu'il aurait dû laisser à la partie plaignante le soin de poursuivre elle-même. — *Cass.*, 14 févr. 1845 (t. 1er 1846, p. 177), Lésard.

117. — Jugé également, que les tribunaux n'ont aucun droit de censure sur les officiers du ministère public, ni sur les fonctionnaires de l'ordre administratif. — En conséquence, un tribunal de police excède ses pouvoirs lorsque, dans un jugement, il blâme la conduite tenue dans l'affaire par l'autorité municipale et par le commisaire de police chargé des fonctions du ministère public. — *Cass.*, 12 févr. 1848 (t. 1er 1849, p. 66), Calmels de Puntis.

118. — ... Qu'un tribunal de police ne peut, sans excès de pouvoirs, se permettre de censurer, dans les motifs de son jugement, l'autorité municipale ni des officiers de police judiciaire. — *Cass.*, 13 nov. 1847 (t. 1er 1848, p. 604), Rouchon; 17 déc. 1847 (t. 2 1848, p. 243), Rouchon, Martin et Desormières.

119. — Un tribunal de police ne peut, sans excéder ses pouvoirs et sans empiéter sur ceux de l'autorité administrative interdire au prévenu et à tous autres la faculté d'avoir une maison de santé dans l'enceinte de la ville. — *Cass.*, 29 fruct. an X, Ovide Lallemand.

120. — ... Ni prononcer contre un prévenu l'interdiction de tenir cabaret pendant un temps. — *Cass.*, 8 thermid. an VIII, Vareins.

121. — ... Ni ordonner à un particulier de curer tous les quinze jours une fosse qui a donné lieu à des poursuites contre lui. — *Cass.*, 15 oct. 1825, Vincent.

122. — ... Ni interdire à un prévenu et à sa femme de faire le blanchiment de leur fil suivant leur procédé chimique, non-seulement dans la maison qu'ils occupent, mais encore dans l'enceinte de la ville. — *Cass.*, 17 (et non 27) avr. 1806, Roger. — Par là, en effet, le tribunal statue d'une manière réglementaire. Or, sur l'interdiction faite aux tribunaux de prononcer par voie de disposition générale et réglementaire, V. TRIBUNAUX, nos 321 et suiv.

123. — Mais il n'y a pas usurpation de pouvoirs de la part d'un tribunal de police qui enjoint au prévenu de démolir un fourneau qu'il a établi en contravention aux lois, cette injonction n'étant que l'accessoire de la condamnation. — *Cass.*, 6 juill. 1810, N.... — Carnot, sur l'art. 153 C. inst. crim., t. 1er, p. 638, n° 20.

124. — C'est au tribunal de police, et non simplement à la juridiction civile, qu'il appartient de connaître des infractions commises par l'adjudicataire de l'enlèvement des boues, qui par une clause de son bail s'est soumis aux peines de police en cas d'inexécution de son contrat. — *Cass.*, 12 nov. 1813, Godin; 20 juill. 1827, Petit; 31 juill. 1830, Roy; 4 févr. 1831, Marot. — V. cependant *Cass.*, 24 août 1821, Cuenin; 19 mai 1838 (t. 1er 1838, p. 602), Messemer. — V. BALAYAGE ET NETTOIEMENT DE LA VOIE PUBLIQUE.

125. — Le fait d'avoir enlevé des immondices déposées sur la voie publique, qui n'auraient dû l'être que par l'entrepreneur chargé de ce service, ne constitue point un vol au préjudice de ce dernier, mais simplement une contravention justiciable des tribunaux de police. — *Cass.*, 24 avr. 1829, Anada.

126. — La demande à fin de réparation des latrines d'une maison, de manière à ce qu'elles ne refluent pas dans le puits d'une maison voisine, constitue, s'il n'a été contrevenu à aucun règlement de police, une simple action civile, dont la connaissance n'appartient nullement au tribunal de police. — *Cass.*, 8 (et non 7) sept. 1809, Marie. — V. FOSSES D'AISANCE.

127. — A l'égard des contraventions en matière forestière, elles sont de la compétence exclusive des tribunaux correctionnels, lorsque les poursuites sont exercées au nom de l'administration. — V. FORÊTS, nos 2033 et suiv. — Mais la connaissance des délits commis dans les bois des particuliers

appartient à la police, soit simple, soit correctionnelle, suivant la nature et l'importance de la peine. Ainsi, lorsque le maximum de la peine encourue est au-dessus de 15 francs d'amende ou de cinq jours d'emprisonnement, la connaissance des contraventions forestières poursuivies à la requête des particuliers appartient au tribunal de police correctionnelle, et non au tribunal de simple police. — *Cass.*, 27 juin 1811, Fras; 16 août 1811, Colas.

128. — Sur la compétence des tribunaux de simple police en matière d'injures verbales, V. DIFFAMATION, INJURE. — V. aussi OUTRAGE.

129. — Sous la loi du 19-22 juill. 1791, le marchand qui avait été surpris étalant ses marchandises et se servant pour les vendre d'une mesure trop courte, encourait des peines qui excédaient la compétence du tribunal de police, et devait, par conséquent, être poursuivi devant la police correctionnelle. — *Cass.*, 28 vend. an IX, Vaisse. — Il en serait de même aujourd'hui si, à l'aide de cette fausse mesure, le marchand avait *trompé* un acheteur sur la *quantité* des choses vendues. — C. pén., art. 423. — Mais la simple possession des fausses mesures est une contravention de police simple. — C. pén., art. 479, n° 5. — V. POIDS ET MESURES, nos 251 et suiv.

130. — Pour ce qui concerne la compétence des tribunaux de police relativement aux contraventions commises aux règlemens en matière de boulangerie, V. BOULANGER, nos 92 et suiv.

131. — Sur le point de savoir si les tribunaux de police peuvent connaître des contraventions commises en récidive, V. RÉCIDIVE, nos 205 et suiv.

132. — Un tribunal de simple police saisi d'une affaire de simple police ne peut, sans violer les règles de sa compétence, se constituer juge civil, du consentement des parties, et prononcer sur les dommages-intérêts ou restitutions réclamés. — *Cass.*, 7 flor. an XII, Crouet; 17 août 1809, Desponey; 10 juill. 1829, Pougnet.

133. — Il ne peut aussi, sans excéder ses pouvoirs, prononcer une condamnation contre des tiers qui ne sont pas parties au procès engagé sur la contravention dont il a été saisi. — *Cass.*, 9 févr. 1809, Garaud et Cavalier.

134. — Un tribunal de police ne peut pas plus connaître des contraventions qui ne lui ont pas été légalement dénoncées que condamner des tiers étrangers au procès. Ainsi, il excède ses pouvoirs en ordonnant, avant faire droit sur la contravention dont il est saisi, la preuve que des contraventions semblables ont été déjà commises par d'autres individus, sans qu'ils aient été poursuivis. — *Cass.*, 12 sept. 1835, Terrelonge.

135. — Mais, l'irrégularité prétendue de la citation, non plus que l'illégalité des conclusions du ministère public tendantes au paiement d'une amende dont le taux excède la quotité fixée par la loi, ni enfin la preuve acquise de la prescription, n'autorisent le juge de police à se déclarer incompétent, alors que l'action portée devant lui appartient par sa nature à sa juridiction. — *Cass.*, 27 juin 1834, Furé.

136. — Le tribunal de police qui déclare nul un procès-verbal constatant la contravention ne peut pas, sans commettre un déni de justice, refuser d'instruire et de prononcer sur le délit qui lui est dénoncé. — *Cass.*, 21 prair. an VII, Coudière. — Ce principe est incontestable. Les contraventions peuvent être prouvées tant par témoins que par procès-verbaux, et le défaut d'un genre de preuve n'autorise pas le rejet de l'autre; mais il faut que le ministère public ait conclu à son admission, car le tribunal n'est pas obligé de l'ordonner d'office. — V. *infrà*, nos 174 et suiv.

137. — Un tribunal de simple police ne peut, même en acquittant le prévenu, prononcer sur un délit passible d'une amende, dont la quotité excède sa compétence. — *Cass.*, 8 oct. 1808, N...

138. — Le refus de paiement d'un droit de location établi au profit d'une commune, par le conseil municipal, pour plaçage sur le marché de cette commune, ne constitue point une contravention de la compétence des tribunaux de simple police; il ne peut donner lieu qu'à une action purement civile et devant les tribunaux civils. — C. pén., art. 471, 15°. — Le jugement du tribunal de simple police qui, dans ces circonstances, a prononcé à tort une condamnation sur la poursuite du ministère public, doit être cassé sans renvoi. — *Cass.*, 11 juin 1836 (t. 1er 1837, p. 397), Montfouilloux.

139. — Des travaux faits par un individu sur sa propriété pour se procurer un plus fort volume d'eau, ne peuvent, quelque préjudiciables qu'ils puissent être pour son voisin, donner lieu qu'à une action civile en dommages-intérêts, et non à une poursuite devant le tribunal de simple police. — *Cass.*, 1er prair. an V, Filleul; 7 therm. an XII, Simon.

140. — Le tribunal de simple police est compétent pour prononcer, en vertu de l'art. 1030, C. procéd., une amende contre l'huissier ordinaire qui s'est permis de délivrer une citation devant lui, au préjudice de son huissier audiencier. — *Cass.*, 5 déc. 1822, Mazaud. — Ce principe est d'une application générale, et conserve son intérêt malgré les changemens introduits dans cette matière par la loi du 25 mai 1838.

141. — Il est encore compétent pour prononcer la condamnation de l'amende encourue par un huissier qui n'est pas attaché à cette juridiction, pour s'être permis de faire la signification d'un jugement de la justice de paix. — *Cass.*, 7 nov. 1806, René-Corbin. — Carnot, sur l'art. 141, C. instr. crim., t. 1er, p. 595, *Observ. addit.*, n° 1er, et Merlin, v° *Huissier*, § 7.

142. — Un tribunal de police excède également ses pouvoirs lorsque, en acquittant le prévenu traduit devant lui, il condamne aux frais le garde-champêtre rédacteur du procès-verbal, sous le prétexte qu'il n'a verbalisé que pour obéir à son maître. — *Cass.*, 4 oct. 1811, Leroy; 14 juin 1822, Brucy; 29 févr. 1828, Pagès. — Merlin, *Quest. de Droit*, v° *Gardes-champêtres*, § 1er.

143. — Les tribunaux de simple police ne sont pas non plus compétens pour connaître de l'exécution de leurs jugemens. — *Cass.*, 11 déc. 1811, Thiry c. Neumann.

144. — Un tribunal de police ne peut également, sans excès de pouvoirs, réformer un jugement définitif par lui rendu, sous le prétexte que ce jugement lui a été surpris; par exemple, rétracter la condamnation d'un prévenu, et, sous forme de réparation, condamner le plaignant aux peines et aux dommages-intérêts prononcés par le premier jugement. — *Cass.*, 6 germ. an X, Thiry; 10 janv. 1806, Ehlen; 1er avr. 1813, N...

145. — Les contestations qui peuvent s'élever sur l'exécution d'une condamnation à des dommages-intérêts adjugés par un tribunal de police ne peuvent donc lui être déférées; elles sont de la compétence des tribunaux civils. — *Cass.*, 22 frim. an XIV. Dumesnil; 28 mars 1807, Mériel. — Carnot, sur l'art. 105, C. instr. crim., t. 1er, p. 472 et 697, n° 2; Legraverend, *Lég. crim.*, t. 2, p. 283; Henrion de Pansey, *Compétence des juges de paix*, chap. 18.

146. — De même, le tribunal de simple police est incompétent pour connaître de la validité d'une arrestation opérée pour le recouvrement des frais de justice dont la condamnation a été prononcée au profit du Trésor par un de ses jugemens. — *Cass.*, 2 janv. 1807, Lautier. — V. Legraverend, t. 1er, p. 299, chap. 8.

147. — Cette décision est incontestable: c'est le procureur de la République qui donne aux agens de la force publique l'ordre d'arrestation (V. loi 17 avr. 1832, art. 33). On ne saurait admettre que le juge de paix ait le pouvoir de prononcer en simple police sur les actes d'un magistrat placé au-dessus de lui; mais quelle sera l'autorité compétente? Legraverend (*loc. cit.*) et Merlin, dans les conclusions qu'ils ont données sur cette affaire (V. *Rép.*, v° *Arrestation*, § 6), pensent avec raison que le débat doit être porté devant le tribunal civil.

§ 2. — *Procédure, instruction, preuve, témoins, conclusions du ministère public, défense du prévenu, jugement, etc.*

148. — L'instance devant le tribunal de police s'introduit au moyen d'une citation qui est faite à la requête du ministère public ou de la partie qui réclame. — C. instr. crim., art. 145, § 1er. — Les citations sont notifiées par un huissier; il en est laissé copie au prévenu ou à la personne civilement responsable. — Même art., § 2.

149. — En principe, le ministère public a le droit de faire citer le prévenu devant le tribunal de police sans s'être muni d'une cédule du juge de paix. Cette cédule n'est nécessaire que dans les cas urgens et où il s'agit d'abréger les délais. — *Cass.*, 18 mars 1848 (t. 2 1848, p. 368), Barrau.

150. — Jugé aussi, par application de l'article précité, qu'un tribunal de police est valablement saisi de la connaissance d'une contravention par une citation donnée à la requête de la partie lésée. — *Cass.*, 17 août 1809, Desponey; 6 oct. 1837 (t. 2 1837, p. 442, et t. 1er 1840, p. 101), Bernard et Casimir.

151. — Dans ce cas, le jugement est régulier s'il n'a été rendu qu'après avoir entendu les réquisitions du ministère public, dans l'intérêt de la vindicte publique, alors même que ces réquisitions auraient eu pour objet de soutenir l'incompétence du juge. — Arrêt précité du 6 oct. 1837.

152. — ... Et encore bien qu'il ait été prononcé en l'hôtel du juge de simple police, pourvu qu'il l'ait été publiquement. — Même arrêt.

153. — Mais, pour qu'un tribunal de police puisse connaître d'une affaire qui n'excède pas, d'ailleurs, la limite de sa compétence, il faut qu'il soit saisi par la partie publique ou par la partie privée. Il ne peut se saisir d'office. — *Cass.*, 26 vend. an IX, Buisseret.

154. — Un tribunal de simple police peut aussi être saisi par un renvoi prononcé par une ordonnance de la chambre du conseil. Mais, dans ce cas, il n'en conserve pas moins le droit d'examiner sa compétence et d'y prononcer conformément à la loi, quoique l'ordonnance de la chambre qui l'a saisi n'ait pas été attaquée par la voie de la cassation. — *Cass.*, 12 mars 1813, Daane; 14 mars 1816, Habitans de Beaune.

155. — Un tribunal de simple police ne peut statuer sur une plainte en injures verbales qui lui a été renvoyée par le juge de paix, sans que les parties aient été citées et les témoins entendus de nouveau. — *Cass.*, 17 août 1809, Desponey; 11 oct. 1811, Eisenmann. — Merlin, *Quest. de droit*, v° *Tribunal de police*, § 2; Carnot, sur l'art. 3 C. inst. crim., t. 1er, p. 80, n° 33.

156. — La citation d'un garde champêtre ne peut valablement saisir le tribunal de la connaissance d'un délit rural; il faut que l'action soit intentée, soit de la part du commissaire de police, soit de celle d'une partie civile. — *Cass.*, 23 juill. 1807, Mouilhaut et Tournoux; 15 déc. 1827, Michault. — V. conf. Legraverend, t. 1er, chap. 1er, p. 59, et Carnot, sur l'art. 1er C. inst. crim., t. 1er, p. 2, n° 1er.

157. — La citation ne peut être donnée à un délai moindre que vingt-quatre heures, outre un jour par trois myriamètres, à peine de nullité tant de la citation que du jugement qui serait rendu par défaut. Néanmoins, cette nullité ne peut être proposée qu'à la première audience, avant toute exception et défense. Dans les cas urgens, les délais peuvent être abrégés et les parties citées à comparaître même dans le jour, et à heure indiquée, en vertu d'une cédule délivrée par le juge de paix. — C. inst. crim., art. 146.

158. — La citation n'est pas d'absolue nécessité. Les parties peuvent comparaître volontairement et sur un simple avertissement, sans qu'il soit besoin de citation. — C. inst. crim., art. 147.

159. — *Instruction, preuve, procès-verbaux.* — Les audiences du tribunal de simple police doivent être publiques à peine de nullité. — L'instruction y doit également se faire, à peine de nullité, publiquement. — *Cass.*, 9 juillet 1825, Edouard Bellanger; 27 août 1825, Josep Nol; 1er déc. 1827, Médard Gourel; 15 déc. 1827, Louis Michault; 29 juin 1828, Catherine Laye; 29 janv. 1835, Champanhet.

160. — Avant le jour de l'audience, le juge de paix peut, sur la réquisition du ministère public ou de la partie civile, estimer ou faire estimer les dommages-intérêts, dresser ou faire dresser des procès-verbaux, faire ou ordonner tous actes requérant célérité. — C. inst. crim., art. 148.

161. — La personne citée peut comparaître par elle-même ou par un fondé de procuration spéciale. — Art. 152.

162. — L'art. 361 du C. du 3 brumaire an IV ajoutait: sans pouvoir être assistée d'un défenseur officieux. Aussi, sous l'empire de cette législation, un tribunal de simple police commettait un véritable excès de pouvoir en admettant le prévenu à se faire assister d'un défenseur officieux; cette violation de l'art. 361 précité entraînait la nullité du jugement. — *Cass.*, 4 flor. an VII, Landry et Trinité; 31 oct. 1806, Plaigniol; 28 mess. an VIII, Boulé; 8 août 1807, Chatel c. Hubert; 1er germin. an XII, Everaerts. — La disposition de l'art. 361 C. de brumaire a été implicitement abrogée, ainsi que cela résulte de l'arrêt précité du 31 oct. 1806, Plaigniol. — V. aussi *Cass.*, 20 nov. 1823, Payeur.

163. — L'instruction se fait dans l'ordre sui-

vant : les procès-verbaux, s'il y en a, seront lus par le greffier ; les témoins seront entendus, s'il y a lieu ; la personne citée proposera sa défense, fera entendre ses témoins, si elle en a amené ou fait citer, et si, aux termes de l'art. 154 C. inst., elle est recevable à les produire. — *Cass.*, 7 avr. 1809, Bangnier ; 7 juill. 1809, N....

164. — Sous le Code du 3 brum. an IV, la lecture des procès-verbaux du délit devait être faite à l'audience, sous peine de nullité du jugement. — *Cass.*, 16 germ. an VII, Galane ; même jour, Montaigu ; 23 germ. an VII, Béchet ; 17 flor. an VII, Zilerman ; 4 mess. an VII, N... ; 11 fruct. an VII, Vergès ; 8 vendém. an X, N... ; 14 brum. an XI, Deschamps ; 12 pluv. an XIII, Moiqueleaux ; 8 janv. 1807, Habitans de Dieskirken.

165. — Etait encore nul le jugement qui était intervenu sans que des procès-verbaux dressés par un agent municipal en conséquence d'un premier jugement préparatoire, eussent été lus à l'audience. — *Cass.*, 23 germ. an VII, Béchet et Laman.

166. — Les contraventions sont prouvées soit par procès-verbaux ou rapports, soit par témoins à défaut de rapports et de procès-verbaux, ou à leur appui. Nul n'est admis, à peine de nullité, à faire preuve par témoins outre ou contre le contenu aux procès-verbaux ou rapports des officiers de police ayant reçu de la loi le pouvoir de constater les délits ou les contraventions jusqu'à inscription de faux. Quant aux procès-verbaux et rapports faits par des agens, préposés ou officiers auxquels la loi n'a pas accordé le droit d'en être crus jusqu'à inscription de faux, ils pourront être débattus par des preuves contraires soit écrites, soit testimoniales, si le tribunal juge à propos de les admettre. — C. instr. crim., art. 154.

167. — Le juge de police ne peut statuer sur les préventions qui lui sont soumises que d'après les procès-verbaux et rapports qui constatent l'infraction ou d'après les preuves contraires soit écrites, soit testimoniales, par lesquelles ces procès-verbaux ont été débattus dans le cas où la loi l'autorise. — Dès lors l'opinion particulière que par des connaissances personnelles il aurait pu se former sur le fait constitutif de l'infraction ne saurait remplacer la preuve légale et détruire la foi due aux procès-verbaux. — *Cass.*, 15 nov. 1844 (t. 1er 1845, p. 776), Capdebielle et Roudigou.

168. — Lorsqu'une contravention est constatée par procès-verbal d'un commissaire de police, le tribunal viole la loi en prononçant l'acquittement du prévenu, sans que ce procès-verbal ait été débattu par une preuve contraire. — *Cass.*, 1er avril 1826 (deux arrêts), Escalier et Mirabel ; 19 août 1826, Zalon.

169. — Jugé aussi, que lorsque le fait de la contravention est constaté par un procès-verbal régulier du commissaire de police, le tribunal ne peut, sans violer la foi qui est due à cet acte, renvoyer le prévenu, sous le prétexte que les preuves ne sont pas suffisantes. — *Cass.*, 12 et 25 nov. 1829, Lallemant et Toussaint.

170. — Ainsi, lorsqu'un procès-verbal constate qu'une pièce de monnaie trouvée dans l'un des plateaux d'une balance la rendait irrégulière, le tribunal de simple police ne peut acquitter le prévenu en se fondant sur ce qu'il n'est pas prouvé que la pièce de monnaie ait été placée à dessein dans le plateau. — *Cass.*, 19 févr. 1825, Mesplet ; 15 mars 1828, Lafontaine ; 13 oct. 1836 (t. 1er 1837, p. 508), Audren ; 3 mars 1837 (t. 1er 1838, p. 88), Lamothe ; 23 sept. 1837 (t. 2 1837, p. 483), Jacob ; 16 févr. 1839 (t. 1er 1839, p. 541), Halner ; 29 novembre 1839 (t. 2 1840, p. 182), Frémy.

171. — Le tribunal ne peut refuser au ministère public un sursis à l'effet de faire enregistrer le procès-verbal qui sert de base aux poursuites. Le jugement qui acquitte le prévenu en refusant au ministère public ce sursis est nul et doit être cassé. — *Cass.*, 5 mars 1819, Taillandier.

172. — Le tribunal peut charger un seul expert de procéder à une vérification pour constater la contravention ; il n'y a pas nullité dans ce cas. — *Cass.*, 23 juill. 1836, Lecouteux c. Boucle.

173. — La loi ne subordonne point la poursuite d'une contravention de police à l'existence d'un procès-verbal qui la constate. Les contraventions peuvent être prouvées par témoins et par les aveux des prévenus. — *Cass.*, 28 nov. 1806, Mignot ; 3 juill. 1807, Charcille ; 7 avr. 1809, Bangnier et Trifflat.

174. — Le tribunal de police ne peut, sans excéder les bornes de sa compétence, refuser d'admettre la preuve testimoniale qui lui est offerte par le ministère public en cas d'insuffisance du procès-verbal. — *Cass.*, 18 niv. an IX, Nesme ; 8 sept. 1808, Gobby ; 5 janv. 1809, Lallemant ; 8 juin 1809, Delange ; 19 oct. 1809, Goetz ; 30 déc. 1811, Martel ; 28 août 1812, Gen ; 24 mai 1821, Genoudet ; 6 juill. 1821, Jasserand ; 4 mars 1826 ; 11 déc. 1829, Lothon ; 9 janv. 1835, Perthuis ; 5 mars 1835, Helte.

175. — Lorsque le ministère public demande à établir par témoins la date d'une contravention que le procès-verbal fixe par erreur à une date différente, le tribunal ne peut, sans avoir statué sur ces conclusions, renvoyer le prévenu des poursuites. — *Cass.*, 18 oct. 1834, Mathé. — Il n'en peut être ainsi qu'autant que le renvoi des poursuites serait basé sur la prescription, ou qu'à raison des circonstances particulières de la cause, la date du délit formerait un élément de conviction. Mais si le tribunal avait décidé que le fait ne réunissait point les caractères d'un délit, ou que le prévenu n'en est pas l'auteur, il est évident que dans ces divers cas et dans ceux analogues, la date du fait incriminé étant complétement indifférente, il n'y aurait pas eu lieu d'ordonner la preuve offerte. Les motifs du jugement qui en auraient exclu l'utilité, et le renvoi des poursuites, pourraient être considérés comme un rejet implicite de la demande.

176. — Jugé aussi, que lorsque devant un tribunal de police le ministère public demande à produire des témoins à l'appui d'un procès-verbal n'ayant pas foi en justice, et qui constate une contravention, ou dont la nullité est demandée, le tribunal doit, à peine de nullité, entendre ces témoins, et accorder, à cet effet, au ministère public le délai qu'il demande. Ce n'est pas le cas d'appliquer l'art. 154 C. inst. crim., qui autorise les tribunaux à écarter les témoignages inutiles à la cause. — *Cass.*, 4 août et 23 sept. 1837 (t. 1er 1840, p. 106), Mathieu et Francis.

177. — *Audition des témoins.* — Après la lecture des procès-verbaux faite par le greffier, et s'il n'en a pas été dressé, après qu'il a été donné lecture de la citation qui tient lieu de plainte, il doit être procédé à l'audition des témoins appelés soit à la diligence du ministère public, soit à la requête de la partie civile. Le Code dit appelés et non cités, pour faire voir qu'il suffit d'un simple avertissement, sans doute pour éviter des longueurs et des frais aux parties ; mais l'audition des témoins ne devient pas obligatoire lorsque la contravention se trouve constatée par le procès-verbal d'un agent de l'autorité, auquel la loi veut qu'il soit ajouté foi jusqu'à inscription de faux. C'est avec cette restriction prescrite par l'art. 154 que l'art. 153 permet à la personne citée de faire entendre ses témoins. — V. Carnot sur l'art. 153 C. inst. crim., t. 1er, p. 629 et 630, nos 4 et 5.

178. — L'art. 317 C. inst. crim., aux termes duquel les témoins doivent être entendus séparément, n'est posé par la loi que pour les Cours d'assises, et n'est pas dès lors applicable à l'audition des témoins cités devant les tribunaux de simple police. — *Cass.*, 4 juin 1847 (t. 2 1847, p. 571), Guy.

179. — D'après le vœu de l'art. 153, les témoins doivent être entendus à l'audience. Aussi est nul le jugement rendu sur des dépositions de témoins reçues sans publicité et hors la présence du prévenu. — *Cass.*, 22 vendém. an VIII, Nichouet ; 27 frim. an X, Dubeslé ; 8 niv. an X, Perrin.

180. — ... Ou rendu sur des dépositions de témoins entendus secrètement, hors la présence des parties et sans qu'elles y aient été appelées. — *Cass.*, 27 frim. an X, Dubeslé ; 6 vent. an XI, Habitans de la comm. d'Angers ; 10 avril 1807, Mary.

181. — Mais, en matière de simple police, il n'y a pas lieu à prononcer la cassation de l'arrêt ou du jugement qui, soit d'office, soit sur la réquisition du ministère public ou du prévenu, a ordonné que les témoins seraient éloignés pour un instant, puis rappelés pour être répétés dans leurs déclarations. — *Cass.*, 31 sept. 1808, N....

182. — De ce que l'art. 153 C. instr. crim. porte que les témoins appelés par-devant le tribunal de police seront entendus s'il y a lieu, il résulte seulement que le tribunal a le droit de refuser l'audition d'un témoin lorsque, la prévention étant prouvée par d'autres témoins ou d'autres élémens du débat, cette audition est par lui jugée inutile, mais non qu'il puisse s'abstenir d'y procéder lorsque la preuve du fait incriminé n'est pas acquise. Ainsi, le tribunal de simple police ne peut refuser d'entendre un témoin régulièrement cité, par le seul motif qu'il aurait assisté à l'audience pendant l'audition d'un autre témoin. — *Cass.*, 4 juin 1847 (t. 2 1847, p. 571), Guy.

183. — Sous le Code du 3 brum. an IV, le jugement rendu sur la lecture des déclarations des témoins entendus devant un officier de police, et sans que ces témoins eussent été entendus à l'audience, était nul. — *Cass.*, 8 pluv. an V, Clémandot ; 19 avr. 1806, Chio ; 10 nov. 1808 ; Pillot. — Merlin, *Rép.*, v° *Publicité de l'audience*, § 2, n° 4.

184. — Est nul le jugement rendu sur une information écrite faite par le juge d'instruction, et sans que les témoins aient été entendus en audience publique. — *Cass.*, 29 déc. 1815, Ronny. — Carnot, sur l'art. 153 C. instr. crim., t. 1er, p. 628, n° 3.

185. — ... Ou si les témoignages ont été recueillis par le juge de paix agissant comme officier de police, hors la présence du prévenu et sans que les témoins aient été entendus à l'audience. — *Cass.*, 14 prair. an VII, Fournier ; 22 vendém. an VIII, Richouet.

186. — Le Code du 3 brum. an IV n'exigeait des témoins qu'une simple promesse de dire la vérité. Toutefois, cette promesse devait être faite à peine de nullité. — *Cass.*, 3 germ. an VIII, Cousin. — Le Code d'instruction criminelle (art. 155) veut que les témoins fassent à l'audience, sous peine de nullité, le serment de dire toute la vérité, rien que la vérité. Le greffier doit tenir note de ce serment, ainsi que des nom, prénoms, âge, profession et demeure des témoins, et de leurs principales déclarations.

187. — Il y a nullité du jugement lorsqu'il est établi que les expressions *rien que la vérité* ont été omises dans la formule du serment prêté par les témoins entendus devant le tribunal de police. — *Cass.*, 8 juill. 1813, Gaudin ; 23 juill. 1813, Chabroud ; 5 janv. 1815, Gilbert ; 15 mars 1816, Chenu ; 27 août 1818, Dragon ; 26 avr. 1821, Charreyre ; 19 août 1826, Boudet.

188. — Il y a nullité lorsque les témoins appelés devant un tribunal de simple police ont prêté le serment de dire la vérité, toute la vérité, et de *parler sans haine et sans crainte*. — *Cass.*, 15 mai 1845 (t. 2 1845, p. 530), Bourgeon.

189. — Un jugement de simple police ne peut se fonder sur la déclaration d'un tiers, si cette déclaration a été faite sans prestation de serment. — *Cass.*, 12 août 1841 (t. 2 1843, p. 780), Audouard.

190. — Le jugement fondé sur des dépositions de témoins doit, à peine de nullité, constater, soit par lui-même, soit par les notes d'audience, la prestation du serment d'un témoin. — *Cass.*, 4 févr. 1826, Posse ; 28 avr. 1827, Lacroix ; 22 oct. 1829, Bardy ; 23 mars 1832, Arot ; 30 mai 1834, Ségur ; 23 sept. 1837 (t. 1er 1840, p. 106), Mathieu et François.

191. — Est nul le jugement du tribunal de simple police qui mentionne l'audition de plusieurs témoins, sur la déclaration desquels la décision qu'il contient est motivée, sans que ni ce jugement, ni même des notes régulièrement tenues par le greffier, constatent la prestation de serment par lesdits témoins dans les termes prescrits par l'art. 155 C. instr. crim. — *Cass.*, 3 juill. 1847 (t. 2 1847, p. 742), Antony.

192. — L'accomplissement de toute formalité substantielle, et à laquelle est attachée la validité de l'instruction, doit, lorsqu'il n'est pas formellement et distinctement constaté, être considéré comme ayant été omis. — En conséquence, les témoins cités devant le juge de police sont censés n'avoir point prêté le serment exigé à peine de nullité par la loi, lorsque les notes du greffier ne mentionnent pas la prestation de ce serment à l'égard de plusieurs d'entre eux, et se bornent à mentionner, quant aux autres, « que leur déclaration a été précédée de l'accomplissement des formalités prescrites par la loi, » et lorsqu'il résulte du jugement que tous ces témoins n'ont prêté que le serment *de dire la vérité.* » — *Cass.*, 13 nov. 1845 (t. 2 1848, p. 528), Philippe.

193. — La prestation de serment des experts et des témoins est une formalité substantielle dont le tribunal de simple police ne peut les dispenser, même du consentement des parties, à peine de nullité de son jugement. — *Cass.*, 27 nov. 1828, Jeoffrin ; 27 déc. 1828, Coignet.

194. — Les ascendans ou descendans de la personne prévenue, les frères et sœurs ou alliés en pareil degré, la femme ou son mari, ne peuvent être ni appelés ni reçus en témoignage. Néanmoins, l'audition des personnes ci-dessus dési-

gnées ne peut opérer une nullité, lorsque, soit le ministère public, soit la partie civile, soit le prévenu, ne se sont pas opposés à ce qu'elles soient entendues. — C. instr. crim., art. 156.

195. — Le tribunal de simple police peut, d'office, refuser d'entendre comme témoins les parens du prévenu aux degrés indiqués par l'art. 156 C. instr. crim. — *Cass.*, 28 mai 1841 (t. 2 1843, p. 435), Smith.

196. — Les motifs de reproches établis par la loi à l'égard des témoins en matière civile ne peuvent être étendus par les tribunaux de simple police aux témoins produits devant eux. — Ainsi le tribunal de police ne peut refuser de recevoir la déposition d'un témoin par le seul motif qu'il aurait d'avance manifesté son opinion et donné un certificat sur les faits du procès. — *Cass.*, 18 juill. 1846 (t. 1er 1847, p. 189), Pascal.

197. — Les témoins qui ne satisfont pas à la citation peuvent y être contraints par le tribunal, qui, à cet effet et sur la réquisition du ministère public, prononce, dans la même audience, sur le premier défaut, l'amende, et, en cas d'un second défaut, la contrainte par corps. — C. instr. crim., art. 157.

198. — Mais le témoin ainsi condamné à l'amende sur le premier défaut, et qui, sur la seconde citation, produit devant le tribunal des excuses légitimes, peut, sur les conclusions du ministère public, être déchargé de l'amende. Si le témoin n'est pas cité de nouveau, il peut volontairement comparaître, par lui ou par un fondé de procuration spéciale, à l'audience suivante, pour présenter ses excuses, et obtenir, s'il y a lieu, décharge de l'amende. — C. instr. crim., art. 158.

199. — Jugé, que le tribunal peut refuser au ministère public un délai pour faire réassigner des témoins qui n'ont pas pu être trouvés lors de la première citation, s'il reconnaît que leur témoignage n'ajouterait rien à celui des témoins déjà entendus. — *Cass.*, 9 déc. 1830, Duval; 23 mars 1832, Bacciaglieri.

200. — Le tribunal peut, malgré la demande d'un sursis formée par le ministère public, ouvrir les débats d'une affaire, en l'absence d'un témoin cité, et ordonner la lecture de sa déclaration écrite. — *Cass.*, 4 août 1832, Devolvé. — Ainsi la jurisprudence rend commun au juge de simple police le pouvoir discrétionnaire du président des assises.

201. — Le juge de police peut, lorsque l'un des témoins cités par le prévenu se trouve dans l'impossibilité de comparaître à l'audience, se transporter à son domicile, assisté du ministère public et du greffier, à l'effet de recevoir sa déclaration, et venir ensuite la lire publiquement à l'audience devant le prévenu qui a refusé de l'accompagner. — *Cass.*, 12 nov. 1835, Cambon.

202. — Les règles qui viennent d'être rappelées sont applicables aussi bien à l'audition des témoins appelés à la requête du ministère public ou de la partie civile qu'aux témoins entendus à la requête du prévenu.

203. — Un tribunal de simple police ne peut refuser d'entendre les témoins présentés par la partie plaignante pour constater le délit, sous le prétexte qu'ils n'ont pas été assignés à la requête du ministère public. — *Cass.*, 10 floréal an X, Mauny.

204. — Lorsqu'une affaire a été renvoyée en simple police, après une instruction judiciaire, le tribunal ne peut pas refuser d'entendre des témoins cités par la partie plaignante, sous le prétexte qu'ils n'ont pas été entendus dans l'instruction. — *Cass.*, 31 oct. 1806, Balazue c. Plaigniol.

205. — Le tribunal ne viole aucune loi en refusant d'ordonner la mise en cause du maire sur la poursuite exercée contre un habitant pour contravention à un règlement de police, sauf au prévenu à le faire citer, s'il croit que sa déclaration puisse être utile à ses intérêts. — *Cass.*, 17 janv. 1829, Fleurel.

206. — Mais il commet un excès de pouvoirs en refusant d'entendre les témoins amenés par la partie civile, et en renvoyant le prévenu de la plainte sans aucune instruction. — *Cass.*, 24 nov. 1808, Boilley.

207. — Les témoins doivent, à peine de nullité, être entendus, en présence du prévenu. Ainsi, nul doute que le jugement ne soit nul si leur audition a eu lieu avant sa comparution. — *Cass.*, 26 brum. an VII, Boismarin.

208. — *Visite de lieux.* — Un tribunal de police n'est pas tenu de s'arrêter aux énonciations

des procès-verbaux et aux dépositions des témoins. Il peut, s'il le juge nécessaire, ordonner une visite des lieux, pour la constatation de la contravention. Mais cette visite doit avoir lieu en présence des parties ou elles dûment appelées. — *Cass.*, 13 nov. et 6 déc. 1834, N...; 6 avr. 1838 (t. 2 1839, p. 655), Lemmonier c. Villaumez; 14 avr. 1848 (t. 1er 1849, p. 284), Levat.

209. — Le tribunal de police a, comme tous les autres tribunaux, non-seulement le droit, mais encore le devoir de prendre toutes les mesures, ordonner toutes les preuves, rapports, expertises et visite des lieux, propres à éclairer sa religion, et, notamment, d'ordonner, avant dire droit au fond, son transport sur les lieux contentieux. — *Cass.*, 18 mars 1848 (t. 2 1848, p. 368), Barrau, et même jour (t. 2 1849, p. 10), Grandidier.

210. — Le tribunal de police ne peut refuser d'ordonner une expertise demandée par une des parties qu'autant qu'il déclare expressément ou que le fait à établir par cette expertise ne serait ni pertinent ni concluant, ou bien qu'il se trouve assez éclairé par les débats pour n'avoir pas besoin de ce moyen d'instruction. — *Cass.*, 12 juin 1846 (t. 1er 1849, p. 408), Morillon c. Mesnier et Lorieux.

211. — Le tribunal de simple police peut refuser d'entendre des témoins produits par le plaignant à l'appui du procès-verbal sur lequel il fonde son action, lorsqu'il résulte d'une visite de lieux, faite par le juge en présence des parties, une connaissance de la vérité des faits qui rend inutile l'audition de ces témoins. — *Cass.*, 9 déc. 1830, Duval c. Roy et Duval.

212. — Mais, lorsque la contravention est établie par un procès-verbal régulier, le tribunal excède ses pouvoirs en se fondant, pour acquitter le prévenu, sur un accès de lieux par lui fait sans formalités et hors la présence des parties. — *Cass.*, 11 juin 1830, Voisron; 27 sept. 1833, Magnier; 13 nov. 1834, Leluault-Mansellière et Pierre; 6 déc. 1834, Mausbendel; 11 juin 1842 (t. 2 1842, p. 336), Lefebvre. — V. Conf. Mangin, *Traité des procès-verbaux*, p. 96, n° 39.

213. — Le tribunal de police ne peut, en se fondant sur la connaissance personnelle qu'il a des faits, renvoyer un prévenu des poursuites exercées contre lui au sujet d'une contravention constatée par un procès-verbal régulier. — *Cass.*, 21 mars 1833, Bourdrel; 9 août 1838 (t. 1er 1839, p. 510), Beuret.

214. — Il y a nullité lorsque le tribunal de simple police s'est transporté sur les lieux contentieux sans l'avoir ordonné par un jugement spécial, et sans avoir indiqué aux parties le jour et l'heure auxquels il devait être procédé à l'examen desdits lieux. — *Cass.*, 25 avr. 1846 (t. 1er 1847, p. 566), Saulay.

215. — La conviction du juge de simple police ne devant se former que par les débats qui ont lieu devant lui, il ne peut se déterminer d'après les notions qu'il aurait acquises par lui-même en dehors d'une instruction légale et régulière. — En conséquence, est nul le jugement par lequel, pour infirmer la foi due jusqu'à preuve contraire à un procès-verbal, le juge de simple police s'est fondé sur l'inspection par lui faite des lieux en l'absence des parties, et sans que cette inspection eût été préalablement ordonnée. — *Cass.*, 25 mars 1843 (t. 1er 1843, p. 561), Siméon; 13 nov. 1847 (t. 1er 1848, p. 604), Rouchon.

216. — Lorsque le tribunal est saisi, par suite d'un renvoi de la Cour de cassation, il a juridiction pour faire une descente sur les lieux contentieux, quoiqu'ils soient situés hors de son ressort. — *Cass.*, 25 janv. 1821, Chesnel; 25 juin 1830, Sellier.

217. — La partie qui a assisté à une descente faite par le tribunal de police sur une terre placée en partie seulement dans sa juridiction, ne peut se faire un moyen de cassation de ce que, pour rendre son opération plus complète, le tribunal l'a prolongée jusque dans la juridiction voisine où se trouvait le surplus de la terre qu'il visitait. — *Cass.*, 9 déc. 1830, Duval.

218. — Au contraire, lorsque, en exécution d'un jugement préparatoire, le tribunal de simple police se transporte sur les lieux contentieux, le juge de paix doit être accompagné du commissaire de police. — *Cass.*, 5 août 1809, Billout.

219. — *Aveu du prévenu.* — En matière de simple police, l'aveu du prévenu suffit également pour motiver contre lui une condamnation; peu importe, dans ce cas, que le fait incriminé ne soit constaté par aucun rapport au procès-verbal régulier. — *Cass.*, 9 août 1821, Javel; 5 févr.

1825, Geoffroy; 26 janv. 1826, Couturier; 4 mars 1826, Sulpicy; 17 févr. 1837 (t. 1er 1838, p. 75), Beuf et Mathieu. — Mangin, *Traité des procès-verbaux*, p. 36, n° 14.

220. — Le tribunal qui trouve dans l'aveu du prévenu la preuve du délit qui est reproché à celui-ci n'est pas tenu d'entendre les témoins produits par le ministère public. — Il peut se dispenser d'entendre ces témoins alors même qu'il reconnaît l'existence de circonstances atténuantes. — Il n'est pas obligé de déclarer dans son jugement en quoi consistent ces circonstances. — *Cass.*, 29 avr. 1837 (t. 1er 1838, p. 361), Laîthier.

221. — Lorsqu'il y a aveu du prévenu, le tribunal ne peut prononcer son renvoi par le motif que le procès-verbal serait nul comme affirmé tardivement. — *Cass.*, 3 avr. 1830, Dudouy; 13 sept. 1839 (t. 2 1839, p. 364), Bernard.

222. — Si le procès-verbal d'un simple agent de police n'a pas la même force que celui d'un commissaire de police et doit être corroboré par de nouvelles preuves, néanmoins le prévenu ne peut être acquitté, lorsqu'il fait l'aveu de la contravention qui lui est imputée. — *Cass.*, 28 août 1829, Guinchard; 24 sept. 1829, Servoize. — Mangin, *Traité de l'action publique*, p. 37, n° 15, et p. 174, n° 76.

223. — Le prévenu dont la contravention est constatée, non-seulement par les dépositions des agens de police rédacteurs du rapport, mais encore par celles des témoins à décharge et par son propre aveu, ne peut être renvoyé des poursuites sur le motif que sa non-culpabilité est complétement démontrée. — *Cass.*, 5 févr. 1835, Jourdan.

224. — Il a même été jugé que l'individu inculpé d'avoir contrevenu à un arrêté de police qui défend de mener aux abreuvoirs de la ville plus de deux chevaux à la fois ne peut être renvoyé des poursuites, sous le prétexte que la différence qui existe entre les dépositions des témoins rend la contravention douteuse, alors que les plus favorables au prévenu d'entre ces dépositions établissent qu'il avait conduit trois chevaux. — *Cass.*, 24 avr. 1834, Blondel.

225. — *Conclusions du ministère public.* — Après que l'instruction de l'affaire à l'audience est terminée, le ministère public en fait le résumé et donne ses conclusions. — C. instr. crim., art. 153.

226. — Mais il n'est pas nécessaire, comme sous le Code du 3 brumaire an IV, que les conclusions du ministère public soient écrites; elles peuvent être verbales. Les conclusions du ministère public sont rigoureusement exigées. L'absence de ces conclusions entraînerait la nullité du jugement. — *Cass.*, 22 brum. an VII, Bernard; 23 frim. an VII, Marescal; 17 niv. an VII, Bailleul; 21 therm. an VII, Rocault; 26 niv. an VII, Mercier; 19 brum. an VIII, Schenin et Coulle; 16 therm. an VIII, Fréby; 21 pluv. an VIII, N...; 9 mess. an IX, Peyronne; 28 flor. an IX, Choret; 19 niv. an IX, N...; 9 pluv. an X, Caprai Rigodit; 17 et 23 therm. an XI, Chappier, Lemoine et Morin; 12 vent. an XI, Maïs; 26 brum. an XII, Vaudéan; 4 pluv. an XIII, Michel Renaut; 3 janv. 1806, N...; 23 mai 1806, Meyer; 15 oct. 1807, Gagliardone; 5 nov. 1807, Villamin; 21 avr. 1808, de Keukelaere; 13 septembre 1811, Nolet; 1er avril 1813, Bressiano; 7 mars 1817, Denis; 15 juillet 1820, Dugarry; 9 juill. 1825, Edouard Bellanger; 16 déc. 1826, Saliceti; 11 mai 1832, Devolvé. — V., cependant, *Cass.*, 23 juill. 1813, Prignon. — V. aussi JUGEMENT (mat. crim.), nos 393 et suiv.

227. — Est nul le jugement du tribunal de police constatant que le ministère public n'a été ni entendu ni mis en demeure de s'expliquer. — *Cass.*, 18 déc. 1846 (t. 2 1849, p. 193), Bigot.

228. — Toutefois, si aucun jugement ne peut être régulièrement rendu hors la présence du ministère public, ses conclusions ne sauraient gêner en rien l'opinion du tribunal de police. — *Cass.*, 22 brum. an VII, Bernard; 28 frim. an VII, Guillet; 12 fructidor an VII, Bontoux; 11 nivôse an VIII, Feunat; 18 niv. an VIII, Noirot; 13 vent. an VIII, Chauffat; 8 frimaire an IX, May; 17 floréal an IX, Jennet; 27 messid. an IX, Daniel; 8 fructid. an X, Jean Bruneteau; 12 vent. an XI, Maïs; 6 sept. 1806, Titeux; 11 août 1826, Jollbois.

229. — La non-comparution du ministère public, et même son désistement, ne dispense jamais le juge d'examiner si le prévenu est coupable, et de le condamner s'il est trouvé tel. Un tribunal de simple police ne peut renvoyer le prévenu, en donnant congé de la demande du ministère public, sous le prétexte qu'il est défaillant. — *Cass.*, 28 frim. an VII, Guiblet; 11 niv. an

VIII, Feunat; 22 germ. an XII, intérêt de la loi; 22 germ. an XII, Joseph Deguerre; 8 oct. 1808, Jaglin; 13 sept. 1811, Jacques Nolet.

230. — Le tribunal ne peut même statuer sur une exception d'incompétence, sans avoir entendu le ministère public, à peine de nullité du jugement. — *Cass.*, 16 mars 1809, Iliron.

231. — Est nul le jugement rendu sur des dépositions de témoins recueillies à une audience où le ministère public n'a pas assisté. — *Cass.*, 25 messid. an VII, Vrain-Bardin; 8 vent. an X, Maillet; 23 therm. an XI, Morin; 15 frim. an XIV, Brodier; 10 nov. 1808, Pillot.

232. — La communication qui lui serait donnée à l'audience de ces dépositions ne couvrirait pas cette nullité. — *Cass.*, 8 vent. an X, Maillet et Renaut.

233. — Sous le Code du 3 brumaire an IV, lorsqu'après les conclusions du ministère public un tribunal de police entendait des témoins à l'audience suivante, le jugement était nul si le ministère public ne résumait pas de nouveau l'affaire et ne donnait pas de nouveau ses conclusions. — *Cass.*, 15 germ. an VIII, Berrette.

234. — Le refus fait par un tribunal de police de faire droit sur une réquisition du prévenu, tendant à ce que les conclusions du ministère public soient fixées par écrit et insérées dans le jugement, n'est pas un motif suffisant pour faire annuler le jugement. — *Cass.*, 7 mai 1808, Coulange. — Cette décision est toujours applicable sous le Code d'inst. crim., et rentre parfaitement dans l'esprit des art. 408 et 413 C. inst. crim.

235. — Lors même que la preuve serait acquise que l'officier du ministère public se serait borné à prendre des conclusions devant le tribunal de simple police, la nullité du jugement ne pourrait être prononcée de ce chef, si le prévenu n'avait pas fait constater la réquisition qu'il aurait faite pour obtenir l'exécution de la formalité, et s'il n'avait pas été omis ou refusé d'y statuer. — *Cass.*, 20 déc. 1811, N....

236. — Est nul le jugement préparatoire rendu sans conclusions du ministère public; car la loi, en prescrivant que le commissaire du gouvernement soit entendu, ne distingue pas entre les jugemens préparatoires et les jugemens définitifs. Cass., 16 pluv. an X, Langlois; 14 juill. 1809, N....

237. — Le ministère public doit être entendu ou du moins mis en demeure de présenter ses conclusions sur tous les incidens de l'instruction qui a lieu devant les tribunaux de simple police. — A défaut d'accomplissement de cette formalité, le jugement qui intervient est frappé de nullité. — *Cass.*, 30 sept. 1843 (t. 1er 1844, p. 86), Vallée.

238. — Lorsque le tribunal a donné les motifs pour lesquels il refusait d'accorder un délai et une remise réclamés par le ministère public, son jugement ne peut pas être annulé sous le prétexte, soit que le ministère public n'aurait pas été entendu, soit que le tribunal n'aurait pas statué sur ses conclusions. — *Cass.*, 19 juill. 1828, Filliette.

239. — Lorsque la partie civilement responsable a seule été citée en simple police, le tribunal est tenu de surseoir à statuer jusqu'à ce que le ministère public ait mis en cause l'auteur de la contravention. — *Cass.*, 24 déc. 1830, Lebugle. — L'action du ministère public est entièrement indépendante des pouvoirs du juge. Le tribunal n'aurait sans doute pas pu refuser un délai pour la mise en cause, si un délai lui eût été demandé; mais il n'avait pas le droit d'ordonner d'office des poursuites contre l'auteur présumé de la contravention. — Il a été jugé que le maître qui prend les fait et cause de son domestique peut, quoique seul cité, être condamné comme auteur de la contravention. — *Cass.*, 24 sept. 1829, Servoize.

240. — Est nul le jugement d'un tribunal de police qui, renvoyant le prévenu de la poursuite, a refusé d'accueillir une réquisition du ministère public tendant à obtenir la continuation de la cause à une autre audience, afin de faire entendre des témoins à l'appui de la prévention. — *Cass.*, 4 mars 1848 (t. 2 1848, p. 422), Pifort.

241. — ... Spécialement, l'agent de police qui avait constaté le fait nié par le prévenu. — *Cass.*, 19 juin 1846 (t. 2 1849, p. 25), Collety et Laty.

242. — Le ministère public est suffisamment mis en action par la citation directe donnée à la requête de la partie civile, et ne peut se dispenser de conclure pour la vindicte publique. — Cass., 17 août 1809, Desponey.

243. — Le refus illégalement fait par le ministère public de donner ses réquisitions, soit pour la condamnation, soit pour l'acquittement, n'empêche pas le tribunal de prononcer son jugement. — Même arrêt.

244. — *Défense.* — L'art. 153 du C. instr. crim., comme l'art. 162 du C. brum. an IV, exige que le prévenu soit entendu dans sa défense; cette défense doit avoir lieu après les conclusions du ministère public. Par conséquent, est nul le jugement de simple police rendu sans que le prévenu présent ait proposé sa défense. — *Cass.*, 4 vent. an VII, Giles.

245. — Il en est de même du jugement rendu contre un prévenu qui n'a été ni cité devant le tribunal ni entendu publiquement, et qui a été seulement interrogé par le juge de paix, sur un mandat d'amener. — *Cass.*, 25 fruct. an IV, Warméjanville; 7 vend. an VII, Bousien.

246. — .... Ou contre un individu qui n'a été appelé dans la cause qu'en qualité de témoin, et que le tribunal condamne comme complice de la contravention. — *Cass.*, 13 nov. 1809, N....; 9 févr. 1809, Darce. — Carnot, sur l'art. 151 Code instruct. crimin., t. 1er, p. 686, n° 9.

247. — ... Ou bien s'il a été rendu sur la seule lecture des interrogatoires antérieurement subis par les prévenus, sans qu'ils aient proposé leur défense, ni qu'ils aient été interpellés de la proposer, et sans qu'aucun témoin ait été entendu à l'audience. — *Cass.*, 19 avr. 1806, Chio; 8 janv. 1807, Habitans de Dieskirken.

248. — Mais, le tribunal de police ne peut, sans usurpation de pouvoirs, faire prêter serment à un prévenu pour procéder à son interrogatoire. — *Cass.*, 12 messid. an XI, Ramel c. Bardin.

249. — Décidé aussi que, lorsqu'un jugement constate que le prévenu a été entendu dans ses moyens de défense, il ne peut se faire un moyen de nullité de ce qu'il n'aurait pas eu la parole après le ministère public. — *Cass.*, 9 juin 1832, Baudenet. — La disposition de l'article 335 Code instr. crim., qui veut que l'accusé ou son défenseur aient toujours la parole les derniers, n'est applicable qu'aux procès suivis devant les Cours d'assises.

250. — *Jugement.* — Si le fait ne présente ni délit ni contravention de police, le tribunal annule la citation et tout ce qui a suivi, et statue par le même jugement sur les demandes en dommages-intérêts. — C. instr. crim., art. 159. — Il ne s'agit dans cet article que des dommages-intérêts qui peuvent être prononcés au profit du prévenu, à raison du préjudice que lui a causé une plainte mal fondée. — V. *infrà*, nos 280 et suiv.

251. — Il y a violation de l'art. 159 C. instr. crim. dans le jugement par lequel un tribunal de simple police, après avoir reconnu que le fait de la poursuite ne présentait ni délit ni contravention, n'a point annulé la citation qui l'avait saisi, et a renvoyé les parties à se pourvoir devant qui de droit. — *Cass.*, 4 août 1838 (t. 1er 1840, p. 311), Ragrot.

252. — Si le fait est un délit qui emporte une peine correctionnelle ou plus grave, le tribunal renvoie les parties devant le procureur de la République. — C. instr. crim., art. 160.

253. — Le tribunal de simple police qui se déclare incompétent sur le motif que le fait poursuivi devant lui constitue un délit, ne peut saisir par son jugement d'incompétence le tribunal de police correctionnelle. Il doit se borner, conformément à l'art. 160 précité, à renvoyer les parties devant le procureur de la République, qui est entièrement maître sur ce renvoi d'examiner et de décider s'il y a lieu par lui de poursuivre correctionnellement. — Il ne peut pas davantage, dans le cas où il reconnaît que le fait ne constitue ni contravention ni délit, renvoyer l'affaire devant l'autorité administrative. — *Cass.*, 29 janv. 1813, Lejeune.

254. — Lorsqu'un tribunal de police reconnaît son incompétence pour connaître d'un fait qui rentre dans les attributions d'une autre juridiction, spécialement dans les attributions du conseil de préfecture, il doit, non pas relaxer le prévenu des poursuites, mais se borner à le renvoyer devant qui de droit. — *Cass.*, 16 juin 1848 (t. 1er 1849, p. 568), Cœugniet.

255. — Lorsque le ministère public demande le renvoi parce que le fait incriminé a plutôt le caractère d'un délit que d'une simple contravention, le juge commet un excès de pouvoir si, sans méconnaître l'exactitude des faits énoncés, il rejette le déclinatoire au lieu de renvoyer les parties devant le procureur de la République. — *Cass.*, 27 janv. 1838 (t. 1er 1840, p. 203), Renard et Mallac.

256. — En matière de police comme en matière criminelle et correctionnelle, la reconvention n'a pas lieu, et toute juridiction valablement saisie de la connaissance d'un fait punissable doit statuer tant sur l'existence de ce fait que sur la répression, sauf à dresser procès-verbal des faits révélés à l'audience qui seraient passibles d'une peine excédant la compétence de cette juridiction. — En conséquence, le tribunal de police saisi d'une contravention ne peut se déclarer incompétent sous le prétexte que l'inculpé a accusé reconventionnellement la partie civile d'un délit justiciable du tribunal correctionnel. — *Cass.*, 5 juin 1835, Gonnet c. Joyandet.

257. — Un tribunal de police ne peut pas acquitter, *formâ negandi*, un individu poursuivi avec d'autres, en s'abstenant de prononcer sur la plainte portée contre lui. — *Cass.*, 7 janv. 1830, B....

258. — Un tribunal de police, saisi d'une plainte ayant pour objet des voies de fait et une réunion tumultueuse dans un cabaret, à une heure prohibée ne peut se borner à statuer sur le premier chef, et passer le second sous silence. — *Cass.*, 10 déc. 1807, N...

259. — Il y a déni de justice et usurpation de pouvoirs dans le jugement par lequel un tribunal de police saisi d'une plainte en injures verbales et en voies de fait, prononce seulement sur la voie de fait, sans rien décider sur le délit d'injures verbales. — *Cass.*, 10 therm. an XI, Vagret.

260. — Lorsque le prévenu est convaincu de contravention de police, le tribunal doit prononcer la peine. — C. instr. crim., art. 161. — Et il est à remarquer qu'en matière de police le fait matériel de la contravention suffit pour donner lieu à l'application de la peine sans qu'on puisse avoir égard à la bonne foi, au défaut d'intention ou de volonté du prévenu. — Bourguignon, sur l'art. 161, p. 378.

261. — Aucune excuse ne peut être admise que dans le cas où la loi déclare le fait excusable. — *Cass.*, 23 sept. 1826, Bordage. — Ainsi, les auteurs de bruit ou tapage injurieux ne peuvent pas être excusés à raison de leur jeunesse et de leur bonne conduite habituelle. — *Cass.*, 22 nov. 1811, Thirault. — Ce sont là seulement des circonstances atténuantes qui peuvent faire modérer la peine.

262. — La force majeure, légalement constatée, peut être une excuse. Ainsi, un tribunal de police ne peut condamner un individu prévenu d'une contravention sans l'admettre à fournir la preuve que les faits qui lui sont imputés ont eu lieu *par nécessité*. — *Cass.*, 14 nov. 1840 (t. 2 1841, p. 433), Lecellier; 21 févr. 1840 (t. 1er 1841, p. 64), N....

263. — Lorsque le prévenu est convaincu, le jugement doit en faire mention expresse, et il est nul s'il laisse entrevoir des doutes sur la culpabilité du prévenu et prononce néanmoins une condamnation contre lui. — *Cass.*, 15 germ. an XII, N.; 5 févr. 1825, Pierre Geoffroy; 8 nov. 1811, N....

264. — Le tribunal ne peut se dispenser de prononcer sur un chef de prévention, sous le prétexte qu'il n'est pas compris dans la citation donnée au prévenu, lorsque cette citation se réfère elle-même à un procès-verbal qui énonce le fait de la contravention. — *Cass.*, 7 août 1829, Gosselin.

265. — Mais il ne peut non plus prononcer une peine à raison d'un fait dont il n'a pas été saisi par le ministère public. — *Cass.*, 14 avr. 1848 (t. 1er 1849, p. 284), Levat.

266. — Lorsque le tribunal de police reconnaît l'existence de la contravention, il ne peut se dispenser d'appliquer la peine. — *Cass.*, 2 vend. an VII, Pontol; 9 vend. an VII, Valet; 17 brum. an VII, Colin; 9 frim., an VII, Doré; 15 pluviôse an VII, Dorland; 24 flor. an VII, Benoît; 7 messidor an VIII, Beaugrand; 9 brum. an XIV, Magen; 10 déc. 1807, Lambry; 9 février 1815, Noizette.

267. — Et, spécialement, de condamner le prévenu à l'amende, sous le prétexte de son insolvabilité. — *Cass.*, 3 nov. 1826, Bonté. — Conf. Chauveau et Hélie, *Théorie du Code pénal*, t. 1er, p. 250.

268. — Il ne peut pas, en déclarant le fait constant, condamner seulement le délinquant aux frais et s'abstenir d'appliquer la peine portée par la loi. — *Cass.*, 7 frim. an VII, Pichon; 13 et 19 niv. an VII, Forgé, et Houlard; 27 févr. 1806,

Hœnighst; 10 déc. 1807, Lambry; 1er avr. 1813, Bressiano; 15 juin 1821, Lusinchi; 24 oct. 1823, Piquet; 3 nov. 1826, Corré; 7 janv. 1830, B...; 31 juill. 1830, Vidal. — V. Carnot, sur les art. 137 et 466 C. instr. crim., t. 1er, p. 547, n° 7, et t. 2, p. 545, n° 2.

269. — ... Ni surtout faire au prévenu remise de la peine. — *Cass.*, 28 oct. 1810, N... c. Pardon.

270. — ... Et se borner à lui faire défense de récidiver. — *Cass.*, 25 juin 1825, Martin Courlin. — Sur la prohibition faite aux tribunaux, en général, de faire défense de récidiver, V. TRIBUNAUX, n° 356.

271. — Il ne peut, non plus, en acquittant un individu de la prévention d'avoir contrevenu à la loi sur l'observation des fêtes et dimanches, se permettre de lui faire des injonctions. — *Cass.*, 1er sept. 1827 Pierre Pouvreau.

272. — Lorsque la conviction est acquise, le tribunal ne peut se dispenser d'appliquer la peine, lors même que le ministère public aurait conclu à l'absolution du prévenu, car il n'est point lié par les conclusions du ministère public. — *Cass.*, 6 brum. an VII, Lartigaux; 29 févr. 1828, Jacques Mouton et Petit dit L'Etang.

273. — Le désistement du ministère public n'ayant point pour effet de dessaisir un tribunal de répression, le tribunal de simple police ne peut renvoyer le prévenu sur le seul motif que le ministère public a abandonné la prévention à son égard. — *Cass.*, 25 sept. 1834, Vian; 6 déc. 1834, Gaillard.

274. — Mais est nul le jugement qui omet de statuer sur une réquisition légale du ministère public. — Spécialement, est nul le jugement qui ne prononce pas de peine, bien qu'elle ait été expressément requise pour réprimer la contravention résultant de ce que le prévenu a exploité une tannerie sans autorisation. — *Cass.*, 18 mars 1837 (t. 2 1840, p. 111), Déon.

275. — Le tribunal de police qui déclare un individu convaincu d'injures verbales ne peut se borner à le condamner à une réparation d'honneur, à des dommages-intérêts et aux dépens; il doit prononcer, en outre, une peine d'amende ou d'emprisonnement. — *Cass.*, 17 fructid. an IX, Vital; 6 sept. 1806 (int. de la loi), Titeux.

276. — D'ailleurs, la réparation d'honneur n'est pas une peine établie par la loi, et que les tribunaux de police puissent appliquer. — *Cass.*, 20 vendém. an VIII, Morand; 27 et 29 germin. an IX, l'Estrade et Cornebise; 10 flor. an X, Mauny et Cirette; 16 pluv. an X, Langlois et Sellier; 16 janv. 1807, Destampes; 8 juill. 1813, Favre. — Merlin, *Rép.*, v° *Injure*, § 2.

277. — Il y a violation de la loi lorsqu'un tribunal de simple police prononce une amende au-dessous du minimum fixé par la loi. — *Cass.*, 17 et 19 brum. an VIII, Blatgé et Letoure; 16 vend. an XI, Commune Mante-Saint-Etienne; 24 avr. 1807, Vernier.

278. — Mais, avant la loi du 28 avr. 1832, un tribunal de police ne pouvait réduire à 1 franc l'amende encourue par un logeur, pour avoir logé des individus, sans tenir de registre où leurs noms, qualité et domicile fussent inscrits. — *Cass.*, 11 avr. 1822, Padois.

279. — Les tribunaux de simple police ne peuvent punir que d'une seule amende, hors le cas de récidive, toutes les contraventions de même nature sur lesquelles ils sont appelés à statuer simultanément, et la punition d'une de ces contraventions couvre et efface toutes celles qui ont été commises antérieurement. — *Cass.*, 13 mai 1841 (t. 1er 1843, p. 707), Delaporte.

280. — *Dommages-intérêts.* — Les tribunaux de police n'ont pas seulement le droit de prononcer les peines applicables aux contraventions dont ils sont saisis; ils peuvent aussi statuer sur les demandes en restitution et allouer à celui auquel les contraventions préjudicient des dommages-intérêts. — C. instr. crim., art. 161. — Et il est à remarquer que la valeur des dommages-intérêts qui peuvent suivre la condamnation ne saurait jamais déterminer leur compétence, laquelle est réglée seulement par la quotité de l'amende ou la durée de l'emprisonnement. — *Cass.*, 23 déc. 1814, Labelle; 31 déc. 1818, Saulnier de la Pinelais; 27 juill. 1827, Hubert Delême.

281. — Par ces mots de l'art. 161, *restitution, dommages-intérêts*, il faut entendre toutes les réparations civiles, en sorte que le jugement qui condamne un individu à l'amende comme coupable de contravention ne peut surseoir à statuer sur les conclusions tendant à la destruction des ouvrages constitutifs de cette contravention. — *Cass.*, 26 sept. 1834, Bezin; 22 avr. 1835, Anthoine.

282. — En conséquence, le tribunal de simple police ne peut se déclarer incompétent pour connaître d'une contravention, sous le prétexte que l'application de la peine pourrait entraîner la suppression d'une maison ou d'un établissement, à titre de dommages-intérêts. — V. arrêt de *Cass.* précité du 27 juill. 1827 n° 280.

283. — Compétens pour connaître des contraventions aux règlemens légalement faits par l'autorité municipale, les tribunaux de police le sont aussi pour ordonner la réparation des dommages causés; et spécialement, en matière d'alignement, ils peuvent ordonner la démolition des constructions et bâtimens élevés en contravention aux plans arrêtés par l'administration. — *Cass.*, 29 déc. 1820, Siadous; 12 avr. 1822, Collinet; 2 déc. 1825, Lhuillier; 24 janv. 1834, Roget.

284. — Le tribunal de police qui reconnaît un prévenu coupable d'avoir effectué la reconstruction d'un mur de clôture sujet à reculement, sans s'être préalablement pourvu de l'alignement qu'il devait obtenir du maire, ne peut se dispenser d'ordonner la démolition du nouvel œuvre. — *Cass.*, 4 mars 1848 (t. 1er 1849, p. 285), Poussier.

285. — Le tribunal de police qui condamne un inculpé à l'amende pour avoir placé une enseigne sur la voie publique sans autorisation du maire, doit en même temps ordonner la destruction de ladite enseigne. — *Cass.*, 13 novemb. 1847 (t. 1er 1848, p. 604), Rouchon.

286. — La loi ne limite ni les cas dans lesquels un tribunal de simple police peut allouer des dommages-intérêts aux plaignans, ni la quotité jusqu'à laquelle ces dommages-intérêts peuvent être portés. Ainsi, un tribunal de simple police n'excède point sa compétence en condamnant à 1,000 fr. de dommages-intérêts un individu convaincu d'injures verbales. — *Cass.*, 26 pluv. an XII, Callignan. — Bourguignon, *Jurispr. des Codes criminels* sur l'art. 137 C. instr. crim., t. 1er, p. 314, n° 1er.

287. — Jugé aussi, qu'un tribunal de police n'excède pas ses pouvoirs, en prononçant une condamnation à 6,000 fr. de dommages-intérêts, et que, même sous le Code du 3 brum. an IV, cette condamnation était en dernier ressort. — *Cass.*, 2 déc. 1808, Didier c. Kraeser.

288. — Le tribunal de police peut, sans violer aucune loi, accorder au chef des ponts de Paris, contre les individus qui enfreignent son droit exclusif de conduire des bateaux, des dommages-intérêts supérieurs au droit de péage fixé par le tarif. — *Cass.*, 22 mai 1830, About-Debare.

289. — Toutefois, pour qu'un tribunal de police puisse condamner un prévenu à des dommages-intérêts envers le plaignant, il faut que celui-ci y ait formellement conclu, et alors il ne peut se dispenser d'en prononcer, en appliquant la peine. Si dans le cas où le plaignant a borné sa demande au remboursement des frais, il allouait des dommages-intérêts, il commettrait un excès de pouvoir. — *Cass.*, 10 avril 1806, Beaussier; 30 juill. 1807, Ollivier.

290. — Mais c'est par le jugement par lequel il statue sur la contravention que le tribunal de police doit prononcer des dommages-intérêts. — C. instr. crim., art. 161. — S'il n'en a pas alloué par ce jugement, la demande doit alors être portée devant le tribunal civil. Un autre tribunal de police surtout commettrait une usurpation de pouvoirs, s'il en accordait à raison d'une contravention jugée par un premier tribunal. — *Cass.*, 28 frim. an VIII, Octroi de Paris c. N...

291. — Un tribunal de police ne peut non plus accorder des dommages-intérêts contre le prévenu, lorsqu'il reconnaît qu'il n'y a pas de peine à appliquer. — *Cass.*, 26 niv. et 28 prair. an VII, Mesnier, et Hénoque; 7 mess. an VIII, Debourbers et Beaugrand; 12 fév. 1808, Locquet c. Manchion; 31 août 1810, Hauchard c. Masset; 28 oct. 1810, Pardon; 3 mars 1814, Fabry et Degueldre; 29 fév. 1828, Mouton et Petit, dit l'Etang. — Toutefois, il est autorisé dans ce cas à en prononcer en faveur du prévenu à raison du préjudice résultant d'une poursuite mal fondée. — Arrêt de *Cass.*, précité, du 3 mars 1814. — V. aussi, en ce sens, *Cass.*, 3 nov. 1826, Natal c. Mazet.

292. — Il y a contradiction et violation des art. 137 et 161 C. instr. crim. dans un jugement qui déclare que les prévenus n'ont commis aucune contravention, et qui néanmoins prononce la confiscation des objets saisis. — *Cass.*, 15 mars 1828, Lafontaine.

293. — Un tribunal de police ne peut, sans violer la loi, s'abstenir de statuer sur les conclusions du ministère public, tendant à l'application d'une peine, et se contenter de condamner le prévenu en des dommages-intérêts. — *Cass.*, 28 oct. 1810, Pardon; 9 sept. 1825, Sigfrid.

294. — Les tribunaux de police n'ont pas le pouvoir de prononcer des dommages-intérêts applicables aux hospices ou aux bureaux de bienfaisance, même sur la demande du plaignant; ils peuvent seulement les adjuger d'une manière pure et simple à ce dernier, sauf à lui à en disposer ensuite comme il l'entendra. — *Cass.*, 17 flor. et 17 fruct. an IX, Jeunet, et Poudio; 8 vent. an X, Maillet; 7 déc. 1821, Merlino; 25 févr. 1830, Maury. — Carnot, sur l'art. 153 C. instr. crim., t. 2, p. 639, n° 23; Chauveau et Hélie, *Théorie du Code pénal*, t. 1er, p. 274. — V. cependant *Cass.*, 26 pluv. an XII, Wirtz; 16 août 1811, N....

295. — Un tribunal de police excède ses pouvoirs, lorsque, indépendamment d'une peine d'emprisonnement et de dommages-intérêts, il condamne un individu convaincu de violences légères commises dans une église, à verser une somme d'argent dans la caisse des revenus de cette église, à titre de réparation, sous le prétexte qu'elle a été déshonorée par ce délit. — *Cass.*, 29 frim. an VII, Godefroi; 28 mess. an VIII, N...; 16 thermid. an VIII, Boileau; 23 frim. an XIII, Schuffer.

296. — C'est dans la caisse du receveur de l'enregistrement que doivent être versées les amendes. Un tribunal de police ne peut pas ordonner qu'une amende qu'il prononce sera versée dans la caisse de la municipalité pour les hospices. — *Cass.*, 13 vent. an X, Lebec, Thomas.

297. — Un tribunal de police ne peut pareillement changer la destination d'une amende établie par la loi et la prononcer au profit des pauvres, lorsqu'elle appartient au trésor public. — *Cass.*, 29 fruct. an XI, Bassinet; 24 frim. an XII, Peyroche c. Vernay.

298. — Un tribunal de simple police, saisi d'une question de responsabilité civile, née d'une infraction qui appartient d'après la loi à sa juridiction, n'est également compétent à l'égard du civilement responsable qu'autant que l'auteur de la contravention a été régulièrement cité devant lui, et qu'il est statué sur cette contravention; sinon, la demande contre le civilement responsable doit être soumise à la juridiction civile. — *Cass.*, 27 juin 1811, Brissac; 11 sept. 1818, Laroyenne; 15 déc. 1827, Michault; 29 févr. 1828, Pagès; 24 déc. 1830, Lehugle; 9 juin 1832, Desvignes; 31 janv. 1833, Eudin; 25 nov. 1836, de Bock. — Legraverend, t. 2, ch. 4, p. 394, note 7; Mangin, *Traité de l'action publique*, p. 64, n° 34; Chassan, *Traité des délits de la parole*, t. 2, p. 102, n° 3.

299. — Si la personne civilement responsable n'a été appelée devant le tribunal de simple police qu'après que le jugement définitif sur la contravention a épuisé sa juridiction, ce tribunal doit, dans ce cas, se déclarer incompétent, et délaisser les parties à se pourvoir devant les tribunaux civils. — *Cass.*, 3 niv. an XI, Bougon; *Douai*, 31 août 1832, Lehoucq.

300. — Si le tribunal de police se reconnaît incompétent pour connaître d'une prévention qui lui est soumise par la partie publique ou par la partie civile, il doit nécessairement s'abstenir de statuer sur la responsabilité civile qui peut être encourue à raison du fait qui échappe à sa juridiction. — *Cass.*, 19 déc. 1822, Ronnat.

301. — Il est également incompétent pour prononcer sur la demande en responsabilité civile s'il reconnaît que la prescription est acquise au prévenu contre l'action publique. — *Cass.*, 2 août 1828, Delamarre. — Carnot, sur l'art. 182 C. instr. crim., t. 2, p. 32, n° 8.

302. — La responsabilité civile ne s'étend pas au delà des dépens et des dommages-intérêts ou autres réparations civiles. En conséquence, le père ne peut être condamné directement à l'amende pour la contravention commise par son fils, ni déclaré responsable de l'amende prononcée contre son fils à raison de la contravention, car l'amende est une peine et doit être personnelle à l'auteur du délit. — *Cass.*, 15 déc. 1827, Michault; 29 févr. 1828, Pagès. — V., au surplus, RESPONSABILITÉ CIVILE.

303. — Lorsqu'un jugement de simple police a été cassé au chef seulement qui refuse des dommages-intérêts à la partie lésée, le tribunal de renvoi doit se borner à fixer les dommages-intérêts, sans pouvoir s'occuper de la contra-

vention elle-même, en rechercher l'auteur, et déclarer, par suite, que le véritable auteur étant autre que celui qui a été condamné, et la contravention étant prescrite vis-à-vis de lui, il n'y a pas lieu à prononcer sur les dommages-intérêts. — *Cass.*, 16 mars 1839 (t. 2 1839, p. 625), Ducy.

304. — Lorsque le ministère public a conclu à la démolition de tous les travaux effectués en infraction d'un arrêté municipal, le tribunal ne peut se borner à ordonner la démolition d'une partie de ses travaux, et omettre ou refuser de statuer sur le surplus des conclusions. — *Cass.*, 29 août 1835, Loyau-Pilleraut.

305. — *Dépens.* — La partie qui succombe est condamnée aux frais, même envers la partie publique. Les dépens sont liquidés par le jugement. — C. instr. crim., art. 162.

306. — Jugé, par application de cette disposition qu'un tribunal de simple police excède ses pouvoirs, en condamnant aux dépens un prévenu qu'il acquitte purement et simplement. — *Cass.*, 13 janv. 1827, Machéon; 1er sept. 1827, Pouvreau.

307. — Lorsque la contravention est prouvée, le tribunal de simple police commet un excès de pouvoir, en s'abstenant de prononcer la peine de l'amende, et en se bornant à condamner les prévenus aux dépens. — *Cass.*, 22 nov. 1811, Thirault.

308. — Le tribunal de police qui reconnaît, en faveur d'un inculpé, l'existence de circonstances atténuantes, ne peut se borner à le condamner aux dépens pour toute peine, et le dispenser ainsi même de l'amende. — *Cass.*, 31 déc. 1846 (t. 2 1849, p. 9), Cornec, Féon.

309. — Le tribunal de simple police qui, en condamnant aux frais plusieurs individus coupables de la même contravention, les décharge de la solidarité, commet un excès de pouvoir. — *Cass.*, 7 janv. 1830, B...

310. — Aucune loi n'autorise un tribunal de simple police à condamner aux dépens l'officier qui exerce le ministère public. — *Cass.*, 28 mars 1793, Relandin; 14 sept. 1793, Lévi; 27 fruct. an IV, Fulgnières c. Sainte-Croix; 6 brum. an VII, N...; 7 frim. an VII, N...; 23 frim. an VII, Mager-Henris; 18 mess. an IX, Rivat; 29 therm. an IX, Riat; 28 vend. an X, Perrin; 5 therm. an X, Vancaillie et N... (2 arrêts); 25 frim. an XI, Ulmann; 25 germ. an XI, Mesnard; 1er flor. an XI, Danthuil; 20 vend. an XII, Decock; 19 prair. an XII, Bering; 9 frim. an XIII, Larive; 17 vent. an XIII, Campe; 15 mess. an XIII, Maire de Boothzeim; 3 janv. 1806, N...; 29 mars 1806, de Gennes; 21 août 1807, Clapier; 17 déc. 1807, Quenonelle; 19 janv. 1809, Rivière; 3 juin 1808, Verron; 10 nov. 1808, Bonnefond et Guepey; 22 nov. 1811, N...; 27 juin 1812, Vander-Sanden; 5 sept. 1812, Vander-Leden.

311. — L'officier du ministère public n'est passible de condamnation aux dépens qu'à la suite d'une prise à partie régulièrement exercée. — *Cass.*, 15 juin 1793, intérêt de la loi; 4 oct. 1813, Kolkmann; 13 sept. 1811, Nolet. — V. aussi *Cass.*, 12 août 1835, et 20 avr. 1836. — V. PRISE A PARTIE, FRAIS ET DÉPENS.

312. — Lorsque le ministère public a fait citer un témoin à l'appui d'un procès-verbal qui ne faisait pas foi jusqu'à preuve contraire, les frais de la citation et de l'indemnité sont à la charge du prévenu qui succombe, alors même que le témoin n'aurait rien déposé à l'appui du procès-verbal. — *Cass.*, 30 mai 1833, Schott.

313. — *Affiche et publication du jugement.* — Un tribunal de police excède ses pouvoirs, lorsqu'après avoir prononcé contre un inculpé trois jours d'emprisonnement, il ordonne d'office que son jugement sera publié et affiché. — *Cass.*, 7 prair. an VIII, Railliard; 8 therm. an VIII, Vareins; 17 fruct. an IX, Festa; 29 fruct. an X, Condeigre; 30 vend. an XI, Benoît et Duchêne.

314. — Il ne peut pas davantage ordonner l'impression et l'affiche de son jugement sur la simple réquisition du ministère public. — V., outre l'arrêt de cassation du 29 fruct. an X, *Cass.*, 10 avr. 1807, Mary.

315. — Jugé spécialement, que le tribunal de simple police excède ses pouvoirs en ordonnant l'impression et l'affiche de son jugement, en matière d'injures verbales, sans que le plaignant y ait conclu. — *Cass.*, 30 juill. 1807, Ollivier.

316. — Aucune loi n'interdit, en effet, aux tribunaux de police d'ordonner l'affiche de leur jugement, lorsque cette affiche est provoquée par les conclusions des plaignans; l'affiche est alors considérée comme le complément des réparations civiles. — *Cass.*, 26 pluv. an XII, Wirts.

317. — Jugé aussi que, lorsque la contravention à un arrêté municipal est publique, le tribunal de simple police peut, sur les conclusions du ministère public, ordonner l'impression et l'affiche de son jugement. — *Cass.*, 10 avr. 1806, Beaussier.

318. — Lorsqu'un tribunal de police ordonne l'impression et l'affiche du jugement à titre de réparation civile, il ne peut excéder le nombre d'exemplaires demandé par la partie lésée. — *Cass.*, 17 therm. an XI, Legrip.

319. — Mais aucune loi n'autorise un tribunal de police à ordonner que son jugement sera lu et proclamé dans les assemblées publiques. — *Cass.*, 17 pluv. an X, intérêt de la loi.

320. — *Jugement par défaut.* — *Opposition.* — Nous avons vu précédemment que le prévenu pouvait comparaître en personne ou par un fondé de procuration spéciale. S'il ne comparaît pas au jour et à l'heure fixés par la citation, il est alors jugé par défaut. — C. instr. crim., art. 149.

321. — Un jugement est par défaut, soit qu'il ait été rendu contre un individu qui ne s'est pas présenté, soit qu'il ait été prononcé contre un prévenu qui, s'étant présenté, n'a proposé aucune défense ni pris aucune conclusion, et qui est alors légalement réputé n'avoir pas comparu. — *Cass.*, 7 déc. 1822, Guise; 13 mars 1824, Coquerel. — Bourguignon sur l'art. 149, t. 1er, p. 352, no 111.

322. — Lorsque la partie civile, qui a fait citer, ne comparaît pas, le prévenu peut requérir congé-défaut. Néanmoins, le ministère public, prenant la citation pour dénonciation, peut, en ce cas, requérir l'application de la peine contre le prévenu, si la contravention lui paraît suffisamment établie; le tribunal de police ne peut, dans aucun cas, donner défaut contre le ministère public; en cas d'absence du magistrat, la cause doit être remise à une autre audience. — Bourguignon, sur l'art. 149, t. 1er, p. 351, nos 1 et 11; Carnot, sur le même art., t. 1er, p. 612, no 5.

323. — La non-comparution du prévenu n'autorise pas le tribunal de simple police à réputer les faits certains sur la simple allégation du plaignant, ni à prononcer une condamnation sans preuve. — *Cass.*, 18 nov. 1824, Romagnac et Gourdon.

324. — Est irrégulier le jugement de simple police rendu contradictoirement avec le mari et sans que la femme ait été personnellement assignée, lorsque la poursuite a pour objet un délit commis par la femme antérieurement au mariage. — *Cass.*, 18 nov. 1824, Leclerc.

325. — En matière de police, le délai pour former opposition aux jugemens rendus par défaut est de trois jours, à compter de la signification qui est faite du jugement à la partie condamnée, outre un jour par trois myriamètres; de sorte qu'elle doit être formée au plus tard le quatrième jour, en comptant celui de la signification du jugement, sauf le délai de distance qui doit se calculer d'après l'éloignement du domicile de l'opposant à la résidence de celui auquel l'opposition doit être notifiée. — Le défaillant qui veut éviter les frais d'une notification par huissier, peut former opposition par une déclaration en réponse au bas de l'exploit de signification du jugement, ce qui ne change rien au délai pour comparaître à la prochaine audience. — Le défaillant a le droit de former son opposition à l'instant même que le jugement a été prononcé; mais en ce cas, elle doit être notifiée en conformité des art. 151 et 187 C. instr. crim., tant au ministère public qu'à la partie civile. — *Cass.*, 10 nov. 1808, Pillot; 29 mai 1835, Georget. — V. Carnot, sur l'art. 151 C. instr. crim., t. 1er, p. 618, no 4, et sur l'art. 187 même Code, t. 2, p. 44, no 6; Bourguignon, sur les mêmes art., t. 1er, p. 355, no 1, et p. 425, no 1.

326. — Sous le Code du 3 brum. an IV, la Cour suprême annula un jugement de simple police qui avait admis l'opposition formée à un jugement par défaut vingt et un mois après sa signification. — *Cass.*, 27 messid. an VIII, Irlandès c. Verdier; 25 janv. 1811, Lardereau c. Charpentier.

327. — Les dispositions de l'art. 1er C. procéd. civ. sont inapplicables à l'opposition formée contre un jugement par défaut rendu en matière de simple police. — *Cass.*, 2 mars 1809, Guilbert.

328. — Sous le Code du 3 brum. an IV, un agent municipal avait qualité pour former opposition à un jugement rendu sans qu'il eût été entendu sur les fins et demandes du procès-verbal par lui dressé. — *Cass.*, 6 brum. an VII, Lartigaux.

329. — L'affaire sur l'opposition doit être portée à la première audience du tribunal de police qui a rendu le jugement, c'est-à-dire à la première audience après l'expiration du délai de vingt-quatre heures. — C. instr. crim., art. 146. — Pour la validité de l'opposition, il n'est pas besoin qu'elle contienne citation; la citation est de droit, quelle que soit la forme de l'opposition. L'opposant doit comparaître, après l'expiration du délai de vingt-quatre heures, à la première audience du tribunal. — Art. 146 et 151 C. instr. crim. — Carnot, t. 1er, p. 619, no 8. — Ainsi, le tribunal de simple police peut statuer sur l'opposition formée à un jugement par défaut dès le lendemain de la notification de cette opposition. Il y a présomption que le délai de vingt-quatre heures a eu lieu entre la notification de l'opposition et le jugement, lorsque le contraire ne résulte pas de ces deux actes. — En effet, lorsque l'opposant ne se présente pas après l'expiration du délai, son opposition doit être considérée comme non avenue; le tribunal doit se borner à donner acte de la non-comparution de l'opposant : il n'y a aucune nouvelle instruction à faire. — *Cass.*, 31 août 1820, Vernhes; 16 févr. 1833, Landry c. Beauchêne.

330. — En matière de simple police, celui qui, après avoir formé opposition à un jugement par défaut, en a été débouté dans l'audience tenue le lendemain même de son opposition, faute de s'y être présenté, est non-recevable à prétendre que le second jugement a été rendu avant l'expiration du délai de l'ajournement, si son allégation n'est pas établie par les pièces du procès. Il y a présomption qu'il s'est écoulé un intervalle de vingt-quatre heures entre l'acte d'opposition et le jugement, et que cette audience est celle pour laquelle cet acte emportait citation de plein droit. — *Cass.*, 31 août 1820, Vernhes c. Larue. — Sur quoi repose donc cette prétendue présomption de droit? L'arrêt répond que les délais péremptoires ne peuvent pas être étendus au préjudice d'un tiers qui n'y a pas consenti. Cette proposition, que nous n'entendons certes point contester, n'aide en rien à la solution de la question. Il ne s'agit nullement de savoir si le délai pouvait être étendu arbitrairement, mais bien de savoir s'il ne s'étendait pas de lui-même au delà du lendemain de l'opposition. Or, la question ainsi posée, et dans le silence des actes, il n'y a de certitude que lorsqu'il s'est écoulé un intervalle d'un jour entre celui de l'opposition et celui du jugement de débouté. Nous comprendrions la présomption qui serait attachée à l'attestation implicite du juge, résultant de ce qu'il aurait consenti à accorder jugement, si l'acte d'opposition se faisait avec sa participation ou sous son autorité; mais il n'y a pour lui aucun moyen de contrôle, et quand rien ne prouve que le délai de vingt-quatre heures a été observé, la possibilité qu'il ne l'ait pas été suffit pour détruire toute présomption contraire. L'équité et l'intérêt d'une bonne distribution de la justice ne permettent pas de passer légèrement sur l'observation d'un délai qui est une condition essentielle de la validité du jugement de débouté.

331. — Lorsqu'il a été statué sur une opposition à un jugement par défaut, en matière de simple police, le lendemain du jour où cette opposition a été notifiée, il y a présomption légale que le délai de vingt-quatre heures exigé par l'art. 146 C. instr. crim. a été observé. Néanmoins la partie qui a formé opposition est recevable à faire la preuve de l'heure précise à laquelle a eu lieu la notification de cette opposition, pour établir qu'il ne s'est pas écoulé un délai de vingt-quatre heures. — *Cass.*, 14 févr. 1834, Landry-Guignard.

332. — Un juge de paix jugeant civilement ne peut, même du consentement des parties, connaître de l'opposition à un jugement de police municipale. — *Cass.*, 5 oct. 1812, Durand-Morembault.

333. — Les jugemens de police ne sont pas susceptibles d'exécution provisoire, par conséquent les tribunaux ne peuvent ordonner l'exécution provisoire de leurs jugemens. — *Cass.*, 21 therm. an XII, Houdel; 2 juill. 1807, Moineaux. — V. Carnot, sur l'art. 173 C. instr. crim., no 1er, p. 719; Bourguignon, sur le même art., p. 379.

§ 3. — *Formalités requises pour la validité des jugemens.*

334. — L'art. 163 C. instr. crim. exige, à peine de nullité, que tout jugement définitif de con-

damnation rendu par les tribunaux de police soit motivé. L'art. 162 C. 3 brum. an IV contenait la même disposition; elle se retrouve dans l'art. 7 de la loi du 20 avr. 1810, qui dans son article 44 prescrit aux juges de simple police de se conformer aux dispositions du Cod. instr. crim. — En effet, le prévenu doit trouver dans le jugement qui prononce sa condamnation la preuve qu'elle n'a pas été le résultat d'un acte arbitraire, et il ne peut en être assuré qu'en comparant le fait qui motive sa condamnation avec le texte de la loi dont il lui a été fait application. — Carnot, sur l'art. 163, t. 1er, p. 692, no 1er.

335. — En conséquence, est nul, pour défaut de motifs, le jugement de police qui ne contient qu'un exposé de la demande et n'explique point ce qui a déterminé le tribunal à prononcer la condamnation. — *Cass.*, 15 brum. an V, Charpentier; 6 brum. an VII, Marchand; 17 niv. an VII, Bailleul; 6 flor. an VII, N...; 28 messid. an VIII, Boulé; 27 vendém. an IX, Gaillard; 7 brum. an IX, Vauguet; 15 mars 1828, Doumergue; 19 juin 1828, Laye; 22 nov. 1832, Lhuissier.

336. — Est nul et doit être cassé le jugement du tribunal de simple police qui, en se bornant à mentionner le vu des pièces du procès, n'en déclare pas le résultat, ne pose aucun fait comme constant et n'établit aucun motif de sa décision. — *Cass.*, 23 fructid. an X, Grenier et Glaireau. — Carnot, sur l'art. 161, t. 1er, p. 684, no 1er.

337. — Lorsque le ministère public a formellement conclu à ce qu'un prévenu fût condamné comme complice, et à ce que les peines de la récidive lui fussent appliquées ainsi qu'à un autre prévenu, le tribunal de simple police ne peut se borner à mettre le prévenu hors de cause, sans violer la loi qui lui prescrivait d'énoncer les motifs de cette décision. — *Cass.*, 10 nov. 1826, Deveaux; 5 nov. 1829, Hardy; 27 mai 1830, Soyer.

338. — D'après le même principe, le jugement qui ne porte point que le prévenu n'a pas commis la contravention, et qui cependant prononce son acquittement, contient une violation de la loi qui aurait dû être appliquée. — *Cass.*, 25 messid. an VII, Vrain-Bardin.

339. — En omettant ou refusant de prononcer sur une réquisition formelle et motivée du ministère public, le tribunal de police enfreint l'art. 408 C. inst. crim., et, en ne faisant pas connaître les motifs de ce refus, il viole l'art. 7 L. 20 avr. 1810. — *Cass.*, 11 déc. 1829, Lothon; 21 août 1835, Mascré et Sagnier. — Principalement, lorsque le ministère public a requis, avant faire droit, une descente de lieux. — *Cass.*, 13 nov. 1834, Giraud.

340. — Lorsque le ministère public a demandé le renvoi de la cause à huitaine pour faire entendre de nouveaux témoins, le jugement qui rejette cette demande de renvoi doit être motivé. — *Cass.*, 4 août et 23 sept. 1837 (t. 1er 1840, p. 106), Mathieu et Francis.

341. — Le tribunal de police qui déclare que le fait poursuivi par le ministère public constitue contravention de police, statue suffisamment sur les conclusions tendant à ce qu'il se déclare incompétent. — *Cass.*, 26 nov. 1831, Garique; 29 sept. 1831, Hervieu.

342. — Le tribunal de police doit, comme toute autre juridiction, motiver ses décisions, à peine de nullité. Cette obligation a lieu pour les exceptions comme pour le fond. — *Cass.*, 9 déc. 1841 (t. 1er 1842, p. 731), Planès.

343. — Est nul le jugement du tribunal de police qui rejette, sans en donner de motifs, des exceptions péremptoires proposées par l'inculpé contre la prévention. — *Cass.*, 9 juill. 1836, Darblay.

344. — Lorsque le tribunal saisi de plusieurs chefs de demande ne statue explicitement que sur l'un d'eux, il est censé rejeter les autres implicitement. Dans ce cas, son jugement est nul, à défaut de motifs sur les chefs qu'il a passés sous silence. — *Cass.*, 29 févr. 1828, Mouton et Petit dit l'Etang.

345. — Lorsque le prévenu d'une contravention à une ordonnance de police ayant demandé son renvoi de la plainte, sous prétexte que cette ordonnance était inexécutable, le tribunal l'a condamné en se fondant sur ce que les mesures prescrites par cette ordonnance rentraient dans les attributions conférées à l'autorité municipale, et que les tribunaux ne peuvent se dispenser d'en ordonner l'exécution, le jugement de ce tribunal est suffisamment motivé quant au rejet de l'exception. — *Cass.*, 4 août 1832, Michel.

346. — Lorsqu'un arrêté préfectoral sur la

boulangerie tolère un certain déficit, quant au poids, pour le cas où le pain sera jugé très-cuit, le tribunal de police doit juger par lui-même si les pains confisqués se trouvent dans le cas prévu; il ne peut motiver sa décision sur la déclaration de témoins que les pains étaient aussi cuits qu'ils doivent l'être. — *Cass.*, 2 mai 1835, Fillatreau. — Cette décision ne repose peut-être que sur une équivoque. Le juge de police méconnaissait ses attributions en rendant les témoins juges de la question qui ne doit être résolue que par lui-même; or, en motivant son jugement sur ce que les témoins affirmaient que les pains étaient aussi cuits qu'ils devaient l'être, a-t-il fait abnégation de son droit pour en investir les témoins? Nous ne le pensons pas; il a seulement apprécié leurs déclarations, il en a fait la base d'un jugement qui lui est propre.

347. — La loi n'exige pas que les jugemens de simple police contiennent l'exposé sommaire des faits; l'art. 141 C. procéd. ne s'applique pas à la matière. — *Cass.*, 14 août 1829, Darlois c. Degrave.

348. — L'art. 163 du Code d'instruction criminelle exige, outre les motifs de la décision, que les termes de la loi appliquée soient insérés dans le dispositif du jugement, à peine de nullité; cette disposition a été empruntée à l'art. 162 du Code du 3 brum. an IV. Ainsi, sous l'empire de ce Code, il a été constamment décidé par la Cour de cassation que le jugement de simple police était nul lorsque le tribunal n'avait pas inséré dans le dispositif les termes de la loi appliquée. — *Cass.*, 4 brum. an VII, Granjean; 6 brum. an VII, Marchand; 9 frim. an VII, Roland; 16 germin. an VII, Galand; 25 messid. an VII, Vitet; 19 brum. an VIII, Leloutre; 3 germin. an VIII, Burel; 18 niv. an VIII, Noirot; 13 vent. an VIII, Chauffat; 8 therm. an VIII, Vareins; 16 vendém. an IX, Dufresne; 18 vendém. an IX, int. de la loi; 8 prair. an IX, Protat; 17 fructid. an IX, Boudio; 19 pluv. an X, Auguenot; 8 prair. an X, Leduc; 11 frim. an XI, Thiebaut Paccot; 29 pluv. an XI; Toussaint; 22 frim. an XII, Peyroche; 12 pluv. an XIII, Moiqueteau; 14 flor. an XIII, Bonnet; 26 flor. an XIII, Lemettais c. Lamant.

349. — Par conséquent, est nul le jugement qui ne contient pas les termes de la loi en vertu de laquelle il a prononcé une peine de trois jours d'emprisonnement. — C. 3 brum. an IV, art. 161; C. instr. crim., art. 163. — *Cass.*, 4 brum. an VII, Belin et Lacouture; 26 brum. an VII, Boismarin; 1er frim. an VII, Theillet; 7 frim. an VII, Pichon et Maure; 25 niv. an VII, Coucel; 14 prair. an VII, N...; 11 fructid. an VII, Vergès; 13 brum. an VIII, Dommengieux; 13 vent. an VIII, Decoster; 15 prair. an VIII, Eyrault; 6 thermidor an VIII, Primard; 6 brum. an IX, Willmin; 26 brum. an IX, int. de la loi; 19 germin. an IX, Delatre; 17 flor. an IX, Jennet; 16 vend. an X, Mancel; 8 niv. an X, Perrin; 27 niv. an X, Thuron; 9 pluv. an X, Caprais-Rigodit; 16 pluv. an X, Langlois et Sellier; 18 germin. an X, Collet; 16 vendém. an XI, Commune de Mante-Saint-Etienne; 13 brum. an XI, Lacour; 14 brum. an XI, Deschamps; 12 vent. an XI, Huard; 5 prair. an XII, Philisot; 18 messid. an XII, Lecerf; 1er thermid. an XII, Bailly; 7 niv. an XIII, Boissée.

350. — Le jugement est également nul s'il ne contient pas les termes ni même l'indication de la loi appliquée. — *Cass.*, 28 vendém. an V, Laurent; 6 brum. an VII, Lartigaux; 22 brum. an VII, Bernard; 23 frim. an VII, Vincent c. Marescal; 26 niv. an VII, Mercier; 1er prair. an VII, Doudon; 17 mess. an VII, Donzel; 19 mess. an VII, Nondu; 13 fructid. an VII, Bonnard; 22 frim. an VIII, Quiquemelle c. Hue; 11 niv. an VIII, Feunat; 3 germin. an VIII, Coulin; 18 mess. an VIII, Masson; 27 thermid. an VIII, Fournier; 7 brum. an IX, Vauquet; 27 germin. an IX, Tiffon Saint-Sauveur; 29 thermid. an IX, Bouchet; 28 brum. an X, Grandin; 29 frim. an X, Berard Nessins; 18 pluv. an X, Bacon c. Hélouin; 27 germin. an X, N...; 20 brum. an XI, Laver Dewittich; 19 vent. an XI, Gautrin; 4 vent. an XII; Bricolif; 20 messid. an XIII, Renault.

351. — ... Ou bien encore s'il ne contient pas les termes de la loi en vertu de laquelle le tribunal a prononcé une condamnation à l'amende. — L. 3 brum. an IV, art. 162; C. instr. crim., art. 163. — *Cass.*, 6 sept. 1806, Tileux; 26 déc. 1806, Montazeau-Labrière c. Helilas; 2 juill. 1807, Moineaux; 23 juill. 1807, Nouilhan et Tournoux; 3 sept. 1807, Crépinel; 3 juin 1808, N...; 19 janv. 1809, Carondelet; 21 avr. 1809, Jean-Simon c. Gérard des Viviers; 3 août 1809, Lhoste; 11

oct. 1810, Eisenmann; 18 oct. 1810, Neumann; 20 août 1812, Cornu; 8 juill. 1813, Favre.

352. — ... Ou qui mentionne seulement que le tribunal a condamné les défendeurs conformément à loi. — *Cass.*, 14 janv. 1819, Gilles; 12 sept. 1822, Legallois; 18 oct. 1822, Delabrière; 31 oct. 1822, Correy; 25 mars 1825, Bourquin; 20 janv. 1826, Bethe; 28 avr. 1827, de Montlambert; 15 déc. 1827, Michault; 19 juin 1828, Laye; 17 janv. 1829, Fleurel.

353. — Il ne suffit pas de transcrire dans un jugement la disposition de la loi qui détermine la compétence du tribunal : il faut y insérer l'article pénal dont l'application a été faite. — *Cass.*, 8 vent. an X, Maillet et Renaut.

354. — L'obligation imposée par l'art. 163 du Code d'instruction criminelle d'insérer dans le jugement les termes de la loi appliquée, ne doit s'entendre que des termes de la loi pénale qui prévoit le fait particulier sur lequel porte la condamnation, et non des dispositions générales réglant pour tous les délits les conséquences et l'exécution des condamnations. — *Cass.*, 18 juin 1835, Feuillard.

355. — Il y a déni de justice et nullité dans le jugement par lequel un tribunal de police ordonne, avant faire droit, que le commissaire du gouvernement produira la loi qui prononce les peines auxquelles il a conclu. — *Cass.*, 28 frim. an VIII, Desmoulins.

356. — Il ne peut résulter une nullité de ce que l'indication du numéro de l'article inséré dans un jugement de simple police ne se trouve pas en tête du texte transcrit, si, cette indication se trouvant plus loin, il ne peut y avoir aucun doute sur la relation entre la loi appliquée et la loi transcrite. — *Cass.*, 18 juin 1835, Feuillard.

357. — La citation erronée de la loi pénale ne peut donner ouverture à cassation, lorsque la condamnation est justifiée par une autre loi applicable au fait qui y a donné lieu. — *Cass.*, 25 janv. 1821, Chenel. — V., toutefois, *Cass.*, 8 fruct. an X.

358. — Est nul le jugement qui, au lieu de contenir l'insertion de la loi ou du règlement de police en vertu desquels il prononce une condamnation à l'amende, contient seulement la citation de l'article de la loi qui détermine d'une manière générale les peines de simple police. — *Cass.*, 11 oct. 1810, Corblin et Talvol.

359. — L'obligation imposée aux tribunaux de police d'insérer dans leurs jugemens les termes de la loi, doit s'entendre de celle qui autorise à prononcer une peine contre le délit et adjuger des dommages-intérêts. — *Cass.*, 1er prair. an X.

360. — Il ne suffirait pas d'insérer la disposition de la loi qui détermine seulement l'étendue des peines que les tribunaux de police peuvent prononcer. — Même arrêt.

361. — Est nul le jugement de police municipale dans lequel on a seulement indiqué par leurs numéros les articles de la loi qui lui ont servi de base, sans en insérer les termes. — *Cass.*, 22 frim. an VII, Porchaire; 16 prair. an VII, Mariole et Sorel; 7 prair. an VIII, Raillard c. Boursault; 71 vend. an IX, Paulrat.

362. — Sous le Code du 3 brum. an IV, il y avait nullité lorsqu'une condamnation, en matière de simple police, était basée sur un article de loi autre que celui qui était applicable. Il y avait également nullité lorsque les termes de la loi appliquée n'avaient pas été insérés dans le jugement de condamnation. — *Cass.*, 21 vend. an VII, Rouhier.

363. — Mais une fausse indication de la loi applicable ne rend pas nul un jugement, lorsque d'ailleurs la peine prononcée n'a pas excédé la limite posée par la loi qui devait être appliquée. — *Cass.*, 25 janv. 1821, Chesnel; 6 sept. 1828, Turlure.

364. — Il ne suffit pas de rappeler dans un jugement les premières et les dernières expressions des lois citées; il faut y insérer les termes mêmes de la loi pénale. — *Cass.*, 27 août 1825, Joseph Noi.

365. — Il n'est pas nécessaire que le jugement qui statue sur une contravention de police contienne textuellement l'article de l'arrêté municipal auquel il a été contrevenu, lorsque cet arrêté se trouve rapporté dans les prolégomènes du jugement, et qu'il est d'ailleurs produit aux pièces sans que son authenticité soit contestée. — *Cass.*, 3 juill. 1835, Villalbac.

366. — La transcription des art. 464 et 484 C. pén., dans un jugement prononçant une condamnation pour contravention à un arrêté municipal sur l'observation des fêtes et dimanches, ne satisfait pas à l'obligation d'y insérer les termes de la loi appliquée. — *Cass.*, 2 juill. 1813, Louis Maire. — V. conf., Merlin, *Quest.*, vº *Tribunal de simple police*, § 11.

367. — Un jugement n'est pas nul, bien qu'il ne contienne pas le texte de la loi en vertu duquel il prononce des dommages-intérêts au profit de la partie civile, ni celui d'après lequel il soumet, pour ces dommages-intérêts, la partie condamnée à la contrainte par corps. — *Cass.*, 25 avr. 1815, Deroucy.

368. — Est nul le jugement qui prononce une confiscation, et qui ne contient pas les termes de la loi pénale dont il fait l'application. — *Cass.*, 14 janv. 1819, Gilles; 25 févr. 1819, hospices de Pouilly.

369. — Tous les magistrats qui composent le tribunal de simple police doivent être présens aux débats; leur conviction doit se former sur une instruction orale, qui ne peut être remplacée par la simple lecture des dépositions des témoins, sous peine de nullité du jugement. — Carnot, sur l'art. 153 C. instr. crim., t. 1er, p. 634, nº 12.

370. — Sous le Code du 3 brum. an IV, le jugement de police municipale rendu avec le concours d'un assesseur qui n'avait pas assisté à l'audience où le procès-verbal avait été lu et où les parties et les témoins avaient été entendus, était réputé rendu par deux juges seulement, et devait être cassé. — *Cass.*, 23 germ. an VII, Gillet; 15 therm. an VII, Famin; 6 prair. an VIII, N...; 27 vendém. an IX, Pancy; 18 pluv. an X, Bacon c. Nelouin.

371. — Le ministère public faisant partie essentielle et intégrante du tribunal de police, ce tribunal n'est ni légalement ni régulièrement constitué en son absence. Dans cet état, le tribunal ne peut ni donner audience, ni faire aucun acte de juridiction. En conséquence, le jugement rendu et prononcé hors la présence du ministère public est frappé d'une nullité radicale et absolue. — *Cass.*, 12 fruct. an VII, Bontoux; 17 flor. an IX, Jennet; 22 flor. an XI, Robert; 17 déc. 1807, Quenouelle; 8 oct. 1808, Jaglia; 17 févr. 1809, Toussaint; 14 juill. 1809, Intérêt de la loi; 5 août 1809, Bittoul; 7 déc. 1810, Pasquier et Gounet; 8 juill. 1813, Favre; 24 déc. 1813, Habitans de Leerhare; 3 mars 1814, Fabry et Degueldre; 15 oct. 1818, Bellanger; 15 juill. 1820, Dugarry; 18 avr. 1828, Dejean; 22 oct. 1829, Bardy; 11 déc. 1829, Benoît. — V. au surplus TRIBUNAUX.

372. — Sous la Const. du 5 fructid. an III, un jugement de police était nul si les juges avaient opiné à haute voix. — *Cass.*, 6 niv. an VII, Doublet. — Le tribunal de police était alors composé du juge de paix et de deux assesseurs. — Une loi de la Convention nationale, du 26 juin 1793, voulait que les juges opinassent à haute voix et en public. — La Constitution de l'an III vint rétablir le secret des votes, qui remonte à nos plus anciennes ordonnances (V. Merlin, *Rép.*, vº *Opinion*, nº 11), et qui a été définitivement consacré pour les Cours d'assises, par l'art. 369 C. instr. crim., également applicable aux tribunaux de police, comme disposition réglementaire. — V. au surplus la loi du 9 sept. 1835, art. 10, qui interdit aux journaux de rendre compte des délibérations intérieures des Cours et tribunaux.

373. — Est nul le jugement rendu par le juge de paix, sur les simples notes prises par son suppléant dans une audience précédente, des dépositions des témoins entendus par ce suppléant, et sans une nouvelle audition orale. — *Cass.*, 4 prair. an XII, Parrau. — Le tribunal de police doit, en pareil cas, considérer tout ce qui a été fait comme non avenu et recommencer l'instruction. — Carnot, sur l'art. 153, t. 1er, p. 634, nº 12.

374. — Il en est de même, si le juge n'a pas assisté à toutes les audiences de la cause; et, spécialement, le jugement qui a été rendu par le juge de paix sur des dépositions de témoins entendus par son suppléant qui en a dressé procès-verbal. — *Cass.*, 24 mai 1811, Shiffmann; 13 sept. 1811, Nolet.

375. — Le jugement doit être prononcé à l'audience où l'instruction est terminée, et, au plus tard, dans l'audience suivante. — C. instr. crim., art. 153. — V. Favard de Langlade, vº *Jugement de simple police*, p. 184, § 2. — Carnot (sur l'art. 153, p. 635, nº 14) fait observer que l'art. 153 ne dit pas, comme faisait l'art. 162 du Cod. de brum. an IV, que le tribunal de police doit prononcer son jugement dans la même audience, ou, au plus tard, dans l'audience suivante, mais seulement que le jugement sera prononcé dans l'audience où l'instruction aura été terminée, et, au plus tard, dans l'audience suivante; ce qui est beaucoup mieux, poursuit Carnot, car il arrivait souvent que, dans la crainte de rendre un jugement nul, les tribunaux de police refusaient une continuation de cause lorsqu'il aurait été nécessaire de l'accorder. — Le jour auquel la cause est continuée doit être indiqué, car un renvoi indéfini est un déni de justice, et tout déni de justice emporte nullité.

376. — Sous le Code du 3 brum. an IV, un tribunal de police devait rendre son jugement à la première ou, au plus tard, à la seconde audience. Il ne pouvait, à peine de nullité, ajourner sa décision à un délai de trois mois, sous le prétexte qu'il existait un jugement du tribunal de cassation de nature à avoir quelque influence dans la cause. — *Cass.*, 17 niv. an VII, Longue-Epée; 16 germ. an VII, Montaigu; 24 flor. an VII, Ségur; 8 therm. an VII, Lepoupet; 16 therm. an VII, Eury.

377. — Cependant, même sous le C. du 3 brum. an IV, le tribunal de simple police n'était tenu de prononcer à la première audience, ou, au plus tard, à l'audience suivante, que dans le cas où, d'après la nature et le plus ou le moins d'importance de l'affaire, l'instruction pouvait se terminer dans l'une de ces deux audiences. — *Cass.*, 3 mai 1811, Degrasse c. Thuillier.

378. — Lorsque la cause est en état, le tribunal doit la juger, au plus tard, dans l'audience suivante, et il commet un excès de pouvoirs en l'ajournant jusqu'à ce que la Cour de cassation ait statué sur le pourvoi formé contre un jugement par lui rendu sur une autre contravention imputée au même individu, et jusqu'à ce qu'il y ait jugement en cas de renvoi. — *Cass.*, 31 janv. 1833, Prévot; 14 déc. 1811, Millot.

379. — Le jugement doit être rendu en audience publique. Pour qu'un jugement soit rendu publiquement, il ne suffit pas qu'il ait été prononcé à l'audience; il faut encore que tout le débat qui le précède soit public. Ainsi, est nul le jugement rendu par le juge de paix en sa demeure et sans conclusions du ministère public, alors que toute l'instruction a eu lieu dans la maison commune où siége ordinairement le tribunal. — *Cass.*, 12 mess. an XI, Ramel c. Bardin.

380. — Aucune loi n'accorde aux tribunaux de police le droit de rendre leurs jugemens sur les lieux contentieux ou ailleurs qu'en l'auditoire ordinaire. Cette faculté n'appartient qu'aux juges de paix agissant purement et simplement comme juges de paix. — *Cass.*, 1er prair. an VII, Doudon; 9 therm. an IX, Moreau. — Si aucune loi n'accorde ce droit au tribunal de police, aucune loi aussi ne prononce la nullité. L'ancienne et la nouvelle législation ordonnent bien que le jugement soit rendu *dans la même audience* où l'instruction a été terminée, etc.; mais ces expressions ne peuvent s'entendre que de la séance et non du local. Or, quand, en vertu d'un jugement interlocutoire, le tribunal de police se transporte sur le lieu du délit, il y donne audience aux parties légalement ajournées, et le jugement qu'il y rend n'est pas plus irrégulier que l'instruction qu'il y fait. La publicité est, pour l'un comme pour l'autre, la seule condition irritante. Les nullités ne peuvent être suppléées en matière criminelle qu'autant qu'elles sont substantielles. Il n'y a rien dans cette forme de procéder qui altère le caractère du juge, ni rien qui vicie la substance de son jugement.

381. — Au surplus, la formalité dont il s'agit est du nombre de celles dont l'observation ne se présume pas, et doit être constatée par le jugement même. — V. Merlin, vº *Publicité de l'audience*, t. 13, nº 6. — Ainsi, le jugement portant seulement qu'il a été rendu en l'audience du tribunal, sans déclarer que le lieu de l'audience fût ouvert au public, ne constate pas d'une manière suffisante qu'il ait été rendu avec la publicité exigée par l'art. 153 C. instr. crim. — *Cass.*, 6 fév. 1824, Dubourg.

382. — Le jugement portant qu'il a été rendu au lieu ordinaire des audiences est nul, comme ne contenant pas une preuve suffisante de la publicité de l'audience. — *Cass.*, 23 oct. 1823, Fouilloux.

383. — La mention qu'un jugement a été prononcé par le juge de paix tenant l'audience de simple police, ne constate pas suffisamment que l'audience fût publique. — C. instr. crim., art. 153. — *Cass.*, 21 nov. 1828, Huvelin.

384. — Est nul, comme ne contenant pas une mention suffisante de la publicité, le jugement dans lequel on s'est borné à énoncer qu'il a été rendu à l'audience de tel jour. — *Cass.*, 7 déc. 1826, Cadillac; 30 mars 1832, Christiani; 29 mai 1835, Maréchaux; 13 juin 1840 (t. 1er 1841, p. 727), Milletot.

385. — Le juge de police peut rendre la justice dans sa demeure, pourvu que l'audience soit publique. — *Cass.*, 6 oct. 1837 (t. 1er 1840, p. 101), Casimir.

386. — Les jugemens de simple police rendus dans l'île de Corse doivent être, comme tous autres, écrits en langue française, sous peine de nullité. — *Cass.*, 16 févr. 1833, Stroboni.

387. — La minute du jugement sera signée par le juge qui aura tenu l'audience, dans les vingt-quatre heures au plus tard, à peine de 25 francs d'amende cotre le greffier, et de prise à partie, s'il y a lieu, tant contre le greffier que contre le président. — C. instr. crim., art. 164. — La loi ne prescrit pas cette formalité à peine de nullité, et la partie condamnée ne pourrait se faire un moyen d'appel ou de cassation sur le défaut de signature dans les vingt-quatre heures. Mais l'accomplissement de cette formalité n'en est pas moins très-important, puisque le juge et le greffier peuvent être pris à partie, selon les circonstances; par exemple, si dans l'intervalle du jugement et de la signature, sa rédaction avait été changée. — V. PRISE A PARTIE.

388. — Jugé que la formalité de la signature sur un jugement de simple police n'est pas prescrite à peine de nullité. — *Cass.*, 29 mess. an VIII, Irlandès c. Verdier.

Sect. 2e. — *Tribunal de police tenu par le maire.*

389. — Ainsi que nous l'avons dit plus haut, le tribunal de police tenu par le juge de paix siége au chef-lieu du canton. Mais le législateur a permis aux maires des communes qui ne sont pas chefs-lieux de canton d'organiser dans ces communes un tribunal de simple police. Ce tribunal est composé du maire qui juge seul, du ministère public et du greffier. — C. instr. crim., art. 266 et 267. — V., au surplus, pour tout ce qui concerne l'institution et la composition du tribunal de police tenu par le maire, TRIBUNAUX.

390. — Décidé qu'il y a incompatibilité légale entre les fonctions d'huissier et celles d'officier du ministère public à exercer pour la même affaire. — En conséquence, l'huissier qui a délivré la citation au prévenu devant le tribunal de simple police ne peut, lors du jugement, remplir les fonctions du ministère public en sa qualité d'adjoint du maire. — *Cass.*, 20 févr. 1847 (t. 1er 1847, p. 559), Pichot. — La loi n'a pu vouloir, en effet, que ces deux fonctions distinctes pussent être remplies simultanément par le même citoyen. Mais l'aptitude de l'huissier demeure entière pour toutes les affaires dans lesquelles il n'a point exercé d'actes de son ministère.

391. — La compétence du tribunal de police tenu par le maire a été déterminée par l'art. 166 C. instr. crim. « Les maires des communes non chefs-lieux de canton, porte cet article, connaîtront, concurremment avec les juges de paix, des contraventions commises dans l'étendue de leur commune, par les personnes prises en flagrant délit, ou par des personnes qui résident dans la commune ou qui y sont présentes, lorsque les témoins y seront aussi résidans ou présens, et lorsque la partie réclamante conclura, pour ses dommages-intérêts, à une somme déterminée qui n'excédera pas celle de 15 francs. Ils ne pourront jamais connaître des contraventions attribuées exclusivement aux juges de paix par l'art. 139, ni d'aucune des matières dont la connaissance est attribuée aux juges de paix considérés comme juges civils. »

392. — De la combinaison des art. 139, 140 et 166 C. inst. crim., il résulte que la connaissance d'aucune contravention n'est exclusivement attribuée aux maires, que leur compétence est, au contraire, circonscrite, qu'ils ne peuvent connaître d'une contravention de police que concurremment avec les juges de paix, et seulement lorsque la contravention réunit les conditions déterminées.

393. — Ainsi, pour que la juridiction du maire puisse être saisie, il faut que la contravention ait été commise dans l'étendue de sa commune, que cette commune ne soit pas chef-lieu de canton, que les contrevenans aient été surpris en flagrant délit ou qu'ils soient résidans ou présens dans la commune, que les témoins y soient aussi résidans, que la partie réclamante n'ait conclu pour ses dommages-intérêts qu'à une somme déterminée qui n'excède pas 15 francs, et enfin qu'il ne s'agisse point d'une contravention de la nature de celles dont la loi réserve la connaissance exclusive aux juges de paix constitués en juges de police. — V. suprà, nᵒ 391.

394. — Il suit de là que le maire, siégeant comme juge de simple police, est incompétent pour juger d'une affaire d'injures verbales. — Cass., 27 déc. 1811, Ferry; 18 déc. 1812, Vandenbroock; 1ᵉʳ avr. 1813, Bressiano.

395. — Lorsqu'une affaire de la compétence exclusive du juge de paix comme juge de police a, néanmoins, été jugée par le maire, le vice d'incompétence dont le jugement est entaché n'empêche pas qu'il n'acquière l'autorité de la chose jugée, s'il n'est pas régulièrement attaqué et réformé.—V. Arrêt de Cass. précité du 1ᵉʳ avr. 1813, Bressiano.

396. — Et il ne saurait appartenir au juge de paix, tant que ce jugement subsiste, de statuer sur l'affaire incompétemment jugée par le maire. Car, d'une part, il ne lui appartient pas hiérarchiquement de connaître, comme juge supérieur, des affaires jugées par le maire en tribunal de police, et, d'autre part, l'existence simultanée de deux décisions successivement rendues dans le même procès serait une atteinte à la maxime Non bis in idem.— Même arrêt.—V. aussi Mangin, Tr. de l'action publ., t. 3, p. 257, nᵒ 375, et Merlin, Rép., vᵒ Non bis in idem, nᵒ 4.

397. — La juridiction de simple police du maire, dans une commune non chef-lieu de canton, s'étend à toutes les habitations, soit éparses, soit réunies, qui se trouvent dans l'étendue de sa mairie, encore bien que quelques-unes forment une section continue sous une désignation particulière. — Cass., 28 mars 1812, Schmit.

398. — Devant le tribunal de police tenu par le juge de paix, les parties peuvent bien comparaître volontairement sur un simple avertissement délivré par le juge de paix.—C. instr. crim., art. 147. — Mais elles ne peuvent être régulièrement contraintes à comparaître que par une citation délivrée par huissier. Au contraire, devant le tribunal de police tenu par le maire, le ministère des huissiers n'est pas nécessaire pour les citations aux parties; elles peuvent être faites par un avertissement du maire, qui annonce au défendeur le fait dont il est inculpé, le jour et l'heure où il doit se présenter. — C. inst. crim., art. 169.

399. — Il en est de même des citations aux témoins: elles peuvent être faites par un avertissement qui indique le moment où leur déposition sera reçue.—C. inst. crim., art. 170.

400. — Le maire donne son audience dans la maison commune; il entend publiquement les parties et les témoins. Au surplus, toutes les dispositions que nous avons précédemment rappelées, et qui concernent l'instruction et les jugemens au tribunal du juge de paix, doivent être également observées devant le tribunal de police tenu par le maire. — C. inst. crim., art. 174.

401. — Indépendamment de la différence qui existe, quant au mode d'introduction d'instance, entre le tribunal de police tenu par le juge de paix et celui qui est tenu par le maire, il y a une autre qui n'est que la conséquence de cette première différence. C'est que l'avertissement, suffisant pour constituer l'inculpé en demeure de comparaître devant le tribunal du maire, autorise ce dernier à prononcer défaut contre l'inculpé, en cas de non comparution, tandis qu'une citation est indispensable pour que le juge de paix puisse prononcer défaut. — V., en ce sens, Bourguignon, Jurispr. du C. crim., sur l'art. 179.

Sect. 3ᵉ. — Appel. — Cassation.

402. — Les voies ouvertes contre les jugemens rendus en matière de police sont celles de l'appel et du recours en cassation.

403. — Sur le point de savoir quels sont les jugemens de simple police on peut appeler, quelles sont les personnes qui peuvent appeler, et pour tout ce qui concerne les délai, forme et effets de l'appel, V. Appel (mat. crim.), ch. 2, où toutes les décisions rendues en cette matière ont été rapportées.

404.—Les parties peuvent, en matière de simple police, interjeter appel, comme en matière correctionnelle, soit par déclaration faite au greffe du tribunal qui a rendu le jugement, soit par exploit signifié au ministère public. — Et, la déclaration au greffe équivalant à la notification directe au procureur de la République, la prescription de l'action publique est acquise au prévenu lorsqu'il s'est écoulé plus d'un an entre la déclaration au greffe et les premières poursuites du ministère public. — Cass., 28 juin 1845 (t. 2 1845, p. 658), Lalanne.

405. — D'après l'art. 172 C. instr. crim., les jugemens rendus en matière de police peuvent être attaqués par la voie de l'appel, lorsqu'ils prononcent un emprisonnement, ou lorsque les amendes, restitutions et autres réparations civiles excédent la somme de 5 francs, outre les dépens. Jugé en conséquence que cette disposition n'avait pour base que la qualité de l'amende et des restitutions civiles, et que les dépens n'en font pas partie. — Cass., 12 déc. 1844 (t. 1ᵉʳ 1845, p. 690), Bourdon.

406. — La faculté d'appel, créée par l'art. 172 précité, n'appartient pas au ministère public, mais seulement aux condamnés. — Le ministère public n'a jamais d'autre recours à exercer contre les jugemens de police que celui du pourvoi en cassation. — Cass., 10 févr. 1848 (t. 2 1848, p. 367), Roubichou.

407. — Décidé aussi que la partie condamnée est seule recevable à interjeter appel d'un jugement de simple police. La partie civile ne peut, en ministère public ne peuvent se pourvoir par cette voie, alors même qu'à l'égard de la partie civile le jugement attaqué se serait déclaré incompétent. — Cass., 20 nov. 1846 (t. 1ᵉʳ 1847, p. 480), Bernat c. Sagel.

408. — Lorsque la partie civile devant le tribunal de simple police, après avoir conclu à des dommages-intérêts, renonce à ses conclusions, les dépens mis à la charge du prévenu ne peuvent être considérés comme des dommages adjugés à la partie civile, et ne peuvent, par conséquent, servir en ce sens à déterminer l'étendue du dernier ressort. — Même arrêt. — Mais il en serait autrement si les dépens avaient été adjugés à titres de réparations civiles. — V. Appel (mat. crim.), nᵒ 82.

409. — En matière de police, c'est la condamnation, et non pas l'objet de la demande, qui, d'après l'art. 172 C. instr. crim., fixe l'étendue du dernier ressort. — Même arrêt, et vᵒ Appel (mat. crim.), nᵒˢ 16 et suiv.

410. — Quel que soit le chiffre de la demande, les jugemens rendus par les tribunaux de police ne sont susceptibles d'appel qu'autant qu'ils prononcent un emprisonnement ou des amendes et réparations civiles excédant 5 francs. — Cass., 7 avr. 1848 (t. 1ᵉʳ 1849, p. 9), Thiolier c. Aubinaux.

411. — Le jugement de simple police qui ordonne la confiscation de vins falsifiés et leur effusion sur la voie publique est susceptible d'appel, bien qu'il ne porte contre le prévenu qu'une condamnation à 1 franc d'amende. — Cass., 24 sept. 1847 (t. 1ᵉʳ 1848, p. 735), Pardon.

412. — Aucune disposition de loi ne prescrivant de donner, lors de l'appel d'un jugement de simple police, lecture des procès-verbaux, enquête et des motifs du jugement attaqué, l'observation de cette formalité n'a pas besoin d'être constatée.—Cass., 23 nov. 1843 (t. 1ᵉʳ 1844, p. 588), Mélinade c. Sauveroche.

413. — L'omission, par un tribunal statuant sur appel d'un jugement de simple police, de donner acte au prévenu du dépôt des pièces par lui produites, ne constitue la violation d'aucune loi. — Cass., 10 août 1843 (t. 2 1843, p. 622), Evin.

414. — Lorsqu'un individu condamné par le tribunal de simple police pour une contravention de sa compétence, par exemple la possession d'un faux poids, a seul interjeté appel du jugement rendu contre lui, le tribunal de police correctionnelle saisi de cet appel ne peut, alors qu'il ne méconnaît pas la qualification légale attribuée au fait poursuivi et réprimé par le premier juge, annuler à son tour la possibilité d'un fait essentiellement différent et non encore justifié, l'usage de ce faux poids, le jugement rendu par le tribunal de simple police, et ordonner de nouvelles poursuites. — Cass., 26 mars 1847 (t. 2 1847, p. 431), Quirin.

415. — Les jugemens rendus en dernier ressort par les tribunaux de police, c'est-à-dire les jugemens qui ne prononcent pas d'emprisonnement, mais seulement une amende, restitution ou autre réparation civile, qui n'excède pas cinq francs, sont susceptibles d'être attaqués par la voie du recours en cassation. — C. instr. crim, art. 177. — V. Cassation (mat. crim.).

416. — Il ne saurait résulter un moyen de cassation de ce que l'avertissement donné pour comparaître devant le tribunal de simple police ne spécifierait pas précisément la contravention qui a motivé la condamnation prononcée, l'art. 146 C. inst. crim. n'admettant pour nullité de la citation elle-même que l'inobservation des délais par lui prescrits. — Cass., 10 juin 1843 (t. 1 1843, p. 622), Evin.

TRIBUNAUX SPÉCIAUX.

Table alphabétique.

TRIBUNAUX SPÉCIAUX. — 1. — On appelle ainsi, d'une manière générale, tous les tribunaux qui sont institués pour connaître spécialement de certaines affaires qui, par l'attribution qui leur en est faite, se trouvent enlevées aux juridictions ordinaires : ce qui comprend même les tribunaux de commerce, les tribunaux maritimes, les tribunaux administratifs, etc., dont il n'est pas question ici.

2. — Plus spécialement, au point de vue criminel, on entend par tribunaux spéciaux tous ceux qui, fonctionnant d'une manière permanente, quoique intermittente, sont établis spécialement soit pour connaître de certains crimes ou délits expressément déterminés par la loi de leur institution, quels qu'en soient les auteurs, soit pour juger seulement certaines personnes qui se sont rendues coupables de crimes ou de délits également définis d'une manière expresse. C'est de ces tribunaux que nous avons à nous occuper.

SECT. 1re. — *Législation ancienne* (n° 3).

§ 1er. — *Jury spécial [C. 3 brum. an IV]*, (n° 3).

§ 2. — *Tribunaux spéciaux [L. 18 pluv. an IX, 23 flor. an X, etc.]*, (n° 15).

§ 3. — *Cours spéciales, — ordinaires et extraordinaires [Décr. 17 mess. an XII; L. 19 pluv. an XIII; C. instr. crim.; L. 20 avr. 1810]*, (n° 123).

§ 4. — *Cours prévôtales* (n° 234).

§ 5. — *Cour des pairs* (n° 275).

SECT. 2e. — *Législation actuelle. — Haute-Cour de justice* (n° 276).

Sect. 1re. — *Législation ancienne.*

§ 1er. — *Jury spécial (C. 3 brum. an IV).*

3. — Les premiers juges spéciaux appelés à prononcer sur certains crimes ou délits, furent établis par le Code du 3 brum. an IV. Ce Code institua, en effet, les jurés spéciaux d'accusation et de jugement, pour la connaissance de certains faits qu'il précisait. La formation du jury spécial créé par ce Code et son mode de procéder étaient soumis à des règles particulières. — Art. 516 et suiv.

4. — D'après l'art. 518 du Code du 3 brum. an IV, le commissaire du gouvernement près le tribunal criminel dressait une liste de certains citoyens, sur lesquels il en était tiré au sort huit pour former le jury spécial d'accusation. Mais une loi du 6 germ. an VIII prescrivit un nouveau mode de formation des listes des jurés spéciaux. Elle ôta à la partie publique tout pouvoir, toute influence relativement à la formation de ces listes. Aux termes des art. 4 et 5 de cette loi, les listes des jurés spéciaux soit d'accusation, soit de jugement, étaient formées définitivement par le préfet et composées d'un nombre de citoyens proportionné à celui des justices de paix. — *Cass.*, 28 vent. an XIII, Martin et Tholomet.

5. — Chargé, sous l'empire du Code du 3 brum. an IV, de dresser la liste des jurés spéciaux, le ministère public n'avait pas le droit de récusation — Art. 521. — Mais, en même temps que la loi précitée du 6 germ. an VIII lui enlevait la formation de cette liste, une autre loi du même jour lui accordait le droit de récusation. — Même arrêt.

6. — Depuis la loi du 6 germ. an VIII, le tirage du jury spécial a dû être fait sur la liste entière envoyée par le préfet, sans que le commissaire du gouvernement eût le droit de modifier cette liste. — *Cass.*, 18 niv. an X, Isaac Mossé. — Il n'avait que le droit de récusation.

7. — Lorsque la liste des jurés spéciaux étant épuisée, il y avait, par suite des récusations exercées, à remplacer un juré, le tirage devait se faire sur la liste générale des jurés ordinaires et non sur celle des jurés de la commune où siégeait le tribunal, le dernier mode n'étant applicable qu'au remplacement des jurés ordinaires. — *Cass.*, 7 germ. an IX, N...

8. — Jugé que le jury spécial n'était pas régulièrement composé, si l'un des jurés n'avait pas l'âge requis par la loi, et si un autre remplissait en même temps les fonctions d'assesseur du juge de paix. — *Cass.*, 16 vent. an X, Menier.

9. — Jugé aussi qu'un jury spécial était illégalement constitué, lorsque sept seulement des membres qui le composaient avaient été tirés au sort sur la liste des jurés spéciaux, et lors-

qu'on avait pris le huitième sur la liste du jury ordinaire. — *Cass.*, 29 prair. an X, Martin Gable.

10. — Les jurés spéciaux, institués par le Code du 3 brum. an IV, connaissaient des attentats contre la liberté ou sûreté individuelle des citoyens, de tous les actes exécutoires émanés des autorités constituées; des troubles occasionnés et des voies de fait commises pour entraver la perception des contributions, la libre circulation des subsistances et des autres objets de commerce; des négligences, abus et malversations des gardes champêtres et des gardes forestiers, et des délits de faux, de banqueroute frauduleuse, concussion, péculat, vol de commis et d'associés en matière de finance, commerce ou banque. — Art. 516 et 517.

11. — Jugé, qu'aucune loi ne définissait ce qu'on devait entendre, dans le sens du Code du 3 brum., par *attentats contre la liberté individuelle*, il ne pouvait résulter aucune ouverture à cassation de ce qu'un arrêt aurait refusé de considérer comme tels l'assassinat et l'incendie. — *Cass.*, 18 pluv. an XIII, N...

12. — Jugé aussi, qu'il suffisait que le jury spécial eût été saisi de la dénonciation d'un crime de faux dont les auteurs étaient nommés, pour qu'il dût instruire et juger cette dénonciation, qui offrait un faux principal. — *Cass.*, 8 frim. an XIII, Handecapel.

13. — Décidé encore que le jury spécial était incompétent pour connaître des affaires dans lesquelles les fonctions d'officier de police judiciaire devaient être remplies par le juge de paix. — *Cass.*, 1er pluv. an VII, Serres; 1er therm. an VII, Hourdel.

14. — ...Que le jury spécial de jugement était incompétent pour connaître d'une affaire dont l'instruction aurait été faite par le juge de paix comme officier de police judiciaire, et qui aurait été soumise à un jury ordinaire d'accusation, et que cette affaire ne pouvait être portée que devant un jury ordinaire de jugement. — *Cass.*, 25 flor. an VII, Marseille.

§ 2. — *Tribunaux spéciaux (L. 18 pluv. an IX, 23 flor. an X, etc.)*

15. — Une loi du 18 pluv. an IX (7 févr. 1801) autorisa le gouvernement à établir dans les départements où il le jugerait nécessaire des tribunaux spéciaux distincts du jury spécial créé par le Code du 3 brum. an IV, pour la répression de certains crimes. Elle fixa aussi la durée de ces tribunaux, en déclarant qu'ils seraient révoqués de plein droit deux ans après la paix générale. — Art. 31.

16. — En exécution de la loi du 18 pluv. an IX, des tribunaux spéciaux furent établis dans divers départements, par arrêtés des 4 vent. an IX (23 févr. 1801), 13 vent. an IX (4 mars 1802), 22 prair. suivant (11 juin 1802), 21 fruct. même année (8 sept. 1801), et par le décret du 12 déc. 1806.

17. — Les tribunaux spéciaux étaient composés du président et des deux juges du tribunal criminel, de trois militaires ayant au moins le grade de capitaine, et de deux citoyens ayant les qualités requises pour être juges : ces derniers, ainsi que les trois militaires, étaient désignés par le chef du pouvoir exécutif, qui était alors le premier consul. — L. 18 pluv. an IX, art. 9.

18. — Un homme de loi était sans qualité pour entrer dans la composition d'un tribunal spécial, institué en vertu de la loi du 18 pluv. an IX, alors que rien ne s'opposait à l'empêchement légitime des juges suppléans au tribunal criminel. — *Cass.*, 8 niv. an X, Baldit.

19. — Les fonctions de commissaire du gouvernement et de greffier près les tribunaux spéciaux étaient remplies par les commissaires du gouvernement et les greffiers près les tribunaux criminels. — L. 18 pluv. an IX, art. 3.

20. — Le tribunal spécial ne pouvait juger qu'en nombre pair, à huit ou à six au moins; s'il se trouvait sept juges à l'audience, le dernier dans l'ordre d'entrée ci-dessus devait s'absténir. — L. 18 pluv. an IX, art. 5.

21. — Il résultait de là qu'il ne pouvait pas y avoir de jugement de partage, et que l'avis le plus favorable à l'accusé devait prévaloir en cas d'égalité de suffrages. — *Cass.*, 9 therm. an IX, N...

22. — Les deux citoyens appelés à la composition des tribunaux spéciaux recevaient un traitement égal à celui des juges du tribunal crimi-

nel, et les militaires, également appelés à la composition de ces tribunaux, dont le traitement était inférieur à celui ci-dessus, obtenaient un complément proportionnel. Ceux qui avaient à se déplacer recevaient de plus l'indemnité de route, d'aller et retour. — Arrêté du 5 flor. an IX (25 avril 1801).

23. — Les tribunaux spéciaux, créés par la loi du 18 pluv. an IX, étaient institués pour la répression des crimes et délits emportant peine afflictive ou infamante, commis par des vagabonds et gens sans aveu et par les condamnés à peine afflictive, si lesdits crimes et délits avaient été commis depuis l'évasion desdits condamnés, pendant la durée de la peine, et même avant leur réhabilitation civique (art. 6), du fait de vagabondage et de l'évasion des condamnés (art. 7).

24. — Jugé, par application de l'art. 6 précité, que les tribunaux spéciaux ne pouvaient connaître des délits imputés à un vagabond, qu'autant que ces délits emportaient une peine afflictive ou infamante. — *Cass.*, 8 therm. an IX, Revert.

25. — Le seul fait de mendicité ne constituait pas le délit de vagabondage prévu par l'art. 7 de la loi du 18 pluv. an IX. En conséquence, les tribunaux spéciaux par elle institués étaient incompétens pour en connaître. — *Cass.*, 16 prair. an IX, N...

26. — L'art. 6 de la loi précitée, en leur attribuant la connaissance des crimes et délits emportant peine afflictive ou infamante, commis par des vagabonds, ne leur avait pas non plus donné le droit de connaître de ceux qui étaient imputés à de simples prévenus de vagabondage. — *Cass.*, 27 prair. an IX, Lemonnier.

27. — Celui qui résidait depuis longtemps dans une commune, et qui s'y livrait à des travaux de nature à lui procurer des moyens d'existence, ne pouvait pas être considéré comme vagabond, sous le prétexte qu'il logeait tantôt dans une maison, tantôt dans une autre, et être soumis à la juridiction du tribunal spécial. — *Cass.*, 26 pluv. an X, Joubert.

28. — L'art. 7 de la même loi, qui rangeait parmi les attributions des tribunaux spéciaux l'*évasion* des condamnés, ne concernait que les geôliers et ceux qui, de quelque manière que ce fût, étant préposés à la garde des condamnés, en avaient favorisé l'évasion. Ainsi, ce n'était que du délit des fauteurs de l'évasion que ces tribunaux pouvaient connaître; ils n'avaient pas compétence pour constater l'identité des condamnés évadés et repris. — *Cass.*, 17 mess. an IX, Auvrard.

29. — ... Ni pour connaître des délits commis dans une maison de gêne par des détenus. — *Cass.*, 16 brum. an XIV, Gaillard c. Daniel.

30. — Ils étaient également incompétens pour connaître du simple fait de désertion, lequel ne pouvait être jugé que par les tribunaux militaires. — *Cass.*, 28 flor. an XII, Dumas.

31. — La loi du 18 pluviôse an IX attribuait, en outre, aux tribunaux spéciaux la connaissance des vols commis sur les grandes routes avec violences, voies de fait et autres circonstances aggravantes, quels qu'en fussent les auteurs. — Art. 8.

32. — Jugé, par application de l'art. 8 précité, que les tribunaux spéciaux étaient compétens pour connaître des vols commis de complicité sur les grandes routes. — *Cass.*, 9 therm. an IX, Pons-Augier.

33. — ... Alors même qu'ils n'avaient pas été accompagnés de violences ou de voies de fait. — *Cass.*, 3 oct. 1806, Balus et Lucas.

34. — Mais ils ne pouvaient connaître des violences et voies de fait qu'autant qu'elles constituaient des circonstances aggravantes de vols commis sur les grandes routes. — *Cass.*, 29 mess. an IX, Fialon.

35. — Ils connaissaient aussi, contre toutes personnes, des vols commis dans les campagnes et dans les habitations et bâtimens de campagne, lorsqu'il y avait effraction faite aux murs et clôture, au toit des maisons, portes et fenêtres, ou lorsque le crime avait été commis avec port d'armes et par une réunion de deux personnes au moins. — L. 18 pluv. an IX, art. 9.

36. — Les tribunaux spéciaux n'étaient compétens, d'après cette disposition, pour connaître des vols commis dans les campagnes que dans deux cas, lorsqu'il y avait eu effraction extérieure, ou lorsqu'ils avaient été commis avec port d'armes par deux personnes au moins. — *Cass.*, 27 niv. an X, Besq.

37. — Toutefois, ils n'étaient compétens pour connaître d'un vol commis avec effraction extérieure dans une maison de campagne qu'autant que les caractères de cette effraction se trouvaient bien déterminés. — *Cass.*, 27 prair. an IX, Pignol.

38. — ... Et d'un vol commis, dans une habitation de campagne, par trois individus réunis, qu'autant qu'à cette circonstance de la réunion était jointe celle du port d'armes. — Même arrêt.

39. — La circonstance de l'effraction ne suffisait pas pour rendre le vol de la compétence du tribunal spécial; il fallait, de plus, que ce vol eût été fait dans une campagne ou dans une habitation de campagne. — *Cass.*, 16 mess. an IX, Nicolle et Dubois; 29 mess. an IX, Lecat et Poulichet.

40. — Lorsqu'un individu prévenu de complicité de pillage commis par d'autres individus avait été, avant le crime, en relation avec eux, et leur avait indiqué les maisons où il y avait des effets à piller, ces faits se confondaient avec le crime et soumettaient le prévenu à la juridiction du même tribunal spécial, quoiqu'il eût été mis en jugement après la condamnation des principaux inculpés. — *Cass.*, 18 juin 1807, Le Roy.

41. — Tous les crimes susmentionnés étaient de la compétence exclusive des tribunaux spéciaux; mais ces tribunaux connaissaient encore, concurremment avec le tribunal criminel ordinaire, contre toutes personnes, des assassinats prémédités. — Art. 10.

42. — Dans ce cas, celui des tribunaux criminels ou spéciaux, qui se trouvait le premier saisi d'une affaire de cette nature ne pouvait pas s'en désister et la renvoyer sans motif devant l'autre. — *Cass.*, 9 prair. an IX, Monduffiar; 28 prair. an IX, Saint-Grenier.

43. — Ainsi, dès que la juridiction ordinaire avait été saisie par la première instruction faite par le directeur du jury, le tribunal spécial cessait d'être compétent pour connaître du crime d'association, et la procédure ne pouvait pas lui être renvoyée. — *Cass.*, 21 flor. an XII, Ferret.

44. — Enfin, les tribunaux spéciaux connaissaient également, contre toutes personnes, et exclusivement à tous autres juges, du crime d'incendie et de fausse monnaie, des assassinats préparés par des attroupemens armés, des menaces, excès et voies de fait exercés contre des acquéreurs de biens nationaux, à raison de leurs acquisitions; du crime d'embauchage, et de machinations pratiquées hors l'armée, et par des individus non militaires, pour corrompre ou suborner les gens de guerre, les réquisitionnaires et conscrits (art. 11), ainsi que des rassemblemens séditieux (art. 12).

45. — Décidé, par application de l'art. 11 précité, que le crime d'incendie était de la compétence des tribunaux spéciaux. — *Cass.*, 17 therm. an IX, Libor; 28 therm. an IX, Lemierre et Marie.

46. — Bien que le même art. 11 semblât supposer que l'assassinat eût été consommé, néanmoins un tribunal spécial pouvait connaître d'une tentative d'assassinat accompagnant un fait de sa compétence, et dont cette tentative constituait une circonstance aggravante. — *Cass.*, 28 prair. an IX, Leblond.

47. — L'assassinat n'ayant été compris dans les attributions des tribunaux spéciaux que lorsqu'il avait été préparé par un attroupement armé, il s'ensuivait qu'il fallait qu'il fût justifié, par les pièces dont l'extrait devait être relaté au jugement de compétence, que l'attroupement était armé. — *Cass.*, 29 prair. an IX, Bertrand.

48. — L'homicide commis par des gardes nationaux légalement requis ne pouvait pas être considéré comme préparé et consommé par un attroupement armé, et n'était pas de la compétence des tribunaux spéciaux, surtout s'il n'avait pas été commis avec préméditation, circonstance nécessaire pour constituer l'assassinat dont ces tribunaux pouvaient connaître. — *Cass.*, 28 fruct. an IX, Guis et Arragon. — V. *infrà*, n° 53.

49. — Jugé aussi que celui qui avait fait partie d'un rassemblement n'était justiciable d'un tribunal spécial qu'autant qu'il avait été surpris dans ce rassemblement, conformément aux termes de l'art. 12 de la loi du 18 pluv. an IX. — *Cass.*, 21 fruct. an XII, Verdillon.

50. — Devait être considéré comme rassemblement séditieux, dans le sens de cet article, celui qui était dirigé contre des officiers municipaux se rendant à une église supprimée, pour assister, dans l'ordre de leurs fonctions à l'enlèvement des meubles. — *Cass.*, 16 janv. 1807, Calmettes.

51. — Les crimes et délits non exprimés dans la loi du 18 pluv. an IX rentraient dans la classe des crimes et délits ordinaires, et la connaissance en appartenait dès lors aux tribunaux ordinaires. — *Cass.*, 17 therm. an IX, Libor.

52. — Par exemple, le crime d'empoisonnement n'étant point nominativement compris parmi les crimes et délits attribués par cette loi aux tribunaux spéciaux, ils ne pouvaient s'en attribuer la connaissance. — *Cass.*, 28 therm. an IX, Lemierre et Marie; 8 fruct. an IX, Sermet.

53. — Ils ne pouvaient pas davantage se déclarer compétens pour connaître d'un homicide, lorsque ce fait était le résultat, non d'un projet concerté et préparé par un attroupement d'hommes armés, mais d'une rixe. — *Cass.*, 17 frimaire an X, Mion. — V. *suprà* n° 48.

54. — ... Ni, à plus forte raison, pour statuer sur un simple délit de blessures faites à la suite d'une dispute. — *Cass.*, 8 vendém. an X, Porta.

55. — Plus généralement, les tribunaux spéciaux institués par la loi du 18 pluv. an IX, étant hors du droit commun, ne pouvaient exercer d'autres attributions que celles qui leur avaient été expressément déléguées par cette loi. — *Cass.*, 6 fruct. an IX, Argoud.

56. — Ainsi, institués pour la poursuite et la répression des crimes et délits y énoncés, quant à l'action publique seulement, ils n'avaient pas le droit de statuer sur les dommages civils qui pouvaient résulter des crimes ou délits dont ils étaient saisis. — Même arrêt. — V. cependant *Cass.*, 3 therm. an XI, Giraud; 20 pluv. an XII, Martin. — V. *infrà* n° 158.

57. — Le tribunal spécial qui reconnaissait qu'il n'existait aucunes charges sur des délits de sa compétence énoncés dans une plainte, commettait un excès de pouvoir, s'il connaissait des autres délits résultant de la même plainte et étrangers à sa juridiction. — *Cass.*, 8 fruct. an IX, Sermet.

58. — Jugé que les tribunaux spéciaux étaient incompétens pour connaître, en vertu des art. 11 et 12 de la loi du 18 pluv. an IX, du fait imputé à un individu d'avoir, en tirant des coups de fusil, crié publiquement qu'il faisait partie de brigands armés, s'il n'avait pas été surpris en flagrant délit dans un rassemblement de brigands. — *Cass.*, 29 mess. an IX, Fialon.

59. — ... Que l'énonciation vague de divers délits de brigandage ne présentant rien de certain sur la nature et le caractère de ces délits, un tribunal spécial ne pouvait baser sa compétence sur une pareille qualification. — *Cass.*, 16 frim. an X, N...; 30 flor. an X, Planel.

60. — L'art. 11 de la loi du 18 pluv. an IX n'attribuant aux tribunaux spéciaux que la connaissance du crime d'embauchage et de machination pratiquées hors l'armée, pour corrompre ou suborner les gens de guerre, il en résultait qu'ils ne pouvaient connaître de la distribution de faux congés, cette distribution ne pouvant être considérée comme une machination de la nature de celles voulues par la loi. — *Cass.*, 18 fruct. an IX, Sahuguet. — V., au surplus, sur le point de savoir quelle est aujourd'hui la juridiction compétente pour statuer sur le crime d'embauchage, le mot EMBAUCHAGE.

61. — Décidé aussi que celui qui délivrait à un conscrit un certificat contenant des faits faux, dans le but de le soustraire à la conscription, ne commettait point le crime de faux de la compétence du tribunal spécial. — *Cass.*, 20 févr. 1806, Vaillant et Lattres.

62. — Si après le procès commencé pour un des crimes ci-dessus mentionnés, l'accusé était inculpé sur d'autres faits, le tribunal spécial instruisait et jugeait, quelle que fût la nature de ces faits. — L. 18 pluv. an IX, art. 13.

63. — Cette disposition devait être entendue en ce sens, que, lorsqu'après le procès commencé l'accusé était inculpé sur d'autres faits, le tribunal spécial ne pouvait suspendre l'instruction des délits de sa compétence et devait procéder sans délai au jugement, mais non qu'il pût connaître accessoirement des faits qui n'étaient pas de sa compétence. — *Cass.*, 6 mess. an IX, Dis; 27 mess. an IX, Villain; 29 mess. an IX, Lecat et Poulichet; 8 therm. an IX, Revert; 17 therm. an IX, Libor; 27 mess. an IX, Meyssel; 28 therm. an IX, Garanges; 9 fruct. an IX, Lattier; 29 fruct. an IX, Bochet; 8 vend. an X, Porta; 27 vend. an X, Lablache. — V., cependant, *Cass.*, 16 prair. an IX, Rabot et Quérin.

64. — Ainsi, spécialement, un tribunal spécial ne pouvait étendre sa compétence sur le vol d'un coupon de drap ou d'un mouchoir, commis dans la maison où le prévenu était entré, sur l'invita-

tion du propriétaire.—Arrêt de cass. précité du 7 therm. an IX, N...

65.—Jugé aussi, que les tribunaux spéciaux ne pouvaient, sans excès de pouvoir, se déclarer compétens à la fois pour des délits à l'égard desquels il y avait poursuite actuelle devant eux, et pour tous ceux, indistinctement, dont l'accusé ou ses complices pourraient être éventuellement inculpés après le procès commencé. — *Cass.*, 7 et 8 brum. an X, Fournel et Courbon.

66.—De même, un tribunal spécial saisi, à raison de la qualité de vagabond d'un prévenu, d'un délit qui, par lui-même, n'était pas de sa compétence, ne pouvait se déclarer également compétent à l'égard des complices n'ayant pas la même qualité.—*Cass.*, 27 vend. an X, Balaruque; 27 brum. an X, Allier; 29 brum. an X, Dubourg.

67. — Tous les crimes dont la connaissance était attribuée aux tribunaux spéciaux par la loi du 18 pluv. an IX, devaient être poursuivis d'office et sans délai par le commissaire du gouvernement, encore qu'il n'y eût pas de partie plaignante.—Art. 15.

68. — L'accusé devait être conduit, dans les trois jours au plus tard, de son arrestation, dans les prisons du tribunal spécial qui devait le juger.—Art. 22.—Vingt-quatre heures après son arrivée, l'accusé était interrogé, les témoins étaient ensuite entendus séparément et hors sa présence, le tout par un juge commis par le président.—Art. 23.

69.—Le directeur du jury était sans caractère pour procéder à l'instruction d'une affaire de la compétence du tribunal spécial, et, par suite, le jugement de ce tribunal intervenu sur l'instruction qu'il avait faite, était nul. — *Cass.*, 17 avr. 1807, Bezenval.

70.—Sur le vu de la plainte, des pièces y jointes, des interrogatoires et réponses, des informations, et le commissaire du gouvernement entendu, le tribunal jugeait d'abord sa compétence, sans appel.— L. 18 pluv. an IX, art. 24.

71. — Toutefois, il ne pouvait rendre son jugement de compétence d'après la seule instruction faite par le magistrat de sûreté; il fallait qu'une nouvelle instruction eût été faite par l'un de ses membres. — *Cass.*, 3 déc. déc. 1807, Simon de La Font. — V. *infrà*, n° 127.

72.—Le tribunal spécial devait régler sa compétence préalablement à toute décision sur le fond, par exemple, avant d'examiner si les accusés ne se trouvaient pas amnistiés. — *Cass.*, 29 prair. an IX, Bertrand; 6 fruct. an IX, Argoud.

73. — ... Et le prévenu était non recevable à se pourvoir en cassation contre le jugement, sur le motif que le tribunal ne lui avait pas fait l'application d'une amnistie avant de juger sa compétence, surtout si tous les moyens d'exception et de défense lui avaient été réservés. — *Cass.*, 27 frim. an X, Bertrand.

74.—Jugé aussi, que le tribunal spécial ne pouvait, à peine de nullité, déclarer qu'il n'y avait pas de présomptions suffisantes contre l'accusé, sans avoir au préalable jugé sa compétence. — *Cass.*, 25 avr. 1806, Regnault.

75. — La prescription étant une question de fond, il ne pouvait également prononcer sur cette exception par le même jugement dans lequel il déclarait sa compétence.—*Cass.*, 8 fruct. an IX, Lemaire.

76. — Il ne pouvait non plus, après avoir reconnu sa compétence, déclarer, en même temps, par le même jugement, à la suite de la même délibération, et sans autre instruction, que le fait ne présentait pas le caractère établi dans son jugement de compétence, et ordonner la mise en liberté du prévenu. — *Cass.*, 4 déc. 1806, Bousquet.

77. — Un tribunal spécial ne pouvait connaître du fond d'une affaire, avant d'avoir réglé sa compétence, même dans le cas où il en était saisi par un renvoi de la Cour de cassation. — *Cass.*, 9 mai 1806, Vanhoye-Donck. — Il en était autrement sous l'empire de la loi du 20 déc. 1815.—V. *infrà*, n° 268.

78. — Le jugement de compétence devait à peine de nullité, énoncer avec exactitude et précision le fait dont le tribunal prenait connaissance ainsi que les dispositions de la loi fondant son attribution. — *Cass.*, 16 mess. an IX, Nicolle et Dubois. — Il devait énoncer en même temps les circonstances plus ou moins aggravantes du fait. — *Cass.*, 27 niv. an X, Pignot. — Cette formalité était exigée afin que le tribunal de cassation pût décider si le jugement avait été bien rendu.

79. — Spécialement, un tribunal spécial qui énonçait des faits de pillage, des coups de fusil tirés soit sur des personnes, soit aux portes des maisons, par des brigands armés, ne pouvait se déclarer incompétent sur le seul motif que ces faits n'étaient pas compris dans la loi : il devait expliquer si ces délits avaient été commis à la campagne, dans des communes rurales, sur des grandes routes, ou seulement dans des communes non rurales.—*Cass.*, 18 frim. an X, Pastorelly c. Raffy.

80. — Lorsqu'un tribunal criminel avait été saisi d'une affaire, par suite de l'option accordée à l'accusé par l'art. 30 de la loi du 18 pluv. an IX, ce tribunal ne pouvait plus en renvoyer la connaissance au tribunal spécial du même département. Le tribunal criminel, en ordonnant ce renvoi, et le tribunal spécial, en se déclarant compétent, violaient l'un et l'autre les règles de leur compétence. — *Cass.*, 8 vend. an X, Falcon.

81. — Si le tribunal spécial déclarait ne pouvoir connaître du délit, il renvoyait sans retard l'accusé et tous les actes du procès devant qui de droit. Dans le cas contraire, il procédait, également sans délai, à l'instruction et au jugement du fond. — L. 18 pluv. an IX, art. 24.

82. — L'autorité devant laquelle le tribunal spécial devait renvoyer l'affaire à l'égard de laquelle il se déclarait incompétent, était le directeur même du jury qui lui avait transmis cette affaire. Il ne pouvait, par conséquent, la renvoyer devant le directeur du jury d'un autre arrondissement. Placés en dehors du droit commun, les tribunaux spéciaux n'avaient en effet d'autre autorité que celle que leur donnait le texte précis de la loi qui les instituait.—*Cass.*, 9 prair. an IX, Phelipot; 19 prair. an IX, Beaurepaire; 9 therm. an IX, N....

83.—Le jugement de compétence était signifié à l'accusé dans les vingt-quatre heures, et une expédition en était adressée, dans le même délai, au ministre de la justice, qui la transmettait au tribunal de cassation. La section criminelle de ce tribunal en prenait connaissance et statuait, toutes autres affaires cessantes.—L. 18 pluv. an IX, art. 25.

84. — Le jugement du tribunal de cassation, qui prononçait sur le jugement de compétence rendu par un tribunal spécial, n'était pas susceptible d'opposition de la part du prévenu. — *Cass.*, 27 frim. an X, Bertrand.

85. — Mais le recours au tribunal de cassation ne pouvait, en aucun cas, suspendre l'instruction ni le jugement. Seulement, il devait être sursis à toute exécution, jusqu'à ce qu'il eût été statué par le tribunal de cassation.—L. 18 pluv. an IX, art. 27.

86.—Ainsi, immédiatement après le jugement de compétence, nonobstant le recours au tribunal de cassation et sans y préjudicier, l'accusé était traduit à l'audience publique du tribunal spécial. Là, et en présence des témoins, lecture était donnée de l'acte d'accusation dressé par le commissaire du gouvernement; les témoins étaient ensuite successivement appelés; le commissaire du gouvernement donnait ses conclusions, et, après lui, l'accusé ou son défenseur était entendu. — Art. 28. — Le débat étant terminé, le tribunal jugeait l'affaire en dernier ressort et sans recours en cassation. — Art. 29.

87. — Aucune décision sur le fond ne pouvait être prononcée qu'après avoir entendu l'accusé ou son défenseur. — *Cass.*, 29 prair. an IX, Bertrand.

88. — Les procès-verbaux constatant le corps du délit devaient être annexés à l'acte d'accusation et remis avec cet acte aux membres des tribunaux spéciaux après les débats, lorsqu'ils allaient délibérer sur le fait qui leur était soumis. Il n'avait point été dérogé, à cet égard, par la loi du 18 pluv. an IX, à l'art. 231 du Code du 3 brum. an IV, qui prescrivait cette formalité. — *Cass.*, 7 vend. an X, Ducros.

89. — Le tribunal spécial ne violait aucune loi en ordonnant qu'un inculpé qu'il déchargeait de l'accusation portée contre lui ne serait mis en liberté qu'après la confirmation par la Cour de cassation du jugement de compétence.—*Cass.*, 5 pluv. an XIII, Chavaroche.

90. — Lorsqu'un tribunal spécial avait jugé sa compétence pendant la contumace d'un accusé, la comparution volontaire ou l'arrestation de cet accusé avait pour effet d'anéantir non-seulement le jugement de condamnation rendu contre lui, mais encore le jugement de compétence. — *Cass.*, 4 pluv. an XIII, Montolieu; 9 et 21 frim. an XIV, Meysonnet et Descamps. — V. *infrà*, n° 154.

91. — La disposition de l'art. 29 de la loi du 18 pluv. an IX, d'après laquelle les tribunaux spéciaux jugeaient le fond en dernier ressort et sans recours en cassation, était applicable non-seulement aux accusés, mais à plus forte raison aux plaignans. Ceux-ci ne pouvaient donc se pourvoir en cassation contre les jugemens des tribunaux spéciaux qui jugeaient le fond.— *Cass.*, 7 fév. 1806, Bonneau.

92. — Toutefois, cette disposition, en interdisant aux condamnés le recours en cassation, ne pouvait s'entendre que des vices de procédure autres que celui d'incompétence nommément excepté de la règle générale.—*Cass.*, 7 fruct. an IX, Jourgeon et Lacroix.

93. — Les actes incompétemment faits par les tribunaux spéciaux encouraient donc la cassation, même lorsqu'ils étaient postérieurs au jugement de compétence rendu par le tribunal de cassation, et relatifs au jugement du fond. Spécialement, le tribunal spécial qui ordonnait, après l'ouverture des débats, que l'accusé serait confronté avec des témoins devant le président du tribunal criminel d'un autre département, violait les règles de la compétence, et le jugement qu'il rendait sur le fond se trouvait alors susceptible de cassation. — Même arrêt.

94. — Mais la prescription du délit n'autorisait pas le pourvoi en cassation contre les jugemens des tribunaux spéciaux. — *Cass.*, 7 brum. an XI, Galloni.

95. — Lorsque, sur une demande en renvoi, le tribunal de cassation avait dessaisi un tribunal spécial et renvoyé l'affaire devant celui d'un autre département, si ce tribunal se déclarait incompétent, l'affaire devait reprendre son cours ordinaire et revenir devant le directeur du jury et le tribunal criminel qui étaient, dès l'origine, compétens, et qui n'avaient pas été dessaisis par le tribunal de cassation. — *Cass.*, 9 therm. an IX; N....

96. — Après qu'un jugement de compétence rendu par un tribunal spécial avait été confirmé par la Cour de cassation, ce tribunal ne pouvait plus se déclarer incompétent. — *Cass.*, 3 oct. 1806, Balus et Lucas.

97. — La loi du 18 pluv. an IX déterminait de la manière suivante les peines qui pouvaient être appliquées aux crimes et délits qu'elle avait pour objet de réprimer : les vols de la nature de ceux mentionnés dans les art. 8 et 9 étaient punis de mort; les menaces, excès et voies de fait, exercés contre les acquéreurs de biens nationaux, étaient punis de la peine d'emprisonnement, laquelle ne pouvait excéder trois ans ni être au-dessous de six mois, sans préjudice de plus fortes peines, en cas de circonstances aggravantes. Quant aux autres délits, ils étaient punis conformément aux dispositions du Code pénal du 25 septembre et 6 octobre 1791. — Art. 29.

98. — Les peines portées par l'art. 29 précité ne pouvaient être prononcées que par les tribunaux spéciaux. Un tribunal criminel ordinaire ne pouvait en faire l'application. — *Cass.*, 29 prair. an X, Chamussy; 27 vendém. an XII, Crociechia; 12 brum. an XII, Albertini.

99. — Une loi du 23 flor. an X (13 mai 1802) institua un nouveau tribunal spécial, composé de six juges, qui devaient nécessairement concourir au jugement, et auquel elle attribua la connaissance de crimes ou délits autres que ceux déterminés par la loi du 18 pluv. an IX.

100. — Dans les villes où il y avait un tribunal criminel et un tribunal civil de première instance, le président et deux juges de chacun de ces tribunaux formaient le tribunal spécial dont il vient d'être parlé. En cas d'empêchement des uns et des autres, ils étaient respectivement remplacés par leurs suppléans ordinaires. Dans les lieux où il n'y avait qu'un tribunal criminel, le président, les juges et leurs suppléans s'adjoignaient, pour compléter le nombre de six juges, un ou plusieurs hommes de loi pris parmi ceux que le pouvoir exécutif désignait à cet effet. — Art. 3.

101. — Jugé, par application de la disposition précitée, qu'un tribunal spécial était légalement composé dans la ville où il y avait un tribunal criminel et un tribunal civil, par le concours d'un seul juge du tribunal criminel, de trois juges et deux suppléans du tribunal civil. — *Cass.*, 7 flor. an XII, Deyrieu c. Morel.

102. — Le tribunal spécial institué par la loi du 23 flor. an X devait juger tous les individus repris de justice, pour un crime qualifié tel, qui étaient convaincus d'avoir, postérieurement à leur première condamnation, commis un second crime emportant peine afflictive. — Art. 1er.

103. — Il connaissait aussi de la contrefaçon ou altération des effets publics, du sceau de l'Etat, du timbre national, du poinçon servant à marquer l'or et l'argent, des marques apposées au nom du gouvernement sur toute espèce de marchandises, et, en général, la connaissance de tout crime de faux en écritures publiques ou privées, ou d'emploi fait d'une pièce qu'on savait être fausse. — Art. 2.

104. — Spécialement, la contrefaçon de la marque du marteau national sur des arbres réservés dans une coupe de bois constituait le crime de faux de la compétence du tribunal spécial. — *Cass.*, 2 oct. 1806, Didier et Chopin.

105. — Etait également de la compétence de ce tribunal (et plus tard des cours spéciales qui l'ont remplacé) la fabrication de faux passe-ports. —*Cass.*, 4 fruct. an XIII, Baudoin.— Par exemple, le faux commis sur un passe-port, en pratiquant la signature du sous-préfet. — *Cass.*, 17 niv. an XII, Laloge.

106. — Mais il était incompétent pour connaître du délit d'obtention d'un passe-port sous un faux nom par un individu qui l'avait signé de ce faux nom, ce fait ne pouvant être considéré comme le véritable crime de faux qualifié tel par les lois pénales. — *Cass.*, 22 flor. an XII, Thouré.

107. — Décidé, au contraire, que la fabrication d'un faux passe-port pour procurer à un prévenu évadé des prisons les moyens de se soustraire aux poursuites de la justice, constituait le crime de faux de la compétence du tribunal spécial, par application de l'art. 2 de la loi du 23 flor. an X. — *Cass.*, 10 sept. 1807, Cornillac et Manilhot.

108. — Enfin, dans les départemens où il n'y avait pas de tribunaux spéciaux établis en exécution de la loi du 18 pluv. an IX, il connaissait : 1° du crime de fausse monnaie, 2° du crime d'incendie de granges, meules de blé et autres dépôts de grains. — L. 23 flor. an X, art. 4.

109. — Il devait connaître du crime d'incendie d'un dépôt de grains, encore bien que le feu n'eût pas été mis immédiatement au dépôt de grains, et qu'il lui eût été seulement communiqué par un bâtiment attenant. — *Cass.*, 14 nov. 1806, Champeaux.

110. — L'incendie d'un bâtiment contenant plusieurs faix de lin avec leur graine ne pouvait pas être assimilé à l'incendie d'un dépôt de grains destinés aux alimens, et, par conséquent, le tribunal était incompétent pour en connaître. — *Cass.*, 27 brum. an XI, Monier.

111. — Jugé que, sous les lois des 18 pluv. an IX et 23 flor. an X, il suffisait que, dans une affaire de la nature de celles attribuées aux tribunaux spéciaux, l'accusé ne fût pas en présence du tribunal criminel et des jurés pour que le tribunal spécial dût en connaître ; quand même une première assemblée du jury aurait été rompue par l'absence d'un témoin, et une seconde indiquée, puis remise, l'affaire n'en devant pas moins être considérée comme entière tant que le jugement n'était pas commencé. — *Cass.*, 3 therm. an X, Trignart.

112. — Les dispositions de la loi du 18 pluv. an IX, relatives à l'instruction et au jugement des affaires, étaient d'ailleurs déclarées communes par l'art. 5 de la loi du 23 flor. an X aux tribunaux spéciaux créés en conformité de cette loi.

113. — Ainsi, sous l'empire de la loi du 23 flor. an X, comme sous la loi du 18 pluv. an IX (V. *suprà*, n° 83), le jugement de compétence rendu par un tribunal spécial devait être signifié dans les vingt-quatre heures, soit à l'accusé, s'il était détenu, soit à son dernier domicile. — *Cass.*, 27 brum. an X, N....

114. — Mais les tribunaux spéciaux institués par la loi du 23 flor. an X ne pouvaient, comme ceux institués par la loi du 18 pluv. an IX, se déclarer compétens, sans indiquer et nommer les individus présumés auteurs ou complices du délit. — Même arrêt.

115. — Les lois des 18 pluv. an IX et 23 flor. an X, en déterminant les matières sur lesquelles les tribunaux spéciaux étaient appelés à instruire et à prononcer, ne leur avaient pas interdit la faculté de juger celles où les délits, changeant de caractère postérieurement au jugement de compétence, ne devenaient passibles que de peines correctionnelles ou de simple police. — *Cass.*, 3 therm. an XI, Giraud.

116. — Toutefois, un tribunal spécial, institué par la loi du 18 pluv. an IX, qui avait été saisi d'un délit d'émission de fausses cédules de banque, ayant cours de monnaie, compris expressément dans ses attributions, ne pouvait s'en réserver le jugement, si, dans le cours de la procédure, ce délit se trouvait converti en un faux en écritures et effets de banque, de la compétence des tribunaux spéciaux établis par la loi du 23 flor. an X, et auxquels il devait alors renvoyer l'affaire. — *Cass.*, 20 pluv. an XII, Rosetti; 16 germ. an XII, Fouquet.

117. — Tout individu condamné en vertu de l'art. 1er de la loi du 23 flor. an X, ou pour l'un des crimes énoncés en l'art. 2, ou pour celui de fausse monnaie, même pour la première fois, devait, outre la peine prononcée par le Code pénal, être flétri publiquement, sur l'épaule droite, de la lettre F. — Art. 6.

118. — Un tribunal spécial ne pouvait se dispenser d'ajouter la peine de la flétrissure à celle des fers, lorsqu'il condamnait un individu comme coupable de fausse monnaie. — *Cass.*, 23 oct. 1807, Collini et Ferrari.

119. — Toutefois, la loi du 23 flor. an X ne devait avoir d'effet, à l'égard de la flétrissure, en cas de récidive, que jusqu'à l'époque où la déportation pourrait y être substituée, et, quant au surplus de ses dispositions, que jusqu'à l'époque où la loi du 18 pluv. an IX devait cesser d'être exécutée. — Art. 7.

120. — Un arrêté du 16 frim. an XI (7 déc. 1802) portait que tout contrebandier qui, ayant fait résistance, aurait tué ou blessé un militaire ou un préposé des douanes, que tout individu saisi les armes à la main, ou prévenu d'avoir, à main armée, importé ou exporté, ou protégé l'importation ou exportation en fraude, de denrées ou marchandises, ainsi que ses complices, et enfin que ceux qui auraient assuré les marchandises, seraient considérés comme ayant fait partie d'un rassemblement armé, et, conformément à la loi du 18 pluv. an IX, traduits devant un tribunal spécial. — Art. 14.

121. — La loi du 13-23 flor. an XI (3-13 mai 1803) attribua aux tribunaux spéciaux établis en exécution de la loi du 18 pluv. an IX, et, dans les départemens où il n'en avait pas été établi, au tribunal spécial créé par la loi du 23 flor. an X, la connaissance exclusive du crime de contrebande avec attroupement et port d'armes, dans leurs ressorts respectifs (art. 1er), attribution qui fut confirmée par la loi du 22 vent.-2 germ. an XII (13-23 mars 1804), sur les douanes (art. 27). Plus tard, le Code d'instruction criminelle déféra aux Cours spéciales la connaissance de la contrebande armée, et un décret du 18 oct. 1810, en instituant les Cours prévôtales des douanes, les chargea de la répression de la fraude et contrebande en matière de douanes. — V. CONTREBANDE, COUR PRÉVOTALE DES DOUANES, DOUANES, TRIBUNAUX ORDINAIRES DES DOUANES.

122. — Un décret du 18 prair. an XII (7 juin 1804) prorogea les divers tribunaux spéciaux dont il vient d'être parlé.

§ 3. — *Cours spéciales, — ordinaires et extraordinaires* (*Décr.* 17 *mess. an XII; L.* 19 *pluv. an XIII; C. instr. crim.; L.* 20 *avr.* 1810, etc.).

123. — En vertu d'un décret du 17 mess. an XII (6 juill. 1804), et à compter de la publication de ce décret, les tribunaux spéciaux, créés par les lois des 18 pluv. an IX et 23 flor. an X, prirent la dénomination de *Cours de justice criminelle spéciales*.

124. — Il ne fut rien changé par ce décret à la composition et à la compétence des Cours spéciales. Elles étaient donc formées de la même manière que les tribunaux spéciaux institués par les deux lois précitées, et leurs attributions étaient exactement les mêmes.

125. — Ainsi, avant de statuer sur le fond, la Cour spéciale devait préalablement déclarer sa compétence, même dans le cas où elle était saisie de l'affaire par un renvoi de la Cour de cassation. — *Cass.*, 9 mai 1806, Vanoye-Donck.

126. — Le juge délégué par elle pour procéder à l'instruction ne pouvait pas prononcer sur la compétence. Ce droit n'appartenait qu'à la Cour elle-même. — *Cass.*, 11 août 1808, d'Haupoult. — Dès lors aucun conflit ne pouvait exister entre ce juge et le procureur général. — *Cass.*, 5 mai 1808, Badin.

127. — Une Cour spéciale ne pouvait pas se déclarer compétente sans avoir fait aucune instruction, et sans même avoir interrogé le prévenu. — *Cass.*, 28 mai 1808, Rodic. — Elle ne pouvait se prononcer sur sa compétence d'après la seule instruction faite par le magistrat de sûreté (V. *suprà*, n° 71), ni sur le seul exposé des faits présenté par le ministère public. — *Cass.*, 18 prair. an XIII, Poligny.

128. — Il suffisait de simples indices et de présomptions pour établir la compétence des Cours spéciales ; il n'était pas nécessaire que la preuve légale fût acquise. — *Cass.*, 22 oct. 1807, N...; 20 nov. 1807, Tessier. — Cette preuve n'était exigée que pour le jugement du fond. — *Cass.*, 9 juin 1808, N....

129. — Toutefois, les arrêts par lesquels les Cours spéciales se déclaraient incompétentes pour insuffisance de preuves, avaient autorité de chose jugée, tant que, sur nouvelles charges, il n'avait pas été rendu un nouvel arrêt de compétence, à raison du même fait. — *Cass.*, 18 mars 1809, Lebouteiller c. Guillot.

130. — L'arrêt par lequel une Cour spéciale prononçait sur sa compétence ne pouvait, au surplus, être réformé que par la Cour de cassation. La Cour spéciale qui le modifiait excédait ses pouvoirs. — *Cass.*, 3 janv. 1811, Sernin. — V. *suprà* n° 70.

131. — Quoique confirmé par la Cour de cassation, l'arrêt par lequel une Cour spéciale s'était déclarée compétente n'avait l'autorité de la chose jugée que relativement à l'état où se trouvait la procédure lorsque l'arrêt avait été rendu. — *Cass.*, 3 janv. 1811, Poncelet.

132. — Mais une Cour spéciale qui s'était déclarée compétente par un arrêt confirmé par la Cour de cassation, ne pouvait plus se déclarer ensuite incompétente, lorsque ni les faits ni leur caractère n'avaient changé par l'instruction. — *Cass.*, 21 nov. 1806, Vercouter et Haentjens.

133. — L'arrêt par lequel une Cour spéciale se déclarait incompétente n'était que provisoire, et ne pouvait mettre obstacle à de nouvelles poursuites, en cas de nouvelles charges. — *Cass.*, 19 janv. 1809, Saunal.

134. — Ainsi, dans le cas où après un arrêt d'incompétence rendu par une Cour spéciale, et confirmé par la Cour de cassation, il intervenait, sur la poursuite intentée alors devant la juridiction ordinaire, une déclaration du jury, portant qu'il n'y avait lieu à accusation, l'arrêt de compétence et la déclaration du jury ne mettaient aucun obstacle à ce que, lorsqu'il survenait des charges nouvelles, la poursuite fût reprise devant la Cour spéciale. — *Cass.*, 3 janv. 1811, Poncelet.

135. — Quant aux attributions des Cours spéciales, elles ne furent pas non plus changées. Celles des Cours spéciales établies en vertu de la loi du 23 flor. an X furent même augmentées par une loi du 19-29 pluv. an XIII (8-18 févr. 1805.) Cette loi leur attribua la connaissance exclusive des violences et voies de fait exercées avec armes, ou par deux ou plusieurs personnes, même sans armes, contre la gendarmerie dans l'exercice de ses fonctions, et contre toute autre force armée agissant sur la réquisition d'une autorité compétente. — Art. 1er.

136. — Jugé, en vertu de l'art. 1er précité, que les délits de violences et voies de fait exercées par plusieurs personnes envers la gendarmerie dans l'exercice de ses fonctions, étaient de la compétence exclusive des Cours spéciales. — *Cass.*, 28 frim. an XIV, Jullion ; 15 janv. 1807, Coquart.

137. — Des gendarmes, requis de se rendre dans une auberge pour y séparer des gens qui se battaient à effusion de sang, étaient dans l'exercice de leurs fonctions, dans le sens de l'art. 1er précité de la loi du 23 flor. an X, et dès lors, les violences et voies de fait exercées envers eux dans cet état étaient de la compétence exclusive de la Cour spéciale. — *Cass.*, 21 mai 1807, N...

138. — Mais des gendarmes déguisés en bourgeois pour assister un huissier dans une exécution ne devaient pas être considérés comme étant dans l'exercice de leurs fonctions, et, par conséquent, la Cour spéciale était incompétente pour connaître des voies de fait exercées envers eux dans cet état. — *Cass.*, 3 brum. an XIV, N...

139. — Jugé spécialement qu'une Cour spéciale ne pouvait accessoirement à un délit de rébellion envers la gendarmerie, s'immiscer dans la connaissance d'un délit de recèlement de conscrit. — *Cass.*, 18 fruct. an XIII, Louvion.

140. — Une Cour spéciale n'était pas compétente pour connaître, en vertu de l'art. 1er L. 19 pluv. an XIII, des violences et voies de fait exer-

cées sur des huissiers et des recors agissant contre des parens de conscrits réfractaires, à la réquisition de l'autorité compétente. — *Cass.*, 26 déc. 1806, Escude.

141. — Mais les préposés aux douanes qui étaient soit en tournée, soit en observation, pour empêcher l'introduction des marchandises prohibées, étant dans l'exercice de leurs fonctions, la Cour spéciale était seule compétente pour connaître des violences exercées sur eux par des individus armés de couteaux et de pierres. — *Cass.*, 15 janv. et 22 oct. 1807, Mugnier et N... — *Contrà*, *Cass.*, 23 juin 1808, N...

142. — Jugé, au contraire, que les employés des droits réunis, ainsi que les garnisaires, n'étaient pas compris sous la dénomination de force publique, et que, dès lors, une Cour spéciale était incompétente pour connaître des violences exercées contre eux. — *Cass.*, 21 mai 1807, Ragon et Gordat; 7 avril 1809, Boisseau.

143. — Une Cour spéciale était seule compétente à l'égard de délinquans forestiers poursuivis pour avoir injurié et frappé le garde qui les avait surpris, lui avoir arraché sa roulière, et avoir essayé de le désarmer. — *Cass.*, 8 mai 1807, Cogne et Saintier; 16 juin 1808, Bajot et Legrand.

144. — ...De celui qui, étant armé d'une hache, avait enlevé par une surprise violente, à un garde forestier agissant légalement dans l'exercice de ses fonctions, le fusil dont ce garde était armé. — *Cass.*, 7 mai 1808, Kaufman.

145. — Les violences et voies de fait exercées envers un garde champêtre appelé par un maire pour prêter main-forte à d'autres gardes champêtres auxquels un attroupement séditieux voulait enlever un conscrit, étaient considérées comme faites envers la force armée, et étaient de la compétence de la Cour spéciale. — *Cass.*, 15 oct. 1807, N...

146. — Lorsqu'un déserteur avait été enlevé des mains de la gendarmerie par violences et voies de fait exercées, sans armes, par plusieurs personnes, la Cour spéciale saisie du délit ne pouvait borner sa compétence à l'un des prévenus qui avait usé de violences, et se déclarer incompétente à l'égard des autres, sous prétexte qu'ils ne s'étaient pas rendus personnellement coupables de violences; elle devait retenir le jugement de tous les prévenus. — *Cass.*, 10 févr. 1809, Géraud-Tourdes.

147. — Le fait par un chasseur d'avoir mis en joue des gendarmes à deux reprises différentes et de les avoir menacés de faire feu, s'ils ne se retiraient, n'était point un simple délit d'injures ou menaces par paroles et par gestes, mais bien une rébellion avec armes, dont la connaissance appartenait à la Cour spéciale. — *Cass.*, 20 nov. 1807, Damby; 29 juill. 1808, Anglade.

148. — Mais une Cour spéciale n'était pas compétente pour connaître des violences et voies de fait exercées envers des gardes particuliers qui, à la différence des gardes des forêts publiques, ne pouvaient pas être considérés comme faisant partie de la force armée. — *Cass.*, 24 août 1808, Basicamp et Clavère; 28 avril 1809, Depuille et la Hoche

149. — Il n'était pas nécessaire, pour établir la compétence de la Cour spéciale relativement aux violences et voies de fait exercées contre la force publique par un attroupement armé, que tous les individus qui le composaient fussent armés. Ainsi, la Cour spéciale ne pouvait restreindre son arrêt de compétence aux seuls individus armés. — *Cass.*, 12 nov. 1807, Huet et Bouquet.

150. — Compétentes pour connaître des vols commis sur les grandes routes, violences, voies de fait et autres circonstances aggravantes du délit, les Cours spéciales ne l'étaient pas pour connaître des violences et voies de fait, par cela seul qu'elles avaient eu lieu sur une grande route; si elles n'étaient pas accompagnées de vol. — *Cass.*, 23 mars 1809, Louveau d'Assey.

151. — Lorsqu'à raison du nombre des prévenus, une affaire était de la compétence de la Cour spéciale, par suite de la disposition du même art. 1er précité, on ne pouvait lui en soustraire la connaissance pour l'attribuer à la juridiction ordinaire en ne poursuivant qu'un seul des inculpés. — *Cass.*, 4 brum. an XIV, Sponghers.

152. — L'instruction et le jugement des délits attribués à la connaissance des Cours spéciales ne pouvaient être suspendus ni retardés à raison d'autres délits dont le même prévenu venait à être inculpé. En conséquence, une Cour spéciale ne pouvait se dessaisir de la connaissance d'un délit de vagabondage, sur le motif que le prévenu était en même temps inculpé d'un délit d'escroquerie. — *Cass.*, 13 avril 1810, Haye.

153. — Mais une Cour spéciale ne pouvait connaître d'un délit d'escroquerie que lorsqu'il était connexe à un crime de sa compétence, de telle sorte qu'ils eussent existé l'un par l'autre. En ce cas, leur compétence n'était même qu'éventuelle à l'égard du délit d'escroquerie, et elle devait cesser aussitôt qu'il était reconnu que le crime placé dans leur juridiction n'avait pas existé. — *Cass.*, 6 févr. 1806, Capron et Lharminiez.

154. — Lorsque, par un arrêt de contumace, une Cour spéciale ne s'était déclarée compétente pour connaître de deux délits qu'à raison de leur connexité avec un autre délit placé seul dans ses attributions, s'il était reconnu que l'accusé n'était ni auteur ni complice de ce dernier délit, elle ne pouvait retenir la connaissance des deux autres. — *Cass.*, 22 avril 1808, Doucet; 9 sept. 1808, Desfarges.

155. — La représentation de l'accusé faisait, au surplus, tomber l'arrêt de compétence rendu contre lui par contumace, par une Cour spéciale. — Arrêt de *Cass.* précité du 9 sept. 1808. — V. aussi *suprà*, n° 90.

156. — Il a même été décidé qu'une Cour spéciale ne pouvait baser sa compétence, à l'égard des contumaces, sur l'arrêt rendu contradictoirement avec les autres inculpés. — *Cass.*, 25 avril 1811, Biegler et Steigleter.

157. — Les contestations purement civiles qui pouvaient s'élever soit par suite des événemens postérieurs aux arrêts des Cours spéciales, soit relativement à l'exécution de ces arrêts quant aux prestations et indemnités, étaient de la compétence des tribunaux civils ordinaires, et non des Cours spéciales. — *Cass.*, 5 déc. 1806, Enregistrement c. Fournel.

158. — Décidé cependant qu'une Cour spéciale dont la compétence avait été réglée pour le principal, pouvait statuer sur les dommages-intérêts, sans un arrêt particulier de compétence. — *Cass.*, 20 pluv. an XII, Martin; 29 frim. an XIII, Lemasle.

159. — Un avis du Conseil d'Etat des 27 et 28 flor. an XI avait déclaré que les militaires étaient justiciables des Cours spéciales pour les crimes prévus par les art. 9 et 10 de la loi du 18 pluv. an IX. Jugé, en conséquence, que les crimes de vols sur les grandes routes, avec armes et violence, étaient de la compétence des Cours spéciales, quoique commis par des militaires. — *Cass.*, 22 déc. 1809, Caubère et Villeneuve. — Il en était de même du crime de fabrication de fausse monnaie. — *Cass.*, 18 oct. 1811, Vinoski.

160. — Jugé qu'une Cour spéciale ne pouvait se déclarer incompétente pour connaître du faux commis volontairement par un huissier dans des actes de son ministère, en y insérant de fausses énonciations et de fausses dates, sous le prétexte qu'il ne résultait pas de l'instruction que cet huissier eût eu l'intention de nuire. — *Cass.*, 22 janv. 1807, Lanternier.

161. — Lorsqu'il avait été ordonné par un arrêté du gouvernement qu'il serait informé contre un fonctionnaire, prévenu d'avoir vendu de faux certificats de remplacement militaire, et contre tous auteurs, fauteurs et complices de ce délit, une Cour spéciale ne pouvait, séparant arbitrairement les branches du délit, déclarer qu'elle ne s'occuperait pas des faux quant à présent, et se borner à retenir la connaissance de la vente des certificats de remplacement. — *Cass.*, 6 flor. an XIII, Blanchier.

162. — Les Cours spéciales, qui avaient remplacé les tribunaux spéciaux, continuèrent de fonctionner, en vertu des lois du 18 pluv. an IX et 23 flor. an X, jusqu'à la promulgation du Code d'instruction criminelle, qui réorganisa la composition et la compétence des Cours spéciales, ainsi que la procédure à suivre devant elles.

163. — Le Code d'instruction criminelle institua, dans chaque département, une Cour spéciale, qui était chargée de juger : 1° les crimes commis par des vagabonds, gens sans aveu, et par des condamnés à des peines afflictives ou infamantes (art. 553), et 2° le crime de rébellion armée à la force armée, celui de contrebande armée, le crime de fausse monnaie, et les assassinats, s'ils avaient été préparés par des attroupemens armés (art. 554).

164. — Celui qui, après avoir été condamné à une peine afflictive, même par un tribunal militaire, commettait un second crime emportant peine afflictive et infamante, était justiciable de la Cour spéciale. — *Cass.*, 8 avr. 1813, Mouquet.

165. — ... Encore bien que la première condamnation fût antérieure à la loi qui les soumettait à cette juridiction. — *Cass.*, 10 août 1815, Dubuisson.

166. — Mais la condamnation d'un enfant âgé de quinze ans à être renfermé pendant quatorze ans dans une maison de correction, comme convaincu de vol avec effraction commis par plusieurs, ne constituait pas une peine afflictive ou infamante, dans le sens de l'art. 553 C. instr. crim., qui réglât la compétence des Cours spéciales. — *Bruxelles*, 8 mars 1816, Borremans.

167. — Les crimes commis par les vagabonds devaient être déférés aux Cours spéciales, conformément à l'art. 533 précité, sans qu'il fût nécessaire que les inculpés eussent été préalablement déclarés vagabonds par jugement. — *Cass.*, 30 juill. 1812, Sollack.

168. — L'art. 554 C. instr. crimin. n'attribuant aux Cours spéciales la connaissance de la rébellion armée à la force armée qu'autant que la rébellion était qualifiée crime par la loi, il en résultait qu'elles étaient incompétentes pour connaître d'une rébellion opposée par une ou deux personnes seulement, avec ou sans armes, à un agent de la force publique, encore bien que des blessures eussent été faites à cet agent. — *Cass.*, 27 mars 1812, Everaerts; 14 oct. et 9 déc. 1813, Verseil et Legrain. — ... Ou bien que la rébellion eût été accompagnée d'un homicide volontaire. — *Cass.*, 7 mai 1813, Bonnetti.

169. — Il fallait, pour déterminer la compétence des Cours spéciales, ou que la rébellion eût été commise par plus de trois personnes armées, ou que l'assassinat eût été préparé par un attroupement armé. — *Cass.*, 6 août 1812, Rodon et Brossin.

170. — Ceux qui, dans un rassemblement de plus de deux personnes armées, résistaient avec violences à la gendarmerie investissant pendant la nuit, même sans mandat spécial, la maison où s'était réfugié un déserteur, et voulant s'y introduire, mais n'ayant employé ni force ni contrainte, commettaient le crime de rébellion armée à la force armée, de la compétence des Cours spéciales, aux termes de l'art. 554 C. instr. crimin. — *Cass.*, 16 avr. 1812, Clavié, Darré.

171. — L'attaque ou la résistance opposée par un attroupement de plus de vingt personnes, jetant des pierres sur des gendarmes agissant dans l'ordre de leurs fonctions, pour l'arrestation d'un conscrit réfractaire, constituait également le crime de rébellion avec armes, dont la connaissance appartenait aux Cours spéciales. — *Cass.*, 9 avr. et 20 août 1812, Noguès.

172. — Jugé, encore, que les Cours spéciales étaient compétentes, par application de l'art. 554 C. instr. crimin., pour connaître des complots d'assassinat et de gaspillage dans une commune, qui devaient être exécutés par des rassemblemens armés, lorsqu'ils avaient été suivis d'un commencement d'exécution. — *Cass.*, 13 janv. 1814, Février.

173. — Mais les gardes champêtres n'ayant point été assimilés à la force armée, les Cours spéciales étaient incompétentes pour connaître, en vertu de l'art. 554 C. instr. crimin., de la rébellion armée commise envers eux dans l'exercice des fonctions qui leur étaient propres. — *Cass.*, 3 juin 1815, Durand.

174. — Etaient justiciables des Cours spéciales, et non des conseils de guerre, les militaires prévenus de fabrication de fausse monnaie, dans un pays étranger où se trouvait le corps d'armée dont ils faisaient partie. — *Cass.*, 18 oct. 1811, Vinoski.

175. — Les Cours spéciales n'avaient aucune juridiction sur les magistrats de la justice criminelle ordinaire. En conséquence, la Cour spéciale qui, en déclarant qu'il n'y avait lieu à suivre contre des prévenus de rébellion envers des gendarmes, renvoyait ces gendarmes devant le magistrat de sûreté, à raison des sévices et mauvais traitemens qui leur étaient reprochés par les prévenus, commettait un excès de pouvoir. — *Cass.*, 1er mars 1810, Chaval.

176. — Spécialement, les Cours spéciales n'avaient aucune autorité sur les actes du directeur du jury. — *Cass.*, 29 mai 1806, Cabanac. — Et elles excédaient leurs pouvoirs lorsqu'elles se permettaient de réformer une ordonnance du directeur du jury qui renvoyait l'affaire en police correctionnelle. — *Cass.*, 26 févr. 1807, Chanet.

177. — Si, parmi les prévenus de crimes spécifiés en l'art. 553, et qui étaient, par la simple qualité des personnes, attribués à la Cour spé-

ciale, il s'en trouvait qui ne fussent point, par ladite qualité, justiciables de cette Cour, le procès et les parties étaient renvoyés devant les Cours d'assises. — C. instr. crim., art. 555. — Il avait été fait application de cette disposition par arrêt de la Cour de cassation du 14 août 1812, Hue et Tronelle.

178. — Chaque Cour spéciale était composée: 1° du président de la Cour d'assises, lorsqu'il était sur les lieux; en son absence ou en cas d'empêchement, d'un des membres de la Cour royale qui avait été délégué à la Cour d'assises, et, à leur défaut, du président du tribunal de première instance dans le ressort duquel la Cour spéciale tenait ses séances; 2° des quatre juges formant, avec le président, la Cour d'assises; 3° de trois militaires ayant au moins le grade de capitaine; — et ne pouvait juger qu'au nombre de huit juges. — Art. 556. — L'organisation de la Cour spéciale du département de la Seine devait être réglée par une loi particulière. — V. *infrà*, nos 223 et suiv.

179. — Les trois militaires appelés à faire partie de la Cour spéciale devaient être âgés d'au moins trente ans et nommés chaque année par le pouvoir exécutif. Ils avaient trois suppléans du même grade, nommés de la même manière. — Art. 559.

180. — Dans le département où siégeait la Cour d'appel, le procureur général ou l'un de ses substituts remplissait, auprès de la Cour spéciale, les fonctions du ministère public. Le greffier de la Cour, ou un de ses commis assermentés, y exerçait ses fonctions. — Art. 557. — Dans les autres départemens, les fonctions du ministère public étaient exercées par le chef du parquet près le tribunal de première instance; et les fonctions de greffier étaient remplies par le greffier de ce tribunal, ou par un de ses commis assermentés. — Art. 558.

181. — La Cour spéciale était convoquée toutes les fois que l'instruction d'une affaire de sa compétence était complétée. — Art. 560. — Le jour et le lieu où la session devait s'ouvrir étaient fixés par la Cour d'appel; et la session n'était terminée qu'après que toutes les affaires de sa compétence, qui étaient en état lors de son ouverture, y avaient été portées. — Art. 561.

182. — Le président de la Cour spéciale était chargé d'entendre l'accusé lors de son arrivée dans la maison de justice. Il pouvait déléguer ces fonctions à l'un des juges; il dirigeait l'instruction et les débats; il déterminait l'ordre entre ceux qui demandaient à parler. Enfin, il avait la police de l'audience. — Art. 563.

183. — Le ministère public près les Cours spéciales y exerçait les fonctions qui lui étaient attribuées, pour la poursuite, l'instruction et le jugement dans les affaires de la compétence des Cours d'assises. — Art. 565.

184. — La poursuite des crimes qui étaient de la compétence de la Cour spéciale était faite suivant les formes établies pour la poursuite des crimes dont le jugement était de la compétence des tribunaux ordinaires. — Art. 566.

185. — Jugé que, sous l'empire du Code d'instruction criminelle, les Cours spéciales ne pouvaient être saisies des affaires que par le renvoi qui leur en était fait par les Cours d'appel, d'après une instruction suivie dans les formes établies par le même Code. — *Cass.*, 28 mars et 11 avril 1811, Solier et Gallois. — C'était une dérogation au principe de la loi du 18 pluv. an IX qui, comme nous l'avons vu, chargeait les tribunaux spéciaux ou les Cours spéciales de prononcer immédiatement sur leur compétence.

186. — Lorsque la Cour d'assises saisie par un arrêt de renvoi s'était déclarée incompétente, et que l'affaire au lieu d'être portée devant la Cour de cassation, à fin de règlement de juges, était revenue à la chambre des mises en accusation qui l'avait renvoyée devant la Cour spéciale, son arrêt devait être confirmé si la Cour de cassation reconnaissait qu'il réglait la compétence conformément à la loi, encore bien que la chambre d'accusation qui l'avait rendu fût incompétente, dans l'état de la procédure, pour statuer. — *Cass.*, 23 janv. 1813, Capo.

187. — L'arrêt de la Cour d'appel qui renvoyait à la Cour spéciale et l'acte d'accusation étaient, dans les trois jours, signifiés à l'accusé. — Art. 567. — Le ministère public adressait, dans le même délai, expédition de l'arrêt au ministre de la justice, qui le transmettait à la Cour de cassation. — Art. 568. — La section criminelle de cette Cour y statuait toutes affaires cessantes. — Art. 569. — En même temps qu'elle prononçait sur la compétence, elle statuait sur les nullités qui pouvaient se trouver dans l'arrêt de renvoi. — — Art. 570.

188. — Sous l'empire de la loi du 18 pluviôse an IX, le recours en cassation ne suspendait point le jugement du fond. — V. *suprà*, n° 85. — Il en était différemment sous l'empire du Code d'instruction criminelle; les débats ne pouvaient s'ouvrir qu'après que la Cour de cassation avait statué sur l'arrêt de renvoi ou de compétence. Mais l'instruction devait néanmoins se continuer en attendant la décision de la Cour de cassation. — Art. 571. — Cette instruction se faisait d'après les règles relatives aux procès de la compétence des Cours d'assises. — Art. 572.

189. — Les débats ne devaient donc s'ouvrir qu'après l'arrêt de la Cour de cassation. On suivait pour l'examen et les débats devant la Cour spéciale les mêmes règles que celles qui étaient suivies devant la Cour d'assises. Chaque témoin, après sa déposition, restait dans l'auditoire, si le président n'en avait autrement ordonné, jusqu'à ce que la Cour se fût retirée en la chambre du conseil pour y délibérer le jugement. — Art. 574 et 576.

190. — L'examen et les débats, une fois entamés, devaient être continués sans interruption. Le président ne pouvait les suspendre que pendant les intervalles nécessaires pour le repos des juges, des témoins et des accusés. — Art. 578.

191. — L'instruction à l'audience terminée, le ministère public donnait des conclusions motivées et requérait l'application de la peine, s'il y avait lieu. — Art. 576. — Le président faisait ensuite retirer l'accusé de l'auditoire.. — Art. 577.

192. — La Cour se retirait alors en la chambre du conseil, pour y délibérer. — Art. 580. — Le président posait la question et recueillait les voix. Les trois juges militaires opinaient les premiers, en commençant par le plus jeune. — Art. 581. — Le jugement se formait à la majorité. — Art. 582. — En cas d'égalité de voix, l'avis favorable à l'accusé prévalait. — Art. 583.

193. — Lorsque l'accusé était déclaré non convaincu, la Cour spéciale pouvait, en prononçant son acquittement, par le même arrêt, statuer, s'il y avait lieu, sur les dommages-intérêts, dont la demande avait été formée devant elle avant le jugement, soit par l'accusé contre ses dénonciateurs ou la partie civile, soit par la partie civile contre l'accusé. — Art. 584 et 585.

194. — L'acquittement ne pouvait être prononcé que par un arrêt rendu par la Cour spéciale, et non par le président de cette cour. — *Cass.*, 24 avr. 1812, Chichi.

195. — Si l'accusé était déclaré convaincu du crime porté en l'accusation, la Cour prononçait la peine établie par la loi, et statuait en même temps sur les dommages-intérêts prétendus par la partie civile. — Art. 587. — Elle pouvait, toutefois, relativement à l'application de la peine, et dans les cas prévus par la loi, déclarer l'accusé excusable. — Art. 588.

196. — Si, par le résultat des débats, le fait dont l'accusé était convaincu était dépouillé des circonstances qui le rendaient justiciable de la Cour spéciale, ou n'était pas de nature à entraîner peine afflictive ou infamante, la Cour, dans le premier cas, renvoyait, par un arrêt motivé, l'accusé et le procès devant la Cour d'assises, et, dans le second, appliquait, s'il y avait lieu, les peines correctionnelles ou de police encourues par l'accusé. — Art. 589.

197. — L'arrêt était prononcé à haute voix par le président, en présence du public et de l'accusé. — Art. 591. — Il devait contenir le texte de la loi sur lequel il était fondé et dont lecture était donnée à l'accusé. — Art. 592.

198. — Il y avait nullité de l'arrêt, lorsqu'il contenait seulement la mention que la peine avait été prononcée d'après les dispositions du droit commun. — Arg. *Cass.*, 21 fructid. an XII, Bonis.

199. — La minute de l'arrêt devait être signée, dans les vingt-quatre heures de la prononciation, par les juges, à peine de 100 fr. d'amende contre le greffier, et de prise à partie tant contre le greffier que contre les juges. — Art. 593.

200. — L'arrêt de la Cour spéciale ne pouvait, comme le jugement rendu au fond par le tribunal spécial sous l'empire de la loi du 18 pluv. an IX (V. *suprà* nos 86 et suiv.), être attaqué par voie de cassation. — Art. 597.

201. — Jugé, cependant, que, quoiqu'un arrêt rendu au fond par une Cour spéciale eût, à l'égard des condamnés, toute l'autorité et la force de la chose jugée, il pouvait être cassé, dans l'intérêt de la loi, sur le réquisitoire du procureur général à la Cour de cassation, agissant d'après les ordres du ministre de la justice. — *Cass.*, 30 avr. et 13 nov. 1812, Pisanni et Direk Fréezert.

202. — L'arrêt rendu sur le fond par une Cour spéciale devait être exécuté dans les vingt-quatre heures, à moins que la Cour n'eût recommandé le condamné à la commisération du roi. — Art. 595 et 598. — ...Ou à moins qu'il n'y eût lieu à pourvoi en cassation, dans l'intérêt de la loi. — V. le numéro qui précède.

203. — Les Cours spéciales établies par le Code d'instruction criminelle étaient de vrais tribunaux extraordinaires qui avaient cessé, dès le 25 févr. 1831, époque où la constitution belge était devenue obligatoire, d'avoir une existence légale en Belgique. Dès lors, la connaissance des crimes et le jugement des criminels qui leur étaient attribués ont dû, depuis cette époque, suivre la juridiction ordinaire, c'est-à-dire celle des Cours d'assises. — *Bruxelles*, 31 oct. 1831, Tuchle; 22 déc. 1831, W....

204. — La loi du 20-30 avril 1810, sur l'organisation de l'ordre judiciaire et l'administration de la justice, réorganisa encore les Cours spéciales. Elle les divisa d'abord en deux catégories, en Cours spéciales ordinaires et en Cours spéciales extraordinaires.

205. — Le dénomination de Cours spéciales ordinaires fut appliquée aux Cours spéciales instituées en vertu du Code d'instruction criminelle. La loi du 20 avril 1810 laissa subsister la composition de ces Cours, sauf une modification qu'elle y apporta. Au lieu de six militaires devant avoir au moins le grade de capitaine, cette loi y fit entrer, en remplacement, six officiers de gendarmerie nommés par l'empereur, et dont trois étaient désignés pour être suppléans. — Art. 24.

206. — A défaut d'un nombre suffisant d'officiers de gendarmerie pour remplir, dans chacune des Cours spéciales trois places de juges et trois places de suppléans, ce nombre pouvait être complété par des officiers de troupes de ligne ayant au moins le grade de capitaine. — Décr. règlement. du 6 juill. 1810, art. 99. — Les juges militaires des Cours spéciales et leurs suppléans étaient toujours rééligibles. — Art. 100.

207. — Le décret réglementaire du 6 juillet 1810 modifia la composition de la Cour spéciale ordinaire. D'après ce décret, dans les départemens où siégeait la Cour impériale, à l'exception de Paris, cette Cour devait être composée des membres de la Cour d'assises, réunis aux trois juges militaires. — Art. 101.

208. — Les fonctions du ministère public y étaient remplies, dans les départemens où siégeait la Cour impériale, par un avocat général, et, à son défaut, par un substitut ou par un conseiller auditeur; et, dans les autres départemens, par le procureur impérial criminel, et, en cas d'empêchement, par le procureur impérial du tribunal de première instance. — Art. 101 et 102.

209. — Les Cours spéciales ordinaires ouvraient leur session le surlendemain de la clôture des assises. Mais elles pouvaient être convoquées extraordinairement, si cela était nécessaire; dans ce cas, les membres de la dernière Cour spéciale étaient de droit membres de la session ainsi convoquée. La convocation extraordinaire était faite par arrêt rendu par la Cour impériale, chambres assemblées, sur la réquisition du procureur général. — Cet arrêt était rendu public. — Art. 105 et 106.

210. — Elles ne pouvaient juger qu'au nombre de six ou de huit juges; s'il ne se trouvait que sept juges à l'audience, le dernier dans l'ordre déterminé devait s'abstenir. — Art. 103.

211. — Les juges militaires siégeaient immédiatement après le dernier juge civil. Ils prenaient rang entre eux suivant leur grade; à égalité de grades, ils prenaient rang dans l'ordre d'ancienneté comme juges. — Art. 104.

212. — Les Cours spéciales ordinaires continuaient de connaître des crimes commis par les vagabonds, et autres crimes spécifiés dans les art. 553 et 554 C. instr. crim., en se conformant à l'art. 555 du même Code. — L. 20 avril 1810, art. 23.

213. — Tout individu condamné à une peine afflictive ou infamante restait soumis à leur juridiction pour les crimes qu'il pouvait commettre

jusqu'à sa réhabilitation, encore bien qu'il eût subi sa peine. — *Cass.*, 10 oct. 1811, Barchi.

214. — Une Cour spéciale, légalement saisie d'une accusation de faux, qui, d'après les débats, se trouvait réduite à une simple escroquerie, était compétente pour appliquer à ce délit les peines correctionnelles portées par la loi. — *Cass.*, 23 août 1811, Lenti c. Piétra. — V. *suprà*, n° 115.

215. — De même, lorsqu'elle reconnaissait des circonstances d'excuse, elle pouvait n'appliquer que des peines correctionnelles à un fait qualifié crime. — *Cass.*, 29 nov. 1811, Marinelli.

216. — La Cour spéciale extraordinaire était établie dans la Cour impériale; elle était composée de huit membres de cette Cour, dont l'un était désigné pour être le président. Le président et les conseillers étaient nommés par le premier président de la Cour impériale; ils pouvaient aussi être nommés par le grand-juge, dont les fonctions étaient remplies par le ministre de la justice. La Cour spéciale extraordinaire pouvait être divisée en plusieurs sections, si les circonstances l'exigeaient. — L. 20 avr. 1810, art. 25 et 26; décr. 6 juill. 1810, art. 107.

217. — Les membres d'une Cour spéciale extraordinaire pouvaient être remplacés par des juges de première instance. — *Cass.*, 22 mars 1816, Léonardi; 26 janv. 1826, Mondolini.

218. — Cette Cour était destinée à remplacer la Cour d'assises dans les départemens dans lesquels le jury n'avait pas été établi ou était suspendu. — L. 20 avr. 1810, art. 27; décr. 3 juill. 1810, art. 108.

219. — Toutefois, la Cour spéciale extraordinaire n'était établie que pour l'espace d'une année. — L. 20 avr. 1810, art. 29. — Elle était tenue de se transporter, quand il lui était ordonné par le grand-juge, dans l'étendue du ressort de la Cour impériale, pour y connaître des affaires de sa compétence (L. 20 avr. 1810, art. 30, et décr. 3 juill. 1810, art. 108), laquelle compétence était la même que celle des Cours d'assises.

220. — Elle devait se conformer, pour l'instruction et le jugement, aux dispositions du Code d'instruction criminelle concernant les Cours spéciales ordinaires. Néanmoins, ses arrêts définitifs ne devaient pas être précédés d'un arrêt de compétence, et ils étaient sujets au recours en cassation. — L. 20 avr. avr. 1810, art. 31.

221. — Jugé que le président d'une Cour spéciale extraordinaire ne pouvait refuser de poser une question sur une circonstance aggravante résultant des débats, sous le prétexte qu'elle avait été rejetée par l'arrêt de renvoi contre lequel le ministère public ne s'était pas pourvu. — *Cass.*, 10 déc. 1812, Carini.

222. — Lorsque, dans le nombre des huit juges qui composaient une Cour spéciale extraordinaire, il s'en trouvait deux dont les voix, si elles étaient conformes, ne comptaient que pour une, à raison de la parenté, cette Cour ne pouvait pas rendre un arrêt de condamnation contre l'accusé qui avait eu quatre voix pour lui, sur le motif que ces quatre voix se trouvaient réduites à trois et formaient la minorité. — *Cass.*, 16 juin 1814, Paoli.

223. — La Cour spéciale de Paris était composée de la même manière que la Cour spéciale extraordinaire établie dans les autres départemens. Le greffier de cette Cour était nommé par l'empereur. — L. 20 avr. 1810, art. 32. — Ce greffier était responsable des faits de ses commis-greffiers. — Décr. 3 juill. 1810, art. 111.

224. — Indépendamment des attributions communes à toutes les Cours spéciales ordinaires et extraordinaires, la Cour spéciale de Paris devait conserver, pendant cinq ans, toutes les attributions dont était actuellement investie la Cour criminelle de la Seine. — L. 20 avr. 1810, art. 33.

225. — La Cour spéciale de la Seine était seule compétente pour connaître des altérations commises par un percepteur des contributions directes, sur les registres nécessaires à la vérification du journal général de caisse, comme constituant un faux en pièces de comptabilité intéressant le trésor public. — *Cass.*, 10 juill. 1806, Ducluzeau; 21 mai 1807, G... J... L... et B... — V., au surplus, TRÉSOR PUBLIC.

226. — ... Du faux commis par un receveur de l'enregistrement sur ses registres. — *Cass.*, 7 janv. 1813, Faure.

227. — ... Même dans tout autre département de la France que celui de la Seine. — *Cass.*, 19 fruct. an XII, Cade.

228. — ... Du faux commis sur des certificats de paiement délivrés par des brigades de gendarmerie, par la raison que c'était un faux en pièces de comptabilité. — *Cass.*, 20 mai 1808, Thévenin, dit Verneuil.

229. — ... Ainsi que de la fausse fabrication de vignettes à bandes propres à serrer des cartes à jouer et de la fabrication du type ou poinçon aux armes de la régie des droits réunis sur les cartes. — *Cass.*, 26 déc. 1807, Chevalier et Coulaud.

230. — ... Et de la contrefaçon ou de l'altération des billets de la banque de France ou des départemens. — L. 23 vent. an XII. — Cette attribution, qui ne devait d'abord être que temporaire, fut plus tard indéfiniment prorogée. — L. 17 sept. 1807.

231. — Jugé que la loi du 20 avril 1810, en conservant à la Cour spéciale de Paris les attributions extraordinaires dont elle était investie, n'ayant renouvelé ni établi aucune règle pour la première instruction et la déclaration de compétence, il y avait lieu de se conformer à ce qui était prescrit pour les autres Cours spéciales. — *Cass.*, 28 mars et 11 avril 1811, Solier et Gallois.

232. — Ainsi, l'instruction et la première déclaration de compétence appartenaient, comme le jugement, à la Cour spéciale de Paris. — *Cass.*, 2 nov. 1811, N....

233. — Les Cours spéciales ordinaires et extraordinaires ont cessé de fonctionner à partir de la mise en vigueur de la loi qui a institué les Cours prévôtales. Cependant, et par exception, la Cour spéciale extraordinaire établie en Corse a continué d'y subsister jusqu'après la révolution de 1830. — V. CORSE.

§ 4. — *Cours prévôtales.*

234. — Les Cours prévôtales avaient été instituées par la loi du 20-27 déc. 1815, qui réglait leur organisation et leur compétence et déterminait en même temps le mode de procéder devant elles.

235. — D'après l'art. 1er de cette loi, une Cour prévôtale était établie dans chaque département et dans le lieu où siégeait la Cour d'assises. Elle pouvait cependant, sur la réquisition du prévôt ou du procureur du roi, et après délibération, se transporter et siéger dans les lieux du département qu'elle avait indiqués. — Art. 51.

236. — Les Cours prévôtales étaient composées d'un président, d'un prévôt et de quatre juges, dont un était désigné pour remplir les fonctions d'assesseur. — Art. 2. — Le président et les juges étaient choisis parmi les membres du tribunal de première instance du lieu où siégeait la Cour prévôtale. — Art. 3. — Les prévôts étaient pris parmi les officiers de l'armée de terre ou de mer, ayant le grade de colonel au moins, et âgés de trente ans accomplis. — Art. 4.

237. — Le président de la Cour prévôtale et le prévôt étaient nommés par le roi pour toute la durée de la loi. Les juges et assesseurs étaient annuellement désignés par le premier président de la Cour royale du ressort. — Art. 5. — Les présidents et les prévôts prêtaient serment, avant d'entrer en fonctions, devant la Cour royale du ressort. — Art. 54.

238. — En cas d'empêchement ou d'absence légitime, les membres des cours prévôtales étaient remplacés, savoir : le président, par le juge le plus ancien; le prévôt, par l'officier commandant la gendarmerie du département; les juges, par des membres du tribunal de première instance, et, à leur défaut, par des avocats inscrits sur le tableau. — Art. 50.

239. — Les Cours prévôtales ne pouvaient juger qu'au nombre de six juges. — Art. 52.

240. — Les fonctions du ministère public étaient exercées près de chaque Cour prévôtale par le procureur du roi près le tribunal de première instance ou par l'un de ses substituts. — Art. 6. — Et celles de greffier par les greffiers des tribunaux de première instance ou par leurs commis assermentés. — Art. 7.

241. — Les Cours prévôtales connaissaient des crimes qui étaient attribués aux Cours spéciales par le Code d'instruction criminelle. — Art. 8. — Ainsi, elles connaissaient, contre toute personne, du crime de rébellion armée à la force publique. — Art. 9. — Crime qui est aujourd'hui de la compétence des Cours d'assises. — V. RÉBELLION.

242. — Elles procédaient en outre contre tout individu, quelle que fût sa profession, civile, militaire ou autre, qui avait été arrêté faisant partie d'une réunion séditieuse, ou qui, sans droit et sans motif légitime, avait pris le commandement d'une force armée, d'une place forte, d'un poste, d'un port ou d'une ville, ou qui avait levé ou organisé une bande armée, ou qui avait fait partie d'une telle bande, ou qui lui avait fourni des armes, des munitions ou des vivres. — Art. 9.

243. — Les Cours prévôtales procédaient également contre toute personne prévenue d'avoir affiché, distribué ou vendu dans les lieux publics des écrits; d'avoir, dans les lieux publics ou destinés à des réunions habituelles de citoyens, fait entendre des cris ou proféré des discours, toutes les fois que ces cris, ces discours ou ces écrits exprimaient la menace d'un attentat contre la personne du roi ou la personne des membres de la famille royale, toutes les fois qu'ils excitaient à s'armer contre l'autorité royale, ou qu'ils provoquaient au renversement du gouvernement ou au changement de l'ordre de successibilité au trône. — Art. 10.

244. — Étaient encore justiciables des Cours prévôtales les prévenus d'avoir arboré, dans un lieu public ou destiné à des réunions habituelles de citoyens, un drapeau autre que le drapeau blanc, et d'avoir fait entendre des cris séditieux dans le palais du roi ou sur son passage. — Art. 11. — Ainsi que les prévenus d'assassinat ou de vol avec port d'armes ou violence, lorsque ces crimes avaient été commis sur les grands chemins; mais n'étaient pas regardés comme grands chemins les routes dans les villes, bourgs, faubourgs et villages. — Art. 12.

245. — Une Cour prévôtale n'était compétente pour connaître des tentatives de vols commises en réunions ou bandes armées, qu'autant que ces réunions ou bandes avaient eu pour but de s'emparer des domaines, propriétés ou deniers publics, en un mot de se rendre coupables des envahissemens ou autres crimes mentionnés dans l'art. 96 C. pén. — *Cass.*, 22 août 1817, N....

246. — Enfin, étaient justiciables des Cours prévôtales les militaires et les individus à la suite des armées ou des administrations militaires, prévenus de vol ou d'actes de violence qualifiés crimes par le Code des délits et des peines, toutes les fois que lesdits actes ne pouvaient être considérés comme des infractions aux lois sur la subordination et la discipline militaire. — Art. 13. — Et étaient compris dans cette disposition les militaires en activité de service ou jouissant d'un traitement d'activité ou de non-activité autre que la solde de retraite, et les militaires licenciés ou congédiés pendant l'année qui suivait leur licenciement ou la délivrance de leur congé absolu. — Art. 14.

247. — Jugé, par application des art. 13 et 14 précités, qu'une Cour prévôtale n'était pas compétente pour connaître d'un faux commis par un militaire, lors même que ce faux aurait eu un vol pour but et pour effet. — *Cass.*, 21 août 1817, Nitzeler.

248. — Si, dans une affaire qui n'avait été renvoyée devant la Cour prévôtale qu'à cause de la qualité des prévenus, il se trouvait un ou plusieurs d'entre eux qui n'en étaient point justiciables par leur qualité, le procès et les parties étaient renvoyés devant qui de droit. — Art. 15. — De même, lorsque les accusés, ou quelques-uns des accusés compris dans le même procès étaient en même temps prévenus de crimes autres que ceux dont la poursuite était attribuée aux Cours prévôtales, lesdites Cours, après avoir statué sur l'affaire dont elles devaient connaître, renvoyaient, pour le surplus, s'il y avait lieu, devant qui de droit. — Art. 18.

249. — Lorsque, dans une affaire portée devant la Cour prévôtale à cause de la nature de l'accusation, le crime dont l'accusé était prévenu se trouvait, par le résultat des débats, dépouillé des circonstances qui le rendaient cas prévôtal, la Cour renvoyait l'accusé et le procès devant qui de droit. — Art. 16.

250. — Si, par le résultat des débats, le fait dont l'accusé était convaincu n'était pas de nature à entraîner peine afflictive ou infamante, la Cour appliquait les peines correctionnelles ou de police encourues par l'accusé. — Art. 17.

251. — La loi du 20 déc. 1815 n'attribuait pas seulement compétence aux Cours prévôtales pour les crimes commis postérieurement à sa promulgation. Les crimes de la compétence des Cours spéciales, commis même antérieurement à la promulgation de cette loi, devaient être jugés par les Cours prévôtales. — Art. 19.

252. — En soumettant au jugement des Cours

prévôtales les crimes de la compétence des Cours spéciales, commis antérieurement à sa promulgation, la loi du 20 déc. 1815 ne privait point les accusés qui en étaient l'objet des formes et des garanties qui leur étaient assurées par les lois en vigueur à l'époque où les délits avaient été commis. En conséquence, l'arrêt de condamnation intervenu était nul, s'il n'avait pas été précédé d'un arrêt préalable de compétence, si l'acte d'accusation n'avait pas été dressé par le procureur général, et si la procédure n'avait pas été instruite dans les formes établies pour les crimes ordinaires. — *Cass.*, 19 juill. 1816, Weilt ; 6 sept. 1816, N.... ; 18 oct. 1816, N... ; 14 nov. 1816, Raymond Jordy ; 2 mai 1817, Mariette ; 24 oct. 1817, Paschal Nourrit.

253. — La recherche et la poursuite de tous les crimes dont la connaissance était attribuée aux Cours prévôtales, appartenaient aux prévôts (art. 20), qui, avant d'instruire, devaient préalablement donner avis au procureur du roi du tribunal du lieu où siégeait la Cour prévôtale des crimes qu'ils considéraient comme constituant un cas prévôtal. — Art. 29.

254. — Dans le cas de flagrant délit ou de clameur publique, ils étaient tenus de se transporter sur les lieux pour dresser les procès-verbaux des faits et de tout ce qui pouvait servir à la décharge ou conviction des accusés, et pour réunir tous les renseignemens. — Art. 21. — Ils avaient le droit, dans le même cas, de faire saisir les prévenus présens contre lesquels il existait des indices graves. — Art. 22.

255. — Les prévôts pouvaient requérir directement la gendarmerie et toute autre force publique. — Art. 26. — Ils avaient le droit de faire citer devant eux les personnes qu'ils jugeaient utile d'entendre. — Art. 24. — Ils pouvaient décerner immédiatement des mandats d'amener. — Art. 23. — Mais ils ne pouvaient décerner de mandats d'arrêt qu'après avoir entendu les prévenus et le procureur du roi. — Art. 25.

256. — Les crimes dont la connaissance était attribuée aux Cours prévôtales étaient poursuivis d'office par les procureurs du roi près des lieux où siégeait la Cour d'assises, sous la surveillance des procureurs généraux. — Art. 30.

257. — A l'instant même de son arrestation, le prévenu était conduit dans les prisons les plus prochaines et transféré, sans délai, dans celles de la Cour prévôtale. — Art. 32. — Dans les vingt-quatre heures de son arrivée dans ces prisons, le prévôt procédait à son interrogatoire ; il procédait ensuite, dans le plus court délai, à l'audition des témoins. Il était assisté de son assesseur, qui pouvait le requérir de faire à l'accusé telle question qu'il jugeait nécessaire à l'éclaircissement de l'affaire. L'assesseur signait l'interrogatoire et le procès-verbal d'audition des témoins, le tout à peine de nullité. — Art. 33.

258. — Dans le cours de l'interrogatoire, le prévenu était averti qu'il serait jugé prévôtalement, en dernier ressort et sans recours en cassation. Il était sommé de proposer ses exceptions contre la compétence, s'il en avait à présenter. Il était fait mention, dans le procès-verbal, de ladite sommation et des réponses du prévenu. Il lui était demandé, en outre, s'il avait fait choix d'un conseil, et s'il ne l'avait pas fait, le prévôt lui en nommait un d'office, le tout également à peine de nullité. — Art. 34.

259. — Sur le vu des pièces communiquées au ministère public, la Cour jugeait sa compétence. — Art. 20.

260. — Une Cour prévôtale ne pouvait juger sa compétence qu'avec ou contre des individus nominativement désignés comme auteurs ou comme complices de faits soumis à la juridiction prévôtale ; elle ne pouvait pas se contenter de déclarer sa compétence à raison de la seule nature du fait. — *Cass.*, 10 juill. 1817, d'Homme.

261. — Les jugemens de compétence étaient rendus en la chambre du conseil et hors la présence de l'accusé, sur le rapport du prévôt et sur les conclusions écrites du ministère public. — Art. 36. — Ce jugement était signifié dans les vingt-quatre heures à l'accusé. — Art. 37.

262. — Dans le cas où la Cour prévôtale se déclarait incompétente, elle renvoyait l'accusé et les pièces devant qui de droit. Le ministère public pouvait, dans les dix jours du jugement, se pourvoir contre par-devant la Cour royale du ressort, chambre d'accusation. Si cette dernière Cour réformait le jugement, elle renvoyait la cause et les parties à une autre Cour prévôtale de son ressort, qui procédait immédiatement au jugement définitif. — Art. 38.

263. — Lorsque la chambre du conseil d'un tribunal de première instance et une Cour prévôtale s'étaient renvoyé une affaire l'une à l'autre, en se déclarant successivement incompétentes, il y avait lieu à recourir en règlement de juges devant la Cour de cassation. — *Cass.*, 22 août 1817, N....

264. — Dans le cas où la Cour prévôtale se déclarait compétente, elle prononçait, s'il y avait lieu, la mise en accusation, et décernait l'ordonnance de prise de corps. Le jugement de compétence était envoyé immédiatement au procureur général, qui était tenu, toute affaire cessante, de le soumettre à la délibération de la chambre d'accusation de la Cour royale, pour qu'elle statuât définitivement, sans recours en cassation. — Art. 39.

265. — Jugé, en vertu de la disposition précitée, que les Cours royales n'avaient juridiction sur les arrêts des Cours prévôtales que pour la qualification du fait et le règlement de la compétence, et qu'elles ne pouvaient, sans sortir des bornes de leurs attributions, apprécier le mérite des charges ni déclarer qu'il n'y avait lieu à accusation. — *Cass.*, 9 mai 1817, Labarthe.

266. — Lorsque, postérieurement à l'arrêt de compétence, d'autres prévenus du même crime étaient arrêtés, la Cour prévôtale ne pouvait statuer sur leur sort, sans avoir rendu à leur égard un nouvel arrêt de compétence, et sans que cet arrêt eût été confirmé par la Cour royale. — *Cass.*, 10 juill. 1817, d'Homme.

267. — L'instruction sur le fond du procès n'était pas suspendue par l'envoi du jugement de compétence à la Cour royale. Mais il était sursis aux débats et au jugement définitif jusqu'à ce qu'il eût été prononcé par ladite Cour sur ce jugement de compétence. — Art. 40.

268. — La Cour prévôtale, saisie d'une affaire par le renvoi que lui en avait fait une Cour royale, procédait au jugement définitif sans jugement préalable sur sa compétence. — Art. 41.

269. — Une Cour prévotale excédait ses pouvoirs, en se permettant de juger un fait évidemment autre que celui à raison duquel l'accusé avait été traduit devant elle, et sans que, sur ce fait distinct et nouveau, la compétence eût été, en aucune manière, établie. — *Cass.*, 5 févr. 1818, Gabriel Roussac.

270. — Décidé cependant que, lorsqu'en statuant sur un jugement de compétence rendu par une Cour prévôtale, la Cour royale reconnaissait l'existence non-seulement du fait qualifié par ce jugement, mais encore d'un autre crime connexe attribué à la même juridiction, elle se conformait à la loi en renvoyant les deux faits devant la Cour prévôtale, quoiqu'il n'eût pas été rendu de jugement de compétence sur le second. — *Cass.*, 3 oct. 1817, Girard-Sardon.

271. — L'acte d'accusation était dressé par le ministère public (art. 42) ; et, pour ce qui concerne l'audition des témoins, les récusations de juges, l'examen, la défense de l'accusé, la police de l'audience, le jugement et l'exécution, les Cours prévôtales devaient se conformer aux formes établies par le Code d'instruction criminelle pour les Cours spéciales, sauf les modifications prescrites par la loi du 20 décembre 1815. — Art. 43.

272. — Les Cours prévôtales ne pouvaient infliger d'autres peines que celles portées par les lois. — Art. 44.

273. — Leurs arrêts étaient rendus en dernier ressort et sans recours en cassation (art. 45), et ils étaient exécutés dans les vingt-quatre heures, à moins qu'elles n'eussent recommandé l'accusé à la commisération du roi. — Art. 46.

274. — La loi du 20 décembre 1815 devait cesser d'avoir son effet après la session de 1817, si elle n'avait été renouvelée dans le courant de ladite session (art. 55) ; et, faute de renouvellement, elle cessa réellement d'avoir effet après la session de 1817.

§ 5. — *Cour des pairs.*

275. — La Charte de 1830 avait conféré à la Chambre des pairs, qui prenait alors le nom de *Cour des pairs*, et à l'exclusion de toute autre juridiction, le droit de connaître des crimes de haute trahison et des attentats à la sûreté de l'Etat, et de juger les membres de la Chambre des pairs qui s'étaient rendus coupables de crimes, ainsi que les ministres mis en accusation

par la Chambre des députés. — Art. 28, 29 et 47. — V. COUR DES PAIRS.

Sect. 2e. — *Législation actuelle. — Haute-Cour de justice.*

276. — Sous le Directoire, le Consulat et l'Empire, les attentats contre l'ordre politique étaient jugés par une Haute-Cour de justice, juridiction spéciale dont la composition et les attributions ont été exposées sous le mot HAUTE-COUR (V. ce mot).

277. — Sous la Restauration, le jugement de certains crimes politiques avait été momentanément attribué aux Cours prévôtales (V. *suprà* nos 241 et suiv.), et, comme sous la monarchie de juillet (V. *suprà* no 275), la Cour des pairs pouvait connaître des crimes de haute trahison et des attentats à la sûreté de l'Etat (Charte de 1814, art. 34). Après la cessation des fonctions des Cours prévôtales, les crimes politiques, dont n'était point saisie la Cour des pairs, rentraient dans la compétence des Cours d'assises. Il en était de même sous la monarchie de 1830. — V. ATTENTAT CONTRE LE ROI, CRIMES CONTRE LA SURETÉ DE L'ÉTAT, COUR D'ASSISES.

278. — La Constitution du 4 nov. 1848 a rétabli la Haute-Cour de justice, à laquelle elle a conféré le droit de juger, sans appel ni recours en cassation : 1° les accusations portées par l'Assemblée nationale contre le président de la République et les ministres (V. PRÉSIDENT DE LA RÉPUBLIQUE, RESPONSABILITÉ MINISTÉRIELLE), et 2° toutes les personnes prévenues de crimes, attentats ou complots contre la sûreté intérieure ou extérieure de l'Etat, que l'Assemblée renvoie devant elle. — Art. 91, § 1er et 2.

279. — La Haute-Cour de justice ne peut, en principe, se saisir elle-même ; elle ne peut être saisie qu'en vertu d'un décret de l'Assemblée nationale, qui désigne la ville où elle doit tenir ses séances. — Art. 91, § 3. — Il résulte de la discussion qui s'est élevée sur cet article devant l'Assemblée constituante, que la Haute-Cour de justice pourrait connaître des attentats antérieurs à la promulgation de la Constitution. — Dupin, *Comment. de la Const.*, p. 90, 171 et suiv. — V. *infrà* no 291.

280. — Une loi rendue par l'Assemblée nationale, le 22-26 janv. 1849, en exécution de la disposition ci-dessus, a renvoyé devant la Haute-Cour de justice les auteurs et complices de l'attentat du 15 mai 1848, et décidé que la Haute-Cour se réunirait à Bourges dans les quarante jours qui suivraient sa promulgation.

281. — Les auteurs et complices du complot et de l'attentat du 13 juin 1849 ont été également renvoyés par une loi du 10-11 août 1849, rendue par l'Assemblée législative, devant la Haute-Cour de justice, dont le lieu des séances a été fixé à Versailles, et qui devait se réunir dans les deux mois de la promulgation de la loi.

282. — Les décrets de l'Assemblée nationale qui saisissent la Haute-Cour de justice de la connaissance d'un attentat ne peuvent être déférés à la Cour de cassation, même pour cause de prétendue incompétence. — *Cass.*, 17 fév. 1849 (t. 1er 1849, p. 188), Raspail et Quentin.

283. — Mais la Constitution a elle-même décidé, par exception au principe précité, que, dans le cas où le président de la République se trouverait déchu de ses fonctions, pour avoir dissous l'Assemblée nationale, l'avoir prorogée ou avoir mis obstacle à l'exercice de son mandat, les juges de la Haute-Cour de justice devaient se réunir immédiatement, sans aucune convocation, à peine de forfaiture. — Art. 68.

284. — La Haute-Cour de justice est permanente. Elle est composée de cinq juges et de trente-six jurés. — Art. 92, § 1er.

285. — Chaque année, dans les quinze premiers jours du mois de novembre, la Cour de cassation nomme, parmi ses membres, au scrutin secret et à la majorité absolue des suffrages, les juges de la Haute-Cour, au nombre de cinq et deux suppléans. Les cinq juges appelés à siéger font choix de leur président. — Les jurés, au nombre de trente-six, et quatre jurés suppléans, sont pris parmi les membres des conseils généraux des départemens. — Les représentans du peuple ne peuvent faire partie du jury. — Art. 92, § 2, 4 et 5.

286. — Les représentans du peuple qui fai-

saient partie de l'Assemblée nationale à l'époque où la Haute-Cour de justice a été saisie de la connaissance d'une affaire par un décret de cette Assemblée ne peuvent être jurés dans ladite affaire. Il y a, en pareil cas, incompatibilité entre ces deux fonctions. — *Haute-Cour de justice*, 10 oct. 1849 (t. 2 1849, p. 533), Huber.

287. — Les magistrats remplissant les fonctions du ministère public près la Haute-Cour de justice sont désignés par le président de la République. — Art. 92, § 3.—Deux arrêtés, l'un du 28 janv. 1849, et l'autre du 29 août suivant, ont, conformément à cette disposition, désigné les magistrats chargés de remplir les fonctions du ministère public près la Haute-Cour de justice de Bourges et de Versailles.

288. —Dans le cas d'accusation portée contre le président de la République ou les ministres, ces magistrats sont nommés par l'Assemblée nationale (art. 92, § 3), et lorsque le président de la République encourt la déchéance de ses fonctions aux termes de l'art. 68 de la Constitution, ils sont nommés par les juges eux-mêmes de la Haute-Cour. — Art. 68, § 3.

289. — Lorsqu'un décret de l'Assemblée nationale a ordonné la formation de la Haute-Cour de justice, le président de chaque Cour d'appel, et à défaut de Cour d'appel, le président de chaque tribunal de première instance du chef-lieu judiciaire du département, tire au sort, en audience publique, le nom d'un membre du conseil général. — Art. 93.

290. — Le tirage au sort a lieu sur la réquisition du procureur général près la Cour d'appel ou du procureur de la République près le tribunal de première instance. Mais dans le cas prévu par l'art. 68, il a lieu sur la réquisition du président de la Haute-Cour ou de l'un des juges de cette Cour.

291. — En investissant les membres des conseils généraux du droit de siéger comme hauts-jurés, lors de la convocation de la Haute-Cour de justice, la Constitution de 1848 (art. 91) n'a fait dépendre leur concours au jugement des attentats qu'elle a prévus que de leur qualité de membres des conseils généraux, et n'a pas distingué entre ceux de ces conseillers généraux qui étaient alors investis de cette qualité et ceux qui la tiendraient d'une élection nouvelle postérieure à la promulgation de la Constitution. — *Haute-Cour de justice*, 8 mars 1849 (t. 1er 1849, p. 196), Raspail et Blanqui; 13 oct. 1849 (t. 2 1849, p. 534), Gambon, Guinard et Forestier.

292. — La Constitution qui a virtuellement maintenu l'existence et la composition des conseillers généraux (art. 113), a pu, en effet, en les appelant à remplir les fonctions de jurés dans la Haute-Cour de justice qu'elle créait, ne subordonner l'exercice de l'attribution nouvelle qu'elle leur conférait ni à une réélection, ni à une réorganisation ultérieure. — Arrêt précité du 13 oct. 1849.

293. — La composition de la Haute-Cour et celle du haut-jury, étant un acte du pouvoir constituant, ne saurait d'ailleurs tomber sous le contrôle du pouvoir judiciaire. — Arrêt précité du 8 mars 1849.

294. — La Haute-Cour de justice est convoquée au lieu que lui a désigné l'Assemblée nationale pour tenir ses séances par une ordonnance du président de la Haute-Cour.

295. — Au jour indiqué pour le jugement, s'il y a moins de soixante jurés présens, ce nombre doit être complété par des jurés supplémentaires, tirés au sort par le président de la Haute-Cour parmi les membres du conseil général du département où siége la Cour. — Art. 94.

296. — Les jurés qui, ne se présentant pas, n'ont pas produit d'excuse valable, doivent être condamnés à une amende de 1,000 à 10,000 fr., et à la privation des droits politiques, privation dont la durée ne peut excéder cinq ans.—Art. 95.

297. — L'accusé et le ministère public peuvent exercer le droit de récusation, comme en matière ordinaire. — Art. 96.

298. — La Haute-Cour de justice, saisie par un décret de l'Assemblée nationale de la connaissance d'une accusation d'attentat rentrant dans les prévisions de l'art. 71 de la Constitution de 1848, conserve le pouvoir d'examiner et d'apprécier, en dehors des considérations d'ordre politique qui ont motivé le renvoi, les exceptions juridiques faisant partie de la défense des accusés. — *Haute-Cour de justice*, 8 mars 1849 (t. 1er 1849, p. 196), Raspail et Blanqui.

299. — Elle a le droit, spécialement, d'apprécier l'exception d'incompétence, tirée de ce que les faits qui forment la base de l'accusation étant antérieurs à la création, par la Constitution, de la Haute-Cour de justice, le jugement par cette Haute-Cour serait de nature à porter atteinte au principe de la non-rétroactivité des lois, alors d'ailleurs qu'il n'a été statué d'une manière directe et expresse sur cette question de compétence, ni par le décret de l'Assemblée nationale, portant renvoi devant la Haute-Cour, ni par aucune décision ayant le caractère de la chose jugée. — Même arrêt.

300. — Quant aux formalités à suivre pour l'instruction et les débats devant la Haute-Cour de justice, elles sont les mêmes que celles qui ont lieu pour l'instruction et les débats devant la Cour d'assises.

301. — Ainsi, le président de la Haute-Cour a le droit d'interroger les accusés préalablement à l'audition des témoins et de leur demander tout ce qui lui semble nécessaire pour la manifestation de la vérité. — *Haute-Cour de justice*, 9 mars 1849 (t. 1er 1849, p. 204), Blanqui.

302.—Il a aussi la faculté d'éloigner un accusé du débat, lorsque la conduite de celui-ci lui paraît de nature à porter atteinte au calme ou à la dignité de l'audience. Mais un accusé ne peut demander lui-même la permission de s'abstenir d'assister aux débats, si l'état de sa santé ne lui en fait une impérieuse nécessité.— *Haute-Cour de justice*, 19 mars 1849 (t. 1er 1849, p. 205), Raspail.

303. — Jugé aussi que l'appréciation des griefs articulés par un accusé contre le régime intérieur de la prison ne peut faire l'objet d'un incident sur lequel la Haute-Cour ait à statuer. Cette appréciation appartient exclusivement au pouvoir discrétionnaire du président.—Même arrêt.

304. — La déclaration du jury portant que l'accusé est coupable ne peut être rendue qu'à la majorité des deux tiers des voix.—Art. 97.

305. — La Haute-Cour de justice est essentiellement et forcément compétente pour connaître du fait de compte-rendu infidèle et de mauvaise foi des débats qui ont eu lieu devant elle. Le jury ne saurait en être saisi. — *Haute-Cour de justice*, 26 oct. 1849 (t. 2 1849, p. 552), Hermann (Journal *la Tribune des peuples*).

TRIPIERS, TRIPERIES.

1. — Patentables de 7e classe. — Droit fixe basé sur la population; — droit proportionnel du 40e de la valeur locative de tous les locaux qu'ils occupent, mais seulement dans les communes de 20,000 âmes et au-dessus.—V. PATENTE.

2. — Etablissemens des tripiers.—1re classe des établissemens insalubres.—V. ce mot (nomenclature).—V. aussi BOUCHER.

TRIPLE DROIT.

C'est une somme triple du droit ordinaire que la régie de l'enregistrement doit prélever à titre d'amende sur les contre-lettres sous seings privés ayant pour objet une augmentation du prix énoncé dans des contrats précédemment enregistrés. — V. ENREGISTREMENT.

TROC.

Synonyme d'échange. — V. ÉCHANGE. — V. aussi ASSURANCE MARITIME.

TROMBLON.

V. ARMES.

TROMPERIE.

Le Code pénal renferme contre le fait de tromper diverses dispositions dont l'examen a eu lieu principalement sous les mots : ABUS DE CONFIANCE, ESCROQUERIE. — V. aussi TROMPERIE SUR LES MARCHANDISES, VOL.

TROMPERIE SUR LA NATURE DES MARCHANDISES.

1. — L'art. 423 C. pén. s'occupant spécialement de la tromperie sur la nature des marchandises prévoit et punit le fait d'avoir trompé l'acheteur, soit 1° sur le titre des matières d'or et d'argent, soit 2° sur la *quantité* des choses vendues par usage de faux poids ou de fausses mesures, soit 3° sur *la qualité* d'une pierre fausse vendue pour fine, soit 4° enfin sur la nature de toutes marchandises.

2. — Il a déjà été question des deux premières catégories, Vis MATIÈRES D'OR ET D'ARGENT, nos 174 et suiv., et POIDS ET MESURES, nos 207 et suiv.

3. — Quant au fait qui consiste à avoir trompé sur la *qualité* d'une *pierre fausse vendue pour fine*, MM. Chauveau et Hélie (*Th. C. pén.*, t. 7, p. 524) font remarquer qu'il se confond avec le fait d'avoir trompé sur la *nature* de toutes marchandises. Si la pierre, sans être fausse, n'est pas de la qualité convenue, l'art. 423 n'est plus applicable. « En effet, disent-ils, si la pierre vendue pour fine est fausse, ce n'est pas seulement sur sa qualité que l'acheteur a été trompé, c'est sur sa nature même. Si, sans être fausse, elle est d'une autre nature, ce fait reprend le caractère de délit, mais en faisant application, non point de la disposition spéciale relative aux pierres fines, mais de la disposition relative aux marchandises en général. »

4. — La disposition dont il sera question ici est celle qui punit la *tromperie sur la nature de toutes marchandises*.

5. — Ainsi, comme on le voit, d'après l'art. 423 C. pén., il faut que la fraude ait porté *sur la nature ou la substance de la chose vendue*, par exemple si, au lieu de vin pur que j'ai acheté, on me livre du vin mélangé d'eau. Il n'en serait pas de même si elle n'avait porté que *sur la qualité*. C'est ainsi qu'en matière civile l'erreur n'est une cause d'annulation des contrats qu'autant qu'elle tombe sur la substance de la chose qui est l'objet de la convention, par exemple si, ayant voulu acheter une paire de chandeliers d'argent, on m'a livré des chandeliers de cuivre argenté. — V. Pothier, *Oblig.*, t. 1er, n° 18. — La commission du Corps législatif voulait, il est vrai, qu'on restreignît les dispositions de l'art. 423, et qu'on déclarât qu'elles ne seraient applicables qu'au défaut d'identité entre la marchandise vendue et la marchandise livrée; qu'en conséquence, on ajoutât les mots « la nature, l'origine ou l'espèce de toutes marchandises. » — « Ainsi, disait-elle, si un individu a acheté un cheval et qu'on ne lui livre pas le même, si on lui a vendu du drap de Louviers et qu'on lui remette du drap d'Elbœuf, le vendeur sera coupable de la tromperie qu'on a eue en vue dans cet article. » Mais cet amendement ne fut pas adopté par le Conseil d'Etat. « Et de là il suit, disent les auteurs de la *Théorie du Code pénal* (t. 7, p. 523), que ce n'est pas seulement le défaut d'identité que la loi a voulu atteindre; ce sont aussi les différences qui changent la nature de la marchandise. Mais il faut que l'acheteur ait été trompé sur cette nature même. S'il ne l'avait été que sur la qualité ou le prix, il n'y aurait lieu à aucune poursuite correctionnelle. L'acheteur peut débattre le prix, il peut s'assurer de la qualité de la marchandise. Mais quant à sa nature, sa confiance est souvent forcée. »

6. — Jugé, en ce sens, que l'art. 423 C. pén., ne s'applique qu'au marchand qui trompe sur la nature même de la marchandise qu'il vend, mais non à celui qui, ayant vendu une marchandise d'une certaine qualité, en livre une d'une qualité inférieure. — *Orléans*, 30 avr. 1844 (t. 1er 1844, p. 654), Delarche; *Cass.*, 22 juin 1844 (t. 2 1844, p. 275), même partie.

7. — Ainsi, cet article n'est point applicable à un vendeur de méteil qui livre des sacs garnis d'un méteil conforme à l'entrée à l'échantillon, et contenant, pour le surplus, une quantité plus considérable de seigle. — Mêmes arrêts.

8. — Les mots *toutes marchandises* employés dans l'art. 423 C. pén. doivent s'entendre, sans exception, de tout ce qui peut faire l'objet d'un commerce. Spécialement, les vins doivent être nécessairement compris dans ces expressions. — *Paris*, 9 févr. 1843 (t. 1er 1843, p. 445), Allien.

9. — La Cour de Paris avait jugé que la fausse mention de l'approbation universitaire sur un ouvrage classique (par exemple sur un dictionnaire de la langue française) publié et mis en vente ne constitue pas, quelque blâmable que soit le fait, le délit de tromperie sur la nature de la marchandise. — *Paris*, 27 nov. 1847 (t. 1er 1848, p. 36), Peigné.

10. — En rapportant cet arrêt, nous avons critiqué la doctrine qu'il consacrait. « S'il est vrai, avons-nous dit, que même sans approbation

universitaire, un dictionnaire n'en est pas moins un dictionnaire, c'est à tort que l'on voudrait considérer cette approbation comme y ajoutant une simple qualité de plus. En fait d'ouvrages classiques, l'approbation universitaire a une telle importance, qu'elle se rattache nécessairement et intimement à l'œuvre même, qu'elle fait corps avec cette œuvre, et qu'elle lui donne, par une sorte de transformation, une existence à part et toute différente de celle qu'elle pourrait avoir en dehors de cette approbation. Or, en pareille occurrence, n'est-il pas juste de dire qu'elle tient à la nature même de l'œuvre, ou plutôt qu'elle constitue, *in parte quâ*, cette nature même? — Sans doute, si l'on me vend un dictionnaire et que ce dictionnaire renferme des erreurs et des incorrections, je ne serai trompé que sur la qualité, en ce qu'on m'aura vendu une chose mauvaise, tandis que je devais la croire de bonne qualité; mais aussi je pouvais m'assurer de cette qualité, et si je suis induit en erreur, la faute m'en est imputable. Mais si je prétends acheter un dictionnaire approuvé universitairement, il est évident que, dans ma pensée, l'idée de l'approbation se confond tellement avec celle de dictionnaire, que, pour moi, il n'y a pas de dictionnaire sans l'approbation. — Ce n'est donc pas seulement sur la qualité de la chose, c'est sur la chose elle-même que je suis trompé lorsqu'au lieu d'une approbation réelle il n'existe qu'une fausse mention d'approbation. — D'ailleurs, en pareil cas, ma confiance d'acheteur n'est-elle pas forcée? et comment veut-on que je vérifie si la chose que j'achète est réellement celle que je crois acheter? »

11. — C'est, en effet, ce qui a été jugé depuis par la Cour de cassation, laquelle, en cassant l'arrêt précité, a décidé que le fait d'avoir débité avec la mention de l'approbation universitaire un ouvrage classique (par exemple un dictionnaire de la langue française) auquel cette approbation avait été refusée, constitue le délit de tromperie *sur la nature* de la marchandise prévu et puni par l'art. 423 du Code pénal. — *Cass.*, 19 mai 1848 (t. 1er 1848, p. 593), Peigné.

12. — Il y a délit de tromperie sur la nature de la marchandise vendue toutes les fois qu'il y a eu vente d'une marchandise qui, quoique portant réellement le nom qu'on lui donne, se trouve avoir été falsifiée et dénaturée de telle manière qu'elle est complètement impropre à l'usage auquel elle est destinée, et lorsque, de plus, le vendeur n'a pas ignoré la falsification. — Spécialement, les sangsues bâtardes et les sangsues gorgées à un certain degré ne peuvent être considérées comme loyales et marchandes, et la vente de ces sangsues comme sangsues officinales, ayant pour résultat de tromper le public sur l'usage auquel elles sont destinées, donne lieu contre le vendeur qui ne peut exciper de sa bonne foi, à l'application des peines portées par l'art. 423 du Code pénal. — *Paris*, 28 janv. 1848 (t. 1er 1848, p. 470), Laurens et Vauchel c. Martin.

13. — Jugé encore que le fait d'avoir vendu comme pur, sans mélange, et reconnu de première qualité, du noir animal contenant des matières hétérogènes en telle quantité qu'elles le rendent impropre à sa destination, constitue une tromperie *sur la nature* de la marchandise dans le sens de l'art. 423 du Code pénal. — *Angers*, 15 févr. 1848 (t. 2 1848, p. 91), D....

14. — ... Que le fait par un marchand d'avoir vendu sous la dénomination de *cachemires* des châles ou tissus fabriqués avec des matières complétement étrangères au duvet cachemire, par exemple avec de la laine mélangée de soie ou de coton, ou dans lesquels ce duvet n'entre que pour une part minime, constitue le délit de tromperie prévu par l'art. 423 du Code pénal. — *Paris*, 19 févr. 1847 (t. 1er 1847, p. 652), Lepelletier c. Biétry.

15. — ... Et qu'il y a délit de tromperie sur la nature de la marchandise dans la vente d'une denrée qui, livrée frauduleusement, comme farine propre à la panification et reçue comme telle, se compose en presque totalité de substances étrangères nuisibles et ne comportant pas cette destination. — *Cass.*, 27 janv. 1848 (t. 2 1848, p. 359), Souquet.

16. — Jugé encore qu'il y a délit de tromperie sur la nature de la marchandise vendue dans le fait d'un individu qui expose en vente et vend, sur un marché, des sacs de blé contenant à la surface du blé de première qualité, sous lequel il a placé du blé de qualité inférieure. — *Rouen*, 17 mai 1850.

17. — Le § 6 de l'art. 475 C. pén., qui a rangé parmi les contraventions de police la vente et le débit de boissons falsifiées, n'a pas voulu y soumettre le commerçant en vins qui a trompé l'acheteur sur la nature du vin qu'il lui a vendu, et l'exempter des peines portées par l'art. 423. — *Paris*, 9 fév. 1843 (t. 1er 1843, p. 445), Allien.

18. — La Cour de cassation a jugé, avant le Code de 1810, que l'épicier qui, pour augmenter ses bénéfices, vend pour pur du poivre en poudre mélangé d'une certaine quantité de poudre de chènevis, ne commet ni un vol, ni une escroquerie, ni une vente à faux poids, et qu'il ne pouvait, sous le Code du 3 brum. an IV et la loi des 19-22 juill. 1791, être poursuivi que comme coupable d'avoir exposé en vente des comestibles corrompus ou gâtés. — *Cass.*, 27 nov. 1810, Texier. — Cette qualification n'est pas exempte de difficultés. Au surplus, l'art. 423 C. pén. ayant prévu le cas où le vendeur aura trompé l'acheteur sur la *nature de toutes marchandises*, expressions que ne contenait pas la loi de 1791, il ne pourrait s'élever aucun doute sur l'application dudit art. 423 C. pén.

19. — Le délit de tromperie sur la nature de la marchandise peut être poursuivi et réprimé même en l'absence de plainte de la partie lésée. — *Angers*, 15 fév. 1848 (t. 2 1848, p. 91), D...

20. — ... Il importe peu, également, qu'à raison de ses connaissances personnelles l'acheteur n'ait pas été trompé. — *Paris*, 19 fév. 1847 (t. 1er 1847, p. 652), Lepelletier c. Biétry.

21. — Jugé que déclarer que, d'après les circonstances du délit, l'individu prévenu d'avoir trompé un acheteur sur la nature des marchandises vendues n'a eu que l'intention de faire une espièglerie qui ne pouvait avoir aucun résultat préjudiciable à l'acheteur, c'est juger implicitement que les circonstances paraissent atténuantes et que le fait n'a causé aucun préjudice réel. — *Cass.*, 31 mai 1822, Martel. — L'espièglerie qui ne peut avoir aucun résultat préjudiciable à l'acheteur, exclut toute idée de délit, en ce qu'elle suppose nécessairement l'absence d'intention criminelle. Ce n'est donc pas une simple circonstance atténuante, mais une considération morale assez puissante pour entraîner l'acquittement du prévenu.

22. — Il ne faut pas confondre la tromperie avec les manœuvres frauduleuses constitutives de l'escroquerie. Aussi, la tromperie, lors même qu'elle n'aurait d'autre but que d'égarer l'acheteur sur la nature de la marchandise, revêtirait-elle le caractère de l'escroquerie, si elle était accompagnée des manœuvres frauduleuses qui constituent ce délit. — *Cass.*, 20 août 1825, Lorano. — Chauveau et Hélie, *loc. cit.*, p. 522. — V. aussi ESCROQUERIE.

23. — Le fait prévu par l'art. 423 est puni de l'emprisonnement pendant trois mois au moins, un an au plus, et d'une amende qui ne peut excéder le quart des restitutions et dommages-intérêts, ni être au-dessous de 50 francs. Les objets du délit ou leur valeur, s'ils appartiennent encore au vendeur, doivent être confisqués.

V. ABUS DE CONFIANCE, ESCROQUERIE, VOL.

TRONC.

V. BUREAU DE BIENFAISANCE, CULTE, FABRIQUES D'ÉGLISE, HOSPICES, QUÊTE.

TROTTOIRS.

1. — La construction des trottoirs, leur entretien et leur réparation dans les rues ou places où-ils peuvent être nécessaires, intéressent tout à la fois les communes dans lesquelles ils sont ou doivent être établis et les propriétaires des maisons qui bordent ces rues ou places. Il importait que les municipalités pussent contraindre les propriétaires à souffrir l'établissement de ces voies de circulation, lorsque l'utilité publique l'exige, tout en ne mettant à leur charge que la portion de la dépense totale de construction, d'entretien et de reconstruction qu'il est juste de leur faire supporter. Tel a été l'objet de la loi du 7 juin 1845.

2. — Dans les rues et places, porte l'art. 1er de la loi du 7 juin 1845, dont les plans d'alignement ont été arrêtés par ordonnances royales et où, sur la demande des conseils municipaux, l'établissement des trottoirs sera reconnu d'utilité publique, la dépense de construction des trottoirs sera répartie entre les communes et les propriétaires riverains, dans les proportions et après l'accomplissement des formalités déterminées par les articles suivans.

3. — La délibération du conseil municipal qui provoque la déclaration d'utilité publique doit désigner, en même temps, les rues et places où les trottoirs doivent être établis, arrêter le devis des travaux, selon les matériaux entre lesquels les propriétaires ont été autorisés à faire un choix, et répartir la dépense entre la commune et les propriétaires. La portion à la charge de la commune ne peut être inférieure à la moitié de la dépense totale. — Art. 2.

4. — Il est procédé à une enquête *de commodo et incommodo*. Une ordonnance du roi statue définitivement, tant sur l'utilité publique que sur les autres objets compris dans la délibération du conseil municipal. — Même article. — Il serait maintenant statué sur ces objets par un décret du président de la République. — V. ENQUÊTE DE COMMODO ET INCOMMODO; EXPROPRIATION POUR CAUSE D'UTILITÉ PUBLIQUE, nos 254 et suiv.

5. — La portion de la dépense à la charge des propriétaires est recouvrée dans la forme déterminée par l'art. 28 de la loi des finances du 25 juin 1841, c'est-à-dire sous forme de taxe payable en numéraire et recouvrable comme les cotisations municipales. — L. 7 juin 1845, art. 3.

6. — On avait d'abord pensé à ne donner aux communes le droit que leur confère l'art. 1er qu'autant que la population excéderait 3,000 âmes, mais ce système a été abandonné, et on a pensé qu'il était préférable de consulter l'utilité publique dans chaque cas particulier, abstraction faite du chiffre de la population. — Duvergier, *Collect. des lois*, t. 45, p. 177, note 1.

7. — La disposition du même article 1er, qui ne permet de provoquer la construction des trottoirs que dans les rues ou places dont les plans d'alignement ont été arrêtés par ordonnances royales (décrets du président de la République), a été introduite pour soustraire les propriétaires aux exigences mal fondées des communes sous ce rapport. « Il y avait inconvénient, a dit M. Vivien dans son rapport à la Chambre des députés, à ce que les trottoirs fussent mis à la charge des propriétaires là où l'autorité municipale est maîtresse de modifier l'alignement à son gré. Cette pensée nous a conduit à n'appliquer la proposition qu'aux rues et places dont les alignemens ont été arrêtés par ordonnance royale. En exigeant cette formalité préalable, on garantira les propriétaires contre des exigences tracassières, et l'on poussera les communes à l'accomplissement des mesures non moins favorables à l'intérêt communal qu'à celui des habitans. »

8. — Dans le cas où la commune ne croirait pas devoir mettre à la charge des propriétaires, une partie des frais de construction des trottoirs il n'y aurait plus lieu d'avoir recours à une déclaration d'utilité publique ni à une enquête. — Rapport de M. Vivien.

9. — L'art. 2 permet aux propriétaires de faire un choix entre les matériaux avec lesquels les trottoirs doivent être construits; mais ce choix n'est pas illimité, et il ne peut s'exercer que sur les matériaux qui ont été désignés par le conseil municipal. C'est ce qu'on a voulu exprimer en substituant les mots *auront été autorisés* à ceux *sont autorisés* qui avaient été insérés dans le projet de loi. — Discuss. à la Chambre des députés. — Duvergier, p. 177, note 3.

10. — On s'est demandé dans le sein de la commission de la Chambre des députés si l'entretien et la reconstruction des trottoirs établis en vertu de la loi seraient, comme les frais de premier établissement, partagés entre la commune et les propriétaires. « La commission a examiné la question, a encore dit M. Vivien, et il lui a paru que le trottoir qui serait établi devrait être considéré comme un pavage perfectionné. Le trottoir sera donc soumis aux règles auxquelles aurait été soumis le pavé dont il prend la place; de sorte que si, d'après les usages de la commune, usages qui ont force de loi, l'entretien du pavage est à la charge de la propriété, l'entretien du trottoir sera soumis aux mêmes conditions. Si, au contraire, c'était à la commune à en faire la dépense, elle y serait soumise pour le trottoir comme pour le pavé. »

11. — Il n'a pas été dérogé par la loi de 1845 aux usages en vertu desquels les frais de construction des trottoirs seraient à la charge des propriétaires riverains, soit en totalité, soit dans une proportion supérieure à la moitié de la dépense totale. — Art. 4 de la loi. — « Le respect dû aux droits acquis commandait cette réserve, a dit M. Cambacérès dans son rapport à la Chambre des pairs. Il n'entre, en effet, dans l'esprit de personne de modifier ces droits au détriment

des communes qui les possèdent. Elles continueront à en jouir comme par le passé ; la mesure viendra seulement en aide à celles qui se trouvaient désarmées sous ce rapport. Nous nous empressons d'ajouter qu'elle ne doit profiter qu'à elles, et que, pour tous les cas en dehors des conditions spécifiées par le projet de loi, les villes, aussi bien que les propriétaires, demeureront sous l'empire des coutumes locales qui régiront également tout ce qui est relatif à l'entretien et à la reconstruction des trottoirs. »

12. — Les frais de construction de trottoirs établis en vertu de la loi de 1845 font partie, jusqu'à concurrence de ce qui est payé par la commune, des dépenses qui, aux termes de l'art. 30 de la loi du 18 juill. 1837, doivent figurer au budget communal comme dépenses obligatoires. — V. COMMUNE, n° 4297; VOIRIE URBAINE.

TROUBLE.
V. ACTION POSSESSOIRE.

TROUPES.
V. ARMÉE, LOGEMENT DES GENS DE GUERRE.

TROUPEAU.
V. BAIL A CHEPTEL, COMMUNE, FORÊTS, PARCOURS ET VAINE PATURE, USAGE (FORÊTS). — V. aussi BIENS.

TROUSSEAU.
V. COMMUNAUTÉ, CONTRAT DE MARIAGE, DOT.

TRUFFES (Marchands de).
Patentables de 4e classe. — Droit fixe basé sur la population, — droit proportionnel du 20e de la valeur locative de l'habitation et des locaux servant à l'exercice de la profession. — V. PATENTE.

TUERIES.
Première classe des établissemens insalubres. — V. ce mot (nomenclature). — V. aussi ABATTOIRS.

TUILES, TUILERIES.
1. — Les fabricans de tuiles sont, comme patentables, assujettis au droit fixe de 15 fr. pour cinq ouvriers et au-dessous, et 2 fr. pour chaque ouvrier en sus, jusqu'au maximum de 100 fr., et au droit proportionnel du 20e de la valeur locative de l'habitation, des magasins de vente complétement séparés de l'établissement, et du 25e de l'établissement. — V. PATENTE.

2. — Quant aux marchands de tuiles, ils sont rangés dans la 6e classe des patentables. — Droit fixe basé sur la population, et droit proportionnel du 20e de la valeur locative de l'habitation et des locaux servant à l'exercice de la profession.

3. — Les tuileries sont rangées dans la 2e classe des établissemens insalubres.

4. — Lorsque les tuileries ne font qu'une seule fournée en plein air, comme en Flandre, elles ne sont rangées que dans la 3e classe des établissemens insalubres. — V. ce mot (nomenclature). — V. aussi BRIQUETERIES.

TULLES (Marchands de).
Marchands de tulles en détail. — Patentables de 4e classe. — Droit fixe basé sur la population, et droit proportionnel du 20e de la valeur locative de l'habitation et des locaux servant à l'exercice de la profession. — V. PATENTE.

TUMULTE.
V. ATTROUPEMENT, BRUITS ET TAPAGES, RÉBELLION.

TUTELLE.

Table alphabétique.

TUTELLE. — 1. — La tutelle est une charge civile déférée par la loi ou en vertu de sa disposition à une personne, pour administrer gratuitement la fortune et les biens d'une autre personne qui est hors d'état de se gouverner elle-même.

CHAP. Ier. — *Tutelle en général* (n° 2).

CHAP. II. — *Tutelle légale* (n° 37).

    SECT. 1re.—*Tutelle légale des père et mère* (n° 37).

    SECT. 2e. — *Curateur au ventre* (n° 64).

    SECT. 3e. — *Convol de la mère tutrice.— Cotuteur* (n° 69).

CHAP. III. — *Tutelle testamentaire* (n° 102).

CHAP. IV. — *Tutelle des ascendans* (n° 125).

CHAP. V. — *Tutelle dative ou déférée par le conseil de famille* (n° 141).

    SECT. 1re. — *Composition et délibérations du conseil de famille* (n° 142).

    SECT. 2e. — *Excuses* (n° 151).

    SECT. 3e. — *Incapacités, exclusions et destitution de la tutelle* (n° 195).

    § 1er. — *Incapacités* (n° 200).

    § 2. — *Exclusions* (n° 215).

    § 3. — *Destitution* (n° 233).

CHAP. VI. — *Du protuteur* (n° 297).

CHAP. VII. — *Tutelle des enfans naturels* (n° 306).

CHAP. VIII. — *Tutelle des enfans abandonnés* (n° 318).

CHAP. IX. — *Tutelle des princes* (n° 326).

CHAP. X. — *Tuteur ad hoc* (n° 327).

CHAP. XI. — *Subrogé tuteur* (n° 338).

CHAP. XII. — *Administration du tuteur* (n° 395).

    SECT. 1re. — *Administration de la personne du mineur* (n° 396).

    SECT. 2e. — *Administration des biens du mineur* (n° 415).

    § 1er. — *Règles générales, — Obligations du tuteur au moment de son entrée en fonctions* (n° 415).

    § 2. — *Actes que le tuteur peut faire seul* (n° 490).

    § 3. — *Actes qu'il ne peut faire sans l'autorisation du conseil de famille et l'homologation du tribunal* (n° 536).

    § 4. — *Actes qu'il ne peut pas faire* (n° 648).

§ 5. — *Effets des actes faits par le tuteur dans les limites de ses pouvoirs* (n° 663).

§ 6. — *Effet des actes consentis par le tuteur hors des limites de ses pouvoirs* (n° 670).

—

CHAPITRE Ier. — *Tutelle en général.*

2. — Tout individu de l'un ou de l'autre sexe qui n'a pas encore atteint l'âge de vingt-un ans accomplis est réputé mineur et incapable de gouverner sa personne et ses biens (C. civ., art. 388). Il est en conséquence soumis soit à la puissance paternelle (V. PUISSANCE PATERNELLE), soit à l'autorité d'un tuteur, soit enfin, s'il est émancipé, à la surveillance d'un curateur sans l'assistance duquel il ne peut faire aucun acte important. — V. ÉMANCIPATION.

3. — D'après le droit romain, la majorité était fixée pour l'un et l'autre sexe à l'âge de vingt-cinq ans révolus. — Jusqu'à douze ans pour les filles et quatorze ans pour les garçons, les enfans étaient désignés sous la dénomination d'impubères. Après cet âge, ils étaient appelés mineurs.

4. — Dans presque toutes les provinces de France, la majorité était également fixée à vingt-cinq ans par les anciennes coutumes.

5. — Mais la loi du 20 septembre 1792 l'abaissa à vingt-un ans pour les deux sexes, et les divers actes constitutionnels rendus depuis cette époque maintinrent cette détermination, qui fut sanctionnée par le Code civil.

6. — Pendant le mariage, le père est administrateur de la personne et des biens de ses enfans mineurs. — Il est comptable quant à la propriété aux revenus des biens dont il n'a pas la jouissance, et quant à la propriété, seulement de tous les biens dont la loi lui donne l'usufruit. — C. civ., art. 389.

7. — Sur la question de savoir si la condition que le père n'aura pas l'administration des biens légués à son enfant mineur est valable et ne contient rien d'attentatoire à la puissance paternelle, V. PUISSANCE PATERNELLE, n° 22 et suiv. — *Adde*, pour l'affirmative, *Nîmes*, 20 déc. 1827 (1. 2 1838, p. 343); Bonne foi c. Mille. — Hennequin, *Tr. de législ.*, t. 1er, p. 189; Chardon, *Puiss. patern.*, n° 135. — Pour la négative, *Rouen*, 20 mai 1825 (1. 1er 1848, p. 568), Broques et Bambé c. Delamarre. — Toullier, t. 5, n° 268; Delaporte, *Pand. franç.*, sur l'art. 387. — V. encore Marcadé, sur l'art. 389; Duvergier sur Toullier, t. 1er, n° 1008. — V. AUSSI USUFRUIT LÉGAL.

8. — La tutelle ne s'ouvre qu'à la dissolution du mariage arrivée par la mort naturelle ou civile de l'un des deux époux. — C. civ., art. 390.

9. — Ni la disparition de l'un des époux, ni son interdiction légale ou judiciaire, ni sa condamnation par contumace à une peine emportant mort civile, tant que la mort civile n'est pas encourue, ne donnent lieu à la tutelle du conjoint. Ce dernier exerce de droit la puissance paternelle, et il n'y a pas subrogé tuteur, ni hypothèque légale sur les biens de l'administrateur. — Duranton, t. 3, n° 418; de Fréminville, *De la minorité et de la tutelle*, t. 1er, n° 31.

10. — La séparation de corps ne donne pas davantage ouverture à la tutelle. — Duranton, t. 3, n° 418; de Fréminville, *ibid.*, n° 32.

RÉP. GÉNÉRAL. — XII.

11. — Il a même été jugé qu'il n'y avait pas lieu à tutelle lorsque le mariage était dissous par le divorce. — Que, dans ce cas, encore que l'entretien et l'éducation des enfans aient été confiés à la mère, aux termes de l'art. 302 du Code civil, ceux-ci n'en restent pas moins sous la puissance de leur père qui administre leurs biens et les représente dans le sens de l'art. 450. — *Paris*, 20 prair. an XIII, 4e Vengermez c. Lacombe; et Meunier (deux arrêts).

12. — La tutelle s'exerce dans l'intérêt d'un particulier. Cependant on la définissait en droit romain *munus publicum*, soit parce qu'il importe à l'État que les mineurs soient protégés, soit parce que nul ne peut s'en dispenser s'il n'est dans un cas d'excuse prévu par la loi.

13. — Elle constitue une charge gratuite et personnelle; le tuteur ne peut recevoir aucun salaire pour son administration, ses obligations ne passent point à ses héritiers. Ceux-ci sont seulement responsables de la gestion, et doivent, s'ils sont majeurs, continuer l'administration jusqu'à la nomination d'un nouveau tuteur. — C. civ., art. 419.

14. — Les coutumes reconnaissaient en général, pour les mineurs qualifiés, deux tuteurs, l'un *honoraire*, pour la personne, l'autre *onéraire*, pour les biens du pupille.

15. — C'était le tuteur *honoraire* qui seul avait qualité pour défendre à toutes les actions dirigées contre le mineur, alors même que ce dernier avait été pourvu d'un ou plusieurs tuteurs onéraires nommés à ces biens. Les tuteurs onéraires n'étaient que des agens ou mandataires préposés pour gérer tout ou partie des biens, sous la direction et surveillance du tuteur honoraire envers lequel ils étaient comptables. — *Paris*, 21 frim. an XIII, Junot c. Rochegude.

16. — Selon le dernier état de la jurisprudence du Parlement de Paris, le tuteur honoraire n'était tenu de l'insolvabilité du tuteur onéraire qu'au cas de dol, fraude et collusion avec ce dernier, ou lorsqu'il avait réellement géré et administré sous le non du tuteur onéraire, ou s'il s'était emparé des deniers pupillaires. — C. civ., art. 417. — *Cass.*, 12 oct. 1813, Goyon c. Boudon.

17. — Mais lorsque la mère des pupilles avait été nommée tutrice honoraire, elle devait surveiller la gestion du tuteur et devenait, à défaut de surveillance, responsable des dilapidations qu'il commettait. — *Besançon*, 18 juin 1810, Fourcheresse c. Malarmery.

18. — Le Code a supprimé cette division du pouvoir et des attributions des tuteurs. Il ne reconnaît qu'un seul tuteur par tutelle. Sauf à celui-ci à se faire aider dans sa gestion par des mandataires dont il répond. — V. cependant *infrà*, n° 118 et suiv.

19. — Cependant, quand le mineur domicilié en France possède des biens dans les colonies, ou réciproquement, l'administration spéciale de ces biens est donnée à un *protuteur*. En ce cas le tuteur et le protuteur sont indépendans et non responsables l'un envers l'autre pour leur gestion respective. — C. civ., art. 417. — V. *infrà*, 297 et suiv.

20. — Lorsque la tutelle est conservée à la mère qui a convolé à de nouvelles noces, le second mari peut nécessairement être nommé *cotuteur* des enfans du premier mariage, et devient responsable de la gestion de sa femme. — V. *infrà*, n° 70.

21. — Si le tuteur a, dans une circonstance particulière, des intérêts opposés à ceux du mineur qu'il représente, on nomme à celui-ci un tuteur spécial ou *ad hoc*, dont les fonctions finissent avec l'opération pour laquelle il est choisi. — V. *infrà* n° 327 et suiv.

22. — Le Code reconnaît quatre espèces de tutelle des enfans légitimes; 1° la tutelle légale des père et mère; 2° la tutelle testamentaire déférée par le père ou la mère survivant; 3° la tutelle légitime des ascendans; 4° enfin la tutelle dative déférée par le conseil de famille. Il existe en outre quatre autres espèces de tutelle, à savoir : 1° celle des interdits (V. INTERDICTION); 2° celle des enfans naturels (V. *infrà*, n° 306 et suiv.); 3° celle des enfans trouvés placés dans un hospice (V. *infrà*, n° 318 et suiv.); 4° la *tutelle officieuse*. — V. ce mot.

23. — Quelquefois l'intérêt du mineur ou celui de tierces personnes exige qu'on donne au mineur, en l'absence de son tuteur, un représentant temporaire, ou lui nomme alors un tuteur provisoire.

24. — Ainsi, lorsque la disparition du tuteur

est établie en fait et qu'il n'est rapporté aucune preuve légale de son domicile, ni même de son existence actuelle, les intéressés et notamment les créanciers du mineur peuvent provoquer la nomination d'un tuteur provisoire, malgré l'opposition du fondé de pouvoir du tuteur. — *Paris*, 28 juill. 1809, Guiche-Auzy c. Coquelin.

25. — De même, lorsqu'un père absent est trop éloigné pour veiller à l'éducation de ses enfans mineurs, qui, depuis son départ, ont perdu leur mère, il y a lieu à nommer un tuteur et un subrogé tuteur provisoires, pour administrer la personne et les biens de ces enfans mineurs, lors même que le père en partant a donné à un tiers une procuration générale, sauf au père à réclamer soit par lui-même, soit par un mandataire spécial, cette administration. — *Rennes*, 23 mai 1823, de Mars c. Lucet.

26. — Sous la coutume de Bruxelles, celui qui gérait en qualité de tuteur, même sans en avoir légalement les pouvoirs, était soumis à toutes les obligations d'un véritable tuteur. — Il en est de même sous le Code civil. Ainsi, le beau-père cotuteur qui, après le décès de la mère tutrice, continue à gérer la tutelle, même pour raison de son gestion, à l'hypothèque légale. — *Bruxelles*, 3 févr. 1830, Brion c. Dubois.

27. — Celui qui, sans avoir été investi du titre de tuteur, s'est immiscé volontairement dans l'administration des affaires du mineur et a géré les biens de celui-ci, peut être considéré comme étant devenu par là protuteur du mineur, et, par suite, comme ne pouvant passer aucun traité valable avec lui avant d'avoir, au préalable, rendu compte de sa gestion ou tutelle. — *Toulouse*, 10 juill. 1810, Salettes c. Resplandy; *Riom*, 24 avr. 1827, Melliot c. Bonnet.

28. — Mais celui qui gère la tutelle au nom du tuteur et qui fait des avances par suite de sa gestion, n'a pas le droit de répéter aux mineurs personnellement les intérêts de ces avances en qualité de mandataire ou de *negotiorum gestor*. — *Metz*, 8 févr. 1822, N...

29. — L'arrêt qui décide que les stipulations particulières intervenues entre le tuteur et son mandataire, par exemple, que celui-ci gardera l'argent des mineurs, qu'il aura les deux cinquièmes du sou pour livre du prix des ventes, etc., ont eu pour effet de soumettre le mandataire personnellement aux charges de la tutelle, comme aussi de l'astreindre au payement des intérêts des intérêts, n'est en contravention avec aucune disposition de loi. — *Cass.*, 6 nov. 1828, Salles.

30. — Les dispositions du Code civil relatives à la tutelle ont été, quant au droit et quant à la forme, applicables à tout ce qui s'est fait depuis la publication de ce Code, alors même qu'il s'agissait d'une tutelle ouverte antérieurement. — *Agen*, 7 prair. an XIII, Lescure c. Tenans; *Caen*, 23 nov. 1812, Corbin.

31. — Ainsi, lorsqu'il s'agit, sous l'empire du Code civil, de pourvoir à la nouvelle organisation d'une tutelle ouverte antérieurement, on doit y procéder conformément aux dispositions de ce Code. — Le tuteur, suivant cette loi, ne peut être astreint à donner caution que sur les sûretés autres que l'hypothèque légale dont ses biens sont affectés. — *Paris*, 14 août 1813, de Bourson-Busset Chalus c. Seigneley et Clermont-Tonnerre.

32. — Celui qui, sous l'empire de la législation antérieure au Code civil, s'est rendu caution de l'administration du tuteur, a pu, depuis le Code civil, qui a relevé le tuteur de l'obligation de donner caution, se faire décharger de son engagement. — Une telle réclamation était de la compétence non du conseil de famille, mais des tribunaux ordinaires. — *Caen*, 23 nov. 1812, Corbin.

33. — Tous les faits accomplis, les droits acquis au moment de la promulgation de la loi nouvelle, ont dû être respectés. Néanmoins, un tuteur obligé de fournir caution par la loi sous l'empire desquelles la tutelle s'est ouverte, n'a pas été relevé de cette obligation par la promulgation du Code civil. — *Cass.*, 40 nov. 1813, Smaelen c. Vander Meersch. — *Contrà*, *Turin*, 5 mai 1810, Posero c. Poletti Rigaud.

34. — Par la même raison, le mineur affranchi de la tutelle comme pubère, suivant l'ancienne législation en pays de droit écrit, n'est pas retombé en tutelle par la promulgation du Code civil. — *Aix*, 49 frim. an XIII, Rivière; *Cass.*, 6 avril 1808, Veyram c. N.... — *Contrà*, *Nîmes*, 21 brum. an XIII, Bertrand et Morangies; 3 fruct.

39

an XIII, Veyram; *Turin*, 17 mai 1806, Ponté c. Gerbo.

35. — L'ordonnance royale du 25 avr. 1820, relative à la tutelle des enfans mineurs du duc de Berri, ayant perdu toute autorité à compter de la déclaration de déchéance du 7 août 1830, la tutelle de ces enfans doit être régie d'après les dispositions du droit commun combiné avec les dispositions exceptionnelles de la loi d'exclusion du 10 avril 1832, en ce qui concerne l'exercice des droits que cette loi leur a temporairement réservés. — Ainsi, les attributions d'un tuteur nommé en France à ces enfans mineurs sont limitées à la vente de leurs biens et aux suites nécessaires de cette aliénation. — Ainsi encore, la tutelle des enfans mineurs du duc de Berri s'étant ouverte lors du décès de leur père dans l'étendue du premier arrondissement de Paris, où le prince était domicilié, doit conserver son domicile dans cet arrondissement, bien qu'elle ait été organisée suivant l'ordonnance spéciale du 20 avril 1820. — *Paris*, 24 juill. 1835, de Pastoret c. Corcelette.

36. — La tutelle d'un mineur né en pays étranger, de père et de mère restés peut-être étrangers, mais qui avaient au moins acquis domicile dans une ville de France où leurs successions se sont depuis ouvertes, s'est ouverte elle-même dans cette ville, et doit être, par suite, réglée plutôt par la loi française que par les lois du pays d'origine des père et mère. — *Paris*, 11 juin 1825, Gaccon c. Chabert et Chignard.

CHAPITRE II. — *Tutelle légale.*

Sect. 1re. — *Tutelle légale des père et mère.*

37. — Le survivant des père et mère est de droit tuteur de ses enfans mineurs. — C. civ., art. 390.

38. — L'intérêt qu'il est naturellement supposé porter à son enfant le fait dispenser de certaines obligations imposées aux autres tuteurs. — Ainsi, le père, tuteur légal de ses enfans mineurs, ne peut être astreint, par le conseil de famille ou par les tribunaux, à fournir caution pour les capitaux qu'il doit recevoir, ou à faire emploi, sous le prétexte qu'il est insolvable. — *Toulouse*, 2 juill. 1821, N.... c. N....

39. — Il en est de même de la mère. — *Toulouse*, 13 août 1831, d'Héribarn c. Lamatetie-St-Picard.

40. — Mais ses biens sont grevés d'une hypothèque légale au profit du mineur comme garantie de sa gestion. — V. HYPOTHÈQUE LÉGALE.

41. — En conséquence, le père tuteur qui vend un immeuble pendant la tutelle ne peut toucher la partie du prix grevé de l'hypothèque légale qu'à la charge d'en faire emploi dans l'intérêt de son pupille. — *Paris*, 29 déc. 1838 (t. 1er 1839, p. 339), Legenvre c. Lavoyne-Dutilleul.

42. — La tutelle légale du père diffère de celle de la mère sous divers rapports importans : 1° le père ne peut refuser la tutelle s'il ne se trouve dans un cas d'excuse prévu par loi. — La mère, au contraire, est libre de ne pas accepter cette charge; elle est seulement tenue d'en remplir les fonctions jusqu'à ce qu'elle ait fait nommer un tuteur. — C. civ., art. 394.

43. — Il a même été jugé que la mère qui, avant le Code civil, a accepté la tutelle, et qui, depuis ce Code, a continué d'administrer en cette qualité pendant plusieurs années, n'en a pas moins conservé le droit de se démettre de la tutelle, par le seul fait de sa volonté, en vertu de l'art. 394 C. civ. — *Limoges*, 17 mai 1808, Vallenet. — Mangin, t. 1er, n° 434. — V., cependant, Duranton, t. 3, n° 423; Locré, *Espr. C. civ.*, sur l'art. 394; Marcadé, t. 2, p. 207.

44. — ... Que la mère tutrice n'étant pas obligée d'accepter la tutelle, ne peut être forcée de la conserver. — ... Qu'elle peut s'en démettre surtout si des circonstances particulières l'empêchent de remplir les fonctions de tutrice. Spécialement, la démission de la tutelle de ses enfans par la duchesse de Berri est suffisamment justifiée par les circonstances particulières et exceptionnelles dans lesquelles elle se trouve placée. — *Paris*, 24 juill. 1835, Pastoret c. Corcelette. — V. aussi Zachariæ, § 99, note 15. — Néanmoins, M. Duranton (t. 3, n° 423) soutient que la mère ne peut se démettre de la tutelle qu'elle a une fois acceptée, que dans le cas où elle peut invoquer une excuse légitime. — Mais cette opinion ne nous semble pas en harmonie avec l'esprit de l'art. 394 C. civ. — *Bourges*, 13 avr. 1835, Domaines c. de Pastoret. — Magnin, *Des minorités*, n° 435.

45. — Le père, tuteur légal de ses enfans, ne peut s'affranchir de cette charge par une démission purement volontaire. — Toutefois, on ne peut considérer comme démission volontaire celle qui n'a lieu que dans les cas mêmes qui auraient donné lieu à la destitution. — Cette démission devient alors légale, parce qu'elle n'est que l'exécution volontaire de la loi, comme la destitution en est l'exécution forcée. — Dès lors, le père, qui, craignant d'être destitué de la tutelle de son enfant, s'en est volontairement démis entre les mains du conseil de famille qui a accepté et a pourvu à son remplacement, ne peut plus être admis à demander sa réintégration dans cette tutelle. — *Rouen*, 30 mars 1844 (t. 1er 1844, p. 613), L.... c. Debons.

46. — Le père qui, après avoir réuni le conseil de famille et s'être démis de la tutelle de son enfant, s'est volontairement retiré, bien que sachant qu'il allait être procédé à la nomination d'un nouveau tuteur, n'est plus recevable à critiquer la délibération qui a nommé ce tuteur en son absence, alors qu'il l'a respectée et exécutée pendant plusieurs années. — Même arrêt.

47. — 2° Le père, dont la tutelle ne saurait être entravée peut nommer à la mère survivante et tutrice un conseil spécial sur l'avis duquel elle ne peut faire aucun acte relatif à la tutelle, — ou du moins certains actes par lui indiqués. — C. civ., 391.

48. — Cette nomination du conseil ne peut être faite que de l'une des manières suivantes : par acte de dernière volonté, ou sur une déclaration faite devant le juge de paix assisté de son greffier ou devant notaire. — C. civ., 392.

49. — Du reste, le père ne peut, par testament, conférer au conseil spécial qu'il a le droit de nommer à la mère tutrice naturelle, l'administration des biens des enfans mineurs. — Si la mère a consenti à laisser au conseil spécial le droit d'administrer, conformément au testament, on ne peut voir dans ce consentement qu'un mandat donné par elle à ce conseil et révocable à sa volonté. — La nomination du conseil n'est pas nulle pour avoir été faite à l'enfant au lieu de l'être à la mère, si l'intention du père ressort évidemment du testament. — *Bruxelles*, 21 mai 1806, Vermusch c. Braet. — Les fonctions du conseil spécial se bornent à surveiller les actes de la mère : « Il n'a, dit Rolland de Villargues (v° *Conseil de tutelle*, n° 18), qu'un pouvoir négatif pour empêcher la mère de faire des actes imprudens et nuisibles aux mineurs. — Magnin, *Tutelle*, p. 1re, n° 450; Fréminville, *ibid.*, n° 41, qui approuve la disposition de cet arrêt.

50. — Mais le conseil nommé par le père prédécédé à la mère survivante et tutrice légale de ses enfans mineurs, n'a pas qualité pour défendre au nom de ces derniers, conjointement avec le subrogé tuteur, à une action intentée contre eux par leur mère. — *Douai*, 17 janv. 1820, Poiteau c. Danthin.

51. — A plus forte raison, un père ne peut, par testament, ordonner que les meubles dépendant de sa succession seront vendus, non par sa veuve tutrice légale, mais par ses exécuteurs testamentaires. Ce serait là dépouiller la mère d'un droit qui lui est accordé par la loi, et le père peut seulement lui donner un conseil. — *Gênes*, 10 août 1811, Grondona.

52. — En cas de dissentiment entre la mère et le conseil, c'est le tribunal qui décide. — Chardon, *Puissance paternelle*, n° 11. — V., cependant, Valette sur Proudhon, t. 2, p. 287.

53. — Les actes faits par la mère contre l'avis du conseil ne sont pas nuls à l'égard des tiers. — Delvincourt, t. 1er, p. 426; Valette sur Proudhon, p. 428. — *Contrà*, de Fréminville, *ibid.*, n° 43.

54. — Le refus ou le décès du conseil rend la nomination sans effet, et il n'y a pas lieu de lui faire nommer un remplaçant par le conseil de famille. — Magnin, t. 1er, n° 451; de Fréminville, *ibid.*, n° 47. — V., cependant, Bousquet, *Cons. de famille*, p. 149.

55. — La mère tutrice n'est pas déchargée des obligations de la tutelle par la nomination des tuteurs spéciaux qui sont donnés à ses enfans mineurs dans les partages où elle a un intérêt personnel à exercer et opposé aux leurs ; elle ne cesse pas d'être garante et responsable des droits qu'ils auraient perdus par sa négligence à remplir les formalités auxquelles la conservation en est attachée. — *Paris*, 4 janv. 1823, Fontaine.

56. — Le conseil peut même être déclaré, suivant les circonstances, responsable des avis qu'il a donnés. — Valette sur Proudhon, t. 1er, p. 288. — V. aussi Delvincourt, t. 1er, p. 428. — M. de Fréminville prétend qu'il faut décider si l'avis a été de bonne foi, ou s'il a été déterminé par la malveillance et la fraude ; et il décide que dans le premier cas aucune responsabilité ne peut peser sur le conseil, *quia nemo ex consilio tenetur*; mais qu'au contraire, dans le second cas, le conseil sera responsable, et qu'il pourrait même, en tous cas, être tenu de réparer les suites de sa faute lourde. — *Ibid.*, n° 39.

57. — 3° Le père qui se remarie conserve de droit la tutelle de ses enfans. La femme qui convole a besoin d'être maintenue dans la tutelle par une délibération du conseil de famille. — V. *infrà* n° 69.

58. — Avant le Code, dans les pays de droit écrit, et particulièrement dans la ci-devant Alsace, le père était de plein droit, sans la confirmation du juge, tuteur de ses enfans mineurs. — Et les enfans avaient sur ses biens, à raison de son administration, une hypothèque légale du jour où la tutelle légale avait pris naissance; cette hypothèque devait recevoir effet, alors même que la gestion avait été presque immédiatement conférée à un parent. — *Colmar*, 22 mars 1816, Spenlé c. Fechterle.

59. — Il n'en était pas de même de la mère. Mais la promulgation du Code civil a eu pour effet de lui rendre son droit à la tutelle de ses enfans mineurs, alors même qu'elle avait consenti antérieurement à l'entrée en fonctions du tuteur nommé par le testament de son mari, et qu'elle avait laissé s'écouler un délai assez long sans réclamer la tutelle. — *Turin*, 6 mess. an XIII, Francèse c. Catellino; *Agen*, 7 prair. an XIII, Lescure c. Tenans; *Turin*, 4 janv. 1806, Cuneaz.

60. — Peu importe d'ailleurs que la mère n'ait pas fait un acte formel et authentique de l'acceptation de la tutelle, ou qu'elle ait omis de provoquer la nomination d'un subrogé tuteur. — *Agen*, 1er févr. 1833, Lavergne c. Pandellé.

61. — Jugé également que la tutelle déférée à l'aïeul paternel, attendu la minorité de la mère, a pu être réclamée par celle-ci à l'époque de sa majorité, surtout si avant cette majorité le Code civil qui déclare la mère tutrice de droit, avait été promulgué. — *Bordeaux*, 6 messidor an XII, Delvaille.

62. — Le divorce ne privait pas la mère divorcée de la tutelle légale. — *Paris*, 4 déc. 1807, Suleau c. Devouassous.

63. — Les créanciers d'un tuteur légal ne peuvent arguer l'inventaire que celui-ci a fait rapporter, dans l'intérêt de ses enfans mineurs. — *Rennes*, 16 mai 1821, Boulay c. Paymal et Muller.

Sect. 2e. — *Curateur au ventre.*

64. — Si, lors du décès du mari, la femme est enceinte, il est nommé un curateur au ventre par le conseil de famille. A la naissance de l'enfant, la mère en devient tutrice et le curateur en est de plein droit le subrogé tuteur. — C. civ., art. 393.

65. — Il résulte de cette dernière disposition que le curateur au ventre doit nécessairement être choisi parmi les parens, et, à défaut de parens, parmi les amis du mari; on ne saurait le prendre dans la ligne maternelle puisque le subrogé tuteur doit toujours appartenir à la ligne à laquelle le tuteur est étranger. — V. *infrà*. — Duranton, t. 3, n° 428.

66. — Le principal motif de la nomination d'un curateur au ventre est la crainte d'une suppression de part. Ce motif n'existant plus si le mari décédé laisse d'autres enfans mineurs, il semble que dans ce cas il devient inutile de nommer un curateur, si toutefois l'enfant dont la femme est présumée enceinte n'a pas des intérêts opposés à ceux des enfans existans; le subrogé tuteur de ceux-ci défendra en effet aussi bien les droits du posthume que ceux des mineurs. — Duranton, t. 3, n° 429.

67. — Dans le cas où il est nommé un curateur

au ventre, ses fonctions sont à peu près les mêmes que celles du tuteur. Elles emportent l'exercice des actions actives et passives du posthume. Ce qui est jugé avec le curateur au ventre, agissant dans les limites du pouvoir attribué à un tuteur, est réputé jugé avec l'enfant, s'il naît viable, ou, dans le cas contraire, avec les autres héritiers du mari. — Duranton, t, 3, no 430; de Fréminville, *ibid.*, no 64. — Il doit poursuivre le paiement des dettes et faire tous les actes conservatoires dans l'intérêt de la succession. — Mêmes auteurs, *ibid.*

68. — Il suffit, pour qu'on doive procéder à la nomination d'un curateur au ventre, que la veuve déclare être enceinte; elle n'est tenue à aucune preuve à cet égard. — *Aix*, 19 mars 1807, Chiousse. — M. de Fréminville (*ibid.*, no 61) cite cet arrêt comme ayant fait une saine interprétation du vœu et de l'esprit du Code.

Sect. 3e. — *Convol de la mère tutrice. — Cotuteur.*

69. — Si la mère tutrice veut se remarier, elle doit, avant l'acte de mariage, convoquer le conseil de famille, qui décide si la tutelle doit lui être conservée. — A défaut de cette convocation, elle perd la tutelle de plein droit, et son nouveau mari est solidairement responsable de toutes les suites de la tutelle qu'elle a indûment conservée. — C. civ., art. 395.

70. — Lorsque le conseil de famille, dûment convoqué, conserve la tutelle à la mère, il lui donne nécessairement pour cotuteur le second mari, qui devient solidairement responsable avec sa femme de la gestion postérieure au mariage. — C. civ., art. 396.

71. — Ces dispositions ont dû recevoir leur application au cas d'un convol consommé par la mère divorcée, antérieurement au Code et à l'ouverture de la tutelle. — *Paris*, 4 déc. 1807, Suleau c. Devouassous.

72. — Les membres appelés à composer le conseil de famille doivent, à peine de nullité, être informés du motif pour lequel ils sont convoqués, et du projet de second mariage de la mère. — *Montpellier*, 9 prair. an XIII, Praix.

73. — Le conseil, dans ce cas, est dispensé de motiver son avis. — *Cass.*, 17 nov. 1813, Menesson c. N....

74. — La mère tutrice qui se remarie sans s'être conformée aux prescriptions de l'art. 395 C. civ. ne doit pas être appelée au conseil de famille qui doit nommer le nouveau tuteur. Lorsqu'un ami est appelé à faire partie du conseil de famille, l'on doit présumer que les parens de la ligne dans laquelle il est appelé étaient empêchés. — *Aix*, 7 mars 1846 (t. 2 1846, p. 612), Imbert c. Sicart.

75. — La mère qui, en raison de son convol, a été privée par le conseil de famille de la tutelle de ses enfans, a intérêt et qualité pour attaquer la délibération de ce conseil du chef de l'omission des formalités substantielles. Le seul fait de son convol ne peut, indépendamment de toutes autres circonstances, être considéré comme un acquiescement à la délibération qui la prive de la tutelle, alors surtout qu'elle a toujours continué à gérer cette tutelle et qu'elle a contesté la qualité du nouveau tuteur et subrogé tuteur aussitôt qu'ils ont agi contre elle. L'exception tirée d'un prétendu acquiescement serait d'autant moins recevable si elle était proposée pour la première fois en cause d'appel. — *Bruxelles*, 24 nov. 1829, Pinson.

76. — La déchéance prononcée contre la mère tutrice, qui n'a pas convoqué le conseil de famille avant de convoler en secondes noces, n'emporte pas contre elle une incapacité absolue, tellement qu'elle ne puisse recouvrer la tutelle par nomination expresse du conseil de famille. — *Metz*, 20 avr. 1820, Marx c. N.; *Pau*, 20 juill. 1807, Gourgues. — Chardon, *Puiss. patern.*, p. 58; Delvincourt, t. 1er, p. 271; Duranton, t. 3, no 427; de Fréminville, *ibid.*, no 56; Maleville, t. 1er, p. 412. — M. Magnin (*Traité des minorités*, t. 1er, no 437) dit que, dans ce cas, la mère perd sans retour la tutelle de plein droit.

77. — Le conseil de famille peut-il, en conservant à la veuve qui veut se marier la tutelle légale de ses enfans du précédent mariage, lui imposer, dans l'intérêt du mineur, des conditions autres que celles spécifiées par la loi, par exemple, régler la somme à laquelle devra s'élever sa dépense annuelle?

78. — Pour l'affirmative, on soutient que le conseil ayant le droit incontestable d'enlever la tutelle à la mère, on ne saurait lui refuser la faculté de ne la lui conserver qu'à certaine condition. — *Rouen*, 8 août 1827, Varin c. Lesage. — V. aussi Chardon, *Puiss. patern.*, no 25. — Mais on répond, avec raison, selon nous, que ce n'est point le cas d'appliquer la maxime : *Qui peut le plus, peut le moins.* Le conseil peut sans doute dépouiller la mère de la tutelle, mais s'il la lui *conserve*, aux termes de l'art. 395, il n'a pas le pouvoir d'en changer la nature; elle doit être conservée telle qu'elle existait avant le convol. Dans le cas d'un second mariage, dit M. Magnin (*Des tutelles*, no 655), le conseil de famille a le droit de déclarer que la mère conserve la tutelle ou qu'elle en cessera l'exercice. Si elle conserve la tutelle, elle l'exerce avec toutes ses prérogatives de la tutelle légale d'une mère, et, dans ce cas, le conseil de famille ne peut lui imposer des conditions plus étroites que celles que la loi détermine à l'égard d'une tutelle légale, qui diffère dans beaucoup de points de la tutelle dative. — *Grenoble*, 28 juill. 1832, Génin c. Ballet. — de Fréminville, *ibid.*, no 57.

79. — Néanmoins, la mère qui a accepté de pareilles conditions ne peut pas, plus tard, prétendre qu'elle n'est point tenue de s'y soumettre. — *Agen*, 14 déc. 1820, Solum c. Cortin.

80. — A plus forte raison, la mère serait-elle contrainte de se soumettre aux obligations qui lui seraient imposées par le conseil de famille, si le convol lui ayant fait perdre de plein droit la tutelle, elle avait cependant été nommée tutrice depuis son second mariage. La tutelle ne serait plus, en effet, légale, mais uniquement dative. — Magnin, t. 1er, no 435.

81. — La mère, à qui son convol a fait perdre la tutelle de ses enfans, conserve cependant en général le droit de veiller à leur éducation et de les garder auprès d'elle. Le législateur, dans sa sagesse, a prévu le cas du convol de la mère et les conséquences qu'il pourrait entraîner. Ainsi, par exemple, la veuve qui convole ayant des enfans mineurs ne saurait plus être *tutrice* par l'effet de la loi; il faut qu'elle subisse l'*épreuve* d'une confirmation par le conseil de famille (art. 395); de même elle n'a plus le droit de requérir la *détention* de son enfant pour inconduite (art. 381), ni de jouir à son profit du bien de ses enfans jusqu'à dix-huit ans ou jusqu'à leur émancipation (art. 384 et 386); enfin elle perd le droit de désigner un *tuteur* pour ses enfans mineurs après sa mort (art. 399), et l'art. 1098 restreint celui qu'elle avait de disposer en faveur de son nouvel époux; mais le législateur s'est arrêté là, et il n'a pas cru devoir dépouiller la mère de cette autorité qu'elle tient de la nature aussi bien que de la loi; du moins on ne trouve aucun texte qui appelle cette conséquence. Il y a plus : diverses dispositions de la loi établissent que l'autorité de la mère survit au convol et à la perte de la tutelle. Ainsi, par exemple, les art. 477 et 478 laissent subsister en sa personne le droit d'émancipation. Ensuite l'art. 460 maintient le droit qui lui appartient relativement au mariage de ses enfans. Pourquoi donc n'en serait-il pas de même du droit d'élever ses enfans? — Avant le Code, il était de jurisprudence que le *convol* de la mère, alors qu'il la privait de la *tutelle*, ne la privait pas de l'*éducation*. — Voici comment s'exprime Merlin (*Rép.*, vo *Education*) : « La loi 1re, C., *Ubi pupillus educari debeat*, après avoir établi que la mère doit être *préférée* à tout autre, exceptait de cette règle le cas où la mère serait remariée : *Si non vitricum eis induxerit* (V. *idem*, nov. 22, chap. 28). Mais il s'en faut beaucoup qu'avant le Code civil cette jurisprudence fût universellement reçue. Plusieurs interprètes célèbres soutiennent que, même à partir du droit romain, il faut qu'il se rencontre des *circonstances extrêmement graves* pour que le juge ôte à une mère remariée l'éducation de ses enfans. Aussi, Voët (sur le Digeste, liv. 21, tit. 2) et une infinité d'autres jurisconsultes établissent, comme une maxime constante dans nos mœurs, que *le convol d'une mère à un second mariage n'est pas un motif suffisant pour la priver de l'éducation de ses enfans*. Deux arrêts du Parlement de Paris, rendus aux grands jours de Poitiers et de Clermont, ont jugé que les enfans d'une mère qui était engagée dans les liens d'un second mariage n'en devaient pas moins être *nourris* et *élevés* dans sa maison. » — Bacquet (*De la bâtardise*, p. 782, édit. in-folio de 1688) s'exprime ainsi : « Combien que par la loi, C., *Ubi pupillus educari debeat*, la mère convolant à de secondes noces soit privée de l'éducation de ses enfans; toutefois cela n'est observé en France, principalement quand la mère offre de les nourrir sans diminution de leurs biens, comme il a été jugé par l'arrêt du 17 janv. 1594. » — Lapeyrière (*Décisions du Palais*, vo *Education*) s'exprime comme il suit : « Par arrêt de la Cour du 23 juill. 1701, rendu en grand'chambre, au rapport de M. de Sallargue, dans la cause du sieur Faure, procureur du roi, en l'élection de Brive, et dame Cécile Guillaume, épouse en secondes noces de Robert Guillaume, écuyer, il a été jugé que l'*éducation* de l'enfant du premier lit de ladite Cécile Guillaume lui appartenait à l'exclusion des oncles maternels des mineurs, à la charge par ladite Guillaume de mettre ce fils en *pension* dans un collége et de l'élever suivant ses condition et facultés; et néanmoins que les pensions seraient prises sur l'usufruit des biens du père des mineurs. Cet arrêt paraît contraire à la loi 1re, C., *Ubi pupillus educari debeat.* » — Comment en serait-il autrement sous le Code civil? On objecte que la mère, si elle n'est confirmée dans la tutelle, en est *exclue* ou *destituée*, ou que si elle ne convoque pas le conseil de famille, elle est déchue de cette tutelle; qu'en outre elle perd la jouissance des biens de ses enfans. Mais cette objection tombe devant cette considération, que la tutelle et l'éducation ne sont pas indivisibles, non plus que les droits et les faveurs attachés au titre de père et de mère. — Merlin (*Rép.*, *loc. cit.*) s'exprime comme il suit : « La *tutelle* et l'*éducation* sont deux choses tout à fait différentes : pour avoir été privée par le juge ou s'être privée elle-même de la première, il ne s'ensuit pas que la mère doive être dépouillée de la seconde. La jurisprudence des arrêts était, avant le Code civil, conforme à ces principes. » — Même doctrine dans Toullier (t. 2, no 1183), et plus haut (t. 2, no 1170) ce dernier auteur disait : « Mais les père ou mère exclus ou destitués ne sont pas privés des droits résultant de la *puissance paternelle*, qui peut être séparée de la *tutelle*, ainsi que nous l'avons déjà observé. La tutelle est une charge qui n'est établie qu'en faveur des pupilles. La puissance paternelle est un droit personnel des père et mère. En permettant d'exclure ou de destituer les tuteurs contre lesquels il existe des motifs d'exclusion ou de destitution, le Code n'a point prononcé contre les père et mère la déchéance des avantages que leur donne la puissance paternelle; et les tribunaux ne peuvent prononcer une peine qui n'a pas été prononcée par la loi. Au reste, il faut observer qu'il n'y a plus d'autres causes d'exclusion, d'autres incapacités que celles qui sont prévues par le Code, dont les dispositions à cet égard sont limitatives et non démonstratives. » Or, puisque Toullier a dit ailleurs que le droit de la mère à l'éducation de son enfant était un effet de la puissance paternelle, et puisqu'il dit ici que la perte de la tutelle ne lui fait pas perdre la puissance paternelle, il est permis de conclure que, suivant lui, le convol (avec privation de la tutelle) ne lui fait pas perdre son droit à l'éducation de son enfant. — *Poitiers*, 15 fév. 1811, d'Auvilliers. — Duranton, t. 3, no 527; Chardon, *Puiss. pat.*, p. 59; Magnin, t. 1er, no 442.

82. — Néanmoins, le conseil de famille peut, selon les circonstances, décider que l'éducation de l'enfant ne sera pas confiée à la mère, mais même dans ce cas il ne saurait lui enlever le droit de surveillance sur son enfant. — *Bruxelles*, 28 janv. 1824, N... — Par suite du même principe, il a été décidé que la mère non maintenue dans la tutelle de ses enfans ne peut refuser de les remettre dans la pension que le tuteur a choisie pour eux, lorsque ce choix a été approuvé par une décision du conseil de famille. — *Lyon*, 5 avril 1827, Ducharne c. Durix.

83. — Jugé que l'administration du mineur, ce qui comprend son éducation et son entretien, appartient au tuteur, à l'exclusion de la mère, à qui, en raison de son convol, la tutelle n'a pas été laissée. — *Colmar*, 29 août 1822, Hirtz c. Vidal.

84. — Quoi qu'il en soit, si le conseil de famille a consenti à laisser les enfans mineurs à leur mère remariée, celle-ci peut réclamer de leur tuteur une pension à raison de leur entretien. — Même arrêt.

85. — Dans l'intervalle qui s'écoule entre le convol de la mère tutrice et l'assemblée de famille qui lui confère de nouveau la tutelle ou qui l'en dépouille, une tutelle de fait est substituée à la tutelle de droit, et cette tutelle de fait a la même efficacité que l'autre. En conséquence, l'hypothèque du mineur sur les biens de sa mère

tutrice, même pour des faits de gestion postérieurs à la seconde tutelle confirmée par le conseil de famille, prend rang du jour de la première tutelle et prime les inscriptions prises par des tiers dans l'intervalle du convol à la confirmation de la tutrice. — *Cass.*, 15 déc. 1825, Delglat c. Davoust.

86. — De même, la mère remariée qui a de fait conservé la tutelle des enfans de son premier lit, sans s'y être fait maintenir à aucune époque par le conseil de famille, est soumise à l'hypothèque légale à raison de sa gestion. — *Colmar*, 23 janv. 1832, Amann c. Laroche. — De Fréminville, *ibid.*, n° 55, qui approuve cet arrêt. — V. HYPOTHÈQUE LÉGALE.

87. — Il résulte encore de ces principes que les actes conservatoires faits par la mère dans l'intérêt de ses enfans mineurs, depuis son convol jusqu'à la nomination d'un nouveau tuteur, ne peuvent pas être déclarés nuls. — *Limoges*, 17 juill. 1822, Vialle c. Espinasse. — Il est en effet de principe que le tuteur qui agit jusqu'à son remplacement est réputé agir en sa qualité de tuteur. — Les lois romaines sont formelles : « *Sed et si priùs pro tutore administraverit, deindè quasi tutor, æquè tenebitur ex eo quod pro tutore administravit, quamvis devolvatur hic gestus in tutelæ actionem.* » Ce sont les termes de la loi 1re, § 5, *De eo qui pro tutore vel pro curatore negotia gessit.* — V. encore le titre *De admin. et peric. tut.* — « C'est un principe, dit Meslé (*Traité des minorités*, p. 288), que quiconque est entré dans l'administration de l'universalité d'une tutelle ne doit pas, de lui-même, quitter ni cesser d'administrer, sans faire que le mineur soit pourvu de tuteur ou curateur. » — Poullain-Duparc (*Principes du droit*, t. 1er, p. 351) dit également : « Jusqu'à la nouvelle pourvoyance d'un tuteur, ou jusqu'à ce que le tuteur ait mis le mineur en état de jouir de ses biens, *l'administration continue...*, puisque, même après l'émancipation, le tuteur est tenu de colloquer le reliquat du *compte provisoire* qu'il doit rendre. » — C'est, enfin, d'après le même principe que le tuteur est obligé, après la tutelle finie, de continuer les affaires commencées (V. la loi 39, § 12, ff., *De administr. et peric. tut.*), et que dans les coutumes qui faisaient finir la tutelle à l'âge de puberté, le tuteur était obligé de continuer la gestion jusqu'à ce qu'il eût fait nommer un curateur au mineur (V. Meslé, p. 289). — Enfin, Ferrières (*Traité des tutelles*, p. 25) enseigne que la mère déchue de la tutelle est obligée d'agir et de défendre jusqu'à ce qu'elle ait fait nommer un tuteur à sa place. Il cite plusieurs interprètes, et il invoque la jurisprudence des arrêts. — Et nous voyons que le Code lui-même a consacré ces principes lorsque, dans l'art. 440, il a dit que le tuteur nommé qui voudrait soumettre ses excuses aux tribunaux serait néanmoins obligé, pendant le litige, d'administrer provisoirement : or, une disposition semblable ne se trouve-t-elle pas dans l'art. 395 du Code civil qui, après avoir prononcé la déchéance de la tutelle contre la mère qui se remarie, ajoute néanmoins que son nouveau mari sera solidairement responsable de toutes les suites de la tutelle qu'elle aura *indûment conservée*? Et ne faut-il pas dire que l'administration de la tutelle *continue* pour la mère qui, jusqu'à son remplacement, conserve toujours le droit d'agir? C'est au surplus ce qui est aujourd'hui consacré par la jurisprudence. — De Fréminville, n° 55.

88. — Ainsi, il a été jugé : 1° que les actes faits par la mère après son convol et les poursuites dirigées contre elle jusqu'à la nomination du nouveau tuteur, devraient être réputés valables, surtout s'ils n'étaient que la suite de procédures entamées pendant la tutelle légale. — *Turin*, 25 juin 1810, Borelli c. Miroglio.

89. — ... 2° Que les actes faits par une veuve tutrice légale de ses enfans depuis son convol à de secondes noces et sans s'être fait préalablement confirmer dans la tutelle, ne sont pas nuls. — Que le défaut de convocation du conseil de famille pour délibérer si la tutelle lui sera conservée ou non, ne peut être opposé à la mère dans l'intérêt d'autres que ses enfans. — *Cass.*, 28 mai 1823, Choisy c. Potier.

90. — Toutefois la Cour d'appel de Nîmes avait décidé, le 10 prairial an XIII (Clavel c. Blanc), que les actes faits par la mère en qualité de tutrice depuis son convol sont nuls, et que la nullité n'est même pas couverte par la délibération postérieure du conseil de famille qui prononce son maintien dans la tutelle.

91. — En tous cas, la nullité résultant de ce qu'une femme remariée a esté en justice comme tutrice, sans que sa qualité ait été confirmée par le conseil de famille, ne peut être opposée ni aux enfans ni à la veuve. — *Cass.*, 28 mai 1823, Choisy c. Potier. Duranton, t. 3, n° 426, note; Marcadé, t. 2, p. 209. — V. aussi Chardon, *Puiss. pat.*, n° 16.

92. — Toutes les fois que la mère est maintenue dans la tutelle légale de ses enfans, son second mari est, comme il a été dit *suprà*, n° 70, nécessairement nommé cotuteur, et comme tel responsable vis-à-vis du mineur de la même manière qu'un tuteur ordinaire. — Le conseil de famille ne pourrait donc pas, en maintenant la femme dans la tutelle, se dispenser de nommer le second mari cotuteur. — De Fréminville, *ibid.*, n° 58.

93. — Mais dans quelles limites peut-il représenter le mineur et agir en son nom? La loi est muette sur ce point. — « Observez, dit Delvincourt (*Cours de droit civil*, t. 1er, p. 475, note 10), que le second mari n'est point tuteur, mais seulement cotuteur; d'où il suit que les actes de tutelle doivent être faits par les deux époux conjointement, et, de plus, que le mari ne peut être tuteur qu'autant que la mère sera tutrice, de manière que si elle vient à cesser de l'être par mort ou destitution, il cessera également et de plein droit d'être tuteur. » — M. Magnin (*Tr. des min.*, nos 459, 460 et 461) pose, à l'égard des pouvoirs du cotuteur, des principes qu'il convient de signaler : si les époux sont séparés de biens, la mère a seule l'administration des biens de la tutelle, sauf la responsabilité commune du tuteur; s'ils sont mariés en communauté, le pouvoir d'administration de la tutelle appartient au mari en vertu de l'autorité maritale. Mais ce droit est *limité* aux choses de pure administration : car s'il s'agit d'émanciper le mineur, d'emprunter sur ses biens, d'hypothéquer ou vendre des immeubles, d'intervenir dans un partage ou de le provoquer, de *recevoir* ou *placer des capitaux*, d'accepter ou répudier une succession; dans tous ces cas et autres de cette nature, la mère doit agir conjointement avec son second mari, à peine de nullité des actes qu'il ferait sans sa participation, parce que sa qualité de cotuteur ne lui donne pas plus de droit sur les biens de la tutelle des enfans du premier lit que son autorité maritale ne lui en donne sur les biens propres de sa femme. Au reste, l'institution du cotuteur ne prive pas la mère tutrice, qui est solidairement responsable avec son nouveau mari de toutes les suites de la tutelle, du droit de veiller elle-même sur tous les actes importans de cette charge; la conservation de la tutelle est bien plus en faveur de la mère tutrice remariée qu'en faveur du second mari; si elle est maintenue dans l'exercice de cette fonction, c'est pour continuer sa surveillance et même pour participer dans les actes importans de la tutelle; autrement, la continuation de la tutelle en sa personne serait illusoire et même contradictoire avec les termes de la loi. — C. civ., art. 396.

94. — Il a été jugé conformément à ces principes que le second mari, cotuteur de sa femme, ne peut valablement faire les actes de tutelle sans le concours ou le consentement de sa femme. — Et spécialement, qu'il ne peut, sans le concours de celle-ci, valablement recevoir des paiemens pour compte des mineurs. — *Bruxelles*, 27 avril 1826, Cado c. N.... — M. de Fréminville (*ibid.*, n° 54) soutient l'opinion contraire. Il se fonde sur la solidarité que la loi établit entre la femme et le second mari; il invoque ensuite la décision donnée en ce sens par le droit romain dans le cas de deux tuteurs ou curateurs du même individu. — L. 3, ff., *De adm. et pericul. tut.* — D'ailleurs, dit-il, dans notre droit le mari exerce toutes les actions de sa femme.

95. — ... Et cela alors même qu'il se serait porté fort pour sa femme. — *Toulouse*, 29 févr. 1844 (t. 2 1844, p. 47), de Portes c. Noyers et Marquié-Cussol.

96. — La responsabilité à laquelle l'art. 395 du Code civil soumet le nouveau mari de la mère tutrice de son enfant mineur, qui s'est remariée sans avoir convoqué le conseil de famille pour décider si la tutelle lui sera conservée, s'applique à la gestion de celle-ci, antérieure au mariage, comme à celle qui lui est postérieure. — L'enfant mineur a, par une conséquence de cette responsabilité, et pour en assurer les effets, une hypothèque légale sur les biens du nouveau mari de sa mère. — *Poitiers*, 28 déc. 1824, Guérin c. Pervinquière; *Nîmes*, 30 nov. 1831, Boubon c. de Chazeaux. — Duranton, t. 3, n° 426. — *Contrà*, de Fréminville, *ibid.*, n° 51.

97. — Celui-ci, s'il n'a pris aucune précaution pour la conservation des intérêts des mineurs, peut être condamné par corps au paiement de sommes dont sa femme, après le décès de son premier époux, s'était emparée comme lui appartenant en propre, mais qui, depuis le convol, ont été reconnues appartenir à la communauté, et par suite aux mineurs pour partie. — *Cass.*, 12 août 1828, Estanave c. Laprada.

98. — Il n'y a cependant pas lieu à prononcer contre lui la contrainte par corps, pour reliquat de compte, s'il possède des immeubles suffisans pour répondre de sa dette. — *Bruxelles*, 28 févr. 1821, Debrion c. Dubois.

99. — La condamnation au paiement d'une somme d'argent prononcée pour un fait de tutelle contre la mère tutrice et son second mari, comme cotuteur, se divise de plein droit entre eux, si la solidarité n'a été ni requise ni prononcée; de telle sorte que, bien que la somme demandée soit supérieure à 1,500 fr., si la part de chacun d'eux dans la dette est inférieure à ce taux, le jugement est en dernier ressort à l'égard de l'un et de l'autre. — *Bordeaux*, 16 nov. 1847 (t. 1er 1848, p. 349), de Garbeuf c. Crouzillard.

100. — La Cour d'appel de Paris a décidé qu'un cotuteur a pu être considéré comme valablement libéré envers ses pupilles des sommes qu'il leur devait solidairement avec la tutrice, au moyen du remboursement effectué après le divorce, entre les mains de celle-ci, restée seule chargée de la tutelle, et même sans l'intervention du subrogé tuteur, surtout si les mineurs ont donné à leur mère tutrice mainlevée des inscriptions hypothécaires qui garantissaient leur créance. — *Paris*, 16 déc. 1809, Besnard c. Leduc. — Mais les mainlevées d'inscriptions paraissent avoir beaucoup influé sur la détermination de la Cour, et ce motif peut, jusqu'à un certain point, justifier son arrêt. Nous ne pensons pas que, sans cette circonstance, on eût jugé de même; car, quoique la dame Leduc fût restée seule tutrice après le divorce, il suffisait que l'obligation de rendre un compte et de payer les 14,600 francs revenant à la mineure fût commune et solidaire entre elle et Leduc, pour qu'il y eût nécessité de faire intervenir un subrogé tuteur, et de lui faire accepter le remboursement pour le compte de la mineure.

101. — Jugé que le second mari cotuteur est, en cette qualité, maître de l'éducation des enfans, et peut les placer dans tel lieu que bon lui semble; qu'il n'est pas tenu de les recevoir dans sa propre maison. — *Angers*, 13 frim. an XIV, Talegrain. — Mais ce dernier point surtout nous paraît fort contestable.

CHAPITRE III. — *Tutelle testamentaire.*

102. — Il était naturel d'accorder, comme conséquence de la puissance paternelle, aux père et mère le droit de choisir, après eux, un tuteur à leurs enfans. Ce droit est consacré par l'art. 397 C. civ. dans les termes suivans : « Le droit individuel de choisir un tuteur, parent ou étranger, n'appartient qu'au dernier mourant des père et mère.

103. — *Au dernier mourant.* — Cette tutelle ne peut en effet s'ouvrir qu'après la mort de celui qui l'a déférée : le survivant, lors même qu'il justifierait de l'impuissance de gérer par lui-même, ne saurait se substituer un autre tuteur. — Duranton, t. 3, n° 434; Toullier, t. 2, p. 372; Delvincourt, t. 1er, p. 109.

104. — Quant au premier mourant des père et mère, le droit de désigner un tuteur ne saurait lui être accordé, puisque la loi défère de plein droit la tutelle à son conjoint survivant.

105. — Delvincourt (t. 1er, p. 430) pense cependant que cette règle devrait souffrir exception dans le cas où l'époux survivant serait légalement incapable d'être tuteur, par exemple, s'il était interdit. Mais M. Duranton (n° 435) combat avec avantage cette opinion, par le motif que le père ou la mère interdit n'en a pas moins la puissance paternelle, quoiqu'il ne puisse point en faire les actes. — V. dans le même sens, Valette sur Proudhon, t. 2, p. 293; Zachariæ, § 100, note 3; Marcadé, t. 2, p. 212; de Fréminville, *ibid.*, n° 72.

106. — Ce n'est qu'en cas de minorité que cette disposition est applicable; elle ne pourrait être étendue au cas d'interdiction. Ainsi, le père ou la mère survivans ne pourraient désigner un tuteur

à leur enfant majeur interdit. — *Cass.*, 11 mars 1812, Beauchel de Servigny c. Le Prévôt; *Paris*, 1er mai 1813, mêmes parties. — Toullier, t. 2, n° 1336; Duranton, t. 3, n° 752; Chardon, n° 30; Zachariæ, t. 1er, § 126, note 3.

107. — Au surplus, le droit de choisir un tuteur ne peut pas toujours être exercé par le dernier mourant des père et mère. Ainsi il est interdit: 1° au mort civilement. — C. civ., art. 28.

108. — ... 2° A celui qui a encouru la déchéance de la puissance paternelle pour avoir facilité la corruption de ses enfans. — C. pén., art. 335.

109. — ... 3° A celui qui a encouru une peine afflictive ou infamante: il est déchu de plein droit de la tutelle qu'il exerçait sur ses enfans au moment de la condamnation. — C. civ., art. 445. — Il est donc à plus forte raison incapable de la déférer à un tiers.

110. — ... 4° A celui qui a été exclu d'une tutelle: il ne peut faire partie d'un conseil de famille et concourir par sa voix à la nomination d'un tuteur. — C. civ., art. 445. — Il serait donc absurde de lui accorder la faculté d'en créer un par sa seule volonté. — Duranton, t. 3, n° 436; Delvincourt, sur l'art. 398; Zachariæ, § 100, note 5; Marcadé, t. 2, p. 211; Valette sur Proudhon, t. 2, p. 298; Chardon, n° 36; de Fréminville, *ibid.*, n° 74.

111. — ... 5° A la mère remariée non maintenue dans la tutelle. — C. civ., art. 399. — Si elle y a été maintenue, elle peut faire choix d'un tuteur, mais ce choix n'est valable qu'autant qu'il est confirmé par le conseil de famille. — C. civ., art. 400. — Il en serait de même quand elle serait devenue veuve de son second mari: la loi est absolue et ne fait aucune distinction. — Duranton, t. 3, n° 436.

112. — Le tuteur désigné par la mère qui avait conservé la tutelle est non recevable à attaquer la délibération qui n'a pu confirmer sa nomination: il ne s'agit en effet pour lui ni d'une exclusion ni d'une destitution, et les art. 447 et suiv. C. civ. sont inapplicables. Mais si la délibération n'a pu être unanime, les membres dissidens peuvent en demander la réformation devant le tribunal, conformément à l'art. 883 C. proc.—Duranton, t. 3, n° 437.

113. — Si la mère, non remariée, n'a pas accepté la tutelle, ou si le père s'en est fait exempter, conservent-ils néanmoins le droit de nommer un tuteur à leurs enfans? L'affirmative résulte de ce que ce droit est une dépendance de la puissance paternelle, et de ce que cette puissance n'est pas perdue par la non-acceptation ou l'exemption de la tutelle. — Duranton, t. 3, n° 438; Malleville, t. 1er, p. 413; Rolland de Villargues, v° *Tutelle*, n° 55. — V. cependant Delvincourt, t. 1er, p. 431; Chardon, nos 38 et suiv.; Marcadé, t. 2, p. 211. V. aussi Zachariæ, § 100, note 6; de Fréminville, *ibid.*, n° 75.

114. — Mais le survivant qui refuserait la tutelle de son enfant ne pourrait nommer un tuteur pour le remplacer de son vivant. — Delvincourt, t. 1er, p. 109; Duranton, t. 3, n° 434; Zachariæ, § 100, note 4; Chardon, n° 29; de Fréminville, *ibid.*, n° 70. — V. cependant Malleville, t. 1er, p. 413. V. aussi Toullier, t. 2, n° 1102, et Favard de Langlade, v° *Tutelle*, § 2, qui hésitent à se prononcer.

115. — La nomination du tuteur ne peut être faite que par acte de dernière volonté, ou par une déclaration faite soit devant le juge de paix assisté de son greffier, soit devant notaire. — C. civ., art. 398, 392.

116. — Le tuteur élu n'est pas tenu d'accepter la tutelle s'il n'est d'ailleurs dans la classe des personnes qu'à défaut de cette élection spéciale, le conseil de famille eût pu en charger.—C. civ., art. 401.

117.—D'après le droit romain, le père de famille pouvait non-seulement choisir un tuteur à ses enfans, mais encore défendre de leur donner *telle personne* qu'il désignait. — Le Code n'ayant pas reproduit cette disposition, et les cas d'exclusion de tutelle étant limitatifs, il serait impossible de l'admettre aujourd'hui. — Toullier, t. 2, n° 1167.

118. — Mais aujourd'hui, comme autrefois, le dernier mourant des père et mère a le droit de donner à ses enfans un tuteur sous condition ou jusqu'à un certain temps. — Toullier, t. 2, n° 1105; Duranton, t. 3, n° 439.

119. — Pourrait-il également donner deux tuteurs à la fois, l'un chargé de l'administration, de la personne du mineur et l'autre de la gestion de ses biens? M. Duranton (t. 3, n° 444) enseigne l'affirmative. «Le Code, dit-il, ne suppose nulle part qu'il y ait plusieurs tuteurs. Ce n'est toutefois pas une raison pour que l'élection que ferait de plusieurs personnes le dernier mourant des père et mère fût contraire à la loi. Seulement ces tuteurs devraient s'accorder sur le choix de l'un d'eux pour administrer, et s'ils ne pouvaient y parvenir, le conseil de famille délibérerait sur celui qui devrait gérer, à la charge par lui de donner aux autres des sûretés pour sa gestion. Ils seraient au surplus censés substitués l'un à l'autre, en sorte que l'un d'eux venant à mourir, etc., l'autre gérerait la tutelle. — V. dans le même sens, Magnin, t. 1er, n° 466; Chardon; *Puiss. tutel.*, n° 34; Meslé, *Des minor et tut.*, p. 101, Toullier, t. 1er, n° 1123; Delvincourt, t. 1er p. 430.

120. — La jurisprudence semble confirmer complétement cette opinion. Ainsi, il a été jugé 1° qu'un père a le droit de désigner par son testament deux tuteurs à son enfant mineur, l'un à sa personne et l'autre à ses biens. — *Paris*, 15 mess. an XII, Dupucé c. Boyard et Barbier.

121. — ... 2° Que la mère survivante, qui dispose de la tutelle de son enfant, peut confier l'administration des biens du mineur et l'administration de sa personne à deux personnes différentes.—Que cette volonté doit être exécutée si l'intérêt du mineur l'exige, encore que le tuteur désigné par le testament de la mère ait été destitué et remplacé par l'aïeul du mineur. — *Rouen*, 8 mai 1840 (t. 2 1840, p. 684), Lemonnier c. Cressent.

122. — ... 3° Que lorsqu'un père a, dans son testament, nommé un tuteur honoraire et un tuteur onéraire à ses enfans en minorité, ce dernier peut être supprimé, si les affaires qui rendaient sa nomination nécessaire sont terminées, et si le tuteur honoraire consent à se charger seul et sans rétribution de l'administration des biens des mineurs. — *Angers*, 6 août 1819, Tuprault c. Charbonneau.

123. — Il est bien évident que le droit attribué au survivant des père et mère ne peut pas aller jusqu'à nommer pour tuteur un individu que la loi déclarerait incapable de la tutelle. — De Fréminville, *ibid.*, n° 78; Magnin, n° 170.

124. — Le tuteur testamentaire peut, comme tous les autres, être destitué. — Magnin, t. 1er, n° 475; Locré, t. 5, p. 54.

CHAPITRE IV. — *Tutelle des ascendans.*

125. — Lorsqu'il n'a pas été choisi au mineur un tuteur par le dernier mourant de ses père et mère (V. *suprà*, n° 102), la tutelle appartient de droit à son aïeul paternel, à défaut de celui-ci à son aïeul maternel, et ainsi en remontant, de manière que l'ascendant paternel soit toujours préféré à l'ascendant maternel du même degré. — C. civ., art. 402.

126. — Si, à défaut de l'aïeul paternel et de l'aïeul maternel du mineur, la concurrence se trouve établie entre deux ascendans du degré supérieur qui appartiennent tous deux à la ligne paternelle du mineur, la tutelle passe de droit à celui des deux qui se trouve être l'aïeul paternel du père du mineur. — C. civ., art. 403.

127. — Si la même concurrence a lieu entre deux bisaïeuls de la ligne maternelle, la nomination est faite par le conseil de famille, qui ne peut, néanmoins, que choisir l'un de ces deux ascendans.—C. civ., art. 404.

128. — De même avant le Code, en cas de concurrence entre deux aïeules, paternelle et maternelle, la tutelle n'appartenait pas de droit à l'aïeule paternelle; le choix devait avoir lieu suivant les circonstances et les intérêts du mineur.—*Paris*, 24 prair. an IX, Chevalier c. Richebourg.

129. — Il résulte des articles ci-dessus que la tutelle légale n'est conférée qu'aux ascendans du mineur. Les ascendantes ne peuvent être investies que de la tutelle testamentaire ou dative déférée, soit par le survivant des père et mère, soit par le conseil de famille.—De Fréminville, *ibid.*, n° 82; Magnin, n° 488. — Autrefois, il en était autrement, c'est ce qui résulte implicitement de l'arrêt qui précède.

130. — L'aïeul d'un mineur est de droit son tuteur; dès lors, si, à l'époque de l'ouverture de la tutelle, il en a été privé, attendu son état d'interdiction, il a le droit de la réclamer dès que l'interdiction a été levée. — *Rennes*, 9 févr. 1813, Cadour.

131. — Mais pour qu'il y ait lieu à la tutelle des ascendans, il faut nécessairement que le père et la mère du mineur soit décédés. — Merlin, *Rép.*, v° *Tutelle*, sect. 2, § 2, art. 1er, n° 3; Toullier, t. 2, n° 1107; Duranton, t. 3, nos 445, 446; Favard de Langlade, *Rép.*, t. 5, p. 819; Magnin, *Des tutelles*, p. 2, n° 487.

132. — Ainsi, dans le cas où la mère est privée de la tutelle par suite de son convol, il y a lieu à la tutelle dative et non à la tutelle légale de l'ascendant des mineurs.—*Cass.*, 26 févr. 1807, Daldé. — Toullier, t. 2, n° 1107; Merlin, *Rép.*, v° *Tutelle*, sect. 2, § 2, art. 1er, n° 3; Duranton, t. 3, n° 446; Magnin, t. 1er, n° 487; de Fréminville, *ibid.*, n° 181.

133. — Il en est de même, dans le cas de destitution du tuteur légal. — *Toulouse*, 18 mai 1832, Bélard. — Duranton, t. 3, n° 447; Zachariæ, § 100, note 2; de Fréminville, *ibid.*—« Dès qu'il y a lieu un seul instant à la tutelle dative, dit M. Marcadé (p. 217), on ne revient jamais à la tutelle légitime. »

134. — ... Ou de démission de sa part.—*Paris*, 24 juill. 1835, de Pastoret c. Corcelette. — Toullier, t. 2, n° 1107; Duranton, t. 3, n° 422; Chardon, n° 52; Marcadé, sur l'art. 394; de Fréminville, *ibid.*

135. — ... Ou bien encore quand le tuteur nommé par le dernier mourant des père et mère refuse la tutelle, est incapable ou exclu, car le père ou la mère a manifesté sa volonté pour que cette tutelle ne s'ouvrît pas; et l'art. 405 C. civ. implique, d'ailleurs, cette solution en disposant que quand un enfant mineur reste sans père ni mère, *ni tuteur élu* par ses père et mère, ni ascendant mâle, comme aussi, lorsque le tuteur *de l'une des qualités* ci-dessus exprimées se trouve dans un cas d'exclusion ou d'excuse, il est pourvu par un conseil de famille à la nomination d'un tuteur.—Duranton, t. 3, n° 441; de Fréminville, *ibid.*; Toullier, t. 2, n° 1107; Marchand, *Code de la minorité*, p. 122; Chardon, n° 45.

136. — ... Ou si le tuteur testamentaire est destitué.—Toullier, t. 2, n° 1107; Duranton, t. 3, n° 441; Zachariæ, § 101, note 1re; Chardon, n° 52; de Fréminville, *ibid.*

137. — Il a cependant été jugé qu'à défaut d'acceptation du tuteur nommé par le testament, la tutelle se trouve déférée de plein droit aux ascendans.—*Bruxelles*, 11 mars 1819, de Zinzerling c. Hélias. — Et M. Magnin adopte cette opinion (*Traité des minorités*, n° 478), mais sans donner aucune raison à l'appui de son sentiment.

138. — D'après MM. Duranton (t. 3, n° 441) et Chardon (n° 45), si, au contraire, le tuteur désigné meurt avant le père du mineur, ce dernier est réputé décédé *ab intestat*, et dès lors, il y a lieu à la tutelle des ascendans. Il en est de même si le tuteur élu décède après avoir exercé la tutelle. La raison de différence de ce cas avec celui où le tuteur a été exclu ou destitué, c'est que la tutelle testamentaire finit de plein droit par la mort du tuteur, au lieu que dans le cas d'excuse ou de destitution, il faut l'intervention de la justice, et le tuteur élu est, en quelque sorte, considéré comme étant encore tuteur, seulement il n'a pas l'administration.

139. — Mais cette distinction, repoussée par Toullier (t. 2, n° 1107), ne nous semble pas devoir être admise; elle repose en effet sur une subtilité qui, conforme peut-être au droit romain (V. Vinnius, § 2, *Inst. de leg. agnat. tut.*), n'est plus en harmonie avec l'esprit du Code. Si l'on décide que le père a manifesté la volonté d'exclure les ascendans en choisissant un tuteur à ses enfans, il faut, dans tous les cas, respecter cette volonté, et recourir à la tutelle dative si la tutelle testamentaire n'a pas lieu par quelque motif que ce soit.

140. — Dans le cas où l'ascendant auquel la tutelle est déférée de droit est excusé, exclu ou destitué, la tutelle doit également être déférée par le conseil de famille, bien qu'il y ait d'autres ascendans en état de la gérer. Du moment que la tutelle légitime trouve une personne pour se reposer sur elle, le degré de la loi est épuisé; quoique cette personne ne remplisse pas en réalité les fonctions de tuteur, il ne se fait pas de dévolution à une autre: l'ordre successif n'est pas plus admis sous le Code qu'il ne l'était en droit romain. — Duranton, t. 3, n° 447.

CHAPITRE V. — *Tutelle dative ou déférée par le conseil de famille.*

141. — A défaut de tuteur légal ou testamentaire, ou bien encore s'il existe contre ces tuteurs des causes d'excuse ou d'exclusion, le tuteur du mineur non émancipé est nommé par le conseil de famille. — C. civ., art. 405.

Sect. 1re. — *Composition et délibérations du conseil de famille.*

142. — Nous avons vu v° CONSEIL DE FAMILLE tout ce qui concerne sa composition et ses délibérations, nous ne pouvons qu'y renvoyer. Cependant, nous croyons devoir classer ici quelques décisions y relatives qui ont plus spécialement trait à la matière que nous examinons.

143. — Ainsi, jugé que le domicile du mineur est, aux termes de l'art. 406 C. civ., celui de la personne dont le décès donne ouverture à la tutelle et non celui de la personne qui peut demeurer ou être nommée tutrice; qu'en conséquence, le conseil de famille, investi du droit de nommer un tuteur au mineur, doit être convoqué au lieu où la tutelle s'est ouverte, et non à celui où le tuteur éventuel a son domicile. — *Aix*, 7 mars 1846 (t. 1er 1846, p. 612), Imbert c. Sicart.

144. — Mais jugé que, s'il est vrai que dans tous les cas où le conseil de famille est appelé par la loi soit à pourvoir le mineur ou l'interdit d'un tuteur, soit à compléter ou modifier la tutelle, ce conseil doit être convoqué et présidé par le juge de paix du lieu de l'ouverture de la tutelle; il en peut être autrement lorsque, la tutelle fonctionnant régulièrement, et le tuteur ayant acquis un nouveau domicile, il n'y a lieu de faire délibérer le conseil de famille qu'à l'occasion d'un des actes d'administration du tuteur. Dans ce cas, le conseil de famille peut être convoqué devant le juge de paix du nouveau domicile du tuteur, qui est devenu celui du mineur, pourvu toutefois que les intérêts de celui-ci ne puissent en éprouver aucun préjudice: circonstance dont les juges du fait sont souverains appréciateurs. — *Cass.*, 4 mai 1846 (t. 2 1846, p. 78), Jeanjean.

145. — Jusqu'ici, la doctrine et la jurisprudence avaient reconnu en principe que c'est le domicile du mineur, au moment de l'ouverture de la tutelle, qui détermine le domicile de la tutelle considérée comme être moral, et, conséquemment, le lieu où doivent être convoqués les conseils de famille qui peuvent être nécessaires pendant la durée de cette tutelle. — V. CONSEIL DE FAMILLE, nos 103 et suiv. — Seulement quelques auteurs (V. Toullier, t. 2, n° 1114; Duranton, t. 3, n° 453) admettaient une exception à ce principe du domicile de la tutelle pour le cas où ce serait le père, la mère ou un autre ascendant, qui aurait changé de domicile depuis que la tutelle serait ouverte en sa personne, et ils enseignaient que, dans ce cas, les convocations du conseil de famille devraient avoir lieu devant le juge de paix du domicile actuel de cet ascendant, qui est celui du mineur, attendu que l'amour paternel est une garantie puissante contre les inconvéniens sur lesquels le système contraire est fondé. — Toutefois, cette distinction elle-même n'était pas franchement adoptée par les arrêts (V. CONSEIL DE FAMILLE, nos 109 et suiv.), et elle était repoussée par quelques auteurs recommandables. (V. Valette sur Proudhon, t. 2, n° 313; Duvergier sur Toullier, n° 1114 [*ad notam*]). Sur l'arrêt que nous citons, la chambre des requêtes de la Cour de cassation a introduit une distinction tout à fait en dehors de la qualité de tuteur, et qui repose sur le caractère arbitrairement attribué à l'objet soumis à la délibération du conseil de famille. — Suivant elle, le domicile de la tutelle n'existe plus, à proprement parler, que lorsqu'il s'agit de sa reconstitution ou de la modification de la tutelle elle-même; mais s'il s'agit d'autorisations destinées à venir en aide à l'administration du tuteur, celui-ci reste libre de convoquer un conseil de famille au domicile qu'il lui a plu de se choisir. — Si cette interprétation est de nature à faciliter

les opérations de la tutelle, il faut reconnaître aussi qu'elle peut priver le mineur ou l'interdit des garanties que lui aurait assurées l'invariabilité du domicile de la tutelle. — Le tuteur traînant ainsi à sa suite le conseil de famille ne restera-t-il pas, par le fait, maître de sa composition? Aux parens, membres originaires du conseil de famille et qui connaissaient la véritable situation, les véritables intérêts du mineur, ne pourra-t-on pas se voir obligé, à raison de l'éloignement, de substituer des amis moins éclairés ou plus complaisants? Et le juge de paix de ce nouveau domicile, qui vote aussi dans le conseil de famille, d'où lui viendront les lumières qui doivent éclairer son opinion personnelle? Or, est-ce là ce que la loi a voulu? — Il est vrai que la Cour réserve toujours aux tribunaux la faculté de rechercher si la convocation faite au domicile nouveau du tuteur n'a pas eu pour objet ou pour résultat une lésion dans les intérêts du mineur ou de l'interdit. Mais ce droit d'appréciation, qui sera souvent si difficile à exercer, ce droit que la chambre des requêtes a été obligée d'improviser pour remédier à un mal dont le législateur n'avait guère eu à se préoccuper, parce qu'il n'était pas possible avec l'unité de siége du conseil de famille, peut-il donc jamais équivaloir à une garantie résultant de la loi? C'est ce dont il est permis de douter. — V. aussi Jay, *Tr. des Cons. de famille*, nos 16 et suiv.

146. — Les frères germains d'un mineur et les maris de ses sœurs germaines sont tous membres du conseil de famille, et doivent y être appelés, quel que soit leur nombre. Dès lors, à défaut de convocation d'un seul d'entre eux, le conseil de famille est illégalement composé, alors même que six autres frères ou beaux-frères germains en auraient fait partie. La délibération prise par un conseil de famille ainsi formé est nulle, surtout s'il est constant que l'omission du frère germain a été intentionnelle et motivée par la crainte de le trouver opposé à la mesure sur laquelle il s'agissait de voter. — *Lyon*, 13 mars 1845 (t. 2 1846, p. 416), Anier c. Rambaud.

147. — On sait qu'en principe l'irrégularité de la composition d'un conseil de famille n'emporte pas de droit nullité de ses délibérations, et que les magistrats restent libres de les annuler ou de les valider suivant que l'intérêt du mineur s'en est ou non trouvé compromis. C'est ce que de nombreux arrêts et la plupart des auteurs ont reconnu. — V., sur ce point, CONSEIL DE FAMILLE, nos 54 et suiv. — Toutefois, d'après la jurisprudence elle-même, ce principe paraît devoir recevoir exception dans certains cas, et notamment lorsque l'irrégularité de la composition du conseil de famille provient de ce que, soit un ascendant, soit un frère ou beau-frère, n'aurait pas été appelé. — V., à cet égard, le même mot, nos 43 et suiv. — Ce qui, au surplus, tranchait toute difficulté dans l'espèce de l'arrêt que nous venons de citer, c'est qu'il était reconnu en fait que l'omission d'un des beaux-frères germains avait été méditée et motivée par la crainte de le voir voter de telle ou telle manière, ce qui imprimait à la convocation un caractère non-seulement d'irrégularité, mais même de fraude. Or, en pareil cas, la nullité était évidente.

148. — Le juge de paix présidant une délibération du conseil de famille qui a pour objet la destitution du tuteur doit, à peine de nullité, exprimer et motiver son opinion. Il ne peut se borner à renvoyer, sans émettre d'avis ni de vote personnel, devant les juges compétens. — *Lyon*, 13 mars 1845 (t. 2 1846, p. 416), Anier c. Rambaud. — V. CONSEIL DE FAMILLE, nos 142 et suiv.

149. — S'il est vrai que le juge de paix ne doit pas se borner à présider le conseil de famille, mais qu'il doit aussi, comme tout autre membre, donner son avis, cette obligation est pleinement remplie lorsqu'il a déclaré au conseil que les renseignemens fournis sur l'objet de la délibération (par exemple sur le point de savoir s'il convenait d'autoriser le tuteur à exercer une action immobilière) ne lui paraissaient pas suffisans. — *Grenoble*, 18 déc. 1845 (t. 2 1846, p. 417), Messirel c. Miollau.

150. — Les tiers ne sont pas admis à critiquer la nomination d'un subrogé tuteur, en ce que le conseil de famille qui y aurait procédé aurait été présidé par un juge de paix autre que celui du domicile du mineur. Cette nullité, si elle existe, ne peut être invoquée que par le mineur lui-même. — *Riom*, 10 juill. 1846 (t. 2 1846, p. 427), Rougier c. Dumay.

Sect. 2e. — *Excuses.*

151. — D'après les principes du droit romain, la tutelle et la curatelle étaient considérées en quelque sorte comme des charges publiques, et ceux à qui elles étaient déférées ne pouvaient se dispenser de les accepter.

152. — Le Code civil adopte la même règle, mais il la soumet cependant à certaines exceptions fondées soit sur l'intérêt général, soit sur l'intérêt privé de celui pour qui la tutelle serait une charge trop pénible.

153. — Ainsi, l'intérêt général fait accorder au citoyen appelé aux fonctions de tuteur la faculté de s'en dispenser lorsqu'il exerce un emploi public qui réclame tout son temps. Tels sont: 1° Les personnes désignées dans les titres 3, 5, 6, 8, 9, 10 et 11 de l'acte du 18 mai 1804, c'est-à-dire les princes du sang, les amiraux et les maréchaux de France, les inspecteurs et colonels généraux et les grands officiers de la couronne; les pairs de France, les membres de la Chambre des députés, les ministres et les conseillers d'État (la plupart des titres et places auxquels cette dispense s'applique n'existent plus).

154. — ... 2° Les présidens et conseillers à la Cour de cassation, le procureur général et les avocats généraux à la même Cour. — C. civ., 427.

155. — ... 3° Les membres de la Cour des comptes. — L. 16 sept. 1807, art. 7.

156. — ... 4° Les préfets. — C. civ., 427.

157. — ... 5° Enfin, tous les citoyens exerçant une fonction publique dans un département autre que celui où la tutelle s'établit. — C. civ., 427.

158. — Cette disposition s'applique aux ministres du culte desservant les cures ou succursales, et à toutes personnes exerçant des fonctions ecclésiastiques exigeant résidence d'après les lois de l'Etat, et pour lesquelles elles ont été agréées par le gouvernement. — Avis du Conseil d'Etat approuvé le 20 nov. 1806.

159. — Il en est de même des notaires: l'article 1er de la loi du 25 vent. an XI les range, en effet, au nombre des fonctionnaires publics. — Déc. garde des sceaux 27 nov. 1821. — *Dict. du not.*, v° *Tutelle*, n° 115.

160. — Sont également dispensés de la tutelle: les militaires en activité de service et tous autres citoyens qui remplissent une mission hors du territoire. — C. civ., 428. — La loi ne détermine pas quelle doit être la durée de la mission; il semble, cependant, qu'une mission de courte durée pourrait ne pas être admise comme motif d'excuse. — Zachariæ, t. 1er, p. 214, § 107, note 6; de Fréminville, n° 128.

161. — Si la mission est non authentique et contestée, la dispense n'est prononcée qu'après la représentation faite par le réclamant du certificat du ministre dans le département duquel se place la mission articulée comme excuse. — C. civ., 429.

162. — Les citoyens de la qualité ci-dessus exprimée qui ont accepté la tutelle, postérieurement aux fonctions, services ou missions qui en dispensent, ne sont plus admis à s'en faire décharger pour cette cause. — C. civ., 430. — En ne présentant pas immédiatement leur excuse, ils ont, en effet, reconnu que leurs fonctions ne leur rendaient pas impossible l'exercice de la tutelle.

163. — Au contraire, ceux à qui lesdites fonctions, services ou missions ont été conférés postérieurement à l'acceptation et gestion d'une tutelle, peuvent, s'ils ne veulent la conserver, faire convoquer, dans le mois, un conseil de famille pour y être procédé à leur remplacement. Si à l'expiration de ces fonctions, services ou missions, le nouveau tuteur réclame sa décharge, ou que l'ancien redemande la tutelle, elle peut lui être rendue par le conseil de famille. — C. civ., 431. — Toutefois, c'est là une simple faculté laissée au conseil de famille et dont il doit user ou ne pas user, d'après les circonstances et suivant l'intérêt du mineur. — Duranton, t. 3, n° 487.

164. — La non-parenté, quand il existe des parens ou des alliés à une distance rapprochée, un grand âge, des infirmités graves, des tutelles préexistantes, enfin le grand nombre d'enfans légitimes, tels sont les motifs d'intérêt privé qui autorisent à répudier les fonctions de tuteur.

 TUTELLE, ch. 5, sect. 2e. TUTELLE, ch. 5, sect. 2e.

165. — Ainsi, tout citoyen non parent ni allié ne peut être forcé d'accepter la tutelle que dans le cas où il n'existe pas dans la distance de quatre myriamètres des parens ou alliés en état de gérer la tutelle. — C. civ., 432. — Si, en effet, la tutelle est une charge publique, elle est avant tout une charge de famille, et dès lors l'équité exige que les étrangers ne soient tenus de l'accepter qu'à défaut de parens.

166. — Mais un parent ou un allié à un degré plus éloigné peut-il refuser la tutelle par la raison qu'il existe des parens plus proches que lui en état de remplir les fonctions de tuteur? Toullier (t. 2, nº 1122) enseigne la négative, qui a été adoptée par un arrêt de la Cour de Poitiers du 23 février 1825 (Charrier c. Rivailhe). — M. Duranton, au contraire (t. 3, nº 488), tout en reconnaissant que le texte de la loi est muet, se décide cependant, par appréciation de son esprit, en faveur de la doctrine opposée : « C'est à celui, dit-il, qui est appelé de préférence à succéder à supporter le fardeau de la tutelle; c'était dans cet esprit que les lois romaines la déféraient aux magistrats et aux patrons : *Ubi emolumentum, ibi tutelæ onus esse debet.* » Toutefois, suivant lui, si le parent ou allié, même plus éloigné, se trouvait au nombre de ceux que la loi appelle à la composition du conseil de famille, il ne pourrait refuser, alors même qu'il y aurait des parens ou alliés plus proches en degré; car, autrement, la délibération du conseil de famille n'aurait, pour ainsi dire, pas d'objet, puisqu'au cas où les plus éloignés ne voudraient pas de la tutelle, son choix finirait par tomber sur le plus proche. Autant vaudrait que la loi la déférât elle-même; mais telle n'est pas sa volonté, parce que le plus proche n'est pas toujours le plus digne. Malleville (t. 1er, p. 430) dit qu'on avait proposé un article ainsi conçu : « Nul ne peut être contraint » d'accepter la tutelle s'il n'est du nombre de » ceux qui ont été assignés pour composer le con» seil de famille; » mais qu'on fit observer qu'il serait possible qu'on eût oublié les parens les plus proches, et que l'oubli d'un proche parent et sans excuse ne devait pas le dispenser de la tutelle, et qu'alors on consentit à la suppression de l'article, pourvu que l'absent eût le droit de s'excuser lorsqu'il y aurait des parens plus proches capables de la tutelle. — V., dans le même sens, Delvincourt, t. 1er, p. 444; Marchand, *C. de la minorité*, p. 236.

167. — La Cour de Lyon a également jugé, le 16 mai 1811 (Tardy c. Seyve), qu'un allié à un degré éloigné peut refuser la tutelle qui lui est déférée par le conseil de famille, lorsqu'il existe des parens plus proches qui n'ont pas d'excuse légitime, alors surtout qu'il n'a pas été appelé par son degré d'alliance à faire partie de ce conseil. — Mais cette opinion nous paraît difficilement admissible. La loi a, selon nous, voulu laisser au conseil de famille la liberté de choisir entre tous les parens du mineur celui qui lui semble le plus digne de la tutelle, et son choix ne saurait être limité entre les trois parens les plus proches qui doivent être appelés à former l'assemblée de famille dans chaque ligne.

168. — Toutefois, lorsqu'il y a eu collusion entre les membres d'un conseil de famille pour s'exonérer du fardeau d'une tutelle, celui qui a été nommé tuteur, et qui est parent moins proche, peut demander la nullité de la délibération. — La déclaration d'une Cour qu'il résulte des circonstances qu'on peut *soupçonner* qu'il y a eu fraude dans un acte, peut suffire pour l'autoriser à en prononcer la nullité. — *Cass.*, 1er févr. 1825, Freissinet c. Vernière.

169. — Tout individu âgé de soixante-cinq ans accomplis peut refuser d'être tuteur. Celui qui a été nommé avant cet âge peut, à soixante-dix ans, se faire décharger de la tutelle. — C. civ., 433. — Celui qui, après soixante-cinq ans, aurait accepté les fonctions de tuteur, ne pourrait plus les résigner avant soixante-dix ans; mais à cette époque il aurait sans aucun doute le droit de se faire remplacer. L'art. 433 régit seulement le cas qui offrirait du doute, celui de savoir si le tuteur ne pourrait pas, à soixante-cinq ans, se faire décharger d'une tutelle qu'il aurait pu refuser si elle lui avait été déférée avant cet âge. Il laisse celui dont il s'agit dans les termes du principe général qu'à soixante-dix ans la tutelle est un trop lourd fardeau. — Duranton, t. 3, nº 480.

170. — Mais si la tutelle a été acceptée après soixante-cinq ans, on ne peut plus, suivant Delvincourt (t. 1er, p. 448), s'en décharger même à soixante-dix. — V., dans le même sens, Chardon, nº 335; Zachariæ, t. 1er, p. 107. — Mais l'opinion contraire est enseignée, et, il semble, avec plus de raison, par MM. Duranton (t. 3, nº 489), Magnin (t. 1er, nº 372) et Marcadé (t. 2, p. 244).

171. — Il est nécessaire que la soixante-dixième année soit accomplie. — Duranton, t. 3, nº 489; Magnin, t. 1er, nº 372; de Fréminville, nº 429. — Cependant, Locré (*Esprit du C. civ.*, p. 167) et Delvincourt (t. 1er, p. 443) enseignent, mais à tort, suivant nous, qu'il suffit que la soixante-dixième année soit commencée.

172. — Tout individu atteint d'une infirmité grave et dûment justifiée est dispensé de la tutelle. — Il peut même s'en faire décharger, si cette infirmité est survenue depuis sa nomination. — C. civ., 434. — Il ne suffirait pas d'une maladie dont le caractère est d'être passagère : il faut une infirmité permanente. — De Fréminville, nº 138.

173. — Delvincourt (t. 1er, p. 443) et MM. Duranton (t. 3, nº 490) et Marcadé (t. 2, p. 244) pensent même que la dispense pourrait être prononcée après acceptation par celui qui aurait été déjà atteint d'infirmités graves, s'il avait pu espérer que ces infirmités ne l'empêcheraient pas de gérer.

174. — Une maladie, quelque grave qu'elle fût, si elle avait un caractère passager, ne suffirait point pour faire exempter de la tutelle. — Les tribunaux ont du reste un pouvoir discrétionnaire pour apprécier la gravité de l'infirmité présentée comme excuse.

175. — Il a été jugé qu'un asthme humide et nerveux est une infirmité grave qui dispense de la tutelle. — *Bruxelles*, 10 oct. 1818, N....

176. — Il en est de même de la cécité; mais cette infirmité, comme toutes les autres, ne constitue qu'une cause d'excuse et non d'exclusion de la tutelle. — Un aveugle peut donc, s'il y consent, être nommé tuteur. — *Cass.*, 7 juin 1820, N.... c. Hourc.

177. — Deux tutelles sont, pour toutes personnes, une juste dispense d'en accepter une troisième. — Celui qui, époux ou père, est déjà chargé d'une tutelle, ne peut être tenu d'en accepter une seconde, excepté celle de ses enfans. — C. civ., 435. — M. Duranton (t. 3, nº 492) accorde à celui qui est déjà chargé de deux tutelles, la faculté de refuser celle de ses propres enfans. — Zachariæ (t. 1er, p. 215, § 107, note 14) est d'un avis contraire. M. de Fréminville pense comme lui, prétendant que le premier alinéa de l'art. 435 ne s'applique qu'à l'hypothèse où celui qui veut se faire exempter de la tutelle n'est ni époux, ni père.

178. — Ce sont les patrimoines à gérer, et non le nombre des pupilles qui doivent être comptés. — Ainsi, la tutelle de deux frères dont les patrimoines sont indivis ne compte que pour une tutelle. — Malleville, t. 1er, p. 441; Duranton, t. 3, nº 491; Magnin, t. 1er, nº 374; de Fréminville, nº 133.

179. — Les fonctions de subrogé tuteur doivent être assimilées à celles de tuteur. En conséquence, celui qui, époux ou père, est déjà chargé d'une subrogée tutelle, ne peut être tenu d'accepter une tutelle autre que celle de ses enfans. — *Nîmes*, 17 janv. 1837 (t. 2 1837, p. 268), Veissade c. Allier.

180. — Ceux qui ont cinq enfans légitimes sont dispensés de toute tutelle autre que celle desdits enfans. — Les enfans morts en activité de service dans les armées du gouvernement sont toujours comptés pour opérer cette dispense. Les autres enfans morts ne sont comptés qu'autant qu'ils ont eux-mêmes laissé des enfans actuellement existans. — C. civ., art. 436.

181. — La survenance d'enfans pendant la tutelle ne peut autoriser à l'abdiquer. — C. civ., art. 437.

182. — L'enfant simplement conçu n'est pas compté comme existant. La règle qui assimile la conception à la naissance n'est applicable que dans le cas où il s'agit de l'intérêt de l'enfant. — Duranton, t. 3, nº 493, note 6; Toullier, t. 2, nº 1154; de Fréminville, nº 135.

183. — Mais l'enfant mort civilement doit être compté. — Merlin, *Rép.*, vº *Tutelle*, sect. 4, § 2, art. 5, nº 6.

184. — Les ascendantes peuvent ne pas accepter la tutelle qui leur est déférée. — C. civ., art. 394. — Les autres femmes sont dans l'incapacité absolue d'être tutrices. — V. *infrà*, nº 442.

185. — Les excuses ci-dessus énoncées sont les seules que les tribunaux doivent en général admettre. Un tuteur ne saurait donc se décharger de la tutelle par une simple démission non motivée sur une cause légale. — Toutefois, la démission pure et simple donnée sur une dénonciation portée devant le conseil de famille pour arriver à la destitution du tuteur peut être considérée comme un acquiescement de celui-ci, et doit produire effet du moment qu'elle est acceptée. Le tuteur ne peut plus la retirer ultérieurement. — *Cass.*, 17 févr. 1835, Pelleport c. Courtiade.

186. — De même, quoiqu'un père n'ait pas le droit de refuser la tutelle de ses enfans, si cependant le conseil de famille a, sur sa demande et à raison du mauvais état de sa santé, nommé un tuteur étranger, bien qu'il ne fût pas atteint d'une infirmité grave, les tiers poursuivis par ce tuteur sont non recevables à lui opposer l'irrégularité de sa nomination. — *Rennes*, 15 avril 1809, Cottard c. Artoing.

187. — Si le tuteur est présent à la délibération qui lui défère la tutelle, il doit sur-le-champ, et sous peine d'être déclaré non recevable dans toute réclamation ultérieure, proposer les excuses sur lesquelles le conseil de famille délibère. — C. civ., art. 438. — Cette règle ne souffre d'exception que dans le cas où le tuteur ignore lui-même l'existence de l'excuse au moment de la délibération. — Duranton, t. 3, nº 494, note 2.

188. — Si le tuteur nommé n'a pas assisté à la délibération qui lui a déféré la tutelle, il peut faire convoquer le conseil de famille pour délibérer sur ses excuses. Ses diligences à ce sujet doivent être faites dans le délai de trois jours à partir de la notification qui lui a été faite de la nomination. Ce délai est augmenté d'un jour par trois myriamètres de distance du lieu de son domicile à celui de l'ouverture de la tutelle. — C. civ., art. 439.

189. — Passé ce délai, aucune excuse n'est plus recevable. — C. civ., art. 439. — Néanmoins, comme on ne peut supposer au législateur que des intentions équitables, si la notification avait été faite au domicile du tuteur pendant son absence, on devrait ne faire courir le délai de trois jours que du moment de son retour. Il en est autrement en matière d'ajournement, mais la voie de l'opposition est admise si le défendeur a fait défaut, et, dans la plupart des cas, il a en outre un recours possible devant les juges du second degré, tandis que dans la circonstance dont il s'agit la déchéance encourue est définitive. — Duranton, t. 3, nº 496. — *Contrà*, Magnin, *Des tutelles*, t. 1er, nº 380.

190. — Le tuteur nommé doit-il être considéré comme présent à la délibération du conseil lorsqu'il y est représenté par son mandataire? — Le doute naît de ce qu'en général on est réputé présent dans les affaires civiles du moment qu'on est représenté par un fondé de pouvoir. — Magnin, *Des minorités*, t. 1er, nº 379. — Cependant, dans le cas particulier dont il s'agit, nous pensons qu'il en est autrement; le mandant a pu en effet ne pas prévoir que le conseil songerait à lui déférer la tutelle, et par suite ne pas faire connaître à son mandataire les causes d'excuse qu'il serait fondé à présenter. — Duranton, t. 3, nº 496, note 1re.

191. — Lorsque c'est un tuteur légal ou un tuteur testamentaire qui a des excuses à proposer, il peut faire convoquer le conseil de famille dans le même délai de trois jours qui court à partir de l'époque où il a connaissance du fait qui le rend tuteur. — Duranton, t. 3, nº 497.

192. — Si ses excuses proposées sont rejetées par le conseil de famille, le tuteur peut se pourvoir devant les tribunaux pour les faire admettre, mais pendant le litige il est tenu d'administrer provisoirement. — C. civ., 440.

193. — Il doit former sa réclamation contre les membres du conseil de famille qui ont rejeté ses excuses. S'il parvient à se faire exempter de la tutelle, ceux-ci peuvent être condamnés aux frais de l'instance. — Les tribunaux apprécient s'ils ont eu un tort évident ou s'ils ont été mus uniquement par des raisons puisées dans l'intérêt du mineur. Les dépens sont alors employés en frais de tutelle. — Dans le cas où le tuteur succombe il supporte nécessairement les dépens. — C. civ., 441.

194. — Le jugement est toujours susceptible d'appel. — C. proc., 889.

Sect. 3e. — *Incapacités, exclusions et destitution de la tutelle.*

195. — Nous avons indiqué, sous la section précédente, les différentes causes qui autorisent à refuser les fonctions de tuteur. Nous allons énumérer sous celle-ci celles qui rendent inhabile à exercer ces fonctions.

196. — Elles se divisent en trois classes, selon qu'elles constituent une simple incapacité ou bien un motif d'exclusion ou de destitution.

197. — Les causes d'exclusion et de destitution diffèrent des incapacités en ce que ceux qui se trouvent dans le cas d'être exclus ou destitués, sont en général capables de gérer une tutelle, mais qu'ils se sont rendus suspects par leur conduite, tandis que les incapables sont réputés n'avoir pas les qualités nécessaire pour l'administration d'une tutelle. — Toullier, t. 2, nos 1158 et 1159.

198. — L'incapacité s'applique, spécialement, à celui qui n'est pas nommé tuteur; l'exclusion, au tuteur légitime ou testamentaire qui n'est pas encore entré en fonctions; la destitution, au tuteur qui a déjà exercé ses fonctions. — Duranton, t. 3, no 500; Toullier, t. 2, no 1159; de Fréminville, no 142.

199. — Les motifs d'incapacité sont aussi des motifs d'exclusion, puisqu'ils écartent de la tutelle, mais ils ont une nature différente, et c'est pour cela que la loi leur donne une dénomination distincte. L'exclusion s'applique à celui qui est écarté de la tutelle pour des causes provenant de son fait, et peu honorables. L'incapacité, au contraire, ne prend sa source que dans des causes qui ne viennent pas du fait de l'incapable, et qui n'ont rien de défavorable pour lui.

§ 1er. — *Incapacités.*

200. — Sont incapables d'être tuteurs ou membres des conseils de famille : 1° les mineurs, excepté le père ou la mère (C. civ., art. 442). — Encore, le père ou la mère ne pourrait-il faire seul, comme tuteur, des actes qu'il n'aurait pas la capacité de faire par lui-même sans l'assistance de son curateur : par exemple, défendre à une action immobilière ou recevoir le remboursement d'un capital. La présence du subrogé tuteur serait dans ce cas nécessaire. — Il serait contraire à l'esprit de la loi qu'il pût faire, dans l'intérêt de son enfant, des actes pour lesquels on ne lui reconnaît pas une capacité suffisante lorsqu'ils l'intéressent personnellement. — Duranton, t. 3, no 502.

201. — ... 2° Les interdits (C. civ., art. 442). On doit leur assimiler les individus pourvus d'un conseil judiciaire pour faiblesse d'esprit. Ils n'ont évidemment pas l'intelligence nécessaire pour administrer la personne et les biens du mineur. — Duranton, t. 3, no 503; Magnin, *Des tutelles*, t. 1er, no 387; Chardon, p. 340; de Fréminville, no 143.

202. — Néanmoins, une mère ne peut être privée de la tutelle de son fils, sur le motif qu'à des époques encore récentes elle a éprouvé des accès de démence qui ont nécessité sa translation dans une maison de santé, si, au moment où la tutelle est déférée, elle a recouvré la plénitude de sa raison. — *Paris*, 13 juill. 1818, Navarre c. Bernier.

203. — ... 3° Les femmes autres que la mère et les ascendantes. — C. civ., 442.

204. — ... 4° Tous ceux qui ont, ou dont les père ou mère ont avec le mineur un procès dans lequel l'état de ce mineur, sa fortune, ou une partie notable de ses biens sont compromis (C. civ., art. 442). — Il faut que le procès soit pendant au moment où la tutelle est déférée. Ainsi, l'incapacité ne pourrait être étendue au cas où le procès paraît seulement devoir exister, et est même imminent. — De Fréminville, no 143.

205. — Il en serait de même, à plus forte raison, dit M. Duranton (t. 3, no 505), si c'était l'enfant de ces personnes qui eût ce procès avec le mineur; et, par une raison au moins égale, si c'était le conjoint de ces personnes; enfin, *vice versâ*, si c'est le mineur lui-même qui dispute à l'une des personnes ci-dessus son état, ou qui a avec elle un procès sur sa fortune ou sur une

partie considérable de ses biens, l'incapacité existe pareillement. Ce n'est pas là une peine que nous étendons par analogie, mais une simple mesure de conservation des intérêts du mineur, intérêts qui seraient aussi bien compromis, et par le même motif, celui de l'inimitié supposée par la loi, que dans le cas qu'elle a littéralement prévu pour en faire le principe de l'incapacité.

206. — Ces observations nous paraissent extrêmement justes. — Toutefois, les dispositions de l'article 442 doivent plutôt être considérées comme limitatives que comme démonstratives. — Les personnes appelées à l'exercice d'un droit, d'une charge ou d'une fonction quelconque, ne peuvent, comme le fait très-bien remarquer Toullier (t. 2, no 1171), être exclues à raison d'incapacité ou d'indignité que par un texte formel de la loi, qui n'a rien voulu laisser en cette matière à l'arbitraire des juges. — V. aussi Merlin, *Rép.*, vo *Tutelle*, sect. 2, § 3, art. 3, no 7; Favard de Langlade, vo *Tutelle*, § 8, no 26; Chardon, *Puiss. tut.*, no 306; Marcadé, t. 2, p. 252.

207. — En conséquence, on ne peut regarder comme un procès dans lequel l'état du mineur, sa fortune ou ses biens soient compromis, une action intentée contre le tuteur en cette qualité, ayant pour but l'exercice d'un droit non encore contesté, et qui doit forcément être portée en justice à raison de la minorité de ceux contre lesquels elle est dirigée. — *Rennes*, 30 mai 1831, B... c. de Hallot.

208. — A plus forte raison, ne peut-on pas admettre comme cause d'incapacité un procès qui n'est pas encore engagé et paraît seulement imminent. — *Pau*, 21 juin 1823, Loubatères c. Vignau.

209. — Si le procès ne présentait qu'une légère contestation dont le fond n'aurait pour objet que de régler sans inimitié un point incertain, un intérêt opposé sans péril de fortune ou même d'une partie notable des biens du mineur, l'incapacité n'existerait plus. — Magnin, t. 1er, no 390.

210. — Les juges ont un pouvoir discrétionnaire pour apprécier la nature de la contestation, et décider si elle rentre dans les prévisions de l'art. 442.

211. — Les sentences qui jugent d'après les circonstances de la cause qu'une personne se trouve dans tel ou tel cas d'incapacité prévu par la loi, échappent en général à la censure de la Cour de cassation. — *Cass.*, 30 avr. 1834, Roulet c. Foucault.

212. — Il n'y a pas d'incompatibilité entre les fonctions d'exécuteur testamentaire et celles de tuteur. — *Paris*, 15 mess. an XII, Dupucé c. Boyard et Barbier; *Colmar*, 8 nov. 1821, Stoeckel c. Vernelu.

213. — Mais la tutelle ne peut pas être déférée à un étranger non admis à jouir en France des droits civils. — *Bastia*, 5 juin 1838 (t. 2 1838, p. 520), Erra c. Guognini. — Si, en effet, cette incapacité n'est pas littéralement écrite dans la loi, elle résulte de l'ensemble des dispositions du Code et du texte même de certains articles qui supposent que, pour être tuteur, il faut être citoyen français. — C. civ., art. 427, 430, 432. — V., cependant, Demangeat, *Cond. des étrang. en France*, p. 365; V. aussi Valette sur Proudhon, p. 177.

214. — Le tuteur, même légal, qui a perdu la qualité de Français, ne peut conserver la tutelle. Mais, jusqu'à son remplacement, il a qualité pour faire des actes conservatoires dans l'intérêt de ses pupilles et spécialement pour interjeter appel. — *Colmar*, 25 juill. 1817, Diehl c. Helemuth. — Dans le droit romain, la tutelle prenait fin par le changement d'état du tuteur qui emportait la perte des droits civils. — V. *Institut.*, liv. 1er, tit. 22, § 4. — Laroche (liv. 4, tit. 9, art. 4, vo *Tuteur*) rapporte un arrêt par lequel un tuteur, ayant été banni de la ville et sénéchaussée où le pupille avait son domicile, il fut ordonné qu'il serait procédé à la nomination d'un nouveau tuteur, quoique la mort civile ne fût encourue que par la condamnation au bannissement perpétuel hors du royaume.

§ 2. — *Exclusions.*

215. — Les causes d'exclusion de la tutelle sont : 1° la condamnation à une peine afflictive ou infamante. L'exclusion a lieu de plein droit (C. civ., art. 443). Mais le condamné qui a subi sa peine peut être tuteur de ses enfans sur l'avis du conseil de famille.

TUTELLE, ch. 5, sect. 3e, § 2.

216. — ... 2° L'interdiction des droits de famille prononcée par les tribunaux. — C. pén., art. 34, 42, 335, 401, 405, 406, 407, 410.

217. — ... 3° Une gestion attestant l'incapacité ou l'infidélité. — C. civ., art. 444. — Ainsi, la faillite du tuteur peut être une cause d'exclusion, si elle provient d'une mauvaise administration.

218. — Mais l'état de faillite ne suffit pas seul et par lui-même pour donner lieu à la destitution de la tutelle, lorsque, d'ailleurs, la faillite ne résulte, ni de l'inconduite, ni de la mauvaise foi du tuteur. — *Bruxelles*, 22 juin 1827, G... c. R...; 14 août 1833, N.... — Delvincourt, t. 1er, note 7e sur la p. 121; Locré, *Esprit du Code civil*, t. 5, p. 168; Magnin, t. 1er, no 412; Chardon, no 440; Marchand, p. 250; Pardessus, *Dr. commercial*, t. 4, no 1117. — V. aussi Esnault, *Faill.*, t. 1er, no 155.

219. — Toutefois, il a été jugé, mais à tort, selon nous, que l'état de faillite du père et la séparation de biens prononcée contre lui à son égard et indépendamment de toute autre circonstance est une cause d'exclusion de la tutelle. — *Dijon*, 28 prair. an XII, Goin c. Pauthemier. — De Fréminville, no 146.

220. — A plus forte raison le défaut de fortune ne saurait dans aucun cas être considéré comme un motif d'exclusion, s'il ne provient pas d'une mauvaise gestion. — *Angers*, 29 août 1832 (sous *Cass.*, 30 avr. 1834), Roulet c. Foucault.

221. — Sous l'empire de l'ordonnance de 1667 on décidait que le père qui, après avoir fait faillite, s'était retiré en pays étranger, avait perdu la tutelle de ses enfans. — *Cass.*, 30 germ. an X, Desormaux.

222. — ... 4° Une inconduite notoire. — C. civ., art. 444.

223. — Ces mots doivent s'entendre non-seulement d'un déréglement de mœurs, mais aussi de l'incurie, du défaut d'ordre et de sagesse dans la conduite des affaires. — *Bruxelles*, 22 juin 1827, G... c. R.... — « Le mot *inconduite*, dit Locré (*Esprit du Code civil*, t. 5, p. 166, édit. in-4°), a une double acception : tantôt il exprime le défaut d'ordre, de prudence et de sagesse, qui mène au dérangement des affaires; tantôt il exprime le déréglement des mœurs. La commission ne l'avait pris que dans ce dernier sens, et elle excluait de la tutelle et autorisait à destituer ceux dont l'inconduite notoire serait d'une dangereuse influence sur les mœurs du mineur. Le Conseil d'Etat, ajoute-t-il, en retranchant cette explication qui limitait l'effet de l'article, a donné au mot *inconduite* toute la latitude dont il est susceptible; ainsi, dans l'art. 444 il a les deux sens que l'usage lui a prêtés. »

224. — L'inconduite d'un tuteur peut être réputée notoire, encore bien que les juges soient obligés d'avoir recours à une enquête pour s'assurer de l'existence des faits. — *Cass.*, 12 mai 1830, Geffroy c. Delorme.

225. — Ainsi, le fait que la mère tutrice de ses enfans a eu un enfant naturel peut constituer l'inconduite notoire de nature à autoriser la destitution de la tutelle, alors même que pour arriver à constater la grossesse et l'accouchement, il y aurait eu nécessité pour les juges de recourir à une enquête. Dans tous les cas la mère qui aurait acquiescé au jugement interlocutoire faisant dépendre l'issue de la poursuite en destitution de la preuve de la grossesse et de l'accouchement, serait irrecevable à soutenir plus tard que ces faits, quoique publics, ne constituent pas l'inconduite notoire. — *Aix*, 24 août 1809, Bourdelon.

226. — Toutefois, il a été jugé qu'on ne peut considérer comme une inconduite notoire de la part de la mère tutrice, et conséquemment comme une cause d'exclusion de tutelle, des liaisons illicites qui ne seraient connues que par une correspondance tenue secrète par elle et révélée seulement par ceux qui ont provoqué l'exclusion. — *Bordeaux*, 15 pluv. an XIII, Delvaille c. N...

227. — Les faits constitutifs de l'inconduite notoire n'étant pas au surplus définis par la loi et ne pouvant pas l'être, les tribunaux ont sur ce point un pouvoir souverain d'appréciation. — Magnin, t. 1er, no 394.

228. — Mais les causes d'exclusion ci-dessus indiquées sont les seules que les juges puissent admettre. Les dispositions des art. 443 et 444 sont limitatives. — *Cass.*, 13 oct. 1807, Dasnières; *Besançon*, 26 août 1808, Feliker c. Gomet; *Bruxelles*, 30 mai 1810, Come. — Toullier, t. 2, no 1171. — V. *suprà*, nos 215 et suiv., et *infrà*, nos 233 et suiv.

229. — En conséquence, la différence qui

existe entre la religion que professait le père et celle professée par la mère n'est pas contre cette dernière une cause d'exclusion de la tutelle. — *Bordeaux*, 6 mess. an XII, Delvaille. — « Mais le tuteur, dit Magnin qui cite cet arrêt (n° 604), doit instruire ou faire instruire son pupille dans la religion de ses pères. »

230. — L'art. 132 du Code de procédure civile porte, il est vrai, que les tuteurs qui auront compromis les intérêts de leur administration, pourront être condamnés aux dépens en leur nom et sans répétition, *sans préjudice de la destitution suivant la gravité des circonstances*; mais cette disposition n'est évidemment applicable que dans le cas où la mauvaise gestion du tuteur dénote son incapacité ou son infidélité, elle doit se combiner avec l'art. 444 du Code civil. — M. Magnin (t. 1er, n° 409) semble cependant penser qu'il en est autrement, et que le Code de procédure crée une nouvelle cause de destitution.

231. — Les tuteurs légaux sont du reste frappés des mêmes exclusions que les tuteurs ordinaires. — V. *infrà*, nos 238 et suiv.

232. — L'exclusion est poursuivie et prononcée dans la même forme que la destitution. — C. civ., art. 447. — V. *infrà*, nos 245 et suiv.

§ 3. — *Destitution.*

233. — Les causes de destitution sont les mêmes que celles d'exclusion de la tutelle. — C. civ., art. 443 et 444. — V. *suprà*, nos 215 et suiv.

234. — Ainsi, la simple négligence de la part du tuteur à provoquer, dans les dix jours, la nomination d'un subrogé tuteur, ne suffit pas pour le faire destituer, alors qu'aucun dol ne lui est imputable. — *Cass.*, 12 mai 1830, Geffroy c. Delorme.

235. — Il en est de même de l'introduction en justice d'une instance mal fondée : ce n'est pas là un acte qui révèle l'incapacité du tuteur. Il y a seulement lieu, selon les circonstances, à mettre les dépens à la charge personnelle du tuteur. — *Limoges*, 28 août 1821, Seine c. Gorgé.

236. — Celui qui, en acceptant une tutelle, s'est engagé à donner caution, ne peut être dépouillé des fonctions de tuteur pour ne pas avoir fourni cette caution, si le subrogé tuteur ne l'a mis en demeure de la donner. — *Rennes*, 13 déc. 1813, Derrien c. N...

237. — Mais la séduction de la pupille par le fils même du tuteur est une cause de destitution de celui-ci, si on peut l'accuser de négligence. — *Paris*, 26 therm. an IX, Bousquet c. Balainvilliers.

238. — Le père est comme tout autre tuteur sujet à destitution lorsqu'il se trouve dans un des cas prévus par l'art. 444 C. civ. — *Toulouse*, 18 mai 1832, Bélard; *Cass.*, 17 fév 1835, Pelleport c. Courtiade; *Lyon*, 30 nov. 1837 (t. 1er 1838, p. 215), Barre c. Martin; *Bordeaux*, 8 août 1845 (t. 1er 1846, p. 15), Gillibert c. Destrée. — Magnin, t. 1er, p. 314, note; Toullier, t. 2, n° 1170; Duranton, t. 3, n° 512.

239. — Il en est de même de la mère. — *Riom*, 1 fruct. an XII, Mareynat.

240. — Par exemple, un père peut être destitué de la tutelle de ses enfans, par le motif qu'il néglige leur éducation, au point de n'exercer sur leurs mœurs aucune surveillance. — *Toulouse*, 25 nov. 1830, Roudès c. Bonhomme.

241. — Ces principes sont applicables au père administrateur légal des biens de ses enfans mineurs pendant le mariage, comme au père tuteur. — *Cass.*, 16 déc. 1829, Beer. — V. PUISSANCE PATERNELLE.

242. — Un tuteur légal peut être destitué de la tutelle de son petit-fils pour inconduite, nonobstant un arrêt précédent qui lui avait restitué cette qualité qu'un conseil de famille lui avait mal à propos refusée, sous prétexte qu'il aurait été antérieurement frappé d'interdiction pendant plusieurs années. Ce premier arrêt ne préjuge rien en effet sur le motif de destitution invoqué plus tard. — *Rennes*, 20 juill. 1813, Lemer c. N...

243. — La destitution pour incapacité du mari cotuteur de la femme tutrice légale, et *commun en biens avec elle*, entraîne contre celle-ci la *suspension* de ses fonctions de tutrice pendant la durée du mariage; mais ce n'est pas pour le conseil de famille un motif de la déclarer *indigne* de la tutelle, lorsqu'elle est d'ailleurs irréprochable. — *Bruxelles*, 13 juill. 1810, Geenens c. N...

TUTELLE, ch. 5, sect. 3e, § 3.

244. — En est-il de même dans le cas où les époux sont séparés de biens? La négative paraît résulter de ce que, dans cette hypothèse, le mari cotuteur n'a pas la gestion des biens du mineur, que ces biens sont administrés par la mère personnellement, et que dès lors l'incapacité du cotuteur ne saurait causer aucun préjudice au mineur. — Magnin, t. 1er, n° 458.

245. — Toutes les fois qu'il y a lieu à une destitution de tuteur, elle doit être prononcée par le conseil de famille convoqué à la diligence du subrogé tuteur ou d'office par le juge de paix. — C. civ., art. 446.

246. — Le juge de paix ne peut se dispenser de faire cette convocation, quand elle est formellement requise par un ou plusieurs parens ou alliés du mineur au degré de cousin germain ou à des degrés plus proches. — C. civ., art. 446.

247. — Les parens plus éloignés sont non recevables à exiger la réunion du conseil pour un motif aussi grave. Le repos des familles s'y oppose. — Magnin, t. 1er, n° 417.

248. — La convocation ne peut donc en général avoir lieu que sur la poursuite du subrogé tuteur ou par le juge de paix. — *Montpellier*, 9 prair. an XIII, Pratx.

249. — Le ministère public est sans qualité pour la faire. — *Cass.*, 11 août 1818, Berdin c. Balby.

250. — Néanmoins, lorsqu'un membre du conseil de famille, après avoir vainement sommé le subrogé tuteur de provoquer la destitution du tuteur et de réunir le conseil, a obtenu du juge de paix une ordonnance de convocation, il a qualité pour suivre en son nom l'exécution de cette ordonnance. — *Aix*, 24 août 1809, Bourdelon.

251. — Il a même été jugé que, quand le subrogé tuteur néglige de provoquer la destitution du tuteur, les parens ou alliés peuvent la provoquer eux-mêmes. — *Orléans*, 9 prair. an XII, N... — Mais cette décision nous paraît en opposition avec l'art. 446, qui n'impose au juge de paix l'obligation de convoquer ce conseil que sur la réquisition des parens du mineur au degré de cousin germain ou à un degré plus proche.

252. — Le juge de paix et le subrogé tuteur qui ont requis la convocation du conseil de famille pour la destitution du tuteur ne sont pas pour cela exclus de la délibération; celui qui forme une demande doit avoir le moyen de justifier son attaque devant l'autorité dont il fait partie. — *Rennes*, 14 fév. 1810, N...; 30 mai 1831, B... c. de Hallot — Magnin, t. 1er, n° 418; Toullier, t. 2, n° 1135; Delvincourt, t. 1er, art. 440.

253. — Il en est de même du parent qui a provoqué la délibération. — *Cass.*, 12 mai 1830, Geffroy c. Delorme.

254. — Mais, si un fils de famille se croyait dans la nécessité de demander la destitution de son père, il devrait par respect filial se récuser lui-même. — Magnin, t. 1er, n° 419. — Toutefois sa présence ne saurait vicier la délibération. — *Cass.*, 16 déc. 1829, Beer.

255. — Le droit de récusation contre le juge qui a écrit ou donné conseil sur le différend, n'est pas applicable aux membres qui composent le conseil de famille. — *Rennes*, 30 mai 1831, B... c. de Hallot.

256. — La délibération qui prononce l'exclusion ou la destitution du tuteur doit être motivée. Et, si elle n'est pas unanime, l'avis de chacun des membres du conseil doit être mentionné dans le procès-verbal. — C. civ., art. 447; C. pr., art. 883.

257. — En conséquence, chaque votant doit exprimer son avis de manière que les juges puissent apprécier les motifs. — *Bordeaux*, 15 pluv. an XIII, Delvaille c. N...

258. — Mais il n'est pas nécessaire qu'ils descendent dans le détail de toutes les circonstances établissant l'inconduite du tuteur et la cause de son insolvabilité. — Ainsi, est suffisamment motivée la délibération du conseil de famille qui prononce la destitution d'un tuteur en se fondant, d'une manière générale, sur ce que le tuteur mène depuis longtemps une vie dissipée, et a dévoré le patrimoine de ses enfans et le sien par sa mauvaise conduite. — *Lyon*, 30 nov. 1837 (t. 1er 1838, p. 215), Barre c. Martin.

259. — Le seul but de la loi est d'empêcher qu'on l'élude en prononçant la destitution pour des causes autres que celles prescrites par le Code. La disposition du Code de procédure sur la manière dont les jugemens doivent être motivés sont sans application dans ce cas. — *Rennes*, 30 mai 1831, B... c. de Hallot.

260. — Le tuteur doit nécessairement être appelé à la délibération : on ne peut statuer contre lui qu'après l'avoir entendu ou du moins mis en demeure de se défendre. — C. civ., art. 447.

261. — Si le tuteur adhère à la délibération, il en est fait mention, et le nouveau tuteur entre de suite en fonctions. — C. civ., art. 448.

262. — Dans le cas où il conteste, le conseil peut également nommer un nouveau tuteur par la même délibération. — *Lyon*, 30 nov. 1837 (t. 1er 1838, p. 215), Barre c. Martin,

263. — Mais celui-ci ne peut commencer à administrer qu'après l'homologation de la délibération du conseil de famille. — *Bruxelles*, 12 nov. 1830, Jeannet c. Dankaerts.

264. — Le subrogé tuteur poursuit cette homologation devant le tribunal de première instance qui prononce, sauf l'appel. — C. civ., art. 448.

265. — Lorsque, aux termes de l'art. 448 du Code civil, la délibération du conseil de famille qui prononce la destitution du tuteur doit être homologuée par le tribunal, cette homologation doit être poursuivie par le subrogé tuteur qui était en fonctions au moment de la destitution. — Mais, s'il néglige d'exercer ce droit, la poursuite peut alors être faite à la réquisition du subrogé-tuteur nommé par la délibération qui a prononcé la destitution, conformément à l'art. 887 du Code de procédure civile. — Dans tous les cas, si la qualité du poursuivant n'est pas contestée devant le tribunal, l'irrégularité est couverte par la défense au fond, et ne peut être invoquée en appel. — *Angers*, 29 mars 1821, Delelée-Préaux; *Bruxelles*, 12 nov. 1830, Jeannet c. Dankaertz; *Liége*, 17 mars 1831, A... c. V...; *Nîmes*, 8 juill. 1834, Pélissier c. Rouset; *Grenoble*, 24 juin 1845 (t. 1er 1846, p. 702), Bret c. Merloz.

266. — En cas de négligence de la part du subrogé tuteur, l'homologation peut être requise par les parens qui ont provoqué l'assemblée de famille. — *Orléans*, 18 prair. an XII, Braquemont c. N...

267. — Ainsi, il a été jugé que la délibération qui exclut le père de l'administration des biens de ses enfans mineurs, peut être homologuée sur la poursuite directe de celui des parens qui a provoqué la convocation du conseil de famille, et sans l'intervention d'un subrogé tuteur. — Que d'ailleurs les art. 448 et 449 du Code civil, et 887 du Code de procédure, ne disposent pas à peine de nullité. — *Cass.*, 16 déc. 1829, Beer.

268. — Le tuteur exclu ou destitué peut également se pourvoir devant le tribunal pour se faire déclarer maintenu dans la tutelle. — C. civ., art. 448.

269. — Dans ce cas, c'est contre le subrogé tuteur que doit être dirigée son action, et non contre les membres du conseil de famille qui ont pris part à la délibération. — *Liége*, 17 mars 1831, A... c. V... — Carré, sur l'art. 883 C. proc.; de Fréminville, n° 115.

270. — L'art. 448 C. civ. s'explique dans des termes qui semblent trancher la question : il porte que « le tuteur exclu ou destitué peut lui-même *assigner le subrogé tuteur* pour se faire déclarer maintenu en la tutelle. » Mais, d'un autre côté, l'art. 883 C. proc., après avoir dit que toutes les fois que les délibérations du conseil de famille ne seront pas unanimes l'avis de chacun des membres qui le composent sera mentionné au procès-verbal, ajoute : « Le tuteur, subrogé tuteur ou curateur, même les membres de l'assemblée, pourront se pourvoir contre la délibération; *ils formeront leur demande contre les membres qui auront été d'avis de la délibération...* » — Plusieurs auteurs (V. Toullier, t. 2, nos 1177 et 1178; Delaporte, t. 2, p. 425, et Demiau, p. 587) ont pensé que l'art. 883 C. proc. dérogeait à l'art. 448 C. civ., et qu'en conséquence le tuteur qui attaquait la délibération qui le destituait ne pouvait agir contre le subrogé tuteur *seul*, mais devait assigner tous les membres du conseil de famille. « Qu'il s'agisse, dit Demiau, de la destitution du tuteur ou du subrogé tuteur, du rejet d'une demande en décharge de la tutelle ou de tout autre objet délibéré; que la délibération ait été prise à l'unanimité ou simplement à la majorité des voix, peu importe; lorsque le tuteur, subrogé tuteur ou curateur voudra s'opposer à une délibération sujette ou non à l'homologation, si elle est passée à l'unanimité, mais qu'il n'y ait pas participé, il doit intimer tous les membres dont l'avis a prévalu ; et les dépens retom-

beront sur celui des contendans que la justice en jugera passible, sans que le mineur puisse y être pour rien. Telle est la volonté de la loi. Son intention sur ce point n'est pas équivoque, et ne saurait être méconnue. » Mais d'autres auteurs ont adopté l'opinion contraire.— V. Pigeau, *Procéd. civ.*, t. 2, p. 375; Carré, quest. 2997; Berriat, t. 2, p. 679; Rodière, *Procéd. civ.*, t. 3, p. 349; Thomines, t. 2, n° 1039; Favard, v° *Avis de parens*, n° 3; Marchand, *Code de la minorité*, p. 258, et Duranton, t. 3, nos 476 et 514. — « On ne doit pas, dit avec raison ce dernier auteur, inférer d'une disposition générale (art. 883) qui reçoit parfaitement son application à une foule de cas, une dérogation à une disposition spéciale et placée au siége même de la matière, surtout si l'on songe que cette dérogation tendrait à multiplier les frais, et qu'il eût même mieux valu autoriser la majorité à nommer un de ses membres pour défendre la délibération, ainsi que dans l'article précédent, on l'autorise à en choisir un pour faire notifier au tuteur élu, et non présent, sa nomination. Le législateur a eu la volonté de laisser au conseil de famille, dans l'usage qu'il fait de ses fonctions en destituant un tuteur, l'indépendance la plus entière, et cette indépendance serait altérée dans beaucoup d'individus s'ils avaient personnellement à craindre un procès pour cette cause. Par les mêmes motifs on doit aussi rejeter le sentiment de ceux qui pensent que le tuteur exclu ou destitué peut choisir ou la voie indiquée par le Code civil ou celle tracée par le Code de procédure. Ces deux opinions, comme opposées aux intérêts du mineur, sont inadmissibles; il faut s'en tenir au Code civil pour le cas qu'il régit spécialement. » — Suivant Proudhon (t. 2, art. 448) et Chardon (p. 34), le tuteur peut, à son choix, suivre l'art. 448 C. civ. ou l'art. 883 C. proc.; et Demiau, quoi qu'il ait pu dire plus haut, concède plus bas (p. 590) que le tuteur peut agir seulement contre le subrogé tuteur, à charge par ce dernier de mettre en cause les membres du conseil de famille. — Carré repousse l'avis de Proudhon, et il ajoute que si, au reste, l'opinion de Toullier était suivie, il faudrait limiter la dérogation au cas où la délibération ne serait pas unanime. — Enfin, M. Chauveau (sur Carré, *loc. cit.*) prétend qu'on doit cumuler les art. 448 C. civ. et 883 C. proc., et assigner à la fois le subrogé tuteur et les membres du conseil de famille.

271. — Jugé que le tuteur destitué ne doit pas être mis en cause dans l'instance en homologation de la délibération du conseil de famille qui prononce la destitution, et ne peut se pourvoir par la voie de l'opposition contre le jugement par défaut qui homologue cette délibération. — *Rennes*, 19 mars 1844 (t. 2 1844, p. 335), Mahé c. Laviec. — Il n'aurait, si l'on admettait cette solution, que la voie de l'action principale ouverte par l'art. 448 ou celle de l'appel.

272. — Jugé en effet que c'est par la voie de l'appel, et non par la voie de l'opposition que le tuteur destitué doit attaquer le jugement qui a homologué la délibération du conseil de famille, alors même qu'il n'y a pas été appelé. Dans ce cas, la forme de procéder est réglée par les dispositions spéciales des art. 447 et 448 C. civ., et nullement par l'art. 888 C. procéd. — *Nîmes*, 8 juill. 1834, Pélissier c. Rouset.

273. — Jugé cependant que le tuteur qui a été destitué de la tutelle par une délibération du conseil de famille n'est pas obligé de se pourvoir par appel contre le jugement qui, sur simple requête et sans l'avoir appelé, a homologué cette délibération; il procède régulièrement, soit en formant opposition au jugement ainsi rendu contre lui, soit en demandant la nullité de la délibération et le maintien de la tutelle par action principale dirigée contre les membres du conseil de famille.— *Orléans*, 12 janv. 1850 (t. 1er 1850, p. 75), Carpentier c. Lottin. — V. aussi l'annotation détaillée qui accompagne cet arrêt dans notre recueil périodique.

274. — Toutefois, pour que l'action du tuteur soit recevable, il faut qu'il n'ait acquiescé à la délibération qui l'a destitué ni explicitement ni même implicitement.

275. — Ainsi, le tuteur ne peut attaquer pour cause d'irrégularité la délibération du conseil de famille qui le destitue lorsqu'il a assisté à cette délibération sans réclamer. — *Bruxelles*, 18 juill. 1810, Geenens c. N...; *Lyon*, 30 nov. 1837 (t. 1er 1838, p. 215), Barre c. Martin.—Delvincourt, t. 1er, p. 448; Zachariæ, t. 1er, § 120, note; de Fréminville, n° 150.

276. — Cependant, on peut ne pas faire résulter l'acquiescement de la simple présence du tuteur à la délibération, lorsque les observations qu'il a présentées ne sont pas rapportées en entier et qu'il a refusé de les signer.—*Angers*, 29 mai 1821, Delelé-Préaux c. N... — Il n'est pas certain, en effet, que le tuteur n'eût pas protesté contre la composition irrégulière du conseil.

277. — La mère dépouillée de la tutelle ne peut invoquer pour la première fois en appel un vice de forme dans la convocation du conseil de famille. — *Aix*, 24 août 1809, Bourdelon.

278. — Le tuteur destitué qui, dans une lettre écrite au tuteur qui l'a remplacé, lui parle ainsi : *Arrangez-vous à payer pour vos mineurs ce qui est dû, pour moi je ne m'en occuperai pas, etc.*, est censé, par là même, adhérer à la délibération du conseil de famille qui a prononcé sa destitution. — Sa présence à l'expertise ordonnée pour partager les biens de la communauté entre lui et ses enfans, à la requête du nouveau tuteur, est une nouvelle marque d'adhésion à sa destitution. — *Rennes*, 14 mai 1831, F... c. Oresve.

279. — Celui dont on poursuit la destitution ne peut pas opposer comme ayant l'autorité de la chose jugée l'existence d'un premier jugement qui a déjà rejeté une pareille demande, lorsque les faits qu'on articule sont des faits nouveaux, postérieurs au premier procès. — *Rennes*, 4 juin 1835, Le Caignard c. Tasset.

280. — Le père destitué de la tutelle pour inconduite ne peut interjeter appel du jugement qui prononce sa destitution, sur le motif que, depuis ce jugement, il aurait changé de conduite. — Le seul droit qui lui reste est celui de s'adresser au conseil de famille pour demander à être réintégré dans la tutelle. — *Besançon*, 18 déc. 1806, Berthet c. Lachiche et Jeannin.

281. — Les parens ou alliés qui ont requis la convocation peuvent intervenir dans la cause qui est instruite et jugée comme affaire urgente. — C. civ., art. 449.

282. — Mais cette faculté ne s'étend pas au nouveau tuteur, s'il n'a pas fait partie de l'assemblée de famille ou s'il ne l'a pas provoquée ; cependant, il peut, alors surtout qu'il a été chargé par le conseil de famille d'intervenir pour soutenir la délibération, être admis, comme pouvant éclairer la justice sur les véritables intérêts du mineur. — *Angers*, 29 mars 1821, Delelée-Préaux c. N...

283. — Les nullités de forme ou irrégularités de procédure sont couvertes par la défense au fond des parties.

284.—En conséquence, le tribunal est valablement saisi d'une demande en homologation de la délibération qui prononce la destitution d'un tuteur, par la notification faite à ce dernier avec sommation d'y acquiescer ou de s'y opposer, lorsque, sur cette procédure, le tuteur est intervenu, a constitué avoué et a présenté ses défenses. — *Rennes*, 4 juin 1835, Le Caignard c. Tasset.

285. — Le tuteur destitué a seul qualité pour exciper de l'inaccomplissement des formalités exigées pour rendre définitive la destitution. — Dès lors, l'interdit ne peut faire déclarer non recevable l'appel formé par le nouveau tuteur contre le jugement qui le relève de l'interdiction, sur le motif que ce tuteur n'a pas fait notifier à son prédécesseur la délibération qui le destitue de sa tutelle. — Il en est ainsi surtout lorsque l'ancien tuteur, appelé devant le conseil de famille, s'est excusé de ne pas s'y présenter et n'a formé aucune réclamation contre sa destitution, à laquelle il a même adhéré en offrant de rendre compte; enfin, qu'il ne s'est pas présenté non plus devant la Cour saisie de l'appel, et n'y figure à aucun titre. — *Cass.*, 14 juin 1842 (t. 2 1842, p. 319), d'Arguesse c. Bertaux.

286. — Le jugement d'homologation n'est pas nul en ce que le subrogé tuteur, en poursuivant cette homologation de l'avis des parens, se serait borné à présenter au tribunal une expédition de la délibération, sans y joindre une requête. Bien que le droit de signifier au tuteur la délibération du conseil de famille qui le destitue n'appartienne pas au ministère public, le tuteur ne peut, en cause d'appel, se faire un moyen de ce que ce jugement lui a été signifié à la requête de ce magistrat.— *Metz*, 16 déc. 1848, Clément c. Richard.

287. — Mais le tuteur qui n'a pas été appelé au jugement d'homologation de la délibération du conseil de famille qui prononce sa destitution, peut en interjeter appel sans être tenu d'y former d'abord opposition. Cet appel peut être notifié au subrogé tuteur et celui-ci peut être intimé, encore bien qu'il ne soit pas dénommé comme partie dans le jugement et que ce jugement n'ait été signifié au tuteur qu'à la requête du ministère public. — Même arrêt.

288. — Les tribunaux doivent principalement s'en rapporter à l'avis du conseil de famille. — *Besançon*, 17 déc. 1807, Berthet c. Jeannin.

289.—Lorsqu'un tuteur, destitué pour incapacité ou inconduite, se pourvoit contre la décision du conseil de famille qui prononce sa destitution, la présomption est pour la vérité des faits mentionnés dans la délibération. Quoi qu'il en soit, le tribunal reste évidemment maître de son appréciation.—*Turin*, 10 avril 1811, Decarolli c. Durletti.

290.—Les juges peuvent homologuer la délibération, sans ordonner une enquête sur les faits reprochés.—*Rennes*, 30 mai 1831, B... c. de Hallot.

291.—Si le tuteur succombe dans sa réclamation, il doit être condamné aux frais du procès, et, selon les circonstances, les membres du conseil qui ont été d'avis de l'exclusion ou de la destitution peuvent être eux-mêmes condamnés aux dépens dans le cas où leur opinion était dénuée de tout fondement et contraire à l'intérêt du mineur. Il y a lieu d'appliquer par analogie les dispositions de l'art. 441 relatives à l'admission ou au rejet des excuses présentées par le tuteur. — V. *suprà*, nos 151 et suiv.— Magnin, t. 1er, n° 423; Toullier, t. 2, n° 1181; Duranton, t. 3, n° 515.

292.—Le principal effet de la destitution est de faire cesser les fonctions du tuteur et de l'obliger à rendre compte immédiatement de sa gestion.

293.—Tout individu qui a été exclu ou destitué d'une tutelle ne peut plus être membre d'un conseil de famille. — C. civ., art. 445.

294.—La mère déchue de la tutelle pour n'avoir pas convoqué le conseil de famille en cas de convol n'est pas réputée exclue ou destituée, et peut toujours être membre d'un conseil de famille. — *Bruxelles*, 30 mai 1810, Come. — Duranton, t. 3, n° 511; Magnin, t. 2, nos 327 et 406.

295.—Toutefois, il a été jugé que le père destitué de la tutelle peut, à la différence des tuteurs ordinaires, être réintégré dans ses fonctions lorsque les causes qui ont fait prononcer la destitution ont cessé d'exister: — *Besançon*, 17 déc. 1807, Berthet c. Jeannin.

296.—Dans tous les cas, un père destitué de la tutelle de son enfant ne peut être privé de la jouissance des biens de celui-ci. Seulement, lorsque le tuteur légal a été destitué, le conseil de famille doit fixer le prix de la pension, de l'entretien et de l'éducation de l'enfant, et le montant de la somme ainsi fixée est affranchi de l'usufruit légal. — *Paris*, 28 déc. 1810, Dupin c. Dardaine ; *Rennes*, 27 févr. 1815, N....

CHAPITRE VI. — *Du protuteur.*

297. — Si le mineur domicilié en France possède des biens dans les colonies ou réciproquement, l'administration de ces biens est donnée à un protuteur. Le tuteur et le protuteur sont indépendans et non responsables l'un envers l'autre pour leur gestion respective. — C. civ., 417.

298. — L'art. 417 ne s'applique pas au cas où le mineur a pour tuteur son père ou sa mère survivant; alors, l'usufruit, qui appartient à ceux-ci, des biens du mineur leur donne le droit de se choisir eux-mêmes un représentant ou mandataire spécial. — Toullier, t. 2, n° 1123.

299. — Les biens du protuteur sont frappés d'hypothèque légale comme ceux du tuteur.

300. — Le protuteur est, aussi bien que le tuteur, incapable de recevoir, même par testament, aucune libéralité de son pupille devenu majeur, tant que le compte de tutelle n'a pas été rendu et apuré. — *Cass.*, 27 nov. 1848 (t. 2 1849, p. 603). — Coin-Delisle sur l'art. 907 C. civ., n° 10; Marcadé sur le même art., n° 1er.

301. — La nomination du protuteur est faite au lieu de l'ouverture de la tutelle. Mais si plus tard le protuteur s'excuse ou vient à cesser ses fonctions pour tout autre motif, il peut être remplacé dans le lieu de la situation des biens. — *Procès-verbaux des conf. au Cons. d'Etat*, t. 2, p. 79. — V. aussi Toullier, t. 2, n° 1123; Marcadé, t. 2, p. 232; de Fréminville, n° 173.

302. — L'art. 1er, décl. 1er févr. 1743, qui permettait de nommer un ou plusieurs tuteurs au

mineur qui avait des biens en France et dans les colonies, ne s'appliquait qu'au cas où les père et mère du mineur étaient décédés. Les autres articles de cette ordonnance n'avaient pas force dans les pays de droit écrit. — *Cass.*, 20 déc. 1814, Lussy c. Sorbet.

303. — Lorsque deux tuteurs avaient été institués avec des pouvoirs égaux, et déclarés par l'acte de tutelle solidairement responsables, si l'un d'eux avait quelque action à exercer contre le mineur, celui-ci pouvait être défendu par l'autre, sans qu'il y fût besoin de nommer un tuteur *ad hoc*. — *Rennes*, 28 avr. 1830, Panquer c. Bellouan.

304. — Avant le Code, le fils du tuteur n'a pu être poursuivi personnellement comme protuteur, lorsqu'à la mort de son père le mineur avait atteint sa majorité. — *Paris*, 24 frim. an XIII, Leduc c. Lavoye.

305. — Celui qui avant le Code civil a été nommé cotuteur d'un tuteur légal, sur la demande de celui-ci, a pu, sous l'empire du Code, et après la mort du tuteur légal, être considéré comme tuteur, bien qu'il n'ait pas été nommé spécialement à ces fonctions par le conseil de famille, alors que ce conseil lui a reconnu dans plusieurs délibérations la qualité de tuteur et lui a même nommé un subrogé tuteur. En conséquence, les ventes d'immeubles par lui faites en sa qualité de tuteur après l'accomplissement des formalités légales ont dû être réputées valables. — *Bruxelles*, 22 nov. 1810, Genotte.

CHAPITRE VII. — *Tutelle des enfans naturels.*

306. — La tutelle des enfans naturels légalement reconnus est réglée par les mêmes principes que celle des enfans légitimes.

307. — Toutefois, la reconnaissance n'établissant aucun lien de parenté entre l'enfant et les parens de ses père et mère, il ne peut jamais y avoir lieu à la tutelle légitime des ascendans.

308. — Et, par la même raison, le conseil de famille ne peut être composé que d'amis pris tant du côté paternel que du côté maternel.

309. — Mais les père et mère naturels ont-ils la tutelle légale de leurs enfans comme les père et mère légitimes? Cette question est controversée. On peut, en effet, invoquer contre la tutelle légale des père et mère le silence du Code. — *Toulouse*, 25 juill. 1809, Lanes c. Flèche; *Paris*, 9 août 1811, Fery c. Maraize; *Amiens*, 23 juill. 1814, Lemère c. Leclerc et Janron; *Grenoble*, 5 avr. 1819, Bours c. Dantour; *Agen*, 19 févr. 1830, Dumas c. Bories. — Duranton, t. 3, n° 431; Rolland de Villargues, *Rép. du not.*, v° *Enfans naturels*, n° 62; Merlin, *Quest.* v° *Tuteurs*, § 4; Marcadé, t. 2, p. 202; Richefort, *Etat des familles*, t. 2, n° 275; Valette sur Proudhon, t. 2, p. 290; de Fréminville, n° 33.

310. — Toutefois, on peut répondre avec avantage que l'aveu de la paternité ou de la maternité hors du mariage fait entrer les père et mère naturels, et réciproquement leurs enfans, dans l'exercice de tous les droits civils. Seulement, ils sont réduits à certaines restrictions dans l'ordre de recevoir ou de disposer; mais du moment qu'ils ne sont pas exclus de la disposition d'une loi, ils en profitent dans la proportion de l'existence de leurs droits. — *Toulouse*, 1er sept. 1809, Duprat c. Desnoyers; *Paris*, 31 août 1810, N...; *Bruxelles*, 4 fév. 1811, Nuytten c. Corten; *Cass.*, 22 juin 1813, mêmes parties; *Riom*, 13 juin 1817, Estern c. Benoît; *Colmar*, 24 mars 1813, Gillman c. Mussel; *Grenoble*, 21 juill. 1836 (t. 2 1837, p. 503), Guinard c. Marchand; *Douai*, 13 fév. 1844 (t. 1er 1846, p. 65), Leclercq c. Labourée; *Trib. Saint-Pierre* (Martinique), 29 nov. 1845 (en note sous l'arrêt de Douai précité). — Loiseau, *Des enf. natur.*, p. 537; Magnin, t. 1er, nos 502 et 504; Vazeille, *Mariage*, t. 2, nos 478 et suiv.; Chardon, *Puiss. pat.*, nos 80 et suiv.; Delvincourt, t. 1er, p. 406; Favard de Langlade, *Rép.*, v° *Enfant naturel*, p. 4; Marchand, p. 110; Cubain, *Dr. des femmes*, n° 82.

311. — Mais la mère naturelle n'est pas recevable à demander la nullité de la délibération qui a nommé un tuteur à son enfant, en ce qu'elle n'y aurait pas été appelée, si, à l'époque de la nomination, elle n'avait pas encore reconnu cet enfant. — *Cass.*, 7 juin 1820, N... c. Hours.

312. — La mère naturelle ne peut réclamer la tutelle de son enfant lorsque, de son consentement, cet enfant a été pourvu du tuteur nommé par le père avant de mourir. Néanmoins, dans ce cas, la mère a le droit de donner son avis sur le choix de la maison d'éducation dans laquelle l'enfant doit être placé. — *Paris*, 17 therm. an X, Giraut c. Querus.

313. — Elle perd la tutelle, de même que la mère légitime, si, venant à se marier, elle néglige de convoquer un conseil de famille pour se faire confirmer dans la tutelle. — *Cass.*, 31 août 1815, Lemire.

314. — La mère à qui la garde et l'éducation de son fils naturel ont été confiées a, par cela seul, qualité pour poursuivre les droits de cet enfant jusqu'à sa majorité. Si cette garde et cette éducation lui ont été confiées sous une législation qui fixait à quinze ans pour les mâles l'âge où cessait la tutelle, elle a dû se prolonger jusqu'à vingt-un ans par la publication du Code. — *Grenoble*, 15 therm. an XIII, Pison c. Amar.

315. — L'obligation imposée au tuteur d'obtenir l'autorisation du conseil de famille, pour intenter une demande en partage, n'est point applicable à la mère tutrice de son enfant naturel. Le défaut de cette autorisation, exigée dans le seul intérêt de l'enfant, ne peut d'ailleurs être opposé par les défendeurs à la demande en partage. — *Riom*, 13 juin 1817, Estieu c. Benoît.

316. — La demande d'une pension alimentaire formée par le tuteur *ad hoc* d'un enfant naturel contre celui qui a souscrit un acte de reconnaissance de cet enfant, est une action mobilière susceptible d'être intentée sans l'autorisation du conseil de famille, lors même que la résistance du père est fondée sur la nullité de la reconnaissance. — *Metz*, 19 août 1824, L... c. Bouxin.

317. — Lorsqu'un enfant naturel a besoin d'être pourvu d'un tuteur, le soin de convoquer le conseil de famille qui doit le nommer appartient au juge de paix du lieu où cet enfant a sa résidence. — *Agen*, 19 fév. 1830, Dumas c. Bories.

CHAPITRE VIII. — *Tutelle des enfans abandonnés.*

318. — La tutelle des enfans recueillis dans les hospices, soit par suite d'abandon, soit par toute autre cause, appartient à la commission administrative de l'hospice, qui la défère à l'un de ses membres. Les autres membres forment le conseil de tutelle, qui remplace le conseil de famille. — L. 15 pluv. an XIII, art. 1er; décr. 19 janv. 1811.

319. — Si l'enfant change de résidence pour être mis en apprentissage ou pour autre cause, la commission peut, par un simple acte administratif, sans formalité judiciaire, déférer la tutelle à la commission administrative de l'hospice le plus voisin de sa nouvelle résidence. — L. 15 pluv. an XIII, art. 2.

320. — Si l'enfant a des biens, ils sont administrés par le receveur de l'hospice, sous la garantie de son cautionnement, et sans qu'il puisse résulter de cette administration aucune hypothèque sur les biens de l'administrateur tuteur. — L. 15 pluv. an XIII, art. 5.

321. — La tutelle de la commission administrative des hospices à l'égard des enfans qui y sont recueillis, est pleinement substituée à celle des père et mère pour tous les actes qui intéressent ces enfans; et, dès lors, si l'un d'eux se trouve engagé dans une instance judiciaire, il n'est pas nécessaire d'appeler en cause ses père et mère. — *Rouen*, 24 fév. 1842 (t. 1er 1842, p. 616), Radoux.

322. — Néanmoins, le tuteur nommé à un enfant mineur admis dans un hospice, par la commission administrative de cet hospice, a qualité pour donner congé à un locataire d'une maison appartenant à ce mineur. — *Rennes*, 15 déc. 1826, Roussin c. Jounot.

323. — Mais celui auquel un enfant trouvé a été confié par la commission administrative des hospices n'acquiert pas par cela même la qualité de tuteur de cet enfant. — Il est par conséquent non recevable à se constituer partie civile dans la poursuite des délits commis sur la personne de cet enfant. — Ce droit, à moins d'une délégation expresse, continue d'appartenir à la commission administrative des hospices, ou au membre spécialement chargé de la tutelle. — *Bordeaux*, 28 nov. 1833, Laville c. Hervé.

324. — La tutelle spéciale des enfans abandonnés finit comme les autres par la majorité ou l'émancipation. — L. 15 pluv. an XIII, art. 5.

325. — Elle cesse en outre de plein droit lorsque les parens se présentent ou sont connus. — Cette règle est applicable en matière de paternité naturelle comme lorsqu'il s'agit de paternité légitime. — *Colmar*, 5 avr. 1838 (t. 1er 1839, p. 606), F... c. H....

CHAPITRE IX. — *Tutelle des princes.*

326. — Les tuteurs des princes et des princesses de la famille royale étaient, avant la chute de la monarchie, nommés par le roi. — V. FAMILLE ROYALE. — Il est inutile d'ajouter que les dispositions de l'ordonnance du 2 septembre 1830 sur ce point n'ont plus aujourd'hui d'objet.

CHAPITRE X. — *Tuteur* ad hoc.

327. — On appelle tuteur *ad hoc* celui qui est donné à un mineur pour le représenter dans un acte ou dans une affaire spéciale.

328. — Il y a lieu à la nomination d'un tuteur *ad hoc* lorsque, pendant le mariage, le père a des intérêts à débattre contre ses enfans mineurs. Par exemple, dans le cas de désaveu. — C. civ., art. 318.

329. — Il n'est pas nécessaire d'adjoindre un subrogé tuteur à un tuteur *ad hoc*, et, dès lors, la signification du jugement qui admet le désaveu faite au tuteur *ad hoc* suffit pour faire courir le délai de l'appel contre l'enfant. — *Colmar*, 14 juin 1832, Hertzog c. Hey. — V. DÉSAVEU.

330. — L'enfant naturel non reconnu, et celui dont les père et mère sont dans l'impossibilité de manifester leur volonté, ne peut se marier avant sa majorité sans le consentement d'un tuteur *ad hoc*. — C. civ., art. 159. — V. MARIAGE, ENFANT NATUREL.

331. — Le tuteur *ad hoc* est choisi par le conseil de famille et non par le tribunal de première instance devant lequel le litige est porté. — *Turin*, 9 janv. 1811, Alchero c. Pierra et Elia.

332. — Durant la tutelle, c'est en général le subrogé tuteur qui agit au nom du mineur toutes les fois qu'il a des intérêts opposés à son tuteur. — C. civ., art. 420.

333. — Cependant, lorsque plusieurs mineurs pourvus du même tuteur sont intéressés dans un partage, on doit nommer des tuteurs spéciaux à ceux d'entre eux qui ont des intérêts distincts et opposés à ceux des autres. — *Aix*, 3 mars 1807, Dubros c. Maunier. — Carré, *C. proc.*, t. 3, n° 3190; Berriat Saint-Prix, p. 711.

334. — Les jugemens rendus contre les mineurs ne pouvant acquérir l'autorité de la chose jugée qu'autant qu'ils sont signifiés au tuteur et au subrogé tuteur, le tuteur qui plaide personnellement contre son pupille est également dans l'obligation de le faire pourvoir d'un tuteur *ad hoc*. — L'omission de cette formalité rendra la procédure irrégulière, et la notification du jugement faite au mineur en la personne de son subrogé tuteur ne fait pas courir les délais d'appel. — *Toulouse*, 4 fév. 1825, Lafarge c. Rose; *Rennes*, 19 juill. 1826, Grellier; *Orléans*, 27 nov. 1833, Roquelaure c. Pervinquières.

335. — Il a même été jugé que lorsqu'un tuteur a intenté un procès à ses mineurs, dans la personne de leur subrogé tuteur, et sans nomination préalable d'un tuteur *ad hoc*, on doit, même d'office, prononcer la nullité tant du jugement intervenu sur ses poursuites que des procédures qui l'ont précédé et suivi. — *Rennes*, 9 avr. 1827, Grellier.

336. — Cependant, la nullité résultant de ce qu'on aurait omis de faire représenter un mineur par un curateur *ad causam*, dans l'acte où son tuteur légal avait des intérêts opposés aux siens, ne saurait être proposée par des tiers, surtout lorsque le mineur a adhéré à cet acte. — *Rennes*, 22 mai 1818, Evenet c. Dayot.

337. — Le tuteur *ad hoc* qui ne fait qu'accomplir un acte déterminé par le conseil de famille n'est pas tenu de rendre compte de sa gestion de la même manière que les tuteurs ordinaires. — *Cass.*, 21 juin 1808, Lampon-Furcy c. Richebourg.

CHAPITRE XI. — *Subrogé tuteur.*

338. — Dans toute tutelle il y a un subrogé tuteur nommé par le conseil de famille. — C. civ., art. 420.

339. — Cette disposition est générale et s'applique même à la tutelle légale des père et mère.

340. — ... Mais non à l'administration légale que le père a des biens personnels de ses enfans, aux termes de l'art. 389 C. civ. Il n'y a pas lieu de nommer un subrogé tuteur au mineur pendant le mariage de ses père et mère. Une pareille nomination, si elle a eu lieu, n'oblige pas les tiers qui ont obtenu des jugemens contre le mineur à les signifier au subrogé tuteur. La signification faite au père, comme administrateur légal, suffit pour faire courir les délais d'appel. — *Cass.*, 4 juill. 1842 (t. 2 1842, p. 121), Alary c. Tailhafer. — Toullier, t. 2, n° 1090; Duranton, t. 3, n° 415; de Fréminville, n° 156.

341. — Lorsque la tutelle est dévolue au père ou à la mère survivant, à un ascendant ou à un tuteur testamentaire, il doit, avant d'entrer en fonctions, faire convoquer, pour la nomination d'un subrogé tuteur, un conseil de famille composé comme il est dit aux art. 407 et suiv. du Code civil. — V. CONSEIL DE FAMILLE. — S'il s'est ingéré dans la gestion avant d'avoir rempli cette formalité, le conseil de famille convoqué, soit sur la réquisition des parens, créanciers ou autres parties intéressées, soit d'office par le juge de paix, peut, s'il y a eu dol de la part du tuteur, lui retirer la tutelle sans préjudice des indemnités dues au mineur. — C. civ., art. 421.

342. — Dans les autres tutelles, la nomination du subrogé tuteur a lieu immédiatement après celle du tuteur. — C. civ., art. 422.

343. — Toutefois, le défaut de nomination d'un subrogé tuteur n'est une cause de nullité des délibérations du conseil de famille qu'autant que les intérêts du mineur étaient, dans la délibération, en opposition avec ceux du tuteur. — *Grenoble*, 4 juin 1836 (sous *Cass.*, 12 mars 1839 [t. 1er 1839, p. 324], Brachet c. Chambon).

344. — En aucun cas, le tuteur ne vote pour la nomination du subrogé tuteur, lequel est pris, hors le cas de frères germains, dans celle des deux lignes à laquelle le tuteur n'appartient pas. — C. civ., art. 423.

345. — Celui qui n'est pas parent du mineur ne peut être nommé subrogé tuteur, lorsqu'il existe des parens dans la ligne à laquelle le tuteur n'appartient pas. — *Bordeaux*, 20 août 1811, de Capellen et Azeredo c. Faucher.

346. — Le subrogé tuteur ne peut jamais être pris dans la même ligne que le tuteur. — *Montpellier*, 9 prair. an XIII, Praix.

347. — Le conseil de famille peut, s'il y a nécessité, dans l'intérêt d'un interdit ou d'un mineur, lui choisir un nouveau tuteur dans la ligne à laquelle appartient déjà le subrogé tuteur; seulement, dans ce cas, celui-ci doit se démettre, alors même qu'il n'y aurait rien à lui reprocher, s'il lui est nommé un nouveau subrogé tuteur. — *Nancy*, 14 mars 1826, Raybois c. Vatelot. — Magnin, t. 1er, n° 563.

348. — Si le subrogé tuteur a été nommé par la même délibération qui nomme le tuteur, et que celui-ci y a voté pour la nomination du subrogé tuteur, cette contravention de la loi ne vicie que la nomination du subrogé tuteur et non celle du tuteur. — *Agen*, 19 févr. 1830, Dumas c. Bories.

349. — Les causes d'excuse, d'incapacité, d'exclusion et de destitution des tuteurs sont communes aux subrogé tuteurs. — C. civ., art. 426. — Néanmoins, le tuteur ne peut provoquer la destitution du subrogé tuteur, ni voter dans les conseils de famille qui sont convoqués pour cet objet. — C. civ., art. 426.

350. — Les fonctions du subrogé tuteur consistent à agir pour les intérêts du mineur, lorsqu'ils sont en opposition avec ceux du tuteur. — C. civ., art. 420.

351. — Il peut intervenir dans toute instance où les droits du pupille sont en opposition avec ceux du tuteur. — *Colmar*, 2 août, 1817, Predelys c. Schneider et Gille.

352. — La présence en cause du père, tuteur légal de ses enfans mineurs, ne rend pas sans intérêt celle du subrogé tuteur qui réclame

le droit de prendre, au nom des mineurs, des conclusions en opposition ou par distinction des intérêts de leur père. — *Rennes*, 29 août 1814, Hubert Soupe c. Guyot et Levêque.

353. — Pour exciper régulièrement de la nullité d'un testament, la présence du subrogé tuteur des mineurs, institués légataires universels par cet acte, est nécessaire, lorsque l'intérêt de leur mère tutrice, qui est en cause, est opposé à celui de ses enfans. — *Besançon*, 11 nov. 1808, Chalon c. Luc Allemand.

354. — Lorsque, dans un partage où sont parties un tuteur et un pupille, l'un d'eux se présente comme héritier réservataire et l'autre comme héritier préciputaire, il y a opposition d'intérêts, dans le sens de la loi, et dès lors on doit, soit nommer un tuteur spécial au pupille, soit appeler le subrogé tuteur pour représenter celui-ci dans l'instance. — Il ne suffirait même pas, pour rendre le partage définitif, que ce tuteur *ad hoc*, ou subrogé tuteur, eût été présent à la conclusion du partage, s'il n'avait assisté à tous les actes et jugemens qui l'ont amené. — *Grenoble*, 10 janv. 1833, Bériaud.

355. — Lorsque le conseil de famille autorise le subrogé tuteur à faire des actes d'administration au cas où le tuteur est empêché, parce que ses intérêts sont en opposition avec ceux du mineur, cette autorisation lui confère un pouvoir égal à celui qui serait donné à un tuteur *ad hoc*. — Ainsi, le subrogé tuteur, autorisé à exercer les actions mobilières du mineur à la recherche des biens et droits de sa mère décédée, et à faire tous actes d'administration ou autres pour lesquels le tuteur serait empêché à raison de l'opposition de ses intérêts avec ceux dudit mineur, a pu valablement consentir la subrogation de l'hypothèque légale au créancier qui paie en l'acquit du père du tuteur le montant des reprises dues au mineur du chef de sa mère. — *Riom*, 10 juill. 1846 (t. 2 1846, p. 427), Rougier c. Dumay.

356. — Lors même que les intérêts du mineur ne sont pas opposés à ceux de son tuteur, le subrogé tuteur est recevable à intervenir dans l'instance.

357. — Ainsi, il a qualité pour intervenir dans l'instance engagée par le tuteur d'un interdit, conformément à la délibération d'un conseil de famille, et tendant à obtenir l'annulation des actes passés par l'interdit, antérieurement à l'interdiction. — *Grenoble*, 12 févr. 1835, Empereur c. Pradoura.

358. — Lorsqu'une demande en licitation de biens appartenant par indivis à des majeurs et à une mineure sous la tutelle légale de son père, est poursuivie contre le tuteur, qui réunit en même temps la qualité d'usufruitier légal, le subrogé tuteur peut figurer dans l'instance pour surveiller les droits de la mineure et y prendre des conclusions. — *Cass.*, 20 juin 1843 (t. 2 1843, p. 177), Royer de Saint-Julien c. Puissant.

359. — Ainsi, il a qualité pour demander l'insertion au cahier des charges d'une clause portant que la portion du prix afférente à la mineure restera en crédit entre les mains des acquéreurs jusqu'à la majorité, l'émancipation ou le mariage de ladite mineure. — *Nancy*, 13 déc. 1838 (sous *Cass.*, 20 juin 1843 [t. 2 1843, p. 177]), Royer de Saint-Julien c. Puissant.

360. — Il peut encore s'opposer à la suppression demandée par la tutrice, d'une clause relative au mode et à l'époque du paiement de la portion du prix revenant aux mineurs. — *Paris*, 13 févr. 1836, Bonchonnet.

361. — Bien qu'il n'ait pas le droit de s'immiscer dans l'administration des biens du mineur, néanmoins, lorsqu'il a ordonné des réparations indispensables, urgentes, et qui ont profité au mineur, le tuteur doit être condamné à lui rembourser le prix de ces réparations. — *Cass.*, 14 juin 1831, Maugé c. Drevault. — M. Marchand (*Code de la minorité*, p. 214) pense que le subrogé tuteur ne peut devenir *mandataire* du tuteur (sauf le cas de bonne foi des tiers). — En principe, nul doute que le tuteur seul ait le droit d'administrer les biens du mineur; mais le subrogé tuteur, comme toute autre personne, ne peut-il pas devenir le *negotiorum gestor* des mineurs, ou plutôt du tuteur lui-même? Et même ne suffit-il pas que la chose faite ait profité aux mineurs, pour qu'on ait contre eux l'action *in rem verso*? — C'est ce qui a été avec raison reconnu par l'arrêt ci-dessus cité. — Mais cette doctrine nous semble inadmissible.

362. — Du reste, le jugement qui déclare que des réparations ordonnées par un subrogé tuteur étaient indispensables, urgentes, et ont

tourné au profit du mineur, ne contient sur ce point qu'une appréciation de faits qui échappe à la censure de la Cour de cassation. — *Cass.*, 14 juin 1831, Maugé c. Drevault.

363. — Mais le subrogé tuteur n'a pas qualité pour appeler, au nom du mineur, d'un jugement rendu avec le tuteur; il ne peut tout au plus que se faire autoriser par le conseil de famille à interjeter appel au défaut du tuteur. — *Limoges*, 30 avr. 1810, Clerny c. Jourde; *Riom*, 19 janv. 1837 (t. 1er 1838, p. 282), Sauzède c. Goutte. — Thomines-Desmazures, t. 1er, n° 499; Magnin, n° 1453; Pigeau, t. 1er, p. 563; Delaporte, t. 2, p. 7; de Frémin ville, n° 165; Favard de Langlade, *Rép.*, v° *Appel*, sect. 1re, § 2, n° 15; Carré, *L. de la proc.*, quest. 1592; Bioche, *Dict. de proc.*, v° *Appel*, n° 270; Boitard, *Leç. de proc.*, t. 3, p. 60. — Ce serait là un acte de gestion qui appartient exclusivement au tuteur. Cependant la solution contraire est adoptée par MM. Chauveau (sur Carré, quest. 1592), Poncet (*Des jugemens*, t. 1er, p. 302), Rivoire (*Appel*, n° 97), Chardon (p. 380), Talandier (*Appel*, n° 27).

364. — Le décès du tuteur serait même insuffisant pour l'autoriser à émettre un appel au nom du mineur. Il devrait seulement provoquer la nomination d'un nouveau tuteur. — *Colmar*, 28 avr. 1822, Steinlé c. Dumesnil.

365. — Cette règle pourrait cependant souffrir exception, si le tuteur avait des intérêts opposés à ceux du mineur. — *Montpellier*, 19 janv. 1832, Azéma c. Antoine. — Bioche, *Dict. de proc.*, v° *Appel*, n° 269; de Fréminville, n° 165.

366. — Un subrogé tuteur autorisé par le conseil de famille à défendre les droits du mineur jusqu'à la fin de l'instance, a également qualité pour représenter le mineur devant la Cour de cassation, encore qu'un autre tuteur, dont les intérêts n'étaient pas en opposition avec ceux du pupille, ait été nommé durant l'instance d'appel, si ce nouveau tuteur n'a pas fait connaître sa nomination. — *Cass.*, 11 août 1829, Baron c. Balastron.

367. — Mais il ne peut pas s'opposer à la vente des immeubles du mineur, lorsqu'en provoquant cette aliénation le tuteur n'est pas en opposition d'intérêt avec son pupille. — *Turin*, 7 janv. 1811, Polotti-Rigaud c. Pasero.

368. — Il n'est pas nécessaire de l'appeler en même temps que le tuteur à la vente des immeubles saisis sur le mineur. — *Paris*, 11 oct. 1835 (sous *Cass.*, 30 mars 1840 [t. 1er 1840, p. 467]), Duteil c. Duru et Bourrat.

369. — Il a même été jugé que l'adjudication définitive des biens d'un mineur est valable, bien qu'elle soit faite en vertu d'un jugement qui n'aurait point été signifié au subrogé tuteur; ainsi, la signification qui en a été faite à la tutrice naturelle seule, a suffi pour faire courir contre le subrogé tuteur les délais d'appel spéciaux à la matière et pour donner au jugement le caractère de chose jugée. — *Bruxelles*, 27 févr. 1832, Michiels c. Delore.

370. — En tous cas, il n'est pas nécessaire de mettre en cause le subrogé tuteur, quand le tuteur n'a pas d'intérêts opposés à ceux des mineurs. — *Rennes*, 12 août 1814, Soupe c. Fercoq.

371. — La nullité résultant du défaut de présence du subrogé tuteur dans un jugement où les mineurs avaient des intérêts opposés à ceux de leur tuteur, ne peut, si elle n'a pas été opposée en appel, être présentée pour la première fois devant la Cour de cassation. — *Cass.*, 6 juill. 1831, Garnier c. Dupin.

372. — Le subrogé tuteur n'est pas, en principe, responsable de la mauvaise gestion du tuteur. — Toullier, t. 2, n° 1138; Chardon, *Puiss. tutél.*, p. 441; de Fréminville, n° 161.

373. — ... A moins que les prévarications du tuteur n'aient été commises à son vu et su, et par ses conseils. — *Paris*, 1er mai 1807, Barabé c. Maire. — Meslé, *Des minorités*, p. 789; Rolland de Villargues, *Rép.*, v° *Subrogé tuteur*, n° 37.

374. — Le subrogé tuteur est spécialement chargé de requérir la confection de l'inventaire après le décès du père ou de la mère du mineur. — C. civ., art. 451.

375. — Celui dressé sans son concours est nul. — La renonciation que la veuve a faite, par suite, à la communauté, est pareillement nulle. — — *Bourges*, 1er juill. 1816, Delafond c. Lagrave.

376. — La solidarité établie par l'art. 1442 C. civ. contre le subrogé tuteur qui n'a pas obligé le tuteur à faire inventaire ne s'étend qu'aux condamnations qui sont une conséquence nécessaire et immédiate du défaut d'inventaire. —

Mais elle s'étend à la totalité de ces condamnations, et les tribunaux n'ont pas le pouvoir de la réduire. — *Metz*, 24 janv. 1843 (t. 1er 1844, p. 698), Duretestie c. Lescouet.

377. — Le subrogé tuteur doit encore requérir l'inscription hypothécaire sur les biens du tuteur, et défendre à la demande en réduction d'hypothèque formée par ce dernier. — V. HYPOTHÈQUE. — Le défaut d'accomplissement de cette obligation le rend passible des dommages-intérêts à l'égard des tiers. — Rolland de Villargues, n° 38; de Fréminville, n° 160.

378. — Il passe bail au tuteur des biens du mineur d'après l'autorisation du conseil de famille. — C. civ., art. 450.

379. — Il assiste à la vente du mobilier ou des immeubles du mineur quand elle a lieu légalement. — C. civ., art. 452, 459. — Il se fait remettre les états de situation exigés du tuteur. — C. civ., art. 470.

380. — Enfin il provoque la destitution du tuteur s'il y a lieu, poursuit l'homologation de la délibération du conseil de famille prise à cet effet, ou défend à la réclamation du tuteur exclu ou destitué. — C. civ., art. 446, 448.

381. — Mais il ne peut provoquer la nomination d'un tuteur *ad hoc* pour poursuivre la nullité d'un acte consenti par le tuteur légal. — *Metz*, 24 vent. an XIII, N...

382. — Il est aussi sans qualité pour actionner en reddition de compte le tuteur destitué. — Cette action ne peut être formée que par le nouveau tuteur, nommé par le conseil de famille. — *Lyon*, 12 avril 1848 (t. 2 1848, p. 519), Séan c. Pellet.

383. — Ses actes ne sont pas nuls parce que sa nomination aurait été annulée par la suite. — *Rennes*, 29 août 1814, Hubert Soupe c. Guyot et Levêque.

384. — Quand il a géré les affaires des mineurs, à l'exclusion du tuteur, cette gestion est soumise aux règles qui gouvernent l'administration de la tutelle, et il doit un compte pupillaire. — *Paris*, 19 avr. 1823, Manigot c. Bézard. — Rolland de Villargues, *Rép. du not.*, v° *Subrogé tuteur*, n° 38.

385. — En conséquence, si le conseil de famille n'a autorisé le placement de capitaux appartenant au mineur que sous la condition d'une garantie hypothécaire, le subrogé tuteur gérant qui en a placé sans exiger cette garantie, est responsable du placement. — Même arrêt.

386. — Mais ses biens ne sont pas pour cela frappés d'une *hypothèque légale*. — V. HYPOTHÈQUE LÉGALE.

387. — Il ne remplace pas de plein droit le tuteur, lorsque la tutelle devient vacante ou qu'elle est abandonnée par absence; mais il doit en ce cas, sous peine des dommages-intérêts qui pourraient en résulter pour le mineur, provoquer la nomination d'un nouveau tuteur. — C. civ., art. 424.

388. — Ses fonctions cessent à la même époque que la tutelle. — C. civ., art. 425.

389. — La prohibition faite au tuteur d'acheter les biens appartenant à son pupille s'étend-elle au subrogé tuteur? M. Magnin (t. 2, n° 1187) enseigne l'affirmative par le motif que le subrogé tuteur, dans toutes ventes où son ministère est nécessaire, remplit dans toute l'étendue de l'expression les fonctions d'un mandataire, et qu'un mandataire ne peut acquérir les biens de son mandant. — C. civ., art. 1596. — Il y a d'ailleurs sinon similitude parfaite, du moins grande analogie entre les devoirs du tuteur et ceux du subrogé tuteur. — *Lyon*, 7 déc. 1821 (sous *Cass.*, du 4 mai 1825), Girod; *Riom*, 25 févr. 1843 (t. 1er 1844, p. 314), Folia c. Cugnain.

390. — M. Troplong (*Vente*, t. 1er, n° 187) pense, avec raison, suivant nous, qu'il faut faire une distinction entre la vente volontaire et la vente par expropriation forcée. Dans le premier cas, le subrogé tuteur devant être présent à la vente ne peut acquérir; dans le second, il en est autrement le subrogé tuteur n'ayant plus de ministère d'intervention à remplir. — *Colmar*, 16 fév. 1808, Corty c. Monnet; *Toulouse*, 4 fév. 1825, Laforgue c. Rozès. — Delvincourt, t. 3, p. 126, notes.

391. — Enfin, MM. Duranton (t. 16, n° 134), Duvergier (*Vente*, t. 1er, n° 188) et Aubry et Rau (sur Zachariæ, t. 2, p. 496, note 5) soutiennent que les incapacités ne peuvent s'étendre par analogie et que le subrogé tuteur ne se trouvant pas compris nommément dans la prohibition portée soit par l'art. 450, soit par l'art. 1596, a qualité pour acheter les biens de son pupille. Cette opinion a été implicitement adoptée par un arrêt de la Cour d'appel de *Riom* du 4 avr. 1821, rapporté sous l'arrêt de cassation du 21 déc. 1836 (t. 1er 1837, p. 327), Barrel c. Génin. — *Bordeaux*, 30 mai 1840 (t. 1er 1844, p. 359), Boyer.

392. — Quoi qu'il en soit, si le tuteur a personnellement garanti au subrogé tuteur la vente de biens appartenant aux mineurs, faite sur l'accomplissement des formalités légales, cette garantie est nulle et de nul effet, à raison de la faute commune commise par le tuteur et le subrogé tuteur, qui ne devaient pas trafiquer des biens d'une personne placée sous leur protection. — *Cass.*, 21 déc. 1836 (t. 1er 1837, p. 326), Barrel c. Genin.

393. — Il a été jugé, d'après les mêmes principes, qu'on ne peut appliquer au subrogé tuteur qui gère les biens pupillaires en vertu du mandat qu'il en a reçu du tuteur, la disposition de l'art. 450 C. civ., qui défend au tuteur d'accepter la cession de droits ou créances contre le pupille. — *Rouen*, 27 avr. 1814, Cardon c. Personne-Desbrières.

394. — La disposition de l'art. 451 C. civ., qui prescrit au tuteur de déclarer dans l'inventaire ce qui lui est dû par le mineur, est également inapplicable au subrogé tuteur. — *Paris*, 14 février 1817, Margueron; *Bourges*, 26 avril 1831, de Gentis. — Toullier, *Droit civil*, t. 2, p. 365; Duranton, p. 525. — Deux motifs graves nous paraissent justifier cette opinion : le premier, c'est qu'il s'agit d'une déchéance, le second, c'est que le législateur, en imposant au tuteur l'obligation de déclarer dans l'inventaire ce qui pourrait lui être dû par le mineur, n'a en vue d'autre motif que d'empêcher que ce tuteur, dépositaire de tous les titres et papiers de la succession, n'abusât de la facilité qu'il aurait de soustraire les preuves de la libération pour faire revivre des créances acquittées; mais cette prévoyance de la loi est évidemment sans objet à l'égard du subrogé tuteur, qui n'a le dépôt d'aucunes pièces, qui n'est pas chargé d'administrer, mais seulement de surveiller l'administration et de défendre le pupille, alors seulement que ses intérêts se trouvent en opposition avec ceux du tuteur. De plus, le tuteur lui-même n'est déchu de sa créance qu'autant qu'il ne l'a pas déclarée *après que le notaire lui en a fait l'interpellation*. L'officier public n'ayant pas mission de faire la même demande au subrogé tuteur, il n'y a donc pas contre lui de déchéance possible pour ce cas.

CHAPITRE XII. — *Administration du tuteur.*

395. — Le tuteur prend soin de la personne du mineur, il le représente dans tous les actes de la vie civile, et est chargé de l'administration de ses biens.

Sect. 1re. — *Administration de la personne du mineur.*

396. — Le tuteur doit prendre soin de la personne du mineur. — C. civ., art. 450. — C'est-à-dire pourvoir à son entretien, à sa nourriture et à son éducation. — Duranton, t. 3, n° 525.

397. — Toutefois, sous l'empire du Code, comme sous l'ancienne législation, le droit du tuteur à diriger l'éducation du pupille n'est pas tellement absolu que les tribunaux ne puissent, suivant les circonstances, consulter la famille pour délibérer sur le point de savoir s'il n'est pas de l'intérêt du mineur que son éducation soit confiée à une autre personne. — *Cass.*, 8 août 1815, Nourry c. Courtois. — « Le soin de la personne, dit Toullier (t. 2, n° 1183), emporte l'obligation de pourvoir à l'entretien et à l'éducation du mineur; mais ce point ne paraît pas abandonné à la seule volonté du tuteur. Si l'art. 108 porte que le mineur aura son domicile chez son tuteur, ceci doit s'entendre d'un domicile de droit plutôt que d'une résidence de fait : car le tuteur n'est pas le maître de retenir le pupille dans sa maison, de choisir celle où il doit demeurer, ni le genre d'éducation qu'il faut lui donner. Le Code, ajoute Toullier, abandonne ce soin important à la prudence du conseil de famille. » — V. aussi Marchand, *Traité des minorités*, p. 264; Chardon, *Puiss. tutél.*, n° 306; Duranton, t. 3, n° 527. V. cependant Magnin, t. 1er, n° 607, et de Fréminville, n° 805.

398. — Peu importe que le mineur ait un tuteur et une mère à qui la tutelle n'ait pas été conservée. — *Colmar*, 29 août 1822, Hirtz c. Vidal.

399. — Il a cependant été jugé que le conseil de famille n'a pas le droit de prescrire au tuteur le mode d'éducation qu'il doit adopter pour ses pupilles. — Qu'en cas de contestation sur ce point, les juges, tout en annulant la délibération du conseil de famille, peuvent seulement enjoindre au tuteur de suivre le mode d'éducation qui leur paraît le plus convenable, même celui adopté par la délibération annulée. — Que le tuteur qui succombe sur une pareille contestation peut être condamné personnellement aux dépens, si sa résistance ne paraît avoir été dictée que par son intérêt personnel. — *Turin*, 9 déc. 1808, Bussi c. Chianca. — Magnin, *Traité des minorités*, n° 607.

400. — ... Enfin, que le mari cotuteur de l'enfant que sa femme a eu d'un premier lit est maître de l'éducation de son pupille, et qu'il n'est pas tenu de le recevoir dans sa propre maison, et peut le placer dans tel lieu qu'il lui convient. — *Angers*, 13 frim. an XIV, Tategrain. — Sous le droit romain, le choix de la maison où le pupille devait demeurer et le genre d'éducation qu'il convenait de lui donner étaient soumis à la décision des magistrats. — V. le titre du Digeste *Ubi pupillus educari vel morari debeat*, etc., 27-2; Hennecius; Meslé, *Traité des min.*, p. 284, nos 17 et suiv., et p. 253; Lacombe, v° *Tuteur*, sect. 8, dist. 2, et v° *Education*; la loi 1re, C., *Ubi pupilli educari debeant*, 5-49. — Dans l'ancien droit français, c'était aux parens des mineurs que le choix appartenait. — V. Cout. de Bretagne, art. 485; *Ed. des tut.*, de déc. 1732, art. 17; *Règlem. des tut. norm.*; Duparc-Poullain, *Principes du droit*, t. 1er, p. 291.

401. — Sous l'empire de la loi du 24 août 1790, le conseil de famille pouvait régler devant notaire la pension, l'entretien et l'éducation du mineur. Il n'était pas indispensable que ce règlement eût lieu devant le juge de paix. — *Rennes*, 21 août 1815, Guilmot c. Guilloux.

402. — Les tribunaux doivent également décider, d'après l'intérêt des mineurs, à qui, du tuteur ou de la mère destituée de la tutelle, doit en appartenir la garde. — *Bastia*, 31 août 1826, Guitera c. Durazzo. — *Contrà*, de Fréminville, n° 806.

403. — Le mineur peut, bien qu'il ne soit assisté ni de son tuteur, ni de son subrogé tuteur, intervenir dans l'instance qui a pour objet de décider si on doit le contraindre à cesser d'habiter avec sa mère pour venir habiter chez son nouveau tuteur. — Même arrêt.

404. — Quoi qu'il en soit, en règle générale, c'est au tuteur à prendre soin de l'éducation des mineurs, sauf les cas d'exception qui doivent être appréciés par les tribunaux, après délibération du conseil de famille. — *Lyon*, 5 avr. 1827, Ducharne c. Durix. — *Contrà*, de Fréminville, *ubi suprà*.

405. — En conséquence, un tuteur a le droit de retirer sa pupille de pension, nonobstant l'opposition de l'un des membres du conseil de famille, et alors surtout que tous les autres membres de ce conseil sont de l'avis du tuteur. — Si le président du tribunal auquel il a été référé a demandé préalablement l'avis d'un conseil de famille sur la question de savoir si la mineure doit être retirée de pension, l'opinion manifestée par le conseil n'est pas de la nature des délibérations dont un membre dissident puisse arrêter l'exécution par son opposition, et dès lors le juge ne peut suspendre l'exécution de la délibération du conseil de famille et ordonner que la mineure restera *provisoirement* dans la maison dont son tuteur veut la faire sortir, jusqu'à ce qu'il en ait été autrement ordonné par le tribunal compétent. — *Paris*, 22 mars 1824, Devilliers c. Buisseret.

406. — Le tuteur peut même employer des moyens coercitifs, y compris l'intervention de la force publique, pour obliger le mineur à venir habiter avec lui, sans que toutefois aucun emprisonnement puisse avoir lieu. — *Bastia*, 31 août 1826, Guitera c. Durazzo.

407. — Autrefois, bien qu'indépendamment du tuteur nommé au mineur par le conseil de famille, un tiers désigné sous le titre de tuteur *onéraire* eût été chargé de régir et administrer les affaires de la tutelle, le domicile légal du mineur n'en était pas moins chez son tuteur, et c'est à ce domicile et non au domicile du tuteur onéraire que devaient être signifiés, à peine de nul-

lité, les actes tendant à expropriation forcée. — *Paris*, 28 flor. an XII, Rodier c. Narbonne Pelet.

408. — Le tuteur qui a placé son pupille dans une pension est tenu d'en payer le prix, même au delà de la majorité du pupille, si d'ailleurs il n'a pas manifesté d'intention contraire. — *Paris*, 22 août 1825, Vadelorge c. Hémart.

409. — Néanmoins, il ne saurait être contraint de pourvoir de ses propres deniers à la nourriture et à l'éducation de son pupille, s'il n'est d'ailleurs dans la classe des personnes qui lui doivent des alimens. — Duranton, t. 3, nº 530; de Fréminville, nº 809.

410. — Il doit faire régler par le conseil de famille s'il convient de mettre en apprentissage le mineur qui n'a pas de revenus personnels, ou de le placer dans une maison de charité. — Duranton, *loc. cit.*

411. — Le choix du culte dans lequel l'enfant naturel doit être élevé, appartient à celui du père ou de la mère qui en a la garde. — Chardon, *Puiss. patern.*, nº 101.

412. — Si le tuteur a des sujets de mécontentement graves sur la conduite du mineur, il peut porter ses plaintes au conseil de famille, et avec l'autorisation de ce conseil, provoquer la réclusion du mineur pendant un temps qui ne peut excéder un mois si le mineur n'a pas encore seize ans commencés, et six mois s'il a atteint cet âge. — C. civ., art. 376, 377 et 468. — V. PUISSANCE PATERNELLE. — De Fréminville, nº 810.

413. — Enfin le tuteur représente le mineur dans tous les actes civils. — C. civ., art. 450.

414. — Cette règle souffre pourtant une importante exception quant au mariage : c'est en effet le conseil de famille qui, à défaut d'ascendant en état de manifester sa volonté, donne son consentement ou autorise le tuteur à former opposition au mariage (C. civ., art. 160 et 175), et le mineur dûment autorisé consent lui-même l'acte de célébration et celui qui renferme les conventions civiles du mariage. — C. civ. art. 75, 76, 1309 et 1398. — Le mineur peut aussi, quand il est parvenu à l'âge de seize ans, faire seul son testament. — C. civ., art. 904.

Sect. 2e. — *Administration des biens du mineur.*

§ 1er. — *Règles générales. — Obligations du tuteur au moment de son entrée en fonctions.*

415. — Le tuteur doit administrer les biens de son pupille en bon père de famille (C. civ., art. 450). — Il répond des dommages-intérêts qui pourraient résulter d'une mauvaise gestion.

416. — Dans les dix jours qui suivent celui de sa nomination, dûment connue de lui, le tuteur doit requérir la levée des scellés s'ils ont été apposés, et faire procéder immédiatement à l'inventaire des biens du mineur en présence du subrogé tuteur. — C. civ., art. 451.

417. — Néanmoins le testateur peut, s'il n'a pas d'héritiers à réserve, en instituant le mineur légataire universel, dispenser le tuteur ou même lui défendre de faire inventaire (Toullier, t. 2, nº 1198; Duranton, t. 3, nº 538). — Mais cette clause ne dispensant pas le tuteur de rendre compte du mobilier par lui reçu, il paraît convenable qu'il en dresse un état avec le subrogé tuteur. — Duranton, t. 3, nº 531. — *Contrà*, de Fréminville, nº 207.

418. — Avant le Code civil, pour qu'un inventaire fait par le tuteur fût valable, il fallait également qu'il fût expressément relaté dans l'acte que le curateur y avait été présent. — *Metz*, 4 mars 1812, Charpentier.

419. — D'ailleurs Proudhon (*De l'usufr.*, t. 1er, p. 214, nº 165) et M. de Fréminville (nº 201) soutiennent que le subrogé tuteur ne pourrait pas se faire représenter à l'inventaire par un fondé de pouvoirs. — « Le subrogé tuteur, dit ce dernier, est le contradicteur légal du tuteur. Ce caractère lui est attribué par la loi, sans qu'il ait la faculté de le transmettre à un autre. Le subrogé tuteur ne pourrait pas plus se faire représenter pour l'assistance à l'inventaire que le tuteur lui-même ne pourrait, en donnant une procuration, faire faire des actes de l'administration de la tutelle par un autre. » — *Contrà*, Zachariæ, t. 1er, p. 221, note.

420. — Un père qui, sous l'ancien droit coutumier, n'avait pas fait rapporter un inventaire estimatif des biens dépendant des successions échues à ses enfans mineurs, était réputé spoliateur. — Dans ce cas, le mineur pouvait invoquer la commune renommée. — *Rennes*, 15 févr. 1821, Tranchant des Tulays c. Visdelou de la Villathéart.

421. — De même aujourd'hui, lorsque le tuteur n'a pas fait inventaire, la preuve de l'existence d'effets mobiliers appartenant aux mineurs peut avoir lieu par témoins. — *Rennes*, 11 déc. 1817, N...

422. — S'il est dû quelque chose par le mineur au tuteur, celui-ci doit le déclarer dans l'inventaire à peine de déchéance, et ce, sur la réquisition que l'officier public est tenu de lui en faire et dont mention est faite au procès-verbal. — C. civ., art. 451.

423. — Cette disposition a pour but d'empêcher un tuteur de mauvaise foi de venir, plus tard, réclamer une créance éteinte, et dont il aurait soustrait la quittance trouvée dans les papiers du mineur. Mais pour que la déchéance prononcée par l'art. 451 soit encourue, il faut nécessairement que le tuteur ait été mis en demeure de s'expliquer par le notaire rédacteur de l'inventaire. Si aucune réquisition ne lui avait été adressée, il pourrait être réputé de bonne foi, et, dès lors, son action contre le mineur serait recevable, tous moyens de droit réservés d'ailleurs à ce dernier pour justifier de sa libération ou de la simulation de la créance. — *Pau*, 6 août 1834, Chahando c. Paguégny. — Duranton, t. 3, nº 539; de Fréminville, nº 209; Toullier, t. 2, nº 1194; Chardon, *Puiss. tutél.*, p. 355; Magnin, t. 1er, nº 639; Marchand, *Code de la minor.*, p. 283.

424. — La déclaration *spontanée* que fait un tuteur, lors de l'inventaire, d'une somme qui peut lui être due, *à peu près et toutes compensations opérées*, ne met pas obstacle à ce que, d'après le compte fait postérieurement, il réclame une somme plus forte, alors d'ailleurs que les articles du compte sont appuyés de pièces justificatives. — La déchéance prononcée par l'art. 451 C. civ. n'est pas applicable à ce cas. — *Rouen*, 17 août 1839 (t. 2 1839, p. 523), Lemoine c. Yvon. — Conf. de Fréminville (nº 211), qui fait une juste appréciation de l'obligation imposée au tuteur, à propos de ce même arrêt.

425. — La déclaration de la mère tutrice, dans l'inventaire, portant que le mineur doit une certaine somme à son subrogé tuteur, est bien conservatrice des droits de ce dernier, mais ne peut le dispenser de les établir : elle ne peut même valoir à son profit comme commencement de preuve par écrit. — *Bourges*, 26 avr. 1831, de Gentil.

426. — Dans le mois qui suit la clôture de l'inventaire, le tuteur doit faire vendre, en présence du subrogé tuteur, aux enchères reçues par un officier public, et après des affiches ou publications dont le procès-verbal de vente fait mention, tous les meubles autres que ceux que le conseil de famille l'aurait autorisé à conserver en nature. — C. civ., art. 452.

427. — Les dispositions de l'art. 452 sont applicables au cas de vente de créances comme aux autres meubles. — *Douai*, 28 juin 1843 (t. 1er 1844, p. 600), Frémaux c. Léonard. — V. toutefois Valette (sur Proudhon, t. 2, p. 372), Locré (sur l'art. 452), de Fréminville (nº 231), qui pensent que le mot *meubles* en l'art. 452 ne désigne que les meubles *corporels*.

428. — Néanmoins, cette obligation n'est pas tellement rigoureuse que le tuteur ne puisse différer de l'accomplir si l'intérêt des mineurs l'exige. Du moins l'arrêt qui décide ainsi, d'après les circonstances et en déclarant que le tuteur a agi en bon père de famille, n'encourt pas la censure de la Cour de cassation. — *Cass.*, 8 déc. 1824, Hénissart c. Dufourny.

429. — La vente faite de bonne foi, par le tuteur, d'objets mobiliers dépendant d'une succession appartenant à des mineurs, sans remplir les formalités exigées par la loi en pareil cas, est, en général, valable. — Spécialement, l'art. 452 C. civ. n'est pas applicable à la vente faite par le tuteur d'un office qui appartenait au père de ses pupilles. — *Bordeaux*, 30 mai 1840 (t. 1er 1844, p. 359), Boyer. — Magnin, nº 653.

430. — Les père et mère, tant qu'ils ont la jouissance légale des biens du mineur, sont dispensés de vendre les meubles, s'ils préfèrent les garder pour les remettre en nature. — Dans ce cas, ils doivent faire faire, à leurs frais, une estimation à juste valeur, par un expert qui est nommé par le subrogé tuteur, et prête serment devant le juge de paix. — Ils doivent rendre la valeur estimative de ceux des meubles qu'ils ne peuvent représenter en nature. — C. civ., art. 453.

431. — Comme la dispense de vendre les meubles portée par cet article n'a lieu que tant que les père ou mère en ont la jouissance, il en résulte que du moment que cette jouissance cesse, c'est-à-dire lorsque l'enfant a dix-huit ans accomplis, la vente devient nécessaire, à moins qu'un conseil de famille convoqué à cette époque n'en décide autrement. — Duranton, t. 3, nº 543.

432. — Il n'est pas nécessaire que l'estimation des meubles que veulent conserver les père et mère soit faite par un officier public; le subrogé tuteur a toute latitude pour désigner qui il lui convient. — *Rennes*, 14 janv. 1835, Rion c. Boitié; *Nîmes*, 22 févr. 1837 (t. 2 1837, p. 276), Huissiers d'Orange c. Pons; *Grenoble*, 5 déc. 1839 (t. 1er 1840, p. 539), Huissiers de Grenoble c. les notaires et greffiers.

433. — Les père et mère ne doivent pas le prix des meubles qui ont péri par cas fortuit. — Valette sur Proudhon, t. 2, p. 374.

434. — Les frais d'inventaire et ceux de vente du mobilier sont à la charge du mineur, le père n'est tenu des frais d'estimation que lorsqu'au lieu de faire vendre les meubles, il préfère les garder pour les rendre en nature. — *Bourges*, 4 avr. 1821, Devouroux c. Mouron.

435. — Pour les formalités de l'inventaire et de la vente, V. au surplus INVENTAIRE et VENTE DE MEUBLES.

436. — Lors de l'entrée en exercice de toute tutelle autre que celle des père et mère, le conseil de famille règle par aperçu, et selon l'importance des biens régis, la somme à laquelle pourra s'élever la dépense annuelle du mineur, ainsi que celle de l'administration de ses biens. — Le même acte spécifie si le tuteur est autorisé à s'aider dans sa gestion d'un ou de plusieurs administrateurs salariés gérant sous sa responsabilité. — C. civ., 454.

437. — Mais le conseil de famille ne saurait, sans excéder ses pouvoirs, resserrer dans des limites trop étroites l'administration du tuteur. — Ainsi, jugé que le conseil de famille n'a pas le droit de modifier les pouvoirs soit de la tutrice qui a convolé, soit de tout autre tuteur datif. La tutrice conservée ou le tuteur nommé doivent seulement se conformer, dans l'accomplissement de leur mandat, aux règles tracées par la loi. — Spécialement le conseil de famille ne peut, en conservant la tutelle à la mère, lui imposer la condition de ne pas recevoir les capitaux dus aux mineurs sans l'assistance du subrogé tuteur. En conséquence les paiemens faits à la tutrice et au cotuteur doivent être déclarés valables, nonobstant cette clause. — *Caen*, 30 déc. 1845 (t. 1er 1846, p. 638), Leclerc c. Dugué.

438. — Il ne peut non plus enjoindre au tuteur de louer les immeubles de son pupille par baux notariés aux enchères publiques. — En admettant que des circonstances particulières puissent faire restreindre le droit d'administration que l'art. 450 C. civ. accorde au tuteur, au moins ne devraient-elles être admises qu'avec une grande réserve. — *Rouen*, 30 nov. 1840 (t. 1er 1841, p. 326), Ledout c. Dubosc.

439. — Toutefois, les tutelles ne tenant à l'ordre public qu'en ce qui concerne l'intérêt du mineur ou de l'interdit, les conditions d'administration imposées par le conseil de famille au tuteur *datif*, dans l'intérêt du mineur ou de l'interdit (par exemple, l'obligation de ne point toucher ni placer les capitaux sans le concours du subrogé tuteur), ne peuvent être attaquées par le tuteur, comme contrevenant à des lois d'ordre public, alors surtout qu'il les a acceptées. — *Cass.*, 20 juill. 1842 (t. 2 1842, p. 379), Ley c. Renou.

440. — Jugé encore que, bien qu'en principe le tuteur ait l'exercice des actions mobilières du mineur, cette règle souffre exception quand il est reconnu qu'il y aurait péril évident à mettre dans les mains du tuteur un capital mobilier appartenant au mineur. — Qu'en conséquence, le conseil de famille a le droit de s'opposer à ce qu'un père tuteur et usufruitier légal, qui se trouve dans un état d'insolvabilité notoire, touche un capital légué à son fils mineur, et les tribunaux, en sanctionnant cette opposition, peuvent ordonner que ce capital, qui consiste en une créance privilégiée, restera entre les mains de l'acquéreur. — Le tuteur a seulement droit à percevoir des intérêts de la créance. —

Limoges, 28 févr. 1846 (t. 2 1846, p. 583), Parthonneaud.

441. —... Et qu'en cas de licitation de biens indivis provoquée par un majeur contre un mineur soumis à la tutelle légale, le tribunal peut, sur la demande du subrogé tuteur, ordonner que la portion du prix afférente au mineur restera jusqu'à son mariage ou à sa majorité entre les mains du vendeur. — Qu'en vain, pour s'opposer à l'insertion dans le cahier des charges d'une clause tendant à ce but, le père, tuteur et usufruitier légal, soutiendrait-il qu'elle serait de nature à porter atteinte à ses droits comme tuteur ou comme usufruitier. — *Cass.*, 20 juin 1843 (t. 2 1843, p. 177), Roger de Saint-Jullien c. Puissant.

442. — En cas d'insuffisance des revenus du mineur, le conseil de famille peut autoriser le tuteur à prendre sur les capitaux les sommes qu'il juge indispensables pour payer le prix de l'apprentissage du mineur, pour lui faire prendre ses grades en droit ou en médecine; en un mot, pour lui procurer un état. — Duranton, t. 3, n° 559.

443. — Lorsque les revenus du mineur sont des sommes minimes et insuffisantes pour pourvoir à ses besoins, le tuteur est dispensé de l'obligation de faire déterminer par le conseil de famille la somme à laquelle doit commencer pour lui l'obligation de faire emploi, et il ne peut, par suite, être tenu de l'intérêt de ces sommes envers son pupille, alors qu'il est constant qu'il n'en a tiré personnellement aucun profit. — En pareil cas, le tuteur peut, sans autorisation du conseil de famille, employer une partie des capitaux du mineur au paiement de ses dettes. — *Douai*, 5 juin 1846 (t. 2 1848, p. 429), Citerne c. Coppin.

444. — Le conseil de famille doit encore déterminer positivement la somme à laquelle commencera pour le tuteur l'obligation d'employer l'excédant des revenus sur la dépense. Cet emploi devra être fait dans le délai de six mois, passé lequel le tuteur devra les intérêts à défaut d'emploi. — C. civ., 455.

445. — Si le tuteur n'a pas fait déterminer par le conseil de famille la somme à laquelle doit commencer l'emploi, il devra, après le délai de six mois, les intérêts de toute somme non employée, quelque modique qu'elle soit. — C. civ., 456.

446. — Ces dispositions sont applicables à la tutelle des père et mère comme à toute autre tutelle. — Dès lors, si ces derniers n'ont pas fait déterminer par le conseil de famille la somme à laquelle devra commencer l'emploi de l'excédant des revenus sur la dépense, ils doivent, après l'expiration des six mois, l'intérêt de toute somme non employée, quelque modique qu'elle soit. — *Bordeaux*, 5 août 1841 (t. 2 1841, p. 745), Teynac c. Marcoulet.

447. — M. Duranton (t. 3, n° 561) professe une opinion opposée qu'il appuie sur ce que l'art. 455 doit être combiné avec l'art. 454 qui dispense les père et mère de faire régler par le conseil de famille la dépense du mineur. Mais il nous semble que rien ne justifie cette interprétation: l'art. 455 est général, il ne fait aucune distinction et doit dès lors s'appliquer aux père et mère comme aux autres intéressés. — Magnin, t. 1er, n° 689.

448. — L'obligation d'employer, et la responsabilité qui pèse sur le tuteur à défaut d'emploi, ne sauraient être modifiées par la circonstance qu'il s'agirait de revenus provenant d'une propriété commune restée indivise entre lui et son pupille. En vain prétendrait-il qu'à raison de cette indivision il n'a touché la part de revenus afférente au pupille qu'en qualité de cohéritier administrateur de la chose commune, et non comme tuteur, et que dès lors il n'est soumis qu'aux règles relatives aux comptes entre cohéritiers. — *Cass.*, 3 fév. 1845 (t. 1er 1845, p. 657), de Virieu et de Miramon c. de Roquelaure.

449. — Le délai de six mois étant uniquement accordé au tuteur pour trouver un placement avantageux, et non pour lui procurer un bénéfice, il est clair qu'il doit les intérêts des capitaux par lui placés, du jour où le placement a été effectué, bien qu'il ait eu lieu avant l'expiration des six mois. — Duranton, t. 3, n° 563.

450. — Toullier (t. 2, n° 1215) pense que, faute de placement dans les six mois, ou d'une délibération du conseil de famille qui en dispense, le tuteur est présumé avoir employé les deniers à son usage, et qu'il en doit les intérêts à compter du jour où il les a reçus, attendu que les art. 455 et 456 ne s'appliquent qu'au cas où le tuteur a placé l'argent. Mais M. Duranton (t. 3, n° 652) soutient avec raison que les intérêts ne courent que du jour de l'expiration des six mois. — *Gand*, 21 mai 1833, N... — Sous le droit romain, le tuteur, lorsqu'il était nommé, était tenu de placer à intérêt, dans les six mois de sa nomination, l'argent du pupille qui n'était pas nécessaire à son entretien. Les autres années, il était tenu d'employer utilement l'excédant des revenus dans le terme de deux mois, et après ce temps, il était obligé d'en payer lui-même les intérêts; mais s'il avait employé cet excédant à son propre usage, il devait d'abord les intérêts. — V. Voet, *De administ. et peric. tut*, nos 9 et 10.

451. — Les fruits et revenus du mineur forment pour lui, en tant qu'ils excèdent la dépense annuelle, des capitaux susceptibles, comme toute autre créance, de placemens utiles. Dès lors, il doit être fait application, en ce qui les concerne, des art. 455 et 456 C. civ., suivant lesquels le tuteur, obligé d'employer l'excédant des revenus sur la dépense, doit, après le délai de six mois, les intérêts de toute somme non employée. — *Cass.*, 3 fév. 1845 (t. 1er 1845, p. 657), de Virieu et de Miramon c. de Roquelaure. — Duranton, t. 3, n° 564; Toullier, t. 2, n° 1217.

452. — Du reste, l'obligation d'employer l'excédant des revenus sur la dépense, qu'imposent au tuteur les art. 455 et 456 C. civ., sous peine de devoir lui-même les intérêts, s'étend aux capitaux et à tous deniers quelconques qu'il reçoit pour le mineur. — *Bruxelles*, 20 juill. 1826, N...— C'est aussi ce qu'enseignent Locré (*Esprit du Code civil*, t. 5, p. 209, édit. in-2°) et Magnin (*Traité des minorités*, t. 2, n° 638).

453. — Elle embrasse l'intérêt des intérêts annuels, quelque modiques qu'ils soient, comme celui de toute autre somme reçue.—*Lyon*, 16 fév. 1835, de Glavenas c. de Chatelus. — Toullier, t. 2, n° 1217; Duranton, t. 3, n° 564; Magnin, *Traité des minorités*, t. 1er, p. 540.

454. — Il a été jugé toutefois que, les six mois, après lesquels le tuteur doit les intérêts à défaut d'emploi, commencent à courir, à l'égard des deniers advenus au mineur autrement que du chef de l'excédant de ses revenus, depuis l'époque seulement où doit être fait l'état de situation pour l'année durant laquelle ils ont été reçus. — *Bruxelles*, 20 juill. 1826, N...

455. — ... Et qu'un tuteur n'est pas tenu de placer la somme provenant de la vente mobilière de son mineur, lorsque ces intérêts, réunis à son revenu, suffiraient à peine pour pourvoir à son entretien et à son éducation. — *Rennes*, 8 mars 1821, Prigent c. Raoult.

456. — A plus forte raison ne peut-on exiger aucun intérêt du tuteur pour défaut d'emploi dans les six mois des sommes par lui touchées, s'il a fait à son pupille des avances qui ont procuré à celui-ci un avantage pécuniaire, au moins égal à l'intérêt qu'il aurait pu retirer des sommes reçues par le tuteur. — *Bordeaux*, 24 janvier 1835, Poitevin c. Desbordes.

457. — Les dispositions des art. 455 et 456 C. civ. cessent également d'être applicables à partir de la majorité du pupille, et pour tout le temps écoulé jusqu'à la reddition du compte de tutelle. Dans ce cas, le tuteur doit seulement, à partir de la majorité, les intérêts du capital dont il se trouvait alors débiteur. — *Nancy*, 19 mars 1830, Joliot c. Lombard.

458. — Ces intérêts ne sont pas prescriptibles par cinq ans, conformément à l'art. 2277 C. civ. — Même arrêt. — Troplong, *Prescr.*, n° 1027; V. aussi Vazeille, *Prescr.*, t. 2, n° 613.

459. — Bien que, suivant les anciens usages de Bourgogne, un tuteur ne fût tenu de placer les fonds pupillaires qu'après six mois à partir de la première année de sa gestion, et après trois mois pour les années suivantes, cependant un tuteur, à raison des circonstances extraordinaires, pouvait être rendu comptable de capitaux par lui recouvrés, et non placés trois mois après la date de chaque article de recette, lorsqu'il était évident, pour lui, que ces recouvremens, faits en assignats, perdaient chaque jour de leur valeur, par l'effet de la dépréciation du papier-monnaie. — *Cass.*, 27 avr. 1830, Godefroy c. Chatelet.

460. — Le tuteur doit également, de plein droit, l'intérêt des sommes dont il est débiteur envers son pupille, faute d'en faire l'emploi; il est en effet fautif de ne pas les avoir exigés de lui-même. — Toullier, t. 2, n° 1216. — Cet intérêt court non du jour de l'exigibilité de la dette, mais de l'expiration de six mois à partir de ce jour. — Duranton, t. 3, n° 565. — V. cependant Delvincourt, t. 1er, p. 452. — V. aussi de Fréminville, n° 369.

461. — Il résulte de ce principe général, que le tuteur ne peut céder valablement en totalité, en paiement d'une dette à lui personnelle, une créance appartenant, pour la plus grande partie, à son pupille. Une telle cession est nulle, surtout si le cessionnaire a eu connaissance des droits du mineur à la créance cédée. — *Toulouse*, 14 juill. 1831, Beaudéan c. O...

462. — A défaut par le tuteur d'avoir, à l'extinction de l'usufruit dû par le mineur, fait constater l'état des biens, par exemple d'une métairie, qui le composaient, et la valeur des fruits, récoltes et bestiaux attachés à cette métairie, le mineur n'est pas tenu de s'en rapporter au prix du bail postérieur fait par son tuteur. — *Rennes*, 11 déc. 1817, N...

463. — Les actes faits de bonne foi par le tuteur pour le compte du mineur sont réputés faits par celui-ci, encore qu'ils aient porté sur des choses qui n'appartenaient pas au mineur; ainsi, en cas de vente par le tuteur au nom du mineur, de biens qui appartenaient à un tiers, le mineur ne peut, s'il devient plus tard héritier de ce tiers, demander la nullité de la vente comme faite *à non domino*. Il est repoussé par l'exception de garantie qu'il doit en sa qualité de vendeur. — *Bordeaux*, 8 déc. 1831, Desbordes.

464. — Un acte notarié, portant qu'il a été passé en présence du tuteur, n'est pas nul parce qu'il n'est pas signé par le tuteur, qui cependant l'a exécuté. — *Paris*, 19 juill. 1813, Collinet c. Alexandre.

465. — Dans toutes les affaires qui intéressent le mineur, le tuteur est réputé n'agir que comme son représentant. Il n'est pas obligé personnellement, à moins d'une stipulation formelle. Et réciproquement, il oblige le mineur quoiqu'il n'ait pas été énoncé dans l'acte qu'il agissait en qualité de tuteur.

466. — Ainsi, le père, tuteur légal de ses enfans mineurs, partie en cette qualité au procès qui est devenu l'occasion d'un arbitrage, est censé avoir figuré au compromis en cette même qualité, bien que cela n'y soit pas exprimé. — *Poitiers*, 22 juillet 1819, Latus.

467. — L'appel interjeté par le tuteur en son nom, d'un jugement rendu contre son pupille, est valable. — *Bourges*, 17 nov. 1829, Dapremont c. Saintherand.

468. — La mère qui traite en qualité de tutrice de ses enfans mineurs ne s'oblige pas personnellement, bien qu'il soit dit à la fin de l'acte qu'elle oblige ses biens propres. — *Toulouse*, 11 fruct. an XII, Penent c. Abadie.

469. — Un tribunal de première instance ne peut statuer sur une saisie faite sur un tuteur, en vertu d'un arrêt qui le condamne, lorsqu'il s'agit de savoir si ce tuteur a été condamné en son privé nom ou comme tuteur. C'est là une interprétation de l'arrêt qui ne peut être faite que par la Cour d'appel. — *Rennes*, 9 mars 1813, N...

470. — Une femme veuve, partie dans une contestation qui intéresse essentiellement ses enfans mineurs, peut être réputée, d'après les circonstances, avoir agi en qualité de tutrice, bien qu'elle n'ait pas pris expressément cette qualité dans l'exploit introductif: ainsi, par exemple, si elle a déclaré en bureau de paix repousser la prétention de ses adversaires tant dans son intérêt que dans l'intérêt de ses mineurs, et si dans le cours de l'instance elle a pris la qualité de tutrice dans une sommation d'audience. D'ailleurs, on ne pourrait en appel demander pour cette raison le rejet des poursuites, lorsqu'on n'a pas proposé ce moyen de nullité en première instance. — *Toulouse*, 26 mars 1824, Caubère c. Roy et Fillous.

471. — Le jugement rendu contre un tuteur peut même être opposé à ses pupilles devenus majeurs, encore qu'il n'y soit pas désigné sous cette qualité, s'il est prouvé que c'est à ce titre que le tuteur a figuré dans l'instance. — *Metz*, 23 déc. 1818, Dartaise c. Commune de Mairy.

472. — Le mineur au nom duquel son tuteur a interjeté appel dans le délai légal, ne peut, dans le cas où l'instance a été périmée, être admis, à sa majorité, à interjeter appel en son nom, sous prétexte que la signification du jugement n'aurait été faite qu'au tuteur, et non au subrogé tuteur. Dans ce cas, le droit d'appel a été épuisé, et il ne reste au mineur qu'une action en dommages-intérêts, s'il y a lieu, contre le tuteur. — *Grenoble*, 18 juill. 1828, Veyret c. Duvivier.

473. — Un mineur émancipé ne peut attaquer

par tierce opposition l'arrêt lors duquel il a été représenté par son subrogé tuteur. — *Rennes*, 27 juill. 1814, N...

474. — Tous les actes souscrits par le tuteur, en sa qualité de tuteur, doivent être considérés comme souscrits par le mineur lui-même; en conséquence, une contre-lettre souscrite par le tuteur fait pleine foi vis-à-vis du mineur, même après sa majorité, de sa date et des dispositions qu'elle contient, sauf le cas où elle serait attaquée pour dol et fraude. — *Cass.*, 29 nov. 1830, Dumas c. Monnerie. — « Ce principe, consacré par la Cour de cassation, dit Plasman (*Traité des contre-lettres*, p. 38 et suiv.), appellera peut-être un jour l'attention du législateur. On conçoit, en effet, qu'on accorde au tuteur de ne pas faire enregistrer les actes d'administration, les quittances d'ouvriers, etc.; mais les contre-lettres pour lesquelles le tuteur a cru nécessaire de prendre une voie secrète et détournée, les contre-lettres qui souvent laissent entrevoir une simulation voisine de la fraude, devraient peut-être être interdites au tuteur, ou au moins soumises, à son égard, à la règle générale de l'art. 1328. La gestion d'un tuteur doit être claire, patente, exposée à tous les regards, et lors même que la loi ne prohibe pas la simulation, il est bien que le tuteur se l'interdise. »

475. — Selon Locré (*Esprit du C. civ.*, art. 442), le père mineur, tuteur de son enfant, doit, pour agir au nom de l'enfant, être assisté de son propre curateur, comme lorsqu'il agit en son nom personnel, s'il est question d'actes qui excèdent une simple administration. — M. Blœchel (*Diss. sur la puissance patern.*, § 2) pense que, dans ce cas, l'enfant mineur doit être pourvu d'un tuteur *ad hoc*. — Enfin, MM. Duranton (t. 3, nº 502) et Delvincourt (t. 1er, nº 289) enseignent que la présence du subrogé tuteur est suffisante.

476. — Toutes les actions relatives aux biens du vivant doivent être dirigées contre le tuteur, et les actes de procédure signifiés au domicile de ce dernier. Le domicile légal du mineur est en effet chez son tuteur, même quand il n'habite pas avec lui.

477. — Ainsi, c'est contre le tuteur, et non contre le subrogé tuteur, que doit être poursuivie la saisie immobilière des biens d'un mineur, quoique le tuteur soit créancier inscrit sur les immeubles saisis, si toutefois il n'exerce aucune action en recouvrement de sa créance. — *Gênes*, 28 juill. 1812, del Vecchio c. Crovara.

478. — La demande en liquidation dirigée contre un mineur doit lui être adressée dans la personne de son tuteur ordinaire; il n'est pas besoin d'un tuteur *ad hoc*. — *Paris*, 21 frim. an XIII, Junot c. Rochegude.

479. — Le défaut de convocation du tuteur d'un interdit à une liquidation rend inopposable cette liquidation au tuteur et à l'interdit. — *Colmar*, 15 juill. 1846 (t. 1er 1847, p. 440), Oberlin c. Hertzog.

480. — Les délais de l'opposition ne courent pas, à l'égard du mineur, par la notification du jugement à la mère et à son second mari, en qualité de tutrice et de cotuteur, lorsque ni l'un ni l'autre n'avaient cette qualité. — *Paris*, 10 mai 1810, Brion c. Bossuat.

481. — Les jugemens rendus à tort contre un tuteur, *en cette qualité*, à raison d'une dette qui lui était personnelle, ne peuvent acquérir force de chose jugée contre le mineur auquel ils portent préjudice, si, à l'époque où ils ont été rendus, celui-ci n'était pas pourvu d'un subrogé tuteur, et si, depuis la nomination de ce subrogé tuteur, ils ne lui ont point été notifiés. — *Grenoble*, 28 août 1829, Meyet c. Berruyer.

482. — Le mineur contre lequel on a procédé en première instance sans appeler en cause son tuteur ou curateur, est recevable, même alors qu'il est devenu majeur, à opposer par la voie de l'appel, et sans défendre au fond, l'exception de minorité, pour faire prononcer la nullité des poursuites. — *Cass.*, 17 flor. an XII, Labriffe c. Delcourt.

483. — Mais le domicile du mineur n'emporte pas attribution de juridiction au tribunal du ressort pour les demandes qui, d'après les principes ordinaires du droit, sont de la compétence d'un autre tribunal.

484. — On a, en conséquence, jugé qu'un mineur héritier de son père doit, à peine de nullité, être assigné au tribunal du lieu où la succession de celui-ci s'est ouverte. — *Cass.*, 16 pluv. an VII, Escayras c. Lafargue.

485. — Les vices des actions qui n'ont pas été suivies conformément aux lois de la tutelle, peuvent être couverts par l'autorité de la chose jugée. — Ainsi, lorsqu'un testament contenant un legs au profit d'un mineur a été annulé par un arrêt passé en force de chose jugée contre ce mineur, illégalement représenté par son père comme tuteur légal, bien qu'il y eût contrariété d'intérêts entre eux, l'autorité de la chose jugée s'oppose à ce qu'un tuteur *ad hoc* nommé par le conseil de famille puisse reproduire devant un autre tribunal une demande en validité de ce même testament. — *Cass.*, 19 juin 1844 (t. 2 1844, p. 605), Renaudeau c. Duveau.

486. — Lorsque, dans le cours d'une instance où figurent des mineurs représentés par leur tuteur, un de ces mineurs devient majeur, le tuteur n'a plus qualité pour demander, au nom de celui-ci, la péremption de cette instance. — *Bordeaux*, 15 nov. 1838 (t. 1er 1839, p. 204), Revoux de Bonchamps c. Lacassague.

487. — Sur le point de savoir si la partie civile qui réclame contre un mineur des dommages-intérêts ou restitutions civiles devant la juridiction criminelle doit mettre en cause son tuteur, V. ACTION CIVILE, nºs 125 et suiv.; MINEUR, nºs 31 et suiv. — *Adde*, pour l'affirm., Chauveau et Hélie, *Th. C. pén.*, t. 2, p. 192; de Fréminville, nº 330. — V., en sens contraire, Magnin, t. 2, p. 491.

488. — Du reste, pour tout ce qui concerne les opérations de la tutelle, c'est-à-dire les révisions de conseils de famille, les autorisations à donner dans certains cas par les tribunaux, et autres actes analogues, la loi fixe d'une manière irrévocable, pour toute la durée de la minorité, le domicile du mineur au lieu où s'est ouverte la tutelle. — V. *suprà*, nºs 144 et suiv.

489. — Lorsque, par suite d'une irrégularité dans la composition du conseil de famille, la nomination du tuteur vient à être annulée, les ventes et autres actes qu'il a faits de bonne foi pendant sa gestion ne peuvent être anéantis, soit au préjudice des tiers, soit au préjudice du tuteur lui-même. — *Colmar*, 27 avr. 1813, Rœderer c. Schœffer. — Magnin, t. 1er, nº 546; Duranton, t. 3, nº 479; Merlin, vº *Curateur*, § 2. — Il en était de même sous l'empire du droit romain. — *Cass.*, 14 oct. 1806, Navaille c. Lombard-Rabin.

§ 2. — *Actes que le tuteur peut faire seul.*

490. — Le tuteur peut, en général, faire seul tous les actes que la loi répute actes de simple administration et de conservation des biens. — Duranton, t. 3, nº 545.

491. — Ainsi il passe valablement les baux des biens de son pupille, sans être assujetti à aucune autorisation ni à aucune forme particulière. — Il n'est pas tenu d'avoir recours à une adjudication aux enchères publiques. — *Cass.*, 11 août 1818, Berdin c. Balby.

492. — Il doit seulement se conformer pour la durée et l'époque du renouvellement des baux aux règles prescrites au mari administrateur des biens de sa femme. — C. civ., art. 1419, 1430, et 1718.

493. — Il ne peut en outre renouveler des baux dont l'exécution ne devrait commencer qu'à la majorité du mineur. Celui-ci sera toujours alors à même de faire ce qu'il jugera convenable : si la loi déclare obligatoires, même pour la femme, les baux qui, n'excédant pas neuf ans, ont été passés ou renouvelés par le mari seul, encore que l'exécution n'en ait pas commencé avant la dissolution de la communauté, lorsqu'ils n'ont pas été passés avant les époques déterminées par l'art. 1430 C. civ., c'est parce que le moment de la dissolution de la communauté est toujours incertain et qu'il a fallu ne pas paralyser l'administration du mari; mais il n'en est pas de même du tuteur. — Duranton, t. 3, nº 545.

494. — Mais il a, sans aucun doute, qualité pour consentir des baux de neuf années qui, commençant pendant la minorité du pupille, ne finiraient que plusieurs années après la majorité.

495. — Le bail consenti pour plusieurs années d'un immeuble appartenant à un mineur, et dont le tuteur s'est fait verser par anticipation toutes les annuités, est nul comme excédant les limites du pouvoir d'administration du tuteur. — *Poitiers*, 2 juill. 1845 (t. 2 1846, p. 284), Bertin c. Bouteleau et Pogonouski. — Il n'y a pas et ne peut y avoir de règle absolue pour une pareille appréciation, qui est tout entière laissée à la sagesse des magistrats. La Cour de Limoges, dans une circonstance à peu près semblable, a décidé le 28 janv. 1824 (Chardin c. Lefèvre) que la tutrice avait bien pu consentir des baux s'étendant au delà de la minorité de la pupille, mais qu'elle n'avait pu percevoir par anticipation les termes qui ne venaient à échéance qu'à la majorité : surtout, ajoutait la Cour, l'intérêt de la mineure ne le commandant pas. — Toullier, t. 2, nº 1206.

496. — Les baux des biens des femmes mariées, mineurs et interdits, doivent, alors même qu'ils sont faits pour plus de neuf années, recevoir leur exécution tant que la communauté n'est pas dissoute, ou que le mineur ou l'interdit n'ont pas, soit par la majorité, soit par la mainlevée de l'interdiction, recouvré l'administration de leur personne et de leurs biens. — *Cass.*, 3 avril 1839, (t. 2 1839, p. 39), Videl c. Yvoré.

497. — Un bail à ferme contenant faculté d'ouvrir et d'exploiter une carrière sur les terres affermées ne peut être considéré comme un acte d'aliénation interdit au tuteur. — *Rennes*, 6 janv. 1824, Simonet c. Quintin.

498. — La vente des coupes de bois mis en coupes réglées ne constitue également qu'un acte d'administration, un véritable bail, et peut dès lors être faite par le tuteur sans autorisation. — Duranton, t. 3, nº 547.

499. — Il a encore été jugé que le tuteur peut, sans être obligé de se faire autoriser par le conseil de famille, continuer pour les mineurs le commerce que faisaient ses père et mère; et que les obligations qu'il contracte de ce chef avec des tiers sont valables et lient les mineurs, sauf les recours de ceux-ci contre lui, s'il y a lieu. — *Bruxelles*, 14 nov. 1829, Gedœlst c. Vanhemelryk.

500. — ... Que l'autorisation du conseil de famille et l'homologation du tribunal ne sont pas requises pour la validité d'un acte consenti par le tuteur d'un interdit, sous la forme d'une transaction, mais qui n'est, en réalité, que la reconnaissance d'une dette contractée avant l'interdiction. — Dans tous les cas, l'ayant cause d'un interdit, qui a exécuté volontairement un pareil acte, est non recevable à en demander la nullité. — *Cass.*, 9 févr. 1830, Legrand.

501. — ... Et qu'un tuteur n'excède pas les bornes de ses pouvoirs et de son administration, lorsque dans l'instance en liquidation et partage de la communauté qui a existé entre le père et la mère du mineur, il requiert ou consent à ce que les experts, en procédant à l'estimation d'un immeuble propre à l'un des époux, fixent la valeur du terrain et celle des constructions, pour arriver à déterminer l'indemnité qui peut être due à la communauté pour la plus-value résultant des impenses faites par elle. — *Cass.*, 7 avr. 1836, Gillot c. Gasq.

502. — Le tuteur honoraire qui a formé opposition dans l'intérêt de ses pupilles peut donner mainlevée même sans le consentement et hors la présence du tuteur onéraire. — *Paris*, 19 juill. 1813, Collinet c. Alexandre.

503. — Il a qualité pour recevoir les capitaux mobiliers appartenant au mineur, sauf à en faire emploi sous sa responsabilité.

504. — En conséquence, une mère tutrice peut, sans l'autorisation du conseil de famille, céder valablement une créance mobilière appartenant à ses enfans mineurs. — *Paris*, 18 févr. 1826, Régué c. Bijard. — Delvincourt, t. 1er, p. 450; Zachariæ, t. 1er, § 113, p. 226; Chardon, *Puiss. tutél.*, p. 363.

505. — Le cessionnaire d'une créance appartenant à un mineur a qualité pour en poursuivre le recouvrement, bien que la cession ne lui ait été consentie que par le tuteur du mineur, dans un partage provisionnel où figurait son pupille. Une telle cession, si elle n'a pas un caractère définitivement transmissif de propriété, vaut du moins, comme mandat, pour recevoir aux lieu et place du tuteur, comme le tuteur l'aurait pu lui-même; en conséquence, le paiement est fait valablement entre les mains de celui à qui le tuteur a transporté les droits de ses mineurs. — *Bordeaux*, 8 juill. 1829, Courtalon c. Clausse.

506. — L'acquéreur d'un bien de mineur vendu après l'accomplissement de toutes les formalités légales, paie valablement entre les mains du tuteur, sans être tenu de surveiller l'emploi du prix, si d'ailleurs le cahier de charges ne lui en impose l'obligation. Cette obligation ne saurait s'induire de ce qu'il serait dit dans ce cahier, que le tuteur ferait emploi du prix en y appelant l'adjudicataire. — *Paris*, 22 germ. an X, Barat c. Chassin.

507. — En cas de fixation, dans un acte constitutif de rente, du taux de son rachat, le tuteur peut seul et sans observer les formalités prescrites par l'art. 4, tit. 2, L. 29 déc. 1790, recevoir le montant du rachat des rentes dues à ses pupilles. Dans tous les cas, l'action compétant aux mineurs pour demander la nullité de l'acte de rachat, comme consenti par le tuteur sans formalités, serait prescriptible par dix ans. — *Toulouse*, 13 mai 1829, Bouffil c. Lambert Dernis.

508. — Dans l'ancien droit, la jurisprudence refusait, en général, au tuteur le droit de recevoir les capitaux appartenant au mineur. Ainsi, il a été jugé que, sous l'empire des ordonnances du pays de Bâle, une veuve ne pouvait donner valablement quittance d'un capital mobilier qui lui appartenait ainsi qu'à son fils mineur sans le concours, pour elle, d'un assistant, et, pour son fils, d'un curateur nommés en justice. L'assistant nommé à une veuve ne pouvait, même en cas d'absence, être remplacé par un parent de la veuve appelé d'office par elle et sans mission de justice. — *Cass.*, 2 oct. 1810, Seuret c. Fleury.

509. — ... Que dans les pays régis par la loi romaine, et notamment en Franche-Comté, un tuteur ne pouvait recevoir le remboursement des capitaux dus au mineur, sans l'autorisation des juges. — *Besançon*, 23 nov. 1808, Devaux; 14 avr. 1809, N...; 9 févr. 1810, Nachon c. Grapoulet.

510. — ... Que, dans le ci-devant Piémont, tout paiement d'une dette hypothécaire fait au mineur, même assisté de son curateur, mais sans intervention de justice, était nul, et le mineur pouvait exiger un second paiement sans être tenu de discuter préalablement son curateur et les cautions de celui-ci. — *Turin*, 22 déc. 1807, Donadio.

511. — ... Que le tuteur qui avait reçu purement et simplement, sans en garantir la validité, le remboursement fait en papier-monnaie, ne pouvait, en cas de contestation sur ce remboursement, être tenu de ne restituer que ce qu'il avait touché suivant l'échelle de dépréciation. — *Besançon*, 23 nov. 1808, Devaux.

512. — ... Que la mère non tutrice ne pouvait, même avec l'autorisation du conseil de famille, recevoir un capital dû à ses enfans mineurs, et que la mère tutrice ne pouvait, sans y être autorisée par une sentence du juge, recevoir le remboursement des créances appartenant à ses enfans pupilles. — *Toulouse*, 14 niv. an XII, Estremé c. Boué.

513. — Cependant, l'opinion opposée paraît avoir été sanctionnée par la Cour de cassation, le 30 juin 1807. Mais il est à remarquer que, dans l'espèce, il existait des circonstances particulières qui ont pu déterminer la Cour.

514. — Elle a, en effet, décidé qu'un tuteur avait pu, sans ordonnance du juge, traiter pour ses mineurs de la dissolution d'une société commerciale, et recevoir les capitaux qui leur étaient dus. De même que les actes ainsi faits n'ont pu être critiqués par les mineurs, alors d'ailleurs, que la solvabilité du tuteur, notamment à l'époque de la reddition du compte de tutelle, n'était pas contestée. — *Cass.*, 30 juin 1807, Franchon c. Peilleux.

515. — Elle a encore jugé que, sous l'empire des lois romaines, un tuteur a pu, sans ordonnance du juge, recevoir les capitaux dus à ses pupilles; et que les paiemens ainsi faits n'ont pu être critiqués par les mineurs, alors, d'ailleurs, que la solvabilité du tuteur, notamment à l'époque de la reddition du compte de tutelle, n'était pas contestée. — *Cass.*, 20 juin 1822, Bousquet c. Laussat.

516. — La Cour de Toulouse a également jugé que, sous l'ancien droit, le tuteur pouvait, sans autorisation préalable de justice, accepter le remboursement d'une rente constituée, et consentir à l'exercice d'une action en réméré; que dans tous les cas, ces remboursemens et actes de rachat n'étaient attaquables, par le mineur, que par l'action en rescision exercée dans les dix ans, à partir de sa majorité. — *Toulouse*, 8 juin 1831, Dernis c. Talayra.

517. — Une poursuite de saisie immobilière tendant uniquement à procurer au créancier poursuivant le recouvrement d'une somme d'argent, le tuteur peut, sans autorisation du conseil de famille, poursuivre l'expropriation des immeubles du débiteur du mineur. — *Bruxelles*, 5 janv. 1822, Buglaert; 12 nov. 1806, Sélie et Derheymacers c. Guz.

518. — Les débiteurs du mineur, poursuivis en paiement par le père tuteur légal, ne peuvent opposer comme fin de non-recevoir qu'il n'est pas justifié de la nomination d'un subrogé tuteur. — *Riom*, 1er mars 1817, Genestat c. Brun.

519. — Mais a-t-il le droit d'aliéner les rentes, soit sur l'État, soit sur les particuliers, appartenant à son pupille? Le Code est muet sur ce point, mais la loi du 24 mars 1806 exige (art. 3) que, pour transférer la rente sur l'État excédant 50 francs de rente, le tuteur obtienne l'autorisation du conseil de famille.

520. — ...Et l'on doit, par analogie, étendre cette disposition à la cession des rentes sur particuliers. — Duranton, t. 3, n° 554.

521. — Il peut également céder une action de la Banque ou des portions d'actions toutes les fois que le droit dans plusieurs actions n'excède pas en totalité une action entière. — Décr. 25 sept. 1813.

522. — Le paiement des dettes du mineur rentre aussi dans les actes d'administration. En conséquence, le tuteur a qualité pour les acquitter. Il peut même se payer personnellement, et sans l'intervention du subrogé tuteur, les sommes dont son pupille lui est redevable. — *Toulouse*, 21 juin 1831, Delassare c. Laglasière.

523. — Il doit acquitter sa propre créance sur les fonds qu'il reçoit pendant le cours de son administration, sauf à employer le montant dans la décharge du compte qu'il aura à rendre à la fin de sa gestion. — *Rennes*, 28 avr. 1830, Penquer c. Bellouan. — Le tuteur créancier du pupille compense de plein droit, dans le compte, le capital et les intérêts de sa créance exigible avec le capital et les intérêts dont il doit faire raison à son pupille. — Magnin, n° 652; Duranton, t. 3, n° 566. — Ce dernier auteur ajoute que, si le tuteur, créancier de son pupille d'une somme exigible, n'est pas détenteur d'une somme égale à celle de sa créance, il compense *jusqu'à due concurrence*. — Toullier dit que, dans ce cas, l'extinction légale ne s'opère que du moment où il a cette somme, parce qu'il n'est pas obligé de se rembourser partiellement. — Mais Duranton réfute cette opinion erronée : « Il est obligé, dit-il, de souffrir ce que les autres citoyens souffrent en pareil cas, un paiement partiel; car il est véritablement débiteur et créancier, et la compensation s'opère, par la seule force de la loi, jusqu'à concurrence de la dette moindre : la loi le dit formellement et elle n'a pas fait d'exception en sa faveur. »

524. — Lorsqu'un tuteur poursuit son mineur en paiement de ce qu'il prétend lui être dû, le mineur ou ceux qui le représentent sont en droit de lui opposer, par voie d'exception, l'obligation résultant de sa comptabilité, sans que cette exception puisse être écartée par la circonstance que l'obligation se trouve éteinte par l'expiration du délai accordé au mineur, devenu majeur, pour exiger le compte. — *Rennes*, 28 avr. 1830, Penquer c. Bellouan.

525. — Les actions mobilières qui intéressent le mineur sont valablement exercées tant en demandant qu'en défendant, par le tuteur. Cela résulte implicitement des termes de l'art. 464, qui défend seulement au tuteur d'introduire en justice une action relative aux droits immobiliers du mineur, ou d'acquiescer à une demande de même nature sans l'autorisation du conseil de famille. — Duranton, t. 3, n° 553; De Fréminville, n° 337. — Le conseil de famille ne saurait même entraver l'administration du tuteur à cet égard. — *Riom*, 15 avril 1809, Cottard c. Artoing.

526. — Ainsi, lorsqu'il ne s'agit que d'une action mobilière, l'appel peut être interjeté par un tuteur ou subrogé tuteur sans autorisation préalable du conseil de famille; il suffirait d'ailleurs que l'autorisation eût été donnée depuis. — *Montpellier*, 19 janv. 1832, Azéma c. Antoine.

527. — La délation du serment décisoire étant un moyen de défense autorisé par la loi, peut être employée comme tout autre par un tuteur au nom de ses mineurs. — *Paris*, 27 août 1847 (t. 2 1847, p. 539), Marqueré c. Pinçon de Valpinson. — V., *Contrà*, Toullier (t. 10, n° 375), qui enseigne que le tuteur ne peut déférer ce serment pour le mineur qu'en suivant les formes prescrites par l'art. 467 du Code civil pour les transactions. — « Cette incapacité, ajoute cet auteur, est un point très-ancien dans le droit français. » L'art. 509 de la Coutume de Bretagne portait : « Aussi ne peut ledit tuteur ou curateur compromettre, transiger, déférer le serment décisif, ès causes héritelles et de meubles riches et précieux, sans l'avis de parens et décret de justice. » — V. également, dans ce sens, Duranton, t. 13, n° 582; Bioche, *Dict. de proc.*, v° *Serment*, n° 28.

528. — Le tuteur n'a pas besoin d'une autorisation du conseil de famille pour se constituer partie civile au nom de son pupille, et former une demande en dommages-intérêts devant un tribunal de répression. — *Aveyron*, 13 nov. 1835, Ginestre c. Bourgade. — Cette proposition ne peut pas faire question.

529. — Il a même été jugé qu'un tuteur peut valablement se désister de l'appel d'un jugement qui statue sur les droits mobiliers de son pupille. — *Grenoble*, 26 août 1825, Belluard et Busco c. Coillat.

530. — Mais cette doctrine a été repoussée par le motif que l'acquiescement au jugement de première instance constitue une véritable transaction, laquelle contient même aliénation éventuelle, puisque le jugement acquiescé emporte hypothèque sur les immeubles du mineur. — *Pau*, 9 mai 1834, Luguet. — Ce motif ne nous semble pas extrêmement juste. Si l'acquiescement donné par le tuteur au jugement qui condamne le pupille en matière mobilière contenait une véritable *transaction*, il en résulterait qu'un tel acquiescement ne serait valable qu'autant qu'il aurait été sanctionné, suivant le vœu de l'art. 467 du Code civil, par l'avis de trois jurisconsultes, ce qui nous paraît inadmissible; mais un tel acquiescement contient en réalité une aliénation de droits immobiliers à raison du droit qui se trouve définitivement appartenir à l'adversaire de prendre inscription sur les biens du mineur condamné. — Pigeau (*Proc. civ.*, t. 1er, p. 549) pense aussi que l'autorisation du conseil de famille est nécessaire lorsque l'acquiescement est de nature à produire une obligation, et par suite des hypothèques sur les biens du mineur. — Dans ce cas, l'autorisation du conseil de famille doit même être homologuée par le tribunal.

531. — Le tuteur intente seul les actions possessoires. — Quoique ces actions s'appliquent à des droits immobiliers, elles sont en effet attribuées au mari, comme mesures conservatoires (C. civ., art. 1428), et il y a même raison de décider à l'égard du tuteur. — Duranton, t. 3, n° 571; Curasson, *Comp. des juges de paix*, t. 2, p. 116; Caron, *Act. possess.*, n° 770; Zachariæ, *Dr. civ.*, t. 1er, § 114, n° 4; Bioche, *Act. poss.*, n° 129; de Fréminville, n° 384.

532. — Il fait aussi tous les actes interruptifs de prescription, même lorsqu'il s'agit de droits immobiliers. Le défendeur peut seulement demander un sursis au jugement jusqu'à ce que le conseil de famille ait donné l'autorisation nécessaire pour régulariser la demande, mais la demande formée par le tuteur vaut toujours comme acte interruptif de prescription. — Duranton, t. 3, n° 572; de Fréminville, n° 495.

533. — Le tuteur fait encore valablement des offres réelles tendant à l'exercice du pacte de rachat : c'est là, en effet, un acte conservatoire. — Les offres notifiées à sa requête doivent surtout être validées, lorsqu'en les réitérant pour faire prononcer la résiliation, il a obtenu l'autorisation du conseil. — *Cass.*, 5 déc. 1826, Chabanier c. Clermont. — *Contrà*, *Paris*, 6 vent. an XII, Lafontaine c. Pillion.

534. — Enfin, il a qualité pour défendre à une demande en partage intentée contre le mineur. Le refus que ferait le conseil de famille ne saurait paralyser les droits des tiers, et dès lors il devient inutile de demander son autorisation. — — *Paris*, 21 frim. an XIII, Junot c. Rochegude.

535. — ... Ou à toute autre action immobilière : l'autorisation du conseil de famille n'est requise que pour *introduire* des demandes de cette nature. — *Paris*, 19 prair. an XII, Héomet c. Mailler. — Duranton, t. 3, nos 553 et 583. — *Contrà*, Magnin, n° 694. — V., d'ailleurs, pour les actions que le tuteur peut introduire seul, *infrà*, nos 603 et suiv.

§ 3. — *Actes qu'il ne peut faire sans l'autorisation du conseil de famille et l'homologation du tribunal.*

536. — Certains actes, à raison de leur importance, ne peuvent pas être faits par le tuteur sans l'autorisation du conseil de famille et l'homologation des tribunaux de première instance. Ainsi, le tuteur ne peut seul : 1° faire un emprunt pour son mineur; 2° aliéner les immeubles qui lui appartiennent; 3° les hypothéquer ou les donner en antichrèse; 4° abandonner des droits im-

mobiliers qui peuvent être sa propriété; 5° accepter ou répudier les donations et les successions qui lui sont dévolues; 6° introduire en justice des actions relatives à des droits immobiliers ou acquiescer à des demandes de cette nature; 7° former des demandes en partage; 8° consentir le transfert de rentes excédant 50 francs de revenu; 9° faire des constructions ou de grosses réparations sur les immeubles appartenant aux mineurs; 10° enfin, transiger.

537. — *Emprunt.* — Le tuteur, même le père ou la mère, ne peut emprunter pour le mineur sans y être autorisé par un conseil de famille. Cette autorisation ne doit être accordée que pour cause d'une nécessité absolue ou d'un avantage évident. Ce conseil de famille n'accorde son autorisation qu'après qu'il a été constaté par un compte sommaire présenté par le tuteur que les deniers, effets mobiliers et revenus du mineur sont insuffisans. — C. civ., art. 457.

538. — Les délibérations du conseil de famille relatives à cet objet ne sont exécutées qu'après que le tuteur en a demandé et obtenu l'homologation devant le tribunal de première instance, qui y statue en la chambre du conseil, après avoir entendu le procureur de la République. — C. civ., art. 458.

539. — Le tuteur qui se trouve au nombre des créanciers du mineur ne peut provoquer lui-même l'autorisation du conseil de famille, à l'effet d'emprunter au nom de ce mineur la somme nécessaire à l'extinction des créances dont la sienne fait partie, et faire homologuer la délibération qui accorde cette autorisation. Dans ce cas, il y a opposition d'intérêts dans le sens de l'art. 420 C. civ. et, dès lors, c'est par le subrogé tuteur que la délibération doit être provoquée. L'acte d'emprunt qui a eu lieu en vertu d'une telle autorisation est nul, relativement au mineur, et peut être opposé par lui-même à l'égard du prêteur, qui a pu et dû, au moyen des énonciations de la délibération, en connaître le vice ainsi que celle du jugement d'homologation. — *Montpellier*, 17 mai 1831, Lambry c. Cadourcy.

540. — *Vente des immeubles.* — L'aliénation des immeubles du mineur ne peut avoir lieu que dans les mêmes circonstances et avec les mêmes autorisations que les emprunts (V. *suprà*, n° 537). Le conseil de famille doit, dans tous les cas, indiquer les immeubles qu'il faut vendre de préférence, et toutes les conditions qu'il juge utiles. — C. civ., art. 457, 458.

541. — Par exemple, le conseil de famille peut, en autorisant le tuteur légal à vendre les immeubles du mineur, lui imposer l'obligation de laisser entre les mains de l'acquéreur l'excédant des sommes nécessaires pour le paiement des dettes, ou de les placer sur biens francs d'hypothèque, alors surtout que le tuteur légal n'a aucuns biens personnels qui puissent garantir les droits du mineur. — *Toulouse*, 5 mai 1838 (t. 2 1838, p. 296), Cuson.

542. — Mais on ne doit pas, dans le contrat de vente de biens appartenant à des mineurs, considérer comme dérogatoire à la faculté de se libérer avant le terme stipulé la clause par laquelle il est dit que l'acquéreur conservera une partie de son prix jusqu'à la majorité des mineurs ou autre emploi indiqué. — *Paris*, 16 flor. an X, Lebas et Courmont c. Saulx-Tavannes.

543. — Il résulte des termes mêmes de l'art. 457 que la vente peut être ordonnée, bien qu'il n'y ait pas nécessité absolue, pourvu que l'avantage soit évident. — *Trèves*, 10 mars 1813, Scholl.

544.—Du reste, une vente de biens de mineurs n'est pas nulle par cela seul qu'elle a été faite antérieurement à la vente du mobilier, surtout lorsqu'il est établi que le prix provenant de la vente de ce mobilier n'eût pas été suffisant pour la libération des mineurs. — *Cass.*, 7 janv. 1817, Roucayrol c. Cabantons. — En principe, il est constant que les immeubles des mineurs ne peuvent être vendus pour payer les dettes qu'après la discussion préalable du mobilier. C'est ce qui résulte de la loi *Magis puto* 5, § 9, ff., *De reb. eor. qui sub. tut.*; et telle est la doctrine de tous les auteurs. — V. Rousseau-Delacombe, v° *Restitution*; Domat, *Lois civ.*, liv. 4, tit. 6, sect. 2, art. 25; Gillet, *Nouveau traité des tutelles*, p. 118; Salviat, *Jurispr. du Parlement de Bordeaux*, p. 369; Bouvot, v° *Mineur*; Chenu, *Notables quest.*, quest. 29 et suiv., et Boniface, t. 1er, p. 303, édit. de 1708 (ces auteurs citent divers arrêts). — Mais ce principe doit céder lorsqu'il est certain par avance et d'ailleurs justifié par la vente postérieure qui en a été faite que le prix des meubles ne sera pas

suffisant. C'est ce que décide affirmativement notre arrêt.

545.—La vente se fait publiquement en présence du subrogé tuteur aux enchères qui sont reçues par un membre du tribunal de première instance ou par un notaire à ce commis. — Cod. civ., art. 459.—V. VENTES JUDICIAIRES.

546.—La délibération du conseil de famille et l'homologation du tribunal deviennent nécessaires lorsque la licitation d'un immeuble appartenant au mineur a été ordonnée sur la provocation d'un copropriétaire indivis (C. civ., art. 460); mais jugé que le tuteur peut valablement, et sans autorisation, donner son consentement à la clause du cahier des charges portant qu'à défaut de paiement l'immeuble licité pourra être revendu sur folle enchère, même à l'encontre du mineur adjudicataire qui ne paierait pas son prix. Un tel consentement n'est ni une transaction ni une aliénation affectant les droits du mineur. — *Cass.*, 3 août 1848 (t. 2 1848, p. 199), Achard c. Ritstelhueber.

547.—Mais la licitation ne peut se faire que dans la forme prescrite pour la vente des biens de mineurs, et les étrangers y sont nécessairement admis. — Et on ne peut, même sous le prétexte du plus grand intérêt des mineurs, s'écarter de ces formes. — *Cass.*, 26 août 1807, Harriet.

548.—Il a pourtant été jugé que la vente de l'immeuble d'un mineur faite sans l'observation des formalités prescrites par la loi peut être déclarée valable, lorsque les circonstances prouvent que cette aliénation a été faite d'une manière et à des conditions avantageuses au mineur. Mais cet arrêt, rendu dans les circonstances les plus favorables, doit être considéré uniquement comme un arrêt d'espèce. — *Metz*, 9 avr. 1813, N...

549.—Du reste, ni l'absence de la signature du subrogé tuteur dans un acte de vente des biens du mineur, autorisée par justice et faite en présence de notaires et de la tutrice, ni l'absence de la mention de son refus de signer ou de sa déclaration de ne le savoir, ne sont une cause de nullité de la vente, alors, surtout, que la vente a été fidèlement exécutée de la part de toutes les parties, pendant une longue suite d'années, et n'est attaquée que par l'un des mineurs qu'elle intéresse et non par les autres.— *Bourges*, 23 mars 1830, Achet c. Aupetit.

550.—Le défaut d'expression de sa qualité de tutrice, de la part d'une mère autorisée à vendre par le conseil de famille, dans l'acte de vente d'un bien appartenant à ses enfans mineurs, est également sans conséquence pour la validité de l'acte, sa qualité de tutrice étant, dans ce cas, inhérente à sa personne. — *Bourges*, 23 mars 1830, Achet c. Aupetit.

551. — Les universalités de meubles appartenant à des mineurs ne peuvent, comme les immeubles, être vendues que dans le cas de nécessité absolue, et la vente ne peut en être poursuivie sans les formalités légales et sans que cette nécessité ait été constatée.—*Paris*, 16 janv. 1815, Piou c. Woulfe.

552.—Un tuteur ne peut davantage sans remplir les formalités exigées par la loi pour l'aliénation des biens de mineurs, exposer l'immeuble grevé d'une rente foncière appartenant à son pupille. Mais celui au profit de qui l'exposition a eu lieu, et qui est tenu au délaissement envers le pupille devenu majeur, peut exiger le remboursement des réparations faites à l'immeuble et l'intérêt des sommes avancées.—*Poitiers*, 14 nov. 1822, Sergent c. Orry.

553.—L'échange des immeubles appartenant aux mineurs doit être assimilé à la vente. Ainsi, quoique le Code civil garde le silence sur le contrat d'échange en ce qui concerne les biens du mineur, il est certain que le tuteur ne pourrait transmettre en échange un des immeubles du mineur, sans y être spécialement autorisé par le conseil de famille dont la délibération devrait même être homologuée par le tribunal. —De Fréminville, n° 730.

554. — Cependant, les formalités exigées par la loi pour l'aliénation des biens d'un mineur n'étant pas toutes susceptibles d'exécution lorsqu'il s'agit, non d'une vente, mais d'un échange contre un immeuble déterminé (et, par exemple, les affiches et les enchères ne pouvant pas avoir lieu dans ce cas), il suffit d'examiner avec toutes les précautions possibles si l'échange présente pour le mineur un avantage évident. En conséquence, lorsque des enquêtes et des estimations ont été faites, que les conseils de famille et de

tutelle ont autorisé le tuteur à consentir l'échange reconnu avantageux, et que le tribunal a homologué leurs délibérations, le fait que l'on n'aurait pas minutieusement observé telles ou telles formalités prescrites pour la vente des biens de mineurs, et *particulièrement*, celui que les experts auraient été choisis *à l'amiable*, bien que l'art. 955 C. proc. prononce qu'ils seront nommés d'office par le tribunal, ne peut mettre obstacle absolu à la validité de l'échange.—*Toulouse*, 9 août 1827, Saint-Léonard c. Bretles.

555. — Le défaut d'accomplissement des formalités prescrites pour l'aliénation des biens de mineurs ne rend pas non plus *nulle* la vente d'un établissement *industriel* (d'un fonds de boulanger, par exemple) dont l'exercice dépend de l'autorisation du gouvernement, si cette vente, précédée de l'estimation de deux experts, a été faite à juste prix par le ministère d'un huissier priseur, et si ce prix a entièrement tourné au profit des mineurs. — *Cass.*, 7 déc. 1825, Widel c. Vié.

556. — Mais un tuteur ne peut, même avec l'assistance de deux parens désignés à cet effet par le conseil de famille, consentir la résiliation d'une acquisition de biens immeubles faite par l'auteur du mineur, c'est là une véritable aliénation et non un simple acte d'administration. — *Cass.*, 15 déc. 1825, Blanc c. Mathieu et Carlin.

557. — Le mineur ne relève le majeur que pour les choses non susceptibles de division; ainsi, la nullité d'une vente prononcée au profit d'un mineur, pour défaut de formalités, n'a effet qu'à son égard, et non relativement à son copropriétaire indivis, si l'objet de la vente est susceptible d'une division facile. — *Bourges*, 27 févr. 1828, Charnier c. Simon.

558. — Lorsque l'action en nullité d'une vente faite solidairement par des mineurs est prescrite à l'égard de l'un d'eux par le laps de dix années à partir de sa majorité, l'acquéreur actionné en nullité par les vendeurs, à l'égard desquels il n'y a pas prescription, a le droit de recourir en garantie, à cause de la solidarité, contre le vendeur majeur qui a encouru la prescription. — *Amiens*, 29 juill. 1824, Douceur c. Pointel; *Cass.*, 5 déc. 1826, mêmes parties.

559.—L'acquéreur d'un bien de mineur vendu sans formalité doit être réputé de bonne foi, et conséquemment avoir fait les fruits siens, si, lors du contrat, la vente a paru utile au mineur. — Même arrêt.

560. — Avant le Code, l'aliénation des biens d'un mineur était nulle, quoique faite en justice, s'il n'avait été préalablement justifié de l'avantage ou de la nécessité de cette aliénation. — *Cass.*, 16 niv. an V, Bastard c. Robert.

561. — ... Il était indispensable que la nécessité absolue de l'aliénation fût constatée, qu'on obtînt un décret du juge, rendu sur les conclusions du ministère public, et que les enchères fussent ouvertes à l'audience, devant le juge, seul compétent pour les recevoir.—*Toulouse*, 28 janv. 1809, de Bordes c. Clavé.

562.—La vente n'était valablement consentie qu'après la discussion de l'état de ses biens et affaires. — *Toulouse*, 28 août 1806, Baour c. Carbonel.

563. — Toutefois, les immeubles du mineur pouvaient être vendus, sans qu'il fût nécessaire d'obtenir l'autorisation du juge, si le testateur en avait permis l'aliénation pour l'acquit des dettes et charges de sa succession; il suffisait, dans ce cas, pour la validité de la vente, qu'elle ne fût faite qu'après affiches et à la chaleur des enchères. La formalité de l'apposition d'une seule affiche était suffisante, d'après la jurisprudence du parlement de Toulouse.—*Toulouse*, 30 vent. an XI, Dédieu c. Lacaze, Lacroix et Lafage. — *Contrà*, de Fréminville, n° 647.

564.—L'autorisation que le père conférait par testament à sa femme tutrice de leur fils mineur, de vendre des biens de son hérédité pour l'acquit des dettes et charges, n'emportait pas celle de procéder à la vente sans observer les formalités d'affiches et d'enchères prescrites pour l'aliénation des biens de mineurs.—*Toulouse*, 10 mars 1806, Guilhot c. Cabanes; 15 avr. 1806, Cambon c. Cabrol; 27 août 1810, Marcillac, Brassac et Chabert c. Cabanes.

565. — L'ordonnance du juge qui accordait au mineur la permission de vendre ses immeubles, et la sentence portant adjudication, n'étaient valablement rendues qu'autant que le mineur était

assisté de son curateur. — *Toulouse*, 28 août 1806, Baour c. Carbonel.

566. — Dans l'ancien droit, le mineur devenu majeur avait le droit de demander la nullité des ventes, faites sans l'accomplissement des formalités, alors même que le testateur lui aurait défendu de les quereller sous aucun prétexte. — *Toulouse*, 15 avr. 1806, Cambon c. Cabrol.

567. — D'après le règlement des tutelles du 7 mars 1673 pour la Normandie, les immeubles des mineurs ne pouvaient être aliénés sans l'avis préalable du même nombre de parens qui devaient concourir à la nomination du tuteur. — Les formalités exigées par ce règlement, pour l'aliénation des biens de mineurs, étaient de rigueur, quelque modique que fût l'importance de l'objet à vendre. — *Cass.*, 22 frim. an XII, Avice c. Maudet.

568. — Le contrat de fief de biens appartenant à un mineur devait être résilié, quand il avait été fait par le tuteur, sans l'avis préalable de la famille et sans qu'aucune formalité eût été observée pour constater, soit l'urgente nécessité, soit l'évidente utilité de cette aliénation. — *Cass.*, 3 déc. 1806, Groulh c. Haulfort.

569. — Était nulle la vente de biens de mineurs faite en Auvergne sans les formalités prescrites par les lois romaines. — L. 12, C., *De præd. et aliis rebus min.* — *Cass.*, 13 flor. an II, Gibanet.

570. — Le statut du domicile du mineur doit être suivi, pour ce qui concerne les formalités habilitantes qui doivent amener l'aliénation; mais les dispositions qui affectent directement l'immeuble et en règlent la transmission appartiennent au statut réel. — *Paris*, 27 janv. 1840 (t. 1er 1840, p. 227), Lechevallier c. Leroy de Neufvillette.

571. — *Hypothèque.* — *Antichrèse.* — La constitution d'hypothèque offre, pour le mineur, les mêmes dangers que l'emprunt ou l'aliénation ; elle ne peut donc être consentie par le tuteur que de la même manière et dans les mêmes cas. — C. civ., art. 457.

572. — Il a même été jugé que le tuteur non autorisé par le conseil de famille ne peut, sans excéder les bornes de son administration, donner à antichrèse les immeubles du mineur. — *Pau*, 9 août 1837 (t. 2 1838, p. 303), Castepon c. Cornu. — Le bail à antichrèse est en effet une aliénation immobilière. En outre, il donne au créancier un gage immobilier qui ne lui était pas conféré sur le titre, et qu'il n'appartenait qu'au propriétaire et non à l'administrateur de conférer.

573. — *Abandon de droits immobiliers.* — Les raisons qui font interdire au tuteur de grever les immeubles de son pupille lui font également refuser la faculté d'abandonner les droits immobiliers qui peuvent appartenir à celui-ci.

574. — Ainsi, l'action en nullité de vente d'un bien dotal, pour défaut de remploi, étant immobilière de sa nature, le tuteur ne peut y renoncer au nom de ses mineurs, sans l'autorisation du conseil de famille : en conséquence, le fait par le tuteur d'avoir reçu le prix de la vente n'emporte pas ratification, et les mineurs peuvent toujours demander la nullité. — *Riom*, 26 juin 1839 (t. 2 1842, p. 385), Darrot et Arnaud c. Charbonnier.

575. — Un tuteur ne peut également, sans avoir touché le montant de la créance due au mineur, consentir la radiation des inscriptions hypothécaires qui en garantissent le paiement. — *Grenoble*, 12 juill. 1816, et *Cass.*, 22 juin 1818, Besson et Blanc c. Salomon et Sardieux ; *Metz*, 1er déc. 1818, Natte c. Petit. — Delvincourt, t. 3, p. 182, note 6 ; Battur, *Hypoth.*, t. 4, n° 688 ; Grenier, *Des hypoth.*, t. 2, n° 521 ; Rolland de Villargues, *Rép. du not.*, v° *Mainlevée*, nos 12 et suiv. ; Troplong, *Hypoth.*, t. 2, n° 738 *bis*; Persil, *Rég. hyp.*, art. 2157, n° 7. — V. cependant Tarrible, v° *Radiation*, n° 83.

576. — ... Ni consentir que l'hypothèque de ses mineurs soit transférée sur d'autres immeubles que ceux sur lesquels elle portait. — *Metz*, 18 juin 1824, Germain c. Louis. — Cette doctrine est sanctionnée par les ministres de la justice et des finances dans deux lettres des 29 frim. et 14 niv. an XIII, qui portent que toutes les fois qu'il s'agit de radier, sans qu'il apparaisse du paiement de la créance, soit pour la réduction de l'inscription, soit pour la transmettre d'un bien sur un autre, enfin dans toutes les circonstances où la radiation peut préjudicier aux intérêts des mineurs et des interdits, la délibération du conseil de famille suivie d'homologation est indispensable.

577. — Le vote du tuteur au concordat ne peut, alors même qu'il aurait été autorisé par le conseil de famille, réagir sur les droits hypothécaires du mineur, si d'ailleurs ce tuteur n'a pas rempli les formalités prescrites soit par les articles 457 et 458 C. civ., relatifs aux aliénations des biens immobiliers des mineurs, soit par les art. 467 et 2045, concernant les transactions qui les intéressent. — A l'égard du mineur, les dispositions du Code de commerce sur le concordat n'ont pour effet que de régler l'exercice de ses droits sur les biens mobiliers, et non sur les biens immobiliers du failli — *Cass.*, 18 juill. 1843 (t. 2 1843, p. 679), Bertat c. Martha. — Que le tuteur puisse valablement se présenter et voter à un concordat, au nom du mineur, sans autorisation spéciale, c'est ce qui paraît constant en principe (Pardessus, n° 1237); mais on comprend qu'il ne peut en être ainsi qu'autant que les conséquences de ce vote n'affecteront que les droits mobiliers du mineur, et non les garanties hypothécaires qui assurent le recouvrement de ces droits. — Autrement on arriverait à dire que le tuteur peut faire indirectement et implicitement (au moyen de ce vote) ce qu'il ne pourrait faire directement et explicitement.

578. — L'homologation prescrite par l'art. 458 est nécessaire lorsqu'il s'agit d'emprunt avec constitution d'hypothèque, comme lorsqu'il est question de vente d'un immeuble du mineur. — Merlin, *Rép.*, v° *Hyp.*, sect. 2, § 3, art. 6, et *Quest.*, *eod. verbo*, § 4; Pigeau, t. 2, p. 283; Zachariæ, t. 1er, § 113, note 3. — V. cependant Toullier, t. 2, n° 1223.

579. — Quant à la validité du désistement donné par le tuteur à une action immobilière qu'il aurait intentée avec l'autorisation du conseil de famille, V. *infrà*, nos 610 et suiv.

580. — *Acceptation de succession ou de donation.* — Le tuteur ne peut accepter ni répudier une succession échue au mineur, sans une autorisation préalable du conseil de famille. — L'acceptation n'a lieu que sous bénéfice d'inventaire. — C. civ., art. 461.

581. — Est nulle la renonciation à une succession faite par un mineur émancipé, sans délibération du conseil de famille et sans assistance de son curateur, encore bien qu'elle ait eu lieu avec l'autorisation du tribunal. — *Grenoble*, 6 déc. 1842 (t. 2 1843, p. 670), Achard c. Meunier et Falconnet.

582. — Dans le cas où la succession répudiée au nom du mineur n'a pas été acceptée par un autre, elle peut être reprise soit par le tuteur autorisé, à cet effet, par une nouvelle délibération du conseil de famille, soit par le mineur devenu majeur, mais dans l'état où elle se trouve lors de la reprise et sans pouvoir attaquer les ventes et autres actes qui auraient été légalement faits durant la vacance. — C. civ., art. 462.

583. — En conséquence un tuteur peut, toujours et en tout état de cause, répudier la succession qu'il avait acceptée purement et simplement pour son pupille. — *Agen*, 30 avril 1811, Bartagnac c. Paganel.

584. — Les actes d'héritier faits par lui ne sauraient engager le pupille. — *Rennes*, 30 nov. 1813, Sizun c. Lebronnec et Favence.

585. — Ainsi la reconnaissance d'une dette de la succession faite par un tuteur autorisé à accepter, pour ses pupilles, un legs à titre universel, n'a rien d'obligatoire, tant que l'acceptation formelle n'a pas eu lieu. Elle n'empêche pas que le tuteur ne renonce au legs, après avoir obtenu une nouvelle autorisation. — Le créancier soutiendrait en vain que la reconnaissance de la dette a au moins imprimé aux mineurs la qualité d'héritier bénéficiaire qui les oblige à rendre compte. — *Cass.*, 23 mars 1825, Quillier c. Regnard et Thomassy.

586. — Mais il n'est pas nécessaire, à peine de nullité, que la délibération du conseil de famille qui autorise un mineur à répudier une succession, soit homologuée par le tribunal de première instance, alors même que la succession comprend des objets immobiliers. — Il n'est pas nécessaire non plus, à peine de nullité, que cette délibération soit motivée. — *Toulouse*, 5 juin 1829, Delboz c. Méric; 11 juin 1829, Calvet c. Blancal. — Duranton, t. 3, n° 577; Toullier, t. 2, n° 1236; Magnin, t. 1er, n° 355.

587. — Sous l'ancien droit breton, le tuteur pouvait, sans être obligé de recourir aux formalités d'un avis de parens et d'un décret de justice, accepter purement et simplement une succession échue à son pupille. — *Rennes*, 12 mars 1823, Binet c. de Landal, de France et de Chalongé.

588. — L'acceptation des legs universels ou à titre universel pouvant avoir pour le mineur les mêmes conséquences que celles d'une succession *ab intestat*, on doit se conformer aux mêmes règles. — Duranton, t. 3, n° 581.

589. — Mais il en est autrement des legs à titre particulier; le légataire n'étant pas, dans ce cas, tenu des dettes ne court aucun risque en acceptant la libéralité, et par suite l'autorisation du conseil de famille n'est plus indispensable. — Duranton, t. 3, n° 582.

590. — Quoi qu'il en soit, l'autorisation donnée au tuteur par le conseil de famille de poursuivre la délivrance du legs fait au mineur emporte celle d'en recevoir le montant, d'en donner quittance, surtout s'il consiste en une somme mobilière. — *Paris*, 6 flor. an XI, Dejassand c. Butler.

591. — Il a même été jugé qu'une formalité prescrite dans l'intérêt du mineur ne pouvant tourner contre lui, un conseil de famille accepte valablement, sans tuteur ni subrogé tuteur, une délivrance de legs consentie au profit d'un mineur; que l'homologation refusée par le tribunal à la délibération de la famille portant cette acceptation, n'est pas nécessaire à sa validité. — *Riom*, 8 déc. 1819, Bourderie c. de Douhet.

592. — La donation faite au mineur ne peut être acceptée par le tuteur qu'avec l'autorisation du conseil de famille. — Elle a, à l'égard du mineur, le même effet qu'à l'égard du majeur. — C. civ., art. 463.

593. — Néanmoins le père tuteur de ses enfans peut accepter valablement une donation qui leur a été faite, sans y être autorisé par le conseil de famille. — *Bruxelles*, 20 mars 1811, le Bouchel c. Stockem ; *Cass.*, 25 juin 1812, Lebouchel c. Stockem. — Il agit dans ce cas non plus en qualité de tuteur, mais en qualité d'ascendant et en vertu des dispositions de l'art. 935 du Code civil. — V. DONATION. — Duranton, t. 3, n° 580.

594. — La renonciation par le tuteur autorisé par le conseil de famille à une donation faite au mineur, peut être considérée comme valable lorsqu'elle était le seul moyen de soustraire le donateur à des poursuites criminelles. — *Paris*, 14 juill. 1826, Cauchois c. Julien.

595. — *Action en justice.* — Aucun tuteur ne peut introduire en justice une action relative aux droits immobiliers du mineur, ni acquiescer à une demande relative aux mêmes droits sans l'autorisation du conseil de famille. — C. civ., art. 464.

596. — Cette disposition est générale et absolue : elle s'applique au cas où le père est tuteur de ses enfans comme à celui où le tuteur est un simple collatéral ou un ami du pupille. — *Angers*, 3 avril 1811, Roussel c. Maubert.

597. — Ainsi, une tutrice ne peut poursuivre l'exercice de droits immobiliers appartenant à ses enfans mineurs, sans y être autorisée par un conseil de famille, ni se désister d'un jugement rendu en faveur de ces enfans mineurs et obtenu en sa qualité de tutrice. — *Besançon*, 19 août 1811, Gurney.

598. — On doit réputer *immobilière* l'action dirigée contre un voisin en paiement de la mitoyenneté d'un mur. En conséquence, un tuteur ne peut l'intenter au nom du mineur, sans autorisation du conseil de famille. — *Bordeaux*, 20 juin 1828, Laloubeyre c. Duprat.

599. — Il en est de même de l'action négatoire de servitude. — Le défendeur à l'action négatoire qui a communiqué ses titres de propriété, mais sous la réserve de tous ses droits, n'en est pas moins recevable à opposer l'exception résultant du défaut d'autorisation. — La circonstance que la demande est formée par le tuteur, conjointement avec des majeurs copropriétaires par indivis de l'immeuble dont l'affranchissement est réclamé, ne dispense pas le tuteur de l'obligation de recourir à l'autorité du conseil de famille. — *Orléans*, 19 juin 1829, Guyard c. Frappier.

600. — Il a également été jugé que l'action en rescision d'une vente pour cause de lésion est *immobilière*, et qu'en conséquence elle ne peut être formée par un tuteur ou curateur sans autorisation du conseil de famille. — *Bourges*, 25 janv. 1832, N... c. Lariche; *Paris*, 25 mars 1831, Saillard c. Dubost et Manechalle.

601. — Mais le tuteur qui a vendu les biens du mineur, sans observer les formalités prescrites par la loi, est recevable à demander lui-même la

nullité de cette vente, lorsque la vente est opposée au mineur. — Dans ce cas, en effet, la demande en nullité constitue une simple défense à la demande principale.—*Cass.*, 21 déc. 1836 (t. 1er 1837, p. 327), Barret c. Genin.

602. — L'art. 464 du Code civil ne s'applique pas au cas où il ne s'agit que de reprendre une action immobilière régulièrement introduite à une époque antérieure à la tutelle. — *Metz*, 26 prair. an XIII, Guillon c. Rolly.

603. — Le tuteur peut, sans l'autorisation du conseil de famille, interjeter appel d'un jugement relatif aux droits immobiliers du mineur, lorsque ce dernier figurait comme défendeur en première instance, surtout s'il s'agit d'une demande en partage dirigée contre le mineur. — Le tuteur autorisé par le conseil de famille à introduire une action immobilière n'a pas besoin d'une autorisation nouvelle pour interjeter appel. — La prohibition de la loi ne s'étend pas en effet aux instances de cette nature, et d'ailleurs l'autorisation d'intenter une action en justice renferme implicitement celle de se présenter devant tous les degrés de juridiction. — *Nîmes*, 2 juill. 1829, Chayard c. Millet. — De Fréminville, n° 619.

604. — Toutefois, la Cour d'appel de Riom a décidé que l'autorisation donnée au tuteur de vendre les biens de son pupille en justice, avec les formalités usitées, ne lui confère pas le pouvoir d'interjeter appel du jugement qui admet la rétractation d'une enchère, l'appel étant une véritable action qu'il ne peut interjeter sans autorisation. — *Riom*, 3 avril 1806, Bonnet c. Tantillon.

605. — ... Surtout lorsqu'il semble résulter de la délibération que l'autorisation a été restreinte à l'action dont était saisi le tribunal de première instance. — *Paris*, 18 mars 1846 (t. 1er 1846, p. 724), Farina. —Magnin, n° 694.

606. — Le tuteur peut exproprier les débiteurs de son pupille, sans autorisation du conseil de famille. — *Bruxelles*, 12 nov. 1806, Selis et Derheymokers c. Grez. — Duranton, t. 21, n° 33; de Fréminville, n° 262.

607. — Il faut encore décider par les mêmes motifs que l'autorisation donnée au tuteur d'une femme interdite d'*agir contre les acquéreurs des biens du mari de cette femme*, suffit pour l'autoriser à former une surenchère au nom de celle-ci. — *Amiens*, 29 déc. 1825, Demarly c. Anciaux.

608.—...Et que l'autorisation donnée au tuteur par le conseil de famille de poursuivre, *par tous les moyens de droit*, la nullité d'un acte, renferme implicitement la faculté de se pourvoir par inscription de faux. — *Toulouse*, 2 mai 1827, Cuzard c. Gayral. — La voie du faux incident est un moyen de défense dont peut faire usage toute partie habile ou autorisée à intenter l'action principale. — Bioche, *Dict. de proc.*, v° *Faux incident*, n° 30.

609. — Quoi qu'il en soit, on ne peut opposer à un tuteur qu'il a introduit, sans autorisation, une action immobilière, lorsque l'action, de mobilière qu'elle était dans le principe, n'est devenue immobilière que pendant le cours du procès. On est d'autant moins recevable à opposer ce moyen, qu'on ne l'a invoqué que sur l'appel, et que le tuteur lui-même a un intérêt personnel dans la contestation. — *Rennes*, 24 juill. 1810, de Cornulier c. L....

610. — Le tuteur ne peut, dans une instance qui a pour objet les droits immobiliers du mineur, se désister, sans l'autorisation du conseil de famille, de l'appel qu'il a interjeté, ni renoncer à l'opposition qu'il a formée à un arrêt par défaut. — *Bruxelles*, 23 nov. 1806, Vanvolxem; *Rennes*, 1er juin 1813, Lemême c. Lemoigne-Rochefort; *Douai*, 17 janv. 1820, Poiteau c. Danthin; *Besançon*, 20 mars 1820, Munin c. Migues; *Amiens*, 26 avr. 1820, Thieffries c. Delagrange; *Limoges*, 19 mai 1840 (t. 1er 1841, p. 409), Chabrac c. Courteix. — C'est là l'abandon d'un droit immobilier et non un acte de simple administration. — Rolland de Villargues, *Rép. du not.*, v° *Acquiescement*, n° 6, et *Tutelle*, n° 222; Magnin, n° 698; Pigeau, *Proc.*, t. 1er, p. 482; Carré, quest. 1452; Demiau, p. 293; Berriat-Saint-Prix, p. 367. — V. cependant *Agen*, 15 déc. 1844.

611. — Un tuteur ne peut également, sans autorisation du conseil de famille, se désister d'une action intentée pour ses pupilles. — *Besançon*, 20 août 1811, N....—Carré, quest. 1452; Pigeau, t. 1er, p. 482, et *Commentaire*, t. 1er, p. 690; Berriat-Saint-Prix, t. 1er, p. 267 et 293; de Fréminville, nos 620 et 621.

612. — De même, les jugemens rendus sur simple acquiescement d'un tuteur non autorisé par le conseil de famille, n'élèvent aucune fin de non-recevoir contre le mineur qui veut, plus tard, contester un legs qu'ils adjugent. — *Bruxelles*, 15 juin 1814, Deman c. Peytier; 24 juin 1816, mêmes parties.

613. — Mais un tuteur n'a pas besoin de l'autorisation du conseil de famille pour interjeter appel du jugement qui a exproprié ses pupilles. — *Cass.*, 17 nov. 1813, Fillol et Camboline c. Labadie. — C'est là une continuation de la défense à l'action principale, et le tuteur a qualité pour défendre sur eux les actions intentées contre son pupille.—Chardon, p. 371 et suiv.

614. — Un tuteur peut encore, par le même motif, sans autorisation, invoquer la péremption d'instance en faveur de son pupille, même en matière immobilière. — *Riom*, 15 févr. 1821, Chapet c. Rougier. — Regnaud, *Péremption*, n° 84, p. 121.

615. — Enfin, il peut demander pour ses pupilles, conformément aux stipulations d'un contrat, la mise en possession des immeubles du débiteur, à défaut par celui-ci de se libérer. Cette demande constitue un acte de pure administration. — *Cass.*, 11 déc. 1810, Canivet c. Pepin.

616. — *Demandes en partage.* — Le tuteur est forcé, pour intenter une demande en partage au nom de son pupille, de se procurer les autorisations exigées pour l'introduction en justice des actions relatives aux droits immobiliers. — V. *suprà* n° 595. — C. civ., art. 465. — Mais il peut défendre seul à une demande en partage formée contre le mineur. — V. *suprà* n° 603. — C. civ., art. 465.

617. — Pour obtenir, à l'égard du mineur, tout l'effet qu'il aurait entre majeurs, le partage doit être fait en justice, suivant les formes réglées par le Code de procédure. — V. PARTAGE. — Tout autre partage n'est considéré que comme provisionnel. — C. civ., art. 466.

618. — Cette disposition étant générale et ne permettant de faire aucune distinction, tous partages de biens, même meubles indivis avec des mineurs, doivent être faits en justice. — *Paris*, 13 pluv. an XII, Henrion. — Duranton, t. 3, n° 585; de Fréminville, nos 576, 577.

619. — Le tuteur, alors qu'il s'agit, dans la liquidation, de droits immobiliers, ne peut, par voie de transaction, consentir à un mode de partage autre que celui déterminé par la loi. — *Paris*, 28 juill. 1840 (t. 2 1840, p. 689), Racine c. Bourgeois.

620. — Un tuteur ne peut pas même, sans autorisation, consentir à ce qu'une instance en partage d'immeubles intéressant son pupille soit jugée en vacations. — *Rennes*, 12 mars 1834, Langée c. Bréger.

621. — Le tuteur et le subrogé tuteur qui ont procédé amiablement, et sans l'autorisation du conseil de famille, à l'acte de partage de biens de mineurs, et consenti la substitution d'un droit de propriété à un droit d'usufruit, ont excédé leurs attributions, et, dès lors, cet acte est censé ne pas exister. — *Douai*, 18 juin 1841 (t. 2 1841, p. 742), Royer c. Belva.

622. — Sous la loi du 17 niv. an II, un acte de partage souscrit par un mineur, sans l'assistance d'aucun tuteur ni l'avis du conseil de famille était radicalement nul. — *Aix*, 4 août 1808, Riquier c. Gourrier.

623. — *Transfert de rentes.* — Les rentes sur l'Etat ou sur particuliers, excédant 50 francs de rente ne peuvent pas être vendues par le tuteur seul; l'autorisation du conseil de famille lui est nécessaire. — L. 24 mars 1806. — Il en est de même des actions sur la banque de France. A moins que le mineur n'en possède qu'une seule. — Décr. 25 sept. 1813.

624. — *Constructions et grosses réparations.* — Le tuteur n'étant qu'un simple administrateur ne peut pas, en général, changer la nature des biens qui appartiennent au mineur. Il doit leur conserver leur ancienne destination. Il ne saurait faire courir au mineur la chance d'innovations périlleuses.

625. — Il n'a donc pas le droit de faire élever, sans l'autorisation du conseil de famille, des constructions sur les terrains de son pupille.

626. — S'il agit ainsi, l'ouvrier n'a pas action contre le mineur en paiement du prix. Il ne peut actionner que le tuteur, sauf à celui-ci à porter en compte de tutelle le montant des amé-

liorations qui en sont résultées. — *Grenoble*, 2 mars 1810, Brugeoit c. Beranger et Barral.

627. — Il a même été décidé qu'un tuteur ne peut pas être autorisé par le conseil de famille à faire faire aux immeubles du mineur d'autres réparations que celles urgentes et nécessaires, sous prétexte d'utilité et d'amélioration des produits. — *Paris*, 12 vent. an XI, Ducluzeau c. Marguerê.

628. — A l'égard des réparations que le tuteur a fait faire sans l'autorisation du conseil de famille, il ne lui est plus permis d'en faire constater après coup la nécessité, surtout lorsque les lieux ont entièrement changé de face. — Même arrêt.

629. — Cet arrêt a jugé, en outre, implicitement, que le tuteur n'avait pas droit de répéter les dépenses par lui faites au moins jusqu'à concurrence de la plus-value qu'elles avaient procurée à l'immeuble. En effet, le tribunal, malgré le consentement du subrogé tuteur, a refusé d'allouer au tuteur aucune des dépenses déjà faites, même jusqu'à concurrence de la valeur dont le fonds avait pu se trouver augmenté par suite des réparations; il n'a ordonné de visite que pour les réparations *présentement* à faire. Mais cette décision est, en principe, sujette à critique; car si le tuteur ne doit pas faire tourner à son profit l'administration de la tutelle, il ne saurait non plus être lésé par un acte qui aurait, en réalité, été favorable au mineur. Toutefois, pour bien l'apprécier, peut-être serait-il nécessaire de connaître l'importance présumée des réparations faites sans autorisation. Les auteurs distinguent entre les réparations ordinaires et les grosses réparations. Les premières peuvent être faites sans formalités préalables, et pourvu qu'elles n'excèdent pas la somme fixée par le conseil de famille pour l'entretien des biens du mineur. Quant aux grosses réparations, « elles doivent être faites, dit Toullier (t. 2, n° 1209), par adjudication au rabais, après affiches, à moins que le tuteur ne soit autorisé par le conseil de famille à les faire par économie. » — Mesle, *Minorité*, p. 197; Magnin, t. 1er, n° 677.

630. — *Transaction.* — Le tuteur ne peut transiger au nom du mineur qu'après y avoir été autorisé par le conseil de famille et de l'avis de trois jurisconsultes désignés par le procureur de la République près le tribunal de première instance. — C. civ., 467. — La transaction n'est valable qu'autant qu'elle a été homologuée par le tribunal de première instance après avoir entendu le procureur de la République. — C. civ., 467.

631. — Ces dispositions sont rigoureuses et applicables à tous les cas où le tuteur consent à l'amiable l'abandon d'une partie des droits de son pupille. — De Fréminville, n° 754.

632. — Ainsi : 1° Un tuteur ne peut transiger sur l'exercice de la faculté de réméré; par exemple, consentir à la division du remboursement et en proroger le terme. — *Riom*, 3 févr. 1815, Matre et Viole c. Castanier.

633. — ... 2° Consentir, sans autorisation, un traité par lequel il oblige ses mineurs, comme détenteurs d'une partie des biens hypothéqués à la créance d'un tiers, à payer une part contributive de cette créance. — Néanmoins, les sommes payées en exécution de ce traité par le tuteur, ne sont pas restituables aux mineurs, si elles étaient réellement dues par eux comme tiers détenteurs des biens hypothéqués. — *Aix*, 10 fév. 1832, Serraire c. Escudier et Tardieu.

634. — Une transaction par laquelle le tuteur, agissant au nom du mineur, s'engagerait à payer des réparations de nature à se reproduire annuellement dans le canal d'une usine affermée pour douze années, devrait, si on voulait la considérer comme s'appliquant non-seulement aux réparations à faire à l'époque où elle est passée, mais encore aux réparations à venir, être considérée comme excédant les bornes de l'administration tutélaire, et, dès lors, comme soumise, pour sa validité, à l'autorisation du conseil de famille dans les formes de l'art. 467. — *Cass.*, 24 nov. 1832, Gauguier c. d'Alsace.

635. — Mais la transaction passée entre des cohéritiers, par laquelle une part héréditaire a été attribuée à la branche dont fait partie un mineur, sans qu'à l'égard de ce mineur les formalités requises pour la validité des transactions aient été accomplies, ne peut servir de base à la demande que ferait un des héritiers de cette branche en subdivision des biens à elle attribués collectivement. — C'est à tort que, le partage opéré par la transaction n'ayant, à défaut

d'accomplissement des formalités légales, qu'un caractère purement provisionnel relativement au mineur, ce cohéritier voudrait obliger le tuteur à faire fixer le sort de cette transaction à l'égard de son pupille en en poursuivant soit la confirmation, soit la nullité. — *Cass.*, 4 déc. 1837 (t. 1er 1838, p. 267), Petitaud c. Champeymont.

636. — Toutes les formalités prescrites doivent être scrupuleusement accomplies pour rendre la transaction valable et obligatoire pour le mineur. — Jugé de même qu'un tuteur ne peut être contraint à exécuter une transaction à laquelle le conseil de famille a refusé son autorisation. — *Paris*, 4 févr. 1848 (t. 1er 1848, p. 398), Liborel c. Blain. — Magnin, t. 1er, n° 699, note.

637. — En conséquence, le jugement d'expédient, passé au nom d'un mineur, sans l'avis préalable de trois jurisconsultes, est nul, quoiqu'il y ait eu autorisation du conseil de famille. — *Turin*, 29 juill. 1809, Pocchetini c. Rosso. — M. Bousquet (*Traité des conseils de famille*) observe, sur l'art. 467, que l'autorisation du conseil de famille, et l'homologation du tribunal civil, après avoir entendu le ministère public, suffisent pour la validité de la transaction, et que l'avis de trois jurisconsultes est plutôt de conseil que de rigueur. Puis il ajoute : « Quand la famille a autorisé et bien motivé son avis, que la justice, le ministère public entendu, a homologué avec pleine connaissance, l'avis de trois avocats n'est-il pas superflu? » — « En lisant cette observation, dit fort bien Magnin (*Tr. des minorités*, t. 1er, n° 699, note), on est tenté de demander à cet auteur si sérieusement il pense qu'on peut omettre une formalité *substantielle* sans laquelle la transaction n'aurait même pas le caractère d'un acte imparfait; car elle serait comme si elle était dans le néant. »

638. — La transaction faite par un tuteur au nom de son pupille est nulle, si elle n'a été précédée de l'avis de trois jurisconsultes et suivie de l'homologation du tribunal. — La nullité de la transaction dépourvue de cette formalité profite au tuteur qui y a été partie aussi en son propre et privé nom et peut être demandée par lui, alors que cette transaction porte sur une chose indivisible et qu'elle n'est pas susceptible d'une exécution partielle. Et, dans ce cas, l'inexécution de la transaction ne saurait devenir la base d'une action en dommages-intérêts contre le tuteur pour la partie qui, en transigeant, n'aurait ignoré ni sa qualité ni ses droits. — *Trèves*, 18 mars 1812, Lengler c. Sprengwiller.

639. — En admettant que l'inobservation des formalités exigées n'emportât pas la nullité de la transaction consentie par le tuteur, le mineur serait du moins recevable à en provoquer la rescision pour cause de lésion. — *Montpellier*, 26 août 1815, Boulet c. Demai.

640. — Ainsi une transaction consentie par un tuteur pour le compte de son pupille, est, en cas de lésion, attaquable de la part de ce dernier devenu majeur, si elle n'a point été précédée de l'autorisation du conseil de famille, alors même qu'elle aurait été suivie de la ratification, dûment homologuée, de ce conseil. — L'exécution d'une telle transaction, dans les premiers temps de la majorité, peut ne pas être considérée comme une ratification de la part du mineur. — *Paris*, 19 janv. 1810, Lenormand c. Delabarre.

641. — Mais la nullité de la transaction pour inobservation des formes légales ne peut être demandée par le majeur qui a traité avec le tuteur du mineur. — *Trèves*, 28 août 1811, N...

642. — Du reste, la transaction passée conformément aux prescriptions de l'art. 467 lie irrévocablement le mineur, comme elle lierait le majeur, quel que soit l'objet sur lequel elle porte.

643. — Un tuteur peut, en se conformant à ces prescriptions, transiger pour ses pupilles sur la forme d'un partage auquel il est intéressé. — *Cass.*, 30 août 1815, de Vaudreuil c. Sallonicil.

644. — Sous l'empire des lois romaines, un tuteur pouvait transiger sur les droits mobiliers au nom du mineur, sans l'autorisation du conseil de famille, alors qu'il n'avait d'ailleurs aucun intérêt personnel à la transaction, et que cette transaction avait lieu dans l'intérêt du mineur, un pareil acte ne pouvant être considéré que comme un acte de pure administration. — *Cass.*, 10 mai 1813, Rioust c. Héron de Villefosse.

645. — Sous l'empire des mêmes lois, quand la nomination d'un tuteur ou curateur était annulée après plusieurs années de gestion, les transactions que ce tuteur ou curateur avait consenties au nom du mineur, en vertu du pouvoir général de transiger et compromettre à lui conféré par le conseil de famille, étaient valables, alors même qu'elles auraient eu pour objet le règlement de droits auxquels la loi attachait une hypothèque sur les biens de l'administré. — Cette dernière circonstance ne rendait nécessaire ni une autorisation judiciaire spéciale, ni l'homologation. — *Cass.*, 14 oct. 1806, de Navailles c. Lombard-Cabris.

646. — Jugé également qu'avant le Code civil, le tuteur avait capacité pour transiger au nom du mineur. — *Grenoble*, 14 janv. 1824, Tholosan c. Moynier-Dubourg.

647. — ... Que sous l'ancien droit, la transaction faite par un tuteur, sans autorisation, sur les droits mobiliers du mineur, était valable, alors qu'elle n'avait rien de préjudiciable au mineur. — *Riom*, 12 mars 1816, Sadourni c. Vernière.

§ 4. — *Actes que le tuteur ne peut pas faire.*

648. — Le tuteur ne peut pas acheter les biens de son pupille. — C. civ., art. 450. — On a craint qu'il n'écartât les enchérisseurs en donnant de faux renseignemens sur l'état et le produit de ces biens à ceux qui se seraient proposé de les acquérir. — V. VENTE.

649. — Cette prohibition s'applique à l'ascendant comme à tout autre tuteur. — *Riom*, 14 juill. 1814, Douhet.

650. — Avant le Code civil, le principe que le tuteur est incapable d'acquérir les biens de son pupille recevait exception pour le cas où la vente était faite en justice. — *Colmar*, 16 févr. 1808, Corty c. Monnet.

651. — Mais aujourd'hui la question ne peut pas se soulever, puisque les biens de mineurs ne peuvent être vendus qu'en justice, et que dès lors la disposition de l'art. 450 et 1596 du Cod. civ. serait sans objet, si elle ne s'appliquait pas au cas d'adjudication judiciaire. — Duvergier, *Vente*, t. 1er, n° 187; Troplong, *Vente*, t. 1er, n° 187; Locré, t. 14, p. 195; Delvincourt, t. 2, p. 147. — V., au surplus, VENTE.

652. — Le tuteur ne peut également prendre à ferme les immeubles du mineur, à moins, toutefois, que le conseil de famille n'ait autorisé le subrogé tuteur à lui en passer bail. — C. civ., art. 450.

653. — La défense que la loi fait au tuteur de prendre à ferme les biens de son pupille, à moins que le conseil de famille n'ait autorisé le subrogé tuteur à lui en passer bail, est telle que, si, après avoir loué à un tiers les différens immeubles appartenant au mineur, le tuteur s'en fait rétrocéder une partie moyennant une diminution dans le prix de la location, non-seulement cette rétrocession, mais encore le bail principal, sera annulable, surtout si la convention a eu pour résultat de procurer au tuteur un bénéfice réel. — *Bourges*, 29 déc. 1842 (t. 2 1843, p. 726), Martin c. Vacheron et Colas.

654. — Il lui est encore interdit de se rendre cessionnaire d'aucun droit ou créance contre son pupille. — C. civ., art. 450. — V. TRANSPORT-CESSION.

655. — Cette disposition est tellement absolue qu'elle s'applique même au cas où le retrait litigieux ne peut plus avoir lieu aux termes de l'art. 1701 du C. civ. — Duranton, t. 3, n° 600. — V. DROITS LITIGIEUX. — Mais elle n'est pas applicable au cas où le tuteur s'est rendu cessionnaire des droits appartenant à un cohéritier du mineur dans une succession indivise avec celui-ci. — *Agen*, 23 janv. 1844 (t. 1er 1845, p. 616), Caillavant c. Fontan.

656. — Ce n'est pas se rendre cessionnaire d'une créance que de la payer, quand on est tenu de la dette; la subrogation légale peut donc être invoquée par le tuteur qui a payé un créancier du mineur envers lequel il était personnellement obligé. — Duranton, t. 3, n° 601; Toullier, t. 2, n° 1324; de Fréminville, n° 792.

657. — Au contraire, il ne saurait en général acquérir la subrogation conventionnelle; car quand elle a lieu au profit du tiers qui paie la dette, elle constitue un véritable achat de créance. Cependant il pourrait, si cela était avantageux au mineur, se faire autoriser à rembourser une dette de celui-ci, en acquérant tous les droits du créancier. — Duranton, t. 3, n° 602; Toullier, t. 2, n° 1233. — V. aussi de Fréminville, n° 793.

658. — Si, malgré la prohibition, le tuteur s'est fait céder une créance contre son pupille, cette créance ne se trouve pas, pour cela, éteinte. Le transport seul est déclaré nul par la loi; le cédant conserve, dès lors, tous ses droits. — Duranton, t. 3, n° 603.

659. — Dans aucun cas le tuteur ne peut compromettre sur les intérêts de son pupille, alors même qu'il ne s'agit que d'objets mobiliers. — *Bourges*, 18 déc. 1840 (t. 2 1841, p. 592), Simonnin et Guyochain c. de Bréchard. — Toullier, t. 2, n° 1242; Berriat Saint-Prix, p. 38, n° 9; *le Praticien français*, t. 5, p. 335; Carré, *L. proc. civ.*, quest. 3251, et *Compét.*, n° 375; Delaporte, t. 2, p. 477; Mongalvy, n° 163, p. 139; de Vatismenil (*Encyclopédie du droit*), v° *Arbitrage*, n° 79; Bioche, *Dictionnaire de procédure*, v° *Arbitrage*, n° 38. — V. cependant Demiau, p. 672; Boucher, *Man. des arbitres*, n° 948.

660. — Sous l'empire de la loi du 24 août 1790, le tuteur ne pouvait également, même avec l'autorisation du conseil de famille, compromettre au nom de son pupille et constituer un tribunal arbitral, à l'effet de statuer sur la validité d'un legs qui lui avait été fait. — Le mineur devenu majeur avait le droit de faire rescinder le compromis et tout ce qui en avait été la suite, sans être obligé de prouver la lésion. — *Cass.*, 4 fruct. an XII, Dewischer-Celles c. Bronchoven. — « *Minores si in judicium compromiserunt*, dit la loi 34, ff. (§ 1er, *De minoribus*), *et tutore auctore stipulati sunt, integri restitutionem adversùs talem obligationem jure desiderant.* » — V. aussi Barthole-Mornac et Bruneman sur la loi 35, ff., *De receptis*. — « Si un mineur, dit Domat (liv. 4, tit. 6, sect. 2, n° 13), avait compromis sur quelque différend, il pourrait en être restitué, quand même il aurait été autorisé de son tuteur. » Enfin, on lit dans d'Argentré sur l'art. 509 Cout. Bretagne : « *Non tantùm est in potestate tutoris aut curatoris ut de lite pupilli compromittat sine decreto.* » — V., *contrà*, *Turin*, 19 vent. an XI, Gay c. Gariglio.

661. — Mais la nullité du jugement arbitral ne pouvait être demandée que par les mineurs. — Même arrêt de *Turin*.

662. — Un tuteur ne peut acheter pour son mineur les biens saisis sur son aïeul et sur lesquels il prétend à des *droits actuels* : cette acquisition entraînant renonciation à ses prétentions. — *Rennes*, 1er juin 1813, Lemême c. Lemoigne-Rochefort.

§ 5. — *Effet des actes faits par le tuteur dans les limites de ses pouvoirs.*

663. — Les actes faits par le tuteur dans les limites des pouvoirs qui lui sont conférés par la loi, ont, en général, la même force contre le mineur que s'ils avaient été consentis par le mineur lui-même en état de majorité. — Duranton, t. 3, n° 598.

664. — Ainsi, lorsque les formalités requises soit pour aliénation d'immeubles, soit dans un partage, ont été remplies, ces actes obligent les mineurs de même que les majeurs. — C. civ., art. 1304.

665. — La mère tutrice de ses enfans mineurs ne peut pas demander la nullité des baux qu'elle a consentis en cette qualité pour vilité du prix : il ne peut résulter de ce fait qu'une action en indemnité de la part des enfans contre leur mère. — *Bordeaux*, 23 mai 1840 (t. 1er 1841, p. 333), Michelin.

666. — Les jugemens obtenus contre le tuteur ne peuvent plus être attaqués par le mineur devenu majeur, s'ils ont été régulièrement signifiés tant au tuteur qu'au subrogé tuteur.

667. — Les autres conventions passées par le tuteur peuvent-elles être attaquées par le mineur pour cause de lésion, encore bien que les formalités prescrites par la loi aient été observées ?

668. — Pour l'affirmative, on argumente des termes de l'art. 1305 C. civ., portant que la simple lésion donne lieu à la rescision en faveur du mineur non émancipé contre toute sorte de convention, et l'on en tire cette conséquence que la simple lésion suffit pour faire rescinder les engagemens du mineur, même à l'égard desquels les formalités prescrites ont été observées, dans toutes les circonstances où la loi n'a pas introduit une exception formelle. — Toullier, t. 6, n° 106; t. 7, n° 573.

669. — Mais on répond avec raison, que l'article 1305 s'applique uniquement aux actes faits par le mineur seul, et non à ceux faits par le tuteur dans les limites de ses pouvoirs. Décider autrement, ce serait établir une anomalie choquante entre les diverses dispositions de l'art. 1305 lui-même, puisque cet article n'accorde pas au mineur émancipé l'action en rescision contre les actes par lui faits dans les bornes de sa capacité, et que, dès lors, le tuteur aurait des pouvoirs moins étendus que ceux du mineur émancipé. D'ailleurs, ce système serait bien funeste aux mineurs; car il aurait pour conséquence inévitable de les isoler des autres citoyens: personne ne voudrait plus traiter avec leurs tuteurs, si, même en accomplissant toutes les formalités requises par la loi, on se trouvait sous le coup d'une action en rescision pour cause de lésion. — Duranton, t. 3, n° 574; Magnin, t. 2, n° 1127; Zachariæ, t. 2, § 335; Proudhon, t. 2, p. 289. — V. OBLIGATION, RESCISION.

§ 6. — *Effet des actes consentis par le tuteur hors des limites de ses pouvoirs.*

670. — Les actes faits par le tuteur, au nom de son pupille, hors des limites de ses pouvoirs, ne peuvent lier celui-ci, à l'égard duquel ils sont réputés nuls. Mais cette nullité est purement relative, et ceux qui ont contracté avec le tuteur sont en général non recevables à s'en prévaloir.

671. — Ainsi, la vente d'un immeuble appartenant à un mineur, opérée sans l'accomplissement des formalités prescrites par la loi, donne lieu à une action en nullité indépendante de toute lésion, et non pas seulement à une action en rescision dans le cas où le mineur aurait éprouvé un préjudice. — *Amiens*, 29 juill. 1824, Douceur c. Pointel; *Cass.*, 5 déc. 1826, mêmes parties; *Paris*, 18 mars 1839 (t. 1er 1839, p. 337), Merlin c. Chapuy et Laval. — Merlin, *Rép.*, v° *Mineur*, § 3, n° 6; Toullier, t. 6, n° 106, t. 7, n° 525; Proudhon, t. 2, p. 262; Duranton, t. 10, nos 286 et 287; Troplong, *Hyp.*, t. 2, n° 492, et *Vente*, t. 1er, n° 166; Magnin, *Min.*, t. 2, nos 1137 et suiv.; Grenier, *Hypoth.*, n° 44; de Fréminville, n° 652. — Cependant, Merlin (*Quest.*, v° *Hypothèques*, § 4, n° 3) a abandonné cette opinion.

672. — Cette nullité, bien que non formellement prononcée par la loi, résulte suffisamment de la prohibition portée dans l'art. 457. — C'est là, d'ailleurs, une nullité substantielle qui n'a pas besoin d'être textuellement écrite. — *Paris*, 18 mars 1839 (t. 1er 1839, p. 337), Merlin c. Chapuy et Laval.

673. — La vente doit surtout être annulée s'il n'est pas justifié qu'elle ait eu pour cause une nécessité absolue et un avantage évident. — *Rouen*, 1er juill. 1813 (sous *Cass.*, 1er mai 1815), Dufay c. Morel.

674. — A plus forte raison est nulle l'aliénation gratuite des droits acquis au mineur, dans le cas, par exemple, où, autorisé par le conseil de famille, le tuteur a délaissé à la mère, émigrée rentrée, des biens échus au mineur, à titre de succession, pendant la mort civile qui rendait la mère incapable de les recueillir. — Le droit fiscal ne met pas obstacle à ce que le bénéfice de la rescision profite au mineur. — *Cass.*, 4 août 1824, de la Tour d'Auvergne-Lauraguais c. de Vaudreuil.

675. — Le même principe est applicable lorsque la vente, au lieu d'être faite par le tuteur, a été consentie par le mineur émancipé. — V. MINEUR.

676. — Toutefois, il a été jugé qu'une adjudication de biens de mineurs faite devant notaire n'est pas nulle, par cela seul que toutes les formalités prescrites par la loi n'ont pas été remplies, si d'ailleurs il n'est pas prouvé qu'il y ait eu lésion. — *Paris*, 6 févr. 1827, Imbert c. Paty. — Mais, dans l'espèce de cet arrêt, ce qui pouvait faire la matière de quelque doute, c'est que la vente avait eu lieu devant notaire et que l'omission ne portait que sur *quelques* formalités et non sur *toutes*.

677. — Avant le Code civil, dans le ressort du Parlement de Paris, les affiches et publications préalables pour la vente des immeubles appartenant à des mineurs, constituaient légalement des formalités substantielles. — En conséquence, les ventes pratiquées au mépris de ces prescriptions étaient nulles, quelle que fût la valeur des biens, et non pas seulement susceptibles de res-

cision pour cause de lésion. — Arrêt du Parlement de Paris 9 avril 1630 et 28 févr. 1722. — *Paris*, 27 janv. 1840 (t. 1er 1840, p. 227), Lechevallier c. Leroy de Neufvillette.

678. — Mais si le prix d'une vente faite sans formalités a profité aux mineurs, par exemple si elle les a soustraits aux poursuites d'un créancier, ils doivent, tout en obtenant la nullité de la vente, restituer ce prix. — *Amiens*, 29 juill. 1821, Douceur c. Pointel; *Cass.*, 5 déc. 1826, mêmes parties.

679. — C'est à la partie contre laquelle un mineur devenu majeur demande l'annulation de la vente de ses biens, à justifier que cette vente a été faite régulièrement, et que le prix en a été utilement employé pour le mineur. — *Amiens*, 3 janv. 1822, Brunel c. Ledieu.

680. — Les tribunaux peuvent du reste fixer au mineur un délai fatal dans lequel il sera tenu d'exercer, à peine de déchéance, le droit qu'on reconnaît exister en sa faveur. — *Montpellier*, 24 nov. 1818, Mas c. Albert.

681. — Dans tous les cas la prescription est acquise à l'acquéreur au bout de dix ans à partir de la majorité du pupille.

682. — Plusieurs arrêts avaient décidé que la prescription trentenaire était seule applicable par la raison que le tuteur, agissant en dehors des limites de ses pouvoirs, devait être réputé vendre la chose d'autrui, qu'il y avait parité entre sa position et celle du mandant qui excédait le mandat à lui confié. — *Metz*, 22 juin 1823, Vireux c. N...; *Bordeaux*, 10 juill. 1829, Vassal c. Pujos; *Rennes*, 1er août 1833, Tardives c. N...; *Riom*, 13 déc. 1826, Treille Grandsagne c. Dufour et Dupin; *Grenoble*, 21 mars 1833, Achard c. Arnoux; *Douai*, 24 août 1839 (t. 2 1839, p. 659), Delalleau. — Duranton, t. 3, n° 598; Vazeille, *Prescr.*, t. 2, n° 551; Rolland de Villargues, *Rép. du not.*, v° *Nullité*, n° 20.

683. — Mais l'opinion contraire a prévalu avec raison. L'art. 1304 du Code civil pose en effet un principe général pour toutes les actions en nullité, et limite leur durée à dix ans. Limiter aux actes faits par les mineurs le délai de dix ans, et étendre à trente ans le délai pour l'action en nullité des actes faits par le tuteur, ce serait déroger à la première partie de l'article et au principe général qu'elle renferme; ce serait en outre rompre l'harmonie établie entre cet art. 1304 et l'art. 475, qui a fixé au même délai de dix ans la durée des actions du mineur contre le tuteur relativement aux faits de la tutelle, puisque le mineur auquel l'action directe serait interdite après les dix ans de la majorité, pourrait agir indirectement en dirigeant son action contre le tiers acquéreur qui exercerait son recours contre le tuteur. — *Bourges*, 27 févr. 1828, Charnier c. Simon; *Cass.*, 20 mars 1830, Chagot c. Lambert; 25 nov. 1835, Bucquet c. Jacotin; *Montpellier*, 10 févr. 1837 (t. 2 1840, p. 329), Castan c. Servière; *Paris*, 24 nov. 1840 (t. 2 1840, p. 739), Duvoir c. Touzard et Lesacq. — Merlin, *Quest.*, v° *Hypothèque*, § 4, n° 3; Solon, *Nullités*, t. 2, n° 468; Zachariæ, *Droit civ. franç.*, t. 2, § 337; de Fréminville, n° 896.

684. — Peu importe que le mineur n'ait connu l'existence de la vente consentie par son tuteur que plusieurs années après sa majorité. La prescription commence toujours à cette époque, excepté dans le cas de violence ou de dol. — *Cass.*, 30 mars 1830, Chagot c. Lambert.

685. — La Cour royale de Metz a jugé que la prescription de dix ans ne vaut pas, contre le mineur devenu majeur, à l'égard des actes consentis par son tuteur, sans l'accomplissement des formalités légales: il peut, en tout temps, exciper de la nullité des actes ainsi passés qui lui seraient opposés. — *Metz*, 2 avr. 1824, Rousseau de Givone. — V. aussi *Paris*, 21 avril 1836, Baudard de Saint-James c. Desentilles.

686. — Mais cette opinion a été repoussée par la Cour de cassation par le motif que la maxime *Quæ temporalia sunt ad agendum sunt perpetua ad excipiendum* ne peut être invoquée que par celui qui étant en possession n'a pas besoin de recourir à d'autres titres tant qu'il n'est pas attaqué, mais non par celui qui ayant laissé posséder demande l'annulation d'un titre qu'on lui oppose et qu'il a laissé confirmer par la possession. — *Cass.*, 5 avr. 1837 (t. 1er 1837, p. 541), Daussonne c. Rue; 27 juin 1837 (t. 1er 1838, p. 350), Dubourg c. Callaru.

687. — Sous l'empire de l'ordonnance de 1539, le mineur dont les biens avaient été vendus par le tuteur sans formalités de justice, n'avait de

même que dix ans, du jour de sa majorité, pour attaquer la vente. — *Cass.*, 14 nov. 1826, De Bourbel c. Payen; *Riom*, 8 mai 1829, Morio c. Brousse; *Cass.*, 5 juill. 1827, Ravel c. Maltière. — V. cependant *Cass.*, 3 mess. an IV, Pinthon c. Laporte et Simonet; *Toulouse*, 7 juin 1830, Chenet c. Benet.

688. — Le mineur qui n'a atteint sa majorité que depuis le Code civil, n'a que dix ans à partir de cette majorité pour se pourvoir en restitution contre l'acte de liquidation, consenti par son tuteur avant le Code, d'une société dans laquelle il était intéressé, alors même que la coutume sous laquelle la liquidation aurait eu lieu aurait accordé pour la restitution un délai de trente ans. — L'art. 1304 C. civ. est seul applicable à ce cas. — *Pau*, 17 nov. 1837 (t. 2 1839, p. 322), Chappe c. Lesage.

689. — Avant le Code on décidait, en général, qu'un mineur ne pouvait plus attaquer les actes faits par son tuteur en dehors de ses pouvoirs, lorsqu'il avait implicitement ratifié ces actes depuis sa majorité. — Domat, *Lois civ.*, part. 1re, liv. 4, tit. 6, sect. 2, n° 23; Merlin, *Quest.*, v° *Mineur*, § 3.

690. — Ainsi l'on jugeait que la demande en nullité d'une vente irrégulièrement faite n'était plus recevable quand le mineur devenu majeur en avait reçu le prix des mains de l'acquéreur. — *Cass.*, 4 thermidor an IX, Bordenave c. Vignalet. — V. encore v° MINEUR, le même principe appliqué à des ventes faites sans autorisation par le mineur émancipé.

691. — Toutefois on ne pouvait considérer comme une ratification suffisante l'acceptation du prix de la vente faite par le mineur devenu majeur, s'il n'avait reçu que comme contraint et forcé et sous réserve. — *Nîmes*, 8 frim. an XIII, Roure c. Monnier. — Cet arrêt pose même en principe, mais à tort, que la ratification devait être expresse pour couvrir la nullité.

692. — La question ne saurait souffrir de difficulté sérieuse aujourd'hui, l'art. 1338 C. civ. assimilant quant à ses effets la ratification tacite, résultant de l'exécution volontaire, à la ratification expresse. — Toullier, t. 8, n° 508; Magnin, *Des minorités*, t. 2, n° 1149; Duranton, t. 13, n° 277; Merlin, *Rép.*, v° *Ratification*; Rolland de Villargues, *Rép. du not.*, v° *Ratification*, n° 60; Delvincourt, t. 2, p. 601.

693. — Il a en conséquence été jugé que le mineur devenu majeur qui s'est prévalu d'actes dans lesquels son tuteur avait excédé ses pouvoirs ou omis des formalités prescrites, et a procédé comme s'ils étaient valables, doit être réputé avoir ratifié ces actes, et être déclaré non recevable à en demander l'annulation. — *Rennes*, 6 juill. 1820, Mancel c. Gauchet.

694. — ... Que le mineur devenu majeur qui provoque le compte et la liquidation du prix des biens vendus en vertu d'un jugement homologatif d'une délibération du conseil de famille donnant autorisation au père tuteur de vendre pour payer les dettes de la communauté, se rend par cela même non recevable à attaquer ce jugement par la voie d'appel. — *Cass.*, 26 nov. 1828, Myard c. Barrault.

695. — ... Que le pupille ne peut plus demander la nullité des actes consentis par son tuteur sans l'observation des formalités voulues par la loi, lorsqu'il a exécuté ces actes sans réserves après avoir atteint sa majorité. — *Cass.*, 20 avr. 1842 (t. 1er 1842, p. 719), Bothon et Aulas c. Berthellier.

696. — Du reste, tous les auteurs ci-dessus cités enseignent que les actes d'exécution qui emportent ratification tacite doivent être non équivoques et que les tribunaux sont souverains appréciateurs de leur caractère et de leur portée. Cette appréciation appartient exclusivement aux juges du fond, et ne saurait donner ouverture à cassation. — *Cass.*, 22 févr. 1827, Bertrand et Guille c. Febvre, et 16 juill. 1835, Roblot.

697. — Ainsi, la vente d'un bien de mineur opérée sans l'accomplissement des formalités légales peut ne pas être considérée comme ratifiée, par cela seul que le mineur devenu majeur en a reçu le prix, si la quittance ne contient, d'ailleurs, aucun terme d'où l'on puisse induire la ratification. — *Bourges*, 10 mai 1808, Dachin c. Liron. — Toullier, t. 8, nos 510 et suiv.

698. — La demande formée par les mineurs devenus majeurs contre leur tuteur en reddition de compte du prix d'une vente consentie pendant leur minorité n'emporte pas, vis-à-vis de l'acquéreur, ratification de cette vente, si, lors de la demande, l'acte de vente ainsi que les faits qui

en entraînaient la nullité leur étaient inconnus. — *Cass.*, 12 juill. 1837 (t. 2 1837, p. 452), Valory c. Berthelier et Barnaud.

699. — A plus forte raison les actes du tuteur confirmatifs de l'acte nul sont-ils sans aucune influence. La mise en possession d'un tuteur au nom de son mineur ne peut donc être opposée à celui-ci comme emportant de sa part approbation d'un partage. — *Riom*, 22 juill. 1825, Riberolles c. Rudel-Dumirail.

700. — La ratification, de la part du majeur, d'une obligation consentie pendant sa minorité par le tuteur, ne peut être annulée sur sa demande, par ce motif qu'il aurait cédé en l'accordant à une violence morale, laquelle ne constituerait, tout au plus, que cette crainte révérencielle dont il est question dans l'art. 1114 C. civ. — *Paris*, 12 déc. 1848 (t. 1er 1849, p. 181), de Caumont c. Mallet et Jollivet.

701. — Si par quelque motif l'admission de l'action en nullité ne devait avoir aucun résultat pour le mineur, les tribunaux peuvent refuser d'accueillir cette action.

702. — Ainsi, lorsqu'un tuteur a abandonné, sans formalités de justice, un immeuble du mineur revendiqué par un tiers, et que le mineur, devenu majeur, demande la nullité de l'aliénation, le tribunal saisi de la demande en nullité peut la rejeter, par le motif que le mineur n'était pas légitime propriétaire et que la revendication était bien fondée; il n'est pas obligé de déclarer d'abord nulle, pour défaut de formalités, la remise ou aliénation faite par le tuteur, sauf au tiers à faire valoir ses droits. — *Cass.*, 10 janv. 1831, Chazot c. Richard et Desolas.

703. — Le mineur devenu majeur n'est pas recevable à demander la nullité de la vente faite par son tuteur, sans formalités, des biens qui lui appartenaient, lorsqu'en vertu de la promesse de garantie personnelle donnée par ce tuteur à l'acquéreur, il serait, à titre de son héritier, tenu de cette garantie. — *Nîmes*, 8 frim. an XIII, Roure c. Monnier.

704. — Bien que l'omission des formalités prescrites rende nuls de plein droit les actes consentis par le tuteur en dehors de ses pouvoirs, cette nullité est purement relative au mineur, qui seul a qualité pour l'invoquer, à l'exclusion de ceux qui ont contracté avec le tuteur.

705. — Dès lors, lorsque le tuteur a introduit en justice une action relative aux droits immobiliers du mineur, sans y avoir été autorisé par le conseil de famille, on ne peut opposer au mineur qui a gagné son procès le défaut d'autorisation. — *Cass.*, 24 août 1813, Terrasse c. Chevrier; 11 déc. 1810, Canivet c. Pepin; 4 juin 1818, Galzin c. Coulet; *Bordeaux*, 20 août 1833, Lafaye c. Pradènes; *Cass.*, 19 janv. 1841 (t. 1er 1841, p. 637), Ceysson c. Vialle. — Merlin, *Rép.*, vº *Tutelle*, sect. 5, § 1er. — Mais il ne faut pas conclure de ces décisions que le défendeur soit obligé de plaider contre un tuteur non autorisé. Il serait évidemment recevable à se refuser à plaider au fond jusqu'à ce que l'autorisation eût été obtenue. Car toute partie qui procède contre des mineurs a le droit d'exiger que la procédure soit régularisée de manière à ce que ceux-ci soient liés par le jugement à intervenir. — Merlin, *Quest.*, vº *Curateur*, § 1er.

706. — La nullité de la vente des biens d'un mineur faite par son tuteur sans les formalités prescrites, ne peut être invoquée que par le mineur. — *Paris*, 10 janv. 1835, Desmarquettes c. Buglet. — L'adjudicataire est non recevable à provoquer la nullité de l'adjudication pour défaut de présence du subrogé tuteur à la vente. — *Paris*, 25 mars 1811, Saillard c. Dubost et Maréchalle.

707. — La nullité d'un compromis passé entre un majeur et un mineur ne peut être invoquée que par le mineur. — *Paris*, 13 avr. 1810, Baudoin c. Marion et Huot; *Poitiers*, 22 juill. 1819, Latus; *Riom*, 18 mars 1822, Mazeron-Lamothe c. Laussedat; *Paris*, 8 juill. 1826 (et non 6 juill. 1827), N...; *Nîmes*, 17 nov. 1828, Arzac c. Ignare; *Toulouse*, 18 août 1837 (t. 2 1837, p. 517), Villeneuve.

708. — Le compromis souscrit par le mineur pendant le temps de sa majorité statutaire a été révoqué de plein droit par sa rentrée en tutelle. — *Turin*, 17 mai 1806, Ponté c. Gerbo.

709. — Est nulle, bien qu'homologuée, et non pas seulement rescindable, la transaction par laquelle le tuteur, sans appeler le subrogé tuteur, consent l'annulation d'un legs fait au mineur, dans le but d'assurer le maintien d'un legs qui lui est fait personnellement par le même testament. — *Amiens*, 25 fév. 1837 (t. 2 1837, p. 498), Lefebvre c. Danré.

710. — Mais la transaction passée par un tuteur au nom du mineur, sans observation des formalités, n'est plus attaquable par ce dernier en rescision ou en nullité, s'il a laissé passer dix ans depuis sa majorité, sans se plaindre: ici s'applique la règle *Factum tutoris, factum pupilli.* — *Riom*, 25 mars 1829, Roche.

711. — Par application du principe que la nullité des actes faits par le tuteur sans l'accomplissement des formalités voulues est purement relative et introduite dans l'intérêt exclusif du mineur, il a encore été jugé que l'action intentée par un tuteur ou un curateur, sans autorisation du conseil de famille, est régularisée par l'autorisation accordée postérieurement par ce conseil. — *Orléans*, 8 prair. an XII, Trémeau c. Oudin; *Bourges*, 25 janv. 1832, N... c. Lariche.

712. — ... Que les poursuites à fin de partage d'une succession qu'une mère tutrice de ses enfans mineurs a dirigées sans avoir obtenu l'autorisation du conseil de famille, ne sont pas nulles, si, depuis, elle a été autorisée. — *Bruxelles*, 4 juill. 1811, Judoque Wiemersch c. Denoker.

713. — ... Que lorsque le tuteur a, sans l'autorisation du conseil de famille, fait l'abandon des biens d'une succession bénéficiaire, cet abandon peut être ultérieurement régularisé par une approbation du conseil. — *Grenoble*, 4 juin 1836, Brachet c. Chambon.

714. — Il a même été décidé qu'une donation faite au profit d'un mineur n'est pas nulle, bien que le tuteur l'ait acceptée sans autorisation préalable du conseil de famille. — *Colmar*, 13 déc. 1808, Pflieger c. Kieffer.

715. — Quoi qu'il en soit, le droit d'intenter l'action en nullité n'est pas inhérent à la personne du mineur, et par suite il peut être exercé par ses créanciers agissant au lieu et place de leur débiteur, en vertu des dispositions de l'art. 1166. — Merlin, *Quest.*, vº *Hypothèques*, p. 554, nº 2; Delvincourt, t. 2, p. 523; Duranton, t. 10, nº 561; Magnin, t. 2, nº 1152. — V. MINEUR, OBLIGATIONS.

CHAPITRE XIII. — *Fin de la tutelle. — Continuation de l'administration du tuteur.*

716. — La tutelle finit du côté du mineur par sa mort naturelle ou civile, par son émancipation ou par sa majorité. Du côté du tuteur elle prend fin par sa mort naturelle ou civile, par ses excuses dûment agréées, par sa destitution ou la non-maintenue de la mère dans la tutelle en cas de convol.

717. — Toutefois les héritiers du tuteur, s'ils sont majeurs, sont tenus de continuer l'administration de leur auteur jusqu'à ce qu'il ait été pourvu à son remplacement. — Duranton, t. 3, nºs 612, 616; Toullier, t. 2, nº 1126.

718. — Peu importe que parmi ces héritiers il ne se trouve que des femmes. — *Pau*, 3 mars 1818, Daguerre c. Lacoste. — Le doute pourrait naître de ce que les femmes, sauf la mère, ne peuvent être *tutrices*. Mais ce doute cesse si on réfléchit que, de la part des héritiers, ce n'est pas, à proprement parler, une *tutelle* qui continue, mais une simple administration nécessitée par les circonstances, et par la crainte de laisser en souffrance les intérêts du mineur, et qui doit cesser le plus tôt possible.

719. — L'arrêt ci-dessus cité décide en outre qu'il en était ainsi sous l'empire du droit romain. Cependant le contraire résulte de la loi 1re, ff., *De fidejussoribus et hæredibus tutorum et curatorum*, qui, pour obliger l'héritier au soin de la tutelle, ajoute la condition qu'il soit mâle et d'âge légitime: « *Quamvis hæres tutoris tutor non est, tamen ea quæ per defunctum inchoata sunt, per hæredem*, si legitimæ ætatis, et masculus sit, *explicari debent.* »

720. — Le compte à rendre par les héritiers d'un tuteur est, pour sa validité, soumis aux dispositions de l'art. 472 C. civ. — *Rennes*, 27 juillet 1819, Tranchant des Tulays c. Martin de la Bigotière. — V. COMPTE DE TUTELLE.

721. — Dans l'ancienne jurisprudence le mineur devenu majeur conservait contre son tuteur tous les droits et avantages résultant de la pupillarité, jusqu'à ce que le tuteur eût rendu son compte. Ainsi, le mineur pouvait, après avoir atteint sa majorité, prendre inscription sur les biens de son tuteur. — *Besançon*, 4 août 1812, Bergère.

722. — Le tuteur doit, tant qu'il n'a pas rendu son compte, que le mineur devenu majeur n'a pas encore ses titres et papiers, faire les actes qui ne peuvent souffrir de retard. — Duranton, t. 3, nº 617.

723. — Il a également été jugé que les tiers peuvent continuer de traiter avec le tuteur comme représentant le mineur, quand la majorité de ce dernier, arrivée pendant le cours des opérations commencées avec le tuteur, ne leur a pas été notifiée.

724. — Ainsi, on a pu rembourser au père, depuis la majorité de ses enfans, le prêt, par lui fait durant leur minorité, d'une somme qui leur appartenait. — *Riom*, 12 janv. 1809, Fourit c. Serres.

725. — Le mineur devenu majeur durant une instance introduite contre son tuteur, ne peut arguer de nullité les actes signifiés depuis sa majorité à ce tuteur, lequel a dû continuer d'être considéré comme son représentant légal, tant qu'il n'a pas dénoncé sa majorité à son adversaire. — *Toulouse*, 26 févr. 1834, Lissençon c. Montcalm. — Pigeau, t. 1er, p. 604; Carré, *Lois de la procédure*, nº 1276, et Favard de Langlade, *Répertoire*, t. 4, p. 882; Magnin, t. 2, nº 1430. — *Contrà*, *Toulouse*, 16 avril 1818, Senaux.

726. — La procédure continuée avec la tutrice du mineur devenu majeur pendant le cours de l'instance, et le jugement qui a été rendu, ne sont pas nuls lorsque le changement d'état n'a pas été dénoncé. — *Cass.*, 12 août 1823, Demautort c. Vallon.

727. — Un acte d'appel signifié à un tuteur n'est pas nul, bien que les mineurs aient atteint leur majorité depuis le jugement de première instance. — *Lyon*, 17 avril 1822, Desnoyer c. Lardet.

728. — Enfin, l'adjudication des biens d'un mineur n'est pas nulle pour avoir été poursuivie et consommée depuis la majorité de ce dernier sur la personne du tuteur, lorsqu'à l'époque où il a eu lieu, ce changement d'état n'a pas été notifié au poursuivant. — *Cass.*, 24 vend. an X, Hotto c. Canler. — Toutefois, cette décision est évidemment intervenue sous l'influence de cette idée que, par leur long silence, les intéressés avaient ratifié l'adjudication; autrement il serait difficile de la concilier avec les principes de la protection du mineur, qui peut ignorer les faits de la tutelle, et avec la règle que: *Nemo censetur ignorare conditionem ejus cum quo agit.*

729. — Mais si le changement d'état du mineur a été légalement connu des adversaires, ils ne peuvent plus procéder contre le tuteur. — *Cass.*, 25 fruct. an III, Grimarey c. Duchêne.

730. — Quant au tuteur, comme il ne peut pas ignorer la majorité de son pupille, il devient non recevable à former de nouvelles demandes en son nom. — Il a seulement qualité pour faire les actes conservatoires indispensables tant qu'il n'a pas remis au mineur tous les titres qui lui appartiennent.

731. — En conséquence, lorsque, dans le cours d'une instance où figurent des mineurs représentés par leur tuteur, un de ces mineurs devient majeur, le tuteur n'a plus qualité pour demander, au nom de celui-ci, la péremption de l'instance. — *Bordeaux*, 15 nov. 1838 (t. 1er 1839, p. 204), Revoux de Ronchamps c. Lacassagne.

732. — Quand une partie n'a eu dans une instance d'autre qualité que celle de tutrice, elle doit être mise hors de cause dès que son pupille est devenu majeur. — *Rennes*, 14 janv. 1819, N....

CHAPITRE XIV. — *Compte de tutelle.*

733. — A l'expiration de la tutelle, le tuteur est tenu de rendre compte de sa gestion soit au tuteur qui le remplace, soit au mineur émancipé assisté de son curateur, soit au mineur devenu majeur, soit enfin aux représentans du mineur décédé. — V., à cet égard, COMPTE DE TUTELLE.

734. — Depuis l'impression du mot *Compte de tutelle*, il a été rendu quelques arrêts y relatifs que nous nous bornerons à indiquer ici. — Ainsi, jugé que le compte de tutelle que rend à

son successeur le tuteur d'un interdit qui se démet de ses fonctions est valablement rendu à l'amiable devant notaires, et sans l'intervention de la justice, encore bien que le tuteur démissionnaire ait lui-même reçu le compte d'un précédent tuteur. — *Poitiers*, 25 août 1846 (t. 2 1848, p. 437), Bertrand-Comte c. Chateau.

735. — ... Qu'il y a lieu, pour établir dans un compte de tutelle l'excédant des recettes dont le tuteur doit intérêt au bout de six mois à défaut de placement dans l'intervalle, de faire une balance à l'expiration de chaque période semestrielle; et l'excédant des recettes constaté sur chaque balance produit intérêts six mois après sa constatation. — *Rouen*, 17 févr. 1842 (t. 1er 1844, p. 10), Dusailly c. Grimout.

736. — ... Que les juges ont qualité, en condamnant le tuteur ou mandataire à rendre compte, dans un délai donné, pour ordonner que, ce délai passé, le comptable sera contraint par saisie et vente de ses biens, jusqu'à concurrence d'une somme déterminée, sans qu'il soit besoin d'obtenir un nouveau jugement ordonnant l'emploi des mesures coercitives. — *Bordeaux*, 6 janv. 1846 (t. 2 1846, p. 251), Tatin. — Pigeau, *Procéd.*, t. 2, p. 369 et 373; Chauveau sur Carré, t. 4, quest. 1870; Lepage, *Quest.*, p. 364 et 365. — Toutefois, ce dernier auteur pense qu'il est des cas où la décence et la morale publique s'opposent à ce que l'on prononce d'avance les mesures coercitives: par exemple, lorsqu'un fils demande compte à son père, on ne peut trop, suivant lui, reculer le moment de lui faire des menaces. — V. aussi Demiau, p. 369; Hautefeuille, p. 311; Berriat, p. 499, note 4.

737. — ... Que le pupille qui, en recevant son compte de tutelle, accepte son tuteur pour débiteur du reliquat de ce compte, et le charge de payer *en son acquit*, sur les intérêts produits par ce reliquat, des arrérages à un tiers usufruitier d'un capital reçu par le tuteur, sans critiquer, comme indûment fait à celui-ci, le remboursement de ce capital, ne se constitue pas par cela même débiteur direct envers ce tiers des arrérages que le tuteur aurait négligé de payer à raison de son insolvabilité. On ne saurait le considérer comme ayant reçu effectivement ce capital, et comme tenu dès lors de payer ces arrérages. — *Cass.*, 20 janv. 1847 (t. 1er 1848, p. 279), de Maumigny c. Drouyn de Lhuys.

738. — ... Enfin, que l'époux survivant peut exercer, lors de la liquidation de la succession du prédécédé, mais seulement jusqu'à concurrence de la plus-value, la répétition des constructions faites par lui sur les immeubles de sa femme, sans qu'on puisse lui opposer la non-recevabilité de son action, attendu qu'il n'aurait pas compris sa réclamation comme article de crédit dans le compte de tutelle qu'il aurait précédemment rendu à ses enfans. — *Bordeaux*, 6 janv. 1846 (t. 2 1846, p. 251), Tatin.

CHAPITRE XV. — *Responsabilité du tuteur.*

739. — Le tuteur doit administrer les biens de son pupille en bon père de famille. — Il est responsable des dommages-intérêts qui peuvent provenir d'une mauvaise gestion. — C. civ., art. 450.

740. — Il résulte de ce principe que le tuteur est tenu non-seulement de son dol, mais encore des fautes graves et même des fautes légères qu'il commet. Toutefois, il ne répond point des fautes très-légères: ces dernières ne constituent pas en effet une mauvaise gestion; et la tutelle étant d'ailleurs dans l'intérêt exclusif du mineur, on ne saurait, sans injustice, se montrer trop sévère envers le tuteur. — Duranton, t. 3, n° 606; de Fréminville, nos 1088, 1089 et 1090.

741. — On a uniquement le droit d'exiger de lui les soins que porte à ses propres intérêts un père de famille diligent. Mais il serait non recevable à invoquer, pour repousser une action en dommages-intérêts, l'incurie qu'il apporte en général aux affaires qui l'intéressent personnellement. Par exemple, s'il avait manqué de produire dans un ordre ou dans une contribution pour son mineur, il ne dégagerait pas sa responsabilité en établissant qu'il s'est laissé également forclore faute de diligence en temps utile. — Duranton, t. 3, n° 606.

742. — Les tribunaux ont du reste un pouvoir discrétionnaire pour apprécier la gravité des fautes commises par le tuteur et déterminer l'étendue de la responsabilité par lui encourue. — Duranton, t. 3, n° 607.

743. — Ainsi, le tuteur est responsable du préjudice que peuvent occasionner au mineur les actes passés par lui, dans son intérêt privé, avec le débiteur du mineur, par exemple lorsqu'il a stipulé avec le fermier du mineur que lui, tuteur, deviendra propriétaire des biens hypothéqués à la sûreté du bail, dans le cas où le fermier n'aurait pas payé tous les prix de fermage à la fin du bail. — Dans ce cas, ayant intérêt à ne pas poursuivre le fermier pour demeurer propriétaire des biens de celui-ci, il doit être réputé avoir assumé sur lui le paiement du prix de ferme, et, en conséquence, être forcé en recette de ce qui reste dû au mineur à l'expiration du bail. Il répond aussi de l'insolvabilité du locataire qu'il a négligé de poursuivre soit pour lui faire payer les loyers, soit pour le faire déguerpir des lieux loués. — *Bordeaux*, 16 mars 1841 (t. 1er 1841, p. 720), Lac de Bosredon c. Bec.

744. — Celui qui, après avoir accepté l'institution testamentaire qui lui a été faite, à la charge d'employer une somme fixée par le testament à faire étudier des mineurs dont le testateur le déclare tuteur, loin d'accomplir cette obligation, ne met les mineurs en état de faire ni même d'entreprendre aucune espèce d'études, et les occupe à des travaux forcés de son ménage, autant que leurs forces peuvent le comporter, est tenu, envers ces mineurs, non-seulement des intérêts de la somme léguée pour leurs études, mais, de plus, à une indemnité proportionnée au dommage qu'a pu leur faire éprouver le défaut d'éducation qu'il a été dans l'intention du testateur de leur procurer. Le tuteur ne peut être déchargé de l'obligation de payer des dommages-intérêts, sous prétexte qu'il aurait agi sans dessein de nuire, et en se méprenant sur la véritable intention du testateur. Il y a de sa part ignorance de la loi et des devoirs qu'elle impose au tuteur, et cette ignorance ne saurait être excusée. En outre, il doit les intérêts de la somme léguée pour l'éducation des mineurs, *à partir du jour du décès*. — *Cass.*, 23 avr. 1817, Salicis.

745. — Dans le cas d'un testament faisant défense au tuteur qu'il désigne de placer les deniers du mineur sur les fonds publics, et lui prescrivant au contraire de les placer sur bonnes et suffisantes hypothèques, le tuteur qui a choisi le placement défendu par le testateur est passible de dommages-intérêts et peut être condamné à fournir un placement hypothécaire bon et suffisant. — *Bruxelles*, 15 déc. 1807, Flaming c. Meulemberg.

746. — Le tuteur qui n'a pas fait la déclaration nécessaire pour que les mineurs ne fussent censés accepter la succession que sous bénéfice d'inventaire, peut être personnellement condamné aux frais si sa négligence a donné lieu à des condamnations. — *Angers*, 11 août 1809, Davier c. N...

747. — Il est garant de la nullité de la donation faite à son pupille et résultant du défaut d'acceptation régulière. — V. DONATION. — Il a même été jugé que sous l'empire de l'ordonnance de 1731 sa responsabilité ne cessait pas d'être engagée dans le cas où c'était lui-même qui avait fait la donation. — *Cass.*, 11 juin 1816, Bouhier. — Cette solution nous semblerait difficilement admissible aujourd'hui; la donation peut en effet être acceptée par le subrogé tuteur, et d'ailleurs le tuteur donateur qui néglige de faire accepter la libéralité au nom du mineur peut être réputé avoir voulu retirer, comme il en avait le droit, la donation par lui proposée. — Toullier, t. 5, n° 202; Grenier, t. 1er, p. 18.

748. — Il est responsable s'il paie une dette nonobstant la prescription qui serait acquise au mineur; ainsi il n'en pourrait répéter le montant contre ce dernier. — *Bordeaux*, 16 mars 1841 (t. 1er 1841, p. 720), Lac de Bosredon c. Bec.

749. — S'il soutient pour ses mineurs un procès évidemment sans but, sans cause et sans appui, il peut être condamné aux dépens personnellement et sans répétition. — *Turin*, 25 juin 1810, Borelli c. Miroglio.

750. — Il en est de même dans le cas où il a formé au nom du mineur un appel évidemment mal fondé. — *Nîmes*, 2 juill. 1829, Chayard c. Millet.

751. — ... Ou bien introduit une action immobilière sans y être autorisé par le conseil de famille. — *Riom*, 3 avr. 1806, Bonnet c. Tantillon; *Nancy*, 16 fév. 1831, Cabouat c. Commune de Loymont; *Colmar*, 31 déc. 1831, Kertz c. Scheffer; *Bordeaux*, 16 mars 1841 (t. 1er 1841, p. 720), Lac de Bosredon c. Bec.

752. — Il doit encore être condamné personnellement à tous les dépens, quand, ayant imprudemment accepté une succession pour le compte de son pupille, il ne la répudie que sur l'appel d'un jugement qui le condamne à verser le reliquat d'un compte de tutelle pour payer une dette de cette succession. — *Agen*, 30 avril 1811, Bartagnac c. Paganel.

753. — Jugé que le tuteur qui demande, en vertu de l'art. 964 du Code de procédure, le renvoi d'une adjudication attendu l'insuffisance des enchères, reste garant envers les mineurs des suites de ce renvoi lorsque les enchères ultérieures sont moins élevées. — *Lyon*, 21 juill. 1838 (t. 2 1838, p. 631), Bonnand.

754. — Enfin des dommages-intérêts sont valablement prononcés contre lui lorsque, sous prétexte de défendre les intérêts de son pupille, il commet des dégradations entraînant des réparations civiles. — *Cass.*, 17 avril 1827, Pinette c. Laull.

755. — ... Ou qu'il intente en matière criminelle une action que le tribunal juge purement vexatoire et procédant d'un esprit de chicane. — *Cass.*, 9 déc. 1830, Duval c. Roy.

756. — Le mineur dont les biens ont été vendus par son tuteur sans formalités de justice, a la faculté d'exercer à son choix, ou l'action révocatoire contre l'acquéreur, ou l'action en indemnité contre le tuteur. — En ce dernier cas, il peut faire remonter son hypothèque légale au jour de l'entrée en fonctions de la tutelle. — *Toulouse*, 18 déc. 1826, Laborderie. — En effet, aux termes de l'art. 2121, le mineur a sur les biens de son père et tuteur une hypothèque légale qui date du jour de l'entrée en fonctions du tuteur, pour tous les faits relatifs à la tutelle. Le mineur peut donc, en ratifiant la vente de ses biens, qui n'est frappée que d'une nullité relative, opter pour la restitution du prix et la poursuivre, au moyen de l'hypothèque légale, sur les biens de son tuteur.

757. — Mais il a été jugé que le mineur dont le tuteur avait, sous l'empire des lois romaines, aliéné les biens sans qu'il y eût nécessité démontrée, n'avait cependant pas, même depuis le Code civil, l'option de les revendiquer contre les acquéreurs, ou d'actionner son tuteur en restitution du prix. Il doit d'abord agir contre les acquéreurs, sauf à revenir ensuite contre le tuteur par voie d'action en dommages intérêts, et dans le cas seulement où l'action dirigée contre les acquéreurs ne l'aurait pas indemnisé entièrement. — *Grenoble*, 12 déc. 1826, Billiard c. Brissaud.

758. — Le tuteur ne peut être contraint sur ses biens personnels au remboursement de sommes envers ses pupilles qu'autant qu'il a été reconnu débiteur de ces derniers, par suite d'un compte préalablement demandé, débattu et arrêté en conformité des art. 469 et suiv. C. civ. et 527 C. proc. civ. — *Lyon*, 12 avr. 1848 (t. 2 1848, p. 519), Séan c. Pellet.

759. — Les tiers avec lesquels le tuteur a contracté, au nom de son pupille, des obligations excédant ses pouvoirs peuvent aussi, suivant les circonstances, recourir contre lui en dommages-intérêts.

760. — Ainsi, celui qui achète sciemment des biens de mineurs sans formalités a néanmoins, au cas d'éviction, son recours contre le tuteur pour la restitution du prix et des frais. Si le tuteur n'est pas tenu de la garantie, comme vendeur en son nom personnel, il est tenu, comme auteur d'un fait dommageable. — *Metz*, 1er juin 1821, Leduc c. Roch et Préclaire.

761. — Le tuteur qui a vendu les biens de son pupille sans formalités de justice, mais en promettant de rapporter la ratification de celui-ci à sa majorité, ne peut, dans le cas où la ratification n'est pas rapportée, être relevé de l'obligation de payer des dommages-intérêts à l'acquéreur, qu'autant qu'il prouve que cet acquéreur n'a éprouvé aucun préjudice, ou que celui qu'il a souffert est imputable à sa mauvaise foi. — L'arrêt qui se borne à déclarer que l'engagement contracté par le tuteur envers l'acquéreur ne l'obligeait à aucuns dommages-intérêts, en ce que celui-ci connaissait le vice de la vente, doit être cassé. — *Cass.*, 1er mai 1815, Dufay c. Morel.

762. — Le tuteur qui, dans un procès suivi au nom des mineurs, a fait des actes préjudiciables à l'une des parties en cause, peut être condamné

personnellement aux dépens et à des dommages-intérêts. — L'arrêt qui statue ainsi par appréciation des faits échappe à la censure de la Cour de cassation, sans qu'on puisse exciper devant cette Cour de ce que le tuteur n'aurait pas compromis les intérêts de son pupille. — *Cass.*, 5 juill. 1847 (t. 2 1848, p. 476), Renaudeau c. Duveau.

CHAPITRE XVI. — *Traités entre le tuteur et le pupille.*

763. — Aucun traité ne peut intervenir entre le tuteur et le mineur devenu majeur, s'il n'a été précédé de la reddition d'un compte détaillé de la tutelle et de la remise des pièces justificatives; le tout constaté par un récépissé de l'oyant compte, dix jours au moins avant le traité. — C. civ., art. 472.

764.—Cette disposition a pour but de protéger le mineur, au moment où il arrive à la majorité, contre l'entraînement qui aurait pu le porter à sacrifier une partie de ses droits pour se mettre un peu plus tôt en possession de ses titres et de ses biens.

765. — Elle s'applique, par conséquent, à tout traité qui aurait pour effet, même indirect, d'affranchir le tuteur de l'obligation de rendre compte de la gestion, moyennant la somme ou la chose convenue, encore bien que l'on n'eût pas traité spécialement sur cette gestion, et qu'il n'eût pas été stipulé d'une manière expresse que le tuteur en demeurerait déchargé. — Duranton, t. 3, n° 637; Merlin, *Quest.*, v° *Tuteurs*, § 3.

766. — Ainsi, la cession qu'un enfant devenu majeur fait à son père, son tuteur, de tous ses droits maternels en masse, sans réserve ni exception, comprenant les meubles et autres effets qui doivent entrer dans le compte de tutelle dû par le cessionnaire, est nulle si elle n'a été précédée du compte tutélaire.—*Cass.*, 14 déc. 1818, Veyren c. Roussel; *Nîmes*, 2 juin 1830, Dalvergny. — Favard de Langlade, *Rép.*, v° *Tutelle*, § 10, n° 3; Duranton, t. 3, n° 637; Magnin, t. 1er, n° 715.—*Contrà* *Paris*, 5 janv. 1820, Guillochin.

767. — Est également nul l'acte par lequel, sans reddition de compte préalable, une fille cède, le lendemain de sa majorité, à son père, qui a été son tuteur, ses droits immobiliers dans la communauté, même lorsque ledit acte a pour but de remplir ce dernier de ses gains de survie ou des récompenses qui lui sont dues par la communauté. — Il doit en être ainsi surtout quand, des circonstances de l'acte, il résulte que la fille n'a signé ce traité que par une sorte de crainte révérencielle. — *Paris*, 2 août 1821, Dupré; *Douai*, 20 janv. 1844 (t. 2 1844, p. 12), Cousin c. Meeze. — Delvincourt, t. 1er, p. 129; Toullier, t. 2, p. 405, 415, 417; Duranton, t. 3, n° 636, 637 et suiv.; Proudhon, t. 2, p. 244; Merlin, *Quest.*, v° *Tuteur*, § 3, n° 1er, et *Rép.*, v° *Tutelle*, sect. 5, § 2, n° 3; Favard de Langlade, *eod. verbo*, § 10, n°s 3 et 3 *bis*, § 16, n° 3; Magnin, n° 727, et Bioche, v° *Reddition de compte de tutelle*, n° 19.

768. —Mais l'acte de partage de la communauté conjugale, passé entre le mari survivant et ses enfans, dont l'un avait atteint sa majorité et les autres étaient représentés par leur subrogé tuteur, n'est pas nul, par cela qu'il n'aurait pas été précédé de la reddition du compte de tutelle à l'égard de l'enfant majeur; il ne peut, en effet, dans ce cas, s'élever aucun soupçon de fraude. — *Bruxelles*, 20 janv. 1818, Luyckx.

769. —Au contraire, l'approbation que le pupille aurait donnée à des bordereaux de dépenses depuis sa majorité, mais avant la reddition du compte, tombe sous la nullité de l'art. 472. — *Paris*, 19 avril 1823, Manigot c. Bézard.

770. — Il en est de même du traité par lequel le mineur abandonne à son tuteur la jouissance d'un immeuble indivis entre eux pour l'indemniser des réparations qu'il y a faites. — *Bourges*, 7 févr. 1827, Bauhier c. Roy.

771. — La reconnaissance d'une contre-lettre qui attribue au tuteur la propriété d'un immeuble dépendant du patrimoine apparent de ses pupilles, ne peut être faite valablement par ceux-ci, depuis leur majorité, avant la reddition du compte de tutelle. C'est là, en effet, dans le sens de l'art. 472 C. civ., un véritable traité se rattachant à la tutelle. — *Cass.*, 1er juin 1847 (t. 1er 1847, p. 688), Fournet.

772. — Un mineur devenu majeur ne peut, avant la reddition du compte de tutelle, reconnaître, par acte sous seing privé, que sa mère et tutrice était copropriétaire d'un immeuble acquis pour lui pendant sa minorité. — *Rennes*, 18 déc. 1819, Levalois c. N...

773. — Est nulle 1° la décharge donnée par le mineur devenu majeur aux héritiers de la caution solidaire du tuteur, sans que le compte de tutelle ait été rendu et apuré. — *Besançon*, 24 janv. 1827, Pinguet deVuillemot.

774.—...2° La mainlevée donnée par le mineur à l'acquéreur d'un immeuble appartenant au tuteur de l'hypothèque légale qui frappait cet immeuble. — *Caen*, 17 déc. 1827, Roulland c. Lebailly.

775. — Peu importe que le traité intervenu entre le tuteur et le mineur ait été fait dans le contrat de mariage de celui-ci, avec l'assistance des personnes dont le consentement est nécessaire pour la validité du mariage. — *Paris*, 14 août 1812, Lamiral c. Rivière.

776. — Mais la disposition de l'art. 472 cesse d'être applicable si le traité ne porte que sur un objet particulier, sans avoir pour effet de dispenser le tuteur, soit pour la totalité, soit pour partie, de rendre le compte de son administration.— Duranton, t. 3, n° 638; Delvincourt, t. 1er, p. 131; Favard de Langlade, *Rép.*, v° *Tutelle*, § 10, n° 3 *bis*; Chardon, *Dol et fraude*, t. 1er, n° 70, et *Puiss. tut.*, p. 398.

777. — Vainement prétendrait-on que les termes dont s'est servi le législateur sont généraux, et qu'ils embrassent indistinctement toutes les conventions arrêtées entre le pupille et son tuteur, que l'ascendant de ce dernier, l'influence inévitable qu'il doit exercer sur le mineur tant que le compte de tutelle n'est pas apuré, motivent suffisamment une prohibition absolue s'étendant à toute espèce de contrats. Les interdictions sont de droit étroit, et l'art. 472 n'a évidemment entendu défendre que les traités relatifs au compte de tutelle, comme le démontre la place même qu'il occupe sous la rubrique du compte de tutelle.—*Contrà*, Magnin, t. 1er, n° 715; Merlin, *Quest. de droit*, v° *Tuteur*, § 3.

778. — En conséquence, la vente d'un immeuble faite par le mineur devenu majeur à son ci-devant tuteur est valable, quoiqu'elle n'ait pas été précédée de la reddition du compte tutélaire. — *Cass.*, 22 mai 1822, Vouney c. Fusenot.

779. — Le pupille devenu majeur peut valablement, avant toute reddition du compte de tutelle, passer un compromis avec sa mère, tutrice, à l'effet de régler les droits et reprises de cette dernière dans la succession de son mari, alors surtout que dans ce compromis le compte de tutelle a été formellement réservé, et qu'il ne porte que sur des intérêts dont le règlement doit être fait préalablement pour savoir quels biens doivent entrer dans le compte. — *Cass.*, 16 mai 1831, Delaage.

780. — Les mineurs peuvent, avant toute reddition de compte de tutelle, mais sous la réserve de leurs droits à cet égard, être condamnés à rapporter à la succession de leur tuteur des sommes dont ils sont débiteurs vis-à-vis de cette succession par suite de ventes simulées faites à leur père, une telle condamnation n'étant que la fixation des bases du règlement des intérêts communs entre les héritiers du tuteur. — *Cass.*, 21 août 1837 (t. 2 1837, p. 461), Roufflac c. Soulages.

781. — Si le tuteur ne peut, avant d'avoir rendu compte, répéter les sommes par lui payées à la décharge des biens dont l'administration lui avait été confiée, cette règle ne s'applique pas aux sommes qui lui sont dues par les mineurs, pour des causes étrangères à l'administration de la tutelle. — Par exemple, si la mère tutrice est créancière de sa dot, les mineurs ne peuvent retenir cette dot et l'opposer en compensation, avec ce dont leur mère pourra être déclarée débitrice, par suite de la reddition du compte. — *Grenoble*, 9 août 1823, Chevalier c. Lambert.

782. — La Cour d'appel de Riom a déclaré nul le cautionnement souscrit par le mineur, devenu majeur, au profit du tuteur avant la reddition du compte de tutelle, un pareil acte ayant pour résultat de tourner indirectement au profit du tuteur. — *Riom*, 26 août 1816, Legay c. Nury. — Mais cette décision nous paraît contraire aux principes ci-dessus posés et à la jurisprudence de la Cour suprême. — V. *suprà*, n°s 776 et suiv.— Le cautionnement souscrit par le mineur ne dispense, en effet, nullement le tuteur de rendre son compte. On ne saurait donc l'annuler que s'il était donné à titre purement gratuit, et constituait une libéralité prohibée par l'art. 907 du C. civ. — V. DONATION.

783. — Quoi qu'il en soit, l'art. 472 est applicable au traité passé entre le père administrateur légal et son enfant, comme à celui passé entre un mineur devenu majeur et son tuteur. — Est nulle, par conséquent, si elle n'a été précédée d'une reddition de comptes avec pièces à l'appui, la convention par laquelle un mineur devenu majeur fait remise à son père d'une obligation, et consent mainlevée d'une inscription prise à son profit. — *Bruxelles*, 11 mai 1815, P... c. N....

784. — Si le tuteur n'a eu aucun bien à gérer, à cause de l'indigence de son pupille, les motifs qui ont fait prohiber tout traité entre lui et le mineur, avant la reddition du compte de tutelle, cessent d'exister. Il paraît donc équitable de décider, dans ce cas, que le mineur est non recevable à demander la nullité d'une convention par lui consentie, surtout quand elle n'a été arrêtée que plusieurs années après sa majorité. — *Paris*, 16 mars 1814, Guerard c. Blandin.

785. — Il en est de même si le mineur n'a d'autre fortune qu'une constitution en argent, payable à sa majorité, et n'a aucun bien à administrer. (Rés. par la Cour d'appel seulement.) — *Cass.*, 5 juill. 1827, Ravel c. Maltère. — V. L. 1re, *De eo qui gessit pro tutore*; L. 39, § 9, *De administratione et periculo tutorum*; L. fin., *De tutelâ et rat. distr.*

786. — Le récépissé délivré par le mineur doit nécessairement être séparé du traité qui intervient entre lui et le tuteur. Ce traité serait nul s'il était contenu dans le même acte que le récépissé, alors surtout qu'il ne serait justifié ni d'un compte détaillé, ni de la communication préalable des pièces à l'appui. — *Rennes*, 24 déc. 1824, Guiheux; 24 août 1819, Lehoure c. Gabon. — Marchand, *Code de la minorité*, p. 356.

787. — Le récépissé ne peut être suppléé par la déclaration du notaire, même consignée dans l'acte passé entre le tuteur et son pupille, que celui-ci a pris connaissance du compte, ni, à plus forte raison, par la preuve testimoniale. — *Aix*, 10 août 1809, Isnard. — Toullier, t. 10, n° 58. — *Contrà*, *Paris*, 3 janv. 1812, Videron c. Lecoq.

788. — M. de Fréminville (n° 1115) exige que le reçu ait date certaine, par exemple par l'enregistrement, et il pense que l'art. 1322 du Code civil ne serait pas ici applicable. Nous pensons, au contraire, qu'en l'absence de dérogation formelle à la règle posée par l'art. 1322 sur la foi due aux actes sous seings privés, entre les parties qui les ont signés, le récépissé n'a pas besoin d'emprunter à un fait extérieur la certitude de sa date en ce qui regarde le mineur.

789.—Jugé, toutefois, qu'il n'est pas nécessaire que le récépissé du mineur soit revêtu de la forme de l'enregistrement, pour faire foi entre les héritiers ou ayans-cause du mineur et du tuteur. — *Rennes*, 14 mai 1825, Laveaux c. Devay.

790. — L'arrêté d'un compte de tutelle doit être considéré comme non avenu, faute de communication, constatée par inventaire, des pièces justificatives. — *Rennes*, 7 août 1817, Pihan du Feillay et Litré.

791. — On ne peut établir par la preuve testimoniale la reddition d'un compte de tutelle ainsi que la remise des pièces à l'appui, alors surtout qu'il n'existe aucun commencement de preuve par écrit. — *Toulouse*, 6 févr. 1835, Barrau c. de Paulo; *Aix*, 10 août 1809. — Toullier, t. 10, n° 58.

792. — Une simple quittance notariée donnée au tuteur par le pupille peut être réputée tenir valablement lieu d'un compte détaillé lorsque la somme dont le tuteur est déchargé est la seule à laquelle le mineur pouvait prétendre. — *Cass.*, 23 août 1837 (t. 2 1837, p. 525), Guérin c. Berga.

793. — Mais, dans toute autre circonstance, une quittance définitive donnée par le pupille, depuis sa majorité, ne peut dispenser le tuteur de rendre compte, lorsqu'il n'est pas établi que cette quittance a été précédée d'un compte régulier. — Une telle quittance doit être assimilée à un traité de la nature de ceux que l'art. 472 du C. civ. déclare nuls. — *Metz*, 10 mars 1821, Renaudin c. Dorvillers.

794. — Le délai de dix jours qui doit s'être écoulé depuis la reddition du compte de tutelle et le récépissé des pièces justificatives est un délai de rigueur. — *Aix*, 10 août 1809, Isnard.

795. — Il court non de la date du récépissé, mais du jour que cette pièce assigne à la commu-

nication effective des pièces. — De Fréminville, nº 1114.

796. — Cet intervalle forme une présomption suffisante d'apurement du compte, et cette présomption ne peut être détruite que par des moyens étrangers aux formalités extrinsèques. — *Rennes*, 14 mai 1825, Laveaux c. Davay.

797. — L'inexécution des formalités ci-dessus indiquées entraîne, en général, la nullité de tout traité intervenu entre le tuteur et son pupille.

798. — Ainsi, un mineur devenu majeur qui a transigé avec son tuteur, sans avoir reçu de compte de tutelle, peut, par ce seul motif, faire annuler la transaction qu'il a faite avec son tuteur, et ce, nonobstant des allégations de spoliation, et sans avoir besoin de prouver la lésion. — *Rennes*, 14 juill. 1819, Collet c. Ameline.

799. — Après la restitution du mineur devenu majeur, contre la transaction qu'il avait passée avec son tuteur, le légataire de celui-ci ne peut faire statuer sur un objet préliminaire au délivrement de son legs, avant la reddition du compte de tutelle, son règlement et le paiement du solde. — *Rennes*, 14 juill. 1819, Collet c. Ameline.

800. — L'arrêté de compte signé avant la remise des pièces à l'appui est également nul. Néanmoins, en l'absence de toute fraude ou erreur grave et à défaut de préjudice réel, le tribunal peut se dispenser de prononcer cette nullité, lorsqu'il est constant que les pièces justificatives du compte ont été remises en temps utile à l'oyant, ce qui rendrait impossible tout nouveau compte de la part du tuteur. — *Toulouse*, 27 nov. 1841 (t. 1er 1842, p. 448), D.... c. Muguet.

801. — Il a de même été jugé qu'il n'y a pas ouverture à cassation contre un arrêt qui maintient une transaction passée entre un tuteur et son pupille devenu majeur, sans une reddition préalable du compte de tutelle, si, d'ailleurs, cet arrêt constate : 1º que, dans la position où le tuteur était placé, il n'avait aucun compte à rendre ; 2º que le pupille a exécuté la transaction pendant un temps considérable. — *Cass.*, 16 avr. 1822, Hermel c. Dumont.

802. — Dans la première de ces deux hypothèses, la rigueur de la loi doit, en effet, fléchir devant l'impossibilité où se trouverait le tuteur de rendre un nouveau compte régulier, du moment que les circonstances de la cause ne permettent pas de suspecter sa bonne foi ; et, dans la seconde, on ne peut reprocher au tuteur de n'avoir pas présenté avant le traité un compte dont la reddition était impossible. C'est là une application du principe posé ci-dessus, et d'après lequel l'art. 472 devenait inapplicable, lorsqu'il n'y a pas eu administration des biens du pupille par le tuteur.

803. — Il n'y a pas non plus nécessairement nullité d'un compte de tutelle, en ce que toutes les pièces justificatives n'ont pas été remises à l'oyant-compte ; le vœu de l'art. 472 C. civ. est satisfait lorsque ces pièces (encore nécessaires au tuteur pour d'autres affaires) ont été déposées chez un notaire avec l'agrément des intéressés et avec faculté d'en prendre connaissance et copie. — *Bruxelles*, 21 mai 1830, Mélanie c. Ysenbrant. — Magnin, *Traité des minorités*, t. 1er, nos 723 et 725.

804. — L'art. 472 C. civ., qui déclare nul tout traité intervenu entre le tuteur et le mineur devenu majeur, s'il n'a été précédé de la reddition d'un compte détaillé et de la remise des pièces justificatives, n'a eu en vue que les traités, quelle que soit, d'ailleurs, leur dénomination, qui se rattacheraient à la tutelle et auraient pour effet de soustraire le tuteur à l'obligation de rendre compte en tout ou en partie. — *Cass.*, 1er juin 1847 (t. 1er 1847, p. 688), Fournet. — Duranton, t. 3, nº 638 ; Favard de Langlade, vº *Tutelle*, § 10, nº 3 *bis* ; Chardon, *Du dol et de la fraude*, t. 1er, nº 70, et *Puissance paternelle*, p. 398 ; Marbeau, *Traité des transactions*, nº 64 ; Zachariæ, t. 1er, p. 237 ; Proudhon sur Valette, t. 2, p. 414.

805. — Ainsi, il n'est point applicable aux engagemens contractés avec les tiers, même avec la participation du tuteur. — *Paris*, 12 déc. 1848 (t. 1er 1849, p. 181), de Caumont c. Mallet et Jollivet ; *Cass.*, 10 avril 1849 (t. 1er 1849, p. 456), Chauvin c. Fabas de Mautort.

806. — Par conséquent, l'acte souscrit par le mineur devenu majeur, dans lequel il déclare s'obliger solidairement, conjointement avec son tuteur, et faire cession de son hypothèque légale au profit d'un tiers de bonne foi, n'en est pas moins valable, bien qu'il ait été souscrit avant la reddition du compte de tutelle. — *Cass.*, 10 avr. 1849 (t. 1er 1849, p. 456), Chauvin c. Fabas de Mautort.

807. — La nullité du traité fait entre le mineur et le tuteur entraîne celle de tous les actes qui n'en sont que la conséquence. — *Rennes*, 24 déc. 1824, Guiheux.

808. — Cette nullité n'est pas couverte par l'exécution volontaire donnée à ce traité par le pupille. — *Paris*, 14 août 1812, Lamiral c. Rivière ; *Rennes*, 24 déc. 1824, Guiheux ; *Lyon*, 31 déc. 1832, Paturel c. Coquard. — L'art. 472 fait, en effet, exception à la règle établie par l'art. 1338 C. civ., parce que, si le mineur devenu majeur pouvait ratifier tacitement le traité intervenu avec son tuteur sans l'accomplissement des formalités prescrites, la prohibition de l'art. 472 deviendrait illusoire ou du moins souvent inefficace. — *Contrà*, *Paris*, 5 janv. 1820, Guillochie.

809. — La Cour de Limoges a aussi jugé, contrairement à cette opinion, le 8 mai 1835, que l'exécution donnée par un mineur au traité conclu avec son tuteur, et résultant de l'emploi par lui fait de l'argent qui lui était alloué, le rendait non recevable à provoquer ultérieurement l'annulation de ce traité, et le pourvoi dirigé contre cet arrêt a été rejeté le 27 avr. 1836 par la Chambre des requêtes (Falèze c. Chatard) ; mais la Cour s'est fondée sur ce que, indépendamment de la ratification, l'arrêt attaqué avait opposé la prescription à la demande en nullité du traité, d'où l'on peut conclure que, loin d'approuver la doctrine de la Cour de Limoges sur l'exécution volontaire, la Cour suprême a plutôt entendu la blâmer.

810. — Il a même été jugé que la nullité d'un traité passé entre un tuteur et son pupille, devenu majeur avant la reddition du compte de tutelle, ne peut être couverte par une ratification ultérieure, soit expresse, soit tacite. — *Grenoble*, 31 août 1819, Miribel c. Gerbolet ; 15 nov. 1837 (t. 2 1839, p. 288), Boulieux. — V. aussi *Paris*, 2 août 1821, Dupré. — Coulon, *Quest. de dr.*, t. 2, p. 243.

811. — Il est, cependant, certain que l'acte de ratification doit produire effet, pourvu qu'il soit précédé lui-même de la remise du compte de tutelle et des pièces à l'appui.

812. — La Cour de Paris (15 déc. 1830, Lange c. Huchet et Gayard) a décidé que l'acte de ratification d'une obligation contractée par un mineur envers son tuteur, mais nulle faute d'avoir été précédée de la reddition du compte de tutelle dans les formes prescrites par la loi, a un effet rétroactif au jour de l'acte primitif, tellement que des créanciers qui ont acquis hypothèque dans l'intervalle de la date de l'acte nul et de sa ratification, doivent être primés par l'hypothèque ratifiée. Qu'il en doit du moins être ainsi alors qu'ils ont eu, avant de traiter, connaissance de cette première hypothèque par son inscription. — Mais cette question de préférence entre les divers créanciers est vivement controversée. — V. HYPOTHÈQUE.

813. — Quoi qu'il en soit, le mineur n'est plus recevable à attaquer le traité irrégulièrement passé avec son tuteur, lorsqu'il a gardé le silence pendant dix ans. L'art. 1304 C. civ. dispose en effet qu'à moins d'une disposition particulière, toutes les actions en nullité ou en rescision sont prescrites par ce laps de temps, et l'art. 475 du même Code porte, d'un autre côté, que toute action du mineur contre son tuteur relativement aux faits de la tutelle se prescrit par dix ans. — *Cass.*, 14 nov. 1820, Tesson ; 3 août 1829, Peignot c. Goulellé ; 10 févr. 1830, Poussin c. Desneux. — De Fréminville, nº 1120.

814. — Ce délai de dix ans court (sauf le cas de dol ou de violence) du jour de la majorité du pupille, bien que le traité soit postérieur à cette époque. — *Cass.*, 26 juill. 1819, Duval c. Warluis.

815. — La question est controversée. — Conf. Malleville, *Anal. raisonnée de la discuss. du Code.* — Il s'exprime ainsi sur l'art. 475 : « Je suppose que le traité *in folle*, ou fait sans observer les formalités prescrites par l'art. 472, ait été passé quelques années après que le mineur est devenu majeur : aura-t-il dix ans pour se faire restituer contre ce traité, à compter du jour de sa date, en sorte qu'il puisse se pourvoir après l'âge de trente-un ans ? Je ne le crois pas. La disposition de notre article est trop précise ; le mineur n'a que dix ans, depuis sa majorité, pour rechercher son tuteur ; et la justice semble dire que le mineur ne peut pas avoir plus de temps pour cette recherche, après avoir passé un traité avec son tuteur, qu'il n'en aurait s'il ne l'avait pas passé. Je sais bien que le contraire arrive quelquefois dans d'autres matières ; mais c'est tant pis. Je ne propose, cependant, cette opinion, qui me paraît dictée par l'équité et par les termes de notre article, qu'avec beaucoup de réserve, *et ad referendum.* » L'auteur du *Rép. de jurisp.* (vº *Tutelle*, sect. 5, § 2, nº 3) professe les mêmes principes en ces termes : « La nullité soit de l'acte fait entre le tuteur et son ci-devant mineur pour remplacer le compte de tutelle, soit de la transaction passée entre eux, sans compte préalablement rendu, se couvrait-elle, avant le Code civil, et se couvre-t-elle aujourd'hui par le laps de dix ans, à compter de la majorité ? Qu'elle se couvre aujourd'hui, c'est ce qu'on ne peut révoquer en doute, d'après les art. 475 et 1304 du Code. » — V. aussi Marchand, *Code de la minorité*, p. 364 ; de Fréminville, nº 1120 ; Troplong, *Prescr.*, t. 2, nº 1087 ; Solon, *Nullités*, t. 2, nº 485 ; Zachariæ, t. 1er, § 334, note 13 ; Chardon, *Puiss. tutél.*, p. 414.

816. — L'opinion contraire est adoptée par l'auteur des *Pandectes françaises*, qui dit, sur l'art. 475 : « Maleville demande si en supposant que le traité *in folle*, c'est-à-dire fait avec le tuteur, contre la disposition de l'art. 472, l'ait été quelques années après la majorité, on doit appliquer cette prescription, en sorte qu'il ne puisse plus être attaqué après trente-un ans. Il adopte l'affirmative, quoique en balançant. Je ne puis partager cette opinion. Je fais observer que, d'une part, ce n'est pas là un fait de la tutelle, et que, d'une autre part, la prescription ne peut jamais courir contre une action avant qu'elle soit ouverte. » Et Toullier (t. 9, nº 1278) ajoute : « Quant à l'action en nullité de traités faits entre le tuteur et le mineur devenu majeur, sans avoir observé les formalités prescrites par l'art. 472, c'est-à-dire sans avoir été précédés d'un compte détaillé et de la remise des pièces dans les dix jours précédens, etc., elle se prescrit par dix ans, en vertu de l'art. 1304, et le délai se compte du jour que le traité a été passé, et non du jour de la majorité du mineur. La demande en nullité d'un pareil traité n'est point une action relative aux faits de la tutelle, mais à un fait postérieur ; c'est une action qui naît de la surprise faite au mineur devenu majeur. On ne peut donc appliquer ici la disposition de l'art. 475 ; autrement, il en résulterait que les dix ans accordés pour faire annuler un pareil traité auraient couru avant même qu'il existât, ce qui retombe dans l'absurdité. » — Magnin (nº 737), pour combattre le système de la Cour de cassation, suppose le cas où le traité ne serait passé que la veille de l'expiration du délai de dix ans depuis la majorité. Dans ce cas, le pupille n'aurait, en réalité, aucun délai pour se pourvoir contre le compte de tutelle. — Vazeille, *Prescript.*, t. 2, nº 581.

817. — Enfin la Cour royale de Limoges a jugé dans ce dernier sens le 21 mai 1840 (t. 1er 1841, p. 106, Sudre c. Mazuel). — Mais le système sanctionné par la Cour suprême nous paraît plus conforme à l'esprit de la loi. Lorsque dix années se sont écoulées depuis la majorité du pupille, le tuteur doit, en effet, être à l'abri de toute réclamation relative à son administration.

818. — La prescription n'est pas interrompue par un partage opéré avant l'expiration des dix années, si ce partage a été annulé comme frauduleux. — *Cass.*, 27 avril 1836, Falèze c. Chatard.

819. — Le mineur seul peut, en général, se prévaloir de la nullité du traité intervenu entre lui et son tuteur sans l'accomplissement des formalités prescrites par l'art. 472. Ces formalités sont en effet ordonnées dans son intérêt exclusif. — Duranton, t. 3, nº 639 ; de Fréminville, nº 1118.

820. — Le tuteur ne saurait se prévaloir de leur omission pour faire annuler une reconnaissance par laquelle il se serait avoué débiteur de son pupille. — *Besançon*, 26 nov. 1811, Lanchamp c. Barnabaud et Péquignot ; *Rennes*, 14 déc. 1816, Ledo c. Desbois ; *Montpellier*, 20 janv. 1830, Pailloux c. Galdy.

821. — Les créanciers du mineur eux-mêmes seraient sans qualité pour demander la nullité du traité consenti par leur débiteur : c'est là un droit exclusivement attaché à la personne. — *Paris*, 15 déc. 1820, Lange c. Huchet et Gayard.

822. — Les héritiers du mineur ne sauraient pas davantage exciper de ce droit. — *Bourges*, 7 avr. 1830, Boussard c. Marquet.

823. — A plus forte raison, en cas de décès d'un mineur, si le tuteur, héritier de ce pupille, a fait avec ses cohéritiers le partage de la succession, ceux-ci ne sont pas recevables à attaquer ce partage, sous prétexte qu'il n'a pas été précédé d'un compte de tutelle. — L'art. 472 C. civ. est unique-

ment relatif au mineur dont la tutelle a été gérée. — *Rennes*, 25 janv. 1826, Daniel c. Allain.

824. — L'art. 472 C. civ. n'est pas applicable à un compte de tutelle rendu avant sa promulgation. — *Cass.*, 26 mai 1807, Froment c. Rollet.

825. — Du reste, les traités entre les tuteurs et leurs pupilles étaient à peu près soumis aux mêmes règles qu'aujourd'hui.

826. — Ainsi, suivant l'ord. de 1539, comme d'après le dernier état de la jurisprudence du Parlement de Paris, les mineurs devenus majeurs n'avaient que dix ans, à dater de leur majorité, pour se pourvoir en restitution contre les traités faits avec leurs tuteurs. Peu importait, d'ailleurs, que ces traités n'eussent pas été précédés de la reddition d'un compte de tutelle. — *Riom*, 30 vent. an XII, Chany c. Couret; 15 nov. 1808, Vincent c. Miolle; *Cass.*, 3 août 1829, Peignot c. Goutelle. — *Contrà*, *Cass.*, 6 frim. an XIII, Janin. — Pendant quelque temps, et nonobstant l'ord. de 1539, la jurisprudence du Parlement de Paris accordait au mineur trente ans pour se faire restituer, comme elle lui accordait trente ans pour demander le compte même, aux termes de l'art. 1er, tit. 29, ord. 1667. Mais depuis, cette jurisprudence avait changé dans ce Parlement et dans tout son ressort; on y jugeait, conformément à l'ord. de 1539, que le mineur devenu majeur devait se pourvoir, dans les dix années, contre les actes passés entre lui et son tuteur, de quelque nature qu'ils fussent, *visis aut non visis tabulis*. — V. Brodeau sur Louet, lett. T, n° 3; Henrys, t. 2, liv. 4, quest. 74; Bretonnier, *ibid.*, et *Quest. de droit*, t. 1er, p. 114 et 115; Argou, *Droit franç.*, t. 1er, p. 61, et Rousseau de Lacombe, v° *Restitution*, sect. 2, n° 4.

827. — Toutefois, dans l'ancien droit comme sous le Code, on ne devait pas appliquer la règle qui annulait tout traité fait entre un mineur et son tuteur, avant la reddition du compte de tutelle, à un traité fait par le mineur avec un *tiers*, du *consentement* du tuteur, mais sans rapport avec le compte de tutelle. — *Cass.*, 7 août 1810, Goutte-Faugeas.

828. — Sous l'empire de la coutume de Normandie, un mineur devenu majeur a pu vendre à son tuteur une portion de biens, avant la reddition du compte de tutelle, lorsque, d'ailleurs, il a, dans l'acte de vente, fait toutes réserves relativement au droit de demander compte. — *Cass.*, 16 brum. an VI, Legablier c. Moisson.

829. — La tutelle de la mère étant purement dative, sous la coutume d'Auvergne, et devant être confirmée par le juge, il en résulte qu'à défaut de preuve de l'accomplissement de ces formalités, ni de gestion de la tutelle de la part de la mère, le traité intervenu entre elle et son enfant mineur, avant qu'aucun compte de tutelle ait été rendu à celui-ci, ne peut être attaqué qu'en rescision pour minorité, et non en nullité, comme n'ayant pas été précédé du compte dont la reddition préalable est nécessaire pour la validité des traités passés entre un tuteur et son pupille. On dirait en vain qu'il y a eu une tutelle de fait, dont les obligations sont les mêmes; au moins, l'arrêt qui le décide ainsi n'est point sujet à la censure de la Cour de cassation. — *Cass.*, 5 juill. 1827, Ravel c. Maltère.

830. — Sous l'empire de l'ordonnance de 1667, le mineur devenu majeur avait le droit de demander la nullité d'un compte de tutelle qui n'avait pas été accompagné des pièces à l'appui, bien que ce compte eût été rendu devant arbitres. — *Grenoble*, 31 août 1819, Miribel c. Gerbolet.

CHAPITRE XVII. — *Prescription des actions relatives à la tutelle.*

831. — Toute action du mineur contre son tuteur, relativement aux faits de la tutelle, se prescrit par dix ans à compter de la majorité. — C. civ., 475.

832. — Cette disposition est fondée sur ce que les élémens dont se compose le compte de gestion n'ont, la plupart du temps, qu'une existence fugitive, et que l'équité ne permettait pas de soumettre le tuteur ou ses héritiers à l'obligation de rendre leur compte à une époque où ils ne pourraient plus que très-difficilement constater les actes de leur administration. — Duranton, t. 3, n° 642.

833. — Mais cette raison n'existe plus lorsqu'il y a eu un compte arrêté ou un traité quelconque entre le tuteur et le mineur devenu majeur. Dans ce cas, l'action n'a plus pour objet de faire rendre le compte; elle n'est plus directement fondée sur les faits de la tutelle : elle prend naissance dans l'arrêté de compte ou dans le traité, et, dès lors, elle n'est plus soumise qu'à la prescription trentenaire. — Duranton, t. 3, n° 643.

834. — En conséquence, le paiement du reliquat du compte de tutelle fixé par jugement ou par acte régulier peut être poursuivi pendant trente ans. — Toullier, t. 2, n° 1276; Magnin, n° 736; Vazeille, *Des prescriptions*, n° 534; Duranton, t. 1er, n° 643; Bioche, *Dict. proc.*, v° *Compte*, n° 205; Proudhon, t. 2, p. 246.

835. — Il en est de même de l'action en redressement du compte de tutelle : elle prend en effet sa source dans les vices du compte, et non pas dans l'administration du tuteur. — *Metz*, 10 juill. 1821, Reder; *Besançon*, 5 juill. 1823, Thévenon c. Gras. — Magnin, t. 1er, n° 584; Toullier, t. 2, n° 1277; Marchand, *De la minorité*, p. 340; Bioche, *ib.*, n° 28; Chabot, *Quest. trans.*, v° *Compte de tutelle*, p. 94; Chardon, p. 417. — *Contrà*, Vazeille, nos 535, 537.

836. — Le délai de dix ans ne court contre le mineur qu'à partir de sa majorité, bien que la gestion du tuteur ait fini avant cette époque, par exemple par sa destitution ou par sa mort. — Duranton, t. 3, n° 644. — La prescription ne peut en effet courir que du jour où le mineur peut agir; elle est suspendue pendant tout le temps de la minorité. — *Metz*, 10 mars 1821, Renaudin c. Dorvillers.

837. — ... Et réciproquement, la prescription de dix ans court du jour de la majorité du pupille, alors même que le compte de tutelle n'aurait été rendu que depuis moins de dix ans, et que ce serait ce compte même que l'on attaquerait en rescision. — (Résolu par la Cour d'appel seulement d'une manière explicite.) — *Cass.*, 10 janv. 1821, Chazot c. Richard et Desolas.

838. — Mais si le tuteur s'est rendu coupable soit de dol ou de fraude, soit de violence, cette règle cesse d'être applicable, et la prescription ne court plus que du jour où le dol et la fraude ont été connus du mineur, ou de celui où la violence a cessé (C. civ., art. 1304). — *Cass.*, 10 fév. 1830, Poussin c. Desneux. — Vazeille, *Prescr.*, n° 581; Toullier, t. 2, n° 1278; Chardon, p. 416.

839. — La prescription de dix ans, opposable, par le tuteur, à l'action des mineurs, lorsqu'il s'agit d'un fait de tutelle, n'est point applicable à un bien de mineur dont le tuteur s'est emparé, sans en rendre compte à la succession. — *Aix*, 9 déc. 1843 (t. 2 1845, p. 215), Ricard et Gay c. Paban.

840. — La prescription à laquelle est soumise l'action du mineur contre son tuteur, à raison du défaut d'acceptation d'une donation à lui faite par ce dernier, ne court également que de l'époque où la donation est attaquée, et non à compter du jour où le mineur a atteint sa majorité. — *Cass.*, 9 déc. 1829, Louchet c. Obissacq.

841. — Si le mineur décède avant sa majorité, le délai de dix ans, passé lequel l'action en reddition de compte de tutelle n'est plus recevable, court, contre son héritier majeur, à partir de la cessation de la tutelle, et non pas seulement à partir de l'époque où le mineur serait devenu majeur. — *Bourges*, 1er févr. 1827, Bennas c. Milon. — Duranton, t. 3, n° 645. — Dans cette hypothèse, il n'y a plus de raison de suspendre le délai de la prescription, puisque les héritiers du mineur, maîtres de leurs droits, peuvent agir immédiatement. — Magnin (n° 735) adopte cette opinion. « Toutefois, dit cet auteur, si l'héritier du mineur était lui-même mineur, la prescription ne commencerait à courir que du jour de la majorité de cet héritier mineur, parce que la prescription fixée par l'art. 475 n'est pas du nombre de celles qui sont exceptées de la règle générale établie en faveur des mineurs par l'art. 2252.

842. — La demande en répétition de fruits intentée par des enfans contre leur père déchu de la jouissance, pour n'avoir pas fait l'inventaire exigé par l'art. 1442 C. civ., est une demande pour fait d'administration de la tutelle; elle se prescrit, en conséquence, par dix ans, à partir de la majorité. — *Rouen*, 29 août 1840 (t. 1er 1841, p. 246), Bance.

843. — Mais le délai pendant lequel le mineur a le droit d'établir contre un compte de tutelle non légalement arrêté, toutes exceptions et recharges, étant de dix ans, les juges ne peuvent, en déclarant nul l'arrêté mis au bas d'un compte de tutelle, ordonner que ces exceptions et recharges seront établies dans le mois de la notification du jugement. — *Rennes*, 24 août 1819, Lehours c. Gabon.

844. — Le rendant compte qui demande un délai, pour prouver que le compte de tutelle demandé a été rendu, ne se rend pas, par là, non recevable à exciper de la prescription contre l'action en reddition de compte. — *Bourges*, 1er févr. 1827, Bennas c. Milon.

845. — M. Delvincourt pense que l'art. 475 est applicable non-seulement à l'action du mineur pour faits de la tutelle, mais encore à celle qu'il pourrait avoir contre son tuteur pour toute autre créance échue pendant la tutelle. « Le tuteur, dit ce professeur, a dû se payer par sa créance, et, dès lors, porter la somme en compte; on ne peut donc savoir s'il s'est acquitté que par l'inspection du compte, et ce compte ne peut plus être réclamé, si dix ans se sont écoulés depuis la majorité. »

846. — Mais M. Duranton (t. 3, n° 645) nous semble réfuter parfaitement ce raisonnement. Le principe de la créance, comme il le fait très-bien remarquer, n'est pas en effet dans le fait que le tuteur l'a portée ou non en compte, mais bien dans le contrat qui est étranger à la tutelle. — L'art. 475 ne pourrait être invoqué que s'il s'agissait d'actions de courte durée, parce que, dans ce cas, le mineur à qui le tuteur opposerait la prescription relative à cette action serait obligé de répliquer que celui-ci a dû se payer à lui-même, et que c'est pour cela que la prescription n'a pu s'accomplir; et l'on pourrait dire que c'est alléguer un fait de tutelle, et, par conséquent, qu'il est trop tard. D'ailleurs, dans ce cas, le terme nécessaire à la prescription se serait écoulé depuis la fin de la tutelle. — Duranton, t. 3, n° 645.

847. — L'action en reddition de compte pour faits de tutelle est éteinte par dix ans, conformément à l'art. 475 C. civ., à l'égard même des individus en état d'imbécillité notoire, lorsqu'aucun jugement ne les a frappés d'interdiction, ou quand le jugement qui les a interdits n'est intervenu qu'après l'accomplissement de cette prescription. — *Douai*, 17 janv. 1845 (t. 2 1846, p. 228), Guilmot.

848. — A la Guyane, les noirs ou gens de couleur qui, étant portés sur le registre général de conscription de quartiers établi par l'arrêté des consuls du 16 frim. an XI, n'ont pas fait le paiement prescrit par cet arrêté, ou pour lesquels l'administration n'a pas été mise en demeure de le réaliser, se sont trouvés, de fait, maintenus dans la condition d'esclaves. — En conséquence, un ci-devant esclave n'a pu intenter l'action en reddition de compte de tutelle qu'à compter de son affranchissement réel, même postérieur à sa majorité, et ce n'est qu'à partir de cet affranchissement qu'a couru la prescription de dix ans établie par l'art. 475 C. civ. relativement aux faits de la tutelle. — *Cass.*, 19 juill. 1847 (t. 2 1847, p. 574), Lacatham c. Magloire.

849. — Dans le cas où le compte de tutelle se balance par un solde au profit du tuteur, celui-ci a, sans aucun doute, une action contre le mineur pour se faire rembourser de ses avances.

850. — Mais quelle est la durée de cette action? — M. Toullier (t. 2, n° 1279) enseigne qu'elle est de dix années, parce que les obligations du tuteur et du mineur sont corrélatives et indivisibles, ainsi que les actions qui en naissent. Si le mineur a contre son tuteur l'action directe pour demander compte de ses biens, le tuteur a l'action contraire pour demander la reprise de ses avances. On ne peut donc croire que la dernière action subsiste après que l'autre est prescrite. Si l'art. 475 ne parle que de l'action directe du mineur, c'est parce que c'est le cas le plus ordinaire; il est rare que le tuteur soit créancier. C'est en ce sens que s'est prononcée la Cour de Montpellier par arrêt du 13 avr. 1847 (t. 1er 1847, p. 650), Bourilhon. — V. aussi Vazeille, *Prescription*, n° 536; Magnin, n° 738; Proudhon, *Tr. des pers.*, t. 2, p. 419.

851. — On peut cependant répondre que le texte de l'article 475 repousse cette solution, puisqu'il ne parle que de l'action du mineur contre son tuteur. Il n'y a pas d'ailleurs parité absolue entre les deux actions; elles peuvent être exercées séparément. La tutelle est une charge onéreuse; elle frappe les biens du tuteur d'une hypothèque

générale, et l'expose à une responsabilité sévère; il était donc juste de limiter la durée de l'action du mineur contre lui; mais il n'en est plus de même quand c'est le tuteur qui se trouve créancier, il n'y a plus de raison pour sortir du droit commun. — Duranton, t. 3, n° 647; Valette sur Proudhon, *loc. cit.* — Ce dernier système nous paraît préférable : les prescriptions sont en effet de droit étroit; et nous ne pensons pas qu'on puisse les appliquer par analogie, à défaut d'un texte positif.

352. — Avant le Code, l'action en reddition de compte de tutelle se prescrivait par trente ans seulement. — *Paris*, 24 frim. an XIII, Leduc c. Lavoye.

353. — Mais la prescription des actions du mineur contre le tuteur, relativement aux faits de la tutelle, doit se régler d'après le Code civ., lorsque la majorité s'est accompli depuis la publication de ce Code. Peu importe que la gestion de la tutelle ait eu lieu sous la législation antérieure. — *Cass.*, 26 juillet 1819, Duval c. Warluis; *Limoges*, 24 mai 1840 (t. 1er 1841, p. 106), Sudre c. Mazuel.

354. — Il en est de même au cas où le fait donnant lieu à l'action s'est passé sous le Code civil. — Même arrêt de *Limoges* du 24 mai 1840. — Maleville sur l'art. 475; Troplong, *Prescript.*, t. 2, n° 4087.

V. ABSENCE, AGENT DIPLOMATIQUE, ANTICHRÈSE, ASSURANCES MARITIMES, AVEU, CAUTIONNEMENT, CONTRE-LETTRE, DISCERNEMENT, RÉPÉTITION, SERMENT JUDICIAIRE ET EXTRAJUDICIAIRE, TUTELLE.

TUTELLE ADMINISTRATIVE.

V. COMMUNES, HOSPICES, ÉTABLISSEMENS PUBLICS. — V. aussi CONSEIL GÉNÉRAL, CONSEIL DE PRÉFECTURE, PRÉFETS.

TUTELLE OFFICIEUSE.

La tutelle officieuse est un contrat de bienfaisance par lequel une personne s'oblige de nourrir et élever gratuitement un mineur, à le mettre en état de gagner sa vie, et administrer aussi gratuitement sa personne et ses biens. — Ce contrat a été favorisé dans le but de faciliter l'adoption. — V. ADOPTION, TUTELLE OFFICIEUSE.

TUTEUR.

1. — Personne chargée de prendre soin de la personne et des biens d'un mineur non émancipé ou d'un interdit. — V. INTERDICTION, TUTELLE.

2. — Quiconque a été condamné à la peine des travaux forcés à temps, de la réclusion ou de la détention est de plus, pendant toute la durée de la peine, en état d'interdiction légale; il lui est nommé un tuteur et un subrogé tuteur pour gérer et administrer ses biens, dans les formes prescrites pour la nomination de tuteurs et subrogés tuteurs aux interdits. — C. pén., art. 29.

3. — Les biens du condamné lui seront remis après qu'il aura subi sa peine, et le tuteur lui rendra compte de son administration. — C. pén., art. 30. — V. INTERDICTION LÉGALE.

TUTEUR AD HOC.

Tuteur spécial nommé dans certains cas au mineur pour le représenter dans des actes où il se trouve avoir des intérêts opposés à ceux de son tuteur. — V. TUTELLE.

TUTEUR HONORAIRE.

1. — Dans l'ancien droit, outre les tuteurs qu'on donne aux mineurs de toutes conditions pour gérer la tutelle, on nommait quelquefois aux mineurs qualifiés d'autres tuteurs, qu'on appelait *honoraires*.

2. — Les fonctions de ces tuteurs consistaient à veiller sur l'administration de ceux qui géraient la tutelle et à les conseiller. — Ces derniers étaient alors désignés sous le nom de *tuteurs onéraires*.

3. — Le tuteur *honoraire* prenait soin de l'éducation du pupille, le tuteur *onéraire* n'avait que l'administration des biens. — Il était plutôt un homme d'affaires qu'un véritable tuteur. — Il recevait des appointemens, tandis que les fonctions du tuteur honoraire étaient gratuites comme aujourd'hui.—La seule volonté de la famille suf-

fisait pour lui retirer ses pouvoirs, au lieu que le tuteur ne pouvait être destitué que pour des cas graves.

4. — Les tuteurs honoraires n'ayant pas l'administration des biens du pupille, n'étaient point comptables. — Cependant, s'ils se chargeaient de deniers appartenant au mineur, il y avait contre eux une hypothèque solidaire du jour de la tutelle, de même que contre le tuteur onéraire. Et, dans ce cas ils seulement, ils répondaient tant de leur gestion que de celle du tuteur onéraire.—Brodeau, *Lettre L. som.* 23, n° 6; Denisart, v° *Tuteur*, n° 35.

TUTEUR ONÉRAIRE.

V. TUTEUR HONORAIRE.

TUTEUR A LA SUBSTITUTION.

V. SUBSTITUTION.

TUYAUX.

V. BIENS, CHEMINÉE, ÉGOUT, n° 66; FOSSE D'AISANCES, FOUR-FOURNEAU, MITOYENNETÉ, SERVITUDE.

TUYAUX (Fabricans de).

Fabricans de tuyaux en fil de chanvre pour les pompes à incendie et les arrosemens. — Patentables de 4e classe; droit fixe basé sur la population, et droit proportionnel du 20e de la valeur locative de l'habitation et des locaux servant à l'exercice de la profession.

ULTRA PETITA.

V. REQUÊTE CIVILE.

UNANIMITÉ DES JURÉS.

V. COUR D'ASSISES, JURY.

UNION DES CRÉANCIERS.

V. FAILLITE.

UNIVERSITÉ.

Table alphabétique.

CHAP. Ier. — *Anciennes universités* (n° 1).

CHAP. II. — *Organisation actuelle de l'enseignement* (n° 20).

SECT. 1re. — *Considérations générales sur l'Université* (n° 20).

SECT. 2e. — *Loi du 15 mars 1850* (no 57).
§ 1er. — *Autorités préposées à l'enseignement* (no 64).
§ 2. — *Enseignement primaire* (no 120).
§ 3. — *Enseignement secondaire* (no 187).
§ 4. — *Dispositions générales* (no 215).

—

CHAPITRE Ier. — *Universités anciennes.*

1. — Les écoles, dont la réunion a formé plus tard l'Université, n'existaient encore dans les sixième et septième siècles que dans les monastères et les maisons épiscopales. On enseignait dans ces écoles la grammaire, la dialectique et l'écriture. — Guyot, *Rép.* vo *Université*; l'abbé André, *Cours de dr. canon.*, *eod. verb.*; *Encyclop. méthod.*, *eod. verb.*

2. — Les maîtres qui enseignaient dans ces écoles se constituèrent en corps, et dressèrent des statuts qu'ils s'obligèrent à exécuter. Bien qu'on ignore quelle était la teneur de ces statuts, on ne peut révoquer leur existence en doute, car on voit qu'ils furent confirmés par une bulle d'Innocent III, donnée en 1209. Quelques années plus tard, des règlemens leur furent donnés par Philippe-Auguste; ces règlemens sont mentionnés dans divers édits, déclarations et statuts particuliers postérieurs.

3. — Par un capitulaire donné à Aix-la-Chapelle, en 789, Charlemagne ordonna qu'on établît des écoles, dans les maisons des évêques et dans les monastères, pour enseigner les psaumes, le plain-chant, l'épacte, la grammaire, et qu'on donnât à ces écoles des livres catholiques très-corrects. Cet empereur établit même dans son palais une école qui était destinée à servir de modèle.

4. — Charles-le-Chauve fit aussi de grands efforts pour augmenter le nombre des écoles; mais, sous ses successeurs, le pouvoir impérial ayant succombé presque entièrement sous les atteintes de la féodalité, les établissemens d'enseignement créés par le pouvoir central ne purent se soutenir, et finirent par disparaître. Les écoles établies dans les monastères et les cathédrales continuèrent seules à prospérer.

5. — Sous les rois de la troisième race, Paris étant devenu la capitale du royaume et l'une des villes les plus riches et les plus populeuses de France, il s'y rendit un grand nombre de maîtres, dont plusieurs y devinrent célèbres par l'éclat de leur enseignement. Il faut citer Guillaume de Champeaux et ses disciples, Albéric de Reims, Pierre Abailard, Hildebert de Tours, Pierre Lombard, Hugues de Saint-Victor, Robert Palla, l'abbé Rupert, etc.

6. — La célébrité des écoles de la ville de Paris attira dans cette ville une grande affluence d'étudians de l'Angleterre, de l'Allemagne, du Nord, de l'Italie et de l'Espagne. C'est alors que ces écoles prirent la dénomination d'Université d'études, *universitas studiorum*, parce qu'on y enseignait toutes les sciences qu'il fallait aller apprendre en diverses villes.

7. — Ainsi que nous l'avons dit vo ENSEIGNEMENT, no 41, l'Université de Paris ne fut d'abord que la réunion confuse des diverses écoles ecclésiastiques qui s'étaient établies auprès de l'église épiscopale et de diverses autres églises, monastères ou chapelles.

8. — L'Université de Paris avait une juridiction spéciale, dont l'exercice était confié au conservateur apostolique. Ce tribunal, qui tenait son audience au chapitre des Mathurins, se composait du conservateur comme président, de son vice-président, d'un greffier, d'un promoteur, de deux notaires et d'un greffier particulier pour les appels interjetés des décisions du conservateur. Il connaissait de toutes les difficultés qui s'élevaient sur les priviléges de l'Université et sur leur exécution.

9. — Les appels des sentences de la conservation étaient portés en cour de Rome ou au concile général. Pour les relever, il fallait prendre des lettres appelés *apostolos* ou lettres dimissoires. Il n'était jamais permis d'assigner un suppôt de l'Université sans l'avoir préalablement cité devant le conservateur.

10. — D'autre part, il existait aussi à l'Université de Paris un conservateur des priviléges royaux, qui intervenait fréquemment pour défendre les prérogatives revendiquées par le pouvoir séculier. Nous avons exposé vo ENSEIGNEMENT les différentes phases de la longue lutte qui s'établit dans le sein de l'Université, entre l'autorité des papes et celle des rois de France, et nous avons dit comment, après avoir été soumis à l'influence presque exclusive du pouvoir papal jusqu'à Philippe-le-Bel, ce corps tomba peu à peu sous la suprématie de l'autorité royale, secondée par les Parlemens.

11. — Sous Philippe-le-Bel, l'Université de Paris était placée sous la juridiction du prévôt, représentant du pouvoir royal. Plus tard, la connaissance des causes qui intéressaient ce corps fut attribuée au Parlement. L'administration de toutes les affaires intérieures fut confiée à un recteur nommé par le roi.

12. — Le privilége le plus éminent de l'Université était à coup sûr le monopole de l'enseignement dont elle était investie. Nul ne pouvait professer une science quelconque sans en avoir acquis le droit par l'obtention des grades et diplômes universitaires. L'Université jouissait aussi de l'exemption des tailles, du logement des gens de guerre, des tutelles, curatelles, ou autres charges publiques.

13. — L'Université de Paris et celles qui s'étaient formées sur son modèle se partageaient en quatre Facultés, celle de théologie, celle de droit, celle de médecine et celle des arts. Dans quelques universités il y avait, cependant, cinq Facultés, parce qu'on divisait celle de droit en deux : l'une appelée la Faculté de droit civil, et l'autre la Faculté de décret ou de droit canon. Chaque Faculté était administrée par un doyen.

14. — Tous les docteurs de la Faculté de théologie pouvaient enseigner. Bientôt il s'établit des chaires de théologie permanentes dans les maisons de Sorbonne et de Navarre. La maison de Sorbonne avait six professeurs dont deux étaient de fondation royale; celle de Navarre en avait quatre, qui étaient tous de fondation royale.

15. — Les Facultés de droit, de médecine et des arts avaient une organisation analogue à celle de la Faculté de théologie; néanmoins, chacune d'elles était soumise à des règlemens particuliers.

16. — Outre les Facultés, l'Université comptait dans son sein les ordres religieux de Saint-François et de Saint-Dominique, dont les membres faisaient partie du corps enseignant. — V., sur l'incorporation de ces ordres mendians dans l'Université, ENSEIGNEMENT, nos 64 et suiv.

17. — L'Université de Bologne, fondée à peu près à la même époque que celle de Paris, fut la plus célèbre de toutes celles qui existèrent hors du territoire français. Le pape *Honorius* témoigna, par une bulle, que l'étude des bonnes lettres avait rendu la ville de Bologne célèbre par tout le monde.

18. — Plusieurs rois de France accordèrent des lettres de garde-gardienne à diverses Universités. Par ces lettres, le roi prenait en sa garde spéciale l'Université à laquelle elles étaient octroyées. L'ordonnance d'août 1669 contient des détails à ce sujet. — V. GARDE-GARDIENNE.

19. — On comptait en France, à l'époque de la Révolution, vingt Universités, savoir : celles de Paris, Orléans, Toulouse, Bordeaux, Bourges, Caen, Angers, Poitiers, Nantes, Reims, Valence, Aix, Montpellier, Besançon, Douai, Strasbourg, Dijon, Nancy, Orange et Avignon. — L'abbé André, *eod. verb.*

CHAPITRE II. — *Organisation actuelle de l'enseignement.*

Sect. 1re. — *Notions générales sur l'Université.*

20. — Nous avons dit, sous le mot ENSEIGNEMENT, nos 106 et suiv., comment Napoléon fonda l'Université moderne par le décret du 17 mars 1808, et comment son organisation fut complétée par le décret du 15 novembre 1811 et par quelques autres moins importans, qui lui assurèrent ou lui confirmèrent le monopole de l'enseignement. Nous avons fait, sous le même mot, nos 168 et suiv., l'histoire du conseil célèbre qui fut placé pendant longtemps à la tête de la hiérarchie universitaire, et nous avons rappelé comment le conseil de l'Université, organisé par le décret du 17 mars 1808, partagea pendant quelques années, avec le grand-maître, la direction de l'enseignement, conformément à certaines règles, comment après avoir absorbé les pouvoirs du grand-maître (ordonn. 22 juill. 1820), il prit le nom de conseil royal de l'instruction publique (ordonn. 1er nov. 1820), comment enfin l'ordonnance du 7 décembre 1845 le fit rentrer dans les limites qui lui avaient été assignées originairement.

21. — Toute cette organisation a été récemment détruite par la loi du 15 mars 1850 sur l'enseignement. Le conseil supérieur de l'instruction publique et les conseils académiques fondés par cette loi, ne sont plus des institutions universitaires, et, ainsi que l'a dit M. Beugnot dans son premier rapport sur la loi du 15 mars 1850, l'Université n'est plus actuellement qu'une institution entretenue par le gouvernement pour stimuler la concurrence et lui faire produire tous ses fruits.

22. — La compétence du conseil de l'Université, considéré comme exerçant une juridiction sur les membres de l'Université, était réglée par les décrets des 17 mars 1808 et 15 nov. 1811. C'était, sous ce rapport, un tribunal spécial. — V. TRIBUNAUX SPÉCIAUX. — Tantôt le conseil fonctionnait comme tribunal d'appel, statuant sur les recours formés contre les décisions disciplinaires des conseils académiques, tantôt il connaissait directement des plaintes portées devant lui contre des membres de l'Université. Nous n'entrerons pas dans l'examen des procédures multipliées auxquelles donnait lieu l'exercice de cette juridiction.

23. — En fondant l'Université, Napoléon l'avait rattachée à son Conseil d'Etat, afin de pouvoir veiller lui-même à l'exécution de ses vues sur l'éducation publique. L'art. 83 du décret de 1808 porte : « Une commission du conseil de l'Université pourra être admise à notre Conseil d'Etat pour solliciter la réforme des règlemens et les décisions interprétatives de la loi. » Aussi le jugement, en dernier ressort, de certaines affaires disciplinaires appartenait-il au Conseil d'Etat.

24. — Les peines en matière de discipline universitaire étaient, 1o les arrêts; 2o la réprimande en présence du conseil académique; 3o la censure en présence du conseil de l'Université; 4o la mutation pour un emploi inférieur; 5o la suspension des fonctions pour un temps déterminé, avec ou sans privation totale ou partielle de traitement; 6o la réforme ou la retraite donnée avant le temps de l'éméritat, avec un traitement moindre que la pension des émérites; enfin la radiation du tableau de l'Université. — Décr. 17 mars 1808, art. 47. — La peine des arrêts n'a jamais été appliquée. Celle de la réforme était tombée en oubli dans les derniers temps. La peine de la radiation est remplacée par la révocation. — V. *infrà* l'art. 76 de la loi du 15 mars 1850.

25. — Le régime consacré, par les décrets de l'Empire, pour la répression des infractions disciplinaires, était critiqué à juste titre; et c'est avec raison que, dans la discussion de la loi du 15 mars, le ministre de l'instruction publique a pu dire : « Vous êtes en présence d'une législation vicieuse et d'une pénalité qui, à côté de l'état de droit, présente un état de fait entièrement différent; en présence d'une législation qui est mauvaise aussi dans la procédure, et qui embarrasse à chaque instant et le ministre et les membres de l'administration qui ont à s'en occuper. Les décrets de 1808 et de 1811 sont parfois un véritable dédale; ils contiennent les formalités les plus étranges, les circuits les plus singuliers; ils donnent lieu aux lenteurs les plus incroyables. Ainsi, lorsqu'un membre de l'instruction a commis une faute susceptible d'être punie disciplinairement, il n'en faut pas moins avoir recours au conseil académique, qui fait une instruction dont la durée n'est pas limitée; ensuite, l'affaire est portée devant le conseil de l'Université. De plus, il faut savoir, par un débat préalable, si c'est le conseil ou le ministre qui devra connaître de l'affaire; puis on juge définitivement le fond. En un mot, c'est une procédure véritablement génératrice de lenteurs infinies, équivalant ainsi, souvent, à l'impunité. » — V. *infrà* l'art. 76 L. 15 mars 1850.

26. — Les fonctionnaires de l'Université prenaient rang entre eux dans l'ordre suivant : le grand-maître (ministre de l'instruction publique), le chancelier, le trésorier, les conseillers à vie, les conseillers ordinaires, les inspecteurs de l'Université, les recteurs des académies, les inspecteurs des académies, les doyens des facultés, les professeurs des facultés, les proviseurs et

censeurs des lycées, les professeurs des lycées, les principaux des colléges, les agrégés, les régens des colléges, les chefs d'institution, les maîtres de pension, les maîtres d'études. — Décr. 17 mars 1808, art. 25.

27. — Certains titres honorifiques ont été créés pour les fonctionnaires de l'Université dont il y avait lieu d'encourager le zèle ou de récompenser le dévouement. Bien que l'obtention de ces titres ait perdu une partie de son intérêt, du moins pour l'avenir, nous rappellerons quelques textes qui les ont établis.

28. — Les art. 32 et 33 du décret du 17 mars 1808 ont créé, parmi les gradués fonctionnaires de l'Université, trois titres différens : 1° les titulaires, 2° les officiers de l'Université, 3° les officiers d'académie ; à ces titres est attachée une décoration qui consiste dans une double palme brodée, sur la partie gauche de la poitrine ; la décoration est brodée en or pour les titulaires, en argent pour les officiers de l'Université, en soies bleue et blanche pour les officiers des académies.

29. — Tout membre de l'Université, quelque fonction ou dignité dont il soit d'ailleurs revêtu, est tenu de porter en tout temps les signes distinctifs de son grade universitaire. — Ordonn. 1er nov. 1820, art. 14.

30. — Sont titulaires dans l'Université, dans l'ordre suivant : 1° le grand-maître (maintenant le ministre de l'instruction publique) ; 2° le chancelier ; 3° le trésorier ; 4° les conseillers à vie. — Décret 17 mars 1808, art. 34.

31. — Sont de droit officiers de l'Université : les conseillers ordinaires de l'Université, les inspecteurs de l'Université, les recteurs, les inspecteurs des académies, les doyens et professeurs des Facultés. Le titre d'officier de l'Université peut aussi être accordé par le grand-maître aux proviseurs, censeurs, et aux professeurs des deux premières classes des colléges, les plus recommandables par leurs talens et leurs services. — Art. 35.

32. — Sont de droit officiers des académies, les proviseurs, censeurs et professeurs des deux premières classes des lycées, et les principaux des colléges communaux. Le titre d'officier des académies peut aussi être accordé aux autres professeurs des lycées, ainsi qu'aux régens des colléges et aux chefs d'institution, dans le cas où ces derniers fonctionnaires auraient mérité cette distinction par des services éminens. — Art. 36.

33. — Les professeurs et agrégés des lycées, les régens des colléges communaux et les chefs d'institution qui n'auraient pas les titres précédens, portent, ainsi que les maîtres de pension et les maîtres d'étude, le seul titre de membre de l'Université. — Art. 37.

34. — Une ordonnance du 1er novembre 1846 a complété ces dispositions. Aux termes de cette ordonnance, sont de droit officiers de l'Université : les inspecteurs supérieurs de l'instruction primaire ; le directeur des études de l'École normale supérieure ; les directeurs et les professeurs des écoles supérieures de pharmacie. Sont de droit officiers de l'Université après cinq ans d'exercice : les maîtres de conférence de l'École normale supérieure ; les directeurs et les professeurs des écoles préparatoires de médecine et de pharmacie ; les agrégés de Faculté. — Art. 1er.

35. — Sont de droit officiers d'académie : le directeur des études et les maîtres de conférence de l'École normale supérieure ; les directeurs et les professeurs des écoles préparatoires de médecine et de pharmacie ; les agrégés des Facultés et suppléans des Facultés de droit ; les professeurs de troisième ordre des colléges royaux (nationaux). — Ordonn. 1er nov. 1846, art. 2.

36. — Peuvent être nommés officiers d'académie et successivement officiers de l'Université : les agrégés de l'instruction secondaire employés comme suppléans dans les colléges royaux (nationaux) ou comme régens dans les colléges communaux ; les maîtres de langues vivantes de l'École normale supérieure, et des colléges royaux (nationaux) et communaux, pourvus d'un diplôme régulier et d'un titre définitif ; les maîtres surveillans de l'École normale supérieure ; les surveillans généraux ou sous-directeurs des colléges royaux (nationaux) ; les médecins des colléges royaux (nationaux) ou communaux ; les maîtres de pension ; les directeurs des écoles normales primaires ; les maîtres adjoints des écoles normales primaires gradués de l'Université. — Art. 3.

37. — Peuvent être nommés officiers d'académie après dix ans d'exercice, et promus, après cinq ans, au titre d'officier de l'Université : des premiers commis d'académie ; les préparateurs

des Facultés de médecine et des sciences gradués de l'Université ; les secrétaires des Facultés ; les premiers commis des colléges royaux (nationaux). — Art. 4.

38. — Peuvent être nommés officiers d'académie après vingt ans de service, les instituteurs du degré élémentaire. — Art. 5.

39. — Les fonctionnaires de l'instruction secondaire, les chefs d'institution et maîtres de pension, et les membres de l'inspection primaire, revêtus du titre d'officier d'académie, peuvent être nommés officiers de l'Université, s'ils remplissent les conditions de l'ordonnance du 1er novembre 1846. — Art. 6 de l'ordonn.

40. — Nul ne peut être revêtu des titres universitaires, ni proposé pour ces titres par les inspecteurs généraux et recteurs, s'il ne remplit toutes les conditions de grade prescrites, par les règlemens, pour les fonctions dont il est en possession. A l'avenir, nul ne peut être revêtu d'un de ces titres, s'il ne compte cinq ans de service dans l'Université ; nul ne peut être promu à un titre supérieur s'il ne compte cinq ans de service dans le titre inférieur. Il ne peut être dérogé à ces dispositions que par un arrêté individuel et motivé. — Art. 7.

41. — L'art. 8 de l'ordonnance de 1846 a ordonné qu'il serait publié un tableau officiel de la répartition des titres universitaires, aux termes du décret organique et des ordonnances, statuts ou décisions qui avaient complété ce décret.

42. — Le décret du 17 mars 1808, art. 137, a fait attribution à l'Université de 400,000 fr. de rentes inscrites sur le grand-livre à titre d'apanage. — Le décret du 11 décembre 1808 lui a, en outre, concédé les biens ayant appartenu aux universités, académies et colléges qui n'étaient pas encore aliénés ou qui n'étaient pas définitivement affectés à un service public.

43. — Mais en déclarant, en principe, que les biens ayant appartenu aux universités, académies et colléges, qui n'étaient pas encore aliénés ou qui n'étaient pas encore définitivement affectés à un service public, étaient donnés à l'Université, le décret du 11 décembre 1808 n'a pas eu pour effet de faire cesser immédiatement la saisine de l'État pour les transmettre *de plano* à l'Université. — La transmission et l'attribution définitive de la propriété n'existent pour l'Université qu'autant qu'elle s'est fait envoyer en possession conformément à l'art. 168 du décret du 15 novembre 1811. — Et, jusqu'à cet envoi en possession, elle est sans droit ni qualité pour exercer, relativement à ces biens, une action en revendication contre l'État. — *Cass.*, 7 avr. 1840 (t. 1er 1840, p. 475), Ville de Bar-le-Duc c. Ministre de l'instruction publique, au nom de l'Université.

44. — Ce décret du 11 décembre 1808 n'est pas inconciliable avec le décret du 9 avril 1811, qui a accordé aux communes la pleine propriété de ces mêmes biens. — Il résulte de la combinaison de ces deux décrets que la possession et la jouissance desdits biens appartient entièrement et exclusivement à l'Université, tant qu'elle les affecte au service de l'instruction publique, tandis que la propriété en est réservée aux communes. — En conséquence, l'Université a la faculté de les utiliser comme elle le juge convenable pour les besoins de l'enseignement, et, spécialement, elle peut, sans que la commune ait droit de s'y opposer, convertir en salle d'étude une ancienne chapelle inachevée et tombant en ruines, comprise dans l'enceinte d'un collége. — *Cass.*, 6 mai 1844 (t. 2 1844, p. 33), Min. de l'instr. publ. c. Ville de Pau ; Ville de Pau c. Min. de l'instr. pub.

45. — Les recettes de l'Université proviennent 1° des revenus de sa dotation et de ses domaines, 2° du produit des divers droits qu'elle est autorisée à percevoir par la loi de finances. — Rendu, *Code universitaire*, p. 318 et suiv.

46. — La dotation de l'Université se compose 1° des 400,000 francs de rentes qui forment son apanage ; 2° des rentes sur l'État, qui ont été ou qui sont acquises avec l'excédant de ses revenus ; 3° des rentes sur l'État, qui ont été ou qui seront acquises soit avec le produit de la vente des immeubles dont l'aliénation est autorisée, soit avec le produit du remboursement des rentes dues par les particuliers.

47. — Les droits qu'elle perçoit sont : 1° le droit annuel dû par les chefs d'institution et maîtres de pension ; 2° les droits d'inscription, d'examens, de diplômes de grades et les droits de sceau, qui forment les recettes des diverses Facultés de théologie, de droit, de médecine, des sciences et des lettres ; 3° les amendes pronon-

cées par les tribunaux pour contravention aux lois et décrets qui régissent l'Université.

48. — Le droit annuel payable par les chefs d'institution et maîtres de pension est fixé ainsi : pour les chefs d'institution de Paris, 150 francs ; pour les chefs d'institution des départemens, 100 francs, pour les maîtres de pension de Paris, 75 francs ; pour les maîtres de pension des départemens, 50 francs. — Règlem. du 27 nov. 1834, art. 37.

49. — Un autre droit annuel sur le prix payé par les élèves dans les institutions et pensions avait été établi par l'art. 134 du décret du 17 mars 1808. Ce droit avait été porté par le décret du 17 septembre de la même année (art. 25) au vingtième du prix de la pension de chaque élève. Ce droit, qu'on appelait spécialement *rétribution universitaire*, a été aboli par l'art. 4 de la loi de finances du 4 août 1844. — V. CONTRIBUTIONS DIRECTES, nos 496 et suiv.

50. — Il est perçu sur les élèves internes ou externes des lycées une rétribution pour *frais d'études*. Cette rétribution a son origine dans le décret du 3 brum. an 4, art. 7, qui l'avait fixée à 25 livres par élève. Un arrêté du conseil de l'Université, du 24 octobre 1809, la porta à 60 francs par élève pour la ville de Paris. Lorsque le droit du vingtième a été aboli par la loi du 4 août 1844, le conseil a cru devoir porter la rétribution de frais d'études à 100 francs par une décision du 16 septembre 1845, approuvée par le ministre de l'instruction publique. Dans la séance de la Chambre des députés, du 20 juin 1846, un amendement tendant à faire maintenir ce droit au taux de 60 francs, qu'il avait antérieurement, a été repoussé.

51. — Jugé que le droit de frais d'études payé par les élèves qui suivent les cours des lycées est moins un impôt que le prix d'un service rendu, et que, dès lors, il appartenait au conseil de l'Université de fixer l'importance de ce droit, sauf l'approbation ministérielle. — *Paris*, 5 fév. 1850 (t. 1er 1850, p. 432), Crouzet c. de Wailly.

52. — Il n'était pas nécessaire que les décisions prises en matière d'enseignement par ce conseil fussent revêtues de l'approbation du chef du pouvoir exécutif ; l'approbation du ministre de l'instruction publique suffisait pour leur validité. — Même arrêt.

53. — Les tribunaux sont incompétens pour statuer sur la légalité d'un semblable arrêté. — Même arrêt.

54. — La comptabilité universitaire et l'assiette des droits ont été réglées par la loi du 24 mai 1834, art. 8. Suivant cette disposition, l'administration de l'instruction publique est chargée, conjointement avec les agens des contributions directes de l'assiette des rétributions universitaires et du droit annuel. Elle continue à constater les rétributions à percevoir sur les candidats qui se présentent devant les Facultés ou devant les jurys médicaux. Les recouvremens de la rétribution universitaire et du droit annuel sont poursuivis sur les rôles rendus exécutoires par le préfet et à la diligence des agens du trésor public, dans les mêmes formes que pour les contributions directes. L'administration de l'instruction publique prononce sur les demandes en remise ou modération, dans les limites des crédits alloués au budget. Des dispositions analogues se trouvent dans les lois de finance postérieures.

55. — Les membres de l'Université sont dispensés du service militaire. Aux termes de l'art. 14 L. 21 avril 1832, sont dispensés et considérés comme ayant satisfait à l'appel les jeunes gens désignés par leur numéro pour faire partie du contingent qui se trouvent dans un des cas suivans : les élèves de l'École normale et les autres membres de l'instruction publique, qui contractent devant le conseil de l'Université, et avant l'époque désignée pour le tirage au sort, l'engagement de se vouer à la carrière de l'enseignement. La même disposition est applicable aux élèves de l'école dite *de jeunes de langue*, aux professeurs des institutions royales (nationales) de sourds-muets et aux jeunes gens qui ont remporté les grands prix de l'Institut ou de l'Université. — V. *infrà*, l'art. 79 L. 15 mars 1850.

56. — Un arrêté du Gouvernement provisoire du 8 mars 1848 avait créé une école d'administration, destinée au recrutement des diverses branches d'administration dépourvues jusqu'alors d'écoles préparatoires. Cette école était établie sur des bases analogues à celles de l'École polytechnique. Elle a été supprimée par la loi du 9 août 1849.

Sect. 2e. — *Loi du 15 mars 1850.*

57. — La loi du 15 mars 1850 a été conçue et rédigée sous l'influence de principes tout différens de ceux qui avaient présidé jusqu'alors à la confection des lois sur l'enseignement. Elle se sépare ouvertement de la doctrine encore dominante qui attribue à l'Etat le monopole de l'enseignement. C'est dans les termes suivans que le rapporteur de la commission, M. Beugnot, a mis ce fait en lumière dans son premier rapport : « Aujourd'hui, a-t-il dit, sous l'empire du droit exclusif de l'Etat en matière d'enseignement, l'Université repose sur cette idée fondamentale que l'instruction et l'éducation publiques appartiennent à l'Etat. L'Université est donc, si l'on veut, l'Etat enseignant. Nul ne peut lui disputer cette prérogative, puisque nul ne peut enseigner hors de son sein ou sans son autorisation. Lorsque la liberté régnera, quand la concurrence contre les écoles de l'Etat sera légale et encouragée, l'Etat, gardien des droits et des intérêts communs, ne pourra plus s'identifier avec ces écoles. S'il continue d'entretenir des établissemens d'instruction publique, ce sera pour soutenir et non pour écraser la concurrence, afin de contribuer selon ses vues à l'amélioration générale de l'enseignement ; mais il ne défendra pas les droits de ses propres établissemens avec plus de chaleur qu'il ne défendrait ceux des établissemens libres, car il doit aux uns et aux autres un égal intérêt, puisqu'il a changé sa fonction d'instituteur unique de la nation contre celle de surveillant et de protecteur de quiconque entreprend, au nom de la loi, de distribuer à la jeunesse le bienfait de l'instruction. »

58. — Le législateur s'est aussi proposé, dans cette loi, de terminer, par une conciliation, l'ancienne lutte à laquelle se livraient les défenseurs de l'Université et les partisans d'une éducation publique dirigée par le clergé. Les conseils que la loi nouvelle substitue au conseil de l'Université et aux anciens conseils académiques sont composés sous l'influence de cette pensée de fusion, et l'on y voit figurer, en même temps, des représentans de l'Université et des membres du clergé.

59. — Quant au régime donné à l'enseignement soit primaire, soit secondaire, par la nouvelle loi, le trait le plus saillant est la substitution du système de la déclaration préalable à celui de l'autorisation pour ouvrir un établissement d'éducation. Il faut signaler aussi les dispositions qui enlèvent aux instituteurs primaires l'inamovibilité que leur donnait la loi du 28 juin 1833. — V. INSTRUCTION PRIMAIRE. — Sous ce dernier rapport, la loi nouvelle confirme avec quelques modifications les dispositions qui avaient été adoptées provisoirement par celle du 11 janvier 1850, qui avait placé l'instruction primaire sous l'autorité des préfets.

60. — Bien que la loi du 15 mars ait eu en vue l'enseignement et non pas seulement ce qui concerne l'Université, nous profiterons de l'occasion que nous donne le mot *Université* pour examiner en détail cette loi toute récente; nous rapporterons donc la totalité de ses dispositions en les accompagnant d'observations fournies, soit par l'exposé des motifs, soit par les rapports faits au nom de la commission nommée par l'Assemblée, soit par la discussion à laquelle a donné lieu chacune des trois lectures qui ont précédé son adoption définitive.

61. — Nous devons faire observer que la loi de 1850, bien que portant le titre de *Loi sur l'enseignement*, ne s'applique cependant qu'à l'enseignement primaire et à l'enseignement secondaire. Tout ce qui concerne l'enseignement supérieur doit faire l'objet d'une loi à venir. Ce n'est donc qu'accidentellement que l'art. 76 s'occupe des professeurs de l'enseignement supérieur.

62. — Le projet de la loi a été présenté à l'Assemblée nationale le 18 juin 1849. La commission choisie par l'Assemblée a nommé pour son rapporteur M. Beugnot, qui a lu son rapport le 6 octobre. Le 7 nov. le projet a été renvoyé au Conseil d'Etat, qui a dressé un nouveau projet. Sur ce dernier projet, M. Beugnot a présenté un rapport supplémentaire le 31 décembre. Après avoir subi l'épreuve des trois lectures, la loi a été adoptée à la majorité de 390 voix contre 231.

63. — La loi de 1850 est divisée en quatre titres : le 1er est relatif aux autorités préposées à l'enseignement, le titre 2 traite de l'enseignement primaire, le titre 3 de l'enseignement secondaire, le titre 4 contient des dispositions générales.

§ 1er. — *Autorités préposées à l'enseignement.*

64. — Le titre 1er est subdivisé en trois chapitres, dont le premier traite du conseil supérieur de l'instruction publique (art. 1er à 6); le second, des conseils académiques (art. 7 à 16), et le troisième, des écoles et de l'inspection (art. 17 à 22).

65. — *Conseil supérieur de l'instruction publique.* — Le conseil supérieur de l'instruction publique est ainsi composé par l'art. 1er de la loi du 15 mars 1850 : Le ministre, président; quatre archevêques ou évêques, élus par leurs collègues; un ministre de l'église réformée, élu par les consistoires; un ministre de l'église de la confession d'Augsbourg, élu par les consistoires; un membre du consistoire central israélite, élu par ses collègues; trois conseillers d'Etat, élus par leurs collègues; trois membres de la Cour de cassation, élus par leurs collègues; trois membres de l'Institut, élus en assemblée générale de l'Institut; huit membres, nommés par le président de la République, en conseil des ministres, et choisis parmi les anciens membres du conseil de l'Université, les inspecteurs généraux ou supérieurs, les recteurs et les professeurs des Facultés; ces huit membres forment une section permanente; et trois membres de l'enseignement libre, nommés par le président de la République, sur la proposition du ministre de l'instruction publique.

66. — M. Beugnot a ainsi exposé l'idée qui avait conduit à la création de cette institution nouvelle : « Le ministre de l'instruction publique exerce les droits réservés à l'Etat sur l'enseignement public ou privé. Il doit jouir, dans l'accomplissement de ses devoirs, d'une pleine liberté, car il est responsable devant l'Assemblée législative de chacun de ses actes. La loi ne pourrait donc restreindre son pouvoir ou en entraver l'action sans violer les principes constitutionnels; mais il lui est permis d'imposer au ministre l'obligation de prendre, avant de se décider dans toutes les questions graves, l'avis d'un conseil dont elle aurait à l'avance déterminé la composition, de manière à entourer le ministre des lumières les plus pures de l'expérience et à prévenir toute erreur de sa part. C'est ce que le projet de loi se propose de faire...

67. — » Le conseil de l'Université, ajoutait le rapporteur, créé par le décret du 17 mars 1808, et modifié dans son organisation et dans ses attributions par diverses ordonnances rendues sous la Restauration, ne peut servir aujourd'hui de modèle, car cette institution était la conséquence déduite, avec infiniment d'habileté et de rigueur, du principe exclusif adopté à cette époque et que la Constitution a détruit. Le conseil supérieur ne sera pas le conseil de l'Université, chargé accessoirement de surveiller, au nom de l'Etat, les écoles libres, puisque l'Université ne peut plus être qu'une institution entretenue par le gouvernement, pour stimuler la concurrence et lui faire produire tous ses fruits; il ne sera pas davantage l'organe des intérêts et le défenseur des droits de l'Etat, car ces intérêts et ces droits auront pour tuteur naturel le ministre. Si l'on veut donner une idée précise et juste de cette institution, appropriée au principe de la liberté, il faut dire qu'elle représentera les droits et les intérêts de la société tout entière. »

68. — Le projet de loi ne faisait entrer que trois archevêques ou évêques dans le conseil supérieur. Leur nombre a été porté à quatre par suite de l'admission d'un second pasteur protestant. « On a demandé, a dit M. Beugnot, si, en faisant nommer les prélats par leurs collègues, nous n'abrogions pas implicitement l'art. 4 de la loi organique du concordat, qui a interdit toute assemblée délibérante du clergé sans la permission expresse du gouvernement. Dans la pensée du gouvernement et de la commission, les archevêques et les évêques procéderont par lettres adressées au ministre de l'instruction publique, à la nomination de leurs collègues. »

69. — Le projet du gouvernement et le premier projet de la commission n'admettaient qu'un pasteur de l'une des deux églises protestantes, nommé par les présidens des consistoires. Le Conseil d'Etat a demandé que chacune des communions protestantes fût représentée et que l'élection eût lieu par les consistoires. Cette proposition a été adoptée par la commission, et le projet a été modifié en conséquence. — Duvergier, t. 50, p. 58, note 2.

70. — Il faut remarquer que, dans la section permanente elle-même, l'enseignement libre est représenté. En effet, aux termes de l'art. 19 de la loi (V. *infrà*), les inspecteurs généraux ou supérieurs peuvent être choisis parmi les chefs d'établissemens secondaires libres et parmi les professeurs des classes supérieures dans ces établissemens, et l'art. 1er fait entrer les inspecteurs généraux ou supérieurs dans la section permanente. La même observation s'applique aux recteurs qui ne sont pas exclusivement choisis parmi les membres de l'enseignement public. — Art. 9 de la loi.

71. — La section permanente, ainsi que l'a dit le rapporteur de la commission, est destinée à porter dans le sein du conseil la connaissance des lois, des usages et des personnes, en matière d'instruction publique, sans laquelle les délibérations de ce conseil manqueraient souvent d'une base réelle et solide. — V., pour ses attributions, *infrà*, n° 82.

72. — Un représentant, M. Chapot, avait présenté un amendement qui tendait à faire entrer dans la section permanente les trois membres de l'enseignement libre qui ne sont ni inspecteurs, ni recteurs. Mais cet amendement a été repoussé, et on a pensé qu'il n'y avait pas lieu d'introduire dans la section permanente des membres de l'enseignement libre absolument étrangers au régime des écoles publiques et aux intérêts de ces écoles.

73. — Les membres de la section permanente sont nommés à vie. Ils ne peuvent être révoqués que par le président de la République, en conseil des ministres, sur la proposition du ministre de l'instruction publique. Ils reçoivent seuls un traitement. — Art. 2.

74. — Les autres membres du conseil sont nommés pour six ans. Ils sont indéfiniment rééligibles. — Art. 3.

75. — Le conseil supérieur tient, au moins, quatre sessions par an. Le ministre peut le convoquer toutes les fois qu'il le juge convenable. — Art. 4.

76. — Les attributions du conseil supérieur sont ainsi déterminées par l'art. 5 : Ce conseil *peut* être appelé à donner son avis sur les projets de lois, de règlemens et de décrets relatifs à l'enseignement, et, en général, sur toutes les questions qui lui seront soumises par le ministre. Il est nécessairement appelé à donner son avis : sur les règlemens relatifs aux examens, aux concours et aux programmes d'études dans les écoles publiques, à la surveillance des écoles libres, et, en général, sur tous les arrêtés portant règlement pour les établissemens d'instruction publique; sur la création des facultés, lycées et collèges; sur les secours et encouragemens à accorder aux établissemens libres d'instruction secondaire; sur les livres qui peuvent être introduits dans les écoles publiques et sur ceux qui doivent être défendus dans les écoles libres, comme contraires à la morale, à la Constitution et aux lois.

77. — Le conseil prononce, en dernier ressort, les jugemens rendus par les conseils académiques dans les cas déterminés par l'art. 14. — Même art. 5.

78. — Il présente chaque année au ministre un rapport sur l'état général de l'enseignement, sur les abus qui pourraient s'introduire dans les établissemens d'instruction et sur les moyens d'y remédier. — Même article.

79. — « D'après les règles de notre droit public, a dit M. Beugnot, un conseil ne peut gouverner ni administrer; sa participation au pouvoir doit rester purement consultative; mais s'il acquiert, par l'effet de sa composition et par la gravité de ses délibérations, une grande autorité morale, il exercera sur les principaux actes du ministre près duquel il sera placé une action constante et décisive. Ses simples avis deviendront des règles dont la raison conseillera au ministre de ne pas s'écarter. C'est sur de tels principes qu'a été constitué le Conseil d'Etat et qu'on vous propose de constituer le conseil supérieur de l'instruction publique. Il ne viendrait pas à l'esprit d'un ministre de rejeter un avis du Conseil d'Etat, en matière contentieuse, quoiqu'il en ait assurément le droit. Nous voulons que le conseil supérieur soit aussi puissant et aussi respecté. »

80. — Aux termes de l'art. 5, il existe une différence, quant au droit conféré au conseil, sur la désignation des livres d'enseignement, selon qu'il s'agit des écoles publiques ou des écoles libres. Tout livre d'éducation destiné aux premières, quel que soit son objet, doit être soumis à l'approbation du conseil. Les seuls livres qui doivent être défendus dans les établissemens parti-

culiers sont les ouvrages contraires à la morale, à la Constitution et aux lois.

81. — Rien de ce qui touche aux grands intérêts de l'instruction n'est étranger au conseil supérieur; les purs détails de l'administration sont seuls exclus du cercle de ses délibérations. — Premier rapport de M. Beugnot.

82. — Les attributions de la section permanente sont déterminées par l'art. 6. — Cette section est chargée de l'examen préparatoire des questions qui se rapportent à la police, à la comptabilité et à l'administration des écoles publiques. Elle donne son avis, toutes les fois qu'il lui est demandé, par le ministre, sur les questions relatives aux droits et à l'avancement des membres du corps enseignant. Elle présente annuellement au conseil un rapport sur l'état de l'enseignement dans les écoles publiques.

83. — *Conseils académiques.* — Une des plus importantes innovations introduites par la loi de 1850 a été le remplacement des vingt-sept académies de l'Université par quatre-vingt-six académies départementales. — Art. 7. — Ce nouveau système avait été repoussé par le Conseil d'Etat comme inutile, dispendieux et contraire à la dignité du rectorat. — Mais il a été défendu par la majorité de la commission de l'Assemblée législative, et, malgré les vives attaques dont il a été l'objet dans la discussion, il a été adopté par l'Assemblée.

84. — Les adversaires du système des académies départementales exprimaient l'opinion que, dans beaucoup de départemens peu riches en établissemens d'éducation, les nouvelles académies auraient pour seules attributions sérieuses la surveillance de l'instruction primaire. Pour repousser cette objection, le rapporteur de la commission a dit : « Lorsque les dispositions du projet de loi et les amendemens de la commission relatifs à l'instruction primaire seront connus, on comprendra que cette partie seule du service exigerait dans chaque département un pouvoir énergique, actif, vigilant, auquel certes des attributions nombreuses et variées ne manqueraient pas. Si nous ajoutons que les conseils académiques auront dans leurs attributions l'administration supérieure des facultés, des lycées et des colléges communaux, les affaires contentieuses et disciplinaires, et enfin la surveillance des maisons particulières d'éducation, sans parler de beaucoup d'autres devoirs que la loi nouvelle leur impose, nous aurons démontré que ces conseils, destinés à exercer dans les départemens la plus forte portion du pouvoir réservé à l'Etat sur l'instruction, ne seront pas de simples comités d'instruction primaire, et que la demande du gouvernement ne saurait être repoussée. Dans notre pensée, l'attribution d'un conseil académique à chaque département est une des bases du projet présenté. »

85. — Chaque académie est administrée par un recteur, assisté, si le ministre le trouve nécessaire, d'un ou plusieurs inspecteurs, et par un conseil académique. — Art. 8.

86. — Les recteurs ne sont pas choisis exclusivement parmi les membres de l'enseignement public. Ils doivent avoir le grade de licencié, ou dix ans d'exercice comme inspecteurs d'académie, proviseurs, censeurs, chefs ou professeurs des classes supérieures dans un établissement public ou libre. — Art. 9.

87. — Ce n'est pas seulement dans le grade de licencié ès sciences que l'on a le droit de choisir les recteurs; il s'agit, dans l'art. 9, du grade de licencié en toutes Facultés, en droit, en médecine; un avocat, un médecin, tout homme qui présentera des garanties pourra être nommé. — Observation de M. Baze au nom de la commission.

88. — Le conseil académique est composé ainsi qu'il suit : le recteur président, un inspecteur d'académie, un fonctionnaire de l'enseignement ou un inspecteur des écoles primaires choisi par le ministre; le préfet ou son délégué; l'évêque ou son délégué; un ecclésiastique désigné par l'évêque; un ministre de l'une des deux églises protestantes, désigné par le ministre de l'instruction publique, dans les départemens, où il existe une église légalement établie; un délégué du consistoire israélite, dans chacun des départemens où il existe un consistoire légalement établi; le procureur général près la Cour d'appel, dans les villes où siége une Cour d'appel, et, dans les autres, le procureur de la République près le tribunal de première instance; un membre de la Cour d'appel, élu par elle, ou, à défaut de Cour d'appel, un membre du tribunal de première instance, élu par le tribunal, et quatre membres élus par le conseil général, dont deux au moins pris dans son sein. — Art. 10.

89. — Les doyens des Facultés sont, en outre, appelés dans le conseil académique, avec voix délibérative, pour les affaires intéressant leurs Facultés respectives. — Même article.

90. — La présence de la moitié plus un des membres est nécessaire pour la validité des délibérations du conseil académique. — Même art.

91. — L'article dit « le préfet ou son délégué. » Les mots *ou son délégué* avaient été supprimés dans le second projet de la commission; ils ont été rétablis depuis. Le projet du gouvernement, a dit le ministre de l'instruction publique, disait que les académies étaient fixées au chef-lieu du département. La commission a écarté cela. On comprend, en effet, qu'il serait facile de désigner telle ville qui, sans être chef-lieu de département, peut être chef-lieu d'académie à raison des établissemens d'enseignement qu'elle possède et que le chef-lieu du département ne possède pas. Il est évident que, dans un cas semblable, on doit admettre dans le conseil les délégués du préfet.

92. — L'Académie du département de la Seine a été composée par la loi du 15 mars d'une manière toute spéciale. « L'Académie de Paris, portait le rapport de M. Beugnot, ne saurait être assimilée aux académies des autres départemens. Les établissemens d'instruction publique secondaire ou supérieure sont comme le modèle de l'enseignement public pour le pays tout entier; d'un autre côté, l'instruction primaire est à Paris beaucoup plus locale. Les écoles primaires y sont peuplées surtout par des enfans de la ville ou de la banlieue. Le nombre en est considérable et la diversité infinie... Le conseil académique du département de la Seine différera du conseil académique des autres départemens en ce point essentiel : que les établissemens d'instruction secondaire entreront pour une faible part dans sa compétence, tandis que l'instruction primaire sera sa principale affaire et rendra insuffisans les onze ou douze membres institués par le projet. »

93. — Le conseil académique pour le département de la Seine est composé comme il suit par l'art. 11 : le recteur, président; le préfet; l'archevêque de Paris ou son délégué; trois ecclésiastiques désignés par l'archevêque; un ministre de l'église réformée, élu par le consistoire; un ministre de l'église de la confession d'Augsbourg, élu par le consistoire; un membre du consistoire israélite, élu par le consistoire; trois inspecteurs d'académie désignés par le ministre; un inspecteur des écoles primaires, désigné par le ministre; le procureur général près la Cour d'appel ou un membre du parquet, désigné par lui; un membre de la Cour d'appel, élu par la Cour; un membre du tribunal de première instance, élu par le tribunal; quatre membres du conseil municipal de Paris et deux membres du conseil général de la Seine, pris parmi ceux des arrondissemens de Sceaux et de Saint-Denis, tous élus par le conseil général; le secrétaire général de la préfecture du département de la Seine.

94. — Les doyens des Facultés sont, en outre, appelés dans le conseil académique, avec voix délibérative, pour les affaires intéressant leurs Facultés respectives. — Même article.

95. — « Il est à souhaiter, a dit M. Beugnot dans son rapport, qu'aucun membre du conseil académique du département de la Seine ne soit appelé à siéger dans le conseil supérieur; cependant, nous ne voyons pas d'incompatibilité entre ces deux fonctions, à la condition, toutefois, qu'un membre en qui elles seraient réunies, s'abstînt, dans le conseil supérieur, de prendre part au jugement d'une affaire disciplinaire dont il aurait connu dans le conseil académique. »

96. — Les membres des conseils académiques dont la nomination est faite par élection sont élus pour trois ans et indéfiniment rééligibles. — Art. 12.

97. — Les dispositions qui précèdent reconnaissent dans les conseils académiques des membres de droit, des membres désignés et des membres élus; les membres de droit le sont tant qu'ils conservent leurs fonctions; les membres désignés, tant qu'ils conservent la confiance de celui qui les a délégués; et les membres élus, pendant la durée de trois ans avec droit à la réélection. — Observations de M. Baze au nom de la commission.

98. — Les départemens fourniront un local pour le service de l'administration académique. — Art. 13.

99. — Les art. 14, 15 et 16 règlent les attributions des conseils académiques. Suivant l'art. 14, le conseil académique donne son avis sur l'état des différentes écoles établies dans le département; sur les réformes à introduire dans l'enseignement, la discipline et l'administration des écoles publiques; sur les budgets et les comptes administratifs des lycées, colléges et Ecoles normales primaires; sur les secours et encouragemens à accorder aux écoles primaires.

100. — Le conseil instruit les affaires disciplinaires relatives aux membres de l'enseignement public secondaire ou supérieur qui lui sont renvoyées par le ministre ou par le recteur. — Même article.

101. — Le conseil académique prononce, sauf recours au conseil supérieur, sur les affaires contentieuses relatives à l'obtention des grades, aux concours devant les Facultés, à l'ouverture des écoles libres, aux droits des maîtres particuliers et à l'exercice du droit d'enseigner; sur les poursuites dirigées contre les membres de l'instruction secondaire publique et tendantes à la révocation avec interdiction d'exercer la profession d'instituteur libre, de chef ou professeur d'établissement libre, et, dans les cas déterminés par la présente loi, sur les affaires disciplinaires relatives aux instituteurs primaires, publics ou libres. — Même article.

102. — M. Saint-Romme a proposé, lors de la troisième lecture, un paragraphe additionnel ainsi conçu : Les débats devant les conseils académiques seront publics et contradictoires. Cet amendement a été rejeté.

103. — Le conseil académique est nécessairement consulté sur les règlemens relatifs au régime intérieur des lycées, colléges et Ecoles normales primaires, et sur les règlemens relatifs aux écoles publiques primaires. Il fixe le taux de la rétribution scolaire, sur l'avis des conseils municipaux et des délégués cantonaux. Il détermine les cas où les communes peuvent, à raison des circonstances, et provisoirement, établir ou conserver des écoles primaires dans lesquelles seront admis des enfans de l'un et l'autre sexe, ou des enfans appartenant aux différens cultes reconnus. — Art. 15.

104. — Le conseil donne son avis au recteur, sur les récompenses à accorder aux instituteurs primaires. Le recteur fait les propositions au ministre et distribue les récompenses accordées. — Même article.

105. — Le conseil académique présente, chaque année, au ministre et au conseil général un exposé de la situation de l'enseignement dans le département. Les rapports du conseil académique sont envoyés par le recteur au ministre, qui les communique au conseil supérieur. — Art. 16.

106. — *Ecoles.* — *Inspection.* — Les art. 17 et suiv. forment le chapitre 3, relatif aux écoles et à l'inspection. Suivant l'art. 17, la loi reconnaît deux espèces d'écoles primaires ou secondaires : 1° les écoles fondées ou entretenues par les communes, les départemens ou l'Etat, et qui prennent le nom d'*écoles publiques*; 2° les écoles fondées et entretenues par des particuliers ou des associations, et qui prennent le nom d'*écoles libres*.

107. — L'inspection fait l'objet des art. 18 et suivans. « La surveillance et l'inspection, a dit M. Beugnot, dans son premier rapport, sont, sous des aspects différens, le même moyen employé pour maintenir dans les maisons d'éducation le respect des bons principes et le culte des fortes études. La surveillance, devant être de tous les instans, appartient nécessairement aux autorités locales; et, afin qu'elle ne puisse s'endormir, l'inspection vient, à certaines époques, vérifier ses actes ou réveiller son zèle, s'il est assoupi. Le concours de la surveillance et de l'inspection est exigé pour l'instruction primaire. L'inspection suffit aux besoins de l'instruction secondaire. »

108. — L'inspection des établissemens d'instruction publique ou libre est exercée 1° par les inspecteurs généraux et supérieurs; 2° par les recteurs et les inspecteurs d'académie; 3° par les inspecteurs de l'enseignement primaire; 4° par les délégués cantonaux, le maire et le curé, le pasteur ou le délégué du consistoire israélite, en ce qui concerne l'enseignement primaire. — Art. 18.

109. — Les ministres des différens cultes n'inspectent que les écoles spéciales à leur culte, ou les écoles mixtes pour leurs coreligionnaires seulement. — Même article.

110. — Le recteur peut, en cas d'empêchement, déléguer temporairement l'inspection à un membre du conseil académique. — Même article.

111. — M. de Charencey a demandé que, dans les cas où différentes écoles existeraient sous la

même circonscription d'enseignement et sur différens points, l'inspection fût exercée par chacun des curés ou desservans, sur le territoire et dans la juridiction duquel se trouverait chacune des écoles à inspecter. M. Baze a répondu au nom de la commission : « La chose est ainsi entendue, et je dois ajouter qu'elle est ainsi entendue pour tous les ministres des cultes, chacun pour leurs coreligionnaires. »

112. — Les inspecteurs d'académie sont choisis par le ministre parmi les anciens inspecteurs, les professeurs des facultés, les proviseurs et censeurs des lycées, les principaux des colléges, les chefs d'établissemens secondaires libres, les professeurs des classes supérieures dans ces diverses catégories d'établissemens, les agrégés des facultés et lycées et les inspecteurs des écoles primaires, sous la condition, commune à tous, du grade de licencié ou de dix ans d'exercice. — Art. 19.

113. — Les inspecteurs généraux ou supérieurs sont choisis par le ministre soit dans les catégories ci-dessus indiquées, soit parmi les anciens inspecteurs généraux ou inspecteurs supérieurs de l'instruction primaire, les recteurs et inspecteurs d'académie, ou parmi les membres de l'Institut. — Même article.

114. — Le ministre ne fait aucune nomination d'inspecteur général sans avoir pris l'avis du conseil supérieur. — Même article.

115. — Un représentant, M. Wallon, a demandé si, en employant cette expression « les anciens inspecteurs », dans l'art. 19, la commission supposait que la loi destituait *ipso facto*, les inspecteurs actuels. M. Baze a répondu : « Quand un inspecteur qui est actuellement dans l'exercice de ses fonctions recevra une nouvelle nomination, ne sera-t-il pas ancien inspecteur? Pour nommer des inspecteurs d'académie, on prendra des inspecteurs en exercice ; et ceux qui le seront ou qui l'auront été seront d'anciens inspecteurs. »

116. — M. Barthélemy Saint-Hilaire avait proposé un amendement ainsi conçu : « Les inspecteurs généraux et les inspecteurs d'académie seront nommés par le ministre, sur une liste de trois candidats présentée par le conseil supérieur. » Le but avoué de cette disposition était, disait-on, de donner au conseil supérieur une certaine influence sur la composition même du corps enseignant, et enfin d'accroître l'autorité morale du personnel de l'enseignement. Mais elle a été rejetée sur la demande du ministre de l'instruction publique, bien qu'elle eût été acceptée par la commission.

117. — L'inspection de l'enseignement primaire est spécialement confiée à deux inspecteurs supérieurs. Il y a, en outre, dans chaque arrondissement, un inspecteur de l'enseignement primaire choisi par le ministre, après avis du conseil académique. Néanmoins, sur l'avis du conseil académique, deux arrondissemens pourront être réunis pour l'inspection. Un règlement déterminera le classement, les frais de tournée, l'avancement et les attributions des inspecteurs de l'enseignement primaire. — Art. 20.

118. — L'inspection des écoles publiques s'exerce conformément aux règlemens délibérés par le conseil supérieur. Celle des écoles libres porte sur la moralité, l'hygiène et la salubrité. Elle ne peut porter sur l'enseignement que pour vérifier s'il n'est pas contraire à la morale, à la Constitution et aux lois. — Art. 21.

119. — Tout chef d'établissement primaire ou secondaire qui refusera de se soumettre à la surveillance de l'Etat, telle qu'elle est prescrite par l'article précédent, sera traduit devant le tribunal correctionnel de l'arrondissement, et condamné à une amende de 100 francs à 1,000 francs. En cas de récidive, l'amende sera de 500 francs à 3,000 francs. Si le refus de se soumettre à la surveillance de l'Etat a donné lieu à deux condamnations dans l'année, la fermeture de l'établissement pourra être ordonnée par le jugement qui prononcera la seconde condamnation. Le procès-verbal des inspecteurs constatant le refus du chef d'établissement fera foi jusqu'à inscription de faux. — Art. 22.

§ 2, — *Enseignement primaire.*

120. — Le titre 2 de la loi, relatif à l'instruction primaire, est divisé en six chapitres. Le chapitre premier contient des dispositions générales (art. 23 et 24), le chapitre 2 traite des instituteurs (art. 25 à 35), le chapitre 3 des écoles communales (art. 36 à 41), le 4e des délégués cantonaux et des autres autorités préposées à l'enseignement primaire (art. 42 à 47), le 5e des écoles de filles (art. 48 à 52), le 6e d'institutions complémentaires, telles que les pensionnats primaires et les écoles d'adultes et d'apprentis (art 53 à 59).

121. — *Dispositions générales.* — L'article 23 et les suivans commencent la série des dispositions relatives à l'enseignement primaire qui composent le titre 2 de la loi. L'esprit dans lequel ce titre a été rédigé est révélé par l'extrait suivant de l'exposé des motifs : « La loi du 28 juin 1833, presque tout le monde en convient aujourd'hui, n'a pas produit le résultat que ses auteurs en attendaient. Comme il arrive trop souvent aux intentions généreuses, on a compromis de bons effets en voulant les précipiter. Durant quelques années les comptes officiels n'ont constaté que d'heureux efforts et de rapides progrès. Le nombre des écoles s'est élevé promptement de 28,379 à 63,028 ; le nombre des enfans d'un million à 3,787,797. Les crédits inscrits au budget de l'Etat sont montés de 300,000 francs à 3 millions. Napoléon n'avait laissé qu'une école normale ; trente ont été créées de 1830 à 1832, et il en existe 78 aujourd'hui. Mais bientôt on s'est demandé, avec une inquiétude croissante, s'il n'eût pas mieux valu n'ouvrir d'écoles qu'avec la certitude de n'avoir pas plus tard à les fermer ; créer moins d'autorités et les armer de pouvoirs plus efficaces. Il ne faut cependant pas exagérer ce blâme comme naguère on exagérait l'apologie. Non. Dans un très-grand nombre de communes, les instituteurs ont dignement rempli l'attente du pays. Il doit une reconnaissance profonde à ces hommes pleins d'abnégation, à ces bienfaiteurs obscurs, préparant, soit dans nos campagnes, soit dans nos villes, les générations honnêtes, qui font précisément aujourd'hui notre sécurité. Mais, en regard de ces perspectives rassurantes que de contrastes! combien d'instituteurs ont semblé se liguer pour former au sein de la société même un ordre de mécontens ou d'adversaires! Je pourrais, m'autorisant de faits trop nombreux, répéter le cri d'alarme ; je me borne à constater le mal, j'ajoute que le mal n'aura été que passager si une loi juste et ferme porte le remède là où ce mal est signalé ou reconnu. »

122. — La loi actuelle, a dit encore le ministre de l'instruction publique, prend la loi de 1833 pour point de départ, mais elle en corrige les dispositions que la commission a jugées vicieuses. J'ai conservé avec bonheur et respect ce que l'expérience permettait de conserver ; j'ai réformé sans timidité, lorsque l'intérêt de la société en péril me faisait évidemment violence.

123. — L'enseignement primaire comprend l'instruction morale et religieuse, la lecture, l'écriture, les élémens de la langue française, le calcul et le système légal des poids et mesures. — Il peut comprendre, en outre, l'arithmétique appliquée aux opérations pratiques ; les élémens de l'histoire et de la géographie ; des notions des sciences physiques et de l'histoire naturelle, applicables aux usages de la vie ; des instructions élémentaires sur l'agriculture, l'industrie et l'hygiène ; l'arpentage, le nivellement, le dessin linéaire ; le chant et la gymnastique. — Art. 23.

124. — « Ramener l'enseignement primaire à ce qu'il a d'essentiel, a dit le rapporteur sur cet article, lui assigner un minimum et supprimer la division de cet enseignement en deux degrés, laissant toutefois à l'instituteur la faculté d'élargir son enseignement selon le vœu des parens et les dispositions des élèves, ou, en d'autres termes, renverser l'échafaudage d'une fausse science élevée en 1833, tel est ce que nous avons l'honneur de proposer à l'Assemblée. Nous opposerons ainsi une première digue à l'extension démesurée et irréfléchie des programmes, singulière manie de notre époque, qui croit qu'un arrêté ou un règlement suffisent pour accroître dans les écoles le goût des études, les dispositions et les succès des élèves. Par ce moyen aussi, nous préviendrons le retour de ces procès où l'on voyait, sous le régime de la liberté, un instituteur de premier degré poursuivi et condamné pour avoir enseigné quelque peu de grammaire ou d'histoire. »

125. — L'enseignement primaire est donné gratuitement à tous les enfans dont les familles sont hors d'état de le payer. — Art. 24.

126. — *Instituteurs.* — Tout Français âgé de vingt et un ans accomplis peut exercer dans toute la France la profession d'instituteur primaire public ou libre, s'il est muni d'un brevet de capacité. — Art. 25. — La loi de 1833 permettait d'exercer la profession d'instituteur dès l'âge de dix-huit ans.

127. — Le brevet de capacité peut être suppléé par le certificat de stage dont il est parlé à l'art. 47, par le diplôme de bachelier, par un certificat constatant qu'on a été admis dans une des écoles spéciales de l'Etat, ou par le titre de ministre, non interdit ni révoqué, de l'un des cultes reconnus par l'Etat. — Même article.

128. — Sont incapables de tenir une école publique ou libre, ou d'y être employés, les individus qui ont subi une condamnation pour crime, ou pour un délit contraire à la probité ou aux mœurs, les individus privés, par jugement, de tout ou partie des droits mentionnés en l'art. 42 du Code pénal et ceux qui ont été interdits en vertu des art. 30 et 33 de la présente loi. — Art. 26.

129. — Les art. 27 à 30 sont relatifs aux conditions spéciales aux instituteurs libres. Tout instituteur qui veut ouvrir une école libre, porte l'art. 27, doit préalablement déclarer son intention au maire de la commune où il veut s'établir, lui désigner le local, et lui donner l'indication des lieux où il a résidé et des professions qu'il a exercées pendant les dix années précédentes. Cette déclaration doit être, en outre, adressée par le postulant au recteur de l'Académie, au procureur de la République et au sous-préfet. Elle demeurera affichée, par les soins du maire, à la porte de la mairie pendant un mois.

130. — Le recteur, soit d'office, soit sur la plainte du procureur de la République ou du sous-préfet, peut former opposition à l'ouverture de l'école, dans l'intérêt des mœurs publiques, dans le mois qui suit la déclaration à lui faite. Cette opposition est jugée, dans un bref délai, contradictoirement et sans recours par le conseil académique. Si le maire refuse d'approuver le local, il est statué à cet égard par ce conseil. A défaut d'opposition, l'école peut être ouverte à l'expiration du mois, sans autre formalité. — Art. 28.

131. — La faculté donnée au recteur de former opposition à l'ouverture d'une école libre remplace le certificat de moralité qu'exigeait la loi de 1833 des instituteurs privés, et qui consistait dans une attestation donnée par le maire et par trois conseillers municipaux de chacune des communes où avait résidé le candidat depuis trois ans.

132. — Quiconque a ouvert ou dirigé une école en contravention aux art. 25, 26 et 27, ou avant l'expiration du délai fixé par le dernier paragraphe de l'art. 28, doit être poursuivi devant le tribunal correctionnel du lieu du délit, et condamné à une amende de 50 francs à 500 francs. L'école sera fermée. — Art. 29.

133. — En cas de récidive, le délinquant doit être condamné de six jours à un mois d'emprisonnement et de 100 fr. à 1,000 fr. d'amende. La même peine de six jours à un mois et de 100 fr. à 1,000 francs d'amende doit être prononcée contre celui qui, dans le cas d'opposition formée à l'ouverture de son école, l'aura néanmoins ouverte avant qu'il ait été statué sur cette opposition, ou bien au mépris de la décision du conseil académique qui aurait accueilli l'opposition. — Même article.

134. — Ne sont pas considérées comme tenant école, les personnes qui, dans un but purement charitable et sans exercer la profession d'instituteur, enseignent à lire et à écrire aux enfans, avec l'autorisation du délégué cantonal. Néanmoins, cette autorisation peut être retirée par le conseil académique. — Même article.

135. — Tout instituteur libre, sur la plainte du recteur ou du procureur de la République, peut être traduit, pour cause de faute grave dans l'exercice de ses fonctions, d'inconduite ou d'immoralité, devant le conseil académique du département, et être censuré, suspendu pour un temps qui ne peut excéder six mois, ou interdit de l'exercice de sa profession dans la commune où il exerce. — Art. 30.

136. — Le conseil académique peut même frapper l'instituteur libre d'une interdiction absolue. Il y a lieu à l'appel dans ce cas devant le conseil supérieur de l'instruction publique. Cet appel doit être interjeté dans le délai de dix jours à compter de la notification de la décision, et n'est pas suspensif. — Même article.

137. — Il a été expliqué que, dans le cas prévu par le second paragraphe de l'art. 30, le droit d'appel appartient aussi bien au recteur qu'à l'instituteur libre.

138. — Les art. 31 à 35 sont relatifs aux instituteurs communaux. Les instituteurs communaux, porte l'art. 31, sont nommés par le conseil municipal de chaque commune, et choisis sur

une liste d'admissibilité et d'avancement dressée par le conseil académique du département, soit sur la présentation qui est faite par les supérieurs, pour les membres des associations religieuses vouées à l'enseignement et autorisées par la loi ou reconnues comme établissemens d'utilité publique, soit sur la présentation des consistoires pour les instituteurs appartenant aux cultes non catholiques.

139. — Si le conseil municipal avait fait un choix non conforme à la loi, ou n'en avait fait aucun, il serait pourvu à la nomination par le conseil académique, un mois après la mise en demeure adressée au maire par le recteur. L'institution est donnée par le ministre de l'instruction publique. — Même article.

140. — On a demandé si la liste d'admissibilité et d'avancement serait mobile ou permanente. M. Baze a répondu au nom de la commission : La liste sera à la fois permanente et mobile; permanente, en ce sens que ceux qui y seront portés n'en seront pas retirés sans de graves motifs; d'un autre côté, elle sera mobile, en ce sens qu'on y mettra de nouveaux noms, toutes les fois qu'il en sera présenté. Ce sera, en un mot, une pépinière d'instituteurs, un recrutement organisé.

141. — Il est interdit aux instituteurs communaux d'exercer aucune fonction administrative sans l'autorisation du conseil académique. Toute profession commerciale ou industrielle leur est absolument interdite. — Art. 32.

142. — On a demandé sur cet article si, par fonctions administratives, la commission entendait aussi la charge de secrétaire de la commune. La commission, par l'organe de M. Baze, a répondu affirmativement.

143. — L'art. 33 s'occupe des mesures disciplinaires dont les instituteurs communaux peuvent être l'objet. Sur ce point, la loi de 1850 s'écarte notablement de celle du 28 juin 1833, qui conférait aux instituteurs une sorte d'inamovibilité. Le recteur, porte cet article, peut, suivant les cas, réprimander, suspendre, avec ou sans privation totale ou partielle de traitement, pour un temps qui n'excédera pas six mois, ou révoquer l'instituteur communal. L'instituteur révoqué est incapable d'exercer la profession d'instituteur, soit public, soit libre, dans la même commune.

144. — Le conseil académique peut, après avoir entendu l'instituteur communal ou l'avoir dûment appelé, le frapper d'une interdiction absolue, sauf appel devant le conseil supérieur de l'instruction publique dans le délai de dix jours, à partir de la notification de la décision. Cet appel n'est pas suspensif. En cas d'urgence, le maire peut suspendre provisoirement l'instituteur communal, à charge de rendre compte, dans les deux jours, au recteur. — Même article.

145. — Le conseil académique détermine les écoles publiques auxquelles, d'après le nombre des élèves, il doit être attaché un instituteur adjoint. Les instituteurs adjoints peuvent n'être âgés que de dix-huit ans et ne sont pas assujettis aux conditions de l'art. 25. Ils sont nommés et révocables par l'instituteur, avec l'agrément du recteur de l'académie. Les instituteurs adjoints appartenant aux associations religieuses dont il est parlé dans l'art. 31, sont nommés et peuvent être révoqués par les supérieurs de ces associations. Le conseil municipal fixe le traitement des instituteurs adjoints. Ce traitement est à la charge exclusive de la commune. — Art. 34.

146. — Tout département est tenu de pourvoir au recrutement des instituteurs communaux, en entretenant des élèves-maîtres, soit dans les établissemens d'instruction primaire désignés par le conseil académique, soit aussi dans l'école normale établie à cet effet par le département.— Art. 35. — Par cette disposition, se trouve abrogé l'art. 11 de la loi du 28 juin 1833 qui oblige sans distinction les départemens à entretenir une école normale primaire.

147. — Les écoles normales peuvent être supprimées par le conseil général du département; elles peuvent l'être également par le ministre en conseil supérieur, sur le rapport du conseil académique : sauf, dans les deux cas, le droit acquis aux boursiers en jouissance de leur bourse. — Même article.

148. — Le programme de l'enseignement, les conditions d'entrée et de sortie, celles qui sont relatives à la nomination du personnel, et tout ce qui concerne les écoles normales, sera déterminé par un règlement délibéré en conseil supérieur. — Même article.

149. — La faculté que la loi de 1833 confère aux départemens de se réunir à d'autres pour l'entretien d'une école normale subsiste. Ce point a été reconnu dans la discussion.

150. — *Écoles communales.* — Les art. 36 à 41 appartiennent au chapitre 3, intitulé : *Des écoles communales.* « Toute commune, porte l'article 36, doit entretenir une ou plusieurs écoles primaires. Le conseil académique du département peut autoriser une commune à se réunir à une ou plusieurs communes voisines pour l'entretien d'une école. » — Art. 36.

151. — Toute commune a la faculté d'entretenir une ou plusieurs écoles entièrement gratuites, à la condition d'y subvenir par ses propres ressources. — Même article.

152. — Le conseil académique peut dispenser une commune d'entretenir une école publique, à condition qu'elle pourvoira à l'enseignement primaire gratuit, dans une école libre, de tous les enfans dont les familles sont hors d'état d'y subvenir. Cette dispense peut toujours être retirée. — Même article.

153. — Dans les communes où les différens cultes reconnus sont professés publiquement, des écoles séparées doivent être établies pour les enfans appartenant à chacun de ces cultes; sauf ce qui est dit à l'art. 15. — Même article.

154. — La commune peut, avec l'autorisation du conseil académique, exiger que l'instituteur communal donne en tout ou en partie à son enseignement les développemens dont il est parlé à l'art. 23. — Même article.

155. — Toute commune doit fournir à l'instituteur un local convenable, tant pour son habitation que pour la tenue de l'école, le mobilier de classe et un traitement. — Art. 37.

156. — « A dater du 1er janv. 1851, porte l'art. 38, le traitement des instituteurs communaux se composera : 1° d'un traitement fixe qui ne peut être inférieur à 200 francs; 2° du produit de la rétribution scolaire; 3° d'un supplément accordé à tous ceux dont le traitement, joint au produit de la rétribution scolaire, n'atteint pas 600 fr. Ce supplément sera calculé d'après le total de la rétribution scolaire pendant l'année précédente. »

157. — Voici dans quel esprit cet article 38 a été conçu : « Nous avons voulu, dit l'exposé des motifs, améliorer l'instituteur lui-même. On ne met pas impunément aux prises l'indigence et l'orgueil. Un gouvernement ne doit tendre de pareils piéges à personne : l'individu y succombe d'abord, et la société y périrait après. Montrons-nous inflexibles envers les torts, mais après avoir calmé les souffrances. Tout récemment encore, la moyenne annuelle pour 27,000 instituteurs était, malgré des promesses réitérées, de 454 fr. Point d'avancement hiérarchique, point de retraite, bien que le principe en eût été posé dans l'ordonnance du 14 févr. 1830. Un décret récent de l'Assemblée constituante élève le minimum du traitement total à 550 francs. Nous vous proposons de le porter, en y comprenant la rétribution municipale, et la rétribution scolaire à 600 francs. Nous introduisons aussi dans la loi le principe des retenues pour assurer un fonds de retraite. »

158. — Une caisse de retraite sera substituée, par un règlement d'administration publique, aux caisses d'épargne des instituteurs. — Art. 39.

159. — A défaut de fondations, dons ou legs, le conseil municipal délibère sur les moyens de pourvoir aux dépenses de l'enseignement primaire de la commune. En cas d'insuffisance des revenus ordinaires, il est pourvu à ces dépenses au moyen d'une imposition spéciale votée par le conseil municipal, ou, à défaut du vote de ce conseil, établie par un décret du pouvoir exécutif. Cette imposition, qui devra être autorisée chaque année par la loi des finances, ne peut excéder trois centimes additionnels au principal des quatre contributions directes. Lorsque des communes, soit par elles-mêmes, soit en se réunissant à d'autres communes, n'auront pu subvenir, de la manière qui vient d'être indiquée, aux dépenses de l'école communale, il y sera pourvu sur les ressources ordinaires du département, ou, en cas d'insuffisance, au moyen d'une imposition spéciale, votée par le conseil général, ou, à défaut du vote de ce conseil, établie par un décret. Cette imposition, autorisée chaque année par la loi de finances, ne devra pas excéder deux centimes additionnels au principal des quatre contributions directes. Si les ressources communales et départementales ne suffisent pas, le ministre de l'instruction publique accordera une subvention sur le crédit qui sera porté annuellement, pour l'enseignement primaire, au budget de l'Etat. Chaque année un rapport annexé au projet de budget fera connaître l'emploi des fonds alloués pour l'année précédente. — Art. 40.

160. — La rétribution scolaire est perçue dans la même forme que les contributions publiques directes; elle est exempte des droits de timbre et donne droit aux mêmes remises que les autres recouvremens. Néanmoins, sur l'avis conforme du conseil général, l'instituteur communal pourra être autorisé à percevoir lui-même la rétribution scolaire. — Art. 41.

161. — *Délégués cantonaux.* — Les art. 42 à 48 forment le chapitre 4 relatif aux délégués cantonaux et aux autres autorités préposées à l'enseignement primaire. « La surveillance spéciale de l'enseignement primaire, a dit M. Beugnot dans son rapport, appartient actuellement dans chaque commune au comité communal, dans chaque arrondissement au comité d'arrondissement, et, dans chaque académie, au conseil académique. Ce système est simple et régulier, mais il n'a pas répondu à ce qu'on en attendait. La pierre angulaire de cet édifice est le comité local. Or les comités locaux ont, il faut le dire, déserté, dès le principe, leur mission. En 1840, le gouvernement déclarait que ces comités ne se réunissaient jamais, hormis le cas où ils avaient à présenter un instituteur. Cette active surveillance qui conseille, avertit, prévient les fautes ou n'en laisse échapper aucune, n'existe pas. Le projet de loi s'efforce de la rétablir et de la rendre efficace. »

162. — Le conseil académique des départemens, porte l'art. 42, désigne un ou plusieurs délégués résidant dans chaque canton pour surveiller les écoles publiques et libres du canton et déterminer les écoles particulièrement soumises à la surveillance de chacun.

163. — Les délégués sont nommés pour trois ans, ils sont rééligibles et révocables. Chaque délégué correspond, tant avec le conseil académique, auquel il doit adresser ses rapports, qu'avec les autorités locales pour tout ce qui regarde l'Etat et les besoins de l'enseignement primaire dans sa circonscription. Il peut, lorsqu'il n'est pas membre du conseil académique, assister à ses séances, avec voix consultative pour les affaires intéressant les écoles de sa circonscription.— Art. 42.

164. — Les délégués se réunissent, au moins une fois, tous les trois mois au chef-lieu du canton, sous la présidence de celui d'entre eux qu'ils désignent, pour convenir des avis à transmettre au conseil académique. — Même article.

165. — A Paris, les délégués nommés pour chaque arrondissement par le conseil académique se réunissent, au moins, une fois tous les mois, avec le maire, un adjoint, le juge de paix, un curé de l'arrondissement et un ecclésiastique, ces deux derniers désignés par l'archevêque, pour s'entendre au sujet de la surveillance locale et pour convenir des avis à transmettre au conseil académique. Les ministres des cultes non catholiques reconnus, s'il y a dans l'arrondissement des écoles suivies par des enfans appartenant à ces cultes, assistent à ces réunions avec voix délibérative. La réunion est présidée par le maire.

166. — Les autorités locales préposées à la surveillance et à la direction morale de l'instruction primaire sont, pour chaque école, le maire, le curé, le pasteur ou délégué du culte israélite, et dans les communes de 2,000 âmes et au-dessus, un ou plusieurs habitans de la commune, délégués par le conseil académique. Les ministres des différens cultes sont spécialement chargés de surveiller l'enseignement religieux de l'école. L'entrée de l'école leur est toujours ouverte. — Art. 44.

167. — Dans les communes où il existe des écoles mixtes, un ministre de chaque culte aura toujours l'entrée de l'école pour veiller à l'éducation religieuse des enfans de son culte. Lorsqu'il y a pour chaque culte des écoles séparées, les enfans d'un culte ne doivent être admis dans l'école d'un autre culte que sur la volonté formellement exprimée par les parens. — Même article.

168. — Le maire dresse chaque année, de concert avec les ministres des différens cultes, la liste des enfans qui doivent être admis gratuitement dans les écoles publiques. Cette liste est approuvée par le conseil municipal et définitivement arrêtée par le préfet. — Art. 45.

169. — Chaque année, le conseil académique nomme une commission d'examen chargée de juger publiquement, et à des époques déterminées par le recteur, l'aptitude des aspirans au brevet de capacité, quel que soit le lieu de leur domicile. Cette commission se compose de sept membres et choisit son président. Un inspecteur

d'arrondissement pour l'instruction primaire, un ministre du culte professé par le candidat et deux membres de l'enseignement public ou libre, en font nécessairement partie.—Art. 46.

170. — L'examen ne portera que sur les matières comprises dans la première partie de l'art. 23. Les candidats qui voudront être examinés sur tout ou partie des autres matières spécifiées dans le même article en feront la demande à la commission. Les brevets délivrés feront mention des matières spéciales sur lesquelles les candidats auront répondu d'une manière satisfaisante. — Même article.

171. — Le conseil académique délivre, s'il y a lieu, des certificats de stage aux personnes qui justifient avoir enseigné pendant trois ans, au moins, les matières comprises dans la première partie de l'art. 23, dans les écoles publiques ou libres autorisées à recevoir des stagiaires. Les élèves maîtres sont, pendant la durée de leur stage, spécialement surveillés par les inspecteurs de l'enseignement primaire.—Art. 47.

172. — *Ecoles des filles.* — Diverses dispositions relatives aux écoles de filles font l'objet du chapitre 5 composé des art. 48 à 52. L'enseignement primaire dans les écoles de filles, porte l'art. 48, comprend, outre les matières de l'enseignement primaire énoncées dans l'art. 23, les travaux à l'aiguille.

173. — Les lettres d'obédience tiendront lieu de brevet de capacité aux institutrices appartenant à des congrégations religieuses vouées à l'enseignement et reconnues par l'Etat (art. 49). L'examen des institutrices n'a pas lieu publiquement (même article). «Le principe de l'égalité républicaine, a dit M. Beugnot, dans son premier rapport, prescrivait, suivant nous, de ne pas exiger deux brevets de capacité d'une institutrice religieuse, quand on n'en exige qu'un d'une institutrice laïque. Les lettres d'obédience sont de véritables brevets de capacité délivrés par les supérieures, après trois ou quatre ans de postulat et de noviciat, et à la suite d'épreuves bien autrement sérieuses qu'un simple examen passé devant une commission choisie au hasard.

174. — Tout ce qui se rapporte à l'examen des institutrices, à la surveillance et à l'inspection des écoles des filles, sera l'objet d'un règlement délibéré en conseil supérieur. Les autres dispositions de la présente loi, relatives aux écoles et aux instituteurs, sont applicables aux écoles de filles et aux institutrices, à l'exception des art. 38, 39, 40 et 41.

175. — Toute commune de 800 âmes de population et au-dessus, est tenue, si ses propres ressources lui en offrent les moyens, d'avoir au moins une école de filles, sauf ce qui est dit à l'art. 15. Le conseil académique peut, en outre, obliger les communes d'une population inférieure à entretenir, si leurs ressources ordinaires le permettent, une école de filles; et, en cas de réunion de plusieurs communes pour l'enseignement primaire, il pourra, selon les circonstances, décider que l'école de garçons et l'école de filles seront dans deux communes différentes. Il prend l'avis du conseil municipal. — Art. 51.

176. — Aucune école primaire, publique ou libre, ne peut, sans autorisation du conseil académique, recevoir d'enfans des deux sexes, s'il existe dans la commune une école publique ou libre de filles. — Art. 52.

177. — *Institutions complémentaires; pensionnats, adultes, apprentis, dimanches, etc.* — Les art. 53 et suiv. forment le chapitre 6, relatif aux instructions complémentaires. L'art 53 s'occupe des pensionnats primaires. Il est ainsi conçu: Tout Français âgé de vingt-cinq ans, ayant au moins cinq années d'exercice comme instituteur, ou comme maître dans un pensionnat primaire, et remplissant les conditions énumérées dans l'art. 25, peut ouvrir un pensionnat primaire, après avoir déclaré son intention au recteur de l'Académie et au maire de la commune. Toutefois, les instituteurs communaux ne pourront ouvrir de pensionnat qu'avec l'autorisation du conseil académique, sur l'avis du conseil municipal.

178. — Le programme de l'enseignement et le plan du local doivent être adressés au maire et au recteur. Le conseil académique prescrira, dans l'intérêt de la moralité et de la santé des élèves, toutes les mesures qui seront indiquées dans un règlement délibéré par le conseil supérieur. — Même article.

179. — Les pensionnats primaires sont soumis aux prescriptions des art. 26, 27, 27, 28 et 30 de la présente loi, et à la surveillance des autorités qu'elle institue. Ces dispositions sont applicables aux pensionnats de filles, en tout ce qui n'est pas contraire aux conditions prescrites par le chapitre 5 de la présente loi. — Même article.

180. — Le ministre de l'instruction publique a dit sur l'art. 53: «Je crois qu'il est bien compris que l'article s'applique à tous les pensionnats de filles, nonobstant l'ordonnance de 1820, qui attribue aux préfets la surveillance des pensionnats de demoiselles; en effet, la distinction de l'enseignement primaire et de l'enseignement secondaire n'existe pas dans cette nature d'enseignement.» Le rapporteur de la commission a répondu: «La commission adhère à l'observation de M. le ministre. En effet, elle reconnaît qu'il n'y a pas dans l'enseignement des filles la même division à faire que dans l'enseignement des garçons. Il n'y a pas d'instruction primaire et d'instruction secondaire.»

181. — Les art. 54 à 56 traitent des écoles d'adultes et d'apprentis. Il peut être créé des écoles primaires communales, porte l'art. 54, pour les adultes au-dessus de dix-huit ans, pour les apprentis au-dessus de douze ans. Le conseil académique désigne les instituteurs chargés de diriger les écoles communales d'adultes et d'apprentis. Il ne peut être reçu dans ces écoles d'élèves des deux sexes.

182. — Les art. 27, 28, 29 et 30 sont applicables aux instituteurs libres qui veulent ouvrir des écoles d'adultes ou d'apprentis. — Art. 55.

183. — Il sera ouvert, chaque année, au budget du ministre de l'instruction publique, un crédit pour encourager les auteurs de livres ou de méthodes utiles à l'instruction primaire, et à la fondation d'institutions telles que les écoles du dimanche, les écoles dans les ateliers et les manufactures, les classes dans les hôpitaux, les cours publics ouverts conformément à l'art. 77, les bibliothèques de livres utiles et autres institutions dont les statuts auront été soumis à l'examen de l'autorité compétente. — Art. 56.

184. — *Salles d'asile.* — Le titre 2 de la loi de 1850 est terminé par trois dispositions relatives aux salles d'asile. — Suivant l'art. 57, les salles d'asile sont publiques ou libres. Un décret du président de la République, rendu sur l'avis du conseil supérieur, déterminera tout ce qui se rapporte à la surveillance et à l'inspection de ces établissemens, ainsi qu'aux conditions d'âge, d'aptitude, de moralité des personnes qui seront chargées de la direction et du service dans les salles d'asile publiques. Les infractions à ce décret seront punies des peines établies par les art. 29, 30 et 33 de la présente loi. Ce décret déterminera également le programme de l'enseignement et des exercices dans les salles d'asile publiques, et tout ce qui se rapporte au traitement des personnes qui seront chargées de la direction ou du service.

185. — Les personnes chargées de la direction des salles d'asile publiques seront nommées par le conseil municipal, sauf l'approbation du conseil académique. — Art. 58.

186. — Les salles d'asile libres peuvent recevoir des secours sur les budgets des communes, des départemens et de l'Etat. — Art. 59.

§ 3. — *Enseignement secondaire.*

187. — Le titre 3 de la loi, relatif à l'instruction secondaire, se compose des art. 60 à 76. Le chapitre 1er, relatif aux établissemens particuliers d'instruction secondaire, comprend les onze premiers articles de cette série. Le chapitre 2, qui contient les art. suivans, s'applique aux établissemens publics d'instruction secondaire. Dans son premier rapport, M. Beugnot a expliqué, dans les termes suivans, quel esprit avait présidé à cette partie de la loi: «La Constitution admet la liberté ou le droit des familles comme la base de notre système d'éducation nationale, et détermine le caractère et les limites de l'intervention de l'Etat. L'Etat intervient, en premier lieu, pour faciliter aux familles l'usage de leur droit, car c'est dans leur intérêt que la Constitution déclare que le droit d'enseigner s'exerce sous certaines conditions de moralité et de savoir fixées par la loi. En second lieu, il intervient, avec son caractère de gardien de l'ordre et des bonnes mœurs, par la surveillance de tous les établissemens d'instruction publique, quelle que soit leur nature. De ce que la Constitution n'a pas, comme la Charte de 1830, placé l'enseignement de l'Etat en regard de l'enseignement libre, nous n'en conclurons pas qu'il est interdit au gouvernement d'ouvrir des maisons d'éducation, et d'y faire mettre en usage les méthodes d'enseignement qui lui paraîtront les meilleures. — Nous nous bornerons à dire que ce ne sera pas l'Etat qui enseignera dans ces écoles; car, lorsque l'Etat possède un droit, il ne le partage avec personne; lorsqu'il adopte une doctrine, cette doctrine devient loi; or, en matière d'enseignement, désormais, il ne fera plus la loi. La fameuse théorie de l'Etat enseignant fut trouvée à une époque où la liberté d'enseigner n'existait pas.

188. — *Etablissemens particuliers d'instruction secondaire.* — Tout Français âgé de vingt-cinq ans au moins, et n'ayant encouru aucune des incapacités comprises dans l'art. 26 de la présente loi, peut former un établissement d'instruction secondaire, sous la condition de faire au recteur de l'académie où il se propose de s'établir les déclarations prescrites par l'art. 27, et, en outre, de déposer entre ses mains les pièces suivantes, dont il lui sera donné récépissé: 1° un certificat de stage constatant qu'il a rempli, pendant cinq ans au moins, les fonctions de professeur ou de surveillant dans un établissement d'instruction secondaire public ou libre; 2° soit le diplôme de bachelier, soit un brevet de capacité délivré par un jury d'examen, dans la forme déterminée par l'art. 62; 3° le plan du local et l'indication de l'objet de l'enseignement. — Art. 60.

189. — Le recteur à qui le dépôt des pièces aura été fait en donnera avis au préfet du département et au procureur de la République de l'arrondissement dans lequel l'établissement devra être fondé. — Même article.

190. — Le ministre, sur la proposition des conseils académiques, et l'avis conforme du conseil supérieur, peut accorder des dispenses de stage. — Même article.

191. — Les certificats de stage sont délivrés par le conseil académique, sur l'attestation des chefs d'établissemens où le stage aura été accompli. Toute attestation fausse sera punie des peines portées en l'art. 160 du Code pénal. — Art. 61.

192. — Tous les ans, le ministre nomme, sur la présentation du conseil académique, un jury chargé d'examiner les aspirans au brevet de capacité. Ce jury est composé de sept membres, y compris le recteur qui le préside. Un ministre du culte professé par le candidat et pris dans le conseil académique, s'il n'y en a déjà un dans le jury, sera appelé avec voix délibérative. Le ministre, sur l'avis du conseil supérieur de l'instruction publique, instituera des jurys spéciaux pour l'enseignement professionnel. — Art. 62.

193. — Les programmes d'examen seront arrêtés par le conseil supérieur. Nul ne pourra être admis à subir l'examen de capacité avant l'âge de vingt-cinq ans. — Même article.

194. — La présentation du jury d'examen n'est pas obligatoire pour le ministre. Il a été expliqué que si le ministre n'admettait pas la présentation, le conseil académique devrait en faire une autre. — Duvergier, p. 93, note 2.

195. — Aucun certificat d'études ne sera exigé des aspirans au diplôme de bachelier ou au brevet de capacité. — Le candidat peut choisir la faculté ou le jury académique devant lequel il subira son examen. — Un candidat refusé ne peut se présenter avant trois mois à un nouvel examen, sous peine de nullité du diplôme ou brevet indûment obtenu. — Art. 63.

196. — Pendant le mois qui suit le dépôt des pièces requises par l'art. 60, le recteur, le préfet et le procureur de la République peuvent se pourvoir devant le conseil académique, et s'opposer à l'ouverture de l'établissement, dans l'intérêt des mœurs publiques ou de la santé des élèves. Après ce délai, s'il n'est intervenu aucune opposition, l'établissement peut être immédiatement ouvert. En cas d'opposition, le conseil académique prononce, la partie entendue ou dûment appelée, sauf appel devant le conseil supérieur de l'instruction publique. — Art. 64.

197. — Dans son premier rapport, M. Beugnot a dit, sur cet article: «Le souvenir d'un ancien débat qui naguère passionnait les esprits et qu'on s'efforcera peut-être, mais en vain, de rajeunir, exige que nous nous expliquions, en peu de mots, sur une question que le projet de loi ne soulève pas, mais qu'il est aisé d'y rattacher. Les membres des congrégations religieuses non reconnues par l'Etat pourront-ils ouvrir et diriger des établissemens d'instruction secondaire ou y professer? La réponse ne peut être douteuse. Nous réglons l'exercice d'un droit public, à la jouissance duquel sont appelés tous les citoyens, sans autre exception que ceux dont l'immoralité a été déclarée par un arrêt de la justice.» Nous disons avec le rapporteur du projet de loi à l'Assemblée constituante: «La République n'interdit qu'aux

ignorans et aux indignes le droit d'enseigner. Elle ne connaît pas les corporations; elle ne les connaît ni pour les gêner ni pour les protéger; elle ne voit devant elle que des professeurs.»

198.—Est incapable de tenir un établissement public ou libre d'instruction secondaire, ou d'y être employé, quiconque est atteint de l'une des incapacités déterminées par l'art. 26 de la présente loi, ou qui, ayant appartenu à l'instruction publique, a été révoqué avec interdiction, conformément à l'art. 14. — Art. 65.

199.—Quiconque, sans avoir satisfait aux conditions prescrites par la présente loi, aura ouvert un établissement d'instruction secondaire, sera poursuivi devant le tribunal correctionnel du lieu du délit, et condamné à une amende de 100 francs à 1,000 francs. L'établissement sera fermé. En cas de récidive, ou si l'établissement a été ouvert avant qu'il ait été statué sur l'opposition, ou contrairement à la décision du conseil académique qui l'aurait accueillie, le délinquant sera condamné à un emprisonnement de quinze jours à un mois, et à une amende de 1,000 à 3,000 francs. — Art. 66.

200. — Les ministres des différens cultes reconnus peuvent donner l'instruction secondaire à quatre jeunes gens, au plus, destinés aux écoles ecclésiastiques, sans être soumis aux prescriptions de la présente loi, à la condition d'en faire la déclaration au recteur. Le conseil académique veille à ce que ce nombre ne soit pas dépassé. — Même article. — Ces deux derniers paragraphes sont la reproduction de l'art. 28 de l'ordonnance du 25 févr. 1821.

201. — En cas de désordre grave dans le régime intérieur d'un établissement libre d'instruction secondaire, le chef de cet établissement peut être appelé devant le conseil académique et soumis à la réprimande avec ou sans publicité. La réprimande ne donne lieu à aucun recours. — Art. 67.

202. — Tout chef d'établissement libre d'instruction secondaire, toute personne attachée à l'enseignement ou à la surveillance d'une maison d'éducation peut, sur la plainte du ministère public ou du recteur, être traduit, pour cause d'inconduite ou d'immoralité, devant le conseil académique, et être interdit de sa profession, à temps ou à toujours, sans préjudice des peines encourues pour crimes ou délits prévus par le Code pénal. Appel de la décision rendue peut toujours avoir lieu, dans les quinze jours de la notification, devant le conseil supérieur. L'appel ne sera pas suspensif. — Art. 68.

203. — Le ministre de l'instruction publique a dit : « Il doit être bien entendu que, sur cet article comme sur l'article analogue dans l'enseignement primaire, le droit d'appel est réciproque.

204. — Les établissemens libres peuvent obtenir des communes, des départemens ou de l'Etat un local et une subvention, sans que cette subvention puisse excéder le dixième des dépenses annuelles de l'établissement. Les conseils académiques sont appelés à donner leur avis préalable sur l'opportunité de ces subventions. Sur la demande des communes, les bâtimens compris dans l'attribution générale faite à l'Université par le décret du 10 déc. 1808 pourront être affectés à ces établissemens par décret du pouvoir exécutif. — Art. 69.

205. — Les écoles secondaires ecclésiastiques actuellement existantes sont maintenues sous la seule condition de rester soumises à la surveillance de l'Etat. Il ne pourra en être établi de nouvelles sans l'autorisation du gouvernement. — Art. 70.

206. — On a demandé si la surveillance de l'Etat sur les écoles secondaires ecclésiastiques serait exercée, de la même manière que sur les établissemens libres. Le ministre de l'instruction publique a répondu affirmativement, mais en ce sens cependant que les termes de l'art. 19 (aujourd'hui 21), qui exprime que l'inspection portera sur l'enseignement pour vérifier s'il n'est pas contraire à la morale, à la Constitution et aux lois, s'appliquent également aux écoles secondaires ecclésiastiques.

207. — *Etablissemens publics d'instruction secondaire.* — Les établissemens publics d'instruction secondaire, porte l'art. 71, sont les lycées et les colléges communaux. Il peut y être annexé des pensionnats.

208. — Les lycées sont fondés et entretenus par l'Etat, avec le concours des départemens et des villes. Les colléges communaux sont fondés et entretenus par les communes. Ils peuvent être subventionnés par l'Etat. — Art. 72.

209. — Toute ville dont le collége communal sera, sur la demande du conseil municipal, érigé en lycée, devra faire les dépenses de construction et d'appropriation requises à cet effet, fournir le mobilier et les collections nécessaires à l'enseignement, assurer l'entretien et la réparation des bâtimens. — Art. 73.

210. — Les villes qui voudront établir un pensionnat près du lycée devront fournir le local et le mobilier nécessaires, et fonder pour dix ans, avec ou sans le concours du département, un nombre de bourses fixé de gré à gré avec le ministre. A l'expiration des dix ans, les villes et départemens seront libres de supprimer les bourses, sauf le droit acquis aux boursiers en jouissance de leur bourse. Dans le cas où l'Etat voudrait conserver le pensionnat, le local et le mobilier resteront à sa disposition, et ne feront retour à la commune que lors de la suppression de cet établissement. — Même article.

211. — Pour établir un collége communal, toute ville doit satisfaire aux conditions suivantes : Fournir un local approprié à cet usage et en assurer l'entretien ; placer et entretenir dans ce local le mobilier nécessaire à la tenue des cours et à celle du pensionnat si l'établissement doit recevoir des élèves internes ; garantir pour cinq ans au moins le traitement fixe du principal et des professeurs, lequel sera considéré comme dépense obligatoire pour la commune en cas d'insuffisance des revenus propres du collége, de la rétribution collégiale payée par les externes, et des produits du pensionnat. Dans le délai de deux ans, les villes qui ont fondé des colléges communaux en dehors de ces conditions devront y avoir satisfait. — Art. 74.

212. — L'objet et l'étendue de l'enseignement dans chaque collége communal seront déterminés, eu égard aux besoins de la localité, par le ministre de l'instruction publique, en conseil supérieur, sur la proposition du conseil municipal et l'avis du conseil académique. — Art. 75.

213. — Le ministre prononce disciplinairement contre les membres de l'instruction secondaire publique, suivant la gravité du cas : 1° la réprimande devant le conseil académique ; 2° la censure devant le conseil supérieur ; 3° la mutation pour un emploi inférieur ; 4° la suspension des fonctions, pour une année au plus, avec ou sans privation totale ou partielle du traitement ; 5° le retrait d'emploi, après avoir pris l'avis du conseil supérieur ou de la section permanente. Le ministre peut prononcer les mêmes peines, à l'exception de la mutation pour un emploi inférieur, contre les professeurs de l'enseignement supérieur. Le retrait d'emploi ne peut être prononcé contre eux que sur l'avis conforme du conseil supérieur. La révocation aura lieu dans les formes prévues par l'art. 14. — Art. 76.

214. — On a demandé quelle différence il y avait pour les membres de l'enseignement supérieur entre le retrait d'emploi et la révocation. Le ministre a répondu : « Un professeur qui aura démérité pourra être privé de sa chaire ; mais il ne sera pas frappé, par le simple retrait d'emploi, d'une indignité telle qu'il ne puisse jamais ouvrir une école primaire ou secondaire. La révocation, au contraire, entraîne l'indignité. »

§ 4. — *Dispositions générales.*

215. — Les art. 77 et suivans composent le titre 4 et dernier de la loi qui contient des dispositions générales. L'article 77 porte : Les dispositions de la présente loi concernant les écoles primaires ou secondaires sont applicables aux cours publics sur les matières de l'enseignement primaire ou secondaire. Les conseils académiques peuvent, selon les degrés de l'enseignement, dispenser ces cours de l'application des dispositions qui précèdent, et, spécialement, de l'application du dernier paragraphe de l'art. 54.

216. — Les étrangers peuvent être autorisés à ouvrir ou diriger des établissemens d'instruction primaire ou secondaire, aux conditions déterminées par un règlement délibéré en conseil supérieur. — Art. 78.

217. — Les instituteurs adjoints des écoles publiques, les jeunes gens qui se préparent à l'enseignement primaire public dans les écoles désignées à cet effet, les membres ou novices des associations religieuses vouées à l'enseignement et autorisées par la loi, ou reconnues comme établissemens d'utilité publique, les élèves de l'école normale supérieure, les maîtres d'école, régens et professeurs des colléges et lycées, sont dispensés du service militaire, s'ils ont, avant l'époque fixée pour le tirage, contracté, devant le recteur, l'engagement de se vouer, pendant dix ans, à l'enseignement public, et s'ils réalisent cet engagement. — Art. 79.

218. — L'art. 463 du Code pénal pourra être appliqué aux délits prévus par la présente loi. — Art. 80.

219. — Un règlement d'administration publique déterminera les dispositions de la présente loi qui seront applicables à l'Algérie. — Art. 81.

220. — Sont abrogées toutes les dispositions de lois, décrets ou ordonnances contraires à la présente loi. — Art. 82.

221. — Les chefs ou directeurs d'établissemens d'instruction secondaire ou primaire libres, maintenant en exercice, continueront d'exercer leur profession sans être soumis aux prescriptions des art. 53 et 60. Ceux qui en ont interrompu l'exercice pourront le reprendre sans être soumis à la condition du stage. Le temps passé par les professeurs et les surveillans dans ces établissemens leur sera compté pour l'accomplissement du stage prescrit par ledit article. — Art. 83.

222. — La présente loi ne sera exécutoire qu'à dater du 1er sept. 1850. Les autorités actuelles continueront d'exercer leurs fonctions jusqu'à cette époque. Néanmoins, le conseil supérieur pourra être constitué et il pourra être convoqué par le ministre avant le 1er septembre 1850 ; et, dans ce cas, les art. 1, 2, 3, 4, l'art. 5, à l'exception de l'avant-dernier paragraphe, les art. 6 et 76 de la présente loi, deviendront immédiatement applicables. La loi du 11 janvier 1850 est prorogée jusqu'au 1er sept. 1850. — Art. 84.

223. — La loi du 11 janv. 1850, dont il est question dans l'art. 84, est celle qui avait placé les instituteurs primaires sous l'autorité des préfets. Suivant l'art. 8 de cette loi, elle devait cesser d'avoir son effet six mois après sa promulgation.

224. — Dans le cas où le conseil supérieur aurait été constitué avant cette époque, l'appel des instituteurs révoqués sera jugé par le ministre de l'instruction publique, en section permanente du conseil supérieur. — Même article 84.

225. — Jusqu'à la promulgation de la loi sur l'enseignement supérieur, le conseil supérieur de l'instruction publique et sa section permanente, selon leur compétence respective, exerceront, à l'égard de cet enseignement, les attributions qui appartenaient au conseil de l'Université, et les nouveaux conseils académiques les attributions qui appartenaient aux anciens. — Art. 85.

URATE.

Ateliers consacrés à la fabrication de l'urate (mélange d'urine avec la chaux, le plâtre et les terres). — 1re classe des établissemens insalubres. — V. ce mot (nomenclature).

URGENCE.

1. — C'est ce qui est urgent, c'est-à-dire *pressant*, ce qui ne peut souffrir aucun délai. — Il ne faut pas confondre la *célérité* avec l'*urgence*.

2. — Une affaire requiert *célérité* dès qu'elle exige une solution plus rapide que celle que l'on obtiendrait en suivant les formalités ordinaires. Elle est *urgente* lorsqu'il y a péril en la demeure, quand, selon les expressions du tribun Favard', on serait sans justice si la décision n'était pas rendue à l'instant même.

3. — Dès qu'une affaire réclame de la célérité, la loi autorise à simplifier la forme ordinaire de procéder.

4. — Ainsi, le président peut abréger les délais de l'ajournement. — V. ABRÉVIATION DE DÉLAI. — Les parties sont dispensées de préliminaire de conciliation. — V. CONCILIATION. — L'instruction se fait sommairement. — V. MATIÈRE SOMMAIRE. — Enfin le jugement peut être rendu pendant les vacances. — V. TRIBUNAUX.

5. — Dans les cas d'*urgence* proprement dite, une procédure toute spéciale est instituée, et le président du tribunal de première instance est investi du droit de statuer provisoirement, sans aucun délai, sur toutes les difficultés qui se présentent. — V. RÉFÉRÉ.

6. — Des formes particulières sont également tracées pour l'expropriation pour cause d'utilité publique dans le cas où il y a urgence. — V. EXPROPRIATION POUR UTILITÉ PUBLIQUE.

US ET COUTUMES DE LA MER.

Choix d'anciennes décisions sur les matières maritimes extraites du *Guidon de la mer*, des *Rôles d'Oleron* (V. ces mots), du *Droit maritime* de Wisby, etc., et publié par Cleirac en 1647 et réimprimé en 1671. — V. de Miltitz, *Manuel des consuls*, liv. 1er, chap. 3, sect. 5e et 8e. — E. Vincens, *Législ. commerc.*, t. 3, p. 92.

USAGE (loi).

1. — On peut définir l'usage, avec le président Bouhier (*Observat. sur la cout. de Bourgogne*, chap. 13, no 34) : « Tout ce qui se pratique d'ordinaire dans un pays, par rapport aux différentes affaires qui se traitent parmi les hommes. » Cette définition a été aussi adoptée par Toullier, t. 1er, no 158; Merlin, *Rép.*, vo *Usage* (5e édition), t. 18, p. 250, et Mailher de Chassat, *Traité de l'interprétation des lois* (édit. de 1836), p. 234.

2. — Chez les Romains, les mots *usage* et *coutume* étaient synonymes. On les trouve réunis dans la loi 2, Cod., liv. 8, tit. 53 : *Consuetudinis ususque longævi non vilis auctoritas est.* Ils désignaient également un droit qui n'était pas écrit.

3. — En France, on a aussi attaché, pendant longtemps, les mêmes idées à ces mots. Mais, peu à peu, on s'est habitué à les distinguer ; on a d'abord nommé *coutume* ce qu'on regardait comme loi non écrite, et *usage* ce qui, étant de pure routine, n'était pas toujours véritablement obligatoire. Plus tard, on a appelé *coutumes* les règles qui s'étaient introduites par les mœurs des peuples et que l'autorité législative avait fait rédiger par écrit. Le nom d'*usages* est resté à celles dont il n'existait point de rédaction ordonnée ou approuvée par le souverain. C'était dans ce dernier sens qu'on entendait ces mots, avant la révolution. — Merlin, *loc. cit.*, § 1er, no 1er; Toullier et Mailher de Chassat, *ubi suprà*.

4. — Les coutumes ont été abrogées par la loi du 30 vent. an XII (art. 7). — V. COUTUME. — Mais les usages subsistent, et plusieurs articles du Code civil renvoient aux usages locaux. — V. art. 590, 591, 593, 645, 663, 671, 674, 1135, 1159, 1648, 1736, 1753, 1754, 1758, 1759, 1762, 1766, etc. — Toullier, no 158, *in fin.*; Mailher de Chassat, *loc. cit.*

5. — Les conditions moyennant lesquelles se forme et s'établit l'usage, les caractères qu'il doit réunir pour avoir force de loi, peuvent être réduits à six. Les faits qui le composent doivent être : 1o uniformes, 2o publics, 3o multipliés, 4o observés par la généralité des habitans, 5o réitérés pendant un long espace de temps, 6o constamment tolérés par le législateur. — Toullier, no 159; Merlin, *ubi suprà*, no 3 ; Mailher de Chassat, p. 235; Zachariæ, *Cours de droit civil français*, t. 1er, p. 37 et 38.

6. — *Uniformes*, parce que « il faut, dit Dunod (*Traité des prescriptions*, 1re partie, chap. 13), que les faits soient agréés et adoptés, pour ainsi dire, par la multitude, qui marque, en ne les contredisant pas et en ne faisant rien de contraire, qu'elle en userait de même en pareille occasion. » Ainsi, des faits sur lesquels les témoignages varieraient, des actes dans lesquels se trouveraient mêlés d'autres actes différens ou contraires, de telle sorte qu'il ne résultât pas de là qu'on eût constamment pratiqué la même chose, seraient insuffisans pour établir un véritable usage. — Voët, *Ad pandect.*, *De legibus*, no 31; Mailher de Chassat, *eod. loc.*

7. — *Publics*; il importe en effet d'obtenir la certitude que la multitude, sur la volonté tacite de laquelle l'usage est fondé, a donné son consentement à de certains faits pouvant former cet usage; or, comment pourrait-elle être présumée les avoir connus, s'ils étaient clandestins? Il n'est cependant pas nécessaire, pour la publicité de ces faits, que les actes qui l'établissent soient judiciaires. Des actes extrajudiaires (c'est-à-dire des actes faits hors jugement) peuvent même former un usage, pourvu qu'ils soient tels qu'ils aient pu parvenir à la connaissance du public. — Voët, *Ad pandect.*, *De legib.*, no 30 ; Dunod, *loc. cit.* ; Merlin, p. 251, 2e col. ; Mailher de Chassat, p. 236 et suiv.

8. — *Multipliés*; cette condition est prescrite par la loi 34, ff., *De regul. jur.* : *quod in regione in quâ actum est, frequentatur.* Une foule de témoins qui attesteraient des faits séparés ou étrangers les uns aux autres n'établiraient donc pas un usage véritable. Il faut citer plusieurs actes uniformes. — Voët, *ibid.*, no 37.

9. — *Observés par la généralité des habitans* ; car le fait particulier de quelques uns ne peut nuire à un tiers ni obliger la multitude. Du reste, il n'est pas nécessaire que la généralité de l'usage soit absolue et physique. Il ne faut pas non plus confondre l'usage du grand nombre avec l'usage général. Pour fonder un usage général, la seule pluralité ne suffit pas; il faut une prépondérance bien décidée sur le petit nombre qui ignore l'usage. Pourquoi cela? parce que l'usage général suppose l'unanimité morale et le consentement présumé de tous ; or, ni cette uniformité ni ce consentement ne sont renfermés dans le simple usage du plus grand nombre. Dans la pratique, ce caractère est difficile à déterminer ; c'est ici le cas de dire avec la loi 32, ff., *De usuris* : « Les questions qui sont plus de fait que de droit ne peuvent être décidées ni par les législateurs ni par les jurisconsultes. » — Merlin, *loc. cit.*, p. 252 ; Mailher de Chassat, p. 242.

10. — *Réitérés pendant un long espace de temps* ; la difficulté n'est pas moindre dans ce cas que dans le précédent ; car c'est encore une question de fait. Autrefois, on exigeait dix ou vingt ans, lorsqu'il s'agissait d'un usage supplétif ou interprétatif de la loi, et quarante, lorsqu'il était question de l'abrogation d'une loi. Mais il est plus sage d'admettre le sentiment de Dunod, qui laisse à l'arbitrage du juge de décider, par le nombre et la qualité des actes, si la coutume est acquise et s'il s'est écoulé un temps assez long pour que le public et le législateur en aient eu connaissance. Il n'est pas possible, en effet, de donner, sur ce point, des règles fixes et invariables. — Toullier, no 159; Merlin, *ubi suprà* ; Mailher de Chassat, *ibid.*

11. — *Constamment tolérés par le législateur* ; si le législateur avait condamné un usage, il ne pourrait de nouveau s'établir qu'autant qu'il se serait écoulé depuis un temps suffisant pour faire présumer, de sa part, une approbation tacite. — Merlin, *ibid* ; Mailher de Chassat, p. 243.

12. — C'est pour empêcher les usages contraires à la loi de s'établir que le procureur général près la cour de Cassation est investi du droit de requérir l'annulation des arrêts dans l'intérêt de la loi, même après le délai accordé aux parties pour se pourvoir en cassation. — Toullier, t. 1er, no 161, note.

13. — Enfin, une dernière condition, c'est que les faits qui forment l'usage ne doivent être *contraires ni à l'ordre public ni aux bonnes mœurs.*

14. — Un usage allégué ne peut donc être considéré comme établi qu'autant qu'il présente les caractères qui précèdent. C'est ce que la cour de Cassation a elle-même reconnu, en refusant de donner force de loi à un usage qui ne réunissait point les conditions d'uniformité et de publicité. — *Cass.*, 9 avr. 1838 (t. 1er 1838, p. 485), comm. de Bendorff c. Brida.

15. — Les actes ordinaires par lesquels on prouve l'existence d'un usage sont une suite d'arrêts ou de jugemens passés en force de chose jugée, uniformes et rendus sur les mêmes matières de droit, *Series rerum perpetuò similiter judicatarum*, le témoignage des magistrats, des jurisconsultes, des avocats, des praticiens, etc. — Voët, *Ad pandect.*, *De legibus.*, no 33 ; Toullier, *ubi suprà* ; Mailher de Chassat, p. 240, note 3e.

16. — Autrefois, l'usage se prouvait par des actes de notoriété. Ces actes étaient des certificats authentiques, délivrés par des officiers de judicature, de ce qui se pratiquait dans leurs siéges sur quelque matière de jurisprudence ou quelque forme de procédure. Aucune loi ne les avait autorisés; ils avaient été introduits par l'usage pour tenir lieu des *enquêtes par turbes* abrogées par l'ordonn. de 1667. — Merlin, *Rép.*, vo *Notoriété* (acte de), no 1er.

17. — Mais ce mode de preuve ne peut plus être employé légalement depuis l'art. 1041, C. pr. civ., qui a abrogé non seulement toutes les lois et tous les réglemens, mais encore toutes les coutumes et *tous les usages antérieurs* relatifs à la procédure civile. La preuve d'un usage ne peut donc plus se faire que par titres et par témoins. Merlin, qui avait d'abord émis une opinion contraire (*Quest. de droit*, vo *Mariage*, § 7, no 1er), est revenu à cette dernière solution (*Rép.*, vo *Notoriété* [*acte de*]). — V. aussi, dans ce dernier sens, Bioche, *Dict. de procéd.*, vo *Acte de notoriété*, no 5 (2e édit.), et les annotateurs de Zachariæ, t. 1er, p. 37, no 4.

18. — La jurisprudence elle-même a décidé que, depuis le Code de procédure, on ne pouvait être admis à prouver l'existence d'un usage par un acte de notoriété émané d'un tribunal. — *Bruxelles*, 10 mai 1816, Thomas c. Dewez ; *Cass.*, 4 avr. 1824 (intérêt de la loi), trib. de Guéret ; *Bruxelles*, 9 mai 1832, Corswaren. — V. cependant *Bruxelles*, 15 fév. 1810, Fauconnier c. Grégoire ; 24 juill. 1810, Crousse c. Corbisier et Cottier. — V., au surplus, ACTE DE NOTORIÉTÉ, LOIS.

19. — Jugé aussi, qu'un fait ou usage de commerce ne peut, surtout lorsqu'il est exorbitant du droit commun, être établi devant la cour de Cassation par des certificats et parères. — *Cass.*, 15 janv. 1812, Michel c. Hainguerlot. — V. USAGE COMMERCIAL.

20. — Lorsqu'un usage réunit les conditions que nous avons indiquées, on peut alors lui appliquer cette maxime : *Diuturni mores consensu utentium comprobati legem imitantur.* (*Institut. just.*, *De jur. natur.*, § 9.) Il a presque l'autorité de la loi. — *Bordeaux*, 24 déc. 1833, Verrière c. Blanc.

21. — L'usage ainsi formé peut-il abroger la loi? — V. LOIS, nos 381 et suiv., où nous nous sommes prononcés pour la négative.

22. — Il peut, lorsque la loi est muette, suppléer à son silence. Dans les causes où nous manquons de lois écrites, il faut en effet observer ce qui a été introduit par les mœurs et par les usages. C'est la disposition précise de la loi 32, ff., *De legib.* : *De quibus causis scriptis legibus non utimur, id custodiri oportet quod moribus et consuetudine introductum est.* Le Code civil a lui-même consacré ces principes, en renvoyant fréquemment, comme nous l'avons vu (no 4), aux usages locaux, pour suppléer ou compléter ses dispositions. — Merlin, *Rép.*, vo *Usage*, § 2, no 2; Toullier, t. 1er, no 161 ; Mailher de Chassat, p. 253.

23. — L'usage peut interpréter la loi. Il y a plus : la loi n'a pas de meilleur interprète que l'usage. *Optima est legum interpres consuetudo.* — L. 37, ff., *De legib.* — Domat, *Lois civiles* (liv. prélim.), tit. 1er, sect. 2e, no 19 ; Merlin, *ibid.*, et vo *Loi*, § 10 (5e édit.), t. 10, p. 241, col. 2e *in fine* ; Toullier, no 160; Mailher de Chassat, p. 254.

24. — L'usage, lorsqu'il porte tous les caractères que nous avons tracés, a la force d'enchaîner l'interprète de telle manière qu'il ne puisse plus employer ensuite aucune des méthodes de l'interprétation doctrinale. Mais il en est différemment dans le cas contraire, c'est-à-dire lorsque l'usage est dépourvu de l'un de ces caractères. Alors le principe que l'interprète doit toujours chercher la volonté de la loi dans ses termes et dans son esprit reprend son empire. — Merlin et Mailher de Chassat, *ubi suprà*.

25. — Les usages antérieurs au Code civil et auxquels ce Code n'a pas renvoyé formellement ne sont plus d'aucune autorité pour l'avenir. Ils ont été abolis par la loi du 30 vent. an XII, art. 7. — *Cass.*, 31 déc. 1810, Bessy c. préfet des Alpes-Maritimes; 21 août 1813 (intérêt de la loi). — Merlin, *Rép.*, vo *Voisinage*, § 4, no 6.

26. — Les juges ne doivent et ne peuvent donc fonder leurs décisions sur des usages que dans les cas spéciaux où la loi s'y réfère d'une manière expresse. — Zachariæ, t. 1er, p. 38.

27. — Ce n'est que dans de pareilles hypothèses que la violation d'un usage peut donner lieu à cassation. — V. les annotateurs de Zachariæ, *loc. cit.*, no 7.

28. — Il a été en effet maintes fois décidé que la violation d'un usage qui ne reposait sur aucun texte de loi ne pouvait constituer un moyen de cassation. — *Cass.*, 14 août 1817, Gazay c. Vidal; *Bruxelles*, 28 juin 1820, Bustangy; *Cass.*, 11 juin 1825, Rolland; 13 juill. 1830, Dasque c. Page ; 29 juin 1836, Vasquez c. Arnauld. — V. au surplus CASSATION.

29. — Dans le cas où un usage qui réunit les conditions ci-dessus indiquées est contraire à une loi expresse et qui n'a point cessé d'être appliquée, bien que cet usage doive être sans effet, sans autorité aucune, les actes faits sous son empire n'en doivent pas moins être validés, suivant la règle *error communis facit jus.* — *Cass.*, 14 juill. 1825, Cordon c. Pellerin.

30. — Lorsque, avant le Code, on a déclaré se marier sous le régime de telle coutume, on est censé s'être soumis non-seulement aux dispositions écrites de cette coutume, mais encore à tous les usages observés dans les pays qu'elle régissait. — *Cass.*, 30 avr. 1835, Spitalier. — Ainsi, on est réputé avoir adopté l'usage de la crue, suivi dans cette coutume pour l'évaluation du mobilier prisé dans un inventaire. — Même arrêt.

USAGE (droit d')

Table alphabétique.

USAGE (droit d'). — **1.** — Droit accordé à un individu de percevoir les fruits d'un fonds appartenant à autrui jusqu'à concurrence de ce qui est nécessaire à ses besoins et à ceux de sa famille.

2. — Les droits d'usage sur les bois et forêts sont régis par des lois particulières. Ces lois, qui étaient nombreuses, obscures et contradictoires, sont désormais remplacées par le Code forestier. — V. USAGE DANS LES FORÊTS.

3. — Le droit d'usage établi au profit d'une commune sur des fonds situés dans son territoire et appartenant, soit à des particuliers, soit à l'état, est un véritable bien communal spécialement régi par les lois administratives. — V. BIENS COMMUNAUX, COMMUNES.

4. — Quant aux droits d'usage établis sur les fonds au profit d'un autre fonds, ils constituent une servitude réelle. — V. SERVITUDES.

§ 1er. — *Nature du droit d'usage* (n° 5).

§ 2. — *Comment l'usage peut être établi* (n° 18).

§ 3. — *Sur quelles choses il peut être établi* (n° 27).

§ 4. — *Etendue du droit d'usage. — Comment il doit être exercé* (n° 40).

§ 5. — *Charges et obligations de l'usage* (n° 89).

§ 6 — *Quand et comment finit le droit d'usage* (n° 101).

§ 1er. — *Nature du droit d'usage.*

5. — Le droit d'usage n'est autre chose qu'un droit de jouissance borné à ce qu'exigent les besoins ou la consommation de l'usager.

6. — Il a donc une grande affinité avec l'USUFRUIT. (V. ce mot.) Cependant il en diffère en ce point essentiel que l'usufruitier a droit à la totalité des fruits produits par le fonds, tandis que l'usager ne peut rien réclamer au-delà de ce qui lui est nécessaire. — Proudhon, *De l'usufruit*, n° 2739; Duranton, t. 5, n° 9.

7. — Aussi le droit d'usage a-t-il toujours été considéré en jurisprudence comme une chose indivisible, attendu que la mesure de la nécessité n'est terminée par un seul point, tandis qu'au contraire l'usufruit est divisible comme le fonds sur lequel il est établi, puisqu'il embrasse tous les émoluments qui en naissent; *uasa pars legari non potest, nam frui quidem pro parte possumus, uti pro parte non possumus.* — ff., L. 19, *De usu et habit.* — Proudhon, *ibid.*, n° 2739.

8. — Il résulte de ce principe : 1° qu'entre deux colégataires du droit d'usage dans un fonds, il ne doit jamais y avoir lieu au droit d'accroissement de l'un à l'autre, de manière que celui qui accepte ne puisse rien obtenir au-delà de la mesure de ses besoins, sous le prétexte que son colégataire se trouve défaillant, puisque, dans tous les cas, son

droit ne peut s'étendre plus loin. — Proudhon, *ibid.*; Toullier, *Théorie du Code civil*, t. 2, p. 344.

— ... 2° Que, dans le cas où l'on aurait légué la propriété à l'un, l'usufruit à un autre et le droit d'usage à un troisième, l'usager ne devrait pas souffrir de réduction par contribution sur le partage des fruits des fonds, et qu'il devrait être admis de préférence et en premier ordre vis-à-vis de l'usufruitier, comme il le serait vis-à-vis du propriétaire lui-même, si l'usufruit n'avait pas été légué à un tiers. — ff., L. 42, *De usufructu.* — Proudhon, n° 2742 ; Duranton, n° 43 ; Toullier, *ibid.*, p. 346.

9. — Le droit d'usage participe aussi de la nature de celui de pension viagère, en ce que l'un s'éteint par la mort de l'usager, comme l'autre par celle du pensionnaire; mais sous d'autres points ils diffèrent : 1° en ce que le droit de pension est fixé, tandis que le droit d'usage est perpétuellement variable, comme les besoins de l'usage; 2° en ce que la pension viagère est toujours due quoique le fonds sur lequel elle est hypothéquée ne produise rien, tandis que, si le fonds sur lequel est assis le droit d'usage ne produit rien, l'usager n'a rien à demander. — Proudhon, n° 2740.

10. — Enfin le legs des revenus d'un fonds est de même semblable à celui d'usage sous le rapport de sa durée viagère ; mais il en diffère en ce qu'il embrasse la valeur de tout le produit de l'immeuble, tandis que le droit d'usage est toujours borné aux besoins de l'usager, et en ce qu'il n'est qu'un legs mobilier de prestations annuelles, tandis que celui d'usage est un legs immobilier comme celui de l'usufruit. — Proudhon, n° 2744.

11. — L'usage, comme l'usufruit, est un droit purement personnel, du moins en ce qu'il n'est dû qu'à la personne et ne passe pas aux héritiers de l'usager. Il est même plus rigoureusement inhérent à la personne de l'usager que l'usufruit ne l'est à celle de l'usufruitier, puisque l'usage ne peut être par lui aliéné au profit d'un autre, tandis que l'usufruit peut être cédé ou vendu par l'usufruitier. — C. civ., art. 631 et 634 ; Proudhon, n° 2743. — Mais sous un autre rapport, et considéré dans l'objet auquel il s'applique, l'usage est, ainsi que l'usufruit, un droit réel dans la chose qui y est soumise, droit qui l'associe au domaine de cette chose, et en vertu duquel il peut en exiger la délivrance ou la remise. — Proudhon, *ibid.* ; Duranton n° 5.

12. — De là il suit : 1° que, pour obtenir la jouissance qui lui est due, l'usager a une action réelle, en vertu de laquelle il peut agir non-seulement contre le propriétaire, tant que celui-ci jouit du fonds, mais encore contre tout tiers possesseur entre les mains duquel l'héritage serait parvenu. — Domat, lib. 4er, tit. 2, sect. 5e, n° 4er; Proudhon, n° 2744.

13. — ... 2° Que le droit d'usage établi sur un immeuble est lui-même un immeuble dont la constitution doit être passible du droit proportionnel de mutation immobilière. — Proudhon, n° 2745.

14. — ... 3° Qu'en cas de revendication d'un droit d'usage, c'est par la situation de l'immeuble que la compétence du tribunal doit être déterminée comme en fait d'action réelle. — Proudhon, n° 2747.

15. — ... 4° Que l'usager peut exercer les actions possessoires, lorsqu'il a été envoyé en possession réelle par la délivrance totale ou partielle de l'héritage soumis à sa jouissance. — Proudhon, n° 2748.

16. — ... 5° Que dans le cas où un fonds grevé d'un droit d'usage serait revendiqué en son domaine par un tiers, le demandeur devrait diriger son action tout à la fois contre le propriétaire et l'usager, sans quoi celui-ci aurait la voie de la tierce-opposition pour faire rétracter, dans son intérêt, l'arrêt qui n'aurait été rendu que contre le propriétaire. — Proudhon, n° 2749.

17. — Remarquons néanmoins que le droit d'usage, établi sur un fonds, quoique immobilier lui-même, n'est pas susceptible d'être hypothéqué séparément comme l'usufruit, puisqu'il n'est pas aliénable de la part de l'usager. — Proudhon, n° 2751 ; Duranton, n° 25 ; Troplong, *Hyp.*, t. 2, n° 403 ; Zachariæ, t. 2, § 258, note 8e; Hennequin, *Tr. de législ.*, t. 2, p. 532 ; Marcadé, art. 634. — V. cependant Grenier, *Hypothèques*, t. 4er, n° 440 ; Batur, sodl., t. 2, n° 282. — ... Ni d'être saisi, car la saisie n'aurait d'autre objet que d'amener la vente qui est interdite. — Delvincourt, sur l'art. 631 ; Zachariæ, t. 2, §. 252, note 9e ; Toullier, *ibid.*, p. 346; Troplong, *Hyp.*, t. 3, n° 777 *bis*; Duranton, t. 5, n° 23. — V. cependant *infrà* n°s 40 et suiv.

§ 2. — *Comment le droit d'usage peut être établi.*

18. — Le droit d'usage s'établit de la même manière que celui d'usufruit, c'est-à-dire ou par la

disposition de la loi, ou par la volonté de l'homme — C. civ., art. 579, 625. — V. USUFRUIT.

19. — Le droit d'usage est établi par la loi, dans le cas de l'art. 1465, au profit de la veuve qui, sans qu'elle accepte la communauté, soit qu'elle y renonce, après la mort de son mari, a le droit, pendant les trois mois et les quarante jours qui lui sont accordés pour faire inventaire et délibérer, de prendre sa nourriture et celle de ses domestiques sur les provisions existantes dans le ménage et à défaut, par emprunt, au compte de la masse commune, à la charge d'en user modérément. — Proudhon, n° 2752; Zachariæ, *ibid.*, § 232, note 8e. — M. Duranton (n° 6) et Toullier (*ibid.*, p. 343) ne voient cependant là qu'un droit particulier, différant de l'usage et n'ayant que le caractère d'une indemnité.

20. — Le droit d'usage peut être établi par la volonté de l'homme, soit par acte entre-vifs, soit par dispositions testamentaires.

21. — Il peut être établi purement et simplement, ou sous condition, soit suspensive, soit résolutoire; à certain jour, soit pour commencer, soit pour finir à une époque déterminée, après la mort du testateur; sur l'usage de plusieurs têtes de personnes appelées à en jouir successivement les unes après les autres, ou alternativement, par exemple, l'une au premier mois et l'autre au second. — Proudhon, n° 2753; Salviat, art 139, n°s 4er et 3.

22. — Il peut être établi par le moyen de la prescription lorsque, dans son espèce, il est susceptible d'une possession continue. — Toullier, *ibid.*, p. 343; Proudhon, n° 2754; Duranton, n° 7.

23. — L'acte constitutif du droit d'usage peut quelquefois, à raison des désignations qu'il renferme, donner lieu à certaines difficultés d'interprétations. — Dans ce cas, comme en toute matière rigoureuse, on doit borner plutôt qu'étendre la servitude. — Proudhon, n° 3092.

24. — Ainsi, lorsqu'un droit d'usage a été légué ou concédé à quelqu'un, tant pour lui que pour *ses héritiers*, il doit être restreint aux enfants descendans du premier usager. — Proudhon, n° 3070; Rolland de Villargues, v° *Usage*, n° 21.

25. — S'il a été concédé à quelqu'un, tant pour lui que pour *ses enfans*, on doit entendre les enfans du premier degré. — Proudhon, n° 3072; Duranton, n° 29 ; Rolland de Villargues, n° 22.

26. — Quand un droit d'usage a été établi sur une ferme, l'usager n'est fondé à exiger que les fruits produits par la terre, mais il ne saurait profiter des troupeaux et des instruments aratoires, à moins d'une clause expresse. — Salviat, art. 141, n°s 4er et 2.

§ 3. — *Sur quelles choses le droit d'usage peut être établi.*

27. — Le droit d'usage peut être établi sur toutes les espèces de choses mobilières ou immobilières, fongibles ou non fongibles, dont la jouissance peut être de quelque utilité pour l'usage. — Proudhon, n° 2756. — V. USUFRUIT.

28. — Ce ne sont pas seulement, dit M. Salviat (art. 139, n° 8), les objets saisissables qui sont susceptibles d'usage; les élémens le sont aussi, en tant qu'ils dépendent du pouvoir humain. — On peut donc donner l'usage de puiser de l'eau dans une fontaine, un puits, de la prendre ailleurs pour boire, pour laver, pour arroser, etc. »

29. — Lorsque l'usage porte sur une maison, il prend le nom de *droit d'habitation*. — V. HABITATION. — Quoique l'usage du bâtiment ne devrait pas être confondu avec l'habitation; mais cette distinction a été abolie par le Code, et aujourd'hui le droit d'usage et celui d'habitation ne se distinguent que par l'objet auquel ils s'appliquent. — Proudhon n°s 4, 5 et 11.

30. — L'usage qui a été établi sur des animaux donne à l'usager le droit de jouir de leurs travaux et services auxquels ils sont propres par leur espèce. *Sed et si bonus armenti usus relinquatur; omnem usum habebit, si ad arandum, si ad catera ad quæ boves apti sunt.* — L. 12, *De usu et habit.* — Proudhon, *ibid.*

31. — Lorsqu'il n'est établi que sur des meubles, l'usager n'a que la faculté de les employer à un service personnel, sans pouvoir les louer à d'autres, encore qu'il s'agisse d'objets que les propriétaires avaient coutume de louer, (art. 634) lorsqu'il est établi généralement à l'usager la faculté de louer les choses dont il a l'usage. — Proudhon, *ibid.*

32. — Il est d'ailleurs hors de doute que le droit d'usage établi sur une chose profite aussi sur les objets qui n'en sont que les accessoires. Ainsi, l'usager d'un fonds a le droit d'exercer les servitudes actives qui y sont inhérentes, et de se servir des objets qui ont été attachés à son service par

le propriétaire.— Proudhon, *ibid.*

33. — Si l'on a légué l'usage d'une quantité ou d'une masse déterminée de choses fongibles, comme de l'argent, des grains, des liqueurs ou autres objets qu'on fait consister dans le nombre, le poids ou la mesure, ce n'est qu'un droit d'usufruit constitué en d'autres termes. Dans ce cas, l'usager, comme l'usufruitier, devient propriétaire de la chose par la délivrance qui lui en est faite, mais à la charge d'en restituer autant, en égale bonté et valeur à la fin de sa jouissance. —ff., L. 5, *De usufr. ear. rer.* — Proudhon, nº 2576; — Salviat, art. 189, nº 7.

34.— Si l'on n'avait pas légué l'usage d'une telle quantité ou d'une telle masse, mais seulement un usage à prendre sur une masse ou une provision quelconque, l'usager qui n'en aurait pris que pour sa consommation ne devrait rien restituer, parce que la charge de rendre ne doit tomber que sur un capital et non sur la jouissance même. — Proudhon, nº 2756.

35. — C'est ainsi que la veuve, usant du droit qui lui est accordé par l'art. 1465, n'est obligée à aucune restitution pour ce qu'elle a usé sur les approvisionnemens qui étaient dans le ménage, lors du décès de son mari. — Proudhon, *ibid.*

36.— Si un droit d'usage avait été légué sur des créances exigibles, l'usager, après avoir fourni caution, aurait le droit d'en toucher le remboursement, parce que, pour pouvoir se servir d'un capital, il faut l'avoir reçu. — Proudhon, nº 2757.

37.— Si les créances grevées du droit d'usage produisaient des intérêts, l'usager aurait le droit de les toucher annuellement, jusqu'au remboursement des capitaux. — Proudhon, *ibid.*

38.— Il suit de là que les titres des créances qui sont en masse ou en totalité soumises à un droit d'usage doivent être remis à l'usufruitier en cas de legs d'usufruit. — Proudhon, *ibid.*

39.— Toutefois, s'il paraissait, par les termes dans lesquels le legs se trouverait conçu, que la volonté du testateur n'a été d'établir le droit d'usage que comme une délibation à prendre annuellement sur les intérêts des créances ou arrérages de rentes, l'usager n'aurait plus, comme l'usufruitier, le droit de toucher l'intégralité des capitaux qui seraient remboursés par les débiteurs. — Proudhon, nº 2758.

§ 4.—*De l'étendue du droit d'usage.— Comment il doit être exercé.*

40.—L'étendue du droit d'usage se règle d'abord d'après les dispositions du titre qui l'établit et qui peut accorder à l'usager des avantages plus ou moins considérables. — C. civ., art. 628.

41.— A défaut de toutes dispositions ou stipulations à cet égard, celui qui a l'usage des fruits d'un fonds ne peut en exiger qu'autant qu'il lui en faut pour ses besoins et ceux de sa famille. Il peut en exiger pour les besoins même des enfans qui lui sont survenus depuis la concession de l'usage. — C. civ., art. 670.

42.—L'usager doit se borner aux fruits qui sont produits par le fonds même sur lequel son droit est établi, peu importe qu'il ne trouve pas dans le fonds tous les produits nécessaires à la vie : il n'aura pas pour cela le droit de prendre sur un produit abondant de quoi se procurer d'autres objets qui lui manquent. — Proudhon, nº 2770.

43. — Ainsi le droit d'usage établi sur une terre en vignoble ne donne à l'usager que la faculté d'exiger la quantité de vin suffisante pour sa boisson et celle de sa famille.— Proudhon, *ibid.* —Mais cet usager n'aurait pas le droit d'exiger d'abord le vin nécessaire à sa consommation et une autre quantité encore, pour la vendre à l'effet d'acheter par exemple du blé ou autre chose dont il aurait besoin. — Proudhon, nº 2771.

44. — La raison en est que le titre constitutif du droit d'usage doit être entendu *secundùm subjectam materiam*, et que l'usager ayant le droit de percevoir le produit de la terre en nature et ne devant en prendre que ce qui est nécessaire à sa consommation, son droit se trouve nécessairement déterminé, quant à son espèce, par l'espèce du produit du fonds, et borné, quant à son étendue, par l'étendue de ses besoins sur la consommation de ce produit en nature. — Proudhon, *ibid.*

45.—Les *besoins* dont parle la loi sont d'ailleurs les besoins ordinaires de la vie ; mais il faut, pour les déterminer, prendre en considération le rang et la position sociale de celui à qui est dû l'usage et même le besoin où il peut être, par bienséance, de recevoir des hôtes ou des amis. — Proudhon, nº 2774 ; Toullier, t. 2, p. 346.

46. — Quant au mot *famille* dont se sert aussi la loi, il ne saurait comprendre que la réunion des personnes dont l'usager est, en quelque sorte, le chef, vivant avec lui et au même foyer.—Proudhon, nº 2775 ; Toullier, t. 2, p. 345.

47.—Cette agrégation comprend donc les époux, les enfans et leurs domestiques.—C'est ainsi que la veuve, à laquelle la loi accorde un droit d'usage sur les provisions qui existent au domicile mortuaire, durant le temps prescrit pour faire inventaire et délibérer, a la faculté d'y prendre pour sa nourriture et celle des domestiques dont elle est le chef. — Proudhon, *ibid.*; Toullier, *ibid.*; Hennequin, *ibid.*, p. 544 ; Marcadé, art. 630.

48.—Mais elle ne comprend pas les père et mère et autres ascendans à l'égard desquels l'usager ne pourrait pas dire : « ils sont ma famille», parce qu'il n'en est pas le chef. — Proudhon, *ibid.*; Toullier, *ibid.*; Hennequin, *ibid.*, p. 542; Marcadé, *ibid.*

49.—Toutefois si, lors de l'établissement du droit d'usage, l'usager avait auprès de lui et à sa charge l'une de ces personnes, il serait à présumer qu'on a voulu la comprendre parmi celles qui doivent en profiter. — Toullier, *ibid.*

50. — Il importerait peu qu'à la même époque l'usager fût célibataire. Dès que, par le mariage, il créera une famille, il y aura de nouveaux besoins qui doivent être satisfaits, parce qu'ils seront inséparables de ses besoins personnels. — Toullier, *ibid.*; Proudhon, nº 2777; Zachariæ, t. 2, p. 232, note 7ᵉ.—V. cependant Hennequin, p. 538.

51. —Toutefois, en admettant cette règle, l'ancien droit y faisait avec raison exception, pour le cas où le droit d'usage avait été constitué au profit d'une veuve. — Zachariæ, *ibid.*; Delvincourt, sur l'art. 630.

52. — Mais si ces enfans viennent eux-mêmes à se marier, l'usager pourra-t-il donner à son droit d'usage une plus grande extension et prendre encore, sur les fruits du fonds, ce qui sera nécessaire pour la nourriture de ses gendres et belles-filles?

53.—Nous croyons que non. En effet, quand l'un des enfans quitte la maison paternelle, pour former un établissement quelconque, il n'est plus compris dans la famille; car il acquiert une existence individuelle. — Proudhon, nº 2778 ; Toullier, *ibid.*

54. — Il en est de même si un fils se marie sans quitter la maison de son père. Il fonde alors une famille nouvelle. — Si c'est une fille, elle appartient désormais à une famille étrangère.—Toullier, *ibid.*

55. — Proudhon (nº 2779) écrit encore qu'en parlant des *enfans* de l'usager, les auteurs du Code n'ont porté leur pensée que sur les enfans légitimes, et que dès-lors l'usager n'aurait pas le droit de prendre sur le produit du domaine ce qui serait nécessaire à la consommation de ses enfans naturels et adoptifs.

56.—MM. Zachariæ (*ibid.*, note 6ᵉ), Duranton (t. 5, nº 19) et Marcadé (art. 630) professent une opinion contraire; et cette opinion nous paraît préférable, du moins en ce qui concerne les enfans adoptés ou reconnus avant la concession de l'usage.

57.—Nous avons dit (nº 37) que le droit d'usage pouvait être établi sur des fruits civils, et alors il est plus ou moins étendu, suivant qu'il s'agit de le prendre sur des arrérages de rentes foncières payables pour des prestations en nature, ou sur des arrérages de rentes constituées en argent, ou enfin sur le prix des baux.

58. — Si un droit d'usage était établi sur les arrérages d'une rente foncière constituée en champart, ou en d'autres termes, sur une rente annuelle de tant de mesures de blé pour prix de la concession d'une terre à blé, ou sur une rente aux arrérages annuels d'une telle quantité de vin, pour prix de la concession d'une terre en vignoble, l'usager n'aurait le droit d'exiger sur l'une ou l'autre de ces espèces de revenus que la quantité nécessaire à sa consommation en nature, parce que son droit serait renfermé dans l'espèce même du produit sur lequel on l'aurait établi. — Proudhon, nº 2780.

59. — Si l'usage avait été accordé sur le revenu d'un bail, il ne devrait toujours être considéré que comme établi sur le domaine amodié, parce qu'il est, de sa nature, un droit réel affectant le fonds même ; en conséquence de quoi, l'usager n'aurait le droit d'exiger que la quantité du fermage en nature qu'il lui faudrait pour sa consommation, si le bail avait été stipulé pour une certaine quantité annuelle de fruits ; et si, au contraire, le bail avait été stipulé pour un prix annuel payable en argent, on ne devrait toujours à l'usager qu'une partie de ce prix équivalente à ce qu'il lui faudrait pour acheter une quantité de denrées de l'espèce qui serait produite par le fonds, et qui pourrait satisfaire à sa consommation dans cette espèce. — Proudhon, nº 2781.

60. — Si enfin le droit d'usage avait été établi sur des fruits civils purement pécuniaires, tels que les arrérages d'une rente constituée ou même d'une rente foncière, mais payable en argent, on ne pourrait plus dire qu'il fût limité dans une espèce plutôt que dans une autre; et dans ce cas, son droit n'étant assigné sur aucun genre de consommation, ni borné à aucune espèce de denrée, correspondrait à tous les besoins, et aurait toute l'étendue d'une pension alimentaire indéterminée par le titre.—Proudhon, nº 2782.

61. — D'après le droit romain, l'usager d'un troupeau de moutons n'avait le droit de profiter ni de la laine ni des agneaux, et il ne pouvait que prendre une petite portion du lait. — ff., L. 12, § 2, *De usu. et habit.*

62. — Aujourd'hui que le Code ne porte aucune disposition spéciale sur cet objet, on doit tenir pour constant que l'usager d'un troupeau de bêtes à laine a le droit de profiter non-seulement des engrais qu'il produit et d'en profiter en totalité, mais encore de prendre sur les laits et les laines ce qui est nécessaire à sa consommation, sous les rapports de sa nourriture et de son vêtement, ainsi que de la nourriture et du vêtement de sa famille. — Proudhon, nº 2783.

63. — Quant aux jeunes bêtes qui naissent du troupeau, l'usager n'aurait le droit de se les approprier ni en tout ni en partie, parce que ce n'est pas là un fruit destiné à la consommation journalière du maître de la chose.

64. — La manière dont le droit d'usage doit être exercé dérive surtout des caractères qui sont propres à ce droit. C'est donc dans sa nature même qu'il faut rechercher son mode d'exécution. — Proudhon, nº 2759.

65. — Considéré dans l'objet auquel il s'applique, l'usage, avons-nous dit, est un droit réel, en vertu duquel l'usager a une jouissance acquise sur le fonds, pour y percevoir en nature la totalité ou une partie des fruits.

66. — Considéré dans son étendue et par rapport à la personne qui en est revêtue, l'usage est nécessairement sans bornes fixes, puisque, sous ce point de vue, il n'a pas d'autre mesure que celle des besoins de l'usager, qui sont perpétuellement variables. — Proudhon, nº 2759.

67. — Considéré dans son étendue par rapport au produit du fonds, il est aussi impossible d'en déterminer la mesure par une quotité fixe de ce produit, parce que les récoltes ne sont pas toujours également riches. — Proudhon, *ibid.*

68. — Si une année le fonds a produit une récolte abondante, la quotité reconnue nécessaire aux besoins de l'usager devra en être distraite tout d'abord et par prélèvement ; le surplus seulement restera au propriétaire. — Proudhon, *ibid.* — Si, une autre année, le fonds n'a produit que ce qui est nécessaire à la consommation de l'usager, le propriétaire ne pourra percevoir ou retenir sur la récolte que ses impenses de labour et le montant des impôts. — Proudhon, *ibid.* — Enfin si le fonds n'a rien produit, ou s'il n'a pas produit tout ce qui serait nécessaire à l'usager, celui-ci n'aura rien ou n'aura que peu, et sera sans recours contre le propriétaire, parce qu'il n'a qu'un droit réel à exercer sur la chose même. — Proudhon, *ibid.*

69. — Quant au fait de culture, et pour savoir lequel des deux doit être admis à l'exercer de préférence, quand on ne s'accorde pas à l'exécuter en commun, Proudhon (nº 2760) pense que cette question doit être décidée en faveur de celui dont les droits de jouissance sont le plus étendus, et qu'en conséquence, c'est à lui que les soins de l'exploitation du fonds doivent être plutôt confiés.

70. — De là il suit que toutes les fois que le produit d'un fonds peut excéder ce qu'il faut pour couvrir le droit d'usage, l'usager et le propriétaire sont nécessairement associés dans les jouissances du même fonds, puisque l'un doit toujours y prendre ce qu'il lui faut pour sa consommation, et que le surplus appartient toujours à l'autre. — Proudhon, *ibid.*

71. — Ces principes une fois posés, il est facile de concevoir comment le droit d'usage doit être exercé dans les différentes positions où les parties peuvent se présenter.

72. — Lorsque le fonds grevé du droit d'usage ne doit produire, année commune, qu'une quantité de fruits tout au plus suffisante pour satisfaire aux besoins de l'usager, la possession entière doit lui être abandonnée ; et alors l'usager jouissant seul restera aussi seul assujéti aux frais de culture, aux réparations d'entretien et au paiement des contributions. — C. civ., art. 635. — Proudhon, nº 2762; Toullier, t. 2, p. 347 ; Zachariæ, t. 2, § 232, note 4ᵉ.

73. — Néanmoins, dans ce cas même, s'il arrive une année d'abondance qui élève le produit du

fonds au delà des besoins de l'usager; et surtout une diminution survenue dans sa famille opère un décroissement de besoins, le propriétaire, qui ne doit souffrir que la délibation de ce qui est nécessaire aux besoins de l'usager, serait nécessairement en droit de percevoir le surplus. — Proudhon, *ibid.* — ... À moins, bien entendu, que l'augmentation survenue dans les produits du fonds ne fût que la suite des améliorations qu'y aurait faites l'usager. — Proudhon, *ibid.*

74. — Le propriétaire a donc toujours intérêt à surveiller la culture de l'usager; il conserve toujours le droit de venir sur le fonds pour recueillir dans les bâtiments qui y sont attachés la portion des récoltes qui peut lui rester, et d'y habiter à cet effet, encore que l'exploitation entière en ait été remise à l'usager. — ff., L. 42, *De usu et habit.* — Proudhon, *ibid.*

75. — Lorsque, année commune, le fonds doit produire notablement au-delà de ce qu'il faut pour satisfaire aux besoins de l'usager, c'est au contraire au propriétaire que doit appartenir la culture du fonds, à la charge de délivrer annuellement à l'usager, et en nature, la quotité des fruits qui doit lui revenir. — Proudhon, n° 2763; Toullier, t. 2, p. 347; Zachariæ, t. 2, § 232, note 4e. — V. cependant Hennequin, *Tr. de leg.*, t. 2, p. 525.

76. — Néanmoins, ajoute aussi Proudhon (*ibid.*), dans ce cas même, le propriétaire ne pourrait interdire à l'usager l'accès du fonds; il ne pourrait l'empêcher de s'y rendre pour surveiller la culture et d'y séjourner tant qu'il ne le molesterait pas mal à propos. — ff., L. 41, *De usu et habit.* — Duranton, n° 26; Salviat, art. 142.

77. — Mais si cette indivision de jouissance donnait lieu à des difficultés entre les parties, seraient-elles fondées l'une et l'autre à provoquer un partage pour la faire cesser?

78. — L'affirmative est enseignée par Proudhon (n° 2764), qui se fonde sur ce que cette règle, suivant laquelle la personne ne peut être tenu de rester dans l'indivision, est générale; sur ce que cette règle est d'ordre public et nécessaire au maintien de la paix entre les citoyens. — ff., L. 13, *De usufr.* — Il n'y aurait donc pas de raison, ajoute cet auteur, de repousser l'action en partage demandé par l'une ou l'autre des parties, si le fonds grevé d'usage était susceptible d'un démembrement de jouissance particulière qui serait assignée à l'usager; dans le cas contraire, l'usager et le propriétaire n'auraient d'autres ressources que de faire régler judiciairement la quotité et la qualité des prestations annuelles que ce dernier devrait livrer à l'autre.

79. — Il faut remarquer au surplus que, dans le cas même où le fonds soumis au droit d'usage est assez étendu pour qu'on puisse en distraire commodément une portion pour l'usager, ce n'est pas là un véritable partage, mais seulement un aménagement qui, de sa nature, n'est pas définitif, et qui doit changer suivant les besoins de l'usager viennent à augmenter ou à diminuer, à moins de convention contraire. — Proudhon, n° 2765.

80. — Aux termes de l'art. 631, l'usager ne peut céder ni louer son droit à un autre.

81. — ... Quand même, à raison de l'étendue de sa famille, il absorberait tous les produits du fonds. — Duranton, n° 24.

82. — ... En effet, c'est uniquement à la personne l'usager, dont les habitudes et l'économie ont pu être prises en considération par le constituant, que le droit a été accordé. Toute substitution d'une personne au titulaire eut donc contraire à l'essence de l'usage. — Hennequin, *Tr. de Législ.*, t. 2, p. 531.

83. — La loi romaine contenait déjà une semblable disposition : *Neculli alio jus quod habet (usuarius) aut vendere, aut locare, aut gratis concedere potest.* — ff., L. 11, *De usu et habit.* — Cependant Voet (*Ad Pandect.*, lit. *De usu et habit.*) voulait que cette décision ne fût pas absolue dans tous les cas, et que l'usager pût louer, s'il paraissait que le testateur eut eu l'intention de le lui permettre, ou si, autrement, le legs lui fût devenu inutile.

84. — Proudhon (n° 2766) croit que le sentiment de cet auteur doit encore être suivi, parce qu'il ne s'agit ici que d'une disposition de droit privé à laquelle le testateur peut déroger. — Duranton, t. 5, n° 24. — *Contra*, Toullier, t. 2, p. 346.

85. — Et puisque l'usager, lorsque le titre constitutif le lui permet, peut céder et transporter son droit à un autre, il faut décider, pour être conséquent, qu'on peut le saisir sur lui, attendu que la seule cause d'insaisissabilité, l'inaliénabilité, n'existe pas dans ce cas. — Duranton, n° 24.

86. — Dans cette hypothèse, il peut également, selon M. Duranton (*ibid.*), l'hypothéquer, parce que si l'art. 2118, en expliquant quels sont les biens susceptibles d'hypothèque, parle de l'usufruit et

se tait sur le droit d'usage, c'est par le seul motif que ce droit est de sa nature inaliénable.

87. — L'usager devenu propriétaire des fruits par la perception peut en disposer à son gré. — Toullier, p. 350. — V. cependant Duranton, n° 25.

88. — Mais si à l'époque où l'usage finit, soit par la mort de l'usager, soit par une autre cause, il reste des fruits qu'il n'ait pas consommés, ces fruits doivent-ils retourner au propriétaire? Il semble que le droit de les consommer ne devrait pas survivre au droit d'usage lui-même. Toutefois, Toullier (p. 350) pense que la perception les ayant fait entrer dans le domaine de l'usager, on ne saurait les en faire sortir sans une rigueur subtile. — C'est aussi le sentiment de M. Duranton (t. 5, n° 26).

§ 5. — *Charges et obligations de l'usager.*

89. — L'usager doit jouir en bon père de famille (art. 627). Cette obligation lui impose, suivant les circonstances, les mêmes devoirs qu'à l'usufruitier et le rend passible des mêmes actions de la part du propriétaire. — V. USUFRUIT.

90. — La loi assimile encore l'usager à l'usufruitier, en ce qui touche aux garanties et sûretés dues au maître de la chose. L'un comme l'autre ne peuvent entrer en jouissance, sans avoir donné caution et fait un inventaire. — C. civ., art. 626.

91. — « Néanmoins, dit Toullier (t. 2, p. 347), une caution ne peut être réclamée de l'usager que dans le cas où, absorbant tous les produits, il se met en possession du fonds même. »

92. — Mais alors, sans nul doute, l'usager pourrait être dispensé de donner caution par le titre constitutif de l'usage. — Proudhon, n° 2784 ; Toullier, *ibid.*, p. 348.

93. — Quant au vendeur ou au donateur de la nue-propriété, avec réserve d'un droit d'usage, il en serait dispensé de plein droit. — Arg. C. civ., art. 601. — Proudhon et Toullier, *ibid.*

94. — Si l'usager ne pouvait pas trouver de caution, il faudrait lui appliquer la disposition de l'art. 603, relative à l'usufruitier, et dire qu'il pourrait demander et que les juges pourraient ordonner, suivant les circonstances, qu'une partie des meubles nécessaires pour son usage lui fût délaissée sous la simple caution juratoire et à la charge de les représenter à l'extinction de son usage. — Proudhon, n° 2785.

95. — Mais la vente du mobilier en général, la mise à ferme ou le séquestre des immeubles seraient hors de la cause de l'usager. Il suffirait de lui assurer une prestation annuelle de denrées, correspondante à la mesure de ses besoins, au moyen de laquelle le propriétaire resterait seul en jouissance du fonds. — Proudhon, *ibid.* — V. cependant Toullier, p. 318.

96. — Les frais de culture, les réparations d'entretien et les contributions de la nature de celles qui sont à la charge de l'usufruitier sont aussi à la charge exclusive de l'usager.

97. — Il doit les supporter en totalité s'il absorbe tous les produits du fonds ; dans le cas contraire, il ne les supporte qu'au prorata de sa jouissance (C. civ., art. 635); c'est-à-dire, suivant Proudhon (n° 2791), au prorata de la portion du fonds dont il jouit.

98. — En sorte que, lorsqu'il n'y a pas eu de démembrement opéré dans la jouissance du fonds pour en attribuer une portion distincte à l'usager, et que c'est le propriétaire qui jouit et cultive par lui-même ou fait cultiver, c'est sur le revenu net seulement qu'on doit prendre la quantité de fruits qui est nécessaire à la consommation de l'usager, et qu'on ne serait pas fondé à ne lui offrir que cette quantité sur le produit brut en lui faisant supporter un prorata des frais de mesure et de semences. — Proudhon, n° 2792.

99. — ce qu'il y a de remarquable, dit Toullier (p. 349), c'est que la loi n'assujétit pas l'usager aux contributions extraordinaires et aux dettes pour lesquelles elle établit un concours entre le propriétaire et l'usufruitier. » — Cette différence est fondée sur la nature restreinte du droit d'usage.

100. — La loi ne porte non plus aucune disposition sur les améliorations que l'usager aurait faites dans le fonds ; d'où il faut conclure qu'il serait en droit de réclamer, à cet égard, l'estimation de la plus-value, parce que la règle générale ne concerne personne ne doit s'enrichir aux dépens de l'autre, et qu'on conséquence elle doit recevoir son application à tous les cas qui n'en sont pas journellement exceptés. — Il n'y aurait pas lieu d'ailleurs de comparer ici non plus la cause de l'usufruitier à celle de l'usager pour conclure de l'une à l'autre, parce que le premier a des avantages d'une toute

autre importance que le second. — Proudhon, n° 2789.

§ 6. — *Quand et comment finit le droit d'usage.*

101. — Le droit d'usage prend fin de la même manière que celui d'usufruit. — C. civ., art. 625. — V. USUFRUIT.

102. — Ainsi, il s'éteint : 1° par la mort naturelle de l'usager, et alors il est éteint même pour tous les membres de sa famille, parce que c'est uniquement à sa tête que ce droit repose. — Proudhon, n° 2795.

103. — ... À moins qu'il ait été établi non-seulement au profit du premier usager, mais encore pour sa famille et ses héritiers indéfiniment, auquel cas ce n'est qu'à l'extinction de sa descendance ou postérité qu'il se trouvera éteint. — Proudhon, *ibid.*; Toullier, n° 349. — Il n'en est pas, en effet, du droit d'usage comme du droit d'usufruit, lequel, s'il pouvait être conçu perpétuel, rendrait la propriété illusoire, puisque l'usager ne profite, ou peut, d'un instant à l'autre, ne profiter que d'une partie de la chose. — Proudhon et Toullier, *ibid.*

104. — ... 2° Par la mort civile, à moins qu'il n'ait été laissé à titre d'alimens, cas auquel il s'étend jusqu'à la mort naturelle. — Proudhon, *ibid.* — *Contrà* Zachariæ, t. 2, § 232, note 11e; Malleville, sur l'art. 617 ; Mareadé, t. 3, p. 603, art. 625.

105. — ... 3° Par le non usage, du droit pendant trente ans ; car quoi il faut observer que l'usager ayant le droit de prendre sur les fruits du fonds ce qui est nécessaire aux besoins de sa famille, la non jouissance particulière et personnelle ne serait pas suffisante pour faire courir la prescription en son absence, si les membres de sa famille avaient continué à jouir. — Proudhon, *ibid.*

106. — ... 4° Par la consolidation ou la réunion, sur la même tête, des deux qualités d'usager et de propriétaire du fonds. — Proudhon, *ibid.*

107. — ... 5° Par la perte totale de la chose sur laquelle il avait été établi ; — par la renonciation de l'usager ayant la libre disposition de son droit ; — enfin, par abus de jouissance, lorsqu'ils sont de nature à mériter cette peine. — Proudhon, *ibid.*

108. — Sur ces deux derniers modes d'extinction, il faut remarquer encore qu'ici les créanciers n'auraient pas, comme dans le cas de l'extinction de l'usufruit par renonciation ou abus de jouissance, le droit d'intervenir pour demander leur subrogation aux lieu et place de l'usager leur débiteur, puisque son droit n'est nullement cessible de l'un à l'autre. — Proudhon, *ibid.*

109. — Quant à l'art. 619, C. civ., qui limite à trente ans la durée de l'usufruit accordé à un être moral, il ne saurait atteindre le droit d'usage. — Toullier, p. 350.

— V. HABITATION, SERVITUDE, SERVITUDES PERSONNELLES, USUFRUIT.

USAGE (Forêts).

Table alphabétique.

USAGE (Droit d'). — 1. L'usage, en matière forestière, est le droit d'exiger, pour ses besoins et à raison de son domicile, certains produits de la forêt d'autrui.

2. — Les droits d'usage sont la source la plus féconde de dommage pour la richesse forestière; aussi ont-ils reçu le nom de servitudes dévorantes. — Dufour, Droit admin. appliqué, t. 4er, p. 404.

3. — Les droits d'usage peuvent s'exercer de diverses manières (v° USAGE); mais ce sont les bois qui, le plus communément, sont grevés de servitudes de ce genre.

4. — « L'usage des bois et forêts est réglé par des lois particulières. » — C. civ., art. 636.

5. — Les règles, à cet égard se trouvent comprises dans le Code forestier et dans l'ordonnance réglementaire rendue pour son exécution. Mais, avant de voir quelles sont ces dispositions, il importe de jeter un coup d'œil sur celles qui régissaient les usages sous l'ancien droit, et antérieurement à la promulgation du Code forestier. Les anciennes lois forestières doivent être consultées, du reste, lorsqu'il s'agit d'apprécier des droits acquis en vertu de la législation antérieure au Code forestier.

CHAPITRE Ier. — Historique et législation.

6. — L'origine des droits d'usage remonte aux époques les plus reculées; la loi des Bourguignons reconnaissait comme un droit naturel l'usage au mort-bois et au bois mort. « Si quis Burgundus aut Romanus sylvam non habeat, incidendi ligna ad usus suos, de jacentivis et sine fructu arboribus, in cujuslibet sylva habeat liberam potestatem, neque ab illo, cujus sylva est, repellatur... Si quis vero quemquam de jacentivis et non fructiferis arboribus lignum usibus suis necessarium præsumere fortasse non permiserit, ac si pignora tulerit, restitutis in triplum pignoribus, inferat mulctæ nomine solidos sex. » — Ainsi le droit d'usage, quant au bois mort ou au mort-bois, était puni d'amendes. Le droit, quant à ce double produit, était considéré comme chose commune, dépendant du domaine public.

7. — Cette loi fut, pendant plusieurs siècles, le droit commun d'une partie de la France. Elle était d'accord avec la législation forestière telle qu'on en retrouve les traces dans les capitulaires de Charlemagne et de Louis-le-Débonnaire. Cette législation considérait comme un délit la plantation de nouveaux bois et instituait des forestarii pour surveiller l'exécution des défrichemens ordonnés. On comprend que ces dispositions durent subsister tant que la France fut couverte d'épaisses forêts nuisant au développement de la population.

8. — Les usages en bois, autres que le bois mort ou mort-bois, existaient bien avant la fin du treizième siècle dans les forêts appartenant à la couronne. Une ordonnance de Philippe-le-Hardi, rendue en 1280, porte : « aux usagiers des forests du roy seront faictes livrées en lieux propres et commodes, et si ésdites livrées ne se trouvent matière et bois nécessaires auxdits usages et suffisances, leur en sera délivré ailleurs ésdites forêts, par lesdits forestiers, à concurrence de ce qui leur sera nécessaire pour leur usage, et sans qu'ils puissent indifféremment prendre par toute la forêt. »

9. — L'exercice immodéré qui fut fait des droits d'usage en bois et du droit de pâturage avait tellement obscurci la législation forestière que 1376 de remédier à cet abus. On trouve, en effet, dans le recueil de Saint-Yon un règlement de police forestière du 11 juill. de cette année 1376.

10. — Les usages forestiers alarmèrent non plus les forêts domaniales, mais les bois des particuliers. A compter de l'époque où les serfs commencèrent à s'affranchir, et les bois à sortir, par suite, des mains des seigneurs et des corporations religieuses. Des concessions furent faites alors en faveur des affranchis pour les mettre en état de subsister avec leurs familles. A cet égard, Proudhon, dans un traité des usages, donne certains détails historiques que contredit son annotateur M. Curasson, sans indiquer précisément toutefois l'origine des droits d'usage, servitude réelle, dont il s'agit ici. On peut consulter avec fruit sur ce point Leber, Histoire critique du pouvoir municipal, p. 349 et suiv.; Meaume, t. 1er, n° 294.

11. — Les droits d'usage provenant d'actes d'affranchissement appartiennent aux habitans des villages, non pas en les considérant ut singuli, mais ut universi. Ce droit n'avait donc pour la durée de la communauté même. Divers événemens ne ont fait perdre à certaines localités. D'autres fois, les usages, sans disparaître, étaient restreints ou diminués. Mais ces droits résultent plus souvent des actes récognitifs que des actes primordiaux, dont fort peu de nature ont été conservés.

12. — A une époque plus rapprochée, des droits d'usage, variant à l'infini, quant à l'espèce et à l'étendue, furent concédés par les grands propriétaires terriens à des communautés voisines et même à des particuliers. « Du grande ancienneté, dit Coquille (Quest. 303, coutume du Nivernois), les seigneurs, voyant leurs territoires déserts ou inhabités, concédèrent des usages à ceux qui voudraient les habiter, moyennant quelques prestations, plutôt en reconnaissance de supériorité qu'en profits pécuniaires. » — Dans ce même sens, Henrion de Pansey, Des biens communaux, p. 73; Dissertations féodales, v° Communaux; 14; de Fréminville, Pratique des terriers, chap. 7; Salvaing, Usage des fiefs, chap. 36; Boubier, Observat. sur la cout. de Bourgogne, chap. 62, n° 30.

13. — D'autres fois, les communes et les particuliers acquerraient des droits d'usage par transactions ou partages de territoires, et aussi sans titre régulier, par simple possession pendant le temps nécessaire pour prescrire.

14. — Mais l'établissement de droits d'usage par prescription, à moins d'une très ancienne possession, ne put avoir lieu que dans les pays où les coutumes autorisaient l'acquisition des servitudes discontinues par la possession pendant un temps déterminé. « Il était de jurisprudence dans le treizième siècle, dit à cet égard Henrion de Pansey (*Biens communaux*, p. 81), que la possession la plus longue était insuffisante pour conférer des droits d'usage, et que nul ne pouvait en réclamer sans chartre de concession, ou sans payer une redevance au seigneur. » — V. Henrion de Pansey, p. 81 et suiv., où il résume les monumens de l'ancienne jurisprudence à cet égard.

15. — Une grande partie des forêts de l'état sont encore grevées de droits d'usage, établis par les anciens propriétaires, notamment par des concessions royales à des établissemens ecclésiastiques, à des communautés laïques et même à des particuliers. En général, ces libéralités étaient arrachées à la faiblesse des rois, malgré le principe de l'inaliénabilité du domaine de la couronne. Mais ces usages ont toujours été tenus pour réductibles à la volonté du souverain de qui ils émanaient, ainsi qu'il résulte des ordonn. de 1376, 1388, 1515 et 1583. Ces ordonnances prescrivaient généralement de supprimer les usages constitués à titre gratuit, et, en tous cas, de les restreindre suivant *l'estat et la possibilité des forêts*.

16. — Les usages concédés à titre onéreux ont été toujours considérés comme rachetables, moyennant indemnité. Il est vrai que ce droit fut rarement exercé. On préférait affranchir la forêt de l'usage par l'*aménagement* ou *réserve*, en attribuant à l'usager une portion de la forêt suffisante pour servir son droit, mais dont la propriété restait toutefois au possesseur de la forêt. — Meaume, n° 298.

17. — L'ord. de 1669 a défendu, pour l'avenir, toute concesssion de droits d'usage dans les bois domaniaux.

18. — Quant à ceux qui existaient, lors de sa publication, elle distinguait entre les usages en bois et les droits de pâturage. Par les art. 1er et 5, tit. 19, elle maintenait ces derniers droits et ceux de panage en faveur des usagers dénommés dans les états arrêtés par le conseil du roi. Elle en réglementait l'exercice par les autres articles du même titre. — L'art. 1er du tit. 20 supprimait les droits d'usage en bois. Mais, d'après les articles suivans, cette suppression ne s'appliquait pas 1° aux attributions de chauffage faites aux églises, chapitres, abbayes, etc. ; 2° aux religieux, hôpitaux et communautés ayant *chauffage par aumône* ; 3° aux usagers laïques dont les concessions s'appuyaient sur des titres ou sur une possession remontant à une époque antérieure à 1560.

19. — Les usagers de la première de ces trois catégories devaient recevoir seuls des délivrances en nature; on devait payer en argent ceux de la deuxième, ainsi que les usagers laïcs, jusqu'à ce qu'on pût rembourser ces derniers de la valeur de leurs droits suivant estimation faite par le conseil du roi. Il devait, en outre, comme pour le pâturage, être dressé un état général des délivrances tant en bois qu'en argent. Des commissaires réformateurs furent chargés, par suite, dans certaines provinces, d'examiner les titres des usagers et de dresser des états nouveaux. — V., sur ce point, les états arrêtés au conseil en 1673, 1674 et 1675.

20. — L'ord. de 1669 a aboli, dans l'intérêt général, le droit des usagers de faire pâturer leurs bêtes à laine dans une forêt affectée au droit d'usage. — *Grenoble*, 27 mars 1824, Brochier.

21. — Mais elle n'a pas supprimé le droit de prendre du bois mort gisant. — *Paris*, 2 juill. 1836, préfet d'Indre-et-Loire c. commune de Chevillé.

22. — La suppression du droit de chauffage décrétée par cette ordonnance ne s'appliquait qu'aux forêts faisant alors partie du domaine de l'état. — *Cass.*, 28 août 1834, Roy c. Buzelin.

23. — Cette suppression n'a point porté, soit sur les propriétés particulières, soit sur les forêts qui se trouveraient ultérieurement incorporées au domaine de l'état. — *Cass.*, 6 fév. 1839 (t. 1er 1839, p. 386), Declercq c. de Broyes.

24. — La suppression de droits d'usage dans les forêts domaniales, prononcée par l'ord. de 1669, n'est pas subordonnée au réglement de l'indemnité devant être accordée aux communes dépossédées. — *Cass.*, 13 juin 1849 (t. 1er 1850, p. 331), préfet du Tarn c. comm. de Puycelsy et Laroque.

25. — La déchéance prononcée par l'ordonnance, pour défaut de production de titres, afin d'être compris dans les états prescrits par le conseil, ne pouvait être opposée aux usagers du ci-devant Roussillon, cette disposition de l'ordonnance n'ayant pas reçu d'exécution dans cette province. — *Cass.*, 24 juin 1835, comm. de Santo et d'Alguetebia c. préf. des Pyrénées-Orientales.

26. — L'ord. de 1669 était, en ce qui concernait la conservation des forêts, une loi d'ordre public et un réglement de police générale, auxquelles on n'a pu déroger par des conventions particulières. — *Cass.*, 3 juin 1835, Robinet.

27. — Il en a été ainsi, même depuis la loi des 15-29 sept. 1791, qui a laissé chaque propriétaire libre d'administrer ses forêts comme bon lui semblerait. — Même arrêt.

28. — Des états d'usagers furent dressés, non-seulement pour la France, mais pour les provinces qui y furent réunies postérieurement à l'ord. de 1669. Ainsi, on trouve de nombreux états faits en Franche-Comté au dix-huitième siècle. — V. Curasson sur Proudhon, n° 396.

29. — En Lorraine, l'art. 13, tit. 6 du réglement général des forêts fait par Léopold en 1707, enjoignait aux commissaires réformateurs d'examiner les titres des usagers et de dresser des procès-verbaux ou états. De nombreux états de dénombrement furent, en conséquence, dressés en Lorraine, province dont la législation forestière, même avant sa réunion, est évidemment copiée sur l'ord. de 1669.

30. — Le travail des commissaires réformateurs nommés en vertu de l'ord. de 1669 eut pour résultat de faire disparaître un grand nombre de concessions postérieures à 1560, époque où fut conservée l'inviolabilité du domaine de la couronne. Mais la pénurie du trésor ne permit pas d'affranchir les forêts par le rachat des usages conservés. — Ce mode de libération se fit peu à peu, et la jurisprudence en introduisit un, sous le nom de *cantonnement* qui, depuis, fut consacré par la législation.

31. — Jugé que les anciennes ordonnances concernant les forêts royales sont également applicables aux forêts des particuliers. — *Cass.*, 13 oct. 1820, Bouzonnet.

32. — Le réglement de 1754 ne s'appliquait qu'aux bois appartenant en propre aux communes, et non aux forêts de l'état, dans lesquelles elles avaient des droits d'usage. — *Cass.*, 10 août 1821, comm. de Croix-aux-Mines.

33. — Lors de la révolution de 1789, beaucoup de communes s'attribuèrent, sans titre, des droits d'usage sur les forêts domaniales, et se livrèrent à de nombreuses dévastations. Ces dévastations se firent surtout sentir dans les pays de montagnes : l'abus du pâturage y produisit principalement des dégâts irréparables. « Les gardes des maîtrises, portait une instruction de l'assemblée nationale des 12 et 20 août 1790, chap. 4, ont, dans plusieurs endroits, été expulsés des forêts et exposés à des violences... Des dégâts considérables ont été commis dans les bois, sous les yeux des municipalités, qui devaient les empêcher et qui n'ont pas eu la force de s'y opposer. Il n'est même que trop certain que quelques-unes les ont autorisés formellement, tandis que d'autres, renversant l'ordre juridictionnel, érigent dans leur sein un tribunal auquel elles citent et où elles condamnent les contrevenans. C'est aux assemblées administratives, et spécialement à leurs directoires, qu'il appartient d'arrêter le cours d'un désordre véritablement effrayant... Elles-mêmes sont chargées de veiller à la conservation des bois, et ce n'est pas seulement contre les délits des particuliers, *c'est aussi contre les erreurs et les entreprises des municipalités* qu'elles doivent défendre cette propriété précieuse. »

34. — Les désordres de toute nature n'en continuèrent pas moins, ainsi qu'il résulte d'un rapport fait par le représentant Poulain-Grandprey au conseil des Cinq-Cents, le 16 floréal an VII, sur un projet de Code forestier auquel il ne put être donné suite.

35. — Les usurpations sur les forêts domaniales, accrues de bois d'origine seigneuriale ou ecclésiastique, furent souvent provoquées par la législation du moment, favorable aux prétentions des communes, qui se disaient avoir été dépouillées de leurs droits par la puissance féodale.

36. — La loi des 15-28 mars 1790, tit. 2, art. 32, révoqua les arrêts et lettres-patentes qui, depuis trente ans, avaient distrait, au profit de certains seigneurs, des portions de bois ou autres biens dont les communautés jouissaient à titre de propriété ou d'usage. — La loi des 28 août-14 sept. 1792, art. 8, accordait aux communes qui justifieraient avoir anciennement possédé des droits d'usage la faculté d'en obtenir la réintégration, malgré tous édits, déclarations, arrêts du conseil, etc., à moins qu'il ne fût prouvé par acte authentique que ces droits avaient été légitimement achetés par les anciens seigneurs.

37. — Un arrêt de Nancy, du 11 juill. 1837 (préfet des Vosges c. ville de Remiremont), cité par M. Meaume (n° 2978, note), a décidé, d'après cette loi, que les communes qui veulent revendiquer contre l'état des bois ou droits d'usage doivent prouver seulement qu'elles les ont anciennement possédés — ... Et qu'une clause révocatoire et de bon plaisir, ajoutée au titre primitif par les commissaires nommés en exécution de l'ordonnance de Léopold de 1702, constitue l'abus de la puissance féodale que la loi du 28 août 1792 a voulu réparer

38. — Les lois des 10 juin et 2 oct. 1793 exigèrent que tous les procès des communes pour droit d'usage fussent vidés par arbitres. La loi du 4 brum. an IV autorisa l'appel contre les jugemens rendus par ces arbitres; et celle du 9 vent. même année rendit aux juges ordinaires la connaissance de ces affaires.

39. — Les arbitres se montrèrent si favorables à la dilapidation de la propriété forestière en faveur des communes, que deux lois des 7 brum. et 29 flor. an III suspendirent l'exécution des sentences arbitrales qui avaient adjugé des forêts aux communes.

40. — Les lois des 28 brum. an VII et 19 germ. an XI ordonnèrent, en outre, la révision des jugemens arbitraux ou autres, ayant attribué aux communes des droits de propriété ou d'usage. Les communes durent produire dans les six mois leurs titres et les jugemens rendus en leur faveur, sous peine de voir tenir ces jugemens pour non avenus. Les administrations centrales et celle des finances durent rechercher dans un certain délai s'il y avait lieu d'appeler des jugemens arbitraux. Il en résultait que, faute d'appel, ces jugemens conservaient leur effet en faveur des communes.

41. — Beaucoup de communes, sans recourir au jugement des arbitres, s'étaient attribué elles-mêmes des droits d'usage. Les habitans en jouirent pendant les cinq ans qui leur étaient accordés à l'effet de diriger leur action devant les tribunaux, ainsi que le fait observer M. Troplong (*Prescription*, n° 211). Ils en jouirent même après les cinq ans. Aussi devint-il fort difficile de distinguer les véritables usagers des usurpateurs. Pour porter remède à ces abus, un arrêté du directoire exécutif du 5 vendém. an VI fut rendu, qui interdisait le pâturage aux riverains qui ne justifieraient pas de leurs droits d'usagers.

42. — Postérieurement, une loi du 28 vent. an XI étendit à tous les droits d'usage le principe conservateur établi par l'arrêté du 5 vendém. an VI. Elle enjoignit aux usagers de produire, dans les six mois, aux secrétariats des préfectures et des sous-préfectures dans l'arrondissement desquelles se trouvaient les forêts prétendues grevées, les titres ou actes possessoires dont ils inféraient l'existence. Sinon, et ce délai passé, défense leur était faite d'en continuer l'exercice, à peine d'être poursuivis comme délinquans. Etaient dispensés de cette formalité les communes et particuliers dont les droits d'usage avaient été reconnus et fixés par les états arrêtés au ci-devant conseil.

43. — Comme beaucoup de titres étaient encore inconnus, on recula devant les procès à engager envers les communes usagères qui ne les avaient pas encore produits. La sanction de la loi de ventôse an XI fut aussi reconnue insuffisante. La loi du 14 vent. an XII intervint pour faire rentrer les titres des usagers dans les secrétariats de préfectures. On prorogea de six mois, à partir de la promulgation de la nouvelle loi, le précédent délai de six mois. Faute de satisfaire, dans ce délai, à la loi du 28 vent. an XI, les prétendans aux droits d'usage étaient déclarés irrévocablement déchus.

44. — Bien que ces lois fissent résulter la déchéance du défaut de production, cette déchéance n'était pas encourue de plein droit, si, nonobstant la non production, la commune avait continué d'exercer ses droits. — Meaume, n° 300.

45. — Ainsi, jugé qu'une commune n'a pas encouru la déchéance pour n'avoir pas fait dans les délais la déclaration prescrite par les lois de l'an XI et de l'an XII, lorsqu'elle n'a pas cessé d'exercer ses droits d'usage. — *Cass.*, 26 juin 1826, préfet de Vaucluse c. comm. de Châteauneuf.

46. — Il a été également jugé qu'en prescrivant aux usagers de se faire reconnaître et de requérir leur inscription sur les états rédigés au conseil du roi, l'ordonn. de 1669 n'a prononcé aucune déchéance; en sorte que les usagers qui avaient négligé cette formalité ont été recevables à revendiquer leurs droits dans les délais fixés par les lois des 28 vent. an XI et 14 vent. an XII. — *Cass.*, 14 nov. 1836 (t. 1er 1837, p. 194), préfet du Bas-Rhin c. comm. de Mertzwiller.

47. — A défaut de désignation spéciale par la loi de l'autorité qui devait prononcer la déchéance,

les tribunaux ordinaires étaient seuls compétens, à l'exclusion de l'autorité administrative pour prononcer la déchéance. — Meaume, nº 300.

48. — La production tardive des titres ne conférait pas non plus à l'autorité administrative le droit de déclarer la déchéance.—Meaume, nº 301.

49. — Une circulaire du 23 germin. an XI (*Régl. forest.*, t. 1er, p. 636), interprétative de la loi du 28 vent. même année, ayant attribué l'exécution de celle-ci aux préfets, et déclaré que ce seraient les conseils de préfecture qui discuteraient et jugeraient le mérite des titres produits, on fit prononcer la déchéance contre les usagers dont les titres parvenaient aux préfectures après l'expiration du délai fixé, et on considéra comme compétens à cet égard les conseils de préfecture. Ceux-ci rendirent non seulement plusieurs arrêtés de déchéance, mais se crurent même fondés à connaître des questions de propriété et d'interprétation que soulevaient le dépôt des titres.

50. — Il intervint, par suite, un grand nombre d'arrêtés dont les uns reconnaissaient les droits des usagers et en réglaient l'exercice, et les autres déclaraient que les titres ne conféraient aucun droit ou n'en attribuaient qu'un beaucoup plus restreint que celui prétendu. Il arriva parfois qu'on admit des usagers à produire après l'expiration des délais, et qu'on en laissa d'autres continuer leur jouissance sans faire de production. — Henrion de Pansey, *Biens communaux*, p. 99.

51. — La voie dans laquelle étaient entrés les conseils de préfecture, fut consacrée en quelque sorte par une lettre du ministre de la justice du 30 messid. an XII, qui déclarait qu'en règle générale, le droit de prononcer sur les titres des usagers appartenait à l'autorité judiciaire, mais que cependant les tribunaux administratifs pouvaient également statuer après s'être éclairés par des enquêtes. — Cette lettre, insérée dans les *Régl. forest.* (t. 1er, p.698), est critiquée par Curasson (sur Proudhon, (nº 821). L'opinion qu'elle renferme prévalut dans la plupart des arrêtés émanés des conseils de préfecture; quelques-uns de ces corps se bornèrent toutefois à exécuter la loi, c'est-à-dire à donner acte du dépôt. — Meaume, nº 303.

52. — L'empiètement des conseils de préfecture fut réprimé dès 1807 par le conseil d'état. Et comme les conseils de préfecture continuaient à prononcer sur les questions de propriété en matière d'usage qui leur étaient déférées par voie contentieuse, il s'ensuivit plusieurs décrets et ordonnances du conseil d'état pour rétablir les vrais principes. — V. décret 23 avr. 1807, comm. de l'Hermite; 7 fév. 1809, comm. de Biesler; 6 fév. 1811, comm. de Saurat; ord. 4 sept. 1822, comm. de Surède; 12 fév. 1823, Imbart-Latour; 7 mai 1823, comm. de Montcharmont; 23 juill. 1823, comm. de Sévigny-la-Forêt; 5 nov. 1823, comm. de la Petite-Pierre; 17 déc. 1823, comm. de Dosenheim; 22 janv. 1824, Chastellux; 11 fév. 1824, comm. de Réjaumont; 24 mars 1824, comm. de Campagna; 4 nov. 1824, comm. de Sallech; 16 fév. 1825, comm. de Beuvry; 4 mai 1825, Hickel; 11 mai 1825, Derneville; 30 nov. 1825, Teissier; 7 sept. 1825, Clermont-Tonnerre; 16 fév. 1826, comm. d'Aunat; 26 avr. 1829, Crolet; 2 sept. 1829, habitans d'Yssanlas et de Ribeyre; 28 oct. 1829, comm. d'Orloncourt; 22 nov. 1829, Pannetier; 10 fév. 1830, comm. de Bonneuil; 25 mars 1835, Kribs; 11 fév. 1836, comm. de Couchy; 9 mars 1836, comm. de Toronet; 7 mars 1838, comm. de Villers-Cotterets.

53. — La doctrine consacrée par ces décisions est adoptée par Merlin (*Rép.*, vis *Terres vaines et vagues* et *usage*, nº 4); et Proudhon (*Domaine privé*, t. 3, p. 895). « Lorsque le droit est contesté, dit ce dernier auteur, c'est pardevant les tribunaux qu'on doit se pourvoir pour le faire déclarer légitimement acquis, même sur les forêts nationales, parce que c'est un droit de propriété foncière qui se trouve nécessairement dans les attributions de la justice ordinaire. »

54. — Les arrêtés rendus en cette matière par les conseils de préfecture doivent être considérés, d'après la doctrine du conseil d'état, comme de simples *avis* consultatifs et non comme des *jugemens*. Ils ne lient en rien les tribunaux, lors même qu'ils auraient été approuvés par le ministre des finances. — V. les décisions citées *suprà*, nº 52. — Meaume, nº 305.

55. — Les décisions précitées du conseil d'état étaient intervenues dans des espèces où les titres des usagers n'étaient pas reconnus comme valables. Mais, quand le titre avait été maintenu par le conseil de préfecture, et que le ministre avait approuvé la décision, cette décision pouvait-elle être encore critiquée par les tribunaux civils? La négative paraît résulter du rapport de M. Roy à la chambre des pairs, parlant de l'art. 61, C. forest., et de deux lettres du ministre des finances des 10 oct. 1828 et 21 avr. 1829 (*Règl. forest.*, t. 4, p. 242). Mais, par ord. du 22 janv. 1824, Chastellux, le conseil d'état a reconnu que la décision ministérielle approbative ne constituait qu'un acte administratif, et que s'il s'élevait des contestations sur l'étendue des droits d'usage ou la qualité de ceux qui y prétendaient, l'affaire devait être soumise aux tribunaux. — Conf., *Cons. d'ét.*, 30 nov. 1825, Teissier.

56. — C'est en ce sens que se sont prononcés MM. Curasson sur Proudhon, nos 400 et 402; Serrigny, nos 780 et 781; Meaume, nº 306.

57. — Les décisions du ministre des finances qui, en l'absence de tout dépôt, auraient relevé les usagers de la déchéance encourue par eux, sont irrégulières. Le droit de relever de celle-ci n'appartient qu'au législateur. — *Cons. d'ét.*, 13 août 1819, ordonn. citée par Meaume.

58. — Il résulte de tout ce qui précède que toutes les décisions administratives rendues par suite de l'examen et de l'interprétation des titres ne peuvent conférer aucun droit de propriété aux usagers. — Meaume, nº 306.

59. — Il ne peut plus être maintenant établi de droit d'usage dans les forêts domaniales. L'art. 62, C. forest., porte en effet : « Il ne sera plus fait à l'avenir, dans les forêts de l'état, aucune concession de droits d'usage, de quelque nature et sous quelque pretexte que ce puisse être. »

60. — Cette disposition est empruntée à l'art. 11, tit. 20, ord. 1669, ainsi conçu : « Ne sera fait à l'avenir aucun don ni attribution de chauffage pour quelque cause que ce soit. Et si, par importunité ou autrement, aucunes lettres ou brevets en avaient été accordés ou expédiés, défendons à nos cours de parlement, chambres des comptes, grands-maîtres et officiers d'y avoir égard. »

61. — L'art. 11, tit. 20, de l'ordonn., ne prohibait que les concessions de chauffage, ce qui pouvait laisser quelque doute relativement aux droits de marronnage, pâturage, glandée, panage et paisson. La rédaction de l'art. 62, C. forest., fait cesser toute incertitude à cet égard; toute concession de droits d'usage est aujourd'hui défendue.

62. — Cette disposition est déclarée applicable aux autres bois soumis au régime forestier par les art. 88, 89, 112 et 113 du Code. Les bois des particuliers sont donc aujourd'hui les seuls sur lesquels puisse être établie une servitude d'usage. Ainsi, les bois soumis au régime forestier sont inaliénables quant à l'établissement de droits d'usage, et comme l'inaliénabilité entraîne l'imprescriptibilité, il s'ensuit qu'aucun droit d'usage ne peut être acquis par prescription sur une forêt soumise au régime forestier. Les droits d'usage étant, du reste, des servitudes discontinues ne peuvent jamais s'acquérir que par titres. — Meaume, nº 389. — V. aussi DOMAINE DE L'ÉTAT.

63. — Bien que la loi défende toute concession de droits d'usage dans les bois soumis au régime forestier, l'administration a permis et permet des enlèvemens plus ou moins considérables de produits intérieurs ou superficiels des forêts. Des ordonnances royales ont même accordé à des communes la faculté de prendre du bois mort dans les forêts. — Meaume, nº 390.

64. — Ainsi, une ord. du 12 oct. 1821 permet aux hommes infirmes, aux femmes et enfans des communes riveraines, de ramasser du bois dans les forêts de la couronne.

65. — Les habitans des communes peuvent ramasser et emporter les bois secs et gisans par terre dans les forêts de leurs communes, puisque ces forêts sont soumises au même régime que celles de l'état dans lesquelles un pareil exercice n'est pas prohibé. — Proudhon, *Tr. de l'usufr.*, nº 434.

66. — L'autorisation d'emporter des produits intérieurs et superficiels des forêts, ou d'y ramasser le bois sec et gisant, est un acte de pure tolérance essentiellement révocable, quelque temps qu'ait duré son exercice. — Meaume, nº 390.

CHAPITRE II. — *Nature des droits d'usage.*

Sect. 1re. — *Principes généraux.*

67. — L'usage, en matière forestière, est une servitude réelle, discontinue et non apparente. —C. civ., art. 688 et 689.—Meaume, t. 1er, nos 270, 515 *in fine* et *passim*.

68. — L'usage forestier est une servitude réelle; car il profite au possesseur du fonds auquel il est attaché, quel qu'en soit l'habitant ou le détenteur, et non à une personne déterminée. — Merlin, *Rép.*, vº *Usage*; Toullier, t. 3, p. 325; Favard de Langlade, vº *Usage*; Meaume, t. 1er, nº 271; Baudrillart, p. 130; Curasson, *Code forest.*, t. 2, p. 374; Coin-Delisle et Frédérich, *Comm. du C. forest.*, t. 1er, p. 293.

69. — Le principe qui considère l'usage forestier comme une servitude réelle et discontinue résulte nettement des travaux préparatoires du Code forestier, des discussions devant les chambres, et de l'opinion presque unanime des auteurs. — ff., *De servit. rustic. prœd.*, L. 1, § 1; L. 6, § 1. — Legrand, sur l'art. 8 de la coutume de Troyes; Salvaing, *Usage des fiefs*, ch. 97; Cœpola, *Des servitudes*, ch. 9; Coquille, sur l'art. 15, ch. 17 de la coutume du Nivernois; Dunod, *Des prescriptions*, p. 290; Bannelier, sur Davot, t. 2, p. 209; Catelan, t. 1er, p. 482; Bouhier, sur la coutume de Bourgogne, ch. 62, nos 26 et 27; de Fréminville, *Pratique universelle des terriers*, t. 3, p. 299; Henrion de Pansey, *Dissertations féodales*, vº *Communaux*, §§ 9 et 16; *Compétence des juges de paix*, ch. 43, § 8; *Traité des biens communaux*, p. 74, 3e édit.; Merlin, *Quest. de droit*, vº *Usage*, § 7, et *Rép.*, vº *Usage*, sect. 2e, nº 1er; Toullier, t. 3, nº 469; Troplong, *Prescription*, t. 1er, nos 397 et suiv.; Favard de Langlade, vº *Usage*; Fournel, *Traité du voisinage*, t. 2, p. 524 et 525, 2e édit.; Aulagnier, *Des actions possessoires*, nº 132, p. 136 et suiv.; Garnier, *Des actions possessoires*, p. 325 et 326; Caron, *Actions possessoires*, 2e édit., nº 241; Foucher, notes sur les *Lois de la compét.* de Carré, t. 6, p. 127; Meaume, *Comm. du Code forest.*, t. 1er, nº 272 et note; Curasson sur Proudhon, t. 6, p. 6 de l'introduction.

70. — Toutefois, Proudhon (*Droits d'usage*, t. 2, nº 618), sans contester que les droits d'usage soient des servitudes, les considère comme d'une nature mixte, tout à la fois personnelle et réelle, et tenant plus de la propriété foncière que de la servitude. — Son opinion est partagée par Carré, *Lois de la compét.*, nº 411. — V. au surplus USAGE.

71. — Proudhon, pour établir que l'usage dans les forêts tient en quelque sorte du droit de propriété foncière, s'appuie souvent sur la loi du 28 août 1792, qui reconnaissait à l'usager comme au propriétaire le droit d'exercer l'action en cantonnement. Mais le Code forestier, en retirant ce droit à l'usager, par son art. 63, a rendu cet argument sans valeur.

72. — Le droit d'usage est une servitude réelle, non seulement lorsqu'il est établi pour l'utilité d'un héritage particulier (C. civ., art. 637), mais aussi lorsqu'il appartient à une communauté d'habitans. C'est alors une charge imposée sur un fonds pour l'avantage d'un autre fonds qui est le territoire communal : ce sont, en effet, les maisons de la commune et non les habitans qui sont réellement usagers. — Curasson, *ibid.*, et les autorités citées *suprà*, nº 69.

73. — Ce principe que le droit d'usage dans une forêt, au profit des habitans d'une commune, est une servitude réelle, a été également consacré par la jurisprudence. — *Agen*, 30 nov. 1830, Molard; *Cass.*, 10 fév. 1835, Parthiot c. Roullier; 30 juill. 1838 (t. 2 1838, p. 53), Lombard de Quincieu et Bonnard c. Fauvert (dans ses motifs).

74. — La servitude réelle d'usage est discontinue et non apparente. Elle ne s'exerce pas, en effet, constamment, et doit même être suspendue lorsqu'elle nuirait aux productions du sol forestier. En outre, aucun signe extérieur ne la manifeste ni sur le fonds servant ni sur le fonds dominant.

75. — On considère toutefois, dans certains pays, notamment en Alsace, comme signes apparens de servitude les auges, puits et autres ouvrages destinés à abreuver les bestiaux des usagers.

76. — Le droit d'usage est une servitude qui ne peut s'exercer que sur le fonds qui en est grevé. En conséquence, lorsqu'une forêt en futaie, grevée d'un seul droit d'usage, se trouve par force majeure convertie en bois taillis, le propriétaire ne peut être tenu de se procurer ailleurs le bois de construction nécessaire aux usages, surtout lorsque la forêt a été pendant longtemps exploitée en nature de taillis, sans réclamation de la part des usagers. — *Bourges*, 16 août 1814, Leblanc c. Laferté-Meun.

77. — Il a été jugé qu'un droit d'usage est une propriété réelle et immobilière. — *Cass.*, 25 août 1807, comm. de Lompues.

78. — La cour de Metz a décidé cependant que le droit d'usage accordé dans une forêt, soit à un individu, soit à une corporation, n'est pas un droit réel et transmissible, mais une servitude personnelle qui s'éteint avec l'usager. — *Metz*, 13 mai 1813, d'Aremberg.

79. — ... Et spécialement, que le droit concédé autrefois à une corporation religieuse de prendre dans une forêt le bois nécessaire à son usage a cessé avec la suppression de cette corporation, et

ne peut plus être exercé par le domaine représentant cette communauté religieuse. — Même arrêt.

80. — Le droit d'usage a toujours été considéré comme indivisible. — Paul, L. 19, ff., *De usu et habit.* — Il pèse conséquemment sur toute la forêt, et l'usager qui exerce un droit sur une partie de celui-ci le conserve sur la totalité. *Est totus in toto et in quâlibet parte.*

81. — Il ne peut être l'objet d'aucune aliénation.

82. — Il ne résulte pas de la disposition de l'art. 636, C. civ., portant que l'usage des bois et forêts est réglé par des lois particulières, que les droits d'usage dans les forêts soient d'une nature différente de ceux qui s'exercent sur d'autres propriétés. L'art. 636 n'a pas entendu soustraire l'usage des bois et forêts à l'application des règles tracées par le Code civil soit pour l'usage personnel, soit pour les servitudes réelles. Par lois particulières, il a voulu parler de l'ordonnance des eaux et forêts et autres lois spéciales remplacées actuellement par le Code forestier. — Curasson, sur Proudhon, t. 6, p. 6, *Introduction.*

83. — Or, ce Code, ainsi que les réglemens antérieurs, est étranger à la constitution des droits d'usage. Il ne traite ni de leur établissement, ni de leur extinction, ni de leurs effets, il en régularise seulement l'exercice. — L'intérêt public ayant réclamé de tout temps la conservation des produits du sol forestier, on a toujours soumis à des règles sévères l'usage dans les bois et forêts; et c'est aux lois particulières renfermant ces règles que renvoie l'art. 636. — Curasson, *ibid.*; d'Avannes, *Des droits d'usage*, no 17; Meaume, no 277.

84. — Lors donc qu'il s'agit de la constitution des droits d'usage auxquels sont assujéties les forêts, il faut se reporter aux dispositions du Code civil sur les servitudes ordinaires. Ici, comme en toute matière, l'empire du droit commun est le principe dominant. Mais la législation forestière, à laquelle renvoie l'art. 636, reprend sa force lorsqu'il s'agit de la police des usages, des obligations et défenses imposées aux usagers. — Curasson, *ibid.*

85. — Sous ce dernier rapport, la loi générale ne peut être invoquée lorsqu'elle est en désaccord avec la loi spéciale.

86. — De l'influence des principes admis par la loi spéciale, il est résulté que la privation de l'usage n'est pas la conséquence des abus de jouissance. Si grave qu'il soit, l'abus est seulement réprimé par des peines, mais non plus par la privation du droit, comme sous l'ordonn. de 1669, tit. 20, art. 4, 8 et 10; tit. 27, art. 34; tit. 32, art. 6. — Proudhon (nos 590 et suiv.), s'appuyant sur la jurisprudence constante attestée par Fréminville (t. 3, p. 308), soutient l'opinion contraire; mais son traité est antérieur au Code forestier, ainsi que le fait remarquer son annotateur M. Curasson (no 596), en combattant son opinion, repoussée aussi par M. Meaume (no 278).

87. — Le droit d'usage est régi, quant à sa nature, par le titre qui l'établit ou par les preuves qui, dans certains cas, remplacent ce titre. — *Cass.*, 1er juill. 1839 (t. 2 1839, p. 192), Lamey.

88. — La cour de Cassation a jugé que l'art. 218, C. forest., qui abroge les anciennes lois, ordonnances, édits, etc., dans son paragraphe premier, statue particulièrement sur le mode d'exercice et la police des droits d'usage dans les forêts, tandis que le second paragraphe se réfère uniquement aux droits même, qu'il laisse soumis à la législation contemporaine de leur origine. — *Cass.*, 31 déc. 1838 (t. 2 1839, p. 246), comm. de Dabo.

Sect. 2e. — *Des différens droits d'usage.*

89. — Les droits d'usage grevant les forêts sont de deux sortes. Les uns consistent dans la prise de certaines espèces ou quantités de bois; les autres ont pour objet la nourriture des bestiaux.

90. — « Il y a, dit Fréminville (t. 3, p. 287), deux sortes d'usages dans une forêt, celui du bois et celui du pacage des bestiaux. — Il y a des usagers qui n'ont droit que de prendre du bois pour leur chauffage, d'autres que celui d'y couper des bois à bâtir, et d'autres ne peuvent prendre que la rame pour boucher et clore leurs héritages, et certains usagers ont deux de ces facultés, et quelquefois trois ensemble; ce sont les titres de concession qui les fixent. — A l'égard des bestiaux, il y en a qui n'ont droit que d'y faire pacager leurs bœufs, vaches et bêtes aumailles; d'autres ont celui d'y mettre leurs pourceaux en temps de glandée, qui sont ordinairement fixés à un certain nombre. »

91. — Ces deux variétés du droit d'usage sont les seules dont le Code forestier réglemente l'exercice. On les distingue en grands et petits usages. Cette dernière distinction, admise par Favard de

Langlade (vo *Usage* [*droits d'*]), Baudrillart, *Dict.*, vo *Usage*; Rolland de Villargues, (*eod. verb.*), n'est pas toutefois généralement adoptée. Elle n'est au surplus d'aucune utilité en jurisprudence.

92. — Les grands usages sont : 1o l'*affouage*, ou droit de prendre dans une forêt le bois nécessaire à son chauffage (V. AFFOUAGE); 2o le *marronage*, qui est le droit de se faire délivrer des arbres pour la reconstruction et la réparation de ses bâtimens; 3o l'*usage au bois de travail ou d'ouvrage*, consistant dans le droit de se faire délivrer soit les bois employés par différens métiers, le charronnage, la tonnellerie, la fabrication des sabots, etc., soit les *bois de fente*, et plus particulièrement le bois merrain, servant à la fabrication des douves, lattes, échalas, etc.; 4o le *pâturage* ou *pacage*, qui est le droit de faire paître le bétail; 5o le *panage*, qui consiste dans la faculté de mener les porcs dans une forêt pour s'y nourrir de glands et de faînes. — V. *Cours de culture des bois*, par Lorentz et Parade, no 14.

93. — Les usages au bois étaient désignés sous la dénomination générale de *ramage*, dans certaines localités, notamment en Normandie. Le ramage se divisait en *grand* et *petit ramage*.

94. — Fournel (*Traité du voisinage*, t. 2, p. 530) veut qu'on distingue une espèce d'usage en *bois à étayer*. « Par l'usage de bois d'étais, on entend, dit-il, le droit de prendre des *branches* pour clôture et pour ramer les légumes. C'est ce que les anciennes ordonnances appellent *la* branche de *plein point*. Ces sortes d'usagers sont connus dans quelques coutumes sous le nom de *ramagers*. »

95. — Le mot *affouage* composé de la préposition *ad* et du mot *focum*, foyer, où l'on fait du feu, s'applique au bois destiné à être apporté sur le foyer, *ad focum*, pour y être consommé. Etymologiquement, le droit d'affouage est, comme le dit Ducange, *jus cœdendœ silvœ domesticos in usus*. Il consiste dans le droit attribué aux habitans de certaines communes de se faire délivrer annuellement, pour leur usage personnel, une quantité déterminée de bois de chauffage dans les forêts où ce droit leur est réservé. — Bost, *Traité de l'organisation et des attributions municipales*, t. 1er, p. 161 et suiv., et Proudhon, *Traité des droits d'usage*, t. 8, nos 922 et suiv. — V. AFFOUAGE.

96. — Dans les anciens titres, écrits en latin, le bois de chauffage est appelé *lignum*, d'où l'on a fait *lignatio* pour désigner l'usage au bois de chauffage. Le bois d'œuvre est désigné sous le nom de *materia*, d'où sont venus *materiamen*, *materies*, *merena*, *marenna*, *marreur*, *mairien*, *mairian*, *marren*, *mairrain*, puis *marronage* ou *marnage* (ce dernier mot est usité en Alsace). — V. ff., L. 55 et 56, *De legat.*, lib. 3; L. 12, *De usufr.*, lib. 7, tit. 1er. — *Glossaire* de Ducange et supplément de Charpentier; *Glossaire* de la langue romaine par Roquefort.

97. — Ces divers mots se trouvent dans les anciens titres; mais ils n'y avaient pas partout la même signification. Par les uns, on entendait le droit au merrain proprement dit; par les autres, le droit au bois d'œuvre et au bois de construction ou seulement à ce dernier bois. Nous venons de voir que c'est cette troisième espèce d'usage qu'on nommait *marronage* et *marnage*. Dans tous les cas, la nature du droit s'établit par les dernières délivrances. Quelques anciennes ordonnances donnent aussi aux droits d'usage le nom de *réage*, *réagents*.

98. — On trouve aussi dans quelques anciens titres le mot *buchagium*. — Ducange (*Glossaire*) explique ainsi ce mot : *Buchagium, lignatio, gallicè* chauffage :... *ad ligna scindenda ad opus chauffagii abbatis et conventus in illis locis, in quibus abbatia chauffagium suum sive buchagium percipere consuevit.*

99. — Proudhon (*Droits d'usage*) prétend que le mot *Bouchoyage* dérive de celui de *Bouchet*, qui dans l'idiôme vulgaire signifie buisson; en sorte qu'étymologiquement pris, le droit de bouchoyage n'est autre chose qu'un droit de buissonnage...., lequel consiste dans la faculté de couper les épines, arbustes et menus bois qui croissent sur le fonds d'autrui, pour les employer à son usage.

100. — Les petits usages, ou petit ramage, consistent principalement à enlever les branches sèches et les bois morts, ou mort-bois.

101. — Par mort-bois, l'on entend celui qui, quoique vert sur pied, est ainsi appelé par corruption pour maubois ou mauvais bois. — Proudhon, no 3161.

102. — Par mort-bois (*arbor caduci roboris*), l'ord. de Louis-le-Hutin, de 1315, expliquait qu'il fallait entendre les espèces suivantes : *saulx, marsaulx, épine, puisne* (bois punais) *ou cornouille sanguin, aune, genêt, seur, sureau, endèvres et souches.* — V. aussi ord. juill. 1376, art. 40; sept. 1376, art. 36;

mars 1388, art. 39; sept. 1402, art. 38. — L'ord. de 1515 (art. 55) ordonna de se conformer à celle de 1315, appelée communément la *Charte normande* et la déclaration du 4 oct. 1533 désigna les mêmes espèces que celles indiquées plus haut comme seuls mort-bois. L'ord. de 1669 (tit. 23, art. 5) désigne aussi les mêmes neuf espèces de bois. La table de marbre de Dijon ayant mis le bois de charme au nombre du mort-bois, par deux arrêts des 6 et 10 juill. 1748, ces décisions furent cassées par arrêt du conseil, en date du 10 sept. suivant. — Fréminville, t. 3, p. 43.

103. — Pour les forêts domaniales, grevées d'usage avant l'ord. de 1669, il ne peut donc y avoir de doute sur l'étendue de l'usage au mort-bois; mais il en est autrement pour les bois d'origine seigneuriale. D'après les anciens arrêts du conseil des 25 janv. 1731, 6 juill. 1737, 21 juin 1747 et 10 sept. 1748 (Fréminville, t. 3, p. 51; Baudrillart, vo *Usage*, p. 758), le mort-bois ne comprenait pas d'autres espèces que les neuf précitées, et ne s'étendait pas notamment aux charme, tremble, bouleau, érable, etc., et l'on devait appliquer les dispositions limitatives de la charte normande et de l'ord. de 1669 aux forêts seigneuriales comme aux forêts royales. Un avis du comité féodal du 27 oct. 1790, rédigé par Merlin, a déclaré que ces principes étaient de droit commun et devaient être reconnus comme tels, même en 1790. Tout usage au mort-bois doit donc être restreint aux seules essences indiquées par la charte normande. — Meaume, no 471; Curasson, sur Proudhon, no 121 (où il combat l'opinion contraire émise par ce dernier auteur).

104. — Jousse (*Comm. ord.* 1669) pensait qu'on pouvait, par analogie, joindre aux bois spécialement désignés par l'ordonnance le fusain, le sanguin (qui ne serait pas alors le puisne), le troëne et le houx. Mais cette interprétation a été déclarée abusive par la cour de *Cass.*, le 21 mars 1822, Roux et Duval c. comm. de Sainte-Marthe.

105. — La coutume locale de certaines provinces rangeait parmi le mort-bois d'autres espèces que les neuf indiquées par la charte normande et l'ord. de 1669. Ainsi, Proudhon rapporte (no 121) une disposition de l'art. 1509 des anciennes ordonnances de Franche-Comté, d'où paraîtrait résulter que le hêtre était considéré comme mort-bois. — On lit dans la cout. de Lorraine (tit. 15, art. 20) : « Le mort-bois est comme aulnes, genêts, épines et *autres bois ne portant fruit*, autrement dit *blanc-bois*. La coutume de l'évêché de Metz va encore plus loin ». Elle porte (art. 13, tit. 14) : « Bois mort est le bois sec debout ou gisant; et mort-bois est *toute sorte de bois*, hormis le chêne et le foug (hêtre). »

106. — Bien que la Franche-Comté eût été réunie à la France, après 1669, un arrêté du conseil de 1750 n'en a pas moins décidé que la charte normande et l'ord. de 1669 régissaient la Franche-Comté comme toutes les autres provinces.

107. — Mais la cour de Cassation, rejetant un pourvoi formé contre un arrêt de Besançon, a décidé qu'une cour d'appel peut, sans donner ouverture à cassation, comprendre parmi le mort-bois le charme, l'orme et le tremble, en se fondant sur les ordonnances en vigueur dans la contrée. — *Cass.*, 22 nov. 1832, Chavelet c. comm. de Borgilles.

108. — Quant à la Lorraine, il résulterait des *Remarques sur les coutumes générales du duché de Lorraine* (p. 70), de Fabert, que la charte normande y était en vigueur : « Bois mort et mort-bois sont choses différentes..... Le mort-bois est bois de sauls, mort-sauls, espine, puysne, seur, aulne, genêt et geneure, et non autre. C'est la charte aus Normans, publiée en l'an 1314, renouvelée par le roi François 1er, en l'an 1535. — Plusieurs coustumes de France, comme celles Saint-Paul (§ 1er); Anjou (§ 311); Berry (tit. 5, § 43); Acs (tit. 11, § 28); Nivernois (cap. 15, §§ 11, 12), ont esté cause de cette interprétation générale de l'ordonnance, comme on pourra le voir en icelles. »

109. — Aussi la cour suprême, rejetant un pourvoi contre un arrêt de Metz, a décrété que le pin n'était pas un mort-bois. — *Cass.*, 7 avr. 1840 (t. 2 1847, p. 553), Louis c. préf. de la Moselle.

110. — Un arrêt inédit de Nancy du 22 mai, 1841, rapporté et combattu par M. Meaume (no 473, note 3e), a, conformément à un jugement rendu par le tribunal de Sarrebourg, décidé que le charme était un mort-bois. — Mais, par un autre arrêt inédit du 2 juill. 1842, la cour de Nancy avait décidé le contraire.

111. — Par arrêt du 7 févr. 1834, la cour de Colmar a décidé que le charme ne pouvait être considéré comme mort-bois dans l'ancienne province d'Alsace, réunie aussi à la France après 1669. — Meaume, no 474. — D'après un arrêt inédit de la

même cour, du 22 juill. 1807, le mort-bois se composait, en Alsace, des espèces dont parle l'ord. de 1669, plus le couldre, le fusain, le sanguin, le troëne et le houx, et aussi le charme-buisson, le tremble et le bouleau, comme bois non portant fruit. —Meaume, *loc. cit.*

112.—Un arrêt du parlement de Rouen, en date du 2 août 1687, consacre ainsi le petit ramage ou petit usage : « Lesdits bois consistant en bois sec, en estant et en gisant, le bois vert en gisant, rompu, brisé et séparé du tronc, même le mort-bois, tel qu'il est déclaré en la charte normande; c'est à savoir : le saule, morsaule, épine, puine, seure, aulne, genêt, genièvre et ronces; le tout modérément, sans maléfice, sans excès ni abus, et sans en faire marchandise. » — C'est en peu de mots, dit d'Avannes (*Droits d'usage*), toute la théorie sur cette matière.

113. — Les usages relatifs à la nourriture des bestiaux sont le *pâturage*, qui s'entend du droit de faire paître toute espèce de bestiaux; le *pacage*, qui se dit plus spécialement de la dépaissance des bêtes aumailles et chevalines, et ne comprend ni les chèvres ni les moutons. — Proudhon (no 33) et Fournel (t. 2, p. 530) adoptent cette distinction, qu'avait établie Saint-Yon (liv. 1er, tit. 29, art. 5 et 6).

114. — Il convient de remarquer toutefois, avec ces auteurs, que les mots *pacage* et *pâturage* sont fréquemment confondus dans l'usage, et que l'espèce du droit doit conséquemment se déterminer par la nature du fonds auquel il s'applique, et par la distinction, ainsi que par l'énumération des animaux dont parle le titre.

115. — Proudhon (*loc. cit.*) enseigne qu'on distingue deux espèces de pâturages, l'un appelé *vive* et l'autre *vaine pâture*. La *vive* ou *grasse pâture* s'applique au produit qu'on peut percevoir tout l'été, par le moyen du pâturage, sur les fonds destinés à fournir, durant cette saison, la nourriture des bestiaux qu'on y met en dépaissance. Le droit de *vaine pâture* consiste dans la faculté qu'ont les habitans d'une commune d'envoyer pêle-mêle paître leurs bestiaux sur les fonds les uns des autres, lorsqu'ils sont en jachères, dépouillés de leurs fruits ou consistant seulement en friches. — V. PARCOURS et VAINE PATURE. — Il suit de cette distinction que la vaine pâture ne peut s'exercer dans les bois, et que la loi du 28 sept.-6 oct. 1791 ne peut s'appliquer aux terrains soumis au régime forestier. —V. les mêmes mots.

116.—Le propriétaire d'une forêt ne peut donc jamais s'affranchir par la clôture de l'exercice du droit de pâturage. — *Cass.*, 12 nov. 1828 (dans ses motifs), comm. de Chemilly c. de Varange.

117.—Baudrillart (*Dict.*, vo *Pâturage*) dit que le *pâturage* consiste à faire manger l'herbe et le *pacage* à faire manger les fruits, comme le gland et la faîne.

118. — On appelle *panage* le parcours des porcs dans les forêts pour s'y nourrir de glands et de faînes. Le mot *paisson* est souvent synonyme de panage. Seulement, il ne comprend pas le droit de *glandée*, en tant que celui-ci comporterait la faculté de ramasser des glands pour les emporter. La *glandée* est le panage dans les forêts composées de chênes, en même temps que le droit d'emporter des glands. — *Cass.*, 9 nov. 1826, de Sancy c. comm. de Larreule.

119. — On appelle, en Alsace, *arrière-glandée* la seconde période de l'exercice de ce droit, par exemple depuis la Saint-André. Par arrêt du 11 juill. 1833 (comm. de Balbronn c. préf. du Bas-Rhin), la cour de Colmar a jugé que, si une forêt dont le propriétaire s'était réservé la participation à la glandée devient domaniale, bien que l'état ne puisse jouir par lui-même du droit réservé à l'ancien propriétaire, cet état de choses ne peut autoriser l'administration à louer la glandée et à abandonner seulement l'arrière-glandée à la commune.

120.— La *faînée* ou *foaine* est le droit de ramasser seulement les faînes.

121. — Le mot *grainer* se trouve souvent dans les titres pour indiquer le droit de conduire les porcs dans les bois pour y manger toutes sortes de graines forestières.— Baudrillart, vo *Graines*; d'Avannes, no 36.—D'après Roquefort (*Gloss.*,) ce mot veut dire : prendre la meilleure pâture des bois.

122. — Le droit connu en Béarn sous le nom de *carnal* a été aboli par nos lois constitutionnelles. — *Pau*, 3 déc. 1836, Langoust.

Sect. 3e. — *Au profit de qui les droits d'usage sont établis.*

123. — D'après l'art. 61, C. forest., « ne sont admis à exercer un droit d'usage quelconque dans les bois de l'état que ceux dont les droits ont été, au jour de la promulgation de la présente loi, reconnus fondés, soit par des actes du gouvernement, soit par des jugemens ou arrêts définitifs, ou seront reconnus tels par suite d'instances administratives ou judiciaires actuellement engagées, ou qui seraient intentées devant les tribunaux dans le délai de deux ans, à dater du jour de la promulgation de la présente loi, par des usagers actuellement en jouissance. »

124. — L'art. 61 est entièrement spécial aux bois de l'état. Ses dispositions ne s'appliquent pas aux bois des communes et des établissemens publics (C. forest., art. 112), ni aux bois des particuliers (art. 120).

125. — Le projet du Code forestier n'admettait à l'exercice des droits d'usage que « ceux qui, au jour de la promulgation, seraient en possession en vertu de titres reconnus valables par *l'administration*. »

126. — Plusieurs conseils généraux et treize cours royales firent observer qu'il était des usagers qui avaient pu acquérir leurs droits par la possession dans les bois récemment réunis au domaine de l'état, ainsi que le reconnaissait la loi du 28 vent. an XI; que, depuis cette époque, les usagers ont pu être en litige avec le gouvernement; qu'il en était d'autres dont les titres étaient également contestés; que ces usagers seraient dépouillés de leurs droits par le fait seul de la promulgation de la loi, ce qui serait injuste; qu'enfin, on ne saurait concevoir pourquoi l'on donnerait à l'administration forestière le pouvoir exorbitant d'être juge dans sa propre cause.— Baudrillart, sur l'art. 61.

127. — Ces observations ayant paru fondées, l'art. 61 fut rédigé dans les termes ci-dessus rappelés. Il résulte de cette rédaction que les usagers doivent être divisés en trois classes : 1o ceux dont les titres ont été reconnus fondés, lors de la promulgation du Code forestier, par des actes du gouvernement ou par des jugemens et arrêts définitifs; 2o ceux dont les droits seraient reconnus fondés par suite d'instances alors engagées; 3o ceux enfin qui, étant en jouissance, sans se trouver dans ces deux catégories, auraient intenté leur action dans les deux ans de la promulgation du Code.

128. — On doit entendre par les mots *actes du gouvernement*, dont se sert l'art. 61, C. forest., suivant M. Curasson (sur Proudhon, no 402) non seulement les décrets et ordonnances, mais les autres actes de l'autorité administrative, tels que les arrêtés des conseils de préfecture et les décisions ministérielles.

129.—Suivant Serrigny, au contraire (no 780), le mot *gouvernement* employé par l'art. 61 ne veut pas dire les conseils de préfecture, même autorisés par le ministre des finances, surtout quand il s'agit de droits immobiliers. La loi, par ce mot, entend parler du chef investi de l'administration même de l'état.

130. — D'après M. Meaume (no 309), aucune de ces opinions ne doit être accueillie sans restriction. Suivant cet auteur, lorsque le ministre des finances, en exécution de l'avis réglementaire du conseil d'état du 11 juill. 1810, a donné son approbation à un arrêté de maintenue rendu par un conseil de préfecture, il a fait un acte de gouvernement, puisqu'il tient de la loi un pouvoir suffisant à cet effet. Mais, comme M. Curasson, M. Meaume enseigne qu'on ne doit pas voir des actes du gouvernement dans les arrêtés des conseils de préfecture. Ces arrêtés ne valant que par l'approbation ministérielle, ne constituent jusqu'à cette approbation qu'un commencement d'instruction administrative et non un acte complet du gouvernement. —*Cons. d'ét.*, 19 déc. 1839, Arnoux. —Circul. 7 fév. 1829; 21 avr. 1829.

131. —Par actes du gouvernement, disent Coin-Delisle et Frédérich (t. 1er, p. 303), on doit entendre les arrêtés au conseil sous l'ancienne législation, et, sous la nouvelle, les décisions des conseils de préfecture approuvées par le gouvernement. « Ce n'est pas, ajoutent ces auteurs, que la question d'existence ou de validité des droits d'usage soit de la compétence des conseils de préfecture; la juridiction exclusive des tribunaux a été reconnue par une foule de décrets et d'ordonnances (V. *suprà*); mais parce que l'approbation du gouvernement est une reconnaissance du droit de l'usager. »

132. — Au surplus, ainsi que nous l'avons vu (*Historique*), l'approbation ministérielle par le ministre des finances, au nom du gouvernement, ne porte que sur l'exercice de l'usage, fondé sur l'existence matérielle du titre, et n'empêche pas que l'état ne puisse plus tard contester le fond du droit devant les tribunaux.

133.—Lors de la discussion de l'art. 61, C. forest., à la chambre des députés, un membre ayant manifesté des craintes sur l'influence que pourrait avoir cet article sur les aménagemens pratiqués dans les forêts depuis le quinzième siècle, il lui fut répondu par M. de Martignac que l'article discuté avait précisément pour but de mettre ces droits, comme tous autres, à l'abri de contestation. « Ces usagers, disait le ministre, ont pour eux des décisions souveraines, et nul doute que les arrêts rendus en leur faveur devront être exécutés et que leurs droits sont à l'abri de toute contestation. Cela résulte de l'article en délibération, et résultera plus positivement d'un des derniers articles du projet, portant que toutes les contestations sur les anciens titres devront être jugées d'après les contrats dont les usagers sont porteurs. »

134. — Les usagers qui étaient en instance, lors de la délibération du Code forest., n'ont eu besoin pour être admis à exercer leurs droits d'usage que d'exercer leur action antérieurement au Code, et il leur a suffi, en outre, que le jugement intervenu n'ait pas acquis force de chose jugée lors de la promulgation du Code, qui a eu pour effet de relever les usagers de la déchéance qu'on aurait pu leur opposer en vertu des lois de ventôse an XI et an XII.— *Bourges*, 26 janv. 1829, Gestat c. préfet de la Nièvre. — Meaume, no 312.

135.— Les instances administratives par suite desquelles des droits d'usage ont pu être reconnus postérieurement au Code, d'après l'art. 61, devraient, d'après les circul. des 10 oct. 1828, 21 avr. et 28 juill. 1829, de M. Roy, ministre des finances, désigner les arrêtés des conseils de préfecture rendus ou à rendre par suite du dépôt des titres. Cette opinion est partagée par M. Meaume (no 313). —V. cependant Curasson, sur Proudhon, no 403. — V. aussi *Cons. d'ét.*, 11 fév. 1836, comm. de Couchey.

136.—Un arrêt de Colmar du 20 nov. 1835, rapporté par M. Meaume (no 314), a décidé que l'instance administrative doit être considérée comme pendante, tant qu'il n'est point intervenu de décision ministérielle.

137.—En accordant aux usagers restés en jouissance, malgré le défaut de production de pièces, un nouveau délai de deux ans pour faire reconnaître judiciairement leurs droits, l'art. 61, C. forest., a voulu les relever de la déchéance que l'état eût pu leur opposer, d'après les lois de ventôse an XI et an XII, et leur fournir un moyen légal de conserver leur jouissance. C'est ce qui résulte du discours de M. de Martignac, dans la séance du 23 mai 1827 à la chambre des députés, et de celui de M. de Mailly à la chambre des pairs.

138. — Celui qui réclame un droit d'usage dans une forêt de l'état ne peut être déclaré non recevable, sous prétexte qu'il n'était pas en jouissance au jour de la promulgation du Code forestier, lorsque l'administration a implicitement reconnu le fait de la jouissance, en ne contestant que le fond du droit. — *Cass.*, 15 mai mai 1832, préfet de l'Ardèche c. Méjean.— Meaume, no 315.

139. — L'action en reconnaissance est considérée comme intentée par le dépôt du mémoire administratif, ayant pour but le maintien des droits d'usage, dépôt opéré conformément à la loi du 5 nov. 1790. On ne peut donc opposer l'art. 61 aux usagers qui ont déposé leurs mémoires dans les deux ans de la promulgation du Code, bien que la demande judiciaire ait eu lieu après l'expiration de ces deux années. — Avis cons. d'ét. du 20 oct. 1830. — Meaume, no 316.

140. — La déchéance prononcée par les lois de ventôse an XI et an XII a été établie seulement en faveur de l'état, et non en faveur des communes, des établissemens publics et des particuliers dont les bois étaient grevés de droits d'usage.— *Colmar*, 25 fév. 1830 et 12 juin 1833, cités par M. Meaume, (no 318).

141. — Cette déchéance serait encourue toutefois par l'usager qui, après avoir cessé sa jouissance, demanderait de nouveau à exercer ses droits, soit contre l'adjudicataire de la forêt, soit contre l'émigré remis en possession en vertu de la loi du 5 déc. 1814.—Curasson, sur Proudhon, no 403; Meaume, no 319; Duranton, t. 5, no 84.

142.— Les lois des 28 vent. et 19 germin. an XI, relatives aux droits d'usage des communes dans les forêts nationales, ne sont pas applicables aux particuliers qui possèdent de pareils droits en vertu de jugemens passés en force de chose jugée. — *Cass.*, 11 fév. 1808, propriétaires de Lautenbach.

143. — L'art. 2, L. 28 vent. an XI, ne se rapporte qu'au droit d'usage des communes qui avaient fait reconnaître et fixer ce droit par des arrêts du conseil, et non aux affectations de coupes de bois. — *Cass.*, 8 fév. 1836, Diétrich.

144. — La commune qui possédait, avant le Code forestier, des bois comme propriétaire, et qui

depuis le Code avait été reconnue simple usagère, n'aurait pas encouru la déchéance prononcée par l'art. 61, C. forest., faute d'avoir intenté sa demande en reconnaissance, dans le délai exigé par cet article. Comme propriétaire, elle n'avait pas à faire reconnaître un droit moindre. — Meaume, no 321.

145. — Une commune qui, après avoir été pendant de longues années en possession d'un droit d'usage dans une forêt, aurait encouru la déchéance prévue par l'art. 61, C. forest., serait relevée de cette déchéance par l'obtention de délivrances postérieures à la promulgation dudit Code. — *Caen*, 12 août 1848 (t. 2 1849, p. 62), Poriquet c. comm. de Labellière. — « Les procès-verbaux de délivrance en matière d'usage dans les forêts, avons-nous dit en rapportant cet arrêt, font preuve de l'exercice du droit par l'usager, mais on ne leur reconnaît généralement pas l'effet de faire preuve de la légitimité de ce droit, lorsqu'aucun autre titre n'est fourni. L'arrêt admet cependant que les délivrances postérieures à la promulgation du Code forestier relèvent l'usager de la déchéance qu'il aurait encourue lors de cette promulgation, faute d'avoir fait les justifications ou rempli les formalités prescrites par l'art. 61. Dans ce cas, la délivrance fait donc preuve du droit lui-même. C'est dans le même sens que M. Duranton (t. 5, no 63-4o) entend la disposition de cet article. »

146. — Le Code forest., par son art. 61, n'a voulu que classer les usagers, et déterminer les conditions suivant lesquelles ils peuvent *exercer* leurs droits; il a réservé les questions que pouvait soulever le fond du droit. L'appréciation de celles-ci appartient aux tribunaux, qui peuvent examiner la validité de l'établissement du droit d'usage, sans avoir à se préoccuper des décisions administratives ou judiciaires qui en auraient réglé l'exercice. — Meaume, nos 322 et 323.

147. — Le propriétaire du fonds auquel l'usage est dû ne peut en réclamer l'exercice, qu'autant qu'il réside dans l'habitation à laquelle est attachée la servitude. C'est ce qu'avait décidé l'ordonn. de François Ier, de 1515, art. 45 : « *Item*, semblablement les maistres, sur les peines de devant, ne pourront donner congé ou licence à un homme usager ou coustumier, autre part qu'au lieu pour raison duquel il prend et perçoit ledit usage et coustume. » — « En France, dit Lalande, sur l'art. 154 de la coutume d'Orléans, régulièrement le droit d'usage est réel et attaché à certain village, château et maison de campagne, aux habitans et détenteurs desquels il passe par une succession continue, et il ne peut être exercé hors ces lieux. »

148. — Bouhier, sur le chap. 62 de la cout. de Bourgogne, dit, de son côté, que le droit d'usage ne peut être exercé que par celui qui réside dans le lieu pour lequel la concession a été faite, et il ajoute que le parlement de Bourgogne l'a ainsi jugé par arrêt du 22 août 1743, déclarant qu'un usager ne pouvait jouir par lui-même du droit de chauffage que lorsqu'il serait sur les lieux, et, en son absence, par un seul cultivateur de son domaine, résidant dans la maison de celui à qui le droit avait été concédé. — Conf. Henrion de Pansey, *Biens des communes*, p. 126 ; Proudhon, *Droits d'usage*, no 181 ; Maume, t. 1er, no 276.

149. — Lorsqu'un droit d'usage a été accordé à une commune, sans autre désignation, ce droit doit-il être restreint aux descendans des chefs de famille qui habitaient la commune à l'époque de la concession, ou doit-il être étendu à tous les habitans qui sont venus successivement s'établir sur le territoire de cette commune?

150. — En principe, le droit d'affouage dans un bois communal appartient à tout habitant de la commune, par cela seul qu'il est habitant. — *Cass.*, 7 mai 1829, comm. Leucourt. — V. AFFOUAGE.

151. — Toutefois, l'étranger, même admis par ordonnance royale à fixer son domicile en France, n'a aucun droit au bois d'affouage de la commune où il habite. — *Cass.*, 20 janv. 1841 (t. 1er 1841, p. 538), comm. de Durrenentzen.

152. — Un arrêté du préfet du Haut-Rhin du 29 oct. 1825 a défendu, en s'appuyant sur la loi du 10 juin 1793, de comprendre les étrangers dans la liste des affouagers; c'est aussi ce qu'a jugé la cour de Colmar le 26 nov. 1836 (t. 2 1837, p. 403), comm. de Bendorff c. Cassal.

153. — Le décret réglementaire du 20 juin 1806 et les avis du conseil d'état des 20 juill. 1807 et 24 avr. 1808 ne confèrent de participation à la jouissance des biens communaux qu'aux *Français* ayant feu et domicile dans la commune. — Cormenin, *Quest. de droit adm.*, 4e édit., t. 2, p. 109, no 1er ; Foucart, *Elém. de droit pub. et adm.*, t. 3, p. 87, no 93. — Décret 16 juill. 1810. — V. COMMUNE.

154. — Dans le sens opposé, V. Henrion de Pansey, *Des biens communaux*, liv. 2, chap. 16, p. 372 et suiv. — Proudhon (*Traité des droits d'usage*, t. 8, no 960), qui s'occupe de tout ce qui concerne la répartition de l'affouage, ne paraît s'arrêter qu'à la seule qualité de chef de famille, sans exiger la nationalité française. — V. au reste AFFOUAGE.

155. — La distinction entre les *bourgeois* et les *manans*, admise autrefois dans certains cantons de la France, notamment en Alsace, pour désigner ceux qui avaient payé le droit de participer à l'affouage et les simples domiciliés, a été abrogée par les lois nouvelles et notre droit constitutionnel. — *Cass.*, 9 avr. 1833 (t. 1er 1835, p. 485), comm. de Bendorff. — V. AFFOUAGE.

156. — Les agens forestiers ne peuvent rayer arbitrairement l'habitant d'une commune usagère de la liste des usagers dressée par le maire. — *Cass.*, 14 août 1821, de Rohan.

Sect. 4e. — *Compétence.*

157. — Les droits d'usage étant des servitudes réelles, et par suite de véritables démembremens du droit de propriété, c'est aux tribunaux ordinaires à connaître des difficultés qu'ils soulèvent.

158. — L'art. 121, C. forest., porte, en effet : « En cas de contestation entre le propriétaire et l'usager, il est statué par les tribunaux. »

159. — En conséquence, s'il y a débat sur l'extinction d'une servitude d'usage, c'est aux tribunaux civils à prononcer. Il n'y a qu'une exception à ce principe, c'est le cas du § 2, art. 64, C. forest. — Meaume, t. 2, no 960.

160. — Lorsqu'il y a contestation entre le propriétaire et l'usager sur l'état et la possibilité de la forêt usagère, le jugement en appartient à l'autorité judiciaire. On a vainement voulu appliquer aux bois des particuliers, malgré la généralité de l'art. 121, les dispositions de l'art. 65, C. forest., qui renvoie aux conseils de préfecture l'appréciation de l'état et de la possibilité des forêts, soit pour l'exercice de l'usage en bois, soit pour le pâturage. — Meaume, no 961 ; Baudrillart, sur l'art. 121, p. 204; Coin-Delisle et Frédérich, t. 2, p. 8. — V. aussi *Cass.*, 20 mai 1835, Roger et Hérart c. comm. de Villefoubert (dans ses motifs).

161. — Un préfet qui, sous le prétexte de dévastation que le propriétaire d'un bois y commet lui-même et dont plusieurs communes se prétendent usagères, prend des mesures pour restreindre et interdire même à ce propriétaire la jouissance de sa forêt, commet un excès de pouvoir. Dans un cas pareil, cette contestation est de la compétence des tribunaux. — *Cons. d'ét.*, 1er mai 1822, Parans.

162. — C'est aux tribunaux ordinaires à déterminer les circonstances à prendre en considération pour fixer l'étendue d'un droit d'usage. — *Grenoble*, 2 déc. 1841 (t. 1er 1843, p. 391), Pitiot ; *Cass.*, 31 déc. 1836 (t. 2 1839, p. 246), comm. de Dabo.

163. — Ainsi, les tribunaux civils sont compétens pour juger des contestations élevées entre le propriétaire et des usagers, sur le nombre d'arbres nécessaires à ceux-ci pour réparer leurs maisons, et qui doivent être pris dans la forêt grevée du droit d'usage. — *Lyon*, 13 avr. 1832, Bouvier.

164. — Il appartient aux cours royales d'apprécier souverainement si, d'après les termes d'un ancien arrêt du conseil constitutif d'un droit de pâturage dans une forêt au profit d'une commune, ce droit peut être exercé par les habitans pour tout ou partie seulement de leurs bestiaux. — *Cass.*, 24 juin 1840 (t. 2 1840, p. 477), Ferras.

165. — La fixation du prix dû par le concessionnaire de bois dans les forêts domaniales et la demande en restitution de la somme payée au-delà du prix primitivement stipulé est de la compétence des tribunaux, surtout si une ordonnance royale leur en a renvoyé la connaissance. — *Cass.*, 11 nov, 1833, Dietricht.

166. — L'interprétation d'un titre constitutif d'usage appartient souverainement aux juges du fond. — *Cass.*, 7 nov. 1838 (t. 1er 1839, p. 7), Roussel c. Courtois ; 27 mai 1839 (t. 2 1839, p. 296), comm. de Fos.

167. — Par suite, ne peut être cassé l'arrêt qui, d'après l'appréciation des actes, déclare simple usagère une commune qui prétend à la propriété d'une forêt. — *Cass.*, 8 août 1821, Drée.

168. — Pareillement, il n'y a pas lieu de casser l'arrêt de cour d'appel qui, sur une action intentée par une commune qui revendique la propriété d'un bois dont elle prétend avoir été dépossédée par abus de la puissance féodale, et demande la nullité d'une transaction qui ne lui accorde que des droits d'usage, appréciant les titres produits, décide que le seigneur a, même avant la transaction, possédé ce bois seul et à titre de propriétaire. — *Cass.*, 9 août 1827, de Renneporet.

169. — Si les tribunaux sont seuls compétens pour prononcer sur l'appréciation des titres et sur le fond des droits des usagers, c'est à l'autorité administrative seule qu'il appartient de régler l'exercice des droits d'usage dans leur mode, leur assiette et leur étendue, et même de les réduire suivant l'état et la possibilité de la forêt. — *Cass.*, 12 avr. 1848 (t. 1er 1848, p. 399), comm. de Saint-Donat.

170. — De ce que par l'une de ses dispositions un arrêt aurait écarté, comme soulevant une question de défensabilité et de possibilité rentrant dans les attributions de l'autorité administrative, la preuve offerte par des usagers tendant à établir que des semis faits par le propriétaire rendent insuffisans les cantons défensables, il ne résulte pas que cet arrêt doive être réputé avoir précisément décliné la compétence de l'autorité judiciaire, lorsque d'ailleurs, statuant au fond, il déclare l'action non recevable par le double motif que les cantons assignés suffisaient à leurs droits, et que ceux où ils prétendaient les exercer n'étaient pas défensables. — *Cass.*, 10 mai 1843 (t. 2 1843, p. 562), comm. Paimpont c. Dandigné de la Chasse.

171. — En conséquence, s'il n'y a pas de contestation sur le fond du droit d'usage ou d'affouage, et qu'il ne s'agisse que du mode d'exercice ou de perception, le conseil de préfecture est compétent pour statuer sur les réclamations qui s'élèvent à ce sujet ; mais, s'il s'agit du fond du droit, si on dénie au particulier son droit à l'affouage, l'autorité seule compétente est la justice ordinaire. — Ordonn. 10 déc. 1817.

172. — Un assez grand nombre de questions de compétence sont en outre soulevées sur les diverses dispositions du Code forestier relatives aux droits d'usage. Nous les avons séparément traitées sous chacun des articles qui ont pu les faire naître.

CHAPITRE III. — *Des différentes manières d'acquérir l'usage et de prouver son existence.*

173. — L'existence des droits d'usage peut s'établir par la preuve du paiement du prix qu'il a coûté, s'il avait été l'objet d'une vente. — Proudhon, *De l'usage*, t. 6, no 195.

174. — Elle peut aussi s'établir par la preuve du paiement de la redevance annuelle qui aurait été établie à l'occasion du droit. — Proudhon, *ibid.*, Guipape, quest. 573 ; Dunod, *Traité des prescript.*, p. 292.

175. — Les droits d'usage qui avaient été anciennement établis par les seigneurs, moyennant quelques cens ou redevances, restent encore acquis aux usagers, nonobstant la suppression des redevances féodales (L. 17 juill. 1793), parce qu'il en est ici comme dans le cas où la rente aurait été établie sous la dénomination de rente féodale, pour concession de fonds, dont l'aliénation n'est pas révoquée quoique la rente soit abolie. — Proudhon, *ibid.*

176. — Peut-on considérer comme un cens aboli par la loi du 17 juill. 1793 la redevance constituée pour prix de la concession des droits d'usage, redevance qui n'a pu être stipulée en reconnaissance du domaine direct seigneurial, de la part du propriétaire du domaine utile, puisque le seigneur s'est conservé ces deux domaines, n'ayant cédé qu'une servitude? — V., sur cette importante question, Curasson, *Traité du C. forest.*, t. 3, p. 343.

Sect. 1re. — *Des titres, de leur autorité et de leur interprétation.*

177. — Les droits d'usage dans les forêts de l'état ont toujours dû être prouvés par titres. « Les droits d'usage, dit Pecquet (*Lois forestières*, t. 1er, p. 533), devaient se prouver par titres plus encore dans les forêts du roi que dans les autres bois, parce qu'ils n'étaient point à titre onéreux ; en ce dernier cas, la redevance vaut titre, étant jointe avec la jouissance. Comme n'étant point à titre onéreux, c'est une espèce de droit de servitude ; il est conforme à tous les principes qu'il se prouve par production de titre. Nous avons une ordonn. du mois de mars 1597, par laquelle il est défendu au parlement de Toulouse d'admettre les usagers à preuve par témoins de leur jouissance et de la perte de leurs titres. Un arrêt du parlement, du 28 juill. 1741, condamna les habitans de Moussi, faute d'avoir titres... »

178. — Les usagers dont le droit s'appuie sur des titres ne jouissent plus aujourd'hui en vertu

USAGE (Forêts), chap. 3, sect. 1re.
USAGE (Forêts), chap. 3, sect. 1re.

de leurs titres primordiaux, mais seulement en vertu des titres récognitifs dont ils ont dû être pourvus d'après l'ordonn. de 1669 et les lois postérieures. Par suite, si les états dressés au conseil ou tous autres actes avaient déclaré que l'exercice du droit d'usage devait avoir lieu de certaine manière, les usagers ne pourraient plus invoquer leurs titres anciens pour prétendre que leurs droits d'usage sont plus étendus. — Pecquet, *Lois forest.*, t. 1er, p. 508; Fournel, *Du voisinage*, t. 2, p. 543; Curasson, sur Proudhon, n° 396; Meaume, n° 308. — V. toutefois Proudhon, nos 193 et 395.

179. — D'après ces principes, l'usager au pâturage, dont le droit est ainsi reconnu, ne pourrait prétendre exercer un droit d'usage au bois, ou à la glandée, qu'il prétendrait résulter de son titre originaire. — Mêmes autorités; Merlin, *Quest.*, v° *Pâturage*.

180. — En matière de droits d'usage dans les forêts, les titres anciens ne peuvent être invoqués, qu'autant qu'ils sont soutenus par une possession constante et par la preuve de l'exercice du droit prétendu. — *Cass.*, 2 fév. 1841 (t. 1er 1841, p. 569), comm. de Ville-et-Voëvre.

181. — La sentence émanée d'une maîtrise des eaux et forêts qui enjoint à des usagers de se renfermer dans les limites de leur concession, mais dans laquelle n'a pas figuré le propriétaire du bois assujéti à ces usages, a pu être considérée par une cour d'appel, sinon comme titre récognitif, du moins comme un document propre à en constater la jouissance effective des usagers. — *Cass.*, 11 mai 1836, comm. de Saint-Eloi-des-Ventes.

182. — Lorsque le titre, qui constitue au profit d'une commune un droit d'usage dans une forêt a été reconnu antérieur à la réunion à la France de la contrée dont cette commune fait partie, une cour d'appel peut refuser d'appliquer à des contestations sur l'exercice de ce droit une charte et des ordonnances françaises qui ne formaient pas le droit de cette contrée. — *Cass.*, 22 nov. 1832, Chavelet.

183. — Lorsque des titres constitutifs de droits d'usage dans des bois de particuliers sont postérieurs à la publication de l'ordonnance de 1669, ils doivent être entendus dans le sens des dispositions de cette ordonnance. — *Bourges*, 17 nov. 1841 (t. 1er 1842, p. 257) Luc Thué.

184. — S'il était constant que le titre constitutif ou récognitif du droit d'usage a été perdu par force majeure, l'usage devrait être maintenu, si l'on établissait surtout que les délivrances ont continué depuis la perte du titre. — Meaume, n° 342; Curasson, sur Proudhon, t. 6, p. 270.

185. — Un jugement ordonnant une expertise sur la demande en cantonnement formée par l'acquéreur d'une forêt contre une commune, qui n'a été ni levé, ni signifié, et qui est demeuré sans exécution pendant plus de trente ans, ne peut être invoqué par la commune comme constituant une reconnaissance de ses droits d'usage dans cette forêt. — *Cass.*, 17 juill. 1838 (t. 2 1838, p. 376), Vernbette.

186. — L'adjudicataire d'une forêt domaniale doit être condamné à respecter les droits d'usage qu'ont reconnus deux arrêtés du conseil de préfecture approuvés par le ministre des finances, et rendus à une époque où la forêt appartenait à l'état, surtout si l'acte d'adjudication fait mention des droits d'usage dont l'objet vendu était grevé. — *Cass.*, 30 mai 1837 (t. 1er 1837, p. 567), d'Aubigny. — Meaume, n° 320.

187. — Jugé que les commissaires réformateurs des eaux et forêts, nommés après l'ord. de 1669, étaient compétens pour décider que les titres produits par une commune ne lui conféraient pas la propriété d'une forêt; qu'en conséquence, le jugement par lequel ces commissaires ont réduit les droits d'une commune à de simples droits d'usage a acquis contre cette commune, relativement à la question de propriété, l'autorité de la chose jugée. — *Cass.*, 17 mars 1836, comm. de Sauveterre.

188. — Mais jugé aussi que, en admettant qu'une décision rendue en 1668 par les commissaires réformateurs puisse être considérée comme un véritable jugement ayant, en ce qui concerne l'attribution des droits sur les forêts, l'autorité de la chose jugée (solution implicitement affirmative de cette question), toujours est-il que l'existence du droit de propriété peut, sans qu'il y ait violation de la chose jugée par ce jugement, être reconnue à une commune, bien que les droits de cette commune soient qualifiés simples droits d'usage dans le jugement de réforme, lorsque la propriété résulte en sa faveur d'une possession immémoriale et d'une série de titres et d'actes, et qu'aucune disposition dudit jugement ne l'attribue au domaine de l'état. — *Cass.*, 21 déc. 1847 (t. 1er 1848, 467), comm. Mautauban c. l'état.

189. — Un tribunal, appelé à statuer sur la réclamation d'un droit d'affouage, a pu puiser dans des actes administratifs la preuve de la délimitation de la commune affouagère. — *Cass.*, 21 déc. 1836 (t. 1er 1837, p. 435), comm. d'Osselle. — Cormenin, *Quest. droit adm.*, t. 1er, p. 351.

190. — La liste, dressée par le maire, du nombre des habitans qui représentent ceux à qui une concession de droits d'usage dans une forêt a été primitivement faite, peut faire foi contre le propriétaire de la forêt qui n'en conteste pas le chiffre, et qui a d'ailleurs en sa possession les documens nécessaires pour en contrôler la véracité. — *Cass.*, 11 mai 1836, de Bouillon.

191. — Le bail que le propriétaire de landes aurait consenti aux habitans d'une commune, ne peut être considéré, de la part de ces habitans, comme une renonciation aux droits de pacage qu'ils auraient acquis sur ces landes par une possession immémoriale antérieure au Code. — *Cass.*, 20 nov. 1837 (t. 2 1839, p. 190), Baiguerie.

192. — On ne saurait induire des lettres patentes ou arrêts des conseils confirmatifs de droits préexistans aucune extension, soit des droits concédés, soit du nombre des concessionnaires. — *Cass.*, 10 juill. 1837 (t. 2 1837, p. 448), ville de Compiègne.

193. — Lorsque les communes justifient avoir anciennement possédé des droits d'usage sur des biens dont elles ont été dépouillées par des anciens seigneurs, l'état, détenteur de ces biens comme représentant les seigneurs, ne peut se maintenir dans leur possession et échapper à l'action en réintégration des communes qu'en justifiant par acte authentique avoir légitimement racheté ces droits d'usage. — *Cass.*, 9 mai 1838 (t. 2 1838, p. 218), comm. de Remiremont.

194. — Celui dans la forêt duquel une commune exerce des droits d'usage, ne peut faire restreindre ces droits, en invoquant, sans le représenter, un titre postérieur, qu'il allègue se trouver entre les mains de l'adversaire, et qui modifierait, selon lui, les droits établis originairement; la déclaration qui, en l'absence du titre, rejette cette prétention, n'est pas sujette à cassation. — *Cass.*, 3 mars 1830, Lemaire.

195. — Le droit de pâturage dans les bois constitue toujours un droit de vive pâture, qui ne peut être établi que par titres, à la différence du droit de vaine pâture, qui peut s'acquérir par prescription. — *Cass.*, 12 nov. 1828, comm. de Chemilly. — V. *infrà* nos 237 et suiv.

196. — Toutefois, le droit exclusif de pâturage pouvait, sous l'ancien droit, s'acquérir par titre ou par prescription, dans une forêt appartenant à une commune. — *Cass.*, 23 mai 1832, ville de Schelestadt. — Merlin, *Rép.*, v° *Pâturage*, § 1er, n° 7.

197. — La preuve de la possession d'un droit de pâturage dans une forêt appartenant, soit à l'état, soit à des établissemens publics, soit à des particuliers, ne peut résulter que des titres ou statuts locaux, ou équipollens : la preuve testimoniale n'est jamais admissible. — *Cass.*, 19 janv. 1835, comm. de Linthal.

198. — Pareillement, la preuve d'un droit d'usage ne peut résulter que de déclarations officielles et par écrit émanées de l'autorité compétente, et constatant, lorsqu'il s'agit d'un droit de pâturage, que les prétendans ont été autorisés à mener leurs bestiaux paître dans les lieux reconnus défensables et à eux assignés comme tels. — *Cass.*, 2 fév. 1841 (t. 1er 1841, p. 569), comm. de Ville-en-Voëvre.

199. — Toutefois, l'usager fondé en titres, quant à l'existence même du droit d'usage dans certains cantons dépendant de forêts déterminées, peut être admis à prouver, tant par titres que par témoins : 1° l'exercice de ce droit, par application des titres, dans diverses parties litigieuses de ces forêts; 2° la durée de cet exercice pendant un temps suffisant pour repousser la prescription extinctive du droit par le non-usage... — Et la nécessité pour l'usager non seulement d'établir une jouissance matérielle et de fait, mais, de plus, de justifier la légalité de cette jouissance, la régularité de l'exercice de ses droits, laisse entiers les droits du propriétaire s'il ne prouve pas, tant par titres que par témoins, une possession suffisante résultant d'actes ou de faits équipollens à des procès-verbaux de délivrance ou déclarations de défensabilité. — *Cass.*, 14 nov. 1848 (t. 2 1848, p. 643), de Poix et de Noailles c. comm. de Bertrambois.

200. — Ne peut être cassé l'arrêt qui, par interprétation de l'ensemble des clauses d'un acte, juge qu'une ancienne transaction par laquelle le seigneur concède aux habitans d'une commune, sur des pâturages, des droits d'usage qui en absorbent tous les produits, et ce, avec défense d'aliéner, sous l'unique réserve de droits ou redevances attachés à la directe seigneuriale, ne suffit pas pour établir que ces pâturages étaient la propriété de l'ancien seigneur, et qu'elle ne peut autoriser les ayant-droit des ci-devant seigneurs à former contre la commune une demande en cautionnement. — *Cass.*, 4 juin 1833, Pourrat.

201. — Une commune à qui son seigneur avait concédé depuis un temps immémorial son droit d'usage, moyennant une redevance en grains et en argent, n'a pu en être privée en vertu d'un acte postérieur où elle a déclaré *que ce droit n'était que de pure tolérance*, si le seigneur ou ses représentans n'ont pas été parties dans cet acte. — *Cass.*, 29 déc. 1818, comm. de Trancault c. Guérin. — Merlin, *Quest.*, v° *Reconnaissance*.

202. — Une transaction portant concession, de la part d'un ancien seigneur, aux habitans d'une communauté, d'une certaine étendue de bois *en droit d'usage perpétuel et à toujours*, a pu, alors surtout que la commune a possédé pendant un temps suffisant pour prescrire, être considérée comme constituant en sa faveur un droit de propriété, et non simplement un droit d'usage. — *Cass.*, 18 juin 1839 (t. 2 1839, p. 377), Périer.

203. — L'arrêt qui le décide ainsi, par appréciation de la transaction et des faits de possession, échappe à la censure de la cour de Cassation. — Même arrêt.

204. — L'usager ne peut, sans mettre en cause celui dont il tient ses droits d'usage, contester à un tiers les droits de propriété qu'il revendique au préjudice de ce dernier. — *Cass.*, 18 avr. 1835, comm. d'Esserval.

205. — Lorsque, sur une demande au pétitoire formée contre le possesseur de certains terrains, un tiers intervenant réclame sa maintenue dans des droits d'usage, pour le cas où il serait fait droit aux conclusions du demandeur principal, si le tribunal, reconnaissant comme propriétaire le possesseur actuel, déclare qu'il devient par cela même inutile de prononcer sur la demande en maintenue des droits d'usage, il ne s'ensuit pas une reconnaissance forcée de ces droits à l'égard du possesseur maintenu; en conséquence, ces droits pourront être refusés ultérieurement par un tribunal, sans qu'il y ait violation de l'autorité de la chose jugée. — *Cass.*, 20 mars 1832, comm. d'Hybarette.

206. — Si le possesseur des terrains dont il s'agit est déclaré propriétaire, sans qu'il ait ni contesté ni reconnu aucunement les droits réclamés dans la demande incidente, son silence ne constitue pas l'aveu judiciaire qui doit être précis, et on a pu le juger ainsi, encore bien que le possesseur, pour faire constater son droit de propriété, eût argué de certains droits d'usage concédés par ses ancêtres, notamment à la commune qui prétendait être reconnue usagère. — Même arrêt.

207. — Lorsque, sur la demande tendant à la propriété d'un terrain, et, dans tous les cas, au maintien de certains droits d'usage, le défendeur déclare, par des conclusions, reconnaître les droits d'usage prétendus, mais dénier la propriété, cette déclaration est indivisible, de telle sorte qu'on ne peut l'opposer comme constituant un aveu judiciaire quant aux droits d'usage, qu'autant qu'elle a été acceptée dans son entier. — *Cass.*, 12 août 1839 (t. 1er 1840, p. 274), comm. de Meyrargues c. d'Albertas. — V. AVEU, n° 118, et CONTRAT JUDICIAIRE, n° 14.

208. — Lorsqu'une commune a revendiqué la propriété d'un bois, en soutenant que les droits d'usage qu'elle a sur ce bois équivalent, d'après leur nature et la législation locale, au droit de propriété lui-même, l'arrêt qui rejette cette prétention et déclare la commune mal fondée dans sa demande en revendication de la propriété du bois, *sauf aux habitans à exercer leurs droits d'usage conformément aux lois et aux titres*, a l'autorité de la chose jugée quant à la reconnaissance des *droits d'usage des habitans*, alors qu'en défendant sur la question de propriété, le propriétaire du bois avait lui-même conclu à ce qu'ils fussent déclarés n'avoir d'autres droits que des *droits d'usage*. — Dans ce cas, il y a à la fois, en faveur de la commune, *chose jugée et aveu judiciaire*. — *Cass.*, 15 juill. 1835 et 15 juill. 1841 (t. 2 1841, p. 555), de Rutant.

209. — Lorsqu'une cour a déclaré que les droits d'usage, appartenant à une commune dans une forêt de l'état, consistaient dans un *affouage ordinaire*, elle a suffisamment exprimé que ces droits ne peuvent s'étendre aux futaies, mais doivent être restreints aux taillis. — En conséquence, le nouvel arrêt par lequel cette cour refuse d'interpréter le premier qu'elle a rendu, par la raison que les dispositions en sont claires et précises, et rejette la prétention de la commune tendant à faire étendre aux futaies les droits d'affouage reconnus par le premier arrêt, ne viole pas l'autorité de la

chose jugée, mais au contraire la respecte et la confirme. — *Cass.*, 25 mai 1840 (t. 2 1843, p. 227), comm. de Willerwald c. préfet de la Moselle.

210. — De ce que, dans les contrats et même dans les lois, la particule *et* est souvent équivoque et peut laisser quelque incertitude sur le point de savoir si elle est conjonctive ou disjonctive, il résulte que c'est d'après les circonstances, l'esprit du législateur et les usages que cette incertitude doit être levée relativement aux lois et surtout relativement aux coutumes qui ne sont que des conventions d'usages entre les habitans d'une partie du territoire de l'état rédigées sous le bon plaisir et avec le consentement des souverains. — *Cass.*, 24 déc. 1828, comm. de Change.

211. — Le titre qui concède à une commune un droit exclusif sur un canton d'une forêt, avec faculté d'*opérer des ventes et obtenir ainsi un avantage bien différent de celui d'un simple usage*, autorise les habitans de cette commune, nonobstant leur qualité d'usagers, à tirer parti, à leur gré, de l'excédant du bois d'affouage, de marronage, et de tous autres, et, par conséquent, à le céder ou à le vendre. — *Nancy*, 2 janv. 1844 (t. 2 1844, p. 157), préfet des Vosges c. comm. d'Epinal.

212. — Parmi les actes émanés de l'ancien conseil des ducs de Lorraine, on en trouve plusieurs portant que l'exercice des droits d'usage reconnus aura lieu *jusqu'à ce qu'il plaise à Sa Majesté d'en ordonner autrement*, ou bien *par grâce*, ou encore *jusqu'à bon plaisir*. Quand le titre ancien était modifié relativement à son exercice, la *clause du bon plaisir* a pu porter seulement sur le mode de jouissance; il n'y a pu avoir dès-lors chose jugée sur le fond du droit; mais quand le conseil, du duc consentait l'exercice d'un droit contesté, *la clause du bon plaisir* s'appliquait au fond du droit. La question doit donc se réduire le plus souvent à une interprétation de titres et de faits. — Meaume, n° 311.

213. — La cour de Metz, par arrêt *inédit* du 21 août 1833, a décidé que la *clause du bon plaisir* n'emportait pas toujours la faculté de supprimer le droit; qu'elle peut s'entendre comme se rapportant au seul mode de jouissance que le propriétaire peut toujours régler avec l'usager.

214. — La cour de Cassation a sanctionné cette interprétation en décidant, par un arrêt qui paraît rendu sur le pourvoi dirigé contre celui de la cour de Metz, que des actes et arrêts du conseil portant reconnaissance, au profit d'une commune, d'anciens droits d'usage dans une forêt de l'état, et aménagement de la forêt pour l'exercice de ses droits, peuvent être réputés définitifs et irrévocables, bien que ces arrêts renferment la clause que l'*exercice desdits droits aura lieu jusqu'à ce qu'il plaise à Sa Majesté d'en ordonner autrement*. — *Cass.*, 22 déc. 1835, comm. de Reyers-Villers et de Rorbach (2 arrêts.)

215. — Une telle clause porte, non sur le fond du droit d'usage, mais sur l'exercice de ce droit, c'est-à-dire sur le mode de jouissance, mode que le propriétaire a toujours le droit de régler à l'égard de l'usager. L'arrêt qui le juge ainsi échappe à la censure de la cour de Cassation. — Mêmes arrêts.

216. — La cour de Cassation a encore décidé, dans ce sens, que les actes anciens, émanés de l'autorité souveraine, peuvent être considérés comme récognitifs et constitutifs de droits d'usage, dans le sens de l'art. 61, C. forest., encore qu'ils portent que la constitution et la reconnaissance n'ont eu lieu *que par grâce et jusqu'à bon plaisir*. — *Cass.*, 18 juin 1838 (t. 2 1838, p. 22), préfet de la Moselle c. comm. de Willerwald.

217. — Les frais faits, en première instance, par un concessionnaire de droits dans les forêts de l'état, pour, aux termes de l'art. 58, C. forest., faire statuer, par les tribunaux, sur la validité de son titre qu'il prétend n'être pas atteint par les prohibitions de ce même article, sont à la charge du concessionnaire, encore que son titre ait été reconnu valable. Ici ne s'applique pas l'art. 130, C. procéd., en ce qu'il y a obligation pour le domaine de contester, et que cette procédure est toute dans l'intérêt du concessionnaire. Dans ce cas cependant les frais de l'appel sont à la charge du domaine. — *Cass.*, 13 nov. 1833, Bathelot.

218. — Est sans effet, depuis la promulgation du Code forestier, le titre qui ne contient que des dispositions réglementaires sur le mode de jouissance des usagers. — *Cass.*, 31 déc. 1838 (t. 2 1839, p. 240), comm. de Dabo.

219. — Les reconnaissances qui, aux termes de l'art. 1337, § 3, C. civ., suppléeraient l'acte primordial, peuvent résulter d'actes passés avec des tiers autres que celui qui les invoque. — *Cass.*, 6 fév. 1832, Malafosse.

220. — L'action en reconnaissance des titres doit être portée devant le tribunal de la situation de la forêt et non devant celui du domicile du préfet. — *Cass.*, 29 avr. 1833, préfet de l'Aude c. Rivals. — Proudhon, *Usufruit*, nos 2747 et 2797; Meaume, n° 317.

221. — En cas d'ambiguïté du titre, le doute doit s'interpréter en faveur du propriétaire. — Meaume, n° 677.

Sect. 2e. — *De la possession et de la prescription.*

222. — Les droits d'usage peuvent-ils, indépendamment de tout titre, s'acquérir par une possession, suffisante pour produire les prescriptions?

223. — La question de savoir si les droits d'usage dans les forêts peuvent s'acquérir par prescription est plus importante en théorie qu'en pratique. Comme le fait observer, en effet, M. Troplong, avec la valeur que les forêts ont acquise, le sentiment de jalousie qui préside à leur conservation, il n'est pas à craindre qu'on trouve en France des propriétaires assez peu soigneux pour supporter pendant trente ans consécutifs l'exercice de prises de bois, qui sont pour cette nature de propriété un véritable fléau. Le temps de la constitution des droits d'usage est passé pour longtemps; nous ne sommes plus dans ces momens d'enfance de la civilisation où ils ont été créés pour donner une valeur à des propriétés improductives et onéreuses.

224. — De plus, tout usager dans les bois de l'état, qu'il invoque un titre ou une possession suffisante, a dû faire reconnaître ses droits. Les instances de cette nature qui ont dû être introduites, soit à la suite des lois de vent. an XI et an XII, soit dans les deux années de la promulgation du Code forest., sont certainement terminées.

225. — Toutefois, la question a été vivement disputée entre les auteurs, et elle a donné lieu à des décisions contradictoires de la part des cours et tribunaux.

226. — D'après Merlin, les droits d'usage étant de véritables servitudes discontinues, elles n'ont jamais pu s'acquérir par prescription, ni sous le Code civil, ni sous les coutumes auxquelles a été emprunté l'art. 691 de ce code. — Merlin, *Quest.*, v° *Usage*, § 8; *Addit. aux quest.*, t. 9, p. 484. — Conf. Henrion de Pansey, *Compét. des juges de paix*, chap. 43, § 8; Favard, *Rép.*, v° *Usage*; Aulagnier, *Actions possessoires*, n° 132; Garnier, *ibid.*, p. 325 et 327; Caron, *ibid.*, n° 241; Foucher, sur Carré, t. 6, p. 127; Curasson, sur Proudhon, nos 319 et suiv.; *Code forestier*, t. 2, p. 268 et suiv.; d'Avannes, *Des droits d'usage*, p. 83; Meaume, n° 389.

227. — Suivant Proudhon, on doit, au contraire, considérer le droit d'usage comme un droit immobilier, comme un immeuble dans le domaine de l'usager pour lequel il accomplit les fonctions d'un véritable héritage produisant des fruits pour lui. On doit donc reconnaître dans ce droit une participation à la propriété foncière, puisqu'il en a les attributs et les effets. Proudhon distingue cependant entre les différens droits d'usage. Il tient pour imprescriptibles et de pure tolérance l'usage au pâturage, celui aux feuilles mortes, à la glandée et à la faînée. Quant aux autres droits, selon lui ils affectent tellement le fonds sur lequel ils s'exercent, qu'on ne peut les attribuer à la tolérance, mais à la reconnaissance tacite d'un droit susceptible de prescription. Cette thèse est longuement et savamment développée par l'auteur (*Traité des droits d'usage*, nos 274 à 318). Cette opinion, combattue par M. Curasson, est adoptée par Carré, (*Comp.*, t. 6, n° 411).

228. — M. Troplong. (*Traité de la prescription*, nos 113, 358, 394 à 468) pense que Merlin et Proudhon ont également tort. Il reconnaît avec Merlin que les droits d'usage sont des servitudes discontinues, servitudes qui, suivant lui, ne peuvent être acquises par prescription (V. SERVITUDE). Mais il soutient, (nos 113 et 393) que, si l'on prescrit après contradiction, alors commence un droit entièrement nouveau. Si l'usager offre donc de prouver que pendant trente ans le propriétaire a consenti à des délivrances annuelles et continues, une telle possession équivaut à une convention et est acquisitive du droit d'usage. Quant à la distinction établie par Proudhon entre le pâturage et les autres droits d'usage, il les repousse absolument.

229. — Mais M. Troplong se rapproche de la doctrine de Proudhon (nos 212 et 1026), en reconnaissant comme lui que, malgré les termes de l'art. 691, C. civ., la possession utile pour prescrire commence *à die contradictionis*. Cette opinion est combattue par M. Curasson (sur Proudhon), n° 1031; et *Traité des actions possessoires*, p. 327 et suiv).

230. — Jugé que sous la coutume de Berry la servitude discontinue (ou droit de pacage dans un bois) s'acquérait par prescription trentenaire, lorsqu'il y avait eu contradiction expresse et formelle, et que la contradiction pouvait être opposée par la partie contre laquelle avait été rendue une sentence ordonnant la suppression de la servitude, lorsque cette sentence ne lui avait pas été signifiée, et qu'elle articulait avoir continué à jouir pendant trente ans. — *Cass.*, 8 août 1837, (t. 2. 1837, p. 182), de Béthune-Charrost, c. de Fussy.

231. — V., sur la question de savoir si les servitudes continues non apparentes, et les servitudes discontinues apparentes ou non deviennent prescriptibles par la contradiction dont elles sont l'objet, SERVITUDE, nos 758 et suiv.

232. — En général, la jurisprudence se rapproche plus ou moins de l'opinion de Merlin.

233. — Ainsi, il a été jugé que la preuve de l'exercice de droits d'usage ne peut résulter que d'actes écrits. Des actes ou procès-verbaux dont il n'a été excipé, ni en première instance, ni en appel, ne peuvent pas être pris par la cour de Cassation pour base de sa décision. — *Cass.*, 29 fév. 1832 (dans ses motifs), commune de Tarasteire; 4 fév. 1835, préfet du Haut-Rhin c. comm. de Lauterbach; 22 avr. 1835, préfet de l'Aude c. comm. de Campagna-du-Sault; 2 fév. 1841 (t. 1er 1841, p. 569), comm. de Ville-en-Voëvre.

234. — Par suite, une commune qui réclame un droit de pâturage dans le bois d'un particulier doit être déboutée de sa demande, encore qu'elle allègue une possession immémoriale, si son droit n'est point établi par titres. — *Cass.*, 12 nov. 1828, commune de Chemilly.

235. — De même, l'ordonnance de 1669 défendant formellement (art. 33, tit. 27) de prendre dans les forêts domaniales *le bois sec en estant*, on est non recevable à soutenir que l'on a acquis ce droit par une longue possession. — *Cass.*, 10 juill. 1837 (t. 2 1837, p. 488), ville de Compiègne.

236. — Quand le droit conféré par un titre de prendre *sans abus* du bois de chauffage dans une forêt n'autorise l'enlèvement qu'à *faix* et à *col* jusqu'aux limites de la forêt, l'usager ne peut pas acquérir par prescription le droit de faire enlever le bois par des bêtes de somme. — *Cass.*, 10 avr. 1839, (t. 1er 1840, p. 365), comm. de Cuges.

237. — Jugé qu'on ne peut acquérir par la prescription de dix et vingt ans un droit d'usage dans des pâturages lorsqu'il est fondé en titre. — *Cass.*, 23 juill. 1832, comm. de Voreppe.

238. — Ce droit doit être rangé dans la classe des servitudes discontinues, qui ne peuvent s'acquérir par prescription. — Même arrêt.

239. — Jugé au contraire, que le droit de pacage dans les bois n'est pas une servitude discontinue qui ne puisse s'acquérir que par titre. — *Cass.*, 19 août 1829, Montcharmont.

240. — Il faut, au contraire, le classer au rang des droits prescriptibles, par la seule possession. — Même arrêt.

241. — ... Que le droit de pâturage pouvait, sous l'ancien droit, s'acquérir par prescription dans une forêt communale. — *Cass.*, 23 mai 1832, ville de Schelestadt c. comm. de Kintzheim.

242. — Jugé de même, que les droits d'usage dans les bois ne constituent pas une simple servitude. Ils sont susceptibles d'être acquis par la prescription, et, dès-lors, peuvent donner lieu à l'action en complainte possessoire. — *Cass.*, 8 nov. 1848 (t. 1er 1849, p. 301), préfet de la Meuse c. comm. de Septsarges.

243. — Il suffit que les landes produisent un revenu qui n'est pas à négliger, et que le terrain soit l'objet d'un genre de culture conforme à l'usage local, et approprié à la nature du sol et de ses produits, pour que le pacage exercé sur elles ne doive pas être considéré comme étant une vaine pâture, insusceptible de s'acquérir par la possession. — *Cass.*, 20 nov. 1837 (t. 2 1839, p. 190) Balguerie; 1er juill. 1839 (t. 2 1839, p. 192), Lamey.

244. — En général, la possession antérieure au Code civ. a pu fonder des droits d'usage dans les pays, où les servitudes discontinues s'acquéraient par prescription. — Meaume, n° 360; Curasson, *Cod. forest.*, t. 3, p. 281; Caron, *Actions possessoires*, n° 242.

245. — Ainsi, jugé que les droits d'usage, n'étant que des droits de servitude, pouvaient s'acquérir par prescription dans les pays qui, comme le Roussillon, admettaient par leurs coutumes la prescription en matière de servitudes. — *Cass.*, 24 juin 1835, comm. de Santo et d'Aigueteria c. préfet des Pyrénées-Orientales.

246. — ... Qu'un droit d'usage pouvait être acquis par la possession immémoriale dans tous les pays, où la législation ne prohibait pas en ter-

mes formels cette manière d'acquérir, notamment en Dauphiné. — *Angers*, 18 août 1823 (rapporté aux *Annales forest.*, art. 168); *Grenoble*, 2 déc. 1841 (t. 1er 1843, p. 391), Pitiot.

247. — La possession immémoriale suffisait, alors même que la loi exigeait un titre pour l'acquisition du droit et déclarait la prescription inadmissible, si cette loi n'ajoutait positivement le rejet de la possession immémoriale. — Même arrêt de Grenoble.

248. — En pays de droit écrit, et notamment dans le ressort du parlement de Toulouse, un droit de pacage et de lignerage pouvait s'établir par la possession immémoriale. — *Toulouse*, 15 nov. 1815, comm. de Larroque.

249. — De même, dans le ressort du parlement de Bordeaux, le droit de vive et grasse pâture (qui s'exerce sur des terres produisant des fruits) pouvait, à la différence du droit de vaine pâture (qui s'exerce pour les héritages où il n'y a pas de fruits et de productions utiles), s'acquérir par la possession immémoriale, et même par la simple possession trentenaire depuis contradiction. — *Agen*, 8 déc. 1829, de Bouillon. — Proudhon, *De l'usage*, t. 1er nos 33, 34, 333 et suiv.

250. — Jugé que, avant le Code civil, le droit de parcours était dans le Bas-Languedoc, susceptible de s'acquérir par prescription. — *Cass.*, 25 mai 1830, Chalancilles.

251. — Jugé que, de ce qu'en l'absence du procès-verbal original d'une coutume, on doit considérer comme authentique le texte consacré par le témoignage ancien et unanime des auteurs et des magistrats du ressort de la coutume, et le préférer, en cas de divergence, au texte du *Coutumier général*, il résulte que, quoique, d'après le texte du *Coutumier général*, le droit de pâturage puisse s'établir par une longue jouissance, indépendamment de toute autre condition, sous la coutume de Troyes, néanmoins, celui qui réclame un pareil droit doit prouver, outre la prescription, le paiement d'une redevance, conformément au texte de cette coutume, consacré par les jurisconsultes et la jurisprudence. — *Paris*, 31 juill. 1838 (t. 2 1838, p. 116), Micheau.

252. — La prescription des droits d'usage et autres servitudes attachées à un domaine commence à courir, contre l'acquéreur de ce domaine, du jour de la vente. — *Cass.*, 15 nov. 1841 (t. 1er 1842, p. 362), Doller.

253. — L'acquéreur ne serait pas fondé à soutenir que le domaine par lui acquis était affermé par un bail antérieur, qui n'a pris fin que postérieurement à la vente, la prescription n'a commencé à courir contre lui que du jour de l'expiration du bail. — Même arrêt.

254. — La domanialité d'une forêt ne fait point obstacle à ce que le droit d'usage soit reconnu, lorsque l'acquisition de ce droit remonte à une époque antérieure à 1566, et même à la réunion de la forêt au domaine de la couronne. — *Grenoble*, 2 déc. 1841 (t. 1er 1843, p. 391), Pitiot.

255. — Les principes sur l'inaliénabilité et l'imprescriptibilité des domaines de l'état sont inapplicables à des droits d'usage dans les forêts domaniales, lesquels droits ne sont que des droits de servitudes susceptibles d'être acquises par la prescription dans les pays qui, comme le Roussillon, admettaient par leurs coutumes la prescription en matière de servitude. — *Cass.*, 24 juin 1835, comm. de Santo.

256. — Mais, comme le fait observer M. Meaume (no 349), il faut bien se garder d'abuser du principe que l'inaliénabilité et l'imprescriptibilité du domaine de l'état ne s'opposent pas à l'acquisition par prescription d'une servitude d'usage. Ce principe trop étendu pourrait conduire à de très fausses applications.

257. — Lorsqu'il s'agit non d'établir l'existence de la servitude d'usage, mais d'en fixer l'étendue, la possession pendant le temps suffisant pour prescrire peut faire acquérir à l'usager une servitude plus étendue que celle résultant de son titre. — *Cass.*, 29 fév. 1832 (dans ses motifs), comm. de Tarasteire c. comm. de Gayan.

258. — Il est de principe, en effet, qu'on peut étendre les limites de la jouissance à titre de propriétaire, même d'une servitude, et posséder conséquemment plus que ne donne le titre. Jouir au delà de son titre, ce n'est pas prescrire contre son titre. — Troplong, *Prescription*, no 528; Curasson, sur Proudhon, nos 104 et 105; *Act. possess.*, p. 351 et 352; *Cod. forest.*, t. 2, p. 290. — V. cependant Vazeille, *Prescription*, t. 1er nos 164, 363, 398, t. 2 no 813.

259. — Ainsi, jugé qu'on peut prescrire au delà du titre, quoiqu'on ne puisse pas prescrire contre. Et particulièrement, qu'une commune qui n'avait qu'un droit de pacage dans une forêt a pu y acquérir par prescription un droit de glandée, malgré la clause insérée au titre *qu'elle ne pourra prétendre aucun autre droit*, cette clause étant nulle comme présentant une renonciation anticipée aux effets de la prescription. — *Cass.*, 9 nov. 1826, Saucy c. comm. de Larreule. — Curasson, *loc. cit.* — V. PRESCRIPTION.

260. — M. Meaume (no 341) fait remarquer, sur l'arrêt précité du 29 fév. 1832, qu'il est intervenu à l'occasion de la réclamation par une commune d'un droit d'usage sur un bois appartenant à une autre commune, et par conséquent soumis au régime forestier, mais qu'on ne pourrait cependant en conclure que le même principe s'applique aux droits d'usage exercés dans les forêts domaniales. De même, dans l'esprit de l'arrêt de 1826, la prescription aurait pour effet de grever d'un nouveau droit de glandée la forêt supportant seulement un droit de pâturage, et c'est ce que la loi défend formellement en ce qui concerne les forêts domaniales.

261. — La jouissance des secondes herbes d'un pré au profit d'une commune peut, suivant les circonstances de fait dont l'appréciation appartient souverainement aux tribunaux, constituer un droit de copropriété, susceptible d'être acquis par une prescription de trente ans, et non pas seulement un simple droit de vaine pâture ou d'usage. — *Cass.*, 22 nov. 1841 (t. 1er 1842, p. 457), Boudoul.

262. — Jugé que l'usager ne peut acquérir par la prescription la propriété du fonds grevé de son droit d'usage, à moins qu'il n'y ait eu interversion ou contradiction de son titre. — *Cass.*, 16 janv. 1838 (t. 1er 1838, p. 251), comm. de Lanarce.

263. — ...Qu'il doit établir cette interversion ou cette contradiction avant d'articuler les faits de possession qu'il invoque. — Même arrêt.

264. — La possession privative et plus que trentenaire par l'un des habitans d'une commune à laquelle il est dû un droit d'usage dans une forêt, de quelques parties de la forêt, ne peut être regardée comme une interversion du titre suffisante pour lui faire acquérir par prescription la propriété des parties possédées. — *Toulouse*, 25 mars 1833, Biscayen.

265. — Des communistes ne peuvent prescrire contre leur copropriétaire un droit d'affouage, lorsque ceux-ci font partie de la même commune et qu'ils n'ont jamais été représentés par un mandataire spécial sous une dénomination quelconque. — *Cass.*, 24 juill. 1839 (t. 2 1839, p. 462), comm. de Mandeure.

266. — La possession exclusive par une commune d'une partie déterminée d'une forêt appartenant par indivis à plusieurs ne peut, quelque longue qu'elle ait été, lui faire acquérir la propriété absolue de cette portion, alors qu'il est reconnu que l'aménagement en vertu duquel elle a joui, était d'une nature révocable et relatif seulement *au mode de jouissance* de la forêt indivise. Dans un tel cas, dès-lors, les communes doivent être considérées comme n'ayant jamais cessé d'être dans l'indivision. — *Cass.*, 24 mai 1841 (t. 2 1841, p. 366), comm. de Sainte-Colombe.

267. — Lorsqu'une commune a été reconnue simplement usagère d'une forêt, il n'appartient pas aux tribunaux d'admettre quelques uns de ses habitans, agissant *ut singuli*, à la preuve de faits dont la conséquence serait, s'ils étaient établis, de leur attribuer, comme l'ayant acquise par la prescription, la propriété du fonds servant. Il faudrait, dans ce cas, que les actes de possession allégués fussent tout-à-fait indépendans de l'exercice du droit d'usage. — *Cass.*, 16 janv. 1838 (t. 1er 1838, p. 251), comm. de Lanarce.

268. — L'acquéreur d'un domaine national, déclaré affranchi des droits de chauffage et de pâturage, par la loi du 27 mai 1791 et par le procès-verbal d'adjudication, est présumé avoir renoncé à cet affranchissement, lorsque la jouissance des usagers a continué pendant plus de trente ans, sans opposition de sa part, et qu'il a même reconnu leur droit dans un acte passé avec un tiers. — *Cass.*, 6 fév. 1832, Malafosse.

269. — La commune usagère qui, pendant trente ans, a reçu la même quantité de bois, sans égard à l'augmentation ou à la diminution de ses habitans, a son droit irrévocablement fixé à cette quantité par la prescription. — *Besançon*, 6 janv. 1849 (t. 2 1849, p. 224), préfet du Jura c. comm. de Champagne.

270. — Le mode d'exercice des droits des usagers, quelque longue que soit la possession qu'ils invoquent, ne peut prévaloir et survivre aux dispositions du Code forestier. — *Cass.*, 31 déc. 1838 (t. 2 1839, p. 246), comm. de Dabo.

271. — Les principes que nous venons d'établir s'appliquent à la prescription acquisitive des droits d'usage. Nous examinerons *infrà* ceux qui concernent la prescription extinctive de ces droits. Nous y traiterons les principes généraux de la prescription applicables aux droits d'usage, des causes qui l'interrompent et la suspendent, etc.

CHAPITRE IV. — *De l'étendue du droit d'usage.*

272. — Une fois le droit d'usage dans une forêt reconnu en vertu de titres formels, il y a lieu à une expertise pour fixer le mode et l'étendue de l'exercice de ce droit. — *Cass.*, 29 fév. 1832, comm. de Tarasteire c. comm. de Gayan.

273. — Cette expertise n'est pas une infraction à l'art. 691, C. civ., qui prohibe autrement que par titres, la preuve des servitudes discontinues. — Même arrêt.

274. — Il a pu être dérogé à la déclaration de 1733, et aux réglemens généraux sur l'administration des forêts dans le duché de Lorraine, par un arrêt du conseil ducal, contenant réglement particulier sur l'étendue et l'exercice des droits d'usage des communes dans ce duché. — *Cass.*, 11 avr. 1836, Salis-Saglio.

275. — L'usage concédé sans aucune désignation ne s'étend qu'à l'usage en bois. — V. *infrà* nos 1100 et suiv.

Sect. 1re. — *De l'étendue proprement dite du droit d'usage.*

§ 1er. — *Principes généraux.*

276. — Les droits d'usage et les servitudes établis par le fait de l'homme sont uniquement régis, quant à leur étendue et à leur nature, par les titres qui les établissent ou par les preuves qui, dans certains cas, remplacent ces titres. Dès-lors, le propriétaire, quelle que soit l'importance de ceux reconnus par un arrêt en raison soit des besoins des usagers, soit de la nature des biens et du besoin de l'agriculture, suivant les diverses localités, ne peut se plaindre qu'ils absorbent son droit de propriété ou qu'ils sont incompatibles avec ce droit. — *Cass.*, 1er juill. 1839 (t. 2 1839, p. 192), Lamey.

277. — Ce droit de propriété se manifeste toujours clairement à son profit par la faculté que la loi lui accorde de demander le cantonnement. — Même arrêt.

278. — Lorsque le titre, en vertu duquel s'exerce un droit d'usage, n'a pas fixé la quotité des produits à percevoir, le droit d'usage se mesure au besoin. — Domat, *Lois civiles*, liv. 1er, tit. 2, sect. 2e, no 1er; Henrion de Pansey, *Des biens communaux*, p. 113; Meaume, no 283; Proudhon, nos 106 et suiv.

279. — Le droit d'usage a pour essence et pour but, en effet, de satisfaire aux besoins personnels de l'usager et à ceux de sa famille. Rien ne lui est dû au-delà. Voilà pourquoi le Code forestier (art. 83) interdit à l'usager de vendre les *produits* de son droit. — V. *infrà*. — Il suit de là que, lorsque le titre ne parle que de la nature des produits à percevoir sans en fixer la quotité, le possesseur du fonds auquel la servitude est attachée ne peut jamais l'en détacher. — Coquille, sur l'art. 15, chap. 17, cout. de Nivernois; Henrion de Pansey, *Des biens communaux*, p. 100; Proudhon, *Droits d'usage*, nos 183 et suiv.; Meaume, no 283; Fournel, t. 2, p. 527.

280. — L'usager ne peut donc pas plus vendre, céder ou louer son droit à un tiers qu'en aliéner les produits. Il doit jouir en bon père de famille. Ces règles, posées à cet égard par les art. 627, 630 et 631, C. civ., pour l'usage proprement dit, s'appliquent à l'usage forestier. — Fournel, t. 2, p. 533; Duranton, t. 5, no 21; Meaume, t. 1er, no 283.

281. — Ainsi, la faculté que s'est réservée un ancien seigneur dans une transaction avec une commune, de, pour soi et sa famille, autrement non, envoyer pacager un certain nombre de moutons sur un terrain, a pu, sans qu'il y ait ouverture à cassation, être considérée comme un droit personnel au seigneur et à sa famille, et à ce titre être déclarée non transmissible à des tiers par voie de cession.

282. — La cour de Cassation a cependant jugé que l'art. 631, C. civ., qui déclare les droits d'usage incessibles, n'a trait qu'aux droits d'usage personnels, et ne s'applique pas aux droits d'usage dans les forêts. — *Cass.*, 10 fév. 1835 Parthiot c. Roullier.

283. — M. Meaume (no 284) fait observer qu'il s'agissait dans l'espèce jugée par cet arrêt et d'un droit d'*usage au bois* et d'un droit de *pacage*, et que rien n'indique que le titre eût déterminé la

quotité des produits à percevoir. « La doctrine consacrée par cet arrêt, dit cet auteur, pourrait jusqu'à un certain point se justifier, si le titre avait fixé l'espèce et le nombre des bestiaux que le propriétaire de l'immeuble, auquel est attaché le droit d'usage, a la faculté d'introduire dans la forêt. Dans ce cas, aucun texte ne s'oppose absolument à la cessibilité du droit. Cette conséquence était cependant contraire à ce principe général que la servitude est perpétuellement attachée au fonds dominant. Il faudrait alors considérer que le droit de conduire au pâturage une quantité déterminée de bestiaux est une servitude d'une nature particulière, qui peut être détachée du fonds au profit duquel elle aurait été originairement constituée. Cette conséquence serait encore contraire à la nature et au caractère de l'usage. On doit remarquer, au surplus, que cette question de cessibilité de l'usage réel se présentait seulement d'une manière incidente devant la cour suprême, et que, tout en déclarant mal fondé le moyen tiré de l'incessibilité, la cour de Cassation a écarté ce moyen par une fin de non-recevoir. On ne peut donc citer cet arrêt comme ayant l'importance et l'autorité qui s'attachent aux décisions doctrinales de la cour régulatrice. » — Les nombreuses autorités citées par Pecquet (*Lois forestières*, t. 1er, p. 528 et suiv.), démontrent que la jurisprudence antérieure au Code forestier ne laisse aucun doute sur ce point en ce qui concerne les chauffages. Quant au pâturage dans les bois, on peut douter que la doctrine de la cour de Cassation puisse jamais être appliquée. — V. Pecquet, p. 521 et suiv.. et les autorités qu'il cite.

284. — Antérieurement au Code, il a été jugé que le droit d'usage n'était pas transmissible. — *Metz*, 11 mai 1813, d'Aremberg.

285. — En cas de démembrement par vente ou partage du fonds, en faveur duquel l'usage a été accordé, il s'établit une sorte d'association entre les copartageans ou différens propriétaires pour la perception des produits, à la condition toutefois, qu'on n'aggravera pas la charge du fonds servant. Le droit se divise entre les nouveaux propriétaires, à raison de la fraction du fonds dominant leur appartenant. Ces principes généraux s'appliquent surtout au pâturage. — Henrion de Pansey, *Des biens communaux*, p. 129 et suiv. — Il devient moins facile d'en faire l'application s'il s'agit d'un usage au bois de chauffage ou de construction. Etabli, en effet, en faveur d'une maison déterminée, ce droit, la plupart du temps, se trouve indivisible. Car il est rare, surtout dans les campagnes, qu'une maison appartienne à plusieurs propriétaires.

286. — Ce cas peut se présenter cependant. Alors, s'il s'agit d'affouages, le droit se fractionne d'après le nombre des cheminées existantes lors de la concession, et chaque propriétaire perçoit en raison de celles qui se trouvent dans sa portion. S'il s'agit de marronage, le partage se fait d'après l'étendue de la maison à la même époque. — Meaume, n° 285.

287 — Les anciens réglemens ne reconnaissaient pas ce fractionnement de l'usage en bois. — V. *Mémorial des eaux et forêts*, éd. de 1737; Fréminville, *Pratique des terriers*, t. 3, p. 299, où il rapporte un arrêt du 26 fév. 1572, déclarant que, « si les maisons anciennes pour lesquelles était adjugé droit d'usage, étaient partagées et divisées en plusieurs parts et portions, et qu'en chaume d'icelles il y eût plusieurs ménages, en ce cas, il n'y aurait que l'un desdits ménages, tel qu'il serait accordé entre les usagers, ou ordonné par justice, qui jouirait du droit d'usage. »

288. — Jugé, en ce sens, que le droit d'usage, anciennement concédé à un nombre d'individus limité, ne peut s'étendre à tous leurs descendans; il doit être maintenu seulement au profit d'un nombre égal de chefs de familles, sauf aux descendans à s'entendre entre eux pour la désignation de ces individus. — *Bourges*, 3 juill. 1828, Bonneau.

289. — Mais, lorsqu'un seigneur, en affranchissant sept individus de toute servitude, leur a concédé un droit d'usage et de pacage dans ses forêts, cette concession doit appartenir à chacun des sept affranchis, et ensuite à la famille de chacun d'eux en se divisant entre les membres de ces familles, sans cependant que chacun d'eux puisse exercer individuellement le droit d'usage. — *Bourges*, 11 mai 1824, Triquet.

290. — Ce qui vient d'être dit, quant à la vente et au partage du fonds dominant, ne s'aurait s'appliquer au cas de concession à une commune du droit d'usage. Le droit étant, en effet, constitué en faveur de la personne morale seule, est alors incessible. — Proudhon, *Droits d'usage*, n° 78; Meaume, n° 286.

291. — Lorsque l'usage au bois a été attaché à une maison, si celle-ci comprenait deux cheminées, le propriétaire de la forêt devra délivrer le bois nécessaire pour entretenir un feu suffisant dans ces deux cheminées, mais rien de plus (il est est bien entendu, dans une telle hypothèse, que la possibilité de la forêt permet cette délivrance). — V. Proudhon, n° 112, où il cite à l'appui une ordonn. de 1376, dont les termes sont reproduits par les ordonn. de 1402, art. 27; mars 1515, art. 44. — Meaume, nos 476 et 477.

292. — Le nombre des cheminées, pour lesquelles du bois est dû, est celui qui existait à l'époque de la concession. En effet, si l'usager, devenu plus riche, ajoute à l'étendue de sa maison et au nombre de ses cheminées, il ne peut avoir droit à une plus grande quantité de bois soit pour son chauffage, soit pour bâtir et réparer. — Henrion de Pansey, *Des biens communaux*, p. 101 et suiv.; Proudhon, nos 117, 118 et 133; Meaume, nos 478 et 488.

293. — Quant à la quotité des délivrances, elle doit avoir pour but une délivrance suffisante mais modérée des produits. On conçoit que dans ce cas, on ne saurait établir de règles fixes et qu'on devra se guider d'après les circonstances. — Proudhon, n° 116; Meaume, n° 478.

294. — La destination des bois de chauffage n'est pas bornée au nombre seul des cheminées. Le bois dû à l'usager n'a pas pour but unique son chauffage, mais aussi la cuisson de ses alimens, au nombre desquels le pain figure en première ligne. On doit donc compter parmi les cheminées celles des fours à cuire le pain, mais non celles des fours destinés à une industrie. — Proudhon, n° 113; Meaume, n° 476.

295. — La cour de Cassation a décidé que lorsqu'un arrêt a condamné l'administration forestière à délivrer à des communes usagères tout le bois nécessaire à leur chauffage, il n'y a, ni contradiction, ni violation de la chose jugée par le deuxième arrêt qui, rendu en exécution du premier, décide que la cour a entendu par bois de chauffage, tout le bois nécessaire aux communes tant pour leur chauffage que pour la cuisson des alimens et la fabrication de leurs fromages (spécialement des fromages dits de Gruyère). — *Cass.*, 18 nov. 1835, préfet du Jura c. comm. d'Equevillon. — Curasson, sur Proudhon, n° 129.

296. — L'usager auquel a été concédé un droit de chauffage ne peut jamais prétendre à un arbre de futaie, à moins que son titre ne décide formellement le contraire. Il importerait peu que le taillis fût insuffisant pour remplir ses besoins. Cette règle cesserait cependant d'être applicable, si la futaie avait été augmentée au détriment du taillis. Il pourrait alors prendre sur la futaie l'équivalent de ce qu'il a perdu sur ce taillis. — Proudhon, n° 115; Meaume, n° 479.

297. — Lorsque l'usage est en bois de construction, on doit suivre pour règle le réglement de la table de marbre du Palais, à Paris, en date du 20 août 1582, rapporté par Rousseau, dans son recueil d'ordonnances sur les eaux et forêts. Cet arrêt porte : « C'est à savoir prendre et avoir bois pour bâtir, réparer et entretenir leurs dites maisons usagères, pour les combles, planchers, cloisons, portes et fenêtrages seulement, desquelles à cette fin, seront tenus faire les quatre principaux murs et pignons de maçonnerie de pierres ou de briques et non de bois; et visitation préalablement faite, et ce, par gens à ce connaissans, des choses et lieux qu'il conviendra faire et réparer, dont les parties conviendront avec le procureur fiscal de ladite seigneurie. »

298. — « Deux écrivains dont l'opinion n'est pas sans autorité en cette matière, dit Henrion de Pansey (*Biens communaux*, p. 128), MM. Pecquet, grand-maître des eaux et forêts au département de Normandie (*Lois forest.*, t. 1er, p. 528 et suiv.), et Chaillant, procureur du roi en la maîtrise des eaux et forêts de Rennes, rapportent ce réglement comme faisant loi pour tous ceux qui ont la faculté de prendre du bois pour bâtir et maisonner. » — Proudhon (n° 129) enseigne la même doctrine. Ainsi, l'usager ne pourrait reconstruire en bois une maison précédemment bâtie en pierres. — Meaume, n° 480. — V. aussi Curasson, sur Proudhon, n° 131, pour l'application aux forêts du Jura du réglement de 1582.

299. — Le réglement de 1582 ne serait toutefois pas applicable, si l'usage local était de construire en bois. Le titre doit être entendu alors suivant la pratique la plus communément observée dans le pays; et quand même certains habitans plus riches seraient dans l'usage de construire en briques les murs et pignons de leurs maisons, on ne saurait pour cela forcer les autres habitans à construire de même ou à rester privés de leur usage pour la confection des parois de leurs maisons, tant en bois qu'en terre. — Proudhon, n° 139; Meaume, n° 481.

300. — Mais l'usager n'aurait droit, dans tous les cas, qu'aux corps des arbres et non aux branchages et remanens qui doivent appartenir au propriétaire et rester sur le parterre de la forêt. — Mêmes autorités. — ordonn. d'exécution, art. 123; décis. min. du 8 mai 1828; *Régl. forest.*, t. 4, p. 76.

301. — L'usage au bois de construction accordé sans désignation, comprend le bois pour construire à neuf, aussi bien que le bois pour réparer. — Meaume, n° 482, où il cite, comme l'ayant ainsi décidé, un arrêt du 1er fév. 1837.

302. — Cet arrêt de 1837 décide surtout, et c'est là, dit M. Meaume (n° 483), un point plus délicat, que, bien que le titre, qui accorde à l'usager le droit de prendre dans une forêt du bois pour les constructions neuves, ne fasse aucune mention des bois nécessaires aux réparations, le droit à ces derniers bois a pu être accordé par le juge comme résultant de l'interprétation naturelle des titres.

303. — Lorsque le droit de marronage est concédé, non à un particulier, mais aux habitans d'une commune, il est réputé concédé à la commune elle-même, et doit être étendu à ses édifices communaux, quoiqu'ils ne soient pas rappelés dans les titres de concession ou dans les titres récognitifs. — *Nancy*, 9 juill. 1835, comm. de Badouvillers (arrêt inédit cité par M. Meaume, n° 484).

304. — De même, le droit de marronage, accordé, non seulement aux habitans d'une commune, mais à la communauté elle-même, comprend le droit pour la commune de prendre les bois nécessaires à la construction et réparation d'un bâtiment public, et, par exemple, d'une église, comme à celle des maisons particulières. — *Cass.*, 23 mai 1832 (dans ses motifs), ville de Schelestadt c. comm. de Kintzheim; *Nancy*, 28 mai 1833, princesse de Poix.

305. — Il n'en est pas de même des fontaines publiques et privées, auxquelles on ne pourrait étendre le droit d'usage sus-indiqué. — Même arrêt du 23 mai 1833.

306. — Jugé, en sens opposé, que le droit de marronage établi en faveur d'une commune ne s'étend pas aux édifices et bâtimens communaux. — *Metz*, 24 nov. 1846 (t. 1er 1850), préfet de la Moselle c. comm. de Saint-Avold.

307. — La cour de Colmar, par arrêt du 12 juill. 1839 (comm. de Mollkirch), cité par M. Meaume (n° 491, note), a jugé que les droits d'usage concédés aux habitans d'une commune, moyennant une redevance par tête, ne peuvent être réclamés par la commune pour ses bâtimens publics, surtout lorsque la communauté elle-même ne payait rien. Il importerait peu que le seigneur eût fourni les bois nécessaires pour les premières constructions de l'église.

308. — C'est à la collection des habitans, c'est-à-dire à la commune, qu'appartient la concession d'un droit de pacage faite dans un acte passé entre le fondé de pouvoirs d'un seigneur et les habitans de cette commune, représentés par plusieurs d'entre eux assemblés au son de la cloche, à l'issue de la messe paroissiale. — *Bordeaux*, 29 mars 1833, Roger.

309. — Le droit de bois mort et mort-bois concédé dans une forêt, moyennant une redevance, à un certain nombre d'individus, pour leur chauffage, à charge de bâtir un village dans cette forêt, a pu être déclaré concédé, non à ces individus et à leurs héritiers *ut singuli*, mais à tous les habitans du village *ut universi*, quel que soit ultérieurement leur nombre. — *Cass.*, 10 mars 1835, comm. de Saint-Louis.

310. — Le droit de prendre des bois de travail ou d'ouvrage s'apprécie, quant à son étendue, par les termes et l'esprit du titre constitutif. Seulement, les délivrances ne se bornent pas ici au taillis, mais s'étendent à la futaie, si l'industrie ou le travail de l'usager exige des bois de cette nature. La délivrance doit aussi se faire en essences convenables. Ainsi, on délivrera du frêne et de l'orme pour le charronnage, etc. Au surplus, ici encore *optima interpres consuetudo*. — Meaume, n° 485.

311. — Lorsque l'usage au bois a été concédé, non à une simple habitation, mais à un fief, à une ferme ou à une métairie, il est évident que les bâtimens d'exploitation étant un accessoire obligé de la ferme, le droit doit être étendu à tous les bâtimens, même à ceux nouvellement construits, reconnus nécessaires à l'exploitation agricole des terres qui faisaient partie du domaine lors de la concession. — Proudhon, n° 133; Meaume, n° 489.

312. — Lorsque le droit d'usage, quelle que soit son étendue, est attaché à un manoir, si, en prin-

cipe, les avantages qui en résultent s'étendent aux dépendances possédées par l'usager lors de la constitution du droit, c'est parce qu'elles sont l'accessoire du principal manoir; mais ces dépendances, cessant d'être accessoires, dès qu'elles sont détachées du manoir par l'usager, ne peuvent plus jouir des avantages de ce droit d'usage. — *Bourges*, 30 nov. 1830 (dans ses motifs), Monin c. Pinson. — Meaume, n° 490.

313. — Le propriétaire de tout ou partie d'une ferme pour laquelle une servitude réelle de pacage a été établie ne peut être privé de ce droit, sous prétexte qu'il ne se livre pas personnellement à l'exploitation de toutes les terres ayant appartenu autrefois à cette ferme, et qu'il ne possède pas le nombre de bêtes à cornes mentionné dans l'acte constitutif de la servitude. — *Cass.*, 20 juin 1827, Broyard c. prince de Condé; *Amiens*, 17 avr. 1828, mêmes parties.

314. — Lorsqu'un usage au bois a été accordé à une commune, il faut d'abord examiner si le droit constitué est communal. Car, si quelques habitans jouissaient *ut singuli*, on devrait leur appliquer les principes réglant l'usage concédé soit à une maison, soit à une ferme, suivant la nature de leur propriété usagère. Et si les titres sont obscurs, on devra se référer aux circonstances pour examiner si l'usage est individuel ou communal. — *Cass.*, 10 mars 1835, préfet de la Meurthe c. comm. de Saint-Louis. —Meaume, n° 491.

315.—La cour de Colmar, par arrêt inédit, cité par M. Meaume (n° 491, note), a aussi décidé que la concession ou reconnaissance de droits d'usage en faveur du seigneur, de ses successeurs et des sieurs N... du village de... profite à la commune et à tous les habitans à venir. Qu'on ne saurait la restreindre aux héritiers du seigneur et des habitans d'alors; qu'elle s'étend, sauf la possibilité de la forêt, à tous les habitans du village. — *Colmar*, 12 mai 1832, comm. d'Oberottrot.

316. — La cour de Colmar a aussi décidé que dans le cas où le titre attribuait un droit de marronnage aux seuls habitans de l'*enceinte* d'un village, on devait maintenir cette distinction, quelque difficulté qu'il y eût à reconnaître actuellement cette enceinte. — *Colmar*, 7 fév. 1834, comm. d'Imbsheim, arrêt cité *eod. loc.*

317. — Mais s'il est constaté que le droit concédé est purement communal, Proudhon (n° 15) enseigne que le droit d'usage s'applique à tous les habitans que l'étendue du sol ou la fertilité du territoire aura pu attirer. On ne doit pas même en exclure les gens de métier dont le travail est nécessaire aux besoins des habitans du lieu, ni les ouvriers dont les bras sont employés à la culture des terres. Les uns et les autres ne sont que les accessoires et comme les adjudans de la population cultivatrice au profit de laquelle le droit d'usage est établi. — Cette doctrine est conforme à ce qu'enseignaient Perèze, *Instit.*, Cod. *De usufr. et habit.*, lib. 3, tit. 33, n° 35, et Voët, *Ad Pandectas*, lib. 17, tit. 8, n° 2.

318.— Il a été jugé, dans ce sens, que les droits d'usage concédés par un particulier aux habitans d'une commune, à charge d'une redevance, doivent s'appliquer à la généralité, sans distinction de ceux qui viendraient s'y établir par la suite, alors surtout que ces droits sont le résultat, non d'une concession gratuite de la part du seigneur, mais d'une transaction arrêtée dans l'intérêt commun des parties pour terminer un procès pendant entre elles. — *Caen*, 12 août 1848 (t. 2 1849, p. 62), Poriquet c. comm. de Labellière. — C'est là une simple question d'interprétation des termes et de l'esprit de l'acte par lequel le droit d'usage a été constitué.—V., au reste, sur la question de savoir si l'arrêt qui décide que, dans une transaction, par laquelle un ancien seigneur aurait concédé à une commune des droits d'usage dans ses forêts, moyennant une redevance annuelle, cette attribution s'appliquait non seulement aux habitans actuels, mais encore à tous ceux qui viendraient plus tard habiter la commune, échappe à la censure de la cour de Cassation.

319. — Le président Bouhier (*Observ. sur la cout. de Bourgogne*, chap. 69, nos 52 et 53) pensait qu'on devait distinguer entre les droits de pâturage et de chauffage et le droit des arbres pour bâtir, qui, suivant lui, ne pouvait être étendu, comme trop onéreux au propriétaire, à tous ceux qui veulent bâtir des masures nouvelles dans la localité. Mais Proudhon (*loc. cit.*) fait observer que ce droit, comme les deux autres, a été fait au corps de la commune et à la généralité de ses habitans, sans que la concession fût arrêtée sur l'état de choses existant au moment où elle a eu lieu. « Si le droit d'usage au bois de bâtisse paraît plus important, dit cet auteur; si c'est une charge plus considérable pour le propriétaire de la forêt,

cela ne prouve autre chose, sinon que le fondateur a jugé qu'il fallait accorder une prime plus forte pour attirer des colons à résidence dans sa terre, et qu'il fallait leur donner plus de moyens de s'y étendre et d'y multiplier leurs établissemens en construisant des maisons; et, puisque cette multiplication d'habitations entrait dans ses propres vues; puisque, dans sa pensée, elle fut même la cause de sa concession, comment pourrait-elle être un motif légitime d'en refuser l'exécution? » On sait, en effet, que les concessions d'usage ont eu surtout en vue d'attirer des habitans sur les terres des seigneurs concessionnaires.

320. — Mais, si l'accroissement de la commune n'avait pas eu pour cause l'étendue ou la fertilité de son territoire, mais, par exemple, l'ouverture d'une route, d'un canal ou d'un chemin de fer, l'établissement d'un tribunal, d'une garnison, de foires, de grandes manufactures ou mines, etc. « Dans ce cas, dit Proudhon, on doit dire qu'il n'y a parmi les habitans de la commune usagère que ceux qui représentent les colons originaires et font partie de la population cultivatrice. Décider autrement, serait aller contre l'intention du fondateur, et donner au droit d'usage une extension indéfinie que repousse sa nature de servitude. »

321. —Merlin (*Rép.*, v° *Usage*) établit, au contraire, que ce n'est qu'improprement qu'on donne aux habitans jouissant de pareils droits la dénomination d'*usagers*, que ce sont plutôt leurs maisons qui doivent être qualifiées d'*usagères*; que c'est ainsi, en effet, que les qualifient expressément les art. 5 et 14, tit. 19, ord. 1669. « Les droits d'usage anciennement concédés ont bien pu, ajoute-t-il, être étendus aux maisons qui seraient bâties à l'avenir, comme à celles alors existantes. Mais si l'acte ne s'est pas expliqué sur ce point, on doit, aux termes de l'art. 5 précité, portant que les usages, pâturages, etc., *seront réduits aux maisons usagères seulement*, *suivant les états qui ont été faits par les commissaires qui ont travaillé aux réformations, ou qui seront ci-après dressés par les grands-maîtres*, décider que le nombre des maisons ayant droit à l'usage n'est pas susceptible d'augmentation. » Merlin cite, à l'appui de son opinion, un grand nombre d'autorités et plusieurs arrêts et réglemens ordonnant que les habitans des communes ne jouiraient de leurs droits d'usage et de pâturage que *pour les maisons bâties avant quarante ans et depuis, sur vieux fondemens.* —Par ces arrêts, dit Merlin, on a reconnu que les droits d'usage, anciennement accordés aux habitans d'une commune, ne sont censés l'avoir été qu'aux habitans qui y possédaient alors des maisons; mais on a senti, en même temps, qu'après un laps de plusieurs siècles, il n'était pas possible de distinguer, parmi les habitans actuels, ceux dont les maisons existaient à l'époque de la concession d'avec ceux dont les maisons auraient été postérieurement construites. On a donc cherché un moyen approximatif pour raccorder le principe général avec l'impuissance où se trouvaient les magistrats d'en faire une application rigoureusement exacte; et ce moyen, ils l'ont trouvé dans l'axiôme de droit que, *vetustas* (terme, dit Dunod, art. 2, qui signifie ordinairement, dans le langage des lois, le temps de quarante ans) *habet vim, non solùm probationis, sed etiam tituli.* Ils en ont conclu qu'on devait considérer comme construites, dès l'époque de la concession, les maisons qui comptaient plus de quarante années d'existence. Merlin termine par cette observation, *qu'en fait de contrats, on doit s'en tenir à l'état où étaient les choses au temps de la convention, præsens tempus semper intelligitur, si aliud comprehensum non est.* Le propriétaire ne peut donc être censé avoir vendu ou donné le droit d'usage que pour les maisons existant au moment de la vente ou de la donation. La loi, dit-il, qui étendrait aujourd'hui ce droit aux maisons construites depuis, ferait donc violence à la volonté du vendeur ou du donateur; elle rétrograderait donc à son préjudice. »

322.—L'opinion de Merlin est partagée par Henrion de Pansey (*Des biens communaux*, p. 107 et suiv.) et d'Avannes (*Des droits d'usage*, p. 159 et suiv.)—Curasson, qui, dans son *Code forest.* (t. 2, p. 253), avait adopté l'opinion de Proudhon, a embrassé, dans ses annotations sur le *Traité des droits d'usage* (p. 195), la doctrine de Merlin. Celle-ci avait été soutenue, du reste, par presque tous les auteurs antérieurs au Code forestier. — V. Simon et Segaud, *Conf. de l'ord. de* 1669; Chaillant, *Dict.*, v° *Usage*; Coquille, art. 12, chap. 17, *Cout. de Nivernois*, quest. 81e; Baudrillart, *Dict.*, v° *Usage*, p. 954. — Duluc, Legrand et le président Bouhier rapportent un grand nombre d'arrêts des tables

de marbre et des parlemens qui ont sanctionné la même doctrine. On peut même citer Fréminville (t. 3, p. 301).

323.—Jugé que, quoique le droit d'usage dans une forêt, spécialement, le droit d'y prendre du bois à bâtir, stipulé par une commune à son profit, doive être, de droit commun, restreint aux maisons existant lors de la convention, une cour royale, interprétant une transaction intervenue entre les propriétaires de la forêt et la commune usagère, a pu décider que, d'après ce nouveau titre, le droit d'usage appartient, non seulement aux maisons existant au moment de la stipulation, mais encore à toutes celles qui ont été construites depuis ou qui pourraient l'être à l'avenir, sans que cette décision puisse être déférée avec succès à la censure de la cour suprême. — *Cass.*, 12 août 1829, duchesse de Massa c. comm. de Réchicourt.—V. la note étendue, au bas de cet arrêt.

324. — Un troisième système, développé par M. Meaume (n° 495), a été soutenu par M. Troplong, alors avocat général à Nancy. D'après ce système, tant que dura le régime féodal, c'est-à-dire jusqu'au 4 août 1789, l'usager ayant à payer au seigneur soit des droits féodaux, soit des redevances, il se formait entre eux un contrat tacite par suite duquel les nouveaux habitans, admis par la volonté du seigneur à participer à l'usage, accroissaient ses revenus au moyen des prestations qu'ils étaient obligés de lui fournir. Or, du moment où il n'y a plus de seigneurs, où le contrat a été brisé par la puissance publique, comment le ci-devant seigneur, ou l'état qui lui a été substitué, aurait-il pu être obligé de souffrir l'accroissement indéfini de la population et de fournir aux besoins des nouveaux habitans, lorsque ceux-ci n'étaient plus tenus à aucune des prestations féodales qu'ils avaient à lui payer auparavant? Ne recevant plus rien, il ne devait plus rien. Toutefois, selon M. Troplong, comme le droit d'usage est un droit communal, les nouveaux venus pourront participer aux délivrances; mais ils y prendront part comme aux produits des bois communaux, c'est-à-dire que la survenance de nouveaux habitans diminuera la part des anciens, sans que la commune puisse demander, par suite de l'accroissement de la population, des délivrances plus considérables.

325. — C'est d'après le réquisitoire de M. Troplong, développant ce système, que la cour de Nancy a décidé que, lorsqu'un droit de marronage a été accordé par un seigneur à une commune moyennant une redevance abolie par les lois contre la féodalité, l'état représentant l'ancien seigneur peut n'admettre à participer à la délivrance des bois de construction que les habitans des maisons établies avant le 4 août 1789, et en exclure les maisons élevées depuis cette époque et dont les nouveaux habitans n'ont jamais rien pu offrir en compensation des droits de marronage. — *Nancy*, 26 juin 1828, l'état c. comm. de Saint-Quirin.

326. — La cour de Nancy a encore consacré ce système par un arrêt inédit du 3 août 1832, comm. de Bremenil, également rendu sur les conclusions conformes de M. Troplong. Cet arrêt est rapporté par M. Meaume (n° 195, note).

327. — La même cour a encore décidé, dans le même sens, que le droit de marronage constitué en 1717 est restreint aux maisons existant au 4 août 1789, et ne peut être étendu aux augmentations que depuis cette époque ces maisons ont pu recevoir. — *Nancy*, 28 mai 1833, comm. de Brémenil c. princesse de Poix.

328. — Le système introduit par M. Troplong a généralement été adopté par les cours d'appel. Ainsi, la cour de Limoges a jugé, que le droit d'usage dans une forêt originairement concédé à un village, sans que l'acte de concession précise l'étendue de ce droit, doit être restreint aux habitans domiciliés dans le village au 4 août 1789 (date de l'abolition du régime féodal), sans que les nouveaux venus depuis cette époque puissent y prétendre. — *Limoges*, 21 mai 1833, comm. d'Ammoneville.

329. — La cour d'Aix a décidé, d'après le même principe, que le droit d'usage dans une forêt seigneuriale, concédé anciennement aux habitans d'une commune, ne peut être étendu aux habitans établis depuis l'époque de l'abolition du régime féodal; il doit être restreint à ceux qui étaient établis dans la commune au 4 août 1789. — *Aix*, 4 mai 1837 (t. 1er 1838, p. 383), comm. d'Ollières.

330. — ... Et la cour de Metz, que les droits de marronage concédés à des communes par leurs ci-devant seigneurs non gratuitement, mais moyennant une redevance conventionnelle, et sous la réserve, notamment, de n'admettre de nouveaux habitans à l'exercice de ces droits qu'en vertu de

la permission expresse des seigneurs, doivent être restreints au nombre de maisons existant au 4 août 1789. — *Metz*, 7 mars 1837 (t. 2 1841, p. 607), comm. de Faulquemont.

331. — La cour de Bourges a cependant, sur les conclusions contraires de M. l'avocat général Corbin, décidé dans un sens opposé. — *Bourges*, 8 fév. 1841 (t. 2 1841, p. 601), de Mortemart c. usagers de Pondix.

332. — Mais Meaume (*loc. cit.*) fait remarquer que, dans l'espèce, on représentait le titre primitif de concession, portant : *Burgensibus meis, qui sunt, qui erunt et qui habituri sunt in villis de Pondix et vertinentiis earum villarum*, et que la cour a décidé que ces termes étaient trop explicites pour admettre une interprétation limitative, même après l'abolition de la féodalité.

333.—La cour de Caen a également jugé que l'abolition des redevances féodales n'a point opéré la révocation des concessions dont elles étaient le prix, et que les droits d'usage ainsi acquis subsistent dans toute leur étendue, même en faveur des usagers dont les maisons ont été construites postérieurement à la loi du 4 août 1789, qui a prononcé ladite abolition. — *Cass.*, 11 juill. 1839 (t. 2 1839, p. 202), Teissier c. comm. de Giromagny; *Caen*, 12 août 1848 (t. 2 1849, p. 62), Poriquet c. comm. de Labellière. — V. FÉODALITÉ, nos 100 et suiv., et 175.

334. — « Dans tous les cas, dit Meaume (no 496), et alors même que le titre conférerait expressément un droit d'usage à feux croissans, on devrait s'en tenir au système de Proudhon, et l'on ne devrait considérer que le nombre des maisons existantes lors de l'introduction de la demande en cantonnement. » — Curasson (sur Proudhon, no 660) rapporte, comme l'ayant ainsi décidé, un arrêt de Besançon du 14 févr. 1833, et il exprime (no 661) une opinion conforme.

335. — La cour de Bourges a ainsi jugé que, lorsqu'un droit d'usage a été concédé aux manans et habitans présens et à venir d'une localité, c'est le moment seul de la demande en cantonnement qu'il faut considérer pour la fixation du nombre des tènemens usagers et l'estimation à faire de la valeur du droit d'usage, eu égard à l'étendue des besoins à satisfaire. Les lois abolitives de la féodalité n'ont pas eu pour résultat d'arrêter pour l'avenir l'effet des anciennes concessions. — *Cass.*, 11 juill. 1839 (t. 2 1839, p. 202), Teissier c. comm. de Giromagny; *Bourges*, 8 fév. 1841 (t. 2 1841, p. 601), de Mortemart c. usagers de Pondix.

336. — Lorsqu'une concession de droits d'usage a été faite originairement à cinq habitans d'une commune, nominativement pour eux et les leurs, à feux croissans et décroissans, et que les habitans actuels de deux hameaux sont reconnus comme les successeurs des concessionnaires primitifs, l'action en reconnaissance des droits d'usage est valablement exercée au nom de ces deux sections de communes collectivement, poursuite et diligence du maire de la commune. — *Cass.*, 30 mai 1837 (t. 1er 1837, p. 567), d'Aubigny; *Nancy*, 11 juin 1844 (t. 2 1844, p. 240), de Frégeville c. Bigeon.

337. — Un droit d'usage ne cesse pas d'être communal parce qu'il se trouve restreint à une section de commune. Le maire est, en conséquence, seul compétent, à l'exclusion des usagers, pour exercer les actions relatives à ce droit. — *Cass.*, 10 juill. 1837 (t. 2 1837, p. 448), ville de Compiègne.

338. — On ne peut indistinctement appliquer chacun des systèmes précédens à tous les bois domaniaux quelle qu'en soit l'origine. Ainsi, pour les forêts qui ont toujours appartenu à la couronne, on doit exécuter l'ordonn. de 1669. Les états de réformation sont devenus les véritables titres des usagers, et, en cas de représentation de ces titres, les délivrances ne sont dues qu'eu égard aux maisons usagères existantes lors du dénombrement. Si le titre n'est pas représenté, mais que l'on connaisse la date de l'ancien dénombrement, il semble qu'on doive reporter à cette époque la cessation de l'accroissement de la population, sauf à l'état à prouver que les maisons usagères auxquelles il refuse les délivrances, ont été construites depuis le dénombrement. La doctrine, fondée sur le contrat tacite entre le seigneur et l'usager ne peut donc s'appliquer aux anciennes forêts royales. En effet, le roi ne profitait pas, comme le seigneur, de l'accroissement de la population dans la paroisse où était située la forêt usagère. — Meaume, no 497.

339. — Mais le système adopté par les cours d'appel, d'après la doctrine de M. Troplong, est applicable aux forêts seigneuriales, réunies au domaine depuis 1789. — *Ibid.*

340. — Lorsqu'une commune a reçu pendant trente ans, à raison de son droit d'usage dans une forêt, la même quantité de bois, sans égard à l'augmentation ou à la diminution du nombre de ses habitans, son droit se trouve irrévocablement fixé à cette quantité par la prescription. Ainsi, elle ne peut plus réclamer une augmentation dans les délivrances annuelles, en se fondant sur ce que primitivement l'étendue de son droit se réglait d'après le nombre de ses feux. — *Besançon*, 6 janv. 1849 (t. 2 1849, p. 224), préfet du Jura c. comm. de Champagne.

341. — Lorsqu'un droit d'usage est établi en faveur d'une commune, il appartient aux tribunaux de déterminer les circonstances qu'il convient de prendre en considération pour fixer l'étendue de ce droit. — *Grenoble*, 2 déc. 1841 (t. 1er 1843, p. 391), comm. de Marennes c. Pitiot.

342. — N'est pas sujet à cassation l'arrêt qui décide en fait que le droit de prendre, moyennant une redevance, des bois dans une forêt, stipulé en faveur d'une forge à construire dans un lieu, est, d'après les circonstances de la cause, applicable à une forge construite au-dessous. — *Cass.*, 13 nov. 1833, Bathelot.

343. — L'arrêt qui, en reconnaissant aux habitans d'une commune usagère sur un marais le droit de couper les herbes qui y croissent, non-seulement pour leur usage, mais aussi pour les vendre, ajoute que néanmoins ce droit ne pourra être exercé que par eux-mêmes, ou par des gens à leurs gages, échappe, comme se bornant à apprécier la portée du titre constitutif, à la censure de la cour de Cassation. — *Cass.*, 27 mai 1839 (t. 2 1839, p. 296), comm. de Fos.

344. — De même, lorsque le titre constitutif d'une affectation forestière au profit d'une scierie a réservé au propriétaire l'emploi périodique de cette scierie pour un certain nombre de jours, ainsi que la faculté d'affermer cet emploi ou son produit, et de s'en désister en faveur d'autrui, mais, dans ce cas, avec droit de préférence ou préemption au profit de l'usager, l'arrêt qui décide que ce droit de préférence peut être exercé, lors même que la vente de ces jours d'exploitation ou de leur produit a lieu par voie d'adjudication aux enchères publiques, conformément à l'art. 47, C. forest., échappe à la censure de la cour de Cassation. — *Cass.*, 16 mars 1842 (t. 1er 1842, p. 688), Roos.

345. — N'est point sujet à cassation l'arrêt qui limite, non d'après les titres invoqués, et qui ne contiennent que des dispositions réglementaires, mais d'après les dispositions du Code forestier et de l'ordonnance du 1er août 1827, l'exercice des droits de vaine pâture, de glandée, de délivrance d'arbres pour des travaux industriels et pour le chauffage. — *Cass.*, 31 déc. 1838 (t. 2 1839, p. 246), comm. de Dabos.

346. — Lorsqu'une cour royale statue sur une question de propriété, c'est-à-dire sur le point de savoir *si des communes ont ou non un droit de pacage*, son arrêt n'est pas sujet à cassation, par le motif qu'il n'exclut pas formellement du pacage *les chèvres et les moutons*, alors que les parties n'ont pas pris de conclusions à cet égard dans l'instance. — *Cass.*, 8 nov. 1826, Main.

347. — L'étendue du droit de parcours d'une commune dans une forêt a pu être déterminée, sans violer les art. 629 et 630, C. civ., en se fondant sur l'interprétation du titre de cette commune; et cela, surtout, lorsque les adversaires n'ont pas établi dans leurs conclusions quels étaient ses besoins et ses ressources. — *Cass.*, 22 nov. 1832, Chavelet.

348. — La loi n'ayant pas déterminé ce qu'on doit entendre par droit de chauffage, l'arrêt qui fixe l'étendue de ce droit, d'après les faits de la cause et les titres, ne saurait offrir une violation de la loi. — *Cass.*, 18 nov. 1835, comm. d'Equevillon.

349. — Ainsi, n'est pas sujet à cassation l'arrêt qui décide que le droit d'usage ajouté au droit de chauffage comprend, outre le chauffage même, le droit de couper du bois pour constructions et réparations. — *Cass.*, 18 fév. 1835, Mignot.

350. — Mais la cour qui déclare que des droits d'usage appartenant à une commune consistent dans un *affouage ordinaire*, exprime suffisamment que ces droits ne peuvent s'étendre aux futaies, mais doivent être restreints aux taillis. — *Cass.*, 25 mai 1840 (t. 2 1843, p. 227), comm. de Willerwald c. préfet de la Moselle.

351. — En cas d'usage en bois de chauffage, on ne doit accorder des bois durs à l'usager que s'il y a insuffisance de bois mort, mort-bois, chablis, volis, bois blancs. L'usager doit, en effet, jouir en bon père de famille, et conséquemment de la manière la moins dommageable pour le propriétaire. Les anciens auteurs étaient encore moins favorables à l'usager. « Celui qui n'a que le droit de prendre des bois pour son chauffage, dit de Fréminville (*Des terriers*, t. 3, p. 305), n'a que le pouvoir de prendre du bois mort et du mort-bois. » La même doctrine est professée par Bonnelier (*Cout. de Bourgogne*, liv. 2, traité 9, § 1er, no 20, d'après Coquille, Loisel et Taisand); et par Legrand, (*Comm. de la cout. de Troyes*, art. 173 et 174), où il cite, comme l'ayant ainsi jugé, un arrêt du 15 fév. 1580.

352. — La cout. de Nivernois, chap. 17 art. 11, l'avait ainsi décidé : « Usage des bois régulièrement est tel, portait cet article, que l'usager peut prendre bois mort et mort-bois, en son espèce de bois pour se chauffer, et pour ses autres nécessités : si le dit usage n'est amplié ou limité par titre ou prescription suffisante au contraire. » — Mais, dit Meaume (no 463), « ce mode d'exercice du droit d'usage n'est autre chose qu'une restriction abusive, et qui tout au plus a dû être bornée aux pays régis par la coutume de Nivernois. » En effet, si la quantité fournie par la forêt en bois mort et mort-bois était insuffisante pour les besoins de l'usager, qui sont, dans le cas proposé, la règle et la mesure de ces droits, il se trouverait évidemment lésé. Aussi reconnait-on généralement que la rigueur de ce principe doit être tempéré par l'application de l'art. 18, tit. 15, cout. de Lorraine, aux termes duquel « les délivrances doivent être réglées de telle sorte que l'usager usera de bois mort ou mort-bois *avant tous autres.* » — Cette combinaison n'était pas spéciale aux pays régis par la cout. de Lorraine. Proudhon cite l'art. 1510 des anciennes ordonnances de Franche-Comté, comme disposant de la même manière. Il indique aussi que les anciennes ordonnances des rois de France prescrivaient le même mode d'exercice. — Ord. 1376, art. 26; confér. des ordon., liv. 2, tit. 13, §§ 61 et 62; Saint-Yon, liv. 2, tit. 6, art. 27, p. 355. — Proudhon, nos 50 et suiv. et 115. — Curasson qui, dans son *Code forest.* (t. 2, p. 264), avait adopté l'interprétation de la cout. du Nivernois, adopte le système de la cout. de Lorraine, dans ses notes sur Proudhon, (no 57). — Meaume cite comme conforme à ce dernier système un arrêt ou édit de Colmar du 14 juin 1806.

353. — Certains titres limitent l'usage soit au bois mort, soit au mort-bois. Le bois mort s'explique par son nom. Lorsqu'il est sur pied il s'appelle bois *en estant* (*stans*), par opposition au bois mort *gisant*. Si donc l'usage n'est pas limité au bois *gisant* ou aux branches sèches *en estant*, l'usager pourra couper les arbres sur pied, pourvu qu'ils soient secs en *cime* et en *racine*. — Meaume, no 465.

354. — Mais les grands arbres de futaie qui, bien que morts ou dépérissans, pourraient encore servir aux constructions ou au travail, ne rentreraient pas dans cette définition. Le propriétaire pourrait se les approprier s'ils étaient propres à servir comme bois d'œuvre. Il ne doit à l'usager que les parties des arbres de futaie uniquement propres au chauffage. Mais il doit toujours abandonner les branches mortes. — Proudhon, no 124; Meaume, no 466.

355. — D'après Proudhon (no 125), l'usager pourrait faire abattre les arbres de futaie séchés, afin d'en vérifier l'état intérieur et de s'assurer s'ils peuvent lui appartenir en totalité, comme n'étant propres qu'à brûler.

356. — Il a été jugé, que l'art. 33, tit. 27, ord. 1669, qui prohibait, nonobstant tous titres, arrêts et priviléges contraires, de prendre dans les forêts de l'état tout bois autre que le bois mort, sec et gisant, met obstacle à ce qu'on puisse reconnaître à une commune le droit d'y prendre du bois sec *en estant*, c'est-à-dire de le tirer des arbres. — *Cass.*, 9 janv. 1842 (t. 1er 1843, p. 199), comm. de Huerseau.

357. — De même, si les titres d'un usager dans une forêt et les arrêts de réglement lui donnent le droit de prendre du bois pour chauffage et clôture..., tel qu'il est déclaré par la charte normande, c'est à savoir le saule, marsaule, épine, etc., l'arrêt qui accorde le droit de prendre en sus le *tremble, le coudre, la bruyère, le houx*, viole et les anciennes lois et ordonnances, et la chose jugée. — *Cass.*, 21 mars 1832, Roy.

358. — Pour fixer sur quelles essences une commune, au profit de laquelle existe un titre antérieur à la réunion de la Franche-Comté à la France, doit exercer son droit au mort-bois, une cour royale peut, sans donner ouverture à cassation, comprendre dans ces essences, le charme, l'orme et le tremble, en se fondant sur les ordonnances alors en vigueur dans cette contrée, interprétées à l'aide de la doctrine et de la jurisprudence. — *Cass.*, 22 nov. 1832, Chavelet. — V. *suprà* no 347.

359. — En Alsace, le droit d'affouage apparte-

ad culturam, vel ipsum meliorando, nocet servituti jure pascendi impositæ et non potest : aut non nocet, vel prodest, et potest. » (*De servitutibus, cap.* 19, n° 56). — *Bourges*, 30 août 1831, Billard c. Viel de Lunas.

420. — Jugé par la cour de Pau que le droit d'usage sur une lande confère à l'usager qualité pour s'opposer à tous les faits de nature à préjudicier à ce droit, et notamment pour l'autoriser à demander la suppression des arbres nuisibles à l'exercice du pâturage. — *Pau*, 12 août 1837 (t. 2 1839, p. 651), comm. de Bizanos c. Trouilh.

421. — Le propriétaire ne pourrait, d'après les principes ci-dessus posés, ensemencer d'anciennes places vides ou des mares et étangs depuis longtemps desséchés, à moins qu'il ne s'en suive aucun préjudice pour l'usage. — Meaume, n° 935.

422. — Mais si les mares ou étangs étaient défrichés par le propriétaire pour les mettre en culture, l'usager qui ne pouvait y exercer un droit de servitude, puisqu'ils étaient couverts d'eau, ne pourrait empêcher le propriétaire de tirer parti de ces terrains. Toutefois, si l'eau en était nécessaire pour abreuver les bestiaux des usagers, ils seraient alors des accessoires de la servitude de pâturage, et on pense que le propriétaire ne pourrait en ce cas les supprimer. — Meaume, n° 936.

423. — Le propriétaire d'une forêt usagère ne pourrait la grever de nouveaux droits, si la concession nouvelle devait préjudicier aux droits précédemment acquis. — *Nancy*, 20 juill. 1843 (t. 2 1844, p. 310), Clinchamp c. Humbert. — Bouhier, *cout. de Bourges*, chap. 62, n° 79; Salvaing, *De l'usage des fiefs*, chap. 96, p. 476, n° 5; Legrand, *Cout. de Troyes*, sur l'art. 175; Proudhon, n° 152; Curasson, *Code forest.*, t. 2, p. 207; Meaume, n° 937.

424. — Si la possibilité de la forêt cessait de suffire aux besoins des usagers, et qu'il y eût lieu à réduction, celle-ci devrait porter d'abord sur les usagers dont les titres seraient les plus récens, de telle sorte que les possesseurs des plus anciens titres fussent atteints les derniers. — Meaume, *loc. cit.*

425. — Le propriétaire ne pourrait changer l'ancien mode d'exploitation de sa forêt, s'il en devait résulter un préjudice pour les usagers. La seule possession trentenaire et constante de l'usager devrait même mettre ce dernier à l'abri de toute innovation préjudiciable à l'exercice de son droit. — Proudhon, nos 153 et 154.

426. — Curasson (n° 185, dans ses notes) critique vivement cette opinion. Invoquant l'autorité de Dumoulin, il repousse d'abord l'exception de prescription qu'invoquerait l'usager. Puis, il fait observer qu'il n'en est pas ici comme de la concession de l'usage au bois, lequel consiste dans le droit de prendre une partie des produits essentiels de la forêt. « Que l'on se reporte, dit-il, au titre et à l'intention des parties : en accordant aux habitans la faculté d'introduire leur bétail dans les coupes défensables pour y consommer l'herbe inutile, qui dans un bois ne se récolte jamais, le propriétaire n'a certainement pas entendu se priver du droit d'administrer sa forêt en bon père de famille. »

427. — Cette distinction entre le pâturage et l'usage en bois est admise par Meaume (n° 938). Il est évident, dit-il, que l'usager ne pourra imposer au propriétaire un aménagement qui serait établi pour le plus grand avantage de la servitude. Le propriétaire doit avoir seul le droit de diriger l'exploitation de sa forêt, de façon à ce qu'elle lui procure les produits les plus utiles, sans se préoccuper si les droits de l'usager au pâturage s'en trouveront augmentés ou diminués. Ainsi, un usager ne pourra jamais s'opposer à la conversion d'un taillis en futaie. — Conf. d'Avannes, p. 155 et suiv.

428. — Mais il en serait autrement, si le propriétaire agissait de manière à dépouiller la commune de son droit ou à le rendre impraticable. Par exemple, s'il abattait sans nécessité la totalité d'une forêt considérable, s'il coupait au moment où les cantons deviennent défensables, ou entremêlait les coupes de manière à les rendre inabordables au bétail, attendu le danger de les laisser échapper dans de jeunes recrues environnantes. Les usagers pourraient aussi réclamer si le propriétaire jardinait sans nécessité, de manière à rendre le pâturage impossible. — Mêmes autorités. — *Cass.*, 10 mai 1843 (t. 2 1843, p. 563), comm. de Paimpont c. d'Andigné de la Chasse.

429. — L'usager pourrait aussi empêcher le propriétaire du bois d'y faire creuser des fossés ou des rigoles, si ces ouvrages étaient sans utilité pour la conservation, l'amélioration ou l'aménagement du sol forestier. — *Caen*, 12 août 1848 (t. 2 1849, p. 62), Poriquet c. comm. de Labellière.

430. — S'il s'agit d'un usage en bois sur des essences déterminées, le propriétaire ne pourrait pas supprimer les délivrances en changeant la nature des produits, alors même que ce changement serait justifié par les exigences d'une bonne culture. Ainsi, le propriétaire d'une forêt grevée d'un usage au *mort-bois* ou *bois blanc* ne pourrait substituer du bois dur à ces arbres que s'il en laissait subsister assez pour suffire aux besoins de l'usager, ou que s'il indemnisait l'usager en lui délivrant des bois durs. Mais, dans ce dernier cas, le volume des délivrances devrait diminuer. Car le propriétaire ne doit qu'une quantité de bois capable de fournir le calorique nécessaire aux besoins du ménage. — Meaume, n° 939.

431. — Le propriétaire de la forêt usagère ne pourrait couper à blanc étoc. Cette coupe étant généralement aussi nuisible au propriétaire qu'à l'usager, celui-ci pourrait l'interdire au premier dans leur intérêt commun. — Bouhier, *Cout. de Bourges*, chap. 62, nos 72 et suiv.; Proudhon, n° 157; Curasson, *Code forest.*, p. 208; Meaume, n° 940.

432. — Mais le propriétaire d'un terrain vague pourrait le planter, car c'est ici un acte de bonne administration. L'usager pourrait peut-être s'opposer à une plantation totale qui lui enlèverait entièrement l'exercice de son droit; mais il ne pourrait s'opposer entièrement à un repeuplement partiel. Car, refuser entièrement au propriétaire le droit de planter, ce serait faire passer tout le domaine utile entre les mains de l'usager, si le propriétaire s'était interdit de faire pâturer pour son compte. — Meaume, n° 941.

433. — Le propriétaire d'un bois grevé de l'usage au pâturage ne pourrait y introduire ses bestiaux ou ceux de ses fermiers, qu'autant qu'il ne nuirait pas à l'usager et qu'il resterait pour les bestiaux de ce dernier des produits suffisans. — *Nancy*, 20 juill. 1843 (dans ses motifs) [t. 2 1844, p. 310]. Clinchamp c. Humbert. — Meaume, n° 942.

434. — Les habitans des maisons nouvelles ont droit de participer aux délivrances usagères. — Meaume, n° 943; Curasson sur Proudhon, t. 3, n° 1012.

435. — Mais dans les communes usagères où il existe des forges et autres établissemens industriels, les ménages d'ouvriers doivent-ils être comptés pour le réglement de la quotité des délivrances à effectuer? — Curasson sur Proudhon (n° 1011) soutient la négative.

436. — Meaume (n° 944, note) pense qu'il faut ici établir une distinction. Si les ouvriers habitent l'établissement industriel dont ils peuvent être renvoyés d'un moment à l'autre par la volonté du maître, ils ne doivent pas participer à la distribution de l'affouage. A plus forte raison en est-il ainsi lorsqu'il s'agit des produits de l'usage, servitude réelle. Mais quand les ouvriers ont un domicile distinct, leur qualité d'ouvriers ne saurait les exclure de la participation aux délivrances usagères. Il n'y a aucun motif, dit-il, d'exclure une classe d'habitans dont chacun justifie de la qualité de chef de famille.

437. — Lorsque le droit d'usage, réglé d'après la possibilité des forêts, ne suffit plus pour satisfaire pleinement les droits de la commune usagère, comment en opérer la réduction entre les habitans? Disons d'abord que c'est au conseil municipal à régler l'emploi des délivrances. Il pourra, en l'absence de toute disposition spéciale dans le titre constitutif de l'usage, déterminer le mode de répartition qui lui paraîtra le plus équitable, sans pouvoir cependant changer la destination de la servitude. Mais d'après quelles bases devront-ils procéder? S'il s'agit de bois de chauffage, l'analogie entre le cas que nous examinons et la distribution de l'affouage doit faire préférer le mode indiqué par l'art. 105, Code forest., c'est-à-dire le partage par feu entre chaque chef de famille ou de maison, à défaut d'usage contraire suivi dans la commune. — Meaume, n° 944; Curasson sur Proudhon, n° 1012.

438. — Quant aux bois de marronage, il sera bien rare que la possibilité de la forêt s'oppose aux délivrances. Il n'en sera guère ainsi qu'en cas d'incendie d'un certain nombre de maisons usagères. Le mode de répartition qui paraît le plus équitable alors est celui qui prendra pour base le toisé des bâtimens. — Meaume, *cod. loc.*

439. — Lorsqu'il s'agit du pâturage, les fermes doivent-elles avoir une plus forte part que les simples habitations? Aura-t-on égard au nombre des individus dont se compose chaque famille? D'après Merlin (*Rép.*, v° *Usage*), la règle uniforme du partage par feu doit être appliquée pour déterminer combien de bestiaux chaque habitant pourra faire conduire au pâturage; en d'autres termes, si la possibilité de la forêt a été, par exemple, fixée à cent têtes de bétail, et qu'il y ait dans la commune cinquante chefs de famille, chacun aura le droit d'introduire deux têtes de bétail.

440. — Curasson sur Proudhon (t. 3, p. 581 et suiv.) critique vivement cette doctrine. Cet auteur enseigne qu'on doit, conformément à l'art. 13, sect. 11e, L. 6 oct. 1791 sur la vaine pâture (V. ce mot), régler la quantité de bétail à mettre au pâturage par chaque habitant, d'après l'étendue du terrain qu'il cultive, à tant de têtes par arpent. Pour satisfaire tous les besoins, on se conformera à l'art. 14, qui accorde à chaque prolétaire le droit d'envoyer au parcours six bêtes à laine et une vache avec son veau. L'opération des agens forestiers, ajoute l'auteur, se bornant à fixer le nombre d'animaux qui peuvent être admis au pâturage et au panage dans les bois, c'est à l'autorité municipale à faire ensuite la répartition de ce nombre entre les habitans. »

441. — « Nous croyons, comme Curasson, dit Meaume (n° 944, *in fine*), que la répartition *pro modo jugerum* est la base la plus équitable, et qu'elle doit être assez généralement adoptée par les conseils municipaux. Mais il peut se présenter des circonstances telles que ce mode pût favoriser outre mesure les grands propriétaires territoriaux au détriment des propriétaires de maisons. Dans ces cas, les conseils municipaux feront sagement de s'en tenir au partage par feu, ou bien d'adopter, selon les circonstances, un terme moyen entre le partage par feu et le partage d'après l'étendue des terres possédées. »

442. — L'affectation consentie, moyennant une rente annuelle, sur la généralité de ses forêts, par une abbaye au droit de laquelle l'état a été substitué par des lois, ne peut être limitée que par l'impossibilité de fournir la quantité de bois convenue, mais elle ne peut être réduite proportionnellement à la part de ces forêts qui reste en la possession de l'état, après que le surplus a été cédé à un prince étranger, en exécution des traités de 1815. L'art. 1148, C. civ., relatif à la force majeure, n'est pas applicable dans ce cas. — *Cass.*, 14 nov. 1833, préfet de la Moselle c. Diétrich.

443. — Un arrêt de Colmar du 13 mai 1843, (Meyerhoffen), cité par Meaume (t. 1er, n° 285), a décidé que dans le cas où un droit de chauffage, *consistant en délivrances fixes*, aurait été établi en faveur d'un fief, le droit d'usage, en cas d'aliénation d'une partie des terres composant ce fief, devrait être réduit en proportion à la quantité des terres non aliénées.

Sect. 2e. — *De l'aliénation des produits et de leur emploi public dans un but d'aliénation.*

444. — Les besoins de l'usager sont, comme nous l'avons dit, la limite naturelle de son droit. Or, en vendant les produits qui lui ont été délivrés, il aliène, au détriment du propriétaire, ce qu'il n'aurait pas dû recevoir. Aussi les anciennes ordonnances qui ont réglementé le droit d'usage interdisaient-elles à l'usager de vendre les produits qui lui étaient délivrés. — V. ordonn. 1376, 1388, 1402, 1515 et 1526; cout. du Nivernois, chap. 17, art. 15; de Lorraine, tit. 15, art. 23; de Meaux, art. 180 et 181, etc. — Saint-Yon, p. 378; de Fréminville, t. 3, p. 324.

445. — Ces principes étaient constamment appliqués aux usagers par les tribunaux. On peut consulter à cet égard le résumé de la jurisprudence ancienne, dans le *Dict.* de Baudrillart, « v° *Usages*, nos 962 et suiv. » — Il ont été reproduits par l'art. 83, C. forest.

446. — Cet article porte : « Il est interdit aux « usagers de vendre ou d'échanger les bois qui « leur sont délivrés, et de les employer à aucune « autre destination que celle pour laquelle le droit « d'usage a été accordé. — S'il s'agit de bois de « chauffage, la contravention donne lieu à une « amende de 10 à 100 fr.; — s'il s'agit de bois à bâ- « tir ou de tout autre bois non destiné au chauffa- « ge, il y a lieu à une amende double de la valeur « des bois, sans que cette amende puisse être au- « dessous de 50 fr. »

447. — L'art. 83 ne s'applique pas au bois des communes et des établissemens publics (C. forest., art. 112), mais ces dispositions s'étendent aux bois des particuliers. — Art. 120.

448. — L'interdiction de vendre n'est pas toutefois d'ordre public. Il peut y être dérogé par des conventions particulières. Mais la clause doit être expresse; aucune prescription ne saurait l'établir, s'appuyât-elle sur une possession résultant de réglemens généraux, ceux-ci ayant été abolis par l'art. 218, C. forest. — *Cass.*, 31 oct. 1838 (t. 2, 1839, p. 246), comm. de Dabo. — Meaume, n° 676. — *Contrà* Curasson, sur Proudhon, n° 537.

449. — Par suite, le titre qui concède à une commune un droit exclusif sur un canton d'une forêt avec faculté *d'opérer des ventes et obtenir ainsi un avantage bien différent de celui d'un simple usage*, autorise les habitans de cette commune, nonobstant leur qualité d'usagers, à tirer parti, à leur gré, de l'excédant du bois d'affouage, de marronage et de tous autres, et, par conséquent, à le céder et à le vendre. — *Nancy*, 2 janv. 1844 (t. 2 1844, p. 157), préfet des Vosges c. comm. d'Etival.

450. — En cas d'ambiguïté du titre, le doute doit s'interpréter en faveur du propriétaire. — Meaume, n° 677.

451. — L'usager qui irait demeurer dans une autre commune ne saurait y transporter le bois qui lui aurait été délivré. L'usage est, en effet, plutôt accordé à la maison qu'à l'usager. Celui qui quitte la maison usagère doit donc laisser à son successeur la portion d'affouage non consommée. — Meaume, n° 678, et t. 3, p. 398, *add.*; Coin-Delisle et Frédérich, t. 1er, p. 351.

452. — Si l'on appliquait rigoureusement l'art. 83, on devrait interdire aux usagers qui n'ont pas les moyens de conduire leur bois de la coupe à leur domicile la faculté d'en accorder une partie à ceux d'entre eux qui ont des voitures, afin d'en obtenir qu'ils transportent leur portion. Mais une pareille interprétation a toujours paru trop rigoureuse, sauf aux tribunaux à réprimer les abus, s'il y a lieu. — Saint-Yon, liv. 1er, tit. 29, art. 19, note; Proudhon, 1re édit., n° 3227; Meaume, n° 679; Coin-Delisle et Frédérich, t. 1er, p. 350.

453. — Quant à la dérogation qui consisterait à autoriser l'usager au bois de construction à abandonner pour prix du sciage la planche du milieu, M. Proudhon et son annotateur, M. Curasson (n° 535), pensent qu'on doit continuer à exécuter les usages locaux existant à cet égard. Mais cette interprétation est repoussée par Meaume (n° 680), Coin-Delisle et Frédérich (t. 1er, p. 350), comme en opposition trop flagrante avec la lettre et l'esprit du Code forestier. Si on permet à l'usager d'abandonner une planche pour prix du sciage, pourquoi lui refuserait-on d'en abandonner une autre au charpentier, une troisième au menuisier, etc.

454. — L'usager, poursuivi pour avoir vendu du bois, ne saurait exciper de sa bonne foi. C'est inutilement qu'il invoquerait un arrêté du maire autorisant la vente des portions affouagères. C'est ce qu'a décidé un arrêt inédit de Metz (5 juin 1833) rapporté par Meaume (n° 681, note).

455. — Les communes ne peuvent, pas plus que les simples usagers, vendre les bois délivrés pour l'usage des habitans. — Meaume, n° 682.

456. — L'interdiction de l'art. 83 leur serait applicable, lors même qu'il s'agirait de vendre une portion d'affouages pour payer les dépenses relatives à la jouissance des communes. — Décis. min. des 8 mai 1825 et 5 nov. 1829. — *Régl. forest.*, t. 4, p. 76 et 318.

457. — La commune devrait être condamnée, encore que la déclaration du conseil municipal aurait reçu l'approbation de l'autorité administrative. — Meaume, *loc. cit.*

458. — Dans certaines forêts situées sur la frontière, des droits d'usage existent au profit des étrangers. L'art. 83 s'appliquerait à ces derniers sans qu'ils pussent objecter que les lois de douane défendent d'exporter les bois sans autorisation. — Metz, arrêt inédit du 19 nov. 1842, rapporté par Meaume (n° 685, note).

459. — La défense de vendre n'entraîne pas l'obligation de façonner en forêt. — Meaume (n° 684), qui cite à la note, comme l'ayant ainsi reconnu, une décis. min. du 2 oct. 1829. — *Régl. forest.*, t. 4, p. 309.

460. — Celui qui achète des bois d'un usager ne peut être considéré comme complice. — *Cass.*, 6 mai 1837 (t. 1er 1838, p. 143, forêts c. Dion. — Meaume, n° 685, où il cite, comme l'ayant ainsi décidé un arrêt de Nancy du 31 mai 1829.

461. — L'administration forestière a quelquefois dérogé à l'art. 83, en accordant à des usagers dont les maisons avaient été incendiées plus de bois qu'il n'était nécessaire pour la reconstruction, mais sous certaines conditions, par exemple que la maison serait couverte en tuiles et non en bois. Dans ce cas, si l'usager n'exécutait pas la condition qui lui était imposée, l'administration ne pourrait cependant le poursuivre comme ayant violé l'art. 83. — Meaume, n° 686.

462. — L'usager qui a droit à des bois de construction ne peut employer celui qui lui a été délivré qu'à la réparation de la maison pour laquelle il l'a obtenu, après avoir suivi la marche indiquée par l'art. 123 de l'ordonnance réglementaire. Il ne pourrait l'employer à un autre de ses immeubles — Meaume, n° 687; Curasson sur Proudhon, n° 536.

USAGE (Forêts), ch. 4, sect. 2e.

463. — ... Il en serait ainsi quand même ses titres lui conféreraient le droit d'en demander pour les uns comme pour les autres.

464. — La cour de Nancy a pareillement décidé (6 juin 1836, Poivre) que l'usager qui, ayant obtenu la délivrance du bois nécessaire aux réparations de sa maison, en a employé une partie seulement à cette destination, encourt l'amende prononcée par l'art. 83, si le surplus du bois délivré a servi à réparer une autre maison qu'il a échangée depuis avec la première. Il en serait ainsi quand même les deux maisons jouiraient l'une et l'autre d'un droit de marronage dans la même forêt, et qu'un devis aurait été présenté pour la seconde à l'effet de constater les réparations qui lui seraient nécessaires. — Cet arrêt est rapporté par Meaume, *loc. cit.*, note.

465. — De même, les peines portées par l'art. 83, C. forest., sont applicables à l'usager qui emploie le bois qui lui a été délivré à un autre usage que celui pour lequel il l'a obtenu. Spécialement, lorsque l'usager, au lieu d'employer à réparer son écurie et à soutenir une galerie le bois qui lui a été délivré à cet effet, l'emploie à tailler une colonne en menuiserie pour cette galerie. — *Cass.*, 25 juill. 1839 (t. 2 1839, p. 483), Kauffmann.

466. — ... Ou, lorsque le bois de poutre délivré pour construire une cave est employé à faire des chevillons pour un plancher. — *Cass.*, 25 juill. 1839, Hautenschild, *eod. loc.*

467. — ... Ou, lorsque le bois destiné à la reconstruction d'une étable est employé à la construction d'une maison. — *Cass.*, 25 juill. 1839, Ebener, *eod. loc.*

468. — C'est le devis seul et non le procès-verbal de vérification qui fixe la destination; si le sens de ce devis était contesté, ce serait une difficulté du fond du droit, dont connaîtraient les juges ordinaires. Ainsi l'a décidé la cour de Nancy, par arrêt du 6 déc. 1835, rapporté par Meaume (n° 688).

469. — Lorsque des procès-verbaux constatent qu'en reconstruisant sa maison dans une proportion différente de celle portée au devis, l'usager a changé la destination des bois qui lui avaient été délivrés, les juges n'ont pu ordonner une enquête à l'effet de rechercher si le changement dans la destination des bois délivrés a été ou non nécessité par le retard apporté par l'administration à la délivrance. — *Cass.*, 26 avr. 1845 (t. 2 1845, p. 148), Bouvier.

470. — L'administration forestière peut disposer à son profit des arbres propres aux constructions qui restent sans emploi dans les coupes annuelles, quand les devis régulièrement présentés par les communes ayant un droit de marronnage sont remplis. — *Metz*, 24 nov. 1846 (t. 1er 1850, p. 362), préfet de la Moselle c. comm. de Saint-Avold.

471. — Autrefois, lorsque l'usager était reconnu avoir vendu une partie des bois qu'il avait reçus, certains réglemens lui imposaient une privation de l'usage, soit temporaire, soit absolue. Ces réglemens ayant été abolis par l'art. 218, C. forest., le délit, quelle qu'en fût la gravité, ne pourrait être puni que de l'amende prononcée par l'art. 83. Le projet du Code portait que les viagers qui auraient été condamnés pour vente d'affouage seraient privés de leur droit à celui-ci pendant un an. Mais la chambre des députés écarta cette disposition. — Meaume, n° 689.

472. — L'abrogation de tous les réglemens anciens, alors même que le titre constitutif stipulerait la privation du droit comme peine, a été reconnue par décision du min. des fin. du 2 mai 1828, *Régl. forest.*, t. 4, p. 75.

473. — Si l'usager ne peut vendre le bois auquel il a droit, il ne peut être toutefois tenu de l'employer sans aucun retard. Mais un délai devait être fixé à cet égard, pour ne pas rendre impossible tout moyen de contrôle. C'est ce qu'a reconnu l'art. 84, C. forest.

474. — Cet article est ainsi conçu : « L'emploi des bois de construction devra être fait dans un délai de deux ans, lequel néanmoins pourra être prorogé par l'administration forestière. Ce délai expiré, elle pourra disposer des arbres non employés. » L'article ne prononce aucune peine pour inobservation du délai fixé par cet article, mais il réserve à l'administration le droit de reprendre le bois non employé, après deux ans depuis la délivrance.

475. — L'art. 84 n'est pas applicable aux bois des particuliers. — C. forest., art. 120.

476. — De ce que l'usager est tenu d'employer le bois délivré dans les deux années, il suit que l'administration forestière a le droit de surveiller cet emploi dans ledit intervalle. Des usagers peuvent obtenir, en effet, du bois pour pourvoir à des besoins réels, et ne faire que les réparations les plus urgentes, puis vendre l'excédant, ou donner au bois une autre destination que celle qui lui est assignée. Malgré le devis prescrit par l'art. 123 de l'ordonn., la délivrance peut avoir dépassé les besoins effectifs, l'administration doit donc être mise en état d'exercer son droit de reprise. — Meaume, n° 691.

477. — Aussi, l'administration peut-elle, pendant les deux ans accordés à l'usager pour faire emploi des bois qui lui ont été délivrés, constater qu'il en a fait un emploi différent et intenter contre lui des poursuites à raison de cette contravention. — *Cass.*, 30 juill. 1835, Guillermet.

478. — Il suffit que l'usager ne puisse représenter les bois délivrés pour qu'il s'élève contre lui une présomption d'emploi frauduleux. — *Cass.*, 28 févr. 1835, Meder; 26 avr. 1845 (t. 2 1845, p. 148), Bouvier. — Meaume, n° 692.

479. — Mais, si l'usager prouvait que les bois lui ont été volés, il devrait être renvoyé des poursuites. Seulement, il serait obligé de réparer sa maison avec des bois achetés de ses deniers, sans pouvoir prétendre à une nouvelle délivrance. — Meaume, n° 693.

480. — L'expiration du délai de deux ans est une mise en demeure suffisante pour l'usager de représenter les bois non employés ou d'en justifier l'emploi. Les agens et préposés de l'administration n'ont pas à avertir l'usager, par une sommation préalable, du jour où s'opérera leur vérification. — *Cass.*, 20 sept. 1832, Babonot et Thivet. — Meaume, n° 694.

481. — Il suffit que des usagers ne justifient point de l'emploi légitime des bois à eux délivrés pour qu'ils soient responsables de ceux manquans, et sans qu'il soit nécessaire que le procès-verbal de la visite faite chez eux constate formellement l'emploi frauduleux qu'ils en ont fait. — Même arrêt.

482. — En cas de défaut d'emploi dans les deux ans, l'administration peut dresser un procès-verbal de la saisie pour constater sa reprise de possession, et les frais du jugement qui valide cette saisie sont supportés par l'usager. — C'est ce qui a été décidé par arrêts inédits de *Metz*, 15 nov. 1837, et de *Nancy*, 22 déc. 1842, rapportés par Meaume, n° 695, à la note. — *Adde* Meaume, t. 3, p. 400.

483. — Par un autre arrêt du 9 janv. 1835 (cité *eod. loc.*), la cour de Nancy a jugé que, si l'administration forestière poursuivait d'abord un usager pour détournement de bois de marronage à lui délivré, puis, changeant ses conclusions, se bornait à demander la confiscation des bois pour défaut d'emploi dans le délai prescrit, on ne devait mettre à la charge du prévenu, s'il succombait seulement sur cette dernière question, qu'une partie des frais proportionnée à l'importance qu'elle pouvait avoir dans la cause.

484. — Le procès-verbal de vérification doit toujours mentionner la présence de l'usager. Aussi la cour de Nancy a-t-elle décidé que si la visite des agens avait eu lieu pendant l'absence de l'usager et à son insu, celui-ci devrait être admis à prouver qu'il a encore en sa possession les bois non employés qui n'ont pas été représentés, quand bien même sa femme aurait assisté à la visite, et que le délai de deux ans serait expiré. — *Nancy*, 20 sept. 1832, 7 déc. 1833 et 5 janv. 1836, cités par Meaume, n° 696, note.

485. — Le procès-verbal qui constate que les usagers chez lesquels les agens forestiers se sont transportés n'ont pas représenté tous les bois qui leur avaient été délivrés, établit suffisamment la présence desdits usagers, et le tribunal ne peut, sans violer la foi due à ce procès-verbal, les renvoyer des poursuites sous le prétexte qu'il n'est pas suffisamment prouvé qu'ils eussent assisté à la visite faite chez eux. — *Cass.*, 20 sept. 1832, Babonot et Thivet.

486. — Le procès-verbal doit relater d'une manière circonstanciée les déclarations de l'usager relatives au non emploi. — Meaume, n° 696, où il cite comme conforme un arrêt de la cour *Nancy*, du 21 nov. 1834, rendu sous la présidence de M. Troplong.

487. — « Les usagers ne peuvent jouir de leurs droits de pâturage et de panage que pour les bestiaux à leur propre usage, et non pour ceux dont ils font commerce, à peine d'une amende double de celle qui est prononcé par l'art. 199. » — C. forest., art. 70.

488. — En effet, l'usage, ayant pour seul but de satisfaire les besoins des usagers, n'est pas destiné à leur fournir des moyens de commerce. Il en a toujours été ainsi. La cout. de Nivernois (chap. 15, art. 19) défendait formellement d'introduire dans les bois les bestiaux dont commercent les

USAGE (Forêts), ch. 4, sect. 3ᵉ.
USAGE (Forêts), ch. 4, sect. 3ᵉ.

usagers. — L'art. 14, tit. 19, ord. 1669, a généralisé cette défense.

489. — L'art. 70 s'applique aussi aux bois des particuliers. — C. forest., art. 120.

490. — Il s'applique également aux bois des communes et des établissemens publics (art. 112), comme à ceux soumis au régime forestier. Il peut se faire cependant que les communes aient intérêt à louer le pâturage dans leurs bois, et alors les locataires pourraient y introduire ceux destinés au commerce comme ceux qui vivent à l'exploitation de la ferme. Si quelques habitans préféraient user par eux-mêmes de leurs droits de pâturage, l'autorité administrative aurait alors à statuer comme lorsqu'il s'agit d'affermer un parcours communal. — Meaume, nº 882.

491. — C'est en ce sens que s'est prononcé le min. des fin., le 2 nov. 1829, et cette décision doit être suivie sous la loi du 18 juill. 1837, l'art. 17 de cette loi n'ayant point dérogé, en ce qui concerne les pâturages dans les bois, aux réglemens préexistans. — Meaume, *eod loc.*; Coin-Delisle et Frédérich, t. 1ᵉʳ, p. 410.

492. — Les bestiaux dont on fait commerce sont ceux qu'on achète pour les engraisser et les revendre, ainsi qu'il résulte de la discussion à la chambre des députés, séance du 26 mars 1827, où fut inutilement demandée la suppression des mots, *et non pour ceux dont ils font commerce.* On ne considère pas comme bétail destiné au commerce celui né dans la ferme. — Meaume, nº 578; Curasson sur Proudhon, nº 427.

493. — Mais l'interdiction prononcée contre le bétail destiné au commerce ne s'étend pas à celui donné à cheptel, et qui est destiné à l'exploitation et à l'engrais des terrains de la ferme. — Becquet (*Lois forest.*, t. 1ᵉʳ, p. 524) cite deux arrêts du parlement de Paris, des 24 juill. 1628 et 13 juin 1722, d'après lesquels les usagers ont le droit d'envoyer au pâturage les bestiaux dont ils sont détenteurs à titre de cheptel ou de louage. La loi nouvelle n'a pas innové sur ce point. — Meaume, nº 579; Coin-Delisle et Frédérich, t. 1ᵉʳ, p. 321.

494. — Quoi qu'il en soit, si le titre de l'usager lui donnait le droit d'introduire les bestiaux dont il fait commerce, ce titre devrait recevoir son exécution, la règle posée par l'art. 70 n'étant pas une de ces dispositions de police, comme la défensabilité, devant laquelle doit fléchir tout titre contraire. — Saint-Yon, liv 1ᵉʳ, tit. 30, en note; Meaume, nº 580; Coin-Delisle et Frédérich, t. 1ᵉʳ, p. 321.

Sect. 3ᵉ. — *Étendue des droits de pacage et glandée.*

495. — L'art. 78, C. forest., dispose ainsi qu'il suit : « Il est défendu à tous usagers, nonobstant tous titres et possessions contraires, de conduire ou faire conduire des chèvres, brebis ou moutons dans les forêts ou sur les terrains qui en dépendent, à peine, contre les propriétaires, d'une amende qui sera double de celle qui est prononcée par l'art. 199, et contre les pâtres ou bergers, de 15 fr. d'amende. En cas de récidive, le pâtre sera condamné, outre l'amende, à un emprisonnement de cinq à quinze jours. — Ceux qui prétendraient avoir joui du pacage ci-dessus en vertu de titres valables ou d'une possession équivalente à titre, pourront, s'il y a lieu, réclamer une indemnité qui sera réglée de gré à gré, ou, en cas de contestation, par les tribunaux. — Le pacage des moutons pourra néanmoins être autorisé, dans certaines localités, par des ordonnances. » — C. forest., art. 78.

496. — L'interdiction de conduire des chèvres et des moutons dans les forêts est fort ancienne. Ainsi, l'ordonnance de François Iᵉʳ, de 1541, en rappelle d'anciennes qui portaient cette défense. Celle-ci a été renouvelée par l'ord. de 1669, et rappelée par un décret du 17 niv. an XIII. L'édit de Léopold, de 1707, portait la même exclusion pour le duché de Lorraine.

497. — Jugé que toute contravention de la part des usagers qui, au mépris de l'art. 13, tit. 19, ord. 1669, auraient introduit, soit dans les bois de l'état, soit dans les bois des particuliers, des chèvres et des moutons, peut encore être recherchée et punie. — *Cass.*, 8 nov. 1826, Main.

498. — La défense d'introduire les chèvres dans les forêts usagères est d'ordre public. Le pouvoir exécutif ne pourrait, par ordonnance (aujourd'hui par décret), lever cette prohibition. Mais il a la faculté d'autoriser passagèrement le pacage des moutons. Seulement, comme cette faculté est toute gracieuse, la suppression de l'autorisation ne peut en aucun cas donner lieu au contentieux administratif ou à indemnité au profit des usagers. — Meaume, nº 619.

499. — Aussi la cour de Nîmes a-t-elle décidé que l'art. 78, qui défend d'introduire des bêtes à laine dans les forêts est d'ordre public, et a dérogé à tous droits antérieurs contraires. Pour se soustraire à la prohibition de l'art. 78, les anciens usagers se prévaudraient vainement de ce que le pâturage est d'une absolue nécessité pour les communes et qu'ils sont en instance pour le faire constater aux termes de l'art. 64, C. forest.; ils doivent au moins provisoirement exécuter l'art. 78. — *Nîmes*, 17 juin 1841 (t. 1ᵉʳ 1842, p. 220), Vidal et Berrier c. Fromental.

500. — Les usagers se prévaudraient aussi vainement de ce que le terrain sur lequel ils entendent exercer leurs droits était anciennement en nature de pâturage; du moment que le terrain est devenu nature de bois, l'art. 78 devient applicable. — Même arrêt.

501. — Le droit attaché à un domaine de conduire au pacage sur des biens communaux un certain nombre de bêtes de bétail est un droit essentiellement variable, soumis dans son exercice aux réglements de l'autorité administrative et à la possibilité des biens grevés. — *Nîmes*, 13 déc. 1842 (t. 1ᵉʳ 1843, p. 111), Palmel.

502. — Le pouvoir exécutif seul a le droit d'autoriser le pâturage des moutons (V. C. forest., art. 110). L'autorisation accordée par le préfet serait nulle. — Meaume, nº 621.

503. — Il est évident que la défense de faire paître des chèvres s'étend aux *boucs*. Une cour ayant décidé que le pâturage d'un bouc ne constituait pas son délit, son arrêt fut cassé. — *Cass.*, 1ᵉʳ août 1811, forêts c. Reigne. — Curasson sur Proudhon, nº 438, note; Meaume, nº 619, note; Coin-Delisle et Frédérich, t. 1ᵉʳ, p. 337. — V. CHÈVRES, nº 8.

504. — L'autorisation de conduire des moutons dans un bois n'emporte pas celle d'introduire dans le troupeau les chèvres nécessaires pour le conduire. — Meaume, nº 620. — V. CHÈVRES, nº 10.

505. — Meaume fait observer que la défense de concéder des droits de pâturage pour les chèvres et moutons ayant toujours été pour ainsi dire d'ordre public, il doit exister bien peu de titres accordant ce droit, et surtout *de possessions équivalentes à titre*; et que dans tous les cas, si de pareils titres avaient existé, ils se seraient déjà reproduits; qu'aussi le caractère transitoire du § 2 de l'art. 78, le rend à peu près sans application aujourd'hui. — Meaume, nº 622.

506. — Cependant le cas s'est présenté, et il a été jugé que les usagers dépossédés par l'art. 78, § 1ᵉʳ, de leur droit de pacage dans les forêts et sur les terrains qui en dépendent, mais sous la réserve, exprimée au § 2 du même article, d'une indemnité à régler, s'il y a lieu, à l'amiable ou en justice, peuvent, à l'appui de leur demande en indemnité, prouver l'existence du droit supprimé par des titres valables, ou par une possession équivalente à titre. — *Cass.*, 16 janv. 1844 (t. 1ᵉʳ 1844, p. 826), de Colbert c. comm. de Caunet. — Meaume, nº 623.

507. — En autorisant ceux qui auraient joui, en vertu de titres valables ou d'une possession équivalente, du droit de pacage des chèvres et moutons dans les forêts (droit prohibé par l'ordonnance de 1669) à réclamer une indemnité représentative de ce droit, dont il prohibait lui-même l'exercice, le Code forestier (art 78) a nécessairement supposé qu'un droit de cette nature avait pu légalement être constitué avant sa promulgation. Un arrêt a donc pu refuser d'annuler comme faite sous une condition nulle la vente d'une forêt contenant au profit du vendeur réserve expresse et de rigueur du droit de pacage pour ses bestiaux, de quelque espèce qu'ils fussent, alors que cette vente a eu lieu en 1819 dans le ressort d'un ancien parlement (celui de Toulouse) où la prohibition de l'ordonnance de 1669 n'était pas observée. — *Cass.*, 11 mars 1844 (t. 2 1844, p. 347), Gallis c. Cros.

508. — ... Un pareil acte de vente n'a pas été invalidé en son entier par la promulgation de l'art. 78, C. for. En vain dirait-on que, la réserve de dépaissance ayant cessé de produire son effet à partir de cette époque, il y a eu de la part de l'acquéreur inexécution de l'une des conditions essentielles de la vente, et conséquemment lieu à résolution, dans les termes de l'art. 1184, C. civ.: il n'en est pas en effet de l'inexécution partielle provenant d'une prohibition comme de celle qui procéderait du fait de l'une des parties. Il y a lieu seulement, dans le cas ci-dessus, à l'application du deuxième paragraphe de l'art. 78, qui convertit en une indemnité à régler de gré à gré ou par les tribunaux le droit de dépaissance (tel qu'il est prohibé par ledit article) constitué par titres valables. — Même arrêt.

509. — L'amende de 18 fr., édictée par l'art. 78, s'applique au pâtre quel qu'il soit, même au fils du propriétaire du troupeau; et l'art. 199 est applicable au propriétaire, qu'il ait ou non connu ou autorisé l'introduction des moutons ou des chèvres. — Curasson sur Proudhon, nº 438 *in fine*; Meaume, nº 624. — V. aussi *Nîmes*, 17 juin 1841 (t. 1ᵉʳ 1842, p. 220), Vidal et Berrier c. Fromental.

510. — Meaume cite, en outre (nº 624, à la note), comme l'ayant décidé ainsi, deux arrêts inédits, l'un rendu par la cour de Montpellier (30 nov. 1835), et l'autre par la cour de Dijon (14 déc. 1842).

511. — Suivant Coin-Delisle et Frédérich (t. 1ᵉʳ, p. 337), l'amende ne serait encourue par les propriétaires des moutons que s'ils avaient donné ordre de les introduire dans la forêt. Mais cette doctrine a été repoussée par un arrêt de la cour de Cassation, qui a décidé que l'amende prononcée par les art. 110 et 199, C. forest., contre les habitans qui introduisent ou font introduire des chèvres, brebis ou moutons dans les bois appartenant à la commune qu'ils habitent, est encourue par le propriétaire des animaux trouvés en délit, lors même que leur introduction aurait eu lieu sans son autorisation et à son insu. — *Cass.*, 10 oct. 1828, Forêts c. Bernard; 29 mai 1829, forêts c. Barnaud.

512. — Si c'est le pâtre communal qui est trouvé gardant en délit le troupeau de moutons de la commune, Curasson sur Proudhon (nº 489) prétend que le pâtre seul doit être condamné. Mais « la jurisprudence de la cour de Cassation (rapportée *infrà*, sous l'art. 76) porte à croire, dit Meaume (nº 625), qu'on pourrait poursuivre les propriétaires de moutons, la raison de décider étant la même. »

513. — Les individus trouvés gardant des moutons dans une forêt de l'état ne peuvent être relaxés sur le motif que le procès-verbal n'établirait pas dans quelle partie de la forêt les moutons ont été trouvés, lors surtout que le canton s'y trouve expressément désigné. — *Cass.*, 14 nov. 1835, Larpentier et Guérinot. — Meaume, nº 626.

514. — Les dispositions de l'art. 78, C. forest., relatives au pâturage des chèvres et moutons, sont reproduites avec modifications en ce qui regarde les bois des communes et des établissemens publics, par l'art. 110, C. forest.

515. — Cet article est ainsi conçu : « Dans aucun cas et sous aucun prétexte, les habitans des communes et les administrateurs ou employés des établissemens publics ne peuvent introduire ni faire introduire dans les bois appartenant à ces communes ou établissemens publics, des chèvres, brebis ou moutons, sous les peines prononcées par l'art. 199 contre ceux qui auraient introduit ou permis d'introduire ces animaux, et par l'art. 78 contre les pâtres ou gardiens. Cette prohibition n'aura son exécution que dans deux ans, à compter du jour de la publication de la présente loi, dans les bois où, nonobstant les dispositions de l'ordonn. de 1669, le pâturage des moutons a été toléré jusqu'à présent. Toutefois, le pâturage des brebis ou moutons pourra être autorisé, dans certaines localités, par des ordonnances spéciales (aujourd'hui des décrets). »

516. — L'art. 110 ne prononce pas, on le voit, comme l'art. 78, une amende double de celle édictée par l'art. 199. On applique seulement la peine pécuniaire de ce dernier article. La seconde modification consiste dans le retranchement du § 2 de l'art 78. La reproduction de cet alinéa ne pouvait en effet avoir lieu; car il ne saurait exister, dans le cas de l'art. 110, de titres au profit de quelques habitans de la commune, ou si ceux-ci en avaient, ils auraient alors un véritable droit d'usage soumis à l'art. 78. S'il existait un titre ancien émané de l'autorité publique, permettant le pâturage des chèvres ou des moutons, on devrait le considérer comme un réglement de police dont l'effet a dû cesser devant un réglement postérieur, et la prohibition générale de l'art. 110 a ce caractère. — Meaume, nº 877.

517. — Le droit d'accorder l'autorisation d'introduire les moutons dans les bois communaux n'appartient (aussi bien que lorsqu'il s'agit de bois de l'état) qu'au pouvoir exécutif. L'autorisation accordée par l'autorité municipale ou préfectorale serait sans valeur. La comparaison des art. 78 et 110 ne peut laisser aucun doute à cet égard. — Meaume, nº 878.

518. — Ainsi, jugé que l'arrêt d'un préfet qui autorise le parcours des moutons et des brebis dans des cantons de bois soumis au régime forestier, ne peut suppléer à l'ordonnance royale exigée par les art. 78 et 110, C. forest., ni créer une excuse en faveur de ceux qui ont contrevenu à ces articles. — *Cass.*, 11 fév. 1832, Bignet.

519. — Cette ordonnance ne pourrait être sup-

piéée par l'autorisation de l'administration municipale des communes propriétaires. — *Cass.*, 24 mai 1834, Laty.

520. — De même, l'introduction d'un troupeau de moutons dans un bois communal plus de deux ans après la promulgation du Code forestier, sans qu'il existe d'ordonnance royale autorisant cette dépaissance, ne peut être excusée sur le fondement qu'il résulte implicitement des documens produits, que les habitans de la commune ont été autorisés à faire pâturer sur le terrain en question. — *Cass.*, 13 avr. 1833, François et Vignon; 8 mars 1834 (dans ses motifs), mêmes parties.

521. — L'exception d'un droit de pâturage présentée par le prévenu d'introduction de bêtes à laine dans une forêt, sans autorisation, ne permet pas au tribunal correctionnel de surseoir jusqu'après le jugement de l'exception par les juges civils; cette exception, fût-elle établie, ne faisant point disparaître le délit. Il en est de même de l'exception tirée de ce que le bois où les moutons et brebis ont été introduits serait la propriété de la commune qu'habitent les prévenus. — *Cass.*, 6 juin 1834, Giovansili.

522. — Toutefois, la cour d'Aix a jugé que si les prévenus avaient dû légalement croire que les formalités pour l'exercice de la déjouissance avaient été remplies, il n'y aurait pas délit de leur part, et qu'on devrait, en conséquence, les renvoyer de la poursuite. — *Aix*, 7 janv. 1835 (dans ses motifs), Vigneron.

523. — Par arrêts inédits des 12 avr. 1832 et 12 janv. 1833, rapportés par Meaume (t. 2, p. 242, note), la cour de Grenoble a jugé que lorsque le pâturage des moutons avait été toléré dans une commune, avant comme après le Code forestier, que la commune s'était pourvue pour obtenir l'ordonnance dont parle l'art. 110, *et qu'une décision ministérielle avait accordé un délai*, ce fait de pâturage ne constituait pas un délit; mais qu'il n'en était pas de même à l'égard du pâturage des chèvres

524. — La responsabilité des communes, à l'égard des délits commis par les pâtres, est réglée par l'art. 72, et s'applique dès-lors aux frais seuls et non aux amendes. Il ne peut non plus être question de restitutions et de dommages-intérêts, la commune n'ayant pas à se garantir elle-même. — Meaume, n° 879, où il rapporte à la note un arrêt inédit. conf. de *Metz*, du 26 août 1835.

525. — M. Meaume enseigne que lorsqu'une ordonnance royale a autorisé le pacage des moutons, le droit d'en faire entrer dans le troupeau commun appartient non pas seulement à chaque père de famille, mais à chaque propriétaire ou possesseur de terrain, qu'il soit ou non domicilié dans la commune; qu'aussi la cour de Nîmes, par arrêts inédits des 26 nov. 1835 et 26 mai 1836, a décidé que les propriétaires *forains* pouvaient profiter du pâturage des moutons dans les forêts communales, lorsqu'une ordonnance royale l'avait régulièrement autorisé. Ces arrêts sont rapportés par l'auteur (n° 880, à la note).

526. — Mais la cour de Cassation a jugé que le droit de parcours étant attaché à l'exploitation effective des terres, son exercice en est indivisible, et ne peut être cédé à un cultivateur forain qui n'a pas cette exploitation. — *Cass.*, 14 fév. 1833, Blot et Dadou

527. — Aucun usage local, quelle que soit son ancienneté, ne peut dispenser de l'autorisation exigée par l'art. 110. Si longue qu'ait été la tolérance avant comme depuis le Code forestier, l'habitant qui se fonderait sur cet ancien usage n'en serait pas moins condamné, en cas de poursuite. — *Cass.*, 24 déc. 1829, Joseph Pellet. — Meaume, n° 881.

528. — Jugé encore que le mode d'exercice des droits d'usage, quelque longue que soit la possession invoquée par les usagers, ne peut prévaloir et survivre aux dispositions du Code forestier. — *Cass.*, 31 déc. 1848 (t. 2 1839, p. 246), comm. de Dabo c. préf. de la Meurthe.

529. — Le § 3 de l'art. 78, d'après lequel le pacage des moutons peut être autorisé par une ordonnance, a, par suite de l'adoption d'un amendement présenté à la chambre des députés (séance du 30 mars 1827), été déclaré inapplicable aux bois des particuliers (C. forest., art. 120).

530. — Le propriétaire peut donc lever la prohibition de l'art. 58 à l'égard du pâturage des brebis et moutons. Il pourra, à plus forte raison, introduire ses moutons dans son bois, s'il ne préjudicie pas ainsi aux droits des usagers. — Meaume, n° 946; Curasson sur Proudhon, n° 494.

531. — Mais l'interdiction absolue faite par l'art. 78, de permettre le pâturage des chèvres dans les bois de l'état, s'applique-t-elle aux bois des particuliers? D'après Merlin (*Rép.*, v° *Pâturage*, § 1er, n° 5), la propriété d'un bois emporte le droit d'en user et d'en abuser, et, par suite, celui d'y introduire des bestiaux avant qu'il soit défensable, et, par conséquent, ses chèvres et ses moutons, que le bois soit défensable ou non. Le propriétaire peut permettre également qu'on y introduise des moutons et des chèvres appartenant à autrui. — Conf. Curasson, sur Proudhon, n° 495.

532. — La cour de Cassation, pour modérer le abus du pâturage qui avaient lieu depuis la Révolution, avait cependant considéré comme d'ordre public la prohibition d'introduire des chèvres même dans les bois des particuliers. — *Cass.*, 16 oct. 1807, Zecca; 5 nov. 1807, Vieux. — V. aussi CHÈVRES, nos 6 et 7.

533 — Merlin critique cette jurisprudence comme contraire à l'avis du conseil d'état du 18 brum. an XIV. Elle a été, du reste, abandonnée depuis par la cour suprême. Cette cour a décidé que l'introduction des chèvres n'était susceptible d'aucune peine, si elle avait eu lieu du consentement du propriétaire ou de sa part, même dans un bois avant qu'il fût défensable. — *Cass.*, 26 juill. 1811, Georget; 18 oct. 1811, Bandille.

534. — Cependant, la cour suprême est revenue à sa première jurisprudence, en décidant que la prohibition des bêtes à laine dans les forêts non déclarées défensables, est d'ordre public, et tellement absolue qu'elle subsiste nonobstant toutes conventions contraires qui auraient été faites entre les parties intéressées. — *Cass.*, 22 juin 1826, de Bouillac c. Marinprey. — Mais il faut bien remarquer, dit Meaume (n° 947), que, dans l'espèce de cet arrêt, il s'agissait uniquement de savoir si un titre créé sous l'ordonnance de 1669 avait été alors constitué au mépris d'une disposition d'ordre public; ce qui est bien différent.

535. — La question, suivant cet auteur, ne pourrait s'élever depuis la promulgation du Code forestier. En effet, un membre de la chambre des députés, M. de Rosny, présenta, dans la séance du 31 mars 1827, deux articles additionnels au titre 8. L'un avait pour objet « de défendre aux particuliers propriétaires de bois assujétis ou non à des droits d'usage, d'introduire pour leur propre compte, ou d'autoriser l'introduction dans ces bois de chèvres, moutons ou brebis sous peine d'amende. » Le second article proposé déterminait le mode de constatation et de poursuite du délit spécifié par le premier. Cette proposition n'ayant pas été appuyée ne fut pas même mise aux voix.

536. — « Il est donc bien certain, dit Meaume (n° 747 *in fine*), que sous l'empire du Code forestier, comme sous l'empire de l'avis du conseil d'état du 18 brum. an XIV, le propriétaire a pu exercer par lui-même, et par conséquent transmettre à d'autres, la faculté d'introduire toute espèce de bestiaux dans ses bois. » Ajoutons que, comme l'art. 78 est applicable à ses bois, il pourra faire cesser l'exercice du pâturage des chèvres et des moutons, moyennant une indemnité à l'usager, quelle que soit l'époque de la concession du droit.

537. — La cour de Cassation a toutefois persisté dans la jurisprudence critiquée par Meaume, en jugeant que la dépaissance des moutons est prohibée dans les bois des particuliers aussi bien que dans les bois de l'état, par l'ordonnance de 1669, dont les dispositions ont été en ce point maintenues par le Code forestier. — Cette prohibition est d'ordre public, absolue, et son infraction ne peut être ni autorisée par des conventions ni couverte par le silence ou l'approbation des particuliers, et la répression peut en être poursuivie par l'administration aussi bien que par les propriétaires eux-mêmes. — En conséquence, le droit de dépaissance créé en contravention à l'ordonnance de 1669 dans le bois d'un particulier étant susceptible d'être supprimé sans indemnité, la cession qui en a été faite expose l'acquéreur à une éviction qui suffit pour l'autoriser soit à demander la nullité de ses engagemens, soit à en refuser l'exécution... Alors, d'ailleurs, que le contrat constitutif du droit de dépaissance n'a pas été passé dans un pays où il ait été dérogé à l'ordonnance de 1669 par l'usage ou par le statut local. — *Cass.*, 16 févr. 1847 (t. 1er 1847, p. 532), Daniel c. Gourjon.

538. — De même, Coin Delisle et Frédérich (sur l'art. 120) enseignent que le propriétaire d'un bois ne pourrait y constituer valablement d'usage pour le pacage des chèvres, et que chaque partie pourrait demander la nullité du contrat, *l'art. 78 étant d'ordre public*. Mais Meaume (n° 948) conteste la vérité de cette opinion. Cet auteur pense que le propriétaire, en vendant sa forêt, peut valablement se réserver le droit d'y conduire ses chèvres et ses moutons; que cette introduction n'ayant rien de contraire à l'ordre public, le vendeur et l'acquéreur ont le droit de convenir entre eux que ce dernier ne pourra exercer la faculté de rachat que lui attribue l'art. 78; qu'il faut donc restreindre le droit conféré au propriétaire par cet article, de racheter le pâturage des chèvres et des moutons, au cas seulement où il s'agit d'une *concession* de servitude faite par le propriétaire lui-même à un tiers.

539. — Il a été jugé, sur ce point, qu'un arrêt a pu refuser d'annuler, comme faite sous une condition nulle, la vente d'une forêt contenant, au profit du vendeur, réserve expresse et de rigueur du droit de pacage pour ses bestiaux, de quelque espèce qu'ils fussent, alors que cette vente a eu lieu en 1819, dans le ressort d'un ancien parlement (celui de Toulouse) où la prohibition de l'ordonnance de 1669 n'était pas observée. — *Cass.*, 16 janv. 1844 (dans ses motifs) (t. 1er 1844, p. 836), de Colbert c. comm. de Canne. — Meaume, n° 250.

540. — La faculté que les titres constitutifs de droit d'usage donnent à un individu de faire pacager *tous ses bestiaux*, doit être restreinte à ceux de ces bestiaux seulement dont l'ordonnance ne prohibe pas l'introduction dans les bois et forêts, et ne peut, dès-lors, s'étendre aux chèvres, brebis et moutons qu'elle en exclut expressément. — *Bourges*, 15 nov. 1841 (t. 2 1842, p. 237), Thué c. Duhail.

541. — En admettant que depuis l'avis du 18 brum. an XIV, et le Code forest., l'introduction des chèvres dans les bois n'est pas d'ordre public, il faudrait toujours reconnaître qu'il n'en était pas de même sous l'ordon. de 1669, tit. 19, art. 13. La cour de Cassation a toujours reconnu cet article comme ayant le caractère de disposition d'ordre public, quand il s'est agi de titres constitués sous son empire, ou même antérieurement à sa promulgation. Jusqu'en brum. an XIV, l'ordonnance de 1669 a conservé son caractère incontestable de loi de police et d'ordre public. — Meaume, n° 949.

542. — Celui qui a conduit des bêtes à laine dans un bois ne peut pas être acquitté, sous le prétexte qu'un arrêté administratif qui a permis cette dépaissance imprime à la conduite du prévenu un caractère de bonne foi. — *Cass.*, 24 mai 1821, Imbert.

543. — De même, celui qui a introduit des brebis et des moutons dans une forêt, est sans qualité pour élever au nom de sa commune l'exception préjudicielle résultant d'un prétendu droit d'usage. Cette exception ne peut être proposée que par le maire. D'ailleurs, l'interdiction d'introduire des brebis et des moutons dans les forêts étant générale, absolue et s'appliquant même aux usagers, l'exception d'un prétendu droit d'usage ne peut détruire le délit, et ne présente pas le caractère d'une question préjudicielle. — *Cass.*, 25 juin 1824, Giraudet.

544. — « La durée de la glandée et du panage ne peut excéder trois mois. L'époque de l'ouverture en est fixée chaque année par l'administration forestière. » — Cod. forest., art. 66.

545. — Cette disposition s'applique aux bois des communes et des établissemens publics (Cod. forest., art. 112), mais le § 1er seul de l'article peut être invoqué relativement aux bois des particuliers. — Cod. forest., art. 120.

546. — L'art. 66, C. forest., relatif à l'exercice du droit de panage dans les forêts, est une disposition d'ordre public dont les prescriptions doivent prévaloir sur les dispositions contraires des titres originaires. — *Cass.*, 2 déc. 1846 (t. 1er 1849, p. 497), comm. de Villiers-ès-Liens c. préfet de la Marne.

547. — MM. de Vaulx et Fœlix enseignent à tort que, faute de convention, les parties sont obligées de s'adresser à l'administration forestière qui, en sa qualité d'expert légal, fixera l'époque où l'ouverture des droits de glandée et de panage ne sera pas nuisible aux forêts. Ainsi que le fait observer Meaume (n° 923), la qualité d'expert légal n'appartient à l'administration que lorsqu'il s'agit de reconnaître l'état et la possibilité de la forêt; l'intervention des agens est au contraire formellement écartée dans le cas de l'art. 66. Le propriétaire fixe donc lui-même l'époque de l'ouverture du panage et de la glandée, sauf recours aux tribunaux, en cas de contestations avec l'usager.

548. — Le Code forestier ne parle pas de la faînée, ou droit de ramasser des faînes; mais nous croyons avec Meaume (n° 549, note), que, dans les pays où ce droit existe, les règles relatives à la glandée doivent s'y appliquer par analogie.

549. — L'art. 66 accorde à l'administration forestière la fixation de l'époque où les usagers pourront soit introduire leurs porcs dans les bois, soit y ramasser les glands et les faînes pour les emporter. En cas de contestation, sur la fixation

de cette époque, les usagers pourront se pourvoir devant le conseil de préfecture et ensuite devant le conseil d'état. — *Cons. d'ét.*, 25 mai 1835, comm. de l'Isle. — Meaume, nº 549.

550. — Le panage et la glandée, sans autre désignation, ne comprennent pas, ainsi que le prétendaient certaines communes, le pâturage proprement dit. Les usagers ayant droit au panage et à la glandée ne peuvent donc faire pâturer leurs porcs pendant plus de trois mois dans les cantons défensables. C'est ce qu'a décidé la cour de Cassation par arrêt du 31 déc. 1838 (t. 2 1839, p. 246), commune de Dabo c. préfet de la Meurthe.

551. — Mais si le titre de l'usager lui accorde le droit de panage et de glandée pour plus de trois mois, le titre, qui fait la loi des parties, ne doit-il pas prévaloir sur la règle de police?

552. — Les usagers qui, avant le Code forest., exerçaient le droit de pacage à *proie séparée*, ne le peuvent depuis (d'après le mode indiqué par l'administration des forêts) qu'à *proie commune*. — *Cass.*, 25 mars 1837 (t. 1er 1838, p. 91), habitans de Colonne.

553. — « Il ne pourra être fait, dans les bois des communes et des établissemens publics, aucune adjudication de glandée, panage ou paisson, qu'en vertu d'autorisation spéciale du préfet, qui devra consulter à ce sujet les communes ou les établissemens propriétaires, et prendre l'avis de l'agent forestier local. » — Ordonnance réglementaire, art. 139.

554. — « L'administration forestière fixe, d'après les droits des usagers, le nombre des porcs qui peuvent être mis en panage, et des bestiaux qui peuvent être admis au pâturage. » — C. forest., art. 68.

555. — L'art. 68 qui, d'après l'art. 112, est applicable aux bois des communes et des particuliers, ne l'est pas, d'après l'art. 120, à ceux des particuliers. On peut dire qu'il est remplacé pour ceux-ci par l'art. 119. Car si le nombre des porcs n'était pas limité par des titres, le propriétaire pourrait faire régler la possibilité de la forêt conformément à l'art. 119. — Meaume, nº 923.

556. — Sous l'ordonn. de 1669, tit. 19, art. 5, les grands-maîtres des eaux et forêts fixaient seuls, sans contrôle et sans recours, le nombre des bestiaux à introduire par les usagers dans les cantons défensables.

557. — L'art. 5, tit. 19, ordonn. 1669, qui dispose que le nombre des bestiaux que les usagers peuvent envoyer pacager sera fixé par l'administration forestière, s'applique exclusivement aux forêts de l'état. — *Cass.*, 8 nov. 1826, Main.

558. — La fixation du nombre des bestiaux à introduire dans la forêt, qui est abandonnée par l'art. 68 à l'administration forestière, ne serait pas définitive et sans recours, comme sous l'ordonn. de 1669. L'administration n'exerce plus, ainsi qu'elle le faisait sous l'ancienne législation, une juridiction véritable. — Meaume, nº 568.

559. — Quant aux contestations que cette fixation peut soulever, comme il s'agit ici des droits des usagers, et que leur étendue s'évalue d'après les titres, on doit porter le débat devant les tribunaux ordinaires, seuls juges des questions de propriété. C'est ce qui résulte du rapport de M. Roy à la chambre des pairs. — Meaume, nº 569; Baudrillart, sur l'art. 86; Coin-Delisle et Frédérich *Code forest.*, t. 1er, p. 320; Curasson sur Proudhon, nº 424, et *Code forest.*, t. 1er, p. 292; Serrigny, *Compét. et organ. admin.*, nº 788.

560. — C'est aussi ce qui a été décidé à l'égard de bois appartenant à des particuliers par le conseil d'état, le 18 juin 1823, et par une décis. min. des fin. du 5 nov. 1823 (Régl. forest., t. 2, p. 151 et 172).

561. — « Si les usagers introduisent au pâturage un plus grand nombre de bestiaux, ou au panage un plus grand nombre de porcs que celui fixé par l'administration, conformément à l'art. 68, il y aura lieu, pour l'excédant, à l'application des peines prononcées par l'art. 199. — C. forest., art. 77.

562. — L'art. 112 déclare cet article applicable aux bois des communes et à ceux des établissemens publics; mais il ne l'est pas à ceux des particuliers (art. 120). C'est là une conséquence de l'exclusion, faite par l'art. 120, de l'art. 68.

563. — Si cependant les usagers introduisaient dans le bois d'un particulier un plus grand nombre de bestiaux que celui indiqué par le titre, ou déterminé d'après la possibilité de la forêt, on pourrait poursuivre ces usagers et prononcer contre eux la pénalité de l'art. 199, C. forest. — Meaume, nº 923.

564. — Doit-on considérer comme têtes de bétail les jeunes bestiaux, les agneaux notamment, qui suivent encore leurs mères? Cette question a été posée devant la cour de Cassation, qui n'a pas cru devoir la résoudre en présence des faits particuliers du procès.

565. — « Nous croyons, dit Meaume à cet égard (nº 618), qu'en droit, tout animal introduit dans la forêt pour y pâturer doit, quel que soit son âge, être compté comme tête de bétail, et que la doctrine contraire ouvrirait la porte à de nombreux abus. »

566. — On peut toujours racheter les droits de panage et de glandée. — *Colmar*, 15 déc. 1841 (t. 1er 1842, p. 539), comm. de Gittersheim c. Reichshoffen et de Dietrich.

567. — La défense faite aux adjudicataires par l'art. 57, C. forest., d'abattre, de ramasser ou d'emporter des glands, faînes ou autres fruits, semences ou productions des forêts, sous peine d'une amende double de celle prononcée par l'art. 144, est rendue applicable par l'art. 85, « à tous usagers quelconques, et sous les mêmes peines. »

568. — On a prétendu que l'art. 85 ne s'appliquait qu'aux usagers chefs de famille, à ceux qui reçoivent nominativement les délivrances, et que l'aggravation de la peine ne pouvait atteindre les individus qui ne figurent pas sur les états de délivrance. Tout membre de la famille participant comme son chef à l'émolument de la servitude, on ne saurait accueillir ce système. On doit donc considérer comme usagers, dans le sens de l'art. 85, tous les habitans de la commune usagère. — Meaume, nº 698, où il rapporte à la note, comme l'ayant ainsi décidé, un arrêt inédit de *Metz*, 9 janv. 1839. Montey.

569. — L'art. 85 s'applique aux bois des communes et des établissemens publics (art. 112) et à ceux des particuliers (art. 120).

CHAPITRE V. — *Exercice du droit d'usage.*

570. — Les droits d'usage sont de deux sortes, avons-nous vu : les uns consistant dans la prise de certaines espèces ou quantités de bois, les autres ayant pour objet la nourriture des bestiaux. Le Code forestier a tracé des formalités préalables à l'exercice de chacun de ces droits. En général, l'usage au bois n'a lieu qu'après que la *délivrance* en a été faite, et le droit de pâturage ne peut s'exercer que lorsque la *défensabilité* du bois a été prononcée. Nous examinerons dans un premier paragraphe les règles relatives à la délivrance, et dans un deuxième celles qui concernent la défensabilité. Un troisième paragraphe comprendra celles qui ont trait à l'exercice proprement dit.

571. — En principe, la possession de droits d'usage dans une forêt ne peut être établie que par procès-verbaux de délivrance et de défensabilité dressés par les agens forestiers. Toute autre possession étant illégale, la preuve testimoniale ne peut en être ordonnée. — *Cass.*, 23 févr. 1841 (t. 1er 1841, p. 574), de Verthamont.

572. — L'arrêt du conseil du 27 mars 1764, en supposant qu'il ait dérogé à ces principes en ce qui concerne les bois situés dans la province de Béarn, n'a statué que pour ceux de ces bois qui appartenaient à des communautés, et non pour ceux appartenant à des particuliers. Dans tous les cas, ses effets auraient cessé à dater du décret du 17 niv. an XIII. — Même arrêt.

573. — Les dispositions de l'ordonnance de 1669, relatives aux conditions imposées aux usagers pour la jouissance légale de leurs droits d'usage, étaient obligatoires en Alsace, province réunie antérieurement à la France. — *Cass.*, 15 nov. 1836 (t. 1er 1837, p. 194), de Mertzwiller.

574. — Un arrêté du conseil ducal de Lorraine, contenant réglement particulier sur l'exercice des droits d'usage des communes dans ce duché, a pu déroger à la déclaration de 1733 et aux réglemens généraux sur l'administration des forêts dans cette province. — *Cass.*, 11 avr. 1836, Salis-Saglio c. comm. de Monneren.

575. — Les habitans d'une commune qui ont un droit d'usage dans une forêt domaniale peuvent individuellement en réclamer l'exercice. — *Lyon*, 13 avr. 1832, Bouvier. — V. cependant *Cass.*, 16 janv. 1838 (t. 1er 1838, p. 231), préfet de l'Ardèche c. comm. de Lanarce.

576. — Jugé cependant que celui s'est permis d'exercer dans une forêt un droit d'usage qu'il prétend appartenir à la commune où il demeure, mais qui lui est contesté, n'a qualité pour exciper de l'action intentée par cette commune devant le tribunal civil, pour faire reconnaître son droit, que relativement aux frais antérieurs à l'introduction de l'instance. — *Cass.*, 28 août 1823, Mazelier.

Sect. 1re. — *Délivrance.*

577. — L'exercice d'un droit d'usage quelconque, et quel que soit le propriétaire du bois sur lequel il a été constitué, n'est légitime qu'autant qu'il a été précédé d'une délivrance préalable. En cas de servitude d'usage au pâturage, la délivrance résulte de la déclaration de défensabilité. — Meaume, t. 2, nº 952.

578. — « Les usagers qui ont droit à des livraisons de bois, de quelque nature que ce soit, ne pourront prendre ces bois qu'après que la délivrance leur en aura été faite par les agens forestiers, sous les peines portées par le titre 12 pour les bois coupés en délit. » — C. forest., nº 79.

579. — Cet article s'applique non seulement aux forêts domaniales, mais aussi aux bois des communes et des établissemens publics (C. forest., art. 112), et à ceux des particuliers (C. forest., art. 120).

580. — Toutefois, il est bien évident que la partie de l'art. 79 qui déclare que la délivrance doit être effectuée par les agens forestiers ne s'applique pas à ces derniers bois. Les agens forestiers n'ont pas à intervenir dans ces délivrances, qui doivent être faites par le propriétaire ou ses représentans. En cas de refus ou de retard, l'usager pourrait s'adresser à la justice. — Meaume, t. 2, nº 952.

581. — L'obligation de demander la délivrance est presque aussi ancienne que l'établissement des droits d'usage. Suivant Meaume (nº 627), le plus ancien exemple connu d'un essai de réglement forestier se trouve dans les archives d'Alsace. Schœpflin, dans l'*Alsatia diplomatica*, lui donne la date de 1144, et Auton le cite comme un phénomène pour le siècle auquel il appartient. D'après ce réglement, l'usager devait prévenir le forestier lorsqu'il voulait couper des arbres dans la forêt. En France, les premiers réglemens renfermaient de pareilles dispositions. Les usagers devaient seulement faire marquer par le forestier *les arbres dont ils avaient affaire*. Quant aux bois de fond ou taillis, ils pouvaient les couper sans délivrance, même pour vendre, pourvu qu'il n'en résultât ni déformation ni dégât de la forêt. — Imbert, vº *Usage*; Papon, *Arrêts notables*, liv. 14, tit. 3; Bouchel, vº *Usage*, tit. 3; Coquille, sur la cout. de Nivernois; Legrand, sur l'art. 168, cout. de Troyes, etc.

582. — Le premier réglement général pour la France se trouve dans l'ord. de Philippe-le-Hardi, de 1280, portant : « Aux usagiers des forests du roy, seront faictes livrées es lieux propres et commodes. » Cette disposition est reproduite par les ord. de 1529 et 1540 de François Ier, de 1583 de Henri III; si l'ord. de 1669 ne l'a pas expressément renouvelée, c'est qu'on supposait que les droits d'usage en bois devaient être rachetés. Mais jusqu'à la libération des forêts, on devait exécuter les anciennes ordonnances. Il a toujours été de jurisprudence, en effet, qu'il y avait lieu de demander la délivrance pour les bois particuliers comme pour les forêts domaniales. — V. arrêt du 25 janv. 1731, rapporté par Rousseau de la Combe, vº *Usage*; de Fréminville, p. 306, où il cite un arrêt de réglement d'usage du 6 juill. 1736; Becquet, *Lois forest.*, t. 1er, p. 23; Saint-Yon, p. 1081 et suiv.; Merlin, *Rép.*, vº *Usage*; Baudrillart, *Dict.*, vº *Usage*; Meaume, nº 627.

583. — Ainsi, jugé qu'avant l'ordonnance de 1669, les usagers dans les forêts des particuliers, comme dans celles de l'état, étaient astreints à demander au propriétaire la montrée et la délivrance des bois nécessaires à leurs besoins. — *Bourges*, 10 déc. 1841 (t. 2 1842, p. 166), de Mortemart.

584. — Encore bien qu'un ancien arrêt de conseil souverain, rendu avant l'enregistrement à ce conseil de l'ord. de 1669, ait dispensé des usagers de l'obligation de demander la délivrance de leur bois, et que, depuis, des jugemens qui se réfèrent à cet arrêt du conseil aient également reconnu cette dispense, une cour royale peut, sans violer la chose jugée par ces arrêts et jugemens, déclarer que la dispense a été abolie par l'ord. de 1669, qui exigeait que la délivrance fût demandée. — *Cass.*, 21 août 1828, Bernadac.

585. — Sous l'empire de l'ord. de 1669, l'usager dans les bois particuliers était soumis, comme l'usager dans les bois de l'état, à demander la délivrance. — *Cass.*, 27 janv. 1829, Delbos.

586. — Ainsi, celui qui a un droit d'usage dans une forêt appartenant à un particulier ne peut, sous peine de se constituer en contravention, y couper ou y faire couper des arbres sans en avoir obtenu la délivrance. — *Cass.*, 13 oct. 1820, Bouzonnet; 20 mars 1823, princesse de Rohan.

587. — Pareillement, les droits d'usage consistant prendre du bois pour le chauffage ou les

constructions n'ont pu, ni avant ni depuis l'ord. de 1669, être exercés, sans qu'au préalable il eût été formé une demande en délivrance; il en était ainsi dans les bois des particuliers comme dans ceux de l'état, soit que les usagers dussent couper et abattre le bois affecté à leurs usages, soit qu'ils se bornassent à prendre du bois déjà coupé et gisant sur le sol. — *Cass.*, 13 août 1839 (t. 2 1839, p. 383), Digoy.

588. — L'individu qui a un droit d'usage dans la forêt d'un particulier ne peut se permettre d'ébouper, ébrancher et déshonorer des arbres, et d'en emporter le bois, sans en avoir obtenu la délivrance du propriétaire, les anciennes ordonnances sur la conservation des bois de l'état s'appliquant à ceux des particuliers. — *Cass.*, 24 août 1820, Bernadach c. comm. de Sorède.

589. — De même, l'ord. de 1669, qui interdit aux usagers soit de couper ou enlever du bois pour leur usage avant d'en avoir obtenu par écrit la délivrance de l'autorité compétente, soit de mener paître leurs bestiaux dans les forêts, si ce n'est dans les lieux officiellement déclarés défensables, est une loi d'ordre public applicable aux bois des particuliers aussi bien qu'à ceux de l'état. — *Cass.*, 16 mars 1836, Renouard de Bussières.

590. — D'après l'art. 79, il n'y a pas sous le C. forest., de même que sous l'ancienne jurisprudence, d'usage légitime dans les forêts sans délivrance préalable. La disposition de cet article est d'ordre public. Il ne touche pas au fond du droit, mais il en régularise seulement l'exercice. Il suit de là que l'obligation pour l'usager de demander la délivrance est imprescriptible, attendu qu'on ne peut prescrire contre une disposition de police et d'ordre public. — Meaume, nos 628 et 629.

591. — ... Que tout usage contraire doit cesser, lors même qu'il s'appuierait sur la faculté de vendre accordée à l'usager. — Meaume, *loc. cit.*

592. — Une autre conséquence de ces principes, c'est que l'obligation de demander la délivrance s'applique à toute espèce d'usage en bois, même à celui ayant pour objet de ramasser le bois mort, sec et gisant. — *Cass.*, 6 juill. 1838 (t. 2 1838, p. 516), Wernert; 13 août 1839 (t. 2 1839, p. 383), Digoy; 12 juin 1840 (t. 2 1841, p. 458), Desforêts; 18 déc. 1840 (t. 2 1841, p. 457), Jarry: *Dijon*, 12 août 1840; *Metz*, 9 déc. 1842, arrêts inédits cités par Meaume, *loc. cit.*, note. — V. cependant Curasson sur Proudhon, t. 2, p. 112.

593. — Jugé encore, dans ce sens, que les dispositions de l'art 79, C. forest., sont générales et absolues et comprennent tous les bois, de quelque nature que ce soit, que les usagers peuvent avoir droit de réclamer, ce qui renferme nécessairement les bois morts, secs et gisans. — En conséquence, les habitans d'une commune qui, en qualité d'usagers, ont droit au bois mort dans une forêt, ne peuvent exercer ce droit qu'après que la délivrance leur a été faite par les agens forestiers. — *Dijon*, 22 juill. 1846 (t. 1er 1848, p. 194), Forêts c. Lancelot.

594. — Jugé, dans le même sens, que la délivrance est nécessaire à l'usager, alors même que le droit d'usage ne comprend que l'enlèvement des feuilles mortes, bois mort, mort-bois et chablis gisant à terre. — *Cass.*, 16 mars 1836, Renouard de Bussière.

595. — Il en serait ainsi, quand même l'usager n'aurait employé aucun instrument en fer prohibé par l'art. 80. C. forest. — *Cass.*, 12 juin 1840 (t. 2 1841, p. 458), Desforêts.

596. — L'habitant qui prendrait du bois mort dans un bois communal pourrait être poursuivi et condamné. — Meaume, nos 797 et 882. — *Contrà* Curasson sur Proudhon, no 893.

597. — Lorsqu'un individu, prévenu d'avoir pris du bois mort dans une forêt, excipe de ce qu'il en avait le droit, le tribunal correctionnel ne peut surseoir à statuer jusqu'à ce que les juges compétens aient apprécié ce droit, alors qu'il n'a pas même été allégué que la délivrance du bois ait été faite par les agens de l'administration forestière. — *Cass.*, 6 juin, Igon, et 18 déc. 1840 (t. 2 1841, p. 457), Jarry.

598. — Il résulte encore, du principe posé par l'art. 79, que les droits d'usage en bois non susceptibles de délivrance doivent être supprimés comme incompatibles avec la législation forestière, alors même qu'ils résulteraient de titres antérieurs à cette législation. — Leur suppression ne peut donner lieu à aucune indemnité en faveur de l'usager. — *Colmar*, 11 juill. 1833, comm. de Balbronne c. préf. du Bas-Rhin.

599. — ... Que l'usager à qui la délivrance a été refusée ne peut plus, comme sous les anciennes coutumes et d'après la jurisprudence ancienne, se servir par ses mains. — *Cass.*, 3 sept. 1808, Knauff. — Meaume, no 630; Curasson sur Proudhon, no 515.

600. — La coupe et l'enlèvement d'une certaine quantité d'arbres par un usager, dans la forêt d'un particulier, sans délivrance accordée par le propriétaire ou réglée en justice, constitue un délit dont la poursuite ne peut pas être suspendue par l'existence d'un procès engagé au civil sur le fond du droit d'usage. — *Cass.*, 9 mai 1822, Sirey c. habit. de Combres.

601. — L'obligation de demander la délivrance ayant toujours été considérée comme une disposition de police, les titres antérieurs ne sauraient donc prévaloir contre cette disposition, qui, jusqu'à un certain point, peut être considérée comme étant d'ordre public. Ces principes sont incontestables en ce qui regarde les bois de l'état. Mais le propriétaire de bois particuliers possède et peut transmettre le droit de couper du bois sans délivrance préalable; il peut, par un titre formel, déroger à l'art. 79 comme à l'art. 119. — Meaume, no 953.

602. — Ainsi, jugé que celui qui coupe des arbres dans une forêt, sans en avoir obtenu la délivrance, ne contrevient point aux lois sur le régime forestier, s'il a, d'après ses titres, non un simple droit d'usage, mais le droit de couper des arbres sans délivrance préalable. — *Cass.*, 28 juill. 1820, Perrin c. Claverie; 21 août 1828, comm. de Sorède c. Bernadac.

603. — Pareillement, l'ord. de 1669 étant une loi d'ordre public et un réglement de police pour la conservation des forêts, applicable aux bois des particuliers comme à ceux de l'état, les usagers doivent obtenir, préalablement à l'exercice de leurs droits, même dans les bois des particuliers, des procès-verbaux de délivrance et de défensabilité, à moins qu'ils n'en aient été dispensés par les stipulations des actes de concession, ou par des conventions particulièrement intervenues entre eux et les propriétaires, conventions qui ne sauraient être établies par la preuve testimoniale. — *Cass.*, 15 nov. 1842 (t. 1er 1844, p. 832), comm. de Bize-Nistos c. Villemur.

604. — Néanmoins, à défaut de procès-verbaux de délivrance et de défensabilité, ou des conventions authentiques sus-indiquées, l'ord. de 1669 ne repousse pas les preuves écrites équivalant à ces actes, si les faits allégués ont les caractères indispensables pour constituer une possession légale, et ne constituent point seulement des actes de pure possession matérielle ou de simples voies de fait. — Même arrêt.

605. — Mais il a été jugé que les usagers ne peuvent, quel que soit le titre constitutif de leur droit, couper des bois dans les forêts soumises à leur usage, sans en avoir obtenu la permission de l'administration. Le refus de délivrance ne peut jamais autoriser les usagers à exercer de leur chef leur droit d'usage, sauf à eux à recourir à l'autorité supérieure pour faire réprimer la résistance des agens, si elle n'est pas juste. — *Cass.*, 3 sept. 1808, Knauff; 13 août 1839 (dans ses motifs [t. 2 1839, p. 383), Digoy c. comm. de Ménessaire.

606. — Celui qui a des droits d'usage dans une forêt appartenant à un particulier et qui, d'après ses titres et sa possession constante, n'est tenu à demander la délivrance que pour les bois de construction et non pour les bois de chauffage, ne peut plus, depuis la publication du C. forest., enlever des bois de chauffage sans délivrance de la part du propriétaire. — *Nîmes*, 13 mars 1840 (t. 1er 1840, p. 560), Mignot c. curé de Saint-Bonnet. — V. cependant Meaume, no 954.

607. — Meaume, (no 956), après avoir rapporté cette jurisprudence contradictoire, pense qu'on doit faire la distinction suivante: Tant que, sous l'empire de l'ordonn. de 1669, la police des bois particuliers a été tellement d'ordre public qu'elle imposait aux propriétaires la réserve d'un certain nombre de baliveaux par arpent, on a pu et dû considérer comme inexécutable un titre qui aurait complétement dispensé l'usager de la délivrance. Mais aussitôt que les dispositions qui imposaient des entraves semblables à la libre disposition des bois particuliers ont disparu, pour ne laisser exécuter que le martelage de la marine (aboli depuis) et l'opposition temporaire aux défrichemens, n'est-il pas rationnel de penser que parmi les dispositions conservées de l'ordonnance de 1669, celles qui étaient relatives à l'obligation de la délivrance préalable n'avaient plus le caractère distinctif des lois de police et d'ordre public? Si le propriétaire a, dès-lors, consenti à laisser exécuter un titre, qu'il pouvait sous la législation nouvelle valablement constituer, il a reconnu ainsi implicitement l'existence du droit des usagers.

608. — Curasson sur Proudhon (nos 510, 511 et 512) examine la question et arrive à cette conclusion que, sous l'empire de l'ordonnance de 1669, l'obligation de demander la délivrance dans les bois des particuliers n'était pas d'ordre public, mais que, pour dispenser l'usager de cette obligation, il fallait un titre formel et positif lui permettant de prendre du bois à discrétion, et sans qu'il fût besoin de délivrance.

609. — Dans certains pays, le droit de pâturage entraîne celui de ramage, c'est-à-dire de couper les branches basses des arbres. Dans ce cas, on doit attendre pour exercer ce double droit que la forêt ait été déclarée défensable. La coupe des branches, en l'absence d'une déclaration de défensabilité, rendrait l'usager passible des peines prononcées par l'art. 192, C. forest. — *Cass.*, 4 sept. 1829, princesse de Rohan c. Genus; 29 mai 1830, mêmes parties. — D'Avannes, *Droits d'usage*, p. 147 et suiv.; Meaume, no 957.

610. — Le consentement du propriétaire à l'exercice du droit ne pouvant jamais être suppléé, et l'autorité administrative devant faire tous les réglemens relatifs à l'exercice du droit dans les bois soumis au régime forestier, il s'ensuit qu'il appartient au min. des fin. de prescrire des modes particuliers de délivrance. — *Cons. d'ét.*, 6 mai 1836, comm. d'Engenthal. — Meaume, no 630.

611. — Enfin, l'autorité judiciaire n'aurait pas pouvoir d'ordonner les délivrances requises par l'usager. Elle pourrait seulement prononcer des dommages-intérêts contre le propriétaire récalcitrant. — *Nancy*, 23 mars 1838 (t. 2 1840, p. 27), Dupont c. préfet des Vosges. — Meaume, *eod. loc.* — V. cependant Curasson sur Proudhon, no 516.

612. — Les tribunaux étant seuls juges de la question de propriété, ils peuvent prononcer des dommages-intérêts si les délivrances ne sont pas conformes au titre. — Même arrêt. — Meaume, no 631.

613. — Et ils peuvent, pour la fixation de ces dommages-intérêts, ordonner des expertises afin de contrôler les délivrances faites par les agens forestiers. — Mêmes autorités.

614. — Les usagers ne peuvent en outre, pendant l'instance sur la quotité ou la qualité des bois délivrés, exercer leur usage que sur le canton délivré, sauf au tribunal à statuer en définitive sur les dommages-intérêts prétendus par les usagers. — *Cass.*, 29 mai 1830, princesse de Rohan c. Genus (dans ses motifs). — Curasson sur Proudhon, no 519; Meaume, *loc. cit.*, 3o.

615. — Le Code forestier ne prescrit aucun mode particulier de délivrance. On trouve les règles à suivre pour les délivrances dans les art. 122 et 123 de l'ordonn. d'exécution.

616. — Le premier de ces articles est ainsi conçu: « Les bois de chauffage qui se délivrent par stère seront mis en charge sur les coupes adjugées, et fournis aux usagers par les adjudicataires, aux époques fixées par le cahier des charges. — Pour les communes usagères, la délivrance des bois de chauffage sera faite au maire, qui en fera effectuer le partage entre les habitans. — Lorsque les bois de chauffage se délivreront par coupe, l'entrepreneur de l'exploitation sera agréé par l'agent forestier local. » — Ord. d'exécut., art. 122.

617. — Le second de ces articles porte: « Aucune délivrance de bois pour constructions ou réparations ne sera faite aux usagers que sur la présentation des devis dressés par des gens de l'art et constatant les besoins. — Ces devis seront remis, avant le 1er février de chaque année, à l'agent forestier local, qui en donnera reçu; et le conservateur, après avoir fait effectuer les vérifications qu'il jugera nécessaires, adressera l'état de toutes les demandes de cette nature au directeur général, en même temps que l'état général des coupes ordinaires, pour être revêtu de son approbation. — La délivrance de ces bois sera mise en charge sur les coupes en adjudication, et sera faite à l'usager par l'adjudicataire à l'époque fixée par le cahier des charges. — Dans le cas d'urgence constatée par le maire de la commune, la délivrance pourra être faite en vertu d'un arrêté du préfet rendu sur l'avis du conservateur. L'abatage et le façonnage des arbres auront lieu aux frais de l'usager, et les branchages et remanents seront vendus comme menus marchés. » — Ord. régl., art. 123. — Cet article ne s'applique pas aux bois des communes et des établissemens publics. — Ordonn. régl., art. 146.

618. — La preuve de l'accomplissement des formalités est toujours à la charge de l'usager. — *Cass.*, 16 mars 1836, Renouard de Bussières c. comm. de Zinswiller.

619. — L'usage n'étant dû qu'au besoin, et ce besoin devant être constaté, les frais de la constatation sont à la charge de l'usager. C'est à lui à payer tous les frais de devis et expertises pour les bois de construction qui lui sont délivrés. — Déc.

min. 3 oct. 1821, rapportée aux *Réglem. forest.*, t. 2, p. 955. — Meaume, t. 3, p. 223.

620. — Les frais de devis et d'enlèvement des bois de marronage doivent, indépendamment de la redevance fixée par les titres, être rapportés par la commune usagère. — *Metz*, 24 nov. 1846, (t. 1er 1850, p. 362), préfet de la Moselle c. comm. de Saint-Avold.

621. — De ce que le titre constitutif d'un droit d'usage accorde aux usagers l'entrée des forêts *sans frais ni retardement*, il ne suit pas que ceux-ci ne puissent pas être soumis au paiement des frais de fabrication et de délivrance des bois qui doivent leur être attribués. — *Cass.*, 7 mars 1842 (t. 1er 1842, p. 723), comm. de Mesmay c. préfet du Jura.

622. — L'administration forestière, pour régulariser les délivrances de bois de service et de chauffage, a fait imprimer plusieurs modèles dont les agens forestiers et les parties intéressées doivent se servir. L'usage de ces modèles a été indiqué par une circulaire du 14 févr. 1843, no 539, rapportée par Meaume, t. 3, p. 224.

623. — Si les formalités prescrites par l'ordonnance n'avaient pas été suivies, et que la délivrance eût été réellement effectuée par les agens forestiers, aux termes de l'art. 79, mais non par écrit, comme le demande l'ordonnance, l'usager poursuivi pour avoir coupé sans autorisation pourrait-il demander à faire la preuve par témoins? D'après l'ancienne jurisprudence, la délivrance devait être écrite, en général. Mais l'art. 79 est muet à cet égard; il ne contient pas, comme les art. 30 et 38, les mots *par écrit*. L'usager n'aura donc à prouver que le fait de la délivrance, d'après cet article, et comme aucune disposition législative ne l'oblige à faire la preuve par écrit, il peut repousser devant le tribunal la poursuite dirigée contre lui par la preuve testimoniale. — Meaume, no 632.

624. — Ainsi, jugé que la délivrance de droits d'usage dans les bois des particuliers peut être prouvée par écrit. Dès-lors, l'usager poursuivi correctionnellement pour avoir, en vertu de son droit d'usage, coupé et enlevé des bois sans délivrance préalable, est recevable à prouver par témoins qu'il a toujours exercé son droit d'usage sans délivrance par écrit, au vu, au su, et du consentement du propriétaire. — *Cass.*, 16 juin 1842 (t. 2 1842, p. 590), Ducayla c. Laurence.

625. — Quant au bois mort, la délivrance consiste moins dans la tradition de la chose que dans l'autorisation d'aller la prendre. Ainsi, dans ce cas, on indique le plus souvent aux usagers les jours de la semaine où ils pourront aller ramasser du bois mort. — Meaume, no 633.

626. — De ce que les usagers au bois mort doivent demander la délivrance, on ne peut conclure que le défaut de cette délivrance doive faire présumer la cessation de l'exercice du droit, et que l'usager puisse réclamer des dommages-intérêts comme n'ayant pas été mis à même d'exercer son droit. Le droit d'usage est, en effet, quérable; ce n'est pas au propriétaire à l'offrir; il n'est tenu que d'en supporter l'exercice. — Meaume, no 634; Proudhon, no 177; Curasson sur Proudhon, no 513.

627. — Le propriétaire n'a pas à répondre vis-à-vis des usagers des délits commis par des étrangers dans la forêt, s'il n'y a ni négligence ni faute de sa part. — *Cass.*, 7 mars 1842 (t. 1er 1842, p. 723), comm. de Mesmay c. préf. du Jura. — Meaume, no 635.

628. — Mais la commune à laquelle il a été fait une délivrance de bois, pour son droit d'usage dans une forêt de l'état, est responsable des délits commis dans sa coupe et à l'ouïe de la cognée, encore bien qu'il s'agisse d'arbres à prendre dans une sapinière en jardinant. La loi ne fait aucune distinction. — *Cass.*, 10 août 1821, comm. de Croix-aux-Mines.

629. — L'usage ne s'arrérage pas, c'est-à-dire que le silence des usagers établit contre eux la présomption que la délivrance ne devait pas leur être faite. L'usage n'étant accordé qu'au besoin, il ne peut être demandé pour un besoin n'existant plus. Nous ne pouvons, suivant une observation de Proudhon (no 188), avoir besoin, en 1850, de bois pour cuire les alimens que nous avons consommés en 1849: « Le droit d'usage est semblable à la créance alimentaire que la loi établit entre les personnes qui, par rapport à leur parenté, se doivent des alimens, en cas de besoin; créance qui, comme le droit d'usage, n'a lieu que pour le cas et dans la mesure de la nécessité, et qui n'arrérage point, attendu que quand un homme a vécu sans en recevoir la prestation, il est par là même démontré qu'il n'en avait pas besoin pour vivre. »

630. — Il en a toujours été ainsi. — De Fréminville, t. 3, p. 312; Henrion de Pansey, *Biens communaux*, p. 122; Favard de Langlade, vo *Usage*; Fournel, *Du voisinage*, vo *Usage*; Baudrillart, *Dict.*, *eod. verb.*, p. 959, *in fine*; Meaume, no 636, où il cite, en note, comme conforme, un arrêt inédit de *Metz*, du 18 déc. 1833.

631. — Le principe suivant lequel les droits d'usage *n'arréragent pas* ne met pas obstacle à ce que l'usager, privé de la jouissance pendant plusieurs années, par le fait du propriétaire qui a mis en culture la forêt soumise à ce droit, obtienne contre lui des dommages-intérêts. — *Cass.*, 25 juill. 1831, princesse de Nassau.

632. — L'usager pourrait arrérager toutefois dans le cas où, ayant demandé la délivrance, celle-ci lui a été contestée, mais à tort. Les fruits seraient dûs alors à compter du jour de la demande, car on doit supposer que l'usager a emprunté pour subvenir à son chauffage. — Proud'hon, no 189; Meaume, no 637, où il cite à la note divers arrêts inédits de Colmar qui ont consacré ce principe.

633. — La cour de Nancy, par arrêt inédit du 1er août 1849, cité par Meaume (*eod. loc.*, note), a jugé qu'une condamnation prononcée contre l'état au profit d'un usager, en délivrance d'affouages arréragés, doit, si le mode de cette délivrance n'a pas été expliqué, s'exécuter en argent et non pas en nature.

634. — L'usager qui aurait joui, sans délivrance, ne pourrait opposer aucune exception préjudicielle de propriété, car on ne lui conteste pas la propriété de son droit; on le poursuit comme usager; la preuve de cette qualité est donc indifférent. — Meaume, no 638; Baudrillart, cite un arrêt de cassation du 10 sept. 1830, qui l'aurait ainsi décidé.

635. — Les usagers qui auraient coupé sans délivrance ne pourraient, à plus forte raison, exciper de ce que le maire est en instance pour faire déclarer la commune propriétaire du bois; car, dans ce cas même, la coupe des bois de la coupe est un délit prévu par l'art. 79, auquel renvoie expressément l'art. 112. — *Montpellier*, arrêt inédit du 10 déc. 1832, cité par Meaume, no 638, note. — V. aussi, *Cass.*, 25 juin 1824, Giraudet.

636. — Si le titre ne détermine pas le mode d'enlèvement, les usagers ne peuvent introduire des bestiaux dans la forêt. — Meaume, no 640.

637. — Les agens ne doivent pas délivrer lorsque les redevances usagères de l'année précédente n'ont pas été acquittées. Ces délivrances n'ayant pas lieu à titre gratuit, si les usagers ne remplissent pas l'obligation à eux imposée, l'administration ne peut être tenue de satisfaire aux siennes. — Meaume, no 641 (où il rapporte, comme l'ayant ainsi ordonné, une lettre de l'administration des forêts du 12 juill. 1832).

638. — Une commune serait relevée de la déchéance prévue par l'art. 61, qu'elle aurait encourue, par l'obtention de délivrances postérieures à la promulgation du Code forest. — *Caen*, 12 août 1848 (t. 2 1849, p. 62), Porquet c. comm. de Labellière.

639. — L'usage est une dette dont la délivrance constitue le paiement. Le propriétaire qui se libère peut donc exiger de l'usager la preuve de cette libération. On doit appliquer ici le principe général de l'art. 1315, C. civ., et cette application ne peut jamais être paralysée, au profit du créancier, par le silence du titre constitutif de l'usage. — Meaume, no 959.

640. — L'usager dans une forêt, qui offre un reçu énonçant le nombre des arbres à lui délivrés et la grosseur au pied de chacun de ces arbres, sans faire aucune réserve pour un supplément de délivrance, satisfait au vœu de l'art. 1315, sans qu'on puisse exiger qu'il mentionne dans ce reçu (d'ailleurs conforme à l'usage en pareille matière) le cubage des bois. — *Cass.*, 18 fév. 1845 (t. 2 1845, p. 563), domaine privé du roi c. Petit.

641. — Le refus de l'état de produire les registres des agens forestiers peut autoriser le tribunal à reconnaître l'existence d'actes de délivrance. — *Cass.*, 28 août 1833, comm. de Nayrolles.

642. — De simples usagers sont non-recevables à opposer à d'autres usagers le défaut de représentation d'actes de délivrance, surtout s'ils n'en représentent pas eux-mêmes. — *Cass.*, 10 fév. 1835, Parlhiot.

643. — Quand les devis régulièrement présentés par les communes usagères ont été remplis, l'administration peut disposer à son profit des arbres restant sans emploi. — *Metz*, 24 nov. 1846 (t. 1er 1850, p. 362), préfet de la Moselle c. comm. de Saint-Avold.

644. — En cas de vente ou de partage du fonds servant, on devrait appliquer le principe qui déclare l'usage un droit réel indivisible, affectant indivisiblement tout le fonds sur lequel la servitude s'exerce. Aussi, l'usager n'a-t-il pas besoin de s'adresser à chaque propriétaire pour lui demander la délivrance d'une quotité de produits proportionnée à l'étendue de sa portion de la forêt. Il peut s'adresser collectivement à tous les propriétaires, qui doivent se concerter pour faire les délivrances, conformément aux listes. — Meaume, no 287.

645. — Les juges appelés à déterminer la quantité des délivrances en proportion des besoins des communes usagères ne sont pas tenus de faire cette fixation, soit par tête, soit en la divisant en diverses catégories, eu égard à la diversité de composition des ménages. — Ils peuvent déterminer un taux moyen et uniforme, en prescrivant, par exemple, que les délivrances se feront à raison de tant de stères par ménage, sauf aux habitans à diviser ensuite les bois entre les différens ménages en proportion de leurs besoins respectifs. — *Cass.*, 7 mars 1842 (t. 1er 1842, p. 723), comm. de Mesmay c. préf. du Jura.

646. — Les habitans des maisons nouvelles ont droit de participer aux délivrances usagères. — Meaume, no 948; Curasson sur Proudhon, art. 1, no 1012.

647. — L'usager qui coupe du bois dans une forêt communale, sans en obtenir la délivrance, est passible des peines portées contre ceux qui coupent du bois en délit. — *Cass.*, 12 juin 1834, Pinier.

Sect. 2e. — *Défensabilité.*

§ 1er. — *Bois soumis au régime forestier.*

648 — « Quels que soient l'âge ou l'essence des bois, les usagers ne pourront exercer leurs droits de pâturage et de panage que dans les cantons qui auront été déclarés défensables par l'administration forestière, sauf le recours au conseil de préfecture, et ce, nonobstant toutes possessions contraires. » — C. forest., art. 67.

649. — D'après l'art. 112, C. forest., l'art. 67 est applicable aux bois des communes et des établissemens publics, mais il ne l'est pas, d'après l'art. 120, aux bois des particuliers. Cet art. 67 est, pour les bois des particuliers, remplacé par l'art. 119.

650. — La prohibition contenue dans l'art. 67 est empruntée à l'ancien droit. L'ordonn. de 1318 portait, en effet: « Ordonnons que nulle bête n'ira en taillis, jusqu'à tant que le bois se pourra défendre des bêtes. » Cette clause est reproduite par les ordonn. de 1402 et 1515 (art. 72). On connaît même une charte de 1220, pour l'usage des religieux de Fromont, où se trouve stipulée la condition de défensabilité. — Becquet, *Lois forestières*, t. 1er, p. 509.

651. — L'âge de la défensabilité était ordinairement, d'après les anciennes coutumes, fixé à quatre ans. — Jousse, sur l'art. 1er, tit. 19, ordonn. 1669. — L'ordonn. de 1669 (art. 1er) attribue aux grands-maîtres des eaux et forêts le droit de fixer eux-mêmes l'âge de la défensabilité des bois. Le Code, en reproduisant cette disposition, a consacré la seule règle compatible avec la nature des choses, à raison des différences considérables que la variété du sol et des essences peut occasionner dans une même localité. Becquet (dans son *Comment. de l'ordonn. de* 1669, *Lois forestières*, t. 1er, p. 509) trace les règles à suivre en cette matière. Elles sont encore applicables aujourd'hui. — Meaume, no 552.

652. — Les usagers étaient fondés, sous la coutume de Bourgogne, à exercer leurs droits de *pâturage* dans les bois, après la quarte feuille, sans qu'il fût nécessaire de faire déclarer la défensabilité. — *Cass.*, 13 août 1839 (t. 2 1839, p. 383), Digoy.

653. — Cette coutume n'a cessé d'être en vigueur, quant aux bois des particuliers, que depuis le décret du 17 niv. an XIII, qui a rendu exécutoires dans toute la France les dispositions de l'ordonn. de 1669. — *Cass.*, 1er août 1838 (t. 2 1838, p. 372), d'Harcourt; même arrêt du 13 août 1839.

654. — ... Et à l'égard des bois de l'état, à partir de la loi du 15 sept. 1791. — Même arrêt du 1er août 1838.

655. — La défensabilité ne doit pas être confondue avec l'état d'un bois *en défends*. Le bois est *en défends*, tant qu'il n'a pas été déclaré défensable. « Les taillis, dit Jousse (sur l'art. 13, tit. 25, ordonn. 1669), sont en défends lorsqu'il n'est pas permis d'y entrer, ni d'y laisser paître les bestiaux. »

656. — Le Code forestier, comme l'ordonn. 1669, repousse tout réglement général de défensabilité. Il résulte même de la discussion à la chambre des députés (séance du 18 mai 1837) que l'on doit ne faire, en cette matière, aucun réglement d'admi-

nistration publique ayant un caractère de pénalité. — Meaume, no 553.

657. — Les dispositions des coutumes, mais encore les lois spéciales, telles que les arrêts de règlement, qui auraient déterminé d'avance l'époque à laquelle les coupes sont reconnues défensables, doivent céder devant les dispositions formelles des art. 67 et 119, C. forest. — *Cass.*, 31 déc. 1838 (dans ses motifs [t. 2 1839, p. 246]), comm. de Dabo. — Meaume, no 908; Curasson sur Proudhon, nos 500 et 501.

658. — Mais si les propriétaires des bois assujétis au droit de pâturage ne peuvent être forcés à suivre un règlement fixe et déterminé pour l'exploitation de leurs forêts, ils n'ont pas la faculté de priver les usagers, par une coupe simultanée, de la totalité de leur parcours; ils doivent toujours laisser une partie de bois suffisante pour l'exercice de ce droit. — *Besançon*, 19 déc. 1827, Martin.

659. — L'administration forestière doit même s'abstenir de faire des réglemens pour plusieurs années, la défensabilité pouvant varier d'une année à l'autre. Une année de plus ajoutée à un taillis de chêne défensable n'est pas une présomption légale de défensabilité. C'est ce qu'a constamment jugé la cour suprême. La défensabilité doit donc être déclarée chaque année, et il y a délit dans le fait d'introduction de bestiaux dans un canton non déclaré défensable pour l'année, bien qu'il l'ait été l'année précédente. — *Cass.*, 6 août 1829, Pont-Marcel; 27 fév. 1834, Barrat; 16 avr. 1835, Brivadis; 14 nov. 1835, Granier de Trehose.

660. — Jugé, en ce sens, que la déclaration de défensabilité d'une forêt n'est valable que pour l'année dans laquelle elle a été faite. En conséquence, il y a délit de la part d'un usager forestier qui envoie ses bestiaux pâturer dans un canton qui n'a été déclaré défensable que l'année précédente, encore bien qu'aucune déclaration contraire à la première n'ait été faite depuis par l'administration forestière. — *Cass.*, 18 mai 1848 (t. 1er 1849, p. 360), Forêts c. Devidal.

661. — La doctrine de la cour suprême a été adoptée par les cours de Besançon le 13 avr. 1835, de Dijon, le 6 juill. 1822, arrêts inédits cités par Meaume, no 554, note; de Nîmes, 2 juill. 1840 (t. 2 1843, p. 558), Gautier. Elle est aussi soutenue par Curasson sur Proudhon (no 226) et Meaume (no 554).

662. — La cour de Cassation avait décidé dans le même sens, sous l'ordonn. de 1669. — *Cass.*, 30 oct. 1806, Dubois; 3 déc. 1819, Pincé; 28 janv. 1820, Charlin; 23 juin 1820, comm. de Bussy; 11 oct. 1822, Laguerre; 30 avr. 1824, Delgajol; 7 avr. 1827, Humbert.

663. — Lorsque celui qui est inculpé d'un délit de pâturage dans un bois soutient que ce bois était défensable, c'est à lui à en justifier par un acte légal. L'administration forestière ne peut pas être obligée de prouver le contraire de cette exception. — *Cass.*, 22 fév. 1811, Cadet et Desponien.

664. — Il y aurait lieu à appliquer la peine encourue par le délinquant sans qu'il pût exciper de ce qu'il n'y a pas eu et de ce qu'il ne pouvait y avoir dommages. — *Cass.*, 30 oct. 1806, Dubois.

665. — Il ne pourrait non plus invoquer comme excuse que, par une lettre écrite au maire, le sous-inspecteur a autorisé le pâturage, et que le garde du bois l'a permis. — *Cass.*, 23 juin 1820, comm. de Bussy.

666. — Lorsqu'il est reconnu que des individus ont introduit des vaches dans une forêt non défensable, il n'y a pas lieu de prononcer le sursis à l'action correctionnelle jusqu'après le jugement de l'action civile sur un droit d'usage dont ils excipent. — *Cass.*, 3 avr. 1830, Artazouls; 16 janv. 1836, Delaguiche c. Naudin.

667. — La cour de Douai a également décidé que lorsque le conseil d'état est saisi du pourvoi formé contre l'arrêté d'un conseil de préfecture qui, contrairement à la décision de l'administration forestière, a déclaré une partie de forêt défensable, les usagers ne peuvent y exercer leur droit de pacage tant que la question de défensabilité n'est pas définitivement vidée. — *Douai*, 22 fév. 1833, comm. de Marchiennes.

668. — L'usager qui croirait avoir à se plaindre de la décision prise par l'administration forestière devrait, d'après l'art. 67, se pourvoir devant le conseil de préfecture. Il pourrait aussi, bien que l'article n'en dise rien, appeler de l'arrêté de ce conseil devant le conseil d'état. Car, ainsi que l'a fait observer M. Méchin (chambre des députés, 24 mars 1827), le pourvoi est de droit. A cette occasion, M. Dudon a fait observer qu'on établissait ainsi trois degrés de juridiction. « Il est clair, dit Meaume (no 555), qu'il y a ici violation de la loi des deux degrés de juridiction; mais la loi a prononcé! »

669. — Il résulte des explications données par M. de Martignac, dans la même séance, que la décision de l'administration forestière doit être exécutée provisoirement, malgré le recours des usagers au conseil de préfecture.

670. — Mais si cette décision venait à être réformée par le conseil de préfecture ou le conseil d'état, et que l'époque favorable au pâturage fût alors passée, les usagers n'auraient-ils pas droit de prétendre à des dommages intérêts? Cette demande paraîtrait fondée, puisqu'ils ont été privés d'un droit reconnu légitime par l'autorité administrative supérieure. Le conseil d'état (25 mai 1835, comm. de l'Isle) a cependant refusé d'allouer des dommages-intérêts à une commune dont un arrêt du conseil de préfecture de l'Allier, vainement attaqué par le ministre des finances, avait reconnu les droits. Il est vrai que c'est aux tribunaux seuls à prononcer sur les dommages-intérêts. — *Cons. d'ét.*, 3 mai 1810, Ravier c. Lapierre. — Macarel, *Elém. de jurispr. admin.*, t. 1er, p. 91, no 123; Cormenin, t. 1er, p. 79; Chauveau, *Principes de compét.*, t. 1er, no 697.

671. — Cependant Meaume (no 558) pense avec Serrigny (*Compét. admin.*, nos 351, 359 et 943) que si la question qui donne naissance à la demande en dommages-intérêts est du contentieux administratif, l'autorité administrative est compétente pour en connaître. C'est ce que le conseil d'état a décidé par ses dernières ordonnances. — *Cons. d'ét.*, 31 oct. 1821, Schmith; 27 août 1833, Questel; 8 nov. 1833, comp. des Trois-Ponts; 19 déc. 1839, Lirmé; 28 janv. 1841, Jones, etc. — « Il n'y aurait donc rien de surprenant, dit Meaume (*loc. cit.*), à voir la décision unique qui repousse la demande en dommages-intérêts formée par les usagers contredite par des décisions contraires, qui seraient, nous le croyons, conformes aux vrais principes. »

672. — Le conseil de préfecture n'a qu'une question de fait à examiner, celle de savoir si la forêt peut supporter l'introduction des bestiaux. Aussi, le conseil d'état a annulé, comme violant l'art. 67, l'arrêté d'un conseil de préfecture permettant le parcours aux habitans d'une commune, en se fondant sur les besoins de ses habitans, sans examiner si le bois était ou non défensable. — *Cons. d'ét.*, 10 oct. 1834, min. des fin. c. comm. de l'Huis.

673. — Par une autre ordonnance, ce même conseil a également annulé un arrêté par lequel un conseil de préfecture avait ordonné à l'administration de livrer aux diverses sections d'une commune des cantons de bois communaux pour le pâturage, en motivant sa décision non sur la défensabilité constatée de ces bois, mais sur l'usage suivi et sur les besoins des habitans. — Ordonn. du 30 nov. 1836, citée par Meaume, no 559.

674. — On doit conclure de là que le conseil de préfecture dépasserait à plus forte raison ses pouvoirs si, au lieu de résoudre la question de défensabilité, il ordonnait un mode d'exploitation permettant d'autoriser sans inconvénient l'exercice des droits d'usage. En effet, si la question de défensabilité est du contentieux administratif, il n'en est pas de même des opérations d'aménagement, d'exploitation et de culture. Si donc l'administration a reconnu la nécessité d'exploiter une forêt en jardinant, le conseil de préfecture ne peut ordonner de faire des coupes successives, en suivant une division de la forêt, par cantons déterminés. — *Cons. d'ét.*, 13 août 1840, comm. d'Echalon.

675. — « Cette solution, dit Meaume (no 560), tranche définitivement la question de savoir si les forêts peuplées d'essences résineuses, et qui s'exploitent en jardinant, peuvent être déclarées défensables. »

676. — Lors de la discussion du Code forestier à la chambre des pairs (séance 18 mai 1827), M. de Praslin ayant fait observer que les bois exploités *au furetage* ne devaient jamais être déclarés défensables, cet avis fut confirmé par le directeur général des forêts, qui déclara que l'administration n'avait jamais considéré comme défensables les bois s'exploitant ainsi, et que si l'exercice du pâturage y avait été parfois toléré, c'était un abus qu'il fallait réprimer. — Meaume, no 560. — *Contrà* Curasson sur Proudhon, no 506.

677. — Quand même les forêts seraient peuplées d'essences résineuses, quel que fût leur âge, elles ne pourraient être livrées au pâturage avant la déclaration de défensabilité, encore qu'elles ne s'exploitassent pas en jardinant. Il en est de même des futaies de tout âge. Il peut y avoir été fait de nouvelles plantations pour le repeuplement. — Discuss. à la chambre des députés, séance du 24 mars 1827. — La cour de Cassation, par arrêt du 17 déc. 1835 (Lemire c. comm. de Lautecourt et Clairvaux),

a implicitement reconnu que les futaies de sapins devaient, comme toutes les forêts, être déclarées défensables. — Conf. Meaume, no 560; Curasson sur Proudhon, no 499.

678. — Mais si l'usager possède un titre fixant l'âge de la défensabilité, ce titre ne doit-il pas l'emporter sur la disposition de police introduite par la loi? La négative est adoptée par la cour suprême et le conseil d'état; l'un et l'autre ont reconnu que la déclaration de défensabilité n'est qu'une mesure de police ne pouvant affecter le fond du droit, dont la loi peut toujours réglementer l'exercice, quelles que soient les stipulations particulières du titre. On ne peut donc invoquer contre l'application de ces dispositions de police, qui sont d'ordre public, les droits acquis antérieurement au Code forestier, conforme en cela à l'art. 1er, tit. 29, ord. 1669. — Merlin, *Rép.* et *Quest. de droit*, vo *Usage*; Favard de Langlade, *Rép.*, vo *Droits d'usage*, sect. 1re, § 2, no 11; Baudrillart, *C. forest.*, sur l'art. 67, et *Dict.*, vo *Pâturage*; Curasson sur Proudhon, nos 497 et suiv.; Meaume, no 561.

679. — Toutefois, Merlin est revenu, dans son supplément, sur sa première opinion; et Curasson sur Proudhon (no 502), d'accord avec ce dernier et Merlin, admet cette distinction que si les titres sont positifs et absolus, ils doivent prévaloir sur les dispositions de police du Code forestier.

680. — Mais cette opinion, savamment réfutée par Davannes (*Droits d'usage dans les bois de l'état*, p. 104 et suiv.), doit être repoussée comme contraire à la jurisprudence du Conseil d'état et de la cour de Cassation. — V. en effet *Cons. d'état*, 28 oct. 1829, comm. d'Aunoux; 13 mai 1831, comm. de Mouthe. — *Cass.*, 20 juill. 1810, Aubert; 26 janv. 1824, Delondre c. comm. de Soilly; 25 juin 1824, Monier; 10 sept. 1824, Mornant; 22 juin 1826, de Bouillac c. Marinpoey; 2 fév. 1831, Holterman c. Lefebvre d'Argence; 3 juin 1835, Robinet c. comm. de Montagney; 19 nov. 1836 (t. 1er 1837, p. 150), Holtermann c. Guibert-Routhonne; 25 mars 1837 (t. 1er 1838, p. 90), habit. de Colonne; 31 déc. 1838 (t. 2 1839, p. 246), comm. de Dabo.

681. — L'ordonn. de 1669 qui interdit aux usagers de mener paître leurs bestiaux ailleurs que dans les lieux officiellement déclarés défensables, est une loi d'ordre public applicable aux bois des particuliers aussi bien qu'à ceux de l'état. — *Cass.*, 16 mars 1836, Renouard de Bussières c. comm. de Zinswiller.

682. — L'ordonn. de 1669 et la loi des 15-29 sept. 1791, étant des dispositions d'ordre public et des réglemens de police générale auxquels il n'était pas permis de déroger par des conventions particulières, on n'a pu valablement stipuler qu'une commune pourrait exercer son droit de pâturage ou de parcours dans un bois, après la revenue de la quatrième feuille, sans être tenue de faire d'abord déclarer la défensabilité du bois, et de faire dresser des procès-verbaux de délivrance. — *Cass.*, 3 juin 1835, Robinet.

683. — On devrait, à plus forte raison, décider que l'application des dispositions consacrées par le Code devrait avoir lieu dans le cas où la possession des usagers se fonde sur un simple usage local. — *Cons. d'état*, 15 juill. 1835, comm. de Verjon; 30 nov. 1836, comm. de Magnieu; *Cass.*, 1er avr. 1808, Poujot et Rayot.

684. — Il y a donc délit de la part des usagers à introduire leurs bestiaux dans la forêt, sans justifier d'une déclaration expresse de défensabilité. Il est inutile dès-lors de mettre les forêts en défends. — *Cass.*, 3 déc. 1819, Vincé; 30 avr. 1824, Delgajol; 4 sept. 1829, princesse de Rohan c. Genus; 14 nov. 1835, Granier de Trebosc. — Meaume, no 562.

685. — L'usager doit prouver par une déclaration émanée de l'administration, qu'il a été autorisé à mener ses bestiaux dans les lieux qui lui ont été assignés comme défensables. — *Cass.*, 2 fév. 1841 (t. 1er 1841, p. 369), comm. de Ville-en-Voëvre.

686. — C'est à lui à prouver l'accomplissement des formalités exigées pour l'exercice de son droit. — *Cass.*, 16 mars 1836, Renouard de Bussières.

687. — Le droit de pâturage ne peut être exercé que dans les parties de bois déclarées défensables, et assignées comme telles aux usagers. — *Cass.*, 19 janv. 1833, comm. de Linthal.

688. — Jugé, avant la promulgation du Code forestier, que le délit résulterait suffisamment de l'introduction des bestiaux dans un canton non désigné, quand même il n'en serait résulté aucun dommage. — *Cass.*, 21 vendém. an XII, Piacani; 26 brum. an XII, Guillot; 30 oct. 1806, Dubois; 26 déc. 1806, Piquart et Marchot; 7 déc. 1810, Ellena et Pariero; 15 fév. 1811, Pinard; 1er août 1811, Reigue; 10 avr. 1812, Simonin; 5 avr. 1816, Bertin; 21 mars 1817, Loureau; 30 mai 1818, Lau-

rençot; 19 fév. 1825, Burlereaux. — Meaume, *loc. cit.*

689. — La cour de Cassation a décidé, dans le même sens, depuis la promulgation du Code forestier. — *Cass.*, 10 déc. 1829, Bousquet; 3 avr. 1830, Artazouls. — Meaume, *loc. cit.*

690. — Aucune sanction pénale spéciale n'a été attachée à l'art. 67. La commission de la chambre des députés proposait d'ajouter : *sous les peines portées par l'art.* 199, *C. forest.*, et un amendement demandait que l'article se terminât par les mots : *à peine d'une amende de 10 à 100 fr.* M. de Martignac (séance du 24 mars 1827) fit observer que si la chambre adoptait la disposition proposée par la commission, il en résulterait une contradiction entre l'art. 67 et l'art. 76. En effet, a-t-il dit, l'art. 67 contient précisément la prohibition dont l'art. 76 punit la violation. En vain dirait-on que cette peine ne pourra être appliquée aux usagers qui conduisent eux-mêmes leurs bestiaux, parce que l'art. 76 ne s'est servi que du mot *pâtre*. En effet, il est évident que la loi entend par le *pâtre* celui qui se trouve préposé à la garde du troupeau, et, par conséquent, l'usager, s'il le conduit lui-même. »

691. — Sur ces observations de M. de Martignac, l'amendement fut rejeté. Plus tard, le ministre des finances proposa une nouvelle rédaction de l'article, en le terminant, comme l'avait proposé la commission, par les mots : *sous les peines prononcées par l'art.* 199. Le président fit observer que c'était rouvrir la discussion, et le *Moniteur* ajoute : *La chambre consultée adopte l'amendement tel qu'il a été rédigé par M. le ministre des finances. Elle adopte également l'article ainsi amendé.* Cependant l'addition proposée ne figure pas dans le *Bulletin des Lois.*

692. — En l'absence de tout éclaircissement bien net résultant de la discussion législative, on doit interpréter la loi par la loi même, et il devient évident alors que la sanction pénale de l'art. 76 est insuffisante et que l'art. 199 est seul applicable. L'addition proposée par la commission et le ministre était du reste inutile. On ne peut, en effet, exercer le pâturage dans un bois qu'en vertu d'un titre. Or, quel que soit son titre, l'usager ne peut mener son troupeau que dans les cantons défensables. Hors de ces cantons, il n'est donc qu'un délinquant ordinaire encourant les peines de l'art. 199. — Meaume, no 563.

693. — C'est ce qu'a décidé la cour de Cassation, en déclarant que l'usager dont le pâtre a introduit des bestiaux dans une forêt qui n'avait pas été déclarée défensable est passible des peines portées par l'art. 199, C. forest., et non de celles de l'art. 76 même Code, qui ne concerne que le pâtre commun choisi par l'autorité municipale pour garder le troupeau commun. — *Cass.*, 8 mai 1830, Renaud; 16 janv. 1836, Delaguiche c. Naudin. — Conf. arrêt inédit de *Dijon* du 30 déc. 1835, Vitoizet, rapporté par Meaume, no 563, note.

694. — La déclaration de défensabilité ne profite qu'aux usagers. Elle ne fait donc pas disparaître le délit de pâturage commis par un non-usager. C'est ce qu'a établi un arrêt inédit de *Besançon*, 12 mars 1838, ci é par Meaume (no 564), et qui réforme un jugement du tribunal de Lons-le-Saulnier.

695. — La bonne foi de l'usager ne peut être une excuse. — Meaume, no 639.

696. — En effet, la bonne foi ne peut jamais, en matière forestière, excuser le délinquant (V. FORÊTS). Aussi la cour de Cassation a décidé, le 2 mai 1833 (habitans d'Escragnolles), qu'en matière forestière, les tribunaux ne peuvent, en aucun cas, s'affranchir de l'obligation qui leur est imposée de prononcer les peines portées dans la loi sur le fait matériel de la contravention, ni par conséquent admettre comme excuse l'exception de bonne foi. L'autorité administrative supérieure a seule le droit d'apprécier des exceptions tirées d'une erreur involontaire, et d'accorder les remises ou les réductions de peines que les circonstances et l'équité peuvent faire admettre.

697. — Le délit de pâturage commis dans un taillis de deux ans faisant nécessairement supposer l'existence d'un dommage, le tribunal ne peut, sous prétexte qu'il n'a pas été constaté par le procès-verbal, refuser de condamner le présent à des dommages-intérêts. — *Nancy*, 29 janv. 1840 (t. 1er 1843, p. 553), Henri.

698. — Mais jugé qu'il n'en est pas de même si le délit de dépaissance a eu lieu dans un taillis de douze ans; un bois de cet âge doit toujours être présumé défensable, et dès-lors il y a lieu de croire, dans le silence du procès-verbal à cet égard, qu'il n'est résulté aucun préjudice du fait imputé au prévenu. — *Nancy*, 29 janv. 1840 (t. 1er 1843, p. 554), Robert.

699. — Par arrêt inédit du 27 avr. 1838, cité par Meaume (no 566, note), la cour de Colmar a décidé que, lorsqu'une commune a un droit de morte-pâture sur une forêt, ce droit s'étend sur les étangs enclavés qui paraissent formés aux dépens du sol forestier. Dans ce cas, le droit de pâturage doit s'exercer sur les étangs, sans délivrance ni déclaration de défensabilité, pendant les années d'eau et après la récolte de l'année à sec, pourvu qu'il y ait des chemins d'étang. — V. cependant Meaume, no 566.

700. — Lorsqu'il a été dit par un arrêt que des usagers pourraient exercer leurs droits dans tous les cantons défensables d'une forêt, si, dans le délai de quinzaine après sa signification, le propriétaire ne leur avait pas fait la délivrance de certains cantons, il ne résulte aucune violation de la loi de ce qu'un nouvel arrêt aurait décidé que cette signification a satisfait à une ancienne sentence qui exigeait une délivrance préalable. — *Cass.*, 29 mai 1830, princesse de Rohan.

701. — Lorsqu'une forêt a été déclarée défensable pour le pacage, les usagers peuvent y exercer aussi leur droit de ramage, sans qu'il soit besoin d'une déclaration spéciale de défensabilité. — Même arrêt.

702. — « Chaque année, avant le 1er mars pour le pâturage, et un mois avant l'époque fixée par l'administration forestière pour l'ouverture de la glandée et du panage, les agens forestiers feront connaître aux communes et aux particuliers jouissant des droits d'usage les cantons déclarés défensables et le nombre des bestiaux qui seront admis au pâturage et au panage. — Les maires seront tenus d'en faire la publication dans les communes usagères. » — C. forest., art. 69.

703. — La disposition contenue dans cet article s'étend aux bois des communes et des établissemens publics (C. forest., art. 112), mais non à ceux des particuliers (C. forest., art. 120).

704. — « Les maires des communes et les particuliers jouissant du droit de pâturage ou de panage dans les forêts de l'état remettront annuellement à l'agent forestier local, avant le 31 décembre pour le pâturage, et avant le 30 juin pour le panage, l'état des bestiaux que chaque usager possède, avec la distinction de ceux qui servent à son propre usage et de ceux dont il fait commerce. » — Ordonn. d'exécut., art. 118.

705. — « Chaque année, les agens forestiers locaux constateront par des procès-verbaux, d'après la nature, l'âge et la situation des bois, l'état des cantons qui pourront être délivrés pour le pâturage, la glandée et le panage, dans les forêts soumises à ces droits; ils indiqueront le nombre des animaux qui pourront y être admis, et les époques où l'exercice de ces droits d'usage pourra commencer et devra finir. — Les propositions des agens forestiers seront soumises à l'approbation du conservateur, avant le 1er février pour le pâturage et avant le 1er août pour le panage et la glandée. » — Ordonn. d'exécut., art. 119.

706. — Une circulaire de l'administration des forêts, du 28 mars 1837, rapportée aux *Réglemens forestiers* (t. 5, p. 473), indique aux agens forestiers les formes à suivre pour faire connaître aux usagers les cantons défensables et le nombre des bestiaux à y introduire.

707. — Les déclarations de défensabilité doivent être individuelles, lorsque le droit de pâturage n'est pas communal. Nul ne pourrait se prévaloir de celles qui auraient été accordées à d'autres usagers, ainsi que l'a jugé la cour de Dijon, par un arrêt inédit du 30 janv. 1833, rapporté par Meaume, no 572, note.

708. — Les usagers qui auraient introduit dans la forêt un nombre de bestiaux supérieur à celui déterminé par l'administration forestière ne pourraient invoquer comme excuse le défaut de publication exigé du maire par le § 2 de l'art. 69. — Meaume, no 573.

709. — Si l'usager n'avait pas attendu cette publication pour introduire ses bestiaux dans la forêt, cela ne constituerait pas de sa part un délit. Cette publication n'ayant lieu que dans l'intérêt des usagers et étant indifférente à l'administration forestière. Il suffit que l'introduction ait eu lieu en temps permis. — *Nîmes*, 25 août 1836, Brunel, arrêt inédit rapporté par Meaume, no 574, note.

§ 2. — *Bois des particuliers*

710. — Dans les bois des particuliers, les droits de pâturage, parcours, panage et glandée ne peuvent être exercés que dans les parties de bois déclarées défensables par l'administration forestière, et suivant l'état et la possibilité des forêts reconnus et constatés par la même administration. — Les chemins par lesquels les bestiaux devront passer pour aller au pâturage et pour en revenir seront désignés par le propriétaire. — C. forest., art. 119.

711. — « Lorsque les propriétaires ou les usagers seront dans le cas de requérir l'intervention d'un agent forestier pour visiter les bois des particuliers, à l'effet d'en constater l'état et la possibilité ou de déclarer s'ils sont défensables, ils en adresseront la demande au conservateur, qui désignera un agent forestier pour procéder à cette visite. — L'agent forestier ainsi désigné dressera procès-verbal de ses opérations, en énonçant toutes les circonstances sur lesquelles sa déclaration sera fondée. — Il déposera ce procès-verbal à la sous-préfecture, où les parties pourront en réclamer des expéditions. » — Ordonn. réglem., art. 151.

712. — L'art. 119, C. forest., a pour objet de remplacer, à l'égard des bois particuliers, les art. 65, 67 et 72, C. forest., dont les dispositions s'appliquent spécialement aux bois soumis au régime forestier. Il a en vue toutes les servitudes d'usage, autres que les droits d'usage en bois. L'énumération des droits rappelés dans le § 1er est donc énonciative et non limitative. Il résulte, en effet, de la discussion à la chambre des pairs (séance du 19 mai 1825), que l'usage aux feuilles mortes doit être soumis aux mêmes règles que les droits rappelés par ledit art. 119. — Meaume, nos 903 et 904. — V. aussi *Cass.*, 16 mars 1836, Renouard de Bussières c. comm. de Zinswiller.

713. — Bien que l'art. 119 ne parle pas des droits d'usage en bois, il est de l'essence de ces droits de ne pouvoir être également exercés, ainsi que ceux énumérés par l'art. 119, que suivant l'état et la possibilité de la forêt. Cette lacune dans l'art. 119 ne peut être que l'effet d'une évidente omission. On s'est contenté à la chambre des députés de cette explication du rapporteur, M. Favard de Langlade, sur la rédaction de l'art. 119 : « Par cette rédaction, toute espèce de droits d'usage encore existans se trouve comprise, d'où il résulte que tous les intérêts sont conservés, et que la sollicitude de plusieurs membres de la chambre, pour quelques droits spéciaux dont ils ont parlé dans les bureaux, doit être pleinement rassurée. » — Curasson sur Proudhon, t. 2, no 478; *Cod. forest.*, t. 2, p. 206; Meaume no 905.

714. — La déclaration de défensabilité, même en ce qui concerne les bois particuliers, est une disposition de police n'affectant pas *le fond du droit*. Tout usager s'y trouve soumis quant à *l'exercice* de son droit, quels que soient ses droits acquis et les stipulations de son titre. Le propriétaire peut, dans tous les cas, exiger de l'usager une déclaration de défensabilité émanée de l'administration. — *Cass.*, 16 mars 1836, Renouard de Bussières c. comm. de Zinswiller; 19 nov. 1836 (t. 1er 1837, p. 159) Holtermann c. Guibert Bouthonne; 1er août 1838 (t. 2 1838, p. 372), d'Harcourt c. Gauthier; 13 août 1839 (t. 2 1839, p. 383), Digoy c. comm. de Ménessaire. — Meaume, no 906.

715. — Toutefois, la déclaration de défensabilité n'est pas tellement d'ordre public, qu'un propriétaire ne puisse introduire ses bestiaux dans un bois, quel qu'en soit l'âge, et sans déclaration préalable de défensabilité. — Avis du cons. d'ét. du 18 brum. an XIV. — Cet avis, appouvé par l'empereur le 16 frim. suivant, est donc un acte législatif obligatoire. — 25 mai 1810, Caroillon Destillières c. Louis Bergasset; 26 juill. 1811, Georget. — *Cons. d'ét.*, 6 nov. (et non 30 oct.) 1817, Brunel et Bourbeau c. commune de Nouaillé. — Henrion de Pansey, *Biens communaux*, p. 141 et suiv.; Meaume, no 907.

716. — Le propriétaire peut-il transmettre un droit à un tiers? Merlin (vo *Usage*) n'hésite pas à adopter l'affirmative. Suivant cet auteur, le propriétaire peut, en accordant un droit perpétuel de pâturage dans un bois, permettre à l'usager d'exercer ce droit, sans déclaration préalable de défensabilité de la part de l'administration forestière. — Conf. Meaume, no 908; Curasson sur Proudhon, no 503.

717. — Mais nous avons vu (*suprà*) que la jurisprudence de la cour de Cassation était contraire à cette doctrine. — M. Meaume (no 908, *in fine*) fait observer que dans aucune des espèces soumises à la cour suprême, le titre invoqué par l'usager n'établissait une dérogation formelle à l'ordonn. de 1669. Dans tous les cas, dit cet auteur, et en admettant même dans toute sa rigueur le principe posé par la cour de Cassation à l'égard des titres contraires à l'ordonn. de 1669, rien n'indique qu'on dût repousser l'exécution d'un titre postérieur à l'avis du conseil d'état du 18 brum. an XIV, et dans lequel les parties auraient formellement déclaré déroger aux dispositions soit de

l'ordonn. de 1669, soit du décret du 17 niv. an XIII, soit du Code forest. — Curasson, *loc. cit.*

718. — Dans le cas où un jugement contradictoire, réglant l'âge auquel les coupes d'une forêt pourront être ouvertes au pâturage, déciderait qu'à cet âge les usagers seront admis à y introduire leur bétail, sans qu'il soit besoin d'en faire déclarer la défensabilité, ce jugement devrait-il être exécuté nonobstant l'art. 119, s'il avait acquis force de chose jugée? — Aff. Curasson sur Proudhon, no 504; Meaume, no 908, note.

719. — Les agens forestiers doivent uniquement reconnaître si le bois est ou non défensable et déterminer la possibilité de la forêt. Il appartient aux tribunaux de régler la durée du pâturage et l'époque à laquelle il devra être exercé. — *Cass.*, 20 mai 1833, Roger et Hérard c. comm. de Villejoubert. — *Cons. d'ét.*, 4 fév. 1824, de Bouillon c. comm. de la Boissière. — Meaume, no 909, t. 3, p. 273.

720. — L'intervention des agens forestiers n'étant nullement nécessaire et les parties intéressées pouvant s'en passer si elles le jugent convenable, à plus forte raison, les agens forestiers doivent-ils s'abstenir d'exprimer d'office leur opinion sur l'état et la possibilité des bois grevés d'usage appartenant à des particuliers.—Meaume, t. 3, p. 273.

721. — On peut exercer le pâturage sans avoir besoin d'obtenir une déclaration de défensabilité, sur une portion non boisée, voisine de la forêt, à la condition toutefois que cette portion sera tellement distincte que toute confusion sera impossible. — Meaume, no 910.

722. — L'obligation imposée aux usagers dans les bois et forêts de faire reconnaître leur droit par l'administration ne s'applique pas à ceux dont le droit est converti en pacage sur un terrain vain et vague. — *Bourges*, 27 mars 1838 (t. 2 1838, p. 506), Barrière-Luzarche.

723.—La tolérance du propriétaire, quelle qu'en ait été la durée, ne peut empêcher qu'il exige, pour l'avenir, que la forêt soit déclarée défensable.—*Cass.*, 5 sept. 1835 (dans ses motifs), Albouy c. Douls.—Meaume, no 911.

724. — Le Code forest. et l'ordonn. d'exécution ne disent pas qu'une indemnité doit être payée aux agens forestiers qui ont été chargés d'examiner si le bois d'un particulier était défensable. Baudrillart dit, dans son recueil, que l'administration forestière avait proposé dans le projet d'ordonnance qu'elle avait préparé, de fixer les rétributions des agens à la moitié de l'indemnité accordée par le décret du 16 févr. 1807, pour les vacations des arpenteurs. La commission chargée de réviser le projet d'ordonnance n'a pas admis cette proposition, ni cru devoir statuer sur l'indemnité. A-t-on voulu laisser aux agens forestiers à stipuler eux-mêmes le prix de leurs opérations, ou bien a-t-on entendu qu'ils ne devaient rien exiger, l'obligation de déférer aux réquisitions des propriétaires ou des usagers leur étant imposée par la loi? Le directeur-général des forêts, consulté sur cette question, a répondu, le 17 mai 1828, « que la loi n'ayant rien statué relativement à l'indemnité qui pouvait être due aux agens pour les vérifications dont il s'agit, il ne lui appartenait pas d'interpréter son silence; et que, si quelques agens se trouvaient dans le cas de faire des dépenses extraordinaires pour cet objet, et qui ne leur seraient pas remboursées par les parties, ce serait le cas de les noter favorablement sur l'état des gratifications. » — Meaume, no 912.

725. — La cour de Cassation a décidé le 10 mai 1843 (t. 2 1843, p. 562, [comm. de Paimpont c. Dandigné de la Chasse]), que s'il est constant, en matière de droits d'usage dans une forêt, que le propriétaire ne peut rien faire qui soit susceptible de gêner, diminuer ou modifier d'une manière quelconque le droit des usagers, il n'en résulte pas que le propriétaire ne puisse faire les travaux que prescrit l'entretien la conservation ou l'amélioration de sa propriété.

726. — ... Et s'il s'élève des doutes sur le point de savoir si le propriétaire s'est borné à user de ce droit ou s'il a porté atteinte à celui des usagers, cette question est une simple question de fait, qu'il appartient aux juges de décider souverainement, d'après l'interprétation des titres et l'appréciation des localités et circonstances de la cause. — Même arrêt.

727. — Par suite, les usagers ont pu (sans qu'il en résulte ouverture à cassation) être déclarés mal fondés à se plaindre de ce qu'en multipliant les semis et les jeunes plants, le propriétaire aurait éloigné l'époque de sa défensabilité de certaines parties de la forêt, ou empêché le pâturage dans les clairières, s'il est établi que les cantons défensables suffisent à l'exercice du droit d'usage. — *Rennes* 23 août 1841, rapporté sous l'arrêt précité. — Meaume, no 913.

728. — Mais le droit d'usage sur une lande appartenant à une commune lui confère qualité pour s'opposer à tous les faits de nature à nuire à ce droit, et notamment pour l'autoriser à poursuivre un tiers en répression d'une plantation d'arbres. — *Paris*, 12 août 1837 (t. 2 1839, p. 651), comm. de Biganos c. Trouilh.

729. — Le fait d'avoir introduit des bestiaux dans une plantation faite de main d'homme, et composée de saules, peupliers et frênes, constitue non le délit de pâturage prévu par l'art. 199, C. forest., mais la contravention punie par l'art. 479-10o, C. pén. — *Paris*, 13 juin 1845 (t. 2 1847, p. 48), forêts c. Picard.—V. FORÊTS, no 2572.

730. — L'usager troublé dans sa jouissance par les travaux exécutés dans sa forêt par le propriétaire, ne peut jamais exercer l'action en complainte. Son action doit se traduire en dommages-intérêts.— Meaume, no 914; Curasson, *Act. posses.*, no 336; notes sur Proudhon, p. 220 et suiv.

731. — Les dispositions de l'art. 119, comme celles de l'art. 67 sur la défensabilité, ne peuvent s'appliquer aux *prés-bois*, ces terrains n'étant pas susceptibles d'aménagement ni d'exploitation régulière. Seulement, lorsque les arbres auront été coupés, on devra, pour préserver les jeunes pousses de la dent du bétail, appliquer les dispositions de l'art. 12, tit. 2, C. rural du 6 oct. 1791, qui trouve sa sanction pénale dans les art. 2 et 3 même titre. Ce sera donc aux tribunaux de police à connaître de ces sortes de faits. — Curasson sur Proudhon, no 508; Meaume, no 915. — V. DÉLIT RURAL.

732. — Si le dégât avait été commis par des chèvres, on devrait appliquer l'art. 18, tit. 2, de la même loi. — Curasson, *loc. cit.*

733. — L'art. 119 pourrait-il être appliqué au droit de superficie? Ainsi, le superficiaire qui a droit à la coupe perpétuelle d'un bois pourrait-il poursuivre le propriétaire foncier qui aurait fait pâturer son bétail dans des coupes non déclarées défensables? Le doute vient de ce que ce dernier, comme tréfoncier, a droit au pâturage; et qu'il ne peut être considéré comme un usager, le caractère de l'usage étant de s'exercer sur le terrain d'autrui. Les auteurs pensent qu'on doit décider, pour concilier ce double droit, qu'aucun des deux propriétaires ne peut rien faire de préjudiciable à l'autre. Or, si le tréfoncier introduisait un bétail dans une coupe non défensable, il pourrait empêcher la reproduction du bois. Il faut donc, selon eux, appliquer ici les règles de la défensabilité, et le superficiel pourrait en requérir la déclaration, conformément à l'art. 119. — Proudhon, no 370; Curasson sur Proudhon, no 507; Meaume, no 916.

734. — Mais quelle est la pénalité qu'encourrait le tréfoncier en introduisant ses bestiaux avant la déclaration de défensabilité? Les peines du Code forestier ne peuvent être appliquées, ces peines ayant pour but la répression d'un délit ominis sur le terrain d'autrui; si le tréfoncier use de son droit de pâturage avant la défensabilité, il n'encourra donc aucune peine; mais le superficiaire pourra l'actionner en dommages-intérêts devant les tribunaux ordinaires. — Curasson sur Proudhon, no 507; Meaume, no 917.

735. — La déclaration de défensabilité peut être consentie à l'amiable par le propriétaire, sans l'intervention des agens forestiers. En effet, l'art. 151 de l'ordonn. d'exécution suppose que le propriétaire et l'usager ou le superficiaire chercheront à régler à l'amiable la défensabilité; et que c'est seulement dans le cas où les parties ne pourraient s'entendre qu'elles devraient requérir l'intervention d'un agent forestier.

736. — On devrait donc relaxer l'usager poursuivi d'office par le ministère public, s'il rapportait le consentement du propriétaire à l'usage qu'il a fait de son droit avant la défensabilité. — Meaume, no 918; Curasson sur Proudhon, no 507.

737. — Mais, suivant Curasson (*loc. cit.*), l'usager ne pourrait prouver par témoins qu'il a été autorisé par le propriétaire, « parce qu'ayant pu et même dû se procurer une reconnaissance ou déclaration écrite, l'art. 1341, C. civ., interdit en ce cas la preuve vocale. » — « Ce système, fait observer Meaume (*loc. cit.*), serait à l'abri de toute critique s'il s'agissait d'un superficiaire ou d'un tréfoncier plaidant devant les tribunaux civils; mais toutes les fois qu'il s'agira d'une poursuite correctionnelle, on ne voit pas pourquoi la preuve testimoniale ne pourrait pas être opposée par le prévenu pour établir le consentement du propriétaire. »

738. — C'est, au surplus, ce qu'a décidé la cour de Cassation dans une espèce analogue, par arrêt du 16 juin 1842 (t. 1er 1842, p. 590 [Ducayla

c. Laurence]), en décidant que l'usager poursuivi correctionnellement pour avoir, en vertu de son droit, coupé et enlevé des bois sans délivrance préalable, est recevable à prouver par témoins qu'il a toujours exercé son droit sans délivrance par écrit, au vu, au su et du consentement du propriétaire.

739. — La déclaration de défensabilité, lorsqu'elle ne résulte ni de la visite des agens forestiers ni du consentement du propriétaire, ne pourrait être suppléée par rien. — *Cass.*, 25 mai 1810 (dans ses motifs), Carvillon-Destillières c. Bergassat. — Meaume, no 919.

740.— La seule différence qui existe à cet égard entre les bois de l'état et ceux des particuliers est que, pour les premiers, la déclaration de défensabilité doit être expresse et écrite, et avoir été délivrée préalablement à l'introduction des bestiaux. Pour les seconds, au contraire, la défensabilité peut être consentie et verbalement reconnue par le propriétaire, même après le commencement des poursuites.— Meaume, no 919.

741. — A la différence de l'art. 71, C. forest., l'art. 119 ne dit pas que les fossés à établir pour l'exercice du pâturage doivent être faits à frais communs. S'il y avait donc lieu d'en établir, à la charge de qui retomberait la dépense? Suivant Curasson sur Proudhon (no 479), le § 2 de l'art. 71 doit recevoir ici son application, bien qu'il n'ait pas été reproduit par l'art. 119, et cela, sinon *ratione imperii*, du moins *imperio rationis*. « Mais, dit M. Meaume, ce raisonnement nous touche peu; si le législateur avait voulu que le § 2 de l'art. 71 fût applicable aux bois particuliers, il l'aurait déclaré. En l'absence d'un texte formel, on retombe donc sous l'empire de la loi générale, et on doit appliquer les art. 697 et 698, C. civ., d'après lesquels les ouvrages nécessaires pour user de la servitude sont à la charge de celui qui l'exerce. »

742. — Mais si l'usager ne peut contraindre le propriétaire à participer aux frais de la clôture des chemins désignés par ce dernier pour l'exercice du droit de pâturage, le propriétaire ne saurait rien exiger à cet égard de l'usager. La désignation des chemins lui appartenant, il pourrait, en effet, en la changeant continuellement, rendre l'exercice de la servitude ruineux pour l'usager.— Meaume, no 921, *in fine*.

743. — L'art. 69, qui veut que, chaque année, les agens forestiers fassent connaître aux usagers les cantons défensables et le nombre des bestiaux à introduire dans la forêt, ne s'applique pas aux bois des particuliers (art. 120). Pour ces derniers bois, les usagers peuvent continuer à envoyer leurs bestiaux dans les bois reconnus défensables jusqu'à ce que le propriétaire les ait légalement prévenus que l'état du bois s'oppose à la continuation de l'exercice de leur droit. — Meaume, no 923.

Sect. 3e. — *Exercice proprement dit.*

744. — La disposition qui règle l'exercice du droit d'usage dans les bois et forêts, en conciliant l'intérêt public avec l'intérêt particulier, est applicable, sans effet rétroactif, aux droits d'usage acquis antérieurement. — *Cass.*, 25 mai 1810, Carvillon-Destillières.

745. — L'usager doit prouver qu'il a accompli les formalités nécessaires pour l'exercice de son droit. — *Cass.*, 16 mars 1836, Renouard de Bussières c. comm. de Zinswiller.

746. — Si les tribunaux sont seuls compétens pour prononcer sur l'appréciation des titres et sur le fond des droits des usagers, c'est à l'autorité administrative seule qu'il appartient de régler l'exercice des droits d'usage dans leur mode, leur assiette et leur étendue, et même de les réduire, suivant l'état et la possibilité des forêts. En conséquence, est entaché d'excès de pouvoir l'arrêt par lequel une cour d'appel, saisie d'une contestation relative à des droits d'usage, au lieu de se renfermer dans la décision du fond du droit, statue sur l'aménagement même de la forêt; règle l'exercice des usages en déterminant d'une manière invariable pour l'avenir, sans égard à la possibilité de la forêt non plus qu'à l'étendue variable des besoins, l'ordre successif et l'emplacement des coupes; fixe les diverses essences de bois parmi lesquelles seront choisis les baliveaux, suivant leur nature, aux usagers, au fur et à mesure qu'ils devront être abattus. — *Cass.*, 12 avr. 1848 (t. 1er 1848, p. 399), l'état c. comm. de Saint-Donat.

747. — Nous diviserons cet article en deux paragraphes: le premier traitant de l'exercice de l'usage au bois, le deuxième concernant celui relatif au pâturage des bestiaux.

§ 1er. — *Usage au bois.*

748. — L'autorité municipale peut prendre des arrêtés pour régler l'exercice, par les habitans d'une commune, d'un droit d'usage au bois. — Meaume, n° 958.

749. — L'ordonn. de 1669 n'avait conservé qu'un seul droit d'usage au bois, celui de prendre le bois mort gisant. Quant au bois sec et estant, elle le supprimait comme tous les autres, par l'art. 33, tit. 27. Mais jusqu'à ce qu'il pût être racheté, les lois de police relatives à l'exercice du droit continuèrent à subsister : ce sont les ordonn. de 1554, 1584 et 1668, qui défendaient de se servir de ferremens pour détacher le bois sec en estant. Une déclaration du 3 nov. 1789 défendait l'emploi « d'aucune espèce de ferrement, même de crochets, à peine d'amende et de confiscation d'iceux. »

750. — L'art. 80, C. forest., porte à cet égard : « Ceux qui n'ont d'autre droit que celui de prendre du bois mort, sec et gisant, ne peuvent, pour l'exercice de ce droit, se servir de crochets ou ferremens d'aucune espèce, sous peine de 3 francs d'amende. »

751. — Cet article est applicable, sans distinction, aux bois de l'état comme à ceux des communes et des établissemens publics (C. forest., art. 112), et à ceux des particuliers (art. 120).

752. — Il maintient l'ancien état de choses, en établissant une pénalité nouvelle. On appelle bois mort *gisant* celui qui, étant séché sur pied, a été cassé et gît sur le parterre de la forêt. Le droit à la prise de ce bois ne comprend jamais les chablis de bois vert. — V. *suprà*. — Le bois sec *en estant* est celui qui est entièrement mort sur pied, ou qui adhère encore à un arbre végétant. C'est à ce dernier bois que s'applique l'art. 80. — Meaume, n° 643.

753. — La prohibition de se servir de crochets s'étend même aux crochets en bois. — Meaume, n° 644.

754. — C'est ce qu'a décidé la cour suprême par arrêt du 9 janv. 1843 (t. 1er 1843, p. 199), préfet de Loir-et-Cher c. comm. de Huerseau.

755. — L'usager auquel a été concédé le droit de prendre du bois mort dans une forêt ne peut casser et tirer le bois mort des arbres avec des crochets de bois ou autres, ni même faire usage desdits crochets pour ramasser le bois sec et gisant. — *Poitiers*, 3 juin 1845 (t. 1er 1847, p. 143), préfet de Loir-et-Cher c. comm. de Huerseau ; *Cass.*, 17 avr. 1846 (t. 1er 1847, p. 390), Trémeau ; *Poitiers*, 11 juill. 1849 (t. 1er 1850, p. 234), comm. de Montils c. X...

756. — Mais le propriétaire ne peut faire interdire aux usagers à qui leurs titres donnent le droit de ramasser dans une forêt les feuilles mortes, sans spécifier l'instrument qu'ils doivent employer, de se servir à cet effet d'un râteau à dents de fer, sous le prétexte qu'un tel instrument est nuisible à la conservation des forêts, mais seulement lorsqu'il prouve que cet instrument lui a causé un dommage. — *Cass.*, 2 fév. 1831, Holterman.

757. — De même, les dispositions de l'art. 471, n° 10, C. pén., ne s'appliquent pas aux propriétaires, mais seulement aux individus à qui le glanage est réservé. — L'usage des râteaux à dents de fer n'est interdit aux propriétaires par aucune loi. — *Cass.*, 20 oct. 1841 (t. 1er 1842, p. 735), Traullé. — V. GLANAGE.

758. — L'usager au bois mort ne profite pas des bois charmes. Il n'a droit qu'au bois mort naturellement. — Meaume, n° 645.

759. — Les usagers ne peuvent s'introduire dans les forêts avec des instrumens propres à couper le bois. La simple possession d'un instrument de cette nature constituerait une infraction à l'art. 80. — *Cass.*, 21 fév. 1839 (t. 1er 1839, p. 384), Gabriel. — Meaume, n° 646.

760. — Le fait par l'usager au bois mort de le couper et non de le casser avec les mains rend cet usager passible des peines portées par l'art. 80, C. forest. — *Cass.*, 27 avr. 1833 (dans ses motifs), Forêts c. Duchan. — Meaume, n° 647.

761. — Le propriétaire ne peut être tenu d'avertir les usagers d'avoir à exercer leur droit, attendu qu'il va couper le taillis. — Meaume, n° 648 ; Proudhon, nos 120, 124 et 153.

762. — Ainsi, jugé que lorsque les habitans d'une commune ont, dans une forêt, un droit d'usage au bois mort et au mort-bois, le propriétaire de la forêt n'en a pas moins le droit de couper son taillis quand il lui plaît, même sans prévenir ou appeler à la coupe les usagers pour exercer leur droit. — *Bourges*, 18 nov. 1829, Mortemart.

763. — « Si les bois de chauffage se délivrent par coupe, l'exploitation en sera faite, aux frais des usagers, par un entrepreneur spécial nommé par eux et agréé par l'administration forestière. — Aucun bois ne sera partagé sur pied ni abattu par les usagers individuellement, et les lots ne pourront être faits qu'après l'entière exploitation de la coupe, à peine de confiscation de la portion de bois abattu afférente à chacun des contrevenans. — Les fonctionnaires ou agens qui auraient permis ou toléré la contravention seront passibles d'une amende de 50 fr., et demeureront, en outre, personnellement responsables, et sans aucun recours, de la mauvaise exploitation et de tous les délits qui pourraient avoir été commis. » — C. forest., art. 81.

764. — Aux termes de l'art. 112, l'art. 81, applicable aux bois domaniaux, l'est aussi à ceux des communes et des établissemens publics ; mais il ne l'est pas aux bois des particuliers (art. 1201).

765. — « Les bois de chauffage qui se délivrent par stère seront mis en charge sur les coupes adjugées, et fournis aux usagers par les adjudicataires, aux époques fixées par le cahier des charges. — Pour les communes usagères, la délivrance des bois de chauffage sera faite au maire, qui en fera effectuer le partage entre les habitans. — Lorsque les bois de chauffage se délivrent par coupes, l'entrepreneur de l'exploitation sera agréé par l'agent forestier local. » — Ordonn. d'exécution, art. 122.

766. — Le maire ne peut se refuser à recevoir la délivrance dont parle le § 2 de l'art. précité, et à faire la répartition entre les habitans de la commune usagère. — Décis. min. du 23 fév. 1829, rapportée par Meaume, n° 754, note 1re.

767. — Les actes et procès-verbaux, relatifs aux coupes et aux arbres délivrés en nature aux usagers dans les bois de l'état, doivent être visés pour timbre et enregistrés en *debet* : le recouvrement des droits en *debet* doit, dans tous les cas, s'opérer sur les usagers. — Décis. min. du 10 fév. 1836, modifiant celle du 7 nov. 1834. — V. aussi déc. min. du 4 juin 1838, contenant encore certaines modifications. — Elle est rapportée par Meaume, t. 3, p. 221, note.

768. — D'après le § 1er de l'art. 81, les frais d'exploitation sont toujours à la charge des usagers. Une cour d'appel avait proposé, lors de l'examen du projet, d'ajouter à cette disposition, *à moins que le titre ne porte des dispositions contraires*. Baudrillart (sur l'art. 81) dit que cette proposition fut rejetée, parce que les réglemens ont toujours mis à la charge des usagers les frais d'exploitation des bois à eux délivrés.

769. — Une décision du min. des fin. du 3 oct. 1821 (*Régl. forest.*, t. 2, p. 955) a disposé que c'était aux usagers à payer les frais des devis et des expertises que font les gens de l'art pour les bois dont il leur est fait délivrance.

770. — Mais lorsqu'il s'agit de bois qui se délivre par stères, l'art. 122 de l'ordonnance d'exécution veut que ces bois soient pris sur les coupes adjugées, et fournis aux usagers par les adjudicataires. C'est alors l'état qui supporte les frais d'exploitation, car les adjudicataires ont soin d'exiger qu'il leur soit tenu compte des obligations auxquelles on les assujétit à cet égard. Cependant, dit M. Meaume, l'administration forestière ne procède jamais autrement. — Meaume, n° 650, et t. 3, p. 397.

771. — Le Code forestier ne s'occupe donc que des délivrances qui s'opèrent par coupe. Cette exploitation a lieu par les soins d'un entrepreneur spécial et responsable nommé par les usagers, c'est-à-dire par le conseil municipal et non par le maire, et agréé par l'administration. Si l'entrepreneur avait été nommé par le maire, sans contestation de la part des habitans, et si l'administration supérieure avait donné son consentement à cette nomination, les usagers ne seraient pas reçus à la critiquer après l'exploitation. — Meaume, nos 651 et 652.

772. — On ne peut se dispenser de l'agrément de l'administration à l'égard de l'entrepreneur. C'est ici un acte essentiellement administratif, contre lequel les usagers ne peuvent se pourvoir que par voie gracieuse devant les supérieurs hiérarchiques des agens. — Meaume, n° 653 ; Coin-Delisle et Fréderich, t. 1er, p. 347.

773. — L'exploitation devant s'opérer par un entrepreneur spécial, l'art. 81 a puni toute exploitation individuelle par des usagers. En effet, le § 2 dudit article prononce la confiscation du bois abattu revenant à chaque délinquant. C'est aux tribunaux correctionnels à prononcer cette confiscation. — Meaume, n° 654.

774. — Cette disposition n'atteint évidemment que les seuls usagers, et non l'entrepreneur ni le maire qui sont restés étrangers à cette exploitation. — *Cass.*, 24 sept. 1830, Finance et Bonnard. — Meaume, n° 655, où il rapporte à la note, comme l'ayant ainsi décidé, un arrêt inédit de *Dijon*, du 31 déc. 1834.

775. — Bien que l'art. 81 défende la confection des lots avant *l'entière exploitation*, le min. des fin. a décidé, le 2 oct. 1829 (*Régl. forest.*, t. 4, p. 309), que les habitans des communes pourraient enlever le bois leur revenant sans l'avoir préalablement fait façonner en stères ou en fagots, sauf aux agens à veiller à ce que ces bois reçoivent bien leur destination. — Meaume, n° 656.

776. — Par une autre décision du 22 fév. 1829 (*Régl. forest.*, t. 4, p. 228), le même ministre a permis de partager l'affouage aussitôt l'exploitation du taillis dans les coupes de taillis sous futaie, où celle-ci doit être vendue ou délivrée pour bois de construction. — On peut aussi consulter à cet égard un jugement du trib. de Besançon, du 30 avril 1836, rapporté par Meaume, n° 657, note.

777. — Les fonctionnaires dont parle le § 3 de l'art. 81 sont évidemment les maires, et les agens indiqués sont les agens forestiers proprement dits, et non les simples préposés. — Meaume, n° 658. — V. FORÊTS.

778. — La cour de Besançon, par un arrêt inédit du 28 févr. 1839, rapporté par Meaume (*loc. cit.*, note), a décidé que le mot *agens*, employé par l'art. 81, comprend les entrepreneurs spéciaux des coupes affouagères. La cour s'est notamment fondée sur ce que les entrepreneurs prêtent serment ; mais c'est là une pratique que condamne l'administration forestière.

779. — Lorsqu'une poursuite est dirigée contre un maire, par application de l'art. 81, comme il s'agit d'un fait commis dans l'exercice de ses fonctions, il ne peut être poursuivi qu'en vertu d'une autorisation du conseil d'état. — Meaume, n° 659. — V. FONCTIONNAIRE PUBLIC.

780. — « Les entrepreneurs de l'exploitation des coupes délivrées aux usagers doivent se conformer à tout ce qui est prescrit aux adjudicataires pour l'usance et la vidange des ventes ; ils sont soumis à la même responsabilité et passibles des mêmes peines en cas de délits ou de contraventions. Les usagers ou communes usagères sont garans solidaires des condamnations prononcées contre lesdits entrepreneurs. » — C. forest., art. 82. — V. ordonn. réglem., art. 92 à 99, et v° FORÊTS.

781. — Cet article s'applique aux bois des communes et à ceux des établissemens publics (C. forest., art. 112), mais non à ceux des particuliers (art. 120).

782. — Les entrepreneurs des coupes affouagères sont donc entièrement assimilés aux adjudicataires des coupes domaniales (V. FORÊTS). Ils ne seraient pas déchargés des conséquences de cette assimilation, quand même ils justifieraient que l'acte pour lequel ils sont poursuivis leur a été prescrit par l'autorité municipale. — Meaume, nos 660 et 661, où il cite, à la note, comme conforme, un arrêt inédit de *Dijon*, du 18 déc. 1839.

783. — Les dispositions du C. forest., sur la responsabilité des entrepreneurs des coupes de bois dues à des usagers, sont applicables aux individus chargés de l'exploitation d'une coupe conférée par suite d'affectation. — *Cass.*, 26 juin 1835 (t. 1er 1837, p. 191), Reinm. — Meaume, n° 662.

784. — Des délivrances partielles faites par l'administration forestière à des individus étrangers à l'exploitation ne déchargent pas l'entrepreneur de la responsabilité. — Meaume, n° 663.

785. — Aussi a-t-il été jugé que, soit que le délit ait été commis dans la coupe dont l'exploitation est confiée à l'entrepreneur, soit qu'il l'ait été dans la portion de forêt limitrophe, il n'en serait pas moins responsable, et l'on ne pourrait l'admettre par suite à prouver le fait par témoins. — *Nancy*, 30 déc. 1836, Gérard, rapporté par Meaume, *loc. cit.*

786. — La cour de Cassation a décidé de même à l'égard de la responsabilité des adjudicataires. — V. FORÊTS.

787. — Le § 2 de l'art. 82 déclare les communes usagères garantes solidaires des condamnations prononcées contre les entrepreneurs. Il devait en être ainsi du moment où le choix de ces entrepreneurs leur était laissé par l'art. 81. Mais cette responsabilité, comme celle de l'art. 72, ne s'étend-elle qu'aux réparations civiles et non aux amendes?

788. — La cour de Cassation a adopté la négative en décidant que la garantie solidaire des communes, pour les condamnations prononcées contre les entrepreneurs de l'exploitation des coupes affouagères, comprend, dans la généralité de ses termes, l'amende aussi bien que les dommages-intérêts et frais. — *Cass.*, 24 sept. 1830, comm. d'Harmonville. — *Contrà* Curasson sur Proudhon, n° 444.

789. — La cour de Nancy, par arrêt inédit du

16 déc. 1830, rendu sur le renvoi de celui de Cassation du 24 sept. même année, s'est rangée à cette décision, qu'adopte Meaume (no 664, et t. 3, p. 397, *add.*) Cependant, la cour de Nancy a rendu, le 8 mai 1838, un arrêt conforme à celui cassé par la cour suprême. — Cet arrêt inédit est cité par Meaume, *eod. loc.*, note.

790. — Le maire, poursuivi comme responsable de l'entrepreneur, l'est en sa qualité de représentant de la commune, et non pour un fait personnel se rattachant à ses fonctions; il ne peut donc invoquer la garantie administrative. — Meaume, no 665.

791. — La cour de Grenoble, par deux arrêts inédits rapportés par Meaume (no 666), a jugé qu'on ne pouvait, sans violer les deux degrés de juridiction, requérir pour la première fois en appel la garantie solidaire de la commune. — *Grenoble*, 17 fév. 1835, Brou; 28 janv. 1836, Tureau.

792. — La mise en cause du maire n'est pas nécessaire. Les jugemens rendus contre l'entrepreneur seraient exécutoires *de plano* contre la commune. — Meaume, no 667.

793. — L'entrepreneur prend souvent comme ouvriers les habitans de la commune; il s'en suit que les usagers exploitent en réalité individuellement, mais sous la surveillance et la responsabilité de l'entrepreneur. L'administration tolère cet état de choses, auquel elle pourrait difficilement s'opposer, l'entrepreneur étant libre de choisir ses ouvriers. Seulement l'entrepreneur, étant responsable, peut s'opposer à l'introduction dans la forêt, avec des instrumens propres à couper le bois, de tout usager dont il ne voudrait pas répondre. — *Cass.*, 21 fév. 1839 (t. 1er 1839, p. 384), Gabriel. — Meaume, no 668.

794. — Les entrepreneurs, qui souscrivent avec la commune des traités les obligeant à accepter comme ouvriers tous les habitans usagers s'exposent à être condamnés comme responsables des délits commis, ou à payer des dommages-intérêts à la commune pour inexécution des conventions, s'ils excluent les usagers de la coupe. Et, en cas de poursuites, l'entrepreneur ne pourrait mettre en cause les auteurs des contraventions et demander son renvoi. C'est ce qu'a décidé, le 9 janv. 1837 (Poureillot) la cour de Besançon, par un arrêt inédit que rapporte Meaume (no 669, note).

795. — Ces entrepreneurs sont responsables de tous les délits commis dans l'exploitation de la coupe. — *Cass.*, 12 août 1837 (t. 2 1840, p. 565), Gazaret. — Meaume, no 670.

796. — Les entrepreneurs sont soumis, non seulement aux dispositions du Code relatives aux exploitations des bois soumis au régime forestier, mais à celles que le cahier des charges impose aux adjudicataires de ces coupes. Ils ne pourraient s'y soustraire, en soutenant que l'extrait de ce cahier, qui leur est remis en même temps que le permis d'exploiter, est incomplet, et que le permis d'exploiter est muet à cet égard. — Meaume, no 671, où il rapporte comme l'ayant ainsi décidé un arrêt inédit de *Nancy* du 27 janv. 1841.

797. — Un arrêt inédit de Besançon du 6 mai 1884, rapporté par Meaume (no 672, note), a jugé que les entrepreneurs répondent seuls du retard dans l'enlèvement des portions affouagères (C. forest., art. 40).

798. — Ils seraient aussi responsables si l'enlèvement du bois avait lieu, contrairement à l'art. 35, Code forest., entre le coucher et le lever du soleil. Et la poursuite devrait être dirigée uniquement contre eux et non contre les usagers. C'est ce qu'a décidé la cour de Besançon, par arrêt inédit du 14 déc. 1831, et la cour de Nancy, le 28 juill. 1829. — Ces arrêts sont rapportés par Meaume (no 673, note).

799. — Les entrepreneurs sont quelquefois dispensés d'avoir des gardes-vente. Dans ce cas, on fait prêter serment à l'entrepreneur devant le juge de paix, et il devient ainsi son propre garde-vente. C'est sur cette pratique vicieuse, dit M. Meaume (no 674), que la cour de Besançon s'est fondée pour décider que les entrepreneurs sont des agens dans le sens du § 3, art. 31, C. forest. — Arrêts inédits des 25 fév. 1830 et 7 août 1838, rapportés par Meaume, *eod. loc.*, note.

800. — Mais cet auteur ajoute que les procès-verbaux que pourrait alors dresser l'entrepreneur même assermenté seraient évidemment nuls. Les entrepreneurs, comme tous ceux qui acquièrent le droit de s'introduire dans les coupes, notamment les adjudicataires, doivent avoir un garde-vente autre qu'eux-mêmes ou leurs associés, à peine d'être responsables des délits que commettraient des usagers ou des étrangers. C'est, au surplus, ce que l'administration a reconnu par une lettre du 24 nov. 1834. — *Régl. forest.*, t. 5, p. 101.

§ 2. — *Usage au pâturage, pacage, panage et glandée.*

801. — Le droit de parcours dans les forêts est, comme le droit d'usage, soumis à toutes les formalités prescrites par la loi forestière. — *Cass.*, 29 août 1817, Ministère public c. N...

802. Ce droit étant attaché à l'exploitation effective des terres, son exercice en est indivisible et ne peut être cédé à un cultivateur forain qui n'a pas cette exploitation. — *Cass.*, 14 fév. 1833, Biot. — V. cependant Meaume, no 880.

803. — Suivant l'usage ancien de la Franche-Comté, le parcours pouvait être exercé dans les forêts de sapins. Cet usage laisse intact le droit appartenant à l'administration forestière de déclarer la défensabilité de ces forêts. — *Cass.*, 17 déc. 1835, Lemire c. comm. de Laubecourt et Clairvaux.

804. — « Les chemins par lesquels les bestiaux devront passer pour aller au pâturage ou au panage et en revenir seront désignés par les agens forestiers. — Si ces chemins traversent des taillis ou des recrus de futaies non défensables, il pourra être fait, à frais communs entre les usagers et l'administration, et d'après l'indication des agens forestiers, des fossés suffisamment larges et profonds, ou toute autre clôture, pour empêcher les bestiaux de s'introduire dans les bois. » — C. forest., art. 71.

805. — L'art. 71 a omis de désigner l'autorité qui doit connaître des contestations sur la désignation des chemins. MM. Coin-Delisle et Frédérich (*Comment. du C. forest.*), raisonnant par analogie, pensent qu'on doit appliquer ici la disposition de l'art. 65, et que les contestations sur la désignation des chemins doivent être portées devant les conseils de préfecture.

806. — Curasson, se fondant sur les principes établis par les art. 119 et 121, C. forest., estime au contraire qu'on doit repousser la juridiction administrative. — V. notes sur Proudhon, no 453; *C. forest.*, t. 1er, p. 293 et suiv.

807. — Entre ces deux systèmes, il s'en est produit un troisième qui paraît devoir l'emporter. Serrigny (*De l'organis., de la compét. en mat. cont. admin.*, no 790) professe que la contestation doit se porter devant le ministre des finances, avec faculté de se pourvoir devant le conseil d'état contre la décision ministérielle. Meaume (no 585) donne la préférence à cette dernière opinion. Il pense que, la contestation appartenant évidemment au contentieux administratif, l'autorité judiciaire n'est pas compétente pour en connaître, en ce qu'il ne s'agit pas ici du *fond du droit*, mais seulement de déterminer le *mode d'exercice* de la servitude. — Trolley (*Droit admin.*, t. 3, no 1262), se prononce pour la juridiction non contentieuse du ministre des finances.

808. — On ne saurait trouver dans la discussion des chambres législatives aucune indication pouvant aider à résoudre la question. Des argumens favorables à chacune des trois opinions que nous venons d'énumérer y ont été présentés, mais ils sont insuffisans pour indiquer à quel système le législateur a voulu s'arrêter. Nous pensons avec Meaume et Serrigny, qu'on ne peut contester que la question n'appartienne au contentieux administratif. Or, il est de principe, pour la plupart des auteurs qui se sont occupés de droit administratif, que, dans le cas où les conseils de préfecture n'ont pas été positivement désignés pour connaître une question, le ministre des finances est, sauf recours au conseil d'état, le juge naturel du contentieux administratif. Au surplus, comme le fait remarquer Meaume (no 587), les agens forestiers ont mis jusqu'ici une telle convenance dans la désignation des chemins que la question, qui paraissait devoir soulever dans la pratique de graves difficultés, n'a donné lieu jusqu'ici à aucun débat devant les autorités judiciaires ou administratives.

809. — Le § 2 de l'art. 71 ne s'applique pas à la viabilité des chemins. On ne peut exiger du propriétaire aucune réparation; les frais d'entretien devraient être supportés par l'usager, l'art. 698, C. civ., mettant à sa charge les dépenses occasionnées par les ouvrages nécessaires pour user de la servitude. Ce paragraphe n'a donc trait qu'aux travaux de clôture nécessaires pour préserver les produits forestiers de la dent des bestiaux. — Meaume, no 588; Curasson sur Proudhon, no 428.

810. — Il résulte des termes de l'article, *il pourra être fait* que la faculté d'exiger l'établissement de clôtures est réciproque entre l'usager et l'administration. Les deux parties ont, en effet, un égal intérêt à éviter les abroutissemens des cantons non défensables. En cas de débat sur l'utilité de l'établissement de la clôture, ce serait à l'autorité judiciaire à prononcer. Il ne s'agit plus, en effet, comme dans le § 1er, de discuter un acte administratif. Mais l'autorité administrative resterait toujours chargée exclusivement d'indiquer l'emplacement où sera placée la clôture. — Meaume, no 589.

811. — D'après l'art. 5, L. 25 mai 1838, les juges de paix connaissent des actions en curage des fossés. Si donc des fossés de clôture avaient été établis pour plusieurs années, le curage en serait fait à frais communs; et s'il s'élevait une contestation, à cet égard, elle devrait être portée devant le juge de paix. Le préfet représenterait alors l'état devant ce magistrat, les agens forestiers n'ayant pas qualité à cet égard; mais il pourrait se faire représenter par un mandataire spécial. — Meaume, no 590; Curasson, *Act. possess.*, p. 570.

812. — L'usager n'a le droit d'empêcher le propriétaire du bois sur lequel s'exerce le droit d'usage d'y faire creuser des fossés ou des rigoles que dans le cas seulement où ces ouvrages seraient sans utilité pour la conservation, l'amélioration ou l'aménagement du sol forestier. — *Caen*, 12 août 1848 (t. 2 1849, p. 62), Poriquet c. comm. de Labellière.

813. — Les règles tracées par l'art. 71 sont communes aux bois domaniaux et à ceux des communes et établissemens publics (C. forest., art. 112). Il ne peut s'élever aucune difficulté relativement au § 1er. Quant au § 2, la commune supportera seule les frais de clôture. Si des difficultés se trouvent soulevées sur l'opportunité de ces travaux, l'art. 136 de l'ordonn. d'exécution déclare que c'est alors au roi (actuellement au président de la République) à statuer sur le rapport du ministre des finances. — Meaume, no 882.

814. — Si les bois de la commune étaient grevés d'un droit de pâturage au profit d'une autre commune, l'art. 71 serait également applicable, et les frais seraient supportés suivant le nombre des bestiaux introduits par chaque commune. — Meaume, *loc. cit.*; Coin-Delisle et Frédérich, t. 1er, p. 412; Curasson sur Proudhon, no 428.

815. — Suivant MM. Coin-Delisle et Frédérich et Meaume (*loc. cit.*), si des contestations s'élevaient, les tribunaux ordinaires pourraient seuls en connaître. Curasson sur Proudhon (no 454) prétend au contraire que ces contestations entre communes doivent être portées devant l'autorité administrative.

816. — Les dispositions contenues dans l'art. 71 ne sont pas relatives aux bois des particuliers. — C. forest., art. 120. — Les dispositions de cet article qui peuvent s'appliquer à ces bois sont reproduites par l'art. 119.

817. — « Le troupeau de chaque commune ou section de commune devra être conduit par un ou plusieurs pâtres communs, choisis par l'autorité municipale; en conséquence, les habitans des communes usagères ne pourront ni conduire eux-mêmes, ni faire conduire leurs bestiaux à garde séparée, sous peine de 2 fr. d'amende par tête de bétail. Les porcs ou bestiaux de chaque commune ou section de commune viagère formeront un troupeau particulier et sans mélange de bestiaux d'une autre commune ou section de commune, sous peine d'une amende de 5 à 10 fr. contre le pâtre et d'un emprisonnement de cinq à dix jours en cas de récidive. Les communes et sections de commune sont responsables des condamnations pécuniaires qui pourront être prononcées contre lesdits pâtres ou gardiens, tant pour les délits et contraventions prévus par le présent titre, que pour tous autres délits forestiers commis par eux pendant le temps de leur service et dans les limites du parcours. » — Art. 72.

818. — Les dispositions de l'art. 72 régissent les bois des particuliers comme ceux de l'état. — C. forest., art. 120.

819. — De même, sous l'ordonn. de 1669, les dispositions qui obligeaient les usagers dans les bois de l'état à faire garder leurs bestiaux par des pâtres communs étaient également obligatoires pour les individus ayant des droits d'usage dans les bois des particuliers. — *Cass.*, 24 août 1820, Mesnil-Lemire c. comm. de Castel-Joux.

820. — Bien que l'art. 112, C. forest., déclare l'art. 72 applicable aux bois des communes et des établissemens publics, toutefois, les dispositions de ce dernier article qui, déclare les communes responsables des condamnations pécuniaires prononcées contre leurs pâtres, ne peut s'entendre que des frais. On ne pourrait assigner la commune comme responsable des condamnations qui seraient prononcées à son profit, s'il s'agissait de restitutions et de dommages-intérêts. — Meaume, no 882.

821. — Mais s'il s'agit d'une commune ou section usagère dans les bois d'une autre commune ou section, la responsabilité établie par l'art. 72 peut évidemment être exercée, comme lorsqu'il

s'agit des bois de l'état. — Meaume, *loc. cit.*; Coin-Delisle et Frédérich, t. 1er, p. 412.

822. — Bien que le droit de pâturage soit un bien communal dans le sens de l'art. 542, C. civ., inhérent au corps de la commune, auquel les habitans participent tous pour la nourriture de leurs bestiaux, comme la surveillance serait impossible si le droit était exercé individuellement par chaque habitant, la loi a voulu par suite que l'administration fût seulement en rapport avec le maire, qui représente le corps moral auquel appartient le droit. En conséquence, ce droit s'exerce collectivement, c'est-à-dire qu'il doit être formé un troupeau commun, lequel est confié à la garde d'un pâtre choisi par l'autorité municipale. Les usagers sont, à ce point de vue, atteints *ut universi*, la commune étant responsable des condamnations encourues par le pâtre commun; et, pour arriver à la formation du troupeau commun, le législateur a érigé en délit l'exercice du pâturage par les habitans, *ut singuli*. — Meaume, n° 591.

823. — Les habitans poursuivis *ut singuli*, pour exercice individuel du droit de pâturage, ne sauraient invoquer une exception préjudicielle tirée de leur qualité d'usagers. Cette exception, fût-elle réelle, n'ôterait pas à un fait poursuivi le caractère de délit ou de contravention. — *Cass.*, 25 mars 1837 (t. 1er 1838, p. 90), habitans de Colonne. Meaume, n° 592.

824. — « Les pâtres des communes usagères seront choisis par le maire et agréés par le conseil municipal. » — Ordonn. réglem., art. 120.

825. — Dans quelques localités, l'agent forestier local vise l'acte d'institution du garde; mais rien n'exige ce visa. L'agrément du conseil municipal n'a pas besoin non plus d'être exprimé par acte séparé. Le nombre des bestiaux conduits au pâturage, dans les cantons défensables, est une circonstance indifférente : les habitans ont pu, pour la plupart, ne pas vouloir, à certains jours, envoyer leurs troupeaux au pâturage. C'est ce qu'a décidé un arrêt inédit de la cour de Besançon, en date du 19 juin 1838, rapporté par Meaume, n° 593, note.

826. — Le pâtre devant être agréé par l'autorité municipale, il semblerait qu'il ne peut se faire suppléer et confier la garde du troupeau à sa femme ou à ses enfans. Cependant, la cour de Dijon, par arrêt inédit (27 nov. 1833, Ligner, rapporté par Meaume, n° 594, note), a jugé le contraire. L'administration forestière, qui s'était pourvue contre cet arrêt, a cru devoir ensuite se désister.

827. — La défense de conduire les bestiaux à garde séparée est une mesure d'ordre public, qui déroge à tous statuts, titres et possessions contraires. — *Cass.*, 7 mai 1835, Forêts c. François, et France; 25 mars 1837 (t. 1er 1838, p. 90), habit. de Colonne (dans ses motifs). — Meaume, n° 595. — *Contrà* Curasson sur Proudhon, n° 505.

828. — Aucune circonstance locale pas même l'éloignement de leurs habitations respectives, ne peut affranchir les usagers de la formation du troupeau commun. — Baudrillart, sur l'art. 72; Meaume, n° 596; Curasson sur Proudhon, n° 430.

829. — Toutefois, une section de commune, placée dans ces circonstances, pourrait avoir un troupeau à part, mais celui-ci devrait être confié à un pâtre commun. — Meaume, n° 597.

830. — Les particuliers qui jouiraient de droits de pâturage en vertu de titres spéciaux pourraient aussi avoir un troupeau séparé. En un mot, tous les usagers, jouissant en vertu d'un même titre, doivent réunir leurs bestiaux en troupeau commun. C'est ce qui résulte de la discussion de l'article à la chambre des pairs (séance du 18 mai 1825). — Meaume, n° 598.

831. — Il en était de même sous l'ordonn. de 1669, qui, par son art. 8, tit. 19, défendait à toutes personnes *qui jouissaient du droit comme habitans* de conduire les bestiaux dans les forêts, à garde séparée. Donc, si l'on jouissait autrement que comme habitant, on n'était pas tenu de confier ses bestiaux au pâtre commun. — Meaume, *loc. cit.*, note; Curasson sur Proudhon, n° 430.

832. — Les usagers ne forment pas communauté d'habitans soumise à une administration unique, ils ne peuvent être contraints d'envoyer leurs troupeaux dans la forêt sous la garde de pâtres communs. — *Cass.*, 2 fév. 1831, Holterman.

833. — Les maisons usagères situées à une certaine distance du centre du village, ne pourraient, bien que formant une agglomération distincte, être assimilées à une section de commune. Si leur titre est celui de la commune, elles doivent envoyer leurs bestiaux au troupeau commun. C'est ce qui résulte de la discussion à la chambre des députés (séance du 27 mars 1827). — Meaume, n° 599.

834. — Le législateur, en permettant à la commune d'employer plusieurs pâtres communs, n'a pas entendu lui laisser la faculté de diviser son troupeau en autant de troupeaux partiels qu'il lui plairait de nommer de pâtres. Il a seulement voulu pourvoir au cas où le troupeau communal serait trop considérable pour pouvoir être conduit par un seul pâtre. — Meaume, n° 600; Curasson, sur Proudhon, n° 430. — *Contrà* Coin-Delisle et Frédérich, t. 1er, p. 330

835. — La disposition du § 2 de notre article est empruntée à l'art. 3, tit. 19, ordonn. 1669, portant : « Les officiers assigneront à chaque paroisse, hameau, village ou communauté usagère, *une contrée particulière*, la plus commode qu'il se pourra, en laquelle, ès-lieux défensables seulement, les bestiaux puissent être menés et gardés *séparément*, sans mélange de troupeaux d'autres lieux, etc. »

836. — Malgré la différence des termes, le sens des deux dispositions est le même. Les assignations de cantons défensables doivent donc être distinctes, dans le cas où plusieurs usagers exercent, en vertu de titres différens, un droit de pâturage sur la même forêt. Les pâtres seraient autrement en un perpétuel délit; car les troupeaux se trouveraient forcément mélangés. — Meaume, n° 601.

837. — La disposition du § 3, qui rend la commune responsable des faits du pâtre, pendant le temps de son service et dans les limites du parcours, est conforme au principe général sur la responsabilité des maîtres et commettans. — C. civ., art. 1384; C. forest., art. 206.

838. — Il ne s'agit ici que de la responsabilité civile. Le projet du Code présenté à la chambre des députés contenait le mot *amendes*; mais la commission en demanda la suppression. Toutefois, comme celle-ci était contestée par l'administration forestière, non-seulement pour l'art. 72, mais pour toute autre matière, on laissa subsister dans l'article le mot vague de *condamnations*, pouvant s'appliquer à tous les systèmes de responsabilité générale à établir par l'art. 2065 (séance du 26 mars 1827). — Lors de la discussion de ce dernier article (séance du 7 avr. 1827), le système de la commission l'emporta. Le mot *condamnations* ne doit donc s'entendre que des condamnations *civiles*, non des condamnations *pénales*. Ainsi l'a décidé un arrêt inédit de Besançon du 13 avr. 1835. — Conf. Meaume, n° 602; Curasson sur Proudhon, n° 438; Coin-Delisle, t. 1er, p. 330.

839. — Il a été jugé, sous l'ordonn. de 1669, que les communes étaient responsables des amendes encourues par le pâtre du troupeau communal, sauf à être fait, administrativement, et conformément à la loi du 11 frim. an VII, une répartition ultérieure desdites amendes entre les propriétaires de bestiaux trouvés en délit. — *Cass.*, 22 fév. 1811, comm. de Rollingen.

840. — Meaume (*loc. cit.*, note) cite un arrêt inédit de Nancy, du 15 avr. 1836, qui a cependant décidé le contraire.

841. — La commune est responsable, d'une manière absolue, des délits commis par le pâtre et qu'ont prévus les art. 72, 76 et 85 C. forest. La responsabilité en pèsera sur la commune, quels que soient le temps et le lieu où ils auront été commis, parce qu'ils se rattachent directement aux fonctions du pâtre. Mais la responsabilité de la commune n'est que conditionnelle à l'égard des délits punis par les art. 192 et suiv., 144, 148, et autres que ceux prévus par le tit. 3, C. forest. Lorsque des délits auront été commis par le pâtre, on devra prouver qu'ils l'ont été *pendant le temps de son service et dans les limites du parcours*. — Meaume, n° 603; Curasson, sur Proudhon, n° 433; Coin-Delisle et Frédérich, t. 1er, p. 330.

842. — « Les porcs et bestiaux seront marqués d'une marque spéciale. — Cette marque devra être différente pour chaque commune ou section de commune usagère. — Il y aura lieu, par chaque tête de porc ou de bétail non marqué, à une amende de 3 fr. » — C. forest., art. 73.

843. — La marque des bestiaux a pour but d'empêcher les habitans qui n'ont pas le droit d'usage de mêler leurs bestiaux à ceux des usagers. Le défaut de marque était puni, par l'ordonn. de 1669 (tit. 19, art. 6), de confiscation et d'amende arbitraire. — L'amende de 3 fr., de l'art. 73, est évidemment applicable au propriétaire et non au pâtre. — Meaume, n° 605.

844. — D'après la discussion qui eut lieu à la chambre des députés, on doit décider que la marque se fera avec un fer chaud. M. Duhamel avait demandé que la marque fût appliquée sur les bestiaux autrement qu'avec un fer rouge, cette opération excitant chez les bêtes à corne une fureur qui peut causer des accidens. Son amendement fut rejeté.

845. — La loi spéciale ayant déterminé les obligations imposées aux usagers, les tribunaux n'ont rien à ordonner quant à la marque à faire aux bestiaux envoyés au pacage, sauf à statuer sur les plaintes des propriétaires pour infraction à la loi. — *Bourges*, 15 juin 1838 (t. 2 1838, p. 635), Legat.

846. — « L'usager sera tenu de déposer l'empreinte de la marque au greffe du tribunal de première instance, et le fer servant à la marque au bureau de l'agent forestier local, le tout sous peine de 50 fr. d'amende. — C. forest., art. 74.

847. — « Le dépôt du fer servant à la marque des animaux et de l'empreinte de ce fer, devra être effectué par l'usager, ainsi que le prescrit l'art. 74, C. forest., avant l'époque fixée pour l'ouverture du pâturage ou du pacage, sous les peines portées par cet article. — L'agent forestier local donnera acte de ce dépôt à l'usager. » — Ordonn. réglem., art. 121. — Cet article ne s'applique pas aux bois des communes et des établissemens publics. — Ordonn. réglem., art. 146.

848. — L'ordonn. de 1669, tit. 19, art. 6, disposait que l'empreinte serait déposée au greffe, *avant que les bestiaux pussent être envoyés au pâturage*. Aussi, la cour de Cassation avait proposé d'ajouter après les mots de l'art. 74 : *sera tenu*, ceux : *avant l'introduction des bestiaux au pâturage*. L'article a été voté sans cette addition. Mais on a voulu réparer cette omission en insérant dans l'art. 121 de l'ordonn. d'exécution, que le dépôt devait être effectué par l'usager, avant l'époque fixée pour l'ouverture du pâturage, sous les peines portées par la loi.

849. — Cette sanction pénale est toutefois illusoire, l'ordonnance ne pouvant rien sans la loi. Le pouvoir exécutif n'a pas mission de combler les lacunes que le législateur aurait pu laisser dans la pénalité. Il résulte bien implicitement de l'art. 74 que l'usager qui enverrait son bétail au pâturage avant d'avoir rempli les formalités prescrites pour le dépôt de l'empreinte et du fer, serait passible d'une amende de 50 fr. Mais tant qu'il n'exerce pas son droit, on ne peut lui appliquer aucune peine. — Coin-Delisle et Frédérich, t. 1er, p. 332; Meaume, n° 605.

850. — L'acte de dépôt au greffe doit être rédigé sur papier timbré. Il est commis au droit fixe d'enregistrement de 3 fr., ainsi qu'au droit de greffe et de rédaction de 1 fr. 25 c. — V. délib. du cons. d'admin. des domaines du 27 mai 1828; déc. du min. des finances du 15 juill. 1828 (*Régl. forest.*, t. 4, p. 81 et 95).

851. — Les art. 73 et 74 avaient été déclarés applicables aux bois des communes et des établissemens publics par le projet du Code forestier. Mais la chambre des députés en vota le retranchement, à la demande de sa commission. Toutefois, si une commune possédait un droit d'usage au bois sur la forêt d'une autre commune, les art. 73 et 74 redeviendraient en ce cas applicables. Il résulte, en effet, des explications du rapporteur, M. Favard de Langlade, que cette suppression se réfère uniquement à la jouissance des communes dans leurs propres bois. — Meaume, t. 2, n° 883.

852. — Au surplus, on a voulu faire disparaître l'oubli de l'art. 112, à cet égard, par la rédaction de l'art. 146 de l'ordonn. d'exécution, d'après lequel « toutes les dispositions de la sect. 9e, tit. 2, de ladite ordonnance sont applicables à la jouissance des communes et des établissemens publics dans leurs propres bois, *à l'exception* des art. 121 et 123. » Le premier de ces articles prescrit le dépôt du fer servant à marquer les bestiaux, et le second a trait à la remise du devis à présenter par l'usager pour la délivrance des bois de construction. « L'administration des forêts, dit Baudrillart (sur l'art. 112), avait prévu, lors de l'amendement de la commission, l'utilité d'ajouter à cet amendement une disposition portant que les art. 73, 74, 83 et 84 seraient applicables *aux usagers dans les bois des communes et des établissemens publics*; la discussion aura fait perdre de vue la note qui avait été faite sur cet objet. » — « Mais, dit Curasson sur Proudhon (n° 899), il est fâcheux que l'art. 112 n'ait pas été rectifié ainsi que l'indique Baudrillart. Cette rectification eût fait disparaître tous les doutes sur le sens de cet article, dont l'interprétation peut occasionner des difficultés d'autant plus sérieuses que, s'agissant ici de dispositions pénales, le juge peut se refuser à les appliquer, à défaut d'un texte précis de la loi. »

853. — L'art. 74 ne s'applique pas aux bois des particuliers (art. 120); les bestiaux n'en doivent cependant pas moins être marqués, l'art. 120 déclarant l'art. 73 applicable aux bois des particuliers.

854. — Jugé même que des usagers, dans une forêt particulière, peuvent être tenus, sur la de-

mande du propriétaire, de marquer leurs bestiaux, encore bien que le titre constitutif du droit d'usage ne leur en impose pas l'obligation.

855. — Sous l'ordonn. de 1669, les dispositions qui obligeaient ceux qui avaient des droits d'usage et de pâturage dans les bois de l'état à marquer leurs bestiaux étaient également obligatoires pour les individus ayant des droits d'usage dans les bois des particuliers. — *Cass.*, 24 août 1820, Mesnil-Lemire c. comm. de Castel-Joux.

856. — On s'est demandé comment devait agir le propriétaire pour faire exécuter l'art. 73, si l'obligation imposée par l'art. 74 n'est pas remplacée, à l'égard des bois particuliers, par quelque équivalent. Dans ce cas, comme dans celui où les communes se serviraient à leur gré, d'une marque inconnue du propriétaire, l'obligation imposée par l'art. 73 deviendrait illusoire. Curasson, sur Proudhon (nº 490) pense, que faute par les usagers de remettre dans un dépôt public l'empreinte et la marque dont ils entendent se servir, le propriétaire peut faire fabriquer un double fer à marque, dont l'un serait déposé au greffe, et l'autre présenté au maire de la commune usagère, avec sommation de s'en servir pour marquer les bestiaux à mener au pâturage. « Cette marche, ajoute Curasson, a été suivie par des propriétaires sous l'empire de l'ordonn. de 1669. » — Meaume, nº 945.

857. — « Les usagers mettront des clochettes au cou de tous les animaux admis au pâturage, sous peine de 2 francs d'amende pour chaque bête qui serait trouvée sans clochette dans les forêts. » C. forest., art. 75.

858. — L'art. 75 est applicable aux bois des communes et des établissemens publics (art. 112), et à ceux des particuliers. — Art. 120.

859. — Il reproduit l'art. 7, tit. 19, ordonn. 1668, ainsi conçu : « Les particuliers seront tenus de mettre, au col de leurs bestiaux, des clochettes dont le son puisse avertir des lieux où ils pourront s'échapper et faire dégât, afin que les pâtres y courent, et que les gardes se saisissent des bêtes écartées et trouvées en dommage hors les cantons désignés et publiés défensables. »

860. — Le propriétaire de la forêt usagère peut exiger de l'usager qu'il attache une sonnette à ses bestiaux, encore que le titre constitutif du droit d'usage ne lui en en imposerait pas l'obligation. — *Cass.*, 2 fév. 1831, Holterman c. Lefebvre d'Argence.

861. — L'art. 75 ne parle que des animaux admis au pâturage, et ne reçoit pas conséquemment d'application lorsqu'il s'agit de panage. Les usagers ne peuvent donc être tenus de mettre des sonnettes au cou de leurs porcs. — Meaume, nº 610; Baudrillart et Dupin, sur l'art. 75.

862. — L'art. 75, C. forest., qui prescrit aux usagers de mettre des clochettes au cou de tous les animaux admis au pâturage, est une disposition générale qui s'applique aussi bien au menu qu'au gros bétail. — *Nîmes*, 2 juill. 1840 (t. 2 1840, p 558), Gaulier.

863. — On devrait appliquer la peine prononcée par l'art. 75 au pâtre ou à l'usager qui boucherait la clochette ou en empêcherait le son. — Baudrillart, sur l'art. 75; Meaume, nº 611.

864. — Lorsque le délit de pâturage sans clochettes se joint à celui de pâturage à garde séparée, on doit appliquer l'amende de l'art. 72 et celle de l'art 75. — Meaume, nº 612.

865. — La cour de Cassation, par arrêt du 7 mars 1835, a décidé, en effet, d'une manière générale, que quand plusieurs délits ont été constatés par un même proces-verbal, le tribunal se trouve régulièrement saisi de la connaissance de tous ces délits, et s'il omet de prononcer sur l'un d'eux, le tribunal saisi de l'appel ne peut se dispener de réparer l'omission sous le prétexte que le délit omis n'aurait pas fait l'objet des poursuites exercées devant les premiers juges. — *Cass.*, 7 mars 1835, Gagneur et Grandperrin.

866. — On doit conclure implicitement de cet arrêt que l'art. 365, C. instr. crim., qui prohibe le cumul des peines, n'est pas applicable en matière forestière. C'est ce que la cour de Besançon a jugé par plusieurs arrêts inédits des 10 août 1830, 31 août 1831, 18 janv. 1832, rapportés par Meaume (nº 613 note).

867. — « Lorsque les porcs et bestiaux des usagers seront trouvés hors des cantons déclarés défensables ou désignés pour le panage, ou hors des chemins indiqués pour s'y rendre, il y aura lieu contre le pâtre à une amende de 3 à 30 fr. En cas de récidive, le pâtre pourra être condamné, en outre, à un emprisonnement de cinq à quinze jours. » — C. forest., art. 76.

868. — Cet article est applicable aux bois des communes et des établissemens publics (C. forest., art. 112), et à ceux des particuliers. — Art. 120.

869. — La pénalité prononcée par l'art. 76 ne peut l'être que contre les pâtres conduisant les troupeaux des usagers. Si le délit avait été commis par le pâtre d'une commune ou d'un particulier n'ayant aucun droit d'usage sur la forêt, il y aurait lieu d'appliquer non l'art. 76, mais l'art. 199. —*Cass.*, 18 sept. 1835, Cordier. — Meaume, nº 614; Curasson, t. 2, p. 423.

870. — On s'est demandé si les propriétaires des bestiaux pouvaient être poursuivis en vertu de l'art. 199 pour les délits des pâtres dont les communes sont responsables. Ainsi, lorsque des bestiaux sont saisis, éloignés du troupeau, dans un canton non défensable, ou si le pâtre a introduit dans un canton non defensable le troupeau communal, les propriétaires des animaux sont-ils à l'abri de toutes poursuites ? Le propriétaire doit être condamné dans les deux cas ; autrement, les intérêts du trésor et ceux des communes usagères se trouveraient compromis; de nombreux abus se produiraient. L'administration forestière peut poursuivre, à son choix, soit le pâtre, soit le propriétaire du bétail. Dans le premier cas on appliquera l'art. 76, dans le second l'art. 199. — Meaume, nº 515. — V. cependant Baudrillart, Coin-Delisle et Frédérich, t. 1er, p. 355.

871. — Jugé par suite, que l'usager dont le pâtre a introduit des bestiaux dans une forêt déclarée non défensable, est passible des peines portées par l'art. 199 et non de celles de l'art. 76 même Code, qui ne concerne que le pâtre commun, choisi par l'autorité municipale pour garder le troupeau commun. — *Cass.*, 8 mai 1830, Renaud; 15 mai 1835, Marconnet; 11 et 13 sept. 1840 (t. 1er 1841, p. 92), Nérault c. Oudinet, et forêts c. Ligier et Savary.

872. — Le propriétaire d'un troupeau trouvé en délit doit, s'il est présent au procès, être condamné à l'amende sur les réquisitions du ministère public, quand bien même il n'aurait été appelé en cause que par la partie civile, et seulement comme civilement responsable des fautes de son berger. — *Nîmes*, 17 juin 1841 (t. 1er 1842, p. 220), Vidal et Berrier c. Fromental.

873. — De ce que les excuses tirées de la bonne foi ne sont pas admises en matière forestière, il n'en faut pas conclure qu'on doit rejeter celles tirées de cas de force majeure. Ainsi, dans les pays de haute montagne, le pâtre a pu être obligé, par suite des brusques variations de l'atmosphère, d'introduire momentanément son troupeau dans des cantons non défensables. Il y a pu ne pas empêcher, malgré tous ses efforts, la divagation d'un animal. Seulement il doit prouver qu'il a été réellement entraîné par une force à laquelle il n'a pu résister. C'est ce qu'ont decidé deux arrêts inédits de Grenoble des 7 mars 1833 et 2 juill. 1835, rapportés par Meaume (nº 606 à la note), et c'est ce qui résulte également de la discussion à la chambre des députés (séance du 26 mars 1827); on peut aussi consulter avec avantage sur ce point Coin-Delisle et Frédérich (t. 1er, p. 334).

874. — Ainsi on devrait encore renvoyer le pâtre de la poursuite, si le bétail surpris en délit dans un bois, y avait été chassé par les loups qui l'avaient épouvanté. — *Cass.*, 1er avr. 1808, N....

875. — En cas de récidive, la prison contre les pâtres peut être substituée à l'amende. L'état de récidive doit se prouver, conformément à l'art. 200, C. forest., en justifiant d'une condamnation prononcée contre le pâtre dans les douze mois qui ont précédé la rédaction du procès-verbal. Le projet du Code punissait dans tous les cas la récidive de la peine d'emprisonnement. Sur l'observation de M. Hyde de Neuville, l'emprisonnement a été déclaré facultatif par la substitution du mot *pourra* au mot *sera*, qui se trouvait dans le projet. — Meaume, nº 617.

CHAPITRE VI. — *Extinction des droits d'usage.*

876. — L'extinction des droits d'usage s'opère de diverses manières. Elle peut avoir lieu, comme en matière de servitudes ordinaires, d'après les principes du droit commun, et, notamment, par le non usage. Les lois forestières ont tracé, en outre, pour cette extinction, des règles spéciales et étrangères aux autres services fonciers. Ainsi, le propriétaire d'une forêt grevée de droits d'usage peut s'en affranchir par la voie du cantonnement et par celle du rachat.

877. — Nous examinerons donc, dans un premier article, quelles sont les règles du droit commun d'après lesquelles s'éteint l'usage. Nous traiterons, dans un second, de l'extinction par le cantonnement, et, dans un troisième, de celle qui a lieu par la voie du rachat.

Sect. 1re. — *Extinction d'après les règles du droit commun.*

878. — En général, le droit d'usage prend fin par les mêmes causes que l'usufruit. — Proudhon, *Droits d'usage*, nº 576. — V. USUFRUIT.

879. — La concession du droit d'usage peut être révoquée par le constituant si elle a été établie sur une fausse cause, ou si elle a eu lieu sous des conditions que l'usager a refusé d'accomplir, etc. — Proudhon, t. 9, nº 576.

880. — Les créanciers peuvent aussi faire prononcer la révocation de la concession faite en fraude de leurs droits. — Proudhon, nº 577.

881. — La constitution de l'usage peut être révoquée par la résolution des droits du constituant, s'il est reconnu qu'il n'était pas propriétaire, ou qu'il ne l'était que sous une condition qui s'est accomplie contre lui. — Proudhon, nº 578.

882. — L'usage prend fin par la mort de l'usager, si la concession n'a eu lieu qu'en sa faveur, et, par l'extinction de sa postérité, si elle a eu lieu pour lui et ses descendans. — Proudhon, nº 579.

883. — ... Par la confusion, lorsque l'usager devient propriétaire de la forêt grevée. En cas d'éviction, l'usager verrait revivre son droit, mais il en serait autrement en cas de vente par lui de la forêt, sans réserve de son droit. — Proudhon, nº 580.

884. — Mais la location de landes par les habitans d'une commune ne peut être considérée comme une renonciation de la part de ceux-ci aux droits de pâturage qu'ils avaient acquis sur ces landes par une possession immémoriale avant le Code. — *Cass.*, 20 nov. 1837 (t. 2 1839, p. 490), Balguerie c. sect. de comm. d'Andernos; 15 nov. 1841 (t. 1er 1842, p. 362), Dolter.

885. — L'usager pourrait aussi renoncer à son droit, notamment pour s'affranchir de la redevance en faveur de laquelle il avait pu être établi. — Proudhon, nº 581.

886. — L'usage peut s'éteindre par perte ou changement de destination de la chose qui s'y trouvait soumise. — Proudhon, nº 582

887. — Ainsi, si la forêt était ruinée par un incendie ou tout autre accident de force majeure, l'usager au droit de chauffage ne pourrait exiger aucune délivrance ni indemnité de la part du propriétaire. — Legrand, sur l'art. 168 de la cout. de Troyes; Proudhon, *loc. cit.*; Henrion de Pansey, *Biens communaux*, p. 123.

888. — Mais si le bois était détruit par le propriétaire afin de le convertir en pré, en étang, ou en terre labourable, les usagers pourraient s'opposer au défrichement. — Mêmes autorités.

889. — Les principes exposés ci-dessus sont sans difficulté lorsque l'usage consiste dans la faculté de prendre du bois pour réparer ou chauffer les habitations; mais en est-il de même en cas d'un simple droit de pâturage? On lit dans l'ancienne coutume de Bourgogne, art. 271 : « Qui a vaine « pâture en un lieu, le sire du lieu peut audit bois « faire étang ou gagnage sans congé de ceux qui « ont le pâturage. » Ainsi, cet article autorise le défrichement, mais laisse subsister la servitude, peut-être avec un peu moins de profit. « Ce tempérament, dit Henrion de Pansey (*loc. cit.*), est fort équitable. En effet, il ne serait pas raisonnable de supposer que le propriétaire d'une forêt, qui a permis, soit à une commune, soit à des particuliers, de faire consommer par leurs bestiaux une herbe qu'il lui était impossible d'utiliser, ait eu l'intention de s'interdire à jamais la faculté de convertir cette forêt en pré, en étang, en terre labourable, s'il devait en retirer un plus grand avantage. »

890. — Lorsqu'un droit d'usage a été concédé sur des bois, mais que les bois ont disparu, et que le terrain est demeuré inculte, le droit des usagers est converti en un simple droit de pacage. — *Bourges*, 25 mars 1838 (t. 2 1838, p. 506), Barrière-Luzarche c. Chabannes.

891. — Si la forêt incendiée se repeuplait d'elle-même ou était replantée, les droits de l'usager revivraient, à moins qu'il ne les eût laissé prescrire. —C. civ., art. 704. — Proudhon, nºs 584 et suiv.

892. — La destruction ou la conversion en une autre nature du fonds dominant fait également cesser la servitude d'usage. Ainsi le droit d'usage aux échalas pour le service d'une vigne, cesse par l'extirpation de la vigne ou sa transformation en champ ou en pré. Mais la replantation de la vigne en temps utile ferait revivre le droit. — Proudhon nº 586; Curasson sur Proudhon, nº 594.

893. — Pareillement l'incendie d'une maison en faveur de laquelle un droit de chauffage a été établi entraînerait l'extinction de ce droit. Mais s'il s'agissait d'une maison servant à l'exploitation

d'un domaine, le droit d'usage au bois ayant été établi pour l'avantage d'une exploitation agricole, et n'étant pas dû à la maison seulement, subsisterait malgré l'incendie des bâtimens, ceux-ci n'étant que les accessoires du domaine. Il faut donc bien distinguer en ce cas si l'usage a été concédé pour l'avantage d'une maison seulement, ou pour l'utilité d'une ferme ou d'une métairie. — Proudhon, no 587.

894. — Lorsqu'un arrêt passé en force de chose jugée a reconnu le droit d'un usager à des prises d'arbres dans une forêt domaniale pour le service d'une scierie, l'état ne peut plus, pour se délier de la chose ainsi jugée, exciper de ce que l'usine aurait été détruite par un incendie, alors que ce fait existait quand l'arrêt a été rendu. — *Cass.*, 16 mars 1842 (t. 1er 1842, p. 68), Roos.

895. — Le droit d'usage pourrait cesser d'exister par l'effet d'un réglement de police. Ainsi, dans le cas où une commune aurait le droit de couper dans une forêt les liens nécessaires pour engerber les moissons, si un réglement ordonnait d'engerber à l'avenir avec des liens de paille pour empêcher le maraudage des liens de bois, la commune ne pourrait plus évidemment couper de ces liens. — Proudhon, no 589.

896. — Mais le propriétaire lui devrait une indemnité; et cette indemnité, d'après Curasson sur Proudhon (no 595), devrait être réglée en argent; la commune ne pourrait, sous ce prétexte, requérir le cantonnement, comme le pense Proudhon, puisque le nouveau Code n'accorde qu'au propriétaire la faculté de se rédimer par ce moyen.

897. — L'abus dans la jouissance entraînait anciennement l'extinction de l'usage. Aujourd'hui il est seulement puni par des peines. — Curasson sur Proudhon, no 596.

898. — Ainsi, jugé qu'en matière de droit d'usage dans un bois, l'abus de la jouissance ne peut être assimilé au défaut de jouissance, et, par suite, entraîner la perte de ce droit. — *Riom*, 25 mai 1842 (t. 1er 1843, p. 51), Bonnard.

899. — L'usage peut s'éteindre par la disposition de la loi. Ainsi, l'ordonn. de 1669 et le code forestier ont interdit pour l'avenir le pacage des chèvres et des moutons dans les bois et forêts.

900. — Jugé par suite, que le droit des usagers de faire pâturer leurs bêtes à laine dans une forêt affectée au droit d'usage a été, dans l'intérêt général, aboli par l'ordonn. de 1669. — *Grenoble*, 27 août 1824, Brochier.

901. — Cette ordonnance a aussi défendu pour l'avenir (art. 11, tit. 20) toute concession d'usage au bois, même de bois sec *en estant*. Cette prohibition a été renouvelée par l'art. 62 du Code forest.

902. — Mais, le droit de prendre dans les forêts de l'état le bois mort gisant n'a pas été supprimé par l'ordonn. de 1669. — *Paris*, 2 juill. 1836, comm. de Cheillé.

903. — La suppression de tout droit de chauffage dans les forêts domaniales, prononcée par l'ordonn. 1669, ne s'applique qu'aux forêts qui faisaient partie du domaine de l'état. — *Cass.*, 28 août 1834, Roy.

904. — Par suite, l'ordonn. de 1669, qui limite la suppression des droits de chauffage et autres droits d'usage en bois aux forêts qui dépendaient alors du domaine de la couronne, et à ceux de ces droits dans lesdites forêts qui ne seraient pas maintenus par des états arrêtés au conseil du roi, n'a nullement porté, soit sur les propriétés particulières, soit sur les forêts qui se trouveraient ultérieurement incorporées au domaine de l'état. — *Cass.*, 6 fév. 1839 (t. 1er 1839, p. 285), Declercq.

905. — Les droits d'usage qui auraient été concédés malgré la prohibition de l'art. 11, tit. 20, ordonn. 1669, et dont l'exercice aurait été continué sans opposition, n'en seraient pas moins sujets à suppression. C'est ce qu'a reconnu M. Roy, lors de la discussion à la chambre des pairs (séance du 17 mai 1827). — Meaume, no 324.

906. — Il faudrait appliquer cette décision même aux droits de pâturage, bien que l'ordonnance de 1669 se montrât moins sévère à l'égard de ces droits que relativement à l'usage en bois. En effet, le droit de pâturage n'était considéré que comme une simple tolérance, dont l'exercice, quelle qu'en eût été la durée, ne pouvait conférer un droit susceptible d'être acquis par prescription. — Becquet, *Lois forest.*, t. 1er, p. 506 et 507; Proudhon, *Des droits d'usage*, no 316.

907. — « On doit reconnaître néanmoins que le temps et un long exercice, dit Meaume (no 325), ont constitué au profit des usagers au pâturage qui jouissaient avant 1669, des droits véritables, reconnus par le Code forestier lui-même, et restreints seulement à l'état et à la possibilité de la forêt. C'est à ces droits que s'applique l'art. 64, C. forest. Quant aux droits postérieurs à 1669, l'esprit de l'ordonnance étant de restreindre les usages, on doit considérer ces droits comme de pure tolérance et révocables, par suite, lorsqu'ils n'ont pas été compris dans les états dressés par les commissaires réformateurs.

908. — Mais en admettant la révocabilité des divers usages constitués après 1669, la révocation peut-elle être prononcée *hic et nunc* par les tribunaux, ou bien une loi est-elle nécessaire à cet égard ? Meaume (no 326), sans se prononcer sur la question, dont il fait ressortir toute la gravité, déclare que, soit qu'on repousse, soit qu'on admette la nécessité de l'intervention du pouvoir législatif, la faculté de faire cesser l'exercice de droits illégitimes n'en est pas moins incontestable.

909. — L'ordre de choses établi en France par l'ordonn. de 1669, relativement à l'inaliénabilité du domaine et à la création de nouveaux droits d'usage, l'a été en Lorraine par les édits du duc Léopold. — *Cass.*, 6 nov. 1834, d'Hoffelize c. préfet des Vosges. — Meaume, no 328.

910. — On doit remarquer, toutefois, que le principe de l'inaliénabilité du domaine de Lorraine n'a été en vigueur qu'à dater de 1600, et qu'il y fut appliqué moins rigoureusement qu'en France. — *Cass.*, 14 juin 1842 (t. 2 1842, p. 198), préfet des Vosges c. d'Hennezel. — Les concessions postérieures à 1600 sont donc révocables; elles contiennent presque toutes du reste la clause *jusqu'à bon plaisir*, qui marquait d'un signe de révocabilité les titres où elle avait été insérée. — Meaume, nos 329 et 330.

911. — La concession d'une délivrance annuelle de bois taillis, pour être convertie en bois de corde et servir d'affouages, constituait, d'après les principes admis en Lorraine, une véritable affectation, contraire aux lois sur l'inaliénabilité du domaine de l'état. Il n'en était pas de même de la simple concession de droits d'usage, de marronage et de grasse et de vaine pâture. — *Cass.*, 4 août 1835, préfet de la Moselle c. comm. de Hambach. — *Contrà* Meaume, no 332.

912. — L'arrêt de cassation du 4 août 1835 paraît, on le voit, etablir une distinction entre le chauffage, qui serait une concession contraire au principe d'inaliénabilité du domaine, et les droits de marronnage et de pâturage qui seraient au contraire des concessions licites. — Mais, Meaume (nos 333 et suiv.) combat vivement cette distinction.

913. — Quelques communes de la Lorraine, jouissant de droits d'usage concédés à l'époque du principe d'inaliénabilité, ont été considérées comme *engagistes* dans le sens de la loi du 14 vent. an VII, et le domaine a cru devoir diriger contre elles une demande en paiement du quart de la valeur des bois soumis à l'usage. — V. DOMAINES ENGAGÉS. — Cette demande, dit Meaume (no 336), a été très justement repoussée par la cour de Metz.

914. — La cour de Cassation par arrêt du 6 nov. 1834 (d'Hoffelize c. préfet des Vosges), a jugé que le principe de l'inaliénabilité du domaine du prince était consacrée, en Lorraine, par plusieurs dispositions antérieures à la réunion de ce pays à la France, et dont l'une remonte au 21 déc. 1446. — Et qu'en conséquence, une forêt de l'état, aliénée par le duc de Lorraine en 1612, doit être frappée par la loi du 14 vent. an VII, qui, pour rendre les détenteurs propriétaires des biens domaniers, exige le paiement du quart de la valeur estimative.

915. — Jugé, que les affections de coupes de bois, soit par stères, soit par pieds d'arbres, concédées à des communes dans les bois du domaine de l'état (et spécialement en Lorraine), nonobstant les prohibitions établies par les lois et ordonnances alors existantes, n'ont plus dû avoir d'effet après le 1er sept. 1837. — *Cass.*, 10 mars 1835, comm. de Saint-Louis.

916. — On doit assimiler à des affectations faites par stères ou par pieds d'arbres celles par lesquelles les habitans d'une commune étaient autorisés à prendre un quart d'arpent par personne, dans les coupes de bois taillis et futaies d'une forêt réunie au domaine de l'état. — Même arrêt.

917. — La concession primitive du bois mort et mort-bois, dans une forêt réunie au domaine de l'état peut, si le titre de concession remonte à une époque où l'inaliénabilité de la forêt n'existait pas, être maintenue jusqu'en 1837, mais elle ne peut être convertie au profit des habitans de la forêt en un droit de propriété, ni être prorogée au-delà du délai fixé par le Code forestier. — Même arrêt.

918. — L'ordonnance de 1669 n'a porté aucune atteinte aux édits, ordonnances et réglemens antérieurs aux droits d'usage qui restreignirent les droits d'usage dans les forêts de l'état. — *Cass.*, 10 juill. 1837 (t. 2 1837, p. 447), ville de Compiègne.

919. — La réclamation par un tiers de droit de pâturage, chauffage, etc., dans des bois ci-devant nationaux et cédés à un hospice par le gouvernement, en vertu de la loi du 9 sept. 1807, n'est pas une atteinte au principe d'inviolabilité consacré par la constitution de l'an VII et la charte. — *Cass.*, 1er juin 1836, comm. de Voreppe.

920. — L'inobservation de certaines formalités prescrites à peine de déchéance entraîne aussi l'extinction des droits d'usage.

921. — Mais on ne peut opposer aux usagers des pays qui formaient le ci-devant Roussillon la déchéance prononcée par l'art. 7, tit. 20, ordonn. 1669, contre les usagers qui n'avaient pas produit les titres de leurs droits d'usage dans les bois domaniaux, pour être compris dans les états prescrits par le conseil, puisque cette disposition de l'ordonnance n'a pas reçu d'exécution dans l'ancienne province du Roussillon. — *Cass.*, 24 juin 1835, comm. de Santo.

922. — En prescrivant aux usagers de se faire reconnaître et de requérir leur inscription sur les états rédigés au conseil du roi, l'ordonnance de 1669 n'a prononcé aucune déchéance; en sorte que les usagers qui avaient négligé cette formalité ont été recevables à revendiquer leurs droits dans les délais fixés par les lois des 28 vent. an XI et 14 vent. an XII. — *Cass.*, 11 nov. 1836 (t. 1er 1837, p. 194), comm. de Metzwiller.

923. — Une commune qui a toujours exercé ses droits d'usage n'a pas encouru la déchéance pour n'avoir pas fait dans les délais la déclaration prescrite par la loi des 28 vent. an XI et 14 vent. an XII. — *Cass.*, 26 juin 1826, préfet de Vaucluse c. comm. de Châteauneuf.

924. — On ne peut distinguer au préjudice des usagers les échanges réputés *non consommés* pour défaut d'entier accomplissement des formalités prescrites par l'édit de 1711, et attribuer à leur révocation des effets plus rigoureux qu'à la révocation et annulation pour fraude, fiction ou simulation des échanges *consommés*. — *Cass.*, 6 fév. 1839 (t. 1er 1839, p. 285), Declercq.

Sect. 2e. — *Extinction par le non-usage et la prescription.*

925. — Les droits d'usage étant des servitudes, peuvent être éteints par le non-usage pendant trente ans. — C. civ., art. 706. — Merlin, *Quest. de droit*, vo *Usage*, § 9, no 1er; Proudhon, no 597; Meaume, no 344.

926. — Il a été jugé, dans ce sens, que la non-jouissance pendant trente ans d'un droit d'usage dans les forêts en entraîne la prescription. — *Riom.*, 20 juin 1827, Delbos c. de Saluces; *Cass.*, 27 janv. 1829, mêmes parties; 3 avr. 1832, comm. d'Aunat; 6 fév. 1833, Sirey c. comm. de Combes; 3 avr. 1833, comm. d'Escouloubre; 11 juill. 1838 (t. 2 1838, p. 356), Duchallay.

927. — Spécialement, le droit de ramage peut se perdre par le non-usage et par l'effet de la prescription. — *Cass.*, 11 juin 1834, comm. de Sainte-Marguerite de L'Autel c. Roy et Duval.

928. — Dupin (*Lois forestières*, p. 899), et d'après lui, de Vaulx et Fœlix (*Code forestier*, p. 416), citent un arrêt inédit de Paris, du 8 janv. 1822, décidant que le droit d'usage ne se perd pas par le défaut d'exercice pendant trente ans. Fréminville (p. 312) enseigne aussi cette doctrine, en se fondant, comme l'arrêt précité, sur ce que le droit d'usage peut être regardé comme de pure faculté, et par suite comme imprescriptible. Mais, comme dit Meaume (no 344, note), c'est là une erreur évidente.

929. — La prescription trentenaire est la seule qu'on puisse invoquer contre l'usager qui n'aurait pas exercé son droit. Les tiers-acquéreurs de la forêt grevée, mais vendue franche et quitte de servitudes, opposeraient inutilement la prescription de dix ou de vingt ans. L'art. 2265 ne saurait s'appliquer en matière de servitudes. — Toullier, t. 3, nos 630 et 688; Solon, *Servitudes*, nos 397 et 510; Merlin, *Add. aux quest. de droit*, vo *Usage*, § 9, no 1er; Favard de Langlade, *Rép.*, vo *Servitudes*, sect. 8e; Caron, *Actes posses.*, no 184; Coulon, *Quest. controv.*, dial. 53, t. 2, p. 66; Meaume, t. 1er, no 345; Curasson, sur Proudhon, no 600; *Act. posses.*, p. 542; *Code forest.*, t. 2, p. 282 et suiv., 296 et suiv.; Pardessus, *Servitudes*, no 306. — V. au reste, sur cette question, SERVITUDES, nos 972 et suiv.

930. — Le droit de marronnage ne s'exerçant qu'autant que le besoin de réparations se fait sentir pour les maisons en faveur desquelles il es

établi, et ce besoin pouvant ne pas avoir été éprouvé pendant trente ans, on s'est demandé si la prescription serait encourue en pareil cas? D'après l'art. 767, C. civ., la prescription extinctive courant du jour où l'on a cessé de jouir de la servitude discontinue, Meaume enseigne (n° 340) que les droits d'usage étant des servitudes discontinues, tombent sous l'application de cet article, lequel n'établit aucune distinction. « L'usager, dit cet auteur, doit prévoir qu'à une époque quelconque, il aura besoin de bois pour réparer sa maison, qui ne peut être éternelle. Il doit donc veiller à la conservation de son droit, et faire dans ce but tous actes nécessaires. Ainsi, il peut, suivant l'opinion de Pothier et de Pardessus, exiger du propriétaire de la forêt un titre nouvel après vingt-huit ans, conformément à l'art. 2263, C. civ. » — Contrà Troplong, Prescript., n° 844.

931. — Ainsi, la prescription doit commencer à courir à partir du dernier acte de possession, ou de l'acte conservatoire interruptif de la prescription. C'est ce qu'a décidé la cour de Cassation, par arrêts des 2 mars 1836, Roy et Duval c. de Bongy et Besnard; 6 fév. 1839 (L. 1er 1839, p. 285) (dans leurs motifs), Declercq c. de Broyes.

932. — Jugé de même, que le droit de prendre dans une forêt le bois nécessaire aux réparations du bâtiment dépendant d'un domaine ne peut pas être considéré comme une créance conditionnelle, à l'égard de laquelle la prescription ne commence à courir que du jour où la condition est accomplie. — Cass., 14 juill. 1838 (L. 2 1838, p. 389), Duhalluy.

933. — ... Et qu'en conséquence, ce droit se prescrit par le non-usage pendant trente ans, sans que le propriétaire du fonds servant soit obligé d'établir que l'usager a eu besoin de bois pendant cet intervalle. — Même arrêt.

934. — La cour de Nancy, par arrêt inédit du 27 mai 1835, cité par Meaume (n° 346, note), a jugé, de son côté, que le prescription par le non-usage ne pouvait point courir, ni de la date du titre, ni de la date de la demande en délivrance, mais uniquement du jour où le propriétaire de la forêt asservie prouvait que l'usager avait eu besoin d'une délivrance et ne l'avait pas réclamée. — Conf. Proudhon , n° 618 et 619: Curasson, n° 620; d'Avannes, p. 37. — Contrà Troplong, Prescription, t. 2, n° 789.

935. — Proudhon fait, du reste, une distinction sur la question qui nous occupe: « Il faut remarquer, dit-il, que si la forêt usagère était concrée possédée par l'auteur de la concession du droit d'usage ou par ses héritiers, ou même par un tiers-acquéreur par lequel la commune usagère aurait fait reconnaître son droit, il faudrait raisonner d'après d'autres principes. Alors on trouverait dans le propriétaire qui aurait fait la concession de l'usage, ou dans ses héritiers, ou dans le tiers-acquéreur par lequel aurait reconnu l'existence, une obligation personnelle de délivrer le bois nécessaire à la construction. Et cette obligation ne serait que conditionnelle ou à terme, puisqu'elle n'aurait été contractée qu'éventuellement, pour le cas où il faudrait réparer la maison, et pour être exigible seulement à l'époque où cette réparation serait devenue nécessaire; d'où il résulte qu'on devrait appliquer à la cause de par-là la disposition de l'art. 2257, C. civ. »

936. — Ainsi, dans ce cas, la servitude peut être prescrite sans que l'obligation personnelle le soit. Curasson, qui adopte cette doctrine, fait observer qu'elle s'applique aux droits d'usage dont jouissent certaines communes dans les bois de l'État, en cas d'incendie ou autres cas de force majeure seulement. Ces communes n'auraient pas besoin alors de faire aucun acte interruptif de la prescription. — Conf. Meaume, n° 346.

937. — L'ordonnance du duc de Lorraine du 15 avril 1702, qui prescrivait aux prétendans à des droits d'usage dans les forêts du prince de se pourvoir en son conseil dans le délai de six mois pour obtenir des lettres de confirmation, faute de quoi lesdits usages demeureraient supprimés, était, quant aux délais et prescriptions, simplement comminatoire. — Cass., 9 mai 1838 (L. 1838, p. 218), comm. de Remiremont.

938. — Elle n'avait trait d'ailleurs qu'aux concessions jusqu'à bon plaisir et aux usurpations commises à la suite de troubles et de guerre, et non aux droits d'usage acquis en vertu de titres anciens et légitimes. — Même arrêt.

939. — La prescription trentenaire est opposable à l'art. 64, C. forest. — Meaume, n° 352.

940. — La prescription d'un droit d'usage conféré à une commune dans une forêt ne peut pas être opposée aux habitans de la commune aux-

quels des droits d'usage individuels et particuliers avaient été concédés dans la même forêt. — Cass., 20 août 1833, comm. de Nayrolles.

941. — La maxime du droit féodal, que le seigneur et le vassal ne peuvent prescrire l'un contre l'autre, ne s'appliquait qu'à la foi et à la jouissance par suite de saisie féodale; elle n'empêchait point le seigneur de prescrire un droit d'usage dans une forêt, contre son vassal à qui la concession en avait été faite. — Cass., 26 janv 1818, Delacroix; Poitiers, 8 mars 1820, mêmes parties.— Merlin, Quest., v° Usage (droits d'). § 8 et 9.

942. — Si le droit d'usage avait été établi au moyen d'une redevance annuelle, et que l'usager eût continué à l'acquitter, on ne pourrait lui opposer aucune prescription, lors même qu'il aurait effectivement négligé de percevoir son usage. En touchant annuellement la redevance, le propriétaire faisait par là même une reconnaissance annuelle du droit. — Le Fréminville, t. 3, p. 312, quest. 13; Proudhon, Droits d'usage, n° 598.

943. — Si l'usager avait, au contraire, cessé de de payer la redevance en continuant de percevoir les émolumens de son usage dans la forêt, son droit ne serait pas non plus périmé, car on ne peut supposer une prescription acquise contre celui qui n'a pas cessé de posséder la chose. — Proudhon, n° 599. — Contrà Curasson sur Proudhon, n° 602, où il cite à l'appui de son opinion de Fréminville, Pratique des droits seigneuriaux, t. 3, p. 313; et Salvaing, Usage des fiefs, chap. 94.

944. — Dans l'ancien droit, la redevance jointe à la possession valait titre. Le paiement de cette redevance constaté par écrit suppléait à ce dernier. — Mêmes autorités; Becquet, Lois forestières, t. 1er, p. 535; de Fréminville, Pratique des terriers, t. 3, p. 293, quest. 3.

945. — Ainsi, jugé que l'usager peut, en conservant son droit d'usage, se libérer par la prescription de la redevance au prix de laquelle il l'acquis. — Cass., 7 août 1833, de Béthune-Sully.— Merlin, Rép., v° Prescription; Vazeille, n° 366; Delvincourt, t. 2, p. 407, notes 2 et 4; Proudhon, Droits d'usage, n° 599; Troplong, Prescription, t. 2, n° 532. — Contrà Curasson sur Proudhon, n° 602; Salvaing, Usage des fiefs, chap. 94.

946. — Jugé encore, que le concessionnaire d'un droit d'usage, moyennant une redevance, peut prescrire contre son titre la libération de cette redevance. — Cass., 14 mai 1834, Mollerat; 22 juill. 1835, Champigny c. comm. de Fonville.

947. — La renonciation à la prescription ne peut résulter que d'actes et de circonstances qui annoncent d'une manière certaine l'intention de renoncer, et ne résulterait pas de la signification d'exploits qui n'exprimeraient rien de pareil.— Riom, 19 juin 1827, Delbos.

948. — Lorsqu'une fois la prescription d'une redevance est acquise, on n'est pas censé y renoncer par le paiement ultérieur des arrérages pendant trois années. Il faut une renonciation expresse.— Cass., 14 mai 1834, Mollerat.

949. — Lorsqu'une forêt est grevée de droits d'usage en faveur de plusieurs communes, si l'une d'elles laisse prescrire son droit, on doit décider que l'extinction du droit profite au propriétaire et non aux autres usagers, dans le cas même où il s'agirait d'un droit, non de marronage ou d'usage fixe au bois, mais de pâturage avec un nombre indéterminé de bestiaux, ou l'usage au bois consistant à prendre le bois de telle essence. — Meaume, n° 454.

950. — Jugé, d'un autre côté, que lorsque plusieurs communes ayant acquis, à des époques différentes, des droits d'usage sur une forêt, quelques unes d'entre elles ont laissé prescrire faute de les avoir exercés, la prescription doit profiter aux usagers qui, par suite de concessions plus anciennes, ont, dans l'origine, joui seuls de la totalité des droits d'usage, et non au propriétaire de la forêt. — Cass., 17 déc. 1834, Lemire. — Meaume, n° 455.

951. — Lorsque l'acquéreur d'un bois a été, dans l'acte de vente, assujéti par son vendeur à supporter les droits d'usage appartenant à un tiers, il n'est pas recevable à opposer à ce tiers la prescription que ce dernier aurait encouru avant la vente par le défaut d'exercice de son droit.— Bourges, 17 nov. 1841 (L. 2 1842, p. 257), Thué.

952. — Les règles établies par le Code civil quant à la suspension et à l'interruption de la prescription, s'appliquent aux servitudes d'usage. — Meaume, n° 353; Vazeille, Prescription, t. 1er n° 314; Troplong, Prescription, t. 2, n° 726. — V. PRESCRIPTION.

953. — Ainsi, il a été jugé par la cour de Cassation, que la prescription des droits d'usage est suspendue durant le temps pendant lequel les droits d'usage se trouvent avec la propriété confondus

dans la même main. — Cass., 18 fév. 1835, Mignot c. de Fonteilles.

954. — La prescription a-t-elle couru pendant les cinq ans durant lesquels, aux termes de l'art. 2, tit. 3, L. 20 août 1792, la prescription des droits corporels et incorporels a été suspendue? La cour de Rouen a toujours décidé cette question dans le sens de l'affirmative.

955. — Ainsi, cette cour a jugé que l'art. 2, tit. 3, L. 20 août 1792, qui a suspendu pendant cinq ans la prescription des droits corporels et incorporels, reçoit son application aux cas de droits d'usage dans une forêt. — Rouen, 22 août 1835, Leclerc.

956. — Jugé par la même cour qu'on peut considérer comme emportant reconnaissance et interruptifs de la prescription de ce droit, des actes émanant du maître particulier d'une forêt possédée par un ancien seigneur, et portant ordre aux gardes de la forêt de la délivrer, en exécution de leur cahier des charges, les bois dus à des usagers, lors même qu'ils n'auraient pas été suivis de délivrance effective. — Même arrêt.

957. — Mais la cour de Cassation a toujours cassé les arrêts de Rouen rendus sur cette question, lorsqu'ils lui ont été déférés. Elle a ainsi décidé que la disposition de l'art. 2, tit. 3, L. 20 août 1792, relative à la prescription des rentes et autres redevances, ne peut pas s'appliquer à une servitude constituant dans un droit d'usage. — Cass., 28 août 1834, Roy et Duval c. Bugelin; 2 mars 1836, Roy et Duval c. Postel d'Orvaux; 6 fév. 1839 (L. 1er 1839, p. 285), Declercq c. de Broyes. — Meaume, n° 354.

958. — Jugé encore, que lorsqu'à l'époque de la promulgation de la loi du 28 août 1792, les habitans d'une commune étaient en possession de passer sur une lande, d'y faire pâturer leurs bestiaux et d'y couper de la bruyère, cette possession de fait, antérieure à la prescription, de cinq ans par prescription, dispensait la commune d'exercer l'action en revendication contre le ci-devant seigneur, et la soustrayait à la déchéance résultant du laps de cinq années établie par l'art. 9, L. 28 août 1792. — Cass., 18 janv.1830, Leblanc. — Guichard, Des landes, chap. 6, n° 3.

959. — La prescription tendant à l'extinction de droits d'usage dans une forêt n'est pas interrompue par la demande judiciaire de l'usager qui revendique la propriété de cette forêt. — Dijon, 14 déc. 1847 (L. 2 1847, p. 719), de Damas c. comm. de Baudrecourt.

960. — Elle ne l'est pas non plus par des conclusions prises subsidiairement en appel par l'usager, et tendant à la simple reconnaissance des droits d'usage réclamés, alors que ces conclusions ont été rejetées comme constituant une demande nouvelle. — Même arrêt.

961. — Le fait, de la part d'un particulier, d'avoir reconnu l'existence de droits de pâturage dans ses bois, a pour effet d'interrompre la prescription de ces droits et de dispenser les usager de l'obligation d'en prouver l'exercice légal par des procès-verbaux de défensabilité. — Cass. 24 mai 1841 (L. 2 1841, p. 348), d'Uzès.

962. — Jugé que la prescription des droits d'usage et autres servitudes attachées à un domaine commence à courir contre l'acquéreur de ce domaine du jour de la vente. Il ne serait pas fondé à soutenir que le domaine par lui acquis étant afferné par un bail antérieur qui n'a pris fin que postérieurement à la vente, la prescription n'a commencé à courir contre lui que du jour de l'expiration du bail, la location n'étant pas considérée comme une cause suspensive et interruptive de la prescription.— Cass., 15 nov. 1841 (L. 1er 1842, p. 362), Dolter c. préfet du Bas-Rhin; 20 nov. 1837 (L. 2 1839, p. 490), Balguérie.

963. — L'inscription au rôle de la contribution foncière et le paiement de la moitié de la contribution d'une forêt à raison de droits d'usage et de pacage dans cette forêt ont pu suffire pour autoriser une cour à décider que les usagers ont joui au vu et au su du propriétaire, et à écarter la prescription que ce dernier oppose aux usagers. — Cass., 21 janv. 1835, d'Amonneville.

964. — La prescription contre les usagers d'une forêt n'a pas été interrompue par des actes émanés d'une juridiction que rendrait la justice au nom du propriétaire comme seigneur, s'ils n'ont pas eu lieu contradictoirement avec eux ou avec ses mandataires spéciaux. — Cass., 24 mars 1832, Roy.

965. — Elle n'a pas été suspendue pendant tout le temps que la forêt appartenait à un émigré est demeurée réunie aux biens de la nation. — Même arrêt. — Troplong, Prescription, n° 583.

966. — L'ordonn. de 1669, qui supprime les droits d'usage dans les forêts domaniales, et le décret du 8 flor. an XI, portant révocation de l'échange du duché de Bouillon, n'ont pas eu pour effet de suspendre la prescription au profit des usagers dans les forêts restituées à l'état par ledit décret. — *Cass.*, 2 mars 1836, Roy c. Postel d'Orvaux.

967. — Le dépôt des titres, effectué conformément aux lois de vent. an XI et an XII, ne peut être considéré comme ayant interrompu la prescription. — Meaume, n° 355; Troplong, t. 2, n° 383; d'Avannes, p. 38.

968. — Ainsi, jugé que la prescription n'a pas été interrompue après la réunion de la forêt au domaine de l'état par suite des lois sur l'émigration, par le dépôt fait par les usagers de leurs titres au secrétariat de la préfecture, en exécution de la loi du 28 vent. an XI. — *Cass.*, 21 mars 1832, Roy; 19 janv. 1832, Saint-Marsault et de Compiègne c. Lestrade; 11 juin 1834, comm. de Sainte-Marguerite-de-l'Autel c. Roy et Duval; 18 fév. 1835, Mignot c. de Fonteilles; 2 mars 1836, Roy et Duval c. de Fougy et Besnard. — *Contrà* Curasson sur Proudhon, t. 2, n° 617.

969. — Mais la prescription serait interrompue par la remise entre les mains du préfet du mémoire qui doit précéder toute instance intentée contre l'état. — Meaume, n° 356. — V. PRESCRIPTION.

970. — La disposition de la loi du 5 nov. 1790 (art. 15), qui exige, pour que la prescription puisse être interrompue, de la part de la commune qui veut intenter une action contre l'état, la remise et l'enregistrement préalables de son mémoire au secrétariat de la préfecture, est de rigueur, et ne peut être suppléée par aucuns équivalens. Ainsi, la prescription n'a point été interrompue par la remise à la préfecture d'une délibération du conseil municipal, contenant la réclamation de la commune, si cette délibération n'a point été enregistrée au secrétariat, et si le récépissé n'en est pas produit, encore bien qu'il soit certifié par le secrétaire général qu'une expédition de cette délibération a été déposée dans les bureaux. — *Besançon*, 6 janv. 1849 (t. 2 1849, p. 224), préfet du Jura c. comm. de Champagne.

971. — On ne peut non plus considérer comme interruptifs de la prescription, soit l'avis favorable du conservateur des forêts intervenu sur une délibération du conseil municipal portant réclamation par la commune de ses droits d'usage, soit une lettre du préfet contenant reconnaissance de ces droits, alors surtout que ladite réclamation a été rejetée en définitive par l'autorité supérieure. — Même arrêt.

972. — Les arrêtés des conseils de préfecture et autres actes administratifs intervenus par suite du dépôt de titres, sont interruptifs de la prescription, lorsqu'ils ont reconnu les droits d'usage et en ont autorisé l'exercice. — Meaume, n° 358; Curasson sur Proudhon, n° 616.

973. — Ainsi, jugé que le dépôt fait à la préfecture, en exécution de la loi du 28 vent. an XI, des titres constitutifs de droits d'usage et suivis d'arrêtés administratifs portant autorisation aux usagers de jouir de leurs droits, a interrompu en leur faveur le cours de la prescription. — *Cass.*, 18 fév. 1835, Mignot.

974. — Jugé aussi, que lorsque des arrêtés administratifs ont, depuis moins de trente ans, reconnu la légitimité des titres ou la légalité de la possession des usagers de l'état, ces arrêtés sont l'équipollent d'actes de délivrance et constituent une interruption de la prescription qui ne peut dès-lors être opposée aux usagers. — *Cass.*, 13 mai 1834, Dewidal; 11 mai 1836, comm. de Saint-Eloi-des-Ventes c. de Bouillon. — Merlin, *Rép.*, v° *Usage*, § 5.

975. — Un arrêt inédit de Colmar (27 mai 1835, comm. de Saint-Louis, cité par Meaume, n° 358, note) a également décidé que les actes émanés des autorités administratives à la suite du dépôt des titres ont pour effet d'interrompre la prescription.

976. — La prescription libératoire de quarante ans, établie par l'art. 607, cout. Normandie, a, pendant tout le temps que les forêts assujéties ont été possédées par l'état, été suspendue à l'égard du droit de ramage, dont l'exercice était prohibé dans les bois de l'état par les usagers, et suivies d'un arrêté administratif qui a reconnu leurs droits comme existans. — *Cass.*, 11 mai 1836, comm. de Saint-Eloi-des-Ventes.

977. — Les reconnaissances faites par l'état, pendant le séquestre sur les biens des princes étrangers aurait le même effet interruptif. C'est ce qu'a décidé un arrêt de Colmar, 20 juill. 1836 (cité par Meaume, n° 358, note).

978. — Mais si l'autorité administrative, au lieu de reconnaître les droits des usagers, avait rejeté leur demande, l'interruption de la prescription n'aurait plus lieu. — Meaume, n° 359.

979. — Ainsi, jugé que la prescription n'a pas été suspendue au profit des usagers par un arrêté d'un conseil de préfecture, qui a rejeté leur demande tendant à être admis à exercer leur droit d'usage. — *Cass.*, 2 mars 1836, Roy.

980. — Les faits de possession invoqués par les usagers seraient forcément repoussés s'ils n'avaient qu'un caractère d'abus ou de délit. — Meaume, n° 360.

981. — Jugé aussi, que la prescription contre une commune ne peut être interrompue par quelques faits isolés de simples particuliers de la commune. — *Cass.*, 6 fév. 1833, Sirey.

982. — Jugé cependant, que la prescription des droits d'usage peut être interrompue au profit d'une commune, par la jouissance individuelle des habitans. — *Pau*, 20 fév. 1835, comm. de Bruges.

983. — Jugé aussi, qu'encore qu'un droit d'usage dans une forêt concédé aux habitans d'une commune soit, ainsi que les redevances qui en sont le prix, établi par feu, l'exercice de ce droit par deux des usagers le conserve pour tous les autres communistes. — *Cass.*, 22 juill. 1835, Champigny.

984. — ... Que le fait isolé de chaque habitant d'une commune exerçant séparément un droit de pâturage sans délivrance écrite, conserve la possession écrite de la commune, nonobstant les dispositions de la cout. de Bourgogne, qui punissent comme délit tout fait de pâturage exercé autrement que par troupeau commun et sous la garde d'un pâtre. — *Cass.*, 26 janv. 1826, comm. de Meulson.

985. — En d'autres termes, le fait de garde séparée, appuyé des titres constitutifs du droit de pâturage, quoiqu'il ait été l'objet de condamnations correctionnelles, est néanmoins utile pour prouver que la commune n'a pas renoncé à ses droits, et qu'elle les a au contraire conservés. — Même arrêt.

986. — Du moins, dans ce cas, une cour d'appel étant souveraine appréciatrice des titres et des faits de la cause peut juger ainsi, sans que son arrêt soit sujet à cassation pour contravention à la cout. de Bourgogne. — Même arrêt.

987. — Selon Meaume et Proudhon, la réclamation de bois de construction par quelques habitans d'une commune ayant droit de marronage, conserve les droits de tous. — Meaume, n° 347; Proudhon, n° 72.

988. — La reconnaissance de certains droits d'usage faite par le propriétaire à l'égard d'un ou de plusieurs particuliers, en leur qualité d'habitans, profiterait à la commune et conserverait ses droits. — Meaume, n° 361.

989. — La même décision s'appliquerait aux paiemens de redevances que feraient isolément quelques habitans. — *Cass.*, 18 fév. 1835 (dans ses motifs), Mignot; 22 juill. 1835, Champigny. — Meaume, *eod. loc.*; Curasson sur Proudhon, n° 613.

990. — L'exercice du droit d'usage sur une seule partie de la forêt le conserve sur toutes les autres. — Proudhon, v° *Usage*, n°s 71 et 72; Meaume, n° 347.

991. — Ainsi jugé, que l'exercice des droits d'usage sur une partie seulement de la forêt, mais selon toute l'étendue du besoin des usagers, conserve le droit d'usage sur la totalité de la forêt, bien que depuis plus de trente ans ils n'aient pas exercé leurs droits sur une autre partie. — *Bourges*, 3 juill. 1828, Bonneau.

992. — Meaume (*loc. cit.*, note) cite encore, en ce sens, un arrêt rendu par la cour de Colmar (comm. de Frandvillars), le 27 avr. 1838, décidant que la commune qui a joui de la pâture sur quelques points d'une forêt, n'a pas besoin de prouver qu'elle a joui sur les étangs dépendans de cette forêt.

993. — Mais la même cour, par un autre arrêt du 26 nov. 1836, cité *eod. loc.*, a jugé qu'une commune ayant un droit de pâturage ne l'a pas conservé en faisant couper ou recueillir de l'herbe.

994. — La cour de Cassation, tout en conservant ce principe, exige que la forêt appartienne au même propriétaire. Elle a jugé, en effet, le 22 juill. 1835, que les droits d'usage existant sur une forêt qui appartient à une seule personne sont conservés sur toute l'étendue de la forêt par l'exercice de ses droits sur une partie quelconque de cette forêt. — *Cass.*, 22 juill. 1835, Champigny.

995. — Ce n'est qu'en cas de démembrement de la forêt entre plusieurs propriétaires que l'exercice des droits d'usage sur une partie seulement de cette forêt ne pourrait pas être opposé au propriétaire qui aurait joui de sa portion franche et libre de toute servitude pendant un temps suffisant pour la prescription. — Même arrêt.

996. — Curasson sur Proudhon (n° 74) adopte une opinion conforme. On peut aussi consulter, sur cet arrêt de la cour de Cassation, les observations de M. Rodière, professeur de droit à Toulouse, publiées dans la *Revue de législation*, t. 4, p. 223.

997. — Il ne faudrait pas croire cependant que du moment où une forêt appartient à plusieurs propriétaires, la demande en justice formée contre l'un d'eux, ou des faits possessoires valablement établis, n'interrompraient pas la prescription à l'égard des autres.

998. — Meaume (n°s 340 et suiv.) fait à cet égard une distinction. Si la forêt est indivise, l'action intentée par l'usage contre l'un des propriétaires interrompt la prescription à l'égard des autres, tous étant codébiteurs solidaires (C. civ., art. 1206). Dans ce cas, le fait de possession sur une partie de la forêt, du consentement d'un des propriétaires, conserve le droit d'usage sur toutes les autres parties. — Conf. Proudhon, n° 52.

999. — Les délivrances consenties par l'administration forestière dans les forêts indivises soumises au régime forestier, au profit de l'usager, ont donc pour effet d'interrompre la prescription à l'égard des autres co-propriétaires. — Meaume, *eod. loc.*

1000. — Si la forêt a cessé d'être indivise et a été partagée, chacun des copropriétaires reste-t-il débiteur solidaire de l'usage, en tant que sa portion peut y fournirnir, en ce que l'acte de partage intervenu n'aurait pu ni dénaturer le droit de l'usage ni nuire à ses intérêts? — Proudhon, n° 73.

1001. — Mais cette dernière opinion est combattue par Curasson (n°s 74, 75, 76 et 77), où il invoque en faveur de son opinion Dunod (*Des prescriptions*, p. 297); Dumoulin (*De usuris*, quest. 89, n° 671); Grivel (*décision* 141, n° 11), dont l'avis est conforme à celui de Balde. — Curasson, ainsi que Meaume (n° 351), fait observer que le partage est bien *res inter alios acta*, mais qu'on pourrait en dire autant de la vente par parties détachées, et que cependant on ne peut soutenir que, dans ce cas, chaque propriétaire ne prescrive contre l'usager pour sa part. Le copartageant est ici dans le même cas que l'acquéreur d'un canton : le partage comme la vente brise tout bien de solidarité entre les copropriétaires. Meaume cite à l'appui de cette opinion un arrêt de Colmar, du 21 déc. 1824.

1002. — En général, la prescription de trentaine n'a pas été interrompue par des faits de jouissance illégale, caractérisés délits par la loi, et réprimés comme tels par des jugemens passés en force de chose jugée. — *Cass.*, 27 janv. 1829, Delbos.

1003. — Tel serait, par exemple, l'usage dans une forêt, sans délivrance. — *Cass.*, 6 fév. 1833, Sirey. — Proudhon, *De l'usage*, t. 8, p. 78.

1004. — ... Ou les coupes de bois faites sans délivrance préalable. — *Riom*, 20 juin 1827, Delbos.

1005. — Les faits de possession de l'usager dans les forêts de l'état, sans délivrance préalable de l'autorité, ne sont que des voies de fait, des délits et des actes clandestins et de violence, incapables d'interrompre la prescription et de fonder une juste possession. — *Cass.*, 3 avr. 1833, préfet de l'Aube c. comm. d'Aunat; 26 janv. 1835, mêmes parties; 22 avr. 1835, comm. Campagne-de-Sault; *Toulouse*, 25 mai 1835, Astrié; *Cass.*, 3 juin 1835, Robinet; 16 mars 1836, Renouard; 15 nov. 1836 (t. 1er 1837, p. 194), préfet du Bas-Rhin c. comm. de Mertzwiller; 10 janv. 1838 (t. 1er 1838, p. 163), préfet de la Lozère c. maire de Saint-Maurice-de-Ventalon; 30 nov. 1841 (t. 1er 1842, p. 304), comm. de Pont-de-Monvert.

1006. — Toutefois, dans l'ancienne province de Bourgogne, les usagers n'étaient pas soumis à l'obligation de faire déclarer les bois défensables et d'obtenir une délivrance pour exercer le droit de parcours après la quarte-feuille. Les dispositions contraires de l'ordonnance de 1669 n'y étaient pas observées. Dès-lors, le simple exercice des droits d'usage sans délivrance et sans déclaration de défensabilité, à une époque où la coutume locale était en vigueur, a suffi pour mettre les usagers à l'abri de la prescription. — *Cass.*, 1er août 1838 (t. 2 1838, p. 372), d'Harcourt.

1007. — Il en était de même des usagers du pays de Bearn et de Navarre; ils étaient maintenus, nonobstant les dispositions de l'ordonnance de 1669, dans les jouissances des droits de coupe et de pâturage et autres semblables, comme les propriétaires, sans être tenus à aucune demande en délivrance; ils pouvaient et peuvent encore être admis à prouver par témoins les faits interruptifs de la prescription. — *Pau*, 20 fév. 1835, comm. de Bruges c. comm. de Castets.

1008. — En cas d'abandon apparent de la forêt par le propriétaire, la commune usagère qui fait acte de propriété, au lieu d'exercer son droit d'usage, interrompt la prescription. — Meaume, n° 362.

1009. — Ainsi, n'est pas éteint par la prescription le droit des usagers qui sont restés trente ans sans demander la délivrance, mais qui, bien qu'illégalement, ont constamment possédé comme propriétaires la forêt abandonnée par le véritable maître, alors émigré. — *Riom*, 7 fév. 1828, Miramont.

1010. — De même, la prescription qui court contre les usagers d'une forêt, est interrompue en leur faveur par la délivrance d'arbres, attestée dans des registres dûment cotés et paraphés, par le paiement également attesté des redevances auxquelles les usagers étaient soumis pour l'exercice de leur droit de ramage, et par une réclamation formée devant l'administration durant le séquestre apposé sur la forêt, en vertu des lois sur l'émigration. — *Cass.*, 21 mars 1822, Roy.

1011. — Jugé encore, que lorsqu'une forêt paraît être abandonnée par le propriétaire, le défaut de demande en délivrance pendant trente ans de la part de l'usager n'opère pas la prescription contre lui, si d'ailleurs l'usager a joui et possédé sans opposition comme propriétaire, et si ces faits de jouissance et possession sont attestés par des procès-verbaux authentiques. — *Cass.*, 25 août 1830, Miramont.

1012. — En pareil cas, la demande en délivrance est réputée impossible, et la jouissance et possession, sans délivrance préalable du propriétaire, interrompent la prescription. — Même arrêt.

1013. — Si la possession, par une commune, de droits d'usage fondés sur d'anciens titres constitutifs, n'a été troublée par le propriétaire qu'au moyen de procès-verbaux, dressés pour constater de prétendus abus dans *l'exercice* des droits d'usage, la cour royale a pu déclarer que ces procès-verbaux ne constituaient pas des actes interruptifs de la possession constante de la commune, et ne pouvaient, dès-lors, servir de point de départ à une prescription contre elle. — *Cass.*, 27 juill. 1830, Rochefoucault.

1014. — Quelque longue qu'eût été la possession, l'usager ne pourrait prendre la propriété du fonds. — Henrion de Pansey, *Des Communes*, p. 89; Curasson sur Proudhon, no 1027; Meaume, no 363, où il cite en note comme conformes deux arrêts inédits de Nancy des 29 juin 1832 et 11 mai 1843, le premier rendu sous la présidence de M. Troplong. — V. PRESCRIPTION.

1015. — Les délivrances faites pour le compte et en vertu des ordres du propriétaire par les adjudicataires de ses coupes interrompent la prescription. — *Cass.*, 28 août 1834, Roy et Duval c. Buzelin; *Rouen*, 22 août 1835, Leclerc c. de Broyes. — Meaume, no 364.

1016. — La preuve des actes interruptifs ou suspensifs de la prescription incombe à l'usager.

1017. — La prescription peut s'acquérir par la possession. Mais celle-ci ne constitue un élément de preuve de droits d'usage dans les forêts de l'état que dans le cas où elle est, par sa nature, conforme aux lois et règles de la matière. — *Cass.*, 10 juill. 1837 (t. 2 1837, p. 448), ville de Compiègne.

1018. — Autrement, les faits par lesquels elle se signale ne sont plus, alors même qu'ils auraient été tolérés par les agens forestiers, que des délits incapables d'interrompre la prescription. — *Cass.*, 6 nov. 1838 (t. 2 1838 p. 573), comm. d'Axat.

1019. — Lorsque l'usager ne joint pas à son titre la possession actuelle, le propriétaire de la forêt asservie n'est pas tenu, en lui opposant la prescription trentenaire, de prouver le non-usage. — *Limoges*, 19 janv. 1831, Batrosse.

1020. — Mais lorsque l'usager est porteur d'un titre et établit, en outre, sa jouissance au moment de la promulgation du Code forestier, il est légalement présumé avoir eu la possession intermédiaire. C'est donc au propriétaire à prouver que, pendant trente ans écoulés entre le titre et la possession, l'usager n'a pas exercé son droit. — *Cass.*, 28 août 1834, Roy et Duval c. Buzelin; 15 fév. 1842 (dans ses motifs [t. 1er 1842, p. 503]), Duvivier c. Poulet. — Merlin, *Quest. de dr.*, vo *Usage*, § 9, no 3; Curasson, *Code forest.*, t. 2, p. 298; Meaume, no 365. — V. cependant Carou, *Actions possess.*

1021. — Pareillement, la présomption de possession intermédiaire appartient au possesseur actuel, qui prouve avoir possédé anciennement, quoique son adversaire invoque d'anciens titres et une ancienne possession. — Par suite, la preuve incombe au possesseur ancien et non au possesseur actuel. — *Cass.*, 6 fév. 1833, Sirey.

1022. — Dans le cas d'un droit d'usage fondé en titre, mais s'exerçant à de longs intervalles, comme un droit de marronage, d'extraction de pierre, de marne, il suffit que l'usager ait exercé son droit par des actes remontant à moins de trente ans. C'est au propriétaire à prouver que le dernier acte possessoire a eu lieu il y a plus de trente ans.

1023. — Mais, l'usager qui ne joint pas la possession au titre, cas qui arrive le plus souvent, doit faire la preuve des faits interruptifs de la prescription invoquée contre lui. — Meaume, no 366; Merlin, vo *Usage*, § 9, no 3; Proudhon, *Usage*, nos 603 et 604; Curasson, *Code forest.*, t. 2, p. 299; notes sur Proudhon, no 605; *Act. possess.*, p. 552 et 553.

1024. — Ainsi, jugé que l'usager est tenu de prouver les actes d'une possession interruptive de la prescription. — *Limoges*, 19 janv. 1831, Batrosse; *Cass.*, 6 fév. 1833, Sirey c. comm. de Combres; 11 juin 1834, comm. de Sainte-Marguerite-de-l'Autel c. Roy et Duval; 3 juin 1835, préf. de l'Ariége c. Pons-d'Arnave.

1025. — Ainsi, ce n'est pas au propriétaire à justifier la prescription d'un droit d'usage; mais c'est à l'usager à établir l'interruption de cette prescription. — *Cass.*, 3 avr. 1833, comm. d'Escouloubre; même jour, comm. d'Aunat; 26 janv. 1835, même partie; *Pau*, 20 fév. 1835, comm. de Bruges.

1026. — Spécialement, l'usager auquel le propriétaire oppose la prescription de son titre par le non-usage durant trente ans est tenu de prouver qu'il possédait son droit au moment de la demande, ou du moins qu'il en a joui pendant un temps suffisant pour interrompre la prescription. — *Cass.*, 3 avr. 1833, comm. d'Escouloubre; 28 août 1834, Roy et Duval c. Buzelin; 26 janv. 1835, comm. d'Aunat.

1027. — Jugé cependant que le propriétaire d'une forêt, qui soutient que des droits d'usage se trouvent prescrits par défaut de jouissance pendant trente ans, doit, si ces droits sont fondés en titre, prouver cette non jouissance; on ne peut astreindre les usagers à faire d'abord la preuve du contraire. — *Paris*, 2 juill. 1836, comm. de Cheillé.

1028. — La preuve des faits interruptifs peut-elle se faire par témoins? En d'autres termes, l'usager porteur d'un titre peut-il établir, à l'aide de la preuve testimoniale, que ce titre n'est pas prescrit? C'est là une question vivement controversée.

1029. — Suivant Merlin, la servitude d'usage pourrait s'établir par témoins, si cette preuve ne devait s'appliquer qu'à des faits qui ne fussent pas de nature à être constatés par écrit; mais, c'est ce qui n'est pas. Il a toujours été reconnu que l'usager ne peut légitimement invoquer son droit que si le propriétaire lui a fait annuellement délivrance. A défaut de celle-ci, tout fait de coupe ou de jouissance est un délit, et celui-ci n'a jamais pu être considéré comme un acte de possession légitime. On ne peut donc offrir la preuve des faits qu'en prouvant qu'ils ont eu lieu après délivrance. C'est donc celle-ci qu'il faut constater, et comme elle se fait par écrit, l'exercice de l'usage ne peut avoir lieu légalement qu'en vertu d'une délivrance expresse, renouvelée chaque année et consignée dans un acte authentique dont expédition a dû rester entre les mains de l'usager. La preuve testimoniale ne peut donc être admise. — Merlin, *Quest. de droit*, vo *Usage*, § 9, no 4, 3e édit.

1030. — Mais Merlin est revenu depuis sur cette opinion. On lit dans sa 4e édition et dans ses addit. publiées en 1830: « Si l'on remonte à ce principe, écrit-il, que la possession acquise par voie de fait, mais publiquement et à titre non précaire, n'en est pas moins une possession civile et suffisante pour interrompre la prescription, on arrivera nécessairement à une décision toute différente; car s'il résulte de ce principe qu'un usager qui, en vertu d'un titre tout récent et non encore exécuté aurait exercé pendant un an ses droits d'usager, sans acte préalable de délivrance de la part du propriétaire, aurait, par cela seul, acquis le droit d'intenter complainte contre le propriétaire lui-même qui viendrait l'y troubler; à plus forte raison, doit-on en conclure que si, après avoir exercé légalement ses droits d'usage pendant une longue suite d'années, il en a continué illégalement l'exercice, cette continuation suffit pour le maintenir dans sa possession, et par conséquent pour mettre ses droits à l'abri de la prescription trentenaire. »

1031. — Proudhon (*Droits d'usage*, nos 606 à 609) enseigne que la possession du propriétaire a été interrompue toutes les fois que l'usager a perçu les émolumens de son droit d'usage dans la forêt, et que, comme en fait d'interruption naturelle, on n'a pas à s'informer si l'acte dont elle procède est légal ou illégal, légitime ou illégitime. Pour être admis à en faire la preuve, l'usager doit être reçu à établir sa cojouissance ou ses faits de coupes par témoins, sans prendre égard à la question de savoir s'il y aurait eu ou non des actes de délivrance, préalablement consentis par le propriétaire. Ce système, on le voit, rentre dans celui adopté par Merlin en second lieu.

1032. — M. Troplong se rend aussi à cette opinion. Mais il reconnaît que si les faits d'exercice opposés par l'usager avaient entraîné contre lui une condamnation correctionnelle, comme s'étant servi lui-même, sans délivrance préalable, il n'y aurait pas eu une jouissance réelle, interruptive de la prescription. Si l'usager a toutefois appliqué le bois coupé à ses besoins, il aura réellement joui et interrompu dès-lors la prescription, malgré l'abus de sa jouissance. Parce qu'il a abusé, on ne peut dire qu'il s'est abstenu. — *Prescription*, nos 264, 546 à 548.

1033. — M. Dupin, dans son réquisitoire devant les chambres réunies (aff. des onze communes d'Alsace), réquisitoire suivi de l'arrêt du 23 mars 1842 (vo *infrà*), a professé la même doctrine. Il a cherché à établir l'admissibilité de la preuve testimoniale par des développemens assez étendus. On peut voir encore à l'appui de ce système une dissertation insérée au *Journal du Palais*, avec l'arrêt de Cassation du 2 fév. 1841 (t. 1er 1841, p. 569), comm. de Ville-en-Voëre.

1034. — Curasson, dans ses notes sur Proudhon (t. 2, p. 441), a longuement fait valoir les motifs à l'appui de l'opinion émise par ce dernier auteur. Dans son *Traité des actes possessoires* (p. 353 et suiv.), il paraît, en présence des nombreux arrêts de la cour de Cassation (vo *infrà*), abandonner à regret la doctrine soutenue d'abord par lui.

1035. — Quant à Meaume (nos 381 et suiv.), il pense avec ces auteurs que les actes possessoires exercés par les usagers, au grand jour, au vu et su du propriétaire, constituent des actes de délivrance tacite; qu'évidemment il en serait différemment si ces actes avaient donné lieu à des poursuites correctionnelles. La tolérance du propriétaire équivaut à une reconnaissance tacite, et comme il s'agit seulement d'un fait matériel de possession, et que ce fait peut être établi par témoins, même par l'usurpateur qui prétend avoir prescrit la propriété d'un immeuble, on ne voit pas comment cette même preuve serait repoussée lorsqu'elle est invoquée par un usager qui demande à établir qu'il a possédé un droit fondé sur un titre. — On peut voir aussi, dans ce sens, *Revue de législat.*, t. 2, p. 465 et suiv., t. 3, p. 76 et suiv.

1036. — Mais l'opinion contraire est soutenue par Carou (*Actions possessoires*, no 245); Loiseau (*Annales forestières*, année 1842, p. 196), et paraît avoir en définitive triomphé devant la cour suprême.

1037. — La chambre des requêtes, jusqu'à l'arrêt solennel du 23 mars 1842, avait toujours jugé, à part l'arrêt du 27 janv. 1829 (Delbos c. Locard), vivement critiqué par M. Troplong (*Prescription*, t. 1er, no 264), que la preuve de l'interruption de prescription pouvait résulter de tous actes autres que des procès-verbaux de délivrance. Ainsi, elle a décidé que les procès-verbaux de délivrance ne sont pas les seuls actes que les usagers puissent invoquer pour prouver leur possession et l'interruption de la prescription qui leur est opposée. — *Cass.*, 21 janv. 1835, d'Amonneville.

1038. — ... Et que l'inscription au rôle et le paiement de la moitié de la contribution par l'usager interrompent la prescription. — Même arrêt.

1039. — Elle a pareillement jugé que quand des arrêtés administratifs ont, depuis moins de trente ans, reconnu la légitimité des titres ou la légalité de la possession des usagers de l'état, ces arrêtés sont l'équivalent d'actes de délivrance et constituent une interruption de la prescription qui ne peut dès-lors être opposée aux usagers. — *Cass.*, 13 mai 1834, préfet de l'Ardèche c. Dewidal; 11 mai 1836, comm. de Saint-Eloi-les-Ventes, c. de Bouillon. — Conf. ch. civ., 18 fév. 1835, Mignot c. Fonteilles.

1040. — ... Que le fait de garde séparée, quoique l'objet de condamnations correctionnelles, a interrompu la prescription. — *Cass.*, 26 janv. 1826, comm. de Meulson.

1041. — ... Que les quittances des redevances d'un droit d'usage sur une forêt données aux usagers par le propriétaire de cette forêt, sont, de la part de celui-ci, relativement au droit d'usage, une reconnaissance interruptive de la prescription. — *Cass.*, 22 juill. 1835, Champigny.

1042. — ... Que la justification de l'exercice légal d'un droit d'usage dans une forêt peut être faite, à défaut d'actes de délivrance, par des actes légaux et authentiques, et notamment par les paiemens des redevances dues au propriétaire de la forêt. — *Cass.*, 10 fév. 1835, Parthiot. — Conf. ch. civ., 21 mars 1832, Roy et Duval c. comm. de Sainte-Marthe.

1043. — Il en doit être ainsi, alors même qu'on offrirait de prouver que l'habitude des officiers forestiers aurait été de ne donner les autorisations

que verbalement.—*Paris*, 11 avr. 1837 (t. 1er 1837, p. 299), comm. d'Essert.

1044. — ... Que l'assignation donnée par le propriétaire d'une forêt à plusieurs habitans d'une commune, pour avoir exercé, dans un canton non défensable, un droit d'usage (spécialement de pâturage), que cette commune prétend lui appartenir dans certaines parties de la forêt, peut être considéré comme ayant le caractère d'un commencement de preuve par écrit autorisant la preuve testimoniale de l'exercice du droit d'usage dans les cantons défensables de cette forêt. — *Cass.*, 31 déc. 1838 (t. 1er 1839, p. 66), de la Guiche.

1045. — La preuve de l'exercice d'un droit de pacage dans les bois communaux peut être faite de toute autre manière que par des procès-verbaux de délivrance, lorsqu'il est reconnu en fait que le bois litigieux n'a pas été soumis à l'administration forestière, et qu'il n'a été dressé de procès-verbaux de délivrance qu'après la date assignée à la possession du droit. — *Cass.*, 15 avr. 1840 (t. 1er 1840, p. 694), comm. d'Availles.

1046. — La chambre civile a toujours, au contraire, excepté par l'arrêt du 29 nov. 1825 (habitans de Véronnes c. Saulx-Tavannes), décidé qu'on ne pouvait prouver par témoins les faits de possession invoqués comme interruptifs de la prescription.

1047. — Ainsi, il a été jugé qu'en principe, la possession de droits d'usage dans une forêt ne peut être établie que par des procès-verbaux de délivrance et de défensabilité dressés par les agens forestiers. — *Cass.*, 6 fév. 1833, Sirey c. comm. de Combres; 3 avr. 1833, comm. d'Aunat; 26 janv., même partie; 3 juin 1833, Robinet; 22 avr. 1835, comm. Campagne-du-Sault; 16 mars 1836, Renouard de Bussières; 15 nov. 1836, comm. Mertzwiller; *Paris*, 11 avr. 1837 (t. 1er 1837, p. 299), comm. d'Essert c. comm. de Sacy; 8 nov. 1837 (t. 1er 1837, p. 250), préfet de l'Ardèche c. Allène et Serrouil: 15 nov. 1837 (t. 1er 1837, p. 194), préfet du Bas-Rhin c. comm. de Mertzwiller; 9 mai 1837 (t. 1er 1843, p. 21), préfet de l'Aude c. comm. de Montfort; *Cass.*, 10 janv. 1838 (t. 1er 1838, p. 163), Saint-Maurice-de-Ventalon; 19 juin 1838 (t. 2 1838, p. 37), comm. d'Escouloubre; 11 juill. 1838 (t. 2 1838, p. 356), Duhallay; 17 juill. 1838 (t. 2 1838, p. 376), Verhette; 6 nov. 1838 (t. 2 1838, p. 573), comm. d'Axat; 13 août 1839 (t. 2 1839, p. 383), Digoy c. comm. de Ménessaire; 2 févr. 1841 (t. 1er 1841, p. 569) comm. de Ville-en-Voëvre c. comm. de Fresne-en-Voëvre; 23 fév. 1841 (t. 1er 1841, p. 574), de Verthamont c. commune d'Esquiulle; 30 nov. 1841 (t. 1er 1842, p. 304), préfet de la Lozère c. comm. de Pont-de-Monvert.

1048. — ... Que la preuve de l'exercice de droit d'usage dans les forêts de l'état ne peut résulter que d'actes écrits. — *Cass.*, 4 fév. 1835, comm. de Lautenbach.

1049. — ... Qu'on ne pourrait prouver par témoins la possession, quelque longue qu'elle eût été.—*Cass.*, 22 avr. 1835, préfet de l'Aude c. comm. de Campagne-du-Sault.

1050. — ... Que toute autre possession étant illégale et inefficace pour constituer un droit, la preuve testimoniale ne peut en être ordonnée. — Mêmes arrêts.

1051. — ... Que dès-lors, l'usager dont le titre remonte à plus de trente ans ne peut, à défaut de représentation de procès-verbaux de délivrance, exciper des actes de jouissance qu'il a pu faire, comme établissant à son égard une possession légale qui aurait interrompu la prescription qui lui est opposée. — *Cass.*, 3 juin 1835, Pons d'Arnave.

1052. — Qu'ainsi, les titres anciens constituant au profit des communes des droits d'usage que celles-ci n'ont pas *légalement* exercés depuis plus de trente ans, se trouvent aujourd'hui nuls et prescrits. — *Cass.*, 19 juin 1838 (t. 2 1838, p. 37), comm. d'Escouloubre.

1053. — ... Que la preuve de l'interruption ne peut être faite que par écrit, si la valeur de la jouissance excède 50 fr.—*Cass.*, 3 avr. 1832, comm. d'Aunat.

1054. — La chambre civile admet cependant des exceptions au principe posé par elle. Ainsi elle a reconnu que la délivrance écrite, émanant du propriétaire, n'est pas nécessaire lorsque la forêt paraît abandonnée. — *Cass.*, 25 août 1830, comm. de l'Albanie c. Miramont.

1055. — Ainsi jugé, par exemple, que la preuve de l'interruption de la prescription peut résulter des registres d'adjudicataires de coupes de bois, constatant les délivrances qu'ils ont été chargés, par les propriétaires, de faire aux usagers. —*Cass.*, 28 août 1834, Roy.

1056. — ... Que les usagers peuvent être admis à prouver par témoins l'exercice continu de leurs droits d'usage, lorsque, par le mode de délivrance adopté par les propriétaires du fonds servant, ils ont été mis dans l'impossibilité de produire la preuve écrite de cette délivrance. — *Cass.*, 11 mai 1836 (t. 1er 1837, p. 37), de Melleville.

1057. — La question de savoir si les usagers ont été mis, par le fait du propriétaire du fonds servant, dans l'impossibilité de produire une preuve écrite de la délivrance, rentre exclusivement dans l'appréciation des juges du fond. — Même arrêt.

1058. — La cour admet également une exception au principe posé plus haut, lorsqu'il existe un commencement de preuve par écrit. — *Cass.*, 15 juin 1836, comm. de la Fajolde; 15 nov. 1836, comm. de Mertzwiller; 15 avr. 1840 (t. 1er 1840, p. 694), comm. d'Availles.

1059. — Ainsi, jugé que la preuve testimoniale ne serait admissible qu'autant qu'il existerait un commencement de preuve par écrit d'une possession conforme aux lois et réglemens en matière forestière, ou que le prétendu usager se trouverait dans un des cas exceptionnels déterminés par l'art. 1348, C. civ. —*Cass.*, 6 nov. 1838 (t. 2 1838, p. 573), comm. d'Axat.

1060. — La cour de Colmar, par arrêt du 16 janv. 1839, cité par Meaume (no 339, note), a décidé qu'en l'absence du commencement de preuve par écrit, les droits d'usage sont des servitudes discontinues, qui ne peuvent s'acquérir par prescription. — Conf. arrêts inédits de *Nancy* du 18 déc. 1843; de *Colmar*, 20 déc. 1835, cités par Meaume, *eod. loc.*

1061. — Jugé que la possession peut, à l'appui d'un commencement de preuve par écrit, être admise comme constituant une présomption, bien qu'elle ne réunisse pas tous les caractères nécessaires à la prescription. — *Cass.*, 13 nov. 1833, Bathelot.

1062. — ... Qu'on doit alors considérer comme commencement de preuve par écrit les avis des agens forestiers qui reconnaissent qu'avant la promulgation du Code forestier, l'usager était en possession immémoriale du droit d'usage. — *Cass.*, 15 juin 1836, comm. de la Fajolde.

1063. — Il en est de même d'une quittance délivrée par le collecteur des communaux. — *Cass.*, 15 avr. 1840 (t. 1er 1840, p. 694), comm. d'Availles.

1064. — Jugé aussi que pour que les procès-verbaux de délivrance dressés par les agens forestiers soient conservatoires des droits d'usage réclamés, constatent l'exécution du titre et empêchent la prescription, il n'est pas nécessaire qu'il soient spéciaux pour les prétendans. — *Cass.*, 2 fév. 1841 (t. 1er 1841, p. 569), comm. de Ville-en-Voëvre.

1065. — Il suffit, au contraire, que ces prétendans aient été compris dans des procès-verbaux dressés d'une manière générale et collective au profit de tous les usagers réunis dans le ressort de l'inspection forestière de laquelle ils émanent. — Même arrêt.

1066. — ... Qu'il en est ainsi, alors surtout qu'il est constant que l'usage de l'administration forestière locale, après avoir été longtemps de ne dresser aucun acte de délivrance, a toujours été depuis de ne dresser que des actes de délivrance collectifs. — Même arrêt.

1067. — Jugé, d'une manière spéciale pour la possession des droits de pâturage ou de parcours dans un bois, après la revenue de la quatrième feuille. — *Cass.*, 3 juin 1835, Robinet.

1068. — L'arrêt qui, en reconnaissant un particulier propriétaire d'un immeuble, écarte comme inadmissible, en ce qu'elle est contraire à une preuve écrite, l'offre que fait une commune de prouver par témoins que ses habitans avaient, depuis un temps suffisant pour prescrire, exercé des actes de jouissance exclusive, ne met pas obstacle à ce que cette commune, alors qu'il lui a réservé le droit de faire reconnaître, s'il y avait lieu, ses droits d'usage, pacage et autres servitudes qu'elle pourrait avoir sur le même immeuble, soit admise, sous le rapport de la reconnaissance de ces droits, à la preuve testimoniale rejetée par ce premier arrêt. — *Cass.*, 1er juill. 1839 (t. 2 1839, p. 192), Lamey.

1769. — L'arrêt qui admet une partie à prouver par témoins qu'elle a joui d'un droit de pacage pendant plus de trente ans, *après contradiction*, ne fait pas obstacle à ce que l'arrêt définitif décide, après la confection de l'enquête, qu'il n'y a jamais eu contradiction. — *Cass.*, 7 nov. 1838 (t. 2 1838, p. 461), Lapeyrelle.

1070. — L'arrêt solennel du 23 mars 1842 a profondément modifié la jurisprudence de la chambre civile, en reconnaissant l'admissibilité de la preuve testimoniale des faits de possession. Cet arrêt a décidé que l'usager fondé en titre, mais qui n'a, pour justifier la jouissance de son droit d'usage, ni preuve écrite ni commencement de preuve par écrit, peut prouver par témoins qu'il a joui à titre de maître, en exécution de ses titres anciens, et qu'il a interrompu par cette jouissance, la prescription extinctive de trente ans par non usage. — *Cass.* (ch. réunies), 23 mars 1842 (t. 1er 1844, p. 819), préfet du Bas-Rhin c. comm. de Mertswiller.

1071. — Mais l'arrêt se tait sur la question de savoir si la preuve testimoniale est admissible à l'égard de tous les faits de possession ou seulement de ceux qui tendent à suppléer à la délivrance écrite, ainsi que le fait observer Meaume (no 377). « Or, dans l'espèce, les communes usagères, ajoute cet auteur, demandaient à prouver qu'elles avaient joui *à titre de maîtres*, en exécution de leurs anciens titres, que notamment, *en exécution des réglemens forestiers*, les bestiaux avaient été marqués *en présence d'un agent de l'administration forestière*, avec un fer particulier à chaque commune, que les droits de pâturage avaient été perçus, etc. L'arrêt décide donc que la preuve testimoniale peut être employée pour établir que la délivrance a réellement été faite, mais non que les usagers ont joui en l'absence de toute délivrance. Sur ce dernier point, les arrêts de la chambre civile conservent toute leur autorité. »

1072. — Depuis cet arrêt, la cour suprême a décidé, par arrêt du 15 nov. 1842 (t. 1er 1844, p. 8[illegible], commune de Bize-Nistos c. Villemur), que les usagers ne peuvent être dispensés de la délivrance écrite que par les stipulations des actes de concession ou par des conventions postérieurement intervenues entre les propriétaires et les usagers, conventions dont la preuve par témoins ne saurait être admise sans violer l'art. 1341, C. civ., conforme aux dispositions des anciennes ordonnances.

1073. — Elle a également décidé qu'à défaut de procès-verbaux de délivrance, de déclaration de défensabilité, ou d'actes équipollens, la preuve testimoniale est admissible, lorsqu'elle a pour objet de démontrer une possession de droits d'usage qui serait légale, et non pas seulement matérielle. La preuve testimoniale peut même, dans le cas où elle est admissible, être suppléée, aux termes de l'art. 1353, C. civ., par des présomptions non établies par la loi, mais jugées graves, précises et concordantes. — *Cass.*, 16 nov. 1842 (t. 1er 1844, p. 833), préfet de la Lozère c. comm. de Saint-Maurice.

1074. — ... Qu'en matière de droits d'usage, si la possession légale de l'usager doit s'établir par des procès-verbaux de délivrance, des déclarations de défensabilité ou autres actes équipollens, la preuve qui résulterait de ces actes peut cependant, lorsqu'il y a commencement de preuve par écrit, être suppléée par la preuve testimoniale. — *Cass.*, 23 août 1843 (t. 1er 1844, p. 837), Prus c. comm. de Versigny; 16 janv. 1844 (t. 1er 1844, p. 836), de Colbert c. comm. de Caunet.

1075. — ... Que l'usager poursuivi correctionnellement pour avoir, en vertu de son droit d'usage, coupé et enlevé des bois, mais sans délivrance préalable, est recevable à prouver par témoins qu'il a toujours exercé son droit d'usage sans délivrance par écrit, au vu, au su et du consentement du propriétaire. — *Cass.*, 16 juin 1842 (t. 2 1842, p. 590), Ducayla c. Laurence.

1076. — ... Que l'usager ne peut invoquer la preuve testimoniale pour interrompre la prescription qui lui est opposée, qu'autant qu'elle tendrait à établir une possession publique non équivoque. — *Cass.*, 4 nov. 1845 (t. 2 1845, p. 591), comm. d'Esquiulle c. de Verthamont.

1077. — ... Qu'à défaut de procès-verbaux de délivrance, on peut établir par des actes équipollens que celle-ci a été faite. — *Cass.*, 29 avr. 1846 (t. 2 1846, p. 466), d'Aumont c. Paccaud. — V. aussi *Cass.*, 14 nov. 1848, et *Nancy*, 28 fév. 1848 (t. 2 1848, p. 643), de Poix et de Noailles c. comm. de Bertrambois.

1078. — La jurisprudence des cours d'appel a encore plus varié que celle de la cour de Cassation sur la question qui nous occupe. La cour de Paris se range au système de la chambre civile. Elle a décidé même, le 11 avril 1837 (t. 1er 1837, p. 299 [comm. d'Essert]), qu'on ne peut être admis à la preuve testimoniale en offrant d'établir que l'habitude des officiers forestiers serait de ne donner les autorisations que verbalement.

1079. — La cour de Colmar, par arrêt du 20 mai 1840, cité par Meaume (t. 1er, no 379, note), a adopté aussi le système de la chambre civile; mais on peut considérer cette jurisprudence, dit Meaume, comme imposée à la cour par la cassation de plusieurs de ses arrêts.

1080. — La cour de Toulouse a décidé que les faits de prise de bois, même dans une forêt parti-

culière, exercés, sans demande préalable en délivrance, ne constituent que des délits qui ne peuvent, quelque répétés qu'ils soient, fonder la prescription du droit d'usage. — *Toulouse*, 25 mai 1835, Asirié c. comm. de Cabannes.

1081. — Mais cette cour a décidé dans un autre sens, par arrêt du 13 juin 1833 (Pons d'Arnave c. préfet de l'Arriége [sous *Cass.*, 3 juin 1835]), que l'exercice d'un droit d'usage dans les forêts de l'état peut être prouvé autrement que par des actes de délivrance et, par exemple, par des actes équipollens et par la preuve testimoniale. C'est cette jurisprudence que suit actuellement la cour de Toulouse, ainsi qu'il résulte de l'arrêt du 15 janv. 1839, rapporté avec celui de *Cass.* du 31 août 1842 (t. 2 1843, p. 22), préfet de l'Aude c. comm. de Montfort.

1082. — Elle a également décidé dans ce dernier sens que des faits de dépaissance non précédés de la délivrance pouvaient être invoqués comme interruptifs de la prescription et prouvés par témoins. — *Toulouse*, 20 avr. 1842 (t. 2 1842, p. 425), maire d'Ax c. Roussillon.

1083. — Les autres cours d'appel adoptent également la doctrine de l'admissibilité de la preuve testimoniale.

1084. — Ainsi la cour de Rouen a jugé que des procès-verbaux réguliers de délivrance ne sont pas absolument nécessaires pour justifier la possession où s'est maintenu l'usager de ses droits d'usage dans une forêt. — *Rouen*, 9 juill. 1828, comm. de Fidelaire; 22 août 1835, Leclerc c. de Bruyes.

1085. — La cour de Limoges a, de son côté, déclaré que des faits possessoires ont pu interrompre la prescription du droit d'usage, quoiqu'ils n'aient point été précédés d'une délivrance par le propriétaire de la forêt. — *Limoges*, 19 janv. 1831, habit. de Peyreledas c. Batrosse.

1086. — La cour de Pau a aussi jugé que les usagers des forêts du pays de Béarn et de Navarre peuvent être admis à prouver par témoins les faits interruptifs de la prescription. — *Pau*, 20 fév. 1835, comm. de Bruges c. comm. de Castels.

1087. — La cour de Caen (8 fév. 1843, Declercq c. de Broges [t. 1er 1844, p. 569].) a jugé que l'exercice du droit d'usage peut résulter, à défaut de procès-verbaux de délivrance, des présomptions puisées dans les registres de l'usager, appuyées d'un commencement de preuve par écrit. — V. aussi *Riom*, 25 mai 1842 (t. 1er 1843, p. 51), Bonhard c. de Combarel.

1088. — Le même système a été adopté par la cour de Nancy, arrêt du 11 août 1836, rapporté avec celui de *Cass.* du 2 fév. 1841 (t. 1er 1841, p. 371), comm. de Ville-en-Voëvre, et arrêt inédit du 4 mai 1837, comm. de Domgermain, et par la cour de Besançon, arrêt du 16 août 1838, qui a amené l'arrêt solennel de *Cass.* du 23 mars 1842.

1089. — La dispense de demande en délivrance consentie par le titre originaire au profit des usagers, et détruite par une exécution contraire pendant de longues années, ne peut revivre contrairement aux dispositions de l'ordonn. de 1669, survenues depuis, qui prohibe une semblable dispense, et alors que les usagers s'étant, avant d'expiration du temps nécessaire pour consacrer le retour au titre primitif, donnés comme propriétaires, ont ainsi changé à eux-mêmes la cause et le principe de leur possession. — *Bourges*, 10 déc. 1841 (t. 2 1842, p. 166), de Mortemart.

1090. — Lors même que, par le titre de concession, les usagers auraient été dispensés de demander la montrée et délivrance, et que cette dispense eût alors été valable, elle aurait été repoussée et proscrite par le consentement persévérant des usagers à demander la délivrance. — Même arrêt.

1091. — Il résulte des diverses autorités que nous venons de mentionner qu'après avoir longtemps repoussé la preuve testimoniale des faits équipollens à des procès-verbaux de délivrance, la jurisprudence tend à l'admettre, et ne regarde plus comme indispensable la preuve par écrit.

1092. — La cour de Cassation considère comme commencement de preuve écrite les arrêtés même annulés de l'autorité administrative (16 nov. 1842 [t. 1er 1844, p. 833], préfet de la Lozère c. comm. de Saint-Maurice), les conclusions d'un préfet dans une instance. 31 août 1842 (t. 2, 1843, p. 22), préfet de l'Aude c. comm. de Montfort.

1093. — Mais on ne saurait considérer comme tel un arrêté de l'administration centrale qui aurait confié à l'usager la jouissance provisoire du droit d'usage qu'il réclame, alors surtout que sa possession n'a pas été paisible. — *Cass.*, 3 mars 1846 (t. 2 1846, p. 164), comm. de Beaulieu c. Dechen.

1094. — Nul ne pouvant être témoin dans sa propre cause, le témoignage des habitans de la commune ne peut être admis pour établir des faits de possession invoqués par cette dernière. — Meaume, no 385; Chauveau sur Carré, *Lois de la procédure*, quest. 1101 *ter*. — V. ENQUÊTE.

1095. — Ainsi, la cour d'Agen a jugé que si les habitans d'une commune peuvent être entendus comme témoins dans un procès intenté par cette commune pour des objets possédés administrativement, parce qu'alors l'intérêt qu'ils ont dans la cause n'est qu'indirect, il en est autrement quand la commune plaide pour un objet possédé par chacun des habitans, tel qu'un droit d'usage et de parcours, parce qu'alors il y a intérêt direct et personnel pour chaque habitant. — *Agen*, 8 janv. 1833, de Bouillon c. comm. de Saumejan. — V. aussi *Cass.*, 16 nov. 1842 (t. 1er 1844, p. 833), préfet de la Lozère c. comm. de Saint-Maurice.

1096. — Mais pourrait-on entendre comme témoins les parens, domestiques, etc., des habitans de la commune? — V. ENQUÊTE, no 699.

1097. — Une commune qui avait été considérée comme propriétaire d'un terrain, et qui a été plus tard réduite à la qualité d'usagère, peut réclamer au propriétaire les trente dernières années de contributions qu'elle a payées pour lui : ici ne s'applique pas la prescription quinquennale. — *Nancy*, arrêt inédit du 9 fév. 1838, Lebègue c. comm. de Pallegney, cité par Meaume, no 962, note.

1098. — Depuis l'abolition du droit de parcours réciproque en Champagne, la preuve de la possession immémoriale de la servitude discontinue de pâturage est inadmissible. — *Paris*, 31 juill. 1838 (t. 2 1838, p. 116), Micheau.

1099. — Jugé que la délivrance des droits d'usage dans les bois des particuliers peut être prouvée autrement que par écrit. — *Cass.*, 16 juin 1842 (t. 2 1842, p. 590), Ducayla.

Sect. 3e. — *Extinction par le cantonnement.*

§ 1er. — *Historique et principes généraux.*

1100. — La faculté pour le gouvernement d'affranchir les forêts domaniales des droits d'usage au moyen du cantonnement se trouve écrite dans l'article 63, Code forest. Cet article porte : « Le gouvernement pourra affranchir les forêts de l'état de tout droit d'usage en bois, moyennant un cantonnement qui sera réglé de gré à gré, et, en cas de contestation, par les tribunaux. — L'action en affranchissement d'usage par voie de cantonnement n'appartiendra qu'au gouvernement, et non aux usagers. »

1101. — « La faculté accordée au gouvernement par l'art. 63, d'affranchir les forêts de l'état de tous droits d'usage en bois est applicable, sous les mêmes conditions, aux communes et aux établissemens publics, pour les bois qui leur appartiennent. » — C. forest., art. 111.

1102. — « Les particuliers jouissent de la même manière que le gouvernement, et sous les conditions déterminées par l'article 63, de la faculté d'affranchir leurs forêts de tous droits d'usage en bois. » — C. forest., art. 118.

1103. — Le Code forestier n'a pas défini le cantonnement; il a seulement déclaré qu'il s'appliquait uniquement à l'usage en bois; mais il est constant qu'il a pour effet de transformer la servitude d'usage en un droit de propriété sur un *canton* déterminé de la forêt, dont toutes les autres parties se trouvent ainsi dégrevées de la servitude. On nomme *cantonnement* non seulement cette conversion, mais encore, d'après Merlin (*Rép.*, vo *Cantonnement*), la portion de la forêt ainsi abandonnée à l'usager.

1104. — Le cantonnement participe tout à la fois de la nature du rachat, de celle d'une aliénation à titre commutatif et de celle du partage : de la nature du rachat, parce qu'il est un moyen employé par le propriétaire des terrains soumis au droit d'usage pour forcer l'usager à en recevoir une partie en acquit de son droit d'usage, et sous la condition que le surplus restera franc de la servitude entre ses mains : de la nature d'un acte d'aliénation à titre commutatif, puisque, d'une part, il emporte cession en toute propriété d'une partie du terrain usager, et que, d'autre côté, celui-ci abandonne son usage sur ce qui reste au propriétaire; enfin, et surtout, de la nature du partage, puisqu'il est opéré pour mettre fin à l'indivision de jouissance où les parties étaient auparavant et pour attribuer à chacune une portion divise correspondante à la valeur de ses droits sur le tout.

1105. — Le cantonnement est d'origine assez moderne. « Le plus ancien arrêt de cantonnement proprement dit que nous ayons pu découvrir, écrit Henrion de Pansey (*Dissert. féod.*, vo *Communaux*), est celui qui fut rendu au conseil, le 21 déc. 1726. » — V. aussi Merlin, *Quest. de droit*, vis *Cantonnement* et *Interprétation de jugement*.

1106. — Toutefois, une restriction avait souvent été apportée au droit d'usage, avant cette époque et elle était souvent désignée sous le nom de *cantonnement*. En effet, lorsque la propriété forestière, prit de l'importance, les droits des usagers, qui s'étendaient sur toute ou presque toute une forêt, furent concentrés sur la portion dont le produit suffisait aux besoins des usagers : le surplus se trouvait ainsi affranchi. Il arrivait même parfois qu'on abandonnait à l'usager tous les produits d'un canton pour le remplir de son droit : ces transactions étaient constituées par actes authentiques ou sanctionnées par justice.

1107. — Cette opération s'appelait aussi *cantonnement*, parce que l'usage était restreint à un canton déterminé. Mais le seigneur restait toujours propriétaire de ce canton. On appelait aussi cette concentration du droit *aménagement* ou *réserve*. Tel était l'état des choses, lorsque fut rendue l'ordonn. de 1669, portant (tit. 25, art. 2) : « Le quart des bois communs sera réservé pour croître en futaie, dans les meilleurs fonds et lieux plus commodes, etc. » L'exécution de cette disposition, origine des quarts en réserve dans les bois communaux, fut poursuivie avec vigilance sous l'ancien gouvernement. Des seigneurs, propriétaires de forêts grevées de droits d'usage, s'adressèrent alors au gouvernement pour lui demander, en sa qualité de tuteur des communautés, de permettre d'exécuter non plus l'ancien aménagement, d'après lequel le seigneur restait toujours propriétaire du sol, mais d'échanger les droits d'usage appartenant aux communautés contre une partie en toute propriété des forêts usagères. Ces demandes, qui ne sont autre chose que des cantonnemens modernes, furent accueillies avec faveur comme accroissant la propriété communale et multipliant par suite les quarts de réserve établis dans le but de régénérer les futaies. » — V. Henrion de Pansey, *Dissert. féod.*, vo *Cantonnement*; Meaume, no 397.

1108. — Le cantonnement ne s'appliquait qu'aux forêts seigneuriales. L'inaliénabilité du domaine de l'état ne permettait pas de l'étendre aux forêts domaniales. — Baudrillart, sur l'art. 63. — Au seigneur seul appartenait le droit de l'établir; l'usager ne pouvait, en effet, forcer le propriétaire à changer son droit de servitude en un titre de propriété. La loi des 28 août-14 sept. 1792 vint cependant, par son art. 5, rendre réciproque entre le propriétaire et l'usager le droit de demander le cantonnement. Cette dérogation au principe du cantonnement et à la nature de l'usage, amenée par la réaction qui s'était opérée en faveur des communes contre la propriété seigneuriale, a été abrogée par le Code forestier, dont l'art. 63, § 2, accorde au gouvernement seul et non aux usagers la faculté de demander l'affranchissement d'usage par voie de cantonnement. L'art. 118 rend cette faculté commune à tous les propriétaires de forêts.

1109. — L'art. 5, L. 28 août 1790, portant que le cantonnement pourrait être demandé, tant par les usagers que par le propriétaire, n'autorisait pas l'action en cantonnement, seulement de la part des usagers dont les droits s'exerçaient sur les propriétés d'anciens seigneurs. — *Cass.*, 25 janv. 1830, d'Huteau.

1110. — D'après cet article, le cantonnement pouvait être demandé par un usager exerçant ses droits dans une forêt de l'état. — Même arrêt.

1111. — Avant le Code forestier, ceux qui avaient dans les bois des droits de vaine pâture étaient considérés comme usagers et avaient le droit de demander le cantonnement. — *Bourges*, 3 mars 1831, Beauvilliers. — Le contraire avait été jugé par un arrêt de *Dijon*, 4 mars 1819, de Vauban.

1112. — La même cour de Dijon a jugé depuis (arrêt du 8 mars 1827, Berthaud) que l'exercice du vain pâturage dans un bois, quand il est fondé sur un titre ou sur le paiement d'une redevance, étant une servitude réelle, de la nature de celles qualifiées *usages*, l'exercice de ce droit établit entre le propriétaire et l'usager une indivision que celui-ci peut faire cesser, comme le pourrait le propriétaire lui-même, en exerçant l'action en cantonnement.

1113. — Lorsque l'individu qui a demandé le cantonnement, en agissant comme propriétaire, a été déclaré n'être que simple usager, le juge a pu, ne sachant pas si, en cette qualité d'usagers le demandeur entendrait persister dans sa demande en cantonnement, s'abstenir de statuer sur cette demande, sans violer la loi du 28 août 1729,

qui dispose que le cantonnement peut être demandé tant par les usagers que par les propriétaires. — *Cass.*, 21 mars 1833, David.

1114. — L'aménagement, fort usité dès le quatorzième siècle, et dont l'origine paraît même remonter au treizième (V. ordonn. de Philippe-le-Hardi, de 1280), ne pourrait plus avoir lieu sous le Code forestier. Cette opération pourrait résulter, il est vrai, d'un accord amiable entre l'usager et le propriétaire; mais ce dernier ne pourrait contraindre l'usager à s'y soumettre, tandis qu'il peut toujours le forcer à accepter un cantonnement réglé par justice. — Meaume, nos 424 et 425; Curasson sur Proudhon, no 628.

1115. — On a souvent confondu, mais à tort, le *triage* avec le cantonnement. Au surplus, le droit de triage fut aboli par le décret du 15 mars 1790. On demanda aussi à la même époque l'abolition du cantonnement, comme également entaché de féodalité; mais Merlin fit observer au comité féodal dont il était membre, que la faculté d'affranchir les forêts et autres propriétés des servitudes d'usage qui les grevaient était complétement différent du droit de triage, qui constituait réellement une véritable spoliation des biens communaux.

1116. — Jugé que l'art. 4, tit. 26, ordonn. 1669, qui n'admet l'action en triage que dans le cas où les deux tiers à délaisser d'une forêt sont suffisans aux besoins des usagers, est inapplicable au cantonnement, introduit seulement depuis la publication de cette ordonnance. — *Cass.*, 12 janv. 1833, Cazenave.

1117. — Le cantonnement ne doit pas être non plus confondu avec le droit de *tiers et danger* que l'ordonn. de 1667 attribuait au roi. Ce droit, exclusivement royal et domanial (de Fréminville, t. 3, p. 170), n'était exercé que sur certaines forêts domaniales sises en Normandie (V. Jousse, *Comm., ordonn.* 1669, p. 7.) Ces droits de tiers et danger sont, d'après Fréminville (t. 3, p. 173) : « La tierce et la dixième partie du prix de la vente de la coupe d'un bois, en sorte que si un arpent est vendu, dans sa totalité, pour le prix entier de 30 fr., la portion du tiers pour le roi est de 10 fr., et pour le droit de danger ou du dixième 3 fr.: ce qui est 17 fr. pour le propriétaire et 13 fr. pour le roi. » — V., sur ce mot, Christ. Berault, *Traité du tiers et danger*; Saint-Yon et Terrier, sur la cout. de Normandie; les Glossaires de Ducange et de Roquefort; Baudrillart, vo *Tiers et danger*.

1118. — Un autre droit féodal, exercé spécialement par les ducs et les seigneurs de Lorraine, de Bar et du Clermontois, était connu sous le nom de *tiers-denier*. Une ordonnance de Charles IV, duc de Lorraine, en date du 23 mai 1664, porte que « sur le prix des ventes de bois et des fruits de leurs autres usages, le tiers-denier sera payé par préférence aux gruyers du duc. » On a conclu de là que les anciens usagers lorrains pouvaient vendre le produit des coupes soumises à l'usage, tandis qu'aucune disposition législative ne leur a, en aucun temps, reconnu ce droit. L'art. 23, tit. 15, cout. de Lorraine, porte même à cet égard : « Généralement ne peuvent, les usagers, vendre ou distribuer du bois de leurs usages, ni autrement en user que pour leur propre, non plus que des herbes, fruits ou autres choses quelconques croissant ès-dits bois. »

1119. — Au surplus, ce droit a été aboli, comme féodal, par les lois des 15-28 mars 1790, 28 août-14 sept. 1792. Les questions qu'il pouvait soulever sont donc actuellement sans intérêt.

1120. — Le droit de tiers-denier, réservé au propriétaire d'une forêt grevée de droits d'usage, ne s'oppose pas à l'exercice du cantonnement. — Meaume, nos 422 et 900.

1121. — Ainsi, encore que, dans le titre primitif d'une concession de droits d'usage sur une forêt située dans l'ancienne province de Lorraine, il ait été fait réserve du tiers-denier au profit du propriétaire, celui-ci peut, surtout depuis la promulgation du Code forestier, requérir le cantonnement contre les usagers. — *Cass.*, 14 nov. 1838 (t. 1er 1839, p. 229), Lebègue.

1122. — Il le pouvait même sous l'empire des lois spéciales des 15 mars et 27 sept. 1790 et 28 août 1792. — Même arrêt. — *Contrà* Merlin, *Rép.*, vo *Tiers-denier*, § 4, 6 et 7.

1123. — La loi du 28 août 1790, qui a aboli dans la province de Lorraine et autres les distractions faites au profit des anciens seigneurs, sous prétexte du droit de tiers-denier, au préjudice des communautés usagères, à moins que ce droit ne fût réservé dans le titre primitif de concession de l'usage, n'est pas applicable au droit de tiers-denier créé au profit des ducs de Lorraine, antérieur à 1669, non en vertu d'actes particuliers, mais par l'effet de la législation générale du duché. En conséquence, l'état est fondé à réclamer le paiement du droit de tiers-denier aux communautés qui exercent des droits d'usage dans les forêts royales qu'il possède du chef des anciens ducs de Lorraine. — *Cass.*, 23 nov. 1841 (t. 1er 1842, p. 127), préfet des Vosges c. comm. de Chatel-sur-Moselle. — V. TIERS-DENIER.

1124. — Lorsque, dans un partage d'ascendans, il n'a pas été fait mention expresse des droits d'usage d'inégale étendue attachés aux immeubles formant le lot de chacun des enfans, et qu'un cantonnement a transformé ces droits d'usage en des portions de pleine propriété d'inégales valeurs, il y a lieu de procéder entre tous les enfans à un supplément de partage sur les cantonnemens, sans qu'on puisse attribuer à chacun d'eux la portion correspondante aux droits d'usage de son immeuble. — *Angers*, 22 juin 1843 (t. 1er 1844, p. 249), Faucheux c. Vaslin et Boisnard. — Meaume, no 901.

1125. — L'action en cantonnement a pour fondement la maxime du droit naturel suivant laquelle il doit être permis à toute personne de se libérer de ce qu'elle doit, lorsque aucune convention ou aucune loi positive ne le lui défend ; et en outre cette autre maxime du droit commun que personne ne doit être forcé à demeurer dans l'indivision, même de jouissance.

1126. — Quel que soit le titre d'où dérivent les droits d'usage, vente, donation ou transaction, la demande en cantonnement formée par tout propriétaire contre l'usager doit être admise. — *Pau*, 30 déc. 1834, Clauchet.

1127. — Il n'est pas nécessaire que les droits d'usage proviennent d'une concession faite, et aient pour origine une convention entre les parties contractantes, et il est indifférent que le propriétaire assujéti à la servitude ait par lui ou ait eu par ses auteurs la qualité de seigneur pour être admis à l'exercice du cantonnement. — Même arrêt.

1128. — L'usager qui produit un titre récognitif n'a pas besoin de fournir le titre primordial, encore bien que la teneur de celui-ci ne soit pas reproduite dans le titre récognitif. — *Cass.*, 2 mars 1836, Roy et Duval c. de Fougy et Besnard. — Meaume, no 899.

1129. — L'usager a pu, avant le Code forestier, former une demande en cantonnement, bien que son droit n'ait pas été préalablement reconnu. — *Bourges*, 3 mars 1831, Beauvilliers.

1130. — Le propriétaire de biens soumis à des droits d'usage est libre de rétracter la demande en cantonnement qu'il avait d'abord formée contre les usagers, lorsque ceux-ci, loin d'y souscrire, avaient contesté la propriété même de l'immeuble. — *Cass.*, 4 avr. 1842 (t. 1er 1842, p. 538), Pagès.

1131. — L'action en cantonnement ne peut être exercée par le nu-propriétaire sans le concours et la participation de l'usufruitier. — *Orléans*, 19 mars 1842 (t. 1er 1842, p. 451), comm. de Marigny.

1132. — L'acte d'association intervenu entre plusieurs habitans d'une commune dans le but de réclamer en justice un cantonnement est licite; mais il n'en résulte qu'un mandat essentiellement révocable par tel des associés qui juge à propos de se retirer. — *Angers*, 20 janv. 1843 (t. 1er 1843, p. 547), habitans de Bégrolle.

1133. — Le droit de bouchoyage, établi par titre est susceptible de cantonnement. — *Besançon*, 30 juill. 1833 (cité par Meaume, t. 1er, p. 758).

1134. — La prohibition pour les usagers dans les bois et forêts d'intenter une demande en cantonnement ne s'applique pas à ceux qui n'ont sur un terrain vain et vague qu'un simple droit de pacage. — *Bourges*, 27 mars 1838 (t. 2 1838, p. 506), Barrière Luzarche c. Chabannes.

1135. — Les termes de l'art. 8 de la loi du 19-27 sept. 1790 sont limitatifs. En conséquence, les étangs, n'étant pas compris dans la catégorie des biens soumis au cantonnement, se trouvent exceptés de l'action en cantonnement maintenue par la susdite loi au profit des propriétaires. — *Paris*, 4 avr. 1840 (t. 1er 1840, p. 750), de Mornay. — *Contrà* Proudhon, *De l'usage*.

1136. — Le propriétaire qui par un fait, notamment en opérant un défrichement, met obstacle à l'exercice d'un droit d'usage, ne peut refuser à l'usager le cantonnement ou une indemnité. — — Meaume no 898.

1137. — Il était d'axiôme, sous l'ancien droit, que *cantonnement sur cantonnement ne vaut*. Cette règle serait encore acuellement applicable, l'effet du cantonnement étant de rendre l'usager propriétaire incommutable d'une partie de la forêt en échange de la servitude qu'il pouvait exercer sur le tout. — Meaume, no 426.

1138. — Mais de ce qu'un droit d'usage aurait été autrefois l'objet de l'opération connue, dans l'ancien droit, sous les noms de *règlement, aménagement* ou *réserves*, il ne s'ensuit pas que le cantonnement n'en puisse être demandé. — *Bourges*, 8 fév. 1841, Mortemart. — Meaume, no 427.

1139. — De même, les usagers peuvent exercer l'action en cantonnement, quoiqu'un aménagement antérieur leur ait accordé les fruits d'une partie de la forêt. — *Cass.*, 1er déc. 1835, Béthune-Sully.

1140. — Mais l'usager pourrait-il demander que son droit fût évalué, non d'après les produits qu'il retire de la partie aménagée, mais suivant l'étendue de la forêt sur laquelle s'étendait l'usage? Il est certain que si l'usager prouvait que l'aménagement lui a été imposé par la puissance féodale, et a restreint sa jouissance, l'évaluation devrait se faire d'après cette dernière base. — Meaume, no 428.

1141. — Ainsi, on devrait tenir pour résiliée, par la demande en cantonnement, la transaction d'après laquelle avait eu lieu l'aménagement, si l'usager prouvait qu'il est besoin d'apprécier la possibilité de la forêt entière pour évaluer son droit. — *Cass.*, 7 août 1833, de Béthune-Sully c. comm. de Sexfontaines (dans ses motifs); 15 janv. 1835, comm. de Vignory c. Béthune-Sully; 1er déc. 1835, comm. de Pratz c. Béthune-Sully; *Bourges*, 8 fév. 1841 (t. 2 1841, p. 604), de Mortemart c. usagers de Pondix. — Meaume, *loc. cit.*; Proudhon, no 622, *in fine*; Curasson, sur Proudhon, no 630.

1142. — C'est en vain que la commune usagère établirait que l'accroissement de la population a rendu insuffisans pour les besoins des habitans les produits de la partie aménagée; l'aménagement avait effectivement pour but de dégrever entièrement le surplus de la forêt par la réserve d'une partie. — Mêmes autorités.

1143. — Lorsque la forêt usagère est indivise entre plusieurs propriétaires, le cantonnement ne peut avoir lieu que par le consentement de tous. Peu importe à l'usager que la forêt soit divise ou non, qu'elle ait été partagée ou partiellement aliénée. Si on peut le forcer au cantonnement total, on ne peut le contraindre à recevoir une portion de la forêt en échange d'une fraction de son droit. C'est donc aux divers propriétaires à s'entendre entre eux pour procéder au cantonnement. — Meaume, no 441; Curasson, sur Proudhon, no 642.

1144. — Ainsi, jugé qu'un droit d'usage dans une forêt constitue une véritable servitude qui, par sa nature, affecte d'une manière indivisible les bois qui composent cette forêt et peut être exercé sur toutes ses parties. L'usager ne peut par conséquent être forcé de recevoir un cantonnement par parties. — *Besançon*, 9 juill. 1831, Bailly c. Vandel.

1145. — Jugé que le principe de l'indivisibilité des servitudes n'empêche pas le propriétaire d'une partie de forêt usagère d'exercer le cantonnement pour la portion de forêt qui lui appartient. — *Rouen*, 26 fév. 1841 (t. 2 1841, p. 145), Doucerain.

1146. — Par suite, la demande en cantonnement formée par l'un des détenteurs de partie d'une forêt ayant appartenu au moment de la concession du droit d'usage à un seul propriétaire, doit être, sur le refus fait par le détenteur de l'autre partie d'y adhérer, déclarée non valable. — Même arrêt. — Curasson, sur Proudhon, *loc. cit.*; Meaume, no 442.

1147. — Le cantonnement doit s'étendre indistinctement à toutes les parties de la forêt, même aux arbres que le propriétaire se serait réservés. — *Cass.*, 7 août 1833, de Béthune-Sully.

1148. — Cependant, lorsque, par l'effet d'un aménagement, les droits de l'usager ont été concentrés sur une partie de la forêt, le cantonnement ne doit porter que sur cette partie, sauf à tenir compte de cette concentration pour la fixation de la part à allouer en pleine propriété à l'usager. — Même arrêt.

1149. — Dans le cas, où les usagers d'une forêt sont convenus de n'exercer leur droit d'usage que sur un tiers de la forêt, si le propriétaire réclame le cantonnement, cette convention est révoquée, et, les parties étant rétablies dans leur état primitif, les usagers sont fondés à demander que le cantonnement porte sur la totalité des bois et non pas seulement sur le tiers, auquel ils avaient restreint leur droit d'usage. — *Cass.*, 20 mai 1828, Dubourg.

1150. — La cour de Cassation a jugé le 24 nov. 1818 (comm. de Laroche Canilhac c. Ipcher), que le cantonnement peut être demandé par les usagers comme par les propriétaires de bois. — Mais cette disposition ne pourrait plus être appliquée aux termes de l'art. 63, C. forest.

1151. — Si, du moment où le cantonnement

commence, l'usager cesse de jouir, il ne peut demander de dédommagement; il le trouve dans l'accroissement de la valeur du bois.—*Nancy*, 5 juin 1841, comm. de Saint-André c. Melisse (cité par Meaume, t. 1er, p. 760).

§ 2. — *Formalités et procédure.*

1152. — Le cantonnement, d'après l'art. 63, est amiable ou judiciaire. Le partage amiable a lieu conformément aux art. 112 à 115 de l'ordonnance d'exécution.

1153. — « Lorsqu'il y aura lieu d'affranchir les forêts de l'état des droits d'usage en bois au moyen d'un cantonnement, porte le 1er de ces articles, le conservateur en adressera la proposition au directeur général, qui la soumettra à l'approbation du ministre des finances. »

1154. — « Le ministre des finances prescrira au préfet, s'il y a lieu, de procéder aux opérations préparatoires du cantonnement. — A cet effet, un agent forestier désigné par le conservateur, un expert choisi par le directeur des domaines, et un troisième expert nommé par le préfet, estimeront: 1o d'après les titres des usagers, les droits d'usage en bois, en indiquant par une somme fixe en argent la valeur représentative de ces divers droits, tant en bois de chauffage qu'en bois de construction; — 2o les parties de bois à abandonner pour le cantonnement, dont ils feront connaître l'assiette, l'abornement, la contenance, l'essence dominante et l'évaluation en fonds et en superficie, en distinguant le taillis de la futaie et mentionnant les claires-voies, s'il y en a; — 3o les procès-verbaux indiqueront en outre les routes, rivières ou canaux qui servent aux débouchés, et les villes ou usines à la consommation desquelles les bois sont employés. — La proposition du cantonnement, ainsi fixée provisoirement, sera signifiée par le préfet à l'usager. » — Ordonn. d'exécution, art. 113.

1155. — Bien que le mode de procéder indiqué par cet article ne concerne que les bois soumis au régime forestier, cependant il a servi de type à un grand nombre d'opérations de cette nature, effectuées dans les bois des particuliers. — Meaume, t. 3, p. 2067, no 2

1156. — M. Meaume fait remarquer que le système déterminé par l'ordonnance d'exécution est, en effet, celui qui a été suivi le plus fréquemment, avant comme depuis la promulgation du Code forestier et de l'ordonnance d'exécution. C'est ce qui résulte des arrêts inédits de Nancy (24 juill. 1823, commune de Hardancourt; 20 juill. 1829, commune de Certillens; 9 mai 1837 et 9 fév. 1838, Paliguey). Ces arrêts sont cités par Meaume, no 503, note. — *Amiens*, 25 mars 1824, comm. de Vaux-sous-Corbie c. préfet de la Somme (dans ses motifs); *Colmar*, 13 juill. 1824, comm. de Seltz c. hospices de Strasbourg (dans ses motifs); *Grenoble*, 27 août 1824, Brochier c. usagers de Charence; *Bourges*, 20 avr. 1825, préfet de la Nièvre c. Moreau; *Cass.*, 22 mai 1827, comm. de Sauvelade c. Dufoure.

1157. — Il faut, pour déterminer la valeur d'un droit d'usage, considérer l'évaluation en nature, et en second lieu l'estimation en argent. Le point le plus important à examiner pour évaluer en nature le produit annuel de l'usage, c'est que ce sont toujours des valeurs moyennes que les experts doivent chercher à établir par leur rapport. Pour fixer la quantité des délivrances, on ne doit donc pas s'arrêter à celles d'une année, mais on doit rechercher celles de plusieurs années antérieures, et principalement des dernières, dont on prendra la moyenne. — Meaume, t. 3, p. 207, nos 4 et 5.

1158. — Quant à la valeur moyenne en argent, elle s'établira d'après les mercuriales. Seulement, comme l'usager doit supporter les frais d'abatage, de façonnage et de transport, on diminuera du montant de ces frais le chiffre fourni par les mercuriales. On recherchera aussi, lorsqu'une forêt est considérable, et que certaines parties sont coûteuses à exploiter, la valeur moyenne du bois sur pied. Car si l'on calculait la valeur vénale des bois sur la partie éloignée des routes et des habitations, tandis que le cantonnement serait assis sur la partie la plus rapprochée des chemins et des marchés, l'usager recevrait plus qu'on ne lui doit, tandis qu'il serait lésé dans le cas contraire. — Meaume, t. 3, p. 209, no 6.

1159. — « Si l'usager donne son consentement à la proposition de cantonnement fixée par l'art. 113, il sera passé, entre le préfet et lui, et sous la forme administrative, acte de l'engagement pris par l'usager d'accepter sans nulle contestation le cantonnement tel qu'il lui a été proposé, sauf homologation du pouvoir exécutif. — Cet acte, avec toutes les pièces à l'appui, sera transmis par le préfet au ministre des finances, qui, après avoir pris l'avis des directions générales des domaines et des forêts, soumettra le projet de cantonnement à l'homologation du pouvoir. »— Ordonn. d'exécution, art. 114.

1160. — Un arrêté du ministre des finances, transmis par circulaire du 27 mai 1830, no 237, a pour objet de remplacer une instruction du 4 fév. 1813, et de pourvoir à l'exécution des art. 112, 113 et 114 de l'ordonnance. — Cet arrêté est rapporté par Meaume, t. 3, p. 199 et suiv.

1161. — « Si l'usager refuse de consentir au cantonnement qui lui est proposé, et élève des réclamations, soit sur l'évaluation de ses droits d'usage, soit sur l'assiette et la valeur du cantonnement, le préfet en référera au ministre des finances, lequel lui prescrira, s'il y a lieu, d'intenter action contre l'usager devant les tribunaux, conformément à l'art. 63, C. forest. » — Ordonn. d'exécution, art. 115.

1162. — Le cantonnement commence toujours par être amiable, lorsqu'il s'agit des forêts de l'état. Il ne devient judiciaire que lorsque les offres faites par l'administration forestière ne sont pas acceptées par l'usager. Alors c'est aux tribunaux à prononcer.

1163. — En effet, comme le Code forestier n'a pas établi de règles indiquant comment et d'après quelles bases on devrait l'exercer, il s'en suit qu'il a abandonné aux tribunaux l'appréciation souveraine des mesures d'après lesquelles l'exercice du cantonnement doit se régler. Les dispositions de l'ordonnance d'exécution n'engagent pas les tribunaux. — Meaume, no 392.

1164. — C'est ce qu'a reconnu la cour de Cassation en décidant qu'aucune loi, tant ancienne que nouvelle, n'ayant fixé de règles à suivre soit quant aux bases du cantonnement, soit quant au mode d'expertise ou de vérification à pratiquer pour déterminer la part de propriété revenant aux usagers, il en résulte que le règlement du cantonnement est abandonné à la prudence des juges, dont la décision à cet égard ne peut donner ouverture à cassation. — *Cass.*, 25 fév. 1845 et 19 janv. 1847, (t. 1er 1847, p. 380), 1re espèce : comm. de Vomécourt c. l'état; 2e espèce: comm. de Vaxoncourt c. de Passoncourt; 3e espèce : comm. de Saint-André c. Mélisse.— V. aussi *Cass.*, 7 août 1833, comm. de Sexfontaines c. Bethune-Sully.

1165. — Lorsque les parties intéressées ne peuvent s'entendre pour régler le cantonnement de gré à gré, il ne peut être ordonné par les tribunaux qu'après l'accomplissement des formalités nécessaires pour déterminer la quotité du terrain à abandonner pour le cantonnement, et alors la demande en cantonnement n'est recevable qu'autant qu'elle a été formée à la fois contre tous les usagers. — *Bourges*, 15 juin 1838 (t. 2 1838, p. 635), Legat.

1166.—Si le propriétaire du fonds grevé de l'usage oppose que le demandeur en cantonnement n'est pas fondé en titre, et qu'il a encouru la déchéance, ces exceptions doivent être appréciées par le tribunal, avant de décider s'il y a lieu au cantonnement, mais le tribunal ne peut rejeter de suite la demande en cantonnement, par le seul motif que cette demande aurait dû faire l'objet d'une instance préalable, et être définitivement jugée avant que l'usager pût provoquer le cantonnement.—*Bourges*, 3 mars 1831, Beauvilliers.

1167. — Si l'usager avait usé de la faculté que lui attribuait la loi des 28 août-14 septembre 1792, de demander le cantonnement, et cela avant la promulgation du Code forestier, on devrait donner suite à sa demande. — Meaume, no 443, où il cite comme l'ayant ainsi décidé un arrêt inédit de *Nancy*, 3 mai 1837, comm. de Domgermeux.

1168.—L'instance engagée en pareil cas devrait être jugée d'après les règles alors établies.—Meaume, no 902.

1169. — Ainsi, jugé que, sous l'empire de la loi du 28 août 1792, de simples droits de pâturage dans une forêt donnaient lieu à l'exercice de l'action en cantonnement au profit des usagers; que l'instance en cantonnement engagée sous l'empire de cette loi doit être jugée d'après ses dispositions. — *Cass.*, 24 juin 1840 (t. 2 1840, p. 477), Ferras.

1170.—Pareillement, la demande en cantonnement formée antérieurement à la promulgation du Code forestier doit être jugée d'après les lois sous l'empire desquelles elle a été intentée, sans qu'on puisse lui appliquer aucune des dispositions du Code forestier.—*Cass.*, 12 janv. 1833, comm. de Tarasteix.

1171. — Ainsi, la demande en cantonnement d'une forêt de l'état, pour tenir lieu des droits d'usage sur cette forêt, intentée avant la promulgation du Code forestier, mais sur laquelle aucun jugement n'est encore intervenu, doit être jugée d'après la loi du 28 août 1792, art. 5, et non d'après l'art. 63, Code forest., qui n'attribue qu'au gouvernement l'action en cantonnement.— *Cass.*, 6 juill. 1829, comm. de Mouthe.

1172. — Cette décision, qui contient une juste appréciation du principe de la non rétroactivité des lois, trouve encore un appui dans l'économie des art. 112 et suiv., ordonn. 1er août 1827, sur l'exécution du Code forestier.

1173. — Mais si c'était le propriétaire qui, sous l'empire de cette loi, avait demandé le cantonnement, et si celui-ci n'avait pas été accepté par l'usager, la demande devrait-elle être jugée d'après la loi de 1792 ou le Code forestier ? On devrait, en pareil cas, appliquer les principes du Code. — Meaume, no 444.

1174. — Jugé, par suite, qu'il n'y a de rétroactivité dans les lois qu'autant qu'elles portent atteinte à des droits actuellement acquis, et non lorsqu'elles se bornent à modifier ou à retirer de simples *facultés* accordées par la loi antérieure, pourvu toutefois que ces facultés n'aient pas encore été exercées par ceux qui étaient appelés à en profiter. —*Cass.*, 4 avr. 1842 (t. 1er 1842, p. 558), Pagès.

1175. — Ainsi, le propriétaire de bois soumis à des droits d'usage, après avoir introduit une demande en cantonnement sous l'empire de la loi du 28 août 1792, qui conférait cette faculté tant aux usagers qu'aux propriétaires, a pu, depuis la promulgation du Code forestier, se désister de sa demande, sans que les usagers, qui ont ultérieurement déclaré acquiescer audit cantonnement, soient fondés à repousser ce désistement en invoquant le principe de la non rétroactivité des lois. —Même arrêt.

1176. — Ce n'est pas violer la chose jugée que d'ordonner un cantonnement nouveau, alors que des décisions passées en force de chose jugée ont annulé un cantonnement antérieur comme lésionnaire des droits des usagers, mais que ces décisions n'ont pas ordonné un nouveau cantonnement, et se sont bornées à rétablir les usagers dans les droits qu'ils avaient avant le cantonnement annulé par ces mêmes décisions. — *Cass.*, 17 juill. 1839 (t. 2 1839, p. 200), Lacroix.

1177.—L'existence d'un procès sur le réglement des usages, et une expertise ordonnée pour y parvenir, ne forment point obstacle à ce que le propriétaire introduise par action séparée une demande en cantonnement, laquelle n'empêche pas non plus que l'expertise sur le réglement ne soit accomplie, et que les parties n'en tirent tel avantage que de droit, pour la fixation du cantonnement. — *Colmar*, 26 juin 1812, cité par Meaume, t. 1er, p. 760.

1178. — L'action en cantonnement étant de celles pour lesquelles la loi attribue juridiction, l'arrêt qui, en pareille matière, infirme un jugement rendu sur incident, doit renvoyer, pour statuer au fond, devant le tribunal dont la décision a été réformée.—*Angers*, 20 janv. 1843 (t. 1er 1843, p. 517), habitans de Bégrolle.

1179. — L'assignation en cantonnement donnée à une partie, sous la condition de justifier de ses droits d'usage, ne constitue pas un aveu des droits qu'elle réclame, surtout s'il apparaît que cette assignation n'a été donnée qu'à raison de réclamations élevées dans une contestation antérieure et entre d'autres parties, par la personne assignée.— *Cass.*, 20 mars 1832, Monet.

1180.— Le procès-verbal dressé par un juge-commissaire n'est pas nul parce qu'il a indiqué dans la forêt soumise au droit d'usage un cantonnement situé hors du territoire soumis à la juridiction du tribunal dont il a fait partie, lorsque ce procès-verbal a été dressé sur le territoire de ce même tribunal. — *Bordeaux*, 26 mai 1841 (t. 2 1841, p. 223), Hérard et Roger.

1181.— Pendant que les experts procèdent à un cantonnement, il y a lieu de défendre les exploitations. — *Nancy*, 18 déc. 1841, Lebègue de Bayecourt c. comm. de Vaxoncourt et de Zincourt, cité par Meaume, t. 1er, p. 760.

1182. — Lorsque la cessation de délivrance des bois de marronage peut donner lieu à des dommages-intérêts, la commune est non-recevable à les demander: les habitans aptes à les recevoir ont exclusivement le droit de se plaindre.— *Nancy*, 5 juin 1841, comm. de Saint-André c. Mélisse, cité par Meaume, t. 1er, p. 760.

1183.—Si la demande en cantonnement formée par un usager doit avoir pour résultat de transformer son droit d'usage en un droit de propriété sur une partie seulement des forêts grevées, il n'en est pas moins certain qu'une pareille demande ne saurait porter atteinte à ce droit d'usage tant que le cantonnement n'est pas effectué, et que jusque-là les parties doivent rester chacune dans la position qui leur est assurée par leurs ti-

tres respectifs. C'est donc à tort que les juges croiraient devoir, en présence d'une demande en cantonnement non encore vidée, réduire arbitrairement l'exercice des droits de l'usager, sous prétexte qu'il y aurait lieu d'empêcher que les exploitations se fissent désormais hors des limites des droits éventuels qui doivent être le résultat du cantonnement. — *Cass.*, 11 mars 1846 (t. 1er 1846, p. 546), comm. de Germont c. Lebègue de Bayecourt.

1184. — Le fait d'un maire et des gardes qui assistent à un cantonnement, mais qui s'abstiennent de donner aucune signature et de faire aucun dire, n'est point un acquiescement au cantonnement, ni au jugement qui l'a ordonné, et qui n'a point été signifié à partie. — *Colmar*, 26 nov. 1819, comm. de Muntzenheim, cité par Meaume, t. 1er, p. 759.

§ 3. — *Étendue et limites dans lesquelles il doit être exercé.*

1185. — Pour apprécier l'étendue du cantonnement, il importe d'abord de se reporter au titre constitutif, qui est la loi des parties.

1186. — Aussi, a-t-on écarté, lors de la discussion du Code forestier, la disposition introduite dans l'art. 118, d'après l'opinion de Merlin, qui, assimilant l'usage à l'usufruit (*Rép.*, vo *Usage*, *Quest. de droit*, vo *Interprétation de jugement*), attribuait à l'usager le tiers de la valeur du fonds grevé, comme maximum de l'indemnité à allouer par voie de cantonnement; système qui a le tort de négliger les dispositions du titre et le nombre des parties prenantes. — Meaume, no 447.

1187. — L'appréciation des titres appartient souverainement aux cours d'appel. — V. *suprà* Meaume, no 448.

1188. — Le premier principe à observer pour cette interprétation, c'est qu'on ne doit jamais s'arrêter aux termes dans lesquels le titre est conçu, si formels qu'ils paraissent. Il faut, avant tout, se rendre compte de la nature du droit concédé, *non quod scriptum, sed quod gestum inspicitur.* « Mais, dit Proudhon (no 104), s'il n'est pas démontré que le *gestum* ou l'action exécutive du contrat se trouve en opposition avec le *scriptum*, ou la dénomination donnée à l'acte, c'est l'écriture qui fait loi, *credenda est scriptura.* » — Conf., Meaume, no 449.

1189. — La cour de Nancy, par arrêt du 2 janv. 1844, cité par Meaume (no 450, note), a décidé que le droit accordé anciennement aux habitans d'une commune, sous le nom d'usufruit, avec faculté de vendre les produits, devait être considéré comme un simple usage susceptible de cantonnement, si c'était une servitude de cette nature qu'on avait voulu concéder, malgré l'étrangeté des termes.

1190. — Dans le cas, au contraire, où le titre porterait que des *usages* ont été concédés à la commune, bien que celle-ci eût joui de tout temps à titre de propriétaire, on ne pourrait cependant toujours tenir celle-ci pour simple usagère, et l'actionner en cantonnement. En effet, les mots *usages, usages de la communauté, des habitans*, ont souvent servi à désigner les biens dont les communes étaient propriétaires. — Henrion de Pansey *Des biens communaux*, chap. 17, § 5; Meaume, no 451, où il cite à l'appui de cette doctrine Saint-Yon; Jousse, *Comm. de l'art.* 6, tit. 25, ord. 1669; Ferrière, vo *Usage*; Curasson, sur Proudhon, no 814. — V. cependant Merlin, *Rép.*, vo *Usage*, sect. 2e, § 1er, no 4. — V. aussi Proudhon, no 813; Latruffe-Montmeylian, *Biens des comm.*, tit. 1er, p. 522.

1191. — Au surplus, c'est ici le cas d'appliquer la maxime *optima interpres consuetudo*, pour savoir si les mots *usages, usages communs*, ou autres termes douteux placés dans le titre, indiquent que la commune est propriétaire ou simplement usagère. Ainsi, par arrêt du 11 janv. 1830, cité par Curasson sur Proudhon (no 814), la cour de Besançon a jugé que les mots *biens communaux*, pouvaient s'entendre de l'usage aussi bien que de la propriété. La cour de Nancy, par arrêt inédit du 21 janv. 1837, comm. de Celles, cité par Meaume (no 451, note), a décidé que, dans le comté de Salm, les mots *bois communaux* annonçaient plutôt une forêt possédée *à titre d'usage* qu'une forêt possédée *propriétairement.*

1192. — Il est de principe que *l'usage* concédé sans aucune désignation spéciale, ne s'étend qu'à l'usage en bois de chauffage. En effet, le pâturage et ses variétés reçoivent toujours dans les titres une dénomination spéciale. L'usage ne peut s'étendre non plus aux bois de construction. Ce droit emporte, en effet, la nécessité de couper des arbres de futaies. Or, comme cette coupe est interdite à l'usufruitier, dont les droits sont plus étendus que ceux de l'usager, celui-ci ne peut prétendre à de pareilles délivrances, à moins que son titre ne les lui attribue d'une manière positive. — Proudhon, *Droits d'usage*, no 48; Meaume, no 452.

1193. — La cour de Cassation a jugé cependant que le droit d'usage, ajouté au droit de chauffage, comprend, outre le chauffage, le droit de couper du bois pour constructions et réparations. Du moins, l'arrêt qui le décide ainsi n'est pas sujet à cassation. — *Cass.*, 18 fév. 1835, Mignot c. de Fonteilles.

1194. — Quand, par une transaction, une commune et son seigneur ont, sans expliquer la nature, ni l'origine de leurs droits respectifs, décidé que le seigneur aurait le tiers de la futaie, et la commune les deux tiers, avec la totalité du taillis, et qu'aucun acte ancien ne fixe la nature ni l'origine de ces droits, on doit supposer que la commune et le seigneur étaient copropriétaires dans cette proportion. — *Nancy*, 3 juill. 1841, préfet de la Meuse c. comm. de Liny, cité par Meaume, t. 1er, p. 760.

1195. — En cas d'obscurité des titres sur l'étendue de l'usage, on doit décider en faveur du propriétaire. « L'esprit du Code civil, dit M. Troplong, (*Prescription* no 795, *et passim.*), est de dégager, autant que possible, les immeubles des entraves qui nuisent au crédit. » — Conf. Proudhon, no 125; Meaume, no 453.

1196. — Lorsque les actes présentent quelque incertitude, l'interprète le plus sûr en est l'exécution volontaire, formelle et réitérée que leur ont donnée les parties intéressées. — *Cass.*, 7 avr. 1840 (t. 2 1840, p. 558), préfet de la Moselle (dans ses motifs).

1197. — Il convient donc, en général, d'évaluer le droit d'usage d'après les procès-verbaux de délivrance dressés annuellement depuis un temps considérable par les agens forestiers. Cependant, si constante qu'ait été l'habitude, si l'on en découvre le vice à l'occasion du cantonnement, on ne saurait s'appuyer sur des délivrances abusives pour évaluer l'étendue de l'usage. L'abus ne saurait établir un droit, non plus que la tolérance des agens forestiers. — Meaume, no 456. — *Contrà* Proudhon, nos 102 et 103.

1198. — L'examen du titre pourrait même rendre inutile le cantonnement. Si le droit avait été, en effet, consenti au mépris de la défense d'aliéner les forêts domaniales, si l'usage avait été accordé *par grâce, jusqu'à bon plaisir, ou jusqu'à ce qu'il plaise à sa majesté d'en ordonner autrement*, le gouvernement pourrait alors faire annuler le droit. — V. *suprà* Meaume, no 457.

1199. — C'est par suite de ce principe que la possession d'usage, dans les forêts domaniales, si longue qu'en ait été la durée, n'a jamais pu conférer des droits plus étendus que ceux relatés dans le titre constitutif. — Meaume, no 458.

1200. — Mais cette règle ne s'applique qu'aux anciennes forêts royales; son application n'a même eu lieu pour elles que depuis l'ordonn. de 1566, et surtout depuis celle de 1669, tit. 20, art. 11. — Meaume, no 459. — V. aussi Proudhon, no 103.

1201. — Si, en même temps que les termes de titre constitutif de l'usage présentent de l'ambiguité, la possession n'a pas été constante et uniforme, on doit alors considérer uniquement la nature du droit pour fixer son étendue. Or, en établissant une servitude d'usage, on a voulu remplir les besoins de l'usager; ceux-ci satisfaits, il n'est rien dû au-delà, et tel est le motif qui a fait défendre toute aliénation des produits délivrés. — C. forest., art. 83.

1202. — Mais il peut arriver que les produits de la forêt, d'après l'aménagement ordinaire, ne satisfassent point aux besoins de l'usager. Dans ce cas, l'usager ne peut exiger des délivrances au-delà de la possibilité de la forêt (C. forest., art. 65). Pour évaluer le droit de l'usager, on doit donc examiner d'abord quels sont ses besoins et déterminer en second lieu la possibilité de la forêt. Si celle-ci ne peut suffire à tous les besoins, le droit sera réductible en conséquence. Ainsi, d'une part, le droit de l'usager se mesure sur ses besoins, et de l'autre l'obligation du propriétaire s'évalue d'après la possibilité du fonds grevé. C'est de cette possibilité seulement qu'on s'occuperait, si le titre avait déterminé d'une manière fixe les délivrances. — *Besançon*, 7 mars 1808, préf. de la Haute-Saône c. comm. de Champey. — Meaume, no 460; Proudhon, nos 103 et suiv.

1203. — Si la forêt est de peu d'étendue et grevée de droits considérables, le cantonnement pourrait avoir pour résultat de ne laisser rien ou presque rien au propriétaire. Ne doit-on pas alors restreindre proportionnellement la part de l'usager? — D'après Proudhon (no 671), le droit de l'usager doit être acquitté en entier, si la forêt le permet, sans qu'il y ait lieu de se préoccuper de l'exiguïté de la portion revenant au propriétaire. Mais Curasson sur Proudhon (no 688) et Meaume (no 461) combattent cette doctrine. Ils font remarquer avec Proudhon lui-même qu'une concession de droit d'usage ne peut être un acte d'aliénation du fonds lui-même, et c'est ce qui arriverait dans l'espèce. On ne peut supposer que le propriétaire, en accordant un usage, ait voulu attribuer à l'usager plus de droits qu'il ne s'en réservait. On le comprendra surtout si l'on remarque qu'au temps où ces concessions eurent généralement lieu, les forêts avaient relativement bien peu de valeur.

1204. — On doit donc décider que la portion de l'usager ne peut jamais dépasser celle du propriétaire, bien que Proudhon (nos 114 et suiv.) tienne cette proposition non seulement pour irréfléchie, mais pour absurde. Mais cette proposition est consacrée par la jurisprudence, et défendue contre Proudhon par son annotateur (*Droits d'usage*, t. 2, p. 557 et suiv., et *Code forest.*, t. 2, p. 377) ainsi que par Meaume (no 461).

1205. — Ainsi, il a été jugé que le droit du propriétaire doit être supérieur à celui de l'usager. — *Besançon*, 7 mars 1808, préf. de la Haute-Saône c. comm. de Champey.

1206. — C'est encore ce qu'a reconnu la cour de Besançon, par arrêts des 19 flor. an IX, 14 thermid. an IX, 4 thermid. an XIII, 5 juin 1822, cités par Meaume, no 461, note 1re, p. 877.

1207. — De même, l'usager ne peut exiger pour cantonnement, l'attribution, en toute propriété, d'une portion de la forêt suffisante pour produire tous les bois auxquels il a droit de prétendre d'après son titre, déduction faite de la valeur du sol. — *Nancy*, 13 fév. 1841 (t. 2 1841, p. 605), Lebègue c. comm. de Vazoncourt. — Conf., arrêt inédit de la même cour du 21 juill. 1823, cité par Meaume, no 461, note.

1208. — D'un autre côté, la portion à attribuer à une commune usagère, dans un bois où elle obtient le cantonnement, n'est pas du tiers au plus; elle peut être de la moitié d'après la force et l'étendue des usages, le nombre et les besoins des usagers, et la possibilité de la forêt. — *Colmar*, 13 juill. 1824, comm. de Seltz c. hosp. de Strasbourg. — Conf., arrêt inédit de la même cour du 15 fév. 1838, rapporté par Meaume, *loc. cit.*

1209. — Jugé cependant, que l'arrêt qui alloue aux usagers, par l'effet du cantonnement, la presque totalité de la propriété de la forêt ne viole aucune loi, les principes d'ailleurs incertains de l'ancienne jurisprudence ne pouvant être invoqués comme ouverture de cassation. — *Cass.*, 1er déc. 1835, Béthune-Sully.

1210. — Jugé aussi que l'interprétation d'un titre constitutif d'un droit d'usage appartenant souverainement aux juges du fait, l'arrêt qui, dans le but de fixer les bases d'un cantonnement d'après l'importance d'un droit d'usage, lequel consiste à prendre du bois sec et gisant pour le chauffage et la clôture, décide, par application et par interprétation du titre de l'usager, que le bois à prendre pour la clôture ne doit pas être précompté sur le chauffage, ne peut être critiqué sous le prétexte de violation du principe que l'usager ne peut prendre du bois que jusqu'à concurrence de ses besoins. — *Cass.*, 7 nov. 1838 (t. 1er 1839, p. 7), Roussel. — Proudhon, nos 2274 et 3148.

1211. — En ce qui concerne l'étendue et la valeur de la partie de la forêt à abandonner à l'usager par le cantonnement, le principe à appliquer est que le résultat nécessaire du cantonnement doit être de diminuer les fruits perçus par l'usager, parce que le cantonnement lui fait gagner en solidité l'équivalent de ce qu'il perd en produit. On doit donc rejeter comme inadmissible le système de Merlin, d'après lequel on devait invariablement donner à l'usager le tiers de la forêt (*Quest. de droit*, vo *Interprétation de jugement*) lorsque les produits en étaient entièrement absorbés par l'usage. Merlin fonde sa doctrine sur ce que l'usager qui absorbe la totalité des fruits n'est qu'un usufruitier, et que la jurisprudence a évalué l'usufruit au tiers de la propriété.

1212. — Proudhon (nos 667 et suiv.) s'élève avec force contre cette doctrine. Il montre qu'on ne saurait comparer l'usage et l'usufruit. L'estimation de l'usage doit être, en effet, précise et certaine, tandis que celle de l'usufruit est nécessairement aléatoire. Il n'y a rien de plus inconnu effectivement qu'un droit d'usufruit, car l'usufruitier qui se porte bien peut mourir demain, et un droit de jouissance qu'on eût pu croire, la veille, d'une valeur considérable, n'existerait plus quelques heures après. — Suivant Proudhon, le cantonnement est un partage, mais un partage participant du rachat. Dans le cantonnement, la portion des parts

devant revenir aux copartageans est indéterminée et inconnue; c'est donc par l'expertise qu'on doit rechercher la part revenant à chacun. En devenant propriétaires, les usagers acquièrent un avantage, et l'étendue de la portion de bois à leur céder doit être par suite d'autant moins considérable. Mais, comme les droits d'usage sont d'une variété tellement indéfinie, qu'on peut dire qu'en cette matière *nihil est simile sibi*, il est inutile de se préoccuper, comme l'ont fait la plupart des auteurs qui ont écrit sur cette matière, de savoir si l'on doit borner le cantonnement au cinquième ou au quart de la forêt, ou si l'on doit l'étendre au tiers ou à la moitié. A ces principes incontestables, Proudhon ajoute à tort, suivant nous, que parce qu'il est inutile d'examiner quelle portion de forêt on devra céder à l'usager, il est également inutile d'examiner quelle est la portion devant rester au propriétaire. Il pense que le cantonnement doit embrasser une étendue de forêt telle que la commune usagère y trouve tout le produit qu'elle avait le droit de prendre sur la forêt entière. Mais il est de principe en jurisprudence que, quelle que soit l'étendue des droits usagers, le cantonnement ne doit jamais leur donner une portion aussi grande que celle restant au propriétaire; ils peuvent tout au plus recevoir une portion égale. — Conf. Meaume, nº 499.

1213. — La jurisprudence a fixé cette partie tantôt au dixième (*Cass.*, 7 août 1833, de Béthune-Sully c. comm. de Sexfontaines), tantôt au quinzième (*Cass.*, 15 janv. 1835, comm. de Vignory c. de Béthune-Sully; 1er déc. 1835, comm. de Prais c. de Béthune-Sully).

1214. — Quant à la manière dont l'usage s'appréciait autrefois pour le cantonnement, un arrêt du 24 mai 1726, le plus ancien que l'on connaisse en cette matière, a fixé le cantonnement à 167 arpens pour une forêt en contenant 367; deux arrêts des 16 déc. 1707 et 10 mai 1741 ont fixé le cantonnement au tiers des usages; un autre du 20 mai 1737 a adjugé trois cinquièmes de la forêt aux usagers. Enfin, un dernier du 10 février 1778 n'a accordé à la forêt usagère que le cinquième du bois. Dans toutes ces espèces, on a estimé le droit d'usage à sa valeur et on l'a converti en propriété, sans s'occuper de la diminution que l'usager pourrait éprouver dans ses produits. Ce principe a été aussi fréquemment appliqué par la jurisprudence moderne, qui n'a varié que sur la fixation de la partie de la forêt devant représenter en nature le droit des usagers. — Meaume, nº 433; Curasson sur Proudhon, nº 688.

1215. — Il a été jugé, d'après ce principe, que la portion qui doit être attribuée à la commune usagère par la voie du cantonnement ne doit pas être nécessairement fixée au tiers ou à la moitié de la propriété; elle doit offrir l'équivalent des avantages que cette commune retirait de son droit d'usage. — *Amiens*, 3 juill. 1822, N...; *Grenoble*, 27 août 1824, Brochier; *Bourges*, 20 avr. 1825, Moreau; *Nancy*, 20 juill. 1829, Bassompierre.

1216. — Jugé, cependant, qu'il a pu n'être accordé à une commune usagère d'une forêt, à titre de cantonnement, qu'une moitié de la forêt, en toute propriété, sans que l'arrêt qui le décide ainsi, en appréciant les actes et les besoins des habitans, puisse être cassé. — *Cass.*, 8 août 1831, Drée.

1217. — Bien que les produits de la portion aménagée soient entièrement absorbés par l'usager, en vertu de l'ancien aménagement, le droit de propriété restant aux héritiers de l'ancien seigneur n'en doit pas moins être apprécié, et l'usager doit perdre en produit l'équivalent de la nue-propriété qui lui est délaissée par le résultat du cantonnement. En effet, le nu-propriétaire conservait à ce titre le droit de chasse et de pêche, le droit d'ouvrir des carrières, de profiter du trésor qui pourrait y être trouvé: or, ce sont là des avantages que l'usager gagne en devenant propriétaire, et dont il doit compensation par une perte de produit. Il faut considérer aussi qu'en devenant propriétaire, l'usager acquiert le droit de vendre les produits. — Meaume, nº 430; Proudhon, nº 622.

1218. — Proudhon estime que la valeur de ces droits doit être estimée au cinquième du fonds. Mais il ajoute que c'est là toutefois une chose à estimer par les experts.

1219. — Ces droits, à raison généralement de leur faiblesse, sont le plus souvent gratuitement abandonnés par le propriétaire pour amener l'usager à accepter le cantonnement. Mais ils n'en sont pas moins appréciables. — Proudhon, nº 676; Meaume, nº 506.

1220. — Jugé, qu'en matière de cantonnement, on doit, pour la composition du lot de l'usager, faire entrer en ligne de compte la valeur du fonds dont il devient propriétaire. — *Bourges*, 13 mars 1837 (t. 1er 1837, p. 429), de Noailles.

1221. — Les raisons qui rendent indifférentes la question de savoir si les besoins de l'usager sont ou non remplis par le cantonnement, conservent toute leur valeur lorsqu'il s'agit de cantonner un droit d'usage qui n'avait pas encore été soumis à l'aménagement. — Meaume, nº 431. — En effet, le résultat du cantonnement est, dans toute forêt, d'enlever aux usagers une portion des fruits déjà perçus, de leur donner moins en étendue et plus en solidité. En un mot, ils perdent en produit, par le cantonnement, ce qu'ils gagnent en solidité. — Merlin, *Quest. de droit*, vº *Interprétation de jugement*; Proudhon, nº 672 à 677; Curasson sur Proudhon, nº 689; Meaume, nºs 432 et suiv.

1222. — Ainsi, jugé que l'exercice de l'action en cantonnement n'est pas subordonné à la condition que les besoins de l'usager seront aussi pleinement satisfaits qu'auparavant. — *Cass.*, 7 août 1833, 15 janv. et 18 déc. 1835, Béthune-Sully.

1223. — Il a été jugé, cependant, que le cantonnement, qui consiste à convertir un droit d'usage sur une propriété en un droit de propriété sur une partie de cet héritage, ne peut être demandé ni admis qu'autant que ce cantonnement est proportionné, et peut suffire aux besoins des usagers. — *Paris*, 4 avr. 1840 (t. 1er 1840, p. 750), de Mornay.

1224. — Le principe qu'on ne doit pas subordonner l'exercice du cantonnement à la satisfaction aussi complète qu'auparavant des besoins des usagers a été attaqué lorsque le droit d'usage appartenait à une commune. On a soutenu qu'on ne pouvait modifier la jouissance de celle-ci, et qu'on devait lui donner par le cantonnement un produit égal à celui qu'elle recevait comme usagère, sauf à payer les frais de garde et les contributions de la partie dont elle devenait propriétaire. On disait que la propriété était pour elle un vain mot, puisqu'une commune ne peut disposer de son fonds; que ce qui lui importait c'étaient les revenus; que le cantonnement amenant l'établissement du quart de réserve, on prive ainsi la génération présente au profit de la génération future. Cette distinction n'est pas admise par la doctrine; les auteurs précités ont posé un principe général, applicable à toute espèce d'usagers, et la cour de Cassation, dans les espèces jugées par elle, repoussait précisément les demandes de communes qui se plaignaient de la diminution de leurs produits. — Meaume, nºs 437 et 438.

1225. — Mais M. Meaume fait observer que l'état, tuteur des communes, peut leur accorder comme faveur ce qu'elles ne peuvent réclamer comme droit; et que la loi l'autorisant à traiter de gré à gré avec les usagers, il peut, dans l'appréciation du droit des communes, fixer telles bases qu'il jugera convenables. — Meaume, nº 439.

1226. — Lorsqu'un droit d'usage a été concédé aux manans et habitans présens et à venir d'une localité, c'est le moment seul de la demande en cantonnement qu'il faut considérer pour la fixation du nombre des ténemens usagers et l'estimation à faire de la valeur du droit d'usage, eu égard à l'étendue des besoins à satisfaire. Les lois abolitives de la féodalité n'ont pas eu pour résultat d'arrêter pour l'avenir l'effet des anciennes concessions. — *Bourges*, 8 fév. 1841 (t. 2 1841, p. 601), de Mortemart.

1227. — Lorsqu'un cantonnement a été annulé comme lésionnaire des droits des usagers, et que, postérieurement à cette annulation, ils ont formé une demande en cantonnement, l'arrêt qui intervient alors doit prendre pour base du cantonnement à intervenir la population existant au moment où cette dernière demande a été introduite, et non celle qui existait à l'époque de la première demande. — *Cass.*, 14 juill. 1839 (t. 2 1839, p. 202), Tessier.

1228. — Lorsqu'il s'agit d'évaluer un usage au bois de chauffage, on ne doit faire entrer les bois durs dans l'évaluation que s'il y a insuffisance de bois mort, mort-bois, chablis, volis, bois blancs.

1229. — L'usage établi dans les montagnes de la Lozère d'abandonner le fumier et le laitage des troupeaux du Bas-Languedoc à l'habitant chez lequel le troupeau a passé la nuit ne constitue pas un droit d'usage susceptible d'entrer en considération dans les élémens d'un cantonnement. — *Nîmes*, 25 mars 1840 (t. 1er 1840, p. 562), Armand Séguier.

1230. — Dans l'évaluation d'un droit d'usage devant servir de base à un cantonnement, il faut comprendre, par coupe annuelle, la portion du taillis et de la futaie qui était annuellement coupée, et non la partie qui restait en réserve. — *Nancy*, 25 août 1837, Lebègue c. comm. de Vallegney (cité par Meaume, t. 1er, p. 759).

1231. — L'évaluation doit se faire dans la supposition d'une forêt bien aménagée, et non d'après la petite quantité de bois qui, à raison d'événemens extraordinaires, est seule demeurée sur le terrain. — *Colmar*, 26 nov. 1819, comm. de Muntzenheim, cité par Meaume, t. 1er, p. 758.

1232. — L'évaluation du droit d'usage attaché à une maison se fait suivant le nombre de ses cheminées s'il s'agit de chauffage, et suivant l'étendue de la maison s'il s'agit de marronage.

1233. — S'il s'agit d'un usage au bois de travail ou d'ouvrage, la délivrance ne se borne pas au taillis, mais s'étend à la futaie, si l'industrie ou le travail de l'usager exige des bois de cette nature. La délivrance doit aussi se faire en essences convenables, par exemple, en orme pour le charronnage. Ce sont autant d'élémens à prendre en considération pour évaluer le droit à cantonner. — Meaume, nº 485.

1234. — Lorsque l'usage, consistant en bois de fente, a pour but la confection des échalas, il se règle suivant l'étendue de la vigne à l'époque de la concession, et les produits doivent être uniquement employés en échalas. Et comme l'usager doit jouir en bon père de famille, la délivrance doit porter d'abord sur les essences les moins précieuses. Le choix en appartient au propriétaire, qui n'est tenu qu'à fournir du bois d'une grosseur suffisante. Meaume enseigne qu'on doit calculer, pour évaluer, en ce cas, le cantonnement, l'année moyenne d'après les délivrances, soit en bois blancs, soit en bois durs, nécessaires pour la consommation annuelle de l'usager. — Meaume, nº 486.

1235. — Lorsque, de l'aveu du propriétaire, les usagers avaient le droit d'obtenir du bois de service à un prix très inférieur à celui du commerce, sans que rien vienne le fixer d'une manière précise, le prix de délivrance ayant varié suivant le temps, ce taux très inférieur doit être déterminé par une réduction d'un tiers sur les prix courans. — *Colmar*, 14 juin 1806, comm. du Ban-de-la-Roche (cité par Meaume, t. 1er, p. 758).

1236. — Nous avons examiné (*suprà*) comment devait s'apprécier l'étendue d'un usage conféré à une commune pour établir le cantonnement; nous avons traité alors la question de savoir si le droit devait s'étendre aux nouveaux comme aux anciens habitans.

1237. — Si l'expertise paraissait devoir être impraticable ou de nature à absorber par ses frais une portion notable de la forêt; ou bien encore si elle semblait ne devoir amener aucun résultat utile, en ce que, par exemple, il serait démontré que le canton à délivrer dépassera la moitié de la forêt, on pourrait demander aux tribunaux de fixer, comme arbitres de droit, et sans expertise préalable, ce qui revient à chacun. Les tribunaux ont le droit de repousser de semblables demandes et de s'éclairer par des expertises, mais on ne saurait contester leur droit souverain en cette matière. — Meaume, nº 501; Curasson sur Proudhon, nº 662.

1238. — D'après ce principe, il a été jugé que la nouvelle législation, qui accorde aux propriétaires des terres soumises au droit d'usage la faculté de réclamer le cantonnement, n'ayant pas, ainsi que le faisait l'ancienne jurisprudence, déterminé les proportions d'après lesquelles le cantonnement doit être établi, l'appréciation de son étendue est abandonnée à l'arbitrage du juge. — *Cass.*, 22 mai 1827, Dufoure; 7 août 1833, Béthune-Sully; 17 janv. 1835, même affaire; 25 fév. 1845, et 19 janv. 1847 (t. 1er 1847, p. 380), comm. de Vomécourt; comm. de Vaxoncourt c. de Passoncourt; comm. de Saint-André c. Mélisse (trois arrêts).

1239. — ... Et que les tribunaux peuvent d'office arbitrer eux-mêmes le cantonnement, quoique les parties demandent une expertise préalable. — *Cass.*, 28 mars 1832, ville de Schelestadt.

1240. — C'est aussi ce qu'ont reconnu les cours d'*Amiens*, 25 mars 1824, comm. de Vary-sous-Corbie c. préfet de la Somme; de *Colmar*, 13 juill. 1824, comm. de Seltz c. hosp. de Strasbourg (dans leurs motifs); 15 fév. 1838, arrêt cité par Meaume, nºs 501, note.

1241. — La cour de *Grenoble* (arrêt du 2 déc. 1841, comm. de Marennes c. Piliot [t. 1er 1843, p. 391]) a aussi jugé que les tribunaux peuvent, comme arbitres de droit, et sans expertise préalable, régler le mode de cantonnement, son étendue et le taux de la restitution des fruits.

1242. — Meaume pense que si les tribunaux sont arbitres de droit pour fixer le cantonnement, il n'en peut être ainsi cependant que dans le cas où le propriétaire a consenti à se soumettre à cet arbitrage. « Ainsi, dit-il, si l'état fait une offre à l'usager qui la refuse, le tribunal n'est souvent saisi que d'une simple demande en validité de l'offre.

Le jugement ne peut donc que valider celle-ci ou l'annihiler comme insuffisante, mais jamais la dépasser. On arriverait autrement à forcer le propriétaire à accepter un cantonnement contre son gré, ce que repousse la loi. Pour que le tribunal juge comme arbitre de droit, on ordonne des expertises nouvelles; le propriétaire doit donc y consentir, autrement son refus rendrait nulles les opérations. » — Meaume, no 502.

1243. — Les frais d'exploitation étant à la charge des usagers, les experts, en évaluant les produits de l'usage, devront supposer qu'ils sont dus sur pied seulement. On ne devra jamais prendre pour règle le prix du bois façonné, mais celui du bois sur pied. Si les experts, pour plus de facilité, avaient estimé le bois façonné, il y aurait conséquemment lieu de déduire de l'évaluation le montant des frais d'exploitation. — Proudhon, no 681; Curasson, sur Proudhon, no 687; Meaume, no 505.

1244. — La futaie disponible dans chaque coupe, après la marque des réserves, conformément aux arrêts de réglement du conseil de Lorraine, des 2 et 4 mars 1765 et 20 déc. 1775, fait seule partie du revenu. — *Nancy*, 21 août 1837, cité par Meaume, t. 1er, p. 759.

1245. — Un système assez généralement suivi pour le cantonnement, dans les provinces de l'est, est connu sous le nom de *précompte* ou *précomptage*. L'usage n'étant dû qu'au besoin, on ne doit à l'usager, dont les besoins sont en partie satisfaits par ses ressources particulières, que ce qui est nécessaire pour compléter ses besoins. La servitude d'usage disparaîtrait donc si les bois appartenant à l'usager suffisaient à son chauffage, à l'entretien de ses maisons, à la nourriture de ses bestiaux : « Il serait à désirer, dit Meaume (no 507), que ce raisonnement fût aussi fondé en droit qu'il paraît au premier abord solidement établi par les règles de l'équité; mais il n'en est pas ainsi; et, malgré la force des argumens qu'on peut faire valoir en faveur de ce système, nous n'hésitons pas à le repousser. »

1246. — Mais le système du précompte est fortement défendu par Curasson sur Proudhon (nos 530 et 660), où il cite à l'appui la jurisprudence constante de la cour de Besançon. En effet, cette cour a décidé, le 7 mars 1808 (préf. de la Haute-Saône c. comm. de Champey), que la portion de l'usager doit varier suivant les ressources qu'il peut avoir d'ailleurs, et l'étendue de la forêt soumise à l'usage. — Conf. deux arrêts inédits de la même cour des 14 fév. 1833 et 30 août 1838, rapportés le premier par Curasson (no 660), le second par Meaume (no 507, note).

1247. — La cour de Nancy a aussi adopté le système du précomptage, par arrêt du 24 juill. 1841 comm. de Frémifontaine (cité par Meaume, *loc. cit.*, p. 741).

1248. — C'est aussi ce qu'a fait la cour de Colmar, le 15 fév. 1838, comm. du Val-de-Rosemont (arrêt cité par Meaume, *eod. loc.*).

1249. — Mais la cour de Cassation a jugé que le droit qui appartient à un usager de prendre dans une forêt tout ce qui est nécessaire à ses besoins ne peut, à moins d'une stipulation expresse de l'acte constitutif, être restreint dans son étendue, eu égard aux ressources personnelles de l'usager; ainsi, par exemple, à raison de ce que, depuis la constitution du droit d'usage, il serait devenu acquéreur de fonds. — *Cass.*, 7 mars 1842 (t. 1er 1842, p. 723), comm. de Mesmay c. préf. du Jura.

1250. — Jugé que l'aménagement avait pour unique effet de concentrer sur une portion des bois usagers l'exercice de l'usage auquel la totalité de ces bois avait été primitivement soumise; mais il ne change rien à la nature de cette servitude, qui, après comme avant l'aménagement, ne consistait, de la part de ceux au profit de qui elle existait, que dans le droit de prendre seulement ce qui pouvait être nécessaire à leurs besoins. — *Bourges*, 8 fév. 1841 (t. 2 1841, p. 601), de Mortemart.

1251. — En conséquence, dans le partage à faire pour arriver au cantonnement, les usagers ne doivent avoir, pour leur tenir lieu de leur droit, qu'une portion en toute propriété égale à la valeur de la superficie nécessaire à leurs besoins, l'excédant, s'il y en a, devant appartenir au propriétaire. — Même arrêt.

1252. — Le revenu de l'usage une fois établi, il faut le capitaliser pour avoir en argent la valeur exacte de l'usage. Or, la servitude d'usage évaluée annuellement est une rente foncière, et, comme celle-ci, elle doit se racheter au taux légal, c'est-à-dire moyennant vingt fois le revenu de la rente. C'est ce qu'a décidé la cour de Nancy, sur les conclusions conformes de M. Troplong, alors avocat général. La commune usagère demandait la capitalisation au denier vingt-cinq; mais la cour l'a fixée au denier vingt, par arrêt du 20 juill. 1829 (Bassompierre), rapporté par Meaume (no 508, note). La même cour a encore jugé en ce sens, par arrêts des 24 juill. 1841 et 20 juill. 1843, cités par Meaume (*loc. cit.*), où il adopte leur doctrine. Curasson sur Proudhon se range à la même opinion (nos 686 et 687), où il cite un arrêt conforme de Besançon, du 14 fév. 1833. — V. aussi Meaume, t. 3, p. 384.

1253. — Ainsi, jugé que pour arriver de la manière la plus équitable au cantonnement, il faut évaluer en argent le produit du revenu annuel du droit d'usage, et multiplier ensuite ce produit suivant le taux légal, c'est-à-dire au denier vingt. — *Nancy*, 13 fév. 1841 (t. 2 1841, p. 605), Lebègue.

1254. — ... Que la fixation au denier vingt du capital auquel devra s'élever la valeur du cantonnement concilie justement les droits du propriétaire et ceux des habitans usagers. — *Paris*, 23 mai 1845 (t. 2 1845, p. 50), hameau de Bierry c. Baschy.

1255. — Dans une affaire où le taillis était aménagé à trente ans, la commune de Heimsprung c. d'Argenson ayant demandé par suite la capitalisation au denier trente, la cour de Colmar l'a fixée également au denier vingt seulement. — *Colmar*, 29 août 1818 (cité par Meaume, no 509, note).

1256. — On a proposé quelquefois de capitaliser le produit de la servitude d'usage par le taux des placemens *en argent* dans la localité. Mais c'eût été, comme le dit Meaume, vouloir que la justice se préoccupât des fluctuations de l'agiotage; et, bien que l'intérêt réel de l'argent soit dans un pays inférieur au taux légal, on n'en doit pas moins adopter la base fixée par la loi. — C'est ce qu'a jugé la cour de Nancy, par l'arrêt du 24 juill. 1841, comm. de Frémifontaine (cité par Meaume no 507, note, p. 741, 745, 749).

1257. — On a aussi demandé que la capitalisation eût lieu d'après le taux des placemens *en immeubles* dans la localité. Mais, outre la difficulté pour les juges d'apprécier exactement cette base, il arriverait que l'usager retirerait de la portion abandonnée en toute propriété un produit égal à celui de la servitude d'usage, et nous avons vu que ce résultat serait contraire aux principes. — Meaume, no 510.

1258. — Dans d'autres circonstances, il était proposé de multiplier le produit annuel par le nombre des années nécessaires à l'aménagement de la forêt. Mais on arrivait ainsi au même résultat que dans le cas précédent, ainsi que l'a fait remarquer la cour de Nancy par l'arrêt du 24 juill. 1841. — Meaume, no 511, p. 749.

1259. — Jugé que le produit de la propriété ne doit pas se calculer comme l'intérêt d'une somme d'argent. — *Bourges*, 13 mars 1837 (t. 1er 1837, p. 429), de Noailles.

1260. — Lorsque l'usage n'a pas été constitué à titre gratuit, mais moyennant certaines redevances, comme l'usager est affranchi de celles-ci en devenant propriétaire, le capital à rembourser doit être diminué d'autant. On capitalisera donc la redevance au denier vingt, et l'on retranchera le capital ainsi obtenu de celui représentant la servitude d'usage. La différence formera le chiffre du capital à transformer en une portion équivalente de la forêt. — Meaume, no 512.

1261. — Cette transformation doit se faire de manière à concilier les intérêts du propriétaire et ceux de l'usager, en assignant leurs parts dans les cantons le plus à leurs convenances respectives. Proudhon (*Droits d'usage*, t. 2, p. 487 et suiv.) pense que l'usager doit être préféré au propriétaire pour l'appréciation de la convenance. Curasson (no 652), dans ses annotations, enseigne que cette doctrine est incontestable, et qu'on doit consulter la convenance de l'usager pour le cantonnement, comme on le faisait autrefois pour l'aménagement. Meaume (no 513, note) fait remarquer que cette opinion est fondée en équité, mais qu'il est difficile de la formuler comme une règle générale.

1262. — Jugé que quand il s'agit de procéder au cantonnement entre le propriétaire et l'usager, le partage doit avoir lieu par attribution, suivant les convenances des parties, et non par la voie du sort. — *Orléans*, 6 fév. 1840 (t. 1er 1840, p. 453), de Larochejaquelein.

1263. — L'ancien aménagement ou réserve n'est pas, nous l'avons vu, un empêchement au cantonnement. Les tribunaux ont alors fixé les droits du propriétaire tantôt au quinzième, tantôt au dixième de la portion aménagée. « Cette évaluation, dit Meaume (no 514), a pu être ainsi faite par ces cours dans les circonstances particulières des procès qu'elles avaient à juger, puisque leur pouvoir est souverain à cet égard. Mais ce serait une erreur de croire que le système de l'ordonnance d'exécution ne peut être appliqué dans ce cas. La variation du dixième au quinzième, dans l'évaluation des droits du propriétaire, montre toute l'incertitude de cette manière de procéder; il faut donc s'en tenir au mode général indiqué par l'ordonnance d'exécution.

1264. — Suivant Proudhon (nos 147, 673, 675), l'usager se trouvant chargé, par le cantonnement, des frais de garde et des contributions de la partie de la forêt qui lui est attribuée, le propriétaire, qui était tenu de ces dépenses, doit l'en indemniser. On doit donc ajouter au capital de l'usage un nouveau capital représentant ces frais. Ainsi, si le droit d'usage est évalué à 1,000 fr., et que, pour une forêt de 20,000 fr., les frais de garde et les contributions soient de 150 fr., on devra céder à l'usager un canton de forêt d'une valeur de 23,000 fr. — Plusieurs cantonnemens ont été ainsi opérés par divers propriétaires et même par des agens de l'état.

1265. — Suivant Meaume (no 515), on comprend qu'on puisse ainsi procéder afin d'obtenir un cantonnement amiable et éviter les frais d'un procès; mais on ne saurait forcer le propriétaire à subir une perte de cette nature, lorsqu'il s'agit d'un cantonnement judiciaire. Si, par le bon vouloir ou l'oubli du propriétaire, l'usager n'a pas été astreint à supporter les charges de la propriété, on ne peut conclure qu'il ne doit pas y participer, si le propriétaire l'exige. Meaume (*loc. cit.*) s'attache à prouver qu'en effet, d'après la nature de son droit, l'usager n'est pas affranchi de ces charges; que l'usage étant une participation aux fruits, le participant à ces fruits doit supporter, dans les charges, une part proportionnelle à son émolument. « Autrement, dit-il, il pourrait arriver que l'usager dont les droits seraient aussi étendus que ceux du propriétaire auraient une position meilleure que ce dernier; ce qui est contraire aux principes. » — Conf. Curasson sur Proudhon, no 685.

1266. — La cour de Nancy a décidé, le 18 fév. 1841, que lorsque l'usager *absorbe tout ou partie des revenus d'une forêt*, il est, comme l'usufruitier, tenu en totalité ou proportionnellement du paiement de la contribution foncière, l'impôt étant une charge de fruit. — *Cons. d'état*, 6 sept. 1825. — *Nancy*, 13 fév. 1841 (t. 2 1841, p. 605), Lebègue. — Meaume, t. 3 p. 392, *add.*

1267. — Plus tard, elle a reconnu qu'au cas de cantonnement, l'usager ne peut prétendre, outre une portion de la forêt équivalente à son droit d'usage, à l'attribution d'une autre portion représentative de la valeur des contributions et des parts de garde qu'il devra supporter à l'avenir en qualité de propriétaire, attendu que, quels que soient ses droits, il est tenu, proportionnellement à l'étendue de ses droits d'usage, au paiement de la contribution foncière et des frais de garde. — *Nancy*, 18 mai 1843 (t. 2 1843, p. 660, Bayecourt c. comm. de Girmont.

1268. — L'usager d'une forêt est tenu de contribuer, dans la proportion de sa jouissance, au paiement des contributions qui affectent la forêt. — *Cass.*, 25 fév. 1845 et janv. 1847 (t. 1er 1847, p. 381), commune de Vaxoncourt c. de Passoncourt; commune de Saint-André c. Mélisse; commune de Girmont c. Lebègue de Bayecourt (trois arrêts).

1269. — ... Et que, par suite, le capital représentatif des contributions doit être déduit de l'estimation des droits de l'usager, servant de base au réglement du cantonnement. — *Cass.*, 25 fév. 1845 (t. 1er 1847, p. 380), commune Saint-André c. Mélisse.

1270. — Jugé aussi que l'arrêt qui, dans une pareille hypothèse, met une partie des frais de garde et d'administration à la charge de l'usager, par le motif que les actes et les faits établissent que ces frais ont été toujours supportés pour partie par lui, échappe, comme statuant en fait, à la censure de la cour de Cassation. — *Cass.*, 19 janv. 1845 (t. 1er 1847, p. 380), commune de Girmont c. Lebègue de Bayecourt.

1271. — Mais, par d'autres arrêts, la cour de Cassation a jugé que les droits d'usage dans les forêts ne constituent au profit des usagers qu'une servitude discontinue qui n'est pas soumise à la contribution foncière. — *Cass.*, 23 fév. 1835, Marcotte c. ville de Doullens; 30 juill. 1838 (t. 2 1838, p. 53), Lombard de Quincieux c. Fauverteils; 13 août 1839 (t. 2 1843, p. 659), de Vogué c. Lemercier.

1272. — Jugé encore que l'usager, dans les bois qui font partie du domaine de l'état, n'est pas soumis à l'obligation de supporter les frais de garde et d'y concourir..., *alors d'ailleurs que les droits d'usage n'absorbent point la totalité du produit de ces bois.* — *Cass.*, 20 juill. 1847 (t. 1er 1848, p. 190), préfet des Hautes-Pyrénées c. communes de Sarrancolin et d'Ilhet.

1273. — ... Mais aussi, que l'usager serait passible de la contribution foncière, si son droit absorbait la totalité des fruits. — *Cass.*, 13 août 1839 (t. 2 1843, p. 659), de Vogué c. Lemercier. — Proudhon, *Droits d'usage*, n° 146, et *Domaine privé*, n° 707.

1274. — ... Ou si le titre d'où dérive son droit le chargeait de son paiement en tout ou en partie. — Même arrêt.

1275. — Jugé par la cour de Bourges qu'il faut tenir compte à l'usager des impôts et des frais de garde auxquels il sera soumis après le cantonnement opéré. — *Bourges*, 13 mars 1837 (t. 1er 1837, p. 429), de Noailles.

1276. — Et la cour de Metz a décidé que le concessionnaire d'un droit d'usage perpétuel et irrévocable dans les bois de l'état n'est pas soumis à la contribution foncière s'il n'y est obligé par son titre; *encore que ce droit d'usage absorbe la presque totalité des produits de la forêt.* — *Metz*, 28 mars 1833, verrerie de Saint Louis.

1277. — Jugé encore, par la même cour que l'usager ne doit pas, si le titre constitutif ne lui en impose pas l'obligation, supporter les frais de garde de la forêt grevée de son droit. — Il en est de même à l'égard de la contribution foncière. — *Metz*, 7 mars 1837 (t. 2 1841, p. 607), commune de Faulquemont c. Choiseul d'Aillecourt.

1278. — La cour de Colmar a décidé dans ce même sens. — *Colmar*, 13 juill. 1824, comm. de Selz c. hospices de Strasbourg (dans ses motifs).

1279. — La cour de Bourges a pareillement jugé que, lorsque les usagers *ne conservent point tous les fruits du fonds soumis à l'usage ou tout le produit du canton de bois abandonné*, l'impôt foncier en reste à la charge du propriétaire seul. — *Bourges*, 15 juin 1838 (t. 2 1838, p. 635), Legat.

1280. — Pareillement jugé par la cour de Besançon, que les impôts et les frais de garde d'une forêt grevée de droits d'usage sont à la charge exclusive du propriétaire. Il n'y a lieu d'en opérer la division au prorata qu'après le cantonnement. — *Besançon*, 28 fév. 1840 (t. 2 1845, p. 645), commune de Trébief c. prince d'Arembourg.

1281. — Une décision du ministre des finances, du 4 sept. 1827, rapportée par Gagneraux (*Code forest.*, t. 1er, p. 253), contient l'avis que les usagers ne doivent supporter aucune des charges de la propriété. — Une autre décision du même ministre, transmise par circulaire du 12 août 1806, portait qu'on ne pouvait contraindre les usagers à contribuer aux frais de garde, lorsque le titre ne les y obligeait pas, et lorsque, d'après l'usage, ils en ont été constamment affranchis. — Henrion de Pansey, qui rapporte cette circulaire (*Traité des biens communaux*, p. 131), exprime une opinion conforme.

1282. — L'état peut imposer aux usagers, lorsque les titres de ces derniers ne s'y opposent pas, l'obligation d'effectuer les semis utiles au repeuplement des forêts soumises à leur usage. — *Cass.*, 7 avr. 1840 (t. 2 1840, p. 553), Louis.

1283. — En principe, les frais de cantonnement et des expertises qu'il nécessite doivent être supportés par chacune des parties, dans la proportion de son émolument. Mais si le cantonnement devient judiciaire, tout en maintenant le partage proportionnel des frais d'expertise, on doit mettre à la charge de la partie qui succombe la totalité des frais de l'instance judiciaire. — Meaume, n° 516.

1284. — Curasson (notes sur Proudhon, n° 663) estime que, si le propriétaire offrait à l'usager, avant toute expertise, une portion déterminée de la forêt, et que si l'expertise provoquée ensuite par l'usager, ne lui attribuait qu'une partie moindre ou tout au plus égale, ce dernier aurait à supporter tous les frais de l'expertise. — Meaume, *loc. cit.*

1285. — Mais, ajoute Curasson (*eod. loc.*), lorsqu'il s'agit d'une commune qui n'a pas la libre disposition de ses droits, on ne saurait accuser de témérité un maire qui ne fait qu'un acte de prudence, en laissant à la justice le soin de déterminer le *quantum* d'un droit pour la fixation duquel il n'a pas capacité suffisante.

1286. — On devrait décider autrement, en cas d'un simple rachat de droits, autres que ceux ayant pour objet des délivrances en bois.

1287. — Les jugemens ou les actes qui transforment un droit d'usage en droit de propriété par le cantonnement sont susceptibles du droit de mutation. — Meaume, n° 516, où il cite, comme l'ayant ainsi décidé, une délibération du conseil d'administration de l'enregistrement, en date du 21 juin 1832.

1288. — Mais par qui ce droit sera-t-il acquitté? « Ici, dit Meaume (*loc. cit.*), on ne peut plus invoquer les principes du partage. En effet, le cantonnement n'est pas, comme le partage, déclaratif du droit de propriété; mais il est transmissif d'une propriété nouvelle que l'usager n'avait pas le droit de réclamer. Il y a ici analogie parfaite entre le droit d'usage et une rente. Le débiteur de la rente paie les frais de libération; il doit en être de même du propriétaire débiteur de la servitude d'usage. Seulement, comme dans ce dernier cas le paiement se fait en immeubles au lieu de se faire en argent, et qu'un paiement en immeubles est une véritable mutation de propriété, il faudra bien que le propriétaire supporte seul les frais. C'est ce qu'a parfaitement compris l'administration des domaines, puisqu'elle n'exige aucune participation de la part des usagers aux frais d'enregistrement, lorsqu'on cantonne les forêts de l'état. Il ne se fait alors aucune perception, parce que l'état, qui serait débiteur du droit, ne peut pas se le payer à lui-même... » — V. ENREGISTREMENT.

Sect. 4e. — *Rachat.*

§ 1er. — *Nature et étendue.*

1289. — Outre le cantonnement, le Code forestier a déterminé un autre mode pour libérer les forêts des servitudes d'usage, le rachat. Le cantonnement s'applique à l'usage en bois, tous les autres droits d'usage sont rachetables en argent. Le cantonnement est donc un paiement en nature, le rachat un paiement en numéraire.

1290. — Le rachat est établi par l'art. 64, C. forest., ainsi conçu: « Quant aux autres droits d'usage quelconques et aux pâturage, panage et glandée dans les mêmes forêts, ils ne pourront être convertis en cantonnement; mais ils pourront être rachetés moyennant des indemnités qui seront réglées de gré à gré, ou, en cas de contestation, par les tribunaux. — Néanmoins, le rachat ne pourra être requis par l'administration dans les lieux où l'exercice du droit de pâturage est devenu d'une absolue nécessité pour les habitans d'une ou de plusieurs communes. Si cette nécessité est contestée par l'administration forestière, les parties se pourvoiront devant le conseil de préfecture, qui, après une enquête *de commodo et incommodo*, statuera, sauf le recours au conseil d'état. »

1291. — Cet article comprend, on le voit, tous les droits d'usage autres que ceux ayant pour objet des délivrances en bois. Tous les droits de pâturage, quelque dénomination qu'on leur donne: les usages à la pierre, au sable, à la marne, à l'argile, à la tourbe, à la bruyère, à la fougère, aux feuilles mortes, etc., sont donc rachetables. — Meaume, n° 519.

1292. — L'article, toutefois, a eu pour but d'atteindre surtout le pâturage. On a rendu ce droit rachetable en argent au lieu de le soumettre au cantonnement, parce que cette dernière opération n'eût attribué à l'usager qu'une portion moindre bien au-dessous de ses besoins. Il eût été singulier, en outre, de donner du bois à ceux qui ont besoin d'herbe. Dans l'ancien droit, il n'était pas même besoin de racheter le pâturage gratuit sur les forêts domaniales; on considérait ce droit comme de pure tolérance, révocable à la volonté du souverain. — Pecquet, *Lois forest.*, t. 1er, p. 507; Meaume, n° 520.

1293. — Anciennement, le pâturage dans les bois des particuliers étant presque toujours à titre onéreux, et résultant de quelque convention entre le seigneur et ses vassaux, l'ancien conseil du roi permettait rarement aux seigneurs de cantonner ce droit, à raison de la modicité de la portion revenant à l'usager. La loi des 19-27 sept. 1790, art. 8, en déterminant la juridiction qui devait connaître de pareilles demandes, reconnut la faculté de cantonner le droit de pâturage comme l'usage au bois. Le droit de rachat fut introduit par la loi du 6 oct. 1791, tit. 1er, sect. 4e, art. 8, mais seulement *lorsque le droit avait été établi par titre entre particuliers.* A l'égard des communes, le seul mode de libération était le cantonnement; la loi du 28 août 1792, art. 5, déclara réciproque aux propriétaires et aux usagers la faculté de le demander, réservée jusque-là aux premiers seulement.

1294. — Il résulte de l'art. 64 précité, que le droit de dépaissance dans une forêt ne peut pas être converti en cantonnement, contre le gré de l'usager, par cela seul que les titres qui le constituent reconnaissent simultanément à l'usager d'autres droits soumis au cantonnement. — *Toulouse*, 1er août 1835, Celéry d'Allins. — V. aussi *Rouen*, 14 fév. 1827, Foulquier-Long c. de Plancheville.

1295. — Le principe qui veut que les droits de pâturage et autres semblables ne puissent être convertis en cantonnement, contre le gré de l'usager, s'applique aux terres hermes, pacages ou montagnes, aussi bien qu'aux forêts. — Même arrêt de Toulouse.

1296. — Avant le Code forestier, ceux qui avaient dans les bois des droits de vaine pâture étaient considérés comme usagers et avaient le droit de demander le cantonnement. — *Bourges*, 3 mars 1831, préfet du Cher c. Beauvilliers.

1297. — « Lorsqu'il y a lieu d'effectuer le rachat d'un droit d'usage quelconque, autre que l'usage en bois, suivant la faculté accordée au gouvernement par l'art. 64, C. forest., il est procédé de la manière prescrite par les art. 112, 113, 114 et 115 ci-dessus. — Toutefois, si le droit d'usage appartient à une commune, le ministre des finances, avant de prononcer sur la proposition de l'administration forestière, la communiquera au préfet, lequel donnera des renseignemens précis et un avis motivé sur l'absolue nécessité de l'usage pour les habitans. — Lorsque le ministre aura prononcé, le préfet, avant de faire procéder à l'estimation préparatoire, notifiera la proposition de rachat au maire de la commune usagère, en lui prescrivant de faire délibérer le conseil municipal, pour qu'il exerce, s'il le juge à propos, le pourvoi qui lui est réservé par le § 2 de l'art. 64, C. forest. — Le procès-verbal des experts ne contiendra que l'évaluation en argent des droits des usagers, d'après leurs titres. » — Ordonn. d'exécut., art. 116.

1298. — Les demandes en cantonnement de droits aujourd'hui rachetables, formées avant la promulgation du Code forestier, devraient donc être jugées d'après les lois anciennes. — *Cass.*, 24 juin 1840 (t. 2 1840, p. 477), Perras c. comm. de Campuzan. — Meaume, n° 521.

1299. — La faculté de racheter les droits d'usage dans les forêts autres que l'usage au bois étant seule reconnue par le Code forestier, les usages grevant les autres propriétés rurales pourraient donc être seulement cantonnés, à moins que le pâturage n'eût été établi par titre entre particuliers, d'après l'art. 8 précité, L. 6, art. 1791. Les droits de pâturage qui s'exercent dans les *prés-bois*, non soumis au régime forestier, ne pourraient donc être rachetés; mais l'usager comme le propriétaire en pourrait demander le cantonnement. — Curasson sur Proudhon, n° 1025; Meaume, n° 522.

1300. — La manière d'opérer le rachat est à peu près la même que celle employée pour le cantonnement, à raison de l'analogie des deux opérations. Il faut donc appliquer ici la plupart des règles que nous avons tracées comme devant être suivies pour arriver au cantonnement. Dans un cas comme dans l'autre, l'appréciation des titres des usagers et de l'étendue de leurs droits appartiendra souverainement aux cours d'appel. C'est ce qu'a décidé la cour de Cassation, par arrêt du 24 juin 1840, Ferras c. comm. de Campuzan (t. 4 1849, p. 477). — Conf. Meaume, n° 523.

1301. — On a vu que l'usager au bois ne peut être forcé à accepter un cantonnement partiel. Le droit d'usage est, en effet, de nature généralement indivisible. Mais l'indivisibilité, au point de vue du rachat, n'est pas de l'essence de l'usage. Chacun des acquéreurs partiels d'une forêt soumise à un droit de pâturage peut, en effet, exercer le rachat, sans être tenu d'appeler en cause ses co-acquéreurs. Mais on estimera alors le prix du rachat eu égard au préjudice qu'il occasionne à l'usager et non d'après la valeur du droit d'usage relativement à la portion affranchie. — Meaume, n° 524.

1302. — Ainsi, jugé que le principe de l'indivisibilité des servitudes n'est point un obstacle à ce que le propriétaire d'une partie de forêt usagère puisse exercer le rachat des droits d'usage établis sur la portion de forêt qui lui appartient. — *Rouen*, 26 fév. 1841 (t. 2 1841, p. 115), Douceain.

1303. — En d'autres termes, les art. 64 et 120, C. forest., autorisent tout propriétaire à affranchir, par le rachat, ses propriétés forestières grevées de droits d'usage, et l'on ne peut opposer à celui qui demande le rachat une fin de non-recevoir tirée de ce qu'il ne serait pas propriétaire de tout le *canton* attribué à la commune usagère, ou de ce qu'il ne se serait pas entendu avec les autres propriétaires pour racheter le droit indivisément. — Même arrêt.

1304. — Dans le cas où le rachat est demandé par un seul des propriétaires, l'importance du prix à payer à la commune usagère doit être apprécié, non pas suivant la valeur intrinsèque de la servitude, mais bien suivant le préjudice plus ou moins grand que lui fait éprouver le rachat. — Même arrêt.

1305. — Curasson, ayant adopté le système du *précompte* ou *précomptage* pour le cantonne-

ment, le déclare applicable par la même raison en cas de rachat. Mais Meaume (nº 526) fait observer qu'il n'y a aucun motif pour admettre le système du précomptage dans le rachat des usages.

1306. — Quant à l'évaluation du droit à racheter, Curasson propose de prendre pour base de l'indemnité le mode et le taux du rachat établis par le tit. 3, L. 18, déc. 1790, art. 2, concernant les redevances en nature de grains, volailles, fruits, denrées, etc., qui doivent être estimées au denier vingt-cinq de leur produit annuel, en prenant les quatorze années antérieures à l'époque du rachat, dont on retranche les deux plus fortes et les deux plus faibles, de sorte que l'année commune est formée sur les dix restantes. « Il n'y a, dit Meaume (nº 527), aucun inconvénient à employer ce mode d'évaluation pour la détermination de l'année moyenne; mais on ne peut admettre la conséquence tirée de la loi de 1790, quant à la capitalisation. » Le pâturage, comme l'usage en bois, est une servitude, et Curasson, qui a admis lui-même la capitalisation au denier vingt pour le cantonnement, n'indique aucune raison plausible pour changer ce mode d'évaluation quant au rachat. Il n'y a, du reste, aucune analogie entre une servitude d'usage et une rente foncière en nature, qui était le plus souvent le prix d'une aliénation immobilière. — Un arrêt de Nancy, du 20 juill. 1829, rendu sur les concl. conf. de M. Troplong, a repoussé, au surplus, l'assimilation proposée. Cet arrêt est en partie rapporté par Meaume, t. 1er, nº 527, note.

1307. — Lorsqu'une expertise a pour objet de fixer une indemnité relative à la privation d'un droit de pâture, on doit l'établir par l'appréciation des fruits naturels, et non des fruits industriels du fonds. — *Orléans*, 16 mai 1823, comm. de Trancault.

1308. — Ainsi, celui dont le domaine est soumis à un droit d'usage doit récolter ce qu'il a semé, à la charge envers les usagers d'une indemnité évaluée à la perte qu'ils ont éprouvée par le défaut d'exercice du pacage. — Même arrêt.

1309. — Jugé que le rachat d'un droit de pâturage, autorisé par l'art. 64, C. forest., en faveur du propriétaire de la forêt, n'étant autre chose que le remplacement du droit par une indemnité pécuniaire, il en résulte que pour régler cette indemnité, c'est le droit en lui-même qu'il faut apprécier, eu égard à sa valeur et à son produit. Ainsi, lorsque le propriétaire d'une forêt grevée d'un droit de pâturage pour 749 têtes de bétail veut racheter ce droit à l'égard d'un des usagers, intéressé pour 41 têtes, il y a lieu d'estimer le droit en évaluant le produit annuel en nature, c'est-à-dire en herbe propre au pâturage que peut donner la forêt grevée; de fixer ensuite ce que chaque tête de bétail peut, par la paisson, retirer chaque année de ce produit, en le supposant réparti entre les 749 têtes qui ont le droit d'y participer, et de déterminer ensuite en nature, puis en argent par capitalisation au denier vingt, année commune, la quantité afférente aux 41 bêtes de l'usager... Peu importerait, au surplus, que l'usager n'eût en réalité qu'un nombre de bêtes inférieur à 41, le propriétaire devant racheter le droit de pâturage tel qu'il existe et peut être exercé, et non tel qu'il est exercé en réalité. — *Nancy*, 20 juill. 1843 (t. 2 1844, p. 341), Clinchamp c. Humbert.

1310. — Foucard (*Droit admin.*, t. 2, nº 774) a prétendu que l'indemnité devait être réglée par le jury, conformément à la loi du 3 mai 1841. Mais cette doctrine est parfaitement réfutée par Trolley (*Droit admin.*, t. 3, p. 189).

1311. — A la différence de ce qui a lieu pour le cantonnement, la commune dont le maire réglerait des offres de rachat, reconnues ensuite par l'expertise supérieures ou égales à l'indemnité qui lui est due, devrait supporter les frais de cette expertise. — Meaume, nº 516.

1312. — « En effet, dit Curasson (nº 719), la question de savoir si le rachat doit être interdit pour motif de nécessité absolue, étant la seule qui présente une question de propriété, une fois que cette question a été décidée par l'administration ou le tribunal, le règlement de l'indemnité ne consiste plus que dans un objet mobilier, une somme d'argent dont le maire de la commune peut accepter l'offre, moyennant une délibération du conseil municipal, approuvée par le préfet. » — Mais Meaume (nº 516) enseigne qu'on ne doit faire, à cet égard, aucune distinction entre le cantonnement et le rachat, et que l'opinion émise par Curasson, relativement à ce dernier droit, est la seule admissible.

1313. — L'état n'a guère profité jusqu'ici du droit de racheter le pâturage grevant les bois domaniaux. Les sacrifices pécuniaires qu'il eût dû s'imposer ont fait qu'il en a été de la faculté que lui attribue l'art 64, C. forest., comme de celle de l'ordonn. de 1669, permettant de racheter les chauffages. Une circul. du 17 avr. 1837 (Régl. forest., t. 5, p. 484) annonce que l'administration n'a guère pu jusqu'alors user du bénéfice de l'art. 64; mais elle indique que le gouvernement aurait l'intention de recourir à un nouveau mode de libération, consistant à abandonner aux communes, en échange de leurs droits, la propriété totale ou partielle des vides existant au sein d'un grand nombre de forêts domaniales. — Meaume, nº 536.

1314. — Lorsque, d'après un titre, l'usager peut introduire ses bestiaux dans les bois après la cinquième feuille, et que les déclarations de défensabilité ne désignent pour le pâturage que des cantons où les bois ont plus de dix ans, on doit uniquement s'en tenir au titre, sans s'occuper des déclarations de défensabilité pour évaluer l'indemnité de rachat. — Proudhon, *Droits d'usage*, nº 721. — *Contrà* Curasson, sur Proudhon, nº 722; Meaume, t. 2, nº 925.

1315. — L'usager qui a droit de couper les branches des arbres qu'il pourrait atteindre en montant sur les voitures ou les animaux de bât ne peut demander le cantonnement ou le rachat avec indemnité. Ce droit doit être supprimé purement et simplement. — *Colmar*, 11 juill. 1833 (dans ses motifs), comm. de Balbronn c. préfet du Bas-Rhin. — Meaume, t. 2, nº 926.

1316. — Lorsqu'un étang se trouve enclavé au milieu d'une forêt, le propriétaire ne peut contraindre l'usager à recevoir le rachat d'un droit consistant à cultiver et récolter le sol de l'étang, lorsqu'il est à sec chaque quatrième année. — Meaume, nº 927, où il cite comme l'ayant ainsi décidé un arrêt du 30 janv. 1840.

1317. — L'art. 120, C. forest., rendant commune aux bois particuliers la disposition de l'art. 64, les propriétaires de ces bois ont souvent usé de la faculté du rachat.

1318. — Les communes et les établissemens publics peuvent, aux termes de l'art. 112, C. forest., racheter leurs forêts des droits de pâturage. — *Cons. d'ét.*, 31 janv. 1838 (cité par Meaume, nº 882).

1319. — Les dispositions de l'art. 64 sont aussi applicables aux bois des particuliers, lesquels y exercent, à cet effet, les mêmes droits et la même surveillance que les agens du gouvernement dans les forêts soumises au régime forestier. — C. forest., art. 120.

1320. — « Lorsqu'il y aura lieu d'user de la faculté accordée par le Code forestier aux communes et aux établissemens publics, d'affranchir leurs bois de droits d'usage, le conseil municipal ou les administrateurs de la commune ou de l'établissement propriétaire seront d'abord consultés sur la convenance et l'utilité, soit du cantonnement, soit du rachat, et le préfet soumettra leur délibération, avec les observations de l'agent forestier et son propre avis en forme d'arrêté, au ministre des finances, qui nous soumettra un projet d'ordonnance, après s'être concerté avec le ministre de l'intérieur. Il sera ensuite procédé de la manière prescrite par les art. 113, 114 et 116 de la présente ordonnance; mais le second expert, au lieu d'être nommé par le directeur des domaines, sera choisi par le maire, sauf l'approbation du conseil municipal ou par les administrateurs de l'établissement. — S'il s'élève des contestations, il sera procédé conformément à l'art. 115 de la présente ordonnance. Toutefois, les actions seront suivies devant les tribunaux par le maire ou les administrateurs, suivant les formes prescrites par les lois. » — Ord. d'exécution, art. 145.

§ 2. — *De la nécessité du pâturage pour l'usager.*

1321. — Le § 2 de l'art. 64, suivant lequel le rachat ne peut être requis par l'administration dans les lieux où l'exercice du droit de pâturage est devenu d'une nécessité absolue pour les habitans d'une ou de plusieurs communes, ne figurait pas au projet présenté à la chambre des députés. Il a été ajouté par la commission. On a voulu empêcher par là qu'on privât de la seule industrie qui les fasse vivre certaines communes situées dans des pays montagneux, et qui consiste dans la fabrication des fromages, qu'on ne peut obtenir que par la dépaissance dans les bois d'un grand nombre de bestiaux. — Meaume, nº 528.

1322. — Ce second paragraphe s'applique uniquement au rachat du pâturage, et ne pourrait dès-lors être opposé à la demande en rachat de tout autre droit, tel que panage, glandée, etc., qui ne peuvent jamais être *d'une absolue nécessité*. Un député, M. Blin de Bourdon, avait proposé d'étendre l'exception *à tous les droits relatés en cet article*, mais son amendement fut rejeté (séance du 24 mars 1827). — Curasson, sur Proudhon, nº 709; Meaume, nº 529; d'Avannes, p. 122.

1323. — Jugé par la cour de Colmar que les droits de panage et de glandée sont toujours rachetables. — *Colmar*, 15 déc. 1841 (t. 1er 1842, p. 539), comm. de Zittersheim.

1324. — L'exception contenue dans le § 2 de l'art. 64 ne peut s'appliquer qu'aux communes, et ne saurait être invoquée par les particuliers. — Curasson sur Proudhon, nº 709. — *Contrà* d'Avannes, p. 122.

1325. — Il est douteux, en effet, qu'un usager, simple particulier, puisse prétendre jouir du bénéfice de l'art. 64, en demandant qu'on lui maintienne son droit de pâturage comme étant pour lui d'absolue nécessité, parce que le § 2 de l'article 78 paraît avoir été rédigé en faveur des communes usagères. — Meaume, nos 530 et 951.

1326. — Mais, dans tous les cas, l'introduction de cette action ne détruit en rien la faculté qu'a le propriétaire d'interdire le pâturage des bêtes à laine, conformément à l'art. 78, jusqu'à ce que cette action ait été jugée. — *Nîmes*, 17 juin 1841 (t. 1er 1842, p. 220), Vidal et Gerrier c. Fromental.

1327. — Les communes ne pourraient même prétendre à l'exception qu'autant que le pâturage serait essentiel à leur existence, et ne pourrait être remplacé par un autre moyen, par exemple par des prairies artificielles. — Meaume, nº 530.

1328. — Aussi Curasson sur Proudhon (t. 2, p. 606 et suiv.) prétend que ces termes : *dans les lieux où l'exercice du pâturage est devenu d'une absolue nécessité*, et les motifs donnés lors de la discussion, démontrent jusqu'à l'évidence que l'exception n'a été portée que pour certaines localités, pour quelques pays de montagnes qui ne sont pas propres à l'agriculture, et où, les habitans étant forcés de tenir un certain nombre de bestiaux, afin de suppléer par l'industrie à l'infertilité du sol, le pâturage leur devient indispensable, et qu'il en est autrement des pays de culture où l'on ne tient que le bétail nécessaire au labourage, et où, à défaut de prés naturels, les prairies artificielles peuvent procurer aux animaux une subsistance abondante, beaucoup plus salutaire et infiniment plus utile que le pâturage des forêts.

1329. — Ainsi jugé que le pâturage dans les bois ne peut être considéré comme d'absolue nécessité dans les lieux de culture, et où les terres labourables sont de nature à produire des fourrages artificiels. — *Bourges*, 5 juill. 1842 (t. 1er 1843, p. 296), comm. de Monceaux et de Dirol c. de Noailles et de Mortemart.

1330. — Jugé cependant que pour constituer l'absolue nécessité qui, aux termes de l'art. 64, C. forest., forme obstacle au rachat du droit de pâturage exercé par une commune, il n'est point indispensable que la privation de ce droit compromette l'existence matérielle des usagers; mais il suffit que les habitans y trouvent leurs principales ressources, et que la nature du sol ne leur permette point d'en tirer un parti différent. — *Colmar*, 15 déc. 1841 (t. 1er 1841, p. 539), comm. de Zittersheim c. de Reichshoffen et de Dietrich.

1331. — L'enquête *de commodo et incommodo* dont parle le § 2 n'est à proprement parler ni une enquête judiciaire ni une expertise, mais un acte purement administratif participant de ces deux opérations. Les conseils de préfecture peuvent y faire procéder par un de leurs membres ou déléguer à cet effet le juge de paix du canton. « Cette mission, dit Meaume (nº 352), devra être très rarement confiée aux maires, et surtout on aura le soin de ne jamais choisir celui de l'une des communes usagères. »

1332. — L'enquête n'étant pas purement judiciaire, on peut entendre les habitans des communes usagères. Leurs dépositions seront moins des témoignages que des opinions individuelles, de simples observations. Leurs assertions devront être contrôlées par les témoignages, par exemple, d'habitans d'autres communes étrangers aux débats. — Meaume, nº 533.

1333. — Les déclarations des personnes entendues doivent être individuelles et non collectives. Le commissaire-enquêteur devra se garder de les influencer. — Chaque témoignage sera consigné sur le procès-verbal sans être confondu avec celui qui le précède. — Curasson, sur Proudhon, nº 714; Lerat de Magnitot, *Dict. de dr. administr.*, où se trouve citée une instr. min. du 29 avr. 1815. — V. aussi un avis du Cons. d'ét. du 17 nov. 1815, inséré au *Bulletin des lois*.

1334. — Toutes les dispositions de l'art. 64 relatives à l'enquête *de commodo et incommodo* sur la nécessité du pâturage doivent être observées quan

aux bois des communes.—*Cons. d'ét.*, 18 juill. 1844, comm. de Lauw. — Meaume, *loc. cit.*

1335.—La cour de Cassation a jugé que l'enquête prescrite par l'art. 64 C. forest. ne doit être faite par voie administrative qu'autant que la question s'agite entre le domaine de l'état et une commune. — *Cass.*, 2 déc. 1835, comm. de Sourbourg c. Venger. — Meaume, nº 929.

1336. — Si, au contraire, c'est seulement entre une commune et des particuliers que la contestation a lieu et qu'il s'agit de savoir si un droit de pacage est d'absolue nécessité pour la commune contre laquelle le propriétaire de la forêt grevée du droit prétend le racheter, il faut procéder à l'enquête dans la forme ordinaire réglée par le Code de procéd.— Même arrêt.

1337.—La disposition du § 2 de l'art. 64, qui a chargé les conseils de préfecture, sauf recours au conseil d'état, de prononcer sur *l'indispensable nécessité* du pâturage, dans le cas où elle serait contestée par l'administration forestière, a été vivement combattue lors de la discussion du Code, et n'a été adoptée qu'à une faible majorité. Cette adoption de la juridiction administrative a soulevé une question qui divise le conseil d'état et les cours d'appel, lorsqu'il s'agit de bois appartenant à des particuliers. Le conseil d'état juge que l'autorité administrative est compétente pour prononcer sur l'indispensable nécessité, aussi bien lorsqu'il s'agit de bois particuliers que de bois domaniaux. Mais plusieurs cours d'appel ont décidé, au contraire, qu'en cas de bois particuliers, les tribunaux ordinaires pourraient seuls connaître de la question.— Meaume, nº 351.

1338. — Jugé que la question de savoir si des droits d'usage reconnus à une commune dans une forêt particulière sont d'une nécessité absolue pour elle et non rachetables, est de la compétence du tribunal civil. et non du conseil de préfecture. —*Colmar*, 6 août 1831, Rauch; *Nîmes*, 12 mai 1841 (t. 2 1841, p. 448), Floutier; *Paris*, 18 avr. 1842 (t. 1er 1842, p. 690), Jacquillat. — *Cons. d'ét.*, 21 juin 1839, comm. de Limans c. Morel et Glaize.

1339.—Jugé aussi qu'il est dans le domaine souverain d'une cour d'appel de décider, par appréciation des enquêtes et de l'expertise, que le pacage d'une forêt n'est pas d'une absolue nécessité pour la commune qui en jouit. — *Cass.*, 2 déc. 1835, comm. de Sourbourg c. Venger.

1340.—Toutefois, l'opinion que l'autorité administrative a seule pouvoir pour connaître de la question est longuement défendue par MM. Coin-Delisle et Frédérich, sur l'art. 121. Cette opinion n'est partagée par Serrigny. *De l'organ. et de la compét. admin.*, t. 2, nº 784; Dufour, *Droit admin. appliqué*, t. 1er, p. 459 et 460; Meaume, nº 928.

1341.—Ce dernier auteur fait remarquer que les nombreuses ordonnances du conseil d'état, confirmatives des arrêtés de conflit sur lesquels elles sont intervenues, ayant un caractère quasi-législatif, il est bien difficile qu'aujourd'hui les tribunaux civils puissent méconnaître la compétence de l'autorité administrative en cette matière. — *Cons. d'ét.*, 19 fév. 1840, comm. de Neuillay-les-Bois c. Brown; 6 août 1840, Goyet de Savy c. comm. de Louverot; 4 sept. 1841, Floutier c. comm. de Domessargues; 3 déc. 1842, Jacquilliat c. comm. de Poilly.

1342.—L'art. 8 de la loi des 28 sept. et 6 oct. 1791 ne permet le rachat du droit de vaine pâture fondé en titre que de particuliers à particuliers; mais de communes à particuliers, il n'autorise que le cautionnement.

V. PARCOURS ET VAINE PATURE, nºs 127 et suiv.

USAGES COMMERCIAUX.

1.—Les usages du commerce appliqués à ce que les lois ou les réglemens n'ont pas prévu, sont une des sources dans lesquelles les tribunaux de commerce doivent puiser les élémens de leurs décisions. C'est ce qu'a reconnu un avis du conseil d'état du 13 déc. 1811, approuvé, le 22, cité par Pardessus (*Cours de dr. comm.*, t. 1er, p. 1re).

2.—L'usage en matière de commerce a beaucoup plus de force qu'en matière civile. S'il ne peut anéantir la convention, il peut en éclaircir le sens. Dans le silence de la loi commerciale, les juges consulaires ne doivent avoir recours au droit civil que lorsqu'il n'existe aucun usage certain et constaté se rapportant au point à décider. —Pardessus, t. 1er, p. 377.

3.—La loi du 15 sept. 1807, qui a réglé l'exécution des dispositions du Code de commerce, a suffisamment indiqué, par son art. 2, qu'elle entendait maintenir l'autorité des usages commerciaux. Cet article abrogé seulement les *anciennes lois* touchant les matières sur lesquelles ce Code a statué. Au contraire, la loi du 30 vent. an XII sur la publication du Code civil, et l'art. 1041, C. procéd., abrogent non-seulement les lois, mais aussi les coutumes ou usages se rapportant aux matières réglées par ces deux Codes. — Molinier, *Traité de dr. comm.*, t. 1er, nº 6.

4. — Les tribunaux de commerce, lorsqu'ils se décident par l'usage, doivent déclarer que cet usage est constant et reconnu. Autrement, on pourrait croire qu'ils ont violé le droit civil, destiné en général à servir de supplément aux lois commerciales. — *Cass.*, 15 janv. 1812, Michel et Hinguerlot.

5. — Les usages, en matière de commerce, se constatent habituellement par des témoignages ou attestations donnés par des personnes compétentes. Ces attestations s'appellent *parères*. — V. PARÈRE. — V. aussi COMMISSIONNAIRE, COURTIERS, LETTRE DE CHANGE, VOITURIER, etc.

USANCE.

Ce mot, qui vient d'usage, indique le temps qu'il est d'usage, dans un pays, d'accorder pour le paiement d'une lettre de change. En France, ce délai est de trente jours qui courent du lendemain de la date. — V. LETTRES DE CHANGE.

USEMENT DE QUÉVAISE.

1. — On appelait *quévaise*, en Bretagne, la tenue située sous l'usement de ce nom; et celui qui la possédait prenait le nom de *quévaisier*.

2. — Avant l'abolition des usemens, les père et mère du *juveigneur* (c'est-à-dire du puîné d'un aîné noble, et, dans certains usemens, du dernier né du domanier) ne pouvaient lui faire une donation qui lui eût procuré un avantage prohibé par l'usement. — *Rennes*, 27 août 1811, Botorel.

3. — L'exception établie par l'art. 11, tit. 1er, décr. 15-30 mars 1790, en faveur des mariés ou veufs sans enfans, aux dispositions abolitives du droit d'aînesse et des partages inégaux, à raison de la qualité des personnes, n'a pu être étendue au droit que certaines coutumes avaient établi en faveur d'enfans plus jeunes (tel que le privilége de l'usement de quévaise), si lors de l'abolition de l'inégalité des partages, il n'était pas certain qu'il ne surviendrait pas d'autres enfans du père commun, c'est-à-dire si celui-ci n'était pas décédé. — *Rennes*, 18 mai 1812, Quemeur. — V. au surplus AINESSE (droit d').

USINES.

Table alphabétique.

Abonnement, 228.
Abrogation d'ordonnance, 219.
Accessoires, 115.
Action possessoire, 184.
Administration, 134, 138.
Alignement, 42.
Ancienneté de l'usine, 24 s.
Appareils Lépine, 227.
Augmentation, 15.
Autorisation, 7, 27, 30 s., 33 s., 37, 39 s., 57, 60, 70 s., 73, 138, 157, 215 s., 229. — (conditions de l'), 203. — (dommages-intérêts), 69. — du maire, 211. — nouvelle, 44, 46.
Autorité municipale, 243.
Aveux, 16.
Banalité, 5.
Barrage, 68, 83, 146.
Basse pression, 196 s.
Bateaux à vapeur, 212.
Bruit, 202.
Canal, 87 s., 185.
Changement, 49.
Chaudière, 196 s.
Chemin de fer, 212.
Chômage, 111 s., 123, 147 s., 162, 164, 174.—(usine ancienne), 120 s. — accidentel, 116.—périodique, 117, 163. — perpétuel, 122. — sans indemnité, 118 s.
Chute d'eau, 55.
Clause d'autorisation, 89.
Compétence, 133, 141., 150, 171 s., 177, 180. —
Droit ancien, 11 s.
Droit nouveau, 6.
Droits des riverains, 58.
Droit de rivière, 186.
Droit de servitude, 182.
Droits des tiers, 73 s., 229.
Eclairage par le gaz, 228.
Ecluses, 83.
Emanation de suie, 235.
Entretien du canal, 161.
Epreuves, 208 s., 213.
Etablissemens insalubres, 61, 194.
Etablissemens publics industriels, 206.
Exception aux règles générales, 216.
Exécution, 109, 143.
Exhalaison des fabriques, 232.
Existence ancienne, 23.
Expropriation d'usine, 91, 175.
Fermier, 76.
Fin de non-recevoir, 233.
Fixation d'indemnité, 93.
Forges, 81.
Formalités, 27, 31, 37, 39.
Formes de l'opposition, 63.
Frais, 85.
Francs-bords, 87.
Frontière, 28.
Garantie, 130.
Grillage des tissus par le gaz, 227.
Hauts-fourneaux, 81.
Haute pression, 196 s.
Hauteur des eaux, 75.
Historique, 2, 190 s.
Honoraires d'ingénieurs, 85.
Inaliénabilité, 13. — absolue, 19.
Indemnité, 94, 97, 100, 114 s., 117, 131, 233, 235. — envers les tiers, 160. — sur la Seine, 113.
Infiltration des eaux, 106.
Infraction aux règlemens, 183.
Ingénieur, 214.
Inondation, 80.
Instruction réglementaire, 223.
Interdiction, 226.
Interlocutoire, 189.
Législation, 194 s. — ancienne, 3. — nouvelle, 19, 26.
Liberté commerciale, 228.
Locataire, 124 s.
Locomobiles, 208 s.
Locomotives, 212.
Mesures de précaution, 206.
Mesures provisoires, 107 s.
Mesures spéciales, 222.
Mesures de sûreté, 213.
Ministre de l'intérieur, 148, 154.
Ministre des travaux publics, 201.
Motifs, 65, 123.
Motifs de la loi, 193.
Moulin, 2, 10, 14 s., 18, 203. — à farine, 61.
Moulin à vent, 242 s.
Mouture, 5.
Navigation, 32.
Nom du propriétaire, 210.
Nouveau mécanisme, 126 s.
Objection, 22.
Obligation des usiniers, 86.
Opposition, 62, 64 s., 74, 201 s.
Ordonnance, 218.
Paiement, 84.
Particulier, 177.
civile, 179, 181.
Concession ancienne, 14 s., 21, 176.
Concession de moulin, 11.
Concession nouvelle, 89.
Conflit d'attribution, 156, 169.
Conseil de préfecture, 116, 157 s., 166.
Consentement des tiers, 59.
Construction, 4, 205, 242. — nouvelle, 129.
Contentieux, 134.
Contestation, 159.
Convention, 80.
Copropriété du cours d'eau, 180.
Cours d'eau, 184. — navigable, 3, 71. — non navigable, 30.
Creusement de canal, 106.
Curage, 161.
Demande d'autorisation, 36.
Dénombrement, 16.
Déplacement, 211.
Dérogation aux règles générales, 215.
Déversoir, 76, 83, 144.
Distance, 243.
Distribution des eaux, 187.
Dommage moral, 238.
Dommages entre particuliers, 178.
Dommage permanent, 93, 168 s.
Dommage temporaire, 167.
Dommages-intérêts, 75, 77, 230 s.
Douanes, 28, 40, 244.
Passerelle, 50.
Petits domaines, 18. — aliénables, 10.
Pertuis, 83, 86.
Plâtre, 61.
Police locale, 224.
Police municipale, 225.
Possession centenaire, 12.
Possession valable, 16 s.
Pourvoi, 110.
Préfet, 53, 56, 107 s., 128, 141 s., 144 s., 151.
Préfet de police de Paris, 218.
Prescription de l'autorisation, 48.
Preuve, 23 s., 101.
Prisée, 125 s.
Procès-verbal des travaux, 41.
Propriétaire du fonds inférieur, 181.
Propriété, 17, 94, 173 s., 176, 188.
Question préjudicielle, 66, 112, 188.
Réduction de prix, 132.
Réfutation, 22.
Régime des eaux (modification du), 152.
Réglement d'administration publique, 143.
Réglement d'eau, 51 s., 151, 157, 177.
Réparation, 29, 47, 83.
Réserves, 54.
Résiliation, 131.
Révocation d'autorisation, 43, 103 s., 135, 153, 155, 166, 204. — sans indemnité, 102, 105. — transitoire, 20.
Risques et périls, 229.
Riverain, 4.
Rivière navigable, 8 s., 13, 19, 159, 185.
Rivière non navigable, 7, 104 s., 153, 187.
Servitude, 184.
Source, 88.
Submersion, 79.
Successeur, 205.
Suppression de machine à vapeur, 210.
Suppression d'usine, 90, 97, 100, 150 s., 154, 166. — artificielle, 92. — naturelle, 92. — sans indemnité, 95 s., 98 s.
Sursis à l'autorisation, 67.
Surveillance administrative, 214.
Surveillance de la police, 222, 224.
Tiers, 57, 218.
Titres anciens, 171 s.
Travaux, 77. — d'art, 44, 84.—publics, 164, 167 s.
Tribunaux civils, 155, 172, 176, 178, 189, 230.
Tribunal des conflits, 156.
Tribunaux ordinaires, 175.
Usages locaux, 124.
Usine ancienne, 101.—(chômage), 120 s.
Usine autorisée, 149.
Usine de l'état, 218.
Usine à gaz hydrogène, 221.
Usine non autorisée, 32, 182 s.
Usine à plâtre, 61.
Vannes, 79, 145, 158.
Voie contentieuse, 70, 152 s.
Voie publique, 243.
Voisinage, 226.
Zône militaire, 40.

USINES.— 1. — Cette expression, peu connue dans l'ancien droit, s'applique ordinairement à tout établissement industriel, moulins, manufactures, etc., dont les machines sont mues par une force motrice naturelle ou artificielle, telle que l'eau, la vapeur ou le vent.

CHAP. 1er. — *Usines à eau* (nº 2).
SECT. 1re. — *Historique, législation* (nº

—

CHAPITRE Ier. — *Usines à eau.*

2. — L'invention des moulins à eau remonte au premier siècle de notre ère, vers la fin du règne d'Auguste. Mais l'usage paraît s'en être propagé au commencement du quatrième siècle, et il était exclusivement adopté au sixième siècle. — Nadeau de Buffon, t. 1er, p. 10, 11 et 18.

Sect. Ire. — *Historique, législation.*

3. — Il importe de distinguer, en cette matière, les usines postérieures à 1790 de celles dont l'existence est ancienne, c'est-à-dire antérieure au moins à 1790; car, à partir de cette époque, celles mêmes dont l'existence avait précédé ont été soumises à une législation différente de l'ancienne. — Dans l'ancien droit, il y avait aussi une différence essentielle entre la législation sur les rivières navigables et flottables et sur les autres cours d'eau.

§ 1er. — *Législation antérieure à 1790.*

4. — Le droit de construire un moulin appartenait dès l'origine au propriétaire des héritages riverains. « 1o *Si quis mulinum, aut qualemcumque clausuram in aquâ facere voluerit, sic faciat ut nemini noceat. Si autem nocuerit, rumpatur usquedùm noceat.* 2o *Si ambæ ripæ suæ sunt, licentiam habeat; si autem una alterius est aut roget, aut comparet.* » — An. 630, cap. 83. — Tel est le principe général des coutumes : la construction du moulin ne devait pas nuire aux autres riverains, et un propriétaire des deux rives pouvait surtout user de ce droit. — Championnière, *De la propriété des eaux courantes*, no 362.

5. — L'exercice de ce droit était excessivement restreint, il est vrai, par les droits de mouture et de banalité du seigneur féodal, mais cela tenait à la qualité de seigneur justicier et non à celle de possesseur du fief; car cette restriction n'était pas particulière au droit de propriété des riverains; elle s'appliquait tout aussi bien aux moulins à vent et à bras. — Championnière, *ibid.*, no 364.

6. — Mais l'Assemblée constituante ayant aboli en 1790 tous les droits féodaux, il en est résulté que le droit exclusif de moulin a disparu, et que depuis cette époque tout propriétaire a pu user librement de son droit, qui est consacré d'ailleurs par plusieurs dispositions de nos lois nouvelles. — L. 15 mars 1790. — Championnière, *ibid.*, nos 338 à 433; Merlin, vo *Moulin*, § 7, no 4; Toullier, no 144, et art. 641, 644, 645 C. civ.; Troplong, *Prescript.*, 145, 146. — *Contrà* Proudhon, *Domaine public*, nos 931 et suiv.; Rives, *Du cours et du lit des rivières*, p. 51 et suiv.

7. — Il semblerait résulter de là, et même de l'arrêté du 19 ventôse de l'an IV, qu'il n'est pas besoin d'autorisation lorsque le propriétaire riverain veut établir une usine sur une rivière *non navigable ni flottable*; mais un décret du 19 messid. an XII exige que toute personne qui voudra établir ou réparer une usine ne puisse le faire *sur aucune rivière* sans avoir rempli toutes les formalités prescrites par l'arrêté du 19 vent. et l'instruction du 21 thermid. suivant. — L. 6 oct. 1791, tit. 2, art. 16, — Merlin, vo *Moulin*, § 7, art. 4.

8. — Les constructions de moulins sur *les rivières navigables et flottables* étaient soumises aux mêmes règles que les autres dans l'origine, selon Championnière. « *Aucun principe*, dit-il, propre aux institutions de la monarchie, n'attribuait dans l'origine la propriété des grandes rivières au *domaine royal;* elles étaient, comme les moindres ruisseaux, partie intégrante du *domaine privé* où les avait placées la révolution du dixième siècle. — *Ibid.*, no 382. — On doit donc décider que, jusqu'à l'introduction d'un droit nouveau, les anciennes usines construites sur une rivière navigable et flottable sont la propriété des usiniers.

9. — Ce droit nouveau se trouve-t-il dans l'édit de 1566 sur l'inaliénabilité du domaine de la couronne? Cet édit pose formellement, il est vrai, le principe de l'inamovibilité, mais il ne parle nullement des fleuves ni des rivières navigables, dans l'énumération complète qu'il fait des biens qui le composent. Et cependant cette énumération comprend des choses d'une moins grande importance, telles que les terres *vaines et vagues*.

10. — Un autre édit de *la même date, considérant*, au contraire, combien il *serait utile, tant au roi qu'à ses sujets, que certains biens du domaine fussent aliénés à perpétuité, moyennant cens et rente*, déclare les *prés marais* vains et vagues, *aliénables à perpétuité*, mais sans parler non plus des rivières navigables ou flottables, ou des concessions des *moulins* qui, plus tard, furent *nominativement* compris parmi les *petits domaines* déclarés aliénables à perpétuité.

11. — Il paraît donc certain que les édits de 1566 n'ont rien changé au droit de concession des moulins; on a continué à faire des concessions, comme précédemment, sur les rivières navigables et flottables. Ce sont ces concessions cependant que nous verrons le plus vivement contestées.

12. — Une déclaration du roi, de mars 1668, porte, il est vrai, que les détenteurs d'îles, de moulins et de différens droits concédés sur les rivières navigables et flottables, qui justifieront d'une possession de cent années, y seront *confirmés à perpétuité*, en payant une redevance du vingtième du revenu; cette déclaration a donc eu pour résultat de confirmer toutes les concessions postérieures à 1566; mais c'était là une disposition fiscale plutôt que constitutive du droit de concession entre les mains du pouvoir royal. — Isambert, t. 18, p. 113.

13. — C'est l'ordonnance de 1669, sur les eaux et forêts, qui, la *première* et la *seule*, a établi le droit public en cette matière : « Elle *déclare* que la *propriété* de tous les fleuves et rivières *portant bateaux de leur fonds sans artifice, fait partie du domaine de la couronne, sauf*, entre autres, le *droit de moulin* que les particuliers peuvent y avoir, par titres et possessions valables. » Le roi déclare aussi que ses prédécesseurs et lui ont eu seuls le droit de faire ces concessions; que lui seul pourra les faire à l'avenir, et ordonne la démolition de celles qui n'auraient pas cette origine. — Championnière, no 376; art. 41, 42, 43, tit. 27, ordonn. de 1669.

14. — Toutefois, il ne résulte pas de ces dispositions de l'ordonnance que le droit de moulin fut précédemment aliénable, et qu'il le devint à l'avenir, car le roi ne révoque que les concessions qui n'émanent pas du pouvoir royal, et il se réserve à lui seul le droit d'en faire à l'avenir; d'où on doit conclure qu'il rangeait ces concessions parmi les biens composant les petits domaines qui étaient aliénables à perpétuité, comme il l'a du reste formellement déclaré par l'édit de 1708 sur les petits domaines.

15. — L'ordonnance de 1669 n'a donc pas déclaré, en ce qui concerne les concessions de moulin, le domaine de l'état inaliénable depuis 1566, comme l'a décidé le conseil d'état; et c'est à tort aussi qu'il a jugé qu'une concession, qui remonte d'ailleurs originairement à une époque antérieure à 1566, n'a pu être augmentée par une concession royale postérieure, sous l'empire de l'ordonnance de 1669. — *Cons. d'ét.*, 17 mai 1844, soc. du Moulin d'Albarèdes.

16. — L'exécution de cette ordonnance a soulevé, toutefois, de graves difficultés qui se présentent encore fréquemment par ces mots : *titres et possessions valables*, dont les particuliers devront justifier pour que leurs moulins soient maintenus. — Art. 41. — On ne reconnaissait comme tels, d'abord, que les titres émanés du roi, et de possession valable que la possession centenaire exigée par la déclaration de 1668. — Mais deux édits ont modifié ce premier état de choses : un, celui d'avril 1683, s'est borné à exiger de simples *aveux* ou *dénombremens*, au lieu de titres de concession royale antérieure à 1566. — Isambert, t. 19, p. 425; Championnière, *ibid.*, no 382.

17. — L'autre édit, de 1693, va beaucoup plus loin : Pour *terminer*, dit-il, *toute recherche* sur la validité des titres et de la possession des usines notamment, il *maintient* et *confirme* toutes les concessions faites antérieurement après 1566 et antérieurement à l'ordonn. de 1669, sans autre distinction entre celles qui sont antérieures à 1566 et celles qui sont postérieures, que d'obliger les détenteurs des premières à payer le vingtième, et ceux des secondes le dixième du revenu de ces concessions. — Isambert, t. 20, p. 210; Championnière, no 382.

18. — Enfin, l'édit d'août 1708, rendu aussi par Louis XIV, justifie parfaitement l'interprétation que nous avons donnée à l'ordonnance de 1669, à savoir : qu'elle considérait toujours les concessions de moulin comme faisant partie des petits domaines, et aliénables; mais qu'elle ne reconnaissait comme valables que celles qui émaneraient du pouvoir royal. C'est, en effet, ce qui s'est dit formellement dans l'édit de 1708, qui classe nominativement les moulins parmi les petits domaines *aliénables à perpétuité*, et cela par la raison qu'en donne d'Aguesseau : c'est qu'on ne *peut en jouir* qu'en les *aliénant*. — Première requête sur la mouvance des fiefs.

§ 2. — *Législation postérieure à 1790.*

19. — L'ancienne législation sur les rivières navigables et flottables, considérées comme dépendantes du domaine de la couronne, a cessé d'être applicable aux concessions anciennes, par la loi du 22 déc. 1790 sur les domaines aliénés à titre d'*engagemens*, d'*échange* ou de *concession*. Cette loi a porté de profondes atteintes aux droits antérieurs. Non-seulement elle prohibe pour l'avenir toute concession qui serait une aliénation quelconque des rivières, qu'elle déclare *inaliénables* comme partie intégrante du domaine public, mais elle frappe de révocation les concessions qui ne seraient pas antérieures à 1566. Les conséquences de cette rétroactivité ont été toutefois modérées et ont fini par disparaître devant les lois postérieures dont nous allons parler.

20. — Une loi du 14 niv. an VII, calquée d'ailleurs sur celle de 1790, soumet les concessionnaires à faire, dans le mois, la déclaration de ce qu'ils détiennent, et, le mois suivant, à faire soumission de payer le quart de la valeur estimative de la concession, sous peine de déchéance; et cette loi est si bien applicable aux concessions de moulin qu'elle en détermine le mode spécial d'estimation (art. 19), et n'admet pas d'exception à cet égard (art. 5-4o). C'est en vertu de ces lois et de leurs principes de rétroactivité que tant de suppressions d'usines sur les fleuves navigables ou flottables ont dû avoir lieu *sans indemnité*, lorsqu'il n'était pas justifié de l'existence des usines avant 1566, et cela malgré les édits et ordonnances antérieures sur l'*aliénabilité des petits domaines*.

21. — Mais cette législation est-elle encore en vigueur? Toutes les concessions émanant du domaine, celle des moulins en particulier, sont-elles toujours sous le coup de l'incertitude qui frappait d'insécurité tant d'usines importantes? Non. La loi du 12-17 mars 1820, applicable aux *diverses classes d'acquéreurs du domaine* atteints par les lois de 1790 et de l'an VII, les en a affranchis en les relevant de toute déchéance lorsque les concessions émanent réellement du domaine. En effet, l'art. 7 de cette loi prescrivait à l'administration des domaines, de signifier aux *propriétaires, détenteurs* et *concessionnaires* du domaine, d'avoir à se conformer à la loi du 14 niv. an VII, et, à défaut par elle de le faire pendant le délai de *trente années*, à compter du 14 niv. an VII, les biens domaniaux provenant de l'état, antérieurement *à la loi de 1790, autres* que ceux pour lesquels les significations auraient été faites, sont déclarées la *propriété incommutable* des concessionnaires possesseurs actuels, sans distinction entre ceux de ces détenteurs qui se seraient ou *non* conformés à la loi du 14 nivôse. Or, ces trente années sont expirées du 14 *mars* 1829. Les concessionnaires qui n'ont pas reçu de significations avant ces trente années sont donc affranchis aujourd'hui de toute déchéance et *libérés* de toute action. En conséquence, aux termes de cette loi, les possesseurs actuels *concessionnaires* ou leurs *représentans* ne sont plus tenus de fournir *aucune justification*,

sous prétexte que leurs biens proviendraient de concessions faites avant ou depuis *le mois de février* 1566, avec ou sans clause de retour. — Art. 9. — La seule qu'ils doivent avoir à faire, c'est que l'usine avait été concédée avant la loi du 1er déc. 1790.

22. — Un arrêté du pouvoir exécutif du 19 vent. an VI, sur les mesures à prendre pour assurer le libre cours des rivières, n'est pas contraire à cette doctrine, en ce qui concerne les concessions qui ont une origine domaniale, puisqu'il a été rendu sous l'empire de la loi du 22 nov.-1er déc. 1790. Cet arrêté a donc pu ordonner la destruction des usines qui n'étaient pas fondées en titre, ou dont l'origine était féodale. Mais cet acte du directoire exécutif n'a pu ajouter aux rigueurs de cette loi, et la loi du 14 niv. an VII déclare formellement *rapporter* toute disposition antérieure qui lui serait contraire. On ne saurait objecter non plus la distinction entre le domaine public et le domaine national, pour dire que les concessions relatives au premier n'étaient pas valables; car la loi du 14 niv. an VII ne fait pas de distinction, et elle comprend tous les moulins, à plus forte raison ceux qui sont sur le domaine public, puisque la révocation des concessions était considérée comme plus utile, et enfin la loi du 12 mars 1820 s'applique à toutes les concessions émanées de l'ancien domaine de la couronne.

23. — Quoi qu'il en soit, la preuve de l'existence de l'usine antérieurement à 1566, ou de la concession faite antérieurement à 1790, peut résulter, indépendamment du titre originaire, de tous les documens qui peuvent en constater l'existence ancienne. Tous les élémens de preuves judiciaires sont admis. A cet égard, on doit appliquer ici la maxime *in antiquis enonciatica probant*. Ainsi, les aveux, les dénombremens, la mention quelconque dans un acte suffisent pour donner droit à l'indemnité. De nombreux arrêts du conseil d'état l'ont décidé ainsi; le dernier est du 10 mars 1848. — Proudhon, nos 56 et 57.

24. — Mais à qui incombera la preuve? La longue possession, tous les actes qui peuvent constituer l'établissement de la propriété, ne forment-ils pas une présomption, au moins de la légitimité d'existence ancienne de l'usine? surtout lorsque cette existence est démontrée pendant plusieurs siècles, n'est-ce pas à l'état, qui nie l'existence des usines antérieures à 1566 ou à 1790, à prouver qu'elles n'existaient pas? L'affirmative semblerait rationnelle. Aussi Proudhon (no 1165) pense-t-il qu'on pourrait invoquer la possession de trente ans, si le cours d'eau était inaliénable. — V. aussi Garnier, 3e édit., p. 137. — Si cet ordre d'idées était admis, comme nous avons établi que les concessions de moulin sur rivières navigables ou flottables étaient aussi aliénables, comme faisant partie *des petits domaines* dans l'ancien droit, on devrait en conclure que la même présomption existerait aussi en leur faveur. — Cependant, toutes les lois, depuis l'ordonn. de 1669 jusqu'aux dernières lois rendues en cette matière, ont mis la preuve de l'existence ancienne des usines à la charge des possesseurs et détenteurs. La jurisprudence est conforme à cette doctrine, adoptée également par les auteurs. — Nadeau de Buffon, t. 1er, p. 348; Garnier, t. 1er, p. 125, 117; Dufour, *Dr. adm.*, t. 2, p. 354 et suiv.; Cormenin, 5e édit., p. 507; Proudhon, t. 4, p. 60.

25. — Mais comment admettre cette solution pour les concessions dont l'origine est domaniale et dont, à ce titre, s'occupe la loi du 12-17 mars 1820, c'est-à-dire à l'égard des concessions auxquelles l'administration n'a pas fait les significations qu'elle prescrit? — Cette loi dispense formellement, en effet, tous les concessionnaires ou leurs représentans de *fournir aucune justification* de leurs titres, sous prétexte que les concessions seraient *antérieures ou postérieures au mois de février* 1566. — Il est vrai que cette prescription, qui ne devait avoir son effet que neuf années après la loi de 1820, n'a pas encore été invoquée. — Nous pensons donc, quant à ces concessions, qu'il suffit de prouver qu'elles sont domaniales et qu'elles ont été faites antérieurement au 1er déc. 1790. La loi de cette époque reste seulement applicable aux concessions qui n'émanent pas du domaine ou qui sont sans titres. Il faut, pour elles, que l'existence en soit prouvée antérieurement à 1566.

26. — Depuis la loi du 22 nov.-1er déc. 1790, toutes les concessions d'établissemens de moulin ou d'usine quelconque sur les rivières navigables ou flottables ont été soumises aux principes et aux conditions prescrits par cette loi et par les lois et réglemens postérieurs, puisque les lois que nous avons analysées ne sont applicables qu'aux concessions *antérieures à 1790*. Ainsi, l'arrêté du directoire exécutif du 19 vent. an VI, et la circulaire du ministre de l'intérieur, du 21 germin. suivant, qui rappellent les art. 42, 43 et 44, tit. 27, ordonn. 1669, et l'art. 2, L. 1790, sont encore applicables aujourd'hui. — C. civ., art. 538.

27. — La propriété des rivières navigables ou flottables ne peut, en aucun cas, tomber dans le domaine privé. Cependant, il peut être permis à des particuliers d'user de leurs eaux pour l'irrigation de leurs propriétés ou le service de leurs usines, en vertu d'une autorisation spéciale du gouvernement. Ces permissions sont soumises aux formalités d'instruction prescrites par l'arrêté du 19 vent. an VI, l'instr. min. du 19 thermid. suivant, et la circulaire du directeur général des ponts et chaussées du 16 nov. 1834.

28. — Les usines établies dans la ligne des douanes ou à l'extrême frontière sont soumises à des lois spéciales. Ainsi, l'établissement des moulins à eau ou à vent, les manufactures ou fabriques sont soumis à l'autorisation des préfets, qui peuvent même les frapper d'interdiction par mesure administrative, s'ils servent à la contrebande. — LL. 22 août 1771, 21 vent. an II, 30 avr. 1806. — Merlin, *Moulin*, § 7, art. 4.

29. — Enfin, lorsqu'on veut seulement *réparer* une usine située sur une rivière navigable ou non, et en changer les disposisions et les conditions hydrodynamiques, on doit se conformer aux dispositions légales et réglementaires qui précèdent. C'est là, sans doute, donner une extension excessive aux dispositions de la loi et des réglemens; mais l'usage et les termes du décret du 17 messid. an XII vont jusque-là, et il est toujours prudent de s'y conformer. — Ordonn. 13 nov. 1835. — Merlin, *Moulin*, § 7, art. 4; Garnier, t. 1er, p. 216; Sirey, t. 22, p. 92.

30. — C'est à tort que l'administration préfectorale seule, se fondant sur l'art. 561, C. civ., sur la loi du 20 août 1790 et sur celle du 6 oct. 1791, s'était attribué le droit de faire des concessions d'usines sur les rivières non navigables ni flottables. Un arrêté du 31 août 1810 a rendu l'arrêté du directoire du 19 vent an VI applicable aussi à ces sortes de concessions. Mais il suffisait alors d'une *décision ministérielle*, rendue sur le rapport du directeur général des ponts et chaussées.

31. — C'est une ordonnance du 30 mars 1821 qui modifia d'abord la législation sur ce point, en réservant au roi *seul* le droit d'autorisation, qui fut ensuite définitivement attribué au préfet, sauf l'homologation de cet arrêté par le chef du pouvoir exécutif. — Proudhon, no 1123; Magnitot et Delamarre, t. 2, p. 574.

32. — Toutefois, lorsqu'une usine a été construite sans autorisation, que le titre de concession ne peut être représenté ni suppléé par la justification de la légalité de son existence, ou bien lorsque ce titre a une origine vicieuse, telle qu'une concesion féodale, on ne doit en ordonner la suppression que si elle gêne la navigation. La circulaire du 21 germin. de l'an VI, applicable aux usines anciennes doit s'appliquer par la même raison aux nouvelles construites sans autorisation. — Garnier, t. 2, p. 140.

Sect. 2e. — *Autorisations; conditions; oppositions; droits des tiers.*

§ 1er. — *Autorisations, conditions, réglemens d'eau.*

33. — Les autorisations relatives aux constructions d'usines, sur les cours d'eau, navigables et flottables ou non, sont maintenant soumises aux mêmes règles, sauf quelques exceptions que nous aurons occasion de signaler.

34. — Ainsi, les demandes d'autorisations sont, dans tous les cas, soumises aux mêmes formalités. Toutefois, des rivières navigables ou flottables étant, suivant la nouvelle législation, absolument inaliénables, il s'ensuit que l'autorisation est soumise à toutes les conditions de révocation qu'il convient à l'autorité d'imposer, à la différence des autorisations données sur les autres cours d'eau; celles-ci dérivent de l'exercice d'un droit, soumis seulement aux conditions de police prescrites par l'autorité, et au respect du droit d'autrui, sans que la nature du droit en soit changée. — Championnière, nos 12, 13 et 14. — Cette opinion est toutefois controversée. — V. COURS D'EAU, nos 332 et 336.

35. — Aussi verrons-nous que l'autorisation accordée sur les rivières navigables ou flottables est, depuis 1790, considérée comme une simple tolérance, qui ne donne droit à aucune indemnité lorsquelle est révoquée; c'est au cessionnaire a accepter ou à refuser une telle permission. — Championnière, no 11. — On ne doit pas perdre de vue cette observation, lorsque seront accordées les autorisations dont nous allons maintenant indiquer les formalités.

36. — La demande d'autorisation est d'abord adressée par celui qui veut l'obtenir au préfet; le préfet la soumet à une instruction préalable : elle est adressée dans ce but au maire de la commune, à l'ingénieur d'arrondissement et à celui de la navigation, s'il y en a un. Le maire doit afficher cette demande pendant vingt jours pour que ceux qui y ont un intérêt légitime fassent leurs observations à la mairie; le maire et les ingénieurs donnent leur avis motivé sur la demande et les réclamations qu'elle peut soulever, et transmettent le tout au préfet avec un plan du lieu dressé par l'ingénieur.

37. — Le préfet soumet les pièces de l'instruction à laquelle il a été procédé à l'ingénieur en chef du département qui doit donner son avis, et sur le tout le préfet prend un arrêté motivé, dont il suspend l'exécution jusqu'à ce que le gouvernement ait autorisé l'établissement de l'usine.

38. — L'arrêté du préfet contient notamment : 1o l'obligation pour les ingénieurs de surveiller les travaux à exécuter; 2o la constatation de cette exécution aux frais du concessionnaire; 3o enfin la clause prescrite par la circulaire ministérielle du 19 thermid. an VI, portant qu'il ne sera dû à l'impétrant aucune indemnité par suite des dispositions que le gouvernement jugerait convenable de prendre dans l'intérêt de la navigation, du commerce et de l'industrie; mais cette clause ne doit exister que lorsqu'il s'agit de rivière navigable. — L. 29 flor. an X.

39. — Cet arrêté du préfet est adressé avec toutes les pièces au ministre de l'intérieur, et sur son rapport, après avoir entendu le conseil d'état, il intervient un arrêté du gouvernement qui accorde ou refuse l'autorisation demandée. — Décis. minist. du 31 août 1810; avis du cons. d'ét. du 31 déc. 1817. — Proudhon, no 1123; Garnier, t. 1er, 216; Sirey, *Consult.*, t. 22, p. 92. — *Cons. d'ét.* du 13 nov. 1835, Delamarre c. Hauchard.

40. — On doit de plus, lorsque l'usine qu'il s'agit d'établir doit être placée dans la zône de défense militaire, ou dans la ligne de douanes, soumettre la demande et toutes les pièces, soit au ministre de la guerre, soit au ministre des finances, pour qu'il donne son avis préalablement à l'arrêté du gouvernement. — L. du 27 août 1791, tit. 13, art. 12; circul. 9 therm. an VI et 16 nov. 1834. — Cotelle, t. 3, p. 601.

41. — Lorsque les travaux sont terminés, il doit être dressé un procès-verbal de leur réception par l'ingénieur de l'arrondissement; il est rédigé en présence des autorités locales sur la demande et en présence des parties intéressées. Une expédition de ce procès-verbal est déposée aux archives de la préfecture et une autre au ministère des travaux publics. — Réglement du 15 avr. 1838.

42. — L'autorisation de construire ou de réparer une usine ne dispense pas d'ailleurs, si la construction a lieu le long d'un chemin public ou le long d'un marche-pied, de demander l'alignement prescrit en matière de voirie. — Garnier, t. 1er, no 129.

43. — La clause de révocation sans indemnité, lorsqu'il s'agit de rivières navigables ou flottables, doit recevoir son application, si la suppression de l'usine a lieu à l'occasion de travaux qui ont eu pour objet d'assurer le libre cours des eaux. — L. 22 nov.-1er déc. 1790; décr. 19 vent. an VI; circul. 21 germin. an IV.

44. — La demande en autorisation est nécessaire lorsqu'il s'agit d'augmenter les forces motrices d'une usine par des travaux d'art, mais la clause de suppression sans indemnité est seulement applicable à l'augmentation de valeur résultant de l'autorisation, lorsqu'il s'agit d'une usine ancienne légalement établie, car la condition ne doit pas s'étendre au-delà de ce qui en est l'objet, et laisse intacts les droits de propriété et d'indemnité antérieurs. — *Cons d'ét.*, 26 nov. 1846, Coutes-Bringon.

45. — Le déplacement d'une usine qui consiste dans le transport du mécanisme, du vannage, du déversoir et de la direction de la prise d'eau soit en amont, soit en aval, est soumis aux mêmes formalités d'autorisation qu'une construction nouvelle. — Inst. min. 19 thermid. an VI. — Garnier, t. 1er, p. 146.

46. — On a décidé même que l'addition d'une seule roue nécessite une instruction et une autorisation nouvelles, à l'occasion de laquelle les réclamations des tiers pourraient se produire. L'arrêté du préfet et la décision ministérielle qui autorisent cette addition ne seraient considérés que comme des actes provisoires. — *Cons. d'état*, 27 avril 1838, d'Houdemare.

47. — Mais lorsqu'il ne doit résulter aucune innovation des réparations à faire, il n'y a pas lieu à autorisation nouvelle, sauf à l'administration à surveiller l'exécution des travaux de simple ré-

paration. — *Cons. d'état*, 30 mai 1821, Lameth. — Cormenin, 5e édit., p. 529.

48. — Si l'usine a été complétement détruite par incendie ou autrement, une nouvelle autorisation serait-elle nécessaire? Oui, selon le conseil d'état (ord. 8 janvier 1831, Beaugrand).—Cependant, des auteurs font une distinction qui nous paraît devoir être adoptée. S'il s'est écoulé plus de trente années, l'autorisation est nécessaire, parce qu'il y a alors prescription du droit concédé; mais s'il s'est écoulé un moindre temps, nous pensons qu'il suffit qu'on reconstruise dans les termes de l'autorisation, sous la surveillance de l'administration. — Garnier, t. 1er, p. 144 et suiv.

49. — Le changement d'emploi de la force motrice, tel que la conversion d'une usine à blé en une filature, et l'agrandissement d'une manière quelconque du bâtiment, ne sont pas des innovations qui nécessitent une nouvelle autorisation, dès-lors que rien n'est changé quant à la hauteur ni à la chute des eaux; l'autorisation ou la concession constituent un droit acquis, une propriété dans les limites tracées par la loi et les réglemens. — L. 6 oct. 1791; Art. 544, C. civ.

50. — L'établissement d'une passerelle sur un cours d'eau non navigable ni flottable peut être autorisé par le préfet avec l'approbation du ministre, si d'ailleurs elle ne nuit pas aux usines existantes. — *Cons. d'état*, 21 juin 1826, Morel.

51. — Les réglemens d'eau ont principalement pour but de déterminer le mode de jouissance d'un cours d'eau entre tous les ayant-droit, ou de fixer la part contributive de chacun des intéressés, à l'établissement ou à l'entretien d'un travail fait dans leur intérêt commun. — *Cons. d'ét.*, 10 janv. 1821, Delard-Buscou. — Proudhon, nº 764; Macarel, t. 1er, p. 34.

52. — Ces réglemens sont rendus par le président de la République, en conseil d'état, dans la forme des réglemens d'administration publique; ils ne peuvent être modifiés que dans les mêmes formes. Les décisions ministérielles peuvent seulement prescrire des mesures d'exception sans y rien ajouter. — *Cons. d'ét.*, 8 janv. 1831, Lucas.

53. — L'autorité préfectorale ne peut suppléer à ce réglement; elle peut seulement prendre des mesures provisoires et proposer ces réglemens. — *Cons. d'ét.*, 6 mars 1835, Derioux; 22 juin 1836, Pernel.

54. — L'arrêté qui règle contradictoirement avec l'usinier la hauteur des eaux ne peut, nonobstant ses réserves à l'égard des tiers, avec lesquels il a fait des conventions particulières, recevoir aucune modification devant les tribunaux qui ont à décider sur des dommages-intérêts réclamés. — *Cass.*, 24 fév. 1845 (t. 1er 1845, p. 638), Rozaud c. Cotenson.

55. — La hauteur d'une chute d'eau se mesure en prenant pour base l'arête du déversoir et non la ligne supérieure du plan de l'eau qui est en contre-bas de cette arête, et lorsque la chute est destinée à faire mouvoir une usine, on ne doit aussi la mesurer que lorsque la roue est en mouvement. — *Rouen*, 4 avril 1843 (t. 1er, 1844 p. 400), Darpentigny c. Blaise, Gauthier.

56. — Le préfet peut autoriser ou défendre le déplacement des usines qui sont sur les cours d'eau, sauf le pourvoi devant le ministre, si les parties se croient lésées. — *Cons. d'ét.*, 28 août 1822, Delamorlière.

57. — Lorsque le propriétaire des deux rives d'un cours d'eau non navigable ni flottable veut établir une usine, il lui suffit de se faire autoriser par l'autorité, surtout si les fonds supérieurs et inférieurs sont éloignés du lieu où il veut établir cette usine.

58.—Mais s'il n'était propriétaire que d'une seule rive, et s'il fallait disposer de tout ou partie du cours d'eau, le gouvernement ne pourrait, moyennant une indemnité que ce propriétaire proposerait de donner aux riverains, autoriser l'établissement de l'usine, car ce serait consacrer une expropriation pour cause d'utilité particulière. — C. civ., art. 544, et 545. — Cormenin, 5e édit., t. 1er, p. 520.

59. — Il faudrait donc, dans ce dernier cas, le consentement des propriétaires riverains à l'établissement de l'usine, et l'administration ne pourrait l'autoriser contre leur volonté.

60. — Il n'y aurait d'exception à ce principe qu'autant que le propriétaire d'une seule rive ne porterait pas, par le mode de jouissance du cours d'eau, un préjudice notable au propriétaire de l'autre rive, qui pourrait encore utiliser lui-même le cours d'eau; c'est là une question de fait, qu'on doit décider en conciliant l'intérêt général avec le respect dû au principe de la copropriété du cours d'eau. — C. civ., art 645. — Cormenin, 5e édit, t. 1er, p. 521.

61. — Enfin, les moulins à farine, lorsqu'on doit les établir dans les villes, et toutes les autres usines servant à broyer le plâtre, la chaux et les cailloux, sont rangés, à cause des inconvéniens qu'ils peuvent avoir soit pour la santé, soit pour le voisinage, dans la deuxième classe des établissemens incommodes et insalubres, par ordonnance du 9 fév. 1825; elles sont conséquemment, outre l'autorisation dont nous venons de parler, soumises aux autorisations prescrites pour les établissemens insalubres de *seconde classe*. — V. ÉTABLISSEMENS INSALUBRES, nos 113 et suiv.

§ 2. — *Oppositions, droits des tiers.*

62. — Les oppositions ont pour objet d'éclairer l'autorité sur les causes qui doivent lui faire refuser l'autorisation demandée, la modifier ou la faire révoquer si elle a déjà été obtenue; elles peuvent donc intervenir pendant l'instruction préalable à laquelle fait procéder le préfet, pendant l'instance administrative et même après l'ordonnance de concession, lorsque cette ordonnance n'a pas été rendue contradictoirement avec les opposans.

63. — Les oppositions ne sont soumises à aucune forme particulière; il suffit qu'elles interviennent durant le cours de l'instruction administrative, soit par déclaration sur le procès-verbal d'enquête, par lettre adressée aux fonctionnaires chargés de procéder aux opérations préalables, ou par acte extra-judiciaire, pour qu'elles soit examinées. — Lorsque l'autorisation, est obtenue c'est au ministre de l'intérieur que les réclamations sont adressées. — Arrêté du 19 vent. an VI. — *Cons. d'ét.*, 22 janv. 1823, Montanberic; 25 mai 1832, Apté.

64. — Ainsi, il suffit de l'intention manifestée par lettre, dans une enquête *de commodo et incommodo*, de s'opposer au changement du mécanisme d'une usine, pour que si cette opposition porte atteinte aux droits du propriétaire de l'usine, ce propriétaire soit fondé à poursuivre en justice l'opposant. — *Orléans*, 25 août 1843 (t. 2 1843, p. 597), Delaville-Leroux c. Bailby.

65. — L'opposition doit, pour être prise en considération, reposer sur un motif sérieux de la part de l'opposant. — L. 6 oct. 1791. — Cormenin, 5e édit., t. 1er, p. 520.

66. — Si l'opposant prétendait avoir un droit de propriété sur le terrain où on doit établir l'usine, l'autorité devrait surseoir à l'instruction de la demande, jusqu'à ce que les tribunaux civils eussent statué sur cette question. — *Cons. d'ét.*, 14 déc. 1825, Ricou c. de Caussens; 18 janv. 1826, Rouis; 2 août 1826, Bachelas c. Bouffier et Arnoux.

67. — Le sursis à l'exécution de l'ordonnance d'autorisation, et conséquemment la suspension des travaux, pourrait même être provisoirement ordonnée, si le conseil d'état était saisi d'une opposition des tiers, qui se prétendraient propriétaires.— Garnier, t. 3, p. 236.

68. — Les propriétaires riverains d'un cours d'eau non navigable ni flottable sont fondés à s'opposer à l'établissement d'un barrage qui causerait un préjudice à leur propriété. — *Cons. d'ét.*, 10 août 1828, Cinglant c. Le Riche.

69. — Jugé, qu'en l'absence d'interdiction expresse ou tacite, l'acheteur d'une usine ne peut s'opposer à la création d'un établissement semblable sur les terrains appartenant au vendeur, dès-lors que l'établissement nouveau est autorisé par l'autorité compétente. — *Cass.*, 17 juill. 1844 (t. 2 1844, p. 245), Maître-Cléry c. Cailletet.

70. — Les tiers qui sont lésés peuvent se pourvoir par la voie contentieuse devant le conseil d'état, lorsqu'il s'agit d'autorisation sur un cours d'eau non navigable ni flottable. A moins qu'il n'ait déjà été statué sur leur opposition et contradictoirement avec eux. — *Cons. d'ét.*, 28 avr. 1824, Montaut; 1er mars 1826, Houppin; 8 avr. 1829, Petit.

71. — Mais lorsqu'il s'agit d'autorisation de construire une usine sur une rivière navigable et flottable, l'autorisation ne peut être attaquée par la voie contentieuse, parce que les tiers n'ont pas, en général, de droits acquis sur ces rivières, qui font partie du domaine public, les tiers sont surtout non recevables dans leur opposition, lorsqu'ils l'avaient formée avant l'ordonnance d'autorisation. — *Cons. d'ét.*, 7 mai 1823, Pouguet.

72. — Il en est de même lorsque l'autorisation est accordée sur un canal de dérivation d'une rivière navigable; l'opposition formée par d'autres propriétaires d'usines ne peut pas avoir lieu par la voie contentieuse, lors même que des jugemens auraient réglé l'usage des eaux entre eux; l'état ne saurait être entravé dans l'exercice de son droit par l'autorité judiciaire.—*Cons. d'ét.*, 25 mai 1832, Apté.

73.— Il est de principe général que toute autorisation est donnée aux risques et périls de celui qui l'obtient, et sans préjudice des droits des tiers. — Proudhon, *Dom. publ.*, nº 1116; Lerat de Magnitot et Delamarre, t. 2, p. 582.

74.— En conséquence, nonobstant la décision de l'autorité administrative sur les oppositions, les tiers, surtout lorsqu'il s'agit de cours d'eau non navigables ni flottables, peuvent porter devant les tribunaux civils toutes les questions de propriété et de servitudes, soit qu'elles consistent dans des droits d'irrigation ou autres résultant de titres ou d'usages locaux. — *Cons. d'ét.*, 2 août 1826, Bachelard; 10 janvier 1832, Martin; 11 fév. 1829, Laroque; 2 mars 1832, Dellier.

75. — De même, s'il résulte de la trop grande élévation des déversoirs ou de toute autre cause que les eaux occasionnent quelques préjudices aux riverains, les usiniers sont passibles des dommages-intérêts. — L. 6 nov. 1791. — *Cass.*, 2 janv. 1832, Delabrière c. Lebreton et Lenoir; *Toulouse*, 17 déc. 1832, Ducassé c. Roquelaure; — Magnitot et Delamarre, t. 2, p. 552; Proudhon, nos 1116 et 1141.

76.— Les dommages-intérêts ne seraient toutefois personnellement supportés par les fermiers qu'autant qu'ils auraient élevé les eaux au-dessus des déversoirs autorisés par l'autorité. — C. pén., art. 457.

77. — A plus forte raison, l'usinier est-il passible de dommages-intérêts envers les tiers, lorsqu'il refuse de faire les travaux que l'autorité administrative a prescrits dans leur intérêt.— *Cass.*, 24 fév. 1845 (t. 1er 1845, p. 638), Rozaud c. Contenson.

78. — Lorsque le propriétaire d'une usine se plaint de l'établissement d'un barrage qui élève les eaux de manière à produire un reflux nuisible au mouvement des roues de son usine, l'arrêt qui, par appréciation des faits, déclare que la gêne apportée audit mouvement des roues ne peut être attribuée au reflux des eaux opéré par le barrage, et ne peut provenir que d'une cause étrangère à ceux qui l'ont établie, échappe à la censure de la cour de Cassation. — *Cass.*, 25 juin 1849 (t. 2 1849, p. 394), Briquel c. Dutac.

79.— Lorsque c'est par omission ou négligence à lever les vannes de l'empellement d'une usine qu'il y a eu submersion, le propriétaire de l'usine, ou le fermier, ne sont passibles que des peines portées par les art. 15 et 16, tit. 2 de la loi du 6 oct. 1791.— *Cass.*, 5 déc. 1844 (t. 1er 1845, p. 687), Capitain; 12 juin 1846 (t. 1er 1849, p. 408), Morillon c. Mesnier et Lorieux; 8 juin 1848 (même vol.), mêmes parties.

80. — Les dispositions de cette loi cesseraient d'être applicables si, par suite d'une convention faite avec les propriétaires voisins, ils devaient souffrir ces inondations sans indemnité, à moins que les usiniers n'aient contrevenu aux réglemens d'eau et opéré un changement dans le régime ordinaire des eaux.—*Bourges*, 23 déc. 1843 (t. 1er 1845, p. 186), Leblanc c. Métairie.

81.— La loi est applicable à toute usine établie sur un cours d'eau, indépendamment des obligations particulières résultant d'autres lois, de celles par exemple qui imposent certaines obligations aux propriétaires de hauts-fourneaux à fondre le minerai, l'infraction de ces obligations est régie par des dispositions spéciales de la loi du 21 avr. 1810 sur les usines, minières et carrières. — *Cass.*, 23 janv. 1829, Ardaillon; 5 déc. 1844 (t. 1er 1845, p. 687). — Carnot, sur l'art. 457, C. pén., t. 2, p. 511, nº 2.

82.— Un tribunal de police ne peut, en présence d'un procès-verbal constatant qu'il y a eu négligence de la part d'un usinier qui n'a pas pris les précautions nécessaires pour éviter les dommages à ses voisins dans une crue d'eau, le renvoyer de la plainte sans qu'il lui soit rapporté une preuve contraire sur le seul motif qu'un usinier n'est pas tenu, dans une crue d'eau, de lever les vannes, alors même qu'il en recevait l'ordre de l'autorité. — *Cass.*, 12 juin 1846 (t. 1er 1849, p. 408), Morillon c. Mesnier et Lorieux.

83. — L'établissement des déversoirs, des barrages, perthuis et écluses, leur entretien, sont à la charge des propriétaires d'usines; tous ceux qui en profitent les supportent contributoirement, suivant le réglement qui en est fait par l'administration publique.— L. 16 sept. 1807.— *Cons. d'ét.*, 23 avr. 1823, Rabeau.

84. — Lorsque les travaux d'art peuvent servir à la navigation de la rivière, le gouvernement doit aussi concourir, dans la proportion des intérêts respectifs, aux frais d'établissement et de réparation de ces travaux; il doit les supporter seul lorsqu'ils sont uniquement destinés au service de la navigation. — *Cons. d'ét.*, 6 juin 1830,

ministre de l'intérieur c. Borel; 25 nov. 1831, Tauriac.

85. — On comprend dans les frais les honoraires des ingénieurs chargés de faire la visite des barrages, des écluses et des déversoirs; ces honoraires sont dus, lors même que les travaux seraient abandonnés par l'usinier. C'est le préfet qui en rend le paiement exécutoire.

86. — Enfin, les usiniers sont tenus de ne pas entraver le libre cours des eaux, de ne pas gêner la navigation et d'entretenir les pertuis qui doivent servir au passage des bateaux, sous peine de supporter les dommages qui pourraient en résulter pour les mariniers.

87. — Lorsque le cours d'eau est renfermé dans un canal fait de main d'homme, ce canal n'est pas seulement l'accessoire, mais encore une partie intégrante du cours d'eau, et la propriété du canal entraîne celle des francs-bords; personne ne peut dès-lors prendre l'eau au canal s'il n'a une servitude établie par titres. — *Cass.*, 20 déc. 1842 (t. 1er 1843, p. 857), de Courcelles c. Garnot; — V. aussi *Cons. d'ét.*, 26 mars 1812, Martinet c. Reiner; 27 août 1812, compagnie des canaux d'Orléans et de Loing c. comm. de Prenoy; 6 sept. 1820, Jauffret c. Pascal. — L'ancienne jurisprudence est, à cet égard, d'accord avec la nouvelle. — Arrêts du 15 déc. 1608, 15 juill. 1656 et de 1743. — V. Rousseau-Delacombe, *Recueil*, vo *Eau*, p. 200; Henrion de Pansey, *Comp. des juges de paix*, nos 162 et suiv.

88. — Néanmoins, si le propriétaire d'une usine et d'un terrain dans lequel se trouve une source dont l'eau se rend dans le canal, vend le moulin et conserve le terrain, on ne doit pas, en l'absence de clause spéciale, présumer la vente de la source, à moins qu'il n'y ait un signe apparent de servitude par destination de père de famille, ou que l'eau de cette source ne soit considérée comme un accessoire nécessaire du moulin. — *Grenoble*, 24 et 29 nov. 1843 (t. 2 1846, p. 237), Veyrel c. Perouiller.

89. — Lorsqu'une concession faite par l'autorité contient une clause qui lui réserve le droit de disposer du cours d'eau de la manière qu'elle le jugerait convenable, lors même que par l'exercice de cette clause elle priverait le concessionnaire de l'autorisation, celui-ci n'a pas le droit de demander des dommages-intérêts à un autre concessionnaire qui aurait été postérieurement autorisé à faire des travaux, lors même que le volume servant à faire mouvoir l'usine antérieurement autorisée en serait diminué. — *Cass.*, 18 avr. 1843 (t. 2 1843, p. 518), Ronflette.

Sect. 3e. — *Suppressions d'usines, chômage.*

§ 1er. — *Suppressions d'usines.*

90. — Ces suppressions peuvent avoir lieu : 1o par voie d'expropriation pour cause d'utilité publique; 2o par suppression des forces motrices soit naturelles soit artificielles, par suite d'exécution de travaux publics; 3o par révocation de l'ordonnance ou de l'arrêté de l'autorisation; 4o par la destruction ordonnée par l'autorité, lorsque l'usine a été construite sans autorisation. — Ces suppressions ont lieu avec ou sans indemnité dans les cas et selon les circonstances que nous allons examiner.

91. — *Expropriation pour cause d'utilité publique.* — La suppression par cette voie a lieu toutes les fois que, pour rendre une rivière navigable, établir un canal, exécuter un travail d'utilité publique, on exproprie matériellement et directement une usine, comme tout autre immeuble, moyennant une indemnité qui est déterminée dans les formes et suivant les règles successivement prescrites par les lois des 16 sept. 1807, 8 mars 1810, 7 juill. 1833, et maintenant par la loi du 3-6 mai 1841; l'indemnité est alors fixée par le jury d'expropriation. — *Cons. d'ét.*, 7 août 1827, Manisse.

92. — *Suppression de forces motrices par suite de travaux publics.* — La suppression d'une usine a lieu indirectement par la diminution ou la disparition des forces motrices; si elle s'opère naturellement, il n'est dû aucune indemnité, car, dans tous les cas, la concession est accordée aux risques et périls de l'impétrant; si les forces motrices sont supprimées artificiellement par suite de l'exécution d'un travail d'utilité publique, la jurisprudence administrative a décidé que, lorsqu'il y a lieu à indemnité, elle doit être réglée administrativement d'après la loi du 16 sept. 1807. — *Cons. d'ét.*, 29 janv. 1823, Detours; 7 déc. 1826, Dolorme; 19 août 1837, Badin d'Hurtibise; 14 déc. 1837, Cacheux; 7 mars 1839, Roulin Sabiac; 27 août 1839, préfet de la Manche c. Rostingue.

93. — Mais la cour de Cassation et les cours d'appel ont une jurisprudence différente; elles n'admettent la fixation de l'indemnité par la voie administrative que lorsque le dommage est temporaire; quand il est *permanent*, l'indemnité doit être fixée par les tribunaux civils, seuls compétens pour statuer sur les questions de propriété. — *Cass.*, 23 nov. 1836 (t. 1er 1837, p. 316), préfet de la Sarthe c. Bruneau; 23 avr. 1838 (t. 1er 1838, p. 596), Pollet c. préfet de l'Oise; *Riom*, 23 mai 1838 (t. 1er 1841, p. 597), préfet de l'Allier c. Southat.

94. — La première et la principale question que nous ayons à traiter ici est celle du droit à l'indemnité. Nous ne faisons qu'indiquer la question de compétence que nous traiterons plus loin (sect. 5e). Le droit à l'indemnité est subordonné évidemment à la question de propriété et de légalité d'existence des usines, dont nous avons posé les principes précédemment, soit qu'il s'agisse de suppression totale ou d'une modification dans l'état de l'usine, lorsque la valeur en est diminuée.

95. — Parlons d'abord de la suppression qui a lieu dans le cas d'autorisation donnée sur rivière navigable ou flottable. Il est évident que si l'autorisation a été donnée avec l'insertion de la clause de révocation sans indemnité dont nous avons parlé no 89, il n'est dû aucune indemnité. Il y a plus, si l'autorisation est postérieure à la loi du 1er déc. 1790, qui a déclaré le domaine public absolument inaliénable, il n'est pas dû d'indemnité en l'absence même de la clause dont nous parlons, car aucune partie de ce domaine n'étant aliénable, il s'ensuit que l'usinier n'a pu acquérir un droit de propriété, qui seul pourrait motiver sa demande d'indemnité. Les auteurs et la jurisprudence sont d'accord sur ce point.

96. — Mais lorsque la concession domaniale ne contient pas de clause de révocation, et qu'elle est antérieure à la loi du 1er déc. 1790, il faut distinguer selon nous : si la suppression a eu lieu sous l'empire des lois du 1er déc. 1790 et du 14 vent. an VII, c'est-à-dire avant qu'elles ne fussent abrogées par l'effet de la loi du 12-17 mars 1820, l'usinier doit prouver l'existence de son usine avant l'édit d'avr. 1566, pour avoir droit à une indemnité comme propriétaire. — *Cons. d'ét.*, 11 mai 1838, Berteau c. Urbain et Piart.

97. — Cependant, la jurisprudence administrative exige cette preuve de l'existence des usines avant 1566 dans tous les cas, même depuis que la prescription de trente ans, établie par la loi de 1820, est acquise. Il est vrai que cette prescription n'a pas encore été opposée; si elle l'était, nous pensons qu'on devrait l'appliquer par les motifs que nous en avons donnés précédemment (nos 24, 25 et suiv.). On ne saurait objecter l'ordonn. de 1669 qui déclarait que les fleuves et rivières navigables faisaient partie du domaine de la couronne, puisque, comme nous l'avons établi, à côté de ce principe existait celui de *l'aliénation des petits domaines*, et que la rétroactivité établie par la loi du 1er déc. 1790 a cessé d'être applicable. Il suffit donc que l'on prouve une concession antérieure à 1790 pour avoir droit à l'indemnité.

98. — Néanmoins, la jurisprudence du conseil d'état, qui est fondée cependant sur cette loi de 1790 dont les effets sont réglés par la loi de 1820, est constante. Selon elle, la plus longue possession de l'usinier ne dispenserait pas de représenter une autorisation. — *Cons. d'ét.*, 21 juin 1826, Jourdin; 28 janv. 1835, Deschamps; 11 fév. 1836, Petot. — Il faut dans ce système, pour que l'usinier ait droit à une indemnité, produire un titre antérieur à l'édit d'avril 1566 — *Cons. d'ét.*, 19 mars 1840, Conqueret c. ministre des finances.

99. — Nous concevons cette jurisprudence et nous l'admettons parfaitement lorsque l'origine de la concession domaniale n'est pas prouvée, parce qu'alors il n'y a pas de titre ou que le titre a une origine féodale ou tout autre qui n'émanerait pas du domaine, ni des engagistes ou des échangistes exerçant ces droits; alors il est évident, en effet, que les concessions ne sont pas du nombre de celles qui sont déclarées incommutables par la loi du 12-17 mars 1820. Il n'y a donc pas lieu d'appliquer cette loi, mais bien l'arrêté du directoire exécutif du 19 vent. an VI, qui ordonne la destruction des usines qui ne sont *fondées en titres* ou dont le titre aurait une origine féodale. — V. arrêté du 19 vent. an VI.

100. — On rencontre quelquefois cependant, selon Nadeau de Buffon (t. 1er, p. 348), une tendance dans l'administration à faire fléchir le principe de la non-indemnité dans le cas où la concession n'aurait été accordée dans l'origine qu'à titre onéreux, et sous la condition d'un capital versé dans les caisses de l'état. Mais il y a loin de là à une règle fixe toujours désirable en pareille matière, car il s'agit de droits de propriété, qui sont le patrimoine des familles et la garantie de droits conférés à des tiers souvent depuis plusieurs siècles.

101. — Il importe toutefois d'examiner la nature des preuves qu'on doit exiger de l'usinier, pour établir son droit à l'indemnité. En cas de perte du titre, on peut, dit Proudhon (nos 1156, 1157), y suppléer par toutes les preuves juridiques propres à prouver l'existence ancienne de l'usine, surtout si on doit prouver qu'elle remonte à une époque antérieure à 1566. L'édit de 1683 admettait comme devant donner une preuve suffisante les *titres d'inféodation royale, les contrats d'aliénation, les engagemens, les aveux et les dénombremens* qui auront *été rendus*. En un mot, il y a lieu d'appliquer la règle *in antiquis enonciativa probant*, lors même que l'énonciation serait dans un titre privé. — *Cons. d'ét.*, 30 mars 1846, de Bockels; 10 mars 1848, Faucheux.

102. — *Révocation de l'autorisation.* — En cas de suppression de l'usine, on suit les mêmes formalités que celles qui sont prescrites pour obtenir l'autorisation. La révocation doit être motivée par un intérêt public de la nature de ceux qui sont énoncés dans la clause énoncée en l'acte d'autorisation. — *Cons. d'ét.*, 29 août 1821, Martin.

103. — Lors même qu'il s'agit d'un cours d'eau non navigable ni flottable, l'autorisation peut être révoquée si l'usinier ne s'est pas conformé aux autres conditions que cet acte impose, soit en ce qui concerne le volume d'eau nécessaire à la navigation, soit que l'usinier abuse de toute autre manière de la concession, sans préjudice des peines prononcées par l'art. 471, C. pén. — *Cons. d'ét.*, 21 juin 1826, Jourdain; *Cass.*, 31 mai 1845 (t. 2 1845, p. 632), Boucher.

104. — La révocation des autorisations données sur les cours d'eau non navigables ni flottables peut aussi avoir lieu si elles causent un dommage permanent aux tiers; ceux-ci peuvent alors se pourvoir devant l'autorité administrative pour faire prononcer cette révocation, et devant les tribunaux pour obtenir des dommages-intérêts quelle qu'en soit la cause, soit qu'elle résulte de barrages, de vannes ou d'écluses, ou de l'existence seule de l'usine. — Proudhon, no 1166.

105. — Il ne serait dû alors aucune indemnité, car elle ne serait pas due par l'état, puisqu'il ne s'agit pas de rivière navigable et qu'il n'intervient que par mesure de police; elle ne serait pas due non plus par les particuliers, puisque c'est en vertu de leur droit qu'ils obtiennent des dommages-intérêts contre l'usinier; enfin l'usinier lui-même ne perd pas, si ces dommages compensaient pour lui les avantages que l'usine pouvait lui procurer. — Proudhon, no 1169.

106. — L'état ne devrait pas non plus d'indemnité, si, par suite du creusement du biez, il y a infiltration et perte des eaux du canal, à moins, toutefois, qu'il n'ait fait l'opération dans son intérêt, par une prise d'eau ou autrement. — *Cons. d'ét.*, 20 juill. 1836, Klein.

107. — *Destruction des usines non autorisées.* — Dans ce cas, le préfet et même le sous-préfet peuvent, s'il y a urgence, arrêter les travaux en cours d'exécution; l'arrêté du préfet est rendu soit sur la demande des tiers intéressés, soit sur le vu des procès-verbaux de l'administration. L'arrêté du préfet devra, toutefois, être confirmé par le ministre. — Ordon 29 août 1824, Martin c. Selves.

108. — Lorsque le dommage causé par l'usine non autorisée est plus ou moins flagrant, les mêmes autorités peuvent prendre des mesures provisoires pour le faire cesser. — Ordonn. 1669, tit. 27, art. 42 et 43; arrêté 19 vent. an VI; L. 29 flor. an X; décr. 28 mai 1809, 8 août 1811, 23 25 avr. 1812. La jurisprudence administrative est conforme à cette législation.

109. — Lorsque la destruction de l'usine est définitivement prononcée, les particuliers ont le droit de requérir l'exécution des arrêtés intervenus, lorsqu'ils y ont un intérêt personnel, indépendamment de l'intérêt général de la navigation. — *Cons. d'ét.*, 20 juin 1821, Lescaille.

110 — Enfin, les agens de l'administration peuvent, comme l'usinier, se pourvoir devant le conseil d'état contre la décision du conseil de préfecture. Quant aux tiers, ils peuvent se pourvoir devant les tribunaux en réparation du dommage qu'ils peuvent éprouver. — *Cons. d'ét.*, 21 nov. 1839, Pincenaille.

§ 2. — *Chômage.*

111. — Le chômage est la cessation momentanée et forcée du service d'une usine; il donne lieu, en général, au paiement d'une indemnité en faveur de l'usinier, soit qu'il y ait chômage accidentel ou périodique. — V. CHOMAGE, no 4.

112 — Le droit à cette indemnité est toutefois subordonné à la question d'existence légale de l'usine, suivant les principes que nous venons d'exposer en la précédente section; le chômage est en effet une suppression partielle du service des forces motrices de l'usine; la question de propriété est donc préjudicielle à la question d'indemnité. — *Cons. d'ét.*, 30 mars 1846, de Boisset.

113. — Le principe et même le taux de cette indemnité sont réglés par l'ordonnance de 1669 et les lois postérieures; l'ordonnance l'a fixée à *deux livres* pour chaque jour de chômage, et une loi du 28 juill. 1824 l'a fixée à *quatre francs* pour les moulins situés sur la Seine et ses affluens. — *Cass.*, 27 juill. 1808, Gally.

114. — La loi de 1824 est-elle applicable aux fleuves et rivières des autres parties de la France? C'est avec raison que Proudhon soutient l'affirmative, car il est de principe que l'indemnité doit être, lorsqu'une convention expresse ou tacite ne l'a pas déterminée d'avance, de toute la perte éprouvée par celui qui la réclame; or, le prix de toute chose ayant considérablement augmenté depuis 1669, il ne serait pas juste que l'évaluation du chômage restât stationnaire. — Proudhon, no 1212. — Cependant Garnier soutient l'opinion contraire (t. 1er, p. 182).

115. — Il est reconnu au surplus que dans l'évaluation de l'indemnité on doit tenir compte des frais généraux de l'exploitation industrielle, tels que ceux d'entretien des machines, du coût de la patente, des intérêts des fonds de roulement, et en général de toutes les dépenses que le chômage rend improductives, indépendamment de la perte résultant du chômage proprement dit. — *Cons. d'ét.*, 6 fév. 1831, Brun.

116. — Le chômage accidentel cause un dommage temporaire dont l'appréciation appartient au conseil de préfecture, il y procède suivant les formes prescrites par la loi du 16 sept. 1808. — Delamarre et Magnitot, t. 2, p. 582. — *Cons. d'ét.*, 3 juin 1831, Magniez : 27 mai 1839, Cigny.

117. — Le chômage périodique est établi sur certaines rivières à l'époque de la flottaison, il est payé par *ceux qui l'occasionnent par leur navigation et le flottage*, suivant les termes de l'ordon. de 1669, tit. 27, art. 45. On arrête ainsi les moulins à des jours déterminés de la semaine. — V. aussi ordon. de 1574 et 1672.

118. — Il n'est pas dû d'indemnité, toutefois, si le chômage a été prévu par l'acte de concession, ou par des réglemens antérieurs, comme devant être supporté par l'usinier, pourvu qu'il n'excède pas la durée qui lui a été assignée, lors même que les jours de chômage seraient changés par suite du nouveau régime auquel la rivière serait soumise. — *Cons. d'ét.*, 14 déc. 1837, Cacheux.

119. — La clause communément adoptée par le gouvernement dans les concessions qu'il fait sur les rivières navigables ou flottables : qu'il ne pourra être prétendu aucune indemnité pour chômage, doit évidemment recevoir son exécution, lors même que ce serait pour l'exécution des travaux prescrits dans l'intérêt des particuliers, puisque l'ordonnance de concession le prévoit. — *Cons. d'ét.*, 11 mai 1838, Berleau.

120. — Mais, doit-on admettre qu'il en serait ainsi lors même que l'acte de concession ne contient pas cette clause? Doit-on présumer qu'elle a été tacitement entendue dans les concessions anciennes? Plusieurs décisions du conseil d'état ont prononcé dans ce sens; c'est ainsi qu'elles ont décidé qu'il n'y a lieu à indemnité pour chômage qu'autant que l'origine du moulin remonte à une époque antérieure à 1566, ou que, par suite de vente nationale, il y a eu affectation d'une force motrice déterminée au mouvement de l'usine. — *Cons. d'ét.*, 16 mars 1842, Baraignes; 30 mars 1846, de Boisset. — Mais on doit, selon nous, admettre dans ce cas les distinctions que nous avons précédemment établies, nos 21 et suiv.

121. — Cette solution est la conséquence du principe de l'inaliénabilité du domaine public, rétroactivement appliqué aux concessions antérieures par la loi des 22 nov.-1er déc. 1790. Dès-lors que la concession elle-même pourrait, dans ce système, être supprimée sans indemnité, il est évident que la suppression temporaire de l'usage du moulin, ou le chômage, ne devrait lui même donner lieu à aucune indemnité; mais si on admet le système que nous avons établi *suprà*, les usiniers étant devenus propriétaires incommutables, ils auraient droit à l'indemnité pour chômage.

122. — Quoi qu'il en soit, un préfet ne pourrait mettre une usine dans un état de chômage perpétuel, car cela équivaudrait à une suppression. — *Cons. d'ét.*, 29 août 1821, Martin; 29 août 1822, Widrange.

123. — Le préfet ne pourrait non plus infliger le chômage à un usinier comme une peine; il peut seulement être ordonné comme une mesure d'intérêt général.

Sect. 4e. — *Droits respectifs du locataire et du propriétaire.*

124. — Indépendamment des droits et des obligations de droit commun, les propriétaires et les locataires d'usines sont soumis à des obligations qui résultent soit d'usages locaux, soit de conventions particulières à ces sortes de locations : elles sont relatives surtout à l'entrée et à la cessation de la jouissance de l'usine.

125. — Ainsi, il est d'usage dans beaucoup de localités que les tournans, virans et travaillans du moulin, soient reçus en prisée par le locataire, avec la condition de les rendre à la fin du bail au propriétaire ou à un nouveau locataire, aussi sur estimation; elle est ordinairement payée par le locataire entrant au locataire sortant.

126. — Mais lorsque le locataire a remplacé, dans le cours du bail, le mécanisme existant par un autre d'espèce toute différente, le propriétaire est-il tenu de le prendre sur estimation? On a décidé avec raison la négative, lorsque cette substitution d'un nouveau mécanisme à l'ancien n'est pas entrée dans les prévisions du bail. — *Cass.*, 8 janv. 1849 (t. 1er 1849, p. 321), Lefranc c. Dubail; *Orléans*, 20 avr. 1849 (t. 1er 1849, p. 580), mêmes parties.

127. — On ne pourrait induire le consentement du propriétaire à ces changemens, soit de l'autorisation qu'il aurait donnée au locataire d'élargir le biez du moulin, soit de la connaissance qu'il aurait eue des changemens, sans y faire opposition; on ne pourrait l'induire même d'une nomination d'experts à laquelle il aurait consenti pour faire l'estimation de la prisée. — Mêmes arrêts.

128. — Toutefois, si la substitution du nouveau mécanisme, telle que celle du mécanisme anglais au mécanisme français, n'a pas déprécié l'usine, et si le locataire consent à le laisser pour le prix d'estimation de l'ancien, le propriétaire, ou le nouveau locataire, sont tenus à le prendre pour ce prix, si d'ailleurs la destination du moulin n'en est pas changée. — Mêmes arrêts.

129. — Si le locataire ne consent pas à laisser le mécanisme nouveau pour un prix égal à l'ancien, ou si le propriétaire éprouvait par cette substitution une dépréciation dans la valeur de son immeuble, il y aurait lieu d'appliquer la disposition de l'art. 555, C. civ., suivant lequel le tiers qui a fait des ouvrages et des constructions sur la propriété d'autrui est obligé de les supprimer à ses frais, si le propriétaire ne veut pas les retenir. — Mêmes arrêts.

130. — Le bailleur ne doit rien faire directement ou indirectement qui diminue la jouissance du locataire; ainsi il devient passible des dommages-intérêts, lorsqu'il diminue la quantité d'eau destinée au moulin, en convertissant une filature qu'il avait sur le même cours d'eau en une papeterie. Si le propriétaire a vendu cette papeterie, l'acquéreur peut être condamné solidairement avec lui, envers l'usinier, sans que cette décision puisse être censurée par la cour de Cassation. — *Cass.*, 10 juin 1846 (t. 2 1846, p. 250), Violette c. Lesur.

131. — Le locataire d'un moulin qui a fait fixer par son bail l'indemnité à laquelle il a droit pour chômage, ou celui qui a fait déterminer par experts une remise sur le prix de la location, n'est plus fondé, lorsqu'il n'a pas de motif de quitter son exploitation, à demander une autre indemnité pour cause de résiliation. — *Cons. d'ét.*, 9 juin 1830, Bricongne c. ville de Paris.

132. — Celui qui a pris à bail une usine ne peut demander la réduction du prix de son bail ni sur ce qu'il serait intervenu un décret qui a réduit les heures du travail, ni sur ce que, par suite d'une crise commerciale, il ne pouvait plus utiliser toute la force motrice de l'usine. — *Douai*, 8 janv. 1849 (t. 1er 1849, p. 655), Bonami-Defrenne c. Vantroyen.

Sect. 5e. — *Compétence.*

133. — Les pouvoirs compétens pour prononcer sur les questions concernant les usines sont : 1o les préfets et le gouvernement, comme exerçant les actes de pure administration; 2o les tribunaux administratifs, les conseils de préfecture et le conseil d'état (section du contentieux); 3o les tribunaux civils ordinaires.

134. — Les attributions de ces pouvoirs, distinctes en principe, présentent souvent des questions délicates dans l'application; il importe d'abord de distinguer les actes d'administration pure, pour lesquels on ne peut se pourvoir qu'auprès de l'administration supérieure, des actes qui donnent lieu au contentieux, soit administratif, soit judiciaire, et ensuite de marquer la séparation entre ces deux sortes de contentieux.

135. — Les actes de pure administration sont, en cette matière, dans les attributions des préfets, du ministre de l'intérieur et du gouvernement, lequel rend des arrêtés dans la forme des réglemens d'administration publique, soit pour les concessions, soit pour les révocations d'autorisation d'usines; mais les préfets ne doivent jamais, dans leurs arrêtés, réformer ceux du gouvernement : ceux qu'ils prennent doivent, au contraire, en assurer l'exécution.

136. — Les conseils de préfecture sont chargés du contentieux administratif auquel les concessions d'usines donnent lieu, et leurs décisions peuvent être déférées, comme second degré de juridiction, au conseil d'état, ***section du contentieux administratif***, tel que l'institue la nouvelle loi d'organisation de ce conseil, en date du 3 mars 1849.

137. — Mais lorsqu'une question de propriété se présente et que des questions d'intérêt privé sont engagées entre les usiniers et les riverains, la juridiction ordinaire est seule compétente : d'une part, parce qu'alors l'intérêt est purement civil, et de l'autre, parce que toutes questions de propriété sont de la compétence des tribunaux de droit commun, lors même que ces questions s'agitent entre les particuliers et l'état comme personne civile.

138. — Les attributions des autorités ministérielles sont réparties entre les différens ministères, selon les diverses natures d'objets qu'il s'agit de régler; mais les actes des directeurs généraux n'ont de caractère légal que lorsqu'ils sont adoptés par le ministre compétent, et ne sont pas attaquables devant le conseil d'état. — Garnier, nos 551 et suiv.

139. — Les réglemens d'eau interviennent sous la forme de réglemens d'administration publique, qu'ils aient pour objet une ou plusieurs usines. Tous arrêts rendus sur des demandes en autorisation d'usines, même de celles qu'il s'agit d'établir sur les cours d'eau non navigables ni flottables, sont inattaquables par la voie contentieuse, soit qu'ils admettent la demande à des conditions dont l'utilité est plus ou moins contestable, soit qu'ils la rejettent absolument. — Cotelle, t. 3, p. 266.

140. — Ils seraient cependant attaquables, même par cette voie, s'ils contenaient des conditions d'autorisation ou des révocations viciées d'illégalités, d'excès de pouvoir, ou d'inconstitutionnalité. — Garnier, no 613.

§ 1er. — *Préfets, ministres.*

141. — Les préfets sont compétens : 1o pour prendre les arrêtés préalables qui ont pour objet de soumettre les demandes d'autorisation et de concession d'usine au gouvernement. Le préfet qui prend l'arrêté est celui du lieu de l'établissement projeté.

142. — Si c'est sur une rivière formant la limite de deux départemens, il conviendrait d'adresser la demande d'autorisation aux préfets de ces départemens; ils feront remplir les formalités préalables chacun en ce qui concerne la localité qu'ils administrent, s'il le croient utile. — Garnier, no 290.

143. — ... 2o Pour prendre les mesures propres à assurer l'exécution du réglement d'administration publique qui autorise l'établissement d'une usine. Spécialement, le préfet a seul qualité, sauf recours au ministre et ensuite au conseil d'état, pour faire exécuter le réglement qui met à la charge de l'usinier, moyennant une contribution, l'entretien d'une digue servant à conduire les eaux à l'usine. — *Cons. d'ét.*, 28 oct. 1823, Boyer-Fonfrède et contrib. indir. c. propriétaire du moulin du Basacle.

144. — Le préfet est seul compétent pour connaître de la position et de la hauteur des déversoirs et des changemens qu'ils peuvent recevoir; les tribunaux de police, civils et même administratifs, ne pourraient y apporter aucun changement. — *Cass.*, 28 mai 1807, Richard Leloup; *cons. d'ét.*, 21 mai 1823, Delon.

145. — Le préfet peut seul aussi faire abaisser et changer les vannes des usines, afin de prévenir les inondations qui proviendraient de leur exhaussement. — *Cons. d'ét.*, 4 juin 1815; Waringhen c. Herboret, 29 déc. 1819, Beaulieu c. Alary et Leblanc.

146. — ... 3o Pour ordonner, soit sur les plaintes des riverains justifiées par les enquêtes de l'administration, soit sur les procès-verbaux des agens de cette administration, la destruction des bar-

rages construits dans les rivières navigables ou non sans l'autorisation du gouvernement. — Cons. d'ét., 11 août 1824, Roset.

147. — ... 4° Pour ordonner le chômage d'une usine, sur quelque cours d'eau qu'elle soit établie, soit qu'il s'agisse de rivières navigables ou flottables dépendant du domaine public, ou de rivières non navigables ni flottables qui sont soumises aux mesures de police que l'administration croit devoir prendre. — *Cons. d'ét.*, 29 août 1831, Martin; 29 nov. 1826, Surpelte; 24 janv. 1834, Lambin. — Mais le préfet ne pourrait néanmoins mettre une usine en chômage perpétuel. — V. *suprà* no 122).

148. — Dans tous les cas, la décision du préfet, soit qu'elle ordonne ou refuse le chômage, peut être déférée au ministre de l'intérieur, sur le pourvoi, soit des parties intéressées, soit même de l'administration des ponts et chaussées. — *Cons. d'ét.*, 6 déc. 1820, minist. de l'int. c. Herbet. — Cormenin, 5e édit., t. 1er, p. 515.

149. — Tant qu'une usine n'a pas été définitivement autorisée, le préfet ne peut permettre au propriétaire de faire des travaux susceptibles de nuire aux usines légalement autorisées; et le propriétaire peut être condamné à détruire les ouvrages qu'il a faits. — *Cons. d'ét.*, 15 oct. 1802, Gabel.

150. — ... 5° Pour ordonner la suppression d'une usine non autorisée, sauf l'approbation du ministre de l'intérieur, la possession même ne saurait porter atteinte au droit de l'administration de régler le régime des eaux, mais l'usinier pourrait se pourvoir auprès du *ministre*, et si la demande était définitivement rejetée, il pourrait se pourvoir par la voie contentieuse, mais seulement pour faire valoir ses droits à une indemnité s'il y avait lieu. — *Cons. d'ét.*, 6 sept. 1825, Roulhac de Rupas; 1er juill. 1839, Noel.

151. — Mais s'il s'agissait de la suppression d'une usine ancienne, le préfet ne pourrait l'ordonner par un simple arrêté, à défaut de représentation du titre de concession. S'il s'élevait une question de propriété et de droit à l'indemnité, ce serait au gouvernement à prendre à cet égard un arrêté, car il a toujours le droit de statuer, lorsqu'il s'agit de régler le régime des eaux, sauf l'indemnité qui peut être due, conformément aux principes précédemment exposés.

152. — En conséquence, toutes les fois que, par un réglement d'administration publique, l'autorité révoque ou modifie le régime des eaux, ses arrêtés sont inattaquables par la voie contentieuse, mais elle ne prononce que sauf indemnité, dans le cas où, par sa décision, elle léserait des droits acquis. — *Cons. d'ét.*, 6 sept. 1827, Bouillac; 1er juill. 1839, Noël; 19 mars 1840, Conqueret.

153. — Si cependant il ne s'agissait pas de rivières navigables ou flottables, et si le réglement d'eau n'avait pas pour motif un véritable intérêt public, mais avait uniquement pour objet de satisfaire à des réclamations individuelles, on doit admettre que l'arrêté pourrait être déféré au conseil d'état par la voie contentieuse. — Cormenin, 5e édit., t. 1er, p. 510.

154. — Le ministre de l'intérieur est seul compétent pour connaître des arrêtés du préfet pris en pareille matière; c'est à lui qu'on doit adresser les oppositions en autorisation de constructions d'usines et les demandes en suppression d'usines. Le ministre de la guerre, par exemple, ne pourrait ordonner la destruction d'un moulin autorisé par ordonnance. — *Cons. d'ét.*, 6 sept. 1814, Clérisseau; 1er janv. 1823, Montauberic; 25 mai 1831, Apté. — Garnier, no 141.

155. — Les tribunaux ne seraient, dans aucun cas, compétens pour ordonner la suppression d'une usine, parce que ce serait s'immiscer dans l'administration; ils ne peuvent que condamner à des dommages-intérêts, sauf aux tiers à se pourvoir auprès de l'administration pour faire prononcer la révocation de l'autorisation ou la suppression de l'usine.

§ 2. — *Conseils de préfecture; conseil d'état.*

156. — Des conflits d'attribution s'élèvent fréquemment en cette matière entre les tribunaux administratifs et les tribunaux civils; il appartient maintenant au tribunal des conflits, créé par la Constitution de 1848, de statuer sur ces questions. — Const. 1848, art. 89; LL. 3 mars 1849 et 4 fév. 1850.

157. — Les conseils de préfecture connaissent du contentieux auquel les actes de l'administration active peuvent donner lieu relativement aux usines; ainsi, lorsque les propriétaires d'usines, pourvus d'ailleurs d'autorisation, ne remplissent pas les conditions prescrites par les autorisations et les réglemens d'eau, ou font des ouvrages qui ne sont pas autorisés, tels que des vannes et des barrages, le conseil de préfecture est compétent pour en ordonner la destruction. — Cormenin, t. 1er, p. 523.

158. — De même, ils sont seuls compétens pour connaître des décisions administratives qui prescrivent, sur les rivières navigables ou canaux flottables, la fermeture et la levée des vannes. — *Cons. d'ét.*, 18 nov. 1818, Lancelin.

159. — Ils connaissent aussi des entreprises que les concessionnaires d'usines sur rivières navigables ou flottables peuvent commettre à l'égard les uns des autres, parce qu'il s'agit d'une contestation relative au domaine public; nous verrons qu'il en serait autrement s'il s'agissait d'usines placées sur les cours d'eau non navigables ni flottables. — *Cons. d'ét.*, 19 fév. 1832, Cayla; 1er fév. 1833, Beaudoin.

160. — Les conseils de préfecture peuvent même condamner à des indemnités à l'égard des parties qui sont lésées par suite de ces entreprises ou de dégradations qui sont commises sur les chaussées. — *Cons. d'ét.*, 8 avr. 1809, Grugeia Martin.

161. — ... Ils connaissent aussi des contestations relatives au paiement des frais de curage et d'entretien des rivières et canaux, soit qu'il s'agisse de digues ou autres ouvrages de réparation, soit qu'il faille faire des travaux destinés à établir la hauteur des biez et à assurer la salubrité publique. — *Cons. d'ét.*, 12 avr. 1812, Royre; 6 mars 1816, Briand c. Alexandre; 23 oct. 1816, Cavayé c. comm. de Gastanet; 20 nov. 1822, Duvivier; 23 juin 1824, Lachallerie c. Vélaut.

162. — ... Des demandes d'indemnité pour chômage résultant de prises d'eau momentanées pour le service de la navigation d'un canal, ou pour quelque cause que ce soit, relatives aux travaux d'utilité publique. — *Cons. d'ét.*, 5 mai 1830, Mollet.

163. — Le chômage périodique établi sur certaines rivières, à l'époque de la flottaison, donne aussi lieu à des indemnités dont la demande est de la compétence du conseil de préfecture.

164. — Enfin, un chômage forcé, qui résulte des travaux que des concessionnaires de canaux sont obligés de faire, peut motiver une demande de dommages-intérêts dont le conseil de préfecture doit seul connaître, parce qu'il est de principe qu'il est seul compétent pour apprécier les indemnités qui sont dues pour chômage temporaire en matière de travaux publics. Peu importe que ce soit par suite de déviation des cours d'eau ou d'engorgement des eaux du moulin que le dommage soit occasionné. — *Cons. d'ét.*, 14 juill. 1830, Deroy; 3 juin 1831, Magniez; 14 nov. 1838, Danglemont.

165. — Ils connaissent encore des demandes d'indemnité relatives aux suppressions d'usines concédées sur les rivières navigables ou flottables, depuis la loi du 1er déc. 1790, puisqu'il est certain que depuis cette loi les rivières sont absolument inaliénables et que les autorisations n'ont été consenties par le gouvernement qu'avec la clause formelle de révocation, dont il s'est réservé de faire lui-même l'application.

166. — Dans le cas même où il s'agit d'usines construites sur une rivière non navigable ni flottable, le conseil de préfecture est seul compétent pour prononcer la suppression ordonnée par l'autorité, et condamner à l'amende infligée par la loi; il serait encore seul compétent pour connaître de la révocation de l'autorisation prononcée par l'autorité administrative, dont il s'agit d'apprécier les actes.

167. — Lorsqu'il y a suppression totale ou partielle des forces motrices de l'usine, située sur rivière non navigable, et même d'une usine ancienne sur rivière navigable et dont la propriété n'est pas contestée, le conseil de préfecture est seul compétent, si le dommage est temporaire, accidentel, et résulte de l'exécution de travaux publics; les tribunaux civils et administratifs sont d'accord pour que l'indemnité soit réglée administrativement, d'après la loi du 16 sept. 1807. — *Cons. d'ét.*, 29 janv. 1823, Destors et Chapuis; 7 déc. 1826, Delorme.

168. — Mais lorsque le dommage est permanent et l'expropriation partielle, toujours par suite de l'exécution de travaux publics, il y a dissidence complète entre la jurisprudence administrative et celle des tribunaux civils: ceux-ci, et notamment la cour de Cassation, décident uniformément que la question d'indemnité est de leur compétence et le conseil d'état, au contraire, qu'elle est de celle des tribunaux administratifs, soit quelle se soit élevée avant ou depuis les lois de 1810 et de 1833, sur l'expropriation. — *Cons. d'ét.*, 14 avr. 1839, Magnien c. préfet de la Nièvre; 6 nov. 1839, Perpesat c. préfet de la Gironde; 23 juill. 1840, Augustin. — V. cependant, 7 août 1843, Blanc. — *Contrà Cass.*, 23 avr. 1838 (t. 1er 1838, p. 596), Pallet c. préfet de l'Oise; 30 avr. 1838 (t. 2 1838, p. 60), comm. de Moulins c. Lhoir; *Colmar*, 20 fév. 1840 (t. 2 1840, p. 450), Kreutler; *Paris*, 23 août 1842, comm. de Courbevoie c. Chameau; *Rouen*, 17 juill. 1843 (t. 2 1843, p. 283), Brard c. ville de Verneuil. — V. DOMMAGE PERMANENT, § 2, nos 47 et suiv.

169. — Mais le tribunal des conflits vient de trancher tout récemment la question en faveur de la compétence des tribunaux administratifs. Ses décisions sur ce point sont déjà assez nombreuses pour que l'on considère sa jurisprudence comme suffisamment établie; il s'est fondé sur ce que les lois du 28 pluv. an VIII et du 16 sept. 1807 ont chargé l'autorité administrative de statuer sur les réclamations pour torts et dommages résultant de l'exécution de travaux publics, jusques et y compris l'expropriation des immeubles; que les lois des 8 mars 1810, 7 juill. 1833 et 3 mai 1841 n'ont attribué à l'autorité judiciaire que la connaissance de l'expropriation totale ou partielle proprement dite. — *Tribunal des conflits*, 29 mars 1850, préfet des Bouches-du-Rhône, c. Séjourné; 3 avr. 1850, préfet de l'Orne c. Thomassin.

170. — Il est toutefois une autre question qui n'est pas encore résolue par ces décisions, c'est celle de savoir si, lorsqu'il s'élève une question de légalité d'existence d'usine ancienne ou de *propriété* de l'usine, la connaissance en appartient aussi à l'autorité administrative. Le conseil d'état a décidé l'affirmative, lorsqu'il s'agit d'apprécier des titres de propriété émanés de l'administration, tels que ceux de concession. — Nous admettons cette jurisprudence. — Mais lorsqu'il s'agit de la vente domaniale ou nationale d'un moulin, nous pensons qu'on doit, en cas d'expropriation, se pourvoir devant l'autorité administrative pour faire *interpréter* seulement l'acte de vente, et faire statuer ensuite sur la question de propriété par les tribunaux. — *Cons. d'ét.*, 10 juill. 1833, Truffaut; 11 mai 1838, Urbain.

171. — Mais la jurisprudence du conseil d'état va plus loin, lors même qu'il lui est arrivé d'admettre que la connaissance du dommage permanent était de la compétence des tribunaux civils: il a décidé que les titres doivent d'abord être produits devant l'autorité administrative, pour qu'elle puisse juger de la *légalité* de l'établissement de l'usine. — *Cons. d'ét.*, 6 sept. 1842, de Tauriac, de Lostanges et Roques; 9 déc. 1842, mêmes parties; 4 mai 1843, compagnie du moulin de Moissac. — C'est ainsi que les tribunaux administratifs ont jugé que les *lettres patentes*, les arrêts du conseil et les ordonnances anciennes, qui constituaient autrefois les titres des usiniers, sont nécessairement soumis à l'appréciation de ces tribunaux, et ils ont jugé aussi que ces titres ne constituaient pas un titre de propriété dans le sens légal du mot. — *Cons. d'ét.*, 27 mars 1839, préfet de Tarn-et-Garonne c. propriétaires du moulin d'Albaèdes.

172. — Cependant, lorsqu'il s'agit de concessions antérieures à 1790 ou à 1566, fondées sur des aliénations qui résultent d'actes d'accensemens, d'inféodations ou même de concessions royales, qui étaient rangées parmi les biens qui faisaient partie des petits domaines, notamment en vertu de l'édit de 1708 (V. *suprà* nos 14 et suiv.), et qui étaient *déclarés aliénables à perpétuité*, la question de légalité de ces aliénations est la question même de propriété. Or, il est de principe que toute question de propriété est de la compétence des tribunaux civils. C'est ainsi que l'ont décidé les auteurs les plus favorables au domaine (Proudhon, nos 56, 57); et surtout lorsque la concession est d'origine domaniale, l'art. 27 de la loi du 14 niv. de l'an VII attribue formellement la compétence au tribunaux civils.

173. — Il faut donc décider, lors même qu'il s'agit d'une indemnité réclamée par suite de l'exécution des travaux publics, que s'il s'élève une question de propriété, elle doit être préalablement renvoyée devant les tribunaux civils, qui seuls ont qualité pour la juger, sauf à renvoyer, pour fixer l'indemnité, devant l'autorité administrative, seule compétente pour la faire déterminer, selon la jurisprudence du tribunal des conflits; de même qu'en matière d'expropriation proprement dite, l'indemnité est déterminée par le jury et les questions de propriété sont décidées par les tribunaux. Les décisions du tribunal des conflits n'ont rien de contraire à cette solution de la question, et elle est conforme à la jurisprudence. — *Cons. d'ét.*, 20 juin 1812, Quere c. Merve.

174. — Les mêmes questions se présenteraient évidemment s'il s'agissait de chômage, surtout s'il était permanent; elles devraient recevoir la même solution, le chômage étant une suppression partielle du service de l'usine; or, ce qui est vrai

pour la propriété tout entière, l'est aussi pour une partie de cette propriété.

§ 3. — *Tribunaux ordinaires.*

175. — Les tribunaux ordinaires sont compétens, lorsqu'il y a expropriation de l'usine pour cause d'utilité publique; l'indemnité est réglée alors en vertu de la loi du 3 mai 1841.—Le tribunal qui en connaît est par cela même saisi de toutes les questions de propriété, conformément aux principes du droit commun.

176. — Cependant la question que nous avons examinée (*suprà* n° 170) peut se présenter encore s'il s'agit d'apprécier d'anciens actes émanés plus ou moins directement des administrations anciennes. Devra-t-on renvoyer, dans ce cas, l'examen de la légalité de l'établissement de l'usine, ou de la propriété, devant l'autorité administrative? Non; dès-lors qu'il ne s'agit pas d'interpréter une vente nationale, ou un acte administratif postérieur à 1790, mais d'une question de propriété et d'indemnité qui remonte à une époque où l'aliénation du domaine était permise, la connaissance en appartient à l'autorité judiciaire. — *Cons. d'ét.*, 22 avr. 1838, Realle.

177. — Ils sont également compétens en matière d'application des réglemens d'eau entre les intéressés, lorsqu'il ne s'élève aucun doute sur la portée de ces réglemens; peu importe, d'ailleurs, que les rivières soient ou non navigables, les contestations entre particuliers sont de la compétence des tribunaux ordinaires. La jurisprudence de la cour de Cassation et celle du conseil d'état sont d'accord sur ce point. — *Cons. d'ét.*, 13 juill. 1828, Cherel; 19 mai 1835, Miramont. — Cormenin, 5e édit., t. 1er, p. 556.

178. — Les tribunaux civils connaissent de toute demande en dommages-intérêts contre un usinier sur rivière navigable ou non, lors même qu'il se serait conformé à l'ordonnance de concession ou au réglement d'eau; car c'est toujours aux risques et périls du concessionnaire que les autorisations sont données. Mais ces tribunaux ne seraient plus compétens si un intérêt public ou de police des eaux était engagé dans le débat. — *Cons. d'ét.*, 25 avr. 1812, Brassac; 9 janv. 1828, Mongenet; *Cass.*, 23 mai 1831, Villemain c. Breillot; 2 janv. 1832, Delabière c. Lebreton et Lenoir.

179. — Ils seraient encore compétens, lors même que les tiers se plaindraient de l'inexécution des conditions de l'autorisation en ce qui les concerne, si les difficultés ne portent pas sur des modifications à faire au réglement d'eau, si, par exemple, elles sont motivées sur un changement dans le système hydraulique de l'usine. — *Cons. d'ét.*, 17 août 1825, Manisse; 22 fév. 1833, Bernard; 16 mars 1836, Augiboust.

180. — Ils le sont en matière d'interprétation de titres entre copropriétaires ou co-usagers d'un cours d'eau, dont l'objet est l'amélioration des forces motrices d'une usine, les tribunaux sont seuls compétens, parce qu'il s'agit d'apprécier les droits dérivant de l'usage commun ou de la copropriété du cours d'eau. — *Cons. d'ét.*, 18 déc. 1822, Cardon; 28 fév. 1828, Jars c. Tenneguy.

181. — Les propriétaires dont les terrains sont au-dessous d'un moulin peuvent demander devant le tribunal civil, contre les propriétaires des fonds supérieurs qui ont supprimé un état de choses déjà existant depuis plus de trente années, que cet ancien état de choses, qui leur est profitable, soit rétabli. L'autorité administrative ne doit statuer que lorsqu'il s'agit de régler le cours d'eau. — *Bordeaux*, 20 déc. 1845 (t. 1er 1846, p. 357), Barbaud.

182. — Lorsque le propriétaire d'une usine non autorisée, après avoir fait des travaux qui lui donnent un droit sur une propriété voisine, tel que le droit d'attache sur une chaussée, prétend avoir prescrit ce droit, les tribunaux civils sont compétens pour statuer à cet égard, et il suffit, pour que l'usinier ait le droit d'agir, que l'autorité administrative ne se soit pas opposée à l'établissement de l'usine dans un intérêt public, lors même qu'un ancien arrêt du conseil aurait ordonné la suppression de l'usine. — *Cass.*, 20 janv. 1845 (t. 2 1845, p. 203), de Pennautier.

183. — Décidé que les tribunaux civils ou de police sont seuls compétens pour réprimer, sur la demande d'un tiers intéressé, les infractions aux lois et réglemens commises par un individu dont l'usine serait sur un cours d'eau navigable et flottable, pourvu qu'elle ne cause aucun dommage au public. — *Cons. d'ét.*, 17 août 1825, Manisse.

184. — Les tribunaux civils connaissent exclusivement de toutes les questions de propriété, et, conséquemment de toute action en complainte possessoire que le propriétaire d'une usine dirigerait contre les riverains propriétaires des fonds supérieurs, lorsqu'ils ont laissé passer plus d'une année sans exercer de prise d'eau. Cette possession, continuée pendant trente ans, affranchirait l'usine de cette servitude, et la complainte est admissible en toute nature prescriptible. — Garnier, 3e édit., nos 620 à 622.

185. — Les tribunaux civils sont compétens pour décider si un canal est une propriété privée, lors même qu'il serait une dépendance d'une rivière navigable et flottable, et si le droit de pêche qu'on prétend y exercer appartient à celui qui le réclame. — *Cass.*, 9 nov. 1836, Dunoyer.

186. — Il en serait de même s'il s'agissait d'un droit plus étendu, mais qui serait de même nature, tel que le *droit de rivière*, qui comprenait, dans l'ancien droit, comme il le comprendrait encore aujourd'hui, le droit de bâtir un moulin, lorsque les réglemens sur la police des eaux ne s'y opposait pas.

187. — Les tribunaux civils sont même compétens pour faire un réglement de distribution des eaux sur une rivière navigable et flottable, lorsqu'il s'agit de concilier l'intérêt de l'usinier avec ceux des propriétaires riverains. — *Bordeaux*, 23 janv. 1838 (t. 2 1840, p. 360), Garreau c. Chambonneau.

188. — De même, toutes les fois que, à l'occasion d'un réglement administratif, il s'élève une question préjudicielle, telle que celle de savoir si l'usinier a le droit de tenir les eaux à une certaine hauteur, lors même qu'il en résulterait une inondation pour les propriétés de certains riverains, le préfet doit, préalablement, renvoyer la décision de cette question aux tribunaux. — *Cass.*, 4 juill. 1839 (t. 2 1839, p. 434), Comynet c. Haran et Guillemin.

189. — Enfin, l'autorité judicaire a le droit d'ordonner toute vérification du mécanisme d'une usine, toutes les fois qu'il y a lieu d'apprécier une demande en dommages-intérêts ou toute autre question qui est de sa compétence. — *Cass.*, 11 avr. 1838 (t. 2 1838, p. 148), Vaillant c. Véron.

CHAPITRE II. — *Usines à vapeur.*

Sect. 1re. — *Historique, législation.*

190. — La force d'élasticité dont est douée la vapeur aqueuse fut d'abord appliquée dans la construction des machines d'épuisement qui sont encore en usage dans les mines. L'invention de ces machines remonte à Salomon de Caus, ingénieur français qui, le premier, en publia la description dans un ouvrage imprimé en 1615.

191. — Mais le mouvement imprimé aux machines décrites par cet auteur était seulement rectiligne; on doit à un autre ingénieur français, Denis Papin, d'avoir trouvé, en 1690, le moyen d'imprimer à cette force un mouvement de rotation propre à faire tourner un arbre ou une roue. — L'invention et le perfectionnement des machines qui produisent les merveilleuses applications qu'on a faites actuellement de cette force motrice à l'industrie sont principalement dus aux ingénieurs anglais, surtout à Wast, qui vivait en 1769. — V. la notice de M. Arago sur ces machines, *Annuaire du bureau des longitudes* de 1837.

192. — L'usage de ces machines fut longtemps à pénétrer dans les habitudes de l'industrie française: la première machine d'épuisement par l'auteur de la vapeur fut employée, dit-on, en 1749 dans une houillère servant aux forges de Littry, en Normandie (Calvados), patrie de Salomon de Caus. De 1784 à 1816, il ne fut créé que vingt établissemens qui employassent la vapeur comme force motrice; mais depuis cette époque, et surtout depuis 1830, l'usage de ces machines est très répandu. — Nous verrons que la législation a subi divers changemens importans durant cette dernière période.

193. — Les lois, décrets, ordonnances et réglemens, ne se sont toutefois occupés des machines à vapeur qu'au point de vue de la salubrité, de la sûreté des personnes et de l'intérêt des propriétés voisines. L'administration ne recherche nullement si ces créations d'usines nouvelles, qui substituent aux forces naturelles de l'homme la force des machines mues par la vapeur, causent des perturbations, permanentes ou momentanées, dans le travail de masses d'hommes dont elles remplacent la force musculaire et la manutention.

194. — La législation particulière aux machines à vapeur, dont nous avons spécialement à nous occuper ici, a éprouvé de nombreuses variations, bien qu'elle ne remonte pas à une époque éloignée. — Un décret du 15 oct. 1810 les a rangées, sous le titre de *pompes à feu* dans les établissemens de deuxième classe, c'est-à-dire parmi ceux dont elle considère le voisinage comme incommode ou dangereux aussi. — V. aussi l'ordonnance du 22 mai 1843, et ÉTABLISSEMENS INSALUBRES, n° 171.

195. — L'ordonnance du 14 janv. 1815, qui vint ensuite, fit une distinction entre les pompes qui *brûlent leur fumée* et celles qui ne la brûlent pas. Puis, elle les déclassa : les unes furent rangées parmi les établissemens de troisième classe, qu'on peut placer partout, et les autres parmi les établissemens de première classe, qui doivent nécessairement être éloignés des habitations. — Ord. 14 janv. 1815.

196. — Mais là n'était pas le danger le plus grave contre lequel on dût se prémunir; la fumée n'est qu'une incommodité, c'est le danger de l'explosion *des chaudières* servant à élaborer la vapeur qui est le plus à craindre: cette lacune fut réparée par une ordonnance du 25 mars 1830, qui distingua entre les établissemens publics et industriels qui sont mus par des chaudières à *haute pression* (ils furent maintenus dans la *deuxième classe*), et ceux qui sont mus par les chaudières à *basse pression* (celles-ci furent rangées dans la *troisième classe* des établissemens incommodes ou insalubres).

197. — Cette distinction eut moins de durée encore que celle qui consistait à considérer si une machine *brûlait ou non sa fumée*. On observa que ces chaudières n'étaient pas moins sujettes à éclater les unes que les autres; que celles qui sont à *basse pression* (c'est-à-dire, celles où la force élastique de la vapeur fait équilibre à plus d'une atmosphère) exigent les mêmes mesures de précaution que celles qui sont à haute pression et font équilibre au poids de plus de deux atmosphères, car, au moment où l'accident arrive, *toutes* les chaudières sont à *haute pression*, comme l'a dit M. Arago (*Annuaire du bureau des longitudes*, 1829, p. 201).

198. — Une ordonnance du 22 mai 1843 n'admet plus la distinction entre les machines et chaudières à haute et basse pression; elle range tous les appareils, à quelque degré de pression qu'ils fonctionnent, dans la *deuxième classe* des établissemens dangereux, insalubres ou incommodes; c'est-à-dire des établissemens qu'il n'est pas absolument nécessaire de reléguer loin des lieux habités, mais dont l'administration ne doit permettre la formation qu'*après avoir acquis la certitude* qu'ils seront sans danger et sans inconvéniens pour les voisins. — Ordonn. 22 mai 1843.

199. — Cette ordonnance, qu'on peut, jusqu'à un certain point, considérer comme le code des machines à vapeurs, établit entre ces machines des distinctions suivant lesquelles elle les divise en trois catégories distinctes, savoir : 1° les machines à vapeur établies *à demeure* sur un fourneau de construction, et que par cette raison nous appellerons *fixes*; 2° les machines *locomobiles*, qu'on peut transférer facilement en différens lieux sans qu'elles exigent *aucune construction* pour fonctionner? 3° enfin, les machines *locomotives*, qui se déplacent par leur propre force et servent à toute espèce de transport. Nous suivrons cette division dans notre exposé. — Ord. 22 mai 1843. — V. au surplus MACHINES A VAPEUR.

Sect. 2e. — *Usines à vapeur dont les machines sont fixes.*

200. — Nous avons déjà reproduit, au mot MACHINES A VAPEUR, les dispositions de l'ordonnance du 22 mai 1843, relatives aux machines à vapeur placées ailleurs que dans les usines, et employées dans les fabriques, les manufactures et même les moulins; les art. 4 à 11 de cette ordonnance indiquent les conditions suivant lesquelles elles peuvent être établies, la marche à suivre pour arriver à l'accomplissement de ces conditions; enfin, ce qui concerne l'autorisation dont on doit se pourvoir et les oppositions que peuvent former les tiers qui se prétendent lésés par cet établissement; nous ne pouvons qu'y renvoyer le lecteur (nos 15 à 23); nous ajouterons seulement quelques observations plus spéciales à la matière que nous examinons.

201. — Si les oppositions étaient motivées sur l'insuffisance des conditions de sûreté prescrites par l'arrêté préfectoral, la décision sur ce point ne serait pas déférée au conseil de préfecture, mais bien au ministre des travaux publics, dont le préfet relève, en ce qui touche les mesures relatives aux actes de pure administration.

202. — Le bruit d'une machine à vapeur est pour les voisins un motif légitime d'opposition. — *Cons. d'état*, 8 oct. 1829, Selligues c. Gallois et Fossard.

203. — Mais si les dangers de l'explosion et les inconvéniens de voisinage peuvent être neutralisés par certaines conditions qui sont prescrites

pour les éviter, par l'arrêté d'autorisation, l'administration ne doit pas admettre l'opposition. — Cons. d'ét., 11 juin 1833, Roger; 21 mars 1837, Liboreau; 18 juill. 1838, Sapia.—dans cette dernière espèce, il s'agissait notamment d'un moulin à farine.— Clérault, *Des établissemens insalubres*, n° 6.

204. — Si l'usinier ne satisfait pas aux conditions de l'autorisation, cette autorisation sera révoquée; si, par exemple, on lui a prescrit la condition de n'alimenter le fourneau qu'avec du charbon de terre épuré, et qu'il ne parvienne pas à rendre la machine assez fumivore pour que la fumée n'incommode pas les voisins, la révocation de l'arrêté sera prononcée. — Clérault, *ibid.*, p. 207.

205. — La condition de maintenir la cheminée à 25 mètres de hauteur s'applique au successeur d'une usine, bien qu'il n'en ait pas été question dans une nouvelle autorisation. — *Cons. d'ét.*, 22 nov. 1836, Vinchel.

206. — Indépendamment des formalités d'autorisation d'un établissement mû par la vapeur, et des conditions qui lui sont imposées, des mesures de précaution sont prescrites pour les chaudières à vapeur destinées aux établissemens publics et industriels; elles ont d'abord été l'objet de l'ordonnance du 25 mars 1830; mais l'art. 80 de celle du 22 mai 1843 a déclaré *la rapporter*, et c'est à cette dernière ordonnance qu'il faut se reporter à cet égard. — V. *infrà* nos 208 et suiv.

Sect. 3e. — *Machines locomobiles.*

207. — Ces machines se distinguent de celles dont nous venons de parler en ce qu'elles peuvent être facilement transportées d'un lieu dans un autre, par l'action d'une force qui leur est étrangère, à la différence des *locomotives*, qui se transportent en vertu de leur propre force. Les machines locomobiles n'exigent, au reste, *aucune construction pour fonctionner* à chaque station où on les transporte. — Ordonn. 23 mai 1843, art. 47.

208. — Les chaudières et *autres pièces* de ces machines, ce qui comprend les *tubes bouilleurs* dont nous avons déjà parlé, seront soumises aux épreuves de sûreté prescrites aux sections 2 et 3 de l'ordonn. du 22 mai 1843, c'est-à-dire aux épreuves indiquées par les art. 14, 15 16, 17, 18, 19 et 20 de cette ordonnance. Ces épreuves doivent être recommencées sur le lieu de l'établissement dans lequel les machines ou chaudières doivent être employées, et cela dans trois cas: 1° si le propriétaire de l'établissement le réclame; 2° s'il y a eu pendant le transport ou lors de la mise en place des avaries notables: 3° si des modifications ou réparations quelconques ont été faites depuis l'épreuve opérée dans la fabrique. — *Ibid.*, art. 48.

209. — L'ordonnance admet cependant des exceptions pour les chaudières qui sont construites suivant un système tubulaire. Les chaudières pourront alors être seulement soumises à une pression *double* de la pression effective. On pourra, quelle que soit la tension de la vapeur dans ces chaudières, remplacer le manomètre à air libre par un manomètre à air comprimé, ou même par un thermomanomètre gradué en atmosphères et en parties décimales d'atmosphères. — Les indications de ces instrumens devront être placées en face du chauffeur et *facilement lisibles*. — *Ibid.*, art. 48.

210. — Indépendamment du timbre relatif aux conditions de sûreté, toute locomobile recevra une plaque portant *le nom du propriétaire*. Et si l'emploi de cette machine présente des dangers, soit parce qu'il n'aurait pas été satisfait aux conditions de sûreté ci-dessus prescrites, soit parce que la machine n'aurait pas été entretenue en bon état de service, le préfet, sur le rapport de l'ingénieur des mines, ou, à son défaut, de l'ingénieur des ponts-et-chaussées, pourra suspendre ou même interdire l'usage de cette machine. — *Ibid.*, art. 49 et 51.

211. — Aucune locomobile ne pourra, sans une *autorisation* spéciale donnée *par le maire* de la commune, fonctionner à moins *de cent mètres* de distance de tout bâtiment. — *Ibid.*, art. 50. — V. au surplus MACHINES A VAPEUR, nos 25 et suiv.

Sect. 4e.— *Machines locomotives.*

212. — Ces machines comprennent également celles qui sont employées sur les chemins de fer et sur les bateaux à vapeur; car l'ordonnance réglementaire du 22 mai 1843 ne fait pas de distinction à cet égard; elle les définit d'une manière générale: « celles qui, en se déplaçant par leur propre mouvement, servent *au transport* des voyageurs, des marchandises ou des matériaux. » Elle révoque, d'ailleurs, les ordonn. du 29 oct. 1823 et du 7 mai 1828.

213. — Les épreuves de sûreté et les mesures de précaution dont nous avons parlé précédemment (n° 208) sont applicables aux chaudières et autres pièces des machines à vapeur, sauf une exception qui consiste en ce que les soupapes des machines locomotives pourront être chargées au moyen de ressorts disposés de manière à faire connaître, en kilogrammes et en fractions décimales de kilogrammes, la pression qu'ils exercent sur les soupapes. — *Ibid.*, art. 53 et 54. — V. au surplus le permis de circulation qui doit précéder toute mise en service des locomotives, au fonctionnaire chargé de délivrer ce permis, aux justifications dont la demande en doit être accompagnée, enfin aux autres mesures que nécessite la circulation et l'emploi des locomotives, MACHINES A VAPEUR, nos 328 et suiv. —V. aussi BATEAUX A VAPEUR, nos 3 et suiv.

Sect. 5e. — *Règles communes aux diverses machines dans les usines.*

214. — Ces dispositions sont relatives à la surveillance administrative et à certaines conditions d'autorisation que peut imposer l'administration. — V., à cet égard, MACHINES A VAPEUR, nos 33 et suiv.

215. — Ajoutons seulement que les règles générales et spéciales relatives à la sûreté des appareils à vapeur ne sont pas tellement absolues, qu'elles ne puissent être modifiées à raison du mode particulier de construction de certaines machines ou chaudières; le préfet alors pourra en autoriser la construction en les assujétissant, suivant le rapport des ingénieurs, à des conditions spéciales. Si, au contraire, il y a lieu d'augmenter les sûretés prévues par l'ordonnance à raison des dangers particuliers que présentent certains appareils, le préfet pourra imposer des conditions jugées nécessaires quand même cette ordonnance ne les prévoirait pas. Mais dans tous ces cas l'approbation du ministre des travaux publics est nécessaire. — Ordonn. 22 mai 1843, art. 67.

216. — Toutefois, si ces mesures, ces conditions de sûreté particulières à cause de la nature corrosive des eaux sont nécessaires, le préfet devra, sans qu'il soit besoin d'approbation ministérielle, prescrire que la tension intérieure de la vapeur ne dépasse pas une atmosphère et demie et que les soupapes soient réglées en conséquence, à moins que cette propriété corrosive des eaux ne soit neutralisée au moyen, par exemple, de l'addition de certaines substances.— Des dispositions transitoires donnaient un an aux usines existantes en 1843 pour se conformer aux conditions nouvelles d'autorisation. — *Ibid.*, art. 68 et 76.

217. — Les interdictions et les révocations d'autorisation sont prononcées par arrêté du préfet, sauf recours au ministre des travaux publics; mais ce recours n'est pas *suspensif* et l'usinier devrait se conformer à l'arrêté préfectoral jusqu'à ce qu'il soit révoqué. — *Ibid.*, art. 74.

218.— Les attributions des préfets des départemens sont conférées au *préfet de police*, à Paris et dans les communes dépendant du département de la Seine, de même, dans celles de Saint-Cloud, Meudon et Sèvres dépendantes de Seine-et-Oise. Les machines et chaudières dépendant des services spéciaux de l'état sont régies par des dispositions particulières, sauf l'application du décret de 1810, en ce qui concerne la sûreté et l'incommodité, par rapport aux tiers intéressés à l'observation des règles qu'il prescrit.

219. — Enfin, l'ordonnance du 22 mai 1843 révoque les ordonnances antérieures du 29 oct. 1823, 7 mai 1828, 23 sept. 1829, 25 mars 1830 et 22 juill. 1839 qui concernent les machines et les usines à vapeur; c'est à ce titre que nous l'avons considérée, comme formant une sorte de code en cette matière; les autres ordonnances qui ne sont pas comprises dans cette nomenclature restent toutefois en vigueur, et on doit s'y conformer jusqu'à ce qu'elles soient rapportées.

220. — Pour ce qui concerne l'emploi des machines dans les bateaux à vapeur, et les règles et obligations qui en sont la suite, V. BATEAUX A VAPEUR, nos 3 et suiv.

Sect. 6e. — *Usines à gaz hydrogène.*

221. — Les usines à gaz hydrogène n'ont été classées dans l'une des trois catégories d'établissemens dangereux, insalubres ou incommodes, que par une ordonnance du 20 août 1824. Cette ordonnance les range dans la *seconde classe* et les soumet conséquemment aux règles que nous avons précédemment exposées, puisque les machines et les chaudières à vapeur sont aussi rangées dans la deuxième classe. — V. ordonn. 20 août 1824.

222. — Mais il est à remarquer que ces sortes d'usines sont en outre soumises à des mesures de précautions toutes spéciales, énumérées dans une instruction annexée à cette ordonnance; instruction qui a, par cela même, force de règlement d'administration publique. Enfin elles sont constamment soumises aux mesures de la police. — *Ibid.*, art. 1er et 2.

223. — L'instruction réglementaire dont nous venons de parler est relative aux conditions imposées : 1° pour tout ce qui a rapport à la première production du gaz; 2° pour que la compensation des produits volatils et l'épuration du gaz ne nuisent pas aux voisins; 3° pour éviter tout danger dans le service du gazomètre; 4° enfin, elle est relative aux conditions imposées aux fabricans qui compriment le gaz dans des vases portatifs. — *Ibid.*, §§ 1er, 2, 3 et 4 de l'instruction.

224. — La surveillance constante que la police doit exercer sur cette industrie a motivé une ordonnance du préfet de police du département de la Seine, qui prescrit les mesures à prendre pour l'exécution des réglemens qui précèdent. Mais cette ordonnance n'est applicable que dans ce département. Il est évident que les officiers chargés de la police locale en France ont le droit et le devoir de prendre partout où ces usines existent, et dans le même but, des mesures analogues.

225. — L'application de ces réglemens locaux ne saurait être éludée, par le motif qu'un arrêté préfectoral a autorisé et réglé l'établissement de l'usine; chaque autorité qui agit dans sa sphère doit être obéie, il ne suffit donc pas de s'être conformé aux arrêtés pris par l'une d'elles. Le fabricant qui a violé l'arrêté municipal, lorsqu'il prescrit, par exemple, d'interrompre les travaux à une heure déterminée, ne doit pas être relaxé par le tribunal de simple police saisi de la contravention, par le motif qu'il s'est conformé à l'arrêté du préfet. — *Cass.*, 27 déc. 1845 (t. 1er 1846, p. 765), Jourdaine.

226. — C'est du reste avec une extrême réserve que l'autorité admet la fabrique de gaz hydrogène dans le voisinage des habitations; bien que ces fabriques n'en soient pas expressément bannies, la prudence exige qu'on ne les admette qu'avec des précautions infinies, et qu'elles soient même quelquefois interdites. — *Cons. d'ét.*, 11 déc. 1831, compagnie Pauwels-Brenard; 20 août 1840, ministre de la justice. — Clérault, *Des établissemens insalubres*, n° 58.

227. — On a essayé de se soustraire aux conséquences du classement, soit pour les ateliers destinés au grillage des tissus de coton par le *gaz*, soit pour l'emploi de l'appareil *Lépine* (appelé ainsi du nom de l'inventeur), à l'aide duquel chacun peut à volonté fabriquer du gaz qui s'extrait de l'huile. Ces appareils ont fini par être rangés aussi parmi les établissemens de *deuxième classe*; ces procédés peuvent en effet être employés en grand, et présenter, à beaucoup d'égards, les mêmes inconvéniens que les usines à gaz. — *Cons. d'ét.*, 2 août 1836, Leboiteux. — Clérault, nos 60 et 61. —

228. — Aucune disposition législative n'a, du reste, dérogé, à l'égard des usines à gaz, au principe de la liberté industrielle et commerciale qui forme le droit commun de l'industrie française. Ainsi, une compagnie concessionnaire de l'éclairage à gaz d'une ville a le droit, dans le silence du cahier des charges, de débattre et de fixer comme elle l'entend avec les habitans le prix et les conditions qu'elle juge convenable de fixer, telles que celles du minimum de durée des abonnemens. La compagnie doit aussi, de son côté, exécuter loyalement ses engagemens, et ne pas rompre intempestivement l'éclairage qu'elle fournit avant qu'on ne puisse le remplacer par un autre. — *Aix*, première espèce, comp. Meyer; deuxième espèce, Mille, 19 fév. et 31 mars 1846 (t. 1er 1849, p. 470). —V. au surplus GAZ, nos 28 et suiv.

Sect. 7e. — *Droit des tiers; dommages-intérêts.*

229. — Le principe général que toute autorisation n'est jamais conférée qu'aux risques et périls de celui qui l'obtient, et sans préjudice des droits du tiers est applicable en cette matière, comme nous avons déjà vu qu'il l'était en matière d'autorisation d'*usine à eau*. — Décret 15 avr. 1810, art. 11. — V. *suprà* nos 33 et suiv.

230. — Conséquemment, les droits des tiers ne consistent pas seulement à former des oppositions, soit avant soit après l'autorisation obtenue,

comme nous l'avons déjà vu n°s 196 et 200, et à se pourvoir contre l'arrêté de préfecture et le conseil d'état; ils ont encore le droit, qui leur est expressément réservé par le décret, de recourir devant les tribunaux pour se faire indemniser du dommage que les usines autorisées pourraient leur causer.

231. — Le premier usage qui fut fait de cette disposition du décret de 1810, ce fut à l'égard du célèbre Chaptal, à l'occasion d'une fabrique d'acide sulfurique qu'il avait établie aux Thernes, près de Paris. Cette usine existait cependant depuis l'an IX, et aussitôt que parut le décret de 1810 les habitans se plaignirent et demandèrent la suppression de l'établissement. Il fut cependant maintenu à des conditions déterminées par un décret du 6 sept. 1813; mais ce décret déclara *qu'il n'était rien préjugé sur les demandes en indemnité*, pour lesquelles il était renvoyé *devant les tribunaux civils*. — Décr. 6 sept. 1813.

232. — Les demandes en indemnité sont donc recevables. Elles peuvent se fonder sur le dommage que les exhalaisons des fabriques occasionneraient aux propriétés voisines. — *Aix*, 14 mai 1825, Rigaud c. Bourguignon; *Cass.*, 11 juill. 1826, mêmes parties.

233. — Le rejet de l'opposition à l'établissement de l'usine n'est pas une fin de non-recevoir à la demande d'indemnité. Ainsi, l'établissement d'une manufacture de vitriol bleu a pu motiver une demande en indemnité quelques années après l'autorisation accordée malgré l'opposition des voisins, et ceux-ci ont pu obtenir des dommages-intérêts pour le tort que la manufacture faisait à leurs propriétés. — *Aix*, 8 fév. 1821, Porry; *Cass.*, 23 mai 1821, Villemain.

234. — Le juge de paix serait compétent, s'il s'agissait de statuer sur un dommage causé aux fruits et récoltes, dans un jardin, par exemple. — *Cass.*, 19 juill. 1826, Lebel.

235. — L'indemnité serait due au propriétaire voisin, lors même que l'usage auquel il destine sa propriété pourrait être différent de celui auquel il l'emploie, s'il ne fait d'ailleurs qu'user du droit de propriété. Ainsi, le propriétaire de prairie qui y étend et fait blanchir des toiles a droit à une indemnité, si les émanations de la cheminée d'une manufacture d'indienne chauffée par la vapeur déposent de la suie et de la poussière de houille sur les toiles de manière à y produire des taches.— *Colmar*, 16 mai 1828, Nobler Ravet.

236. — Lorsqu'il n'est pas possible de déterminer dans quelle proportion plusieurs fabricans condamnés à des dommages-intérêts ont chacun occasionné le dommage, le juge doit prononcer la solidarité contre tous, la réparation étant due par tous et par chacun, *per totum* et *totaliter*, à moins qu'un deux ne prouve qu'il a pris les précautions convenables pour prescrire le dommage.— *Aix*, 14 mai 1825, Rigaud c. Bourguignon; *Cass.*, 11 juill. 1826, mêmes parties; 3 mai 1827, André Martin.

237. — Mais lorsque le dommage causé aux propriétés voisines est seulement *moral* et n'est pas matériel, comme dans les différentes espèces que nous venons de parcourir, donne-t-il aussi lieu à une indemnité? C'est dans le cas où l'affirmative dans le cas où l'établissement est antérieur au décret du 15 oct. 1810.— Clérault, n° 129.

238. — Mais lorsque le dommage *moral* est occasionné par des usines autorisées conformément à ce décret et aux ordonnances postérieures, des auteurs soutiennent qu'il n'y a pas lieu à indemnité, parce que la conséquence de l'exploitation de l'usine ont été appréciées à l'avance par l'administration; que d'ailleurs, ce dommage ayant pour cause unique l'usage licite de la chose, rentre dans la catégorie des servitudes légales. A ces considérations on répond que si le voisinage d'une usine rend invendable ou insusceptible de location une propriété, ce dommage peut être plus grave que le dommage qui affecte matériellement l'immeuble. C'est ainsi du reste que l'a jugé la cour de Cassation.— *Cass.*, 3 mai 1827, Martin Bigaud.— Clérault, n° 129.— *Contrà* dissertation de M. Duvergier, *Revue du droit*, t. 10, p. 425 et 601. — V. sur *surplus* ÉTABLISSEMENS INSALUBRES.

239. — On ne doit pas, toutefois, exagérer le principe des dommages-intérêts; ainsi il faut qu'il soit constaté que le préjudice excède la mesure des obligations ordinaires du voisinage; ce n'est que pour cet excès d'incommodité qu'il y a lieu à indemnité.— *Cass.*, 27 nov. 1843 (1er 1845, p. 5), Desrosne c. Puzin, Dangest et Drapier.

240. — Jugé aussi que, lorsque l'établissement d'une usine à vapeur a été légalement autorisé, les tiers ne sont recevables dans leur opposition, et à plus forte raison dans leur action en dommages-intérêts qu'autant que le préjudice est actuel; la seule allégation de la crainte d'une explo-

sion ne suffirait pas. — *Cons. d'ét.*, 23 nov. 1835, Vienchel.

241. — Jugé encore que l'ébranlement causé par l'exploitation de la machine aux habitations voisines n'est pas un motif valable d'opposition. — Mais il pourrait l'être de dommages-intérêts, selon les circonstances, puisque l'autorisation n'est donnée que sous la réserve des droits des tiers.— *Cons. d'ét.*, 12 août 1838, Molière.

CHAP. III. — *Moulins à vent.*

242. — Ces moulins ne sont, à la différence des moulins à eau, soumis à aucune formalité d'autorisation préalable pour leur construction; on a donc la liberté de les établir où et comme on le juge convenable.

243. — L'autorité municipale peut cependant, comme mesure de police, prescrire de ne les construire qu'à une certaine distance de la voie publique, pour éviter les accidens, pour que le moulin n'effraie pas les chevaux ou les autres animaux domestiques qui la fréquentent; c'est ainsi que le conseil supérieur de l'Artois avait prescrit, le 15 juill. 1774, de ne les établir qu'à deux cents pieds au moins des chemins royaux, et cent cinquante des autres, sous peine de 200 fr. d'amende. — Favard, v° *Moulins à vent*.

244. — Dans la crainte que l'établissement de ces moulins dans la ligne des douanes ne favorise la contrebande, il est défendu d'en construire dans l'étendue de cette ligne.— L. 21 vent. an II, art. 1er et 2.

245. — Ces moulins peuvent être frappés d'interdiction par mesure administrative et des procès-verbaux prouvent qu'ils servent à favoriser la contrebande sur les grains et farines, sauf le recours au conseil d'état contre la décision du préfet.— L. 3 avr. 1806, art. 76 et 77.

V. BATEAUX A VAPEUR, BACS ET BATEAUX, CANAL, CHOMAGE, CHUTE D'EAU, COMPÉTENCE ADMINISTRATIVE, CONSEIL DE PRÉFECTURE, CONTRIBUTIONS DIRECTES, COURS D'EAU, DOMAINE PUBLIC, ÉTABLISSEMENS INSALUBRES, FLOTTAGE, FORGES ET HAUTS FOURNEAUX, GAZ, MACHINES A VAPEUR.

USTENSILES (Marchand d')

1. — Marchands d'ustensiles de chasse et de pêche; — patentables de cinquième classe; — droit fixe, basé sur la population, et droit proportionnel du vingtième de la valeur locative de l'habitation et des lieux servant à l'exercice de la profession.

2. — Les marchands de vieux ustensiles de ménage sont patentables de septième classe; — même droit fixe que les précédens, sauf la différence de classe; droit proportionnel du quarantième de la valeur locative de tous les locaux qu'ils occupent, mais seulement dans les communes de vingt mille âmes et au-dessus.

USUCAPION.

V. PRESCRIPTION, n° 6; POSSESSION, n° 101.

USUFRUIT.

Table alphabétique.

Sect. 1re. — Nature du droit d'usufruit.

2. — Comme faculté de jouir d'un fonds appartenant à un autre, et considéré dans un sens
abstrait, l'usufruit est un droit de servitude personnelle imposée sur la chose d'autrui.

3. — Les auteurs du Code, il est vrai, ne se sont
pas servi de cette expression pour le caractériser ;
« mais, dit avec raison Proudhon (Tr. des droits
d'usufruit, t. 1er, n° 3), il faut toujours en revenir
à ce point de doctrine que nous tenons des Romains, que, comme un droit établi sur un héritage
pour l'utilité d'un fonds appartenant à un autre
maître est une servitude foncière, de même l'u-
sufruit est une servitude personnelle, puisqu'il
n'existe qu'autant que le fonds d'un est asservi
à la jouissance de l'autre : Servitutes aut persona-
rum sunt, ut usus et ususfructus, aut rerum ut servitutes rusticorum prædiorum, et urbanorum. » — L.
1, ff., De servit., lib., 8, tit. 4.

4. — Du reste, pour donner une idée complète
de la nature de l'usufruit, nous le considérerons
soit dans sa constitution elle-même, soit sous le

rapport de la personnalité du droit, soit sous celui des choses auxquelles il s'applique.

5. — Considéré en elle-même, la constitution d'u-
sufruit emporte aliénation de partie de la chose
(L. 7, Cod. De rsb. alienis non alienand, lib. 4, tit.
51), elle opère un démembrement de propriété.
— En effet, dit Proudhon (loc. cit., n° 5), quoique l'usufruit ne soit pas une partie matérielle du
fonds, il est néanmoins une portion du domaine,
puisque le domaine cesse d'être plein et entier entre les mains du propriétaire, quand la nu-propriété est séparée de l'usufruit. — V. aussi § 1er,
Instit., De usufr., lib. 2, tit. 4. — Toullier, n° 389 ;
Merlin, Quest., v° USAGE (droit d'), § 7.

6. — De là il résulte que le nu-propriétaire ne
pourrait forcer l'usufruitier à recevoir le rachat
d'un son usufruit, comme on peut forcer le propriétaire d'une rente foncière à en recevoir le
rachat (C. civ., art. 530). — Proudhon, ibid., n° 6.

7. — Il s'opère donc entre l'usufruitier et le propriétaire une sorte de communion dans le domaine de la même chose, quoique sous des aspects
différens, puisqu'à l'un appartient toute la jouissance, et à l'autre la nu-propriété du fonds seulement. — Nous verrons plus loin quelles sont les
obligations qui naissent de cette communion de
propriété. — Proudhon, ibid., n° 7.

8. — L'usufruit est d'ailleurs une propriété essentiellement temporaire. S'il en était autrement,
le droit de propriété ne serait plus rien. — L. 3,
§ 2, ff., De usufr. — Salviat, De l'usufruit, prél.,
art. 5.

9. — Aussi, lorsqu'il est établi au profit d'un établissement public qui est destiné à durer toujours,
la loi, dans le silence de l'homme, lui assigne un
terme, trente ans. — C. civ., art. 619.

10. — D'où nous devons tirer cette conséquence
que, si la jouissance intégrale d'un fonds avait été
expressément léguée à perpétuité au profit d'une
commune, le droit légué n'aurait d'usufruit que le
nom, et que ce serait véritablement la propriété
qui aurait été donnée. — Proudhon, ibid., n° 8 ;
Merlin, Quest., v° Locataire perpétuelle, § 1er ; Rolland de Villargues, Rép., 2e édit., v° Usufruit, n° 8.

11. — Considéré dans celui qui en est revêtu, l'u-
sufruit est un droit purement personnel, puisqu'il consiste dans la faculté de jouir, faculté essentiellement corrélative à la personne qui en use,
et qui s'éteint nécessairement avec cette personne,
puisqu'on ne peut être jouissant quand on n'est
plus. — Proudhon, ibid., n° 9 ; Toullier,
n° 412.

12. — En vain, pour soutenir le contraire, voudrait-on argumenter des termes de l'art. 595
C. civ., qui dit que « l'usufruitier peut jouir par
lui-même, donner à ferme à un autre, ou même
vendre ou céder son droit à titre gratuit. » En
vain aussi voudrait-on se prévaloir de l'art. 2118,
suivant lequel l'usufruit peut être frappé d'hypothèque, et conséquemment vendu par expropriation. — Ces dispositions ne sauraient être étendues d'une manière parfaite et ne peuvent avoir
trait qu'à une jouissance de fait ou à l'exercice du
droit et non au droit en lui-même. — Proudhon,
n° 15 ; Duranton, n° 467 ; Toullier, n° 385 ; Merlin,
Répert., v° Mort civile, art. 3, n° 10.

13. — De là il suit 1° qu'on ne pourrait léguer
un droit d'usufruit à quelqu'un à dater de son
décès, attendu qu'il ne peut commencer à l'instant
même où il doit finir. — L. 5, ff., De usufr. leg.
— Proudhon, ibid., n° 10.

14. — Que si l'usufruit a été établi pour un
temps déterminé, par exemple dix ans, la durée
ne devra pas s'étendre jusqu'à ce temps, si l'usufruitier meurt auparavant. — Proudhon, ibid.,
n° 11 ; Delvincourt, t. 1er, p. 349.

15. — ... 3° Que bien qu'en général on soit réputé stipuler tant pour ses héritiers que pour lui-
même, néanmoins, lorsqu'il s'agit d'un droit d'u-
sufruit établi par acte entre-vifs, il n'est toujours
acquis qu'au profit de celui pour lequel il a été
nommément stipulé, et ne peut s'étendre à ses
successeurs sans une stipulation expresse à cet
égard. — Proudhon, ibid., n° 12.

16. — ... 4° Que l'erreur dans la personne de
celui au profit duquel on voudrait établir un droit
d'usufruit pourrait être proposée comme cause
de nullité de l'acte. — Proudhon, n° 13.

17. — ... 5° Enfin qu'une libéralité en usufruit
ne devrait point être déclarée nulle, par cela seul
que le donataire serait du nombre des personnes
qui, dans les cas ordinaires, sont réputées personnes interposées pour faire parvenir le don à un
incapable, si d'ailleurs les émolumens de l'usufruit n'étaient pas tels qu'il fût possible que le
donataire eût, dans son usufruit, de quoi enrichir plus ou moins la personne prohibée. — Proudhon, n° 14.

18. — Remarquons d'ailleurs que bien que l'u-

sufruit, envisagé sous le rapport de la personne de celui qui en est revêtu, ne soit qu'un droit personnel qui s'éteint avec lui, il n'en est pas moins un droit réel, *jus in re, dans la chose qui y est soumise*, puisqu'il entraîne pour le temps de sa durée un démembrement dans la propriété.

19. — Par suite, l'usufruit emprunte la nature de la chose sur laquelle il est établi; il est meuble ou immeuble, suivant qu'il porte sur des choses mobilières ou immobilières. — C. civ., art. 526.

20. — Il est aussi susceptible d'hypothèque (art. 2118) et toutes les formalités prescrites pour la purge des privilèges et hypothèques doivent être remplies par celui qui acquiert un pareil droit.

21. — Si maintenant de la définition que nous avons donnée de l'usufruit et des principes que nous venons de poser, nous déduisons les *qualités* qui appartiennent à l'usufruitier, nous reconnaîtrons: 1° que l'usufruitier est propriétaire de son droit d'usufruit, puisque ce droit lui appartient. — Proudhon, n° 31.

22. — ... 2° Qu'une fois mis en jouissance du fonds, il est un vrai possesseur et que dès-lors il doit avoir tous les avantages des actions possessoires, soit pour intenter la complainte à l'effet d'écarter celui qui vient le troubler dans sa jouissance, soit pour obtenir sa réintégrande, quand il a été dépossédé par un autre. — L. 1, § 1, ff., *Uti possidetis*; L. 4, ff. *eod.*, L. 3, § 13, ff.. *De vi et vi armatâ*. — Proudhon, n° 32.

23. — ... 3° Que l'usufruitier n'a néanmoins que la qualité de détenteur du fonds dont il jouit à ce titre, et que, dès-lors, il ne peut prescrire ce fonds, quelque longue que soit sa jouissance. — C. civ., art. 2236. — Proudhon, nos 33 et suiv.

24. — ... 4° Que l'usufruitier est établi *gardien* de la chose, puisqu'il n'a droit de jouir qu'à la charge de conserver et de rendre, et qu'il est même obligé de fournir un cautionnement pour la sûreté de cette obligation. — Proudhon, n° 36.

25. — ... 5° Qu'il est *procureur fondé* dans les causes où ses intérêts sont liés avec ceux du propriétaire, et qu'il peut alors exercer les fonctions de celui qu'on appelle en droit *procurator in rem suam* et même *in rem alterius*, en tant qu'il doit conserver la chose pour son maître, et sans préjudice néanmoins des droits de ce dernier. — Proudhon, nos 37 et suiv; Merlin, *Rép.*, v° *Inscription hypothécaire*, § 5; *Thémis*, t. 6, p. 119.

26. — Il nous reste encore, pour bien apprécier les caractères propres de l'usufruit, à examiner ce droit dans ses rapports de similitude et de différence avec les autres droits qui peuvent affecter la propriété.

27. — Le droit *d'usage* convient surtout avec l'usufruit. L'un et l'autre s'établissent et s'éteignent de la même manière; l'un et l'autre sont aussi inhérens à la personne et ne peuvent s'exercer que sur la chose d'autrui. Néanmoins ces deux droits diffèrent essentiellement sous plusieurs rapports.

28. — Ainsi, l'usufruitier a le droit de percevoir tous les fruits du fonds, même *ad compendium*, en sorte qu'il peut vendre à son profit tous ceux qui ne sont pas nécessaires à sa consommation; l'usager au contraire n'a le droit d'en prendre que jusqu'à concurrence de la mesure de ses besoins. — V. USAGE.

29. — D'où il suit : 1° que le droit d'usage, considéré en lui-même, et comme droit de servitude, est *indivisible*, puisqu'on ne doit ni le restreindre au-dessous, ni le porter au-delà de la limite qui lui est assignée par la loi de sa nature, tandis que l'usufruit est un droit divisible comme les émolumens qui en sont l'objet, ou comme le fonds sur lequel il est établi. — L. 19, ff., *De usufr. et habit.* — Proudhon, n° 48.

30. — ... 2° Qu'il ne peut y avoir lieu au droit d'accroissement entre deux légataires conjoints dans un legs de droit d'usage (L. 57, § 1er, ff., *De usufr.*), tandis que le droit d'accroissement s'exerce entre les colégataires de l'usufruit, comme entre ceux de la propriété. — Proudhon, *ibid.* — V. USAGE.

31. — Le legs d'usufruit et celui *des revenus d'un fonds* ont cela de commun qu'ils doivent s'éteindre l'un et l'autre par la mort du légataire, sans être transmissibles à ses héritiers, à moins d'une disposition expresse. — L. 22, ff., *De usufr. legat.* — Mais ils diffèrent essentiellement en ce que le legs d'un usufruit emporte non seulement le droit de jouir du fonds, mais un droit réel dans ce fonds, tandis que le legs des revenus ne confère qu'une créance, n'est qu'une pension à payer en fruits ou en argent par l'héritier ou par le légataire. — L. 58, § 1, ff., *De usufr.* — Proudhon, n° 50; Salviat (préf.), art. 4.

32. — Il faut en dire autant du *legs annuel*, c'est-à-dire de celui par lequel le testateur assigne à quelqu'un, par forme de pension, une certaine somme d'argent ou une certaine quantité de denrées à payer chaque année par son héritier. — Proudhon, n° 58.

33. — Mais *quid* du legs *des fruits* d'un fonds? Ce legs est-il de la même nature que celui d'usufruit ou que celui des revenus? — Les fruits ne sont pas un droit, mais bien une chose corporelle : l'usufruit au contraire est un droit incorporel; donc un simple legs de fruits n'est pas un legs d'usufruit; néanmoins le legs des fruits annuels d'un fonds emporte le droit d'usufruit. — L. 20, ff., *De usufr.* — « Dans ce cas, dit Proudhon (n° 53), ce n'est pas un legs de revenus qui a été fait, parce que le légataire doit être mis en jouissance pour percevoir les fruits; c'est au contraire un véritable legs d'usufruit que le testateur est censé avoir voulu faire, puisqu'il a accordé au légataire le droit de percevoir annuellement et par ses mains le produit du fonds en nature. »

34. — La constitution d'usufruit a aussi quelque similitude avec la *substitution fidéicommissaire*, en ce que l'usufruitier, comme le grevé de substitution, est chargé de conserver et de rendre la chose, en ce que l'un et l'autre doivent faire inventaire, et que ce n'est qu'au terme fixé pour l'ouverture du fidéicommis, comme ce n'est qu'au terme fixé pour la cessation de l'usufruit, que le substitué ou le propriétaire ont le droit d'entrer en jouissance. — Mais ces deux droits diffèrent essentiellement sous divers rapports. — Ainsi, la nue-propriété du fonds dont l'usufruitier jouit est absolument hors de son domaine, tandis que le grevé de substitution est véritablement propriétaire du fonds grevé de substitution. Ainsi, encore, la restitution à faire par l'usufruitier n'est qu'une remise de la possession de fait, tandis que celle qu'exécute le grevé de substitution est translative de la propriété entre les mains du substitué. — Proudhon, n° 64.

35. — Il y a aussi quelque similitude entre le *prêt de consommation* et l'usufruit légué sur des choses fongibles. Ils conviennent en ce que dans l'un et l'autre cas les choses qui en sont l'objet passent également dans le domaine de l'emprunteur ou de l'usufruitier, et que ni l'un ni l'autre ne sont obligés de les conserver. — Mais ils diffèrent en ce que l'usufruit finit à la mort de l'usufruitier, tandis que les droits que confère le prêt passent aux héritiers de l'emprunteur. Ils diffèrent encore en ce que l'usufruitier doit fournir caution, s'il n'en est dispensé par l'acte constitutif de son droit, tandis que l'emprunteur n'est tenu d'en fournir qu'autant que cette obligation lui est spécialement imposée. — Proudhon, n° 69; Duranton, n° 474.

36. — Quant à l'*emphytéose*, elle diffère essentiellement de l'usufruit, puisque l'emphytéote acquérant la propriété du fonds jouit de sa propre chose, tandis que l'usufruitier jouit de la chose d'autrui. — Proudhon, n° 97; Duranton, n° 471. — V. EMPHYTÉOSE, nos 88 et suiv.

37. — *L'antichrésiste*, comme l'usufruitier, acquiert aussi les fruits d'une chose qui ne lui appartient pas et qu'il est incapable de prescrire; comme le premier, il est tenu aussi de charges annuelles et de réparations d'entretien. Mais l'antichrèse n'attribue à l'engagiste aucun droit réel sur le fonds et n'est qu'une simple délégation de fruits. L'usufruit au contraire opère un démembrement de propriété. — Proudhon, nos 84 et suiv.; Duranton, n° 473.

38. — Le *fermier* jouit aussi de la chose d'autrui, mais son droit est bien différent de celui de l'usufruitier. — La constitution d'usufruit emporte un droit réel assis sur l'immeuble; le *bail* au contraire ne confère au preneur d'autres droits que ceux qui résultent de sa convention et qui ne produisent que des actions purement personnelles entre lui et le maître du fonds. — Marcadé, art. 578-2°; Proudhon, nos 98 et suiv.; Duranton n° 472. — V. cependant Troplong, *Louage*, nos 475 et suiv. — V. d'ailleurs BAIL, nos 30 et suiv.

39. — *Quid* du *bail à vie?* Cette espèce de bail comporte-t-elle un véritable usufruit? — Oui, suivant Merlin (*Rép.*, v° *Usufruit*, § 1er, n° 8); non, suivant Proudhon, nos 102 et suiv. — V. BAIL A VIE, nos 8 et suiv.

40. — Il a été jugé, conformément à l'opinion de ce dernier auteur, que la jouissance par bail à vie et l'usufruit diffèrent essentiellement dans leur nature et dans leurs effets, notamment en ce que, dans le bail à vie, le bailleur conserve la jouissance des fruits civils de l'objet donné à bail, dont le preneur ne perçoit que les fruits naturels, tandis que l'usufruitier jouit des fruits naturels et civils de l'objet grevé d'usufruit dont le propriétaire ne conserve que la nue-propriété. — *Cass.*, 18 janv. 1825, Vassens.

41. — Toutefois, il pourrait résulter de l'ensemble des stipulations d'un contrat qualifié *bail à vie* que les parties ont entendu constituer un véritable usufruit; et cette manifestation de leur volonté devrait prévaloir sur la dénomination qu'elles auraient donnée à l'acte. — Proudhon, nos 105 et suiv.; Duvergier, *Louage*, n° 30; Troplong, n° 26.

42. — Mais il ne suffirait pas, pour opérer une pareille transformation, d'insérer dans un bail à vie une disposition isolée empruntée à l'usufruit. Il faudrait un ensemble de dispositions assez complet pour dénaturer le contrat et ne lui laisser, en quelque sorte, du bail que le nom. — Proudhon et Troplong, *ibid.*

Sect. 2e. — *Diverses espèces d'usufruit.*

43. — Sous le rapport de sa cause, on divise l'usufruit en usufruit légal et en usufruit conventionnel. — C. civ., art. 579.

44. — L'usufruit légal est celui qui est établi de plein droit par la disposition de la loi.

45. — Il a lieu : 1° au profit des père et mère sur les biens de leurs enfans mineurs, jusqu'à ce que ceux-ci soient parvenus à l'âge de dix-huit ans accomplis, ou jusqu'à leur émancipation. — C. civ. art. 384. — V. USUFRUIT LÉGAL OU PATERNEL.

46. — ... 2° Au profit du survivant des père et mère sur le tiers des biens auxquels il ne succède pas dans l'hérédité de son enfant mort sans postérité, ni frères, ni sœurs, ni descendans d'eux. — C. civ., art. 754. — V. SUCCESSION.

47. — ... 3° Au profit des veuves qui se sont mariées sous l'empire des coutumes qui, en cas de survie, leur accordaient un droit de jouissance plus ou moins étendu sur les biens de leur mari. — V. DOUAIRE, nos 7 et suiv.

48. — ... 4° Au profit de la communauté sur les biens de deux époux mariés suivant le régime de la communauté (C. civ., art. 1400), ou au profit du mari seulement, sur les biens de la femme, si les époux en se mariant ont adopté le régime dotal (C. civ., art. 1549 et 1564) ou le régime exclusif de communauté (art. 1530, 1531 et 1533). — V. COMMUNAUTÉ. — Proudhon, n° 118. — Toutefois on a contesté qu'il s'agît là d'un véritable usufruit, attendu que le mari, soit comme administrateur de la communauté, soit comme chef de la famille, ne pourrait pas l'hypothéquer. — Toullier, t. 12, nos 125 et 402; Duranton, n° 486.

49. — ... 5° Au profit des titulaires des bénéfices ecclésiastiques sur les biens qui composent lesdits bénéfices. — Décr. 6 nov. 1813. — V. CURE, CURÉ, nos 59 et suiv.

50. — ... 6° Enfin il avait lieu aussi, sous le gouvernement royal, au profit du roi, sur le domaine de la couronne. — L. 8 nov. 1814 et 2 mars 1832. — V. DOMAINE DE LA COURONNE, LISTE CIVILE.

51. — L'usufruit *conventionnel* est celui qui est établi par la volonté de l'homme. — On lui conserve cette dénomination même lorsqu'il est établi par dispositions testamentaires. — Proudhon, n° 118.

52. — Sous le rapport des choses sur lesquelles on peut établir un droit de jouissance, l'usufruit se divise en usufruit proprement dit et en usufruit improprement dit ou *quasi-usufruit*. — V. *infrà* nos 194 et suiv.

53. — L'usufruit proprement dit est celui qui est établi sur les choses dont on peut jouir en les conservant. — Tels sont les immeubles et même une grande partie des choses mobilières. — Dans cette espèce d'usufruit, la chose, quant à la nue-propriété, reste dans le domaine du propriétaire, tandis que l'usufruitier en jouit à la charge de la conserver. — Proudhon, n° 119.

54. — L'usufruit impropre ou le *quasi-usufruit* est celui qui a pour objet les choses qui se consomment par le premier usage, ou celles qu'on fait consister dans le nombre, le poids ou la mesure. Ces sortes de choses sont alors représentées ou compensées par une pareille quantité de choses de même nature. — Proudhon, *ibid.*

55. — A la différence du véritable usufruit, le quasi-usufruit transfère donc la propriété des objets sur lesquels il porte.

56. — D'après cela, il sera facile de déterminer quelles seront, parmi les règles relatives à l'usufruit proprement dit, celles qui devront s'appliquer également au quasi-usufruit.

Sect. 3e. — *Comment l'usufruit peut être établi. — Par qui et au profit de qui. — Sous quelles modalités.*

57. — *Comment l'usufruit peut être établi.* — Aux termes de l'art. 579, C. civ., l'usufruit est établi par la loi ou par la volonté de l'homme.

58. — On a vu *suprà* (n° 45), dans quel cas avait lieu l'usufruit légal.

59. — L'usufruit résultant de la volonté de l'homme peut être établi par testament, par donation entre-vifs, ou par contrat commutatif. — L. 3, ff., *De usufruct.* — C. civ., art. 579.

60. — L'usufruit est établi par testament, lorsque le testateur lègue seulement la jouissance de la chose à quelqu'un, pour en réserver la nue-propriété à son héritier; ou lorsqu'il lègue à l'un la nue-propriété et à l'autre la jouissance de son domaine, soit enfin lorsqu'il ne donne expressément que la nue-propriété au légataire, cas auquel l'usufruit se trouve réservé de plein droit à l'héritier pour en jouir durant sa vie. — L. 14, C., *De usufruct.*

61. — Il est établi par donation entre-vifs, lorsque le donateur n'aliène que la nue-propriété de la chose, en s'en réservant la jouissance, ou enfin lorsqu'il cède à l'un le droit de propriété et à l'autre celui de jouissance.

62. — Il est établi par contrat commutatif, lorsqu'il est l'objet direct d'une vente, d'un échange, d'une soulte de partage, d'une transaction, etc.

63. — Ainsi, un usufruit peut être baillé à rente, et l'on doit considérer comme mêlé de rente et de bail à rente un contrat par lequel le propriétaire d'un bien en vend l'usufruit moyennant une somme payée comptant et une rente annuelle dont la prestation durera autant que l'usufruit même. — *Cass.*, 26 pluv. an XI, Gouttard c. Lericher.

64. — Les conditions requises pour la validité d'un titre dont le but serait de transférer la propriété sont d'ailleurs également nécessaires pour la validité du titre qui a pour objet une constitution d'usufruit. — Notamment, les donations d'usufruit doivent être faites dans la forme prescrite par l'art. 931, C. civ. — Zachariæ, t. 2, § 224; Duranton, t. 4, no 487; Toullier, t. 3, nos 394 et 395.

65. — L'usufruit peut aussi s'acquérir par la prescription soit de dix ou vingt ans (art. 2265 et 526), soit de trente ans (art. 2262, C. civ.). — Hennequin, *Tr. de législ. et de jurisp.*, t. 2, p. 223 et 224; Zachariæ, *ibid.*, § 223; Toullier, t. 3, no 393; Duranton, t. 4, no 502; Vazeille, *Prescription*, nos 136 et 369; Proudhon, nos 950 et suiv.; Troplong, *Prescription*, no 855; Planck, *Prescription*, n 140 et suiv.; Marcadé, art. 579. — V. *contrà Thémis*, t. 6, p. 232; Salviat, art. 124, no 9.

66. — Ainsi, jugé que celui qui, ayant acquis l'usufruit d'un immeuble, en a joui avec titre et bonne foi pendant dix ans, au vu et au su de la partie intéressée à contester, a, par cette possession, acquis le droit d'en jouir toute sa vie, conformément à son titre. — *Cass.*, 17 juill. 1816, Thomé-Beaumont c. Allain.

67. — ... Et spécialement que le droit de jouissance d'une fougeraie ne constitue pas une servitude discontinue, mais un usufruit véritable, et que ce droit peut, dès-lors, être acquis par prescription — *Pau*, 5 janv. 1838 (t. 2 1841, p. 125), Lechardoy c. Picochet et Corricart.

68. — ... Il en serait ainsi encore, quoique le vendeur, à raison de sa mauvaise foi, par exemple, ne puisse pas prescrire, par le même espace de temps, le droit de propriété. — *Cass.*, 17 juill. 1816, Thomé-Beaumont c. Allain. — Proudhon, no 754.

69. — De même, l'héritier qui a laissé le légataire d'un usufruit jouir paisiblement de son droit pendant trente ans ne serait plus recevable à opposer les vices du testament. — Proudhon, no 753.

70. — Mais l'usufruit ne pourrait plus, comme en droit romain, être établi d'office par le juge, qui dépasserait ses pouvoirs si, pour faire cesser l'indivision d'une chose commune, il en adjugeait la nue-propriété à l'un des copartageans et l'usufruit à l'autre. — Arg. art. 827 et 833. — Hennequin, *Tr. de législ. et de jurisp.*, t. 2, p. 75; Toullier, t. 3, no 391; Duranton, t. 4, no 489; Proudhon, no 304; Zachariæ, t. 2, § 223. — V. cependant Maleville, sur l'art. 579.

71. — Observons d'ailleurs qu'une longue possession, jointe à des présomptions graves, précises et concordantes, et lorsqu'il existe un commencement de preuve par écrit, suffit, à défaut de titre, pour établir la preuve d'une concession d'usufruit. — *Cass.*, 4 fév. 1823, de Baudre c. Pierre; *Pau*, 5 janv. 1838 (t. 2 1841, p. 125), Lechardoy c. Picochet et Corricart.

72. — *Par qui peut être établi l'usufruit.* — La constitution d'usufruit opère un démembrement dans la propriété; elle emporte aliénation d'une partie du domaine. Celui qui veut établir un droit d'usufruit doit donc être propriétaire de la chose dont il veut ainsi démembrer le domaine; il doit aussi avoir la capacité d'aliéner.

73. — Ainsi, une femme mariée ne pourrait, sans l'autorisation de son mari ou celle de la justice, établir par acte entre-vifs un droit d'usufruit sur ses fonds. — Proudhon, no 301. — *Cass.*, 22 nov. 1841 (t. 1er 1842, p. 189), Cherel c. Duluc.

74 — De même, pour établir un droit d'usufruit sur les fonds d'un mineur ou d'un interdit, il faudrait employer les formalités prescrites pour l'aliénation des immeubles des mineurs. — Proudhon, *ibid.*

75. — Du reste, l'indivision de la propriété n'est pas un obstacle à la constitution de l'usufruit sur ce qui nous en appartient. Celui qui n'est que copropriétaire d'un fonds possédé en commun avec d'autres peut léguer l'usufruit de sa part indivise. — L. 5, ff., *De usufr.* — Proudhon, no 335.

76. — *Personnes au profit desquelles l'usufruit peut être constitué.* — Réciproquement, pour acquérir un droit d'usufruit, il faut être capable d'acquérir et de posséder des biens en France, puisque c'est là un droit de propriété qu'il s'agit d'acquérir et de posséder. — Salviat, art. 31, no 1er.

77. — Ainsi, un mort civilement ne peut recevoir un legs ni une donation d'usufruit (art. 25, C. civ.), à moins qu'il ne lui soit accordé à titre d'alimens (art. 1028). — Salviat, art. 31, no 1er.

78. — Bien que le droit d'usufruit ne soit pas héréditairement transmissible et qu'il ne puisse même pas être rendu tel par la volonté de l'homme (Proudhon, no 309), il n'en est pas moins susceptible d'être établi sur plusieurs têtes, ou au profit de plusieurs personnes successivement appelées à jouir de la même chose. — Proudhon, no 310; Salviat *ibid.*; Hennequin, *Tr. de législ. et de jurisp.*, t. 2, p. 492.

79. — Seulement, dans ce cas, si c'est par testament que l'usufruit est établi sur deux ou plusieurs têtes, il est nécessaire que le légataire appelé en deuxième ou troisième ordre soit déjà conçu au moment du décès du testateur, puisque c'est de lui directement qu'il doit recevoir son legs (art. 906, C. civ.), l'usufruit n'étant pas héréditairement transmissible. — Proudhon, no 311.

80. — ... Et si c'est par acte entre-vifs, il faut aussi que les divers donataires soient déjà existans au moment de la donation (art. 906, C. civ.) et que la libéralité soit acceptée par tous ou au nom de tous, puisqu'elle doit être directement faite au profit des uns et des autres. — Proudhon, no 312.

81. — On peut aussi valablement léguer un droit d'usufruit à quelqu'un, *tant pour lui que pour ses héritiers*. Ceux-ci recueilleront alors, après le décès de leur auteur, le bénéfice de cette disposition, et ce ne sera point en vertu d'une substitution prohibée, mais en vertu d'un droit qui leur est personnel, et qui se sera ouvert à leur profit, par l'accomplissement de la condition qui y était apposée, le prédécès de leur auteur. — L. 5, ff., *Quibus modis ususfr. amittat.* — Proudhon, art. 313 et suiv.; Hennequin, *ibid.*, p. 489.

82. — Toutefois, le mot *héritiers* ne doit être entendu ici que de l'héritier ou des héritiers en premier degré de l'usufruitier, ainsi que le décide la loi romaine (L. 14, C., *De usufr.*). Autrement, si le bénéfice de ce legs devait passer aux héritiers des divers degrés, il deviendrait perpétuel, ce qui ne peut être. — Proudhon, no 317; Hennequin, *loc. cit.*

83. — Il y a plus, le mot *héritiers* ne doit pas même être pris dans toute sa latitude, pour l'appliquer à toutes sortes de successeurs, il doit être restreint aux enfans et descendans du légataire, comme autrefois lorsqu'il s'agissait d'une substitution fidéicommissaire dont un légataire était grevé en faveur d'un étranger, pour le cas où il ne laissait pas d'héritiers. — Proudhon, *ibid.*

84. — Remarquons d'ailleurs avec Proudhon (nos 321 et suiv.) que, pour qu'un pareil legs puisse avoir lieu au profit des héritiers, il faut qu'ils soient déjà au moins conçus au jour du décès du testateur. — C. civ., art. 906. — V. aussi *suprà* no 79. — ... Que le premier usufruitier ne pourrait, par aucune disposition, appeler ses enfans à jouir inégalement après lui de l'usufruit dont il s'agit, puisqu'ils ne tiennent aucunement leur droit de lui. — ... Que les enfans appelés à jouir de ce droit d'usufruit après la mort de leur père ne pourraient pas en devoir le rapport à sa succession, puisqu'il ne leur proviendrait pas du patrimoine paternel. — ... Que l'usufruit qui se trouve établi de nouveau au profit des enfans exige un nouveau cautionnement, puisqu'il n'est pas le même usufruit pour l'exercice duquel la première caution avait répondu. — ... Que pour participer à l'usufruit qui leur aurait été légué, les enfans ne seraient pas tenus d'accepter la succession du premier usufruitier, leur père.

85. — L'usufruit peut également être stipulé tant au profit du stipulant qu'au profit de ses héritiers. — L. 38, § 12., ff., *De verbor. oblig.* — Proudhon, no 327. — Il y a, dans ce cas, plusieurs usufruits, c'est-à-dire que l'usufruit qui est dévolu à l'héritier, par suite de cette stipulation, n'est pas le même que celui qui a été possédé par son auteur, et la nature des choses s'oppose à ce qu'il soit le même, puisque le premier est éteint par la mort du premier usufruitier. — Proudhon, *ibid.* — Un nouvel inventaire, une nouvelle caution seraient donc nécessaires. — Proudhon, no 329.

86. — Mais s'il n'y a pas transmission dans l'usufruit lui-même, il y a au moins transmission dans la stipulation, puisque les héritiers qui en demandent l'exécution pour eux n'agissent qu'en vertu d'une action qu'ils tiennent du défunt.

87. — Par conséquent l'héritier, pour pouvoir demander la délivrance de l'usufruit stipulé à son profit, doit avoir accepté la succession du défunt. — Proudhon, no 328.

88. — Mais il n'est pas nécessaire que l'héritier qui veut profiter de cette stipulation ait déjà été existant lors du contrat, puisque l'action ne lui arrive que par la médiation du défunt. — Proudhon, *ibid.*

89. — L'usufruit peut être établi au profit d'une commune ou d'un établissement public. — Salviat, art. 31, no 2.

90. — Dans ce cas, sa durée est fixée à trente ans (C. civ., art. 617); et c'est là, selon nous, un terme fatal au-delà duquel la volonté de l'homme ne saurait s'étendre. — Marcadé, art. 619; Zachariæ et ses annotateurs, § 230. — V. cependant Vazeille, *Prescription*, no 369; Duranton, t. 1er, no 663; Proudhon, no 331.

91. — Néanmoins un droit d'usufruit qui aurait été acquis avant la promulgation du Code, au profit d'une commune ou d'un établissement public, devrait encore étendre sa durée à un siècle, conformément à la loi 56, ff., *De usufructu.* — *Cass.*, 17 janv. 1838 (t. 1er 1838, p. 224), préfet maritime de Brest c. l'hospice de Brest.

92. — En effet, la durée et les effets d'un droit d'usufruit constitué antérieurement au Code civil doivent être réglés par les lois anciennes. — *Paris*, 8 fév. 1812, de Bonnay; *Cass.*, 21 juill. 1818, Duval c. Franeau; *Bruxelles*, 10 mars 1830, Renier.

93. — *Modalités sous lesquelles l'usufruit peut être établi.* — La constitution d'usufruit peut avoir lieu avec toutes les modalités auxquelles le propriétaire juge à propos de la soumettre. — Zachariæ, t. 2, p. 224; Delvincourt, sur l'art. 580; Duranton, t. 4, nos 503 et suiv.

94. — ... Pourvu toutefois qu'il ne soit point porté atteinte aux conditions essentielles de l'usufruit. — *Orléans*, 11 mai 1822, Sigogne.

95. — Ainsi l'usufruit conventionnel peut être établi *purement et simplement*. — C. civ., art. 580.

96. — Alors si c'est par acte entre-vifs que l'usufruit a été ainsi établi, l'usufruitier est saisi et les fruits ou revenus de la chose lui sont dus dès le moment de l'acte, parce qu'il est de l'essence des conventions de produire un effet actuel. — C. civ., art. 585 et 604. — Proudhon, no 382.

97. — Si c'est par testament, le légataire est tenu d'en demander la délivrance; il n'a droit aux fruits que du jour de cette demande. — C. civ., art. 1014. Hennequin, t. 2, p. 228; Grenier, *Donations*, t. 1er, p. 303; Duranton, t. 4, no 520; Zachariæ, t. 2, § 227; Marcadé, t. 3, p. 229, et surtout Proudhon, nos 393 et suiv.

98. — Merlin (*Rép.*, vo *Legs.*, sect. 4e, § 3, no 30) et Toullier (t. 3, no 423) enseignent cependant que les art. 585 et 604 contiennent une exception à la règle établie par l'art. 1014. Mais en émettant cet avis, ces auteurs nous paraissent avoir oublié que les art. 585 et 604 énoncent une règle commune à tout usufruit, quel qu'en soit le titre constitutif, et que cette règle ne peut être appliquée à un usufruit constitué par legs que sous la modification établie par l'art. 1014. Sans doute les fruits sont dus au légataire d'un usufruit dès le moment de l'ouverture de son droit; mais son droit ne s'ouvre utilement que par la demande en délivrance formée conformément à l'art. 1014. — Cette opinion peut encore être fortifiée par l'argument *à contrario* que présente la disposition du no 2 de l'art. 1015. — Aubry et Rau sur Zachariæ, *loc. cit.*

99. — ... *Sous condition*, soit suspensive, soit résolutoire. — C. civ., art. 580. — Il faut alors observer l'art. 900, aux termes duquel les conditions impossibles, ainsi que celles qui seraient contraires aux lois ou aux mœurs, sont réputées non écrites dans les dispositions entre-vifs ou testamentaires. — V., à cet égard, vo CONDITION.

100. — Lorsqu'un époux a fait donation à son conjoint de l'usufruit de la moitié des biens qu'il laissera à son décès, mais sous la condition de garder viduité, cette condition continue à subsister, lors même que l'héritier à réserve de l'époux prédécédé, usant de l'option que lui laisse l'art. 917, C. civ., fait au survivant, pour lui tenir lieu de l'usufruit auquel il avait droit, l'abandon de la

portion disponible en toute propriété. — *Cass.*, 8 janv. 1849 (t. 1er 1849, p. 416), Desmazières c. Dessarts.

101. — ... *A certain jour* ou *à terme*, c'est-à-dire à partir d'un certain jour ou jusqu'à une certaine époque. — Art. 580.

102. — Ainsi, aux termes de l'art. 620, C. civ., l'usufruit accordé jusqu'à ce qu'un tiers ait atteint un âge fixe dure jusqu'à cette époque, encore que le tiers soit mort avant l'âge fixé.

103. — Lorsqu'un usufruit est constitué jusqu'à un événement incertain, spécialement jusqu'au jour où Titius aura recouvré la raison, cet usufruit doit prendre fin dès l'instant où Titius l'a recouvrée; mais s'il meurt en état de démence, l'usufruit doit continuer comme s'il avait été constitué pour la vie de l'usufruitier. — L. 12, Cod., *De usufr. et hab.* — Duranton, t. 4, no 509. — Au surplus, il y a là plutôt constitution d'usufruit sous condition résolutoire, qu'une constitution à terme, quoiqu'elle se montre avec ce caractère apparent.

104. — ... *D'une manière alternative*, soit en plaçant le droit d'usufruit lui-même en alternative avec une autre chose, soit en assignant la jouissance du même fonds à plusieurs personnes, pour l'avoir chacune alternativement à diverses époques. — Proudhon, no 455; Salviat, art 31, no 4.

105. — Dans ce dernier cas, il n'y a ni conjonction entre les légataires ni substitution de l'un à l'autre. — Il y a autant de legs particuliers indépendans qu'il y a de légataires différens. Par suite, si un usufruit a été légué à deux personnes pour en jouir alternativement, l'une une année, l'autre l'année suivante, le prédécès d'un des légataires ne donnerait pas lieu au droit d'accroissement en faveur de l'autre; celui-ci devrait attendre l'expiration de la période pour entrer en jouissance. — L. 25, ff., *De usufr. leg.* — Proudhon, nos 422, 469.

106. — L'usufruit peut encore être légué alternativement dans un autre sens, comme lorsqu'un testateur a légué la jouissance de son fonds pour deux années l'une.

107. — ... Enfin à titre universel ou à titre singulier. — Proudhon, nos 472 et suiv.

108. — Lorsque l'usufruit d'un immeuble est constitué sous cette condition qu'en cas d'aliénation il se réunira à la nue-propriété, l'usufruitier ne peut se prévaloir de cette clause pour empêcher la saisie de cet usufruit, poursuivie par les créanciers personnels. — *Cass.*, 7 mai 1818, Debanne c. Mazerat.

Sect. 4e. — *Sur quelles choses l'usufruit peut être établi.*

109. — L'usufruit peut être établi sur toute espèce de biens, meubles et immeubles, qui sont dans le commerce. — C. civ., art. 581.

110. — Il peut donc être établi sur les bâtimens, les fonds de terres et leurs accessoires.

111. — ... Sur une chose même de pur agrément, car la loi ne distingue pas entre les diverses espèces de biens. — Proudhon, nos 375 et suiv.; Hennequin, *ibid.*, p. 265.

112. — ... Sur des créances de toute espèce, même sur une rente viagère; et, dans tous les cas, l'usufruitier a droit d'en percevoir les arrérages sans être tenu à aucune restitution. — Art. 588.

113. — ... Sur un droit d'usufruit même; et alors l'usufruitier, parvenu à la fin de sa jouissance, n'est obligé de rendre que le droit d'usufruit lui-même (art. 1568), sans faire aucun rapport des émolumens qu'il en a perçus. — Proudhon, no 333; Duranton, t. 4, no 480.

114. — ... Sur les meubles qui, sans se consommer de suite, se détériorent peu à peu par l'usage (art. 589), tels que le linge, les habits, les meubles meublans qui garnissent un appartement.

115. — ... Sur le bétail (art. 583), soit qu'il s'agisse d'un ou de plusieurs animaux considérés comme autant d'individus, soit qu'il s'agisse d'une agrégation composant un troupeau destiné à se reproduire par lui-même. — Art. 616.

116. — ... Sur une emphytéose. — Duranton, t. 4, no 478.

117. — Ainsi, lorsqu'une donation en usufruit porte sur des immeubles que le donataire possédait seulement à titre d'emphytéose, le donataire a droit de jouir de ces immeubles, selon l'étendue de sa donation, sans que l'héritier à réserve puisse exiger que la jouissance emphytéotique soit vendue et que le donataire soit réduit à toucher les intérêts du prix. — *Paris*, 9 juill. 1822, Daroux.

118. — L'héritier à réserve ne peut même exiger que le donataire restitue, à la fin de l'usufruit, la différence de valeur qui sera survenue alors dans la jouissance emphytéotique. — Même arrêt.

119. — ... Sur un bien grevé de substitution. Mais comme le fiduciaire n'est propriétaire que sur une condition résolutoire, la constitution d'usufruit ne peut être que résoluble comme son droit de propriété. — Proudhon, no 366.

120. — ... Sur le droit de jouissance résultant d'un bail; l'usufruitier est alors tenu de payer les fermages. — Proudhon, nos 367 et suiv.

121. — ... Enfin sur les choses fongibles qui se consomment par le premier usage, ou qui consistent dans le nombre, le poids ou la mesure, et qui par cette raison, sont acquises en toute propriété à l'usufruitier, par la délivrance qui lui en est faite, à la charge d'en payer l'estimation, ou d'en rendre une pareille quantité d'égale valeur en nature, à la fin de sa jouissance. — Art. 587.

122. — Mais la légitime ou réserve légale ne peut être grevée d'usufruit au préjudice des légitimaires, parce qu'autrement ils ne l'auraient plus tout entière et telle que la loi veut qu'ils en obtiennent le montant, à l'exclusion de tous autres. — Proudhon, no 336.

123. — L'art. 917, C. civ., a même fait cesser la controverse qui existait autrefois sur les questions de savoir si le fils n'était pas obligé de se soumettre à la disposition du père, lorsque la charge d'usufruit était d'ailleurs compensée par l'avantage d'une plus grande quotité qui lui était laissée en propriété. — Gallium, *Tractatus de fructibus*, disput. 15, art. 2; Henrys, liv. 5, chap. 4, quest. 51, t. 3, p. 226; Raviot, quest. 137, t. 1er, p. 416. — Aux termes de cet article, si la disposition par acte entre-vifs ou par testament est d'un usufruit ou d'une rente viagère dont la valeur excède la quotité disponible, les héritiers au profit desquels la loi fait une réserve auront l'option, ou d'exécuter cette disposition ou de faire l'abandon de la propriété de la quotité disponible.

124. — La règle qui veut que la légitime soit laissée franche de toute charges d'usufruit souffre néanmoins une exception à l'égard des ascendans, et quelques modifications à l'égard des enfans ou descendans, lorsque c'est un des époux qui dispose au profit de l'autre. — Ces exceptions et modifications résultent de l'art. 1094. — V. QUOTITÉ DISPONIBLE.

125. — Un mari ne pourrait pas non plus établir un droit d'usufruit proprement dit sur le fonds dotal, puisque la constitution de ce droit emporte un démembrement de la propriété et que le mari ne peut aliéner les immeubles de la femme.

126. — Toutefois Proudhon (no 356) pense que cette espèce d'aliénation ne serait pas nulle, dans un sens absolu, attendu que, d'une part, le mari est usufruitier de la dot, tant que le mariage dure ou qu'il n'y a pas eu séparation de biens, et que d'autre côté, le Code permettant généralement (art. 595) à tout usufruitier d'aliéner son usufruit, ou les émolumens utiles de son droit au profit d'un tiers, il faut arriver à cette conséquence, que l'acquéreur ou le cessionnaire aurait le droit de se faire maintenir la jouissance qui lui aurait été cédée, tant que le mariage existerait et qu'il n'y aurait pas eu de séparation de biens prononcée entre les époux.

127. — Quant aux servitudes réelles, quoiqu'elles soient aussi des biens, elles ne pourraient faire l'objet d'un droit d'usufruit, du moins envisagées en elles-mêmes et séparément du fonds auquel elles sont attachées. C'est qu'en effet ces servitudes ne sont pas des biens par elles-mêmes, elles ne sont telles qu'en tant qu'elles restent unies à l'immeuble auquel elles appartiennent. Elles pourront donc être soumises à l'usufruit comme et avec cet immeuble, mais non pas sans lui. — Zachariæ, t. 2, § 224; Marcadé, t. 2, p. 481; Proudhon, nos 369 et suiv.; Duranton, no 477; Salviat, art. 26.

128. — Ainsi, je puis vous léguer l'usufruit d'un droit de passage sur mon fonds voisin. Et ce droit ainsi légué ne différera d'une véritable servitude que parce qu'il prendra fin par la mort du légataire, sans être transmissible à ses successeurs. — Proudhon, no 369. — Mais je ne puis, sans vous léguer mon pré, pour l'irrigation duquel j'ai un droit de prise d'eau sur la propriété de mon voisin, vous léguer ce droit de prise d'eau. — Proudhon, nos 371 et suiv.

Sect. 5e. — *Choses sur lesquelles s'étend accessoirement l'usufruit.*

129. — Les objets qui font accessoirement partie d'une disposition d'usufruit peuvent être rapportés à quatre classes: 1o aux accroissemens qui ont pour cause l'alluvion; — 2o aux accessoires qui ont pour cause la destination du père de famille; — 3o aux droits qui doivent être considérés comme faisant civilement partie du fonds ou de la disposition; — 4o aux droits qui sont dus, par voie de conséquence, pour l'exécution de la disposition.

130. — Ainsi: 1o aux termes de l'art. 596, C. civ., l'usufruitier jouit de l'augmentation survenue par alluvion à l'objet dont il a l'usufruit, c'est-à-dire, qu'il doit jouir des attérissemens et accroissemens qui se forment successivement et imperceptiblement aux fonds riverains d'un fleuve ou d'une rivière (art. 556) par l'effet du dépôt des vases apportées par les eaux; comme encore de l'accroissement qui peut arriver à ces fonds, lorsque l'eau courante se retire insensiblement d'une de ses rives en se portant sur l'autre (art. 557). — Proudhon, nos 523 et suiv. — V. ALLUVIONS.

131. — ... 2o Lorsque l'usufruit porte sur des immeubles, l'usufruitier soit à titre gratuit, soit à titre onéreux, a le droit de jouir aussi des choses qui, quoique mobilières par leur nature, sont attachées au service du fonds. — C. civ., art. 1018, 1064, 1615. — Proudhon, nos 531 et suiv.

132. — Par exemple, lorsqu'on a légué l'usufruit d'un domaine affermé, si le propriétaire a livré au fermier ou métayer des semences ou des animaux pour la culture de ce domaine, comme la loi (art. 522) les répute immeubles et faisant parties accessoires du fonds, l'usufruitier a le droit d'en profiter pour étendre la jouissance à tous les avantages qui peuvent en résulter, durant son usufruit. — Proudhon, no 532.

133. — De même, les animaux attachés à la culture et les ustensiles aratoires employés par le propriétaire cultivant lui-même son domaine, doivent être compris dans les dispositions d'usufruit du fonds, puisqu'ils sont censés en faire partie. — Art. 524. — Proudhon, no 533.

134. — De même encore, l'usufruitier d'un vignoble doit avoir la jouissance des pressoirs, caves et tonnes destinés à en manipuler et serrer les récoltes. — Proudhon, no 535.

135. — Quant au trésor découvert dans le fonds grevé d'usufruit, l'usufruitier n'a le droit d'y participer en rien, c'est-à-dire, ni quant à la propriété, ni quant à la jouissance. — Art. 598.

136. — ... A moins que ce ne soit lui qui en ait fait la découverte, cas auquel il a la moitié dévolue à l'inventeur. — *Grenoble*, 3 janv. 1811, Serpolies. — Proudhon, no 513; Duranton, no 313; Toullier, no 416; Salviat, *Tr. de l'usufruit*, art. 87, no 1er.

137. — ... 3o L'usufruitier jouit des droits de servitude, de passage, et généralement de tous les droits dont le propriétaire peut jouir, et en jouit comme le propriétaire lui-même. — Art 597.

138. — En conséquence, s'il s'agit d'une maison pour l'utilité ou l'agrément de laquelle on a établi des droits de jour ou d'aspect sur un fonds adjacent, ou pour l'utilité de laquelle on a acquis le droit de puiser de l'eau dans la fontaine d'un voisin, l'usufruitier de cette maison devra être admis à jouir de tous ces avantages.

139. — Il y a encore des servitudes d'un autre genre dont l'usufruitier doit jouir comme le propriétaire lui-même. Si, par exemple, le propriétaire d'un vignoble avait acquis du propriétaire d'une forêt le droit d'y faire couper des échalas pour l'usage de ses vignes, ce droit appartiendrait également à l'usufruitier. — Proudhon, no 547.

140. — De même, si le maître d'une habitation avait acquis, non pas seulement pour lui, mais généralement pour tous ceux qui à l'avenir pourraient habiter sa maison, le droit d'usage au bois de chauffage dans la forêt d'un autre, ce droit d'usage participerait de la nature des servitudes réelles, puisqu'il aurait été attaché au fonds, et l'usufruitier devrait en jouir. — Proudhon, no 548.

141. — Les actions inhérentes à la chose font aussi partie de la disposition et doivent appartenir à l'usufruitier: telles seraient celles à exercer contre un fermier, pour réparations ou autres choses qui tiennent à l'exécution de son bail. — Proudhon, no 549.

142. — ... 4o Enfin, la disposition d'usufruit entraîne aussi, par voie de conséquence, tous les droits accessoires pour en user; car qui veut la fin est censé vouloir aussi les moyens d'y parvenir.

143. — Ainsi, lorsqu'un testateur lègue l'usufruit d'un fonds enclavé et auquel on ne peut parvenir qu'en traversant d'autres héritages qui sont aussi les siens, il est censé accorder à l'usufruitier la faculté de passer sur les fonds intermédiaires pour arriver à celui dont la jouissance est léguée. — Proudhon, no 551.

144. — Si le fonds par lequel il faut passer à

été lui-même légué à un tiers, l'usufruitier aura vis-à-vis de ce légataire les mêmes droits qu'il aurait à l'égard de l'héritier, dans le cas où le fonds qui doit souffrir le passage n'aurait pas été légué, parce que le testateur n'est toujours censé l'avoir donné que sur la condition de supporter la même charge.— Proudhon, nº 552.

145. — Mais si l'héritage dont l'usufruit est légué se trouvait enclavé dans d'autres fonds qui n'appartinssent pas au testateur, et qu'il fût nécessaire d'acquérir un état de passage pour y arriver, sur qui tomberait cette charge ?— Sur l'héritier seul, attendu que l'usufruit est lui-même une servitude et qu'il est de principe que celui qui doit une servitude doit, par voie de conséquence, tout ce qui est nécessaire pour en user. — L. 1, § 2, ff., *Si ususfr. petatur*. — Proudhon, nº 553.

Sect. 6e. — *Droits de l'usufruitier.*

146. — Pour apprécier les droits de l'usufruitier, on doit consulter d'abord le titre en vertu duquel il jouit. — Proudhon, nos 487 et suiv.; Toullier, t. 3, nº 403.

147. — Toutefois, les modifications qui peuvent affecter la constitution de l'usufruit par l'effet de la volonté de l'homme étant, comme des circonstances de fait, soumises aux règles générales sur l'interprétation des actes, nous en faisons abstraction pour ne nous attacher qu'aux principes ordinaires sur les droits de l'usufruitier.

148. — L'usufruitier a le droit de jouir comme le propriétaire lui-même (art. 578); il n'a pas seulement les fruits proprement dits qui peuvent naître des choses soumises à la jouissance, mais encore tous les produits annuels ou périodiques (art. 593), et, en un mot, tous les avantages qui peuvent résulter de la possession, attendu que la jouissance du père de famille n'est pas toujours bornée à la possession des fruits (art. 597); qu'il y a des choses qui n'en produisent pas, quoique la jouissance en soit avantageuse, et qu'il y a aussi des émolumens utiles qui, sans être des fruits proprement dits, sont inhérens à la possession des biens.

149. — Pour bien apprécier l'étendue des avantages conférés à l'usufruitier, nous examinerons donc, dans chacun des paragraphes suivans, les diverses espèces de biens qui peuvent être soumis à la jouissance, puisque les droits varient suivant la nature des diverses espèces de biens.

§ 1er. — *Droits de l'usufruitier sur les diverses espèces de fruits et autres émolumens.*

150. — On entend, en général, par *fruits*, les émolumens qui naissent et renaissent de la chose, ou qu'on perçoit à son occasion successivement et périodiquement. — Proudhon, nº 901; Duranton, nº 523; Toullier, nº 399.

151. — La loi distingue trois espèces de fruits : les fruits naturels, les fruits industriels et les fruits civils.

152. — Les fruits naturels sont ceux qui sont le produit spontané de la terre, tels que les herbes qui viennent dans les prés et les arbres qui croissent dans les forêts (art. 583). — La loi comprend dans la même classe le produit et le croît des animaux (même article).

153. — Jugé dès-lors que le profit sur le bétail est au nombre des fruits naturels qui appartiennent à l'usufruitier, et qu'il revient à ses héritiers s'il n'a été réalisé qu'après la cessation de l'usufruit. — *Bordeaux*, 16 janv. 1841 (t. 1er 1841, p. 440), Passemard c. Champon.

154. — Les fruits industriels sont ceux qu'on n'obtient que par la culture (art. 583). Ainsi, la moisson qu'on récolte sur les champs, comme la vendange qu'on recueille sur la vigne, sont des fruits industriels.

155. — Les fruits civils sont ceux qu'on perçoit à l'occasion de la chose, sans qu'ils naissent directement de la chose même; tels sont les loyers des maisons, les intérêts des sommes exigibles, les arrérages des rentes (art. 584).

156. — Les prix des baux à ferme sont aussi rangés dans la classe des fruits civils (même article), « par la raison, dit Proudhon (nº 904), que le bailleur ayant converti en une rente le droit qu'il qu'il avait de percevoir les fruits mêmes du fonds, a fait, sur cette espèce de novation, subir à son revenu le sort des rentes ordinaires. »

157. — Peu importe d'ailleurs que le prix du bail soit stipulé en une somme d'argent ou une quantité fixe de denrées, comme, par exemple, un nombre déterminé de mesures de blé ou tonneaux de vin annuellement livrables au bailleur. — La loi ne fait aucune distinction. — Proudhon, nº 904.

158. — Il en serait autrement, néanmoins, si le bail était fait moyennant une quotité de fruits, comme la moitié ou le tiers, par exemple, à prendre en nature, sur le fonds ou dans la grange, lors de la récolte; dans ce cas, les fruits du fonds étant seulement partagés entre le bailleur et le preneur, il n'y aurait aucune novation dans l'objet du revenu, et le rendage d'un bail ainsi fait ne pourrait appartenir qu'à la classe des fruits naturels ou industriels. — Proudhon, nº 905.

159. — La distinction établie par la loi entre les fruits naturels et industriels, selon que la chose les produit sans le travail de l'homme ou au moyen de ce travail, n'a aucune espèce d'importance; car les fruits que la loi appelle industriels suivent les mêmes règles que ceux qu'elle appelle naturels. — Il n'en est pas de même de la distinction entre les fruits naturels ou industriels et les fruits civils, comme nous le verrons plus loin.

160. — Durant la jouissance, l'usufruitier n'acquiert les fruits naturels ou industriels que par l'acte de perception qu'il en fait, sans fraude, et à mesure qu'ils se trouvent détachés du fonds. — Proudhon, nº 1145.

161. — Nous disons *sans fraude*; car il ne serait pas permis à l'usufruitier qui verrait la fin de son usufruit s'approcher de prévenir le temps de la récolte pour s'emparer intempestivement des fruits du fonds avant le terme fixé à la jouissance. — Marcadé, art. 585, nº 2.

162. — Cependant, l'usufruitier pourrait cueillir, avant une parfaite maturité, les fruits dont la nature est telle, qu'il est ou d'usage, ou plus utile de les recueillir prématurément. — Proudhon, *ibid.*; Domat., liv. 1er, tit. 1er, sect. 1re, nº 7.

163. — Quant aux droits respectifs du propriétaire et de l'usufruitier sur la perception des fruits, tant au commencement qu'à la fin de l'usufruit, ils sont aussi réglés par l'art. 585, C. civ.

164. — « Les fruits naturels et industriels, pendans par branches ou par racines au moment où l'usufruit est ouvert, appartiennent à l'usufruitier. Ceux qui se trouvent dans le même état au moment où finit l'usufruit, appartiennent au propriétaire. »

165. — *Quid* si le propriétaire avait, avant la constitution de l'usufruit, vendu les fruits sur pied et que la récolte ne fût pas faite au moment de son ouverture ? En pareil cas, M. Duranton (nº 540) enseigne que le prix, à moins de convention contraire, appartiendrait à l'usufruitier, alors même qu'il aurait été touché par le propriétaire, parce que c'est là un principal parfaitement représentatif des fruits auxquels l'usufruitier a droit du jour où s'ouvre son usufruit.

166. — Mais nous préférons l'opinion de Proudhon, qui attribue le prix au propriétaire ou à son héritier, lorsque l'usufruit a été constitué par disposition testamentaire. En effet, l'usufruitier qui ne peut avoir droit aux fruits, puisque, par l'acte de vente, ils sont devenus la chose d'autrui, ne saurait davantage avoir droit au prix qui les représente. — Proudhon, nº 994; Rolland de Villargues, vis *Usufruit*, nº 204; *Bail*, nos 18 et suiv.

167.—Si c'était l'usufruitier qui eût vendu des récoltes sur pied et que l'usufruit vînt à s'éteindre avant la récolte faite, le propriétaire aurait le droit non pas seulement de toucher le prix de la vente, ainsi que l'a jugé un arrêt de la cour de Cassation en date du 21 juillet 1818 (Delavergue c. Figneau), et que l'enseignent M. Duranton (nº 534), Toullier (nº 401) et les annotateurs de Zachariæ (t. 2, note 13), il aurait le droit d'empêcher la séparation des fruits et de les prendre lui-même en nature.

168. — En d'autres termes, une vente de fruits sur pied, faite par un usufruitier, resterait non avenue pour tous ceux de ces fruits qui ne seraient pas encore détachés du sol lorsque l'usufruit vient à cesser.— *Orléans*, 10 août 1815 (cassé par l'arrêt précité du 21 juill. 1818), mêmes parties; *Douai*, 9 avr. 1816 (maintenu par un arrêt aussi en date du 21 juill. 1818), Duval c. Franeau. — Proudhon, nos 993 et 994; Marcadé, art. 585, nº 6.

169.—C'est, en effet, un principe constant que l'usufruitier ne devient propriétaire des fruits que par leur séparation du fonds qui les produit. Donc, quand il vend des fruits non encore recueillis, il vend des choses qui ne lui appartiennent pas encore; la vente est nécessairement conditionnelle; elle est faite sous la condition que les fruits tomberont dans la propriété du vendeur par la perception qui en sera faite avant l'extinction de l'usufruit. Donc, quand le décès de l'usufruitier, ou l'extinction de l'usufruit par toute autre cause, précède la récolte, la vente est non avenue; les choses vendues n'ont jamais été et ne peuvent plus devenir la propriété du vendeur, et dès-lors s'appliquent inévitablement les dispositions de l'art. 1599, qui déclare que la vente de la chose d'autrui est nulle.

170.—D'après l'art. 585, il n'est dû, de part ni d'autre, aucune récompense des labours et des semences pour les fruits qui sont inhérens au fonds, soit au commencement, soit à la fin de l'usufruit.

171.—C'est là une dérogation à la jurisprudence ancienne, suivant laquelle on accordait à l'usufruitier ou à ses héritiers une action en répétition de frais de culture et de semence faits à raison des fruits pendans par racines au moment de la cessation de l'usufruit.—Pothier, *Tr. du douaire*, nos 201 et 272.

172.—Que faudrait-il décider cependant à l'égard des frais de culture et de semence, si, au cas d'un legs d'usufruit, l'usufruitier ne se présentait, pour exiger la délivrance de son legs, qu'après que l'héritier aurait déjà recueilli les fruits pendans au moment du décès du testateur, et aurait ensuite labouré et replanté les fonds ? La nouvelle récolte serait-elle due encore à l'usufruitier, sans récompense de la part des frais de labour et de semence ?— Nous ne le pensons pas. Lorsqu'il s'agit des fruits pendans à la mort du testateur, si l'usufruitier qui se présente pour les percevoir ne doit aucun remboursement à raison des frais de culture et de semence, c'est parce que l'avance en ayant été faite par le testateur lui-même, ils sont censés compris dans sa libéralité; or, quand il est question des fruits qui ont été implantés par l'héritier ou qui sont le résultat de sa culture, les avances faites par celui-ci ne peuvent être censées faire de même partie du legs.—Proudhon, nº 1151.

173. — Remarquons aussi que lorsqu'il existe, dans un acte de donation, une clause par laquelle il est stipulé que les récoltes en nature des immeubles donnés seront partagées par moitié entre le donateur et le donataire, les semences doivent être distraites avant le partage à faire. — *Bordeaux*, 27 mai 1841 (t. 2 1841, p. 217), Vincent c. Lembert.

174.—... Et que si les frais de culture et le prix des semences étaient encore dus à un tiers au moment de l'ouverture ou de la cessation de l'usufruit, ce créancier pourrait toujours exercer le privilége que l'art. 2102 lui accorde sur les fruits; mais que, dans le premier cas, l'usufruitier, sur la récolte duquel on prendrait pour acquitter la dette de l'héritier, aurait son recours contre celui-ci, et dans le deuxième, le propriétaire, rentré en jouissance, aurait pareillement recours contre l'usufruitier ou les héritiers dont il aurait acquitté la dette.—Toullier, t. 3, nº 400; Proudhon, nº 1150; Duranton, nº 530; Marcadé, art. 585, nº 5.

175.—Ce n'est pas d'ailleurs à tous les fruits absolument qui se trouvent inhérens au fonds, soit au commencement, soit à la fin de l'usufruit, qu'ont droit l'usufruitier dans le premier cas, et le propriétaire dans le deuxième; c'est seulement à ceux sur lesquels un tiers n'a pas un droit acquis. Ainsi, quand, au commencement de l'usufruit, le fonds est occupé à bail par un colon ayant droit à la moitié ou à un tiers des fruits, l'usufruitier ne peut prendre que l'autre moitié ou les deux autres tiers : le propriétaire n'a que ce même droit à la fin de l'usufruit, s'il existe à ce moment un colon partiaire. C'est ce que déclarent les derniers mots de l'art. 585.

176. — Mais il faut bien entendre, dans l'un et l'autre cas, que le bail du colon ait date certaine (art. 1734); et s'il s'agit d'un bail consenti par l'usufruitier, il faut que celui-ci se soit conformé aux règles portées sur la durée et le renouvellement des baux de simple administration.

177. — Quant aux *fruits civils*, ils sont dus jour par jour, et de cette manière ils restent acquis à l'usufruitier proportionnellement à la durée de son droit, en suivant le prorata du temps durant lequel il a vécu.—Art. 586.

178.—Cette règle s'applique aux prix des baux à ferme comme aux loyers des maisons et autres fruits civils.— Art. 586.— C'est encore là une dérogation à l'ancienne jurisprudence, suivant laquelle le prix des baux à ferme n'était point assimilé aux fruits civils.—Pothier, *Du douaire*, nº 203.

179. — A la fin de chaque jour, l'usufruitier a donc un droit formé et acquis pour le prorata de la 365e partie du revenu de l'année, quoique le paiement n'en soit pas encore exigible.—Proudhon, nº 912.

180. — Il est possible que les fruits civils d'une seule année soient payables en plusieurs termes égaux ou inégaux.—En pareil cas, le prorata des fruits civils qui appartiennent à l'usufruitier, jour par jour, doit toujours être calculé sur la totalité du fermage de l'année, sans égard à la division des paiemens à faire à diverses époques par les fermiers; car nonobstant cette division, il n'y a toujours qu'un bail unique et un seul prix annuel du bail. — Proudhon, nos 916 et suiv.

181. — Ainsi, dans le cas d'un fermage stipulé partie en argent payable tous les six mois, et partie en denrées livrables seulement à la fin de chaque année, l'usufruitier, mourant au bout du premier semestre, transmettrait à ses héritiers le droit au paiement du semestre déjà exigible en argent, et de la moitié de la prestation en denrées qui devrait être livrée seulement au bout de l'année.— Proudhon, nº 920.

182.— On voit souvent des baux à quotité de fruits pour les terres arables, avec stipulation d'un certain prix en argent pour la jouissance des objets autres que les champs. Dans ces cas, le rendage du bail consistant tout à la fois en fruits industriels et en fruits civils, c'est comme s'il y avait deux baux; et, en conséquence, il faut appliquer à la perception ou au partage de l'un et de l'autre de ces produits les règles propres à l'espèce de chacun d'eux.— Proudhon, nº 922.

183. — De ce que la loi range le prix des baux à ferme dans la classe des fruits civils, et de ce qu'elle veut qu'à l'expiration de l'usufruit, le propriétaire exécute les baux légalement consentis par l'usufruitier, il s'ensuit que celui-ci a le droit de convertir en fruits civils le produit naturel ou industriel du fonds.

184.—Les échéances successives de fermages se calculent alors à partir du jour de l'entrée en jouissance du fermier, parce que c'est par le bail que le produit du fonds a été converti en fruits civils, et que c'est dès le jour de cette entrée en jouissance que le bail commence à produire ses effets.— Proudhon, nº 923.

185. — Que faut-il décider cependant à l'égard du fermage d'un domaine divisé par assolemens, et dans la jouissance desquels le fermier ne peut entrer que successivement et à diverses époques? Quelles en seront les échéances journalières, ou plutôt comment devront-elles être calculées?

186.— Cinq systèmes ont été proposés pour la solution de cette question. — Proudhon, nos 927 et suiv. — Le plus simple et celui qui nous paraît préférable consiste à considérer le prix entier du bail comme échéant jour par jour, dès le moment où le fermier est entré dans la ferme, sans égard à la question de savoir si, en fait, il a pris de suite possession de tous les fonds, ou s'il n'a joui d'abord que d'une partie. On ne doit donc faire aucune distinction entre le fermage d'un domaine divisé par assolemens et celui d'un domaine qui ne serait pas affecté de cette division; de sorte que, du moment qu'il n'y a qu'un prix unique stipulé dans le bail, la convention doit également produire les effets, soit à la charge du fermier, soit au profit de l'usufruitier, dès le principe d'exécution qui a été fixé par les parties. Or, la division par assolemens n'empêche pas qu'il n'y ait qu'un seul bail et un seul prix. — Proudhon, nos 963 et suiv.

187. — Outre les fruits proprement dits, il est encore certains émolumens auxquels a droit l'usufruitier.— Suivant l'art. 597, en effet, l'usufruitier jouit généralement de tous les droits dont le propriétaire peut jouir, et il en jouit comme le propriétaire lui-même.

188. — Ainsi, l'usufruitier a le droit de profiter du produit des ruches à miel attachées au fonds. — Proudhon, nº 1209.

189.— Il a le droit de pêche dans les ruisseaux qui peuvent couler à travers le domaine grevé d'usufruit, ou dans les rivières qui ne sont ni navigables ni flottables, et auxquelles les fonds soumis à l'usufruit se trouvent adjacens.—Proudhon, nº 1209; Hennequin, t. 2, p. 341; Salviat, art. 81.

190. — Il a le droit de chasse dans les bois et sur les fonds dont la jouissance lui a été léguée, parce que tous ces droits ont pour objet des avantages et des émolumens utiles et inhérens à la possession du sol.— Toullier, t. 4, nº 17; Salviat, art. 79, nº 1er; Duranton, t. 4, nº 285; Merlin, *Rép.*, vº *Chasse*, § 3, nº 7; Proudhon, nº 1209; Hennequin, t. 2, p. 340; Troplong, *Du louage*, t. 1er, nº 38.

191. — Enfin, le produit des garennes et des étangs empoissonnés lui appartient aussi, mais à la charge, quant aux étangs, de les empoissonner de nouveau conformément à l'usage des lieux.— Proudhon, nº 1211; Salviat, art. 81.

192.— Les pigeons des colombiers tombent dans l'usufruit. Mais ceux qui sont dans des volières, pour être mangés dans peu, n'y tombent pas. Ils sont assimilés aux poissons placés provisoirement dans des bassins ou réservoirs. — Salviat, art. 80.

193.— Jugé, avant l'abolition de l'esclavage, que les dispositions des art. 578 et 582 n'étaient point applicables à l'usufruit des esclaves. L'usufruitier ne fait pas siens les enfans nés d'esclaves dont il a la jouissance, mais ces enfans étaient conservés et rendus au propriétaire à la cessation de l'usufruit. — Que, dès-lors, les enfans de la femme qui était libre de droit, et dont la liberté de fait n'avait été que suspendue pendant la durée de l'usufruit, étaient également nés libres. — *Cass.*, 12 juill. 1848 (t. 2 1848, p. 18), Lecoq.

§ 2.— *Droits de l'usufruitier sur les choses fongibles et sur les meubles.*

194.— On appelle choses fongibles celles qui, en fait de paiement, remplissent leurs fonctions par le genre, *quæ in genere suo functionem recipiunt per solutionem* (L. 2, § 1, ff., *De reb. credit.*); c'est-à-dire dont l'une vient en compensation de l'autre (art. 1291); *quarum una ejusdem generis, alterius vice fungitur, et videtur idem esse.* — V. CHOSES FONGIBLES.

195. — Toutes les choses qui se consomment pour le premier usage, telles que les grains, les liqueurs, sont des choses fongibles, parce que dans la restitution qu'on peut être obligé de faire à ce sujet, c'est toujours une quantité qui en représente une autre de même espèce.

196. — Il en est de même des choses qui, sans se consommer par le premier usage, consistent dans le nombre, le poids ou la mesure, et dont les quantités de même espèce viennent en compensation l'une de l'autre: telle est une somme d'argent; telles seraient encore des barres de fer ou des lingots de métal livrés au poids. —Proudhon, nº 1003.

197.— L'usufruit établi sur ces sortes de choses, donne à l'usufruitier le droit de les consommer, à la charge d'en payer l'estimation à la fin de l'usufruit, ou d'en rendre une quantité égale de même bonté.— C. civ., art. 587.

198.— ... D'où il résulte que la simple disposition en usufruit opère même la translation du domaine des objets de cette nature entre les mains de l'usufruitier qui les reçoit.—Proudhon, nº 1001.

199.—... Et que, si ces objets, livrés à l'usufruitier, viennent à périr, même sans sa faute et par cas fortuit, la perte n'en doit peser que sur lui, suivant la règle, *res perit domino*; en sorte qu'il n'en reste pas moins soumis à l'obligation de restituer l'équivalent à la fin de son usufruit. Mais si la perte arrivait avant qu'ils fussent livrés à l'usufruitier, il ne devrait souffrir que la privation de sa jouissance. Quant au surplus, le dommage ne pourrait peser sur lui, attendu qu'on ne peut être tenu de rendre ce qu'on n'a pas reçu.— Proudhon, nº 1002.

200. — De ce que l'usufruitier a le droit de se servir des choses fongibles, à la charge d'en rendre de pareilles quantité, qualité et valeur, ou leur estimation à la fin de l'usufruit, il suit encore que dans l'inventaire qui doit être fait lors de l'entrée en jouissance de l'usufruitier, il est nécessaire de porter la description exacte des quantité et qualité, pour asseoir une base juste à la restitution, qui peut être faite en nature, et qu'il n'est pas moins nécessaire d'y porter une juste estimation des divers objets, pour le cas auquel l'usufruitier ou ses héritiers voudraient se libérer par ce paiement du prix. — Proudhon, nº 1005.

201. — ... Que l'obligation de rendre qui pèse sur l'usufruitier est, en ce qui touche aux choses fongibles, une obligation véritablement alternative, et qu'il peut se libérer, *à son choix*, ou par la restitution en pareille quantité d'objets de même qualité, ou par le paiement du prix d'estimation fixé d'après la valeur des objets assujétis à la restitution. — Proudhon, nº 1006; Zachariæ, t. 2, p. 225, note 5e; Hennequin, *ibid.*, p. 263; Toullier, nº 39.

202. — MM. Duranton (t. 4, nº 577) et Marcadé (art. 587), adoptant une distinction qu'ils croient trouver dans la loi 7, ff., *De usufr. earum rerum quæ usu consum.*, pensent, au contraire, que, si les objets soumis à l'usufruit ont été estimés lors de l'entrée en jouissance, l'usufruitier ne peut se libérer qu'au moyen du prix d'estimation; et que, s'il n'y a pas eu d'estimation, l'usufruitier est tenu de restituer d'autres objets de mêmes quantité et qualité, sans pouvoir en offrir la valeur estimative. — Cette distinction est évidemment contraire à la généralité des termes dont se sert l'art. 587.

203. — Quant au temps à considérer pour la fixation de la valeur des objets assujétis à la restitution, c'est celui de la cessation de l'usufruit.— Autrement le choix laissé à l'usufruitier de se libérer, soit par une restitution en nature, soit par le paiement de la valeur estimative au moment de l'ouverture de l'usufruit, mettrait de son côté toutes les chances favorables et du côté du nu-propriétaire toutes les chances défavorables résultant de l'augmentation ou de la diminution de valeur des objets soumis à l'usufruit. — Arg. C. civ., art. 1897 et 1903.—Zachariæ, *ibid.*, § 225, note 7e; Delvincourt, sur l'art. 587. — *Contrà* Proudhon, nº 2634.

204. — Remarquons d'ailleurs que si l'usufruitier ou ses héritiers sont tenus de rendre, à la cessation de l'usufruit, les choses fongibles soumises à cet usufruit, il ne s'ensuit pas que le prix de ces choses, si elles ont été aliénées, doivent porter des intérêts du jour de la cessation de l'usufruit. Ce n'est qu'une simple créance dont l'intérêt ne doit courir qu'à compter seulement du jour de la demande qui en est faite par le nu-propriétaire. — *Cass.*, 30 nov. 1829, Savoye c. Morlot.

205. — Quel doit être le sort d'un usufruit établi sur un fonds de commerce, et quels peuvent être les droits soit de l'usufruitier qui est appelé à en jouir, soit de l'héritier représentant le testateur qui l'a légué? — V. Proudhon, nos 1010 et suiv. — C'est un point sur lequel la jurisprudence et les auteurs sont encore loin d'être d'accord.

206. — D'après un arrêt de la cour de Cassation du 13 déc. 1842 (t. 1er 1842, p. 184), Jean c. Lecaplain, un fonds de commerce doit être considéré comme un corps universel qui continue de subsister dans le renouvellement successif des marchandises qui le composent.— ... En sorte que l'usufruitier d'un pareil fonds n'est tenu, à la fin de l'usufruit, de restituer les objets qui le constituent que dans l'état où ils se trouvent et non détériorés par sa faute. — ... A moins qu'il ne résulte des circonstances de fait que l'usufruitier ait accepté la chose à ses risques et périls et en ait eu la libre disposition, auquel cas il doit en être réputé propriétaire, et reste par conséquent débiteur de l'estimation qui lui a été donnée au commencement de l'usufruit.

207. — Suivant la cour de Paris, au contraire, les droits respectifs de l'usufruitier et du nu-propriétaire sur un fonds de commerce ne peuvent pas être réglés par les principes applicables aux choses non fongibles, pour lesquelles l'usufruitier est admis à se libérer, par la représentation en nature, et il est juste, au contraire, de considérer l'usufruitier comme débiteur de la valeur estimative. — *Paris*, 27 mars 1841 (t. 1er 1841, p. 691), Jean c. Lecaplain.

208. — Il a été jugé dans ce sens que, lorsque la veuve usufruitière continue l'exploitation du fonds de commerce que gérait son mari, elle doit en être réputée seule et réelle propriétaire,—que le fonds de commerce est à ses risques et périls et qu'elle ne doit compte aux nu-propriétaires que de la valeur estimative de ce fonds. — *Rouen*, 5 juill. 1824, Defrèches; *Toulouse*, 18 déc. 1832, Amichar.

209. — Proudhon propose un système mixte; il établit, relativement à la manière de restituer les objets composant un fonds de commerce, une distinction tirée de leurs qualités individuelles. Mais cette distinction est repoussée par la destination commune de ces objets.—Proudhon, nos 1011 et suiv.

210. — La solution proposée par les annotateurs de Zachariæ (§ 225, note 2e) nous paraît préférable. — L'usufruit d'un fonds de commerce porte bien plutôt sur la valeur vénale des objets qui le composent que sur ces objets eux-mêmes. C'est donc cette valeur, *au jour de l'ouverture* de l'usufruit, qui doit faire l'objet de la restitution. Mais l'usufruitière sera admis à la représenter au moyen d'objets analogues à ceux qui composaient ce fonds de commerce lors de son entrée en jouissance, en les abandonnant pour leur valeur au moment de la restitution.

211. — L'usufruitier d'un fonds de commerce peut, au surplus, le vendre, et n'est tenu, à la fin de son usufruit, que d'en rendre la valeur au propriétaire. — *Cass.*, 9 messid. an XI, Pyon c. Fourrier.

212. — Mais lorsque l'usufruitier d'un fonds de commerce s'est engagé à le conserver et à le rendre en nature, ses créanciers ne sont pas fondés à prétendre réduire le droit du propriétaire de ce fonds à une simple action en restitution de prix.— *Cass.*, 10 avr. 1814, Lavergne.

213. — A l'égard des meubles, l'art. 589 s'exprime ainsi: « Si l'usufruit comprend des choses qui, sans se consommer de suite, se détériorent peu à peu par l'usage, comme du linge, des meubles meublans, l'usufruitier a le droit de s'en servir pour l'usage auquel elles sont destinées et n'est obligé de les rendre à la fin de l'usufruit que dans l'état où elles se trouvent, non détériorées par son dol ou sa faute. »

214. Il ne faudrait pas conclure cependant de ces expressions: *l'usufruitier a le droit de s'en servir*, que celui qui jouit de l'usufruit établi sur des meubles n'ait jamais que la faculté de s'en servir personnellement; autrement il ne serait qu'usager sur ces sortes d'effets, ce qui serait inconciliable avec cette autre règle suivant laquelle

il a le droit de jouir comme le propriétaire lui-même. Tous les services de la chose doivent donc lui appartenir, lors même qu'ils excéderaient la mesure de ses besoins personnels. — Proudhon, nº 1057.

215. — Mais l'usufruitier devra toujours se conformer à la destination du père de famille, et il ne pourrait impunément employer la chose à un usage qui dût en entraîner plus tôt ou le dépérissement ou la perte.

216. — Ainsi, le légataire de l'usufruit des linges et autres meubles de ménage, dont l'usage journalier occasionne une prompte dégradation, ne pourrait, pour en jouir avec plus d'avantage, entreprendre la tenue d'une auberge ou d'un pensionnat, parce qu'en les soumettant à un service imprévu et extraordinaire, il en abuserait au préjudice de l'héritier. — Proudhon, nº 1058.

217. — L'usufruitier des meubles ne peut non plus, du moins en thèse générale, les louer sans compromettre la responsabilité sur les dégradations et la perte qui seraient la suite de cet abus de jouissance. — Proudhon, nos 1061 et suiv.

218. — Cependant cette règle doit souffrir exception : 1º lorsqu'il s'agit de meubles qui, suivant la coutume ou les usages reçus, sont de nature à être destinés au louage. — Proudhon, nº 1069.

219. — ... 2º Lorsqu'il s'agit de meubles qui, dans le fait, avaient reçu cette destination par le constituant, quelle que soit d'ailleurs leur espèce, parce qu'alors l'usufruitier qui les loue ne fait que jouir comme le propriétaire lui-même. — Proudhon, nº 1070.

220. — ... 3º Lorsqu'il s'agit de meubles qui n'ont pas d'autre principe de destruction naturelle que celui qui résulte de la vétusté et qui n'appartiennent pas à la classe des meubles précieux que l'homme prudent ne doit pas confier à d'autres; attendu que l'usufruitier, en cédant son droit de jouissance sur ces meubles, ne les livre point à un usage qui doive les faire dépérir plus promptement au préjudice du propriétaire. — Proudhon, nº 1071.

221. — ... 4º Enfin, lorsque le constituant a accordé cette faculté à l'usufruitier, ou est présumé avoir eu l'intention de la lui accorder. — Proudhon, nº 1072.

222. — Remarquons d'ailleurs qu'en cédant son droit de jouissance à un autre, l'usufruitier ne peut se dégager lui-même de l'obligation de représenter la chose au propriétaire. Il est donc responsable des dégradations qui seraient causées par la faute du preneur, comme il le serait de la suite de ses propres fautes. — Proudhon, nº 1073.

223. — Si l'usufruitier ne peut louer les meubles soumis à son usufruit, à plus forte raison ne peut-il les vendre ou aliéner, puisqu'il est tenu par son titre même de les conserver.

224. — Cependant Proudhon (nos 1098 et suiv.) pense que, s'il s'agissait de ces sortes de meubles dont l'usufruitier peut, en s'en servant, les altérer jusqu'à les rendre de nulle valeur, il pourrait, sans se rendre répréhensible, les aliéner à la charge d'en rapporter l'estimation, attendu que par là, loin de nuire au propriétaire, il rend au contraire sa condition meilleure en lui assurant des droits à une somme fixe au lieu de lui rapporter à la fin de l'usufruit quelques restes sans valeur provenant de meubles usés.

225. — Les créanciers, n'ayant pas plus de droits que leur débiteur, ne sauraient faire saisir et vendre les meubles et autres objets dont celui-ci est usufruitier, mais qu'il ne pourrait, à raison de leur valeur, aliéner volontairement. — *Rennes*, 21 mai 1835, Roussel c. Trégonet. — Salviat, art. 70, nº 9.

§ 3. — *Droits de l'usufruitier sur les créances et les rentes viagères.*

226. — L'usufruit porte sur les créances, lorsqu'il est établi spécialement sur cette espèce de biens, ou lorsqu'il a été légué sur tous les biens et effets mobiliers, ou lorsqu'il est question d'un droit d'usufruit universel ou à titre universel établi sur une quote générale de l'hérédité. — Proudhon, nº 1029.

227. — Jugé notamment que le droit d'usufruit qu'a l'époux survivant sur les meubles de l'autre époux, en vertu d'une donation mutuelle contenue dans leur contrat de mariage, s'étend aux capitaux et aux créances actives. — *Bordeaux*, 16 mai 1832, Deterce c. Salleton.

228. — Les créances ne sont point, par elles-mêmes, choses fongibles, puisqu'on peut, sans les consommer, jouir des revenus qui en résultent; l'usufruitier n'en acquiert donc pas la propriété par la remise qui lui est faite des titres au moyen desquels il peut seulement exercer les actions nécessaires pour en jouir. — Proudhon, nº 1030.

229. — Néanmoins, si durant l'usufruit elles sont remboursées, elles se trouvent éteintes, et les sommes payées pour leur acquit ne sont plus que des choses fongibles dont l'usufruitier qui les reçoit devient propriétaire, à la charge d'en rendre autant à la fin de son usufruit. — Proudhon, *ibid.*

230. — La constitution d'usufruit sur des créances en opère donc une espèce de transport sur la tête de l'usufruitier ; d'où il suit que pour obtenir la saisine, il devra notifier son titre aux débiteurs, conformément à l'art. 1690, C. civ. — Proudhon, nº 1036.

231. — Les intérêts des créances ou arrérages de rentes sont, ainsi que nous l'avons déjà vu, des fruits civils (art. 584) qui restent acquis à l'usufruitier jour par jour (art. 582), et lui appartiennent irrévocablement à proportion de la durée de son usufruit.

232. — L'usufruitier a aussi le droit de recevoir les capitaux qui seraient payés par les débiteurs (art. 1240) et même de forcer le remboursement de ceux qui seraient exigibles. — *Bordeaux*, 16 mai 1832, Chartry c. Bedard; *Nancy*, 23 mars 1843 (t. 1er 1844, p. 42), Martin c. Gillet ; *Cass.*, 21 janv. 1845 (t. 1er 1845, p. 261), Burger c. Hansberger. — Proudhon, nº 1034; Pothier, *Donations*, nº 217.

233. — Il a en effet le droit de jouir des capitaux qui sont dus, comme de tous autres objets soumis à son usufruit ; or, pour jouir d'une chose, il faut l'avoir reçue; donc il a le droit de toucher tous capitaux qui seraient volontairement remboursés par les débiteurs, et de contraindre au remboursement de ceux qui seraient exigibles. — Proudhon, *ibid.*

234. — Il a ce droit, sans qu'il y ait lieu de distinguer entre les capitaux dus avant et remboursés pendant l'usufruit, et les capitaux trouvés en espèces au moment de son ouverture. — *Cass.*, 21 janv. 1845 (t. 1er 1845, p. 261), Burger c. Hansberger.

235. — *Quid* s'il s'agit de capitaux de rentes ? La même solution doit être admise ; et pour ceux-ci comme pour les premiers, l'usufruitier peut se passer du concours du nu-propriétaire. — Proudhon, nº 1045 ; Rolland de Villargues, *Rép.*, nº 234. — *Contrà Bordeaux*, 9 avr. 1845 (t. 1er 1845, p. 763), de Cazenave c. Pouget. — Pothier, *Contrat de rente*, nos 186 et 187.

236. — Mais si l'usufruitier n'avait pas fourni de cautionnement, et qu'il n'en fût pas dispensé, l'héritier ou le nu-propriétaire serait en droit de s'opposer à ce qu'il reçût le remboursement des créances, et de demander que les sommes qui en proviendraient fussent placées de manière à en assurer l'intérêt au profit de l'un, et le capital au profit de l'autre. — Proudhon, nº 1048.

237. — Lors même que l'usufruitier aurait été dispensé de fournir caution, s'il était pauvre ou notoirement insolvable par ses moyens personnels, et qu'il fût question de remboursemens de capitaux de rentes, le nu-propriétaire pourrait encore former obstacle à ce que ces capitaux fussent, sans sa participation, versés dans les mains de l'usufruitier. — Proudhon, nº 1049.

238. — La cour de Bordeaux a même jugé que l'usufruitier qui a été affranchi de l'obligation de fournir caution ne peut recevoir seul le remboursement du capital d'une rente perpétuelle lorsque la donation est moins un acte de libéralité qu'un contrat onéreux, et que l'usufruitier s'est assujéti à l'obligation de fournir hypothèque sur ses immeubles pour sûreté du remboursement, à l'extinction de l'usufruit, des sommes comprises dans la dotation ; parce que l'on doit conclure alors de ces circonstances que l'usufruitier ne s'est réservé de percevoir que les arrérages des rentes sans aucun droit au capital si le remboursement en était effectué. — *Bordeaux*, 9 avr. 1845 (t. 1er 1845, p. 763), de Cazenave c. Pouget.

239. — Mais cet arrêt, fondé sur une appréciation de circonstances particulières, ne saurait faire jurisprudence. Il faut admettre en principe que la dispense de caution confère à l'usufruitier des droits aussi étendus que ceux qu'il aurait eus, si, obligé de donner caution, il eût satisfait à cette prescription de la loi. — *Nancy*, 23 mars 1843 (t. 1er 1844, p. 42), Martin c. Gillet.

240. — Au surplus, bien que les capitaux soumis à l'usufruit soient consommés par l'usage, cette consommation doit être celle d'un administrateur soigneux et diligent ; et le nu-propriétaire est fondé à se plaindre s'il y a folles dissipations et détournemens frauduleux à son préjudice. — *Cass.*, 21 janv. 1845 (t. 1er 1845, p. 261), Burger c. Hansberger.

241. — Tel est le cas où l'usufruitier, ayant eu depuis l'ouverture de l'usufruit un enfant naturel qu'il a reconnu, a substitué aux placements des capitaux garantis par des hypothèques ou des privilèges des placemens sur simples billets en son nom personnel, et en recélant l'origine des deniers. — Même arrêt.

242. — En pareille circonstance, et alors surtout qu'il y a disparition d'une notable partie des créances, l'usufruitier peut être soumis à des mesures de précaution et de garantie. Ainsi, il peut être condamné à représenter les valeurs touchées, pour que le règlement en soit fait contradictoirement avec le nu-propriétaire. — Même arrêt.

243. — Il peut également être astreint à fournir caution, bien qu'il en ait été dispensé par le titre constitutif de l'usufruit à titre gratuit, une pareille dispense n'ayant été accordée que dans la supposition que l'usufruitier se conduirait en bon père de famille. — Même arrêt.

244. — La cour de Douai a décidé par les mêmes raisons que lorsque l'usufruitier d'une somme d'argent donne lieu de craindre que cette somme ne soit dissipée, les juges peuvent, pour garantir les droits des nu-propriétaires, ordonner qu'elle sera placée avec le concours de ces derniers..... Encore que l'usufruitier ait été dispensé de donner caution. — *Douai*, 11 janv. 1848 (t. 2 1848, p. 290), Gottiniaux c. Carpentier.

245. — L'usufruitier qui a fourni son cautionnement et qui peut recevoir les remboursemens de capitaux pourrait-il également faire la vente ou consentir la novation des créances soumises à son droit d'usufruit ?

246. — Nous ne le pensons pas : les créances sont bien destinées à être éteintes, en cas qu'on vienne à les rembourser ; leur usage même consiste à forcer le remboursement des capitaux quand elles sont exigibles, en sorte que l'usufruitier qui reçoit ou exige les remboursemens, n'use que suivant la destination de la chose ; mais elles ne sont pas destinées à être vendues ou transformées en d'autres créances par la novation. L'usufruitier ne pourrait donc vendre ou innover au préjudice de l'héritier et sans sa participation. — *Bordeaux*, 19 avr. 1847 (t. 2 1848, p. 106), Branthome c. Rabeaud. — Proudhon, nº 1034.

247. — Il ne pourra pas davantage convertir un billet ordinaire en un billet au porteur ; et, en pareil cas, le nu-propriétaire est recevable à agir contre l'usufruitier, pour cause d'abus de jouissance, en révocation de son usufruit quant à ces créances. — Même arrêt.

248. — Une question autrefois controversée était celle de savoir si l'usufruitier d'une rente viagère devait conserver, en totalité, les arrérages par lui reçus comme il conserve les revenus ordinaires qu'il a perçus ; ou s'il devait, à la succession de son usufruit, faire la restitution de ces arrérages en tout ou partie, par la raison que la rente viagère est constituée à gros intérêts, au moyen desquels elle se trouve amortie lors du décès du créancier ; en sorte que le paiement des arrérages opère le remboursement du capital même. Cette difficulté n'existe plus aujourd'hui. L'art. 588, C. civ., porte que l'usufruit d'une rente viagère donne à l'usufruitier, pendant la durée de sa jouissance, le droit d'en percevoir les arrérages, sans être tenu à aucune restitution.

249. — Ce que dit cet article pour les arrérages d'une rente viagère, on doit le décider également pour le produit annuel d'un droit d'usufruit ; c'est ce que fait expressément l'art. 1568, C. civ., qui porte que si un usufruit a été constitué en dot, le mari ou ses héritiers ne sont tenus, à la dissolution du mariage, que de restituer le droit d'usufruit et non les fruits échus durant le mariage.

§ 4. — *Droits de l'usufruitier sur les animaux.*

250. — L'usufruit des animaux a plusieurs rapports avec celui des choses non fongibles : ainsi, 1º l'usufruitier n'en devient pas propriétaire par la remise qui lui en est faite, et l'estimation portée à l'inventaire ne les met point à ses risques et périls, à moins qu'il ne s'agisse d'animaux exclusivement destinés au commerce, c'est-à-dire d'animaux acquis pour être revendus.

251. — ... 2º Il ne donne à l'usufruitier que le droit de les employer aux usages pour lesquels ils avaient été destinés, sans pouvoir les soumettre à un service plus nuisible.

252. — En conséquence, l'usufruitier qui succède à un loueur de chevaux et de voitures peut continuer le même ouvrage à son profit ; mais celui qui succède à un propriétaire qui n'employait ses chevaux et ses voitures qu'à son usage particulier ne pourrait, sans compromettre sa responsabilité, les livrer à d'autres, à moins qu'il ne pa-

rût que l'intention du constituant eût été de lui accorder cette faculté. — Proudhon, n° 1086.

253. — L'usufruitier des animaux a d'ailleurs le droit de profiter de leur travail, ainsi que des fumiers et engrais qu'ils peuvent donner, comme il perçoit en outre les fruits, les laitages, les laines et le croît que ces animaux peuvent produire. — Proudhon, n° 1087.

254. — Seulement, à l'égard de ces deux derniers produits, il faut observer que les laines ne sont acquises à l'usufruitier qu'autant que la tonte en a été faite *tempore consueto* et sans fraude, pendant la durée de l'usufruit, et que le croît ne lui appartient également que quand les jeunes bêtes sont nées durant le même temps. — Arg. art. 583. — Proudhon, n° 1087.

255. — Pour apprécier au juste les effets d'un pareil usufruit, il faut distinguer le cas où il ne s'agit que d'un seul animal ou de plusieurs animaux considérés *ut singuli*, c'est-à-dire comme autant d'individus indépendans les uns des autres, et celui où l'usufruit porte sur un troupeau, c'est-à-dire, sur une agrégation de mâles et de femelles, destinée à se reproduire par elle-même.

256. — Lorsque c'est l'usufruit d'un ou de plusieurs animaux qui a été légué, la jouissance de l'usufruitier ne doit s'étendre que sur le nombre des têtes déjà existantes à l'époque du testament, à moins que l'auteur de la disposition n'ait manifesté des intentions plus étendues. Les jeunes bêtes nées avant l'ouverture du droit et même avant la délivrance du legs ne doivent pas appartenir au légataire; ce sont des fruits dévolus à l'héritier.—Proudhon, n° 1088.

257. — Au contraire, lorsque le legs porte sur un troupeau, l'augmentation qui peut survenir dans le nombre des bêtes, par le croît arrivé depuis l'époque du testament jusqu'au décès du testateur, profite quant à la jouissance au légataire de l'usufruit.— Proudhon, n° 1092.

258. — Si l'usufruit n'est établi que sur un animal qui vient à périr sans la faute de l'usufruitier, celui-ci n'est pas tenu d'en rendre un autre, ni d'en payer l'estimation.— art. 615.

259. — Au contraire quand l'usufruit est établi sur un troupeau, objet unique et indivisible de la jouissance, ce troupeau doit être perpétuellement entretenu et maintenu dans son premier état : il faut donc prendre, pour le réparer, une partie de ses produits; et l'usufruitier est tenu de remplacer, jusqu'à concurrence du croît, les têtes des animaux qui ont péri.—C. civ., art. 616.

260. — Il doit employer au remplacement des bêtes qui viennent à périr, non seulement le croît à venir, mais encore les jeunes animaux nés antérieurement à la mort des bêtes à remplacer.— Proudhon, n° 1095; Zachariæ, § 227, note 12; Salviat, art. 67, n° 8. — *Contrà* Marcadé, art. 616 ; Duranton, n° 630.

261. — Bien que la loi ne parle que du remplacement des bêtes qui viennent à périr, nous pensons que l'usufruitier doit aussi remplacer celles qui seraient décrépites et cassées de vieillesse. L'usufruitier, en effet, doit jouir en bon père de famille, et comme le propriétaire lui-même, lequel aurait incontestablement soin de pourvoir à ce remplacement.— L. 69. ff., *De usufr.*— Proudhon, n° 1094; Marcadé, *ibid.*

262. — Lorsque le troupeau vient à périr tout entier, l'usufruit s'éteint par la perte de la chose, et l'usufruitier, qui ne répond pas de cette perte, si elle est arrivée sans sa faute, est seulement tenu de rendre au nu-propriétaire ce qui reste de la chose, c'est-à-dire les peaux des bêtes, les cuirs, et s'il ne représente pas ces cuirs, il en doit la valeur.— C. civ., art. 616.

263. — Au reste, cette obligation de remettre les peaux des bêtes existe aussi bien pour l'usufruit d'animaux déterminés que pour celui d'un troupeau.—Marcadé, *ibid.*

264. — Celui auquel on a légué un droit d'usufruit sur des animaux non destinés à la vente peut-il les vendre, sans se rendre répréhensible envers le nu-propriétaire?

265. — Proudhon (nos 1098 et suiv.) pense qu'en thèse générale, l'usufruitier qui juge que la vente des animaux est avantageuse pour lui est fondé à invoquer la maxime que chacun peut faire de la chose à laquelle il a droit tout ce qui est utile pour lui-même, tant qu'il ne nuit pas à autrui, et que le propriétaire qui est sans un véritable intérêt de l'empêcher doit être non recevable à s'y opposer.

266. Si la vente est alors portée à un prix plus haut que l'estimation consignée dans l'inventaire, le propriétaire aura droit à l'excédant.—Proudhon, n° 1106.

267.— Si, au contraire, la vente est faite pour un prix moindre que l'estimation portée à l'inventaire, la perte ne sera point pour le propriétaire, car si l'usufruitier peut améliorer la condition de celui-ci, il ne saurait pas la rendre pire. —Proudhon, n° 1107.

§ 5. — *Droits de l'usufruitier sur les maisons, bâtimens et usines.*

268. — L'usufruit établi sur les maisons et bâtimens consiste principalement dans le droit de les habiter ou occuper en totalité par soi-même ou par le fait d'autrui, conformément à leur destination.

269. — Il comprend aussi le droit de jouir de tous les accessoires mobiliers qui en dépendent. Ces accessoires peuvent provenir de deux causes : la volonté de l'homme et celle de la loi.—Proudhon, n° 1114.

270. Ainsi l'usufruit d'une maison avec tout ce qui s'y trouve comprend la jouissance de tous les effets mobiliers qu'elle renferme, sauf l'argent comptant et les créances ou autres droits dont les titres peuvent s'y trouver déposés.

271. — Ainsi, encore, l'usufruit d'une maison comprend le droit de jouir de tous les effets mobiliers que le propriétaire y a attachés à perpétuelle demeure (art. 524), encore qu'ils y aient été apportés après la confection du testament, si tel était le titre constitutif de l'usufruit (Arg. art. 1019), parce qu'ils seraient également incorporés dans le tout. — Proudhon, n° 1115.

372.— Cette destination du père de famille n'est pas seulement relative aux choses mobilières qui peuvent être placées à perpétuelle demeure dans la maison; elle s'étend soit aux droits incorporels, soit aux constructions qui auraient été faites pour servir à la desserte de la maison, ou à sa clôture et sûreté, soit même aux fonds qu'on y aurait ajoutés pour en étendre les aisances ou pour servir spécialement aux usages et commodités de celui qui doit l'habiter. — Proudhon, n° 1116.

273. — Quant au produit d'une usine, il s'acquiert par le cours du temps, comme le revenu des rentes ou celui des maisons, avec cette différence néanmoins que les arrérages des rentes et les loyers des maisons échoient par parties égales chaque jour, tandis que le produit d'une usine n'est point uniforme, puisqu'il est corrélatif à la fabrication, qui ne peut être toujours la même. — Proudhon, n° 1134.

274. — Néanmoins, si l'usine était amodiée, le prix du bail écherrait aussi jour par jour et par par portions égales. — Proudhon, *ibid.*

275. — Le legs d'une usine comprend aussi les accessoires immobiliers destinés à son usage et aux aisances de son roulement, et il les comprend avec plus de latitude encore que celui d'une simple maison, parce que son service est bien plus étendu. — Proudhon, n° 1135.

276.— Ainsi, l'usufruitier d'une usine a le droit de jouir de la maison de maître, de celles qui ont été construites pour le logement des ouvriers, des écuries, remises, halles, hangars, magasins et tous autres bâtimens destinés à favoriser la fabrication. Il a le droit de jouir des enclos et jardins potagers qui sont à l'usage de la population de l'usine. — Proudhon, *ibid.*

277. — Le legs d'usufruit d'une usine comprend encore l'usage des ustensiles et agrès qui servent à son roulement, encore que cela ne soit pas exprimé dans la disposition, parce que tous ces objets, quoique meubles pour eux-mêmes, sont immeubles par destination et font partie accessoire de l'immeuble. — Proudhon, *ibid.*

278. — Mais il n'emporte pas le droit de jouir des marchandises qui se trouvent manufacturées et recueillies dans les magasins, lors du décès du testateur; comme le legs de la propriété même de l'usine ne comprendrait pas non plus les objets de cette nature qui ne sont que des marchandises et qui n'ont rien de commun avec les choses mobilières que la destination du père de famille aurait accessoirement attachée au fonds. — Proudhon, n° 1143.

279. — A l'égard des approvisionnemens dont l'usine serait pourvue lors de la délivrance du legs, l'usufruitier aurait le droit d'exiger la remise d'une partie quelconque de ces approvisionnemens, suivant que les circonstances la lui rendraient nécessaire pour mettre obstacle au chômage de l'usine. — Il y a ici destination du père de famille et intention présumée du testateur sur cet emploi. — Proudhon, n° 1143.

280. — Par le même motif, il faudrait aussi décider que si, lors du décès du testateur, il se trouvait des marchandises dont la fabrication ne serait que commencée et qui ne seraient pas encore dans l'état de marchandises livrables au commerce, l'héritier ne pourrait être obligé de les enlever dans cet état d'imperfection et que l'usufruitier devrait être forcé de les manufacturer entièrement, sauf une juste indemnité pour prix du restant de la main d'œuvre nécessaire à l'effet de les livrer au commerce. — Proudhon, *ibid.*

281. — C'est un principe général que l'usufruitier n'a le droit de jouir qu'à la charge de conserver la substance de la chose (art. 578). — Il ne pourrait donc pas changer de sa propre autorité et d'une manière grave la distribution des appartemens. — L. 13, § 7, ff., *De usufr.*— Proudhon, n° 1111 ; Salviat, art. 55, n° 3.

282. — Néanmoins, s'il ne s'agissait que de changemens minutieux, l'usufruitier ne se rendrait pas réellement coupable d'abus de jouissance en les faisant sans le consentement du propriétaire. On ne pourrait pas dire, en effet, que la substance de la chose se trouve alors altérée. — Proudhon, n° 1111.

283. — Mais tout ce qui peut tendre à opérer de plus grandes dégradations dans les bâtimens, à en rendre l'habitation moins saine, ou à les exposer à de plus grands dangers d'incendie, est interdit à l'usufruitier. — Proudhon, nos 1111 et 1471.

284. — En conséquence, il ne lui est pas permis de convertir une maison d'habitation ordinaire en une hôtellerie destinée à recevoir le public; il ne pourrait la transformer en une étable, y établir une forge ou des bains publics, ni la louer pour de pareils usages. — L. 13, § 8, ff., *De usufr.* —Proudhon, n° 1111 ; Hennequin, p. 411 et suiv.; Salviat, art. 55, n° 4.

285. — Toutefois, la cour de Lyon a jugé qu'un usufruitier peut louer à un teinturier un bâtiment exploité auparavant comme auberge. — *Lyon*, 20 janv. 1844 (t. 2 1844, p. 265), Ekel c. Bissardon.

286. — Mais la cour de Cassation a uniquement motivé le rejet de pourvoi dirigé contre cet arrêt sur ce que, de l'appréciation des faits et circonstances à laquelle il s'était livré, il résultait que la substance de l'immeuble n'en devait pas être changée, et que le premier genre d'exploitation ne pouvait pas être conservé avec avantage.— *Cass.*, 8 avr. 1845 (t. 1er 1848, p. 675), Ekel c. Bissardon.

287. — Il ne lui serait point permis non plus d'y établir un magasin de choses qui sont d'une manutention dangereuse, comme de la poudre à canon ; ou d'y faire des dépôts ou amas de sel ou autres matières corrosives que les lois signalent comme propres à corrompre l'édifice, ou de tous autres objets capables d'infecter la maison et d'en rendre l'habitation malsaine par la suite. — Proudhon, nos 1111 et 1471.

288. — De même, il ne pourrait y établir un lieu de prostitution, ni louer à cet usage illicite.— — L. 27, § 1er ff., *De usufr.*—Proudhon, n° 1471.

289. — Mais il peut louer en boutiques ou en magasins les parties de maisons ou appartemens qui ont reçu cette destination de la part du propriétaire. — Proudhon, n° 1471.

290. — Il peut aussi faire dans l'héritage sujet à l'usufruit des améliorations et réparations utiles ou nécessaires, et même pour son seul plaisir, pourvu que ce soit sans rien empirer ni changer dans l'état des lieux.— Proudhon, n° 1112; Domat, liv. 1er, tit. 2, sect. 1re, n° 17.

291. — L'usufruitier pourrait-il, sans l'agrément du propriétaire, construire une maison sur une place vide, et après l'avoir construite, aurait-il le droit d'en jouir ? Il faut distinguer.

292. — Lorsque la construction est provoquée par une cause qui tient à l'exercice du droit d'usufruit, le propriétaire ne peut y mettre obstacle, par la raison qu'il s'opposerait à la jouissance même de l'usufruitier, ce qui est inadmissible. — Proudhon, n° 1122.

293. — Ainsi l'usufruitier peut, sans le consentement du propriétaire, construire, dans un héritage en culture, une loge destinée au logement d'un garde qui serait préposé à la conservation des récoltes pendantes par racines. — L. 73, ff., *De usufr.*— Proudhon, nos 1122, 1432.

294. — Il peut même faire construire, sur un des fonds du domaine dont il a la jouissance, un édifice plus important, tel qu'une maison de ferme, si cette construction est nécessaire pour recueillir et héberger les fruits du domaine.— L. 13, § 6, ff., *De usufr.*— Proudhon, *ibid.* ; Salviat, art. 55, n° 2.

295. — Et il faudrait en dire autant s'il s'agissait d'un bâtiment construit à l'effet d'y placer une cuverie ou pressoir, ou d'y faire une cave pour le service d'un domaine en vignobles. — Proudhon, *ibid.*

296.— Mais l'usufruitier ne pourrait, même sous le prétexte d'améliorer le fonds, construire un édifice contre le gré du propriétaire, lorsque la construction n'est provoquée par aucune cause

qui se rattache à l'exercice de la jouissance. — L. 7, § 1er, ff., *De usufr.* — Ici, en effet, la construction n'est point une chose accessoire à l'exercice des droits généraux de l'usufruitier. — Proudhon, no 1123.

297. — Dans cette seconde hypothèse, le propriétaire peut donc s'opposer à la construction de l'édifice et même en exiger la démolition, lorsqu'il a été construit sans son assentiment, parce qu'on ne peut élever un bâtiment sur un sol vide sans changer substantiellement la forme du fonds. — Proudhon, *ibid.*

298. — Toutefois, si la construction a produit une amélioration telle que le propriétaire la juge conforme à ses intérêts et qu'il veuille la conserver, l'usufruitier aura le droit d'en retenir la jouissance; car il serait injuste de le punir précisément par la raison qu'il aurait sagement administré et fait le bien. — Proudhon, no 1124.

299. — La même distinction devrait être faite, s'il s'agissait de la construction d'une usine sur le fonds grevé d'usufruit.

300. — En conséquence, si l'érection d'une usine était un moyen plus heureux de tirer parti des produits du fonds, le propriétaire ne serait pas recevable à s'y opposer, parce qu'autrement il mettrait obstacle à la jouissance de l'usufruitier en paralysant les moyens de la rendre aussi utile qu'elle pourrait l'être. — Proudhon, no 1144.

301. — Si au contraire, il s'agissait d'établir une usine dont l'exploitation ne tînt qu'aux moyens industriels de l'usufruitier, celui-ci n'aurait pas le droit de la construire, puisqu'en général il n'a pas celui de changer la forme du fonds. — Proudhon, *ibid.*

302. — Remarquons d'ailleurs que l'usufruitier qui a construit une maison sur le fonds dont la jouissance lui a été léguée ne pourrait ensuite la démolir. Une fois la construction faite, elle est identifiée avec le sol et ne forme plus qu'un seul et même immeuble; elle est la chose d'autrui pour l'usufruitier, puisqu'il n'est pas propriétaire du fonds; il ne peut donc y toucher sans attenter à une propriété qui ne lui appartient pas. C'est ce que décidait la loi romaine, et c'est ce qui doit encore être décidé aujourd'hui par argument de l'art. 599. — Proudhon, no 1128.

303. — *Quid* lorsqu'une maison grevée d'usufruit a été incendiée par la faute de l'usufruitier et que celui-ci veut en faire la reconstruction pour jouir du nouvel édifice? Le propriétaire est-il en droit de s'y opposer? Il faut encore distinguer.

304. — Si l'usufruit n'a été établi que sur la maison qui est devenue la proie des flammes, les droits de l'usufruitier sont éteints définitivement, et il y a dès-lors ouverture aux droits du propriétaire, soit pour rentrer dans la jouissance de son fonds, soit pour exiger les dommages-intérêts qui peuvent lui être dus. — Proudhon, no 1577.

305. — Si au contraire la maison incendiée n'était pas seule soumise aux droits d'usufruit, si elle n'était que l'accessoire d'un domaine dont la jouissance avait été concédée, et que la faute reprochée à l'usufruitier ne soit pas telle d'ailleurs qu'elle dût lui mériter la déchéance absolue de ses droits, l'usufruitier aurait le droit de rebâtir, et le propriétaire ne pourrait pas s'y opposer. — Proudhon, no 1578.

306. — Si, enfin, il s'agit d'un droit d'usufruit universel ou à titre universel, il faut décider encore que le propriétaire ne peut mettre obstacle à la reconstruction projetée par l'usufruitier toutes les fois que celui-ci y trouve un avantage pour exercer sa jouissance sur la masse générale des biens. — Proudhon, no 1579.

307. — Au surplus, même au cas où la maison incendiée faisait l'objet unique de l'usufruitier, Proudhon (nos 1573 et suiv.) et Zachariæ (t. 2, p. 230, note 13e) pensent que si l'usufruitier la reconstruit, sans opposition de la part du propriétaire, son droit d'usufruit revivra sur ce nouvel édifice. — M. Marcadé émet un autre avis. Suivant lui, l'usufruitier devra, dans ce cas, être assimilé à un tiers constructeur, et il faudra lui faire application des dispositions de l'art. 555. — Cette opinion nous paraît plus juridique. La reconstruction ne fait pas en effet et ne peut faire qu'il n'y ait pas eu destruction et que l'usufruit n'ait pas été éteint et absolument éteint. — *Colmar*, 13 janv. 1831, Peter.

308. — Lorsque c'est par la faute d'un tiers que la maison grevée d'usufruit a été incendiée et que la réparation du dommage est faite en argent, l'usufruitier a le droit de toucher la somme pour en jouir aux lieu et place de l'édifice, jusqu'au terme naturel de son usufruit, parce que le prix représente la chose, et qu'en conséquence, il doit être admis à exercer sur l'un le même droit qu'il exerçait sur l'autre. — Proudhon, nos 1590 et suiv.

309. — De même, l'usufruitier d'une maison assurée par le nu-propriétaire, tant pour la nue-propriété que pour l'usufruit, a droit à l'intérêt du prix d'assurance, comme représentant l'immeuble soumis à son usufruit. — *Cass.*, 29 déc. 1824, compagnie du Phénix c. Coquerille; *Colmar*, 25 août 1826, Witt. — V. cependant Proudhon, nos 1596 et suiv., 1609 et 1610.

310. — Mais il n'aurait pas le droit d'exiger que le prix de l'assurance fût employé à la reconstruction de la maison. — *Paris*, 5 mai 1826, Godfrin c. Ansmont; *Colmar*, 25 août 1826, Witt.

§ 6. — *Droits de l'usufruitier sur les produits des arbres, bois et pépinières.*

311. — Les arbres des forêts peuvent, suivant leur nature et la destination du propriétaire, être considérés comme des fruits naturels ou comme faisant partie du fonds qui les nourrit. — Proudhon, no 1164; Zacharie, t. 2, § 227, note 9e.

312. — Ainsi les bois taillis sont les fruits naturels de la forêt; les arbres futaies, au contraire, sont plus particulièrement considérés, dans le droit, comme faisant partie du fonds. — Proudhon, no 1164; Zachariæ, *ibid.*

313. — Ce n'est même que par la destination spéciale du propriétaire que les futaies, mises en coupe réglée, donnent aussi une branche de revenu périodique qui est assimilé aux fruits, comme le produit d'une carrière ou d'une mine, mises en exploitation, constitue un revenu, quoiqu'il ne soit pas un fruit proprement dit. — Proudhon, *ibid*; Zacharie, *ibid.*

314. — L'usufruitier a donc le droit de couper les taillis parvenus à l'âge requis, et, au contraire, il ne peut toucher aux futaies, à moins qu'il ne trouve un aménagement établi à ce sujet par le propriétaire. — Proudhon, *ibid.*, et nos 1166 et 1167; Zachariæ, *ibid.*

315. — Nous avons déjà dit que l'usufruitier est un gardien préposé à la conservation de la chose. Les devoirs que lui impose cette qualité sont particulièrement importans en ce qui touche aux forêts dont il a la jouissance. Si donc ces forêts sont exposées au maraudage; si elles sont en danger d'être dévastées par le bétail, il doit établir un garde à ses frais, puisqu'il est chargé de conserver. — Proudhon, no 1167.

316. — Les règles auxquelles l'usufruitier est tenu de se conformer dans l'exploitation soit des bois taillis, soit des futaies, quand il lui est permis d'en couper, sont consignées en partie dans les lois et réglemens sur l'administration forestière, et en partie dans le Code civil. — Proudhon, no 1168; Duranton, no 551.

317. — L'usufruitier doit jouir en bon père de famille, il doit donc se conformer aux règles prescrites par les lois forestières pour le repeuplement des forêts.

318. — A cet effet, il est tenu: 1o de laisser le nombre des baliveaux requis et même un plus grand nombre si l'aménagement des propriétaires en comportait davantage; 2o de couper et de faire faire la coupe en temps de saison morte et non dans le temps de la sève; 3o de couper les futaies le plus bas possible et le taillis à fleur de terre. — Proudhon, *ibid.*

319. — Les règles établies par le Code civil, soit sur le fond des droits de l'usufruitier, soit sur la manière d'en jouir, sont renfermées dans les art. 590, 591, 592, 593 et 594.

320. — D'après l'art. 590, si l'usufruit comprend des bois taillis, l'usufruitier est tenu d'observer l'ordre et la quotité des coupes conformément à l'aménagement et à l'usage constant des propriétaires.

321. — L'aménagement d'une forêt peuplée de taillis se rapporte à quatre choses principales qui sont: 1o l'ordre, 2o la quotité, 3o l'âge des coupes, 4o le nombre des baliveaux qui doivent être réservés. L'usufruitier doit donc s'appliquer d'abord à la reconnaissance et vérification de ces quatre choses, pour bien juger de l'aménagement des anciens propriétaires et s'y conformer. — Proudhon, no 1170.

322. — Du reste, bien que l'art. 590 dise que l'usufruitier est tenu d'observer l'aménagement ou l'usage constant *des propriétaires*, si celui qui a constitué l'usufruit avait lui-même établi un aménagement qui eût duré assez longtemps pour former un usage constant, il ne serait pas nécessaire de vérifier comment agissaient les propriétaires plus anciens, surtout si l'usage n'avait rien d'abusif. — Proudhon, no 1173; Duranton, no 550.

323. — En l'absence d'un aménagement établi par le propriétaire, l'exploitation des bois serait réglée selon l'usage des lieux. En Sologne, par exemple, la coupe des bois taillis doit se faire tous les dix ans. — *Orléans*, 15 nov. 1821, Brontin c. Barbé. — Zachariæ, *ibid.*

324. — Mais lorsqu'il y a eu aménagement par le propriétaire d'un bois taillis, l'usufruitier ne peut invoquer l'usage, lors même que l'aménagement n'aurait été que partiel, et que l'usufruitier n'entendrait appliquer l'usage qu'au surplus des bois taillis. — *Paris*, 22 juill. 1812, Chamousset c. Cornisset.

325. — S'il s'agissait d'une forêt nouvelle qui n'aurait pas encore été coupée depuis son semis, il faudrait, pour apprécier l'étendue des droits de l'usufruitier, consulter d'abord l'intention du propriétaire. Si cette intention était connue et qu'il fût constant que le propriétaire a voulu planter un bois de futaies pour lui et pour les siens, il faudrait se conformer à ses vues; mais dans le doute, on doit plutôt présumer qu'il a voulu avoir un taillis, chaque fois qu'il s'agit de bois en masse dont la crue et la coupe forment le produit et le revenu du sol, parce que les futaies, étant des bois de réserve, sont hors de la règle commune. — Proudhon, no 1177.

326. — A l'égard des arbres épars, plantés pour l'ornement ou pour avoir de l'ombre, on doit les considérer comme des réserves auxquelles il n'est pas permis à l'usufruitier de toucher, puisqu'ils ne sont pas destinés à produire un revenu par le moyen de la coupe. — Arg. *Paris*, 12 déc. 1811, Delunel c. Jarry de Mancy; *Rennes*, 22 déc. 1815, N...

327. — Ainsi jugé que, l'usufruitier n'a pas le droit de couper les peupliers plantés sur la propriété dont il a l'usufruit. Ces arbres doivent être rangés dans la catégorie des arbres futaies, que l'usufruitier ne peut couper que quand ils sont aménagés. — *Dijon*, 22 déc. 1842 (t. 1er 1843, p. 402), Damoiseau.

328. — L'indemnité due au propriétaire pour cette dégradation n'est du reste exigible qu'à la fin de l'usufruit. — *Paris*, 12 déc. 1811, Delunel c. Jarry de Mancy. — *Contrà* Duranton, t. 4, no 562; Salviat, art. 78, no 1er.

329. — L'usufruitier qui a été autorisé par testament à abattre à son profit les arbres existans dans les avenues, prés et terres du domaine légué, n'est cependant fondé à abattre les arbres qui se trouvent dans les bois qu'en se conformant à l'aménagement du testateur ou à l'usage des lieux. — *Orléans*, 16 mai 1834, de Montlibise c. de Chousy. — L'arrêt qui juge ainsi contient une appréciation de la volonté du testateur et échappe par conséquence à la censure de la cour de Cassation. — *Cass.*, 1er avr. 1835, mêmes parties.

330. — L'usufruitier qui fait une coupe prématurée n'en devient pas moins propriétaire; mais en agissant ainsi, il se rend passible de dommages-intérêts plus ou moins considérables, suivant les circonstances. — Proudhon, no 1171.

331. — Au contraire, il n'a droit à aucune indemnité pour les coupes ordinaires soit de taillis, soit de baliveaux, soit de futaies qu'il n'aurait pas faites pendant sa jouissance. — C'est une conséquence du principe posé dans l'art. 585, suivant lequel les fruits pendans par branches ou par racines au moment de la cessation de l'usufruit appartiennent au propriétaire, même sans remboursement des frais de culture et de semence faits par l'usufruitier.

332. — Quant aux arbres abattus par l'usufruitier en vertu du droit que lui conférait son titre, mais non encore enlevés au moment de son décès, ils appartiennent évidemment à son légataire universel. — *Caen*, 3 juin 1847 (t. 1er 1848, p. 335), Poullain Lacroix c. Garnier. — Denisart, vo *Fruits*, p. 113, no 3; Toullier, t. 3, no 402; Favard, *Rép.*, vo *Usufruit*, § 2, no 2; Duranton, t. 4, no 534; Zachariæ, t. 2, p. 14, note 13.

333. — La vente d'une coupe de bois faite par l'usufruitier à l'époque où il avait le droit de couper les bois est valable à l'égard du nu-propriétaire pour les arbres encore sur pied *au décès* de l'usufruitier. Mais le prix de la vente doit être partagé entre les héritiers de l'usufruit et le nu-propriétaire dans la proportion des bois coupés et de ceux qui étaient pendans par racines à l'extinction de l'usufruit. — *Cass.*, 21 juill. 1818, Delavergne c. Ligneau Grandcour. — Toullier, t. 3, no 401; Pothier, *Des douaires*, no 204. — V. *contrà* Proudhon, nos 295, 296, qui enseigne que la vente est nulle pour un bois non coupé.

334. — La règle que l'usufruitier n'a droit à aucune indemnité pour les coupes qu'il a négligé de faire reçoit d'ailleurs exception, lorsque c'est par le fait du propriétaire ou par suite d'une contestation sur la propriété que l'usufruitier a été empêché d'y procéder. — Zachariæ, t. 2, § 227, note 9; Duranton, no 558.

335. — Delvincourt (sur l'art. 590) pense qu'il en serait de même dans le cas où l'exploitation n'aurait pas eu lieu par suite d'une force majeure, d'une inondation, par exemple. Mais Proudhon (no 1178), M. Duranton (*loc. cit.*) et Zachariæ (*loc. cit.*) combattent avec raison cette opinion. Le cas fortuit ne doit nuire en effet qu'à ceux sur lesquels il frappe. Les art. 585 et 590 établissent d'ailleurs de part et d'autre des chances aléatoires.

336. — Puisque l'usufruitier n'a droit à aucune indemnité pour les coupes ordinaires qu'il a négligé de faire pendant sa jouissance, il faut dire aussi qu'il ne serait pas recevable à compenser ces coupes avec celles qu'il aurait faites indûment. — Marcadé, art. 585. — V. cependant Duranton, no 548.

337. — L'usufruitier profite encore, toujours en se conformant aux époques et à l'usage des anciens propriétaires, des parties de bois de haute futaie qui ont été mises en coupes réglées, soit que ces coupes se fassent périodiquement sur une certaine étendue de terrain, soit qu'elles se fassent d'une certaine quantité d'arbres pris indistinctement sur toute la surface du domaine. — Art. 591.

338. — Il faut donc ici que les propriétaires aient été eux-mêmes positivement dans l'usage de faire dans ces futaies des coupes périodiques et réglées; c'est sur l'usage seul que repose tout le titre de l'usufruitier; en sorte que s'il ne trouvait pas d'aménagement établi par les anciens maîtres du fonds, il ne pourrait pas en établir un, même par imitation de la pratique des autres propriétaires de forêts, parce qu'il ne peut être le maître de se créer un droit que la loi ne lui accorde pas. — Proudhon, no 1185; Salviat, art. 78, no 1er.

339. — Il a même été jugé que le fait, usuel de la part de l'ancien propriétaire, de couper tous les ans une quantité plus ou moins grande d'arbres de haute futaie, soit pour des réparations, soit pour les utiliser à son profit, ne constitue pas la mise en coupe réglée profitable à l'usufruitier dans les termes de l'art. 591, C.civ.; et qu'en conséquence, l'usufruitier est sans droit pour abattre des arbres dépendant de ces bois. — *Agen*, 11 juill. 1836 (t. 2 1837, p. 163), Planez c. Montlezun; *Cass.*, 14 mars 1838 (t. 2 1838, p. 339), mêmes parties. — Mais aussi il a été décidé que l'usufruitier d'un bois taillis a le droit de couper les arbres de réserve si le propriétaire les avait mis en coupe réglée, ou s'il était dans l'usage d'en couper une certaine quantité à des époques périodiques. — *Orléans*, 14 juill. 1849 (t. 2 1849, p. 81), Vourgère c. Dessaigne. — C'est d'ailleurs en ce dernier sens que se prononce implicitement Proudhon (no 1186).

340. — Le droit de l'usufruitier d'un bois de haute futaie se borne aux augmentations que reçoit la valeur totale des futaies existantes lors de l'ouverture de l'usufruit par l'effet de la croissance continuelle des réserves. — *Cass.*, 8 janv. 1845 (t. 1er 1845, p. 519), Giffey.

341. — Et à l'égard de cette valeur totale, elle forme un capital qui doit être conservé et que l'usufruitier ne peut diminuer sans encourir la déchéance de l'usufruit. — Même arrêt.

342. — Que doit-on décider à l'égard des baliveaux et des modernes? Ces sortes d'arbres doivent-ils être assimilés aux futaies? ou, en d'autres termes, faut-il aussi qu'il y ait eu aménagement périodique de revenus, établi par les anciens propriétaires du fonds, sur les baliveaux et les modernes, pour que l'usufruitier puisse y toucher?

343. — La négative résulte de ce que les baliveaux qui sont réservés lors des coupes, étant une fois sortis de la classe du taillis, ne peuvent plus avoir comme lui la nature de fruits ordinaires. — Proudhon, nos 1187 et suiv.

344. — Jugé cependant que l'usufruitier d'un bois a le droit d'en vendre les baliveaux, à l'exception toutefois de ceux nécessaires ou utiles à la production de la haute futaie. — *Douai*, 24 août 1839 (t. 2 1839, p. 659), Delalleau.

345. — A défaut d'un aménagement périodique et régulier de coupes sur arbres de haute futaie, l'usufruitier peut seulement employer, pour faire les réparations dont il est tenu, les arbres arrachés ou brisés par accident; il peut même, pour cet objet, en faire abattre s'il est nécessaire, mais à la charge d'en faire constater la nécessité avec le propriétaire. — Art. 592.

346. — Ainsi, l'usufruitier ne peut ni couper ni ébrancher les arbres de haute futaie pour en faire du bois de chauffage; or, comme la loi ne fait aucune distinction, peu importe qu'il s'agisse de bois secs ou d'arbres vifs. — Proudhon, no 1194. — ... D'arbres plantés en massif, ou épars sur différens points du fonds. — *Paris*, 12 déc. 1818, Delunel c. Jarry de Mancy. — Le constituant lui-même ne pourrait lui concéder ce droit, car une pareille concession porterait atteinte aux conditions essentielles de l'usufruit. — *Orléans*, 11 mai 1822, Ségognon.

347. — Conformément à ces principes, il a été jugé que l'autorisation donnée à un usufruitier, par l'acte constitutif de son usufruit, de prendre sur les propriétés soumises à son usufruit le bois nécessaire pour faire les réparations dont il est tenu, ne lui confère d'autre droit que celui qui est écrit dans l'art. 592, C. civ.; et, en conséquence, il ne peut l'exercer qu'après avoir fait constater avec le nu-propriétaire la nécessité des réparations; et que la faculté de prendre du bois pour son chauffage ne lui donne également d'autres droits que ceux qui sont attachés à sa qualité d'usufruitier. — *Orléans*, 14 juill. 1849 (t. 2 1849, p. 81), Vourgère c. Dessaigne.

348. — L'usufruitier ne pourrait même toucher aux arbres arrachés ou brisés par les vents pour en faire son profit particulier, puisque la loi ne lui accorde que la faculté d'employer ce qui est nécessaire aux réparations. — Proudhon, no 1194; Duranton, no 563; Toullier, no 410.

349. — Il n'a pas non plus le droit de s'approprier pour son chauffage les branchages qui peuvent rester après l'emploi des coupes d'arbres; car, n'ayant le droit de toucher au tout que pour réparer, et jusqu'à concurrence du besoin de réparer, il ne peut avoir la faculté de consommer ce qui n'entre pas dans les réparations. — Proudhon, no 1194; Toullier, *ibid*; Salviat, art. 78, no 2.

350. — Il n'y a donc que le cas de réparations nécessaires qui autorise l'usufruitier à toucher aux futaies; or, il faut toujours que cette nécessité soit constatée avec le propriétaire, soit qu'il s'agisse d'abattre des arbres sur pied, soit qu'il s'agisse d'obtenir la délivrance de ceux qui seraient déjà abattus par accident. — Proudhon, no 1193.

351. — Si l'usufruit porte tout à la fois sur des taillis et sur des futaies non mises en coupes réglées, l'usufruitier est-il recevable à prendre dans les futaies les arbres qui peuvent lui être nécessaires pour les réparations à faire dans l'immeuble dont il a la jouissance? M. Salviat (art. 78, no 2) enseigne avec raison, selon nous, l'affirmative. En effet, l'art. 592 est formel et ne comporte aucune distinction: l'usufruitier a le droit de prendre dans les futaies le bois nécessaire aux réparations dont il est tenu; peu importe donc qu'il recueille des bois, qui par leur nature sont réputés fruits, dans une autre portion du domaine.

352. — L'usufruitier peut d'ailleurs prendre dans les bois des échalas pour les vignes; il peut aussi prendre sur les arbres les produits annuels ou périodiques, le tout suivant l'usage du pays ou les coutumes des propriétaires — Art. 593.

353. — Cette disposition ne doit pas être entendue des bois compris dans les coupes d'assiettes en usances, faites par l'usufruitier, puisqu'elle n'ajouterait rien aux droits qui lui sont accordés par les articles que nous venons de citer; il faut l'entendre en ce sens que l'usufruitier a le droit de couper, pour échalas, les brins qui repoussent dans la forêt durant l'intervalle d'une coupe à l'autre, ainsi que les branches des futaies qu'on peut élaguer sans nuire aux corps des arbres. — Proudhon, no 1197.

354. — Mais son droit d'usage ainsi défini ne lui donne pas la faculté de couper des échalas pour les vendre, ni pour les employer dans les vignes propres; mais seulement pour le service des vignes dont l'usufruit lui a été légué avec celui de la forêt. — Proudhon, *ibid.*

355. — A l'égard des arbres fruitiers qui meurent, ou qui sont arrachés ou brisés par accident, ils appartiennent à l'usufruitier, à la charge de les remplacer par d'autres. — Art. 594.

356. — Il ne s'agit ici que des arbres fruitiers qui sont plantés et cultivés à mains d'hommes, et non des fruitiers sauvages qui croissent spontanément dans les forêts, et que les règlemens forestiers classent au rang des arbres de réserve. — Proudhon, no 1199.

357. — Les arbres qu'on peut tirer d'une pépinière sans la dégrader ne font aussi partie de l'usufruit qu'à la charge par l'usufruitier de se conformer aux usages des lieux pour le remplacement. — Art. 590.

358. — En sorte que, s'il est d'usage dans le lieu de la situation de remplacer les arbres plantés par de nouvelles plantes ou par un nouveau semis, l'usufruitier doit adopter sur cela le mode qui est pratiqué dans l'endroit. — Proudhon, no 1179.

359. — Outre les hautes futaies, les taillis et les pépinières, il peut se trouver sur la terre soumise à l'usufruit des plans d'arbrisseaux, osiers, saules ou roseaux susceptibles de certains profits. — Le droit romain décidait que l'usufruitier avait droit au produit de ces arbrisseaux, mais il admettait que la jouissance était purement personnelle si l'usufruit portait simplement sur le fonds; au contraire le droit de vendre lui appartenait si l'usufruit tombait sur les arbrisseaux eux-mêmes. Le Code est muet sur ce point; il faut donc en conclure que l'usufruitier doit pour ces mêmes produits se conformer au mode de jouissance adopté par le précédent propriétaire. — Salviat, art. 78, no 6.

360. — Celui qui a l'usufruit de pièces de vignes est tenu de les cultiver convenablement, et notamment d'arracher successivement les tiges mortes, et de les remplacer par de nouveaux plants. — *Orléans*, 6 janv. 1848 (t. 1er 1848, p. 242), Petit c. Salmon.

361. — Mais il a le droit de les arracher et de mettre le terrain en culture lorsque, par suite de vétusté, ces vignes sont devenues tout-à-fait improductives. — Même arrêt.

362. — Tel paraît être aussi l'avis de Proudhon (no 1472); car, s'il enseigne que celui qui a l'usufruit d'une vigne ne peut la convertir en un champ ou en un pré, il ajoute: *si elle est en bon état de culture*. D'où il faut conclure que, si elle ne l'est pas, il lui reconnaît le droit de la convertir en un champ ou en un pré.

363. — Mais l'opinion contraire est professée par l'auteur des *Pandectes françaises*, sur l'art. 594, C. civ. Après avoir dit que l'usufruitier d'une vigne doit remplacer les souches ou ceps qui périssent par quelque cause que ce soit, il continue ainsi: « Remarquez que nous parlons de quelques ceps qui viennent à périr. Car, si cela arrivait à une vigne entière, comme par l'effet d'une gelée, l'usufruitier ne serait pas obligé de la replanter. Il perdrait son usufruit sur la vigne par son extinction. »

364. — Quant à nous, nous pensons qu'il faut appliquer aux vignes ce qui est dit des maisons dans l'art. 624. En conséquence, si la vigne est le seul objet de l'usufruit, et qu'elle vienne à périr en totalité par un cas de force majeure, l'usufruit est éteint non seulement sur la vigne elle-même, mais encore sur ses accessoires, c'est-à-dire sur le pressoir, les cuves, etc. — Si elle fait partie d'un domaine, l'usufruitier a le droit de jouir du sol, et par suite de le mettre en culture, car il n'est pas tenu de replanter la vigne. Par voie de conséquence, il continue également à jouir du pressoir et de ses accessoires.

§ 7. — *Droits de l'usufruitier sur les mines, carrières et tourbières.*

365. — L'usufruitier jouit de la même manière que le propriétaire des mines et carrières qui sont en exploitation à l'ouverture de l'usufruit. — Art. 598.

366. — Suivant la législation en vigueur à l'époque où le code a été décrété, les concessions d'exploitation de mines étaient absolument personnelles et ne profitaient ni à l'usufruitier ni aux successeurs des concessionnaires, à moins d'avoir été confirmées en leur faveur par une autorisation spéciale du gouvernement. — L. 28 juill. 1791, art. 8 et 9; arrêté du 3 niv. an VI.

367. — C'est par ce motif que l'art. 598 ajoute: « Or, néanmoins, s'il s'agit d'une exploitation qui ne puisse être faite sans une concession, l'usufruitier ne pourra en jouir qu'après avoir obtenu la permission du roi. »

368. — Aujourd'hui cette permission n'est plus nécessaire; car, aux termes de l'art. 7 de la loi du 21 avril 1810, l'acte de concession donne une propriété perpétuelle et transmissible, du moins en général, comme tous autres biens. — Proudhon, nos 1200 et 1201; Marcadé, sur l'art. 598; Zachariæ, t. 2, § 227, note 11e; Toullier, t. 3, nos 416 et t. 12, no 128.

369. — Quant aux mines et carrières non encore ouvertes, ou aux tourbières dont l'exploitation n'est pas encore commencée, l'usufruitier n'y a aucun droit. — Art. 598, alin. 2.

370. — Jugé, cependant que les lois sur les mines ont modifié les dispositions de l'art. 598, même en ce sens que l'usufruitier a droit à la jouissance des mines non ouvertes. — *Lyon*, 1er juill. 1840 (t. 2 1841, p. 708), Guerrier c. Collongeon. — V. aussi Hennequin, *Traité de législ.*, t. 2, p. 314.

371. — L'usufruitier n'ayant droit au produit des mines, carrières et tourbières qu'autant qu'elles étaient déjà en exploitation lors de l'ouverture de l'usufruit, il en résulte que, s'il les ouvre lui-même pour en faire son profit, il se rend passible d'une action en dommages-intérêts ou en rapport envers le propriétaire; sauf néanmoins ce qui est prescrit par les lois à l'égard de ceux qui sont explo-

rateurs des mines dans le fonds d'autrui. — L. 21 avr. 1810, art. 10. — Proudhon, no 1207.

372. — L'usufruitier pourrait-il ouvrir une tourbière à l'effet d'en extraire seulement la tourbe nécessaire à son chauffage sans se permettre d'en vendre?

373. — On doit décider que non, puisqu'il n'est ni usufruitier ni usager dans la tourbière non ouverte, et que loin de là, la loi déclare qu'il n'y a aucun droit. — Proudhon, no 1203.

374. — Mais il lui serait permis d'ouvrir une carrière pour en extraire les matériaux nécessaires aux réparations dont il est tenu. — C'est ce que décide la loi romaine, et c'est aussi ce qui paraît résulter de l'art. 592 qui offre une disposition analogue. — L. 12, ff., *De usufr.* — Proudhon, no 1204; Zachariæ, t. 2, § 227, note 11e. — V. cependant Hennequin, t. 2, p. 316.

375. — Il pourrait aussi ouvrir une marnière pour en tirer de la marne, si c'était pour l'engrais du fonds même dont la jouissance lui a été léguée par le propriétaire de l'héritage qui contient la marne. — Proudhon, no 1208. — V. cependant Duranton, no 574.

376. — Le propriétaire ne peut non plus, de son côté, pendant l'existence de l'usufruit, ouvrir une mine sans l'aveu de l'usufruitier ou l'autorisation du gouvernement. — Arg. art. 599. — Duranton, no 571.

377. — Si c'est de l'aveu de l'usufruitier qu'une mine a été ouverte sur le fonds soumis à l'usufruit, nulle difficulté. Les droits respectifs de l'usufruitier et du propriétaire seront réglés par la convention. — Duranton, *ibid.*

378. — Mais *quid* si le propriétaire n'a ouvert la mine que d'après l'autorisation du gouvernement? L'usufruitier aura-t-il droit alors à la jouissance de la redevance dont le montant est déterminé par l'acte de concession?

379. — M. Duranton (no 572) se prononce pour la négative par la raison que l'art. 598 dit positivement que l'usufruitier n'a aucun droit sur les mines et carrières non encore ouvertes à l'époque où commence l'usufruit. — V. aussi Proudhon, no 1206.

380. — Toutefois, comme l'ouverture de la mine diminue la jouissance et qu'il ne serait pas juste qu'il n'en reçût pas une compensation, il lui est dû une indemnité. — Duranton et Proudhon, *ibid.* — V. CARRIÈRE, MINES, MINIÈRES.

§ 8. — *Cession totale ou partielle des droits de l'usufruitier.*

381. — Il est permis à l'usufruitier, non seulement de jouir par lui-même, mais encore de donner à ferme à un autre les fonds soumis à sa jouissance. — C. civ., art. 595.

382. — Sous l'ancienne législation, on appliquait rigoureusement aux baux faits par l'usufruitier la maxime *Soluto jure dantis, solvitur jus accipientis.* En conséquence, ces baux étaient de plein droit résolus à son décès; et, dès le moment de la cessation de l'usufruit, le propriétaire pouvait expulser le fermier sans que celui-ci eût même aucun recours en garantie contre les héritiers de l'usufruitier qui n'avait pas dissimulé sa qualité dans le bail : « *Si usufructuarius locaverit fundum in quinquennium, et decesserit, hæredem ejus non teneri ut frui præstet, non magis quàm, insula exusta, teneretur locator conductori* (L. 9, § 1er, ff., *Locati*). »

383. — Aujourd'hui le Code civil veut au contraire que le fermier soit maintenu dans la jouissance du bail; mais c'est à la condition que l'usufruitier se sera conformé pour les époques, le renouvellement et la durée des baux, aux règles établies pour le mari jouissant des propres biens de sa femme. — Art. 595.

384. — Ainsi, les baux de neuf ans et au-dessous passés par l'usufruitier, sans anticipation, doivent être exécutés pendant leur cours entier, lors même que l'usufruit viendrait à finir avant leur expiration.

385. — Mais s'ils avaient été stipulés pour un temps excédant neuf années, ils ne seraient obligatoires vis-à-vis du propriétaire, après la cessation de l'usufruit, que pour le temps qui resterait à courir soit de la première période de neuf années, si les parties s'y trouvaient encore, soit de la seconde et ainsi de suite, de manière que le fermier n'eût que le droit d'achever la jouissance de la période de neuf années dans laquelle il se trouverait à la fin de l'usufruit. — Art. 1429.

386. — Enfin les baux de neuf ans ou au-dessous que l'usufruitier aurait passés ou renouvelés plus de trois ans avant l'expiration du bail courant, s'il s'agit de biens ruraux, et plus de deux ans, avant la même époque, s'il s'agit de maisons, resteraient sans effet vis-à-vis du propriétaire, à moins que leur exécution n'eût commencé avant l'expiration de l'usufruit. — Art. 1430.

387. — Il en serait ainsi, encore bien que le propriétaire au profit de qui se fait la consolidation de l'usufruit fût l'héritier de l'usufruitier. — *Bruxelles*, 29 juill. 1812, Coudert c. Crépy; *Paris*, 31 mai 1815, Bohaire.

388. — ... Ou que l'usufruitier fût tout à la fois propriétaire d'une portion dans l'immeuble et usufruitier de l'autre portion. — *Metz*, 29 juill. 1813, Bachée c. Duchemin. — Toutefois, il est bien entendu, dans ce cas, que le bail resterait valable pour la portion dont l'usufruitier était propriétaire. — Même arrêt. — Jugé cependant que le bail d'une maison consenti plus de deux ans avant l'expiration du bail courant par celui qui n'est propriétaire de l'immeuble que pour une part indivise et qui n'est qu'usufruitier de l'autre partie est nul pour le tout. — *Paris*, 7 mars 1844 (t. 1er 1844, p. 651), Favreux c. Conversat et Bondonneau.

389. — Celui au profit de qui a été fait le nouveau bail ne peut d'ailleurs exciper de l'ignorance où il prétend avoir été de la qualité de l'usufruitier avec lequel il a traité. — *Bruxelles*, 29 juill. 1812, Coudert c. Crépy.

390. — Il peut seulement réclamer contre celui-ci des dommages-intérêts, s'il ne lui a pas fait connaître sa qualité. — *Paris*, 7 mars 1844 (t. 1er 1844, p. 651), Favreux c. Conversat. — Prouhon, no 1220.

391. — ... Et le paiement de l'indemnité à laquelle il se serait engagé, en cas d'éviction. — *Caen*, 11 août 1825, Manchon c. Seyer.

392. — Remarquons aussi que la nullité du bail renouvelé par anticipation est ouverte tout en faveur du propriétaire et que le preneur ne serait pas recevable à s'en prévaloir. — Duvergier, *Louage*, t. 1er, no 41. — V. *contrà* Duranton, no 587.

393. — Le nu-propriétaire n'est pas obligé non plus, à la cessation de l'usufruit, d'entretenir le bail fait par l'usufruitier, quand il a été fait à vil prix, lors même que le fermier offrirait d'augmenter le fermage. — *Caen*, 13 août 1812, Gaugain c. Leboucher-Laroche.

394. — Mais la fraude en pareil cas doit être prouvée. — *Cass.*, 11 août 1818, Berdin c. Balby; 11 mars 1824, Marmin c. Delsaux.

395. — La révocation du bail compris dans un usufruit peut être prononcée contre l'usufruitier, fermier ou locataire des bâtimens, en même temps que la révocation de l'usufruit lui-même, à raison des dégradations résultant du défaut de réparations. — *Cass.*, 22 mars 1836, Messent c. Baillivet et Gouyer.

396. — Les règles que nous venons d'exposer relativement à la durée des baux ne sont pas applicables aux baux faits même depuis le Code par un usufruitier dont le droit a été constitué sous l'ancienne législation. — Proudhon, no 1215.

397. — Ainsi, jugé que le bail consenti même depuis le Code civil par un usufruitier dont le droit a été constitué sous l'ancienne législation, est soumis à la règle de l'ancien droit qui faisait cesser au decès de l'usufruitier les baux par lui consentis. — *Bourges*, 2 mars 1807, Pellaut c. Gascoing; *Paris*, 18 août 1825, Brunelle c. Tourasse.

398. — ... Spécialement, que le bail consenti, depuis la promulgation du Code, par la femme usufruitière à titre de douaire, cesse de courir par l'effet de son décès, si telle était la disposition de la loi existante lors de l'ouverture du douaire. — *Douai*, 30 mars 1814, Louis c. Hautefeuille.

399. — Jugé, cependant, que la durée du bail fait par un usufruitier dont le droit ne s'est ouvert que *depuis* le Code civil doit être réglé par ce Code, encore bien que le droit ait été constitué antérieurement. — *Cass.*, 4 mai 1825, Gauthier c. Langlois.

400. — ... Et particulièrement que le bail fait par une femme mariée anciennement en Normandie, mais dont le mari n'est décédé que depuis le Code, d'une partie des conquêts dont la coutume locale lui attribue l'usufruit, doit avoir son effet pour neuf ans, bien que cette femme vienne à décéder avant l'expiration de ce temps. — Même arrêt.

401. — En ce qui concerne le louage des meubles, V. ce que nous avons dit *suprà*, nos 194 et suiv.

402. — Non seulement l'usufruitier peut donner à loyer ou à ferme les fonds soumis à la jouissance; il est même autorisé à céder, à titre gratuit ou onéreux, son droit d'usufruit. — Art. 595.

403. — Mais comme il ne peut dénaturer son droit, en le vendant ou le cédant à un autre, comme il ne peut en étendre la durée au préjudice du propriétaire, cette vente ou donation porte plutôt sur les émolumens utiles que peut produire le droit d'usufruit que sur le droit lui-même, lequel ne peut cesser d'être attaché à la personne de l'usufruitier, pour finir au moment de son décès. — Proudhon, no 894.

404. — Pour qu'il en fût autrement, il faudrait que le propriétaire, présent et participant à l'acte d'aliénation, eût consenti à ce que, par l'effet d'un transport parfait, l'acquéreur ou le donateur fût désormais le seul usufruitier en titre. — Proudhon, *ibid.*

405. — De là il suit : 1o que si le cessionnaire ou l'acquéreur d'un droit d'usufruit vient à décéder, il transmet à ses héritiers le droit d'en jouir, tant que l'usufruitier en titre est vivant, puisque ce n'est qu'au décès de celui-ci que l'usufruit doit s'éteindre. — Proudhon, no 895.

406. — ... 2o Que l'usufruitier reste toujours soumis à toutes les obligations envers le propriétaire qui n'a point paru à l'acte pour consentir au transport parfait du droit aliéné. — Proudhon, no 896.

407. — ... 3o Que le propriétaire peut néanmoins, à la fin de l'usufruit, agir contre l'un et l'autre, pour l'exécution des obligations imposées à la jouissance. — Proudhon, no 898.

408. — L'usufruit ne devant durer que jusqu'au décès de l'usufruitier, c'est-à-dire jusqu'à une époque absolument incertaine, la vente qui en est faite est, par la nature de son objet, un contrat aléatoire, pour la rescision duquel le moyen de la lésion n'est pas admissible. — Proudhon no 899.

409. — Toutefois la convention par laquelle un usufruitier vend son droit au nu-propriétaire moyennant une rente viagère de même valeur, ne forme pas un contrat aléatoire, mais bien un contrat de concession ou d'échange, de sorte qu'à défaut de paiement des arrérages, ce n'est pas de l'art. 1978, C. civ., mais bien des art. 1184 et 1654 qu'il faut faire l'application. — *Caen*, 15 juin 1846 (t. 2 1846, p. 444), Mazure c. Rohier.

410. — L'usufruitier peut aussi grever d'hypothèques l'usufruit qui porte sur un immeuble; mais ces hypothèques n'ont d'effet que pour le temps de la durée naturelle de l'usufruit. — Art. 2118. — Proudhon, no 889; Zachariæ, t. 2, p. 227, note 20e; Maleville, sur l'art. 595.

411. — Nous disons : *pour le temps de la durée naturelle de l'usufruit*, parce que l'usufruitier ne pourrait pas anéantir l'hypothèque de son créancier en mettant volontairement fin à son usufruit par l'abandon qu'il en ferait au profit du propriétaire. — Proudhon, no 889.

§ 9. — *Actions qui appartiennent à l'usufruitier.*

412. — L'usufruitier a d'abord une action personnelle contre le constituant ou son héritier pour obtenir sa mise en possession. Cela ne peut faire difficulté. — Toullier, t. 3, no 418.

413. — Il a aussi une action réelle en vertu de laquelle il peut suivre l'immeuble en quelques mains qu'il passe; et c'est par application de ce principe que le mari, comme usufruitier des biens dotaux de sa femme, a le droit de revendiquer la jouissance contre tout tiers détenteur. — Art 1549 à 1562. — Toullier, *ibid.*; Proudhon, no 1234.

414. — Lorsqu'il s'agit d'un legs d'usufruit, l'usufruitier a, en outre, l'action hypothécaire que la loi accorde à tous les légataires sur les biens de l'hérédité, pour sûreté du paiement des sommes ou autres choses fongibles qui sont l'objet du legs, ou pour la garantie des dommages-intérêts dont l'héritier pourrait se rendre passible par les dégradations qu'il aurait causées sur le fonds avant de faire la délivrance du legs. — Art. 1017. — Proudhon, no 1235.

415. — Enfin l'usufruitier a les actions en recouvrement de créances pour forcer les débiteurs à payer entre ses mains, puisqu'il a le droit de jouir des capitaux qui doivent être payés, et que pour jouir d'une chose, il faut l'avoir reçue. — Salviat, art. 91, no 1er; Proudhon, no 1235; Toullier, t. 3, no 418.

416. — Dans tous ces cas, l'usufruitier est admissible non seulement à établir la validité de son propre droit, mais encore à prouver, suivant ce qu'exigent les circonstances, tous les droits du propriétaire dont il tire les siens, afin d'obtenir par là l'adjudication ou la conservation de son usufruit contre celui qui retient le fonds ou s'oppose à ce qu'il en jouisse. — Proudhon, no 1235.

417. — Parmi les actions qui peuvent être intentées contre des tiers, à raison de l'usufruit, les unes n'appartiennent qu'au maître de la nue-propriété et ne sauraient être proposées par l'usufruitier; d'autres n'appartiennent, au contraire, qu'à l'usufruitier seul. Enfin il y en a qui peuvent être agitées tant par le propriétaire que par l'usufruitier.

418. — A cet égard, les intérêts respectifs de

l'un et de l'autre seront la mesure de leurs actions. C'est en effet une règle constante en jurisprudence que celui qui n'a point d'intérêt à une chose ne peut avoir d'action pour la demander. — Salviat, *ibid.*

419.—En conséquence, si la nue-propriété d'un fonds est mise en litige entre deux cohéritiers, sans que le droit d'usufruit soit contesté, l'usufruitier sera sans intérêt et par suite sans qualité pour intervenir dans la contestation. — Proudhon, no 1239.

420. — S'agit-il, au contraire, d'actions mobilières intentées en recouvrement de créances dont le droit n'est pas contesté, l'usufruitier est évidemment recevable à agir, parce qu'ayant le droit de jouir, il faut bien qu'il ait aussi celui d'exiger le paiement; et dans ce cas, il doit actionner seul, parce que l'action est tout entière dans son intérêt. — Proudhon, *ibid.*

421. — De même, lorsqu'il n'est question que de troubles par voies de fait causées à l'exercice de l'usufruit sur des immeubles dont la propriété n'est pas contestée, c'est à l'usufruitier à agir seul, parce que l'action est entièrement dans son intérêt.—Salviat et Proudhon, *ibid.*

422. — Mais lorsque le droit de la créance ou celui de la propriété du fonds sont contestés, quoique l'usufruitier ait toujours qualité pour agir, néanmoins l'action ne lui appartient plus tout entière, et il doit dénoncer la contestation au propriétaire, pour que celui-ci soit mis à portée de défendre ses propres intérêts.—Proudhon, no 1240.

423. — De même, lorsqu'il ne s'agit pas de simples troubles causés par voies de fait, mais bien du possessoire civil, l'action est alors du nombre de celles que l'usufruitier est obligé de dénoncer au propriétaire.— Proudhon, no 1241.

424. — En un mot, comme personne ne peut compromettre en jugement que ses propres intérêts, il s'ensuit que chaque fois que l'action agitée envers un tiers rentre dans l'intérêt soit de l'usufruitier, soit du propriétaire, et qu'il y a véritablement intérêt acquis à l'un et à l'autre, il faut que les deux soient appelés dans la cause, parce que les effets du jugement s'étendent aux intérêts de l'un comme à ceux de l'autre. — Proudhon, no 1242.

425. — Ainsi, l'action de bornage portant réellement sur une question de propriété foncière, l'usufruitier ne pourrait y faire statuer définitivement, sans que le propriétaire y eût été appelé. — Proudhon, no 1243.

426. — Le bornage fait avec l'usufruitier seulement ne pourrait être que provisoire, pour le temps de sa jouissance, et le propriétaire qui se trouverait lésé par cette opération ne serait pas même tenu d'attendre la fin de l'usufruit pour la faire rectifier.—*Bordeaux*, 23 juin 1836 (t. 1er 1837, p. 179), Lauretet c. Bernard Gervais. —Proudhon, *ibid.*

427. — Réciproquement, le bornage fait avec le propriétaire seul ne peut être irrévocablement consommé que sur la nue-propriété.—Proudhon, no 1244.

428.—De même, l'action en partage appartient à l'usufruitier, lorsque la chose soumise à son usufruit est indivise.—*Cass.*, 8 août 1836 (t. 1er 1837, p. 95), Loizelot. — Proudhon, no 1245.

429. — Mais le partage n'est définitif qu'autant qu'il a été fait avec le concours du propriétaire.—Proudhon, no 1245.

430.—C'est ainsi qu'à l'égard des biens qui sont échus à la femme et qui ne tombent pas en communauté, le mari ne peut en provoquer le partage définitif sans le concours de sa femme; mais qu'il peut seulement, quand il a l'usufruit ou le droit de jouir de ces biens, en demander le partage provisionnel.—Art. 818.

431.—Réciproquement aussi, le nu-propriétaire ne peut provoquer un partage définitif sans y appeler l'usufruitier.—Proudhon, nos 1252 et suiv.

432.—Faisons observer néanmoins, à l'égard de l'usufruitier en l'absence duquel la division des biens aurait été faite, que s'il peut provoquer un nouveau partage, ce n'est que dans son intérêt propre et pour le temps de sa jouissance seulement, sans porter atteinte à celui qui aurait été fait et consenti par le maître de la nue-propriété et les autres co-partageans; en sorte qu'après la cessation de l'usufruit, ce premier partage n'en devrait pas moins recevoir son exécution entre ceux qui l'auraient souscrit.—Proudhon, no 1255.

433.—L'usufruitier peut aussi intenter les actions confessoires et négatoires. Ainsi, il peut faire déclarer acquis un droit de servitude qui serait contesté, comme il pourrait défendre contre le voisin qui prétendrait un droit de servitude sur le fonds grevé d'usufruit.—Proudhon, no 1258; Toullier, t. 3, no 418.

434.—Cette question était autrefois controversée par les commentateurs du droit romain; mais aujourd'hui que toutes les subtilités qu'on rencontrait dans cette législation sont écartées de la nôtre, elle ne doit plus l'être parmi nous. D'ailleurs, on trouvait déjà dans le Digeste un texte formel à l'appui de de notre décision.—V. L. *unic.*, S. 4, ff., *De remissionib.* — V. toutefois *contrà* Salviat art. 93.

435.—L'usufruitier peut de même exercer les actions possessoires, nonobstant l'obligation qui pèse sur lui de dénoncer au propriétaire les entreprises qui peuvent être faites sur le fonds grevé d'usufruit, pour que ce dernier soit mis à portée de défendre par tous les moyens qu'il jugera convenables.—Salviat, art. 92, no 1er; Proudhon, no 1264; Toullier, t. 3, no 118. —V. ACTION POSSESSOIRE, nos 479 et suiv.

436.—L'usufruitier est-il passible de l'exception de la chose jugée contre le propriétaire? ou, en d'autres termes, l'usufruitier est-il recevable à former tierce-opposition à un jugement rendu contre le propriétaire seul et par lequel on aurait adjugé le fonds en toute propriété à un tiers? — Cette question peut se présenter dans quatre hypothèses principales.

437.—...1o Lorsque, après qu'un droit d'usufruit a été établi par un acte entre-vifs, le propriétaire a été condamné au délaissement du fonds en plein domaine, sans que l'usufruitier fût mis en cause.— Il faut alors distinguer : ou le fonds était déjà en litige lors de la constitution de l'usufruit, et, dans ce cas, l'exception de la chose jugée pèsera sur l'usufruitier; — ou le propriétaire n'a été assigné en délaissement qu'après avoir établi le droit d'usufruit sur le fonds, et, dans ce cas, l'usufruitier qui était devenu copropriétaire dans le domaine de la chose aurait dû être appelé en cause et ne doit pas être passible des effets du jugement qui a été rendu sans lui.—Proudhon, nos 1343 et suiv., 1382.

438.—... 2o Lorsque l'action en revendication du fonds était déjà ouverte avec le testateur qui en a légué l'usufruit, et que le jugement d'éviction n'a été prononcé qu'après son décès contre l'héritier seulement, et sans avoir appelé l'usufruitier en reprise d'instance.—Si alors la cause est en état d'être jugée, il n'y a aucune nécessité d'assigner en reprise d'instance soit l'héritier, soit le légataire; tout est parfaitement régulier sans cela; et en conséquence, nul d'entre eux ne serait recevable à décliner l'autorité de la chose jugée. — Si, au contraire, le décès a été notifié et que la cause ne soit pas en état, il doit y avoir reprise d'instance, sans quoi la procédure ultérieure serait nulle, et l'instance doit être reprise avec le légataire de l'usufruit comme avec l'héritier, sans quoi l'un comme l'autre seraient fondés à décliner l'autorité de la chose jugée.—Proudhon, no 1382; Merlin, *Rép.*, vo *Opposition tierce*, § 2, art. 7.

439.—...3o Lorsque l'action en revendication n'a été intentée qu'après la mort du testateur et jugée avec l'héritier seul. — Il faut, en ce cas, appeler en cause le légataire de l'usufruit, alors même qu'il n'aurait encore ni demandé ni reçu la délivrance de son legs. Autrement, le jugement rendu contre l'héritier seul ne serait pour lui que *res inter alios acta.* — Proudhon, nos 1384 et suiv.

440. — ... 4o Enfin, lorsque l'action intentée par l'héritier n'a eu pour objet direct et immédiat que l'irrégularité d'un testament qu'il est parvenu à faire déclarer nul contre le légataire universel ou l'héritier institué, sans que le légataire de l'usufruit ait été appelé dans le procès. — Dans ce cas, le légataire de l'usufruit est suffisamment représenté par le légataire universel ou l'héritier institué, et il ne serait pas fondé à attaquer le jugement rendu contre celui-ci par la voie de la tierce-opposition.—Proudhon, nos 1390 et suiv.

441. — Suivant l'art. 1912 du Code, le débiteur d'une rente perpétuelle peut être contraint au rachat, lorsqu'il a cessé de remplir ses obligations pendant deux années. L'usufruitier de la rente serait-il lui-même recevable à intenter cette action en remboursement, ou n'appartient-elle qu'au propriétaire?

442.—Nous pensons qu'en thèse générale, l'usufruitier peut, sans le concours de l'héritier, intenter la demande en rachat; la cause qui donne lieu à cette action est en effet toute dans son intérêt, puisque c'est lui et lui seul qui souffre du non paiement des arrérages de la rente.— Proudhon, no 1395.

443. — Néanmoins, si l'usufruitier n'avait pas fourni le cautionnement auquel il est obligé, le propriétaire pourrait s'opposer à ce qu'il intentât l'action en rachat pour toucher le capital, et serait en droit d'exiger que ce capital fût placé entre les mains d'un tiers, ainsi que nous l'avons dit plus haut.—V. nos 236.

444.—A qui de l'usufruitier ou de l'héritier appartient le droit d'intenter l'action en retrait conventionnel? — A l'héritier, puisque c'est dans son domaine que le fonds doit rentrer.—Proudhon, nos 1400 et suiv.

445.—L'usufruitier ne serait pas même recevable à agir seul, tant dans son intérêt pour la jouissance que dans l'intérêt de l'héritier pour la propriété, sauf à ce dernier à ratifier la négociation et à revendiquer le fonds, en remboursant le prix du rachat à la fin de l'usufruit, ou à faire abandon de ses droits sur l'héritage au profit de l'usufruitier qui l'aurait retiré.—Proudhon, nos 1404 et suiv.

446. — Il ne pourrait pas davantage forcer l'héritier à exercer le retrait, pour contraindre ensuite celui-ci à lui relâcher la jouissance du fonds, et arriver à son but par cette voie indirecte, parce que l'héritier est le maître d'une action qui n'appartient qu'à lui, et qu'en conséquence, il peut y renoncer en faveur de l'acquéreur. — Proudhon, no 1407.

447. — Les mêmes principes s'appliquent également à l'action en rescision pour cause de lésion de la vente d'un immeuble qui tomberait dans le legs d'usufruit.—Proudhon, no 1414.

448.—Au contraire, l'usufruitier serait recevable à intenter seul, du moins quant à son droit d'usufruit, l'action en résolution de la vente d'un immeuble pour défaut de paiement de la part de l'acquéreur. Dans ce cas, en effet, le prix de la vente est dû; il existe donc, dans la succession, une créance sur laquelle le légataire de l'usufruit des biens a un droit actuel; et comme l'aliénation n'a été faite que sous la condition que le prix en serait payé, la créance qui fait partie des biens du testateur peut avoir aussi directement l'immeuble pour objet, si la condition de non paiement est déjà à son terme.—Proudhon, nos 1415 et suiv.

449.—Le légataire en usufruit d'une quote-part de succession, n'étant pas tenu des obligations contractées par le défunt, est recevable à demander la nullité d'une vente consentie par celui-ci, sans que l'acquéreur puisse lui opposer la maxime *Quem de evictione tenet*, etc. — *Toulouse*, 24 déc. 1842 (t. 1er 1844, p. 198), Ravailhe c. Flayaguet.

Sect. 7e. — *Obligations de l'usufruitier.*

450. — Il était impossible d'indiquer d'une manière précise les droits de l'usufruitier sans énoncer en même temps quelques unes de ses obligations, car la principale obligation qui lui est imposée consiste incontestablement à ne pas excéder la limite de ses droits. Mais il y a d'autres devoirs auxquels la loi l'astreint d'une manière toute spéciale, des charges auxquelles elle le soumet expressément et qui seront l'objet des deux articles suivans : dans le premier nous traiterons des obligations de l'usufruitier avant d'entrer en jouissance; dans le second, de ses obligations pendant la durée de cette jouissance.

ART. 1er.— *Obligations de l'usufruitier avant son entrée en jouissance*

§ 1er.— *De l'inventaire.*

451. — L'usufruitier ne peut entrer en jouissance qu'après avoir fait dresser, en présence du propriétaire, ou lui dûment appelé, un inventaire des meubles et un état des immeubles.— art. 600.

452. — Il ne faut pas conclure cependant de cette disposition que l'usufruitier qui demande à être mis en possession des immeubles soumis à son usufruit, avant d'avoir fait dresser en présence du propriétaire un état de ces immeubles et donné caution de jouir en bon père de famille, doive être pour cela seul déclaré, quant à présent, non recevable dans son action.— Il y a lieu seulement, en ordonnant le délaissement en sa faveur, de lui imposer l'accomplissement de ces formalités comme condition préalable de sa mise en possession. — *Bordeaux*, 14 mai 1841 (t. 2 1841, p. 581), Baritaud.

453. — Si les parties sont majeures, maîtresses de leurs droits et présentes, l'état et l'inventaire peuvent être faits entre elles par acte sous-seing privé; dans le cas contraire, l'inventaire doit être dressé par un notaire et l'état, par des experts désignés par le tribunal.— Marcadé sur l'art. 600; Proudhon nos 788 et 792; Zachariæ, § 226, note 1re; Duranton nos 579 et 595, art. 1er.

454. — L'inventaire et l'état des immeubles doivent être faits aux frais de l'usufruitier.— Mêmes auteurs, *ibid.*

455. — La règle qui impose à l'usufruitier l'obligation de faire inventaire ne reçoit aucune exception. Le vendeur avec réserve d'usufruit, bien que dispensé par l'art. 601, C. civ.,

de donner caution, n'est pas plus que tout autre usufruitier affranchi de l'obligation de faire inventaire.— *Bruxelles*, 9 juin 1815, N......

456. — Cependant le testateur qui lègue l'usufruit de ses biens ne peut-il pas dispenser de l'inventaire et de l'état dont il s'agit ?

457. — L'affirmative était constante dans l'ancienne jurisprudence : « Au mois de fév. 1762, dit Catellan (liv. 2, chap. 13), en l'audience de la grand'chambre du parlement de Toulouse, il fut jugé que le testateur peut décharger le légataire de l'usufruit de tous les biens de faire inventaire. » Et Serres (*Institutions au droit français*, p. 310) présente ce point de jurisprudence comme incontestable.

458. — La question fut élevée au conseil d'état, lors de la discussion de l'art. 600, C. civ., et il a été reconnu que le testateur qui, pouvant disposer de la propriété de la chose, n'en donne que l'usufruit, doit avoir, à plus forte raison, le droit de dispenser son légataire des conditions imposées à sa jouissance, et même d'ordonner que le legs d'usufruit deviendra un legs en toute propriété si ses intentions ne sont point respectées. Il a été ajouté que cette clause était très fréquente dans les testamens (V. Fenet, *Trav. prép. du Code civ.*, t. 11, p. 181.) — V. aussi en ce sens *Agen*, 3 niv. an XIV, Chabrié c. Dufau ; *Bruxelles*, 20 juin 1811, Roussel.— Merlin, *Rép.* v° *Usufruit*, § 2, n° 2; Favard, *eod. verb.*, § 3, n° 1er.

459. — Néanmoins Proudhon (n° 801) n'hésite pas à penser que la dispense ou la défense même de faire inventaire, en quelques termes qu'on la trouve exprimée dans le testament, ne doit avoir d'autres effets que de forcer l'héritier à supporter les frais de l'inventaire auquel il voudra faire procéder.— V. aussi Duranton, t. 4, n° 599; Salviat, t. 1er, p. 104; Massé, *Dr. comm.* t., 3, n° 464; Marcadé, t. 2, p. 538; Toullier t. 3, n° 420.

460. — C'est aussi dans ce sens que la question a été jugée par arrêts de *Paris*, 20 vent. an XI, Fouet c. Verges; *Bourges*, 13 messid. an XIII, Pellé; *Poitiers*, 29 avr. 1807, Durand c. Ragot; *Bruxelles*, 18 déc. 1811, Vandendriessch c. Looteur; 10 juin 1812, Régole ; *Toulouse*, 23 mai 1831, Prévost c. Boun ; *Bastia*, 26 fév. 1840 (t. 2 1842, p. 436), Pieraggi.

461. — Le légataire en usufruit dispensé par le testateur de faire inventaire ne peut donc empêcher l'héritier de la nue-propriété de faire procéder à cet inventaire à ses frais. — Mêmes arrêts.

462. — ... Lors même que le nu-propriétaire ne serait pas héritier à reserve.— *Bruxelles*, 10 juin 1812, Régole.— L'usufruitier n'a, en effet, aucun intérêt légitime à se refuser à cette formalité.

463. — Jugé, encore, que la prohibition même, dirigée expressément par le testateur contre ses héritiers, de procéder à l'inventaire des biens soumis à l'usufruit, est nulle et doit être considérée comme non écrite, ainsi que la clause pénale qui l'accompagne.— *Toulouse*, 23 mai 1831, Prévost c. Boun.

464. — Remarquons au surplus que la dispense pure et simple d'*inventaire* n'emporte pas dispense de faire dresser *état* des meubles.— *Agen*, 3 niv. an XIV, Chabrié c. Dafau.

465. — ... Et qu'elle ne dispense pas non plus l'usufruitier de donner caution.— *Bourges*, 13 messid, an XIII, Pellé. — V. toutefois *Rennes*, 11 juill. 1820, Legendre.

466. — Jugé, d'ailleurs, que lorsqu'un mari a légué à sa femme l'usufruit de tous ses biens, avec dispense de faire inventaire et de donner caution, l'héritier institué peut, nonobstant cette dispense, prendre inscription sur les biens propres de la femme, pour sûreté des sommes et autres objets mobiliers compris dans l'usufruit, ainsi que pour garantie de la bonne administration de l'usufruitière.— *Besançon*, 22 juin 1809, Bas.

467. — Remarquons aussi que bien que l'usufruitier ait été, par le titre constitutif, dispensé de toute visite pendant et après l'usufruit à raison des réparations ou dégradations des immeubles, il ne lui est cependant par permis d'altérer la substance de la chose; dès-lors, nonobstant cette clause de dispense, les juges du fond ont pu ordonner la vérification de faits de dégradation, tels que l'abatage de grands arbres.— *Cass.*, 3 juill. 1844 (t. 1er 1845, p. 39), Balton-Lacôte c. de Vieillechèze-Desessarts.

468. — Si l'usufruitier était entré en jouissance sans avoir fait dresser un inventaire, quel pourrait être le résultat de cette omission ? devrait-il être déclaré déchu de son droit d'usufruit ? serait-il au moins passible de la restitution des fruits, jusqu'à ce que l'omission fût réparée ?

469. — Il paraît certain qu'en thèse générale, et sauf l'exception prévue par l'art. 1442, l'usufruitier qui n'a pas fait dresser d'inventaire, ne doit pas pour cela souffrir la déchéance de son droit d'usufruit, puisqu'il n'y a pas de disposition dans le Code qui prononce cette peine contre tout usufruitier qui serait trouvé coupable de cette omission. — Proudhon; n° 793.

470. — Cependant, s'il était patent que cette omission n'a été qu'un moyen combiné par la mauvaise foi pour arriver impunément à des soustractions frauduleuses, cette contravention au prescrit de la loi rentrerait naturellement dans la classe des abus de jouissance qui, suivant la gravité des circonstances, peuvent donner lieu à prononcer contre l'usufruitier la déchéance de son droit. — Proudhon, *ibid.*

471. — Jugé, conformément à cette opinion, que le défaut d'accomplissement de l'une des formalités requises pour la régularité de l'inventaire n'emporte pas contre l'usufruitier déchéance de son droit d'usufruit.—*Cass.*, 23 fév. 1836, Coupé c. Legeay.

472. — ... Et que la disposition de l'art. 1442, C. civ., qui prive de la jouissance des revenus de ses enfans mineurs l'époux survivant qui ne fait pas faire inventaire, ne peut être étendue par analogie et motiver la privation de l'usufruit au cas où l'époux donataire en usufruit n'a pas rempli cette formalité.—Même arrêt.

473. — Mais ajoute Proudhon (*ibid.*), il faut observer que la loi, qui n'accorde à l'usufruitier le droit d'entrer en jouissance qu'après l'accomplissement de ce devoir, serait en contradiction avec elle-même si elle lui accordait celui de la conserver, quand il y est entré sans l'avoir rempli ; d'où l'on doit tirer cette conséquence qu'alors l'héritier est fondé à requérir l'opposition des scellés sur le mobilier et à faire ordonner le séquestre sur tous les biens soumis à l'usufruit; que même, après avoir mis l'usufruitier en demeure, il pourrait, suivant les circonstances, demander à son profit l'adjudication des fruits séquestrés, jusqu'à ce que l'omission fût réparée. — Même arrêt.

474. — Quant aux immeubles dont l'usufruitier a négligé de faire faire la reconnaissance avant son entrée en possession, il doit être présumé les avoir trouvés en bon état, puisqu'il a voulu s'y entremettre sans faire remarquer qu'il y eût aucune dégradation. — *Nancy*, 28 nov. 1824, Maître-d'Hôtel.— Proudhon, n° 795.

475. — Mais il doit être admis à combattre cette présomption par la preuve testimoniale, quand il invoque un commencement de preuve par écrit. — *Nancy*, 28 nov. 1824, Maître-d'Hôtel.

476. — Jugé par le même arrêt que : le procès-verbal de visite d'un immeuble soumis à un droit d'usufruit dressé par un expert peu de temps avant l'entrée en jouissance de l'usufruitier, peut, s'il est signé par le propriétaire lui-même, servir de commencement de preuve par écrit, et faire admettre l'usufruitier à prouver par témoins que l'immeuble était en mauvais état lorsqu'il en a pris possession.

477. — Mais les fruits sont-ils dus à l'usufruitier avant qu'il ait fait dresser l'inventaire, et peut-il être passible de la restitution de ceux qu'il aurait perçus sans avoir satisfait à ce devoir ? — La cour de Toulouse, par arrêts du 28 août 1820 et du 29 juillet 1829 (Bilas c. Durantin), a jugé la question dans ce dernier sens. — V. aussi Zachariæ, t. 2, § 227, n° 2.

478. — Cependant, il a été décidé en sens contraire que l'omission par l'usufruitier de faire dresser un état des immeubles sujets à l'usufruit, ne le soumet pas à la restitution des fruits. — *Nîmes*, 5 janv. 1838 (t. 2 1838, p. 274), Portanier c. Puival-Garilhe.— V. aussi *Bastia*, 15 juin 1835, Levie c. Ramolino.—V. aussi Hennequin, t. 2, p. 364 et 394.

479. — ... Que seulement le nu-propriétaire peut obtenir du juge la faculté de prendre l'administration des objets grevés d'usufruit, jusqu'à ce que l'usufruitier se soit conformé à la loi. — *Dijon*, 2 juill. 1842 (t. 1er 1844, p. 36), Rossignol c. Huot et Lechêne.

480. — ... Ou demander que l'usufruitier procède à l'inventaire et lui faire fixer à cet effet par la justice un délai, passé lequel les tribunaux ordonneront la mise en séquestre des biens soumis à l'usufruit. — *Grenoble*, 27 mars 1824, Martinet.

481. — Suivant Proudhon, il faudrait, à cet égard, distinguer entre le cas où le légataire de l'usufruit aurait été régulièrement mis en possession et celui où il s'en serait saisi lui-même. Dans le premier cas, tout doit être consommé, pour le passé, sur le gain des fruits et revenus et du moment que le nu-propriétaire a livré ou laissé prendre la possession, sans qu'un inventaire ait été préalablement fait, il ne doit plus être recevable à contester les effets d'une chose qu'il a bien voulu consentir. — Dans le second cas, l'usufruitier doit être considéré comme passible de la restitution des fruits et revenus. — Proudhon, nos 796, 797 et 798. — V. aussi en ce sens Zachariæ, t. 2, § 226.

§ 2. — *Du cautionnement.*

482. — L'usufruitier doit donner caution lorsqu'il n'en est pas dispensé par le titre constitutif de l'usufruit. — Art. 601.

483. — La loi ne s'exprime pas à l'égard du cautionnement, comme à l'égard de l'inventaire. Elle veut que l'usufruitier ne puisse entrer en jouissance qu'après avoir fait dresser l'inventaire (art. 600), tandis qu'elle porte, au contraire, que le retard de donner caution ne le prive pas des fruits auxquels il peut avoir droit (art. 604). La raison de cette différence, dit Proudhon (n° 814), c'est que la négligence de faire inventaire est entièrement imputable à l'usufruitier qui ne peut s'en prendre qu'à lui-même, tandis que le retard de fournir une caution peut être très involontaire de sa part.

484. — Le propriétaire qui aurait laissé l'usufruitier entrer en jouissance, sans exiger de caution, ne serait pas d'ailleurs privé du droit d'en demander une par la suite. — Proudhon, n° 815 ; Zachariæ, t. 2, § 226, note 6e.

485. — L'obligation de fournir caution est générale. Elle s'applique même au débiteur auquel le testateur a légué l'usufruit de sa propre dette.— L. 3 et 4, ff., *De usufr. earum. rer. quæ usu consum.* — Proudhon, n° 815.

486. — De même, l'usufruitier qui a donné à ferme les biens sujets à l'usufruit ne peut être dispensé de donner caution, lorsqu'il ne justifie pas de la solvabilité du fermier. — *Aix*, 28 janv. 1808, Mongin c. Théas. — Hennequin, t. 2, p. 373.

487. — ... Et le cessionnaire de l'usufruit d'une somme d'argent est aussi tenu, comme l'aurait été l'usufruitier, de fournir la caution exigée par l'art. 601, C. civ.— *Orléans*, 14 juill. 1847 (t. 2 1847, p. 551), Grainville c. Moisson.

488. — Si l'usufruit avait été établi sur plusieurs têtes, la caution fournie par l'un des usufruitiers ne pouvant être responsable des faits, ni de la solvabilité de l'autre, chacun d'eux devrait donner la sienne. — Proudhon, n° 816.

489. — Réciproquement, s'il y a plusieurs héritiers, la caution usufructuaire doit être offerte à tous, et tous doivent être appelés à la recevoir ou à constater l'insuffisance de ses moyens. — Proudhon, n° 818.

490. — L'obligation de fournir un cautionnement étant une charge imposée à l'usufruitier, les frais que son exécution peut entraîner ne doivent peser que sur lui.— Proudhon, n° 817.

491. — Pour apprécier l'étendue des obligations de la caution, il faut observer qu'aux termes de l'art. 601, l'usufruitier donne caution de jouir en bon père de famille, ce qui se rapporte autant aux meubles qu'aux immeubles. — Proudhon, n° 819.

492. — La caution offerte par l'usufruitier doit donc être capable de s'engager et avoir la libre administration de ses affaires. Il n'est pas nécessaire d'ailleurs qu'elle soit susceptible de la contrainte par corps, puisque cette condition n'est requise que des cautions judiciaires (art. 2040). — Proudhon, n° 821.

493. — Quant aux moyens de fortune de la caution usufructuaire, ils ne s'estiment, comme ceux de toute autre caution en matière civile, qu'eu égard à ses propriétés foncières qui ne sont ni litigieuses, ni d'une discussion trop difficile par l'éloignement de leur situation (art. 2019). — Proudhon, n° 822.

494. — Au surplus, le montant du cautionnement à fournir se détermine, non d'après la valeur totale des biens compris dans l'usufruit, mais seulement en raison de la valeur des meubles sujets à dépérissement ou à détournement, et de l'importance des détériorations que peuvent subir les immeubles.— Duranton, n° 602; Zachariæ, t. 2, § 226, note 7e; Marcadé, sur l'art. 601.

495. — Nous avons dit que l'obligation de fournir caution était générale. Il y a cependant quatre cas d'exception signalés par l'art. 601, et dans lesquels l'usufruitier n'est pas tenu de donner caution.

496. — Le premier cas est celui où l'usufruitier a été dispensé du cautionnement par le titre constitutif de l'usufruit. Cette dispense peut être accordée soit directement, soit indirectement. — Proudhon, n° 823 ; Hennequin, p. 384.

497. — Ainsi, il n'est pas nécessaire que la dispense pour l'usufruitier de donner caution soit expresse et formellement écrite dans la donation ;

elle peut s'induire des termes mêmes de l'acte, notamment de ceux-ci : « Que l'usufruitier aura le » droit d'administrer la chose comme il le jugera » à propos, sans que, sous pretexte de dégradations, de non-culture, de coupes d'arbres, il » puisse être inquiété par le donataire ou ses » ayant-cause. — *Bordeaux*, 24 juin 1842 (t. 2 1843, p. 49), Saint-Benoît c. Richein.

498. — La dispense de faire emploi du mobilier donné en usufruit équivaut à celle de donner caution. — *Bourges*, 29 juin 1841 (t. 2 1845, p. 371), Gaudon c. Goblin.

499. — Néanmoins, elle n'aura d'effet qu'autant qu'elle ne sera pas de nature à compromettre les droits d'héritiers à réserve. — Ainsi, dans le cas où deux époux sont sans enfans, ni autres descendans, et que l'un d'eux, usant de toute la latitude que la loi lui donne (art. 1094), dispose au profit de l'autre, même de l'usufruit de la portion de ses biens qui est réservée à ses ascendans, il ne peut dispenser l'usufruitier de l'obligation de fournir caution. — Proudhon, nos 824 et suiv.; Marcadé, sur l'art. 601; Duranton, t. 4, no 611; Favard, vo *Usufruit*; Hennequin, t. 2, p. 376; Coin-Delisle, sur l'art. 1094, no 12; Zachariæ, t. 2, § 226; Ponsot, *Du cautionnement*, no 408. — V. cependant Delaporte, *Pandect françaises*, t. 4, p. 548; Massé, *Parf. not.*, t. 1er, p. 199, no 3.

500. — Ainsi encore, lorsqu'un des époux qui ont des enfans lègue à l'autre la moitié de tous ses biens en usufruit, il ne peut dispenser le légataire de l'obligation du cautionnement. — Mêmes auteurs.

501. — Toutefois, nous devons remarquer que la jurisprudence est bien divisée sur ce point. Ainsi ont jugé dans le sens que nous venons d'indiquer; *Nancy*, 21 mai 1825, Michel c. Martin; *Douai*, 20 mars 1833, Guillet c. Solomayor; *Paris*, 9 nov. 1836, Coustard; *Bourges*, 29 fév. 1841 (t. 2 1845, p. 371), Gaudon c. Goblin; *Toulouse*, 27 nov. 1841 (t. 1er 1842, p. 488), D. c. Mugnet; *Rouen*, 24 fév. 1842 (t. 1er 1842, p. 616), Radoux; *Douai*, 18 mars 1842 (t. 2 1843, p. 394), Guy-Lépaut c. Danglehem; *Rouen*, 17 fév. 1844 (t. 1er 1844, p. 463), Blot c. Gilles; *Orléans*, 14 juill. 1847 (t. 2 1847, p. 551), Grainville c. Moisson.

502. — Jugé encore que dans le cas où un gain de survie stipulé entre époux a été déclaré reversible aux enfans à naître du mariage, l'époux survivant est tenu de donner caution afin d'assurer à ses enfans la rentrée des sommes qu'il perçoit en vertu de cette donation. — *Agen*, 31 janv. 1828, Dulong c. Mazelière.

503. — Mais ont jugé dans un sens contraire, c'est-à-dire dans le sens que la dispense de caution accordée à l'usufruitier s'applique aussi bien à l'héritier légitimaire qu'à celui auquel la loi n'accorde pas de réserve à prendre sur les biens de la succession : *Orleans*, 13 déc. 1820, Collet c. Bascher; 19 déc. 1822, Falquet c. Chauveau; *Rouen*, 18 juin 1840 (t. 2 1840, p. 218), Lhuintre; *Cass.*, 17 mai 1843 (t. 2 1843, p. 27), Claverie c. Condat; *Limoges*, 8 août 1843 (t. 2 1845, p. 237) Massy c. Chazelas; *Paris*, 19 déc. 1846 (t. 1er 1847, p. 447), Courtier; 3 août 1847 (t. 2 1847, p. 463), Perrin c. Rivet; 3 mars 1849 (t. 1er 1849, p. 430), Granger c. Salles et Vullet.

504. — Il est d'ailleurs constant que le donataire d'usufruit par contrat de mariage passé avant le Code civ., et sous l'empire d'un statut qui ne l'astreignait pas à donner caution, ne saurait, lors même que son droit se serait ouvert depuis le Code, être soumis à cette obligation, sans qu'il y eût violation du principe de la non rétroactivité des lois. — *Bordeaux*, 29 avr. 1809, Lagardère c. Gauthier; *Bourges*, 28 juin 1816, N... c. N...; 28 juin 1826. Thiéblot c. Alexandre.

505. — ... Et que la dispense de fournir caution, à raison d'un usufruit constitué par contrat de mariage, n'affranchit pas les immeubles du mari de l'hypothèque légale de la femme, à raison de cet usufruit. — *Rouen*, 27 déc. 1834, Durosoy c. Amaury.

506. — Enfin, il faut remarquer aussi que, bien que l'usufruitier soit entré en jouissance, avec dispense de caution, il peut néanmoins être forcé d'en donner une, suivant la gravité des cas et des circonstances. — Proudhon, nos 863 et suiv.; Duranton, t. 4, no 611; Toullier, t. 3, no 422.

507. — ... Notamment, si les immeubles composant la plus grande partie des objets de l'usufruit ont été convertis en un capital mobilier. — *Lyon*, 15 janv. 1836. Edant c. Jacquemont.

508. — Spécialement, la veuve à qui son mari a légué l'usufruit de la moitié de tous ses biens, en la dispensant de donner caution, peut, sur la demande des héritiers, être condamnée à fournir caution si les enfans ont fait, avec le consentement de leur mère, procéder à la vente de tous

les immeubles de la succession, bien qu'on eût pu se borner à vendre la moitié des immeubles non grevés d'usufruit, et si, depuis le legs, la veuve a contracté des dettes de nature à dissiper une partie des capitaux pouvant arriver entre ses mains. — Même arrêt.

509. — Mais cette jurisprudence n'est pas universellement adoptée. Ainsi, il a été décidé que l'usufruitier d'immeubles et de meubles à la fois qui, par le testament qui l'institue, a été dispensé de faire emploi des capitaux et de donner caution, ne peut être soumis à une caution lorsque les immeubles qui existaient en nature au moment de l'ouverture de la succession viennent à être ultérieurement vendus et réalisés. La dispense de caution s'étend aux nouveaux capitaux produits par cette aliénation. — *Paris*, 25 août 1848 (t. 2 1848, p. 440), Bergier c. de Girard.

510. — ... Que lorsqu'il y a nécessité de vendre un immeuble grevé d'usufruit, l'usufruitier, dispensé par son titre de fournir caution, n'a pas seulement droit aux intérêts du prix de la vente, mais il peut exiger que ce prix lui-même lui soit remis, sans être astreint à fournir caution. — Spécialement, lorsqu'un époux a légué à son conjoint l'usufruit d'une quote-part de ses biens, avec dispense de fournir caution, on ne peut s'autoriser de ce que les immeubles soumis à l'usufruit ont été vendus à cause des dettes dont l'héritier de la nue-propriété les a grevés, depuis le commencement de l'usufruit, pour réduire le droit de l'usufruitier à celui soit de toucher seulement l'intérêt du prix qui s'est trouvé substitué aux immeubles grevés d'usufruit, soit de fournir caution pour toucher le capital. — *Bordeaux*, 9 juill. 1848 (t. 1er 1849, p. 496), Laplanche-Latour c. Chavarochelle.

511. — Lorsque le survivant des deux époux est usufruitier, à sa caution juratoire, des biens du prédécédé, les héritiers de celui-ci ne pourraient exiger une caution ou autre sûreté, sous prétexte que la fortune du survivant ne leur présente pas de garantie suffisante. — *Paris*, 10 fév. 1814, Aubery-Duboussay c. Tilloi.

512. — Et il a même été jugé que l'insolvabilité notoire de l'usufruitier d'une succession ne pourrait le faire contraindre au paiement des sommes qu'il doit à la succession, ou à donner caution pour leur sûreté, surtout si l'usufruit lui a été donné avec dispense de caution. — *Paris*, 6 janv. 1826, de la Chaussée c. Martin.

513. — ... Et que le juge ne peut, sur la demande du propriétaire, ordonner par mesure conservatoire que l'usufruitier d'une chose fongible sera tenu de donner caution, lorsque, par l'acte institutif de cet usufruit, celui-ci en a été dispensé d'une manière générale. — *Bordeaux*, 16 mai 1832, Deterce c. Salleton.

514. — Le second cas où l'usufruitier est dispensé de donner caution est relatif *aux père et mère ayant l'usufruit légal des biens de leurs enfans*. — V. USUFRUIT LÉGAL OU PATERNEL.

515. — Il est évident, d'après les termes de l'art. 601, qu'il ne s'agit là que de l'usufruit légal, et qu'en conséquence, s'il était question d'un droit d'usufruit conventionnel légué ou donné au père ou à la mère sur des biens qui seraient donnés en propriété aux enfans âgés de plus de dix-huit ans, le cautionnement serait dû, à moins qu'il n'y eût dispense valable accordée par le donateur ou le testateur. — Proudhon, no 828; Marcadé, sur l'art. 601; Zachariæ, t. 2, p. 226, note 11e; Maleville, sur l'art. 601. — *Contrà* Delvincourt, sur l'art. 601.

516. — Suivant M. Duranton (t. 4, no 608, et t. 6, no 257), l'exception établie au profit des père et mère par l'art. 601 ne s'applique même pas à l'usufruit légal dont il est question en l'art. 754; car alors, il ne s'agit plus des biens de l'enfant, mais de ceux des collatéraux de l'autre ligne.

517. — Le troisième cas, c'est lorsque le donateur s'est réservé l'usufruit de la chose donnée. Cette exception à la règle générale est fondée sur ce qu'un bienfait ne doit pas être, pour celui qui le reçoit, un titre qui l'autorise à imposer encore une nouvelle charge à son bienfaiteur. — Proudhon no 829.

518. — Le quatrième cas est celui où une vente a été faite avec réserve d'usufruit; le vendeur, en ce cas, comme le donateur, dans le cas précédent, n'est pas obligé de fournir une caution. — Art 601. — Proudhon, no 830.

519. — ... A moins que la jouissance ne fût entachée d'abus graves. — *Aix*, 29 mars 1817, Soulé c. Faissolle. — Hennequin, t. 2, p. 384.

520. — Mais que devrait-on décider dans l'hypothèse inverse, c'est-à-dire dans l'hypothèse où le propriétaire du fonds, au lieu d'en vendre la nue-propriété en se réservant l'usufruit, en aurait au contraire vendu l'usufruit, en se réservant la pro-

priété? Pourrait-il exiger, de la part de l'acquéreur de l'usufruit, un cautionnement qu'il n'aurait pas stipulé dans l'acte de vente? — Non, suivant Proudhon qui estime que dans l'un comme dans l'autre cas, la dispense du cautionnement est censée consentie par cela seul qu'on n'en a pas stipulé l'obligation par le contrat. Mais cette opinion ne nous paraît pas devoir être suivie. En l'absence d'une stipulation formelle, il y a présomption que les parties ont voulu rester dans le droit commun. — Lassaux, t. 3, no 112; Zachariæ, t. 2, § 226, note 13e; Marcadé, sur l'art. 601.

521. — Si l'usufruitier ne trouve pas de caution, les immeubles sont donnés à ferme, ou mis en séquestre. — Art. 602.

522. — Mais, lorsqu'à défaut de caution par l'usufruitier, les immeubles doivent être donnés à ferme, il n'est pas nécessaire que le bail soit fait aux enchères, surtout si l'usufruitier offre de donner au nu-propriétaire communication des conditions du bail, et d'y insérer les mêmes charges que dans les locations faites par le précédent propriétaire. — *Turin*, 29 août 1807, Almonino. — Proudhon, no 835; Hennequin, t. 2, p. 374.

523. — Dans le même cas, les sommes comprises dans l'usufruit sont placées; les denrées sont vendues et le prix en provenant est pareillement placé; les intérêts de ces sommes et le prix des fermes appartiennent alors à l'usufruitier. — Art. 602.

524. — Le propriétaire peut exiger également que les meubles qui dépérissent par l'usage soient vendus, pour le prix en être placé comme celui des denrées; et alors l'usufruitier jouit de l'intérêt pendant son usufruit. Cependant l'usufruitier pourra demander, et les juges pourront ordonner, suivant les circonstances, qu'une partie des meubles nécessaires pour son usage lui soit laissée, sous sa simple caution juratoire, et à la charge de les représenter à l'extinction de l'usufruit. — Art. 603.

525. — Les moyens personnels de l'usufruitier ne peuvent-ils jamais le soustraire à l'obligation de donner caution? Pourrait-il, malgré l'héritier, satisfaire à son obligation, en offrant des hypothèques suffisantes sur des fonds francs de toute autre charge? Le pourrait-il en offrant un gage en nantissement estimé suffisant?

526. — Nous croyons avec MM. Zachariæ (t. 2, § 226), Duranton (t. 4, no 603), Toullier (t. 3, no 422) et Marcadé (sur l'art. 603) que l'affirmative doit être adoptée. — En effet, c'est par les immeubles que posséderait la caution qu'on estimerait sa solvabilité, c'est dans les immeubles de l'usufruitier que le nu-propriétaire trouvera sa garantie; comment donc pourrait-il refuser l'hypothèque offerte sur ces immeubles, ou encore le dépôt d'une certaine somme que l'usufruitier offrirait de faire à la caisse des consignations? — V. toutefois *contrà* Proudhon, nos 846 et suiv., et Hennequin, t. 2, p. 365.

527. — Jugé que l'usufruitier peut faire entrer jusqu'à due concurrence, dans le cautionnement qu'il est tenu de fournir, une somme dont il n'a que la nue-propriété, mais qui se trouve entre les mains du nu-propriétaire des biens sujets à l'usufruit, comme usufruitier lui-même de cette somme. — *Cass.*, 18 mars 1835, Collignon Danel.

ART. 2. — *Obligations de l'usufruitier pendant la durée de sa jouissance.*

§ 1er. — *Obligation de jouir en bon père de famille.*

528. — Le Code veut (art. 601) que l'usufruitier jouisse en bon père de famille, c'est-à-dire dans un esprit de conservation et administre de manière à mériter l'approbation d'un homme juste et éclairé qui serait sans intérêt à la chose. — L. 9, ff., *De usufr.*

529. — Ainsi, lorsque l'usufruit est constitué sur une part indivise du même immeuble dont la portion demeurée dans les mains du propriétaire ne produit pas de fruits par le fait de fautes imputables à l'usufruitier, celui-ci, ayant manqué à la première de ses obligations en n'usant pas de la chose comme l'aurait fait le propriétaire, doit être privé de la jouissance dont il a ainsi excédé les droits. — *Toulouse*, 23 juin 1843 (t. 2 1844, p. 398), Lafont c. Fargues et Depuntis.

530. — Jouir en bon père de famille, ce n'est pas, pour l'usufruitier, user des choses soumises à son usufruit, comme il est accoutumé d'user des siennes propres; car s'il est trop peu soigneux dans ses affaires, cela ne peut l'autoriser à ne l'être pas assez dans celles d'autrui. — Proudhon, no 1469.

531. — L'usufruitier peut d'ailleurs, en se conformant à la destination des choses et aux usages

tirer un revenu sur des objets que le testateur aurait négligé de faire valoir fructueusement pour lui. — L. 15, § 5, ff., *De usufr.* — Proudhon, nº 1470.

532. — Ainsi, il peut défricher une terre inculte, pour l'implanter d'une manière utile, parce qu'alors il n'y a qu'amélioration dans les faits. — Proudhon, nº 1472.

533. — Celui qui a l'usufruit de pièces de vignes est tenu de les cultiver convenablement, et notamment d'arracher successivement les tiges mortes, et de les remplacer par de nouveaux plants. — Mais il a le droit de les arracher et de mettre le terrain en culture lorsque, par suite de vétusté, ces vignes sont devenues tout-à-fait improductives. — *Orléans*, 6 janv. 1848 (t. 1er 1848, p. 249), Petit c. Salmon. — V. *suprà* nos 360 et suiv.

534. — L'obligation de jouir en bon père de famille s'étend à toutes les choses non fongibles sur lesquelles frappe le droit d'usufruit, soit immobilières, soit mobilières, corporelles ou incorporelles, puisque l'usufruitier doit également veiller à leur conservation, de quelque nature qu'elles soient.

535. — Quant aux choses fongibles, l'usufruitier en étant rendu propriétaire par la délivrance qu'il en reçoit, il peut en user et abuser, comme tout autre peut user et abuser de sa chose.

536. — Lorsque l'usufruitier manque au devoir que la loi lui impose de jouir en bon père de famille, il donne lieu à une action contre lui, action qui est ouverte à l'instant même, et sans que le propriétaire soit obligé d'attendre la fin de l'usufruit. — Proudhon, nos 1478 et 1479.

537. — Néanmoins, dit Pothier (*Douaire*, nº 220), le juge peut quelquefois, suivant les circonstances, surseoir jusqu'à la fin de l'usufruit, si le propriétaire n'en souffre rien.

538. — En ce qui concerne les immeubles, l'obligation de jouir en bon père de famille se rapporte, soit aux diverses réparations d'entretien dont nous parlerons plus loin, soit au mode d'en user, soit à la conservation de la superficie, soit aux soins à apporter dans la garde, soit au mode de culture de ceux qui sont destinés à être cultivés. — Proudhon, nº 1471.

539. — ... 1º *Sur le mode d'en user* : l'usufruitier, ainsi que nous l'avons dit *suprà* (nº 287 et suiv.), doit s'abstenir de tout ce qui peut tendre à opérer de plus grandes dégradations dans les bâtimens, et à rendre l'habitation malsaine par des dépôts ou à les exposer à de plus grands dangers d'incendie. — Proudhon, *ibid.*

540. — S'il s'agit d'une forêt, l'usufruitier doit observer l'âge, l'ordre et l'étendue des coupes, sans se permettre aucune exploitation prématurée ni plus étendue que celles qui avaient été réglées par les propriétaires. Il doit aussi laisser le nombre des baliveaux requis par les lois, réglemens et usages. — V. *suprà* nos 311 et suiv.

541. — Enfin, pour jouir en bon père de famille, l'usufruitier d'une usine ne doit pas la laisser chômer ; celui d'un colombier, d'une garenne ou d'un étang est obligé d'entretenir la population du colombier, de la garenne et d'empoissonner l'étang aux époques marquées par les usages des lieux. — Proudhon, *ibid.*

542. — ... 2º *Sur la conservation de la superficie* : chaque fois qu'elle a reçu une détermination fixe, par la destination du père de famille, l'usufruitier ne peut la changer, parce que le droit de changer la superficie fait alors partie du droit de disposer qui n'appartient qu'au propriétaire. — Proudhon, nº 1472.

543. — Notamment, l'usufruitier de maisons et bâtimens ne peut en changer notablement les distributions, ainsi que nous l'avons expliqué plus haut (nos 281 et suiv.).

544. — 3º *Sur les soins à apporter à la garde de la chose* : l'usufruitier des bâtimens, maisons et usines doit y placer des portiers et garde-feu, suivant les usages des lieux, observés par les propriétaires des immeubles de même nature. — Proudhon, nº 1473.

545. — Celui d'une forêt doit en faire soigneusement garder les jeunes coupes pour en écarter l'accès du bétail, et même toute la forêt, pour mettre obstacle au maraudage qui pourrait y être commis sur les grands arbres, au préjudice du maître. — Proudhon, *ibid.*

546. — L'usufruitier doit encore avertir le propriétaire toutes les fois que les droits de celui-ci sont compromis, car la loi veut que si, pendant la durée de l'usufruit, un tiers commet quelques usurpations sur le fonds ou attente autrement aux droits du propriétaire, l'usufruitier soit tenu de le dénoncer à celui-ci ; faute de quoi elle le rend responsable de tout dommage qui peut en résulter pour le propriétaire, ainsi qu'il le serait des déprédations commises par lui-même. — Art. 614. — Proudhon, nº 1473; Duranton, nº 628.

547. — De même, si l'usufruitier avait négligé de donner avis au propriétaire d'une dégradation arrivée par cas fortuit ou force majeure qui exigeait une grosse et prompte réparation, et que, par suite de ce défaut d'avertissement, il y eût eu de plus grandes pertes qu'on aurait pu prévenir en réparant à temps utile, il en devrait être tenu. — Proudhon, *ibid.*; Dumoulin, sur la *Cout. de Paris*, tit. 1er, § 1er, glos. 1re, nº 16.

548. — Il est bien entendu d'ailleurs que pour rendre l'usufruitier responsable des prescriptions arrivées par sa négligence, il faut qu'il ait été mis à portée de connaître que la chose prescrite faisait partie du patrimoine dont la jouissance lui a été donnée, à la charge de la conserver : il faut donc que les documens nécessaires lui aient été fournis et que les titres en vertu desquels il aurait pu agir lui aient été remis. — Proudhon, nº 1544.

549. — Autrement, le propriétaire, qui est lui-même dans l'obligation de faire cette remise et de fournir ces documens, ne serait pas recevable à se plaindre d'une perte qui proviendrait de sa propre faute. — Proudhon, *ibid.*; Dumoulin, *Cout. de Paris*, tit. 1er, § 1er, glose 1re, nº 17.

550. — Il faut encore distinguer entre le cas où la prescription était déjà commencée lors de l'entrée en jouissance de l'usufruitier, et celui où elle a pris naissance durant l'exercice de ses droits. — Dans ce dernier cas, l'usufruitier est en faute par cela seul qu'il a connu ou dû connaître l'usurpation et qu'il l'a laissé commettre ; mais dans le premier cas, il est naturel de supposer qu'il ignore que le fonds qu'il voit dans les mains d'un tiers possesseur ait jamais appartenu à son auteur. — Proudhon, nº 1545.

551. — L'usufruitier qui a laissé commettre une usurpation durant le temps de sa jouissance en doit même être responsable, encore bien que la prescription ne soit pas définitivement acquise au moment de la cessation de l'usufruit, s'il ne reste que peu de jours à courir pour que la perte du fonds soit irrévocablement consommée. — Proudhon, nº 1546.

552. — 4º *Sur le mode de culture et de jouissance* : l'usufruitier doit, à cet égard, se conformer aux usages des lieux, tels qu'ils sont observés par les bons cultivateurs. — Proudhon, nº 1475.

553. — En ce qui concerne les droits incorporels, l'usufruitier est obligé d'user des servitudes actives pour prévenir la perte qui pourrait en résulter par la prescription, perte dont il serait responsable envers le propriétaire. — L. 15, ff., *De usufruct.* — Proudhon, nº 1476.

554. — Il doit également assurer le sort des créances en prenant ou renouvelant les inscriptions hypothécaires, tant en son nom qu'en celui du propriétaire, et en faisant rentrer les capitaux exigibles, ou agissant pour les obtenir, à l'effet d'empêcher la prescription des créances, ou d'en prévenir la caducité, par l'insolvabilité qui pourrait survenir dans les débiteurs, ce dont il serait responsable comme de la perte des servitudes. — Proudhon, *ibid.*

555. — Toutefois, à l'égard des créances qui auraient été signalées dans l'inventaire comme caduques ou fort douteuses, il n'est tenu que de ce qui lui est parvenu, et on ne peut lui imputer de n'avoir pas fait des poursuites contre les débiteurs : — à moins que depuis les débiteurs ne soient notoirement revenus à meilleure fortune, ou qu'il n'y ait eu lieu à requérir une collocation utile dans quelques discussions qui seraient faites sur leurs biens. — Proudhon, nº 1550 ; Pothier, *Donations entre mari et femme*, part. 2, chap. 5, art. 2, nos 217 et 218.

556. — Enfin, en ce qui concerne les meubles, l'usufruitier ne peut les employer qu'aux usages auxquels ils sont destinés, suivant les règles que nous avons expliquées plus haut (nos 214 et suiv.).

557. — Les obligations de l'usufruitier ainsi déterminées, il reste à décider quel est le genre de fautes dont il peut être tenu : n'est-il responsable que des fautes graves et moyennes, ou est-il aussi garant des dommages résultant de fautes plus légères ?

558. — Comme le droit d'usufruit, dit Dumoulin (*Cout. de Paris*, tit. 1er, § 1er, glose 8e, nº 61) est établi pour l'avantage de l'usufruitier, il est juste de le rendre responsable de ses fautes les plus légères. — Tel est aussi le sentiment de Voët (*Ad pandectas*, (tit. *De usufr.*, nº 41) et de Solomayor (*Tractatus de usufr.*, cap. 20, nº 4). — V. encore Proudhon, nº 1542.

559. — Doit-on appliquer à l'usufruitier les dispositions du code qui rendent le locataire responsable des suites de l'incendie ? En d'autres termes, l'usufruitier doit-il être présumé en faute ? — Non, il n'y a dans le code aucun texte d'où l'on puisse faire ressortir une pareille présomption. — L'art. 624 y résiste même formellement. — Proudhon, nos 1551 et suiv. ; Zachariæ, t. 2, p. 228, note 11.

560. — L'usufruitier ne pourrait pas non plus être rendu responsable de l'incendie arrivé par la faute d'un locataire, même insolvable, qu'il avait placé dans la maison soumise à son usufruit. — Proudhon, nos 1567 et suiv. ; Zachariæ, *ibid.*

561. — Jugé, cependant, en sens contraire, que l'usufruitier est responsable, vis-à-vis du nu-propriétaire, de l'incendie des bâtimens soumis à son usufruit et occupés par le fermier établi par lui, à moins qu'il ne prouve que l'incendie a eu lieu par cas fortuit. — *Toulouse*, 15 mai 1837 (t. 2 1837, p. 289), Glassié c. Roques.

§ 2. — *Obligations de l'usufruitier sur le fait des réparations.*

562. — Le mot *réparation* s'entend de tout ouvrage qu'on fait à une chose dégradée, afin d'en prévenir la ruine, et de la remettre en l'état où elle doit être pour remplir convenablement les fonctions auxquelles elle est destinée. — L. 1, § 6, ff., *De rivis.*

563. — Il suit de là que celui qui est obligé de faire une réparation n'est pas seulement tenu de la main d'œuvre, mais qu'il est tenu de fournir aussi les pièces et matériaux neufs qui peuvent être nécessaires à l'exécution de l'ouvrage, puisqu'il doit rétablir la chose dans un état tel qu'elle puisse convenablement remplir les fonctions auxquelles elle est destinée, et que le rétablissement ne peut avoir lieu sans cette fourniture de matériaux. — Proudhon, nº 1614.

564. — L'art. 592 du Code civil vient encore confirmer cette décision. En effet, si par cet article l'usufruitier auquel on a légué tout à la fois la jouissance de quelques biens et de certains bâtimens peut exiger la délivrance des arbres futaies pour l'exécution des réparations dont il est tenu, ce n'est là qu'une exception qui confirme la règle dans tout autre cas ; car cette disposition serait superflue si, de droit commun, c'était toujours au propriétaire à fournir les matériaux nécessaires aux travaux de réparations. — Proudhon, *ibid.*

565. — On distingue deux sortes de réparations, les réparations d'entretien et les grosses réparations. — Les réparations d'entretien se subdivisent elles-mêmes en deux classes : l'une qui est bornée aux menues réparations ou réparations locatives, dont la charge pèse même sur le simple locataire (art. 1754) ; et l'autre qui, s'étendant plus loin, comprend les réparations de gros entretien.

566. — Suivant l'art. 605 du Code, l'usufruitier est généralement tenu de toutes les réparations d'entretien, et les grosses réparations sont laissées à la charge du propriétaire.

567. — ... Ou des copropriétaires qui, en ce cas, en sont tenus indivisiblement envers l'usufruitier. — *Cass.*, 11 janv. 1825, Oursel c. Gosson.

568. — ... A moins qu'elles n'aient été occasionnées par le défaut des réparations d'entretien, cas auquel l'usufruitier en est aussi tenu comme étant imputables à sa négligence. — Art. 605. — Proudhon, nº 1616.

569. — Réciproquement, il faudrait dire que le propriétaire doit supporter les réparations d'entretien qui ont été occasionnées par le défaut des grosses réparations. — Proudhon, nº 1672.

570. — Ainsi, lorsque les poutres qui supportent un plancher sont pourries ; que ce fait est connu du propriétaire et que, faute d'en substituer d'autres, le plancher, s'écroulant en masse, tombe en fracture ; dans le rétablissement du total qui aura lieu, l'usufruitier ne sera pas tenu de supporter les pertes résultant de toutes les fractures, par la raison qu'on aurait pu les prévenir en pourvoyant à temps utile, et par une démolition méthodique, au rétablissement des poutres. — Proudhon, *ibid.*

571. — Il en serait autrement si le propriétaire avait ignoré le mauvais état des poutres, ou si l'on ne pouvait lui reprocher de négligence à les avoir fait replacer plus tôt, parce qu'alors l'écroulement des planches ne pourrait être attribué qu'au cas fortuit, dont les suites rejailliraient sur lui, quant au rétablissement des poutres, et sur l'usufruitier quant à la réfection du plancher. — Proudhon, *ibid.*

572. — Cette décision doit encore être modifiée sous plusieurs rapports.

573. — ... 1º A l'égard des objets qui auraient été fracturés par la démolition, de quelque manière que les poutres eussent été remises, comme serait un plafond en plâtre, le rétablissement en

serait toujours à la charge de l'usufruitier. — Proudhon, *ibid.*

574. — ... 2° Si l'usufruitier était lui-même en faute, si, voyant le danger d'un écroulement prochain, il avait négligé de mettre des étais, comme le père de famille, administrant sagement, aurait eu soin d'en mettre, pour conserver en entier, par un démolissement méthodique, les objets qui pouvaient être encore d'un bon usage, la part résultant des fractures devrait peser sur lui. — Proudhon, *ibid.*

575. — ... 3° Enfin, si le plancher était déjà usé avant l'écroulement des parties, l'usufruitier serait encore tenu à son entier rétablissement, attendu que l'obligation de réparer aurait déjà été à sa charge et qu'en conséquence, le retard de la grosse réparation ne changerait rien à sa condition. — Proudhon, *ibid.*

576. — On voit, en définitive, par toutes ces observations, que la décision que nous avons indiquée est plutôt en fait qu'en droit, puisqu'elle est, sous tant de rapports, subordonnée aux circonstances.

577. — L'art. 606 signale ainsi les grosses réparations et les réparations d'entretien : « Les grosses réparations sont celles des gros murs et des voûtes, le rétablissement des poutres et des couvertures entières, celui des digues et des murs de soutènement et de clôture, aussi en entier ; toutes les autres réparations sont d'entretien. »

578. — On doit donc conclure de ce texte que les expressions de la loi sont limitatives, et que toutes les réparations qui n'y sont pas énoncées sont à la charge de l'usufruitier. — Proudhon, n° 1641 ; Salviat, t. 1er, art. 60.

579. — Jugé, en conséquence, que le remplacement de la meule, des soles et auges d'un moulin constitue une réparation d'entretien. — *Orléans*, 21 fév. 1821, Barbé de Luz.

580. — Toutefois, comme l'art. 606 n'indique que par rapport à certains objets quelles sont les réparations qui doivent être considérées comme grosses réparations, il faut se garder de ranger parmi les réparations d'entretien toutes celles qui seraient à faire à des objets dont cet article ne s'occupe pas, à des usines, par exemple. On doit, en pareil cas, faire distinguer les grosses réparations et celles d'entretien, et se guider d'après l'analogie des dispositions de l'art. 606. — Cout. de Paris, art. 262. — Proudhon, nos 1625 et suiv. ; Zachariæ, t. 2, § 228, note 4e.

581. — Les droits constitutifs des actions que le propriétaire et l'usufruitier peuvent ou non intenter l'un envers l'autre sur l'exigibilité des réparations sont établis et renfermés dans leurs limites par les art. 600, 605 et 607.

582. — Aux termes de l'art. 600, l'usufruitier prend les choses dans l'état où elles sont ; il n'a donc aucune action contre le propriétaire, pour le contraindre à faire les réparations soit grosses, soit d'entretien, dont l'urgence existait déjà au moment de l'ouverture de son droit. — Proudhon, n° 1643 ; Toullier, t. 3, n° 443 ; Duranton, t. 4, nos 615 et 616 ; Salviat, t. 1er, p. 170.

583. — ... A moins que le titre constitutif de l'usufruit ne l'y oblige. — Toullier, nos 443 et suiv. ; Duranton, n° 617. — Et, dans ce cas, suivant ce dernier auteur, il peut s'en affranchir en abandonnant la propriété. — V. *contrà* Zachariæ, t. 2, § 228, note 8e.

584. — Jugé, toutefois, que de ce que l'usufruitier est tenu de prendre la chose sujette à usufruit dans l'état où elle se trouve au moment où s'ouvre son droit, il ne résulte pas que si la chose menace ruine et exige de grosses réparations, il ne puisse se faire autoriser à faire les réparations énoncées au devis dressé par experts, sauf à recouvrer ses avances contre qui de droit. — *Cass.*, 29 juin 1835, de Pont-Carré c. de Brosses.

585. — *Quid* à l'égard des réparations d'entretien dont l'urgence existerait au moment de l'ouverture de l'usufruit? L'usufruitier est-il tenu de les faire? Non, disent Toullier (n° 430), M. Duranton (n° 621) et Zachariæ (t. 2, § 228, notes 4e et 5e), car l'obligation de l'usufruitier se borne à entretenir les choses soumises à son usufruit dans l'état où il les a reçues.

586. — Cette raison ne nous satisfait pas. L'usufruitier doit avant tout administrer et jouir en bon père de famille, et il manquerait à cette obligation si, recevant une chose dans un état de dégradation, il négligeait d'y faire les réparations nécessaires. L'art. 605 du Code fournirait au besoin un argument à l'appui de cette décision ; car, en rejetant à la charge de l'usufruitier les dégradations plus importantes survenues dans le fonds dès le moment de l'ouverture de son droit, faute par lui d'avoir pourvu dès la même époque aux réparations d'entretien, cet article veut évidemment qu'il soit tenu de celles qui sont déjà nécessitées par une cause antérieure, puisqu'elle le punit des suites, lorsqu'il ne les a pas fait faire. — Proudhon, nos 1658 et 1659.

587. — Ainsi, à supposer que lors de la délivrance du legs d'usufruit d'une maison, la toiture soit déjà en mauvais état de réparations d'entretien, l'usufruitier est tenu de la restaurer incontinent pour parer au danger de plus grandes dégradations qui pourraient avoir lieu par la filtration et la chute des eaux dans l'intérieur de l'édifice. — Proudhon, n° 1659.

588. — Toutefois, dit Proudhon (n° 1660), si l'usufruit venait à cesser avant que la dégradation préexistante ait été réparée, et sans qu'il fût survenu de plus grandes détériorations, imputables à la négligence de l'usufruitier, celui-ci ou les héritiers ne devraient être forcés qu'au rapport des revenus perçus à raison du fonds, quoique leur valeur fût inférieure au montant des dépenses nécessaires pour procurer la réparation.

589. — Il faut observer aussi que l'obligation de la part de l'usufruitier de faire les réparations d'entretien dont la cause est préexistante à son entrée en jouissance n'est relative qu'aux réparations absolument exigées par le besoin de la chose et dont le défaut entraîne naturellement de plus grandes dégradations. — Proudhon, n° 1662.

590. — Nous venons de dire que l'usufruitier n'avait aucune action contre le propriétaire pour le contraindre à faire les réparations dont la nécessité existerait au moment de l'ouverture de son droit. Il ne pourrait pas davantage contraindre le propriétaire à procurer les grosses réparations qui deviendraient nécessaires pendant la durée de l'usufruit. — *Douai*, 2 déc. 1834, Fauchechon c. de Rouville. — Proudhon, nos 1652 et 1675 ; Toullier, nos 443 et suiv. ; Hennequin, t. 2, p. 435 ; Duranton, n° 616 ; Marcadé, t. 2, p. 233 ; Zachariæ, t. 2, § 228. — V. cependant Delvincourt, t. 1er, p. 367 ; Salviat, art. 62 ; Lepage, *Lois des bât.*, t. 2, p. 207 ; Delaporte, *Pandect. franç.*, t. 2, p. 467 ; Benoît, *Dot*, n° 179.

591. — L'usufruitier peut seulement, lorsqu'il les fait exécuter lui-même, exiger, à la cessation de l'usufruit, le remboursement du capital de ses avances. — Même arrêt. — Proudhon, nos 1684 et suiv. ; Zachariæ, t. 2, § 228, note 9e ; Toullier, t. 3, n° 444 ; Hennequin et Marcadé, *loc. cit.* — V. cependant Coulon, *Quest. de droit*, t. 1er, p. 267, dial. 20.

592. — Mais pour que l'usufruitier qui se trouve dans le cas de faire de grosses réparations n'ait pas des difficulté de fait à redouter, par la suite, sur son remboursement, il y a des précautions préliminaires qu'il ne doit pas négliger.

593. — Il doit d'abord dénoncer au propriétaire les dégradations qui exigent de grosses réparations, et le requérir de les faire exécuter ou de s'expliquer à ce sujet. — Proudhon, n° 1695.

594. — Si le propriétaire refuse, comme il le peut, de faire faire lui-même les grosses réparations qui lui ont été signalées, et que l'usufruitier veuille les faire exécuter, il faudra préalablement en constater la nécessité par une reconnaissance de l'état des lieux, et le propriétaire devra être appelé à cette reconnaissance. Il faudra encore le requérir de paraître et concourir à l'adjudication des travaux. Autrement les marchés faits par l'usufruitier seul pourraient, suivant les circonstances, n'être pas suffisamment probans pour obtenir un remboursement entier contre le propriétaire. — Proudhon, *ibid.*

595. — D'autre part, lorsque le propriétaire veut faire une grosse réparation, il n'a non plus aucune action contre l'usufruitier pour le forcer, soit à en avancer les impenses, soit à payer l'intérêt du capital qui y aurait été employé. Si, en effet, l'usufruitier était passible d'une pareille action, il ne serait plus vrai de dire qu'il n'est tenu que des réparations d'entretien, puisqu'il devrait aussi concourir à la confection des grosses. — Art. 605. — Proudhon, nos 1647 et 1697 ; Zachariæ, *ibid* ; Duranton, n° 618.

596. — Il en est autrement en ce qui touche les réparations d'entretien. L'usufruitier les doit seul et il les doit toutes, puisque toutes entrent dans la charge dont est affectée la perception des fruits et revenus qu'il exerce. Et comme la loi ne dit pas qu'il est tenu de payer le montant des impenses nécessaires pour réparer, mais bien qu'il est tenu des réparations elles-mêmes, il est nécessaire de dire que la prestation en nature est ici due par l'usufruitier. — Proudhon, *ibid.*

597. — Par conséquent, durant l'usufruit, le propriétaire est en droit d'actionner l'usufruitier pour le faire condamner à procurer les réparations d'entretien, puisqu'il y a obligation actuelle, d'une part, et intérêt actuel, aussi de l'autre part. — Proudhon, n° 1648 ; Ferrière, *Cout. de Paris*, art. 262 ; Hennequin, p. 434.

598. — ... Jugé, conformément à ce principe, que le nu-propriétaire a le droit de contraindre l'usufruitier à faire les réparations d'entretien, lorsqu'elles sont reconnues nécessaires. — *Cass.*, 27 juin 1825, Lautour c. Delunel.

599. — ... Ou lorsque les dégradations qui existent sur le fonds en altèrent la substance. — *Montpellier*, 7 juin 1831, Prunier c. Calazel.

600. — Il pourrait même, suivant les circonstances, faire déclarer l'usufruitier déchu de son droit, pour avoir laissé dépérir la chose faute d'entretien (art. 618), attendu que n'étant entré en possession que sur la condition de supporter cette charge, ce n'est que par l'accomplissement de ce devoir qu'il peut être fondé à s'y maintenir. — *Cass.*, 27 juin 1825, Lautour c. Delunel. — Proudhon, *ibid.*

601. — Il pourrait aussi astreindre l'usufruitier à fournir une caution dans la crainte de dégradations nouvelles. — *Montpellier*, 7 juin 1831, Prunier c. Calazel.

602. — Il a pourtant été jugé, en sens contraire, que bien que la loi charge l'usufruitier de faire les réparations d'entretien, le propriétaire n'a pas le droit d'agir contre l'usufruitier pendant le cours de l'usufruit pour le contraindre à faire ces réparations, et qu'il a seulement le droit, dans le cas où l'usufruitier dégrade l'immeuble ou le laisse dépérir faute d'entretien, de demander non l'exécution des réparations, mais la cessation de l'usufruit pour abus de jouissance. — *Amiens*, 1er juin 1822, Lautour c. Delunel.

603. — Quoi qu'il en soit, est évidemment à l'abri de la cassation l'arrêt qui, en appréciant la nature et le peu d'importance des réparations d'entretien que réclame l'immeuble soumis à un usufruit, dispense l'usufruitier de l'obligation actuelle de procéder à quelques-unes de ces réparations, par le triple motif qu'elles sont intérieures, qu'elles n'altèrent pas la substance de la propriété, et que le cautionnement déjà fourni par l'usufruitier donne au propriétaire une ample garantie. — *Cass.*, 10 déc. 1828, Fléchet c. Pignard.

604. — Dans ce cas, les offres précédemment faites par l'usufruitier, acceptées par le nu-propriétaire et consacrées par un jugement, de faire annuellement les réparations d'entretien, ne s'appliquent naturellement qu'à celles de ces réparations qui seraient nécessaires et obligées. — Même arrêt.

605. — Si, durant l'usufruit ou après qu'il a pris fin, le propriétaire a lui-même fait faire les réparations usufructuaires, il a le droit de répéter le montant de ses impenses contre l'usufruitier ou ses héritiers, parce qu'il a réellement acquitté la dette dont ils étaient tenus. — L. 48, ff., *De usufr.*, — Proudhon, n° 1651.

606. — Ni le propriétaire ni l'usufruitier ne sont d'ailleurs tenus de rebâtir ce qui est tombé de vétusté ou ce qui a été détruit par cas fortuit. — L. 7, § 2, ff., *De usufr.*

607. — Ainsi l'usufruitier n'est pas tenu de réparer les planchers qui tombaient déjà de vétusté lors de son entrée en jouissance. — C. civ., art. 605 et 606. — *Cass.*, 10 déc. 1828, Fléchet c. Pignard.

608. — Il faut observer encore que cette disposition n'est nullement applicable aux dégradations de détail, dont la restauration ne peut appartenir qu'à la classe des réparations d'entretien, et qu'elle ne peut s'entendre que du cas où un édifice ou une autre construction seraient totalement détruits, ou du cas où la dégradation, pour n'être pas totale, serait néanmoins telle par sa nature qu'elle entraînerait une grosse réparation. — Proudhon, nos 1665 et suiv.

609. — *Quid* lorsqu'un bâtiment grevé d'usufruit vient à tomber et cause du dommage aux propriétés voisines, ou à quelques personnes? Est-ce à l'usufruitier et au propriétaire ensemble, ou à l'un plutôt qu'à l'autre à pourvoir aux indemnités qui peuvent être dues aux tiers qui ont été lésés?

610. — Si l'édifice est tombé faute de réparations usufructuaires, c'est l'usufruitier, et au contraire, s'il est tombé par suite d'un vice de construction, ou faute de grosses réparations, c'est le propriétaire qui doit réparer le dommage causé par sa chute. — Proudhon, n° 1734.

611. — Cependant, si le propriétaire non présent sur les lieux ignorait le péril de la chute et si l'usufruitier en avait connaissance, celui-ci devrait être garant de tout le dommage, s'il avait négligé d'avertir le maître du fonds. — Proudhon, *ibid.*, et nos 1543 et 1672.

612. — Nous n'avons parlé jusqu'à présent que des réparations à faire à des immeubles. Le Code, il est vrai, ne renferme aucune disposition qui charge explicitement l'usufruitier de faire des ré-

USUFRUIT, sect. 7e; art. 2, § 3.

parations dans les meubles dont il jouit à ce titre; mais on ne saurait conclure de ce silence qu'il n'est tenu d'aucune obligation à cet égard. Il est, en effet, une règle qui prédomine sur les devoirs de l'usufruitier et les gouverne tous: c'est qu'il doit jouir comme le propriétaire et en bon père de famille. Or le propriétaire, administrant sagement ses affaires, fait aussi, dans les choses mobilières qui en sont susceptibles, toutes les réparations d'entretien qui peuvent en prolonger la durée: donc l'usufruitier doit faire de même. — Proudhon, nº 1726.

613. — Ajoutons, en terminant, que les obligations qui pèsent sur l'usufruitier, relativement aux réparations, étant plutôt réelles que personnelles, il n'est pas douteux qu'il ne puisse, en renonçant à son droit, s'y soustraire pour l'avenir. — Proudhon, nos 2184 et 2192; Zachariæ, t. 2, § 228, note 7e.

614. — Toutefois, comme l'usufruitier a contracté, par le fait même de sa jouissance, l'engagement personnel de remplir les obligations attachées à cette jouissance, il ne peut se dispenser de leur accomplissement pour le passé qu'en faisant disparaître, au moyen de la restitution des fruits qu'il a perçus, la cause de son engagement personnel. — Proudhon, *ibid.*; Zachariæ, *ibid.*

§ 3. — *Obligations de l'usufruitier relativement aux charges qui, par leur nature, pèsent sur la jouissance.*

615. — « L'usufruitier, dit l'art. 608 du Code, est tenu, pendant sa jouissance, de toutes les charges annuelles de l'héritage, telles que les contributions et autres qui, dans l'usage, sont censées charges des fruits. »

616. — *L'usufruitier est tenu*; il y a donc obligation dans sa personne, et le créancier n'est point obligé de s'en prendre seulement au fonds ou au revenu du fonds grevé d'usufruit: il peut aussi faire saisir et discuter les biens personnels de l'usufruitier, pour obtenir paiement. — Proudhon, nº 1783.

617. — Mais comme toute la cause des obligations de l'usufritier, au sujet des charges annuelles, est dans la jouissance, ces obligations ne peuvent s'étendre au-delà de la durée de cette jouissance; en sorte que, comme il ne pourrait être tenu personnellement des arrérages échus avant son entrée en possession, de même il ne peut être personnellement poursuivi sur ses propres biens pour ceux qui viendront à échoir après la fin de son usufruit ou lorsqu'il y aura renoncé. — Proudhon, nº 1784.

618. — Il n'y a d'ailleurs aucune distinction à faire entre les charges ordinaires et les charges extraordinaires; entre celles qui ont été imposées avant et celles qui seraient imposées après l'établissement de l'usufruit; entre celles qui seraient perpétuellement renaissantes et celles qu'on n'aurait imposées que pour un temps. — L. 28, ff., *De us et usufr. legat.* — Proudhon, nº 1785.

619. — Il suffit, dans tous les cas, que la charge ne soit pas imposée sur la propriété, et qu'au contraire elle soit considérée en jurisprudence et dans l'usage comme assise sur les fruits ou revenus, pour que l'usufruitier soit tenu de l'acquitter. — Proudhon, *ibid.*

620. — Ainsi, on doit considérer comme devant peser sur l'usufruitier, parcequ'elles sont charges de la jouissance, suivant l'usage attesté par les auteurs et consacré par la loi ancienne. — Proudhon, nº 1795; Pothier, *Douaire*, nº 230; Voët, *De usufr.*, nº 37.

621. — ... Les frais de garde des bois et forêts, ou autres immeubles soumis à son droit d'usufruit. — Proudhon, nº 1789.

622. — ... Toute redevance de superficie (L. 7, § 2, ff., *De usufr.*), dont l'édifice soumis au droit d'usufruit se trouve chargé pour avoir été construit sur un terrain communal ou public. — L. 2, § 17, ff., *Ne quid in loco publico.* — Proudhon, nº 1790.

623. — ... Les contributions foncières de toute espèce, levées au profit du trésor public. — L. 9, § 2, ff., *De usufr.* — Proudhon, nº 1791.

624. — ... Les centimes additionnels levés pour faire face aux dépenses communes des départemens. — L. 7, § 2, ff., *De usufr.* — Proudhon, nº 1792.

625. — ... Ceux qui peuvent être ordonnés pour satisfaire aux dépenses communales, comme pour la réfection du pavé des rues, pour les réparations d'entretien des puits, des fontaines publiques, des églises et des presbytères, des digues et chaussées qui sont établies pour la protection des propriétés riveraines de la mer, des fleuves, rivières ou torrens; comme encore pour fourniture de denrées destinées à l'approvisionnement d'un grenier communal d'abondance. — L. 27, § 3, ff., *De usufr.* — Proudhon, nº 1792.

626. — ... Les dépenses nécessaires à l'entretien des canaux de salubrité. — ff., *ibid.* — Proudhon, nº 1793.

627. — ... Celles qui seraient requises par les réparations d'entretien des canaux soit d'irrigation, soit de dessèchement des fonds soumis à l'usufruit. — ff., *ibid.* — Proudhon, *ibid.*

628. — ... Toutes les corvées et dépenses qui peuvent être exigées pour les réparations des routes publiques, le curement des fossés, la réfection et l'entretien des chemins vicinaux. — ff., *ibid.* — Proudhon, nº 1794.

629. — ... Les réquisitions en denrées qui peuvent être exigées pour les fournitures des armées, les logemens et le passage des troupes. — ff., *ibid.* — Proudhon, nº 1795.

630. — S'il s'agissait de dépenses ordinaires pour fournir non à de simples réparations d'entretien, mais bien aux frais de premier établissement, ou même de grosses réparations des puits et fontaines publics, des églises et presbytères, des digues et chaussées, des canaux d'irrigation, de salubrité ou de dessèchement dont nous venons de parler, comme encore des frais de premier établissement pour l'ouverture ou la confection d'un chemin vicinal, ou autres objets d'utilité municipale, les sommes exigées devraient être considérées comme des charges imposées sur la propriété même et au paiement desquelles le propriétaire et l'usufruitier devraient concourir conformément aux règles qui seront expliquées aux nos 656 et suiv. — Proudhon, nº 1796.

631. — Il est encore une autre espèce de charges annuelles affectant la jouissance de l'usufruitier, comme étant censées charges des fruits. Ce sont les arrérages des rentes passives et les intérêts des capitaux dus par la succession du testateur qui a légué l'usufruit de ses biens.

632. — Ces arrérages et intérêts doivent être supportés, pour le tout, par l'usufruitier universel, et, pour sa quote-part proportionnelle, par l'usufruitier à titre universel; mais l'usufruitier à titre singulier n'en doit rien payer. — Proudhon, nº 1797; Maleville, art 612.

633. — Il faut prendre garde que l'héritier qui représente le défunt n'en demeure pas moins lui-même débiteur des mêmes arrérages, parce que le testateur, en léguant l'usufruit de ses biens à un autre, n'a pu, au préjudice de ses créanciers, faire aucune novation dans la personne du débiteur que la loi leur donne; en conséquence, l'usufruitier n'est envers eux qu'un débiteur ajouté à un autre pour le temps de sa jouissance. — Proudhon, nº 1799.

634. — D'où il suit: 1º que les intérêts des dettes passives étant, pour le créancier, des fruits civils qui échoient jour par jour, l'usufruitier n'en est personnellement tenu qu'à dater du jour de la délivrance de son legs et de son entrée en jouissance; et que le prorata échu avant cette époque reste, comme dette de la succession, à la charge de l'héritier seulement. — Proudhon, nº 1800.

635. — ... 2º Que les titres des créanciers sont, quant aux intérêts échus durant l'usufruit, exécutoires soit contre l'héritier, soit contre l'usufruitier, puisque tous deux en sont personnellement débiteurs, sauf la signification qui doit en être faite huit jours à l'avance — Art. 877. — Proudhon, nº 1801.

636. — ... 3º Que si l'héritier a lui-même payé, soit librement, soit comme contraint, les intérêts et arrérages dont il s'agit, il a son action en recours contre l'usufruitier dont il a acquitté la dette. — Proudhon. nº 1802.

637. — ... 4º Que si le capital de la rente passive se trouvait exigible de la part du créancier pour cause de non paiement des arrérages pendant deux ans (art 1912), l'usufruitier qui aurait négligé de satisfaire à cette obligation devrait être condamné lui-même au remboursement du capital, sauf la subrogation qui lui serait due (art. 1251, § 3) pour entrer aux lieu et place du créancier, à l'effet de percevoir lui-même les arrérages de la rente après la cessation de son usufruit. — Proudhon, nº 1803.

638. — Le legs fait par un testateur d'une rente viagère ou pension alimentaire doit aussi être acquitté par le légataire universel de l'usufruit dans la proportion de sa jouissance, sans aucune répétition de leur part. — Art. 610.

639. — Cette disposition est-elle limitative, et parce qu'elle ne s'applique littéralement qu'aux rentes ou pensions léguées par le testament du défunt, est-il permis d'en conclure qu'on doit adopter une décision contraire à l'égard des rentes ou pensions viagères dont le testateur aurait été lui-même débiteur envers des tiers?

640. — « Non, dit Proudhon (nº 1812); car du moment qu'il est reconnu en principe que généralement tous arrérages de rentes ou intérêts des dettes passives, dues par le testateur, sont une charge de la jouissance de la succession, et que ce principe est consacré par le Code lui-même, pour qu'il fût permis de s'en écarter en ce qui concerne les rentes viagères, il faudrait qu'il y eût une exception positive à cet égard; et loin qu'on puisse trouver cette exception dans l'art. 610, on y voit au contraire une confirmation formelle de la règle générale, par l'application qui en est faite même aux rentes ou pensions viagères qui ne diminuaient pas encore le patrimoine entre les mains du testateur, et qui n'ont été créées que par son testament. — V. aussi Pothier, *Douaire*, nº 54.

641. — La dette légale des alimens est aussi une charge qui doit passer, avec les biens du débiteur, sur la tête de l'héritier qui recueille sa succession. — Proudhon, nº 1818.

642. — Elle doit donc être acquittée dans son intégrité par l'usufruitier universel, et en parties proportionnelles par les légataires à titre universel de l'usufruit comme s'il s'agissait du paiement d'une rente viagère, parce que c'est toujours une charge annuelle de même nature. — Proudhon, nº 1819.

643. — Ainsi, si le testateur a laissé un enfant adultérin, le légataire universel de l'usufruit devra lui fournir les alimens dont la loi l'établit créancier. — Proudhon, *ibid.*

644. — Ainsi encore, si l'un des époux ayant un ou plusieurs ascendans, mais n'ayant pas d'enfans, a donné à l'autre tout ce dont il pouvait disposer en faveur d'un étranger, et, en outre, l'usufruit de la réserve légale des ascendans (art. 1094), et que ceux-ci, vendant la nue propriété de leur réserve, ne trouvent pas dans le prix une ressource suffisante pour fournir à leur subsistance, cette ressource épuisée, l'époux survivant et donataire de l'autre devra fournir aux alimens des ascendans de son bienfaiteur. — Proudhon, *ibid.*

645. — Lorsque les charges annuelles, de quelque nature qu'elles soient, qui sont imposées à l'usufruitier, excèdent le montant du revenu des biens dont il jouit, peut-il être forcé de les acquitter dans leur intégrité?

646. — Suivant Proudhon, il faut distinguer deux espèces de charges dans l'usufruit: « les unes naturelles et intrinsèques, comme les réparations usufructuaires, les impôts assis sur les immeubles et généralement tout ce que la loi déclare être charges des fruits; les autres accidentelles et extrinsèques, comme les pensions viagères et autres prestations annuelles que le testateur peut avoir léguées à d'autres personnes. » — Proudhon, nos 1820, 1821 et 1822.

647. — Les premières doivent être supportées par l'usufruitier tant qu'il jouit, et il doit les supporter dans leur intégrité, quelle que soit la modicité du revenu qu'il retire de la chose; en sorte qu'il ne peut avoir d'autre moyen de s'en affranchir qu'en renonçant à son usufruit, cas auquel il en reste dégagé pour l'avenir. — Proudhon, nº 1821.

648. — En ce qui concerne les secondes, l'usufruitier n'est obligé de les acquitter que jusqu'à concurrence du montant des revenus qu'il perçoit sur les choses soumises à sa jouissance. — Proudhon, nº 1822.

647. — « En effet, ajoute Proudhon (nº 1828), aujourd'hui comme autrefois il n'y a toujours que l'héritier qui puisse être tenu *ultrà vires*, et si l'art. 610 dit que le légataire universel de l'usufruit doit acquitter le legs de pension viagère *dans son intégrité*, il ne parle que comparativement au légataire à titre universel, qui n'en doit supporter qu'une quote-part. »

650. — L'usufruitier à titre particulier n'est pas tenu des dettes auxquelles le fonds est hypothéqué; s'il est forcé de les payer, il a son recours contre le propriétaire, sauf ce qui est dit à l'art. 1020, au titre des donations entre-vifs et des testamens. — Art. 611.

651. — Il en est de même des rentes constituées hypothéquées sur le fonds. — *Bruxelles*, 9 déc. 1812, Glymen c. de Wacka.

652. — Mais le légataire à titre singulier de l'usufruit d'un fonds est-il tenu du service de la rente foncière assise sur cet héritage, ou doit-on considérer cette espèce de rente comme une simple dette personnelle, hypothéquée seulement sur le fonds et restant à la charge de la succession tant pour le capital que pour les intérêts?

653. — Cette question a été résolue contre l'usufruitier dans la discussion du conseil d'état sur l'art. 611. — Locré, t. 8, p. 242, nº 24. — Et cette solution est adoptée par Proudhon (nos 1834 et suiv.) d'une manière absolue.

654. — Les annotateurs de Zachariæ (t. 2, § 228, note 13e) pensent au contraire que l'on doit appliquer une solution opposée aux rentes créées depuis la loi du 11 brum. an VII, qui a mobilisé toute espèce de redevances. Suivant eux, ces rentes constituent une dette personnelle à l'acquéreur et à ses successeurs universels; l'usufruitier n'est pas plus tenu d'en servir les arrérages qu'il ne serait tenu d'acquitter les intérêts de tout autre prix de vente non encore payé.

655. — Quant aux rentes créées antérieurement à la loi du 11 brum. an VII, la question leur paraît tout au moins susceptible de difficulté; et lors même que l'on admettrait que la mobilisation de ces rentes n'a pas eu pour effet de les convertir en dettes personnelles aux détenteurs des immeubles qui en étaient alors grevés, toujours faudrait-il reconnaître, à leur avis, qu'elles ne constituent plus des charges inhérentes au fonds, mais de simples créances avec affectation hypothécaire. — Zachariæ, *ibid.*

§ 4. — *Obligations de l'usufruitier, à raison des charges qui peuvent être imposées sur la propriété.*

656. — Après avoir décidé que l'usufruitier sera seul tenu, pendant la jouissance, de toutes les charges annuelles, telles que les contributions et autres qui, dans l'usage, sont censées charges des fruits, les auteurs du Code ajoutent : « A l'égard des charges qui peuvent être imposées sur la propriété, pendant la durée de l'usufruit, l'usufruitier et le propriétaire y contribuent ainsi qu'il suit : Le propriétaire est obligé de les payer et l'usufruitier doit lui tenir compte des intérêts; si elles sont avancées par l'usufruitier, il a la répétition du capital à la fin de l'usufruit » — Art. 609.

657. — Il s'agit ici d'un genre de dépenses qu'on est obligé de faire et auquel on peut être contraint. — Proudhon, no 1854.

658. — Ainsi, l'art. 609 s'applique d'abord aux contributions de sommes capitales qui peuvent être assises sur la propriété, comme l'art. 608 se rapporte aux contributions annuelles qui n'affectent que la jouissance; d'où il faut conclure qu'il s'agit principalement ici des charges imposées sur le fonds par quelque acte de l'autorité publique, attendu que tel est le sens naturel du mot *imposer*, d'où dérive celui d'*impôt*. — Proudhon, no 1855.

659. — Mais comme le gouvernement peut, pour cause d'utilité publique, imposer des contributions sur les fonds, de même l'homme peut aussi, dans les conventions qu'il souscrit sur les intérêts privés, imposer à la propriété des charges réelles, qu'on est contraint d'acquitter comme si elles étaient imposées par un acte de l'autorité, puisque les conventions légalement formées tiennent lieu de loi à ceux qui les ont faites. — Art. 1134.

660. — C'est ainsi qu'aux termes de l'art. 958 du Code, les hypothèques et servitudes consenties par le donataire sur le fonds donné sont regardées comme des charges imposées sur l'immeuble. — Les rapports de voisinage imposent aussi des charges réelles qui naissent de la chose même indépendamment de toute convention (art. 651), charges qu'on peut être forcé d'exécuter.

661. — On doit, sur ce point, assimiler aux charges établies par l'autorité publique, celles qui peuvent être spécialement imposées à la propriété, par acte émané du propriétaire même, ou qui résulteraient des rapports de voisinage. — Proudhon, no 1856.

662. — Les charges imposées par l'autorité publique sont celles qui peuvent être ordonnées pour des besoins extraordinaires de l'état; pour obtenir la conservation de la propriété, dans le cas d'un péril imminent; celles qui ne sont assises que sur certaines propriétés, pour cause d'utilité perpétuelle et particulière; celles qui sont perçues à raison de l'état d'amélioration qui doit résulter, pour certains fonds, de quelques travaux ordonnés par le gouvernement. — Proudhon, no 1865.

663. — On doit donc comprendre au nombre de ces charges l'emprunt forcé qui serait exigé des propriétaires par l'état, pour satisfaire à des besoins urgens. — Proudhon, no 1866.

664. — ... La contribution extraordinaire imposée à la propriété, dans le cas d'une invasion de l'ennemi, pour sauver la ville d'un pillage, les maisons d'un incendie, les terres d'une inondation par la rupture des digues. — Proudhon, no 1867.

665. — ... Les frais de reconstruction d'un mur démoli en exécution d'une ordonnance de police sur la voirie. — Proudhon, no 1870.

666. — ... Les dépenses nécessaires pour l'établissement et la construction des digues à la mer, ou contre les fleuves, rivières ou torrens, lorsque le gouvernement, ordonnant ces travaux de protection, en fait supporter le prix, en tout ou en partie, par les propriétés immédiatement adjacentes et protégées. — LL. 1807 déjà citée et 14 flor. an 11; décr. 15 mai 1813. — Proudhon, no 1872.

667. — ... L'impôt extraordinaire qui serait levé dans une commune ou une paroisse pour frais de premier établissement de puits, de fontaine publique, d'église, de presbytère, de canaux de salubrité. — Proudhon, nos 1873 et 1875.

668. — ... Les frais de construction des ponts, des canaux d'irrigation, de dessèchement et de navigation qui peuvent être imposés en partie sur les propriétés riveraines, pour cause d'utilité locale. — V. arr. 16 germ. an XII; décr. 14 juill. 1812. — Proudhon, no 1874.

669. — ... L'indemnité due aux entrepreneurs pour prix des travaux de dessèchement de marais, ordonnés par le gouvernement. — Proudhon, no 1868.

670. — Dans ce cas, la loi accorde au propriétaire du sol la faculté de se libérer de cette indemnité, par le délaissement d'une partie proportionnelle du fonds, ou par le remboursement du prix d'adjudication, ou enfin par la constitution d'une rente sur le pied de 4 % sans retenue. — L. 16 sept. 1807, art 21 et suiv.

671. — Si le propriétaire prend le parti de faire abandon d'une portion du fonds, pour affranchir le surplus, l'usufruitier se trouvera lui-même libéré de cette manière. — S'il aime mieux faire à l'entrepreneur le remboursement du prix de ses travaux, l'usufruitier sera tenu de lui payer l'intérêt annuel de la somme qu'il aura déboursée. — Enfin, s'il opte pour la constitution d'une rente, l'usufruitier sera chargé de la servir durant la jouissance, et après la cessation de l'usufruit, elle pèsera sur le propriétaire tant pour les intérêts que pour le capital. — Proudhon, no 1868.

672. — Quant au droit de mutation qui est imposé par la loi, et qui doit être payé au bureau de l'enregistrement dans les six mois de la mort du testateur, doit-il être considéré comme une charge imposée à la propriété, et pesant sur l'héritier quant au capital et sur l'usufruitier quand à l'intérêt?

673. — Evidemment non; il reste à la charge du nu-propriétaire, en capital et intérêts. La raison en est que l'usufruitier est obligé de payer pour son propre compte un droit de mutation, à raison de l'acquisition de son droit. — *Douai*, 18 nov. 1834, Famechon. — Proudhon, no 1876; Zachariæ, t. 2, § 228, note 14; Merlin, *Quest.*, vo *Enregistrement*, § 20; Salviat, t. 1er, p. 224; Championnière et Rigaud, *Dr. d'enreg.*, t. 4, no 3882.

674. — L'héritier de la nue-propriété ne serait pas fondé à réclamer la vente d'objets dépendant de la succession pour faire face à cette dépense. — Même arrêt; *Cass.*, 9 juin 1813, André c. Valadoux.

675. — ... Et si l'usufruitier en avait fait l'avance, il pourrait répéter son remboursement sans attendre la fin de l'usufruit. — *Cass.*, 9 juin 1813, André c. Valadoux.

676. — Certaines charges peuvent encore affecter le fonds, soit par suite d'engagemens émanés de l'homme, soit en exécution d'obligations nées des rapports de voisinage, et ces charges doivent de même peser contributoirement sur le propriétaire et sur l'usufruitier.

677. — Ainsi, supposons qu'il s'agisse d'opérer le rachat d'une rente foncière assise sur l'héritage grevé d'usufruit, sans qu'il y ait d'ailleurs aucune faute à reprocher à l'usufruitier. C'est là une charge purement réelle, puisqu'on pouvait s'en dégager par l'abandon du fonds, comme par le prix estimatif du capital de la rente. Le propriétaire sera donc tenu de payer le prix du rachat, et l'usufruitier lui devra tenir compte des intérêts, à moins qu'il ne préfère faire l'avance du remboursement, pour le recevoir à son tour après la cessation de l'usufruit. — Proudhon, no 1877.

678. — De même, si le testateur avait vendu un fonds avec faculté de réméré et qu'il fût question d'opérer le rachat, l'héritier serait obligé de fournir le prix du rachat, et l'usufruitier ne devrait obtenir la jouissance des fonds qu'en payant annuellement l'intérêt du capital déboursé, à moins qu'il ne préférât faire lui-même l'avance du rachat, sauf à le recouvrer à la fin de l'usufruit. — Proudhon, no 1878.

679. — Une décision analogue devrait être appliquée au cas où un immeuble ayant été aliéné à vil prix par le testateur, l'on voudrait faire rescinder la vente pour cause de lésion. — Proudhon, no 1879.

680. — Si c'était le testateur lui-même qui eût acquis un fonds à vil prix; que le vendeur eût ouvert son action en rescision pour cause de lésion et que, pour conserver l'immeuble, l'héritier préférât suppléer le juste prix, l'héritier serait également obligé de payer le supplément de prix, sauf à l'usufruitier à lui tenir compte de l'intérêt annuel, ou à faire l'avance du capital. — Proudhon, no 1880.

681. — ... Si l'héritier, ouvrant une action en revendication d'un immeuble possédé par un tiers, le faisait rentrer dans les biens dépendans de la succession du défunt; mais qu'il y eût des impenses de bâtisse ou autres améliorations à rembourser au tiers possesseur évincé, ce serait encore là une espèce de charge réelle qui devrait être concurremment supportée par l'héritier pour le capital, et par l'usufruitier pour les intérêts. — Proudhon, no 1881.

682. — Dans le cas où il faudrait acquérir la mitoyenneté d'un mur pour l'avantage de la maison grevée d'usufruit, le prix qui serait payé au voisin (art. 661) devrait être supporté, d'après les mêmes règles, par l'héritier et l'usufruitier. — Proudhon, no 1883.

683. — Quand le fonds grevé d'usufruit est enclavé dans d'autres fonds, sans avoir d'issue sur la voie publique, et qu'il est nécessaire d'acquérir un droit de passage par les héritages voisins pour y arriver, cette acquisition doit être faite contributoirement par le propriétaire et l'usufruitier, car elle constitue une charge à raison du voisinage. — Proudhon, no 1885.

684. — Enfin, lorsque les biens grevés d'usufruit sont indivis avec un tiers; que, pour sortir d'indivison, il s'agit d'opérer un partage avec ce copropriétaire, et que, l'usufruitier et l'héritier concourent ensemble à l'opération, pour que l'acte en soit définitivement consommé dans l'intérêt de toutes les parties, les frais nécessaires pour y parvenir doivent encore être supportés par le propriétaire et l'usufruitier. — Proudhon, no 1887.

§ 5. — *Obligations de l'usufruitier en ce qui concerne les frais de procédure et l'exécution des condamnations qui peuvent avoir lieu à raison des biens soumis à l'usufruit.*

685. — Aux termes de l'art. 613, l'usufruitier n'est tenu que des frais des procès qui concernent la jouissance et des autres condamnations auxquelles ces procès pourraient donner lieu.

686. — S'il n'y a eu que la nue-propriété de contestée, l'usufruitier ne devra donc fournir aucune partie des dépens, puisqu'il n'est tenu que de ceux des procès qui concernent la jouissance. — Proudhon, no 1750.

687. — Il les supportera au contraire totalement, si le procès ne concerne que la jouissance, attendu qu'il est alors le seul intéressé au succès. — Proudhon, *ibid.*

688. — Enfin l'usufruitier et le propriétaire devront y contribuer, chacun dans le rapport de son intérêt, si le procès a pour objet le plein domaine du fonds, c'est-à dire, tant la propriété que la jouissance. — Proudhon, no 1751; Marcadé, art. 613.

689. — Si, par exemple, l'héritier du testateur qui a légué l'usufruit d'un domaine à un tiers attaque ce testament et succombe dans sa demande, il est bien évident qu'il n'aura aucun recours à exercer contre l'usufruitier.

690. — De même, dans le cas où l'usufruit d'une maison a été légué à l'un et la nue-propriété de cette maison à un autre, le procès fait par l'héritier soit au légataire de l'usufruit, soit au légataire de la nue-propriété, ne saurait motiver aucun recours de celui-ci contre l'autre, si la contestation porte exclusivement sur la libéralité spéciale qui lui a été faite, et ne peut modifier les droits de son co-légataire. — Marcadé, art. 613.

691. — L'obligation du nu-propriétaire et de l'usufruitier de contribuer aux frais des procès relatifs aux biens soumis à l'usufruit ne prend en effet sa source que dans la communauté d'intérêts qui les unit. Dès que le résultat d'une instance ne peut avoir aucune influence sur la position de l'un d'eux, les frais de cette instance ne sauraient être mis à sa charge pour quelque portion que ce soit.

692. — Il résulte de ces principes que dans l'action en partage ou en bornage, les frais des procès et ceux de l'opération sont à la charge de l'usufruitier seul, pour la portion correspondante à son lot, lorsqu'il agit seul, pour ne faire avec le tiers qu'un partage ou un bornage provisoire de la jouissance. — Proudhon, no 1753.

693. — Toutes les fois que l'action ne porte que sur le paiement des intérêts, ou sur le mode de remboursement des capitaux dont le droit de

créance n'est pas contesté, ou sur la perception des fruits d'un héritage dont la propriété n'est également pas mise en litige, les frais ne peuvent peser que sur l'usufruitier, puisque l'action est exclusivement dans son domaine. — Proudhon, nº 1754.

694. — De même, lorsque, par suite d'une action en revendication exercée de la part d'un tiers, il intervient une condamnation en restitution de fruits, elle ne doit être qu'à la charge de l'usufruitier qui a joui du fonds. — Proudhon, nº 1756.

695. — Lorsque l'usufruitier agit ou défend seul contre un tiers dans une action possessoire pour être maintenu ou réintégré en sa jouissance, c'est à lui seul à fournir aux dépens de l'instance, sans recours contre le propriétaire, parce que l'action est immédiatement dans son intérêt. — Proudhon, nº 1757.

696. — Mais si l'action possessoire était intentée ou soutenue par le propriétaire lui-même, l'usufruitier serait-il tenu des dépens d'une instance dans laquelle il n'aurait pas même figuré?

697. — Proudhon (nº 1758) adopte l'affirmative, « parce que, dit-il, dans ce cas, le procès n'a pour objet immédiat que la jouissance; il est par conséquent dans l'intérêt de l'usufruitier comme s'il avait agi lui-même; c'est par lui que la possession en a été revendiquée; s'il y a une restitution de fruits adjugée, c'est encore à lui qu'elle devra profiter; en un mot, dans l'action possessoire, ce n'est pas le droit de propriété, mais seulement la jouissance qui est la chose litigieuse. »

698. — Néanmoins si, dans cette hypothèse, le propriétaire succombant se trouvait condamné lui-même aux dépens, il faudrait, selon cet auteur, faire une distinction : — ou il n'y aurait aucune faute à reprocher à l'usufruitier, ou, au contraire, il se serait rendu coupable de négligence dans la surveillance qu'il devait apporter à la conservation de la chose. — Dans le premier cas, l'usufruitier ne saurait être obligé de rembourser les frais, ni comme condamné lui-même, puisqu'il n'était pas partie au procès, ni comme recueillant quelque avantage du jugement, puisque ce jugement lui est contraire. Les frais demeureraient donc à la charge du propriétaire seul comme étant la peine de sa propre témérité. Dans le second cas, au contraire, le propriétaire ayant un recours contre l'usufruitier qui, par sa faute, a laissé commettre une usurpation, sans la dénoncer à temps utile, serait recevable à lui réclamer les dépens du procès sous forme de dommages-intérêts.

699. — Supposons maintenant que la contestation, au lieu de porter sur la jouissance seulement, porte sur le plein domaine du fonds grevé d'usufruit. — Trois hypothèses peuvent se présenter : ou c'est le propriétaire seul ou l'usufruitier seul qui a plaidé, ou tous deux ont simultanément figuré dans le procès.

700. — Au premier cas, si le propriétaire qui a agi seul sort triomphant de la lutte, l'usufruitier profite du succès, non seulement pour la conservation de sa jouissance dans le futur, mais encore par la non restitution des fruits perçus du passé; il doit donc contribuer au paiement des frais dans la proportion de ses droits à la chose et du profit qui lui revient par le gain du procès. — Proudhon, nºs 1760 et suiv.

701. — En un mot, le propriétaire doit, en ce cas, faire l'avance du capital, et l'usufruitier lui en paie l'intérêt annuel, à moins que celui-ci ne préfère faire lui-même les avances, sauf à les recouvrer au terme de la jouissance. — Proudhon, nº 1762.

702. — Dans le second cas, si l'usufruitier obtient gain de cause, il fait déclarer le droit de propriété dans l'intérêt de l'héritier; il peut conséquemment répéter les frais à celui-ci, soit comme ayant utilement géré son affaire, soit comme ayant payé des dépens qui sont une charge réelle pesant sur le fonds même. — Proudhon, nº 1763.

703. — Néanmoins la répétition n'en devra être admise qu'à la fin de l'usufruit, parce que l'usufruitier n'était pas forcé d'agir; la loi ne lui imposait que l'obligation de dénoncer au propriétaire l'entreprise faite sur le fonds; qu'ayant agi librement, il s'est lui-même soumis aux avances des frais du procès, sauf à les recouvrer au temps de la jouissance. — Proudhon, nº 1764.

704. — Enfin, si le propriétaire et l'usufruitier ont été en cause l'un et l'autre, la charge des dépens faits par le propriétaire qui a triomphé est également soumise à la règle dont nous venons de parler : c'est-à-dire que l'usufruitier qui profite du succès doit en payer l'intérêt annuel, à moins qu'il ne préfère faire l'avance du capital, sauf à le recouvrer à la fin de l'usufruit. — Proudhon, nº 1765. — Marcadé, art. 613.

705. — Mais quant aux dépens faits par l'usufruitier lui-même, ils doivent rester exclusivement à sa charge, parce que son intervention ou sa mise en cause n'étant ni nécessaire ni utile à la défense des droits du propriétaire, il ne peut avoir, de son chef, aucune répétition de frais à former contre celui-ci. — Proudhon, nº 1766.

706. — Dans le cas où l'usufruit a été constitué à titre onéreux, il faut remarquer que l'usufruitier a une action en garantie contre son constituant pour le remboursement des frais de procès mis à sa charge par les dispositions ci-dessus rappelées. — Marcadé, art. 613.

707. — Mais ce recours en garantie ne modifie en rien les rapports respectifs du nu-propriétaire et de l'usufruitier. — Si, en effet, le plus souvent, le constituant de l'usufruit est le nu-propriétaire, il peut arriver qu'il en soit autrement, et, dans tous les cas, c'est à cette différence qu'il se trouve obligé envers l'usufruitier.

§ 6. — *Obligations de l'usufruitier relativement aux dettes et charges de la succession.*

708. — En parlant des charges imposées sur la propriété, nous avons vu dans les numéros précédens que, sans être débiteur direct, l'usufruitier doit y contribuer vis-à-vis du propriétaire ou en faisant lui-même les avances des sommes imposées, sauf à les recouvrer à la fin de sa jouissance, ou en payant au propriétaire l'intérêt du capital qu'il est obligé de débourser pour cet objet.

709. — On ne doit, en ce qui concerne cette espèce de charges, faire aucune distinction entre l'usufruitier universel ou à titre universel et l'usufruitier à titre singulier. — Proudhon, nº 1889.

710. — Mais il en est autrement des dettes et charges qui grèvent la succession du constituant. Il faut, en effet, se conformer aux principes généraux établis pour la contribution du légataire aux dettes de la succession, et décider que l'usufruitier à titre singulier ne doit en supporter aucune portion, à moins d'insuffisance de leurs titres. — « L'usufruitier à titre particulier, porte l'art. 611, C. civ., n'est pas tenu des dettes auxquelles le fonds est hypothéqué; s'il est forcé de les payer, il a son recours contre le propriétaire, sauf ce qui est dit à l'art. 1020. » — *Cass.*, 8 fév. 1843 (t. 1er 1844, p. 695), Degras-Préville c. Marescot. — V. LEGS.

711. — Ainsi, l'usufruitier à titre particulier n'est pas tenu, pendant son usufruit, de contribuer au remboursement du capital ni au service des arrérages d'une rente constituée avec hypothèque sur le fonds sujet à l'usufruit. — *Rouen*, 19 janv. 1842 (t. 1er 1842, p. 591), Lefebvre c. de Costard.

712. — Dans le cas où le légataire particulier de l'usufruit est tenu de contribuer aux dettes de la succession, parce que les biens libres ne suffisent pas pour les acquitter, cette contribution s'opère par voie de réduction entre lui et le légataire de la nue-propriété, conformément à l'art. 1024, C. civ., combiné avec les art. 926 et 612, C. civ., et non d'après la valeur de l'usufruit fixée eu égard à l'âge de l'usufruitier. — *Cass.*, 8 fév. 1843 (t. 1er 1844, p. 695), Degras-Préville c. Marescot.

713. — Quant à l'usufruitier universel, ou à titre universel, il doit contribuer, avec le propriétaire, au paiement des dettes ainsi qu'il suit : on estime la valeur du fonds sujet à l'usufruit; on fixe ensuite la contribution aux dettes à raison de cette valeur. Si l'usufruitier veut avancer la somme pour laquelle le fonds doit contribuer, le capital lui en est restitué à la fin de l'usufruit sans aucun intérêt. Si l'usufruitier ne veut pas faire cette avance, le propriétaire a le choix ou de payer cette somme, et, dans ce cas, l'usufruitier lui tient compte des intérêts pendant la durée de l'usufruit, ou de faire vendre, jusqu'à due concurrence, une portion des biens soumis à l'usufruit. — C. civ., art. 612.

714. — Le nu-propriétaire n'est donc pas obligé de payer une quote-part des dettes. Ou l'usufruitier est tenu de faire l'avance du paiement intégral des dettes, sauf à en répéter le montant à la fin de l'usufruit, ou il doit souffrir qu'il soit vendu, pour les acquitter, tout ou partie des biens grevés. — *Riom*, 12 fév. 1830, Baldran c. Daude.

715. — Le légataire en usufruit du seul immeuble qui se trouve dans une succession est également tenu ou de payer les dettes, sauf répétition à la fin de l'usufruit, ou de souffrir que l'héritier vende une portion de cet immeuble jusqu'à concurrence des dettes à acquitter. — *Cass.*, 4 fructid. an XIII, Guigo c. Massa.

716. — Du reste, l'usufruitier même universel n'est point tenu des dettes de la succession; seulement, il peut être soumis à l'obligation d'en payer les intérêts à partir de l'ouverture de l'usufruit. — *Bordeaux*, 12 mars 1840 (t. 2 1843, p. 328), Fardy c. Roy et Chéri Bellecouche.

717. — Le legs d'un usufruit universel ne peut même être fait avec dispense de payer les intérêts des dettes de la succession. — *Montpellier*, 12 janv. 1832, Julien c. Maurin et Maynard.

718. — Ainsi, la disposition par laquelle un testateur, en léguant l'usufruit de tous ses biens, impose au légataire l'obligation de payer annuellement une certaine somme aux créanciers de la succession, sans répétition contre l'héritier, nu-propriétaire, ne dispense pas l'usufruitier qui acquitte le capital des dettes de payer les intérêts de celles en produisant. — Même arrêt.

719. — Si le nu-propriétaire a payé lui-même les dettes, il a droit de répéter contre l'usufruitier, légataire à titre universel, l'intérêt de toutes les sommes par lui avancées, sans qu'il y ait lieu de distinguer si les dettes étaient ou non productives d'intérêts. — *Toulouse*, 9 déc. 1833, Blanc.

720. — ... Et l'usufruitier qui n'a pu ignorer l'existence des dettes qui grevaient la succession ne saurait se dispenser de payer ces intérêts, sous le prétexte que le nu-propriétaire a fait les avances, sans le consulter et sans le mettre à même de faire l'option dont parle l'art. 612. — Même arrêt.

721. — Rien ne peut donc dispenser l'usufruitier universel de solder intégralement les intérêts de la somme avancée par le nu-propriétaire pour le paiement d'une dette grevant les biens soumis à l'usufruit; c'est se livrer à une fixation arbitraire que de restreindre son obligation à une quotité d'intérêts. — *Bordeaux*, 1er mars 1838 (t. 2 1840, p. 22), Jacoupy-Lafon c. Birat.

722. — Les intérêts dus au nu-propriétaire par l'usufruitier sont prescriptibles par cinq ans. — *Toulouse*, 9 déc. 1833, Blanc.

723. — L'estimation dont il est question dans l'art. 612 n'est pas toujours nécessaire puisqu'elle n'est requise que pour fixer la quotité par laquelle l'usufruitier aura souffert une réduction et que cette quotité peut être souvent déterminée sans aucune estimation des biens. — C'est ce qui arrive toutes les fois qu'il n'y a qu'un usufruitier universel, ou qu'il n'est question que d'usufruitiers à titre universel auxquels on a légué la jouissance des quotes générales des biens de toutes espèces. — Proudhon, nº 1894; Marcadé, art. 612, nº 6.

724. — Mais lorsque le legs à titre universel comprend soit tous les immeubles, soit tout le mobilier, soit une quotité fixe de tous les immeubles ou de tout le mobilier, il faut alors recourir à une estimation des biens, et cette mesure devient indispensable. — Proudhon, nº 1896.

725. — L'estimation, quand elle est nécessaire, doit être faite à la participation de toutes parties intéressées; en conséquence, l'usufruitier doit y être appelé. — Proudhon, nº 1897.

726. — Quoique l'art. 612 ne parle que des dettes, néanmoins la règle qu'il établit doit être appliquée aux charges de la succession comme aux dettes du défunt, parce qu'il y a les mêmes raisons pour les unes que pour les autres. — Proudhon, nº 1898; Marcadé, nº 613.

727. — Ainsi cette règle est applicable : 1º aux paiemens des legs de sommes pécuniaires qui auraient été faits par le testateur. — Proudhon, nº 1899.

728. — Jugé aussi que lorsqu'un père a légué l'usufruit de ses biens à sa femme et la nue-propriété à l'un de ses enfans, et qu'il a fait aux autres enfans un legs à titre de légitime, c'est l'usufruitier et non le nu-propriétaire qui doit l'intérêt de ce legs à titre de légitime, à compter du jour de l'ouverture de la succession; le nu-propriétaire n'en devient passible que du jour de la cessation de l'usufruit. — *Montpellier*, 13 nov. 1828, Villanova.

729. — ... 2º Aux frais de scellés, s'il en a été apposé; à ceux du bénéfice d'inventaire; à ceux de toutes les demandes en délivrance des autres legs, puisque tous ces frais sont placés par la loi au rang des charges de la succession. — Proudhon, *ibid.*

730. — ... 3º Aux frais funéraires, lesquels doivent être estimés non d'une manière arbitraire et suivant toute la pompe que l'héritier aura voulu donner à la cérémonie funèbre, mais suivant les facultés et la dignité du défunt. — Proudhon, *ibid.*

731. — L'usufruitier qui a avancé la somme pour laquelle le fonds doit contribuer est-il, de plein droit, subrogé dans les actions, priviléges et hypothèques des créanciers qu'il a remboursés, pour les faire valoir lors de la répétition à la fin de l'usufruit? — Proudhon (nº 1907) se prononce pour l'affirmative, en se fondant sur les dispositions combinées des art. 874 et 1251.

432. — Mais lorsque le propriétaire a recours à

la vente d'une partie des biens de la succession, pour en acquitter les dettes, à qui de lui ou de l'usufruitier doit appartenir le choix des choses qui devront être vendues préférablement à d'autres?

733. — La loi fournit à l'usufruitier un moyen de parer à la vente ; c'est de fournir l'avance des paiemens. Une fois qu'il a refusé de l'employer, la charge de payer est renvoyée tout entière à l'héritier avec l'option de vendre ; celui-ci a en outre l'intérêt principal dans la négociation qui est à faire ; par ce double motif, la voix de l'héritier doit être communément prépondérante, s'il y a partage entre eux, sur le choix des objets qu'il convient d'aliéner. — Proudhon, nº 1912.

734. — Observons, en terminant, que si l'usufruitier se trouve lui-même créancier de la succession, il pourra, comme tout autre, exiger son remboursement ; mais qu'à supposer qu'il ne l'exige pas, et que son usufruit dure plus de trente ans, on ne pourra pas lui opposer la prescription. — En effet, s'il ne demande pas son paiement, c'est parce qu'il se verrait privé de la jouissance de la portion de biens dont la vente serait nécessaire pour le rembourser. — Il jouit donc toujours et de la même manière de l'intérêt de son capital. — Proudhon, nº 1909.

735. — Il faut remarquer ici, comme dans le paragraphe précédent, que l'usufruitier à titre gratuit est seul soumis aux obligations qui viennent d'être analysées. L'usufruitier à titre onéreux ne succède pas aux dettes et ne doit par conséquent pas contribuer à un paiement, à moins d'une stipulation expresse. — Marcadé, art. 612, nº 1er. — Il n'y a que celui qui acquiert à titre gratuit un usufruit universel ou à titre universel qui soit tenu d'acquitter, en proportion de sa jouissance et sans aucune répétition, les pensions alimentaires et les arrérages des rentes perpétuelles ou viagères qui frappent sur le patrimoine. — Marcadé, art. 612, nº 5.

Sect. 8e. — *Droits et obligations du nu-propriétaire.*

736. — Le propriétaire et l'usufruitier sont, en quelque sorte, associés dans le domaine de la chose, puisque l'un en a la jouissance et l'autre la nue-propriété.

737. — Chacun d'eux peut disposer de son droit, sans le consentement de l'autre, comme l'un des copropriétaires du même fonds peut aliéner la portion indivise, sans la participation de son communier. — Proudhon, nº 871 ; Salviat, art. 112, nº 1er.

738. — Ainsi, comme l'usufruitier peut vendre son droit ou le céder à titre gratuit (art. 595), de même le propriétaire peut vendre ou donner le fonds grevé d'usufruit, sans préjudice des droits de l'usufruitier qui les conserve tout entiers tant qu'il n'y a pas formellement renoncé (art. 622). Il peut également l'hypothéquer. — Proudhon, *ibid.* ; Salviat, art. 112, nos 1er et 2.

739. — Le nouveau propriétaire succède alors à toutes les actions que le premier pouvait avoir contre l'usufruitier et sa caution, pour cause de dégradations commises dans le fonds sujet à usufruit ; encore bien qu'on ne lui ait fait aucune cession expresse, à cet égard. — Proudhon, *ibid.*

740. — Les droits que le propriétaire peut exercer sur la chose ou à raison de la chose, durant la jouissance de l'usufruit, peuvent d'ailleurs être rangés dans trois classes, suivant qu'ils se rapportent à l'exécution des devoirs imposés à l'usufruitier, à la conservation de la chose ou à son amélioration.

741. — 1re *classe.* — La loi ne pouvait imposer diverses obligations à l'usufruitier, pour la conservation des choses sujettes à l'usufruit, sans accorder au propriétaire autant de droits corrélatifs, pour en forcer l'exécution.

742. — Ainsi le propriétaire a le droit d'exiger que l'usufruitier fasse inventaire et donne caution ; qu'il jouisse en bon père de famille, qu'il ne dégrade pas le fonds et qu'il pourvoie à toutes les réparations d'entretien. — Proudhon, nº 872.

743. — 2e *classe.* — Le propriétaire a le droit de veiller à la conservation des choses sujettes à l'usufruit, et de prendre immédiatement lui-même toutes les précautions nécessaires pour arriver à cette fin, parce que le droit de conservation dérive nécessairement de celui de propriété. — Proudhon, nº 873.

744. — Ainsi, il peut instituer un garde pour la conservation de la forêt et un concierge pour veiller à la sûreté de la maison, faute par l'usufruitier d'y avoir pourvu, et même contre le gré de celui-ci. — Proudhon, *ibid.* ; Zachariæ, t. 2, § 229, note 2e ; Duranton, t. 4, nº 641 ; Toullier, t. 3, nos 441 et 442 ; Salviat, art. 116.

745. — Il peut procéder aux grosses réparations, quelle que soit l'incommodité qu'elles causent à l'usufruitier. — Mêmes auteurs, *ibid.*

746. — Il est même autorisé, en offrant une juste indemnité à l'usufruitier, à prendre toutes les mesures que nécessite un intérêt majeur, quoiqu'elles soient de nature à diminuer la jouissance de ce dernier. Il peut, par exemple, pour faire de grosses réparations, ouvrir une carrière dans un fonds soumis à l'usufruit ; il peut aussi abattre les arbres couronnés pour en prévenir le dépérissement. — Zachariæ, *ibid.* ; Toullier, *ibid.* ; Duranton, *ibid.* ; Proudhon, nos 870 et 882.

747. — ... Jugé encore que le propriétaire peut, malgré l'opposition de l'usufruitier, disposer d'objets compris dans l'usufruit, si ces objets dépérissent et ne sont, pour l'usufruitier, productifs d'aucun revenu ni d'aucun agrément. — *Poitiers*, 2 avr. 1818, Graslepois c. Esgonière.

748. — 3e *classe.* — Le propriétaire peut améliorer, pourvu qu'il ne cause pas de préjudice à la jouissance de l'usufruitier, parce que c'est là encore une faculté qui est nécessairement inhérente au droit de propriété. — Proudhon, nº 875.

749. — Il pourra donc acquérir un droit de servitude active pour la commodité d'un héritage ; il pourra construire un bâtiment sur un fonds dépendant du domaine soumis à l'usufruit, si ce bâtiment, dont la jouissance doit être laissée à l'usufruitier, est nécessaire ou utile à l'exploitation du domaine. — Proudhon, *ibid.*

750. — Quant aux obligations du propriétaire, elles sont peu nombreuses : on peut, en général, les rapporter à deux, dont l'une est positive et l'autre négative. — Proudhon, nº 1460.

751. — L'obligation positive a pour objet la mise en possession de l'usufruitier. La chose doit lui être livrée dans l'état où elle se trouve, à moins que depuis l'ouverture du droit d'usufruit, elle n'ait été détériorée par la faute du nu-propriétaire. Elle doit aussi lui être livrée avec les divers accessoires que nous avons spécialement signalés plus haut. — Salviat, art. 110, nº 1er.

752. — Mais dès que l'usufruitier a été mis en jouissance, l'obligation positive dont nous parlons est entièrement éteinte, du moins si l'usufruit a été constitué à titre gratuit ; et l'héritier ou le donateur ne peuvent devoir aucune garantie pour l'éviction qui aurait lieu par la revendication d'un tiers qui serait le véritable propriétaire du fonds. — Proudhon, nos 1460 et 1461.

753. — Il en serait autrement, si c'était à titre onéreux que l'usufruit fût établi. Le vendeur en devrait alors la garantie, comme dans la vente de tout autre immeuble. — Proudhon, nº 1462.

754. — L'obligation négative qui pèse sur le propriétaire est déterminée par l'art. 599 dans les termes suivans : « Le propriétaire ne peut, par son fait, ni de quelque manière que ce soit, nuire aux droits de l'usufruitier. »

755. — Le nu-propriétaire ne peut donc rien faire sur le fonds grevé d'usufruit qui tende à retarder ou à diminuer la jouissance de l'usufruitier, ni le troubler dans cette jouissance, à moins qu'il n'y ait nécessité en juste cause, comme lorsqu'il s'agit de pourvoir à de grosses réparations. — Proudhon, nº 1463 ; Salviat, art. 110, nº 1er.

756. — Ainsi, du moment que le droit d'usufruit est établi sur un fonds, le propriétaire ne peut, ni avant ni après la délivrance du legs, faire dans l'héritage, aucun changement qui empire la condition de l'usufruitier. — Proudhon, nº 1464 ; Zachariæ, t. 2, § 229.

757. — Spécialement, il ne peut, contre le gré de l'usufruitier, construire sur un sol vide un édifice qui ne serait pas nécessaire à l'exploitation du fonds, ni élever d'un étage une maison déjà construite. — *Lyon*, 15 déc. 1832, Mathieu. — L. 7, § 1, ff., *De usufr.* — Proudhon, *ibid.* ; Salviat, art. 118.

758. — Ainsi encore, le propriétaire ne peut dégrader les bois, démolir les édifices, imposer des servitudes sur le fonds, faire la remise de celles qui seraient activement établies pour leur avantage. — L. 15, § 7, ff., *De usufr.* — Proudhon, nº 1465 ; Salviat, art. 110, nº 2, et art. 111, nº 2.

759. — De ce que le nu-propriétaire ne peut, par son fait, ni de quelque manière que ce soit, nuire aux droits de l'usufruitier, il s'ensuit encore que l'usufruit s'étend sur tout ce qui, par le fait du nu-propriétaire, s'incorpore à l'immeuble soumis à l'usufruit de manière à n'en plus pouvoir être séparé sans préjudice pour l'usufruitier. — *Paris*, 29 mai 1841 (t. 2 1841, p. 526), Brichard c. Béchu.

760. — Spécialement, l'usufruit d'une chute d'eau, et de moulins établis sur cette chute, auxquels il a été, du consentement de l'usufruitier, réuni par le nu-propriétaire une autre chute dont il avait la toute propriété, et substitué de nouveaux moulins d'une force double de ceux soumis à l'usufruit, s'étend aux deux chutes ainsi réunies et à la totalité des nouvelles constructions élevées sur l'emplacement des anciennes. — Même arrêt.

761. — Toutefois il est évident que c'est uniquement à l'égard de l'usufruitier que les conventions intervenues entre le nu-propriétaire et des tiers sont regardées comme non avenues. Ces conventions conservent toute leur force entre les parties contractantes, et doivent recevoir leur exécution à l'extinction de l'usufruit. Elles peuvent même motiver une action en dommages-intérêts contre le nu-propriétaire, à raison du retard apporté par l'usufruitier à leur réalisation, si le nu-propriétaire n'a pas suffisamment fait connaître sa position et s'il ne résulte pas de l'ensemble des stipulations que les parties n'ont entendu traiter que sauf les droits de l'usufruitier. — Salviat, art. 111, nº 2.

762. — Pour tout ce qui concerne plus spécialement les droits et les obligations du propriétaire, relativement aux diverses natures de biens soumis à l'usufruit, on peut du reste consulter ce qui a été dit plus haut des droits de l'usufruitier sur ces mêmes biens ; car, en déterminant les droits de celui-ci, on a implicitement fait connaître quelles étaient les obligations du premier ; et réciproquement, en expliquant les devoirs de l'usufruitier, on a indiqué les droits du nu-propriétaire.

Sect. 9e. — *Extinction de l'usufruit.*

763. — L'usufruit, considéré comme propriété, est soumis à la plupart des règles communes sur la résolution du droit de propriété, et il prend fin par les mêmes causes par lesquelles on est exposé à souffrir l'éviction de la propriété même du fonds. — Proudhon, nº 1923.

764. — Ainsi, l'usufruit peut, suivant les règles du droit commun, être résolu directement au profit du propriétaire du fonds en plusieurs cas, notamment dans les cas prévus par les art. 953, 955, 960, 1046 et 1184.

765. — Mais l'inconduite d'une femme, soit avant, soit après le décès de son mari, n'entraînerait pas la cessation de l'usufruit que celui-ci lui a légué. *Nîmes*, 14 fév. 1827, Gaudemard c. Estévenot ; *Besançon*, 1er août 1844 (t. 1er 1845, p. 678), Seguin c. Mourot. — Merlin, *Rép.*, vº *Deuil*, § 2 ; Delvincourt, t. 2, p. 387.

766. — Il peut aussi être résolu dans l'intérêt des créanciers en fraude desquels il aurait été établi. — Art. 1167.

767. — Enfin, il peut être résolu indirectement et dans l'intérêt des tiers, lorsqu'il y a résolution des droits du constituant lui-même. — Proudhon, nos 1933 et suiv.

768. — Mais, comme propriété temporaire intransmissible, et encore comme droit de servitude établi sur le fonds d'autrui, l'usufruit cesse par beaucoup d'autres manières qui résultent de sa nature propre. C'est ce qui va faire l'objet de la présente section.

769. — Du reste, quelle que soit la cause qui mette fin à l'usufruit, les héritiers de l'usufruitier ne doivent les intérêts des choses usufructuaires que du jour de la demande. — *Cass.*, 30 nov. 1829, Savoye c. Morlot.

770. — Les causes spéciales d'extinction de l'usufruit sont : 1º la mort naturelle ou civile de l'usufruitier ; 2º l'échéance du terme fixé ; 3º la consolidation ; 4º le non-usage pendant trente ans ; 5º la destruction totale de la chose ; 6º l'abus de jouissance ; 7º la renonciation à titre gratuit ou onéreux de l'usufruitier. — C. civ., art. 617, 618, arg. 622.

771. — 1º *Mort de l'usufruitier.* — L'usufruit prend fin par la mort de l'usufruitier (C. civ., art. 617), et cette extinction a lieu lors même qu'il avait été établi par acte entre-vifs. Le principe général qui régit les contrats et qui veut que nous soyons censés stipuler tant pour nous que pour nos héritiers reste ici sans application.

772. — Lors même que dans l'acte constitutif de l'usufruit on en aurait assigné la durée jusqu'à une époque fixe, si l'usufruitier venait à mourir avant le terme désigné, le droit serait toujours éteint, sans qu'il en transmît rien pour l'avenir à ses héritiers. — Proudhon, nº 1965 ; Marcadé, art. 617 ; Salviat, art. 121, nº 2.

773. — L'usufruit s'éteint donc nécessairement par la mort de l'usufruitier, mais de l'usufruitier en titre, c'est-à-dire de celui sur la tête duquel il a été établi, et non pas de celui qui ne serait que cessionnaire ou acquéreur de l'usufruit établi sur la tête d'un autre. — Proudhon, nº 1966.

774.—La mort civile produit les mêmes effets que la mort naturelle (C. civ., art. 617), du moins en général.

775.—Ainsi, lorsque l'usufruitier a été condamné à une peine emportant mort civile, son usufruit est éteint du jour de l'exécution soit réelle, soit par effigie du jugement, si la condamnation est contradictoire (art. 26), et cinq ans après cette exécution (art. 27), s'il n'a été condamné que par contumace.—Proudhon, *ibid.*

776.—Néanmoins, le droit d'usufruit peut rester dû à l'usufruitier jusqu'à concurrence de ses besoins, même lorsqu'il vient à être frappé de la mort civile, s'il paraît par l'acte constitutif que le testateur qui l'a légué, ou que les parties qui l'ont stipulé par acte entre-vifs, ont voulu qu'il reçût cette durée dans son exécution. — Proudhon, nos 1976 et suiv.; Duranton, no 651; Delvincourt, t. 1er, p. 370; Salviat, art. 122, no 2.

777.—Ainsi, jugé que, bien qu'en règle générale, l'usufruit s'éteigne par la mort civile de l'usufruitier aussi bien que par sa mort naturelle, néanmoins si, dans un acte de vente faisant réserve d'usufruit au profit du vendeur, il a été stipulé que l'entrée en jouissance de l'acquéreur n'aurait lieu qu'à l'époque *du décès* du vendeur, cette stipulation doit être entendue en ce sens que l'usufruit ainsi réservé ne prend fin que par la mort naturelle de ce dernier.—*Angers*, 3 juill. 1847 (t. 2 1847, p. 363), Montreuil c. Beaufils.

778.—Mais l'usufruit éteint par la mort civile ne renaîtrait pas au cas où le mort civilement viendrait à recouvrer la jouissance des droits civils.—Duranton, no 650; Zachariæ, t. 2, § 230, note 1re; Marcadé, article 617, no 3; Salviat, article 122, no 3.

779.—A moins cependant que la réintégration ne provînt pas d'une grâce accordée au condamné, mais bien d'une révision légale du procès, aux termes des art. 443 et suiv., Code inst. crim.; car, dans ce cas, la première condamnation est anéantie et considérée comme n'ayant jamais existé.—Salviat, *ibid.*

780. — Si l'usufruit a été établi au profit d'une personne morale, il s'éteint par la cessation de l'existence légale de cette personne, ou par le laps de trente ans. — Art. 619. — Duranton, no 664; Proudhon, nos 330 et 331; Zachariæ, t. 2, § 230, note 3e.

781. — 2o *Echéance du terme fixe.* — L'usufruit finit par l'échéance du terme qui lui a été assigné, comme par l'événement de la condition résolutoire à laquelle il se trouve subordonné.

782. — ... Notamment par la mort de la tierce personne dont la vie a été prise pour terme de sa durée.

783. — Mais la mort civile de cette personne n'entraînerait pas l'extinction de l'usufruit, parce qu'elle est un cas extraordinaire qui n'a pu entrer dans les prévisions du constituant. — Proudhon, no 2045; Duranton, no 659; Toullier, no 450; Zachariæ, t. 2, § 230, note 9e; Merlin, *Rép.*, vo *Mort civile*, § 1er, art. 3, no 11.

784. — Suivant l'art. 620 du Code, l'usufruit accordé jusqu'à ce qu'un tiers ait atteint un âge fixe, dure jusqu'à cette époque, encore que le tiers soit mort avant cet âge.

785. —Dans ces divers cas, d'ailleurs, l'usufruit ne cesse pas moins par la mort de l'usufruitier arrivée avant l'une ou l'autre des époques fixées, ainsi que nous l'avons dit plus haut. — Marcadé, art. 617, no 4.

786. — L'usufruit constitué jusqu'à ce qu'une personne ait recouvré ses facultés intellectuelles ne s'éteint pas par le décès de cette personne : la condition n'est pas en effet réalisée, il dure jusqu'au décès de l'usufruitier. — Duranton, t. 4, no 599; Proudhon, nos 2038, 2039. — *Contrà*, Toullier, t. 3, no 454.

787. — Lorsqu'un droit d'usufruit a été établi jusqu'à un terme fixe, il finit de plein droit, au jour fixé, sans qu'il soit besoin d'en demander la révocation en justice, parce qu'il n'avait pas reçu d'existence pour un plus long temps. — Proudhon, no 2037.

788. — Au contraire, quand l'usufruit a été soumis à une condition résolutoire, la règle générale est qu'il n'expire point de plein droit, par l'événement de la condition, à moins qu'il n'y ait, à cet égard, une disposition spéciale dans la loi. — Proudhon, *ibid.*

789. — Il faut donc recourir alors à l'autorité du juge pour faire prononcer l'extinction de l'usufruit, et il le faut, parce qu'il est nécessaire de faire déclarer que réellement le fait prévu est arrivé et que la condition est accomplie, conformément à l'intention de celui qui l'avait imposée. —Proudhon, *ibid.*

790. — D'où il suit que, quand il s'agit d'un usufruit établi à terme fixe, l'usufruitier qui jouit après son terme doit le rapport de toutes ses jouissances postérieures, et qu'il les doit de plein droit, et sans aucune demande formée contre lui; tandis que, dans le cas de l'usufruit subordonné à une condition résolutoire, l'usufruitier qui jouit après l'événement de la condition fait toujours les fruits siens, jusqu'à ce qu'il soit actionné en résolution de son titre et en relâchement du fonds. — Proudhon, *ibid.*; Salviat, art. 131, no 3.

791. — 3o *Consolidation.* — Puisque l'usufruit *proprement dit* ne consiste que dans le droit de jouir d'une chose dont un autre a la propriété, il doit finir par la réunion sur la même tête des deux qualités de propriétaire et d'usufruitier, et cela par une conséquence toute naturelle de la maxime *res sua nemini servit.* — Art. 617.

792. — Nous disons *l'usufruit proprement dit*; car, en ce qui concerne l'usufruit des choses fongibles, il ne peut être question de l'extinction par confusion.

793. — Les effets de la consolidation ne sont pas absolus. L'usufruit renaît, si l'usufruitier vient à être évincé de la propriété qu'il avait acquise. — Toullier, no 656; Duranton, nos 666 et suiv.; Proudhon, nos 2061 et suiv.; Zachariæ, t. 2, § 230, note 7; Pothier, *Douaire*, no 254; Hennequin, t. 2, p. 503; Marcadé, art. 617, no 5; Salviat, art. 123, no 3.

794.—« En effet, dit Pothier (*loc. cit.*), il est contre l'équité que cet usufruitier, qui n'a acquis que le droit d'une nue-propriété, séparé du droit de percevoir les fruits de l'héritage qui était par devers cet usufruitier, soit, par la résolution qui s'est faite pour l'avenir de son acquisition, privé de plus qu'il n'a acquis, et qu'on lui fasse perdre le droit de percevoir pendant sa vie les fruits de l'héritage qu'il avait indépendamment et avant l'acquisition qu'il a faite de la nue-propriété et qu'il a toujours conservé, quoique sous une autre forme.

795. — La réunion de l'usufruit à la nue-propriété donne-t-elle lieu au droit de mutation? — Oui, à moins que ce droit n'ait été acquitté par anticipation sur la valeur entière de la propriété. — *Cass.*, 2 août 1841 (t. 2 1841, p. 308), Darblay.

796. — Dès-lors, si, par un partage entre un père et ses enfans, sur lequel il n'a été perçu qu'un droit fixe, tous les biens de la communauté ont été attribués en usufruit au père et en nue-propriété aux enfans, ces derniers sont tenus, au décès de leur père, d'acquitter le droit de mutation à raison de la cessation de l'usufruit. — Même arrêt. — V. ENREGISTREMENT.

797. — 4o *Non usage.* — Suivant l'art. 617 du Code, le droit d'usufruit s'éteint par le non usage pendant trente ans, parce que tel est le terme assigné à la prescription de toutes les actions tant réelles que personnelles. — Art. 2262.

798. — Le laps de trente ans doit être réduit de dix à vingt ans, lorsque l'immeuble soumis à l'usufruit a été transmis, en vertu d'un juste titre, à un successeur particulier qui ignorait, au moment de l'acquisition, l'existence du droit dont cet immeuble était grevé. Ce successeur prescrit alors la franchise de l'immeuble par dix ou vingt ans de possession, comme il en aurait prescrit la propriété, s'il avait acquis *à non domino.* — Toullier, no 458; Duranton, no 673; Delvincourt, t. 1er, p. 370; Proudhon, nos 2123 et suiv.; Troplong, *Prescription*, t. 2, no 854; Zachariæ, t. 2, § 230, note 14; Hennequin, t. 2, p. 505; Marcadé, art. 617, no 7.

799. — Toutefois, l'extinction résultant du non usage ne s'applique qu'aux objets sur lesquels l'usufruitier n'a pas exercé sa jouissance. — L. 14, ff., *Quibus mod usufr. amitt.* — Salviat, art. 124, no 5.

800. — 5o *Perte de la chose.* — L'usufruit est éteint par la perte de la chose sur laquelle il était établi; mais il faut, aux termes du Code, que la perte soit totale (art. 617); en sorte que si une partie seulement de la chose soumise à l'usufruit a été détruite, les droits de l'usufruitier se conservent sur ce qui reste. — Art. 623.

801. — Si, au moment de la perte de la chose, le droit d'usufruit est déjà ouvert, l'extinction n'a lieu, dans un sens absolu, qu'autant que la perte de la chose ne doit être attribuée qu'au cas fortuit ou à la force majeure; autrement, l'usufruitier aurait droit à des dommages-intérêts plus ou moins considérables, suivant l'importance de la perte par lui ressentie et les circonstances de faits qui l'auraient occasionnée. — Proudhon, no 2527.

802. — Et même, quoique la chose ait péri par cas fortuit, si l'héritier avait déjà été mis en demeure de la délivrer, il n'en devrait pas moins une indemnité de jouissance au légataire de l'usufruit, à moins que la chose n'eût dû périr également entre les mains de celui-ci, si elle lui avait été livrée. — Art. 1302. — Proudhon, no 2529.

803. — Il faut remarquer encore que tout cela ne doit être entendu que du cas où l'usufruit porte sur un corps certain et déterminé.

804. — Un changement de forme résultant d'un cas fortuit, d'une inondation, par exemple, doit être assimilé à la perte totale de la chose. — L. 10, ff., *Quib. mod. usufr. amitt.* — Duranton, nos 685 et suiv.; Zachariæ, t. 2, § 230, note 12e; Marcadé, art. 617, no 8.

805. — Toutefois, si ce changement n'était que temporaire, l'usufruit renaîtrait après le rétablissement de la chose dans son ancien état. — LL. 23 et 24, ff., *eod. tit.* — Duranton, *ibid.*; Zachariæ, *ibid.*

806. — 6o *Abus de jouissance.* — L'usufruit peut aussi cesser par l'abus que l'usufruitier fait de la jouissance, soit en commettant des dégradations sur le fonds, soit en le laissant dépérir faute d'entretien. — Art. 618.

807. — Cette disposition est applicable même au cas où l'usufruit aurait été constitué antérieurement au Code civil, surtout lorsqu'il est constaté que les faits d'abus sont postérieurs à la publication du Code. — *Cass.*, 5 fév. 1818, Encoignard c. Letourny.

808. — Mais la cessation de l'usufruit par abus de jouissance n'a pas lieu de plein droit, il faut que le juge l'ait prononcée en connaissance de cause. — Proudhon, no 2418; Salviat, art. 125; Marcadé, art. 618.

809. — Du reste, la déchéance dont il s'agit ici est véritablement une peine; elle ne doit donc être que la suite du dol ou de quelques fautes graves, et ne peut être motivée par quelques actes d'imprudence nuisibles au propriétaire. Telle est, en général, la doctrine uniforme de tous les auteurs qui ont traité la matière. — Proudhon, no 2419; Sotomayor, *De usufr.*, cap. 21, no 17; Tuldenus, *Inst.*, lib. 2, tit. 1, *De usufr.*, cap. 5; Merlin, *Rép.*, vo *Usufruit*, § 5, art. 4; Toullier, t. 3, p. 388; Marcadé, art. 618.

810. — L'action en déchéance serait fondée contre l'usufruitier qui aurait démoli des bâtimens utiles, ou qui, omettant d'y faire les réparations d'entretien, les laisserait tomber en ruines. — Proudhon, no 2420; Duranton, no 696.

811. — ... Contre celui qui, ayant acheté l'usufruit d'une maison moyennant une rente viagère, aurait négligé, au mépris des conventions portées en l'acte de vente, d'entretenir l'immeuble et de faire les grosses réparations dont il est chargé. — *Orléans*, 21 mars 1823, Pétillaut c. Brousse.

812. — ... Contre celui qui extirperait un bois taillis, pour le réduire à plain, ou qui le laisserait dégrader par le bétail dans le temps des jeunes coupes. — Proudhon, *ibid.*

813. — ... Contre celui qui aurait coupé des futaies en quantité notable et sans cause légitime. — Proudhon et Duranton, *loc. cit.*

814. — ... Contre celui qui aurait dépeuplé les vergers en abattant les arbres fruitiers qui ne seraient ni morts ni brisés par les vents. — Proudhon et Duranton, *loc. cit.*

815. — ... Contre celui qui arracherait des vignes productives. — Proudhon et Duranton, *loc. cit.*

816. — ... Contre celui dont le mode de culture et de jouissance tendrait visiblement à épuiser le fonds, au préjudice du propriétaire. — Proudhon et Duranton, *ibid.*

817. — ... Contre celui qui, exploitant une mine sans observer les règles de l'art, l'exposerait à sa ruine ou compromettrait la sûreté de l'extraction. — Proudhon et Duranton, *ibid.*

818. — ... Enfin contre celui qui abuserait des effets mobiliers, en les employant à des usages auxquels ils n'avaient pas été destinés par le maître, et qui seraient plus préjudiciables au droit de propriété. — Proudhon et Duranton, *ibid.*

819. — Dans ces divers cas, les créanciers de l'usufruitier peuvent intervenir pour la conservation de leurs droits, et offrir la réparation des dégradations commises et des garanties pour l'avenir. — Art. 618.

820. — L'appréciation des cas d'abus est, au surplus, abandonnée au pouvoir discrétionnaire des juges qui peuvent, suivant la gravité des circonstances, ou prononcer l'extinction absolue de l'usufruit, ou n'ordonner la rentrée du propriétaire dans la jouissance de l'objet qui en est grevé, qu'à la charge de payer annuellement à l'usufruitier ou à ses ayans-cause une somme déterminée, jusqu'à l'époque où l'usufruit aurait dû cesser. — Art. 618.

821. — Ainsi, les juges peuvent, en prononçant la déchéance d'un usufruit pour cause d'abus de jouissance, convertir le droit de cet usufruitier en une indemnité annuelle à payer jusqu'à l'instant où l'usufruit doit cesser par le nu-propriétaire qui

rentré en possession du fonds. — *Cass.*, 8 janv. 1845, Giffey.

822. — ... Et, comme conséquence du droit d'un leur appartient de régler les conditions d'une telle conversion de l'usufruit, ils peuvent, sans que leur décision tombe sous la censure de la cour de Cassation, mettre, à la charge de l'usufruitier déchu, les dépens, y compris l'enregistrement du jugement qui prononce la conversion.—Même arrêt.

823. — Suivant Proudhon (n° 2144), la gravité de ces circonstances, dont la considération est recommandée aux juges, dans ces sortes de contestations, n'est pas seulement relative aux dégradations qui peuvent être plus ou moins nombreuses ou plus ou moins énormes, mais encore à la qualité des personnes, entre lesquelles les devoirs et les égards réciproquement dus peuvent être bien différens.

824. — 7° *Renonciation de l'usufruitier.* — L'usufruit s'éteint aussi par la renonciation de l'usufruitier. — Art. 621.

825. — Celui qui renonce à un droit d'usufruit aliène une propriété qui lui appartient; il faut donc avoir la libre disposition de ses biens pour faire valablement cette renonciation.— Proudhon, n° 2163; Duranton, n° 698.

826. — Ainsi, la femme mariée ne pourrait, sans le consentement de son mari, renoncer à un droit d'usufruit qui lui serait acquis; ainsi encore, le mineur ni l'interdit ne pourraient faire cette renonciation. — Proudhon, *ibid.*

827. — Les auteurs du Code n'ont, d'ailleurs, prescrit aucune forme sacramentelle à suivre, de la part de l'usufruitier, pour renoncer officiellement à son droit; il suffit qu'il y ait, de sa part, une renonciation positive et certaine. — Proudhon, n°s 2173 et suiv.

828. — Ainsi, un beau-père qui a signé, comme témoin, un acte de vente d'un objet dont il avait l'usufruit, vente consentie par son gendre, est censé avoir donné son consentement à cet acte et renoncé à son usufruit. — *Agen*, 17 juill. 1813, Gaffard c. Laforgue.

829. — Mais un père, à qui son contrat de mariage attribue la jouissance de la constitution dotale de sa femme, en cas de survie, n'est pas censé avoir renoncé à ce droit de jouissance, par cela seul qu'il a assisté au contrat de mariage d'un de ses enfans, qui s'est constitué, du consentement de son père, tous ses droits paternels et maternels. — *Agen*, 25 janv. 1812, Nogués.

830. — L'acte de renonciation fait par l'usufruitier n'opère pas seulement l'extinction du droit d'usufruit; il met aussi, et par voie de conséquence nécessaire, fin aux obligations du renonçant, qui se dégage, pour l'avenir, des charges naturellement inhérentes aux droits dont il se trouve dessaisi par l'abandon qu'il en fait. — Proudhon, n°s 2182 et 2183.

831. — Il faut, d'ailleurs, observer que lorsqu'on dit que l'usufruit s'éteint par la renonciation de l'usufruitier, cela ne doit être entendu que vis-à-vis de lui et du propriétaire du fonds, et non pas au préjudice des tiers intéressés, qui ne doivent pas souffrir d'un acte qui leur est étranger. — Proudhon, n°s 2222 et suiv.

832. — Ainsi, les créanciers à qui cette renonciation préjudicierait pourraient la faire annuler, si elle était gratuite. — Duranton, n° 701.

833. — Et même si, étant à titre onéreux, elle était frauduleuse de la part des deux parties. — Duranton, n° 702.

834. — M. Marcadé (art. 622) soutient que le simple préjudice souffert par les créanciers est insuffisant pour motiver, de leur part, l'action en révocation de l'abandon consenti, même à titre gratuit, par l'usufruitier, et qu'il est indispensable que cet abandon ait été fait dans l'intention de leur nuire. — Mais il ajoute que cette intention se présume nécessairement par le seul fait du préjudice, sauf à l'usufruitier ou à celui qui profite gratuitement de la renonciation faite par l'usufruitier à prouver que, malgré les apparences, il n'existe aucune fraude.

835. — Il est presque inutile d'ajouter que ceux-là seuls qui étaient créanciers de l'usufruitier, au moment de la renonciation, peuvent dire qu'elle a été faite au préjudice de leurs droits. — Duranton, n° 703.

836. — Observons encore que la renonciation, même gratuite, que fait un usufruitier à son droit d'usufruit en faveur du nu-propriétaire, est moins une donation que la libération d'une servitude, et qu'elle n'est pas dès-lors soumise aux formalités des donations. — *Rouen*, 22 janv. 1846 (t. 1er, 1847, p. 234), Fillatre c. Sauson.

837. — En conséquence, une telle renonciation est irrévocable du moment où le nu-propriétaire, absent lorsqu'elle a été faite, a déclaré l'accepter,

bien que son acceptation n'ait pas eu lieu en la forme authentique. Il suffit qu'elle résulte des circonstances, par exemple d'actes d'exécution. — Même arrêt.

838. — Tel est l'avis de Proudhon (n° 2206). « Il en est alors de l'usufruitier, dit cet auteur, comme de celui qui renoncerait à un autre droit de servitude en faveur du même propriétaire; comme de celui qui renonce à une action, ou comme du créancier qui renonce à un droit d'hypothèque, parce que, dans tous ces cas, l'effet immédiat de la renonciation consistant à opérer l'affranchissement de la personne ou du fonds, n'est qu'un retour à la liberté ou à l'ordre naturel des choses, et qu'en conséquence les lois n'exigent pas, pour ces sortes de remises, faites à titre gratuit, les mêmes formalités que lorsqu'il s'agit d'effectuer, par donations entre-vifs, un transport de propriété ordinaire. » — V. aussi Rolland de Villargues, *Rép. du notar.*, v° *Usufruit*, n°s 477 et suiv., *Donation entre vifs*, n°s 27 et suiv.

839. — Proudhon (n° 2207) ajoute qu'une pareille renonciation peut avoir lieu sans le consentement et même contre le gré du propriétaire. C'est aussi ce qu'a jugé la cour de Bordeaux, par arrêt du 23 déc. 1847 (t. 2 1848, p. 8), Cipière.

840. — ... Sauf, ajoute cet arrêt, le droit qu'a le renonçant de reprendre l'exercice de son droit, tant que sa renonciation et son dessaisissement n'ont pas été définitivement consacrés par une acceptation régulière dudit propriétaire ou par un contrat quelconque entre les parties; les effets de la renonciation tenant néanmoins jusqu'à ce que cette reprise du droit ait eu lieu.

Sect. 10e. — *Conséquences de l'extinction de l'usufruit.* — *Rentrée du propriétaire en jouissance.*

841. — Lorsque l'usufruit est éteint par la mort naturelle ou civile de l'usufruitier, ou lorsqu'on est arrivé au terme qui lui avait été fixé, il se trouve de plein droit consolidé à la propriété du fonds.

842. — Dès-lors, le propriétaire n'est pas tenu de recourir à l'autorité du juge pour faire prononcer que l'usufruitier ou les héritiers seront tenus d'évacuer les lieux; d'une simple sommation extra-judiciaire à eux notifiée de sa part suffit pour les constituer en demeure. — Proudhon, art. 2570.

843. — La possession civile, en tant qu'elle s'applique au fonds appartenant déjà précédemment au propriétaire, pour et au nom duquel le fonds exerçait par l'usufruitier, il résulte aussi de là qu'après la mort de l'usufruitier, le maître du fonds ne fait que rentrer dans la jouissance de fait, et que, quant à la possession proprement dite, il n'y a aucune mutation, en sorte qu'il n'acquiert pas même tous les avantages que la loi attache au possesseur, puisqu'il les avait déjà. — Proudhon, n° 2571.

844. — Jugé dans ce sens que la possession de l'usufruitier profite au nu-propriétaire, et lui fait acquérir la prescription, surtout s'il a fait acte de propriété. — *Paris*, 12 juin 1826, Langlet c. Dupressoir.

845. — Le propriétaire peut donc, à la cessation de l'usufruit, agir en complainte, en cas de trouble causé par un tiers, ou, s'il soit permis de lui opposer qu'il n'a pas encore la saisine de l'an et jour, puisqu'il faut dire au contraire qu'il l'avait déjà du vivant de l'usufruitier; car il faut que continuer l'en être investi, et qu'il n'y a d'autre changement, à cet égard, sinon qu'il en reste seul revêtu. — Proudhon, *ibid.*; Augier, p. 30. — V., cependant, *Cass.*, 6 mars 1822, Walou c. Minguet. — Favard de Langlade, v° *Complainte*, t. 1re, § 2.

846. — La restitution à faire par l'usufruitier ou ses héritiers doit comprendre non seulement l'objet grevé d'usufruit, mais encore les accessoires qui dépendent de cet objet, au moment de l'ouverture du droit, ainsi que tous les accroissemens postérieurs dont l'usufruitier a pris possession et la jouissance, s'il peut avoir lieu. — Zacharie, t. 2, § 231.

847. — Elle doit également comprendre les fruits naturels qui pendaient par branches ou racines au moment de l'extinction de l'usufruit. — Art. 585. — V. *suprà* n°s 163 et suiv.

848. — Quant aux fruits civils, ils sont répartis entre le propriétaire et l'usufruitier ou les ayant-cause, d'après la règle indiquée par l'art. 586. — V. *suprà* n°s 176 et suiv.

849. — L'usufruitier ne peut, d'ailleurs réclamer

d'indemnité ni pour frais de labours et semences, lorsque les terres qu'il abandonne se trouvent ensemencées. — Art. 585. — V. *suprà* n°s 167 et suiv.

850. — ... Ni à raison des améliorations qu'il prétendrait avoir effectuées, encore que la valeur de la chose en fût augmentée.— Art. 599.—V. *suprà* n° 300.

851. — Il résulte donc de cette disposition de l'art. 599 que, à certains égards, et par rapport aux améliorations existantes, à la cessation de l'usufruit, l'usufruitier se les ayant-cause sont dans une position moins favorable que le tiers possesseur évincé, lors même qu'il est de mauvaise foi. — Art. 553, 555, 599, cqmb.

852. — Les constructions faites sur un fonds donné en usufruit sont des améliorations dans le sens de l'art. 599, pour lesquelles l'usufruitier ne peut, à la fin de son usufruit, réclamer aucune indemnité. — Salvat, art. 55, n° 2; Proudhon, n° 1441 et 1445. — V. *contrà* Delvincourt, t. 1er, n° 517; Duranton, t. 4, n° 380; Marcadé, sur l'art. 599.

853. — Ainsi, jugé que l'usufruitier ou ses représentans ne sont pas fondés à exiger du nu-propriétaire le paiement de la plus-value résultant des constructions entièrement nouvelles que l'usufruitier a faites, sur l'immeuble dont il avait l'usufruit; et que, si le nu-propriétaire ne veut pas payer cette plus-value, ils ne peuvent démolir ces constructions et enlever les matériaux, en rétablissant les lieux dans leur état primitif. — *Cass.*, 25 mars 1825, François c. de Galliffet.

854. — ... Jugé également, les ouvriers qui ont élevé les constructions par ordre de l'usufruitier, et qui en ont reçu le prix de leurs ouvrages, ne peuvent exercer les droits moindres dans la question précédente, soit du chef de l'usufruitier, soit de leur propre chef. — Même arrêt.

855. — Mais jugé, d'autre part, que le père usufruitier légal à qui il est testamentaire, qui rebâtit un édifice incendié durant sa jouissance, sans autorisation du conseil de famille, a le droit d'exiger du nu-propriétaire, ainsi qu'on lui prescrirait le faire, le remboursement des frais de construction, alors que la reconstruction a eu lieu dans l'intérêt des enfans, et que ceux-ci ont mieux aimé l'intention de conserver les matériaux. — *Colmar*, 13 janv. 1831, Peler.

856. — Toutefois, l'usufruitier a droit, d'après les principes exposés plus haut, au remboursement des avances qu'il a faites pour le compte du propriétaire.

857. — Il est également autorisé à enlever les glaces, tableaux et autres ornemens qu'il aurait fait placer, mais à la charge de rétablir les lieux dans leur premier état. — Art. 599

858. — Remarque, d'ailleurs, que, bien que l'art. 599 ne parle que des ornemens, la disposition semble devoir s'appliquer à toute espèce d'objets mobiliers placés par l'usufruitier pour l'amélioration du fonds. — Zacharie, t. 2, § 231, note 42. Delvincourt sur l'art. 599; Duranton, t. 4, n° 403. — V. *contrà* Proudhon, n°s 1442 et suiv.

USUFRUIT LÉGAL OU PATERNEL.

Table alphabétique.

USUFRUIT LÉGAL OU PATERNEL. — 1. — Usufruit qui dérive de la puissance paternelle et que la loi accorde au père pendant le mariage, et, après la dissolution du mariage, au survivant des père et mère sur les biens de leurs enfans jusqu'à l'âge de dix-huit ans accomplis ou jusqu'à l'émancipation qui pourrait avoir lieu avant l'âge de dix-huit ans. — V. PUISSANCE PATERNELLE.

2. — Cet usufruit est attaché à la puissance paternelle, comme une indemnité des soins et des sacrifices qu'imposent aux père et mère l'éducation des enfans et l'administration de leurs biens.

§ 1er. — *Historique* (n° 3).

§ 2. — *A qui appartient l'usufruit légal* (n° 19).

§ 3. — *Sur quels biens il s'exerce* (n° 29).

§ 4. — *Sous quelles charges* (n° 59).

§ 5. — *Quand et comment il finit* (n° 93).

—

§ 1er. — *Historique*.

3. — Dans l'ancien droit romain, le père de famille avait la toute propriété des biens des enfans et petits enfans soumis à sa puissance. Mais, sous les empereurs, la maxime *quidquid acquirit filius acquiritur patri* fut réduite à l'usufruit du pécule *adventice*, et notamment des biens provenant de la succession de la mère. Les pécules *castrense et quasi castrense* appartenaient au fils en toute propriété; le pécule *profectice* n'était qu'un droit d'administration que lui accordait le père. — L. *Cum oportet*, C., *De bonis quæ liberis*; L. 1, C. *De bonis maternis*; L. 16, C., *De senat. cons. Tertull.*; nov. 118. — Merlin, *Rép.*, v° *Usufruit paternel*, § 1er, n° 1er; Proudhon, t. 1er, n°s 127 et suiv.

4. — Ces dispositions des lois romaines étaient suivies dans nos pays de droit écrit. La puissance paternelle ne cessait qu'avec elle, c'est-à-dire, au décès du père et n'appartenait jamais à la mère. — Merlin (*ibid.*), sect. 1re, n° 4; Duranton, n° 363; Proudhon, n°s 124 et 127.

5. — D'après les principes du droit écrit, et dans le ressort du parlement de Toulouse, un père pouvait même, en vertu de la puissance paternelle, vendre, sans formalités, les immeubles adventifs de son fils mineur. Le fils ne pouvait attaquer cette vente que dans les dix années de sa majorité et en établissant que l'administration du père était vicieuse, que le bien avait été vendu sans nécessité et qu'il y avait lésion. Il pouvait être repoussé par l'exception de garantie comme héritier du père, lorsque celui-ci avait vendu avec promesse de garantie et était obligé à faire valoir la vente, quoiqu'il n'eût stipulé qu'en qualité de père et légitime administrateur et nullement en son nom personnel. Il devait être déclaré non recevable en sa demande en rescision de vente, comme y ayant acquiescé lorsqu'il avait prélevé dans la succession paternelle la portion du prix restée entre les mains de son père. — *Riom*, 5 janv. 1824, Bernard c. Rocher-Deschamps.

6. — Suivant la jurisprudence du parlement de Bordeaux, le père avait, en vertu de la puissance paternelle, le droit de jouir des biens advenus à ses enfans par le décès de leur mère; cette jouissance, tant qu'elle durait, était un obstacle à ce que celui des enfans qui s'était emparé des biens maternels pût prescrire les parts héréditaires de ses cohéritiers. — *Bordeaux*, 6 avr. 1842 (t. 2 1842, p. 83), Carvalho c. Guichard.

7. — Dans les pays de coutume, la jouissance légale des biens des enfans n'était qu'une suite du droit de garde. Elle appartenait donc à la mère, après la mort du père, et quelquefois même aux ascendans et aux collatéraux; elle cessait à un certain âge et n'était accordée que sous différentes charges, telles que la nourriture, l'entretien et l'éducation des enfans. — *Nouv. Denisart*, v° *Garde*; Merlin, *ibid.*, §§ 1er et 2; Toullier, n° 1059.

8. — La loi du 28 août 1792, en abolissant la puissance paternelle sur les majeurs, a aboli le droit d'usufruit ou de jouissance légale qui n'en était que la conséquence.

9. — Ainsi, elle a fait cesser l'usufruit que les lois romaines accordaient aux pères et aux ascendans pendant leur vie sur les biens de leurs enfans, alors même que ces enfans seraient décédés avant la promulgation de la loi. — *Besançon*, 2 juill. 1811, Guy c. Bouvier; *Cass.*, 5 août 1812, mêmes parties; 13 mars 1816, Parent c. Chapuis. — De telle sorte que le père qui jouissait, en 1792, des biens de son enfant prédécédé a perdu cet usufruit, soit dès cette époque, soit à celle où l'enfant, s'il eût vécu, aurait atteint sa majorité. — *Besançon*, 22 nov 1808, Bardenel c. Blandin; *Cass.*, 26 juill. 1810, mêmes parties. — Merlin, *ibid.*, § 5, n° 7.

10. — Elle a également aboli les dispositions coutumières, d'après lesquelles un enfant au pain de son père et n'ayant ni office ni bénéfice, acquérait à son père et non à lui. — *Bruxelles*, 26 janv. 1815, Delabarre c. N.

11. — Jugé également qu'en ne conservant pas au père, après le décès de ses enfans, l'usufruit des biens à eux échus dans la succession maternelle, la loi du 17 niv. an II a tacitement abrogé les lois romaines qui le lui accordaient. — *Cass.*, 18 nov. 1816, Ganterie.

12. — L'abrogation du droit d'usufruit sur les biens des enfans majeurs a emporté naturellement celle de ce même usufruit sur les biens des petits-enfans quoique mineurs. — *Cass.*, 5 août 1812, Guy c. Bouvier.

13. — Si le père ou l'ascendant a, depuis la loi du 23 août 1792, ou depuis le décès de son enfant, conservé la jouissance des biens, il ne peut, à titre de possesseur de bonne foi, se prétendre affranchi de la restitution des fruits à partir de ces époques. — *Cass.*, 18 nov. 1806, Ganterie; 5 août 1812, Guy c. Bouvier.

14. — Le Code civil a puisé les principes de l'usufruit légal dans les lois romaines et dans les coutumes; mais en y faisant des modifications si importantes, qu'on peut considérer cet usufruit comme une création de la législation nouvelle.

15. — Les dispositions du Code qui ont restreint ou modifié le droit d'usufruit ou de jouissance légale ont dû, sans qu'il y ait rétroactivité, être appliquées au cas où le père se trouvait déjà en possession de cet usufruit lors de la publication du Code. — *Paris*, 3 germin. an XII, Longepierre c. Cadeau d'Assy; *Turin*, 7 fructid. an XII, Garonne c. Amério; *Lyon*, 1er fructid. an XIII, Richini; *Cass.*, 11 mai 1819, Boutterhoux c. de Chavannes.

16. — Ainsi la cessation de l'usufruit paternel a pu être réclamée par le mineur âgé de dix-huit ans au moment de la publication du Code civ. — *Lyon*, 1er fructid. an XIII, Richini. — ... Et par le mineur qui, alors marié, a été émancipé de plein droit en raison de son mariage, par l'effet même de cette publication. — *Turin*, 7 fructid. an XII, Garonne c. Amério.

17. — Ainsi, à compter de la promulgation du Code, la mère tutrice de ses enfans mineurs a eu la jouissance légale de leurs biens, quoique la tutelle ait commencé sous une législation qui lui refusait cette jouissance et l'obligeait à rendre compte des fruits. — *Paris*, 3 germ. an XII, Longepierre c. Cadeau d'Assy. — Le père a de même repris cette jouissance, quoiqu'il en eût été antérieurement déchu, pour n'avoir pas fait réserve de son droit de garde. — *Cass.*, 11 mai 1819, Boutterhoux c. de Chavannes.

18. — Dans tous ces cas, l'usufruit frappe indistinctement sur tous les biens des enfans et non pas seulement sur ceux qui leur sont advenus depuis le Code. — *Paris*, 3 germin. an XII, Longpierre c. d'Assy. — *Contrà Agen*, 7 prair. an XIII, Lescure Tenans.

§ 2. — *A qui appartient l'usufruit légal*.

19. — Pendant le mariage, l'usufruit légal appartient au père parce que c'est un droit utile qui suit la puissance paternelle et que c'est au père, tant qu'il vit, qu'appartient cette puissance. — C. civ. art. 384. — Toullier, t. 2, n° 1062.

20. — Cependant, il n'appartient pas au père contre lequel le divorce a été prononcé. — C. civ., art. 326. — Ainsi n'a aucun droit à l'usufruit des biens de ses enfans mineurs le père contre lequel le divorce a été prononcé sous l'empire de la loi du 20 sept. 1792, pour cause d'émigration. — Ce n'est pas faire rétroagir le Code civil, que de considérer le demandeur sous le rapport de son état, au moment de la publication du Code. — *Cass.*, 5 janv. 1829, Depointel c. Dommoy.

21. — Mais les père et mère divorcés par consentement mutuel conservent l'usufruit de la moitié de leurs biens attribués par la loi à leurs enfans, jusqu'à ce que ceux-ci aient atteint leur dix-huitième année. La veuve conserve cet usufruit, même en cas de second mariage; ce n'est pas là le cas de l'usufruit légal ordinaire. — C. civ., art. 305; — Proudhon, n° 147.

22. — La pénalité de l'art. 388, C. civ., a disparu avec le divorce; on ne peut l'étendre, sous prétexte d'analogie, à la séparation de corps. — Duranton, t. 3, n° 383; Proudhon, t. 1er, n° 142; Zachariæ, p. 686 et 687, note 34e; Favard de Langlade, *Rép.*, v° *Puissance paternelle*, sect. 2e, § 3, n° 8.

23. — L'usufruit appartient à la mère, après le décès du père. — Mais il cesse dans le cas d'un second mariage. — C. civ., art. 326.

24. — Le Code civil n'a donc conféré cet usufruit qu'aux femmes encore en état de viduité au moment de sa promulgation. — La veuve qui avant cette promulgation et dans l'année du deuil avait contracté mariage, mais à l'église seulement, et pour sauver l'immoralité de sa conduite, n'a pu prétendre à l'usufruit des biens de son premier mari, soit en raison de son second mariage, si on le considère comme valable, soit en raison de l'indignité de sa conduite, si on le considère comme nul. — *Lyon*, 22 déc. 1829, Chaplon c. Manin.

25. — La mère dont le mari est absent a-t-elle l'usufruit légal des biens de ses enfans? — V. ABSENCE.

26. — Dans le cas où, pendant le mariage, le père se trouve privé, par suite d'une condamnation, de la puissance paternelle, M. Duranton pense que l'usufruit légal ne passe pas à la mère. Cette opinion s'appuie sur les termes de l'art. 384, *le père durant le mariage, après la dissolution du mariage, le survivant des père et mère*; d'où il semble résulter que l'usufruit de la mère ne saurait s'ouvrir avant la dissolution du mariage.

27. — Toutefois, M. Marcadé (art. 384, n° 2) fait remarquer que l'usufruit légal a sa source dans le droit de puissance paternelle, et que, du moment où cette puissance appartient à la mère, il est naturel qu'elle jouisse de l'usufruit qui en est le corrollaire ordinaire. — S'il en était autrement, le père ne pouvant plus profiter de l'usufruit, les revenus appartiendraient aux enfans, et, cependant, si, au bout d'un certain laps de temps, le père venait à mourir, on ne pourrait plus contester le droit de la mère; or, comment pourrait-on expliquer l'interruption momentanée d'un usufruit dont les causes auraient duré sans aucune discontinuation? — N'est-il pas plus conforme à l'esprit de la loi de décider que l'art. 384 a statué pour les cas les plus ordinaires, mais que la mère a droit à l'usufruit toutes les fois qu'elle est chargée de l'éducation de ses enfans et de l'administration de leurs biens?

28. — Les père et mère naturels n'ont pas l'usufruit des biens de leurs enfans, quoiqu'ils aient sur leur personne la plupart des droits de puissance paternelle. Le droit d'usufruit légal est un don de la loi positive : il ne peut exister que là où la loi l'établit expressément, et elle ne le donne qu'à l'égard des enfans du mariage : donc il n'existe pas envers les enfans illégitimes. — *Pau*, 13 fév. 1822, Lalanne c. Queheillat. — Merlin, *Quest. de dr.*, v° *Usufruit*, § 4; Delvincourt, t. 1er p. 406, note 11e; Toullier, n° 1073; Duranton, n° 364; Proudhon n° 124; Hennequin, t. 2, p. 195; Marcadé, art. 384, n° 4. — *Contrà*, Favard de Langlade, *Rép.*, v° *Enfant naturel*; Salviat, *De l'usufruit*, t. 2, n° 110.

§ 3. — *Sur quels biens il s'exerce*.

29. — L'usufruit légal est universel et doit, par conséquent, s'étendre à tous les biens qui n'en sont pas formellement exceptés. — Proudhon, n° 136.

30. — Il porte donc sur tous les biens mobiliers qui appartiennent aux enfans mineurs et même sur ceux qui leur sont advenus par donation, succession ou autrement pendant la durée de l'usufruit. — Proudhon, n° 138.

31. — Il s'applique même aux dons et gains de fortune et, par exemple, à la moitié du trésor découvert, soit par l'enfant sur le fonds d'autrui, soit par un tiers sur le fonds de l'enfant. — Proudhon, n° 150; Zachariæ, p. 680.

32. — Les père et mère ont le droit de jouir de toute espèce de fruits soit naturels, soit industriels, soit civils. Ils percevraient les produits de l'usufruit légué à leur enfant mineur ou les arrérages d'une rente viagère constituée à son profit, sans être tenus à aucune restitution. — C. civ., art. 582 et 588. — Proudhon, n° 154.

33. — Mais ils ne sauraient percevoir, comme fruits, les produits que l'enfant tire des biens qui lui sont affermés. Ces produits forment autant de capitaux qui représentent le prix du bail à ferme, et dont les père et mère ne doivent jouir pendant la minorité de l'enfant qu'à la charge de lui en tenir compte à la fin de l'usufruit. —

Lyon, 26 avr. 1822, Piot c. Perrot. — Duranton, t. 3, n° 372.

34. — Ainsi la mère, usufruitière légale, n'a pas sur les coupes de bois faites dans la propriété d'autrui en vertu de baux ou marchés passés avec le père décédé, lequel faisait le commerce de bois, le même droit que sur les fruits produits par les biens des enfans. — Ces coupes de bois sont, par rapport à la mère, des capitaux dont elle a seulement la jouissance, et non des fruits dont elle aurait la pleine propriété. — *Cass.*, 7 mars 1825, Piot c. Perrot.

35. — Lorsque le vendeur d'un office s'est réservé pour un certain nombre d'années une part dans les produits, ces produits font partie intégrante du prix et ne tombent pas dans l'usufruit légal de la mère survivante. — *Rouen*, 19 juil. 1837, Marens.

36. — Il a même été jugé autrefois que l'intérêt du prix des bois de haute futaie coupés pendant la garde sur les fonds qui y étaient soumis n'appartenait pas au gardien, attendu que ces bois n'auraient donné aucun fruit : on les a considérés comme partie du fonds. — Arrêt du 30 août 1745. — Rousseau-Lacombe, v° *Garde*. — Mais cette décision a pu être bonne dans un temps et sous l'empire d'une coutume où le droit de garde était bien moins étendu que ne l'est aujourd'hui la jouissance des père et mère. Cette jouissance embrassant en général les produits de tous les biens des enfans, comme les arrérages de leurs rentes, il est évident qu'elle s'étend, par la même raison, aux intérêts du prix d'une futaie qui n'entrait pas dans la jouissance; car c'est là un capital. — Duranton, n° 372.

37. — Au surplus, les tribunaux peuvent, d'après des circonstances particulières et sous la réserve de tous les droits attachés à l'usufruit paternel, ne pas permettre à un père, usufruitier légal des biens de ses enfans mineurs, de faire dans les forêts qui leur appartienent des coupes de bois qui, d'après l'aménagement, auraient atteint leur maturité. — *Cass.*, 26 mai 1824, Chalbos c. Elminger.

38. — L'usufruit légal d'un fonds de commerce emporte la propriété de ce fonds, de telle sorte que le père peut l'entretenir à son gré, ou le changer, le dénaturer et l'aliéner entièrement, à la charge par lui d'en restituer la valeur estimative à la fin de l'usufruit. — *Cass.*, 9 messid an XI, Pyon c. Fournier : *Rouen*, 5 juill. 1824, Defriche. — Proudhon, n°s 1021 et suiv. — L'art. 452, C. civ., qui dispense les père et mère, usufruitiers des biens de leurs enfans mineurs, de vendre les meubles dépendant de l'usufruit, s'ils préfèrent les garder pour les remettre en nature, ne s'applique qu'aux meubles meublans et non aux marchandises faisant l'objet d'un commerce. — *Aix*..... 1806, Natta.

39. — Cependant lorsque le père, usufruitier légal d'un fonds de commerce, s'est engagé à le conserver et à le rendre en nature à la majorité de sa fille propriétaire, celle-ci peut revendiquer le fonds et les marchandises contre les créanciers du père et n'a pas une simple action en restitution du prix. — *Cass.*, 10 avr. 1814, Laverge.

40. — En cas de licitation de biens indivis provoquée par un majeur contre un mineur soumis à la tutelle légale, le tribunal peut, sur la demande du subrogé tuteur, ordonner que la portion du prix afférente au mineur restera jusqu'à son mariage ou sa majorité entre les mains du vendeur. En vain, pour s'opposer à l'insertion dans le cahier des charges d'une clause tendant à ce but, le père, tuteur et usufruitier légal, soutiendrait-il qu'elle serait de nature à porter atteinte à ses droits comme tuteur ou comme usufruitier. — *Cass.*, 20 juin 1843 (t. 2 1843, p. 177). Roger de Saint-Julien c. Puissant.

41. — Le principe que l'usufruit des père et mère s'étend à tous les biens de leurs enfans souffre plusieurs exceptions.

42. — ... 1° Il ne s'étend pas aux biens que les enfans peuvent acquérir par un travail et une industrie séparés. — C. civ., art. 387.

43. — Il n'y a pas lieu de distinguer, comme le faisaient les lois romaines, entre les différentes sortes de pécules, il suffit que le travail et l'industrie de l'enfant lui soient personnels et exercés par lui sans connexité avec le travail et l'industrie du père. Peu importe que le père et l'enfant demeurent ensemble, si le travail du fils s'applique à des objets étrangers aux intérêts du père. C'est ainsi que la femme marchande publique peut faire un commerce séparé, quoiqu'elle habite avec son mari. — C. civ., art. 220. — Proudhon, n°s 148 et 149.

44. — Mais un fils mineur non émancipé qui a constamment vécu avec son père et en a administré les biens ne peut réclamer comme provenant

de son industrie personnelle et faire distraire, à ce titre, de la succession du père, des acquêts faits du vivant de celui-ci et sous son nom, par cela seul que ce fils a concouru par son travail et son industrie à les acquérir. — *Turin*, 16 août 1806, Tomasino. — Marcadé, art. 387 et suiv.

45. — ... 2° L'usufruit légal ne porte point sur les biens qui sont donnés ou légués aux enfans sous la condition expresse que les père et mère n'en jouiront pas. — C. civ., art. 387.

46. — Il faut que cette condition soit expresse. Il ne suffit donc pas que le père ait été institué conjointement avec les enfans mineurs pour lui refuser l'usufruit légal sur les portions d'hérédité dévolues à ceux-ci. — Proudhon, n° 151.

47. — Mais les termes à employer ne sont pas sacramentels. — Marcadé, art. 387, n° 2. — Ainsi, la prohibition peut s'induire des termes de la disposition testamentaire, et notamment de ce que le testateur aurait ordonné le placement et l'emploi de la somme léguée par une personne désignée jusqu'à la majorité du légataire. — *Paris*, 24 mars 1812, Compigny c. Cretté. — Proudhon, n° 153.

48. — ... Ou encore de ce que le père, institué légataire, serait chargé fiduciairement de rendre les biens à son fils avant que celui-ci eût atteint ses dix-huit ans, la restitution dont le fiduciaire est grevé devant embrasser la chose tout entière. — Proudhon, *ibid.*

49. — La question a été ainsi décidée par avis du conseil d'état le 30 janv. 1811, à l'égard des majorats, qui ne sont que des substitutions fidéicommissaires perpétuelles. — *Bull.*, 4e série, t. 14, p. 143. — Proudhon, *ibid.*

50. — L'obligation pour les père et mère de fournir hypothèque pour l'administration des biens légués à leurs enfans mineurs peut s'induire de la volonté du testateur, et notamment de la condition à eux imposée de servir aux enfans, jusqu'à leur majorité, l'intérêt des sommes à eux léguées. — *Cass.*, 30 avr. 1833, Bonnet c. Plasse.

51. — Cette condition, toutefois, doit être réputée non écrite en ce qui concerne les biens qui sont, par la loi même, attribués aux enfans à titre de réserve légale. — Toullier, n° 1067 ; Duranton, n° 376 ; Vazeille, t. 2, n° 447 ; Lassaulx, t. 2, p. 210 ; Marcadé, art. 387. — V. *contrà* Maleville sur art. 387 ; Delvincourt, *ibid.*

52. — Néanmoins, s'il s'agissait d'une donation faite avec prohibition d'usufruit légal et acceptée par le père ou la mère agissant pour les mineurs sans aucune réserve ni protestation, cette acceptation pure et simple pourrait lui être opposée comme une renonciation tacite au droit d'usufruit. — Toullier, n° 1067 ; Proudhon, n° 152.

53. — Quant à la quotité disponible, comme le donateur aurait pu en disposer au profit d'un étranger et exclure par là le survivant des père et mère de toute jouissance à cet égard, il a pu également en disposer au profit des enfans avec prohibition de l'usufruit légal, parce que ceux-ci ne peuvent être d'une condition pire que l'étranger sur cet objet. — *Cass.*, 11 nov. 1828, Legay. (Sol. impl.)

54 — ... 3° L'usufruit légal ne porte pas sur les biens provenant d'une succession dont le père ou la mère ont été exclus pour cause d'indignité, et à laquelle les enfans sont appelés de leur propre chef. — C. civ., art. 730.

55. — Cette exception ne s'applique qu'à l'époux indigne. Ainsi, l'usufruit légal du père s'exerce sur les biens d'une succession dont la mère a été exclue, à moins que le père n'ait été déclaré complice du crime qui a rendu la mère indigne. Réciproquement, l'usufruit légal de la mère s'étend, après la mort du père, aux biens de la succession dont celui-ci a été exclu pour cause d'indignité. Mais la mère ne peut revendiquer cet usufruit pendant le mariage, parce qu'elle n'a point la puissance paternelle et que le père pourrait indirectement en profiter. — Duranton, n° 377 ; Proudhon, n°s 155 et 156 ; Vazeille, n° 456 ; Marcadé, art. 387, n° 3.

56. — L'usufruit légal appartient-il au père sur les biens d'une succession à laquelle il a renoncé et qui se trouve par là dévolue à ses enfans mineurs ? Oui, parce que la qualité d'héritier, abdiquée par le père, n'a rien de commun avec la qualité d'usufruitier dont il veut se prévaloir, et que, par conséquent, la renonciation qu'il a faite de l'une de ces qualités ne doit pas le priver des avantages inhérens à l'autre. — Proudhon, n° 158.

57. — Il lui appartiendrait également sur les biens de l'hérédité qui aurait été acceptée, contre son avis, pour ses enfans, parce que c'est un principe constant en droit que ce qu'un homme fait *tutoris nomine* ne doit porter aucun préjudice à ses droits personnels. — Proudhon, n° 139.

58. — L'expertise à l'effet d'estimer les meubles

d'un mineur dont la jouissance appartient au survivant de ses père et mère doit être faite par un commissaire-priseur, quand il y en a dans le lieu où l'estimation doit être opérée. — *Orléans*, 24 nov. 1819, Bernier c. Jacquelin.

§ 4. — *Sous quelles charges.*

59. — Les charges de l'usufruit paternel sont : 1° celles auxquelles sont tenus les usufruitiers ; 2° la nourriture, l'instruction et l'éducation des enfans, selon leur fortune ; 3° le paiement des arrérages ou intérêts des capitaux ; 4° les frais funéraires et ceux de dernière maladie. — C. civ., art. 385.

60. — Cette disposition est la copie textuelle de l'art. 267, de la coutume de Paris, touchant les charges de la garde noble et bourgeoise. C'est donc dans les commentateurs de cette coutume et dans l'ancienne jurisprudence qu'il faut en chercher l'interprétation. — *Posteriores leges ad priores pertinent, nisi contrariæ sint.* — Proudhon, n° 181.

61. — Ainsi, les père et mère sont tenus de faire inventaire à leur entrée en jouissance et de jouir en bon père de famille ; ils doivent veiller à la conservation des biens et pourvoir aux réparations d'entretien ; ils doivent acquitter toutes les charges annuelles et toutes les autres charges qui peuvent peser sur l'usufruit conventionnel. — C. civ., art. 600, 601, 608, 610 et 612. — V. USUFRUIT.

62. — Sont-ils tenus des arrérages de rentes et intérêts de capitaux échus au moment de l'ouverture de l'usufruit?

63. — Le père, usufruitier légal et testamentaire, qui rebâtit un édifice incendié durant sa jouissance, même sans autorisation du conseil de famille, a le droit d'exiger du nu-propriétaire, ainsi qu'un tiers pourrait le faire, le remboursement des frais de reconstruction, alors que sa reconstruction a eu lieu dans l'intérêt de l'enfant, et que celui-ci manifeste l'intention de conserver les matériaux. — *Colmar*, 13 janv. 1831, Peter.

64. — Ils sont cependant dispensés de fournir caution. — C. civ., art. 601. — Ainsi le père, tuteur légal de ses enfans mineurs, ne peut être obligé, par le conseil de famille ou par les tribunaux, à fournir caution pour les capitaux qu'il doit recevoir ou à faire emploi, sous le prétexte qu'il est insolvable. — *Toulouse*, 2 juill. 1821, N... c. N... — Le débiteur des enfans mineurs ne peut, sous le même prétexte, être autorisé à ne payer que sur emploi ou caution. — *Toulouse*, 26 août 1818, Bertrand c. Bellan.

65. — Le père, usufruitier légal des biens de ses enfans mineurs, ne peut, en recevant le paiement d'un legs fait à ceux-ci par un tiers, et en l'absence de disposition contraire dans le testament, être obligé par les héritiers du testateur à fournir une hypothèque sur ses biens personnels pour garantie de la conservation du legs entre ses mains jusqu'au jour, fixé par le testateur, où le montant pourra en être réclamé personnellement par les légataires. Et lesdits héritiers, étant complétement libérés par le paiement du legs fait entre les mains du père, sont sans intérêt, et conséquemment sans droit, pour s'opposer à la radiation de l'hypothèque à laquelle ce père s'était précédemment soumis vis-à-vis d'eux. — *Toulouse*, 25 fév. 1845 (t. 1er 1848, p. 550), de Gantar c. de Bellomayre.

66. — L'usufruit légal des immeubles du prédécédé assuré par la cout. de Luxembourg au survivant des époux n'était pas assujéti à l'obligation de fournir caution, alors même qu'il n'existait pas d'enfans. On ne peut dès-lors ni invoquer le droit romain comme complément de la coutume, ni appliquer, sans effet rétroactif, l'art. 601, C. civ., pour obliger l'époux survivant sans enfans à fournir caution. — *Liége*, 30 avr. 1834, N...

67. — Mais la caution ou l'emploi peut être imposé au père comme une condition de l'usufruit des biens donnés ou légués à ses enfans, pourvu que le donateur ne fasse pas porter cette condition sur la réserve légale. — *Cass.*, 30 avr. 1833, Bonnet c. Plasse.

68. — Quoique les père et mère soient tenus de nourrir, d'entretenir et d'élever leurs enfans, lors même que ces derniers ne possèdent aucuns biens, cette obligation, qui dérive du fait seul de la paternité ou de la maternité, ne doit pas être confondue avec l'obligation civile que leur impose l'usufruit légal.

69. — En effet : 1° la charge dont se trouve spécialement grevé l'époux usufruitier a pour conséquence de libérer l'autre époux, soit en totalité, soit en partie, de l'obligation naturelle que la paternité ou la maternité lui impose ; 2° cette charge doit être calculée moins d'après la fortune de l'usufruitier que d'après l'importance des biens

sur lesquels porte l'usufruit, tandis que l'obligation naturelle se proportionne aux facultés de ceux qui en sont tenus. — C. civ., art. 385 et 908; — Ferrière, *Compil. des Comment.*, t. 2, p. 998; Proudhon, nº 183; Lassaulx, t. 2, p. 210; Marcadé, art. 385, nº 2.

70. —... 3º L'obligation qui dérive de la paternité ou de la maternité s'éteint, soit en totalité, soit en partie, lorsque les enfans sont, par leur fortune ou par leur industrie personnelle, en état de fournir à leurs besoins, tandis que la charge usufructuaire continue de subsister dans son intégrité, quoique les enfans possèdent des biens personnels non soumis à l'usufruit légal; de sorte que les père et mère ne seraient pas autorisés à exiger de leurs enfans qu'ils contribuassent, au prorata de la valeur de ces biens, à l'acquittement de cette charge. — Duranton, t. 3, nº 374; Vazeille, t. 2, nº 420; Proudhon, nºs 183 à 188; Zachariæ, p. 682.

71. — Ainsi le père est obligé envers l'instituteur de son fils mineur, comme débiteur principal et direct, tant à cause de la convention intervenue entre lui et l'instituteur qu'en raison de l'usufruit qui lui est dévolu sur les biens de son enfant. — *Toulouse*, 26 juin 1841 (t. 2 1841, p. 473), Dupuy c. Cousin et Poussennes.

72. — L'instituteur a néanmoins en même temps une action contre le mineur qui est lié envers lui par une obligation naturelle et par un quasi contrat. — *Aix*, 11 août 1812, Coulomb c. Daumont; *Toulouse*, 26 juin 1841, Dupuy c. Cousin et Pousennes.

73. — Le père qui a négligé totalement l'éducation d'un enfant ayant une fortune considérable et qui, au lieu de l'élever suivant sa fortune, l'a constamment employé aux travaux les plus grossiers, doit être tenu de lui restituer tout ce qu'il a perçu en vertu de sa jouissance légale. — *Cass.*, 11 avr. 1817, Salicis. — Marcadé, *ibid.*

74. — Si les revenus de l'usufruit légal ne sont pas suffisans, les père et mère doivent fournir le surplus sans répétition; c'est la condition à laquelle ils se sont soumis par l'acceptation de cet usufruit; alors même que les enfans auraient des biens personnels non soumis à la jouissance légale de leurs père et mère; à moins que les père et mère fussent dans l'impossibilité de subvenir eux-mêmes à leurs besoins. — Proudhon, nºs 183 et suiv.; Duranton, t. 3, nº 374.

75. — Mais si le père ou la mère n'avait pas de jouissance légale, comme il n'est tenu de nourrir ses enfans qu'autant qu'ils n'ont pas eux-mêmes des moyens d'existence, il pourrait imputer sur les frais de nourriture et d'entretien non seulement les revenus des biens qu'ils auraient acquis, mais les capitaux eux-mêmes, à la charge de le faire avec modération. — Duranton, t. 3, nº 374.

76. — Ainsi, le père a pu porter au chapitre des dépenses de son compte de tutelle le montant de la nourriture et de l'entretien de sa fille, depuis qu'elle avait acquis une rente qui pouvait fournir aux besoins de celle-ci et dont il n'avait pas la jouissance. — *Cass.*, 13 mars 1813, Lebaudy c. Lemaître.

77. — La mère qui a perdu, par son convol, la jouissance légale des biens de ses enfans mineurs, n'est obligée de les nourrir à ses frais, que si les biens des enfans ne peuvent y suffire. Si donc elle les a nourris de fait, elle peut, lors de leur majorité, répéter ses frais de nourriture et d'entretien. — *Nîmes*, 1er mai 1826, Veyrun c. Courbeus. — En vain dirait-on qu'elle a accepté la communauté et que ces frais d'entretien et d'éducation sont au moins pour moitié une charge de cette communauté. — *Trèves*, 20 janv. 1812, Fieffe c. Rothvill.

78. — Le père qui, faute d'avoir fait inventaire lors du décès de sa femme, est privé de l'usufruit légal de ses enfans ne peut être soumis à l'obligation personnelle de les nourrir, entretenir et élever, si ceux-ci se trouvent en état de subvenir à ces besoins. Il peut dès-lors, lors de la reddition du compte de son administration, demander que les avances par lui faites pour ces nourriture, entretien et éducation, soient imputés sur les revenus, et, en cas d'insuffisance sur le capital. — *Bordeaux*, 21 mai 1835, Moline c. Gillet.

79. — Nous avons vu (nº 59) qu'une des charges de l'usufruit paternel est le paiement des arrérages ou intérêts des capitaux. — S'agit-il seulement des arrérages ou intérêts à échoir ou aussi de ceux déjà échus et non payés au moment de l'ouverture de l'usufruit? On a dit qu'il s'agissait ici des intérêts déjà échus : 1º parce que la loi ne distinguait pas; 2º parce que les intérêts à échoir étaient une charge ordinaire de l'usufruit comprise dans le nº 1er de l'art. 385; 3º parce qu'il en était ainsi sous l'art. 267 de la cout. de Paris dont l'art. 385 n'est que la reproduction. — Toullier, nº 1069; Vazeille, nº 438; Zachariæ; Marcadé, art. 385, nº 3. — On a excepté seulement les arrérages échus de rentes foncières et de rentes viagères, parcequ'ils ne sont pas des arrérages de capitaux. — Proudhon, nºs 206 et 207; Vazeille, nº 439; Zachariæ, note 17e. — Mais les principes généraux repoussent une pareille interprétation et on ne voit pas pourquoi le législateur y aurait dérogé. L'usufruitier ne recueille pas les fruits échus, donc il ne doit pas payer les intérêts échus au moment de l'ouverture de son usufruit. Il n'y a d'ailleurs aucune analogie à tirer des principes de l'ancien droit de garde ou de bailliste sous le droit coutumier, parce que le gardien était tenu de toutes les dettes mobilières, et que c'est parmi les dettes mobilières qu'il faut placer les intérêts ou arrérages échus. — *Lyon*, 16 fév. 1835, de Glavenas c. Chatelus. — Duranton, nº 401; Rolland de Villargues, vº *Usufruit paternel*, nº 55; Hennequin, p. 466.

80. — Quant aux frais funéraires et de dernière maladie, il s'agit de ceux des personnes auxquelles succèdent les enfans mineurs et non de ceux des enfans eux-mêmes. Comment serait-il possible que l'usufruitier fût, en cette qualité, tenu d'une dette qui ne prend naissance qu'après l'extinction de son usufruit? — *Caen*, 20 déc. 1840 (t. 1er 1841, p. 236), Trubert c. Postel. — Renusson, *Tr. de la garde*, ch. 7, nº 49; Ferrière, t. 2, p. 180 et 181; Toullier, nº 1069; Proudhon, nºs 210 et 211; Vazeille, nº 441; Malleville, nº 385; Zachariæ, note 18; Marcadé, art. 385, nº 4. — V. cependant Duranton, nº 402; *contrà* Delvincourt, t. 1er, p. 402 (édit. de 1819).

81. — Le but de cette disposition a été de décider, conformément à la jurisprudence du parlement de Paris, le point de savoir si les frais funéraires devaient être une charge du gardien ou de l'héritier. — Renusson, ch. 7, nº 61.

82. — On doit comprendre dans les frais funéraires le deuil de la veuve : *le deuil de la femme est un accessoire de la pompe funèbre du mari.* — Renusson, ch. 7, nº 93; Proudhon, nº 212; Persil, *Hyp.*, 2101; Vazeille, nº 442; Zachariæ, note 19e

83. — Les sommes que, sans ordre du défunt, l'époux survivant, usufruitier légal des biens de ses enfans, a fait distribuer aux pauvres, sont à la charge de son usufruit, surtout lorsque les circonstances sont de nature à faire considérer cette distribution comme une libéralité personnelle audit survivant. — *Lyon*, 16 fév. 1825, de Glavenas c. de Chatelus.

84. — Les frais de dernière maladie ne sont pas toujours à la charge de l'usufruit : lorsqu'il s'agit de la succession du prémourant des deux époux, ces frais doivent être supportés par la communauté. — Toullier, t. 12, nº 301.

85. — Au surplus, les dépenses qui, par leur nature, sont à la charge de l'usufruitier légal et ont été acquittées par lui, ne peuvent être, soit en totalité, soit en partie, mises à la charge du mineur par délibération du conseil de famille. — *Lyon*, 16 fév. 1825, de Glavenas c. de Chatelus.

86. — Toutes ces charges ont la nature des charges réelles qui affectent le fonds en quelque main qu'il passe : elles ne sont pas tant les dettes personnelles du père ou de la mère que les dettes réelles de l'usufruit. De ce principe découlent deux conséquences importantes. — Proudhon, nº 214.

87. — *La première*, que c'est, en réalité, l'usufruit qui doit, et que le paiement des charges n'est dû par le père ou la mère qu'autant qu'il jouit de l'usufruit; de telle sorte que si l'usufruitier s'oblige personnellement par le fait même de la jouissance à l'acquittement de ces charges, il peut cependant, en renonçant à son usufruit, se soustraire, mais pour l'avenir seulement, à tout engagement. — Duranton, nº 405.

88. — Ainsi il peut, par sa renonciation, se décharger du service des arrérages d'intérêts à échoir et de toutes obligations usufructuaires postérieures à cette renonciation.

89. — Mais il ne pourrait se soustraire, même en tenant compte des produits par lui perçus, au paiement des intérêts échus, aux frais funéraires et de dernière maladie, et à tous les engagemens antérieurs à sa renonciation. Il en est tenu, par suite de son quasi-contrat d'acceptation, même au delà de ce qu'il a pu ou dû recueillir, *ultrà vires emolumenti.* — Proudhon, nº 217. — V. *contrà* Zachariæ, p. 684, note 21e.

90. — L'ascendant qui a accepté l'usufruit légal des biens de ses enfans mineurs ne peut donc pas, lors de la reddition de son compte de tutelle, en renonçant aux produits de son usufruit et en offrant de les représenter, s'affranchir des charges qui l'ont grevé pendant sa durée. — *Lyon*, 16 fév. 1835, de Glavenas c. de Chatelus.

91. — *La seconde*, que les créanciers du père ou de la mère ne peuvent saisir les fruits des biens soumis à l'usufruit légal, que sous la déduction de la portion des fruits nécessaires à l'acquittement de toutes les charges de cet usufruit, et qu'ils ne peuvent faire vendre cet usufruit lui-même que sous la condition d'acquitter eux-mêmes ces charges ou de les faire acquitter par l'adjudicataire. — Proudhon, nºs 219 et 223; Rolland de Villargues, nº 64; Roger, *Saisie-Arrêt*, nº 206; Zachariæ, p. 682 et 683.

92. — Ainsi, les intérêts des capitaux ou les fruits des biens appartenant à des enfans mineurs sont insaisissables de la part des créanciers du père qui en a l'usufruit, comme étant destinés à l'entretien et à l'éducation des enfans. — *Paris*, 19 mars 1823, Fischer c. Daguet. — ... Alors qu'il est démontré que la valeur en est absorbée par les frais d'entretien et d'éducation. — *Colmar*, 27 janv. 1825, Boeckel c. Franck.

93. — S'il était notoire que le père ou la mère eût d'ailleurs des moyens suffisans pour satisfaire à ces frais, les enfans seraient sans intérêt à contester la saisie; mais dans le doute sur ce point, l'opposition des enfans étant fondée en droit, ce serait au créancier saisissant à prouver le défaut d'intérêt. — Proudhon, nºs 219 et 220.

94. — Les oppositions ou interventions des enfans sont valablement faites par le père ou par la mère en sa qualité de tuteur, quoiqu'il soit en cause comme usufruitier; surtout lorsque, le mariage subsistant encore, il n'existe pas de subrogé-tuteur. — Proudhon, nº 223. — Toutefois, peut-être serait-il plus régulier de faire nommer un tuteur *ad hoc.* — Rolland de Villargues, nº 66.

§ 5. — *Quand et comment il finit.*

95. — L'usufruit légal des père et mère s'éteint : 1º *lorsque l'enfant a atteint l'âge de dix-huit ans accomplis.* L'usufruit légal a été restreint à cet âge dans la crainte, souvent injuste, que, pour se maintenir dans la jouissance des biens, les parens ne se refusassent à émanciper leurs enfans ou même à consentir à leur mariage. — Locré, sur 384.

96. — Après cet âge, le père ou la mère n'en continue pas moins à percevoir les fruits des biens de ses enfans, mais comme tuteur légal et à charge d'en rendre compte.

97. —... 2º *Lorsque la puissance paternelle vient à cesser avant cette époque*; par exemple, par l'émancipation expresse ou tacite de l'enfant, par sa mort naturelle ou civile, par la mort naturelle ou civile du survivant des père et mère ou par la condamnation de l'un ou l'autre à raison du délit prévu par l'art. 334, C. pénal. — V. EXCITATION A LA DÉBAUCHE, nº 87.

98. — Il faut ici observer que si, après l'émancipation, le père continue la gestion des biens, il en doit compte — Proudhon, nº 232.

99. —... Que si l'émancipation vient à être révoquée, l'usufruit ne renaît pas, parce que cette révocation admise dans l'intérêt de l'enfant ne doit pas lui être préjudiciable. — Toullier, nº 1003; Duranton, nº 396; Zachariæ, note 23e; Marcadé, art. 387, nº 7. — V. *contrà* Proudhon, *Etat des personnes*, t. 2, p. 266.

100. —... Que si, à la différence de l'usufruit ordinaire qui ne cesse pas par la mort du nu-propriétaire, l'usufruit légal finit par la mort de l'enfant, c'est parce que cet usufruit attaché à la puissance paternelle se perd avec elle; et que, constitué à titre d'indemnité des soins donnés à l'enfant, il ne peut survivre à sa cause : *Cessante causâ, cessat effectus.* — Arg. de l'art. 754, C. civ. — *Turin*, 19 janv. 1806, Chantelli c. Balada. — Merlin, *Rép.*, vº *Usufruit paternel*, § 5, nº 4; Toullier, nº 1072; Duranton, nº 392; Proudhon, nºs 126 et 2050; Delvincourt, t. 1er, p. 249; Maleville, sur l'art. 387; Hennequin, t. 2, p. 235.

101. — Quand l'usufruit cesse par suite de la condamnation du père, s'ouvre-t-il de suite au profit de la mère; ou celle ci ne peut-elle en jouir qu'au décès de son mari et pourvu qu'elle n'ait point été déclarée complice du délit? — V. *suprà* nº 26.

102. —... 3º *Lorsque la mère, usufruitière des biens de ses enfans mineurs, convole à de secondes noces.* Il ne faut pas qu'elle porte les revenus de ces enfans dans une autre famille et enrichisse à leurs dépens son nouvel époux. — C. civ., art. 386. — Proudhon, nº 143.

103. — L'usufruit, éteint par cette cause ne renaît pas par l'extinction du mariage. — Duranton, nº 388; Proudhon, nº 144; Vazeille, nº 470; Delvincourt, p. 248.

104. —... Ni même, en général, par son annulation, à moins que cette annulation ne fût prononcée pour cause de violences exercées contre la mère. — Proudhon, nº 144; Zachariæ, p. 685, note 28e; Marcadé, art. 387, nº 8 — V. *contrà* Duranton,

nº 387; Vazeille, nº 470; Dalloz. — Surtout lorsque le mariage annulé ne produit aucun effet civil.

105. — La veuve qui, sans être remariée, vit dans un état d'impudicité notoire et donne le jour à des enfans naturels, doit-elle être privée de l'usufruit légal des biens de ses enfans légitimes? — Elle en était privée sous l'ancienne jurisprudence. N'est-elle pas, en effet, bien plus coupable envers ses enfans dans ce cas que dans celui d'un second mariage? Indigne de conserver leur tutelle et par conséquent l'administration de leurs personnes et de leurs biens, comment en conserverait-elle la jouissance? *Non enim amplius habebit castitate luxuria.* — *Limoges*, 16 juill. 1807, Mergoux; 2 avr. 1810, Desvalois c. N. ...; 23 juill. 1824, L.... c. Jean D...... — *Lyon*, 22 déc. 1827, Chapelon c. Mannin. — Brillon, vº *Veuve*, nºs 21 et suiv.; Proudhon, nº 146; Delvincourt, p. 248.

106. — Mais est-il permis d'appliquer à la mère coupable une peine que la loi n'a pas formellement prononcée contre elle? N'est-ce pas porter atteinte aux droits de la puissance paternelle dont elle est revêtue? Dans ce cas, elle ne porte pas son usufruit en dot à un nouvel époux. C'est peut-être une lacune qu'il faudrait combler. — *Aix*, 30 juill. 1813, Bourdelon. — Duranton, nº 388; Rolland de Villargues, nº 13; Magnin, *Des minor.*, t. 1er, nº 307; Zachariæ, note 27e.

107. — Jugé, dans ce sens, qu'il n'y a pas lieu à priver la mère de l'usufruit légal, alors même qu'elle aurait été, par suite de ses désordres, privée de la tutelle de ses enfans. — *Aix*, 30 juill. 1813, Bourdelon.

108. — La mère peut, au surplus, dans le cas de démission ou de destitution de la tutelle de ses enfans, être privée de l'administration personnelle de leurs biens, quoiqu'elle en conserve l'usufruit légal, sauf au tuteur à lui faire compte des revenus qui restent libres après avoir déduit les charges imposées par l'art. 385. En matière d'usufruit légal, la jouissance effective peut être distinguée de l'usufruit proprement dit, nonobstant les termes de l'art. 578. Mais cette jouissance ne peut être indépendante de l'accomplissement du devoir naturel et légal de pourvoir à la nourriture, à l'entretien et à l'éducation des enfans. — *Cass.*, 19 avr. 1843 (t. 1er 1843, p. 622), Laparra c. Marty.

109. — ... 4º *Quand le survivant des époux n'a pas fait*, avant l'expiration du délai légal ou de la prorogation qu'il a obtenue, *inventaire des biens de la communauté.* C'est là une disposition exceptionnelle et pénale qu'il ne faut pas étendre au-delà des termes de la loi. — C. civ., art. 1442.

110. — Ainsi, ayant pour but d'empêcher la confusion des biens, au cas de communauté, elle ne doit pas être appliquée à un autre régime, et, par exemple, au régime dotal. — *Toulouse*, 19 déc. 1839 (t. 1er 1840, p. 257), de Jarry c. Payssedelatoue; 1er avr. 1843 (t. 2 1844, p. 654), Astie c. Astie. — Duranton, nº 390; Proudhon, nºs 161 et 162, Bellot, t. 2, p. 184; Marcadé, art. 387, nº 7. — V. *contrà* (il y a même raison et même crainte d'abus), Toullier, t. 13, nº 10; Delvincourt, t. 1er, p. 97.

111. — Ainsi encore, lorsqu'il a été fait inventaire au décès du prémourant des père et mère, et que plus tard une succession vient échoir à l'enfant, le survivant en aura la jouissance quoiqu'il n'en ait pas fait inventaire, puisque la déchéance n'est prononcée que pour le cas d'omission d'inventaire des effets de la communauté. — Chabrol, *C. d'inv.* ch. II, art. 2, sect. 3e, q. 8; Proudhon, nº 169.

112. — Mais, la loi ne distinguant pas, la privation d'usufruit s'applique, non seulement à la part qui revient aux mineurs dans la communauté, mais aux biens qu'ils possédaient avant le décès, comme à ceux qu'ils pourraient acquérir par la suite. — Proudhon, nº 169; Duranton, nº 389. — V. *contrà* Toullier, t. 13, nº 8.

113. — L'inventaire doit être fait dans le délai légal. En principe, l'époux, déchu par défaut d'inventaire dans le délai légal de l'usufruit des biens de ses enfans mineurs, ne peut être rétabli dans ce droit, même pour l'avenir, par un inventaire fait plus tard. — *Douai*, 15 nov. 1833, Ducorroy.

114. — Cependant cette règle n'est pas tellement absolue qu'elle ne puisse souffrir quelques exceptions.

115. — Ainsi la déchéance de l'usufruit ne saurait être prononcée contre le père qui a laissé écouler plus de trois mois sans faire inventaire, si son retard provient d'une maladie grave. — *Caen*, 18 août 1838 (t. 1er 1843, p. 429), Guillonet c. Lereverend.

116. — Il a même été jugé que l'inventaire fait après l'expiration des trois mois peut être considéré comme suffisant pour conserver l'usufruit légal, s'il est constant qu'il a été dressé avec la plus grande fidélité, encore bien que le survivant des père et mère n'allègue aucun motif de force majeure pour excuser son retard. — *Caen*, 18 août 1842 (t. 1er 1844, p. 66), Hubert c. Trolley.

117. — Proudhon adopte cette doctrine et soutient que le survivant des père et mère qui a fait un inventaire tardif ne peut être tenu qu'à rendre compte aux mineurs du revenu de leurs biens perçus avant l'accomplissement de la formalité.

118. — Il est hors de doute qu'un inventaire comprenant tous les objets corporels de la communauté est valable, quoiqu'il ne contienne pas la mention complète des biens actifs et passifs, si cette omission n'est pas le résultat de la fraude. — *Caen*, 18 août 1838 (t. 1er 1843, p. 429), Guillonet c. Lereverend.

119. — Il y a seulement lieu, dans ce cas comme dans tout autre où l'inventaire renferme une irrégularité qui ne constitue pas le père en mauvaise foi, à procéder à un inventaire supplémentaire ou rectificatif. — Merlin, *Rép.*, vº *Bénéfice d'inventaire*, nº 8; Toullier, t. 4, nº 348.

120. — Dès que l'inventaire a été fait de bonne foi sans soustractions ni recélés, et qu'il a pu être exécuté assez exactement pour qu'on doive s'en référer à ce qui y est porté, sans recourir à la voie des enquêtes, il est suffisant pour mettre obstacle au rapport des revenus des mineurs. Mais tout inventaire qui n'aurait été fait que par commune renommée ou qui serait assez imparfait pour laisser encore lieu à cette espèce d'enquête sur la consistance de la communauté, doit être rejeté comme insuffisant pour l'accomplissement de la condition imposée au survivant des père et mère, et il y a déchéance entière du droit d'usufruit; — Proudhon, *ibid.*

121. — ... 5º *Dans les différens cas où l'usufruit ordinaire vient à s'éteindre.* — V. USUFRUIT. — Par exemple, lorsque le père ou la mère renoncent à leur usufruit, ou lorsqu'ils en sont déclarés déchus pour abus de jouissance.

122. — Ainsi, les père et mère peuvent renoncer à leur usufruit légal. Mais cet usufruit n'étant pas un droit exclusivement attaché à leur personne, leurs créanciers peuvent le réclamer et même faire révoquer toute renonciation consentie en fraude de leurs droits. — *Cass.*, 23 brum. an IX, Delachat; 11 mai 1819, de Chavannes c. Boullechoux. — Merlin, *Quest. de droit*, vº *Usufruit paternel*, § 1er; Duranton, nº 594; Proudhon, nº 2398; Delvincourt, t. 1er, p. 250; Marcadé, art. 387, nº 5.

123. — L'action des créanciers doit être accueillie difficilement, car la fraude se présume moins dans l'abandon de l'usufruit paternel que dans celui de l'usufruit ordinaire. — Proudhon, nº 2397.

124. — Cette action ne pourrait même pas prévaloir contre l'émancipation de l'enfant et l'abandon de l'usufruit légal qui en est la conséquence. « Il paraît difficile de considérer l'émancipation d'un mineur comme un acte fait en fraude de ses créanciers et de le soumettre à l'action révocatoire uniquement pour conserver au père un usufruit vraiment irrégulier dont l'établissement a eu principalement pour but de prévenir les procès scandaleux que faisaient naître les comptes des revenus entre les pères et leurs enfans, et non pas d'enrichir les pères et mères, et de donner un nouveau gage à leurs créanciers. » — Toullier, t. 6, nº 368; Duranton, nº 394; Proudhon, nº 2399; Delvincourt, t. 1er, p. 250; Zachariæ, note 32; Marcadé, art. 387, nº 7. — *Contrà Cass.*, 23 brum. an IX, Delachat. — Merlin, *Quest. de dr.*, vº *Usufruit paternel*, § 1er.

125. — Au surplus, le père à qui la coutume de Normandie donnait la faculté de renoncer à l'usufruit des biens de sa femme en faveur de son enfant et au préjudice de ses créanciers, et qui n'a pas usé de cette faculté sous l'empire de la coutume, ne l'a pas perdue par l'effet de la promulgation du Code civil. — *Cass.*, 9 nov. 1830, Sachon c. Caron.

126. — Ainsi les père et mère qui n'accomplissent pas les conditions mêmes de l'usufruit que la loi leur accorde sur les biens de leurs enfans doivent être déclarés déchus de cet usufruit. La disposition de l'art. 618, C. civ., sur la déchéance de l'usufruitier qui abuse est générale et doit s'appliquer à l'usufruit légal aussi bien qu'à l'usufruit constitué par convention ou par testament. — Despeisses, tit. *Des servitudes*, art. 1er, sect. 4e, nº 8; Merlin, vº *Usufruit*, art. 4, § 5; Proudhon, nº 2435.

127. — Peut donc être déclaré déchu de l'usufruit légal le père qui laisse ses enfans dans le dénûment et néglige même de les vêtir. — *Paris*, 4 févr. 1832, Racine c. ses enfans. — V. *suprà* nº 75.

128. — Il pourrait, suivant les circonstances, être pris des ménagemens par respect pour l'autorité paternelle. Telle était la jurisprudence ancienne : « *Erubescit lex castigatores filios genitoribus statuere.* » — Boyer, d'Argentré, Musgard, Proudhon, nº 2435.

129. — C'est à la dernière extrémité, et seulement pour abus de jouissance, que la déchéance doit être prononcée. Ainsi, le père destitué de la tutelle ne perd pas pour cela la jouissance légale des biens de ses enfans. — *Paris*, 23 déc. 1810, Dupin c. Dardaine; *Bourges*, 11 mars 1812, Dupavillon c. Guillemain; *Aix*, 30 juill. 1813, N... — V. *suprà* nº 103.

130. — Toutefois, si depuis la destitution du père les enfans n'ont pas été à sa charge, il leur doit compte de leurs revenus. — *Bourges*, 11 mars 1812, Dupavillon c. Guillemain.

131. — La coutume de Valenciennes ne prive point de la propriété des immeubles de l'époux défunt le survivant qui se remarie pendant la minorité de ses enfans sans avoir fait inventaire. Elle ne le prive pas de l'usufruit des immeubles de son conjoint prédécédé, mais seulement de celui des biens adventices de ses enfans. L'édit de 1611, art. 23, avait seulement pour effet de grever de fidéi commis, dans les mains du survivant remarié les biens dont il avait été avantagé et non de lui enlever l'usufruit de ces biens. — *Bruxelles*, 29 fév. 1832, Dubiez c. N...

USURE.

Table alphabétique.

A-compte, 174.
Acquiescement, 140, 145 s.
Actes anciens, 115.
Actes authentiques, 88 s.
Actes en conséquence, 132 s.
Actes écrits, 171 s.
Actes faits à l'étranger, 136.
Action civile, 201, 205 s.
Action publique, 201.
Amende, 216 s.
Annuités (anticipation d'), 80.
Antichrèse, 9.
Anticipation d'annuités, 80.
Appel, 225.
Approbation expresse, 143.
Associés, 46 s. — commerciaux, 328.
Banquiers, 54 s., 190.
Caisse hypothécaire, 79 s.
Capitaine du navire, 48.
Capitalisation d'intérêts, 73 s.
Caractères, 6 s.
Cautionnement de fonctionnaire, 81.
Cession, 15.
Change, 50 s.
Chose jugée, 139 s., 204, 230. — (influence du criminel sur le civil), 101 s.
Citation en police correctionnelle, 214.
Clientèle, 11.
Coauteur, 235.
Code civil, 161.
Commencement de preuve par écrit, 85.
Compensation, 123 s.
Compétence, 130, 212 s.
Complicité, 234 s. — (peines), 239.
Compte (révision de), 134.
Compte-courant, 66 s.
Comptes trimestriels, 69.
Contrat de mariage, 40.
Contrat pignoratif, 20, 97.
Conventions antérieures à la loi de 1807, 160 s.
Convention écrite, 171 s.
Convention verbale, 171.
Crédit ouvert, 66 s.
Cumul de peines, 228 s.
Délit, 177 s. — successif, 244.
Denrées, 22 s.
Dommages-intérêts, 131, 210 s.
Donation, 106, 149. — rémunératoire, 35.
Dot, 40.
Droit ancien, 3 s.
Droit romain, 2.
Droit de commission, 58 s., 118, 191.
Droits successifs, 29.
Echange, 21. — d'effets, 64. — fixe, 167.
Emprisonnement, 228.
Enregistrement (trop perçu), 127.
Epoux, 237.
Escompte, 52 s. — fictif, 56, 189.
Escroquerie, 227 s. — (caractères de l'), 231. — (prescription de l'), 243.
Etranger, 136, 193.
Exécution volontaire, 143 s.
Faits anciens, 246 s.
Femme mariée, 236.
Fruits, 8 s.
Gage, 8.
Garanti, 14.
Grains, 17, 22 s.
Habitude, 179 s. — (preuve de l'), 194.
Hypothèque, 45.
Imputation sur le capital, 105, 121. — (choix), 120.
Influence du civil sur le criminel, 204.
Inscription de faux, 91.
Intérêts capitalisés, 63 s., 224.
Intérêts en dedans, 49, 96, 226.
Intérêts de la dot, 40.
Intérêts des intérêts, 119. — restituables, 122.
Intérêts mensuels, 40.
Intérêts trimestriels, 49.
Intervention, 205 s.
Jonction de causes, 240.
Jugement (mention), 200, 219 s.
Jugement au criminel, 101 s.
Lettre de change, 51, 109, 130, 190.
Libéralités, 35.
Mandat, 18, 129.
Mercuriales, 30.
Ministère public, 201.
Moulin, 11.
Navire, 48.
Nullité, 106 s., 132.
Opérations de change, 50 s.
Opérations commerciales, 53.
Parlement de Toulouse, 17.
Partie civile, 201 s., 205, 207.
Pays réunis, 164, 176.
Piémont, 138, 176.
Poursuite correctionnelle, 201. — directe, 202.

Pouvoir du juge, 76 s., 168, 175, 182.
Préjudice, 11.
Prescription, 154 s., 199, 241 s. — (escroquerie), 243. — (interruption de la), 245.
Présomptions, 197. — graves, précises et concordantes, 95 s.
Prestations annuelles, 23.
Prêts (nombre des), 183.
Prêts à deux personnes, 184.
Prêts faits à l'étranger, 198.
Prêts sur gage, 192.
Prêts à plusieurs personnes, 183.
Prêts renouvelés, 188.
Prêts successifs à une personne, 185.
Prêt unique renouvelé, 186.
Preuve, 82 s. — de l'habitude, 194. — testimoniale, 83, 195 s.
Primes, 78 s.
Prix en nature, 22 s.
Prorogation de terme, 187.
Quasi-contrat, 175.
Question préjudicielle, 203.
Questions transitoires, 160 s.
Rachat, 28.
Ratification expresse, 143.
Receveur de rentes, 191.
Réciprocité stipulée, 12.
Redevance, 34.
Réduction, 105, 108 s., 117. — d'intérêts, 151.
Règlement de compte, 68 s.
Remboursement du capital, 111.
Renouvellement de prêts, 188.
Rentes constituées antérieures à la loi de 1807, 165.
Rente constituée en grains, 23 s., 110.
Rente viagère, 42 s.
Répétition, 113 s.
Rescision, 148.
Restitution, 105, 116 s. — (choix), 120.
Revente, 17.
Serment décisoire, 98 s., 128.
Services appréciables, 10.
Services rendus, 18.
Société, 46. — commerciale, 47.
Statuts locaux, 164.
Stipulations antérieures à la loi de 1807, 160 s.
Stipulation d'intérêts usuraires, 180. — (verbale), 181.
Taux des intérêts, 31.
Transaction, 39, 145, 147.
Transport-cession, 14 s.
Travaux appréciables, 10.
Tribunal correctionnel, 198, 215.
Usages du commerce, 162.
Vente imposée, 13.
Vente de marchandises, 16.
Vente mobilière, 107.
Vente à réméré, 108.

USURE. — 1. — C'est, dans l'acception la plus large, le profit qu'on retire d'un prêt ; dans un sens plus restreint et plus usuel, c'est l'excès de ce profit.

2. — Dans les premiers temps de Rome, l'usure était prohibée d'une manière absolue et plus sévèrement réprimée que le vol. Ainsi, aux usuriers était infligée la peine du quadruple, tandis que les voleurs n'étaient punis que de la peine du double. — V. INTÉRÊTS.

3. — Notre ancienne législation a aussi prohibé l'usure. Cette prohibition est formellement exprimée dans un grand nombre d'ordonnances. On la trouve notamment dans une ordonnance de 1311, où il est dit : « Nous entendons par usure tout ce qui est au-dessus du capital. » Cette ordonnance a été renouvelée en 1254 par Saint-Louis. On cite encore, comme répression de l'usure, les ordonnances rendues par Philippe III en 1274, par Philippe IV dit le Bel en 1311 et 1312, par Philippe de Valois en 1349, par Louis XII en 1510, par Charles IX en 1567, par Henri III en 1576, et par l'ordonnance de Blois de 1579, renouvelée en 1580, 1581 et 1582. Henri IV, par un édit de 1605, prohiba pareillement toute usure et en ordonna la poursuite par la voie extraordinaire. Les défenses de l'usure furent enfin renouvelées par Louis XIII en 1629, et par Louis XIV en 1673.

4. — Les parlemens ont aussi plusieurs fois sévi contre les usuriers. Nous mentionnerons particulièrement les arrêts des 15 mars 1672, 10 janv. 1736, 29 juill. 1746, 28 janv. 1752, de juin 1766, de févr. 1770, et du 10 janv. 1777. Ce dernier arrêt, après avoir rappelé toutes les ordonnances que nous avons citées comme ayant conservé toute leur force, « fait défense, à toutes sortes de personnes, de quelque état et condition qu'elles soient, d'exercer aucune espèce d'usure prohibée, même sous apparence de commerce, par elles-mêmes ou par personnes interposées, sous les peines portées par lesdites ordonnances selon la gravité des cas. »

5. — L'Assemblée législative, récemment appelée par une proposition formelle due à l'initiative d'un de ses membres (M. de Saint-Priest) à se prononcer sur la possibilité de la suppression ou tout au moins de la répression efficace de l'usure, et sur le rapport favorable de la commission d'initiative, pris la proposition en considération ; une commission spéciale a été nommée qui a nommé pour son rapporteur M. Paillet ; le projet qu'elle a présenté aux délibérations de l'Assemblée a introduit dans la proposition de M. de Saint-Priest d'utiles améliorations ; déjà le projet a subi l'épreuve de deux délibérations ; si la troisième se termine par l'adoption de la loi, la législation de 1807, encore aujourd'hui en vigueur, se trouvera considérablement modifiée, et une partie des questions qui aujourd'hui divisent la jurisprudence et la doctrine seront, du moins les discussions qui ont eu lieu jusqu'à ce jour permettent

de l'espérer, définitivement tranchées. Quoi qu'il en soit, sans nous préoccuper des changemens que l'avenir réalisera peut-être, nous examinerons cette importante matière, pour et au point de vue uniquement de la législation existante : c'est, dans l'état actuel de la question, la seule marche qui nous soit possible.

SECT. 1re. — *Usure en matière civile et commerciale* (n° 6).
§ 1er. — *Formes sous lesquelles l'usure peut se déguiser. — Caractères* (n° 6).
§ 2. — *Preuve de l'usure* (n° 82).
§ 3. — *Action en nullité, restitution ou imputation pour cause d'usure* (n° 105).
§ 4. — *Fins de non-recevoir contre l'action en nullité, répétition ou réduction. — Chose jugée, rectification, transaction, prescription* (n° 139).
§ 5. — *Questions transitoires* (n° 160).
SECT. 2e. — *Délit d'usure* (n° 177).
§ 1er. — *Habitude d'usure. — Preuve* (n° 170).
§ 2. — *Poursuite du délit d'usure. — Partie civile. — Intervention. — Dommages-intérêts* (n° 201).
§ 3. — *Amende* (n° 216).
§ 4. — *Escroquerie en matière d'usure. — Peine. — Cumul. — Partie civile* (n° 227).
§ 5. — *Complicité* (n° 234).
§ 6. — *Prescription du délit d'usure. — Faits anciens* (n° 241).

—

Sect. 1re. — *Usure en matière civile et commerciale.*

§ 1er. — *Formes sous lesquelles l'usure peut se déguiser. — Caractères.*

6. — La loi du 3 sept. 1807, en défendant d'excéder dans les conventions le taux de l'intérêt qu'elle fixait, n'a point déterminé les caractères à l'aide desquels l'usure pourrait être reconnue ; et, pourtant, il était important qu'elle s'expliquât sur ce point, car il n'arrivera jamais que les conventions usuraires apparaissent clairement. Elles se dérobèront toujours sous des déguisemens qui rendront l'application de la loi plus ou moins difficile.

7. — Dans l'ancienne législation, suivant laquelle l'usure consistait à percevoir quelque chose au-delà du capital prêté, on tenait pour constant que, sous quelque forme que se présentât l'avantage obtenu par le prêteur et de quelque contrat qu'il résultât, il constituait l'usure. Ce principe est également vrai aujourd'hui, sauf que l'usure n'est plus que ce qui excède le montant principal de l'obligation augmenté de l'intérêt légal. L'usure doit donc être soigneusement recherchée et rigoureusement proscrite. — *Colmar*, 25 mars 1825, Obert c. Strauss. — Voici, au surplus, les différentes solutions que nous fournissent à cet égard la doctrine et la jurisprudence.

8. — Le Code civil autorise le débiteur à remettre à son créancier une chose en gage pour garantie du prêt qui lui a été fait (art. 2071 et suiv.). Si cette chose est de nature à produire des fruits, comme par exemple un cheval ou une voiture, lesquels peuvent être donnés en location, la convention qui accorderait au prêteur, indépendamment de l'intérêt légal, le droit de se servir de cette chose et d'en percevoir les fruits, serait entachée d'usure. — Pothier, *Traité du contrat de prêt*, n° 108 ; Chardon, *Du dol et de la fraude*, t. 3, n° 473 ; Duvergier, t. 6, *Du prêt à intérêt*, n° 266.

9. — La loi du 3 sept. 1807 a également modifié la disposition de l'art. 2089, C. civ., en ce sens que la convention par laquelle les fruits d'un immeuble remis à titre d'antichrèse auraient été abandonnés en compensation des intérêts d'une créance ne serait valable qu'autant que ces fruits n'excéderaient point les intérêts de la créance, calculés au taux légal. Toutefois, si l'excédant n'était que minime, il ne pourrait être considéré comme constitutif de l'usure. — V., sur ce point, notre mot ANTICHRÈSE.

10. — Il y aurait usure, si le prêteur, en sus des intérêts, exigeait de l'emprunteur quelques services ou travaux appréciables à prix d'argent. La raison pour laquelle il en serait différemment, si les services ou travaux n'étaient pas appréciables à prix d'argent, c'est que l'usure ne se conçoit pas sans un préjudice souffert par l'emprunteur. — Pothier, nos 105, 106 et 107 ; Chardon, n° 574 ; Duvergier, nos 468 et 469.

11. — Du principe qu'il n'y a usure qu'autant que l'avantage que procure la stipulation au prêteur préjudicie à l'emprunteur, il suit qu'il n'y aurait point usure de la part du propriétaire d'un moulin qui, en prêtant des grains à des paysans, leur ferait promettre qu'ils lui donneraient ou lui conserveraient leur pratique, aux offres de leur faire une aussi bonne condition que celle que leur feraient les autres meuniers ; et en supposant qu'il serait entièrement indifférent à ces paysans de porter leur blé à moudre au moulin de celui qui leur a fait le prêt, ou à d'autres. — Pothier, n° 110 ; Duvergier, n° 270.

12. — Il résulte encore, du même principe, qu'il n'y aurait point usure dans le fait du prêteur d'une somme d'argent de stipuler que l'emprunteur, après l'avoir remboursé, lui rendra, à l'occasion, le même service, s'il n'a point exigé de lui une obligation formelle, mais a déclaré s'en rapporter à son honneur et à sa probité. Au contraire, la stipulation pourrait être usuraire si l'emprunteur avait *contracté l'obligation* de rendre au prêteur le même service. — Pothier, n° 109 ; Duvergier, n° 271.

13. — Nous avons dit qu'il fallait, pour déterminer s'il y avait ou non usure, s'attacher moins à la qualification donnée aux contrats qu'aux résultats. C'est pour cela qu'on a considéré comme constituant une usure la vente d'objets mobiliers imposée, moyennant un prix non débattu, comme condition du prêt d'une somme d'argent. — *Paris*, 7 fév. 1835, princesse de la Paix c. Darrac. — Troplong, n° 387.

14. — ... La cession d'une créance faite pour un prix inférieur à la somme cédée, avec garantie, néanmoins, du paiement de ladite créance. — *Agen*, 28 janv. 1824, Garrigues c. Lachoux. — Pothier, n° 130 ; Chardon, n° 483 ; Duvergier, n° 294.

15. — ... L'acte par lequel un mari cède à un tiers une somme due par sa femme à la communauté, moyennant un prix inférieur à la somme cédée, et l'acte subséquent par lequel la femme convertit sa dette en une rente à 5 %. — *Caen*, 2 janv. 1844 (sous *Cass*, 8 août 1844 [t. 1er 1845, p. 281]) ; de Rochebrune c. Delban.

16. — Une vente de marchandises peut être entachée d'usure. — *Cass.*, 21 août 1829, Humbert ; *Paris*, 27 nov. 1844 (t. 1er 1844, p. 583), Grisard. — Telle est celle, par exemple, qui a eu lieu à terme, lorsque la concession de ce terme a servi de motif à une augmentation de prix, augmentation qui a excédé le taux légal. — Chardon, n° 472.

17. — Lorsqu'une personne a acquis un immeuble, moyennant une somme d'argent, et l'a revendu peu de temps après à son vendeur, moyennant une rente en grains, les tribunaux peuvent également décider que les contrats d'acquisition et de revente sont simulés et cachent un prêt usuraire. — *Paris*, 2 mai 1823, Cordier c. Baudot.

18. — Jugé que celui qui s'est chargé 1° de vendre à terme les propriétés des tiers, avec garantie solidaire de sa part, de droit et de fait ; 2° de recouvrer le prix aux échéances ; 3° de faire toutes poursuites à cet égard ; 4° de faire aux mandans un prêt à titre d'avance sur le prix, le tout moyennant un décime par franc du montant des enchères, pour lui tenir lieu de récompense, et 5 cent. par franc pour le couvrir des frais, ne peut, à raison de ces rétributions stipulées à son profit, être inculpé d'usure. — *Colmar*, 21 mai 1819, L... c. N...

19. — En 1682, l'intérêt du prix d'une vente d'immeubles stipulé au denier 18, dans le ressort du parlement de Toulouse, n'était pas usuraire. — *Nîmes*, 29 juill. 1807, Maza c. Lasseigne-Monteil.

20. — Le contrat pignoratif et le contrat de vente à réméré sont surtout du nombre des formes sous lesquelles l'usure se déguise le plus fréquemment. — V. CONTRAT PIGNORATIF.

21. — On peut aussi employer le contrat d'échange pour couvrir et masquer une opération usuraire ; mais, lorsque le fait est constant, les tribunaux doivent atteindre et frapper l'usure, comme dans toute autre convention. — *Colmar*, 25 mars 1825, Obert c. Strauss. — Petit, *De l'usure*, p. 86 ; Troplong, n° 392.

22. — Les anciens jurisconsultes regardaient comme usuraire la stipulation qui fixait les intérêts d'un capital en grains ou autres denrées, et cette doctrine avait été consacrée par un édit de Charles IX, du mois de nov. 1565. La cour de cas-

sation a elle-même appliqué cette législation à des contrats passés sous son empire. — *Cass.*, 31 mars 1813, Crouzat c. Rigaud.

23. — Toutefois, la prohibition prononcée par l'édit de 1565, de créer des rentes en grains pour un capital en argent, n'était pas tellement absolue que le contrat fût nul, si la valeur des grains n'excédait pas l'intérêt légal. — *Bourges*, 19 vent. an XII, Meaupoux c. Delachaire.

24. — En tout cas, on n'a pu considérer comme cachant une usure la rente en blé constituée moyennant un capital en argent à l'époque où le taux de l'intérêt n'était pas limité. — *Cass.*, 3 mai 1809, Daniel c. Provost.

25. — Aujourd'hui, la stipulation des intérêts en denrées, pour prêt d'un capital, doit-elle encore être déclarée usuraire? M. Chardon (nos 475 et s.), a soutenu l'affirmative, en se fondant sur ce que l'édit de 1565, abrogé par le décret du 5 thermid. an IV, avait repris son autorité depuis que la loi du 3 sept. 1807 avait elle-même abrogé ce décret du 5 thermid., et sur les fréquentes variations que peut éprouver le prix des denrées, opinion qui a été aussi partagée par M. Souquet, dans son *Dict. des temps légaux*, vo *Intérêts d'argent*, tabl. 273, col. 1re, *in fine*.

26. — Merlin (*Rép.*, vo *Rente constituée*, § 2, no 2) et M. Duvergier (no 276) enseignent, au contraire, que la loi du 3 sept. 1807, en organisant un système complet et nouveau de prohibition de l'usure, n'a laissé rien subsister de celui qui existait antérieurement. Toutefois, selon Merlin, la stipulation des intérêts en denrées, pour être valable, ne doit point excéder le taux légal déterminé par les mercuriales. — V. aussi Petit, p. 52; Troplong, no 393. — Suivant M. Duvergier, il suffit qu'elle ne soit point excessive.

27. — M. Garnier (*De l'usure dans les transactions civiles et commerciales*, no 12) fait sur ce point une distinction qu'il nous semble utile de reproduire: « S'il a été stipulé, dit-il, que les intérêts, fixés à 5 ou 6 %, par an, seront acquittés en denrées, l'estimation d'après les mercuriales devient indispensable; mais si les intérêts sont d'une certaine quantité de denrées positivement fixée, nous croyons que la condition doit s'exécuter, et que la stipulation est aléatoire. » Il paraît résulter de cette dernière opinion que, si la quantité de denrées à payer à titre d'intérêts excédait notablement les intérêts légitimes du capital prêté, la convention ne pourrait néanmoins être déclarée usuraire. Cela est manifestement contraire à l'esprit et au texte de la loi du 3 sept. 1807, dont l'objet a été de réprimer l'usure, sous quelque forme qu'elle se manifestât. Mais à quelle époque devra-t-on évaluer les denrées pour déterminer si la stipulation est ou non excessive? Au moment où cette stipulation est intervenue, ainsi que l'enseigne M. Duvergier (*ubi suprà*).

28. — Jugé que la constitution d'une rente en grains, pour raison d'un capital qu'on a reçu, suivie de la stipulation que le rachat de cette rente s'opérera par la livraison d'une quantité de grains égale à vingt prestations annuelles, est infectée d'usure, et que, dès-lors, l'obligation du débiteur doit être convertie en une rente en argent, au denier vingt du capital fourni, et rachetable par le remboursement de ce capital. — *Paris*, 2 mai 1823, Cordier c. Baudot.

29. — Mais on a pu décider que le cohéritier qui avait acheté de son cohéritier ses droits successifs, moyennant une rente constituée en grains, n'était pas fondé à demander qu'elle fût réduite en argent au taux légal, même en alléguant qu'elle était usuraire. — *Riom*, 17 mai 1817, Calhelat c. Crozat.

30. — Lorsqu'il s'agit d'un prêt fait en denrées, moyennant un intérêt fixé en argent, on doit, pour savoir si le taux légal est ou non dépassé, établir, d'après les mercuriales au moment où le prêt a eu lieu, la valeur des denrées qui forment l'objet de ce prêt. — Duvergier, no 277.

31. — Si l'objet du prêt et les intérêts consistent en denrées, quel doit être le taux des intérêts? La loi du 3 sept. 1807 ne s'étant pas positivement expliquée sur cette nature de prêt, l'on en a conclu que la plus grande latitude continuait de subsister à cet égard dans les stipulations. La raison qui en a été donnée, c'est que l'argent a une valeur fixe, tandis que la valeur des objets mobiliers et des marchandises est sujette à des variations fréquentes. « Tel, dit-on, qui emprunte lorsque les denrées sont très rares et à un très haut prix, rendra peut-être dans un temps où elles seront abondantes et à très bon marché; il n'y a donc rien d'illicite dans la stipulation qui obligerait l'emprunteur de cent mesures de pommes ou de raisins, à en rendre cent dix ou davantage sur la récolte de l'année suivante. Il peut arriver que les cent dix valent moins que les cent qu'il a reçues l'année précédente; car c'est là un contrat aléatoire, dans lequel il y a pour les parties une égale chance de gain ou de perte qui dépend d'un événement futur et incertain. — Garnier, no 9.

32. — Cependant, si d'un prêt de cette nature, il résultait pour le prêteur un avantage excessif, on devrait alors le considérer comme ayant servi à déguiser un prêt usuraire. — Petit, p. 51.

33. — MM. Chardon (nos 478 *in fine* et 479) et Duvergier (nos 278 et 279) enseignent, au contraire, que l'intérêt en denrées d'un prêt de denrées ne peut jamais être supérieur à cinq ou six pour cent de la valeur des denrées au moment de leur livraison. Il y a lieu, en effet, d'appliquer aux prêts de denrées, comme aux prêts d'argent, les dispositions de la loi du 3 sept. 1807: c'est ce qui est établi de la manière la plus positive par la relation des dispositions de cette loi avec celles du Code civil sur le *prêt à intérêt*.

34. — Dans le cas où des objets mobiliers ou immeubles ayant été vendus, le prix n'a pas été payé comptant, il ne peut être exigé d'autres intérêts que ceux de ce prix. La redevance à laquelle l'acheteur se serait soumis en outre de ces intérêts se trouverait nécessairement entachée d'usure. — Chardon, no 480; Duvergier, no 280.

35. — L'usure peut quelquefois se déguiser sous la forme d'une donation rémunératoire. — M. Chardon (no 514) admet, comme règle générale, que toutes les libéralités faites par le débiteur à son créancier, soit lors de l'emprunt, soit depuis et avant l'extinction de l'obligation, doivent être réputées *usures palliées*. Il est effectivement, dit-il, si contraire à ce qui se passe ordinairement parmi les hommes que, d'une part, celui qui doit, au lieu de se libérer, fasse des dons à son créancier, et que, de l'autre, le créancier ait le courage d'accepter ces dons d'un débiteur qui ne peut pas se libérer, qu'on ne fait que remettre les choses dans leur état naturel, en imputant sur la dette tout ce qui a pu être payé sur la libéralité, et l'annulant pour tout ce qui ne l'a pas été; d'où est né l'adage: *Nemo liberalis nisi liberatus*.

36. — Cette opinion paraît en droit trop absolue. On ne peut, en effet, tracer de règle générale aux magistrats chargés de l'appréciation des faits pour arriver à la découverte de la vérité. Il faudra donc consulter ici les circonstances; et s'il résulte de ces circonstances que la donation n'a été que la condition du prêt, qu'elle n'a eu pour but que de déguiser l'usure, en d'autres termes, que de fournir un supplément d'intérêts, on la réprouvera. — *Pau*, 17 janv. 1824, Maze c. Gentieu; *Bordeaux*, 17 déc. 1827, mêmes parties. — Mais si elle est émanée d'une volonté parfaitement libre, si elle est sérieuse et motivée, elle devra alors être maintenue. — Pothier, no 99; Petit, p. 61 et suiv.; Duvergier, nos 281, 283 et 286; Troplong, no 367.

37. — Lorsque la donation n'a été consentie que depuis que l'emprunteur s'est libéré, la question de savoir si elle a servi à pallier l'usure ne doit également être résolue que d'après les circonstances. Ainsi, si la donation a été spontanée de la part de l'emprunteur, il est évident qu'on ne peut la considérer comme usuraire. Au contraire, si la donation n'est que le résultat d'une promesse exigée par le prêteur, on dira alors avec raison qu'il y a *lucrum ex mutuo exactum*. — Pothier, nos 98, 100, 101 et 102; Duvergier, nos 282 et 287.

38. — Est valable la donation par laquelle il est dit qu'à mesure qu'il sera dû une année d'intérêts, le débiteur pourra les retenir en en payant les intérêts, et à la charge de payer le tout au terme fixé. Une pareille convention, qui suppose que les intérêts seront dus au moins pour une année, comme l'exige l'art. 1154, C. civ., ne viole ni cet article ni l'art. 2220, qui défendent de renoncer, à l'avance, à la prescription, ni l'art. 2227, qui déclare les intérêts des capitaux prescriptibles par cinq ans. — *Cass.*, 11 déc. 1844, Genouilhac et Gras-Préville c. Saint Albin.

39. — Une transaction peut aussi être considérée comme employée pour faciliter des stipulations usuraires. — *Cass.*, 22 juin 1830, Duplan-Delahet c. Depontet.

40. — La stipulation faite dans un contrat de mariage que les intérêts de la dot seront payés à un taux plus élevé que celui fixé par la loi doit-elle être réputée usuraire? La cour de Riom a adopté la négative, par la raison qu'une constitution de dot ne peut être assimilée à un prêt à intérêt, et qu'il ne faut voir dans la fixation de l'intérêt de la dot au-dessus du taux légal qu'un *augment de dot*. — *Riom*, 12 mars 1828, Cheminat c. Mosnier.

41. — Mais la loi du 3 sept. 1807, qui fixe le taux de l'intérêt, étant générale, il semble impossible de créer une exception à ses dispositions en faveur des créances constituées par des contrats de mariage. L'usure ne doit-elle pas, en effet, être exclue de ces contrats comme de tous autres? Vainement on prétendrait, comme l'a fait la cour de Riom, pour repousser l'application de la loi du 3 sept. 1807, que la stipulation dont il s'agit ne constitue qu'une augmentation de dot; car un *augment de dot* ne peut être tel qu'autant que le contrat de mariage lui a formellement attribué ce caractère. — Petit, p. 53 et suiv. — *Aix*, 3 juill. 1832, Durand c. Estrine.

42. — Un contrat de rente viagère ne peut être réputé usuraire à quelque taux que le service de la rente ait été stipulé. — *Riom*, 23 déc. 1808, Martin c. Berthon Langlard. — Petit, p. 102 et suiv. — Cela résulte de l'art. 1976, C. civ., ainsi conçu: « La rente viagère peut être constituée au taux qu'il plaît aux parties contractantes de fixer. » — Il en était de même avant le Code. — *Cass.*, 11 prair. an VII, Degouville c. Fleuriau; 15 vend. an IX, mêmes parties.

43. — Jugé, aussi que la clause insérée dans un contrat de constitution de rente viagère que, *faute de paiement des arrérages, les créanciers jouiront des immeubles hypothéqués, et en recevront les revenus sans imputation ni restitution*, n'est point contraire aux bonnes mœurs et ne peut faire réputer la rente usuraire. — *Bordeaux*, 23 août 1814, Guichard c. Bressy.

44. — Cependant, les juges peuvent, suivant les circonstances, nonobstant la disposition de l'art. 1976, décider qu'un contrat de prêt a été déguisé sous l'apparence d'un contrat de rente viagère, dans le but d'éluder la loi du 3 sept. 1807, et dès-lors réduire au taux légal l'intérêt du capital prêté. — *Cass.*, 31 déc. 1833, Havas c. Capey.

45. — La cour de Toulouse a jugé que, dans le cas où le porteur d'une lettre de change obtenait, pour en assurer le paiement, une hypothèque sur les biens de son débiteur et stipulait, dans le contrat constitutif de l'hypothèque, un intérêt de 6 %, il n'y avait point là un prêt civil, déguisé sous la forme d'un prêt commercial, dans la vue de percevoir un intérêt usuraire de 6 %. — *Toulouse*, 12 mars 1829, Beaufort c. Leygue. — Cette solution ne saurait toutefois être érigée en règle générale. Les tribunaux, souverains appréciateurs des faits, pourraient, suivant les espèces, décider le contraire sans violer aucune loi.

46. — Ne doit pas non plus être réputé usuraire l'intérêt de 10 % stipulé par un associé, pour les sommes qu'il verse dans la société, avec le caractère et la destination de sa mise sociale. — *Cass.*, 21 juin 1842 (t. 1er 1842, p. 62), Revel c. de Faudoas.

47. — Au contraire, est usuraire et illicite la convention par laquelle, en dehors de l'intérêt légal, le prêteur d'un capital se fait souscrire, par une société commerciale, des billets qui lui assurent, sans aucune chance de pertes, une partie déterminée d'avance, et *à forfait*, des bénéfices espérés. — *Cass.*, 16 avr. 1837 (t. 1er 1837, p. 442), Dugas-Vialis, Ardaillon et Bessy c. de Massilian. — Troplong, *Sociétés*, no 661; Duvergier, *ibid.*, no 58. — V., *contrà Paris*, 10 mai 1834, mêmes parties.

48. — ... La stipulation par laquelle il est convenu que les avances faites à un capitaine pour l'armement du navire, dont il est propriétaire, produiront des intérêts à raison de 6 % par *voyage*, s'il est constant que le navire faisait ou pouvait faire plus d'un voyage par année. Tout au plus une pareille stipulation pourrait-elle avoir pour effet de procurer un intérêt de 6 % par an. — *Bordeaux*, 10 août 1838 (t. 2 1838, p. 474), Viard et Chaigneau c. Loirat.

49. — Un usage fréquent est de retenir l'intérêt sur le capital, au moment même du prêt, ou de stipuler qu'il sera payable par semestre, trimestre ou même par mois. On ne peut se dissimuler qu'une semblable manière de procéder n'ait tous les caractères d'une perception usuraire. En effet, dans le premier cas, l'intérêt est calculé sur un capital supérieur à celui qui est délivré réellement; dans le second, l'emprunteur est privé, pendant le surplus de l'année, de ce qu'il a payé à titre d'intérêts à l'expiration de chaque terme. — Chardon, nos 485 et 486; Duvergier, no 299.

50. — L'usure qui se cache sous des opérations de change doit également être réprimée. — *Cass.*, 8 nov. 1825, Paraize c. Roussier.

51. — Toutefois, on ne doit pas réputer usure les frais de change et rechange, excédant l'intérêt légal, payés au preneur de lettres de change simulées, par le souscripteur, pour leur négociation, alors qu'il est constant que cette négociation a eu lieu dans l'intérêt et au profit du souscripteur. — Même arrêt.

52. — L'escompte peut aussi, à l'égard d'individus qui n'ont aucun genre d'industrie, être considéré comme un moyen de déguiser des intérêts usuraires. Mais il en est autrement à l'égard des

USURE, sect. 1re, § 1er.
USURE, sect. 1re, § 1er.

spéculateurs qui se livrent à des opérations industrielles; ceux-ci doivent subir les conditions qu'ils ont une fois acceptées.—*Paris*, 18 janv. 1839 (t. 1er 1839, p. 64). Noë, let Lerambert c. Ravel.—On conçoit en effet que les escomptes prélevés sur la négociation de leur papier puissent, dans une certaine mesure, être considérés comme devant être couverts par les bénéfices provenant de leurs spéculations.

53. — Il a même été décidé, d'une manière plus générale, que la loi du 3 sept. 1807 est inapplicable à des opérations intervenues entre deux maisons de commerce, et qui ont pour objet, non pas un prêt d'argent, mais des négociations de papiers et des escomptes de traites sur différentes places, surtout lorsque la sincérité de ces négociations n'est pas contestée. — *Cass.*, 4 fév. 1828, Dufay c. Dubuisson.

54. — Spécialement, les banquiers qui escomptent des effets de commerce souscrits, soit par ceux qui les négocient, soit par des tiers, peuvent percevoir, en sus de l'intérêt légal, un droit d'escompte dont la fixation dépend de la convention des parties.—V., outre l'arrêt de Cassation précité, *Cass.*, 24 déc. 1825, Gosselin c. Tronde; *Toulouse*, 25 juin 1829, Brugnières c. Couly; *Paris*, 18 janv. 1839 (t. 1er 1839, p. 64), Noël et Lerambert c. Ravel. — Petit, p. 31; Troplong, nos 370 et suiv.; Cadrès, p. 220.

55.— Cette jurisprudence, fondée sur ce que les banquiers ayant à payer des frais pour opérer l'encaissement des effets qu'ils escomptent, l'intérêt au taux légal ne peut pas représenter pour eux le prix de la jouissance de leurs capitaux, a été vivement combattue par MM. Chardon (no 489) et Duvergier (nos 290 et suiv.). Selon ces auteurs, l'opération par laquelle un commerçant, escomptant un effet de commerce, en reçoit la valeur en argent avec obligation de la faire rendre par un tiers ou de la rendre lui-même au terme convenu, n'est autre chose qu'un prêt, dans lequel, au lieu qu'il y ait, comme dans le prêt ordinaire, deux contractans, il y en a trois ou un plus grand nombre. Or, si c'est un prêt, il y a lieu nécessairement d'appliquer la loi du 3 sept. 1807; car cette loi contient une règle absolue, et rien n'autorise à y apporter quelque exception. Mais la jurisprudence ci-dessus n'a fait que confirmer un usage généralement répandu, et s'il fallait le faire cesser tout-à-coup, les opérations de banque s'en trouveraient probablement paralysées. Aussi est-ce plutôt une réforme législative, préparée à l'avance, qu'une réforme judiciaire, que les abus faits de cet usage nous paraissent avoir rendue nécessaire sur ce point.

56. — Du reste, si l'escompte que perçoit un banquier à un taux excédant celui de la loi sur des effets négociables et à terme n'était que fictif et n'avait eu pour objet que de déguiser des perceptions d'intérêts usuraires faites en vertu de prêts conventionnels, il constituerait alors un fait d'usure qui entraînerait l'application de la loi du 3 sept. 1807. — *Cass.*, 16 août 1828, Louis Lebègue c. min. public; *Grenoble*, 16 fév. 1836 (t. 2 1837, p. 100), Chabelet c. Guttin et Giraud; *Bordeaux*, 5 janv. 1842 (t. 1er 1842, p. 658), Lebègue; *Cass.*, 10 janv. 1845 (t. 1er 1846, p. 333), Bigot; 27 déc. 1845 (t. 1er 1846, p. 764), Beauvais.— Petit, p. 31 et suiv. —V. aussi *infrà* no 189.

57. — Il ne peut y avoir lieu à la perception régulière d'un escompte de la part de celui qui prête de l'argent sur la remise d'effets de commerce, qu'autant que la négociation qui lui est faite de ces effets émane non du souscripteur lui-même, mais d'un tiers auquel ils ont été négociés. Dans le premier de ces cas, l'opération qui intervient entre le souscripteur et le bénéficiaire d'un billet ne renferme qu'un prêt commercial pur et simple qui ne saurait donner lieu à la perception d'un intérêt supérieur au taux de 6 %. — *Cass.*, 27 nov. 1843 (t. 1er 1844, p. 21), Noël et Lerambert c. Ravel.

58. — Indépendamment du droit d'escompte, les banquiers sont autorisés, par les usages du commerce, à prendre sur les négociations qu'ils font un droit de commission dont la fixation est laissée à la volonté des parties, et qui est considéré comme l'indemnité des frais, soins et démarches nécessaires pour la négociation et l'encaissement des valeurs remises aux banquiers. — *Cass.*, 4 fév. 1828, Dufay c. Dubuisson; *Grenoble*, 16 fév. 1836 (t. 2 1837, p. 100), Chabelet c. Guttin et Giraud.

59. — Spécialement, la commission proportionnelle de 3/4 % par mois, que perçoit un commerçant en sus de l'intérêt légal, sur le montant des opérations de banque et de finance qu'il fait dans l'intérêt d'un autre commerçant, ne constitue pas une perception usuraire. — *Cass.*, 19 déc. 1827, Cogez c. Théry.

60. — Il n'y a pas de perception usuraire dans l'allocation qui est faite par un emprunteur à son prêteur d'un droit de commission, outre l'intérêt légal, comme salaire des soins que celui-ci s'est donnés pour la négociation de l'emprunt. Cette allocation, qui pourrait être faite à tout autre qu'au prêteur, ne participe pas de la nature de l'intérêt de l'argent prêté. — *Rennes*, 6 janv. 1844 (t. 1er 1844, p. 524), Lebourhis c. Ruello; *Cass.*, 7 mai 1844 (t. 1er 1845, p. 131), Charles c. Bertera. — C. civ., art. 1907; L. 3 sept. 1807.

61. — Mais cette commission ne doit se régler que tous les ans, comme les intérêts du compte courant, pour être alors ajoutée au capital du compte. — Même arrêt de Rennes.

62. — On ne peut non plus considérer comme usuraire, quel qu'en soit le taux, la commission accordée par une société de commerce à ceux qui sont chargés par elle de négocier l'emprunt qu'elle désire contracter. — *Bordeaux*, 21 déc. 1840 (t. 1er 1841, p. 361), Charles c. Debans.

63. — Jugé, néanmoins, que la convention de commission ne peut échapper à la qualification d'usuraire qu'autant qu'elle n'est que la juste rétribution des démarches du banquier; par exemple, lorsqu'elle n'excède pas 1 % du capital procuré par lui. — *Rennes*, 6 janv. 1844 (t. 1er 1844, p. 524), Lebourhis c. Ruello.

64. — Cependant, s'il y avait, entre le banquier et le commettant, échange réciproque d'effets à encaisser, de telle façon qu'il fût possible de voir là plutôt un office d'ami qu'une opération de banque, aucun droit de commission ne pourrait alors être réclamé, à moins que le banquier et le commettant n'en perçussent également un pour raison des encaissemens par eux faits. — *Grenoble*, 6 mai 1842 (t. 1er 1843, p. 162), Gaduel c. Fanton.

65. — La loi du 3 sept. 1807, qui prohibe la stipulation d'un intérêt excédant le taux légal, ne saurait s'appliquer aux conventions qui exposent le prêteur à un préjudice éventuel, et l'on peut toujours, dans ce cas, stipuler, indépendamment de l'intérêt légal, certains avantages destinés à compenser les pertes auxquelles on est soumis, et le gain dont on peut être privé. — L. 3 sept. 1807, art 1er et suiv. — Spécialement, on ne saurait considérer comme entaché d'usure le prêt dans lequel un banquier a stipulé, outre l'intérêt à 5 % de la somme prêtée, la remise d'un certain nombre d'actions appartenant à la société faisant l'emprunt, quand, à raison de la nature de l'affaire, il pouvait exiger un intérêt à 6 %, et aussi lorsqu'il a refusé tout droit de commission, et s'est obligé à verser comptant une partie de la somme, sous la clause pénale de la perdre, au cas où il ne verserait pas le surplus au fur et à mesure des demandes qui lui en seraient faites, et dans un délai peu étendu. La cour d'appel a pu conclure de ces diverses circonstances que les actions remises au prêteur en sus de l'intérêt à 5 % ne constituaient qu'une compensation aléatoire des sacrifices à courir, et non un intérêt usuraire.— *Cass.*, 13 août 1845 (t. 2 1845, p. 282), Vrau c. Michenaud.

66. — Selon l'usage constant du commerce, le banquier qui ouvre un crédit à un commerçant peut aussi, en sus de l'intérêt légal, exiger un droit de commission en raison du capital de chaque fourniture ou prestation de fonds. — *Cass.*, 14 juill. 1840 (t. 2 1840, p. 487), Chevalier c. Allier, et sous cet arrêt, *Grenoble*, 31 août 1839, mêmes parties; *Grenoble*, 24 fév. 1841 (t. 2 1842, p. 148), Clet c. Doyon; 6 mai 1842 (t. 1er 1843, p. 182), Gaduel c. Fanton; *Colmar*, 11 mai 1842 (t. 1er 1843, p. 8), Schelbaum; *Aix*, 15 janv. 1844 (t. 2 1844, p. 465), Crémieu c. Reynaud; *Colmar*, 21 mai 1844 (t. 2 1844, p. 471), Germain c. Boisseau; *Grenoble*, 1er avr. 1846 (t. 1er 1849, p. 254), Giroud c. Fuzier; *Douai*, 19 août 1846 (t. 1er 1847, p. 417), Lhotellier c. Dégré; *Rouen*, 27 mars 1847 (t. 2 1848, p. 558), Clerfontaine c. Flaux; *Cass.*, 14 août 1845 (t. 2 1849, p. 221), Gaduel.—Noblet, *Du compte cour.*, no 163-10; Troplong, nos 382 et suiv. — V. cependant Frémery, p. 80 et suiv.; Duvergier, no 297.—V. aussi Delamarre et Lepoitevin, t. 2, nos 496 et suiv.

67. — Il peut encore valablement stipuler avec le négociant qu'il crédite que ses propres avances produiront à son profit intérêt du jour où elles auront lieu, et qu'il ne devra au contraire à ce négociant l'intérêt des valeurs qu'il encaissera pour lui que quinze ou vingt jours après leur échéance. — *Cass.*, 16 mai 1838 (t. 2 1838, p. 413), Prat c. Prades, et sous cet arrêt, *Toulouse*, 16 janv. 1835, mêmes parties.

68. — Mais si le banquier qui a pris un intérêt de 6 % sur les sommes dont il a fait l'avance, et prélevé pour cette négociation un droit de commission, en percevait un autre sur le montant de la somme formant la solde de chaque réglement de compte porté à nouveau, cette manière d'opérer devrait être considérée comme usuraire. — V., outre les arrêts précités de Toulouse du 16 janv. 1835, et de Colmar du 11 mai 1842, *Cass.*, 12 nov. 1834, Bouault c. Gérard; *Rennes*, 6 janv. 1844 (t. 1er 1844, p. 524), Lebourhis c. Ruello. — Troplong, no 384; Cadrès, p. 228.

69. —...Alors surtout qu'aux circonstances qui viennent d'être indiquées se joindrait celle-ci, que le banquier ne tient compte au débiteur que de 5 % sur les remises que lui fait ce dernier. — *Orléans*, 21 août 1840 (t. 2 1840, p. 543), Treshwitt c. Bouchet-Chevallier. — Il faut savoir, pour l'entente de ces dernières décisions, que les banquiers qui ouvrent un crédit sont dans l'usage d'arrêter le compte tous les trois mois ou à des époques plus ou moins éloignées, et, si la balance est en leur faveur, de faire du solde en capital et intérêts le premier article du compte suivant, lequel porte de nouveau intérêt, et ainsi de suite jusqu'à la clôture des opérations. Or, en prenant un droit de commission sur le premier article de chacun de ces comptes, il est évident que les banquiers percevraient ce droit plusieurs fois sur la même somme.

70. — M. Duvergier (nos 297 et 298) enseigne même, contrairement à la jurisprudence généralement admise, que les usages du commerce qui autorisent les banquiers à prendre sur les négociations qu'ils font, ou sur les crédits qu'ils ouvrent, un droit de commission, violent ouvertement la loi du 3 sept. 1807, et que dès-lors la perception de ce droit constitue une usure. Le législateur, en fixant par cette loi, d'une manière absolue, le taux de l'intérêt commercial à 6 %, semble, en effet avoir considéré cet intérêt comme une rémunération suffisante pour les banquiers de la peine que leur coûtent les négociations ou les prêts qu'ils peuvent faire. D'ailleurs, permettre aux banquiers de percevoir, en sus de l'intérêt légal, une commission, n'est-ce pas faciliter le retour de ces ruses d'usuriers que le législateur de 1807 a voulu proscrire irrévocablement? Nous pensons donc, avec M. Duvergier, que les usages du commerce dont il s'agit devraient céder devant une application stricte et rigoureuse de la loi du 3 sept. 1807.

71. — La cour de Bourges a adopté ce système pour le cas où un banquier a seulement fourni ou prêté des sommes au commerçant avec lequel il s'est mis en compte. Dans ce cas, a décidé cette cour, le droit de commission ne pouvant être perçu comme une indemnité des frais et soins de négociation et d'encaissement de valeurs, on ne doit accorder au banquier, d'après la loi du 3 sept. 1807, qu'un intérêt de 6 % sur les sommes qu'il a fournies ou prêtées.—*Bourges*, 18 déc. 1839 (t. 2 1840, p. 219). Guémy et Desroys c. Lyons et Petit.

72. — Jugé aussi par la cour de Toulouse, le 16 janv. 1835 (V. cet arrêt rapporté avec celui de Cassation du 16 mai 1838 [t. 2 1838, p. 413], Prat c. Prades et fils), que, pour qu'un contrat de change non soumis aux dispositions de la loi du 3 sept. 1807 pût naître des opérations entre un banquier et son crédité, il était nécessaire que ce dernier se libérât des avances à lui faites, non par une remise de ses propres billets, payables à son domicile ou à celui du créditeur, mais au contraire par des remises de valeurs dont le recouvrement présentât *quelque chance aléatoire*. Il résulte de l'ensemble de l'arrêt que, par ces derniers mots, la cour de Toulouse a entendu parler de valeurs de nature à entraîner pour le banquier des démarches plus ou moins difficiles, des négociations plus ou moins onéreuses.

73. — Le banquier qui ouvre un crédit à un commerçant peut convenir que les intérêts dus sur le reliquat de chaque réglement semestriel seront capitalisés et produiront eux-mêmes des intérêts, sans pour cela se rendre coupable d'usure. L'art. 1154, C. civ., qui ne permet d'exiger les intérêts qu'autant qu'il s'agit d'au moins une année entière, est inapplicable en matière de banque et de commerce. — *Cass.*, 19 déc. 1827, Cogez c. Théry; *Dijon*, 24 août 1832 (sous *Cass.*, 12 nov. 1834, Bouault c. Gérard); 14 juill. 1840 (t. 2 1840, p. 487), Chevalier c. Allier; *Colmar*, 11 mai 1842 (t. 1er 1843, p. 8), B... c. Schelbaum. — *Contrà Bourges*, 18 déc. 1839 (t. 2 1840, p. 219), Guémy et Desroys c. Lyons et Petit; *Rennes*, 6 janv. 1844 (t. 1er 1844, p. 524), Lebourhis c. Ruello; 3 mai 1845 (t. 2 1845, p. 169), Roger c. Lefort et Pinet.

74. — Du reste, pour que, en matière de commerce, les intérêts puissent être capitalisés par trimestre ou par semestre, et produire eux-mêmes des intérêts, il faut qu'il soit intervenu à cet égard une convention entre les parties; autrement, il y aurait lieu d'appliquer l'art. 1154, C. civ. — *Lyon*, 23 juill. 1839 (t. 2 1840, p. 444), Granger-Veyron c. Clayaux.

75. — Les parties peuvent convenir que les réglemens seront faits tous les six mois, et que les réglemens, par conséquent, les intérêts qui en font partie, seront capitalisés, alors que ces réglemens établissent une balance égale entre les parties. — *Cass.*, 14 août 1845 (t. 2 1849, p. 221), Gaduel. — Noblet, *Compte courant*, n° 156.

76. — L'arrêt qui décide qu'une opération financière qui a la forme extérieure d'une opération de banque, constitue en réalité un prêt conventionnel à un taux usuraire, échappe à la censure de la cour de Cassation. — *Cass.*, 19 fév. 1830, ministère public c. Morisseau.

77. — Il en est de même de l'arrêt qui décide que des opérations entre un négociant et un banquier constituent des contrats de change. — *Cass.*, 16 mai 1838 (t. 2 1838 p. 413), Prat c. Prades.

78. — La prime accordée à un prêteur, en matière commerciale, par chaque obligation créée à son profit en remboursement du prêt, ne peut être réputée usuraire, si, répartie sur l'intervalle de temps qui sépare le prêt du remboursement, et ajoutée aux intérêts de 5 % stipulés dans l'acte, elle n'excède pas le taux légal de 6 %. — *Cass.*, 7 mai 1844 (t. 1er 1845, p. 131), Charles c. Berlera.

79. — Les opérations de la caisse hypothécaire pour ses avances de crédit aux emprunteurs d'après ses statuts, approuvés par le gouvernement, ne constituent pas un prêt usuraire prohibé par la loi du 3 sept. 1807. L'escompte et les primes au moyen desquels s'exécutent ces opérations impriment au traité qui intervient entre les parties prenantes et la caisse le caractère d'un contrat aléatoire. — *Cass.*, 21 mai 1834, caisse hypothécaire c. Courby; *Lyon*, 4 mars 1836, mêmes parties; *Cass.*, 30 juill. 1834, Durand. — Duvergier, n° 300.

80. — Mais il y a usure dans la stipulation, non autorisée par les statuts, portant qu'en cas d'expropriation des biens de l'emprunteur avant le terme des obligations, la caisse hypothécaire aura droit au paiement de deux annuités non encore échues pour la dédommager de ses frais et faux frais. — Même arrêt de *Cass.* du 30 juill. 1834.

81. — Enfin, il a été jugé qu'on ne peut regarder comme entaché d'usure l'acte par lequel celui qui dépose une inscription de rente sur l'état, pour tenir lieu du cautionnement d'un employé, se réserve le droit de percevoir les intérêts de cette rente, et de plus, stipule que l'employé lui paiera l'intérêt à 5 % du capital, moyennant lequel elle a été achetée; un tel acte constitue, non un contrat de prêt auquel il faille appliquer la loi du 3 sept. 1807, mais bien un contrat de cautionnement auquel les parties peuvent assigner un prix supérieur au taux d'intérêt permis par cette loi. — *Rouen*, 4 déc. 1827, Féval c. Philippe; — Duvergier, n° 302.

§ 2. — *Preuve de l'usure.*

82. — La loi du 3 sept. 1807, en établissant relativement à l'usure la plus sévère et la plus absolue des prohibitions, ne s'est point expliquée sur le mode à employer pour en faire la preuve. Elle a, au contraire, supposé constante l'existence de l'usure. C'est ce qui résulte de ces premiers mots de l'art. 3 de cette loi : « *Lorsqu'il sera prouvé* que le prêt conventionnel..... » De quelle manière pourra-t-on donc prouver le fait particulier d'usure ?

83. — Sous l'ancienne jurisprudence, la preuve testimoniale de l'usure était inadmissible.

84. — La loi du 3 sept. 1807 a-t-elle voulu, par son silence, proscrire cette jurisprudence? Les motifs qui ont dicté cette loi se refusent à une telle interprétation. Il faut dévoiler par tous les moyens possibles les ruses des usuriers. Aussi a-t-il été décidé par un grand nombre d'arrêts que les faits particuliers d'usure peuvent être prouvés par témoins devant les tribunaux civils. — *Cass.*, 18 thermid. an XIII, Saint-Pierre; *Agen*, 30 juill. 1812, Vignes c. Bernard; *Nîmes*, 12 mars 1826, Bresse c. Jallade; *Bourges*, 18 mars 1826, Mathé c. Fauveau; *Cass.*, 18 fév. 1829, Bourrut Florimont c. Charles; *Bruxelles*, 1er fév. 1834, N... — V. encore, dans le même sens, Chardon, t. 3, n° 520; Duvergier, n° 307; Toullier, t. 9, n° 193; Duranton, t. 13, n° 332; Garnier, *Usure*, p. 110; Favard de Langlade, v° *Usure*, n° 4; Zachariæ, t. 3, § 398, note 20; Dupin, *Réquisit.*, t. 3, p. 81; Troplong, nos 405 et suiv.; Petit, *Usure*, p. 117 et 131.

85. — La preuve de l'usure peut surtout avoir lieu par témoins lorsqu'il existe déjà des commencemens de preuve par écrit. — *Besançon*, 24 mess. an IX, Cuisenier c. Marguet.

86. — Mais elle n'en serait pas moins admissible, quoiqu'il n'en existât aucune. — *Rennes*, 18 déc. 1812, Gouasnon

87. — ... Et quoique la somme qu'on prétendrait avoir été usurairement perçue excédât 150 francs. — *Angers*, 27 mars 1829, Fortin c. Lebreton. — *Contrà Cass.*, 22 mars 1824, Pruès-Latour c. Menot.

88. — Le débiteur, même par acte authentique, qui prétend avoir été victime d'une usure, n'est pas lié par les énonciations de cet acte. — *Agen*, 28 janv. 1824, Garrigues c. Lachoux.

89. — Il peut prouver par témoins que le prix réel de la cession est inférieur au prix exprimé dans l'acte. — Même arrêt.

90. — ... Ou que dans la somme portée dans l'obligation il a été compris des intérêts usuraires. — *Bordeaux*, 10 janv. 1826, Charles c. Bourrut-Florimont.

91. — Jugé, en effet, qu'il n'est pas nécessaire, pour attaquer un acte authentique vicié d'usure, de prendre la voie de l'inscription de faux. — *Caen*, 25 juill. 1827, de Vasconcelles c. Ménager; 12 janv. 1828, Lefèvre; *Cass.*, 29 mai 1828, Crinon c. Drapier; *Bordeaux*, 8 janv. 1846 (t. 1er 1846, p. 474), Gauran c. Labory. — V. aussi *Paris*, 27 nov. 1844 (t. 2 1844, p. 583), Grisard.

92. — Cependant, si le fait articulé, quoique probatif de l'usure, était directement contraire à celui qui serait constaté par cet acte, ne faudrait-il pas alors avoir recours à cette voie? L'affirmative ne nous semble pas douteuse en présence de l'art. 1319, C. civ., suivant lequel la foi due à un acte authentique ne peut être détruite que par l'inscription de faux. Ainsi, l'emprunteur devrait s'inscrire en faux pour prouver ou que la numération d'espèces énoncée dans l'acte pour avoir été faite en présence du notaire et des témoins ne l'a pas été, ou qu'il a reçu une somme moindre que celle que l'acte constaterait lui avoir été comptée en présence du notaire. — V. en ce sens, outre l'arrêt de Caen précité, Chardon, n° 522; Duvergier, n° 308. — *Contrà Besançon*, 24 mess. an IX, Cuisenier c. Marguet; *Bourges*, 2 juin 1832, Morache c. Boussard; *Bordeaux*, 8 juill. 1833, Berg c. Duquesnoy; *Bruxelles*, 1er fév. 1834, N...

93. — Mais si l'emprunteur, au lieu de nier que la numération eût été faite en présence du notaire et des témoins, demandait seulement à prouver par témoins qu'il n'avait pas emporté les espèces, cette demande n'ayant rien d'inconciliable avec la mention contenue en l'acte devrait être accueillie. — *Cass.*, 28 juin 1821, Philippe c. Godefroy. — Chardon, *ubi suprà*.

94. — Dans tous les cas, l'emprunteur ne pourrait être admis à prouver par témoins des faits tendant à établir que des intérêts auraient été payés depuis la passation de l'acte de prêt, si ces intérêts n'excèdent pas le taux légal, eu égard au capital énoncé audit acte. — V. l'arrêt de Bruxelles précité du 1er fév. 1834, *suprà*, n° 92

95. — Des faits tendant à établir des opérations usuraires faites avec des tiers pourraient être admis comme pouvant servir à fortifier les élémens de preuve directe. — Même arrêt

96. — La preuve testimoniale de l'usure étant admissible, il faut en conclure, conformément à l'art. 1353, C. civ., que l'usure peut également être établie par des présomptions graves, précises et concordantes, résultant des faits du procès. — *Colmar*, 30 juin 1820, Thomas c. Jordy; *Cass.*, 3 avr. 1824, N...; *Orléans*, 26 août 1840 (t. 2 1840, p. 576), Godard c. Bajou. — Chardon, nos 523 et 524; Duvergier, n° 307.

97. — Spécialement, les magistrats peuvent, pour apprécier si un acte contenant des clauses de vente à réméré et de relocation est entaché de fraude et d'usure, se déterminer par des présomptions graves, précises et concordantes, telles que celles résultant du prêt supposé de la vente comparé au prix annuel de relocation. — *Rennes*, 11 avr. 1826, Picard et Salaun; *Bordeaux*, 7 avr. 1827, Viélmont c. Delpech. — V. au surplus sur ce point CONTRAT PIGNORATIF.

98. — Lorsque les présomptions ne réunissent pas tous les caractères nécessaires pour en faire une preuve complète, mais donnent cependant de justes raisons de croire fondée la réclamation du débiteur, le serment peut être déféré au créancier sur le point de savoir si l'obligation est entachée d'usure. Ce n'est point le cas d'appliquer la règle que la délation du serment n'est pas possible, quand il s'agit de faits auxquels les lois de la morale attachent le déshonneur; car un fait particulier d'usure ne saurait être considéré comme déshonorant, puisque, ainsi que nous le verrons, il ne peut donner lieu qu'à une restitution ou réparation civile. — *Liége*, 5 avr. 1811, Ersnt c. Dossin; *Bruxelles*, 1er fév. 1809, Dubois c. Goemine. — Chardon, n° 525; Chauveau sur Carré, *Lois de la procédure*, t. 3, sur l'art. 324, quest. 1225 *in fine*.

99. — Et un tribunal ne peut arbitrairement dispenser le créancier du serment décisoire qui lui est déféré par le débiteur sur le fait d'intérêts usurairement perçus. — *Bordeaux*, 10 mai 1833, Delaunay c. Massongue.

100. — Le jugement correctionnel par lequel un créancier a été condamné comme coupable d'usure, sur la plainte du débiteur, ne dispense pas ce dernier, s'il veut assigner son créancier devant la juridiction civile en restitution des sommes reconnues usuraires par le jugement correctionnel, de prouver l'usure, indépendamment de ce qui est établi dans ce jugement. — *Aix*, 17 déc. 1833, Guilbert, Barbier, Reynaud c. B...

101. — Mais, quoique les jugemens rendus au criminel n'aient pas au civil l'autorité de la chose jugée, il en résulte du moins une présomption grave qui, réunie à celles fournies par les autres circonstances de la cause, concourt à former les élémens d'une preuve que les juges peuvent compléter par les voies de droit. — *Orléans*, 26 août 1840 (t. 2 1840, p. 575), Godard c. Bajou.

102. — Ainsi, le jugement qui déclare un individu coupable du délit d'habitude d'usure forme contre lui, lorsqu'il ne l'a pas attaqué, un commencement de preuve qui peut être complété par le serment supplétoire. — Même arrêt.

103. — Les juges civils appelés à statuer sur une demande en restitution d'intérêts usuraires formée contre un individu condamné correctionnellement pour délit d'habitude d'usure, peuvent même prendre pour base de leur condamnation la fixation que le tribunal correctionnel a faite des sommes réellement prêtées, s'il leur apparaît, par les circonstances de la cause, que cette fixation a été bien établie. — *Bourges*, 2 juin 1831, Morache c. Boussard.

104. — Décidé encore, que le tribunal civil qui, appelé à statuer sur une demande en restitution d'intérêts usuraires formée par l'emprunteur, puise la preuve de l'usure tant dans le jugement correctionnel rendu contre le prêteur que dans les actes du procès, ne commet aucune fausse application de la chose jugée; vainement on dirait qu'il ne s'est appuyé sur aucuns actes autres que le jugement correctionnel. — *Cass.*, 19 nov. 1838, Gaillard c. Lebide.

§ 3. — *Action en nullité, restitution ou imputation pour cause d'usure.*

105. — Prévoyant le cas (et c'est celui qui se présentera le plus fréquemment) où l'usure est déguisée sous la forme d'un prêt conventionnel, la loi du 3 sept. 1807 dispose (art. 3) que, lorsque la preuve de l'usure sera acquise, l'emprunteur pourra faire condamner le prêteur à restituer les intérêts usurairement perçus, ou à en souffrir la réduction sur le capital de la créance.

106. — Mais l'usure peut aussi, comme nous l'avons vu, se déguiser sous la forme de tous autres contrats; et alors, le plus souvent, il y aura lieu à prononcer non une réduction, mais une nullité. C'est ainsi que les cours de Pau et de Bordeaux ont déclaré nulle une donation qui, quoique qualifiée de rémunération, n'avait été faite que pour procurer au prêteur un intérêt illégal, condition du prêt qu'il avait fait. — *Pau*, 15 janv. 1824, Maze c. Gentieu; *Bordeaux*, 17 déc. 1827, mêmes parties.

107. — Décidé également que, lorsqu'une vente d'objets mobiliers a été imposée, moyennant un prix non débattu, comme condition de prêt d'une somme d'argent, les tribunaux doivent annuler cette vente comme constituant une usure, et ne peuvent lui donner effet en se bornant à réduire l'obligation à la valeur desdits objets mobiliers par eux arbitrée, jointe à l'importance de la somme réellement prêtée. — *Paris*, 7 fév. 1835, princesse de la Paix c. Darrac.

108. — Mais lorsqu'une vente à réméré, contenant stipulation d'intérêts usuraires, a été faite à titre de transaction sur une contestation réellement existante entre les parties, les tribunaux ne peuvent en prononcer la nullité; ils peuvent seulement réduire les intérêts au taux légal. — *Turin*, 13 août 1813, Brogini c. Celidonio.

109. — Des lettres de change souscrites pour déguiser des trafics usuraires doivent être réduites au capital prêté, augmenté des intérêts légaux; elles n'emportent pas contrainte par corps. — *Limoges*, 10 mars 1808, Bertrand c. Gauthier.

110. — La rente constituée en grains, sous l'ancienne législation, pour prêt d'un capital, doit être réduite au taux de l'intérêt légal, sur la demande du débiteur. — *Cass.*, 31 mars 1813, Crouzat c. Rigaud. — V. *suprà* nos 17 et 22.

111. — Si, sur cette demande, le prêteur réclame le remboursement du capital qu'il a prêté, le débiteur ne peut se refuser à l'effectuer. — *Bourges*,

19 vent. an XII, Meaupoux c. Delachatre et Bompart.

112. — Le créancier, dont le débiteur a obtenu la réduction au taux légal des intérêts usuraires stipulés, n'est pas fondé à prétendre que cette réduction équivaut à une inexécution de l'obligation et rend exigible le capital de la créance. — *Montpellier*, 14 juill. 1813, Carrié c. Bouisson.

113. — Sous la législation romaine, les intérêts usuraires étaient sujets à répétition. La maxime *usuræ solutæ non repetuntur* (L. 3, C., *De usur.*) ne s'appliquait en effet qu'au cas des intérêts qui ne dérivaient ni de la loi ni de la stipulation, mais qui n'étaient point prohibés. — *Cass.*, 31 mars 1813, Crouzat c. Rigaud.

114. — Des intérêts à un taux raisonnable, payés volontairement, pour prêt d'une somme d'argent, à une époque où la loi en prohibait la stipulation, n'avaient pas le caractère d'intérêts usuraires sujets à répétition. — *Cass.*, 5 avr. 1815, d'Houchin c. Carpentier.

115. — Nous verrons plus loin (§ 5, nos 160 et suiv.) si les intérêts stipulés par acte antérieur à la loi du 3 sept. 1807, sous l'empire de l'art. 1907, C. civ., doivent être réduits sous prétexte d'usure et donner lieu à répétition ou imputation.

116. — Sous l'empire de la loi du 3 sept. 1807, les intérêts usuraires, sous quelque forme qu'ils aient été perçus, doivent être restitués : ainsi, celui auquel une créance a été cédée pour un prix inférieur au montant de cette créance, avec garantie néanmoins du paiement intégral, doit restituer au cédant ce qu'il a reçu du débiteur cédé au-delà du prix réel de la cession. — *Agen*, 28 janv. 1824, Garrigues c. Lachoux.

117. — Le créancier qui a été déclaré *usurier d'habitude* par un tribunal correctionnel, et qui ensuite est attaqué par la voie civile pour *faits isolés* d'usure, est tenu à la restitution des intérêts trop perçus, ou à souffrir la réduction proportionnelle de la créance. — *Colmar*, 30 juin 1830, Thomas c. Jordy.

118. — Dans les opérations de banque, la quotité du droit de commission peut être réduite par les tribunaux au dessous du taux réglé par la convention, s'il est établi que ce droit est entaché d'usure en ce que, par exemple, il excède le taux des transactions ordinaires de la place. — *Cass.*, 21 juill. 1847 (t. 2 1847, p. 608), Alexandre c. Houbart.

119. — Les intérêts produits par des intérêts usuraires capitalisés sont usuraires comme eux, et doivent être compris dans la restitution. — *Rennes*, 17 fév. 1836, X...

120. — Nous avons dit que la restitution des intérêts usuraires peut s'opérer de deux manières : ou par le remboursement effectif, ou par l'imputation sur le capital. Mais déciderons-nous, comme l'a fait la cour de Cassation, que l'art. 3 de la loi du 3 sept. 1807 laisse au prêteur la faculté de faire, à son gré, le remboursement ou l'imputation? Si l'on s'attache à la lettre de l'art. 3 précité, on voit que c'est bien plutôt aux magistrats que devrait appartenir le choix. Cet article porte, en effet, que le prêteur *sera condamné par le tribunal* saisi de la contestation à restituer l'excédant s'il l'a reçu, ou à souffrir la réduction. — *Cass.*, 16 janv. 1837 (t. 1er 1837, p. 306, Serignol c. Aurel). — M. Duvergier (no 304) enseigne au contraire que les magistrats ne doivent pas plus que le prêteur avoir le droit d'opter entre les deux moyens d'opérer la restitution. L'explication qu'il donne de l'art. 3 de la loi du 3 sept. 1807 nous paraît tout-à-fait conforme à l'intention du législateur. Selon cet auteur, ces deux moyens n'ont été indiqués que parce que l'un ou l'autre doit être employé suivant les circonstances. « Si, dit-il, la demande de l'emprunteur est formée après qu'il s'est entièrement libéré envers le prêteur, l'imputation n'est plus possible; il faut bien ordonner la restitution. Si, au contraire, au moment où l'emprunteur réclame, le prêteur est encore son créancier, c'est par la voie de la réduction qu'on doit procéder. »

121. — L'imputation des intérêts usuraires doit se faire d'abord sur les intérêts exigibles de la créance et subsidiairement seulement sur le capital. Si, dans l'art. 3 de la loi du 3 sept. 1807, le législateur n'a pas parlé des intérêts, c'est qu'il a supposé qu'il n'en était pas dû. — *Cass.*, 24 juin 1842 (t. 2 1842, p. 62), Revel c. de Faudoas, et sous cet arrêt, *Paris*, 23 juill. 1840, mêmes parties.

122. — Une autre question, qui s'est élevée, consiste à savoir si les intérêts sujets à répétition pour cause d'usure sont eux-mêmes productifs d'intérêts ou si l'imputation sur le capital doit être faite, à compter du jour où ces intérêts ont été payés. — Sous l'ancien droit, on décidait cette question affirmativement (V. Pothier, no 113); et cette doctrine, consacrée sous l'empire du Code civil par la cour de Rennes et par celle de Montpellier, est également aujourd'hui professée par M. Duvergier (nos 303, 304 et 305). On la fonde sur l'art. 1378, C. civ., qui dispose que, s'il y a eu mauvaise foi de la part de celui qui a reçu, il est tenu de restituer tant le capital que les *intérêts* du jour du paiement. Cette disposition, conçue en termes généraux, embrasse en effet tous les cas où une action en répétition est ouverte au débiteur, et s'applique, par conséquent, à l'emprunteur qui a payé et au prêteur qui a exigé des intérêts usuraires. Ce dernier n'a-t-il pas reçu *de mauvaise foi* ce qui ne lui était pas dû? — *Rennes*, 17 fév. 1826, X...; *Montpellier*, 20 déc. 1841 (t. 2 1842, p. 575), Boyer c. Rouquayrol.

123. — Cependant, la cour de Cassation et plusieurs cours d'appel, pensant que l'art. 3 de la loi du 3 sept. 1807, ne crée au profit de l'emprunteur qu'une créance facultative, laquelle ne devient certaine et liquide que par la condamnation prononcée sur sa demande, et que cet article n'ordonne ni n'autorise aucune compensation avant cette condamnation, système que M. Duvergier (no 304) s'est attaché à réfuter, ont jugé que les intérêts usuraires, indûment payés, ne devaient pas produire d'intérêts, ou que l'imputation ne devait pas se faire sur le capital, à compter de l'époque de chaque paiement d'intérêts, et que c'était seulement du jour où la demande avait été formée que cette imputation pouvait avoir lieu, ou que les intérêts usuraires déjà payés devenaient productifs d'intérêts. — *Caen*, 18 janv. 1846, Cardnie c. Moulison; *Cass.*, 9 nov. 1836, Bataille et Cotteneau c. Pothier; 16 janv. 1837 (t. 1er 1837, p. 306), Serignol c. Aurel; *Orléans*, 26 août 1840 (t. 2 1840, p. 576), Godard c. Bajou; *Cass.*, 24 juin 1842 (t. 2 1842, p. 62), Revel c. de Faudoas; *Caen*, 8 août 1844 (t. 1er 1845, p. 281), de Rochebrune c. Delhan.

124. — Alors surtout que les paiemens d'intérêts successifs avaient pour cause une convention antérieure à la loi de 1807, ces paiemens n'étant pas nuls de plein droit, la créance purement facultative qui en résulte ne peut être ni certaine ni liquide, et, par suite, opérer une compensation entre les intérêts usuraires et le capital de la dette, avant la répétition exercée par l'emprunteur. — Même arrêt de *Cass.* du 9 nov. 1836.

125. — Jugé aussi que si le prêteur qui a exigé des intérêts usuraires n'est obligé à restituer l'excédant de l'intérêt légal que du jour de la demande en justice, et n'est pas tenu des intérêts de cet excédant du jour où il a été exigé, il doit au moins restituer les intérêts qu'il a indûment perçus, et, par conséquent, tous les intérêts qu'on a pu faire produire à ces intérêts dans un compte courant. La restitution de ces intérêts de l'intérêt excédant le taux légal est exigée au même titre que cet excédant lui-même. — *Cass.*, 24 avr. 1849 (t. 2 1849, p. 386), Echallié c. Mollerat.

126. — Mais les intérêts des sommes usuraires qui auraient été payés postérieurement à la cessation des comptes courans, même à l'acquit de ces comptes, ne sont dus que du jour de l'action en répétition, et non du jour du paiement de ces sommes. — *Dijon*, 23 juill. 1846 (sous l'arrêt précité de *Cass.* du 24 avr. 1849).

127. — Le créancier doit faire raison au débiteur du trop perçu pour l'enregistrement de l'acte, par suite de la fausse énonciation d'un prêt plus considérable que celui qui a réellement été fait, lorsque cette énonciation avait pour but de couvrir l'usure. — *Rennes*, 12 juin 1821, Lannux et Resgrall c. Leconte.

128. — En fait de répétition d'intérêts usuraires, le juge peut d'office subordonner au serment du demandeur ce qui peut lui être dû, tant pour la quotité des intérêts que pour la quotité de la somme principale, lorsqu'il y a incertitude à leur égard, et qu'il est difficile, pour ne pas dire impossible, de déterminer autrement leur consistance. — *Cass*, 8 déc. 1832, Feilleul c. Collin.

129. — Lorsqu'un mandataire, chargé de faire le placement des capitaux de son commettant, les a prêtés à un taux d'intérêts usuraires, celui-ci ne peut, dans le compte qui lui est dû, réclamer ces mêmes intérêts, sous le prétexte que ce même mandataire doit rendre tout ce qu'il a reçu, même indûment : ce serait se rendre complice de l'usure. — *Metz*, 6 fév. 1824, N...

130. — Si l'usure a été perçue au moyen de lettres de change, et que l'action en répétition des intérêts usuraires soit formée principalement, et non incidemment à la demande en paiement des lettres de change, c'est devant les tribunaux civils que cette action doit être portée. — *Toulouse*, 26 déc. 1840 (t. 1er 1841, p. 451), Arroul c. Montferran.

131. — Les tribunaux civils, qui ordonnent la restitution ou l'imputation de l'excédant du taux légal de l'intérêt, peuvent-ils en outre condamner le prêteur à des dommages-intérêts envers l'emprunteur? La cour de Cassation a jugé que le droit de prononcer, en cas d'usure, une condamnation à des dommages-intérêts excédant l'intérêt extra-légal, n'appartenait qu'au tribunal correctionnel. Cependant, on ne voit pas pourquoi les tribunaux civils qui reconnaîtraient dans un fait d'usure la preuve d'un dommage particulier pour l'emprunteur ne pourraient pas, comme les tribunaux correctionnels, en ordonner la réparation. La loi du 3 sept. 1807 ne contient aucune dérogation aux principes généraux de la législation. — *Cass.*, 24 déc. 1825, Gosselin c. Tronde.

132. — Nous avons dit (*suprà* nos 106) que des actes entachés d'usure devront quelquefois être déclarés nuls. Dans ce cas, la nullité s'étendra aussi aux actes faits en exécution de ceux-ci. Ainsi, est nulle la saisie pratiquée en vertu d'actes nuls pour cause de stipulations usuraires. — *Rennes*, 11 avr. 1826, Picard c. Salaun.

133. — Mais lorsque les actes entachés d'usure donnent lieu seulement à restitution des intérêts usuraires, ils ne peuvent entraîner la nullité de ceux qui en ont été la suite. C'est ce qui a été jugé spécialement à l'égard d'un commandement. — *Bordeaux*, 4 avr. 1826, Charron-Laterrière c. Meunier.

134. — Enfin, il a été décidé qu'il pouvait être procédé, nonobstant l'art. 541, C. procéd., à la révision d'un compte dans les élémens duquel étaient entrés des intérêts usuraires, pour réduire au taux légal l'allocation d'intérêts faite par ce compte. — *Orléans*, 21 août 1840 (t. 2 1840, p. 543), Treshwitt c. Bouchel-Chevallier; *Colmar*, 11 mai 1842 (t. 1er 1843, p. 8), B... c. Schelbaum; *Cass.*, 24 avr. 1849 (t. 2 1849, p. 386), Echallié c. Mollerat.

135. — Spécialement, on peut, même après l'apurement et le solde d'un compte, demander la réduction, pour cause d'usure, d'un droit de commission compris dans ce compte, une pareille demande ayant pour objet la réparation du dommage résultant d'un délit, et non un redressement de compte, prohibé par l'art. 541, C. procéd. — *Cass.*, 21 juill. 1847 (t. 2 1847, p. 608), Alexandre c. Houbart. — V. aussi Noblet, *Compte courant*, no 248.

136. — On a élevé aussi la question de savoir si les intérêts réglés par des contrats passés en pays étrangers, où la loi permet la stipulation d'un intérêt au-dessus de 5 %, pouvaient, lorsque les parties venaient habiter en France, être réduits à ce taux, en vertu de la loi du 3 sept. 1807. M. Duvergier (no 313) s'est prononcé pour l'affirmative; et la raison qu'il donne nous paraît justifier suffisamment cette décision : c'est que les lois étrangères ne sont applicables, en France, aux conventions faites sous leur empire, qu'autant que ces lois n'ont rien de contraire aux lois françaises qui intéressent l'ordre public et les bonnes mœurs. Mais la solution contraire a été adoptée par la cour d'appel de *Bordeaux*, 26 janv. 1831, Deyme c. Dufau.

137. — S'il s'agissait au contraire d'un prêt fait en France à un Français par un individu domicilié dans un pays dont les constitutions ne permettraient pas de stipuler sur un intérêt à 5 %, nul doute que l'emprunteur fût non-recevable à demander la réduction de l'intérêt de 5 % au taux fixé par les lois du pays du prêteur. C'est ici le cas de dire, avec la cour de *Turin* (28 flor. an XIII, Sartirana c. Prinetti), que le taux licite des intérêts doit être déterminé, non par la loi du pays où le prêteur est domicilié, mais par celle du pays où se forme le contrat de prêt.

138. — C'est par application de ce principe que la cour de Turin, suivant l'arrêt précité, a jugé qu'un Piémontais qui, sous le manifeste sénatorial de 1767 et les constitutions piémontaises, ne pouvait prêter qu'à 3 %, avait pu, dans un acte passé à Pavie (ville soumise à la domination de la reine de Hongrie), et en prêtant à un habitant de cette ville, stipuler à son profit un intérêt de 4 1/2 %.

§ 4. — *Fins de non recevoir contre l'action en nullité, répétition ou réduction; chose jugée, ratification, transaction, prescription.*

139. — Au nombre des exceptions qui peuvent être opposées à l'action en nullité, répétition ou imputation, pour cause d'usure, figure celle de la chose jugée. — Ainsi, lorsqu'un jugement par défaut ou contradictoire, passé en force de chose jugée, a ordonné le paiement d'une obligation sans réserve, le débiteur est non recevable à attaquer ultérieurement cette obligation comme usuraire, encore bien que l'usure, quoique n'ayant point été proposée lors du jugement, fût néanmoins constante. — *Nîmes*, 14 déc. 1838 (t. 1er 1839, p. 521), Devèze c. Naquet; *Toulouse*, 26 déc. 1840 (t. 1er

1841, p. 451), Arroui c. Monferran; *Cass.*, 13 avr. 1841 (t. 2 1841, p. 135), Devèze c. Naquet. — Chardon, t. 3, nos 527 et suiv.

140. — Si la validité d'une dette résultant de lettres de change a été reconnue par le débiteur, qu'après cette reconnaissance un jugement soit intervenu, qui, en se fondant sur la validité des titres, en ait ordonné le paiement, et qu'enfin ce jugement ait été formellement acquiescé par le débiteur, celui-ci ne peut plus être admis à prétendre que la dette est entachée d'usure. Il y a chose jugée sur la validité et la sincérité des titres. — *Cass.*, 27 mai 1840 (t. 2 1840, p. 583), Bernault c. Heumann.

141. — Il en doit être ainsi, alors surtout qu'il ne s'agit que d'une simple allégation d'usure que rien ne justifie. — Même arrêt.

142. — Décidé au contraire, que le souscripteur d'une obligation qu'il a acquittée, en exécution de jugemens obtenus contre lui, n'en est pas moins recevable à demander plus tard la restitution d'intérêts usuraires déguisés dans cette obligation, si, lors des jugemens de condamnation, la question d'usure n'a pas été soulevée. — *Bourges*, 2 juin 1831, Morache c. Boussard.

143. — La stipulation apparente ou déguisée d'un intérêt usuraire étant prohibée par une loi d'ordre public, il s'ensuit que l'exécution, la ratification ou l'approbation expresse d'un acte entaché d'usure ne peuvent en effacer le vice. — *Rennes*, 12 juin 1821, Lannux et Resgrall c. Leconte; *Bruxelles*, 25 oct. 1828, D... c. R...; *Cass.*, 31 déc. 1833, Havas c. Capey. — Chardon, n° 532; Zachariæ, t. 2, § 339, note 8e.

144. — Le service d'une rente usuraire, n'étant qu'une fraude continue, ne pourrait couvrir le vice originaire du contrat. Néanmoins, dans le doute, le contrat doit être maintenu, alors surtout qu'il a reçu une longue et volontaire exécution. — *Bordeaux*, 8 janv. 1846 (t. 1er 1846, p. 474), Gauran c. Labery.

145. — On ne peut transiger ni acquiescer sur une matière d'ordre public, telle que l'usure. En conséquence, lorsqu'un jugement a prononcé par corps une condamnation pour une obligation qu'on soutient entachée d'usure, l'acquiescement donné à ce jugement, s'il n'a point été suivi d'exécution dans les termes de l'art. 159, C. procéd. civ., n'est pas valable, et ne rend pas non recevables soit l'opposition, soit l'appel formé contre ce jugement. — *Paris*, 17 avr. 1841 (t. 1er 1841, p. 541), Béchem c. Berncastel; 17 mai 1843 (t. 1er 1844, p. 408), Leleu c. Béchem.

146. — Ainsi, jugé que le jugement de condamnation au paiement d'une lettre de change obtenu par le tiers porteur, et l'acquiescement à ce jugement de la part du débiteur, ne sont point un obstacle à l'action en réduction de la créance, comme usuraire, formée par ce dernier contre le tireur de la lettre de change. — *Paris*, 24 avr. 1847 (t. 1er 1847, p. 639), Andrié c. Combe. — V. cependant *Cass.*, 8 mars 1847 (t. 1er 1847, p. 535), de Mautort c. Mottet.

147. — Ainsi, encore, sont nuls la transaction sur un procès tendant à faire annuler un contrat comme vicié d'usure, et le consentement à l'exécution de ce contrat. — *Cass.*, 29 mai 1828, Crinon c. Drapier.

148. — Une transaction et les actes qui en font l'objet peuvent être rescindés, si elle n'a été faite que pour couvrir des vices d'usure et d'impignoration, et pour favoriser de nouvelles stipulations entachées des mêmes vices. — *Cass.*, 22 juin 1830, Dublan-Delahet c. Depontel. — Chardon, n° 533.

149. — La transaction intervenue entre le donateur et le donataire sur le montant et l'époque de l'exigibilité de la donation ne couvre pas la nullité de ladite donation, résultant de l'usure. — *Bordeaux*, 17 déc. 1827, Maze c. Gentieu. — Chardon, n° 534.

150. — Mais est valable la transaction faite par un débiteur avec son créancier sur l'effet de contrats usuraires, lorsqu'il se trouve pleinement libéré. — *Cass.*, 16 nov. 1836, Depontel c. Dublan.

151. — Il en est de même de celle qui a pour objet, non de faire produire des intérêts usuraires à la créance sur laquelle elle est intervenue, mais de réduire ces intérêts. — *Cass.*, 22 janv. 1833, Prévot c. Codevelle. — Chardon, n° 533.

152. — On peut aussi valablement transiger sur des intérêts usuraires perçus par le créancier. — *Cass.*, 21 1832, Vassal c. Joly; 9 fév. 1836, Gaffet c. Fayez-Bouthors. — Chardon, n° 535.

153. — Et une telle transaction est obligatoire pour le débiteur, quoique, au moment où elle a été constatée, celui-ci ne fût pas encore libéré et se trouvât même sous le coup des poursuites de son créancier. — Même arrêt de *Cass.* du 9 fév. 1836.

154. — L'action publique et l'action civile en matière d'usure étant totalement différentes quant à leur nature et à leurs objets, il en résulte que la prescription de trois ans, applicable aux délits d'habitude d'usure, ne peut être appliquée à l'action civile pour faits d'usure. — *Caen*, 25 juill. 1827, de Vasconcelles c. Ménager; 12 janv. 1828, Lefèvre.

155. — Ce n'est que par trente ans que se prescrit l'action en répétition des sommes payées pour intérêts usuraires. La prescription de dix ans, établie par l'art. 1304, C. civ., n'est pas plus opposable que celle de trois ans contre l'exercice de cette action. — *Rennes*, 20 juin 1817, N...; 11 avr. 1826, Picard c. Salaun; *Paris*, 2 mai 1823, Cordier c. Baudot; *Angers*, 27 mars 1829, Fortin c. Lebreton; *Bourges*, 2 juin 1831, Morache c. Boussard; *Montpellier*, 1er mars 1833, (sous *Cass.*; 16 janv. 1837 [t. 1er 1837, p. 306], Serignol c. Aurel). — Chardon, n° 544; Vazeille, *Des prescriptions*, t. 1er, n° 112; Troplong, *De la prescription*, t. 1er, n° 132; Duvergier, n° 306; Mangin, *De l'action publique et de l'action civile*, t. 2, n° 368; Duparc-Poullain, *Princ. du droit*, t. 6, p. 312, et t. 10 add., p. 1021; Rolland de Villargues, *Rép. not.*, v° *Usure*, n° 37.

156. — Mais quand les intérêts usuraires n'ont pas été payés, l'emprunteur peut-il perpétuellement provoquer la réduction des stipulations qui les renferment? — Pour l'affirmative, on dit que la prohibition de prêter au-dessus du taux légal est d'ordre public, et qu'on ne prescrit point contre de semblables défenses; ce qui s'applique aussi bien au cas où l'emprunteur prend l'initiative qu'à celui où, assigné en paiement, il oppose par voie d'exception l'usure dont la convention est entachée. — Troplong et Duvergier, *loc. cit.* — *Cass.*, 31 déc. 1833, Havas c. Capey.

157. — Jugé, cependant, que l'action en nullité d'une obligation comme usuraire se prescrit par trente ans. — *Cass.*, 29 mai 1828, Crinon c. Drapier. — Mais V. *Cass.*, 11 prair. an VII, Degouville c. Fleuriau.

158. — Dans un autre système, la réduction doit être demandée avant l'expiration de dix ans à partir de l'acte. On se fonde, pour le décider ainsi, sur ce que la demande en réduction entraînant la nullité pour partie de la convention, il y a lieu d'appliquer l'art. 1304, C. civ., aux termes duquel l'action en nullité ou rescision d'un contrat se prescrit par dix ans. — *Caen*, 29 avr. 1835, Brulay c. Miquelard; *Toulouse*, 18 nov. 1836 (t. 2 1837, p. 282), Julian c. Lacombe. — M. Chardon (n° 542) veut, contrairement à cette jurisprudence, que les dix ans ne commencent à courir que du jour où le débiteur a, par sa libération entière, reconquis sa liberté.

159. — Cette divergence sur le point de départ de la péremption prouve déjà par elle-même le peu de fondement de ce dernier système. Le motif de l'art. 1304, C. civ., achève de le détruire. En limitant, par cet article, à dix ans l'action en nullité ou rescision d'une convention, le législateur a, en effet, supposé que cette action pouvait être couverte par une ratification, et il a considéré comme une ratification tacite un silence de dix années. — Mais, ainsi que le fait remarquer M. Duvergier (*ubi suprà*), aucun acquiescement ne pouvant faire disparaître le vice des contrats usuraires, ce vice ne peut être couvert par aucune prescription.

§ 5. — *Questions transitoires.*

160. — Dans le but de prévenir les difficultés que pouvait faire naître l'application de la loi du 3 sept. 1807 aux stipulations qui avaient précédé sa promulgation, le législateur a déclaré qu'il n'était rien innové par cette loi aux stipulations d'intérêt par contrats, ou autres actes faits jusqu'au jour de sa promulgation. — Art. 5.

161. — Ainsi, des intérêts stipulés par un contrat antérieur à la loi du 3 septembre 1807, sous l'empire de l'art. 1907, C. civ., ne peuvent être réduits, quel qu'en soit le taux, sous prétexte d'usure; non seulement ceux échus avant la promulgation de cette loi continuent à être réglés d'après la convention des parties, mais il en est de même de ceux qui ont couru depuis. — *Bruxelles*, 24 mai 1809, Powis c. Dewalsche; *Agen*, 3 août 1809, Descoubet c. Nouaillon; *Cass.*, 29 janv. 1812, Dartigaux-Laplante c. Garat; *Metz*, 15 fév. 1812, Poullain c. Palé; *Cass.*, 16 nov. 1813, Lyonnard c. Charrier; 5 mars 1834, Mermet c. Dornier; 15 nov. 1836, Collin c. Jommard. — Duranton, troisième édition, t. 17, n° 602; Duvergier, n° 309; Petit, p. 361 et suiv. — *Contrà Limoges*, 10 mars 1808, Bertrand c. Gauthier; *Riom*, 16 mars 1811, Chirol c. Champelaux; 24 avr. 1815, Lyonnard c. Charrier; *Rennes*, 20 juin 1817, N...; *Amiens*, 31 déc. 1821, Deville de l'Epinoy c. Thouret.

162. — Il en est de même de ceux qui ont été stipulés entre négocians, suivant l'usage du commerce, sous l'empire de la loi des 3-12 oct. 1789. — *Dijon*, 11 niv. an XI, Clayeux c. Audifret; *Cass.*, 11 avr. 1810, Paulée c. Claro.

163. — Les intérêts dus pour des sommes représentées par des négociations antérieures à la loi du 3 sept. 1807 ont pu être calculés au-dessus du taux fixé par cette loi. — *Cass.*, 21 juin 1825, Ouvrard et Vanlerberghe c. Séguin.

164. — Les intérêts conventionnels ont pu aussi, avant la loi du 3 sept. 1807, et depuis la promulgation de l'art. 1907, C. civ., être arbitrairement fixés dans les pays réunis, où un statut local en réglait le taux, ce taux ayant été abrogé par la promulgation du Code civil. — *Bruxelles*, 10 janv. 1810, Stephani c. Custer. — *Contrà Turin*, 2 mai 1807, Ferroglio Cambiano; 12 janv. 1808, Filippi c. Verona.

165. — L'art. 3, L. 3 sept. 1807, d'après lequel le taux des intérêts de simples prêts se règle par la loi du temps de la convention, doit s'appliquer également, par analogie, aux intérêts de rentes constituées avant cette loi. Par conséquent, si les intérêts excèdent 5 %, ils ne sont pas réductibles à ce dernier taux. — *Liége*, 10 fév. 1811, N...; 20 fév. 1811, Grand c. Tomba. — Duranton, n° 603.

166. — Dès-lors les tribunaux doivent rejeter, comme frustratoire, l'offre de prouver qu'une obligation antérieure à la loi du 3 sept. 1807 est entachée d'usure. — *Agen*, 29 août 1811, Lacoste c. Andoury; 25 nov. 1812, Lartigue c. Duffourgues.

167. — Mais lorsque, dans un contrat antérieur à la loi du 3 sept. 1807, les paiemens ont été fixés à diverses échéances et les intérêts stipulés à 10 %, sans autre explication, les juges peuvent décider que les intérêts n'avaient été ainsi réglés que jusqu'à l'époque des échéances déterminées par le contrat, et que, quant aux intérêts moratoires résultant du non paiement aux échéances, les parties avaient voulu s'en remettre au droit commun, et que, par conséquent, ils étaient réductibles au taux légal. — *Cass.*, 13 juill. 1829, Dupaty c. Arnud; *Bordeaux*, 13 août 1829, Lagarelie c. Ducongет; *Montpellier*, 30 janv. 1832, Ritourel c. Mouly. — Duvergier, nos 310 et 311.

168. — Dans tous les cas, l'arrêt qui, par interprétation du contrat, le juge ainsi échappe à la censure de la cour de Cassation. — Même arrêt de Cassation du 13 juill. 1829.

169. — Il a même été décidé que toute convention intervenue depuis la loi du 3 sept. 1807, qui aurait pour objet de maintenir le taux des intérêts stipulés antérieurement, serait essentiellement nulle. — *Bordeaux*, 13 août 1829, Lagarelie c. Duconget. — Cette décision n'est que l'application de ce principe que, dès le moment où cesse l'effet de la convention, l'empire de la loi doit commencer.

170. — Jugé cependant qu'une stipulation d'intérêt à 10 %, contenue dans le contrat d'un prêt fait pour un an, avant la loi du 3 sept. 1807, avec la convention que cet intérêt sera servi jusqu'au parfait remboursement du capital, doit produire son effet, même depuis la promulgation de la loi du 3 sept; en ce sens du moins que le débiteur actionné en paiement du capital n'est pas fondé à prétendre qu'il s'est acquitté de ce capital jusqu'à concurrence des annuités d'intérêts excédant le taux légal qu'il a payées à son créancier. — *Poitiers*, 8 fév. 1825, Colet c. Guerouille.

171. — Du reste, pour que la stipulation d'intérêts antérieure au Code civil et à la loi du 3 sept. 1807 ne soit pas réductible, il faut qu'elle résulte d'une convention écrite. Si cette convention est simplement verbale, le paiement des intérêts, depuis la loi du 3 sept. 1807, ne doit avoir lieu que suivant le taux fixé par cette loi, et non suivant le taux déterminé par la convention. — *Agen*, 17 août 1809, Garrac et Saint-Lane c. Dartigaux-Laplante; *Montpellier*, 1er mars 1833 (sous *Cass.*, 16 janv. 1837 [t. 1er 1837, p. 306]), Serignol c. Aurel.

172. — On ne peut considérer le taux des intérêts comme fixé *par écrit* lorsque, sans qu'il soit expressément écrit dans le contrat quel est le taux, on a cumulé les intérêts avec le capital pour n'en faire qu'un seul tout. — *Agen*, 17 août 1809, Dartigaux-Laplante; *Cass.*, 29 janv. 1812, mêmes parties.

173. — C'est là le principe; mais les tribunaux ont pu, sans violer l'art. 1907, C. civ., décider, d'après l'appréciation des clauses du contrat, que l'intérêt a été convenu à 10 %, quoique cela ne soit pas dit formellement, et valider cette stipulation, alors surtout qu'il y a eu exécution. — *Cass.*, 25 janv. 1815, Vautier c. Beby.

174. — Lorsque des intérêts excessifs, stipulés distinctement dans une obligation écrite, antérieure à la loi du 3 sept., sont cumulés avec le principal, les à-compte payés ne peuvent être imputés sur le capital et ne sont pas sujets à répé-

lition en tant qu'il excèdent le taux fixé par la loi. —*Cass.* 29 janv. 1812, Dartigaux-Laplante.

175. — En ce qui concerne les intérêts résultant d'un quasi-contrat antérieur à la loi du 3 sept. 1807, mais échus depuis sa promulgation, attendu qu'ils n'ont point été placés dans l'exception comme ceux qui naissent des contrats, ils restent soumis à la règle établie par cette loi. Le taux de ces intérêts ne peut donc pas dépasser 5 %. — *Cass.*, 13 mai 1817, Ser c. Delpon. — Duvergier, n° 312; Petit, p. 367.

176. — Enfin, il a été jugé que l'art. 1907, C. civ., qui permettait de fixer arbitrairement le taux des intérêts, n'avait pas dû recevoir son application dans le cas de prêts à intérêt passés dans des pays réunis à la France (en Piémont, par exemple), où ce taux était réglé par le statut local, et que, dès-lors, les juges avaient pu ordonner la répétition ou l'imputation sur le capital des intérêts excessifs, quoiqu'ils n'eussent été payés que depuis le Code, ou même que le contrat de prêt n'eût été passé que postérieurement à la promulgation. —*Turin*, 2 mai 1807, Ferroglio c. Cambiano; 12 janv. 1808, Filippi c. Verona.

Sect. 2e. — *Délit d'usure.*

177. — « Tout individu qui sera prévenu de se livrer habituellement à l'usure sera traduit devant le tribunal correctionnel, et, en cas de conviction, condamné à une amende qui ne pourra excéder la moitié des capitaux qu'il aura prêtés à usure. S'il résulte de la procédure qu'il y a eu escroquerie de la part du prêteur, il sera condamné, outre l'amende ci-dessus, à un emprisonnement qui ne pourra excéder deux ans. » — L. 3 sept. 1807, art. 4.

178. — Cet article caractérise et punit le délit d'usure. Il est à lui seul toute la loi pénale en cette matière. Nous allons faire de chacune de ses parties l'objet d'un examen séparé.

§ 1er. — *Habitude d'usure. — Preuve.*

179. — Pour que l'usure devienne punissable comme délit, il ne suffit pas que la perception d'intérêts excessifs se présente comme un fait isolé, il faut que l'auteur de l'usure soit convaincu de s'y livrer *habituellement*. — *Cass.*, 22 nov. 1811, Pierre Geoffroy. — C'est donc l'*habitude* de prêter à usure, et non le prêt même, qui constitue le délit.

180. — Mais la loi n'ayant point défini ce que l'on doit entendre par *habitude* d'usure, à quels signes faudra-t-il s'attacher pour reconnaître si cette habitude existe ou non? D'abord, il importe de remarquer que ce n'est pas seulement la *perception* d'intérêts usuraires qui forme le délit d'usure; ce délit existe, par cela même qu'il y a eu *stipulation* de tels intérêts; ainsi, il y a délit d'usure, du moment où des emprunteurs ont apposé leur signature au bas d'obligations usuraires, et où ces obligations ont été remises au prêteur, quand même, depuis et après poursuites commencées, les intérêts auraient été réduits au taux légal. — *Cass.*, 8 mai 1829, Delvincourt.

181. — Il n'y a pas lieu à cet égard de distinguer entre une stipulation verbale et une stipulation écrite d'intérêts usuraires. L'une et l'autre peuvent servir d'élément au délit d'habitude d'usure. — *Cass.*, 14 juill. 1827, Jacques de Saint-Nicolas.

182. — Quant au fait de l'habitude d'usure, il y aurait danger à déterminer d'une manière invariable les actes propres à l'établir. Les magistrats le décideront dans chaque affaire suivant les circonstances; et, pour l'appréciation de ces circonstances, la loi, par son silence, leur a laissé la plus grande latitude. — Chardon, *Du vol et de la fraude*, t. 3, n° 499; Petit, *De l'usure*, p. 145. — C'est ainsi qu'un tribunal de police correctionnelle a pu, sans encourir la censure de la cour de Cassation, reconnaître dans des effets négociables des prêts usuraires déguisés, et en déduire l'existence de l'habitude d'usure. — *Cass.*, 4 août 1820, Redaud.

183. — La jurisprudence contient sur cette matière plusieurs décisions qui peuvent être d'un grand secours pour la solution des questions à venir. Par exemple, il a été jugé qu'il y avait habitude d'usure, dans le sens de la loi, toutes les fois qu'un prévenu d'usure était convaincu d'avoir, à plusieurs reprises, prêté ses capitaux à un intérêt excédant celui de la loi. — *Bordeaux*, 25 août 1830, C....

184. — Il résulte de la généralité de cette décision que la chose qui doit le plus être prise en considération, pour déterminer s'il y a ou non habitude d'usure, est le nombre des prêts plutôt que celui des emprunteurs. Aussi des prêts usuraires faits à deux personnes suffisent-ils pour constituer l'habitude et pour servir de base à une condamnation. — *Cass*, 24 déc. 1825, Gosselin c. Troude. — Dans l'espèce de cet arrêt, cinq prêts à usure avaient été faits à deux personnes. — Legraverend, *Législ. crim.*, t. 1er, p., 10. — Selon Petit (p. 144), quatre prêts seraient nécessaires pour constituer l'usure.

185 — Il faut même aller plus loin et dire que l'habitude d'usure peut résulter de prêts usuraires faits successivement à une seule et même personne, comme elle peut se constater par une réunion de faits isolés d'usure, commis au préjudice de plusieurs individus, lesquels n'auraient été ainsi lésés qu'une fois. — *Cass.*, 4 mars 1826, Thérion Montauban c. Osmont d'Onilly; *Paris*, 21 juill. 1826, Albert c. Lecert. — Petit, p. 146. — *Contrà Paris*, 2 avr. 1812, Boyve et Pannifex c. Bistolle.

186 — Spécialement, un seul prêt usuraire, suivi de deux renouvellemens faits à la même personne, constitue le délit d'habitude d'usure. — V. l'arrêt de *Paris* précité du 21 juill. 1826. — Petit, p. 149 et suiv

187. — Il en est de même des intérêts usuraires qui ont été stipulés ou perçus à l'occasion d'une créance non entachée d'usure, en vertu d'une prorogation de terme accordée au débiteur; peu importe que cette créance soit antérieure à la loi du 3 sept. 1807, si la stipulation ou la perception des intérêts usuraires a eu lieu postérieurement. — *Rennes*, 17 fév. 1826, X...; *Cass.*, 3 juin 1826, Mas.

188. — Vainement, pour éluder l'application de la loi du 3 sept. 1807, on voudrait assimiler les renouvellemens à une condition pénale ou à des opérations d'escompte. — *Cass.*, 15 avr. 1826, D.

189. — Les opérations d'escompte peuvent d'ailleurs elles-mêmes servir d'élémens pour constituer le délit d'usure habituelle, lorsqu'elles n'ont été employées que pour déguiser des perceptions d'intérêts usuraires faites en vertu de prêts conventionnels. — *Cass.*, 8 avr., Desprès-Eglée; 26 août, Désir; 24 déc. 1825, Gosselin; *Metz*, 31 déc. 1825, P... H....

190. — Lorsqu'il est reconnu que des lettres de change n'ont été employées que pour déguiser des prêts usuraires, le prêteur ne peut pas être acquitté, sous le prétexte qu'il est banquier patenté. — *Cass.*, 24 déc. 1825. Duclos.

191. — Le receveur des rentes qui perçoit pour droit de commission, et pour l'intérêt de l'argent qu'il a avancé à des pensionnaires de l'état, des sommes excédant l'intérêt légal de ses avances, commet le délit d'usure habituelle, lorsque les opérations auxquelles il se livre n'ont d'autre but que de dissimuler des prêts conventionnels d'argent. —*Paris*, 24 avr. 1826, Favre.

192. — Mais le prêteur sur nantissement, qui retient habituellement, en sus des intérêts, une certaine somme pour les frais de vente du gage non retiré, ne peut pas être condamné comme coupable d'usure, si le règlement administratif qui a autorisé sa maison ne contient aucune détermination de ces frais. — *Cass.*, 22 mai 1813, Jourdeuil-Léauley. — V. MAISON DE PRÊT SUR GAGES.

193. — Les prêts usuraires faits en pays étranger et à des étrangers ne peuvent être poursuivis comme constituant le délit d'habitude d'usure devant les tribunaux français que lorsqu'ils ont reçu leur exécution en France. — *Metz*, 29 août 1827, Marchal.

194. — L'habitude d'usure peut être établie par les dépositions de ceux qui ont été victimes de ce délit. — *Bordeaux*, 5 janv. 1842 (t. 1er 1842, p. 658), Lebègue.

195. — ... Ou par la preuve testimoniale. — *Metz*, 7 août 1821, Michel.

196. — Les stipulations d'intérêts usuraires, présentées comme constituant le délit d'habitude d'usure, sont susceptibles d'être prouvées par témoins, encore bien qu'elles se rattachent à des contrats civils, et que les clauses portées dans ces contrats puissent se trouver en contradiction avec les résultats de la preuve testimoniale. — *Cass.*, 2 déc. 1813, Courbé.

197. — A défaut de preuves positives, le délit d'habitude d'usure peut s'établir par une réunion de présomptions générales, telles qu'une série de prêts à intérêt, des renouvellemens géminés, l'accroissement progressif des capitaux prêtés, la ruine des débiteurs, la transmission de leurs propriétés au prêteur, le refus de produire ses livres, les hésitations de ses réponses et la contradiction existant dans ses interrogatoires. — *Rennes*, 17 fév. 1826, X...; *Bordeaux*, 5 janv. 1842 (t. 1er 1842, p. 658), Lebègue.

198. — Mais c'est devant le tribunal correctionnel que la preuve de l'habitude d'usure doit être faite; cette preuve est inadmissible en matière civile. — *Bordeaux*, 10 janv. 1826, Charles c. Bourrut-Florimont.

199. — Lorsque des faits usuraires, remontant à moins de trois années, ont été constatés d'après la déposition de témoins entendus à l'audience, cette déclaration ne peut pas, sur un pourvoi en cassation, être détruite par les preuves que le prévenu voudrait induire des dates des différens actes usuraires qui ont servi de base à la condamnation. —*Cass.*, 23 juill. 1825, Brémond.

200. — Il n'est pas nécessaire que le jugement qui condamne pour habitude d'usure spécifie et apprécie distinctement chacune des opérations dont l'ensemble constitue l'habitude d'usure. — *Cass.*, 10 janv. 1845 (t. 1er 1846, p. 333), Gustave Bigot.

§ 2. — *Poursuite du délit d'usure. — Partie civile; intervention, dommages-intérêts.*

201. — La poursuite du délit d'usure appartient d'office, comme celle de tout autre délit, dans les termes des art. 1er et 22, C. inst. crim., au ministère public. Mais le ministère public est-il le seul qui ait le droit de poursuivre devant la juridiction correctionnelle le délit d'usure? Le tribunal correctionnel ne peut-il pas aussi être saisi de la connaissance de ce délit par la poursuite directe des particuliers au préjudice desquels l'usure a été commise? La négative a été jugée plusieurs fois. — *Paris*, 2 avr. 1812, Boyve et Pannifex c. Bistolli; *Cass.*, 8 mars 1838 (t. 1er 1838, p. 338), Poirier-Desfontaines c. Desmarbeuf. — V. aussi, en ce sens, Petit, p. 194 et suiv.; Mangin, *De l'action publique*, t. 2 n° 368.

202. — Le droit de citer directement devant le tribunal correctionnel est même refusé à l'individu qui a été victime de plusieurs faits d'usure, dont la réitération constitue à son préjudice le délit d'usure habituelle. — *Cass.*, 3 fév. 1809, Amable Dujardin c. Amelin. — Petit, *ubi suprà*.

203. — Du reste, le tribunal de police correctionnelle est compétent pour connaître du délit d'habitude d'usure, sur la poursuite directe du ministère public, sans qu'il soit nécessaire que le tribunal civil ait préalablement déclaré que les prêts ont été faits à un intérêt excédant le taux de la loi. — *Cass.*, 2 déc. 1813, Courbé. — Morin, *Diction. de droit crim.*, v° *Usure.*

204. — Le jugement d'un tribunal civil qui décide qu'une vente à réméré ne déguise point un prêt usuraire ne peut pas non plus être opposé à l'action du ministère public pour délit d'habitude d'usure, comme établissant sur cette action l'autorité de la chose jugée. — *Cass*, 25 juill. 1823, Jean Zaeffel. — Petit, p. 220; Mangin, n° 420.

205. — Mais si les particuliers, victimes de faits d'usure ne peuvent se pourvoir directement devant la juridiction correctionnelle, n'ont-ils pas au moins le droit d'intervenir dans l'instance introduite par le ministère public et de se constituer parties civiles à l'effet de demander des dommages-intérêts pour réparation du préjudice que ces faits leur ont causé? Deux cas peuvent se présenter : ou les faits d'usure dont se plaignent les intervenans ne sont que des faits isolés qui ne peuvent que par leur réunion avec d'autres commis au préjudice d'autres personnes constituer le délit d'usure; ou les faits d'usure, quoique commis au préjudice de la partie intervenante seulement, se sont succédé un assez grand nombre de fois pour constituer par eux-mêmes l'habitude d'usure.

206. — Dans le premier cas, deux systèmes sont en présence : l'un, celui d'après lequel le particulier qui se prétend lésé par un fait d'usure doit porter devant les tribunaux civils son action en réparation du préjudice qu'il a éprouvé, et ne peut intervenir comme partie civile devant les juges correctionnels, se fonde sur ce qu'un fait particulier d'usure n'étant que l'un des élémens dont la réunion seule constitue le délit d'habitude d'usure, n'est par lui même ni la cause de l'action publique, ni la base de la condamnation pénale, ni par conséquent le délit, qui seul détermine la compétence des tribunaux correctionnels. — *Paris*, 2 avr. 1812, Boyve et Pannifex c. Bistolli; *Bordeaux*, 12 juill. 1837 (t. 2 1840 p. 24), Adam c. Maille; *Cass.*, 8 mars 1838 (t. 1er 1838, p. 338), Poirier Desfontaines c. Desmarbeuf; 4 nov. 1839 (t. 12 839, p. 543), même affaire; 26 août 1841 (t. 1er 1842, p. 735), Horilac c. Cabarus. — Carnot, *Instr. cr.*, art. 3; Bourguignon, *Instr. cr.*, art. 3; Merlin, *Rép.*, v° *Usure*, n° 2; Chardon, t. 3, n° 496; Garnier, p. 82; Favart de Langlade, *Rép.*, v° *Usure*, n° 3; Mars, *C. de dr. crimin.*, t. 2, p. 675; Rauter, *Dr. cr.*, t. 1er, p. 588; Mangin, *Act. publ.*, t. 2, n° 368 *in fine*; Chauveau et Hélie, *Th. C. pén.*, t. 2, p. 277 et suiv; Petit, p. 196 et 218; Lesellyer, *Dr. cr.*, t. 5, n° 2069.

207. — Mais, pour soutenir que l'individu qui a éprouvé un préjudice par suite d'un simple fait d'usure peut intervenir devant la juridiction correctionnelle, se porter partie civile et obtenir de cette juridiction des dommages-intérêts, on dit, et ces raisons ne nous paraissent pas sans force, qu'il est de principe que l'action civile peut être poursuivie en même temps et devant les mêmes juges que l'action publique (C. instr. crim., art. 1er, 3 et 63); que la loi du 3 sept. 1807, loi purement civile, puisqu'elle n'a pour objet que de régler *l'intérêt de l'argent*, n'a point dérogé à ce principe; que, spécialement, l'art. 3 de cette loi, en donnant à la partie lésée le droit de saisir les tribunaux civils, n'interdit pas le recours aux tribunaux correctionnels, et que l'art. 4 de la même loi, par cela qu'il réserve à la juridiction correctionnelle la connaissance du délit habituel d'usure, n'exclut pas formellement de cette juridiction l'intérêt privé; enfin que, bien que chaque usuré n'ait à se plaindre que des faits particuliers d'usure qui par leur réunion seule constituent le délit, il n'y a pas moins un délit dont les élémens ne peuvent être isolés quant à la réparation civile. — *Rouen*, 17 juill. 1824, Bonouvrier c. Dutilloy; *Paris*, 13 déc. 1837 (t. 1er 1838, p. 227), Poirier-Desfontaines c. Desmarbeuf; *Rouen*, 25 avr. 1838 (t. 1er 1838, p. 617), mêmes parties. — Morin, *ubi suprà*.

208. — Décidé même que le jugement intervenu au civil ne s'oppose pas à ce que l'individu victime d'un fait d'usure qui a perdu sa cause intervienne au procès qui peut s'instruire ultérieurement contre le prêteur, devant les tribunaux correctionnels, sur la prévention d'habitude d'usure. — *Cass.*, 22 mars 1824.

209. — Dans le second cas, c'est-à-dire lorsqu'un individu se prétend lésé par des faits successifs qui constituent à eux seuls l'habitude d'usure, la jurisprudence est également divergente sur le point de savoir si cet individu doit être ou non recevable à intervenir comme partie civile dans les poursuites correctionnelles dirigées à la requête du ministère public. Les cours de Paris et Rouen se sont prononcées en faveur de la recevabilité de l'intervention. — *Paris*, 19 juin 1840, Hoilac c. Sain et Favre, *Rouen*, 21 nov. 1840 (t. 2 1840, p. 663), mêmes parties. — V., dans le même sens, Rauter, *Dr. crim.*, t. 1er, p. 588, et Le Sellyer, no 2070. — Mais la cour de Cassation a constamment jugé en sens contraire. — *Cass.*, 3 fév. 1809, Amable Dujardin c. Amelin; 5 nov. 1813, Osmond c. Bourdon; 4 mars 1826, Thirion-Montauban c. Osmont d'Ornilly; 19 fév. 1830, Morisseau; 5 sept. 1840 (t. 2 1840, p. 663), Horilac c. Sain et Faye; 21 juill. 1841 (t. 2 1841, p. 616), même affaire. — La solution consacrée par cette dernière jurisprudence, adoptée aussi par M. Petit (p. 196 et suiv.), a été vivement critiquée par M. Morin (*loc. cit.*), et cette critique se justifie par les mêmes raisons que celles que nous avons données sur la question qui précède.

210. — Des dommages-intérêts auxquels le tribunal correctionnel peut condamner le prêteur à usure envers l'emprunteur (partie civile) peuvent excéder l'intérêt extra-légal qu'il a reçu. — *Cass.*, 24 déc. 1825, Gosselin c. Troude.

211. — Lorsqu'un prévenu du délit d'usure habituelle a conclu reconventionnellement à des dommages intérêts contre la partie civile, pour prétendue dénonciation calomnieuse, le jugement qui, en le déclarant coupable, le condamne envers elle à des dommages-intérêts, rejette implicitement la demande reconventionnelle et ne peut pas être annulé pour omission de statuer sur ce chef de conclusion. — Même arrêt.

212. — Lorsqu'un individu est inculpé d'avoir successivement exercé dans plusieurs arrondissemens des actes particuliers d'usure suffisans pour en constituer l'habitude dans chacun d'eux, quel est le tribunal correctionnel compétent pour connaître du délit? C'est indifféremment celui de l'un de ces arrondissemens, encore bien que le prévenu soit domicilié dans un autre. — *Cass.*, 15 oct. 1818, Dehosque. — Petit, p. 225 et suiv.

213. — Mais si les faits qui, réunis, forment l'habitude d'usure, étaient insuffisans pour constituer un délit dans chaque arrondissement en particulier, les poursuites devraient alors être portées devant le tribunal correctionnel de l'arrondissement dans lequel le prévenu a son domicile. — Petit, *ubi suprà*.

214. — Quant à la citation en police correctionnelle, pour qu'elle soit régulière, la loi n'exige point qu'elle contienne l'articulation et l'énumération de chacun des faits dont l'ensemble forme le délit d'habitude d'usure. — *Cass.*, 20 oct. 1826, Daulou.

215. — Il suffit d'ailleurs, pour saisir le tribunal correctionnel, que l'ordonnance de la chambre du conseil, dont copie est donnée au prévenu, énonce le délit pour lequel il est poursuivi, de manière à ne laisser aucune incertitude. — Même arrêt.

§ 3. — *Amende.*

216. — Le délit d'habitude d'usure une fois prouvé, il faut lui appliquer la peine portée par la loi du 3 sept. 1807 (art. 4). Cette peine consiste en une amende qui ne peut excéder la moitié des capitaux prêtés à l'usure.

217. — Mais si la loi défend aux tribunaux de prononcer une amende plus forte, elle ne leur impose pas l'obligation de l'élever à ce chiffre. Ils peuvent, suivant les circonstances, la réduire et la fixer à un chiffre aussi minime qu'ils jugent convenable. — *Bordeaux*, 5 janv. 1842 (t. 1er 1842, p. 658), Lebègue. — Petit, p. 273 et suiv.

218. — Le fait que le prêteur à usure a réduit de lui-même les intérêts au taux légal peut, par exemple, influer sur le *quantum* de l'amende à prononcer contre lui. — *Metz*, 23 janv. 1826, G...

219. — Pour s'assurer que le *maximum* de l'amende n'a pas été dépassé, il importe de bien déterminer quelle est la quotité des sommes prêtées à usure. Cette quotité doit être énoncée dans le jugement de condamnation; autrement, en cas de pourvoi en cassation, il serait impossible de reconnaître si l'art. 4 de la loi du 3 sept. 1807 a été ou non violé.

220. — Mais suffit-il, pour la régularité du jugement, qu'il mentionne le montant des sommes prêtées à usure? N'est-il pas nécessaire, au contraire, que le jugement contienne l'énumération et le détail de ces diverses sommes? La mention du montant des sommes prêtées à usure nous paraît remplir suffisamment le vœu de la loi du 3 sept. 1807. Elle met, en effet, la cour de Cassation à même de décider si l'amende prononcée excède ou non le *maximum* fixé par cette loi. — V., en ce sens, *Cass.*, 2 déc. 1824, Hornus. — Cependant deux autres arrêts de la cour de Cassation semblent exiger l'énumération de toutes les sommes prêtées à usure. — *Cass.*, 11 nov. 1819, Lafresnée c. Leguay; 7 mai 1824, Bonouvrier.

221. — Dans tous les cas, il n'est pas nécessaire, à peine de nullité, que le jugement qui prononce une condamnation pour prêts usuraires énonce le taux auquel les prêts ont été faits ou la somme exigée à titre d'intérêts. — *Cass.*, 24 déc. 1825, Gosselin c. Troude; 14 juill. 1827, Jacques de Saint-Nicolas. — Petit, p. 278.

222. — Tous les capitaux reconnus et déclarés avoir été prêtés à usure doivent concourir à former la somme totale dont la moitié est le *maximum* de l'amende qu'il est permis de prononcer. Ainsi des renouvellemens d'un même prêt doivent être considérés comme des prêts nouveaux et entrer dans la supputation des sommes prêtées à usure pour déterminer la quotité de l'amende. — *Cass.*, 3 juin 1826, Mas; 31 mars 1837 (t. 2 1837, p. 425), Lesage-Dollu. — *Contrà Rennes*, 27 déc. 1837 (t. 1er 1838, p. 162), Hamon. — Petit, p. 279 et suiv.

223. — Il nous semble qu'un même fonds prêté successivement à plusieurs individus doit aussi être compté autant de fois qu'il a été prêté pour former le montant des capitaux prêtés à usure, servant à déterminer la quotité de l'amende à prononcer. La loi n'admet en cette matière aucun examen ni aucune distinction. — *Contrà Metz*, 31 déc. 1825, P... H... c. ministère public. — Petit, p. 280 et suiv.

224. — Les intérêts capitalisés, prenant par ce fait même la nature des capitaux, doivent également être comptés pour déterminer la quotité de l'amende. — Même arrêt.

225. — Jugé aussi que l'amende encourue pour délit d'habitude d'usure doit être calculée par le tribunal d'appel, non-seulement sur les faits dont ont déposé les témoins entendus en première instance, mais encore sur les faits déclarés par les témoins entendus pour la première fois en cause d'appel. — *Cass.*, 26 fév. 1825, Isaac Meyer.

226. — Toutefois, on ne peut évaluer les prêts que jusqu'à concurrence de la somme réellement prêtée, et sans y comprendre, comme faisant partie du capital, les intérêts perçus en dedans. — *Rennes*, 17 fév. 1826, X... c. ministère public.

§ 4. — *Escroquerie en matière d'usure, peine, cumul, partie civile.*

227. — S'il résulte de la procédure en matière de délit d'habitude d'usure qu'il y a eu escroquerie de la part du prêteur, celui-ci doit être condamné, outre l'amende dont il est question dans le paragraphe précédent, à un emprisonnement qui ne peut excéder deux ans. — L. 3 sept. 1807, art. 4.

228. — Dans ce cas, il y a lieu de prononcer, contrairement au principe de l'art. 365, C. instr. crimin., l'emprisonnement et l'amende *cumulativement*; non seulement la loi du 3 sept. 1807 autorise l'application de ces deux peines, mais encore l'art. 405, C. pén., qui punit le délit d'escroquerie en général, les prononce toutes les deux. — *Cass.*, 9 sept. 1826, Femau-Lahayes c. ministère public; 13 nov. 1840 (t. 2 1840, p. 696), Vigné. — Petit, p. 348 et suiv; Mangin, no 463; Lesellyer, t. 1er, no 257.

229. — Jugé aussi, que l'art. 365, C. instr. crim., qui prohibe le cumul des peines, est inapplicable au cas où le délit d'habitude d'usure est joint à un autre délit. En conséquence, l'individu déclaré coupable du délit d'habitude d'usure et du délit d'abus des faiblesses et des passions d'un mineur, bien que ce dernier délit ne puisse être assimilé au délit d'escroquerie, doit être condamné cumulativement à l'amende prononcée par l'art. 4 de la loi du 3 sept. 1807, et à la peine portée contre l'autre délit. — *Cass.*, 26 nov. 1841 (t. 1er 1842, p. 5), Vigné. — *Contrà Agen*, 27 mars 1841 (t. 2 1841, p. 40), même partie.

230. — Décidé encore que l'amende émise par la loi du 3 sept. 1807 contre le délit d'habitude d'usure peut être prononcée cumulativement avec la peine d'enregistrement portée par l'art. 411, C. pén., contre celui qui tient sans autorisation une maison de prêt sur gages. — *Cass.*, 21 juill. 1826, Dufatre.

331. — La loi du 3 sept. 1807 n'a point défini ce que l'on doit entendre par *escroquerie*; de là est née la question de savoir s'il faut se référer à cet égard à la définition donnée par l'art. 405, C. pén., ou à celle qui résulte de l'art. 35 de la loi des 19-22 juill. 1791. Il nous semble que c'est à cette dernière loi qu'il faut avoir recours. On ne peut bien, en effet, savoir ce qu'a voulu le législateur en 1807, qu'en se reportant à la législation en vigueur à cette époque. Ajoutons à cela que l'art. 4 de la loi du 3 sept. 1807 n'a pu être abrogé ni modifié par l'art. 405, C. pén., qui n'a été fait que pour prévoir et punir, non le délit d'escroquerie joint au délit d'usure, mais le délit d'escroquerie considéré isolément. — V. en ce sens *Cass.*, 5 août 1826, Martin; 14 juill. 1827, Jacques de Saint-Nicolas. — Petit, p. 325 et suiv. — *Contrà Cass.*, 1re espèce, 4 mai 1839, Pailharey; 2e espèce, 11 mai 1839, (t. 2 1839, p. 391), Grippon. — Chardon, no 496.

232. — Toutefois, on ne doit pas regarder, ainsi que l'a fait un auteur (Petit, p. 340), l'escroquerie en matière d'habitude d'usure comme une circonstance aggravante de ce délit. C'est un délit séparé puni d'une peine différente et distincte. Que conclure de là? C'est que, à la différence du cas où la répression du délit d'habitude d'usure est seule poursuivie, le plaignant est admissible à se constituer partie civile, sauf à voir réduire l'effet de cette intervention au délit d'escroquerie, et à la voir rejeter si ce délit n'est pas établi. — *Cass.*, 6 janv. 1837 (t. 2 1837, p. 136), Jeannin et Joyeux c. Jeunesse et le duc de Rovigo.

233. — Jugé, que le tribunal appelé à statuer sur un délit d'usure peut se saisir du délit d'escroquerie que les débats révèlent comme se rattachant aux faits d'usure. — *Cass.*, 7 août 1847 (t. 2 1847, p. 741), Portanier c. ministère public.

§ 5. — *Complicité.*

224. — La loi du 3 sept. 1807 ne contient aucune disposition relative à la complicité. Mais l'art. 59, C. pén., veut que les complices d'un délit soient punis comme l'auteur même de ce délit. Doit-on appliquer cet article en matière de délit d'usure? La solution affirmative de cette question ne peut être susceptible d'aucun doute. Car le principe consacré par l'art. 59 précité est un principe de droit naturel et public, dont l'application doit se faire à tous les cas de délit, à moins qu'il n'existe dans une loi spéciale une disposition contraire formellement exprimée. — *Cass.*, 10 oct. 1826, Thévenin; 10 janv. 1845 (t. 1er 1845, p. 333), Bigot. — Petit, p. 403 et suiv.

235. — A plus forte raison les tribunaux ont-ils la faculté de reconnaître et de punir les co-auteurs du délit d'usure habituelle. — *Cass.*, 8 mars 1826, Loisel.

236. — Il a été jugé, spécialement, que la femme qui a aidé son mari dans des faits d'usure habituelle doit être condamnée comme sa complice, quoiqu'elle soit sous sa puissance, et nonobstant les diverses dispositions du Code civil qui règlent la constitution civile de la société conjugale, ces dispositions n'étant point applicables aux matières criminelles. — *Cass.*, 14 oct. 1826, Thévenin.

237. — Les époux qui se sont rendus coupables soit comme auteurs, soit comme complices l'un

de l'autre, du délit d'habitude d'usure, doivent être condamnés chacun au paiement de l'amende déterminée par l'art. 4 de la loi du 3 sept. 1807, et non pas seulement solidairement à une amende, sous le prétexte qu'à raison de leur qualité d'époux, les divers prêts usuraires souscrits par eux sont censés faits par une seule personne. — *Cass.*, 30 août 1838 (t. 2 1838, p. 308), ministère public c. Drouart.

238. — Il en est de même des associés pour faire le commerce, convaincus de s'être rendus coupables du délit d'habitude d'usure. A leur égard, comme envers des époux, les tribunaux ne sont point autorisés à ne prononcer qu'une seule amende solidaire pour tous. — *Cass.*, 14 déc. 1838 (t. 1er 1839, p. 329), Massiat et Guiliet.

239. — Toutefois, si les auteurs et complices d'un délit doivent être condamnés chacun à une amende distincte, cette amende ne doit pas nécessairement être la même. Les tribunaux peuvent la proportionner au degré de culpabilité de chacun des auteurs ou complices, dans les limites du *maximum* et du *minimum* fixées par la loi. Ainsi, par exemple, un usurier peut être condamné pour vingt prêts faits à usure, et son complice peut l'être à raison de son concours à dix seulement. — Même arrêt. — Petit, p. 412 et suiv.

240. — Lorsqu'il y a présomption que des prêts usuraires imputés à deux individus ont été faits de complicité, le tribunal peut ordonner la jonction des causes, malgré la protestation des prévenus qui demandent à être jugés séparément. — *Cass.*, 3 juin 1826, Mus.

§ 6. — *Prescription du délit d'usure, faits anciens.*

241. — Le délit d'habitude d'usure est, comme tous les délits, soumis à la prescription. Mais quelle est la durée de cette prescription? La loi du 3 sept. 1807, ne contenant à cet égard aucune disposition, il est nécessaire de recourir à la règle générale en matière de délits. Cette règle est écrite dans l'art. 638. C. instr. crim. Ce sera donc par trois ans que s'accomplira la prescription du délit d'habitude d'usure. — Chardon, *Du dol et de la fraude*, t. 3, p. 540; Petit, p. 156; Mangin, t. 2, nos 314 et 327; Legraverend, t. 1er, p. 75.

242. — Quel sera le point de départ de ces trois ans? M. Petit (p. 157 et suiv.) enseigne que la prescription doit commencer à courir du jour du dernier prêt. Mais l'usure n'est-elle pas consommée bien plutôt par la *perception* des intérêts usuraires ou la *réception* du capital prêté, que par la *convention* même du prêt usuraire? Dès-lors, l'acceptation soit des intérêts usuraires, soit du capital prêté, ne doit-elle pas être considérée comme étant par elle-même un fait d'usure qui complète les élémens propres à constituer l'habitude d'usure? La jurisprudence s'est prononcée pour l'affirmative, et a décidé, en conséquence, que le point de départ de la prescription du délit d'usure ne doit être que la libération entière des emprunteurs. Cette décision nous paraît d'autant plus préférable, que l'usage même a prouvé que ce n'est presque toujours qu'après leur libération que les emprunteurs dénoncent les faits d'usure dont ils ont été victimes. — *Rennes*, 7 fév. 1826, X... c. minist. public; *Cass.*, 25 fév. 1826, Briandet c. minist. public. — Mangin, t. 2, no 327.

243. — La prescription d'un fait d'escroquerie connexe à un délit d'usure habituelle ne doit également pouvoir commencer à courir que du jour de la libération. — *Colmar*, 27 janv. 1824, Brunschweig. — *Contrà Cass.*, 5 août 1826, Martin.

244. — L'usure étant un délit successif, il faut, pour que la prescription contre ce délit puisse être acquise, qu'il y ait eu cessation absolue de prêts usuraires pendant trois ans avant les poursuites. — *Rennes*, 17 fév. 1826, X... c. ministère public; *Bordeaux*, 25 août 1830, C... c. ministère public. — Petit, p. 162.

245. — Un seul fait usuraire commis dans cet intervalle suffit pour interrompre la prescription. — Même arrêt de *Rennes* précité.

246. — Et, dans ce cas, les faits d'usure antérieurs de plus de trois ans aux poursuites peuvent être réunis aux faits postérieurs auxquels ils se rattachent, soit pour constituer le délit d'habitude d'usure, soit pour évaluer l'amende dont il est passible. A cet égard, la jurisprudence est unanime. — *Cass.*, 15 juin 1820, Joseph Pernier; 4 août 1820, Bedaud; *Metz*, 26 mars 1821, Peiffer; 7 août 1821, Michel; *Cass.*, 29 mai 1824, Marseron; 23 juill. 1825, Brémond; 24 déc. 1825, Duclos; *Metz*, 23 janv. 1826, G... P... c. minist. public; *Rennes*, 17 fév. 1826, X... c. minist. public; *Metz*, 6 mai 1826, N... — V. aussi en ce sens Petit, p. 163 et suiv.; Mangin, no 327; Rauter, no 855. — V. cependant Legraverend, t. 1er, p. 75; Letellier, no 2236.

247. — L'habitude d'usure est un délit complexe, qui résulte de la réunion de plusieurs faits successifs et de la même nature. Dès-lors ce n'est point par la date particulière des divers faits incriminés qu'il faut fixer le point de départ de la prescription, mais à compter seulement des derniers faits antérieurs, lors même que ceux-ci remonteraient à plus de trois années, l'élément commun du délit. — *Cass.*, 27 déc. 1845 (t. 1er 1846, p. 704), Beauvais c. ministère public.

248. — Toutefois, il semble que cette règle devrait être entendue en ce sens, que tous les faits d'usure antérieurs de plus de trois ans aux poursuites ne pourraient se rattacher aux faits nouveaux, que si l'intervalle qui sépare les uns des autres n'était pas de trois ans. — Duvergier, *Collection des lois*, 2e édit., t. 16, p. 154, note 5. — Du reste, les tribunaux, auxquels il appartient de décider s'il y a ou non habitude d'usure, pourront, eu égard aux circonstances, ne tenir aucun compte des faits anciens; et en jugeant en fait qu'il y a ou qu'il n'y a pas habitude d'usure, leur décision échappera toujours à la censure de la cour de Cassation — Petit, *ubi suprà*.

249. — Lorsque les faits invoqués comme constituant l'habitude d'usure n'ont point paru aux magistrats assez nombreux, et que le prévenu a été renvoyé exempt de toute peine, si plus tard il vient, par de nouveaux prêts, fournir un nouvel élément pour établir l'habitude d'usure, la poursuite peut alors être reprise, et les magistrats peuvent, en s'appuyant tout à la fois sur les faits anciens et les faits nouveaux, décider que leur réunion constitue l'habitude d'usure. — Petit, p. 191.

250. — Mais, quand une condamnation pour délit d'habitude d'usure a été prononcée, cette condamnation doit réprimer tous les faits antérieurs qui pouvaient constituer cette habitude, même ceux qui, étant alors inconnus, n'auraient pas été compris distinctement dans le jugement qui l'a punie; et, en conséquence, si le même individu se rend coupable de nouveaux faits, les juges doivent, pour la fixation de l'amende, écarter les faits antérieurs à la précédente condamnation. — *Cass.*, 25 août 1836, Taisand. — Mangin, t. 2, no 405. — *Contrà*, *Cass.*, 5 août 1826, Martin c. ministère public.

V. ACTE AUTHENTIQUE, ANNUITÉS, COMPLICITÉ, ESCROQUERIE, INTÉRÊTS, PRÉSOMPTION, PREUVE; PREUVE TESTIMONIALE, SERMENT JUDICIAIRE.

USURÉCEPTION.

On appelait ainsi, en droit romain, une espèce d'usucapion encore en usage au temps de Gaïus (*Gaii inst*, comm. 2, § 59 et suiv.), et qui tenait à des distinctions entièrement effacées dans la législation de Justinien. — V. du reste, pour l'usucapion, PRESCRIPTION, no 6.

USURPATION D'ARBRES.

1. — C'est l'action de celui qui s'empare des arbres appartenant aux riverains; on peut les regarder comme une espèce de larcin de voisinage. — Les juges de paix étaient déjà chargés, par la loi du 24 août 1790 et par l'art. 3, C. procéd., de prononcer sur les usurpations de terres, *arbres*, haies, fossés et autres clôtures. — La loi du 25 mai 1838 leur a conservé cette attribution, non pas sous la même dénomination, mais sous celle d'*actions possessoires*. — Vaudoré, *Droit civil des juges de paix*, vo *Usurpation*.

2. — Quant aux rapports que crée entre voisins le voisinage des arbres et aux droits et obligations qui en résultent, V. ARBRES, MITOYENNETÉ, SERVITUDE. — V. aussi BIENS, BORNAGE, FORÊTS, etc.

USURPATION DE CHEMIN.

V. CHEMINS RURAUX, CHEMINS VICINAUX, VOIRIE.

USURPATION DE NOM.

V. NOM.

USURPATION DE TITRES ET FONCTIONS.

1. — Immixtion, sans qualité, dans des fonctions publiques.

2. — L'usurpation des titres ou fonctions est rangée dans la classe des attentats contre la paix publique. Le but du législateur a été de réprimer ce manquement à l'autorité; aussi le Code ne considère point l'usurpation de titres ou fonctions dans ses rapports avec les intérêts privés qu'elle peut léser, mais dans ses relations avec l'autorité publique, qu'elle offense — Chauveau, *Théor. C. pén.*, t. 3, p. 265; Morin, *Diction. dr. crim.*, vo *Usurpation de fonctions*.

3. — L'usurpation est de deux sortes. Elle s'applique : 1o aux fonctions, 2o aux titres. — L'art. 258 prévoit la première, l'art. 259 la seconde.

4. — L'art. 258 s'exprime en ces termes : « Quiconque, sans titre, se sera immiscé dans des fonctions publiques, civiles ou militaires, ou aura fait les actes d'une de ces fonctions, sera puni d'un emprisonnement de deux à cinq ans, sans préjudice de la peine de faux, si l'acte porte le caractère de ce crime. »

5. — « Cet article prévoit la simple immixtion dans des fonctions publiques. D'autres articles ont prévu le même fait, mais accompagné de circonstances qui en aggravent le caractère. Ainsi, l'art. 93 punit l'usurpation du commandement d'une armée, d'une place de guerre; les art. 127 et 130 répriment l'immixtion de certains fonctionnaires dans l'exercice du pouvoir législatif; les art. 196 et 197 prévoient les actes d'une autorité illégalement anticipée ou prolongée; enfin, l'art. 334 s'applique à l'usurpation du costume ou du nom d'un officier public pour opérer une arrestation arbitraire. L'art. 258 a donc dégagé le fait de l'usurpation de fonctions de ces circonstances aggravantes ou concomitantes : ce qu'il punit, c'est la seule immixtion, sans titre, dans les fonctions, la perpétration d'un seul acte sous le nom de fonctionnaire. » — Chauveau, *ibid.*, p. 266.

6. — Le délit d'usurpation demeure compris dans les termes de l'art. 258, tant que l'agent, en se parant de la fausse qualité de fonctionnaire, n'a pas usurpé un faux nom; et dans le cas même où il aurait pris le nom d'un fonctionnaire dans les actes qu'il aurait souscrits en cette qualité, pourvu qu'à l'altération matérielle de l'écriture ne se réunissent pas l'intention de nuire et la possibilité d'un préjudice. — Carnot, t. 1er, p. 710, no 3. — *Cass.*, 7 mai 1824, Loyer.

7. — Pour que le délit existe, il est nécessaire que l'immixtion ait eu lieu dans des fonctions publiques.

8. — Les fonctions publiques sont celles qui s'exercent par suite d'une délégation de l'autorité publique. — Ces fonctions seules ont assez d'importance pour que le législateur se soit cru obligé de les défendre d'une dangereuse usurpation. — Rauter, t. 1er, p. 538; Morin, *Diction. du droit crim.*, p. 782.

9. — En conséquence, l'usurpation d'un emploi à gages public, tel que la place de bibliothécaire dans une bibliothèque publique, ne constituerait pas le délit dont il s'agit. — Rauter, t. 1er, p. 538.

10. — Le fait, par un propriétaire d'objets mobiliers, d'avoir mis à prix les effets qu'il vend et d'avoir reçu les enchères, n'est point non plus une usurpation de fonctions, s'il s'est fait assister d'un commissaire priseur qui adjugeait, qui dressait procès verbal de la vente. — *Bourges*, 7 janv. 1830; Wei-Mayer.

11. — Mais celui qui, sans être officier public, vend des récoltes publiquement et aux enchères, même en présence et du consentement du propriétaire de ces récoltes, se rend passible des peines prononcées par l'art. 258, C. pén. — *Rouen*, 11 déc. 1840 (t. 1er 1841, p. 588), Icard c. Riberprey.

12. — Jugé : 1o que le fait d'avoir remplacé, sans droit ni qualité, un garde national dans son service, ne peut être considéré comme une usurpation de fonctions soit civiles, soit militaires. — *Cass.*, 7 mai 1824, Loyer.

13. — ... 2o Qu'il en est de même du fait d'avoir voté, sans droit, dans une assemblée électorale. — *Amiens*, 26 juin 1822, Guinier.

14. — Il est superflu de faire remarquer qu'on ne pourrait considérer comme ayant commis le délit d'usurpation de fonctions le fonctionnaire qui a incompétemment fait des actes étrangers à ses attributions. Dans ce cas, en effet, il y a erreur, mais non intention criminelle d'usurper des fonctions.

15. — Le seul fait d'avoir pris le titre d'une fonction à laquelle on n'a pas de droit, sans avoir fait aucun acte de cette fonction, ne constitue ni crime ni délit.

16. — Ainsi celui qui, se trouvant, la nuit, chez une actrice, descend sur la porte et prend le titre de procureur du roi pour faire retirer des individus qui veulent forcer l'entrée ne se rend passible ni des peines portées par l'art. 258 ni de celles édictées par l'art. 259, C. pén. — *Nîmes*, 9 mars 1826, G... et Monméjean.

17. — A plus forte raison, l'officier de santé n'encourt aucune peine en prenant le titre de doc

leur en médecine. — Cass., 11 juin 1840 (t. 2 1840, p. 189), Collin.

18. — L'art. 259, relatif au deuxième délit d'usurpation, est ainsi conçu : « Toute personne qui aura publiquement porté un costume, un uniforme ou une décoration qui ne lui appartiendra pas, sera punie d'un emprisonnement de six mois à deux ans. »

19. — Nous avons traité du port illégal du costume sous le mot COSTUME, et du port illégal des décorations sous le mot DÉCORATION.—V. COSTUME, DÉCORATION.

20. — L'usurpation de titres de noblesse était punie par les ordonnances d'Orléans et de Blois, les édits de juill. 1576, sept. 1577 et mars 1583, de Bretagne, art. 577. — V. Jousse, *Inst. crim.*, t. 3, p. 368, n° 7. — V., entre autres, les déclarations des 8 fév. 1661, 1er juin 1614, 20 janv. 1608 et l'arr. du conseil du 4 juin 1668.

21. — Une disposition de l'art. 259 du Code pénal de 1810 appliquait la peine prononcée pour le port illégal de décoration à toute personne qui se serait attribué des titres royaux qui ne lui auraient pas été légalement conférés. Mais cette disposition a été supprimée lors de la révision du Code pénal, en 1832.

22. — L'usurpation du titre de noblesse, d'armoiries et de livrées a donc cessé d'être punissable depuis cette époque.

UTÉRIN.

De *uterus*, ventre. Se dit des enfans, des parens qui sont nés, qui descendent d'une même mère,

mais d'un père différent.—V. GERMAIN.—V. aussi PARENTÉ.

UTILITÉ PUBLIQUE.

1. — La propriété, droit naturel dans son principe, subit, en vertu des lois positives, un grand nombre de restrictions dans son usage par rapport à l'utilité publique, c'est-à-dire aux besoins de la société en général. — Jousselin, *Des servitudes d'utilité publique*, t. 1er, préface.

2. — Lorsque cette utilité publique le demande, chaque citoyen est obligé de faire le sacrifice de sa propriété, en faveur de l'état. — Constitut. 4 nov. 1848, art. 11.—V. EXPROPRIATION POUR UTILITÉ PUBLIQUE.

3. — Mais, dans un bien plus grand nombre de cas, chaque citoyen, sans être dépossédé de sa propriété, est néanmoins, dans un but d'intérêt général, restreint dans son droit absolu de jouir et de disposer. Ces restrictions ont reçu, dans notre langue, le nom de *servitudes d'utilité publique*. — Jousselin, *ibid.*

4. — Ainsi, dans l'intérêt de la défense militaire de l'état, V. ARMES, EXPROPRIATION POUR UTILITÉ PUBLIQUE (occupation temporaire de terrain), n°s 1185 et suiv.; FORÊTS (bois de construction pour la marine), n°s 1452 et suiv. ; POUDRES ET SALPÊTRES, SERVITUDES MILITAIRES.

5. — ... Dans l'intérêt de la sûreté publique.—V. CHASSE, INCENDIES (mesures contre les); INONDATIONS, MITOYENNETÉ, POUVOIR MUNICIPAL, SERVITUDES.

6. — ... Dans l'intérêt de la santé publique — V. DUNES, EAUX MINÉRALES, HALLES, IRRIGATION,

MARCHÉS, MARAIS, POUVOIR MUNICIPAL, SERVITUDES (source nécessaire aux habitans d'une commune), n°s 197 et suiv.

7. — ... Dans l'intérêt de la salubrité publique.— V CIMETIÈRES, CLOAQUES, CURAGE, ÉGOUTS, ÉTABLISSEMENS INSALUBRES, ÉTANGS, FOSSES D'AISANCE, POUVOIR MUNICIPAL.

8. — ... Dans l'intérêt de la richesse forestière.— V. FORÊTS.

9. — ... Dans l'intérêt de la richesse souterraine.— V. CARRIÈRES, MINES, MINIÈRES.

10. — ... Dans l'intérêt de la voirie.—V. ALIGNEMENT, CHEMIN DE FER, CHEMIN DE HALAGE, CHEMINS RURAUX, CHEMINS VICINAUX, COURS D'EAU, ROUTES, SERVITUDES (droit de passage pour les fonds enclavés), n°s 356 et suiv.; VOIRIE.

11. — ... Dans l'intérêt des travaux publics.—V. EXTRACTION DE MATÉRIAUX, FORÊTS, SYNDICAT DES EAUX, TRAVAUX PUBLICS.

12. — ... Dans un intérêt financier.—V. DOUANES, TABAC.

13. — La plupart de ces servitudes sont considérées comme des charges inhérentes à la propriété, et ne donnent lieu, par conséquent, à aucune indemnité au profit du propriétaire. Mais il en est autrement de celles qui entraînent une dépossession temporaire de quelquefois même définitive de la propriété.— V. DOMMAGE PERMANENT, EXPROPRIATION POUR UTILITÉ PUBLIQUE.

14. — Indépendamment des restrictions apportées au droit absolu pour chacun de jouir de sa chose, l'utilité publique commande également dans le droit absolu d'exercer toute espèce de commerce ou d'industrie. —V. LIBERTÉ DU COMMERCE ET DE L'INDUSTRIE.

V

VACANS.

V. COURS ROYALES, COUR DE CASSATION, MINISTÈRE PUBLIC, TRIBUNAUX.

VACANS (Biens).

V. COMMUNES, PARCOURS ET VAINE PATURE, TERRE VAINES ET VAGUES.

VACATIONS (Tarifs).

1. — On entend par vacation, en terme de tarif, l'indemnité allouée à un officier public ou ministériel ou à une personne commise par justice à raison du temps qu'elle consacre à une opération, ou de son assistance à un acte dressé par un tiers.

2. — Les vacations sont taxées par le tarif à des prix divers, selon le caractère et l'importance des personnes qui y ont droit, et la somme de travail qu'elles sont supposées avoir apportée à l'opération. En général, les vacations sont calculées suivant un certain nombre d'heures employées.

3. — Le premier décret du 16 fév. 1807 contient le tarif des vacations dues à la plupart des officiers ministériels.—V. TARIF, n°s 13 et 51.—V., aussi COMMISSAIRE PRISEUR, n°s 149 et suiv.; EXPERTISE, n°s 410 et suiv.; EXPROPRIATION POUR CAUSE D'UTILITÉ PUBLIQUE, n°s 1304 et suiv.; FRAIS ET DÉPENS ; GREFFE (droits de) ; HUISSIER, n°s 240 et suiv.; NOTAIRE, n°s 623 et suiv.

4. — Les vacations allouées aux huissiers, aux avoués, aux notaires et aux experts, en matière de vente judiciaire d'immeubles, sont tarifées par l'ordonn. du 10 oct. 1841. —V. TARIF.

5. — Les honoraires et vacations dus aux médecins, chirurgiens, sages-femmes, experts et interprètes, en matière criminelle, sont réglés par les art. 16 et suiv., décr. 18 juin 1811. — V. TARIF (mat. crim.) — V. aussi FRAIS ET DÉPENS (mat. crim.), n°s 97 et suiv.

VACATIONS (Chambre des).

V. TRIBUNAUX.

VACHES OU VEAUX (Marchands de).

Marchands de vaches ou veaux : — patentables de quatrième classe ; — droit fixe basé sur la population, et droit proportionnel du vingtième de

la valeur locative de l'habitation et des lieux servant à l'exercice de la profession.

VACHERIES.

Troisième classe des établissemens insalubres dans les villes dont la population excède 5,000 habitans. — V. ÉTABLISSEMENS INSALUBRES (nomenclature). — V. aussi ÉTABLES.

VAGABONDAGE.

1.—L'art. 270, C. pén., définit ainsi qu'il suit le vagabondage : « Les vagabonds ou gens sans aveu sont ceux qui n'ont ni domicile certain, ni moyens de subsistance, et qui n'exercent habituellement ni métier ni profession. »

2. — La déclaration du roi, du 5 fév. 1731 (art. 1er) définissait les vagabonds « ceux qui, n'ayant ni profession, ni métier, ni domicile certain, ni bien pour subsister, ne peuvent être avoués, ni faire certifier leurs bonnes vie et mœurs par personnes dignes de foi. »

3. — En adoptant ces caractères, la loi anglaise veut, en outre, que les vagabonds ne puissent fournir de bons renseignemens sur leur conduite (*Stephen's commentaires oft the criminal law*).

4. — L'art. 3, tit. 1er, L. 22 juill. 1791, qualifiait de *gens sans aveu* les personnes à domicile fixe, quoique en état de travailler, n'exerçaient ni métier ni profession, et qui n'avaient ni moyens de subsistance, ni répondans, et de vagabonds, ceux qui n'avaient pas de domicile. Mais le Code d'inst. crim. a fait disparaître cette distinction. Aujourd'hui, tout individu qui a un domicile certain ne peut être considéré comme étant sans aveu, ni vagabond ; il peut, suivant les circonstances, être poursuivi pour mendicité.

5. — La déclaration du 3 août 1764 est la dernière loi de l'ancien régime sur cette matière ; elle prononçait une peine afflictive et infamante : trois années de galères pour les hommes valides de seize à soixante ans, et trois années de réclusion dans un hôpital pour les septuagénaires, les infirmes, les filles et les femmes.

6. — Le Code pénal du 25 sept. 1791 ne contient aucune disposition sur le vagabondage. Seulement, par un article, il défend d'infliger une peine afflictive ou infamante aux faits qui étaient qualifiés de délits par les anciennes ordonnances.

7. — Les lois des 24 vendém. an II, 10 vendém. an IV et 18 pluv. an IX composent, sur cette matière, toute la législation antérieure au Code pénal de 1810, qui nous régit actuellement.

8. — Sous la loi de vendém. an IV, tout individu voyageant et trouvé hors de son canton sans passeport, devait être arrêté et détenu provisoirement pendant vingt jours. — Cass., 24 prair. an XIII, Pasquini.

9. — Ce temps écoulé, s'il ne justifiait pas dans les deux décades (vingt jours) qu'il avait un domicile et qu'il était inscrit sur le tableau de la commune où il était domicilié, il était puni par cela seul prévenu de vagabondage, et devait être traduit devant le tribunal compétent pour connaître de ce délit. — Cass., 27 prair. an IX, Lemonnier; 7 prair. an IX, Louis Raymond, Jean Rey, Morel (trois arrêts).

10. — A moins que, dans le délai déterminé par la loi (vingt jours), il n'eût présenté des répondans, ou qu'il n'eût été réclamé par le maire de son domicile. — Cass., 26 janv. 1810, Plaugère.

11. — Le tribunal devait, s'il ne justifiait pas devant lui de son domicile, le condamner d'abord à une peine provisoire, une année d'emprisonnement. Cette année expirée, de deux choses l'une : ou le condamné fournissait enfin la preuve qu'il avait un domicile, ou il ne fournissait pas. Au premier cas, il était mis en liberté ; au deuxième, la transportation lui était appliquée. — Cass. (9 juin 1807, Bressiano. — La transportation était le bannissement temporaire en lieu déterminé. L. 24 vendém. an II, art. 8, 43 et 46 — Elle différait de la déportation en ce que cette dernière est à vie. — Merlin, Rép., v° Transportation.

12. — Mais la vie errante et les voyages d'un individu muni d'un passeport et ayant un domicile, ne suffisaient pas pour le constituer en état de vagabondage. — Cass., 18 prair. an IX, Gusse.

13. — Peu importait qu'un individu résidât tantôt dans une maison, tantôt dans une autre, pourvu qu'il eût des moyens d'existence. — Cass., 26 pluv. an X, Joubert.

14. — Le simple fait de mendicité ne suffisait pas à l'égard d'un individu muni d'un passeport et ayant un domicile et une profession. — Cass. 18 prair. an IX, Béchepois.

15. — Une femme dont le domicile était connu ne pouvait être réputée en état de vagabondage pour avoir parcouru les rues de la ville en état d'ivresse et suivie d'une troupe d'enfans. — Cass. 15 pra r. an VIII, Tondelay.

16. — Les décisions rendues sous l'empire des lois anciennes doivent, pour la plupart, recevoir leur application nouvelle. Ainsi qu'on l'a vu, le vagabondage se reconnaît aujourd'hui (art. 270) à trois caractères : *défaut de domicile certain; manque de moyens de subsistance; absence d'exercice habituel de métier ou profession.*

17. — La réunion de ces trois circonstances est nécessaire pour l'existence du délit. « Ainsi, disent MM. Chauveau et Hélie (t. 5, p. 31), il suffirait qu'une seule de ces conditions ne fût pas constatée, et, par exemple, que le prévenu, quoique sans ressources et sans profession, eût une habitation habituelle, ou que, dénué d'habitation et de métier, il eût quelques moyens de subsistance, pour que le délit dût cesser d'exister. »

18. — Sous ces mots : *défaut de domicile certain*, on doit comprendre *le défaut d habitation*. Peu importe que le domicile d'origine ait été conservé, car ce domicile ne modifie ni sa position actuelle, ni son genre de vie, ni les dangers qui en résultent.

19. — Mais jugé que les absences fréquentes et prolongées de son domicile ne constituent pas un individu en état de vagabondage lorsqu'il a un passeport et un domicile bien établi. — *Bourges*, 3 fév. 1831, Robinet.

20. — Jugé aussi que l'étranger qui n'a quitté son domicile que par le fait de l'administration et par une véritable force majeure ne peut être réputé sans domicile, ni par conséquent en état de vagabondage. — *Besançon*, 4 janv. 1827, de Bellefond.

21. — Il y a présomption suffisante que l'individu qui fait partie de la garde nationale a un domicile et des moyens d'existence qui excluent le délit de vagabondage. — *Cass.*, 15 oct. 1813, Recchia.

22. — La loi n'exige pas non plus que l'habitation du prévenu soit fixe ; il suffit qu'il en ait une. — V. *suprà* nos 11 et 12.

23. — La disposition de la loi du 10 vendém. an IV, qui prescrivait de mettre et de maintenir en arrestation tout individu trouvé sans passeport hors de son canton, s'il ne justifie pas, dans les vingt jours de son arrestation, qu'il est inscrit sur le tableau d'une commune, est encore appliquée, seulement, après les vingt jours ; l'individu ainsi arrêté n'est qu'en état de prévention de vagabondage, et non réputé vagabond de plein droit. — Chauveau et Hélie, p 28.

24. — Jugé, en tous cas, que le défaut de passeport ne constitue pas la présomption de vagabondage, lorsqu'on ne sort pas de son canton. — C. pén., art. 270 et 271. — *Cass.*, 7 fév. 1811, Cousin.

25. — ... Non plus que le défaut de papiers à l'égard d'un ancien militaire qui voyage, lorsqu'il jouit d'une pension de retraite, quoiqu'elle soit insuffisante pour pourvoir à sa subsistance. — *Metz*, 25 janv. 1822, Ibeg.

26. — Il a été jugé que la modicité des objets renfermés dans la caisse d'un marchand colporteur ne suffit pas pour le constituer en état de vagabondage, lorsque son passeport indique qu'il a un domicile et qu'il exerce habituellement une profession. — *Cass.*, 17 janv. 1817, Jeannin.

27. — Cette décision nous paraît très fondée en droit. Cependant son application n'est pas sans danger, et nécessite des explications. L'art. 270, C. pén., comme on l'a vu, détermine les trois conditions dont la réunion constitue le vagabondage. L'absence d'une seule suffit pour effacer le délit. Voilà pour le point de droit. Tout le reste se réduit à une appréciation de faits, aussi variable que les circonstances qui les amènent. Ainsi, il ne faut pas conclure de l'arrêt ci-dessus que tout colporteur qui aura des objets renfermés dans sa caisse, quelque modique qu'en soit la valeur, devra être considéré comme ayant des moyens d'existence, et comme exerçant habituellement une profession. Le colportage peut n'être qu'un prétexte employé par le prévenu pour éluder les dispositions de la loi. Loin donc de la violer, les tribunaux la feront respecter en refusant de s'arrêter aux apparences, et en rendant aux faits leur véritable caractère. De même, un passeport ne suffit pas pour faire foi de la profession et du domicile allégués par le prévenu ; il n'a de force que pour établir son individualité, à l'aide du signalement. On sait comment les passeports s'obtiennent et se renouvellent. C'est presque toujours sur la déclaration de l'impétrant lui-même que se remplissent les blancs réservés pour la profession et le domicile. Tout individu qui a un passeport suranné peut, en le déposant, s'en faire délivrer un nouveau contenant les mêmes énonciations ; en sorte qu'il arrive quelquefois que l'impétrant n'a jamais eu, et plus souvent encore, qu'il a perdu la profession et le domicile qui lui sont attribués par son passeport. Les tribunaux ne violeront donc aucune loi en refusant de s'arrêter aux énonciations d'une pareille pièce.

28. — Jugé que l'enfant trouvé mineur ou l'enfant mineur, ayant père ou mère ou tuteur, était présumé avoir un domicile, et ne pouvait se trouver légalement en état de vagabondage. — *Colmar*, 10 nov. 1831, Graner ; 11 nov. 1831, Fenninger.

29. — Mais ce système, adopté par la cour de Colmar, confondait le domicile d'origine avec le domicile d'habitation, et supposait que les obligations imposées à la famille faisaient disparaître l'immoralité et le danger du vagabondage. La cour de Cassation, par arrêt du 21 mars 1823 (Jacob), s'était d'ailleurs prononcée dans un sens contraire. — V. aussi Chauveau et Hélie, *Théor. du C. pén.*, t. 5, p. 45. — Depuis la loi du 28 avr. 1832, la même difficulté ne peut plus se présenter ; l'art. 471, prescrivant les mesures applicables aux vagabonds de moins de seize ans, suppose nécessairement qu'ils peuvent être déclarés en état de vagabondage.

30. — Il a été jugé que les individus qui sont sous la surveillance de la haute police ont nécessairement un domicile certain, et, dès-lors, ils ne peuvent être déclarés en état de vagabondage. — *Montpellier*, 27 fév. 1837 (t. 1er 1843, p. 248), Teinturier ; *Bourges*, 31 mars 1842 (t. 1er 1843, p. 249), Renaud.

31. — ... Et que les tribunaux saisis uniquement d'une prévention de vagabondage ne peuvent prononcer la condamnation pour rupture de ban, les faits qui constituent ces deux délits n'étant pas identiques. — *Montpellier*, 27 fév. 1837 (t. 1er 1843, p. 248). Teinturier. — V. SURVEILLANCE DE LA HAUTE POLICE.

32. — Jugé, néanmoins, par la cour d'Angers, qu'il ne suffit pas aux individus placés sous la surveillance de la haute police, pour acquérir un domicile certain et échapper ainsi aux peines prononcées contre les vagabonds par les art. 269 et 270, C. pén., de déclarer le lieu où ils veulent établir leur résidence et d'y apparaître passagèrement ; il faut que cette déclaration soit suivie d'une résidence réelle et assez prolongée pour constituer un domicile. — *Angers*, 20 juin 1847 (t. 2 1848, p. 652), Coinet et Caniot.

33. — Suffit-il, pour que le délit de vagabondage soit réputé constant, que l'existence des trois circonstances ci-dessus énoncées soit constatée ? — MM. Chauveau et Hélie (p. 32) pensent que, le vagabondage étant un délit, la loi a nécessairement supposé qu'il prenait sa source dans la volonté de l'agent ; qu'à la vérité les circonstances matérielles prévues par l'art. 270 supposent cette volonté et la font présumer, mais que cette présomption n'exclut pas la preuve contraire, et que le prévenu doit être admis à proposer l'excuse tirée de la nécessité et de la force majeure.

34. — L'art. 271, C. pén., dispose ainsi qu'il suit : « Les vagabonds et gens sans aveu qui auront été *légalement déclarés tels*, seront, pour ce seul fait, punis de trois à six mois d'emprisonnement. »

35. — Sur cet article, MM. Chauveau et Hélie (p. 33) font remarquer que, par ces mots « *qui auront été légalement déclarés tels*, » il faut entendre la condamnation, condamnation émanée de la juridiction compétente et constatant les circonstances caractéristiques du vagabondage, attendu que si l'autorité administrative peut faire procéder à l'arrestation des individus en état de vagabondage, ces individus ne peuvent être détenus qu'en vertu d'une condamnation émanée des tribunaux.

36. — L'art. 271 ajoute que « ils seront renvoyés, après avoir subi leur peine, sous la surveillance de la haute police pendant cinq ans au moins et dix ans au plus. »

37. — Cet article, ainsi modifié par la loi de 1832, diffère de celui du Code pénal de 1810 en ce qu'il fixe le délai pendant lequel les tribunaux peuvent renvoyer les vagabonds condamnés sous la surveillance de la haute police, tandis que l'ancien article décidait que les vagabonds seraient, à l'expiration de leur peine, à la disposition du gouvernement pendant le temps qu'il déterminerait, eu égard à leur conduite : d'où il résulte qu'ils étaient de droit placés sous la surveillance du gouvernement, qui pouvait exiger une caution de bonne conduite, et, faute par les condamnés de la fournir, leur assigner un lieu de résidence, sauf à les faire réintégrer dans les prisons, au cas où ils ne se rendraient pas à leur résidence, ou s'en seraient éloignés.

38. — Le même art. 271 ajoute que, « néanmoins, les vagabonds âgés de moins de seize ans ne pourront être condamnés à la peine de l'emprisonnement ; mais, sur la preuve des faits de vagabondage, ils seront renvoyés sous la surveillance de la haute police jusqu'à l'âge de vingt ans accomplis, à moins qu'avant cet âge ils n'aient contracté un engagement régulier dans les armées de terre ou de mer.

39. — Cet article diffère encore de l'ancien article en ce qu'il déclare d'une manière formelle que les individus âgés de moins de seize ans ne pourront être condamnés à la peine de l'emprisonnement, tandis que le Code de 1810 avait parlé d'une manière générale et sans restriction des vagabonds et gens sans aveu.

40. — On s'est demandé quel avait été l'effet de la loi nouvelle (de 1832) sur les individus (vagabonds ou autres) placés en surveillance antérieurement à sa promulgation. — V., à cet égard, SURVEILLANCE DE LA HAUTE POLICE nos 58 et suiv.

41. — On s'est demandé si les individus condamnés pour vagabondage (ceux auxquels la loi attache *obligatoirement* la peine de la surveillance) peuvent être relevés, soit en tout, soit en partie, de cette peine, par application de l'art. 463, sur les circonstances atténuantes. — V., à cet égard, SURVEILLANCE DE LA HAUTE POLICE, nos 42 et suiv.

42. — La cour de Paris a jugé que les vagabonds âgés de moins de seize ans, qui sont reconnus avoir agi sans discernement, ne peuvent pas être soumis à la surveillance de la haute police, l'art. 271, § 2, C. pén., qui établit cette peine, n'ayant pas dérogé à la disposition générale de l'art. 66, même Code, qui s'applique au vagabondage comme à tout autre délit. — *Paris*, 16 janv. 1834, N....

43. — Jugé également, par la cour de Nancy, que l'art. 271, § 2, C. pén., d'après lequel les vagabonds âgés de moins de seize ans doivent être renvoyés sous la surveillance de la haute police jusqu'à l'âge de vingt ans accomplis, à moins qu'avant cet âge ils n'aient contracté un engagement régulier dans l'armée, ne s'applique point au cas où l'inculpé est reconnu avoir agi sans discernement. Alors il y a lieu d'appliquer l'art. 66, C. pén., qui autorise le renvoi dans une maison de correction du prévenu acquitté. — *Nancy*, 28 juin 1848, Collin. — *Contrà* Chauveau et Hélie, p. 46. — V. DISCERNEMENT, no 45.

44. — Sous le Code pénal de 1810, un enfant âgé de moins de seize ans, convaincu de vagabondage, ne pouvait pas être renvoyé de la poursuite du ministère public, sous le prétexte qu'il n'avait ni parens ni amis pour se charger de lui, et que son état était l'effet du malheur de sa position. — *Cass.*, 21 mars 1823, Jacob. — Carnot (sur l'art. 269, C. pén, t. 1er, p. 731, no 4) fait remarquer que, dans ce système, l'art. 271, C. pén. avait dérogé aux art. 66 et 69, même Code, jurisprudence qui, dit-il, conduirait à de funestes conséquences, car on pourrait en dire de même de tous les autres cas, ce qui annulerait, par le fait, les dispositions desdits art. 66 et 69.

45. — Lorsque le prévenu est déclaré coupable d'escroquerie et de vagabondage, il doit être condamné non seulement à la peine de l'escroquerie, mais aussi à celle de la *surveillance*, peine accessoire et inhérente au délit de vagabondage. — *Cass.*, 23 sept. 1837 (t. 2 1837, p. 606), Rondeau. — *Contrà Paris*, 13 avr. 1837 (t. 1er 1837, p. 295), même partie — V. CUMUL DE PEINES, nos 73 et suiv., 85 et suiv.

46. — L'art. 273 porte que « les vagabonds nés en France pourront, après un jugement même passé en force de chose jugée, être réclamés par délibération du conseil municipal de la commune où ils sont nés, ou cautionnés par un citoyen solvable. — Si le gouvernement accueille la réclamation ou agrée la caution, les individus ainsi réclamés ou cautionnés seront, par ses ordres, renvoyés ou conduits dans la commune qui les a réclamés, ou dans celle qui leur sera assignée pour résidence, sur la demande de la caution. »

47. — MM. Chauveau et Hélie (p. 50) pensent qu'en disant que « les vagabonds renvoyés dans leur commune ou admis à caution seront conduits dans la commune qui leur sera assignée pour résidence, » la loi n'a pas entendu que le vagabond renvoyé ou admis à caution ne puisse s'éloigner de cette commune sans une autorisation nouvelle. « Par l'une ou l'autre de ces deux mesures, disent-ils, le condamné reprend tous ses droits ; tous les effets du jugement cessent : il ne faut donc voir, dans l'art. 273, que l'intention de faire une simple désignation de commune. Ramené dans cette commune désignée, le condamné n'y a d'autre frein que la tutelle bienveillante du conseil municipal qui l'a réclamé ou du citoyen qui l'a cautionné. Aussi, la loi n'a-t-elle imposé aucune peine à son changement de résidence ; ce qui prouve, sans réplique, qu'elle n'a pas voulu créer une résidence obligée, qui serait d'ailleurs aujourd'hui une anomalie dans le Code. »

48. — Mais le tribunal ne peut pas ordonner qu'un individu acquitté de la prévention de vagabondage sera, à la diligence du ministère public, reconduit dans sa commune pour y rester sous la surveillance de la haute police, à laquelle il était soumis en vertu d'un jugement précédent. — *Cass.*, 10 mars 1831, Merdy.

49. — Le tribunal commettrait un double excès

ce pouvoir en ordonnant qu'un individu qu'il a acquitté se rendra dans une commune qu'il déterminer, et qu'il lui sera délivré un extrait du jugement pour lui servir de passeport. — *Cass.*, 23 juill. 1836, Fauconnier.

50. — L'individu en simple état de prévention de vagabondage peut-il invoquer le bénéfice de l'art. 273 et se faire réclamer? *Aff.*, Carnot, (*Comm.*, *sur l'art.* 273). — *Nég.*, Chauveau et Hélie (p. 49), qui pensent que le bénéfice de l'art. 273, étant en quelque sorte une remise de peine, suppose nécessairement une déclaration de culpabilité. — « La garantie d'une commune ou d'un citoyen, disent-ils, peut affaiblir ou effacer la prévention, mais l'application de l'art. 273 ne peut être faite qu'au condamné. »

51. — L'art. 273 établissant un mode de libération de la peine prononcée pour vagabondage, il en résulte que si l'individu qui, ayant été réclamé ou cautionné, a obtenu sa liberté, vient à en abuser, il ne peut être repris en vertu du jugement précédemment rendu contre lui ; ce jugement est censé avoir été exécuté. — Chauveau et Hélie, p. 47.

52. — Le cautionnement dont parle l'art. 273 devant être fourni par un citoyen *solvable*, il n'est pas nécessaire qu'il soit déposé en espèces. Quant au taux de ce cautionnement et aux risques qu'il entraîne, ils doivent être réglés par le contrat passé entre l'administration et la caution.—Chauveau et Hélie, p. 48.

53. — Aux termes de l'art. 272, les individus *déclarés vagabonds* par jugement pourront, s'ils sont étrangers, être conduits, par les ordres du gouvernement, hors du territoire.

54. — Comme on le voit, l'art. 272, C. pén., n'autorise l'expulsion que des étrangers qui ont été *déclarés vagabonds*.—*Cass.*, 7 juill. 1827, Melzinger. — D'où il résulte qu'ils ne peuvent être reconduits hors du territoire du royaume qu'autant qu'ils ont été déclarés vagabonds par jugement. — *Cass.*, 6 déc. 1832, Dezimbert; même jour, Schwartz.

55. — Mais ce droit d'expulsion n'est accordé par la loi qu'au gouvernement; un tribunal excède ses pouvoirs en ordonnant qu'un étranger qu'il condamne comme vagabond sera conduit, à l'expiration de sa peine, jusqu'aux frontières de la royaume. — *Cass.*, 9 sept. 1826, Muzzioli; 15 juin 1837 (t. 1er 1838, p. 83), Baulledy. — Chauveau et Hélie, p. 52.

56. — A plus forte raison, la chambre du conseil est-elle incompétente pour ordonner l'expulsion d'un étranger, puisqu'il ne peut pas légalement déclaré vagabond. — *Cass.*, 6 déc. 1832, Dezimbert.

57. — Mais le gouvernement peut, en vertu des art. 44 et 45, C. pén., interdire un vagabond étranger de paraître sur le territoire français, sous les peines portées auxdits articles contre ceux qui enfreignent leur ban de surveillance. — *Douai*, 3 mai 1833, Herbin.

58. — MM. Chauveau e' Hélie pensent que cette disposition de l'art. 272 n'a pas abrogé les règles relatives aux étrangers voyageant en France, et qui peuvent se voir retirer leur passeport, si leur présence trouble la tranquillité publique. — V. PASSEPORT, nos 59 et suiv.

59. — Quelle serait la peine applicable à l'étranger qui, condamné comme vagabond, et conduit hors du territoire, y pénétrerait de nouveau? MM. Chauveau et Hélie pensent qu'il faut distinguer: ou bien la surveillance prononcée contre lui n'est pas expirée, et alors sa rentrée constitue le délit de rupture de ban (V. SURVEILLANCE DE LA HAUTE POLICE), ou bien la surveillance est expirée, et alors le gouvernement n'a plus que le droit de le faire reconduire aux frontières en vertu de l'art. 272.

60. — Sur les mesures de police relatives aux étrangers, V. ÉTRANGERS RÉFUGIÉS.

61. — La loi a encore considéré le vagabondage comme puisant un caractère d'aggravation dans les circonstances qui l'accompagnent, et comme constituant lui-même une circonstance aggravante de certains crimes et délits. Les dispositions qui se rapportent à ce double ordre d'idées sont communes au vagabondage et à la mendicité, et ont été expliquées sous ce dernier mot. — V. MENDICITÉ, nos 34 et suiv.

62. — L'art. 7 de la loi du 9 pluv. an IX attribuait aux cours de justice criminelle et spéciales créées pour cette loi la connaissance du fait de vagabondage. — *Cass.*, 8 thermid. an IX, Revert; 24 prair. an XIII, Pasquinou.

63. — Les crimes commis par les vagabonds devaient être déférés aux cours spéciales, sans qu'il fût nécessaire que les inculpés eussent été préalablement déclarés vagabonds par jugement. — *Cass.*, 30 juill. 1810, Sollark.

64. — Ce principe était appliqué, même après la mise en activité du Code inst. crim., pour les cri-

mes commis antérieurement par un vagabond. — *Crim* , 24 mai 1811, Courtois.

65. — Aujourd'hui, le vagabondage est de la compétence des tribunaux correctionnels; car, aux termes de l'art. 269, C. pén., le vagabondage est un délit.

66. — Jugé qu'il n'y a de compétent pour instruire un délit de vagabondage que le juge d'instruction du lieu où il a été commis, ou de celui où le prévenu résidait, ou de celui où il a pu être trouvé. — *Metz*, 8 janv. 1821, Paul Pilot. — V. INSTRUCTION CRIMINELLE, nos 63, 103, 152.

67. — L'ancien art. 280, C. pén., portait : « Tout vagabond qui aura commis un crime emportant la peine des travaux forcés à temps sera, en outre, marqué. » Cet article a été abrogé lors de la révision du Code pénal en 1832.

68. — Il a été jugé, avant la loi du 28 avr. 1832, que dans une accusation de vol avec effraction, portée contre un vagabond, c'était au jury, et non à la cour d'assises, qu'il appartenait de prononcer sur le fait du vagabondage, qui constituait une circonstance aggravante. — *Cass.*, 11 mai 1827, c. Antoine Helmer.

V. CHASSE, GENDARME, GENDARMERIE, HÔTEL, HÔTELIER, MAIRE, MENDICITÉ, VOL.

VAINE PÂTURE.

1. — Ce qui concerne la vaine pâture a été expliqué v° PARCOURS ET VAINE PÂTURE.

2. — On a vu que les conseils municipaux ont pour mission de régler l'exercice de la vaine pâture conformément aux règles tracées par le Code rural du 28 sept.-6 oct. 1791, et que les arrêtés qu'ils prennent à cet effet sont exécutoires lorsqu'ils ont été approuvés par le préfet : (L. 18 juil. 1837. art. 19, nos 8 et 20), mais si le préfet ne peut porter atteinte au droit lui-même, lorsqu'il est constant; qu'en conséquence, la législation du droit de vaine pâture était en question, il appartiendrait aux tribunaux ordinaires, et non au conseil municipal, de connaître des contestations qui s'élèveraient à cet égard. — *Cass.*, 10 fév. 1845 (t. 2 1845, p. 32), Saint-Just, c. Guilbert.

3. — Jugé par le même arrêt que, bien qu'un règlement administratif ait fixé l'époque de l'ouverture d'un droit de vaine pâture, le propriétaire d'un pré a pu intenter devant le juge de paix une action en réparation du dommage fait à ce pré par l'introduction de bestiaux dans un moment où les eaux d'inondation n'étaient pas encore entièrement retirées.

4. — Jugé, depuis la publication de notre précédent article, qu'il n'appartient pas à l'autorité communale de restreindre ou d'empêcher l'effet de la servitude de vaine pâture sur les terres qui y sont soumises. En conséquence, n'est pas obligatoire l'arrêté du maire destiné à assurer l'exécution d'une délibération prise en ce sens par le conseil municipal. — *Cass.*, 4 mai 1848 (t. 2 1849, p. 218), Carret. — V PARCOURS ET VAINE PÂTURE, nos 52 et suiv.

VAISSEAU.

V. NAVIRE.

VAISSELLE.

V DIENS, nos 287 et suiv.; SAISIE-EXÉCUTION, nos 248, 249.
Pour la vaisselle d'or et d'argent, V. MATIÈRES D'OR ET D'ARGENT.

VAISSELLES ET USTENSILES DE BOIS.

Fabricants et marchands de vaisselles et ustensiles de bois; — patentables de troisième classe; — droit fixe basé sur la population et droit proportionnel du quarantième de la valeur locative de tous les locaux qu'ils occupent, mais seulement dans les communes de 20,000 âmes et au-dessus. — V. PATENTE.

VALEUR.

V. ENREGISTREMENT, MERCURIALES.

VALEUR FOURNIE.

C'est l'indication de la cause d'un effet de commerce. — V. BILLET A ORDRE, A DOMICILE, etc., LETTRE DE CHANGE, MANDAT DE PAIEMENT.

VALIDITÉ DE SAISIE (Demande en).

1. — Action par laquelle on demande à un tribunal de déclarer bonne et valable une saisie pratiquée pour la conservation des droits du créancier.

2. — Les saisies pratiquées en vertu de titres authentiques et exécutoires n'ont pas, en général, besoin d'être validées pour être mises à fin par la vente des biens du débiteur. Elles constituent en effet de simple voies d'exécution. — V. SAISIE-BRANDON, SAISIE EXÉCUTION, SAISIE IMMOBILIÈRE, SAISIE DE RENTES.

3. — Il en est autrement des saisies qui, ayant un caractère plutôt conservatoire, peuvent être formées en vertu d'un titre non exécutoire ou d'une simple autorisation du président du tribunal. — V. SAISIE-ARRÊT, SAISIE FORAINE, SAISIE GAGERIE, SAISIE REVENDICATION.

VANNES.

V. CANAUX, COURS D'EAU, ÉTANGS, IRRIGATION, USINES.

VANNERIE, VANNIER.

1. — Marchands expéditeurs de vanneries, vanniers emballeurs pour les vins ; — patentables, les premiers de quatrième, les seconds de cinquième classe ; — droit fixe basé sur la population ; droit proportionnel du vingtième de la valeur locative de l'habitation et des lieux servant à l'exercice de la profession.

2. — Marchands de vannerie en détail; — vanniers fabricans en vannerie fine : — patentables de sixième classe; — même droit fixe (sauf la différence de classe) et proportionnel que les précédens.

3. — Vanniers fabricans en vannerie commune; — patentables de huitième classe; — même droit fixe que les précédens, sauf la différence de classe; droit proportionnel du quarantième de la valeur locative de tous les locaux qu'ils habitent, mais seulement dans les communes de 20,000 âmes et au-dessus. — V. PATENTE.

VAPEUR.

V. BATEAUX A VAPEUR, MACHINES A VAPEUR, USINES.

VARECH.

1. — On donne le nom de *varech*, *vraicqs*, *oreils*, aux plantes qui croissent dans la mer et dont on se sert, soit comme engrais, soit comme matière première dans certaines industries. Elles sont connues sous le nom de *sar* ou *sart*, et sur les côtes de Bretagne sous celui de *gouesmon* ou *gouémon*.

2. — En Normandie, on appelait aussi *varech* « toutes choses que l'eau jette à terre, par soulèvement et fortune de mer, ou qui arrive si près de terre qu'un homme à cheval y puis e toucher avec la lance. » — Coutume de Normandie, art. 506. — Ce dernier droit, qui se rattachait à la féodalité, a été aboli par la loi du 13 avr. 1791, tit. 1er, art. 1er. — V. ÉPAVES, no 43.

3. — Les droits qui peuvent être revendiqués sur les varechs et autres plantes marines varient suivant qu'il s'agit de plantes marines détachées par la mer et jetées sur ses rivages, ou de plantes encore adhérentes aux rochers sur lesquels elles ont crû.

4. — Les varechs arrachés par la mer et déposés sur ses rivages appartiennent, partout et en tout temps, au premier occupant. C'est ce que décide l'ordonnance de la marine de 1681 (liv. 4, tit. 10), par la déclaration du roi du 30 mai 1731, qui contient l'art. 306.

5. — La récolte des plantes marines non encore coupées ou arrachées appartient aux habitans de communes situées sur les côtes de la mer, à l'exclusion des autres habitans. — Ordonn. de la marine, liv. 4, tit. 10, art. 5. — L'ordonnance fait défense à quiconque, même aux seigneurs, de s'approprier aucune portion des rochers sur lesquels croît le varech, et d'exiger quelque chose des particuliers, vassaux ou autres, pour le couper, à peine de concussion.

6. — Le droit de varech, ainsi défini par cette dernière disposition, fut enlevé aux riverains, dans les départements de l'Ouest, par un arrêté du roi, présentant au peuple le charpentier, en date du vendémiaire an II. Cet arrêté était soumis par l'exclusion des communes non limitrophes de la mer était injurieuse à l'égalité, préjudiciable aux

fécondité de la terre, et qu'il en résultait une déperdition sensible du varech, dont le surplus n'était pas consommé par les privilégiés. Mais les communes ayant réclamé contre cet acte arbitraire, l'arrêté de l'an II a été rapporté par un arrêté consulaire du 18 thermid. an X. Ce dernier arrêté décide que les préfets pourront déterminer, par des réglemens conformes aux lois, tout ce qui est relatif à la pêche en gouesmon et varech.

7. — Jugé que la récolte du varech, qui, sous l'empire de l'ordonn. de 1681, devait être réglée par la communauté des habitans, ne peut, sous la nouvelle législation, avoir lieu qu'après l'autorisation des pouvoirs compétens; et c'est le préfet du département, comme représentant légal du domaine, qui est investi du droit de faire des réglemens en cette matière. — *Cass.*, 2 déc. 1848 (t. 1er 1850, p. 333), Mervan et Guignen.

8. — La principale question qui se soit élevée sur la matière est celle de savoir ce qu'il faut entendre par *habitans* dans le sens de l'ordonnance de la marine, et si les propriétaires de terres situées dans une commune riveraine de la mer, résidant hors du territoire de cette commune, peuvent participer à la récolte du varech ou gouëmon.

9. — La cour de Cassation a jugé, en principe, que le droit, accordé par l'ordonn. de 1681, aux habitans des communes situées sur le bord de la mer, de couper le varech ou gouëmon, n'appartient pas exclusivement à ceux qui ont leurs demeures dans ces communes, et qu'il peut être exercé par tous ceux qui, bien qu'habitant d'autres localités, possèdent et cultivent des terres dans la localité riveraine de la mer... — Et cela, à la double condition : 1º d'employer le varech ou gouëmon dans la commune où il est récolté, sans pouvoir le transporter ailleurs; 2º de le cueillir eux-mêmes ou de le faire cueillir par leurs métayers ou domestiques résidant dans la commune. — *Cass.*, 8 nov. 1845 (t. 1er 1846, p. 98), Cleirch.

10. — La doctrine de cet arrêt est conforme à l'opinion qu'exprimait le commentateur de l'ordonnance, Valin. — V. aussi Beaussant, *C. marit.*, t. 1er, nº 560. — Elle est fondée en raison; car, ainsi que le faisait remarquer, lors de cet arrêt, M. l'avocat-général de Boissieu, si l'ordonnance a concédé aux communes riveraines le droit au varech, ce n'est pas pour procurer aux habitans riverains un avantage personnel à raison du fait de leur habitation, mais c'est en considération des terres riveraines auxquelles, comme compensation du voisinage de la mer, le législateur a cru juste et convenable d'accorder cet élément utile de fertilisation. Et ce qui prouve que l'ordonnance a eu bien plus en vue les terres que les personnes, c'est qu'elle défend à ceux qui récoltent le varech de le vendre à des forains, c'est-à-dire à des gens étrangers à la commune, ou de l'employer pour la fertilisation des terres autres que celles de la commune.

11. — C'est ainsi encore qu'il a été jugé que le droit de cueillir le varech ou gouëmon, conféré aux habitans des communes situées sur les côtes de la mer, ne peut être exercé que par eux-mêmes ou par les personnes qui sont notoirement attachées à la culture des terres que cette plante doit fertiliser, et il ne leur est pas permis de s'adjoindre des étrangers pour augmenter leur part individuelle de cette récolte. — *Cass.*, 22 nov. 1838 (t. 1er 1839, p. 267), Goum; 17 juill. 1839 (t. 2 1839, p. 43), même affaire.

12. — Les individus qui coupent du gouëmon sur le territoire d'une commune autre que celle qu'ils habitent sont passibles de 50 fr. d'amende et de la confiscation des chevaux et harnais, et ne peuvent être renvoyés de l'action intentée contre eux par le motif qu'ils n'ont cueilli le varech que pour le compte d'un habitant de cette commune. — Mêmes arrêts.

13. — Un réglement de police qui défend aux communes riveraines de la mer de cueillir le varech ailleurs que dans l'étendue de leurs côtes respectives ne peut être anéanti par un usage contraire, pratiqué depuis un certain nombre d'années. — *Cass.*, 23 juill. 1836, comm. de Surville c. Holley.

14. — Jugé aussi, que les communes limitrophes de la mer ne peuvent, ni par convention ni par prescription, acquérir le droit de récolter le varech hors de leur territoire respectif. — *Cass.*, 2 fév. 1842 (t. 1er 1842, p. 584), comm. de Glatigny c. comm. de Surville.

15. — L'autorité administrative étant seule compétente pour décider les questions de circonscription territoriale, il en résulte que lorsqu'un individu prévenu d'un fait de récolte illégale du varech ou gouëmon prétendu pratiqué dans une localité désignée par le ministère public comme dépendant de la circonscription communale qui jouit du privilége exclusif de cette récolte, soutient que cette localité ne dépend pas de la circonscription privilégiée, le tribunal ne peut prononcer sur l'exception tirée de la délimitation. C'est là une question préjudicielle qu'il doit renvoyer à l'examen préalable de l'autorité administrative. — *Cass.*, 1er août 1844 (t. 2 1844, p. 257), Hervéou.

16. — Lorsque le préfet n'a pris aucun réglement sur cet objet, la récolte du varech se partage entre les membres de la commune, conformément aux règles tracées pour les fruits communaux. — Dufour, *Traité de droit administratif*, t. 2, nº 1105. — V. COMMUNE, nos 1124 et suiv.

17. — Les établissemens destinés à la combustion du varech et autres plantes marines, lorsqu'elle se pratique dans des établissemens permanens, ainsi que les ateliers pour la fabrication en grand des soudes de varech, situés dans des établissemens permanens, sont rangés dans la première classe des établissemens insalubres. — V. ÉTABLISSEMENS INSALUBRES (nomenclature).

VASES SACRÉS.

V. SACRILÉGE.

VASSAL, VASSELAGE.

1. — On appelait *vassal*, dans l'ordre féodal, le propriétaire d'un fief servant. On lui donnait aussi quelquefois le nom de *vasseur* ou *vavasseur* quand il était d'un ordre inférieur. De ces mots on avait fait *vasselage* et *vavassorie*, qui désignaient l'état ou la condition du vassal et quelquefois les services auxquels le vassal était assujéti. — Guyot, *Rép.*, vis *Vassal* et *Vasselage*.

2. — C'est dans la hiérarchie du fief et non dans celle de la justice que se trouvent primitivement les *vassi, vavassi, vavalsores*. Mais, ainsi que nous l'avons expliqué vº JUSTICE SEIGNEURIALE, nos 117 et suiv. les dénominations applicables aux fiefs se confondirent, par la suite, avec celles qui appartenaient à la justice proprement dite.

3. — On distinguait généralement quatre sortes principales de vassaux : ceux du roi, ceux des évêques, ceux du comte et ceux des leudes. Ils avaient tous leur discipline et leurs règles particulières. — *Ibid.*

4. — « La constitution féodale, dit Championnière (*De la propriété des eaux courantes*, nº 124), présentait l'organisation d'une armée : chaque vassal était un officier exerçant un grade dans le bataillon dont le seigneur suzerain était le chef; chaque fief portait le nom du rang ou du service de son possesseur. »

5. — Pour ce qui concerne les droits et les devoirs des vassaux, V. les développemens que nous avons donnés à ce sujet, vis FÉODALITÉ, nos 20, 30, 31, et surtout 33 et suiv., et FIEFS, nº 21.

6. — Il n'existe plus de vassaux depuis la révolution de 1789.

VEILLEUSES (Marchands de).

Marchands et fabricans de veilleuses et mèches : — patentables de huitième classe; — droit fixe, basé sur la population; droit proportionnel du quarantième de la valeur locative de tous les locaux qu'ils occupent, mais seulement dans les communes de 20,000 âmes et au-dessus. — V. PATENTES.

VENDANGES.

1. — On trouvera aux mots BAN DE VENDANGES et autres tous les détails concernant la matière.

2. — Nous avons vu sous ce mot (nos 22 et suiv.) que la *clôture* affranchit les vignes du ban de vendange.

3. — Mais une vigne ne devra-t-elle être réputée *close*, de manière à affranchir son propriétaire du ban de vendange, qu'autant qu'elle se trouvera dans les conditions exigées par l'art. 6, sect. 4e, tit. 1er, de la loi du 28 sept.-6 oct. 1791? Nous avons (*eod. verb.*) soutenu la négative, attendu que ledit art. 6 ne dispose que pour le cas de parcours et de vaine pâture, et nous avons dit que c'est aux juges à apprécier, dans leur sagesse, si telle ou telle clôture est ou non suffisante.

4. — Cependant, la cour de Cassation a posé en principe qu'il suffit, pour que le propriétaire d'une vigne soit affranchi de l'observation du ban de vendange, *que la clôture de cette vigne soit conforme à l'un des modes indiqués par la loi des 28 sept.-6 oct. 1791*, alors même qu'elle ne serait pas conforme à celle déterminée par une délibération du conseil municipal de la commune. — *Cass.*, 11 sept. 1847 (t. 2 1847, p. 586), Levesque. — D'où il semblerait devoir résulter que les prescriptions de la loi des 28 sept. 6 oct. 1791 doivent être observées.

5. — Mais, selon nous, tout ce qu'il faut conclure de cet arrêt, c'est seulement que, si la clôture est conforme à celle indiquée par la loi de 1791, les juges ne peuvent la considérer comme insuffisante, quels que soient, à cet égard, les arrêtés pris par l'autorité municipale, et ce serait se tromper que de penser qu'ils ne puissent la déclarer suffisante dans le cas où elle ne rentrerait pas dans les indications spéciales de cette loi. — V., au reste, BAN DE VENDANGES.

VENTE.

Table alphabétique.

Abandon de biens, 281, 542.
Absent, 1474 s.
Abstension, 377 s.
Acceptation, 252 s., 269, 273, 277, 285, 288, 409, 440 s., 447, 450, 697, 745, 772, 774, 1224. — du prix d'une revente partielle, 1359.
Accessoires, 812 s., 1727.
Acheteur, 232 s., 806.
A-compte, 352, 1293 s., 1384 s., 1422 s., 1501 s. — sur le prix, 419.
Acquéreur, 88, 242, 244, 278, 411, 464, 637 s., 649 s., 654, 811, 830 s., 1005, 1040 s., 1146, 1640. — (second), 114. — de bonne foi, 664 s., 670, 1299, 1317 s., 1325, 1397 s. — intermédiaire, 919 s.
Acquéreurs successifs, 102 s.
Acquêt de communauté, 1009.
Acquiescement, 1552, 1562, 1665.
Acquisition en commun, 419.
Acte irrégulier, 460.
Acte sous seing-privé, 121, 270, 419, 421.
Action (caractère), 1056. — *ad exhibendum*, 732. — en diminution de prix, 697. — en diminution de prix (forme), 915 s. — en dommages-intérêts, 830 s. — en garantie, 985 s. — (procédure), 1038 s. — mixte, 735 s. — mobilière, 738. — en nullité, 649, 654 s., 659. — en nullité (durée), 660 s. — principale, 916, 1432. — publicienne, 666. — en répétition, 691. — en rescision, 163, 268 s., 1598 s., 1662 s. — en rescision (caractère), 1667 s., 1718. — en résolution, 696 s., 731, 1285 s. — en résolution (caractères), 1431 s. — en revendication, 1468, 1578. — révocatoire, 411. — en supplément ou diminution de prix, 190, 890 s.
Action industrielle, 764 s., 775
Addictio in diem, 152 s.
Adjudicataire, 42 s., 320, 753, 756, 998, 1001, 1121, 1200, 1237, 1241, 1258, 1262 s., 1266, 1353 s., 1472, 1514, 1523.
Adjudication, 87, 100, 335, 1318. — définitive, 1686. — devant notaire, 889.
Administrateur, 548 s.
Affectation de prix à titre de vente, 13.
Alignement, 943, 1129, 1140 s., 1143.
Alimens, 597.
Alluvion, 259, 846.
Améliorations, 114, 1110, 1393, 1398, 1734.
Antichrésiste, 1526.
Appartenances, 815 s.
Appel, 845, 1233, 1443, 1558, 1568, 1577, 1646, 1713, 1722.
Appréciation, 275, 307.
Apurement de compte, 1440.
Arbitre, 378 s., 404.
Arbres, 738. — non exploités, 1563.
Armes prohibées, 586.
Armoiries, 837.
Arpenteur, 192.
Arrêt, 616. — (signification), 1241.
Arrêté administratif, 614, 1495.
Arrhes, 291 s.
Assignation tardive, 1080.
Associé, 319.
Augmentation de valeur, 150, 1081, 1083.
Autorisation du roi, 493.
Autorité administrative, 1128.
Avancement d'hoirie, 621
Avantages indirects, 520.
Avaries, 797, 808.
Avenue d'arbres, 820.
Aveu, 279, 917.
Avoué, 535 s., 569.
Bail, 251, 724, 836, 1124 s., 1264, 1400, 1547, 1739.
Bien dotal, 584, 631, 650, 652 s., 1020, 1496.
Bien grevé de substitution, 585.
Bien paraphernal, 635, 637.
Billet, 810. — à ordre, 1109, 1381.
Bois, 96, 126, 169, 181 s., 791, 848.
Bonne foi, 60 s., 67, 71, 88, 129, 250, 658, 1061, 1100, 1146, 1589 s.
Bordereau des courtiers de vin, 474.
Bornage, 321.
Boulanger, 794.
Boutique, 836 s.
Brevet d'invention, 322. — de libraire et d'imprimeur, 323, 590.
Briqueterie, 1562.
Cahier des charges, 889, 1454.
Canal, 821 s.
Capital, 1079.
Capitalisation des intérêts, 1239.
Carrière, 1546 s.
Cassation, 10, 79, 612 s., 1107, 1232, 1321, 1453
Cause nécessaire, 1582 s
Caution, 788 s., 1472, 1474, 1480, 1497, 1515 s. — du vendeur, 1018.
Certificat, 473.
Cession, 119, 248, 830 s., 1371, 1383. — de biens, 999. — de loyers, 1265.
Cessionnaire, 1308, 1366, 1641.
Changement de destination, 151.
Changement d'état, 154 s.
Changement dans le titre des espèces, 440.

—

CHAPITRE Ier. — *De la nature et de la forme de la vente.*

Sect. 1re. — *De la nature de la vente.*

3. — Autrefois, la vente se confondait avec l'échange. Quand il n'y avait pas encore de monnaie, ou lorsque l'argent était rare, c'est par le commerce des choses en nature que les hommes pourvoyaient à leurs nécessités. — Troplong, *Vente*, no 1er.

4. — Mais plus tard, et malgré les vives controverses qui s'élevèrent à cet égard entre la secte des sabiniens et celle des proculéiens, la vente se distingua bien nettement de l'échange. — Cette distinction est consacrée par la loi 1, ff., *De contrah. emptione.* « *Sed verior*, disait cette loi *in fine*, *est Nervæ et Proculi sententia : nam ut aliud est vendere, aliud emere, alius emptor, alius venditor, sic aliud est pretium, aliud merx : quod in permutatione discerni non potest, uter emptor, uter venditor sit.* »

5. — De même, le Code civil n'a pas confondu la vente et l'échange, bien que ces deux contrats présentent entre eux une grande analogie et que beaucoup de règles leur soient communes. — V. ÉCHANGE.

6. — En droit romain, la vente ne transférait pas la propriété. C'est ce qui résulte de la définition qui en était donnée : « *Emptio venditio est contractus juris gentium, nominatus, bona fidei, synallagmaticus, solo consensu constans, quo id agitur ut emptori rem* PRO CERTO PRÆTIO HABERE LICEAT. » — Vinnius, *Comm. ad. Just.*, lib. 3, tit. 24, no 9. — Or ces mots : *ut emptori rem habere liceat*, exprimaient seulement que le vendeur était obligé envers l'acheteur à lui faire avoir librement, à titre de propriétaire, la chose vendue, et de le défendre contre tous ceux qui, par la suite, voudraient la lui faire délaisser ou y prétendre quelques droits. — *Hactenus teneri ut rem emptori habere liceat non etiam ut ejus faciat.* — L. 30, § *De act. empt.* — Pothier, *Vente*, nos 1er et 48 ; Argou, *Inst. dr. fr.*, liv. 3, chap. 3.

7. — Cette doctrine était assez généralement admise en droit français. — Dumoulin, *De eo quod interest*, no 127, et Pothier, *Vente*, *loc. cit.* — Toutefois, plusieurs jurisconsultes l'avaient vigoureusement combattue. — Caillet, *Comment.*, *Ad tit. Cod.*, *De evict.*; Denizart, t. 9, vo *Garantie* ; Argou, *Instr. dr. fr.*, liv. 3, ch. 23.

8. — Dans notre droit, on considère la vente comme *translative de propriété*. Non pas que la définition que donne l'art. 1582 tranche positivement la question, mais les art. 711, 1583, 1599, 2181, 2182, 1604, ne laissent aucun doute à cet égard. — Duvergier, *Vente*, t. 1er, no 12 ; Troplong, *Vente*, no 4 ; Duranton, t. 16, no 18. — *Contrà* Toullier, t. 14, nos 240 et suiv.

9. — Trois choses sont de la nature ou de l'essence de la vente : *le consentement, la chose, le prix.* — Faute de l'un de ces élémens, dit Pothier, ou le contrat n'existerait pas, ou il serait une autre espèce de contrat.

10. — Et, si un arrêt qualifiait *vente* un contrat qui ne contiendrait pas les trois élémens essentiels, la cour de Cassation devrait casser. — *Cass.*, 26 juill. 1823, Delorme c. Hardy. — Duvergier, *Vente*, t. 1er, no 41. — V., au surplus, CASSATION.

11. — Mais, jugé que la question de savoir si un acte qualifié de vente et contrat à rente viagère constitue ou non en réalité, d'après les termes du contrat et la volonté des parties, un partage d'ascendant, est une question *de fait*, dont l'appréciation rentre dans les pouvoirs exclusifs des juges du fond. — *Cass.*, 20 juin 1837 (t. 2 1837, p. 52), Moreau et Boisaubert c. Freslon.

12. — Une cour d'appel, appréciant l'intention des parties, peut qualifier *vente*, et non *société*, le contrat par lequel l'acquéreur d'une coupe de bois a cédé à des tiers ses droits à cette coupe, avec cette clause, consentie par le vendeur, qu'il y aurait *exploitation à moitié perte et profit*, et, en conséquence de cette appréciation, déclarer le vendeur non recevable à exercer contre les sous-acquéreurs l'action en résolution de la vente à défaut de paiement du prix. — *Cass*, 12 déc. 1842 (t. 1er 1843, p. 316), de Pracontal c. syndics Guyon, Bazot et Moreau.

13. — De ce que, dans un acte de vente, les parties ont stipulé que le prix demeurerait affecté à *titre de rente* sur l'immeuble vendu jusqu'à l'acquittement dont l'époque a été fixée, il n'en résulte pas nécessairement qu'elles aient voulu convertir le contrat en un contrat de constitution de rente. — *Bruxelles*, 10 mars 1814, Boogaerts c. Vanhaesendonck.

14. — Plusieurs contrats ont de grandes analogies avec la vente, mais sans en présenter les caractères : tel est *la dation en paiement*. Troplong (no 7) fait remarquer qu'elle en diffère en ce que les parties ont bien plutôt pour but d'éteindre une obligation préexistante que de donner naissance à une obligation nouvelle, en ce qu'elles veulent bien plutôt opérer une libération que faire un acte de commerce. — Duvergier, *Vente*, t. 1er, nos 45 et 46. — V. DATION EN PAIEMENT.

15. — Telles sont encore les donations qui, suivant les stipulations, peuvent tenir à la fois de la dation en paiement et de la vente, et valoir à la fois comme donations et comme ventes, jusqu'à certaine concurrence. — Troplong, *Vente*, t. 1er, nos 8 et 9. — V. DONATION.

16. — La licitation est une vente lorsque c'est un tiers qui se rend adjudicataire. — Troplong, no 12. — V. LICITATION.

17. — On trouve aussi dans l'échange le mélange de la vente lorsqu'il n'a pas lieu *but à but* et qu'il y a une soulte stipulée : dans ce cas, c'est une vente jusqu'à concurrence de la soulte. — Troplong, *Vente*, no 10.

18. — Mais le partage, assimilé à la vente dans les principes du droit romain (Voët, *Ad Pand.*, *comm. divid.* no 1 ; Pothier, *Vente*, no 631), n'est pas considéré comme tel en droit français. — C. civ., art. 883, 1476, 1872. — Troplong, *Vente*, no 11.

19. — On doit considérer comme mêlé de vente et de bail à rente un contrat par lequel le propriétaire d'un bien en vend l'usufruit moyennant une somme payée comptant et une rente annuelle dont la prestation durera autant que l'usufruit même. — Une pareille rente est devenue réductible par la suppression d'un droit de chasse qui faisait partie de l'usufruit. — *Cass.*, 26 pluv. an XI, Goullard c Leriche.

20. — Une vente est valable, bien que la délégation qui y est faite du prix demeure imparfaite par le défaut de désignation nominative des délégataires — Lorsque cet acte de vente est suivi, à un jour d'intervalle, d'un acte portant donation aux héritiers du vendeur du prix qui leur avait été délégué, ces deux actes peuvent ne pas être considérés comme constituant, par leur union et leur ensemble, un partage d'ascendant, mais être distingués et tenus pour valables, l'un comme vente, l'autre comme donation, si chacun d'eux réunit les conditions nécessaires à sa validité. — *Cass.*, 4 déc. 1839 (t. 1er 1840, p. 196), Lemarié c. Cohin.

21. — Un acte de vente antérieur à la publication du Code civil doit être apprécié d'après les lois sous l'empire desquelles il a été consenti. — *Montpellier*, 7 fév. 1825, Germa c. Labrousse ; *Cass.*, 4 mars 1828, Janron c. Helly.

ART. 1er. — *Du consentement et de ses effets.*

§ 1er. — *Effets.* — *Caractères du consentement.*

22. — L'ivresse, lorsqu'elle va jusqu'au point de faire perdre la raison, rend la personne qui est en cet état, pendant qu'il dure, incapable de contracter, spécialement de consentir valablement une vente, puisqu'elle est dans l'impossibilité d'exprimer un consentement valable. — *Rennes*, 14 juill. 1849 (t. 2 1849, p. 197), Amice c. Coquio.

23. — Est inadmissible l'offre de prouver qu'à l'époque d'une vente que tout démontre n'avoir pas été une donation déguisée le vendeur ne jouissait pas de ses facultés intellectuelles, alors qu'il est décédé sans que de son vivant il ait été formé contre lui une demande en interdiction. — *Caen*, 9 nov. 1847 (t. 1er 1848, p. 328), Vautier c. Allaire.

VENTE, ch. 1er, sect. 1re, art. 1er, § 1er.

24. — Le consentement, pour produire effet, ne doit pas consister seulement dans une volonté vague de vendre ou d'acheter, il doit porter sur toutes les conditions particulières, telles que la désignation de la chose vendue, la quotité du prix, les termes de paiement, etc.

25. — Ainsi, jugé qu'une vente n'est parfaite entre les parties qu'autant que les conditions en ont été définitivement arrêtées entre les parties, encore qu'il y ait eu consentement sur la chose et sur le prix. — *Cass*, 5 frim. an XIV, Eberstein ; — Duvergier, *Vente*, t. 1er, no 50.

26. — Jugé encore, que l'exécution donnée à une prétendue vente verbale par la mise en possession de l'acheteur ne rend pas cette vente parfaite, alors que les parties ne sont point d'accord sur les conditions. — Et plus particulièrement, lorsque le mari et la femme ont acquis conjointement et solidairement un immeuble par un acte qui n'a été signé ni par la femme ni par le notaire, le mari qui a exécuté volontairement le contrat en prenant possession de l'immeuble ne reste pas néanmoins obligé envers le vendeur, en vertu de la convention verbale de vente que cette jouissance peut faire supposer, mais dont rien ne constate les conditions. Et alors surtout qu'il déclare n'avoir voulu acheter que conjointement avec sa femme. — *Cass.*, 1er déc. 1819, Dubos c. Carpentier-Dufay ; *Paris*, 26 juill. 1820, mêmes parties.

27. — Mais une vente ne doit pas être considérée comme imparfaite, par cela seul qu'il est dit dans l'acte qu'à l'époque de la remise des titres il sera fait un relevé exact des droits incorporels dépendant de la chose vendue. — Surtout si la vente de ces droits a eu lieu en bloc et pour un prix certain. — *Cass.*, 20 fructid. an X, Sauvebœuf c. Latour.

28. — Il n'y a pas vente, à défaut de consentement, lorsque de trois personnes qui devraient acheter solidairement, l'une n'adhère pas à la proposition faite par le vendeur. Le consentement donné plus tard ne validerait pas la vente si le vendeur avait retiré sa proposition. — *Bordeaux*, 9 juin 1847 (t. 2 1847, p. 558), Lagrange c. Paraud.

29. — Lorsque, dans un contrat de vente, une pièce de terre indiquée par ses tenans et aboutissans est désignée sous le numéro cadastral d'une autre pièce de terre, on doit, pour décider quelle est la pièce vendue, s'en rapporter à l'indication des tenans et aboutissans plutôt qu'à celle du numéro cadastral, surtout lorsque cette dernière indication a été faite sur un extrait du cadastre communiqué par l'acquéreur. — *Colmar*, 23 juin 1829, Hallot c. Hurstel.

30. — En outre, le consentement doit être libre. — V. cependant EXPROPRIATION POUR UTILITÉ PUBLIQUE. — Il doit être exempt d'erreur, de dol et de violence. — Troplong, *Vente*, no 13. — V. CONSENTEMENT.

31. — L'erreur *sur la chose* vicie le consentement. — Pothier, no 34. — Ulpien disait : « *Nullam esse venditionem puto quotiens in materia erratur.* » — L. 9, *De contrah. empt.*, § 2 ; — Duranton, no 26 ; Troplong, *Vente*, no 13 ; Duvergier, *Vente*, t. 1er, no 142.

32. — On pense généralement que l'erreur ne vicierait le consentement qu'autant qu'elle porterait sur la qualité *substantielle* de la chose, mais non si elle portait uniquement sur une qualité *accidentelle*. — A moins qu'il ne s'agisse d'un vice caché et que l'acheteur n'ait pu s'assurer des vices réels de la chose. — Pothier, *Vente*, no 35 ; Troplong, *Vente*, no 14 ; Duranton, no 28.

33. — Mais, ainsi que le fait remarquer Troplong (no 15), il est souvent difficile de distinguer ce qui constitue dans une chose une qualité accidentelle ou une qualité substantielle : il n'y a là rien d'absolu, car il peut arriver qu'une qualité accidentelle doive, à raison de la convention, être considérée comme substantielle. — Les juges auraient à cet égard pouvoir d'appréciation. — Domat, liv. 1er, tit. 2, sect. 8e, no 12. — Ainsi, par exemple, suivant Toullier (t. 6, no 55) et Duvergier (*Vente*, t. 1er, no 143), si le contrat était relatif à une montre que l'on croirait d'or et qui fût de cuivre doré, il serait nul. — De même encore, si quelqu'un veut acheter le cheval qui a emporté le grand prix et qu'on lui en vende un autre, quoique exempt de vices. — Duvergier, *loc. cit.*

34. — Il faut conclure de là que l'absence des *qualités* présumées d'une chose vendue sera ou non une cause de nullité de la vente, suivant qu'il résultera des circonstances que les parties auraient ou non contracté si elles avaient su que ces qualités n'existaient pas. — Duvergier et Troplong, *loc. cit.*

35. — C'est d'après ce principe qu'il a été jugé, que la vente d'un tableau attribué à un peintre célèbre ne peut être annulée parce que le tableau

serait d'un autre auteur, alors qu'aucune garantie n'a été donnée à cet égard par le vendeur, que l'acheteur a eu la faculté de voir et de faire vérifier le tableau avant la vente, et qu'enfin on n'a pas fait dépendre de cette condition le sort de la vente. — *Paris*, 17 juin 1813, Perregaux c. Varisco; — Duvergier, *Vente*, t. 1er, no 144; Troplong, *Vente*, t. 1er, no 15.

36. — Mais, suivant Duvergier, la vente du tableau d'un artiste obscur *comme étant l'œuvre d'un grand maître* serait nulle, parce qu'alors il résulterait de ces termes que les parties auraient considéré la qualité spécifiée comme un motif déterminant de la vente, et que, dans ce cas, il y aurait véritablement erreur sur la substance. De même, Troplong, (no 15) ajoute : « Mais s'il avait été formellement exprimé que le nom des auteurs serait une condition *sine quâ non* de la vente, cette vente serait nulle. » — V. un jugement du tribunal de commerce de Paris du 8 juill. 1834, cité par Duvergier.

37. — L'erreur de l'acheteur sur l'auteur d'un tableau vendu comme l'œuvre d'un peintre célèbre est une cause de résolution de la vente lorsque le vendeur a garanti la sincérité de l'origine du tableau, et que c'est uniquement en considération du peintre que l'acheteur a traité. — *Douai*, 27 mai 1846 (t. 2 1846, p. 696), Bienbar c. Godig.

38. — Jugé qu'un acte de vente duquel il résulte que le vendeur n'a agi que dans l'ignorance de la valeur des choses, de ses droits et qualités, peut être annulé, alors que cette erreur provient du fait de l'acheteur. — *Angers*, 22 mai 1817, Leroux c. Martideau.

39. — Mais, on doit réputer valable une vente d'indigo, alors même qu'après la livraison il serait reconnu que l'indigo n'est pas sans mélange, s'il a été facile à l'acheteur de s'en apercevoir au moment de la vente. On ne peut pas dire, dans ce cas, qu'il y ait eu erreur sur la chose — *Orléans*, 6 mai 1812, Imbault c. Goibeaux.

40. — L'erreur de nom, relativement à la chose vendue, ne forme pas obstacle à la validité de la vente, si d'ailleurs il n'y a pas de doute sur l'identité de la chose vendue, et de celle dont le vendeur offre la livraison. — *Rennes*, 8 mai 1811, N...

41. — Lorsqu'une compagnie de desséchement a vendu des terrains provenant d'un desséchement comme propres à la culture, et que la plupart des ensemencemens sont détruits par les eaux, cet état de choses constitue au préjudice de l'acquéreur une erreur sur la substance de la chose vendue, laquelle donne lieu à la nullité de la vente. — *Bourges*, 10 mars 1838 (t. 1er 1841, p. 491), Compagnie de desséchement c. Sauge et Micalef.

42. — L'erreur sur le genre de culture de l'immeuble acquis par adjudication étant une erreur portant sur la qualité de la chose plutôt que sur sa substance, ne peut motiver la demande en nullité de l'adjudication. — *Colmar*, 15 nov. 1831, Wahl c. Malapert.

43. — Jugé, dans tous les cas, que l'adjudicataire qui a, plusieurs mois après l'adjudication, payé les frais de son acquisition, est censé avoir couvert la nullité résultant de l'erreur sur la nature de l'immeuble adjugé. — Même arrêt.

44. — Le dol et la fraude viciant le consentement sont aussi une cause de nullité du contrat de vente. Jugé que, sous l'empire des ordonnances de 1510 et 1535, les juges ne pouvaient, lorsqu'il n'y avait pas prescription acquise, refuser de prononcer la nullité d'une vente qu'ils avaient d'ailleurs reconnue entachée de dol, fraude ou violence. — *Cass*, 4 vendém. an VII, Guignard et Bellot c. Granger et Maurey.

45. — Les juges sont appréciateurs du dol et de la fraude; aussi a-t-il été jugé que lorsqu'un mandataire, en désertant les intérêts de son mandant, a passé un acte de vente qui lui est préjudiciable, les juges peuvent, en cas de concert entre le mandataire et l'acquéreur, pour cet abandon des intérêts du mandant, déclarer que la vente est nulle, comme viciée de dol et de fraude; en vain dirait-on qu'il n'y a que simulation. — *Cass.*, 8 mars 1825, Vignaud c. Mourier. — V. DOL ET FRAUDE.

46. — Jugé aussi que lorsqu'un contrat de vente est le fruit du dol de l'une des parties contractantes, celle-ci peut être condamnée au paiement de dommages-intérêts, si mieux elle n'aime rentrer dans la propriété des biens vendus, en remboursant à l'autre le prix payé avec les frais et loyaux coûts. — *Rennes*, 25 janvier 1820, Leverger-Beauvallon c. Bidault.

47. — Le consentement consistant dans la volonté de vendre, d'une part, et d'acheter, de l'autre, il en résulte qu'il n'y a pas de vente s'il paraît par les circonstances que les parties n'ont pas eu la volonté de vendre ni d'acheter, mais de déguiser un autre contrat sous la fausse apparence d'un contrat de vente.

48. — Le vendeur ni ses héritiers ne peuvent arguer de simulation une vente faite par acte authentique, et au sujet de laquelle il n'y a point de contre-lettre. — *Bruxelles*, 24 janv. 1810, Biddelein c. Vanacke.

49. — Jugé aussi que dans le concours de deux ventes, celui dont le titre est postérieur n'a pas qualité pour arguer la première vente de simulation, si, dans le fait elle n'a eu pour objet que de frustrer les droits des créanciers du vendeur, et nullement de préjudicier au second acquéreur, dont d'ailleurs les droits n'existaient pas encore. — *Toulouse*, 28 déc. 1821, Lacaux c. Mazel et Vidal.

50. — Jugé toutefois qu'on peut, d'après les circonstances, juger, même dans l'intérêt d'un vendeur, qu'une vente est simulée et que l'acquéreur n'était qu'un prête-nom. — *Riom*, 31 déc. 1814, Issuriel c. Guimbert.

51. — Lorsqu'un contrat de vente est argué de nullité par le vendeur comme infecté de simulation, et qu'il est subsidiairement attaqué pour cause de lésion du juste prix, les juges ne peuvent ordonner une expertise propre à constater la lésion, avant d'admettre l'interrogatoire duquel peut résulter la preuve de la simulation. — *Paris*, 1er mai 1810, Manna c. Fogliacco.

52. — La simulation et la fraude peuvent être invoquées par les créanciers pour faire tomber les contrats de vente consentis par leurs débiteurs. — V. *infrà* no 53.

53. — La déclaration que fait un vendeur, dans un contrat de vente, que l'immeuble qu'il aliène est attenant à tel autre immeuble *qui lui appartient*, est une ratification suffisante de l'acquisition faite pour son compte, par un tiers, de cet immeuble voisin. — *Paris*, 3 niv. an XI, Saint-Pierre c. Baraillier et Toussaint.

§ 2. — *Des effets de la simulation, du dol et de la fraude à l'égard des tiers.*

54. — En principe, le contrat de vente vicié de simulation doit être déclaré nul, sur la demande de ceux dont il lèse les droits.

55. — L'appréciation des circonstances et présomptions qui peuvent établir la simulation et la nullité d'une vente rentre exclusivement dans le domaine des juges du fond. — *Cass.*, 21 août 1837 (t. 2 1837, p. 461), Rouillac c. Soulages.

56. — Et aucune loi ne s'oppose à ce qu'en l'absence de preuves suffisantes sur les effets et les conséquences de la simulation d'une vente, et, spécialement, sur la quotité du prix réellement payé, les juges fixent cette quotité *arbitrio boni viri*, et déterminent ainsi les rapports à faire par le vendeur simulé : on ne saurait dire, dans ce cas, qu'ils ont jugé comme amiables compositeurs. — Même arrêt.

57. — Quand un contrat de vente n'a d'autre but que de replacer le vendeur dans la position où les choses devaient être avant un acte antérieur, qui est reconnu n'avoir été fait que pour soustraire les immeubles dont il consacre l'aliénation à la recherche des créanciers du vendeur, il est évident que celui-ci n'a jamais été dépossédé de l'objet compris dans le deuxième acte de vente, et, en conséquence, ce dernier acte doit être déclaré nul comme simulé. — *Orléans*, 14 fév. 1818, Guillot c. Fournier.

58. — La question de savoir si un contrat de vente est déguisé, et si, en réalité, c'est un prêt usuraire déguisé, est une question d'intention soumise à la conscience des juges, d'après l'art. 1158, C. civ. Ce n'est point le cas d'appliquer les articles du Code qui assurent tout effet aux actes écrits, et défendent d'admettre des présomptions contraires. — *Riom*, 20 mars 1822, Labourier c. Deval.

59. — Quand, de l'examen de toutes les clauses d'un acte de vente, il résulte la preuve que le vendeur, en disposant de tous ses biens présens et futurs, a voulu déguiser une donation sous la forme d'un contrat à titre onéreux, la vente doit être annulée. Ainsi, si l'on a compris dans une vente tous les objets que le vendeur pourrait avoir acquis au jour de son décès, avec réserve stipulée au profit du vendeur qui lui laisse la faculté de disposer de tout ce qu'il vend avec rétention d'usufruit, comme bon lui semblera, cette clause est vicieuse par la raison que si une chose future peut être l'objet d'une obligation ou d'une vente, ce n'est pas quand on vend ce qu'on pourra avoir au moment de la mort, surtout lorsque le vendeur conserve le droit de disposer de ce qui pourra lui advenir. — *Orléans*, 29 nov. 1822, Doisant c. Chevalier.

60. — Toutefois, une vente peut, quoique simulée entre les parties, avoir effet en faveur des tiers acquéreurs de bonne foi, si le premier contrat a été revêtu de toutes les formalités qui donnent la publicité et la saisine. Et la contre-lettre qui attesterait la simulation ne saurait vicier la revente faite à ces tiers de bonne foi par le propriétaire apparent. — *Caen*, 19 mars 1823, Dumont-Durville c. Dubois-Dubay.

61. — Jugé de même, qu'une vente simulée peut, quoique imparfaite entre les parties, être réputée parfaite à l'égard des tiers. Et, la contre-lettre qui attesterait sa simulation, ne saurait vicier la revente qui aurait eu lieu au profit d'un tiers de bonne foi par le propriétaire apparent, à une époque où la première vente n'était pas attaquée. — *Cass.*, 18 déc. 1810, Lerebours c. Fontenelle.

62. — Cette contre-lettre ne saurait non plus vicier la dation d'hypothèque qui aurait eu lieu au profit d'un tiers de bonne foi. — *Nîmes*, 14 av. 1812, Lafare c. Charcot.

63. — Jugé encore, qu'on ne peut opposer aux tiers acquéreurs qui ont traité sur la foi de plusieurs actes qui établissaient d'une manière légale le droit de propriété du vendeur, des contre-lettres qui prouvent la simulation de ces actes ou qui les modifient. — *Douai*, 5 juin 1820, Pinta-Deleau c. Gorillot.

64. — Jugé encore, que la simulation d'une première vente ne peut être opposée par le deuxième acquéreur à un sous-acquéreur de bonne foi qui y serait étranger. — *Toulouse*, 28 déc. 1821, Lacaux c. Mazel.

65. — ... Et que le tiers acquéreur de biens compris dans une donation déguisée sous la forme d'un contrat onéreux ne peut être poursuivi en nullité ou résolution de l'acte qui forme son titre, à raison de la simulation du contrat de son vendeur, s'il a acquis de bonne foi et sans connaître l'existence de la simulation. — *Nîmes*, 6 juill. 1830, (sous *Cass.*, 28 nov. 1831), Bagnols.

66. — En tous cas, lorsqu'une vente qu'on prétend infectée de simulation a été suivie de revente faite par l'acquéreur à des tiers, on n'est pas recevable à faire prononcer la nullité de ces reventes sans avoir conclu formellement à l'annulation de la vente prétendue simulée, et mis les juges à même de la prononcer. — *Agen*, 21 juin 1809, Fabre et Delfieux c. Lassauhole.

67. — L'arrêt rendu entre le vendeur et l'acheteur qui a déclaré *fictive* la vente d'un immeuble ne met pas obstacle à ce qu'un arrêt maintienne, au préjudice du vendeur, la revente de l'immeuble consentie à des tiers, qui l'ont acquis de bonne foi, par l'acheteur apparent. — *Cass.*, 25 avr. 1826, de Saint-Haon c. Sanllas.

68. — Le dol et la fraude concertées entre le vendeur et l'acquéreur donnent aussi à ceux que lèse la vente le droit d'en poursuivre la nullité. Mais la fraude et le dol doivent être prouvés et ne se présument pas.

69. — Ainsi, on ne peut annuler un acte de vente authentique en alléguant qu'il est fait en fraude des créanciers, quand il ne s'élève aucune présomption qui puisse le faire suspecter de fraude, si le vendeur n'est pas commerçant, et bien qu'il soit en déconfiture, ce qui ne le prive pas de la jouissance de la plénitude de ses droits. — *Orléans*, 1er avr. 1813, Rebuffé c. Thuri.

70. — Il n'y a pas fraude vis à vis d'un créancier par cela seul qu'il résulte pour lui un préjudice des actes consentis à des tiers par son débiteur. Dès-lors, la vente faite sans fraude, par ce dernier, de ses biens avec affectation du prix à certains créanciers, est valable, bien que cette vente et cette délégation soient préjudiciables aux créanciers non délégués. — *Montpellier*, 8 mai 1841 (t. 2 1841, p. 715), Anduze c. Debosque.

71. — Un créancier qui avait pu prendre inscription sur les biens de son débiteur et qui avait négligé cette précaution n'était pas, sous le régime hypothécaire de l'an VII, recevable à quereller la vente faite par celui-ci à un tiers de bonne foi, sous le prétexte qu'elle avait été exécutée en fraude de ses droits. La circonstance qu'une telle vente aurait été faite par un père à son enfant ne saurait être une présomption nécessaire de fraude. — *Paris*, 11 avr. 1807, Touron et Ravel c. Bouglé.

72. — La vileté du prix dans un acte de vente n'est qu'une simple présomption, qui, seule et par elle-même, ne peut former une preuve de fraude et sert seulement à confirmer et compléter cette preuve. — *Rennes*, 30 avr. 1841 (t. 2 1841, p. 480), Triquet c. Bonain; *Cass*; 3 juill. 1817, Paris c. Gosset.

73. — La demande à fin d'annulation d'une vente par le motif qu'elle a été faite en fraude des droits des créanciers du vendeur et pour procurer à l'acquéreur dans la vileté du prix un moyen de se faire payer d'une créance sur celui-ci, peut être accueillie sans qu'il soit nécessaire d'ordonner

préalablement une expertise pour vérifier la valeur vénale. — *Amiens*, 26 mars 1825 (sous *Cass.*, 14 fév. 1826), Choquel c. Douzenel.

74. — Le créancier qui a formé une saisie-arrêt sur le prix d'une vente consentie par son débiteur n'est pas censé pour cela avoir reconnu la validité de la vente, et il peut toujours en demander la nullité comme faite en fraude de ses droits. — *Bourges*, 24 janv. 1828, Charles c. Morie.

75. — Mais le créancier qui, après s'être pourvu en nullité d'une vente d'immeubles faite par son débiteur, comme ayant été concertée en fraude de ses droits, provoque ensuite l'exécution du même contrat de vente contre l'acquéreur, et le somme de payer ou de délaisser, devient, par ces actes d'approbation, non recevable à reprendre ultérieurement son action en nullité. — *Cass.*, 10 fév. 1823, Bonneau-Dumatray c. Dutet.

76. — On a agité la question de savoir si les créanciers d'un vendeur qui ont surenchéri, mais dont la surenchère a été déclarée nulle, ou qui ont laissé écouler les délais de surenchère, ou qui sont encore dans les délais peuvent poursuivre la nullité de la vente pour cause de dol et de fraude. La jurisprudence s'est fixée, et avec raison, dans le sens de l'affirmative. Il est certain, en effet, que le droit de surenchère et celui d'invoquer la nullité pour fraude sont deux droits indépendans l'un de l'autre, et que l'exercice de chacun a une cause et un but différent.

77. — Ainsi jugé que le créancier dont la surenchère a été déclarée nulle, est encore recevable à attaquer la vente comme frauduleuse, *alors surtout qu'il s'est réservé cette action dans l'acte de surenchère.* — *Cass.*, 14 janv 18.15, Grellet, Fressinet c, Dupic; 14 fév 1826, Choquel c Douzenel. (dans cette espèce, il n'y avait pas eu de réserve).

78. — Jugé encore que le vendeur d'un immeuble peut, après la revente faite par l'acquéreur primitif, et *après avoir formé une surenchère* sur le prix de la seconde vente, attaquer cette seconde vente pour cause de dol et de fraude à son égard. — *Cass.*, 3 juill. 1817, Paris c. Gossed.

79. — Et la vileté du prix de la seconde vente, sa date rapprochée de la première, une partie du prix payée comptant, le restant stipulé payable à des termes très courts, et l'obligation contractée par les acquéreurs de garantir le vendeur des poursuites du premier vendeur, peuvent être considérés comme des faits suffisans pour établir le dol et la fraude, sans que le jugement qui le décide ainsi puisse former ouverture à cassation. — Même arrêt. — V. *suprà*, n° 72, *Rennes*, 30 avr. 1841.

80. — De même, les créanciers inscrits qui ont laissé passer les délais de la surenchère sans surenchérir ne sont pas déchus du droit d'attaquer la nullité de la vente pour fraude ou simulation. — *Limoges*, 21 déc. 1822, Bergeras c. Gartempe; *Montpellier*, 14 déc. 1827, Catuffe c. Bellard; *Bourges*, 24 janv. 1828, Charles c. Morie. — Même après avoir provoqué l'ouverture de l'ordre. — Même arrêt de Limoges.

81 — ... Et le surenchérisseur peut, comme tout autre créancier, arguer l'acte de vente de fraude et de nullité, pour vileté du prix. — *Rouen*, 4 juill. 1828, Crevel c. Lemire.

82. — Jugé encore, que le créancier hypothécaire qui est dans les délais pour surenchérir a, indépendamment du droit de surenchérir, celui de demander l'annulation pour cause de dol et de fraude de la vente de l'immeuble hypothéqué. — *Colmar*, 15 juin 1835 (sous *Cass.*, 2 août 1836), Weekersen c. Magnier-Grandprez.

83. — Jugé toutefois qu'un créancier inscrit ne peut, après avoir laissé écouler les délais de la surenchère, attaquer la vente pour fraude ou simulation, alors surtout qu'il a laissé écouler plus de dix ans depuis la notification. — *Metz*, 28 avr. 1814, Rolin de Larue c. Deligny.

84. — Jugé de même, que lorsqu'une personne vend ses immeubles au vu et su de ses créanciers, et que ceux-ci ont été mis à même de surenchérir, il y a, par cela seul, exclusion de toute possibilité de fraude; en conséquence, la vente n'est pas annulable sous ce prétexte. — Jugement du 4 thermid. an XI (sous *Paris*, 21 niv. an XIII, Mutelet c. Grel.)

85. — L'annulation d'une vente pour cause de dol et de fraude entraîne celle des reventes faites par l'acquéreur, lors, surtout, qu'il est établi que les sous-acquéreurs ont participé à la fraude. — *Amiens*, 26 mars 1825 (sous *Cass.*, 14 fév. 1826, Choquet c. Douzenel.

86. — L'annulation d'une vente pour cause de fraude emporte celle de la revente faite en justice par suite de surenchère. — *Cass.*, 23 juill. 1818, Seguin c. Constant.

87. — Jugé, toutefois, qu'une contre-lettre faite sur une vente volontaire est anéantie par l'adjudication faite sur surenchère. On ne peut attaquer

cette adjudication par des allégations de dol ou de fraude. — *Paris*, 6 avr. 1813, Leclerc c. Montgé et Treisse.

88. — La nullité qui résulte de ce qu'une vente a été faite par le vendeur à vil prix et en fraude des droits de ses créanciers empêche que les hypothèques consenties par l'acquéreur ne puissent leur être opposées, sous le prétexte que les créanciers de ce dernier seraient de bonne foi, et auraient traité avec un propriétaire qui avait purgé la propriété. — *Cass.*, 24 déc. 1834, Laffitte.

§ 3. — *De diverses stipulations particulières au contrat de vente.*

89. — La vente est, comme toutes les autres conventions, susceptible de toutes les stipulations dont le caractère n'a rien d'illicite ni de prohibé. Mais il est certaines stipulations qui sont d'un usage plus fréquent.

90. — Ainsi, la vente peut être faite avec faculté d'élire. Cette faculté consiste dans le droit réservé à l'acquéreur de désigner, dans un certain délai, une personne inconnue du vendeur lors de la vente, qui prendra le marché pour elle. La déclaration de l'acquéreur s'appelle *déclaration de command.* — V. ce mot.

91. — Le vendeur peut-il imposer à l'acquéreur l'obligation de ne pas aliéner? Toullier (t. 6, n° 488) pense que si cette obligation est *pure* et *simple*, elle ne vaut que comme conseil non obligatoire, qu'au contraire, si on a ajouté une peine ou stipulé, en cas d'infraction, la résolution du contrat, la convention devra être exécutée avec cette restriction toutefois que le vendeur seul ou ses héritiers pourraient demander la résolution. — Duvergier (*Vente*, t. 1er, n° 116), au contraire, partant du principe que dans notre droit l'inaliénabilité ne peut résulter de la volonté de l'homme que dans les cas exceptionnels où la loi l'autorise, pense qu'une pareille stipulation sera nulle et rendra nulle la convention qui en dépendra (C. civ., art. 1172), à moins que la prohibition d'aliéner n'ait un but utile pour le vendeur, que ce soit le seul moyen d'arriver à ce but, et qu'elle n'est pas, dès-lors, insérée pour mettre une chose hors du commerce d'une manière absolue. Il cite Cujas, *Leg. ult. C. De pactis inter empt. et vend.* — V., en ce sens, Ferrière, v° *Prohibition d'aliéner*.

92. — Jugé que la cause d'inaliénabilité de biens vendus quoique indéterminée dans sa durée est valable pourvu qu'elle ne soit pas indéfinie. L'état de faillite de l'acquéreur n'empêche pas les biens de demeurer inaliénables. — *Bourges*, 19 fév. 1833, Richard c. Lucquet. — Il paraît que, dans ce cas, la vente avait été faite moyennant une rente viagère, et que, pour s'assurer le paiement de cette rente, les vendeurs avaient imposé la condition de non aliénation pendant leur vie. Prise dans ces termes, cette décision rentrerait dans l'opinion de Duvergier.

93. — La condition insérée dans un contrat de vente, que le vendeur pourra rentrer dans l'objet vendu après la mort de l'acquéreur, s'il n'en a pas disposé, est valable. On ne peut regarder cette condition comme purement potestative, et comme devant, par suite, entraîner la nullité du contrat. — *Cass.*, 7 juin 1814, Guérin c. Villé. — Toullier, t. 6, n° 497.

94. — La réserve que fait le vendeur de reprendre l'objet vendu en donnant en son lieu et place des biens d'une succession non encore échue ne rend pas la vente nulle. L'exercice possible de cette réserve n'étant pas essentiel à la perfection de la vente, la stipulation qui en est faite ne peut la vicier. — *Bourges*, 9 brum. an IX, Simonot c. Dessous-Lalande.

95. — La stipulation que l'acquéreur pourra retenir sur son prix une somme déterminée pour loyers d'avance, imputable sur le prix de la location qu'il fait au vendeur de l'immeuble par lui acquis, est une condition licite, qui doit recevoir son effet lorsqu'elle n'est pas arguée de fraude, aussi bien à l'égard des créanciers inscrits qu'entre les parties contractantes. — *Paris*, 2 juill. 1836 (t. 1er 1837, p. 310), Anchier c. Rougevin.

96. — Lorsqu'il intervient un traité entre des entrepreneurs de fournitures de traverses de bois pour un chemin de fer et des fournisseurs des bois de la marine, par lequel les premiers s'engagent à livrer à ceux-ci tous les bois à leur convenance dans les coupes à enchérir par eux, et à n'intéresser aucun tiers dans leurs opérations, tandis que, de leur côté, les derniers s'interdisent toute acquisition directe ou indirecte de bois dans les localités où leurs cotraitans entendraient opérer, un pareil traité est nul comme ayant pour objet de créer un monopole, et pour effet de détruire la liberté du commerce en écartant la con-

currence. — *Colmar*, 14 août 1840 (t. 1er 1841, p. 564), Avray c. Kœchlin. — Un traité est illicite en effet, et, par conséquent, nul, toutes les fois qu'il tend à gêner la liberté du commerce et de l'industrie; spécialement le traité par lequel des fabricans d'une même marchandise se sont engagés à déposer les produits de leurs fabriques dans un magasin commun, pour n'y être vendus que suivant le prix convenu entre eux; et cette décision constitue une appréciation d'acte qui, étant dans le domaine de la cour d'appel, échappe à la censure de la cour de Cassation. — *Cass.*, 18 juin 1828, Enfert c. Bonne au-Létang.

97. — Jugé qu'on peut, en vendant un terrain ou une maison, imposer à l'acquéreur la condition de n'y pas faire telle espèce de commerce. Une pareille clause, n'ayant pu être considérée que comme contenant l'établissement d'une obligation réelle, n'a pas été proscrite par l'art. 17 de la Déclaration des droits de l'homme. — *Cass.*, 4 frim. an III, Beheré c. Guéroult.

§ 4. — *Des effets de la vente entre les parties et à l'égard des tiers.*

98. — Le consentement sur la chose et le prix rend la vente parfaite entre les parties, et, dès qu'il est intervenu, la propriété est acquise de plein droit à l'acheteur à l'égard du vendeur, quoique la chose n'ait pas encore été livrée, ni le prix payé. — C. civ., art. 1583.

99. — Lorsque des marchandises ont été vendues *de qualité loyale et marchande*, mais sans désignation de provenance, l'acheteur n'est pas fondé à refuser de prendre livraison des marchandises loyales et marchandes, quoique d'une qualité moyenne, qui lui sont offertes par le vendeur, sur le motif que l'élévation du prix convenu donne à l'acheteur le droit d'exiger des marchandises de premières provenance et qualité. — *Rennes*, 7 fév. 1848 (t. 1er 1849, p. 333), Lemarquand c. Dagorne.

100. — Jugé qu'il n'est pas nécessaire, pour la validité d'une adjudication sur enchères, qu'il y ait approbation de cette adjudication; il suffit d'un consentement à la mise aux enchères. — *Grenoble*, 14 janv. 1830, Durand c. Martin.

101. — Il ne faut pas tirer des mots de l'art. 1583, *entre les parties*, etc., *et à l'égard du vendeur*, que le vendeur doive, *à l'égard des tiers*, être considéré comme n'ayant pas cessé d'être propriétaire. A cet égard, il faut dire, avec Duvergier (*Vente*, t. 1er, n° 22), que la nature des droits des tiers, l'époque à laquelle ces droits ont été conférés et le caractère des choses comprises dans la vente sont autant de circonstances auxquelles il faut avoir égard en appréciant les difficultés qui peuvent s'élever entre l'acheteur et les tiers.

102. — Que doit-on, par exemple, décider lorsqu'il s'agit de deux acquéreurs successifs d'un immeuble? La préférence est-elle due au premier? Ou bien doit-on consulter la date de la mise en possession ou de la transcription?

103. — Sous l'empire des lois romaines (V. LL. 15 et 41, C., *De rei vendic.*; L. 6, *De hæredit. vel actione vendit.*; L. 20, C., *De pactis*), la tradition était nécessaire pour transférer la propriété de l'immeuble vendu, même par adjudication publique. En conséquence, une seconde vente accompagnée de la mise en possession de l'acheteur était préférée à une première vente, même publique, mais non suivie de tradition. — *Cass.*, 3 niv. an VI, Kienner c. Jordan.

104. — Jugé encore que sous l'empire des lois romaines, dans le concours de deux ventes, celle qui avait été suivie de la mise en possession était préférée, quoique postérieure en date. — *Cass.*, 5 prair. an VII, Catinaud c. Gain.

105. — De même, le second acquéreur mis en possession réelle devait être préféré au premier acquéreur, qui n'avait qu'une possession fictive. — *Cass.*, 26 janv. 1807, Crivelly c. Olivier.

106. — Jugé aussi qu'un arrêt a pu, sous l'empire des anciens principes sur la translation de propriété, décider qu'il y a eu tradition, soit par le fait d'un tirage de lots intervenu sur la vente de partie indéterminée d'une chose, soit à raison de l'acquiescement donné, sous l'empire du C. civ., à un jugement rendu sur l'exécution d'une vente passée sous l'empire des anciens principes : c'est là une appréciation qui échappe à la censure de la cour suprême. — *Cass.*, 21 déc. 1829, Mugnoncourt c. Grezely

107. — Jugé qu'une vente faite sous la loi du 11 messid. an III a été parfaite par cela seul qu'il y avait eu tradition, et qu'elle n'avait pu, même depuis la loi du 11 brum. an VII, être soumise, pour produire effet à l'égard des tiers, à la transcription. Il y avait tradition suffisante, bien qu'elle ne s'effectuât pas par une mise en possession publique,

par exemple, lorsque dans le même acte le vendeur se réservait l'usufruit. — *Cass.*, 28 juin 1816, Bousquet c. Lefer-Dugué.

108. — Sous la loi du 11 brum. an VII, entre deux acquéreurs du même bien, celui qui avait fait le premier transcrire et enregistrer son contrat devait avoir la préférence. — *Cass.*, 12 fruct. an X, Thomas c. Usquin et Lefèvre; 23 messid. an X, Signol c. Charpentier; 3 thermid. an XIII, Girard c. Mosnier; — Duvergier, *Vente*, t. 1er, n° 25; Grenier, *Hypoth.*, t. 2, n° 347.

109. — Cette préférence était due au deuxième acquéreur qui avait le premier présenté son contrat à la transcription, alors même qu'au moment de la vente il n'aurait pas ignoré l'existence du premier acte non transcrit. — *Cass.*, 3 thermid. an XIII, Girard c. Mosnier.

110. — Jugé encore que sous la loi du 11 brum. an VII et avant le Code civil, la mutation de propriété en faveur de l'acquéreur n'était pas opérée par le contrat de vente non transcrit. Le vendeur conservait néanmoins ses droits sur le prix de la vente, s'il remplissait les formalités prescrites par la loi. — *Rennes*, 23 mars 1812, Leclerc c. Joseph et Grégoire Thomas.

111. — Jugé, toutefois, que dans le cas de deux ventes successives du même immeuble, celle qui était faite par acte notarié et transcrite ne devait pas prévaloir sur l'autre faite sous seing-privé et non transcrite, *lorsqu'elle était déclarée simulée.* — *Cass.*, 17 prair. an XIII, Charpin c. Blondil.

112. — Sous le Code, entre deux acquéreurs successifs, la préférence est due au premier. La jurisprudence reconnaît que c'est à la date des contrats et non à celle de la transcription qu'il faut s'attacher. — Duvergier, *Vente*, t. 1er, n° 24; Troplong, n° 43. — Toutefois, ce dernier auteur pense que la loi de brum. an VII, qui exigeait la transcription de la vente pour qu'elle pût être opposée aux tiers, méritait la préférence sur les combinaisons nouvelles. « Au nom de la bonne foi, dit-il, du crédit entre particuliers et de la stabilité de la propriété, je désire une réforme sur ce point si important et si grave. »

113. — Ainsi, jugé que le premier acquéreur d'un immeuble vendu sous le Code civil a la préférence sur un second acquéreur, quoique le dernier ait fait transcrire son titre et que le premier n'ait point fait transcrire le sien. — *Trèves*, 9 fév. 1810, Lasman c. Rassenbach.

114. — Jugé encore que, dans le concours de deux ventes du même immeuble, le premier acquéreur doit être préféré, *alors surtout qu'il a fait transcrire son contrat* à l'encontre du second acquéreur qui se serait mis en possession réelle. Mais le second acquéreur, qui est entré en jouissance, a une action en indemnité pour les impenses et améliorations qu'il a faites sur l'immeuble et qui en ont augmenté la valeur. — *Colmar*, 16 mai 1815, Troestler c. Muhr.

115. — Dans le concours de deux acquéreurs successifs du même immeuble par acte authentique, la possession ou l'exécution provisoire est due au premier titre. — *Angers*, 11 nov. 1818, Goguet c. Durand.

116. — Jugé encore qu'une vente d'immeubles est valable, quoique faite sans écrit, lorsqu'elle a été suivie de mise en possession par l'acquéreur qui a joui pendant longues années, en exerçant les droits et supportant les charges de propriétaire. En conséquence, quoiqu'il soit fait postérieurement à une autre personne une vente des mêmes immeubles, par contrat notarié qui a été transcrit, le premier acquéreur n'en doit pas moins être préféré au second. — *Poitiers*, 7 juill. 1835, Lhuillier c. Estachon.

117. — Toullier a même poussé les conséquences du principe favorable au premier acquéreur et de la maxime *Nemo plùs juris transferre potest quàm ipse habet*, jusqu'à soutenir que le premier acquéreur devrait être préféré au second, alors même que la date de son titre ne serait pas certaine. — On connaît la controverse animée qui s'est élevée entre lui (t. 8, p. 374, n° 245, et t. 10 add., p. 576 et suiv.) et Merlin (*Quest.*, édit. 3e, t. 16, v° *Tiers*, § 1). La doctrine de Toullier a été combattue, indépendamment de Merlin, par Ducaurroy (*Thémis*, t. 3, p. 46, série 3e, et t. 5, p. 16), Duranton (t. 13, n° 132) et Grenier (*Hypoth.*, n° 354). — V. aussi Duvergier, *Vente*, t. 1er, nos 35 et suiv. — Elle a été aussi repoussée par la jurisprudence.

118. — Ainsi jugé, en principe qu'entre deux ventes, l'une verbale, l'autre écrite et enregistrée, la préférence est due à celle-ci, alors même que le premier acquéreur serait en possession. — *Colmar* 15 janv. 1813, Hummel c. Fresch et Schott.

119. — Jugé encore que l'acte sous seing-privé par lequel un héritier a cédé à son cohéritier sa portion indivise dans un immeuble de la succession ne peut être opposé à l'individu qui a acquis l'immeuble des deux héritiers conjointement, si cet acte n'a reçu date certaine avant la vente. — Dès-lors, la femme du cessionnaire ne peut, en vertu de l'acte de cession, prétendre exercer contre l'acquéreur son hypothèque légale sur la totalité de l'immeuble. — *Cass.*, 20 fév. 1827, Darel c. Devielles.

120. — Jugé, de même, en cas de deux ventes successives du même objet, l'une par acte notarié, et l'autre par acte privé, que l'acquéreur par acte public doit être préféré, si l'acte privé, bien que d'une date antérieure, n'a été enregistré que postérieurement à l'acte notarié. En pareil cas, on ne saurait soutenir que l'acquéreur par acte public est l'ayant-cause du vendeur. — *Agen*, 12 mai 1830, Mercier c. Cassaigne; *Toulouse*, 7 juill. 1831, Geil et Chourre c. Dussenty; *Bastia*, 24 juin 1833, Griffoni c. Vignali.

121. — ... A moins, toutefois, que le deuxième acquéreur n'ait eu connaissance de la première vente. — *Colmar*, 15 janv. 1813, Hummel c. Fresch et Schott; *Agen*, 12 mai 1830, Mercier c. Cassaigne. — Cette connaissance établissant un concert frauduleux pour priver le premier acquéreur de ses droits.

122. — Jugé, toutefois, sur ce dernier point que lorsqu'un immeuble a été l'objet de deux ventes successives, l'une par acte sous seing-privé, et l'autre par un acte public, mais passé avant l'enregistrement du premier, l'acquéreur par acte sous seing-privé ne peut être admis à prouver par témoins, contre le second acquéreur, la vérité de la date de son titre, en établissant que celui-ci en a eu connaissance. La loi n'admettait pas un pareil moyen pour donner une fixité de date à l'égard des tiers à un acte privé. — *Toulouse*, 19 mars 1812, Laval c. Pujol; *Cass.*, 27 mai 1823, Bruel c. Béret.

123. — Jugé aussi, en ce sens, que de ce que l'acquéreur par acte public aurait su que l'immeuble à lui vendu l'avait déjà été antérieurement par un acte sous seing-privé, il n'y a point fraude de la part de cet acquéreur, si l'acte privé n'était point encore enregistré au moment de la passation de l'acte public. En conséquence, la preuve qui aurait pour objet d'établir cette connaissance serait inadmissible et frustratoire. — *Toulouse*, 7 juill. 1831, Geil et Chourre c. Dussenty. — Sur l'application de l'art. 1328, V. DATE CERTAINE.

124. — Dans le concours de deux ventes du même immeuble, celui des deux acquéreurs qui a formé le premier contre le vendeur, et devant les juges du domicile de celui-ci, une action qui a pour objet l'exécution du contrat, peut assigner l'autre acquéreur devant les mêmes juges en déclaration de jugement commun. — *Cass.*, 2 fév. 1809, Perrin c. de Fargues.

125. — Sous le Code civil et avant le Code de procédure, la vente seule arrêtait le cours des inscriptions. L'art. 834, Code procéd., permet aux créanciers de prendre inscription dans la quinzaine de la transcription. Si donc la transcription n'est pas nécessaire pour que la vente soit parfaite, elle seule peut faire cesser les droits des créanciers du vendeur. — V. TRANSCRIPTION.

126. — Dans la vente de meubles corporels, ce n'est plus la date des titres, mais celle des traditions qui attribue la préférence à l'un des acheteurs. — Ce principe a été appliqué dans une espèce où il s'agissait de deux ventes successives de la même coupe de bois : le deuxième acquéreur, quoique postérieur en titre, mais qui avait la tradition, a été préféré au premier. — *Cass.*, 21 juin 1820, Lambert c. Saint. — Duvergier, *Vente*, t. 1er, n° 37.

127. — D'autres arrêts ont également reconnu, au moins dans leurs motifs, qu'entre deux acquéreurs successifs de meubles, c'est la tradition qui détermine la préférence. — *Douai*, 26 fév. 1840 (t. 1er 1841, p. 307), Fourcroy c. Hemmery; *Bourges*, 25 janv. 1841 (t. 2. 1841, p. 590), Baubois c. Baronnet.

128. — Jugé, toutefois (mais dans une espèce particulière), que dans le cas de deux ventes successives d'objets mobiliers, le défaut de tradition réelle n'est pas une cause de nullité de la première vente au regard de la seconde, lorsqu'il est constant, en fait, qu'elle n'a été retardée que du consentement des parties et par suite de la maladie du vendeur, et alors, d'ailleurs, que s'agissant d'une vente d'esclaves, la feuille du dénombrement a été remise au premier acquéreur. — *Cass.*, 17 juill. 1838 (t. 2 1838, p. 389), Desfourneaux c. Davout.

129. — Mais la possession du second acquéreur ne vaut, à l'égard du premier, qu'autant qu'elle est de bonne foi. — C. civ., art. 1141. — *Cass.* 21 juin 1820 (dans ses motifs), Lambert c. Saint. — Duvergier, n° 37.

130. — Hors le cas de concours entre deux acquéreurs successifs (cas prévu expressément par l'art. 1141), la vente est-elle parfaite et la propriété transférée à l'acquéreur, *même vis-à-vis des tiers*, encore qu'il n'y ait eu ni tradition, ni déplacement des objets vendus? — Bourjon (*Droit commun de la France*, t. 1er, p. 125, édit. de 1747, sect. *De la possession en matière de meubles et qu'elle vaut titre*, et t. 2, p. 363) atteste que, sous l'ancienne jurisprudence, on considérait comme nulle, à l'égard des créanciers du vendeur, la vente faite sans déplacement. — V. aussi Ferrière, sur l'art. 170, cout. Paris, n° 14. — Sous le Code, la question peut paraître offrir quelque difficulté; peut-être pensera-t-on que la maxime *En fait de meubles possession vaut titre*, consacrée par l'art. 2279, C. civ., est générale, qu'elle a été introduite en faveur de tous les tiers intéressés à s'en prévaloir, parce qu'en effet celui qui est en possession d'un mobilier plus ou moins considérable en est présumé nécessairement propriétaire, et que les tiers qui ont traité avec le possesseur sur la foi de sa solvabilité apparente, ont dû ignorer qu'il existait un titre de vente, puisqu'il n'y avait eu ni déplacement ni tradition. Indépendamment de l'art. 2279, C. civ., on puise encore de nouvelles raisons de décider dans les art. 1583 et 1141. Le premier, en disant que la vente est parfaite *entre les parties*, et la propriété acquise à l'acheteur à l'égard des vendeurs, dès qu'on est convenu de la chose et du prix, quoique la chose n'ait pas encore été livrée ni le prix payé, démontre clairement qu'il n'en est pas de même *à l'égard des tiers*, c'est-à-dire des créanciers, quand il n'y a pas eu livraison. L'art. 1141, en voulant que, dans le concours de deux acquéreurs du même objet mobilier, celui à qui la délivrance a été faite soit préféré et demeure propriétaire, quoique le titre de l'autre soit antérieur, ne prouve-t-il pas qu'en fait de vente de meubles la tradition et le déplacement sont *indispensables* pour transférer la propriété vis-à-vis des tiers, et que l'acheteur ne peut se prévaloir d'un titre qui n'est pas corroboré par la possession?

131. — Toullier (t. 7, n° 36), Favard de Langlade (*Vente*, t. 5, sect. 1re, § 7) et Troplong (*Vente*, t. 1er, n° 42) adoptent ce système lorsqu'ils accordent aux créanciers du vendeur, « nonobstant la vente d'un meuble faite sans tradition ou déplacement, le droit de faire saisir ou vendre ce meuble sur le débiteur qui en a conservé la possession. » — V., toutefois, ce que dit Troplong, *Prescript.*, n° 1047.

132. — Et il a été jugé, en ce sens, que la vente d'une récolte sur pied, non suivie de tradition réelle et de déplacement, est nulle à l'égard des tiers, alors même qu'elle serait consignée dans un acte enregistré avant toute poursuite de la part des créanciers. — *Paris*, 13 déc. 1809, Burot c. Lorot-Petel et Tassin.

133. — Jugé encore qu'en fait de meubles, la vente n'est parfaite et la propriété n'est transférée à l'acquéreur vis-à-vis des tiers, qu'autant qu'il y a eu tradition et déplacement des objets vendus. Ainsi, celui à qui des meubles ont été vendus, même par acte authentique, et qui les a laissés en location au vendeur, sans les déplacer, ne peut les revendiquer au préjudice d'un créancier du vendeur, qui a pratiqué sur eux une saisie entre les mains de celui-ci. — *Bruxelles*, 2 juin 1831, H...

134. — Mais il est plus généralement jugé que le principe que la vente est parfaite par le seul effet du consentement des parties sur la chose et sur le prix, et sans qu'il soit nécessaire qu'il y ait eu tradition, est applicable en matière de vente de meubles comme lorsqu'il s'agit d'immeubles. — *Bordeaux*, 3 (et non 15) avr. 1829, Fayolle c. Faux; *Bruxelles*, 6 juill. 1833, Déraedt c. Vanhousen; *Orléans*, 8 août 1838 (t. 2 1838, p. 272), Broutin Ce Pavillon c. Hallier; *Douai*, 26 fév. 1840 (t. 1er 1841, p. 307), Fourcroy c. Hemmery; *Bourges*, 25 janv. 1841 (t. 2 1841, p. 590), Daubois c. Baronnet.

135. — Jugé aussi qu'en matière de vente de meubles, la tradition feinte équivaut, à l'égard des tiers, à la tradition réelle. Cette tradition résulte de la clause par laquelle l'acquéreur reconnaît les effets pour déplacés et à lui livrés et les laisse à location au vendeur moyennant un prix déterminé. — *Rennes*, 15 janv. 1811, Begouin c. Geffrier.

136. — Jugé, en conséquence, que celui qui, ayant acheté des objets mobiliers, les a laissés en la possession du vendeur peut les revendiquer, au préjudice d'une saisie pratiquée sur ce dernier, si son titre d'acquisition a une date certaine antérieure à cette saisie. — Mêmes arrêts de *Rennes*, 1811, de *Bruxelles*, 1833, d'*Orléans*, 1838, de *Bourges*, 1841. (V. *suprà* les nos 134, 135). — Dans l'espèce des deux arrêts de *Rennes*, 1811, de *Bruxelles*, 1834, les meubles avaient été laissés en *location* au vendeur.

137. — Enfin, on peut citer comme favorable à

ce système un arrêt de la cour de Cassation qui a décidé qu'on avait eu raison de dénier effet, vis-à-vis du créancier, à la reconnaissance faite par le débiteur que les meubles dont il était en possession appartenaient à un tiers, lorsque cette reconnaissance n'avait acquis date certaine que postérieurement aux poursuites dirigées contre son auteur. — *Cass.*, 4 fév. 1823, du Baudre c. de Pierre.

138. — Et ce dernier système que nous avons développé, en l'approuvant, en tête de l'arrêt du 8 août 1838 (t. 2 1838, p. 272), paraît avoir, ainsi que nous l'avons indiqué plus haut, ramené à lui l'opinion précédemment opposée de Troplong (*Prescript.*, no 1047).

139. — La propriété n'est pas et ne peut pas être transmise, par le seul effet de la convention, lorsqu'il s'agit d'une chose indéterminée. La vente ne devient certaine et parfaite que lorsque la détermination a eu lieu. Ceci s'applique aux ventes d'immeubles comme aux ventes de meubles. — Duvergier, *Vente*, t. 1er, p. 38; Toullier, t. 7, no 460, sur l'art. 1138.

140. — A l'égard des choses mobilières incorporelles, la propriété n'est transférée à l'acquéreur ou cessionnaire, à l'égard des tiers, que par l'accomplissement de certaines formalités. — V. TRANSPORT DE CRÉANCES.

§ 5. — *Ventes alternatives, conditionnelles, etc.*

141. — La vente est susceptible de toutes les modifications qui peuvent influer sur les autres contrats. Ainsi, elle peut être faite purement et simplement, ou sous une condition soit suspensive, soit résolutoire ; elle peut avoir pour objet deux ou plusieurs choses alternatives. Dans tous ces cas, son effet est réglé par les principes généraux des conventions. — C. civ., art. 1584. — V. OBLIGATION.

142. — Nous verrons plus bas que la condition résolutoire est toujours sous-entendue de plein droit, pour le cas où l'une des parties refuse de remplir son obligation. — C. civ., art. 1184 et 1654.

143. — Bien que, ainsi que cela sera dit plus bas (sect. 2e, *Forme de la vente*), la vente verbale ou sous seing-privé soit valable, cependant les parties peuvent en soumettre la réalisation à la condition de rédaction par écrit ou par acte authentique. — Troplong, *Vente*, t. 1er, nos 19 et 63.

144. — Mais jugé que, quoique dans un acte de vente sous seing-privé il soit dit qu'il ne sera qu'un simple projet, jusqu'à ce qu'il soit converti en acte authentique, la vente, lorsqu'elle a été exécutée, n'en est pas moins parfaite. Il ne peut dépendre de la volonté de l'une des parties, surtout après un long laps de temps, de l'annuler en refusant de passer contrat. — *Bourges*, 28 nov. 1821, Martin.

145. — Bien qu'un marché passé entre deux négocians paraisse conçu en apparence d'une manière pure et simple, il peut, par appréciation, être déclaré conditionnel, sans que l'arrêt qui le juge ainsi tombe sous la censure de la cour de Cassation. — *Cass.*, 7 juin 1836, Pereyra c. Inigo.

146. — Le commis voyageur, représentant la maison pour laquelle il voyage, rend obligatoires pour elle les ventes qu'il a consenties. La convention formée avec le commis voyageur d'une maison de commerce ne peut être considérée comme suspendue que pendant le temps nécessaire pour que cette même convention soit portée à la connaissance des commettans et puisse être par eux approuvée ou désavouée. Ces commettans ne peuvent refuser de s'expliquer pendant un temps indéfini, et rester ainsi les maîtres d'exécuter ou de ne pas exécuter les marchés faits en leur nom, suivant que les circonstances les rendraient avantageux ou onéreux pour eux. — *Rouen*, 3 juill. 1846 (t. 1er 1847, p. 87), Levesque c. Bigot.

147. — Bien qu'une vente ait été faite purement et simplement, les juges peuvent déclarer, d'après les faits et circonstances de la cause, que l'intention des parties a été de la subordonner à une condition résolutoire; et, par suite, ils peuvent prononcer la résolution de la vente, faute d'accomplissement de la condition. Spécialement, l'acquisition d'un terrain pour y appuyer un barrage que l'acquéreur se proposait de construire dans une rivière, et dont l'établissement dépendait, en conséquence, de l'autorité administrative, a pu être considérée comme subordonnée à l'obtention de cette autorisation, et, par suite, déclarée résolue lorsque le défaut d'autorisation a rendu impossible l'établissement du barrage. — *Cass.*, 8 fév. 1837 (t. 2 1837, p. 364), Bézard c. Bruyère-Chalabre.

148. — La vente d'une marchandise dont l'arrivée est attendue, pour une époque indiquée, par un navire que le vendeur s'engage à désigner, dès qu'il en aura connaissance, avec faculté à l'acheteur, en cas de non arrivée à l'époque indiquée, de résilier ou de proroger le traité, doit être considérée non comme un *marché ferme*, mais comme une vente simplement éventuelle qui n'a rien eu de certain au moment où elle a été convenue. Dans de telles circonstances, et lorsque après une ou deux prorogations successivement consenties par l'acheteur, sans que la marchandise vendue soit arrivée, ni que le navire qui devait l'apporter ait été désigné par le vendeur, le défaut de livraison ne donne d'autre droit à l'acheteur que celui de résilier la vente sans dommages-intérêts. — *Aix*, 25 janv. 1840 (t. 2 1840, p. 258), Chataud fils et Desages c. Armand.

149. — Jugé, qu'un marché de bois, portant qu'en cas qu'un événement incertain s'accomplisse avant une époque future déterminée, le prix de l'objet acheté sera augmenté, contient, non un pari et une convention illicite, mais une vente licite dont le prix est subordonné à une condition éventuelle. — *Rennes*, 8 mars 1825, Hervé c. Lemée.

150. — La clause d'un marché portant que si, après la fourniture d'une quantité déterminée de marchandises, il est possible d'en fournir davantage, cette nouvelle fourniture se fera en commun par les signataires du marché, et sur le pied du traité passé entre eux, doit être interprétée en ce sens qu'il suffise que les marchandises aient augmenté de valeur pour qu'il y ait impossibilité de faire la fourniture; de telle sorte que la clause conditionnelle soit anéantie de plein droit. — *Rennes*, 11 mars 1812, Gault et Aché c. Gassac.

151. — La vente de marchandises livrables à l'heureuse arrivée d'un navire dont le nom doit être désigné dans un délai donné devient irrévocable par la désignation de ce navire, faite par le vendeur en temps utile, de telle sorte qu'aucun événement autre que celui de force majeure ne peut en empêcher la réalisation. En conséquence, le changement de destination donné au navire par l'expéditeur, et le débarquement des marchandises dans un port autre que celui où le navire devait arriver, ne peuvent donner lieu à la résiliation du marché, et le vendeur qui, pour ce motif, se refuse à l'exécuter, se rend passible de dommages-intérêts envers l'acquéreur. — *Rouen*, 2 mars 1841 (t. 2 1841, p. 41), Mandrot c. Feray; 2 avr. 1841 (t. 2 1841, p. 41), Prélaz c. Feray.

152. — La vente peut être subordonnée à la condition que dans un délai déterminé il ne se présentera pas un nouvel acquéreur offrant un prix plus avantageux que le premier. — Cette condition peut être suspensive et résolutoire selon la volonté des parties. — Cette clause, connue chez les Romains sous le nom *d'addictio in diem*, était en fréquent usage : un titre entier du Digeste lui est consacré ; aujourd'hui elle est rare. — Quant à la question de savoir si le prix offert par le deuxième acheteur est ou non plus avantageux, sa solution résulte de circonstances qui seront appréciées par les juges. — Duvergier, *Vente*, t. 1er, no 77 ; Troplong, no 79; Pothier, *Vente*, nos 448 et 449. — Leg. 4, § *fin.*, et Leg. 15, § 1, ff., *De in diem addic.*

153. — Chopin (*De domanio*, liv. 3, tit. 29, no 46) prétend que ce pacte doit être sous entendu dans les ventes et baux parés par le domaine. Mais Troplong (no 79) dit avec raison qu'un tel privilége n'est pas admissible.

154. — La convention par laquelle un négociant s'engage à livrer *chaque année* certaines marchandises à d'autres négocians qui, de leur côté, s'engagent à les acheter doit être rangée dans la classe des contrats qui en renferment d'autres, sujets à renouvellements successifs, et qui dès-lors prennent fin, s'il arrive, à une des époques de renouvellement, un événement qui eût empêché dans le principe la formation du contrat, comme par exemple, un changement survenu dans l'état ou la qualité des parties, notamment par le décès de l'une d'elles. — *Pau*, 7 août 1837 (t. 2 1838, p. 137), Pouey c. Bogué ; *Cass.*, 20 août 1838 (t. 2 1838, p. 653), mêmes parties.

155. — Dans ce cas, le contrat étant résilié, le refus de la part d'une des parties d'en continuer l'exécution ne saurait donner lieu contre elle à des dommages-intérêts, quelque préjudice que cette résiliation fût de nature à causer aux autres parties. — Mêmes arrêts.

156. — La convention par laquelle le débiteur, en hypothéquant son immeuble, consent à ce que son créancier, en cas de non paiement, reste propriétaire des meubles au prix qui est fixé par le contrat ou qui sera fixé par un tiers, est-elle valable?

157. — D'abord, ainsi que le fait remarquer Duvergier (*Vente*, t. 1er, no 118), si la fixation du prix est remise à l'arbitrage d'un tiers, il ne peut y avoir de difficultés, et la convention est valable ; la fixation aura lieu dans les termes de l'art. 1592. — V. *infrà*, § *Prise*.

158. — De même, sous le droit romain, qui proscrivait la clause qui attribuait positivement et simplement au prêteur la chose qu'il avait reçue en gage, V. la loi 3, Cod. *De pactis pign. et de lege commissoriâ in pignoribus rescindendâ*. On considérait comme licite la clause par laquelle il était dit que le créancier, non payé à l'échéance, resterait propriétaire de l'immeuble hypothéqué, *lequel serait estimé par experts*; on voyait là une vente conditionnelle. « *Potest ità fieri pignoris datio*, dit « la loi, § *fin*. *De pignor. et hyp.*, *ut si intrà certum* « *tempus non sit soluta pecunia, jure emptoris* « *possideat rem justo pretio tunc æstimandam; hoc* « *enim casu videtur quodam modo conditionalis esse* « *venditio : et ità divus Severus et Antoninus res*« *cripserunt.* » — V. Pothier, *Pand.*, t. 1er, p. 560, no 24.

159. — Seulement, Troplong pense que, même dans ce cas, il faudrait se défier d'une estimation faite au moment du contrat : car il serait possible que l'emprunteur, pressé par le besoin d'argent, consentît à une estimation fictive. Nous ne pensons pas toutefois que l'estimation faite lors du contrat dût, en l'absence de fraude, être réputée nulle.

160. — Quant à la stipulation par laquelle il était convenu que, si à l'échéance d'une obligation, le créancier n'était pas remboursé, il deviendrait propriétaire de tels ou tels immeubles désignés, *pour le montant de sa créance*, ou, ce qui est la même chose, moyennant un prix fixé à l'avance, *entre les parties et par elle*, il a été jugé avant le code qu'elle pouvait être considérée, non comme une vente conditionnelle, mais comme un contrat pignoratif donnant seulement au créancier le droit de faire vendre les biens, s'il n'était pas payé. — *Rouen*, 22 mess. an XI, Motte c. Cherville.

161. — Mais, sous le Code, on reconnaît généralement la validité et l'efficacité d'une pareille stipulation. — Rolland de Villargues, *Dict. du notariat*, vo *Condition*, no 5 ; Duvergier, *Vente*, t. 1er, no 119. — Toutefois, ce dernier auteur pense, et avec raison, que le débiteur, vendeur conditionnel, sera admis à faire résoudre un pareil contrat, s'il prouve ; 1o que le prix fixé est inférieur à la valeur de l'immeuble vendu, sans cependant être obligé d'établir une lésion de plus des 7/12e ; 2o et que, dans la fixation de ce prix, il a subi la loi que lui faisait le créancier et sous laquelle ses *besoins* le forçaient de fléchir.

162. — Jugé, en ce sens, qu'est valable la stipulation par laquelle un débiteur, en hypothéquant un immeuble, consent à ce que son créancier en devienne propriétaire pour le remploi de sa créance, et se mette, en cas de non paiement, en possession au terme fixé. On ne peut appliquer à une telle stipulation l'art. 2088, qui n'est relatif qu'au bail à antichrèse. — *Toulouse*, 16 mars 1812, Laforgue c. Guilhamat; même cour, 1er mars 1822, Dufour-Raimond c. Dufour-Lauriole; *Montpellier*, 26 juill. 1833, Blanc c. André; même cour, 6 mars 1840 (t. 1er 1841, p. 111), Girou c. Mareilhacq. — *Contrà Montpellier*, 17 août 1840 (t. 1er 1841, p. 111), Brugère c. Castanié.

163. — Il n'y a là qu'une vente conditionnelle, contre laquelle le vendeur ne pourrait exercer que l'action en rescision pour cause de lésion. — Même arrêt du 1er mars 1822. — Toutefois, l'arrêt du 16 mars 1812 ne paraît pas repousser d'une manière absolue la preuve de la lésion.

164. — Seulement, les juges peuvent accorder un délai au débiteur pour se libérer. — Mêmes arrêts, — 16 mars 1812, et 1er mars 1822.

165. — Jugé, encore que la convention portant que, si le débiteur d'une somme ne la paie pas à l'échéance fixée, un immeuble est et demeurera vendu par lui à son créancier, moyennant un prix à fixer par experts, est une vente valable, faite sous condition suspensive, et non pas sous une condition purement potestative de la part de l'obligé, en sorte que l'accomplissement de la condition ayant un effet rétroactif au jour de la convention, cette première vente doit être préférée à la vente du même objet postérieurement faite à un autre par le débiteur. — *Montpellier*, 13 fév. 1828, Viguier c. Danglès.

§ 6. — *Ventes en bloc, au compte, au poids, à la mesure.*

166. — La loi attache des effets différens à la vente de marchandises, suivant qu'elle est faite en *bloc* ou qu'elle est faite au compte, au poids ou à la mesure. La vente en bloc, qui est la vente dite *per aversionem* des Romains, est parfaite dès que le

consentement est donné, et bien que les marchandises n'aient pas encore été pesées, comptées ou mesurées. — C. civ., art. 1586. — Au contraire, la vente faite au compte, au poids ou à la mesure n'est pas parfaite, tant que les choses vendues n'ont pas été pesées, comptées ou mesurées; en ce sens, du moins, que, jusqu'à cette époque, elles sont aux risques du vendeur (C. Civ., art. 1583); mais l'acheteur peut en demander ou la délivrance, ou des dommages intérêts, s'il y a lieu, en cas d'inexécution de l'engagement. — Même article.

167. — La question de savoir quand la vente est en bloc, au poids, au compte ou à la mesure, est une question d'intention. Tout dépendra des termes de la stipulation.

168. — Pothier (*Vente*, no 310) a posé, à cet égard, trois règles que M. Troplong (sur l'art. 1585 et 1586) a adoptées. La première est que la vente est faite *à la mesure*, lorsque le prix est convenu pour chaque mesure; la deuxième, que la vente est également faite à la mesure, quoique le prix de chaque mesure ne soit pas déterminé, lorsqu'un seul prix total est fixé pour un certain nombre de mesures; la troisième, enfin, est que la vente est faite *en bloc*, lorsque l'on vend, pour un seul prix, une chose prise en masse, alors même qu'on ajoute qu'elle contient tant de mesures. Dans ce dernier cas, ajoute Troplong, l'indication de la mesure n'est que démonstrative et pour forcer le vendeur à faire raison de ce qui se trouvera en moins (Voët, *ad pand., de contr. empt.*, no 4), sans donner réciproquement au vendeur le droit d'exiger un supplément de prix pour ce qui se trouvera en plus.

169. — C'est d'après ces règles d'interprétation qu'il a été jugé, que lorsqu'une vente de bois a eu lieu pour un prix fixé par arpent, et que la quantité des arpens vendus est déterminée dans le marché pour un prix total également stipulé, on ne peut dire que la vente ait été faite en bloc et non à la mesure : ainsi, un arpentage est préalablement nécessaire pour déterminer la contenance des bois vendus, parce qu'on peut présumer que, s'il y avait eu plus d'arpens dans la vente que ceux qui sont désignés, l'acheteur n'eût pas porté à un prix aussi élevé celui de chaque arpent. — *Orléans*, 27 déc. 1816, Chaboureau c. Dupré de Saint-Maur.

170. — ... Et, encore, que la vente d'une marchandise par baril d'une contenance déterminée, moyennant un prix déterminé en masse, doit être réputée faite en bloc et non au poids et à la mesure. En conséquence, dans ce cas, la vente est parfaite, quoique la marchandise n'ait pas encore été pesée ou essayée. — *Cass.*, 24 août 1830, Caffin c. Bonneau.

171. — Duvergier (*Vente*, t. 1er, nos 90 et suiv). trouve ces règles insuffisantes et même inexactes, en ce qui touche les ventes en bloc. Ainsi, il combat l'arrêt de la cour de Cassation et il pense que le cas de vente d'un baril d'une contenance déterminée (100 kilog.) moyennant un prix également déterminé en masse (1000 fr.) constitue une vente à la mesure ou au poids : « Car, dit-il, il est évident que, dans l'espèce, si le vendeur eût envoyé un baril de quatre-vingt-quinze kilogrammes, l'acheteur aurait eu le droit d'en réclamer cinq, ce qui revient au même que si chaque kilogramme avait été vendu à raison de 10 fr. » En réalité, il n'admet de vente *en bloc*, lorsqu'il est question dans l'acte du poids, du compte ou de la mesure, que lorsque, d'après l'intention des parties, ce poids, ce nombre ou cette mesure ne doivent exercer aucune influence sur la quotité du prix, et qu'il n'y a pas obligation pour le vendeur de parfaire le poids, le compte et la mesure énoncés. Cette dernière opinion nous paraît préférable.

172. — Jugé, dans tous les cas, et avec raison, que la vente d'une barrique de marchandises, faite à tant le kilogramme, et à la condition que cette marchandise réunira certaines qualités déterminées, n'est réputée parfaite, qu'après le pesage et la vérification par l'acheteur. — *Colmar*, 1er déc. 1840 (t. 1er 1841, p. 371), Thomas c. Buzin et Clere.

173. — La vente de la totalité d'une espèce de marchandises se trouvant dans les magasins du vendeur, ne doit pas être considérée, pour cela, comme faite en bloc ou à forfait, et, par suite, comme non susceptible de l'action en résolution, pour vices ou défaut de qualité dans la marchandise. — *Douai*, 23 janv. 1847 (t. 2 1847, p. 676), Rogners c. Bouchery.

174. — A défaut par l'acheteur d'une acceptation expresse des marchandises qui le rende non recevable à demander la résolution de la vente pour défaut de qualité, l'acceptation tacite peut résulter des circonstances, et est abandonnée à l'appréciation des juges. — Toutefois, cette acceptation tacite ne saurait résulter de ce que l'acheteur aurait, depuis la réception de la marchandise, laissé écouler quelques jours sans réclamation, alors qu'une partie de ce temps a été employée à la vérification de la marchandise, et que le vendeur a, en outre, annoncé l'intention de s'entendre avec l'acheteur sur la difficulté. — Même arrêt.

175. — L'interprétation de l'art. 1585, quant à la question de savoir si le pesage et le mesurage sont indispensables pour transférer la propriété à l'acheteur, a donné lieu à une vive discussion entre les auteurs.

176. — Troplong soutient (t. 1er, no 86) que le pesage ou le mesurage n'étant qu'une condition, la transmission de propriété ne peut avoir lieu que lors de cette opération, puisque, alors seulement, sa condition est accomplie. — Et il invoque la discussion qui a eu lieu au conseil d'état et les observations du tribunal. — Locré, t. 14, p. 48, 49 et suiv., art. 124, 147, 191, 192, 231, 213. — Mais Duvergier (t. 1er, nos 84 et suiv.) combat avec avantage la base sur laquelle repose ce raisonnement, en disant que le pesage ou le mesurage *n'est pas une condition*, puisque l'opération n'est pas un événement futur et incertain, et que ce n'est pas même un fait entièrement dépendant de la volonté du vendeur et à l'exécution duquel il ne puisse être contraint, puisque, au contraire, le texte de l'art. 1585 donne à l'acheteur le droit de demander la délivrance (ce qui suppose l'existence du droit de propriété), c'est-à-dire le droit de faire opérer le pesage et le mesurage; et que si les lois romaines (V. la loi 34, § 5, ff., *de Contrah. empt.*) et les auteurs ont employé, en cette occurrence, le mot *condition*, le Code civil ne s'en est pas servi (il ne s'en sert que pour les ventes à l'essai, V. art. 1588). — Duvergier invoque à son tour les paroles de M. Grenier au corps législatif (Locré, t. 14, p. 192), et il soutient que toutes les fois que les marchandises vendues seront bien déterminées (par exemple : tant d'hectolitres de blé renfermés dans tel grenier, tant de mesures de bois déposées sur tel port), la propriété sera transmise par le seul consentement. — Ce qui donne une nouvelle force à ce raisonnement, c'est que l'art. 1585 porte expressément qu'il ne déroge au principe de perfection de la vente que sous le rapport de la règle *res perit domino*.

177. — Et il a été jugé avec raison, que l'art. 1585, C. civ., qui porte que la vente faite à la mesure n'est parfaite qu'après le mesurage, doit être entendu en ce sens seulement que jusqu'au mesurage la chose vendue est aux risques du vendeur; mais la vente, *alors qu'elle porte sur des marchandises déterminées*, n'en est pas moins parfaite dès qu'il y a accord sur la chose et sur le prix. — En conséquence, en cas de faillite du vendeur, l'acheteur peut exercer la revendication quoique le mesurage n'ait pas eu lieu, et alors même que les marchandises auraient été mêlées avec celles du failli. — *Cass.*, 11 nov. 1812, Larue c. Peyramont. — Duvergier, *loc. cit.*; Duranton, t. 16, p. 92; Merlin, *Rép.*, vo *Vente*, § 4; Pardessus, t. 2, no 292.

178. — Toutefois, il faut aussi reconnaître avec Duvergier que, pour qu'il y ait transmission de propriété avant le pesage et le mesurage, il faut, comme dans l'espèce de l'arrêt de 1812, que les marchandises vendues soient bien déterminées; il ne suffirait pas qu'elles le fussent par leur *espèce*. Mais, dans ce cas, comme il le fait remarquer, ce ne serait pas l'absence de pesage ou de mesurage qui empêcherait la vente d'être parfaite, mais l'absence de détermination.

179. — Jugé, qu'en matière de vente de denrées à mesurer, le simple consentement ne suffit pas pour opérer la délivrance : elle ne peut résulter que de l'action même du mesurage. Ainsi, lorsqu'un certain nombre de mesures de grains ont été vendues avec ordre donné à l'acheteur, qui en a payé le montant au moyen de traites, de se les faire délivrer à la première réquisition, s'il arrive que ces traites ne soient pas acquittées avant le mesurage, le vendeur primitif est en droit de retenir les grains et de demander la nullité de la vente pour défaut de délivrance, alors même que l'acheteur les aurait revendus à un tiers. — *Nancy*, 4 janv. 1827, Jacqueray c. Escalier Jomain; — Troplong, *Vente*, t. 1er, no 93.

180. — Quand il s'agit d'apprécier suivant quel mode la chose vendue doit être mesurée, c'est à l'intention des parties qu'il faut s'en rapporter. — L'exécution donnée au contrat et la mise en possession de l'acquéreur peuvent être prises pour mode d'appréciation. — *Liége*, 4 prair. an XIII, Ransonnet c. Goffard.

181. — Jugé aussi que, lorsque, dans une vente de bois, la mesure n'a pas été indiquée par les parties, elles sont présumées avoir voulu adopter celle du lieu où le bois est situé et où la livraison devait être faite. — *Besançon*, 11 déc. 1809, Démandre c. Gay et Vuilley.

182. — Dans les ventes par stères de bois équarri, les parties, sauf convention particulière, restent sous la règle de l'usage constant qui veut que ce bois soit mesuré sans déduction des vides laissés dans le stère par les *flaches*. — *Rouen*, 22 juill. 1845 (t. 1er 1846, p. 245), Daviron c. Viaquer.

183. — Le jugement qui ordonne la vérification par experts des marchandises vendues au poids ou à la mesure, ne préjuge pas la question de savoir si les marchandises ont été reçues par l'acquéreur, et s'il est encore en droit de les refuser. — *Cass.*, 7 juin 1830, Marteau c. Cartier.

184. — Il dépend des parties de convenir que, dans une vente à la mesure, les risques seront, pour l'acheteur, du moment du contrat. — Duvergier, *Vente*, t. 1er, no 93.

185. — L'acheteur peut aussi, postérieurement à la vente, renoncer, soit expressément, soit tacitement, au bénéfice de l'art. 1585, en recevant les marchandises sans les peser ni mesurer. — Aussi, a-t-il été jugé, avec raison que la règle de l'art. 1585 ne peut être invoquée par l'acheteur qui a reçu les marchandises dans ses magasins et qui, mis en demeure de les vérifier, n'a pas fait procéder à cette vérification. Les juges peuvent voir là une renonciation au bénéfice de cette règle. — *Cass.*, 7 juin 1830, Marteau c. Cartier. — Duvergier, t. 1er, no 94.

186. — La vente faite au compte, poids ou à la mesure n'est parfaite qu'autant que le vendeur prouve que les marchandises ont été comptées, pesées, mesurées ou reçues et acceptées d'une manière quelconque par l'acheteur, encore qu'elles aient été transportées au lieu convenu. — Le vendeur n'est pas recevable, tant qu'il n'a pas fait cette preuve, à réclamer le prix de la vente. — *Rennes*, 25 fév. 1826, Valentin c. Nicolas.

187. — Il n'est pas nécessaire, pour que la vente des choses qui se vendent au poids et à la mesure soit parfaite, que la livraison en ait eu lieu : il suffit qu'elles aient été pesées et marquées par l'acheteur, bien qu'elles restent déposées chez un tiers pour sûreté du paiement du prix. — *Cass.*, 15 niv. an III, Moer Kant c. Velut-Poullet.

188. — Si l'acheteur a été mis en demeure de procéder au mesurage et de prendre livraison, les risques passent-ils de la tête du vendeur sur la sienne? — Duvergier semble soutenir l'affirmative lorsqu'il dit (t. 1er, no 95) que, dans ce cas, c'est à l'acheteur à supporter la perte de la chose vendue. Duranton est du même avis (t. 16, no 89), et, comme conséquence, il enseigne que l'acheteur doit au vendeur, à titre de dommages-intérêts, *le prix convenu*, à la charge par le vendeur de prouver le préjudice souffert, par exemple que telle quantité de marchandises vendues par lui était dans tel endroit où elle a péri par cas fortuit, et que rien ne s'opposait à ce que l'acheteur, mis en demeure, en prît délivrance. — Suivant Troplong (no 94), au contraire, on ne peut dire que le risque ait passé sur la tête de l'acheteur, puisqu'il n'y avait pas encore de vente parfaite. Seulement, cet acheteur peut être tenu à des dommages-intérêts que les juges arbitreront et pourront porter, suivant les circonstances, jusqu'à la valeur des choses péries. — Nous pensons que M. Troplong pousse beaucoup trop loin, en principe, les conséquences de l'art. 1585. — Encore une fois, cet article n'a dérogé à la règle, que la vente est parfaite par le seul consentement, que sous le rapport des *risques*; mais en dehors de la question des *risques* la vente est parfaite : du moment donc que l'on reconnaît que la mise en demeure émanée du vendeur le décharge des risques, on les fait nécessairement passer sur la tête de l'acheteur. Et, comme celui-ci n'a pas, par son fait, empêché l'effet d'un contrat, parfait en raison du consentement réciproque, c'est le prix de la vente qu'il doit et non des dommages-intérêts, lorsque d'ailleurs le vendeur fait les justifications dont parle M. Duranton.

189. — En cas de vente d'une quotité fixe de terrain à prendre sur une plus grande étendue, l'erreur commise dans le mesurage par le géomètre chargé de déterminer la contenance vendue donne au vendeur le droit de revendiquer, en nature, ce qui aurait été attribué à l'acquéreur en sus de cette contenance, et il peut exercer cette action pendant trente ans. Il n'y aurait pas lieu à accorder seulement au vendeur une action en supplément de prix, laquelle doit, à peine de déchéance, aux termes de l'art. 1622, C. civ., être exercée dans le délai d'un an à partir du jour du contrat. — *Bordeaux*, 10 fév. 1846 (t. 1er 1846, p. 744), Descors c. Joly de Blazon.

190. — L'action en supplément ou diminution de prix pour excédant ou diminution de mesure peut être exercée en cas de vente forcée comme

en cas de vente volontaire. Lorsque l'immeuble a été revendu sur folle enchère, la prescription de l'action en supplément de prix court seulement du jour de cette revente, et non du jour de la première adjudication. — *Toulouse*, 14 juin 1845 (t. 1er 1847, p. 595), Barbassat c. Coronat.

191. — Lorsque des marchandises vendues à la mesure sont livrables *sous vergues de navire*, il suffit, pour qu'elles soient aux risques de l'acheteur, qu'elles aient été chargées à bord du navire après avoir été mesurées, sans qu'il soit besoin, pour que la livraison soit parfaite, que le navire ait quitté le port ou que le capitaine ait signé un connaissement. — *Cass.*, 2 août 1841 (t. 2 1841, p. 634), Prévost c. Vacher et Tilly.

192. — Jugé que, d'après le droit commun, la surmesure de plus d'un vingtième commise par un arpenteur dans l'arpentage préliminaire à l'adjudication d'une coupe a pu être déclarée ne pas entraîner de préjudice pour l'adjudicataire, et dès-lors ne donner lieu, en sa faveur, à aucun recours en garantie contre cet arpenteur, alors que, la vente ayant été effectuée à tant l'hectare, il a été stipulé que le prix définitif ne serait fixé en plus ou en moins que d'après un réarpentage contradictoire. — *Cass.*, 31 août 1841 (t. 1er 1842, p. 137), Husson c. Bert.

193. — Dans une vente sur échantillon, lorsque la marchandise est conforme à l'échantillon, l'acheteur n'est point recevable à demander la résolution de la vente pour diminution dans le produit espéré de la chose vendue. Ainsi, l'acheteur sur échantillon d'une partie de râclures de tartre ne saurait être admis, lorsque la marchandise a été livrée conformément à l'échantillon, à demander la résolution de la vente pour déchet de rendement, alors surtout qu'aucune garantie de rendement n'a été convenue. Ce déchet ne constitue pas un vice caché, dans le sens de l'art. 1641, C. civ. — *Bordeaux*, 25 juill. 1843 (t. 1er 1845, p. 235), Perret c. Fourcaud.

§ — 7. *Ventes avec dégustation et à l'essai.*

194. — Il est certaines choses qu'on n'est dans l'usage d'acheter que lorsqu'elles ont été préalablement goûtées; telles sont, par exemple, le vin, l'huile (C. civ., art. 1587), et autres choses déterminées par les usages locaux. — Delvincourt, t. 3, p. 62, note 1re; Troplong, *Vente*, t. 1er, no 96. — Jusqu'à la dégustation, il n'y a donc pas de vente.

195. — L'art. 1587 ne dit pas, comme l'art. 1588 (pour les ventes à l'essai), que la vente des choses à goûter est faite sous condition *suspensive*; mais Duvergier pense, et avec raison, qu'il n'y a aucune différence entre ces deux sortes de vente (no 97). — V. le discours de Grenier au Tribunat. — Locré, t. 14, p. 233). — Et ce n'est qu'en refusant à la vente à l'essai, malgré les termes formels du code, le caractère de vente sous condition suspensive, que Troplong est arrivé à le refuser aux choses vendues avec condition de dégustation. — Troplong, no 108. — Au surplus, il est certain que les parties peuvent faire de la dégustation une condition *résolutoire*.

196. — On donne pour raison du caractère suspensif attribué à la condition de dégustation ou d'essai que s'il est vrai qu'au premier abord la vente soit subordonnée au caprice de l'acheteur, en réalité, et au fond, le vendeur pourra provoquer l'essai, et l'acheteur, s'il trouve la marchandise bonne, ne pourra la refuser qu'en mentant à sa conscience, en manquant à la bonne foi. On ne peut donc pas dire, en présence du principe que la bonne foi se présume, que le sort de la vente soit livré entièrement à la volonté de l'acheteur. — Duvergier, *Vente*, t. 1er, no 97.

197. — Au surplus, il est évident qu'il n'y aurait de difficulté à cet égard qu'autant que la dégustation d'essai devrait être faite par l'acheteur lui-même, et non si elle devait être faite par experts.

198. — Dans les termes généraux de l'art. 1587, l'acheteur devrait toujours rester maître, après la dégustation, de refuser la marchandise. Mais Troplong fait remarquer avec raison qu'il ne peut en être ainsi qu'autant que la dégustation est faite par l'acheteur lui-même, cas auquel son refus est à l'abri de toute attaque; si, au contraire, à raison soit des stipulations du contrat, soit de la nature de la vente, elle doit être faite par des experts et que les experts jugent que la marchandise est bonne, il ne peut la refuser. — Troplong, *Vente*, no 99 et 104; Pothier, *Vente*, no 311. — *Contrà* Merlin, *Rép.*, vo *Vente*, p. 526.

199. — Ainsi, jugé que l'art. 1587 ne reçoit son application qu'au cas où il ne résulte pas, soit de la convention des parties, soit de la nature de la vente, que l'acheteur n'a pas entendu faire de sa dégustation personnelle une condition essentielle du marché. — *Cass.*, 29 mars 1836, Michel c. Desvarannes.

200. — L'art. 1587, C. civ., qui dispose qu'à l'égard du vin, de l'huile et des autres choses que l'on est dans l'usage de goûter avant d'en faire l'achat, il n'y a pas de vente tant que l'acheteur ne les pas goûtés et agréés, dispose d'une manière générale. Dès lors, la décision qui l'applique même dans le cas d'une vente commerciale ne peut être cassée, alors, d'ailleurs, qu'il ne résulte pas des termes de cette décision que l'usage ou la convention particulière soient contraires à la dégustation préalable et arbitraire de l'acheteur. — *Cass.*, 5 déc. 1842 (t. 1er 1843, p. 133), Despaubourg c. Peyrusson.

201. — Bien qu'aux termes de l'art. 1587, C. civ., il n'y ait pas de vente, lorsqu'il s'agit de choses que l'on est dans l'usage de goûter avant d'en faire l'achat, tant que l'acheteur n'a pas goûté les choses destinées à être l'objet de la vente, l'acheteur n'est, cependant, plus recevable, quand il a reçu les marchandises sans protestation et les a longtemps gardées sans réclamation, à refuser d'en payer le prix, surtout si la vérification de leur état, au jour de leur arrivée, est devenue désormais impossible. — *Cass.*, 15 avr. 1846 (t. 2 1846, p. 222), Ferrein c. Sauvet.

202. — Quant à la question de savoir si la dégustation doit être abandonnée à l'acheteur ou confiée à des experts, elle dépend, ainsi que nous l'avons dit, soit des stipulations du contrat (et dans ce cas il n'y a pas de difficulté possible), soit de la nature de la vente.

203. — S'il s'agit de ventes commerciales, ce n'est pas le goût individuel de l'acheteur, mais le goût commun qu'il s'agit de satisfaire, et, dans ce cas, l'avis des experts doit intervenir. — Troplong, *Vente*, t. 1er, no 100; Duvergier, *Vente*, t. 1er, no 101; Duranton, t. 16, no 93; Pothier, *Vente*, no 311; Pardessus, t. 2, no 293.

204. — Jugé, en ce sens, que l'art. 1587 *peut être* déclaré non applicable à une vente de vins que l'acheteur acquiert, non pour sa consommation particulière, mais pour les livrer, par le commerce, au goût des consommateurs. Dans ce cas, la vente est parfaite du jour où le traité est intervenu entre les parties, sans qu'il soit nécessaire d'attendre que l'acheteur ait dégusté et agréé les vins. Il y a lieu seulement à nommer des experts pour donner leur avis sur la fabrication et l'entretien des vins, et sur leur classement d'après les prix déterminés par la convention. — *Angers*, 21 janv. 1835, Michel c. Desvarannes; *Cass.*, 29 mars 1836, mêmes parties.

205. — Toutefois, en l'absence de toute distinction écrite dans la loi, on ne pourrait casser un jugement qui, sans constater que la nature de la vente ou l'intention présumée des parties ou l'usage commercial écartât l'art. 1587, avait fait application de cet article même à une vente commerciale. — Merlin, *Rép.*, vo *Vente*, § 4, no 3.

206. — Suivant nous, la première opinion est préférable. Evidemment, l'art. 1587 n'a pas eu en vue les ventes commerciales, car, avec son application rigoureuse, il n'y a pas de marchés commerciaux possibles; mais pour permettre d'échapper à ce texte, la cour de Cassation ne demande qu'une déclaration de fait sur les usages ou l'intention des parties : or, dans les ventes commerciales, l'usage de la dégustation par experts pour reconnaître si la marchandise est loyale et marchande est chose certaine, et il n'est pas moins certain que l'intention de soumettre le sort de la vente à la dégustation personnelle de l'acheteur ne se rencontre jamais.

207. — Le consommateur qui écrit à un négociant de lui expédier du vin en pièces ou en bouteilles n'est pas, à la réception de ce vin, libre de le refuser sous prétexte qu'il ne serait pas de son goût. Il suffit que le vin soit de bonne qualité; dans ce cas, la faculté de dégustation personnelle préalable n'est pas censée réservée. — Duvergier, *Vente*, t. 1er, no 184; Delvincourt, t. 3, p. 63, note 1re.

208. — Sur qui, du vendeur ou de l'acheteur, tombent les risques dans les ventes des choses que l'on est dans l'usage de goûter? Suivant Troplong (no 101), ils tombent sur le vendeur tant que la dégustation n'a pas été faite, puisque, jusqu'à ce moment, il est incertain s'il deviendra propriétaire.

209. — C'est aussi ce qui résulte d'un arrêt de la cour de Metz du 20 août 1827, Genoudet c. Vedel.

210. — Toutefois, s'il résultait des circonstances que la dégustation n'est pas une condition suspensive de la vente, et qu'elle n'est qu'un moyen de constater qu'il n'y a pas eu erreur sur la qualité, la perte retournerait sur l'acheteur pourvu qu'il fût établi que la chose était de la qualité convenue. — Troplong, no 101. — En outre, si la condition de dégustation avait reçu des parties un caractère résolutoire, les risques seraient pour l'acheteur tant que la résolution ne serait pas opérée. — Duvergier, *Vente*, t. 1er, no 103. — Ces principes nous paraissent incontestables.

211. — Si des pièces de vin expédiées sur l'ordre de l'acheteur et remises au voiturier avaient péri en route, comme dans ce cas la vente n'est pas subordonnée *au goût personnel* de l'acheteur, ne doit-on pas dire que les vins sont présumés avoir été expédiés de la qualité convenue, et que, dès-lors, la perte est pour l'acheteur? — *Aff.* Duvergier, *Vente*, 1er, 1, no 103. — V. Pardessus, no 296.

212. — Si aucun délai n'a été fixé pour la dégustation, le vendeur qui a intérêt à ce qu'elle se fasse peut constituer l'acheteur en demeure et lui faire sommation portant que la dégustation sera faite tel jour, sinon que le marché sera exécuté purement et simplement ou que le vendeur pourra disposer de la chose. — Troplong, no 101.

213. — Si un délai a été fixé, et que l'acheteur n'ait pas opéré la dégustation, par sa faute, le vendeur est dégagé de toute obligation envers lui. Mais on ne peut dire que dans ce cas l'acheteur soit responsable du risque, puisqu'il n'y a pas eu de vente parfaite. — Troplong, no 101.

214. — La faculté de dégustation personnelle de l'acheteur n'empêche pas que le vendeur ne soit lié; aussi ne pourrait-il se dédire sous prétexte qu'il n'y a pas eu dégustation. — Troplong, no 102; Duvergier, *Vente*, t. 1er, no 109.

215. — Mais le vendeur est-il lié à ce point que l'acheteur, fondé à refuser de recevoir des vins ou liqueurs, en ce qu'ils ne sont pas conformes à ceux qu'il avait demandés, puisse exiger que le vendeur (ou le commissionnaire) lui fournisse d'autres vins ou liqueurs à la place de ceux qu'il a justement refusés? — *Nég. Metz*, 20 août 1827, Genoudet c. Vedel.

216. — M. Duvergier (*Vente*, t. 1er, no 109) distingue si les choses vendues ont été déterminées spécialement ou si elles ont été désignées seulement par leur espèce. — Dans le premier cas, dit-il, l'acheteur ne peut que refuser les marchandises offertes sans avoir le droit d'exiger qu'on lui en fournisse d'autres; dans le deuxième, il est autorisé à demander l'exécution du contrat. — Aussi critique-t-il l'arrêt précité, qui a été rendu dans une affaire où les marchandises n'étaient désignées que par leur espèce. — « Cet arrêt, dit-il, est fondé sur ce que l'acheteur n'étant pas lié, le vendeur ne pouvait l'être. Il me semble que cette décision présente des erreurs accumulées : d'abord, l'acheteur est véritablement obligé, seulement il est obligé sous une condition suspensive; en second lieu, l'obligation du vendeur n'est pas subordonnée à celle de l'acheteur; en troisième lieu, l'arrêt lui-même reconnaît l'existence du lien de droit, puisqu'il suppose, implicitement du moins, que le vendeur était tenu à faire la première livraison. Enfin, lorsque l'obligation de donner porte sur une chose qui n'est désignée que par son espèce, le débiteur est tenu de donner une chose d'une qualité moyenne; le créancier peut le contraindre à exécuter son engagement, ce qui emporte non seulement le droit de refuser une chose de mauvaise qualité, mais encore le droit de se faire délivrer une chose de qualité bonne et convenable. » — V. *Vente*, t. 1er, no 109.

217. — La preuve de la dégustation dépend des circonstances : elle résulte, généralement, de la prise de livraison par l'acheteur, ce qui suppose que la marchandise a été agréée. — Troplong, no 103.

218. — Elle résulte aussi, généralement, dans le commerce des liquides de la marque que l'acheteur met sur les tonneaux qui contiennent la marchandise. — Troplong, no 103. — Cet auteur discute la question avec détails en citant, en ce sens, Charondas et un arrêt du Parlement de Paris du 11 mai 1548 et la nouvelle coutume d'Auxerre (art. 42). — Duvergier, *Vente*, t. 1er, no 107; Duranton, no 96. — Troplong cite, en les combattant, plusieurs anciens auteurs et notamment Cujas, sur la loi 74, ff., *De cont. empt.*, qui pensent que la marque prouve moins la volonté de procurer livraison que celle de se précautionner contre la substitution d'un tonneau à un autre. — Mais il fait remarquer, avec raison, que cette précaution prise contre un échange clandestin n'est utile qu'autant qu'il considère la vente comme parfaite à raison de la dégustation préalable.

219. — Il arrive souvent que les conséquences qui sont attribuées à la vérification et à la dégustation des marchandises, à la réception par l'acheteur et à la marque qu'il a apposée, sont modifiées

soit par les conventions des parties, soit par l'usage. — Duvergier, *Vente*, t. 1er, no 108.

220. — Ainsi, il résulte d'un arrêt de la cour de Bruxelles qu'une première vérification de pierres de taille vendues, faite au domicile du vendeur, n'a pas eu pour effet d'en transporter la propriété à l'acheteur, et d'en mettre les risques à sa charge, lorsque celui-ci s'est réservé le droit de les examiner de nouveau à leur arrivée et de les refuser pour écornures dans la conduite et mauvaise façon. — *Bruxelles*, 9 déc. 1830, Velleman c. Cantineau.

221. — Il résulte aussi d'un arrêt de la cour de Bordeaux, contre lequel on s'est vainement pourvu en cassation, que, sur la place de Bordeaux, la réception des sucres bruts, alors même qu'elle est faite sans protestation ni réserve, ne prive pas l'acheteur de la faculté de faire vérifier s'ils sont conformes aux échantillons. — *Bordeaux*, 27 août 1831 (sous *Cass.*, 22 nov. 1831), Lacroix c. Fabre.

222. — La dégustation, quand elle est faite par experts, a lieu suivant l'usage de la localité. — V., sur le mode de dégustation des eaux-de-vie dans le midi, *Montpellier*, 10 juill. 1829 (sous *Cass.*, 6 avr. 1831), Rémond c. Gayral.

223. — La vente à l'essai a un grand rapport avec la vente avec dégustation, car il y a des choses qu'on n'achète qu'après les avoir essayées. — Par exemple, un cheval, une montre, une pendule, etc. — Pothier, *Vente*, no 265

224. — La loi ne dit pas quelles sont ces choses; l'art. 1588 ne se sert pas, à cet égard, de termes aussi larges que l'art. 1587, d'où Troplong a conclu que la condition d'essai doit être expresse et sortir de la convention même: la loi ne la sous-entendant pas de plein droit. — Troplong, no 103.

225. — Le principe posé par Troplong nous paraît trop absolu, et il semble qu'en cette matière l'usage devra jouer aussi un grand rôle. Ainsi, s'agit-il de vêtemens, il est évident que la condition d'essai sera sous-entendue, et nous partageons l'avis de Duvergier (*Vente*, t. 1er, no 100), qui pense que dans cette matière tout se réduira à savoir quel est l'usage, et si les parties ont voulu s'y soumettre. — Arg. art. 1159.

226. — L'art. 1587 dit que la vente à l'essai est toujours présumée faite sous une condition *suspensive*. Troplong critique cette disposition comme s'il pose un principe faux, en voulant rectifier une erreur de Pothier, qui considérait (no 265) une telle vente comme faite sous une condition *résolutoire*. — Quant à lui, il pense qu'une telle vente n'a, en elle-même, un caractère ni suspensif ni résolutoire: tout dépendra de la convention des parties (no 107).

227. — Duvergier, au contraire, considère, et avec raison, la vente à l'essai comme réellement faite sous une condition suspensive, et, dès-lors, comme devant produire toutes les conséquences qui en dérivent, notamment pour les risques de la chose vendue. — Il cite un passage du discours de M. Grenier au tribunat (Locré, t. 14, p. 233). Toutefois, l'auteur réserve l'influence des stipulations particulières, lesquelles pourront la faire parfois réputer faite sous condition résolutoire (nos 98 et 99). — V., aussi, Pardessus, t. 2, nos 294 et suiv.; Duranton, t. 16, no 73. — V., *suprà*, no 195.

228. — Lorsqu'un délai précis a été fixé pour faire l'essai, si l'acheteur le dépasse, il ne peut se faire relever de cette déchéance. La condition suspensive ne s'étant pas vérifiée, le traité disparaît. — Pothier, no 265; Delvincourt, t. 3, p. 62, note 7e; Troplong, no 109.

229. — Si la condition d'essai était résolutoire, l'acheteur serait déchu par l'expiration du délai, et la vente deviendrait pure et simple. — Troplong, no 109; Merlin, *Rép.*, vo *Essai* (*Vente à l'*).

230. — En matière commerciale, celui qui laisse écouler le délai sans faire connaître son sentiment est censé consentir à la vente. L'intérêt des transactions commerciales le veut ainsi. — Pardessus, t. 2, no 294; Troplong, no 109.

231. — Si la convention ne fixe pas de délai pour l'essai, et que la convention soit résoluble, ce délai est laissé à l'arbitrage du juge. — Il doit être court. — Si le marché est conditionnel, on peut, suivant les circonstances, ou décider que l'acheteur a approuvé le marché, ou faire déterminer un délai par le juge. — Troplong, no 109; Pothier, *Vente*, no 266; Delvincourt, t. 3, p. 62, note 7e. — Dans le droit romain, l'acheteur avait, en cas de non fixation de délai, soixante jours pour se décider. — L. 31, § 22, ff., *De ædil. edict.* Pothier, — *loc. cit.*; — Merlin, *Rép.*, vo *Essai* (*Vente à l'*).

232. — L'acheteur doit user loyalement de la chose livrée à l'essai. Pendant le temps de l'essai, il n'est pas responsable de la force majeure qui détériore la chose, mais il doit veiller à sa conservation en bon père de famille. — Troplong, nos 110 et 111.

233. — Mais la détérioration ou même la perte qui serait survenue en essayant la chose, et par le fait même de l'essai, devrait être supportée par le vendeur. — Par exemple, si une légère fatigue avait fait crever un cheval pendant qu'on l'essayait. — Duvergier, *Vente*, t. 1er, no 104; Merlin, *Rép.*, vo *Essai* (*Vente à l'*).

234. — L'essai proprement dit peut, comme la dégustation, être considéré comme une opération que l'acheteur doit faire lui-même, mais cela sera moins facilement présumé que dans le cas de dégustation. — Ainsi Duvergier (*Vente*, t. 1er, no 102) dit que l'essai d'une machine est bien plus indépendant de la convenance personnelle de l'acheteur que la dégustation d'une pièce de vin.

235. — La faculté d'approuver la chose donnée à l'essai est-elle personnelle, en sorte qu'elle ne passe pas à l'héritier de l'acheteur? *Aff.* Voët, *De cont. empt.*, no 26, qui se fonde sur les lois 65, § 1er; ff., *De leg.*; 1 et 69; ff., *De cond. et demonst.*; L. 4, ff., *Locati*. — *Nég.* Troplong (no 112), qui, en combattant comme inapplicables les lois romaines citées par Voët, dit, et avec raison suivant nous, que rien ne prouve qu'il ait été entendu que l'approbation serait un droit personnel à l'acquéreur, et que, dès-lors, les principes généraux conservent leur empire. — Ce qui est dit à l'égard des héritiers s'applique aux créanciers en cas de faillite. — Troplong, no 112.

236. — L'agrément de l'acheteur donne-t-il à la vente un effet rétroactif au jour où le vendeur a fait ses offres?

237. — A l'égard des preuves de l'essai, voyez ce qui a été dit pour les preuves de la dégustation, *suprà*, no 217.

238. — Jugé que, lorsque la vente a porté sur un produit nouveau dont les qualités ne pouvaient être reconnues et appréciées qu'après l'essai, la réception de la marchandise par l'acheteur ne peut faire obstacle à la demande en résiliation de la vente, s'il vient à être démontré que cette marchandise est impropre à l'usage auquel elle était destinée. — *Aix*, 19 nov. 1831, Saint-Martin c. Desmoulins.

Art. 2. — *Promesses de vente.*

239. — Suivant l'art. 1589, la promesse de vente vaut vente lorsqu'il y a consentement réciproque des deux parties sur la chose et sur le prix.

240. — Bien que le texte de cet art. 1589 semble n'admettre de promesses de vente obligatoires que celles qui sont synallagmatiques, c'est-à dire qui sont accompagnées de la promesse d'acheter, cependant, il ne faut pas en conclure que la loi ne reconnaît pas les promesses de vente *unilatérales*. — Duvergier, *Vente*, t. 1er, no 123; Troplong, nos 115 et 116. — V. aussi, *infrà*, no 247, l'arrêt de Paris du 10 mai 1826.

241. — Jugé, en ce sens, qu'il n'est pas nécessaire, pour qu'une promesse de vendre soit obligatoire, qu'il y ait consentement réciproque des deux parties, c'est-à-dire promesse de vendre et promesse d'acheter. Spécialement, l'acte unilatéral par lequel une partie s'engage envers une autre à lui vendre un immeuble, moyennant un prix convenu, et ce aussitôt qu'elle aura fait connaître, par écrit, son acceptation, et pourvu qu'elle le fasse dans un délai prescrit, est civilement obligatoire. Un semblable acte ne peut être assimilé à la promesse de vente dont parle l'art. 1589 C. civ., et il n'est pas nul pour n'avoir pas été fait double. — *Bruxelles*, 23 mars 1831, Aerlsens c. Van Nes.

242. — Jugé, toutefois, qu'est nulle, et ne peut être considérée comme promesse de vente valable, la convention par laquelle l'acquéreur d'un immeuble déclare consentir que le vendeur reprenne son bien quand bon lui semblera, en remboursant le prix de vente si l'acte n'a pas été fait double, et que, de son côté, celui-ci n'a contracté aucune obligation personnelle. — *Lyon*, 27 juin 1832, Tardy c. Gonguet. — Merlin, *Rép.*, vo *Vente*, p. 534 et 535, no 5, et t. 15 (*non bis in idem*), p. 505 *in fine*. — Rolland de Villargues, *Rép., du notariat*, vo *Promesse de vente*; Toullier, t. 9, no 91.

243. — Sous l'ancienne jurisprudence, les promesses unilatérales de vendre contenaient un lien de droit et étaient obligatoires d'une manière ou d'autre par le promettant. — V. Pothier, *Vente*, nos 479 et 480, les autorités citées par Troplong (no 115), Duvergier (no 121, note), et arrêt du Parlement de Paris, 28 mai 1658.

244. — Aussi, doit-on considérer comme renfermant une doctrine inexacte un arrêt qui a jugé que la promesse faite par un acquéreur d'un bien national de céder ce bien à un tiers, et, spécialement, à une commune, à condition qu'on lui remboursera ses avances, n'a pu être considéré soit sous le Code, soit sous la coutume de Paris, que comme une simple proposition qui ne pouvait lier celui qui l'avait faite, qu'autant que l'autre partie l'avait acceptée. — *Angers*, 27 août 1829, comm. Saint-Pierre-Lacour c. Froger-Mauny.

245. — Jugé, au reste, que la commune n'est pas recevable à demander l'exécution d'une telle promesse, lorsqu'elle a laissé présumer sa renonciation formelle à cette promesse, par une non exécution de près de trente ans, et par une acquisition postérieure d'une partie du bien dont la revente faisait l'objet de la promesse. — Même arrêt.

246. — La promesse de vente unilatérale est valable sous le Code civil, comme elle l'était avant sa promulgation. Spécialement, est valable la promesse faite, dans un contrat d'obligation, par l'emprunteur au prêteur, de lui vendre l'immeuble hypothéqué comme garantie du remboursement de la somme prêtée, si ce remboursement n'a pas été effectué dans un délai déterminé. Et, dès-lors, la dation en paiement faite de cet immeuble avant l'expiration dudit délai, par le promettant à sa femme séparée de biens, pour la remplir de ses reprises, doit être déclarée nulle lorsqu'il est établi que la femme connaissait la promesse de vente dont cet immeuble était l'objet de la part de son mari. — *Bordeaux*, 17 août 1848 (t. 2 1848, p. 562), Puybonnieu c. Ménesplier-Lagrange.

247. — La promesse de vente faite par acte unilatéral doit être considérée comme civilement obligatoire pour le promettant, bien qu'elle ne soit signée que par ce dernier. — *Paris*, 10 mai 1826, Sonnerat c. Lemaignen et Pichard. — Troplong, no 116; Duranton, no 49; Duvergier, *Vente*, t. 1er, no 123.

248. — La promesse, même unilatérale, de vendre, vaut vente. Une pareille convention ne peut être annulée par le motif que son exécution dépendrait d'une condition potestative de la part de celui au profit de qui elle est faite. Une promesse de cette nature n'est pas susceptible de cession sans le consentement de la partie qui s'y est engagée. — *Paris*, 2 juill. 1847 (t. 2 1847, p. 211), Leroux c. Petit.

249. — La promesse de vendre un immeuble, quoique non accompagnée de la promesse d'acheter, est valable du moment que la chose et le prix y sont déterminés. — *Amiens*, 26 juin 1841 (t. 1er 1845, p. 222), Trocmé c. Ségard.

250. — Mais elle n'est valable que comme promesse obligatoire. Le promettant est bien obligé de vendre dès qu'il en est requis; il peut y être forcé par jugement (V. l'arrêt du 10 mai 1826 précité); mais il n'en résulte pas que les actes translatifs de propriété, postérieurs à cette promesse, faits au profit de tiers de bonne foi soient nuls: dans ce cas, les actes seront respectés, et le promettant sera condamné à des dommages-intérêts. — Duvergier, *Vente*, t. 1er, no 123.

251. — De même, le promettant peut, tant qu'il n'y a pas eu acceptation, louer la chose, et l'acte de location est valable sauf le cas de fraude. — *Paris*, 10 mai 1826, Sonnerat c. Lemaignen, et le jugement sous cet arrêt. — Troplong, no 123.

252. — ... Et l'acceptation n'a pas d'effet rétroactif au jour de la promesse. — Duvergier, no 126; Troplong, no 113. — *Contrà*, Duranton, no 53. — Mais l'opinion de ce dernier auteur ne doit pas être suivie.

253. — Du moment de l'acceptation, la promesse devient, d'unilatérale, synallagmatique, et en produit tous les effets. — V. *infrà* nos 269-273.

254. — Jugé même que la promesse unilatérale de vente ne vaut vente que du jour où celui au profit de qui elle a été faite a déclaré son intention d'acquérir aux conditions qui y sont portées. — *Paris*, 26 août 1847 (t. 2 1847, p. 502), Pelletier c. Boguet.

255. — Si la promesse unilatérale de vente peut être rétractée tant qu'elle n'a pas été acceptée par celui à qui elle a été faite, la rétractation n'est plus possible du moment où, par l'acceptation qui y a été donnée, elle a été convertie en un contrat synallagmatique parfait. Spécialement, la promesse de vente consentie à une commune devient obligatoire, et ne peut plus être rétractée après l'acceptation qu'en a faite la commune par délibération du conseil municipal. — *Cass.*, 12 juill. 1847 (t. 1er 1848, p. 87), Claveau Martineau.

256. — Si la promesse unilatérale a été faite avec limitation de temps, le promettant est déchargé par l'expiration du terme sans qu'il y ait besoin de sommation de la part de celui-ci. — Duvergier, t. 1er, no 127; Troplong, no 117; Pothier, no 481. — *Contrà*, Duranton, t. 16, no 58 (qui exige une sommation).

257. — En l'absence de limitation de temps, MM. Duranton (t. 16, no 58) et Troplong (no 117) disent

que le promettant peut se décharger en sommant le créancier d'accepter dans un délai déterminé. Pothier (no 481) est d'avis que le promettant doit obtenir sentence portant que l'autre partie déclarera dans un délai donné si elle entend acheter. M. Duvergier (no 127) propose, sans rendre un jugement chose obligatoire, de permettre au créancier de réclamer contre la brièveté du délai fixé par le promettant. Au surplus, ainsi que le reconnaissent ces auteurs, dans une pareille question, et lorsqu'il s'agira de savoir si le créancier a renoncé à l'accomplissement de la promesse, les circonstances exerceront une grande influence. — V. sect. 2e, sur la *Forme de la vente*.

258. — La promesse unilatérale de vendre doit *fixer le prix*. Pothier (no 482) disait le contraire en soutenant qu'une promesse faite sans fixation de prix contient convention implicite que le prix sera fixé par des experts dont les parties conviendront. Mais les auteurs reconnaissent qu'une telle promesse ne contiendrait pas de lien de droit et que le promettant pourrait en discéder impunément. — Duvergier, t. 1er, no 128 ; Duranton, no 57 ; Troplong, no 118, sauf le cas suivant lui où la promesse aurait reçu un commencement d'exécution. — Voët, *De cont. empt.*, no 2.

259. — Si le prix a été fixé, l'augmentation ou la diminution de valeur ne peut être pour le promettant un sujet soit de demander un prix plus fort, ou contre lui un motif de recevoir un prix moins élevé. Seulement en cas d'augmentation par alluvion, il peut exiger qu'on lui fasse raison de la plus-value. — Troplong, nos 119, 120.

260. — Au surplus, il ne faut pas confondre une *simple proposition de vendre* avec une promesse ou obligation de vendre. Les simples propositions ne lient pas, et peuvent être rétractées tant qu'il n'y a pas eu acceptation. *Sollicitatio est solius offerentis promissum.* — L. 3, ff., *De pollic.* — *Cass.*, 18 août 1818, Barras c. Magne de Saint-Victor. — Duvergier, no 121 ; Troplong, no 124.

261. — Ainsi, lorsqu'un commerçant envoie une circulaire portant indication des articles qu'il vend avec offre de les fournir et expédier, cette offre ne le lie pas, et il peut vendre à d'autres qu'à ceux qui ont reçu sa circulaire. — Troplong, no 124. Pardessus, t. 2, p. 269.

262. — Mais on doit considérer comme une promesse, et non comme une simple proposition de vendre, l'acte ainsi conçu : Je promets et m'oblige en faveur de... à lui céder (tel immeuble), lorsque l'acte de vente m'en aura été passé, et en me remboursant de mes avances, dépenses et déboursés. — Troplong, no 124. — *Contrà, Angers*, 27 août 1829, commune Saint-Pierre Lacour c. Froger de Mauny.

263. — La promesse synallagmatique transmet-elle la propriété comme l'eût transmise une vente ? Est-ce en ce sens qu'il faut entendre les mots de l'art. 1589 : que la promesse de vente vaut vente ? — Duvergier, t. 1er, no 124 ; Favard de Langlade, vo *Vente*, § 4, no 3 ; Duranton, no 51 ; Rolland de Villargues, *Rép. du not.*, vo *Promesse de vente*, no 13. — Toutefois, M. Duvergier (nos 124 et 125) excepte le cas où les parties auraient manifesté l'intention de rejeter dans l'avenir les effets de leur convention. Dans ce cas, la propriété ne serait transmise que le jour fixé par la convention une fois arrivé.

264. — Dans le système de M. Duvergier, les mêmes principes s'appliqueraient au cas où une promesse unilatérale aurait été acceptée, le fait seul de l'acceptation rendant la promesse synallagmatique. — Duvergier, no 123.

265. — Au contraire, plusieurs auteurs, après avoir rappelé que sous l'ancienne jurisprudence la maxime *promesse de vente vaut vente*, signifiait seulement que la promesse de vente était obligatoire, et qu'à l'instar de la vente elle devait conduire à la tradition de la chose et au paiement du prix, ont soutenu que le Code n'avait pas voulu déroger à ces règles, et qu'en conséquence la promesse ne vaut vente *absolument* sous le Code qu'autant qu'il y a eu tradition et mise en possession. — Toullier, t. 9, no 92 ; Troplong, no 130. — Et ces auteurs invoquent la discussion qui a eu lieu au tribunal.

266. — Dans ce système, on trouve dans un arrêt de la cour de Bourges un motif qui porte que la promesse de vente ne fait que promettre de transférer la propriété. — *Bourges*, 2 avr. 1821, Thevenin c. Boissinard.

267. — Toutefois, cette discussion au conseil d'État nous paraît invoquée à plus juste titre par M. Duvergier. En effet, il cite un passage dans lequel M. Grenier disait : « Il y a un autre acte qui *renferme la vente* et qui en a *tous les effets*, c'est la promesse de vendre...... Il est bien entendu que la validité de la promesse de vendre, qui ne peut avoir

plus de faveur que la vente, *à laquelle elle parfaitement assimilée*, est soumise aux mêmes conditions que la vente. »

268. — Dans tous les cas, il a été jugé avec raison que la promesse de vente valant vente, c'est à partir de l'acte sous seing-privé qui constate cette promesse, et non à partir de l'acte notarié qui la réalise, que court le délai de l'action en rescision. — *Cass.*, 2 mai 1827, Quesnel c. Valinelle ; — Duvergier, t. 2, no 100 ; Troplong, t. 1er, no 131.

269. — Jugé, au contraire, que la promesse unilatérale de vente, constituant une simple pollicitation, ne vaut vente que du jour où celui au profit de qui elle a été faite a déclaré l'accepter. Par suite, c'est du jour de l'acceptation seulement que court le délai de l'action en rescision de la vente pour lésion de plus des sept douzièmes. Lorsque, pour établir la lésion de plus des sept douzièmes dans une vente, une cour d'appel a pris pour base la plus-value donnée à l'immeuble par un jury d'expropriation, l'acquéreur qui n'a pas contesté cette plus-value est non recevable à se plaindre en cassation que les magistrats n'aient pas eu recours à une expertise pour la déterminer. Les juges saisis de l'action en rescision d'une vente pour lésion de plus des sept douzièmes n'ont point à s'occuper du droit d'option établi par l'art. 1681, C. civ. en faveur de l'acquéreur, lorsque celui-ci n'a point posé de conclusions subsidiaires relativement à ce droit. — *Cass.*, 9 août 1848 (t. 2 1848, p. 213), Pelletier c. Boguet.

270. — La promesse de vendre n'est obligatoire qu'autant qu'elle est faite avec les formes prescrites pour la vente, surtout lorsqu'elle renferme des obligations réciproques. Ainsi, une promesse de vendre, sous signature privée, n'est point obligatoire si l'acte n'est point fait double et signé par les deux parties contractantes, alors même qu'il y aurait eu mise en possession. — *Riom*, 26 mai 1820, Joseph Chamerlat c. Jacques Foulhoux.

271. — La promesse de vente, que l'art. 1589, C. civ., assimile à la vente lorsqu'on est convenu de la chose et du prix, doit, comme la vente elle-même, et à titre de contrat synallagmatique, être, conformément à l'art. 1325 C. civ., faite en autant d'originaux qu'il y a de parties ayant un intérêt distinct. — *Cass.*, 21 déc. 1846 (t. 2 1846, p. 761), Laurent c. Raby.

272. — Celui qui, par lettre missive, offre de la marchandise à vendre avec condition d'en faire l'enlèvement à une époque fixée, n'a pas pour cela fait une promesse de vente lorsque le marché offert n'est accepté qu'après le délai imparti. Pour que le consentement soit valable par épistolaire, il faudrait qu'il fût réciproque ; autrement, dès qu'il n'émane pas des deux contractans, il n'y a plus d'obligation synallagmatique, et, conséquemment, plus de vente. — *Orléans*, 13 nov. 1822, Thiery c. Mesnier.

273. — La promesse de vente résultant d'une lettre missive ou d'un acte émané seulement du propriétaire de la chose ne devient obligatoire et ne forme un lien de droit que lorsqu'elle est agréée par l'acquéreur ; et, tant que celui-ci ne l'a pas acceptée, elle peut être retirée, même par une simple lettre. L'arrêt qui, en l'absence d'un acte formel d'acceptation dont la date soit antérieure au retrait de la promesse, déclare, par appréciation des circonstances de la cause, qu'il n'a pas existé entre les parties échange de conventions, et refuse de reconnaître la réalité de la vente, échappe à la censure de la cour de Cassation. — *Cass.*, 21 déc. 1846 (t. 2 1846, p. 761), Laurent c. Raby.

274. — La promesse de vendre est susceptible des mêmes conditions suspensives et résolutoires que la vente. Elle est souvent faite sans condition. — V. un arrêt de la cour de Colmar rendu dans une espèce où elle était subordonnée à la condition suspensive que l'un des contractans épouserait la fille de l'autre. — *Colmar*, 18 mai 1813, Kerling c. Richert.

275. — Lorsque, dans une promesse de vente d'objets partiels, il est dit que la vente n'aura lieu qu'autant que, dans le délai de deux mois, le propriétaire n'aura pas vendu la totalité de l'immeuble dont ces objets sont une dépendance, on ne saurait voir dans cette clause une condition purement potestative qui entraîne la nullité de la promesse. Ce n'est, au contraire, qu'une condition mixte qui ne fait point obstacle à l'exécution de la promesse de vente partielle, si la vente de la totalité de l'immeuble n'a pas eu lieu dans le délai convenu. L'appréciation du point de savoir si la condition contenue dans l'acte est ou non potestative, n'échappe pas à la censure de la cour de Cassation. — *Cass.*, 17 déc. 1828, Dardillac c. Bourré. — Troplong, t. 1er, no 132.

276. — La promesse de vendre peut être faite à

terme ; c'est ce qui résulte de l'arrêt précité de la cour de Cassation. — *Cass.*, 17 sept. 1828, Dardillac c. Bourré. — Troplong, no 133.

277. — La promesse de vente consentie avec fixation de terme pour l'acceptation de la vente par l'acquéreur ne constitue ni une obligation potestative dans le sens de l'art. 1174, C. civ., ni une obligation à terme soumise aux dispositions de l'art. 1188, mais une obligation sous condition suspensive. — *Paris*, 18 déc. 1840, (t. 1er 1841, p. 272), Domaine c. Sicard.

278. — Une promesse de vente par laquelle l'acquéreur a la faculté de se rendre ou non propriétaire dans un certain temps, par exemple en prévenant six mois d'avance, moyennant un prix déterminé, devient nulle si le vendeur révoque son consentement avant que l'acquéreur se soit expliqué, alors même que le vendeur se serait interdit d'empêcher la vente ; une telle promesse, d'ailleurs, est contractée sous une condition potestative. — *Bourges*, 2 avr. 1821, Thevenin c. de Boislinard.

279. — La promesse de vente peut être prouvée par l'aveu d'une des parties ; mais cet aveu ne peut être divisé, et s'il en résulte que la promesse n'est que conditionnelle, elle ne doit pouvoir recevoir son exécution qu'en cas d'événement de la condition. — *Colmar*, 18 mai 1813, Kerling c. Richert.

280. — Quand la promesse de vente a été écrite de la main du vendeur, mais non signée, elle suffit pour créer au profit de l'acheteur un commencement de preuve qui lui donne le droit de la compléter par les diverses présomptions qui se rencontrent dans la cause. — *Bordeaux*, 7 mai 1834, Michelot c. David.

281. — Il n'existe de dation en paiement susceptible de transférer la propriété que lorsqu'à la promesse de délivrer ses immeubles, le débiteur a joint la tradition réelle : d'où il suit que, nonobstant les dispositions des art. 1582, 1583 et 1589, C. civ., en matière de vente, le concordat dans lequel un failli s'engage à remettre à ses créanciers les immeubles qu'il possède, même avec pouvoir de les *partager* ou *liciter*, ne constitue qu'un abandonnement et non une aliénation proprement dite, s'il est toujours resté en possession et a donné des à-compte aux créanciers concordataires. — Dans tous les cas, la décision qui, après examen et après appréciation des faits qui ont précédé, accompagné et suivi un concordat passé entre le failli et ses créanciers, reconnaît qu'il n'y a eu que contrat d'abandonnement non translatif de propriété, rentre exclusivement dans les attributions des juges du fond et ne peut être déférée à la censure de la cour régulatrice. — *Cass.*, 4 fév. 1840 (t. 1er 1840, p. 614), Puthod c. Dupuy.

282. — La clause d'un acte de vente portant que, si le vendeur se décide à aliéner une autre partie de ses biens, il ne pourra le faire qu'au profit de l'acquéreur, moyennant un prix qui est fixé, ne renferme pas une promesse de vente valant vente, encore que les parties fussent d'accord sur la chose et sur le prix. Elle ne constitue qu'un pacte de préférence dont l'inexécution ne donne lieu qu'à une action personnelle en dommages-intérêts contre le vendeur, et non une action réelle contre le nouvel acquéreur au profit de qui la vente a eu lieu. En tout cas, l'arrêt qui lui refuse le caractère d'une promesse de vente est à l'abri de la censure de la cour de Cassation, comme ne contenant qu'une appréciation de contrat. — *Cass.*, 9 juill. 1834, Commandeur c. Pelisson et Carriot.

283. — Une pareille clause, en admettant qu'il y eût vente, serait nulle, comme renfermant une condition potestative. — *Grenoble*, 23 mai 1829 (sous *Cass.*, 9 juill. 1834), Commandeur c. Pelisson. — *Contrà* Troplong, *Vente*, no 132. — V., au surplus, PACTE DE PRÉFÉRENCE.

284. — Si les parties voulaient se désister d'une promesse réciproque de vente, le pourraient-elles sans que les tiers (par exemple ceux ayant hypothèque légale ou judiciaire) pussent s'en plaindre ? — Troplong (no 134) soutient l'affirmative, et Duranton (no 58) la négative. — La différence de ces opinions provient de ce que le premier auteur, à la différence du deuxième, ne considère pas la promesse de vente comme translative de la propriété. — V. *suprà* nos 232 et suiv.

285. — Une promesse de vente, même acceptée, et dont les effets sont contestés par le promettant, n'oblige l'acceptant au paiement des intérêts du prix que du jour du jugement qui, en la déclarant valable, emporte réalisation de la vente elle-même. C'est alors seulement que la vente est réputée consommée. Quant à la possession qu'antérieurement à ce jugement l'acceptant aurait pu avoir, à un titre quelconque, de la propriété vendue, elle ne donne lieu, en faveur du promettant

qu'à une restitution de fruits, et non au paiement des intérêts du prix. — *Angers*, 20 mai 1848 (t. 2 1848, p. 204), caisse hypothécaire c. commune de Brezé.

286. — Est valable la clause d'un testament par laquelle le testateur a donné pouvoir spécial à son exécuteur testamentaire de vendre les immeubles de la succession pour en distribuer le prix à divers légataires. En conséquence, lorsque, en vertu d'une semblable clause, promesse de vente d'un de ces immeubles a été faite par l'exécuteur testamentaire à un tiers, ce tiers ne peut se soustraire à l'exécution de ladite promesse, en alléguant sa nullité, alors surtout que les héritiers du sang, loin d'élever aucune contestation, en reconnaissent au contraire la validité. — *Douai*, 27 déc. 1848 (t. 2 1849, p. 58), Allart c. Delombre.

287. — Le bénéfice d'une promesse de vente peut être l'objet d'une cession. Lorsqu'une promesse de vente, acceptée par un seul associé pour être réalisée dans un certain délai, et dont le bénéfice a été cédé moyennant un prix par lui à son co-associé, n'a point été réalisée par celui-ci dans le délai fixé, le prix de la cession a pu, par interprétation de la convention, être déclaré acquis au cédant, sans que cette appréciation tombe sous la censure de la cour de Cassation. — *Cass.*, 27 janv. 1841 (t. 2 1843, p. 331), Marion c. Pichat.

288. — La promesse de vente de la chose d'autrui, soumise, dans sa réalisation, à la condition que le promettant deviendra propriétaire de l'objet vendu, constitue une obligation conditionnelle, et ne peut être assimilée à la vente de la chose d'autrui prévue et prohibée par l'art. 1599, C. civ. D'ailleurs, la nullité elle-même de la vente de la chose d'autrui se couvre lorsque le vendeur devient propriétaire de la chose vendue. En conséquence, celui au profit de qui la promesse a été faite et qui l'a acceptée est mal fondé, lorsque le promettant est devenu propriétaire, à refuser la réalisation de la vente, sous prétexte que cette promesse, s'appliquant à la chose d'autrui, était dès son origine frappée de nullité. — *Paris*, 25 août 1845 (t. 1er 1846, p. 276), Lemuet-Lafriche c. Sautereau.

289. — A côté des promesses de vendre viennent se placer celles d'acheter. Pothier (nos 490 et suiv.) en trouve un exemple dans les enchères qui ont lieu dans les ventes judiciaires. Au contraire, Duvergier (t. 1er, no 129) considère ces ventes comme conditionnelles.

290. — Lorsqu'il a été dit dans un cahier de charges dressé pour parvenir à une adjudication que l'adjudicataire paierait au moment du contrat un droit proportionnel convenu pour les honoraires et déboursés du notaire, la promesse de vente cesse d'en être une, si cette condition n'est pas remplie. — *Orléans*, 25 nov. 1819, Vaslin c. Plancher.

ART. 3. — *Des arrhes.*

291. — On désigne sous le nom d'*arrhes* ce que l'on donne pour assurer la conclusion ou l'exécution d'un marché.

292. — Lorsque la promesse de vente a été faite avec des *arrhes*, chacun des contractans est maître de s'en départir : — celui qui les a données en les perdant, — celui qui les a reçues en restituant le double. — C. civ., art. 1590.

293. — Cette disposition du Code est conforme à l'ancien droit. — Pothier, no 498. — *Colmar*, 8 avr. 1808, Reynach c. Willemain.

294. — Toutefois, cet effet légal de la stipulation d'arrhes peut être modifié par la convention. — Troplong, no 135 ; Duvergier, no 133, note.

295. — Les arrhes données à l'appui d'une convention doivent être considérées comme ayant été stipulées pour déterminer la quotité du dédit à payer en cas d'inexécution, ou comme étant la preuve d'un marché irrévocablement accompli, suivant qu'elles sont ou non en rapport avec l'importance de la convention. — *Dijon*, 15 janv. 1845 (t. 2 1845, p. 382), Hugonot c. Maréchal.

296. — La promesse de vente faite avec arrhes reste en suspens tant qu'elle n'a pas reçu un caractère définitif. — Dès-lors, si elle devient inexécutable à raison d'une circonstance de force majeure, les arrhes doivent être rendues. — Pothier, no 504 ; Troplong, no 136 ; Delvincourt, t. 3, p. 67, note 4e ; Duvergier, t. 1er, no 140. — Il en serait de même en cas de renonciation mutuelle et convenue. — Troplong, *loc. cit.* ; Duvergier, *loc. cit.* ; Locré, t. 14, p. 198.

297. — La promesse avec *arrhes* ne produit les effets prévus par l'art. 1590 qu'autant qu'il y a convention réciproque sur la chose ou sur le prix. — Delvincourt, t. 3, p. 67.

298. — Ainsi, jugé que le vendeur d'une maison, par conventions verbales, qui reçoit un pot-de-vin lorsque les parties ne sont pas d'accord entre elles sur les conventions verbales, ne peut être regardé comme ayant véritablement fait une promesse de vente, et ainsi le pot-de-vin ne doit pas être assimilé à des arrhes dont la restitution n'est plus à faire. — *Orléans*, 7 nov. 1822, Baulu c. Fumey.

299. — Quand il y a non pas seulement *promesse de vente*, mais *vente arrêtée* avec arrhes données (ce qui arrive notamment dans les ventes faites dans les marchés publics et dans les ventes d'objets mobiliers), quelle est l'influence des arrhes sur le contrat de vente ? La question est controversée.

300. — Dans le droit romain, tel qu'il existait avant Justinien, les arrhes étaient considérées comme une preuve de la perfection de la vente et jamais comme un moyen d'échapper aux actions qu'elle produisait : « *Quod arrhæ nomine datur*, dit Gaïus dans ses *Institutes* (com. 3, no 139), *argumentum est emptionis et venditionis contractæ.* » Et c'est ce que répète en d'autres termes le même jurisconsulte, dans la loi 35, ff., *De contr. empt.* « *Ut evidentiùs probari possit conveniri de pretio.* » — Les interprètes sont en désaccord sur la question de savoir si Justinien, en attribuant aux arrhes un effet différent, celui d'échapper aux conséquences de la vente, n'a pas voulu que cela eût lieu, que la vente fût ou non parfaite. — V., à cet égard, les autorités en sens opposé citées par Duvergier, *Vente*, t. 1er, nos 136 et suiv.), et Troplong, *Vente*, t. 1er, nos 138 et suiv. — Ducaurroy, dans ses *Institutes expliquées* (t. 3, no 1036), se prononce pour l'affirmative en s'appuyant sur le texte même des *Institutes*. — V. la loi 3, tit. 24, *princip.* — V. aussi la loi 17, C., *De fid. instrum.*, et la loi 35, ff., *De contrah. empt.* (le texte porte : « *Sive in scriptis, sive sine scriptis celebrata sit. Qui recusat adimplere contractum.* ») — Pothier (*Vente*, no 508) soutient l'opinion opposée en adoptant l'interprétation de Vinnius, qui explique le texte en disant : « *Sive*, etc. : *Id est celebrari cœpta sit.* » (Ce qu'il justifie par cette raison : « *Modo pœnitentiæ locum esse quandiù aliquid deest ad perfectionem contractûs.* ») « *Qui recusat*, etc. : *Id est qui recusat emptionem perficere aut stare placito emptionis et venditionis futuræ.* »

301. — Sous le Code il a été jugé que lorsqu'il n'y a pas seulement promesse de vente, mais vente parfaite, les arrhes sont considérées comme à-compte sur le prix, et il n'y a pas lieu à l'application de l'art. 1590. — *Colmar*, 15 janv. 1813, Hummel c. Fresch et Scholl ; 19 juin 1814, Kreizinger c. Feugel. — Pardessus, *Cours de droit comm.*, t. 2, no 298 ; Maleville, sur l'art. 1590 ; Delvincourt, t. 3, p. 67, note 3e ; Duranton, t. 16, no 50 ; Rolland de Villargues, vo *Arrhes*, no 21 ; Favard de Langlade, vo *Arrhes*, et Merlin, *Répert.*, vo *Arrhes*.

302. — Jugé aussi que, lorsque la vente d'une maison a eu lieu pour un prix déterminé et un pot-de-vin que le vendeur avoue avoir reçu de l'acquéreur, plus un léger à-compte sur le prix principal, cette vente est parfaite ; dès ce moment, il n'est plus permis d'appliquer l'art. 1590, C. civ., qui ne se rattache qu'aux promesses de vente avec arrhes non revêtues du caractère d'un contrat parfait. — *Orléans*, 11 juin 1818, Boislègre c. Maniferme.

303. — M. Duvergier (t. 1er, nos 135 et suiv.) pense que puisque la promesse de vente synallagmatique est sous tous les rapports assimilée à la vente (on sait que cet auteur lui attribue la force translative de propriété. — V. *suprà* no 268), il n'y a aucun motif pour refuser aux arrhes qui accompagnent la vente les conséquences qu'elles produisent lorsqu'elles sont jointes à la promesse.

304. — C'est en effet ce qui paraît résulter d'un passage du discours de M. Grenier au tribunat. « Les usages variaient, disait-il, il ne pourra plus à l'avenir y avoir de difficultés. — La délivrance et la réception des arrhes détermineront le caractère et les effets de l'engagement en *le réduisant à une simple promesse de vendre dont on pourra se désister sous les conditions établies dans l'article.* » — Locré, t. 14, p. 238.

305. — M. Troplong (nos 142 et suiv.) fait quelques distinctions : ou la vente est faite sous une condition suspensive ou résolutoire potestative, et, dans ces cas, l'art. 1590 est applicable (sauf quelques modifications qu'il indique) ; et c'est ainsi qu'il critique l'arrêt du 15 janv. 1813, déjà cité, en disant que, puisque la vente était faite sous une condition suspensive (celle de la réalisation par écrit), les arrhes ne pouvaient être considérées comme à-compte sur le prix ; ou la vente est pure et simple. Il n'admet pas alors que l'art. 1590 soit applicable : « La vente est parfaite, dit-il ; elle fait passer *rectâ viâ* la propriété sur la tête de l'acheteur ; elle saisit de plein droit : se dédire, ce serait abdiquer la propriété, la faire repasser sur la tête du vendeur ; en un mot, faire une nouvelle vente ! Mais pourrait-il la faire sans le consentement du vendeur ?..... On se dédit d'un engagement, mais on ne se dédit pas d'un droit de propriété : se dédire d'un droit acquis et consommé est une idée qui implique contradiction. »

306. — M. Duvergier (no 140, en note) combat cette argumentation : « Qu'on songe, dit-il, que, d'après l'art. 1589, la promesse de vente vaut vente ; qu'elle confère un droit ; or, quel qu'il soit, droit de propriété ou simple *jus ad rem*, l'art. 1590 permet de s'en départir ; on peut donc se départir de droits acquis. « Mais j'avoue, ajoute l'auteur, que lorsque tous les actes d'exécution que la délivrance des arrhes avait précisément pour but d'assurer sont accomplis, le contrat étant non seulement parfait, mais exécuté, personne ne peut plus songer à s'en départir : « *At contractu, per consensum, ab omnibus partibus absoluto, pœnitere non est integrum.* » — V. Arnold. Corvin. ; *Digest. per aphorism.*, tit. *De contr. empt.*

307. — Dans tous les cas, et dans le doute s'il y a eu vente ou simple promesse de vente, on devrait présumer qu'il y a plutôt simple promesse. — Delvincourt, t. 3, p. 67, note 8 ; Troplong, no 141 ; Pothier, *Vente*, no 510 (sauf bien entendu l'appréciation des circonstances).

308. — Lorsque, dans un acte unilatéral sous signature privée, un mari reconnaît avoir reçu des arrhes pour vente d'immeubles, encore bien que cette reconnaissance contienne énonciation du prix et des termes de paiement, elle ne constitue qu'une simple promesse de vente avec arrhes, alors surtout que les immeubles sont propres à la femme, et que cette circonstance est connue de l'acquéreur, auquel le mari s'est contenté de promettre la signature de sa femme. — Dès-lors celui-ci peut se départir en restituant le double. — *Bourges*, 23 juill. 1840 (t. 1er 1841, p. 472), Desbois c. Charanton et autres.

309. — Au surplus, il ne faut pas confondre les arrhes proprement dites avec toutes les sommes qui peuvent être données en pareille circonstance, si la nature du contrat ou l'intention des parties repousse la faculté réciproque de résolution. — Duvergier, t. 1er, no 133.

310. — En matière de vente de meubles, si l'acheteur qui a payé les arrhes ne retire pas la chose au délai fixé, le vendeur peut ou refuser l'exécution du contrat (art. 1657) et garder les arrhes comme dommages-intérêts fixés à forfait, ou bien poursuivre l'exécution de la vente. — La réception des arrhes n'implique pas, de sa part, renonciation au droit de réclamer cette exécution du contrat. — Troplong, no 145 (qui cite la coutume de Reims). — Duvergier (t. 1er, no 138) paraît penser que le vendeur qui refuserait, après le délai fixé pour le retirement, l'exécution de la vente serait tenu de restituer les arrhes, si rien n'annonçait une intention contraire. Nous préférons l'opinion de Troplong, qui les considère comme acquises à titre de dommages-intérêts.

311. — Les arrhes se donnent habituellement en argent ; si elles ont été données d'une autre manière, et qu'il soit bien certain qu'elles l'ont été avec le caractère d'arrhes, la restitution au double se fera en rendant l'objet donné et, en outre, son prix suivant estimation d'experts. — Duvergier, t. 1er, no 138.

312. — Celui qui a reçu les arrhes doit y apporter les soins convenables. — En cas de perte, il serait tenu des suites, même de sa simple négligence. — Pothier, t. 1er, no 504 ; Duvergier, no 141.

ART. 4. — *De la chose.*

313. — Il n'y a pas de vente sans une chose qui fasse l'objet du contrat. — Il sera traité plus bas des choses qui peuvent être vendues et achetées.

314. — En outre, nous avons expliqué plus haut en quoi l'erreur sur la chose pouvait vicier le consentement ou anéantir la vente. — V. § *Caractères du consentement.*

315. — En cas de vente de partie d'un immeuble, la chose vendue doit être réputée suffisamment déterminée, si l'acte contient, outre les confronts, la clause que la contenance sera fixée suivant l'estimation et séparation qui en seront faites par experts. — *Montpellier*, 13 févr. 1828, Viguier c. Dangles.

316. — Jugé, encore, qu'il y a désignation suffisante de la chose vendue dans la vente de partie d'un immeuble, jusqu'à concurrence de telle valeur, laquelle partie sera déterminée par un expert

convenu. — *Cass.*, 6 juill. 1831, Boyer c. Raynal; — Duvergier, t. 1er, no 155.

317.—Et la vente étant ainsi faite sous une condition suspensive, il en résulte que la saisie qui aurait lieu, *pendente conditione*, par un créancier du vendeur devrait, si la condition s'accomplissait, être déclarée nulle.—Même arrêt.

318.—Mais l'obligation qui a pour objet la vente d'une chose d'un genre déterminé, mais dont on ne précise point l'espèce, est nulle lorsque cette chose est susceptible d'être de différentes espèces. —Particulièrement, la vente d'une quantité de fer battu est nulle lorsqu'on n'a pas exprimé si c'est du fer tendre, du fer métis ou du fer fort. — *Metz*, 11 déc. 1812, Demange c. Tanton.

319. — La vente faite par un associé en participation d'une quotité fixe dans les immeubles de la société avec désignation de ces immeubles et détermination du lieu de leur situation ainsi que de leur importance doit, malgré l'éventualité du partage, être considérée comme vente d'une chose déterminée. Dès-lors, elle est parfaite et valable tant vis à-vis du vendeur que des cessionnaires, qui ne seraient porteurs que d'actes de cession postérieurs en date.—*Cass.*, 26 mai 1841 (t. 2 1841, p. 371), Ganhil c. Lebec et Allegret.

320.—Lorsqu'un immeuble ayant été adjugé par lots d'après les délimitations fixées par le jugement d'adjudication, des contestations s'élèvent entre deux adjudicataires sur la limite de l'un des lots, les juges peuvent, si les termes de ce jugement ne sont pas clairs, et pour savoir quel était l'état des lieux à l'époque de la saisie et de l'adjudication, interroger en même temps tous autres titres et documens.—*Cass.*, 10 févr 1836, Bènet c. Mille.

321. — La clause par laquelle un vendeur se réserve une portion du terrain par lui vendu peut être réputée implicitement détruite par la délimitation qu'une autre clause donne à ce terrain en y comprenant la partie réservée.—Par suite, ce même vendeur peut, malgré sa réserve, être déclaré sans intérêt et sans qualité pour continuer contre son voisin l'action en restitution et en bornage qu'il avait intentée avant la vente, sans que l'arrêt qui le décide ainsi, basé sur l'interprétation des termes du contrat, puisse tomber sous la censure de la cour de Cassation. — *Cass.*, 25 mai 1842 (t. 2 1842, p. 589), Quenesson c. d'Estrées.

322.—Celui qui a acheté une découverte pour laquelle le vendeur avait obtenu un brevet d'invention, par exemple une méthode d'écriture, peut demander la nullité de l'obligation par lui contractée, comme reposant sur une fausse cause ou comme dénuée de cause, ou comme contenant une erreur sur la substance de la chose, si la méthode ne produit pas les résultats promis par le vendeur.—*Grenoble*, 27 mai 1831, Soubeiran c. Bernardet; 12 juin 1830, Augier c. Cheynet; *Nîmes*, 21 déc. 1829, Roche c. Pelaud; *Grenoble*, 14 août 1833, Alvier c. Delaréol (sous *Cass.*, 21 févr. 1837 [t. 2 1842, p. 383]).—*Cass.*, 15 juin 1842 (t. 2 1842, p. 384), Flourens c. Morin.

323 — Jugé toutefois, que, bien que les brevets de libraire et d'imprimeur soient personnels et ne puissent faire l'objet de cessions, cependant, en cas de vente de tels brevets avec tout le matériel de l'établissement, l'acquéreur qui s'est mis en possession du matériel sans inventaire ni estimation préalables, n'est pas recevable à demander la résolution sous prétexte que le gouvernement refuse de lui concéder les brevets, alors d'ailleurs que l'obtention des brevets n'a pas été apposée comme condition du traité.—Dans ce cas, la seule obligation qui pèse sur le vendeur est de mettre les brevets à la disposition de l'acquéreur pour que celui-ci puisse obtenir du gouvernement l'autorisation, soit de les exercer en son nom, soit de les céder à des tiers, comme mandataire du vendeur. —*Poitiers*, 27 juin 1832, Rosenfeld c. Martin Prod.

Art. 5. — *Du prix.*

324.—Il n'y a pas de vente sans prix. — Le prix doit consister en argent. Il doit être sérieux, il doit être certain.

325.—Si le prix ne consiste pas *en argent*, il y a échange.—Duvergier, t. 1er, no 146; Troplong, no 147.—Toutefois, Delvincourt (t. 3, p. 63, note 4e) et Duranton considèrent comme *vente* la cession qui a lieu, moyennant une certaine quantité de denrées, attendu que les denrées sont volontiers assimilées par la loi au numéraire (arg. art. 1291), et qu'on peut facilement les convertir en argent. Duvergier est, et avec raison, d'un avis contraire.

326.—Toutefois, nous sommes disposés à dire, avec Troplong (no 148), qu'on pourrait considérer comme vente la cession faite moyennant la charge de nourrir, loger et entretenir le vendeur. — C'est aussi ce qui a été jugé par arrêts d'*Agen*, 5 mai 1829, Lacoste c. Seignoles; 17 févr. 1830, Laffitteau c. Pagès.—Duvergier (t. 1, no 147) nous semble refuser à tort à cet arrêt l'autorité qui lui appartient. —Ses termes sont explicites.

VENTE, ch. 1er, sect. 1re, art. 5.

327.—Jugé que lorsqu'un immeuble a été vendu moyennant une certaine quantité de denrées que les parties ont évaluées en argent, cette évaluation doit être présumée faite seulement pour servir de base à l'enregistrement et non pour autoriser l'acquéreur à se libérer, en payant la valeur estimative.— *Cass.*, 25 therm. an XIII, Rué-Saget c. Bouthier.

328.—Le prix peut consister en une rente viagère.—Troplong, no 148.

329.—Sous l'ancienne comme sous la nouvelle législation, il était permis aux parties de convertir le prix certain et déterminé d'une vente en un capital remboursable à la volonté du débiteur, et produisant des intérêts payables annuellement.— Une pareille conversion, loin de renfermer une condition purement potestative pour le débiteur, ne doit être considérée que comme une constitution de rente, qui n'autorise le débiteur à retenir le capital qu'autant qu'il paie exactement les intérêts.—*Cass.*, 31 déc. 1834, Lassève c. Varnerot.

330.—Il y aurait vente alors même qu'en sus du prix convenu en argent, l'acheteur s'obligerait à donner, comme supplément de prix, quelque objet en nature.—Troplong, no 147.

331.—De même, si après être convenus d'un prix en argent l'acheteur offrait et le vendeur acceptait le paiement du prix, au moyen de la tradition d'un objet quelconque, la vente n'aura pas perdu son caractère.—Il y aura eu seulement postérieurement dation en paiement.—Duvergier, t. 1er, no 147; Troplong, no 147.—*Non enim pretii numeratio, sed conventio perficit emptionem.* — L. 2, § 1er, ff., *Cont. empt.*

332.—La vente faite sous la réserve, par le vendeur, de créer une rente viagère sur la tête d'une personne dénommée, confère aux héritiers de ce vendeur, contre l'acquéreur, le droit d'exiger les arrérages de la rente pendant la vie de cette personne, quoique le vendeur n'eût point, de son vivant, exercé le droit qu'il s'était réservé.— De même la faculté de créer sur les biens vendus une redevance ou prestation en nature leur confère le droit de l'exiger.—L'une et l'autre réserves font partie de la vente.—*Bordeaux*, 16 janv. 1841 (t. 1er 1841, p. 440), Passemard c. Champou.

333.— Le prix doit être *sérieux*.— Duvergier, t. 1er, no 148; Troplong, no 149; Pothier, no 18; Delvincourt, t. 6, p. 33, note 4e.—Le prix ne sera pas sérieux : 1o S'il n'a été mentionné qu'avec l'arrière-pensée de ne pas l'exiger (V. les auteurs précités; Voët, *Ad Pand. de cont. empt.*, no 22; Despeisses, t. 1er, p. 10, L. 36, ff., *De cont. empt.*, L. 3, *Cont. empt.*); 2o s'il est tellement hors de proportion avec la valeur de la chose vendue qu'il soit évident que les parties ne l'ont pas considéré comme l'équivalent de cette chose. — Duvergier et Troplong, *loc. cit.*—Citons, par exemple, le cas où un domaine considérable serait vendu *uno numero*. — L. 10, § 2, ff., *De acq. poss.*; L. 46, ff., *loc. cit.*

334. — Il y a lieu à l'annulation d'un contrat contenant vente de deux héritages avec désignation séparée du prix pour chacun, lorsque ce contrat porte avec lui la preuve qu'il y a eu *erreur de plus de moitié* dans la fixation du prix de l'un d'eux. — *Paris*, 25 prair. an XI, Ficatier, Regley c. Testot.

335. — Mais sous le Code de procédure, à la différence de l'art. 14, L. 11 brum. an VII, l'adjudication est valable, quoique le prix soit moindre que quinze fois le revenu.—*Bordeaux*, 26 juin 1827, Monteil c. Bourgade.

336. — La simulation du prix ne résulterait pas de la seule circonstance que postérieurement à la vente il en aurait été fait remise, si cette remise n'était pas convenue à l'avance. La remise est en effet un mode d'extinction des obligations préexistantes.—Duvergier, t. 1er, no 148; Toullier, t. 7, nos 320 et suiv.—Il en serait autrement si l'acte même contenait remise du prix. Il perdrait alors son caractère de vente.

337. — Jugé, d'après ce principe, que l'acte de vente qui renferme les trois conditions, *res, pretium* et *consensus*, ne peut être argué de nullité, en ce que le prix convenu et dont cet acte porte quittance n'aurait pas été payé, alors qu'il est constant que le vendeur a consenti à en faire remise. — *Cass.*, 13 nov. 1827, Boisselot c. Démoulin.

338. — L'annulation d'une créance qui devait servir, de la part du cessionnaire, de compensation au prix convenu dans un contrat de vente passé avec le prétendu débiteur de cette créance jugée simulée, n'entraîne pas la nullité de la vente

VENTE, ch. 1er, sect. 1re, art. 5.

elle-même, comme manquant d'un prix sérieux : l'acquéreur doit aux créanciers du vendeur le prix qui servait de base à la compensation. — *Cass.*, 7 mars 1832, Gaillard c. Cassaigne.

339. — Le copropriétaire d'un immeuble qui a consenti à la vente ne peut revenir sur le prix, sous prétexte qu'il a été dissimulé à son égard, à moins qu'il ne justifie de dol et fraude entre son covendeur et l'acquéreur pour lui extorquer son consentement. — Mais s'il est en même temps créancier de son covendeur, il est recevable, à ce titre, aux termes des art. 1166 et 1167, C. civ., à demander qu'on procède à la reconnaissance et à la fixation du prix véritable de la vente. Son consentement à la vente ne peut lui enlever ce droit inhérent à sa qualité de créancier. — *Douai*, 14 avril 1837 (t. 1er 1838, p. 91), Duquesne c. Gaulhier.

340. — Il ne faut pas confondre le prix *vil*, qui donne lieu dans certains cas à l'action en rescision, avec le prix *non sérieux*, qui empêche la vente d'exister, et dès-lors en entraîne l'annulation.— Cette distinction a donné naissance à la question de savoir si la vente faite moyennant une rente viagère inférieure aux revenus de l'immeuble vendu peut être anulée pour défaut de prix.— A cet égard, de nombreux arrêts ont été rendus tant par les cours royales que par la cour de Cassation. — Arrêts qui ont été appréciés différemment par les auteurs, et notamment par Troplong et Duvergier, ainsi que nous le verrons plus bas.

341. — Plusieurs cours ont réputé nulle, pour défaut de prix, la vente faite moyennant une rente viagère inférieure aux revenus de l'immeuble vendu. — *Poitiers*, 23 therm. an XI, Venault c. Geoffroi; *Paris*, 12 juill. 1808, Delisle c. Pied; 25 juill. 1826, Maugeon c. Jalmain; *Angers*, 21 fév. 1828, Gault c. Fournier; *Orléans*, 26 mai 1831, Carré c. Gamelin; *Poitiers*, 9 juin 1840 (t. 1er 1841, p. 622), Corbin c. Parsouneau.

342.—Jugé, de même, qu'on doit réputer nulle, pour défaut de prix, la vente faite à condition de fournir à l'entretien du vendeur, ou de lui payer une rente viagère, lorsque cette rente est inférieure au revenu des biens vendus. — *Bourges*, 10 mai 1826, Millet c. Latour.

343. — Jugé, encore, que lorsqu'il résulte d'un acte synallagmatique passé entre un père et ses enfans, que ceux-ci, pour empêcher la ruine de leur père, ont acquis ses biens à titre onéreux, et que le père a eu la précaution, pour assurer une rente viagère consentie par l'acte d'aliénation, d'obtenir un cautionnement hypothécaire sur les biens de ses enfans, le vendeur n'est pas fondé à venir ultérieurement demander la nullité de l'acte qu'il a consenti, en donnant pour motif qu'il a été fait à vil prix. — *Orléans*, 7 déc. 1815, Chenaulair.

344. — Jugé, d'un autre côté, que l'obligation contractée par l'acquéreur de loger et nourrir le vendeur, constitue un prix véritable de la vente, alors même que la valeur de cette obligation est inférieure au revenu des objets vendus. — *Agen*, 5 mai 1829, Lacoste c. Seignoles.

345. — ... Ou bien encore, que la vente d'un immeuble, moyennant une rente viagère, est valable, quoique la rente soit inférieure au revenu de l'immeuble vendu. — *Riom*, 26 mai 1826, Virgoulay c. Mazellier.

346. — Quant à la cour de Cassation, par un premier arrêt elle a rejeté le pourvoi dirigé contre un arrêt qui jugeait, *en fait*, que la vente d'un immeuble faite moyennant une partie des fruits de cet immeuble représentative d'une rente viagère, devait être réputée nulle comme faite sans prix réel. —*Cass.*, 2 juill. 1806, Jouffret c. Martelli.

347. — Par un deuxième arrêt, elle a cassé, bien que la cour royale eût décidé que la rente viagère inférieure au revenu de l'immeuble vendu n'était pas un prix véritable, parce qu'il résultait des circonstances constatées par l'arrêt attaqué (il s'agissait de l'obligation de nourrir, loger et vêtir le vendeur *tant en santé qu'en maladie* jusqu'à son décès) que la rente avait un caractère aléatoire. — *Cass.*, 16 avr. 1822, Audry c. Crillerain.

348. — Par un troisième arrêt, elle a jugé qu'une vente, faite moyennant une rente viagère, ne peut être annulée pour cause de vilité du prix, alors même que la rente stipulée est inférieure au produit annuel de l'immeuble vendu. Du moins, il n'y a pas lieu de casser l'arrêt qui, dans un tel cas, maintient la vente. — *Cass.*, 1er avr. 1829, Mazeller c. Virgoulay.

349. — Par un quatrième arrêt, elle a jugé, en rejetant un pourvoi, que la vente, faite moyennant une rente viagère inférieure au revenu des biens vendus peut être réputée faite sans prix réel, et, comme telle, être annulée, sans que l'arrêt qui le juge ainsi tombe sous la censure de la cour de Cassation. —*Cass.*, 28 déc. 1831, Gamelin c. Carré.

350. — Il semble résulter d'un cinquième arrêt

que la cour reconnaît aux juges du fond le droit de décider souverainement si la rente viagère stipulée comme prix d'une vente constitue ou ne constitue pas un prix réel. — *Cass.*, 22 fév. 1836, Castelnau.

351. — Enfin, par un sixième arrêt, elle a jugé qu'une vente inférieure ou égale au revenu des biens vendus peut être réputée faite sans prix réel, et comme telle être annulée, et que l'arrêt qui sur la demande en nullité, ordonne une expertise pour faire déterminer la valeur comparative de la rente viagère au revenu des biens ne fait que se conformer à la loi et échappe à la censure de la cour de Cassation. — *Cass.*, 23 juin 1841 (t. 2 1843, p. 68), Parsonneau c. Barriat.

352. — La vente faite moyennant une rente viagère inférieure au revenu du bien vendu est nulle pour défaut de prix et non pas seulement sujette à rescision pour cause de vileté de prix. Par suite, l'action en nullité de cette vente est soumise, non à la prescription de deux ans établie par l'art. 1676, C. civ., mais à la prescription trentenaire. Cette nullité n'est pas couverte par la réception d'un semestre d'arrérages, alors d'ailleurs qu'il ne ressort ni des faits ni des actes que la prétendue vente puisse être considérée comme une libéralité déguisée. — *Douai*, 30 nov. 1847 (t. 2 1848, p. 126), Montborne c. Bocave.

353. — En présence de cet état de la jurisprudence de la cour de Cassation, Troplong (n° 150) accuse cette cour de versatilité: il lui reproche d'avoir tour à tour approuvé des décisions qui consacraient des doctrines opposées; il repousse au surplus la distinction que l'on voudrait établir, dans ce cas, entre le prix vil et l'absence de prix. Suivant lui le prix, quoique vil, existe comme prix sérieux, car le prix est sérieux toutes les fois qu'il est stipulé avec intention de l'exiger. Au contraire, Duvergier, en soutenant l'annulation possible pour défaut de prix, ajoute qu'il faut bien distinguer entre le cas où le prix serait simplement *vil* et celui où il serait non réel, et venge la cour de Cassation du reproche qui lui est adressé, en disant que, soit qu'elle ait annulé ou maintenu des ventes, cette cour a toujours respecté des appréciations souveraines sur le point de savoir s'il y avait ou non prix réel. Nous sommes disposés à adopter cette dernière interprétation.

354. — Si, à côté de la promesse d'une rente viagère, inférieure au revenu de l'immeuble, se trouvait la stipulation d'une autre obligation imposée à l'acheteur, le prix devrait-il être réputé sérieux, quoiqu'il pût être vil et non en rapport avec l'objet de la vente ? — *Poitiers*, 10 prair. an XII, Hilairet c. Barbaut. — Duvergier, n° 149.

355. — Toutefois, cette circonstance se rencontrait dans l'arrêt de *Poitiers*, 9 juin 1840, et *Cass.*, 23 juin 1841 précités, n°s 341, 351 (Parsonneau c. Barrial), et la cour royale non plus que la cour suprême n'ont paru y attacher aucune importance.

356. — Les juges d'appel peuvent annuler pour défaut de prix un contrat de vente dont on n'avait, dans la demande primitive, provoqué que la rescision pour cause de lésion, si dans le cours de l'instance il a été conclu à cette annulation. — *Cass.*, 2 juill. 1806, Jauffret c. Martelly.

357. — La rente viagère qui forme le prix de vente d'un immeuble est soumise à l'acquit des charges grevant l'immeuble, comme le serait le prix d'une vente pour une somme déterminée. En conséquence, l'acquéreur d'un immeuble moyennant une rente viagère qui paie un créancier inscrit a le droit de se rembourser par voie de compensation jusqu'à concurrence de la somme payée en l'acquit de son vendeur, avec les arrérages de la rente au fur et à mesure de leur échéance. — *Rouen*, 4 août 1845 (t. 1er 1846, p. 442), Gilles c. Durand.

358. — Le prix doit être certain et déterminé par les deux parties, c'est-à-dire qu'il n'y aura pas vente, si l'une des parties reste maîtresse de fixer arbitrairement le prix. — Troplong, n° 151.

359. — Jugé qu'il n'y a de vente valable qu'autant que les parties contractantes sont tombées d'accord sur le prix; à défaut de convention sur le prix, il ne pourrait y être suppléé par une estimation d'experts que du consentement des parties. — *Rennes*, 3 avr. 1830, Caillé c. Babouneau.

360. — Jugé aussi que la lettre qui contient reconnaissance d'une vente ne peut être considérée comme tenant lieu d'une vente, lorsqu'il n'y est fait mention ni du prix ni du consentement des ayant-droit, et les juges ne peuvent, en constatant l'existence de la vente, en fixer arbitrairement le prix. — *Cass.*, 30 déc. 1839 (t. 1er 1840, p. 99), Leclerc-Laote c. Vidal et Chavagne.

361. — Jugé, toutefois, que lorsqu'une vente de marchandises est constante, mais qu'aucune stipulation écrite n'indique quel prix a été fixé entre les parties, les juges peuvent, lorsque les choses ne sont plus entières, et sans ordonner une expertise, déférer le serment au vendeur sur le point de savoir si le prix par lui annoncé dans sa demande (et qui n'excède pas d'ailleurs le cours à l'époque du marché) est bien le prix convenu. — *Rennes*, 10 août 1815, N...

362. — Doit être réputée valable, quant à la certitude du prix, une vente dont le prix consiste non seulement dans une somme énoncée en l'acte, mais encore en un supplément avoué par l'acquéreur, alors que le vendeur ne prouve nullement son allégation que le supplément de prix convenu aurait été plus considérable. — *Douai*, 12 août 1847 (t. 1er 1848, p. 274), Laurent c. Carton.

363. — La vente d'un immeuble dotal pour partie et paraphernal pour le surplus, consentie moyennant une rente viagère constituée sur deux têtes, peut être annulée en entier comme indivisible. — *Cass.*, 23 juin 1846 (t. 1er 1847, p. 61), Clavière c. Girard.

364. — Lorsqu'une vente de meubles et d'immeubles est faite pour un seul et même prix, spécialement à la charge de servir une rente viagère, cette vente est indivisible, et, dès-lors, est nulle pour le tout si elle est nulle pour une portion. — *Orléans*, 24 mai 1849 (t. 2 1849, p. 78), Courtin c. Gaullier.

365. — L'acquéreur ne peut échapper à cette nullité en offrant de continuer le service intégral de la rente viagère, même dans le cas où il ne conserverait pas la propriété du mobilier. — Même arrêt.

366. — En cas d'annulation d'une vente pour défaut de stipulation de prix, l'acheteur peut, s'il a disposé de la marchandise, être condamné à en payer la valeur au taux le plus élevé de son cours. — *Rennes*, 3 avr. 1830, Caillé c. Babonneau.

367. — La clause : Je vous achète cet immeuble *pour le prix que vous l'avez acheté*, ou *pour la somme* que j'ai dans ce coffre, constitue un prix *certain* bien qu'ignoré des parties. — L. 7, § 1er, ff., *De cont. empt.*; — Despeisses, n° 7; Troplong, n° 152; Duvergier, n° 158.

368. — Il en est de même de la clause: Je vous vends cet immeuble pour... *et le surplus à votre discrétion.* — Pothier, *Pand.*, t. 1er, n° 29; Troplong, n° 152. — Ou de celle : Je vous vends ma récolte *au prix que mes voisins vendront la leur.* — Pothier, n° 28; Troplong, *loc. cit.*; Duvergier, t. 1er, n° 158. — Ou de celle faite au *cours.* — Duvergier, *loc. cit.*; Pardessus, t. 2, n° 275.

369. — La vente de blé faite par un négociant à un autre, au cours du jour, est censée faite au cours fixé par les mercuriales. — *Rennes*, 28 mai 1833, Iliac c. Chatelier. — Duvergier, t. 1er, n° 159.

370. — Le prix d'une vente faite par un débiteur à son créancier doit être considéré comme suffisamment déterminé, s'il est dit dans l'acte qu'elle a lieu moyennant la somme et intérêts, frais et loyaux-coûts qui seront dus par le débiteur à telle époque fixée pour le paiement. — *Montpellier*, 13 fév. 1828, Viguier c. Dangles.

371. — Le prix d'une vente est suffisamment déterminé, lorsqu'il est dit que la vente a eu lieu moyennant bon prix et satisfaction. Du moins, cette énonciation est suffisante pour les négociations et transports de créances sur l'état. — *Paris*, 6 mai 1819, Blandin c. Fontain; *Cass.*, 30 avr. 1822, mêmes parties.

372. — Mais le contrat serait nul s'il était fait *pour le prix qu'on m'offrira*; ce pourrait être une source de fraude de la part de l'acheteur. — Pothier, n° 27, et Troplong, n° 153; Pardessus, t. 2, n° 275. — *Contrà* Duvergier, t. 1er, n° 160 (sauf aux juges à apprécier s'il y a eu fraude).

373. — De même, la vente est nulle, si elle est faite pour ce qu'elle vaut, ou *moyennant son juste prix.* — Troplong, n° 159; Duvergier, t. 1er, n° 161. — *Contrà* Pothier (n° 26), qui déclare une pareille stipulation comme équivalant à la convention d'une fixation par experts. — Mais, ainsi que le fait remarquer Duvergier, cette interprétation conduirait à voir partout et dans toutes les clauses un arbitrage sous-entendu.

374. — Lorsqu'il a été stipulé, entre un vendeur et un acheteur, que des effets de commerce constituant le prix de la marchandise seraient remis par l'acheteur préalablement à la livraison, et dans une ville désignée, une cour a pu renvoyer les parties, s'il s'est élevé des contestations entre elles sur le paiement, devant les tribunaux de cette ville, sans contrevenir aux dispositions de l'art. 420, § dernier, C. proc. — *Cass.*, 14 avr. 1847 (t. 1er 1847, p. 617), Ruault c. Dufaur.

375. — Il n'est pas nécessaire que les parties fixent *elles-mêmes* le prix; elles peuvent laisser cette fixation à l'arbitrage d'un tiers. — L'art. 1592 dit que si le tiers ne peut ou ne veut faire l'estimation, il n'y a pas de vente.

376. — La vente, lorsque la *fixation* du prix est laissée à l'arbitrage d'un tiers, est valable tant que le refus de procéder à la fixation n'est pas constaté. — Le refus du tiers ne résulte pas suffisamment d'une simple sommation faite à son domicile, mais en parlant à un autre que lui. — *Cass.*, 15 vent. an VI, Villa c. Peyrottes.

377. — Lorsque le vendeur et l'acheteur ont laissé le prix de la vente à l'arbitrage d'un tiers, le refus par celui-ci de remplir le mandat qui lui est confié entraîne la nullité de la vente. — Mais si l'abstension de l'arbitre a été amenée par les manœuvres frauduleuses de l'une des parties à l'effet d'empêcher la réalisation de la vente, les tribunaux doivent assurer son exécution en nommant d'office d'autres experts chargés de procéder à la fixation du prix. — *Toulouse*, 10 août 1844 (t. 1er 1845, p. 289), Cabanes c. Timbar.

378. — Les parties peuvent, au lieu d'un seul arbitre, en nommer deux ou plusieurs, prévoir le cas ou un tiers arbitre serait nécessaire, fixer à cet égard des délais, enfin faire toutes stipulations qu'elles jugeront convenables. Ainsi, jugé avec raison qu'il peut être stipulé dans un contrat de vente que le prix sera fixé par deux arbitres, et en cas de partage de ceux-ci, par un tiers arbitre. — *Cass.*, 18 mai 1814, Muguez c. Despinay. — Duvergier, n°s 151 et 154.

379. — Lorsque l'arbitre désigné (ou l'un de ceux désignés) pour fixer le prix refuse sa mission, on ne peut le faire remplacer par un autre nommé d'office. De même, si deux arbitres désignés étaient en désaccord, on ne pourrait nommer d'office un tiers pour les départager. — Duvergier, t. 1er, n° 151; Troplong, n° 156. — L'art. 1592 est formel.

380. — Jugé, toutefois, que l'art. 1592 n'est applicable qu'autant qu'il apparaît que l'expert a été choisi par un motif de convenance ou de préférence particulière; mais que s'il s'agit d'une estimation qui puisse être faite par toute autre personne, le refus de l'expert désigné n'emporte pas nullité de la vente. — *Paris*, 18 nov. 1831, Bethizy c. Goujon.

381. — Mais on doit préférer la décision de l'arrêt qui juge que lorsque le prix de la vente est laissé à l'arbitrage de deux experts désignés, et que l'un d'eux vient à mourir avant d'avoir fait l'estimation, le contrat est résolu s'il paraît résulter de la convention que la confiance personnelle du vendeur et de l'acheteur en la probité des experts désignés nominativement était un de ses élémens essentiels. — *Cass.*, 1er vent. an X, Roure c. Taillandier.

382. — Il faut d'ailleurs ajouter, avec M. Troplong (*loc. cit.*), que le contraire devrait être décidé si la volonté de se soumettre à un arbitre nommé d'office résultait positivement de la convention.

383. — La vente est-elle nulle si, au lieu de désigner l'arbitre chargé de fixer le prix, les parties conviennent de le désigner ultérieurement? — L. 15, C., *De contrah. empt.*; — Vinnius sur cette loi, Pinellus sur la loi 2, C., *De rescind. vend.*, part. 1, C. 1, n° 6; Troplong, n° 157; Duranton, n° 114; Delvincourt, t. 3, p. 63, note 6 (car dans ce cas, suivant eux, la vente manque de fixité, puisqu'il dépend de l'une des parties de faire qu'il n'y ait pas vente en refusant de nommer son expert). — *Neg.* Pothier, *Vente*, n° 25; Duvergier, t. 1er, v° *Remplacement*, n° 153.

384. — La solution de cette question dépend, comme on peut le voir, de la manière dont on résoudra celle de savoir si, à défaut par une des parties de procéder suivant sa promesse à la nomination d'un arbitre, la justice pourra intervenir. — En effet, la vente ne manquera de fixité et le fort de la vente ne pourra être réputé abandonné à l'une des parties, qu'autant que l'intervention de la justice sera proscrite. — Or, Duvergier (n° 153) n'hésite pas à penser, en s'appuyant des règles relatives à l'arbitrage forcé, que les juges pourraient nommer d'office un arbitre aux lieu et place de la partie qui s'y refuserait. — *Contrà* Troplong, n° 157 (par le motif qu'il n'est pas permis d'ajouter à la convention).

385. — L'opinion de Troplong est plus conforme aux explications données, soit au corps législatif, soit au tribunat, par les orateurs du gouvernement ou les rapporteurs chargés d'examiner le projet de loi. « La nécessité de stipuler un prix certain, disait M. Portalis au corps législatif, n'empêche pourtant pas qu'on ne puisse s'en rapporter à un tiers pour la fixation de ce prix ; mais la vente est nulle si ce tiers refuse la mission qu'on lui donne, ou s'il meurt avant de l'avoir remplie. Une des parties ne pourrait exiger qu'il fût remplacé par un autre. Si ce tiers ne peut être remplacé par un autre, c'est évidemment parce que la

loi suppose qu'il a été désigné dans le contrat, et que c'est à lui seul que les parties ont entendu s'en rapporter pour la fixation du prix. » Même langage de la part de M. Faure dans son rapport au tribunat : « Le prix de la vente, a-t-il dit, doit être certain ; il est déterminé par les contractans. Les parties, au lieu d'en convenir elles-mêmes, peuvent, à la vérité, convenir qu'un tiers l'arbitrera ; mais il est nécessaire que le tiers soit bien indiqué et qu'il fasse l'arbitrage. » — Et toutefois il faut avouer, avec Duvergier, que les motifs pour écarter la désignation par justice ne sont pas les mêmes en cas d'abstention de l'arbitre désigné qu'en cas de non désignation, puisque dans la première hypothèse les parties ont pu être guidées par un sentiment de confiance qui échappait complétement dans la seconde.

386. — Jugé, dans le sens de l'opinion de Pothier et de Duvergier, que le prix d'une vente peut être laissé à l'arbitrage d'experts qui seront nommés ultérieurement. Il n'est pas nécessaire que ces experts soient nommés par le contrat. — *Paris*, 6 juill. 1812, Frérot c. Laurot.

387. — ... Et que, lorsque la fixation de la portion d'un immeuble qui a été vendu a été abandonnée à l'estimation du premier expert requis par les parties, chacune des parties a le droit de contraindre l'autre à choisir l'expert par lequel sera faite l'estimation ou de le faire nommer d'office. — *Montpellier*, 13 fév. 1828, Viguier c. Dangles. — Troplong explique la solution de cet arrêt en faisant remarquer que la vente avait été faite à titre *de dation en paiement*. L'arrêt, au surplus, constate que l'intention de la part des contractans de recourir à cette désignation *d'office* résultait de l'acte même.

388. — On peut encore dans ce sens invoquer les motifs de l'arrêt de *Paris* précité du 18 nov. 1831, Béthisy c. Goujon.

389. — Mais il a été jugé, dans l'opinion de Troplong, que la vente faite moyennant un prix à déterminer par des experts que les parties se sont réservé de nommer est nulle, si ultérieurement une des parties se refuse à faire la nomination. Dans ce cas, il n'y a pas lieu à la nomination d'experts par la justice. — *Limoges*, 4 avr. 1826, Deplas c. Malaval.

390. — Jugé encore qu'il y a nullité d'une vente dans laquelle la fixation du prix est laissée à l'arbitrage d'un tiers, si ce tiers n'est pas désigné. Le défaut de désignation ne pourrait être réparé par les tribunaux qu'autant que les parties seraient convenues de s'en rapporter à eux. — *Toulouse*, 5 mars 1827, Séverac c. Roger.

391. — Jugé même que cette règle est surtout applicable au cas où il s'agit de vente de choses mobilières ou de marchandises sujettes à dépérir. — Même arrêt. — Mais cette décision, bien que se justifiant à raison des circonstances particulières de la cause, est repoussée par Pardessus (*Droit commercial*, t. 2, no 275). « Il arrive fréquemment, dit ce commentateur, que des marchandises sont vendues au prix qu'un courtier désignera, ou que tel arbitre choisi déterminera... Si elles sont enlevées, employées et même quelquefois revendues par l'acheteur sur la foi de cette fixation future, et que l'arbitre désigné ne puisse ou ne veuille pas exécuter sa mission, les choses ne sauraient être remises au même état qu'avant la convention ; il est donc indispensable de faire régler le prix par des experts ou par le cours à l'époque de la livraison, s'il en existe un. » La même doctrine est enseignée par Delvincourt (t. 3, p. 63, note 6e), et cette double autorité paraît d'autant plus imposante qu'elle s'accorde avec l'idée généralement reçue que les matières commerciales sortent des règles communes et ne sont point rigoureusement soumises aux principes qui régissent les conventions ordinaires. — Suivant Duranton (no 114), il n'y a aucune différence à établir à cet égard entre les ventes commerciales et les autres.

392. — Lorsque, en matière de vente, la fixation du prix a été laissée à l'arbitrage d'un tiers, s'il est allégué par l'une des parties qu'il aurait été convenu que, faute par le premier arbitre de faire l'estimation, il en serait nommé un autre, et que, enquête faite sur ce point, la preuve soit insuffisante, le juge peut dès-lors déclarer qu'il n'y a pas eu vente entre les parties. — *Bordeaux*, 9 juin 1847 (t. 2 1847, p. 538), Lagrange c. Paradol.

393. — Dans tous les cas, si la vente était l'accessoire d'un contrat de gage ou d'hypothèque valable en lui-même, ou si elle avait lieu à titre de dation en paiement (espèce de l'arrêt du 13 fév. 1828 précité), la stipulation que le prix serait fixé par expert devrait recevoir son exécution même contre la résistance de l'une des parties. — Troplong, no 15.

394. — En outre, et même en adoptant en principe l'opinion de Troplong, on devrait considérer l'infraction à la clause qui obligerait une des parties à la nomination d'experts, comme pouvant donner lieu au profit de l'autre à des dommages-intérêts. — Duvergier, t. 1er, no 153 ; Duranton, no 114.

395. — Une vente dont le prix, laissé à l'arbitrage d'un tiers, est néanmoins fixé provisoirement dans le contrat, n'est pas nulle si les parties négligent de faire l'estimation convenue. — *Montpellier*, 8 janv. 1827, Laportalière c. Dejean.

396. — Les arbitres nommés pour fixer un prix doivent opérer comme experts. Ils ne sont donc pas tenus de se conformer aux règles de l'arbitrage proprement dit. — Duvergier, no 154. — V. toutefois les arrêts *Cass.*, 18 mai 1814, Muguet c. Despinay ; 2 déc. 1828, Granger c. Descours ; 10 nov. 1829, Puech c. Lafon, qui ont appliqué à de semblables opérations les règles de l'arbitrage (notamment l'arrêt de 1829, celles du délai). — Il semble, au surplus, que cela doit dépendre des termes de la convention.

397. — Lorsque, en laissant à l'arbitrage de tiers la fixation du prix d'une vente, les parties déclarent dispenser ces tiers des formalités de justice, elles ne peuvent se plaindre de ce qu'ils n'ont pas suivi les formalités prescrites par le Code de procédure pour les opérations d'experts judiciaires nommés par jugemens. — *Toulouse*, 25 fév. 1820, Monereau c. Vidal.

398. — Le prix doit être fixé suivant la valeur de la chose au jour du contrat, et non au jour où la fixation a lieu. — Duvergier, t. 1er, no 156. — *Contrà* Troplong, no 160.

399. — L'estimation du tiers est décisive et souveraine. — Duvergier, t. 1er, no 156 ; Troplong, no 158 ; Duranton, no 116. — *Contrà* Accurse, sur la loi dernière au C., *De contr. empt.* — Si la lésion est énorme. — Cujas, sur la loi 2, § 1. ff., *De contr. empt.* ; Pothier, *Vente*, no 24 ; Voët, *contr. empt.*, no 23 ; Vinnius sur les *Inst.* — Sauf le cas de fraude, ou celui où leur rapport ou sentence laisseront dans le doute le point de savoir à quelle époque se reporte la base de leur estimation. — Duvergier, no 156.

400. — Jugé, dans ce sens, que quand une vente a été faite pour un prix en partie déterminé et en partie éventuel et conditionnel, les tiers qui ont reçu la mission de fixer cette dernière partie ne sont pas de simples experts chargés d'émettre un avis à titre de renseignement, mais des arbitres qui doivent, ainsi que l'exprime l'art. 1592, C. civ., régler *irrévocablement* ce que l'acheteur est tenu de payer au vendeur. — *Bordeaux*, 12 mai 1840 (t. 2 1840, p. 191), Gellineau c. Chaigneau.

401. — Un vendeur de porcelaine qui a consenti à ce que le prix en fût fixé d'après le choix et le classement qui en serait fait à Paris, dans les magasins d'un tiers, n'est pas fondé à critiquer ce classement, en ce que le tiers chargé de le faire serait intéressé à la vente, lorsque, postérieurement au marché contre lequel il n'avait point jusque-là réclamé, il en a conclu de nouveaux avec les mêmes personnes, et lorsque, d'ailleurs, la fixation du prix des marchandises a été faite selon les usages du commerce. — *Cass.*, 18 août 1830, Valadon c. Baignol.

402. — Jugé qu'en admettant que le prix d'une vente fixé par des arbitres ou experts auxquels les contractans sont convenus de s'en rapporter pût être critiqué comme exorbitant, il faudrait au moins qu'on fournît des preuves manifestes d'iniquité ou d'erreur grossière. — *Toulouse*, 25 fév. 1820, Monereau c. Vidal.

403. — Lorsque, par suite de la clause insérée dans un acte de vente, les experts nommés d'accord par les parties ont fixé un prix, on ne peut demander une nouvelle expertise, sous prétexte que la première est irrégulière et exagérée, alors surtout que c'est l'acheteur qui demande cette expertise, et qu'il n'est pas établi que la fixation soit inique et excessive. — *Bastia*, 3 avr. 1837 (t. 1er 1840, p. 247), Romasi c. Grimaldi.

404. — Jugé que les parties ne peuvent faire réformer la sentence rendue par des arbitres désignés pour fixer un prix de vente, alors que les parties ont autorisé ces arbitres à prononcer en dernier ressort. — *Lyon*, 5 juin 1813, Muguet c. Despinay (sous *Cass.*, 18 mai 1814) ; 24 août 1826, Granger c. Descours (sous *Cass.*, 2 déc. 1828).

405. — La vente, lorsque la fixation du prix est laissée à l'arbitrage d'un tiers, est censée faite sous une condition suspensive qui, accomplie, a un effet rétroactif au jour du contrat. Dès-lors, les ventes faites par le vendeur *pendente conditione* sont résolues par l'événement de la condition. — *Montpellier*, 13 fév. 1828, Viguier c. Danglès. — Duvergier, t. 1er, no 162 ; Troplong, no 160.

406. — En cas de perte totale de la chose vendue

avant l'estimation, cette perte tombe incontestablement sur le vendeur, puisque l'accomplissement de la condition qui devait confirmer la vente est devenue impossible. — Pothier, *Vente*, no 312 ; Duvergier, t. 1er, no 162 ; Troplong, no 160.

407. — En cas de simple détérioration, l'acheteur aura, suivant l'art. 1182, le droit de demander la résolution ou de prendre la chose dans l'état où elle se trouve. — Duvergier, t. 1er, no 182. — *Contrà* Pothier, *Vente*, no 312 ; *Obligation*, no 219 ; Troplong, no 160 (qui décide que les détériorations sont pour le compte du vendeur ; mais l'auteur n'arrive à ce résultat que parce qu'il suppose que l'immeuble doit être estimé selon sa valeur au moment de *l'estimation*).

408. — Au surplus, Duvergier (no 163) dit avec raison qu'il ne suffit pas qu'un moyen ait été adopté sur la fixation du prix pour qu'on doive voir dans le contrat une obligation conditionnelle. Cela dépendra du moyen. Ainsi, on ne devrait pas attribuer ce caractère à la vente faite pour *ce que la chose coûte au vendeur*, ou pour *la somme que l'acheteur a dans sa caisse* ; car le prix doit être ainsi déterminé par la vérification d'un fait *actuel*, quoique inconnu des parties.

409. — C'est à l'époque seulement où la vente est devenue parfaite par l'acceptation de l'acheteur, et non au jour de la promesse unilatérale de vente, qu'il faut se reporter pour déterminer le juste prix de l'immeuble vendu, et pour apprécier le bien-fondé de la demande en rescision formée par le vendeur pour cause de lésion de plus des sept douzièmes. — *Paris*, 26 août 1847 (t. 2 1847, p. 502), Pelletier c. Boguet.

410. — L'acquéreur doit-il payer la valeur numérique convenue, quel que soit le changement survenu dans le titre des espèces ? Cette question était autrefois très controversée. — V. Voët, *De reb. red.*, no 24 ; Dumoulin, *De usuris*, quest. 86 ; Merlin, *Rép.*, vo *Monnaie*, § 4 ; Pothier, *Tr. du prêt*, no 36. — Sous le Code, cet auteur soutient l'affirmative, no 163. — V. cependant Duvergier, t. 1er, no 418.

411. — L'acquéreur qui a payé volontairement une partie de son prix n'a point le droit d'en réclamer la restitution, à raison des éventualités d'une action révocatoire. — *Riom*, 5 août 1847 (t. 2 1847, p. 654), Barnier c. Montmury.

412. — Dans le cas d'établissement d'un droit d'octroi dans l'intervalle de la vente à la livraison des marchandises, c'est l'acheteur qui doit le supporter. — *Limoges*, 20 mars 1810, Brigueil c. Constantin.

413. — Lorsqu'un marché a établi la division du prix de vente en deux parties, l'une représentative de la valeur intrinsèque de la marchandise, l'autre qui ne se compose que des droits de douanes, c'est l'acquéreur qui doit profiter de la diminution qui survient dans ces droits. — *Rennes*, 28 oct. 1815, N...

414. — Jugé, toutefois, que la réduction des droits de douane sur une marchandise vendue à la consommation, avec faculté à l'acheteur de recevoir à l'entrepôt, sous déduction des droits alors existans, doit profiter exclusivement au vendeur, soit pour la partie reçue à la consommation, soit pour la partie reçue à l'entrepôt. — *Aix*, 4 août 1830, W. Puget c. Marre aîné.

415. — Lorsqu'un contrat de vente à livrer a pour objet des marchandises soumises aux droits de douanes, et que ce contrat porte qu'il sera facultatif à l'acheteur de recevoir à la consommation ou de recevoir à l'entrepôt, sous la déduction du droit, c'est au vendeur et non à l'acheteur que profite la diminution du droit ordonnée par la loi entre l'époque du contrat et celle de la livraison. — *Aix*, 9 juin 1847 (t. 2 1847, p. 549), Beaumier et Boubel c. Gros.

416. — Jugé, d'un autre côté, qu'au cas de vente de marchandises déposées à l'entrepôt de la douane, la réduction des droits de douane, survenue depuis la vente et la livraison des marchandises, doit profiter à l'acheteur et non au vendeur, encore bien que cette réduction serait déclarée remonter, par un effet rétroactif, à une époque antérieure à la vente. — *Aix*, 24 juin 1831, Wulfrand-Puget c. Rigaud.

417. — Du moins l'arrêt qui le décide ainsi, par interprétation des clauses et circonstances de la vente, ne viole aucune loi. — *Cass.*, 5 mars 1838, mêmes parties.

Sect. 2e. — *De la forme de la vente. — Preuve. — Frais.*

418. — En droit romain, la vente n'était assujétie à aucune forme particulière. L'écriture n'était nécessaire qu'autant que les parties avaient mani-

festé l'intention d'y recourir et avaient considéré cette formalité comme une condition suspensive de la perfection de la vente. — L. 1re, § 2, ff., *De contr. empt.*; L. 12, ff., *De evict.*; Inst., *De contr. empt.*; L. 17, C., *De fide instrum.* — *Colmar*, 2 mars 1816, Dorsner c. Stouthen. — Pothier, *Pand.*, t. 1er, p. 488; Ducaurroy, *Inst. expliq.*, t. 3, p. 124 et suiv.; Troplong, *Vente*, no 18.

419. — Ainsi, jugé par le même arrêt qu'un acte sous seing-privé, dans lequel celui qui l'a souscrit déclare avoir reçu une somme déterminée à compte du prix d'un immeuble par lui acquis par moitié avec celui qui a fourni cette somme, a pu être considéré comme constatant une vente ou une promesse de vente; mais que cette vente est censée résiliée, si l'acquéreur a payé seul le restant du prix, et a agi comme seul propriétaire, sans réclamation de son associé, et si celui-ci n'a considéré pendant plusieurs années la quittance qui lui avait été délivrée que comme un titre de créance.

420. — De même, avant le Code civil, la vente pouvait avoir lieu soit sans écrit, soit par acte sous seing-privé ou notarié. — Domat, sect. 1re, § 3; Pothier, *Vente*, no 33.

421. — Jugé que, sous l'ord. de 1667 (tit. 20, art. 2), une vente consignée dans un acte sous seing-privé revêtu seulement de la marque du vendeur, conformément à un usage local et qui a reçu son exécution, n'a pu être attaquée par ses héritiers comme *irrégulière*, alors qu'ils n'en contestaient pas l'existence. — *Cass.*, 10 thermid. an XIII, Vignol c. Lacave.

422. — Mais jugé aussi que sous l'ancienne législation, lorsqu'il avait été convenu que la vente serait passée par écrit, la promesse de vendre ne devait être considérée que comme un simple projet. — *Colmar*, 6 avr. 1808, Reynach c. Willemain.

423. — Sous le Code, l'art. 1582 porte que la vente peut être faite par *acte authentique ou sous seing-privé*.

424. — Toutefois, il n'en faut pas conclure de là que la rédaction par écrit soit indispensable. — Les auteurs et la jurisprudence ont reconnu la validité des *ventes verbales*. — Le tribunat avait proposé de dire : « Néanmoins, toute vente d'immeubles doit être faite *par écrit*; elle peut l'être par acte authentique ou sous seing-privé ; » mais cette rédaction fut rejetée. — Ce qui vient d'ailleurs encore démontrer la validité, en général, des ventes verbales, c'est le soin que la loi a pris de signaler les cas spéciaux où la vente devrait, de toute nécessité, être rédigée par écrit. — V. l'art. 195, C. comm., *Sur la vente des navires*, et la loi des 14-25 mai 1791, tit. 2, art. 15, *sur la vente des brevets d'invention*. — *Cass.*, 21 oct. 1811, enregistrement c. Brandin ; *Colmar*, 15 janv. 1813, Hummel c. Fresch; *Orléans*, 11 juin 1818, Boislègre c. Maniferme. — Troplong, no 18; Duvergier, no 164; Locré, t. 14, p. 143; Duranton, no 34.

425. — L'écriture n'est donc requise que *ad probationem*; à moins que les parties n'aient manifesté d'une manière nette et non équivoque ne vouloir être obligées qu'autant que l'acte aurait été rédigé par écrit. — Duvergier, t. 1er, no 166; Troplong, no 19.

426. — Mais les auteurs sont d'accord qu'il ne suffirait pas que les parties fussent convenues de passer acte devant un notaire, pour qu'une vente verbale qui aurait d'ailleurs les élémens d'un contrat parfait fût réputée simple projet. — Troplong et Duvergier, *loc. cit.*

427. — Ce principe paraît avoir été méconnu par un arrêt de la cour de Bourges du 10 nov. 1818, qui a jugé que lorsqu'une vente verbale a eu lieu entre les parties, mais avec la convention qu'*il en serait passé acte devant notaire*, les juges peuvent, en appréciant les circonstances, décider que la vente n'était qu'un simple projet jusqu'à la réalisation devant notaire, et cela lors même qu'un à-compte aurait été payé sur le prix. Mais cette décision a été maintenue par la cour suprême. — *Cass.*, 12 nov. 1821, N...

428. — Il faut en effet reconnaître qu'à cet égard tout dépend des circonstances, et l'appréciation du contrat échapperait à la censure de la cour de Cassation.

429. — Quoique l'écriture ne soit pas indispensable à la validité de la vente, il dépend de la volonté des parties d'en subordonner l'existence à la rédaction d'un acte, et alors le contrat n'est parfait que par la signature de tous les contractans. — C'est au juge qu'il appartient d'apprécier, d'après les circonstances, l'intention des parties à cet égard. — La stipulation qu'un acte de vente sous seing-privé sera converti en acte authentique n'est essentielle qu'autant que les parties auraient expressément déclaré que jusqu'à cette conversion le premier acte ne serait considéré que comme un projet. — *Rennes*, 7 juill. 1845 (t. 2 1845, p. 515), Gourdel c. Gaigneux.

430. — Lorsqu'il résulte des termes d'un acte sous seing-privé qu'il y a eu entre les parties qui l'ont signé consentement sur la chose et le prix, la vente que cet acte constate est parfaite, encore bien qu'il y ait été stipulé qu'elle serait réalisée ultérieurement par acte notarié. — *Bourges*, 17 mai 1842 (t. 1er 1843, p. 242), Capitan c. Mathieu.

431. — Jugé que lorsque, dans un acte sous seing-privé contenant promesse réciproque de vendre et d'acheter, il a été convenu que si, dans un délai fixé, l'acte sous seing-privé n'est pas converti en acte public, et le prix payé, la *vente sera comme non avenue et de nul effet*, cette stipulation forme une condition essentielle de la vente, tellement que si le délai expire sans qu'elle ait été remplie, celui qui avait promis de vendre ne peut plus être tenu de remplir sa promesse. — *Toulouse*, 19 août 1806, Moussous c. Faure et Nogaret c. Moussous (2 arrêts).

432. — Jugé, toutefois, que l'inexécution de la condition apposée à une vente verbale, qu'elle serait, dans un délai convenu, réalisée par acte notarié, n'entraîne pas de plein droit la résiliation. En conséquence, si avant que cette résiliation ait été prononcée en justice, et que l'acquéreur ait été mis en demeure de remplir la condition, les biens vendus verbalement l'ont été par acte écrit au profit d'un autre acquéreur, il est dû des dommages-intérêts par le vendeur au premier acquéreur. — *Colmar*, 15 janv. 1813, Hummel c. Fresch.

433. — Jugé aussi que bien que, dans un acte de vente sous seing-privé, il soit dit que l'acte sera réalisé devant notaire dans un délai fixé, la vente n'en est pas moins parfaite, si les contractans sont d'accord sur la chose et le prix. — Cette clause ne peut être considérée comme une condition suspensive de l'accomplissement de laquelle dépend la validité de la vente, alors que les autres stipulations de l'acte démontrent que l'intention des parties a été de se lier actuellement. — *Bourges*, 20 août 1841 (t. 1er 1842, p. 193), Gaulier c. Lebœuf; 21 août 1841 (t. 2 1841, p. 762), Charriot c. Lebœuf.

434. — Lorsque la formalité de l'écriture ou de la passation devant notaire a été reconnue indispensable à la perfection de la vente, une telle stipulation doit-elle être considérée comme constituant une condition suspensive? M. Troplong (no 19) soutient l'affirmative. — M. Duvergier, au contraire, soutient la négative (t. 1er, no 167), en disant, avec raison, qu'il en est de la solennité ou de l'écriture imposée par les parties comme de celles imposées par la loi. Or, on ne soutiendrait pas avec avantage que les actes soumis par la loi à des formes indispensables seraient valables rétroactivement parce qu'il aurait été passé antérieurement entre les parties une convention verbale ou sous seing-privé.

435. — On devrait donc dans ce cas considérer comme valables à l'égard des tiers les ventes ou hypothèques consenties entre l'époque de la convention verbale et celle de la réalisation par écrit ou devant notaire. — Duvergier, t. 1er, no 167.

436. — La vente peut être valablement contractée par lettres missives : c'est ce que disaient les lois romaines. — *Cass.*, 26 janv. 1842 (t. 2 1842, p. 667), Morlière c. Abat. — V. L. 2, ff., *De contrah. empt.*; L. 2, ff., *De oblig. et action.*; *Instit.*, § *uniq.*, *De oblig. ex consensu*. — Pothier, *Vente*, no 32; Pardessus, no 250; Delvincourt, t. 3, p. 133; Rolland de Villargues, no 11 ; Duvergier, *Vente*, t. 1er, no 168; Troplong, *Vente*, no 21 ; Toullier, t. 8, no 325 (ce dernier auteur revient sur l'opinion contraire par lui précédemment émise); Merlin, t. 16, vo *Double écrit*.

437. — Duranton (no 44) et Toullier lui-même (*loc. cit.*) semblent n'adopter ce principe que pour le cas où il s'agit de ventes commerciales. Pour ce cas, l'art. 109, C. comm., contient une disposition formelle; et toutefois Duranton admet que les parties pourraient se déférer le serment sur les faits de la convention, et se faire mutuellement interroger sur faits et articles. Cette distinction ne doit pas être suivie. — Troplong, *loc. cit.*

438. — Aussi doit-on considérer comme mal rendu l'arrêt qui juge que le consentement nécessaire pour la validité d'une vente ne résulte pas suffisamment de simples lettres missives qu'il est au pouvoir de l'une des parties de supprimer à volonté. — *Poitiers*, 11 vent. an X, Musset c. Lozeau. — « Cet arrêt, dit Troplong (no 21), ne fait pas attention qu'il confond le cas où la correspondance est reconnue et produite avec celui où elle serait déniée et mutilée: à peu près comme si l'on confondait le cas où la vente est avouée par les parties avec celui où elles se renferment dans la négative. Sans doute, si la correspondance n'est pas avouée ou reconnue, une des parties peut retenir, au préjudice de l'autre, l'une des pièces qui la composent; mais il ne suit pas de là que, lorsque la correspondance est produite ou reconnue, on ne doive pas y croire par cela seul qu'avant d'être produite on aurait pu la supprimer. »

439. — En matière de commerce, des propositions de vente faites et acceptées par lettres font loi entre les parties. — *Rennes*, 23 mars 1815, Lampe c. Houssay ; *Caen*, 7 août 1820 (dans ses motifs), Durand c. Delongerais. — Pardessus, t. 1er, no 250.

440. — La proposition de vendre ou d'acheter, faite par lettre missive, ne donne naissance à un contrat véritable qu'autant qu'elle a été acceptée par celui à qui elle était adressée.

441. — Jugé que la vente ou promesse de vente faite par lettres missives est valable, pourvu qu'il en résulte la preuve formelle qu'il y a eu offre de vente de la part du vendeur, et acquiescement de la part de l'acquéreur. — *Cass.*, 26 janv. 1842 (t. 2 1842, p. 667), Morlière c. Abat.

442. — Et il faut, pour la perfection d'une pareille vente, que l'acceptation soit en tous points conforme aux offres. — *Poitiers*, 11 vent. an X, Musset c. Lozeau.

443. — Tant que l'acceptation n'est pas intervenue, la proposition peut être révoquée: elle s'anéantirait aussi par le décès, l'interdiction, la faillite du proposant, puisque l'existence *simultanée* de deux consentemens valables deviendrait impossible. — Duvergier, nos 54 et suiv.; Troplong, nos 22, 23 et suiv.

444. — Mais quand l'acceptation est-elle censée intervenue? Dès-lors, jusqu'à quelle époque le proposant peut-il rétracter sa proposition? Troplong (no 25) dit que c'est jusqu'au moment où il *a reçu* l'acceptation. — Pardessus, t. 1er, no 250. — La principale raison de ce système est qu'avant de parvenir à sa destination et d'être *reçue*, la lettre n'est qu'un procureur muet, révocable de la part de celui qui l'envoie, et que la volonté non connue est censée ne pas exister. — Toullier dit aussi qu'en jurisprudence, une volonté qui n'est pas connue est comme si elle n'existait pas.

445. — Et on lit dans un arrêt de la cour de Caen un considérant qui porte « qu'une demande de marchandises ne peut constituer un acte parfait et irrévocable que lorsque celui auquel elle est faite déclare à celui qui la lui fait qu'il consent à faire l'envoi demandé aux conditions offertes, et que le demandeur est *saisi* de la lettre contenant le consentement précis et non équivoque. » — *Caen*, 7 août 1820, Durand c. Deslongerais.

446. — Au contraire, Duvergier (t. 1er, no 61) et Duranton (t. 16, no 45) sont d'avis, en principe, que l'acceptation, même avant qu'elle soit connue, rend l'engagement parfait. Dès-lors, à partir du moment où elle est intervenue (sans égard au moment où elle a été connue), la proposition ne peut plus être rétractée, aussi bien que l'acceptation elle-même ne serait pas révocable. — Duvergier admet bien que, dans certains cas, les moyens employés pour transmettre l'acceptation pourront justifier le caractère précaire et révocable qu'on voudrait lui attribuer, par exemple si la lettre était remise à un intermédiaire, mandataire révocable, et qui resterait subordonné à la volonté de l'acceptant; mais il n'en serait assurément pas de même si la lettre qui la constatait était remise à la poste, dépôt public, où elle aurait cessé d'être la propriété du souscripteur pour devenir celle du destinataire.

447. — On cite généralement comme jugeant que, de la part de celui à qui la proposition est faite, une deuxième lettre peut révoquer l'acceptation contenue dans une première, un arrêt de la cour de Cassation du 1er sept. 1813 (sous cette date) rapporté par Merlin, *Rép.*, t. 16, vo *Vente*, p. 511. — Troplong, no 26. — Mais Duvergier (no 64) dit avec raison que cet arrêt juge plutôt en *fait* qu'en *droit*, et se borne à apprécier les deux lettres *remises simultanément*, et lesquelles ne formaient qu'un tout indivisible suivant les juges. On ne peut donc en tirer un argument de droit sur la question de savoir si l'acceptation peut être révoquée avant qu'elle soit parvenue au proposant.

448. — Il faut, en tous cas, que la proposition soit individuelle, car si elle ne résultait que de circulaires comme on en envoie dans le commerce, et sans rapport antérieur entre les parties, celui qui aurait fait l'offre ne serait censé engagé à fournir la chose offerte qu'autant qu'il n'aurait pas changé d'avis depuis. — Pardessus, t. 2, no 269.

449. — La promesse de vente est parfaite dès que le vendeur a fait connaître par écrit à l'acheteur ses conditions sur la chose et sur le prix, et que celui-ci a répondu de même par une accepta-

tion, même avec réserve de demander des explications, alors surtout que ces explications ne se rapportent point aux conditions essentielles de la vente.—*Cass.*, 26 janv. 1842 (t. 2 1842, p. 667), Morlière c. Abat.

450. — Le négociant qui, par correspondance, offre *une part* sur des marchandises déterminées par leur espèce, leur qualité, leur quantité et leur prix, mais qui ne fixe pas cette part, est censé en laisser la fixation à l'arbitrage de la personne à laquelle l'offre a été faite. En conséquence, si, dans un bref délai, le correspondant accepte l'offre et fixe la quotité ou part, d'une manière raisonnable et modérée, l'auteur de l'offre est lié par le seul fait de l'acceptation, sans nouveau consentement de sa part, et par suite est tenu de livrer la quantité acceptée. — *Aix*, 26 janv. 1826, Beaussier c. Gautier.

451. — En matière de vente, la lettre missive d'une des parties contenant les conditions de la vente, et adressée à un tiers que ces conditions peuvent intéresser, ne lie pas cette partie, et ne peut faire preuve que la vente a été consommée. — *Agen*, 17 janv. 1824, Fonis c. Pellaroque.

452. — La rétractation intervenue en temps utile pour empêcher le contrat de se former pourrait laisser le rétractant sous le coup de réparations dues à celui à qui la correspondance aurait occasionné des frais ou causé un préjudice. — Pothier, no 33; Troplong, no 27; Duvergier, t. 1er, no 67; Pardessus, t. 2, no 250.

453.—Il a été dit plus haut que la mort du proposant ou son impossibilité légale de persister dans le consentement ne permettait plus au contrat de se former. — Mais que décider si c'est celui à qui la proposition avait été faite qui meurt avant d'avoir accepté? Ses héritiers le pourront-ils en son lieu et place? — Delvincourt semble pencher vers l'affirmative : mais Toullier (t. 6, no 31) et Duvergier (t. 1er, no 69) disent avec raison que si on est censé stipuler pour soi et ses héritiers, dans le sens que le droit acquis ou conféré par la stipulation ou par la promesse est transmis aux héritiers respectifs du créancier et du débiteur, la volonté ou le consentement réciproque qui doit former le contrat est inhérent à la personne, s'éteint avec elle et ne peut se transmettre à ses héritiers.

454. — Toutefois, la cour de Caen a décidé que, dans le cas d'une vente d'immeubles déclarée faite à plusieurs individus dont les uns sont présens et les autres absens, le contrat est valable même à l'égard des absens, encore que personne n'ait promis leur fait, pourvu qu'eux ou *leurs héritiers* déclarent vouloir profiter du contrat avant qu'il ait été révoqué par les parties signataires, alors surtout que le vendeur n'élève aucune difficulté. — *Caen*, 27 avril 1812, Potigny. — V. Toullier (t. 6, no 31) sur cet arrêt.

455. — La loi a tracé des formes particulières pour certaines ventes. — V. VENTE A L'ENCAN, VENTE DE MARCHANDISES NEUVES, VENTES ADMINISTRATIVES, VENTES JUDICIAIRES DE BIENS IMMEUBLES, VENTES PUBLIQUES DE MEUBLES, VENTE DE NAVIRES, VENTE AUX ENCHÈRES, VENTE DES BIENS D'HOSPICES, EXPROPRIATION FORCÉE, EXPROPRIATION POUR UTILITÉ PUBLIQUE.

456. — Lorsque la vente est faite par acte sous seing-privé ou par acte authentique, elle est soumise, quant à sa validité, aux formalités exigées pour les actes de cette nature. — V. ACTE SOUS SEING-PRIVÉ ET ACTE AUTHENTIQUE.

457. — En outre, la preuve de la vente est soumise aux règles ordinaires en matière de preuve. — V. PREUVE.

458. — Jugé que la possession actuelle du fonds litigieux ne suffit pas pour faire admettre le possesseur à prouver par témoins la vente qui lui aurait été verbalement consentie de ce fonds avec promesse d'en passer acte. — *Cass.*, 17 vendém. an V, Serres c. Guisier.—Ordonn. 1667, tit. 20, art. 2; Ordonn. de Moulins 1566, art. 54.—Pothier, *Oblig.*, nos 786 et suiv.

459. — Jugé aussi que la vente d'un immeuble ne peut se prouver à l'égard des tiers par un écrit revêtu de la *marque* du vendeur et de la signature de l'acquéreur, alors même que cet écrit aurait acquis une date certaine par l'enregistrement et le paiement du droit de mutation.—Un pareil écrit et le paiement du droit de mutation ne font pas même preuve de la vente contre les tiers, alors même que l'acheteur aurait exercé des actes de propriété à une époque non suspecte.—*Bruxelles*, 26 avril 1816, Haesebeyt c. Liefmans.

460.—Jugé encore que, lorsqu'une vente d'immeubles a été consentie au profit d'un mari et d'une femme, comme acquéreurs solidaires, et qu'à défaut de signature de la part de la femme, l'acte est demeuré imparfait, le mari ne reste pas obligé envers le vendeur, et sa mise en jouissance ne suffit pas pour réparer ce que l'acte présente d'incomplet et d'irrégulier. —*Paris*, 24 juill. 1820, Dubos c. Carpentier-Dufay; *Cass.*, 1er déc. 1819, mêmes parties.

461.—Lorsque les parties ont entendu contracter une vente par écrit, le contrat n'est parfait que par la signature des parties contractantes. La circonstance que l'un des vendeurs solidaires a signé les divers originaux du traité ne change point le droit de l'acquéreur qui argue l'acte de nullité sur le motif que tous les vendeurs n'ont pas signé. On ne peut, dans ce cas, opposer à l'acquéreur le commencement d'exécution qu'il aurait donné à la vente. L'acte doit surtout être annulé si, de la part du vendeur qui n'a pas signé, la vente était impossible, en ce qu'il s'agissait d'un bien dotal, ce que l'acquéreur ignorait lors de la convention. — *Toulouse*, 3 déc. 1806, Poulvrières c. Toulze.

462. — Mais le copropriétaire d'un bien indivis pouvant vendre sa portion, lors même que son communiste se refuse à la vente de la sienne, il en résulte que si l'acte de vente est fait au nom des deux, et pour la totalité de la propriété, la nullité résultant vis-à-vis de l'un des deux du défaut de consentement et de signature n'entraîne pas la nullité à l'égard de celui qui a consenti et signé. — *Paris*, 20 août 1808, Boudet c. d'Aligre.

463. — La qualité de vendeur donnée à quelqu'un dans un écrit sous signature privée n'est pas suffisamment établie par cette énonciation et ne peut résulter de circonstances particulières, lorsque cet individu n'a pas signé, ne le pouvant, et nie avoir voulu vendre. — Même arrêt.

464. — Lorsqu'il est reconnu entre les parties qu'il a existé une vente sous seing-privé et que le vendeur soutient que cette vente n'a été que conditionnelle, celui-ci n'est pas obligé de rapporter son double de l'acte de vente pour le prouver, si l'acquéreur ne représente pas le sien à l'appui de la demande par lui formée de l'exécution de la vente qu'il prétend avoir été pure et simple. Dans ce cas, si l'acquéreur est privé lui-même de la faculté de représenter son double par la faute d'un coacquéreur solidaire, pour lequel il s'était porté fort, et qui néanmoins a refusé de ratifier, il est fondé à demander des dommages-intérêts à ce dernier. — *Cass.*, 15 fév. 1821, de Saint-Mont c. Bobée et Morlot.

465.—En matière de vente d'immeubles, la date précise de l'aliénation doit être établie sur des preuves certaines, lorsque les parties prétendent, contre des tiers, que cette date est différente de celle du jour du contrat. — *Cass.*, 15 avr. 1840 (t. 2 1840, p. 72), de Saint-Priest c. enregistrement.

466. — En matière de commerce, les achats et ventes se constatent, en outre des actes privés, publics, ou de la correspondance, par le bordereau ou arrêté d'un agent de change ou courtier dûment signé par les parties, par une facture acceptée, par les livres des parties, par la preuve testimoniale dans le cas où le tribunal croira devoir l'admettre. — C. comm., art. 109.

467. — Jugé qu'en matière de commerce, les tribunaux peuvent admettre la preuve par témoins des faits servant à constater une vente, quoique l'objet vendu excède 150 fr. — *Cass.*, 15 janv. 1828, d'Aligre et de Boissy c. Cailleret.

468. — ... Et ce principe doit recevoir son application alors même que la preuve est offerte, par voie d'exception, contre un non commerçant demandeur devant le tribunal de commerce. — *Agen*, 6 janv. 1828, Bonnet c. Quillot.

469.— Jugé encore qu'en matière commerciale, les ventes et achats peuvent être prouvés par témoins. — *Grenoble*, 4 fév. 1826, André c. Ogier.

470. — Les factures des commerçans ne font preuve des achats et des ventes, à l'égard des tiers, qu'autant qu'elles sont régulièrement portées sur les livres des parties. — *Paris*, 1er mars 1828, Delamarre c. syndics Lainé.

471. — Lorsque le marchand vendeur n'a pas inscrit sur ses livres le paiement d'une fourniture que le marchand acheteur a portée sur les siens comme livrée et payée, le vendeur peut, suivant les circonstances, être déclaré mal fondé à réclamer le paiement. Cette décision est basée sur des considérations de fait qui lui ôtent tout intérêt de principe. — *Rennes*, 11 déc. 1811, Guertin et Ouvrard c. Boileau.

472.— En matière de commerce, il n'est pas nécessaire de représenter le consentement écrit de l'acheteur, lorsque le fait de la vente résulte suffisamment de la correspondance du vendeur, sans que l'acheteur puisse alléguer le défaut de réception de la lettre de vente, s'il reconnaît avoir reçu sans réclamation des lettres postérieures confirmatives de la première. — *Rouen*, 9 avr. 1840 (t. 2 1840, p. 686), Dupuis-Potel c. Lefèvre-Vidal.

473.—Les tribunaux de commerce ne sont pas strictement tenus de se conformer au texte des art. 78, 84 et 109, C. comm., pour constater une vente faite par courtier. Les certificats donnés par des commerçans, et qui fixent le cours des marchandises, peuvent être regardés comme des actes équipollens à ceux établis pour constater les achats et ventes des marchandises. Les juges de commerce sont en quelque sorte des arbitres forcés, et, sans s'écarter des règles prescrites, ils ont la faculté de s'environner de tous les renseignemens que peuvent leur donner des négocians, quand ils servent à éclairer leur religion et qu'ils sont conformes à la vérité. — *Orléans*, 31 janv. 1817, Petit c. Grenouillet.

474. — Les conditions de vente contenues dans le bordereau des courtiers de vin font seules la loi des parties. En conséquence, le négociant qui a acheté des vins par l'entremise d'un courtier n'est pas fondé à retenir sur le prix le droit de transvasement ou racage, si cette retenue n'a pas été formellement stipulée dans le bordereau. On invoquerait en vain un usage qui n'est ni notoire ni constant. — *Bordeaux*, 17 déc. 1832, Brunnens c. Cassy et Moléon.

475. — Les frais d'actes et autres accessoires à la vente sont à la charge de l'acheteur. — C. civ., art. 1593.

476. — Ces frais, qui varient suivant la forme que les parties ont adoptée et la nature des objets vendus, consistent généralement dans le papier timbré, les droits d'enregistrement, les honoraires des notaires, les frais de transcription et ceux de purge des hypothèques et privilèges.— Duvergier, t. 1er, no 169; Troplong, no 164; Duranton, no 124.

477. — Sur le principe que les droits de mutation sont à la charge de l'acheteur, V. ENREGISTREMENT.

478. — Toutefois, la convention particulière ou les circonstances peuvent modifier cette règle. — *Orléans*, 1er juin 1821, Brunel c. Marteau. — Duvergier, t. 1er, no 170; Troplong, no 164; Duranton, no 124.

479. — Il suffit même que l'acheteur ait dû croire, d'après les clauses de la vente, que certains frais ne seraient pas dus pour qu'il ait le droit de les répéter contre le vendeur s'il est obligé de les faire : ainsi pour les frais de purge que la révélation d'hypothèques existantes aura exigés, lorsque l'immeuble était vendu avec déclaration d'absence d'hypothèques. — Duvergier, Troplong et Duranton, *loc. cit.*

480. — Jugé aussi, et avec raison, que celui qui a vendu la chose d'autrui, et qui, sachant que la vente était nulle, a payé les droits d'enregistrement, ne peut, en cas d'annulation de la vente, exercer contre l'acquéreur une action en remboursement de ces droits; ces frais étaient inutiles et il devait en prévoir l'inutilité. — *Cass.*, 20 juin 1827, Arnaud c. Cavalier.—Duvergier, no 170.

481. — Jugé aussi que la règle que les frais d'enregistrement d'une vente sont à la charge de l'acquéreur est susceptible de recevoir des exceptions.—*Cass.*, 20 juin 1827, même arrêt; *Bourges*, 10 mars 1830, Michonnet c. Clavier.

482. — Ainsi, quand le vendeur a déclaré, dans le contrat de vente d'un immeuble, prendre à sa charge le coût de l'acte et de la grosse à remettre à l'acquéreur, on doit en conclure qu'il s'est implicitement chargé du droit d'enregistrement et des supplémens et doubles droits qui pourraient être dus, en cas de négligence et d'inobservation des règles à suivre en pareil cas. — *Orléans*, 1er juin 1821, Brunel c. Marteau.

483. — La clause d'un contrat de vente sous seing-privé, par laquelle un vendeur et un acquéreur conviennent que les droits d'enregistrement seront à la charge de celle des parties qui en rendra la perception nécessaire, est-elle une clause licite, autorisée par l'art. 31 de la loi du 22 frim. an VII? — Oui.—*Bourges*, 10 mars 1830, Michonnet c. Clavier; *Cass.*, 13 mars 1839 (t. 1er 1839, p. 357), Boisseau c. Pelleray.

484. — Jugé, dans tous les cas, que lorsqu'il a été stipulé dans un acte de vente sous seing-privé que les droits d'enregistrement de l'acte seraient à la charge de la partie qui y donnerait lieu par des contestations mal fondées, s'il est reconnu que la perception des droits a eu lieu par le fait ou la faute des deux parties, en ce cas, les tribunaux peuvent, appliquant le droit commun, condamner l'acquéreur à supporter seul les droits. Peu importe que la contestation qui a donné à la régie de l'enregistrement connaissance de l'acte ait été soulevée par le vendeur.— *Bourges*, 10 mars 1830, Michonnet c. Clavier; *Cass.*, 16 août 1831, mêmes parties.

485.— Jugé, en outre, que bien qu'en règle générale les frais d'actes et autres accessoires soient

à la charge de l'acheteur, cependant les frais d'enregistrement d'une vente sous seing-privé peuvent être mis à la charge du vendeur, lorsque cet enregistrement est reconnu n'avoir eu lieu qu'à cause d'un procès intervenu sur l'exécution de la vente, et dans lequel le vendeur a succombé. Les juges, en décidant ainsi, ne font qu'user du pouvoir que la loi leur donne relativement à la répartition des dépens. — *Cass.*, 9 fév. 1832, Blondin c. Amiot.

486. — La cour de Bourges, par l'arrêt précité, a jugé que, si la clause qui met l'obligation de payer les droits à la charge de celle des parties qui donnerait lieu à la publicité du traité n'est pas rigoureusement une infraction à la loi, il n'en est pas de même de celle qui a pour objet de soustraire à la connaissance du fisc, et par suite à la perception des droits, une convention renfermée dans un acte sous seing-privé ; une pareille clause est illicite et nulle. — Dans l'espèce, le contrat portait que le vendeur donnerait à l'acquéreur une procuration pour vendre en détail et au nom des deux les biens qu'ils avaient acquis en commun. — *Bourges*, 10 mars 1830, Michonnet c. Clavier.

487. — Toutefois, la cour de Cassation a décidé que, dans le cas d'une clause qui met les frais d'enregistrement à la charge de celle des parties qui y donnera lieu, le vendeur qui, par son fait, a encouru le paiement des droits d'enregistrement, n'est pas fondé à demander la nullité de la clause, sous prétexte que l'acte qui la renferme, *se liant à une procuration donnée à l'acquéreur d'aliéner sous le nom du vendeur les immeubles acquis*, n'avait pour but que de frustrer la régie des droits auxquels la vente ainsi dissimulée pourrait donner ouverture. — *Cass.*, 13 mars 1839 (t. 1er 1839, p. 357), Boisseau c. Pelleray.

488. — On peut considérer comme assez significatif, sur le caractère d'une clause qui aurait pour but de soustraire les droits ou une portion des droits à l'enregistrement, l'arrêt qui a décidé que le supplément de droit et double droit payé à la régie par un acquéreur sous faculté de réméré, pour dissimulation dans le prix de la vente, devait être remboursé à ce dernier en cas de rachat, *parce que ces frais ne pouvaient être considérés comme la peine d'un crime ou d'un délit ne donnant lieu à aucune restitution.* — *Cass.*, 24 mars 1835, Despierres c. de Calron.

489. — L'art. 1593 n'affranchit-il le vendeur de la charge des frais que relativement à l'acheteur, et le notaire à qui sont dus les droits de timbre et d'enregistrement qu'il a avancés peut-il les répéter à la fois contre le vendeur et l'acheteur comme obligés solidaires à son égard à raison du mandat commun qu'ils lui auraient donné ? — Oui. — Duvergier, t. 1er, no 171.

490. — Le négociant qui achète des marchandises *à prendre à l'entrepôt* est tenu d'acquitter, outre le prix de vente, les droits sans lesquels les objets entreposés ne peuvent être retirés. Mais il doit être exempt de payer les droits dont la marchandise était frappée antérieurement à la vente. — *Bruxelles*, 26 déc. 1816, Plaisier c. Bogaert.

CHAPITRE II. — *Qui peut acheter ou vendre.*

491. — Toute personne peut acheter ou vendre, à moins qu'elle ne soit déclarée incapable par la loi. — C. civ., art. 1123-1594.

492. — L'empêchement légal de vendre ou d'acheter peut résulter de l'état permanent de l'incapacité de contracter ; il est en outre certaines personnes qui ne peuvent acheter ou vendre sans l'observation des formalités que la loi indique. — V. à cet égard vis ABSENCE, COMMUNAUTÉS RELIGIEUSES, CONSEIL JUDICIAIRE, DOMAINE DE L'ÉTAT, FAILLITE, FEMME MARIÉE, HÉRITIER BÉNÉFICIAIRE, HOSPICES, INTERDICTION, INTERDICTION LÉGALE, MINEUR, MORT CIVILE, SUCCESSION VACANTE.

493. — Est nulle la vente d'immeubles faite, en 1757, par un protestant, sans autorisation du roi ou de l'intendant. La nullité n'en a pas été couverte par l'approbation ultérieure donnée par l'intendant depuis la demande en nullité. — *Cass.*, 21 niv. an II, Lambert c. Palissier. — V., sur cette prohibition, arrêts du parlement de Bordeaux, 29 août 1776, juin 1785, et deux arrêts du conseil du 10 juill. 1777 et du 8 sept. 1780. — Ordonn. de l'intendant de la Rochelle du 7 mars 1778 (cités dans l'arrêt de l'an II).

494. — La loi, dans les art. 1595-1596, a établi en outre certaines incapacités spéciales qui concernent : 1o les époux entre eux ; 2o les tuteurs, mandataires, administrateurs, officiers publics ; 3o les juges, greffiers, huissiers, avoués, avocats, notaires.

495. — On peut vendre par soi-même ou par procureur. Et le mandat pour aliéner doit être exprès. — C. civ., art. 1988. — V. MANDAT.

Sect. 1re. — *Vente entre époux.*

496. — Sous l'ancienne législation, toute espèce de contrat était généralement prohibée entre époux. — Cout. Normandie, art. 410; cout. Niververnais, ch. 23, art. 27; cout. Bourbonnais, art. 226. — Pothier, *Traité des donations entre mari et femme*, no 78 ; Dumoulin, sur l'art. 156, cout. Paris, no 5 ; Toullier, no 41. — Toutefois Dumoulin admet, comme exception, le cas de nécessité, *Nisi ex necessitate.*

497. — Suivant l'art. 1595, le contrat de vente ne peut avoir lieu entre époux que dans les trois cas suivans : 1o celui où l'un des époux cède des biens à l'autre séparé judiciairement d'avec lui en paiement de ses droits; 2o celui où la cession que le mari fait à sa femme, même non séparée, *a une cause légitime*, telle que le remploi de ses immeubles aliénés ou de deniers à elle appartenant, si ces immeubles ou deniers ne tombent pas en communauté; 3o celui où la femme cède des biens à son mari, en paiement d'une somme qu'elle lui avait promise en dot, et quand il y a exclusion de communauté.

498. — Dans le premier de ces cas, la faculté de cession est *réciproque*. Et il y a moins une vente qu'une dation en paiement ; les effets de pareilles cessions ne seraient donc pas absolument les mêmes que ceux de la vente. — Duranton, t. 12, nos 79 et suiv., et t. 16, no 147 ; Duvergier, t. 1er, no 178 ; Delvincourt, t. 3, p. 65, note 3e. — V. DATION EN PAIEMENT.

499. — Et dans ce cas, la cession peut avoir lieu par le mari et la femme séparée, même avant la liquidation de ses droits. — *Bourges*, 5 mai 1830, Oppin c. Binet.

500. — Jugé que la vente faite par un mari à sa femme séparée de biens, pour la remplir de ses reprises avec délégation de l'excédant aux créanciers inscrits, est valable et ne peut être attaquée par un créancier dont le titre est postérieur à cette vente. On doit dès-lors lui réputer une cause légitime. — *Paris*, 21 janv. 1814, Lamarre c. Taveau.

501. — Dans le deuxième cas prévu par l'art. 1595, la faculté de cession n'existe que du mari à la femme, et non de la femme au mari. Sous ce rapport, la disposition est limitative. — Duvergier, [illegible] Troplong, no 179.

502. — Mais la disposition n'a rien de limitatif dans l'énumération qu'elle fait de causes *réputées légitimes* de cession par le mari à la femme : les hypothèses indiquées dans l'article ne le sont que comme exemples explicatifs. — Duvergier, t. 1er, no 179 ; Troplong, no 180.

503. — La cour de Cassation a même décidé qu'il suffisait, pour que la vente faite par le mari à la femme dût être maintenue, que la cour d'appel eût déclaré *en fait* qu'il y avait cause légitime. — *Cass.*, 23 août 1825, Meuwel c. Dubois.

504. — Mais Duvergier (no 179) n'admet pas d'une manière absolue ce pouvoir *discrétionnaire* des juges du fond qui tendrait à faire rentrer sous les termes de l'art. 1595 une vente dont la cause n'aurait aucune analogie avec celle qu'indique le § 2 de cet article.

505. — Au surplus, la cour de Cassation elle-même, saisie de nouveau de la question, mais dans une hypothèse où l'arrêt qui lui était déféré avait déclaré la créance *sans cause légitime*, ne paraît pas avoir abdiqué tout pouvoir d'examen; c'est ce qui semble résulter de l'arrêt qui juge que la décision qui, pour dénier la légitimité de cette cause, se fonde sur ce que la femme n'avait au moment de la vente aucune reprise à exercer en raison de ses deniers dotaux, et qu'elle n'avait qu'une créance paraphernale, pour une très faible somme, hors de toute proportion avec la valeur des biens vendus, fait *en droit* une juste application de l'art. 1595. — *Cass.*, 24 juin 1839 (t. 2 1839, p. 24), Leiris c. Tinseau.

506. — Jugé que la vente faite par le mari à la femme non séparée est valable, lorsqu'il est constant qu'à l'époque où elle a eu lieu celle-ci était créancière de son mari de sommes considérables, soit à raison de l'aliénation de ses propres, soit par suite d'engagemens qu'il lui avait fait contracter et dont il lui devait récompense. L'art. 1595, no 2, n'est pas limitatif. — *Paris*, 27 mai 1839 (t. 1er 1839, p. 586), Coubart c. Sensier.

507. — Mais la simple reconnaissance, de la part du mari, que sa femme lui a fait des avances, ne suffit pas, indépendamment d'autres preuves, pour valider la vente qu'il lui a faite d'une partie de ses biens. — *Paris*, 9 août 1811, dame Veron c. Dubeau.

508. — Il semble résulter du 2e § de l'art. 1595 qu'il ne dispose que pour le cas où les époux sont mariés sous le régime de la communauté. — C'est en ce sens qu'il a été jugé :

509. — ... Qu'on doit réputer nulle la vente d'immeubles faite par le mari à sa femme non séparée de biens, en remboursement de ses créances dotales non liquidées. — *Grenoble*, 24 janv. 1826, Durand et Durhone c. Bardin ; 8 mars 1831, Chollat c. Monnet.

510. — Jugé, en outre, qu'en admettant d'ailleurs que l'exception du § 2 de l'art. 1595 fût applicable sous le régime dotal, elle ne saurait être invoquée au cas où le mari, autorisé par le contrat de mariage à vendre les biens dotaux de son épouse, n'a en même temps été assujéti à aucune espèce de remploi. — *Grenoble*, 26 mars 1832, Néry-Blagnat c. de Boisvert.

511. — Mais il a été jugé que la vente faite par un mari à sa femme, même non séparée, pour le remboursement de ses biens *paraphernaux* par lui aliénés, est valable, encore bien que le mari ne fût pas obligé au remploi. — *Bordeaux*, 1er déc. 1829, Larue c. Clédat. — Et Duvergier (no 179) approuve cet arrêt en disant avec raison que les même motifs protègent la vente consentie à la femme dotale pour la payer de ses paraphernaux et celle faite à la femme commune en remploi de ses propres.

512. — La vente faite par le mari à la femme pendant l'existence de l'association conjugale, en remploi d'une exploitation d'arbres effectuée sur les propriétés de celle-ci, reste sans effet à l'égard des tiers, lorsqu'il résulte des circonstances qu'elle est entachée de fraude, et concertée pour soustraire les biens du mari à l'action des créanciers. — Une pareille vente doit d'ailleurs être considérée comme prématurée, alors qu'elle n'a pas été nécessitée par la dissolution de la communauté, époque à laquelle doit être renvoyée la compensation à établir entre les améliorations et détériorations que les biens de la femme peuvent avoir éprouvées. — *Bordeaux*, 15 janv. 1839 (t. 1er 1839, p. 375), Danjaud c. Moulinier.

513. — Dans le 3e §, il n'est question que de la vente de la femme au mari ; la vente, dans l'hypothèse qui y est prévue, n'est valable qu'autant qu'il y a exclusion de communauté : ce qui ne comprend pas seulement le cas où le mariage a lieu sous le régime *d'exclusion de communauté*, mais aussi celui où la femme serait mariée sous le régime de la séparation de biens ou sous le régime dotal. — Toullier, t. 12, no 41 ; Duranton, t. 16, no 150 ; Troplong, no 181; Duvergier, t. 1er, no 181 ; Delvincourt, t. 3, p. 65, note 7e.

514. — La femme pourrait-elle s'acquitter de la même manière d'une dette qu'elle aurait contractée envers son mari antérieurement au mariage, ou par les stipulations mêmes du contrat ? — Cette question a été soulevée au conseil d'état (Locré, t. 14, p. 50 et 51) ; on proposait un changement de rédaction qui l'aurait résolue affirmativement ; mais cette modification ne fut pas adoptée. — Il faut donc restreindre le § 3 de l'art. 1595 dans ses termes rigoureux. — Troplong, no 182 ; Duvergier, t. 1er, no 182.

515. — Quel est l'effet de la prohibition de la vente entre époux ? Suivant Toullier (t. 12, no 41), elles doivent être considérées comme des donations déguisées valables, mais révocables (art. 1096) et réductibles si elles excèdent la quotité disponible. — Duranton (t. 16, nos 153 et 154) décide que ces ventes sont absolument nulles.

516. — Et le système qui consacre la nullité de la vente est consacré par les arrêts précités de Grenoble, 24 janv. 1826 (Durand c. Bardin), 8 mars 1831 (Chollat c. Monnet), qui ont repoussé les demandes en revendication dirigées contre les tiers qui avaient saisi sur le mari les biens vendus par lui à la femme. — V. aussi les motifs d'un arrêt *Cass.*, 12 mai 1817, Mifflet c. Sastie.

517. — Il résulte aussi des motifs d'un arrêt précité que, dans les ventes faites entre époux hors des cas prévus par l'art. 1595, la qualité *des parties fait présumer* la fraude. — *Bordeaux*, 1er déc. 1829, Larue c. Clédat.

518. — MM. Troplong (no 183) et Duvergier (t. 1er, no 183) pensent, et avec raison, qu'on ne peut pas poser de règle absolue : si les époux ont voulu simuler une donation, l'acte vaudra dans les limites et avec les conditions assignées par l'art. 1096; mais, au contraire, s'ils ont voulu ou terminer des arrangemens de famille ou soustraire leurs biens à leurs créanciers, comme dans ce cas il n'y aura pas eu intention de donner, l'acte ne pourra être maintenu comme donation.

519. — Les tribunaux, soit que la vente soit at-

taquée par les époux ou leurs héritiers, ou par les créanciers du vendeur, devrait-elle apprécier l'intention qui a présidé à la vente. M. Duvergier (n° 181) ajoute que les créanciers, lorsqu'ils s'attaqueront comme faite hors des cas prévus par l'art. 1595, devront prouver qu'elle a été faite en fraude de leurs droits; mais qu'étant présumée n'être qu'une libéralité déguisée, il suffira qu'elle soit postérieure à leur créance, ou, si elle est antérieure, qu'elle ait été tenue secrète par les époux pour que la nullité soit prononcée.

820. — Si, lorsque la vente est permise, les époux se font des avantages indirects, les héritiers des contractans conservent tous leurs droits (C. civ., art. 1595). — V. Toullier, t. 12, n° 41; Duvergier, t. 1er, n° 185; Duranton, n° 159.

 — La loi n'entend par là que les héritiers à réserve auxquels est attribué le droit de demander la réduction des libéralités excédant la quotité disponible. — Toullier, t. 12, n° 41; Duvergier, t. 1er, n° 185; Duranton, n° 159.

822. — De là certaines incapacités établies par la loi (art. 1596).

Sect. 2e. — *Prohibitions diverses.* — *Tuteurs, mandataires, officiers ministériels, juges, etc., etc.*

821. — « On n'a pas voulu, disait M. Faure au tribunat, mettre l'intérêt aux prises avec le devoir. Le tuteur qui vend les biens de son pupille, le mandataire qui vend ceux de ses commettans, en un mot, les divers agens qui vendent pour le compte d'autrui doivent, par devoir, faire en sorte d'obtenir le plus haut prix possible, puisque c'est le plus grand avantage de ceux qu'ils représentent; s'il leur était permis de se rendre adjudicataires, leur propre intérêt les inviterait à vendre au plus bas prix. » — Locré, t. 14, p. 195.

823. — *Tuteurs.* — Ne peuvent se rendre adjudicataires, sous peine de nullité, ni par eux-mêmes, ni par personnes interposées, les tuteurs des biens de ceux dont ils ont la tutelle. C. civ., art. 1596.

824. — Sous l'ancien droit, la prohibition était moins absolue: le principe que le tuteur est incapable d'acquérir les biens de son pupille recevait exception pour le cas où la vente était faite en justice. — Colmar, 16 fév. 1858, Corly c. Monnet. — Despeisses, t. 1er, p. 5, n° 11; Troncon, t. 16, Des crées, art. 359.— Arrêt du 12 janv. 1629.— L. 5, C. De cont. empt.; Brunemann, sur cette loi.

825. — Sous le Code, la question ne peut paraître douteuse: en se servant des mots se *rendre adjudicataire*, la loi a exprimé qu'elle comprenait dans la prohibition aussi bien les ventes faites en justice que les ventes de gré à gré. C'est aussi ce qui résulte des expressions employées par M. Faure au tribunat. Enfin, il faut remarquer que, s'il en était autrement, l'art. 1596 serait inutile, au moins en ce qui concerne le tuteur, puisque les mineurs ne peuvent jamais être vendus qu'en justice. — Troplong, n° 187; Duvergier, t. 1er, n° 187.

826. — Jugé en ce sens que l'art. 1596 reçoit son application, encore bien que l'adjudication ait eu lieu par suite d'une expropriation forcée de la saisie immobilière exercée contre les mineurs à la requête d'un de leurs créanciers. — Paris, 28 janv. 1825, Duronchet c. Patois; 11 déc. 1835 (sous Cass., 30 mars 1840 [t. 1er 1840, p. 467]), Buteil c. Duru.

827. — Jugé toutefois que la prohibition faite au tuteur de se rendre adjudicataire des biens du mineur ne s'étend pas au cas où le tuteur, poursuivant en sa qualité de créancier du pupille l'expropriation forcée d'un immeuble de ce dernier, en est devenu adjudicataire par suite de la surenchère du quart. — Toulouse, 4 fév. 1825, Lasforgue c. Marie Roza. — Cette décision est bien rendue. Nous comprenons, en effet, que l'art. 1596 ne soit pas applicable: 1° lorsque, comme créancier poursuivant, le tuteur à qui la loi ne défend pas de poursuivre le pupille dont il est créancier vend adjudicataire soit provisoire, soit définitif; 2° lorsque, comme surenchérisseur, il demeure adjudicataire. — Mais il en serait autrement si, soit par suite de la saisie immobilière, soit par suite de la surenchère, il s'établissait une lutte entre enchérisseurs: le tuteur ne pourrait y prendre part.

828. — La prohibition prononcée par l'art. 1596 contre le tuteur s'étend au mari cotuteur des enfans mineurs de sa femme. Dès-lors, il ne peut se rendre adjudicataire des biens appartenant à ces derniers. — Paris, 28 janv. 1826, Darocher c. Putois. — Duvergier, n° 188.

829. — S'étend-elle au subrogé-tuteur? Oui, selon M. Mangin (Des tutelles, t. 2, n° 487); non, selon MM. Duranton (n° 151) et Duvergier (t. 1er, n° 188), par le motif que les incapacités prononcées par l'art. 1596 sont de droit étroit. Mais M. Troplong (n°

187) distingue avec raison entre la vente volontaire et la vente forcée. Dans le premier cas, les art. 453 et 459, C. civ., faisant un devoir au subrogé-tuteur de surveiller le tuteur, il est évident qu'il ne peut se rendre adjudicataire. Dans le deuxième cas, le subrogé-tuteur n'ayant pas de ministère d'intervention, peut se rendre adjudicataire. Cette distinction, bien que le texte de l'art. 1596 n'en parle pas, nous semble tout-à-fait rentrer dans son esprit. — V. aussi Bordeaux, 30 mai 1840 (t. 1er 1841, p. 553), Boyer. — V. TUTELLE, sect. 2e.

830. — Il en est du curateur, relativement aux biens du mineur émancipé, comme du subrogé-tuteur. L'assistance que le curateur doit prêter au mineur en cas de vente autorisée par le conseil de famille (art. 483 et 484) le rend incapable d'acquérir (Delvincourt et Troplong). Il en est autrement, suivant ce dernier auteur, en cas de vente forcée, le ministère du curateur n'étant pas alors nécessaire. — Contrà Duranton, t. 16, n° 135, et Duvergier, t. 1er, n° 188.

831.—M. Troplong applique au conseil judiciaire donné à un prodigue les mêmes distinctions; et M. Duranton (n° 135) les adopte pour ce cas, bien qu'il les repousse pour le cas du subrogé-tuteur et du curateur. — Contrà Duvergier, loc. cit.

832. — Dans tous les cas, jugé que le subrogé-conseil d'un individu pourvu d'un conseil judiciaire peut valablement acquérir en vente publique que les immeubles qui lui appartiennent. — Bruxelles, 25 fév. 1827, N... — Cette décision est fondée sur ce que les fonctions de subrogé-conseil ne sont reconnues par aucune loi.

833. — Le mandataire ne peut acheter les biens qu'il est chargé de vendre.

834.— Jugé en ce sens qu'un créancier ne peut se rendre adjudicataire de l'immeuble hypothéqué lorsque la vente publique se fait à sa requête devant notaire, en vertu d'une clause de voie parée, clause insérée dans l'obligation. — Bordeaux, 7 août 1834, Freland c. Donzel-Cazeaux.

835. — L'avoué chargé de poursuivre une vente peut-il être réputé mandataire, et comme tel être déclaré incapable de se rendre adjudicataire des biens qu'on vend l'objet ? —

836. — A cet égard, il faut distinguer entre l'avoué poursuivant la vente, sur publications, des biens d'un mineur, au nom du tuteur, et l'avoué poursuivant au nom d'un créancier la saisie immobilière des biens de ce mineur. Le premier est incapable d'acheter.—Cass., 2 août 1813, Thiery c. Cottin (qui casse un arrêt de Paris du 7 janv. 1813); Rouen, 6 mai 1815, mêmes parties. — Duvergier, t. 1er, n° 189; Troplong, n° 188.

837. — Jugé de même que l'avoué chargé de poursuivre en justice la vente sur licitation d'un immeuble ne peut s'en rendre adjudicataire. — Toulouse, 16 mars 1833, Dulon.

838. — Mais l'avoué qui poursuit au nom d'un créancier une saisie immobilière peut se rendre adjudicataire, parce que le créancier au nom duquel il agit l'ayant chargé de poursuivre la vente, et qu'il n'a pu transmettre à son avoué un mandat qu'il n'a pas lui-même. — Bourges, 15 fév. 1815, Fl.; Cass., 10 mars 1817, Poly c. Bey; 26 mars 1817, Biel c. Mutel; Grenoble, 2l août 1818, Rolland c. Jeanneau; Poitiers, 1er mai 1833, Bibault c. Belloi. — Duvergier, loc. cit. — L'arrêt du 10 mars 1817 explique très bien la distinction qui existe en ce sens. — Au surplus, l'art. 714 (nouveau), C. proc.

839. — Au surplus, l'art. 714 (nouveau), C. proc.-civ., dit, en termes formels, que l'avoué poursuivant la saisie immobilière ou la surenchère ne pourra se rendre personnellement adjudicataire ou surenchérisseur à peine de la nullité de l'adjudication ou de la surenchère et de dommages-intérêts.

840. — Jugé que l'avoué du saisi qui a obtenu la conversion de la saisie immobilière ne peut se rendre adjudicataire, si la vente ait eu lieu devant notaire. — Paris, 27 août 1831, Mariel c. Legrand. — Le saisi ayant obtenu la conversion et dirigeant dès-lors la poursuite de vente, il en résultait que son avoué pouvait être considéré comme mandataire chargé de vendre, et, dès-lors, comme frappé de l'incapacité prononcée par l'art. 1596. Il est vrai que la vente avait lieu devant un notaire et non devant le tribunal, mais on sait que, même dans les sortes de ventes, le rôle de l'avoué poursuivant ne cesse pas d'être mandataire.

841. — Dans tous les cas, l'avoué qui a poursuivi une vente d'immeubles peut ultérieurement se rendre acquéreur, si au moment de l'adjudication définitive il n'est plus revêtu ni mandataire du poursuivant. — Paris, 31 janv. 1814, Thierry c. Pantin.

842. — Si des créanciers auxquels leur débiteur a fait un abandon de biens, à la charge de les ven-

dre pour le prix servir jusqu'à due concurrence à les payer, choisissent un d'entre eux pour suivre les formalités nécessaires à la validité de la vente, ce créancier peut, comme les autres, se rendre adjudicataire sur enchères publiques. On ne saurait le considérer comme un mandataire chargé de vendre dans le sens de l'art. 1596, C. civ. — Bourges, 22 août 1826, Journault c. Provost.

843.—Jugé que l'huissier qui signifie, en sa qualité, des actes à la requête d'une personne qui poursuit une vente, n'est pas mandataire pour vendre, et, dès-lors n'est pas frappé de l'incapacité d'acquérir prononcée par l'art. 1596, C. civ. — Bordeaux, 8 janv. 1833, Caranave c. Beauviel, Bioche, Dict. de procéd., v° Huissier, n° 474. — Dans l'espèce, l'huissier avait signifié des actes pour les créanciers comme poursuivant une vente, et adjudication des objets saisis (ce qui n'était pas dans l'espèce ci-dessus), il ne pouvait s'en rendre adjudicataire sans se rendre passible de la suspension pendant trois mois et d'une amende de 100 fr. pour chaque article acheté, sans préjudice de plus fortes peines dans les cas prévus par le Code pénal. La récidive entraîne toujours la destitution.— Décr. 14 juin 1813, art. 38.

844. — Les syndics définitifs qui ont poursuivi la vente des immeubles du failli peuvent se rendre adjudicataires en leur nom personnel. — Ils ne sont pas les mandataires dans le sens de l'art. 1596, C. civ. — Angers, 14 mars 1832, Goudot c. Baury; Cass., 23 mars 1836, mêmes parties. — C'est ce qui a été formellement déclaré à la chambre des pairs par le rapporteur de la loi du 8 mai 1838 sur les faillites, M. Tripier (V. le Moniteur du 6 avr. 1838, p. 811). — La raison en est que les syndics ne sont pas chargés de vendre, mais de provoquer la vente, et qu'ils ne sont pas mandataires du failli, mais bien ceux des créanciers, lesquels peuvent se rendre adjudicataires.

845. — L'héritier bénéficiaire, bien qu'il soit mandataire des créanciers et administrateur des biens de la soumission, n'est pas pour cela incapable de se rendre adjudicataire des biens qu'il est chargé de vendre. — M. Duvergier (t. 1er, n° 190) fait remarquer qu'il est mandataire in rem suam, et que lorsque les immeubles lui sont adjugés, ce n'est pas à proprement parler une vente qui a lieu. Aussi le droit de vente de 4 o/o n'est-il pas dû dans ce cas. — Confér. de l'enreg., année 1834, p. 39.— Toutefois, Delvincourt (t. 2, p. 39, note 68) ne reconnaît ce droit à l'héritier bénéficiaire qu'autant que les créanciers ont assisté à la vente. Cette distinction se fonde sur les mêmes considérations du fait que sur les raisons de droit.

846. — Quant au curateur à une succession vacante, il rentre évidemment dans la classe des administrateurs et mandataires dont parle l'art. 1596. — Duvergier, t. 1er, n° 191.

847. — Les juges de paix, chargés, par la loi du 11 vent. an II, de faire des actes de vigilance et de conservation dans les successions qui s'ouvrent au profit des militaires absens, ne peuvent se rendre adjudicataires des immeubles dépendant de ces successions. — Colmar, 2 fév. 1830, Gaudin c. Schmidlin.

848. — Les administrateurs ne peuvent acheter les immeubles des communes et établissemens confiés à leurs soins. Il en est de même des officiers publics chargés de la vente des biens communaux. C. civ., art. 1596.

849. — Il semble résulter des paroles prononcées au conseil d'état par Regnault de Saint-Jean-d'Angely que l'art. 1596 ne s'étend aux préfets et autres administrateurs qu'autant qu'ils font eux-mêmes la vente. — Locré, t. 14, p. 51. — Conf. Troplong, n° 191.

850. — Et il a été jugé que la vente d'un bien communal faite au profit du sous-préfet de l'arrondissement dans lequel ces biens sont situés n'est pas nulle lorsque la vente n'a pas été faite par le ministère de ce sous-préfet. — Cons. d'ét., 17 nov. 1819, Torcy c. comm. d'Étropy. — V. Coll. nouv., à la fin.

851.—M. Duvergier, au contraire (n°192), repousse « l'opinion de Regnault de Saint-Jean-d'Angely « attendu que la disposition de loi a eu pour but surtout d'éviter les soupçons. Or, ce but sera-t-il atteint si on permet au fonctionnaire de se faire remplacer pour pouvoir acheter? »

852. — On peut, dans ce dernier sens, argumenter d'un décret du 11 avr. 1810 (min. fin. c. forest. Coll. nouv., à la fin), qui a déclaré nulle l'adjudication d'une coupe d'une commune faite au nom du secrétaire général de la préfecture. —Or, dit M. Duvergier, ce n'est pas le secrétaire général qui est chargé de vendre les biens nationaux, c'est le préfet. »

853. — Jugé que les conseillers municipaux ne

sont point administrateurs dans le sens du § 4 de l'art. 1596, C. civ., et ils peuvent se rendre adjudicataires de biens appartenant à la commune, par bail emphytéotique ou par tout autre mode d'aliénation. — *Colmar*, 8 août 1838 (t. 2 1838, p. 511), ville de Haguenau c. Hild et Neunreuther. — Conf. Foucart, *Elém. de dr. publ. et admin.*, t. 3, n° 158.

554. — L'art. 1596 ne reçoit pas son application au cas où il s'agit de la maintenue d'un maire en possession de biens communaux par lui soumissionnés en exécution de la loi du 9 vent. an XII et des art. 2 et 3 de l'ord. des 23 juin et 10 juill. 1819, alors surtout que la soumission par lui faite était antérieure à l'époque où il est devenu maire. — *Cass.*, 10 janv. 1843 (t. 1er 1843, p. 377), Poymiro.

555. — L'art. 1596 déclare nulles les ventes faites aux incapables qu'il indique et *à toute personne interposée*. Mais que doit-on entendre par *personne interposée?* Doit-on, dans ce cas, appliquer par analogie les principes déposés dans l'art. 911, C. civ., relatif aux donations?

556. — Cette question doit être résolue négativement. En matière de vente, la question d'interposition est une question de fait qui doit être décidée d'après les circonstances. — Troplong, n° 193; Duvergier, t. 1er, n° 193; Duranton, n° 138. — Suivant ces auteurs, les relations de famille pourront bien être des présomptions, mais non, comme au cas de l'art. 911, des présomptions légales.

557. — Jugé en ce sens qu'en matière de vente, le fils du tuteur ne saurait être, comme en matière de donation, réputé de plein droit personne interposée. — Les juges peuvent donc maintenir l'adjudication d'un bien du mineur prononcée au profit du fils du tuteur, *s'il n'est pas établi* que le fils ait été le prête-nom de son père. — *Cass.*, 3 avr. 1838 (t. 1er 1838, p. 451), Bernard c. Caire.

558. — Le même principe a été appliqué au cas où il s'agissait d'une vente faite au fils d'un mandataire. — *Bordeaux*, 10 mai 1834; *Cass.*, 4 avr. 1837 (t. 1er 1837, p. 378), Freland c. Domecq-Cazeaux.

559. — ... Ou d'une vente faite au profit des enfans du saisi. — Jugé que l'allégation d'interposition de personne n'est admissible qu'autant qu'elle est appuyée de présomptions graves, précises et concordantes. — *Bordeaux*, 21 fév. 1829, Supsol c. Ducot.

560. — Au contraire, un arrêt de Toulouse (dans les motifs) dit qu'il n'y a aucun motif raisonnable pour ne pas appliquer l'art. 911 au cas d'une adjudication. Dans l'espèce, il s'agissait d'une adjudication faite au nom de la femme d'un avoué poursuivant la licitation. L'arrêt déclare que l'avoué qui a acquis pour sa femme est censé avoir acquis pour lui-même. — *Toulouse*, 16 mars 1838, Dulon.

561. — Jugé aussi que le fils du juge qui siégeait lors de l'adjudication doit être réputé personne interposée de son père, alors surtout qu'il mange et vit avec lui. — *Montpellier*, 26 juin 1817, N... c. Devic. — Cette décision, comme on le voit, est plutôt motivée *en fait qu'en droit*.

562. — Jugé encore (mais cet arrêt repose sur des considérations de fait) qu'on doit considérer comme personne interposée le fils d'un comptable public qui, n'ayant aucun moyen d'acquérir, acquiert des deniers du père : l'acquisition ainsi faite est réputée l'être en faveur du père, et, à ce titre, reste affectée à l'hypothèque du trésor public. — *Limoges*, 22 juin 1808, Cruinet.

563. — La nullité prononcée par l'art. 1596 ne peut être invoquée que par le vendeur et ses créanciers agissant en son nom, et non par les incapables. *Nemo ex delicto suo actionem consequi debet.* — Arg. art. 225, 1125. — Pothier, n° 13; Troplong, n° 194; Duvergier, t. 1er, n° 194; Duranton, n° 139.

564. — S'il s'agissait d'une vente faite à une personne qui ne serait incapable que relativement à l'un des vendeurs, par exemple de l'adjudication faite au profit d'un tuteur d'une chose indivise entre son pupille et des majeurs, la nullité ne pourrait être invoquée par les copropriétaires du mineur. — Les auteurs précités ne le disent pas formellement; mais bien qu'ils ne mettent en opposition que le *vendeur* et l'*incapable*, ils nous semblent avoir été guidés par cette pensée que celui-là seul peut réclamer dont la loi a voulu spécialement protéger les intérêts. — C'est ce que dit explicitement M. Duvergier, t. 1er, n° 194. — V. aussi Pothier, *De la vente*, n° 13.

565. — Jugé en ce sens que la nullité prononcée par l'art. 1596, C. civ., qui interdit au tuteur du mineur de se rendre adjudicataire des biens de son pupille n'étant introduite que dans l'intérêt du mineur, ne peut être invoquée que par lui seul, et non par le cohéritier et copropriétaire du mineur. — *Orléans*, 11 fév. 1841 (t. 1er 1841, p. 383), Dutheil c. Duru.

566. — Dans tous les cas, la nullité dans la vente faite à une tutrice ne pourrait être invoquée par le colicitant du mineur, alors que ce mineur, en renonçant à la succession dont les biens dépendaient, aurait par cela même perdu tous droits à ces biens, et serait censé n'en avoir jamais été copropriétaire. — *Paris*, 11 déc. 1835, Dutheil c. Duru et Bourrat; *Orléans*, 11 fév. 1841 (t. 1er 1841, p. 383), mêmes parties.

567. — La nullité résultant de ce qu'un mandataire a acquis, sous un nom interposé, un immeuble qu'il était chargé de vendre, est relative, en ce sens qu'elle n'est opposable que de la part du mandant, et non de la part du prête-nom; dès-lors, et malgré la règle que nul ne peut arguer de simulation les actes qu'il a souscrits, les juges peuvent autoriser le mandataire à prouver que le détenteur de l'immeuble n'est réellement qu'un prête-nom sous lequel lui, mandataire, a acquis. — *Bordeaux*, 27 fév. 1828, Pélicier c. Bayssel-Lambert.

568. — *Magistrats, officiers ministériels.* — L'art. 1597 crée contre certains magistrats et officiers ministériels une incapacité quant à l'acquisition de procès, droits et actions litigieux. — V. DROITS LITIGIEUX.

569. — En outre, suivant l'art. 711, C. procéd., les avoués ne peuvent enchérir pour les membres du tribunal devant lequel se poursuit la vente, à peine de nullité de l'adjudication et de dommages-intérêts. — V. SAISIE IMMOBILIÈRE.

570. — Jugé que l'incapacité prononcée contre les juges du tribunal où se poursuit la saisie immobilière s'applique aux ventes volontaires de biens immeubles qui se font en justice. — *Liége*, 17 oct. 1822, Vanaecken.

571. — ... Et qu'elle s'applique même aux membres du tribunal qui ne siégent pas lors de l'adjudication. — Même arrêt.

572. — Jugé encore que l'adjudication est nulle si elle a lieu au profit d'un juge du tribunal devant lequel se poursuivait la saisie, alors surtout que ce juge siégeait lors de l'adjudication, ou lorsqu'elle a eu lieu au profit de son fils, qui doit être réputé personne interposée. — *Montpellier*, 26 juin 1817, N. c. Devic. — V. *suprà* n° 561.

573. — L'art. 711, C. procéd., défend aussi *au saisi* de se rendre adjudicataire. Cette incapacité peut-elle être étendue à la femme du saisi?

574. — D'un côté, il a été jugé que la femme commune du saisi ne pouvait se rendre adjudicataire de ses biens. — *Bruxelles*, 26 mars 1812, Grenier c. Tahon. — Dans l'espèce, il résultait d'une procuration que la femme acquérait *pour la communauté*.

575. — Et une décision semblable a été rendue dans une espèce où il résultait des circonstances que la femme et le mari avaient colludé ensemble, et qu'en réalité elle n'était qu'une personne interposée. — *Agen*, 9 janv. 1811, Cléophas c. Lacenne.

576. — Mais il a été jugé, avec raison et en principe, que les incapacités étant de droit étroit, la femme du saisi peut se rendre adjudicataire. — *Besançon*, 12 mars 1811, Robert c. Dechevrand. — Troplong, n° 192.

577. — Jugé que, sous l'empire de la loi de brum. an VII, la femme mariée sous le régime dotal, mais dont la dot était purement mobilière, pouvait, alors qu'elle était créancière et autorisée de son mari, se rendre adjudicataire des biens saisis sur celui-ci. — *Aix*, 23 fév. 1836, Athanoux c. Rey.

CHAPITRE III. — *Des choses qui peuvent être vendues.*

578. — Tout ce qui est dans le commerce peut être vendu, à moins que des lois particulières n'en aient prohibé l'aliénation. — C. civ., art. 1598.

579. — Le droit de *viduité*, consacré par la cout. de Normandie, a pu être cédé par le père à ses enfans, et les créanciers de celui-ci ne sont pas recevables à attaquer cette cession, fût-elle postérieure à la promulgation du Code civil. — *Rouen*, 12 juill. 1811, Jorel c. Dupin-Desvatine.

580. — Sous le Code civil, les biens formant un titre clérical ne sont pas, comme sous l'ancienne législation, frappés d'inaliénabilité. — *Toulouse*, 22 nov. 1831, Castelnau. — V. Durand de Maillane, v° *Titre clérical*.

581. — Jugé qu'aucune loi ne prohibant l'aliénation ou la location d'un droit de chasse, le droit est susceptible d'être vendu ou donné à bail. — *Rouen*, 9 nov. 1826, de Maupeou c. Enne.

Sect. 1re. — *Choses hors du commerce.*

582. — On ne peut vendre une succession future. — V. SUCCESSION FUTURE.

583. — ... Ni la chose d'autrui. — V. *infrà* sect. 2e, *Chose d'autrui*.

584. — ... Ni les biens dotaux. — V. DOT.

585. — Les biens grevés de substitution sont inaliénables, au moins en ce qui concerne l'héritier fidéicommissaire; toutefois, la vente de ces biens est valable entre le vendeur et l'acquéreur. — Troplong, n° 212. — V. SUBSTITUTION.

586. — Il existe des lois contre la vente illimitée des substances vénéneuses, des armes, etc., et contre celle des comestibles nuisibles à la santé, et des vins falsifiés. — V. ARMES PROHIBÉES, COMESTIBLES, FALSIFICATION DE DENRÉES ET BOISSONS, SUBSTANCES VÉNÉNEUSES.

587. — Il est certaines choses dont le gouvernement se réserve exclusivement la fabrication et la vente, soit dans des vues fiscales, soit par des raisons de haute police. — V. CONTRIBUTIONS INDIRECTES, POUDRES, TABACS.

588. — En outre, les lois de douanes ont prohibé à l'entrée certaines marchandises étrangères dont la vente se trouve ainsi ou proscrite ou gênée. — V. COMMERCE, DOUANES.

589. — Les offices et fonctions publiques sont-ils hors du commerce et peuvent-ils être l'objet de cessions? — V. DÉMISSION, MAITRE DE POSTE, OFFICES.

590. — Les brevets d'imprimeur et de libraire sont, sous certains rapports, hors du commerce. — V. IMPRIMERIE, LIBRAIRIE.

591. — La clientèle d'un médecin ne peut faire l'objet d'un contrat de vente, parce que, reposant sur la confiance personnelle, cette clientèle n'est pas dans le commerce. — *Paris*, 29 déc. 1847 (t. 1er 1848, p. 128), Anquetin c. Argentier; *Angers*, 28 déc. 1848 (t. 2 1849, p. 260), Bory c. Latourelle.

592. — Les livres condamnés et supprimés par décisions passées en force de chose jugée sont hors du commerce. — Troplong, n° 216.

593. — Il est des choses qui sont hors du commerce par leur destination, et qui, dès-lors, ne conservent leur caractère d'inaliénabilité qu'autant que cette destination subsiste. Tels sont les chemins, les églises, etc., et généralement les choses dépendantes du domaine public. — V. DOMAINE PUBLIC.

594. — Les biens composant la dotation de la couronne sont aussi, sous certains rapports et dans certaines limites, hors du commerce. — V. LISTE CIVILE.

595. — On regarde généralement comme inaliénables les droits exclusivement attachés à la personne, *privilegia personæ* (L. 196, ff., *De leg. jur*). — Tels sont, par exemple, les droits d'usage et d'habitation (V. ces mots), le droit de présentation pour un office (V. OFFICE), le droit d'exercer le retrait successoral (V. RETRAIT SUCCESSORAL), le droit de demander la séparation de biens ou de corps, d'accepter une donation ou d'en provoquer la révocation pour cause d'ingratitude, l'action en nullité de mariage. — Duvergier, t. 1er, n° 213.

596. — Autrefois on considérait également comme tels le retrait lignager et le droit de choisir. — Duparc-Poullain, *Principes du droit*, t. 7, p. 282, n° 135. — V. RETRAIT LIGNAGER.

597. — Le droit aux alimens et les pensions alimentaires sont-ils cessibles? — V. ALIMENS.

598. — Les pensions sur l'état (déclar. 7 janv. 1799; arr. cons. 7 thermid. an X), les traitemens de réforme et les pensions de la Légion d'honneur (avis Cons. d'ét. 2 fév. 1808, L. 19 mai 1834), ne sont pas susceptibles d'aliénation.

599. — Il en est de même des pensions de retraite dues par les diverses administrations. — V. PENSIONS ET TRAITEMENS.

600. — Quant à la propriété littéraire, elle est soumise, en ce qui concerne le droit et le mode d'aliénation, à des règles spéciales. — V. PROPRIÉTÉ LITTÉRAIRE.

Sect. 2e. — *Chose d'autrui.*

601. — Sous le droit romain, l'objet du contrat de vente n'était pas de rendre l'acheteur propriétaire, mais seulement de le mettre en possession et de le défendre de tous troubles et évictions; aussi la vente de la chose d'autrui n'était pas réputée nulle. — Ulpien, L. 28, ff., *De contr. empt.*; Pothier, n° 7.

602. — C'est aussi ce qui était décidé avant le Code. — *Cass.*, 12 prair. an IV, Chapuis c. Perrin. — V. Pothier, *Vente*, n° 7.

603. — Jugé encore que, avant le Code, la vente de la chose d'autrui était valable en ce sens qu'elle soumettait le vendeur à l'obligation de garantie,

alors même que la vente avait lieu en présence du véritable propriétaire. Il en était ainsi, non seulement dans les pays de droit écrit, mais encore dans les pays de coutumes, et notamment sous l'empire de la coutume de Normandie. — *Cass.*, 12 août 1812, Delambre c. d'Héricy.

604. — Sous le droit romain, la vente d'une servitude sur le fonds d'autrui était valable, de telle sorte 1° que l'héritier du vendeur, devenu propriétaire du fonds à autre titre, était tenu de souffrir cette servitude; 2° qu'il ne pouvait s'en faire tenir quitte en payant des dommages-intérêts. — *Cass.*, 11 juill. 1831, de Bonneval c. Picquot.

605. — Sous le Code, la vente de la chose d'autrui est nulle. — C. civ., art. 1599.

606. — Il y a vente de la chose d'autrui quand on aliène une chose dont on n'a pas la propriété. Ainsi, celui qui, étant propriétaire d'une chose indivise, vend en même temps la portion de son communiste, aliène, *in parte quâ*, la chose d'autrui. — *Cass.*, 16 janv. 1810, Merlier c. Pignard; *Poitiers*, 16 avr. 1822, Pascault c. Boutin. — Duvergier, t. 1er, n° 224; Troplong, n° 233; Merlin, *Rép.*, v° *Vente*, p. 477.

607. — L'aliénation reste valable pour la portion appartenant au vendeur. — C'est ce qui a été reconnu par un arrêt qui a jugé que la vente d'un immeuble indivis entre deux associés, faite par l'un d'eux après la dissolution de la société, était valable pour la part de cet associé, mais à la charge du partage ou de la licitation. — *Cass.*, 3 août 1819, Delarue c. Fromont.

608. — Jugé toutefois (dans le cas de vente d'une chose indivise, que l'acquéreur menacé d'éviction, de la part du véritable propriétaire des portions à lui indûment cédées, peut demander la résolution *pour le tout*, alors qu'il a ignoré le défaut de qualité de son vendeur et que les parties dont il serait privé seraient considérables. — Arg. art. 1636. — *Poitiers*, 16 avr. 1822, Pascault c. Boutin. — Duvergier, t. 1er, n° 224.

609. — Jugé, en outre, que le coéchangiste qui a ignoré que la chose échangée fût indivise entre l'échangiste et un tiers peut demander l'annulation de la vente comme constituant une aliénation de la chose d'autrui, alors surtout que, dans le contrat, la nullité a été stipulée en cas d'éviction totale ou partielle provenant du fait de l'un des contractans. — *Cass.*, 16 janv. 1810, Merlier c. Pignard.

610. — La vente par le mari d'une rente convenancière appartenant à sa femme séparée de biens est radicalement nulle. — *Rennes*, 20 juin 1812, N...

611. — La vente d'un immeuble consentie par le propriétaire apparent, en vertu d'une substitution qui depuis a été reconnue ne plus exister, est nulle, à la différence de la vente faite par l'héritier apparent, sauf l'attribution des fruits à l'acquéreur de bonne foi. — *Paris*, 14 juin 1834, Creuzet c. Laqueuille. — V. cependant Duvergier, t. 1er, n° 225. — Cet arrêt a été maintenu par arrêt de *Cass.* du 14 août 1840 (t. 2 1840 p. 228), d'Aurelle et Laqueuille c. Peydière.

612. — Jugé aussi que la vente faite par un individu, en vertu d'un arrêt qui le déclarait propriétaire d'un immeuble, est résolue, même vis-à-vis du tiers acquéreur, par la cassation de cet arrêt, suivie d'une décision nouvelle et irrévocable adjugeant la propriété à un autre que le vendeur. — *Cass.*, 26 juill. 1826, Duclaux et Lemonnier c. d'Espinay-Saint-Luc; *Orléans*, 8 juin 1827, mêmes parties. — *Contrà Paris*, 5 août 1823, même affaire (arrêt cassé). — *Bordeaux*, 14 août 1809, Lalo c. Martin.

613. — ... Alors surtout que la vente a eu lieu à une époque où le premier arrêt était déjà frappé du recours en cassation. — Arrêt de *Cass.* du 26 juill. 1826, cité ci-dessus.

614. — Jugé encore qu'on ne peut considérer comme valable au regard du véritable propriétaire, en ce qu'elle émanerait du propriétaire apparent, la vente consentie par celui qui ne possédait qu'en vertu d'une décision émanée d'une autorité incompétente, tel qu'un arrêté administratif prononçant sur une question de propriété du ressort des tribunaux, laquelle a été annulée depuis. — *Bordeaux*, 28 juin 1834, de Laroche-Aymond c. Chapeyron.

615. — ... Et que la vente faite par un donataire dont le titre est nul pour défaut de forme ne peut être validée au profit de l'acquéreur comme celle faite par l'héritier apparent. Le droit de l'acquéreur est soumis à la même rescision que celui du donataire. — *Cass.*, 8 janv. 1838 (t. 2 1838, p. 282), Barbotte c. Hamard et autres.

616. — Mais jugé que quand des créanciers ont été autorisés par leur débiteur à vendre les biens hypothéqués à leurs créances, et qu'un arrêt passé en force de chose jugée a décidé que le cas prévu était arrivé, la rétractation de cet arrêt pour cause de dol ne peut être opposée aux tiers qui ont acquis de bonne foi avant cette rétractation. — *Bruxelles*, 4 mars 1816, de Saint-Génois.

617. — La vente de l'immeuble d'un mineur faite par le tuteur sans les formalités exigées par la loi est nulle, alors même que le prix aurait été réellement employé au bénéfice du mineur, sauf la restitution du prix qui lui a profité ou le délaissement des biens acquis au moyen de ce prix. — *Bastia*, 27 déc. 1843 (t. 2 1844, p. 169), Santa-Maria c. Pinelli et autres.

618. — La vente faite par l'héritier apparent ne peut, si l'acquéreur est de bonne foi, être considérée comme vente de la chose d'autrui. — V. HÉRITIER APPARENT.

619. — Les aliénations consenties par l'héritier apparent sont valables lorsque le vendeur et l'acquéreur sont de bonne foi. — *Paris*, 28 janv. 1848 (t. 1er 1848, p. 585), Boyan c. Paysan.

620. — Est valable la vente faite à un acquéreur de bonne foi par un héritier apparent d'un immeuble dépendant d'une succession. — *Rouen*, 30 janv. 1844 (t. 2 1844, p. 428), Hoche c. Ossard.

621. — De même, il n'y a pas vente de la chose d'autrui lorsqu'on vend une chose dont on ne jouit qu'à titre résoluble. — Ainsi jugé pour la vente de biens reçus en avancement d'hoirie. — *Cass.*, 25 avr. 1831, de Merloz c. Delablanche. — Troplong, n° 233.

622. — Lorsque l'un des cohéritiers a vendu avant le partage certains immeubles de la succession, on ne peut pas dire qu'il a aliéné la chose d'autrui, et qu'à ce titre la vente est nulle. Dans ce cas, les autres cohéritiers peuvent, en usant de la faculté accordée par l'art. 841, C. civ., évincer l'acquéreur en lui remboursant le prix de la vente. — *Turin*, 18 mars 1808, Martelli c. Mondino.

623. — La nullité tirée de ce que le tuteur n'a pas, pour la vente des biens du mineur, observé les formalités prescrites par la loi, ne peut être invoquée par le majeur qui a contracté; en vain voudrait-il faire considérer une telle vente comme vente de la chose d'autrui. — *Bruxelles*, 21 mai 1814, Serniclaux c. Culens.

624. — Le principe que la vente de la chose d'autrui est nulle est applicable soit que les parties aient su ou non que le vendeur n'en était pas propriétaire. Mais si l'acquéreur a ignoré cette circonstance, l'art. 1699 lui donne droit à des dommages-intérêts.

625. — Si le vendeur a ignoré qu'il n'était pas propriétaire, son ignorance le dispense-t-elle de payer des dommages-intérêts? M. Troplong adopte la négative (arg. de l'art. 1630, et attendu que la précipitation à ne pas s'enquérir de ses droits est une faute lourde). Mais M. Duvergier (n° 18) nous paraît soutenir avec plus de raison l'affirmative, pour le cas où l'erreur du vendeur serait invincible, et où on n'aurait à lui reprocher ni *faute* ni légèreté. — Arg. art. 1382. — Delvincourt, t. 3.

626. — L'art. 1599 est-il applicable aux matières commerciales? Grenier disait au tribunat: « L'art. 1599 ne doit pas s'appliquer aux objets qui font matière de transactions commerciales, et qu'il est au pouvoir et dans l'intention du vendeur de se procurer. » — V. Fenet, t. 14, p. 193; Locré, t. 14, p. 242. — MM. Troplong (*Vente*, t. 1er, n° 232) et Duvergier (*Vente*, t. 1er, n° 223) adoptent tous deux l'observation de Grenier, et le premier s'en empare pour établir que le principe que la vente de la chose d'autrui est nulle n'est pas applicable en matière commerciale. « Cette manière de s'exprimer, dit M. Duvergier, manque d'exactitude, et pourrait entraîner à des conséquences absurdes, bien éloignées à coup sûr de la pensée de l'auteur recommandable qui l'a employée. Seulement, par l'interprétation donnée avec Grenier à l'art. 1599, on exprime que la convention par laquelle un commerçant s'oblige à livrer à un autre telles marchandises ou tels objets appartenant aux tiers est valable, en ce sens que l'acheteur ne peut se refuser à l'exécution du marché, ou que, faute d'exécution, il est tenu de dommages-intérêts. » — Pardessus, t. 2, n° 272.

627. — Jugé que l'art. 1599, C. civ., relatif à la vente de la chose d'autrui, ne doit s'entendre que des choses immobilières, et non des denrées et autres objets mobiliers dont il se fait un commerce habituel. — *Besançon*, 14 août 1806, Billard c. Mitauchet.

628. — La nullité de la vente de la chose d'autrui résultant de ce qu'il y a obstacle à la perfection de la vente, on doit en conclure que si un événement quelconque fait cesser l'obstacle, la vente devient parfaite à l'instant même: ainsi, par exemple, si le vendeur était devenu depuis propriétaire par voie d'achat, de donation, succession ou autrement. — Duvergier, t. 2, n° 219; Troplong, n° 236, et *Hyp.*, t. 2, n° 527; Duranton, n° 179; Delvincourt, t. 3, p. 66, note 2e.

629. — Peu importerait d'ailleurs que l'événement qui rendrait le vendeur propriétaire fût ou non postérieur à l'époque où la demande en nullité de la vente aurait été formée. — V. les auteurs précités.

630. — C'est donc à tort, ainsi que le fait très bien remarquer M. Delvincourt (*loc. cit.*), qu'il a été jugé que l'échange d'une chose indivise entre l'échangiste et un tiers pouvait être annulé sur la demande du coéchangiste comme aliénation de la chose d'autrui, alors même que lors du jugement l'indivision aurait cessé et que l'échangiste serait devenu propriétaire incommutable de la portion échangée, si d'ailleurs la demande en nullité était antérieure à la poursuite du partage. — *Cass.*, 16 janv. 1810, Merlier c. Pignard.

631. — C'est encore à tort qu'il a été jugé que la nullité de la vente consentie par le mari de l'immeuble dotal de sa femme devait être prononcée alors même que, depuis le procès, le mari étant devenu propriétaire de l'immeuble, la cause d'éviction aurait cessé. — *Riom*, 30 nov. 1813, Nicolas c. Dutrier.

632. — Toutefois, par un nouvel arrêt, la cour de Cassation, tout en reconnaissant que l'acquéreur, par voie d'échange, de la chose d'autrui ne peut plus faire valoir la nullité de la vente qui lui en a été consentie, lorsque le vendeur est devenu légitime et incontestable propriétaire de l'objet vendu, a paru attacher une certaine importance à la circonstance de fait que la propriété s'était consolidée dans les mains de celui-ci *avant l'époque où l'acquéreur s'était prévalu du vice de son acquisition*. — *Cass.*, 23 juill. 1835, Bucherie c. Buclave.

633. — La ratification du véritable propriétaire rend également l'acheteur non recevable à demander la nullité de la vente. — *Cass.*, 23 janv. 1832, Fargeot c. Laroche; *Bastia*, 8 déc. 1834, Simonetti (il s'agissait d'un échange). — Duvergier, t. 1er, n° 219; Troplong, n° 237.

634. — Jugé de même que la vente de la chose commune par un des propriétaires indivis n'est pas nulle, lorsqu'elle a été ratifiée par celui des propriétaires qui n'avait pas été partie dans l'acte. — *Riom*, 19 janv. 1817, Biron c. Bressol.

635. — Peu importerait d'ailleurs que la ratification ait eu lieu *à l'insu de l'acquéreur*. — Ainsi jugé avec raison que dans le cas de vente faite par un mari d'un immeuble paraphernal de sa femme, sans le consentement de cette dernière, l'acquéreur n'est point recevable à demander, malgré la ratification ultérieure de la femme, la nullité de cette vente, sur le motif qu'elle est radicalement nulle comme vente de la chose d'autrui; que par conséquent elle n'est point susceptible d'être ratifiée, *et que d'ailleurs il aurait dû, comme acquéreur, être présent à la ratification et l'accepter*. — *Riom*, 12 janv. 1827, Cistrier c. Desribes.

636. — Est encore valable la vente de la chose d'autrui, lorsque le vendeur s'est porté fort pour le propriétaire, et que celui-ci a ratifié. — *Turin*, 17 avr. 1811, Pasquale c. Panialis. — Duvergier, t. 1er, n° 222.

637. — Jugé aussi que dans le cas de vente faite par un mari d'un immeuble personnel de sa femme, sans le consentement de cette dernière, et avec promesse de passer acte notarié avec elle à la première réquisition, celui qui s'est porté *sciemment* acquéreur ne peut demander la nullité de la vente, sur le fondement qu'elle est radicalement nulle, comme vente de la chose d'autrui, aux termes de l'art. 1599, C. civ., malgré les offres faites par la femme de ratifier et de passer l'acte notarié. — *Colmar*, 21 fév. 1815, Lévy c. Schwartz.

638. — Jugé encore que si dans le cas où, par suite d'une saisie, un immeuble sujet à rapport a été adjugé, l'acquéreur a le droit de demander à être garanti de toute éviction de la part des tiers, il ne peut, quand le propriétaire définitif ratifie la vente, se refuser à en payer le prix, sous prétexte que le premier vendeur avait disposé de la chose d'autrui. — *Amiens*, 13 août 1840 (t. 2 1842, p. 93), Despeaux c. Devaux et Léger.

639. — Un principe analogue a également fait décider qu'un tiers qui a acquis de bonne foi des biens donnés par une femme à son mari ne peut être évincé, comme ayant acquis une chose qui n'appartenait pas au vendeur, par les créanciers de la femme qui ont fait annuler la donation pour fraude à leurs droits, lorsque la vente a été consentie conjointement et solidairement par la donatrice et le donataire. — *Paris*, 11 juill. 1829, et *Cass.*, 24 mars 1830, Lemaistre c. Dumas de Polart.

640 — ... Peu importe, dans ce cas, que l'offre de ratifier soit ou non postérieure à la demande en nullité. — Même arrêt.

641. — Toutefois, l'arrêt du 8 déc. 1834 (Bastia)

ci-dessus cité, n° 633, paraît avoir relevé comme une circonstance importante le fait que la ratification était *antérieure* à la demande en nullité. Mais cette circonstance est indifférente, et il y a lieu d'appliquer là ce qui a été dit plus haut sur le cas où, postérieurement à la demande, le vendeur devient réellement propriétaire de la chose vendue. — *Contrà*, Duranton, n° 178.

642. — On peut encore considérer comme décidant que la ratification n'a d'effet qu'autant qu'elle est antérieure à la demande les motifs de l'arrêt de *Poitiers*, 16 avr. 1822 (Pascault c. Boulin). — Mais cette décision est rendue en outre dans une espèce où la ratification rapportée était incomplète.

643. — On peut donc vendre la chose d'autrui en se portant fort pour le véritable propriétaire ou en promettant d'obtenir la ratification de la vente, et l'inexécution de cette promesse donne lieu à des dommages-intérêts. — C. civ., art. 1120. — Toullier, t. 6, nos 134 et suiv.; Delvincourt, t. 3, p. 66 (notes); Duranton, t. 16, n° 180; Duvergier, t. 1er, n° 222; Troplong, n° 334; Pothier, *Oblig.*, n° 133.

644. — Jugé en ce sens, que celui qui a vendu des vins récoltés dans la vigne d'un individu désigné en promettant la ratification de celui-ci, faute d'exécution du marché, est tenu de dommages intérêts. — *Besançon*, 14 août 1806; Billard c. Milauchet.

645. — Jugé aussi, que le vendeur de la chose d'autrui qui a déclaré se porter fort pour le propriétaire en minorité ne peut, dans le cas où celui-ci, devenu majeur, demanderait la nullité de la vente, échapper à la garantie envers l'acquéreur, sous le prétexte que ce dernier aurait su que la chose appartenait à autrui. — *Limoges*, 1er juill. 1822, Marchandon c. Vergniaud.

646. — La ratification ne produit d'effet que du jour où elle est donnée, car c'est alors seulement que, le consentement du véritable propriétaire venant se joindre au contrat qui en était dépourvu, il y a réellement vente. — Troplong, n° 237, et *Hyp.*, t. 2, n° 495, et suiv.; Duvergier, t. 1er, n° 219; Merlin, *Rép.*, v° *Ratification*, n° 3. — « Si je ratifie, dit Denisart (v° *Ratification*), un acte qui a été passé pour moi, à mon insu, et dans lequel on s'est porté fort pour moi, *la ratification qui forme mon premier engagement* n'a point d'effet rétroactif.

647. — Jugé en ce sens, que sous la loi romaine, qui permettait la vente de la chose d'autrui, une pareille vente faite par un tiers se portant fort pour le propriétaire, et sous l'obligation de rapporter la ratification de ce dernier, n'était parfaite que du jour de cette ratification. En conséquence, la chose vendue restait aux risques et périls du propriétaire jusqu'à la ratification. Cette ratification intervenue *postérieurement à la perte de la chose vendue*, ne pouvait remonter, par un effet rétroactif, au jour de la vente. — *Poitiers*, 13 fruct. an X, femme Lasaudraye c. Poupet.

648. — Jugé aussi, sous le Code civil, que la ratification d'un contrat nul, par exemple de la vente de la chose d'autrui, ne peut préjudicier aux droits des tiers acquis dans l'intervalle. Ainsi, lorsque le mari ayant vendu le bien de sa femme sans son consentement, les enfans ont, après le décès de leur mère, ratifié la vente, l'hypothèque légale appartenant aux enfans pour le prix de cette annulation ne peut être exercée sur des immeubles dont le père s'était dépouillé depuis la vente, mais avant la ratification. — *Cass.*, 6 juill. 1831, Garnier c. Dupin.

649. — L'action en nullité de la vente qui a été faite de la chose d'autrui, appartient incontestablement à l'acquéreur. M. Toullier lui refuse cette action (t. 14, n° 210), mais en partant de cette idée que la nature du contrat de vente n'est pas de transférer la propriété. Partant du principe contraire, MM Duvergier (t. 1er, n° 220) et Troplong (n° 238) arrivent et avec raison à une conséquence opposée. — Duranton, n° 178.

650. — Jugé que la vente, par le mari de l'immeuble dotal est radicalement nulle, comme vente de la chose d'autrui. Dès-lors l'acquéreur d'un tel immeuble peut se pourvoir en nullité de la vente, même avant toute éviction, sans que son droit se borne à réclamer des dommages-intérêts. — *Riom*, 30 nov. 1813, Nicolas c. Dutrior.

651. — ... Et surtout si on a laissé ignorer à l'acquéreur la qualité de l'immeuble vendu. — Même arrêt. — V. au surplus DOT, nos 803 et suiv.

652. — Mais l'acquéreur d'un immeuble dotal envers lequel aucune dissimulation n'a été employée, ne peut demander la nullité de la vente qui a été faite, sous prétexte que l'immeuble était inaliénable. — *Caen*, 26 févr. 1842, Vasse.

653. — La vente faite par le mari, sans le concours ni le consentement de sa femme, d'un immeuble dépendant d'une succession encore indivise entre celle-ci et ses cohéritiers, est nulle comme vente de la chose d'autrui. La nullité d'une telle vente ne serait pas couverte alors même que par l'événement du partage l'immeuble tomberait dans le lot de la femme. En conséquence, l'acquéreur qui, par suite de cette vente, se trouve seulement créancier du mari, n'a nullement qualité pour intervenir au partage. — *Cass.*, 10 janv. 1844 (t. 1er 1844, p. 320), Mathieu c. Caffarel et de Montaulier.

654. — Jugé que, sous l'empire du Code civ., la vente de la chose d'autrui étant nulle, non-seulement à l'égard du propriétaire de la chose vendue, mais même à l'égard de l'acheteur qui a ignoré qu'elle fût à autrui, celui-ci peut, en ce cas, demander, à charge du vendeur, l'annulation de la vente et la restitution du prix d'achat, à défaut par celui-ci de rapporter un acte de notification en due forme de la part du propriétaire. — *Bruxelles*, 21 fév. 1829, N...

655. — Mais cette action appartient-elle au vendeur? — Non, suivant M. Troplong (n° 238), par le motif que le vendeur doit faire tous ses efforts, pour procurer la cessation du trouble ou de la cause de l'éviction, et qu'il ne saurait aller contre son propre fait et le critiquer pour inquiéter celui qu'il doit garantir.

656. — M. Duvergier, au contraire (t. 1er, n° 220), pense que si, en vendant, le vendeur avait été de bonne foi et s'était cru réellement propriétaire, il devrait lui être permis de provoquer la nullité de la vente, en offrant de payer les dommages intérêts actuellement dus, mais pour empêcher aussi qu'ils ne s'accroissent indéfiniment. « A quoi, dit-il, peuvent servir les efforts du vendeur, s'il est bien et dûment avéré que la propriété réside sur la tête d'autrui ? »

657. — Nous partageons ce sentiment; et la cour de Cassation, sans résoudre la question, a du moins supposé que la nullité était proposable par le vendeur, lorsqu'elle a jugé que l'action en nullité de la vente de la chose d'autrui, formée après plus de dix ans par *un des vendeurs* (qui l'a d'ailleurs exécutée), est passible de la prescription de l'art. 1304 C. civ., alors même que la nullité ne serait proposée que par voie d'exception. — *Cass.*, 23 janv. 1832, Fargeot c. Laroche.

658. — La vente de bonne foi du terrain d'autrui, même faite sans garantie, ne permet pas au vendeur qui achète ultérieurement ce terrain du véritable propriétaire de le revendiquer de son acquéreur. — *Angers*, 23 juill. 1847 (t. 1er 1848, p. 58), Porcheret c. Gravouille.

659. — La vente de la chose d'autrui donne ouverture à l'action en nullité prévue par l'art. 1599 C. civ., et non à l'action en garantie déterminée par l'art. 1653 du même Code. — En conséquence, l'acquéreur d'un immeuble qui vient à découvrir que son vendeur n'était point propriétaire dudit immeuble peut immédiatement provoquer la résiliation de la vente, quand même il ne serait lui-même l'objet d'aucune action de la part des ayant droit à la propriété. — *Douai*, 3 juill. 1846 (t. 1er 1849, p. 288), Duretz c. Lecouffe.

660. — La durée de l'action en nullité doit être limitée à dix ans, suivant l'art. 1304 (Troplong, n° 239; Duvergier, t. 1er, n° 221), à partir du jour du contrat. — Toullier, t. 7, nos 603-604. — Arg. *Cass.*, 23 janv. 1832, Fargeot c. Laroche.

661. — Toutefois, ceci ne doit s'entendre que de l'action accordée soit au vendeur, soit à l'acheteur; quant à celui dont la chose aurait été indûment vendue, comme il ne s'agirait pas d'une action en nullité, mais d'une action en revendication prenant sa source dans le droit de propriété, elle ne subirait pas l'influence de l'art. 1304. — Troplong, n° 239; Duvergier, t. 1er, n° 221; Grenier, *Hyp.*, t. 1er, n° 48; Duranton, t. 12, n° 544 et suiv.

662. — Ainsi, jugé que la vente que la mère tutrice de son fils mineur fait d'un immeuble dépendant de la succession de son mari, *en vertu d'une disposition du testament de celui-ci qui l'autorise à y procéder pour acquitter les dettes*, ne peut être considérée comme une vente faite par le mineur, mais bien comme une vente du bien d'autrui; le droit pour le mineur de recourir contre une pareille vente n'est donc pas limité à dix ans, à partir du jour de sa majorité, conformément à l'art. 134, ord. 1639, mais il dure trente ans. — *Cass.*, 8 déc. 1813, Daydé c. Mas.

663. — La nullité de la vente d'un immeuble par celui qui en était donataire en vertu d'un titre nul pour vice de forme et depuis annulé, peut être opposée à l'acquéreur de bonne foi. Ici ne s'appliquent ni la prescription de dix ans ni les raisons qui font maintenir les ventes faites par l'héritier apparent. — *Cass.*, 31 janv. 1844 (t. 2 1844, p. 629), Hamard c. Bardotte.

664. — L'acheteur de la chose appartenant à un autre que le vendeur ne voit passer sur sa tête aucun droit de propriété, mais s'il est de bonne foi il gagne les fruits qu'il a recueillis et consommés avant d'être troublé par le véritable propriétaire. — *Inst.*, § 35, tit. *De rer. div.* — Ducaurroy, *Inst. expl.*, t. 1er, p. 296; Art. 549 et 550, C. civ.; Troplong, t. 1er, n° 235; Duranton, n° 176.

665. — L'acquéreur de bonne foi peut prescrire en vertu de son titre, quelque nul qu'il soit. — Troplong, n° 235; Duranton, n° 176 et suiv.

666. — En droit romain, l'acheteur, qui était en train de prescrire et qui perdait la possession, avait une action appelée publicienne (*actio publiciana*) pour obtenir d'être réintégré dans la jouissance détenue par un possesseur dont le titre était moins coloré que le sien. — ff., *De publiciana in rom. act.* — Il en était de même sous l'ancien droit français. — Pothier, *De la propriété*, n° 292. — Les auteurs, sous le Code civ., paraissent d'accord pour accorder cette action au possesseur de bonne foi. Sa possession lui suffit à l'égard d'un usurpateur sans titre, sans droit, sans qualité, ou qui n'a pas un titre meilleur que le sien, sans qu'il soit besoin de prouver la légitimité d'une propriété que cette possession fait supposer. *In pari causâ, melior est causa possidentis.* Seulement, si le défendeur répondait par des titres plus forts, il faudrait remonter à l'examen du droit des précédens propriétaires. — Troplong, n° 235; Duranton, n° 21. — V. au surplus ces auteurs pour diverses hypothèses qui peuvent se présenter.

667. — Depuis la Charte, qui a consacré l'inviolabilité des propriétés particulières, la vente de la chose d'autrui faite par l'état doit être déclarée nulle. La Charte a dérogé en cela aux lois antérieures (L. 22 frim. an VIII, art. 94), qui déclaraient valables les ventes consenties légalement de biens domaniaux, *quelle qu'en fût l'origine*, sans que les réclamans eussent droit à autre chose qu'à une indemnité de la part du trésor public. — *Cass.*, 26 déc. 1835, Martin c. Levaillant. — Troplong, n° 240.

668. — Entre l'acheteur et le vendeur, la vente d'une chose volée ne donne lieu à aucune obligation, si tous les deux connaissaient son origine furtive. Si l'acheteur connaissait seul le vice, le vendeur ne contracte aucune obligation et l'acheteur ne peut répéter ce qu'il a payé. Enfin si le vendeur seul était instruit du vol, l'acheteur a droit à des dommages-intérêts. — Troplong, n° 241 (qui cite la loi 34, § 3, ff., *De cont. empt.*; Voët, n° 16; Brunemann sur cette loi, p. 700.

669. — A l'égard des droits de l'acheteur au regard du véritable propriétaire, V. REVENDICATION (vol).

670. — Jugé que celui qui a acheté de bonne foi un objet mobilier que le vendeur ne détenait qu'à titre de gage doit être maintenu en possession — *Bordeaux*, 14 juill. 1831, Veillon c. synd. Lartigue.

671. — Lorsque le vendeur de la chose d'autrui a connu le vice de sa possession, il peut être tenu de restituer au propriétaire (et au choix de celui-ci) ou cette chose, ou sa valeur, ou même le prix avantageux qu'il en aurait retiré, enfin des dommages-intérêts. Cette décision s'applique soit qu'il s'agisse d'une chose mobilière ou immobilière. — Pothier, n° 271 et suiv.; Troplong, n° 241.

672. — Si le vendeur était de bonne foi, le véritable propriétaire qui, à raison de la perte de la chose entre les mains du tiers détenteur, ne pourrait plus revendiquer la chose elle-même, aurait-il action contre ce vendeur? On décidait en droit romain (V. Julianus et Africanus, sur la loi 23, *De reb. cred.*) que, dans ce cas, le propriétaire avait action contre le vendeur en restitution du prix que celui-ci avait retiré de la vente. — Pothier (n° 276) et M. Troplong (n° 243) admettent bien cette solution, mais seulement pour le cas où le vendeur aurait reçu la chose à *titre gratuit*; car c'est dans ce cas seulement qu'on pourrait dire qu'en la revendant il s'est enrichi aux dépens d'autrui; mais s'il n'a fait en vendant que recouvrer ce qu'il a payé lui-même, la même raison d'équité naturelle n'étant pas applicable, le propriétaire serait sans action contre lui, sauf l'obligation pour le vendeur de lui tenir compte du prix de la revente sur celui d'acquisition.

Sect. 3e. — *Choses futures.*

673. — Les choses futures peuvent être l'objet d'une vente, même lorsqu'il est incertain si elles existeront un jour. — C. civ., art. 1130.

674. — Les choses futures sont, comme les choses éventuelles, susceptibles d'aliénation si elles sont de nature à entrer dans le commerce. — *Cass.*, 15 nov. 1842 (t. 1er 1843, p. 46), préfet de la Vendée c. Kugler.

675. — Toutefois, la succession d'une personne vivante est inaliénable, même du consentement de cette personne. — V. SUCCESSION FUTURE.

676. — Il ne faut pas confondre la vente d'une succession future, laquelle est nulle sans que la nullité puisse être couverte, avec la vente de la chose d'autrui (laquelle est susceptible de ratification). Toute vente d'une succession future contient nécessairement en soi une vente de la chose d'autrui, mais la réciprocité n'a pas lieu. L'intention des parties et la qualité dans laquelle les vendeurs auront traité pourront servir de guide pour cette distinction. — Duvergier, t. 1er, no 229; Troplong, no 247.

677. — Ainsi, jugé qu'on ne peut considérer, comme ayant le caractère d'un pacte sur une succession future, l'acte par lequel des enfans, du vivant de leur père, et en son absence, se partagent un immeuble appartenant à ce dernier, et sur lequel ils ont hypothèque, et disposent de leur part dans cet immeuble. Ce n'est là en réalité que la vente de la chose d'autrui. — *Cass.*, 23 janv. 1832, Fargeot c. Laroche.

678. — Jugé encore, que lorsqu'un individu a vendu un immeuble qui ne lui appartenait point, mais au contraire à quelqu'un dont il est le présomptif héritier, la stipulation faite ultérieurement d'une peine pour le cas où cette vente ne recevrait pas son exécution doit avoir son effet, si, d'ailleurs, il est établi que l'acquéreur ignorait que la chose n'appartenait pas au vendeur. — *Cass.*, 17 mars 1825, Morelle c. Dehennot.

679. — La vente d'une succession future peut donner naissance à une action en dommages-intérêts de la part de l'acquéreur de bonne foi. — Duvergier, t. 1er, no 229 ; Troplong, no 248.

680. — Lorsqu'une vente comprend des droits successifs non ouverts et une partie de succession échue, la vente n'est-elle nulle que pour la succession future ? — Oui, selon M. Duvergier, no 231. — Il existe toutefois des décisions contraires, au moins pour le cas signalé par M. Troplong (no 251), où ces deux ventes ne forment qu'un tout indivisible et constituent une seule et même opération réglée par un prix unique. — V. SUCCESSION FUTURE.

681. — La vente faite par une femme, pendant la vie de son mari, de son gain de survie n'est pas un pacte sur une succession future, mais un contrat sur une créance conditionnelle. — *Cass.*, 22 fév. 1831, Belet c. Couturier. — Troplong, no 250 ; Duvergier, t. 1er, no 232.

682. — On doit en dire autant de la vente, que fait l'enfant institué contractuellement, des biens compris dans l'institution durant la vie de l'instituant. — *Cass.*, 11 nov. 1828, Tintaut c. Cezeyrat. — Duvergier, t. 1er, no 232.

683. — Jugé, qu'en matière de commerce, il y a des ventes aléatoires : telle est celle d'une récolte prochaine de vins, jusqu'à concurrence de cinquante poinçons, à un prix déterminé pour chaque poinçon. — *Orléans*, 28 avr. 1824, Sallier c. Chatain. — « A la vérité, dit Colas de la Noue, qui rapporte cet arrêt, au moment du contrat la chose vendue n'existe pas encore ; mais la vente dépend de la condition de sa future existence, car, dit Pothier (*Traité de la vente*, no 5), « si la chose vient « à ne pas exister, et si l'on ne recueille pas de vin, « il n'y aura pas de vente. » — On soutenait qu'il avait été impossible de stipuler le prix à l'avance avant que ce vin eût pu être goûté (art. 1587, C. civ.); ce qui est conforme à la loi romaine : « *Gus-* « *tus ad hoc sufficit ut improbare liceat* (L. 34, § 5, ff., *De contr. empt.*). » Cette objection n'est pas fondée ; dans l'espèce, la valeur du vin est une chose incertaine qui ne peut influer sur l'existence de la vente, et la perfection du contrat ne dépend point d'une dégustation impossible au moment où la convention a été conclue. »

684. — La vente des blés en vert était valable dans le droit romain (V. la loi 78, paragraphe dernier, ff., *De contrah. empt.*), mais les lois françaises en ont disposé autrement, de peur que, sous l'espérance d'un gain actuel, les laboureurs ne se privassent témérairement et à vil prix du fruit de leurs sueurs. — Charlemagne, en la prohibant, disait que par cette vente, « *pauperes officiuntur ut fortiter constringantur.* » — Louis XIV, dans sa déclaration du 22 juin 1694, disait : « Nous sommes informés que les usuriers et autres gens avides de gains illicites..., profitant de l'indigence des laboureurs, achètent des grains en vert et font des traités défendus..., dans l'espérance de mettre ces grains en réserve dans des magasins détournés, et de ne les exposer en vente que dans le temps de la cherté, et de causer, s'ils peuvent, la disette. » — Merlin, *Rép.*, vo *Vente*, § 1er, art. 1er, no 6. — Toutefois d'Olive (p. 345) dit que les ordonnances de nos rois ne furent reçues qu'avec peine dans le ressort du parlement de Toulouse. — Les lois des 6 et 23 messid. an III ont renouvelé la prohibition de vendre les grains en vert sous peine de confiscation.

685. — Ces lois sont-elles encore en vigueur ? — Pour l'affirmative : *Alençon*, 26 nov. 1833, Blavette c. Hue. — Toullier, t. 6, nos 118 et 119 ; Duvergier, *Vente*, t. 1er, no 233 ; Merlin, *Rép.*, vo *Vente*, § 1er, art. 1er, no 6 ; Duranton, t. 16, no 161, et Troplong, *Vente*, no 223. — Pour la négative : *Agen*, 2 août 1830, Martres et Ratier c. Lisle.

686. — Pour nous, tout en convenant qu'elles sont faiblement observées, surtout en ce qui concerne les peines qu'elles prononcent, nous ne saurions les considérer comme abrogées, soit par le Code civil, soit par le Code pénal ; car, d'une part, si l'art. 1598, C. civ., dispose que tout ce qui est dans le commerce peut être vendu, il ajoute : « Lorsque des lois particulières n'en ont pas prohibé l'aliénation. » Or, ces lois particulières existant pour les grains en vert, il faudrait une abrogation explicite qui n'existe pas. D'un autre côté, l'art. 484, C. pén., déclare que toutes les matières qu'il n'a point réglées continueront de l'être par les lois particulières qui les régissent. Enfin, les motifs d'ordre public qui ont dicté ces dispositions prohibitives existant toujours, on ne saurait supposer que les auteurs du Code civil et du Code pénal (qui n'en ont rien dit) aient voulu les abroger. — *Cass.*, 12 mai 1848 (t. 1er 1848, p. 537), Flamand c. Fleury.

687. — Jugé, dans tous les cas, que, même sous l'empire de ces lois, la vente des grains en vert était valable lorsqu'elle comprenait des récoltes d'une autre nature. — *Agen*, 2 août 1830, Martres et Ratier c. Lisle. — La loi du 23 messid. an III excepte de la prohibition les ventes qui comprendraient tous autres fruits et productions que les grains : elle en excepte aussi les ventes qui ont lieu par suite de tutelle, curatelle, changement de fermier, saisie de fruits, baux judiciaires et autres de cette nature.

688. — L'action en nullité d'une vente de grains en vert est-elle personnelle au vendeur ? La question s'est agitée, mais sans être résolue, lors de l'arrêt d'*Agen* du 2 août 1830, et le procureur général qui portait la parole soutenait que l'action était *personnelle* au vendeur et ne pouvait être exercée par ses créanciers. Mais M. Troplong (*loc. cit.*) combat avec raison cette opinion : « Puisque la prohibition est établie par des motifs d'ordre public, dit-il, tous les intéressés peuvent évidemment s'en prévaloir. »

689. — Aux termes de l'art. 42 de l'arrêté du 9 vent. an IX, les marins ne peuvent vendre à l'avance leurs parts éventuelles dans le produit des prises, sous peine de nullité des ventes qui auraient été faites, de la perte de toute somme payée par l'acquéreur et d'une amende de 1,000 fr. — V. Duvergier, *Coll. des lois.*

Sect. 4e. — *Choses non existantes.*

690. — Si au moment de la vente, la chose vendue était périe en totalité, il n'y aurait pas de vente (art. 1601).

691. — Si, dans ce cas, l'acquéreur a payé, il a une action en répétition fondée sur l'art. 1376 et qui dure trente ans : il n'y a pas lieu de sa part à se pourvoir par voie de demande en nullité de la vente. — Duvergier, t. 1er, no 236; Troplong, no 252; Duranton, t. 12, no 551.

692. — Lorsque la perte n'existait que pour une partie de la chose vendue, on distinguait en droit romain si c'était ou non la partie la plus considérable qui avait été détruite. Dans le premier cas, l'acquéreur n'était pas obligé de tenir son marché. Dans le second cas, au contraire, il y était obligé, sauf à lui tenir compte à dire d'experts des dommages reçus par le bâtiment. — L. 57, ff., *De contrah. empt.* — Pothier, *Vente*, no 4.

693. — Pothier, dans le cas de perte partielle, proposait d'admettre l'acheteur à demander la résolution lorsqu'il était certain qu'il n'eût pas acheté s'il eût su que la maison n'était pas entière (no 4).

694. — Sous le Code, si la perte n'est que partielle, l'acheteur a le choix ou d'abandonner la vente, ou de demander la partie conservée en en faisant déterminer le prix par ventilation. — C. civ., art. 1601.

695. — Toutefois, il ne doit pas être permis à l'acheteur d'abuser du droit d'option que lui laisse l'art. 1601 ; et si les juges reconnaissaient que l'acheteur eût traité alors même qu'il aurait connu la perte partielle, le contrat devait être maintenu, sauf diminution de prix. — Arg. art. 1636. — Troplong, no 252; Duvergier, t. 1er, no 237 ; Duranton, no 184.

696. — L'art. 1622, C. civ., qui, dans le cas d'erreur sur la mesure, assujétit l'action de l'acheteur comme celle du vendeur à la prescription annale, n'est pas applicable à l'action en résolution d'un contrat de vente pour raison de la non existence, à l'époque du contrat, de tout ou partie des objets vendus ; cette action dure trente ans. — *Rennes*, 28 juill. 1814, de Lambily c. Thahuis.

697. — Si l'acquéreur d'une chose périe en partie, laissait écouler un certain temps avant de se pourvoir en résolution, son silence pourrait être considéré comme une acceptation tacite de la chose, et comme la reconnaissance virtuelle que la perte n'est pas assez importante pour entraîner la résolution : il ne lui resterait que l'action en diminution du prix. — Duvergier, no 238.

698. — Si le vendeur ou l'acquéreur connaissaient la perte de la chose, ils pourraient, suivant les circonstances, être condamnés l'un envers l'autre à des dommages-intérêts. — Art. 1382. — Troplong, no 253; Duranton, no 183; Duvergier, t. 1er, no 239.

699. — Si les deux parties avaient voulu se tromper réciproquement, dans ce cas, on devrait appliquer la règle *dolus cum dolo compensatur*. — MM. Duranton (no 183) et Troplong (no 253) disent qu'il pourrait n'y avoir lieu ni à dommages-intérêts ni à la répétition de ce qui aurait été payé.

700. — Les règles ci-dessus s'appliquent au cas où il s'agit de la vente de deux objets dont l'un n'eût pas été acheté sans l'autre. — Troplong, no 254.

701. — Ainsi, jugé que lorsque plusieurs rentes ont été vendues par un seul et même acte, moyennant un prix fixe et déterminé, la circonstance que plusieurs de ces rentes se trouvent éteintes et ne peuvent plus être délivrées donne à l'acheteur le droit de demander la résiliation de la vente pour le tout, alors d'ailleurs qu'il est certain que les parties n'ont entendu faire qu'une seule et même vente. Le vendeur ne peut éviter cette résiliation en offrant à l'acquéreur une diminution proportionnelle du prix. — *Bruxelles*, 18 mars 1809, Denefs c. Vanhavre.

702. — L'art. 1601 reçoit son application en matière commerciale. En effet, pas plus dans le commerce que dans les relations civiles, on ne comprend une vente sans une chose vendue. — Duvergier (t. 1er, no 240), Merlin (*Rép.*, vo *Vente*, § 1er, art. 1er, no 1er), Troplong (no 255), rapportent la discussion qui a eu lieu à cet égard au conseil d'état.

703. — Ce principe a été appliqué dans une espèce où il s'agissait de la vente d'un navire. — *Cass.*, 5 frim. an XIV, Eberstein.

704. — Tout droit exclusif auquel donnait lieu l'établissement des places sur certains commerces et professions étant tombé par la publication des lois sur les patentes, il s'ensuit qu'on a dû considérer comme nulle la vente qui a eu lieu d'un pareil droit depuis cette publication. — *Turin*, 6 juin 1807, Chiattino et Parocchia c. Gonella.

CHAPITRE IV. — *Obligations du vendeur. — Dispositions générales.*

705. — Les obligations générales du vendeur consistent dans celle de délivrer et celle de garantir. — C. civ., art. 1603.

706. — En matière de vente, l'une des premières obligations du vendeur est de livrer la chose vendue avec les qualités stipulées dans le contrat. — Si les usages du commerce permettent, pour certaines marchandises, de ne pas appliquer cette règle dans toute sa rigueur, ce n'est que lorsque ces usages sont certains, généraux et invariables. — *Rouen*, 18 janv. 1845 (t. 1er 1845, p. 271), Robert-Pitou c. Bonnet et Valentin.

707. — Une autre obligation est celle d'expliquer clairement ce à quoi il s'oblige, sous peine de voir tout acte ambigu s'interpréter contre lui. — C. civ., art. 1602.

708. — Cette règle, que les auteurs ont généralement adoptée sans hésiter (V. Toullier, t. 6, no 324; Troplong, t. 1er, no 256), est combattue par M. Duvergier (t. 1er, no 242) comme peu équitable. Au surplus, cet auteur et M. Troplong lui-même font remarquer que l'interprétation ne doit tourner contre le vendeur que lorsque les autres présomptions admises par le droit commun pour découvrir le sens caché des actes viennent à manquer, et qu'avant tout, il faut s'en rapporter à l'intention des parties, aux vraisemblances, aux usages.

709. — Jugé que pour qu'il y ait lieu à l'application de l'art. 1657, sur la résolution pour défaut de retirement dans le délai fixé, il faut qu'il y ait eu indication suffisante du lieu de la livraison, et

que *le défaut d'indication de ce lieu s'interpréterait contre le vendeur.*—*Paris*, 20 nov. 1810, Drapeau c. Famin.

710. — L'application du principe posé par l'art. 1602 résulte encore d'un arrêt de la cour de *Riom*, 5 janv. 1829, Pons c. Nicolas.

711. — ... Et d'un arrêt de la cour de *Pau* (14 mai 1830, Latrague c. Villenave), rendu en matière d'échange.

712.—Jugé encore qu'en matière de garantie de la vente, les clauses s'expliquent rigoureusement contre le vendeur.—*Metz*, 20 août 1818, Defilley c. Lipmann.

713. — On ne doit pas considérer comme une clause obscure et ambiguë, devant être interprétée contre le vendeur, celle par laquelle il s'oblige à remettre lors du paiement, à l'acquéreur, *les titres de propriété.* Celui-ci ne peut, en vertu de cette clause, exiger d'autres titres que ceux qu'on lui offre, surtout lorsqu'il ne justifie d'aucune fraude de la part du vendeur. — *Rennes*, 10 mars 1821, Letournier c. Durocheret.

714.—Dans une vente d'objets déterminés, et spécialement indiqués, le vendeur n'est pas tenu de réserver ce qu'il n'a pas vendu. Il y a lieu, dans ce cas, à l'application de la règle *inclusio unius est exclusio alterius.* — *Rennes*, 12 août 1817, N...

715.—Jugé que la clause d'un cahier des charges portant que les adjudicataires ne pourront prétendre à aucune indemnité ou diminution de prix, pour raison de l'inexactitude qui existerait dans la désignation et le détail de l'immeuble vendu, peut être déclarée s'étendre non-seulement au défaut de contenance ou d'exactitude dans la description des biens vendus, mais encore au cas de distraction de partie d'un étage, laquelle partie appartient à un tiers, sans que cette interprétation (souveraine) des juges du fond puisse être critiquée en ce qu'elle dérogerait, soit à la disposition de l'art. 1602, C. civ., qui veut que toute clause obscure d'un contrat de vente s'interprète contre le vendeur, soit aux obligations de garantie prévues par les art. 1603 et 1626.—*Cass.*, 26 nov. 1833, Waller c. Benjamin.

716. — La règle de l'art. 1602 ne s'applique que lorsqu'il s'agit de la chose même, du prix et des deux obligations de délivrance et de garantie, et non des clauses dans lesquelles l'acheteur aurait figuré comme ayant dicté la loi et stipulant dans son intérêt. Dans ce cas, le droit commun reprend son empire. — Troplong, nº 258 (qui cite Grenier [Disc. au tribunat]); Despeisses, p. 35, nº 24; L. 34, ff., *De cont. empt.*; Duranton, nº 187.

Sect. 1re. — *Délivrance.*

§ 1er. — *Mode.* — *Actions.* — *Frais.*

717.—La délivrance est le transport de la chose vendue en la puissance et possession de l'acheteur. — C. civ., art. 1604.

718. — Jugé que la délivrance à laquelle le vendeur est assujéti ne consiste que dans le transport de la chose vendue, en la jouissance et la possession de l'acheteur. Peu importe d'ailleurs que son droit de propriété ne paraisse reposer que sur des titres sujets à contestation. — *Cass.*, 25 avr. 1831, de Merloz c. de la Blanche.

719.—Lorsqu'il s'agit de meubles, la délivrance s'opère par la *tradition réelle*, ou par la remise des clés du bâtiment qui les contient, ou par le seul effet du consentement des parties, si le transport ne peut s'en faire au moment de la vente ou si l'acheteur les avait déjà en son pouvoir à un autre titre. — C. civ., art. 1606.

720. — Ces dispositions de la loi ne peuvent être considérées que comme énonciatives. — Il est d'autres modes de délivrance. — Ainsi, par exemple, l'apposition de la marque de l'acheteur sur la chose vendue, l'établissement d'un gardien par l'acheteur, le compte, le pesage, etc., peuvent prouver que la délivrance a eu lieu. — Duvergier, t. 1er, nº 250.

721. — Ainsi jugé que la tradition, pour une coupe tout entière de bois, peut résulter d'un commencement d'exploitation, de l'établissement d'un garde de vente pour la coupe, du paiement des contributions, etc. — Du moins l'arrêt qui le décide ainsi échappe à la censure de la cour de Cassation. — *Cass.*, 21 juin 1820, Lambert c. Saint.

722. — Jugé encore que la tradition réelle, d'après l'usage constant du commerce de bois, résulte suffisamment de l'empilage fait par l'acheteur et de l'apposition de sa marque sur les bois vendus et gisant encore sur le terrain. — L'arrêt qui le décide ainsi ne viole aucune loi. — *Cass.*, 18 janv. 1828, d'Aligre c. Cailletet.

723. — Jugé toutefois que, de ce que l'acquéreur de deux coupes de bois dans une forêt aurait exploité l'une de ces coupes, il ne s'ensuit pas que, si le nombre d'arbres déterminé dans le contrat ne se trouve pas dans l'autre coupe, l'acquéreur soit non recevable à demander une diminution du prix, eu égard au nombre des arbres manquans. On dirait vainement que l'objet vendu est *mobilier*, que l'abatage d'une partie des arbres vendus a produit l'effet d'une *tradition*, *vérification* et *acceptation*, et que, dès-lors, la vente a été parfaite, et la chose vendue aux risques de l'acquéreur. — *Cass.*, 5 juin 1827, Flavigny c. Andrieux.

724. — Le bail fait par un acquéreur du mobilier d'une maison qu'il vient d'acheter équivaut à la délivrance du mobilier que le vendeur a dû lui faire. — *Orléans*, 19 déc. 1823, Demans c. Margunac et Couchet-Cruchet.

725. — La délivrance, en matière de meubles, peut aussi résulter de la remise des titres. — Troplong, nº 282.

726. — Jugé que la preuve d'une livraison de marchandises peut résulter d'autres pièces que des récépissés ou des bons. — *Rennes*, 24 avr. 1815, Ruelle c. Crucy.

727. — La remise de la marchandise par l'expéditeur au commissionnaire de roulage constitue la livraison à l'égard de l'acheteur. — *Paris*, 18 mars 1829, Millon c. Brissot Thivars.

728. — A l'égard des immeubles, l'obligation de délivrance est remplie lorsque le vendeur a remis les clés (s'il s'agit d'un bâtiment) ou lorsqu'il a remis les titres de propriété. — C. civ., art. 1605.

729. — La remise des titres fait comprendre les titres anciens. — Duvergier, t. 1er, nº 255; Merlin, *Rép.*, vº *Tradition.* — Il est rare, au surplus, que sur cette remise il n'y ait pas dans le contrat une clause qui fasse la loi des parties.

730. — Jugé que le vendeur n'est pas tenu de fournir à l'adjudicataire d'autres titres que ceux qu'il a, d'avance et par le cahier de charges, déclaré pouvoir et vouloir lui donner. — *Paris*, 27 mai 1808, Lefèvre c. Delamarre.

731. — Jugé aussi, avant le Code, que le défaut par le vendeur de remettre les titres à l'époque convenue ne rendait pas la vente nulle de plein droit : il pouvait seulement donner naissance à une action en résiliation. — *Cass.*, 20 fructid. an X, Sauvebœuf c. Latour. — Il en serait de même sous le Code (art. 1184).

732. — Dans le pays de Liége et avant sa réunion à la France, l'action *ad exhibendum* était en usage pour les titres d'immeubles, aussi bien que pour les choses mobilières. — *Cass.*, 10 frim. an XI, préfet de la Dyle et Duchesne c. Gentil.

733. — La délivrance des droits incorporels s'opère par la remise des titres ou par l'usage que l'acquéreur en fait du consentement du vendeur. — C. civ., art. 1607.

734. — Mais, suivant la nature du droit cédé, la cession et la délivrance ne vaudront, à l'égard du tiers, qu'autant que certaines formalités auront été accomplies. — V. TRANSPORT DE CRÉANCES.

735. — L'acheteur d'un immeuble a contre le vendeur, pour le forcer à faire la délivrance, une action *personnelle.* — Il a ensuite, contre le tiers qui s'en trouverait saisi une action *réelle.* — Mais on ne peut voir là, à son profit, ce qu'on appelle une action *mixte.* — Duvergier, t. 1er, nº 258; Carré, *L. de la comp.*, t. 1er, p. 517, nº 225 ; Poncet, *Tr. des actions*, p. 180.

736. — Jugé toutefois que l'action qui a pour objet l'exécution d'un contrat de vente d'immeubles est *mixte*, et qu'elle peut en conséquence être portée soit devant le tribunal de la situation de l'immeuble vendu, soit devant le tribunal du domicile du vendeur. — *Cass.*, 2 fév. 1809, Perrin c. de Fargues. — Troplong, nº 262. — V. ACTION MIXTE.

737. — L'acheteur qui ne peut obtenir la délivrance des biens vendus, en ce qu'ils sont occupés par des tiers, peut provoquer et obtenir la résolution du contrat, bien que les titres de propriété lui aient été remis. — *Bruxelles*, 3 avr. 1816, Vancutsen c. Godfurneau et Barella. — Troplong, nº 264.

738. — Jugé que, s'il s'agit d'un meuble, l'action est mobilière. Des arbres vendus pour être coupés doivent être considérés comme meubles relativement à l'acquéreur : dès-lors la demande à fin d'autorisation d'abattre ces arbres est une action mobilière qui doit être portée devant le juge du domicile du défendeur. — *Cass.*, 5 oct. 1813, Regnier c. Mirepoix.

739. — Les frais de délivrance sont à la charge du vendeur, mais ceux d'enlèvement sont à la charge de l'acheteur, sauf stipulation contraire. — C. civ., art. 1608. — Les frais d'enlèvement comprennent ceux d'emballage, de chargement, de transport, ainsi que le coût du transit pour la circulation des vins. — Troplong, nº 289. — V. cependant Pothier, nº 43.

740. — Les frais de pesage et de mesurage sont ordinairement à la charge du vendeur. — Toutefois, M. Troplong dit qu'en Lorraine il est d'usage que ces frais se partagent. — Troplong, nº 288; Duvergier, t. 1er, nº 260 ; Pothier, nos 42 et suiv.; Pardessus, t. 2, nº 281. — A Paris, c'est l'acheteur qui paie les frais de mesurage du bois à brûler.

§ 2. — *Temps et lieu.*

741. — La délivrance doit se faire au lieu où était, au temps de la vente, la chose qui en fait l'objet, à moins de convention contraire. — C. civ., art. 1609.

742. — S'il s'agit de choses déterminées seulement par leur espèce, la délivrance doit avoir lieu au domicile du vendeur. — Art. 1247. — Duvergier, t. 1er, nº 261.

743. — Si la convention indiquait deux endroits, Rouen *et* le Havre, la délivrance devrait se faire pour une moitié dans l'un et pour une moitié dans l'autre; s'il était dit Rouen *ou* le Havre, le choix du lieu existerait en faveur du débiteur. — C. civ., art. 1190. — Pothier, *Oblig.*, nº 241 ; Duvergier, t. 1er, nº 262.

744. — En matière de vente de grains, il est d'usage que, à défaut de stipulation contraire, le vendeur fasse la délivrance au domicile ou dans les magasins de l'acheteur. Ainsi, lorsque la vente a été faite au domicile de l'acheteur, sans qu'il ait été rien stipulé quant au lieu de la délivrance, le vendeur, bien que domicilié dans un autre arrondissement, peut être assigné, à raison de cette vente, devant le tribunal de commerce du domicile de l'acheteur. — *Bruxelles*, 26 janv. 1828, Cordier-Rolland c. Clinckspoor.

745. — La convention qui indiquerait pour le paiement et la livraison un lieu autre que le domicile de l'acheteur ne peut résulter de l'acceptation de celui-ci, sans réclamation immédiate, d'une facture adressée par le vendeur, et portant que le paiement sera fait à son domicile, si plus tard, lorsque les marchandises lui parviennent, l'acheteur ne les accepte pas, comme n'étant pas conformes à la commission. — *Cass.*, 3 mars 1835, Cauvin-Gérin c. Galabert.

746. — Lorsque des marchandises qui ont fait l'objet d'une vente n'ont pas encore été livrées, l'acheteur ne peut intenter une action en livraison devant le tribunal de son domicile, aucun lieu n'ayant été fixé par la convention pour le paiement du prix de vente. — *Rennes*, 7 janv. 1822, Drouadaine c. Davanceaux et Baudet.

747. — La délivrance doit être faite au temps fixé par les parties. — C. civ., art. 1610.

748. — A défaut du temps fixé par la convention quant à la livraison de marchandises vendues, on s'en rapporte à l'usage des lieux. — *Rennes*, 27 août 1821, Giraudeau c. Iviquel.

749. — A défaut de délivrance dans le temps convenu, l'acquéreur peut à son choix demander la résolution de la vente ou sa mise en possession, si le retard ne vient que du chef du vendeur. — *Paris*, 19 avril 1809, Bunont c. Sabattier; *Rennes*, 30 mai 1814, Beucher c. Ménil-Legrand.

750. — Il peut aussi, et dans tous les cas, quelque voie qu'il prenne, exiger des dommages-intérêts s'il a éprouvé un dommage. — Mêmes arrêts. — Duvergier, *Vente*, t. 1er, nº 264.

751. — Jugé encore que l'acquéreur qui n'a pas obtenu la délivrance au terme convenu est fondé à garder son prix entre ses mains jusqu'à sa mise en jouissance. — *Paris*, 19 avr. 1809, Bunont c. Sabattier.

752. — Si l'objet vendu consistait dans un corps certain, on pense généralement que l'acheteur pourrait être autorisé à l'enlever. — Duvergier, *Vente*, t. 1er, nº 259; Troplong, *Vente*, t. 1er, nº 293. — « En cas de résistance à justice, dit-il le vendeur doit être contraint *manu militari*; car ce n'est pas ici une obligation de faire, mais une obligation de donner qui doit s'accomplir par la dépossession précise du vendeur. — Pardessus, t. 2, nº 281. — Tel est aussi le sentiment de Pothier (*Vente*, nº 68), qui cite Cujas, *ad legem*, ff., *De act. empt.*; Perez ; Daversan, *Tr. de empt. vend.*

753. — Jugé aussi que l'adjudicataire d'un immeuble sur expropriation forcée peut, après avoir mis l'exproprié en demeure de vider les lieux dans un délai déterminé, déplacer le mobilier que celui-ci y a laissé, sans être astreint à faire inventaire de ce mobilier et de veiller à sa conservation. — *Bourges*, 21 mars 1829, Royer c. Rousset.

754. — Toutefois, plusieurs interprètes du droit romain soutenaient que le vendeur ne pouvait être dépouillé de force; ils se fondaient : 1° sur la loi 4, C., *De act. empt.*, qui dit formellement que « le vendeur qui, par malice et obstination, ne livre pas la chose, est tenu des dommages-intérêts de l'acheteur. *Si traditio rei venditæ procacia venditoris non fiat, quanti interesse compleri emptionem fuerit arbitratus præses, tantùm in condemnationis taxationem deducere curabit;* » 2° le vendeur demeurant propriétaire de la chose vendue jusqu'à la tradition, il serait incivil de le dépouiller par force de sa propre chose ; 3° enfin, ils alléguaient que c'est une maxime de droit que *nemo potest cogi præcisè ad factum ;* d'où ils concluaient que *nemo potest cogi ad traditionem.* — On voit que le second de ces trois motifs serait, dans tous les cas, inadmissible dans notre droit, où la propriété de l'acheteur existe indépendamment de la tradition.

755. — L'acheteur auquel le vendeur ne fait pas et déclare ne pouvoir faire délivrance des marchandises vendues, ne peut être autorisé à en acheter une pareille quantité aux frais du vendeur. Il n'a droit qu'à des dommages-intérêts. — *Bruxelles*, 9 janv. 1809, Bogaert c. Joostens. — Mais il s'agissait, dans l'espèce, de marchandises, de choses fongibles, et cette considération n'a pas dû être d'une légère importance.

756. — Jugé encore que l'adjudicataire d'une maison ne peut, sur simple requête, obtenir un jugement non susceptible d'opposition qui l'autorise à expulser le vendeur. — *Colmar*, 7 juill. 1809, Weiss c. Klotz.

757. — ... Et qu'en matière de commerce, le vendeur ne peut être contraint par corps à livrer la marchandise par lui vendue. — *Bruxelles*, 12 mars 1829, Keymolen c. Martini.

758. — L'acheteur ne peut demander, pour cause de défaut de délivrance, la résiliation d'un marché qu'autant qu'il justifie avoir mis, sans succès, le vendeur en demeure de livrer. — *Rennes*, 20 fév. 1815, Jarousseau c. Haranchipy. — Duvergier, *Vente*, t. 1er, n° 264. — A moins qu'il n'ait été expressément convenu que, sans qu'il fût besoin d'acte et par la seule expiration du terme, le vendeur serait en demeure, ou bien lorsqu'il résulte des circonstances que la chose que le vendeur s'est obligé à livrer ne pouvait être remise à l'acheteur que dans un temps déterminé.

759. — Jugé que l'art. 1610, C. civ., qui porte qu'à défaut par le vendeur d'avoir fait la délivrance dans le temps convenu entre les parties, l'acquéreur pourra demander la résolution de la vente, doit être combiné avec l'art. 1184, suivant lequel, *en l'absence de stipulation formelle*, la condition résolutoire pour défaut d'exécution, si elle est sous-entendue, n'est pas de plein droit, et les juges peuvent, suivant les circonstances, accorder un délai au débiteur; ainsi, si des marchandises vendues n'ont pas été livrées dans le délai convenu, les juges peuvent, malgré la demande en résolution formée par l'acheteur, accorder un délai pour faire cette livraison, alors d'ailleurs que le défaut de livraison n'a fait éprouver à l'acheteur aucun dommage. — *Bordeaux*, 8 août 1829, Santa-Maria c. Clavaud; *Aix*, 4 mai 1832, Raymond c. Roux. — Duvergier, t. 1er, n° 266; Troplong, n° 293.

760. — Le défaut de délivrance au terme convenu peut ne pas donner lieu à la résolution de la vente, lorsqu'il est constant que la délivrance n'a été retardée que par une cause indépendante de la volonté du vendeur. — *Cass.*, 8 oct. 1807, Gueheneux c. Pombelle. — Duvergier, *Vente*, t. 1er, n° 265; Pothier, *Vente*, n° 49; Merlin, *Rép.*, v° *Marché à terme*, § 1er.

761. — Jugé, toutefois, que le négociant qui, en vendant des marchandises, a promis de les livrer à une époque indiquée, ne peut s'excuser sur la difficulté des routes de n'avoir pas rempli son obligation, et que, dans ce cas, le défaut de livraison à l'époque convenue donne lieu à la résiliation du marché, avec dommages-intérêts. — *Paris*, 24 janv. 1811, Possel c. Lafond. — Mais il est à remarquer que, dans l'espèce présente, les juges semblent admettre que le retard du vendeur n'était pas indépendant de sa volonté; or, cela suffisait pour justifier leur arrêt.

762. — Dans tous les cas, c'est au vendeur à prouver la force majeure (Toullier, t. 6, n° 281), et il faut que cette force majeure ou le cas fortuit ne soient pas une suite de sa faute, autrement il est responsable (*ibid.*, n° 282). Les juges prononceront d'après les circonstances : si, par exemple, le défaut de livraison au moment convenu rendait le marché totalement inutile pour l'acheteur, ils devraient, dans ce cas, ordonner la résolution.

763. — Jugé que dans le cas où une marchandise a été vendue pour être livrée dans un délai fixé et avec faculté pour l'acheteur de la refuser après l'expiration de ce terme, l'acheteur peut encore être tenu de recevoir livraison tant qu'il n'a point déclaré user de la faculté qu'il s'était réservée. Lors même que le traité exprimerait une clause résolutoire directe, et non une simple faculté en faveur de l'acheteur, celui-ci ne pourrait refuser de recevoir la marchandise, si le retard de la livraison n'était point imputable à la faute du vendeur. — *Aix*, 1er déc. 1818, Sauvé c. Dumas et Aubert.

764. — Le défaut de livraison de la marchandise vendue à l'époque fixée par la convention n'entraîne pas nécessairement au gré de l'acheteur, en l'absence de clause résolutoire expresse, la résolution du marché. — *Cass.*, 15 avr. 1845 (t. 1er 1845, p. 591), Armagis c. Martin.

765. — En ce cas, les juges restent libres d'examiner les faits et actes constitutifs de l'inexécution, ainsi que la conséquence qu'elle a pu entraîner, et de refuser de prononcer la résolution, s'ils estiment que le retard apporté à la livraison n'a été la cause d'aucun préjudice. — Même arrêt.

766. — Si la délivrance *complète* était devenue impossible par la faute du vendeur, les juges ne pourraient, au lieu de prononcer la résolution demandée, substituer une indemnité pécuniaire en faveur de l'acquéreur, en se fondant sur le peu d'importance de l'accessoire non délivré. — *Cass.*, 12 avr. 1843 (t. 2 1843, p. 8), Ogier c. compagnie des mines de Saint-Etienne.

767. — Les dommages-intérêts dus à l'acheteur sont calculés d'après les principes ordinaires. — V. DOMMAGES-INTÉRÊTS.

768. — Jugé que les dommages-intérêts dus pour défaut de livraison de denrées vendues ne peuvent consister que dans l'élévation du prix qu'auraient pu avoir ces denrées à l'époque fixée pour la livraison, comparée au prix de la vente. Si la livraison devait être faite dans le courant d'un mois, c'est par la valeur des denrées au dernier jour de ce mois que les dommages-intérêts doivent être appréciés. — *Riom*, 4 janv. 1822, Servet c. Bournadet.

769. — Jugé aussi que le vendeur qui n'a pas livré la marchandise au temps convenu doit être condamné à payer à l'acheteur, à titre de dommages-intérêts, non-seulement la différence entre le prix de vente et celui de la marchandise au jour indiqué pour la livraison, mais encore, s'il a résisté à cette prétention, et que la hausse ait continué, la différence entre ce dernier prix et celui pour lequel s'opère en définitive le remplacement. — *Aix*, 13 fév. 1841 (t. 1er 1842, p. 620), Aquarone c. Barré.

770. — Les ventes de marchandises à terme, en vertu desquelles l'acheteur peut, à défaut de livraison, demander, à titre de dommages-intérêts, une somme égale à la différence du prix courant à l'époque fixée pour cette livraison, avec le prix stipulé lors de la vente, ne doivent point, si le contraire n'est pas établi, être considérées comme une opération de jeu ou de hasard, prohibée par l'art. 1965, C. civ., et les art. 421 et 422, C. pén., ne sont pas applicables aux opérations de cette nature. — *Bruxelles*, 7 avr. 1827, T... c. M...

771. — L'acheteur ne peut se prévaloir du défaut de livraison au terme convenu, lorsqu'il n'en a pas moins reçu cette livraison *quoique tardive* et qu'il a disposé des marchandises. — *Liége*, 4 avr. 1808, Heuten c. Schlickum.

772. — Une solution pareille résulte d'un arrêt de la cour d'appel d'Aix, qui a écarté l'application de l'art. 1610, par le motif que l'acheteur avait, après le terme convenu, consenti à l'offre qui lui était faite d'une livraison instantanée. Il y avait de sa part renonciation au terme fixé. — *Aix*, 4 mai 1832, Raymond c. Roux.

773. — De même, l'acheteur qui a disposé des marchandises vendues ne peut plus, sous prétexte qu'elles sont défectueuses, refuser d'en payer le prix. — *Bruxelles*, 11 janv. 1809, Ranc c. Voillot Bayet. — Cet arrêt juge plutôt en fait qu'en droit, et le sommaire que nous posons ressort plus du jugement de première instance que de l'arrêt.

774. — En matière de vente d'objets mobiliers (et notamment de vente d'actions industrielles, dont la valeur est essentiellement variable), le défaut de livraison à l'époque convenue donne à l'acquéreur, même en l'absence de toute clause résolutoire formelle, le droit de demander la résolution du contrat. Il suffit qu'il y ait eu mise en demeure de la part de l'acquéreur. — *Cass.*, 28 nov. 1843 (t. 1er 1844, p. 63), Passerat c. Gauthier.

775. — Les juges pourraient à la vérité, si le retard de la part du vendeur était justifié, et par appréciation des circonstances, se dispenser de prononcer la résolution, et accorder à celui-ci un délai pour remplir son engagement; mais encore faut-il qu'ils se livrent à cette appréciation; ils ne peuvent, sur le simple motif de l'absence d'une clause résolutoire expresse, substituer arbitrairement l'allocation de dommages-intérêts à la résolution. — Même arrêt.

776. — Le vendeur n'est pas tenu de délivrer la chose si l'acheteur ne paie pas le prix, à moins qu'il n'ait accordé un terme pour le paiement, auquel cas il ne peut se refuser de délivrer sous prétexte de défaut de paiement. — C. civ., art. 1612.

777. — L'acheteur ne pourrait, pour se faire faire la délivrance sans payer le prix, invoquer le terme que ses créanciers lui auraient accordé pour le paiement de ses dettes par un concordat ou autre traité. — Duranton, n° 202, arg. L. 58, ff., *De contrah. empt.* — Il n'y a que le terme de droit qui autorise l'acheteur à exiger la chose avant le paiement du prix : un terme de grâce n'est pas suffisant. — Pothier, n° 67; Duvergier, t. 1er, n° 271.

778. — Le paiement du prix doit être offert en entier, sinon le vendeur est autorisé à garder la chose pour le total. — L'obligation de ce paiement est indivisible; dès lors, en cas de décès de l'acheteur, ses héritiers ne pourraient, moyennant le paiement d'une portion du prix, refuser la délivrance d'une partie de la chose vendue. — Troplong, n° 311; Duranton, n° 205; Pothier, n° 64, p. 78, § 2, *De cont. empt.*

779. — Toutefois, Pothier (n° 64) admet que, suivant les circonstances, le juge pourrait, dans le cas ci-dessus, apporter quelques modifications à la règle générale. — V. aussi Delvincourt, t. 3, p. 8; Duranton, *loc. cit.*

780. — Même dans le cas où un délai a été accordé par le contrat, le vendeur n'est pas tenu de délivrer, si, depuis la vente, l'acheteur est tombé en faillite ou en déconfiture, en sorte que le vendeur se trouve en danger *imminent* de perdre le prix. — C. civ., art. 1613.

781. — Mais les craintes d'insolvabilité ne doivent pas être vagues. — Troplong, n° 314.

782. — En outre, un vendeur ne peut empirer la condition de son acquéreur, en exigeant d'autres sûretés que celles qu'il a demandées lors de la vente, surtout s'il ne rapporte pas la preuve que ce dernier est tombé en faillite ou déconfiture; mais il peut être admis à la preuve que l'immeuble vendu, servant de garantie, a été détérioré. — *Bourges*, 28 nov. 1821, Martin c. M.....

783. — Jugé, en matière de vente à terme de plusieurs coupes de bois, que si, depuis la vente, l'acheteur est tombé en faillite, le vendeur peut se refuser à l'exécution du contrat, jusqu'à ce que l'acheteur lui ait donné caution pour sûreté du prix non intégralement acquitté. — *Cass.*, 10 mai 1809, Corbière c. Causse.

784. — L'art. 1613 paraît moins général que l'art. 1188, qui enlève le bénéfice du terme au débiteur qui, par son fait, a diminué les sûretés promises par le contrat. — Toutefois, il semble juste de dire que l'art. 1188 est également applicable à la vente. — Duvergier, t. 1er, n° 269.

785. — Il faut que l'état d'insolvabilité soit survenu *depuis la vente*, à moins que le vendeur n'ait été trompé sur la position de l'acheteur par de fausses apparences, ou parce qu'on aurait fait briller à ses yeux un crédit imaginaire. — *Paris*, 30 vent. an XI, Fage c. Boisseraud. — Troplong, n° 315; Duvergier, t. 1er, n° 270; Duranton, n° 204.

786. — Le droit de rétention ne peut être exercé par le vendeur *après la délivrance* des objets vendus, encore bien qu'ils soient demeurés en sa possession. — *Cass.*, 1er mai 1832, Lecarpentier et Lacoudrais c. Fromage.

787. — Jugé que les dispositions de l'art. 1188, C. civ., portant que « *le débiteur ne peut plus réclamer le bénéfice du terme lorsqu'il a fait faillite,* » pas plus que celles de l'art. 1613, qui affranchissent dans ce cas le vendeur de l'obligation de faire la délivrance quand même il aurait accordé un délai pour le paiement, ne sont applicables à la vente de marchandises livrables à terme, et payables à l'instant même de la livraison, sauf au vendeur, s'il le juge à propos, à exiger une caution pour garantir l'exécution de la vente. — *Bordeaux*, 16 juill. 1840 (t. 2 1840, p. 363), Audon c. Dumont-Durant.

788. — L'acheteur peut conserver le bénéfice de la convention en donnant caution de payer au terme. — C. civ., art. 1613

789. — Jugé que, s'il a offert caution, bien qu'il ne soit ni en déconfiture ni en faillite, et qu'il n'ait pas diminué les sûretés promises, il peut se rétracter tant que son offre n'a pas été expressément acceptée, bien qu'il ne l'ait faite que sur la de-

mande du vendeur. — Son obligation, à supposer qu'elle existât, serait sans cause.

790. — En matière de vente de marchandises sur échantillon, le refus fait par l'acheteur, à l'époque convenue pour la livraison, de recevoir la marchandise comme n'étant pas conforme aux échantillons, n'opère pas, de plein droit, la résolution du marché. L'acheteur est, au contraire, recevable, même après l'époque convenue pour la livraison, et quoiqu'en refusant la marchandise il n'ait fait aucune protestation, à demander encore l'exécution du marché. Il peut, dans ce cas, obliger le vendeur à lui livrer de la marchandise conforme aux échantillons, ou à souffrir une réduction de prix sur celle qu'il a offerte et qui est reconnue être d'une qualité inférieure à celle des échantillons. — *Aix*, 2 déc. 1822, dame Orcel c. Peschier.

791. — Le créancier, vendeur à terme de bois à couper, peut s'opposer à ce que les héritiers de l'acquéreur continuent les coupes avant d'avoir pris qualité (arg. art. 2102). — *Besançon*, 9 fév. 1827, Vuiller c. Maire.

§ 3. — *Que doit comprendre la délivrance? — Responsabilité des risques et détériorations.*

792. — La chose doit être délivrée dans l'état où elle se trouve au moment de la vente (C. civ., art. 1614), ce qui veut dire que le vendeur ne peut, par son fait, changer l'état où se trouve la chose au moment du contrat ; mais il est certain que l'acheteur étant propriétaire, par le seul fait du contrat, doit profiter des modifications que la chose vendue aurait subies dans l'intervalle du contrat à la délivrance, ou les subir selon qu'elles sont favorables ou nuisibles. — Ainsi les accroissemens, atterrissemens etc. — C. civ., art. 556; — Duvergier, t. 1er, no 273.

793. — La question de savoir sur lequel du vendeur ou de l'acquéreur doit tomber la perte ou la détérioration de la chose vendue avant la livraison est jugée d'après les règles prescrites en matière d'obligations conventionnelles en général. — C. civ., art. 1624. — V. OBLIGATION.

794. — De ce que l'acheteur est propriétaire du jour du contrat, et que les risques sont à sa charge, il résulte que lorsqu'un boulanger a acheté des farines soit à la halle de Paris, soit au grenier d'abondance, aucun usage, s'il tarde trop à prendre livraison, ne peut autoriser le vendeur ni le facteur qui a conclu le marché, à disposer de ces farines, les changer ou renouveler, sans le consentement formel de l'acheteur. — *Paris*, 30 déc. 1840 (t. 1er 1841, p. 242), Bonnet c. Teinturier et Rouget.

795. — Lorsque les conditions de la vente d'une marchandise en caisses, à livrer après l'arrivée d'un navire, ne portent d'autre spécification de la marchandise que la désignation du navire, l'acheteur est par cela même engagé à recevoir les caisses qu'il plaît au vendeur de lui offrir, pourvu qu'elles soient du nombre de celles arrivées par le navire. — *Aix*, 9 mars 1832, Crozet de Bargmann c. Zizinia frères.

796. — La vente d'une marchandise à livrer lors de l'arrivée et à bord d'un navire que le vendeur s'engage à indiquer dans un délai déterminé, doit s'entendre d'une marchandise importée pour la première fois, par le navire indiqué, dans le port où la livraison doit être effectuée. En conséquence, l'acheteur est fondé à refuser la marchandise qui lui est offerte par le vendeur, quoiqu'elle soit de la qualité convenue, s'il est constant que cette marchandise, déjà importée par un autre navire dans le port où la livraison devait être effectuée, a été transbordée sur le navire indiqué, réexportée par ce navire pour un autre port sans avoir été débarquée, et réimportée dans le premier port. Dans de telles circonstances, la résolution de la vente demandée par l'acheteur doit être prononcée. — *Aix*, 7 fév. 1833, Bucelle, Mouren c. Reymonet.

797. — La convention faite de bonne foi entre le vendeur et l'acheteur que les marchandises sont vendues telles quelles, avariées ou non, ne met pas obstacle à ce que l'acheteur refuse ces marchandises si elles ne sont pas loyales et marchandes, mais viciées dans leur origine; il résulte seulement de la convention que la détérioration survenue par les avaries doit être à la charge de l'acheteur. — *Bordeaux*, 16 déc. 1835, Rouzeau c. Caperon.

798. — Jugé encore qu'en matière de vente de denrées commerciales, la clause *tels quels* n'empêche pas que la marchandise vendue ne doive être loyale et marchande. La défectuosité d'une partie de marchandise vendue ne met pas obstacle à l'exécution du marché pour le surplus, et ne donne pas à l'acheteur le droit de demander sa résiliation pour le tout, lorsqu'il n'apparaît pas que la fixation de la quantité ait été la cause déterminante du contrat. — *Bordeaux*, 14 fév. 1837 (t. 1er 1837, p. 427), Rincham c. Damblat.

799. — L'acheteur peut refuser les marchandises qui ne portent pas la marque convenue, encore bien qu'il ait été stipulé qu'elles seraient sa propriété, *qualité telle quelle*, dès leur bonne arrivée. Mais, s'il s'est livré d'une partie notable de ces marchandises, il ne peut plus se refuser à prendre livraison du surplus, à moins qu'il n'y ait fraude de la part du vendeur. Il peut seulement se faire indemniser si les marchandises sont inférieures à celles qu'il a entendu acheter. — *Rouen*, 12 janv. 1846 (t. 2 1846, p. 104), Robin c. Quesnel.

800. — Sur la place de Bordeaux, la réception des sucres bruts, alors même qu'elle est faite sans protestation ni réserve, ne prive pas l'acheteur de la faculté de faire vérifier s'ils sont conformes aux échantillons. — *Cass.*, 22 nov. 1832, Lacroix c. Fabre.

801. — La clause par laquelle le vendeur s'engage à livrer des marchandises d'une marque d'origine déterminée, doit s'entendre de la marque apposée sur les marchandises elles-mêmes, et non de la marque placée sur les caisses ou toiles d'emballage. — *Rouen*, 12 janv. 1846 (t. 2 1846, p. 104), Robin c. Quesnel.

802. — La réception des marchandises par le commissionnaire à qui elles ont été expédiées ne peut, alors qu'il est resté étranger à la conclusion du marché, et qu'il n'a été chargé que d'en constater le poids, et non d'en vérifier la qualité, priver l'acheteur du droit de les refuser, encore bien qu'antérieurement à l'expédition desdites marchandises, il en ait réglé le prix au moyen de la remise de billets qu'il a fournis au vendeur. — *Douai*, 31 août 1840 (t. 2 1840, p. 534), Deminuid c. Vasseur.

803. — Jugé, d'un autre côté, que l'acheteur qui n'a traité qu'à la vue de la marchandise ne peut, surtout tardivement, forcer le vendeur à la reprendre, en prétendant qu'elle n'a pas la dimension annoncée par l'étiquette et confirmée par la facture. — *Bourges*, 27 août 1819, Muret c. Martin.

804. — Jugé encore que lorsque l'acheteur a vérifié la quantité de marchandises qui lui a été vendue, il ne peut refuser d'exécuter le marché, en disant que la marchandise n'est pas de la qualité convenue, et qu'elle renferme en elle-même des vices cachés, attendu d'ailleurs qu'elle n'est pas de nature à être dégustée. C'est à l'acheteur à examiner la qualité des objets vendus qui lui sont livrés, et à apprécier s'il sont conformes à la convention. — *Orléans*, 21 août 1823, Ducter c. Benoist.

805. — Jugé encore que lorsqu'une marchandise expédiée sur l'ordre de l'acheteur a été reçue par le commissionnaire qu'il avait désigné, sans réserves ni protestations, et ensuite réexpédiée sur d'autres points, l'acheteur n'est plus, surtout après un long délai, recevable à exercer des réclamations contre son vendeur-expéditeur, à raison des défectuosités de cette marchandise. — *Cass.*, 13 fév. 1824, Gay c. Villa.

806. — ... Et que le vendeur de lingots d'or ou d'argent, paraphés et numérotés par un essayeur du commerce, ne doit pas garantie à l'acheteur, à raison des différences qui pourraient exister dans le titre, lorsque ces lingots ont été reçus sans réclamation ni réserve. L'action en garantie, dans un tel cas, n'est ouverte que contre l'essayeur qui a paraphé les lingots. Dans le même cas, l'acheteur qui succombe dans sa demande contre son vendeur doit les dépens non-seulement de l'instance principale, mais encore de celles en garantie et contre-garantie. — *Aix*, 6 août 1825, Pignatel frères c. Loubon, Martel et Giraudy.

807. — L'acheteur qui refuse la marchandise comme non conforme à la commande peut la garder pour le compte du vendeur, alors que celui-ci, prévenu de l'intention de l'acheteur à cet égard, n'a pas déclaré s'y opposer. La réception de la partie des marchandises qui est conforme à la demande n'opère pas une fin de non-recevoir contre le refus de prendre l'autre partie. — *Rennes*, 3 janv. 1820, Le Chaperon et Salfranque c. Bougeard.

808. — Il est constant, au surplus, que l'acquéreur qui réclame du vendeur une indemnité pour vices existant dans la marchandise vendue, ou qui la refuse pour cause de défectuosité, ne peut être repoussé par l'exception de prescription établie par l'art. 108, C. comm., à raison de l'avarie des marchandises. Cet article ne concerne que le commissionnaire et le voiturier. — *Cass.*, 24 juill. 1821, Bahuaud c. Cellier; *Lyon*, 9 avr., 1823, Ferrand Comte c. Garcin; *Aix*, 15 juill., 1825, Giraud c. Arnald; 20 déc. 1826, Ouen c. Tézenas ; *Bordeaux*, 25 avr. 1828, Soucaret c. Tissot.

809. — Du jour de la vente tous les fruits appartiennent à l'acquéreur (C. civ., art. 1614). Tels sont, par exemple, les fruits pendans, le croît des troupeaux, le travail des bêtes de somme Il en est de même du loyer des immeubles vendus.

810. — Mais des billets souscrits par un locataire pour augmentation de loyers ou pour pot-de-vin au profit du propriétaire, forment une négociation séparée qui ne peut profiter à l'adjudicataire de la maison louée. — *Rouen*, 8 déc. 1826, Carbonnier c. époux Troussel.

811. — Jugé que, lorsqu'une terre labourable a été vendue, pour entrer en jouissance par les jachères de telle année, et que le vendeur ou son fermier l'ont ensemencée en blé en cette même année, la récolte n'appartient pas à l'acquéreur. Cet acquéreur a seulement droit à des dommages-intérêts équivalens au prix de la récolte de blé qu'il devait faire l'année suivante, et dont il est privé. — *Paris*, 21 fév. 1822, Pinel c. veuve Ménard.

812. — L'obligation de délivrer la chose comprend celle de la livrer avec ses accessoires et tout ce qui a été destiné à son usage perpétuel. — C. civ., art. 1615.

813. — Le défaut de délivrance par le vendeur d'un des accessoires de la chose vendue (par exemple de la cheminée d'une machine à vapeur) donne lieu à la résolution de la vente, sans que les juges puissent, à raison du peu d'importance de cet accessoire, substituer d'office à la résolution une indemnité pécuniaire en faveur de l'acquéreur. — *Cass.*, 12 avr. 1843 (t. 2 1843, p. 8), Ogier c. Cie des mines de Saint-Etienne. — V. *suprà* no 766.

814. — Il serait trop long d'énumérer ce qu'on doit comprendre sous le mot *accessoires*. D'ailleurs les circonstances de fait et les termes des conventions ont trop d'influence sur les décisions pour qu'on puisse établir des règles générales. — V. au surplus les exemples cités par Troplong, no 323; Duvergier, t. 1er, nos 274 et 275.

815. — Dans les ventes d'immeubles, on ajoute souvent après la désignation les mots : *avec ses appartenances et dépendances*; mais ces mots, comme le mot accessoire, demandent à être interprétés, car ils n'ont pas par eux-mêmes une signification précise.

816. — La vente d'une portion de métairie comprend nécessairement celle des pailles et engrais dus par le fermier sortant dans la proportion de la partie vendue, comparativement à tout ce qui composait le corps entier de la métairie dont dépendent ces fumiers et pailles. — *Rennes*, 12 août 1817, N...

817. — Jugé que la vente d'une prairie avec les *droits, facultés et servitudes actives et passives* qui en dépendent, comprend nécessairement l'usage des eaux d'une source existant sur un autre héritage du vendeur, et qui, au moment de la vente, était employée à l'irrigation de la prairie, encore bien que le cours d'eau ne présentât, lors de la vente, ni les caractères d'une servitude, ni ceux de destination du père de famille. Il en serait de même du cas où la vente aurait eu lieu sans la clause expresse relative aux droits et facultés. Dans ce cas, cette clause devrait se suppléer comme d'usage et d'équité, et les eaux se trouveraient comprises dans la vente à titre d'accessoire. — *Pau*, 28 mai 1831, Lacassin C. Ozon.

818. — La vente d'un domaine avec les servitudes actives qui en dépendent ne comprend que celles établies par des titres ou résultant d'une disposition de la loi. En conséquence, l'acquéreur n'a aucun recours à exercer contre le vendeur à raison d'une servitude de passage qu'il croyait exister sur le fonds voisin, alors que cette servitude, dont ne parle pas d'ailleurs le contrat, ne repose sur aucun titre. — *Grenoble*, 17 mai 1843 (t. 2 1843, p. 376), Marcel c. Courbis.

819. — Quoique le contrat de vente porte que l'acquéreur jouira des servitudes actives et souffrira celles passives, occultes ou apparentes, sauf à faire valoir les unes et à se défendre des autres à ses risques, sans aucun recours, le vendeur est tenu de le garantir de l'éviction d'une servitude de jour dont la suppression a été ordonnée, par suite d'une convention intervenue entre l'auteur du vendeur et le propriétaire de la maison voisine. — *Orléans*, 11 nov. 1842, (t. 1er, 1843, p. 472), Lorieux c. héritiers Beausier.

820. — Jugé aussi qu'une avenue d'arbres conduisant à un château est comprise dans l'adjudication de cet immeuble, bien qu'elle ne soit pas nominativement désignée dans le procès-verbal

de saisie et d'adjudication. — *Bourges*, 17 janv. 1831, Bonnault c. Prouleroy.

821. — Jugé que la vente d'un moulin avec ses appartenances et dépendances comprend nécessairement le canal de ce moulin, avec la faculté de le récurer à volonté et d'en jeter les terres sur les bords latéraux. — *Bordeaux*, 23 janv. 1828, Michaud c. Bilaudeau.

822. — D'un autre côté, la cour de Rouen a décidé que le canal qui conduit les eaux sur la roue d'un moulin n'est pas dans tous les cas une dépendance de ce moulin, de telle sorte que, dans le silence des contrats, il doive être compris dans la vente de ce moulin. L'acquéreur n'a droit qu'au volume d'eau nécessaire pour activer son moulin. — *Rouen*, 21 fév. 1824, Manneville c. Quesney.

823. — De même, la cour de Grenoble ayant décidé que la vente d'un moulin ne comprenait ni les eaux ni le canal, et que le vendeur n'avait entendu céder à l'acquéreur que ce qui était nécessaire pour le service de son moulin, sa décision a été maintenue par la cour de Cassation comme ne contenant qu'une appréciation de contrat. — *Grenoble*, 16 fév. 1821 (sous *Cass.*, 18 juill. 1822, Degros c. Clément).

824. — Jugé encore que les tribunaux sont compétens pour décider d'après des titres anciens et étrangers au procès-verbal d'adjudication d'un bien national, si le terrain en litige est une dépendance des objets compris dans l'adjudication. — *Agen*, 22 déc. 1823, Pujo c. Sarrada.

825. — Il ne peut y avoir ouverture à cassation contre un arrêt ou jugement qui, en interprétant les clauses d'un acte de vente, décide que, d'après leur ensemble et d'après les faits et circonstances de la cause, tel ou tel objet qu'on prétend avoir été compris dans la vente n'en a point fait partie. — *Bruxelles*, 26 mai 1826, N...

826. — La vente d'un domaine avec ses *appartenances et dépendances* ne comprend pas des portions indivises de marais communaux sur lesquels le vendeur avait le droit de conduire ses bestiaux, et qui depuis le procès-verbal de saisie ont été partagés entre les habitans. — *Cass.*, 29 janv. 1822, Miuvielle c. Fouquier.

827. — Alors même que l'acte de vente d'une terre porte que la vente a eu lieu *avec toutes ses dépendances*, sans en rien réserver et avec subrogation dans les droits du vendeur, cependant, si cet acte contient en même temps le détail des héritages article par article, on doit considérer comme exclus de la vente ceux qui ne sont pas compris dans l'énumération, alors surtout que les objets non indiqués étaient en litige au moment du contrat, et si le contrat ajoute que la terre est vendue telle qu'elle se comporte actuellement. — *Bourges*, 23 fév. 1831, Chabannes.

828. — La réserve que fait le vendeur de biens immeubles vendus *tels qu'ils se comportent*, d'enlever les meubles qui y sont placés, ne comprend pas les objets devenus immeubles par destination, tels que les chevaux et instrumens aratoires destinés à l'exploitation des biens vendus. — *Paris*, 8 fév. 1833, Lanoix c. Rothschild.

829. — L'arrêt qui, en présence de l'acte de vente d'un immeuble vendu « tel qu'il se poursuit et comporte et sans garantie de contenance, » décide qu'une portion de terrain revendiquée par l'acheteur n'a pas fait partie de la vente, et qu'au contraire, longtemps avant cette vente, elle formait une place appartenant à la commune sur le territoire de laquelle elle se trouve, ne viole ni les art. 1341 et 1353, C. civ. (sur la foi due aux actes), ni l'art. 1626 du même Code (sur la garantie en cas d'éviction), en rejetant à la fois la demande en revendication dirigée contre la commune, et la demande en garantie dirigée contre le vendeur. — *Cass.*, 17 janv. 1844 (t. 1er 1844, p. 271), Renault c. comm.. de Champlart et Javal.

830. — Le droit pour l'acquéreur d'un fonds d'exercer action à raison des dommages causés sur le fonds vendu, par des tiers, antérieurement à la vente, n'existe qu'autant qu'il lui a été fait cession expresse de cette action par le vendeur; la clause par laquelle le vendeur déclare transporter tous ses droits, actions et prétentions sur l'objet vendu, sans aucune exception ni réserve, ne saurait être réputée contenir cette cession. — *Bordeaux*, 15 mai 1829, Baillon c. Olard.

831. — Jugé de même que l'action en dommages-intérêts pour abatage et enlèvement d'arbres sur un immeuble, antérieurement à la vente qui en a été consentie, ne passe pas à l'acquéreur, si le droit à l'indemnité ne lui a pas été formellement cédé. — *Bordeaux*, 14 janv. 1842 (t. 1er 1842, p. 410), Rey et Brach c. Daurat et Dupuy.

832. — Dans un titre ancien d'aliénation d'un domaine, la réserve de tout le *forestage* des forêts (*salvo toto forestagio nemorum*) peut être entendue, en ce sens qu'elle comprend non un droit d'usage seulement, mais même la propriété des forêts. C'est là une interprétation qui ne saurait donner ouverture à cassation. — *Cass.*, 20 mai 1840 (t. 2 1840, p. 412), Cellier c. Vogué.

833. — Le vendeur qui, comme mandataire, s'est chargé d'expédier la marchandise vendue, est responsable de la perte survenue, soit qu'elle provienne de sa faute personnelle, soit qu'elle provienne de la faute de celui qu'il s'est substitué, sauf son recours contre ce dernier; et son action en paiement du prix de la vente doit être repoussée en vertu de la maxime *Quem de evictione tenet actio, eumdem agentem repellit exceptio*. — *Caen*, 11 déc. 1844 (t. 1er 1845, p. 642), Alexandre c. Goupil et Augustin.

834. — Le propriétaire qui a vendu une coupe de bois et qui en a opéré la délivrance ne peut plus, à défaut de paiement par l'acquéreur, demander la résolution de la vente, non plus qu'exercer une action en revendication, si déjà ce dernier a rétrocédé sans fraude son marché à un tiers, et alors que la saisie-revendication portait sur des parties de bois déjà exploitées. — *Cass.*, 12 déc. 1842 (t. 1er 1843, p. 316), Depracontal c. Guyon, Bazot et Moreau.

835. — Celui qui vend des bœufs dans les foires de Bretagne n'est pas tenu de fournir à l'acheteur des cordes pour les lier. — *Rennes*, 18 juill. 1820, Chrétien c. Erard.

836. — La vente d'un fonds de commerce de détail peut être censée, même en l'absence de toute convention spéciale, comprendre la cession ou rétrocession du bail d'une boutique et ses dépendances, louée par le vendeur, et dans laquelle il tenait son commerce, lorsque la durée de la jouissance et son importance ne sont pas demesurées avec ce qui est l'objet du traité. — *Rouen*, 9 juin 1828, Baratte c. Leverdier. — Troplong, t. 1er, no 323.

837. — Elle comprend aussi les armoiries et autres insignes servant à désigner l'établissement et à fixer l'achalandage. — *Paris*, 19 nov. 1824, Auger c. Dumont. — Troplong, *loc. cit.*

§ 4. — *Du défaut et de l'excédant de contenance.*

838. — En principe, le vendeur est tenu de délivrer la contenance telle qu'elle est portée au contrat. — C. civ., art. 1616.

839. — Lorsque la vente d'un immeuble est faite avec indication de contenance et à raison de tant la mesure, le vendeur est obligé de délivrer à l'acquéreur, s'il l'exige, la quantité indiquée au contrat; et si la chose n'est pas possible ou si l'acquéreur ne l'exige pas, le vendeur est tenu de souffrir une diminution proportionnelle du prix. — C. civ., art. 1617.

840. — Si, au contraire, il y a, dans ce cas, excédant de contenance, l'acheteur a le choix ou de fournir le supplément de prix, ou de se désister du contrat, si l'excédant est d'un vingtième au-dessus de la contenance déclarée. — C. civ., art. 1618.

841. — Le tribunal saisi, d'une demande en réduction de prix, pour défaut de livraison d'une partie des objets vendus, peut ordonner *de plano* cette réduction et en fixer la quotité, surtout en réservant au vendeur la faculté de délivrer les objets vendus qui ont occasionné la réduction du prix. — *Cass.*, 30 août 1837 (t. 1er 1838, p. 69), de Ségur c. Davenne.

842. — On doit, en matière de vente mobilière, et si l'opération commerciale se fait entre des négocians résidant dans des pays soumis à des lois diverses, s'en rapporter à la mesure locale de l'endroit où doit être faite la délivrance. — Troplong, no 325; Pardessus, t. 2, no 885; Pothier, *Vente*, no 258; Duvergier, t. 1er, no 298.

843. — S'il s'agit de vente immobilière, la mesure doit se faire suivant la loi du lieu où est situé l'héritage vendu. — Pothier, no 258; Duvergier, t. 1er, no 298.

844. — Il est bien entendu que ces règles ne reçoivent leur application que sauf convention ou intention contraires bien manifestes.

845. — Le jugement qui, sur des contestations élevées au sujet des limites d'un héritage entre le vendeur et l'acquéreur, nomme un expert pour appliquer les titres, est un jugement interlocutoire qui peut être frappé d'appel. — *Limoges*, 17 juill. 1840 (t. 2 1840, p. 754), Chaumeil c. Garelon.

846. — Les alluvions survenues depuis la vente n'entrent pas dans le mesurage. La raison en est que l'acheteur est propriétaire du jour du contrat. — Toutefois M. Troplong (no 333) pense que si le vendeur s'était trompé de bonne foi, cet accroissement fortuit devrait lui être préférablement compté à lui, *qui certat de damno vitando*, plutô qu'à l'acheteur, *qui certat de lucro captando*. — Cette décision, juste peut être en équité, est évidemment contraire au texte de la loi. — Duvergier, t. 1er, no 297.

847. — On ne doit comprendre dans le mesurage que les objets sur lesquels le vendeur avait droit : ainsi, les haies, clôtures, chemins d'exploitation, etc. — On doit en exclure les chemins publics, canaux publics, etc., etc. (Duvergier, t. 1er, no 297; Troplong, no 332; Duranton, t. 16, no 235), sauf conventions contraires. — Mêmes auteurs.

848. — L'adjudication d'un bois, faite en bloc, pour un prix unique et sans arpentage préalable, est considérée comme une vente à forfait et non susceptible de l'application des dispositions de l'ordonnance des eaux et forêts de 1669, relatives à la fausse mesure. — *Cass.*, 22 mai 1828, d'Aremberg c. Milhiel.

849. — L'acquéreur ne peut prétendre une indemnité pour raison du déficit dans la mesure des objets vendus qui ne sont plus entiers. — *Paris*, 8 mai 1809, Parain c. Poujaud.

850. — Si l'acheteur fournit le supplément de prix, il en doit les intérêts. — Arg. art. 1620. — Duvergier, t. 1er, no 290.

851. — La loi, comme on le voit, n'accorde expressément à l'acquéreur le droit de se désister du contrat que lorsqu'il y a *excédant* de contenance. — D'où M. Troplong (no 330) a conclu d'une manière absolue qu'il n'en aurait pas le droit s'il y avait *déficit* de contenance.

852. — Toutefois, nous pensons avec d'autres auteurs que si la différence en moins était telle qu'elle rendît la chose impropre à l'usage auquel on la destinait, ou qu'elle diminuât cet usage, au point que l'acquéreur n'eût pas acheté s'il l'eût connue, les juges pourraient l'autoriser à se désister du contrat. — Arg. art. 1636. — Duranton, no 223; Duvergier, t. 1er, no 286; Delvincourt, t. 3, p. 70, note 2e. — Le discours de Grenier au tribunat (cité par MM. Troplong et Duvergier, *loc. cit.*) est favorable à cette interprétation.

853. — Jugé que les juges qui condamnent le vendeur d'un immeuble à restituer une partie de cet immeuble, pour défaut de contenance, ne peuvent en outre le condamner à des dommages-intérêts. — *Agen*, 26 fév. 1807, Gérard Nanville c. Moulinié.

854. — Lorsque la vente est faite d'un corps certain et limité moyennant un prix fixé au contrat, non à raison de tant la mesure, mais avec indication de la contenance, l'expression de la mesure ne donne lieu à aucun supplément de prix en faveur du vendeur pour l'excédant de mesure, ni en faveur de l'acquéreur à aucune diminution de prix pour moindre mesure, qu'autant que la différence de mesure est d'un vingtième en plus ou en moins eu égard à la totalité des objets vendus. — C. civ., art. 1619.

855. — Cette disposition de la loi fait disparaître les distinctions admises sous l'ancienne jurisprudence. — Troplong, no 338, et les autorités qu'il cite; Pothier, nos 251 et suiv.

856. — Dans le cas où il y a lieu à augmentation de prix pour excédant de mesure, l'acquéreur a le choix ou de se désister du contrat, ou de fournir le supplément du prix s'il a gardé l'immeuble. — C. civ., art. 1620.

857. — On devrait appliquer au cas de l'art. 1619 ce qui a été dit plus haut sur le droit, au profit de l'acheteur, de se désister, même en cas de *déficit de contenance*, s'il apparaissait qu'il n'eût pas acheté s'il eût connu ce déficit. — Duvergier, no 289.

858. — Les art. 1619 et suiv., C. civ., ne sont pas relatifs à la vente d'une quantité de mesure fixe à prendre dans un corps certain de plus grande étendue, mais uniquement à celle d'un corps certain faite pour un prix en bloc et déterminé. — *Besançon*, 14 mars 1811, Roussel c. Delaulle.

859. — Il peut être dérogé par des stipulations spéciales aux combinaisons de la loi en ce qui concerne la garantie de mesure et ses effets. — C. civ., art. 1619.

860. — Ainsi, jugé que les parties contractantes peuvent, dans un acte de vente, convenir qu'il n'y aura aucune action en supplément ou diminution de prix pour excédant ou déficit, et de plus d'un vingtième, sauf aux tribunaux le droit de modifier et même d'anéantir une convention de ce genre, si les circonstances de la vente faisaient croire que le vendeur a trompé sciemment son acquéreur sur la contenance; mais elle doit être maintenue lorsque la différence n'est pas excessive, et qu'il s'agit d'une vente aux enchères annoncée par affiches. — *Metz*, 21 et 23 déc. 1825, N...

861. — Doit-on considérer comme une dérogation à la garantie de mesure établie par l'art. 1619 la clause que la contenance est de. . . ou environ?

Non, suivant M. Troplong, no 340.—*Contrà* Duranton, no 229. — M. Duvergier (t. 1er, no 299) pense, et avec raison, que les juges pourraient apprécier, suivant les circonstances, jusqu'où la limite légale du vingtième se trouverait reculée par l'effet de la convention.

862. — La clause *sans garantie aucune de contenance* a effet, encore que le déficit excède un vingtième, alors surtout qu'il s'agit de vente judiciaire. *Liége*, 20 févr. 1812, Moutigny c. Ferrand. — *Cass.*, 18 nov. 1828, Lacroix c. Travault); *Bourges*, 31 août 1831, Debar — Troplong, t. 1er, no 341 (qui cite les paroles de Berlier lors de la discussion); Duvergier, t. 1er, no 305.— *Contrà* (mais à tort) *Paris*, 16 juin 1807, Harlet c. Dommangeville; *Bourges*, 12 juill. 1808, Brea c. Bonneteau.

863.—Jugé encore que quand le cahier des charges porte que la vente est faite *sans garantie de contenance*, l'adjudicataire ne peut demander une diminution du prix de son adjudication pour défaut de contenance des immeubles vendus, bien qu'il y ait une différence des trois huitièmes.— *Liége*, 25 févr. 1815, Moxhon c. Debeive.

864.— ... Et que la clause portant que l'adjudicataire ne pourra demander aucune indemnité pour cause de défaut de contenance a effet quel que soit le défaut de contenance, et non pas seulement au cas où la différence entre la contenance réelle et la contenance indiquée est au dessous d'un vingtième. — *Paris*, 10 févr. 1819, Lasnez c Durivier.

865.—Colas de la Noue (*Rec. d'Orléans*) rapporte un arrêt qui aurait jugé que lorsque tous les domaines composant une métairie ont été vendus en justice avant le Code civil, avec tous les droits rescindans et rescisoires, et avec la clause que l'adjudicataire ne pourra élever de difficultés sur la contenance du bien, cette vente est faite *per aversionem*. Dans ce cas, le vendeur n'a pas la faculté de demander un supplément de prix à l'acquéreur qui se trouve en possession d'un excédant de mesure. — *Orléans*, 28 janv. 1818, Pallu c. Métayer.

866.—Il en rapporte également un autre qui aurait jugé qu'à l'égard d'une coupe de bois, la stipulation que la vente est faite *sans perfection de mesure, en totalité ou par coupe*, ne fait pas exception à l'art. 1619.—*Orléans*, 21 nov. 1819, Bourgeau c. Courrier.

867.—Quelle que soit la force de la clause *sans garantie de mesure de la part du vendeur*, cependant l'acheteur d'une coupe de bois a pu être admis à exercer une action en diminution du prix pour moindre mesure, si des circonstances de la cause il résulte que cet acheteur, d'ailleurs de bonne foi, a eu juste raison de penser que la coupe qu'il achetait avait réellement la contenance déclarée au contrat; du moins l'arrêt qui le décide ainsi, par appréciation de ces circonstances, échappe à la censure de la cour de Cassation. — *Cass.*, 23 mai 1830, Berthier c. Delanoue.

868.—Jugé aussi que l'acquéreur d'un domaine comprenant plusieurs immeubles peut demander une diminution de prix pour certaines pièces de terre désignées dans l'acte de vente comme faisant partie du domaine vendu et qu'on ne lui a pas livrées, lors même que tous les immeubles auraient été vendus en bloc, et qu'il aurait été stipulé que le vendeur ne garantirait rien. —*Cass.*, 30 août 1837 (t. 1er 1838, p. 69), de Ségur c. Davenne.

869.— ... Et que l'arrêt qui décide en fait qu'une différence de contenance, bien qu'elle soit de plus d'un vingtième au dessous de celle annoncée dans le contrat d'adjudication, ne doit pas donner lieu à la résolution de la vente, mais simplement à une réduction de prix, ne présente aucune ouverture à cassation.—*Cass.*, 8 déc. 1836 (t. 1er 1837, p. 604), Heudin c. Moysen.

870.—Lorsqu'un contrat de vente porte que le prix sera augmenté ou diminué, suivant le déficit ou l'augmentation de mesure, les parties sont censées avoir opté pour l'irrévocabilité de la vente, et dès-lors l'acquéreur ne peut plus se prévaloir de l'art. 1620 pour se désister du contrat plutôt que de payer l'augmentation. — *Bordeaux*, 19 mars 1811, Touziat c. Foubourgade. — Troplong, no 337; Duvergier, t. 1er, no 299.

871.—Jugé toutefois que la clause d'un contrat de vente que les parties *se feront raison du plus ou moins de contenance* ne contient pas dérogation à l'art. 1618 C. civ., en ce sens du moins qu'en cas de différence *énorme* entre la contenance indiquée et la contenance réelle (par exemple, si elle est de plus du double), l'acquéreur ne puisse demander la résiliation du contrat. — *Bordeaux*, 7 mars 1812, Raboulène c. Lebon.—Cette décision n'est approuvée par M. Duvergier qu'en raison de l'énormité de la différence qui existait entre la contenance indiquée et la contenance réelle. « On conçoit en effet, dit-il, que le consentement d'exécuter la vente malgré une différence supérieure au vingtième n'emporte pas nécessairement promesse d'acheter dix, cinq, ou même deux fois plus de terrain qu'il n'en a été indiqué. » — « Toutefois, dit M. Troplong, elle ne saurait servir de précédent. »

872. — Celui qui a vendu un domaine tel qu'il le possédait, rien exclu, rien réservé, avec garantie d'une contenance déterminée, ne peut être tenu de subir une diminution de prix pour défaut de cette contenance, lorsqu'il offre de prouver qu'une pièce de terre qui servirait à la parfaire faisait, bien que non spécifiée dans l'acte, partie du domaine *tel qu'il le possédait*. — *Turin*, 12 juin 1810, Michel c. Viotti.

873. — Le vingtième dont parle l'art. 1619 doit s'entendre du vingtième *du prix* et non du vingtième *en étendue*.—Duvergier, t. 1er, no 292; Troplong, no 343.—L'art. 1619 se sert, en effet, des mots : *Eu égard à la valeur de la totalité des objets vendus.* —V. aussi Duranton, t. 16, no 281; Delvincourt, t. 3, p. 70, note 3e; Pothier, no 259.

874.— M. Troplong pense (no 343) que si la quotité de chaque espèce de terre vendue était énoncée dans le contrat de vente, la différence ne devrait pas être prise sur la *valeur totale* du domaine vendu, parce qu'il serait facile de reconnaître l'espèce de terre dont la contenance n'est pas suffisante et d'en parfaire le prix. — M. Duvergier, au contraire (*loc. cit.*), explique que c'est précisément dans ce cas que l'application de l'art. 1619 est possible.

875. — Jugé, en principe, que l'expression de la mesure d'un fonds de terre vendu ne donne lieu, en faveur de l'acquéreur, à une diminution du prix pour moindre mesure, qu'autant que la différence de la mesure réelle à celle exprimée au contrat est d'un vingtième au moins, eu égard à la valeur de la totalité de l'objet vendu.—*Rennes*, 10 fév. 1818, Dondart c. Huet.

876. — L'acheteur qui garde l'immeuble doit les intérêts du supplément du prix (C. civ., art. 1620), alors toutefois que le prix principal lui-même est productif d'intérêts.— Duvergier, t. 1er, no 290; Troplong, no 346.

877. — Si l'acquéreur se désiste du contrat, le vendeur lui restitue, outre le prix reçu, les frais du contrat (C. civ., art. 1621), et même, s'il y a lieu, des dommages-intérêts.— Duvergier, t. 1er, no 291.

878. — S'il a été vendu deux fonds *par le même contrat, pour un seul et même prix*, avec désignation de la mesure de chacun, et qu'il se trouve moins de contenance en l'un et plus en l'autre, on fait compensation jusqu'à due concurrence, et l'action, soit en supplément, soit en diminution du prix, a lieu suivant les règles ci-dessus fixées.— C. civ., art. 1623.

879. — L'art. 1623 ne s'applique qu'au cas de vente par *un seul et même contrat*. Ainsi, jugé que celui qui a vendu avec garantie de mesure un fonds qui faisait autrefois partie d'un plus grand domaine ne peut, pour échapper à la garantie, prétendre que l'acquéreur doit trouver dans la partie par lui antérieurement acquise, ce qui lui manque sur celle vendue en dernier lieu.— *Paris*, 19 mai 1810, Soult c. Tartois.

880. — Jugé que l'art. 1623 reçoit application, même alors qu'indépendamment de la mesure désignée pour chacun des fonds en particulier, il y a eu désignation de mesure en masse. — *Cass.*, 15 fév. 1836, comm. de Rohr c. Hoering et Mertian.

881. — La règle de l'art. 1623 est elle applicable au cas où la vente a eu lieu *à tant la mesure* au lieu d'être faite moyennant un prix fixé, et avec indication de contenance? —Non, suivant Troplong, no 356 (note). — Duvergier (t. 1er, no 295), au contraire, pense que dans ce cas la compensation a lieu sinon comme application de l'art. 1623, au moins comme conséquence de la convention.

882. — Les ventes par autorité de justice reçoivent, comme les ventes volontaires, l'application des règles relatives au supplément ou diminution du prix, soit qu'il y ait excédant ou déficit de contenance. — Duvergier, t. 1er, no 300.

883. — Jugé en ce sens que l'action en supplément de prix pour excédant de mesure peut être exercée en cas de vente forcée comme en cas de vente volontaire. — *Besançon*, 4 mars 1813, Salomon c. Berthod.

884. — ...Et que si le défaut de contenance de l'objet vendu excédant un vingtième ne donne pas à l'adjudicataire sur vente forcée, comme à l'acquéreur par vente volontaire, le droit de demander la résolution du contrat, il lui permet d'exiger *une diminution proportionnelle du prix*. Le créancier poursuivant est personnellement responsable de la diminution du prix obtenue par l'adjudicataire. — *Riom*, 12 fév. 1818, Teillard-Grenier c. Beraud de Lautier.

885 — M. Duvergier mentionne aussi comme reconnaissant implicitement ce principe les deux arrêts de *Liége*, 20 fév. 1812, et *Cass.*, 18 nov. 1828, ci-dessus cités, no 862.

886. — M. Troplong (no 345) au contraire pense, mais à tort, que dans ces sortes de ventes, c'est l'autorité de la justice qui vend et qui n'adjuge la chose que *telle qu'elle* est. Or, dit-il, *le saisi ne pourrait exiger de supplément de prix en cas d'excédant de contenance*; par réciprocité on ne peut admettre l'adjudicataire à demander une diminution de prix pour défaut de contenance.

887. — Jugé en ce sens qu'une adjudication sur expropriation forcée ne peut donner lieu *de la part du saisi* à une demande en supplément de prix, à raison d'une plus grande contenance que celle exprimée dans les divers actes de la procédure. — *Agen*, 22 mars 1811, Paris c. Lasmezas.

888. — La clause de non garantie pour moindre mesure même au-delà d'un vingtième, insérée comme de rigueur dans le cahier des charges d'une vente judiciaire, est obligatoire pour l'adjudicataire, qui n'a aucune action en diminution de prix, quelle que soit la différence de contenance, surtout s'il s'agit d'un immeuble certain et limité, tel qu'un jardin entouré de clôtures. — *Paris*, 15 fév. 1843 (t. 2 1843, p. 100), Bourgeois c. Septier.

889. — En matière d'adjudication de biens devant notaire, le véritable contrat qui lie les parties étant le cahier des charges, les affiches et les insertions n'étant que des moyens de publicité dont l'exactitude n'est pas un des élémens constitutifs de la vente, il en résulte que si le contrat est muet sur la contenance de l'immeuble vendu, l'acquéreur ne peut pas prétendre à une diminution de prix en se fondant sur ce qu'il existe une notable différence entre la contenance indiquée dans les affiches et dans les insertions, et la contenance réelle. — *Paris*, 29 fév. 1840 (t. 1er 1840, p. 376), Mayet c. Yver.

§ 5. — *Du délai de l'action résultant de l'excédant ou du déficit de contenance.*

890. — L'action en supplément de prix de la part du vendeur, et celle en diminution de prix ou en résiliation du contrat de la part de l'acquéreur, doivent être intentées *dans l'année* à compter du jour du contrat, *à peine de déchéance*. — C. civ., art. 1622.

891. — Cette disposition est une innovation à l'ancienne jurisprudence, qui ne limitait la durée de ces sortes d'actions que par le laps de temps ordinaire.

892. — La durée du délai est la même, soit qu'il s'agisse d'une vente à raison de tant la mesure, soit que la vente ait été faite avec indication de contenance et moyennant un prix fixe. — Duvergier, t. 1er, no 302; Locré, t. 14, p 155 (discours de Portalis); Troplong, no 354. —V. cependant *Besançon*, 14 mars 1811, Roussel c. Delaulle.

893. — L'art. 1622 serait également applicable, quand même il s'agirait d'un fonds vendu sans indication de contenance et à tant la mesure, ou même de tant d'arpens à prendre dans un fonds de plus grande contenance. —Troplong, no 354.

894. — Bien que le délai de l'action parte, suivant la loi, du jour du contrat, cependant il faut dire que, si les parties avaient fixé l'époque à laquelle il serait procédé au mesurage, il ne courrait que du jour indiqué.—Duvergier, t. 1er, no 301; Duranton, no 238.

895. — De même, le délai d'un année pour former cette action court, non pas du jour du contrat, lorsque la prise de possession de l'acquéreur a été subordonnée à l'événement d'une condition prévue, mais du jour de l'événement de cette condition. — *Cass*, 27 avr. 1840 (t. 2 1840, p. 85), Delablottais c. Roger.

896 — La prescription de l'art. 1622 court même contre les personnes privilégiées. — Troplong, no 349; Duranton, no 237.

897. — L'action en supplément ou diminution de prix à raison de la différence de contenance ne dure qu'un an, soit qu'elle prenne sa source dans les dispositions de la loi (art. 1616 et suiv.), soit qu'elle résulte de conventions spéciales qui auraient dérogé à ces articles. L'art. 1622 est général. Le législateur avait sous les yeux la disposition qui autorise les modifications conventionnelles, et, si la distinction entre ces deux hypothèses eût été dans sa pensée, il l'eût exprimée. — Troplong, no 350; Duvergier, t. 1er, no 303; Vazeille, *Prescription*, no 728; Paillet, *Manuel du droit français*, qui avait d'abord embrassé l'opinion contraire. — La

jurisprudence est favorable à cette interprétation de la loi.

898. — Ainsi, il a été jugé et avec raison, que la prescription annale de l'action en diminution de prix pour défaut de contenance est applicable, encore que l'acheteur intente l'action en diminution de prix, en vertu d'une convention particulière, insérée au contrat de vente, *portant que les parties se feraient raison du plus ou moins de contenance.* — *Colmar*, 29 mai 1817, Bauer c. Lincourt ; *Agen*, 7 juill. 1832 (et non 1833), Lamezas c. Lacapère.

899. — La cour de Cassation a également jugé, en ce sens, que lorsque, par le contrat de vente, il a été dérogé aux dispositions de la loi relatives à la fixation de la différence de contenance qui peut donner lieu à l'action en diminution ou en supplément de prix, il ne s'ensuit pas qu'il y ait dérogation à la disposition d'après laquelle cette action doit être introduite dans l'année à peine de déchéance. — *Cass.*, 22 juill. 1834, Chateau c. Desgrotte; 27 avr. 1840 (t. 2 1840, p. 85), de la Blottais c. Roger.

900. — C'est donc à tort que d'autres cours ont jugé que la prescription annale établie par l'art. 1622 ne s'applique qu'au cas prévu par cet article, et non au cas où l'action prend sa source dans une convention qui déroge à ses dispositions; ainsi, par exemple, en cas de convention portant qu'il n'y aura lieu à supplément de prix qu'autant que l'excédant sera de trois huitièmes, et non du vingtième, comme le porte la loi, l'action en supplément n'est pas soumise à la prescription annale. — *Bordeaux*, 19 mars 1811, Touziat c. Foubourgade; *Montpellier*, 5 juill. 1827, Olier c. Brengues. — Delvincourt, t. 3, p. 141 (notes), qui se fonde sur ce que, lorsqu'il n'y a pas dans la loi d'exception formelle, on doit suivre le droit commun, c'est-à-dire la prescription de trente ans.

901. — L'acquéreur et le vendeur pourraient-ils régler entre eux, par une convention dérogatoire, une prescription autre que celle de l'art. 1622? On peut, pour l'affirmative, argumenter d'un motif d'un arrêt de cour de Cassation qui se fonde, entre autres raisons, pour appliquer l'art. 1622, sur ce que *le contrat ne contient aucune stipulation qui déroge, relativement au délai dans lequel l'action devra être intentée, au principe consacré par l'art. 1622, C. civ.* — *Contrà* Troplong (n° 351), attendu qu'on ne peut renoncer d'avance à une prescription non acquise. — Art 2220.

902. — L'affirmative semble encore résulter d'un arrêt qui a jugé qu'en matière de vente de bois, l'action en diminution du prix de la part de l'acquéreur, pour moindre mesure que celle exprimée au contrat, est recevable sous l'empire du Code civil, quoiqu'elle fût intentée plus d'un an après le contrat, *lorsque les parties s'étaient soumises à l'ord. de 1669.* — *Cass.*, 25 mai 1830, Berthier c. Delanoue. — Mais Troplong (n° 350) fait remarquer avec raison qu'il s'agit là d'une espèce de vente particulière, régie par des principes spéciaux.

903. — Au surplus, la prescription annale de l'art. 1622 ne s'applique pas aux ventes de meubles, puisque cet article ne se réfère qu'aux art. 1617 et suiv., uniquement relatifs aux ventes d'immeubles. — *Besançon*, 14 mars 1811 (sous *Cass.*, 22 fév. 1812. Delaullet c. Roussel); *Cass.*, 24 mai 1815 ; Destampes c. Furet ; *Orléans*, 21 nov. 1819, Bourgeau c. Courrier. — Duvergier, t. 1er, n° 304; Troplong, n° 352 ; Duranton, n° 341. — V. aussi Beaudrillart, sur le Code forest., t. 2, p. 76.

904. — En outre, la prescription annale établie par l'art. 1622, C. civ., n'est pas applicable à l'action intentée par l'administration forestière en supplément de prix pour surmesure dans une coupe de bois par elle vendue. — *Cass.*, 3 nov. 1812, Régie c. Theysson; — Duvergier, *Vente*, t. 1er, n° 304 ; Duranton, t. 16, n° 240 ; Merlin, *Rép.*, v° *Surmesure*, n° 3.

905. — Jugé aussi qu'une délimitation de bois faite par le vendeur lui-même, avant la coupe, et sans avoir appelé l'acquéreur, ne peut avoir contre lui l'autorité de la chose jugée et acquiescée. Elle n'est d'ailleurs que provisoire, et ne peut mettre obstacle au récolement qui peut seul fixer définitivement l'étendue de l'exploitation. L'ordonnance de 1669 s'applique, à cet égard, aux bois des particuliers, comme à ceux de l'état. — *Cass.*, 25 fév. 1812, Delaullet c. Roussel.

906. — L'art. 1622 est limitatif en ce sens qu'il ne s'applique qu'au cas où il s'agit à proprement parler de *l'action en supplément ou en diminution de prix, et de l'action en résolution du contrat* pour différence de contenance. — Troplong, n° 353.

907. — Jugé, par application de ce principe, que lorsqu'un propriétaire a vendu un nombre déterminé de mesures de bois, et que l'acquéreur en a exploité un nombre plus considérable, l'action du vendeur pour obtenir le paiement du surplus ne

se prescrit pas par un an, comme s'il s'agissait du prix d'un excès *de mesure* dans la chose vendue; mais elle se prescrit comme s'il s'agissait d'obtenir le prix d'un objet *non vendu.* — Même arrêt du 25 fév. 1812.

908. — Jugé aussi que la déchéance établie contre le vendeur qui, dans l'année, n'a pas intenté d'action en supplément de prix pour excédant de contenance n'est pas applicable au cas où cet excédant est le résultat d'une usurpation commise par l'acquéreur. — *Cass.*, 2 août 1831, Barthier. — Troplong, *Vente*, t. 1er, n° 353.

909. — Jugé encore que l'action de l'acquéreur, en diminution de prix d'une vente *pour défaut de livraison de pièces* de terre vendues, peut être exercée même plus d'un an après la vente, et lors même qu'il n'y aurait pas la différence d'un vingtième dans le total des biens vendus. — *Cass.*, 30 août 1837 (t. 1er 1838, p 69), Ségur c. Davenne.

910. — ... Et que la prescription annale établie par l'art. 1622 ne s'applique pas au cas d'une vente d'une quotité de terrain déterminée. Dans ce cas, l'action en revendication de l'excédant délivré par erreur n'est prescriptible que par trente ans. — *Grenoble*, 11 déc. 1837 (t. 1er 1839, p. 421), Chevalier c. Guillet. — Troplong, *Vente*, t. 1er, n° 353.

911. — Jugé encore que lorsque divers immeubles ont été vendus distinctement par le même acte, avec désignation de la contenance de chacun, si l'un de ces fonds manque, l'acquéreur qui a payé le prix de la vente peut réclamer la valeur du fonds manquant, quoique son retranchement n'opère point le déficit d'un vingtième sur la contenance totale. L'acquéreur, dans ce cas, a trente ans, et non pas seulement un an, pour exercer son action. — *Paris*, 19 janv. 1826, Housset de Catteville c. Douet de la Boullaye.

912. — Jugé, toutefois, qu'à supposer que l'adjudicataire d'un immeuble vendu aux enchères puisse demander une diminution de prix, sous prétexte que dans les affiches le revenu a été porté plus haut qu'il n'était en effet, et que des terres annoncées comme affermées n'étaient pas cultivées, alors qu'il a été dit qu'il prendrait l'immeuble dans l'état où il se trouverait, sans pouvoir prétendre aucune indemnité, dommages-intérêts, ni distraction de prix, et qu'en outre il est entré en possession et a fait offre de son prix sans se plaindre, son action devrait au moins être intentée dans l'année, comme l'action en diminution de prix pour défaut de contenance. Ici ne s'appliquerait point l'art. 2262, C. civ., relatif à la prescription de trente ans. — *Paris*, 5 mai 1810, Loury c. Rischelieu. — Mais cette décision, bien que fondée sur de puissantes considérations de fait, serait fort contestable au point de vue unique du droit.

913. — Bien que le délai de l'art. 1622 soit à peine de déchéance, il a été jugé que l'acquéreur qui n'a pas intenté dans le délai légal (celui d'une année) son action en diminution de prix pour défaut de contenance, peut être, d'après les faits de la cause, déclaré avoir été relevé de la déchéance par le vendeur. — *Cass.*, 8 déc. 1834, Courby c. Garron.

914. — L'acquéreur qui offre de payer l'intégralité du prix que contient la notification faite aux créanciers inscrits, ne se prive pas pour cela de la faculté de demander, pendant l'année à partir de son contrat, une diminution de prix pour défaut de mesure. — *Paris*, 16 juin 1807, Harlet c. Dommangeville

915. — Jugé que la demande en diminution du prix pour défaut de mesure peut se former régulièrement par un dire, sur le procès-verbal d'ordre du prix du bien vendu. — Même arrêt.

916. — Jugé, d'un autre côté, que la demande d'indemnité pour raison du défaut de mesure, ainsi que celle tendant à la garantie d'un cautionnement, ne peuvent être intentées que par voie principale et non par voie de saisie-arrêt. — *Paris*, 8 mai 1809, Parain c. Poujaud.

917. — L'acquéreur qui, depuis son acquisition, a enclos plus de terre qu'il n'en a acheté, ne peut opposer au vendeur la prescription annale établie par l'art. 1622, C. civ. — L'aveu de l'acquéreur, fait au bureau de conciliation, d'avoir enclos plus de terre que ne lui en donne son titre, dispense d'ordonner la preuve par témoins de ce fait. — *Rennes*, 19 fév. 1821, Saupin c. Martin.

918. — L'acquéreur d'un lot d'un immeuble peut revendiquer contre l'acquéreur d'un autre lot adjugé par le même jugement, une certaine quantité d'arpens qu'il prétend manquer au sien, et dont il soutient que cet acquéreur jouit indûment, au lieu d'actionner son vendeur en diminution du prix pour défaut de contenance ou en défaut de la vente. — *Paris*, 4 mai 1825, Potel c. Perrier.

919. — Celui qui a vendu avec énonciation de mesure et stipulation expresse de garantie, sur la foi d'un contrat émané de son vendeur, et contenant la même énonciation de mesure, a un recours contre ce dernier, alors même qu'il n'aurait pas expressément garanti la mesure. Mais la garantie à lui due par le vendeur primitif doit être réglée d'après le prix de la première vente, et non d'après le tort réel qui résulte du défaut de contenance pour l'acquéreur intermédiaire. — *Paris*, 19 mai 1810, Soult c. Tartois.

920. — Si l'acquéreur intermédiaire s'est laissé condamner à la garantie, ce n'est plus une action récursoire qui lui appartient contre son vendeur immédiat, mais seulement une action principale en diminution de prix. — Même arrêt.

921. — Un acquéreur n'a pas de recours à exercer, pour défaut de mesure, contre son vendeur, si l'excès dans l'énonciation ne provient que d'erreurs de calcul faciles à vérifier par l'examen des titres de propriété du vendeur. — Même arrêt.

922. — Les art. 1625, 1627, 1630 et 1653, C. civ., sont applicables seulement à la garantie en cas d'éviction, mais non pas aux contestations produites par le cas de déficit ou d'excédant de contenance. — *Cass.*, 27 avr. 1840 (t. 2 1840, p. 85), de la Blottais c. Roger.

923. — Le vendeur est tenu de garantir à l'acheteur la chose vendue. On distingue deux sortes de garantie : celle *de droit*, qui résulte des art. 1626 et suiv., C. civ., et la garantie *de fait*, écrite dans l'art. 1627. La garantie de droit est due par le seul fait de l'existence du contrat, et indépendamment de toute stipulation. C'est celle qui concerne le droit à la chose ou certaines qualités capitales sans lesquelles la chose ne pourrait être employée à son usage naturel. La garantie de fait n'existe qu'autant qu'elle a été promise : elle porte sur des qualités dont l'absence seule, indépendamment de toute convention, ne suffirait pas pour vicier la vente.

924. — Sous l'empire du droit écrit, le cédant qui avait promis la garantie de fait n'était pas tenu du fait de la loi. — *Besançon*, 16 pluv. an X, Gérard c. Jobelot.

925. — La garantie de droit est due soit en cas *d'éviction*, soit à raison des *vices cachés*.

926. — La garantie pour vices rédhibitoires de la chose vendue a lieu en cas de vente d'immeubles. — *Bourges*, 18 nov. 1843 (t. 2 1844, p. 229), Crottet c. Dufaut.

ART. 1er. — *Garantie en cas d'éviction.*

§. 1er. — *De l'action et de l'exception de garantie.*

927. — La garantie *de droit* est due par le vendeur, en cas d'éviction de *totalité ou de partie* de l'objet vendu, ou à raison des charges prétendues sur cet objet, et *non déclarées lors de la vente.* — C. civ., art. 1626.

928. — L'éviction donnant lieu à garantie, existe soit que l'acheteur mis en possession soit dépouillé par un tiers, soit que, n'ayant pas été mis en possession, il soit repoussé par le tiers contre lequel il revendique la chose vendue. — Pothier, n° 85 ; L. 16, ff., *De evict.* ; Duvergier, t. 1er, n° 311.

929. — L'éviction existe encore lorsque l'acheteur, actionné pour cause légitime, reconnaît la justice de la demande et délaisse l'objet. — Duvergier, t. 1er, n° 312 ; Troplong, n° 415 ; Pothier, *Vente*, n° 96

930. — L'acquéreur, inquiété dans sa propriété par une décision ministérielle qui lui enjoint, soit de reconnaître qu'il n'a qu'une possession précaire, soit de démolir certaines constructions, en vertu d'obligations souscrites par son vendeur, est recevable, par cela seul, à former une demande en garantie, sans être obligé d'attendre la demande judiciaire du ministre. — *Metz*, 17 avr. 1826, N...

931. — Il y a éviction, et, dès-lors, lieu à garantie, alors même que l'acquéreur, évincé à ce titre, resterait à un autre titre nanti de l'objet vendu. — Duvergier, t. 1er, n° 313 ; Duranton, t. 16, n° 249 ; Troplong, n° 415 ; Pothier, *Vente*, n° 97 (qui cite Ulpien, L. 13, § 15, *De act. empt.*, et Julien, L. 29, *eod. tit.*) — V. aussi L. 84, § 5, ff., *De legat* ; L. 9 ; L. 41, § 1er, ff., *De evict.*

932. — De même, un acquéreur évincé est *recevable* à actionner son vendeur pour obtenir la garantie stipulée à son profit, quoique l'éviction n'ait pas été prononcée par les tribunaux ordinaires, et qu'elle résulte seulement d'un fait du prince. — *Cass.*, 14 avr. 1830, Furstenstein c. Bouchepporn.

933. — En cas d'annulation d'une vente pour

cause de dol, l'acquéreur devient non recevable dans sa demande en garantie, la garantie tombant avec l'action principale. — *Cass.*, 15 mars 1836, Durat-Lassalle c. Dufaure.

934. — Pour que l'éviction donne lieu à garantie, il faut qu'elle procède d'une cause *antérieure* à la vente. Le vendeur ne peut donc être tenu des spoliations résultant de faits de force majeure, ou de l'exercice de droits qui auraient pris naissance postérieurement à la vente.

935. — Pour que la cause de l'éviction soit réputée antérieure à la vente, il suffit, suivant Pothier, que son *germe* existât avant la vente. — V. aussi Merlin, *Rép.*, v° *Eviction*. — Duvergier (t. 1er, n° 314) et Troplong (n° 425) admettent bien cela, mais à la condition que ce germe aura eu de la consistance sans être susceptible d'avorter par le fait même de l'acquéreur.

936. — Aussi approuvent-ils l'arrêt qui a jugé que l'acquéreur évincé par l'effet de la prescription commencée avant la vente, n'a pas d'action en garantie contre son vendeur, alors que cette prescription ne s'est accomplie que depuis. — *Bourges*, 1 fév. 1823, Brière c. Dubourg. — *Contrà* (mais à tort) *Bordeaux*, 4 fév. 1831. — En effet, le droit résultant de la prescription a existé, non du jour où la prescription a commencé, mais seulement du jour où elle s'est accomplie.

937. — On range généralement parmi les cas fortuits ou de force majeure qui privent l'acquéreur de toute garantie contre le vendeur *les faits du prince*, c'est-à-dire l'acte du souverain qui révoque, supprime ou modifie les droits de propriété de particuliers. — Favard, v° *Faits du souverain*; Pothier, n° 935; Domat, liv. 1er, sect. 10e, § 4; Mornac, *Ad leg. fin*, ff., *De evict.*; Helfed, *Jurisp. forens.*, § 1120; Duvergier, *Vente*, t. 1er, n° 315, et Troplong, *Vente*, n° 423.

938. — Ainsi, jugé que la garantie de toutes évictions et tous empêchemens quelconques ne s'étend pas à l'éviction qui a eu lieu par le fait du prince, et spécialement, que celui qui avait acquis d'un ci-devant seigneur des biens dont il a été évincé par une commune, en vertu de la loi de 1792, n'a pu recourir en garantie contre son vendeur. — *Cass.*, 27 pluv. an XI, Guyenot c. Delarue.

939. — Mais il résulte des termes mêmes de cet arrêt, que si le fait du prince avait une cause antérieure à la vente, et ne faisait *que déclarer une droit préexistant*, il y aurait lieu à garantie. — V., en ce sens, *Cass.*, 14 avr. 1830, Furtenstein c. Boucheporn. — Duvergier, t. 1er, n° 315; Troplong, n° 423, qui cite un passage de Brunemann décisif : « *Venditor non tenetur de eâ evictione quæ fit ex plenitudine potestatis, quæ semper videtur excepta. — Secùs autem, si princeps auferat viâ juris et per modum processûs.* »

940. — La cour de Paris avait jugé que la décision par laquelle un souverain, revenu dans ses états qui avaient été envahis, annulle les donations d'immeubles de son domaine que le conquérant a faites pendant la durée de l'usurpation, et l'éviction qui en résulte pour le tiers acquéreur de l'un des immeubles ainsi donnés, constituent un *fait de force majeure, postérieur au contrat d'acquisition*, qui rend cet acquéreur non recevable à exercer contre son vendeur un recours en garantie. — *Paris*, 23 janv. 1826, Boucheporn c. Furstenstein.

941. — Mais cet arrêt ayant été cassé pour défaut de motifs, la cour d'Orléans, saisie par renvoi, a jugé dans un sens contraire, le 5 juin 1829, et son arrêt a été maintenu comme ne contenant qu'une appréciation d'actes et de faits. — *Cass.*, 14 avr. 1830, Furstenstein c. Boucheporn.

942. — Dans une espèce où il s'agissait d'une éviction par suite d'un fait du prince, il a été jugé que, lorsqu'au moment du contrat de vente, la cause éventuelle de l'éviction soufferte ultérieurement par l'acquéreur était patente, et réciproquement connue de celui-ci et du vendeur, l'un et l'autre doivent être considérés comme ayant traité sciemment d'une chose dans laquelle le droit de propriété appartenant à autrui pouvait se reproduire d'un instant à l'autre, et rendre le contrat nul. Dans ce cas, le vendeur et l'acheteur n'ont aucune action pour répéter, l'un ce qui lui reste dû, l'autre ce qu'il a payé à compte sur le prix. — *Paris*, 31 mai 1716, Bourdois c. Cacatte. — La décision la plus grave qui ressorte de l'espèce, c'est la dénégation à l'évincé du droit de demander la restitution du prix. La cour a pensé évidemment qu'il y avait eu contrat aléatoire.

943. — Bien qu'en thèse générale, le vendeur d'un édifice ancien ou nouveau, mais entièrement construit, ne doive aucune garantie des actes postérieurs de l'autorité relatifs aux alignemens, cependant un alignement ainsi survenu postérieurement à la vente peut être, pour l'acquéreur, la source d'une action en garantie, alors que le terrain vendu était, d'après les termes du contrat, destiné à recevoir des constructions, et que des fondations en maçonnerie, élevées par le vendeur au niveau de la voie publique, offraient des indices suffisans pour faire présumer que celui-ci avait obtenu un alignement de l'autorité administrative. — *Lyon*, 8 fév. 1836, Bolo c. Alliot.

944. — Jugé que lorsque, par suite de la suppression des ordres monastiques, l'état, mis aux droits d'un couvent, s'est emparé d'une propriété à laquelle appartenait un droit de péage; qu'il a vendu ensuite cette propriété, le droit de péage compris; et que, postérieurement, en vertu de la loi du 30 flor. an X, sur la navigation intérieure, et de l'arrêté interprétatif du 8 prair. an XI, il s'est de nouveau mis en possession du péage vendu, le propriétaire dépossédé a le droit de réclamer une indemnité, et cette indemnité lui est due, tant en vertu du principe que l'acquéreur doit être garanti par son vendeur de l'éviction qu'il souffre, que du principe consacré par l'art. 545, C. civ., et depuis par l'art. 10 de la charte, dans le cas d'expropriation pour cause d'utilité publique. — *Cass.*, 23 fév. 1825, Bonneville.

945. — En droit romain, on considérait comme fait de force majeure postérieur au contrat, l'injustice du juge qui, contre le droit et la raison, condamnait l'acquéreur à se désister, encore que la source de l'éviction fût postérieure au contrat. — L. 51, ff., *De evict.*; L. 8, § 1er; C., *eod. tit.* — Pothier, *Vente*, n° 95. — Mais, ainsi que le disent Troplong (n° 424) et Duvergier (t. 1er n° 316), cette décision ne pourrait avoir lieu chez nous qu'autant que l'acheteur aurait omis d'appeler en garantie le vendeur qui avait des moyens à faire valoir.

946. — Jugé, dès-lors, avec raison, sous l'empire du Code, que l'erreur du juge qui a prononcé à tort l'éviction de l'acquéreur pour une cause antérieure à la vente doit peser sur le vendeur seul. En conséquence, celui-ci est tenu de garantir son acheteur évincé. — *Cass.*, 6 janv. 1841 (t. 1er 1841, p. 43), Wenger c. Thiriet.

947. — Le vendeur n'est pas tenu de garantir lorsqu'il a fait déclaration, lors de la vente, des causes d'éviction ou des charges qui grèvent la chose vendue. L'art. 1626, bien que sa disposition ne soit formelle à cet égard que pour les charges, doit être appliqué au cas de déclaration des causes d'éviction. — Duvergier, t. 1er, n° 317; Troplong, n° 418, Pothier, n° 88.

948. — Ainsi, jugé que, lorsque dans un contrat de vente un droit réclamé par un tiers sur l'immeuble vendu a été indiqué avec le moyen de s'en affranchir, l'acquéreur qui, sans être évincé, a été troublé en raison de ce droit dans la possession de l'immeuble par lui acquis, et a obtenu des dommages-intérêts contre le tiers qui l'a troublé, ne peut réclamer contre son vendeur la garantie des condamnations prononcées à son profit. — *Cass.*, 25 juin 1822, Dumarest c. Aguiraud.

949. — Jugé encore que le vendeur qui a déclaré dans le contrat que deux rentes étaient éteintes comme féodales, mais en ajoutant que si, inopinément, elles étaient exigées par la suite, l'acquéreur devrait les servir, n'est pas tenu à la garantie, lorsque ces rentes sont par suite exigées comme n'étant pas féodales. — *Paris*, 22 fév. 1809, Jans c. Limborgh.

950. — On cite généralement un arrêt de la cour de Paris, comme jugeant en principe que la déclaration positive du danger d'éviction ne modifie en rien la garantie de droit, si elle n'est accompagnée de la stipulation de non garantie. — *Paris*, 16 juill. 1832, Guyet c. Debionne. — Mais Duvergier (t. 1er, n° 318) et Troplong (n° 418) refusent à l'arrêt une portée aussi générale. Suivant eux, l'arrêt n'a reconnu à l'acquéreur qu'un recours, celui dont parle l'art. 1629, et qui ne concerne que la restitution du prix. Mais il n'a nullement résolu la question de garantie. Nous pensons, en effet, que la cour n'a pas voulu dire autre chose, et ce qui nous le fait croire, c'est qu'elle a soin de rappeler la disposition de l'art. 1629, et qu'en réalité il ne s'agissait, dans l'espèce, que de savoir si l'acheteur devait payer sans qu'on lui garantît la restitution à laquelle il pourrait avoir droit en cas d'éviction. Nous reconnaissons toutefois que les termes devraient être plus clairs, et qu'ils sont de nature, au premier abord, à donner lieu à une plus large interprétation.

951. — Jugé que l'acquéreur d'un bien dotal qui, averti de la dotalité, n'a point veillé à ce que le remploi prescrit par le contrat de mariage fût réellement opéré, ne peut, dans le cas où il viendrait à être évincé par les héritiers de la femme, exercer aucune action en recours contre le mari, encore bien que celui-ci se soit porté garant de l'éviction. — *Rouen*, 3 sept. 1840 (t. 1er 1841, p. 75), et *Cass.*, 27 avr. 1842 (t. 2 1842, p. 235), Chéramy c. Chédeville.

952. — La connaissance que l'acheteur aurait acquise des causes d'éviction autrement que par la déclaration du vendeur suffirait pour exempter celui-ci de l'obligation de garantie, à moins qu'une clause expresse et formelle ne la lui imposât. — Voët, *De evict*, n° 32; Pothier, n° 188; Troplong, n° 418; Duvergier, t. 1er, n° 319; Duranton, n° 259.

953. — Jugé que bien que la dispense de garantie, en cas d'éviction, n'ait pas été stipulée, dans un acte de vente, d'une manière expresse et absolue, cependant le vendeur peut être relevé de l'obligation de garantir, en cas d'éviction, s'il résulte des clauses de l'acte et des circonstances que l'acquéreur connaissait les dangers de l'éviction. — *Cass.*, 22 avr. 1835, Cerf c. Lott.

954. — L'obligation pour le vendeur de garantir l'acquéreur des charges existant sur l'objet vendu, et non déclarées lors de la vente, cesse, malgré la non-déclaration, toutes les fois que l'acquéreur, lors de la vente, a eu pleine connaissance de ses charges. Ainsi, l'acquéreur d'un domaine dans lequel se trouve un moulin dont l'existence a été subordonnée à la construction et à l'entretien d'un pont nécessaire à d'autres riverains, ne peut, en se fondant sur ce que cette charge d'entretien ne lui a pas été déclarée lors de la vente, exercer de recours en garantie contre son vendeur, alors qu'il résulte des faits et circonstances qu'à cette époque il connaissait parfaitement le domaine vendu, et qu'à la seule inspection il a dû penser et être convaincu que l'entretien du pont rentrait dans les obligations du propriétaire du moulin. Dès-lors, l'arrêt qui repousse la demande en garantie en se fondant sur ces circonstances, dont il apprécie l'influence sur les termes du contrat, ne contient aucune violation des art. 1626 et 1629, C. civ. Il ne viole pas non plus la règle qui défend de prouver contre et outre le contenu aux actes, et d'admettre des présomptions hors des cas prévus par la loi. — *Cass.*, 20 juin 1843 (t. 2 1843, p. 522), Lebourg c. de Barré.

955. — Jugé que l'acquéreur qui ne peut se mettre en possession d'un ou plusieurs héritages désignés dans l'acte de vente, en ce qu'ils sont détenus par des tiers à titre de propriétaires, n'est pas recevable à exercer contre son vendeur une action en garantie s'il a connu, lors du contrat, la possession et les droits des tiers défendeurs. — *Cass.*, 16 juin 1840 (t. 2 1840, p. 508), Lentz c. Schiédé.

956. — L'acquéreur d'un immeuble qui est empêché par les inscriptions existantes sur son vendeur de toucher le prix de la revente par lui faite, a droit à la garantie contre ce dernier. — *Rouen*, 15 pluv. an XI, Bourdon c. Boccage; *Paris*, 3 flor. an XI, Chapron c. Bois.

957. — L'acquéreur qui a fait transcrire son contrat d'acquisition et qui a, dans le délai prescrit, fait les notifications aux créanciers inscrits sur le vendeur et les biens vendus, en conformité de l'état délivré par le conservateur, n'est pas tenu, pour obliger le vendeur à rapporter main-levée de ces inscriptions, de prouver, en cas de dénégation de la part de celui-ci, qu'elles frappent bien réellement sur lui et sur ses biens. — *Cass.*, 5 janv. 1809, Roux c. Lefèvre.

958. — Jugé encore que le vendeur qui a déclaré que l'immeuble vendu était franc et quitte de toutes dettes et hypothèques ne peut s'affranchir de l'obligation de rapporter main-levée des inscriptions encore subsistantes sur l'immeuble, en justifiant que les créances auxquelles s'appliquent ces inscriptions sont éteintes. — Il ne peut être, en ce cas, poursuivi comme stellionnataire, mais il peut être condamné à des dommages-intérêts en raison du retard qu'il a mis à rapporter main-levée des inscriptions. — *Lyon*, 5 avr. 1827, Gros et Miége c. Ducat.

959. — Mais, la convention par laquelle le vendeur s'est obligé envers l'acquéreur de lui remettre son contrat acquitté de tous droits d'enregistrement, transcription et autres, ne l'oblige pas à remplir les formalités nécessaires pour purger les hypothèques, et surtout les hypothèques légales. — *Paris*, 30 nov. 1812, Ponte de Lombriasco c. Delahaye.

960. — La déclaration que fait le vendeur des charges hypothécaires qui le concernent le dispense de l'obligation de garantir l'éviction résultant de cette cause. — Duvergier, t. 1er, n° 319; Troplong, n° 477. — *Contrà* Duranton n° 261 (*secùs* pour le cas où elles concernent les précédens propriétaires.

961. — Mais la connaissance indirecte acquise par l'acheteur des hypothèques créées par le ven-

deur ne décharge pas celui-ci de la responsabilité. — Duvergier et Troplong, *loc. cit.*

962. — Il en est de même de la connaissance par lui acquise des hypothèques provenant des propriétaires antérieurs. — Duvergier, *loc. cit.* — *Contrà*, Troplong, nº 418 (attendu que l'acheteur ne pouvait supposer que le vendeur voulût payer des dettes qui ne lui étaient pas personnelles).

963. — Les garanties hypothécaires stipulées au contrat de vente n'empêchent point l'acquéreur qui a juste sujet de crainte d'éviction d'exiger une caution. — *Riom*, 5 août 1847 (t. 2 1847, p. 654), Barnier c. Montmory et Desbans.

964 — Le créancier qui a acquis, moyennant le montant de sa créance, l'immeuble sur lequel il avait une hypothèque première inscrite peut, s'il se trouve exposé plus tard aux poursuites des créanciers postérieurs en date, agir en garantie contre son vendeur, sans que celui-ci puisse lui opposer qu'il n'a été évincé qu'à défaut d'avoir renouvelé son inscription; il doit en être ainsi, surtout s'il y a dans le contrat de vente la promesse formelle de garantie de toutes hypothèques. — *Cass.*, 21 mars 1831, Portier c. Leclerc.

965. — Jugé, que l'acquéreur évincé par un créancier hypothécaire n'a pas dû être considéré comme non recevable à recourir en garantie contre son vendeur, par cela seul qu'il avait négligé de prendre des lettres de ratification dans le délai déterminé par le contrat de vente, la clause qui fixait ce délai n'étant relative qu'aux termes de paiement, et non à l'obligation de garantie. — *Paris*, 12 mars 1808, Vandenyvert c. Chauvelin.

966. — La surenchère est une cause d'éviction qui donne ouverture au profit de l'acquéreur contre le vendeur à la garantie de droit. Il n'est pas nécessaire que cette garantie ait été stipulée, il suffit que la non garantie ne l'ait pas été. — *Cass.*, 4 mai 1808, Capon c. Mottard; *Paris* (impl.), 12 mars 1808, Vandenyvert c. Chauvelin; *Amiens* (impl.), 21 mai 1822, Laurent c. Dubois; *Cass.*, (impl.), 11 nov. 1824, Beauvilliers c. Chenard Freville; *Toulouse*, 27 août 1834, Leygue c. Combaldieu; *Bordeaux*, 27 fév. 1829, Hervé c. Roussille. — Merlin, *Quest.*, vº *Garantie*, § 10; Pigeau, *Comment.*, t. 2, p. 527; Duranton, t. 16, nº 260, et Troplong, *Vente*, t. 1er, nº 426 (il se fonde sur ce que l'éviction, par suite de surenchère, provient d'un fait personnel au vendeur qui, en désintéressant les créanciers, peut empêcher l'éviction); Duvergier, *Vente*, t. 1er, nº 321 (il repousse le motif donné par Troplong; suivant lui, l'action en garantie découle de ce que le créancier hypothécaire inscrit avait, au moment de la vente, le droit éventuel de surenchère; lorsqu'il l'exerce et qu'il dépouille l'acquéreur, celui-ci est donc fondé à dire au vendeur : Je suis évincé par l'exercice d'un droit dont l'existence a précédé la vente, j'ai donc l'action en garantie).

967. — Jugé, que la vente faite par la masse des créanciers, cessionnaire, en vertu d'un concordat, des biens d'un failli, a le caractère d'une vente volontaire, et doit, dès-lors, autoriser, de la part de l'adjudicataire évincé par suite de surenchère, l'exercice d'un recours en garantie. Cette garantie est due aussi bien dans le cas où la seconde adjudication a eu lieu au profit d'un tiers que dans celui où elle a eu lieu en faveur de l'acquéreur originaire. — *Rouen*, 11 mars 1842 (t. 2 1848, p. 431), Toury c. David.

968. — Le vendeur est garant envers l'acquéreur de l'éviction résultant d'une surenchère, L'indemnité due en ce cas à l'acquéreur dépossédé consiste dans l'excédant du prix de l'adjudication sur le prix porté dans le contrat. — *Dijon*, 23 avr. 1847 Bordot-Godard c. Picard; *Paris*, 8 janv. 1848 (t. 1er 1848, p. 245), Pleyel c. de La Brillantais.

969. — Au contraire, quelques arrêts refusent à l'acheteur évincé par suite de la surenchère légalement opérée par un créancier l'action en garantie contre le vendeur, à moins de stipulation expresse. — *Paris*, 25 prair. an XII, Peuvret c. de Broteuil.

970. — Jugé, de même, que le vendeur n'est pas garant de l'éviction résultant d'une surenchère. Il n'est pas non plus dans l'obligation d'indemniser l'acquéreur des impenses et améliorations qu'il a faites sur l'immeuble depuis son acquisition jusqu'au moment où il a été évincé. — *Metz*, 31 mars 1821, Ermann et Bretnacher c. Printz.

971. — L'acquéreur évincé par suite de surenchère n'est pas tenu des intérêts de son prix depuis le jour de l'acquisition jusqu'au jour de l'adjudication; il est seulement obligé de restituer les fruits par lui perçus. Ces fruits doivent être liquidés d'après le mode et dans les formes prescrits par les art. 129 et 526, C. procéd., sauf le cas où, à raison des élémens du procès et de son instruction, les juges seraient immédiatement à portée de faire cette liquidation. Mais les juges ne pourraient, sans liquidation, déclarer que les fruits sont légalement représentés par les intérêts du prix, et condamner en conséquence l'acquéreur au paiement de ces intérêts. — *Cass.*, 10 avr. 1848 (t. 2 1848, p. 303), Filiol c. Aloch.

972. — Lorsque, avant l'adjudication par suite de surenchère et sur poursuites d'éviction, l'acquéreur forme contre son vendeur une demande en restitution du prix de vente et en dommages intérêts, cette demande doit être rejetée comme faite prématurément; mais le vendeur doit, dès ce moment, être condamné à faire cesser le trouble, en désintéressant les créanciers hypothécaires. — *Pau*, 10 avr. 1840 (t. 2 1841, p. 407), Domecq c. Hillon.

973. — L'action en garantie est-elle recevable quand la sentence portant condamnation de délaisser est tombée en péremption sans avoir été exécuté et qu'il ne se présente personne pour en procurer l'exécution et lui donner effet? — *Neg.* L. 57, ff. *de Evict*; Pothier nº 89; Troplong nº 419. — Toutefois Duvergier n'admet ce système qu'autant qu'indépendamment de la péremption du jugement, il y aurait prescription du droit. — Autrement, il lui accorde sinon l'action en garantie, du moins l'action en résolution à raison du trouble possible.

974. — Le vendeur ne peut être appelé en garantie par l'acheteur qui serait lui-même garant de la vente. C'est l'application de la maxime : *quem de evictione tenet actio, eumdem agentem repellit exceptio.* — Duvergier, t. 1er, nº 327; Troplong nº 420. — Pothier, nº 90.

975. — Ainsi, jugé que celui qui est tenu à la garantie comme héritier du vendeur ne peut intenter l'action en éviction contre l'acquéreur. — *Cass.*, 12 prair. an IV, Chapuis c. Perrin.

976. — Jugé encore, que l'héritier ou représentant du vendeur est repoussé par l'exception de garantie, s'il agit en revendication, alors même qu'il agirait en une toute autre qualité que celle d'héritier du vendeur. — *Pau*, 22 juin 1815, Aroix c. Carriquiry.

977. — Jugé, par application du principe que celui qui doit garantir ne peut évincer, que lorsque des héritiers ont, dans l'acte de vente d'une maison, reconnu un tiers pour leur cohéritier, et que ce tiers a aussi vendu sa part indivise dans l'immeuble, s'il arrive que les héritiers reconnaissent ensuite que ce dernier n'avait aucun droit à la succession, ils ne sont pas recevables à exercer une action en éviction contre l'acquéreur pour la part vendue par ce tiers, parce qu'ils sont garans du préjudice qu'ils ont causé, en reconnaissant à tort ce tiers pour héritier. — *Cass.*, 24 janv. 1826, Courtois et Baimbridge c. Duluc.

978. — Le mari qui, pour l'autorisation, assiste sa femme dans une vente faite par elle, peut être considéré comme vendeur, et l'on peut, en conséquence, sur la demande en reconnaissance de servitude par lui formée postérieurement, en une autre qualité, sur l'immeuble même objet de la vente, lui opposer la maxime : *quem de evictione tenet actio eumdem agentem repellit exceptio.* — *Colmar*, 18 nov. 1841, (t. 1er 1842, p. 84), Nusbaumer c. Brendlin.

979. — Bien que la cause de l'éviction soit antérieure à la vente, il n'y a pas lieu à garantie si l'éviction n'a eu lieu que par le fait ou la faute de l'acheteur. — Troplong, nº 421; Duvergier t. 1er, nº 328, et Pothier nº 91.

980. — La perte de la chose vendue survenue avant le jugement qui ordonne le délaissement rend l'action en garantie non recevable. Mais une fois le jugement rendu, la garantie est due alors même que la dépossession de fait n'aurait pas eu lieu. — Merlin, *Rép.*, vº *Garantie*, § 3, p. 461, et Duvergier, t. 1er, nº 329.

981. — Il n'y a pas lieu, au profit de l'acquéreur, à la garantie, lorsqu'il est établi par les titres que le terrain dont l'acquéreur se prétend évincé n'a point fait partie de la vente. — *Cass.*, 9 nov. 1830, Paulus.

982. — Lorsqu'une maison a été vendue, non pas à titre d'hôtel garni achalandé, mais comme une maison connue par l'enseigne qui y était placée, le vendeur n'est pas tenu de garantir l'acquéreur du préjudice que lui cause le locataire en enlevant, pour la placer ailleurs, l'enseigne qu'il avait ajoutée à la désignation primitive, et en lui interdisant d'en conserver une pareille. — *Orléans*, 18 août 1836 (t. 2 1837, p. 406), Demarcé c. Deniau et Courtois.

983. — Jugé que l'obligation de garantir, à la charge du vendeur, ne peut être plus étendue que celle de délivrer. Ainsi, dans le cas d'une vente en bloc de divers immeubles, l'acquéreur ne peut exercer d'action en garantie pour raison des obstacles qui s'opposent à sa mise en possession réelle d'un des immeubles vendus, qu'autant que la distraction de cet immeuble constituerait, dans la contenance générale exprimée au contrat, une différence assez forte pour motiver une action en diminution de prix. — *Colmar*, 19 avr. 1837, sous-*Cass.*, 16 juin 1840 (t. 2, 1840, p. 508), Lentz c. Schiédé. — Mais cet arrêt a évidemment confondu l'action en diminution de prix pour défaut de contenance et l'action en garantie pour cause d'éviction. Or, ces actions sont parfaitement distinctes. Ce qu'il y avait lieu d'examiner uniquement, c'est s'il s'agissait bien, dans l'espèce, d'une véritable éviction, l'acquéreur n'ayant jamais eu la possession des biens litigieux.

984. — Lorsqu'il y a eu livraison de la chose vendue, les obstacles apportés à la jouissance de l'acquéreur, et dont la cause est imputable au vendeur, donnent lieu à des dommages-intérêts au profit du premier, sans qu'il soit besoin de mise en demeure. Ce n'est pas le cas d'appliquer les art. 1139 et 1146, relatifs à l'obligation de délivrer, mais bien les règles de la garantie (art. 1625 et 1626) et le principe de l'art. 1382, C. civ. — *Cass.*, 28 janv. 1846 (t. 1er 1846, p. 523), Labussière c. Zuber

§ 2. — *A qui appartient et contre qui existe l'action et l'exception de garantie. — Caractère de cette action.*

985. — L'action en garantie appartient à l'acheteur et incontestablement à ses représentans à titre universel.

986. — Elle appartient aussi au successeur à titre particulier de cet acheteur, alors même que, personnellement, il n'aurait aucun recours à exercer contre son auteur direct soit à raison de la non stipulation de garantie, soit parce qu'il s'agirait d'une donation. — Duvergier, t. 1er, nº 348; Duranton, nº 276. — V. cependant Pothier (nº 98), qui n'accorde l'action au donataire qu'autant que le donateur l'a subrogé expressément dans ses actions. — V. Troplong, nº 429, qui semble n'accorder l'action en garantie qu'au donateur et non au donataire.

987. — Un arrêt de la cour de Cassation, conforme à la doctrine de Duvergier et de Troplong, qui est préférable, a décidé que l'action en garantie pouvait être exercée par celui qui était menacé d'éviction, contre le vendeur de son auteur, quoique celui-ci fût à l'abri de tout recours. — Et que la clause de non garantie qui affranchit un vendeur de toute responsabilité, laisse subsister l'action en garantie contre le vendeur précédent. — *Cass.*, 25 janv. 1820, Levavasseur c. Poullet.

988. — Une autre conséquence de cette transmission de droits et actions après plusieurs ventes successives, c'est que le dernier acheteur peut ne pas s'adresser à son vendeur immédiat et franchir ceux contre lesquels il ne lui convient pas d'agir. — Cette opinion se fonde, suivant les uns, sur le principe que tout créancier peut exercer les actions de son débiteur et que l'action en garantie n'est pas attachée à la personne, et suivant les autres (Duvergier, nº 345), sur cette considération que les contrats successifs, en transmettant la propriété de la chose, ont transmis de proche en proche et comme accessoires les actions que chaque vente a fait naître et qui sont ainsi, à la fin, réunies toutes dans la main du dernier acheteur. Cette explication est préférable. Autrement, ainsi que le fait remarquer le même auteur, si l'on voulait s'en tenir à l'art. 1166, il faudrait dire (ce qui n'est pas) qu'en cas de faillite de l'un des précédens vendeurs, comme l'action appartiendrait à la masse, l'acheteur serait obligé de venir à contribution avec cette masse pour les dommages-intérêts qui lui seraient dus.

989. — Il est donc ainsi jugé, généralement, malgré les quelques décisions contraires, qu'en cas d'éviction, l'acquéreur qui veut recourir en garantie n'est pas tenu de s'adresser à son vendeur immédiat; il peut, franchissant ce vendeur, s'adresser aux vendeurs précédens. — *Bourges*, 5 avr. 1821, Louant c. Berthaud; *impl.*, *Paris*, 28 janv. 1822, de Montfort c. Foignet; *Bordeaux*, 5 avr. 1826, Sieuzac c. Boirac; 4 fév. 1831, Rupsan c. Auchedoy; *Paris*, 27 janv. 1840 (t. 1er 1840, p. 227), Lecheovalier c. Leroy; — Domat, liv. 1er, sect. 2e; Pothier, *Vente*, nº 149; Duvergier, t. 1er, nº 344; Troplong, *Vente*, nº 437; Duranton, t. 16, nº 274; Rousseau-Delacombe, vº *Créancier*, nº 8.

990. — Jugé, au contraire, qu'en ce cas d'éviction, l'acquéreur qui veut recourir en garantie est tenu de s'adresser à son vendeur immédiat; il ne peut, franchissant ce vendeur, s'adresser aux vendeurs précédens. — *Bruxelles*, 6 janv. 1808, Hems c. Desmet; *Paris*, 9 mars 1824, N. C. N.; *Paris*, 22

mars 1825, Picart c. Plateau. — Attendu que l'action en garantie est purement personnelle. — Voët *ad. Pand.*, no 21; Despeisses, t. 1er, part. 1re, tit. 1er, section 5e, no 39; Delvincourt, t. 3, p. 371.

991. — Il est bien entendu, dans le premier système, et cela répond aux inconvéniens qu'il paraît présenter, que l'acquéreur évincé ne peut agir contre un des vendeurs médiats qu'en justifiant du droit de celui qu'il représente, et que si ce droit est modifié par quelque stipulation ou quelque événement, l'action sera déclarée non recevable ou ne sera admise qu'avec certaines restrictions. — Duvergier et Troplong, *loc. cit.*

992. — Ainsi, jugé que si l'acquéreur évincé a une action directe et de son chef contre son vendeur immédiat, il n'a d'action contre les précédens vendeurs que par voie et à titre de subrogation dans les droits de leurs acquéreurs respectifs: en conséquence, l'acquéreur évincé sur les poursuites du vendeur primitif, n'a pas de recours contre celui des vendeurs intermédiaires dont l'acquéreur immédiat n'aurait pas satisfait, par le paiement de son prix, à la principale des conditions de la vente. — *Paris*, 1er avr. 1841 (t. 1er 1841, p. 584), Debray et Bugnot c. Toulod.

993. — C'est le *vendeur* qui doit la garantie: en matière de vente amiable, ou poursuivie par le propriétaire lui-même, l'application de cette qualification ne souffre pas de difficulté, mais il n'en est pas de même lorsqu'il s'agit de vente par expropriation forcée; dans ce cas, quel est le vendeur, du saisi ou du poursuivant? y a-t-il même, à proprement parler, un vendeur qui puisse être tenu de la garantie? — A cet égard, les opinions sont divergentes.

994. — Troplong (no 432) pense que, dans ce cas, comme c'est la justice qui vend, ni le saisi ni le créancier poursuivant ne peuvent être soumis à la garantie, M. Persil (t. 2, p. 217), au contraire, accorde l'action en garantie contre l'un et contre l'autre.

995. — Cette divergence d'opinion naît, ainsi que le fait remarquer Duvergier, de ce qu'on joue sur le sens du mot *vendeur*. Or, ce sens est parfaitement expliqué par un arrêt de la cour de Cassation, qui contient le motif suivant: « Attendu, en droit, que le *vendeur* est celui qui s'est dessaisi de la chose vendue, qu'il possédait et dont il se disait propriétaire, *ou qui en a été dessaisi comme contraint et forcé par justice.* » — *Cass.*, 16 déc. 1828, Giraud c. Martin.

996. — Il faut donc, avec Duvergier (t. 1er, no 345), adopter l'avis de Troplong en ce qui concerne le saisissant (sauf le cas où il aurait commis *une faute* en dirigeant mal sa saisie), et admettre l'action en garantie contre le *saisi* qui est réellement *vendeur*. — Duranton, no 265; Carré, quest. 2323; Pigeau, t. 2, p. 252.

997. — Il a donc été jugé, avec raison, que les créanciers qui ont poursuivi la vente ne peuvent être réputés vendeurs, et, comme tels, garans de la vente. — *Caen*, 28 juin 1813, Lecerf c. Tardif; *Cass.*, 16 déc. 1828, Giraud c. Martin. — A moins que le poursuivant n'ait été de mauvaise foi. — *Cass.*, 30 juill. 1834, Langie c. Icart (deux arrêts). — *Contrà*, mais à tort, *Toulouse*, 24 janv. 1826, Costos c. Delmas; *Caen*, 7 déc. 1827, Thorel c. d'Asfier. — Ce dernier arrêt, quoique rendu *en droit*, contient cependant, *in fine*, un motif *de fait* sur une prétendue négligence du poursuivant; mais cette négligence seule, dans l'espèce, n'eût pu motiver la garantie. On peut donc considérer cette décision comme un arrêt de principe.

998. — Jugé que l'adjudicataire d'un immeuble vendu par licitation ne peut, au cas d'éviction par par suite de surenchère, exercer aucune action en garantie contre les colicitans, même lorsque la surenchère aurait été faite par l'un d'eux. — *Aix*, 30 janv. 1835, Grisolles c. Grisolles-Faubert.

999. — Jugé, toutefois, que le créancier qui, en qualité de syndic, a fait procéder à l'adjudication des biens d'un débiteur admis à la cession de biens, sans les formalités légales, et le notaire qui a sciemment prêté son ministère, sont passibles de la garantie envers les adjudicataires. — Le notaire peut même être déclaré garant envers le syndic des condamnations contre lui prononcées, s'il est établi que ce dernier, sans instruction et habitant de la campagne, agissait sous la direction et dans l'intérêt de ce notaire. — *Metz*, 30 mars 1833, Durieste c. Thibout.

1000. — Si l'adjudicataire n'a pas d'action en garantie contre le poursuivant ni contre les créanciers du saisi, il peut au moins répéter contre eux le prix qu'il aurait payé par erreur (arg. art. 1377). C'est ce qui est généralement reconnu. — *Lyon*, 3 juill. 1825, Lyançon c. Clairet; — Merlin, *Rép.*, vo *Saisie immobilière*, § 7; Persil, t. 2, p. 217; Duvergier, t. 1er, no 346; Troplong, nos 432, 498; Delaporte, t. 2, p. 329; Carré, t. 3, no 2477; Favard, *Rép.*, t. 5, p. 73. — *Contrà*, Duranton, t. 13, no 686, et t. 16, no 266, qui se fonde, mais à tort, sur les lois 1 et 2 Cod., tit. *Cred. evict, pignus non debere.* — V. Delvincourt, t. 3, p. 71, note 4e, et la réfutation de Duvergier.

1001. — Jugé, dans le premier sens, que l'adjudicataire qui, après le paiement de son prix d'adjudication, est soumis à une éviction par suite de laquelle il est privé d'une partie de la chose adjugée, a son recours contre les créanciers pour la partie de ce prix correspondant à la valeur de la chose dont il ne garde pas la possession. — Il importe peu que ce paiement ait été fait aux créanciers de la partie saisie ou à ceux de son vendeur, et qu'il soit intervenu entre eux des jugements réglant la répartition du prix d'adjudication, alors que l'adjudicataire n'ayant pas été partie dans ces jugemens, et ne s'étant point engagé personnellement vis-à-vis desdits créanciers, n'avait le droit ni de se faire représenter leurs titres, ni de choisir entre eux. — *Lyon*, 15 déc. 1841 (t. 1er 1842, p. 445), Perrin c. Marrut.

1002. — C'est à tort, au contraire, qu'il a été jugé que l'acquéreur qui a payé son prix au cessionnaire du vendeur ne peut le répéter de ce dernier en cas d'éviction, en se fondant sur l'art. 1377. — *Colmar*, 21 juill. 1812, Roth c. Ausche.

1003. — Et c'est à tort aussi qu'on trouve dans les motifs d'un arrêt de la cour de Cassation déjà cité, que le poursuivant ne doit aucune garantie à l'adjudicataire dépossédé, *encore que ce poursuivant eût touché, comme créancier du saisi, le prix de l'adjudication*, (Il est vrai *qu'en fait*, dans l'espèce, le prix n'avait pas été touché. — *Cass.*, 16 déc. 1828, Giraud c. Martin.

1004. — Un arrêt de Lyon a également refusé à l'acquéreur évincé l'action en répétition contre les créanciers utilement colloqués dans l'ordre ouvert par suite de la purge faite par cet acquéreur. — *Lyon*, 1er juill. 1823, Delacharme.

1005. — Jugé que les acquéreurs qui se sont libérés, en vertu d'une clause du contrat, entre les mains du notaire mandataire du vendeur, ne peuvent, en cas d'éviction, exercer un recours contre ce notaire. — *Colmar*, 5 mai 1810, Leypold c. Bisson.

1006. — Ainsi qu'il a été dit plus haut, l'exception de garantie peut être opposée à tout demandeur en revendication qui serait lui-même, en une qualité quelconque, obligé de garantir l'acquéreur, ainsi, par exemple, sans contestation aucune, aux successeurs à titre universel du vendeur. — Duvergier, t. 1er, no 348; Troplong, no 446; Merlin, *Rép.*, vo *Garantie*, § 6.

1007. — La question de savoir si le donataire universel peut être repoussé par l'exception de garantie, dépend du point de savoir si le donataire est personnellement tenu des dettes du donateur. — V. DONATION. — V. Troplong, no 448 et suiv.; Duvergier, t. 1er no 349.

1008. — Jugé que la garantie des troubles éprouvés par un acquéreur est due par le donataire du prix de la vente, ce donataire devant être considéré comme l'ayant-cause du vendeur, pour tout ce qui a rapport à l'exécution des obligations prises par celui-ci dans le contrat. — *Caen*, 20 nov. 1824, Caille c. de Roncherolles.

1009. — Jugé que lorsque le mari a aliéné un acquêt de communauté, avec clause de garantie, sa veuve, qui a accepté la qualité de légataire universelle, est devenue par là non recevable à revendiquer contre l'acquéreur la moitié de l'immeuble aliéné, encore bien qu'elle soutînt que cette aliénation fût une donation déguisée contraire à l'art. 1422. C. civ. — *Cass.*, 20 mai 1840 (t. 2 1840, p. 518), Dubessy c. Moye.

1010. — La femme commune qui a accepté la communauté n'est pas garante de la vente faite par le mari, entre le contrat de mariage et la célébration. — *Cass.*, 26 janv 1847 (t. 1er 1847, p. 175), Gauvillé c. Michel.

1011. — L'exception de garantie peut être opposée au mineur dont l'héritage aurait été vendu par son tuteur, comme appartenant à celui-ci, et qui serait ensuite devenu héritier du tuteur. — Troplong, no 446; Duvergier, t. 1er, no 351; Pothier, nos 168, 169; Merlin, *Rép.*, vo *Garantie*, § 6.

1012. — Mais il en serait autrement, si le tuteur, au lieu de vendre les biens de son pupille comme sa chose propre, les avait seul vendus sans les formalités légales; comme, dans ce cas, il ne serait pas garant des vices du contrat, le mineur devenu son héritier ne pourrait être repoussé par l'exception de garantie. — Il n'y serait pas soumis lui-même, s'il revendiquait, comme héritier de son pupille, la chose par lui aliénée. — Duvergier et Troplong, *loc. cit.*

1013. — Il est vrai qu'il résulte d'un arrêt déjà cité, qu'il peut être dû parfois garantie à raison du vice résultant de l'inobservation des formalités requises pour la vente des biens de mineurs, mais il n'en a été jugé ainsi qu'en présence d'une clause qui paraissait comprendre cette garantie. — *Cass.*, 19 flor. an XII, Quentin c. Lebon.

1014. — Si le tuteur qui a vendu les biens de son pupille sans formalité de justice n'est pas, en principe, garant des vices du contrat, au moins, s'il a promis de rapporter la ratification de celui-ci à sa majorité, ne peut-il être relevé de l'obligation de payer des dommages-intérêts à l'acquéreur, qu'autant qu'il prouve que cet acquéreur n'a éprouvé aucun préjudice ou que ce préjudice est imputable à sa mauvaise foi. Il ne suffirait pas, dans ce cas, qu'il prouvât que l'acquéreur connaissait le vice de la vente. — *Cass.*, 1er mai 1815, Dufay c. Morel.

1015. — Jugé donc qu'en pareil cas, il peut échapper à l'action en garantie résultant de son engagement, lorsqu'il n'a été induit à faire cette promesse que par le dol de l'acquéreur, qui connaissait bien le vice de l'acquisition. — Et le second acquéreur ne peut invoquer cette garantie contre le tuteur, sous prétexte qu'il est étranger au do du premier acquéreur, qui lui a vendu sous la seule garantie de ses faits et promesses. — *Paris*, 6 juill. 1816, Morel c. Dufay.

1016. — L'héritier bénéficiaire, ne confondant pas ses biens avec ceux de la succession, ne peut être repoussé par l'exception de garantie. — Troplong, no 447; Duvergier, t. 1er, no 350; Pothier, no 175.

1017. — En cas d'aliénation par le titulaire ou le grevé des biens compris dans une substitution ou composant un majorat, l'appelé qui en demanderait la nullité serait repoussé par l'exception de garantie s'il était devenu héritier du titulaire ou du grevé, et cela malgré les termes de l'ord. de 1747. — Duvergier, t. 1er, no 352.

1018. — La caution du vendeur peut voir repousser, par l'exception de garantie, la demande en revendication qu'il formerait de la chose vendue sous son cautionnement, et dont la propriété lui appartient, sans distinction (comme le prétendait Despeisses (t. 1er, part. 1re, tit. 1er, sect. 5e, no 10), du cas où cette caution serait devenue propriétaire avant ou après le cautionnement. — Pothier, nos 177, 178; Cujas, sur la loi 11, C.. *De evict.*; Duvergier, t. 1er, no 353; Troplong, no 461; Duranton, no 254.

1019. — La même décision est applicable aux héritiers de la caution. — V. les auteurs précités, sauf Duranton qui s'appuie sur la loi 31, C. *De evict.*, laquelle, suivant Brunemann (sur la loi 11, C. *De evict.*), Despeisses (p. 1re, tit. 1er, sect. 5e no 10), Godefroy (sur la loi 31), faisait exception en faveur de ces héritiers, et qui, conséquemment, permet à l'héritier de la caution de revendiquer, sauf le paiement de dommages-intérêts. — Pothier, no 179, et Cujas ont donné à cette loi un tout autre sens auquel se range Troplong; Duvergier l'écarte comme ambigu pour s'en tenir aux règles du droit français.

1020. — Bien que le mari qui a concouru seul, avec stipulation de garantie, au partage de l'immeuble dotal appartenant à sa femme, doive cette garantie si l'acte est attaqué par celle-ci pour cause d'aliénation, il n'y est pas tenu au cas où il serait reconnu que l'acte de partage renfermait au profit du cohéritier cautionné un avantage prohibé par la loi. — *Cass.*, 15 juin 1837 (t. 1er 1838, p. 610), Justamond c. Cauvin.

1021. — L'action en garantie est indivisible, en ce sens que l'acheteur menacé d'éviction pourra actionner *l'un* des héritiers du vendeur pour prendre ses fait et cause et fournir des moyens de défense qui fassent cesser le trouble. — Troplong, nos 434 et 438; Duvergier, t. 1er, no 355; Delvincourt, t. 3, p. 71, note 4e; Dumoulin, *De divid. et individ.*, p. 2, no 407 et suiv.; Pothier, *Vente*, no 105. — *Contrà* (dans ses motifs), *Cass.*, 11 août 1830, Cornilleau c. Aubert. — Cet arrêt pose en principe que l'action est divisible, à la différence de l'exception. — V. Duranton, no 277.

1022. — Mais si la demande en éviction est évidemment fondée, le droit de l'acheteur contre les héritiers se réduisant à demander la restitution du prix et des dommages-intérêts, cette action est essentiellement divisible, et chaque héritier n'en est tenu que pour sa part et portion. — Tous les avantages de l'indivisibilité de l'action se réduisent donc à pouvoir appeler un seul des héritiers du vendeur au lieu d'être obligé de les mettre tous en cause, mais sans que la condition qu'il obtiendra contre lui puisse avoir force contre les autres. — Mêmes auteurs; Pothier, no 111.

1023. — L'exception de garantie est également indivisible, par le motif que la garantie a pour premier objet d'assurer à l'acheteur la possession paisible de la chose vendue, obligation indivisibl

par sa nature à raison du but que les parties se sont proposé. — *Cass.*, 19 fév. 1811, Levergeois c. Sajean ; 5 janv. 1815, Lacoste c. Barinques; 11 août 1830, Cornilleau c. Aubert; *Nancy*, 2 mai 1833, Demangeot; *Rouen*, 22 mai 1839 (t. 2 1839, p. 578), Seugé c. Leroux. — Duvergier, n° 355 ; Delvincourt, t. 3, p. 71, note 4e.

1024. — Jugé encore en ce sens que celui qui, après avoir pris part avec d'autres à la vente d'un immeuble qui était la propriété d'un tiers, devient ensuite héritier de ce tiers, et qui intente une action en nullité de la vente, est passible de l'exception de garantie *pour le tout* quoiqu'il ne soit héritier que pour partie seulement; dans ce cas, la garantie est indivisible. — *Bordeaux*, 8 déc. 1831, Desbordes.

1025. — Dumoulin (*De divid. et individ.*, nos 487 et suiv.), Pothier (*Vente*, n° 174), Troplong (n° 457), sont d'un avis contraire, par le motif que l'obligation de livrer une chose divisible est divisible; que si le vendeur fût mort avant la tradition, ses héritiers ne pourraient être actionnés par l'acheteur que pour leur part et portion. Or le vendeur, en exécutant son obligation par la tradition, n'a pas rendu la condition de ses héritiers pire qu'elle n'aurait été si elle n'eût pas été remplie. On peut consulter avec succès sur cette question difficile la discussion de M. Duvergier et celle de M. Troplong.

1026. — Duranton (n° 255) va même jusqu'à soutenir que l'héritier (fût-il unique) peut revendiquer la chose en payant des dommages-intérêts et en restituant le prix, proposition insoutenable (Duvergier, *loc. cit.*). Elle est aussi repoussée par l'arrêt de *Cass.*, 11 août 1830, Cornilleau c. Aubert.

1027. — Jugé que lorsque plusieurs individus garantissent la validité de la vente d'un immeuble faite par un tiers, libre et franche de toute inscription hypothécaire ou autres charges quelconques, cette obligation est indivisible et chacun d'eux est tenu pour le tout. — *Bruxelles*, 3 janv. 1815, Grenier c. Saligo.

1028. — Jugé aussi qu'en cas de vente en commun, lorsque plusieurs copropriétaires d'un immeuble indivis entre eux se sont soumis à la garantie, sans exprimer que chacun vendait et promettait garantie seulement jusqu'à concurrence de sa portion, l'obligation de garantie est *indivisible*, et chaque vendeur en est tenu pour le tout, même au point d'être obligé de fournir hypothèque suffisante sur ses biens pour sûreté de toutes les causes de l'éviction. — *Bordeaux*, 1er mars 1826, Versaveau c. Brouillet.

1029. — M. Duvergier (n° 356) est bien d'avis que dans le cas ci-dessus (V. le numéro qui précède) chacun des vendeurs doit être tenu de l'action ou repoussé par l'exception pour le tout comme l'est chacun des héritiers du vendeur, mais il ajoute que si l'éviction a lieu, l'action en répétition du prix et en dommages-intérêts doit se diviser entre les vendeurs comme elle se serait divisée entre les héritiers; aussi pense-t-il que la cour de Bordeaux a méconnu cette règle et étendu trop loin les effets de l'indivisibilité, en décidant que chacun des vendeurs d'un immeuble indivis était obligé de fournir sur ses biens hypothèque suffisante pour garantir les suites de l'éviction. Par là elle a déclaré indivisible non-seulement l'obligation principale de garantie, mais même l'obligation de restituer le prix et de payer les dommages-intérêts.

1030. — Jugé dans ce dernier sens que bien que les propriétaires d'un immeuble indivis aient donné à un mandataire commun pouvoir de le vendre *conjointement et solidairement*, l'acquéreur ne peut néanmoins, en cas de trouble ou d'éviction, réclamer d'eux une garantie solidaire pour les sommes et dommages-intérêts auxquels il a droit, s'il n'a pas formellement stipulé la solidarité dans son contrat. — *Agen*, 3 déc. 1841 (t. 2 1842, p. 331), Cambus c. Duluc.

1031. — La solidarité, en pareil cas, ne peut résulter de cela seul que la vente a été faite pour un seul et même prix, et sans distinguer la part de chaque vendeur dans l'immeuble. — Même arrêt.

1032. — Jugé aussi que l'inexécution d'une vente faite par deux propriétaires d'un bien indivis entre eux ne donne pas lieu de plein droit contre eux à une condamnation *solidaire en dommages-intérêts*. En tout cas, la solidarité ne peut être prononcée d'office par le juge. — *Rennes*, 20 août 1811, Lebert c. Gohaud et Hyvers. — Troplong, t. 1er, n° 435.

1033. — La vente faite par plusieurs personnes d'une chose qui leur appartenait en commun mais par portions inégales ne peut, à moins de stipulation expresse, être réputée solidaire, la présomption étant que chacun ne s'est obligé que pour sa part. — *Colmar*, 23 juill. 1811, Clavey c. Moroge.

1034. — Les cohéritiers qui vendent solidairement un immeuble de la succession sont tenus de garantir l'acquéreur non-seulement des faits de l'auteur commun, mais même de ceux qui sont personnels à l'un ou l'autre d'entre eux. — *Paris*, 27 frim. an XII, Péan de Saint-Gilles c. Cordier.

1035. — Lorsque l'action en nullité d'une vente faite *solidairement* par des mineurs, est prescrite à l'égard de l'un d'entre eux par le laps de dix années, à partir de sa majorité, l'acquéreur, actionné en nullité par les vendeurs à l'égard desquels l'action n'est pas encore prescrite, a le droit de recourir en garantie, à cause de la solidarité, contre le vendeur majeur qui a encouru la prescription, et celui-ci ne peut se soustraire à la garantie qui pèse sur lui, en soutenant que la prescription de l'action en garantie étant opposée par exception, n'a pu courir qu'à dater du jour où l'action en garantie est exercée, d'après la règle *quæ sunt temporalia ad agendum, sunt perpetua ad excipiendum.* — *Cass.*, 5 déc. 1826, Douceur c. Pointel.

1036. — Lorsqu'une femme mariée sous le régime dotal a ratifié un contrat nul fait par un de ses auteurs, et s'est portée fort pour ses cohéritiers, et qu'ensuite elle a laissé passer dix ans depuis son veuvage sans attaquer ce traité, elle n'est plus recevable à en faire prononcer la nullité, en ce qui touche la garantie qu'elle a promise, lorsque, par suite de l'éviction causée par ses cohéritiers, on veut se prévaloir contre elle de cette garantie. — *Limoges*, 17 juill. 1840 (t. 2 1840, p. 754), Chaumell c. Gareton.

§ 3. — *Procédure de l'action en garantie.*

1037. — L'action en garantie pour éviction partielle prévue par l'art. 1638, C. civ., doit être considérée comme virtuellement et valablement comprise dans la demande, bien que le demandeur, dans les motifs de son exploit, ait exclusivement invoqué les principes de l'action rédhibitoire et l'art. 1644 C. civ.; et les juges peuvent en conséquence appliquer les règles de la garantie pour éviction partielle, alors surtout que l'erreur a été, par des conclusions postérieures, rectifiée devant eux. — *Douai*, 19 janv. 1846 (t. 1er 1846, p. 577), Caille c. Cavrois.

1038. — L'acheteur peut n'exercer son action en garantie qu'après le jugement sur la demande principale. Mais s'il agit ainsi, et que le vendeur prouve qu'il existait des moyens suffisans pour faire rejeter la demande, il pourra être déclaré non recevable dans sa demande en garantie. — C. civ., art. 1640.

1039. — Il est donc plus prudent de sa part de l'appeler dans l'instance principale.

1040. — Jugé que l'acheteur évincé, qui a délaissé la possession de l'héritage par suite de condamnation, sans avoir appelé son vendeur en garantie, n'en a pas moins son recours contre lui, s'il est prouvé que ce dernier n'avait pas de moyens suffisans pour rejeter l'action en éviction. — *Bruxelles*, 8 mars 1820, Dochez c. Luttens.

1041. — Jugé de même que l'acquéreur qui, pour éviter l'éviction, traite et paie un nouveau prix à titre de plus-value sans la participation du garant et sans même lui avoir dénoncé les poursuites, n'en a pas moins le droit d'agir contre lui, si celui-ci ne prouve pas qu'il avait des moyens d'éviter l'éviction. — *Riom*, 11 mars 1811, Chalus c. Teilhard.

1042. — Jugé toutefois que l'acquéreur menacé d'éviction qui a transigé sans appeler son vendeur, et qui, en faisant valoir les titres et les droits de ce dernier, s'est fait maintenir en possession, moyennant un supplément de prix, n'est plus recevable à exercer son recours en garantie contre le vendeur. — *Paris*, 19 juin 1818, Andral c. Barbaya.

1043. — En disant que la garantie pour cause d'éviction cesse lorsque l'acquéreur s'est laissé condamner par un jugement en dernier ressort, ou dont l'appel n'est plus recevable, sans appeler son vendeur, si celui-ci prouve qu'il existait *des moyens suffisans pour faire rejeter la demande*, l'art. 1640 C. civ. entend parler non-seulement des moyens que le vendeur pourrait faire valoir de son chef, mais encore de ceux qui sont personnels à l'acheteur. Ainsi, par exemple, le vendeur peut exciper de ce que, bien que la vente portât en réalité sur une chose dont une contre-lettre attribuait la propriété au revendiquant, l'acheteur ne s'est pas, pour se maintenir, prévalu du principe qui déclare les contre-lettres non opposables aux tiers. — *Bruxelles*, 7 mai 1829, N.....

1044. — Le vendeur n'échapperait pas à la garantie en prouvant qu'il existait des moyens *de forme* opposables, alors que ces moyens auraient laissé subsister *le droit*. Il en serait autrement si ces moyens de forme devaient entraîner l'extinction du droit. — *Cass.*, 14 fév. 1826, Choque c. Douzenel. — Duvergier, t. 1er, n° 384.

1045. — Au surplus, le vendeur ne peut former tierce-opposition au jugement consacrant l'éviction, rendu contre son acquéreur et acquiescé par celui-ci, sauf à lui le droit de l'invoquer contre cet acquéreur, lors de la demande en garantie qui serait dirigée contre lui. — *Douai*, 20 juill. 1816, Hanquez c. comm. de Lacres ; *Rennes*, 6 août 1821, Duboisriou c. Richard.

1046. — Jugé aussi qu'il n'est pas nécessaire que le vendeur d'un immeuble revendiqué par un tiers contre l'acquéreur soit appelé en cause par l'acquéreur ou par le tiers. Le vendeur est dans ce cas non recevable dans sa tierce-opposition, soit parce qu'il a été représenté dans l'instance par l'acquéreur, soit parce que le jugement ne préjudicie point à ses droits, puisque le recours en garantie que l'acquéreur exercerait contre lui par suite de ce jugement, peut être repoussé, d'après l'art. 1640 C. civ., par la preuve qu'il existait des moyens suffisans pour faire rejeter la demande en revendication. — *Cass.*, 3 fév. 1829, comm. de Reynel c. Choiseul-Stainville.

1047. — Le vendeur actionné en paiement d'une indemnité pour une servitude non déclarée peut demander un délai suffisant pour défendre à la prétention de celui qui réclame la servitude, et prouver la liberté du fonds. — *Turin*, 12 juin 1810, Michel c. Viotti.

1048. — Si l'acheteur appelle le vendeur dans l'instance principale, il peut demander sa mise hors de cause. — C. procéd., art. 182. — Mais malgré cette mise hors de cause le jugement qui intervient n'en est pas moins exécutoire contre lui parce qu'il a été représenté par son vendeur. — Duvergier, t. 1er, n° 385.

1049. — L'acheteur mis hors de cause ne serait pas passible des dépens, même en cas d'insolvabilité du garant. Et le revendiquant ne pourrait, pour se réserver le droit de les lui demander, s'opposer à sa mise hors de cause. — Rodier, ord. 1667 ; Carré, *L. procéd.*, t. 1er, n° 776 ; Duvergier, t. 1er, n° 385.

1050. — Si la demande en éviction est accueillie, l'acquéreur, ainsi que cela a été dit plus haut, peut répéter les dépens contre le vendeur. — V. *infrà.* nos 1060 et suiv.

1051. — Mais si le demandeur en revendication échoue et est condamné aux dépens des demandes principale et en garantie, l'acheteur peut-il, en cas d'insolvabilité de celui-ci, recourir contre le vendeur pour le paiement de ces dépens? *Aff.* Duvergier, t. 1er, n° 386. — La raison en est 1° que si la vente n'eût pas eu lieu, c'est le vendeur qui aurait été personnellement attaqué et obligé de se défendre; 2° que la disposition qui autorise l'acquéreur à se faire mettre hors de cause suppose nécessairement que tout le soin de la défense et toutes ses conséquences sont à la charge du vendeur; 3° qu'enfin le vendeur est tenu de la garantie de *tous troubles*.

1052. — La question a été jugée avec raison en ce sens par un arrêt de cassation du 3 janv. 1833 (Saulet c. Brocard), et cette décision ne viole pas l'autorité de la chose jugée par l'arrêt qui condamne le demandeur en éviction au paiement de *tous* les frais de l'instance principale et de garantie. M. Duvergier fait remarquer que dans l'espèce de cet arrêt on ne répétait que les frais de la demande principale; mais la raison de décider est évidemment la même en ce qui touche la répétition des frais exposés sur la demande en garantie.

1053. — La raison de douter vient de ce qu'il semble injuste de faire supporter au vendeur qui a rempli ses engagemens des tentatives d'éviction même les plus absurdes. D'ailleurs, ajoute-t-on, dans ce système l'insolvabilité du demandeur principal n'est pas un trouble dans le sens des dispositions de loi relatives à la garantie. — Voët, sur la loi 3, Cod. *De evict.* — Arr. parl. Toulouse, 22 nov. 1597, rapporté par Maynard, liv. 3, ch. 75. — Despeisses, part. 1re, tit. 1er, sect. 5e, n° 17.

1054. — Jugé en ce sens que lorsque la demande en éviction est repoussée, l'acquéreur qui a mis le vendeur en cause comme garant n'a de recours contre lui, ni pour les frais faits sur la demande principale, ni pour les frais de la demande en garantie. Il doit même être condamné aux frais exposés par le vendeur sur cette demande en garantie. — *Grenoble*, 30 nov. 1824, Rigollier c. Terry. — V. au surplus *infrà* nos 1076 et suiv.

1055. — L'acquéreur dont l'éviction a eu lieu d'abord de fait, puis a été prononcée par jugement, a trente ans pour exercer son recours contre son vendeur; mais ces trente ans commencent à courir à partir de l'éviction de fait, et non à partir du jugement qui l'a prononcée. — *Cass.*, 12 déc. 1837 (t. 2 1837, p. 589), Marquisan.

1056. — Le caractère d'une action se déterminant par les circonstances de la cause, et non par les expressions qu'ont pu employer les parties en formant leur demande, il en résulte que s'il s'agit d'un droit de pacage non considéré comme servitude, mais comme prenant sa source dans une concession faite à titre onéreux, il peut y avoir lieu à la garantie de la part du vendeur. L'acquéreur a droit d'obtenir un compulsoire à l'effet de se procurer des titres sur lesquels il se fonde; en conséquence, les juges ne peuvent prononcer sur la question de garantie qu'après l'examen des titres. — Extrait de Colas de la Noue. — *Orléans*, 18 fév. 1819, Baulu c. Dubreuil.

1057. — En cas d'éviction le tribunal peut statuer sur la demande en éviction, sans statuer par même jugement sur les chefs du recours en garantie qui ne sont pas en état, et, par exemple, sans faire droit à la demande, soit de dommages-intérêts, soit de la mise en cause des créanciers du garant qui ont touché le prix de l'immeuble objet de l'éviction. — *Cass.*, 21 déc. 1829, Magnencourt c. Grezely.

1058. — Jugé de même que lorsque l'acquéreur menacé d'éviction a négligé d'assigner son vendeur en garantie, et s'est borné dans les écritures du procès à demander sa mise en cause, le tribunal n'est pas obligé, par application de l'art. 175 C. procéd., d'attendre, pour rendre son jugement, l'expiration d'un délai de huitaine à partir de l'instant où ladite mise en cause aurait pu avoir lieu. — *Cass.*, 12 nov. 1834, Rémy c. Lambert.

1059. — Il n'y a pas violation des règles établies, en matière de garantie en cas d'éviction, par l'arrêt qui, en évinçant partiellement le détenteur d'un immeuble au profit d'un propriétaire voisin sur lequel des usurpations ont été commises, lui refuse, *en l'état*, la garantie contre son vendeur, en se fondant sur ce qu'il est encore incertain si les usurpations sont le fait de ce vendeur ou du détenteur lui-même. — Une telle décision contient nécessairement au profit de ce détenteur réserve du droit de reproduire son action en garantie, en fournissant des justifications suffisantes. — *Cass.*, 27 juin 1837 (t. 2 1837, p. 419), Bontemps c. Michelet.

§ 4. — *Effets de la garantie en cas d'éviction totale.*

1060. — L'acheteur évincé a droit de réclamer contre le vendeur la restitution du prix des fruits, s'il est lui-même obligé de les rendre au propriétaire qui l'évince, le paiement des frais et loyaux coûts de l'acte et des frais faits sur sa demande en garantie et sur l'action du demandeur originaire, enfin des dommages intérêts. — C. civ., art. 1630.

1061. — L'acquéreur a pu être condamné à la restitution des fruits même antérieurs à la demande, alors qu'il connaissait le danger de l'éviction. — Dans ce cas, il n'a pu être réputé de bonne foi. — Ainsi jugé par deux arrêts rendus dans des espèces où, s'agissant de la vente d'immeubles dotaux, l'acquéreur avait connu la dotalité. — *Cass.*, 25 avr. 1842 (t. 1er 1842, p. 612), Lepilleur c. Marrif; 27 avr. 1842 (t. 2 1842, p. 235), Chéramy c. Chédeville.

1062. — Tout vendeur est tenu à la restitution du prix, quoique la garantie n'ait pas été exprimée. — *Rennes*, 27 avr. 1818, Leclech c. Gallois.

1063. — ... Et même nonobstant la clause de non garantie. — *Douai*, 10 avr. 1840 (t. 2 1840, p. 579), Mouton c. Delimeux.

1064. — La restitution du prix et loyaux coûts ne peut être refusée à l'acquéreur évincé sous prétexte que celui-ci avait, lors de la vente, connaissance des causes de l'éviction. — *Bordeaux*, 23 mars 1809, Jauge c. Marlet.

1065. — Jugé que la garantie due par le vendeur ne s'applique pas seulement à la valeur du terrain revendiqué, mais encore à toutes les conséquences et à tous les frais que peut entraîner l'action en éviction. — *Limoges*, 2 juin 1837 (t. 1er 1838, p. 265), Chapoulaud c. Ardant et Lacoste.

1066. — La garantie due à l'acquéreur qui ne peut toucher le prix de la revente à raison des inscriptions existantes sur son vendeur consiste dans le rapport de la main-levée, ou, à son défaut, dans le paiement du prix en principal et intérêts de la revente moyennant subrogation dans tous les droits du garanti contre le nouvel acquéreur. — *Paris*, 3 flor. an XI, Chapron c. Bois et Canol.

1067. — La restitution du prix est due en entier alors même qu'à l'époque de l'éviction la chose vendue se trouverait diminuée de valeur ou considérablement détériorée soit par la négligence de l'acheteur soit par des accidens de force majeure. — C. civ., art. 1631.

1068. — L'obligation de restituer le prix est distincte et indépendante de l'obligation de payer des dommages-intérêts. — Dumoulin, *De eo quod interest*; Pothier, nº 131 ; Duvergier, t. 1er, nº 358; Troplong, nº 503; Delvincourt, t. 3, p. 72, note 12; Duranton, t. 16, nº 277 ; Favard de Langlade, vº *Vendeur*, § 8, nº 9.

1069. — On peut, il est vrai considérer comme consacrant le principe que la restitution du prix fait partie des dommages-intérêts dus à l'acheteur, un arrêt de la cour de Colmar; mais en se reportant aux termes de cet arrêt, on voit qu'il n'a pas posé ce principe pour en conclure que la somme à payer par le vendeur peut quelquefois être moindre que celle de la vente, mais seulement pour pouvoir condamner le vendeur par corps (art. 126, C. procéd.) à restituer le prix de vente. — *Colmar*, 7 avr. 1821, Erhard c. Lemann-Lévy.

1070. — La perte partielle de la chose n'autorise pas le vendeur à ne rendre que la partie du prix représentant ce qui reste de la chose vendue. — L. 64, ff., *De evict*; Dumoulin, *De eo quod int.*, nº 113; Duvergier, t. 1er, nº 359. — Le motif en est que la perte de la chose ne saurait peser sur celui qui n'en a jamais été propriétaire, et qu'on ne peut tolérer que le vendeur qui a vendu ce qui ne lui appartenait pas fasse un bénéfice en gardant une partie de la somme formant le prix. — Troplong (nº 489) prétend que la question est tranchée en ce sens par les mots *diminuée de valeur* de l'art. 1631. — Pothier (nº 156) se prononce, mais à tort, pour l'opinion contraire, par la raison qu'il ne peut y avoir éviction de ce qui n'existe pas.

1071. — L'acquéreur évincé en vertu d'un jugement qui a condamné son vendeur à lui restituer le prix de vente, a droit aux intérêts du prix jusqu'à ce qu'il en ait été remboursé, sans qu'il soit besoin de condamnation à ce sujet. — *Poitiers*, 22 juin 1825, Monnier c. Lagneau.

1072. — Si l'acquéreur a tiré parti des dégradations par lui faites, le vendeur a le droit de retenir sur le prix une somme égale à ce profit (C. civ., art. 1632), par exemple, en vendant des arbres de haute futaie. — Rapp. de M. Faure au Tribunat. — Locré, t. 14, p. 206 ; Duvergier, t. 1er, nº 360.

1073. — Bien que l'acquéreur évincé ait, ainsi qu'on l'a vu plus haut, le droit de franchir son vendeur pour recourir en garantie contre les vendeurs médiats, toutefois il ne lui serait pas permis de choisir parmi les vendeurs celui qui a payé le prix le plus élevé pour réclamer de lui une somme plus considérable que celle qu'il a personnellement déboursée. — *Bourges*, 5 avr. 1821, Louault c. Berthaut. — Duvergier, t. 1er, nº 371; Troplong, nº 496. — Pothier (*Vente*, nº 149) paraît plutôt pencher vers l'opinion contraire. Supposant le cas de deux ventes successives faites, la première moyennant 10,000 fr., et la seconde moyennant 6,000 fr., il se demande si le second acquéreur, étant évincé, pourrait réclamer contre le premier vendeur la restitution des 10,000 fr. Il répond : « On pourrait le soutenir; car lorsque je vends une chose à quelqu'un, je suis censé lui vendre et transporter tous les droits et actions qui tendent à faire avoir cette chose, et, par conséquent, l'action *ex exempto* que j'ai contre mon vendeur *ut præstet rem habere licet*. Cela paraît renfermé dans l'obligation que je contracte moi-même envers lui, *præstandi ei rem habere licere.* »

1074. — L'arrêt de Bourges précité nº 1073 (et qui nous paraît contenir une saine doctrine) est d'autant plus remarquable qu'il contenait subrogation au profit de l'acheteur des droits du vendeur contre son cédant. — Mais l'arrêt a écarté l'argument qu'on pouvait tirer de cette subrogation par la considération que l'acheteur, en recouvrant plus qu'il n'a payé, trouverait là une nature de bénéfices et de dommages-intérêts autres que ceux que la loi lui accorde dans certains cas.

1075. — Jugé aussi que le sous-acquéreur évincé qui forme directement son action en garantie contre l'auteur de son vendeur ne peut exiger autre chose que la restitution de son prix. — Ainsi et spécialement, si le contrat originaire est un échange, le sous-acquéreur évincé qui, au lieu d'agir en garantie contre son vendeur immédiat, s'adresse directement à l'échangiste, ne peut demander contre celui-ci la résolution du contrat d'échange et la remise des biens échangés. — *Paris*, 28 janv. 1822, de Montfort c. Foignet.

1076. — La cour d'appel de Nîmes a jugé (sur l'obligation de rembourser les frais) que l'acquéreur qui, sur la demande en délaissement dirigée contre lui, n'a pas appelé son vendeur en garantie, ne peut répéter contre celui-ci les frais auxquels il a été condamné par suite de l'éviction. — *Nîmes*, 12 mars 1833, Pelisse c. Moreau.

1077. — Et la cour de Cassation avait déjà jugé que le vendeur condamné, sur la demande en garantie de l'acheteur évincé, ne doit pas nécessairement supporter tous les frais faits sur l'instance principale et sur l'instance en garantie; les juges peuvent le condamner seulement aux dépens faits depuis sa mise en cause. — *Cass.*, 8 nov. 1820, Petit c. Pouradier. — Delvincourt, t. 3, notes, p. 148; Duvergier, nº 364, note, et Troplong, *Vente*, t. 1er, nº 500. — V. aussi Carré, sur l'art. 185 C. procéd. ; Jousse et Rodier, sur l'art. 14, tit. 8, ord. 1667, et Pothier, *Traité de la vente*, nº 129.

1078. — Cependant, dit M. Duvergier (nº 364), si la procédure qui précède la mise en cause est utile au garant d'après le système de défense qu'il oppose au demandeur principal, s'il eût fallu qu'il la fît lui-même dans le cas où elle n'eût pas été faite, il n'y aurait plus de motif pour le dispenser d'en payer les frais ; d'un autre côté, si même depuis la mise en cause l'acquéreur resté dans l'instance avait, par des contestations mal fondées ou par des procédures irrégulières, donné lieu à des frais inutiles, il devrait seul les supporter ; à plus forte raison, il serait responsable de tous les dépens s'il avait persisté à vouloir plaider, après que le vendeur aurait déclaré qu'il n'avait pas de moyens pour repousser la demande principale. — V. sur ce dernier point Troplong, nº 500 ; Pothier, nº 130.

1079. — Jugé, dans une espèce particulière où les faits semblent légitimer la solution, qu'en cas d'éviction, le vendeur est responsable envers son acquéreur, non seulement de la restitution du capital et des intérêts, mais encore de tous les dépens faits même avant sa mise en cause et sur la demande originaire. — *Cass.*, 14 mars 1825, Préfet du Bas-Rhin c. fabrique de Sessolsheim.

1080. — Lorsque l'acquéreur est troublé dans sa possession par un tiers, et qu'il n'assigne que tardivement son vendeur à l'effet de le garantir, ce dernier ne saurait être condamné à payer des frais qu'il eût pu éviter par une prompte intervention si le trouble lui eût été dénoncé dès l'abord. — *Besançon*, 14 nov. 1844 (t. 1er 1846, p. 115), Gannard c. Beauquier et Bonnefoy.

1081. — Si la chose vendue a augmenté de prix à l'époque de l'éviction, même indépendamment du fait de l'acquéreur, le vendeur doit lui payer ce qu'elle vaut au dessus du prix de la vente. — C. civ. art. 1633.

1082. — Jugé (dans une espèce où l'éviction avait eu lieu à cause d'un *fait personnel* au vendeur) que le premier vendeur est responsable des conséquences de l'éviction, soit quant au prix des ventes postérieures, soit quant aux dommages-intérêts, et cela, encore bien que le prix qu'il a reçu soit inférieur à celui des autres ventes. Ainsi, dans le cas où le second acquéreur, qui a payé 20,000 fr. un immeuble dont il est évincé, actionne son vendeur en garantie et en dommages-intérêts, ce dernier a droit à la garantie pour la même somme, avec dommages intérêts, contre son vendeur, quoique le prix payé à celui-ci ne soit, que de 6,000 fr. — *Cass.*, 12 déc. 1826, Lesueur c. Wauthier. — Duvergier, nº 366. Troplong, nº 506.

1083. — L'acquéreur évincé peut demander qu'une expertise ait lieu à l'effet de déterminer si l'immeuble a augmenté de valeur à l'époque de l'éviction, et quelle est l'importance de la plus-value ; on ne peut s'y refuser, sous le prétexte que l'adjudication publique dont cet immeuble a été l'objet lors de l'éviction offre une base suffisante. — *Bourges*, 5 avr. 1821, Louaut c. Berthaut.

1084. — Toutefois, il a été jugé (même dans une espèce où il y avait eu stipulation expresse de garantie) que la garantie d'un vendeur, dans le cas où son acquéreur a été évincé, peut être restreinte, plus ou moins, sur le motif que cet acquéreur avait connaissance, en contractant, qu'il était exposé aux dangers de l'éviction, et qu'ainsi, notamment, on peut lui refuser la plus-value et la restitution des fruits. — *Cass.*, 8 nov. 1820, Petit c. Pourradier.

1085. — Si la plus-value était tellement énorme qu'elle dépassât toutes les prévisions, toutes les probabilités, le vendeur de bonne foi devrait-il être condamné à la payer entièrement? Dumoulin (*de eo quod interest*, nºs 57 et suiv), Pothier (*oblig.*, nº 164 et *Vente*, nº 133); Duvergier (t. 1er, nº 369), soutiennent la négative, par application de la règle générale de l'art. 1150, qui dispose que le débiteur n'est tenu que des dommages-intérêts qu'on a prévus lors du contrat. — Toutefois, nous pensons avec Toullier (t. 6, nº 285); Troplong (nº 507); Duranton (nº 295), que l'art. 1633 dispose d'une manière trop générale pour

que la règle de l'art. 1150 puisse ici trouver place.

1086. — Les dommages-intérêts dus à l'acquéreur évincé comprennent toutes les pertes que l'éviction a pu lui causer, et spécialement les frais de déménagement, et ceux faits pour se procurer un logement convenable à la profession qu'il exerce. — *Bordeaux*, 5 avr. 1821, Louaut c. Berthaut.

1087. — L'acquéreur qui achète sans autre garantie que celle des faits et promesses du vendeur n'a pas droit, en cas d'éviction, même à la restitution du prix par lui payé, s'il résulte des clauses du contrat et des faits constans du litige, qu'il a acheté avec connaissance du danger d'éviction. — *Douai*, 16 fév. 1846 (t. 1er 1846, p. 575), Durut c. Deloffre.

1088. — En cas d'éviction par voie de surenchère, les dommages-intérêts à allouer à l'acquéreur évincé doivent consister dans la différence existant entre le prix de son acquisition et le prix de l'adjudication à la suite de la surenchère, comme représentant la plus-value du jour de la première vente au jour de l'adjudication par surenchère. — *Bordeaux*, 27 fév. 1829, Hervé c. Roussille ; *Toulouse*, 27 août 1834, Leygue c. Combaldieu.

1089. — Cette base, fixée par l'art. 2191 pour le cas où l'acquéreur primitif est devenu adjudicataire sur la surenchère, trouve son application même au cas où c'est un autre que lui qui s'est rendu adjudicataire (mêmes arrêts). — V., cependant, *Rouen*, 11 mars 1842 (t. 2 1842, p. 431), Toury c. David, qui juge que, dans ce cas, l'art. 2191 ne fournit pas une fixation absolue, mais une base d'appréciation.

1090. — Et, par suite, l'acquéreur qui, sur une surenchère exercée par un créancier du vendeur, s'est rendu adjudicataire de l'immeuble qu'il avait originairement acquis, a droit de réclamer contre son vendeur le remboursement de l'excédant du prix de son adjudication sur le prix de la vente originaire. — *Bordeaux*, 22 avr. 1836, Labrousse.

1091. — Mais jugé aussi, que si cet acquéreur réclame contre son vendeur des dommages-intérêts, les tribunaux ne doivent pas apprécier l'éviction résultant d'une surenchère avec la même rigueur que l'éviction qui résulterait du fait et de la faute imprévue du vendeur. — Même arrêt.

1092. — Jugé, en outre, que cet acquéreur peut réclamer contre son vendeur le remboursement des frais de la procédure suivie pour constater la plus-value de l'immeuble vendu, mais non le remboursement des frais d'adjudication et d'enregistrement. — Même arrêt.

1093. — L'acquéreur évincé *par la surenchère* à la suite de laquelle il ne s'est pas rendu adjudicataire, ne peut, pour le montant de dommages-intérêts, réclamer de privilège contre les créanciers chirographaires du vendeur. — *Bordeaux*, 27 fév. 1829, Hervé c. Roussille.

1094. — Il n'a également ni privilège ni hypothèque pour le remboursement du prix qu'il a payé comptant. — *Cass.*, 28 mars 1843 (t. 1er 1843, p. 750), Laverlochère c. Rudigoz.

1095. — Mais l'acquéreur qui s'est rendu adjudicataire sur la surenchère a droit, après paiement des créanciers hypothécaires, de retenir, à l'exclusion des chirographaires, la différence entre le prix de la vente et celui de l'adjudication. — *Bordeaux*, 27 fév. 1829, Hervé c. Roussille. — Troplong, priviléges et hypothèques, t. 4, no 921 ; Grenier, t. 2, no 469 ; Persil, *Rég-hypoth.*, sur l'art. 2191, no 5.

1096. — L'acquéreur évincé par une surenchère doit être remboursé par privilége, non seulement des impenses urgentes et nécessaires qu'il a faites, et qui sont justifiées par des procès-verbaux homologués, mais encord des frais de ces procès-verbaux, et de ceux de l'instance ayant pour objet leur homologation, et ce, en sus de la plus-value absorbée par le coût des impenses principales. — *Cass.*, 11 nov. 1824, Beauvilliers c. Chenard Freville.

1097. — Lorsque l'administration a vendu la pêche dans une rivière navigable et flottable à un individu qui cède le même droit à d'autres particuliers, ceux-ci, lorsqu'ils sont évincés de ce droit de pêche, qui, sur la revendication faite au nom de l'état est déclaré inaliénable, ont qualité pour actionner leur vendeur en résolution de la vente. — Mais il n'y a pas lieu, lorsque les parties étaient de bonne foi, à condamner le vendeur à payer des dommages-intérêts, mais seulement à restituer les intérêts du prix de la vente du jour des paiemens aux acquéreurs, qui, de leur côté, doivent les fruits qu'ils ont tirés de la chose. — *Colmar*, 1er août 1823, Cerf c. Sittler.

1098. — Le vendeur, qu'il soit de bonne ou

de mauvaise foi, doit à l'acheteur le remboursement de toutes les réparations et améliorations *utiles* qu'il aura faites au fond. — C. civ. art. 1634. — Mais, dans ce cas, il n'est pas tenu des dépenses voluptuaires ou d'agrément. — V., sur ce dernier point, *Bourges*, 5 avr. 1821, Louaut c. Berthaut.

1099. — Si la dépense utile n'a produit qu'une plus-value inférieure, ou a amené une plus-value supérieure à son montant, c'est de l'amélioration et non de l'impense qu'il sera dû restitution. — Car le montant des sommes employées étant déjà absorbé, ce ne sont pas ces sommes, mais le résultat qu'elles avaient procuré, que perd l'acquéreur ; c'est donc ce résultat seulement qui doit être restitué. — Duvergier, t. 1er no 368 ; Troplong, nos 507 et 510 ; Duranton, no 297 ; Pothier, nos 135 et 136. — *Contrà*, Loyseau, *Déguerpissement*, liv. 6, chap. 8, no 21.

1100. — Jugé que le possesseur dont le titre a été annulé ne peut, en excipant de sa bonne foi, demander le remboursement du prix entier des améliorations par lui faites aux fonds cédés ; il n'a droit qu'à la plus-value. — (cet arrêt est rendu dans une espèce ou un acte qualifié vente avait été déclaré ne constituer qu'une discussion de biens.) — *Cass.*, 14 nov. 1816, Jaumier c. Penin.

1101. — Si le vendeur est de mauvaise foi, c'est-à-dire s'il a vendu sciemment le fonds d'autrui, ou s'il a connu au moment de la vente le danger de l'éviction, il doit rembourser à l'acheteur toutes les dépenses, même voluptuaires ou d'agrément qu'il aura faites sur le fonds. — C. civ. art 1635. — Toutefois cette règle ne doit pas être isolée de celle qui refuse tous dommages-intérêts à l'acheteur qui savait, en achetant, que la chose n'appartenait pas au vendeur. — Duvergier, t. 1er, no 368 ; Troplong, no 511.

1102. — C'est du jour de la demande et non du jour de la vente, que sont dus les intérêts des loyaux coûts d'un contrat de vente et des améliorations dues à l'acquéreur. — *Bourges*, 13 avr. 1835, Parnajou c. Saint-James.

1103. — Si l'acheteur était condamné à des dommages-intérêts envers le revendiquant à raison de dégradations par lui commises sur le fonds, il pourrait exercer à cet égard un recours contre son vendeur, à moins qu'il ne s'agisse de dégradations faites postérieurement à l'époque où il connaissait le vice de son titre. — Le vendeur ne pourrait être responsable de ces dernières dégradations. — Duvergier, t. 1er, no 370 ; Duranton, no 299 ; Proudhon, *Usufruit*, t. 4, no 2092 (qui cite la loi 31, § 3, ff., *De hæredit pet.* lib. 5, tit. 3) ; Pothier, 127 et 128 (alors que les dégradations ont eu lieu depuis la demande et pendant les procès).

1104. — Avant le Code, l'acquéreur d'un immeuble, évincé par les créanciers hypothécaires du vendeur, n'était pas tenu des dégradations et changemens qu'il avait pu faire dans l'intervalle de son acquisition au déguerpissement, alors même qu'il en aurait profité. — *Paris*, 24 flor. an XII, Dormesson c. Pasquier.

1105. — La nullité d'une adjudication résultant de ce que la demande en conversion de la saisie immobilière a été portée devant un tribunal incompétent, ne donne droit à l'adjudicataire évincé que de réclamer le paiement des frais d'adjudication, lequel doit être supporté par moitié par le saisissant et le saisi. — *Paris*, 30 avr. 1834, Delespinatz c. Michel et Dufartre.

1106. — L'acquéreur qui a exigé de son vendeur une hypothèque spéciale pour sa garantie en cas d'éviction, ne peut poursuivre des immeubles autres que ceux qui lui ont été spécialement affectés. Il ne peut pas non plus agir comme subrogé aux droits du créancier hypothécaire qui l'évince, si celui-ci, qui, originairement, avait une hypothèque générale et une hypothèque spéciale, n'a conservé, par son inscription, que son hypothèque spéciale étrangère aux immeubles que l'acquéreur veut poursuivre. — *Aix*, 26 juin 1807, Baudoin c. Gente.

1107. — L'acquéreur qui reçoit de son vendeur le prix de l'immeuble dont on l'a évincé ne se rend pas non recevable à se pourvoir en cassation contre le jugement qui a prononcé l'éviction. — *Cass.*, 30 juin 1818, Rollet.

1108. — L'adjudicataire évincé par suite de la cassation de l'arrêt en vertu duquel on procédait à l'adjudication, n'a pas le droit de réclamer l'indemnité des pertes que l'éviction lui a fait éprouver, alors qu'il connaissait, au moment de l'adjudication, l'existence du pourvoi en cassation ; il ne peut réclamer non plus les frais dont il a été tenu en refusant indûment de payer avant l'arrêt de cassation. — Dans ce cas, l'adjudicataire n'a droit qu'à la restitution des frais de poursuite, et du prix qu'il a payé en vertu du jugement d'adjudi-

cation, mais avec action purement personnelle et sans solidarité contre chacune des personnes obligées à la restitution ; et l'action en répétition ne peut être dirigée que contre ces personnes elles-mêmes, bien que ce fût entre les mains de leurs avoués que les paiemens eussent été effectués. — *Paris*, 6 fév. 1836, De Broyes c. de Perthuis.

1109. — Dans le cas où le prix d'un immeuble a été réglé en billets à ordre négociables, l'éviction que subit l'acquéreur ne lui donne le droit ni de se refuser au paiement des billets non encore acquittés et qui seraient passés entre les mains de tiers, ni de répéter ce qu'il aurait payé de ceux qui l'auraient reçu. — *Liége*, 8 déc. 1831, Donckier c. Dubois.

1110. — L'obligation imposée au vendeur de rembourser ou de faire rembourser à l'acquéreur, par celui qui l'évince, les réparations ou améliorations faites au fond, ne fait point obstacle à ce que l'arrêt qui ordonne l'éviction soit exécuté avant aucun apurement de compte par la prise de possession de l'immeuble. — *Cass.*, 12 mai 1840, (t. 2 1840, p. 153), Arragon et Cure c. de Montlogis.

§ 5. — *De l'éviction partielle et de ses effets.*

1111. — L'éviction *partielle* a lieu de deux manières : 1o par la privation d'une portion de la chose vendue : 2o par l'exercice d'un droit réel, notamment d'un droit de servitude sur cette chose.

1112. — Dans le premier cas, si la portion dont l'acquéreur est évincé est de telle conséquence, relativement au tout, que l'acquéreur n'eût pas acheté sans la partie dont il a été évincé, il peut faire résilier la vente. — Art. 1636.

1113. — Ainsi, jugé que l'acheteur qui vient à découvrir l'existence d'une emphytéose qui lui retire la propriété du fonds acquis, peut, s'il est reconnu qu'il a entendu l'acquérir en toute propriété, faire prononcer la résolution du contrat. — *Colmar*, 26 déc. 1821, Scheer c. Martian.

1114. — ... Et, dans ce cas, l'acheteur a le droit de réclamer du vendeur tout ce qu'il eût été en droit d'exiger au cas d'éviction totale (art. 1630). — Delvincourt, t. 3, p. 73, note 1re ; Duvergier, t. 1er, no 373 ; Troplong, no 513.

1115. — Si la vente est maintenue soit par la volonté de l'acheteur, soit par celle des tribunaux, la valeur dont l'acquéreur se trouve évincé lui est remboursée suivant l'estimation à l'époque de l'éviction, et non proportionnellement au prix total de la vente, soit que la chose vendue ait augmenté ou diminué de valeur. — C. civ., art. 1637. — L'art. 1637 innove en cela aux anciens principes. — V. la discussion de Duvergier, t. 1er, nos 374 et suiv. ; Troplong, nos 516 et suiv.

1116. — Dans ce cas, l'acquéreur a droit à la restitution des fruits s'il est obligé lui même de les rendre, à la partie de frais et loyaux coûts de l'acte correspondante à la portion dont il est évincé, à des dommages-intérêts et aux frais de l'instance, ainsi qu'il a été dit plus haut pour l'éviction totale. — Duvergier, t. 1er, no 376.

1117. — L'art. 1637, C. civ., suivant lequel la valeur de la partie évincée doit être remboursée à l'acquéreur suivant l'estimation à l'époque de l'éviction, et non suivant le prix de la vente, ne reçoit pas son application au cas où une portion d'immeuble n'appartenant pas au vendeur a été par erreur comprise dans la vente. Dans ce cas, l'indemnité due à l'acquéreur peut être fixée d'après la valeur au temps de la vente de la partie indûment vendue. — *Cass*, 25 avr. 1831, de Merloz c. de La Blanche.

1118. — L'art. 1637 est applicable en matière d'expropriation forcée. C'est la conséquence du principe que la garantie est due dans ces sortes de ventes comme dans les ventes volontaires. — *Toulouse*, 24 janv. 1826, Custos c. Lavabre ; — Duvergier, t. 1er, no 377. — *Contrà*, Troplong, no 522, (Cet auteur, en principe, refuse l'action en garantie en matière d'expropriation forcée).

1119. — Jugé, en conséquence, que l'indemnité due à l'adjudicataire sur expropriation, évincé de partie des biens vendus, doit être fixée d'après la valeur des biens au temps de l'éviction, et non proportionnellement sur le prix total de l'adjudication. — Même arrêt.

1120. — Remarquons, au surplus, avec Duvergier (*loc. cit.*), que ce n'est que contre le saisi et non contre le poursuivant (sauf le cas de fraude) que la garantie pour éviction partielle, comme celle pour éviction totale, pourra être exercée.

1121. — Jugé qu'il y a lieu, pour le règlement du montant de l'indemnité due à un adjudicataire évincé en partie, de distinguer entre les créanciers inscrits avant la cause de l'éviction, et ceux

qui ne l'ont été qu'après. — A l'égard des premiers, cette indemnité est la somme pour laquelle le fonds dont l'adjudicataire est évincé est entré dans le prix total de l'adjudication. Vis-à-vis des créanciers inscrits postérieurement à la cause de l'éviction, ainsi que du saisi ou de ses héritiers, l'indemnité doit être égale à la valeur réelle du fonds. — *Dijon*, 8 fév. 1817, Fénéon c. Dessauze. — Cette décision est vivement critiquée par Troplong, *Vente*, no 523 : 1o comme soumettant à tort le saisi à la garantie, 2o comme faisant entre les créanciers une distinction que rien n'explique.

1122. — Quand la chose vendue consiste en jouissances ou prestations d'une durée limitée à un terme fixe, ou subordonnée à une condition (un usufruit, un bail etc.), l'éviction qui a lieu après un certain temps n'est que partielle ; l'évincé n'a donc pas droit à la restitution du prix total. Son droit est régi par les art. 1637 et 1638. — Duvergier, t. 1er, no 361.

1123. — Il en est de même au cas de vente d'animaux dont la vie est nécessairement limitée. — Pothier, no 164; Dumoulin, *De eo quod. int.*, nos 127 et 129; Duvergier, no 362.

1124. — Le vendeur qui a garanti l'acquéreur de tous troubles et empêchemens lui doit indemnité s'il se trouve qu'un bail antérieur s'oppose à la prise de possession. Ces dommages-intérêts doivent être calculés non sur la valeur spéculative que l'acquéreur donnerait à l'immeuble d'après l'emploi qu'il s'était proposé d'en faire, mais sur sa véritable valeur productive, et sur la perte qui résulte pour l'acquéreur de l'impuissance d'en jouir lui-même ou de l'affermer à plus haut prix. — *Metz*, 20 août 1818, Defilley c. Lippman.

1125. — Jugé encore que, bien qu'il ait été stipulé, dans l'acte de vente d'une maison donnée à bail, que l'acquéreur sera tenu d'exécuter tous les engagemens pris par son vendeur envers le preneur, si, par suite de l'obscurité d'une des clauses du bail, la résiliation en est prononcée, le vendeur peut être condamné à garantir l'acquéreur du dommage qui en résulte pour lui et, par exemple, de l'indemnité qu'il est condamné à payer au preneur ; mais il n'y a pas lieu nécessairement, dans ce cas, à la résolution de la vente. — *Cass.*, 9 juin 1830, Pinvert c. Colmet.

1126. — L'éviction partielle existe encore lorsque l'héritage vendu se trouve grevé de certains droits réels, tels que des servitudes. — Toutefois, dans ce cas, l'acquéreur n'a droit à la garantie qu'autant qu'il a ignoré l'existence des charges ou servitudes. — C. civ., art. 1638.

1127. — Il est réputé avoir connu les charges ou servitudes s'il s'agit de charges qui sont de droit, et imposées par les lois générales, les statuts et usages locaux, ou la nature même de la chose vendue. — Duvergier, t. 1er, no 378.

1128. — Ainsi, jugé que les réparations auxquelles l'acquéreur d'un immeuble se trouve condamné par l'autorité administrative ne peuvent, alors qu'elles sont jugées n'être qu'une charge naturelle et inhérente de la propriété, servir de prétexte à une demande en indemnité contre le vendeur, pour le défaut de déclaration des charges ou servitudes grevant la propriété vendue; ce n'est pas là le cas d'appliquer l'art. 1638, C. civ. — *Cass.*, 29 juin 1819, Delard Buscou c. Boussort de Campels.

1129. — Jugé encore que l'obligation de reculer, en cas de démolition volontaire ou forcée par la vétusté, imposée à une maison par un plan général d'alignement approuvé par ordonnance royale, ne constitue qu'une charge municipale de droit commun, et que le vendeur n'est pas tenu de déclarer. — *Orléans*, 21 janv. 1835, Jourdain c. Lefèvre. — Mais cette solution n'est pas sans difficulté. — Il faut remarquer, en outre, que, dans l'espèce, la vente avait eu lieu avec clause que l'adjudicataire serait tenu de souffrir toutes les servitudes passives apparentes ou non apparentes.

1130. — L'acheteur est encore réputé connaître les servitudes apparentes (C. civ., art. 1638). Dès-lors, il n'a droit à la garantie de ces servitudes que si elle a été stipulée. — *Cass.*, 12 août 1812, Poitin c. Morfouillet; *Paris*, 13 janv. 1810, Jour c. Lacour; Duvergier, t. 1er, no 378; Troplong, no 527; Merlin, *Rép.*, vo *Servitudes*, § 34; Pardessus, *Servitudes*, no 40.

1131. — Jugé, dès-lors, que l'acheteur n'a pas droit à la garantie en raison d'un service foncier de passage public dont l'existence ne lui aurait pas été déclaré, si les traces de ce passage étaient apparentes lors de la vente et qu'il n'ait pu s'y méprendre. En vain prétendrait-il qu'il a cru qu'il s'agissait d'un passage particulier. — *Bruxelles*, 16 fév. 1820, Horion c. de Lalaing.

1132. — Jugé, de même (par application du principe que le vendeur ne doit pas garantie à raison des servitudes qui pèsent sur la propriété, lorsque ces servitudes résultant de la loi n'ont pu conséquemment être cachées, et que, de plus, le contrat ne porte aucune stipulation à ce sujet), que l'acquéreur d'une maison dont une partie prend appui sur le mur d'une ville de guerre ne peut prétendre garantie contre son vendeur, lorsqu'il est condamné à démolir son bâtiment et à l'isoler des murs de la place. — *Colmar*, 18 nov. 1836 (t. 2 1837, p. 485), Maître.

1133. — Bien qu'il soit stipulé dans un acte de vente que l'acheteur supportera toutes les servitudes actives et passives, apparentes ou occultes, le tout à ses risques, périls et fortune, le vendeur n'en demeure pas moins tenu de l'obligation de garantie, s'il est vérifié qu'une étendue de terrain plus considérable que celle formellement indiquée au contrat, se trouve dans la zône des fortifications d'une place de guerre. — *Douai*, 19 janv. 1846 (t. 1er 1846, p. 577), Caille c. Cavrois.

1134. — La garantie stipulée pour le cas d'éviction dans le contrat de vente d'une maison ne doit s'entendre que de l'éviction procédant du fait du vendeur lui-même, et non du gouvernement, à raison d'une servitude militaire apparente et indiquée dans l'acte d'acquisition. — *Grenoble*, 2 juill. 1840 (t. 1er 1841, p. 696), Domaine c. Raymond Crozat.

1135. — Quant aux servitudes *non apparentes*, il lui est dû garantie pour le trouble qu'elles lui causent, à moins que le vendeur ne les lui ait déclarées, ou qu'il n'en ait eu connaissance. Dans ce cas, en effet, il ne peut prétendre avoir été induit en erreur, et il est de principe que l'acquéreur n'a le droit de se plaindre qu'autant qu'il a été trompé. — Voët, *De evict.*, no 32; Pothier, *Vente*, no 188 ; L. 3, Cod., *De comm. de leg.*, § *emptor*, Cod. 27, *De evict.*; Troplong, *Vente*, t. 1er, nos 418 et 525; Duvergier, *Vente*, nos 318 et 378.

1136. — Jugé, en conséquence, que le vendeur n'est pas tenu de garantir l'acquéreur d'une servitude non déclarée dans le contrat de vente, *lorsque celui-ci en a eu connaissance.* — *Cass.*, 28 mars 1808, Vernier c. Cramer.

1137. — Jugé encore, que l'acquéreur d'un immeuble grevé de charges non expressément déclarées dans le contrat, est sans aucun droit dans son recours en garantie contre le vendeur, 1o s'il a acheté l'immeuble avec ses servitudes actives et passives ; 2o si les titres de propriété du vendeur, rappelés dans le nouvel acte de vente, font mention de ces charges ; 3o enfin, si elles résultent d'un arrêt de réglement rendu public, d'après les usages du temps. Du moins, l'arrêt qui le décide ainsi est à l'abri de la censure de la cour de Cassation. — *Besançon*, 17 janv. 1829 (sous *Cass.*, 7 fév. 1832), Rebattu c. Julien.

1138. — Jugé que l'existence d'une servitude qui paralyse l'exercice du droit de propriété ne peut donner matière à une action en garantie contre le vendeur, si l'acte de vente mentionne, même implicitement, cette servitude. — *Cass.*, 25 juin 1834, Saint-Albin c. Dejean.

1139. — Il n'y a pas lieu à garantie contre le vendeur pour défaut de déclaration d'une servitude de passage, alors que celui-ci offre de prouver que l'acquéreur a connu cette servitude, qui était annoncée par des signes extérieurs, tels qu'une claie et un chemin tracé, et qu'il en a souffert l'usage pendant plusieurs années sans élever de réclamations. — *Limoges*, 14 et 20 fév. 1837 (t. 1er 1837, p. 414), Boissou c. Bardet et Ratineau, Laforest c. Debregeas.

1140. — Le vendeur qui s'est obligé, par l'acte de vente, à garantir l'acquéreur de tous troubles et évictions, est tenu, lorsqu'il n'a pas déclaré la réserve domaniale relative à l'abandon sans indemnité du terrain nécessaire pour l'alignement, de garantir l'acquéreur de l'exécution de cette réserve, nonobstant la remise qu'il lui a faite du titre originaire dans lequel elle se trouve exprimée. — *Paris*, 25 mai 1849 (t. 2 1849, p. 153), Périer c. Miron de l'Espinay.

1141. — Le vendeur qui n'a pas déclaré, dans le contrat de vente, les charges dont l'immeuble était grevé, est obligé de droit, même en l'absence de toute stipulation, à garantir l'acquéreur à raison de ces charges, à moins qu'il ne prouve que celui-ci les connaissait au moment de la vente. Spécialement, le vendeur qui, lors de l'adjudication d'un immeuble, n'a pas déclaré la réserve domaniale insérée dans le titre originaire, et portant que l'acquéreur sera tenu de se conformer, sans indemnité, aux alignemens arrêtés par l'administration, doit garantir l'adjudicataire de l'éviction qu'il souffre par suite de cette réserve, alors que, d'ailleurs, il est constant que ce dernier n'en avait point eu connaissance. On ne peut induire du fait de la remise de l'acte contenant la réserve domaniale, au moment de la signature du contrat de vente, que l'acquéreur ait connu l'existence de cette réserve. — *Paris*, 24 mai 1849 (t. 2 1849, p. 151), Dijon c. Merlin et Gavet.

1142. — Lorsque, par le contrat de vente, le vendeur s'est expressément soumis à une garantie indéfinie, l'obligation de garantie existe pour les charges connues et prévues, comme pour celles dont le vendeur aurait ignoré ou dissimulé l'existence, encore bien que, dans ce dernier cas, il n'ait point eu l'intention de tromper l'acquéreur. Ainsi, en supposant que l'acquéreur eût, lors de la vente, connu la cause de l'éviction, spécialement l'existence de la réserve domaniale dont il s'agit, le vendeur, en présence de la clause expresse et indéfinie de garantie, est responsable de l'éviction. Il ne peut, pour se soustraire à cette responsabilité, exciper de ce que la clause de garantie contient exception pour les *faits du gouvernement*, l'exercice d'une réserve domaniale librement stipulée et consentie ne présentant point ce caractère. — Même arrêt.

1143. — La clause de l'adjudication d'un immeuble, par laquelle il est stipulé que l'adjudicataire doit exercer ou souffrir à ses risques et périls les servitudes actives et passives, ne s'applique point à la réserve domaniale obligeant l'acquéreur à se conformer, sans indemnité, aux alignemens arrêtés par l'administration. Dans tous les cas, s'il y a doute sur le sens de cette clause dans l'intention des parties, ce doute doit s'interpréter contre le vendeur. — Même arrêt.

1144. — Le vendeur d'un immeuble, qui s'est obligé à garantir l'acquéreur de tous troubles, évictions et empêchemens quelconques, ne peut s'affranchir de cette garantie, relativement à une clause domaniale obligeant l'acquéreur à se conformer, sans indemnité, aux alignemens arrêtés par l'administration, sous le prétexte que le cahier des charges mentionnant expressément le titre originaire d'acquisition dans lequel cette clause était insérée, on doit considérer l'acquéreur comme ayant connu le danger d'éviction au moment de la vente. C'est au vendeur à déclarer les clauses de péril dont sa propriété est affectée. D'ailleurs, le doute, s'il en existe sur le sens de la cause de garantie, doit s'interpréter contre le vendeur. — *Paris*, 3 avr. 1849 (t. 2 1849, p. 150), Ameling c. Vavin.

1145. — La clause d'un acte de vente nationale portant que l'adjudicataire sera tenu de se conformer sans indemnité à tous alignemens ou retranchemens qui pourraient être arrêtés pour les travaux publics, est applicable au cas de retranchement total pour l'établissement d'une rue nouvelle, aussi bien qu'au cas de retranchement partiel pour l'élargissement de la voie publique existante. Une telle clause, présentant d'ailleurs un sens fort clair, n'a pas besoin d'interprétation, et les tribunaux doivent en ordonner l'application sans renvoi préalable à l'autorité administrative. La prescription de l'obligation contractée par l'adjudicataire de se soumettre à l'alignement sans indemnité, ne commence à courir contre l'état qu'à partir du jour de la réquisition d'alignement adressée au possesseur de l'immeuble. — *Amiens*, 3 août 1847 (t. 1er 1848, p. 309), Catteau.

1146. — Tout acquéreur est présumé avoir acquis de bonne foi, et dans l'ignorance de faits ou condamnations antérieures à la vente, desquels résulterait une diminution de valeur dans l'objet vendu, et a, dès-lors, droit à réclamer une indemnité pour cette diminution. — *Rennes*, 11 juin 1835, Daubigny c. Duboldéru et Godard.

1147. — Les règles ci-dessus peuvent être modifiées par la volonté des parties : ainsi, elles peuvent stipuler ou que le vendeur sera garant des servitudes apparentes, ou qu'il ne le sera pas des servitudes occultes. La stipulation de garantie peut resulter de termes équipollens.

1148. — Ainsi, on considère généralement la clause que le fonds est *franc et libre de toutes charges et servitudes* comme exprimant la garantie des servitudes même apparentes. — *Paris*, 13 janv. 1810, Jour c. Lacour. — Troplong, no 527; Duvergier, t. 1er, no 379 (avec hésitation). — V. cependant Duranton (t. 16, no 302) qui n'est de cet avis qu'autant que la clause *franc et quitte* a été suivie d'une exception pour une servitude déterminée, cette exception pouvant seule prouver, suivant lui, que la garantie s'étend à toutes autres servitudes.

1149. — La clause que l'immeuble est vendu *tel qu'il est, tel qu'il se poursuit et comporte et que l'acheteur a déclaré le bien connaître*, ne semblent pas assez formelles pour entraîner l'idée d'affranchir le vendeur de la garandie des servitudes occultes.

— Duvergier, t. 1er, no 379 ; Troplong, nos 529 et 530

1150. — Une décision contraire paraît résulter d'un arrêt de la cour de Cassation du 26 fév. 1829. Mais les faits semblent indiquer qu'indépendamment de la déclaration de connaître l'état des lieux, l'acquéreur *s'était soumis à toutes les servitudes dont le fonds était grevé.* — *Cass.*, 26 fév. 1829, Besnard c. Fosse.

1151. — Il a, en effet, été jugé (mais cette décision est contestable), que la clause *avec ses servitudes actives et passives, ou chargé de ses charges* équivalent à la dispense de garantie des servitudes occultes. Ainsi, la cour d'Agen a pensé qu'une telle clause (au cas d'acquisition d'un bois communal) empêchait l'acquéreur de faire prononcer la résolution de la vente, sur le motif qu'une partie des habitans de la commune venderesse, qu'ils y soient fondés ou non, apportent par des dégâts un trouble à sa jouissance. — *Agen* (et non Angers), 30 nov. 1830, Molard. — V. cependant Duvergier, t. 1er, no 379 ; Troplong, no 531.

1152. — Jugé encore, que la vente d'un terrain tel *qu'il s'étend et comporte, avec stipulation de non garantie des servitudes passives*, a pu être déclarée affranchie des servitudes non apparentes telles que celle résultant de latrines dont la fosse se trouve creusée sous le terrain vendu. — *Cass.*, 15 nov. 1832, Durand c. Chantaire.

1153. — Jugé que lorsque le fonds servant a été exproprié sur la poursuite du propriétaire du fonds dominant, *mais avec la charge imposée à l'adjudicataire de souffrir toutes les servitudes justifiées par titres*, cet adjudicataire ne saurait prétendre à aucune garantie contre le propriétaire du fonds dominant, faute d'avoir déclaré, lors de la vente, la servitude, dûment justifiée, qui existait en faveur de ce fonds. — *Cass.*, 28 mars 1837 (t. 2 1837, p. 12), Soulatre c. Hamon.

1154. — Mais la cour d'Orléans a jugé avec raison (et ceci rentre dans l'opinion de Duvergier et de Troplong) que l'exclusion de garantie, stipulée dans la clause d'un acte de vente portant que l'acquéreur est tenu de supporter les servitudes passives, connues ou non connues, ne reçoit pas son application au cas d'une charge importante grevant l'immeuble vendu, alors qu'il n'est pas établi que l'acquéreur ait connu cette servitude avant la vente. Et, *plus particulièrement*, lorsqu'une décision de l'autorité administrative a enjoint au propriétaire d'un moulin de faire à ce moulin des travaux dont l'objet est de diminuer le volume d'eau, le vendeur est tenu d'indemniser l'acquéreur qui a été obligé d'exécuter ces travaux, s'il ne lui a pas fait connaître cette charge dans le contrat de vente. — Il ne peut être admis à prouver par témoins que l'acquéreur avait connaissance de la charge antérieurement à la vente, à moins qu'il n'existe un commencement de preuve par écrit. — *Orléans*, 13 mars 1835, Pinaudier c. d'Amboise.

1155. — Jugé encore, que la clause banale, insérée dans un acte de vente, et qui oblige l'acquéreur à supporter les servitudes, s'il en existe sur l'immeuble vendu, équivalant à celle *telle que l'immeuble se comporte avec ses servitudes actives et passives*, ne suffit point pour affranchir le vendeur de la garantie d'une servitude de passage qui n'a été déclarée ni dans le cahier d'adjudication, ni dans la désignation de l'immeuble. — *Colmar*, 18 nov. 1841 (t. 1er 1842, p. 84), Nusbaum c. Brendlin.

1156. — Quant à la clause de non garantie des servitudes *apparentes ou occultes*, s'il en existe, elle soumet évidemment l'acquéreur à supporter sans se plaindre toutes les servitudes quelles qu'elles soient. — *Cass.*, 6 mars 1817, Bravard c. La Boucayn.

1157. — Il est constant, au surplus, qu'on devra, dans l'interprétation des clauses qui pourrait faire échapper le vendeur à la garantie, se montrer plus sévère s'il a connu que s'il a ignoré les servitudes. — Duvergier, t. 1er, no 379. — Duranton va même jusqu'à dire (no 302), ainsi que Delvincourt (t. 3, p. 74, notes), que la clause de non garantie, formelle ou implicite, n'a effet qu'autant que le vendeur a ignoré l'existence des servitudes. — Arg. art. 1643. — Mais cette opinion ne semble pas devoir être admise.

1158. — Si les titres remis à l'acheteur énonçaient la servitude, la garantie serait due ou non, suivant les circonstances, ainsi que l'explique très-bien Troplong, (no 532). — Ainsi, si la remise avait *précédé* la passation de l'acte et que cet acte ne contînt aucune clause contraire, la garantie ne serait pas due, car cette remise équivaudrait à une déclaration de l'existence des charges. Si, au contraire, la remise avait *suivi* la passation de l'acte, la garantie serait due. Elle le serait également si, malgré les énonciations des titres, la vente mentionnait la chose comme *franche et libre*. Dans ce sens, en effet, il y aurait lieu de penser que le vendeur s'est engagé à faire disparaître la charge.

1159. — Si l'acheteur avait ignoré l'existence d'une servitude *active* et que, faute de l'avoir connue, il eût laissé périr son droit, aurait-il une action en garantie contre son vendeur ? Duvergier soutient l'affirmative contre Delvincourt : on dirait en vain que l'acheteur n'ayant pas connu la servitude n'a pas entendu l'acquérir ; en effet, il est devenu propriétaire de la chose *avec tous ses accessoires*, même à son insu ; et s'il en est privé par la faute du vendeur, il éprouve là une véritable éviction. Duvergier réfute l'argument tiré par Delvincourt de la loi 66, § 1er, ff., *De cont. empt.*, qui, suivant lui, pour ce cas, n'accorderait que sous forme de doute (*quidam putant*) l'action *ex empto* à l'acheteur, en faisant remarquer que la loi dit *putant recte*. Il repousse au surplus (ce que veut la loi 66) l'idée que le dol (*ob dolum*) doive exister de la part du vendeur pour donner lieu à l'action en garantie. — La faute suffit (no 380).

1160. — Si les servitudes ou autres charges occultes sont de telle importance qu'il y ait lieu de présumer que l'acheteur n'eût pas acheté s'il en eût été instruit, celui-ci peut demander la résiliation du contrat, ou se contenter d'une indemnité. S'il demande la résiliation, il est libre au juge de la lui accorder ou refuser. — Troplong, no 533 ; Duvergier, t. 1er, no 381 ; Pothier, *Vente*, no 202.

1161. — Si la résiliation est prononcée, le prix lui est restitué avec restitution des frais et dépens et dommages intérêts, suivant les circonstances. — C. civ., art. 1636 et 1638.

1162. — L'indemnité à laquelle l'acheteur a droit en cas de non résiliation doit être réglée d'après les bases déterminées par l'art. 1637, C. civ. — Autrefois, cette éviction partielle donnait naissance à l'action *quanti minoris*, c'est-à-dire en diminution du prix, l'immeuble *étant estimé suivant son état et sa valeur au moment de la vente.* — Troplong (no 333) paraît adopter cette base d'estimation — *Contrà* Duvergier, t. 1er, no 381.

1163. — Par arrêt du 17 prair. an XII, la cour de Paris a reconnu que la garantie due au cas d'éviction partielle causée par l'exercice d'une servitude, est réglée, quant à ses effets, par l'art. 1637. — *Paris*, 17 prair. an XII, Muyroger c. Dérécalde.

1164. — L'acquéreur, à moins de stipulation expresse contraire, a droit à la garantie contre le vendeur à raison des servitudes occultes qui grèvent sa propriété et non déclarées, *alors même que la vente a eu lieu publiquement aux enchères*, avec indication dans le cahier des charges du lieu où étaient déposés les titres originaires concernant ces servitudes. — Même arrêt.

1165. — La garantie à raison des servitudes occultes non déclarées est également due en matière de vente sur expropriation forcée. — Duvergier, t 1er, no 382. — *Contrà* Troplong, no 584 ; arg., art. 1649.

1166. — L'acquéreur évincé peut être autorisé à se payer de l'indemnité qui lui est due par voie de diminution sur son prix. — *Paris*, 17 prair. an XII, Muyroger c. Dérécalde.

§ 6. — *Modifications de l'obligation de garantie par la convention des parties.*

1167. — Les parties peuvent, par des conventions particulières, ajouter à l'obligation de droit ou en diminuer l'effet. — Elles peuvent même stipuler que le vendeur ne sera soumis à aucune garantie. — C. civ., art. 1627.

1168. — Ainsi, on peut stipuler la garantie des faits du prince bien que, par eux-mêmes, ils ne donnent pas lieu, de droit, à l'action en garantie. — *Paris*, 5 pluv. an IX, Lemairet c. Gaudot ; — Merlin, *Rép.*, vo *Fait du souverain*. (Il cite un arrêt du parlement de Paris du 21 mai 1715) ; Rousseau de Lacombe, *Jurispr. civ.*, vo *Garantie*, no 15 ; Brillon, vo *Rente*, no 76 *bis* ; Domat, *Lois civ.*, liv. 1er, tit. 2, sect. 10e, no 7 ; Duvergier, *Vente*, t. 1er, no 333 ; Troplong, *Vente*, t. 1er, nos 465 et 466 ; Loiseau, *Garantie des rentes*, chap. 3, no 13, et chap. 1er, no 14.

1169. — Jugé, en sens contraire, que la clause de garantie des faits du gouvernement doit être considérée comme contraire aux lois qui intéressent l'ordre public, et, conséquemment, réputée non écrite. — Telle était, par exemple, la clause par laquelle le vendeur d'un bien originairement national garantissait l'acquéreur des supplémens de prix qui pourraient être exigés par le gouvernement pour droits de confirmation et autres. — *Paris*, 23 janv. 1806, Blondeau c. Leviault.

1170. — Dans tous les cas, il ne suffirait pas d'une stipulation vague et générale portant que le vendeur promet la garantie de tous troubles, évictions et empêchemens, pour qu'il fût tenu des

faits du prince et des événemens de force majeure. — Duvergier et Merlin, *loc. cit.*

1171. — Aussi, a-t-il été jugé avec raison que la garantie *générale* réciproquement stipulée entre cohéritiers dans un acte de partage ne s'applique pas aux pertes que l'un des copartageans peut éprouver par faits du prince, par exemple, par la suppression sans indemnité des rentes seigneuriales. — *Bordeaux*, 23 janv. 1826, Desarnaud.

1172. — Toutefois, si à côté de la clause générale se trouvait l'indication ou la prévision du *cas fortuit*, du *fait du prince ou du vice de forme* qui vicierait le contrat, les juges pourraient y trouver l'intention d'appliquer la garantie. — Duvergier, t. 1er, no 333.

1173. — Ainsi jugé que la garantie solidaire et absolue de tous troubles, évictions et autres empêchemens généralement quelconques stipulée dans un acte de vente, s'étend aux évictions qui procèdent *des vices mêmes du contrat* ; par exemple, à celle qui résulterait de l'absence des formalités exigées par la loi pour la vente des biens des mineurs ou interdits, alors surtout *que l'état d'interdiction de l'un des vendeurs a été mentionné dans l'acte.* — *Cass.*, 19 flor. an XII, Quentin c. Lebon. — Cet arrêt a cassé un arrêt de la cour de Paris du 27 messid. an X, mêmes parties, qui se fondait précisément, pour refuser la garantie, sur la connaissance que l'acquéreur avait eue du vice du contrat.

1174. — La promesse de garantie des faits du prince n'est pas restreinte aux faits de la personne même du prince : elle s'étend aux actes de la puissance publique en général, alors même que la forme du gouvernement aurait changé. — *Paris*, 5 pluv. an IX, Lemairat c. Gaudot.

1175. — Il a été dit plus haut que la déclaration de la part du vendeur, des causes d'éviction, ou même la connaissance de ces causes acquise par l'acheteur fait cesser l'obligation de garantie. — Mais il en est autrement si la promesse de garantie a été formellement écrite dans le contrat, car, alors, les parties se sont replacées sous l'empire du droit commun. — Duvergier, t. 1er, no 334.

1176. — Jugé en ce sens, que l'éviction dont la cause était connue de l'acquéreur au moment de la vente, n'en donne pas moins lieu à la garantie lorsqu'une garantie générale a été stipulée dans le contrat. — Une garantie particulière stipulée pour un cas déterminé ne limite pas l'effet de la clause générale de garantie. — *Cass.*, 7 frim. an XII, Arnould c. Lafite.

1177. — Jugé aussi, que le tuteur qui a garanti en son nom la vente qu'il a faite des biens de son pupille, ne peut se soustraire à son obligation sous le prétexte que l'acquéreur aurait connu la cause de l'éviction. — *Nîmes*, 8 frim. an XIII, Roure c. Monnier.

1178. — Jugé encore, que lorsqu'un individu, après avoir vendu un immeuble à un premier acquéreur, le vend ensuite à un second, avec promesse de garantie en cas d'éviction, si celui-ci vient à être évincé et condamné à restituer les fruits au premier acquéreur, le vendeur est tenu de l'indemniser, bien qu'il ait eu pleine connaissance de la première vente, non seulement du prix principal, mais encore des fruits par lui remboursés. — *Cass.*, 20 août 1835, Barnaud c. Berthelier.

1179. — Jugé, toutefois (mais Duvergier critique avec raison cette décision), que l'acquéreur qui a connu les causes de l'éviction n'a pas, lorsque cette éviction se réalise, indépendamment de la restitution du prix et des loyaux coûts, le droit d'exiger des dommages-intérêts, alors même que le contrat contiendrait une clause de garantie, surtout si le vendeur ne s'est pas soumis à payer des dommages-intérêts. — *Bordeaux*, 23 mars 1809, Jauge c. Marlet.

1180. — Ainsi, jugé que l'éviction dont la cause était connue de l'acquéreur lors de la vente et qui dérive même d'un méfait à lui personnel, ne peut donner lieu, à son profit, contre le vendeur, à des dommages-intérêts, outre la restitution du prix, alors même que la garantie aurait été expressément stipulée dans le contrat de vente pour le cas d'éviction. Du moins, l'arrêt qui le décide ainsi, par appréciation des faits et du contrat, échappe à la censure de la cour de Cassation. — *Cass.*, 12 juill. 1837 (t. 2 1837, p. 452), Valory c. Barnaud. — Duvergier, t. 1er, no 334.

1181. — La convention peut non seulement ajouter aux cas de garantie, ou les restreindre, mais encore stipuler *l'étendue* et les *conséquences* de la garantie au delà ou en deçà de ce qui est déterminé par la loi (art. 1630 et suiv.)

1182. — Bien qu'il soit permis de stipuler la non garantie, cependant l'art. 1628 déclare nulle la convention qui relèverait le vendeur de la *garantie de ses faits personnels.* — Mais Duver-

gier (t. 1er, no 337) restreint avec raison cette disposition au cas où les faits personnels pouvant donner naissance à l'éviction, ne sont pas déclarés à l'acheteur ou connus de lui.—Si, au contraire, il les connaît ou en reçoit la déclaration, la stipulation de non garantie est faite utilement. — *Grenoble*, 25 mars 1835 (sous *Cass.* 15 déc. 1825), Blanc c. Mathieu.

1183. — Un arrêt de la cour de Cassation a refusé de voir un *fait personnel* donnant lieu à l'application de l'art 1628, dans le fait que l'éviction provenait de la nullité du titre du vendeur, entaché d'impignoration. Elle a, dans ce cas, donné effet à la clause tacite de non garantie. — *Cass.*, 22 avr. 1835, Cerf c. Lott.

1184. — La stipulation de non garantie ne relève pas le vendeur, qui a reçu le prix de l'obligation, de le restituer ; à moins que l'acheteur n'ait connu lors de la vente le danger de l'éviction, ou qu'il n'ait acheté à ses risques et périls. — C. civ. art. 1629.

1185. — La stipulation de non garantie peut se présenter sous diverses formes : ainsi, par exemple, par la déclaration que fait le vendeur qu'il vend *sous la garantie de ses faits et promesses seulement.* — Duvergier, t. 1er, no 340 ; Troplong, no 479.—Ainsi, jugé que lorsque le vendeur ne s'est obligé qu'à la simple garantie de *ses faits et promesses*, il n'est pas tenu, en cas d'éviction, à la restitution du prix, si l'acquéreur connaissait, lors de la vente, les dangers de l'éviction. — *Cass.*, 4 avr. 1827, Chambaut c. Robert.

1186 — Malgré la stipulation de simple garantie de ses faits et promesses, un vendeur a été déclaré garant, attendu que c'était par *un fait à lui personnel* (la lésion dont était entaché son titre de propriété) que l'éviction avait eu lieu. — *Cass.*, 12 déc. 1826, Lesueur c. Wauthier.—Troplong, no 474.

1187. — La clause que les biens sont vendus ainsi qu'ils se poursuivent et comportent et que l'acheteur a dit bien connaître, n'équivalait pas à une stipulation de non garantie. — Duvergier, no 340 ; — *Contrà*, Loyseau, *Garantie des rentes,* t. 2, no 16.

1188. — Bien qu'en général, la déclaration des causes d'éviction équivaille de la part du vendeur à une stipulation de non garantie, cependant pour qu'il y ait en sa faveur *dispense de rendre le prix*, il faut que toutes les conditions prescrites par l'art. 1629 se trouvent réunies, c'est-à-dire qu'indépendamment de cette déclaration qui emporte, pour l'acquéreur, *connaissance* des causes d'éviction, il y ait eu stipulation formelle de non garantie. — C'est ce qui résulte d'un arrêt de Paris du 16 juill. 1832, Guyet c. Debonne.—Troplong, no 483 ; Duvergier, t. 1er, no 341. — *Contrà* Duranton, no 261 (*la déclaration* faite par le vendeur lui paraît réunir la *double condition* de l'art. 1629).

1189. — Jugé aussi, qu'il ne suffit pas, pour que le vendeur puisse être affranchi de l'action en garantie, au moins en ce qui touche la restitution du prix, que l'acheteur *ait été prévenu* de la possibilité d'une éviction ; il faut que la clause de non garantie ait été formellement stipulée. — *Douai*, 8 fév. 1840 (t. 2, 1840, p. 541), Debove c. Legrand.

1190.—On doit considérer comme une simple appréciation du contrat la décision par laquelle une cour royale déclare que de l'ensemble des faits qui ont précédé le contrat de vente, il résulte que l'acquéreur s'est soumis à toutes les actions passives du vendeur, de telle sorte que l'acquéreur soit tenu des charges, même personnelles, contractées par le vendeur sur la propriété. — Elle peut, dès-lors, tirer de ces faits la conséquence que le vendeur ne doit pas garantie à l'acquéreur en raison de l'existence de ces charges, sans que sa décision puisse être soumise à la censure de la cour de Cassation. — *Cass.*, 22 fév. 1837 (t. 1er 1837, p. 163), Sillan-Lapierre c. Binar.

1191. — Jugé que la clause par laquelle l'acquéreur qui revend un immeuble promet la garantie de tous troubles, évictions et empêchemens, peut être considérée comme ayant effet, et obliger ce vendeur en cas d'éviction pour défaut de paiement du vendeur primitif, encore que, par une autre clause, il ait déclaré dans l'acte mettre l'acheteur à son lieu et place, comme si celui-ci avait acquis directement. C'est là, du reste, une appréciation des clauses de l'acte que la loi abandonne aux lumières et à la conscience des juges du fond.—*Cass.*, 30 juill. 1834, Tassy c. Icard.

ART. 2. — *Garantie pour vices rhédibitoires.*

1192. — Ce qui concerne la *garantie pour vices rédhibitoires*, est traité vo VICES RHÉDIBITOIRES.

CHAPITRE V. — *Obligations de l'acheteur.*

1193. — L'acheteur doit exécuter les clauses de son contrat, d'après l'intention qui a présidé à la stipulation. Il est également tenu de toutes les charges qui sont la conséquence nécessaire de la transmission de propriété.

1194. — Jugé qu'un acquéreur ne peut prétendre avoir ignoré l'obligation imposée, comme condition de la vente, d'entretenir les baux et les aliénations de coupes de bois faites précédemment, lorsqu'il en a été donné connaissance à son mandataire. — *Paris*, 3 août 1812, Boyer c. Ragan. — C'est l'application de la règle que le mandant est tenu des faits de son mandataire, et ne peut être censé les avoir ignorés.

1195.—La contribution foncière est due pour la récolte de l'année où elle se perçoit et non pour celle de l'année antérieure. — En conséquence, l'acquéreur d'un fonds de terre doit payer la contribution foncière de l'année où commence sa jouissance, s'il n'y a convention contraire. — *Cass.*, 18 août 1813, Haussoulier c. Lesens et Tostain.

1196. — La condition imposée à un acquéreur d'acquitter toutes les charges quelconques attachées, soit pour le présent, soit pour l'avenir, à l'immeuble, ne peut l'obliger à payer les légitimes des cohéritiers des vendeurs et les dots qui étaient hypothéquées sur cet immeuble. — Une telle obligation ne peut s'entendre que des charges inhérentes au fond, constituées *in traditione fundi*, telles que impôts, ou les rentes grevant le fonds vendu.—*Riom*, 5 janv. 1829, Pons c. Nicolas.

1197. — Celui qui a obtenu, contre le possesseur d'un immeuble, une condamnation tendant à faire supprimer une construction sur cet immeuble, ne peut demander qu'un nouvel acquéreur de cet immeuble, ignorant la condamnation prononcée, la fasse exécuter, sinon être autorisé à la faire exécuter lui-même, aux frais du nouvel acquéreur. — La seule obligation qui pèse sur ce nouvel acquéreur est celle de souffrir l'exécution des condamnations. — *Rennes*, 11 juin 1835, Daubigny c. Duboldéru et Godard.

1198 — Lorsque l'acquéreur d'un bois a été, dans l'acte de vente, assujéti par son vendeur à supporter les droits d'usage appartenant à un tiers, il n'est pas recevable à opposer à ce tiers la prescription que ce dernier aurait encourue avant la vente, par le défaut d'exercice de son droit. — *Bourges*, 17 nov. 1841 (t. 2 1842, p. 257), Luc Thué c. Duhail.

1199. — Le créancier qui s'est rendu adjudicataire de l'immeuble hypothéqué à sa créance ne peut, en sa qualité de créancier, se prétendre affranchi des servitudes grevant cet immeuble, et qu'il se trouve obligé de souffrir comme adjudicataire d'après le cahier des charges, lors même qu'avant l'adjudication, il aurait fait des réserves pour la conservation de ses droits, si ces réserves sont reconnues vagues et insuffisantes (appréciation qui appartient souverainement aux juges du fond).—*Cass.*, 18 janv. 1822, Chollet c. Malézieux.

1200. — Sous le Code de procédure, l'adjudicataire qui ne satisfait pas aux clauses de son adjudication peut y être contraint non seulement par la voie de la folle enchère mais encore par toutes les voies de droit. —*Paris*, 20 mras 1810, Guyot-Mouton c. Graudin. — V. SAISIE IMMOBILIÈRE.

Sect. 1re. — *Obligation de payer le prix.*

1201. — La principale obligation de l'acheteur est de payer le prix au jour et au lieu réglés par la vente.— C. civ., art. 1650.

1202. — Celui qui prétend qu'un terme a été accordé pour le paiement du prix d'une vente doit, quoique la vente ne soit établie que par son aveu, prouver la convention du terme ; autrement, le paiement doit être fait aussitôt la livraison. — *Bourges*, 23 mai 1810, Charlot c. Morisset.

1203. — La clause de non anticipation de terme pour le paiement du prix porté dans un contrat de vente, doit être exécutée à la rigueur. En conséquence, le vendeur ne peut être contraint à recevoir ce qui lui est dû avant l'époque indiquée. — Il doit en être ainsi alors même que le prix a été dans le contrat de vente, l'objet de délégations. — *Cass.*, 15 niv. an VIII, Bateste c. Drouet.

1204. — L'obligation imposée par le vendeur à l'acquéreur d'anticiper le paiement de la dette désignée, bien que le vendeur ne pût, aux termes de son obligation primitive, la rembourser avant telle époque, n'a pas rendu la délégation nulle, par la prétendue contrariété qui aurait existé entre la clause impérative d'anticiper, qui obligeait l'acquéreur, et la clause prohibitive de rembourser, qui liait le vendeur. — *Paris*, 10 fruct. an XII, Saunegon c. Jeanson.

1205. — Lorsque le contrat laisse le droit à l'acquéreur de rembourser son prix à sa volonté, avec convention d'intérêts, s'il n'apparaît pas que les parties aient voulu convertir le prix en une rente perpétuelle, cet acquéreur peut être contraint au remboursement après un délai tel qu'il ait eu la facilité de se libérer. Du moins, l'arrêt qui le décide ainsi échappe à la censure de la cour de Cassation. — *Cass.*, 24 mars 1818, Dières c. Duchamp.

1206. — Jugé de même, que lorsque le contrat laisse à l'acquéreur le droit de rembourser le prix *à ses points et aisemens*, avec convention d'intérêts, s'il n'apparaît pas que les parties aient voulu convertir le prix en une rente perpétuelle, l'acquéreur ou tout au moins ses héritiers après son décès, peuvent (quoiqu'il ait stipulé tant pour lui que pour les siens et ayans-cause) être contraints au remboursement. — *Paris*, 15 mars 1823, Griotteray c. Leprieur.

1207. — Jugé d'un autre côté, que la clause insérée dans un contrat de vente que l'acquéreur ne sera obligé de payer son prix principal qu'à sa volonté, équivaut à une constitution de rente et rend la créance non exigible de la part des héritiers du vendeur. — *Paris*, 14 prair. an XIII, Navarre c. Prévot de Long-Perrier.

1208. — La faculté que la loi accorde au débiteur de se libérer quand il le veut n'est pas restreinte par la disposition de l'art. 1653 : cet article n'est pas applicable au cas où l'acquéreur, quoique troublé, offre de payer ou de consigner, mais seulement à celui où, malgré le trouble, le vendeur réclame le paiement de son prix. Dans le premier de ces cas, la consignation doit être autorisée sur la demande de l'acquéreur. — *Cass.*, 8 nov. 1830, Collin c. Sœhné.

1209. — Le rapport du prix de son acquisition fait par un acquéreur d'immeubles dans l'étude du notaire devant lequel les créanciers inscrits ont été renvoyés pour procéder à la distribution en vertu d'un jugement passé en force de chose jugée, n'est ni un dépôt ni une consignation, et l'acquéreur en demeure chargé jusqu'à la fin de la distribution. — *Orléans*, 27 avr. 1809. N...

1210. — Lorsqu'une vente a été faite à la charge de payer deux rentes à des tiers non présens à l'acte, le vendeur peut révoquer cette délégation et demander lui-même le paiement. — *Grenoble*, 2 août 1808, Ythier c. Richard. — Toutefois, cette décision ne doit être suivie qu'autant que l'acquéreur n'aurait pas intérêt, pour sûreté de l'exécution de la vente, à payer le créancier du vendeur.

1211. — Jugé que le seul défaut par l'acquéreur chargé de payer son prix à des créanciers indiqués, d'avoir, dans le délai fixé par l'acte de vente, rapporté les quittances de ces créanciers, n'autorise pas le vendeur à le contraindre, sans l'avoir mis en demeure, de verser entre ses mains le montant de ces indications. — *Toulouse*, 4 mai 1809, Fontan c. de Castelane.

1212. — Jugé aussi que, lorsque l'acquéreur d'un immeuble s'est engagé à verser tout ou partie de son prix aux mains des créanciers du vendeur, celui-ci ne peut plus le forcer à payer ce prix dans ses mains. — *Caen*, 6 sept. 1828, Buffet c. Corbin.

1213. — Le dépôt du prix fait par l'acquéreur, sans le concours des créanciers du vendeur, ne le libère pas vis-à-vis d'eux, alors même qu'il aurait lieu en vertu du contrat. — *Paris*, 11 mai 1810, Grusse c. Parvy.

1214. — Le prix doit être payé tel qu'il a été stipulé. — Jugé, toutefois, que lorsque celui qui, par suite et comme condition d'une vente à fonds perdu, était logé et nourri par l'acquéreur, ne peut plus supporter l'existence dans la maison commune, les tribunaux peuvent convertir l'obligation de l'acquéreur en celle de payer une rente au vendeur, sans que celui-ci soit tenu de prouver l'incompatibilité ; cette incompatibilité pouvant tenir à des causes secrètes dont la preuve est impossible. — *Bourges*, 17 août 1814, Nicolas c. Gavard.

1215. — La convention par laquelle un individu s'engage à livrer à un autre cent mille kilogrammes de sel raffiné à un certain prix payable comptant *à la livraison*, doit être interprétée en ce sens que le vendeur peut exiger le paiement proportionnel à la quotité de chaque livraison partielle. — Cette interprétation doit avoir lieu ainsi, alors surtout que les parties ont déjà commencé à exécuter la livraison en ce sens. — *Bruxelles*, 10 déc. 1818, Degrael c. Pyn.

1216. — A défaut de convention le paiement doit être fait au lieu et dans les temps fixés pour la délivrance. — C. civ., art. 1651.

1217. — Jugé, par application de ce principe, qu'en règle générale et à défaut de stipulation contraire, le paiement d'une marchandise vendue

RÉP. GÉN. — XII. 60

doit toujours être effectué au lieu de la livraison. — *Aix*, 4 janv. 1821, Beyssade c. Colin.

1218. — Jugé aussi que, lorsque la marchandise vendue par un commis voyageur a été livrée au domicile des vendeurs, et que partie du prix a déjà été acquittée au même domicile par une remise de valeurs en papier, c'est à ce même domicile que doit être effectué le reste du paiement. — *Rouen*, 9 janv. 1829. Vidal c. Fouquet.

1219. — Jugé encore que, lorsque aucun terme n'a été stipulé pour le paiement du prix, le lieu du paiement de ce prix est de droit commun, et à moins de convention contraire, celui où a dû se faire la délivrance de la chose qui a fait l'objet de la vente, c'est-à-dire le lieu où était cette chose au temps de la vente. C'est donc devant le tribunal de ce lieu que l'acheteur qui refuse de prendre livraison peut être assigné. — *Colmar*, 4 fév. 1839 (t. 2 1839, p. 187), Collignon-Juin c. Bernheim.

1220. — Jugé que la livraison et le paiement des marchandises vendues par l'intermédiaire d'un commis-voyageur doivent, à moins de convention contraire, avoir lieu au domicile de l'acheteur. En conséquence, le tribunal du domicile de l'acheteur est seul compétent pour statuer sur les difficultés qui s'élèvent à l'occasion des marchandises ainsi vendues lorsque la demande est intentée par le vendeur. — *Cass.*, 3 mars 1835, Cauvin-Gérin c. Galabert. — V. au surplus COMMIS-VOYAGEUR.

1221. — Le silence gardé par l'acheteur, postérieurement à la réception d'une facture qui pour lieu de paiement indique un domicile autre que le sien, ne prouve point qu'il ait accepté cette condition, alors surtout qu'il a refusé les marchandises expédiées. En ce cas, il y a lieu d'appliquer la règle générale que le lieu du paiement est celui du domicile de l'acheteur, et que c'est devant le tribunal de ce domicile que doivent être portées les contestations relatives à la vente. — *Douai*, 14 fév. 1838 (t. 1er 1840, p. 160), N...

1222. — Si la vente est à terme, et qu'il n'y ait pas de convention relativement au lieu du paiement, ce paiement doit avoir lieu au domicile du débiteur : les motifs qui faisaient considérer comme plus convenable le paiement au lieu de la délivrance ne survivant pas à la délivrance opérée, on rentre dans le privilége général de l'art. 1247. — *Cass.*, 14 juin 1813, Picard c. Bertini ; 5 mai 1824, Sevenne c. Pradié ; *Limoges*, 19 janv. 1828, Teulier Thévenin c. Raymond ; *Bordeaux*, 15 déc. 1835, Dubourg c. Martinet. — *Contrà Bruxelles*, 14 avr. 1827, B... — Duvergier, t. 1er, nº 417 ; Toullier, t. 7, nº 92 ; Troplong, *Vente*, t. 2, nº 594.

1223. — Delvincourt (t. 3, p. 75, note 2e) dit que si la vente a été faite au comptant, mais que *par pure condescendance* le vendeur ait consenti à livrer la chose sans exiger le prix, il conserve le droit d'exiger son paiement au lieu de la délivrance, par la raison que *nemini officium suum debet esse damnosum*. — Tel ne paraît pas être l'avis de Toullier et de son continuateur Duvergier (*loc. cit.*), qui pensent que l'art. 1247 reprend son empire lorsque, même sans accorder expressément un délai, le vendeur a bien voulu, ne fût-ce que par complaisance, ne pas exiger le paiement au moment de la délivrance.

1224. — Le vendeur qui, en expédiant des marchandises, a envoyé à l'acheteur une facture portant que le montant en serait payable au lieu de l'expédition, ne peut se prévaloir de cette mention qu'autant qu'elle a été expressément acceptée par le destinataire. A cet égard, le silence que celui-ci a gardé depuis la réception de la facture jusqu'à l'arrivée de la marchandise ne suffit pas pour faire présumer son acceptation. — *Colmar*, 1er déc. 1840 (t. 1er 1841, p. 371), Thomas c. Bazin et Clerc.

1225. — On ne peut pas dire qu'il y ait vente parfaite dans l'obligation que prend un lithographe de faire des lithographies d'un dessin, et celle à laquelle se soumet un imprimeur de recevoir ces lithographies, parce que le contrat n'est définitif qu'autant qu'après la création du travail il y a convenance réelle ; aussi, nonobstant la règle posée par les art. 1609 et 1651, C. civ., sur les conséquences de la livraison, le paiement doit, conformément à l'art. 1247, être fait au domicile du débiteur, s'il n'existe pas de convention contraire. — — *Colmar*, 17 fév. 1840 (t. 2 1840, p. 184), Silbermann c. Engelmann.

1226. — L'art. 1651 reçoit-il son application au cas de vente d'immeuble ? *Neg.* Toullier (nº 92) qui pense qu'il ne concerne que les ventes de choses sujettes à délivrance proprement dite, c'est-à-dire de choses mobilières. Toutefois, il reconnaît que sur ce point la rédaction de l'article est insuffisante.

1227. — En matière de commerce, le vendeur peut, avant l'expiration du terme, et à défaut par l'acheteur de fournir des traites, comme il s'y était obligé, poursuivre son paiement immédiat. — *Montpellier*, 13 nov. 1834, Mirman c. Beltzmeyer.

1228. — Le prix dû par l'acheteur se compose principalement : 1º de la somme stipulée ; 2º des intérêts. Toutefois ces intérêts ne sont dus (art. 1652) que : 1º s'il a été ainsi convenu lors de la vente ; 2º si la chose vendue et livrée produit des fruits ou autres revenus ; 3º si l'acheteur a été sommé de payer.

1229. — Lorsque c'est de la stipulation que naît l'obligation de payer les intérêts, ils sont dus, à moins de convention contraire, à partir du jour de la vente.

1230. — Lorsque le cahier des charges sur lequel a lieu la vente des biens du mari autorise l'adjudicataire à garder en main le capital représentant le gain de survie, la femme qui se rend adjudicataire peut se prévaloir de cette clause pour retenir ce capital, mais à la condition d'en servir les intérêts aux créanciers du mari jusqu'au décès de ce dernier. — *Bordeaux*, 6 avr. 1842 (t. 2 1842, p. 83), Carvalho c. Guichard.

1231. — L'acquéreur, constitué en jouissance par suite de son adjudication et qui a été évincé par suite d'une surenchère, doit les intérêts de son prix intégral pour tout le temps que la jouissance a duré, alors même que ce prix représentait tout à la fois des meubles et des immeubles. En conséquence, il ne peut repousser, par une fin de non-recevoir absolue, la réclamation qu'en fait le syndic de la faillite, sous le prétexte que le créancier hypothécaire surenchérisseur a seul qualité pour former une pareille demande. — *Rouen*, 11 mars 1842 (t. 2 1842, p. 431), Toury c. David.

1232. — Lorsqu'un arrêt a décidé qu'un vendeur avait constitué son acquéreur dans un état de sécurité et de bonne foi, relativement à la libération, en n'usant qu'après quatorze années de la faculté de faire réduire la quittance, d'après la loi du 25 messid. an VIII, il n'y a pas ouverture à cassation contre cet arrêt, parce qu'il n'a accordé au vendeur les intérêts du montant de la réduction que du jour de la demande, et non de celui du contrat de vente, lors même qu'il serait dit dans ce contrat que les intérêts seraient acquittés annuellement jusqu'à l'entier paiement. — *Cass.*, 12 mars 1817, Toussaint c. Collin.

1233. — Jugé que la clause du cahier des charges portant que l'acquéreur paiera les intérêts de son prix et les impositions à compter du jour de l'adjudication, ne doit point être exécutée si la mise en jouissance de l'adjudicataire est retardée par un appel ou autrement. — *Paris*, 6 juin 1815, Lemoine c. N...

1234. — L'acquéreur dont le prix a été stipulé payé *comptant* est, envers les créanciers hypothécaires, tenu de payer les intérêts de son prix à partir de l'entrée en jouissance. — *Paris*, 10 juin 1833, Villers et Baradère.

1235. — Lorsque, dans un acte de vente sous seing-privé, il a été convenu que les intérêts du prix commenceront à courir d'un jour fixé pour la réalisation de la vente devant notaire, cela suffit pour que l'acquéreur qui a été mis en possession de l'immeuble ce jour-là même puisse être condamné à payer les intérêts à compter de cette époque, bien que l'acte de vente n'ait point été réalisé. — *Cass.*, 31 janv. 1834, Beaucé c. Bertrand.

1236. — Pour que les intérêts soient dus à raison de ce que la chose vendue est productive de fruits ou autres revenus, il faut qu'il *y ait eu livraison*. — Art. 1652. — Toutefois on devrait décider de même si l'acheteur était, malgré l'offre du vendeur avec sommation, en retard de prendre cette livraison. — Troplong, nº 603.

1237. — De même, l'adjudicataire d'un immeuble doit les intérêts de son prix à compter du jour de l'adjudication, *bien qu'il n'ait été envoyé en possession que postérieurement à ce jour*, lorsque, d'ailleurs, on lui a conféré le droit de réclamer contre le fermier les fruits et revenus échus depuis cette époque. — *Cass.*, 6 fév. 1833, Enregistrement c. Carde.

1238. — Au surplus, il suffit que la chose *livrée* soit productive de fruits et que conséquemment l'acheteur ait eu la faculté de les percevoir, pour que les intérêts du prix soient dus ; même en cas de non production accidentelle ou de production restreinte. — L. 13, § 21, ff., *De act. empt.* — L'acheteur ne pourrait même pas se faire décharger des intérêts au prorata, par la raison que la loi a établi entre lui et le vendeur, ainsi que le dit Troplong, une sorte de *forfait* qui ne permet pas de rechercher minutieusement si les intérêts du prix représentent, sou pour sou, la valeur des fruits. — Troplong, nº 602 ; Duvergier, t. 1er, nº 419.

1239. — Jugé, que le prix de la vente d'un immeuble qui reste entre les mains de l'acquéreur jusqu'à radiation des inscriptions, produit intérêt, alors même qu'il n'y a aucune stipulation à ce sujet, lorsque l'immeuble lui-même produit des fruits. La demande de ces intérêts a pour effet de produire un principal productif lui-même d'intérêts. — *Rouen*, 11 mai 1812, Lefié c. Levasseur.

1240. — Jugé, que l'acquéreur d'une maison doit les intérêts de son prix, à compter de son entrée en jouissance. — *Rennes*, 12 août 1814, Lemasson.

1241. — Il semble, il est vrai, résulter d'un arrêt de la cour de Bruxelles que ce n'est pas du jour de sa mise en possession, mais du jour de la signification de l'arrêt qui règle l'ordre de priorité des inscriptions, que l'adjudicataire doit les intérêts de son prix. Mais la question n'ayant pas été discutée, on ne saurait attacher beaucoup d'importance à la décision. — *Bruxelles*, 14 déc. 1808, Palmaert et Opdenberg c. Danoot.

1242. — Le vendeur et l'acquéreur pourraient, il est vrai, convenir que celui-ci, nonobstant la jouissance des fruits produits par la chose, serait dispensé de payer les intérêts. Mais une pareille clause serait-elle opposable aux créanciers inscrits sur l'immeuble ? — *Cass.*, 17 fév. 1820, Castelnau c. Landon ; *Bordeaux*, 26 juill. 1831, Otard c. Amijathe ; 24 nov. 1841 (t. 1er 1842, p. 701), Toutain c. Lefebvre.

1243. — On peut, pour réputer une pareille clause obligatoire pour les créanciers, se fonder sur les termes précis de l'art. 2186, qui dispose que l'expiration du délai de surenchère a pour résultat de faire tenir la valeur de l'immeuble pour fixée au prix stipulé par le contrat. Or, l'obligation ou la dispense de payer les intérêts se rattache évidemment au prix. La loi fait toutefois, il est vrai, exception au principe qui maintient les clauses du contrat, dans l'art. 2184 qui ne veut pas que l'acquéreur profite du bénéfice des termes qui lui auraient été accordés. Mais par cela même que la loi a pris soin de déterminer en quoi ces clauses seraient modifiées, n'a-t-elle pas entendu que toutes les stipulations qu'elle ne désignait pas spécialement seraient maintenues... ?

1244. — Jugé encore que cette clause doit également recevoir tout son effet, lors même que l'acquéreur aurait déclaré dans la notification de son contrat aux créanciers inscrits qu'il était prêt à acquitter sur-le-champ les dettes et charges hypothécaires inscrites. — *Bordeaux*, 26 juill. 1831, Otard c. Amijathe.

1245. — Toutefois, un arrêt de la cour de Bordeaux a posé en principe que lorsque la dispense de payer les intérêts n'était pas limitée à une époque fixe, et que d'ailleurs il n'était pas établi qu'elle fît partie du prix de vente, on ne pouvait admettre que l'acquéreur pût, au regard des créanciers inscrits, jouir tout à la fois de son prix d'acquisition et des fruits de l'immeuble acquis sans payer les intérêts du capital resté entre ses mains. — *Bordeaux*, 19 juin 1835. Espinasse c. Otard.

1246. — Jugé, dans tous les cas, que si, indépendamment de la dispense d'intérêts, il y a eu dissimulation dans le prix, l'arrêt qui, après avoir constaté en fait que cette dispense n'a pas été limitée par le contrat à une époque fixe et indéterminée, et que la dissimulation pratiquée au préjudice des créanciers a dénaturé à leur égard les conditions du contrat, décide que, dans ces circonstances, procédant du fait même de l'acquéreur, celui-ci n'a pu, en recueillant les fruits de l'immeuble, profiter encore de l'effet de la clause au préjudice des créanciers, est basé sur une appréciation de faits qui échappe à la censure de la cour de Cassation. — *Cass.*, 29 avr. 1839 (t. 1er 1839, p. 500), mêmes parties.

1247. — Le terme accordé à l'acheteur pour le paiement n'empêche pas les intérêts de courir du jour de la délivrance. Plusieurs auteurs anciens soutenaient l'opinion contraire en se fondant sur ce que la jouissance accordée par le vendeur fait partie de ce qui a été vendu ; que l'acheteur est censé la payer par le prix porté au contrat qui, probablement, est plus fort qu'il ne l'eût été sans cette clause. — Pothier, *Vente*, nº 287 ; Despeisses, t. 1er, p. 16. — Mais leur sentiment est combattu par Troplong (nº 599), Duvergier (t. 1er, nº 420) et Duranton (t. 16, nº 340). En effet, l'art. 1562 ne distingue pas.

1248. — On peut, dans le sens de l'opinion de Pothier, tirer argument des motifs d'un arrêt de la cour de *Bruxelles* du 14 juill. 1814, Thielmann c. Debatine.

1249. — Toutefois Troplong (*loc. cit.*) pense avec Pothier (nº 289) que si le délai de paiement avait été accordé à l'acheteur par testament, les héritiers du vendeur ne pourraient pendant ce temps exiger les intérêts, parce que le testateur serait censé en avoir voulu gratifier l'acheteur à titre de

libéralité. Duvergier (t. 1er, p. 420) pense également qu'il en serait ainsi s'il était évident que la concession du terme a été prise en considération pour la fixation du prix.

1250. — Jugé, dans tous les cas, qu'on ne peut considérer comme équivalant à la stipulation d'un terme la clause insérée dans le cahier des charges que *l'adjudicataire paiera conformément au procès-verbal d'ordre et sur les bordereaux de collocation.* — *Bruxelles*, 14 juill. 1814, Thielmann c. Debaltue.

1251. — Les intérêts sont dus par le fait de la délivrance et de la perception des fruits, alors même que l'acheteur n'aurait été mis en possession qu'à titre précaire, ou bien que la chose n'aurait pas été déclarée franche et libre, sauf à celui-ci à tirer réparation des infractions faites au contrat. — Despeisses, part. 1re, tit. 1er, sect. 4e, no 3; Duvergier, t. 1er, no 421.

1252. — De même, les obstacles provenant des tiers et qui empêcheraient l'acheteur de se libérer ne le relèveraient pas de l'obligation d'intérêts, par suite du principe écrit dans la loi 13, § 20, ff., *De act. empt. Cùm re emptor fruatur, æquissimum est eum pretii usuras pendere.* — Duvergier, t. 1er, no 422; Troplong, no 611; Pothier, nos 284, 285.

1253. — Ainsi, jugé avec raison, que l'acquéreur d'une chose qui produit des fruits n'est pas dispensé de payer les intérêts de son prix, par cela seul que ce prix a été frappé de saisie-arrêt entre ses mains à la requête des créanciers du vendeur. Il ne peut empêcher les intérêts de courir qu'en consignant le capital. — *Bruxelles*, 9 août 1809, Dewynter c. Claessens et Dekepper; *Rennes*, 24 fév. 1818, Coëllier c. Bénard. — Roger, *Saisie-arrêt*, no 30, à la note.

1254. — Jugé de même, que la notification du contrat de vente aux créanciers inscrits ne fait point cesser les intérêts du prix, lorsqu'il s'agit d'un immeuble produisant des revenus. Les intérêts ne cessent de courir que par la consignation. — *Cass.*, 22 mai 1827, Morin c. Doesnard.

1255. — Jugé encore que l'acquéreur qui a déposé son prix, mais dont le dépôt a été annulé, doit les intérêts de ce prix du jour de la vente de l'immeuble, et non pas seulement du jour de l'annulation du dépôt. Le motif de cette décision était que l'acquéreur doit les intérêts tant qu'il n'est pas libéré par le paiement ou par une consignation valable. — *Paris*, 19 avr. 1815, Gagnage c. Benard.

1256. — Jugé de même que, si la juste crainte d'éviction autorise l'acquéreur à refuser le paiement de son prix, elle ne l'autorise pas également à refuser le paiement des intérêts. — *Turin*, 18 janv. 1811, Castagnire c. Gamba; *Riom*, 2 janv. 1830, Lideu c. Chaussade. — Duvergier, t. 1er, no 422; Troplong, no 611.

1257. — Jugé encore, que le danger d'éviction auquel la femme serait exposée par l'éventualité d'une action en partage à laquelle se trouveraient soumis les immeubles dont elle s'est rendue adjudicataire n'est pas un obstacle au paiement des intérêts, alors surtout que les créanciers offrent de fournir caution jusqu'à ce que ce danger d'éviction ait cessé, et de restituer lesdits intérêts dans le cas où l'éviction viendrait à se réaliser. — *Bordeaux*, 6 avr. 1842 (t. 2 1842, p. 83), Carvalho c. Guichard.

1258. — Jugé encore, que malgré la clôture de l'ordre, l'adjudicataire en possession d'une chose susceptible de produire des fruits doit les intérêts de son prix jusqu'à paiement ou consignation. — *Paris*, 5 juin 1813, Toble c. Penavère; 7 juill. 1813, Coste c. Labrousse; *Cass.*, 16 mars 1814, Toble c. Penavères; *Bordeaux*, 27 août 1833, Montauroy c. Espinasse.

1259. — Lorsque, en l'absence de stipulation relative aux intérêts, et s'agissant d'une chose non productive de fruits, la loi permet au vendeur de faire courir les intérêts par une *sommation*, elle déroge, en faveur de la vente, au principe qui ne donne qu'aux demandes en justice la puissance de faire courir les intérêts.

1260. — Lorsqu'il a été convenu dans l'acte de vente d'un bien rural que le prix serait payable moitié dans l'année même et le surplus au bout de cinq ans sans intérêts, si à l'expiration du terme l'acquéreur ne s'est pas libéré entièrement, les parties rentrent dans le droit commun et l'intérêt commence à courir. — *Bourges*, 27 mars 1821, Ravion.

1261. — Jugé, que l'acquéreur qui, sous la loi du 23 messid. an III, ne s'est pas libéré valablement du prix principal, conformément aux dispositions de cette loi, doit les intérêts, non pas seulement du jour de la demande en nouveau paiement, mais du jour du contrat. — *Paris*, 25 mars 1825, Parmentier c. Manceau.

1262. — L'adjudicataire qui, aux termes du cahier des charges, doit jouir des loyers à compter d'une époque déterminée, a droit de retenir sur son prix les loyers payés par anticipation. — *Paris*, 23 nov. 1812, Caroillon-Destillières c. Carchy.

1263. — De même, bien que par le cahier des charges les loyers échus depuis une certaine époque aient été délégués à l'adjudicataire, sans aucune garantie et à la charge de les recouvrer à ses risques et périls, il peut néanmoins, malgré cette clause de non garantie, tenir sur son prix la partie de ces loyers qui serait justifiée n'avoir pas été due au moment de l'adjudication, par exemple en ce qu'elle aurait été employée par le locataire, en réparations augmentant la valeur de l'immeuble. — *Cass.*, 20 janv. 1830, Bardin c. Santerre.

1264. — Mais, jugé que l'acquéreur qui a connu le bail en vertu duquel des paiemens de loyer avaient eu lieu par anticipation ne peut, alors surtout que, communication prise du bail, il a persisté dans son acquisition en raison d'une diminution de prix portée au contrat, critiquer ces paiemens. Il ne peut s'en autoriser pour obtenir contre les créanciers inscrits une réduction de son prix, quand il a notifié son contrat sans aucune protestation ni réserve. Il ne peut même, dans ce cas, critiquer les paiemens anticipés comme subrogé aux créanciers hypothécaires qu'il a payés. — *Cass.*, 21 mars 1820, Menon c. Arragon.

1265. — L'acquéreur qui a versé le capital et les intérêts de son prix entre les mains des créanciers est subrogé aux droits qu'ils avaient de faire annuler la cession des loyers, comme leur étant préjudiciable. — *Cass.*, 3 nov. 1813, Merletti c. Montalenghe.

1266. — Lorsque, par une clause particulière de son adjudication, l'adjudicataire est menacé d'une éviction totale, à défaut de paiement de son prix, par un créancier dont les droits ne sont pas susceptibles d'être contestés, il peut, sans attendre le résultat de l'ordre, se faire autoriser en justice au paiement de la somme due à ce créancier. — *Turin*, 6 juill. 1813, Maffei c. Garda.

1267. — Le défaut par l'acquéreur d'avoir consigné son prix, lorsque le cahier des charges ne lui en imposait pas l'obligation n'autorise pas la revente de l'immeuble adjugé. — *Rennes*, 23 déc. 1814, N...

1268. — Lorsque, aux termes d'un contrat de vente, le vendeur est tenu de payer les honoraires du notaire, les frais d'enregistrement et de transcription, l'acquéreur qui les a néanmoins payés ne peut les retenir sur son prix au préjudice des créanciers inscrits, en se faisant colloquer à cet effet dans l'ordre. — *Paris*, 24 août 1816, Montessuy c. Pichard.

1269. — Le dépôt d'un prix de vente fait par un acquéreur entre les mains d'un notaire pour être versé après l'accomplissement des formalités de purge reste sa propriété; dès lors, c'est lui qui doit en supporter la perte. — *Rouen*, Rayer c. Chéron et Lunois.

Sect. 2e. — *Résolution à défaut de paiement du prix.*

1270. — Le principe général qui veut que dans les contrats synallagmatiques la condition résolutoire soit sous-entendue pour le cas où l'une des parties ne satisfait pas à son engagement (C. civ., art. 1184), reçoit son application en matière de vente. Aussi la loi dit-elle que si l'acheteur ne paie pas son prix, le vendeur peut demander la résolution de la vente. — C. civ., art. 1654.

1271. — Aux colonies, et spécialement à la Martinique, le cohéritier vendeur d'un immeuble indivis a contre le cohéritier acquéreur qui ne paie pas son prix l'action en résolution ou de déguerpissement établie par la déclaration du 25 août 1726. — *Cass.*, 11 janv. 1848 (t. 1er 1848, p. 462) de Lassichère.

1272. — C'est au vendeur seul et non à l'acheteur, qu'appartient le droit de demander la résolution à défaut de paiement du prix. — Pothier, nos 460 et suiv. — La loi 3, ff., *De lege commissoriâ* renferme à cet égard une disposition formelle: *Legem commissoriam, quæ in venditionibus adjicitur; si volet, venditor exercebit; non etiam invitus.* — V. aussi Duvergier, *Vente*, t. 1er, no 432. — « Si, à défaut de paiement, dit Despeisses (t. 1er, sect. 6e, no 19), l'acheteur pouvait demander la résolution, il serait en son pouvoir de dissoudre le contrat en ne payant pas, ce qui serait injuste. — Troplong, *Vente*, t. 2, no 644.

1273. — Jugé en ce sens, que le pacte commissoire n'est censé stipulé qu'en faveur du vendeur, et ne crée de droit que pour lui seul, mais non pour l'acheteur qui ne peut que *subir* la résolution du contrat pour défaut de paiement, et non forcer le vendeur à la demander. — *Bruxelles*, 10 déc. 1824. N...

1274. — Le vendeur qui, à la suite d'une saisie immobilière, a fait, comme créancier privilégié, procéder sans réserve à la vente de l'immeuble qui lui avait appartenu, ne peut plus, après cette adjudication, alors surtout qu'il a produit dans l'ordre, exercer l'action en résolution résultant du non-paiement du prix de la vente qu'il en avait précédemment faite. — *Toulouse*, 24 août 1844 (t. 1er 1845, p. 302), Popis c. Guilhamède.

1275. — Le vendeur d'un immeuble dont le prix n'a pas été payé a toujours le droit de demander la résolution de la vente. Son action ne saurait être repoussée par le motif que le nouvel acquéreur de l'immeuble a notifié son contrat, offert d'en payer le prix, et provoqué, à l'égard des créanciers, l'ouverture de l'ordre. — *Cass.*, 10 déc. 1844 (t. 1er 1845, p. 743), Preiswerck c. Mercklin.

1276. — L'art 1654, C. civ., qui autorise le vendeur à demander la résolution de la vente, si l'acheteur ne paie pas le prix, est applicable aux ventes par licitation dans lesquelles des étrangers se sont rendus adjudicataires, comme aux ventes ordinaires. — *Metz*, 30 avr. 1823, Adam c. Ballotte et Chaude. — La raison en est que dans ce cas la licitation est considérée comme une véritable vente. — Duvergier, *Vente*, t. 2, no 144; Pothier, no 516; Chabot, sur les art. 882 et 883; Troplong, *Vente*, t. 2, no 876; Duranton, t. 16, nos 484 et 485.

1277. — La faculté pour le vendeur de demander la résolution pour défaut de paiement de prix n'existait pas dans le droit romain: sous ce droit le vendeur n'avait cette faculté qu'autant qu'il se l'était formellement réservée; autrement l'action personnelle en paiement lui était seule ouverte. — *Cass.*, 13 thermid. an XII, Queste c. Lenoble; *Liége*, 9 avr. 1834, Voutez — L. 8, *De contr. empt.*; 14, *De resc. vend.*; Ducaurroy, t. 3, p. 140; Pothier, *Vente*, no 476.

1278. — Ces principes ont été longtemps suivis dans la pratique française. — Despeisses, tit. 1er, sect. 6e, no 19; Pothier, *loc. cit.* — C'est ce qui a été jugé sous la jurisprudence du parlement de Toulouse. — *Montpellier*, 7 fév., 1828, Germa c. Labrousse; *Cass.*, 4 mars 1828, Janson c. Halley; V. aussi, *parlem. Bordeaux*, 6 juill., 1589; et *Cass.*, 26 mars 1828, Houdeille c. Bonvallet; — *Contrà.*, (dans le ressort du parlem. de Paris) alors même qu'il y avait eu stipulation de terme, *Cass.*, 16 août 1820, Chenereille c. Lajarrige.

1279. — Jugé, que sous la cout. de Luxembourg, comme sous le droit romain, il n'y avait lieu à résolution d'un contrat de vente pour le défaut de paiement du prix, qu'autant que la clause résolutoire avait été formellement stipulée. — *Liége*, 9 avr 1834, Voutz.

1280. — La convention par laquelle les parties tombaient d'accord que, à défaut de paiement dans un délai déterminé, le contrat serait résolu, s'appelait *pacte commissoire*. En droit romain, l'effet de ce pacte était absolu; la résolution s'opérait de plein droit au terme convenu. Au contraire, sous notre jurisprudence française les juges accordaient ou refusaient son exécution suivant les circonstances. — Toullier, t. 6, no 550 et 551; Pothier, *Vente*, nos 459 et suiv.

1281. — Ainsi, jugé qu'avant le Code, le pacte commissoire n'opérait pas la résolution de la vente de plein droit, et le prix pouvait valablement être offert pendant l'instance en délaissement. — *Agen*, 17 juin 1824, Duburgua c. Campagnac.

1282. — Jugé encore, que d'après la jurisprudence du parlement de Bordeaux, le pacte commissoire n'opérait pas de plein droit la résolution des contrats dans lesquels il était écrit. — *Bordeaux*, 19 août 1829 (et non 1826), Gosselin c. Lapeyre.

1283. — Quant à l'effet du pacte commissoire, il doit être réglé par la loi en vigueur au moment où il a été stipulé. — *Agen*, 17 juin 1824, Duburgua c. Campagnac.

1284. — Jugé aussi que, les faits d'exécution d'un contrat devant être réglés par les principes du Code quand le contrat lui est antérieur, on doit, s'il s'agit d'un pareil contrat, se conformer aux formalités prescrites par le Code pour obtenir la résolution d'une vente, encore qu'il eût été convenu qu'en cas d'inexécution des conditions, elle aurait lieu sans observer aucune formalité de justice. — *Toulouse*, 13 août 1833, Roucaud c. Foulquier.

1285. — Dans notre droit, l'action résolutoire appartient au vendeur en l'absence de toute convention; mais cette clause résolutoire *tacite* ne détruit pas le contrat *de plein droit* et sans intervention des tribunaux.

1286. — Les juges saisis de la demande en résolution peuvent, suivant les circonstances (lorsqu'il

VENTE, ch. 5, sect. 2e.
VENTE, ch. 5, sect. 2e,

s'agit de ventes d'immeubles), accorder à l'acheteur un délai pour se libérer, à moins que le vendeur ne soit en danger de perdre la chose et le prix, cas auquel la résolution doit être immédiatement prononcée. Le délai passé, les juges doivent, sans concession nouvelle, accorder la résolution. — C. civ., art. 1655. — *Orléans*, 2 janv. 1817, Montcalm c. Boncard.

1287. — Et l'acheteur, qui n'aurait pas payé dans le délai fixé, ne pourrait être relevé de la déchéance, même en offrant son prix avant le jugement de résolution. — Duvergier, t. 1er, n° 437.

1288. — Les juges peuvent, tout en accordant un délai pour le paiement du prix d'une vente, prononcer, par le même jugement, la résolution du contrat, pour le cas où l'acheteur ne remplira point son obligation à l'échéance de ce délai. — *Metz*, 7 mai 1813, N...

1289. — Jugé, que la demande en résolution est recevable, quand bien même le vendeur ne serait pas en danger de perdre le prix: seulement dans ce cas il peut être accordé des délais au débiteur. — *Metz*, 30 mars 1816, Hémart et Drion c. Nicaise.

1290. — Lorsque, par les retards du débiteur, le vendeur est exposé à recevoir son paiement d'une manière différente de celle qui a été stipulée, il doit être assimilé à celui qui est en danger de perdre le prix. — Même arrêt. — Dans l'espèce, le prix ne pouvait être recouvré qu'au moyen d'une expropriation et d'un ordre.

1291. — L'acquéreur, qui n'a pas exécuté l'engagement par lui pris de faire transcrire son contrat, ne peut être réputé avoir refusé les sûretés promises, et encourir pour ce fait la résolution de la vente, alors surtout que la clause qui lui en imposait l'obligation n'avait pour objet que de hâter et de faciliter la purge de l'immeuble vendu, et non d'assurer l'hypothèque du vendeur. — *Cass.*, 13 juin 1837, (t. 2 1837, p. 470) Dronet c. Cuisinier.

1292. — L'appréciation des circonstances qui peuvent faire suspendre, au profit de l'acquéreur qui ne paie pas son prix, l'action en résolution, est abandonnée à la conscience et aux lumières des juges. Dès-lors, les juges peuvent, sans que leur décision donne ouverture à cassation, décider que telle circonstance présentée par l'acquéreur comme constituant un trouble de la part du vendeur, et comme donnant lieu contre lui à la garantie et à l'application, de la maxime *Quem de evictione tenet actio, eumdem agentem repellit exceptio*, est seulement de nature à autoriser une demande en dommages-intérêts, mais non à arrêter le cours de l'action en résolution. — *Cass.*, 30 juill. 1838 (t. 2 1838, p. 375), Weill c. Saint-Omer-Baquié. — Conf., sur le principe, Duvergier, t. 1er, n° 435; Troplong, t. 2, n° 663.

1293. — Le vendeur qui, à défaut de paiement prix, demande la résolution du contrat de vente, et réclame en même temps une somme déterminée pour dommages-intérêts, ne se rend pas non recevable à exciper de la clause qui l'autorise à conserver les sommes qu'il a reçues à valoir sur le prix. — *Orléans*, 14 août 1845 (t. 2 1845, p. 348), Mandreville c. Pays.

1294. — Est valable la convention par laquelle l'acquéreur d'un immeuble renonce, en cas de résolution de la vente à défaut de paiement du prix, à réclamer du vendeur réintégré dans la propriété les sommes qu'il aura pu payer à compte sur son prix. — Même arrêt.

1295. — La résolution, pour défaut de paiement a lieu dans les ventes de meubles comme dans les ventes d'immeubles. L'art. 1654 ne distingue pas. — *Paris*, 18 août 1829, Lebreton c. Guédon; 20 juill. 1831, Testelin Waresquelle c. Harding. — En matière de vente de marchandises entre commerçans. — Troplong, n° 645; Duvergier, *Vente*, t. 1er, n° 436; Pardessus, t. 2, n° 289.

1296. — Jugé encore, qu'on peut valablement stipuler la condition résolutoire, à défaut de paiement du prix dans la vente d'un fonds de commerce. — *Paris*, 24 avr. 1833, Lefèvre c. Dollez.

1297. — Au contraire, Delvincourt (t. 3, p. 76, n° 8) et Duranton (t. 16, n° 380), argumentant de l'art. 1657, pensent que le défaut de retirement seul eût pu donner lieu à la résolution, mais que si la chose est une fois livrée, le vendeur n'a plus que l'action en paiement du prix. Cette opinion est combattue par Troplong et Duvergier. (*loc. cit.*)

1298. — La clause résolutoire tacite a des effets différents, relativement aux tiers, suivant qu'il s'agit de meubles ou d'immeubles.

1299. — S'il s'agit de meubles, le tiers acquéreur de bonne foi n'a rien à redouter de l'action en résolution. — Arg. des art. 2119 et 2179.

1300. — Ainsi, jugé que le propriétaire qui a vendu une coupe de bois et qui en a opéré la délivrance ne peut plus, à défaut de paiement par l'acquéreur demander la résolution de la vente, si déjà ce dernier a rétrocédé sans fraude son marché à un tiers. — *Bourges*, 10 août 1841 (t. 1er, 1842, p. 666), Depracontal c. Guyon.

1301. — Jugé aussi, que le vendeur non payé d'une coupe délivrée et rétrocédée ne peut pas davantage retenir, au détriment du tiers acquéreur les bois non encore enlevés. — Même arrêt.

1302. — Mais que doit-on décider si le meuble vendu n'a fait que changer de qualité dans la main de l'acquéreur primitif; si, par exemple, il est devenu immeuble par destination? — La question est controversée.

1303. — D'une part, il a été jugé avec raison, suivant nous, que le vendeur d'un effet mobilier (par exemple, d'une machine à vapeur) ne peut, lors même qu'il en aurait fait la réserve expresse, exercer l'action en résolution de la vente pour défaut de paiement du prix au préjudice des créanciers hypothécaires de l'acheteur, inscrits sur l'immeuble auquel l'objet vendu a été incorporé. — *Paris*, 16 août 1833, Périer c. Veyrassat; *Cass.*, 9 déc. 1835, mêmes parties. — Duvergier, t. 1er, n° 439. — Par le motif que l'acheteur, qui pouvait vendre l'objet et le mettre ainsi à l'abri de la résolution, a pu, par voie de conséquence, le grever de droits auxquels la résolution ne pouvait nuire.

1304. — Jugé aussi que le vendeur d'objets mobiliers non payés ne peut en exercer la revendication si, au moment de la demande, ils avaient été incorporés, par le fait de l'acquéreur, à une usine dont il avait entrepris la construction pour le compte d'un tiers. — *Cass.*, 22 nov. 1842 (t. 1er, 1843, p. 255), Moras c. Drouillard.

1305. — D'un autre côté, la cour de Paris a jugé que le vendeur d'une machine à vapeur, avec réserve de la reprendre, faute de paiement du prix, peut user de ce droit, alors même que la machine a été incorporée par l'acheteur à un immeuble, et, spécialement, hypothéquée avec l'immeuble à la créance d'un tiers. — *Paris*, 10 juill. 1833, Rigny et Eynard c. Pihet.

1306. — Jugé, dans le même sens, que le droit de résolution continue d'exister même après que les objets mobiliers vendus sont devenus immeubles par destination. — *Amiens*, 1er sept. 1838 (t. 2 1839 p. 585), Lefèvre c. Saulnier. — Troplong, t. 2, add. p. 633. — Arg. de l'art. 593, C. proc. civ. — Et attendu que la chose n'a pas changé de mains et que la modification de sa destination ne peut être assimilée à la perte de la chose. — V. PRIVILÉGE.

1307. — Jugé aussi que, lorsque, dans le contrat de la vente d'un immeuble (d'un moulin, par exemple) il a été stipulé qu'en cas de non paiement, la résolution aurait lieu de plein droit, et que les vendeurs rentreraient dans tous leurs droits de propriété, sans être tenus de rembourser aux acquéreurs le prix des augmentations, améliorations et innovations, s'il arrive que cet immeuble ait été converti en filature, le vendeur a le droit, en demandant la résolution, de revendiquer les machines et ustensiles de la filature, même contre le tiers qui s'en serait rendu acquéreur et en aurait payé le prix. — *Rennes*, 3 janv. 1839 (t. 22, 1839, p. 587), Phelippe c. Poisson et Fortier.

1308. — L'action résolutoire peut être intentée par le cessionnaire d'une portion seulement du prix restant dû au vendeur, bien que le paiement de la plus grande partie de ce prix ait déjà été effectué. — *Paris*, 12 fév. 1844 (t. 1er 1844, p. 309), Dusault c. Mollard et Penot-Lombard.

1309. — Le vendeur d'un immeuble qui exerce l'action en résolution de la vente pour défaut de paiement du prix peut diriger sa demande contre le tiers détenteur directement, sans être tenu de mettre en cause le premier acquéreur. — Même arrêt.

1310. On s'est demandé, si l'état de faillite de l'acheteur est un motif suffisant pour empêcher le vendeur d'exercer l'action résolutoire contre la masse des créanciers, et la jurisprudence a résolu négativement cette question. — *Paris*, 18 août 1829, Lebreton c. Guedon; *Cass.*, 7 avr. 1830, Lassalle c. Dignet; *Paris*, 11 nov. 1837 (t. 2 1839, p. 585), Perier c. Viguier; *Amiens*, 1er sept. 1838, Lefèvre c. Saulnier. — Duvergier, t. 1er, n° 439. — Et les arrêts de 1837 et de 1838 décident que ce n'est que lorsqu'il s'agit de *marchandises proprement dites* (ce qui ne saurait comprendre les mécaniques et métiers vendus à un fabricant pour l'exploitation de son usine) que le droit du vendeur se borne à la revendication. — Art. 576, C. comm.

1311. — Jugé encore que la faillite de l'acquéreur d'un fonds de commerce ne peut empêcher l'exécution de la convention qui porte qu'à défaut de paiement d'une portion du prix de la vente aux échéances convenues, et après une simple mise en demeure restée infructueuse, le vendeur rentrerait, sans aucune forme de procédure, dans le fonds par lui vendu. — *Paris*, 7 mai 1831, Benoiste c. Gravel; 25 avr. 1833, Lefevre c. Dollez.

1312. — Jugé, en sens contraire, qu'en cas de faillite de l'acheteur, le vendeur d'un fonds de commerce n'a que le droit de demander la résolution de la vente pour défaut de paiement du prix. — *Paris*, 11 déc. 1822, Muraine c. Prudhon. — Duranton, t. 16, n° 381.

1313. — Jugé encore qu'en cas de faillite de l'acheteur, le vendeur d'effets mobiliers (par exemple de bois) ne peut exercer que l'action de revendication ouverte par les art. 576 et suiv., C. comm., mais non se pourvoir en résolution. — *Limoges*, 4 fév. 1835 (et non 1837) t. 2 1837, p. 181.

1314. — Le système qui accorde le droit de résolution parait peu conséquent avec les principes généralement admis en matière de vente de meubles, en ce qui touche les droits des tiers. On convient, en effet, assez généralement, qu'en matière de meubles la résolution ne peut pas s'exercer au préjudice des droits acquis à des tiers, et que ce respect pour ces droits acquis est le seul moyen de concilier les principes de la résolution avec celui qui veut qu'en fait de meubles possession vaille titre. Or, maintenant, comment nier que la faillite n'acquière des droits aux tiers; qu'elle ne soit une mainmise apposée au profit de tiers sur les biens du débiteur; qu'elle n'équivaille, par exemple, à une saisie? N'est-ce pas la saisie la plus générale, la plus efficace? Par le fait de la mise en faillite, tous les créanciers ne deviennent-ils pas *saisissans*, tellement que, postérieurement, aucun droit ne puisse plus être acquis à d'autres? Si cela est vrai, et il semble difficile de ne pas en convenir, comment admettre que l'action en résolution, irrecevable en présence des droits *acquis aux tiers*, soit néanmoins recevable en présence d'une faillite?

1315. — Jugé, dans tous les cas, que le vendeur d'objets mobiliers qui, au cas de faillite de l'acheteur, a exercé sans succès l'action en revendication, ne peut plus exercer l'action en résolution de la vente, pour défaut de paiement du prix. Ces deux actions étant fondées sur la même cause (le défaut de paiement du prix), il peut être repoussé par l'exception tirée de la chose jugée. — *Cass.*, 19 avr. 1836, (t. 1er 1837, p. 202), de Granville c. Arnault. — Mais ce système est inadmissible, car il est en opposition formelle avec l'art. 1351, C. civ., et fondé sur une appréciation inexacte des deux actions. Pour qu'il y ait chose jugée, il faut, entre autres conditions, que la chose demandée soit la même; or, peut-on dire que, lorsque la résolution est poursuivie, la chose demandée soit la même que lorsqu'il s'agit de la revendication? Non, évidemment, car il existe entre la résolution et la revendication des différences essentielles.

1316. — Lorsque la vente d'une coupe de bois a été consommée, soit par le paiement du prix, tant en argent qu'en billets, soit par la délivrance et le commencement d'exploitation de la coupe vendue, soit enfin par le débit d'une partie de bois, le vendeur ne peut plus demander la résolution de la vente et revendiquer les bois vendus dans la faillite de l'acheteur. — Lors même qu'une revendication a été admise par les agens de la faillite, elle peut être contestée par les syndics. — *Cass.*, 10 janv. 1821, de Mesgrigny c. Gentil.

1317. — S'il s'agit d'immeubles, l'action en résolution pour défaut de paiement du prix peut être poursuivie même contre les tiers acquéreurs de bonne foi, soit que le contrat contienne ou non de clause résolutoire expresse. — *Cass.*, 2 déc. 1811, Mignot c. Renaud; *Paris*, 13 janv. 1812, Davoust c. Lemaire; *Bourges*, 29 juin 1814, Blondot c. Franc; 11 mars, 1816, Dubose c. Roinville; 15 nov. 1816, Coutin c. Marche; *Cass.*, 3 déc. 1817, comm. de Chappes c. de Chamflour; *Metz*, 24 nov. 1820, Cartier c. Brulé; *Limoges*, 19 janv. 1824, Ribière c. Aumenier; *Paris*, 20 janv. 1826, Péronne c. Huet; 26 juin 1826, Boismard c. Vignacourt; *Cass.*, 30 avr. 1827, Lafaige c. Verdier; *Montpellier*, 29 mai 1827, Delouis c. Mas; *Cass.*, 26 mars 1828, Houdaille c. Bonvallet; 16 nov. 1836 (t. 1er 1837, p. 217), Rondeau c. Louvrier; *Agen*, 28 août 1841 (t. 1er 1842, p. 225), Judicis c. Vergnes.

1318. — Et ce principe reçoit son application encore bien que ces tiers auraient acquis par adjudication en justice, ou même par suite de la saisie immobilière exercée contre l'acquéreur. — *Paris*, 13 janv. 1812, Davoust c. Lemaire; 26 juin 1826, Boismard c. de Vignacourt. — Et dans ce cas le vendeur n'a pas besoin d'attaquer le jugement d'adjudication. — *Cass.*, 30 avr. 1827, Lafaige c. Verdier; *Paris*, 28 août 1821, Rose c. Leroux; 25 janv. 1822, Bernard c. Oubert. — V. toutefois la loi du 2 juin 1841, *infrà* nos 1353 et suiv.

1319. — ... Ou qu'ils auraient fait transcrire leur

contrat d'acquisition. — *Paris*, 13 janv. 1812, Davoust c. Lemaire; 11 mars 1816, Dubosc c. Roinville; 15 nov. 1816, Coutlin c. Marche; *Metz*, 21 nov. 1820, Carlier c. Brulé; *Limoges*, 19 janv. 1824, Ribière c. Aumenier; *Paris*, 20 janv. 1826, Péronne c. Huet; *Cass.*, 26 mars 1828, Houdaille c. Bonvallet.

1320. — Jugé en ce sens même pour le cas où le tiers acquéreur aurait fait notifier son contrat. — *Paris*, 11 mars 1816, Dubosc c. Roinville; 15 nov. 1816, Coutlin c. Marche.

1321. — Jugé encore que la résolution peut être demandée contre le tiers acquéreur, lors même qu'il aurait accepté de son acheteur immédiat la délégation du prix de la revente due à ce dernier, et qu'il aurait donné quittance. — L'arrêt qui juge le contraire, en tirant de ces circonstances la conséquence que le vendeur aurait renoncé à l'action en résolution, donne ouverture à cassation. — *Cass.*, 16 nov. 1836 (t. 1er 1837, p. 217), Rondeau c. Louvrier.

1322. — L'exercice de l'action résolutoire est indépendant de celui du privilége : et cette action survit à la perte du privilége résultant soit du défaut d'observation par le titulaire des formes exigées pour sa conservation, soit de l'accomplissement par les tiers des formalités au moyen desquelles on peut purger les priviléges. — *Cass.*, 2 déc. 1811, Mignot c. Renaud; 3 déc. 1817, comm. de Chappes c. Champflour; 26 mars 1828, Houdaille c. Bonvallet; *Limoges*, 19 janv. 1824, Ribière c. Aumenier. — Merlin, *Rép.*, vis *Echange*, *Privilége de Créance* et *Résolution* (cet auteur a hésité); Duvergier, t. 1er, no 441.

1323. — Jugé en ce sens que le vendeur, alors même que faute d'avoir produit à l'ordre ouvert sur le prix de la revente de l'immeuble par lui aliéné, il a été forclos, peut encore former une action en résolution de la vente, à défaut de paiement du prix. — *Cass.*, 24 août 1831, Blaise c. Gauthier et Hugot; 30 juill. 1834, Laugier c. Icard; 23 août 1841 (t. 1er 1842, p. 196), Boisson c. Lhomme. — Alors surtout qu'il n'a pas été appelé légalement à l'ordre.

1324. — Jugé aussi que le pacte résolutoire inséré dans un contrat de vente, passé sous la loi du 11 brum. an VII, pour le cas où le prix ne serait pas payé, pouvait être exercé par le vendeur au préjudice du créancier de l'acquéreur, alors même qu'il n'aurait pas conservé son privilége par une inscription. — *Rouen*, 14 déc. 1808, Plaideux c. Hermel.

1325. — Jugé encore que la résolution a lieu même vis-à-vis de l'acquéreur de bonne foi, encore bien qu'il n'y ait pas eu d'inscription prise au nom du vendeur. — *Bruxelles*, 20 nov. 1822, Bourgeois c. Jacquier.

1326. —...Et que le droit qu'a le vendeur d'un immeuble cédé avant le Code civil moyennant une rente foncière de demander la résolution de la vente, à défaut de paiement, n'étant ni un droit de privilége, ni un droit d'hypothèque, mais un droit de propriété qui ne peut être purgé par les voies hypothécaires, ce droit de résolution peut toujours être exercé, quoique le vendeur ait négligé de prendre inscription en temps utile. — *Cass.*, 29 avr. 1826, Camel c. Delisle.

1327. — Jugé aussi que celui qui a vendu à la charge de payer une rente à son acquit peut, à défaut du service de cette rente, demander la résolution du contrat de vente, même contre un tiers détenteur qui n'a point connu cette charge, sans qu'il soit permis de restreindre l'action du vendeur à l'exercice de son privilége sur le prix de l'immeuble. — *Cass.*, 3 déc. 1817, comm. de Chappes c. de Champflour (qui casse un arrêt de *Riom*, 22 juin 1815).

1328. — Réciproquement, la perte de l'action résolutoire n'éteint pas le privilége légalement conservé. — Duvergier, *loc. cit.*

1329. — Mais le privilége éteint ne peut revivre, sous prétexte que l'action en résolution existe encore. — *Cass.*, 18 juill. 1825, Strunzé c. Cocherel; *Montpellier*, 1er août 1832, Souheyran c. Ollivier. — Duvergier, t. 1er, no 442. — *Contrà Lyon*, 20 mai 1828.

1330. — En droit romain, l'exercice de l'action en paiement, postérieurement à l'expiration du temps porté dans le pacte commissoire, emportait renonciation au bénéfice de ce pacte. — L. 7, ff., *De leg. commiss.*, Pothier, no 463.

1331. — Jugé aussi qu'avant le Code, le vendeur qui recevait une partie du prix après l'échéance du terme avec réserve seulement du privilége sur le prix vendu était censé renoncer au pacte commissoire. — *Agen*, 17 juin 1824, Duburgna c. Campagnac.

1332. — Jugé de même que, dans le ressort du parlement de Bourgogne, le fait, par le vendeur, d'avoir poursuivi l'acquéreur en paiement du prix de la vente, pouvait, suivant les circonstances, être considéré comme une renonciation à demander ultérieurement la résolution de cette vente. — *Cass.*, 11 mars 1833, Grillot c. Pascalet.

1333. — Dans notre droit, on ne peut voir dans l'action en paiement une renonciation à la faculté de résolution; cette action paraît, au contraire, un préliminaire naturel. Peu importe, d'ailleurs, que le droit à la résolution résulte de la loi ou d'une clause expresse. — *Limoges*, 2 août 1811, N...; 21 août 1811, Leziac c. Mauzange; *Paris*, 11 mars 1816, Dubosc c. Roinville. — Alors même que les poursuites en paiement ont été suivies d'une saisie mobilière. — *Cass.*, 27 mai 1824, Bellaton c. hosp. de Mâcon; *Montpellier*, 29 mai 1827, Delouis c. Mas; 1er juill. 1828, Reynes c. Counes; *Agen*, 22 mai 1832, Ribes. — Alors surtout que le vendeur s'est réservé l'action résolutoire dans ses actes de poursuites. — *Agen*, 31 janv. 1826, Delon c. Bergès; 11 mars 1830, Monteil c. Paillet. — Alors même que le vendeur aurait exercé des contraintes et même des poursuites en saisie immobilière. — Troplong, no 655, et *Hypothèque*, no 224 *bis*; Merlin, *Quest.*, vo *Option*, § 1er, no 10, et *Rép.*, vo *Résolution*; Duvergier, t. 1er, nos 444 et 445.

1334. — Jugé de même que le vendeur peut demander la résolution de la vente à défaut de paiement du prix, quoiqu'il ait déjà fait des poursuites, en vertu du contrat, pour obtenir ce paiement et qu'il ait même déjà reçu des sommes à compte. — *Cass.*, 1er mars 1820, Hesse c. Lang; *Metz*, 30 mars 1816, Hemaut c. Nicaise; *Agen*, 31 janv. 1826, Delon c. Bergès. — *Contrà Bourges*, 12 déc. 1825, Coigny c. Genty.

1335. — Seulement, dans ce cas, faute par lui d'offrir la restitution de ces sommes, il est passible des frais faits sur la demande en résolution, jusqu'au jour où il l'offre. — *Cass.*, 1er mars 1820, Hesse c. Lang.

1336. — Jugé, en sens contraire, que le vendeur qui, postérieurement à l'échéance du terme fixé pour la résolution en cas de non paiement du prix, a exercé l'action en paiement, est censé avoir renoncé à l'effet de la clause résolutoire. — *Riom*, 29 juill. 1808, Lasalle c. Gire.

1337. — Au surplus, le vendeur pourrait être déclaré non recevable à demander la résolution du contrat de vente, si les actes par lui faits permettent d'induire sa renonciation à l'exercice de cette action pour s'en tenir au paiement de son prix. — *Cass.*, 2 juin 1824, de Piennes c. de Juigné.

1338. — C'est aux cours d'appel qu'il appartient souverainement d'apprécier si, d'après les faits et circonstances de la cause, le vendeur doit être présumé avoir renoncé à l'action en résolution de la vente pour s'en tenir uniquement à l'action en paiement. — *Cass.*, 16 mars 1840 (t. 1er 1840, p. 723), Salizelle c. Thory et Puivert.

1339. — La reconnaissance faite par le vendeur que le prix lui a été payé en effets de commerce emporte-t-elle *novation* et le rend-elle non recevable à demander, à défaut de paiement de ces effets, la résolution de la vente? — V. NOVATION.

1340. — En cas de stipulation dans un contrat de vente qu'à défaut de paiement du prix aux époques convenues, la vente deviendra nulle et non avenue après un simple commandement constatant ce défaut de paiement, le bénéfice de la clause résolutoire est irrévocablement acquis au vendeur dès qu'un commandement est resté sans effet, et des offres réelles de paiement faites ultérieurement ne sauraient empêcher la résolution du contrat. — *Dijon*, 22 janv. 1847 (t. 2 1848, art. 400), Bouillard c. Guérin.

1341. — La stipulation d'une clause résolutoire expresse, portant que le contrat serait résolu *de plein droit* à défaut de paiement au terme convenu, n'empêcherait pas que l'action en résolution fût exercée, même après des poursuites en paiement. La raison en est, suivant Merlin (*Quest.*, vo *Option*, § 1er, no 10) dans le texte même de l'art. 1656, qui veut que la clause résolutoire expresse n'ait d'effet qu'autant qu'elle a été précédée d'une sommation. — Conf. Duvergier, t. 1er, 445.

1342. — Mais il en serait autrement dans les ventes de meubles, à l'égard desquelles la clause résolutoire exprimée produit son effet sans sommation. — Duvergier, *loc. cit.*

1343. — Si le vendeur commençait par demander la résolution, il ne pourrait ensuite exercer l'action en paiement, alors même que sa rétractation serait antérieure à l'acquiescement de l'acquéreur. — Pothier, *Vente*, no 462; Despeisses, part. 1re, tit. 1er, sect. 6e, no 4; Duvergier, t. 1er, no 446.

1344. — Et il a été jugé que le vendeur qui, après avoir introduit sa demande en résolution, continue à poursuivre en paiement, est passible des frais de cette dernière poursuite, lorsque la résolution est prononcée. — *Metz*, 30 mars 1816, Hemart et Drion c. Nicaise.

1345. — Le vendeur qui a poursuivi la revente par voie de saisie immobilière de l'immeuble par lui vendu, ou qui a assisté à cette revente, peut-il encore exercer l'action résolutoire? Cette question, qui a été tranchée par la loi du 2 juin 1841, n'était pas uniformément résolue.

1346. — Ainsi, d'une part, il a été jugé que le fait par le vendeur d'être intervenu dans la saisie immobilière pratiquée sur l'immeuble et de s'être présenté à la distribution du prix de l'adjudication le rend non recevable à demander la résolution pour défaut de paiement du prix. — *Cass.*, 16 juill. 1818, Berthier c. Rachais. — Duvergier, t. 1er, no 447.

1347. — Jugé, au contraire, que le vendeur peut demander la résolution, alors même qu'il aurait été partie dans la poursuite d'expropriation. — *Paris*, 28 août 1821, Rose c. Leroux; 25 janv. 1822, Bernard c. Oubert.

1348. — Jugé aussi que le vendeur peut former l'action résolutoire, lors même qu'averti de la saisie par la notification du placard indiquant la première publication, il n'a point revendiqué l'immeuble, si d'ailleurs il n'a, par aucun fait personnel, approuvé la revente. — *Paris*, 26 juin 1826, Boismard c. de Vignacourt.

1349. — Jugé en outre que le vendeur non payé ne devient pas non recevable à demander la résolution de la vente, par cela seul que l'expropriation de l'immeuble aurait été poursuivie et prononcée à la requête d'un des créanciers auxquels il avait délégué une partie du prix, si, lui personnellement, est resté étranger aux poursuites et les a ignorées; si, en outre, le poursuivant a agi comme créancier personnel de l'adjudicataire et non comme exerçant les droits du vendeur, et si enfin la créance, objet de la délégation, ne formait qu'une partie minime du prix. On ne saurait, en pareil cas, considérer le vendeur comme ayant renoncé tacitement à son droit de résolution. — *Cass.*, 30 juill. 1834, Laugier c. Icard et Tussy c. Icard (deux arrêts).

1350. — Le vendeur d'immeubles non payé peut demander la résolution de la vente contre l'acquéreur, sans que celui-ci, qui a revendu les immeubles, puisse opposer comme fin de non-recevoir que l'action aurait dû être introduite contre son sous acquéreur. — *Caen*, 7 mars 1845 (t. 1er 1845, p. 512), Chrétien c. Meneut.

1351. — ... Et le vendeur non payé peut demander la résolution de la vente, *encore qu'il ait poursuivi la revente de l'immeuble*, si, sur sa production à l'ordre, on conteste l'efficacité de son privilége. — *Paris*, 12 août 1835, Georges c. Best.

1352. — Jugé encore que le vendeur peut exercer l'action résolutoire même après l'expropriation et tant que l'ordre est ouvert pour la distribution du prix. — *Rouen*, 4 juill. 1815, Morel c. Duroulle.

1353. — Le nouveau Code de procédure, art. 717 (L. 2 juin 1841), dit en termes formels que l'adjudicataire sur saisie immobilière ne peut être troublé dans sa propriété par aucune demande en résolution fondée sur le défaut de paiement du prix des anciennes aliénations, à moins qu'avant l'adjudication la demande n'ait été notifiée au greffe du tribunal où se poursuit la vente.

1354. — Si la demande a été notifiée en temps utile, il est sursis à l'adjudication jusqu'à ce que cette demande ait été jugée définitivement et dans le délai fixé par le tribunal. Si, faute par le vendeur de se conformer aux prescriptions du tribunal, l'adjudication avait eu lieu avant le jugement de la demande en résolution, l'adjudicataire serait à l'abri de l'action résolutoire, à raison des droits de celui-ci, sauf à ce dernier à faire valoir ses titres à l'ordre. — L. 2 juin 1841, art. 717.

1355. — Le vendeur peut-il exercer encore son droit de résolution après avoir produit à l'ordre ouvert sur le prix de la revente? Cette question est controversée. Jugé d'un côté dans le sens de l'affirmative. — *Cass.*, 27 mai 1824, Bellaton c. hosp. de Mâcon. — Merlin, *Quest.*, vo *Option*, § 1er, no 6.

1356. — ...Et que l'arrêt qui, appréciation faite de cette circonstance, décide qu'il n'y a pas eu renonciation de la part du vendeur à l'action en résolution, échappe à la censure de la cour de Cassation. — Même arrêt.

1357. — Jugé encore, qu'une demande à fin d'être colloqué pour un pirx de vente, dans l'ordre ouvert par suite d'une revente sur saisie immobilière poursuivie contre l'acquéreur, ne met pas obstacle à la demande en résolution de la vente originaire. — *Agen*, 22 mai 1832, Ribes; *Bordeaux*, 29 mai 1835, Blandham c. Besse.

1358.—...Et que le propriétaire d'une rente faisant partie d'un prix de vente et subrogé aux droits du vendeur peut, en cas de non paiement, exercer l'action résolutoire, même après avoir demandé sa collocation par privilége.—*Rouen*, 3 fév. 1823, Desbordeaux.

1359.—Jugé, dans le même sens, qu'il n'y a point de renonciation à l'action résolutoire dans l'acceptation par le vendeur primitif du prix d'une revente particlle, ni dans l'ouverture d'un ordre à sa requête sur le prix offert par le sous-acquéreur qui a notifié son contrat, lors surtout que cet ordre n'a produit aucun résultat utile.—*Rouen*, 1er juin 1840 (t. 2 1840, p. 409), Fleury c. Lambert.

1360.—Jugé encore, que le vendeur qui a produit et qui a été colloqué à l'ordre ouvert sur le prix d'une revente consentie par son acquéreur immédiat à un sous-acquéreur ne se rend pas pour cela nécessairement non recevable, vis-à-vis de ce sous-acquéreur, à exercer plus tard l'action en résolution de la vente originaire, faute d'avoir été intégralement payé.—*Cass.*, 16 mars 1840 (t. 1er 1840, p. 723), Salizelle c. Thory et Puivert,

1361.—Lorsque, sur la demande du bailleur, et tandis qu'un créancier poursuivait l'expropriation de l'immeuble cédé par un contrat de bail à rente, la résolution de ce contrat a été prononcée, cette résolution doit recevoir son effet, encore bien que le bailleur ait produit à l'ordre du prix de l'immeuble adjugé, mais sous la réserve de son action en résolution. — *Liége*, 17 juin 1823, Bossy c. Mouton.

1362.—Jugé, d'un autre côté, que la résolution ne peut être demandée, si le vendeur a fait des démarches pour obtenir le paiement de son prix, *comme s'il a produit dans l'ordre du prix* de la revente faite par l'acquéreur... alors du moins que l'acte de vente originaire est antérieur au Code civ.—*Metz*, 24 nov. 1820, Cartier c. Brulé. —*Riom*, 28 fév. 1824, Lafaige c. Verdier (sous *Cass.*, 30 avr. 1827).

1363.—Troplong (*Hypoth.*, t. 1er, nos 224 et 225, *Vente*, no 659) est d'avis que le vendeur qui produit sans réserve à l'ordre ouvert sur le prix dû par un sous-acquéreur est censé par cela même avoir renoncé à l'action en résolution. — Duvergier, t. 1er, no 447.

1364.—Enfin, il a été jugé, et cet arrêt nous paraît consacrer une doctrine juste, que si la production à un ordre n'implique pas renonciation au droit d'exercer l'action résolutoire accordée par l'art. 1654, C. civ., néanmoins cette renonciation peut s'induire de certaines circonstances, notamment de la levée du bordereau de collocation, de la sommation faite au tiers détenteur d'avoir à payer, enfin du prélèvement fait par l'avoué produisant de ses frais de production. — *Paris*, 19 avr. 1837 (t. 1er 1837, p. 409), Bordier c. Letellier.

1365. — Dans tous les cas, à supposer que la production, de la part du vendeur primitif, à l'ordre ouvert sur le prix de l'adjudication de partie des immeubles compris dans la vente originaire, puisse être considérée comme une renonciation implicite à la résolution du contrat pour ces immeubles, il ne peut en être de même à l'égard de l'autre partie des immeubles, ou restés entre les mains de l'acquéreur, ou revendus à des tiers : à l'égard de ces immeubles, le vendeur originaire est encore recevable à exercer l'action résolutoire.— *Cass.*, 30 avr. 1827, Lafaige c. Verdier.

1366. — Lorsqu'un second vendeur a délégué à son vendeur immédiat une partie du prix de la revente, le délégataire, en poursuivant l'expropriation de l'immeuble contre le sous-acquéreur, en se présentant à l'ordre, et en absorbant la totalité des sommes à distribuer, exprime formellement, par cela même, son option pour l'action en paiement du prix, et sa renonciation à l'action résolutoire. — En telle sorte que, même pour le surplus du prix, la résolution ne peut plus être exercée par le second vendeur ni par son cessionnaire, surtout s'ils ont connu l'exercice de l'action en paiement formée par le premier délégataire. — *Paris*, 13 janv. 1844 (t. 1er 1844, p. 311), Cocquerel c. Betmont.

1367.—Jugé, qu'après un ordre dans lequel le prix d'un immeuble a été distribué aux créanciers inscrits, l'ancien propriétaire ne peut exercer une action sur le prix, ou une demande en résolution de la vente, qu'en prouvant qu'il a lui-même, ou un tiers en son nom, désintéressé les créanciers porteurs des bordereaux de collocation. Ce n'est pas à l'acquéreur à prouver que c'est lui qui les a désintéressés, la présomption est en sa faveur.— *Cass.*, 28 nov. 1833, Tournard c. Penotel.

1368. — Le fait par le vendeur créancier du

VENTE, ch. 5, sect. 2e.

prix d'avoir acheté l'immeuble ne le rend pas non recevable à exercer son action, en résolution s'il est ensuite évincé.— Troplong, t. 2, no 658.

1369. — La stipulation ajoutée au pacte commissoire, qu'en cas de non paiement le bien sera revendu à la folle enchère, ne change ni la nature ni les effets de ce pacte, n'empêche pas de poursuivre contre la caution le paiement du prix. — *Bruxelles*, 10 déc. 1824, N...

1370. — Jugé aussi, que la clause insérée au cahier des charges, qu'*en cas de non paiement l'immeuble sera revendu à la folle-enchère*, n'est pas un obstacle à l'exercice de l'action en résolution autorisée par l'art. 1654. — *Metz*, 30 avr. 1823, Adam c. Bellotte.

1371. — Le droit d'exercer l'action résolutoire appartient aux créanciers du vendeur comme à lui-même; ce n'est pas là un droit attaché à la personne. Aussi a-t-il été jugé par plusieurs arrêts qu'il pouvait faire l'objet d'une cession. — *Amiens*, 9 nov. 1825, Caruette c. Vasseur; *Bordeaux*, 16 mars 1832, Dupuy c. Bedanchon; *Cass.*, 25 nov. 1834, Ladague c. Philippot ; *Paris*, 19 avr. 1837 (t. 1er 1837, p. 409), Bordier c. Letellier.

1372.— Si le prix consiste en une rente viagère, le défaut de paiement n'autorise pas à demander la résolution du contrat. L'art. 1978 est modificatif à cet égard de l'art. 1654. — Duvergier, t. 1er, no 451 ; Troplong, no 647 ; Duranton, no 374 — *Contrà* Delvincourt, t. 3, p. 386.

1373.— Jugé que, lorsque le prix de vente d'un immeuble a été stipulé partie en une somme déterminée, partie en une rente viagère, on ne peut, à défaut de paiement des arrérages de la rente, demander la résiliation du contrat de vente, si d'ailleurs le capital stipulé a été exactement payé. — *Nîmes*, 12 juill. 1839 (t. 2 1839, p. 52), Bougnard c. Combes.

1374. — Jugé toutefois, que, dans le cas où le prix de vente d'un immeuble a été stipulé payable au décès du vendeur, mais à charge de payer jusque là une rente annuelle, le défaut seul de paiement des arrérages donne droit à demander, contre l'acquéreur, la résolution du contrat. Ici ne s'applique pas l'art. 1978, C. civ., d'après lequel le non paiement des arrérages d'une rente viagère n'autorise pas le créancier à demander la résolution du contrat. — *Bourges*, 2 avr. 1828, Boutet c. Bouton. — Et Troplong (no 648) approuve cette décision, par le motif que, quand bien même on pouvait trouver dans une telle convention quelques uns des traits d'un contrat aléatoire, le motif prédominant était celui d'une vente ordinaire, résolutoire dans le cas de l'art. 1654.

1375. — Il a été jugé, par application de l'art. 1977, que la résolution d'une vente à charge de rente viagère peut être prononcée, lorsqu'il résulte d'un procès-verbal de carence et d'inscriptions prises pour des sommes excédant la valeur des immeubles du débiteur, que celui-ci est dans l'impossibilité de servir la rente. — *Rennes*, 2 juin 1815, Lanven.

1376. — Jugé de même, pour le cas où le débiteur devient insolvable, que l'immeuble saisi est vendu, et que ce débiteur ne peut fournir aucune autre garantie pour le service de la rente.—*Dijon*, 14 mars 1817, Diodati c. Sambin.

1377. — Dans tous les cas, si l'acheteur et le vendeur étaient convenus que la vente serait résolue faute de paiement de la rente viagère, l'art. 1654 reprendrait son empire.

1378. — En effet, la condition résolutoire peut être valablement stipulée dans une vente à rente viagère. — *Bruxelles*, 20 nov. 1822, Bourgeois c. Jacquier ; *Bordeaux*, 10 janv. 1839 (t. 1er 1839, p. 391), Dubart c. Letourneau.

1379. —Jugé, que la clause qui soumet l'acquéreur à la résiliation du contrat, en cas de non paiement pendant un an des arrérages d'une rente viagère faisant partie du prix de la vente, et cela sans qu'il soit besoin de la faire ordonner en justice, doit être considérée comme de rigueur En conséquence, l'acquéreur qui a laissé écouler le délai prescrit ne peut se soustraire à la résolution, en offrant postérieurement les arrérages échus. — *Paris*, 8 janv. 1810, Lenud c. Rancher.

1380 — Jugé aussi, que lorsqu'un immeuble a été vendu moyennant un capital et une rente viagère, avec stipulation que le contrat serait résolu à défaut de paiement, le seul défaut de paiement du capital donne lieu à la résolution, bien que la rente viagère ait été exactement servie, sans que l'acheteur puisse invoquer l'art. 1978, C. civ. Dans ce cas, le vendeur ne doit pas être tenu de restituer la portion des arrérages reçus par lui, qui excéderait le taux légal, surtout si les fruits de la chose vendue, dont l'acquéreur a joui, compensent et au-delà l'avantage du taux de la rente.— *Cass.*, 20 nov. 1827, Lebrun c. Charpentier.

VENTE, ch. 5, sect. 2e.

1381. — Lorsque, dans une vente dont le prix consiste en billets à ordre et dans le service d'arrérages de rentes, il est stipulé qu'à défaut de paiement des billets ou de quelques-uns d'eux, les vendeurs rentreront en possession du bien vendu, la clause résolutoire, se trouvant réduite dans ses effets au cas de non paiement des billets, ne peut être invoquée à raison du non service des arrérages de rentes. — *Rouen*, 16 juillet 1812, Viel c. Brahier et Toutn.

1382. — Si la vente a eu lieu moyennant une rente perpétuelle, l'art. 1654 est applicable même en l'absence de clause résolutoire expresse.— *Cass.*, 3 déc. 1817, comm. Chappes c. de Champflour. — Duvergier, (t. 1er, no 451; Troplong, no 649); Duranton t. 16, no 370.—Et ces auteurs font observer avec raison que dans ce cas le vendeur n'est pas obligé d'attendre que, conformément à l'art. 1912, il y ait eu cessation du service de la rente pendant deux années.

1383.—Jugé que, lorsque le propriétaire d'une rente créée pour prix d'une vente d'immeuble l'a cédée avec garantie sans l'intervention de son débiteur, et l'a remboursée à son cessionnaire qui lui a remis une quittance dans laquelle le débiteur n'a pas non plus été partie, ce propriétaire est rentré dans l'exercice de la propriété de la rente et des droits en dépendant. Dès-lors, il a le droit de demander la résolution de la vente, à défaut par l'acquéreur de payer les arrérages de la rente.— *Cass.*, 4 mars 1818, Be non.

1384. — Toutefois, suivant Duranton (no 370), si après avoir fixé pour prix une somme d'argent les parties la convertissaient, fût-ce par le même contrat, en une rente annuelle perpétuelle, c'est l'art. 1912 qui serait applicable, et le défaut de paiement de deux années d'arrérages ne donnerait pas lieu à l'action en résolution. — *Contrà* Troplong (*loc. cit.*), par le motif déterminant que la constitution de cette rente ne contiendrait qu'un *mode de paiement*, et n'opère pas novation.

1385 — Il a été jugé en ce sens, que la conversion d'un prix de vente en rente perpétuelle n'opère pas novation quant au droit qui appartient au vendeur de demander la résolution à défaut de paiement du prix ; dès-lors, faute par l'acquéreur de servir la rente pendant deux années, le demandeur peut demander contre lui non pas seulement le remboursement du capital de la rente, mais encore la résolution de la vente elle-même. — *Bordeaux*, 23 mars 1832, Gatinel c. Beauroybe.

1386. — Le vendeur d'un immeuble moyennant une rente peut, en cas de faillite de l'acquéreur, demander la résolution du contrat ; il n'est pas réduit à ne demander que le remboursement du capital de la rente. — *Angers*, 12 juin 1816, Lenneau c. Hude.

1387. — La résolution a pour effet de remettre les choses dans l'état où elles étaient avant la vente (C. civ. 1183). — D'où il résulte pour l'acheteur l'obligation de rendre la chose et les fruits qu'elle a produits, ainsi que les accessoires, et d'indemniser le vendeur des dégradations qu'il a occasionnées par sa négligence. — *Cass.*, 13 mai 1833, Legros c. Gaillard.

1388. — De son côté, le vendeur doit restituer les à-compte qu'il reçus, mais il peut retenir sur ces à-compte la valeur des détériorations, et les juges ne peuvent le condamner à restituer d'ores et déjà la somme par lui touchée et le renvoyer à faire liquider plus tard l'indemnité qui lui est due. — Même arrêt.

1389. — Mais la dépréciation de l'immeuble survenue dans l'intervalle de la vente à la résolution, *et non imputable à l'acquéreur*, ne peut donner lieu à la retenue à titre d'indemnité du prix restituable. — *Pau*, 22 août 1840 (t. 2 1841, p. 437), Cazenave c. Lafond.

1390. — Jugé, que le vendeur d'un fonds de commerce ne peut, faute de paiement du prix, demander la résolution du contrat, et conclure en même temps à ce que les sommes données à-compte lui soient attribuées à titre de dommages-intérêts. — *Paris*, 1er déc. 1834, Gesser c. Drouat. — Mais cette décision ne peut se justifier *qu'en fait et non en droit*.

1391. — Le vendeur doit aussi, en échange de la restitution des fruits, les intérêts des à-compte reçus. — *Bordeaux*, 6 août 1831, Redon c. Monnereau. — Duvergier, t. 1er, no 453) ; Troplong, (no 652;). Duranton, no 366 ; Toullier, t. 6, no 563. — Dans ce cas, il s'opère une compensation entre ces intérêts et ces fruits jusqu'à due concurrence.

1392. — Jugé toutefois (mais cette décision ne paraît pas se justifier) que l'acquéreur dépossédé n'a droit aux intérêts du prix à restituer qu'à partir seulement de la demande qu'il en a formée. — *Pau*, 22 août 1840 (t. 2 1841, p. 437), Cazenave c. Lafond.

1393. — Le vendeur doit aussi compte des amé-

liorations faites par cet acquéreur. — *Bordeaux*, 6 août 1831, Redon c. Monnereau.

1394. — L'acquéreur, débiteur des fruits, ne pourrait être condamné à payer les intérêts du prix sauf à garder ces fruits. La thèse contraire avait été consacrée par la cour de Lyon le 23 juin 1831. — Mais son arrêt a été cassé le 23 juillet 1834 Merloz c. Lablanche. — Duvergier, t. 1er, no 454; Troplong, no 653.

1395. — Mais les juges pourraient, suivant les circonstances, adjuger les intérêts au vendeur à titre de dommages-intérêts. — *Cass.*, 23 juillet 1834, Merlon c. Lablanche. — Duvergier et Troplong, *loc. cit.* — Ce qui peut offrir le moyen de rétablir le niveau entre les fruits et les intérêts.

1396. — Si, durant l'instance en résolution à défaut de paiement, l'immeuble a été, sur la demande du vendeur, mis sous le séquestre, le compte des fruits doit, en cas de résolution, être rendu au vendeur par le séquestre, à partir de cette époque. — *Lyon*, 23 juin 1831. Lablanche c. Merloz.

1397. — Le tiers acquéreur de bonne foi, dépossédé pour le fait de son vendeur, serait quant à la restitution des fruits, au moins pour l'époque qui aurait précédé la manifestation de l'intention de demander la résolution, ainsi que quant aux dégradations commises, et aux constructions qu'il aurait élevées, protégé par les art. 549, 550, 555, C. civ. — *Cass.*, 9 janv. 1827, Flasch c. Forcioli. — Duvergier, t. 1er p. 455.

1398. — Ainsi, jugé que le fait d'un sous acquéreur de n'avoir acquis qu'après affiches et publications, le constitue dans un état de bonne foi qui lui donne le droit d'exiger du vendeur qui l'évince le remboursement des réparations et améliorations faites au fonds. — *Paris*, 13 janvier 1812, Davoust c. Lemaire.

1399. — La résolution fait tomber les hypothèques consenties par celui qui possédait. C'est l'appalication du principe *resoluto jure dantis resolvitur jus accipientis*.

1400. — Mais elle ne fait pas tomber les baux consentis de bonne foi par l'acquéreur. — Delvincourt et Duvergier, t. 1er no 457; Troplong, (no 651. — Arg. art. 1673.

1401 — Au cas de résolution pour non paiement d'une vente faite moyennant une rente viagère, le débit-rentier doit les fruits du jour de la mise en demeure, et les intérêts des arrérages du jour de la demande judiciaire qui lui en est faite. — *Bordeaux*, 10 janv. 1839 (t. 1er 1839, p. 391), Dubart c. Letourneau.

1402. — Ainsi qu'il a été dit plus haut, la clause expresse portant que, faute de paiement à une époque déterminée, le contrat sera résolu de plein droit ne permet pas au juge d'accorder des délais à l'acquéreur. — Mais cet acquéreur peut toujours payer tant qu'il n'a pas été mis en demeure par une sommation. — C. civ., art. 1656.

1403. — Et pour être recevable dans sa demande en résolution de la vente pour défaut de paiement du prix, le vendeur doit justifier que l'acheteur a été mis en demeure de payer. — *Cass.*, 22 mai 1834, Mercier c. Petit.

1404. — Cette faculté pour l'acheteur de payer jusqu'à la sommation n'existe pas pour les ventes de meubles; dans ces sortes de ventes, au moment où le délai expire, le contrat est résolu. — Duvergier, t. 1er, no 461. — Arg. art. 1656.

1405. — Les parties peuvent stipuler que l'expiration du délai sans paiement entraînera résolution du contrat, *sans qu'il soit besoin de sommation*. C'est là une clause rigoureuse, mais qui, ne touchant en rien à l'ordre public, est licite. — Duvergier, t. 1er, no 462; Trolong, no 668; Toullier, t. 6, nos 568 et 557. — Arg. art. 1139. — *Contrà* Duranton (no 376), qui prétend que si une pareille clause était permise, elle deviendrait *de style*.

1406. — Jugé, dans le premier sens, que la sommation dont il est question dans l'art. 1656. C. civ., n'est pas une formalité d'ordre public, et que, par suite, l'acquéreur y peut valablement renoncer. Et qu'en conséquence, l'acquéreur ne peut plus, par l'offre de son prix, échapper à la nécessité de délaisser les biens, dont la vente, suivant le contrat, devait, à défaut de paiement, être résiliée de plein droit, sans formalité de justice, après l'échéance du terme. — *Bordeaux*, 3 mars 1842 (t. 1er, 1842, p. 671), Camus c. Mariaud.

1407. — Dans tous les cas, cette sommation est valablement suppléée par la demande en licitation que forme le vendeur contre l'acquéreur qui, de son chef, était déjà propriétaire d'une partie des biens en litige, alors même qu'il n'aurait pas été donné suite à cette demande. — Même arrêt.

1408. — Jugé, au contraire, mais à tort suivant nous, que la clause d'un contrat de vente portant qu'à défaut de paiement du prix cette vente sera nulle de plein droit sans qu'il soit besoin de mise en demeure, ne dispense pas le vendeur de faire la sommation de payer exigée par l'art. 1656, C. civ. — *Cass.*, 17 janv. 1833, Thorel c. Destin.

1409. — On ne peut contester la validité d'une sommation (notamment dans le cas de l'art. 1656), par cela seul que l'huissier n'a pas exhibé les pièces constituant son pouvoir. Il suffit que l'huissier fût porteur des pièces. — *Cass.*, 10 août 1824, Bailleul c. Lefebvre.

1410. — La sommation de payer les arrérages d'une rente viagère, formant le prix d'une vente, constitue l'acquéreur en demeure, dans le sens de l'art. 1656, C. civ., quoique l'huissier ne fût pas porteur d'un certificat de vie du créancier, lorsqu'il est constant que l'existence du créancier était connue du débiteur, par exemple, lorsque les parties étaient en instance. — Même arrêt.

1411. — Mais la demeure, acquise par l'échéance du terme, serait purgée par la renonciation tacite du vendeur s'il ne se présentait pas pour recevoir son paiement au jour fixé par l'obligation. — Ce serait au vendeur à prouver soit par écrit, soit par témoins, soit par des circonstances, qu'il a inutilement réclamé son paiement à l'échéance. — On comprend qu'il sera beaucoup plus prudent, de sa part, de faire une sommation. — Duvergier, t. 1er, no 462; Toullier, t. 6, no 261.

1412. — Toute offre de paiement postérieure à la sommation serait tardive et ne pourrait prévenir la résolution. — Troplong, nos 669, 679 et suiv.; Duvergier, t. 1er, no 463 — *Contrà* Duranton (no 377), qui pense que, *dans le silence de la loi*, les offres doivent être accueillies tant que la résolution n'est pas prononcée. — Au contraire, Troplong répond, avec raison, que la loi est loin d'être muette, puisqu'elle ne permet de payer, *après l'expiration du délai*, que *tant qu'il n'a pas été mis en demeure par une sommation*. Donc l'acquéreur ne peut plus payer *après* cette mise en demeure.

1413. — Jugé, dans le sens de l'opinion de Troplong et Duvergier, que, lorsqu'une condition résolutoire a été apposée dans un contrat de vente, si l'acquéreur n'a point payé, aux termes de l'art. 1656, C. civ., il ne lui est plus permis de purger la demeure. Dans ce cas, l'acquéreur ne peut exciper de ce qu'il était en instance avec le vendeur qu'il prétendait avoir payé, s'il a succombé dans cette prétention. — *Cass.*, 16 juin 1818, Perrin c. Fortin; 19 août 1824, Bailleul c. Lefebvre.

1414. — Jugé, en outre, que la clause résolutoire contenue dans un contrat de vente passée avant le Code civil pour le cas où les arrérages de la rente annuelle qui en formerait le prix ne seraient pas payés aux époques déterminées, n'étant pas purement comminatoire, elle devait être exécutée à la rigueur. — *Paris* et (non *Cass.*), 22 nov. 1816, Paquet c. Roucin.

1415. — Jugé de même, que le pacte commissoire stipulé dans une vente faite moyennant une rente viagère doit être appliqué dans les termes de l'art. 1656. C. civ., en ce sens que, lorsque l'acheteur a été mis en demeure par une sommation, non seulement les juges ne peuvent plus lui accorder de délai, mais qu'ils ne peuvent plus admettre ses offres, lors même qu'elles seraient de la totalité de ce qu'il doit. — *Bordeaux*, 10 janv. 1839 (t. 1er 1839, p. 391), Dubart c. Létourneau.

1416. — De même, on doit considérer comme de rigueur la clause insérée dans un contrat de vente passé moyennant une rente annuelle, portant qu'à défaut de paiement des arrérages pendant un délai déterminé, le vendeur sera dès à présent autorisé à demander la résolution de la vente. L'acquéreur en retard ne peut se plaindre de ce que les juges, en prononçant la résolution demandée, ne lui ont pas laissé l'option de l'éviter en payant. — *Paris*, 7 mai 1816, Chapillon c. Antoine.

1417. — Jugé au contraire, mais à tort, que lorsqu'il a été convenu que la vente serait, faute de paiement du prix dans le terme convenu, résolue de plein droit, l'acquéreur peut, après la sommation dont parle l'art. 1656, prévenir la résolution du contrat en offrant de payer. — *Riom*, 29 juill. 1808, Lasalle c. Gire.

1418. — L'action en résolution est divisible du côté des héritiers du vendeur, en sorte que chacun de ces héritiers peut user du droit de résolution pour sa part et portion. — Duvergier, t. 1er, no 464; Troplong, no 639.

1419. — Toutefois, il a été décidé, par argument des art. 1670 et 1685, qu'un héritier qui exerce seul, pour sa part et portion, une action de cette nature, peut être déclaré non-recevable, quant à présent, jusqu'à ce qu'il ait mis en cause son cohéritier. — *Cass.*, 6 mai 1829, Collet c. Venture de Paradis. — Troplong no 638 — *Contrà* Duvergier, t. 1er, no 463. Cet auteur repousse l'analogie tirée des art. 1670 et 1685. — Sans doute la position de l'acheteur est fâcheuse, mais il se l'est attirée en ne payant pas.

1420. — L'action en résolution est divisible du côté de l'acheteur. Dès-lors, s'il laisse plusieurs héritiers, le vendeur devra leur demander la résolution pour leur part et portion : il pourra même n'actionner que quelques uns d'entre eux. — Troplong, no 640; Duvergier, t. 1er, no 464.

1421. — Mais, entre l'acquéreur et le vendeur, l'action de résolution *est indivisible*. — Toutefois, il a été jugé avec raison que le vendeur qui réclame la résolution du contrat de vente, seulement quant à une partie de l'immeuble vendu, ne peut être déclaré non-recevable dans sa demande, sous prétexte que le contrat est indivisible, lorsque c'est par suite des reventes partielles faites par l'acquéreur qu'il se trouve dans l'impossibilité d'exercer l'action résolutoire pour le tout. — *Cass.*, 30 avr. 1827, Lafaige c. Verdier. — Duvergier, t. 1er, no 465; Troplong, no 641.

1422. — Il résulte de ce qui a été dit plus haut que le vendeur peut toujours demander la résolution, quelque faible que soit la portion du prix qui lui est due, en offrant de restituer ce qu'il a reçu. — Troplong, no 642. — V. les arrêts qui jugent que les à-comptes payés ne mettent pas obstacle à l'exercice de cette action, *suprà*, no 1388.

1423. — Et le vendeur d'un immeuble, non payé *en totalité*, peut exercer son action à l'égard d'un sous-acquéreur *partiel* aussi bien qu'à l'égard de l'acquéreur direct. L'offre de son prix, faite par un sous-acquéreur, ne met pas obstacle à cette action. — *Rouen*, 1er juin 1840 (t. 1er 1840, p. 409), Fleury c. Lambert.

1424. — L'obligation des divers sous-acquéreurs partiels d'un immeuble au paiement du prix dû à ce vendeur primitif non payé est nécessairement solidaire, en ce que le paiement du prix, quoique divisible de sa nature, n'est pas susceptible d'exécution partielle. — *Cass.*, 30 juill. 1834, Tassy c. Icard.

1425. — Le vendeur non payé, qui n'a pas produit à l'ordre ouvert sur un acquéreur subséquent, quoique sommé d'y produire, peut, alors même qu'il eût été colloqué utilement dans cet ordre, exercer l'action résolutoire contre le sous-acquéreur. — Il ne peut être déclaré mal fondé dans cette action par le motif qu'elle causerait au sous-acquéreur un préjudice imputable à sa propre négligence, dont il lui doit réparation par la seule puissance de la garantie. — *Paris*, 12 fév. 1844 (t. 1er 1844, p. 309), Dusault c. Mollard et Penot-Lombard.

1426. — Le créancier dernier colloqué dans l'ordre, qui a touché sa créance en vertu de sa collocation, n'est pas tenu d'en rapporter le montant, alors même que le vendeur non payé qui aurait été colloqué avant ce créancier, s'il avait produit à l'ordre, fait prononcer plus tard la résolution de la vente. — Même arrêt.

1427. — En admettant que le fait, par un premier vendeur, de poursuivre judiciairement sur un sous-acquéreur la vente de l'immeuble et de se présenter à l'ordre, puisse être considéré comme entraînant de sa part renonciation tacite à l'action résolutoire, du moins cette renonciation ne porte aucune atteinte à l'action résolutoire existant au profit du second vendeur qui, malgré la sommation de produire, ne s'est pas présenté à l'ordre. — Peu importerait d'ailleurs que le second vendeur eût délégué au premier le prix de la revente — *Cass.*, 13 juill. 1847 (t. 2 1847, p. 445), Coquerel c. Bethmont.

1428. — Jugé, que l'action résolutoire est indivisible en ce sens que, lorsqu'un vendeur subroge dans ses droits un tiers qui lui paie une partie du prix de l'immeuble vendu, *en se réservant de primer celui-ci*, il peut être présumé s'être conservé à lui seul le droit de poursuivre la résolution. — *Bourges*, 19 juin 1838 (t. 2 1838, p. 615), Larcy c. de Changy.

1429. — Jugé aussi, que lorsqu'en même temps qu'elle a prononcé la résolution d'une vente de biens, meubles et immeubles, pour défaut de paiement du prix, une cour d'appel a accordé un délai aux tiers-détenteurs d'une partie des objets vendus pour payer l'intégralité de ce prix, elle n'a pu ensuite, sans blesser les principes en matière de résolution et l'autorité de la chose jugée, soustraire ces tiers à l'effet de la résolution et les maintenir en possession, en les admettant à payer la partie seulement de ce même prix représentative de la valeur de ce qu'ils détiennent. — *Cass.*, 6 fév. 183 (t. 1er 1838, p. 306), Baudard de Sainte-James c. compagnie des mines de Decize.

1430. — Mais jugé que la disposition d'un jugement qui prononce la résolution d'une vente faite à plusieurs personnes étant divisible dans son exécution, le vice de la renonciation d'une des parties à l'appel interjeté (résultant de son état de minorité) ne profite pas à ceux dont la renonciation

est valable. — *Cass.*, 25 nov. 1834, Ledague c. Philippot.

1431. — Dans l'ancienne jurisprudence, on considérait généralement l'action en résolution comme *mixte*. — Loyseau, liv. 2, chap. 1er, no 1er; Furgole, *Testam.*, t. 2, chap. 7, sect. 3e, no 100. — Pothier, sous le C. de proc., Carré (*Lois de la compét.*, t. 1er, p. 476), la considère comme personnelle contre l'acheteur, et mixte contre le tiers détenteur. — Troplong, au contraire (no 630), veut qu'elle soit réelle contre le tiers, et mixte contre l'acheteur. — Enfin, Duvergier (t. 1er, no 467), qui nie avec M. Poncet l'existence des actions mixtes, pense que l'action est personnelle contre l'acheteur, et réelle contre le tiers détenteur. D'où il conclut que si elle est dirigée contre l'acheteur, elle doit être portée devant le tribunal de son domicile. — Dans le deuxième cas, le tribunal du lieu de la situation de l'immeuble doit connaître de la demande. — V. au surplus la discussion approfondie de Troplong et de Duvergier.

1432. — La résolution d'une vente d'immeuble ne peut être demandée par le vendeur, dans l'ordre ouvert pour la distribution du prix de la vente de ces mêmes immeubles; on doit agir par voie principale et ordinaire. — *Rouen*, 21 juin 1828, Loriot c. Mareschal.

1433. — L'action résolutoire (la seule qui reste au vendeur non payé dont le privilége a disparu faute d'inscription dans la quinzaine de la transcription) ne peut s'exercer par la voie de l'expropriation. — *Rouen*, 30 mai 1840 (t. 2 1840, p. 276), Paturel c. Godard.

1434. — Lorsque, sur une demande en résolution du contrat de vente à défaut de paiement du prix, le tribunal, tout en condamnant l'acquéreur à payer, surseoit au jugement de la demande en résiliation de l'acte, à la charge par les créanciers de l'acquéreur de déclarer dans un certain délai s'ils consentent que le vendeur soit payé par privilége, la cour d'appel, après avoir infirmé cette disposition comme destructive des effets de la condamnation principale, peut, si la cause est en état, prononcer définitivement la résolution de la vente, dans le cas même où l'acquéreur n'aurait pas incidemment appelé du jugement. — *Cass.*, 16 août 1820, Chenereilles c. Lajarrige.

1435. — La demande en résolution doit être dirigée non-seulement contre l'acquéreur direct, mais encore contre un sous-acquéreur dont le titre serait antérieur à cette demande. — Autrement, le vendeur n'obtiendrait qu'une décision dont l'effet pourrait être paralysé par la résistance de ces sous-acquéreurs.

1436. — En effet, il a été jugé, d'une part, que les jugemens rendus contre le vendeur, postérieurement à la vente, ne sont pas opposables aux tiers acquéreurs. — *Cass.*, 18 mai 1810, Polas c. Pelletier.

1437. — Il est aussi de principe que le tiers acquéreur peut former tierce-opposition au jugement rendu entre le premier acquéreur et le vendeur originaire, qui prononce la résolution de cette première vente, en cas de non paiement du prix dans un délai déterminé. — *Cass.*, 21 fév. 1816, Havas c. Chauvel; 19 août 1818, Larade c. Azaïs; *Poitiers*, 2 mars 1832, Chereau c. Leclerc; *Cass.*, 11 mars 1834, d'Est c. Marcus.

1438. — Et ce principe est applicable alors même que l'instance, sur laquelle est intervenu ce jugement, serait antérieure à la transcription du second contrat de vente, et que le tiers opposant qui en avait connaissance n'y serait pas intervenu. — *Cass.*, 19 août 1818, Larade c. Azaïs.

1439. — Jugé aussi que l'acquéreur n'est pas représenté par son vendeur au jugement rendu depuis la vente, encore bien que l'instance aurait été engagée antérieurement. Dès lors, si ce jugement lui porte préjudice, par exemple si, reconnaissant une dette inscrite avant la vente dans le cas de l'art. 2111, C. civ., mais prescrite lors de son inscription, il a pour effet de donner au créancier le droit de surenchérir, l'acquéreur a le droit d'y former tierce-opposition. — *Cass.*, 26 mars 1838 (t. 1er 1838, p. 64), Tremoulet c. Bonnes.

1440. — Jugé toutefois, que lorsqu'il est constaté en fait que le procès soutenu, depuis la vente, sous le nom du vendeur, l'a été en réalité par l'acquéreur et dans ses propres intérêts, les juges peuvent, sans qu'il y ait ouverture à cassation, décider que l'acquéreur a été représenté par son vendeur et n'est pas recevable à former tierce-opposition aux jugemens rendus avec lui. — *Cass.*, 2 mai 1811, Dupont c. N...

1441. — Jugé aussi que le vendeur primitif, ou son cessionnaire, n'est pas tenu d'appeler dans l'instance en résolution de la première vente le sous-acquéreur qui ne lui a pas fait connaître son contrat. — Et que les offres faites par le sous-acquéreur pour arrêter l'action en résolution de la première vente sont nulles lorsqu'elles contiennent des restrictions et réserves, et qu'elles ne comprennent pas tous les dépens, même ceux exposés par le cessionnaire du vendeur primitif, depuis la tierce-opposition. — *Bordeaux*, 6 juill. 1841 (t. 2 1841, p. 318), Galaud c. Mallard.

1442. — L'acquéreur d'un immeuble peut former une opposition au jugement rendu depuis la vente contre le vendeur. — *Grenoble*, 12 avr. 1808, Briançon-Rey c. Mussy.

1443. — L'acquéreur recherché pour action hypothécaire, par suite d'un jugement rendu contre son vendeur, peut interjeter appel de ce jugement sans être obligé de recourir à la tierce-opposition. — *Colmar*, 9 juill. (et non 28 mai) 1806 (sous *Cass.*, 17 avr. 1811), Jacob c. Maglio.

1444. — En tous cas, l'acquéreur d'un immeuble peut intervenir dans l'instance engagée avec son vendeur et un précédent pour résolution du contrat faute de paiement du prix. — *Besançon*, 22 août 1809, Mignot c. Farge.

1445. — L'acquéreur d'un bien vendu par le saisi doit être mis en cause sur l'action en nullité, pour simulation intentée par le créancier saisissant. — *Bruxelles*, 18 déc. 1810, Deboust c. Nollin.

1446. — L'action en résolution peut-elle être intentée *omisso medio* contre le tiers détenteur? — Troplong, no 633 (dans le cas du moins *où* ce tiers s'est chargé par le contrat de payer le prix au vendeur originaire, car, dans ce cas, il est obligé personnellement). *Contrà* même auteur, no 634. — Si le tiers n'avait pris aucune obligation personnelle, dans ce cas il ne pourrait être inquiété par le vendeur originaire qu'autant que le contrat par lequel celui-ci s'est dessaisi serait résolu; et, dans ce cas, le vendeur ne pourra arriver à la chose passée en mains tierces qu'en faisant avant tout résoudre son contrat contre son acquéreur direct. — Duranton (t. 16, no 361) semble admettre que dans tous les cas le tiers détenteur pourra être poursuivi directement, *omisso medio*, mais en mettant l'acquéreur direct en cause. — Toutefois, suivant lui, il est plus régulier d'agir directement contre l'acquéreur, et de mettre en cause les sous-acquéreurs.

1447. — Jugé, dans la première hypothèse, que de ce que le vendeur qui n'est pas payé de son prix peut faire prononcer la résolution de la vente, non-seulement contre son acquéreur direct, mais encore contre les sous-acquéreurs de celui-ci, il résulte que, dans le même cas, les sous-acquéreurs peuvent consentir *la résolution amiable* à son profit, sans être obligés d'appeler l'acquéreur primitif, ou le mettre en demeure de payer, alors même qu'en revendant, l'acquéreur aurait stipulé à son profit des sommes dont il n'aurait pas été payé. Il en est ainsi surtout, lorsque les sous-acquéreurs sont tenus par leur contrat d'acquitter le prix dû au vendeur originaire. — *Cass.*, 12 mars 1829, Guenedey c. Dest.

1448. — Jugé, d'un autre côté, que le vendeur qui n'est pas payé de son prix ne peut intenter une demande en résolution contre les tiers détenteurs sous-acquéreur (lesquels n'ont pas pris d'engagement personnel envers lui) qu'après avoir fait résoudre la vente contre l'acquéreur primitif. — Et qu'en conséquence, lorsqu'il a commencé par former sa demande en résolution contre le sous-acquéreur, l'appel en cause qu'il fait ensuite de l'acquéreur primitif ne peut régulariser sa procédure et empêcher le rejet de sa demande, intempestivement formée contre le premier. — *Bourges*, 22 fév. 1842 (t. 2 1842, p. 744), Périgueux c. Lescourieux.

1449. — Le vendeur d'un immeuble qui assigne son acheteur immédiat en réalisation par acte public de la convention verbale de vente peut mettre en cause les tiers acquéreurs, à l'effet de conserver contre lui son privilége de vendeur ou l'action résolutoire à défaut de paiement du prix. — *Bordeaux*, 14 mars 1834, Fressenge c. Arènes et Delebier.

1450. — L'action en paiement du prix et l'action en résolution du contrat ne se prescrivent que par trente ans. — *Paris*, 20 janv. 1826, Péronne c. Huet; 4 déc. 1826, préfet de la Seine c. Degars; *Grenoble*, 10 mars 1829, Salamand c. Charmeil. — V. PRESCRIPTION.

1451. — L'action en résolution de la vente contre l'acquéreur direct qui n'a pas payé son prix ne peut être exercée contre le tiers détenteur, après qu'il a prescrit la propriété. — *Cass.*, 12 janv. 1831, Muiffer c. Martin.

1452. — Mais le sous acquéreur peut-il prescrire la propriété par dix ou vingt ans? — V. PRESCRIPTION.

1453. — Lorsque le vendeur originaire, qui n'a pas reçu son prix, dirige des poursuites contre le tiers détenteur et qu'il a pris des conclusions tendant à ce que, faute de paiement, la vente fût résolue, le jugement qui déclare ces poursuites nulles par le motif que la prescription est acquise au tiers détenteur peut, sans être sujet à cassation, omettre de statuer sur les conclusions en résolution de la vente. — *Cass.*, 12 janv. 1831, Muiffer c. Martin.

1454. — Le vendeur originaire d'un immeuble non entièrement payé a le droit de s'opposer, lors d'une saisie postérieure, à l'insertion au cahier de charges de conditions consenties par les acquéreurs subséquens, lesquelles seraient de nature à diminuer la valeur de la propriété. — *Bordeaux*, 3 avr. 1845 (t. 1er 1845, p. 766), Guelle c. Charchy.

Sect. 3e. — *Des causes qui peuvent autoriser la suspension du paiement du prix.*

1455. — Si l'acquéreur est troublé, ou s'il a juste sujet de craindre d'être troublé par une action soit hypothécaire soit en revendication, il a le droit de conserver le prix entre ses mains jusqu'à ce que le trouble ait cessé ou que les craintes soient dissipées, si mieux n'aime le vendeur donner caution. — C. civ., art. 1653.

1456. — Sous ce dernier rapport, le Code est introductif d'un droit nouveau; car autrefois il fallait pour justifier la suspension du paiement du prix *qu'il y eût trouble, c'est-à-dire que l'exercice du droit réclamé par un tiers eût commencé*. — Pothier, no 283, qui rapporte d'après Soefve un arrêt du 5 août 1669; Brunemann, sur la loi 17, § 1er, ff., *De peric. et cond.*

1457. — Jugé que, dans l'ancienne jurisprudence, l'acheteur qui avait acheté en pleine connaissance de cause et s'était obligé envers des tiers au paiement d'une portion du prix, ne pouvait se dispenser de payer, sur le seul motif qu'il avait sujet de craindre une éviction, s'il ne prouvait pas l'existence d'un danger réel d'éviction. — *Cass.*, 26 juin 1816, Morlan c. Brust.

1458. — La loi n'ayant pas dit ce qu'on doit entendre par *juste crainte* de trouble, c'est aux tribunaux qu'il appartiendra de décider, entre l'acquéreur et le vendeur, si la crainte est sérieuse ou non. — Troplong, no 610; Duvergier, t. 1er, no 424.

1459. — Jugé, en ce sens, que l'appréciation des faits qui peuvent donner lieu à un acquéreur de craindre une éviction est laissée à l'arbitrage du juge; et un arrêt qui déclare que, d'après les circonstances de la cause, il n'y a pas lieu d'appliquer l'art. 1653, C. civ., est une décision de fait, qui ne donne pas ouverture à cassation. — *Cass.*, 29 nov. 1827, Hainque c. Lemercier; 7 avr. 1835, Lebègue c. Toops.

1460. — Jugé que l'acquéreur ne peut se prévaloir de l'art. 1653, C. civ., lorsqu'il résulte des circonstances de la cause que le danger invoqué par lui n'était pas sérieux ou a cessé d'exister. — *Limoges*, 10 mars 1836, Perrot c. Penchaud-Boismandé (sous *Cass.*, 28 mars 1837, t. 2 1837, p. 37).

1461. — Une des causes les plus ordinaires de crainte d'éviction, c'est l'existence de charges hypothécaires. Aussi autorise-t-elle l'acheteur à retenir son prix jusqu'à purgement entier de l'immeuble. — *Paris*, 6 oct. 1808, Ducluzel c. Lebigre; *Grenoble*, 4 avr. 1827, comm. Saint-Genis c. Saint-Genis; *Cass.*, 7 mai 1827, Chennetier c. Guilmard; *Orléans*, 9 juill. 1829, Legendre c. Beauchamp.

1462. — Jugé toutefois que lorsque, malgré la convention intervenue entre le vendeur et l'acheteur qu'une partie du prix serait payée comptant, au jour de la passation du contrat, l'acquéreur, au moment de payer, refuse de le faire jusqu'à ce que le vendeur lui ait justifié par titre que l'immeuble vendu est libre d'hypothèques, le vendeur peut être déclaré fondé à demander la résolution de la vente pour inexécution des conditions consenties par l'acquéreur. Du moins, l'arrêt qui juge ainsi par interprétation des conventions, échappe à la censure de la cour de Cassation. — *Cass.*, 7 avr. 1835, Lebègue c. Toops.

1463. — Jugé que la décision judiciaire qui, en condamnant un vendeur à passer acte authentique de la vente par lui consentie précédemment, autorise en même temps l'acquéreur à conserver son prix jusqu'à ce que les hypothèques grevant les biens vendus aient été rayées, ne peut être réputée n'avoir eu en vue que les hypothèques résultant de droits préexistans et non celles qui seraient, en vertu de titres postérieurs à l'arrêt, inscrites avant la passation du contrat. De telles hypothèques n'ayant pu grever des biens qui n'appartenaient plus au vendeur. — *Cass.*, 27 mai 1834, Delcroix c. Martin.

1464. — Il a été jugé par la cour d'Agen (16 janv. 1810, Boyer et Thières c. C...) que l'acquéreur d'un bien de mineur vendu devant notaire peut retar-

der le paiement de son prix jusqu'à ce qu'il ait été justifié de l'accomplissement de toutes les formalités prescrites en matière de ventes de cette nature.

1465. — Mais, d'un autre côté, la cour de Paris (25 mars 1831, Saillard c. Dubost) a décidé que l'adjudicataire de l'immeuble d'un mineur ne peut suspendre le paiement du prix, sous prétexte que, l'adjudication ayant été faite hors la présence du subrogé tuteur, il a juste sujet de craindre l'éviction, et qu'on doit le décider ainsi, encore que le tuteur ait déjà formé une demande en nullité de l'adjudication, fondée sur ce défaut de présence du subrogé tuteur.

1466. — Et cette solution est plus conforme au principe qui refuse à l'acquéreur l'action en garantie à raison du vice résultant de l'inobservation des formalités légales ainsi qu'à un arrêt de la cour d'Orléans du 7 fév. 1811, qui déclare l'adjudicataire non recevable à demander la nullité des procédures qui ont précédé son adjudication.

1467. — L'intention manifestée publiquement et judiciairement par des héritiers institués contractuellement, de faire annuler des ventes qu'ils prétendent faites en fraude de leur institution, est pour les acquéreurs un juste sujet d'inquiétude qui leur donne le droit de refuser le paiement du prix jusqu'à ce qu'il ait été statué sur la validité des ventes. — *Riom*, 4 déc. 1810, Grouillet c. Dumont.

1468. — Jugé que l'acquéreur a juste sujet de craindre d'être troublé, s'il est exposé à une action en revendication de la part d'une femme normande, de qui provenait le domaine acquis, et qu'elle a aliéné pendant son mariage, contrairement aux dispositions de la coutume de Normandie qui lui en interdisait l'aliénation. — *Paris*, 4 mai 1816, Andriane c. Brad.

1469. — Jugé toutefois que l'acquéreur d'un immeuble dotal situé en Normandie, et vendu par une femme *séparée de biens*, sans les formalités prescrites par le statut normand, ne peut demander la résiliation du contrat, ou au moins une caution pour la restitution du prix, lorsqu'à l'instant de la vente *il a pu et dû* connaître la nature de l'immeuble qui lui était vendu. — *Cass.*, 25 juin 1822, Daguin c. d'Estampes.

1470. — Bien qu'une femme ait consenti conjointement avec son mari à la vente d'un domaine et ait renoncé expressément à son hypothèque légale, la crainte, si elle est mariée sous le régime dotal, qu'elle ne tente plus tard de se faire restituer contre cette renonciation comme constituant une aliénation de sa dot, est un motif suffisant pour l'acquéreur de suspendre le paiement de son prix, conformément à l'art. 1653, C. civ., jusqu'à ce que le vendeur ait fait cesser le trouble ou donné caution. — *Orléans*, 16 mars 1837 (t. 2 1837, p. 197), V... c. B... et C...

1471. — L'acquéreur peut suspendre le paiement de son prix, comme ayant juste sujet de crainte d'être troublé dans le sens de l'art. 1653, C. civ., lorsqu'il résulte des titres que le vendeur lui a remis, depuis la vente, que le prix originaire n'a pas été intégralement payé, et qu'aucune quittance n'est représentée constatant la libération entière. — *Bordeaux*, 17 déc. 1835, Lafontaine c. Fourestier.

1472. — Lorsqu'un acquéreur de biens vendus par expropriation forcée trouve ces biens possédés par un tiers *animo domini*, il peut, avant d'avoir tenté d'en prendre possession lui-même, demander à être déchargé du prix de l'adjudication, ou du moins à être autorisé à ne payer ce prix que moyennant caution. Avant de rejeter sa demande, les juges doivent au moins ordonner la mise en cause du tiers possesseur, alors surtout qu'il y a été conclu. — *Cass.*, 4 mars 1817, Saunier c. Buric.

1473. — L'acquéreur d'un immeuble peut suspendre le paiement de son prix tant que la donation qui avait transmis la chose à son vendeur n'a pas été transcrite : jusque là, il y a pour lui danger d'éviction. — *Poitiers*, 4 mai 1825, Verron-Vergnaut c. Bernardin.

1474. — L'acquéreur d'un bien vendu par des héritiers qui n'ont été appelés à la succession qu'à défaut d'un parent dont l'existence n'était pas reconnue, ou d'un héritier plus proche qui ne se présentait pas, peut-il, comme étant en danger d'éviction, refuser le paiement du prix si les vendeurs ne fournissent pas caution? La solution de cette question est subordonnée à celle de savoir si l'absent ou l'héritier plus proche aurait le droit de critiquer la vente, ce qui rentre aussi dans la question des aliénations faites par l'héritier apparent. Jugé qu'il peut refuser le paiement du prix. — *Lyon*, 29 déc. 1827, Grobon c. Valet. — *Contrà Rouen*, 12 avr. 1826, Duslé c. Delahaye; *Paris*, 1er mai 1830, Legros c. Tissier. — Et cette solution paraît plus conforme à l'état de la jurisprudence sur les ventes faites par l'héritier apparent. — V. HÉRITIER APPARENT, ABSENCE.

1475. — Dans tous les cas, jugé avec raison que l'art. 1653 reçoit son application au cas où le danger d'éviction provient de ce que le vendeur a vendu, comme étant seul propriétaire, un immeuble indivis entre lui et ses cohéritiers absens, et dont il ne s'est pas fait envoyer en possession ; et, dans ce cas, le vendeur peut se refuser à payer, sans être tenu de prouver l'existence des absens. — *Cass.*, 24 mars 1829, Hélier c. Saunier.

1476. — Jugé encore que, bien que l'hypothèque légale de la femme du vendeur inscrite dans les deux mois de l'exposition du contrat n'ait pas été renouvelée dans les dix ans, l'acquéreur peut, comme ayant juste sujet de craindre l'éviction, refuser de faire aucun paiement. Du moins, le vendeur qui a négligé de faire faire le renouvellement auquel il était obligé en sa qualité de mari ne peut exciper de la péremption de l'inscription hypothécaire pour exiger le paiement du prix. On doit le décider ainsi alors même que la femme, étant interdite, a été pourvue d'un curateur autre que son mari. — *Cass.*, 22 fév. 1841 (t. 2 1841, p. 166), Georgy c. Sturel.

1477. — Un acquéreur peut, avant de payer son prix qui doit servir de dot à une femme mariée, exiger que le mari donne les garanties promises par le contrat de mariage pour sûreté de la dot, et cela quand même il n'aurait pas assisté à ce contrat, si d'ailleurs il lui est devenu commun par une signification ou autre acte équivalent. — *Caen*, 18 fév. 1828, Pigeon de Saint-Pair c. de Mathan.

1478. — Il suffit, lorsqu'un trouble sérieux existe, que l'acheteur le signale; et, si la prétention qui donne naissance à ce trouble est mal fondée, c'est au vendeur à le prouver. — Duvergier, t. 1er, nº 425.

1479. — Ainsi, jugé que l'acquéreur qui s'est obligé à payer les créanciers de son vendeur en son acquit cesse d'être tenu lorsque le montant des inscriptions survenues à la transcription excède le prix de la vente. Ce n'est pas à lui à juger le mérite de ces inscriptions : il suffit qu'il les dénonce au vendeur. — *Bourges*, 23 thermid. an VIII, Desmaisons c. Clément et Beaupieu.

1480. — De même, l'acquéreur d'un immeuble grevé d'inscriptions qui refuse de payer, tant qu'il ne lui a pas été rapporté main-levée de ces inscriptions, ou du moins fourni caution, ne peut être repoussé par le motif que quelques-unes des inscriptions ne seraient pas sérieuses, et que le prix dû par l'acquéreur serait plus que suffisant pour acquitter tout à la fois les créances inscrites et la créance chirographaire, alors surtout qu'il n'existe pas de preuve légale de ce dernier fait. — *Cass.*, 7 mai 1827, Chennetier c. Guilmard; *Paris*, 26 juill. 1828 (cité, mais nous croyons à tort, par Duvergier).

1481. — Jugé encore que l'acquéreur d'un immeuble grevé d'inscriptions ne peut, tant qu'il ne lui en a pas été rapporté main-levée, ou du moins fourni caution, être contraint de payer son prix, alors même que les inscriptions seraient susceptibles d'être annulées pour vice de forme ou défaut de cause : c'est au vendeur d'en faire prononcer la nullité. — *Orléans*, 9 juill. 1829, Legendre c. Beauchamp.

1482. — Jugé aussi que, dans le cas où l'acquéreur se prétend troublé à raison du défaut de représentation d'une quittance constatant libération entière du prix antérieur, il ne suffit pas, pour que le trouble soit réputé cesser, que le vendeur oppose une prescription de trente ans acquise contre le vendeur primitif, s'il ne prouve en même temps que cette prescription n'a été ni interrompue ni suspendue par aucune des causes prévues par la loi. — *Bordeaux*, 17 déc. 1835, Lafontaine c. Fourestier.

1483. — Si les inscriptions hypothécaires étaient tombées en péremption, leur inscription, purement matérielle, empêcherait-elle le paiement du prix ? — *Neg. Paris*, 5 juin 1826, Legendre c. de Vaudeuil. — Mais remarquez, dit Troplong (nº 610, note), que souvent la péremption n'empêche pas le droit d'hypothèque, c'est-à-dire la cause de l'éviction de subsister.

1484. — De même encore, lorsqu'un immeuble dépendant de la communauté a été vendu par licitation, après la mort de l'un des époux et que le prix en est échu au lot de l'autre époux dans le partage, l'acquéreur ne peut refuser de le payer, sous prétexte que cet immeuble est grevé d'inscriptions prises contre l'époux décédé. — *Metz*, 30 avr. 1823, Adam c. Bellote et Chaude. — C'est la conséquence de l'art. 883, C. civ., qui veut que chacun des copartageans soit censé avoir succédé immédiatement à son lot, et de l'art. 1476, qui porte que « le partage de la communauté, pour tout ce qui concerne les formes, la licitation des immeubles, quand il y a lieu, et les effets du partage, est soumis à toutes les règles établies au titre des successions pour les partages entre cohéritiers. »

1485. — Jugé en tout cas que l'acquéreur d'un immeuble peut, nonobstant la radiation des inscriptions hypothécaires qui grevaient cet immeuble, refuser d'en acquitter le prix, lorsqu'il ne paraît pas que chacun des créanciers qui figuraient dans ces inscriptions ait consenti à leur radiation. — *Bourges*, 25 mai 1824, Perrin c. Michounet.

1486. — L'acquéreur, débiteur de partie de son prix, n'est pas fondé à proposer la nullité des poursuites dirigées contre lui en se fondant sur le motif que le poursuivant ne lui aurait point notifié la radiation de l'hypothèque légale de sa femme, dans la circonstance où celle-ci a figuré dans le contrat de vente conjointement avec son mari. — *Bourges*, 3 juin 1831, Bel c. Degain.

1487. — Dans le cas d'une stipulation par l'acquéreur qu'il retiendra son prix jusqu'à ce que le vendeur ait fait emploi des sommes dotales hypothéquées sur l'immeuble, le vendeur peut, au fur et à mesure qu'il fait emploi des parties de sommes hypothéquées, exiger un paiement partiel du prix retenu. — *Nîmes*, 18 août 1807, Marchand c. Templer et Bonafoux.

1488. — L'acquéreur qui a acheté un immeuble non achevé, sous la condition que les constructions évaluées dans le contrat seraient mises à fin par le vendeur dans un délai déterminé, est fondé à retenir sur son prix le montant de ces constructions terminées par lui, après mise en demeure du vendeur, et par autorisation de justice. — *Paris*, 18 janv. 1837 (t. 1er 1837, p. 312), Pelletier et Jonc c. caisse hypothécaire.

1489. — Si le trouble ne porte que sur une partie très minime de la chose, l'acquéreur est-il en droit de refuser le paiement ? — Troplong répond avec raison (Arg. de l'art. 1637) que l'acheteur peut retenir une portion du prix équivalente à la valeur de la parcelle sujette à éviction. — Troplong, nº 612.

1490. — Jugé, toutefois, mais dans une espèce où la question disparaissait sous les considérations de fait, que l'acquéreur poursuivi en paiement de la portion exigible du prix de vente ne peut différer ce paiement, sous le prétexte qu'il est troublé dans la jouissance d'une partie de l'objet vendu, si cette partie est très peu considérable, comparativement à la valeur totale des biens compris dans la vente ; si, d'ailleurs, la portion du prix non encore exigible lui offre une garantie plus que suffisante d'être indemnisé en cas d'éviction, et si, enfin, connaissant le trouble, il ne s'en est pas plaint, et s'est borné à demander au vendeur un délai pour payer. — *Bordeaux*, 28 juin 1831, de Lestrade c. Coulombeix.

1491. — L'acheteur troublé peut-il, au lieu de retenir son prix, demander la résolution de la vente ? — *Aff.* Troplong (nº 613), à moins que le vendeur ne donne caution. Car ce cas, dit-il, est si favorable, qu'il ne faut pas se hasarder à briser une vente valable selon toutes les apparences. — Duvergier (nº 426) pense que la demande en résolution est non recevable tant qu'il y a incertitude. — Mais si le résultat nécessaire de l'exercice des droits hypothécaires doit être la spoliation de l'acheteur, la résolution peut être demandée. — Duranton, t. 16, nº 178 ; t. 10, nº 437 et suiv.

1492. — Jugé que l'acquéreur qui a déclaré être prêt à payer le prix, seulement jusqu'à concurrence des créances hypothécaires désignées au contrat, est fondé à demander la résolution du contrat, lorsqu'il existe d'autres hypothèques que celles déclarées, que les créanciers n'acceptent pas ses offres, et que le vendeur manque à garantir l'acquéreur, ainsi qu'il l'avait promis, des hypothèques non déclarées. — *Liége*, 8 mai 1811, d'Helers et Theissen c. Hammer.

1493. — Jugé aussi que la vente doit être résolue sur la demande de l'acquéreur, si le vendeur a frauduleusement déclaré que les biens vendus étaient libres de toute hypothèque autre que celle de l'acheteur, qui, étant simultanément créancier inscrit, a consenti à la compensation de sa créance avec son prix et à la radiation de son inscription. — *Douai*, 10 janv. 1812, Roubaix et Merlevelde c. Bellynck.

1494. — Jugé, au contraire, que l'existence d'hypothèques sur le bien vendu, sans qu'il en ait été fait mention lors de la vente, n'est pas une cause de résolution du contrat, en ce que l'acquéreur pourrait être contraint de payer son prix avant le terme stipulé, et qu'elle motive seulement l'application de l'art. 1653. — *Bourges*, 21 déc. 1825, Thomas c. Vatau. — Toutefois, cet arrêt était rendu

dans une espèce où la stabilité de la vente était assurée, la main-levée des inscriptions ayant été rapportée avant l'arrêt.

1495.—Jugé, en principe, que la simple menace ou la crainte d'une éviction partielle peut bien autoriser l'acheteur à suspendre le paiement de son prix, mais ne suffit pas pour l'autoriser à demander la résolution de son contrat; il faut, pour que l'action en résolution soit ouverte, qu'il y ait eu éviction *consommée*. — C. civ., art. 1626, 1636, 1653. — Ainsi, l'existence, antérieure à la vente, d'arrêtés administratifs ordonnant la démolition d'une partie de la propriété vendue, ne peut, tant que l'exécution en est suspendue, autoriser une demande en résolution, et alors surtout que l'administration a déclaré qu'il n'y serait pas donné suite. — *Cass.*, 2 janv. 1839 (t. 1er 1836, p. 18), Sueur c. Guillaume.

1496. — Jugé aussi qu'un acquéreur de biens dotaux ne peut, alors surtout qu'il les connaissait comme tels au moment de l'acquisition, demander la nullité de son acquisition, sous le prétexte d'une éviction éventuelle dont on n'a pas encore intenté l'action. Il ne pourrait même, dans le cas où le trouble aurait commencé, qu'user des dispositions de l'art. 1653, C. civ., qui permettent de suspendre le paiement du prix jusqu'après le trouble. — *Agen*, 30 juin 1808, Duluc c. Breton.

1497. — Jugé, dans le même sens, que de ce qu'un immeuble vendu par un mari comme libre de dettes et hypothèques était en réalité grevé de l'hypothèque de sa femme, il n'en résulte pas que l'acquéreur ait le droit de demander la résolution du contrat : le seul droit qui lui appartienne est de refuser le paiement de son prix jusqu'à ce que le mari ait fait restreindre l'hypothèque ou fourni caution.—Mais tant qu'il ne remplit pas l'une ou l'autre de ces obligations, le mari vendeur ne peut pratiquer de saisie immobilière sur l'immeuble par lui vendu.—*Agen*, 18 juin 1833, Faubès c. Paillaube.

1498. — L'acquéreur qui a juste sujet de craindre une éviction partielle peut invoquer le bénéfice de l'art. 1653, C. civ.; mais là se borne son droit : il ne peut, à titre d'indemnité, retenir sur son prix la valeur de la partie de l'immeuble dont on menace de l'évincer. — *Paris*, 9 août 1836, Lortias c. Lescuyot.

1499. — Le droit, pour l'acheteur, de *retenir* le prix en cas de trouble, n'emporte pas celui de forcer, dans ce cas, le vendeur à lui *rendre* le prix qu'il aurait payé. — Il n'aurait ce droit qu'autant que l'éviction serait consommée. — Pothier, no 283; Troplong, no 614; Duvergier, t. 1er, no 430.

1500. — Jugé aussi qu'une cause éventuelle d'éviction ne peut autoriser l'acquéreur à demander la nullité de la vente, ni même une caution pour la restitution du prix, si, au moment, du contrat, cette cause d'éviction lui était connue. — *Cass.*, 25 juin 1822, Daguin c. d'Estampes.

1501. — Jugé encore que l'acquéreur troublé qui a payé un à-compte sur le prix principal n'a pas même le droit de retenir les intérêts pour les compenser avec cet à-compte, alors surtout que le danger de l'éviction existait avant la vente, et, par conséquent, avant le paiement volontaire de l'à-compte. — *Riom*, 2 janv. 1830, Laden c. Chaussade.

1502. — Toutefois, la cour de Cassation a jugé qu'en cas de trouble à raison de l'hypothèque légale de la femme, l'acquéreur qui avait payé un à-compte pouvait en faire ordonner la *restitution* et le dépôt à la caisse des consignations. — *Cass.*, 22 fév. 1841 (t. 2 1841, p. 166), Georgy c. Sturel.

1503. — Si l'acquéreur avait seulement *consigné* son prix, pourrait-il, à raison de trouble, s'opposer à ce qu'il fût distribué aux créanciers inscrits? — Duvergier (t. 1er, no 431) et Troplong (no 614) soutiennent la négative, par la considération qu'il n'y a aucune différence entre la consignation et le paiement. — C. civ., art. 1257. — *Contrà Metz* (et non *Grenoble*), 25 juin 1833, Bacot. c. Poupart de Neuflize, qui se fonde plutôt sur des considérations d'équité que sur des raisons de droit.

1504. — Jugé, en tous cas, que l'acquéreur qui a fait offre de son prix et l'a consigné à la caisse des dépôts et consignations ne peut le retirer plus tard, soit en totalité, soit en partie, même pour se couvrir de l'indemnité à lui due par le vendeur à raison de faits antérieurs à la vente, non déclarés lors d'icelle, et de nature à diminuer la valeur de l'objet vendu, alors que les offres ont été acceptées par le vendeur, et que leur montant a fait l'objet de transports régulièrement signifiés. — *Rennes*, 11 juin 1835, Daubigny c. Dubotdéru et Godard.

1505. — En droit, l'opinion de Troplong et Duvergier paraît juste, mais ce dernier auteur avoue lui-même que la solution est rigoureuse. — « Ne pourrait-on pas dire, dit-il, que si la consignation est considérée comme un véritable paiement, elle en diffère en réalité en ce que les deniers ne sont pas dans la bourse des créanciers, et que la loi qui autorise l'acheteur troublé ou menacé de l'être à rester dans le *statu quo*, lui permet par conséquent d'empêcher la transmission effective de l'argent aux créanciers; qu'en d'autres termes, puisque l'obligation de payer le prix, conséquence nécessaire du contrat, est suspendue à cause de l'incertitude où se trouve l'acheteur, la délivrance des deniers, suite légale de la consignation, peut l'être également? »

1506. — L'acheteur ne peut refuser le paiement du prix si, par la convention, il s'est engagé à payer nonobstant le trouble. — C. civ., art. 1653.

1507.—Ainsi, jugé que l'acquéreur d'un immeuble qui a promis d'en payer le prix entre les mains du vendeur, nonobstant les inscriptions hypothécaires, ne peut se soustraire à cette obligation, en offrant de payer lui-même les créanciers inscrits. — *Metz*, 30 mars 1816, Hemart et Drion c. Nicaise.

1508. — Mais cette stipulation doit être formelle. Il ne suffirait pas qu'en achetant, l'acquéreur eût connu le danger de l'éviction pour qu'il fût présumé avoir voulu se soumettre au paiement malgré le trouble. — *Cass.*, 24 mars 1829, Helier c. Saunier; 28 août 1839 (t. 2 1839, p. 132), Brion c. Lallemand, qui casse un arrêt contraire de Paris, du 26 janv. 1836. — Duvergier, t. 1er, no 429.

1509. — La stipulation de payer malgré le trouble ne résulte pas, par exemple, de ce que l'acquéreur, en se rendant adjudicataire sur une poursuite dirigée après un réglement d'ordre, aurait accepté la condition insérée au cahier des charges de payer *sans un nouvel ordre* aux créanciers colloqués. — Et l'arrêt qui, en se fondant sur cette clause, décide que l'acquéreur paiera, nonobstant la menace de l'action résolutoire, sans même décider par voie d'interprétation que cet acquéreur a entendu par là s'obliger à payer malgré le trouble, doit être cassé. — *Cass.*, 28 août 1839 (t. 2, 1839, p. 182). Brion c. Lallemand

1510. — Elle ne résulterait pas non plus de la clause que l'acquéreur achète *à charge des hypothèques existantes* : mais elle résulterait de la clause qu'il a acheté *à ses risques et périls*. — Troplong, no 610.

1511. — Jugé aussi que, bien qu'un arrêt, en ordonnant à un acquéreur l'option, ou de délaisser un immeuble ou d'en payer la valeur, dispose que le paiement devra avoir lieu, à peine de forclusion, *dans un délai déterminé*, l'acquéreur peut, comme un acquéreur ordinaire, se prévaloir de l'art. 1653, C. civ., et suspendre le paiement s'il a juste sujet de craindre d'être évincé, en ce que, par exemple, il ne lui est pas rapporté main-levée d'inscriptions qui grèvent le bien. — *Grenoble*, 4 avr. 1827, comm. de Saint-Genis c. Saint-Genis.

1512. — Jugé toutefois que l'acquéreur qui a eu connaissance du cas possible d'éviction ne peut, sous prétexte du danger d'éviction, s'affranchir de l'obligation de payer, si, malgré cette connaissance, il s'est soumis à payer son prix *dans un délai fixé*. — *Paris*, 16 juill. 1832. Guyet c. Debionne.

1513. — L'acquéreur qui s'est contenté des explications données dans le contrat sur l'origine de la propriété ne peut ultérieurement, sous prétexte d'insuffisance de ces explications, et alors qu'il n'éprouve aucun trouble et qu'aucun danger d'éviction n'est survenu depuis la vente, se refuser au paiement du prix. — *Bordeaux*, 13 fév. 1835, Darragon c. Laborde.

1514. — La disposition de l'art. 1653, C. civ., portant qu'*il peut être stipulé que, nonobstant le trouble, l'acheteur paiera*, est applicable aux ventes de biens de mineurs faites en justice; par conséquent, l'adjudicataire n'est recevable ni à demander la nullité de l'adjudication pour irrégularité dans les poursuites, telle que la contravention à l'art. 961, C. proc. civ., en matière d'apposition de placards, ni à faire surseoir aux paiemens jusqu'à ce que le trouble ait cessé, lorsqu'aux termes de l'art. 120 dudit Code civil, les poursuivans majeurs ont dit, dans le cahier des charges, qu'ils se portaient forts pour les héritiers mineurs, s'obligeant à leur faire ratifier la vente, et que l'adjudicataire ne pourrait se prévaloir des irrégularités qui auraient pu être commises, ni pour conclure à la nullité, ni pour retarder le paiement du prix de l'adjudication. — *Cass.*, 5 fév. 1840, Chauvin c. Charron.

1515. — L'acquéreur ne peut également refuser le paiement si le vendeur donne caution. Cette caution doit être du montant du prix dû par l'acquéreur; il ne saurait lui être supérieur ni porter sur toutes les conséquences possibles de l'éviction. —Duvergier, t. 1er, no 427; Troplong, no 618.

1516.—Jugé, en ce sens, que la caution que le vendeur d'un immeuble est obligé, pour pouvoir exiger le paiement du prix, de fournir à l'acquéreur, en cas de crainte d'éviction, ne doit porter que sur le capital de la somme que l'acquéreur doit encore, et non sur les intérêts de cette somme, non plus que sur les à-compte antérieurement payés, et sur les dommages-intérêts résultant de toutes les conséquences possibles de l'éviction. — *Turin*, 5 juill. 1808, Bosio c. Serra.

1517. — Jugé aussi que cette caution ne peut s'entendre que d'une caution équivalente au prix dû par ce dernier, et non d'une caution égale aux sommes plus fortes qui pourraient être dues à de précédens vendeurs. Ainsi, par exemple, le vendeur de portion d'un immeuble qu'il avait précédemment acquis, et dont il doit encore le prix, ne peut être tenu de donner à son acquéreur partiel, pour le garantir d'éviction possible de la part du vendeur originaire, une caution égale au prix dû à ce dernier; il n'est tenu d'offrir qu'une caution équivalente au prix dû par cet acquéreur partiel. — *Cass.*, 22 nov. 1826, Corblin c. Lafosse.

1518. — Jugé en tous cas que la caution que doit fournir le vendeur à l'acheteur qui a juste sujet de craindre l'éviction peut, sans qu'il y ait violation de l'art. 1653, être limitée à la portion de l'immeuble en danger d'éviction. — *Cass.*, 24 déc. 1834, Hélier c. Saunier.

1519. — L'acheteur peut, malgré l'offre de caution, refuser le paiement du prix au vendeur, s'il remplit les formalités de purge; dans ce cas, il conserve son prix pour le distribuer aux créanciers hypothécaires. — *Toulouse*, 31 mars 1810, Lavergne c. Foulquié. — Duvergier, t. 1er, no 428; Troplong, no 619.

1520. — L'acquéreur troublé par une action hypothécaire peut délaisser l'immeuble, malgré l'offre du vendeur de donner caution. — *Colmar*, 21 août 1812, Gross c. Voltz.

1521.—Lorsque, par le contrat de vente, il a été formellement stipulé que l'acquéreur ne paierait son prix qu'après la radiation des inscriptions, le vendeur ne peut le contraindre à le faire avant que la condition ne soit accomplie, en offrant de lui donner caution; ici ne s'applique pas l'art. 1653. — Duranton, t. 16, no 354. — En effet, dit cet auteur, les conventions légalement formées tiennent lieu de loi entre les parties qui les ont faites, et il peut convenir beaucoup mieux à l'acheteur de garder provisoirement son prix entre ses mains ou de le consigner que de recevoir une caution qui peut devenir insolvable. — *Bordeaux*, 17 fév. 1812, Rochette c. Fournier.

1522.—Jugé aussi, lorsqu'un immeuble est vendu *libre de toutes charges* et que cependant il se trouve grevé d'une hypothèque, que l'acquéreur peut se refuser à en payer le prix, jusqu'à ce que l'hypothèque ait été radiée, quoique le vendeur offre de lui fournir, au lieu de la radiation, une bonne et solvable caution. — *Agen*, 28 juill. 1812, Delard c Paluel.

1523.— Mais jugé que, dans le cas où le cahier des charges impose à un adjudicataire l'obligation de remplir les formalités de la purge des hypothèques dans le délai de la loi, après lequel il sera tenu de payer son prix d'adjudication, cet adjudicataire peut, s'il n'a pas satisfait à cette condition, et s'il a laissé écouler un long espace de temps sans remplir aucune formalité, être contraint de payer son prix avant leur accomplissement. — *Bordeaux*, 12 mai 1827, Graulle c. Bouchon.

1524. — Le paiement du prix d'une vente d'immeubles et le cautionnement fourni à l'acquéreur, pour garantie de cette vente, n'enlèvent point à ce dernier le droit de poursuivre en justice la main-levée des inscriptions grevant la propriété qui lui a été vendue libre de toutes charges et hypothèques, à moins qu'il ne se soit expressément soumis à les supporter.—*Bourges*, 21 nov. 1840 (t. 2 1841, p. 581), Métairie-Vallée c. Thibault.

1525. — Une cour d'appel qui condamne un acquéreur à payer à l'héritier du vendeur, à titre de provision, une portion de son prix, peut dispenser l'héritier de donner caution, quoiqu'il ne soit qu'héritier bénéficiaire, que l'acquéreur soit troublé dans sa possession par d'autres prétendant-droit, et que des saisies aient été formées dans ses mains. — *Cass.*, 20 janv. 1820, Jeudy c. Rochefort Sauvat.

1526. — Les dispositions de l'art. 1653, C. civ., qui autorise l'acquéreur, dans le cas de danger d'éviction, à suspendre le paiement de son prix, ne peuvent être opposées par lui à l'antichrésiste dont le titre est antérieur à la vente. — *Cass.*, 28 mars 1837 (t. 2 1837, p. 37), Perrot c. Penchaud-Boismandé.

Sect. 4e. — *Du retirement et de l'influence du non retirement sur le contrat.*

1527. — Une autre obligation de l'acheteur c'est de retirer la chose vendue au terme fixé par la convention.

1528. — A défaut de convention sur l'époque du retirement, il peut être mis en demeure d'y procéder *sans délai*. Toutefois, si les usages des lieux accordaient un délai de droit à raison de la nature des choses vendues, ils pourront être pris en considération. — Troplong, no 675; Duvergier, t. 1er, no 469.

1529. — Si l'acheteur manque à son obligation, le vendeur peut, soit qu'il s'agisse de meubles ou d'immeubles, le contraindre à l'exécuter et même, pour se mettre à couvert de toute responsabilité, obtenir de la justice la permission de déposer l'objet vendu dans un lieu déterminé (C. civ., art. 1264), sauf son droit à des dommages-intérêts contre l'acheteur, dans le cas où la conservation de la chose au-delà du temps fixé lui aurait été préjudiciable. — Duvergier, t. 1er, no 470; Troplong, no 681.

1530. — S'il s'agit de denrées ou d'effets mobiliers, le vendeur peut opter pour la résolution du contrat, et cette résolution a lieu de plein droit, sans sommation, par le seul effet de l'expiration du terme convenu pour le retirement. — C. civ., art. 1657.

1531. — Si la convention ne fixe pas de terme, le vendeur doit faire sommation de prendre livraison dans un délai déterminé, et l'expiration de ce délai produira le même effet que l'expiration du délai conventionnel. — Arg. art. 1139; Troplong, no 679; Duvergier, t. 1er, no 474. — *Contrà*, Duranton, t. 16, no 383, qui pense (mais à tort et l'art. 1139 lui répond), que, dans ce cas, comme il n'y a pas eu de terme *convenu*, l'art. 1657 n'est pas applicable et que la résolution doit être prononcée en justice.

1532. — De même, à défaut d'enlèvement dans les délais fixés par l'usage des lieux, la vente serait résolue de plein droit. — *Rennes*, 27 août 1821, Giraudeau c. Joiquel.

1533. — La résolution de plein droit prononcée par l'art. 1657, est une peine rigoureuse contre l'acheteur : il faut donc, pour qu'il y ait lieu à son application, qu'il n'existe aucune incertitude sur l'époque à laquelle le retirement eût dû avoir lieu. Aussi a-t-il été jugé avec raison que l'art. 1657 n'est applicable qu'autant qu'il y a eu, dans l'acte de vente, indication suffisante du lieu de la livraison; mais le défaut d'indication de ce lieu s'interprèterait contre le vendeur. — *Paris*, 20 nov. 1810, Drapeau c. Famin.

1534. — Jugé de même que, à supposer que l'art. 1657 soit applicable en matière commerciale, il faut, pour qu'il reçoive son application, qu'il y ait eu, lors de la vente, dépôt des marchandises dans un lieu d'où l'acquéreur devait les retirer, dans un délai convenu, avec détermination précise du jour et du lieu de la livraison, ou qu'à défaut de cette désignation l'acheteur ait été prévenu du jour où la livraison serait faite. Mais on ne pourrait l'appliquer à une vente faite de marchandises *livrables dans les quatre mois, dans telle ville*, sans autre indication. — *Bourges*, 1er fév. 1837 (t. 2 1837, p. 384), Charlier c. Leclerc.

1535. — Lorsque les objets vendus doivent être livrés en plusieurs fois, si, à l'époque convenue pour la première livraison, l'acquéreur ne se présente pas pour en faire le retirement, le vendeur peut demander la résolution intégrale du traité. — C. civ., art. 1657. — *Bourges*, 10 fév. 1844 (t. 1er 1845, p. 230), Girard c. de Riberolles.

1536. — Lorsque, dans une vente, aucune convention n'a fixé le délai pour le retirement de la chose vendue, la sommation de prendre livraison dans un délai déterminé en tient lieu, et l'art. 1657, C. civ., qui prononce la résolution de la vente, au profit du vendeur, devient dès-lors applicable. — *Douai*, 8 janv. 1846 (t. 1er 1846, p. 487), Havey c. Villoquet.

1537. — L'art. 1657 est-il applicable en matière commerciale? Cette question est assez controversée. Pardessus (t. 2, no 288) enseigne la négative, et il en donne pour motif qu'un vendeur, dans le cas où le prix des choses augmenterait, pourrait abuser d'un tel principe en se disant dégagé par le seul fait que l'acheteur n'est pas venu prendre la livraison le jour fixé. Cependant, si telle a été l'intention des parties, elle doit être exécutée. — V., en ce sens, Malleville, sur l'art. 1657; Begouen, Cambacérès, Galli, et la discussion au conseil d'état; Fenet, t. 14, p. 31; Locré, t. 14, p. 60; Duvergier, t. 1er no 475, qui s'appuie sur cette discussion ainsi analysée par Maleville : « On avait mis dans le projet de cet article les *marchandises* avec les denrées et effets mobiliers. On objecta que, d'après cette expression, il serait applicable au commerce, et que, cependant, dans l'usage des négocians aucune vente n'était résiliée que l'acheteur n'eût été mis en demeure de retirer les marchandises. Sur cette observation, l'expression *marchandises* fut retirée, et il fut convenu que le procès-verbal demeurerait chargé de la cause de la suppression. » Or, ajoute-t-il, si jamais la discussion d'une loi a pu en révéler le sens d'une manière certaine, c'est dans cette occasion.

1538. — Jugé, en ce sens, que l'art. 1657 n'est pas applicable en matière commerciale. — *Bruxelles*, 7 avr. 1827, T... c. M...

1539. — D'un autre côté, il a été jugé par la cour de Cassation que l'art. 1657 était applicable en matière commerciale, parce que sa disposition était générale. — *Paris*, 20 nov. 1810, Drapeau c. Famin; *Cass.*, 27 fév. 1828, Burnot c. Mansuy; *Bourges*, 10 fév. 1844 (t. 1er 1844, p. 230); *Angers*, 14 mai 1847 (t. 2 1847, p. 553).

1540. — Et Troplong (t. 2, no 680) dit que si « l'art. 1657 n'existait pas pour les matières commerciales il faudrait l'inventer. Dans le commerce, en effet, bien plus que dans les matières civiles, il faut que le marchand soit mis en situation de tirer parti de sa marchandise et de profiter de la variation des cours. Toute son industrie consiste à vendre avec bénéfice et à saisir les occasions favorables pour compenser les pertes qu'occasionnent les baisses inattendues. Qu'arrivera-t-il dans le système de Pardessus? Voilà une hausse qui permettra au négociant de faire une bonne affaire; son acheteur ne pourra certainement pas se plaindre qu'il dispose de la chose, puisque, par son retard à venir la retirer, il est censé avoir abandonné le marché. Eh! bien, point du tout : suivant Pardessus, il faudra faire une sommation à l'acheteur, qui demeure peut-être à une autre extrémité de la France. Mais pendant ce temps-là la marchandise baissera, le vendeur ne pourra plus la revendre avec profit, il sera peut-être obligé d'y perdre. Si, au lieu d'être spéculateur, il eût été un simple particulier, il aurait pu faire une excellente spéculation, d'après l'art. 1657; mais il est spéculateur par état, et on lui défend la spéculation. Un tel système n'est pas admissible. » — Favard de Langlade, vo *Acheteur*, t. 1er p. 37; Vincens, *Légis. comm.*, t. 2, p. 74.

1541. — Pour nous, il nous semble, quelle que soit la force des raisons données par Troplong et l'autorité qui s'attache à l'arrêt de 1828, que l'art. 1657 doit, malgré sa généralité, être interprété par l'esprit qui a présidé à sa rédaction, et nous sommes disposés à dire avec Duvergier, qu'entre le législateur et le juge, c'est au premier qu'il faut donner la préférence.

1542. — Bien que, sur une demande en résiliation de vente et par suite du litige existant sur le point de savoir dans quel lieu la livraison devait être prise, les juges, au lieu de prononcer cette résiliation, accordent un délai à l'acheteur pour prendre livraison, ils peuvent néanmoins compenser les dépens, lorsque l'acheteur, en concluant à la relaxance sur cette demande, n'a pas offert de se libérer envers le vendeur, et si, en outre, il résulte, des circonstances, que le vendeur et l'acheteur sont tous deux en faute, et que le procès est né par suite de torts réciproques. — *Bordeaux*, 8 janv. 1839 (t. 1er 1839, p. 389), Garitey c. Bareyre.

1543. — L'art. 1657 est personnel au vendeur et ne pourrait être invoqué par l'acheteur.

1544. — L'acheteur doit rembourser au vendeur les dépenses nécessaires qu'il a dû faire pour conserver la chose en bon père de famille, à moins que, par suite de la convention ou à défaut de paiement du prix, il ait continué à percevoir les fruits. Dans ce cas, les dépenses d'entretien (mais non les grosses réparations) sont une charge des fruits. — Pothier, *Vente*, no 293; L. 38, § 1er, ff., *De act. empt.*; Troplong, t. 2, no 683.

1545. — Le non paiement du prix n'est pas la seule cause de résolution de la vente. — La vente est aussi susceptible de toutes les causes de nullité ou résolution communes à toutes les conventions en général.

CHAPITRE VI. — *De la nullité et de la résolution de la vente.*

1546. — Le contrat de vente, comme toute autre convention, est susceptible d'être résolu, faute par l'une des parties d'avoir satisfait à ses engagemens. — Spécialement, lorsque l'acquéreur du droit d'extraire des pierres d'une carrière existant sur le terrain du vendeur s'est formellement engagé, sous les peines de droit, à n'user du droit de fouille et d'extraction qu'en se conformant aux lois et réglemens sur les carrières, la résolution d'une pareille cession peut être prononcée s'il est établi que l'exploitation a eu lieu contrairement aux lois et réglemens, et de la manière la plus préjudiciable au propriétaire du sol. C'est en vain qu'en pareil cas l'acheteur prétendrait ne pouvoir être soumis qu'à une condamnation en dommages-intérêts. — En pareil cas, et bien que la résolution de la vente doive avoir pour conséquence contre l'acquéreur la déchéance du droit d'exploiter, on ne saurait voir dans le jugement qui la prononce un empiètement sur les attributions de l'autorité administrative, la seule question décidée étant non la déchéance du droit d'exploiter, mais la résolution de la vente. — *Cass.*, 11 juin 1844 (t. 2 1844, p. 260), Finet c. Labbé.

1547. — Lorsqu'un acte contient à la fois une vente et un bail, avec des stipulations distinctes les unes des autres par rapport à chaque contrat, les obligations qui en résultent étant susceptibles d'exécution partielle, l'acte peut être annulé comme vente et subsister comme bail ou réciproquement. Ainsi, la stipulation que le vendeur qui se trouve en même temps preneur à bail ne pourra être évincé, ne fait point obstacle à ce que l'acte soit résolu comme bail, si, sous ce rapport, le preneur a manqué à ses engagemens. — *Cass.*, 11 août 1830, Boissier c. Boissy-d'Anglas.

1548. — Jugé que la vente faite durant une instance en délaissement est nulle à l'égard du demandeur en délaissement. — *Agen*, 9 juin 1806, Saignes c. Estang.

1549. — L'acquéreur qui n'éprouve aucun trouble et que personne ne menace d'évincer, ne peut, en alléguant le défaut de qualité du vendeur (qualité d'ailleurs justifiée), demander la nullité du contrat. — *Paris*, 19 août 1813, Le Mazurier c. de Maisoneuve-Urbain.

1550. — Le vendeur qui a reçu partie du prix de la vente qu'il avait faite, en rappelant l'acte de vente dans sa quittance, n'est pas recevable à proposer la nullité de cet acte de vente, sous prétexte d'un vice de forme; l'exécution, dans ce cas, équivaut à une ratification expresse. — *Riom*, 18 nov. 1819, Bergerolle c. Berthonnier.

1551. — La demande en nullité d'une vente doit, bien que fondée, être repoussée comme non-recevable, alors que le vendeur est sans intérêt pour proposer cette nullité en ce que, par exemple, il était débiteur envers l'acquéreur d'une somme supérieure à la valeur de l'objet vendu, et que la vente a eu lieu ainsi d'une manière irrégulière pour arriver à une compensation et dans le but d'éviter des frais au débiteur. — *Rouen*, 20 fév. 1833 (sous *Cass.*, 16 juill. 1834), Deriot c. Deriot.

1552. — Ce n'est pas acquiescer d'une manière valable à une demande en nullité de vente que de consentir, tout en soutenant la validité de ladite vente, à ce que le vendeur rentre dans l'immeuble vendu, et, dès-lors, celui-ci est bien fondé à refuser un pareil acquiescement. — *Orléans*, 3 mai 1848 (t. 1er 1849, p. 532), Deschamps c. de Perthuis.

1553. — L'acquéreur qui demandait la résiliation de son contrat d'acquisition en vertu de la loi du 16 niv. an VI, n'a pu être repoussé sous prétexte qu'il aurait revendu l'immeuble et qu'il n'aurait pas accepté la résiliation faite par son acquéreur. — *Cass.*, 2 frim. an XI, Colas Brouville c. Corbie.

1554. — Le créancier hypothécaire d'un vendeur ne peut être réputé avoir été légalement représenté par celui-ci, et, par suite, être déclaré non-recevable à attaquer cette vente, si elle préjudicie à ses droits. — *Toulouse*, 15 janv. 1834, Dubruel c. Marabal.

1555. — Jugé encore que, du principe qu'un débiteur est tenu d'acquitter ses engagemens sur tous ses biens meubles et immeubles, il résulte que tout créancier a qualité pour attaquer de nullité les actes d'aliénation que celui-ci en aurait consentis; — et que la circonstance que le créancier aurait une hypothèque sur les immeubles, restant au débiteur, ne serait pas un obstacle à ce qu'il contestât la validité des actes portant aliénation des biens mobiliers. — *Bordeaux*, 27 fév. 1841 (t. 1er 1841, p. 713), Blancard c. Miailhe.

1556. — Jugé aussi que, le créancier inscrit sur un immeuble vendu volontairement est recevable à intervenir dans l'instance relative à la validité de la vente, introduite par un tiers, et à soutenir la nullité, si le prix est insuffisant pour couvrir sa créance. — *Bruxelles*, 15 juin (et non 15 mai) 1832, Bauduin c. Peeters.

1557. — Sous la loi du 11 brum. an VII, les créanciers hypothécaires du vendeur qui n'avaient pas été mis en cause sur la demande en résiliation de la vente intentée contre l'acquéreur, avaient droit de former tierce-opposition au jugement

rendu contre lui. — *Paris*, 5 fruct. an XII, d'Armenon c. Melleville.

1558. — La nullité de la vente peut être proposée, pour la première fois, en appel, lorsqu'elle forme défense à l'action principale. — *Limoges*, 17 juill. 1840 (t. 2 1840, p. 754), Chaumeil c. Garelon.

1559. — La demande pure et simple en délaissement d'immeubles possédés à titre d'achat, interrompt la prescription de l'action en nullité de la vente. — *Cass.*, 23 nov. 1820, de Trémouille c. Gairaud.

1560. — L'inexécution des conditions est une cause de résolution de la vente.

1561. — Jugé que le contrat par lequel un individu acquiert différens immeubles, à la charge de nourrir et d'entretenir le vendeur, est résolu par le meurtre de celui-ci, consommé par l'acquéreur. — Les héritiers collatéraux du vendeur ont qualité pour demander cette résolution contre les enfans du meurtrier condamné à mort et exécuté. — *Poitiers*, 13 niv. an X, Blondeau c. Boisguillaume; *Paris*, 18 janv. 1811, Giraud c. Touté.

1562. — Jugé, d'un autre côté, que lorsqu'un contrat a pour objet la concession d'un terrain pour y établir une briqueterie, à raison d'une certaine redevance par chaque millier de briques, sous l'obligation d'en porter la quantité à douze millions, et que, dans la suite, la concurrence d'autres établissemens pareils, dans les environs, fait obstacle à la consommation de la première briqueterie, il n'y a pas lieu de considérer cet événement comme un cas de force majeure extraordinaire, donnant ouverture à la résolution du contrat. — Le propriétaire de l'héritage qui ne fait aucune réponse à la notification, de la part du preneur, de la résolution du contrat, ne doit pas être censé y avoir donné son adhésion. — *Bruxelles*, 8 oct. 1823, Delecourt c. Tondeur.

1563. — ... Et la convention par laquelle les parties règlent un délai d'exploitation, et stipulent que le défaut d'exécution donnera lieu à des dépens et dommages-intérêts, ne donne pas au vendeur le droit de s'emparer des arbres qui, après l'échéance du délai convenu, se trouvent n'avoir pas été exploités. — *Riom*, 16 janv. 1817, Desrois c. Fayolle.

1564. — La vente est nécessairement résolue lorsque l'objet vendu est revendiqué à bon droit par un tiers qui en est propriétaire.

1565. — La femme qui a acquis d'un tiers une maison précédemment vendue par son mari, mais avec réserve des meubles qu'elle renfermait, est tenue, si elle veut revendiquer comme siens les meubles existant dans cette maison, de prouver qu'ils sont sa propriété, et non celle de son mari. — *Agen*, 14 mars 1833, Floirac c. Besse.

1566. — Jugé que la vente de l'immeuble, faite en vertu d'un jugement qui l'a ordonnée, nonobstant la revendication, peut être annulée au préjudice de l'adjudicataire. Dans ce cas, les syndics qui se sont opposés à la revendication du premier vendeur et qui ont provoqué l'adjudication sont passibles de dommages-intérêts envers l'adjudicataire. — *Angers*, 12 juin 1816, Penneau c. Hude.

1567. — La demande en revendication d'un immeuble peut être formée contre les tiers détenteurs seuls, encore bien qu'il s'agisse de faire annuler la vente pour des faits personnels au vendeur. C'est alors aux tiers détenteurs à appeler leur vendeur en cause, s'ils le jugent à propos. — *Cass.*, 28 juin 1837 (t. 2 1837, p. 366), Chagot c. comm. de Navilly.

1568. — Mais le demandeur qui a actionné en première instance le vendeur et l'acquéreur, pour faire déclarer une vente nulle, ne peut, sur l'appel, se contenter d'assigner le vendeur; il doit citer les deux parties. — *Rennes*, 20 août 1812, Hervé c. Larue.

1569. — Lorsque, sur une demande en résolution d'une vente, le vendeur assigne l'acquéreur originaire pour voir résoudre le contrat sur sa tête, et le tiers détenteur de l'immeuble en délaissement, il n'y a pas omission de prononcer, et, dès-lors, nullité du jugement, par cela seul que le tribunal, en démettant le vendeur de sa demande, relaxe le tiers détenteur sans rien statuer à l'égard de l'acquéreur originaire, qui s'en était remis à sa sagesse. — *Toulouse*, 8 mars 1841 (t. 2 1841, p. 65), Carayon c. Loup et Guy.

1570. — Lorsqu'une vente a été consentie solidairement par deux individus, la nullité ne peut en être demandée pour la totalité par l'un des vendeurs ou son ayant cause sans le concours de l'autre. — *Bordeaux*, 4 juin 1836, Vincendeau c. Dulugat (sous *Cass.*, 23 nov. 1841 [t. 1er, 1842, p. 130]).

1571. — Le mineur ne pouvant relever son cohéritier majeur que dans les actions qui ont pour but une action indivisible, la déchéance est encourue pour les actions qui ne concernent qu'une revendication d'immeubles susceptibles de division par leur nature, quoiqu'ils ne fussent pas divisés à l'époque de la vente. — *Grenoble*, 27 déc. 1820, Bongard c. Appey.

1572. — Le vendeur auquel le jugement qui prononce la résolution de la vente a laissé l'option, dans un délai déterminé, de conserver les constructions faites sur le terrain vendu, ou de contraindre l'acquéreur à les enlever, peut valablement faire une option conditionnelle. Et, par exemple, si le vendeur opte pour l'enlèvement des matériaux, dans le cas où la proposition conditionnelle qu'il fait ne serait pas acceptée, son option, quand cette proposition est rejetée, doit être considérée comme pure et simple. — *Lyon*, 26 janv. 1835, Piolat c. Rivet.

1573. — La résolution d'un contrat de vente, prononcée en justice, entraîne la nullité des hypothèques créées par l'acquéreur, encore bien que le vendeur eût antérieurement consenti la restriction de son privilége à une certaine portion du prix, de manière que les tiers aient pu croire que le surplus était payé, et aient été ainsi déterminés à prêter à l'acquéreur. — *Paris*, 7 avr. 1824, Oudin c. Liége. — Troplong, *Hyp.*, t. 2, nos 465 et suiv.

1574. — Elle entraîne aussi la résolution des reventes faites par l'acquéreur.

1575. — Jugé, toutefois, que la résolution d'une vente, pour inaccomplissement des conditions, peut ne pas entraîner l'annulation des reventes consenties par l'acquéreur, lorsqu'il résulte, du rapprochement des actes intervenus entre cet acquéreur et le premier vendeur, que leur intention a été que les sous-acquéreurs n'eussent point à souffrir de la résolution si elle était prononcée. Une décision de cette nature échappe à la censure de la cour de Cassation, comme fondée sur des interprétations d'actes et appréciation de faits qui sont du domaine exclusif des tribunaux. Cette intention a pu être considérée comme résultant de la clause par laquelle le vendeur, prévoyant des reventes de la part de l'acquéreur, a stipulé que celui-ci toucherait le prix de ces reventes, sous la condition que le vendeur originaire aurait toute garantie par caution et hypothèque. — *Cass.*, 7 nov. 1832, Duchapelet c. Lesieur.

1576. — Lorsque, sur une action en nullité pour fraude d'une donation, intentée par les créanciers, soit contre un donateur et un donataire, soit contre le tiers acquéreur des biens donnés, les juges, tout en annulant la donation, se sont bornés à réserver l'action des créanciers sur ce que le tiers acquéreur restera devoir de son prix, la vente a été suffisamment maintenue à l'égard de ce dernier. — *Cass.*, 8 avr. 1834, Lemaistre c. Autrique.

1577. — La demande, contre le détenteur actionné en éviction, en destruction ou enlèvement des constructions par lui faites, est une suite nécessaire et inévitable de la demande à fin d'éviction. Dès-lors elle peut, sans qu'on doive y voir une demande nouvelle, être présentée pour la première fois en cause d'appel, surtout si les faits donnant naissance à l'éviction ont, après avoir été déniés jusque-là, été avoués seulement en appel. — *Cass.*, 12 juill. 1837 (t. 2 1837, p. 452), Valory c. Berthelier et Barnaud.

1578. — L'action en revendication dirigée contre un possesseur par un tiers qui se prétend propriétaire de l'immeuble qu'il détient n'enlève pas à ce possesseur le droit de vendre et à l'acquéreur celui de se libérer de son prix, le tout à leurs risques et périls. Le tiers revendiquant n'a pas le droit d'arrêter par une opposition entre les mains de l'acquéreur le paiement du prix dû au possesseur. — *Paris*, 18 vent. an XII, Tourlay c. Meulan.

1579. — Quand une vente de vins faite par un failli depuis l'époque fixée pour l'ouverture de la faillite, et avant celle de la déclaration, est résolue en vertu de la présomption de fraude, l'acheteur ne doit pas supporter la diminution que ces vins ont éprouvée par leur consommation. — *Bordeaux*, 27 juin 1828, Duclaud c. Brisson.

1580. — En outre, la résolution de la vente peut être amiable.

1581. — Si elle est convenue sans fraude et qu'elle procède d'une cause nécessaire, elle produit les mêmes effets que la résolution obtenue en justice. — Troplong, t. 2, n° 691.

1582. — On doit réputer cause nécessaire le défaut de paiement du prix. — Jugé, dès-lors, que, dans ce cas, la résolution amiable convenue, sans fraude, produit les mêmes effets que la résolution prononcée en justice, et fait, par conséquent, évanouir les charges et hypothèques créées par l'acquéreur sur l'immeuble. — *Cass.*, 10 mars 1836, Roussan c. Dejean.

1583. — Toutefois, Duranton (n° 387), sous prétexte que la propriété est transférée par le seul consentement, et que, dès-lors, *même avant toute tradition et tout paiement quelconque du prix*, l'acheteur a été propriétaire, veut voir dans le désistement des parties *une nouvelle vente*; et, de son côté, Toullier (t. 7, n° 551), prévoyant le cas où la résolution a lieu par le *consentement mutuel* des parties, dit qu'elle ne porte pas préjudice aux tiers, parce que c'est moins une résolution proprement dite qu'une convention nouvelle opérant rétrocession, et comme il oppose cette résolution par *consentement mutuel* à celle *qui a lieu en justice* (cas auquel la résolution produit, dit-il, le même effet que la rescission), on peut en induire qu'il a voulu frapper de la même impuissance, quant aux tiers, même la résolution conventionnelle pour cause d'inexécution des conditions, ce qui serait contraire à l'arrêt de 1836 et à l'opinion de Troplong. Toutefois, il faut remarquer que l'auteur se décide par cette considération que la résolution par consentement mutuel *n'a pas de cause nécessaire*. Ce qui laisserait à penser qu'il n'a pas eu en vue le cas de l'arrêt de 1836; car serait-il bien juste de dire que celui qui, au lieu de laisser prononcer en justice une résolution devenue inévitable par défaut de paiement du prix ou d'inexécution de toute autre condition, se soumet d'avance pour éviter un procès et des frais, consent une résolution *sans cause nécessaire?*

1584. — La nullité de la vente entraîne la nécessité de la restitution réciproque du prix et de la chose vendue, et le vendeur doit être autorisé à retenir sur le prix qu'il a reçu la valeur des détériorations causées à la chose vendue par le fait de l'acquéreur, sans que, méconnaissant la confusion qui s'est opérée dans sa personne, les tribunaux puissent le condamner à restituer immédiatement la somme par lui touchée, et le renvoyer à faire liquider ultérieurement l'indemnité qui lui est due. — *Paris*, 6 janv. 1845 (t. 1er 1845, p. 193), Legros c. Cefrey. — Duvergier, t. 1er, n° 452.

1585. — Lorsque le vendeur rentre en possession de l'immeuble par lui vendu par suite d'une rétrocession amiable, les hypothèques qui, dans l'intervalle, ont frappé cet immeuble du chef de l'acquéreur, et notamment l'hypothèque légale de la femme, conservent tout leur effet, nonobstant la rétrocession. — *Cass.*, 17 juill. 1848 (t. 2 1848, p. 603), Féry.

1586. — La résolution, pour cause de vice intrinsèque et de défaut caché, de la vente de produits dont le vendeur avait affirmé la bonne qualité et qu'il savait être destinés par l'acheteur à une revente, oblige ce vendeur à rembourser, non seulement le prix par lui reçu, mais encore tous les frais de revente dont l'acheteur est lui-même passible envers ses propres acquéreurs, ainsi que les frais des instances occasionnées par la vente originaire. — En vain voudrait-on faire considérer la condamnation à payer ces frais comme une condamnation déguisée à des dommages-intérêts prononcée contrairement aux dispositions des art. 1645 et 1646, C. civ., qui n'en rendent passibles que les vendeurs de mauvaise foi. — *Cass.*, 29 juin 1847 (t. 2 1848, p. 511), Ducoudré c. Sebert.

1587. — Lorsqu'en paiement d'une vente de marchandises, il a été donné des effets de commerce indiquant de faux domiciles, et que l'acheteur consent à la résiliation de la vente, à condition qu'on lui remettra les effets donnés, le vendeur a droit de réclamer les frais de protêt et autres qu'il a faits à raison de ces effets. — *Paris*, 2 frim. an XII, Bernard c. Bruaut.

1588. — Le vendeur qui, par l'effet de la résolution du contrat de vente, est réintégré dans la propriété de l'immeuble vendu, n'est tenu de rembourser à l'acquéreur évincé que la plus-value des constructions qu'il a faites sur cet immeuble depuis son acquisition, et non la valeur de ces dépenses. — *Orléans*, 14 août 1845 (t. 2 1845, p. 347), Mandreville c. Pays.

1589. — Si le possesseur dépossédé était de bonne foi, il a fait les fruits siens, sinon il est tenu de les rendre à celui qui revendique. — Ainsi, jugé pour celui qui a été dépossédé par suite de la cassation de l'arrêt qui déclarait son vendeur propriétaire, que l'espérance qu'il pouvait avoir de voir confirmer le titre de ce dernier suffisait pour établir sa bonne foi, et qu'il ne pouvait être condamné à restituer les fruits qu'à compter du jour de la demande en éviction. — *Bordeaux*, 14 août 1809, Lalo c. Martin.

1590. — Jugé aussi que celui qui a acheté les biens propres d'une femme mineure, assistée et autorisée de son mari, peut être considéré comme possesseur de bonne foi et, en conséquence, n'être obligé à la restitution des fruits, au cas de résol-

sion de la vente, que du jour de la demande. — *Amiens*, 18 juin 1814, Esseux c. Minard.

1591. — Il suffit, pour que l'acquéreur de biens de mineurs, vendus sans formalités, doive être réputé de bonne foi, et ait fait les fruits siens jusqu'au jour de la demande en nullité, que la vente ait, lors du contrat, paru utile aux mineurs ; tel est le cas, par exemple, où elle a eu pour objet de les soustraire aux poursuites d'un créancier, alors même que la créance, cause des poursuites, aurait depuis été déclarée fausse et frauduleuse. — *Cass.*, 5 déc. 1826, Douceur c. Pointel.

1592. — En cas d'annulation d'une vente d'immeuble, les restitutions de fruits ne produisent intérêts qu'autant que ces intérêts sont demandés, et à partir du jour de la demande. — Il en est de même à l'égard des intérêts de ces intérêts. — *Cass.*, 24 déc. 1838 (t. 1er 1839, p. 371), Boulay c. Dutrésor.

1593. — L'ignorance des vices d'un acte translatif de propriété, nécessaire pour constituer la bonne foi de celui qui possède comme propriétaire, ne doit pas s'entendre d'une nullité de droit qui vicierait cet acte. Du principe que nul ne peut ignorer la loi, il suit que l'erreur de droit exclut toujours la possession de bonne foi. — *Orléans*, 15 juin 1820, Cherouvrier c. Baillet.

1594. — Les tiers acquéreurs tenus de veiller au remploi sont obligés, en cas d'éviction procédant de l'irrégularité de ce remploi, de rapporter les fruits du jour de la demande en séparation de biens formée par la femme contre son mari, et non pas seulement du jour de la demande en éviction qu'elle a dirigée contre eux. — *Cass.*, 28 mars 1820, Bernard c. Viallevielle.

1595. — La restitution de fruits ordonnée par un arrêt contre un acquéreur de mauvaise foi peut être reportée à une époque antérieure à la mise en possession constatée par l'acte authentique de vente, lorsqu'il demeure constant pour les juges que cette mise en possession est antérieure à l'époque ainsi indiquée. — *Cass.*, 12 juill. 1837 (t. 2 1837, p. 452), Valory c. Betchelier et Barnaud.

1596. — L'art. 1658 signale comme cause de *résolution* de la vente la faculté de rachat et la vileté du prix. — Les auteurs font remarquer, avec raison, que l'expression de *résolution* manque d'exactitude en ce qui concerne la vileté du prix, qui n'est qu'une cause de *rescision* et non de *résolution*. Or, ces deux expressions ne sont pas synonymes, puisque la résolution suppose qu'il a existé un contrat, et la rescision suppose, au contraire, qu'il n'en a existé que l'apparence. — Toullier, t. 7, no 551 ; Duvergier, t. 2, no 2 ; Troplong, no 689.

Sect. 1re. — *Faculté de rachat.*

1597. — Ce qui concerne la faculté de rachat est traité vo VENTE A RÉMÉRÉ.

Sect. 2e. — *De la rescision pour cause de lésion.*

§ 1er. — *Quand elle est admise.*

1598. — L'action en rescision est ouverte au profit du vendeur en cas *de vileté* du prix, et s'il y a eu contre lui lésion de plus des sept douzièmes (C. civ., art. 1674). — Il ne faut pas confondre cette action qui naît de la *vileté* du prix avec celle qui naît de l'absence de prix sérieux, cas auquel la vente est absolument nulle.

1599. — Avant Dioclétien, bien que la fixation du prix d'une vente dût être pure de fraude, cependant, en l'absence de dol, la vileté du prix ne donnait pas lieu à la rescision de la vente. — La première source de l'action en rescision se trouve dans la loi 2, Cod., *De rescind. vend.*, qui est une constitution de Dioclétien et Maximien. — Cette loi exigeait qu'il y eût eu lésion d'outre-moitié.

1600. — Cette constitution ne fut d'un usage ni constant ni général, car la loi 1, tit. *De cont. empt.*, rejette formellement l'action en rescision pour lésion. — Mais elle fut rétablie par Justinien, L. 2 et 8, C., *De rescind. vend.* — Et, maintenue par le droit canonique, elle a pénétré dans le droit civil, et a formé le droit commun de la France comme émanant d'un principe d'équité incontestable. — V. Cujas, *Ad leg.*, C., *De Rescind. vend.* ; Dumoulin, *sur la cout. de Paris*, § 33, gl. 1re ; Loisel, *Inst.*, L. 3, tit. 4, nos 11 et 12 ; Despeisses, tit. 1er, sect. 4e, §§ 5 et 6 ; Domat, liv. 1er, tit. 2, sect. 9 ; Pothier, *Vente*, nos 331 et suiv.

1601. — En l'an III, la loi du 14 fruct. prononça l'abolition de l'action en rescision pour cause de lésion à l'égard des ventes et actes équipollens qui seraient faits à l'avenir (art. 1er), et suspendit provisoirement les actions et instances en rescision relatives aux ventes antérieures. — Art. 2.

1602. — Jugé que la loi du 14 fructid. an III, abolitive de l'action en rescision des contrats de vente pour lésion d'outre-moitié, n'était applicable qu'aux actions civiles et ne mettait aucun obstacle à une plainte en escroquerie, à raison de la vente. — *Cass.*, 18 vend. an X, Méat et Noël c. *Castellane*.

1603. — Survinrent ensuite les lois des 3 germ. an V, 19 flor. an VI, 2 et 24 prair. an VII, qui levèrent la *suspension* provisoire prononcée par l'art. 2 de la loi du 14 fruct. an III (mais sans parler de l'abolition prononcée par l'art. 1er), et en réglèrent l'exécution ; ce qui a fait dire à Duvergier (t. 2, no 71) que, dans sa disposition fondamentale, la loi de l'an III n'avait pas été purement provisoire, mais définitive ; que la loi de l'an V l'avait respectée, et qu'ainsi, au moment où le Code fut préparé, l'action en rescision pour lésion d'outre-moitié n'était pas admise en France. — Merlin, *Rép.*, vo *Lésion*, § 1er. — *Contrà* Troplong, no 785.

1604. — Quoi qu'il en soit, lors de la discussion du Code civil, le principe de la rescision pour cause de lésion trouva dans MM. Berlier, Regnaud de Saint-Jean-d'Angely, Réal et Defermon, des adversaires énergiques. Ils voulaient le maintien de la loi de l'an III. — Ils présentaient l'action en rescision comme contraire à l'intérêt public, en ce qu'elle tenait la propriété en suspens, et au crédit privé et à la foi publique comme compromettant le gage des créanciers ; comme injuste et inégale, puisqu'elle n'était accordée qu'au vendeur ; comme une source de procès, de contestations, et comme ayant le tort de faire dépendre le sort de la vente d'expertises périlleuses. — Fenet, t. 14, p. 58 et 83.

1605. — Mais leur opinion, repoussée par tous les tribunaux, hormis celui de Rouen, fut victorieusement combattue par MM. Portalis, Cambacérès, Tronchet, Muraire, et surtout par le premier consul, qui développèrent cette pensée que la lésion énorme détruit l'égalité qui doit subsister dans tous les contrats commutatifs et surtout dans la vente.

1606. — Le principe de l'action en rescision pour cause de lésion l'emporta donc ; seulement ce n'est plus la lésion d'outre-moitié, mais seulement la lésion de plus des sept douzièmes qui peut donner naissance à cette action.

1607. — Et ce principe est tellement d'ordre public, que la loi déclare (art. 1674) qu'il peut être invoqué par le vendeur quand même il aurait expressément renoncé dans le contrat à la faculté de demander cette rescision et qu'il aurait déclaré donner la plus-value. — Sans cette précaution, la clause fût devenue de style. — Delvincourt, t. 3, p. 79, note 8e.

1608. — Les ventes de biens nationaux effectuées sour l'empire du Code civil sont susceptibles de rescision pour cause de lésion d'outre-moitié. La loi du 2 prair. an VII, qui prohibait ainsi l'action en rescision à l'égard des ventes de biens nationaux, a été abrogée par le Code civil. — *Bourges*, 27 fév. 1810, Dittmer c. Tavernier ; *Besançon*, 21 mai 1812, Baverel c. Lacroix ; *Cass.*, 11 avr. 1820, Dayme c. Royer.

1609. — Dans le cas où la revente a été consentie en faveur de l'ancien propriétaire, ou de son héritier ou ayant-cause, le vendeur ne peut être déclaré non-recevable dans l'exercice de l'action en lésion, par le motif qu'il n'a fait qu'acquitter une dette naturelle dont il était propriétaire. — Même arrêt de *Cass.*

1610. — La loi du 14 fructid. an V, qui a aboli l'action en rescision, et celle du 2 prair. an VII, qui a déclaré inapplicable aux ventes et reventes des biens nationaux la loi du 19 flor. an VI, portant rétablissement de l'action en rescision, n'étaient relatives qu'aux ventes entre majeurs, et non à celles des biens de mineurs. — *Cass.*, 15 déc. 1825, Blanc c. Mathieu et Carlin.

1611. — L'action en rescision pour lésion n'est pas admise en matière de vente de meubles (ainsi par exemple dans une vente d'office). — *Paris*, 17 mai 1832, Metayer c. Hue. — Duvergier, t. 2, no 72 ; Troplong, t. 2, no 438 ; Duranton, t. 16, no 438 ; Solon, *Des nullités* no 260 (arg. art. 1674) ; Delvincourt, t. 3, p. 79. — La principale raison en est que le prix des meubles étant moins constant que celui des immeubles, il serait difficile de le fixer, et que dès-lors on n'a plus de règles pour discerner la lésion.

1612. — Dans l'ancien régime, on recevait l'action en rescision pour des objets mobiliers précieux, tels que diamans, bijoux. — Ranchin, part. 3e, concl. 39e, et part. 4e, concl. 173e ; Chopin, *De morib. parisiens.*, lib. 1, tit. 1, no 2 ; Cujas, *Ad cap. fratern.*, 2, *Extrà*, *De donat.* ; Dumoulin, *Cout. de Paris*, § 33, glose 1re, no 47 ; Despeisses, part. 1re, sect. 4e, § 6, no 16 ; Pothier, *Vente*, no 340 (qui dit toutefois que cela souffrait difficulté dans certaines coutumes, comme celle d'Orléans) ; arrêt du parlement du 21 juin 1540. — Ou bien lorsqu'il s'agissait de coupes de bois. — Leprêtre, cent. 1re, chap. 12, et Dumoulin et Pothier, *loc. cit.* — Et en général dans les ventes en bloc d'objets mobiliers. — Rebuffe, *De rescind. contract.*, glose 15e, no 36 ; Automne, *Ad leg.* 1 et 2, C. *De rescind. vend.*, et Leprêtre, *loc. cit.* — Mais toutes ces exceptions ont été proscrites par le Code (V. le discours de M. Portalis au corps législatif, et Locré, t. 14, p. 176).

1613. — L'action en rescision est applicable aussi bien aux *droits immobiliers* qu'aux immeubles par leur nature ou par destination. — Duvergier, t. 2, no 73 ; Troplong, no 793. — *Contrà* Duranton, t. 16, no 444.

1614. — .... Ainsi, par exemple, dans le cas d'un droit de servitude ou d'emphytéose. — Duvergier et Troplong, *loc. cit.* — Duranton (no 443) est aussi de cet avis, mais parce qu'il soutient que l'emphytéose n'est pas seulement un droit immobilier, mais qu'il participe du droit de propriété. — V. EMPHYTÉOSE, nos 88 et suiv.

1615. — Jugé toutefois, que les beaux emphytéotiques répugnent à toute idée de lésion et conséquement à toute voie de rescision pour cause de lésion. — *Bruxelles*, 28 thermid. an IX, Vandaume c. Vandoorne. — *Contrà* Duvergier, *Louage*, t. 1er no 162 (qui cite Voët, *Ad pand.*, tit. *De rescind. vend.*, no 13) ; le nouveau Denizart, vo *Emphytéose*, no 2.

1616. — Si la vente comprenait à la fois des meubles et des immeubles (fût-elle même faite pour un seul prix), la rescision pourrait avoir lieu à l'égard des immeubles ; mais alors il faudrait procéder par ventilation. — Duranton, t. 16, no 439 ; Duvergier, t. 2, no 74) ; Delvincourt, t. 3, p. 79, note 3e — Autrement, il serait trop facile d'échapper à l'action en rescision.

1617. — La rescision pour cause de lésion n'a pas lieu dans les ventes aléatoires, car dans ce cas la chance courue par l'acheteur trouve sa compensation dans la diminution du prix. — *Cass.*, 30 mai 1831, Fillière c. Pocchi. — Troplong, no 790 ; Duvergier, t. 2, no 74 ; Merlin, *Rép.*, vo *Lésion*, § 1er.

1618. — Ainsi, jugé que l'action en rescision n'est pas admise dans les ventes de droits successifs faites à des étrangers. — *Paris*, 17 juin 1808, Levacher. — Duvergier, t. 2, no 75 ; Troplong, no 790 ; Pothier, *Vente*, no 342 ; Brodeau sur Louet, lettre H, ch. 7.

1619. — Toutefois, il en serait autrement s'il résultait de l'acte et des stipulations que l'acquéreur n'a couru aucune chance, et que conséquemment le contrat n'a pas été aléatoire, par exemple, si le vendeur de l'hérédité s'était obligé à la garantie en cas d'éviction des immeubles et avait pris les dettes à sa charge. — *Orléans*, 26 (et non 24) mai 1831. — Troplong, no 790 ; Duvergier, t. 2, no 75. — V., au surplus, DROITS SUCCESSIFS.

1620. — La vente de la nue propriété d'un immeuble est-elle sujette à rescision par cause de lésion ? — *Negat Montpellier* (6 mai 1831, Reig c. Monié), par le motif qu'une vente de cette nature a un caractère aléatoire, la valeur des droits cédés dépendant d'un événement incertain (l'époque du décès de l'usufruitier). — Arg. *Cass.*, 30 mai 1831, Fillière c. Pocchi. — *Contrà* Duranton, t. 16, no 442 ; Delvincourt, t. 4, p. 163, notes. — Attendu qu'un droit de nue propriété est susceptible d'évaluation. — Troplong, no 792.

1621. — Pour nous, il nous semble que, pour déclarer qu'il y a lésion, le juge doit pouvoir se baser non sur des probabilités, mais sur une certitude. Nous pensons donc qu'en principe, en matière de vente d'une nue propriété, l'action en rescision devrait être écartée — Sauf, bien entendu, le cas où il résulterait des circonstances que le contrat, aléatoire en apparence, ne l'est évidemment pas en réalité. Par exemple, dit Duvergier, no 75 (qui est de cet avis), si, quelles que soient les chances défavorables, il est certain que l'acheteur ne paiera pas les cinq douxièmes du prix.

1622. — La cour de Cassation, saisie du pourvoi contre l'arrêt du 6 mai 1831, cité no 1620, n'a pas jugé la question en principe : elle a considéré que l'appréciation faite du caractère aléatoire du contrat reposait sur des titres et circonstances que les juges du fond pouvaient seuls apprécier. — *Cass.*, 15 déc. 1832, Reig c. Monié.

1623. — La vente de la nue propriété d'un im-

meuble est, aussi bien que celle de la pleine propriété, soumise à l'action en rescision pour cause de lésion. —*Nîmes*, 27 août 1847 (t. 1er 1848, p. 84), Roman c. Roux.

1624. — Quant à la vente d'un usufruit, il paraît reconnu, même par les auteurs qui sont d'un avis opposé quant à la vente du droit de nue propriété, qu'elle échappe à l'action en rescision comme constituant un contrat aléatoire. — *Bourges*, 11 fév. 1840 (t. 1er 1841, p.421), de Vitry c. Boussarocque. — Proudhon, *Traité de l'usufruit*, t. 2, n° 499 ; Duvergier, *De la vente*, t. 2, n° 75. — Troplong partage cette opinion ; néanmoins il pense que *si la vente était faite pour une rente annuelle évidemment inférieure à la valeur des fruits, le moyen de rescision serait proposable (Comm. de la vente, t. 2, n° 793).*

1625. — Le contrat de rente viagère étant aléatoire, il faut en conclure qu'en principe la vente d'un immeuble moyennant une rente viagère n'est pas susceptible d'être annulée pour cause de lésion. — *Angers*, 21 fév. 1838, Gault c. Fournier ; *Toulouse*, 22 nov. 1831, Castelnau. — Arg. *Cass.*, 30 mai 1831, Fillière c. Poechi. — Merlin, *Rep.*, v° *Lésion*, §1er; Troplong, n° 791 ; Duvergier, t. 2, n° 75.

1626. — Mais il est aussi reconnu que si la condition de chance de perte ou de gain qui peut rendre le prix aléatoire manque évidemment ; si, par exemple, il est certain pour tous, en raison soit de la quotité de la rente stipulée, de la durée présumable de son service, ou de toutes autres circonstances de fait appréciables par les juges, que l'obligé au paiement de la rente ne court que des chances de gain, et aucune chance de perte (M. Merlin indique le cas où le vendeur serait menacé de mort très prochaine, et l'on cite généralement celui où le montant de la rente viagère serait inférieur au revenu de l'immeuble), il pourrait y avoir lieu à rescision pour cause de lésion. — V. les auteurs précités. — Duranton, n° 441.

1627. — Jugé, en ce sens, que la vente d'un immeuble valant 400 fr. faite moyennant une rente viagère de 20 fr., peut être rescindée pour cause de lésion. — *Grenoble*, 18 avr. 1831, Sarpeille c. Imbert.

1628. — La doctrine contraire avait été consacrée par la cour de Toulouse dans une espèce où le taux de la rente était aussi inférieur au revenu de l'immeuble vendu. — *Toulouse*, 22 nov. 1831, Castelnau, Mais sa décision a été cassée le 22 fév. 1836. —Ce dernier arrêt va même plus loin, en ce que, abstraction faite du cas de l'espèce, il ne semble pas, dans ses motifs, restreindre à ce cas ou autres analogues la possibilité de la rescision pour lésion, mais, au contraire, l'étendre à tous les cas où le prix consistera dans une rente viagère, s'il n'y ait eu non *alea*, pourvu que la lésion des sept douzièmes existe réellement ; en un mot, que les règles du contrat de rente viagère n'ont pas *dérogé* aux principes du contrat de vente, et que la chance aléatoire perd son influence devant la preuve de la lésion.

1629. — Jugé qu'on ne peut se pourvoir en rescision pour cause de lésion de plus des sept douzièmes contre une vente faite moyennant une rente viagère, alors d'ailleurs qu'il est prouvé que la rente jointe aux autres charges exprimées au contrat et aux obligations dont est tenu l'acquéreur excède le revenu de l'héritage. — *Rouen*, 18 juill. 1820, Roger c. Dumesnil).

1630. — On ne peut considérer comme contenant un contrat aléatoire une vente d'immeubles certains faite pour un prix déterminé, alors que ce prix a été employé moitié à former le fonds d'une rente viagère, et l'autre moitié à payer diverses dettes et charges qui ont été estimées être d'une valeur égale à cette portion du prix. — En conséquence, une telle vente est susceptible de rescision pour cause de lésion de plus des sept douzièmes. — *Bordeaux*, 24 avr. 1841 (t. 2 1841, p. 190), Mathivet c. Dufaure.

1631. — Duvergier et Troplong repoussent l'action en rescision, pour lésion de plus des sept douzièmes dans le cas où c'est un tiers qui a fait l'estimation ; car dans ce cas le vendeur n'a pas à se défendre contre une oppression dont il n'a pu être victime ; et il y aurait autant de justice à accorder l'action en rescision à l'acquéreur qu'au vendeur, puisqu'il court les mêmes chances. — *Contra* Delvincourt, t. 3, p. 63, note 7°.

1632. — Suivant les anciennes règles, les ventes judiciaires n'étaient pas sujettes à l'action pour cause de lésion. Mais, pendant quelque temps, cette règle ne fut admise qu'avec des restrictions; on ne considéra comme à l'abri de la rescision que les décrets forcés émanés de la justice des cours souverains. — Despeisses, t. 1er, p. 17 ; Bransoman sur la loi 2, C., *De rescind. vend.*, n° 12.—Plus tard, on finit par les affranchir tous de la rescision. — Pothier, t. 2, n° 341; Rousseau de

Lacombe, v° *Décret*, n°11er. — *Paris*, 9 pluv. an X, Chardin c. Jolliot; *Cass.*, 8 flor. an VII (int. de la loi en matière de vente sur publications volontaires); *Paris*, 26 niv. an XII, Bouillon Lagrange c. Lafond (même espèce).

1633. — Sous le Code, l'action en rescision est bien proscrite en matière de vente judiciaire, mais seulement (art. 1684) pour les cas où la vente *ne peut* avoir lieu que d'autorité de justice : ainsi, (autorisée), de vente de biens de mineurs et interdits (alors même qu'elles seraient faites dans les formes légales (Duvergier, t. 2, n° 84), de vente sur expropriation forcée). — Delvincourt, t. 3, p. 79. note 9°.

1634. — Jugé (dans une espèce antérieure au Code) qu'une vente pour lésion de biens indivis avec des mineurs présentés par un tuteur *ad hoc* ne peut être ultérieurement attaquée par ces derniers, sous prétexte de lésion, lorsque la vente avait été faite par adjudication publique et au-dessus de l'estimation. — *Paris*, 27 juill. 1809, Samson c. Prevost.

1635.—Mais les ventes entre majeurs faites judiciairement par voie de licitation peuvent être attaquées pour cause de lésion. — *Paris*, 1er déc. 1840, Audry; *Pau*, 22 déc. 1832, Peyre c. caisse hypothécaire (espèce où il s'agissait d'une vente entre majeurs faite aux enchères devant notaire et après affiches).—Merlin, *Rep.*, v° *Lésion*, § 4; Delvincourt, t. 3, p. 79, note 14°; Duvergier, *Vente*, t. 2, n° 81; Troplong, *Vente*, art. 1684; Rolland de Villargues, *Rép. du not.*, v° *Lésion*; Delaporte, *Pandectes françaises*, sur l'art. 1684, t. 13, p. 112; Duranton, t. 16, n° 468. — « Pour l'application de l'art. 1684, disait Grenier (V. Locré, t. 14, p. 254), tout se réduit à examiner si la vente a pour principe la volonté libre de ceux dont les biens sont vendus, ou si l'intervention de la justice était absolument nécessaire, d'après la loi, pour que la vente eût son effet; si c'est, en un mot, la justice qui vend pour suppléer au défaut de volonté ou de capacité de la part du propriétaire réel vendue. »

1636.—Jugé aussi que l'action en rescision pour lésion de plus de sept douzièmes est admise contre l'adjudication faite aux enchères publiques du bien d'un mineur, qui a été vendu non volontairement, en vertu du mandat conféré au créancier dans l'obligation hypothécaire. — *Bordeaux*, 10 mai 1834, Freland c. Donnec-Cazeaux.

1637. — Mais lorsqu'on se trouve dans le cas de l'art. 1684, il importe peu que la vente ait été faite devant le tribunal ou devant un notaire à ce commis. — *Douai*, 1er août 1838 (t. 1er 1840, p.643), Boltchon c. Lefèvre. —Duranton, t. 16, n° 408; Duvergier, t. 2, n° 81.

1638. — L'art. 1684, C. civ., qui refuse l'action en rescision contre toutes les ventes qui doivent être faites d'autorité de justice, n'est pas applicable aux ventes volontaires sur licitation des immeubles appartenant à des mineurs , si elles ont été passées, avant le Code civil, dans des pays où l'action en rescision était admise dans ce cas. — *Cass.*, 15 déc. 1825, Blanc c. Mathieu et Carlin.

1639.—L'action en rescision pour lésion n'est autorisée qu'en faveur du vendeur.—C. civ, art. 1683. —Dans l'ancien droit, quelques auteurs l'accordaient aussi à l'acheteur à raison du principe de réciprocité qui domine dans les contrats commutatifs. — Dumoulin, *De usur.*, quest. 14 ; Pothier, *Vente*, n° 373. — *Contrà* Automne, *Ad sg.*, 2 ; C., *De rescind. vend.* ; Cujas, sur cette loi, cap. 18. lib. 16.

1640. — Jugé qu'un acquéreur a pu, même depuis la promulgation du Code, qui n'accorde qu'au vendeur le droit de demander la rescision de la vente pour cause de lésion, exercer cette action rescisoire lorsqu'il s'agissait d'une vente consentie sous une loi qui conférait le droit de l'exercer tant à l'acquéreur qu'au vendeur.—*Turin*, 14 juin 1807, Arnaldi c. Usseglio.

1641. — Elle appartient aux héritiers du vendeur et à ses cessionnaires; ce n'est pas là un droit attaché à sa personne.—Pothier, n° 338; Duvergier, t. 2, n° 83.—Cela'est sans difficulté.

1642. — Pour apprécier s'il y a lésion de plus des sept douzièmes, on prend comme terme de comparaison le prix payé par l'acheteur et la véritable valeur de l'immeuble au moment de la vente. — C. civ., art. 1674 et 1675.

1643. — On doit comprendre dans le prix tout ce qui a été ou doit être payé en raison de la vente comme principal et accessoires ou à sa décharge, et dont il a profité, comme aussi tout ce que l'acquéreur a payé à des tiers qui le ménageaient d'ordinaire. —Pothier, n° 346; Despeisses, p. 1re, tit. 1er, § 4 n° 6; Troplong, n° 795; Duvergier, t. 2, n° 86.

1644. — ... Mais non les droits d'enregistrement, les frais d'acte remboursés par l'acheteur, car ils sont en dehors du prix et le vendeur n'en profite pas.—Duvergier, t. 2, n° 87; Troplong, n° 795;

Pothier, *Vente*, n° 346; Delvincourt, t. 3, p. 80, n° 4.—C'est d'ailleurs peut-être, dit ce dernier auteur, pour indemniser l'acquéreur de ces frais qu'on l'autorise, s'il veut garder la chose, à compléter seulement les neuf dixièmes du juste prix.

1645. — Il paraît naturel d'y comprendre les sommes payées à titre d'épingles ou de pot de vin, car ces sommes font partie du prix, au moins quant à l'appréciation de ce qui a été donné et reçu. Toutefois le contraire a été décidé par un jugement du tribunal de Cuires (rapporté sous *Cass.*, 19 vend. an XII), Troncq c. Blaquière.

1646. — Jugé dans tous les cas que la disposition du jugement qui, en nommant des experts pour procéder à l'estimation, leur défend de comprendre dans l'estimation de la vente les sommes payées par l'acquéreur à titre d'épingles, est définitive et non pas seulement préparatoire. Des lors appel peut en être interjeté avant le jugement définitif. — *Cass.*, 19 vendém. an XII, Troncq c. Blaquière.

1647. — C'est au prix réel et non au prix simulé qui aurait pu être inséré dans l'acte qu'il faut s'arrêter à cet égard. — Troplong, n° 796.

1648. — Lorsque le prix d'une vente consiste partie en argent comptant et partie en rente viagère, les juges ne peuvent, en calculant s'il y a lésion, se dispenser de faire entrer pour une évaluation quelconque la rente stipulée, lors même que cette vente serait inférieure à l'intérêt de la somme retenue par l'acquéreur pour en faire le service. — *Cass.*, 28 avr. 1835, Perricourchè c. Baboin.

1649. — L'estimation devant se régler sur l'état de la chose à l'époque du contrat, il en résulte que pour rechercher la valeur de cette chose il on doit déduire dans l'estimation du prix les sommes payées par l'acquéreur à titre d'épingles, est définitive et non pas seulement préparatoires. Dès lors découvert depuis le contrat, une mine ou une alluvion. — Pothier, n° 348; Despeisses, lit. 1er, sect. 4°, § 6, n° 10; Troplong, n° 816; Duvergier, t. 2, n° 88; Delvincourt, t. 3, p. 80, n° 4.

1650. — Jugé que dans l'ancien droit, *comme sous l'empire du Code civil*, les récoltes pendantes par racines étaient considérées comme immeubles, de sorte que pour constater la lésion ultramédiaire, il y avait lieu d'en ajouter le prix à la valeur estimative du fonds, alors surtout qu'une clause expresse de l'acte de vente y comprenait ces récoltes. — *Cass.*, 15 déc. 1830, Blanc c. Dupuy. — Duvergier, t. 2, n° 89 ; Troplong, n° 816.— Toutefois, ce dernier auteur pense que l'arrêt n'a pas jugé en principe que les fruits pendans devaient être estimés pour l'appréciation de la lésion, et il présente comme base principale de sa décision la circonstance que, dans l'espèce, les fruits pendans avaient, suivant une clause expresse de l'acte de vente, été vendus avec le fonds. L'auteur ajoute même que si la vente ne s'expliquait pas sur ce point, il devrait décider autrement. « En général, dit-il, les fruits pendans se compensent avec les intérêts du prix. Les intérêts paient les fruits, c'est ce qui a lieu le plus ordinairement, et l'on doit d'autant moins en douter que le Code laisse à l'acheteur tous les fruits autres que ceux qui sont échus depuis la demande. Or, si les fruits avaient été payés avec le capital, le Code n'eût pas manqué d'en ordonner la restitution, en échange de la restitution du prix. » — Duvergier répond « avec raison : « Je ne vois pas, et la *cour de Cassation* n'a pas eu dans la stipulation de l'acte de vente une considération décisive. Est-ce que la vente d'un immeuble ne comprend pas, sans que le vendeur le dise, les fruits pendans au moment où la vente est faite? La clause expresse relative aux fruits n'est, par suite de la nature. Elle n'ajoute rien à l'obligation légale d'estimer l'immeuble suivant son état. M. Troplong dit que les fruits se compensent avec les intérêts du prix; distinguons : les fruits futurs se compensent avec les intérêts qui courent; mais nous raisonnons ici dans l'hypothèse de fruits existans au moment de la vente, et au moment de la vente il n'y a pas encore d'intérêts échus. Or, le présent ne se compense pas avec l'avenir. »

1651. — Pour savoir s'il y a lésion dans la vente d'un immeuble, on doit plutôt prendre pour base l'époque du contrat notarié que celle d'une vente verbale antérieure, lorsque les parties sont d'accord ni sur la plus ni sur le prix de cette vente verbale. — *Cass.*, 15 thermid. an XI, Amet c. Fromentinl.

1652. — En cas de vente de deux immeubles pour un seul et même prix, et sans fixation de la valeur de chacun d'eux, si l'adjudicataire ou rétrocessionnaire d'un de ces immeubles, intente, relativement à l'autre, une action en rescision pour cause de lésion de plus des sept douzièmes, il y a lieu, pour apprécier sa prétention, d'esti-

mer les deux immeubles à la fois suivant leur valeur au moment de la vente. — *Cass.*, 21 avr. 1835, Dauflin c. Piron.

1653. — Les délais qu'un acquéreur, durant le cours des assignats, a apportés à payer son prix, ne constituent pas une lésion ou un dol capable de faire rescinder le contrat. — *Paris*, 22 nov. 1811, Dumonchet c. Lebourguignon.

1654. — Pour arriver à une juste appréciation de la valeur de la chose, on aura égard à l'opinion commune ainsi qu'à l'usage des lieux, et l'on tiendra compte de toutes les circonstances qui pourraient diminuer l'importance et l'émolument de la chose. — Telles sont, par exemple, les servitudes, le danger d'éviction mis à la charge de l'acheteur. — Duvergier, t. 2, no 91 ; Troplong, no 815.

1655. — On doit aussi faire entrer en ligne de compte la valeur de la chance d'un réméré que l'acheteur a promis de souffrir (Favre, lib. 4, tit. 30, defin. 27; Despeisses, Tiraqueau, *De retract. convent. præf.*, no 20; Duvergier, t. 2, no 92); car il est certain qu'un immeuble a une valeur vénale moindre vendu à réméré que purement et simplement. — *Contrà* Pothier, no 347; Troplong, no 817.

1656. — Il a déjà été dit que la renonciation à l'action en rescision pour cause de lésion ne peut être stipulée dans le contrat de vente lui-même (art. 1674). Telle était aussi l'ancienne jurisprudence qui relevait le vendeur de toutes ses renonciations, même de celles qu'il avait faites avec serment. — V. Pothier, *Vente*, nos 353 et 354; Favre, C., lib. 4, t. 30, defin. 1, et Despeisses, t. 1er, p. 17 *tertio*. — V. cependant Bretonnier sur Henrys, t. 4, p. 218, no 37. — Plusieurs auteurs frappaient de la même inefficacité la renonciation faite *ex intervallo*. — V. Favre, *loc. cit.*, def. 23 (qui cite un arrêt du sénat de Chambéry du 15 avr. 1595). — Mais les termes de l'art. 1674 « quand même on aurait renoncé *dans le contrat* à la faculté de demander la rescision » ne réprouvent qu'une renonciation *concomitante* avec la vente, et non celle qui serait faite *postérieurement*. — V., en ce sens, Troplong, *Vente*, t. 2, no 798 ; Duranton, t. 16, no 436, et Duvergier, *Vente*, t. 2, no 77. — « Il est évident, dit ce dernier auteur, que lorsque la vente est consommée, le prix payé, les besoins du vendeur satisfaits, sa position change ; il n'est plus sous le joug de la nécessité, et s'il dit alors qu'il n'éprouve point de lésion, si, du moins, il renonce à se plaindre, cette parole *libre* le lie. »

1657. — Toutefois, Delvincourt (t. 3, p. 79, note 7e) pense que la renonciation *postérieure* ne lierait pas le vendeur si elle avait été obtenue moyennant une somme qui, jointe au prix porté au contrat, n'égalerait pas encore les cinq douzièmes du prix. — Mais M. Duvergier fait remarquer que la renonciation *gratuite* étouffant l'action, il est impossible que la renonciation à *titre onéreux* ne produise pas le même effet. — Pothier (no 355) pense aussi que la renonciation postérieure au contrat est valable *s'il n'y a pas lieu de soupçonner qu'elle ait été convenue par le contrat*. C'est à ce dernier avis qu'il faut s'arrêter.

1658. — Jugé dans tous les cas que la renonciation à l'action en rescision pour cause de lésion ne se présume pas, et ne saurait s'induire d'actes postérieurs intervenus entre le vendeur et l'acquéreur, qu'autant que ces actes contiendraient une stipulation *expresse* et une *intention formelle* de renoncer à cette action. — *Rennes*, 30 janv. 1834, Dauphin c. Piron et Champion. — M. Duranton (t. 16, no 436) ajoute même que dans ce dernier cas l'art. 1338 devient applicable et que l'acte doit, comme tout acte de confirmation ou de ratification, contenir la substance du contrat, la mention du motif de l'action en rescision, et l'intention de réparer le vice sur lequel cette action était fondée.

1659. — Jugé dès-lors que la réception du prix de la vente par le vendeur n'emporte pas de sa part une ratification tacite qui le rende non recevable à former une demande en rescision pour cause de lésion. — *Bourges*, 22 fév. 1831, Poinet c. Marchand.

1660. — Jugé encore qu'une renonciation au droit de se prévaloir de la prescription contre une action en rescision d'une vente d'immeubles pour cause de lésion ne peut se déduire du seul fait d'avoir pris part à une expertise ordonnée afin de constater la valeur de ces immeubles. — *Bruxelles*, 20 oct. 1820, Petit c. N...

1661. — Bien que l'art. 1674 répute non avenue la déclaration du vendeur qu'il veut donner la plus-value, cependant, si l'on prouvait que cette volonté a été sérieuse, elle produirait son effet, et l'action en rescision cesserait d'être recevable : *Volenti non fit injuria*. — Pothier, no 354 ; Duvergier, t. 2, no 380.

§ 2. — *De la nature et de l'exercice de l'action en rescision.*

1662. — L'action en rescision peut s'exercer, comme l'action en résolution, non-seulement contre l'acquéreur, mais aussi contre les tiers détenteurs. — Arg. art. 1681.

1663. — Le tiers détenteur peut-il être actionné seul, *omisso medio?* — Suivant Carré (*De la compét.*, t. 1er, p. 515), les tiers ne peuvent être actionnés qu'autant qu'un jugement rendu contre l'acheteur aurait annulé la vente; et M. Troplong (no 804) ne comprend pas comment le tiers pourrait être actionné *seul*, en rescision d'un contrat dont il ignore les circonstances. — Suivant Poncet, au contraire (*Des actions*, p. 173), le tiers détenteur peut être actionné directement.

1664. — Pour nous, nous pensons que le tiers détenteur ne peut être actionné *seul*, et le motif donné par M. Troplong est plausible. — D'un autre côté, agir contre l'acquéreur *seul*, ce serait de la part du vendeur s'exposer à obtenir un jugement qui ne serait pas opposable au tiers détenteur et que celui-ci pourrait frapper de tierce-opposition. Il sera donc plus prudent de les comprendre l'un et l'autre dans la même poursuite. — Duvergier, t. 2, no 95 ; Troplong, *loc. cit.*

1665. — Jugé en effet que l'acquiescement que l'acquéreur peut donner à l'action en rescision dirigée contre lui par le vendeur ne lie pas le sous-acquéreur. En conséquence, celui-ci est toujours recevable à opposer les nullités dont la demande est entachée, même celles qui auraient été couvertes par le premier acquéreur. — *Paris*, 29 avr. 1806 (et non 1809), Desgrigny c. Moreau.

1666. — Et c'est à tort qu'il a été jugé que le vendeur qui se pourvoit en rescision pour cause de lésion contre son acquéreur n'est pas tenu de mettre en cause le tiers détenteur, et que le tiers détenteur n'est pas recevable à attaquer par voie de tierce-opposition le jugement qui a prononcé la rescision de la vente faite à son cédant. — *Paris*, 29 prair. an X, Menier c. Bourgmalon.

1667. — Les auteurs sont peu d'accord sur le caractère de cette action. — Carré (*Lois de la comp.*, t. 1er, p. 476) soutient, en citant un passage de Duparc-Poullain, que l'action en rescision, comme l'action en résolution, est *personnelle* contre l'acheteur, et *mixte* vis-à-vis des tiers détenteurs. — Troplong, au contraire (*Vente*, no 807), la considère comme réelle vis-à-vis des tiers détenteurs et *mixte* à l'égard de l'acheteur. — Suivant Pigeau (t. 1er, p. 81), l'action du vendeur contre l'acheteur est *mixte* tant que la chose est entre ses mains; mais s'il l'a vendue, l'action, *mixte* dans son principe, cesse de l'être et devient *personnelle* contre l'acquéreur primitif, en même temps qu'une action *réelle* vient s'y joindre contre les tiers détenteurs. — De son côté, Poncet (*Traité des actions*, p. 188 et suiv.) dénie complètement à l'action en rescision ou résolution le caractère mixte : « Cette action, dit-il, est personnelle contre l'acheteur et réelle contre les tiers détenteurs. » Tel est aussi l'avis de Duvergier (*Vente*, t. 2, nos 93 et suiv.), qui cite l'opinion de Ducaurroy (*Inst. expliquées*, lib. 4, tit. 6, § 20, no 1209). Et dans une discussion approfondie, il rappelle que, dans le projet du livre à insérer dans le Code de procéd. sur l'administration de la justice, la cour de Cassation avait donné de l'action mixte en général cette définition fort peu d'accord avec l'application qu'elle en fait à l'action en rescision ou résolution : « L'action mixte est celle qui embrasse, outre la revendication d'un immeuble, des prestations. »

1668. — La jurisprudence admet que l'action est mixte : ainsi jugé que sous la loi du 26 vent. an IV, l'action en rescision d'une vente pour cause de lésion était une *action mixte* qui pouvait être portée, au choix du demandeur, soit devant le tribunal du domicile du défendeur, soit devant celui de la situation de l'objet vendu. — *Cass.*, 5 nov. 1806, Bournezeau c. Rubatel; (sous le Code) *Paris*, 13 mars 1817, Bodin c. Bosquillon ; *Cass.*, 13 fév. 1832, Fournier c. Capitan.

1669. — Jugé au contraire que cette action est purement *personnelle* et non pas *mixte*. Dès-lors, elle doit être portée devant les juges du domicile du défendeur. — *Riom*, 1er déc. 1808, Tolozan c. Leraste.

1670. — Les règles relatives à la divisibilité de l'action en réméré s'appliquent à l'action en rescision. — Art. 1685. — V. VENTE A RÉMÉRÉ.

1671. — Jugé qu'un vendeur solidaire est recevable à intenter l'action en rescision pour cause de lésion, alors même que son covendeur ne l'exerce pas de son chef. — *Cass.*, 22 niv. an III, Janin c. Senepin.

1672. — Jugé encore que l'action en rescision appartenant à deux personnes qui ont vendu conjointement est divisible. — *Cass.*, 30 mai 1814, Farges et Pontcarré c. Lagrange.

1673. — La demande en rescision pour lésion n'est plus recevable après l'expiration de deux années à compter du jour de la vente. — C. civ., art. 1676. — Sous l'ancienne jurisprudence, le délai était de dix ans : au conseil d'état, les uns voulaient le maintien de ce délai ; d'autres n'accordaient qu'un délai d'un an. Par transaction, celui de deux ans fut adopté. — Locré, t. 14, p. 104.

1674. — Il a été jugé que l'action en rescision doit, quant à sa durée, être régie non par la loi en vigueur au moment où cette action est intentée, mais par la loi sous laquelle l'acte a été passé. — *Pau*, 4 fév. 1830, Garonne c. Baron. — V. PRESCRIPTION.

1675. — Jugé encore que c'est par la loi sous l'empire de laquelle l'adjudication a été faite, et non par le Code civil, que doit se régler la prescription de la demande en rescision du mineur, bien qu'il ne soit devenu majeur qu'après la loi nouvelle. Ainsi, par exemple, un mineur dont l'immeuble a été vendu avant le Code civil, sous une législation qui accordait dix années pour former la demande en rescision pour cause de lésion, peut exercer cette action pendant les dix ans qui suivent sa majorité, alors même qu'il ne serait devenu majeur que depuis le Code civil. — *Cass.*, 15 déc. 1825, Blanc c. Mathieu et Carlin.

1676. — Le délai court même contre les personnes privilégiées : ainsi, contre les femmes mariées, les absens, les interdits, les mineurs au chef d'un majeur qui a vendu, sauf le recours de droit. — C. civ., art. 1676 ; arg. art. 1663 et 2278. — Sous l'ancienne jurisprudence, la minorité suspendait le délai. — Pothier, no 348.

1677. — Jugé donc que le délai accordé pour se pourvoir en rescision pour cause de lésion ne peut être prorogé sous prétexte que celui qui devait en profiter *n'aurait pu agir* dans le délai fixé par la loi. — *Paris*, 7 germ. an XII, Mortaigne c. Boursier.

1678. — La prescription de dix ans que l'édit perpétuel (art. 29) admet contre les actions en rescision pour cause de lésion, etc., peut être invoquée aussi bien contre les églises que contre les particuliers. — *Bruxelles*, 20 oct. 1829, Petit c. N...

1679. — Le délai court pendant le temps du réméré. — C. civ., art. 1676. — Il paraît qu'il en était autrement sous l'ancienne jurisprudence. — Despeisses, tit. 1er, sect. 4e, § 6, no 13. — Arr. 21 juill. 1601, rapp. par Louet, lett. R, ch. 16. — Voyez cependant Ferrière, vo *Lésion*, qui cite (en sens contraire) l'arrêté du parlement de Rouen du 6 avril 1666.

1680. — Il court du jour de la vente, sans qu'on puisse y comprendre le jour *à quo*. — V. VENTE A RÉMÉRÉ.

1681. — Une promesse de vente valant vente lorsqu'il y a consentement sur la chose et sur le prix, il s'ensuit que c'est à partir de la date de cette promesse, et non à partir de l'acte notarié qui a été passé de cette vente, que court le délai de deux ans dans lequel doit être intentée l'action en rescision de cette vente. — *Paris*, 6 janv. 1825, sous *Cass.*, 2 mai 1827, Quesnel c. Vatinelle. — Troplong, *Vente*, t. 1er, no 131, et t. 2, no 823, et Duvergier, *Vente*, t. 2, no 100. — « Mais, dit cet auteur, le délai ne devrait être compté que du jour où l'acte authentique aurait été passé, si les parties avaient eu l'intention de subordonner l'existence même de la vente à la confection de l'acte authentique. En général, pour résoudre toutes les difficultés qui peuvent, dans des hypothèses pareilles, s'élever sur le point de départ de la souscription, il faut examiner à quel moment le contrat s'est formé : de ce moment le délai a commencé à courir.

1682. — L'acheteur actionné en rescision ne pourrait écarter le vendeur en soutenant qu'au moment de la vente il n'était pas propriétaire. — Car la possession élevait en sa faveur une présomption à laquelle le vendeur n'a rien à ajouter. — A moins qu'il ne se dît lui-même propriétaire et qu'il le prouvât. — Pothier, no 343; Duvergier, t. 2, no 101; Delvincourt, t. 3, p. 79, note 5e. — *Contrà* Despeisses, tit. 1er, sect. 4, § 6, no 8; Favre, Cod., lib. 3, tit. 30, def. 17.

1683. — La perte en entier de la chose sans la faute de l'acheteur rend l'action en rescision non recevable : la double raison en est que cette action a pour but, non un supplément du prix (qui n'est que *in facultate solutionis*), mais la restitution de la chose, restitution devenue impossible. — Pothier, no 349; Duvergier, t. 2, no 102; Troplong, no 825. — C'est à tort, en effet, que, par deux arrêts des 23 prair. an XII et 12 mai 1806, la cour de Cassation a supposé 1o que l'action en rescision avait pour

objet *principal et direct* le supplément du juste prix; 2° que le vendeur doit s'estimer heureux d'avoir vendu, même au-dessous du juste prix, puisque, si la vente n'eût pas été faite, il eût perdu à la fois et la chose et le prix. — Duvergier, *loc. cit.*

1684. — Toutefois, divers auteurs pensent que si l'acheteur avait revendu la chose pour un prix supérieur à celui par lui payé, le vendeur aurait intérêt à intenter l'action rescisoire et à faire annuler le contrat, puisque, s'il était jugé que la chose lui a toujours appartenu, ce serait à lui, vendeur originaire, que le sous-acquéreur aurait à payer le prix dont l'acquéreur direct ne doit pas profiter. — Pothier, n° 350; Troplong, n° 826. — Cette solution, tout équitable qu'elle puisse être, est repoussée par Duvergier (*loc. cit.*) par le double motif: 1° que la transmission de la chose, même pour un prix supérieur, ne fait pas que la restitution soit possible, ce qui laisse l'action rescisoire sans résultat; 2° que la perte de la chose rend incertains les résultats de l'expertise. — La première opinion nous paraît préférable et les difficultés de l'expertise ne sont pas un argument déterminant. — V. le n° qui suit. — On sait, au surplus, que Duvergier est peu partisan, en principe, de l'action en rescision.

1685. — Si la chose a péri par la faute de l'acheteur, l'action rescisoire est admissible, quelles que puissent être, d'ailleurs, les difficultés de l'expertise. — Troplong, n° 826; Pothier, *loc. cit.*

1686. — Le droit, pour le vendeur, de demander la rescision pour cause de lésion de plus des sept douzièmes peut être exercé par lui, encore bien qu'antérieurement une surenchère aurait été formée par des créanciers inscrits, et qu'il aurait été partie au jugement qui a déclaré valable l'offre de caution de la part du surenchérisseur. — Dans le concours d'une demande en rescision d'un contrat de vente pour lésion de plus de sept douzièmes du prix, et d'une surenchère de la part d'un créancier inscrit du vendeur, il y a lieu de surseoir à l'adjudication définitive, jusqu'à ce qu'il ait été statué sur la demande en rescision. — *Poitiers*, 14 août 1833, Saint-Lary et Brun c. Pacaud. — En effet, le droit de surenchérir accordé aux créanciers suppose l'existence et la validité de la vente; l'instance en rescision les met en question; il faut attendre qu'elle soit vidée pour donner suite à la surenchère. — Troplong, *Vente*, t. 2, n° 827, et Duvergier, *Vente*, t. 2, n° 104. — Toutefois, cet auteur n'approuve pas les motifs donnés par la cour de Poitiers.

1687. — La loi veut que la preuve de la lésion ne puisse être admise que par le jugement, et dans les cas seulement où les faits articulés seraient assez vraisemblables et assez graves pour faire présumer la lésion. — C. civ., art. 1677. — Ils peuvent donc rejeter *de plano* la demande, si elle leur paraît mal fondée. — Delvincourt, t. 3, p. 80, note 1re.

1688. — En admettant que l'action en rescision pour lésion de plus des sept douzièmes puisse être invoquée à l'égard d'une vente d'immeubles, faite moyennant une rente viagère, cette action ne devrait être admise, dans tous les cas, qu'autant que la lésion serait, de prime abord, aux termes de l'art. 1677, C. civ., vraisemblable et appuyée sur de graves présomptions. — C. civ., art. 1674 et suiv. — *Douai*, 25 juin 1845 (t. 2 1845, p. 250), Veroust c. Fontaine.

1689. — Mais les juges peuvent-ils, sans ordonner cette preuve et alors qu'elle leur paraît résulter complètement des pièces décider que la lésion est évidente et prononcer *de plano* la rescision? — L'affirmative ne paraissait pas douteuse dans l'ancienne jurisprudence. « Cùm agitur, dit le président
» Favre (C., lib. 4, tit. 30, déf. 33), de rescindendâ
» venditione ex causâ immodicæ læsionis, potest
» esse necessaria æstimatio quæ fiat per probos vi-
» ros ab utrâque part eligendos. Sed ità demùm si
» conflictus aliquis sit et magnus probationum ut
» non facilè scire possit utrius partis probationes
» præponderent: cæterùm, si altera pars intentio-
» nem suam sufficienter probaverit, nihil causæ
» est cur recurratur ad æstimationem, ne scilicet
» supervacuâ probatione, et supervacuo sumptu
» oneretur is qui suam intentionem planè jàm
» probavit. »

1690. — Il semble résulter de la discussion qui a eu lieu au conseil d'état et au tribunat que si cette faculté ne fut pas expressément réservée aux juges dans l'art. 1677, c'est qu'il était inutile d'établir ce qui était de droit commun. — Locré, t. 14, p. 72, n° 129; Duvergier, t. 2, n° 106; Troplong, n° 831. — Il faut donc dire que, sous le Code, les juges peuvent admettre, sans ordonner préalablement les preuves, l'action en rescision. — Troplong et Duvergier, *loc. cit.* — Delvincourt (t. 3, p. 80, note 1re) est d'un avis contraire; il dit: « Quelque fondée que la lésion paraisse au juge, il ne peut l'admettre qu'après un rapport d'experts. »

1691. — Et ce principe paraît résulter (mais d'une manière obscure) d'un arrêt de la cour de *Limoges*, 14 fév. 1827, Blanc c. Dupuy (sous *Cass.*, 15 déc. 1830).

1692. — La preuve (si elle est ordonnée) ne peut se faire que par un rapport d'experts, ce qui exclut la preuve testimoniale. — Troplong, n° 832; Duvergier, t. 2, n° 107.

1693. — L'expertise doit être faite par *trois experts*, lesquels seront nommés d'office, à moins que les parties ne se soient accordées pour les nommer *tous trois conjointement*; d'où il résulte que si les parties ne s'accordaient que relativement à la désignation d'*un* ou de *deux* experts, il y aurait lieu à nomination d'office *pour les trois*. — Duranton, t. 16, n° 450, note; Duvergier, t. 2, n° 109. — C. civ., art. 1678, 1680.

1694. — M. Duranton (n° 450) fait observer, avec raison: 1° que la faculté de nommer les experts n'existe, pour les parties, que si elles sont majeures et maîtresses de leurs droits; 2° que les parties pourraient même consentir à ce qu'il ne fût procédé que par un seul expert, l'art. 303, C. procéd., ayant dérogé à l'art. 1678, C. civ. — Duvergier, t. 2, n° 112.

1695. — Les experts doivent dresser un procès-verbal commun, et ne former qu'un avis à la pluralité des voix. — En cas d'avis différens, ils doivent en énoncer les motifs dans leur procès-verbal, sans qu'il soit permis de faire connaître de quel avis chaque expert a été. — C. civ., art. 1678 et 1679.

1696. — Dans les procès pendans lors de la promulgation du Code civil, l'expertise a-t-elle dû avoir lieu conformément au Code ou aux lois anciennes? — Jugé qu'elle a dû avoir lieu conformément aux lois anciennes. — *Nîmes*, 14 thermid. an XII, Peyrousse c. Buisson. — Et qu'ainsi l'avis de deux experts sur trois a constaté suffisamment la lésion. — *Cass.*, 22 juill. 1806, Bordenave c. Etchevers; *Pau*, 1er thermid. an XIII.

1697. — Mais jugé, d'un autre côté, que, dans les procès en rescision pour cause de lésion, pendans lors de la promulgation du Code civil, les experts ont dû, dans leur procès-verbal d'estimation, se conformer aux art. 1678 et 1679, C. civ. — *Cass.*, 23 fév. 1807, *Poitiers*, 3 pluv. an XIII, Saint-Pierre c. Saint-Marceau; *Turin*, 19 avr. 1806, Ferrando c. Rinando.

1698. — Jugé aussi que l'expertise ordonnée conformément aux lois anciennes, en matière d'action en rescision pour cause de lésion, a cessé de pouvoir recevoir son exécution, lors de la promulgation du Code civil; et, dès-lors, il y a eu lieu pour les juges d'en ordonner une nouvelle, en se conformant aux dispositions de ce Code. — *Nîmes*, 22 flor. an XII, Valady c. Bourdon.

1699. — Jugé même que la preuve de la lésion a dû, même au cas d'une vente antérieure au Code, être faite d'après le mode établi par le Code, ainsi, par experts, et non par la preuve testimoniale. — *Turin*, 14 juin 1807, Arnaldi c. Usseglio. — Merlin, *Rép.*, v° *Effet rétroactif*, sect. 3e, § 3, art. 5; Chabot, *Quest. transit.*, v° *Rescision*, n° 7. — *Contrà* Mayer, *Principes sur les quest. transit.*, p. 36.

1700. — Jugé, dans tous les cas, que la partie qui a accepté l'expertise exécutée suivant les lois anciennes n'a pas été recevable à l'arguer plus tard de nullité, en soutenant qu'elle aurait dû avoir lieu suivant la loi nouvelle. — *Pau*, 1er thermid. an XIII, Séguin c. Etchevers.

1701. — Si les juges ne trouvent pas dans les rapports des documens suffisans pour prononcer, ils peuvent ordonner une nouvelle expertise. — *Nîmes*, 12 pluviose, an XIII, Valady c. Bourdon. — C. procéd., art. 322; Troplong, t. 2, n° 835; Duvergier, t. 2, n° 113.

1702. — Jugé aussi que lorsqu'une expertise est ordonnée, relativement à une action en rescision de vente pour cause de lésion des sept douzièmes, et que les experts, étant d'avis différens, ne motivent point leur opinion, les juges doivent ordonner une nouvelle expertise. Ils ne font en cela qu'user d'un droit qui ne porte aucun préjudice aux parties. — *Orléans*, 20 déc. 1821, Badin c. Chauvelin.

1703. — De même, ils ne sont pas tenus de suivre l'avis des experts. — Cette solution n'est pas douteuse si l'on admet que les juges peuvent, sans ordonner la preuve, accueillir l'action en rescision. — En effet, si l'on conçoit que, dans les cas où une expertise est indispensable, l'axiôme *Dictum expertorum non transit in rem judicatam*, consacré par l'art. 323, C. procéd. civ., puisse recevoir exception, comment, d'un autre côté, si l'expertise n'est que *facultative* pour le juge, pourrait-il être obligé de suivre aveuglément un avis qu'il eût été dans son droit de ne pas demander. Il serait absurde que le juge qui pouvait prononcer sans expertise dût sacrifier sa conviction parce qu'elle serait contraire à l'opinion des experts. — *Nîmes*, 12 pluv. an XIII, Valady c. Bourdon; *Cass.*, 31 mars 1840 (t. 1er 1840, p. 556), Desbois c. Lecorgue. — Troplong et Duvergier, *loc. cit.* — *Contrà* Carré, *Lois procéd.*, t. 2, p. 43. — Mais cet auteur considère l'expertise comme indispensable. — A son point de vue, il est conséquent.

1704. — Et l'on ne peut étendre par analogie à la matière de la rescision pour cause de lésion, ainsi que le voudrait Carré, l'exception admise pour les expertises en matière d'enregistrement au principe qui veut que l'expertise ne lie pas le juge. — *Cass.*, 31 mars 1840 (t. 1er 1840, p. 556), Desbois c. Lecorgue.

1705. — Les juges peuvent donc, indépendamment des élémens fournis par l'expertise, chercher la vérité par tout autre moyen, ce qui, suivant Tronchet (V. Fenet, t. 14, p. 62), signifie: « qu'il peut recourir aux ventes, aux partages, aux baux et à beaucoup d'autres circonstances. » — Troplong, t. 2, n° 835.

1706. — Ainsi, jugé avec raison que, pour décider s'il y a lésion dans une vente faite en papier-monnaie entre particuliers, les juges peuvent suppléer à l'insuffisance du rapport des experts par leurs connaissances personnelles et par les inductions tirées des documens mis sous leurs yeux. — *Cass.*, 2 janv. 1828, Gauthier c. Brivazac.

1707. — Et, spécialement, qu'ils peuvent, s'il y a eu plusieurs expertises successives, prendre un terme moyen entre les diverses estimations des experts, bien que, dans leurs rapports, ces experts eussent déclaré n'avoir pu asseoir leur estimation, conformément à l'art. 1er, L. 19 flor. an VI, sur la comparaison de la vente attaquée avec d'autres ventes faites dans les lieux voisins et à la même époque. — Même arrêt. — Le doute, sur cette question spéciale, venait de la disposition même de la loi du 19 flor. an VI.

1708. — La plus-value dont, aux termes des art. 5 et 6 de la loi du 19 flor. an VI, il devait être fait raison à l'acquéreur par suite de l'admission de l'action en rescision pour lésion d'outre moitié, ne pouvait consister que dans l'augmentation de valeur dont le vendeur profitait; mais elle devait consister dans cette augmentation. — Ainsi, la plus-value a dû s'estimer au jour du délaissement effectif, sans égard à celle qui, ayant existé antérieurement, et notamment au jour de la demande, n'existerait plus à cette époque, mais aussi sans que le vendeur puisse se borner, pour ce qui a suivi la demande en rescision, au remboursement des impenses utiles. — *Cass.*, 13 fév. 1844 (t. 1er 1844, p. 344), Gauthier c. de Brivazac.

1709. — Les juges peuvent, lorsqu'ils trouvent dans les documens de la cause des élémens de conviction qu'il y a lésion de plus des sept douzièmes, prononcer la rescision de la vente, sans être tenus de déterminer la plus-value, et sans avoir recours à une expertise préalable. — *Paris*, 26 août 1847 (t. 2 1847, p. 502), Pelletier c. Boguet.

1710. — L'arrêt qui se fonde sur un rapport d'experts, qu'il entérine, pour décider qu'il n'y a pas eu lésion dans une vente, s'approprie par là les motifs de ce rapport, et déclare ainsi implicitement rejeter les critiques dirigées contre lui. — *Cass.*, 26 juill. 1841 (t. 2 1841, p. 232), Villemain et Fessard c. Dufour.

1711. — On ne peut, pendant l'instance en rescision pour lésion d'un contrat de vente, requérir inscription pour sûreté de la créance en supplément du juste prix. — *Paris*, 29 niv. an X, N...

1712. — On ne peut, dans le cours d'une action en rescision pour cause de lésion, former une demande en nullité de l'acte de vente et suivre simultanément sur les deux demandes. — *Paris*, 13 juill. 1810, Pontheil c. Gozé.

1713. — De même, on ne peut proposer en appel la nullité d'un acte dont on n'a demandé en première instance que la rescision pour cause de lésion. — *Agen*, 29 déc. 1812, Dechuisener c. Roques; *Montpellier*, 22 mai 1813, Paraire. — V. APPEL.

§ 3. — *Effets de la rescision relativement à l'acheteur et aux tiers.*

1714. — L'action en rescision a pour objet direct et principal l'annulation du contrat; dès-lors, les juges doivent, s'ils pensent que l'action est fondée, prononcer cette annulation, *si mieux n'aime l'acheteur* (conf. à l'art. 1681) *payer le supplément du juste prix.*

1715. — Mais le droit pour l'acheteur de maintenir le contrat, en payant le supplément du juste prix, est facultatif; les juges ne peuvent le lui imposer. Suivant Pothier (n° 349), ce paiement est IN FA-

CULTATE et non IN OBLIGATIONE SOLUTIONIS. Et Dumoulin dit : *Sola rescisio et restitutio est in obligatione, suppletio autem pretii in facultate quæ non est in consideratione.* — V., sur Paris, § 33, glose 1re, nº 44; Ferrière, vº *Lésion*; Duvergier, *Vente*, t. 2, nos 114 et 115; Duranton, t. 16, nº 460; Troplong, *Vente*, t. 2, nos 808, 825, 837 et 840; Merlin, *Rép.*, vº *Expropriation*, nº 3; Berriat, p. 570; Persil, *Questions hypoth.*, t. 2, p. 379.

1716. — Seulement, et cela paraît de toute justice, les juges peuvent fixer un délai dans lequel l'acquéreur devra opter entre la restitution des biens vendus ou le paiement du supplément de prix. — *Limoges*, 14 fév. 1827 (sous *Cass.*, 15 déc. 1830), Blanc c. Dupuy.

1717. — C'est donc à tort que, par deux arrêts, la cour de Cassation a décidé que l'objet principal de l'action en rescision est le supplément du prix, et qu'elle ne tend qu'*éventuellement* à la résolution du contrat. — *Cass.*, 23 prair. an XII, Dubout c. Cinget; 14 mai 1806, Fabre c. Blaquière-Limoux.

1718. — C'est à tort aussi que les mêmes arrêts, en partant de ce principe, ont considéré l'action comme mobilière. (D'où l'arrêt de 1806 a conclu qu'elle ne pouvait faire l'objet d'une expropriation forcée). — Pigeau, t. 3, p. 207, nº 5. — Il faut reconnaître, au contraire, que l'action est immobilière, car : *Actio immobilis est ea quæ tendit ad immobile.* — Troplong, nº 808; Duvergier, t. 2, nº 115; Delvincourt, t. 3, p. 79, note 6e et 80e, note 6e.

1719. — Le délai dans lequel un acquéreur actionné en rescision de son acquisition, pour lésion, est condamné, par un jugement, à opter entre le délaissement et le paiement d'un supplément de prix de l'immeuble vendu, ne court pas, comme les délais de grâce (C. proc., art. 123), du jour où le jugement a été prononcé. — *Bordeaux*, 30 nov. 1831, Chantecaille c. Castagna.

1720. — Ce délai ne doit courir que du jour de la signification, comme cela a été jugé pour les cas où un délai a été fixé, par jugement, pour opter entre deux chefs de condamnation. — *Nîmes*, 7 mai 1813, Bouleille.

1721. — Jugé aussi que la huitaine pendant laquelle cet acquéreur doit, aux termes du jugement, délaisser l'immeuble ou payer le supplément du juste prix, ne court pas si, avant de lui être signifié, ce jugement n'a pas été signifié à son avoué. — *Bordeaux*, 30 nov. 1831, Chantecaille c. Castagna.

1722. — ... Et que, si le vendeur a appelé du chef du jugement qui prescrit à l'acquéreur d'opter dans la huitaine entre le délaissement ou le paiement du juste prix, le délai est suspendu jusqu'à ce que l'appel soit vidé. — Même arrêt. — V. aussi *Paris*, 24 août 1830 (sous *Cass.*, 10 juill. 1832), Leblanc-Serigny c. Loyson. *Cass.*, 12 juin 1810, Glouteau c. Carbouzières. — V., au surplus, APPEL.

1723. — Si l'acheteur préfère payer le supplément du juste prix, il est autorisé à faire déduction du dixième du prix total. — C. civ., art. 1681. — Cette disposition est contraire à l'ancienne jurisprudence. — Despierres, tit. 1er, sect. 4e, § 6, nº 12; Rousseau-Delacombe, vº *Restitution*, sect. 3e, nº 1er. — Elle tend à affaiblir l'action en rescision.

1724. — Jugé que l'art. 1681, C. civ., qui, en matière de lésion, permet à l'acquéreur de déduire le dixième du prix total en payant le supplément du juste prix, n'est pas applicable aux ventes antérieures à la promulgation du Code civil, bien que l'action en rescision soit exercée sous son empire. — *Nîmes*, 14 therm. an XII, Peyrouse c. Buisson.

1725. — Le supplément de prix produit intérêt du jour de la demande en rescision (C. civ. art. 1682). — Ce principe, favorable à l'acheteur, était contesté sous l'ancienne jurisprudence. — Cujas sur la loi 2, *C. de resc. vend.* — *Contrà* Despeisses, tit. 1er, p. 20; Domat, part. 1, liv. 1er, tit. 2, sect. 9. — Il a été appliqué par un arrêt. — *Cass.*, 15 déc. 1830, Blanc c. Dupuy.

1726. — Le vendeur d'un immeuble qui a fait prononcer la rescision de la vente pour vileté du prix, a droit de demander le séquestre, encore que l'acquéreur, usant de la faculté accordée par l'arrêt de rescision, ait déclaré préférer payer le supplément de prix; le séquestre doit être maintenu jusqu'à ce que ce supplément ait été intégralement payé. — *Bourges*, 8 mars 1822, Bruneau c. Berthier.

1727. — L'acheteur qui opte pour la restitution de la chose doit aussi rendre tous les accessoires, tels que l'alluvion, le trésor, etc., etc., sauf son droit de retenir les adjonctions résultant de ses acquisitions et de son fait. — V., au surplus, VENTE A RÉMÉRÉ.

1728. — Il doit aussi faire raison des dégradations autres que celles qui sont la conséquence du temps ou le résultat de la force majeure. — Pothier (nº 381) et Troplong (nº 844) pensent qu'il n'est tenu des dégradations même causées par sa négligence qu'autant qu'il en a profité; car, disent-ils, se croyant propriétaire, il a pu, *de bonne foi*, négliger l'héritage. — Mais Duvergier fait observer avec raison (t. 2, nº 121) que la lésion de plus des 7/12 n'est guère compatible avec *la bonne foi*, et Pothier lui-même semble l'admettre (nº 358); dès-lors, l'acquéreur devra les détériorations causées par sa négligence. — Arg. art. 2175. — Delvincourt, t. 3, p. 167, notes. — V. VENTE A RÉMÉRÉ.

1729. — L'acheteur qui rend l'immeuble doit les fruits du jour de la demande (C. civ., art. 1682) et non du jour de la vente. — *Cass.*, 15 déc. 1830, Blanc c. Dupuy.

1730. — De son côté, le vendeur doit lui restituer le prix payé avec les intérêts du jour de la demande. — En établissant ainsi une compensation entre les intérêts du prix et les fruits perçus, la loi a voulu éviter les difficultés inséparables des liquidations de fruits. — Troplong, nº 841 (note).

1731. — Si l'acheteur n'a touché aucuns fruits, les intérêts lui sont dus du jour de la demande. — C. civ., art. 1682.

1732. — Quant aux fruits pendans lors de la vente ou au moment où la rescision est demandée, il y a lieu de suivre la règle qui a été tracée pour le cas analogue du réméré. — V. VENTE A RÉMÉRÉ.

1733. — Les sommes que l'acquéreur a payées aux créanciers indiqués par son vendeur, au lieu de lui être payées à lui-même, ont dû lui être remboursées, non en valeur nominale, mais d'après l'échelle de dépréciation. — *Nîmes*, 14 thermid. an XII, Peyrouse c. Buisson.

1734. — Le vendeur doit rembourser à l'acheteur les améliorations et réparations, en suivant les distinctions indiquées par le cas du réméré. — V. VENTE A RÉMÉRÉ. — En vain dirait-on que l'acheteur n'y a pas droit, puisqu'en payant le supplément il pourrait garder la chose. On répond qu'il ne peut pas être puni de l'option qu'il aura faite, puisqu'en optant pour la restitution il a usé d'un droit.

1735. — Le vendeur n'est pas tenu de rendre à l'acheteur les frais et loyaux coûts de la vente, car il n'en a pas profité ; or, il ne doit restitution que de ce dont il a profité. — Troplong, nº 848; Delvincourt, t. 3, p. 80, note 11e; Duvergier, t. 2, nº 126. — *Contrà* Despeisses, tit. 1er, sect. 4e, § 5, nº 13; Voët, *De rescend. cend.*, nº 9; Rousseau Delacombe, vº *Restitution*, nº 9. — Mais ces auteurs, en se fondant sur la loi 27, ff., *De ædil. edict.*, qui porte que « *Indemnis emptor discedere debet* », n'ont pas pris garde que cette disposition, applicable au cas de la résolution pour vices rédhibitoires, n'est pas applicable au cas de la rescision pour lésion, puisque, dans ce cas, c'est le vendeur qui doit être relevé indemne. C'est ce que font remarquer Duvergier et Troplong.

1736. — L'acquéreur peut exercer un droit de rétention jusqu'à ce qu'il soit payé par le vendeur de ce qui lui est dû. Et même, suivant Pothier, il n'aurait que ce droit, et tout au plus celui de faire ordonner que, passé un certain délai, la chose acquise lui restera irrévocablement (nº 370). Mais Duvergier (t. 2, nº 128) fait remarquer avec raison que décider ainsi ce serait permettre au vendeur de paralyser l'option faite par l'acheteur : et parfois il pourrait y avoir intérêt, par exemple si, depuis le jugement, la chose avait péri sans la faute de l'acheteur. Dans ce cas, la perte serait pour le vendeur. — Ferrière (vº *Lésion*) cite dans le sens de Duvergier un arrêt rendu précisément dans une espèce semblable à celle qui vient d'être indiquée. L'acquéreur restera donc libre d'exercer son droit comme bon lui semblera.

1737. — La rescision entraîne la nullité des hypothèques ainsi que des servitudes et autres charges créées par le vendeur sur l'immeuble. *Soluto jure dantis, solvitur jus accipientis.* — Pothier, *Vente*, nº 372; Troplong, t. 2, nº 840; Duvergier, t. 2, nº 129. — Et Troplong ajoute que les tiers dont les hypothèques sont compromises n'ont pas à se plaindre, car ils pourraient suppléer le juste prix. — C. civ., art. 1681.

1738. — Jugé que la rescision d'une vente n'a pas pour effet de faire revivre contre le vendeur au profit de qui elle s'est opérée, et de reporter à leur ancienne date, les hypothèques dont les créanciers inscrits ont consenti main-levée à l'acquéreur. — *Cass.*, 10 déc. 1806, Deloince c. Chaillet.

1739. — Les baux consentis sans fraude par l'acquéreur doivent être exécutés. — Arg. art. 1673, au cas de réméré. — Duvergier, t. 2, nº 131.

1740. — Si le vendeur se trouve en présence d'un tiers possesseur, les droits respectifs de l'un et de l'autre sont les mêmes que s'il avait affaire à l'acheteur direct. — C. civ., art. 1681. — Cet article, d'ailleurs, réserve au tiers possesseur son recours contre son acheteur direct. Ce recours est de droit.

1741. — Suivant Delvincourt, le tiers possesseur ne devrait pas être tenu des détériorations causées par sa négligence, parce qu'il est présumé avoir ignoré le vice de la première vente, et que, conséquemment, sa bonne foi le protége (t. 3, p. 167). — Mais Duvergier fait remarquer avec raison (t. 2, nº 130) que cet état de bonne foi sera rare, puisque le sous-acquéreur aura connu le prix de la première vente. On devra donc lui appliquer ce qui a été dit plus haut pour les dégradations commises par l'acquéreur direct. — Arg. art. 2175.

1742. — La rescision pour cause de lésion donne-t-elle lieu à un droit de mutation? — V. ENREGISTREMENT.

CHAPITRE VII. — *Vente de créances et droits incorporels.*

1743. — Ce qui concerne la vente de créances et droits incorporels est traité vº TRANSPORT-CESSION.

VENTE ADMINISTRATIVE.

1. — On désigne par ce mot toutes les ventes qui ont pour objet la propriété ou l'usufruit des biens de l'état, des départemens, des communes et des établissemens publics.

2. — Ces ventes ne sont pas soumises seulement aux principes du droit commun. Le mode en est réglé par des lois spéciales.

3. — Pour tout ce qui concerne les ventes des *biens nationaux*, c'est-à-dire des biens qui, après la révolution de 1789, ont été déclarés appartenir à la nation, soit par suite de confiscation, soit par suite de suppression des corporations qui en étaient propriétaires, V. BIENS NATIONAUX.

4. — ... Les ventes des biens appartenant à l'état et formant le domaine national ou public, V. DOMAINE DE L'ÉTAT, où les règles relatives aux échanges des biens de l'état se trouvent également indiquées. — V. aussi DOMAINES ENGAGÉS ET ÉCHANGÉS, DOMAINE PUBLIC et USINES.

5. — L'adjudication aux enchères est ordinairement le mode employé pour la vente des biens de l'état, et ces adjudications sont faites par le préfet du département dans lequel se trouvent les biens. C'est le préfet qui rédige aussi le cahier des charges et fait toutes les publications nécessaires. Aucune loi ne l'oblige à se faire assister, dans ces opérations, par un notaire; mais aucune loi non plus ne lui défend d'avoir recours au ministère d'un notaire, et il est même utile qu'il l'emploie. — Rolland de Villargues, *Rép.*, vº *Vente administrative*, nº 5.

6. — Les biens qui sont possédés par indivis par l'état et des particuliers ne peuvent être vendus que dans les mêmes formes et aux mêmes conditions que ceux qui appartiennent à l'état seul. — L. 15 flor. an X, art. 10.

7. — Lorsque l'aliénation de biens de l'état doit être faite au profit de telle personne déterminée, il n'y est plus alors procédé par adjudication aux enchères; elle se fait par voie de *concession*. — V. DOMAINE DE L'ÉTAT, nos 197 et suiv.

8. — Aux termes de l'art. 1596, C. civ., les officiers publics qui procèdent à la vente des biens nationaux ne peuvent s'en rendre adjudicataires. Cette prohibition s'applique non seulement aux préfets et aux notaires qui sont chargés d'assister les préfets, mais aussi aux secrétaires généraux des préfectures (décis. 11 avr. 1810), et aux préposés de l'administration des domaines et forêts. — Décis. du minist. des fin. du 21 avr. 1821.

9. — M. Duvergier (*De la Vente*, t. 1er, nº 192) enseigne même que les officiers publics et administrateurs dont il vient d'être parlé ne peuvent se rendre adjudicataires en se faisant remplacer dans les opérations de la vente; mais M. Troplong (*De la Vente*, nº 191) professe une opinion contraire. — V., au surplus, VENTE (contrat de).

10. — Lorsqu'il s'élève des contestations relativement à la validité ou à l'interprétation des actes de vente des biens nationaux ou appartenant à l'état, ces contestations doivent être portées devant l'autorité administrative, de la compétence de laquelle elles sont exclusivement. — V. DOMAINE DE L'ÉTAT, nos 193, 194, 357, et COMPÉTENCE ADMINISTRATIVE.

11. — La vente des biens appartenant aux départemens, sauf le mode d'autorisation qui est spécialement réglé par l'art. 29, L. 10 mai 1838, est soumise d'ailleurs aux mêmes règles que la vente des biens des communes.

12. — Toutes les formalités relatives à la vente des biens des communes ont été exposées sous les

mots BIENS COMMUNAUX, nos 75 et suiv., et COMMUNE, auxquels nous ne pouvons que nous borner à renvoyer ici.

13. — Quant à ce qui concerne la vente des biens appartenant aux établissemens publics, les cas dans lesquels elle peut avoir lieu et les formalités auxquelles elle est soumise, V. COMMUNAUTÉS RELIGIEUSES, nos 337 et suiv.; ÉTABLISSEMENS PUBLICS, nos 63 et suiv.; FABRIQUES D'ÉGLISE, nos 524 et suiv.; et HOSPICES, nos 358 et suiv.

14. — Les procès-verbaux d'estimation des biens à vendre par l'autorité administrative sont affranchis du timbre (L. 15 mai 1818, art. 80, arg.). Il en est de même des affiches annonçant les ventes des biens de l'état; mais les affiches pour les ventes des biens particuliers des communes et des établissemens publics sont soumises au timbre (L. 9 vend. an VI, art. 56). Dans tous les cas, les cahiers des charges et les procès-verbaux d'adjudication doivent être timbrés (L. 13 brum. an VII, art. 12, arg.). — V., au surplus, TIMBRE.

15. — Enfin, le droit d'enregistrement pour les ventes de biens appartenant à l'état est de 2 p. 100 (L. 22 frim. an VII, art. 69, § 5, no 1er; 26 vend. an VII, 15 et 16 flor. an X et 5 vend. an XII), et, pour les ventes de biens appartenant aux départemens, communes et établissemens publics, de 2 p. 100, s'il s'agit de meubles (L. 22 frim. an VII, art. 69, § 5 no 1er), et de 5 1/2 p. 100, s'il s'agit d'immeubles (L. 28 avr. 1816, art. 52).

16. — Les procès-verbaux de ventes doivent être, sous peine du double droit, enregistrés dans les vingt jours à partir de la date de l'adjudication pour les ventes qui ont lieu devant le préfet, et à partir du retour à la sous-préfecture ou à la mairie, après l'approbation du préfet, pour les ventes qui ont lieu soit devant les maires, soit devant notaires. — Rolland de Villargues, vo *Vente administrative*, nos 45 et 48. — V. ENREGISTREMENT.

VENTE EN BLOC.

V. VENTE (contrat de), nos 27, 166 et suiv. — V. aussi VENTE DE MARCHANDISES NEUVES.

VENTE A L'ENCAN.

Directeurs d'un établissement de ventes à l'encan; — patentables de première classe; — droit fixe sur la population et droit proportionnel du quinzième de la valeur locative de l'habitation et des lieux servant à l'exercice de la profession. — V. PATENTE.

V. VENTE A L'ENCAN, VENTE DE FRUITS ET RÉCOLTES, VENTE DE MARCHANDISES NEUVES et VENTE PUBLIQUE DE MEUBLES.

VENTE A L'ESSAI.

V. VENTE (contrat de), nos 194 et suiv., 223 et suiv.

VENTE D'EFFETS MILITAIRES.

V. EFFETS MILITAIRES.

VENTE A FAUX POIDS.

V. POIDS ET MESURES.

VENTE DE FRUITS ET RÉCOLTES.

1. — On entend ici par vente de fruits et récoltes la vente publique et aux enchères de toutes espèces de fruits et récoltes, détachés ou non encore détachés du sol, comme grains, foins, coupes de bois, etc.

2. — Lorsque les fruits et récoltes sont détachés du sol, ils sont devenus meubles, et, alors, la vente en est régie par les principes applicables aux ventes publiques des meubles. — V. VENTE PUBLIQUE DE MEUBLES.

3. — Les fruits et récoltes qui peuvent faire l'objet de la vente dont il s'agit ici sont ceux qui sont parvenus à leur maturité. Sur le point de savoir si l'on peut procéder à la vente des grains en vert ou en herbe, V. BLÉS EN VERT, SAISIE-BRANDON, VENTE (contrat de).

4. — Quoique les fruits et récoltes non encore détachés du sol ou pendans par racines soient réputés immeubles (C. civ., art. 520), une vente de fruits et récoltes de cette espèce n'est pas cependant une vente d'immeubles. Il a été jugé, avec raison, que cette vente, faite séparément du sol n'avait pour objet que des effets mobiliers. — *Cass.*, 10 vendém. an XIV, Michel Schott c. Wolff; 25 fév. 1812, Delaulle c. Roussel; 8 mars 1820, Vanderheyde; 21 juin 1820, Lambert c. Saint.

5. — Dès-lors, lorsque la vente d'une coupe de bois a été faite successivement à deux acheteurs différens, celui des deux acheteurs auquel la tradition a été faite doit être préféré à l'autre, quoiqu'il soit postérieur en titre. — Arrêt de *Cass.* précité du 21 juin 1820.

6. — Les ventes de récoltes ou de bois sur pied, faites séparément du fonds, sont, par suite, également opposables au tiers, et notamment aux créanciers hypothécaires, auxquels le fonds est affecté, encore qu'elles n'aient pas été soumises à la transcription. — Arrêt de *Cass.* précité du 10 vendém. an XIV.

7. — Les ventes de fruits et récoltes sur pied peuvent avoir lieu soit à l'amiable par adjudication, soit judiciairement par suite de saisie-brandon. — V. SAISIE-BRANDON. — En d'autres termes, les ventes de fruits et récoltes sont volontaires ou forcées.

8. — Lorsque les ventes de fruits et récoltes sont volontaires, elles ne sont assujéties à aucune forme spéciale. Elles sont soumises aux règles ordinaires de la vente.

9. — Un individu peut vendre sa récolte sur pied et en déléguer le prix à son créancier, s'il n'existe aucune opposition qui y mette obstacle. Celle qui serait formée ultérieurement par la régie de l'enregistrement pour la conservation de ses droits serait tardive; il devrait, par conséquent, en être donné main-levée. — *Cass.*, 9 mars 1814, enregistrement c. Genoq.

10. — Quand les ventes de fruits et récoltes ont lieu par autorité de justice, elles sont assujéties à des règles spéciales qui ont été exposées sous le mot SAISIE-BRANDON. — V. ce mot.

11. — Il nous reste ici à examiner à qui appartient le droit de procéder aux ventes judiciaires ou publiques de fruits et récoltes. Si les fruits ont été cueillis et les récoltes coupées, comme alors ils sont devenus meubles, le droit d'en faire la vente appartient aux commissaires-priseurs et aux autres officiers publics, suivant les distinctions établies pour toutes les ventes publiques de meubles. — V. VENTE PUBLIQUE DE MEUBLES.

12. — Si les fruits et récoltes sont encore pendans par branches ou par racines, ces fruits et récoltes étant alors immeubles et accessoires au sol, la vente peut-elle en être faite par d'autres officiers publics que par les notaires? Par un premier arrêt du 8 mars 1820 (commissaires-priseurs d'Hazebrouck c. Vandereyde), la cour de Cassation, partant de cette interprétation que l'art. 520, C. civ., ne s'oppose point à ce que dans tous les cas autres que ceux où il s'agit de régler les droits des propriétaires, usufruitiers et héritiers entre eux, les récoltes, fruits et bois pendans par les racines et destinés à être séparés du fonds, soient considérés comme meubles ou effets mobiliers, avait décidé que le droit de procéder aux ventes publiques aux enchères des récoltes sur pied appartenait aux commissaires priseurs, à l'exclusion des notaires, lorsqu'elles avaient lieu au chef-lieu de leur établissement.

13. — Mais, par un arrêt postérieur, du 1er juin 1822, rendu dans la même affaire, la cour de Cassation est revenue sur sa première jurisprudence, et a décidé que les ventes publiques, même volontaires, de récoltes sur pied, sont dans les attributions des notaires, et non dans celles des commissaires-priseurs. « Les *effets mobiliers*, porte ce dernier arrêt, que les commissaires-priseurs sont autorisés à vendre sont les choses qui sont meubles avant la vente et au moment de la vente et non celles qui ne sont mobilisées que par l'effet de la vente même. » — V. aussi *Paris*, 19 août 1820, Vanderheyde.

14. — Le conflit qui s'est élevé entre les notaires et les commissaires-priseurs, relativement au droit de vendre publiquement et aux enchères les fruits et récoltes pendans par branches et par racines, s'est élevé également entre les notaires, d'une part, et les huissiers et les greffiers de l'autre.

15. — Jugé que les huissiers ont le droit de procéder, concurremment avec les notaires, aux ventes publiques de fruits et récoltes pendans par racines et des arbres non abattus. — *Rouen*, 18 fév. 1826, Poncet et Guérard c. Bruard; *Paris*, 10 juin 1826, huissiers c. notaires de Provins; *Bruxelles*, 4 déc. 1828, notaires c. huissiers d'Audenarde; *Amiens*, 19 fév. 1829, notaires c. huissiers de Beauvais; 29 fév. 1832, notaires c. huissiers de Troyes (arrêt rapporté avec celui de la cour de Cassation du 4 juin 1834, qui l'a cassé); 6 (et non 16) août 1835, Bretton et Raige c. notaires de Provins (arrêt cassé par celui de Cassation du 28 avr. 1838); *Orléans*, 8 mars 1833, huissiers c. notaires des Andelys; 5 déc. 1833, N...

16. — ... Mais seulement dans le cas exceptionnel de saisie-brandon. — *Amiens*, 7 mars 1839 (t. 2 1840, p. 681), Raige et Bretton c. notaires de Provins.

17. — Il a été, au contraire, plus généralement décidé que les huissiers ont simplement le droit de vendre les meubles proprement dits, c'est-à-dire susceptibles de tradition manuelle, et qu'ils n'ont pas qualité pour procéder aux ventes publiques, volontaires ou forcées, des récoltes et fruits pendans par racines ou par branches et des arbres non abattus, ce droit appartenant exclusivement aux notaires, même lorsque la vente est faite au comptant. — *Amiens*, 21 (et non 2) nov. 1823, notaires d'Abbeville c. Bricot; *Cass.*, 18 juill. 1826, Bricot et Maisnières c. notaires d'Abbeville; 5 déc. 1827, huissiers c. notaires de Provins; 10 déc. 1828 (deux arrêts), notaires c. huissiers des Andelys, et notaires c. huissiers de Caen; 8 avr. 1829, notaires c. huissiers de Provins; 8 juin 1831, notaires c. huissiers des Andelys; *Paris*, 8 avr. 1833, Guyot c. notaires de Coulommiers; 4 juin 1834, notaires c. huissiers de Troyes; *Douai*, 25 août 1834, notaires de Lille c. Desante; 11 mai 1837 (t. 1er 1837, p. 417), notaires c. huissiers de Troyes; 28 avr. 1838 (t. 2 1838, p. 208), Gervais et notaires de Provins c. Raige et Bretton; 1er juin 1840 (t. 2 1840, p. 148); notaires c. huissiers de Caen; 23 juin 1840 (t. 2 1840, p. 148), notaires c. huissiers de Vitry-le-Français; 30 mai 1842 (t. 2 1842, p. 20), Hébert c. Legras; 22 nov. 1848 (t. 1er 1849, p. 180), Greslon c. Placet.

18. — Il appartient également aux notaires seuls de faire la vente des coupes de bois de haute futaie. Les huissiers n'ont pas le droit d'y procéder concurremment avec eux. — *Paris*, 10 juin 1826, et *Cass.*, 5 déc. 1827, huissiers c. notaires de Provins. — V. aussi, en ce sens, arrêts de *Paris* précités des 1er et 23 juin 1840. — *Contrà Amiens*, 19 fév. 1829, notaires c. huissiers de Beauvais.

19. — La vente des coupes ordinaires de bois doit rentrer dans les attributions exclusives des notaires, avec d'autant plus de raison qu'elle comporte ordinairement des stipulations relatives aux termes pour le paiement du prix, et d'autres conventions que les huissiers n'ont pas qualité pour recevoir. — Arrêts de *Paris* précités des 1er et 15 juin 1840.

20. — Les greffiers n'ont pas plus que les huissiers le droit de faire, concurremment avec les notaires, des ventes de récoltes pendantes par branches et par racines. — *Caen*, 24 juin 1847 (t. 2 1847, p. 712), Chauvel et Lequesne c. Barbey.

21. — En vain dirait-on qu'ils ne figurent dans la vente que comme mandataires du propriétaire, libre de vendre lui-même ses immeubles aux enchères, sans intervention d'aucun officier public, un greffier ne pouvant être admis, en déguisant, sous l'apparence d'un mandat ordinaire, sa qualité d'officier public, à faire habituellement des ventes de cette nature. — Même arrêt.

22. — Mais l'arrêt qui, sur l'instance engagée entre les notaires et les huissiers d'un arrondissement relativement au droit de faire les ventes volontaires publiques, et au comptant, de récoltes pendantes par racines, enjoint aux huissiers de ne plus avoir à procéder à de pareilles ventes, n'a pas l'autorité de la chose jugée contre ceux qui, devenus, depuis, membres de la compagnie, n'ont pas été personnellement parties dans l'instance. — Arrêts de *Cass.* précités des 11 mai 1837 et 28 avr. 1838.

23. — Les tribunaux ne peuvent, en effet, statuer par voie de disposition réglementaire. Et c'est par application de ce principe qu'il a été décidé aussi qu'on ne peut exciper, dans une nouvelle instance, de la défense générale faite par un arrêt précédent aux huissiers de procéder aux ventes de récoltes pendantes par racines. — *Amiens*, 7 mars 1839 (t. 2 1840, p. 681), Raige et Bretton c. notaires de Provins.

24. — En conséquence, les notaires qui ont obtenu en première instance des dommages-intérêts contre un huissier, pour les ventes de fruits pendans par racines pratiquées par lui, ne peuvent, devant la cour d'appel, demander des dommages-intérêts supplémentaires pour les ventes faites par cet huissier depuis le jugement de première instance. — Même arrêt.

25. — Les adjudications de coupes de bois de l'état, des communes, des hospices et des autres établissemens publics sont faites par les autorités administratives, comme les ventes publiques de meubles. — V. VENTE PUBLIQUE DE MEUBLES.

26. — Celui qui, sans être officier public, vend des récoltes publiquement et aux enchères, même en présence et du consentement du propriétaire

de ses récoltes, se rend coupable d'immixtion dans l'ordre dans des fonctions publiques, et est passible des peines prononcées par l'art. 258, C. pén. — *Rouen*, 1er déc. 1840 (t. 1er, 1841, p. 887), Félix c., Riberprey.

— De même pour les ventes publiques de meubles, le notaire, chargé de procéder à une vente aux enchères de fruits et récoltes, doit faire la déclaration préalable au bureau de l'enregistrement.

— V. VENTE PUBLIQUE DE MEUBLES.

— La livraison de la chose ne pouvant, en matière de vente de fruits et récoltes, de coupes de bois, se faire sur-le-champ, et le prix n'étant pas non plus, en général, payé comptant, il est nécessaire que le notaire dresse un cahier des charges, d'autant plus que souvent il y a lieu d'exiger de la part des adjudicataires des cautions ou d'une autre garantie. — Rolland de Villargues, *Rép. du not.*, vo *Vente de récoltes*, no 12.

— Pour ce qui concerne les formalités relatives aux adjudications de coupes de bois, ainsi que les droits des adjudicataires, V., au surplus, ce mot.

— Les ventes de récoltes sur pied sont considérées comme ventes de meubles (V. ENREGISTREMENT), assujetties d'un droit de 2 o/o, et ce droit se calcule à la fois sur le prix exprimé et le capital des charges qui ajoutent aux prix.— L. 22 frim. an VII, art. 69, § 1er, et art. 11, no 5.

— Il s'est élevé quelquefois devant les tribunaux, relativement à la perception du droit d'enregistrement, des difficultés sur le point de savoir si tel acte devait être considéré comme contenant une vente de récoltes, ou comme ne constituant qu'un bail. — V., à cet égard, BAIL, ENREGISTREMENT.

— Jugé, notamment, qu'il ne peut pas considérer comme vente de récoltes sur pied l'acte par lequel un notaire a adjugé à bail, publiquement et aux enchères, différentes pièces de pré, pour l'adjudicataire en recueillir soit les récoltes sur pied soit tous les autres produits, comme regain et dépaissance, pendant neuf mois consécutifs, qui doivent prendre leur cours du jour de l'adjudication et finir à pareil jour, après l'expiration de cette jouissance de neuf mois. Un tel acte constitue un bail, lors même qu'il n'y est stipulé que le prix de l'adjudication produira intérêt s'il n'est pas payé à l'échéance déterminée : conséquemment, le notaire qui a procédé à cette adjudication étant assujetti, comme il l'aurait été pour le cas de la vente, à la déclaration préalable au bureau de l'enregistrement, exigée par l'art. 2 de la loi du 22 pluv. an VII.— *Cass.*, 9 fév. 1837 (t. 1er, 1837, p. 75), enregistrement c. Me Guerber.

VENTES JUDICIAIRES.

Table alphabétique.

VENTES JUDICIAIRES. — 1. — On appelle ainsi toutes les ventes qui ont lieu sous l'autorité de la justice.

SECT. 1re. — *Des différentes espèces de ventes judiciaires* (no 2).

SECT. 2. — *Ventes de biens de mineurs* (no 27).

ART. 1er. — *Formalités préalables* (no 27).

§ 1er. — *Autorisation, homologation, renvoi devant un juge ou un notaire, mise à prix, expertise* (no 27).

§ 2. — *Cahier des charges, placards, insertions, notification au subrogé tuteur* (no 77).

ART. 2. — *Adjudication* (no 124).

Sect. 1re. — *Des différentes espèces de ventes judiciaires.*

2. — Les ventes judiciaires d'immeubles se divisent en deux espèces : les ventes par expropriation forcée, et les autres sont volontaires.

3. — Les ventes par expropriation forcée sont celles qui ont lieu par saisie immobilière. Les ventes par suite de conversion de saisie immobilière deviennent des ventes volontaires judiciaires. — V. SAISIE IMMOBILIÈRE.

4. — En cas de vente sur conversion de saisie immobilière, le juge ne peut écarter le surenchérisseur qui choisit pour les intéressés de recevoir les enchères, sur le prétexte que les biens sont situés dans un canton où ce notaire n'a pas droit d'instrumenter. — *Orléans*, 29 nov. 1826, Nouilles c. Mitoufiel.

5. — Les ventes volontaires judiciaires sont outre celles sur conversion de saisie-immobilière : 1o Les ventes des biens dépendant des successions, lorsqu'ils sont impartageables ou qu'il s'agit de payer les dettes (on lorsqu'il y a des héritiers incapables). — C. proc. civ., art. 826, 827, 838 et 839; C. proc. civ., art. 466 et suiv. — V. CITATION, PARTAGE, SUCCESSION.

6. — 2o Les ventes des biens dépendant des successions bénéficiaires, ou abandonnés par l'héritier bénéficiaire. — V. SUCCESSION BÉNÉFICIAIRE.

7. — Lorsque l'héritier bénéficiaire demande que la vente des immeubles de la succession ait lieu devant notaire, le tribunal doit renvoyer la vente devant un notaire commis par cet effet, et non à l'audience des criées du tribunal. — *Bordeaux*, 23 sept., 1835, Lafarge.

8. — Surtout lorsque la demande en est faite dans l'intérêt de la succession. — *Bordeaux*, 26 nov. 1834, Barthez.

9. — 3o Les ventes d'immeubles qui dépendent de successions vacantes. — C. proc. civ., art. 987 et 1001. — V. SUCCESSION VACANTE.

10. — 4o Les ventes d'immeubles appartenant à des femmes mariées sous le régime dotal.— C. civ., art. 1558; C. proc. civ., art. 997. — V. DOT.

11. — 5o Les ventes faites par le grevé des biens compris dans une substitution. — V. SUBSTITUTION.

12. — 6o Les ventes des biens des mineurs, qui font l'objet de la section suivante.

13. — 7o Les ventes des immeubles des interdits (C. civ., art. 509), auxquelles s'appliquent les formalités prescrites pour les ventes des biens de mineurs. — V. INTERDICTION.

14. — 8o Celles des biens appartenant aux condamnés soit par contumace, soit à peines afflictives et infamantes (C. pén., art. 29 et 30).

15. — 9o Les ventes des biens des faillis (V. FAILLITE), ou des débiteurs admis au bénéfice de cession. — V. CESSION DE BIENS.

16. — 10o Enfin, les ventes de biens des absens. — V. ABSENCE.

17. — Parmi les ventes judiciaires, les unes ne peuvent être faites qu'à l'audience, comme celles qui ont lieu sur saisie immobilière; les autres peuvent être faites à l'audience, ou renvoyées devant un juge ou devant un notaire commis.

18. — Spécialement, c'est un notaire et non un juge qui doit être commis pour procéder à une vente d'immeubles dans la forme judiciaire, lorsque l'intérêt des parties l'exige et qu'elles se réunissent pour demander ce mode de vente. — *Paris*, 14 fév. 1829, Egerton. — V. pour ce qui concerne notamment les ventes de biens dépendant de succession bénéficiaire, *suprà* no 7 et 8.

19. — Il suffit qu'une vente ait été ordonnée par justice pour qu'elle ait tous les caractères et tous les effets d'une vente judiciaire. Peu importe que les enchères soient reçues par un notaire ou à l'audience des criées. — *Cass.*, 18 mars 1822, Jureau c. Martel.

20. — La disposition de l'art. 1642, C. civ., qui veut que le vendeur d'un immeuble soit tenu à la garantie des vices cachés, ne reçoit pas son application dans les ventes judiciaires faites par autorité de justice. — *Paris*, 8 déc. 1846 (t. 1er 1847, p. 208), Sassenay c. Bruguier.

21. — Les créanciers inscrits sur un immeuble, n'étant nullement tenus par le changement d'un immeuble voisin, souscrit par le débiteur, peuvent s'opposer à ce que, dans le cahier des charges dressé pour parvenir à la vente par saisie immobilière de l'immeuble hypothéqué, on insère une clause tendant à contraindre l'adjudicataire à respecter ledit bail. — *Paris*, 25 mars 1839 (t. 1er 1839, p. 612), Erlon c. Antheline de Saint-Joseph.

22. — Nulle autre vente que celles spécifiées ci-dessus ne peut avoir lieu en justice. C'est ce qui résulte de l'art. 743, C. proc. civ., ainsi conçu : « Les immeubles appartenant à des majeurs maîtres de disposer de leurs droits ne pourront, à peine de nullité, être mis aux enchères en justice lorsqu'il ne s'agira que d'une vente volontaire. »

23. — Réciproquement, et à défaut d'exécution des engagemens pris envers lui, le créancier aura le droit de faire vendre les immeubles de son débiteur, sans remplir les formalités prescrites pour la saisie-immobilière. — C. proc. civ., art. 742. — V. SAISIE IMMOBILIÈRE.

24. — Jugé, cependant, que la vente volontaire d'un immeuble peut être faite aux enchères par un simple particulier, sans le ministère d'un officier public. — *Bruxelles*, 28 juin 1811, les notaires de Bruges c. Amerinck.

25. — Décidé aussi, que les immeubles appartenant à des majeurs libres de disposer de leurs droits peuvent être vendus par la voie des enchères, lorsque la vente a lieu devant notaire et non en justice. — *Nîmes*, 30 déc. 1806, Villecerres c. Martel.

26. — Les différentes espèces de ventes judiciaires dont nous avons parlé sont soumises à des formalités qui les rapprochent des ventes forcées. Les formalités des ventes forcées ont été indiquées; V. SAISIE IMMOBILIÈRE. Celles qui sont relatives aux ventes volontaires judiciaires autres que celles des biens de mineurs se trouvent exposées sous les mots LICITATION, substi-cation. — V. aussi PARTAGE. Dans la section qui suit, il n'est question que des ventes de biens de mineurs.

Sect. 2. — *Ventes de biens de mineurs.*

ART. 1er. — *Formalités préalables.*

§ 1er. — *Autorisation.— Homologation.— Renvoi à l'audience ou devant notaire. — Mise à prix. — Expertise.*

27. — Un tuteur n'a, en aucun cas, le droit de provoquer lui-même directement la vente des immeubles d'un mineur. « La vente des immeubles appartenant à des mineurs (porte l'art. 953, C. civ.), ne pourra être ordonnée que d'après l'avis des parens énonçant la nature des biens et leur valeur approximative. Et, de plus, la vente doit être homologuée par le tribunal. » C. proc. civ., art. 954.

28. — L'autorisation de vendre les immeubles appartenant à des mineurs est elle-même soumise

à des conditions restreintes. Ainsi, elle ne peut être accordée, conformément à l'art. 457, C. civ., que pour cause d'une *nécessité absolue* ou d'un *avantage évident*. — Carré et Chauveau, *Lois de la procédure*, quest. 2501 *sexies*; Bioche, *Dict. de procéd.*, vº *Vente judiciaire d'immeubles*, nº 20.

29. — Il y a *nécessité absolue* lorsque les deniers, effets mobiliers et revenus du mineur sont insuffisans pour acquitter les dettes. — C. civ., art. 457, § 3.

30. — Et lorsque l'insuffisance du mobilier est reconnue, constatée, cela suffit pour qu'il puisse être procédé à la vente des immeubles. Il n'est point exigé, à peine de nullité, que cette vente soit précédée de celle du mobilier. — *Cass.*, 7 janv. 1817, Roucayrol c. Cabantous. — Carré et Chauveau, *loc. cit.*

31. — Il y a *avantage évident* lorsque l'immeuble produit peu ou point de revenus, ou lorsqu'il s'agit d'établir le mineur. — V. TUTELLE.

32. — Dans tous les cas, le conseil de famille, dans son avis, doit indiquer les immeubles qui doivent être vendus de préférence, et toutes les conditions qu'il juge utiles. — C. civ., art. 457, § 4. — Il doit indiquer, en outre, comme nous l'avons vu, la nature de ces immeubles et leur valeur approximative.

33. — Toutefois, l'avis de parens n'est pas nécessaire si les biens appartiennent en même temps à des majeurs, et si la vente est poursuivie par eux. — C. proc. civ., art. 953, § 2. — La raison en est que, dans cette circonstance, la famille ne peut se refuser au droit que l'on a de faire cesser l'indivision. Il est procédé à la vente, conformément au titre des partages et licitations. — V. LICITATION et PARTAGE.

34. — Il résulte de l'art. 953, C. procéd., § 2, que ce n'est que lorsque la vente est provoquée contre les mineurs par les majeurs co-propriétaires qu'il n'y a pas lieu d'obtenir préalablement l'avis du conseil de famille. Mais, si les majeurs gardent le silence, le tuteur ne peut pas provoquer la vente, de son chef, contre les majeurs, sans l'autorisation du conseil de famille. L'art. 953, C. procéd., § 2, crée une exception qui doit être rigoureusement renfermée dans ses termes. — Chauveau sur Carré, quest. 2501 *quinquies*.

35. — La demande en homologation de la délibération du conseil de famille est formée par une requête, à laquelle est jointe une expédition de la délibération. Cette requête est présentée par le tuteur au tribunal de première instance, qui y statue en la chambre du conseil, après avoir entendu le ministère public. — C. civ., art. 458. — Bioche, nos 22 et 24; Chauveau sur Carré, quest. 2501 *septies*.

36. — Le tribunal compétent pour homologuer la délibération est celui du domicile du mineur, encore bien que les immeubles soient situés en différens ressorts. — Merlin, *Rép.*, vº *Transcription*, § 3, nº 7; Chauveau sur Carré, quest. 2501 *octies*; Bioche, nº 22.

37. — Si le tribunal du domicile du mineur est compétent pour homologuer la délibération, c'est que la vente qui en est l'objet ne doit être considérée que comme un acte d'administration; il suit de là, ce nous semble, que, lorsqu'il y a plusieurs mineurs ayant des domiciles différens, il est nécessaire d'obtenir un jugement d'homologation du tribunal du domicile de chaque mineur; le jugement du tribunal qui a été le premier saisi ne saurait suffire. — Bioche, nº 23. — *Contrà* Chauveau sur Carré, *loc. cit.*

38. — Le jugement rendu sur la requête à fin d'homologation est inscrit en minute au bas de cette requête à la suite des conclusions du ministère public. — Bioche, nº 25; Chauveau sur Carré, quest. 2501 *undecies*.

39. — Il avait été décidé, avant la loi du 2-3 juin 1841, qu'une vente judiciaire de biens immeubles appartenant à des mineurs pouvait être renvoyée de préférence devant le notaire de la situation des immeubles plutôt que devant le tribunal. — *Riom*, 20 avr. 1836, Soulignoux.

40. — La loi du 2 juin 1841 a formellement consacré, pour le tribunal saisi de la demande en homologation, la faculté de renvoyer la vente soit devant un juge du tribunal, soit devant un notaire. L'art. 954, § 1er, C. proc. civ., est, en effet, ainsi conçu: « Lorsque le tribunal homologuera cet avis (celui du conseil de famille), il déclarera, par le même jugement, que la vente aura lieu soit devant l'un des juges du tribunal à l'audience des criées, soit devant un notaire à cet effet commis. »

41. — Si les immeubles sont situés dans divers arrondissemens, le tribunal peut commettre un notaire dans chacun de ces arrondissemens, et même donner commission rogatoire à chacun des tribunaux de la situation de ces biens. — C. proc. civ., art. 954, § 2.

42. — La faculté de déléguer ainsi soit un tribunal, soit un notaire, n'est point exclusive du droit, pour le tribunal qui homologue, de faire procéder à la vente même des immeubles situés dans d'autres arrondissemens devant un juge de son siége, s'il le trouve convenable. — Chauveau sur Carré, sur l'art. 954, nº 1006 *bis*; Bioche, nº 33.

43. — Si les immeubles situés dans plusieurs arrondissemens dépendent de la même exploitation, le tribunal qui homologue peut, par application de l'art. 2210, C. civ., renvoyer la vente devant un seul tribunal ou devant un seul notaire. — Chauveau, *loc. cit.*, t. 5, p. 902, note 1re.

44. — La cour d'Orléans, par arrêt du 7 juin 1837 (t. 2 1837, p. 443), Nardin, avait décidé que le tribunal de l'ouverture d'une succession, par exemple, saisi d'une demande à fin de vente d'un immeuble dont un mineur était copropriétaire, ne pouvait déléguer au tribunal de la situation de cet immeuble la solution de la question de savoir s'il y avait lieu ou non de procéder à la vente à la barre du tribunal ou devant un notaire de son ressort, et que c'était à lui qu'il appartenait de prononcer à cet égard, le droit d'ordonner la vente d'un immeuble appartenant à un mineur constituant un acte de juridiction contentieuse.

45. — Mais tel n'est point le système qui a été consacré par la loi du 2 juin 1841. La commission rogatoire que le tribunal, saisi de la demande en homologation, adresse au tribunal de la situation, en vertu de l'art. 954, § 2, consiste à charger ce dernier tribunal de commettre, selon qu'il le juge à propos, soit un de ses membres, soit un notaire de son arrondissement, pour procéder à la vente. Si, en effet, le tribunal du domicile du mineur est plus apte à décider de l'opportunité de la vente, celui de la situation de l'immeuble est plus à même d'apprécier le mode de vente le plus avantageux. — Chauveau sur Carré, sur l'art. 954, nº 1006 *bis*.

46. — Lorsqu'il s'agit de vendre des immeubles appartenant à des mineurs, la vente doit, s'il y a intérêt pour les mineurs, avoir lieu devant un notaire; il n'est pas nécessaire qu'il y soit procédé devant le tribunal. — *Trèves*, 11 fév. 1811, Aaron c. Isaac.

47. — Lorsqu'il s'agit de vendre des immeubles dépendant d'une succession où il y a des mineurs, la vente peut en être faite, non devant le tribunal lui-même, mais devant un des juges, ou devant un notaire à ce commis. — *Rouen*, 3 prair. an XII, Pillon c. Jubert de Bouville.

48. — Les juges doivent prendre en considération le mode de vente indiqué par le conseil de famille. — *Trèves*, 11 fév. 1811, Aaron c. Isaac.

49. — Mais le tribunal n'est point lié par l'avis du conseil de famille ou par les conclusions des parties. Ainsi, lorsqu'elles sont toutes d'accord pour demander le renvoi devant un notaire, il peut néanmoins renvoyer devant un juge. Il se détermine à cet égard d'après les circonstances, l'intérêt des mineurs, le moyen qui lui paraît le plus efficace pour tirer un meilleur parti de la vente. — *Colmar*, 15 avr. 1812, Bernat; 21 déc. 1821, Hofmann c. Sommervogel; *Limoges*, 24 déc. 1823, Lacour c. N...; *Paris*, 24 fév. 1824, Rahion; *Lyon*, 5 janv. 1831, Dutilleu. — Carré et Chauveau, t. 5, p. 901, note; Bioche, nos 27 et 28.

50. — La disposition de la loi qui veut que les ventes judiciaires des biens de mineurs aient lieu, soit devant un notaire commis, soit devant un membre du tribunal, ne confère aux tribunaux ni aux notaires l'attribution spéciale de ces ventes. Les juges doivent, en se prononçant sur le mode de vente, consulter l'intérêt du mineur. Ils doivent aussi, autant que possible, déférer au vœu de la famille. — *Paris*, 25 juin 1825, Moine.

51. — Bien qu'en principe le tribunal puisse renvoyer, suivant sa volonté, la vente des biens d'un mineur devant notaire ou à l'audience des criées, néanmoins, si le conseil de famille exprime le vœu que cette vente ait lieu devant notaire, il doit être déféré à ce vœu, à moins que les intérêts des mineurs ne doivent réellement en souffrir. — *Bordeaux*, 28 juin 1838 (t. 2 1838, p. 596), Chrismann.

52. — Ainsi, jugé qu'en matière de vente de biens de mineurs, les tribunaux ont plein pouvoir pour renvoyer, soit devant un juge, soit devant un notaire, suivant qu'ils le jugent utile dans l'intérêt des mineurs. — *Caen*, 31 déc. 1833, Levavasseur c. Fayon.

53. — Spécialement, le tribunal peut ordonner que la vente se fera devant un des juges, bien que le conseil de famille ait émis l'avis qu'il serait de l'intérêt du mineur que cette vente eût lieu devant un notaire. — *Nîmes*, 29 déc. 1827, Géterment. — *Contrà Bourges*, 25 nov. 1834, Bardonnet.

54. — C'est un notaire et non un juge qui doit être commis pour procéder à une vente d'immeubles appartenant à des mineurs ou à des interdits, lorsque l'intérêt des parties l'exige, et que le conseil de famille reconnaît l'utilité de ce mode de vente. — *Paris*, 31 janv. 1826, N...

55. — ...Et cela, quand même le notaire résiderait hors de l'arrondissement du lieu où la succession s'est ouverte. — *Rouen*, 3 prair. an XII, Pillon c. Jubert de Bouville.

56. — Lorsque les parties s'accordent pour demander le renvoi devant notaire d'une vente d'immeubles dans laquelle sont intéressés des mineurs, et que d'ailleurs ce mode paraît plutôt favorable que contraire à l'intérêt des parties, les tribunaux ne peuvent point commettre un juge. — *Paris*, 19 juill. 1831, Pinteux.

57. — En pareil cas, les juges doivent consulter le vœu et le plus grand avantage des parties intéressées. — *Rouen*, 3 prair. an XII, Pillon c. Jubert de Bouville.

58. — Le tribunal est libre aussi dans le choix du notaire qu'il juge à propos de commettre pour procéder à la licitation d'un bien de mineurs. Il n'est pas tenu de déférer au choix des parties. — Sa décision ne serait susceptible de réformation qu'autant que les intérêts des mineurs en seraient lésés. — *Nancy*, 20 fév. 1846 (t. 2 1846, p. 238), Mercier c. Bouchon.

59. — Mais il ne pourrait, en aucun cas, commettre un juge de paix pour procéder à la vente. L'art. 1035, C. procéd. civ., est inapplicable en cette matière. — Bioche, nº 25.

60. — Avant la loi du 2 juin 1841, les biens ne pouvaient être mis en vente, sans que le tribunal eût nommé un ou trois experts pour en faire l'estimation, laquelle servait de mise à prix. — C. procéd. civ., art. 955 ancien.

61. — ... Et la vente d'un immeuble appartenant à des mineurs était valable, bien que le procès-verbal des experts contînt l'estimation en bloc et la mesure totale de l'immeuble vendu, au lieu de donner la mesure et l'estimation particulière de chacune des pièces dont cette propriété se composait. — *Aix*, 23 janv. 1835, Teissier c. Briquet.

62. — Aujourd'hui, les divers élémens à l'aide desquels la mise à prix peut être fixée sont abandonnés à la prudence, à l'appréciation des juges.

63. — Le jugement qui ordonne la vente, porte l'art. 955 actuel, C. procéd. civ., détermine la mise à prix de chacun des immeubles à vendre et les conditions de la vente. Cette mise à prix est réglée soit d'après l'avis des parens, soit d'après les titres de propriété, soit d'après les baux authentiques ou sous seing-privé ayant date certaine, et, à défaut de baux, d'après le rôle de la contribution foncière. Néanmoins, le tribunal peut, suivant les circonstances, faire procéder à l'estimation totale ou partielle des immeubles. Cette estimation a lieu selon la nature et l'importance des biens, par un ou trois experts que le tribunal commet à cet effet.

64. — Le législateur de 1841 a voulu, ainsi que cela ressort de la disposition que nous venons de rappeler, que le tribunal pût s'éclairer par tous les moyens qui lui étaient offerts, pour éviter au mineur les frais d'une expertise. Il peut donc s'en tenir, pour la fixation de la mise à prix, à un bail ayant date certaine, quoique non enregistré. Mais alors il fera bien de ne pas le relater dans son jugement. — Chauveau sur Carré, quest. 2501 *novies*.

65. — Si le tribunal a jugé nécessaire d'ordonner une expertise, l'expert ou les experts qu'il a nommés doivent prêter serment soit devant le président du tribunal, soit devant un juge de paix commis par lui. Le rapport des experts doit indiquer sommairement les bases de l'estimation, sans entrer dans le détail descriptif des biens à vendre. La minute de ce rapport est déposée au greffe du tribunal, et il n'est pas délivré d'expédition. — C. procéd. civ., art. 956.

66. — Par *les bases de l'estimation* que doit contenir le rapport, il faut entendre les causes des évaluations, par exemple l'heureuse plantation des terres, l'avantage de leur situation ou la difficulté des exploitations, le mauvais entretien de la propriété, enfin tout ce qui augmente ou diminue l'importance de l'immeuble. — Chauveau sur Carré, quest. 2501 *tredecies*; Bioche, nº 47.

67. — En cas de dissentiment entre les experts, le rapport doit exprimer l'avis de chacun, de la manière la plus substantielle. — Chauveau sur Carré, quest. 2501 *duodecies*; Bioche, nº 46.

68. — C'est au greffe du tribunal qui doit ordonner la vente et fixer la mise à prix, et non au greffe de celui où doit se faire la vente, que la minute doit être déposée. — Chauveau sur

Carré, quest. 2501 *quatuordecies*; Bioche, n° 49.

69. — Le rapport doit être déposé par l'expert ou l'un des experts en personne. Ainsi, lorsque les experts ne résident pas au lieu où siége le tribunal qui doit ordonner la vente, ils ne peuvent l'envoyer au greffe de ce tribunal sans déplacement. L'un d'eux doit venir l'y déposer lui-même. — Chauveau sur Carré, quest. 2501 *quindecies*; Bioche, n° 50.

70. — Il est dressé acte par le greffier du dépôt de la minute du rapport. C'est ce qui résulte de l'art. 1er, § 4, ordonn. 10 oct. 1841, qui attribue au greffier un émolument pour la réception de ce rapport. — Chauveau sur Carré, quest. 2501 *sedecies*; Bioche, n° 52.

71. — Et le rapport doit être entériné. — Ordonn. 10 oct. 1841, art. 9, § 3. — Chauveau sur Carré, Quest. 2501 *duodecies*.

72. — L'estimation des experts ne sert plus, comme autrefois, de mise à prix. Le rapport n'est aujourd'hui qu'un élément fourni aux juges pour fixer cette mise à prix. D'où il suit que ce rapport ne lie en aucune manière le tribunal. — Chauveau sur Carré, *loc. cit.*; Bioche, n° 53.

73. — Nous avons supposé jusqu'ici qu'il y avait, de la part du tribunal saisi de la demande en homologation, reconnaissance de l'avantage évident ou de la nécessité de la vente. Mais les tribunaux ne sont pas tenus de s'arrêter, à cet égard, à l'avis du conseil de famille. Protecteurs légaux des mineurs, ils peuvent apprécier par eux-mêmes les faits d'avantage ou de nécessité, et, s'il ne leur paraît pas qu'il y ait avantage ou nécessité, refuser l'homologation qui leur est demandée. — Chauveau sur Carré, *Quest.* 2501 *decies*.

74. — Toutefois, pour s'éclairer sur l'utilité de la vente, ils ne peuvent ordonner une expertise. Cette mesure ne peut avoir lieu qu'après l'homologation et pour servir à fixer la mise à prix. — Chauveau, *loc. cit.*

75. — Comme le jugement qui homologue (V. *suprà*, n° 38), celui qui refuse l'homologation est inscrit en minute à la suite de la requête à laquelle est jointe la délibération du conseil de famille. Et cette délibération et cette requête sont expédiées avec le jugement. — C. proc. civ., art. 885 et suiv.

76. — Le jugement qui accorde ou refuse l'homologation est susceptible d'appel. — Chauveau sur Carré, quest. 2501 *septies*; Bioche, n° 54. — V. APPEL.

§ 2. — *Cahier des charges. — Placards et insertions. — Notification au subrogé tuteur.*

77. — Le véritable contrat qui, en cette matière, lie les parties, est le cahier des charges. Lorsque la vente a lieu devant le tribunal ou devant un juge, le cahier des charges est rédigé par l'avoué, qui le dépose au greffe du tribunal. Si la vente doit avoir lieu devant notaire, il est dressé par le notaire commis et déposé dans son étude. — C. proc. civ., art. 957.

78. — Déjà, avant la loi du 2 juin 1841, il avait été décidé que la postulation réservée aux avoués par l'art 94, L. 27 vent. an VIII, n'embrassait pas les actes préliminaires aux ventes de biens de mineurs, par exemple le cahier des charges, les placards, les affiches, etc., lorsque ces ventes avaient lieu devant un notaire commis, et que, en conséquence, le notaire qui, de l'aveu des parties, et en l'absence de toute contestation de leur part, faisait par lui-même ou par autrui, et sans employer le ministère d'un avoué, les actes préliminaires dont il vient d'être parlé, n'était en contravention avec aucune loi. — *Cass.*, 25 juin 1828, avoués c. notaires de Compiègne.

79. — Mais, nonobstant cet arrêt, la question de savoir à qui, du notaire commis ou de l'avoué poursuivant, appartenait la rédaction du cahier des charges, n'en était pas moins restée fort controversée entre les notaires et les avoués. Cette question a été définitivement tranchée par l'art. 957 précité. La rédaction du cahier des charges est attribuée tantôt à l'avoué, tantôt au notaire, suivant que la vente a lieu à l'audience ou devant notaire.

80. — Lorsque la vente a lieu devant un tribunal autre que celui qui l'a ordonnée, le cahier des charges sera alors dressé, non par l'avoué qui a obtenu le jugement ordonnant la vente, puisqu'il ne peut postuler devant le tribunal qui y procède, mais par l'avoué constitué près de ce tribunal, d'après les renseignemens qui lui auront été transmis par son confrère. — Carré et Chauveau, quest. 2502; Bioche, n° 58.

81. — Le cahier des charges doit contenir : 1° l'énonciation du jugement qui a autorisé la vente; 2° celle des titres qui établissent la propriété; 3° l'indication de la nature ainsi que de la situation des biens à vendre, celle du corps d'héritage, de leur contenance approximative, et de deux des tenans et aboutissans; 4° l'énonciation du prix auquel les enchères seront ouvertes, et les conditions de la vente. — C. proc. civ., art. 957.

VENTES JUDIC., sect. 2e, art. 1er, § 2.

82. — Par l'indication du *corps d'héritage* qu'exige l'article précité 3°, il faut entendre l'indication de chaque pièce de terre, avec sa contenance approximative et ses tenans et aboutissans. — Chauveau sur Carré, sur l'art. 957, n° 1006 *quinquies*.

83. — Le cahier des charges faisant, ainsi que nous l'avons dit (n° 77), la loi des parties, il s'ensuit que la clause de non garantie pour moindre mesure, même au-delà d'un vingtième, insérée dans le cahier des charges, est obligatoire pour l'adjudicataire, qui, dès-lors, n'a aucune action en diminution de prix. — *Paris*, 15 fév. 1843 (t. 2 1843, p. 100), Bourgeois c. Septier.

84. — Nous avons vu précédemment que le jugement qui ordonnait la vente devait en régler les conditions. Si le cahier des charges contenait des conditions autres que celles-ci, les nouvelles conditions feraient sans doute la loi de l'adjudicataire; mais le mineur ou ses représentans pourraient demander la nullité de l'adjudication, si ces nouvelles clauses ou étaient trop favorables à l'adjudicataire, ou avaient nui aux enchères en écartant les amateurs. — Bioche, n° 59.

85. — On ne peut notamment stipuler dans un cahier des charges, dressé pour parvenir à une licitation entre des majeurs et un mineur, que la portion du prix revenant à ce dernier ne lui sera payée qu'après qu'il aura atteint sa vingt-cinquième année. — *Orléans*, 9 févr. 1827, Grenouillet. — Ordinairement, la délibération du conseil de famille détermine l'emploi que le prix doit recevoir, et la stipulation destinée à en régler le paiement est faite d'après cette indication.

86. — Jugé cependant que le tribunal peut, sur la demande du subrogé tuteur, ordonner que la portion du prix afférente au mineur restera, jusqu'à son mariage ou à sa majorité, entre les mains du vendeur. — *Cass.*, 20 juin 1843 (t. 2 1843, p. 177), Royer de Saint-Julien c. Puisant.

87. — Et alors, pour s'opposer à l'insertion dans le cahier des charges d'une clause tendant à ce but, le père, tuteur et usufruitier légal, soutiendrait en vain qu'elle serait de nature à porter atteinte à ses droits comme tuteur ou comme usufruitier. — Même arrêt.

88. — Nous croyons aussi que les conditions d'usage, pour l'entrée en jouissance, la purge, etc., n'étant point de nature à exercer une grande influence sur le prix, peuvent être insérées dans le cahier des charges, indépendamment des conditions principales déterminées par le jugement. — Bioche, n° 38; Rolland de Villargues, v° *Vente judiciaire*, n° 99.

89. — Le cahier des charges ne doit plus contenir, comme avant la loi du 2 juin 1841 (art. 959 ancien, C. proc. civ.), l'indication du jour de l'adjudication. Ce jour ne doit être annoncé que par les placards. — Chauveau sur Carré, *loc. cit.*

90. — Quoique aucune disposition de loi ne prescrive la communication du cahier des charges au ministère public, cette communication peut cependant lui être faite. — Chauveau sur Carré, *loc. cit.*

91. — Mais il est difficile d'admettre que le ministère public ait qualité, ainsi que l'a décidé la cour d'Orléans, par l'arrêt précité du 9 fév. 1827, pour demander d'office la rectification du cahier des charges d'une licitation faite en justice et intéressant un mineur.

92. — Lorsque le cahier des charges est dressé par un notaire, il n'est pas nécessaire qu'il soit écrit en forme de *grosse exécutoire*. L'art. 14 de l'ordonnance du 10 oct. 1841 règle, il est vrai, les honoraires du notaire, pour la rédaction du cahier des charges, à raison de tant par rôle de *grosse*. Mais cet article doit être entendu en ce sens que le notaire peut l'écrire en caractère de grosse, c'est-à-dire avec vingt-cinq lignes à la page et douze syllabes à la ligne; et s'il l'écrit dans la forme ordinaire des minutes, ses honoraires seront calculés à raison de l'évaluation des rôles de grosse. — Rolland de Villargues, v° *Vente judiciaire*, n° 89; circul. du minist. de la just. 20 août 1842, n° 8.

93. — Le notaire fait lui-même le dépôt dans son étude du cahier des charges de la vente pour laquelle il a été commis. Il peut, à cet effet, rédiger un acte de dépôt distinct auquel le cahier des charges demeure annexé. C'est même l'usage qui a été adopté, particulièrement à Paris. Mais il peut aussi se borner à énoncer dans le cahier des charges que ce cahier demeure placé au rang de ses minutes. — Rolland de Villargues, v° *Vente judiciaire*, n° 90.

94. — Le cahier des charges d'une vente de biens de mineurs, dressé par délégation de justice, doit être inscrit au répertoire et enregistré. Il n'y a pas lieu de faire de distinction entre cet acte et tous les autres actes qui sont reçus par un notaire. — Rolland de Villargues, *eod. verb.*, n° 91.

95. — Aucune disposition de la loi ne fixe le délai dans lequel doit être fait, soit au greffe du tribunal, soit en l'étude du notaire commis, le dépôt du cahier des charges exigé par l'art. 957. Mais ce dépôt doit précéder les annonces et insertions. — Bioche, n° 61.

96. — Ce n'est, en effet, qu'après le dépôt du cahier des charges que les placards doivent être rédigés et imprimés. — C. procéd. civ., art 958.

97. — Les placards doivent contenir : 1° l'énonciation du jugement qui a autorisé la vente; 2° les noms, profession et domicile du mineur, de son tuteur et de son subrogé tuteur; 3° la désignation des biens, telle qu'elle a été insérée dans le cahier des charges; 4° le prix auquel seront ouvertes les enchères sur chacun des biens à vendre; 5° les jour, lieu et heure de l'adjudication, ainsi que l'indication soit du notaire et de sa demeure, soit du tribunal devant lequel l'adjudication aura lieu, et, dans tous les cas, de l'avoué du vendeur. — C. procéd. civ., art. 958.

98. — Un placard servant d'original reste au dossier et est soumis à la formalité de l'enregistrement. — Bioche, n° 72.

99. — La loi ne s'est point expliquée relativement à la rédaction des placards, comme elle l'a fait au sujet de la rédaction du cahier des charges (V. *suprà* n°s 77 et suiv.). Lorsque la vente a lieu devant le tribunal, aucun doute ne saurait s'élever. C'est, dans ce cas, l'avoué poursuivant qui est chargé de la rédaction des placards. Mais par qui, de l'avoué poursuivant ou du notaire commis, doivent être rédigés les placards, lorsque la vente est renvoyée devant notaire?

100. — La commission de la cour de Cassation avait, dans son projet (concernant la loi du 2 juin 1841), proposé un paragraphe d'après lequel les placards devaient être, dans tous les cas, rédigés par l'avoué. Mais le vœu de cette commission n'a point été pris en considération. Malgré l'induction que l'on pourrait tirer du silence de la loi sur ce point en faveur de la doctrine contraire au projet de la commission de la cour de Cassation, nous pensons néanmoins que le soin de rédiger les placards incombe en principe à l'avoué, à l'exclusion du notaire. Telle est aussi l'opinion de MM. Chauveau sur Carré, quest. 2502 *bis*; Paignon, *Comment. sur les ventes judiciaires des biens immeubles*, t. 2, n° 242; et Bioche, n° 68. — V. aussi Rolland de Villargues, v° *Vente judiciaire*, n° 132.

101. — C'est également ce qui résulte d'une circulaire du ministre de la justice du 20 août 1842. « Quelques notaires, est-il dit en effet dans cette circulaire, ont prétendu avoir le droit de faire les affiches des ventes renvoyées devant eux et d'en surveiller l'insertion dans les feuilles des annonces. Cette prétention est évidemment repoussée par le dernier paragraphe de l'art. 14 de l'ordonnance du 10 oct. 1841, qui dit positivement que les avoués restent chargés de l'accomplissement de la procédure autres que la rédaction du cahier des charges ou la réception des enchères et de l'adjudication. La nature des institutions respectives des avoués et des notaires aurait dû suffire d'ailleurs pour écarter toute équivoque. Les notaires devront donc demeurer complètement étrangers aux affiches des ventes et à leur insertion dans les feuilles d'annonces; ce sont là de véritables actes de procédure qui continueront à rester dans les attributions des avoués. »

102. — Ce système a été d'ailleurs récemment consacré par la cour de Cassation elle-même. Ainsi, jugé que lorsqu'une vente d'immeubles qui ne pouvait être poursuivie qu'en justice a été renvoyée devant un notaire commis par jugement, les avoués demeurent chargés des actes de procédure autres que la réduction du cahier des charges, la réception des enchères et l'adjudication, et qu'ils ont droit aux émolumens fixés pour ces actes; qu'en conséquence, dans ce cas, l'insertion des placards appartient à l'avoué poursuivant la vente, de même que si l'adjudication avait lieu à l'audience. — *Cass.*, 14 janv. 1845 (t. 1er 1845, p. 80), Me Massson; 11 fév. 1850 (t. 1er 1850), Me de Beaumont c. Prunier.

103. — Les notaires ne peuvent donc prétendre avoir le droit de faire les affiches et insertions relatives aux ventes de biens de mineurs renvoyées devant eux, concurremment avec les aveués. — *Cass.*, 18 nov. 1844 (t. 2 1844, p. 565) Nispol c. Zapffet.

104. — Aussi est-ce à tort qu'il a été décidé, par arrêt de la cour de *Colmar* du 9 juill. 1842 (t. 2 1842, p. 446), lequel, du reste, a été cassé par l'arrêt de *Cass.* précité, du 18 nov. 1844, que

lorsqu'une vente de biens de mineurs a été renvoyée par le tribunal devant un notaire, la rédaction des affiches et l'insertion dans les journaux n'appartiennent pas exclusivement aux avoués, mais qu'elles peuvent être faites également par la partie poursuivante ou par son mandataire, et que, dès-lors, cette rédaction et cette insertion ne constituent pas, de la part du notaire chargé de la vente qui les a faites, un acte de postulation d'avoué dans le sens de l'art. 94 de la loi du 27 vent. an VIII. — V. aussi l'arrêt de *Cass.* du 25 juin 1828, cité *suprà* nº 78.

105. — Lorsque la vente est renvoyée devant un tribunal autre que celui qui l'a ordonnée, l'avoué qui occupe devant le tribunal chargé de procéder à la vente a seul le droit de faire rédiger les placards, d'en faire les appositions, et de faire également les insertions dans les journaux (Bioche, nº 69), comme il a seul le droit, ainsi que nous l'avons dit (nº 77), de rédiger le cahier des charges.

106. — Les placards prescrits par l'art. 957, C. procéd. civ., ne peuvent être imprimés. Ils doivent être faits sur du papier timbré ordinaire, à peine de 100 francs d'amende, conformément à la loi du 13 brum. an VII. La cour de Cassation l'a décidé ainsi, par arrêt du 2 avr 1818 (Jardin), pour des placards annonçant la vente judiciaire d'immeubles provenant d'une succession bénéficiaire. Cette décision est également applicable aux placards concernant la vente de biens de mineurs. — Chauveau sur Carré, quest. 2502 *ter*.

107. — Les placards doivent être affichés quinze jours au moins et trente jours au plus avant l'adjudication, dans les mêmes lieux que les placards en matière de saisie immobilière, conformément à l'art. 699, C. procéd. civ. (V. SAISIE IMMOBILIÈRE, nos 632 et suiv.). Lorsque la vente est renvoyée devant un notaire, l'apposition doit, de plus, être faite à la porte du notaire commis. — C. procéd. civ., art. 959.

108. — L'art. 699, C. procéd. civ., exige l'apposition des placards à la porte du domicile du *saisi*, sur la principale place de la commune du domicile du *saisi*, etc. Il est évident que le renvoi fait à cet article par l'art. 959 doit être entendu en ce sens qu'au *domicile du saisi* doit être substitué le domicile du mineur ou des mineurs, puisque ceux-ci sont propriétaires de l'immeuble à vendre. — Paignon, t. 2, nº 241 ; Chauveau sur Carré, *Observat. sur les art.* 959, 960 et 961, t. 5, p. 914 ; Rolland de Villargues, vº *Vente judiciaire*, nº 136. — *Contrà* Bioche, nº 77.

109. — Les art. 459, C. civ., et 961 (ancien), C. procéd. civ., prescrivaient trois appositions et insertions successives ; l'apposition des placards, notamment, devait avoir lieu *par trois dimanches consécutifs*. La loi du 2 juin 1841 a modifié en ce point les articles précités. Aujourd'hui, une seule apposition suffit (Chauveau sur Carré, *loc. cit.*). D'un autre côté, cette apposition peut être faite un dimanche, mais il n'est pas indispensable qu'elle ait lieu un dimanche. Elle peut être faite à un tout autre jour. — Bioche, nos 75 et 76 ; Rolland de Villargues, nº 141.

110. — Sous le Code civil, et avant le Code de procédure, il n'était pas nécessaire que l'apposition des trois affiches prescrites au cas de vente des biens de mineurs fût constatée par procès-verbal d'huissier, que les certificats d'apposition des maires fussent inscrits dans l'acte de vente ou du moins annexés ; il suffisait qu'il fût énoncé dans l'acte de vente qu'il résultait des certificats des maires que les affiches avaient eu lieu. — *Bourges*, 7 fév. 1829, Achet c. Bedu. — *Contrà Bourges*, 27 fév. 1828, Charnier c. Simon.

111. — Aujourd'hui, la formalité de l'apposition des placards doit être constatée conformément à l'art. 699, C. procéd. civ. (C. procéd. civ., art. 953), c'est-à-dire par un procès-verbal d'huissier.

112. — D'où il suit que le notaire commis ne peut faire lui-même l'apposition des placards indicatifs des ventes dont il est chargé. Il doit nécessairement employer le ministère d'un huissier. — Chauveau sur Carré, quest. 2502 *ter*.

113. — Copie des placards doit être insérée, quinze jours au moins, trente jours au plus avant l'adjudication, au journal indiqué par l'art. 696, et dans celui qui aura été désigné pour l'arrondissement où se poursuit la vente, si ce n'est pas l'arrondissement de la situation des biens. — Il en est justifié conformément à l'art. 698. — C. proc. civ., art. 960. — V. SAISIE IMMOBILIÈRE, nos 616 et suiv.

114. — S'il existait un département où il n'y eût pas de journal, le notaire devrait annexer au procès-verbal d'adjudication un certificat constatant ce défaut de journal, lequel certificat lui serait délivré par le procureur de la République. — Paignon, t. 2, nº 244 ; Chauveau sur Carré, quest. 2502 *sexies*.

115. — Selon la nature et l'importance des biens, il peut être donné à la vente une plus grande publicité, conformément aux art. 697 et 700. — C. proc. civ., art. 961.

116. — Le droit de demander l'application, selon les cas, de l'art. 961 précité ne peut appartenir qu'au tuteur ou au subrogé tuteur. Le subrogé tuteur n'agit pas, en cette circonstance, en l'absence seulement du tuteur ; il peut, même, le tuteur étant présent, demander le supplément de publicité. Le tuteur ou le subrogé-tuteur se pourvoit à cet effet devant l'autorité et selon les formes indiquées par l'art. 697, C. proc. civ. — Chauveau sur Carré, quest. 2052 *quinquies* ; Bioche, nº 18.

117. — Aux termes de l'art. 459, C. civ., le subrogé-tuteur doit être appelé à la vente. Cette disposition est reproduite par l'art. 962, C. proc. civ., qui, de plus, règle la manière d'appeler le subrogé tuteur. « A cet effet, porte ce dernier article, le jour, le lieu et l'heure de l'adjudication lui seront notifiés un mois d'avance, avec avertissement qu'il y sera procédé tant en son absence qu'en sa présence. »

118. — L'art. 962, C. proc. civ., n'exigeant que l'*appel* du subrogé tuteur, il en résulte qu'il n'est pas nécessaire de constater sa présence à la vente. Il suffit de représenter l'original de l'exploit qui lui a été notifié pour l'appeler. — Chauveau sur Carré, quest. 2502 *septies* ; Bioche, nº 63. — *Contrà* Paignon, t. 2, nº 246.

119. — En cas d'empêchement du subrogé-tuteur d'assister à la vente, il ne pourrait obtenir la remise de l'adjudication. Le droit de demander cette remise n'appartient qu'au poursuivant, d'après l'art. 737, C. proc. civ., que l'art. 964 du même Code déclare applicable en matière de vente de biens de mineurs. — Chauveau, *loc. cit.* ; Bioche, nº 67.

120. — Le subrogé-tuteur doit, ce nous semble, être appelé à la vente, non seulement lorsqu'elle est provoquée par le tuteur dans l'intérêt du mineur, mais aussi lorsqu'elle est provoquée contre le mineur par un majeur, dans le cas d'indivision par exemple. Les art. 459, C. civ., et 962, C. proc. civ., sont généraux, absolus ; ils ne paraissent pas comporter de distinction.

121. — Ainsi, jugé que, lorsqu'une demande en licitation de biens appartenant par indivis à des majeurs et à une mineure sous la tutelle légale de son père est poursuivie contre le tuteur, qui réunit en même temps la qualité d'usufruitier légal, le subrogé tuteur peut figurer dans l'instance pour surveiller les droits de la mineure et y prendre des conclusions. — *Cass.*, 29 juin 1843 (t. 2 1843, p. 177), Royer de Saint-Julien c. Puissant.

122. — Il a notamment qualité pour demander l'insertion au cahier des charges d'une clause portant que la portion du prix afférente à la mineure restera en crédit entre les mains des acquéreurs jusqu'à la majorité, l'émancipation ou le mariage de ladite mineure. — Même arrêt.

123. — Plus généralement, le subrogé-tuteur a le droit de s'enquérir si les conditions déterminées par le tribunal ont été insérées dans le cahier des charges, et de faire modifier celles qui auraient été ajoutées, s'il les croit préjudiciables au mineur. — Rolland de Villargues, vº *Vente judiciaire*, nº 123.

ART. 2. — *Adjudication.*

124. — L'adjudication a lieu au jour indiqué par les annonces, soit devant un juge à l'audience des criées, soit devant le notaire commis (C. proc. civ., art. 953), et les enchères sont ouvertes sur le cahier des charges. — C. proc. civ., art. 957.

125. — Il semblait, d'après l'art. 959, C. procéd. civ., qu'il pourrait être procédé à l'adjudication quinze jours après l'apposition des placards et l'insertion dans les journaux. Mais il doit s'écouler, entre les annonces et l'adjudication, un plus long intervalle, puisque, comme nous l'avons vu, le subrogé tuteur doit être prévenu du jour de l'adjudication au moins un mois à l'avance. Il doit donc toujours y avoir plus d'un mois entre les annonces et l'adjudication. — Bioche, nº 82.

126. — La vente qui aurait lieu un autre jour que celui annoncé d'abord, ne serait pas nulle, si ce changement avait été lui-même annoncé par des affiches et insertions régulièrement faites. — *Cass.*, 22 août 1831, Sablet c. Vavasseur-Desperriers. — Rolland de Villargues, vº *Vente judiciaire*, nº 147.

127. — Si, au jour indiqué pour l'adjudication, les enchères ne s'élèvent pas à la mise à prix (c'est-à-dire s'il n'y a pas d'enchères, car, évidemment, il n'y a pas d'enchères lorsque la mise à prix n'est pas couverte), le tribunal peut ordonner sur simple requête, en la chambre du conseil, que les biens seront adjugés au-dessous de l'estimation. — C. procéd. civ., art. 963.

VENTES JUDICIAIRES, sect. 2e, art. 2.

128. — Le tribunal prononce sur l'abaissement de la mise à prix, sans qu'il soit nécessaire d'un nouvel avis de parens. — Chauveau sur Carré, sur l'art. 963, nº 1006 *novies*. — Avant la loi du 2 juin 1841, l'art. 964 (ancien), C. procéd. civ., exigeait, au contraire, pour l'abaissement de la mise à prix, un nouvel avis de parens.

129. — Cependant, si, dans le cas prévu par l'art. 963, la garantie du tribunal a pu être suffisante, si sa décision n'a point été subordonnée à un nouvel avis de parens, la loi ne s'oppose point non plus à ce que le tribunal consulte la famille, s'il le juge utile. Tandis que l'art. 964 (ancien) prescrivait impérieusement l'avis préalable du conseil de famille, le nouvel art. 963 laisse seulement au tribunal la faculté d'y recourir ou de ne pas y recourir. — Chauveau sur Carré, quest. 2503 *novies* ; Bioche, nº 85.

130. — Sous l'empire du Code de procédure (art. 964), l'adjudication sur licitation d'un bien indivis entre majeurs et mineurs pouvait être faite au-dessous de l'estimation sans autorisation préalable du tribunal ; cette autorisation n'était exigée que lorsque l'immeuble appartenait exclusivement à des mineurs. — *Cass.*, 6 juin 1821, Bertin c. Génin ; *Paris*, 29 nov. 1834, Despeaux c. Hamot.

131. — Jugé, au contraire, qu'une vente de biens indivis entre majeurs et mineurs était nulle, si elle avait été faite au-dessous de l'estimation, sans une nouvelle autorisation de justice. — *Paris*, 22 avr. 1839 (t. 1er 1839, p. 475), Rolland.

132. — Il en était ainsi, même d'une revente sur folle-enchère. — *Cass.*, 1er vent. an XII, Talveau c. Champion.

133. — Il nous semble, comme à M. Chauveau (quest. 2502 *decies*), qu'il y aurait, également aujourd'hui, nullité d'une adjudication de biens de mineurs faite au-dessous de la mise à prix sans une nouvelle autorisation de justice. Cette nouvelle autorisation est une formalité substantielle de l'adjudication.

134. — Toutefois, M. Paignon (t. 2, nº 148) est d'un avis contraire. Selon lui, si l'avoué a approuvé l'adjudication, c'est seulement le cas de désaveu ; et, s'il a gardé le silence, il y a lieu alors à l'appel du jugement d'adjudication.

135. — Le tribunal, en ordonnant, par application de l'art. 963, que les biens seront adjugés au-dessous de l'estimation, n'est pas obligé de déterminer une limite. Il le peut, il le fera souvent ; mais rien ne l'empêcherait d'autoriser la vente à tout prix, s'il le croyait utile pour éviter au mineur de nouvelles lenteurs et d'autres frais de procédure, d'insertions et d'affiches. — Rapport de M. Persil à la chambre des pairs sur la loi du 2 juin 1841. — Paignon, t. 2, nº 247 ; Bioche, nº 85 ; Chauveau sur Carré, quest. 2502 *undecies*.

136. — Il avait été décidé aussi, sous l'empire du Code de procéd., que la disposition de l'art. 964 (ancien), qui autorisait les tribunaux, en matière de vente volontaire de biens de mineurs, à renvoyer l'adjudication lorsque les enchères ne s'élevaient pas au prix de l'estimation, n'était pas restrictive ; qu'ils pouvaient également prononcer le renvoi lorsqu'ils avaient la conviction que les biens, quoique vendus au-dessus de l'estimation, l'étaient néanmoins au-dessous de leur valeur. — *Lyon*, 21 juill. 1838 (t. 2 1838, p. 631), Bonnand.

137. — En pourrait-il être de même aujourd'hui ? Nous ne le pensons pas. Nous avons dit, en effet, précédemment, que le cahier des charges fixant la mise à prix constituait un contrat qui liait les mineurs et les amateurs. Or, lorsque ceux-ci ont, en couvrant la mise à prix, accepté le contrat, il ne peut plus dépendre du tribunal de l'annihiler en lui refusant sa sanction. D'un autre côté, la vente n'a pas toujours lieu devant le tribunal ; elle peut être faite devant un juge ou devant un notaire commis ; et aucune loi ne permet au juge ou au notaire de s'abstenir de prononcer l'adjudication, lorsqu'elle est faite aux conditions déterminées par le cahier des charges. — Bioche, nº 84 ; Chauveau sur Carré, quest. 2502 *duodecies*.

138. — Lorsque, n'y ayant pas eu d'enchères, l'adjudication n'a pu être ordonnée, le tribunal, en en ordonnant la remise, fixe le délai auquel elle devra avoir lieu. Ce délai ne peut être moindre de quinzaine. — C. procéd. civ., art. 963.

139. — Cette nouvelle adjudication est encore indiquée par des placards et des insertions dans les journaux, comme il est dit ci-dessus, huit jours au moins avant l'adjudication. — Même article.

140. — Quoiqu'il ne soit pas nécessaire de donner un nouvel avertissement au subrogé tuteur,

il est cependant convenable de le faire. — Bloche, n° 87.

141. — L'art. 964, § 1er, C. procéd. civ., déclare applicables et communs aux ventes de biens de mineurs les art. 701, 705, 706, 707, 711, 712, 713, 733, 734, 735, 736, 737, 738, 739, 740, 741 et 742. Mais il est à remarquer que c'est par erreur qu'il a été renvoyé à l'art. 742, qui n'est ici d'aucune application possible.

142. — Lorsque la vente a lieu à l'audience ou devant un juge, les enchères sont faites par le ministère des avoués (C. procéd. civ., art. 705 et 964, § 1er). Si les enchères sont reçues par un notaire, elles peuvent être faites par toutes personnes sans ministère d'avoué. — Art. 964, § 2.

143. — De ce que la loi déclare inutile le ministère d'avoué pour enchérir devant notaire, il ne s'ensuit pas pour cela que les avoués ne puissent exercer leur ministère devant le notaire commis. L'ordonn. du 10 oct. 1841 reconnaît, en effet, comme licite, le ministère des avoués, puisqu'elle porte (art. 14, § 3) que « les avoués restent chargés de l'accomplissement des autres actes de la procédure. » C'est en vertu de cette dernière disposition que déjà nous avons dit que les avoués étaient seuls chargés des affiches et insertions. Ils peuvent également, en vertu de la même disposition, assister à l'adjudication devant notaire et faire les enchères. — *Cass.*, 14 janv. 1845 (t. 1er 1845, p. 80), Musson ; 11 fév. 1850 (t. 1er 1850), de Beaumont c. Prunier. — Chauveau sur Carré, n° 1006, *devies*, et quest. 2503 *bis*, *in fine*.

144. — La présence de l'avoué à la vente faite devant notaire par suite de renvoi n'étant point interdite, elle lui donne droit à l'émolument alloué par l'art. 11, ordonn. 10 oct. 1841, pour vacation à l'adjudication. — Mêmes arrêts.

145. — Mais ce droit n'appartient qu'à l'avoué poursuivant. La rédaction de l'art. 11 de l'ordonn. du 10 oct. 1841 ne laisse pas de doute à cet égard, et, d'ailleurs, les actes de procédure étant indivisibles, le poursuivant a seul caractère pour les faire. — Circul. du minist. just., 10 oct. 1841, n° 5.

146. — Toutefois, l'avoué poursuivant ne peut réclamer qu'un seul droit fixe de vacation, quel que soit le nombre des lots. En effet, l'augmentation du droit est accordée en raison des soins qu'exige le lotissement ; or, l'avoué, par suite du renvoi devant notaire, demeurant étranger à ce travail, il n'y a aucun motif pour que ses émoluments s'accroissent dans la proportion du nombre des lots. — Même circul.

147. — D'après encore la même circulaire, aucun droit de transport ne serait dû à l'avoué poursuivant qui se rendrait chez le notaire devant lequel aurait lieu l'adjudication, l'avoué étant, dans ce cas, indemnisé par la vacation qui lui est allouée et aussi par la portion qui lui est attribuée dans la remise proportionnelle, s'il y a lieu. — Décidé, au contraire, que l'allocation des frais de transport aux avoués poursuivant la vente est la conséquence de leur présence à l'adjudication autorisée par la loi, lorsqu'elle a lieu dans l'arrondissement. — Arrêt de *Cass.* précité du 11 fév. 1850.

148. — A plus forte raison doit-il être alloué à l'avoué poursuivant des frais de voyage, lorsque la vente a été renvoyée devant un notaire résidant hors du chef-lieu de l'arrondissement du tribunal. — Bloche, n° 92.

149. — En disposant que les enchères pourraient être faites par *toutes personnes* sans ministère d'avoué, l'art. 964, § 2, n'a pas entendu déroger à l'art. 711, C. procéd. civ., que le même art. 964, § 1er, déclare, d'ailleurs, applicable aux ventes de biens de mineurs, et d'après lequel les magistrats et officiers ministériels du tribunal ne peuvent se rendre adjudicataires. L'art. 964, § 2, a voulu dire seulement que, sauf les incapacités, il était permis à tout *simple particulier* d'enchérir devant notaire, sans le ministère d'avoué. — Carré et Chauveau, quest. 2503.

150. — Le notaire ne doit admettre également aux enchères que des individus qui lui sont personnellement connus ou dont l'identité lui est attestée conformément à la loi du 25 vent. an XI. Il ne doit pas y admettre les personnes notoirement insolvables, sous peine d'être responsable des frais que pourrait occasionner la revente. — V. SAISIE IMMOBILIÈRE.

151. — Dans le cas de vente devant notaire, s'il y a lieu à folle-enchère, la poursuite est portée devant le tribunal. Le certificat constatant que l'adjudicataire n'a pas justifié de l'acquit des conditions est délivré par le notaire; et le procès-verbal d'adjudication est déposé au greffe, pour servir d'enchère. — C. procéd. civ., art. 964, § 3.

152. — Le tribunal au greffe duquel doit être déposé le procès-verbal d'adjudication est celui qui a ordonné la vente. — Bloche, n° 104.

153. — La loi n'a point prescrit le dépôt des pièces constatant l'accomplissement des formalités, mais il est prudent de les joindre au procès-verbal. — Chauveau sur Carré, quest. 2503 *ter*.

154. — Aux termes de l'art. 965, § 1er, C. procéd. civ., dans les huit jours qui suivent l'adjudication, toute personne peut faire une surenchère du sixième, en se conformant aux formalités et délais réglés par les art. 708, 709 et 710, même Code.

155. — Nous avons vu que c'était au greffe du tribunal qui avait ordonné la vente que devait être déposé le procès-verbal d'adjudication en cas de folle-enchère. C'est qu'en effet la poursuite de folle enchère doit toujours être portée devant ce tribunal. C'est également ce tribunal, et non le tribunal commis, qui est compétent pour recevoir la surenchère. — Chauveau sur Carré, quest. 2503 *quinquies*.

156. — La surenchère doit être faite au greffe du tribunal qui a ordonné la vente, même lorsque la vente a eu lieu devant notaire, conformément à l'art. 709, C. procéd. civ., auquel renvoie l'art. 965, § 1er. — Carré et Chauveau, quest. 2503 *quater*.

157. — Mais, quant à la revente, ce tribunal peut commettre de nouveau, pour y procéder, le notaire qui avait été primitivement commis pour la vente. — Chauveau sur Carré, *loc. cit.*

158. — Lorsqu'une seconde adjudication a eu lieu après la surenchère ci-dessus, aucune autre surenchère des mêmes biens ne peut être reçue. — C. procéd. civ., art. 965, § 2.

159. — Ainsi, lorsque la surenchère du sixième a eu lieu, celle du dixième est interdite. — Mais si la surenchère du sixième n'a pas été suivie d'adjudication, celle du dixième peut alors être faite par un créancier inscrit, dans les quarante jours des notifications. — Bloche, n° 101.

160. — L'acquéreur des biens immeubles des mineurs doit donc, soit qu'il y ait eu surenchère du sixième, soit que cette surenchère n'ait point été faite, faire aux créanciers les notifications prescrites par l'art. 2185, C. civ. — Chauveau sur Carré, quest. 2503 *sexies*.

161. — Celui qui s'est rendu adjudicataire d'un immeuble appartenant à un mineur, dans le cas où la vente a été renvoyée devant un notaire comme dans celui où elle a eu lieu à l'audience, peut faire une déclaration de command. La loi du 2 juin 1841 ne porte à cet égard aucune exception. — V., en ce sens, Chauveau sur Carré, quest. 2503 *bis*.

162. — Si l'adjudication a eu lieu devant notaire, et que l'enchère ait été faite par un mandataire autre qu'un avoué, le délai pour faire la déclaration est de vingt-quatre heures. Si c'est un avoué qui s'est rendu adjudicataire, il lui est accordé un délai de trois jours pour déclarer command. — L. 22 frim. an VIII, art. 68, n° 24; C. proc. civ., art. 964 et 707. — Chauveau sur Carré, *loc. cit.*

163. — Il a été jugé, sous l'empire du Code de procédure, que la vente d'un immeuble appartenant à un mineur, faite sans l'accomplissement des formalités prescrites, était nulle de plein droit, et non pas seulement sujette à rescision pour cause de lésion. — *Amiens*, 29 juill. 1824, Douceur c. Pointel; *Riom*, 31 mai 1830, Fournerie c. Joude-Homme; *Cass.*, 16 janv. 1837 (t. 1er 1837, p. 108), Brunet c. Phalouzat; *Paris*, 18 mars 1839 (t. 1er 1839, p. 387), Merlin c. Chapuy et Laval. — *Contrà Paris*, 6 fév. 1827, Imbert c. Paty.

164. — ... Spécialement, qu'il y avait nullité de la vente, lorsqu'elle n'avait point été précédée de l'insertion d'une annonce dans un journal, encore bien que toutes les autres formalités eussent été observées. — Arrêt de *Riom* précité du 31 mai 1830.

165. — La loi du 2 juin 1841 n'a attaché la peine de nullité à l'inobservation d'aucune des formalités prescrites pour les ventes de biens de mineurs. Faut-il en conclure que le législateur ait voulu déroger à la jurisprudence antérieure? Non. Mais il résulte de l'exposé des motifs que l'inobservation des formalités prescrites ne doit pas, d'une manière absolue, entraîner la nullité de la vente. C'est aux tribunaux qu'il appartient d'apprécier l'ensemble de la poursuite; et ils ne devront prononcer la nullité de la vente que lorsqu'ils reconnaîtront des irrégularités graves, par suite desquelles les intérêts des mineurs auraient été compromis. — Paignon, t. 2, n° 230; Chauveau sur Carré, quest. 2501 *bis*.

166. — Mais ni les tribunaux ni les notaires commis par eux ne peuvent, sous le prétexte du plus grand intérêt des mineurs, de la modicité des biens à vendre et de l'élévation des frais, s'écarter des formes prescrites par la loi. — La cour de Cassation l'avait, du reste, déjà décidé ainsi, avant la loi du 2 juin 1841, par arrêt du 26 août 1807 (intérêt de la loi), Harriet.

167. — L'absence du subrogé tuteur à la vente serait une des formalités substantielles qui pourraient donner lieu à annuler l'adjudication des biens du mineur. — *Paris*, 25 mars 1831, Saillard c. Dubost et Manéchalle. — Carré et Chauveau, quest. 2501 *bis*.

168. — Toutefois, si une vente faite entre majeurs et mineurs avait eu lieu en l'absence du subrogé tuteur, la nullité résultant de cette circonstance ne pourrait être invoquée par les colicitans majeurs. Les majeurs ne souffrent, en effet, aucun préjudice du défaut de présence du subrogé tuteur. — Carré et Chauveau, quest. 2501 *ter*.

169. — L'adjudicataire de l'immeuble d'un mineur ne peut non plus se prévaloir de l'inobservation des formalités tracées par la loi, et notammen du défaut de présence du subrogé tuteur, pour suspendre le paiement du prix. — *Paris*, 25 mars 1831, Saillard c. Dubost et Manechalle. — Chauveau sur Carré, quest. 2501 *quater*. — *Contrà Agen*, 10 janv. 1810, Boyer et Thières c. C... — Paignon, t. 2, n° 254.

170. — Le mineur a seul le droit de demander la nullité de l'adjudication faite sans l'observation des formalités prescrites, ces formalités n'ayant été imposées que dans son intérêt. — Arrêt de *Paris* précité du 25 mars 1831.

171. — Le tuteur ne pourrait, sans l'autorisation du conseil de famille, demander la nullité de l'adjudication des biens du mineur comme faite, par exemple, hors la présence du subrogé tuteur. — Même arrêt.

172. — Est nulle la vente qu'une femme mineure a faite d'un de ses immeubles avec l'autorisation de son mari, mais sans l'accomplissement des formalités prescrites pour la vente des biens des mineurs. — *Rennes*, 17 nov. 1836 (t. 1er 1837, p. 391), Leborgne c. Boscher.

173. — Nous avons dit précédemment qu'il était facultatif aux tribunaux de prononcer la nullité de la vente de biens de mineurs faite sans telle ou telle formalité, suivant les circonstances. Il résulte de là que le mineur devenu majeur ne peut revendre le même immeuble sans que la première vente ait été résolue. — V., cependant, *Cass.*, 16 janv. 1837 (t. 1er 1837, p. 108), Brunet c. Phalouzat.

174. — Lorsque l'action en nullité d'une vente faite solidairement par des mineurs est prescrite à l'égard de l'un d'eux par le laps de dix années à partir de sa majorité, l'acquéreur actionné en nullité par les vendeurs, à l'égard desquels il n'y a pas prescription, a le droit de recourir en garantie, à cause de la solidarité, contre le vendeur majeur qui a encouru la prescription. — *Amiens*, 29 juill. 1824, Douceur c. Pointel.

175. — Si le prix d'une vente faite sans formalité a profité aux mineurs, par exemple si elle les a soustraits aux poursuites d'un créancier, ils doivent, tout en obtenant la nullité de la vente, restituer le prix. — Même arrêt. — V. aussi *Cass.*, 5 déc. 1826, rendu sur le pourvoi formé contre l'arrêt d'*Amiens*.

176. — Enfin, la vente judiciairement faite des biens des mineurs ne purge pas, comme l'expropriation forcée, les priviléges et hypothèques dont ces immeubles peuvent être grevés. — *Poitiers*, 1er juill. 1842 (t. 1er 1843, p. 103), Gaultier c. Brinard. — V., au surplus, PURGE DES PRIVILÉGES ET HYPOTHÈQUES, nos 21 et suiv.

VENTE DE MARCHANDISES NEUVES.

Table alphabétique.

Marchand sédentaire, 79.
Marchandises destinées à être vendues, 100 s.
Marchandises de luxe, 59.
Marchandises mises en vente, 100 s.
Marchandises neuves, 31 s.
Menue mercerie, 60 s.
Meubles restaurés, 36.
Mise aux enchères, 99.
Mobilier du failli, 69 s.
Notaire, 72, 78.
Nullité, 112.
Officier public, 63 s., 96 s., 110.
Opposition, 87.
Ouvriers, 56.
Paiement, 49 s.
Président du tribunal, 54 et suiv.
Saisie exécution, 47.
Société (dissolution de), 48.
Solidarité, 108.
Statues, 36.
Succession, 24. — bénéficiaire, 55, 88.
Tableaux, 36.
Tentative, 101.
Tierce-opposition, 89 s.
Tiers, 84 s.
Tribunaux civils, 54.
Tribunaux de commerce, 54, 80.
Tribunaux correctionnels, 109.
Tribunaux de police, 109.
Ventes (formes), 62 s.
Ventes autorisées, 42.
Vente par autorité de justice, 47 s., 63.
Ventes par cessation de commerce, 51, 73.
Ventes consommées, 106.
Ventes à cri public, 37 s., 42.
Ventes après décès, 68.
Ventes en détail, 63 s., 78, 112.
Ventes en détail et aux enchères, 27 s.
Ventes après faillite, 64 s.
Ventes en gros, 28 s., 78, 92 s., 98, 112.
Ventes par nécessité, 52 s., 73.
Ventes prescrites par la loi, 46.
Ventes à prix fixe proclamé, 42
Ventes au rabais, 41.
Vins, 34, 57. — à la pièce, 29, 94.

SECT. 1re. — *Historique. — Législation et jurisprudence antérieurement à la loi du 25 juin* 1841 (*n° 1er*).

SECT. 2e. — *Loi du 25 juin* 1841 (n° 27).

§ 1er. — *Vente de marchandises neuves prohibées* (n° 27).

§ 2. — *Vente de marchandises neuves autorisées* (n° 45).

§ 3. — *Dans quelles formes et par quels officiers publics la vente doit être faite* (n° 62).

§ 4. — *Contraventions* (n° 97).

—

Sect. 1re. — *Historique. — Législation et jurisprudence antérieurement à la loi du 25 juin* 1841.

1. — Autrefois, les ventes à l'encan de marchandises ne pouvaient avoir lieu que dans trois cas : 1° lorsqu'il y avait cessation de commerce; 2° en vertu de jugement; et, 3°, après décès. Les huissiers-priseurs avaient seuls le droit de les faire.— Un arrêt de règlement du 23 août 1758 avait, notamment, fait défense de faire aucune vente publique de marchandises, si elles n'étaient comprises dans des inventaires faits après décès ou dans des saisies-exécutions, etc.

2. — La loi du 22 pluv. an VII (10 fév. 1799) soumit la vente publique et aux enchères des marchandises aux mêmes règles que la vente publique aux enchères de tous autres effets mobiliers. L'art. 1er de cette loi était ainsi conçu : « Les meubles, effets, *marchandises*, bois, fruits, récoltes et tous autres objets mobiliers, ne pourront être vendus publiquement et par enchères qu'en la présence et par le ministère d'officiers publics ayant qualité pour y procéder. »

3. — La vente publique et aux enchères des marchandises ne laissa pas, cependant, que d'inspirer une certaine inquiétude, une certaine défiance aux commerçans. Le Conseil de commerce du département de la Seine fut alors consulté sur la question de savoir si les ventes volontaires, aux enchères publiques, de marchandises et matières premières, étaient avantageuses aux commerçans et aux consommateurs, et, le 10 vent. an XI (1er mars 1803), il la résolut négativement, en ce sens qu'il décida que, partout ailleurs que dans les ports de mer, ces ventes étaient essentiellement nuisibles.

4. — L'art. 492 (ancien), C. comm., avait autorisé les courtiers à faire, en cas de faillite, les ventes publiques de marchandises à la bourse et aux enchères, disposition qui a été maintenue par l'art. 486 (nouveau) du même code.

5. — Malgré les inconvéniens signalés par le conseil de commerce du département de la Seine relativement aux ventes de marchandises à l'encan, un décret du 22 nov. 1811 déclara que « les ventes publiques de marchandises à la bourse et aux enchères, que l'art. 492, C. comm., autorisait

les courtiers à faire en cas de faillite, pourraient être faites par eux dans tous les cas, même à Paris, avec l'autorisation du tribunal de commerce donnée sur requête. » — Art. 1er.

6. — Le décret du 22 nov. 1811 comprenait toutes les marchandises sans distinction. Mais un décret du 18 avr. 1812 en restreignit les dispositions. Aux termes de l'art. 1er de ce décret, les ventes aux enchères faites à la bourse de Paris, sous l'autorisation du tribunal de commerce, ne durent plus concerner que les marchandises énoncées dans le tableau annexé à ce décret. Or, il n'était question dans ce tableau que de denrées coloniales, de matières fongibles, en un mot, et non d'objets de toilette, d'ameublement et de luxe, connues alors, comme aujourd'hui, sous la dénomination générique de *marchandises neuves*.

7 — Dans les villes autres que Paris, les tribunaux et les chambres de commerce devaient dresser un état des marchandises dont il pouvait être nécessaire, dans certaines circonstances, de permettre aux courtiers la vente publique et à la criée. Il fallait, de plus, pour que cette vente eût lieu, l'approbation préalable du ministre du commerce. — Décr. 17 avr. 1812, art 2.

8. — Ce décret exigeait, en outre, dans toutes les villes, et sauf le cas de faillite, l'accomplissement de certaines formalités, avant qu'il pût être procédé à de telles ventes. — L'officier public chargé d'y procéder devait, d'abord, déposer au greffe du tribunal de commerce, une déclaration d'identité applicable aux marchandises qu'il se proposait de mettre à l'encan. Cette déclaration, qui devait émaner du négociant, fabricant ou commissionnaire pour le compte duquel la vente était faite, énonçait, 1° que ce commissionnaire, fabricant ou négociant avait la propriété des marchandises; 2° que, s'il n'en était pas propriétaire, elles lui avaient été adressées du dehors par des marchands ou négocians avec pouvoir de les vendre par la voie de la publicité, à la bourse, et d'en réaliser la valeur; 3° que, s'il n'avait pas de pouvoir pour faire opérer la vente de ces marchandises, le produit en était destiné à rembourser des avances ou à payer des acceptations accordées par suite de leur envoi.

9. — Sur la production de cette déclaration, la demande en autorisation de vente était appréciée. Si elle était accueillie, l'ordonnance était affichée avec un catalogue faisant connaître la nature des marchandises ou denrées dont la vente avait été autorisée. Ce catalogue était imprimé et distribué. Ensuite, des lots étaient faits; ils étaient marqués, numérotés, exposés sur le bureau et placés de manière que les acheteurs pussent les voir et les comparer à l'échantillon et au catalogue. La valeur de ces lots avait été déterminée par le décret lui-même. — Ce n'était qu'après l'accomplissement de ces formalités qu'il était procédé aux enchères et à la vente.

10. — Une ordonnance du 1er juill. 1818 modifia l'art. 1er du décret du 17 avr. 1812, en permettant au tribunal et à la chambre de commerce de Paris, sous l'inspection du ministre de l'intérieur de faire au tableau législatif des marchandises à vendre tous les changements qu'ils jugeraient convenable.

11. — Une ordonnance du 9 avr. 1819 modifia également le décret du 17 avr. 1812, en ce qu'elle permit que les ventes publiques de marchandises pussent avoir lieu, par courtiers, au domicile du vendeur ou dans tout autre lieu convenable, lorsqu'il n'y avait pas de local affecté à la bourse et fréquenté par les commerçants. — Art. 1er.

12. — Dans les villes où la bourse était ouverte et fréquentée, les tribunaux de commerce pouvaient aussi permettre la vente à domicile ou ailleurs, mais seulement dans le cas où ils estimaient que l'état ou la nature de la marchandise ne permettait pas qu'elle fût exposée en vente à la bourse ou qu'elle y fût vendue par échantillons. — Art. 2.

13. — Il appartenait au tribunal de la situation de déterminer le mode de l'enchère. Son ordonnance devait aussi indiquer le lieu et l'heure des ventes, de manière que la réunion des courtiers et le concours des acheteurs pussent leur conserver le même degré de publicité. — Art. 3.

14. — Ainsi, d'après l'ordonnance de 1819, combinée avec le décret du 17 avr. 1812, les marchandises à vendre devaient être spécifiées dans l'autorisation du tribunal, qui devait se conformer lui-même, pour la désignation, aux tableaux ou états approuvés par le ministre. La vente à la criée pièce à pièce était interdite. Mais les tribunaux étaient autorisés à abaisser la valeur des lots au-dessous du minimum fixé par le décret de 1812, de manière à les mettre à la portée des particuliers consommateurs, sans toutefois contrarier les

VENTE DE MARCH. NEUVES, sect. 1re.

opérations du commerce de détail. — Ord. 1819, art. 4 et 5.

15. — Les dispositions législatives précitées ne parlant que des courtiers, de nombreuses contestations s'élevèrent entre eux et les commissaires-priseurs, sur le point de savoir si les premiers n'avaient pas seuls le droit de procéder aux ventes à l'encan de marchandises neuves, ou si ce droit ne devait pas être exercé concurremment par eux et par les commissaires-priseurs : question qui a divisé la jurisprudence.

16. — D'une part, en effet, il a été jugé que les décrets des 22 nov. 1811, 17 avr. 1812, et l'ordonn. du 9 avr. 1819, en prescrivant des mesures et des formalités pour les ventes à l'encan des marchandises neuves, avaient eu en vue l'ordre public, l'intérêt du commerce et celui des consommateurs; que ces actes législatifs créaient un privilége en faveur des courtiers, et que ce n'était qu'à leur défaut que les commissaires-priseurs pouvaient procéder eux-mêmes aux ventes dont il s'agit, mais alors en accomplissant les formalités imposées par les actes législatifs précités, qui, par la raison ci-dessus, étaient, dans ce cas, obligatoires aussi bien pour eux que pour les courtiers. — *Cass.*, 20 juill. 1829 (intérêt de la loi), Levy; *Angers*, 31 déc. 1829, May c. Bedel et Gilet; *Bordeaux*, 29 janv. 1830, Marx c. Fauty-Lescure; *Metz*, 13 fév. 1830, march. de Metz c. Michel et Flouet; *Cass.*, 12 juill. 1836, Leroux-Vernier c. Levy; 24 août 1836 (t. 1er 1837, p. 527), Lévy c. négocians de Bayonne; 30 janv. 1837 (t. 1er, 1839, p. 352), Hélain c. Isay; *Amiens*, 17 fév. 1837 (t. 1er 1837, p. 528), Lévy c. Leroux-Vernier; *Bourges*, 5 avr. 1837 (t. 1er 1837, p. 529), Lombards c. march. de Nevers; *Rouen*, 24 août 1837 (t. 1er 1839, p. 574), Martinot c. Petit-Maillard; *Cass.*, 13 fév. 1838 (t. 1er 1838, p. 238) (deux arrêts), Hue c. Wolf et comp., Demarconnerie c. Bonnard; *Amiens*, 30 mai 1839 (t. 2 1840, p. 673), Hue c. Wolf et comp.; *Cass.*, 9 déc. 1840 (t. 1er 1842, p. 636), Baillencourt et Leclerc c. Lièvre; 8 nov. 1841 (t. 2, 1841, p. 584), Dumoulin.

17. — Le droit des commissaires-priseurs, à l'encontre des courtiers de commerce, ne pouvait même résulter de ce que les marchandises vendues n'auraient pas été indiquées dans le tableau dressé par le tribunal de commerce du lieu en exécution des décrets sus-énoncés. La conséquence de ce fait était, uniquement, que la vente de ces marchandises ne pouvait avoir lieu *même* par un courtier de commerce. — V., en ce sens, les deux arrêts de Cassation précités du 13 fév. 1838.

18. — Ce n'était également qu'à défaut de courtiers de commerce, et en remplissant les obligations qui leur étaient imposées, que les commissaires-priseurs pouvaient procéder à la vente à l'encan de marchandises neuves, encore bien qu'il s'agît de la vente de marchandises par suite de cessation de commerce. — Arrêt de *Bourges* précité du 5 avr. 1837.

19. — Le commissaire-priseur poursuivi pour avoir procédé à une telle opération ne pouvait se défendre en invoquant l'injonction faite par jugement à son prédécesseur de procéder à une pareille vente. — *Metz*, 13 fév. 1830, marchands de Metz c. Michel et Flouet.

20. — Mais jugé, qu'en admettant que l'art. 492, C. comm., les décrets de 1811 et 1812, et l'ordonnance de 1819 aient dérogé en faveur des courtiers de commerce au droit existant pour les commissaires-priseurs de vendre des marchandises neuves à l'encan, toujours est-il que, pour les cas non formellement expliqués dans la dérogation, le droit des commissaires-priseurs est demeuré intact. — Ainsi, et spécialement, lorsqu'il s'agit de lots propres à la consommation des acheteurs, lorsqu'aussi il n'existe dans une ville ni courtiers de commerce ni tableau du tribunal portant indication des marchandises que ces courtiers peuvent vendre, les commissaires-priseurs ont le droit de procéder à la vente de marchandises neuves à l'encan. — *Douai*, 17 août 1837 (t. 2 1837, p. 314), N...

21. — Hors ce cas, une cour d'appel usait du droit qui lui appartenait en condamnant à des dommages-intérêts le négociant qui, sans se soumettre aux formalités prescrites par la loi, avait fait procéder par un commissaire-priseur à une vente à l'encan de marchandises neuves. L'arrêt qui allouait ces dommages-intérêts n'était pas sujet à cassation. — *Cass.*, 24 août 1836 (t. 1er 1837, p. 527), Lévy c. négocians de Bayonne.

22. — Décidé, au contraire, que les commissaires-priseurs pouvaient vendre publiquement et aux enchères, sans être tenus d'accomplir les obligations prescrites par le décret de 1812 et l'ordonnance de 1819, des marchandises neuves, même dans les lieux où étaient établis des courtiers de

commerce. — *Toulouse*, 24 juill. 1829, Lyon c. Clarene; *Rennes*, 20 août 1829, May c. Lunnven; 30 oct. 1829, Fortin c. May; *Bourges*, 14 déc. 1829, Bon Sergent c. Wel-Mayer; *Caen*, 31 déc. 1829, Liais Hauvet c. Bonissent et Michel; *Poitiers*, 6 janv. 1832, Lyons; *Lyon*, 21 nov. 1832, Bernard c. Tessier; *Caen*, 26 sept. 1836, Isay c. Lucas; *Rennes*, 28 nov. 1836 (t. 1er 1837, p. 393), Chaumont c. Salomon; *Rouen*, 4 janv. 1837 (t. 1er 1839, p. 573), Bloc c. Marcotte; *Grenoble*, 16 mars 1837 (t. 2 1837, p. 482), Picard c. Bonnier.

23. — A Paris, les commissaires-priseurs paraissaient n'avoir point admis cette dernière décision et avoir adopté au contraire la première. Ainsi, un arrêté pris le 24 juin 1834 par la chambre des commissaires priseurs de cette ville avait enjoint, sous peine de citation devant la chambre, à tout commissaire priseur, de s'abstenir des ventes de marchandises neuves, à moins qu'il n'y fût judiciairement forcé. — Benou, *Code et manuel des commissaires-priseurs*, p. 346.

24. — Mais les marchandises trouvées dans la succession d'un négociant pouvaient être vendues *en détail* par le ministère d'un commissaire-priseur; il n'était pas nécessaire qu'elles fussent vendues par un courtier de commerce et en lots déterminés par le tribunal de commerce. — *Grenoble*, 26 nov. 1822, Lavunden c. Accariar.

25. — Quant aux ventes de marchandises neuves, en cas de faillite, les commissaires priseurs avaient, concurremment avec les courtiers, le droit d'y procéder. — V., au surplus, COMMISSAIRE-PRISEUR, nos 83 et suiv.; COURTIERS DE COMMERCE OU DE MARCHANDISES.

26. — Nonobstant la prohibition faite, comme nous l'avons vu, de vendre à l'encan des marchandises neuves pièce à pièce, ces sortes de ventes s'étaient cependant propagées. D'un autre côté, les ventes aux enchères, et en détail, de marchandises neuves étaient devenues une perturbation pour le commerce, en même temps qu'une source d'abus, de déceptions et de fraudes. Vainement le ministre de la justice, dans une circulaire du 6 mai 1829, adressée à tous les chefs de parquet, rappela à la stricte exécution des lois en vigueur. Il était devenu nécessaire de réglementer de nouveau la matière de la vente des marchandises neuves. De là, la loi du 25 juin 1841, qui régit encore aujourd'hui cette matière.

Sect. 2e. — *Loi du 25 juin 1841.*

§ 1er. — *Vente de marchandises neuves prohibées.*

27. — L'art. 1er, L. 25 juin 1841, consacre en ces termes le principe de l'interdiction de la vente en détail et aux enchères de marchandises neuves: « Sont interdites les ventes en détail de marchandises neuves, à cri public, soit aux enchères, soit au rabais, soit à prix proclamé, avec ou sans assistance des officiers ministériels. » Toutefois, ce principe n'a prévalu qu'après une discussion longue et approfondie, soit à la chambre des pairs, soit à la chambre des députés. — V. *Moniteur* des 4 avr., 20 mai, 15 et 16 juin 1841.

28. — Les ventes *en détail* sont seules l'objet de la prohibition générale consacrée par l'art. 1er précité. Il n'est nullement question, dans cet article, des ventes *en gros*. Celles-ci font l'objet des dispositions spéciales de l'art. 6 de la même loi, et elles restent autorisées, moyennant l'accomplissement des conditions énumérées dans ce dernier article. — V. *infrà* no 94.

29. — La vente de vins aux enchères doit, lorsqu'elle est faite *à la pièce*, être réputée en gros, et non en détail: dès-lors, elle ne tombe pas sous l'application de l'art. 1er de la loi du 25 juin 1841. — *Paris*, 26 mai 1842 (t. 2 1842, p. 503), Lefranc c. Bernard.

30. — Pour que l'art. 1er puisse recevoir son application, trois conditions principales sont exigées. Il faut: 1o que la vente comprenne des marchandises neuves; 2o qu'elle soit en détail; 3o qu'elle ait lieu à cri public. Peu importe qu'elle soit aux enchères, au rabais ou à prix proclamé.

31. — Que doit-on d'abord entendre par *marchandises neuves*? La loi du 25 juin 1841 ne s'est point expliquée à cet égard, et son silence eût pu être embarrassant pour les tribunaux, si l'on n'eût trouvé la signification de ces mots dans les exposés de motifs présentés, à l'occasion de cette loi, par M. Martin (du Nord), alors ministre de la justice, soit à la chambre des députés, soit à la chambre des pairs. — V. ces exposés de motifs dans le *Moniteur* des 24 fév. et 16 avr. 1841. — « Nous avons pensé, est-il dit dans le premier, que le sens des mots *marchandises neuves* n'a besoin d'aucune explication, et que chacun comprendrait très bien ce qui est défendu: c'est la vente de marchandises faisant l'objet d'un commerce, et non la vente de marchandises qui, bien qu'encore neuves, auraient cessé d'être dans le commerce et se trouveraient dans les mains d'un consommateur. » Et dans le second: « Les choses destinées à l'usage personnel de celui qui en est propriétaire, quel que soit l'état dans lequel elles se trouvent, alors même que l'usage auquel elles doivent servir n'aurait pas encore commencé, ne sont plus dans le commerce. Il est impossible d'en empêcher la vente par la voie des enchères, si celui qui les possède veut employer ce procédé. »

32. — Il résulte de la distinction admise par l'exposé des motifs de la loi du 25 juin 1841, qu'un objet peut échapper à la qualification de *marchandise neuve*, en passant dans les mains du consommateur, sans pour cela cesser d'être *neuf*, et redevenir marchandise neuve en rentrant dans la possession d'individus faisant commerce de pareils objets. — G. de Villepin, *Comment. de la loi du 25 juin 1841*, sur l'art. 1er, no 7; Bioche, *Dict. de procéd.*, 3e édit., vo *Vente des marchandises neuves*, no 4; Duvergier, *Coll. des lois* (année 1841), p. 369 et suiv.; Goujet et Merger, *Dict. de droit comm.*, vo *Marchandises neuves*, nos 9 et suiv.

33. — Jugé, d'après ces principes, qu'on ne doit pas entendre par *marchandises neuves*, dans le sens de la loi du 25 juin 1841 qui en prohibe la vente en détail aux enchères, toutes les marchandises qui font l'objet d'un négoce et ne sortent pas des mains d'un consommateur. — *Paris*, 26 mai 1842 (t. 2 1842, p. 503), Lefranc c. Bernard.

34. — Ainsi, les vins sont compris sous cette dénomination, bien que, se consommant par l'usage, ils ne soient pas susceptibles de passer du neuf au vieux, et l'on ne peut les faire rentrer dans la classe des *comestibles* dont la vente est, par exception, permise par l'art. 2, et qui ne désignent que les substances ou préparations alimentaires. — Même arrêt.

35. — Il n'y a pas lieu, d'ailleurs, pour l'application de la prohibition portée par la loi, de distinguer entre les marchandises qui se consomment par l'usage et celles dont on peut user sans les consommer. — Bioche, *loc. cit.*, no 6.

36. — La prohibition de vendre aux enchères les marchandises neuves s'applique également aux objets composés de parties anciennes et de parties neuves, par exemple, à des meubles composés de panneaux anciens et de bronzes ou sur moulages neufs, si la vente de ces meubles a lieu pour le compte d'un marchand qui fait de pareilles restaurations. Elle s'applique aussi aux tableaux, statues, etc., servant à la décoration, quel que soit l'état dans lequel ils se trouvent, eussent-ils même éprouvé quelque altération. Les objets d'art doivent toujours être considérés comme marchandises neuves, lorsqu'ils se trouvent entre les mains d'un marchand. — Bioche, no 5.

37. — La législation antérieure à la loi du 25 juin 1841 ne s'appliquait, ainsi que nous l'avons vu, qu'aux ventes *aux enchères* proprement dites. Aussi, a-t-il été décidé, antérieurement à cette loi, qu'un colporteur muni de patente pouvait vendre à prix fixe et à haute voix, dans un lieu public, et sans l'intervention d'un commissaire priseur, des marchandises neuves qu'il tenait à la main. — *Douai*, 28 août 1837 (t. 1er 1838, p. 140), Mayer c. Villers.

38. — Mais la vente *à cri public* a tous les inconvéniens de la vente aux enchères et offre de moins la garantie de l'officier public. « Cette vente, en effet, a dit M. Ganneron, lors de la discussion de la loi du 25 juin devant la chambre des députés (V. *Moniteur* du 4 avr. 1841), est ordinairement faite par des hommes qui ne présentent aucune garantie de moralité ni de solvabilité; elle n'est assujétie à aucun droit, à aucuns frais; elle n'offre aucun recours contre le vendeur, qui disparaît lorsque l'opération est consommée; elle est d'autant plus dangereuse pour le commerce, par la concurrence qu'elle lui fait en séduisant l'acheteur par l'appât du bon marché, que ce bon marché est toujours facile pour elle, puisqu'elle n'est soumise à aucune des conditions journalières de loyer, de patente, de commis, d'établissement enfin qui pèsent sur le marchand. » Tels ont été les motifs qui ont fait proscrire la vente à *cri public* des marchandises neuves.

39. — Toutefois, on ne peut conclure de là qu'il ait été dans la pensée du législateur d'empêcher qu'un marchand puisse crier sa marchandise à haute voix. Il n'y aucun inconvénient, en effet, à ce qu'un marchand colporteur, par exemple, annonce dans une commune que tel jour, à tel endroit, à telle heure, une vente de marchandises sera faite par lui. Il suffit, pour qu'il ne soit point en contravention à la loi, que cette vente soit faite d'après le mode ordinaire sans mélange de cri public. — Bioche, nos 10 et 11.

40. — La vente des marchandises neuves *aux enchères* a été prohibée, parce qu'elle est un moyen de vendre souvent la marchandise bien au-dessus du prix qu'elle peut valoir. Ainsi, après avoir adjugé d'abord certaines marchandises de bonne qualité, que toutes les personnes ont pu examiner après la livraison, on met ensuite à prix d'autres marchandises analogues, mais d'une qualité inférieure; et les acheteurs, s'échauffant par l'idée du bon marché, enchérissent, avec l'idée d'acheter à un prix raisonnable des objets qu'ils paient alors fort cher.

41. — La vente *au rabais* n'est que l'enchère déguisée. Elle a tous les inconvéniens de la vente à l'encan proprement dite et les mêmes séductions pour le public. Elle a lieu en faisant la criée des marchandises par un prix qui est progressivement abaissé jusqu'à ce qu'on trouve un acheteur qui offre un prix moyennant lequel l'objet crié lui est adjugé.

42. — Il est évident, d'après cela, que la vente *à cri public* comprend les ventes faites soit aux enchères, soit au rabais. Mais il était un troisième moyen à l'aide duquel les acheteurs pouvaient encore être trompés, et qu'il importait également d'interdire: c'est la vente à *prix fixe proclamé*. Ces ventes à prix fixe ont aussi pour objet de faire passer des marchandises détériorées, de rebut, aux dépens du public et de la foi due aux enchères.

43. — Mais l'annonce de marchandises et de leur prix, au bout d'un bâton, sur un écriteau, n'est point interdite. — G. de Villepin, sur l'art. 1er, no 13; Bioche, no 14.

44. — L'art. 1er de la loi du 25 juin 1841 proscrit la vente de marchandises vendues à cri public, aux enchères, au rabais ou à prix proclamé, même lorsqu'elle a lieu *avec l'assistance des officiers ministériels*. Le motif de cette proscription a été, d'abord, de prévenir les abus qui avaient lieu dans les salles de vente à l'encan par les commissaires priseurs, et ensuite d'empêcher qu'un commerçant près de faillir ne pût réaliser une liquidation immédiate dans le but de soustraire son actif à l'action de ses créanciers, et qu'un commerçant de mauvaise foi ne pût se défaire de marchandises non payées ou défectueuses. — G. de Villepin, no 14.

§ 2. — *Ventes de marchandises neuves autorisées.*

45. — Ne sont pas comprises dans la prohibition portée par l'art. 1er de la loi du 25 juin 1841 les ventes prescrites par la loi, ou faites par autorité de justice; celles qui ont lieu après décès, faillite ou cessation de commerce, ou dans tous les autres cas de nécessité, dont l'appréciation est soumise au tribunal de commerce; et enfin les ventes à cri public de comestibles et objets de peu de valeur connus dans le commerce sous le nom de *menue mercerie*. — L. 25 juin 1841, art. 2.

46. — Au nombre des ventes *prescrites par la loi*, il faut comprendre celle des effets donnés en nantissement aux monts-de-piété. — Rapport de M. Quesnault. — Le conseil général des manufactures avait émis le vœu que l'autorisation du tribunal de commerce fût étendue aux ventes de marchandises neuves faites par les monts-de-piété, par la raison que ces établissemens reçoivent en gage des marchandises qui ne sont même pas déballées, et peuvent souvent provenir de vols. Mais ce vœu ne fut pas accueilli. — Bioche, no 17.

47. — Les ventes faites *par autorité de justice* comprennent celles qui ont lieu par suite de *saisie-exécution*. — V. SAISIE-EXÉCUTION. — ... Et celles qui ont lieu dans les cas prévus par les art. 2078, C. civ., 95 et 106, C. comm. — *Paris*, 6 juill. 1843 (t. 2 1843, p. 647), Debergues.

48. — Mais une vente ne peut être réputée faite par autorité de justice dans le sens de l'art. 2 de la loi du 25 juin 1841, que lorsqu'elle est ordonnée par sentence arbitrale après la dissolution d'une société. Dès-lors, une pareille vente est soumise, sous peine d'amende et de confiscation des marchandises, à l'autorisation préalable du tribunal de commerce. — Même arrêt. — Bioche, no 19.

49. — Jugé aussi qu'une vente de marchandises neuves aux enchères faite par suite de saisie doit cesser lorsque la vente a produit une somme suffisante pour désintéresser en capital, intérêts et frais, le créancier saisissant et les opposans. Le surplus de ces marchandises doit être considéré comme vendu volontairement, et, par conséquent, contrairement à l'art. 1er de la loi du 25 juin 1841. — *Cass.*, 3 août 1844 (t. 2 1844, p. 544), Sauvé.

50. — La réquisition de la partie saisie tendant à

ce que la totalité des objets saisis soit vendue sans aucune exception ni réserve, ainsi que celle du saisissant tendant également à la vente intégrale des objets saisis, ne peuvent même légitimer la vente aux enchères pour tout ce qui excède la somme nécessaire pour couvrir le saisissant et les opposans de leurs créances respectives. — Même arrêt.

51. — Lorsqu'un commerçant réunit plusieurs genres d'industrie, la cessation d'une seule branche de commerce suffit pour autoriser la vente des marchandises qui en dépendent. — Bioche, n° 21.

52. — On comprend qu'il était impossible de prévoir et d'énoncer, à l'avance, toutes les exceptions qu'il convenait de faire au principe de l'interdiction des ventes de marchandises neuves à cri public. Une foule de cas analogues pouvaient se produire à chaque instant, dans lesquels un commerçant aurait besoin de trouver un moyen de liquidation immédiate. De là la disposition de l'art. 2, L. 25 juin 1841, qui permet de vendre à cri public dans le cas de nécessité constatée.

53. — On peut citer comme exemples de cas de nécessité justifiant la vente à cri public l'expropriation de la jouissance d'un magasin pour cause d'utilité publique, la fin d'un bail, une gêne commerciale momentanée, la liquidation d'une société, les détériorations ou toute autre cause qui font considérer certaines marchandises comme ce qu'on appelle des fonds de magasin, la circonstance que certaines marchandises qui, comme les bronzes, coûtent des frais considérables à établir, commencent à passer de mode, la translation d'un établissement d'une ville dans une autre, etc. — G. de Villepin, nos 17 et suiv.; Bioche, n° 23.

54. — D'après l'art. 2 de la loi du 25 juin 1841, l'appréciation des cas de nécessité est soumise, ainsi que nous l'avons vu, au tribunal de commerce. Dans les lieux où il n'y a pas de tribunal de commerce, elle appartient au tribunal civil, converti en tribunal de commerce. Mais cette appréciation ne peut jamais être faite par le président seul du tribunal. — G. de Villepin, n° 27; Bioche, n° 22.

55. — Mais la vente de marchandises neuves dépendant d'une succession bénéficiaire n'a pas besoin d'être autorisée par le tribunal de commerce. Elle est régulièrement faite par l'héritier bénéficiaire en vertu de l'ordonnance du président du tribunal civil portant nomination de l'officier public chargé de procéder à cette vente. — *Rouen*, 11 déc. 1845 (t. 1er 1846, p. 57), Lefort c. commissaires-priseurs et courtiers de Rouen. — V., au surplus, SUCCESSION BÉNÉFICIAIRE.

56. — Lors de la discussion de la loi devant la chambre des pairs, M. de Barthélemy avait proposé un amendement portant que l'appréciation des cas de nécessité serait soumise, par exception, au maire de la commune, à l'égard des ouvriers, pour les marchandises qu'ils ont confectionnées eux-mêmes, de leurs propres mains. Mais cet amendement ne fut pas adopté. D'où il résulte que les ventes de ces marchandises rentrent dans la règle générale, et sont soumises dès-lors à l'autorisation du tribunal de commerce. — Bioche, n° 24.

57. — Mais les ventes de *comestibles* sont affranchies de l'autorisation du tribunal de commerce. Il n'a été apporté aucun changement aux réglemens particuliers en vertu desquels, dans les marchés de certaines villes, des comestibles sont vendus *à la criée* par des facteurs spéciaux. Et par *comestibles* il faut entendre toutes les substances ou préparations alimentaires, mais non les vins. — Bioche, nos 25 et 26. — V. *suprà* n° 34.

58. — L'exception portée en l'art. 2, L. 25 juin 1841, ne doit s'entendre que des comestibles de peu de valeur qui, dans l'usage, se vendent dans les rues à cri public, et dont la vente ne peut occasionner un grave préjudice aux marchands sédentaires dans le seul intérêt desquels la loi a été rendue. — *Cass.*, 13 mai 1843 (t. 2 1843, p. 469), Roguier; *Paris*, 19 juill. 1843 (t. 2 1843, p. 469), même partie.

59. — Les marchandises de luxe, et spécialement le chocolat, que vendent habituellement les marchands sédentaires établis et payant patente, ne peuvent être rangés dans cette exception. — Mêmes arrêts.

60. — La vente des objets de *menue mercerie* est également exempte de l'autorisation du tribunal de commerce. Mais que doit-on entendre par *objets de menue mercerie?* « Ce sont des petits objets, a dit M. le ministre de la justice (V. *Moniteur* du 17 juin 1841), de peu d'importance qu'on vend principalement dans les foires, et qu'on peut vendre aussi et débiter dans les villes. » M. Quesnault

VENTE DE MARCH. NEUVES, s. 2e, § 2.

fit remarquer, en outre, qu'il ne s'agissait que des ventes qui se font par des étalagistes dans les marchés, de ventes de modique valeur qui ne peuvent faire aucun mal sérieux au commerce. — V. *Moniteur* du 8 avril 1841.

61. — La compagnie des notaires a droit et qualité pour attaquer, comme lui portant préjudice, l'ordonnance qui commet un commissaire priseur pour procéder à une vente qui rentre dans les attributions exclusives des notaires. — *Paris*, 13 juin 1833, commissaires priseurs c. notaires de Paris.

62. — Le syndic de la chambre a également qualité pour intervenir, au nom de la compagnie, dans une instance d'appel dont le but serait de restreindre les attributions des notaires, et, par exemple, de faire défendre à l'un d'eux de procéder, en certains cas, à la vente d'objets mobiliers, à l'exclusion des commissaires priseurs. — *Colmar*, 30 janv. 1827, commissaires priseurs de Strasbourg c. Wengler et notaires de Strasbourg.

63. — Les courtiers de commerce ont aussi le droit de faire les ventes de meubles. Ainsi, dans le cas de faillite, ils peuvent être désignés, concurremment avec les commissaires priseurs, notaires, huissiers et greffiers, pour procéder à la vente des *marchandises* du failli. Mais ils ne peuvent être commis pour la vente de son *mobilier*. Ils ont été exclus du droit d'y concourir par la loi du 25 juin 1841, qui n'a attribué le droit de faire la vente du mobilier du failli qu'aux commissaires priseurs, notaires, greffiers de justice de paix et huissiers. — V. VENTE DE MARCHANDISES NEUVES.

64. — Les courtiers de commerce ont de plus le droit exclusif de faire, à Paris, les ventes en gros des marchandises désignées au tableau annexe au décret du 17 avril 1812, et de faire, dans les autres villes, la vente des marchandises, qui est jugée nécessaire par les tribunaux et les chambres de commerce. — V. COURTIER DE COMMERCE, VENTE DE MARCHANDISES NEUVES.

65. — Lorsqu'il s'agit de rentes et autres effets publics, la négociation ne peut s'opérer que par le ministère d'agens de change. — V. AGENT DE CHANGE.

66. — Les préposés de l'enregistrement et des domaines ont été chargés de procéder à la vente aux enchères du mobilier de l'état et des effets militaires hors de service (arrêtés des 23 niv. an VI, 6 flor. an IX; décis. min. fin. 22 mars 1820), et de tous les papiers et objets devenus inutiles aux administrations financières.

67. — Jugé que l'arrêté du gouvernement du 23 niv. an VI, par lequel la vente du mobilier de l'état, non réservé pour le service public, a été confiée exclusivement aux préposés de la régie des domaines, n'a pas été abrogé par les lois qui ont établi les commissaires priseurs et les autres officiers chargés des ventes mobilières. — *Cass.*, 7 mai 1832, domaine c. commissaires priseurs de Paris; *Orléans*, 20 juin 1833, mêmes parties. — Bioche, n° 20; G. de Villepin, n° 102. — *Contrà Paris*, 6 fév. 1830, domaine c. commissaires priseurs de Paris.

68. — Les préposés de la régie sont également compétens, à l'exclusion de tous autres officiers publics, pour vendre aux enchères les effets mobiliers déposés aux greffes à l'occasion des procès civils ou criminels. — Ord. 22 fév. 1829; 9 juin 1831. — Bioche, *loc. cit.*; G. de Villepin, n° 103.

69. — Mais c'est aux commissaires priseurs, dans le chef-lieu de leur établissement, qu'appartient exclusivement le droit de procéder aux ventes mobilières par suite de saisie pour contributions directes. — G. de Villepin, n° 104. — V. CONTRIBUTIONS DIRECTES.

70. — Les ventes d'effets mobiliers et d'objets d'approvisionnement de la marine, qui ont lieu dans les ports et arsenaux, sont faites devant les officiers d'administration de la marine; là où il n'existe point d'administration de la marine, elles sont passées devant les receveurs de l'enregistrement. — Arr. 13 prair. an XIII.

71. — Les régisseurs des octrois municipaux peuvent procéder eux-mêmes aux ventes d'objets saisis par leurs préposés, pourvu que les ventes soient constatées par les préposés en chef, dans le cas où elles n'excèdent pas 200 fr., et à la charge, en outre, de faire enregistrer le procès-verbal. — Décis. min. fin. 15 nov. 1808.

72. — La vente du mobilier communal (décis. min. fin. 16 germ. et 17 frim. an VII; instr. régl. 15 avr. 1820) et des objets mobiliers appartenant aux hospices et aux fabriques (décis. 13 déc. 1808) est faite par les maires ou adjoints.

73. — L'adjudication de bois façonnés provenant d'abatages dans les domaines de la liste civile ne devait être faite, ni par les commissaires priseurs, ni par les notaires, mais elle devait avoir lieu pardevant les préfets, sous-préfets ou maires, et en présence des agens forestiers. — *Paris*, 28 juin 1833,

VENTE DE MARCH. NEUVES, s. 2e, § 2.

notaires c. commissaires priseurs de Versailles.

74. — Aucun particulier ne peut faire lui-même la vente de ses meubles publiquement et aux enchères, ni autoriser un tiers, simple particulier, à se charger de semblable vente. Tout particulier qui vend ou fait vendre des meubles, publiquement et par enchères, sans le ministère d'un officier public, est puni d'une amende qui ne peut être moindre de 50 fr. ni excéder 1,000 fr. pour chaque vente. — L. 22 pluv. an VII, art. 7.

75. — Il a été jugé, d'après ce principe, que les notaires, greffiers et huissiers avaient, à l'exclusion des simples particuliers, le droit de faire les prisées de meubles après décès, dans les lieux où il n'y avait pas de commissaires priseurs, et que les parties ne pouvaient appeler des experts que pour apprécier les objets dont la prisée exigeait des connaissances spéciales. — *Bourges*, 8 juin 1829, huissiers de Bourges c. Dalbet. — *Contrà Nîmes*, 21 fév. 1837 (t. 2 1837, p. 276), huissiers d'Orange c. Pons.

76. — Mais un notaire chargé de faire la prisée peut, dans le but de s'éclairer sur la valeur des objets inventoriés, se faire assister par un particulier, par exemple, par un marchand de meubles. — *Cass.*, 19 déc. 1838 (t. 1er 1839, p. 380), N... — Et ce marchand de meubles ne saurait être inquiété par les huissiers, sous prétexte qu'il leur a porté préjudice en s'immisçant dans une vente publique de meubles. — *Cass.*, 28 fruct. an VII, Decraen; *Orléans*, 22 août 1837 (t. 2 1837, p. 474), Meunier c. huissiers de Montargis.

77. — Un propriétaire d'objets mobiliers qu'il fait vendre à l'enchère a le droit de mettre la chose à prix, de recevoir les enchères, s'il est assisté d'un commissaire priseur qui adjuge et qui dresse procès-verbal de la vente. — *Bourges*, 7 janv. 1830, Wil-Mayer.

78. — Avant la loi du 22 pluv. an VII, il avait déjà été jugé qu'une vente publique de mobilier, faite par un particulier sans le ministère d'officiers publics, le rend passible d'une amende de 1,000 liv., indépendamment du droit d'enregistrement sur le montant de la vente. — *Cass.*, 8 niv. an VII, enregistrement c. Pioger.

79. — Depuis cette loi, on a également jugé qu'un particulier non revêtu du caractère d'officier public n'a pu, sous peine d'une amende de 1,000 fr., faire une vente publique de meubles aux enchères. — *Cass.*, 30 messid. an X, de Cock c. enregistrement.

80. — Décidé, toutefois, qu'un colporteur, muni de patente, peut vendre *à prix fixe*, dans un lieu public, et sans l'intervention d'un commissaire priseur, des marchandises neuves qu'il tient à la main. — *Douai*, 28 août 1837 (t. 1er 1838, p. 140), Mayer c. Villers.

81. — Les jugemens par lesquels les tribunaux de commerce autorisent la vente de marchandises neuves aux enchères publiques dans les cas prévus par la loi du 25 juin 1841 sont susceptibles d'être attaqués par la voie d'appel. — *Rouen*, 4 fév. 1845 (t. 1er 1845, p. 274), Gosselin; *Bordeaux*, 10 fév. 1845 (t. 2 1845, p. 191), Bouillet; 11 juill. 1848 (t. 1er 1849, p. 607), Grand.

82. — Par suite, la disposition du jugement de première instance qui enjoint au commerçant de faire la vente par lots, avec fixation d'un minimum, peut être réformée par la cour d'appel lorsqu'il lui est démontré qu'il doit en résulter un préjudice pour le vendeur. — V. arrêt de Bordeaux du 10 fév. 1845, n° 81.

83. — Jugé, en effet, qu'une cour d'appel peut ou abaisser le minimum ou autoriser la vente sans formation de lots, sans nuire aux opérations du commerce de détail, auquel est due une légitime protection. — *Rouen*, 4 fév. 1845 (t. 1er 1845, p. 274), Gosselin. — Il semble cependant que, dans l'esprit de la loi du 25 juin 1841, ce doit être aux tribunaux de commerce seuls que doive appartenir le soin de déterminer le mode de vente, de fixer l'importance des lots. Ils sont plus aptes, en effet, que les tribunaux civils à apprécier les circonstances et les inconvéniens d'une vente par lots trop réduits.

84. — M. Durand (de Romorantin) avait proposé devant la chambre des députés un amendement qui avait pour objet d'accorder *à toute partie intéressée* le droit de former opposition à la vente et de se pourvoir directement devant le tribunal civil, et même, en cas d'urgence, devant le président, par voie de référé; mais il retira son amendement d'après les observations suivantes données par M. le rapporteur: « La commission ne croit pas nécessaire d'organiser dans la loi le principe que M. Durand voudrait y introduire. Néanmoins, la commission ne conteste pas le droit, pour les tiers, de faire valoir tous moyens contre les ventes qui portent préjudice à l'exercice de leurs droits. » — V. *Moniteur* du 9 avr. 1841.

85. — La violation des règles prescrites pour la vente des marchandises neuves à l'encan porte préjudice aux marchands en détail, et de là naît pour eux l'intérêt, et, par suite, le droit de s'opposer aux ventes qui seraient faites en violation de ces règles. On l'avait déjà jugé ainsi, avant la loi du 25 juin 1841. — *Amiens*, 17 fév. 1837 (t. 1er 1837, p. 528), Lévy c. Leroux-Vernier. — Et, il est constant, d'après les explications ci-dessus, qu'il n'a point été dérogé à cette jurisprudence. — G. de Villepin, nos 57 et 58.

86. — Le droit d'attaquer le jugement qui accorde l'autorisation n'appartient pas seulement aux commerçans de la ville où doit se faire la vente; il appartient aussi aux officiers vendeurs de meubles, qui prétendent que les règles de la compétence établies entre eux ont été violées, et aux chambres de discipline des différentes corporations, lorsque les droits d'un ou de plusieurs membres sont mis en question. — Bioche, nos 45 et 48; G. de Villepin, *loc. cit.*

87. — Mais, ni les officiers publics, ni les commerçans ne peuvent se pourvoir contre ce jugement, soit par opposition, soit par appel, puisqu'ils n'y ont pas été parties. — G. de Villepin, nos 59 et suiv.; Bioche, no 47.

88. — Ainsi, la compagnie des courtiers et celles des commissaires priseurs n'ont pas le droit d'intervenir dans l'instance engagée sur l'appel que des héritiers bénéficiaires ont interjeté, soit d'un jugement du tribunal de commerce, soit d'une ordonnance du tribunal civil, par lesquels le tribunal de commerce d'abord, et le président du tribunal civil ensuite, se sont déclarés tour à tour incompétens pour statuer sur les fins d'une requête à eux présentée à l'effet de nommer un officier public pour procéder à la vente de marchandises neuves dépendant d'une succession bénéficiaire. — *Rouen*, 11 déc. 1845 (t. 1er 1846, p. 57), Lefort c. commissaires priseurs et courtiers de Rouen.

89. — La voie de la tierce-opposition est seule ouverte soit aux officiers publics soit aux commerçans. — G. de Villepin et Bioche, *loc. cit.*

90. — Jugé en ce sens, spécialement, que, lorsqu'un tribunal de commerce autorise la vente aux enchères de marchandises neuves, les marchands sédentaires établis dans la ville où cette vente doit avoir lieu ont qualité pour attaquer, par la voie de la tierce-opposition, le jugement qui l'a autorisée. — *Bourges*, 17 nov. 1841 (t. 2 1842, p. 282), Labot c. Périnel.

91. — Ils peuvent aussi, toutefois, demander au tribunal de commerce saisi de la tierce-opposition, d'ordonner la suspension de l'exécution du jugement. Si la vente pouvait s'accomplir nonobstant leur recours, il deviendrait en effet inutile. — Arg., art. 478, C. procéd. civ.; Bioche, no 47; G. de Villepin, nos 62 et 63.

92. — Il n'a été apporté par la loi du 25 juin 1841 aucune modification à la législation spéciale qui règle les ventes de marchandises en gros. Ainsi, les ventes publiques aux enchères de marchandises en gros continuent à être faites par le ministère des courtiers, dans les cas, aux conditions et selon les formes indiqués par les décrets du 22 nov. 1811, 17 avr. 1812, la loi du 4 mai 1818, et les ordonn. du 1er juill. 1818 et 9 août 1819. — L. 25 juin 1841, art. 6. — V. *suprà* sect. 1re, nos 28 et suiv. — V. aussi VENTE PUBLIQUE DE MEUBLES.

93. — Ainsi, jugé, que l'officier public qui a le droit de faire une vente en gros de marchandises neuves qui dépendent d'une succession bénéficiaire, doit être pris parmi les courtiers, s'il y en a d'établis, dans la localité, et si les marchandises sont du nombre de celles qui sont portées sur le tableau dressé en vertu des décrets et ordonnances des 22 nov. 1811, 17 avr. 1812, 1er juill. 1818 et 9 avr. 1819. — *Rouen*, 11 déc. 1845 (t. 1er 1846, p. 57), Lefort c. commissaires-priseurs et courtiers de Rouen.

94. — Nous avons dit précédemment qu'une vente de vins faite *à la pièce* devait être réputée vente en gros. — V. *suprà*, no 29. — On doit de même considérer comme une vente en gros la vente d'indigo par lots d'une caisse entière. — Même arrêt.

95. — La loi du 25 juin 1841 veut, enfin, qu'avant de procéder à la vente à l'encan de marchandises neuves, des affiches soient apposées à la porte du lieu où doit se faire la vente, et que ces affiches énoncent le jugement qui l'a autorisée. — L. 25 juin 1841, art. 5, § 3.

96. — Il n'est pas nécessaire, toutefois, d'énoncer dans les affiches les motifs du jugement. Il suffit, pour remplir les vœux du législateur, d'y indiquer la date de ce jugement, et la nature des marchandises. — G. de Villepin, nos 55 et 56; Bioche, no 60.

§ 2. — *Contraventions*.

97. — Toute contravention aux dispositions de la loi du 25 juin 1841 est punie de la confiscation des marchandises mises en vente, et, en outre, d'une amende de 50 fr. à 3,000 fr., qui est prononcée solidairement, tant contre le vendeur que contre l'officier public qui l'a assisté, sans préjudice des dommages-intérêts, s'il y a lieu. Ces condamnations sont prononcées par les tribunaux correctionnels. — L. 25 juin 1841, art. 7.

98. — La vente de marchandises neuves en gros, qui a lieu autrement qu'en conformité de l'art. 6 de la loi du 25 juin 1841, rend les vendeurs, quelle que soit d'ailleurs leur bonne foi, passibles des peines portées en l'art. 7 précité, cet article étant applicable à toutes les contraventions prévues et énumérées dans ladite loi. — *Paris*, 26 mai 1842 (t. 2 1842, p. 508), Lefranc c. Bernard. — Antérieurement à la loi de 1841, les contraventions aux décrets, lois et ordonnances relatifs à la vente aux enchères de marchandises en gros, n'étaient passibles que de la peine de police portée en l'art. 471, § 15, C. pén.

99. — Jugé que le délit de vente aux enchères existe par cela seul que les affiches ont été apposées, et qu'il y a eu mise aux enchères et dégustation des marchandises, encore bien qu'à défaut d'enchérisseur, et par suite de l'intervention de l'autorité, l'adjudication n'ait pas eu lieu. — Même arrêt.

100. — Mais quelles sont les marchandises qui peuvent être frappées de confiscation? faut-il s'en tenir à la lettre de l'art. 7 de la loi du 24 juin 1841 et dire qu'il n'y a que les marchandises *mises en vente*? La confiscation ne doit-elle pas, au contraire, s'étendre aux marchandises rassemblées dans le local de la vente et destinées à être vendues?

101. — Il a été décidé que les art. 1er et 7 de la loi du 25 juin 1841 ne sont applicables qu'à la vente effective de marchandises neuves en détail et à cri public, mais qu'ils ne pouvaient atteindre la simple tentative ou l'exposition en vente. — *Cass.*, 12 avr. 1844 (t. 2 1844, p. 190), Hamel.

102. — L'arrêt de la cour d'appel de Paris précité du 26 mai 1842 (Lefranc c. Bernard), a été indiqué aussi comme ayant résolu cette question dans le même sens. Mais, en lisant attentivement le texte de cet arrêt, il est aisé de se convaincre qu'il ne contient rien qui soit relatif à l'explication des mots *mises en vente* employés par l'art. 7 de la loi du 25 juin 1841. C'est uniquement par le jugement frappé d'appel que la question ci-dessus a été prévue, et encore n'a-t-elle été qu'effleurée.

103. — Selon M. Duvergier (V. *Coll. des lois*, année 1841, p. 380, note 2), les mots *mises en vente* ne doivent s'entendre que des marchandises exposées en vente contrairement aux défenses de la loi. Aussi, dans l'hypothèse prévue par l'article suivant (art. 8), la confiscation ne devra frapper que les marchandises neuves ne faisant pas partie du fonds ou du mobilier mis en vente.

104. — Exposer une marchandise en vente, c'est littéralement la mettre en vue, soit qu'on la place de manière à ce qu'elle soit vue par toutes les personnes qui passent dans la rue, soit qu'elle ne puisse être aperçue que de celles qui entrent dans le local de la vente. D'après cela, il semblerait que, si une marchandise neuve avait été enfermée dans une boîte ou couverte d'un rideau, de façon qu'elle fût cachée aux regards, il n'y aurait aucune contravention à la loi. Mais ce n'a point été là la pensée de M. Duvergier, car une telle interprétation fournirait le moyen d'éluder la loi trop facilement et trop souvent. Quoique placées dans une boîte ou derrière un rideau, les marchandises neuves n'en peuvent pas moins être considérées comme *mises en vente* dans le sens de l'art. 7 de la loi du 25 juin 1841. Et ce qui démontre que M. Duvergier l'a entendu ainsi, c'est l'exemple qu'il donne lui-même à l'appui de l'interprétation qu'il fait de ces mots. Ainsi, ce nous semble, ne doivent être à l'abri de la confiscation que les marchandises neuves qu'on prouve ne pas faire partie des objets mis en vente.

105. — C'est cette interprétation qui a été consacrée par la cour de Rouen. — *Rouen*, 29 juin 1843 (t. 2 1843, p. 280), Logeard et Dufresne. — Il a été jugé, en effet, par cet arrêt, que l'art. 7 de la loi du 25 juin 1841 s'appliquait non seulement aux marchandises réellement soumises aux enchères, mais encore à celles qui étaient destinées à être vendues. Peu importe que ces dernières aient été recouvertes d'un rideau, ou placées dans un appartement voisin de celui où a lieu la vente; si la porte de cet appartement est restée ouverte à tous venans. — V. aussi G. de Villepin, nos 70; Bioche, no 62. — *Contrà* Goujet et Merger, no 70.

106. — Du reste, il ne saurait être douteux que la confiscation ne doive frapper également les marchandises, instrument du délit, même après que la vente a été consommée et que les marchandises sont déjà passées en la possession de l'acquéreur. — Bioche, *loc. cit.*; Goujet et Merger, no 69.

107. — L'art. 7 de la loi du 25 juin 1841 a, comme on l'a vu, fixé le *minimum* et le *maximum* de l'amende. Le *minimum* ne peut être abaissé. L'art. 463, C. pén., ne s'applique pas en cette matière. — G. de Villepin, no 71; Bioche, no 63.

108. — La solidarité prononcée par le même article contre le vendeur et l'officier public ne s'applique pas seulement à l'amende, mais aussi aux dommages-intérêts et aux dépens. Au surplus, cet article ne dérogeant pas au droit commun (C. civ., art. 1214), il s'ensuit que celui des deux condamnés qui a acquitté intégralement le montant de la condamnation a le droit d'en réclamer la moitié contre l'autre. — G. de Villepin, nos 72, 73 et 74; Bioche, nos 65 et 66.

109. — C'est aux tribunaux correctionnels qu'il appartient de connaître des *infractions* à la loi du 25 juin, quoiqu'elles soient qualifiées de *contraventions* (art. 7). La raison en est que les tribunaux de police sont ici compétens pour statuer sur des contraventions passibles d'une amende qui excède 15 fr. (V. TRIBUNAUX DE POLICE). La partie lésée par l'infraction aura alors deux voies pour obtenir la réparation du préjudice qu'elle lui aura causé : elle pourra ou se porter partie civile devant le tribunal correctionnel, ou s'adresser directement aux tribunaux ordinaires. — G. de Villepin, no 75; Goujet et Merger, no 73.

110. — Sont passibles des peines édictées par l'art. 7 les vendeurs ou officiers publics qui comprennent sciemment, dans des ventes faites par autorité de justice, sur saisie, après décès, faillite, cessation de commerce, ou dans les autres cas de nécessité prévus par l'art. 2, des marchandises neuves ne faisant pas partie du fonds ou mobilier mis en vente. — L. 25 juin 1841, art. 8.

111. — Les courtiers qui, sans être autorisés préalablement par le tribunal de commerce, vendent aux enchères publiques des marchandises qui ne sont point neuves, mais qui consistent, par exemple, dans des agrès ou apparaux provenant du sauvetage d'un navire, peuvent être, à raison de l'empiètement qui en résulte sur les attributions des commissaires-priseurs, condamnés envers ceux-ci à des dommages-intérêts. — *Cass.*, 10 août 1847 (t. 2 1847, p. 521), Dalmas c. commissaires-priseurs de Marseille. — V. COMMISSAIRE-PRISEUR, nos 83 et suiv.; et COURTIERS DE COMMERCE, nos 39 et suiv.

112. — Les ventes, soit en gros, soit en détail, ne sont pas frappées de nullité, encore bien que l'autorisation soit nulle. La loi se borne à édicter des peines pécuniaires pour l'inobservation des règles qu'elle trace, et ne prononce pas cette double nullité. — G. de Villepin, no 77; Bioche, no 69; Goujet et Merger, no 75.

VENTE SUR PUBLICATIONS VOLONTAIRES.

V. LICITATION, SAISIE-IMMOBILIÈRE, SURENCHÈRE, et VENTES JUDICIAIRES.

VENTE PUBLIQUE DE MEUBLES.

Table alphabétique.

§ 1er. — Caractères. — Meubles qui peuvent être ou non vendus aux enchères. — Cas dans lesquels il y a lieu à vente à l'enchère (n° 1er).

§ 2. — Qui peut procéder aux ventes publiques de meubles (n° 27).

§ 3. — Dans quelle forme et par quels officiers publics la vente doit être faite (n° 82).

§ 4. — Formalités. — Déclaration préalable. — Contraventions. — Responsabilité (n° 82).

§ 1er. — Caractères. — Meubles qui peuvent ou non être vendus aux enchères. — Cas dans lesquels il y a lieu à vente aux enchères.

1. — Les caractères constitutifs d'une vente publique de meubles sont la publicité et les enchères. Ce n'est donc que quand ces deux conditions se rencontrent que sont applicables les principes qui régissent les ventes publiques de meubles. Si l'une de ces conditions manque, la vente n'est plus qu'une vente ordinaire, soumise aux règles ordinaires. — V. CONTRAT DE VENTE.

2. — Jugé, par application de ce principe, que la vente que fait un libraire de livres de fonds et d'assortiment à un certain nombre de ses confrères convoqués à cet effet, à l'amiable et de gré à gré, au prix par lui annoncé et sans enchères, ne

pout être considérée comme une vente publique. — Cass., 4 nov. 1818, Leclère.

3. — Il y a, au contraire, vente publique de meubles aux enchères, lorsqu'un particulier fait, dans sa chambre, les portes ouvertes, et en présence d'un certain nombre de marchands appelés par lui, une vente de coupe de bois au plus offrant. — Cass., 22 mai 1822, Warnier.

4. — La distinction entre les ventes publiques de meubles et les ventes non publiques a une grande importance au point de vue de l'enregistrement. Les premières, en effet, sont soumises à un droit d'enregistrement, tandis que les secondes sont affranchies de tout droit. — V. ENREGISTREMENT.

5. — Toutes espèces de meubles peuvent, en général, être vendues publiquement aux enchères : ce qui comprend les meubles incorporels comme les meubles corporels.

6. — Ce qui comprend aussi les marchandises neuves ou non neuves. Toutefois, la vente publique de marchandises est assujétie à d'autres formalités que celles qui sont prescrites pour les ventes publiques et meubles en général. — Pour ce qui concerne la vente des marchandises neuves, V. VENTE DE MARCHANDISES NEUVES. — Relativement aux ventes de marchandises non neuves, V. infra n° 65.

7. — Les navires peuvent être également l'objet d'une vente publique. — V NAVIRE. — Il en est de même des coupes de bois (V. FORÊTS) et des récoltes. — V. VENTE PUBLIQUE DE RÉCOLTES.

8. — ... Ainsi que des bateaux de blanchisseuses, ces bateaux devant être considérés comme meubles — Paris, 4 frim. an XII, commiss. priseurs de Paris c. Laussel.

9. — Mais il est fait exception à la règle générale que toutes espèces de meubles peuvent être vendues aux enchères, pour les choses qui ne sont pas dans le commerce, ou dont la vente est interdite par mesure de sûreté publique, comme les armes dangereuses et de guerre (V. ARMES), les poisons (V. POISONS), les objets de contrebande (V. CONTREBANDE), et les produits dont la vente est exclusivement réservée à l'état, comme le tabac. — V. TABAC.

10. — ... Pour les livres immoraux, les gravures ou tableaux obscènes, et pour tous ceux qui ont été l'objet de quelque condamnation, V. OUVRAGE CONDAMNÉ.

11. — ... Pour les ouvrages d'or et d'argent qui ne sont pas contrôlés, V. MATIÈRES D'OR ET D'ARGENT.

12. — ... Pour les récoltes en vert, V. BLÉS EN VERT, VENTE (contrat de), VENTE PUBLIQUE DE RÉCOLTES, SAISIE-BRANDON.

13. — Les objets déclarés insaisissables par la loi ne peuvent légalement être l'objet d'une vente publique aux enchères, même du consentement du propriétaire de ces objets.

14. — Quant aux imprimeries, si elles peuvent être vendues publiquement, ce n'est toutefois que sous certaines restrictions. Ainsi, elles ne peuvent être vendues qu'à des imprimeurs ; les caractères ne peuvent l'être également qu'à des imprimeurs ou fondeurs brevetés. Mais le brevet d'imprimeur ne peut être vendu. — V. IMPRIMEUR, IMPRIMERIE.

15. — Quels sont maintenant les cas dans lesquels il y a lieu de procéder à une vente publique de meubles? Ces cas sont déterminés soit par le Code civ. soit par le Code de procéd. civ. Ainsi, d'abord, il y a lieu de vendre aux enchères les meubles saisis sur le débiteur par ses créanciers.— C. procéd. civ., art. 617. — V. SAISIE-EXÉCUTION.

16. — Le Code civil prescrit aussi la vente publique des meubles dépendant d'une succession, si la majorité des cohéritiers juge la vente nécessaire pour l'acquit des dettes et charges de la succession. — Art. 826. — Le Code de procédure a ajouté à ce cas celui où l'un ou plusieurs des héritiers ne sont pas majeurs et maîtres de leurs droits, où l'un d'eux est absent, où les héritiers ne sont pas d'accord pour vendre à l'amiable, et enfin celui des intéressés. — Art. 952. — V. SUCCESSION

17. — Il y a lieu encore de vendre aux enchères les meubles dépendant d'une succession, lorsqu'il y a un héritier bénéficiaire. C. civ., art. 805 ; C. procéd. civ., art. 989. — V. SUCCESSION BÉNÉFICIAIRE.

18. — ... Ou lorsqu'un présomptif héritier, ayant d'avoir pris qualité, obtient l'autorisation de vendre les meubles difficiles et dispendieux à conserver. — C. civ. art. 796 ; C. procéd. civ., art. 986.

19. — ... Ou lorsqu'une succession est vacante. C. procéd. civ., art. 1000. — V. SUCCESSION VACANTE, n°s 84 et suiv.

20. Les meubles dépendant d'une communauté

peuvent aussi être vendus publiquement aux enchères dans les mêmes cas que ceux qui dépendent d'une succession. — C. civ., art. 1476. — Ils peuvent l'être aussi, lorsque la femme ayant accepté la communauté ne veut pas s'exposer à payer les dettes au-delà de ce qu'elle pourra recueillir. — C. civ., art. 1483 — V. COMMUNAUTÉ.

21. — Il y a lieu également de vendre aux enchères les meubles de celui dont l'absence a été déclarée. — C. civ., art. 126. — V. ABSENCE. — De ceux qui sont interdits ou privés de leurs droits civils (C. civ., art. 509). — V. INTERDICTION. — Et les meubles d'un failli. — V. FAILLITE, VENTE DE MARCHANDISES NEUVES.

22. — ... Ainsi que les meubles et effets mobiliers qui sont compris dans une disposition contenant substitution. — C. civ., art. 1052 — V. SUBSTITUTION.

23. — Nous avons vu que les meubles qui proviennent d'un mineur, de succession, doivent être vendus aux enchères. Il en est de même de ceux qui appartiennent ou leur appartiennent autrement que par succession. — V. TUTELLE.

24. — ... Il y a vente publique des meubles qui dépendent d'un usufruit, lorsque l'usufruitier ne trouve pas de caution. — V. USUFRUIT.

25. — ... Des objets abandonnés et non réclamés par leurs propriétaires, et des effets mobiliers qui sont restés déposés dans le greffe des tribunaux et des prisons. — V. ÉPAVES, art. 400 et suiv.

26. — Dans tous les cas qui viennent d'être énumérés, la vente publique aux enchères des meubles est forcée. Mais cette vente peut aussi être volontaire, par exemple dans le cas où toutes les parties sont majeures et d'accord, et qu'il n'y a aucun tiers intéressé. — C. procéd. civ., art. 942.

§ 2. — Qui peut procéder aux ventes publiques de meubles.

27. — Les meubles, effets, marchandises, bois, fruits et autres objets mobiliers ne peuvent être vendus publiquement et par enchères qu'en présence et par le ministère d'officiers publics ayant qualité pour y procéder. — L. 22 pluv. an VII, art. 1er.

28. — Les officiers publics chargés de procéder aux ventes publiques de meubles sont principalement les notaires, les commissaires priseurs, les huissiers, les greffiers et les courtiers de commerce.

29. — Le ministère de ces officiers publics est forcé; ils ne peuvent le refuser, quand ils sont légalement requis. — Bioche, Dict. de procéd. civ., v° Vente de meubles aux enchères, n° 6; G. de Villepin, Comment. sur la loi du 25 juin 1841, n° 8.

30. — Spécialement, un commissaire priseur ne peuvent refuser leur ministère, sous prétexte qu'une clause de la vente porte que les enchérisseurs paieront, en sus du prix, 10 cent, par franc, pour les frais de vente, cette clause ne pouvant rien de contraire aux lois. — Lyon, 21 nov. 1832, Bernard c. Teyssier; G. de Villepin, loc. cit.

31. — Un propriétaire peut obliger un officier ministériel à faire la vente publique de son mobilier, tout en se réservant le droit d'en recevoir directement le prix des mains des adjudicataires. L'officier ministériel ne peut refuser de procéder à une pareille vente, sur le prétexte qu'aux termes de l'ordonn. du 3 juill. 1816, il est obligé, en cas d'oppositions, de consigner les deniers, et que, par conséquent, c'est à lui qu'il appartient de recevoir les sommes provenant de la vente. — Cass., 26 juill. 1827, Warin c. Dewintre.

32. — Le droit des notaires, greffiers et huissiers dérive d'anciens monuments de législation. Il a été de nouveau consacré par les lois des 26 juill. 1790 et 17 sept. 1793. Cette dernière loi porte: « Les notaires, greffiers et huissiers seront autorisés à faire les prisées et ventes de meubles dans toute l'étendue du territoire. »

33. — Il n'y a que les officiers publics nommés ci-dessus qui aient le droit de procéder aux ventes publiques de meubles. Ainsi, nul autre que ces officiers ne peut procéder à des prisées ou ventes publiques de meubles. — Rouen, 20 mars 1807, huissiers de Darnétal; G. de Villepin, Comment. de la loi du 25 juin 1841, n° 94.

34. — Mais il appartient aux greffiers des tribunaux de simple police, établis en vertu de l'art. 468, C. instr. crim. — Décis. du minist. de l'enregistrement, 3 janv. 1812. — Rolland-Trouillet, Dict. de l'enregistrement, v° Vente du not., v° Vente de meubles aux enchères, n° 20; G. de Villepin, n° 93; Bioche, Dict. de procéd., 3e édit., v° Vente de meubles aux enchères, n° 8.

35. — Les greffiers de justice de paix exercent

le droit de procéder aux ventes publiques et aux enchères de meubles, concurremment avec les huissiers et notaires, dans les lieux où il n'existe pas de commissaires priseurs. — *Bordeaux*, 6 août 1835, huissiers de Lesparre c. Daria. — G. de Villepin, n° 94.

36. — ... Alors même qu'il s'agit de vente de meubles dépendant des successions bénéficiaires. — Arrêt de Bordeaux précité.

37. — Il n'y a, en effet, aucune distinction à faire, à l'égard du droit des greffiers de justices de paix, entre les ventes qui ont lieu volontairement et les ventes forcées. Les huissiers ne peuvent donc se prévaloir d'un privilége exclusif pour ces dernières. — G. de Villepin, n° 95; Édouard Clerc, *Manuel théorique et pratique du notariat*, 2e édit., p. 134, n° 10.

38. — Mais les greffiers de justice de paix n'ont pas plus que les huissiers le droit de procéder, concurremment avec les notaires, aux ventes publiques de grains non coupés, d'arbres non abattus, et de fruits non détachés. Ces objets étant immeubles de leur nature, le droit de les vendre publiquement appartient exclusivement aux notaires. — *Amiens*, 21 nov. 1823, chambre des notaires d'Abbeville c. Bricot.

39. — Les greffiers des tribunaux civils ne sont pas dans l'usage de procéder aux ventes publiques de meubles. Ce droit leur est-il donc interdit? Les auteurs enseignent l'affirmative (V. Carré, *Comp.*, t. 1er, p. 308; Rolland de Villargues, v° *Vente de meubles*, n° 21). Mais la doctrine contraire résulte de l'arrêt de Rouen précité du 20 mars 1807. On lit, en effet, dans les motifs de cet arrêt, que les lois de 1790 et 1793 ne font aucune distinction entre les greffiers des tribunaux de district, remplacés aujourd'hui par les tribunaux d'arrondissement, et les greffiers des justices de paix.

40. — Les attributions des commis greffiers, fixées par la loi du 24 août 1790 et les autres lois ou décrets relatifs à l'organisation des cours et tribunaux, se rapportent exclusivement aux actes qui ont un caractère judiciaire. Mais les commis greffiers de justice de paix ne peuvent, comme suppléant les greffiers, procéder aux ventes aux enchères de biens meubles, ce droit étant conféré aux greffiers, concurremment avec les notaires et les huissiers, en leur qualité d'officiers publics, et par des lois spéciales qui ne rappellent nullement la faculté de remplacement. — *Cass.*, 8 déc. 1846 (t. 1er 1847, p. 5), huissiers de Limoux c. Rivals.

41. — Cette décision a tranché une question d'attributions qui ne manque pas d'importance, mais dont la solution ne saurait, à notre avis, souffrir de difficulté sérieuse. Les greffiers, comme on le sait, remplissent aujourd'hui deux fonctions bien distinctes : d'abord celles de greffier proprement dites, qui consistent à assister le juge soit à l'audience, soit hors de l'audience, et à rédiger tous les actes du greffe; puis celles d'officiers publics. C'est en cette dernière qualité qu'ils ont, concurremment avec les huissiers et les notaires, le droit de procéder aux ventes publiques de meubles dans les localités où il n'existe pas de commissaires priseurs. — Ces deux fonctions sont régies par deux législations différentes : l'une qui appartient tout entière à l'organisation judiciaire; l'autre qui se compose de diverses lois, renouvelées des anciens édits et lettres-patentes de 1566, 1676, 1696 et 1771, et dont l'objet unique est de régler les droits et les attributions des officiers publics vendeurs de meubles. — La dernière de ces lois est celle du 25 juin 1841. Maintenant, et ceci posé, si l'on se reporte aux diverses lois qui, en permettant aux greffiers de se faire remplacer, consacrent l'existence des commis greffiers et déterminent leurs attributions, on remarque que toutes ces lois, sans exception, appartiennent à l'organisation judiciaire. C'est ainsi qu'après avoir imposé, par son art. 24, aux greffiers l'obligation de présenter le nombre de commis greffiers nécessaires pour le service, le décret du 18 août 1810 (art. 25) ajoute que le greffier pourra se faire suppléer auprès du juge ainsi qu'aux audiences par ses commis greffiers assermentés, et accorde (art. 26) au tribunal un droit de réprimande sur ces commis. — Mais on ne retrouve aucune disposition analogue, quant à ce droit de suppléance, dans les lois relatives aux fonctions des greffiers comme officiers publics, c'est à dire aux ventes de meubles. De là il semble rationnel de conclure que le législateur a borné le droit de remplacement pour les greffiers, et, par conséquent, celui d'agir et de fonctionner, pour les commis greffiers, aux cas où il s'agit de remplir des attributions purement judiciaires, et de faire tout ce qui se rattache au greffe proprement dit. C'est, en effet, uniquement par la nécessité de satisfaire aux besoins du service de la justice que se justifie l'institution des commis greffiers. On comprend que s'il n'y avait qu'un greffier comme s'il n'y avait qu'un juge, l'administration de la justice serait souvent entravée, et cette considération a dû engager le législateur à enjoindre au greffier de se donner des suppléans, comme il a réglé lui-même le mode de suppléance des juges. Mais, en dehors des besoins du service judiciaire, on ne comprend plus la faculté de remplacement, faculté tout exceptionnelle de sa nature, et qui ne peut être exercée qu'autant que la loi l'a expressément autorisée. D'ailleurs, l'esprit de la législation sur les ventes de meubles répugne à l'idée que, pour de pareilles ventes, les greffiers puissent se faire remplacer. Cette législation, en effet, pose en principe la concurrence des notaires, greffiers, huissiers, pour procéder à ces opérations, d'où il résulte qu'elle établit une assimilation complète entre ces divers fonctionnaires, en ce qui concerne ce service. Or, il est certain que les notaires et les huissiers ne peuvent déléguer leurs fonctions à d'autres : pourquoi donc en serait-il différemment des greffiers, et par quel motif seraient-ils seuls admis à jouir d'une faculté de remplacement qui constituerait, à leur profit, un véritable privilége? Il est à remarquer, d'ailleurs, que l'intérêt des particuliers qui peuvent avoir des meubles à vendre n'aura rien à souffrir de ce que les greffiers ne pourraient pas se faire suppléer par leurs commis greffiers, puisque les parties intéressées, en cas d'empêchement du greffier, pourront s'adresser aux notaires ou aux huissiers, dont le ministère ne leur fera pas défaut. — D'un autre côté, la législation sur les ventes de meubles pose également en principe que nul ne pourra s'immiscer dans ces opérations s'il n'est fonctionnaire public. Or, les commis greffiers ne sont pas fonctionnaires publics, car le caractère distinctif des fonctions publiques est la nomination par le roi, tandis que les commis greffiers sont seulement soumis à l'agrément du tribunal et ne relèvent d'aucune autre autorité, ce qui vient encore démontrer que leur participation est limitée au service judiciaire. L'arrêt attaqué se fonde sur une lettre du grand-juge, du 24 pluv. an XII, dans laquelle on lit : « La loi du 28 flor. an X vous autorise formellement à nommer un commis greffier que vous ferez recevoir au serment par le juge de paix ; ce commis greffier pourra tenir la plume aux audiences, signer les expéditions *et remplir toutes les fonctions que vous exercez*; » et de ces dernières expressions il conclut que le commis greffier peut remplacer le greffier dans tous les cas où celui-ci a lui-même capacité pour agir. — Mais il faut remarquer, d'abord, que le ministre se réfère à la loi de l'an X, dont toutes les dispositions sont, ainsi que nous l'avons déjà dit, relatives au service judiciaire; d'où l'on doit tirer la conséquence que l'autorisation donnée par cette loi, et que rappelle la lettre ministérielle, est spéciale et relative à ce service : il faut observer en outre que l'expression générale *remplir toutes les fonctions* est limitée par les expressions *tenir la plume aux audiences, signer les expéditions* : le ministre entend parler des fonctions de même nature que celles qu'il vient d'énumérer, c'est-à-dire de toutes les fonctions judiciaires. D'ailleurs, le ministre n'aurait pas pu créer un droit qui n'aurait pas été conféré par la loi. En résumé, lorsqu'il s'agit de l'accomplissement de fonctions publiques, la faculté de remplacement est de droit et ne saurait sans danger être étendue au-delà des cas spécialement prévus par le législateur. Or, on ne trouve, en ce qui concerne les greffiers, la faculté de remplacement écrite que dans les lois relatives à celles de leurs fonctions qui se rattachent au service judiciaire, et non dans les lois qui règlent leurs attributions comme officiers publics. La nécessité de suppléance qui se fait sentir impérieusement, dans le premier cas, est fort loin de se révéler dans le second. Nous pensons donc que la cour de Cassation a bien appliqué les lois de la matière, en refusant aux greffiers de se faire remplacer par leurs commis assermentés dans les ventes publiques de meubles. — V., en ce sens, M. Augier, *Encycl. des juges de paix*, v° *Commis greffier*, t. 2, n° 5.

42. — Les greffiers et huissiers n'ont jamais un droit exclusif à la vente publique de certains meubles (V. GREFFIER et HUISSIER). Il en est différemment des notaires. Ainsi, aux notaires seuls appartient le droit de vendre, aux enchères, les meubles *incorporels*. — Bioche, n° 14; G. de Villepin, nos 111 et suiv.; Rolland de Villargues, v° *Vente de meubles*, nos 22 et suiv.

43. — Spécialement, c'est aux notaires exclusivement, et non aux commissaires priseurs, qu'il appartient de faire la vente d'un fonds de commerce et du droit au bail des lieux où s'exploite ce fonds. — *Cass.*, 15 (et non 27) fév. 1826, commissaires priseurs de Paris c. Lherbette; 23 mars 1836, commissaires priseurs de Paris c. notaires de Paris.

44. — Les métiers, ustensiles et autres objets qui font partie d'un fonds de commerce, doivent être considérés comme l'accessoire de ce fonds, de telle sorte que la vente doive en être faite par les notaires, à qui seuls appartient la vente du fonds. — V., outre les arrêts de *Cass.* précités des 15 fév. 1826 et 23 mars 1836, *Paris*, 4 déc. 1823, commissaires priseurs de Paris c. Lherbette; 15 juin 1833, commissaires priseurs c. notaires de Paris.

45. — Un notaire a surtout le droit de procéder, à l'exclusion des commissaires priseurs, à la vente aux enchères de l'achalandage d'un établissement de commerce, ainsi qu'à la vente en bloc des outils, ustensiles et autres objets mobiliers affectés à cet établissement de commerce, lorsque la vente est à terme, et qu'à cette vente se joint la cession du bail des lieux occupés par le vendeur et la stipulation soit de sûreté hypothécaire, soit d'un cautionnement. — *Colmar*, 30 janv. 1827, commissaires-priseurs de Strasbourg c. Wengler et notaires de Strasbourg.

46. — La question de savoir si les meubles corporels vendus avec le fonds de commerce sont ou non l'accessoire de ce fonds dépend, au surplus, comme question de fait, de l'arbitrage des parties qui requièrent la vente et de l'appréciation des tribunaux. — Arrêt de Cass. précité du 23 mars 1836, n° 43.

47. — Il en est de la vente d'un brevet d'invention et de ses accessoires comme de celle d'un fonds de commerce. Il ne peut y être procédé que par un notaire. — Arrêt de Paris précité du 4 déc. 1823.

48. — Les notaires ont également, à l'exclusion des huissiers, le droit de procéder aux ventes publiques de meubles *à terme*. — *Colmar*, 27 mai 1837 (t. 2 1837, p. 48), chambre des huissiers de Belfort c. chambre des notaires; *Paris*, 25 juin 1840 (t. 2 1840, p. 148), notaires de Vitry-le-Français c. huissiers.

49. — ... Aux ventes publiques des matériaux des bâtimens à démolir, des fouilles à faire dans les carrières et autres extractions du sol. — *Cass.*, 10 déc. 1828 (2 arrêts), notaires c. huissiers des Andelys et notaires c. huissiers de Caen; 8 juin 1831, notaires c. huissiers des Andelys.

50. — On doit considérer comme vente de matériaux provenant de démolition, et par conséquent comme vente d'objets mobiliers, la vente de bâtimens, sous la condition expresse que ces bâtimens seront abattus. — *Bruxelles*, 23 juin 1824, enregistrement c. N... ; *Orléans*, 8 mars 1833, huissiers c. notaires des Andelys.

51. — Jugé aussi que la vente des coupes ordinaires de bois doit rentrer dans les attributions exclusives des notaires, avec d'autant plus de raison qu'elle comporte ordinairement des stipulations relatives aux termes pour le paiement du prix, et d'autres conventions que les huissiers n'ont pas qualité pour recevoir. — *Paris*, 1er juin 1840 (t. 2 1840, p. 148), notaires de Caen c. huissiers de la même ville.

52. — Dans les localités où il n'y a pas de commissaires priseurs, les huissiers et les greffiers ont simplement le droit de vendre les meubles proprement dits, c'est-à-dire susceptibles de tradition manuelle; mais ils n'ont pas qualité pour vendre les récoltes et fruits pendant par racines. — En conséquence, aux notaires seuls appartient le droit de faire la vente de coupes de bois. — *Cass.*, 5 déc. 1827, huissiers c. notaires de Provins.

53. — Quant aux commissaires-priseurs, le droit qui leur appartient de procéder aux ventes publiques de meubles a été consacré par la loi des 27 vent. an IX et 28 avr. 1816. Ils exercent ce droit, dans certains cas, d'une manière exclusive, et, dans d'autres, concurremment avec les notaires, huissiers, greffiers et courtiers de commerce.

54. — Hors le cas où il s'agit de biens incorporels, les commissaires-priseurs ont le droit exclusif de procéder aux ventes publiques de meubles dans le chef-lieu de leur établissement; hors de là, ils ne peuvent y procéder que concurremment avec les notaires, greffiers et huissiers. La jurisprudence avait longtemps, toutefois, mais implicitement, admis que, comme les huissiers (V. n° 48), les commissaires priseurs ne pouvaient faire de vente qu'*au comptant*. Ce qui tendait à faire rentrer dans les attributions des notaires, à l'exclusion des commissaires priseurs, les ventes *à terme*.

55. — Mais, par arrêt du 8 mars 1837 (t. 1er 1837, p. 229 [Munier c. Salle]), la cour de Cassation a

décidé que les commissaires priseurs avaient le droit exclusif de procéder, dans le chef-lieu de leur établissement, aux ventes publiques d'effets mobiliers, alors même que l'intention des parties venderesses était que la vente eût lieu avec division des objets par lots, stipulation de termes, et obligation, de la part des adjudicataires, de fournir caution. L'intervention des notaires dans ces sortes de ventes, pour procurer à la partie venderesse un acte exécutoire ou emportant hypothèque, doit se concilier avec l'exercice du droit des commissaires priseurs. — V. aussi, en ce sens, G. de Villepin, nos 109 et 110. — V., cependant, *Paris*, 25 juin 1840 (t. 2 1840, p. 148), notaires de Vitry-le-Français c. commissaires priseurs, etc., de la même ville. — V., au surplus, COMMISSAIRE PRISEUR, sect. 3e.

56. — Spécialement, c'est aux commissaires priseurs seuls qu'appartient, à Paris, le droit de faire la vente publique des bateaux de blanchisseuses. — *Paris*, 4 frim. an XII, commiss. pris. de Paris c. Laume.

57. — Le droit exclusif qu'ont les commissaires priseurs établis dans une ville d'y faire les ventes mobilières aux enchères publiques, s'étend également aux dépendances comprises dans la même circonscription communale que ces villes. — *Paris*, 17 août 1847 (t. 2 1847, p. 461), Prévost c. Marchand.

58. — La cour de Cassation l'a décidé ainsi relativement aux ventes publiques de meubles dans l'étendue des territoires des trois mairies de la Guillotière, de la Croix-Rousse et de Vaise, qu'on a considérées comme devant faire partie de la ville de Lyon. — *Cass.*, 22 mars 1832, huiss. de Lyon c. commiss. pris. — V., cependant, *Lyon*, 16 mars 1847 (t. 2 1847, p. 255), commiss. pris. de Lyon c. huiss.

59. — Les commissaires-priseurs ayant le droit exclusif de procéder, dans le chef-lieu de leur établissement, aux ventes volontaires de meubles, il s'ensuit que les notaires ne peuvent être admis à leur faire concurrence au moyen de certaines conditions de cautionnement, d'hypothèque ou de terme, lorsqu'il est manifeste que ces conditions ne sont imposées que dans le but de justifier l'intervention des notaires. — Le notaire qui provoque ces conditions ou leur donne son assentiment s'expose à des poursuites disciplinaires. — *Paris*, 5 juill. 1845 (t. 2 1845, p. 735), Débart c. Nidard.

60. — Le notaire qui, en pareil cas, a procédé à une vente de cette nature, même en vertu d'un jugement qui l'a commis à cet effet, est passible aussi de dommages-intérêts pour violation du privilège des commissaires priseurs. — *Paris*, 17 août 1847 (t. 2 1847, p. 461), Prévost c. Marchand.

61. — Les ventes de *comestibles* et d'*objets de menue mercerie* peuvent avoir lieu à cri public, soit aux enchères, soit au rabais et même à prix fixe proclamé, en quelque lieu que ce soit, dans les *magasins* comme sur la voie publique. — G. de Villepin, no 32; Bioche, no 28.

§ 3. — *Dans quelle forme et par quels officiers publics la vente doit être faite.*

62. — La forme des ventes de marchandises neuves, dans le cas où ces ventes sont autorisées, varie d'abord suivant qu'il s'agit de ventes en *gros* ou de ventes en *détail*, et ensuite suivant que les ventes en détail ont lieu après décès ou par autorité de justice, après faillite, après cessation de commerce, ou dans les autres cas de nécessité prévus par l'art. 2, L. 25 juin 1841.

63. — Les ventes publiques et en détail de marchandises neuves, qui ont lieu après décès ou par autorité de justice, doivent être faites selon les formes prescrites, et par les officiers ministériels préposés pour la vente forcée du mobilier, conformément aux art. 625 et 945, C. proc. civ. — L. 25 juin 1841, art. 3. — V., à cet égard, SAISIE-EXÉCUTION. — V. aussi VENTES PUBLIQUES DE MEUBLES.

64. — Relativement à la forme de la vente qui a lieu après faillite, il faut distinguer entre la vente des marchandises et celle des autres effets mobiliers du failli.

65. — Les ventes de marchandises après faillite doivent être faites, conformément à l'art. 486 (nouveau), C. comm., par un officier public de la classe que le juge commissaire détermine. — L. 25 juin 1841, art. 4, § 1er.

66. — Il résulte, comme on le voit, des termes de cette disposition que ce n'est que la *classe* et non l'officier public lui même que le juge commissaire a le droit de désigner. C'est aux syndics qu'il appartient de choisir, dans la classe d'officiers déterminée, celui dont ils veulent employer le ministère. — C. comm., art. 486.

67. — Le juge commissaire peut désigner, pour la vente des marchandises du failli, telle classe d'officiers publics qu'il juge convenable. Ainsi, il peut désigner un huissier, même dans un lieu où résident des commissaires-priseurs. — *Caen*, 18 janv. 1843 (t. 1er 1844, p. 665), Poitrineau c. Lemercier. — *Contrà Caen*, 25 août 1843 (t. 1er 1844, p. 667), Gohier c. Legeay.

68. — Il a également le droit de désigner la classe des courtiers de commerce, comme toute autre, pour procéder à la vente des marchandises. — V. COURTIER DE COMMERCE. — Mais, dans tous les cas où les ventes sont faites par le ministère de courtiers, ils doivent se conformer aux lois qui les régissent, tant pour les formes de vente que pour les droits de courtage. — L. 25 juin 1841, art. 9.

69. — Quant au mobilier du failli, il ne peut être vendu aux enchères que par le ministère des commissaires priseurs, notaires, huissiers ou greffiers de justice de paix, conformément aux lois et réglemens qui déterminent les attributions de ces différens officiers. — L. 25 juin 1841, art. 4, § 2.

70. — Ainsi, les courtiers ont été exclus par la loi du 25 juin 1841 du droit de procéder, en cas de faillite, à la vente aux enchères du mobilier du failli, tandis qu'ils peuvent procéder à celle des marchandises.

71. — Pour ce qui concerne les formalités de la vente faite, après faillite, des marchandises et du mobilier du failli, V., au surplus, FAILLITE, nos 809 et suiv.

72. — Les commissaires priseurs, les notaires, huissiers et greffiers de justice de paix, qui, dans les lieux où il n'y a point de courtiers de commerce, procèdent aux ventes de marchandises neuves, doivent se conformer aux lois et réglemens qui déterminent leurs droits respectifs. Ils sont, pour lesdites ventes, soumis aux formes, conditions et tarifs imposés aux courtiers. — L. 25 juin 1841, art. 10.

73. — Les ventes publiques et par enchères, après cessation de commerce ou dans les autres cas de nécessité prévus par l'art. 2, L. 25 juin 1841, ne peuvent avoir lieu qu'autant qu'elles ont été préalablement autorisées par le tribunal de commerce, sur la requête du commerçant propriétaire, à laquelle est joint un état détaillé des marchandises. — L. 25 juin 1841, art. 5, § 1er.

74. — Le tribunal constate, par son jugement, le fait qui donne lieu à la vente; il indique le lieu où doit se faire la vente; il peut même ordonner que les adjudications n'aient lieu que par lots, dont il est libre de fixer l'importance. — Même art., § 2.

75. — Le lieu où doit se faire la vente doit être situé dans l'arrondissement du domicile du commerçant qui vend. Mais, dans cette limite, le tribunal a pleine latitude pour désigner le lieu de la vente. S'il aperçoit que la vente qui serait faite au lieu du domicile du marchand ou dans tel autre lieu aurait, soit pour le marchand qui vend, soit pour les autres marchands sédentaires du lieu, de graves inconvéniens, et que, dans un autre lieu du même arrondissement, la vente peut être réalisée avec les mêmes bénéfices, il a la faculté de l'ordonner. — G. de Villepin, nos 47 et 48; Bioche, no 39.

76. — Le tribunal est libre aussi d'ordonner ou de ne pas ordonner la vente par lots, suivant qu'elle lui paraît avantageuse ou de nature à nuire au marchand qui cesse son commerce. Comme aussi il peut régler la condition de la vente, et ordonner qu'elle sera faite par petits lots ou par lots d'une certaine importance. — G. de Villepin, nos 49 et 50; Bioche, no 40.

77. — Le jugement qui autorise la vente doit également décider, d'après les lois et réglemens d'attributions, qui, des courtiers, des commissaires priseurs, ou autres officiers publics, sera chargé de la réception des enchères. — L. 25 juin 1841, art. 5, § 3.

78. — La désignation du tribunal étant soumise aux lois et réglemens d'attributions n'est donc pas arbitraire. Ainsi, s'agit-il d'une vente en gros, le tribunal doit commettre les courtiers de commerce pour y procéder. S'agit-il, au contraire, d'une vente en détail dans un lieu où des commissaires priseurs sont institués, c'est un commissaire priseur qu'il doit charger de faire la vente. Toutefois, le pouvoir du tribunal devient véritablement discrétionnaire pour les ventes faites dans les lieux où il y a concurrence entre les commissaires priseurs, les notaires, huissiers et greffiers. — G. de Villepin, no 53; Bioche, 41.

79. — Le tribunal ne peut accorder son autorisation, pour cause de nécessité, au marchand sédentaire, que lorsque celui-ci a, depuis un an au moins, son domicile réel dans l'arrondissement où la vente doit être opérée. — L. 25 juin 1841, art. 5, § 4.

80. — Il n'appartient qu'aux tribunaux de commerce de déterminer les conditions de la vente à l'encan des marchandises neuves. L'autorité municipale ne peut, sans excès de pouvoir, soumettre les ventes à la criée, faites à prix fixe dans les magasins, à la condition d'une exposition préalable des objets mis en vente avec étiquette indiquant leur prix. — Les contraventions à un arrêté imposant de pareilles conditions ne peuvent donc entraîner aucune peine. — *Cass.*, 28 nov. 1828, Moyse Franck; 3 déc. 1840 (t. 2 1841, p. 436), Gromlach. — V. aussi, dans le même sens, *Cass.*, 31 juill. 1840 (t. 2 1840, p. 485), Marx.

81. — La nécessité d'un officier public pour procéder aux ventes aux enchères de meubles, s'applique aussi bien lorsque la vente est volontaire que lorsqu'elle est forcée ou judiciaire. Les notaires ont, comme les huissiers, le droit de faire les ventes forcées, alors même qu'elles ont lieu par suite de saisie, s'il n'existe pas, dans le lieu, de commissaires priseurs. Les huissiers n'ont point un droit exclusif à ces sortes de ventes. — Rolland de Villargues, vo *Vente de meubles*, nos 66 et 67.

§ 4. — *Formalités. — Déclaration préalable. — Contraventions. — Responsabilité.*

82. — Les propriétaires ou intéressés, qui sont tous majeurs, maîtres de leurs droits et d'accord, peuvent faire vendre leurs meubles dans telle forme qui leur convient. Ainsi, la vente peut être faite indistinctement soit dans les lieux où se trouvent les meubles, soit dans les salles destinées aux ventes publiques. Et, dans ce dernier cas, il n'est pas nécessaire d'obtenir l'autorisation du président du tribunal. — Rolland de Villargues, vo *Ventes de meubles*, nos 59 et 60.

83. — Les officiers publics, chargés de procéder à une vente volontaire, peuvent la faire précéder de tel mode de publicité que bon leur semble. Ils peuvent ou se contenter de bulletins à la main placés dans des tableaux destinés à cet usage, ou employer la voie des journaux ou celle des catalogues. — Rolland de Villargues, no 61.

84. — Lorsque la vente a lieu par suite de saisie, les formalités auxquelles elle est soumise sont indiquées sous chacune des procédures particulières aux diverses saisies. — V. SAISIE-BRANDON, SAISIE DE VENTES, SAISIE-EXÉCUTION.

85. — Si les meubles qui doivent être vendus dépendent d'une succession, les héritiers, s'ils sont tous majeurs, présens et d'accord, et qu'il n'y ait point d'intéressés, peuvent les faire vendre soit à l'amiable, soit par adjudication volontaire, dans telle forme que bon leur semble. — C. proc. civ., art. 952.

86. — Lorsque les héritiers veulent procéder à la vente des effets mobiliers dépendant d'une succession, avant de prendre qualité, conformément aux art. 793 et 794, C. civ., il est nécessaire qu'ils s'y fassent autoriser. Ils présentent à cet effet requête au président du tribunal de première instance dans le ressort duquel la succession est ouverte. — C. proc. civ., art 986.

87. — Dans le cas où la vente de meubles dépendant d'une succession a lieu en exécution de l'art. 826, C. civ., c'est-à-dire lorsqu'il y a des créanciers saisissans ou opposans, ou lorsque la majorité des cohéritiers juge la vente nécessaire pour l'acquit des dettes et charges de la succession, cette vente est faite dans les formes prescrites au titre des *saisies-exécutions*. — C. proc. civ., art. 945. — V. SAISIE-EXÉCUTION.

88. — Il y est procédé sur la réquisition de l'une des parties intéressées, en vertu de l'ordonnance du président du tribunal de première instance, et par un officier public. — C. proc. civ., art. 946. — Par *partie intéressée*, on doit entendre ici toute personne ayant des droits sur le mobilier. — Bioche, no 25.

89. — On doit appeler à la vente les parties qui ont droit d'assister à l'inventaire, et qui demeurent ou ont élu domicile dans la distance de cinq myriamètres : l'acte est signifié au domicile élu. — C. proc. civ., art. 947. — V. INVENTAIRE.

90. — Mais il n'est pas nécessaire d'appeler les créanciers opposans pour assister à la vente. — Arg. art. 945 et 615, C. proc. civ. — Carré, *Lois de la proc.*, édit. Chauveau, sur l'art. 947; Bioche, no 27; Rolland de Villargues, vo *Vente de meubles*, no 90.

91. — S'il s'élève des difficultés, il peut être statué provisoirement en référé par le président du tribunal de première instance. — C. proc. civ., art. 948.

92. — Le président du tribunal auquel on doit en ce cas s'adresser est celui du lieu de l'ouverture de la succession. En cas d'urgence, on peut, cependant, s'adresser au président du tribunal du lieu de la situation des objets. — Bioche, no 28.

95. — Lorsqu'il s'agit de vendre des meubles qui appartiennent à des mineurs autrement que par succession, il faut se conformer, pour la vente, aux dispositions de l'art. 452, C. civ. — V. TUTELLE.

94. — Toutes les ventes publiques de meubles doivent être, sous peine d'une amende de 20 fr., précédées d'une déclaration préalable au bureau de l'enregistrement dans l'arrondissement duquel la vente doit avoir lieu. — L. 22 pluv. an VII, art. 2 et 7; L. 16 juin 1824, art. 10.

95. — Spécialement, la vente de matériaux provenant de démolition doit être, de la part du notaire qui y procède, l'objet d'une déclaration préalable au bureau de l'enregistrement. — *Bruxelles*, 23 juin 1824, Enregistrement c. N.

96. — Cette déclaration doit être faite aussi bien lorsqu'il s'agit d'une vente amiable que lorsqu'il s'agit d'une vente judiciaire : la loi ne distingue pas. — Rolland de Villargues, v° *Vente de meubles*, n° 48; Ed. Clerc, 2e édit., p. 135, n° 39.

97. — Cette déclaration est nécessaire aussi non seulement pour les ventes aux enchères, mais encore pour les ventes au rabais. — Ed. Clerc, *loc. cit.*, n° 41.

98. — Elle doit avoir lieu même pour les ventes en matière de faillite. — Déc. min. just. et fin. des 26 mai et 9 juin 1812. — Ed. Clerc, n° 42; Bioche, n° 33.

99. — Les ventes de meubles incorporels n'en sont pas non plus affranchies. Ainsi, le notaire qui procède à la vente publique, aux enchères, de créances, sans avoir fait la déclaration, encourt l'amende de 20 fr. — Bioche, n° 34.

100. — L'officier public qui remet la continuation d'une vente de meubles à des jour et heure non précisés dans le procès-verbal de ses premières opérations doit également, sous peine d'amende, déclarer au receveur de l'enregistrement le jour auquel cette continuation aura lieu. — *Cass.*, 23 juill. 1828, Daufresne c. enregistrement.

101. — Mais une nouvelle déclaration n'est pas nécessaire quand la vente est remise *à jour fixe*. — Décis. du minist. des fin. 24 mars 1820.

102. — Quand la vente n'a pas lieu au jour indiqué par la déclaration ou qu'il n'est procédé qu'à une adjudication préparatoire, l'officier public ne peut procéder à la vente sans une nouvelle déclaration. — Délibér. de la rég. 18 avr. 1817.

103. — Jugé, en effet, que la déclaration doit se faire, encore bien qu'il ne soit ultérieurement procédé qu'à une adjudication préparatoire, ou bien que toutes les formalités ayant été préalablement remplies pour la vente, cette vente n'ait ensuite pas lieu. — *Bruxelles*, 23 juin 1824, enregistrement c. N....

104. — Une simple lettre missive ne saurait suppléer à la déclaration qu'un notaire doit faire sur le registre du receveur de l'enregistrement, avant de procéder à une vente publique de meubles. — L. 22 pluv. an VII, art. 2, 3, 4, 5 et 7. — *Cass.*, 24 nov. 1806, enregistrement c. Pugeau.

105. — Toutefois, la déclaration n'est pas nécessaire pour : 1° les ventes de mobilier national et d'effets de monts-de-piété légalement établis (L. 22 pluv. an VII, art. 9); 2° les ventes de prises maritimes et autres, faites par l'administration de la marine (Décis. min. fin. 24 juin 1806 et 13 déc. 1808. — V. PRISES MARITIMES); 3° les ventes d'objets saisis, faites par les régisseurs des octrois municipaux et les préposés des douanes (Décis. min. fin. 15 déc. 1808); 4° les ventes d'effets communaux et du mobilier des fabriques et des hôpitaux, faites par les maires (Décis. de la rég. 13 déc. 1808); et, 5°, enfin, étaient dispensées de la déclaration les coupes de bois de la couronne, faites par les notaires. — Décis. min. fin. 14 sept. 1826.

106. — S'il se trouve, parmi les objets à vendre, des matières d'or et d'argent, une déclaration préalable doit être faite à l'administration de la monnaie. L'officier public qui néglige de faire cette déclaration n'est pas, néanmoins, soumis aux peines correctionnelles prononcées par les art. 80 et 107, L. 19 brum. an VI, lesquelles ne sont applicables qu'aux marchands et fabricans; il est seulement passible de peines disciplinaires. — *Cass.*, 25 fév. 1837 (t. 1er 1838, p. 83), Salomon.

107. — Au surplus, sur le point de savoir quelles sont les ventes publiques de meubles qui sont ou non assujéties à la formalité de la déclaration préalable, et comment cette déclaration doit être faite et peut être constatée, v° ENREGISTREMENT, nos 3803 et suiv.

108. — L'officier public, chargé de procéder à une vente publique de meubles, doit être assisté de deux témoins sachant signer et *domiciliés*. — L. 22 pluv. an VII, art. 5. — Il est d'usage aussi qu'il soit assisté d'un *crieur* choisi par lui. — Rolland de Villargues, v° *Vente de meubles*, n° 69; Bioche, n° 37.

109. — M. Bioche (*loc. cit.*) pense que les témoins doivent être domiciliés dans la commune où se fait la vente. Il nous semble, au contraire, comme à M. Edouard Clerc (p. 135, n° 27), que, par le mot *domiciliés*, la loi a voulu dire seulement que les témoins ne devaient pas être des gens inconnus et sans aveu. Ils peuvent donc être pris parmi des personnes domiciliées ailleurs que dans le lieu où se fait la vente.

110. — Un second notaire peut tenir lieu des deux témoins, lorsque la vente est faite par un notaire, comme dans les actes notariés ordinaires. — Edouard Clerc, p. 135, n° 28.

111. — La vente est faite dans le lieu où sont les effets, à moins qu'il n'en soit autrement ordonné. — C. proc. civ., art. 949. — Il y est procédé tant en absence qu'en présence des personnes qui ont le droit d'y assister, sans qu'il soit nécessaire d'appeler personne pour les non comparans. — C. proc. civ., art. 950.

112. — La vente doit être faite aux jours et heures du marché, ou le dimanche à l'issue de la messe. On peut cependant obtenir l'autorisation de vendre à un autre jour. — V. SAISIE-EXÉCUTION.

113. — Un notaire ne peut procéder à une vente de meubles, nonobstant une opposition formée entre ses mains, sans y avoir fait préalablement statuer. Il est personnellement responsable de l'inobservation des formalités. — *Paris*, 17 juin 1811, Josse c. Hardouin.

114. — Le procès-verbal de vente doit contenir : 1° la copie de la déclaration préalable dont il a été parlé plus haut, à peine d'une amende de 5 fr. (L. 22 pluv. an VII, art. 7); 2° mention de l'exploit de sommation signifié aux parties intéressées à assister à la vente; 3° mention de la présence ou de l'absence du requérant (C. proc. civ., art. 951); 4° tous les objets exposés en vente, à peine de 100 fr. d'amende contre l'officier public; 5° le prix de chaque objet adjugé en toutes lettres, et tiré hors ligne; et 6° les noms et domiciles des différens adjudicataires. — Rolland de Villargues, v° *Vente de meubles*, nos 92 et suiv.; Bioche, n° 40.

115. — Il est prononcé une amende de 20 fr. pour chaque article adjugé et non porté au procès-verbal, outre la restitution de droit, et pour chaque altération du prix des articles adjugés faite dans le procès-verbal, indépendamment de la restitution du droit et des peines de faux, s'il y a lieu, et une amende de 5 fr. pour chaque article dont le prix ne serait pas écrit en toutes lettres au procès-verbal. — L. 22 pluv. an VII, art. 7; L. 16 juin 1824, art. 10.

116. — Toutefois, les ratures d'articles dans les procès-verbaux de ventes publiques de meubles ne constituent pas, par elles mêmes, une contravention. Il n'en peut être ainsi qu'autant qu'il est prouvé que les articles rayés ont été adjugés. — Délibér. de la régie 23 oct. 1824. — Ed. Clerc, p. 135, n° 31.

117. — Lorsqu'une vente est faite par suite d'inventaire, il en doit être fait mention au procès-verbal, avec indication de la date de l'inventaire, du nom du notaire qui y a procédé et de la quittance d'enregistrement, sous peine d'une amende de 10 fr. — L. 22 pluv. an VII, art. 5 et 7; L. 16 juin 1824, art. 10. — Rolland de Villargues, nos 147 et suiv.

118. — Les contraventions aux lois qui régissent les ventes publiques de meubles se poursuivent et se jugent comme en matière d'enregistrement. — Rolland de Villargues, v° *Vente de meubles*, n° 113.

119. — L'adjudication est faite au plus offrant et au comptant. — C. proc. civ., art. 624. — Faute de paiement, l'objet est revendu sur-le-champ à la folle-enchère (même art.), sans qu'il soit besoin d'une ordonnance du juge. — Rolland de Villargues, n° 101.

120. — L'officier public qui procède à une vente publique de meubles ne peut se rendre adjudicataire pour son propre compte. — C. civ., art. 1596. — Il en est de même du tuteur et du subrogé tuteur. — Rolland de Villargues, n° 123.

121. — Chaque séance doit être close et signée par l'officier public et les témoins. — L. 22 pluv. an VII, art. 5. — Mais il n'est pas nécessaire que le procès-verbal de vente soit signé par les adjudicataires, lorsque la vente est faite au comptant. — Bioche, n° 42; Rolland de Villargues, nos 142 et 143.

122. — Il a même été décidé que le notaire qui procède à la vente, aux enchères et au comptant, d'objets mobiliers n'est pas tenu d'énoncer dans le procès-verbal d'adjudication les noms des adjudicataires. — *Colmar*, 28 juill. 1827, Shwind. — V. *suprà*, n° 114.

123. — Dans tous les cas, lorsqu'en marge d'un procès-verbal d'adjudication d'objets mobiliers vendus aux enchères, le notaire désigne les noms des acheteurs, soit en toutes lettres, soit par abréviation, qu'il mentionne la libération par le mot *payé* ou la lettre P., ces indications ne doivent pas être considérées comme de véritables renvois soumis aux mêmes formes que le corps de l'acte : ce ne sont que de simples annotations personnelles au notaire. — Même arrêt.

124 — Mais, si la vente était faite à terme ou contenait quelque engagement de la part des adjudicataires, il serait alors nécessaire de faire signer par ces derniers le procès-verbal d'adjudication. — Rolland de Villargues, v° *Vente de meubles*, n° 144.

125. — Les officiers publics sont tenus de conserver la minute de leurs procès-verbaux. — Décis. du minist. de la just. du 8 fév. 1830. — Et chaque procès-verbal de vacation à la vente ou de remise doit être inscrit au répertoire.

126. — Les officiers publics, notaires, commissaires priseurs, courtiers de commerce, greffiers et huissiers, qui procèdent à une vente publique de meubles sont personnellement responsables du prix des adjudications qu'ils font au comptant ou à terme (C. procéd. civ., art. 625), et cette responsabilité entraîne la contrainte par corps. — C. civ., art. 2060. — Ils n'ont, contre l'adjudicataire, qu'une assignation pour obtenir jugement, les procès-verbaux de ventes publiques de meubles n'étant, en aucun cas, susceptibles d'exécution parée. — V. SAISIE-EXÉCUTION.

127. — Mais ils sont à l'abri de toute action en garantie relativement aux vices de la chose vendue et aux erreurs existant dans les annonces ou affiches. — Bioche, n° 46.

128. — Ils ne sont pas non plus responsables du prix de la vente faite à terme, si c'est le vendeur lui-même qui a accordé un délai, alors que le procès-verbal en fait mention.

129. — L'huissier qui procède à une vente volontaire est responsable du montant des adjudications de meubles, quoique faites à terme, lorsque le prix est stipulé payable à son domicile, et que le cahier des charges lui assure un salaire supérieur à la taxe ordinaire des huissiers. — C. procéd., art. 625. — *Caen*, 4 fév. 1828, Fanet c. Vimard.

130. — En cas d'opposition faite entre leurs mains, les officiers publics qui ont procédé à une vente doivent verser les deniers qui en proviennent à la caisse des dépôts et consignations, dans la huitaine qui suit le mois accordé aux créanciers et au saisi pour convenir de la distribution par contribution. — L. 23 déc. 1793, art. 6; C. procéd., art. 656 et 657; ordonn. 3 juill. 1816, art. 9, n° 8.

131. — Le versement à la caisse est opéré déduction faite des frais de vente régulièrement taxés. — C. procéd., art. 657.

132. — L'huissier qui n'a pas consigné la somme provenant d'une vente qu'il a faite peut être condamné à payer l'intérêt de 3 % qu'aurait produit cette somme s'il l'eût déposée à la caisse des consignations. Dans ce cas, l'huissier condamné peut être déclaré non recevable à exercer un recours en garantie contre un créancier auquel il a remis le montant de la vente. — *Cass.*, 21 juin 1825, Masson c. de Neuilly.

133. — Pour assurer l'exécution de cette obligation, de la part de l'officier public qui a procédé à la vente, de consigner le prix provenant de la vente, il a été exigé que le procès verbal de vente mentionne s'il y a ou non des oppositions. — Ordonn. 3 juill. 1816, art. 7, et 2 juill. 1817.

134. — L'huissier qui a reçu le prix d'une vente mobilière opérée par lui peut être subrogé aux priviléges des créanciers qu'il a payés. — *Rouen*, 2 fév. 1827, Yard c. Berthe.

135. — Le tarif (art. 38 et suiv.) fixe les droits des greffiers et huissiers qui président aux ventes publiques de meubles. Ceux des notaires sont réglés par les art. 168 et 174.

VENTE PUBLIQUE DE NAVIRE.

VENTE PUBLIQUE DE NAVIRE. — V. NAVIRE.

VENTE A RÉMÉRÉ.

Table alphabétique.

VENTE A RÉMÉRÉ. — 1.

— La vente à réméré est celle qui est faite avec réserve pour le vendeur de la faculté de reprendre la chose vendue, moyennant l'accomplissement de certaines obligations qui seront ultérieuremen' indiquées.

§ 1ᵉʳ. — *De la nature du pacte de réméré. — Délai de l'exercice de réméré* (n° 2).

§ 2. — *Droits de l'acheteur et du vendeur pendant la durée du délai de réméré* (n° 82).

§ 3. — *De l'exercice du réméré. — Mode. — Effets entre les parties et relativement aux tiers* (n° 100).

§ 1ᵉʳ. — De la nature du pacte de réméré. — Délai de l'exercice du réméré.

2. — Suivant l'art. 1659, la convention de rachat ou de réméré n'impose pas à l'acheteur l'obligation de *revendre*, elle confère au vendeur le droit de *reprendre*; c'est donc improprement, ainsi que le font remarquer les auteurs (Troplong, n° 693; Duranton, n° 390; Duvergier, t. 2, n° 7), que la loi s'est servie du mot *rachat*, *réméré*, qui suppose une *revente*. On la désignerait plus correctement sous le titre de *retrait conventionnel*.

3. — Quelques anciens commentateurs voyaient dans le pacte de rachat une nouvelle vente. Troplong cite à cet égard Zoannetus (*Tract. de empt. vend. sub. pa. lo de ret.*, n° 411) et Vuël (*Ad Pand., De leg. commissor.*, n° 7); mais Pothier (*De la vente*, n° 412), enseigne le contraire. « *Distractus est potiùs quàm novus contractus.* » Quant au droit romain, Troplong (n° 693) et Duranton (n° 389) sont en désaccord sur le point de savoir s'il considérait le pacte de rachat comme opérant revente. Ils citent chacun des textes.

4. — Aujourd'hui, la question n'est pas douteuse : l'exercice de la faculté de rachat *résout* la propriété et n'en constitue pas une nouvelle ; aussi la loi du 22 frim. an VII, art. 69, § 11, n° 11, n'impose-t-elle qu'un droit de 50 cent. par 100 fr. les retraits exercés en vertu du réméré, au lieu du droit ordinaire de mutation.

5. — Mais, pour que l'exercice de la faculté de réméré soit considéré non comme une revenie mais comme une résolution de la vente, il faut qu'il ait été stipulé avec la vente même. — Tiraqueau, § 1ᵉʳ, glose 2, n° 1ᵉʳ; Pothier, n° 432 et 133; Domat. liv. 1, 2, sect. 1, n° 19, Troplong, n° 694; Duvergier, t. 2, n° 8; Duranton, t. 16, n° 390.

6. — Il a été jugé que la vente d'un immeuble consentie à litre de mort-gage, pour en jouir et le posséder pendant quatre vingt-dix-neuf ans, avec faculté de la part du vendeur, de retraire l'immeuble, en payant le prix, loyaux coûts du contrat et améliorations survenues à la chose jugée, a le caractère d'une vente à réméré. — *Douai*, 9 août 1834. Gilbert c. Gondoux.

7. — ... Ou, tout au moins, l'arrêt qui le décide ainsi échappe à la censure de la cour de Cassation. — *Cass.*, 19 jum., 1836, Gilbert c. Condoux.

8. — Il ne faut pas confondre la vente à réméré avec le *contrat pignoratif*, qui n'est qu'un contrat de prêt déguisé, et qui, outre la stipulation de réméré qu'il renferme, concilui aussi d'autres circonstances qui le fout réputer usuraire. — V. CONTRAT PIGNORATIF.

9. — La preuve qu'un acte de vente à réméré déguise un contrat pignoratif, nul comme tel, peut être faite par témoins et par présomptions, même sans commencement de preuve par écrit. — *Caen*, 20 janv. 1846 (t. 2 1846, p. 748), Dubois c. Guillemin.

10 — Un contrat qualifié *vente à réméré* peut être déclaré ne constituer qu'un *contrat pignoratif* destiné à fournir une garantie pour sûreté d'une avance de fonds, et n'avoir pu, dès-lors, transmettre aucun droit de propriété à l'acheteur apparent. La revente consentie en pareil cas par l'acheteur apparent est nulle, même quant au tiers acquéreur qui aurait eu connaissance de la simulation du contrat originaire. — *Douai*, 23 juill. 1846 (t. 2 1846, p. 334), Burlion c. Ternaut, Gabet et Gantois.

11. — On doit considérer comme vente à réméré non pas comme antichrèse le contrat par lequel une personne, pour sûreté d'une somme dont on lui fait l'avance, vend à un autre divers immeubles, moyennant 1° la stipulation d'un prix dont partie payée comptant ; 2° la stipulation de la faculté de rachat pendant un temps déterminé ; 3° la stipulation du droit de jouir, durant un certain temps, des loyers de ces immeubles. — *Cass.*, 22 avril 1844, Pory dit Papy c. Joques et Dufou. — V. ANTICHRÈSE.

12. — Il est certain, au surplus, que si le pacte de réméré cachait des stipulations usuraires, il devrait être annulé, et que s'il dissimulait un autre contrat, son véritable caractère devrait lui être restitué.

13. — Jugé qu'on ne peut considérer comme valable une promesse de vente avec faculté de rachat, lorsque le prix stipulé se trouve réduit et indéterminé, comme capital d'un prêt infecté d'usure. — *Rennes*, 12 juin 1831, Lunnux et Reegrall c. Leconte.

14. — Jugé aussi que les tribunaux peuvent, d'après les circonstances de la cause et par voie d'interprétation, décider qu'un acte portant vente de biens à réméré ne contient pas une vente sérieuse, mais un simple nantissement. — *Amiens*, 2 mai 1840 (t. 1ᵉʳ 1842 p. 382), Ourquain.

15. — La cour de Limoges a jugé que l'action qui a pour but de faire déclarer acte de prêt usuraire, ou simple nantissement, un acte de vente d'immeubles consenti avec pacte de réméré, est soumise à la prescription de dix ans établie contre l'action en nullité ou rescision des contrats. — *Limoges*, 2 août 1839 (t. 2 1839, p. 608), Tixier c. Garaud. — *Contrà Poitiers*, 18 juill. 1838 (t. 2 1838, p. 548), Morillon c Lys.

16. — Divers auteurs considèrent comme illicite, en ce qu'elle est faite pour favoriser des stipulations usuraires, la clause par laquelle on convient que, pour exercer le rachat, le vendeur remboursera une somme supérieure au prix de vente. — Delvincourt, t. 3, p. 159, notes ; Duranton, t. 16, n° 429 ; Troplong, t. 2, n° 696.

17. — Mais un arrêt de la cour de Paris a reconnu qu'une pareille clause était valable. — *Paris*, 9 mars 1808, Dupuy c. Barthélemy. — Quant à Duvergier (t. 2, n° 12), sans se dissimuler la possibilité de ce résultat, il déclare avec raison ne pas y trouver cependant un motif pour déclarer nulle *de droit* une clause qui la loi ne prohibe pas et qui, souvent, renferme une stipulation loyale. Il pense seulement que les tribunaux devront se livrer à l'examen des causes de la stipulation, et l'annuler ou en réduire les effets lorsque des explications suffisantes ne leur seront pas données, et qu'ils apercevront des indices de fraude et d'usure ; aussi, tout en adoptant le principe de l'arrêt de 1808, critique-t-il le considérant qui porte que, « d'après ces principes, l'examen *des causes de l'acte devient inutile puisque, soit qu'il ait eu lieu pour cause d'intérêts, soit qu'il procédât de sommes reçues, l'obligation de ne pouvoir exercer la faculté de réméré qu'après l'acquit des sommes portées devrait avoir son exécution.* » — Pothier, *Vente*, n° 414.

18. — On devrait aussi réputer valable la convention par laquelle le vendeur serait autorisé à reprendre l'objet vendu pour une somme moindre que celle qui a été payée. — Duvergier et Delvincourt, *loc. cit.* ; Pothier, n° 415.

19. — Il ne faut pas non plus confondre la vente à réméré avec le *pacte de préférence*, qui renferme l'obligation, de la part de l'acheteur, de *revendre* au vendeur, si cet acheteur se décide à se dessaisir de l'objet vendu. — V. PACTE DE PRÉFÉRENCE.

20. — La faculté de rachat peut être stipulée dans les ventes de meubles aussi bien que dans les ventes d'immeubles. Seulement, s'il s'agit de meubles, les effets de la résolution sa restreignent aux parties contractantes. — V. VENTE (résolution par défaut de paiement du prix). — *Infrà* n° 15.

21. — La faculté de réméré peut être subordonnée à une condition suspensive ou résolutoire. — V. une espèce dans laquelle elle avait été subordonnée au cas où l'acquéreur décéderait sans avoir disposé de la chose vendue. — *Cass.*, 7 juin 1841, Guerin c. Villé.

22. — Toutefois, Duvergier (t. 2, n° 15) fait remarquer avec raison que, pure et simple ou conditionnelle, la faculté de réméré ne peut jamais excéder le délai fixé par l'art. 1560.

23. — La faculté de réméré ne peut être stipulée en matière de vente de biens de mineurs, la forme des aliénations répugne à une semblable stipulation. — Duvergier, t. 2, n° 17.

24. — Mais un ancien auteur ei acheter sous faculté de réméré ? Quelques anciens auteurs, cité par Fachin (lib. 3, chap. 3), répudaient nulle dans la vente, par le motif que l'exercice du réméré dépouillerait sans formalité le mineur d'un bien dont il serait propriétaire. — *Contrà* Pothier, n° 397, et Duvergier, t. 2, n° 17. par le motif que l'exercice du réméré ne contient pas une aliénation volontaire des biens du mineur, mais une résolution de la vente, ce qui n'exige l'accomplissement d'aucune formalité. Permettre au mineur de diviser le contrat, ce serait l'avantager outre mesure, puisque les ventes à réméré se font ordinairement à bas prix. — Martin. dsp., 3 *Faculté de rachat*, n° 3 ; Troplong, n° 707.

25. — Bien que l'action en réméré soit réputée immeuble, elle n'est qu'un immeuble incorporel, qui ne peut être ni grevé d'hypothèque ni l'objet d'une expropriation. — *Cass.*, 14 avril 1847 (t. 1ᵉʳ 1847, p. 616), Montlaur c. Berthonien.

26. — Le droit de réméré est cessible ; on ne peut le réputer attaché à la personne du vendeur (à moins de stipulation formelle). — *Cass.*, 22 frim. an XI. Gericault c. Lebiapt ; Turin, 17 germ. an XII. Celebrini c. Brunetti ; *Toulouse*, 18 mars 1815, Berre c. Deboul ; *Cass.*, 25 avr. 1812, Hannoye c. Boulonger ; 7 juill. 1829, Laparelle c. Hendebert. — V. J. C., *De pact. instr. pignor.*, n° 46, et à Pothier, *Vente*, n° 389 et 391 ; Duvergier, *Vente*, t. 2, n° 18 ; Troplong, n° 702 ; Duranton, t. 16, n° 407.

27. — La cession du droit de rachat, de la part du vendeur, dans ce qui lui est réservé, n'emporte pas transmission de propriété en faveur du cessionnaire, lorsque la prétendue vente à réméré n'est qu'une fiction. Dès-lors, le cessionnaire qui, après avoir laissé écouler les délais du réméré sans l'exercer, a fait prononcer contre l'acquéreur la nullité de la vente *pour vice d'impignoration*, peut être évincé par le vendeur non cédant, comme détenteur de l'immeuble en vertu d'un droit non compris dans la cession. Le cessionnaire ne

peut, en ce cas, exciper de la maxime *quem de evictione tenet actio, eumdem agentem repellit exceptio.* — *Cass.*, 16 nov. 1826, de Poutet c. Dublan.

28. — Jugé toutefois que la cession d'un droit de réméré, sans autre spécification des droits cédés, confère au cessionnaire l'exercice des actions rescindantes et rescisoires. — *Bordeaux*, 25 fév. 1828 (sous *Cass.*, 22 juin 1830), Dublan Delahet c. Poutet.

29. — La résolution, pour cause de dol et de fraude, de la vente d'un droit de réméré sur des immeubles, entraîne celle des reventes de ce même droit faites par l'acquéreur. — *Amiens*, 28 juill. 1824, de Querrieux et Rigaut c. Parsy.

30. — De même, le droit d'exercer le réméré se transmet par le vendeur à ses héritiers, et il peut être exercé par les créanciers du vendeur. — *Metz*, 26 fév. 1819, Obitz c. Christnailler.

31. — La vente faite à réméré avec réserve de bail faite par le débiteur de tous ses biens peut être considérée comme le constituant en état de déconfiture. — *Orléans*, 30 avr. 1846 (t. 2 1846, p. 41), Rivière.

32. — Avant le Code, les parties pouvaient fixer pour l'exercice du réméré tel délai qu'elles jugeaient convenable. A défaut de fixation et alors même que le vendeur s'était réservé de racheter *quand il lui plairait*, le droit se prescrivait par trente ans. — Pothier, nº 392 ; Despeisses, tit. 1er, sect. 6e, § 8, nº 12; Merlin, *Rép.*, vº *Faculté de rachat*, nº 4. — Fachin (liv. 2, ch. 15), au contraire, pensait que le droit de racheter quand il plairait au vendeur ne se prescrivait que par cent ans. — V. au surplus les autorités citées par Duvergier (t. 2, nº 19) et Troplong (nº 708).

33. — Jugé que la faculté de rachat stipulée dans un acte de vente, sous l'empire de l'ancienne législation, ne pouvait être exercée utilement que dans les trente ans, à partir du jour de la vente. — *Riom*, 25 janv. 1814, Odoul c. Vacher.

34. — Jugé que d'après la jurisprudence du parlement de Toulouse, l'action de réméré durait trente ans, nonobstant conventions contraires. — *Montpellier*, 23 nov. 1840 (t. 1er 1841, p. 455), Vareilhes c. Delgrès. — Despeisses, t. 1er, p. 42, nº 7.

35. — Jugé toutefois que si suivant la jurisprudence du parlement de Toulouse, la faculté de rachat, stipulée dans un acte de vente, était prorogée à trente ans, cette jurisprudence ne pouvait être suivie, lorsqu'il était stipulé que la faculté de réméré serait comme non avenue si elle n'était exercée dans un délai déterminé. — *Toulouse*, 12 pluv. an XII, Blanc c. Cassagne.

36. — Le Code civil, moins dans l'intérêt des parties elles-mêmes que dans l'intérêt public, qui souffre toujours lorsque l'incertitude règne sur la propriété (Portalis et Grenier, Locré, t. 14, p. 159), a posé en principe : 1º que la faculté de réméré ne pouvait être stipulée pour un terme excédant cinq ans; 2º que si elle avait été stipulée pour un terme plus long, elle devait être réduite à ce terme. — C. civ., art. 1660.

37. — Jugé que lorsque le droit d'exercer le réméré, quoique stipulé dans un contrat antérieur au Code civil, n'a été ouvert que sous son empire, il doit être réglé d'après l'art. 1660; ainsi, le délai de l'action n'est que de cinq ans. — *Douai*, 9 août 1834, Gilbert c. Condoux ; *Cass.*, 19 janv. 1836, mêmes parties.

38. — Dans le droit romain, le vendeur qui avait laissé passer le délai dans lequel était circonscrite la faculté de rachat, n'était plus recevable à exercer le rachat. C'est ce que décident la loi 7, § 1er, ff., *De distractione pignorum*, et la loi 7, C., *De pactis inter emptorem et venditorem*. — Mais en France tous les parlemens ne suivaient pas sur ce point des principes conformes, et il existe des monumens de jurisprudence qui se contredisent.

39. — D'une part, suivant le *Répert. de jurisprudence* (vis *Faculté de rachat*, nº 1er, et *Retrait conventionnel*, nº 1er), l'expiration du délai emportait déchéance de plein droit dans les parlemens de Bordeaux, Dijon, Grenoble, Pau et Douai ; il cite aussi la cout. de Poitou, art. 366, et l'art. 109, Plac. de Normandie.

40. — Jugé aussi que, avant le Code civil, le droit pour le vendeur à pacte de réméré d'user de la faculté de rachat s'éteignait par le défaut d'exercice dans le délai fixé par le contrat, sans qu'il fût besoin à l'acquéreur de faire prononcer la déchéance. — *Cass.*, 1er (et non 2) frim. an XII, Goblet c. Gilbert.

41. — Jugé en outre qu'on doit considérer comme de rigueur le délai de réméré stipulé avant le Code civil dans un acte qui a déclaré le vendeur déchu après l'expiration du terme convenu, en dérogeant à toute jurisprudence contraire. — *Douai*, 21 janv. 1814, Boubier c. Bertrand d'Acquin.

42. — Jugé au contraire qu'avant le Code civil, le vendeur n'était pas déchu de plein droit de la faculté de rachat par l'expiration du terme fixé pour son exercice : cette déchéance devait être prononcée par un jugement. — *Cass.*, 8 messid. an XII, Rouy c. Bernard.

43. — Jugé encore que dans l'ancienne jurisprudence du parlement de Toulouse, le vendeur pouvait exercer la faculté de rachat stipulée en sa faveur, après le terme fixé par la convention, alors même que ce terme était déclaré de rigueur, et qu'il avait été renoncé à toute jurisprudence contraire. — *Cass.*, 14 mai 1807, Roland c. Sarrus et Fajou.

44. — ... Et qu'avant le Code civil, le terme fixé pour l'exercice de la faculté de rachat n'était pas de rigueur dans le ressort du parlement de Paris. Le vendeur n'était déchu de cette faculté qu'autant que l'acquéreur en avait fait prononcer la déchéance, ou que l'action était prescrite par le laps de trente ans écoulés, sans qu'elle eût été intentée, encore qu'il y eût convention expresse sur le fait de déchéance de réméré, au cas de non exercice dans le délai — *Paris*, 5 fév. 1810, Marie c. Simon.

45. — Jugé que la jurisprudence du parlement de Paris, qui, malgré les stipulations contenues aux conventions, prorogeait jusqu'à trente ans la faculté de rachat, a cessé d'être en vigueur au moment de la suppression des parlemens. Depuis cette époque, le vendeur n'a pu exercer le réméré après le terme fixé par la convention. — *Bourges*, 5 juill. 1810, Darthel c. Giraudat.

46. — Le Code civil n'a laissé aucun doute à cet égard. Suivant l'art. 1661, le terme fixé pour l'exercice de la faculté de rachat *est de rigueur, et ne peut être prolongé par le juge* ; il doit même (art. 1660), s'il excède cinq ans, être réduit à ce temps. Et, aux termes de l'art. 1662, *faute par le vendeur d'avoir exercé son action de réméré dans le terme prescrit, l'acquéreur demeure propriétaire*. — Ainsi, sous l'empire du Code, la faculté de rachat ne peut être exercée que dans le temps prescrit.

47. — L'art. 1661, C. civ., qui défend aux juges de prolonger le délai de réméré, est applicable à toute prolongation indirecte comme à la prolongation directe. Ainsi, dans le cas où les parties, en stipulant la faculté de réméré, sont convenues que le vendeur serait déchu du droit de l'exercer s'il ne payait pas le prix du bail à lui consenti, les juges ne peuvent, par application des art. 1184 et 1231, C civ., accorder un délai pour le paiement de ce prix, ou modifier la peine résultant du défaut de paiement : ce serait prolonger indirectement le délai du réméré. — *Cass.*, 23 déc. 1845 (t. 1er 1846, p. 182), Potheau c. Taillant.

48. — Jugé que la partie qui a intenté une demande en nullité d'une vente à pacte de rachat ne peut, par des conclusions subsidiaires, demander la prolongation du délai du réméré, si cette dernière demande n'était pas justifiée par écrit. Le terme fixé pour la faculté de rachat ne peut être prolongé par le juge. — *Cass.*, 2 nov. 1812, Maria c. Cardé.

49. — Jugé aussi que le président tenant les référés ne peut ordonner, par provision, l'exécution d'une vente consentie avec faculté de rachat, même après l'expiration du délai fixé. — *Riom*, 17 avr. 1818, Jean.

50. — Si le terme le plus long du réméré est de cinq ans, rien n'empêche les parties de fixer un terme moins long. Il leur est libre même de stipuler que le réméré ne pourra être exercé qu'après un certain temps, pourvu que l'époque indiquée soit comprise dans les cinq années. — Sinon le terme doit être réduit. — *Turin*, 27 avr. 1810, Agliano c. Sauta Vital. — Duvergier, t. 2, nº 21. — V. aussi un exemple d'une pareille stipulation dans l'arrêt qui décide que la faculté de reméré stipulée, par exemple, le 30 mars, pour cinq ans, sous la condition *que le terme ne pourra être anticipé*, peut être déclarée valablement exercée le 29 mars de la dernière année, sans qu'il soit besoin d'attendre au 30. — *Riom*, 4 déc. 1822, Chabanier c. Clermont; *Cass.*, 5 déc. 1826, mêmes parties.

51. — Le délai commence du jour du contrat, à moins de stipulation contraire. — Or, il a été jugé dans ce dernier sens que dans le cas d'une vente faite (le 16 flor. an XI) à rachat pour trois ans *à dater de ce présent jour*, ces expressions étaient exclusives du jour de la vente et ne faisaient courir le délai qu'à partir du 17. — *Besançon*, 20 mars 1809, Magnoncourt c. Suarvet.

52. — Le jour *à quo* n'est pas compris dans le délai : il en est autrement du jour *ad quem*, — alors même qu'il arriverait un jour *férié légal*. Ces principes, enseignés par Toullier (t. 13, nº 52) et Duvergier (t. 2, nº 23), ont été consacrés par deux arrêts qui ont jugé que, dans le cas où il a été stipulé que le réméré serait exercé dans deux mois à compter du 1er janvier 1827, le délai expire le 1er janvier 1829 : le rachat ne peut être exercé le 2, alors même que le 1er serait un jour férié. — *Riom*, 4 déc. 1822, Chabanier c. Clermont ; *Angers*, 5 mai 1830 ; *Cass.*, 7 mars 1834, Gastineau c. Ecot.

53. — Le jour de la passation d'un acte qui stipule un délai ne doit pas être compris dans la supputation du temps nécessaire à sa durée; en conséquence, la faculté de réméré est exercée en temps utile le 20 mai 1828, lorsque la vente a été consentie pour cinq ans le 20 mai 1823. — *Nîmes*, 31 mars 1840 (t. 2 1843, p. 442), Monier c. Ricard.

54. — Dans l'ancien droit, si le délai du retrait était fixé par la convention, il courait même pendant la minorité du vendeur ou de ses héritiers. — Au contraire si la durée du délai était légale, ce délai ne courait pas contre les mineurs. — Pothier, *Vente*, nos 435, 436 et suiv. ; Coquille, *Sur la cout. du Nivernois*, chap. 24, art. 23.

55. — Sous le Code, au contraire, le délai court contre toute personne, même contre les mineurs, sauf, s'il y a lieu, leur recours contre leurs tuteurs. — C. civ., art. 1663 ; arg. C. civ., art. 2278.

56. — Les parties peuvent-elles proroger le délai qu'elles ont fixé pour le réméré? Il faut distinguer : *avant* l'expiration du délai, elles le peuvent (Duvergier, t. 2, nº 26; Troplong, t. 2, nº 711), pourvu toutefois que le terme ne soit pas placé au-delà de cinq années à partir de la vente. — Autrement on retomberait dans les inconvéniens que l'art. 1660 a voulu éviter. — Duranton (t. 16, nº 398), pense au contraire que les parties peuvent proroger au-delà de cinq années. — Arg. *à contrario* de l'art. 1661 qui, en refusant aux juges la faculté de prolonger le délai, l'accorde, dit-il, implicitement aux parties. — Mais le rapprochement des art. 1660 et 1661 ne laisse aucun doute sur le bien fondé de l'opinion de Duvergier et de Troplong.

57. — La prorogation même renfermée dans le délai légal, serait sans effet à l'égard des tiers qui, avant qu'elle ne fût consentie, auraient acquis des droits de l'acheteur. — Duvergier, t. 2, nº 26.

58. — Mais *après* l'expiration du délai de cinq ans, les parties peuvent-elles proroger la faculté de rachat? — *Neg. Lyon*, 27 juin 1832, Tardy c. Genguet, par le motif que l'art. 1660 ne permet la stipulation de réméré que pour cinq ans.

59. — Mais Duvergier et Troplong (*Vente*, t. 2, nos 711) pensent avec raison que rien n'empêche l'acheteur qui est devenu propriétaire incommutable de renoncer à la prescription acquise en prolongeant le délai du réméré, mais c'est, suivant eux, *moins une continuation du précédent réméré qu'un pacte tout nouveau*, moins une résolution de la présente vente qu'une promesse de vendre absolument neuve. « *Hoc igitur, ut repetam, non est* propria prorogatio (dit Tiraqueau, § 1er, glose 7, nos 24 et 25), *sive* extensio *sed potius renovatio aut simile quidpiam.* » — « L'acheteur, dit Troplong, est devenu propriétaire par la prescription : en promettant de rétrocéder la chose au vendeur primitif, il fait acte d'aliénation, il *revend* tout aussi bien que s'il vendait au profit d'un tiers. » Aussi ces auteurs arrivent-ils à cette conséquence que la promesse ainsi intervenue n'est plus prescriptible par cinq ans ; que l'art. 1660 cesse d'être applicable, et que, ne s'agissant plus que d'une faculté de retrait, on rentre dans le droit commun ; qu'en outre l'art. 1673 ne sera pas non plus applicable, et que lorsque le vendeur originaire se présentera pour retirer sa chose, ce ne sera pas une résolution qui s'opérera : cette chose ne rentrera plus dans ses mains *ex causâ primævâ et antiquâ* ; il ne pourra exiger qu'elle lui soit rendue libre des charges dont l'acheteur aurait pu la grever : les tiers qui auront acquis des droits sur l'immeuble les conserveront. — V. aussi Duranton, t. 16, nº 399.

60. — Un arrêt de la cour de Paris a jugé que l'acquéreur à réméré peut, après l'expiration du délai légal du réméré, renoncer à son droit de propriété devenu incommutable, et consentir à ce que le vendeur exerce encore la faculté de rachat, mais que la prorogation du réméré ne peut être accordée d'une manière indéfinie; et si elle ne fixe pas de terme, elle doit être restreinte au délai de cinq ans fixé par la loi, et sauf, dans tous les cas, les droits acquis à des tiers. — *Paris*, 5 juill. 1834, Etienne c. Gautier.

61. — Au premier abord, cette décision paraît en tous points contraire à l'opinion de Duvergier et de Troplong, puisqu'elle considère la prorogation comme un véritable pacte de réméré, en disant qu'elle ne vaut elle-même que pour cinq ans et peut toujours être restreinte à ce terme. Elle ajoute, il est vrai, *sauf le droit des tiers*, mais sans dire d'une manière explicite dans quelles limites elle entend conserver ses droits à l'égard du vendeu

primitif, et s'il faut, vis-à-vis d'eux, appliquer l'art. 1673, *même pour les cinq ans de prorogation*. — Nous pensons toutefois que l'arrêt a entendu que les tiers ne fussent nullement lésés par la prorogation, et que, suivant l'opinion de Duvergier et Troplong, l'art. 1673 ne reçût pas son application même pendant les cinq années de prorogation : ainsi appliquée, cette réserve des droits des tiers peut, il est vrai, être logiquement en contradiction avec le principe de l'arrêt qui conserve à la convention postérieure à l'expiration du délai de réméré le caractère d'une convention de réméré, mais elle est équitable, en ce que les tiers, devant croire que l'expiration du délai de réméré a rendu la propriété incommutable dans les mains de l'acquéreur, ne sauraient, sans injustice, être victimes d'une prorogation dont ils n'auraient pas eu connaissance.

62. — Au surplus, il a été jugé avec raison que la vente avec faculté de rachat étant parfaite en soi et translative de propriété, quoique résoluble par l'exercice éventuel du réméré, la prolongation du terme de réméré de la part d'un tuteur agissant pour ses mineurs est une véritable aliénation, excédant par conséquent les bornes d'une simple administration tutélaire. — *Cass.*, 18 mai 1813, Martin Péronetti c. Rivoyra.

63. — Il n'y a pas prorogation du délai de rachat, mais contrat nouveau et véritable revente, dans l'acte par lequel un acquéreur à réméré consent, après l'expiration du délai de rachat, à rétrocéder l'immeuble objet de la vente à son vendeur, à sa femme, ou à toute personne solvable qu'on lui présenterait et qui s'engagerait à l'indemniser de tout ce qui lui serait dû. — *Rouen*, 1er juill. 1846 (t. 2 1846, p. 285), Delacluse et Laisné c. Demiannay.

64. — L'art. 1662 n'admet le réméré qu'autant que l'*action* aura été exercée dans le terme prescrit. — Mais que doit-on entendre par *action* ? D'abord, il est constant qu'il ne s'agit pas de l'obligation de former *une demande en justice* avant l'expiration du délai. — Duvergier, t. 2, n° 28; Troplong, n° 716 et suiv.; Duranton, t. 16, n° 403; Favard de Langlade, v° *Faculté de rachat*; Delvincourt, t. 3, p. 77, note 6e.

65. — Jugé toutefois que, sous l'empire de la cout. de Normandie, le retrayant devait faire son assignation le jour même des offres, alors même que le retrait s'exercerait non sur un immeuble, mais sur un droit de retrait aliéné. — *Cass.*, 22 frim. an XI, Géricault c. Lebigot.

66. — Mais faut-il au moins que le vendeur ait fait des offres réelles, et faut-il que ces offres aient été suivies de consignation ? La question était controversée sous l'ancienne jurisprudence.

67. — Plusieurs auteurs (et c'était le plus grand nombre) pensaient que des offres suivies de consignation étaient nécessaires. — V. Catelan, liv. 7, ch. 3; Voët, *De leg. com.*, n° 7; Despeisses, t. 1er, sect. 6e, § 8, n° 2; Coquille, *Questions et réponses*, ch. 261; Charondas, *Rép.*, liv. 10, ch. 36. — V. aussi Cout. de Poitou, art. 366; Cout. d'Angoumois, art. 77. — Merlin (*Quest.*, v° *Faculté de rachat*) atteste aussi que telle était la jurisprudence du parlement de Navarre.

68. — D'autres auteurs réputaient satisfaisantes des offres non suivies de consignation. — V. notamment Perez, Cod., L. 7, *De pactis inter empt.* — D'autres enfin pensaient qu'il n'était pas besoin d'offres, et que la simple manifestation de volonté donnait le droit d'exercer le retrait. — Le président Favre, C., lib. 4, tit. 6, Def. 6.

69. — Jugé que, sous la jurisprudence du parlement de Toulouse, il n'était pas nécessaire, pour sa validité, qu'elle fût précédée ou accompagnée d'offres réelles de remboursement ou de la consignation du prix avant l'expiration du délai. — *Montpellier*, 23 nov. 1840 (t. 1er 1841, p. 455), Vareilhes c. Delgrès.

70. — Sous le Code, les auteurs paraissent d'accord que des offres suivies de consignation ne sont pas nécessaires. — Duvergier, t. 2, nos 27 et suiv.; Troplong, n° 720 (Impl. Favard de Langlade, v° *Faculté de rachat*), § 1er, n° 4.

71. — Les auteurs sont également d'accord qu'il faut *des offres*, mais est-il nécessaire que ces offres soient *réelles* ou suffit-il qu'elles soient *labiales* ? — Troplong (n° 723) et Dalloz (*Ventes*, p. 905) estiment que la simple parole indicative de l'intention de remboursement suffit, à moins (suivant Troplong) qu'il ne résulte des termes ou de l'esprit du contrat qu'il doive en être autrement. — Duvergier, au contraire (*loc. cit.*), pense que des *offres réelles* sont indispensables.

72. — La question a été tranchée nettement par un arrêt de la cour de Besançon, qui, dans une espèce où des offres avaient été faites, il est vrai, a cependant refusé d'examiner la suffisance de ces offres, *lesquelles*, dit-il, *n'étaient pas rigoureusement requises*. — *Besançon*, 20 mars 1809 (et non 1819), Magnoncourt c. Suarvet.

73. — La cour de Montpellier a également posé en principe, dans les motifs d'un de ses arrêts, que les offres réelles ou la consignation ne sont pas nécessaires sous le Code civil, l'art. 1673 n'exigeant le paiement du prix de la vente et des accessoires que préalablement à l'entrée en possession du vendeur. — *Montpellier*, 23 nov. 1840 (t. 1841, p. 455), Vareilhes c. Delgrès.

74. — D'un autre côté, la Cour de Colmar paraît (mais moins explicitement) avoir supposé la nécessité des offres en jugeant que le vendeur n'est pas déchu de la faculté de réméré, faute d'avoir, dans le délai convenu, fait des offres suffisantes, lorsque c'est par la faute de l'acheteur que cette insuffisance a eu lieu. — *Colmar*, 1er mai 1811, Goll c. Weydel.

75. — Quant aux autres arrêts, ils n'ont pas jugé expressément la question. — Ils se sont bornés à reconnaître que des offres irrégulières ou insuffisantes avaient pu interrompre la déchéance.

76. — Ainsi, il a été jugé que la prescription de la faculté de rachat est interrompue par la sommation faite à l'acquéreur de délaisser, et par l'offre de lui rembourser le prix de la vente, quoique ultérieurement cette offre soit reconnue incomplète. — L'irrégularité ou l'insuffisance des offres pour parvenir au rachat n'emporte pas la déchéance de l'exercice du réméré. — Dans ce cas, le vendeur à pacte de rachat peut, au moyen de nouvelles offres, réparer l'insuffisance ou l'irrégularité des premières. — *Cass.*, 25 avr. (et non 24) 1812 Hannoye c. Boulange.

77. — Jugé aussi qu'il n'est pas nécessaire, pour l'exercice du réméré, qu'il y ait des offres *régulières*; l'intention d'exercer le réméré est suffisamment constatée par des offres, même irrégulières. — *Douai*, 17 déc. 1814, Groslevin c. Boudville.

78. — Jugé en outre que le vendeur d'un immeuble avec pacte de rachat qui fait, avant l'expiration du délai fixé dans l'acte de vente, des offres réelles dont l'insuffisance est démontrée, n'est pas déchu de l'exercice du réméré si, lors du procès-verbal et à l'audience, il a déclaré qu'il était prêt à les compléter. — *Bastia*, 10 janv. 1838 (t. 2 1840, p. 31), Terlian c. Buttafoco.

79. — Jugé aussi qu'il suffit, pour que la faculté de réméré soit réputée exercée en temps utile, qu'avant l'expiration du délai, le vendeur ait fait signifier à l'acheteur qu'il entendait exercer et exerçait réellement et actuellement cette faculté, et lui ait fait en même temps, et à deniers découverts, l'offre de remettre, moyennant quittance, le prix de vente, les frais d'enregistrement, etc., et d'y suppléer sur-le-champ en cas d'insuffisance (offres qui n'ont pas été acceptées), encore que son action en délaissement n'ait été intentée qu'après l'expiration du délai. — Il en est de même, encore bien qu'il soit stipulé dans le contrat que faute de la part du vendeur d'avoir effectué le remboursement dans le délai fixé, et ledit délai expiré, il serait déchu de plein droit de la faculté de réméré; l'acheteur n'ayant pu, par son refus d'accepter, paralyser l'effet de l'offre de rembourser. — Les offres ne pourraient être réputées insuffisantes par cela qu'elles ne comprendraient pas des sommes dues à l'acheteur de tout autre chef que du contrat de vente stipulant la faculté de réméré. — *Bruxelles*, 10 août 1836, Derouillé c. Cordier.

80. — Pour nous, il nous paraît difficile de considérer une simple manifestation labiale comme suffisante pour remplir le vœu de la loi. — Il faut donc des offres : car des offres seules peuvent prouver que le vendeur a la volonté bien sérieusement arrêtée d'exercer le réméré et les ressources suffisantes pour le faire. — Et, d'un autre côté, exiger des offres et n'attacher aucune importance à la suffisance de ces offres, c'est à notre avis n'être pas conséquent. A ce prix, le vendeur pourrait donc se borner à faire des offres dérisoires, *sauf à parfaire* pour se mettre à l'abri de la déchéance. — Or, c'est ce qu'on ne saurait admettre : il faut donc des offres *suffisantes*, c'est-à-dire composées de tout ce qui est liquide, et conséquemment justement appréciable par le vendeur. — Nous allons plus loin; prescrire des offres non suivies de consignation, c'est exposer l'acheteur à être dupe d'offres factices, résultat d'emprunts, et qui n'attesteront en rien les ressources réelles du vendeur. Il faut donc la consignation. — C'est ce que démontre avec une grande force de logique M. Duvergier; seulement en faisant la concession de la consignation, en se bornant à demander des offres réelles, cet auteur ne nous paraît pas assez presser les conséquences des principes qu'il pose et développe. — V. cependant *Nîmes*, 31 mars 1840 (t. 2 1843, p. 442), Monier c. Ricard.

81. — Au surplus, il a été jugé avec raison que, lorsque le vendeur avec pacte de réméré a, dans le but de rentrer dans sa propriété, fait à son acquéreur des offres réelles déclarées insuffisantes par un jugement passé en force de chose jugée, il est néanmoins recevable à exercer ultérieurement l'action en réméré *s'il est encore dans les délais*. — Cette dernière demande ne peut pas être réputée avoir le même objet que celle formée antérieurement en validité d'offres, quoique toutes deux conduisent nécessairement au même résultat. — *Cass.*, 16 août 1837 (t. 2 1837, p. 361), Bouchet c. Dubay.

§ 2. — *Droits de l'acheteur et du vendeur pendant la durée du délai de réméré.*

82. — Par le fait de la stipulation de réméré, le vendeur conserve sur la chose un droit de propriété subordonné à une condition suspensive : si la condition s'accomplit, ses effets remontent au jour du contrat.

83. — De là, il résulte que le vendeur peut (arg. art. 2125) vendre l'immeuble pendant que le délai court; mais une pareille vente n'est que conditionnelle. — Duvergier, t. 2, n° 29; Troplong, n° 741.

84. — Jugé cependant, mais à tort, que le vendeur à réméré ne peut vendre avant d'avoir exercé la faculté de rachat; que tout ce qu'il peut faire, c'est de vendre cette faculté elle-même. — *Amiens*, 7 mai 1823 (sous *Cass.*, 4 août 1824), Granges c. Lourdez; *Cass.*, 21 déc. 1825, Renaud c. Jeannigros. — L'arrêt d'Amiens, que la cour suprême confirme presque sans motifs, repose sur cette base fausse que le bénéfice de la rétroactivité des conditions ne profite pas *aux tiers*. L'art. 2125 dit positivement le contraire en permettant d'hypothéquer un immeuble dont la propriété est conditionnelle; d'ailleurs, l'acheteur d'un immeuble précédemment vendu à réméré n'est pas un tiers à l'égard de son vendeur, c'est son représentant.

85. — Une solution pareille semble aussi résulter d'un autre arrêt qui a jugé qu'on ne peut considérer comme contenant vente de la chose d'autrui, et, par conséquent, nul, aux termes de l'art. 1599, C. civ., l'acte par lequel une personne qui a précédemment vendu tous ses immeubles avec faculté de réméré vend, à d'autres, partie de ces mêmes immeubles, en subrogeant ces seconds acquéreurs, par l'acte de vente, dans le droit d'exercer le réméré, *en ce que ce n'est là, en réalité, qu'une cession de réméré*; et qu'en conséquence, ceux-ci doivent être admis à l'exercice du réméré, alors, d'ailleurs, qu'ils déclarent l'exercer, non en partie, mais sur la totalité des objets vendus. — *Paris*, 7 juill. 1829 (sous *Cass.*, 30 août 1827), Laparelle c. Heudebert et Boiron.

86. — Les motifs qui donnent au vendeur le droit de vendre *pendente conditione* lui donnent aussi celui d'hypothéquer avant l'expiration du délai et l'exercice du droit, sauf à l'hypothèque à n'avoir son effet qu'autant que le droit sera exercé. — *Douai*, 22 juill. 1820, Beurette c. Simon. — Duvergier, *Vente*, t. 2, n° 29; Tarrible, *Rép.*, v° *Hypothèque*, sect. 3e, § 2, n° 5; Persil, *Rég. hypoth.*, t. 1er, p. 276, n° 9; Battur, *Hyp.*, t. 2, n° 234; Troplong, *Hyp.*, t. 2, n° 469. — *Contrà* Grenier, *Hypothèques*, t. 1er, n° 153.

87. — Toutefois, la cour de Cassation a posé en principe que la faculté de réméré, que le vendeur s'est réservée dans le contrat de vente, présente, non une clause suspensive de la vente, mais une condition purement résolutoire; que le vendeur perd, dans ce cas, le *jus in re*, et, par conséquent, le droit d'aliéner et d'hypothéquer la chose vendue sous cette condition; qu'il ne conserve que le *jus ad rem*, et que l'action en réméré est tout ce dont il peut se prévaloir, ainsi que ses créanciers; d'où la conséquence que l'inscription d'hypothèque judiciaire qu'un créancier du vendeur à réméré aurait obtenue, postérieurement à la vente, n'affecte pas l'immeuble vendu, lorsque cet immeuble n'est point rentré dans les mains du vendeur lui-même, mais qu'il est devenu ultérieurement la propriété d'un tiers qui a exercé le rachat, en vertu de la cession que ce dernier lui avait faite de son action. — *Cass.*, 21 déc. 1825, Renaud c. Jeannigros.

88. — Et la cour de Bordeaux a aussi jugé que le cessionnaire d'un droit de réméré, qui a exercé ce droit en temps utile, est recevable à demander la nullité d'une hypothèque que le vendeur à pacte de rachat a consentie sur l'immeuble vendu, postérieurement à la vente. — Et que l'hypothèque consentie par le vendeur à pacte de rachat sur l'immeuble vendu, postérieurement à la vente,

est nulle, encore que l'immeuble soit rentré dans les mains du vendeur ou de son cessionnaire par l'exercice du droit de réméré.— *Bordeaux*, 5 janv. 1833, Taupignon-Pignier c. Dugier.

89. — Et cet arrêt a jugé en outre que, lorsque le même acte renferme d'abord un bail, puis une vente d'immeuble consentie au bailleur par le preneur, et enfin une constitution d'hypothèque sur cet immeuble de la part du vendeur, ces conventions sont présumées avoir été consenties dans l'ordre dans lequel elles sont énoncées, et, par suite, la constitution d'hypothèque est nulle en ce qu'elle porte sur un immeuble déjà vendu. — Même arrêt.

90. — Duvergier semble dénier aux arrêts de 1825 et 1833 une force absolue quant au point de savoir si le vendeur à réméré peut hypothéquer, en ce que, dit-il, ils ont été rendus dans des espèces où le réméré était exercé, non par le vendeur, mais par un cessionnaire du vendeur. — Cette circonstance est vraie, mais ces arrêts n'en décident pas moins la question en *thèse absolue*. Au reste, la différence que l'on voudrait établir entre le vendeur et son cessionnaire pour déclarer valables les hypothèques dans le cas de réméré exercé par le vendeur, et les déclarer nulles en cas de réméré exercé par son cessionnaire, n'est pas à l'abri de critique, en ce qu'il semble extraordinaire que le cessionnaire puisse faire rentrer l'immeuble libre entre ses mains, tandis que le vendeur, dont cependant il exerce les droits, ne pourrait les faire rentrer qu'à la charge des hypothèques. Ne serait-ce pas faciliter la fraude de la part du vendeur qui, au moyen d'une cession simulée, arriverait aux avantages du réméré sans en subir les conséquences vis-à-vis de ses créanciers hypothécaires ?

91. — Le vendeur conserve, malgré la faculté de rachat stipulée dans un acte de vente, le droit de demander, même avant l'expiration du délai fixé pour le rachat, la rescision de la vente pour cause de lésion : il peut, à son choix, exercer celle des deux actions qui lui convient le mieux.— *Bourges*, 21 mars 1827, Rabien c. Thoulet. — V. Duvergier, *Vente*, t. 2, nº 30 ; Merlin, *Répert.*, vº *Retrait conventionnel*, nº 6.

92. — Quant à l'acheteur, sa qualité de propriétaire sous condition résolutoire lui donne le droit de percevoir les fruits, de consentir les baux, d'aliéner et d'hypothéquer, à la condition que les droits qu'il conférera seront subordonnés à la condition du rachat.—Ces droits ne lui ont jamais été contestés. — V., quant au droit d'alimentation et d'hypothèque, *Cass.*, 21 déc. 1825, Renaud c. Jeannigros.

93. — Jugé que le vendeur à réméré ne peut s'opposer à ce que l'acquéreur exploite, au-delà même de la simple jouissance, l'immeuble à lui vendu. — *Orléans*, 20 mars 1812, Carrière

94. — L'acquéreur peut, comme tout autre acquéreur, prescrire tant contre le véritable maître que contre ceux qui prétendraient des droits ou hypothèques sur la chose vendue.—C.civ., art.1665.

95. — Pourrait-il, *pendente conditione*, prescrire contre le vendeur la liberté des héritages qui sont dans son patrimoine et qui devaient des servitudes au fonds qu'il a acheté avec réserve de réméré ? — *Aff.* Duranton (t. 16, nº 411), par le motif que les droits conditionnels que le vendeur avait sur la chose l'autorisaient à faire tous actes conservatoires de ces mêmes droits.—*Nég.* Troplong (*Vente* nº 737), qui soutient, avec raison, que l'acheteur à réméré étant propriétaire, il y a eu extinction, au moins conditionnelle, de la servitude par la confusion (C. civ., art. 705); que, dès-lors, il n'y a eu aucun acte conservatoire à faire, d'autant plus que le vendeur dépossédé se trouvait dans l'impossibilité d'agir. — Si donc l'exercice de réméré résout la vente, la servitude, atteinte par la confusion, renaît en vertu de l'art. 2177, C. civ. — Pardessus, *Servitude*, nº 300 ; Duvergier, t. 2, nº 66.

96.— Par les mêmes raisons, si la servitude était due par l'héritage vendu à réméré à un autre héritage appartenant à l'acquéreur, le défaut d'interruption de la part de ce dernier, *pendente conditione*, n'aurait pas pour effet de faire acquérir l'extinction de la servitude au profit de l'héritage vendu à réméré. — Duvergier, t. 2, nº 66.—*Contrà* Duranton, nº 411.

97. — S'il s'agissait non de la prescription d'une servitude actuellement établie, mais de la prescription à l'effet d'acquérir une servitude contraire ou apparente, on arriverait au même résultat, à raison de l'impossibilité pour l'acquéreur comme pour le vendeur de faire une interprétation civile ou naturelle ; impossibilité qui suspend le cours de la prescription. — Duvergier, *loc. cit.* — *Contrà* Duranton, *loc. cit.*

98. — L'acheteur à réméré peut opposer le bénéfice de discussion aux créanciers du vendeur inscrits sur l'immeuble.—C. civ., art. 1666.—Ce n'est là, au reste, que l'application à l'acheteur à réméré des principes consacrés par les art. 2170 et 2171 pour les acquéreurs ordinaires. C'est donc dans la limite de ces articles que la disposition doit être entendue. — Duranton, t. 16, nº 412; Troplong, nºs 742 et 743. — V. BÉNÉFICE DE DISCUSSION.

99. — Mais l'acquéreur ne pourrait opposer le bénéfice de discussion aux créanciers chirographaires qui voudraient, usant à la place du vendeur de l'action personnelle de ce dernier, exercer le retrait. — Troplong, nº 743.

§ 3. — *De l'exercice du réméré.* — *Mode.* — *Effets entre les parties et relativement aux tiers.*

100. — L'action en réméré est divisible *tant activement* que *passivement*, c'est-à-dire tant du côté du vendeur qui peut l'exercer que du côté de l'acheteur qui doit la subir.

101. — De là plusieurs conséquences. Si le vendeur a laissé plusieurs héritiers, l'action en réméré se divise entre eux et ne peut être exercée par chacun d'eux que pour la part qu'il prend dans la succession.— *Grenoble*, 24 juill. 1834, Brun c. Bonnafous.

102. — Si plusieurs ont vendu conjointement et *par un seul contrat* un héritage commun entre eux, chacun d'eux ne peut exercer le réméré que pour la part qu'il y avait. — C. civ., art. 1668.

103. — Toutefois, dans ces deux cas, l'acquéreur peut exiger que tous les covendeurs ou cohéritiers soient mis en cause, afin de se concilier entre eux pour la reprise de l'héritage entier; et s'ils ne se concilient pas, il sera renvoyé de la demande.— C. civ., art. 1670.

104. — Pour qu'il y ait *conciliation sur la reprise de l'héritage entier* dans le sens de l'art. 1670, il suffit que de la mise en cause sorte la volonté d'une reprise totale, fût-elle personnelle à l'un des covendeurs ou des cohéritiers seulement. — Dans ce cas, l'acheteur qui a exigé la mise en cause ne peut plus exciper du bénéfice de divisibilité. — Troplong, nº 750 ; Duvergier, t. 2, nº 35 ; Duranton, t. 16, nº 416.

105.— Troplong (nº 750) pense qu'il en serait de même si l'un des cohéritiers se présentant en temps utile, était forcé de mettre en cause ses consorts, et que ceux-ci fussent déchus faute d'avoir exercé leur droit dans le délai de l'art. 1660. Il n'y en aurait pas moins eu de la part de l'acheteur une *renonciation à la division*, et elle profiterait au retrayant.

106. — Dans tous les cas, les frais de mise en cause des cohéritiers doivent être avancés par le retrayant, car ce n'est pas à l'acquéreur à les appeler. — Troplong, nº 752; Duranton, t. 2, nº 416.

107. — L'acheteur ne pourrait exciper du principe de divisibilité lorsque celui qui exerce seul le réméré agit de l'*aveu de tous*, puisque, dans ce cas, il ne fait en réalité qu'exercer des droits collectifs. — Duvergier, t. 2, nº 35. — L'arrêt de Grenoble de 1834, cité plus haut, a été rendu dans une espèce où l'héritier agissait contre le vœu de ses cohéritiers.

108. — De même, si une vente avait été faite *solidairement* par plusieurs propriétaires, chaque créancier solidaire étant créancier du total pourrait exercer le réméré pour le tout. — Duvergier, t. 2, nº 36 ; Troplong, t. 2, nº 753 ; Dumoulin, *De divid. et individ.*, partie 3ᵉ, nºs 577 et 582.

109. — Mais, dans ce cas, celui qui a exercé le réméré pour le tout ne peut se prétendre propriétaire exclusif de l'immeuble, au préjudice de son covendeur, comme subrogé légalement aux droits de l'acquéreur. Il n'a qu'une action contre son covendeur, en remboursement de la moitié du prix de réméré qu'il a payé intégralement. — *Lyon*, 7 déc. (et non sept.) 1826, Pillaz c. Jordon.— Duvergier, *Vente*, t. 2, nº 37, qui cite les lois 2 et 16, ff., *De duobus reis* ; Catellan, liv. 5, chap. 58 ; Pocquet de Livonière, tit. *Des retraits*, nº 8, et Troplong, *Vente*, t. 2, nº 753.

110. — Si la vente d'un héritage appartenant à plusieurs n'a pas été faite *conjointement* et de *tout l'héritage ensemble*, et que chacun n'ait vendu que la part qu'il y avait, l'acquéreur actionné séparément par l'un d'eux en reprise de la portion qui appartenait à celui-ci ne peut le forcer à retirer le tout. — C. civ., art. 1671. — On devrait en dire autant du cas où, quoique fait par un seul contrat, l'acte de vente contiendrait en réalité plusieurs ventes distinctes et séparées, et, par exemple, où il renfermerait plusieurs stipulations de prix et désignations de parts ; dans ce cas, c'est l'art. 1671 et non l'art. 1668 qui devrait recevoir son application. — Duvergier, t. 2, nº 38 ; Troplong, nº 755 ; Duranton, t. 2, nº 417.

111. — Jugé que, bien qu'un immeuble ait été vendu *conjointement* par plusieurs, l'action en rescision pour cause de lésion (et les principes sont identiquement les mêmes pour l'action en réméré (Art. 1685, C. civ.) formée par un seul est admissible, et l'acheteur ne peut pas exiger que tous les covendeurs soient mis en cause à l'effet de se concerter pour reprendre l'immeuble entier, 1º alors que l'acte de vente ne porte pas que l'immeuble fût indivis ; 2º que cette indivision n'est pas prouvée; que le vendeur offre de prouver qu'il y avait partag. En un tel cas, la preuve ainsi offerte doit être ordonnée.—*Bordeaux*, 10 janv. 1817, Mellier c. Labatut.

112. — L'acquéreur à pacte de réméré d'une part indivise d'un héritage, qui s'est rendu adjudicataire de la totalité sur la licitation *provoquée contre lui*, peut, si le vendeur veut user du pacte de rachat, l'obliger à retirer le tout. — C. civ., art. 1667. — Le même bénéfice ne devrait pas lui être accordé si c'était lui qui eût provoqué la licitation, puisque, dans ce cas, c'est tout-à-fait volontairement qu'il se serait porté acquéreur. — Duranton, t. 16, nº 413 ; Troplong, t. 2, nº 745; Delvincourt, t. 3, p. 78, note 5ᵉ.

113. — Si l'acheteur a laissé plusieurs héritiers, le réméré ne peut, tant que la chose est encore indivise, ou lorsqu'elle a été partagée entre ces héritiers, être exercé contre chacun d'eux que pour sa part. — C. civ., art. 1672.

114. — Mais le réméré pourrait être exercé pour le tout contre celui des héritiers dans le lot duquel, par l'événement du partage, la chose sera tombée. — Même article.

115. — Au surplus, le droit accordé au vendeur de s'adresser au seul détenteur de l'immeuble ne constitue pour lui qu'une *faculté* : chaque héritier étant tenu pour sa part des obligations de l'auteur commun, l'action personnelle n'en subsiste pas moins contre lui pour sa part même, au cas où la chose est passée en entier dans le lot d'un seul. — Troplong, t. 2, nº 757 ; Duranton, t. 16, nº 419 ; Duvergier, t. 2, nº 42.

116. — Si, même en l'absence de partage, un seul des héritiers possédait en entier la chose par usurpation, tolérance ou autrement, Troplong (nº 757) pense que le réméré pourrait être exercé pour le tout contre cet héritier à raison de la réalité de l'action de réméré. Il invoque l'opinion de Tiraqueau, § 1ᵉʳ, glose 6ᵉ, nºs 42 et 43.

117. — Ce qui vient d'être dit s'applique au cas où la vente d'une chose divisible a lieu au profit de deux acquéreurs : le réméré peut être exercé contre chacun d'eux pour sa part, et le vendeur est libre de l'exercer contre l'un et non contre l'autre, sans qu'aucun d'eux puisse s'opposer à un rachat partiel ; car ils sont censés n'avoir acquis en commun que pour partager ensuite. — Troplong, nº 758 ; Duvergier, t. 2, nº 40.

118. — Toutefois, il est juste de dire, avec Duvergier (*loc. cit.*), que si une clause expresse ou des circonstances particulières prouvaient qu'à raison de sa destination prévue lors de la vente, la chose ne pourrait être diminuée en partie sans être frappée d'inutilité pour la totalité, l'intention de conserver la chose entière serait certaine et ferait cesser les effets de la divisibilité. — On pourrait d'ailleurs, dans ce cas (arg. de l'art. 1218), soutenir qu'il s'agit d'un droit indivisible.

119. — L'exercice d'une clause de rachat, et, par suite, la propriété d'un immeuble, sont établis d'une manière certaine et authentique par cette double circonstance que, dans un acte authentique de prêt consenti par l'acquéreur à réméré à celui qui a exercé le rachat, le premier a accepté une hypothèque sur l'immeuble racheté, et a stipulé qu'en cas de revente de cet immeuble la somme prêtée deviendrait immédiatement exigible. — *Orléans*, 29 déc. 1848 (t. 1ᵉʳ 1849, p. 276), Chevereau c. Lallier-Nail.

120. — L'acquéreur à réméré qui consent à payer son prix, nonobstant quelques hypothèques inscrites sur les fonds vendus, ne s'oblige pas par là à en acquitter les causes. — *Paris*, 27 août 1812, Aymet c. Banque territoriale.

121. — Le vendeur qui exerce la faculté de rachat doit d'abord rembourser le prix principal, c'est-à-dire le prix qu'il a reçu de l'acquéreur (et non celui que vaut la chose au moment du retrait) ou le prix qui a été convenu. — V., sur le point de savoir si les parties peuvent convenir de la restitution d'un prix autre que celui qui a été payé, *suprà* nº 18.

122. — Jugé que le créancier qui exerce l'action en réméré pour son débiteur ne peut être tenu d'offrir que la somme qui a réellement fait l'objet du contrat, alors même qu'une somme plus forte aurait été portée dans l'acte. — *Paris*, 5 mars 1810, Barthélemi c. Riou Khallet.

123. — Il doit aussi rembourser les frais et loyaux coûts, c'est-à-dire les honoraires du notaire, les droits de papier timbré, les frais de transcription, ceux de purge des hypothèques, les droits d'enregistrement, les pots de vin, les épingles. — Troplong, nos 164 et 760; Duvergier, t. 1er, no 169, et t. 2, no 46; Duranton, t. 16, no 124; Po- no 421.

124. — Les droits d'enregistrement supplémentaires et doubles droits dus sur une vente d'immeubles à réméré font partie des loyaux coûts du contrat. En conséquence, lorsqu'après l'exercice du rachat, l'acquéreur a été condamné à payer à la régie un supplément de droit et un droit double pour insuffisance du prix exprimé dans l'acte, il a, à raison de cette condamnation, une action récursoire contre le vendeur, alors surtout que, dans l'acte de vente, ce dernier s'est obligé de rendre l'acquéreur indemne de toutes choses, dans le cas où l'action en réméré serait exercée. — *Cass.*, 24 mars 1835, Despierres c. de Cairon et Rideray.

125. — Jugé qu'en cas d'offres, celles de payer immédiatement la moitié du prix avec frais et loyaux coûts, et de compenser l'autre moitié du prix par les dégradations qu'a éprouvées l'immeuble vendu, sauf l'appréciation à dire d'experts, sont valables et ne peuvent être considérées comme équivalant à un paiement partiel auquel le créancier peut se refuser. — *Nîmes*, 31 mars 1840 (t. 2 1843, p. 442), Monier c. Ricard.

126. — L'art. 1673, C. civ., d'après lequel le vendeur qui use du pacte de rachat doit rembourser, non seulement le prix principal, mais encore *les frais et loyaux coûts de la vente*, etc., n'est pas applicable au cas où les parties ont elles-mêmes, par l'acte de vente, réglé et restreint les conditions du réméré. — Ainsi, lorsqu'il a été stipulé dans un acte de vente que le vendeur pourra reprendre la chose vendue, *en remboursant le prix d'achat à l'acquéreur,* on peut regarder comme suffisante, à l'effet d'exercer le réméré, l'offre de rembourser le prix avec les intérêts échus, sans qu'il soit rien offert pour les frais et loyaux coûts de l'acte, lors même que ces frais et loyaux coûts sont à la charge du vendeur, et que l'acquéreur les a avancés. — *Bruxelles*, 13 oct. 1825, N....

127. — Le cessionnaire d'un droit de réméré qui, en exerçant le retrait, est obligé de rembourser les frais et loyaux coûts dus à l'acquéreur, ne peut les répéter contre son cédant, si la cession garde le silence sur ce point. — *Cass.*, 7 mai 1818, Bourgon c. Vivic.

128. — Il doit aussi rembourser les réparations nécessaires et celles qui ont augmenté la valeur du fonds jusqu'à concurrence de cette augmentation. — C. civ., art. 1673.

129. — Le remboursement de ces dépenses nécessaires doit avoir lieu sur le pied de ce qui a été payé par l'acheteur, sans que le vendeur puisse les faire réduire en ce qu'elles auraient pu être exécutées à meilleur marché. — Duvergier, t. 2, no 47.

130. — Quant aux améliorations, la plus-value qui en résulte n'est due qu'autant qu'elles ne présentent rien *d'excessif*. — Car, lorsque la loi parle d'améliorations, elle entend parler de celles qui rentrent dans les calculs prudens d'un père de famille. — Seulement, s'il y avait excès, l'acheteur pourrait enlever les améliorations, pourvu que leur enlèvement ne dégradât pas le fonds. — Troplong, no 760; Duvergier, t. 2, no 48; Delvincourt, t. 3, p. 78, note 4e.

131. — Anciennement, dans plusieurs coutumes (Paris, art. 146; Anjou, art. 378; Tours, art. 170; Loudun, chap. 15, art. 13; Poitou, art. 371; Angoumois, art. 79), on affranchissait le retrayant de l'obligation de payer la plus-value quand l'exercice du retrait devait avoir lieu *dans l'année*. — Sinon la règle subsistait. — Aujourd'hui encore les juges devront, pour décider si l'acquéreur a pu raisonnablement faire telle ou telle amélioration, prendre en considération la durée plus ou moins longue du délai pour l'exercice du réméré. — Duvergier, t. 2, no 48.

132. — Le vendeur ne doit rembourser ni les dépenses voluptuaires ou celles d'entretien, ni les contributions, qui sont une charge de la jouissance; à moins, dit Duvergier (t. 2, no 49), qui cite Rousseau de la Combe, qu'il ne s'agisse d'impositions extraordinaires qui devraient être considérées comme une charge imposée à la propriété plutôt qu'à la jouissance. — L. 28 avr. 1816, art. 6 et 7. — V. cependant sur cette distinction Despeisses, tit. 1er, sect. 6e, § 8, no 3.

133. — Le vendeur ne doit pas les intérêts du prix, par la raison que l'acheteur a perçu les fruits et que ces intérêts et fruits se compensent. — V. *infrà* no 148.

134. — Jugé, néanmoins (et avec raison), que le vendeur à réméré qui a touché le prix de la vente, et qui a cependant conservé la jouissance de l'objet vendu jusqu'au jour où il exerce le réméré, doit, sans qu'il soit besoin de stipulation à cet égard, rembourser à l'acquéreur, non seulement le prix principal, mais encore les intérêts de ce prix qui ont couru depuis le jour où il l'a reçu jusqu'à celui où il exerce le rachat. — *Poitiers*, 26 juin 1823, Lemaire.

135. — L'obligation du vendeur qui exerce le réméré est la même, soit qu'il s'adresse à l'acquéreur lui même, soit qu'il s'adresse à un tiers-acquéreur. — Troplong, no 761; Duvergier, t. 2, no 63.

136. — Mais il devrait le prix porté dans son propre contrat, bien que la revente ait eu lieu moyennant un prix moindre. — Despeisses, tit. 1er, sect. 6e, § 7, no 6; Pothier, no 426; Duvergier, t. 2, no 64.

137. — Le vendeur ne peut entrer en possession tant qu'il n'a pas satisfait à toutes ses obligations. — Jusque-là, l'acquéreur est autorisé à *retenir* l'immeuble à titre de nantissement. — Autrefois, quelques jurisconsultes pensaient qu'il suffisait au vendeur, pour entrer en possession, de payer ce qui était *liquide* sans attendre la liquidation des loyaux-coûts et impenses (Pothier no 427), sauf caution (Despeisses, t. 1er, p. 44). — *Contrà* Tiraqueau, § 7, glose 1re, no 13. La généralité de l'art. 1673 repousse ces distinctions.

138. — Aussi, jugé que lorsque dans un contrat de vente à pacte de rachat, il a été stipulé que, faute par le vendeur d'exercer le réméré à l'époque convenue, l'acquéreur aura le droit de faire vendre l'immeuble et de retenir, sur le prix de l'adjudication, tout ce qui lui sera dû, ce droit doit s'exercer nonobstant toute hypothèque postérieurement consentie en faveur d'autres créanciers. — Il doit s'exercer, même en faveur du bailleur de fonds qui a payé l'acquéreur et qui a été subrogé par lui en son lieu et place. — *Cass.*, 2 déc. 1818, Pillon et Varrin c. Mirebeaux et Dossier.

139. — Mais l'acheteur peut renoncer à son droit de rétention en se dessaisissant de l'immeuble. — Et dans ce cas, tout en restant créancier de ce qui peut lui être dû il ne saurait réclamer de privilége comme vendeur. — *Cass.*, 26 avr. 1827, Delattre c. Longuet. — Merlin, *Rép.*, vo *Privilége de créance*, sect. 4e, § 5, nos 4 et 5; Duvergier, t. 2, no 52.

140. — Jugé, dès-lors, que le tiers qui paie de ses deniers le prix du rachat ne peut prétendre aucun privilége sur l'immeuble soumis au rachat; il n'a pu être subrogé qu'au simple droit de rétention. — Même arrêt.

141. — Jugé encore que, dans le cas où le réméré est consenti par l'acquéreur, et où le vendeur, au lieu de rembourser le prix, constitue au profit de l'acquéreur une rente viagère avec hypothèque sur l'immeuble réméré, moyennant quoi le contrat à réméré est déclaré nul et non avenu, il y a novation, et dès-lors l'acquéreur à réméré ne peut plus, à défaut du paiement des arrérages de cette rente, demander la résolution du contrat de réméré, et rentrer dans la propriété des biens qui lui avaient été vendus par le débiteur de la rente viagère. — *Douai*, 22 juill. 1820, Buirette c. Simon et Bray.

142. — Toutefois, il a été jugé, avec raison, que l'acquéreur à pacte de rachat qui n'aurait consenti à la revente des biens par son vendeur *qu'à la condition* d'être payé sur le prix aurait, pour son remboursement, un droit de préférence sur les créanciers hypothécaires du vendeur inscrits depuis la vente. — *Colmar*, 12 juin 1816, Baruch Lévy c. Clauss.

143. — De son côté, l'acheteur doit rendre la chose dans l'état où elle se trouve. Les dégradations qui résultent de force majeure ou de vétusté ne sont pas à sa charge; il en est autrement de celles qui auraient été causées par son fait ou par le défaut de soin et d'entretien, car il devait jouir en bon père de famille. — Duvergier, t. 2, no 53; Troplong, no 765; Pothier, no 401.

144. — Jugé que, si la vente a été faite avec la clause d'annulation, dans le cas où le vendeur, par exemple, rapporterait la décharge d'un cautionnement qui lui a été fourni par l'acquéreur, celui-ci, tant que cette décharge n'est pas rapportée, a la faculté de faire tous les actes de propriétaire sur l'objet vendu; ses droits sont pleins et entiers; il n'est tenu qu'à rendre la chose dans l'état où elle se trouve, en payant au vendeur qui exerce le réméré les dommages-intérêts qui peuvent résulter des détériorations commises par sa négligence. Le vendeur, de son côté, n'est pas restreint dans l'action qu'il voudrait même exercer contre un deuxième acquéreur. — *Orléans*, 20 mars 1812, Carrière.

145. — La chose doit être rendue, soit avec l'alluvion qui l'a augmentée, soit avec *le trésor* qui y a été trouvé; car l'alluvion (art. 556) ne profite qu'au *propriétaire*, et la propriété du trésor appartient à celui qui le trouve dans son *propre fonds*. — Or, par le fait du réméré, le contrat étant *résolu*, l'acquéreur est censé n'avoir pas été propriétaire (C. civ., art. 1183). Cette solution était controversée sous l'ancien droit. Pothier (*Vente*, no 403) pensait que l'acheteur ne devait pas restitution de l'alluvion, car, selon lui, la résolution avait lieu plutôt pour l'avenir que pour le passé; le contrat était plutôt *fini* que *résolu*. Mais, sous le Code, les auteurs adoptent généralement l'opinion contraire. — Duranton, t. 16, no 425; Troplong, nos 766 et 767; Duvergier, t. 2, no 55.

146. — Mais l'acheteur à réméré a le droit, au cas d'exercice du réméré, de retenir toutes les adjonctions qu'il a faites à l'immeuble et qui en ont augmenté la contenance. — *Metz*, 16 janv. 1826, N...; *Nancy*, 1er juin 1832, Domaine c. N... — Troplong, *Vente*, t. 2, no 768.

147. — C'est à lui à prouver ces adjonctions. — *Metz*, 16 janv. 1826, N... — Troplong, t. 2, no 768, qui cite un grand nombre d'autorités anciennes. — *Contrà Nancy*, 1er juin 1832, Domaine c. N..., combattu par Troplong.

148. — Bien que, par l'effet du réméré, le droit de l'acheteur soit non pas seulement *fini* (ainsi que le disait Pothier et que le suppose à tort, dans ses motifs, un arrêt de la cour de Cassation du 14 mai 1807, Rolland c. Sarrus), mais *résolu* (comme le disent Duvergier et Duranton), ce qui semblerait supposer que l'acheteur doit encore les fruits, sauf au vendeur à restituer les intérêts de ce qu'il a reçu, cependant, on admet généralement qu'il n'y a pas, sous ce rapport, de restitution réciproque à faire. — Troplong, no 760; Duranton, t. 16, no 425; Duvergier, t. 2, no 50. — Suivant ce dernier auteur, le droit de l'acheteur aux fruits échus prend sa source dans la convention *tacite* qui existe entre les parties que, *nonobstant l'effet rétroactif de la résolution*, les fruits resteront à l'acheteur qui les aura perçus.

149. — Mais à partir de quel moment l'acquéreur devient-il comptable des fruits? — Duvergier (t. 2, no 59) dit que les offres seules ne suffisent pas pour faire cesser le droit aux fruits de l'acheteur; en effet, tant que le prix n'est pas consigné, le vendeur en jouit ou peut en jouir; par réciprocité, les fruits doivent appartenir à l'acheteur. — Delvincourt, t. 3; Despeisses, t. 1er, sect. 6e, § 7, no 8, § 8, no 2; Tiraqueau, *De retract. convent.*, et § 4, glos. 6e, no 5, et *De retr. municip.*, § 15, glos. 2e, nos 15 et 16, et Merlin, *Rép.*, vo *Faculté de rachat*, no 7. — Cette raison doit nous paraître d'autant plus péremptoire, que nous avons considéré la consignation comme nécessaire pour l'exercice du réméré.

150. — Et l'on cite généralement comme ayant jugé en ce sens (bien que cette solution soit un peu vague), l'arrêt qui a décidé que l'acquéreur sur qui le réméré est exercé ne doit la restitution des fruits *qu'à partir des offres réelles ou de la consignation du prix de la vente.* — *Cass.*, 14 mai 1807, Rolland c. Sarrus et Fajon.

151. — Jugé aussi que l'acquéreur à réméré ne doit la restitution des fruits que du jour *où le remboursement a été opéré*, et non du jour où l'action en réméré a été introduite. — *Montpellier*, 23 nov. 1840 (t. 1er 1841, p. 455), Vareilhes c. Delgrès.

152. — Au contraire, Troplong (*Vente*, t. 2, no 774) pense que les offres réelles suffisent pour donner au vendeur droit aux fruits, et il invoque Pothier (no 411), la loi 2, C., *De pact. inter empt.*, et Brunemann, sur cette loi, no 13. — « L'arrêt de 1807, dit-il, a été rendu dans une espèce où la convention des parties exigeait la consignation : l'on ne peut donc considérer la question comme définitivement tranchée par cet arrêt. »

153. — Et l'on peut considérer comme reconnaissant le bienfait de ce système l'arrêt qui juge que l'acquéreur, sur qui on exerce la faculté de rachat, n'est obligé à rendre les fruits *qu'à compter du jour où le vendeur lui a offert le remboursement* du prix de la vente, et non du jour de l'introduction de l'instance. — *Toulouse*, 12 août 1818, Ravaille c. de Solages.

154. — L'acheteur doit-il compte, soit des fruits pendans lors de la vente, soit des fruits pendans lors du réméré? Quelques auteurs ont pensé qu'il y avait lieu à déduction des fruits pendans au moment de la vente, parce qu'ils avaient augmenté le prix, lequel est restitué en entier. — Pothier, no 403. — *Contrà* Duranton, t. 16, no 424 (sauf convention contraire); Troplong, t. 2, no 769, qui cite Tiraqueau, § 5, glos. 4e, nos 13 et suiv., par la raison que si l'acheteur a profité des fruits, le vendeur a profité des intérêts ou de l'utilité du prix.

155. — D'un autre côté, quelques auteurs ont pensé que le vendeur devait profiter seul des fruits pendant lors de l'exercice du réméré. — Despeisses, t. 1er, sect. 6e, § 7, n° 8 ; Bacquet, *Des droits de justice*, ch. 15, n° 55. — D'autres, enfin, tout en convenant que l'acheteur pouvait avoir droit, à cet égard, à une indemnité, se sont divisés sur sa nature et sa quotité, les uns s'accordant que le remboursement des frais de culture (Pothier, *Vente*, n° 409.— Cout. d'Auvergne, de la Marche, du Lodunois); les autres voulant le partage des fruits au prorata du temps qui s'est écoulé (Delvincourt, t. 3, p. 78, note 2e ; Duranton, t. 16, n° 441; Troplong, n° 770), à moins, suivant ces deux derniers auteurs, que l'acquéreur n'ait fait autant de récoltes qu'il y a eu d'années pendant lesquelles il est resté propriétaire.

156. — Duvergier (t. 2, n° 58) pense qu'on ne peut, sous peine de froisser l'équité, poser sous ces divers rapports de règle absolue. Balançant l'une par l'autre la perception des fruits et celle des intérêts, il pense que, pour qu'il y ait justice parfaite et que le vœu des contractans soit atteint, il y a une règle simple à suivre : « Il faut, dit-il, que la compensation entre les fruits et les intérêts s'opère année par année, en prenant pour point de départ le jour de la vente (Arg. art. 1571), et que si, au moment où le réméré s'exerce, il y a une année commencée, les fruits se partagent entre l'acheteur et le vendeur proportionnellement à la partie de l'année qui s'est écoulée, soit qu'il y ait eu des fruits pendans au moment de la vente, perçus par l'acheteur, soit qu'il y ait des fruits pendans au moment du réméré, sauf la liquidation préalable des frais de culture (n° 53). »

157. — Ce système touve à cet plus simple. Au surplus, Duvergier avoue lui-même (n° 57) que les circonstances ou la convention peuvent le modifier, et qu'il est des cas où, soit tacitement, soit expressément, l'acquéreur sera réputé avoir renoncé à la perception des fruits, quoique le vendeur jouisse du prix. — V., au surplus, la discussion développée de Troplong et Duvergier, et les positions spéciales qu'ils citent.

158. — L'exercice du rachat effaçant le droit de l'acheteur, ce droit emporte avec lui tous ceux dont il était la source : *Resoluto jure dantis, resolvitur jus accipientis*. — Aussi l'art. 1673 dit-il que le vendeur, rentrant dans son héritage par l'effet du pacte du rachat, le reprend exempt de toutes charges et hypothèques dont l'acquéreur aurait grevé.

159. — Toutefois, le vendeur doit respecter les baux faits sans fraude par l'acheteur. — C. civ., art. 1673. — En général, dit Troplong (n° 777), la fraude ressort, de la validité du prix, 2° d'une durée qui excède la durée ordinaire (art. 595 et 1429 C. civ.), 3° d'un bail passé longtemps avant l'expiration du jour du rachat. — C. civ., art. 596 et 1430. — Delvincourt pense (t. 3, p. 77, note 9e) que les baux ne vaudraient qu'autant qu'ils seraient enregistrés (Arg. art. 1743).

160. — Il paraît résulter implicitement d'un arrêt de la cour de Cassation du 6 juill. 1831 (Garnier c. Dupin) que l'exercice du réméré ne fait pas revivre les hypothèques qui existaient contre le vendeur avant la vente, et que l'acquéreur a réméré avait purgées.

161. — Jugé, au surplus, expressément que la purge, faite par l'acquéreur à réméré, de l'hypothèque légale de la femme du vendeur, un effet définitif qui survit à l'exercice de la faculté de réméré, *alors surtout que cette faculté a été exercée*, non par le vendeur lui-même, mais par le concessionnaire de son droit.—*Cass.*, 6 juill. 1831, Garnier c. Dupin; *Montpellier*, 4 mars 1841 (L. 2 1841, p. 712), Monllaur c. Berthomieu.

162. — L'action peut être intentée *omisso medio* contre le tiers détenteur ; car il n'y a pas dans ce cas, comme lorsqu'il s'agit de résolution pour inexécution des clauses du marché, de fait personnel, mais l'acquéreur direct qui nécessite sa mise en cause.— Peu importe, d'ailleurs, que la clause de réméré ait ou non été stipulée dans le deuxième contrat.— C. civ., art. 1665.—Troplong, n° 732; Duvergier, t. 2, n° 61 ; Merlin, *Rép.*, v° *Faculté de rachat*, n° 5.

163. — Si la propriété est détachée de l'usufruit, l'action doit être exercée tant contre l'usufruitier que contre le propriétaire.—V. Merlin, *Rép.*, v° *Faculté de rachat*, n° 5 ; Duvergier, t. 2, n° 62.

164. — Jugé que celui qui a vendu un immeuble, avec pacte de rachat, peut exercer le réméré, encore bien que, par suite d'une surenchère formée par l'un de ses créanciers, cet immeuble ait été adjugé à une tierce personne, et qu'un ordre ait été ouvert sur le prix.— Mais, dans ce cas, il n'est obligé qu'à tenir compte de ce qui a été payé,

---

ainsi que de toutes les améliorations et de tous les frais faits par suite et à l'occasion de la vente.— Et les créanciers ne peuvent exiger de lui qu'il consigne le montant du prix de l'adjudication pour qu'il soit donné suite à l'ordre.— *Cass.*, 11 avr. 1837 (L. 2 1837, p. 311), Paulmier c. Roussel et Ledésert.

165. — Jugé que le réméré ne peut être valablement exercé sur la tête de l'acquéreur seul trouvé en possession, si, par une donation entre-vifs, faite sous réserve d'usufruit, cet acquéreur s'était dépouillé de la propriété des biens par lui acquis à pacte de rachat, et que, d'ailleurs, cette donation ait été rendue publique par l'insinuation ou la transcription.—*Montpellier*, 3 déc. 1822, Vernhette c. de Roquetaillade.

166. — L'action en réméré doit-elle être précédée du préliminaire de conciliation ? Il faut distinguer : si le vendeur fait des offres réelles et en poursuit la validation, le préliminaire de conciliation n'est pas indispensable.—*Orléans*, 11 nov. 1834, Cadet c. Blèze.—Troplong, n° 725.— La raison en est que les demandes sur offres réelles sont dispensées de la tentative conciliatoire : le réméré sans doute est la cause du procès ; mais le véritable point à décider, c'est la validité des offres réelles faites par le vendeur qui veut exercer la faculté de rachat.

167. — Si, au contraire, le vendeur s'était borné à des offres labiales, son action (en la supposant valable) devrait rentrer dans le droit commun, comme action principale.— Troplong, n° 725.

168. — Le vendeur à réméré qui, sur la demande en délaissement formée par l'acquéreur, s'est borné à soutenir en première instance la validité de ses offres n'est recevable à demander pour la première fois, sur l'appel, la nullité de la vente pour cause de simulation.— *Cass.*, 18 janv. 1814, Rassouche c. Motsch.

169. — La nullité d'un acte de vente à réméré, comme contenant des fausses énonciations et ayant induit le vendeur en erreur, peut être demandée en tout état de cause, cette action n'étant qu'une exception péremptoire dont le but est d'anéantir l'action principale tendant à l'exécution du pacte de réméré. Ainsi, il n'est pas permis d'opposer au vendeur, comme fin de non-recevoir, le silence par lui gardé sur les vices de l'acte pendant le cours de l'instruction en première instance. Ce silence n'est pas, d'ailleurs, une approbation de la vente, quand l'acquéreur a induit le vendeur en erreur en lui signifiant un extrait inexact dans lequel ne se trouvaient pas mentionnés les vices du réméré n'étaient pas apparens.—*Orléans*, 6 janv. 1813, Bénard c. Pélicier (extrait de Colas de la Noue).

170. — Le vendeur peut renoncer, par avance, à la faculté de rachat. — Il est censé le faire quand il a consenti à la revente que l'acquéreur a faite à un tiers sans annoncer que l'héritage était sujet au rachat.— Despeisses, tit.-art. sect. 6e, § 3, n° 9 ; Merlin, *Rép.*, v° *Faculté de rachat*, n° 6 ; Duvergier, t. 2, n° 67 ; Troplong, n° 736.

171. — La renonciation résulte-t-elle du fait par le vendeur d'avoir retiré la consignation qu'il a effectuée pour exercer le réméré ? — Despeisses, Merlin et Troplong, *loc. cit.* — En supposant le contraire, Duvergier (t. 2, n° 67) nous paraît plus conséquent avec le système (professé par Troplong) qui exclut la renonciation de la consignation pour l'exercice de la faculté de réméré.— Pour nous, qui jugeons la consignation nécessaire, nous pensons que la retirer c'est renoncer à l'exercice du droit de réméré.

172. — Les sommes provenant de l'exercice d'une faculté de réméré, opérée depuis le décès de l'acquéreur, doivent être considérées comme immeubles dans la succession de celui-ci et appartiennent à l'héritier aux immeubles.—*Caen*, 22 fév. 1823, Guillonet c. Duhamel.

173. — On doit considérer, non comme une constitution de rente, mais comme une rétrocession la convention par laquelle le vendeur d'un immeuble, à pacte de rachat, rentre dans la possession de l'immeuble après l'expiration du terme convenu pour le rachat, moyennant une rente perpétuelle qu'il s'oblige de lui payer. En ce cas, la clause résolutoire pourrait, sous l'ancienne législation, non seulement y être exprimée, mais encore doit toujours y être sous-entendue.— *Montpellier*, 29 mai 1827, Delouis c. Mas.

174. — Par cela que le cessionnaire doit payer des créanciers inscrits que l'acquéreur à réméré s'était obligé lui-même de désintéresser en l'acquittant, l'exercice du retrait ne saurait être considéré comme fait sous une condition suspensive, alors que, par suite de ce retrait, l'acquéreur se trouve complétement désintéressé, qu'il cesse d'être exposé comme tiers détenteur à

---

l'action des créanciers inscrits, et qu'enfin il est dit dans l'acte que le cessionnaire restera propriétaire incommutable de l'immeuble, sous la condition qu'il fera les paiemens énoncés.— *Cass.*, 16 avr. 1845 (L. 1er 1845, p. 563), enregistrement c. Bardeau et Vitrier.

VENTILATION.

V. ENREGISTREMENT, ORDRE, PURGE DES PRIVILÉGES ET HYPOTHÈQUES, SAISIE IMMOBILIÈRE.

VERDET, VERT-DE-GRIS.

Ateliers destinés à la fabrication du vert-de-gris ; — troisième classe des établissemens insalubres. — V. ÉTABLISSEMENS INSALUBRES (nomenclature).

VÉRIFICATEURS DE BATIMENS.

Patentables de sixième classe. — Droit fixe basé sur la population et droit proportionnel du vingtième de la valeur locative de l'habitation et des lieux servant à l'exercice de la profession.

VÉRIFICATION DE CRÉANCES.

Opération par laquelle on procède à l'examen contradictoire des titres de créance ayant pour but la constatation exacte de l'actif du failli. La vérification de créance se fait aux jour, lieu et heure indiqués par le juge commissaire, entre le créancier ou son fondé de pouvoir, et le syndic ; elle a lieu en présence du juge commissaire quien un dresse procès-verbal. Tous les créanciers sont convoqués à cet effet, tant par lettres du greffier que par insertion dans les journaux. — Ils ont le droit, ainsi que le failli d'assister à la vérification et de présenter les contredits. — Les créances des syndics sont vérifiées par le juge commissaire. La vérification ne doit pas être interrompue.—V. FAILLITE.

VÉRIFICATION D'ÉCRITURE.

Table alphabétique.

VÉRIFICATION D'ÉCRITURE. — 1. — Examen fait en justice d'un acte sous seing-privé dont l'écriture ou la signature est méconnue, afin de reconnaître par quelle main il a été écrit ou signé.

2. — La procédure à suivre est pareille que celle spéciale aux actes sous seing-privé. L'acte authentique ne peut en être l'objet, car il fait foi jusqu'à inscription de faux.—Art. 1319, C. civ.— V. ACTE AUTHENTIQUE, FAUX, FAUX INCIDENT.—

L'acte sous seing-privé, au contraire, ne fait foi

qu'autant que l'écriture n'en est pas déniée, ou qu'elle a été reconnue en justice. Au surplus, il peut aussi être attaqué par voie d'inscription de faux. — V. ACTE SOUS SEING-PRIVÉ, FAUX INCIDENT.

3. — La vérification a pour résultat de faire rejeter du procès la pièce litigieuse, s'il est reconnu qu'elle n'émane pas de celui auquel on l'attribue, et, dans le cas contraire, de la faire déclarer pour reconnue et de la maintenir comme preuve au procès et pour valoir ce que de droit.

SECT. 1re. — *Cas dans lesquels il y a lieu à vérification d'écriture* (n° 4).

SECT. 2e. — *Mode divers de vérification d'écriture* (n° 68).

SECT. 3e. — *Tribunaux qui peuvent connaître de la vérification* (n° 68).

SECT. 4e. — *Jugement sur la demande.* — *Nomination du juge-commissaire et des experts* (n° 82).

SECT. 5e. — *Formes de l'exercice* (n° 108).

§ 1er. — *Dépôt au greffe et communication de la pièce à vérifier* (n° 108).

§ 2. — *Désignation et apport des pièces de comparaison* (n° 124).

§ 3. — *Opération.* — *Rapport des experts* (n° 196).

SECT. 6e. — *Formes de l'enquête* (n° 230).

SECT. 7e. — *Jugement définitif; amende; dommages-intérêts, dépens, inscription hypothécaire* (n° 244).

Sect. 1re. — *Cas dans lesquels il y a lieu à vérification d'écriture.*

4. — Avant d'entrer en matière, il importe de remarquer que, bien que l'art. 193 ne parle que de la vérification de l'écriture des actes sous seing-privé, il est indubitable qu'il s'applique tant à celle de la signature desdits actes qu'à celle des approbations tenant lieu de l'écriture, et, par exemple, dans le cas déterminé par l'art. 1326, C. civ., il ne suffit pas que la signature apposée à une obligation souscrite par un individu qu'un marchand, artisan, laboureur fût reconnue; il faudrait de plus que cette reconnaissance portât également ou sur l'écriture de l'acte, ou sur le bon qui précéderait la signature. — Carré, quest. 796.

5. — Jugé qu'il y a lieu à la vérification, encore bien que la reconnaissance d'écriture ne porte que sur une partie de l'écrit. — C. procéd., art. 200. — Spécialement, lorsque le souscripteur d'un billet, tout en reconnaissant sa signature, soutient qu'un mot a été ajouté qui augmente le montant de la somme due, le tribunal peut, sur sa demande, ordonner une simple vérification du mot contesté, au lieu de le renvoyer à se pourvoir par la voie d'inscription de faux. — Cass., 4 fév. 1836, Champcommunal c. Thabard.

6. — Lorsque l'héritier du sang déclare ne pas reconnaître l'écriture ni la signature d'un testament olographe, et si la vérité paraît devoir porter sur le testament tout entier et que la reconnaissance par l'héritier ne s'applique qu'à une partie de ce testament et que celui qui s'en prévaut, et cette vérité doit porter sur le testament tout entier et que la reconnaissance sur la signature. — Toulouse, 20 mars 1816, Sudria c. Trinqualye.

7. — C'est par la vérification d'écritures, et non par l'inscription de faux, que l'on doit procéder pour s'assurer de la véracité des quittances que le locataire oppose à la demande en paiement de loyers contre lui formée et que le propriétaire soutient fausses. — Paris, 9 janv. 1830, Lecœur c. Maupin. — Bioche, v° Vérification d'écriture, n° 38.

8. — Il résulte des art. 1322, 1323 et 1324 du Code civil, ainsi que des art. 193, 194, 195 du Code de procédure, que la demande en reconnaissance d'écriture a particulièrement pour objet de donner à l'acte le caractère de l'authenticité, conformément à l'art. 1322, C. civ., ou pour se ménager la faveur de l'art. 2123 du même Code, qui fait résulter l'hypothèque judiciaire des reconnaissances ou vérifications, faites en jugement, des signatures apposées à un acte obligatoire sous seing-privé.

9. — On peut se pourvoir en reconnaissance

ou en vérification d'écriture avant que la dette soit échue ou exigible. — Colmar, 24 flor. an XI, Zimmer c. Rondin; Cass., 3 fév. 1808, Meunier c. Montbaron; 15 janv. 1807, Duford c. Petit-Broeil. — Carré et Chauveau, quest. 798. — Mais l'inscription ne doit être prise en vertu du jugement qu'après l'échéance et l'exigibilité de la dette. — Et si le défendeur ne dénie pas son écriture, les frais de l'instance sont à la charge du demandeur.

10. — Jugé que le créancier d'une succession, qui ne peut, pendant les délais pour faire inventaire et délibérer, poursuivre le remboursement de sa créance, peut, cependant, assigner l'héritier afin de faire vérifier et reconnaître la signature du défunt. — Cass., 10 juin 1807, de Gérés c. de Puységur. — V. SUCCESSION BÉNÉFICIAIRE.

11. — La vérification d'écriture peut donc être l'objet d'une action principale, c'est-à-dire d'une action ne se rattachant à aucun litige. C'est même ce cas que l'art. 193 a prévu.

12. — Mais, en outre, elle peut être l'objet d'un incident, c'est-à-dire être demandée au cours d'une instance déjà pendante. Exemple : Paul réclame, en qualité d'héritier de Jean, une somme de 4,000 francs à Pierre; celui-ci oppose à Paul une quittance sous seing-privé de Jean. Si Paul dénie l'écriture de la quittance, il faudra recourir à la vérification.

13. — Lorsque le jugement qui ordonne le paiement d'une obligation a acquis l'autorité de la chose jugée, on ne peut demander la vérification du titre privé qui constate cette obligation. — Rennes, 14 juin 1813, Pesloüan c. de Julienne.

14. — Au surplus, de ce qu'il est de principe qu'un acte sous seing-privé ne fait foi qu'autant qu'il est reconnu, il faut bien se garder de conclure qu'on ne puisse en demander l'exécution qu'après avoir fait reconnaître, soit par la partie, soit par la justice, la sincérité de l'écriture et de la signature. La raison indique hautement que l'on peut, par exemple, assigner directement en paiement d'une dette constatée par acte sous seing-privé sans remplir ce préalable. C'est au défendeur à dénier son écriture, et alors seulement il y a lieu à une vérification. Sinon, son silence équivaudrait à une reconnaissance de la pièce, et l'acte ferait pleine foi. — Conf. Carré et Chauveau, quest. 797, note 1re; Boncenne, t. 3, p. 471; Favard de Langlade, t. 1er, p. 84; Lepage, p. 173; Delaporte, t. 1er, p. 495.

15. — Boucher (Traité de la procédure des trib. de comm., p. 122) pense également qu'en matière de commerce, l'acte est censé reconnu lorsque le défendeur ne réclame pas. Mais il ajoute qu'il n'en est pas ainsi dans les autres tribunaux. C'est là une erreur ou condamné une pratique constante.

16. — Jugé, conformément à notre opinion, que l'on n'est pas tenu de faire reconnaître l'écriture d'un acte sous seing-privé lorsque celle d'un billet n'est pas déniée. — Cass., 31 juin 1806, d'Ennius c. enregistrement; Bruxelles, 10 mars 1814, de Cock c. Bourgeois. — V. aussi Cass., 7 fév. 1814, enregistrement c. Morin.

17. — ... Et que les juges ont pu conclure, de ce qu'il a été pris des conclusions tendant à l'annulation pour cause de dol et de fraude d'un acte sous seing-privé, qu'il y avait eu reconnaissance de la signature. — Cass., 27 août 1835, Bloca c. Barr.

18. — Ainsi, ce n'est qu'autant qu'il y a dénégation formelle ou méconnaissance de l'écriture que la vérification doit être ordonnée. À cet égard, l'art. 195 est formel.

19. — Nous employons à dessein ces expressions dénégation ou méconnaissance, car lorsque le défendeur est celui dont on prétend que l'acte émane, il faut une dénégation. Quand c'est un héritier, une simple méconnaissance suffit. — Boncenne, t. 3, p. 452; Chauveau sur Carré, quest. 803 bis. — L'art. 195 est formel dans cet égard.

20. — Jugé que si celui auquel on oppose un acte sous seing-privé est obligé d'avouer ou de désavouer formellement sa signature, il en est autrement lorsqu'un pareil acte est opposé à des héritiers comme preuve d'une obligation qu'aurait contractée celui dont ils recueillent l'hérédité. Ces héritiers peuvent se contenter de déclarer qu'ils ne reconnaissent pas l'écriture de leur auteur. — Cass., 15 juill. 1834, Paret c. Dextre.

21. — On n'est pas recevable à se plaindre de ce qu'un tribunal n'ait pas ordonné la vérification d'une écriture qu'on ne désavoue pas formellement d'une écriture qu'on ne déclare pas vouloir s'inscrire en faux. — Bordeaux, 31 mars 1836, Theulon c. Préaulone.

22. — De même, l'héritier à qui on oppose la signature de son auteur ne peut lui-même se renfermer dans un silence absolu; il doit déclarer s'il

connaît ou s'il ne connaît point cette signature. Son refus de faire cette déclaration devrait être pris pour une reconnaissance et dispenserait de procéder à une vérification. — *Cass.*, 17 mai 1808, Boulainvilliers c. Mortenard.

23. — Mais lorsque, sur une demande en reconnaissance de la signature mise au bas d'un décompte, le défendeur répond qu'il n'est débiteur que de partie de la somme, le tribunal ne peut, sans contravention à l'art. 194, C. procéd., débouter, quant à présent, le demandeur de sa demande en reconnaissance, au lieu de donner acte de la reconnaissance ou d'ordonner qu'il sera plus amplement informé. — *Cass.*, 12 nov. 1828, Seyler c. Betling de Lancastel.

24. — Malgré la dénégation ou la méconnaissance de l'écriture, les tribunaux peuvent tenir l'acte pour reconnu sans vérification préalable. Ils jouissent, en cette matière, d'un pouvoir discrétionnaire pour admettre ou rejeter la vérification. L'art. 1324 du Code civil est conçu, il est vrai, aux termes impératifs, desquels il résulte que la vérification est obligatoire et non facultative, mais l'art. 195, C. procéd., dit que la vérification *pourra* être ordonnée. Cet article, qui est postérieur à l'art. 1324, a donc dérogé à celui-ci : *Posteriores derogant prioribus.* Comment d'ailleurs forcer des juges à recourir à une expertise proprement dite, en présence du principe généralement reconnu qu'ils ne sont pas tenus de se soumettre au résultat de cette opération ? — *Cass.*, 8 août 1806, Chailard ; *Besançon*, 30 avr. 1812, N... ; *Cass.*, 25 août 1814, Pinot c. Rouxel ; 19 mars 1817, Regnier c. Michel ; 6 déc. 1827, Beauval c. Hébert (deux arrêts) ; 9 fév. 1830, Legrand ; *Paris*, 14 fév. 1832, Gerfaud ; *Bordeaux*, 10 juin 1834, Ducaule c. Cazeaux ; *Cass.*, 14 mars 1837 (t. 1er 1837, p. 200), Goublen c. Bouvard ; 24 mai 1837 (t. 1er 1837, p. 450), Roché ; 3 déc. 1839 (t. 1er 1840 p. 139), Tueux c. Lucat ; 9 déc. 1839 (t. 1er 1840, p. 177), Bruyer c. Debu ; 14 juin 1843 (t. 2 1843, p. 131), Manceaux Collet c. Manceaux-Faux ; 10 mars 1846 (t. 1er 1846, p. 545), Robin c. Clertan ; 18 mai 1847 (t. 2 1847, p. 75), Chevalier. — Pigeau, *Comment.*, t. 1er, p. 427 ; Thomine-Desmazures, t. 1er, p. 55 et 356 ; Favard de Langlade, t. 5, p. 918 ; Berriat Saint-Prix, p. 268, no 13 ; Boncenne, t. 3, p. 486 ; Bioche, vo *Vérification d'écriture*, no 16 ; Chauveau sur Carré, quest. 803, *ter.* — *Contrà* Rauter, C. procéd. civ., p. 208, no 198 ; Demiau, p. 157 ; Trouillet, *Dict. de l'enregist*, vo *Débiteur*, no 40 ; Rigaud et Championnière, *Traité des droits d'enregist.*, t. 3, no 1826. — Nous avons soutenu la même thèse en matière d'inscription de faux incident. — V. ce mot.

25. — En conséquence, jugé que les juges peuvent s'abstenir d'ordonner la vérification d'une signature méconnue, lorsque la vérité de cette signature leur est démontrée par d'autres moyens. — *Cass.*, 25 août (et non 23) 1813, Pinot c. Rouxel ; *Besançon*, 30 avr. 1822, N... ; *Bastia*, 2 juin 1828, Ronassera c. N...

26. — ... Spécialement, par un interrogatoire sur faits et articles. — *Cass.*, 14 juin 1843 (t. 2 1843, p. 131), Manceaux-Collet c. Manceaux-Faux.

27. — Lorsque la sincérité de la passation et de la souscription d'un acte sous seing-privé est démontrée par les faits de la cause et notamment par l'exécution donnée à l'acte par la partie qui dénie sa signature, le juge peut, nonobstant cette dénégation, tenir l'acte pour reconnu, sans qu'il soit nécessaire de procéder à une vérification préalable. — *Rennes*, 12 avr. 1825, Le Solleux c. Le Boudher.

28. — *Vice versâ*, les tribunaux peuvent, sans s'arrêter à une vérification demandée, rejeter un acte comme faux, lorsque les présomptions de fausseté leur paraissent suffisantes pour n'avoir pas besoin de recourir à la vérification de l'acte. — *Rouen*, 6 mai 1823, Vallée-Villy c. N... ; *Caen*, 23 juin 1825, Barbot c. Duros.

29. — Et encore bien que les héritiers d'un individu à qui des billets sont attribués aient méconnu l'écriture de leur auteur et en aient demandé la vérification, les juges ne font qu'user de la faculté qui leur est accordée par l'art. 195, C. procéd., en déclarant ces billets réguliers, sans ordonner que l'écriture soit vérifiée. — *Cass.*, 13 avr. 1824, Formé c. Ragon et Miolane.

30. — Mais les juges doivent recourir aux voies d'instruction indiquées par la loi toutes les fois que les pièces et documens produits peuvent leur laisser des doutes. — *Douai*, 28 juin 1841 (t. 1er 1842, p. 184), Hamain c. Leulliot.

31. — N'est donc pas susceptible de cassation le jugement qui, sans avoir égard à la dénégation d'écriture d'un acte sous seing-privé produit contre le défendeur, déclare qu'en laissant même de côté cet acte, la demande est suffisamment justifiée par les présomptions résultant de la cause. — *Cass.*, 17 fév. 1807, Bonnecarrère c. Roucolle.

32. — En sens contraire, décidé que lorsqu'une signature est déniée en justice par des héritiers, le tribunal, avant d'ordonner l'exécution de l'acte qui est revêtu de cette signature, doit en ordonner la vérification *d'office*, bien qu'il n'y ait pas de conclusions prises à ce sujet. — *Cass.*, 10 juill. 1816, Miquel c. Vialadieu ; 30 juin 1806.

33. — ... Que lorsque des héritiers ont déclaré ne pas reconnaître l'écriture et la signature de leur auteur, la preuve de l'obligation doit être nécessairement ordonné préalablement à toute condamnation et d'office, lors même qu'il n'y aurait pas eu de conclusions à ce sujet. — *Agen*, 6 août 1812, N. c. Bargnères ; *Cass.*, 15 juill. 1834, Paret c. Dextre.

34. — ... Que les dispositions des art. 1324, C. civ., et 195, C. procéd., qui prescrivent que, dans le cas où une partie désavoue son écriture, vérification doit en être ordonnée en justice, sont impératives et non pas simplement facultatives. — *Rennes*, 3 mars 1823, Le Corvez c. Gouativy.

35. — Il a été jugé aussi que lorsque des héritiers dénient les écritures et signatures qui leur sont opposées comme émanées de leur auteur, les juges doivent, même d'office, et alors même qu'il n'aurait pas été pris de conclusion à ce sujet, en ordonner la vérification en justice préalablement à toute condamnation. — *Cass.*, 6 fév. 1837 (t. 1er 1837, p. 297), Loudun c. Peyre Ferry. — Mais il ne résulte nullement de cette décision que les juges soient toujours tenus d'ordonner la vérification *par experts*, et ne puissent y procéder eux-mêmes ainsi que la jurisprudence de la cour de Cassation leur en a reconnu le droit ?

36. — Nul doute encore que les juges, pour prononcer contre une dénégation de *marque rustique* apposée au bas d'un contrat de mariage sous seing privé, peuvent au lieu d'en ordonner la vérification se contenter d'éclaircissemens pris dans les interrogatoires de la partie qui dénie. — *Cass.*, 11 fév. 1818, Réaux c. Réaux et Pannier. — Ils pourraient aussi ordonner la comparution personnelle des parties. — Boncenne, 3474 ; Bioche, no 24.

37. — La vérification peut-elle être ordonnée, si le défendeur, tout en déniant et méconnaissant l'écriture, soutenait que la sincérité de l'acte, fût-elle prouvée, l'acte devrait être écarté comme nul ? Nous inclinons pour la négative, car à quoi bon la vérification si l'article en définitive ne doit pas valoir. — Pigeau (*Comment.*, t. 1er, p. 427) n'admet pourtant pas cette solution, dans le cas où la nullité est simplement relative, comme, par exemple, dans le cas où l'on dénierait la signature d'un billet qui ne porterait pas l'approuvé de la somme en toutes lettres. Cette omission, dit cet auteur, le rendrait nul comme obligation, mais ne l'empêcherait pas de valoir comme commencement de preuve par écrit. Nous répondons que si plus tard l'acte annulé est offert comme commencement de preuve par écrit, il sera temps d'admettre la vérification. — Conf. Thomine-Desmazures, t. 1er, p. 355 ; Chauveau sur Carré, quest. 803, no ; Bioche et Goujet, no 22.

38. — Jugé que la demande en vérification de la signature apposée au bas d'un acte constitue un préalable indépendant du fond. Dès-lors, l'exception de nullité du titre devant avoir pour effet d'entraver, et même de rendre illusoire l'exercice du droit conféré par l'art. 193, C. procéd., ne peut être admise contre cette demande. — *Douai*, 24 déc. 1841, Duval c. Théry.

39. — Il a été jugé cependant que la partie assignée en vérification d'écriture ne peut écarter cette demande en soutenant que le titre à vérifier est prescrit, et si elle ne reconnaît pas ce titre, les juges doivent en ordonner la vérification, en lui réservant ses droits au fond. — *Riom*, 2 mars 1830, Chazelle c. Bergougnioux. — *Contrà* Bioche et Goujet, *ut suprà.* — Mais cette décision ne peut influer sur la précédente solution, à cause de la différence existant entre une nullité d'acte et une prescription, sous le rapport des moyens à l'aide desquels on établit l'existence de l'une ou de l'autre. — Conf. Chauveau, *ut suprà.*

40. — Il en est de même de l'arrêt décidant que lorsqu'en matière commerciale, un tribunal civil est saisi par renvoi d'une instance en vérification d'écritures, il ne peut s'abstenir de statuer, sous le prétexte que le billet dénié est sans cause. — *Douai*, 30 déc. 1819, Vanheulacre c. Campe. — Car le tribunal civil n'était saisi que de la procédure concernant la vérification d'écriture. Il ne lui appartenait donc pas de connaître du fond de la cause.

Sect. 2e. — *Modes divers de vérification d'écriture.*

41. — Bien que sur une plainte en faux il ait été jugé par un tribunal criminel que la pièce arguée n'était pas fausse, la partie à laquelle on l'oppose, et qui n'a point figuré dans le procès criminel, peut encore en demander la vérification devant la juridiction civile. — *Toulouse*, 12 avr. 1812, Caperan c. Roux.

42. — Quand un jugement a accordé à des héritiers un délai suffisant pour constater ou reconnaître le contenu d'un testament, et qu'ils ont été mis en demeure de faire toutes diligences et de prendre toutes communications relatives au testament, ils ne sont plus recevables à venir ultérieurement en demander la vérification des écritures et signatures. L'art. 193, C. procéd., n'est point applicable en tout état de cause. — *Orléans*, 25 juill. 1822, Boullay-Oudray c. Asselin. — Cet arrêt est aussi rapporté par Colas de la Noue.

43. — La vérification d'écritures peut avoir lieu par trois modes différens : 1o l'expertise sur titres et pièces de comparaison ; 2o l'expertise sur un corps d'écriture formé par le défendeur ; 3o l'enquête.

44. — Le deuxième mode n'est employé que lorsqu'il n'existe pas de pièces de comparaison, ou lorsqu'elles sont insuffisantes. — V. *infrà* no 61.

45. — Si le demandeur ne peut présenter des témoins, et s'il n'existe pas de pièces de comparaison, l'expertise sur un corps d'écriture est sa dernière ressource, mais il arrive souvent que l'auteur de l'écrit est décédé ; alors le demandeur doit succomber dans sa réclamation, en vertu de la maxime : *Actori incumbit onus probandi.* — Conf. Carré et Chauveau, quest. 847 ; *Prat. franç.*, t. 2, p. 87.

46. — Il est de principe que les tribunaux peuvent d'office ordonner toutes les mesures d'instruction qu'ils jugent convenable, mais les parties n'en doivent pas moins avoir soin de prendre des conclusions à cet égard. Il pourrait arriver, en effet, en matière de vérification d'écritures, que l'expertise seule fût prescrite et n'aboutît à aucun résultat, par suite du manque de pièces de comparaison, ou par toute autre cause, alors que la partie était à même de produire des témoignages complets et satisfaisans.

47. — Les trois modes d'instruction sont valablement demandés et admis soit simultanément, soit les uns après les autres, selon les besoins de la cause. — Carré et Chauveau, quest. 864, 855 ; Thomine-Desmazures, t. 1er, p. 355 ; Favard de Langlade, t. 5, p. 918 ; Rauter, p. 209.

48. — Jugé que pour reconnaître la sincérité d'un écrit privé, le juge peut employer simultanément la vérification par experts et la preuve par témoins. — *Cass.*, 13 nov. 1816, Lafont c. Gounon ; *Besançon*, 28 juill. 1818, N...

49. — ... Qu'il peut employer à la fois la voie de l'expertise de la comparaison d'écriture et de la preuve testimoniale. — *Colmar*, 2 juill. 1807, Guillemot.

50. — ... Qu'il peut, après avoir ordonné une expertise, ordonner une enquête. — *Pau*, 22 flor. an XI, Lamaison c. Camahort ; *Nîmes*, 2 déc. 1806, Guaud c. Gramidon ; *Cass.*, 2 août 1820, Dubrisay c. N...

51. — ... Que lorsque, par un premier jugement, le tribunal s'est borné à ordonner la vérification par experts de l'écriture d'un testament olographe, il peut, par un autre jugement, ordonner la vérification par témoins, surtout si c'est la partie adverse qui la demande. — *Cass*, 5 janv. 1825, Bazin.

52. — ... Que le demandeur en vérification d'écritures peut proposer successivement les divers genres de preuves autorisés par l'art 195, C. proc. ; il ne peut être déclaré non recevable à demander la vérification par témoins, bien qu'il ait d'abord demandé ou consenti qu'il y fût procédé par experts. — *Angers*, 5 juill. 1820, Lemoy c. Robin.

53. — ... Qu'il peut, après une expertise jugée insuffisante, recourir à la preuve testimoniale, s'il a fait des réserves à cet égard, et si les juges n'ont point ordonné qu'il donnerait dans un seul délai toutes les sortes de preuves autorisées par la loi. — *Liége*, 11 déc. 1810, Goutman c. Dewandre.

54. — ... *A fortiori*, lorsqu'il a été impossible de procéder à l'expertise, parce que les parties n'ont pu s'entendre sur les pièces de comparaison. — *Toulouse*, 1er mai 1817, Legrand c. Dubois.

55. — ... Que la vérification de la signature apposée à un acte sous seing-privé peut être ordonnée tant par titres que par experts et par témoins ; l'édit de 1684 paraissait avoir abrogé la preuve par té-

moins, mais d'après la loi nouvelle, cette preuve peut être admise; le sentiment des experts n'étant qu'une conjecture, la preuve par témoins serait préférable suivant les circonstances, surtout si les témoins étaient bien affirmatifs et irréprochables, de manière que les juges ne pussent pas soupçonner qu'on a fabriqué un acte faux pour faire recevoir la preuve par témoins, dans le cas où elle n'est pas admissible. — *Besançon*, 5 août 1819, N....

56. — Toutefois, il a été jugé que la partie adverse n'est pas recevable sur l'appel à demander de prouver par témoins la sincérité de la pièce, lorsqu'en première instance la vérification s'est faite par comparaison d'écritures seulement. — *Toulouse*, 12 avr. 1812, Caperan c. Roux.

57. — ... Que l'arrêt qui ordonne la vérification d'une signature *en la forme de droit* est censé admettre les trois modes de vérification simultanément; en conséquence, la partie qui s'est bornée à l'expertise ne peut plus recourir à la preuve testimoniale, après la clôture du procès-verbal du juge commissaire. — *Paris*, 10 fév. 1809, Moniz et Mortenard c. Boulainvillier.

58. — Dans l'espèce du précédent arrêt, les trois modes de preuves avaient été admis à la fois, et la partie avait laissé expirer le délai légal pour ouvrir son enquête. On comprend donc que les juges aient refusé de l'admettre à procéder à une nouvelle enquête. Mais si l'enquête avait été seule ordonnée, et qu'il n'y eût pas été procédé, une fin de non recevoir accueillerait-elle la demande d'une expertise? Non. La partie a pu être empêchée de procéder par les plus justes motifs, par exemple, parce que des témoins importans ont disparu ou sont décédés. Ce n'est qu'autant qu'il apparaît, ou que le nouveau mode de preuve réclamé n'est qu'un moyen de retarder le jugement du fond, ou qu'il ne donnerait aucun résultat satisfaisant, que les tribunaux doivent se refuser à admettre les conclusions; mais quand ils estiment que la cause profitera de la mesure nouvelle, il est de leur devoir de la prescrire. Il ne faut pas oublier que l'art. 195 leur accorde un pouvoir discrétionnaire. Toutefois, Pigeau (*Comment.*, t. 1er, p. 429) n'admet la preuve par témoins *ex post facto* que si le rapport des experts n'est pas concluant. — *Contrà* Carré et Chauveau, *ut suprà*.

59. — Jugé que la déchéance du droit de faire enquête, faute d'avoir agi dans le délai fixé, n'emporte pas déchéance du droit de faire procéder par experts à la vérification de l'écriture. — *Nîmes*, 2 avr. 1830, Auriol c. Guichard.

60. — Au surplus, la partie peut commencer par le genre de preuve qui lui convient le mieux, par exemple, par la preuve testimoniale, sauf à procéder ensuite à la vérification par titres et par experts. — *Montpellier*, 3 mars 1828, Delmas c. Vidal.

61. — De même, elle peut renoncer à la preuve par experts, et se borner à la preuve par témoins, s'il ne lui a pas été ordonné de recourir à ces trois preuves dans le même délai, et les juges peuvent se déterminer d'après un seul de ces modes de preuve. — *Liége*, 27 mars 1811, Grœnendaels c. Daris.

62. — Jugé encore que la vérification d'un testament olographe peut être faite seulement par témoins, bien qu'un premier jugement eût ordonné que cette vérification serait faite tant par experts que par témoins. — *Rennes*, 14 avr. 1821, Crabé c. l'Hoir.

63. — On voit, par ces diverses solutions, que de ce que les trois modes de preuve peuvent être simultanément employés, on ne doit pas conclure que leur concours soit fatalement exigé. — *Rennes*, 22 avr. 1816, N... — Carré et Chauveau, *ut suprà*.

64. — Ainsi, à défaut de pièces de comparaison, on peut procéder à une vérification d'écritures uniquement par témoins. — *Rennes*, 24 juill. 1812, Mehonas c. David; 22 avr. 1816, N...

65. — ... Que le tribunal peut s'en tenir à la vérification par experts, surtout lorsque les parties ne proposent aucun autre mode de vérification. — *Angers*, 15 déc. 1819, Guérin c. Lonitiers.

66. — La preuve testimoniale est admissible lorsque le litige excède 150 fr. comme lorsqu'il est inférieur à cette somme. Il ne s'agit pas, en effet, d'établir par témoins l'existence d'une dette verbale, mais bien la sincérité d'un écrit. — Chauveau sur Carré, quest. 852.

67. — Jugé que la preuve testimoniale n'est admissible, en matière de vérification d'écriture, et lorsqu'il s'agit d'une somme supérieure à 150 fr., qu'autant que les faits articulés ont pour objet la vérité de l'écriture et la formation matérielle de l'acte, mais non lorsqu'ils concernent la sincérité de ce que cet acte contient. — *Bastia*, 20 juill. 1842 (t. 2 1842, p. 656), Forcioli c. Follacci.

Sect. 3e. — *Tribunaux qui peuvent connaître de la vérification.*

68. — Il n'y a que les tribunaux civils ordinaires qui puissent connaître des vérifications d'écritures. Toutes les juridictions extraordinaires, telles que les tribunaux de paix, de commerce, les arbitres, etc., seraient incompétentes *ratione materiæ*. — *Paris*, 12 juill. 1827, Noel c. Leclerc. — Bioche, nos 30 et suiv.

69. — L'incompétence des tribunaux exceptionnels est d'ordre public en cette matière elle peut donc être proposée en tout état de cause, même en appel pour la première fois. — V. COMPÉTENCE, EXCEPTIONS.

70. — Quand la demande en vérification d'écritures est formée incidemment, devant un tribunal exceptionnel, ce tribunal doit surseoir à la décision du fond, et renvoyer les parties devant leurs juges.

71. — Lorsqu'une pièce contenant une élection de domicile attributive de juridiction est déniée devant le tribunal de commerce où elle est produite, ce n'est point au tribunal civil du domicile élu, c'est-à-dire au tribunal de commerce, mais à celui du domicile réel du défendeur, qu'il appartient de connaître de la vérification de la pièce méconnue. — *Bruxelles*, 5 oct. 1815, Dekinder c. Depauw.

72. — Jugé que la compétence d'un tribunal de commerce ne change point par cela seul que le débiteur déclare méconnaître sa signature apposée au titre. — Et qu'en conséquence, la question de savoir s'il doit être sursis au jugement jusqu'à ce qu'il ait été statué par les juges civils sur la dénégation d'écriture, ou s'il doit être immédiatement prononcé, forme un incident sur lequel le tribunal a, comme sur le fond, le droit de prononcer sans appel, quand l'objet de la demande n'excède point les limites du dernier ressort. — *Paris*, 12 juill. 1837 (t. 2 1837, p. 78), Noël c. Leclerc; 26 juin 1847 (t. 2 1847, p. 164), Tourangin c. Corrard. — Bloche, *Dict. de procéd.*, vo *Vérification d'écriture*, no 50.

73. — L'art. 193, C. procéd. civ., a prévu le cas, avons-nous dit, où la demande en reconnaissance d'écriture est l'objet d'une action principale. — Cet article dispose que l'on procédera par assignation, sans préliminaire de conciliation, par conséquent.

74. — Quand la demande est incidente, un simple acte d'avoué à avoué suffit, et une assignation serait frustratoire. — Pigeau, *Comm.*, t. 1er, p. 426; Chauveau sur Carré, quest. 797, no 1er.

75. — Devant les tribunaux de commerce, de justice de paix ou arbitraux, l'acte d'avoué est remplacé par un exploit ou par les conclusions.

76. — Avant d'assigner en reconnaissance d'écriture, il importe, si la dette n'est pas exigible, de faire sommation à la partie adverse de reconnaître l'acte et de constater sa dénégation; car si l'instance était introduite sans mise en demeure préalable, et si le défendeur ne déniait pas son écriture, le demandeur supporterait tous les frais de la vérification. — V. *infrà* no 283.

77. — L'assignation est donnée à trois jours, sans qu'il soit nécessaire de prendre une ordonnance abréviative des délais ordinaires. — Art. 193.

78. — Ces trois jours sont francs. Ainsi, l'assignation signifiée le 1er indiquera l'audience du 4.

79. — Au surplus, il est laissé à la prudence du juge de permettre d'assigner à un délai plus bref que trois jours. — Arg. C. procéd., art. 808. — Chauveau sur Carré, quest. 795 *bis*. — *Contrà* Thomine-Desmazure, t. 1er, p. 351. — V. DÉLAI.

80. — Nous rappellerons, en terminant, qu'il importe que la partie qui offre la vérification de l'écriture désigne spécialement dans ses conclusions le genre de preuve auquel elle entend avoir recours, et que si, elle entend avoir recours à une enquête, elle doit articuler les faits, et les préciser, comme pour une enquête ordinaire. — V. ENQUÊTE.

81. — Jugé, néanmoins, qu'en matière de vérification d'écritures, quand la preuve a été ordonnée tant par titres que par témoins, la partie qui fait procéder à l'enquête n'est pas tenue d'articuler, par acte, les faits dont elle veut faire la preuve. — *Montpellier*, 3 mars 1828, Delmas c. Vidal.

Sect. 4e. — *Jugement sur la demande. — nomination du juge commissaire.*

82. — Si le défendeur ne comparaît pas, il est donné défaut, et, porte l'art. 194, l'écrit sera tenu pour reconnu.

83. — *Sera tenu pour reconnu.* Remarquons ces

expressions. Elles indiquent que le législateur a entendu déroger, en cette matière, à l'art. 150, C. proc. civ., d'après lequel des conclusions ne sont adjugées qu'autant qu'elles sont justes et bien vérifiées.

84. — Jugé que la signature du défaillant peut être déclarée reconnue par le jugement par défaut. — *Rennes*, 28 janvier 1810, N....

85. — Toutefois, Pigeau-Comus (t. 1er, p. 426) et Chauveau sur Carré (quest. 800 *ter*) décident avec raison que si le défendeur est un mineur ou un incapable, le tribunal pourra, d'office, ordonner la vérification, avant de tenir l'écrit pour reconnu. En effet, ces personnes sont incapables d'aliéner; elles aliéneraient si leur silence devait être considéré comme une reconnaissance tacite.

86. — Une exception doit être encore signalée pour le cas où la demande contient une nullité absolue, ou bien dans le cas où la nullité, quoique relative, porterait sur la signification de l'exploit d'ajournement. — V. JUGEMENT PAR DÉFAUT, nos 105 et 107.

87. — *Quid* lorsque, de plusieurs défendeurs assignés en reconnaissance, l'un comparaît et l'autre fait défaut? On doit, en ce cas, rendre un jugement de défaut profit-joint. — V. JUGEMENT PAR DÉFAUT, no 142.

88. — Le jugement par défaut qui tient l'écriture pour reconnue est susceptible d'opposition. — Delaporte, t. 1er, p. 196; *Annal. du notar.*, t. 1er, p. 392; Locré, t. 21, p. 443; Carré et Chauveau, quest. 802.

89. — On peut, en vertu du jugement par défaut, et pourvu que la dette soit échue (V. *infrà* no 293), prendre immédiatement inscription sur les biens du débiteur, sans être tenu d'attendre l'expiration de la huitaine mentionnée en l'art. 155, car ce n'est pas là un acte d'exécution, mais un simple acte conservatoire. — Chauveau sur Carré, quest. 803; Favard de Langlade, t. 5, p. 917. — *Contrà* Carré, *eod.*; Pigeau, *C. proc.*, t. 1er, p. 113; Lepage, p. 176. — V. JUGEMENT PAR DÉFAUT.

90. — En admettant qu'il en dût être autrement, l'exécution provisoire du jugement par défaut pourrait-elle être ordonnée? Non. Si l'art. 135 n'autorise cette exécution quand il y a promesse reconnue, il entend par promesse reconnue celle qui l'est par la partie elle-même et non par la justice. — Chauveau, *ut suprà*. — *Contrà* Pigeau, *eod.*

91. — Dans les causes où il y a dénégation d'écriture et de signature, l'intervention du ministère public n'est pas indispensable, comme elle l'est dans les instances en inscription de faux. — *Cass.*, 25 (et non 2) juin 1833, Destournelles c. Favre.

92. — Si le défendeur comparaît, ou bien il reconnaît l'écrit, ou bien il dénie la signature à lui attribuée, ou il déclare ne pas reconnaître celle attribuée à un tiers. — V. *suprà* nos 22 et suiv.

93. — Dans la première hypothèse, il est donné acte par le jugement de la reconnaissance. — Art. 194.

94. — Avant d'examiner la seconde hypothèse, nous constaterons que la dénégation se fait à l'audience ou sur un simple acte. — Bioche, no 17. — Elle doit être catégorique.

95. — Un tribunal peut ordonner que celui auquel on attribue la signature apposée à une note écrite en marge de l'acte de naissance d'un enfant naturel, et contenant reconnaissance de paternité, s'expliquera sur cette signature, et déclarera s'il l'avoue ou la conteste, et s'il reconnaît pour être de la même main l'écriture de l'émargement et celle du corps de l'acte. — *Rennes*, 25 mars 1818, Guillo c. N....

96. — De même, les héritiers de celui qui a souscrit une obligation privée peuvent être condamnés à déclarer s'ils reconnaissent l'écriture et la signature du défunt, et, faute de déclaration de leur part, ces écriture et signature peuvent être tenues pour reconnues. — *Cass.*, 17 mai 1808, Boulainvilliers c. Mortenard.

97. — Il n'est pas exigé que la dénégation soit signée de la partie ni de son mandataire spécial. Cependant, il est d'usage que la partie appose sa signature sur l'acte d'avoué pour éviter un désaveu.

98. — Une instance ayant pour objet une vérification d'écriture n'est pas suspendue par cela seul que le défendeur a déclaré vouloir s'inscrire en faux incident, alors surtout que l'instance est en état de recevoir jugement et qu'il n'a pas été donné suite à la déclaration faite de s'inscrire en faux. — *Bordeaux*, 19 mars 1841 (t. 1er 1841, p. 723), Faure-Touron c. Bernard.

99. — Le jugement doit commettre un juge commissaire, devant lequel la vérification sera faite. — Art. 196.

100. — Ce magistrat est sujet à récusation, et il est procédé à sa récusation dans la forme ordinaire. — Art. 197. — V. RÉCUSATION.

101. — Quand la vérification doit avoir lieu par experts, le tribunal en nomme trois d'office, à moins que les parties ne se soient accordées pour les nommer. — Art. 196.

102. — Lorsqu'en vertu d'un jugement qui a ordonné la vérification de la signature d'un testament olographe, des experts choisis par les parties ont déclaré que cette signature était véritable, si l'une d'elles méconnaît ensuite la date et le corps d'écriture du testament, il doit être procédé à la nouvelle vérification par les mêmes experts, lorsqu'ils ne sont point récusés pour une cause survenue depuis leur nomination. — *Liége*, 11 juill. 1814, Lefèvre c. Collin; *Cass.*, 7 août 1827, Gory c. Laporte.

103. — Jugé que la négligence ou le refus des parties de nommer leurs experts est suffisamment constaté par la nomination d'office, sans qu'il soit besoin d'en faire une mention expresse dans le jugement. — *Cass.*, 13 nov. 1816, Lafont c. Gounon.

104. — La nomination d'office est définitive, c'est-à-dire que les parties ne pourraient s'entendre après coup pour la nomination des experts. Ici ne s'applique donc pas l'art. 305, C. procéd., qui est spécial aux expertises ordinaires. — Carré et Chauveau, quest. 866; Favard de Langlade, t. 5, p. 920; Boncenne, t. 3, p. 498; Delaporte, t. 1er, p. 198; Thomine-Desmazures, t. 1er, p. 358. — *Contrà* Pigeau, *Procéd. civ.*, t. 1er, ch. *Vérification*, art. 1er, n° 3.

105. — Dans le cas où une des parties seulement nommerait inutilement son expert, le tribunal n'en devrait pas moins faire d'office le choix des trois experts. — Favard, t. 3, p. 920; Carré et Chauveau, quest. 805; Delaporte, t. 1er, p. 198. — V. EXPERTISE.

106. — Il est encore certain que les parties ne peuvent pas convenir de ne confier l'expertise qu'à un seul expert, d'abord parce que l'art. 196 parle de trois experts, ensuite parce que la vérification d'écriture est une opération trop délicate pour que l'on s'en rapporte à un seul avis. — Conf. Thomine-Desmazures, t. 1er, p. 318; Boncenne, t. 3, p. 498; Chauveau sur Carré, quest. 806 *bis*. — *Contrà* Pigeau, *Comm.*, t. 1er, p. 429.

107. — En outre, le dépôt de la pièce au greffe doit être ordonné. — Art. 196. — V. *infrà* n° 108.

Sect. 5e. — *Formes de l'expertise.*

§ 1er. — *Dépôt au greffe et communication de la pièce à vérifier.*

108. — Aux termes du jugement qui ordonne la vérification d'écriture, la pièce est déposée au greffe, après que son état a été constaté et qu'elle a été signée et paraphée par le demandeur ou son avoué, et par le greffier, lequel dresse du tout un procès-verbal. — Art. 196.

109. — Aucun délai n'est imparti pour ce dépôt, mais rien ne s'oppose à ce que les juges n'en prescrivent un. Il est même opportun de le faire, dans l'intérêt du défendeur, qui ne peut rester toujours dans la perplexité de la procédure. — Demiau, p. 158; Carré et Chauveau, quest. 807.

110. — Toutefois, le jugement ne pourrait, en fixant un délai, prononcer à l'avance la déchéance contre la partie. — *Metz*, 5 fév. 1813, Voiflard c. Pecquet.

111. — S'il n'a pas été indiqué de délai, le demandeur constate la négligence du défendeur par une mise en demeure, et se pourvoit à l'audience en concluant au rejet de la pièce. — Thomine-Desmazures, t. 1er, p. 359; Chauveau sur Carré, quest. 807.

112. — Jugé que, lorsqu'un jugement ordonne une vérification d'écriture, mais sans fixer de délai pour cette opération, la partie qui en est tenue ne peut être déclarée déchue du droit d'y procéder, faute par elle d'avoir fait les diligences nécessaires, si, du reste, aucune mise en demeure ne lui a été signifiée. — C. proc., art. 196 et 199. — Il y a seulement lieu de fixer un délai dans lequel la vérification devra être faite. — Dans ce cas, l'arrêt infirmatif du jugement qui avait à tort prononcé la déchéance doit renvoyer les parties, pour la vérification d'écriture, devant un tribunal autre que celui dont émane la sentence infirmée. — *Bordeaux*, 25 juin 1830, Farnier c. Augant.

113. — ... Que le défaut d'exécution d'un arrêt qui admet à procéder à une vérification d'écriture, dans le délai qu'il a déterminé, n'emporte pas déchéance si l'on a commencé la procédure de vérification avant toute mise en demeure. — *Colmar*, 6 juin 1806, Vandel c. Rohel.

114. — ... Et même que la partie qui a été admise par un jugement à une vérification d'écriture, ne peut, faute de faire les diligences nécessaires, et après une mise en demeure, être déclarée déchue du bénéfice de ce jugement, et, par suite, déboutée de sa demande ou de son exception, lorsque les juges n'ont point fixé de délai pour la vérification. — *Metz*, 29 janv. 1822, Villier.

115. — Il convient que le juge commissaire paraphe la pièce avec la partie, ou son avoué et le greffier; mais cette formalité n'est pas indispensable, l'art. 196 étant muet à cet égard. — Thomine-Desmazures, t. 1er, p. 359, Delaporte, t. 1er, p. 199; Boncenne, t. 3, p. 499; *Ann. du notariat*, t. 1er, p. 396; Chauveau sur Carré, quest. 808. — Avis doit donc être donné verbalement au juge commissaire du jour et de l'heure où s'opèrera le dépôt.

116. — Quant au défendeur, il n'est pas sommé d'assister au procès-verbal. L'art. 198, en disposant qu'il prendra communication de la pièce dans les trois jours du dépôt et la paraphera, démontre que cette sommation n'est pas dans l'esprit de la loi. Toutefois, comme le demandeur peut avoir intérêt à faire cette sommation, en ce qu'il ferait courir le délai de la communication du jour même du dépôt, si le défendeur comparaissait, cette procédure ne pourrait être considérée comme frustratoire. La comparution du défendeur aurait donc pour résultat d'éviter des frais, en ce qu'elle dispenserait de lever le procès-verbal de dépôt, et d'en dresser un pour constater la communication. Elle le rendrait encore non recevable à exciper de ce que l'ordonnance dont l'art. 199 fait mention aurait été obtenue avant l'expiration du délai fixé par l'art. 198. Mais tous ces résultats, remarquons-le, ne sont acquis qu'autant que le défendeur consent à comparaître et à parapher la pièce; s'il s'y refuse, il faut suivre les prescriptions de la loi, ainsi que l'enseignent Boncenne (t. 3, p. 499), Delaporte (t. 1er, p. 199), Carré et Chauveau (quest. 809 et 810). — V. Favard de Langlade, t. 5, p. 520; Thomine-Desmazures, t. 1er, p. 360; Pigeau *Procéd.*, t. 1er, p. 304; *Comm.*, t. 1er, p. 430; Demiau, p. 159. — *Contrà Ann. du notariat*, t. 1er, p. 396.

117. — Le procès-verbal de dépôt étant dressé sans que le défendeur y ait figuré, il en est levé une expédition, et cette expédition est signifiée au défendeur avec sommation de prendre communication de la pièce dans les trois jours. — Art. 198. — C. proc. civ., art. 198; Tarif, art. 70.

118. — Cette signification est faite par acte d'avoué à avoué, ou par exploit, selon qu'il y a ou non avoué en cause.

119. — Le délai n'est pas franc quand il y a avoué en cause. Ainsi la sommation étant faite le 1er, le défendeur devra se présenter au greffe le 4 au plus tard.

120. — Il est admis par tous les auteurs que le délai pour la communication n'est que comminatoire. — Pigeau, *Comm.*, t. 1er, p. 430; Delaporte, t. 1er, p. 200; Favard de Langlade, t. 5, p. 920; Boncenne, t. 3, p. 501; Thomine-Desmazures, t. 1er, p. 360; Carré et Chauveau, quest. 811.

121. — C'est le greffier qui fait la communication : elle n'a plus lieu, comme sous l'ordonnance, en présence du juge commissaire. — Carré et Chauveau, quest. 812.

122. — On ne peut déplacer la pièce, qui doit être paraphée par le défendeur, ou son avoué, ou par son fondé de pouvoir spécial. — Art. 198.

123. — Procès-verbal est dressé de la communication (art. 198). Il n'est pas d'usage de lever ce procès-verbal ni de le signifier, à moins que le demandeur ne fasse pas les diligences prescrites par l'art. 199. Dans ce cas, on signifie le procès-verbal, en tête de la sommation d'aller en avant.

§ 2. — *Désignation et apport des pièces de comparaison.*

124. — Après le dépôt et la communication de la pièce, on convient des pièces de comparaison.

125. — A cet effet, la partie la plus diligente présente au juge commissaire une requête à l'effet d'obtenir jour, lieu et heure pour comparaître devant lui et s'entendre sur le choix des pièces. Un huissier est commis par l'ordonnance. — Art. 199.

126. — Le juge commissaire pourrait modifier, par une seconde ordonnance, celle qu'il aurait précédemment rendue pour régler la forme de la vérification à faire, s'il s'apercevait que cette forme fût contraire au texte de l'arrêt. Il n'est pas nécessaire que le procès-verbal de vérification soit dressé en présence des syndics d'une faillite. — *Amiens*, 9 mai 1821, Dazin Delmotte.

127. — La requête et l'ordonnance dûment enregistrées sont signifiées par acte d'avoué, s'il en a été constitué un, sinon par exploit à personne ou domicile, par huissier commis.

128. — Jugé que la partie sommée de comparaître pour convenir des pièces de comparaison, dans le cas de l'art. 199, C. procéd., peut être valablement représentée par un avoué. — *Colmar*, 9 mai 1818, N... — « En effet, dit M. A. Chauveau, une mission de ce genre rentre parfaitement dans les attributions de l'avoué qui, bien souvent, a même plus d'expérience que sa partie dans de semblables opérations. C'est à la partie à fournir à son avoué tous les documens nécessaires. Il en est de même en cas d'enquête ; la partie a le droit d'assister aux opérations en personne ; mais si elle ne vient pas, elle n'est pas dans la nécessité de donner un mandat spécial à son avoué. L'art. 92 du tarif taxe la vacation, non comme droit d'assistance de la partie, mais comme droit d'agir directement. — Carré, art. 199, p. 325 ; Favard, t. 5, p. 920 ; Berriat, p. 271.

129. — Si le demandeur en vérification ne comparaît pas, la pièce est rejetée. — Art. 199. — Si c'est le défendeur, elle peut être tenue pour reconnue.

130. — La faculté attribuée au juge de tenir la pièce pour reconnue, en cas de défaut de la part du défendeur, ne s'exerce-t-elle qu'autant que cette pièce est attribuée au défendeur lui-même ? Oui, selon Delaporte (t. 1er, p. 202). La disposition de l'art. 199, dit cet auteur, s'explique par l'art. 7, tit. 12 de l'ordonn., qui portait que, si l'on prétendait que l'écriture fût de la main du défendeur, elle serait tenue pour reconnue, et que si elle était d'une autre main, on procéderait à la vérification. Mais cet avis ne nous paraît pas devoir être suivi, la loi ayant statué en termes généraux. — Chauveau et Carré, quest. 813.

131. — Au surplus, quand c'est le défendeur qui ne se présente pas, il est prudent d'ordonner la vérification toutes les fois que l'intérêt public ou celui d'un tiers ou d'un incapable se trouveraient compromis par la reconnaissance. — Conf. Pigeau, *Proc.*, t. 1er, p. 308 ; Boncenne, t. 3, p. 502 ; Thomine-Desmazures, t. 1er, p. 361 ; Carré et Chauveau, *ut suprà*.

132. — La procédure en vérification d'écriture étant indivisible, lorsque l'un des demandeurs ne comparaît pas pour convenir des pièces de comparaison, il n'y a pas lieu de donner défaut et de rejeter, quant à lui, la demande en vérification. — Art. 199. — *Bordeaux*, 31 juill. 1829, Billonnet.

133. — Dans tous les cas, c'est le tribunal qui prononce sur le rapport du juge commissaire, lequel est fait à la première audience, sans acte de venir plaider. — Art. 189. — *Bourges*, 20 juill. 1832, Billot c. Brotot. — Pigeau, *Proc.*, t. 1er, p. 307 ; Berriat-Saint-Prix, p. 270, note 22; Carré et Chauveau, art. 199, n° 1er, p. 325. — *Contrà Cass.*, 20 déc. 1826, Delaquerrière.

134. — Nul doute, au surplus, que le juge commissaire ne puisse concourir au jugement rendu par le tribunal à la suite de son rapport.

135. — Lorsque l'opposition à ce jugement rendu par défaut est suivie d'un jugement contradictoire qui la reçoit *pour la forme*, ordonne que le précédent jugement sera exécuté selon ses forme et teneur, par la raison (*énoncée en termes généraux*) que les causes alléguées par la partie opposante pour excuser sa non comparution ne sont point valables, on ne peut soutenir que le jugement contradictoire soit dénué de motifs dans cette partie, et que le tribunal n'a pas examiné l'opposition au fond. — Même arrêt.

136. — Le jugement est susceptible d'opposition.

137. — L'opposition ne suffit pas pour qu'une nouvelle ordonnance soit rendue par le juge commissaire à l'effet de convenir des pièces de comparaison, il faut encore que le tribunal la déclare fondée, et il ne le fait qu'autant que la partie opposante justifie qu'elle a été empêchée de comparaître, ou bien que la procédure suivie a été irrégulière. — Conf. Carré et Chauveau, quest. 1814 ; Thomine-Desmazures, t. 1er, p. 362; Favard de Langlade, t. 5, p. 504. — *Contrà Annales du notariat*, t. 1er, p. 400; Delaporte, t. 1er, p. 203.

138. — Nous supposons maintenant que les parties comparaissent. — Le demandeur en vérification indique les pièces qu'il entend proposer aux experts comme pièces de comparaison. Le défendeur les admet ou les rejette en totalité ou en partie, ou même en propose d'autres si bon lui semble, et le juge tâche d'accorder les parties. — Carré, art. 199, p. 325, n° 1er.

139. — Si les parties tombent d'accord des pièces, il en est fait une mention détaillée dans le procès-verbal du juge. Aucune limite ne lui est imposée quant aux choix des pieces.

140. — En cas de désaccord, le tribunal prononce, et non pas le juge commissaire, quoique l'art. 200 parle du juge. En effet, les fonctions de ce magistrat consistent à instruire et non à juger. L'expression dont la loi s'est servie est énergique. — *Bourges*, 20 juill. 1832, Billot c. Brotot. — Boncenne, t. 3, p. 515; Thomine Desmazures, t. 1er, p. 363; Favard de Langlade, t. 5, p. 921; Chauveau sur Carré, quest. 815. — *Contrà Angers*, 28 mai 1806, N.. — Carré, *loc. cit.*; Lepage, p. 179; Demiau, p. 180; Pigeau, *Proc.*, t. 1er, *Vérification d'écriture*, art. 3, nos 10 et 11.

141. — Il n'est permis au tribunal d'admettre que : 1o les signatures apposées aux actes pardevant notaires, ou celles apposées aux actes judiciaires en présence du juge et du greffier, ou enfin les pièces écrites et signées par celui dont il s'agit de comparer l'écriture, en qualité de juge, greffier, notaire, avoué, huissier, ou comme faisant, à tout autre titre, fonction de personne publique; 2o les écritures et signatures privées, reconnues par celui à qui est attribuée la pièce à vérifier, mais non celles déniées ou non reconnues par lui, encore qu'elles eussent été précédemment vérifiées et reconnues être de lui. — Art. 200.

142. — Dans une opération qui consiste à juger de l'inconnu par le connu, on sent qu'il faut partir d'une base incontestable, et qu'une pièce qui aurait besoin d'être vérifiée ne peut devenir le type d'une vérification, si les parties ne tombent pas d'accord à cet égard. Aussi, le législateur n'a autorisé le juge à admettre, pour pièces de comparaison, que celles à l'égard desquelles il ne peut y avoir aucun doute qu'elles n'aient été écrites ou signées par celui dont l'écriture ou la signature est déniée. Or, ce doute n'existe pas, si la présence d'un officier public, dans l'exercice de ses fonctions, atteste la vérité de la pièce, ou si, présentée par le demandeur, elle est reconnue par le défendeur. Mais ce doute peut exister encore si la pièce n'a été reconnue qu'après vérification, non par la partie, mais par des experts. Tel est l'hommage que la loi rend elle-même à l'incertitude des moyens qu'elle adopte pour découvrir la vérité. — Rapport au conseil d'état.

143. — Au surplus, la prohibition que contient l'art. 200 ne concerne que les pièces de comparaison qui doivent servir aux experts. Le tribunal a donc toute liberté pour asseoir sa décision sur d'autres pièces que celles qui auraient été l'objet du travail des experts. En effet, si les juges ont, comme nous l'avons dit (no 27), le droit de ne pas ordonner la vérification et de tenir la pièce pour reconnue *de plano*, il faut reconnaître qu'ils ne sont astreints à aucune condition, quant au choix des élémens de leur conviction. Qui peut le plus, peut le moins. — Chauveau sur Carré, quest. 815 *bis*.

144. — Jugé, par suite, qu'en matière de vérification d'écriture, un tribunal peut consulter des écritures qui n'ont pas été reconnues. L'art. 200, C. procéd., défend seulement de faire opérer les experts avec ces pièces. En conséquence, il peut les recevoir lui-même, à l'effet seulement d'y être pris par lui tel égard que de raison, sans les soumettre aux experts. — *Bruxelles*, 20 fév. 1817, Motte de Wolff c. N...

145. — Il résulte clairement de l'art. 200 que les actes notariés sont les seuls de tous les actes authentiques extrajudiciaires qui puissent servir de pièces de comparaison. Cela résulte encore surabondamment de la modification apportée par le Code à l'art. 199, lequel autorisait le juge commissaire à admettre toutes pièces signées *par personnes publiques et en cette qualité*. — Pigeau, t. 1er, p. 308; Carré et Chauveau, quest. 816.

146. — Jugé que l'art. 200, C. procéd., est limitatif en ce qui concerne les actes authentiques qui peuvent servir de pièces de comparaison dans une vérification d'écritures. En conséquence, ni les procurations reçues par les conseils d'administration d'un régiment, ni les actes d'enrôlement volontaire inscrits sur les registres des délibérations d'un conseil municipal ne peuvent, quoique authentiques, servir de pièces de comparaison. — *Metz*, 27 juin 1823, Gentil c. Coffart. — Pigeau, *Proc.*, t. 1er, p. 308; Carré et Chauveau, t. 9, p. 816.

147. — Jugé cependant qu'on doit considérer comme acte authentique la procuration donnée par un militaire en campagne hors du territoire français, devant le conseil d'administration de son corps, conformément à l'art. 2 de la loi du 16 fruct. an II. Peu importe, à cet égard, que le militaire ne fût pas alors en pays ennemi. Par suite, une

telle procuration, signée de ce militaire, doit être admise comme pièce de comparaison dans la vérification de l'écriture d'un testament présenté comme émané de lui. — *Besançon*, 12 mars 1847 (t. 1er 1848, p. 191), Janet c. Cibaud.

148. — On a même reconnu le caractère d'authenticité à un certificat mortuaire délivré par les agens de l'armée de Condé. — *Paris*, 18 germ. an XIII, Mahy c. Du Puget.

149. — On doit considérer comme émanés d'une personne publique, et pouvant en conséquence servir de pièces de comparaison dans une vérification d'écriture, les certificats délivrés par les médecins chargés de vérifier les réclamations des conscrits pour être dispensés du service militaire, et de donner des attestations relatives à ces dispenses. — *Liége*, 12 déc. 1822, Delavignette c. N....

150. — Un procès-verbal de conciliation ou de non conciliation pourrait être admis, non pas comme authentique, puisque la loi ne parle que des actes authentiques notariés, mais comme acte judiciaire. Il est vrai qu'en conciliation, le juge n'est pas juge, en ce sens qu'il n'a rien à décider; mais il siége comme juge, avec caractère de juge. — Chauveau sur Carré, quest. 817; Thomine Desmazures, t. 1er, p. 364; Boncenne, t. 3, p. 507. — *Contrà* Pigeau, *ut suprà*; Carré, *ut suprà*.

151. — De même, sont des actes judiciaires les procès-verbaux dressés par le juge, assisté du greffier, comme ceux des enquêtes, des interrogatoires sur faits et articles; mais les actes qui ne seraient signés que du juge, ou du greffier seulement, ne pourraient servir de pièces de comparaison. — Carré et Chauveau, quest. 819; Thomine Desmazures, t. 1er, p. 364.

152. — Quant aux actes de l'état civil, ce ne sont pas évidemment des actes judiciaires, ainsi que le fit observer la section du tribunat, lors de la discussion du projet. — Locré, t. 21, p. 450. — En effet, l'officier de l'état civil n'atteste que la déclaration qui lui est faite et non pas l'identité des signataires. — Favard de Langlade, t. 5, p. 920; Thomine-Desmazures, t. 1er, p. 365; Boncenne, t. 3, p. 510; Carré et Chauveau, quest. 818.

153. — Cependant, il a été jugé que les registres de l'état civil tenus par les curés étaient des pièces authentiques; les tribunaux doivent admettre comme objets de comparaison les signatures des particuliers consignées dans ces registres. — *Riom*, 21 déc. 1814, de Layat.

154. — ... Que des signatures apposées sur des registres de baptême tenus en 1762 peuvent servir aujourd'hui de pièces de comparaison dans une vérification d'écritures. — Même arrêt. — Ces décisions s'expliquent par cette considération que la loi ancienne attribuait le caractère de l'authenticité aux actes dont il s'agit. Or, sous la loi nouvelle, on ne pourrait, sans blesser le principe de la rétroactivité, leur attribuer un autree aractère — Carré et Chauveau, quest. 820.

155. — Jugé de même que les registres tenus par les supérieurs des corps religieux ont un caractère d'authenticité suffisant pour servir de pièces de comparaison. — *Paris*, 3 janv. 1808, Langlé de Schoebecque c. Courwillier.

156. — ... Qu'une lettre de cachet peut encore servir pour vérifier les écritures et signatures d'un testament olographe attribué au ministre qui a signé ces pièces. — *Paris*, 28 juin 1808, N...

157. — Bien que l'art. 200 parle des pièces *écrites et signées* par celui dont il s'agit de comparer l'écriture, en qualité de juge, d'avoué, de notaire, de greffier, etc., les auteurs admettent qu'il suffit que la pièce à vérifier porte la signature de cette partie et qu'il importe peu qu'elle ne soit pas écrite de sa main. N'est-ce pas la signature qui authentique l'acte? Comment, dès-lors, cette signature ne serait-elle pas elle-même authentique? L'acte notarié ne porte que la signature de la partie. On ne doit donc pas exiger plus dans l'espèce. — Boncenne, t. 3, p. 512; Favard de Langlade, t. 5, p. 920; Pigeau, *Proc.*, t. 1er, p. 309; Carré et Chauveau, quest. 821.

158. — Mais de simples signatures doivent-elles être admises, quand la vérification a pour but de reconnaître si l'acte a été écrit *en entier* de la main d'une partie? Oui, car l'art 200 n'a pas distingué; il admet les *actes* et les *signatures*. — Thomine-Desmazures, t. 1er, p. 365; Carré et Chauveau, quest. 822: Boncenne, t. 3, p. 513.

159. — Jugé, dans ce sens, qu'on peut vérifier un corps d'écriture par comparaison avec des signatures. — *Bruxelles*, 20 fév. 1817, Motte de Wolf c. N...

160. — Les écritures privées admissibles comme pièces de comparaison, comme ayant été reconnues par la partie, sont celles qui l'ont été en justice ou devant notaire, soit comme ayant été écri-

tes, soit comme ayant été signées par elles. — Carré et Chauveau, quest. 823; Pigeau, *Proc.*, t. 1er, p. 309; Boncenne, t. 3, p. 513.

161. — En conséquence, dans une vérification d'écritures, les juges ne peuvent admettre pour pièces de comparaison un acte sous seing-privé, quoi qu'il ait été relaté dans un inventaire, lors duquel aucun débat ne s'est élevé, ni un billet acquitté par ceux qui dénient l'écriture. Ils ne peuvent même autoriser les experts à se servir de ces actes comme de simples renseignemens. — *Bourges*, 3 déc. 1823, Billardon c. Hervieux.

162. — S'il est vrai qu'en cas de dénégation d'écriture la procédure tracée par la loi pour la vérification est facultative pour les juges, en ce sens qu'ils peuvent, sans avoir recours à cette vérification, tenir l'écriture pour reconnue, il est certain également que, lorsqu'ils l'ordonnent, les juges doivent se conformer aux prescriptions légales qui règlent sa forme ou déterminent ses élémens. — Ainsi, en présence de l'art. 200, C. proc. civ., suivant lequel, en cas de désaccord de la part des parties sur les pièces de comparaison, le juge ne peut recevoir comme telles que les écritures et signatures privées, reconnues par celui à qui est attribuée la pièce à vérifier, mais non celles déniées ou non reconnues par lui, un tribunal ne peut, pour s'assurer si des lettres anonymes qui servent de base à une action en dommages-intérêts sont réellement émanées de celui à qui on les attribue, ordonner que certaines pièces présentées comme pièces de comparaison, mais formellement déniées, seront, au moyen d'un examen préalable par experts, constatées être du fait de celui qui les dénie, sauf, cette constatation une fois opérée, à en rapprocher les lettres qui lui sont imputées. — *Cass.*, 10 mars 1846 (t. 1er 1846, p. 515), Robin c. Clertan.

163. — Est-il besoin d'ajouter que le défendeur n'est pas obligé de dénier ou de reconnaître, devant le juge commissaire, l'acte sous seing-privé qu'on lui présente? Il peut se borner à soutenir que les conditions voulues par l'art. 200 ne se trouvent pas remplies. — Chauveau, *ut suprà*.

164 — Les mots : *reconnues être de lui*, qui terminent le § 2 de l'art. 200, s'entendent, non de la reconnaissance de la partie, mais de celle qui aurait été faite par experts. — Carré et Chauveau, quest. 824: Locré, t. 21, p. 286; Boncenne, t. 3, p. 514; *Prat. français*, t. 2, p. 76.

165. — Entre plusieurs pièces présentées pour servir à la comparaison, on choisit celles dont la date se rapproche le plus de celle de l'acte à vérifier. — Carré et Chauveau, quest. 825; Boncenne, t. 3, p. 526.

166. — Nous venons d'examiner le cas où la pièce entière est déniée. Mais, supposons que la dénégation ou méconnaissance ne porte que sur partie de la pièce à vérifier; dans cette hypothèse, le juge peut ordonner que le surplus de la pièce servira de pièce de comparaison. — Art. 200.

167. — Le mot *pourra*, dont se sert l'art. 200, indique qu'à cet égard le juge est investi d'un pouvoir discrétionnaire; il peut donc exiger d'autres pièces de comparaison, si bon lui semble. — Conf. Carré et Chauveau, quest. 826. — V. aussi Serpillon, ordonn. 1737, art. 14.

168. — On a vu *suprà* (no 130) que certains auteurs reconnaissaient la compétence du juge-commissaire pour statuer sur les difficultés élevées à propos des pièces de comparaison. Quant à nous, nous ne l'avons pas admise. Aussi nous bornerons-nous à énoncer que, d'après Demiau-Crouzilhac (p. 161), l'ordonnance du juge est susceptible d'opposition devant le tribunal, tandis que, d'après Carré (quest. 827), la voie de l'appel est seule ouverte aux parties.

169. — Décidé que les ordonnances du juge-commissaire, en matière de vérification d'écritures, doivent être attaquées par voie d'appel devant la cour royale, et non par voie d'opposition devant le tribunal. — *Bourges*, 20 juill. 1832, Billot c. Brotot.

170. — S'il était impossible de trouver des pièces de comparaison réunissant les conditions voulues par l'art. 200, le défendeur pourrait être tenu à faire un corps d'écriture qui servirait de pièce de comparaison. Si l'écriture n'émanait pas de lui, mais de son auteur, il n'y aurait d'autre ressource que dans le serment décisoire; car nous ne pensons pas, comme l'enseignait Rodier (art. 9, t. 12 de l'ordonn., quest. 4e), qu'il serait possible de faire la comparaison avec d'autres écritures privées utiles au défendeur, et, par conséquent, non suspectes, trouvées entre les mains de tierces personnes, surtout si le défendeur consentait à les agréer. L'art. 200 n'admet pas, en effet, les écritures priv[illegible] ont déniées ou non reconnues par la partie, encore bien qu'elles

aient été vérifiées et reconnues être de lui. — Carré et Chauveau, quest. 828.

171.— Jugé que, lorsqu'il y a lieu de suppléer à des pièces de comparaison insuffisantes, par un corps d'écriture fait sous les yeux des experts, cette opération est valable, quoique le demandeur n'y ait été ni présent ni appelé. — *Rennes*, 16 juill. 1817, N...

172.— Encore bien qu'une partie admise à une vérification d'écriture ait, une première fois, présenté des pièces de comparaison qui ont été rejetées par le juge, elle est encore recevable à en produire d'autres, nouvellement découvertes, alors surtout qu'il n'a point fixé de délai pendant lequel la vérification devait être faite, et que la cause n'est pas encore disposée à recevoir un jugement définitif sur le fond. Il en est de même si la partie a été chargée, par le même jugement, de rapporter également d'autres preuves, et si ce n'est qu'après avoir procédé à ces autres preuves qu'elle veut revenir, à l'aide de pièces nouvellement découvertes, à la vérification d'écriture qui se trouvait la première dans l'ordre des preuves ordonnées. — *Bruxelles*, 6 déc. 1826, Masson c. d'Arconati.

173.— Si les pièces de comparaison sont entre les mains de dépositaires publics ou autres, le juge-commissaire ordonne qu'aux jour et heure par lui indiqués, les détenteurs desdites pièces les apporteront au lieu où se fera la vérification; à peine contre les dépositaires publics, d'être contraints par corps, et les autres par les voies ordinaires, sauf même à prononcer, contre ces derniers, la contrainte par corps, s'il y échet. — C. procéd., art. 201.

174.— Ces dispositions concernent-elles le défendeur à la vérification qui serait lui-même détenteur d'une pièce de comparaison? Oui, quoiqu'il soit de maxime que *nemo tenetur edere contrà se*. D'une part, la loi parle des dépositaires publics *ou autres*, ce qui comprend aussi bien la partie que les tiers. D'autre part, comment pourrait-il s'en dispenser, quand il est obligé, à défaut ou en cas d'insuffisance des pièces de comparaison, de tracer un corps d'écriture? — Thomine-Desmazures, t. 1er, p. 366; Chauveau et Carré, quest. 828; Boncenne, t. 3, p. 525.

175. — Aucun délai n'a été fixé pour l'apport des pièces par les divers dépositaires. Ce point est laissé à la discrétion du juge-commissaire, qui a nécessairement égard à la distance des lieux. — Carré et Chauveau, quest. 829.

176. — Il résulte de l'art. 201 que les dépositaires publics sont nécessairement contraignables par corps (V. CONTRAINTE PAR CORPS). Quant aux particuliers, ils n'encourent, en thèse générale, qu'une condamnation à des dommages intérêts. Ce n'est qu'exceptionnellement, et lorsque leur résistance est dictée par l'envie de nuire ou la mauvaise foi, que les tribunaux peuvent accorder contre eux une prise de corps; mais leur refus s'expliquerait s'ils avaient à craindre, en opérant le dépôt, de s'exposer aux poursuites du fisc ou à d'autres préjudices, ainsi que le reconnaissent Thomine-Desmazures, t. 1er, p. 367, Chauveau et Carré, quest. 828 *bis*.

177.— Quand nous disons que la contrainte par corps est de droit contre les dépositaires publics qui n'obtempèreraient pas à l'injonction du juge-commissaire, nous ne prétendons nullement qu'elle ne doive pas être particulièrement prononcée. La condamnation n'est pas virtuelle. — Conf. Pigeau, *Procéd.*, t. 1er, p. 313; Carré et Chauveau, quest. 830; Boncenne, t. 3, p. 525; Thomine-Desmazures, t. 1er, p. 367; Favard de Langlade, t. 5, p. 921; Demiau Crouzilhac, p. 162. — *Contrà* Delaporte, t. 1er, p. 205.

178.— Mais quelle autorité prononcera la condamnation? D'après Demiau et Favard, *ut suprà*, ce sera le juge-commissaire. Selon nous, ce pouvoir n'appartient qu'au tribunal, 1° parce que l'art. 2067, C. civ., ne permet l'application de la contrainte par corps qu'en vertu d'un jugement; 2° parce que l'ordonnance ne serait pas rendue avec le dépositaire, ce qui serait une violation du droit de défense. Ainsi, le juge-commissaire devra dresser acte de la non comparution, et indiquer une audience pour son rapport au tribunal, et sur son énonciation, on citera le dépositaire à comparaître, en lui donnant copie du procès-verbal. — Carré et Chauveau, Boncenne, Thomine-Desmazures, Pigeau, *loc. cit.*; Serpillon, art. 4, t. 1er, ordonn. 1737, p. 11.

179.— C'est également le tribunal qui condamne les dépositaires privés en des dommages-intérêts, et, au besoin, à la contrainte par corps, après qu'ils ont été mis en demeure de se défendre. — Carré et Chauveau, *ut suprà*; Pigeau, *Comm.*, t. 1er, p. 433.

180.— L'assignation, dans l'un et l'autre cas, est donnée à huitaine franche, outre les délais de distance, sauf à prendre une ordonnance abréviative des délais, en présentant requête non pas au juge-commissaire, mais au président du tribunal. — V. DÉLAI, ORDONNANCE DE JUGE.

181. — Si les pièces de comparaison ne peuvent être *déplacées*, ou si les détenteurs sont trop éloignés, il est laissé à la prudence du tribunal d'ordonner, sur le rapport du juge-commissaire, et après avoir entendu le procureur du roi, que la vérification se fera dans le lieu de la demeure des dépositaires ou dans le lieu le plus proche, ou que, dans un délai déterminé, les pièces seront envoyées au greffe par les *voies* que le tribunal indiquera par son jugement (C. procéd., art. 202), c'est-à-dire par la poste, par la diligence, par tel messager, etc.

182.— Lorsque le tribunal, usant de la faculté qui lui est conférée par l'art. 202, prescrit la vérification ailleurs qu'au greffe, une commission rogatoire est nécessaire toutes les fois que le lieu de la vérification se trouve hors de son ressort. — V. COMMISSION ROGATOIRE. — Si le lieu est situé dans le ressort, le juge commissaire se déplace.

183. — Le ministère public n'est tenu de prendre la parole que dans le cas prévu par l'art. 202. Dans les autres incidens de la procédure, il peut donc garder le silence. — *Cass.*, 25 juin 1833, Destournelles c. Favre. — Carré et Chauveau, quest. 832.

184.— Quand le tribunal a indiqué par quelles voies les pièces seraient adressées au greffe, les dépositaires, s'ils sont dépositaires publics, font préalablement expédition ou copie collationnée des pièces. Cette copie est vérifiée sur la minute ou original par le président du tribunal de leur arrondissement, qui en dresse procès-verbal, et est mise ensuite au rang des minutes, pour en tenir lieu jusqu'au retour des pièces. Elle sert à délivrer, au besoin, des grosses et expéditions, mention faite du procès verbal qui a été dressé. — Art. 203.

185. — Les notaires doivent dresser une copie figurée de la minute dont ils se dessaisissent, conformément à l'art. 22 de la loi du 25 vent. an XI. — V. COPIE FIGURÉE, nos 5 et 6.

186.— Nous croyons également que l'officier du ministère public doit, conformément à la loi précitée, collationner avec le président la copie de la minute ou de l'original, comme le veut la loi de ventôse. — Chauveau et Carré, quest. 835. — *Contrà* Carré; Favard de Langlade, *eod. loc.*

187. — C'est le président qui, avec le ministère public, est spécialement chargé de la collationner. On ne peut s'adresser à un autre magistrat que dans le cas où il est empêché. — Conf. Carré et Chauveau, quest. 834.

188.— Il est manifeste que le président et l'officier du ministère public doivent signer la copie, afin que l'identité puisse en être constatée. Le greffier la signe également. — V. GREFFIERS.

189. — Il n'est délivré au dépositaire public qu'une seule expédition du procès-verbal de collection, quel que soit le nombre des minutes dont l'envoi est ordonné, car la loi n'exige pas qu'il soit annexé à chaque copie de la minute ou de l'original une expédition de ce procès-verbal; elle se borne à imposer au dépositaire l'obligation de faire mention du procès-verbal dans les grosses ou expéditions qu'on lui demanderait de la copie collationnée. — Carré et Chauveau, quest. 836. — *Contrà Ann. du Notariat*, t. 1er, p. 412.

190.— Les copies dûment collationnées, comme il vient d'être dit, font foi pleine et entière, quoique les parties n'aient pas été appelées à la collation, et que l'art. 1335, Code civ., n'attribue cet effet qu'aux copies qui ont été tirées par l'autorité du magistrat, parties présentes ou dûment appelées, ou à celles tirées en présence des parties et de leur consentement réciproque. — V. COPIE DE TITRES ET ACTES, nos 35 et suiv., 67 et suiv. — L'art. 203 nous paraît avoir voulu substituer les copies aux minutes ou originaux déplacés. — Chauveau et Carré, quest. 837; Thomine-Desmazures, t. 1er, p. 369. — *Contrà* Carré, *eod.*; Demiau-Crouzilhac, p. 163.

191 — Avance est faite au greffier par le dépositaire du coût du procès-verbal de collation, ainsi que de l'expédition qui en est délivrée. — Carré et Chauveau, quest. 838.; Thomine-Desmazures, t. 1er, p. 369.

192. — Le dépositaire est remboursé de ses frais et avances par le demandeur en vérification, sur la taxe qui en est faite par le juge qui a dressé le procès-verbal de collation; et, sur cette taxe, exécution lui est délivrée. — Art. 203.

193. — La taxe des frais est faite sur les copies des minutes, et conformément aux art. 168 et 169 du Tarif. — Chauveau, *Comm. du Tarif*, t. 1er, p. 259.

194. — Toutes les dispositions ci-dessus sont applicables par voie d'analogie aux dépositaires particuliers, c'est-à-dire qu'ils ont le droit de faire une copie de la pièce dont l'envoi leur est demandé, de faire collationner cette copie et de prendre exécutoire pour leurs frais et avances. — Carré et Chauveau, quest. 839.; *Ann. du Notariat*, t. 1er, p. 418; Pigeau, *Comm.*, t. 1er, p. 435; Boncenne, t. 3, p. 525. — Delaporte (t. 1er, p. 206) estime, cependant, que, dans ce cas, les frais et avances ne peuvent être récupérés.

195. — Quant à la remise des pièces après la vérification, on suit par analogie les dispositions des art. 242 et suiv., C. procéd. — V. FAUX INCIDENT. — Carré et Chauveau, quest. 842.

§ 3. — *Opérations, rapport des experts.*

196.— Après que le choix des pièces de comparaison a été arrêté comme il vient d'être dit, la partie la plus diligente fait sommer par exploit les experts et les dépositaires de se trouver aux lieu, jour et heure indiqués par ordonnance du juge-commissaire, à l'effet, savoir : les experts de prêter serment et de procéder à la vérification, et les dépositaires de représenter les pièces de comparaison. — Art. 204.

197. — Remarquons ces mots : *la partie la plus diligente*. Il a été jugé, en conséquence, qu'en matière de vérification d'écriture, l'art. 204, C. proc., laisse à la partie la plus diligente le droit de poursuivre, et aucune loi ne prononce la déchéance contre celle qui ne poursuit pas. — *Besançon*, 13 janv. 1819, N...

198. — L'ordonnance du juge-commissaire s'obtient sur requête non grossoyée. — Tarif, art. 76, § 5. — Carré et Chauveau, quest. 841; Thomine, t. 1er, p. 371; Chauveau, *Tarif*, t. 1er, p. 257.

199.— En tête de la sommation, il est donné copie aux dépositaires : 1° du jugement (art. 204), c'est-à-dire de celui qui ordonne la vérification, non de celui qui ordonne l'apport des pièces (Carré et Chauveau, quest. 842; Favard de Langlade, t. 5, p. 921; Thomine-Desmazures, t. 1er, p. 371; Pigeau, t. 1er, p. 311; *Ann. du Notariat*, t. 1er, p. 416; Delaporte, t. 1er, p. 288); à moins, toutefois, qu'il ne soit intervenu un second jugement pour déterminer quelles sont les pièces devant servir à la vérification (V. nos 141, 173 et suiv.), ou pour ordonner l'envoi des pièces par les dépositaires; — 2° de l'ordonnance du juge-commissaire, qui indique les jour et heure de l'opération.

200. — L'art. 204 n'exige nullement qu'il soit donné copie du procès-verbal indiquant les pièces de comparaison; et en effet, l'ordonnance dont il est question en l'art. 204 contient la mention de ces pièces : ce serait donc un double emploi. — Mêmes auteurs.

201. — En outre, il est fait sommation à la partie adverse d'être présente, par acte d'avoué (art. 204), ou, si elle n'a pas d'avoué, par exploit à domicile. Il faut nécesssairement observer les délais de distance dans le dernier cas, mais non dans le premier.

202. — La mise en demeure préalable de la partie nous paraît être une formalité essentielle, inhérente au droit de défense.

203. — Cependant, il a été jugé que la vérification ordonnée, par un tribunal de commerce, des livres et papiers d'un négociant, ne pouvant être assimilée à une compulsion, ne serait pas nulle pour défaut de présence ou de citation valable de l'une des parties. — *Paris*, 28 août 1813, de Maricourt c. Perrier.

204. — Sous l'ord. de 1667, une vérification d'écriture par experts était valable, quoique la partie intéressée n'y eût pas été appelée. — *Cass.*, 19 frim. an IV, Morand c. Charton.

205. — Si l'une des parties ne se présente pas, il est donné défaut contre elle par le juge-commissaire, qui passe outre aux opérations. — Demiau-Crouzilhac, p. 164; Carré et Chauveau, quest. 843; Favard de Langlade, t. 5, p. 921; Thomine-Desmazures, t. 1er, p. 371.

206. — Lorsque c'est un dépositaire qui n'obtempère pas à la sommation d'envoyer ou d'apporter les pièces de comparaison, on lui applique les dispositions de l'art. 201. — Mêmes auteurs.

207. — Dans le cas où ce sont les experts, il est pourvu à leur remplacement par les parties; sinon, le juge-commissaire fait rapport de l'incident à la première audience, et le tribunal fait choix de nouveaux experts. Il faut ensuite recevoir leur serment, conformément à l'art. 204. — Mêmes auteurs.

208. — Lorsque les pièces sont représentées

par les dépositaires, il est laissé à la prudence du juge commissaire d'ordonner qu'ils resteroint présens à la vérification pour la garde desdites pièces, et qu'ils les retireront et présenteront à chaque vacation, ou d'ordonner qu'elles resteront déposées ès-mains du greffier, qui s'en charge par procès-verbal. Dans ce dernier cas, le dépositaire, s'il est personne publique, peut en faire expédition, ainsi qu'il est dit par l'art 203, et ce, encore que le lieu où se fait la vérification soit hors de l'arrondissement dans lequel le dépositaire a le droit d'instrumenter. — C. proc., art. 205.

209. — Il résulte des termes de l'art. 205 qu'en se dépossédant de sa minute, la personne publique n'est pas obligée d'en faire préalablement une copie ou expédition, comme dans le cas de l'art. 203. — V. nᵒˢ 184 et suiv.) Si elle n'a pas jugé à propos d'user de la faculté que lui accorde l'art. 205, c'est nécessairement le greffier qui délivre les expéditions en son lieu et place. — Thomine-Desmazures, t. 1ᵉʳ, p. 378; Pigeau, *Comm.*, t. 1ᵉʳ, p. 435; Lepage, p. 181; Demiau-Crouzilhac, p. 164; *Ann. du Notariat*, t. 1ᵉʳ, p. 417; Carré et Chauveau, quest. 844.

210. — Les pièces de comparaison peuvent être insuffisantes, soit parce que les écritures et signatures sont fort anciennes ou ont varié, soit parce qu'il n'existe que de simples signatures, soit encore parce que la personne a déguisé son écriture dans les pièces. Dans ce cas, le juge commissaire peut ordonner qu'il sera fait un corps d'écriture. —Art. 206. — A cet égard, le juge commissaire jouit d'un pouvoir discrétionnaire, et il n'est pas obligé, pour ordonner cette mesure, d'attendre qu'elle soit requise; il la prescrit valablement d'office. — Thomine-Desmazures, t. 1ᵉʳ, p. 373; Favard de Langlade, t. 5, p. 922; Carré et Chauveau, quest. 845.

211. — Le demandeur doit être présent ou dûment appelé. — Art. 206.

212. — C'est à peine de nullité que le corps d'écriture est tracé en présence du demandeur en vérification, ou du moins lui dûment appelé. La formalité est substantielle, parce qu'elle intéresse au plus haut degré le droit de défense. — Chauveau sur Carré, quest. 844 *bis*. — Cependant, la thèse contraire a été admise par un arrêt. — *Rennes*, 16 juill. 1817, N...

213. — Si le défendeur est absent, il faut nécessairement lui faire une sommation comme au demandeur, en lui accordant les délais de distance pour comparaître. — Carré et Chauveau, quest. 846, nᵒ 1ᵉʳ.

214. — D'après les auteurs des *Annales du notariat* (t. 1ᵉʳ, p. 420), lorsque le corps d'écriture est ordonné d'office, le juge commissaire doit prescrire aussi la signification de son ordonnance, tant au demandeur qu'au défendeur, en mettant provisoirement l'avance des frais de l'incident à la charge du demandeur. — Delaporte (t. 1ᵉʳ, p. 209) pense que le défendeur est naturellement chargé de remplir cette formalité, mais qu'en cas de négligence de sa part, il est du devoir du juge d'ordonner d'office la signification. Cette double interprétation est contraire aux principes. Le juge rend sa décision, c'est aux parties à l'exécuter. Peu importe que la décision ait été rendue par défaut. — Chauveau et Carré, quest. 846; Pigeau, t. 1ᵉʳ, p. 317 et 318; Favard de Langlade, t. 5, p. 922.

215. — La sommation, soit au demandeur, soit au défendeur, est faite par acte d'avoué à avoué. —Berriat-Saint-Prix, p. 270, nᵒ 20; Demiau-Crouzilhac, p. 165; Carré et Chauveau, quest. 846, nᵒ 1ᵉʳ. — Ou par exploit à personne ou domicile, s'il n'y a pas avoué en cause. Elle contient copie de l'ordonnance, comme dans le cas prévu par l'art. 204.

216. — Quant aux experts, la remise étant contradictoire, toute signification serait un acte frustratoire.

217. — Autrefois, si le défendeur faisait défaut ou refusait de former un corps d'écriture, le juge-commissaire tenait la pièce pour reconnue; mais, aujourd'hui, le tribunal seul est compétent pour prononcer ce rejet. — *Prat. franç.*, *ut suprà*, Carré et Chauveau, quest. 848; Pigeau *Comment.*, t. 1ᵉʳ, p. 438; Thomine-Desmazures, t. 1ᵉʳ, p. 378. — A cet effet, le juge, après avoir constaté les faits sur son procès verbal, renvoie, pour faire son rapport, à la première audience. — Carré, Thomine-Desmazures. — Pigeau refuse cependant, au juge le droit d'en référer au tribunal, en se fondant sur ce que le défendeur serait dans l'impossibilité d'exposer ses moyens sur le simple rapport du juge, ni d'en relever les inexactitudes ou insuffisances; mais c'est à tort : car, ou la partie a indiqué les motifs de son refus devant le juge commissaire, et l'on ne comprendrait pas qu'elle ne fût pas en état de les reproduire et développer à l'audience; ou bien, elle a préféré garder le silence, et le rapport du juge ne les a pas fait connaître; mais elle a toute latitude pour les produire. — Carré et Chauveau, Thomine-Desmazures, *eod.*

218. — Les experts ayant prêté serment, les pièces leur étant communiquées, ou le corps d'écritures formé, les parties se retirent après avoir fait, sur le procès-verbal du juge-commissaire, telles observations ou réquisitions qu'elles jugent convenables. — C. procéd., art. 207. — Ainsi, les experts procèdent sans témoins. Les observations, les protestations des parties ne serviraient qu'à troubler leur recueillement.

219. — Mais les parties ont le droit de ne se retirer qu'après avoir discuté les divers corps d'écriture : leurs observations consistent à inviter les experts à examiner telles ou telles ressemblances ou différences entre l'écriture de l'acte et les pièces de comparaison; à leur faire remarquer, dans le cas où, parmi ces pièces, se trouverait un corps d'écriture qu'ils auraient dicté au défendeur, que ce dernier aurait déguisé son écriture ordinaire, ou que l'âge ou les infirmités auraient apporté un changement entre son écriture actuelle et celle de la pièce à vérifier. Le procès-verbal doit être l'écho fidèle de leurs dires, afin que les experts et le tribunal puissent, au besoin, s'y reporter, mais le juge commissaire doit veiller, avec soin à ce que les parties ne cherchent à influencer l'opinion des experts. — Carré et Chauveau, quest. 849; Thomine-Desmazures, t. 1ᵉʳ, p. 374.

220. — Les experts procèdent conjointement à la vérification, au greffe, devant le greffier ou devant le juge, s'il l'a ainsi ordonné; et s'ils ne peuvent terminer le même jour, ils remettent à jour et heure certains indiqués par le juge ou par le greffier. — C. procéd., art. 208

221. — Il n'y a pas nullité du rapport des experts chargés de procéder à une vérification d'écritures, par cela que ces experts paraîtraient avoir vaqué à la rédaction de leur procès-verbal hors du greffe, si la vérification a eu lieu en présence du greffier, ainsi que le prescrit l'art. 208, C. procéd., et si ensuite la remise du rapport a été faite au greffe par tous les experts conjointement. — *Cass.*, 10 août 1848 (t. 1ᵉʳ 1849, p. 602), Moreau c. Baudoin.

222. — Les trois experts sont tenus de dresser un rapport commun et motivé, et de ne former qu'un seul avis à la pluralité des voix. — S'il y a des avis différens, le rapport en contient les motifs, sans qu'il soit permis de faire connaître l'avis particulier des experts. — C. procéd., art. 210. — V. EXPERTISE.

223. — Leur rapport est rédigé et signé au greffe. C'est une garantie que les experts procèderont conjointement, qu'ils ne compteront pas plus de vacations qu'ils n'en ont employées et que des tiers ne viendront ni les troubler ni les influencer dans leur rapport. — Carré et Chauveau, quest. 850; Thomine Desmazures, t. 1ᵉʳ, p. 375.

224. — Nous croyons que l'expertise serait nulle, si le procès-verbal ne fournissait pas la preuve qu'il a été satisfait aux prescriptions de l'art. 208. Cependant, Pigeau (*Comment.*, t. 1ᵉʳ, p. 439) enseigne que la disposition de cet article, d'après laquelle les experts doivent procéder conjointement, n'est pas imposée à peine de nullité, et à cette occasion. Chauveau sur Carré (quest. 850 *bis*) dit qu'il est probable que Pigeau n'aurait pas embrassé la même solution, s'il ne se fût agi des autres formalités du même article.

225. — Il a été jugé qu'un procès-verbal d'experts, en matière de vérification d'écriture, est nul, s'il ne forme pas la preuve que ces experts ont opéré en présence du juge et du greffier, et si, n'ayant pu terminer leur travail dans une vacation, l'opération n'a pas été renvoyée à heure et jour certains, suivant le prescrit de l'art. 208, C. procéd. Vainement prétendrait-on que cette nullité n'est pas prononcée par cet article, et que, dès-lors, on doit appliquer l'art. 1030, même Code, parce que, d'une part, ce dernier article ne concerne que les actes de procédure, et que, de l'autre, l'obligation imposée aux experts par l'art. 208 constitue des formalités essentielles dont l'omission doit entraîner la nullité du rapport. — *Besançon*, 29 mars, 1817, N... — Bioche, *Dict. de procéd.*, vᵒ *Vérification d'écriture*, nᵒ 134. — « La présence du juge et celle du greffier, dit avec raison Chauveau (t. 22, p. 442), sont des formalités substantielles qu'il n'est pas permis de violer impunément. Les experts n'ont pas capacité suffisante pour procéder seuls. Mandataires de justice, ils n'ont néanmoins de mandat que sous cette condition. Qui donc, en effet, exercerait l'autorité dévolue par la loi au juge commissaire?

226. — Le rapport des experts est annexé à la minute du procès verbal du juge-commissaire, sans qu'il soit besoin de l'affirmer. — Art. 209.

227. — Les pièces sont remises aux dépositaires, qui en déchargent le greffier sur le procès-verbal. Cette disposition concerne uniquement le cas où les dépositaires ont apporté eux-mêmes les pièces au greffe; mais lorsqu'à raison de leur éloignement ou de tout autre motif, le tribunal a ordonné l'envoi des pièces et minutes, par un mode déterminé dans le jugement, peut-on exiger que les dépositaires signent la décharge sur le procès-verbal? Ce serait les obliger à se déplacer. Dans ce cas, le greffier constate le renvoi des pièces sur le procès-verbal, par les moyens indiqués au jugement, et il joint au procès-verbal toute pièce de nature à en témoigner, comme un récépissé des messageries. — Carré et Chauveau, quest. 852.

228. — La taxe des journées et vacations des experts est faite sur le procès-verbal, et il en est délivré exécution contre le demandeur en vérification.

229. — Il n'appartient qu'au juge commissaire, et non pas au greffier, de recevoir le rapport des experts, de les taxer, ainsi que les dépositaires de pièces, et d'ordonner que ces pièces seront remises à ceux-ci. — Carré et Chauveau, quest. 851; Pigeau, *C. procéd.* t. 1ᵉʳ, p. 317; Demiau-Crouzilhac, p. 166

Sect. 6ᵉ. — *Forme de l'enquête.*

230. — Nous n'aurons que peu de mots à dire concernant l'enquête, car l'art. 212 ne contient qu'une disposition spéciale à la matière et renvoie, pour le surplus, aux formalités ordinaires des enquêtes.

231. — L'enquête tend à prouver la sincérité de l'acte. Aussi l'art. 211 dispose-t-il que l'on pourra entendre comme témoins ceux qui ont vu écrire ou signer l'écrit en question, ou qui ont connaissance de faits pouvant servir à découvrir la vérité. Ainsi, les témoins pourront déposer qu'ils ont entendu celui auquel est attribué l'acte, avouer directement ou indirectement qu'il en était l'auteur, *à fortiori*, qu'ils étaient présens au moment de la confection de l'acte.

232. — Pigeau (*Comment.*, t. 1ᵉʳ, p. 441) affirme que les témoins ne devaient pas être admis à déposer sur des faits de ressemblance de l'écriture ou de la signature à vérifier avec celles de la partie, dans le cas où elles leur seraient familières, ni sur le plus ou moins de rapport de l'écriture et de la signature avec celles des pièces de comparaison, parce que leur déposition ne ferait qu'exprimer une opinion. Demiau-Crouzilhac (p. 167) et Chauveau sur Carré (quest. 854 *bis*) repoussent, avec raison, ce nous semble, cette interprétation, car aucune disposition légale n'a défendu aux tribunaux de consulter l'opinion ou l'impression d'un témoin.

233. — En conséquence, il a été jugé que les témoins peuvent être interrogés sur le point de savoir s'ils reconnaissent l'écriture et la signature de l'acte méconnu, comme étant celles de l'auteur auquel l'acte est attribué, sans que l'on puisse critiquer ce mode de procéder, en ce qu'ils auraient dû se borner à déclarer s'ils ont vu écrire et signer cet acte. — *Cass.*, 25 juill. 1833, Maraval et Gayde c. Delmas et Vidal.

234. — ... Que la partie qui dénie des écritures qui lui sont opposées doit être admise à faire entendre comme témoins non seulement les personnes qui auraient vu écrire ou signer l'acte dénié, mais encore celles qui auraient connaissance de faits quelconques pouvant servir à fixer l'opinion des magistrats sur la fausseté ou la sincérité de cet acte. — *Douai*, 28 juin 1841 (t. 1ᵉʳ 1842, p. 134), Hamain c. Leuillot.

235. — ... Qu'il en est ainsi alors même que l'objet de la convention dépasse 150 fr. — *Montpellier*, 10 juin 1848 (t. 1ᵉʳ 1849, p. 576), Fabre.

236. — Mais, contrairement à cette doctrine, jugé que, pour qu'une enquête sur vérification d'écritures soit concluante, il faut que les témoins reconnaissent la pièce à vérifier, et déclarent y avoir vu apposer la signature, par celui qui la dénie. — *Rennes*, 26 janv. 1813, Mehonas c. David.

237. — ... Qu'il ne suffit pas qu'ils puissent déclarer s'il reconnaissent l'écriture déniée. — *Rennes*, 26 mars 1813, Chauvin c. N...

238. — Les personnes que la loi défend d'appeler en témoignage ou qu'elle permet de reprocher dans les enquêtes ordinaires (V. ENQUÊTE), peuvent-elles être produites comme témoins en cette matière? L'art. 211 ne nous paraît nullement avoir dérogé aux règles des enquêtes ordinaires. Si l'on y lit cette expression générale : pourront être entendus comme témoins ceux qui auront vu, etc.,

VÉRIFICATION D'ÉCRITURE, sect. 7e.

c'est que la loi a voulu indiquer quels devaient être la nature des témoignages et l'objet de la preuve à faire, mais elle n'a rien décidé concernant la qualité des témoins, et, par conséquent, il y a lieu d'appliquer les principes généraux. — Carré et Chauveau, quest. 856; Thomine, t. 1er, p. 379. — *Contrà* Demiau-Crouzilhac, p. 167.

239. — Par application de la règle posée en l'art. 212, que l'on doit suivre, en cette matière, les formalités prescrites pour les enquêtes ordinaires, il a été décidé que l'enquête doit, à peine de nullité, être commencée dans la huitaine de la signification du jugement qui l'ordonne, comme dans les cas ordinaires. — *Cass.*, 8 mars 1816, Heymann c. Studer et Rueff. — V. ENQUÊTE, n° 206 et suiv.

240. — Jugé, cependant, qu'en matière de vérification d'écriture, l'enquête ne doit pas, à peine de nullité, être commencée dans la huitaine de la signification du jugement qui l'ordonne, ou dans le délai fixé conformément à l'art. 258, C. procéd., comme dans les cas ordinaires, par la raison que si l'art. 212 soumet, en cette matière, l'enquête aux formalités ordinaires, ce n'est qu'en ce qui concerne l'audition des témoins. — *Nîmes*, 2 avr. 1830. Auriol c. Guichard.

241. — Nul doute encore que le délai pour faire enquête court, non du jour de la signification du jugement qui permet la vérification tant par titres que par témoins, mais du jour de la signification du jugement qui a ultérieurement prononcé sur la pertinence des faits et fixé ceux à prouver. — *Bruxelles*, 20 nov. 1822, N...

242. — En procédant à l'audition des témoins, les pièces déniées ou méconnues leur sont représentées et sont par eux paraphées; il en est fait mention, ainsi que de leur refus. — C. procéd., art. 212.

243. — Au surplus, le défaut de paraphe ne serait pas une cause de nullité, surtout s'il résultait des circonstances que les témoins n'ont pu se tromper sur l'identité de la pièce dont il s'agissait. — Chauveau, quest. 855 *bis*; Pigeau, *Comment.*, t. 1er, p. 443; Thomine-Desmazures, t. 1er, p. 378. — V., quant aux autres formalités, ENQUÊTE.

Sect 7e. — *Jugement définitif; amende. dommages-intérêts, dépens, inscription hypothécaire.*

244. — *Jugement.* — Le procès-verbal d'expertise et celui d'enquête sont signifiés à la partie la plus diligente avec avenir pour l'audience.

245. — En règle générale, la preuve par titre mérite plus de confiance que celle par témoins, et celle-ci l'emporte à son tour sur la vérification par experts — Pigeau, *Comment.*, t. 1er, p. 444; Favard, *Rép.*, t. 5, p. 919; Demiau-Crouzilhac, p. 167, Boncenne, t. 3, p. 375.

246. — Au surplus, l'expertise ne lie pas le juge, car il est de maxime que *dictum expertorum nunquàm transit in rem judicatam*. — Pigeau, *Comment.*, t. 1er, p. 444; Thomine-Desmazures, t. 1er, p. 376; Merlin, *Rép.*, v° *Succession future*; Carré et Chauveau, quest 853.

247. — Il a été jugé, sous l'ancienne législation, qu'en matière de vérification d'écritures, le rapport des experts peut être considéré par les juges comme un simple avis. — *Paris*, 30 germ. an XI, Levacher.

248. — ... Que les juges pouvaient joindre l'expression de leur conviction à l'opinion des experts. — *Cass.*, 16 thermid. an X, Barthélemy c. Andreau.

249. — ... Qu'ils peuvent, sans qu'on soit en droit de leur reprocher d'avoir procédé à une expertise occulte, dresser ou faire dresser sous leurs yeux, et hors de la présence des parties, un tableau synoptique indiquant les différences notables entre l'écriture de la pièce méconnue et celle des pièces de comparaison, et s'appuyer ensuite sur les documens fournis par ce tableau, bien que contraires à ceux fournis par les experts. — *Cass.*, 25 juill. 1833, Maraval et Gayde c. Delmas et Vidal.

250. — ... Et. sous le Code de procédure, que quoiqu'il résulte d'un rapport d'experts qu'un titre de créance sous seing-privé excédant 150 fr. n'est ni écrit ni signé de celui à qui on l'attribue, les juges peuvent, néanmoins, en se fondant sur la seule preuve testimoniale, décider que le titre émane du défendeur à la vérification, alors surtout que, pour compléter cette preuve, ils défèrent le serment au créancier. — *Cass.*, 19 déc. 1827, Ferrand c. Durand.

251. — ... Que, lorsqu'il s'agit d'un testament olographe, la vérification d'écriture peut être ordonnée tant par témoins que par experts, et le tribunal peut, après avoir ordonné que les deux moyens seront employés, se déterminer exclusivement d'après l'enquête pour déclarer le testament valable, et rejeter l'expertise qui présenterait un résultat contraire. — *Cass.*, 2 août 1820, Dubrisay.

252. — Mais ils ne peuvent s'écarter de l'avis de la pluralité des experts qu'en déclarant qu'ils ont la conviction personnelle que les experts se sont trompés. Ainsi, doit être cassé l'arrêt d'une cour royale qui, au sujet d'une vérification d'écriture, faisant prévaloir l'opinion solitaire de l'un des experts sur celle des deux autres, n'a pas déclaré qu'elle se décidait d'après sa propre conviction, mais seulement parce que l'avis de l'expert dont elle a adopté l'opinion semblait rendre la question incertaine. — *Cass.*, 7 août 1815, Vandercolme c. Devinck.

253. — *Vice versâ*, les juges ne sont pas tenus d'admettre des preuves morales contre des preuves matérielles résultant d'un rapport d'experts. — — *Rennes*, 26 juill. 1820, Desfonds c. N...

254. — On comprend, néanmoins, que lorsqu'une quittance sous signature privée est déniée, et que la vérification en est ordonnée tant par experts que par témoins, conformément à l'art. 195, C. proc. civ., s'il ne résulte ni de l'expertise ni de l'enquête que la pièce soit fausse, c'est-à-dire si la sincérité matérielle est reconnue, les juges ne peuvent, en se fondant sur des présomptions plus ou moins graves, et alors qu'ils ne signalent l'existence ni du dol ni de la fraude, déclarer que la libération résultant de la quittance produite ne se trouve cependant pas constatée. — *Cass.*, 20 mars 1839 (t. 1er 1839, p. 277), Capus c. Gayre.

255. — L'enquête ne lie pas non plus le juge. — V. ENQUÊTE.

256. — Les pièces de comparaison produites dans un procès doivent être représentées, lors du débat, dans l'état où elles étaient au moment de leur production. Conséquemment, bien que, pour procéder à la vérification de leur écriture, le juge ait cru utile de ne laisser voir aux experts qu'une partie de ces pièces, celles-ci, après l'expertise, doivent être placées sous les yeux de la justice dans leur état originaire. — *Rouen*, 27 janv. 1845 (t. 1er 1845, p. 738), Madeleine c. Debois.

257. — Un supplément d'expertise, une expertise nouvelle peuvent être ordonnées selon les besoins de la cause. — V. EXPERTISE.

258. — Décidé, en conséquence, que les juges peuvent ordonner un nouveau rapport d'experts si le premier leur paraît insuffisant. — *Rennes*, 16 juill. 1817, N... — *Contrà Rennes*, 26 mars 1813, Chauvin c. N...

259. — ... Qu'il n'en est pas d'une expertise atramentaire ou en vérification d'écriture comme d'une expertise ordinaire; la science des experts atramentaires n'étant que conjecturale, les juges doivent ordonner une nouvelle expertise, pour peu que la première ne présente pas de renseignemens suffisans. — *Besançon*, 12 juin 1812, Joly c. Fèvre.

260. — ... Spécialement, que lorsque, après avoir détaillé leurs remarques sur la ressemblance des caractères, les experts déclarent ne pouvoir juger si la signature méconnue est vraie ou fausse. Un pareil rapport doit être considéré comme insuffisant, et, par suite, il y a lieu d'en ordonner un nouveau. — *Bruxelles*, 20 nov. 1822, N....

261. — ... Mais que, lorsqu'il résulte d'un procès-verbal d'experts légalement fait, explicite et précis, joint à diverses circonstances apprises, qu'un testament olographe n'a pas été écrit en entier de la main du testateur, on ne peut, avant faire droit, ordonner une nouvelle expertise. — *Rennes*, 12 févr. 1821, Legros c. Arondel.

262. — Décidé encore que lorsqu'une cour a déclaré, par un arrêt interlocutoire, que le rapport des experts de première instance n'était pas suffisant pour éclairer sa religion, et que, par suite, elle a ordonné une nouvelle expertise, elle peut s'écarter, par sa propre conviction, de l'avis des experts qu'elle a nommés, et juger conformément au rapport des premiers, sans être tenue d'ordonner une troisième expertise. — *Cass.*, 20 déc. 1830, Descravagal-Deterce c. Salleton.

263. — Par la même raison, les juges d'appel peuvent adopter la seconde expertise qui aurait eu lieu en première instance, quoique les premiers juges eussent donné la préférence à la première. — *Rennes*, 5 juill. 1816. N...

264. — Rien ne s'oppose encore à ce que l'expertise ne soit complétée par une enquête. — V. *suprà* n.os 47 et 50.

265. — Si le demandeur ne justifie pas pleinement sa demande, elle doit être rejetée, alors même que le défendeur ne produirait aucun titre à l'appui de sa defense. — *Agen*, 6 août 1812, N.... c. Barguères.

266. — Et si la preuve ne paraît pas concluante aux juges, ils peuvent rejeter, par ce seul motif, la pièce produite, sans la déclarer fausse. — *Cass.*, 1er fév. 1820, Carlé c. Riquier-Larivière.

267. — *Amende, dommages-intérêts.* — « S'il est prouvé que la pièce est écrite ou signée par celui qui l'a déniée, il est condamné à 150 fr. d'amende envers le domaine, outre les dépens et dommages-intérêts de la partie; il peut même être condamné par corps pour le *principal*. » — C. procéd., art. 213.

268. — Jugé que celui qui, au moyen d'une vérification d'écriture, a été reconnu l'auteur d'une lettre anonyme qu'il avait désavouée, doit être condamné à l'amende de 150 fr. prononcée par par l'art 213, C. procéd., la disposition de cet article n'étant pas restreinte au cas où la pièce déniée est un acte sous seing-privé. — *Cass.*, 10 mai 1827, Baron c. Robert.

269. — Les termes de l'art. 213 démontrent énergiquement que la condamnation à l'amende et même celle à des dommages-intérêts atteint la partie qui a dénié sa propre écriture, et non l'héritier ou l'ayant-cause qui a déclaré ne pas connaître l'écriture de son auteur. — Carré, art. 213, n° CLXXI, n° 1er.

270. — Il a été jugé, en conséquence, que l'amende portée par l'art. 213, C. procéd., ne peut pas être prononcée contre celui qui n'a fait que dénier ou méconnaître la signature de son auteur. — *Bruxelles*, 21 mars 1829, Vendenbempt c. Noé.

271. — Quant à la partie qui a produit une pièce reconnue fausse, elle peut être condamnée à des dommages-intérêts, mais non à l'amende. — Thomine-Desmazures, t. 1er, p. 381; Chauveau sur Carré, quest. 857 bis.

272. — La pénalité est encourue *ipso facto*, quand bien même on n'a pas persisté dans la dénégation. — Chauveau sur Carré, quest. 857-3°; Berriat Saint Prix, p. 272, n° 32; Thomine-Desmazures, t. 1er, p. 380.

273. — Jugé que la partie qui, après avoir dénié une écriture, la reconnaît ensuite, peut être condamnée à des dommages-intérêts envers son adversaire, en raison des dépenses occasionnées à ce dernier par sa dénégation. — *Amiens*, 16 nov. 1821, Brebant c. Menot.

274. — Que l'amende de 150 fr. doit être prononcée contre celui qui, après avoir dénié sa signature, en a rendu la vérification inutile, en déclarant ensuite qu'il ne l'avait d'abord méconnue que pour gagner du temps. — *Cass.*, 5 janv. 1820 Bergasse.

275. — Celui qui, après avoir dénié sa signature, se désiste de sa dénégation, sous prétexte que la décision de la cause dépend de l'art conjectural des experts, n'en doit pas moins être condamné à l'amende et en dommages-intérêts. — *Colmar*, 26 janv. 1838 (t. 1er 1839, p. 126), Bollach c. Jelsch.

276. — Il n'appartient qu'au procureur général près la cour de Cassation de requérir, dans l'intérêt de la loi, la cassation du jugement ou de l'arrêt qui a déchargé la partie qui déniait mal à propos sa signature. — Même arrêt.

277. — La peine de l'amende est nécessairement applicable par le juge de la vérification. Peu importe que ce soit un tribunal civil qui ait été saisi par suite d'un renvoi du tribunal de commerce, conformément à l'art. 427, Code comm.

278. — Conformément à cette solution, il a été jugé que l'art. 213, C. procéd., qui permet de condamner par corps à des dommages-intérêts celui qui a dénié son écriture et sa signature, est applicable au fait de dénégation relativement à une lettre de change, et qu'en pareil cas, la condamnation peut être prononcée par le tribunal civil qui a ordonné la vérification. — *Paris*, 21 nov. 1812, C... c. Daudin.

279. — Mais il en est différemment à l'égard des dommages-intérêts. La condamnation ne peut être prononcée que par le juge principal. — Thomine-Desmazures, t. 1er, p. 380; Carré et Chauveau, art. 213, n° 1er, p. 361.

280. — Qu'entend-on par *le principal* dont parle l'art. 213? D'après les auteurs des *Annales du notariat* ce serait la somme principale contenue en l'acte dénié. S'il en était ainsi, la contrainte ne pourrait être prononcée pour le surplus des condamnations formant le montant de l'action principale, à laquelle la demande en vérification serait incidente. Mais le mot *principal* est employé par opposition à la condamnation qui intervient sur l'incident en vérification, et comprend dans sa généralité toutes les condamnations qui sont le résultat de l'instance. La raison en est que la partie qui n'a pas reculé devant la dénégation de la signature, est présumée devoir apporter la même mauvaise foi dans l'exécution

du jugement, ce qui nécessite l'emploi de moyens de contrainte plus rigoureux. — Carré et Chauveau, quest. 857, Boncenne, t. 3, p. 534; Thomine-Desmazures, t. 1er, p. 380; Favard de Langlade, t. 5, p. 922.

281. — Dans cet ordre d'idées, la contrainte par corps s'appliquerait donc aux dépens de l'instance comme aux autres condamnations. — Mêmes auteurs.

282. — Il nous reste à traiter les questions particulières que comportent les dépens, et, d'abord, il n'est pas douteux que les frais de la vérification sont à la charge de la partie qui a dénié son écriture.

283. — L'art. 193 *in fine* porte que, si le défendeur ne dénie pas son écriture, le demandeur supportera tous les frais relatifs à la reconnaissance ou à la vérification, même ceux de l'enregistrement de l'acte. Mais cette disposition a été modifiée par la loi du 3 sept. 1807, et, aujourd'hui, il est constant que, soit que le défendeur avoue ou dénie, les frais sont à sa charge, pourvu que l'action en reconnaissance ait été formée après l'échéance de la dette. — Mais si la demande a été formée avant, comme cela est possible, si le défendeur ne dénie pas son écriture, c'est au demandeur à supporter les frais. — Carré et Chauveau, quest. 798; Boncenne, t. 3, p. 462; Thomine-Desmazures, t. 1er, p. 852.

284. — Il est même enseigné, par les auteurs précités, que les frais d'enregistrement sont toujours à la charge du défendeur, soit qu'il ait dénié, soit qu'il ait reconnu son écriture.

285. — Quand le défendeur est un héritier ou un ayant-cause, en est-il de même ? On fonde la négative sur l'art. 1323, C. civ.; mais cet article se borne à accorder à ces personnes la faculté de déclarer qu'elles ne reconnaissent pas la signature de leur auteur, et ne déroge pas au principe général, d'après lequel toute partie qui succombe encourt les dépens (art. 130); s'il en était autrement on favoriserait la mauvaise foi. On ne peut argumenter non plus de l'art. 213, qui ne prononce l'amende avec dépens que contre la partie qui a méconnu à tort sa signature; car cette disposition ne porte que sur l'amende, et autre chose est l'amende, autre chose les dépens, non plus que de l'art. 193; lequel déclare que si le défendeur ne dénie pas sa signature, les frais sont à la charge du demandeur, cette disposition ayant été modifiée par la loi du 3 sept. 1807, comme on vient de le voir. — Favard de Langlade, t. 5, p. 917; Rolland de Villargues, vo *Reconnaissance d'écritures*, no 20; Carré et Chauveau, quest. 800. — *Contrà* Delaporte, t. 1er, p. 196; Lepage, p. 174.

286. — Jugé que l'héritier qui a déclaré ne pas reconnaître la signature de son auteur doit supporter les frais de la vérification, si la signature est reconnue véritable. — *Amiens*, 10 janv. 1821, Galland c. Destriaux; *Cass.*, 6 juill. 1822, Destriaux c. Galland; *Nîmes*, 21 fév. 1826, Chaussy c. Rieu.

287. — ... Qu'il importe peu qu'il soit de bonne foi. — *Cass.*, 11 mai 1829, Delseyries.

288. — Cependant, il a été décidé que celui qui produit un acte de vente sous seing-privé, et l'oppose à un cohéritier qui en méconnaît la signature, peut être condamné aux dépens de la vérification, encore bien qu'elle ait pour résultat de constater la sincérité de cette signature. — *Riom*, 28 fév. 1824, Delseryes.

289. — ... Et que l'héritier qui s'est borné à ne pas reconnaître l'écriture de son auteur, peut n'être pas condamné aux dépens. — *Bastia*, 16 fév. 1824, Mattei c. Canelli.

290. — Lorsqu'il n'y a pas d'héritier à réserve, et que le légataire universel institué par testament olographe a été envoyé en possession, si les héritiers non réservataires méconnaissent l'écriture du testament, la vérification est à la charge de ces héritiers et non à celle du légataire. — C. civ., art. 1006 et 1008. — La jurisprudence de la cour de Cassation paraît bien fixée sur ce point. — *Cass.*, 28 déc. 1824, Graille c. Villa; 10 août 1825, Larguier c. Sales; 16 juin 1830, Poullain; 20 mars 1833, Cousin c. Cot; 23 mai 1843 (t. 2 1843, p. 29), Girod c. Thomegey et Jacquemet; 12 avr. 1848 (t. 2 1848, p. 470), Raymond (alors surtout, disent les arrêts précités de 1824 et 1830, qu'aucun fait de suspicion grave, de nature à porter atteinte au caractère du testament, n'est constaté ni même allégué, et qu'il n'existe qu'une simple dénégation d'écriture). — C'est aussi ce que décident quelques auteurs. — Toullier, t. 5, no 502; Duranton, t. 9, no 46; Grenier, *Donat. et testam.*, t. 1er, p. 292. — Mais parmi les cours d'appel la question est controversée. — V., au surplus, TESTAMENT.

291. — Lorsqu'une vérification d'écritures a été faite à la requête et à la charge du demandeur, si le défendeur conclut à ce qu'il en soit fait une nouvelle, il devient à son tour demandeur quant à cette vérification; et, dès-lors, c'est lui qui, aux termes de l'art. 193, C. procéd. civ., doit supporter l'avance des frais. — *Cass.*, 7 juill. 1839 (t. 2 1839, p. 397), Bourgeade c. Chavastelon. — Il faut remarquer qu'il ne s'agit ici que de l'avance des frais, qui doivent en définitive être supportés par la partie qui succombe, conformément à l'art. 130, C. procéd.

292. — En matière de vérification d'écriture, les frais sont toujours taxés comme en affaire ordinaire, lors même que la vérification serait ordonnée au cours d'une cause sommaire. — Chauveau, *Tarif*, t. 1er, p. 253. — V. MATIÈRE SOMMAIRE, FRAIS ET DÉPENS.

293. — *Inscription hypothécaire.* — On a vu *suprà* no 9 que la demande en vérification d'écriture pouvait être formée avant l'échéance de la dette. On décidait autrefois que, dans ce cas, l'hypothèque résultant du jugement de reconnaissance pouvait être inscrite, quoique la dette ne fût pas exigible. — *Cass.*, 3 fév. 1806, Magnier c. Montbarbon. — Mais, depuis, est intervenue la loi du 2 sept. 1807, qui porte (art. 1er): « Lorsqu'il aura été rendu un jugement sur une demande en reconnaissance d'obligation sous seing-privé, formée avant l'échéance ou l'exigibilité de ladite obligation, il ne pourra être pris aucune inscription hypothécaire en vertu de ce jugement qu'à défaut de paiement de l'obligation, *après son échéance ou son exigibilité*, à moins qu'il n'y ait eu stipulation contraire. » Il faut donc tenir pour constant, aujourd'hui, qu'on peut bien faire reconnaître en justice un billet sous seing-privé avant son échéance, mais que le jugement ne peut plus produire hypothèque qu'après l'expiration du terme fixé pour l'exécution de l'engagement, à moins toutefois de stipulation contraire.

294. — On peut consentir valablement que le créancier prendra inscription en vertu du jugement de reconnaissance de la signature d'un acte privé. — *Paris*, 6 août 1813, Chezjean c. Ragon de la Ferrière.

V. ACTE AUTHENTIQUE, ACTE SOUS SEING-PRIVÉ, COMMENCEMENT DE PREUVE PAR ÉCRIT, CONTRE-LETTRE, EXPERTISE, ENQUÊTE, FAUX INCIDENT.

VERNIS, VERNISSEURS.

1. — Fabricans et marchands de vernis et couleurs; — patentables de quatrième classe; — droit fixe basé sur la population; droit proportionnel du vingtième de la valeur locative de l'habitation et des lieux servant à l'exercice de la profession.

2. — Vernisseurs sur cuivre, feutre, carton et métaux; — patentables de sixième classe; — mêmes droits fixe, sauf la différence de classe, et proportionnel que les précédens. — V. PATENTE.

3. — Fabriques de vernis; — première classe des établissemens insalubres.

4. — Fabriques de vernis à l'esprit de vin; — deuxième classe des établissemens insalubres. — V. ÉTABLISSEMENS INSALUBRES (nomenclature.)

VERRERIES, VERRES, VERROTERIES.

1. — Les verreries soumettent ceux qui les exploitent à la patente, et, par suite, à un droit fixe de 50 fr. par four de fusion, jusqu'au maximum de 300 fr.; et droit porportionnel du vingtième de la valeur locative de l'habitation, et des magasins de vente complétement séparés de l'établissement, et du quarantième de l'établissement industriel.

2. — Marchands en gros de verres blancs et cristaux; — patentables de première classe; — droit fixe basé sur la population; droit proportionnel du quinzième de la valeur locative de l'habitation et des lieux servant à l'exercice de la profession.

3. — Marchands en demi-gros de verres blancs et cristaux; — marchands en demi-gros de verroterie et gobeleterie; — patentables de deuxième classe; même droit fixe, sauf la différence de classe, que les précédens; droit proportionnel du vingtième de la valeur locative de l'habitation et des lieux servant à l'exercice de la profession.

4. — Marchands de verres à vitre; — marchands en détail de verres blancs et cristaux; — marchands de verres bombés; — marchands en détail de verroterie et gobeleterie; — patentables, les premiers de quatrième, les seconds de cinquième, et les deux derniers de sixième classe; — mêmes droits fixe, sauf la différence de classe, et proportionnel que les précédens. — V. PATENTE.

5. — Verreries, fabriques de verres, cristaux et émaux; — première classe des établissemens insalubres. — V. ÉTABLISSEMENS INSALUBRES (nomenclature.)

VÉTÉRANS.

1. — La dénomination de *vétérans* a servi à désigner successivement des corps différens de l'armée. — Diverses qualifications ont été ajoutées à cette dénomination. On les a appelés *vétérans nationaux* (L. 16 fruct. an V et 4 germ. an XIII); *Vétérans impériaux* (L. 27 flor. an XIII); *Vétérans royaux de France* (L. 21 oct. 1814.)

2. — Le titre 4 de la loi du 10 mars 1818 avait appelé *vétérans* tous les sous-officiers et soldats qui avaient achevé leur temps de service; et, pour ne pas les confondre avec les *compagnies de vétérans*, on appela celles-ci *compagnies de sous-officiers sédentaires*, *compagnies de fusiliers sédentaires*, *compagnies de canonniers sédentaires*. — Ord. 25 mars 1818.

3. — La loi du 9 juin 1824 a supprimé les vétérans créés par la loi du 10 mars 1818.

4. — En outre, pour reconnaître les services rendus à l'état par les anciens militaires, et leur procurer les moyens de le servir encore, l'ord. du 26 nov. 1830 a formé dans chaque département des compagnies de vétérans, dans lesquelles ne sont admis que les militaires retirés dans leurs foyers, libérés du service militaire, et encore en état de servir. — Art. 1er et 2.

5. — L'admission s'y fait par voie d'engagement volontaire. Les officiers en retraite ou en réforme peuvent y être admis. — Art. 3 et 4.

6. — Quant aux compagnies des fusiliers sédentaires, elles ont été supprimées par ord. du 26 juill. 1831, et incorporées dans les compagnies de vétérans, avec la dénomination de *fusiliers vétérans*. — La même ordonnance a transformé les sous-officiers sédentaires en *sous-officiers vétérans*.

7. — De même, les compagnies de *canonniers sédentaires*, affectées au service de l'artillerie dans les places et sur les côtes, ont reçu la dénomination de *vétérans de l'artillerie*, et ont été organisées sur un nouveau pied par l'ord. du 17 nov. 1831.

8. — Une autre ord. du 19 nov. 1831 a organisé à Metz des *vétérans du génie*. — L'art. 3 de l'ord. du 10 déc. 1835 a créé quatre compagnies de *cavaliers vétérans*.

9. — Tous ces corps ont, à diverses époques, subi des modifications dans leur organisation. On peut, à cet égard, consulter les ordonnances suivantes : 16 oct. 1831; 2 juill. 1832; 10 sept. 1834; 10 déc. 1835; 8 janv. 1840; 20 fév. 1843, et l'arrêté du 1er juill. 1848.

10. — Les règles relatives à l'avancement dans les compagnies de vétérans sont posées dans l'ord. du 16 mars 1838, art. 395 et suiv., soit pour les sous-officiers vétérans, soit pour les canoniers vétérans, soit pour les vétérans du génie et pour ceux de la gendarmerie. Cet ordonnance a été en partie modifiée par celles des 3-20 fév. 1843, et par l'arrêté du 1er juill. 1848.

V., en outre, ARMÉE, DÉLITS MILITAIRES, TRIBUNAUX MILITAIRES, etc.

VÉTÉRINAIRES.

1. — On désigne sous le nom d'artistes ou médecins vétérinaires ceux qui se livrent à la médicamentation des animaux.

2. — Il existe des écoles destinées à donner l'enseignement aux personnes qui veulent se livrer à l'exercice de l'art vétérinaire. Ce qui concerne ces écoles a été traité vo ÉCOLES VÉTÉRINAIRES.

3. — Un décret du 15 janv. 1813 assujétit ceux qui veulent être reçus médecins vétérinaires à l'obligation de suivre des cours, de passer des examens, et d'obtenir un brevet.

4. — L'art. 14 de ce décret porte que les médecins et maréchaux vétérinaires seront exclusivement employés par les autorités civiles et militaires pour le traitement des animaux malades. — Et les art. 15, 16, 17, autorisent les chefs-lieux de préfecture et d'arrondissement, ainsi que les villes ou communes, à appeler dans leur sein, moyennant indemnité, et d'après l'autorisation du ministre ou du préfet, des médecins ou maréchaux vétérinaires.

5. — On s'est demandé si ce décret confère aux vétérinaires reçus le privilége exclusif d'exercer l'art de guérir les animaux — A cet égard, la cour de Colmar s'est prononcée pour la négative en décidant que l'exercice de l'*art vétérinaire* sans diplôme n'est pas un fait prévu par la loi pénale. — *Colmar*, 11 juill. 1832, Rust. — Morin, *loc. cit.*

6. Le tribunal de Tours est allé plus loin en jugeant que le titre de vétérinaire n'est pas un ti-

tre légal, qu'il indique seulement la profession de celui qui soigne les animaux malades, et qu'on est libre de prendre cette qualité (jugement cité par Briaud et Chaudi, *Manuel complet de médecine légale*, p. 849).

7. — Au contraire, la cour de Bourges a décidé, au moins implicitement, que l'exercice sans titre de l'art vétérinaire est un fait prévu par la loi pénale. — *Bourges*, 14 janv. 1832, Sanitas c. Lecourieux.

8. — La cour de Paris, sans admettre cette dernière doctrine, a jugé que, bien que l'accomplissement des conditions imposées par le décret du 15 janv. 1813 pour être reçu médecin vétérinaire ne constitue pas un privilège exclusif en faveur de ceux qui s'occupent de l'art de guérir les animaux, il soit en induire du moins qu'il n'est pas permis à ceux qui ne se sont pas soumis aux épreuves exigées par le décret de prendre le titre de médecin vétérinaire. — *Paris*, 13 avr. 1844 (t. 1er 1844, p. 648), Friedel c. Fœnis.

9. — Et que, si le décret du 15 janv. 1813 ne contient aucune sanction pénale, la contravention à ses prescriptions peut, suivant les circonstances, donner lieu à des dommages-intérêts en faveur des vétérinaires brevetés qui en ont éprouvé un préjudice. — *Même arrêt*.

10. — D'après cette doctrine, on ne pourrait donc dire, avec l'arrêt précité de la cour de Bourges du 14 janv. 1832, que la poursuite des infractions aux lois et règlemens sur l'exercice de l'art vétérinaire est exclusivement attribuée au ministère public, et ne peut pas être exercée par le particulier qui prétend en éprouver une lésion.

11. — Jugé encore que la médicamentation des animaux, bien qu'elle appartienne aux vétérinaires titrés, ne peut donner lieu à aucune poursuite criminelle contre ceux qui s'y livrent indûment, sans usurpation de titres ou de qualités, sauf l'action en dommages-intérêts des personnes qui en auraient souffert. — *Angers*, 8 avr. 1845 (t. 1er 1847, p. 575), Fouin.

12. — Cette proposition, que la cour royale d'Angers a énoncée dans les motifs de son arrêt, s'appuie d'abord sur l'art. 44 du décret du 15 janv. 1813, par lequel l'emploi exclusif, pour le traitement des animaux malades, des médecins et maréchaux vétérinaires est prescrit aux autorités civiles et militaires, et non aux simples particuliers. Elle s'appuie aussi sur les art. 15, 16 et 17, du même décret, qui laissent aux villes et communes la *faculté* d'appeler dans leur sein, avec l'autorisation du préfet, et dans certains cas, du ministre de l'intérieur, un médecin ou un maréchal vétérinaire.

13. — V., à l'égard des vétérinaires militaires, le décret 18 janv. 1813, et ÉCOLES VÉTÉRINAIRES.
— Une ordonnance royale du 6 avr. 1848 a organisé le corps des vétérinaires militaires et réglé tout ce qui se rattache à leur nomination, à leur position, etc., etc.

14. — Quant à la vente des médicamens des animaux, V. PHARMACIE, nos 82 et suiv.

15. — Les vétérinaires étaient, aux termes de la loi du 25 avr. 1844, exempts de la patente, mais une disposition introduite dans la loi des finances de 1850, et votée par l'Assemblée nationale le 18 mai, les a soumis, ainsi que d'autres professions libérales également exemptes autrefois, à un droit proportionnel du quinzième du loyer de l'habitation.

V. en outre EXPERTISE, ÉPIZOTIE, VICES RÉDHIBITOIRES.

VEUVE.

Femme qui a perdu son mari et qui n'est pas remariée. — V. COMMUNAUTÉ, DEUIL, DOT, DOUAIRE, ÉLECTIONS, TUTELLE, VIDUITÉ.

VIABILITÉ (Enfans).

1. — C'est l'état de l'enfant qui est né viable.
2. — La viabilité est à considérer pour savoir si un enfant a ou non existé, pour savoir des libéralités entre-vifs ou testamentaires, pour désavoué par le mari de sa mère... — Art. 312, 725, 906, C. civ. — V. DISPOSITION A TITRE GRATUIT, LÉGITIMITÉ, SUCCESSION.
3. — La question de savoir si un enfant est ou non viable est abandonné à l'expérience des gens de l'art. Ils auront à considérer la durée de la gestation, la conformation des organes nécessaires à la vie, les signes de vie extérieurs donnés par l'enfant. — Merlin, *Quest. de droit*, vo *Vie*.
4. — La question dépend principalement de

l'intervalle de temps qui s'est écoulé entre la conception et la naissance. L'enfant qui naîtrait moins de cent quatre vingts jours après l'époque de la conception serait légalement présumé non viable.
— Art. 342 et 314, C. civ.—Merlin, *Quest. de droit*, vo *Vie*, § 1er, no 3; Toullier, t. 4, no 97; Duranton, t. 6, nos 74 et suiv.; Chabot, *Succession*, sur l'art. 725, C. civ., no 42; Grenier, *Donations*, t. 1er, no 100.

5. — Mais, 1o comment doit se faire la preuve des signes de vie que l'enfant a pu donner? « Selon nos usages actuels, les accoucheurs, les sages-femmes et les autres personnes, s'il s'en trouve, qui ont été présentes à un accouchement, doivent faire pleine foi dans ce qu'ils attestent touchant les signes de vie de l'enfant, parce qu'ils sont en cela témoins nécessaires. — Bouard, vo *Viduité*; Merlin, *id.* — Le témoignage d'une seule personne pourrait même suffire.

6. — ...2o Comment discerner si un enfant qui meurt peu après sa naissance est conçu depuis plus de cent quatre-vingts jours? La médecine a trouvé ses moyens de décision dans l'inspection du cœur de l'enfant et des progrès de son organisation. — Merlin, *id.*; Foderé, *Médecine légale*, t. 2, p. 141 et suiv.

7. — Dans le doute, comment décider la question de viabilité? La présomption est en faveur de la viabilité. C'est à celui qui allègue qu'un enfant n'est pas né viable à en rapporter la preuve positive. — *Bordeaux*, 8 fév. 1830, Merle c. Doret.

8. — Lorsqu'il est constant qu'un enfant est né vivant, il y a par cela même présomption qu'il est né viable: c'est à celui qui conteste la viabilité à prouver son assertion. — *Limoges*, 12 janv. 1813, Coste c. Escarvage. — Merlin, *id.*; Toullier, t. 4, no 97; Chabot, *Success*, sur l'art. 725, no 42.

9. — La présomption de viabilité existe, si l'enfant est né à terme, bien conformé, et avec tous les organes nécessaires à la vie, quoiqu'il soit mort presque aussitôt sa naissance et dans un état apoplectique apparent, lorsque, d'ailleurs, il n'est pas prouvé que cet état apoplectique apparent soit le résultat d'une conformation ou d'une lésion antérieure à la naissance. — *Bordeaux*, 8 fév. 1830, Merle c. Doret.

10. — ... Surtout, si l'enfant paraît né à terme, et que rien dans sa conformation n'annonce qu'il ne peut conserver la vie. — *Angers*, 25 mai 1822, Hamon c. Delaguesnerie.

11. — Il ne suffit pas d'argumenter du défaut de cris, du manque absolu d'ongles, de l'extrême petitesse de l'enfant, et même du fait constant qu'il est venu au monde par l'opération césarienne. Mais la non viabilité devrait être présumée s'il y avait imperfection des membres, défaut de cheveux, confusion des doigts, cécité, clôture de la bouche et des narines, ou autres circonstances de même nature. — *Limoges*, 12 janv. 1813, Coste c. Escarvage.

12. — Jugé que l'acte de naissance dressé par l'officier de l'état civil sur la déclaration qui lui est faite prouve par lui-même que l'enfant est né vivant; tellement que la foi qui s'attache à cet acte n'est pas infirmée par la mention contenue dans l'acte de décès du même jour que l'enfant est mort en naissant. On ne peut même induire de cette double circonstance une contradiction qui autorise les juges à recourir à la preuve testimoniale. — *Paris*, 13 floréan XII, Deshaies.

13. — Cependant, l'acte de l'état civil ne fait pas foi de la naissance et surtout de la viabilité d'un enfant, lorsque cet enfant n'a pas été présenté à l'officier qui a dressé l'acte. Dans ce cas, la preuve testimoniale est admissible. — *Angers*, 25 mai 1822, Hamon c. Delaguesnerie. — V. ACTE DE L'ÉTAT CIVIL.

14. — La question de savoir si un enfant est né viable ou non, par conséquent s'il a ou non survécu à sa mère, n'est pas une question d'état et peut faire l'objet d'un compromis. — *Bruxelles*, 26 fév. 1807, Deren c. Deryck. — V. ARBITRAGE.
15. — La question de viabilité de l'enfant est d'une grande importance en matière d'infanticide. — V. INFANTICIDE, nos 19 et suiv., 23 et suiv.

VIABILITÉ (Chemins).

V. CHEMINS, ROUTES. — V. surtout CHEMIN IMPRATICABLE.

VIANDES.

Ateliers consacrés à la salaison et à la préparation des viandes; — troisième classe des établissemens insalubres. — V. ÉTABLISSEMENS INSALUBRES (nomenclature). — V. aussi ABATTOIR, BOUCHERIE, CHARCUTIER, POUVOIR MUNICIPAL.

VICAIRE.
V. CURÉ, CURÉ.

VICE DE CONSTRUCTION.
V. LOUAGE D'INDUSTRIE, USUFRUIT.

VICE DE FORME.
Irrégularité commise dans un acte ou dans une procédure. — V. NULLITÉS DE PROCÉDURE.

VICES DU NAVIRE.
V. ASSURANCES MARITIMES, AVARIES, FRET, PRÊT A LA GROSSE.

VICES RÉDHIBITOIRES.

Table alphabétique.

VICES RÉDHIBITOIRES. — 1. — On appelle *vices rédhibitoires* les défauts *cachés* de la chose vendue, existant à l'époque de la vente et qui rendent la chose impropre à l'usage auquel on la destine ou qui diminuent tellement cet usage que l'acheteur ne l'aurait pas acquise ou n'en aurait donné qu'un moindre prix s'il les avait connus.

2. — L'action dont l'existence de ces défauts ouvre au profit de l'acheteur s'appelle *action rédhibitoire*.

§ 1er. — *De la garantie en général. — Diverses espèces de vente auxquelles elle s'applique* (no 3).

§ 2. — *Caractères constitutifs des vices rédhibitoires* (no 9).

§ 3. — *De l'action rédhibitoire et de ses effets* (no 52).

§ 4. — *Des délais et des formes dans lesquels l'action doit être intentée. — Fin de non recevoir* (no 89).

§ 1er. — *De la garantie en général. — Diverses espèces de vente auxquelles elle s'applique* des établissemens.

3. — La garantie pour vices rédhibitoires a lieu aussi bien en matière de vente d'immeubles que

dans les ventes de meubles. — C'était un droit constant en droit romain (V. les lois 1, 9 et 61, ff., *De Ædil. edict.*; la loi 4, C., *De Ædil. edict.*; la loi 35 (*in fine*), ff., *De contrah. Empt.*), ainsi que dans l'ancienne jurisprudence. — Dumoulin, *Tract. de divid.*, p. 3, nos 620 et 621; Domat, liv. 1er, tit. 2, sect. 11e, no 1; Pothier, *Vente*, no 207. — Duvergier (*Vente*, t. 1er, no 396) pense que les termes du Code civil sont trop généraux pour admettre de restriction: « A la vérité, dit-il, dans les ventes d'immeubles la fraude est beaucoup moins facile pour le vendeur; les moyens de l'apercevoir sont plus habituellement employés et les vices sont presque toujours de nature à frapper les regards; mais la seule conséquence qui résulte de cela, c'est que l'action rédhibitoire est plus utile et sera plus fréquemment mise en usage en matière de vente de meubles que lorsqu'il s'agit de ventes d'immeubles. » — Troplong, no 548; Delvincourt, t. 3, p. 73, note 7e. — V. *contrà* Duranton, t. 16, p. 317. — M. Faure, dans son rapport au tribunat, semble exprimer la même opinion en disant: « Je viens de parler de la garantie relative aux immeubles, il s'agit maintenant de celle relative aux autres objets. » Ce qui semble réserver aux ventes de meubles les règles sur la garantie des vices rédhibitoires; mais rien dans le texte de la loi ne confirme cette opinion.

4. — Jugé en ce sens que l'action résultant des vices rédhibitoires a lieu en matière de vente d'immeubles. — *Montpellier*, 23 fév. 1807, Barreau c. Balza Cayla; *Lyon*, 5 août 1824, Belin c. Laurent; *Bourges*, 10 mars 1838 (t. 1er 1841, p. 491), comp. du dessèchement c. Sauce; 18 nov. 1843 (t. 2 1844, p. 229), Crottet c. Dufaut.

5. — Mais c'est surtout en matière mobilière, et notamment dans les ventes d'animaux, que l'action rédhibitoire est fréquente.

6. — Elle a lieu en matière de ventes commerciale, et entre négocians. — *Rouen*, 11 déc. 1806, Leclerc et Poursard c. Bouligny. — Goujet et Merger, vo *Vices rédhibitoires*, no 2.

7. — Elle est admissible en matière de vente de navires. — *Rennes*, 7 août 1813, Martin Lafitte c. Duval.

8. — Mais l'action résultant des vices rédhibitoires n'a pas lieu dans les ventes faite par autorité de justice. — L. 1, ff., *De AEdil. edict.*; C. civ. art. 1649 — On ne comprend sous cette dénomination que les ventes *forcées* et non celles qui, sans avoir ce caractère, empruntent des formes plus solennelles. — Troplong, no 585; Duvergier, t. 1er, no 408, Harel. *De la garant. du vice rédhibitoire*, no 26; Goujet et Merger, no 6.

§ 2. — *Caractères constitutifs des vices rédhibitoires.*

9. — On ne comprend sous le nom de vices rédhibitoires que ceux qui *sont inhérens à la substance et à la qualité de la chose*; mais on ne saurait réputer telle la délivrance d'une moins grande quantité. — Troplong, no 559; Duvergier, t. 1er, no 390; Goujet et Merger, *Dict. du comm.*, vo *Vices rédhibitoires*, no 7.

10. — Ainsi, jugé avec raison qu'on ne peut appliquer l'art. 1641 à la délivrance de pièces d'étoffes qui n'auraient pas le nombre d'aunes indiquées dans la convention. —*Bordeaux*, 25 avr. 1838, Soucaret c. Tissot.

11. — ... Que la défectuosité de la chose vendue et livrée ne peut donner lieu à la résolution de la vente qu'autant qu'elle résulte d'un vice intrinsèque et qui n'a pu être reconnu lors de la délivrance. — *Colmar*, 5 déc. 1831, Kœchlin c. Kerchmeyer.

12. — Les vices de la chose vendue ne sont réputés *rédhibitoires* que s'ils sont *cachés*, mais non s'ils sont apparens et que l'acheteur les ait connus ou ait pu les connaître. — L'arrêt précité de la cour de Bordeaux a reconnu ce principe en déclarant que le défaut de mesure, fût-il par lui-même un vice susceptible de donner lieu à la garantie, ne serait pas rédhibitoire *parce qu'il est apparent*. — *Bordeaux*, 25 avr. 1828, Soucaret c. Tissot.

13. — S'il s'agissait non d'un défaut d'aunage, mais de trous qui existeraient dans l'étoffe. — Pothier (no 207), pense que ces trous constitueraient des vices cachés. — Conf. Troplong, no 557. —Duvergier (no 391) dit au contraire qu'il n'y a rien de plus apparent que des trous.

14. — Il a été décidé qu'on devait repousser l'action rédhibitoire à l'égard des marchandises que, dans le commerce, on est dans l'usage de ne pas vérifier lors de l'acquisition (*Bordeaux*, 25 avr. 1828, Soucaret c. Tissot), « par le motif que dans

VICES RÉDHIBITOIRES, § 2.

ce cas l'acheteur s'abandonne à la bonne foi du vendeur. »

15. — Que, dès-lors, le négociant qui reçoit des marchandises à lui expédiées, les place dans ses magasins, et en paie le prix sans protestations ni réserve, est non-recevable à demander ensuite la résolution de la vente, par la seule raison que la mauvaise qualité des marchandises n'était point apparente: il suffit que l'acheteur ait pu vérifier les marchandises en achetant, pour qu'il ne soit pas recevable à se plaindre, s'il ne l'a pas fait, quel que soit d'ailleurs l'usage contraire. — *Colmar*, 15 nov. 1830, Dittmar c. Hummel.

16. — On peut cependant répondre avec avantage que dans ces sortes de vente (où il est d'usage de ne pas vérifier) le vendeur est évidemment censé garantir que la marchandise est sans défaut, autrement la mauvaise foi aurait trop libre carrière — V. en ce sens *Rouen*, 11 déc. 1806, Leclerc c. Boutigny. — Pardessus (*Cours de droit commerc.*, t. 2, p. 279) dit que les taches et les trous sont des vices rédhibitoires pour les étoffes que l'acheteur ne vérifie ordinairement que chez lui. — Il est d'ailleurs de principe que la marchandise est censée vendue loyale et marchande. — Duvergier, t. 1er, no 391. — V. VENTE.

17. — Jugé que, suivant l'usage de la place Bordeaux, les farines en barils se vendant, pour être exportées dans les colonies, de confiance sur l'étampe du fabricant, et étant immédiatement, et sans vérification préalable, transbordées sur le navire qui doit les transporter, si, au moment du débarquement au lieu de la destination, il est constaté que ces farines sont avariées non par fortune de mer, mais par un vice propre, le vendeur est, malgré la livraison, tenu de ce vice caché, et l'acheteur peut exercer contre lui l'une ou l'autre des actions accordées par l'art. 1644, C. civ. — *Bordeaux*, 25 mai 1841 (t. 2 1841, p. 240), Cart et Mehlrezats c. Sangenès et Chaumel.

18. — ... Que dans le cas d'absence du capitaine du navire qui apporte des farines, leur état au moment du débarquement est légalement constaté, à l'égard du vendeur, par le procès verbal d'experts nommés par le juge, sur la demande du destinataire, sans qu'il ait été besoin de nommer un consignataire d'office pour représenter le vendeur, et alors surtout qu'il y avait nécessité de procéder sans retard à la vérification. — Même arrêt.

19. — Jugé, en matière de vente de navires, que l'action rédhibitoire ne peut être admise lorsque l'acheteur a déclaré avoir parfaite connaissance du navire vendu et qu'il y a eu expertise contradictoire qui déclare le navire en bon état, ou tout au moins, dans ce cas, il faudrait que le vendeur fût manifestement convaincu d'avoir méchamment trompé tant l'acheteur que les experts. Il faut que les vices reprochés aient été cachés à la fois pour l'acheteur et les experts qu'il a appelés à son aide. — *Rennes*, 7 août 1813, Martin Lafitte c. Duval.

20. — Jugé aussi qu'il n'y a pas lieu à la résolution de la vente d'un cheval, par la raison qu'il est impropre au service auquel l'acheteur le destinait, si cet acheteur a pu, lors de l'acquisition, découvrir le vice dont il se plaint, en ce que, par exemple, ce cheval n'étant pas *rétif*, mais ayant seulement la *marche génée*, il aurait suffi d'essayer de le faire tirer pour reconnaître ce défaut: on ne peut dire qu'il y ait là un vice caché. — *Cass.*, 25 août 1831, Aubert c. Aubry.

21. — Quoiqu'il n'y ait que les vices cachés de l'objet vendu qui puissent donner lieu à l'action rédhibitoire, cependant on a pu ordonner une mesure interlocutoire pour vérifier si, au moment de la vente, le cheval dont on a garanti la vue avait sur les yeux un commencement de cataracte. — *Orléans*, 11 juin 1812, de Beauregard c. Blandin.

22. — En général, la vétusté d'une maison qui tombe en ruines, ou même l'état de pourriture des planchers, ne constitue pas un vice rédhibitoire (Pothier, no 208; Domat, liv. 1er, tit. 2, sect. 2e, no 2), car l'acheteur a pu se rendre compte de ces défauts.

23. — Mais, en adoptant ces principes, on doit reconnaître que l'altération et la dissolution des poutres d'une maison acquise comme propre à l'habitation constituent, lorsque ces poutres étaient cachées par les plafonds et les carrelages, un *défaut caché*, autorisant l'acheteur à exercer l'action rédhibitoire contre son vendeur. — *Lyon*, 5 août 1824, Belin c. Laurent. — Duvergier, t. 1er, no 391; Troplong, no 556.

24. — Il y a aussi vice rédhibitoire lorsqu'une poutre est pourrie intérieurement, que des tonneaux sont futés, c'est-à-dire faits avec un bois qui donne un mauvais goût au vin, que des blés sont

VICES RÉDHIBITOIRES, § 2.

corrompus et impropres à faire du pain, etc. — Pothier, *Vente*, no 207; Troplong, no 557; Duvergier, t. 1er, no 391.

25. — En matière de denrées exotiques, les détériorations qui existent lors de la livraison ne donnent lieu à une diminution de prix que lorsqu'elles sont hors des proportions ordinaires admises dans le commerce. — *Bordeaux*, 14 fév. 1837 (t. 1er 1837, p. 427), Bincham c. Damblat.

26. — La cour de Montpellier a jugé que, pour qu'il y ait lieu à l'action rédhibitoire, il faut que les vices soient tellement irrémédiables par leur nature qu'ils rendent la chose impropre pour toujours, en tout ou en partie, à l'usage auquel elle était destinée. — *Montpellier*, 23 fév. 1807, Barreau c. Balza-Cayla. — Duranton (no 317) semble approuver cette décision.

27. — Mais Duvergier (t. 1er, no 394) et Troplong (no 556) soutiennent avec raison l'opinion contraire. — Troplong fait remarquer que souvent le défaut caché ne pourrait disparaître qu'au moyen de dépenses considérables, ce qui romprait l'égalité du marché. — Seulement dans ce cas, ainsi que le dit Duvergier, si le vendeur offrait de faire la réparation à ses frais, et que l'opération n'eût pas d'inconvéniens pour l'acheteur, il n'y aurait pas lieu à l'action rédhibitoire.

28. — La garantie promise à l'acquéreur par le vendeur, qui est en même temps constructeur, de le garantir de tous les vices apparens ou occultes de la construction, ne l'oblige pas seulement à faire les réparations nécessaires, mais autorise l'acquéreur à demander la résolution du contrat, si les réparations sont telles que leur confection doive porter obstacle à la libre jouissance de l'immeuble. Dans ce cas, le jugement qui prononce la résolution doit aussi condamner le vendeur au remboursement des frais et loyaux-coûts, ainsi que des améliorations faites par l'acquéreur. Mais le vendeur peut n'être tenu de rembourser que dans une proportion moins forte, celles (telles que papiers de tentures et peintures) dont une partie peut se compenser avec la jouissance de l'acquéreur. — *Bourges*, 13 avr. 1835, Parnajou c. Saint-James.

29 — C'est principalement en matière de vente d'animaux, qu'a lieu la garantie pour vices rédhibitoires. — A cet égard, pas plus que pour les autres sortes de vente, le Code civil n'a déterminé aucune cause spéciale de rédhibition; il paraît s'en être complétement référé aux anciennes coutumes locales ainsi qu'aux réglemens et usages des lieux. — *Cass.*, 13 déc. 1832, Sucur c. Nourtier.

30. — Toutefois, ainsi que le fait remarquer Duvergier (t. 1er, no 393), les usages des lieux n'ont pas une autorité absolue, qui doive avoir nécessairement force de loi quant à la nomenclature des vices rédhibitoires. — *Caen*, 22 nov. 1826, Souchy c. d'Aure.

31. — Mais ils ont au moins une grande autorité; et ils doivent être pris comme la meilleure interprétation de ce qu'ont voulu faire les contractans. — Même arrêt. — Troplong, t. 1er, no 549; Duvergier, no 393.

32. — Au surplus, et en général pour qu'il y ait vice rédhibitoire, dans le sens de l'art. 1648, C. civ. (à part l'empire des usages locaux), il faut, selon le vœu de l'art. 1641, que le vice caché rende l'animal plus ou moins impropre au service ou l'usage auquel il est destiné. Il ne suffirait pas que ce vice fût susceptible de diminuer l'agrément et la valeur de l'animal. — Même arrêt.

33. — Troplong (nos 150 et suiv.) donne sur les coutumes, usages et réglemens, ainsi que sur les causes de rédhibition prévus par eux, des détails auxquels la loi du 20 mai 1838 n'a plus laissé qu'un intérêt purement historique. — V. aussi Legal, *Traité des vices rédhibitoires*. — Il suffit de donner sur ce point une analyse succincte.

34. — Pour les chevaux, on considérait comme vices rédhibitoires: l'amaurose (maladie des yeux), la boiterie ou claudication, la courbature, le cornage ou sifflage, les épousses, le farcin, la folle de la dent, la fluxion périodique, l'immobilité, la mauvaise denture, la pousse, le tic, la morve, et le tour de la lune. — Arrêt parlem. *Paris*, 25 janv. 1781; *Parl. Normandie*, 30 janv. 1728. — V. Merlin *Rép.*, vo *Cheval et rédhibitoires*.

35. — Un arrêt de la cour de Caen a décidé qu'en Normandie le *tic* n'est pas un vice rédhibitoire pour les chevaux. — *Caen*, 22 nov. 1826, Souchy c. Daure. — Barnage (*Cout. norm.* art. 40) atteste un usage contraire. — V. Denizart, vo *Rédhibitoire*, no 12.

36. — Pour les bêtes à cornes, on réputait vices rédhibitoires: l'antée, la boiterie, la chute de la matrice, l'épilepsie, l'étourdissement, l'étanguillon, le farcin, la folie, le pissement de sang, la pomme.

lière (phthisie pulmonaire), le renversement de la matrice, la tousse ou pousse, la toux, le vertige. — La boiterie, toutefois, n'était un vice rédhibitoire à l'égard des bœufs que lorsqu'ils étaient achetés pour le travail. — Pothier, *Vente*, n° 206.

37. — Pour les bêtes à laine, la clavelée ou amondat, la gale, le piétain, la pourriture, le tournis ou avertin, étaient considérés comme vices rédhibitoires.

38. — Il a aussi été jugé par la cour d'Orléans, depuis l'introduction des mérinos en France, que la cachetsie ou pourriture des moutons donne lieu à une action rédhibitoire, même quand ils ne sont donnés qu'à cheptel. — *Orléans*, 4 mars (et non 4 mai) 1812, Garseau c. Pilté.

39. — A l'égard des pourceaux, les cas de rédhibition étaient la ladrerie, mezellerie, piau ou tal, et, à l'égard des animaux domestiques, la rage.

40. — En outre, suivant Pothier (n° 296), on réputait vices rédhibitoires quelques maladies épidémiques ou contagieuses qui, dans certains temps, règnent sur les animaux.

41. — La loi du 20 mai 1838 est venue, en ce qui touche le commerce des animaux domestiques, substituer un texte précis et d'une application uniforme dans toutes les localités aux usages et réglemens locaux, sur la puissance desquels on n'était pas d'accord.

42. — L'art. 1er de cette loi porte qu'on répute vices rédhibitoires, et qui donneront *seuls* ouverture à l'action résultant de l'art. 1641 du Code civ. dans les ventes ou échanges des animaux domestiques ci-dessous dénommés, sans distinction des localités dans lesquelles les ventes ou échanges auront lieu, les maladies ou défauts ci-après, savoir :

43. — 1° Pour le cheval, l'âne et le mulet, la fluxion périodique des yeux, l'épilepsie ou le mal caduc, la morve, le farcin, les maladies anciennes de poitrine ou vieilles courbatures, l'immobilité, la pousse, le cornage chronique, le tic sans usure des dents, les hernies inguinales intermittentes, la boiterie intermittente pour cause de vieux mal.

44. — 2° Pour l'espèce bovine, la phthisie pulmonaire ou pommelière, l'épilepsie ou mal caduc, les suites de la non-délivrance, le renversement du vagin ou de l'utérus, après le part chez le vendeur.

45. — Il a été bien entendu et expliqué, sur les dispositions qui précèdent, qu'il suffisait, pour que l'action rédhibitoire fût accueillie, que les symptômes de la maladie se fussent déclarés et que l'action eût été formée dans les délais, alors même que la mort ne serait survenue que postérieurement à l'expiration de ces délais. — Duvergier, *Coll. des lois*, notes.

46. — 3° Pour l'espèce ovine, *la clavelée* (cette maladie, porte l'art. 1er, reconnue chez un seul animal, entraînera la rédhibition de tout le troupeau. Mais la rédhibition n'aura lieu que si le troupeau porte la marque du vendeur); — *le sang de rate* (cette maladie, porte le même article, n'entraînera la rédhibition du troupeau qu'autant que, dans le délai de la garantie, la perte constatée s'élèvera au quinzième au moins des animaux achetés). — Dans ce dernier cas, la rédhibition n'aura également lieu que si le troupeau porte la marque du vendeur.

47. — La loi du 20 mai 1838 dispose d'une manière *limitative* ; aussi a-t-il été jugé que les maladies contagieuses auxquelles la loi n'attribue pas le caractère de vices rédhibitoires, ne donnant pas à l'acheteur de bestiaux qui en sont atteints le droit de faire résoudre la vente, ne lui confèrent pas, par suite, celui d'intenter une action en dommages-intérêts contre le vendeur, alors d'ailleurs qu'il n'est point établi que des manœuvres frauduleuses aient été employées par ce dernier. — *Bourges*, 11 janv. 1842 (t. 2 1842, p. 734), Moreux c. Jouannin. — L'opinion contraire, soutenue par plusieurs orateurs à la chambre des pairs et à la chambre des députés, n'a pas passé dans la loi. — V. notre annotation sous cet arrêt. — V. conf. Goujet et Merger, n° 26.

48. — Mais la loi ne défend pas d'accompagner la vente d'une clause de garantie applicable à des vices rédhibitoires autres que ceux qu'elle prévoit, et il a été jugé que la clause par laquelle le vendeur d'un cheval a garanti qu'il n'était pas boiteux constitue de la part de ce vendeur une garantie générale qui comprend non-seulement le cas de boiterie intermittente prévu par l'art. 1er de la loi du 20 mai 1838, mais toute espèce de boiterie. — *Rouen*, 24 août et 14 nov. 1842 (t. 2 1842, p. 699), Vaussard c. de Croix; *Cass.*, 20 juill. 1843 (t. 2 1843, p. 502), mêmes parties.

49. — Jugé, en outre, que lorsqu'un tribunal, en reconnaissant en fait, d'après un rapport d'experts, qu'un cheval est atteint d'une *maladie chronique de la poitrine*, accorde à l'acheteur l'action rédhibitoire par le motif que l'expression *maladie chronique de la poitrine* est synonyme des mots *maladie ancienne de poitrine et vieille courbature*, qui sont ceux de la loi, une pareille décision échappe à la censure de la cour de Cassation. — *Cass*, 22 nov. 1842 (t. 1er 1843, p. 127), Lazare c. Cuny.

50. — En matière d'action pour vices rédhibitoires, lorsque deux expertises ont été ordonnées, le tribunal peut baser son jugement sur la première, quelles que soient les conclusions du second rapport d'experts. — *Cass.*, 22 nov. 1842 (t. 1er 1843, p. 127), mêmes parties.

51. — Les réglemens des 4 sept. 1673 et 13 juill. 1699, qui rendent les marchands forains approvisionnant les marchés de Sceaux et de Poissy responsables de la mort des bœufs arrivée dans les neuf jours de la vente, et pour toute espèce de maladie, constituent une mesure exceptionnelle qui n'a été, sous aucun rapport, abrogée par la loi du 26 mai 1838, sur les vices rédhibitoires. — *Paris*, 18 mai 1839 (t. 1er 1839, p. 590); *Cass.*, 19 janv. 1841 (t. 1er 1841, p. 213), Doublet c. Rion. — V., sur ces réglemens, Harel et Husard, *Des vices rédhibitoires*.

§ 3. — *De l'action rédhibitoire et de ses effets.*

52. — Le vendeur est tenu des vices cachés, soit qu'il les ait connus, soit qu'il les ait ignorés. — C. civ., art. 1643.

53. — Il est permis, il est vrai, au vendeur, de stipuler qu'il ne sera soumis à aucune garantie; mais cette stipulation n'aura effet qu'autant qu'il aura ignoré les vices. Cette distinction, que n'a pas signalée Troplong (n° 560), ressort de la construction grammaticale de l'art. 1643 et des mots : *en ce cas*, qu'il renferme. — Duvergier, t. 1er, n° 400; Duranton, n° 312; Rolland de Villargues, v° *Rédhibitoire*, n° 21; Delvincourt, t. 3, p. 74; Harel et Husard, p. 236. — V. aussi Pothier, n° 211, p. 14, § 9, ff., *De ædil. edict.*

54. — Lorsque l'acheteur a connu les vices, surtout si c'est par la déclaration du vendeur, il faut une stipulation formelle de garantie pour que le vendeur en soit tenu. — Pothier, n° 210, L. 4, § 5, ff., *De dol. et mal. except.*; Duvergier, t. 1er, n° 401.

55. — La stipulation de non garantie peut être expresse ou tacite; elle résulte quelquefois de formules consacrées par l'usage commercial. — Loyseau (*De la garantie des ventes*, ch. 2, n° 17) en donne pour exemple les ventes *à la queue*, dans le commerce de chevaux et autres animaux.

56. — Si, au lieu d'être faite avec une simple stipulation de non garantie, la vente était faite *aux risques et périls* de l'acheteur, cette clause aurait pour effet d'affranchir le vendeur de toute responsabilité, quoiqu'il connût le vice rédhibitoire. — Troplong, n° 560; Harel et Husard, p. 237.

57. — Le vendeur, s'il peut stipuler la non garantie des vices cachés, peut aussi se soumettre expressément à la garantie des vices apparens. — Troplong, n° 561; Harel et Husard, p. 237; Goujet et Merger, n° 28.

58. — Mais il faut, pour que cette garantie existe, qu'il soit sorti des jactances banales à l'aide desquelles les marchands recommandent leurs marchandises pour arriver à une conclusion expresse. — Troplong, n° 562; Goujet et Merger, n° 29.

59. — A l'égard des louanges données à la chose, le vendeur pourrait en être tenu, s'il les avait soutenues de manœuvres frauduleuses — Troplong, n° 564; Ulpien, L. 39, ff., *De dolo malo*.

60. — L'acheteur ne peut exercer l'action naissant des vices rédhibitoires qu'autant que les vices allégués existaient avant la vente. — Goujet et Merger, n° 32.

61. — C'est, en principe général, à l'acheteur à prouver que l'existence du vice remonte à cette époque. Toutefois, si un délai spécial avait été déterminé pour l'exercice de l'action rédhibitoire, les vices qui se manifesteraient dans ce délai seraient présumés, jusqu'à preuve contraire, avoir existé au moment de la vente. — *Besançon*, 13 juill. 1808, Laplanche c. Voisart. — V. aussi *Orléans*, 1er août 1823, Dair c. Baujouau (extrait de Colas de la Noue). — Duvergier, *Vente*, t. 1er, n° 403; Delvincourt, t. 3, p. 74, note 5e; Duranton, t. 16, n° 314; Troplong, *Vente*, n° 569. — V. aussi, dans ce sens, cout. de Bourbonnais, art. 87; cout. de Bar, art. 204; cout. de Bassigny, art. 91.

62. — Jugé aussi que, dans le cas où l'exercice de l'action rédhibitoire *n'est pas limité par l'usage à un délai déterminé*, il y a présomption, en faveur du vendeur, que la chose vendue était de bonne qualité lors de la vente. — *Cass.*, 23 juin 1835, Foa c. Grousset de Granier.

63. — Jugé, en sens contraire des solutions ci-dessus, que l'acheteur qui exerce l'action résultant des vices rédhibitoires, dans le délai prescrit par la coutume, n'en est pas moins tenu de prouver que le vice existait à l'époque même de la vente. — *Bruxelles*, 29 messid. an XIII, Classens c. Cogels. — Deghewiet, *Instit. du droit belge*, part. 3e, tit. 1er, *Des actions*, art. 4; Tulden, *Ad Cod.*, lib. 4, tit. 58, n° 6.

64. — Jugé, en matière de vente de navires, que l'opinion exprimée par les experts que le navire était en bon état crée une présomption en faveur du vendeur. — *Rennes*, 7 août 1813, Laffitte c. Duval.

65. — L'existence des vices rédhibitoires donne, en général, naissance au profit de l'acheteur à deux actions, l'une qui tend à la résolution du contrat (c'est l'action rédhibitoire proprement dite), l'autre qui tend à une diminution du prix, c'est l'action *quanti minoris*. — Toutefois, dans la vente d'animaux domestiques, l'action rédhibitoire est seule admissible depuis la loi du 20 mai 1838. L'art. 1er de cette loi proscrit expressément l'action *quanti minoris*.

66. — L'acheteur est libre de choisir entre ces deux actions, quelle que soit la gravité du vice rédhibitoire, et sans que la volonté du juge puisse intervenir. — Maleville soutient, mais à tort, l'opinion contraire. — C. civ., art. 1644; Duvergier, t. 1er, n° 397.

67. — Mais il n'aurait pas le droit de les exercer successivement et de recourir à l'une après avoir succombé sur l'autre. Le jugement intervenu sur celle qui aurait été intentée la première emporterait chose jugée à l'égard de la seconde, car la question que soulèvent les deux demandes est la même: Existe-t-il des vices rédhibitoires? — Toullier, t. 10, n° 163; Duvergier, t. 1er, n° 409; Troplong, n° 581; Duranton, n° 328. — La loi 25, § 1er, *De Except. rei judic.*, était formelle sur ce point.

68. — L'action rédhibitoire proprement dite entraînant la résolution du contrat, le vendeur doit restituer le prix en échange de la chose; il doit aussi les intérêts, du jour de la vente, aussi bien que l'acheteur doit les fruits produits par la chose. — Duvergier, t. 1er, n° 410.

69. — L'acheteur doit, en outre, restituer tous les accessoires qui lui ont été livrés avec la chose, ou dont elle s'est augmentée, ainsi que tenir compte des détériorations qui sont survenues par sa faute. — Pothier, nos 220 et 222; Duvergier, t. 1er, n° 410.

70. — Jugé que la simple détérioration de la chose vendue ne met pas obstacle à l'action rédhibitoire, alors surtout qu'elle n'est pas de nature à être imputée exclusivement à la faute de l'acheteur; sauf, s'il y a lieu, la réduction à opérer sur la restitution du prix. — *Rennes*, 7 août 1813, Laffitte c. Duval.

71. — Le vendeur doit donc rentrer dans l'objet vendu, et les choses, dit Duvergier (t. 1er, n° 410), sont remises dans l'état où elles se trouvaient *avant la vente : Factâ redhibitione, omnia in integrum restituuntur perindè ac si neque venditio intercesserit* (L. 60, ff., *De ædil. edict.*). Il ne semble donc pas qu'on doive dire avec Troplong (n° 575) que les charges créées sur la chose par l'acheteur qui opte pour la résolution continuent de subsister : *Resoluto jure dantis resolvitur jus accipientis*.

72. — Le vendeur doit rembourser les frais occasionnés par la vente (C. civ., art. 1646), tels que droit d'enregistrement, frais de voiture, de douanes, etc. — Pothier, n° 218; Duvergier, t. 1er, n° 410; Troplong, n° 573; Duranton, n° 324.

73. — Ces diverses obligations sont imposées au vendeur, soit qu'il ait connu ou ignoré les vices de la chose. Mais s'il les a connus, il est tenu, en outre, de dommages-intérêts envers l'acheteur. — C. civ., art. 1645.

74. — Il pourrait même être tenu de dommages-intérêts si, bien que ne connaissant pas précisément les vices de la chose, il avait des motifs sérieux d'en soupçonner l'existence, et qu'il ne les ait pas fait connaître à l'acheteur. — Pothier considère cette réticence comme un dol (n° 213). — Duvergier, t. 1er, n° 412.

75. — Il peut en être de même dans le cas où, sans être de mauvaise foi, un marchand aura vendu des objets dont il n'aura pas aperçu les vices, par négligence ou impéritie, bien qu'un homme de sa profession eût dû les reconnaître. Toutefois, les auteurs disent que cette responsabilité n'oblige pas le marchand ou l'ouvrier à réparer le dommage qu'aura éprouvé l'acheteur en employant la chose à un autre usage que celui auquel elle était destinée, mais seulement jusqu'à concurrence de la perte qui aurait été éprouvée si la chose n'eût pas été détournée de sa véritable destination. — Dumoulin, *Tract. de eo quod interest*, nos 53, 60, 61; Pothier, nos 213 et 214 (l'ouvrier, dit-il, *spondet peritiam artis. — Imperitiæ culpâ annumeratur*); L. 132, ff., *Reg. jur.*; Duvergier, t. 1er, n° 412; Duranton, n° 323; Troplong, n° 574.

76. — Jugé que la compagnie de desséchement

qui a vendu comme cultivables des terrains desséchés par elle, lesquels se trouvent impropres à la culture, doit être considérée comme *étant de bonne foi*, lorsque les travaux qu'elle a exécutés ont été reçus et approuvés par l'autorité compétente. En conséquence, elle ne peut être tenue envers l'acquéreur que dans les termes de l'art. 1646, C. civ. — *Bourges*, 3 juin 1840 (t. 1er 1841, p. 492), Comp. générale de desséchement c. Sauce et Micafer.

77. — L'action rédhibitoire de la part de l'acheteur est indivisible; dès-lors, s'il laisse plusieurs héritiers, il faut qu'elle soit exercée par tous, car le vendeur ne pourrait sans un grand dommage reprendre sa chose pour partie. Mais elle est divisible du côté du vendeur; ainsi l'acheteur peut actionner un de ses héritiers et le faire condamner pour sa part et portion. — Pothier, no 224; Troplong, no 576.—L. 31, § 5 et 10, ff., *De ædil. edict.*

78. — En cas de vente de plusieurs choses comprises dans le même marché, si l'une d'elles seulement est atteinte de vices rédhibitoires et qu'elle ait été *l'objet principal du contrat*, la résolution pourra être demandée *pour le tout*. Si cette chose n'a été comprise que comme *accessoire*, l'action ne sera recevable, même relativement à elle, qu'autant qu'elle aura été désignée, *tanquàm res singula*.—Pothier, no 227; Duvergier, t. 1er, no 413.—Troplong (no 578) pense que si un troupeau a été vendu et qu'une ou plusieurs têtes soient atteintes de vices, la résolution n'aura lieu que pour ces têtes, par voie de ventilation.

79.—L'action serait évidemment accueillie pour le tout à raison du vice de *l'une des choses* comprises dans la vente, si cette vente n'avait eu lieu que pour former un seul tout, en sorte que l'une n'eût pas été achetée sans l'autre. — A cet égard, les juges se décideront par interprétation du contrat et de l'intention des parties.— Un des indices de cette intention consistera dans le fait que la vente aura eu lieu moyennant un seul et même prix.—Pothier, nos 227, 228, 229; Duvergier, no 414; Troplong, no 578; Toullier, t. 6. no 777.

80.—Jugé, par application de ces principes, que l'existence dans les marchandises vendues de vices cachés peut entraîner non seulement une réduction proportionnelle sur le prix, mais encore la résiliation de la vente. — *Rouen*, 11 déc. 1806, Leclerc et Poussard c. Bouligny.

81.— Mais jugé aussi que la défectuosité d'une partie de la marchandise vendue ne met pas obstacle à l'exécution du marché pour le surplus, et ne donne pas à l'acheteur le droit de demander sa résiliation pour le tout, lorsqu'il n'apparaît pas que la fixation de la quantité ait été la cause déterminante du contrat. — *Bordeaux*, 14 fév. 1837 (t. 1er 1837, p. 427), Rincham c. Damblat.

82.—Jugé, même depuis la loi du 20 mai 1838 en matière d'animaux, que lorsque deux chevaux ont été achetés pour être attelés ensemble, le vice rédhibitoire de l'un d'eux peut donner lieu à la résiliation du marché tout entier. C'est là une question d'interprétation de contrat abandonnée à l'appréciation des tribunaux. — *Paris*, 22 fév. 1839 (t. 1er 1839, p. 297), Dufonteny c. Decaze. — C'est ce qui résulte de la discussion de la loi du 20 mai 1838.— Duvergier, *loc. cit.*, p. 332, note 5e.

83. — Si la chose atteinte de vices rédhibitoires a péri, il faut, quant à la responsabilité de la perte, faire une distinction. Si elle a péri par suite de sa mauvaise qualité, la perte est pour le vendeur, qui doit alors la restitution du prix et autres dédommagemens ci-dessus indiqués. — C. civ., art. 1647.— Si elle a péri par cas fortuit, la perte est pour le compte de l'acheteur.— Même article. — Si elle a péri *par la faute de l'acheteur*, la perte est également à la charge de celui-ci.— Arg. du même article. — Duranton, no 326; Duvergier, t. 1er, no 414. — *Contrà* Troplong, no 568 (qui, se fondant sur le droit romain (L. 31, § 11, ff., *De ædil. edict.*, et L. 47, § 1, ff., *De ædil edict.*), pense que, *dans ce dernier cas*, l'acheteur peut exercer l'action rédhibitoire, à la charge de payer l'estimation de la chose. —Mais MM. Duvergier et Duranton font observer avec raison que les lois précitées admettaient la même solution en cas de perte *par cas fortuit*. Or, l'art. 1647 a expressément innové dans ce cas en déclarant la perte à la charge de l'acheteur; l'autorité du droit romain échappe donc, et il y a toute raison pour décider de même en cas de perte par la faute de l'acheteur. Car, dans l'un et l'autre cas, la raison est identique, savoir, que la chose eût également péri, alors même qu'elle eût été de bonne qualité et exempte de tous défauts.—Delvincourt, t. 3, p. 74, note 7e.

84.— L'art. 7 de la loi du 20 mai 1838 dit que si, pendant la durée des délais fixés pour l'action rédhibitoire, l'animal vient à périr, le vendeur ne sera tenu de la garantie qu'autant que l'acheteur prouvera que la perte de l'animal est provenue de l'une des maladies spécifiées comme donnant lieu à cette action.

85.— Et il a été entendu que, dans le cas où l'animal étant mort de maladie contagieuse, l'autorité l'aurait fait enfouir avant que les experts eussent constaté la nature de la maladie, l'acheteur pourrait, pour établir que le cas de mort était un de ceux prévus par la loi, invoquer le procès-verbal ou toute autre preuve quelconque.— Duvergier, *Collect. des lois*, t. 38, p. 335.

86.—Si, avant de périr, la chose, à raison de ses vices, avait causé un dommage à l'acheteur, il lui en serait évidemment dû réparation.— Duvergier, t. 1er, no 414.

87.— Suivant l'art. 8 de la loi du 20 mai 1838, le vendeur est dispensé de la garantie résultant de la morve et du farcin pour le cheval, l'âne et le mulet, et de la clavelée pour l'espèce ovine, s'il prouve que l'animal, depuis la livraison, a été mis en contact avec des animaux atteints de ces maladies.

88. — L'action *quanti minoris* ou *æstimatoriæ* n'a pas pour effet de résoudre le contrat. Seulement, en gardant la chose, l'acheteur se fait restituer une partie du prix, d'après l'estimation faite par experts de la moins-value résultant des vices rédhibitoires. — C. civ., art. 1644. — Duvergier, t. 1er, no 415; Pothier, no 233.

§ 4.— *Des délais et des formes dans lesquels l'action rédhibitoire doit être intentée.—Fins de non recevoir.*

89. — Il est dans la nature de l'action rédhibitoire d'être soumise à une prescription spéciale. En droit romain, l'action rédhibitoire proprement dite, se prescrivait par six mois, et l'action *quanti minoris* par un an. — L. 19, ult., *De ædil. edict.*

90.—Dans l'ancien droit français, l'action rédhibitoire et l'action *quanti minoris* étaient soumises à la même prescription : la durée de cette prescription variait suivant les usages des lieux et selon la nature des vices. — Pothier, nos 232 et 233.

91. — Le Code civil s'est borné à disposer que l'action résultant des vices rédhibitoires doit être intentée par l'acheteur *dans un bref délai*, suivant la nature des vices rédhibitoires et l'usage du lieu où la vente a été faite.—Art. 1648.—V., sur ces usages, Legat, *Manuel des marchands de chevaux*; Husard et Harel, *Tr. de la garantie des vices rédhibitoires*.

92.—Cette disposition, qui ne distingue pas non plus entre l'action rédhibitoire proprement dite et l'action *quanti minoris*, est encore applicable en ce qui touche les ventes autres que celles d'animaux. A ce dernier égard, on verra plus bas que la loi du 20 mai 1838 a substitué une disposition précise à l'usage des lieux.

93.— L'usage des lieux fait donc loi, et les juges ne peuvent y suppléer qu'autant qu'il ne serait pas constant. — Ainsi jugé, en principe, que l'action en résiliation de la vente d'un cheval pour vice rédhibitoire ne peut être admise après le délai fixé par l'usage des lieux où s'est faite la vente. — *Cass.*, 10 juill. 1839 (t. 2 1839, p. 402), Barthélemy c. Prévost.— Duvergier, t. 1er, no 404; Troplong, no 586.

94.—C'est donc à tort que la cour de Paris a décidé, avant la loi du 20 mai 1838, que l'action rédhibitoire pouvait, selon la nature du vice rédhibitoire, être admise, *même après l'expiration du délai d'usage dans le lieu de la vente.—Paris*, 4 août 1834, Brouchot c. Remy.

95. — Le délai dans lequel l'action pour vice rédhibitoire devait être intentée étant réglé par l'usage du lieu où la vente a été faite, il y avait nullité si un jugement le fixait d'après l'usage suivi dans le lieu du domicile du vendeur, sans faire connaître quel était celui du lieu de la vente. —*Cass.*, 4 déc. 1837 (t. 1er 1838, p. 454), Dermigny c. Clément.

96.—Avant la loi du 20 mai 1838, dans le département de l'Aisne, le délai de l'action rédhibitoire pour vieille courbature dont un cheval était atteint était de neuf jours. — Même arrêt.

97.— D'après l'usage suivi en Belgique, le délai accordé à l'acheteur d'un cheval, pour exercer contre son vendeur l'action rédhibitoire, n'est que de six semaines. Il en est de même, à moins de stipulation contraire, bien que l'acheteur soit domicilié en pays étranger, et sans qu'il y ait lieu, pour ce cas, à l'augmentation de délai à raison de la distance accordée par l'art. 1033, C. procéd. — *Bruxelles*, 23 fév. 1828, C..

98.— En Normandie, et sous le Code civil, l'action rédhibitoire résultant de ce qu'un cheval aurait été atteint de la pousse au moment de la vente devait être intentée dans le délai de trente jours.— *Cass.*, 18 mars 1833, Pomponne-Delaboulaye c. Perrault; 19 mars 1833, Capelle c. Heliot.

99.—Une commune qui se trouvait placée dans le ressort d'un parlement où l'usage avait limité à neuf jours le délai de l'action rédhibitoire a continué à être régie par cet usage, encore que la nouvelle division territoriale qui a eu lieu en 1789 l'ait incorporée à un territoire ressortissant à un autre parlement soumis à un usage différent. — *Cass.*, 13 déc. 1832, Sueur c. Nourtier.

100. — A défaut d'usage constant dans une localité, les juges ont plein pouvoir pour décider dans quel délai l'action doit être intentée, en se rappelant que ce délai doit être *bref*. — *Cass.*, 13 fév. 1828, Gay c. Villa. — Rapport de M. Faure au tribunat.— Locré, t. 14, p. 210; Duvergier, t. 1er, no 404.

101.— Ainsi, l'action rédhibitoire peut, selon les cas, être déclarée formée en temps utile dans le délai de *six mois*. — *Lyon*, 5 août 1824, Belin c. Laurent.— V. aussi *Montpellier*, 23 fév. 1807, Barreau c. Balza-Cayla.

102.—Jugé, au contraire, dans d'autres circonstances, que l'action résultant de vices rédhibitoires, telle que celle résultant de la qualité défectueuse de tuyaux ou d'un vice de confection, devait être formée dans un bref délai; elle *est non recevable*, si elle n'est formée qu'après une année.— *Bourges*, 24 déc. 1830, Manigot c. Clayeux.

103. — ... Que l'action pour vice rédhibitoire ne peut être déclarée non-recevable par le motif qu'elle n'a été formée que trente-un jours après la vente, tandis qu'elle aurait dû, d'après l'usage prétendu de la localité, être intentée dans les neuf jours, s'il n'est pas prouvé que l'usage des lieux ait fixé un terme plus court, et surtout si l'acheteur a averti le vendeur, dans un bref délai, du vice qu'il a fait constater peu de jours après la vente, et avant l'échéance du terme prétendu.— *Cass.*, 5 avr. 1830, Maillet c. Demoulin.

104.—...En matière de vente de navire, qu'il n'y a pas de délai fatal pour l'exercice de l'action. Il suffit qu'elle soit formée dans un *bref* délai (au gré de l'art. 1648, C. civ.), suivant la nature du vice et l'usage des lieux où la vente a eu lieu. — *Rennes*, 7 août 1813, Martin Laffitte c. Duval.

105. — Duvergier (t. 1er, no 404, note) cite un jugement du tribunal de commerce de Paris, du 19 août 1834, qui aurait jugé que l'action rédhibitoire, contre une vente de papier d'impression, qui se brisait sous la presse, était tardivement formée six semaines après sa livraison.

106. — La loi du 20 mai 1838 a, quant aux ventes qui portent sur les animaux domestiques, fixé spécialement le délai de l'action rédhibitoire, savoir : à trente jours pour le cas de fluxion périodique des yeux et d'épilepsie ou mal caduc, et à neuf jours pour tous les autres cas. — L. 20 mai 1838, art. 3.

107. — En principe, c'est d'après les usages et les coutumes, s'ils se sont expliqués à cet égard, que doit être résolue la question de savoir à partir de quel moment commence le délai de la prescription de l'action rédhibitoire. — V. cout. Bourbonnais, art. 87; de Bar, art. 204; de Bassigny, art. 91: sentence du présidial de Moulins, du 6 avr. 1634; cout. Sens, art. 259; arrêt parlem. Dijon, 9 juin 1665 (cités par Legat, p. 94, 104 et 175. — Pothier, no 232; Barnage, sur l'art. 40, cout. Normandie.

108. — Mais lorsque les usages sont muets, on s'est demandé si le délai doit courir du jour de la vente, de celui de la livraison, ou du jour où le vice a été découvert.

109. — L'arrêt précité de la cour de Lyon a jugé (en matière de vente d'immeubles) que le délai ne courait que du jour où les vices étaient connus. — *Lyon*, 5 août 1824, Belin c. Laurent.

110. — Maleville (sur l'art. 1648) prétend avoir fait juger également que la prescription n'avait commencé à courir contre l'acheteur d'un cheval lunatique, que du jour où le vice s'était manifesté. Mais Duvergier fait remarquer avec raison (t. 1er, no 405) qu'il n'est aucun motif, pour accorder un délai à l'acheteur, à partir du jour où le vice a été connu, tandis qu'il en existe un pour lui accorder un délai du jour de la vente, ce délai étant nécessaire pour laisser aux vices qui existaient à l'époque du marché le temps de se manifester. — Ce n'est donc pas du jour où le vice a été connu que commence le délai de la prescription.

111. — Bien que la vente n'ait pas été immédiatement suivie de livraison, le délai de l'action rédhibitoire n'en court pas moins du jour de la vente. La raison en est que les dispositions qui règlent

ce délai ont moins pour objet de soumettre l'action elle-même à une prescription que de fixer le délai dans lequel il est nécessaire qu'un vice se manifeste, pour qu'il soit réputé avoir existé antérieurement à la vente. — L'époque de la livraison est donc indifférente; seulement, il est évident que si, au jour de la livraison, les vices de la chose sont apparens, l'acheteur pourra la refuser tant qu'elle vendeur ne prouvera pas que, lorsqu'ils se sont manifestés, le délai de la prescription était expiré. — Duvergier, t. 4er, n° 405. — Contrà Troplong, n° 585 (qui soutient que le délai court du jour de la tradition, s'appuyant sur l'autorité des vieilles coutumes). — V. encore Goujet et Merger, n° 38 et suiv.; Harel, p. 479.

112. — Jugé, d'après ce principe, que le délai dans lequel l'action rédhibitoire, en matière d'immeubles, doit être intentée, court à partir du jour de la vente, alors même que la prise de possession aurait été ajournée par le contrat à un délai prorogé. — Montpellier, 23 fév. 1807, Barreau c. Balzacayn.

113. — Jugé encore (mais cet arrêt est moins affirmatif) que, lorsque la vente a eu lieu en foire, le délai de l'action en résiliation de la vente pour vices rédhibitoires peut être réputé courir du jour même de la vente, et non pas simplement du jour de la délivrance, si cette délivrance n'a été réclamée que par suite d'une convention entre les parties. Du moins l'arrêt qui le décide ainsi, par appréciation des circonstances de la cause, n'encourt pas la cassation. — Cass., 17 mars 1829, Rivoire c. Bichot.

114. — Jugé, au contraire, qu'en l'absence de conventions particulières, dans les ventes de chevaux, le délai pour les vices rédhibitoires court, non du jour de la vente, mais seulement du jour de la livraison. — Paris, 7 mars 1837 (t. 4er 1837, p. 320), Hervieu c. Rivière.

115. — Selon la loi du 20 mai 1838, c'est à partir du jour de la livraison que court le délai de l'action rédhibitoire pour les cas qu'il signale. — L'art. 4 est exprès à cet égard, en disposant que le délai est de ..... au jour de la livraison.

116. — L'art. 4 de la même loi ajoute que, si la livraison de l'animal a été effectuée, ou s'il a été conduit, dans les délais fixés plus haut, hors du lieu du domicile du vendeur, les délais doivent être augmentés d'un jour par cinq myriamètres de distance du domicile du vendeur au lieu où l'animal se trouve.

117. — En principe, et par application du Code civil, l'acheteur doit être réputé avoir intenté son action dans le délai de droit, lorsque, ce délai, il a fait constater du vice. — Arr. parlem. Paris, 7 sept. 1770. — Denizart, v° Rédhibition, n° 43; Duvergier, t. 4er, n° 406; Troplong, n° 589; Goujet et Merger, n° 42. — Il doit en être d'autant plus ainsi lorsque, l'action en justice, l'acheteur a, dans ce délai, prévenu le vendeur.

118. — Jugé, en ce sens, qu'en l'absence d'usage précis, l'action rédhibitoire n'est non recevable à défaut d'action en justice intentée dans le délai, si, dans ce délai, le vendeur a été prévenu (dans l'espèce, il s'agissait d'un avertissement donné par lettre) du vice dont l'animal vendu était atteint. — Cass., 5 nov. 1830, Maillet c. Demoulin.

119. — Jugé encore que l'action rédhibitoire, quoique non intentée dans les délais déterminés par l'usage des lieux, est encore recevable si, avant l'expiration de ces délais, le vice a été régulièrement constaté et dénoncé au vendeur, alors surtout que le vendeur s'était expressément soumis, lors de la vente, à l'action rédhibitoire. — Bourges, 12 mars 1834, Gaultier c. Tourial.

120. — Toutefois, on peut tirer quelques inductions contraires du système de l'arrêt de la cour de Cass. (4 déc. 1837 (t. 4er 1838, p. 454), Derrimigny c. Clément), mais dans une espèce où le vice avait été simplement constaté, non pas dénoncé dans le délai.

121. — Dans tous les cas, si les statuts locaux avaient expressément voulu que l'action proprement dite fût intentée dans les délais, à peine de déchéance, l'autorité de ces textes formels ne devrait pas être méconnue. — Duvergier, t. 4er, n° 406; Troplong, n° 589. — Arr. régl. Rouen du 34 nov. 1726. — Merlin, Rép., v° Rédhibitoire.

122. — Aussi a-t-il été jugé (dans une espèce où il s'agissait d'une vente faite en Normandie, où l'usage voulait que l'action fût intentée dans un délai de trente jours) que l'action récursoire du premier acheteur, assigné par un second acheteur, dirige contre le vendeur, doit, à peine de nullité, être intentée dans le délai fixé par l'usage des lieux pour la durée de l'action rédhibitoire, et qu'il ne suffirait pas que l'avant l'expiration

de ce délai le vice rédhibitoire eut été constaté et dénoncé au deuxième vendeur avec assignation. — Cass., 28 mars 1833, Pompone-Delabouiaye c. Perrault; 49 mars 1833, Capelle c. Bollet.

123. — La loi du 20 mai 1838, art. 3, porte que l'action rédhibitoire doit être intentée dans le délai qu'elle détermine. — En outre, l'art. 5 de la même loi ajoute que, dans tous les cas, l'acheteur sera tenu, à peine d'être non recevable, de provoquer, dans les délais de l'art. 3, la nomination d'experts chargés de dresser procès-verbal.

124. — Duvergier (dans sa Coll. des lois, t. 38, p. 333) dit que l'art. 3 tranche d'une manière formelle la question de savoir si l'action doit nécessairement être intentée dans les délais d'usage. — Toutefois, la rédaction de cet article, comparée avec celle de l'art. 5, ne lui laisse sur son sens. — En effet, on voit que l'un se borne à prescrire d'intenter l'action dans un délai. Mais dans un autre article même peine à l'inobservation de cette formalité, tandis que l'autre ordonne, à peine de déchéance, de provoquer la nomination d'experts dans ce délai.

125. — Aussi, même sous l'empire de cette loi, la cour de Paris a-t-elle jugé que l'action en résolution de la vente d'un cheval pour vice rédhibitoire est valablement intentée, quoique l'assignation ait été donnée après les neuf jours de la livraison, pourvu que, pendant ce délai, le demandeur se soit mis en mesure de faire constater le vice rédhibitoire. — Paris, 22 fév. 1839 (t. 4er 1839, p. 297), Dufouleny c. Decazé.

126. — Mais la cour de Cassation a jugé que, sous l'empire de l'art. 5 de cette loi l'action rédhibitoire doit, à peine de déchéance, être intentée dans le délai fixé par l'art. 3. — Il ne suffit pas que, conformément à l'art. 5, la nomination d'experts chargés de constater le vice allégué ait été provoquée dans ce délai. — Il résulte, suivant cet arrêt, de la combinaison des art. 3 et 5 de ladite loi, que les formalités prescrites par chacun d'eux (c'est-à-dire l'action judiciaire et la demande à fin de nomination d'experts) sont distinctes, et doivent toutes deux être remplies dans le délai légal. — Cass., 23 mars 1840 (t. 4er 1840, p. 480), Maréchal c. Pelletier; 5 mai 1846 (t. 2 1846, p. 36), Julich c. Fleury; 47 mai 1847 (t. 2 1847, p. 55), Gœtschel. — Goujet et Merger, n° 50.

127. — Toutefois, il suffit, pour que l'action rédhibitoire soit recevable, que la nomination de l'expert ait été provoquée et l'action dirigée dans le délai de neuf jours, prescrit par les art. 3 et 5, L. 20 mai 1838, alors même que l'expertise serait plus tard annulée pour cette faveur. Dans ce cas, les juges peuvent ordonner une nouvelle expertise. — Cass., 20 juill. 1843 (t. 2 1843, p. 502), Decroix c. Vaussard.

128. — La déchéance prononcée contre l'acheteur qui n'a pas, dans les délais exigés par cet article, provoqué la nomination d'experts, ne saurait être étendue au cas où les experts désignés n'ont pas commencé leur opération dans les mêmes délais. — Rouen, 24 août et 14 nov. 1842 (t. 2 1843, p. 699), Vaussard c. Decroix.

129. — La requête tendant à provoquer l'expertise dont il vient d'être parlé doit être présentée au juge de paix du lieu où se trouvel'animal, lequel juge nommera immédiatement trois experts qui devront opérer dans le plus bref délai. — Même loi, art. 4.

130. — Il a été, sur cet article, entendu, lors de la discussion : 1° que le droit de ne nommer qu'un seul expert appartiendra au juge de paix, sans qu'il soit besoin, comme en matière ordinaire, que les parties y consentent; 2° qu'il sera procédé comme dans les expertises ordinaires; 3° mais qu'au lieu d'être déposé au greffe de la justice de paix, la minute du procès-verbal serait remise à la partie qui l'aurait requise. — Duvergier, Coll. des lois, t. 38, p. 235.

131. — Jugé, dès-lors, que le procès-verbal des experts est nul, s'ils n'ont pas préalablement prêté serment. — Rouen, 24 août 1842 (t. 2 1843, p. 699), Vaussard c. Decroix.

132. — Mais la nullité de ce procès-verbal ne peut avoir pour résultat de faire déclarer l'action rédhibitoire non-recevable, et le met pas obstacle à ce que de nouveaux experts soient nommés, lorsque, surtout, la nomination des premiers a eu lieu et que l'action a été intentée dans les délais prescrits par la loi de 1838. — Même arrêt.

133. — Et lorsque deux expertises ont été ordonnées, le tribunal peut baser son jugement sur la première, quelles que soient les conclusions du deuxième rapport. — Cass., 22 nov. 1842 (t. 4er 1843, p. 127), Lazare c. Cury.

134. — Les experts sont obligés de prêter serment avant de commencer leurs opérations, même dans le cas où il s'agit de constater la cause de

la mort d'animaux achetés pour la consommation de Paris. — Goujet et Merger, n° 36. — Contrà Petit et Husard, p. 257. — Cependant, les formes spéciales prescrites par la loi de 1838 ne sont pas applicables, et il suffit de se conformer aux règles des art. 1673 et 1699. La désignation des experts est, en conséquence, régulièrement faite par le président du tribunal de commerce. — Goujet et Merger, ibid.

135. — L'action rédhibitoire intentée en vertu de la loi du 20 mai 1838 est dispensée du préliminaire de conciliation, et l'affaire instruite et jugée comme en matière sommaire.

136. — Jugé, que c'est devant le tribunal du domicile de l'acheteur que doit être formée l'action en résiliation d'une vente de marchandises, soit à raison du mauvaise qualité, lorsque c'est à ce domicile que les propositions de vente ont été faites, et que les marchandises s'y trouvent encore au moment de l'action; et cela bien que la facture fasse mention que le paiement doit être effectué au domicile du vendeur. — Rouen, 6 janv. 1824, Paguerre c. Boyer.

137. — La juridiction civile, c'est-à-dire le juge de paix ou le tribunal de première instance, selon la valeur du litige, ou bien la juridiction consulaire, c'est-à-dire le tribunal de commerce, sont, du reste, compétens, selon que la vente a un caractère civil ou commercial vis-à-vis du vendeur. — Goujet et Merger, n° 60.

138. — Ce n'est pas ici qu'il appartient d'intenter les actions qui intéressent, non le domaine de l'état proprement dit, mais l'administration de la guerre. Un pareille action doit être intentée par l'agent que les règlemens concernant l'administration de la guerre ont ou charge spécialement. — Ainsi, l'action pour vice rédhibitoire en matière de remonte doit être intentée par le sous-intendant militaire de la division. — Cass., 23 juin 1846 (t. 2 1846, p. 34), admin. de la guerre c. Pattmann (intérêt de la loi).

139. — Les parties peuvent renoncer, soit expressément, soit tacitement, à exiger de la déchéance résultant du défaut d'agir dans le délai voulu. — Ainsi, jugé que quand, à l'effet de constater un vice rédhibitoire, une expertise est ordonnée et que les deux parties y ont consenti, aucune d'elles ne peut, après le rapport des experts, élever de fin de non-recevoir contre l'action en résolution de la vente, en disant que l'action a été intentée après l'expiration des délais prescrits par l'usage du lieu où le marché a été fait. — Orléans, 4er août 1823, Dat c. Baujouan.

140. — Les dispositions des art. 405 et 406, C. comm., ne sont applicables qu'entre le destinataire et le voiturier, et non entre l'acheteur et le vendeur, pour lesquels la règle à suivre est tracée par l'art. 1648, C. civ. — En conséquence, la réception de la marchandise par l'acheteur, sans protestation ni réserve, ne le rend pas non recevable à former contre le vendeur une action en résolution de la vente pour cause de vices rédhibitoires. Il suffit que l'action soit intentée dans un bref délai, suivant la nature de ces vices et l'usage de la vente à été faite. — Caen, 19 août 1846 (t. 2 1847, p. 674), Joly-Morel et Lechartier c. Aubert. — V. CHASSE et pêche et COMMISSIONNAIRE DE TRANSPORTS, n° 484 et suiv.

141. — La prescription établie par les usages auxquels se réfère l'art. 1648 n'est pas applicable lorsqu'il s'agit de vices, non rédhibitoires de leur nature, mais dont la garantie a été promise. — La raison est que la durée de la prescription, en pareille matière, n'est pas fixe arbitrairement, mais d'après la nature du vice. On ne saurait donc, sans raison, étendre les prescriptions établies à la manifestation des défauts qui doivent régir à la manifestation des défauts qui doivent régir à la manifestation des vices dont aucun n'a de rapport entre eux. — Parlem. Par, 15 janv. 1727 et 13 janv. 1753. — Duvergier, n° 407; Merlin, v° Rédhibitoire; Legat, t. 200 et suiv., d'un arrêt du parlement de Paris du 25 janv. 1731 : Goujet et Merger, n° 84. — Contrà Troplont, n° 590, qui invoque l'art. 3 (arrêt subsistant, celle de Loiset, liv. 3, tit. 4, n° 17; art. 91 : et l'art. 91 de Bassigny (art. 91) ainsi que Loiset, liv. 3, tit. 4, n° 47, ainsi que « Un vendeur de chevaux n'est tenu de leurs vices, soit de morve, courbe et courbature, sinon qu'il les ait vendus sains et nets; auquel cas il est tenu de tous vices jusqu'après huit jours de la délivrance faite. »

142. — L'acheteur qui n'a pas intenté l'action rédhibitoire le délai fixé par la loi du 20 mai 1838 n'est pas non-recevable, par voie d'action ou de demande, par voie d'action en dommages-intérêts, à la réparation du préjudice que lui a causé l'existence des vices de la chose vendite. — Aix, 23 déc. 1843 (t. 2 1844, p. 890), Agard c. Gilles.

143. — Mais il intervient valablement, même après l'expiration de ce délai, comme partie civile, devant la juridiction correctionnelle, à l'effet

d'y réclamer des dommages-intérêts sur la poursuite dirigée contre son vendeur en vertu de l'art. 459, C. pén., pour avoir gardé sciemment en sa possession, sans avoir rempli les formalités légales, un cheval atteint de la morve.—*Rouen*, 22 nov. 1839 (t. 1er 1840, p. 489), Huet c. Quibeuf.

144. — La loi du 20 mai 1838 n'a eu en vue que les cas ordinaires soumis aux règles du droit civil, et n'a point dérogé aux dispositions du Code d'instruction criminelle, pour le cas où le préjudice souffert par l'acheteur résulte d'un fait du vendeur ayant les caractères d'un véritable délit. — *Paris*, 16 mars 1844 (t. 2 1844, p. 56), Motte c. Allain; *Cass.*, 17 juin 1847 (t. 2 1847, p. 319), Millame c. Bonnefoy; *Cass.*, 22 avr. 1848 (t. 1er 1849, p. 235), Poulet c. Dubourge et Delaporte. — Harel et Huzard, p. 204; Goujet et Merger, nº 82.

VICE-BAILLY.

C'était un officier nommé soit par le roi, soit par les seigneurs, et auquel étaient confiées quelques-unes des fonctions du bailli.— V. BAILLI, BAILLIF.

VICE-CONSUL.

V. CONSUL.

VICE-PRÉSIDENT.

V. PRÉSIDENT, TRIBUNAUX.

VICE-SÉNÉCHAL.

C'était le lieutenant du sénéchal. Dans le principe, le sénéchal choisissait lui-même ses lieutenans; dans la suite, ils lui furent imposés par l'autorité qui l'avait institué lui-même. — V. SÉNÉCHAL.

VICINALITÉ.

1. — C'est, *lato sensu*, l'ensemble des voies de communication d'un pays.

2. — Dans une acception plus restreinte, l'expression de vicinalité indique la qualité de voie publique attachée par l'autorité compétente à une espèce particulière de voies de communication. — V. CHEMINS VICINAUX.

VICOMTE.

Titre nobiliaire. — V. MAJORAT, NOBLESSE.

VICTUAILLES.

On entend par là toutes les provisions embarquées à bord d'un navire pour la nourriture de l'équipage et des passagers. — V. ASSURANCES MARITIMES, CAPITAINE DE NAVIRE, NAVIRE, PRÊT A LA GROSSE.

VIDANGE. — VIDANGEUR.

CURAGE DE FOSSES D'AISANCE. — 1. — Ouvrier chargé de ce soin.— L'art. 8 d'une ordonnance de Henri IV, du mois de sept. 1608, donne à ces ouvriers le nom de maîtres *fify*, et Pasquier, dans ses recherches, prétend que ce nom vient du mot *fi*, à cause du dégoût que leur genre de travail inspire.

2. — Ce qui concerne la construction des fosses d'aisance, ainsi que leur réparation, a été traité vº FOSSES D'AISANCE.

3. — Quant à la profession de vidangeur, elle a toujours été l'objet de la surveillance de l'autorité à cause des dangers qu'elle présente pour la salubrité publique et pour la vie même de ceux qui l'exercent. L'art. 26 d'une ordonn. de nov. 1539 défend à tous « ceux qui ont accoutumé de curer les retraits, de les curer et nettoyer dorénavant sans congé de justice, sur peine de prison et d'amende arbitraires. »

4. — Elle est aujourd'hui, en vertu de l'art. 3, tit. 11, de la loi du 24 août 1790, dans les attributions de l'autorité municipale, qui peut faire tous les réglemens nécessaires pour son exercice.

5. — Les arrêtés municipaux peuvent déterminer les formes des voitures destinées au transport des bailles d'aisance, et ordonner qu'elles seront toujours en très bon état, et construites en forme de caisson, conformément au modèle adopté par la mairie. — Un tel arrêté, lorsqu'il est absolu et qu'il ne contient pas de distinction, est obligatoire aussi bien à l'extérieur, dans toute l'étendue du territoire de la ville, que dans l'enceinte même des murs. Tant qu'il n'a pas été annulé par l'autorité administrative supérieure, il doit être rigoureusement appliqué, quand bien même on soutiendrait qu'il cause un grave préjudice à l'agriculture. — *Cass.*, 23 août 1839 (t. 2 1839, p. 460), Lepan.

6. — L'obligation imposée aux entrepreneurs de vidange de ne se servir que de voitures d'une construction déterminée par un règlement de police, a pour conséquence le droit de l'autorité municipale de s'assurer si toutes les voitures employées par chaque vidangeur, pour l'exercice de sa profession, sont ou non conformes aux conditions du règlement. Par suite, il y a lieu d'appliquer la peine portée par l'art. 471, nº 15, C. pén., lorsqu'il est constaté que, lors de l'inspection des voitures consacrées à la vidange, certains vidangeurs n'ont pas représenté toutes les voitures dont ils sont propriétaires. — *Cass.*, 13 août 1847 (t. 2 1847, p. 754), Constantin.

7. — L'ordonnance du préfet de police, portant que les voitures de vidanges circulant la nuit dans Paris seront munies d'une lanterne allumée, est prise dans le cercle de ses attributions. — *Cass.*, 4 août 1832, Michel.

8. — C'est à l'autorité municipale qu'il appartient de déterminer le lieu où seront déposées les matières provenant de la vidange des fosses d'aisance. Un tribunal de police ne pourrait sans excès de pouvoir se dispenser d'ordonner l'exécution de l'arrêté qui ferait cette désignation, ni se permettre d'indiquer un autre lieu de dépôt provisoire. — *Cass.*, 20 pluv. an XII, Bucheron.

9. — En conséquence, est légal et obligatoire l'arrêté d'un maire qui détermine les heures où s'opéreront l'extraction et le transport des matières fécales, et qui interdit aux entrepreneurs de vidanges de les conduire ailleurs qu'à la voirie. — *Cass.*, 31 déc. 1846 (t. 2 1849, p. 84), Mulot.

10.—La contravention à un pareil arrêté ne peut être excusée sous prétexte soit, en ce qui concerne les heures, que l'autorité municipale, avertie de l'enlèvement, ne s'y serait pas opposée, soit, en ce qui concerne le lieu de dépôt, que ces matières auraient été désinfectées au moyen de procédés administrativement reconnus efficaces. — Même arrêt.

11. — L'inventeur d'un procédé nouveau de vidange ne pourrait pas plus que les autres citoyens se soustraire à l'exécution des mesures d'ordre et de salubrité, prescrites pour ce genre d'opération, quand bien même il soutiendrait que sa découverte rend superflues les précautions indiquées par les réglemens. C'est à l'administration seule qu'il appartiendrait de décider, s'il peut être affranchi des obligations communes; mais, jusque-là, il devrait être contraint à s'y conformer. — *Cass.*, 4 fév. 1841 (t. 2 1841, p. 157), Buran.

12.—L'autorité municipale ne s'est pas toujours bornée à indiquer le mode d'extraction et de transport du produit des vidanges et le lieu où il serait déposé; elle a, pour mieux assurer l'exécution des mesures par elle prises dans l'intérêt de la salubrité publique, attribué, dans quelques lieux à un entrepreneur exclusif, l'exercice de la profession de vidangeur. Longtemps la cour de Cassation a sanctionné ce privilége. — *Cass.*, 20 pluv. an XII, Bucheron; 27 déc. 1832, Jorion fils; 19 juill. 1833, Jorion.

13. — La cour de Bordeaux a même jugé qu'on devait considérer comme obligatoire pour les particuliers l'arrêté d'un maire, approuvé par le préfet, qui attribue à un entrepreneur l'exercice exclusif de la profession de vidangeur, et prescrit des précautions à prendre, dans l'intérêt de la salubrité publique, pour l'extraction, le transport et le dépôt des produits des vidanges, et que, en conséquence, un habitant ne peut ni faire curer lui-même les fosses d'aisance de sa maison, ni disposer des matières extraites, pour l'engrais de sa propriété. Cet arrêté doit être déclaré exécutoire par les tribunaux, bien qu'il ait été attaqué devant l'autorité administrative. — *Bordeaux*, 3 mai 1836, Grange c. maire de Bordeaux.

14. — Jugé également, qu'on doit réputer légal et obligatoire l'arrêté par lequel un maire ordonne que les propriétaires de la commune feront vider leurs fosses d'aisance par un entrepreneur du choix de la municipalité, auquel ils abandonneront sans rétribution les matières extraites, ou bien paieront une somme déterminée. En conséquence, le tribunal saisi de la connaissance d'une infraction à cet arrêté doit statuer définitivement, et ne peut se déclarer incompétent. — *Cass.*, 22 août 1834, Boutaud.

15. — Mais, en 1838, la cour de Cassation est revenue sur cette jurisprudence, et, par trois arrêts successifs, elle a décidé que l'arrêté d'un maire qui confère à certains individus le droit exclusif d'opérer la vidange des fosses d'aisance et défend à tous autres d'exercer cette profession ne constitue pas simplement un acte de la surveillance qui appartient aux maires en pareille circonstance, mais qu'il établit un véritable monopole de l'industrie des vidangeurs; que dès-lors il était pris en dehors des attributions légales des maires, et que sa violation ne pouvait entraîner l'application d'aucune peine. — *Cass.*, 18 janv. 1838 (t. 2 1838, p. 82), Vignes et Bimeney; 5 janv. 1839 (t. 1er 1839, p. 77), Duguey.

16. — Ce changement de jurisprudence ne paraît pas s'être opéré sans difficulté, car on remarque que le premier arrêt qui le constate n'a été rendu qu'après partage. — En ce qui concerne, relativement à l'exercice de certaines professions, les droits de l'autorité municipale. — V. POUVOIR MUNICIPAL.

17. — Voici, au reste, comment s'exprime, relativement à cette jurisprudence et aux mesures de salubrité que peut ordonner l'autorité municipale pour la vidange des fosses d'aisance, une lettre du ministre de l'intérieur du 19 mars 1839 : « Les maires peuvent, en principe, prescrire toutes les précautions nécessaires dans l'intérêt de la salubrité et même de la commodité des habitans relativement au curage des fosses d'aisance. Mais ce droit de police qu'ils tiennent de l'art. 13, tit. 11 de la loi du 24 août 1790 et de l'art. 11 de la loi du 18 juill. 1837, ne s'étend pas jusqu'à pouvoir interdire à quelques-uns la profession d'entrepreneur des vidanges, pour en attribuer le bénéfice exclusif à quelques autres. Ce serait violer les lois qui, en abolissant les priviléges et corporations de métiers, ont assuré à tous le libre exercice de l'industrie, sous la seule condition de ne point nuire à la sûreté et à la commodité publiques. L'autorité supérieure a eu récemment l'occasion d'appliquer ces principes, en annulant, pour excès de pouvoir, des réglemens municipaux qui, dans différentes villes, établissaient un semblable privilége. D'un autre côté, la cour de Cassation, saisie, par voie de recours, de la connaissance de jugemens de police intervenus sur de prétendues contraventions aux mêmes réglemens, a déclaré qu'en créant un monopole pour l'exploitation de cette industrie, les maires avaient agi en dehors de leurs attributions légales et contrairement à l'art. 7 de la loi des 2-17 mars 1791, et que, par conséquent, la violation des dispositions par eux prescrites ne saurait constituer ni crime, ni délit, ni contravention. Les préfets doivent prendre cette jurisprudence pour règle de leur détermination, lorsqu'ils seront mis à même d'apprécier le mérite d'arrêtés pris sur cet objet par les maires. » — Lett. du minist. de l'int. du 13 mars 1839 citée par le *Courrier des comm.*, t. 12, p. 26.

18. — Que la profession de vidangeur soit exercée librement, mais sous la surveillance de l'autorité, ou en vertu d'un privilége exclusif, les obligations qui lui sont imposées dans l'intérêt de la salubrité publique n'en pèsent pas moins exclusivement et personnellement sur ceux qui l'exercent en titre, et non pas sur les ouvriers ou préposés qu'ils emploient; ces derniers n'agissent jamais que pour le compte de leurs maîtres, et d'après leurs ordres présumés; ils n'exercent pas la profession, ils ne sont que les agens de ceux qui l'exercent. — « N'appliquer que la responsabilité civile aux entrepreneurs, disait M. le procureur-général Dupin dans l'affaire Rieux et consorts citée plus bas, ce serait faire peser la répression sur des employés subalternes, souvent inconnus, presque toujours insaisissables, et enlever à la vindicte publique toute garantie. » — *Cass.*, 15 janv. 1841 (t. 1er 1841, p. 97); Rieux; 4 juin 1842 (t. 2 1842, p. 456), Marchegay.

19. — Le même principe a été consacré relativement à l'exercice de la profession de boulanger. — *Cass.*, 27 sept. 1839 (t. 2 1839, p. 555), Louapre. — V. BOULANGER, BOUCHER.

20. — Les mesures à prendre pour la vidange des fosses d'aisance ont été, à Paris, l'objet de divers réglemens, et spécialement d'une ordonnance de police du 5 juin 1834 dont il importe de transcrire les dispositions.

21. — L'art. 1er de cette ordonnance dispose « qu'il est enjoint à tout propriétaire de maison de faire procéder sans retard à la vidange des fosses d'aisance quand elles sont pleines. »

22. — L'art. 2 de la même ordonnance porte: *Nul ne peut exercer* la profession de vidangeur dans Paris sans être pourvu *d'une permission du préfet de police*. Cette permission n'est délivrée qu'après qu'il a été justifié par le demandeur: 1º qu'il a des voitures, chevaux, tinettes, tonneaux, sceaux et autres ustensiles nécessaires au service des vidanges; 2º qu'il est muni des appareils de désinfection qui auront été adoptés par l'administration, et 3º qu'il a, pour déposer ses voitures, appareils, ustensiles, pendant le temps qu'ils ne

sont point employés aux opérations de la vidange, un emplacement convenable situé dans une localité où l'administration aura reconnu que le dépôt peut avoir lieu sans inconvénient. — La disposition de cet article, pour être mise en rapport avec la jurisprudence susindiquée, quant à l'exercice de la profession de vidangeur, devrait être entendue en ce sens que tout individu est libre, à Paris, d'exercer la profession de vidangeur, sous la condition de justifier qu'il satisfait aux prescriptions de sûreté et de salubrité, imposées par l'administration municipale, et que, moyennant cette justification, la préfecture de police ne peut apporter aucun obstacle au libre exercice de cette profession.

23. — La vidange des fosses d'aisance ne peut avoir lieu que pendant la nuit; les voitures employées à ce service, chargées ou non chargées, ne peuvent circuler dans Paris, savoir : à compter du 1er oct. jusqu'au 31 mars, avant dix heures du soir, ni après huit heures du matin; et, à compter du 1er avr. jusqu'au 30 sept. avant onze heures du soir, ni après six heures du matin. L'extraction des matières ne peut commencer avant l'arrivée des voitures. — Ord. 5 juin 1834, art. 3.

24. — Les voitures employées au transport des matières fécales doivent être munies, sur le devant d'une lanterne allumée pendant la nuit, et porter devant et derrière un numéro d'ordre assigné à chacune d'elles par le directeur de la salubrité; elles doivent porter, en outre, une plaque indiquant les nom et demeure du propriétaire. — Art. 4.

25. — Les entrepreneurs faisant usage de tonnes sont tenus de les faire construire et de les munir de fermetures, conformément aux règles prescrites par l'art. 5 de l'ordonnance.

26. — Il doit être placé une lanterne allumée en saillie sur la voie publique, à la porte de la maison où doit s'opérer une vidange, et ce, préalablement à tout travail ou à tout dépôt d'appareils sur la voie publique. — Art. 6.

27. — On ne peut ouvrir aucune fosse d'aisance sans prendre les précautions nécessaires pour prévenir les accidens qui pourraient résulter du dégagement ou de l'inflammation des gaz qui y seraient renfermés. Lorsque l'ouverture a un autre motif que celui de la vidange, l'entrepreneur doit en donner avis, dans le jour, à la préfecture de police. — Art. 7.

28. — Aucune vidange ne peut avoir lieu sans qu'il en ait été fait, par écrit, déclaration au bureau de la salubrité la veille ou le jour même de la vidange, avant midi. — Art. 8.

29. — Lorsque l'entrepreneur n'a pu trouver l'ouverture de la fosse, il ne peut faire rompre la voûte qu'en vertu d'une permission du préfet de police. L'ouverture pratiquée doit avoir les dimensions prescrites par l'art. 11 de l'ordonn. du 24 sept. 1819. — Art. 9.

30. — Les propriétaires et locataires ne doivent pas s'opposer au dégorgement des tuyaux. En cas de refus de leur part, la déclaration en est faite par l'entrepreneur à la préfecture de police. — Art. 10.

31. — L'entrepreneur doit fournir chaque atelier d'au moins deux bridages et d'un flacon de chlorure de chaux concentré, duquel il est fait usage, au besoin, pour prévenir les dangers d'asphyxie. — Art. 11.

32. — Il ne peut être employé à chaque atelier moins de quatre ouvriers dont un chef. — Il est défendu aux ouvriers de se présenter sur les ateliers en état d'ivresse, et de travailler ou descendre dans les fosses, pour quelque cause que ce soit, sans être ceints d'un bridage, dont la corde doit être tenue par un ouvrier placé à l'extérieur de la fosse. — Art. 12 et 13.

33. — Pendant le temps du service, les vaisseaux, appareils et voitures doivent être placés dans l'intérieur des maisons, sauf le cas d'impossibilité. Dans le cas contraire, ils sont rangés et disposés au devant des maisons où se font les vidanges, de manière à nuire le moins possible à la liberté de la circulation. — Art. 14.

34. — Lors de la vidange des fosses, les matières en provenant doivent être immédiatement déposées dans les récipiens qui doivent servir à les transporter aux voiries. Ces vaisseaux sont en conséquence remplis auprès de l'ouverture des fosses, fermés, lutés, et nettoyés avec soin à l'intérieur avant d'être portés aux voitures; toutefois, les eaux vannes doivent être extraites au moyen d'une pompe. — Art. 15.

35. — Jugé qu'est légal et obligatoire l'arrêté du préfet de police qui astreint les vidangeurs, non seulement à déposer immédiatement les matières provenant de la vidange des fosses dans les récipiens qui doivent servir à les transporter aux voiries, mais encore à les fermer, luter et nettoyer soigneusement à l'extérieur avant de les porter aux voitures. — *Cass.*, 23 avr. 1845, Rieux.

36. — Jugé, par le même arrêt, que lorsqu'un réglement de police oblige les vidangeurs à déposer immédiatement les matières dans les récipiens qui doivent servir à les transporter à la voirie, cette disposition leur interdit nécessairement, sous peine d'être en contravention, de continuer à se servir de hottes et de grosses tonnes qui ne peuvent pas être employées suivant le mode prescrit par ce réglement. — Même arrêt.

37. — La vidange de chaque fosse est continuée à nuits consécutives. Après le travail de chaque nuit, les vidangeurs sont tenus de laver et nettoyer les emplacemens qu'ils ont occupés; il leur est défendu de puiser de l'eau avec les seaux employés aux vidanges. — Art. 16 et 17.

38. — Lorsque les ouvriers ont été frappés d'asphyxie, le chef d'atelier suspend la vidange, et l'entrepreneur est tenu de faire, dans le jour, à la préfecture de police, la déclaration de cette suspension. Il ne peut reprendre le travail qu'avec les précautions et mesures qui lui sont indiquées. — Art. 17.

39. — Aucune fosse ne peut être allégée sans une autorisation du préfet de police. Les fosses doivent être entièrement vidées, balayées et nettoyées. — Art. 18.

40. — Les ouvriers qui trouvent dans les fosses des effets quelconques, et notamment des objets pouvant indiquer ou faire supposer quelque crime ou délit, doivent en donner avis à l'inspecteur de ronde, lors de son passage, et en faire, dans le jour, la déclaration chez un commissaire de police. — Art. 19.

41. — Il est défendu de laisser dans les maisons, au-delà des heures fixées pour le travail, des vaisseaux ou appareils quelconques servant à la vidange des fosses d'aisance, à moins de nécessité, et alors avec permission du directeur de la salubrité. — Art. 20 et 21.

42. — Hors le temps du service, les tonnes, voitures, tinettes et tonneaux ne peuvent être déposés ailleurs que dans des emplacemens agréés à cet effet par l'administration. — Art. 22.

43. — Le réparage d'une fosse doit être déclaré de la même manière, et d'après le même mode que la vidange. Il est effectué d'après le même mode et en observant les mêmes mesures de précautions. — Art. 23.

44. — Les eaux qui reviendraient dans toute fosse vidée et en cours de réparations devront être enlevées comme les matières de vidanges. Toutefois, lorsque la nature de ces eaux le permet, et en vertu de l'autorisation spéciale du préfet de police, elles peuvent être versées au ruisseau de la rue pendant la nuit. — Art. 24.

45. — Aucune fosse ne peut être refermée après la vidange qu'en vertu d'une autorisation écrite, délivrée, après visite, par la direction de la salubrité. Le propriétaire doit avoir sur place, jusqu'à ce qu'il ait reçu l'autorisation de fermer la fosse, une échelle de longueur convenable pour en faciliter la visite. — Art. 25. — Dans le cas où la fosse aurait été fermée en contravention à l'article précédent, le propriétaire est tenu de la faire rouvrir sur la sommation qui lui en est faite, pour que la visite en puisse être faite par qui de droit. — Art. 26.

46. — Aucune fosse précédemment comblée ne peut être déblayée qu'en prenant pour cette opération les mêmes précautions que pour la vidange. — Art. 27.

47. — *Des fosses mobiles.* — Il ne peut être établi dans Paris, en remplacement des fosses d'aisance en maçonnerie ou pour en tenir lieu, que des appareils approuvés par l'autorité compétente. — Art. 28.

48. — Aucun appareil de fosse mobile ne peut être placé dans toute fosse supprimée dans laquelle il reviendrait des eaux quelconques. — Art. 29.

49. — *Nul ne peut exercer la profession d'entrepreneur de fosses mobiles* dans Paris sans être pourvu d'une permission du préfet de police. Cette permission n'est délivrée qu'après qu'il a été justifié par le demandeur: 1° qu'il a les voitures, chevaux et appareils nécessaires au service des fosses mobiles; 2° qu'il a pour déposer ses voitures et appareils, lorsqu'ils ne sont point de service, un emplacement convenable agréé à cet effet par l'administration. — Art. 30. — Sur l'interprétation à donner à la rédaction de la première partie de cet article, V. *suprà* n° 22.

50. — Le transport des appareils des fosses mobiles ne peut avoir lieu dans Paris, savoir: à compter du 1er oct. jusqu'au 31 mars, avant sept heures du matin, ni après quatre heures de relevée; et, à compter du 1er avr. jusqu'au 30 sept., avant cinq heures du matin ni après une heure de relevée. — Art. 31.

51. — Aucun appareil de fosses mobiles ne peut être placé dans Paris, sans déclaration préalable à la préfecture de police, par le propriétaire ou l'entrepreneur, avec plan de la localité ou indication des moyens de ventilation. — Art. 32.

52. — Les appareils doivent être établis sur un sol rendu imperméable jusqu'à un mètre au moins au pourtour des appareils, autant que les localités le permettent, et disposé en forme de cuvette. — Art. 33.

53. — Tout appareil plein doit être enlevé et remplacé. La déclaration de l'enlèvement doit être faite, la veille, à la direction de la salubrité. — Art. 34.

54. — Les appareils à enlever sont fermés sur place, lutés et nettoyés ensuite avec soin, avant d'être portés aux voitures. — Art. 35. — V. *suprà* nos 34 et suiv.

55. — Il est défendu de laisser dans les maisons d'autres appareils de fosses mobiles que ceux qui y sont de service. — Art. 36.

56. — Il est expressément défendu de faire écouler les matières contenues dans des appareils à l'aide de canelle ou de toute autre manière. — Art. 37.

57. — Les entrepreneurs des fosses mobiles sont tenus de remettre une fois par an, ou plus souvent si l'administration le juge nécessaire, au directeur de la salubrité l'état général des appareils qu'ils desservent *intrà muros*. — Art. 38.

58. — A Paris, l'entrée et la sortie des voitures servant au transport des vidanges ne peuvent avoir lieu, savoir: pour les tonnes et les voitures chargées de tinettes, que par la barrière du Combat, et, pour les voitures chargées de tonneaux de 0 mètre 10 cent. cubes ou d'appareils de fosses mobiles, que par la barrière de Pantin. Tout stationnement intermédiaire de ces voitures et appareils du lieu de chargement à la voirie est expressément interdit. — Art. 40.

59. — Jugé que la contravention au réglement municipal qui prescrit de vider de nuit les fosses d'aisances, de renfermer la vidange dans des tonneaux fermés, et de faire sortir ces tonneaux de la ville à l'ouverture des portes, ne peut être excusée sous aucun prétexte, si ce n'est pour cause de force majeure. — V., au reste, sur les excuses en matière de contravention, CRIMES, DÉLITS ET CONTRAVENTIONS.

60. — Les voitures de transport de vidanges doivent être construites avec solidité, entretenues en bon état et chargées de manière que les vaisseaux reposent toujours sur la partie opposée à leur ouverture. — Art. 41.

61. — L'entrée et la circulation dans Paris sont interdites à toutes voitures de vidange, chargées de tonnes, tonneaux, tinettes ou vaisseaux quelconques qui excéderaient ensemble la capacité de deux mètres cubes. Arrêté du préfet de police du 5 juin 1834, art. 1er.

62. — Les vaisseaux ou appareils contenant des matières doivent être conduits directement aux voiries désignées par l'autorité; ils doivent être constamment entretenus en bon état, de telle sorte que rien ne puisse s'en échapper. — Ordonn. de police précitée du 6 juin 1834, art. 42.

63. — En cas de versement de matière sur la voie publique, l'entrepreneur fait procéder immédiatement à leur enlèvement et au lavage du sol. Faute par lui de se conformer aux dispositions du présent article, il y est pourvu d'office à ses frais. — Art. 43.

64. — Il est procédé, au moins deux fois par an, à la visite du matériel employé par les entrepreneurs au service des vidanges des fosses mobiles, à l'effet de constater le bon état de ce matériel. Dans le cas où il résulterait de ces visites qu'un entrepreneur a cessé de satisfaire aux conditions imposées par les art. 2 et 30, sa permission lui serait retirée. — Art. 44.

65. — Entrepreneurs de vidange; — patentables de cinquième classe; — droit fixe basé sur la population, et droit proportionnel du vingtième de la valeur locative de l'habitation et des lieux servant à l'exercice de la profession.

66. — Une ordonnance du 23 sept. 1843 a autorisé le sieur Huguin à exploiter dans Paris son système de fosses d'aisance et de vidange. — V. les dispositions de cette ordonn. dans le recueil de Delessert, t. 3, p. 646 et 651.

VIDANGE DE COUPE.

Opérer la vidange d'une coupe de bois, c'est en enlever, dans un délai fixé par le cahier des charges, tous les bois qui ont été vendus à l'adju-

dicataire et qui ont fait l'objet de son exploitation. — V. FORÊTS, surtout aux nos 668, 1119, 2484 et 2670.

VIDUITÉ.

1 — C'est l'état d'un époux qui a perdu son épouse et qui n'est pas remarié.

2.— Sous l'empire de la loi du 5 sept. 1791, on a dû réputer valable la condition apposée par une femme dans le legs fait à son mari de ne pas convoler à de secondes noces.— *Cass.,* 22 niv. an IX, Martin *v.* Laplanche ; *Paris,* 18 niv. an XII, Lechereau c. Brosne ; *Cass.,* 20 oct. 1807, Lonjon c. Maynard ; 20 janv 1806, Vathaire c. Mesenge. — Merlin, *Rép.,* v° *Viduité,* § 1.

3.— Mais cette condition a été prohibée par les lois des 5 brum. et 17 niv. an II. Sous le Code, la condition de ne pas se remarier est généralement considérée comme licite. — V. à cet égard CONDITION, nos 468 et suiv., 475 et suiv.

4.— Cette dernière doctrine a été, depuis, confirmée implicitement par la cour de Douai, qui a jugé que le legs d'usufruit fait à une femme, à la condition qu'elle ne se remarierait pas, ne devient pas caduc par cela seul que cette femme, devenue veuve, a eu un enfant naturel; la déchéance, pour le cas de remariage, étant une peine qui ne saurait être étendue par analogie d'un cas à un autre. — *Douai,* 11 janv. 1848 (t. 2 1848, p. 200), Gottineaux c. Carpentier. — V. CONDITION, n° 483.

VIDUITÉ (Droit de).

1.— On désignait sous ce mot, dans les pays de droit écrit, un droit établi en faveur de la femme survivante, lequel consistait en une certaine somme d'argent qu'on lui adjugeait tant pour ses intérêts de sa dot mobilière que pour les alimens qui lui étaient dus, aux dépens de la succession de son mari, pendant l'année de deuil.—Merlin, *Rép.,* v° *Viduité* (droit de). — Pour ce qui a lieu, sous le Code, V. DEUIL.

2.— Dans la coutume de Normandie, on appelait ainsi un droit qui, suivant l'art. 382, consistait en ce que le mari ayant un enfant né vif de sa femme jouissait, par usufruit, de tous les revenus des immeubles dont la femme avait la propriété lorsqu'elle était décédée, quand même l'enfant serait mort avant la dissolution du mariage. — Suivant cet article, le mari qui se remariait perdait à l'instant les deux tiers de son droit de viduité. — Merlin, *loc. cit.*

3. — Le mari ne pouvait réclamer ce droit de viduité qu'à la charge de nourrir, entretenir et élever les enfans dans une position conforme à leur état; et il ne pouvait se décharger de cette obligation qu'en abandonnant aux enfans la jouissance du tiers des biens soumis au droit de viduité. — *Cass.,* 19 juill. 1844 (t. 2 1844, p. 337 [dans ses motifs]), de Polmière c. Saint Barthélemy.

4.—Il a été jugé que, bien que le droit de viduité appartienne, d'après la coutume de Normandie, au mari survivant, lui imposât des charges qui pouvaient absorber les deux tiers des biens soumis à ce droit, il n'en devait pas moins, quant au dernier tiers, être considéré comme libéralité donnant lieu à l'imputation sur la quotité disponible. — Même arrêt.

5. — Ce droit est aujourd'hui aboli. — V. USUFRUIT LÉGAL.

VIE.

1. — Ce mot n'a pas besoin d'être défini.

2. — Le cours de la vie se divise en plusieurs âges. — V. AGE.

3. — Il est quelquefois nécessaire d'arbitrer en droit la durée probable de la vie d'un homme. Dans ce cas, on considère la période d'un siècle comme le terme extrême de la vie humaine. Et c'est d'après une dot léguée à une commune ou à un établissement public devant durer cent ans. — L. 56, ff., *De usufruct.* — Rolland de Villargues, *Rép. du notar.,* v° *Vie,* nos 4 et 5.

4. — Toutes fois qu'une personne est en vie, il est en général nécessaire de prouver sa mort pour pouvoir disposer de ses biens ou des droits qui lui échoient. — C. civ., art. 4335. — Cependant, l'absence, en se prolongeant, peut entraîner une présomption de décès. — V. ABSENCE.

5. — La vie peut, à raison du plus ou moins de probabilité de sa durée, ou à raison des risques auxquels elle est exposée, donner lieu à différentes spéculations très licites. — V. ASSURANCES SUR LA VIE, RENTES VIAGÈRES, TONTINE. — V. aussi ASSURANCES MARITIMES, ASSURANCES TERRESTRES.

6. — On peut prouver, non seulement par écrit, mais encore par toute autre espèce de preuves, qu'un individu vit actuellement ou qu'il vivait à une époque déterminée.—Zacharie, *Dr. civ. franç.,* t. 1er, p. 179; Rolland de Villargues, n° 7. — V. aussi DÉCÈS.

VIE (Certificats de).

V. CERTIFICAT DE VIE.

VIE ET MŒURS (Certificats de).

V. CERTIFICAT DE CAPACITÉ ET DE MORALITÉ, CERTIFICAT DE MORALITÉ.

VIGNE.

V. BAIL et BAIL A COMPLANT. — BAN DE VENDANGES.

VIGNERON.

V. APPROBATION DE SOMME.

VIGNETTES ET CARACTÈRES A JOUR.

1. — Fabricans , pour leur compte , et marchands, en boutique, de vignettes et caractères à jour; — patentables de sixième classe ; — droit fixe basé sur la population et droit proportionnel du vingtième de la valeur locative de l'habitation et des lieux servant à l'exercice de la profession.

2. — Quant aux fabricans de vignettes et caractères à jour, à façon, ils ne font partie que de la huitième classe ; — même droit fixe que ci-précédemment, sauf la différence de classe ; droit proportionnel du quarantième de la valeur locative de tous les locaux qu'ils occupent, mais seulement dans les communes de 20,000 âmes et au-dessus. — V. PATENTE.

VILLE.

V. BANLIEUE, BOISSONS, CONTRIBUTIONS INDIRECTES, PATENTES, OCTROI. — V. aussi BONNES VILLES, MITOYENNETÉ, SERVITUDES.

VILLE DE PARIS.

Table alphabétique.

VILLE DE PARIS. — 1. — La ville de Paris doit à l'importance dont elle jouit comme capitale de la France, comme siège du gouvernement, comme centre de toutes les relations politiques, administratives et commerciales de notre pays, à sa nombreuse population, d'être régie, dans son organisation municipale et dans ses divers services,

CHAPITRE Ier. — *Historique*.

Sect. 1re. — *Epoque antérieure à 1789*.

2.—On manque de documens précis sur l'administration de Paris dans les premiers temps de la monarchie française. Paris avait alors pour administrateurs légaux un comte, en son absence un vicomte, et des *scabini* (appelés dans la suite *échevins*), désignés par le comte au nom du roi et avec l'assentiment du peuple, et auxquels fut attribuée la juridiction de la ville. — Les échevins, d'abord conseillers du comte de Paris, devaient devenir dans la suite les assesseurs du chef de la confrérie des marchands de l'eau ou prévôt des marchands.

3. — C'est vers le commencement du douzième siècle qu'apparaît officiellement dans l'histoire de Paris une corporation, pourtant alors déjà fort ancienne, continuatrice des hanses parisiens, celle des marchands de l'eau, puissante association de bourgeois qui avait le monopole du transport des marchandises sur la Seine. Elle était constituée sous le nom de *hanse parisienne*, et siégeait dans un hôtel appelé le *parloir aux bourgeois* ou *maison de la marchandise*.

4.—Le premier document légal où elle se trouve mentionnée est une charte de Louis VI, de l'an 1121, par laquelle ce roi lui cède le perpétuité le droit qu'il avait de lever 60 sous sur chaque bateau qui en chargeait de vins à Paris, à l'époque des vendanges. — Une autre charte de Louis VII, de l'an 1170, lui reconnaît et confirme des droits et privilèges qu'elle qualifie d'*antiques :* « ..... consuetudines antiquorum tales sunt ab antiquo; » ce qui prouve qu'ils étaient en vigueur longtemps auparavant.

5. — Ces privilèges étaient exorbitans; voici en quoi ils consistaient : « Tout bateau chargé de marchandises, qui remontait le cours de la Seine, devait s'arrêter au pont de Mantes, s'il n'était expédié par un bourgeois *hansé*, c'est-à-dire affilié à la hanse parisienne; arrivé à cette limite du ressort de la *compagnie française*, le marchand étranger qui voulait transporter sa marchandise jusqu'à Paris devait s'associer un bourgeois hansé. Ce bourgeois pouvait prendre la moitié des marchandises au prix de revient, ou, s'il aimait mieux laisser vendre le tout, il avait la moitié des bénéfices, à charge d'un prélèvement au profit de la hanse. Si le marchand étranger s'avisait de dépasser le pont de Mantes en aval, ou d'embarquer des denrées au-dessous de Paris sans l'intervention de la hanse, la cargaison était saisie et confisquée au profit du roi et de la compagnie. Les marchands de l'eau qui prêtaient complaisamment leur nom à des étrangers sans prendre aucune part à la spéculation étaient *mis hors de la marchandise*, c'est-à-dire expulsés de la communauté, sauf réhabilitation.

6. — En 1192, le roi Philippe-Auguste accorde à la marchandise le monopole du commerce des vins de Bourgogne dans la ville et la banlieue. — En 1213, la perception d'un impôt sur les denrées ar-

rivant par eau.—En 1220, les criages ou criées de marchandises dans la ville, et le droit de nommer et révoquer les crieurs, et de déterminer les mesures, etc.

7.—En 1190, près de partir pour la terre sainte, il avait fait venir auprès de lui les principaux bourgeois (qui appartenaient sans aucun doute à la hanse), et leur avait confié son testament; le trésor royal et le gouvernement de la ville. En même temps, il leur avait donné pour armoiries *l'écu de gueules à la navire d'argent, au chef d'azur semé de fleurs de lys d'or, pour montrer que Paris est la capitale* (Malingre, *Annales*, liv. 3, p. 50); et, depuis lors, ces armes sont en effet devenues celles de l'Hôtel-de-Ville de Paris. Solennellement reconnues, il y a plus de trente ans, par lettres-patentes du roi Louis XVIII, du 2 décembre 1817, elles n'ont subi d'autre retranchement que celui des fleurs de lys.

8. — Malingre prétend que Philippe-Auguste nomma *échevins* les bourgeois auxquels il confia la défense de sa capitale pendant son absence. Toujours est-il que, dans les chartes de la fin du treizième siècle, les chefs de la marchandise sont qualifiés de prévôts et échevins jurés des marchands de l'eau; un arrêt du parlement de l'an 1273 désigne le prévôt des marchands sous le titre de *magister scabinorum*.

9. — La prévôté des marchands et l'échevinage, supprimés par édit de Charles VI, de 1382, après l'insurrection des *maillotins*, furent rétablis, avec toutes leurs prérogatives, par un autre édit du même roi de 1411, et reprirent l'administration municipale des mains du prévôt de Paris, auquel elle avait été confiée pendant au delà de vingt-neuf années.

10. — Au résumé, les édits de 1382 et de 1411 nous montrent les chefs de la hanse comme les véritables représentans de la cité. A sa tête, marchaient le prévôt et les échevins, au nombre de quatre, tous bourgeois de Paris et membres du parloir, élus pour deux ans le lendemain de la Notre-Dame d'août.—Le prévôt des marchands était rééligible trois fois de suite; les échevins se renouvelaient chaque année par moitié.

11. — Ceux qui contribuaient à l'élection du prévôt étaient au nombre de soixante-dix-sept, savoir : le prévôt sortant, les échevins, les vingt-quatre conseillers de ville (V. *infrà*, n° 14), les quarteniers (V. *infrà*, n° 17) et les délégués des bourgeois, à raison de quatre par quartier.

12. — Le prévôt de Paris, qui avait succédé, en 987, aux comtes et vicomtes des premiers temps de la monarchie, était le chef de la juridiction du Châtelet, représentant le roi d'épée, il était chargé du gouvernement politique et des finances dans toute l'étendue de la ville, prévôté et vicomté de Paris, et exerçait un certain contrôle sur l'administration de cette cité, notamment dans les actes où le gouvernement avait un intérêt personnel à défendre. Il comptait, parmi ses attributions, la haute surveillance du guet de la ville.

13. — Le prévôt des marchands avait déjà les honneurs de la noblesse, en tant que représentant et gardien du fief du parloir aux bourgeois, lorsque, par lettres-patentes de janvier 1577, Henri III anoblit les prévôts, les échevins et leurs enfans, sans qu'ils fussent astreints à faire preuve de noblesse autrement que par l'exhibition du titre constatant qu'eux ou leurs aïeux avaient exercé ces charges.

14.—Après le prévôt et les échevins venaient les vingt-quatre conseillers de ville, dont l'institution paraît remonter à l'an 1296 : un procureur du roi réunissant depuis 1536 les fonctions confiées avant cette date à deux magistrats distincts, un procureur du roi et un procureur de la ville, chargé à la fois de représenter les droits et de maintenir les usages anciens et les privilèges de la municipalité; le greffier et le receveur, dont les fonctions, autrefois confondues, ne furent séparées que depuis 1499; enfin, du contrôleur de rente depuis 1573.

15. — Tous ces agens formaient le bureau de la ville ou parloir.

16. — Etaient attachés au service de ce bureau plusieurs agens subalternes, notamment dix sergens; six d'entre eux portèrent longtemps le nom de sergens du parloir aux bourgeois, les quatre autres celui de sergens de la marchandise.

17.—On doit aussi comprendre parmi ces agens, mais dans un ordre plus relevé, les quarteniers, qui avaient droit d'assister aux assemblées du corps de ville et prenaient part aux élections. — Les quarteniers étaient les chefs militaires de leurs quartiers, dont ils commandaient la milice bourgeoise. Ils avaient sous leurs ordres, chacun, deux cinquanteniers, qui commandaient, chacun, à cinquante hommes de milice bourgeoise, distribués en cinq dizaines, commandées chacune par un di-

zainier. Ils étaient nommés par le bureau de la ville, sous le bon plaisir du roi, et sur la désignation faite par les cinquanteniers, dizainiers et deux notables bourgeois de chaque dizaine. En cas de troubles ou de guerre, les clés de chaque porte de la ville leur étaient remises le soir et étaient rendues par eux le matin aux cinquanteniers ou aux dizainiers.

18. — Venaient encore se rattacher à l'organisation de la municipalité parisienne plusieurs institutions commerciales, notamment les six corps de métiers dont les gardes-jurés et syndics étaient comptés au nombre des officiers du corps de ville, et les juges-consuls, qui furent presque toujours choisis parmi ces officiers.

19. — Les attributions de la municipalité parisienne étaient des plus diverses et des plus étendues. — Avant tout, le parloir avait juridiction sur le commerce par eau et sur toutes les corporations qui s'y rattachaient, comme les mesureurs de blé, jaugeurs de vin, crieurs jurés, mesureurs de sel, porteurs de charbon et de bois; en un mot, sur tout ce qui concernait l'approvisionnement de Paris. Il connaissait, en conséquence, de toutes les contestations relatives à des marchandises expédiées par eau; ses sentences ressortissaient au parlement de Paris. Fidèle dépositaire des plus antiques traditions, il était souvent consulté sur certains points de droit civil, sur l'application des dispositions obscures de la coutume de Paris; ses sentences interprétatives étaient confirmées par le prévôt de Paris et acquéraient, pour ainsi dire, force de loi.

20. — Depuis Philippe-Auguste, la municipalité dut entretenir une partie du pavé de la ville, construire ou entretenir une partie des ponts et des quais, et, jusqu'au milieu du seizième siècle, elle fut chargée seule de la distribution des eaux.

21. — Elle faisait visiter par des experts les constructions nouvelles et anciennes pour veiller à la sûreté des habitans, et, du quatorzième au seizième siècle, on doit lui rapporter tous les efforts tentés pour établir dans les rues de Paris une loi d'alignement.

22. — L'une des prérogatives les plus importantes, ou, pour mieux dire, l'une des charges les plus lourdes de la municipalité, fut la répartition de la taille, cet impôt qui, depuis la fin du douzième siècle, alla toujours se multipliant. On adjoignait, pour cette opération, aux membres ordinaires du parloir, un certain nombre de bourgeois élus à cet effet.

23. — L'hôtel de ville était aussi chargé de tout ce qui concernait son octroi et ses rentes. — V., sur ce sujet, l'appendice du livre des *Sentences*, années 1295-1299, et le mémoire concernant le contrôle des rentes de la ville de Paris. — Leroy, Paris, 1717, in-12.

24. — Les magistrats municipaux de la ville de Paris furent encore appelés au gouvernement civil et à l'administration des hôpitaux, hospices et autres établissemens de bienfaisance de la capitale. — Registres de l'hôtel-de-ville, 5 avr. 1505. — Leroux de Lincy, *Histoire de l'Hôtel-de-Ville*, p. 143.

25. — Le prévôt des marchands et les échevins avaient l'administration supérieure du bureau des pauvres, dont l'organisation, qui remontait à l'année 1582, subsista jusqu'à la fin du dix-huitième siècle. — Leroux de Lincy, p. 145.

26. — La prévôté des marchands prétendit longtemps à une juridiction absolue sur le cours de la Seine; ce fut seulement par deux arrêts du parlement des 23 juin 1618 et 12 janv. 1619 qu'elle fut définitivement déboutée de cette prétention. — *Traité de la police*, de Delamarre, t. 1er, p. 470.

27. — Mais nul ne songeait à lui contester le droit de fixer, en cas de désaccord, le prix des marchandises arrivées par eau, de régler les mesures, de stipuler au nom de la ville, de percevoir ses revenus, de pourvoir à l'entretien des rues et des places publiques, de statuer sur les demandes en remise ou modération des impositions mises à la charge des citoyens, de faire exécuter les travaux d'utilité communale, de prescrire des mesures de sûreté tant à l'intérieur de la ville qu'au dehors, notamment à l'égard des ponts, des quais, ports et chaussées; elle avait aussi la garde des tours, bastilles et fossés; en un mot, tout ce qui concernait la gestion des intérêts particuliers de la cité, son embellissement, sa défense et la police (ce qui s'entend de la police municipale seulement, la police judiciaire appartenant au prévôt de Paris), était spécialement dans ses attributions. — Le Berquier, *Commune de Paris*, p. 20.

28. — La municipalité de Paris, tant par son organisation que par ses attributions, avait acquis une influence politique telle, que la royauté, qui, plus d'une fois, l'avait trouvée contre elle, devait chercher à l'amoindrir. Louis XIV entreprit cette œuvre. Il y réussit en érigeant en titre d'offices la plupart des charges municipales, en transférant au lieutenant général de police les plus importantes attributions de l'hôtel-de-ville (édit de juin 1700), et en désarmant la municipalité par la révocation des commissions militaires que le prévôt et les échevins avaient données aux quarteniers, réduits désormais au rôle de simples magistrats de police (édit de sept. 1703); la vénalité substituée d'abord à l'élection dans les fonctions municipales autres que celles des chefs du corps de ville, la volonté royale pénétrant au moyen de l'élection à deux degrés dans les choix électoraux, acheva d'ôter toute force à la puissance municipale, dont le dernier représentant, Jacques de Flesselles, devait, comme on le sait, périr de mort violente sur les marches de l'Hôtel-de-Ville au mois de juill. 1789.

Sect. 2e. — *Epoque postérieure à* 1789.

29. — Depuis le 13 juill. 1789 jusqu'au 25 juill. 1790, Paris fut gouverné par les soixante sections ou districts qui le composaient.

30. — L'art. 35 du décret du 14-22 déc. 1789, qui établissait un nouveau système municipal dans toutes les communes de France, disposa, quant à à la ville de Paris, qu'attendu son immense population, elle serait gouvernée par un réglement particulier, sur les mêmes bases et d'après les mêmes principes que le réglement général de toutes les municipalités du royaume.

31. — En effet, un décret du 21 mai-27 juin 1790, fidèle à l'esprit de celui du 14 déc. précédent, abolit l'ancienne municipalité de la ville de Paris et la municipalité provisoire subsistant à l'Hôtel-de-Ville ou dans les districts, et en organise une nouvelle composée d'un maire, de quarante-huit membres, dont seize administrateurs et trente-deux conseillers, de quatre-vingt-seize notables, d'un procureur de la commune et de deux substituts, ses adjoints, tous élus par les citoyens actifs des quarante-huit sections, formant, d'après le même décret, la nouvelle division de la ville de Paris. — Art. 5, 6, 14, 15, 17 et 18. — Elle comptait, en outre, pour auxiliaires, un secrétaire-greffier, un trésorier et deux secrétaires-greffiers adjoints, un garde des archives et un bibliothécaire nommés par le conseil général. — Art. 21.

32. — Le décret divisait le corps municipal en conseil et bureau. Le maire et les seize administrateurs choisis par le conseil général de la commune, parmi les quarante-huit membres du corps municipal, composaient le bureau; les trente-deux autres membres, sous le nom de conseillers, le conseil municipal, dans lequel le bureau avait voix délibérative, excepté quand il s'agissait de la vérification de ses comptes; le maire, les quarante-huit membres du corps municipal et les quatre-vingt-seize notables composaient le conseil général de la commune, appelé à délibérer sur les affaires importantes et sur certaines matières déterminées par la loi. Le procureur de la commune et ses substituts étaient chargés de défendre les intérêts et de poursuivre les actions de la commune. — Art. 20, 22, 23, 24, 25 et 27. — V. aussi déc. 14-22 déc. 1789, art. 54.

33. — La municipalité avait deux espèces de fonctions à remplir: les unes, propres au pouvoir municipal, étaient, par elle, exercées sous la surveillance et l'inspection du département de Paris; les autres, propres à l'administration générale de l'état et déléguées à la municipalité, étaient accomplies, par elle sous l'autorité de ce département. — Déc. 21 mai, 27 juin 1790, art. 51, 52, 57 et 58.

34. — Les premières consistaient 1° à régir les biens communaux et revenus de la ville; 2° à régler et à acquitter les dépenses locales qui devaient être payées des deniers communs; 3° à diriger et faire exécuter les travaux publics à la charge de la ville; 4° à administrer les établissemens appartenant à la commune ou entretenus de ses deniers; 5° à ordonner tout ce qui avait rapport à la voirie; 6° à faire jouir les habitans des avantages d'une bonne police, notamment de la propreté, de la salubrité, de la sûreté, de la tranquillité dans les rues, lieux et édifices publics. — Art. 51.

35. — Les secondes comprenaient: 1° la direction de tous les travaux publics, dans le ressort de la municipalité, qui n'étaient pas à la charge de la ville; 2° la direction des établissemens publics qui n'appartenaient pas à la commune ou qui n'étaient pas entretenus de ses deniers; 3° la surveillance et l'agence nécessaires à la conservation des propriétés nationales; 4° l'inspection directe des travaux de réparations ou reconstructions des églises, presbytères et autres objets relatifs au service du culte. — Art. 52.

36. — Le département de Paris, duquel relevait, en vertu de cette loi, la municipalité de la capitale, était divisé en trois districts dont les chefs-lieux étaient Paris, Saint-Denis et Bourg-la-Reine; il était dirigé par une assemblée administrative siégeant à Paris, et élue par tous les électeurs du département parmi les citoyens éligibles des trois districts. — L. 22 déc. 1789 et 26 fév. 1790. — L'admission des membres du corps municipal au nombre de ceux de l'administration du département de Paris eût rendu tout à fait illusoire le contrôle et l'autorité conférés à cette administration vis-à-vis de la municipalité. Aussi la loi du 21 mai 1790, art. 40, eut-elle soin de décréter l'incompatibilité de ces deux fonctions.

37. — Résistant, d'un autre côté, aux tentatives d'envahissement de la part de l'administration départementale, la municipalité de Paris, constituée ainsi qu'il vient d'être dit, en exécution de la loi du 21 mai 1790, fonctionna régulièrement sous le nom de *commune* jusqu'au mois d'août 1792, où la défaite du pouvoir royal dut amener un nouveau changement dans son organisation.

38. — Dans la nuit du 9 au 10 de ce mois, cent quatre-vingts députés des sections se présentèrent à l'hôtel-de-ville, et l'on en vit surgir une municipalité éminemment démocratique connue sous le nom de Commune du 10 août. Les commissaires des sections, investis par elles de pouvoirs illimités, cassèrent l'ancien conseil général, qui leur céda la salle des séances, et ne conservèrent des membres de l'ancienne municipalité que le maire et les seize administrateurs, entendant par là réduire le rôle de ces fonctionnaires aux seuls actes d'administration.

39. — La commune, dirigée par les commissaires des sections, au nombre de deux cent quatre-vingt-huit (à raison de six par section), exerça pendant quelque temps une véritable dictature; elle hérita de l'autorité du directoire du département de Paris, entraîné dans la chute du trône, et, avec le secours de ses comités, elle s'empara d'une partie de la puissance gouvernementale et judiciaire.

40. — D'autres communes lui succédèrent à travers une série de violences, et avec des chances diverses, jusqu'au 14 fruct. an II, jour où les thermidoriens décrétèrent que la commune de Paris, privée désormais de chef, serait administrée par deux commissions dont les présidens seraient réélus tous les mois, commissions fonctionnant sous la surveillance du département, l'une chargée de la partie administrative et de la police municipale, l'autre de l'assiette et de la répartition des impôts. Ces commissions subsistèrent jusqu'à la constitution du 5 fruct. an III.

41. — Par application de cette constitution, la loi du 19 vendém. an IV, qui pourvut au placement et à l'organisation des autorités administratives et judiciaires conformément à la nouvelle division territoriale, forma du territoire de la commune de Paris un canton qu'il partagea en douze municipalités distinguées par ordre numérique, et chargea le bureau central de l'administration de la police et des subsistances comme objets n'ayant pas paru susceptibles d'être divisés entre les douze municipalités. — Art. 2, 3, 4 et 9. — V. BUREAU CENTRAL.

42. — Enfin, et après la constitution de l'an VIII, vint la loi du 28 pluv. de la même année, qui, après avoir divisé le territoire européen de la république en départemens et en arrondissemens communaux (art 1er), créa dans le département de la Seine, comme dans tous les autres départemens, un préfet, un conseil de préfecture et un conseil général de département.

43. — Dans certains départemens, au nombre desquels était celui de la Seine, le conseil de préfecture devait être composé de cinq membres, le conseil général de vingt-quatre (art 2). — Au conseil général du département de la Seine furent dévolues les fonctions de conseil municipal de la ville de Paris (art. 17); dans chacun des arrondissemens municipaux, un maire et deux adjoints furent chargés de la partie administrative et des fonctions relatives à l'état civil, et un préfet spécial fut préposé à la police, sous le nom de préfet de police, avec des commissaires sous ses ordres, répartis dans les douze municipalités. — Art. 16.

44. — Le préfet de la Seine, les membres du conseil de préfecture, ceux du conseil général (conseil municipal de Paris), les maires et adjoints, le préfet de police étaient à la nomination du premier consul. — Art. 18.

45. — Tel fut l'état des choses jusqu'en 1830, ou pour mieux dire jusqu'à la loi du 20 avril 1834, qui introduit bien le principe électif dans le choix des

membres du conseil municipal et des maires et adjoints, mais qui le maintient complètement en dehors de la nomination des chefs du conseil municipal, encore abandonnée à la seule volonté du chef de l'état, tandis que, pour les autres communes, cette volonté ne peut s'exercer que dans un cercle tracé par les électeurs eux-mêmes. — L. 21 mars 1831, art. 3 et 10.

46. — La révolution de février a appliqué le suffrage universel aux élections municipales et départementales de toute la France; la ville de Paris et le département de la Seine sont seuls exceptés (Décr. 3 juill. 1848). Bien plus, la même loi, en leur promettant un décret spécial, les a replacés provisoirement sous le régime de l'an VIII.

CHAPITRE II. — *Organisation municipale.*

Sect. 1re. — *Constitution de la ville de Paris comme commune.*

47. — Avant de passer à l'organisation actuelle de la municipalité de Paris, il convient de parler des différens points de vue sous lesquels cette ville, en tant que commune, doit être considérée.

48. — Sous le rapport du territoire, la commune de Paris présente une superficie de 3,439 hectares; ces limites, fixées en vertu d'une décision du 23 janv. 1785 (Le Berquier, *Commune de Paris*, p. 39), n'ont pas été modifiées par la loi du 5 avr. 1841, sur les fortifications, qui a même rappelé (art. 9) qu'elles ne pouvaient être changées qu'en vertu d'une loi. Ces limites sont indiquées par le mur d'enceinte.

49. — Une voie publique d'une dimension déterminée a été réservée autour de cette enceinte dans un intérêt d'ordre et de sûreté publics, comme aussi pour faciliter le service de la perception des droits d'octroi (de Gérando, *Quest. du dr. adm.*, t. 2, p. 579). Ainsi, nul ne peut élever de construction autour de la ville Paris sans permission et alignement, et seulement à la distance de 97 mètres 45 centimètres du mur de clôture, et la ville de Paris est autorisée à acquérir comme pour cause d'utilité publique et à charge d'indemnité les maisons construites à une moindre distance. (Ordonn. du bureau des finances, 16 janv. 1789; décr. 11 janv. 1808.

50. — Comme circonscription administrative et au point de vue de l'administration générale, la commune de Paris embrasse à elle seule tout un arrondissement de sous-préfecture; mais, à raison de la nature particulière de son organisation, elle ne possède ni sous-préfet ni conseil d'arrondissement et se trouve, dès lors, pour tout ce qui concerne l'exécution des lois et réglemens d'ordre public, en contact immédiat avec l'autorité départementale, dont les premiers agens sont d'ailleurs ceux de la municipalité elle-même. — L. 28 pluv. an VIII, art. 11; L. 20 avr. 1834, art. 9. — Le Berquier p. 38.

51. — Sous le point de vue de son administration propre, la commune de Paris jouit, comme toutes les autres, d'une sorte d'individualité politique, en ce sens qu'elle possède à sa tête un corps délibérant, un pouvoir exécutif; qu'elle a un droit public qui lui est spécial; qu'elle fait des dépenses dans un intérêt purement local; que ces dépenses peuvent être acquittées au moyen d'impôts qui ne frappent que sur ses habitans ou sur ses propriétés, et qui sont votés par elle-même, en vertu de loi ou d'ordonnance, selon la nature des dépenses auxquelles ces impôts sont destinés à subvenir; qu'enfin l'autorité municipale a le droit de prendre des arrêtés de police qui constituent des lois locales auxquelles tous ceux qui se trouvent sur le territoire de la commune doivent obéissance. Car nous n'entendons pas parler de cette autre individualité politique attribuée non à la commune, mais à la ville de Paris comme capitale, et qui s'est tant de fois irradiée sur toute la France.

52. — La commune de Paris est divisée, par rapport à son administration, en douze arrondissemens municipaux distingués par ordre numérique et comprenant chacun quatre quartiers, conformément à la loi du 19 vendém. an IV.

53. — Depuis longtemps des réclamations nombreuses se sont élevées sur l'inégale répartition de la population entre les douze arrondissemens de Paris, par suite des nombreux changemens opérés dans la population respective de presque toutes les parties de la ville de Paris, principalement depuis une vingtaine d'années; il pourrait donc se faire que, dans un temps peu éloigné, une nouvelle répartition des douze arrondissemens de la ville de Paris fût opérée. Dans ce moment même, la préfecture de la Seine étudie divers projets qui lui ont été soumis à cet effet.

54. — Au surplus, nous verrons *infrà* que déjà une nouvelle division par sections a été récemment introduite pour l'administration de la police.

Sect. 2e. — *Du corps municipal et des attributions de ses différens membres.*

55. — La ville de Paris est administrée par un corps municipal qui se compose du préfet du département de la Seine, du préfet de police, des maires, des adjoints et d'une commission municipale. — L. 20 avr. 1834, art. 11; décr. 3 juill. 1848, art. 1er.

§ 1er. — *Préfet de la Seine.*

56. — Le préfet de la Seine est nommé par le chef du gouvernement. — L. 28 pluv. an VIII, art. 18.

57. — Il est tout à la fois le préfet du département et le premier maire de la ville de Paris. — D'où il suit qu'indépendamment de ses attributions à l'égard du département de la Seine, attributions qui ne diffèrent pas de celles des autres préfets, il est chargé de la gestion des biens et revenus de la commune de Paris, et la représente dans tous les actes où elle est intéressée.

58. — La révolution de Février avait placé à la à la tête de l'administration un maire de la ville de Paris ayant sous sa dépendance le préfet de police, et résumant en quelque sorte en lui les pouvoirs précédemment attribués au préfet de la Seine et aux conseils général de la Seine et municipal de la ville de Paris, dissous par arrêté du gouvernement provisoire des 27 fév. et 12 mai 1848; mais cette institution a disparu complètement peu après les évènemens de juin 1848.

59. — Le préfet convoque le conseil (aujourd'hui la commission) municipal et lui soumet les questions sur lesquelles il doit délibérer (L. 20 avr. 1834, art. 17). Il lui présente chaque année le compte des recettes et dépenses municipales (*Ibid.*, art. 18). Il peut assister aux séances de la commission, où il a voix consultative. — Art. 16.

60. — Il a sous sa direction et sa surveillance la garde nationale de Paris.

61. — Le préfet de la Seine est membre du conseil académique. Ces fonctions lui sont conservées dans l'organisation nouvelle des conseils académiques. — V. UNIVERSITÉ.

62. — Il présidait aussi le comité central d'instruction primaire, qui exerce sur toutes les écoles primaires et salles d'asile de la ville de Paris les attributions de surveillance, de contrôle administratif et de pouvoir disciplinaire appartenant aux comités d'arrondissement (ordonn. 8 nov. 1833; 8 sept. 1845; 22 sept. 1837). Mais ses attributions sont modifiées pour une époque très prochaine par la nouvelle loi sur l'instruction publique, qui fait disparaître l'institution du comité central. — V., au surplus, *infrà* nos 174 et suiv.

63. — Il a sous son autorité l'administration générale de l'assistance publique à Paris, comprenant le service des secours à domicile et le service des hôpitaux et hospices civils, et préside le conseil de surveillance de cette administration. Le directeur auquel elle est confiée est nommé par le ministre de l'intérieur sur sa proposition. — C'est également sur sa proposition seulement que peuvent être révoqués par le ministre de l'intérieur les médecins, chirurgiens et pharmaciens des hôpitaux et hospices. — Déc. 10 janv. 1849, art. 2 et 6; 24 avr. 1849, art. 1er.

64. — Il dirige les travaux de Paris pour tout ce qui concerne le budget particulier de cette ville, à la charge de soumettre préalablement à l'approbation du ministre de l'intérieur les projets relatifs à ces travaux et les adjudications et marchés passés pour leur exécution en conseil de préfecture. — Ordonn. 26 fév. 1817.

65. — Il a dans ses attributions la grande voirie de Paris: il connaît, en cette matière, des travaux des grandes routes, du pavé de Paris, des trottoirs et des boulevards, des travaux relatifs à la navigation, des canaux, digues, ports, quais et aux chemins de halage, des bacs et bateaux, des travaux de la rivière de Bièvre, de l'exploitation des usines de gaz hydrogène et des travaux sur et sous la voie publique relatifs à cette exploitation, de la construction et de l'entretien des égouts de Paris, des pompes à feu, machines hydrauliques, fontaines et regards, des travaux des voiries de Bondy et des voiries de dépôt, des acquisitions relatives à ces divers établissemens, de la surveillance générale des carrières et de la direction des travaux de consolidation dans les anciennes carrières sous et hors Paris. — Daubenton. — V. Le Berquier, p. 72.

66. — L'octroi de Paris et les établissemens qui en dépendent sont régis et administrés sous son autorité immédiate; il nomme tous les préposés, à l'exception du directeur et des régisseurs, sur une liste présentée par le conseil d'administration, sauf un quart des emplois devenus vacans, qui sont à sa disposition exclusive. Il autorise, sur la proposition du même conseil, la décharge ou la restitution de droits d'octroi.

67. — Il administre la caisse de Poissy et en surveille toutes les opérations. — V. CAISSE DE POISSY.

68. — C'est le préfet de la Seine qui, sur les listes partielles dressées par les maires d'arrondissemens, arrête définitivement les listes des électeurs pour le tribunal de commerce, la chambre de commerce, les tribunaux de prud'hommes. — Pour chacune de ces élections, les listes sont uniques et comprennent tout Paris.

69. — Il dresse la liste générale du jury, formée de la réunion de toutes les listes partielles d'arrondissement.

§ 2. — *Préfet de police.*

70. — Nous avons vu dans un article spécial ce qui a trait à l'institution de la préfecture de police et aux attributions dévolues à ce fonctionnaire. — V. PRÉFET DE POLICE.

71. — Ajoutons, toutefois, que le préfet de police est membre du conseil de surveillance de l'administration de l'assistance publique. — LL. 10 janv. 1829; 24 avr. 1849.

72. — Les fonctions du préfet de police étant relatives, les unes à la police générale, les autres à la police municipale, une portion des dépenses affectées au traitement du préfet est à la charge de la caisse municipale de la ville de Paris. C'est ainsi que les dépenses du bureau central, institué par la loi du 5 fructid. an III (bureau que le préfet de police a remplacé pour celles de ses attributions qui concernent la police municipale), avaient été comprises dans les dépenses municipales et communales. — L. 11 frim. an VII, art. 10. — *Cons. d'ét.*, 15 déc. 1841, ville de Paris.

§ 3. — *Maires et adjoints.*

73. — Il y a un maire et deux adjoints pour chacun des douze arrondissemens de Paris. — L. 20 avr. 1834, art. 12.

74. — Avant la révolution de février, ils étaient choisis par le roi, pour chaque arrondissement, sur une liste de douze candidats désignés par les électeurs de l'arrondissement. Ils étaient nommés pour trois ans, et toujours révocables. — L. 20 avr. 1834, art. 12. — Les électeurs appelés à concourir à la confection de cette liste étaient les mêmes que ceux qui élisaient le conseil général. — V. *infrà* no 104). — Pour que le vote fût valable, la majorité absolue des suffrages exprimés était nécessaire au premier tour de scrutin; la majorité de la liste suffisait au second. — Même loi, art. 13.

75. — Aujourd'hui, en attendant la loi spéciale promise par le décret du 3 juill. 1848, le choix et la révocation des maires et adjoints appartiennent exclusivement au pouvoir exécutif.

76. — Demeurent, au surplus, applicables aux maires et adjoints de Paris, les règles admises sur l'incompatibilité des fonctions et le remplacement en cas d'absence ou d'empêchement.

77. — Lorsque, du reste, par suite de maladie, d'absence ou démission, le service municipal d'un arrondissement se trouvait empêché, il était, jusqu'ici, d'usage que le préfet déléguât l'administration temporaire à un ou plusieurs des membres du conseil municipal.

78. — Néanmoins, dans une circonstance toute récente, le préfet de la Seine a cru devoir agir autrement en confiant l'administration provisoire d'un arrondissement, dont le maire et les adjoints venaient de se retirer ensemble et d'une manière immédiate, au maire d'un arrondissement voisin.

79. — Les maires reçoivent les actes de l'état civil. — L. 28 pluv. an VIII, art. 13. — Ils en délivrent des expéditions.

80. — Ils reçoivent les déclarations relatives au domicile. — C. civ., art. 104.

81. — Le maire et les deux adjoints forment la commission municipale établie pour statuer en premier ressort sur les réclamations en matière électorale.

82. — Les maire et adjoints d'un arrondissement font partie de la commission chargée de désigner les jurés de cet arrondissement qui doivent

faire partie de la liste annuelle.—Décr. sur le jury, 7 août 1848, art. 14.

83.—Le maire de chaque arrondissement dresse, dans son arrondissement, la liste provisoire des électeurs pour le tribunal de commerce, le tribunal des prudhommes, listes transmises ensuite au préfet, chargé de dresser les listes uniques pour Paris.

84.—Chaque année, dans les premiers jours de janvier, les maires ou adjoints dressent un tableau de recensement des jeunes gens qui, au 1er janvier, ont atteint leur vingtième année. Ils assistent à l'examen des tableaux, au conseil de révision, reçoivent les engagemens volontaires, etc., le tout conformément à la loi du 21 mars 1832. — « Il est vrai, dit M. Le Berquier (p. 150), que la loi du 21 mars 1832 ne dit pas d'une manière expresse que les maires de Paris doivent concourir aux opérations du recrutement; mais la nature même des choses exige qu'ils remplissent à cet égard la mission qui est confiée aux magistrats municipaux dans les autres communes. »

85. — Relativement à la garde nationale, les maires composent et président le conseil de recensement. — L. 14 juill. 1837, art. 4.

86. — Ils règlent, sous l'approbation du préfet de la Seine, la circonscription des bataillons et compagnies,—Même loi, art. 8.

87. — Aux termes du décret du 25 juin 1848, ils ont été tenus de procéder au désarmement de tout garde national qui, sans un motif légitime, manque aux appels qui lui sont faits pour concourir à la défense de la République.

88. — Ils président la garde nationale. — Arr. min., 13 mars 1848, art. 11.

89.—Lorsqu'un attroupement armé ou non armé se forme sur la voie publique, le maire de l'arrondissement dans lequel existe cet attroupement, ou l'un de ses adjoints doit se rendre, portant l'écharpe tricolore, au lieu de l'attroupement, et le sommer de se dissoudre et de se retirer. — L. 7 juin 1848, art. 3.

90. — La surveillance des écoles publiques ou privées de l'arrondissement rentre évidemment dans les attributions municipales. Aujourd'hui, le maire exerce cette surveillance comme président du comité local de son arrondissement. — La loi nouvelle du 15 mars 1850 ne diminue en rien les attributions du maire, qui demeure chargé principalement, et de concert avec le curé, de la direction et de la surveillance des écoles.— V. *infrà* nos 174 et suiv.—V. aussi UNIVERSITÉ.

91. — Aux termes de la même loi, à Paris, le maire est appelé à présider la réunion du comité spécial établi dans chaque arrondissement pour la surveillance des écoles. Un des adjoints doit faire nécessairement partie de ce comité. — L. 15 mars 1850, art. 43.

92. — Les maires de Paris sont, ainsi que cela a lieu dans toutes les communes de France, membres, de droit, des conseils de fabrique des différentes paroisses situées sur leurs arrondissemens. —Décr. 30 déc. 1809; ordonn. 12 janv. 1825.

93. — Ils reçoivent les réclamations présentées par les contribuables. — L. 2 messid. an VII.

94. — Ils examinent la matrice des patentes avec l'assistance soit de l'un des membres de la commission des contributions, soit de l'un des gens attachés à cette commission, délégué à cet effet par le préfet de la Seine. — L. 25 avr. 1844, art. 20.

95. — Ils préparent et transmettent chaque année au préfet la liste des personnes, habitant l'arrondissement, qui exercent l'art de guérir. — L. 21 germ. an XI.

96. — Ils doivent aussi parapher les registres des pharmaciens, sur lesquels sont inscrits les noms, qualités et demeures des personnes qui achètent des substances vénéneuses. — Même loi.

97. — Ils sont chargés encore de dresser l'état annuel des vétérinaires domiciliés dans leurs arrondissemens respectifs.

98. — Ils visent les acquits-à-caution pour l'importation des armes fabriquées à l'étranger. — L. 22 août 1792.

99. — Ils légalisent la signature des habitans de leur arrondissement, lorsque ceux-ci sont obligés d'en faire usage dans un lieu où elle n'aurait pas par elle-même toute l'autorité voulue. — Le Berquier, p. 152.

100. — Ils délivrent les certificats de vie dans les mêmes circonstances que les maires des autres communes.

101. — Le maire préside, soit par lui, soit par un de ses adjoints, les séances du bureau de bienfaisance, dont le maire et les deux adjoints sont membres de droit.

102. — Deux maires et adjoints font nécessairement partie du conseil de surveillance de l'administration de l'assistance publique. — L. 10 janv. 1849; décr. 24 avr. 1849.

103.— Bien qu'aucun décret formel n'ait abrogé, pour les maires et adjoints de la ville de Paris, l'obligation du port du costume, néanmoins en fait, depuis la révolution de février, les maires et adjoints ont cessé de revêtir aucun costume; l'écharpe est demeurée le seul signe distinctif de leurs fonctions.

§ 4. — *Commission municipale.*

104. — Aux termes de la loi du 20 avril 1834, le conseil municipal se composait des trente-six membres élus pour faire partie du conseil général du département de la Seine.— V., quant aux attributions de ce conseil général, CONSEIL GÉNÉRAL DU DÉPARTEMENT DE LA SEINE.

105.— La commission municipale, qui remplace provisoirement l'ancien conseil municipal de la ville de Paris, se compose seulement de trente-six membres pris dans les douze arrondissemens et désignés par le pouvoir exécutif.—L. 20 avr. 1834, art. 14; décr. 3 juill. 1848, art. 1er; décr. 8 sept. 1849. — Seulement, quoique le nombre soit resté le même, le pouvoir exécutif ne s'est pas cru obligé de choisir les membres de la commission municipale à raison de trois par chaque arrondissement, comme cela avait lieu quand ils étaient élus.

106. — Le serment politique ayant été aboli, les membres de la commission municipale ne prêtent plus serment à la première séance. — Décr. 1er mars 1848.

107. — Suivant la loi du 20 avril 1834, art. 9, le roi nommait, chaque année, parmi les membres du conseil municipal, le président et le vice-président du conseil. La commission municipale élit elle-même son président et son vice-président; il en est de même du secrétaire.

108. — La commission municipale ne s'assemble que sur la convocation du préfet de la Seine. Elle ne peut délibérer que sur les questions que lui soumet le préfet, et lorsque la majorité des membres assiste à la séance. — *Ibid.*, art. 17.

109. — La commission municipale a une session ordinaire et des séances extraordinaires. La session ordinaire est spécialement consacrée à la présentation et à la discussion du budget.— V. *infrà* no 572. — Cette session ne peut durer plus de six semaines. L'époque de la convocation doit être notifiée à chaque membre de la commission un mois au moins à l'avance. —*Ibid.*, art. 18.—V., au surplus, *infrà* no 111.

110. — Elle délibère dans des séances extraordinaires, et fixées habituellement un vendredi de chaque semaine, sur les besoins particuliers et locaux de la ville de Paris, sur les octrois, sur les contributions locales et centimes additionnels, sur des acquisitions ou aliénations d'immeubles, sur des impositions extraordinaires pour dépenses locales, sur des emprunts, sur des travaux à entreprendre, sur l'emploi du prix des ventes, des remboursemens ou recouvremens, sur les procès à intenter ou à soutenir.

111. — Lorsqu'un membre de la commission a manqué à une session ordinaire et à trois convocations extraordinaires consécutives sans excuses légitimes ou empêchemens admis par la commission, il est déclaré démissionnaire par un arrêté du préfet de la Seine, et il doit être procédé à une désignation nouvelle. — *Ibid.*, art. 19.

112. — Du reste, les règles relatives aux incompatibilités, aux cas de vacances, à l'irrégularité des délibérations, à la dissolution des conseils municipaux établies par les art. 18, 19, 20, 21, 27, 28, 29 et 30 de la loi du 21 mars 1831 et par l'art. 11 de la loi du 22 juin 1833, sont applicables aux membres de la commission municipale et à ses délibérations. — L. 20 avr. 1834, art. 21. — V. CONSEIL MUNICIPAL. — Ainsi, notamment, elle peut être dissoute par le chef du gouvernement.

113. — Les délibérations de la commission municipale ne sont point secrètes; les procès-verbaux de ses séances sont même communiqués aux journaux qui veulent en prendre connaissance pour les comptes-rendus que plusieurs d'entre eux ont pris depuis quelque temps l'habitude de publier, du moins quant aux délibérations importantes.

114. — En exécution de la loi nouvelle sur l'enseignement, six membres élus dans le sein du conseil général, quatre faisant nécessairement partie du conseil municipal, et deux seulement représentant les cantons de la banlieue, sont appelés à siéger dans le conseil académique du département. — V., au surplus, *infrà* nos 175 et suiv.

115. — Deux membres du conseil municipal font aussi nécessairement partie du conseil de l'assistance publique. — V. *infrà* no 210.

116. — Trois membres de la commission municipale remplissent les fonctions d'administrateurs des tontines dites d'épargne.

117. — Trois membres de la commission municipale, dont le plus ancien est président, font partie dans chaque arrondissement de la commission chargée de procéder annuellement à la composition de la liste du jury. Autant que possible, ces membres doivent être pris parmi ceux domiciliés dans l'arrondissement; mais, dans le moment actuel, et par suite de la composition de la commission municipale (V. *suprà* no 105), cette répartition ne peut pas avoir lieu exactement. De même que les maires et adjoints, les membres de la commission municipale ont cessé de porter un costume dans les cérémonies publiques; toutefois, comme un signe distinctif leur était nécessaire et qu'ils ne pouvaient évidemment revêtir l'écharpe, une délibération de la commission municipale a arrêté que ses membres porteraient, dans les cérémonies publiques, un ruban rouge placé à la boutonnière gauche de l'habit, et sur lequel seraient appliquées les armes de la ville de Paris.

CHAPITRE III. — *Service public de la ville de Paris.*

Sect. 1re. — *Organisation intérieure des bureaux de la préfecture de la Seine, de la préfecture de police et des mairies d'arrondissement.*

118. — Avant d'entrer dans aucun détail sur les différens services publics de la ville de Paris, et comme prolégomènes nécessaires à cette matière, il n'est pas inutile de dire quelques mots sur l'organisation intérieure des bureaux de la Seine, de la préfecture de police et des mairies d'arrondissemens, où des intérêts nombreux appellent, chaque jour, une grande quantité de personnes.

§ 1er. — *Bureaux de la préfecture de la Seine.*

119. — Le préfet de la Seine, assisté du secrétaire général, a sous sa direction un nombreux personnel, réparti entre quatre divisions, subdivisées à leur tour en bureaux, dont nous nous bornerons à faire connaître les attributions au point de vue du service municipal exclusivement.

120. — La première division comprend les cinq bureaux suivans : premier bureau, secrétariat, ventes, marchés et adjudications de la ville, personnel, beaux-arts; deuxième bureau, instruction publique et cultes; troisième bureau, commerce et statistique; quatrième bureau, recrutement, garde nationale, gendarmerie et garde républicaine, sapeurs-pompiers; cinquième bureau, fêtes et cérémonies publiques et matériel.

121. — La deuxième division comprend aussi cinq bureaux, savoir : premier bureau, l'état civil, l'inspection de la vérification des décès, le service des inhumations et des pompes funèbres, l'administration des cimetières; — il comprend, en outre, la délimitation des arrondissemens et quartiers de Paris, les dépenses des mairies et justices de paix, la création des halles, marchés, entrepôts et autres établissemens communaux, l'acquisition et l'aliénation des propriétés immobilières de la ville; deuxième bureau, perceptions municipales, — à ce bureau se rattachent la caisse de Poissy, le service du poids public, etc.; troisième bureau, hôpitaux, hospices et généralement tout ce qui a trait à l'assistance, — le tout, du reste, sans préjudice de l'organisation particulière de l'administration de l'assistance publique (V. *infrà* nos 195 et suiv.); quatrième bureau, domaine de l'état; cinquième bureau, formation des listes électorales et du jury, soit criminel, soit d'expropriation.

122. — La troisième division ne comprend que quatre bureaux, savoir : premier bureau, ponts-et-chaussées; deuxième bureau : service des eaux et du pavé de Paris; troisième bureau, grande voirie et service du plan d'alignement; quatrième bureau, constructions, grosses réparations et entretien des édifices municipaux.

123. — La quatrième division comprend quatre bureaux, savoir : premier bureau, cadastre, administration et recouvrement des contributions directes; deuxième bureau, contentieux des contributions; troisième bureau, formation des comptes et budget de la ville, comptes des receveurs municipaux et généralement de tous caissiers comptables; quatrième bureau, liquidation des dépenses faites pour le compte de la ville.

124. — Le contentieux de la ville de Paris se rattache à la première division; un comité con-

sultatif est en outre chargé de donner son avis sur toutes les affaires contentieuses.

125. — Quant à la caisse municipale, elle se rattache sans aucun doute à la quatrième division; mais elle est placée sous la responsabilité directe d'un agent spécial, le trésorier municipal, dont nous avons eu occasion déjà de constater le cautionnement élevé. — V. CAUTIONNEMENT, FONCTIONNAIRES PUBLICS.

§ 2. — *Bureaux de la préfecture de police.*

126. — La préfecture de police, administrée par le préfet de police assisté d'un secrétaire général, comprend, outre le cabinet particulier du préfet, le secrétariat général et deux divisions.

127. — Le secrétariat général se partage en trois bureaux : premier bureau, comprenant deux sections : la première chargée de l'ordre général, du contentieux, du matériel, des sociétés anonymes, des recherches dans l'intérêt des familles; la deuxième section s'occupe du personnel ; deuxième bureau, garde républicaine, pompiers, théâtres et réunions publiques, masques, état civil, cultes, afficheurs, crieurs, timbre, instruction publique, sociétés littéraires, imprimerie, librairie, cérémonies et fêtes publiques, déserteurs, poudres, chasse, fraudes, contributions indirectes; troisième bureau, archives, bibliothèque, dépôt des objets saisis.

128. — La première division comprend la police judiciaire et de sûreté, les prisons, hospices, maisons de santé; elle se partage en six bureaux : premier bureau, crimes, délits, ordre et sûreté publics; deuxième bureau, passeports, permissions, congés militaires, cartes d'élèves, permis de séjour, port d'armes, maisons garnies, livrets d'ouvriers; troisième bureau, prisons, maisons d'arrêts de justice, de force, de correction, de détention, de répression et dépôt de mendicité, dépôt des condamnés. — C'est ici le lieu de mentionner que les prisons de la ville de Paris sont : le dépôt des condamnés, rue de la Roquette, la maison de justice ou Conciergerie, au Palais-de-Justice, la nouvelle Force, au faubourg Saint-Antoine, les Madelonnettes, Sainte-Pélagie; Saint-Lazare, pour les femmes; la maison d'éducation des jeunes détenus, le dépôt de la préfecture de police. Mentionnons encore la maison de répression et le dépôt de sûreté à Saint-Denis, le dépôt de mendicité, à Villers-Coterets, la maison de la dette, la maison d'arrêt de la garde nationale; quatrième bureau, renvoi devant le procureur de la république, interrogatoires; cinquième bureau, prostitution, forçats, vagabonds, garantie des matières d'or et d'argent, laminoirs, moutons, presses, balanciers, mont-de-piété, salles de vente, armes prohibées, morts accidentelles, suicides, loteries, jeux; sixième bureau, aliénés, enfans abandonnés ou orphelins, maisons de santé, nourrices, maisons de sevrage. Des inspecteurs sont affectés en outre à chacun de ces services.

129. — La deuxième division comprend les approvisionnemens, le commerce et la navigation; la petite voirie, le nettoiement, l'éclairage, les poids et mesures, les voitures, le roulage. — Elle a quatre bureaux : premier bureau, halles, marchés, subsistances, bourses, poids et mesures, navigation, bateaux à vapeur, marchands de vins; deuxième bureau, petite voirie, fosses d'aisances, trottoirs, carrières, chemins de fer, édifices publics. — Le service des architectes de la petite voirie se rattache à ce bureau ; troisième bureau, nettoiement, éclairage, égouts, aqueducs, puits, fontaines, arrosement, ramonage, incendies, voitures publiques, fiacres et cabriolets, police du roulage. — Les établissemens appelés fourrières se rattachent à ce bureau ; quatrième bureau, établissemens insalubres ou incommodes, machines à vapeur, gazomètres, chantiers de bois, ateliers de carbonisation, brasseries, équarissage, voiries, fruits gâtés, salubrité et santé publiques, médecins, secours publics, Morgue, sages-femmes, pharmaciens, herboristes, droguistes, remèdes secrets, eaux minérales, épidémies, vaccine, cimetières, etc.

130. — La caisse et la comptabilité forment deux services complétement indépendans des divisions ci-dessus. Nous n'entrons du reste ici dans aucun détail sur le service extérieur de la police municipale, dont nous parlerons plus bas. — V. *infrà* nos 357 et suiv.

§ 3. — *Bureaux des mairies d'arrondissement.*

131. — Chaque mairie de la ville de Paris a un bureau où le public est reçu tous les jours, sauf les dimanches et jours fériés ; les heures d'ouverture et de fermeture du bureau sont déterminées par le maire, qui tous les jours, du reste, s'y rend lui-même, ou l'un de ses adjoints, pour l'expédition des affaires.

132. — Dans chaque mairie, un secrétaire, chef des bureaux, dirige le travail intérieur; tous les employés sont placés sous sa direction, et doivent obtempérer aux ordres qu'il leur donne pour le service.

133. — Le secrétaire, chef des bureaux, est en outre spécialement chargé de la comptabilité des recettes et dépenses de chaque mairie, à qui du reste l'administration centrale ouvre, sauf à parfaire, s'il y a lieu, un crédit annuel pour ses dépenses intérieures.

134. — Un employé est plus spécialement préposé à la direction du service de l'état civil ; pendant longtemps, il portait même le titre officiel de chef de l'état civil, dénomination qui depuis déjà assez longtemps n'est plus appliquée, du moins pour les employés nouvellement chargés de ce service.

135. — Les employés des mairies sont nommés et révoqués par le maire. Leur nombre varie du reste suivant l'importance des arrondissemens. — Tout employé, au bout de trente ans de service, a droit à une retraite; la caisse des retraites s'alimente, du reste, au moyen de retenues faites sur le traitement mensuel.

136. — En dehors des employés ordinaires et classés, le préfet de la Seine a autorisé, dans des circonstances où le surcroît de travail l'exige, les maires à prendre des employés temporaires connus sous le nom d'auxiliaires : c'est ce qui a eu lieu notamment après la révolution de Février. — Il faut toutefois remarquer que ces employés auxiliaires, n'étant point classés et étant destinés seulement à un service temporaire, ne subissent point de retenues pour la retraite.

137. — Chaque mois l'état des employés de toutes classes est envoyé certifié par le maire au préfet, qui ordonnance le paiement, lequel a lieu dans chaque mairie par les soins du secrétaire, chef des bureaux.

Sect. 2e. — *Justice de paix. — Tribunal de police municipale.*

138. — Les justices de paix sont au nombre de douze, une par arrondissement; d'ici à peu de temps, toutes les justices de paix de la ville de Paris se trouveront placées dans le bâtiment même de chaque mairie.

139. — En ce moment, le juge de paix préside le jury de révision de chaque légion. Mais si le nouveau projet de loi sur la garde nationale présenté, le 29 juillet 1850, par le gouvernement à l'assemblée législative est adopté, comme il n'y aura plus qu'un seul jury de révision pour toute la ville de Paris, chaque juge de paix présidera ce jury à tour de rôle.

140. — En ce moment aussi, le juge de paix fait partie dans chaque arrondissement du comité local d'instruction primaire; la loi nouvelle (art. 43) l'appelle également à prendre part aux réunions des délégués d'arrondissement.

141. — Au résumé, les attributions des juges de paix de la ville de Paris, n'ont rien de différent de celles des autres juges de paix; disons seulement que chacun d'eux tient à tour de rôle l'audience de la police municipale où les fonctions du ministère public sont remplies par un commissaire de police.

Sect. 3e — *Cultes.*

142. — La ville de Paris est, sans compter les communautés religieuses et l'église des Invalides, partagée en trente-sept paroisses, dont douze cures de première classe à raison d'une par arrondissement, six cures de deuxième classe, et dix-neuf succursales. Il est, depuis quelques années, question d'augmenter le nombre des paroisses ; déjà même des annexes ont été, dans ces derniers temps, établies par les soins de l'autorité archiépiscopale, mais jusqu'ici sans aucun concours de l'autorité municipale.

143. — La construction des églises, comme leur réparation de gros entretien, est à la charge de la ville, laquelle affecte en outre chaque année dans son budget des sommes plus ou moins élevées pour travaux d'art ou d'embellissement, qu'elle commande directement aux artistes ou qu'elle accorde aux fabriques, pour leur venir en aide.

144. — Les fabriques des églises de Paris demeurent du reste soumises aux mêmes obligations, comme aussi elles jouissent des mêmes droits que toutes les autres fabriques d'église.

145. — Les cultes protestans comptent ensemble cinq temples, établis et entretenus au compte de la ville; le culte juif possède une synagogue.

146. — Avant la Révolution de 1830, les curés de l'arrondissement faisaient partie du bureau de charité de l'arrondissement ; ils n'ont pas été compris dans l'organisation nouvelle donnée aux bureaux de bienfaisance à la suite de 1830.

147. — Mais le curé de l'arrondissement a été appelé par la loi de 1833 à faire partie du comité local d'instruction primaire de son arrondissement.

148. — En vertu de la loi nouvelle sur l'enseignement, un curé de l'arrondissement et un ecclésiastique, désignés tous deux par l'archevêque, doivent faire partie du comité qui est créé dans chaque arrondissement. — V. au surplus *infrà* no 177.

149. — La loi nouvelle maintient, au surplus, dans le cas où il existe des écoles affectées à l'instruction d'enfans de cultes dissidens, l'intervention des ministres de ces cultes. — V. au surplus *infrà* no 177.

Sect. 4e. — *Instruction publique.*

150. — Paris possède des établissemens d'instruction de tous genres et de tous degrés, en plus grand nombre que toute autre ville de l'Europe. Toutefois, il convient de faire remarquer que la plupart de ces établissemens ne sont pas de création municipale.

151. — *Instruction secondaire.* — C'est ainsi, qu'en ce qui concerne l'instruction secondaire, la ville n'a qu'un seul collége, le collége Rollin. La proposition faite dernièrement, dans le sein de la commission municipale, de ranger dans les établissemens municipaux le collége Stanislas, n'a pas été agréée par elle.

152. — *Instruction primaire supérieure.* — En ce qui concerne l'instruction primaire supérieure, et sans parler des écoles normales destinées à former des maîtres et maîtresses pour les écoles primaires dont il sera question plus bas, la ville possède deux établissemens connus aujourd'hui sous les noms de collége Chaptal (ci-devant, et avant la révolution de Février, école municipale François Ier) et école municipale Turgot (auparavant appelée école de la rue Neuve-Saint-Laurent, du nom de la rue où elle est située).

153. — En outre, chaque année le conseil municipal est dans l'usage d'encourager par des subventions, et surtout par le prêt gratuit des locaux nécessaires, les efforts d'associations particulières qui établissent des cours publics et gratuits dans l'intérêt de la classe ouvrière.

154. — *Instruction primaire élémentaire.* — La propagation de l'instruction primaire, donnée gratuitement et principalement celle de l'instruction primaire élémentaire, a toujours été, et avant tout, l'objet des justes préoccupations de l'autorité municipale dans la ville de Paris.

155. — Le nombre de toutes les écoles primaires gratuites de la ville de Paris était, au 1er janvier 1850, de cent dix-huit, nombre qui, quoique élevé, demeure, cependant, insuffisant, surtout dans certains quartiers populeux.

156. — A la suite de la révolution de Février, dans le double but de venir en aide aux besoins des familles et à l'état de gêne d'un grand nombre d'instituteurs privés, la ville avait fondé, dans ces dernières écoles, un certain nombre de bourses à raison de 6 fr. par mois; mais cette mesure n'a été que transitoire.

157. — Néanmoins, la commission municipale n'a pas entendu pour cela restreindre les bénéfices de l'enseignement primaire. C'est ainsi que de récentes décisions viennent d'ordonner la création de nouvelles écoles et l'agrandissement d'écoles déjà existantes.

158. — En outre, et le dernier budget de la ville en fait foi, la ville accorde des subventions pour aider dans leurs œuvres les individus ou associations qui fondent des écoles gratuites. On peut citer, notamment, la société charitable des écoles chrétiennes du dixième arrondissement, et la société pour l'instruction élémentaire. L'action de cette dernière n'est pas, du reste, exclusivement limitée à Paris ; elle s'étend sur toute la France.

159. — Bien que les enfans de toute religion soient reçus indistinctement dans toutes les écoles, néanmoins la ville, prenant en considération les justes susceptibilités des familles, a, depuis quelques années, reconnu des écoles spécialement destinées aux enfans des cultes dissidens.

160. — C'est ainsi, notamment, qu'il a été créé, dans l'arrondissement de Paris où se rencontre plus spécialement la population juive (le septième), un établissement complet contenant école de garçons, école de filles et salle d'asile pour les enfans israélites.

161. — Deux sortes d'enseignement sont donnés dans les écoles primaires des deux sexes entretenues par la ville de Paris. — L'enseignement dit simultané est pratiqué dans les écoles dirigées par les frères des écoles chrétiennes pour les garçons et par les sœurs pour les filles ; l'enseignement mutuel est en usage dans les écoles laïques.

162. — Les écoles de frères et de sœurs sont divisées en classes, suivant le degré d'instruction des enfans. La plupart de ces maisons contiennent trois classes.

163. — Dans les écoles lyriques, l'enseignement est donné à tous les enfans réunis dans une même salle par un seul maître ou une seule maîtresse, assistés de moniteurs ou monitrices. — Toutefois, une décision toute récente de l'autorité municipale vient d'ordonner l'essai d'une institution, depuis longtemps réclamée, d'instituteurs adjoints aidant le maître. Cet essai est entrepris dans quatre écoles.

164. — L'admission des enfans dans les écoles a lieu par décision de maire, au fur et à mesure de vacances de places, et par ordre d'inscriptions sur un registre tenu à cet effet dans chaque mairie.

165. — Nul enfant ne peut être admis dans une école primaire s'il ne produit un certificat de vaccine. Certaines maladies peuvent aussi ne pas permettre l'admission de l'enfant, en exiger l'éloignement temporaire ou même définitif, quoique admis, lorsque sa présence pourrait offrir des inconvéniens pour les autres enfans.

166. — Au surplus, chaque école a son médecin inspecteur chargé de veiller à tout ce qui concerne la salubrité du local et la santé des enfans et d'adresser à cet effet des rapports à l'autorité municipale.

167. — Les bureaux de bienfaisance sont dans l'usage d'accorder des secours extraordinaires pour aider les familles à habiller les enfans suivant les écoles publiques.

168. — Depuis quelques années, et dans le but d'encourager tout à la fois les parens à envoyer leurs enfans à l'école, et les enfans à s'y montrer assidus, la ville a fondé des prix d'apprentissage décernés annuellement, après concours, aux élèves sortant des écoles primaires, à raison d'un par école.

169. — Jusqu'ici, un usage constamment suivi a, dans l'intérêt du repos des maîtres, fait établir des vacances annuelles qui durent au moins un mois. Mais les inconvéniens graves qui résultent de cette fermeture prolongée des écoles pour l'éducation et la moralité des enfans, viennent, après de longues hésitations, de conduire l'autorité municipale à décider la suppression des vacances, sauf à prendre les mesures nécessaires pour assurer, au moyen du remplacement, un repos assurément nécessaire aux instituteurs et institutrices.

170. — Les instituteurs congréganistes, hommes ou femmes, sont formés nécessairement dans le sein des communautés dont ils font partie. Quant aux instituteurs laïques, la ville entretient, pour les jeunes gens qui se destinent à cette profession, la majeure partie des bourses de l'école normale primaire de Versailles. Les jeunes filles sont reçues à l'école primaire supérieure du passage Saint-Pierre, à Paris. Toutes ces bourses sont données au concours.

171. — Nous n'avons rien à ajouter ici aux règles générales exposées déjà par nous (V. INSTRUCTION PRIMAIRE et UNIVERSITÉ) sur les conditions d'aptitude à l'enseignement primaire ; elles n'offrent rien de spécial.

172. — Mais un point mérite notre attention, c'est celui du choix des instituteurs et institutrices pour les écoles laïques ; ce choix a lieu, dans ce moment, par le comité central, sur des listes de candidatures dressées par les comités locaux ; un nouveau règlement va probablement intervenir pour régulariser le mode de nomination en vertu de l'organisation nouvelle, introduite par la loi du 15 mars 1850 sur l'enseignement.

173. — Un autre point, beaucoup plus grave encore, est celui de la surveillance et de la discipline des écoles, surveillance et discipline qui s'appliquent tant aux écoles publiques qu'aux écoles privées.

174. — Cette surveillance s'exerçait dans chaque arrondissement par un comité local dont le maire était président, et qui se composait avec lui du juge de paix, du curé de l'arrondissement, de trois notables nommés par le préfet; le comité pouvait, en outre, s'adjoindre, pour la visite des écoles, trois délégués, et le nombre de dames qu'il estimait nécessaire pour l'inspection des écoles des filles. Au-dessus des comités locaux siégeait à la ville un comité central, présidé par le préfet, pouvoir supérieur, auquel les comités locaux référaient dans presque tous les cas.

175. — Mais les comités locaux et le comité central n'ont pas été conservés par la loi nouvelle; et la ville de Paris va rentrer, quant à l'instruction primaire, dans le droit commun établi par cette loi, sauf les quelques dispositions exceptionnelles que nous allons reproduire.

176. — A Paris, le conseil académique désigne, dans chaque arrondissement, un délégué au moins par quartier. Il peut désigner, en outre, dans chaque arrondissement, des délégués spéciaux pour les écoles des cultes protestant et israélite. — Décr. 29 juill. 1850, art. 17.

177. — A Paris, les délégués nommés pour chaque arrondissement par le conseil académique devront se réunir au moins une fois tous les mois, avec le maire, un adjoint, le juge de paix, un curé de l'arrondissement et un ecclésiastique désignés par l'archevêque, pour s'entendre au sujet de la surveillance locale et pour convenir des avis à transmettre au conseil académique. Les ministres des cultes non catholiques reconnus, s'il y a dans l'arrondissement des écoles suivies par des enfans appartenant à ces cultes, assistent à ces réunions avec voix délibérative. La réunion est présidée par le maire. — L. 15 mars 1850, art. 43.

178. — L'inspecteur de l'instruction primaire assiste aux réunions mensuelles des délégués de l'arrondissement avec voix consultative. — Décr. 29 juill. 1850, art. 17.

179. — En outre des inspecteurs de l'instruction primaire, la ville entretient un inspecteur et une inspectrice rétribués des écoles publiques des deux sexes; elle a également créé une inspection générale du chant.

180. — En dehors des classes destinées à l'instruction de l'enfance, dans un certain nombre de locaux, il est établi le soir, principalement pour les hommes, des classes d'adultes, destinées à recevoir les personnes qui n'ont pu dans leur enfance acquérir l'instruction élémentaire. Il faut bien remarquer, du reste, que les réglemens, et avec grande raison, ne permettent la fréquentation de ces écoles qu'aux *adultes* seuls, et jamais aux *enfans*. Des motifs non moins impérieux ne permettraient pas l'établissement d'écoles d'adultes des deux sexes dans deux locaux contigus, aux mêmes heures.

181. — *Salles d'asile.* — Au-dessous des écoles prennent rang les salles d'asile, destinées à recevoir les enfans âgés de plus de deux ans et de moins de sept. Nous n'avons rien, du reste, à ajouter ici aux détails que nous avons précédemment donnés sur l'organisation des salles d'asile. — V. SALLES D'ASILE.

182. — Disons seulement ici que, dans les diverses salles d'asile, les enfans des deux sexes sont réunis, à l'exception toutefois de la salle d'asile de la Halle aux draps (4e arrondissement), où il existe dans le même local, du reste, une section distincte pour chaque sexe.

183. — Mentionnons aussi que, de même que les écoles, les salles d'asile ont chacune un médecin inspecteur de la santé des enfans et de la salubrité du local. — Nul enfant ne peut y être admis sans certificat de vaccine.

184. — Dans ce moment, toutes les salles d'asile de la ville de Paris, dont les premières avaient été créées par la seule charité privée, sont municipales: une décision assez récente de la commission municipale vient de prendre à la charge de la ville deux salles d'asile privées, créées dans le douzième arrondissement, à la suite des ravages du choléra, l'année dernière.

185. — Le caractère particulier des salles d'asile, maisons de garde bien plus qu'établissemens d'instruction, n'a jamais fait penser à établir pour ces sortes d'établissemens des vacances; les directrices obtiennent des congés annuels.

186. — Par le même motif, le congé du jeudi n'existe pas dans les salles d'asile, qui ne sont fermées que les dimanches et jours de fêtes reconnues: ces établissemens ouvrent de meilleure heure et ferment plus tard que les écoles primaires.

187. — Outre l'inspection du maire, la salle d'asile est confiée plus particulièrement à la surveillance toute gratuite d'une dame inspectrice nommée par le préfet, sur la présentation du maire, laquelle dame s'adjoint, en outre, sous le nom de dames déléguées, qu'elle fait agréer au maire, tel nombre d'autres dames qu'elle juge nécessaire pour l'assister dans les soins de l'inspection.

188. — Il existe, en outre, une inspectrice spéciale nommée par le préfet et rétribuée par la ville, dont l'action, qui, du reste, ne peut en rien arrêter celle des autorités locales, a pour but d'assurer, par des rapports adressés à l'autorité supérieure, l'exécution des réglemens.

189. — *Crèches.* — Nous n'avons rien à dire sur les crèches: œuvres de charité privée, elles n'ont aucun caractère d'établissement public; et c'est même une question fort agitée que celle de savoir si la ville doit contribuer à leur propagation. — V., au surplus, SALLES D'ASILE.

Sect. 5e. — *Assistance publique.*

190. — Il n'est pas de villes où la charité publique et privée ait multiplié son action sous des formes plus diverses que la ville de Paris.

191. — On conçoit aisément qu'il n'entre point dans le cadre de notre travail de faire ici l'énumération des nombreuses œuvres de la bienfaisance privée, dont plusieurs sont, au surplus, reconnues comme établissemens d'utilité publique. Si nous mentionnons ici leur existence, ce n'est que pour faire remarquer que, chaque année, le conseil municipal est dans l'habitude d'affecter un certain fonds d'encouragement, qu'il répartit entre un certain nombre de ces œuvres.

192. — Mais notre attention doit se porter sur l'organisation de la charité légale à Paris, laquelle, depuis la dernière révolution, et en vertu du décret du 10 janvier 1849, a pris en dernier lieu le nom d'assistance publique.

193. — Bien que placée sous la direction supérieure du conseil municipal, néanmoins, l'importance de cette administration est telle, tant à cause des revenus dont elle dispose que des dépenses considérables qu'elle est appelée à faire, qu'elle constitue une administration spéciale.

194. — Nous étudierons, en conséquence, successivement ce qui a trait: 1° à l'administration centrale de l'assistance publique; 2° aux secours à domicile; 3° aux hôpitaux et hospices; 4° aux secours divers ne rentrant point dans les catégories précédentes.

§ 1er. — *Administration centrale.*

195. — Avant la révolution de février, un conseil général était chargé, sous la direction du préfet, de l'administration des hôpitaux, hospices, bureaux de bienfaisance, et, généralement, de tous les établissemens publics de charité.

196. — Les membres de ce conseil, dont faisaient partie de droit les deux préfets, sous la présidence du préfet de la Seine, étaient au nombre de quinze, et se partageaient la surveillance des divers établissemens.

197. — Le conseil administrait les revenus des pauvres, recevait les donations et legs, votait et contrôlait les dépenses, prenait toutes les mesures nécessaires, et faisait généralement tous les réglemens nécessaires concernant la bienfaisance publique.

198. — Sous la haute direction du conseil général, une commission administrative composée de cinq membres, dont chacun dirigeait une partie du service, était chargée des détails d'administration.

199. — Dès les premiers jours qui suivirent la révolution de février, le conseil général et la commission administrative furent supprimés, et leurs pouvoirs confiés à une seule personne, sous le nom de délégué du gouvernement provisoire, auquel fut donné le concours de deux délégués-adjoints.

200. — Cette organisation toute provisoire a pris fin, et l'administration hospitalière de Paris, reconstituée sous le nom d'assistance publique, a reçu une organisation nouvelle et complète par la loi du 10 janv. 1849, complétée par l'arrêté du 24 avril 1849.

201. — L'administration générale de l'assistance publique à Paris comprend le service des secours à domicile et le service des hôpitaux et hospices civils. Cette administration est placée sous l'autorité du préfet de la Seine et du ministre de l'intérieur ; elle est confiée à un directeur responsable, sous la surveillance d'un conseil dont les attributions sont ci-après déterminées. — Loi 10 janv. 1849, art. 1er.

202. — Le directeur est nommé par le ministre de l'intérieur, sur la proposition du préfet de la Seine. — Art. 2.

203. — Le directeur exerce son autorité sur les services intérieurs et extérieurs. Il prépare les budgets, ordonnance toutes les dépenses, et présente le compte de son administration. Il représente les établissemens hospitaliers et de secours à domicile en justice, soit en demandant, soit en défendant. Il a la tutelle des enfans trouvés, abandonnés et orphelins; il a aussi celle des aliénés. — Art. 3.

204. — Les comptes et budgets sont examinés, réglés et approuvés conformément aux disposi-

tions de la loi du 18 juill. 1837, sur les attributions municipales. — Art. 4.

205. — Le conseil de surveillance est appelé à donner son avis sur les objets ci-après énoncés: 1° les budgets, les comptes, et, en général, toutes les recettes et dépenses des établissemens hospitaliers et de secours à domicile; 2° les acquisitions, échanges, ventes de propriétés, et tout ce qui intéresse leur conservation et leur amélioration; 3° les conditions des baux à ferme ou à loyer, des biens affermés ou loués par ces établissemens ou pour leur compte; 4° les projets de travaux neufs, de grosses réparations ou de démolitions; 5° les cahiers des charges des adjudications et exécution des conditions qui y sont insérées; 6° l'acceptation ou la répudiation des dons et legs faits aux établissemens hospitaliers et de secours à domicile; 7° les placemens de fonds et les emprunts; 8° les actions judiciaires et les transactions; 9° la comptabilité tant en deniers qu'en matières; 10° les réglemens de service intérieur des établissemens et du service de santé, et l'observation desdits réglemens; 11° toutes les questions de discipline concernant les médecins, chirurgiens et pharmaciens; 12° toutes les communications qui lui seraient faites par l'autorité supérieure et par le directeur. — Les membres du conseil de surveillance visiteront les établissemens hospitaliers et de secours à domicile aussi souvent que le conseil le juge nécessaire. — Art. 5.

206. — Les médecins, chirurgiens et pharmaciens des hôpitaux et hospices sont nommés au concours. Leur nomination est soumise à l'approbation du ministre de l'intérieur. Ils ne peuvent être révoqués que par le ministre, sur l'avis du conseil de surveillance et sur la proposition du préfet de la Seine. — Art. 6.

207. — Les médecins et chirurgiens attachés au service des secours à domicile sont également nommés au concours ou par l'élection de leurs confrères; ils sont institués par le ministre de l'intérieur. Ils peuvent être révoqués par le même ministre, sur l'avis du conseil de surveillance. — Art. 7.

208. — Un réglement d'administration publique détermine la composition du conseil de surveillance de l'administration générale et l'organisation de l'assistance à domicile. — Art. 8.

209. — Les dispositions des lois antérieures sont abrogées en ce qu'elles auraient de contraire à la présente loi. — Art. 9.

210. — Le conseil de surveillance institué par la loi du 10 janv. 1849, relative à l'assistance publique à Paris, est composé ainsi qu'il suit: le préfet de la Seine, président; le préfet de police; deux membres du conseil municipal; deux maires ou adjoints; deux administrateurs des comités d'assistance des arrondissemens municipaux; un conseiller d'état ou un maître des requêtes au conseil d'état; un membre de la cour de cassation; un médecin des hôpitaux et hospices, en exercice; un professeur de la faculté de médecine; un membre de la chambre de commerce; un membre d'un des conseils des prud'hommes; cinq membres pris en dehors des catégories indiquées ci-dessus. — Arrêté du 24 avr. 1849, art. 1er.

211. — Les membres du conseil de surveillance autres que les préfets de la Seine et de police sont nommés par le président de la République, sur la proposition du ministre de l'intérieur. A cet effet, pour chaque nomination, il est adressé au ministre de l'intérieur une liste de candidats. Ces listes, à l'exception de celle présentée par les conseils des prud'hommes, devront porter trois noms. Les listes sont ainsi établies, savoir: par le conseil municipal, le conseil d'état, la cour de Cassation, la faculté de médecine et la chambre de commerce pour les candidats à présenter par chacun de ses corps; par la réunion des médecins des hôpitaux et hospices en exercice, pour le médecin appelé à faire partie du conseil; par la réunion des chirurgiens des hôpitaux et hospices en exercice, pour le chirurgien appelé à faire partie du conseil; par les conseils des prud'hommes présentant chacun un candidat, pour le prud'homme appelé à faire partie du conseil; par le préfet, pour les candidats à choisir parmi les maires, les administrateurs des comités d'assistance, les membres pris en dehors de ces diverses catégories. — Art. 2.

212. — Les membres du conseil, à l'exception des deux préfets, sont renouvelés par tiers tous les deux ans. Le renouvellement des deux premiers tiers a lieu par la voie du sort. Le membre qui est nommé par suite de vacance, provenant de décès ou de toute autre cause, sort du conseil au moment où sortirait le membre qu'il a remplacé. Les membres sortans sont rééligibles. — Art. 3.

213. — Le conseil est présidé par le préfet de la

Seine, et, à son défaut, par un vice-président choisi par le conseil dans son sein et élu tous les ans. En cas de partage, la voix du président est prépondérante. Le secrétaire général de l'administration remplit les fonctions de secrétaire du conseil. Le préfet convoque le conseil au moins une fois tous les quinze jours. Le conseil se réunit plus souvent, s'il y a lieu, sur la convocation du préfet. — Art. 4.

214. — Le directeur de l'administration de l'assistance publique a droit d'assister aux séances du conseil de surveillance. — Art. 5.

215. — Le directeur a sous ses ordres tout le personnel de l'administration centrale, de l'inspection et celui des établissemens. Les employés de tout grade, tant de l'administration centrale et de l'inspection que des établissemens, ayant droit à une pension de retraite, les architectes et inspecteurs des travaux, les préposés et médecins du service des enfans trouvés, sont nommés par le préfet, sur une liste de trois candidats présentés par le directeur. Le directeur nomme les surveillans et gens de service. Les révocations sont prononcées par l'autorité qui a nommé aux emplois. — Art. 6.

216. — L'administration de l'assistance entretient, pour ses divers services, une boulangerie générale et une pharmacie centrale.

§ 2. — *Secours à domicile, bureaux de bienfaisance.*

217. — L'administration des secours à domicile dans la ville de Paris est confiée aux soins des bureaux de bienfaisance. Ils portaient, avant la révolution de 1830, le nom de bureaux de charité, et différaient un peu dans leur organisation, principalement en ce que le curé de l'arrondissement en était membre de droit.

218. — Aujourd'hui, douze bureaux de bienfaisance, sous la direction du préfet de la Seine et du conseil général de l'assistance publique, sont chargés de la distribution des secours à domicile dans les douze arrondissemens de Paris.

219. — Chaque bureau se compose du maire, président-né, et de ses adjoints, de douze administrateurs, nommés par le ministre de l'intérieur, sur la désignation de trois candidats faite par le bureau et transmise par le préfet. — Le bureau élit dans son sein un vice-président, un secrétaire-trésorier honoraire, un ordonnateur.

220. — Les bureaux de bienfaisance s'assemblent à jour fixe, afin de pourvoir aux nécessités de l'arrondissement: ces réunions ont lieu par semaine ou quinzaine.

221. — Un nombre indéterminé de commissaires et de dames de charité, nommés par le bureau, vient en aide aux administrateurs pour la visite des pauvres et la répartition des secours.

222. — Un agent comptable salarié, et dont la responsabilité est garantie par un cautionnement, gère les finances du bureau. Il tient toutes les écritures et rédige les procès verbaux. Il est, au surplus, assisté d'un nombre plus ou moins considérable d'employés, nommés comme lui par l'administration de l'assistance publique.

223. — Des médecins et chirurgiens attachés à chaque bureau donnent des consultations et des soins gratuits aux indigens de l'arrondissement, et vaccinent gratuitement leurs enfans. — Une prime de 3 francs est même accordée pour les vaccinations des jeunes enfans.

224. — Des sages-femmes désignées par le bureau, et rétribuées par lui, prêtent gratuitement leur ministère aux indigentes qui le réclament.

225. — Chaque arrondissement est partagé en douze divisions, chacune sous la surveillance d'un administrateur, qui, de concert avec le commissaire et les dames de charité, visite et assiste les indigens de sa division.

226. — Chaque bureau a une maison centrale et une ou plusieurs maisons de secours affectées à la distribution des secours, aux consultations gratuites, à la pharmacie, aux dépôts de linge, vêtemens et aux combustibles.

227. — Ces maisons sont confiées à la direction des sœurs de charité, chargées de la garde et de la délivrance des objets distribués aux pauvres. — Une pharmacie pour les remèdes simples est établie dans chacune de ces maisons.

228. — Dans chaque bureau de bienfaisance est ouvert un livre sur lequel sont inscrits tous les indigens secourus.

229. — Le recensement triennal de ce rôle est fait par les délégués de l'administration de l'assistance publique, de concert avec la commission désignée par le bureau de bienfaisance.

230. — Nul indigent n'est admis que sur la délibération du bureau de bienfaisance de l'arrondissement.

231. — Ont droit à l'inscription au rôle des indigens et aux secours annuels des bureaux de bienfaisance, lorsque l'indigence est constatée: les paralytiques, les cancérés, les vieillards de soixante-cinq ans et au-dessus, les chefs de famille ayant au moins trois enfans au-dessous de douze ans, les veufs ou veuves avec deux enfans, les individus atteints d'infirmités graves, telles que tremblement général, rhumatisme goutteux, anévrisme, asthme chronique ou suffocant, hydropisie, rachitisme, dartres incurables, hernies, privation d'un membre, surdité complète, surdi-mutisme, idiotisme, épilepsie, faiblesse de vue assez grande pour empêcher l'indigent de travailler.

232. — Sont inscrits et secourus temporairement: les blessés, les malades, les femmes en couches ou nourrices, les enfans abandonnés, les orphelins au-dessous de seize ans, ceux qui se trouvent dans des cas extraordinaires et imprévus.

233. — L'indigent qui postule pour être admis doit justifier d'un an au moins de domicile dans Paris.

234. — Les actes civils doivent être produits à l'appui des demandes, et les infirmités doivent être constatées par les certificats des médecins attachés au bureau.

235. — Les demandes d'admission et les réclamations de tout genre doivent être adressées à l'administrateur divisionnaire, qui donne audience au moins une fois par semaine, soit chez lui, soit à la maison de secours de sa division, et porte la demande ou la réclamation à la première séance du bureau.

236. — Un tableau contenant les noms des médecins et pharmaciens, les jours et heures de leurs consultations, les noms et la demeure des administrateurs et des commissaires, le jour et l'heure de leurs audiences, doit être affiché dans chaque maison de secours. — En fait, il ne paraît point que cette prescription soit rigoureusement suivie.

237. — L'indigent qui change d'arrondissement ne peut être admis aux secours de l'arrondissement qu'il vient habiter que sur le certificat de l'administrateur, du commissaire ou de la dame de charité, constatant sa radiation de l'ancien rôle. Ce certificat doit être visé par le secrétaire trésorier.

238. — Tous les mois, il est délivré à chacun des administrateurs, selon les ressources du bureau et l'exigence des besoins, des cartes et bons, applicables à diverses espèces de secours.

239. — L'administrateur fait la répartition de ces cartes entre les commissaires et les dames de charité de sa division, d'après le nombre de leurs pauvres.

240. — Les commissaires et dames de charité distribuent ces cartes soit à domicile, soit à la maison de secours.

241. — Les secours en nature consistent en pain, ordinairement trois kil. par mois, farine pour les mères nourrices, bouillon, viande cuite et crue, portions alimentaires de la société philanthropique, bois, cotrets, falourdes, mottes, chemises, couvertures, layettes, blouses, pantalons, gilets, sabots, paillasses, pailles, bains à domicile, meubles, ustensiles, poêles.

242. — Le bureau blanchit le linge et prête des draps, place les enfans en apprentissage et les habille; il est dans l'usage d'accorder une subvention aux enfans pour l'habillement de la première communion.

243. — Les cartes de pain délivrées par les commissaires et dames de charité étaient, jusqu'au 1er janvier de cette année, portées chez les boulangers désignés par le bureau. Depuis le 1er janvier, il n'y a plus de boulangers privilégiés.

244. — Les cartes de viande crue sont portées chez les bouchers; celles de viande cuite et de bouillon sont acquittées aux maisons de secours et à la compagnie hollandaise.

245. — C'est à la maison de secours que les vêtemens, draps, etc., sont distribués, ainsi que le bois, la paille, les sabots, etc. Quelquefois, cependant, l'exiguïté du local ne permet pas que ces derniers objets soient approvisionnés à la maison de secours; dans ce cas, les indigens vont directement chez le fournisseur.

246. — Tout indigent inscrit au bureau est soigné gratuitement en cas de maladie par le médecin de sa division, est visité par les sœurs, et reçoit tous les médicamens dont il a besoin.

247. — Les médicamens sont délivrés sur l'ordonnance des médecins à la maison de secours, ou chez les pharmaciens désignés par le bureau.

248. — Les secours en argent sont: pour les octogénaires, 8 francs par mois; pour les septuagénaires, 5 francs par mois; pour les aveugles, 5 francs par mois; pour les infirmes, 3 francs par mois; pour les enfans placés en apprentissage

par le bureau, cinq francs par mois; pour les enfans vaccinés, il est donné trois francs.

249. — Le bureau donne, en outre, quelques secours 1° pour faciliter les mariages; 2° aux mères nourrices malades; 3° aux vieillards non encore admissibles aux secours spéciaux.

250. — Les bons pour l'argent sont payés par le trésorier du bureau.

251. — Nul ne peut être admis aux secours en argent que sur la production, pour les vieillards, de leur acte de naissance; les aveugles, d'un certificat du bureau central d'admission qui constate leur cécité complète; les infirmes, d'un certificat d'infirmité. Les uns et les autres doivent justifier de deux ans de domicile à Paris et d'une année d'inscription au rôle des pauvres.

252. — Les ressources des bureaux de bienfaisance consistent en : 1° une somme variable que le conseil général des hospices alloue tous les ans à chaque bureau, selon sa population, le nombre de ses indigens, les dons et les recettes des hospices; 2° dans les collectes, souscriptions et quêtes, les aumônes spéciales déposées dans les églises, dans les mairies et justices de paix; 3° dans les legs et donations en faveur des pauvres de la ville de Paris.

253. — Les bureaux de bienfaisance reçoivent annuellement à peu près 1,200,000 fr., dont les trois quarts proviennent de l'administration des hospices. Répartie entre tous les indigens inscrits, cette somme ne donne pas une moyenne de plus de seize francs par individu.

254. — On a calculé qu'à peu près vingt cinq mille malades étaient soignés à domicile, que pour chaque malade les médicamens coûtaient environ 2 fr. 50 cent., et que les frais accessoires s'élevaient à 4 fr.

§ 3. — *Hôpitaux et hospices.*

255. — *Bureau central d'admission aux hospices et aux hôpitaux.* — Tous les indigens qui veulent entrer dans les hôpitaux et hospices, sauf les cas d'urgence ou de spécialité, doivent se présenter au bureau central. Les médecins du bureau examinent si l'indigent a droit à l'entrée soit dans l'hospice, soit dans l'hôpital, et délivrent le bulletin indicatif de l'établissement où il doit se rendre. Le bureau est ouvert tout les jours de neuf heures du matin à quatre heures du soir.

256. — Les mères nourrices malades, les aveugles sont examinés par les médecins du bureau, qui constatent s'ils remplissent les conditions exigées pour obtenir des secours.

257. — *Hôpitaux.* — Il existe à Paris deux sortes d'hôpitaux : les hôpitaux ordinaires, consacrés au traitement des maladies aiguës et des blessures; les hôpitaux spéciaux, réservés aux maladies speciales, et à une classe particulière de malades.

258. — On n'est admis dans les hôpitaux ordinaires qu'en vertu d'un bulletin du bureau central; cependant, dans les cas d'urgence, le malade est reçu directement dans l'hôpital où il est présenté.

259. — Les hôpitaux spéciaux reçoivent les malades directement, sur leur simple présentation.

260. — Le service des hôpitaux est fait par des médecins et chirurgiens externes, la plupart professeurs à l'école de médecine, et par des élèves internes nommés par le conseil général de l'assistance publique. Dans la plupart, le soin des malades est confié à des communautés religieuses.

261. — Des hôpitaux sont uniquement destinés aux militaires. L'administration en appartient au ministre de la guerre, qui nomme les médecins et chirurgiens, et les infirmiers militaires; leurs dépenses sont à la charge de l'état.

262. — Tous les autres hôpitaux sont à la charge du conseil général de l'assistance publique.

263. — Les hôpitaux généraux pour les maladies aiguës et les blessures, et pour les malades des deux sexes, sont : 1° l'Hôtel-Dieu, 2° la Pitié, 3° la Charité, 4° Saint Antoine, 5° Cochin, 6° Necker, 7° Beaujon, 8° l'annexe de l'Hôtel-Dieu, 9° la clinique interne de l'École de Médecine. — La ville construit en ce moment un nouvel hôpital fort considérable dans les terrains de Saint-Lazare, faubourg Poissonnière.

264. — Les hôpitaux spéciaux sont : 1° pour les maladies de peau des deux sexes, Saint-Louis; 2° pour les maladies syphilitiques des hommes, l'hôpital du Midi; des femmes, l'hôpital de l'Oursine; 3° pour les enfans malades, l'hôpital de l'Enfant-Jésus; 4° pour les accouchemens, l'hôpital de la Maternité, appelé aussi la Bourbe, à cause de la rue où il est situé.

265. — En outre, il existe au faubourg Saint-Denis une maison dite *Maison nationale de santé*, où, à l'exception des personnes atteintes de folie, d'épilepsie ou de maladies incurables, les malades sont reçus et traités moyennant une rétribution journalière dont le taux varie suivant le local occupé.

266. — *Hospices.* — Les hospices sont des établissemens fondés par la charité publique ou privée pour recevoir les personnes dont l'âge ou les infirmités réclament un asile et des secours que, dans leur position, elles ne pourraient trouver ailleurs. Le pauvre admis dans un hospice y est logé, nourri, vêtu, entretenu, traité dans ses maladies pendant tout le reste de sa vie.

267. — Les hospices de Paris sont sous la surveillance du conseil général des hospices. Les uns reçoivent gratuitement, les autres moyennant une pension ou le versement, en entrant, d'une somme fixe. — Les admissions ont lieu : 1° de droit, c'est-à-dire sur la simple exhibition des titres du pétitionnaire; 2° sur présentation des personnes qui ont le droit de nommer aux places vacantes.

268. — Ont droit de présentation, dans des proportions déterminées par les réglemens : 1° les familles qui ont fondé des lits et qui conservent le droit, lorsqu'ils deviennent vacans, de les faire occuper par les personnes qu'elles désignent; 2° le ministre de l'intérieur, les maires, les bureaux de bienfaisance, les membres du conseil de l'assistance publique, suivant certaines proportions déterminées.

269. — On peut fonder un lit à perpétuité, moyennant un capital de 8,000 fr. ou abandon aux hospices d'une rente de 400 fr. sur l'état, et d'une somme de 300 fr. pour le mobilier. La rente et le capital doivent être déposés à l'administration des hospices, rue Notre-Dame, 2, et l'acte est passé devant notaire. Les frais d'acte et d'enregistrement sont à la charge du fondateur.

270. — La demande d'admission aux hospices doit être accompagnée d'un acte de naissance, d'un certificat de domicile à Paris ou dans le département de la Seine, d'un certificat du bureau de bienfaisance constatant la bonne conduite, et, pour les admissions gratuites, l'inscription au rôle des indigens.

271. — Toutes les infirmités doivent être constatées par le bureau central, parvis Notre-Dame, 2, qui reçoit aussi toutes pièces exigées, et délivre le bulletin d'admission.

272. — Toute place qui n'est pas occupée dans le délai de deux mois, à compter de la notification de la vacance ou nomination, est regardée comme vacante de nouveau.

273. — En entrant dans un hospice, tout indigent est tenu de déclarer à l'agent de surveillance s'il possède quelque rente ou pension, ou quelque somme d'argent placée à intérêts. — L'excédant du revenu supérieur à 150 fr. doit être abandonné au profit de la caisse des hospices. En cas de dissimulation de son revenu, l'indigent est exclu.

274. — Les hospices de la ville de Paris sont : 1° l'hospice de la vieillesse (hommes), plus connu sous le nom de Bicêtre. Cet hospice, destiné aux hommes âgés ou infirmes, admet de droit et sur présentation. Sont admis de droit, les octogénaires, les épileptiques, les aveugles, les aliénés. Sont admis sur présentation, les vieillards de soixante-dix ans et au-dessus, et ceux qui, au-dessous, ont été reconnus incurables par les médecins du bureau central d'admission. Les aliénés doivent apporter un certificat délivré par deux médecins et deux témoins oculaires des actes de folie, et ne sont admis que lorsqu'ils n'ont pas les moyens d'être à Charenton ou dans une maison de santé. — Les pièces sont produites au bureau central, et les infirmités constatées par les médecins du bureau. — Les admissions sont gratuites. — Il n'est accordé ni sortie ni congé aux cancérés, aliénés, imbéciles, épileptiques, et généralement à tous les admis de droit; les autres indigens, pourvu qu'ils soient valides, peuvent sortir tous les dix jours. — Le public entre tous les jours.

275. — 2° L'hospice de la vieillesse (femmes) dit la Salpêtrière. Cet hospice est exclusivement consacré aux femmes. Les conditions sont les mêmes qu'à Bicêtre pour les hommes. Le public est admis les dimanche, mardi et jeudi, de neuf heures à quatre heures. Pour visiter la maison les autres jours, il faut une permission de l'agent de surveillance.

276. — 3° L'hospice des incurables (hommes). Cet hospice est destiné aux vieillards et indigens infirmes. Il y a des lits pour les adultes et pour les enfans. — On ne peut y être reçu que sur la présentation des fondateurs et des personnes qui ont droit à la nomination. On admet aussi les enfans attaqués de maladies incurables, mais ils sont séparés des adultes. — Toutes les admissions sont gratuites. Les admis peuvent sortir tous les jours.

277. — 4° L'hospice des incurables (femmes). — Mêmes conditions, mêmes formalités pour l'admission et la fondation des lits qu'aux incurables (hommes). — Le public entre tous les jours.

278. — 5° L'hospice des ménages. — Maison de retraite pour les époux âgés. — On y reçoit les époux qui ont vingt ans de mariage, et dont l'un doit être âgé de soixante-dix ans et l'autre de soixante au moins; — les hommes veufs et les femmes veuves âgés de soixante ans. — Tout individu qui se remarie ne peut plus rester dans l'établissement. — Il y a quatre-vingts chambres gratuites pour les ménages pauvres, et cent cinquante lits dans les dortoirs pour les personnes devenues veuves pendant leur séjour dans la maison. — Tous les autres lits ne sont accordés qu'à ceux qui paient pour leur admission.

279. — 6° L'hospice de La Rochefoucault. — L'hospice de La Rochefoucault est une maison de retraite consacrée à recueillir les anciens employés des hospices et des personnes qui, sans être dans un état d'indigence absolue, n'ont pas des moyens d'existence suffisans et peuvent néanmoins payer soit une pension, soit un capital déterminé par leur âge. — Les sorties sont libres tous les jours.

280. — 7° La maison de Sainte-Périne. — Cette institution est destinée à recevoir les personnes des deux sexes âgées de soixante ans au moins, qui paient une pension annuelle de 600 fr., exigible par trimestre et d'avance, ou qui versent un capital fixe déterminé par leur âge. — Les sorties sont libres tous les jours.

281. — 8° L'hospice de Villas. — Pour être admis dans cet hospice, destiné aux indigens, il faut avoir soixante-dix ans et remplir les conditions ordinaires d'entrée dans les hospices. — L'admission est gratuite. — C'est dans cet hospice qu'un certain nombre de lits (six) sont réservés aux indigens appartenant au culte luthérien.

282. — 9° L'hospice Brezin ou de la Reconnaissance. — Les commis de grosses forges, les forgerons et les fondeurs y sont admis de préférence; à leur défaut, les ouvriers qui travaillent le fer, la fonte et le cuivre. — Tout individu repris de justice ne peut être reçu. — L'admission est gratuite et prononcée par le conseil général des hospices.

283. — 10° L'hospice Boulard ou Saint-Michel. — Il est destiné à servir de retraite à douze vieillards septuagénaires inscrits au bureau de bienfaisance. — L'admission est gratuite et prononcée par les bureaux de bienfaisance.

284. — 11° L'hospice Leprince. — Fondé pour vingt pauvres âgés de soixante-dix ans au moins ou atteints d'infirmités graves ou incurables, pourvu qu'ils soient domiciliés depuis six ans au moins dans le quartier des Invalides. — L'admission est gratuite et prononcée par le bureau de bienfaisance de l'arrondissement.

285. — 12° L'hospice d'Enghien. — Il renferme cent lits, sur lesquels soixante sont affectés aux hommes et quarante aux femmes. — L'admission est gratuite.

286. — 13° L'hospice Saint-Merry. — Fondé pour les malades de la paroisse Saint-Merry. — L'admission y est gratuite.

287. — 14° L'hospice des enfans trouvés et orphelins. — Cet établissement reçoit les enfans abandonnés au-dessous de deux ans, et les orphelins depuis cet âge jusqu'à dix ans. — Lorsqu'un enfant au-dessous de deux ans est déposé, il est dressé un procès-verbal des jour et heure du dépôt, de son sexe, de la manière dont il est vêtu, en un mot, de tous les indices qui, plus tard, peuvent servir à le faire reconnaître. — Outre ces enfans, l'hospice reçoit encore les abandonnés par suite de la disparition ou du départ forcé de leurs parens, les égarés, les dérobés, enfin, tous ceux dont les parens ne peuvent temporairement prendre soin.

288. — 15° L'Asile de la Providence, à Montmartre. — Cet établissement renferme des lits pour des vieillards des deux sexes; quelques-uns sont gratuits, les autres exigent des pensions de 600, 500, 400 et 200 fr.

§ 4. — *Secours divers.*

289. — Les secours divers qui ne rentrent ni dans les secours à domicile, ni dans l'admission de l'indigent dans les hôpitaux ou hospices, consistent principalement dans les consultations et traitemens externes, dans la fondation Montyon, et enfin dans le travail que donne la filature des indigens.

290. — *Consultations.* — Les médecins du bureau central donnent des consultations gratuites à tous ceux qui les demandent, le mardi de chaque semaine, de dix heures à une heure. — Le bureau délivre, sur un certificat des bureaux de bienfaisance, des bandages pour les hernies, des jambes de bois, des béquilles, et généralement tous appareils nécessaires pour leurs infirmités, le lundi et le vendredi, de neuf à deux heures.

291. — *Traitement externe.* — Un traitement externe de la teigne a lieu au bureau central les mardis et samedis, de neuf heures à midi. Le bureau est ouvert pour les malades tous les jours, de neuf heures du matin à quatre heures du soir. — A l'hôpital Saint-Louis a lieu un traitement externe des maladies de la peau; des bains de vapeur y sont en outre donnés gratuitement.

292. — *Secours directement donnés par l'administration de l'assistance.* — Dans des circonstances particulières, les pauvres, et spécialement les parens de quatre enfans âgés de moins de douze ans ou infirmes, les convalescens d'une maladie grave, et les personnes atteintes d'une infirmité grave, obtiennent quelquefois de l'administration de l'assistance publique et du membre de la commission administrative chargé de la distribution des secours à domicile, des secours extraordinaires, après constatation de leurs droits par les médecins du bureau d'admission aux hospices, et sur la demande des bureaux auxquels ils appartiennent.

293. — *Fondation Montyon pour les convalescens sortant des hôpitaux.* — Un fonds spécial, légué par M. de Montyon aux hospices de Paris, permet de subvenir par un secours immédiat aux premières nécessités des convalescens, inscrits ou non inscrits aux bureaux de bienfaisance, et dont le séjour dans un hôpital a interrompu les travaux et diminué les ressources. Les femmes en couche ont part à ce secours, en raison de leur séjour dans les hôpitaux d'accouchement. A sa sortie de l'hôpital, le convalescent reçoit un premier secours de 1 franc.

294. — Dans le délai de quinze jours après sa sortie, le convalescent nécessiteux doit réclamer les secours de la fondation par une demande adressée au bureau de bienfaisance de l'arrondissement qu'il habite. — Les secours sont provisoires, définitifs ou extraordinaires.

295. — Les secours provisoires sont accordés par le bureau, le plus souvent en nature, tels que pain, viande crue ou cuite, bouillon, demi-layettes, chemises, souliers, camisoles, pantalons, couvertures de laine, etc. (ces dons en nature ne peuvent excéder la valeur de 3 fr.), quelquefois en argent, et, dans ce cas, la somme allouée ne peut excéder 8 fr. — Les secours provisoires ne sont délivrés qu'aux indigens inscrits.

296. — Les secours définitifs ne peuvent dépasser 25 fr.; ils doivent être donnés en nature pour ce qui excède la somme de 8 fr., et ne sont accordés que sur une délibération du bureau.

297. — Les secours extraordinaires sont les secours en nature qui dépassent 25 fr., et les secours en argent qui dépassent 8 fr. Ils sont accordés par le conseil général des hospices, sur la demande des bureaux de bienfaisance, le plus souvent, pour les femmes en couche, les frais de route ou l'achat de quelque appareil de chirurgie.

298. — *Filature en faveur des indigens.* — Cet établissement fournit du travail aux femmes indigentes. — Munies d'un certificat constatant leur inscription au rôle des pauvres et cautionnées par leurs propriétaires, principaux locataires ou autres personnes domiciliées et solvables, il leur est fourni un rouet, un dévidoir et une certaine quantité de filasse. — Au fur et à mesure qu'elles rapportent le fil à l'établissement, elles reçoivent le prix de leur main-d'œuvre suivant la qualité et le numéro du fil. Le travail est payé à raison à peu près de 50 c. par jour. — Le nombre des personnes qui travaillent pour cette maison est de 2,500 par an. Le fil qu'elles font est employé à tisser de la toile pour les hôpitaux.

299. — *Secours d'une nature exceptionnelle.* — Les passeports gratuits, avec subvention de 15 c. par lieue; l'autorisation du commissaire de police pour brocanter et vendre dans les rues; la remise ou la modération des droits de patente; l'exemption des droits d'enregistrement et de succession; la délivrance, dans certains cas, des effets d'un parent décédé dans un hospice; l'inhumation gratuite; la délivrance gratuite des actes de l'état civil.

300. — La faculté de se présenter au conseil de l'ordre des avocats et aux chambres des avoués, des notaires et des huissiers pour y recevoir gratuitement des consultations, et être pourvus de défenseurs dans leurs procès, est encore un bénéfice accordé aux indigens.

Sect. 6e. — *Forces militaires spéciales de la ville de Paris.*

§ 1er. — *Historique.*

301. — Il y a eu de tout temps, à Paris, des corps armés préposés à sa garde.

302. — Un capitulaire de Clotaire II (595) portait que, lorsqu'un vol serait commis de nuit, les hommes de garde dans le quartier en répondraient s'ils n'arrêtaient pas le voleur; que si celui-ci fuyant était vu par les gardes d'un autre quartier et qu'ils négligeassent de l'arrêter, la perte causée par le vol retomberait sur eux; qu'il en serait de même de quartier en quartier, jusqu'au troisième inclusivement.

303. — Dès le commencement du onzième siècle, on trouve ce service régularisé à Paris. Chaque métier y devait faire à son tour les gardes de nuit, sauf de nombreuses exceptions tirées de l'honorabilité, de l'indignité, des infirmités, de l'état de maladie, de l'âge (soixante ans).

304. — Un capitulaire de Charlemagne (813), confirmant ces dispositions, porte que ceux qui, chargés de faire le guet, manquent à leur service, seront condamnés à quatre sous d'amende.

305. — Il y avait, en outre, dès avant le treizième siècle, une troupe soldée par l'épargne royale, et qui était chargée du guet, et spécialement de faire les patrouilles et rondes de nuit.

306. — Une ordonnance de Louis IX (déc. 1254) divise le guet en deux classes : le *guet royal* et le *guet assis* ou *guet des mestiers.* — « Cette compagnie fut, par nos prédécesseurs, ordonnée à leurs gages et dépens, dit une ordonnance de Philippe de Valois, de 1363, en parlant du guet royal... et par dessus ledit guet desdits mestiers, chacune nuit être fait en cette ville certain guet durant toute la nuit, de vingt sergens à cheval et de vingt-six sergens de pied, tous armés, en la compagnie d'un chevalier dit le chevalier du guet, gouverneur et meneur desdits guets. »

307. — Le chevalier du guet avait auprès de lui deux greffiers chargés de tenir le registre des inscriptions, et d'avertir ceux dont le tour de garde était arrivé.

308. — Les sergens du guet royal partaient du Châtelet au son de la cloche du couvre-feu, et parcouraient la ville toute la nuit. Ils visitaient le guet des métiers, et s'ils constataient quelques absences, le poste entier était emprisonné.

309. — Le guet des métiers portait le nom de *guet assis*, parce que les compagnies bourgeoises qui le composaient stationnaient dans les corps-de-garde, afin de prêter, au besoin, main forte au guet royal.

310. — Les gens de métier s'étaient chargés de ce service à leurs dépens, et le faisaient de trois semaines en trois semaines, et à tour de rôle, et dans leur quartier seulement. Deux inspecteurs, appelés chevaliers du guet, avertissaient chaque corporation du jour où elle devait fournir sa garde.

311. — Par lettres-patentes de 1559, Henri II ordonna que le guet royal veillerait seul désormais à la sûreté de la capitale.

312. — Après plusieurs modifications, l'effectif de ce corps fut réduit, sous Charles IX, au nombre de cent cinquante hommes, dont cinquante archers à cheval et cent à pied, tous nommés en titre d'office.

313. — Sous le ministère de Colbert, ce nombre de cent cinquante archers ayant paru insuffisant, on y ajouta une compagnie d'ordonnance de cent vingt cavaliers et une recrue de cent soixante fantassins. — Ce dernier corps fut l'origine d'une autre compagnie préposée au maintien de la tranquillité publique, et connue sous le nom de *garde de Paris.*

314. — La charge du chevalier du guet, supprimée une première fois en 1737, puis rétablie en 1765, fut définitivement supprimée en 1783, et sa troupe fut incorporée dans la garde de Paris. Ce corps se composait en 1789 de deux compagnies de soixante-neuf hommes qu'on appelait encore archers, de cent onze cavaliers et de huit cent cinquante-deux fantassins. Il fut supprimé à cette époque, et le service de sûreté reposa uniquement sur la garde nationale.

315. — Aujourd'hui, les forces militaires de la ville de Paris peuvent se diviser ainsi qu'il suit : 1° garde nationale; 2° garde nationale mobile; 3° gendarmerie de Paris, garde municipale, garde républicaine; 4° sapeurs-pompiers.

§ 2. — *Garde nationale.*

316. — Etablie ou, pour mieux dire, improvisée à la suite de la prise de la Bastille, en 1789, la garde nationale de Paris comprit d'abord seize légions subdivisées en soixante bataillons, chaque bataillon de quatre compagnies, chaque compagnie de deux cents hommes; un commandant général, un commandant général en second, un major-général et un aide-major, nommés par le comité permanent, constituèrent son état-major.

317. — Le 20 août 1789, la garde nationale de Paris prêtait serment au roi, à la loi et à la commune. — Le décret des 21 mai-27 juin 1790 porte, art. 54 : « Il y aura toujours une force militaire en activité sous le nom de garde nationale parisienne », et met cette force à la disposition de la municipalité.

318. — Depuis lors, la garde nationale de Paris a suivi, à peu d'exceptions près, le sort des autres gardes nationales de France. — V. GARDE NATIONALE.

319. — On sait que, soumise sous la Restauration au régime des ordonnances, elle arrive, de réduction en réduction, jusqu'au licenciement (ordonn. 30 janv. 1825; 29 avr. 1827), puis elle reparaît spontanément à la révolution de 1830.

320. — Nous aurons peu de choses à dire sur la période de 1830 à 1848, époque où la garde nationale de Paris demeura soumise non seulement à la loi organique et générale du 21 mars 1831, mais encore à la loi spéciale du 14 juill. 1837. — V. GARDE NATIONALE.

321. — Ces deux lois, celle du 30 avr. 1846, qui modifie plusieurs ordonnances portant organisation de certains corps de la garde nationale de Paris, notamment celles des 28 mai 1834 et 18 janv. 1838, relatives à la garde nationale à cheval, celle du 27 mars 1838 sur les sapeurs porte-hache, celle du 28 mars de la même année sur la musique des légions; l'ordonnance du 16 mars 1846, qui règle l'uniforme de l'infanterie, plusieurs décrets rendus depuis la révolution de février, notamment le décret du 8 mars 1848, sur les élections de cette garde nationale, forment le Code de la garde nationale de Paris, qui attend, comme les autres gardes nationales de France, la nouvelle organisation promise par l'art. 104 de la constitution de 1848.

322. — La garde nationale de Paris comprend douze légions d'infanterie, subdivisées chacune en quatre bataillons, lesquels se fractionnent en compagnies plus ou moins nombreuses, et en une légion de cavalerie qui comprend six escadrons.

323. — La légion de cavalerie n'a subi aucun changement dans sa composition; il n'en a pas été de même des légions d'infanterie. — Lors de la révolution de février, il existait, en vertu de la loi du 22 mars 1831, art. 46, par chaque bataillon, une compagnie de grenadiers et une de voltigeurs; ces compagnies, dites compagnies d'*élite*, ont été supprimées depuis. — Arr. minist. 13 mars 1848, art. 2. — Par suite, un remaniement a eu lieu qui, sans toucher au nombre des légions ni à celui des bataillons, a augmenté celui des compagnies porté en général, aujourd'hui, à huit par chaque bataillon.

324. — De plus, une légion d'artillerie a été, à diverses époques, établie dans la garde nationale. Cette légion, organisée le 10 fév. 1831, avait été dissoute le 6 juin 1832; réorganisée à la suite de la révolution de février, elle a été encore une fois dissoute le 13 juin 1849.

325. — On sait qu'en vertu de l'art. 64 de la loi du 22 mars 1831, le commandant supérieur des gardes nationales du département de la Seine est nommé par le chef du gouvernement. — Mais on n'ignore pas non plus qu'aucun officier exerçant un emploi actif dans les armées de terre ou de mer ne peut être nommé officier ni commandant supérieur des gardes nationales en service ordinaire. — Même loi, art. 67.

326. — Néanmoins, un décret du président de la république, rendu le 13 juin 1849, en présence des évènemens de cette journée, a réuni dans les mêmes mains le commandement supérieur des gardes nationales de la Seine et celui de la première division militaire, pour le temps nécessaire au rétablissement de la tranquillité publique dans la capitale, et cette mesure exceptionnelle a reçu l'approbation de l'assemblée nationale, qui, par une loi modificative des art. 64 et 67 de la loi du 22 mars 1831, autorise le pouvoir exécutif, jusqu'à la promulgation des lois organiques de la garde nationale et de l'armée, à réunir le commandement des troupes dans un ou plusieurs départemens, et le commandement de tout ou partie des troupes comprises dans la même circonscription.

327. — Le décret du gouvernement provisoire

du 8 mars 1848 a apporté, d'un autre côté, des modifications importantes à la loi de 1831, en ce qui concerne l'élection d'un certain nombre d'officiers de la garde nationale.—Avant la révolution de février, les chefs de légion et les lieutenans-colonels étaient choisis par le chef du gouvernement, sur une liste de dix candidats présentés, à la majorité relative, par la réunion : 1° de tous les officiers de la légion; 2° de tous les sous-officiers, caporaux et gardes nationaux délégués pour concourir à la nomination des chefs de bataillon et porte-drapeau. — Loi 22 mars 1831, art. 53 et 56. —Depuis, le principe électif ayant été étendu à tous les grades d'officiers, et le droit de suffrage direct conféré à tout garde national (décr. 8 mars 1848), le colonel et le lieutenant-colonel de chaque légion sont élus successivement par la légion réunie par bataillons, divisés en sections, au scrutin individuel et secret, et à la majorité absolue des suffrages. — Même décret; arr. minist. 13 mars 1848, art. 3, § 1er.

328. —Comme avant 1848, les colonels et lieutenans-colonels peuvent être choisis dans toute l'étendue du département. —L. 14 juill. 1837, art. 40; même décr.; même arrêt minist., art. 6.—Mais le gouvernement provisoire voulut, en outre, que, dans chaque arrondissement, la liste des candidats aux grades de colonel et de lieutenant-colonel fût placardée et affichée trois jours à l'avance par les soins des maires, qui indiquent également les lieux des réunions préparatoires et ceux des élections.— Même arrêté, art. 12.—Cette prescription paraît tomber en désuétude; du moins elle n'a pas été exécutée avec soin à l'occasion de récentes élections.

329. —Les chefs de bataillon et porte-drapeau, qui étaient nommés par tous les officiers du bataillon, réunis à un pareil nombre de sous-officiers, caporaux ou gardes nationaux nommés dans chaque compagnie du même bataillon (L. 22 mars 1831, art. 53), sont élus maintenant par tout le bataillon, au scrutin individuel et secret.—Même décr.; même arr. min., art. 3. —La liste des candidats devait être également placardée.

330. —Le décret portait encore que chaque bataillon élirait de la même manière un capitaine désigné pour être attaché à l'état-major général des gardes nationales de la Seine.—Certaines corporations durent également, à la même époque, désigner des officiers d'état-major.—Depuis déjà assez longtemps, cet état de choses a cessé d'exister; un corps nouveau d'état-major a été constitué suivant les mêmes formes qu'avant 1848, c'est-à-dire en dehors de toute élection.

331. —En outre, et en considération de l'augmentation considérable des cadres de la garde nationale, l'arrêté du gouvernement provisoire du 30 avril 1848 constitue par chaque légion, et sans compter les médecins attachés au jury de révision et au conseil de recensement, un chirurgien principal par légion, un chirurgien major par bataillon, un chirurgien aide-major par chaque compagnie.

332. —Le même arrêté attribue l'élection des membres du service de santé, pour chaque légion d'infanterie, au corps médical de la circonscription de la légion, aux officiers supérieurs de la légion et aux capitaines-commandans des compagnies.—Pour la cavalerie, à tout le corps médical, aux officiers supérieurs et capitaines-commandans de la cavalerie.—Et, pour l'état-major général, au corps médical tout entier et aux officiers composant l'état-major général.—Les chirurgiens-majors doivent être choisis et résider dans la circonscription de la légion, et les chirurgiens aides-majors dans la circonscription du bataillon.

333.—Mentionnons encore, bien qu'il n'y ait eu rien dans cette mesure de spécial à la ville de Paris, que l'uniforme de la garde nationale a subi, en vertu d'une décision prise sous le gouvernement provisoire, quelques légères modifications.

334. —Un projet de loi, présenté à la séance du 29 juillet 1850 de l'Assemblée nationale, par M. le ministre de l'intérieur, apporte de graves changemens, en plusieurs points, à l'organisation de la garde nationale de Paris. Toutefois, comme ce projet est loin encore d'être converti en loi, il n'y a lieu, pour nous, d'entrer à cet égard dans aucun détail.

§ 3.—*Garde nationale mobile.*

335. —Deux arrêtés du gouvernement provisoire, des 25 et 26 février 1848, avaient créé et organisé une garde nationale mobile, avant-garde de la garde nationale sédentaire, et pouvant devenir, en cas d'invasion, celle de l'armée parisienne.

336. —Formée en vingt-quatre bataillons, elle a été successivement réduite à douze (arr. 24 janv. 1849), puis à six (arr. 28 mars 1849). Sa dissolution, qui devait avoir lieu à dater du 31 décembre 1849, en vertu d'un arrêté du 12 décembre précédent, a été opérée le 31 janvier 1850, par suite de la prorogation prononcée par l'Assemblée législative, dans sa séance du 27 décembre.

337. —Dans la même séance, un projet de loi ayant pour but la création, sous le nom de *chasseurs de Paris*, d'un bataillon destiné à recevoir une partie des officiers, sous-officiers, caporaux et gardes de la garde nationale mobile de Paris, a été, après discussion et adoption isolée des articles, rejeté lors du vote sur l'ensemble.

§ 4.—*Gendarmerie de Paris, garde municipale, garde républicaine.*

338. —Un arrêté des consuls du 12 vendém. an XI crée, sous le nom de *garde municipale*, un corps de troupes chargé de faire à Paris le service qu'y faisait la garde nationale depuis le 14 juillet 1789. Ce corps était composé de deux régimens d'infanterie et de deux compagnies de cavalerie.

339. —L'organisation de ce corps fut changée par un décret du 10 avril 1813, portant création d'un corps de gendarmerie pour la garde de Paris.

340. —Celui-ci subsista jusqu'au 16 août 1830, époque à laquelle il fut supprimé et remplacé par un corps spécial, chargé du service de garde et de police de la capitale, et qui prit la dénomination de garde municipale de Paris. —V. GARDE MUNICIPALE.

341. —Nous avons vu (V° GARDE MUNICIPALE) quelle était, il y a encore deux années, l'organisation de ce corps, chargé du service d'ordre et de police dans l'intérieur de la capitale.—Dès le lendemain de la révolution de Février, un arrêté du gouvernement provisoire prononçait la dissolution de la garde municipale de Paris.

342. —Par suite de cette dissolution, le service de police et de sûreté de la ville de Paris se trouva confié, dans les premiers jours, à la garde nationale principalement, et aussi à des corps de volontaires connus sous le nom de *montagnards*, *bataillon lyonnais*, etc., qui prirent possession d'une partie des casernes abandonnées de l'ancienne garde municipale.

343.—Mais, pas plus que les citoyens, le gouvernement ne pouvait évidemment accorder une grande confiance à ces corps irréguliers, formés sans contrôle, et où, dès-lors, chefs et soldats ne présentaient, pour la plupart du moins, aucune garantie sérieuse.

344. —Aussi, le 16 mai 1848, le lendemain de l'envahissement de l'Assemblée constituante, la commission du pouvoir exécutif prononçait-elle la dissolution de ces corps, et créait en même temps un corps de 2,000 hommes d'infanterie et de 600 hommes de cavalerie pour le service spécial de police de la ville, sous le nom de *garde républicaine parisienne*, à la solde de la ville de Paris, sous les ordres directs du préfet de police, et dans les attributions du ministre de l'intérieur.

345.—L'effectif de ce corps a subi plusieurs modifications. En dernier lieu, un arrêté du président de la République, du 6 avril 1849, le compose de trois bataillons d'infanterie et de trois escadrons de cavalerie, commandés par un colonel, et en fixe le complet à 2,400 hommes.—Un nouvel arrêté du président de la République, du 27 octobre 1849, l'a fixé au chiffre total de 2,130 hommes, comprenant, outre l'état-major, deux bataillons d'infanterie à huit compagnies, à raison de 132 hommes par compagnie, officiers, soldats et tambours compris; deux escadrons de cavalerie, à raison de 154 hommes par escadron, officiers, soldats et trompettes compris

346. —Mais l'arrêté du 1er février 1849 est resté toujours en vigueur, en ce qui concerne l'organisation et les attributions de ce corps. —La garde républicaine fait partie intégrante de la gendarmerie.—Arr. 1er fév. 1849, art. 1er.

347. —Elle est placée dans les attributions du ministre de la guerre pour tout ce qui concerne l'administration, la police intérieure, la discipline et l'avancement.—*Ibid.*, art. 2.

348. —Sont applicables à la garde républicaine les dispositions des ordonn. des 29 oct. 1820 et 16 mars 1838, concernant les conditions d'admission, l'avancement, le rang dans l'armée, le droit aux récompenses militaires.—Arr. 6 avr. 1849, art. 3.

349. —Elle est spécialement affectée au service de la ville de Paris; ce service s'exécute sous la direction et d'après les ordres du préfet de police, et sous l'autorité du ministre de l'intérieur.—Arr. 1er fév. 1849, art. 3.

350.—Elle fait le service au ministère de l'intérieur, à l'hôtel-de-ville, à la préfecture de police, aux spectacles, bals, concerts et fêtes publics; elle fournit des postes dans les halles, marchés et autres établissemens municipaux.—Arr. 9 juin 1848, art. 29 et 30.

351. —Elle ne fait aucun service dans les réunions et bals chez les particuliers, n'est tenue à aucun service municipal sur la voie publique; a droit à une rétribution spéciale pour son service dans les théâtres, bals et concerts publics, laquelle rétribution est doublée après minuit; fait, lors des fêtes publiques, le service d'ordre avec le concours des troupes de ligne.—Art. 31, 32, 33 et 35.

352.—Elle ne fait pas de service près les établissemens de la banlieue; elle fournit seulement, en cas de nécessité, sur l'ordre du préfet de police, des postes dans les mairies, pour déférer aux réquisitions qui auraient pour but le rétablissement de l'ordre dans les établissemens publics. —*Ibid.*, art. 34.

353.—Le préfet de police peut, dans des cas extraordinaires, employer momentanément la garde républicaine pour d'autres services dans Paris ou dans la banlieue. —*Ibid.*, art. 36. —Un décret du président de la République, du 4 août 1849, fixe la solde, les hautes paies, indemnités et abonnemens attribués à la garde républicaine, en raison du service spécial de ce corps et des dépenses extraordinaires occasionnées par son séjour continuel à Paris.

354.—Le département de la guerre pourvoit aux dépenses de la garde républicaine. Il est subventionné, pour moitié de ces dépenses, par la ville de Paris, qui fournit, en outre, les bâtimens nécessaires au casernement.—Arr. 1er fév. 1849, art. 6.

§ 5. —*Sapeurs-pompiers.*

355. —Le corps des sapeurs-pompiers de la ville de Paris a été créé par un décret impérial du 18 sept. 1811.

356. —Le bataillon des sapeurs-pompiers de la ville de Paris est institué spécialement pour le service de surveillance contre l'incendie de la capitale. —Ce bataillon est placé sous l'autorité du ministre de l'intérieur, et sous les ordres immédiats et l'administration du préfet de police. —Il est commandé par un officier du grade de chef de bataillon ou de lieutenant-colonel. —Ordonn. 23 sept. 1841, art. 1er. —Il compte dans le complet de l'armée déterminé par l'art. 3, L. 21 mars 1832. —*Ibid.*, art. 2. —V., au surplus, pour tout ce qui concerne le corps des sapeurs-pompiers de la ville de Paris, V° SAPEURS-POMPIERS.

Sect. 7e. —*Police municipale. —Agens de la police municipale.*

357. —*Service central.* —Le service si important de la police municipale est centralisé, à la préfecture de police, dans les mains d'un fonctionnaire qui prend le nom de chef de la police municipale.

358. —Le directeur de la police municipale a sous ses ordres les différens agens de la police municipale, lesquels sont les commissaires de police, les officiers de paix, les sergens de ville, et enfin les agens appelés du terme générique d'agens de police.

359. —*Commissaires de police.* —Quarante-huit commissaires de police, dont nous avons exposé les attributions, sont chargés, sous la haute direction du préfet de police, de veiller à la sûreté de la ville de Paris. —V. COMMISSAIRES DE POLICE, § 2.

360. —Frappé des inconvéniens graves qui résultent pour la police de la ville de Paris de l'inégale répartition de la population entre les arrondissemens, et, par conséquent, entre les quartiers, le préfet de police actuel, M. Carlier, a cru devoir, sans plus attendre, procéder à une division nouvelle des commissariats.

361. —Sans toucher en rien au nombre des quarante-huit commissaires, il a partagé Paris en quarante-huit sections : quatre arrondissemens, les 1er, 2e, 5e et 8e, ont été par lui portés à cinq sections; quatre, les 3e, 4e, 7e et 9e, réduits à trois; les quatre autres arrondissemens, savoir : les 6e, 10e, 11e et 12e, demeurent chacun avec quatre sections.

362. —Le seul indice extérieur du bureau du commissaire de police est une lanterne où la lumière est enfermée par des verres rouges portant sur la face de l'un d'eux l'indication du commissariat.

363.—Des commissaires de police spéciaux sont affectés à l'Assemblée nationale, à l'Elysée, à la

Bourse et à l'embarcadère de chacun des chemins de fer.

364. — Deux commissaires de police sont encore spécialement chargés des délégations judiciaires. — Un troisième a pour mission spéciale l'interrogatoire des individus conduits au dépôt. — Ces trois commissaires ont leur bureau à la préfecture de police.

365. — *Officiers de paix.* — Chaque arrondissement a, outre ses commissaires de police, un officier de paix, lequel a sous sa direction immédiate le service des sergens de ville affectés à chaque arrondissement.

366. — Les officiers de paix correspondent avec le bureau central de la police municipale, dirigé à la préfecture de police par le directeur de la police municipale. — V. OFFICIERS DE PAIX.

367. — *Sergens de ville.* — A chaque arrondissement est affecté une brigade spéciale de sergens de ville. Le nombre des sergens de ville de chaque brigade varie suivant l'importance du service, ce qui n'est pas toujours en relation exacte avec l'étendue de l'arrondissement; c'est ainsi que, par suite du service important de la surveillance des halles centrales, la brigade du 4e arrondissement est la plus nombreuse, bien que cet arrondissement soit aujourd'hui, en superficie comme en population, le plus faible de Paris.

368. — Le service de jour d'une brigade d'arrondissement se partage par moitié; le renouvellement a lieu de quatre heures en quatre heures, depuis huit heures du matin jusqu'à huit heures du soir.

369. — Un bureau central est établi dans chaque arrondissement par les soins et aux frais de l'officier de paix; celui-ci, toutes les quatre heures, y reçoit les sergens de ville de sa brigade; ceux qui reviennent du service lui font leur rapport; quant aux autres, il leur désigne l'endroit de l'arrondissement où ils doivent stationner pendant leurs heures de présence.

370. — En outre, et pour parer à toute éventualité, un sergent de ville, au moins, demeure toujours de planton au bureau de l'arrondissement.

371. — Le service de nuit est l'objet de réglemens particuliers et qui varient nécessairement suivant les temps, les saisons ou les quartiers. — V. SERGENS DE VILLE.

372. — *Agens de police.* — L'action de la police est encore secondée par un grand nombre de surveillans occultes, d'agens secrets, et notamment par une brigade appelée *brigade de sûreté* et de la recherche et de la capture des malfaiteurs. — Ces divers agens relèvent directement du chef de la police municipale. — V. AGENS DE POLICE.

373. — Quelques-uns d'eux sont affectés à des services spéciaux, tels sont par exemple les agens qui composent la police dite des mœurs. — V. PROSTITUTION.

Sect. 8e. — *Approvisionnemens; halles et marchés.*

374. — Un des services les plus importans de la police municipale est incontestablement celui des approvisionnemens, qui ont lieu dans les halles et marchés.

375. — Des réglemens détaillés régissent la vente dans les halles et marchés de Paris; quelques uns de ces réglemens, et ce sont les plus importans, s'appliquent aux halles et marchés de toute nature; les autres, plus spéciaux, concernent soit les marchés d'approvisionnement, soit les marchés de détail.

§ 1er. — *Réglemens généraux sur les halles et marchés d'approvisionnement.*

376. — Les réglemens généraux des halles et marchés de Paris sont fort nombreux; le *Dictionnaire de police* de MM. Elouin, Trébuchet et Labat, les résume dans un ordre très méthodique; nous allons suivre ces auteurs dans cet examen.

377. — Un inspecteur général des halles et marchés, ayant sous ses ordres divers agens, est chargé de la surveillance générale des halles et marchés de la ville de Paris.

378. — *Concession des places dans les halles et marchés publics.* — Aucun détaillant ne peut s'établir dans les halles et marchés sans la permission du préfet de police. — Réglement du 11 juin 1829, art. 1er.

379. — L'inspecteur général des marchés reçoit les demandes à fin de permissions. — *Idem*, art. 3.

380. — L'inspecteur général les inscrit, par ordre de date et numéros, sur un registre spécial pour chaque marché. Il en tient, en outre, un répertoire par ordre alphabétique. Le numéro du

registre est porté sur la pétition. L'enregistrement indique les noms, prénoms et domiciles des pétitionnaires. — *Idem*, art. 4.

381. — Les permissions sont délivrées par l'inspecteur général. Elles portent en tête le numéro de la pétition. Mention en est faite à la suite de la pétition. — *Idem*, art. 6.

382. — La fille ou la nièce, exerçant depuis deux ans le commerce avec sa mère ou sa tante et à sa place, lui succède si elle le demande. — *Idem*, art. 7.

383. — Lorsqu'une place vient à vaquer, elle est conférée au plus ancien détaillant du même marché s'il la réclame comme plus avantageuse que la sienne. En conséquence, il est sursis pendant trois jours à toute délivrance de permission. — *Idem*, art. 8.

384. — La place restée vacante est accordée sur la demande la plus ancienne en ordre de date. — *Idem*, art. 9.

385. — Les places ne peuvent être tenues que par les titulaires, leurs femmes ou leurs enfans. — *Idem*, art. 10.

386. — Il ne peut être accordé deux ou plusieurs places au même détaillant sans une décision spéciale du préfet de police. — *Idem*, art. 11.

387. — La permission est retirée à tout détaillant qui, sans avoir justifié d'empêchement légitime, a été huit jours sans occuper sa place, encore bien qu'il en ait payé le prix de location. La place est réputée vacante et conférée comme telle. — *Idem*, art. 12.

388. — Il en est de même de toute place dont il a été traité à prix d'argent ou de toute autre manière. — *Idem*, art. 13.

389. — *Cultivateurs, jardiniers et marchands de gros légumes qui approvisionnent les marchés de Paris.* — Il est défendu aux cultivateurs, jardiniers et marchands de gros légumes, de jardinage et de fruits, qui approvisionnent les marchés de Paris, de faire entrer, circuler et stationner leurs voitures et bêtes de somme dans la ville avant *minuit.* — Ordonn. de police du 28 juin 1833, art. 1er.

390. — Les approvisionneurs doivent, en attendant l'heure d'entrer, ranger leurs voitures sur une seule file, ou sur deux files, lorsque les localités le permettent, de manière à ne point gêner la circulation, et notamment aux abords des barrières. Les bêtes de somme sont rangées de la même manière. — *Idem*, art. 2.

391. — Les voitures ne peuvent entrer que par six et à quelque intervalle. Il est expressément défendu aux conducteurs de ces voitures de mettre leurs chevaux au trot ou au galop. — *Idem*, art. 3.

392. — Les voitures des approvisionneurs trouvées en contravention sont mises en fourrière. — *Idem*, art. 4.

393. — Les contraventions sont constatées par des procès-verbaux qui sont adressés au préfet de police, et punies conformément aux lois et réglemens. — *Idem*, art. 5.

394. — Le directeur de l'octroi et des entrées de Paris est invité à faire tenir la main à l'exécution de la présente ordonnance par les préposés et employés sous ses ordres, notamment aux barrières de La Villette, de La Chapelle, de Pantin, du Roule et de Passy. — *Idem*, art. 7.

395. — *Placement des voitures des marchands forains.* — A compter du 1er décembre jusqu'au 1er juin de chaque année, toutes les voitures des marchands forains approvisionnant les halles du centre doivent être, aussitôt après leur déchargement, conduites dans les auberges, parcs et lieux clos des environs. Il est défendu de laisser stationner aucune voiture sur la voie publique. — Ordonn. de police, 28 janv. 1829, art. 1er.

396. — Sont exceptés les fourgons de beurre, de marée et d'huîtres, qui continuent d'être placés sur les lieux accoutumés. — *Ibid.*, art. 2.

397. — A compter du 1er juin jusqu'au 1er décembre, les voitures qui ne peuvent trouver place dans les auberges, parcs et lieux clos, sont placées sur les points de la voie publique déterminés par le préfet de police. Elles sont confiées aux soins de gardiens. — *Ibid.*, art. 3.

398. — Tout gardien de voitures sur la voie publique doit, préalablement, être pourvu de la permission du préfet de police pour faire ce service. — *Ibid.*, art. 4.

399. — Ces permissions désigneront les lieux et conditions du stationnement. Elles seront renouvelées tous les ans. — *Ibid.*, art. 5.

400. — *Circulation des voitures dans les halles du centre et leurs abords.* — La circulation de toute espèce de voiture est interdite, depuis cinq heures jusqu'à dix heures du matin, dans les halles du centre et dans les rues ci-dessous désignées, savoir : rue Saint-Denis,

depuis la rue des Lombards jusqu'à celle de la Grande-Truanderie; rues de la Ferronnerie et Saint-Honoré, jusqu'à celle du Roule; rue de la Tonnellerie; place de la Pointe-Saint-Eustache; rue Traînée, jusqu'à la rue Comtesse-d'Artois, et, enfin, dans toutes les rues comprises dans l'espace circonscrit par les rues ci-dessus désignées. — Ordonn. pol. 21 janv. 1832, art. 1er.

401. — Sont exceptées de cette disposition les voitures dont les conducteurs vont prendre ou déposer leur chargement, soit dans les halles du centre, soit dans les rues où la circulation est interdite par l'article précité. — *Ibid.*, art. 2.

402. — *Regrattières dans les halles et marchés.* — Il est défendu aux marchandes de stationner ailleurs que sous les abris des marchés des Innocens, de la Verdure, du Légat et de la Marée, qui leur sont exclusivement affectés. Celles qui les ont abandonnés devront y rentrer immédiatement. — Ordonn. pol. 24 mai 1831, art. 1er.

403. — Les regrattières et autres qui vendent sur éventaires, mannes, mannettes, etc., ne peuvent stationner à poste fixe sur aucun point de la voie publique. — *Idid.*, art. 2.

404. — Les marchandes qui se refusent à l'exécution des dispositions qui précèdent sont poursuivies conformément à la loi. — *Ibid.*, art. 3.

405. — *Ouvriers des halles et marchés; des forts.* — Les travaux indiqués dans les deux articles suivans ne peuvent être exécutés que par des ouvriers commissionnés par le préfet de police sous le nom de *forts*. Les forts sont distingués par une plaque aux armes de la ville de Paris qu'ils portent attachée à la veste, du côté droit. Ils exercent sous les ordres de l'inspecteur général des halles et marchés. — Ordonn. pol. 13 mai 1831, art. 1er.

406. — Les forts font exclusivement la décharge et le rangement des marchandises, tant sur le carreau des Innocens que sur le marché aux pommes de terre et aux ognons, rue de la Grande-Friperie, et sur le marché aux pois, qui se tient, pendant la saison de ce légume, à la pointe Saint-Eustache et dans les emplacemens et rues adjacens. Ils font aussi exclusivement la décharge, la rentrée et le rangement des marchandises dans les halles closes, telles que celles de la volaille, aux beurres, aux toiles et draps et aux cuirs. — *Ibid.*, art. 2.

407. — Dans les halles closes, les marchandises étant placées sous la responsabilité de facteurs, et, subsidiairement, sous celle des forts, ceux-ci peuvent seuls enlever les marchandises pour les livrer aux porteurs ou aux gardeurs que les acquéreurs auront désignés. La disposition du paragraphe précédent, relative aux forts, est applicable aux individus commissionnés de la marée dits *porteurs à deux liards*. — *Ibid.*, art. 3.

408. — Les forts sont responsables des marchandises par eux déchargées jusqu'à l'ouverture du marché dans les halles fermées. — *Ibid.*, art. 4.

409. — Les forts sont également responsables des marchandises qui, dans les halles closes, sont mises en réserve et confiées à leur garde. — *Ibid.*, art. 5.

410. — *Des porteurs.* — Tous les travaux relatifs aux marchandises dans les halles et marchés, à l'exception de ceux réservés aux forts par les articles précédens, peuvent être faits par tous les ouvriers qui ont rempli les formalités nécessaires pour obtenir le titre de porteur. — *Ibid.*, art. 6.

411. — Quiconque veut exercer la profession de porteur dans les marchés doit présenter à la préfecture de police un certificat de bonne conduite délivré par le commissaire de police de son quartier, sur l'attestation de deux témoins domiciliés qui déclarent le connaître. — *Ibid.*, art. 7.

412. — Après ces justifications, il lui est fait remise d'une médaille ou plaque sur laquelle est gravé le numéro d'enregistrement du porteur, sur le registre ouvert à cet effet à l'inspection générale des marchés. Cette plaque, délivrée par la préfecture de police, est frappée, en outre, d'un poinçon particulier pour en prévenir la contrefaçon. — *Ibid.*, art. 8.

413. — Les plaques ou médailles ne sont valables que pour un an. En conséquence, tous les ans, dans le mois de décembre, les porteurs doivent déposer, au bureau de l'inspection générale, leurs plaques, pour y être vérifiées et remplacées, s'il y a lieu, par celles de l'année suivante. Pour faciliter cette mesure, il y a deux formes de plaques de porteur : l'une carrée, destinée aux années dont le millésime est impair, l'autre en losange, pour les années dont le millésime est pair. Toutes les plaques destinées aux années paires sont nulles dans les années impaires, et réciproquement. — *Ibid.*, art. 9.

414. — Les porteurs ne peuvent entrer dans les marchés avant l'heure de leur ouverture. Ils doivent y porter leur plaque attachée au bras droit. Le numéro de la plaque est répété à l'endroit le plus apparent de la hotte ou du crochet, si le porteur a l'un ou l'autre, sans que, toutefois, cette répétition dispense du port de la plaque, qui seule peut justifier de l'agrément donné au porteur par l'administration. — *Ibid.*, art. 10.

415. — Les porteurs pourvus de plaques peuvent seuls être employés sur les marchés, sans que, toutefois, cette disposition préjudicie au droit qu'a tout acquéreur d'emporter lui-même sa marchandise ou de la faire emporter par des personnes attachées à son service. — *Ibid.*, art. 11.

416. — La plaque peut être retirée à tout porteur qui se trouve dans un des cas ci-après : 1o s'il a prêté sa plaque à un porteur non autorisé ; 2o s'il a cherché à envahir les travaux réservés aux forts par la présente ordonnance ; 3o s'il a pris part à des rixes ou voies de fait susceptibles de compromettre la tranquillité publique dans les marchés ; 4o s'il s'est livré à des actes de violence ou d'inconduite. — *Ibid.*, art. 12.

417. — Il est défendu, sous les peines portées par le Code pénal contre les infractions aux réglemens de police, de porter une plaque ou un numéro sur la hotte, et de quêter le travail sur le carreau des halles, sans avoir satisfait aux conditions imposées aux porteurs. — *Ibid.*, art. 13.

418. — *Mesures de salubrité à observer dans les halles et marchés.* — Il est enjoint à tous les détaillans établis dans les halles et marchés d'entretenir dans un état constant de propreté l'intérieur et les abords de leurs places. — Ordonn. pol. 1er avr. 1832, art. 1er.

419. — Il est défendu de jeter, dans les passages réservés pour la circulation, des pailles ou débris quelconques. Tous les débris doivent être rassemblés dans des seaux ou paniers, pour être déposés aux endroits affectés à ces dépôts dans chaque marché. — *Ibid.*, art. 2.

420. — Il est enjoint aux détaillans de n'avoir que des étalages ou ustensiles mobiles ou transportables. Il leur est expressément défendu de les fixer aux poteaux par des clous ou aux murs par des scellemens. Toute dérogation au présent article qui serait nécessitée par des motifs de salubrité, en faveur de certaines espèces de marchandises, doit être l'objet de permissions spéciales délivrées par l'administration. — *Ibid.*, art. 3.

421. — Il est défendu de placer sur les entraits du comble des abris, des coffres, des paniers pleins ou vides, et généralement des effets, marchandises ou matériaux quelconques, rien ne devant gêner la circulation de l'air sous les combles. — *Ibid.*, art. 4.

422. — Il est défendu d'élever les étalages latéralement, de manière à intercepter la vue et la circulation de l'air d'une place aux places voisines. — *Ibid.*, art. 5.

423. — Il est défendu de conserver dans les étalages des marchandises avariées impropres à la consommation. — *Ibid.*, art. 6.

424. — Tous les mois, et plus souvent s'il est nécessaire, à des jours qui seront désignés par l'administration, les marchands déplaceront leurs étalages et ustensiles quelconques pour nettoyer à fond le sol qu'ils couvrent. — *Ibid.*, art. 7.

§ 2. — *Marchés d'approvisionnement en gros.*

425. — Les marchés d'approvisionnement en gros sont affectés principalement à la vente en gros des denrées destinées à la consommation journalière des habitans de Paris. Là se rendent les marchands de la ville qui achètent pour revendre, soit dans leurs boutiques, soit dans les petits marchés ; là vont aussi s'approvisionner les grands consommateurs, tels que les établissemens publics, les pensionnats, les restaurateurs, et tous ceux qui trouvent économie à acheter plutôt de la première main que de la seconde. — Elouin, Trébuchet et Labat, *loc. cit.*

426. — Les marchés d'approvisionnement ne sont pas moins utiles aux producteurs et aux marchands forains, qui, toujours domiciliés au loin, s'y rendent habituellement aux époques déterminées par la nature des denrées qu'ils récoltent, qu'ils préparent ou recueillent dans les marchés hebdomadaires de leur pays ou des départemens voisins. Ils opèrent avec d'autant plus de confiance qu'ils sont toujours assurés de trouver dans les marchés en gros de la capitale le nombre et l'espèce d'acheteurs qui leur conviennent, c'est-à-dire ceux qui peuvent acheter tout ou partie de leurs apports. Ces marchés leur offrent encore l'avantage de pouvoir apprécier en parfaite connaissance de cause les besoins de la consommation et de régler leurs envois en conséquence.

427. — Là, point de crédit ; la vente est faite au comptant, le produit en est payé marché tenant. L'administration surveille toutes les opérations, de manière à préserver le producteur et le consommateur des combinaisons de la mauvaise foi et du monopole.

428. — Nous avons vu, dans un article spécial, que la vente dans les marchés d'approvisionnement avait lieu par l'intermédiaire d'agens spéciaux qui portent le titre de facteurs. — V. FACTEURS DES HALLES ET MARCHÉS. — Il ne nous reste plus, maintenant, pour compléter notre travail à cet égard, qu'à donner l'indication exacte des divers marchés d'approvisionnement, en mettant en regard la date des ordonnances de police qui les régissent.

429. — Les marchés d'approvisionnement de la ville de Paris sont : 1o la halle aux blés, où se fait le commerce des grains et grenailles. — Un réglement du 15 germ. an IV, auquel il convient de joindre certains édits ou déclarations anciens, tels que l'édit de décembre 1672, la déclaration du 19 avr. 1823, régit la vente des blés et grains à Paris. — V. aussi ordonn. de police 25 nov. 1829.

430. — ... 2o Le marché des Innocens ou halle proprement dite du centre, consacrée à la vente des légumes, fruits, plantes. — V. ordonn. de police 31 oct. 1825.

431. — ... 3o Le marché aux beurres, œufs et fromages. — V. ordonn. de police 18 juin 1823. — V. encore L. 24 août 1790, tit. 11.

432. — ... 4o Le marché à la marée et au poisson d'eau douce. — V., quant à la marée, ordonn. de police 29 flor. an X ; quant au poisson d'eau douce, ordonn. de police 21 janv. 1807 ; décr. 28 janv. 1811 ; ordonn. de police 20 déc. 1811 ; 25 fév. 1811 ; 1er déc. 1814. — V. aussi, quant aux deux sortes de ventes réunies, ordonn. de police 7 fév. 1822.

433. — ... 5o La halle aux huîtres. — V. ordonn. de police 24 fruct. an XII.

434. — ... 6o Le marché à la volaille ou au gibier, connu sous le nom de marché de la allée. — V. aussi ordonn. 22 vent. an XII.

435. — ... 7o Marchés de Poissy et de Sceaux, tous deux hors Paris ; le premier se tient le jeudi ; le second le lundi. Ils ont pour objet la vente des bestiaux. — V. ordonn. du roi 18 déc. 1829 ; ordonn. de police 25 mars 1830.

436. — ... 8o Halles aux veaux et vaches grasses. — V. ordonn. du roi 18 oct. 1829 ; ordonn. de police 25 mars 1830.

§ 3. — *Marchés de détail d'approvisionnement.*

437. — Les denrées achetées dans les marchés d'approvisionnement sont vendues dans les marchés dits de détail, par petites quantités, suivant les besoins journaliers. — Elouin, Trébuchet et Labat, *loc. cit.*

438. — Dans ces marchés, chaque marchand ne débite assez ordinairement qu'une seule espèce de marchandise ; mais la réunion de toutes celles qui servent habituellement à la nourriture de la population est toujours en rapport avec les besoins du quartier dans lequel le marché est situé, et ces besoins sont si bien connus qu'ils ne sont en souffrance que lorsque les arrivages ont été suspendus ou entravés par l'intempérie des saisons.

439. — Ces marchés sont nombreux ; ce sont : 1o le marché des Innocens, connu sous le nom de carreau de la halle. Il est régi en dernier lieu par l'ordonn. de police du 23 août 1834. On peut rattacher au marché des Innocens les nombreux marchés qui l'entourent, connus sous les noms de marchés à la viande, au beurre et aux œufs, aux pommes de terre, aux oignons, au poisson d'eau douce, à la marée, qui occupent tous des emplacemens distincts, tandis que dans les autres marchés de la ville de Paris, beaucoup moins considérables que ceux du centre, tous les approvisionnemens se trouvent réunis.

440. — ... 2o Le marché Saint-Germain. — Ordonn. de police 4 mai 1832. — C'est le plus considérable après les marchés du centre.

441. — ... 3o Marché Saint-Martin. — Ordonn. de police 12 juill. 1816.

442. — ... 4o Marché Saint-Honoré, plus connu sous le nom de marché des jacobins. — Ordonn. de police 14 nov. 1810.

443. — ... 5o Marché des Blancs-Manteaux. — Ord. de police 19 août 1819.

444. — ... 6o Marché Popincourt. — Ordonn. de police 21 mars 1831.

445. — ... 7o Marché des Carmes, près la place Maubert. — Ordonn. de police 4 fév. 1819.

446. — ... 8o Marché des Patriarches, au faubourg Saint-Marcel. — Ordonn. de police 31 juill. 1832.

447. — ... 9o Marché spécial aux fruits vendus sur bateau. Il se tient près du pont de la Tournelle, le long du port des Miramiones. — Ordonn. de police 2 oct. 1823.

448. — En dehors de ces marchés, créés et entretenus par l'autorité municipale, il en est d'autres qui, construits par des particuliers, ne peuvent être évidemment soumis qu'aux réglemens généraux de la salubrité et de la sûreté publiques. On peut citer les marchés de la Madeleine, Saint-Joseph, Sainte-Catherine et Saint-Laurent, etc.

449. — D'autres marchés ne sont également soumis qu'aux règles générales de sûreté et de salubrité publiques : ce sont les marchés de tolérance établis sur la voie publique ; on peut citer le marché de la rue de Sèvres et le marché Palu, dans la Cité.

450. — Mentionnons, en terminant, la foire aux jambons, qui se tient, dans la semaine sainte, sur le boulevard Bourdon, près de la Bastille, et celle des pains d'épice qui se tient à Pâques, à la barrière du Trône.

§ 4. — *Halles et marchés autres que ceux d'approvisionnement de denrées.*

451. — En dehors des halles et marchés d'approvisionnement, destinés à la nourriture, il existe des halles et marchés de produits divers.

452. — En fait de marchés en gros, il convient de citer : 1o les marchés aux fourrages, au nombre de trois, placés aux extrémités de Paris, et connus sous le nom de marché Saint-Antoine, Saint-Martin et d'Enfer. — Ordonn. de police du 13 sept. 1831.

453. — ... 2o Le marché aux chevaux, près le boulevard de l'Hôpital. — Ordonn. de police 3 sept. 1823.

454. — ... 3o La Halle aux cuirs. — Ordonn. de police 27 frim. an XIV.

455. — ... 4o La Halle aux draps et aux toiles, aujourd'hui peu suivie. — Ordonn. de police 13 brum. an XI.

456. — En fait de marchés de détail, il convient de citer : 1o les marchés aux fleurs, au nombre de cinq, savoir : le marché aux fleurs proprement dit, près le Palais-de-Justice ; le marché de la Madeleine ; le marché du Château-d'Eau, boulevard Saint-Martin ; le marché de la place des Vosges ; le marché Saint-Sulpice. — V., quant au marché aux fleurs principal, ordonn. de police 10 juin 1824.

457. — ... 2o Les divers marchés aux charbons soit sur les bateaux qui sont amarrés en Seine, soit sur certains emplacemens, notamment celui des Récollets, au faubourg Saint-Martin. — V. ordonn. de police du 15 déc. 1834, approuvée par le ministre du commerce. — La vente des charbons a lieu par l'intermédiaire des facteurs. — V. FACTEURS DES HALLES ET MARCHÉS, nos 60 et suiv.

458. — ... 3o Le marché du Temple, dont tout le monde connaît la destination ; il est occupé par les fripiers. — V. ordonn. de police 28 fév. 1811. — Un marché analogue, propriété privée, est établi sur l'emplacement de l'ancienne église Saint-Jacques-la-Boucherie, près la place du Châtelet.

459. — Une pure tolérance maintient le marché des marchands de vieux chiffons et vieille ferraille, sur l'emplacement du marché aux veaux, le jour où ce marché ne tient pas. Il convient de rappeler qu'autrefois ces marchands se tenaient près du Pont-Neuf, sur le quai de la Mégisserie, plus connu par cette raison sous le nom de quai de la Ferraille.

460. — Enfin, dans une grande partie des marchés d'approvisionnement de détail, de nombreux marchands de toutes sortes d'objets, lingerie, ferblanterie et autres, ont des places réservées.

Sect. 9e. — *Navigation et ports.*

461. — Des réglemens spéciaux existent quant au régime de la navigation à Paris et aux abords de cette capitale. Voici en quoi ils consistent :

462. — *Service général de l'inspection.* — Le service de la navigation consiste non seulement dans la surveillance de l'exécution des lois et réglemens sur les rivières, canaux, cours d'eau navigables ou flottables du département de la Seine ; il s'étend aussi aux ports et berges, bien plus aux chemins de halage, marchepieds, îles, îlots, aux travaux d'art entrepris dans les cours d'eau, aux ponts, et même aux trottoirs, et puis depuis le parapet jusqu'au ruisseau qui les sépare de la chaussée ou du pavé principal.

463. — Un inspecteur général de la navigation dirige tout le service. L'arrêté réglementaire du 20 juin 1832 (art. 2, 6, 7, 8), auquel il convient de

se reporter, contient au surplus, à ce sujet, les prescriptions les plus détaillées. Disons seulement ici que l'inspecteur général a sous ses ordres les inspecteurs, sous-inspecteurs, préposés.

464. — De plus, un inspecteur général adjoint est chargé d'assister l'inspecteur général de la navigation; il les supplée en cas d'absence. — *Ibid.*, art. 3.

465. — Les inspecteurs particuliers, placés chacun à la tête d'un arrondissement de navigation (V. *infrá* n° 467), dirigent, dans cet arrondissement, le service, assistés chacun d'un sous-inspecteur. — V., quant au détail de leurs attributions, *ibid.*, art. 3, 4, 9, 10, 11, 12, 13.

466. — Les préposés exercent dans le ressort de leur bureau d'arrivée (V. *infrá* n° 475) les mêmes fonctions que l'inspecteur dans l'arrondissement; de plus, ils sont spécialement chargés du service de l'arrivée. — *Ibid.*, art. 6.

467. — Le service de la navigation dans le département de la Seine est partagé entre sept arrondissemens d'inspection, lesquels, d'après l'ordonnance du 10 sept. 1831, sont ainsi partagés :

468. — Premier arrondissement : depuis les deux barrières de la Rapée et de la Gare, jusqu'au pont d'Austerlitz sur la rive gauche, jusqu'à la pointe de l'île Louviers, sur la rive droite, plus le canal Saint-Martin depuis la place d'Aval. Le bureau de l'inspection est au pont d'Austerlitz.

469. — Deuxième arrondissement : tous les bras de la Seine depuis l'île Louviers, qu'il comprend tout entière, jusqu'au Pont-au-Change. Le bureau de l'inspecteur est sur le quai de l'Hôtel-de-Ville.

470. — Troisième arrondissement : la rive gauche depuis le pont d'Austerlitz, et les bras de la Seine de ce côté jusqu'au pont Saint-Michel. Le bureau de l'inspecteur est sur le port Saint-Bernard.

471. — Quatrième arrondissement : les deux rives de la Seine depuis le Pont-au-Change et Saint-Michel jusqu'au pont National. Le bureau de l'inspecteur est sur le port Saint-Nicolas.

472. — Cinquième arrondissement : la Seine sur les deux rives depuis le pont National jusqu'au pont de la Gare sur la rive gauche, jusqu'au Point-du-Jour sur la rive droite. — Le bureau de l'inspecteur est au port des Invalides.

473. — Sixième arrondissement : le bassin de La Villette, le canal Saint-Denis et le canal de l'Ourcq jusqu'à la limite du département, le canal Saint-Martin jusqu'à la place d'Aval. — Le bureau de l'inspecteur est à La Villette.

474. — Septième arrondissement : les ports de Bercy et de la Gare en amont de Paris, en remontant jusqu'à l'ancien bac des carrières sur la rive droite, et jusqu'au port d'Ivry sur la gauche. — Le bureau de l'inspecteur est à Ivry.

475. — Quant aux bureaux d'arrivage, ils sont au nombre de trois : 1° celui de la Briche, à Saint-Denis, qui comprend, avec la gare Saint-Ouen, les deux rives de la Seine depuis le point où finit le cinquième arrondissement. — Arrêté réglementaire 20 juin 1832, art. 1er.

476. — ...2° Celui de Charenton, les deux rives de la Marne depuis l'entrée de cette rivière dans le département de la Seine. — *Ibid.*

477. — ... 3° Celui de Choisy, qui comprend les deux rives de la Seine, en remontant depuis les limites du premier arrondissement jusqu'à l'entrée du département. — *Ibid.*

478. — Lâchage, garage et mise à port des bateaux et trains. — Tous ces détails sont réglés avec le plus grand soin par l'ordonnance de police du 20 juin 1827.

479. — C'est ici le lieu de mentionner l'institution de deux espèces d'agens responsables, et, par cela même, privilégiés, pour le service si difficile de la navigation dans Paris.

480. — 1° Chefs des ponts de Paris. — Ils sont au nombre de deux; leur service consiste à assurer le service de la navigation sous les ponts de Paris. — Nous avons, au surplus, précédemment exposé avec détail leurs attributions, v° cités dessous.

481. — 2° Énvergeurs pareurs de corde. — L'ordonnance de police du 8 fév. 1808 a établi deux énvergeurs pareurs de corde, dont les fonctions consistent à veiller à ce que les chevaux employés à remonter les bateaux soient bien dirigés, à dégager les cordes lorsqu'elles éprouvent quelques obstacles, à les énverger sur les ports l'un du passage des bateaux, à faire retirer les passans.

482. — Leurs attributions s'étendent, en remontant la Seine, depuis la barrière de Passy jusqu'au Pont-Neuf. — V., au surplus, ordonn. 8 fév. 1808.

483. — Navigation et police spéciale des canaux du département de la Seine et du port de Bercy. — Nous ne ferons que mentionner les dates des ordonnances de police rendues à l'égard des canaux

---

et du port précité ; 1° canaux de l'Ourcq et Saint-Denis dans la partie de ces canaux comprise dans le département de la Seine (ordonn. de police 20 avr. 1834) ; 2° canal Saint-Martin. — Ordonn. de police 20 avr. 1834, port de Bercy ; ordonn. de police 15 avr. 1834.

484. — Tirage de sable en rivières. — Il ne peut être tiré tant dans la Seine que dans la Marne de sable qu'à plus de vingt-cinq mètres en amont, quarante mètres en aval de tous les ponts, sauf pour le pont National, à l'égard duquel aucune extraction de sable ne peut avoir lieu à moins de cinquante mètres tant en amont qu'en aval. — Ordonn. de police 21 janv. 1813, art. 1er.

485. — Pareille défense est faite à dix mètres des murs de tous les quais; la défense est portée à vingt mètres pour la partie du quai correspondant à la pointe orientale de l'île Notre-Dame.

486. — Une distance de 20 mètres doit aussi être observée à l'égard des bains et écoles de natation. — *Ibid.*, art. 2.

487. — Il est défendu de se servir de margotats pour le tirage du sable en rivière. Il ne peut être employé pour ce service que des doubles bachols solidement établis. — *Ibid.*, art. 3.

488. — Police des rivières et des ports pendant l'hiver et le temps des glaces, grosses eaux et débâcles. — Cette matière est réglée avec soin par l'ordonance de police du 7 janv. 1835.

Sect. 10°. — *Octroi.*

489. — L'octroi de Paris est régi et administré,

495. — 1° Boissons et autres liquides.

Désignation des objets	Mesures en nombres et poids.	Droits à percevoir en principal.			Dates des arrêtés approbatifs du gouvernement.
		d'octroi, décime non compris.	d'entrée, décime non compris.	Total.	
Vins en cercles..........	hectolitre.	10 fr. 50 c.	8 fr. 00 c.	18 fr. 50 c.	4 mai 1825.
Vins en bouteilles......	Id.	18 —	8 —	26 —	17 août 1832.
Alcools purs contenus dans les eaux-de-vie et esprits en cercles; eaux-de-vie, esprits en bouteilles, liqueurs et fruits à l'eau-de-vie........	Id.	25 —	50 —	75 —	Id.
Alcools dénaturés de 2 à 3 dixièmes........	Id.	7 36	22 08	29 44	
Ibid. de 3 à 4 dixièmes.	Id.	6 44	19 32	25 76	
Ibid. de 4 à 5 dixièmes.	Id.	5 52	16 56	22 08	10 août 1845.
Ibid. au-dessus de 5 dixièmes.............	Id.	4 60	13 80	18 40	
Cidres, poirés, hydromels.............	Id.	4 —	4 —	8 —	4 mai 1825. 28 déc. 1830.
Vinaigres de toutes espèces, verjus, sureau, hièble en fruit ou en jus, vins gâtés et liés liquides ou épaisses, tant en cercles qu'en bouteilles.............	Id.	10 50	—	10 50	Id.
Bières à l'entrée........	Id.	4 —	—	4 —	Id.
Bières à la fabrication...	Id.	3 —	—	3 —	Id.
Raisins non foulés de toute espèce........	kilogram.	— 05	—	— 03	17 juin 1848.

Nota. La vendange paie le même droit que le vin, dans la proportion de trois hectolitres de vendange pour deux de vin. Les eaux de Cologne et autres de même gen c paient le droit d'après la quantité d'alcools qu'elles renferment.

496. — Désignation des objets.	Mesures.	Droits à percevoir à l'entrée, décime non compris.	Dates des arrêtés approbatifs du gouvernement.
Huiles d'olive, fruits et conserves à l'huile, huiles parfumées.	hectolitre.	40 fr.	17 juin 1848. 4 novembre 1848.
Huiles d'œillette et huiles de lin.................	Id.	30 fr.	Id.
Toutes autres huiles........	Id.	20 fr.	
Vernis gras, blanc de céruse 'ot autres couleurs en pâte broyées.................	Id.	10 fr.	17 juin 1848.
Essence de térébenthine et autres liquides de toute nature employée comme essence de térébenthine.........	Id.	9 fr.	

Nota. Les graines oléagineuses, les farines en provenant, sont soumises aux droits d'après la quantité d'huile qu'elles sont présumées contenir, et qui est déterminée par l'administration de l'octroi, sur l'approbation du préfet de la Seine.

---

sous l'autorité du préfet de la Seine, par un conseil d'administration composé d'un directeur et de deux régisseurs, lesquels sont à tête de chacune des trois divisions composant le service intérieur.

490. — Le directeur est, en outre, chargé de la direction des droits d'entrée, qui comprend la comptabilité des droits dus au trésor.

491. — Le service extérieur se compose de receveurs affectés à la perception des droits d'octroi soit aux barrières principales, soit dans l'intérieur de Paris dans certains établissemens, tels que les entrepôts, les ports, les grands établissemens des messageries.

492. — La surveillance continuelle et la constatation sont exercées dans les divers endroits où se perçoivent les droits d'octroi à l'aide d'agens nombreux, embrigadés, revêtus d'uniformes; ils portent la dénomination d'employés d'octroi. —V., au surplus, octroi, n°s 852 et suiv.

493. — En ce qui concerne les objets soumis à l'octroi, notre intention n'est point de faire l'examen critique de ces droits imposés, et de leur assiette, ni d'entrer dans l'examen historique des lois ou ordonnances diverses qui ont pu établir, supprimer ou modifier les droits d'octroi à Paris; nous constatons seulement la situation présente.

494. — Les objets assujétis en ce moment à l'octroi d'entrée se classent ainsi qu'il suit : 1° boissons et autres liquides; 2° comestibles; 3° combustibles; 4° matériaux ; 5° fourrages; 6° bois de construction, bateaux et bois de déchirage; 7° objets divers. — Nous allons en donner le tableau, sans entrer, du reste, dans de trop grands détails.

497. — 2e *Comestibles.* — Paient, à raison de 100 kil., en vertu du décret du 23 déc. 1846 et du décret du 30 août 1848, savoir : viande de bœuf, vache, veau, mouton, bouc et chèvre, 9 fr. 40 c., quand elle sort des abattoirs de la ville ; 11 f. 20 c., quand elle vient de l'extérieur (dans ce dernier cas, on l'appelle viande à la main) ; abats et issues de veau sortant des abattoirs ou venant de l'extérieur, 8 fr.; porcs abattus, viande dépecée fraîche provenant de ces animaux, cochons de lait, graisses, gras de porcs et autres fondus ou non, sortant des abattoirs de la ville, 9 fr. 40 c.; venant de l'extérieur, 11 fr. 20 c.; abats et issues de porc sortant de l'abattoir ou venant de l'extérieur, 4 fr.; saucissons, jambons, viandes fumées et salées de toute espèce, charcuterie, 4 fr.

498. — Paient, en vertu du décret du 24 avr. 1848, et par kilog. : les truffes, pâtés et terrines truffés, volaille et gibier truffés, faisans, gélinottes, ortolans et bec-figues, 80 c.; la volaille de toute espèce, autre que les dindes et oies domestiques.

501. — 3e *Combustibles.*

Nature des objets.	Mesures, nombre, poids.	Droits d'octroi, décime non compris.	Décrets ou arrêtés approbatifs du gouvernement.
Bois dur à brûler, neuf ou flotté.	Stère.	2 fr. 65 c.	4 mai 1825.
Bois blanc, *idem*.	Id.	1 95	17 août 1832.
Menuise de bois dur et bois blanc, liée et non liée en fagots.	Id.	1	{ 4 mai 1825. 17 août 1832. 22 mai 1836.
Charbon de bois, à l'exception du poussier.	Hectolitre.	— 50	{ 4 mai 1825. 17 août 1832.
Poussier.	Id.	— 25	17 août 1832.
Charbon de terre, coke, tourbe carbonisée.	Id.	— 30	{ 4 mai 1825. 20 décembre 1838. 17 juin 1848.

502. — 4e *Matériaux.* — En vertu du décret du 12 oct. 1848, la chaux grasse vive, la chaux hydraulique vive et le ciment de toute espèce contenant de la chaux paient 1 fr. 20 c. par hectolitre. — La chaux grasse éteinte, la chaux hydraulique pulvérisée, le mortier dans lequel il entre de la chaux, la pierre à chaux et le poussier de cette pierre paient le demi-droit imposé sur la chaux vive. Du reste, les droits sont tant pour la fabrication à l'intérieur que pour l'entrée.

503. — Cette dernière observation s'applique aussi au plâtre, lequel, en vertu de l'ordonn. du 4 mai 1825, paie 36 c. par mètre. La pierre à plâtre et le poussier de pierre à plâtre paient à raison de la quantité de plâtre qu'ils peuvent produire.

504. — En vertu de l'ordonn. du 4 mai 1825, et par chaque mètre cube, sans distinguer si la matière provient de l'extérieur ou de l'intérieur de Paris, ce dernier cas est du reste fort rare, — les moellons bruts ou piqués paient 60 c.; la pierre de taille de toute espèce, dans laquelle est comprise la pierre dite granit de Cherbourg, 1 fr. 60 c.; le marbre et le granit proprement dit, 10 fr.

505. — En vertu du décret du 12 oct. 1848, et à raison du 1,000, les ardoises de toute dimension et les carreaux de dimension ordinaire paient 3 fr.; les briques de dimension ordinaire, 5 fr.; les tuiles de dimension ordinaire, 7 fr. 50 c. — Le droit est de 25 centimes les 100 kilog., en vertu du même décret, pour les briques, tuiles, carreaux de toute autre dimension que la dimension ordinaire, pots creux, mitres, tuyaux et poterie de toute espèce employés dans le bâtiment et le jardinage. Toutefois, il convient de remarquer que : 1e les briques, tuiles et carreaux neufs cassés ne paient que demi-droit; 2e les briques et autres terres cuites pulvérisées, ainsi que les pouzzolanes, ne contenant pas de chaux, ne paient pas de droit.

506. — Le décret du 17 juin 1848 a, en outre, établi un octroi de 60 cent. par mètre cube sur l'argile, la terre glaise et le sable gras.

507. — 5e *Bois de constructions, bateaux et bois de déchirage.* — L'ordonn. du 4 mai 1825 frappe d'un droit de 10 fr., quand ils sont débités en sciage, en planches ou en fente, les bois de chêne, châtaignier, orme, frêne, charme, noyer, merisier, prunier, pommier et autres fruitiers d'essence dure; — le droit est augmenté de 10 c. quand ces mêmes bois sont en grume ou équarris, et lissoires, jantes ou tables. Le droit se perçoit à raison de 100 mètres cour. de planches à 100 centimètres d'équarrissage, dans le premier cas, ce qui du reste représente le stère à; à raison du stère, dans le second cas.

508. — Le droit est, au contraire, fixé uniformément à 8 fr., dans tous les cas, pour les bois de

hêtre, sapin, platane, acacia, sycomore, peuplier, bouleau, aune, tilleul, saule et marronier. — Ordonn. 4 mai 1825.

509. — Les lattes paient, à raison de 100 bottes, 10 fr. — Même ordonn.

510. — Aux termes encore de l'ordonnance du 4 mai 1825, il est payé : par bateau en chêne, 24 fr.; par bateau en sapin, 10 fr.; pour bois de déchirage, à raison du mètre carré, en chêne, 18 c., en sapin, 10 c. — Tout bateau faisant exception par sa dimension à la toue ordinaire paie le droit par mètre carré.

511. — 6e *Fourrages.* — Les cent bottes de cinq kilogrammes de foin, sainfoin, luzerne, et autres fourrages, paient 5 fr.; pareille quantité de paille, 2 fr. Le droit se perçoit sur le nombre total des bottes sans déduction ni tolérance. Si le fourrage est introduit non botlelé, le droit se perçoit au poids, dans les mêmes proportions. Les foins et fourrages verts sont exempts de droits.—Ordonn. 4 mai 1825 ; 17 août 1832.

512. — L'avoine paie 60 cent. par hectolitre; l'orge 12 c.; l'orge mondé est exempt du droit. — Mêmes ordonnances.

513. — 7e *Objets divers.* — Aux termes de l'ordonn. du 4 mai 1825, le fourrage paie 10 cent., par kilog.; le sel gris ou blanc, 5 cent.

514. — La cire blanche, spermaceti raffiné ou non raffiné, pale, par kilog., 30 cent.; la cire jaune et spermaceti brut, 20 cent.—Décret, 17 juin 1848.— La bougie stéarique, acides stéariques, margariques, et autres matières pouvant remplacer la cire, paient 10 cent. par kilog. — Déc. 12 oct. 1848.

515. — Enfin, les suifs de toute espèce, bruts ou fondus en pains, chandelles, ou sous toute autre forme, flambarts, vieux oings et graisses de toute espèce non employées comme comestibles, paient 3 fr. par 100 kilog. — Ordonn. 23 déc. 1846.

516. — En dehors de tous ces droits, le décime par franc, imposé antérieurement en sus du droit principal d'octroi, a été maintenu par l'ordonn. du 17 août 1832, et par arrêté du gouvernement en date du 17 juin 1848.

517. — Un décime par franc est perçu également en sus du droit d'entrée perçu par le trésor en vertu des lois de finances.

518. — Enfin, outre le produit du droit proportionnel, il faut comprendre dans les recettes de l'octroi le produit des amendes, saisies et consignations résultant des fraudes.

Sect. 11e. — Règles spéciales au service des contributions directes.

519. — Le service des contributions dans la ville de Paris est, en ce qui concerne les contribu-

tions directes, l'objet de dispositions particulières que nous ne pouvons omettre.

520. — Il y a à Paris un directeur des contributions directes, dont l'action s'étend à tout le département, et dont les attributions sont semblables à celles des directeurs des départemens. — De même aussi que dans les départemens, ce directeur a sous ses ordres : 1e un premier commis de direction, 2e un inspecteur, lesquels ont les mêmes attributions que ceux de province. L'inspecteur du département de la Seine a, par exception, 5,000 fr. de traitement fixe.

521. — Il existe aussi un contrôleur central, dont le traitement fixe est de 3,500 fr., et dont l'action s'étend sur tout le département. Il a sous sa surveillance le service des contrôleurs ordinaires et des surnuméraires.

522. — Les contrôleurs de Paris sont au nombre de vingt-sept ; le traitement de ces contrôleurs est de 2,800 f.—Ils ont, en outre, des frais de bureaux qui s'élèvent à 600 fr. pour les plus anciens, et 580 fr. pour les nouveaux.

523. — Il existe encore à Paris des contrôleurs surnuméraires, lesquels viennent en aide aux contrôleurs titulaires.

524. — La répartition des contributions dans la ville de Paris n'a pas lieu par une commission de répartition analogue à celle usitée dans les départemens. Outre que l'organisation particulière de la ville de Paris ne se prête pas à la formation d'une pareille commission, on ne saurait imposer gratuitement aux citoyens de pareilles attributions, qui, dans la capitale, deviendraient une application constante et journalière.

525. — Par ces divers motifs, il a été institué pour Paris une commission des contributions directes composée de cinq membres, nommés par le préfet, et qui reçoivent un traitement annuel de 5,000 fr.—Un secrétaire, aussi rétribué, est attaché à cette commission.

526. — Au-dessous de ces répartiteurs titulaires, dix-neuf répartiteurs adjoints ont été institués, savoir : quatre de première classe, au traitement de 4,000 fr.; cinq de deuxième classe, au traitement de 3,500 fr.; cinq de troisième classe, au traitement de 3,000 fr.; cinq de quatrième classe, au traitement de 2,500 fr.

527. — Les répartiteurs opèrent conjointement avec les contrôleurs. Ils font avec eux le recensement des imposables, la rédaction des matrices de rôle, la vérification des réclamations faites par les contribuables irrégulièrement imposés, tant pour la patente que pour le mobilier, ou l'impôt foncier et des portes et fenêtres.

528. — Les bureaux de la direction centrale, en ce moment situés rue Poullier, 7, île Saint-Louis, sont ouverts les samedi et vendredi de chaque semaine, de deux à quatre heures pour les réclamations, et tous les jours, de neuf heures à quatre heures, pour demande de patente ou rectification de formule, et pour demande d'extraits de matrice.

529. — En outre, les contribuables des douze arrondissemens de Paris peuvent se présenter dans leurs mairies respectives les mardi et samedi de chaque semaine, de deux à quatre heures, pour soumettre leurs observations ou demander des renseignemens aux commissaires répartiteurs et aux contrôleurs sur ce qui les concerne en matière de contributions directes.

530. — Quant au mode de perception des contributions directes, on sait que le département de la Seine, à cause de la ville de Paris qu'il renferme et qui compose, à lui seul, les trois quarts de sa population, est encore soumis à une organisation particulière. Ainsi, il y a un receveur central au lieu d'un receveur particulier.

531. — Tous les percepteurs de la ville de Paris sont receveurs particuliers. Il leur est libre de se faire remplacer pour la signature par un fondé de pouvoirs, privilége dont ils jouissent dans l'intérêt de leur service. Un certain nombre d'entre eux s'abstiennent même de demeurer au siége de leur perception; mais une décision récente du ministre des finances va leur imposer désormais cette obligation.

532. — Pendant longues années, le nombre des receveurs particuliers percepteurs était fixé d'une manière uniforme à raison de deux par chaque arrondissement, ayant chacun deux quartiers ; ce qui faisait vingt-quatre receveurs particuliers percepteurs pour la ville de Paris.

533. — Depuis un certain nombre d'années, et principalement dans les arrondissemens importans, le nombre des receveurs particuliers, à cause de vacance d'une recette, a été augmenté ; c'est ainsi notamment que le deuxième arrondissement compte aujourd'hui quatre receveurs particuliers percepteurs, à raison d'un par quartier. Au con-

traire, dans le neuvième arrondissement, l'administration a cru, lors de la vacance de l'une des perceptions de cet arrondissement, ne devoir laisser qu'un seul percepteur pour tout l'arrondissement.

534. — Sauf les dimanches et fêtes, les bureaux de tous les receveurs particuliers percepteurs sont ouverts tous les jours de neuf heures du matin à trois heures du soir.

535. — Ce n'est pas seulement quant à l'organisation des contributions directes que la ville de Paris se trouve dans une situation exceptionnelle; elle l'est aussi quant à l'assiette de l'impôt.

536. — On sait que la loi du 21 avr. 1832, art. 20, permet aux villes ayant un octroi, de payer en totalité ou en partie, sur la caisse municipale, le contingent des contributions personnelles et mobilières. — V. CONTRIBUTIONS DIRECTES.

537. — La ville de Paris a usé de cette faculté : moyennant un abonnement consenti par le trésor, elle acquitte le montant des contributions personnelles et mobilières de ses habitans; toutefois, il faut distinguer entre ces deux contributions.

538. — La contribution personnelle est payée par la caisse municipale pour tous indistinctement; aussi, si la matrice des rôles mentionne toujours avec soin la désignation de la contribution personnelle, ce n'est que pour ordre; on ne trouve point cette désignation spéciale sur la feuille d'avertissemens délivrée aux contribuables.

539. — Au contraire, en ce qui concerne la contribution mobilière, celui-là seul en est exempt dont le loyer d'habitation est inférieur à 200 fr. par année; l'habitant de Paris qui se trouve dans cette dernière situation n'est porté que sur l'état spécial des imposables non imposés.

Sect. 12e. — *Services de la poste aux lettres dans Paris.*

540. — Le service de la poste aux lettres dans la ville de Paris est également l'objet de dispositions exceptionnelles. — V. POSTES, n° 332.

541. — Il existe à l'administration centrale une division spéciale qui prend la dénomination de bureau du service de Paris; c'est sous la direction supérieure de ce bureau que s'opère le travail général de la distribution des lettres pour Paris.

542. — En dehors de l'administration centrale, il existe un certain nombre de bureaux (aujourd'hui on en compte cent treize, et dix bureaux annexes) dans lesquels le public peut, tous les jours, sauf les dimanches et fêtes, faire les affranchissemens ou dépôts d'argent comme à l'administration centrale.

543. — En outre, une multitude de boîtes sont établies à des distances rapprochées pour recevoir les lettres qui y sont jetées, soit non affranchies, soit affranchies au moyen d'un timbre-poste.

544. — Les boîtes aux lettres sont levées sept fois par jour, pendant la semaine; les mêmes jours six distributions ont lieu.

545. — Les dimanches et fêtes reconnues, les boîtes ne sont levées que six fois; les distributions sont pareillement réduites à cinq. — Quant à ce qui concerne les jours de fêtes nationales extraordinaires, le directeur général des postes est dans l'habitude de faire connaître au public, par avis placardé, les changemens que le service peut avoir à cette occasion.

546. — Nous n'avons, du reste, pour tout ce qui concerne le service même de la distribution des lettres dans Paris, qu'à renvoyer aux explications fort détaillées que nous avons données au mot FACTEURS DE LA POSTE AUX LETTRES.

Sect. 13e. — *Services des inhumations. — Pompes funèbres. — Cimetières.*

547. — Nous avons donné, au mot CIMETIÈRE (nos 125 et suiv.), des explications relativement aux cimetières de la ville de Paris; nous n'avons rien à y ajouter ici. — V. ce mot.

548. — En ce qui concerne la constatation des décès, elle est assurée d'abord par le fait de l'institution de deux médecins spécialement commis par chaque arrondissement pour ce service.

549. — En outre, depuis quelques années, la ville a établi quatre médecins inspecteurs vérificateurs, auxquels sont même venus s'ajouter quatre inspecteurs adjoints. — Ces quatre médecins inspecteurs, ayant chacun trois arrondissemens, peuvent, malgré la visite du médecin d'arrondissement, se transporter de nouveau à leur tour au domicile du décédé, pour procéder à une nouvelle vérification du décès et de ses causes. — C'est là, évidemment, une institution qui n'a pas besoin d'être justifiée.

550. — Toute déclaration de décès entraîne, à moins que le décédé ou sa famille ne soit dans l'indigence, le paiement d'une somme de 20 francs; la ville a obtenu la création de cet impôt tout particulier, comme compensation des nombreuses dépenses que lui occasionnent les inhumations gratuites.

551. — Aux termes des décrets ou règlemens qui régissent les fabriques d'église, le service des pompes funèbres est presque toujours régi par elle; il forme du reste, d'ordinaire, un de leurs principaux revenus (V. décr. 23 prair. an XII); mais, en présence du grand nombre de paroisses de Paris, le service des pompes funèbres ne pouvait être divisé entre chacune d'elles; le service en eût souffert; plus d'une fabrique elle-même ne se fût pas trouvée en mesure d'y satisfaire; il y avait donc nécessité de centraliser ce service.

552. — Le décret du 18 août 1811, modifié par deux ordonnances royales des 25 juin 1832 et 11 sept. 1842, forment le Code complet de cette matière; nous nous bornerons à en analyser les principales dispositions.

553. — Le monopole du service des pompes funèbres pour la ville de Paris est adjugé aux enchères au profit du soumissionnaire qui accorde la remise la plus élevée au profit des fabriques d'église de la ville de Paris.

554. — L'adjudication est prononcée par le préfet en conseil de préfecture; deux commissaires des fabriques désignés par M. l'archevêque de Paris, et, en outre, un commissaire des consistoires peuvent y assister.

555. — Le montant de la remise due aux fabriques est versé par chaque convoi à la caisse de la fabrique de la paroisse, du temple ou du consistoire auquel appartenait le décédé. Sauf, pour les fabriques catholiques, le prélèvement qui est versé dans une bourse commune à toutes les paroisses, et entre les mains du trésorier de la fabrique de la cathédrale, pour être partagé également entre toutes les fabriques. — Décr. 18 août 1811, art. 7 et 8. — Depuis l'ordonn. du 11 sept. 1842, ce prélèvement est de 50 %.

556. — L'entreprise du service général à faire dans la ville de Paris comprend : 1° le service ordinaire réglé par l'administration; 2° le service extraordinaire tel qu'il sera commandé par les familles.

557. — Le service ordinaire consiste à faire transporter dans les églises ou temples, et ensuite dans les cimetières des arrondissemens municipaux, les corps des décédés, le tout d'après les ordres de MM. les maires, suivant le mode rappelé par les art. 3, 4, 5 et 6 de l'ordonn. du 25 juin 1832, et conformément au tarif annexé à ladite ordonnance.

558. — L'entrepreneur est tenu de transporter les corps à l'église ou au temple, toutes les fois qu'il n'a pas reçu par écrit un ordre contraire, sans pouvoir demander aucune augmentation.

559. — Le service extraordinaire consiste : 1° dans le soin de procurer aux familles sur leur demande, les corbillards, voitures de deuil, draperies et autres objets indiqués dans celles des classes indiquées par l'ordonnance spéciale et dans le tarif y annexé.

560. — ... 2° Dans la fourniture aux fabriques et consistoires qui n'auraient pas de mobilier, mais seulement sur leur demande et autorisation écrite, des objets nécessaires pour célébrer des anniversaires dits *bouts de l'an*, et autres cérémonies du même genre, et qui sont désignés dans le tarif, moyennant une remise qui est faite par la fabrique et qui est fixée à 15 % du prix porté pour ces objets audit tarif.

561. — Le nombre, la qualité, les attributions, le mode de nomination, le costume et les appointemens des divers préposés au service sont réglés par la même ordonnance du 11 sept. 1842.

562. — L'entrepreneur ne peut ni personnellement, ni par ses agens, exiger des familles aucune espèce de rétribution pour l'exécution de quelque partie que ce soit du service ordinaire, si ce n'est la somme de 7 francs pour l'inhumation de chaque personne décédée à domicile, de quelque âge qu'elle soit, et de chacune de celles décédées dans les hôpitaux ou hospices, dont l'inhumation aurait lieu par ses soins, sur la demande des familles.

563. — L'entrepreneur est tenu, sur les réquisitions expresses de MM. les maires, de fournir gratuitement une bière et un linceul pour l'inhumation des personnes décédées dans l'indigence.

564. — Pour le service extraordinaire, il est tenu de fournir aux familles les objets qu'elles peuvent désirer, sur leur demande, *de condition expresse, libellée par écrit* sur des feuilles d'ordre imprimées et conformes à ce qui est exigé par le décret du 18 août 1811.

565. — L'ordonn. du 11 sept. 1842 détermine neuf classes pour le service des pompes funèbres; dans chaque classe, il y a lieu de distinguer entre les fournitures obligatoires que les familles sont tenues de prendre, et les fournitures supplémentaires, qui ne sont ajoutées qu'autant qu'elles le demandent.

566. — Les objets détaillés dans l'une des classes des convois énoncés au tarif, sont fournis au prix invariable dudit tarif, et avec la remise proportionnelle fixée par son adjudication au profit des fabriques.

567. — Tout ordre pour un convoi doit être donné par écrit, indiquer la classe, désigner les objets fixés dans le tarif supplémentaire demandés par les familles. A cet effet, l'entrepreneur doit faire imprimer des modèles d'ordre, sur lesquels les familles ou leurs fondés de pouvoirs expriment leurs volontés.

568. — Il est défendu à l'entrepreneur des inhumations et à chaque fabrique de faire imprimer séparément, soit le tableau des dépenses du service de l'entreprise, soit le tableau des dépenses fixées pour les cérémonies.

569. — Pour faciliter les démarches des familles, un agent spécial, chargé de régler les convois, est établi aux frais de l'administration des pompes funèbres dans chaque mairie d'arrondissement.

570. — Aux termes des réglemens, aucune inhumation ne peut avoir lieu que dans des bières ou cercueils vérifiés et estampillés par l'inspecteur général de service attaché à la préfecture du département.

571. — Mais l'administration des pompes funèbres a-t-elle le droit exclusif de fournitures des cercueils; ou les familles peuvent-elles, au contraire, s'adresser à d'autres personnes? On sait que depuis quelque temps, principalement, l'industrie privée est entrée en lutte avec l'administration des pompes funèbres. — Une espèce d'association ou entreprise générale s'est même constituée à cet effet, et a fait appel à la publicité par voie d'affiches et de prospectus. Nous n'hésitons pas, quant à nous, à dire que tolérer une pareille concurrence, même dans les limites où prétendent se restreindre ces entrepreneurs, c'est-à-dire pour les cercueils dits de luxe, serait manifestement contraire aux bases et conditions du cahier des charges, rédigé en exécution des lois et ordonnances, qui ne font aucune distinction, et ce, avec raison; en effet, ce n'est que par les fournitures de luxe que l'entreprise peut se retirer des charges si lourdes qui résultent, pour elle, tant de l'inhumation des indigens que des remises considérables qu'elle est obligée de faire aux fabriques. Aussi pensons-nous que l'administration des pompes funèbres a le droit exclusif de fournir tous les cercueils, quelle qu'en soit la valeur.

CHAPITRE. IV. — *Budget. — Biens de la ville. — Contrats, procès, emprunts. — Travaux.*

572. — De même que toutes les autres communes, celle de Paris doit être considérée comme un être de raison, comme une personne morale susceptible de posséder et de contracter; elle a des biens et des dettes, perçoit ses revenus, poursuit ses débiteurs, plaide tant en demandant qu'en défendant, et, pour tous ces actes, elle est en tutelle, c'est-à-dire qu'elle est soumise, pour leur accomplissement, à des formalités analogues à celles que la loi a prescrites dans l'intérêt des mineurs et des interdits. — V. COMMUNES.

Sect. 1re — *Budget de la ville.*

573. — Nous avons vu plus haut (V. *suprà* n° 109) que chaque année le budget de la ville est arrêté en dépenses et en recettes par le conseil municipal, aujourd'hui par la commission municipale, sous l'approbation qui, en fait, n'est jamais refusée, du ministre de l'intérieur.

574. — Il est peu d'états en Europe dont le budget puisse entrer en balance avec celui de la ville de Paris; pour apprécier ce fait, il suffira de reproduire ici le résumé fidèle en recettes et dépenses de l'année 1847, qui peut être regardée comme une année de période normale.

575. — BUDGET DES RECETTES. — *Recettes ordinaires prévues au budget.*

Ch. 1er.	Centimes communaux,	1,061,100	»
— 2.	Octroi,	30,800,000	»
— 3.	Halles et marchés,	2,351,850	»
— 4.	Poids public et mesurage,	260,300	»
— 5.	Grande et petite voiries,	218,700	»
— 6.	Etablissemens hydrauliques,	1,070,000	»
— 7.	Caisse de Poissy,	40,000	»
— 8.	Abattoirs,	1,100,000	»
— 9	Entrepôts,	460,000	»
— 10.	Location d'emplacemens sur la voie publique,	685,151	»
— 11	Loyers de propriétés communales,	160,265	27
— 12.	Expéditions d'actes,	103,000	»
— 13.	Taxe des inhumations,	401,400	»
— 14.	Concessions de terrains dans les cimetières,	685,480	»
— 15.	Exploitation des voiries,	446,050	»
— 16.	Garde municipale,	1,996,903	43
— 17.	Recettes diverses annuelles	1,416,493	30
		43,265,603	»

Recettes extraordinaires.

— 18.	Recettes accidentelles,	3,301,000	»
	Total des recettes du budget de 1847,	46,566,603	»

Quelques diminutions en plus ou en moins eurent lieu sur les recettes réalisées de tels ou tels chapitres; mais, au résumé, la bonification fut telle, que les produits constatés au réglement du compte des recettes, tant recouvrées qu'à recouvrer, ont été fixés définitivement à 73,339,950 fr. 79 c.

576. — BUDGET DES DÉPENSES. — *Dépenses ordinaires arrêtées lors du budget.*

Ch. 1er.	Dette municipale,	4,523,224	68
— 2.	Registres de l'état civil,	59,200	»
— 3.	Contributions des propriétés productives,	86,863	94
— 4.	Prélèvement au profit du Trésor,	3,900,259	74
— 5.	Préfecture, mairie centrale,	771,589	91
— 6.	Mairies d'arrondissement,	463,451	60
— 7.	Frais d'exploitation ou de perception,	3,130,468	16
— 8.	Instruction primaire,	1,070,465	40
— 9.	Cultes,	90,590	37
— 10.	Inhumations et cimetières,	416,976	63
— 11.	Garde nationale et service militaire,	968,439	25
— 12.	Grande voirie (service ordinaire),	846,630	03
— 13.	Travaux d'entretien,	2,683,174	»
— 14.	Grosses réparations,	248,468	02
— 15.	Frais de direction des travaux,	366,557	62
— 16.	Dépenses diverses,	209,180	11
— 17.	Hospices et établissemens de bienfaisance,	6,632,118	95
— 18.	Arriéré (Voir plus bas),	»	»
— 19.	Préfecture de police,	10,745,208	16
— 20.	Bibliothèque, promenades, travaux d'art,	264,612	91
— 21.	Colléges et établissemens d'instruction publique,	117,445	39
— 22.	Pensions et secours,	65,521	76
— 23.	Fêtes et cérémonies publiques,	335,857	97
— 24.	Dépenses imprévues, crédit réparti sur l'ensemble du service,	»	»
	Total des dépenses ordinaires,	37,896,006	60

Dépenses extraordinaires autorisées par décisions ultérieures du conseil municipal.

Ch. 25.	1° Travaux d'architecture,	3,962,241	39
	2° Travaux des ponts et chaussées,	2,186,461	87
	3° Travaux hydrauliques,	1,112,899	04
	4° Elargissement de la voie publique,	8,685,629	94
	Total,	15,947,232	24
— 28.	Distribution de bons de pain aux classes nécessiteuses,	8,753,301	98
	Total des dépenses de l'année 1847, payées ou restant à payer.	62,696,540	82
	Dépenses des années 1846 et antérieures acquittées sur les fonds de 1847 (chap. 24, § 18; 26 et 27, § 18),	2,042,512	81
	Total général des dépenses constatées au compte de 1847,	64,739,053	63

577. — Ainsi, malgré la dépense de près de neuf millions consacrés par la ville à la distribution de bons de pain, si cher à cette époque, à la classe nécessiteuse, les recettes se trouvaient excéder les dépenses de 8,600,897 fr. 16 c.

578. — La secousse profonde imprimée par la révolution de février a évidemment changé cet état de choses; la ville a vu ses réserves encaissées disparaître; elle a dû ajourner certains travaux, suspendre même l'exécution de certains autres commencés; elle a été dans la nécessité de faire des emprunts. Mais cet état de crise n'est que temporaire, et, depuis quelque temps surtout, les recettes municipales s'accroissent d'une manière sensible.

Sect. 2e. — *Biens de la ville.*

579. — Les biens de la ville de Paris sont considérables; sans parler des propriétés particulières qu'elle peut mettre à loyer, elle a un grand nombre d'immeubles affectés à un service public.

580. — Ainsi, outre son hôtel de ville, elle possède, 1° presque toutes ses mairies d'arrondissement; il n'existera plus prochainement qu'une seule mairie à loyer, et, par conséquent, qu'une seule justice de paix, par suite de la réunion également fort prochaine des mairies et justices de paix dans le même local.

581. — A l'égard des édifices consacrés aux cultes, il existe encore, au compte de la ville, quatre églises à loyer.

582. — La ville de Paris est loin d'être encore propriétaire de toutes ses maisons de secours, surtout de ses maisons d'école.

583. — Mais elle est propriétaire de tous les bâtimens élevés aux barrières pour la perception des droits, ainsi que de son mur d'octroi.

584. — Notre intention n'est pas, du reste, de faire ici l'énumération complète des propriétés de la ville appliquées à un service public; ainsi nous pourrions citer la Bourse, l'Entrepôt des vins, etc. Constatons seulement que la tendance de l'autorité municipale est que, dans un temps plus ou moins éloigné, mais le plus rapproché possible, la ville devienne propriétaire de ses établissemens municipaux; c'est ce qu'elle réalise en ce moment, surtout pour les mairies, les églises, les écoles. Il n'y aura plus un jour aucun service municipal à loyer.

Sect. 3e. — *Contrats, procès, emprunts.*

585. — Nous avons dit que la ville de Paris était, comme les autres communes de France, une personne morale ayant des biens et des dettes, susceptible d'acquérir, d'aliéner, de plaider, etc. Elle est représentée, dans tous les actes de sa vie civile, par le préfet de la Seine, son maire principal; mais elle est, en outre, de même que les autres communes, soumise, pour les plus importans de ses actes, à la tutelle de l'administration supérieure.

586. — *Acquisitions à titre gratuit; dons et legs.* — Les libéralités soit entre-vifs, soit testamentaires faites à la ville de Paris, ne peuvent être acceptées qu'après délibération favorable ou contraire de la commission municipale, et en vertu d'un décret du pouvoir exécutif, le conseil d'état entendu, et sur l'avis préalable du préfet de la Seine. — C. civ., art. 910; L. 2 janv. 1817; ordonn. 2 avr. 1817, art. 1er.

587. — Il peut paraître surprenant que le préfet de la Seine, maire central de Paris, soit consulté sur l'opportunité d'une acceptation au nom de la ville confiée à son administration; mais il ne faut pas perdre de vue que le préfet de la Seine n'est pas, comme les maires des autres communes, membre et président du conseil municipal, qu'il a seulement droit d'assister à ses séances, avec voix consultative. Aussi peut-il autoriser, lorsqu'il y a délibération conforme, l'acceptation des dons ou legs en argent ou objets mobiliers n'excédant pas 300 fr. — Ordonn. précitée.

588. — L'acceptation est faite au nom de la ville de Paris par le préfet de la Seine, qui est chargé d'exécuter les conditions de la donation.

589. — *Acquisitions à titre onéreux.* — Aucune ville, ni aucune commune, dit la loi du 10 août 1791, ne pourra désormais être autorisée à faire des acquisitions d'immeubles que par décret du corps législatif. Cette disposition s'applique à la ville de Paris, comme elle s'appliquait aux autres communes avant la loi du 18 juill. 1837, moins toutefois la nécessité d'une loi pour l'autorisation; en effet, la forme législative a été abandonnée sous l'empire (circ. minist. 18 juin 1806; décr. 5 avr. 1811), et remplacée par les décrets impériaux auxquels ont succédé les ordonnances royales, puis les décrets du président de la République.

590. — Les pièces à produire pour obtenir l'autorisation sont: 1° le procès-verbal de l'estimation de l'immeuble à acquérir, dressé contradictoirement par deux experts, un nommé par le préfet de la Seine, l'autre par le propriétaire vendeur; 2° le plan des lieux, s'il s'agit d'un édifice important, et le devis des travaux à faire pour la destination que l'on veut lui donner; 3° le consentement du propriétaire; 4° la délibération de la commission municipale sur l'acquisition à faire; 5° le budget de la ville de Paris; 6° une enquête *de commodo et incommodo* faite à la mairie de l'arrondissement de la situation de l'immeuble par un commissaire délégué par le préfet de la Seine; 7° une seconde délibération de la commission municipale répondant aux objections produites dans l'enquête; 8° et l'avis du préfet de la Seine. — Arr. 7 germ. an IX; avis du cons. d'ét. 3 sept. 1811.

591. — Quand l'immeuble appartient à un particulier, l'acte de vente est dressé par un notaire sur le vu du décret d'autorisation. Si l'immeuble appartient au domaine, la vente est faite administrativement.

592. — Pour les acquisitions par expropriation forcée pour cause d'utilité communale, V. EXPROPRIATION POUR CAUSE D'UTILITÉ PUBLIQUE, et L. 3 mai 1841.

593. — *Aliénations.* — Les formes prescrites à la ville de Paris pour aliéner sont, en général, les mêmes que pour acquérir. L'aliénation a lieu après délibération de la commission municipale, en vertu d'un décret du pouvoir exécutif. — L. 10 août 1791; cons. d'ét., 23 prair. an IX.

594. — *Echanges.* — L'échange, renfermant à la fois une aliénation et une acquisition, emprunte à ces deux contrats les formalités nécessaires pour y arriver. Il a lieu en vertu d'un décret du pouvoir exécutif, sur représentation des pièces suivantes: 1° un procès-verbal dressé contradictoirement, portant l'estimation de l'immeuble à donner en échange et de celui à recevoir en contre-échange; 2° la délibération de la commission municipale; 3° l'enquête *de commodo et incommodo*; 4° l'avis du préfet de la Seine.

595. — *Baux.* — Le droit de faire des baux étant une conséquence du droit d'administrer, le préfet de la Seine procède à l'adjudication des baux dont les conditions ont été réglées, sous son approbation, par la commission municipale.

596. — Ces baux peuvent avoir pour objet non-seulement certaines propriétés de la ville, mais encore l'entreprise des services publics en fournitures établis ou à faire dans l'intérêt de la ville, telles que les droits des halles et marchés, ceux de mesurage, pesage et jaugeage, l'octroi, les places, bancs ou chaises dans les lieux publics, l'éclairage public, l'entretien du pavé, le balayage, l'enlèvement des boues et immondices, l'entreprise des funérailles, etc. — Rolland de Villargues, *Rép.*, vo *Bail des biens des communes.*

597. — L'adjudication est faite par le préfet, en présence d'un délégué de la commission municipale; il en est passé acte devant le notaire de la ville ou celui désigné par le préfet. — Ordonn. 7 oct. 1818.

598. — Lorsque les clauses du bail ont été fixées, le préfet dresse le cahier des charges; des publications ont lieu de dimanche en dimanche, pendant un mois, à la porte des églises; des affiches sont apposées de quinzaine en quinzaine dans les lieux accoutumés; des extraits de ces publications et affiches sont insérés dans les journaux. — L. 5 nov. 1790 et 11 fév. 1791; décr. 12 avr. 1807.

599. — *Emprunts.* — La ville de Paris ne peut, non plus que les autres communes, emprunter sans l'autorisation du corps législatif. — Décr. 14 déc. 1789, art. 54, et 21 mai 1790, art. 4; 22 déc. 1789, sect. 3e, art. 6; 7 fév. et 5 août 1791.

600. — Les emprunts se font, soit par imposition extraordinaire, soit par un traité passé avec une administration financière, telle que la caisse des dépôts et consignations, la banque de France, etc., soit au moyen de l'émission de bons à échéances déterminées, soit enfin, le plus souvent, par la création d'obligations municipales de 1,000 francs chacune, négociées ordinairement avec publicité et concurrence, c'est-à-dire par voie d'adjudication, sur un cahier des charges fixant un maximum d'intérêt payable par semestre.

601. — La plupart du temps, pour encourager les prêteurs et faciliter ainsi l'emprunt par le dernier mode, la loi qui l'autorise permet de stipuler des primes en addition au capital et affectées à des lots. Le remboursement des obligations avec les primes y attachées a lieu par la voie du sort et par semestre, jusqu'à extinction complète de l'emprunt. — V. notamment L. 29 mars 1832; décr. de l'assemblée nationale 24 août 1848.

602. — Les pièces à produire à l'appui des demandes d'autorisation, sont: 1° la délibération

municipale qui la formule et énonce le taux de l'intérêt, le mode et les termes du remboursement, ainsi que les ressources au moyen desquelles la ville entend y pourvoir; 2° un relevé présentant dans des colonnes distinctes le total des recettes et dépenses ordinaires d'après le compte des trois derniers exercices; 3° un état certifié des dettes de la ville; 4° l'énoncé des charges auxquelles doit subvenir l'emprunt proposé; 5° le budget communal réglé pour l'exercice courant; 6° l'avis du préfet de la Seine. — Instr. minist. 12 août 1840.

603. — *Procès et transactions.* — De ce que la ville de Paris peut obliger des individus envers elle ou s'obliger envers eux, il s'ensuit qu'elle peut être forcée de comparaître en justice, soit pour revendiquer un droit, soit pour résister à une demande.

604. — Mais la protection que la loi lui a accordée pour les contrats ne devait pas lui manquer pour les procès qui en dérivent, et dans lesquels il ne fallait pas permettre qu'elle s'engageât inconsidérément.

605. — Aussi, la ville de Paris ne peut intenter ou soutenir un procès sans une autorisation préalable du conseil de préfecture de la Seine. — LL. 14 déc. 1789; 28 pluv. an VIII; arr. 17 vendém. an X.

606. — Cette autorisation intervient sur une délibération de la commission municipale, provoquée par le préfet de la Seine, soit spontanément, lorsqu'il s'agit d'un procès à intenter, soit à la demande d'un tiers réclamant par mémoire déposé entre les mains du préfet. La délibération prise est soumise au conseil de préfecture, qui statue.

607. — Le préfet exerce au nom de la ville de Paris l'action à former dans l'intérêt de cette dernière; il soutient au même nom l'action dirigée contre elle par un tiers, et c'est par conséquent en la personne ou au domicile du préfet qu'elle doit être assignée. — C. procéd. civ., art. 69, n° 5.

608. — Le refus d'autorisation peut être déféré par le préfet de la Seine au conseil d'état. — V. COMMUNE et AUTORISATION DE PLAIDER.

609. — Pour transiger avant ou sur procès, la ville de Paris doit être autorisée par décret du pouvoir exécutif, rendu après délibération de la commission municipale prise sur la consultation de trois jurisconsultes désignés par le préfet de la Seine et approuvée par le conseil de préfecture. — C. civ., art. 2045. — Arr. 21 frim. an XII.

Sect. 4e. — *Travaux de la ville de Paris.*

610. — Les travaux entrepris annuellement par la ville de Paris sont des plus considérables: les uns sont des travaux d'entretien, les autres des travaux neufs ou de grosses réparations.

611. — A l'égard des premiers, le conseil municipal est dans l'usage d'ouvrir un crédit général à chaque chapitre de dépenses, sauf au préfet à en faire ensuite l'emploi, et même à demander plus tard au conseil, s'il y a lieu, un supplément aux crédits épuisés.

612. — Les travaux neufs ou de grosses réparations, sauf, bien entendu, le cas d'une urgence imprévue, sont examinés et arrêtés par avance par le conseil municipal, soit dans sa session annuelle de budget, soit dans ses sessions hebdomadaires, auquel cas le conseil impute la dépense qu'ils doivent occasionner, soit sur les fonds laissés lors du règlement du budget pour dépenses imprévues sans application immédiate, soit sur les augmentations de recettes qui, si l'on en excepte les momens de crise, se réalisent constamment chaque année, par suite de la réserve prudente que le conseil municipal, lors du règlement du budget, apporte toujours dans l'évaluation des recettes.

613. — Les travaux de la ville qui consistent principalement en travaux d'architecture se divisent en service ordinaire et service extraordinaire.

614. — Le service ordinaire comprend cinq sections; à chacune de ces sections est préposé un architecte chef ayant sous ses ordres un certain nombre d'architectes inspecteurs.

615. — La première section comprend l'Hôtel-de-Ville, le service des cultes, les places, promenades, mairies, maisons communales, la Bourse.

616. — La deuxième section comprend les barrières, les murs d'enceinte, les bâtimens du service de l'octroi, les entrepôts, les pataches d'octroi.

617. — La troisième section comprend les tribunaux, les abattoirs, les corps-de-garde, les halles et marchés.

618. — La quatrième section comprend les prisons, la Morgue, les dépôts de Saint-Denis et de Villers-Cotterets, les casernes.

619. — La cinquième section comprend tous les établissemens municipaux d'instruction publique.

620. — En dehors de ces cinq sections existe le service spécial de l'inspection des plantations.

621. — Le service extraordinaire concerne l'exécution de travaux neufs ou de réparations tellement importantes que l'exécution en est confiée à des architectes spéciaux.

622. — Il y a lieu, du reste, d'appliquer aux travaux entrepris par la ville de Paris les règles générales sur l'exécution des travaux communaux, qui, incontestablement, doivent être classés dans les travaux publics quand il ont un caractère d'utilité publique. — V. TRAVAUX PUBLICS.

623. — Jugé en ce sens que les travaux de l'Hôtel-de-Ville doivent être considérés comme travaux publics. — *Cons. d'ét.*, 16 déc. 1841, Vivenel c. ville de Paris.

624. — Il convient aussi de remarquer que toutes les rues de Paris font partie de la grande voirie, d'où il suit que les travaux dont elles sont l'objet doivent être considérés comme travaux publics. — V., au surplus, *infrà* n°s 627 et suiv.

625. — Le service de la grande voirie de Paris est assuré par deux commissaires voyers divisionnaires, lesquels ont sous leurs ordres, et par chaque arrondissement, un commissaire voyer et un inspecteur particulier.

626. — Le service municipal des ponts-et-chaussées dans Paris est, du reste, confié à un ingénieur en chef directeur, sous les ordres duquel les divers ingénieurs sont répartis entre tous les services qui peuvent intéresser la ville, tels que le pavé, les ponts, les eaux, les voiries.

CHAPITRE V. — *Règles spéciales à la voirie urbaine de la ville de Paris.*

627. — Les rues de Paris appartiennent, comme si elles étaient toutes une continuation multiple des routes qui aboutissent à la capitale, centre de toutes les communications, au régime de la grande voirie pour l'ouverture, la largeur, l'alignement, le pavage, la hauteur des maisons qui les bordent. Le décret du 27 oct. 1808 les a assimilées aux grandes routes.

628. — En conséquence, le gouvernement détermine l'ouverture des rues de la ville de Paris; il en règle l'élargissement, le redressement, prescrit les mesures, accorde les autorisations nécessaires à cet effet. — Décl. 10 avr. 1783, préambule et art. 1er; décr. 27 oct. 1808; ordonn. 24 déc. 1823.

629. — Nous n'avons point à entrer ici dans l'examen des questions générales qui se rattachent à la voirie. — V. à cet égard VOIRIE. — Mais, comme il existe pour la ville de Paris des règles spéciales assez importantes, nous en ferons l'objet d'un examen particulier.

Sect. 1re. — *Plan d'alignement.*

630. — La ville de Paris est placée, pour la confection des plans d'alignement, sous l'empire de dispositions spéciales.

631. — La création du plan d'alignement des rues de Paris a été ordonnée par lettres-patentes du 10 avril 1783. Les rues nouvellement ouvertes ne peuvent avoir moins de neuf mètres sept cent quarante-cinq millimètres de largeur. Les rues qui n'ont pas cette largeur doivent être élargies successivement, au fur et à mesure de la reconstruction des bâtimens qui y sont situés. — Déclar. 10 avr. 1783, art. 1er.

632. — Bien que ce plan, dont la rédaction fut confiée à un habile géomètre (Verniquet), fût complètement levé en 1789, quelques années s'écoulèrent avant que, par des plans figuratifs des alignemens à suivre, on s'accupât d'appliquer sur le terrain les élémens recueillis.

633. — Aucun plan d'alignement ne fut arrêté jusqu'en l'an V; l'examen des questions qui s'y rattachaient fut confié au conseil des bâtimens civils, qui venait d'être institué. On paraît avoir eu tout d'abord la pensée de subordonner tous les plans à des règles générales.

634. — Une largeur de dix mètres avait été réglée, pour toutes les nouvelles rues de Paris, par les lettres-patentes de 1783, et toutes celles déjà existantes devaient être élargies au fur et à mesure des reconstructions; mais on a pensé que donner à toutes les rues cette largeur serait dépasser les besoins de quelques unes, et qu'une disposition si absolue apporterait de grands troubles dans les intérêts de la propriété.

635. — Le ministre de l'intérieur, par un arrêté du 25 nivôse an V (14 janv. 1797), divise les rues de Paris en cinq classes, dont la largeur serait proportionnée à leur importance sous le rapport de la circulation et du commerce. Les rues de la première classe, appelées grandes routes, doivent avoir quatorze mètres de large. Les traverses intérieures, comprises dans la seconde classe, devaient avoir douze mètres. La troisième classe était formée des communications intermédiaires; une largeur de dix mètres lui était déterminée. Les rues de communications transversales, formant la quatrième classe, devaient avoir huit mètres. Enfin, les petites rues, ruelles, passages, appelées petites communications, devaient recevoir une largeur de six mètres.

636. — Mais il parut nécessaire de statuer par un décret sur cet arrêté ministériel, dont les dispositions semblaient encore trop peu définies. Le 13 germinal an V (2 avr. 1796), un décret fut rendu qui régla la forme de l'approbation des plans et donna des règles précises pour la largeur des rues, en évitant autant que possible une trop grande innovation. Voici le texte de ce décret:

637. — Le directoire exécutif, sur le rapport du ministre de l'intérieur, vu le réglement du 10 avril 1783, concernant la fixation de l'élargissement et du redressement de chacune des rues de Paris, a arrêté ce qui suit: — Le ministre de l'intérieur est autorisé à régler, sur les plans des rues de Paris, les élargissemens et redressemens qu'exige chacune d'elles. — Art. 1er.

638. — Il ne sera tracé sur ledit plan qu'un seul alignement, lequel sera définitif; et les retranchemens de terrains qui en résulteront ne pourront porter à plus de dix mètres la largeur des rues qui n'ont pas atteint cette dimension, et qui ne forment pas prolongement de grande route du premier et du second ordres; les redressemens seront cependant exécutés en raison de la largeur actuelle de chaque rue. — Art. 2.

639. — Les rues formant prolongement de grandes routes du premier ordre ne pourront être fixées à moins de douze mètres de largeur, et celles du second, à moins de dix mètres; mais les rues de ces deux classes dont l'ouverture excède ces dimensions seront maintenues dans leur largeur actuelle, et les redressemens qu'elles pourront exiger seront dirigés en raison de cette dernière largeur. — Art. 3.

640. — Les rues dont la largeur correspond à leur fréquentation seront maintenues dans leur état actuel, lorsqu'elles ne présenteront ni pli ni coude; et s'il s'y rencontre des plis et des coudes, il sera opéré des redressemens.

641. — Pendant un temps assez considérable, les plans d'alignement des rues de Paris furent rédigés et approuvés d'après ce décret. Cependant, l'administration a quelquefois considéré que ces dispositions ne l'enchaînaient pas, en s'écartant des bases posées dans les lettres-patentes de 1783 et dans ce dernier acte du gouvernement, et que l'autorité à laquelle, d'après la loi du 16 sept. 1807, l'approbation des plans était confiée, pouvait apprécier les besoins des diverses rues. Nous trouvons dans plusieurs ordonnances une largeur de plus de douze mètres, ou de moins de six mètres, assignée à diverses rues.

642. — Sous l'empire du décret du 13 germinal an V, le ministre de l'intérieur a approuvé un grand nombre de plans; et il en a été ainsi jusqu'en 1811, dans la pensée que le plan de Paris était demeuré assujéti aux dispositions spéciales qui le régissaient précédemment.

643. — Mais, à cette époque, les plans d'alignement des rues de la capitale furent dressés et approuvés, dans les formes de l'article 52 de la loi du 16 septembre 1807, par un avis du conseil d'état inséré au *Bulletin des Lois*.

644. — Il en résulte que les plans approuvés par décision ministérielle jusqu'en 1807 sont arrêtés régulièrement, et conservent leur force exécutoire jusqu'à ce qu'une ordonnance les ait modifiés selon les formes adoptées. — *Cons. d'ét.*, 8 avr. 1829, Loyre. — Mais les plans ministériels approuvés depuis cette époque sont considérés comme projets susceptibles de modifications, même par les arrêtés partiels d'alignement que le préfet est appelé à prendre.

645. — L'échelle de six lignes pour toise, ou de 1/144 adoptée dans l'origine par Verniquet, a été maintenue jusqu'en ces derniers temps pour le plan d'alignement de la capitale, malgré les dispositions de la circulaire du 2 octobre 1815.

646. — De nouvelles échelles métriques furent substituées en 1845 à l'échelle duodécimale par l'administration municipale de Paris, dans le but d'assujétir le travail du plan à des dimensions plus en rapport avec la loi sur les nouvelles mesures métriques et d'en assurer un usage plus commode dans les plans partiels. — V. arr. du préfet de la Seine 27 fév. 1835.

647. — Ces échelles sont au nombre de trois: 1° l'échelle de *cinq millimètres* pour les plans d'ali-

gnement proprement dits; 2o celle de *deux millimètres* pour les plans d'ensemble destinés aux projets généraux d'alignement, de percement ou d'expropriation; 3o celle de *un millimètre*, réservée au cas spécial de la confection d'un plan général destiné à former atlas. Enfin, lorsqu'il s'agit de plans parcellaires dressés en vue de l'expropriation pour cause d'utilité publique, ou de plans partiels de rues d'une très petite largeur, il est fait usage, par exception, de l'échelle de *dix millimètres* par mètre. — Arr. du préfet de la Seine 27 avr. 1845.

648. — Il était impossible de présenter pour Paris un plan d'ensemble embrassant toutes les rues, en procédant comme dans les autres villes; le travail a donc été fractionné par quarante-huitièmes, dont chacun comprend son plan d'ensemble et ses plans de détail. Cette division, introduite en 1823, ne correspond pas à celle des quarante-huit quartiers de Paris.

649. — L'exécution de plans généraux d'alignement a lieu successivement par la délivrance des alignemens individuels demandés à l'autorité municipale par les propriétaires qui veulent construire, dès que ces plans ont été dressés et approuvés.

Sect. 2e. — *Réserves domaniales.*

650. — Il est utile, à l'occasion du plan d'alignement des rues de Paris, de parler des réserves imposées aux acquéreurs des domaines nationaux, tant pour faciliter la vente de ces biens que pour l'amélioration de la voirie parisienne.

651. — Par un décret du 5 juin 1793, en vue de l'aliénation des grands établissemens nationaux existant dans Paris, la convention nationale avait ordonné à l'administration des domaines de délivrer des exemplaires du plan général de la ville, dressé par Verniquet, aux artistes qui se soumettraient à proposer, dans un délai déterminé, la division et les percées capables d'augmenter la valeur de ces établissemens et d'en faciliter la vente, à la condition de donner l'estimation des lots et de se conformer aux alignemens que donnerait la commission de la municipalité chargée des travaux publics dans Paris, et à toutes les conditions que susciterait l'utilité publique.

652. — Les divers adjudicataires des domaines nationaux, lorsque la vente en fut faite, se virent imposer l'obligation de livrer sans indemnité le terrain nécessaire pour les travaux d'alignement ou d'ouverture des rues, lorsqu'ils en seraient requis en exécution de ce décret. Les clauses insérées dans les actes d'adjudication ont souvent été l'objet d'interprétations contentieuses, par suite de la généralité des termes dans lesquels ils ont été rédigés.

653. — C'est ainsi que le conseil d'état a jugé qu'un acquéreur de domaines nationaux à qui, dans l'acte de vente, on a imposé l'obligation de souffrir, sur le terrain vendu, l'ouverture de nouvelles rues sans en avoir déterminé la largeur, n'est pas fondé à soutenir qu'elle est exorbitante, lorsque l'administration ne l'a fixée qu'à douze mètres (36 pieds métriques), dimension moyenne des nouvelles rues établies. — *Cons. d'ét.*, 28 déc. 1825, Lafond.

654. — Lorsque des actes administratifs qui ont précédé et consommé la vente il résulte pour l'acquéreur l'obligation de fournir, sans indemnité, l'emplacement nécessaire pour l'ouverture de nouvelles rues projetées sur son terrain à cette époque, l'acquéreur n'est pas fondé à demander une indemnité pour ce fait. — *Cons. d'ét.*, 20 mai 1827, Marquoy c. ville de Paris.

655. — Et cette obligation comprend non seulement le terrain compris dans le plan d'alignement à l'époque de la vente, mais encore le plan qui pourra être définitivement adopté. — *Cons. d'ét.*, 15 mars 1826, Watrin.

656. — Enfin, si l'ordonnance qui approuve le plan a été rendue après l'accomplissement de toutes les formalités prescrites par les réglemens, l'acquéreur d'un terrain domanial, obligé de fournir gratuitement le sol nécessaire à l'ouverture d'une rue; ne peut attaquer cette ordonnance par la voie contentieuse. — *Cons. d'ét.*, 2 août 1826, Franconville c. ville de Paris.

657. — Indépendamment des difficultés que nous venons d'examiner, on a prétendu encore, contre la ville de Paris, que la prescription avait été encourue, après une inaction de trente années, dans l'exercice des droits à elle conférés par l'adjudication de propriété nationale; mais plusieurs arrêts ont rejeté ce moyen. — La cour de Cassation a jugé que la prescription de l'engagement pris par un acquéreur de livrer le terrain nécessaire à l'élargissement d'une rue ne court qu'à partir du jour où la réquisition d'alignement lui a été adressée. — *Cass.*, 24 fév. 1847, Warner c. ville de Paris.

658. — Quel que soit le laps de temps écoulé, l'administration municipale a été maintenue dans le droit d'exiger l'exécution des clauses domaniales, lorsque l'événement pour lequel elles avaient été prévues se réalise dans les formes prescrites par les réglemens de la voirie. — V. VENTE.

Sect. 3e. — *Ouverture et suppression de rues.*

659. — *Ouverture de rues.* — Les rues de la ville de Paris, comme celles de toutes les autres communes, peuvent être ouvertes, soit aux frais de la ville, soit, et cela a été très fréquent il y a quelques années, par l'industrie privée des propriétaires de terrains.

660. — Dans le premier cas, les travaux d'ouverture de la rue sont soumis aux formalités préalables ainsi qu'aux règles d'exécution imposées aux travaux communaux qui peuvent être entrepris par la ville de Paris. Or, au nombre des formalités préalables à remplir, nous devons mentionner l'obtention de l'autorisation préalable du conseil d'état.

661. — Si la ville ne juge pas à propos de faire l'opération directement, et qu'elle confie l'exécution du projet à un entrepreneur, ainsi que cela a eu lieu pour l'établissement de la rue d'Arcole, dans la Cité, le concessionnaire est entièrement subrogé à ses droits comme à ses obligations.

662. — Lorsque l'entrepreneur s'est chargé, à ses risques et périls, de toutes les éventualités de l'opération, que le traité ne contient aucune exception ni réserve quant à la variation des droits d'enregistrement, la ville ne peut être responsable de l'augmentation survenue dans ces droits en vertu d'une loi. — *Cons. d'ét.*, 5 sept. 1836, Pène.

663. — Lorsque l'ouverture des rues est entreprise par des particuliers, elle demeure soumise à l'examen et à l'autorisation préalables de l'administration, approuvés par le gouvernement. — Écoutons, au surplus, sur ce point les anciennes déclarations royales.

664. — Il est fait défense expresse à tous propriétaires et acquéreurs de terrains non bâtis en la ville et faubourgs de Paris, et à tous maçons, charpentiers et entrepreneurs de bâtimens, d'y faire ou faire faire aucune construction tendante à former de nouvelles rues ou à supprimer celles qui existent, à les changer ou transférer, sans au préalable y être autorisés par l'administration publique, à peine d'amende, de démolition des ouvrages et de confiscation des terrains et matériaux. — Déclarations 30 juill. 1672, 18 juill. 1724, 16 mai 1765; Ordonn. bureau des fin. 28 juin 1779.

665. — Aucun propriétaire ne peut percer ni ouvrir aucunes nouvelles rues dans l'étendue de la ville de Paris et de ses faubourgs, quand même lesdites nouvelles rues ne seraient ouvertes que par un bout ou qu'elles n'auraient que des entrées obliques, ni bâtir, dans l'intérieur d'un même terrain quoique enclos de murs ou édifices, un nombre de maisons, quand même elles n'auraient quant à présent aucune issue sur des rues déjà formées, mais seulement sur une rue pratiquée dans l'intérieur dudit terrain enclos qui pourrait, par l'ouverture de la clôture dudit terrain, former dans la suite une rue publique. — Ne sont pas comprises néanmoins dans les défenses les entrées des maisons ou avenues sur des rues déjà formées. — Il est en outre défendu de clore aucunes rues et de faire planter bornes au coin d'icelles. — Décl. 30 juill. 1672, 16 juin 1693, 18 juill. 1724, 29 janv. 1726, 16 mai 1765; lettres-patentes 10 avril 1783.

666. — Il est défendu d'ouvrir et former, sous quelque prétexte que ce soit, en la ville et faubourgs de Paris, aucune rue nouvelle, sans en avoir obtenu l'autorisation préalable du chef du gouvernement, à peine de fermeture de la rue indûment ouverte et d'une amende de 3,000 francs qui peut être modérée par le conseil d'état. — Décl. 10 avr. 1783; L. 29 flor. an X. — *Cons. d'ét.*, 10 janv. 1845, Lher et Singer.

667. — M. Husson (p. 856) résume ainsi qu'il suit les conditions imposées pour l'ouverture des rues nouvelles par des particuliers. — D'après les dernières ordonnances qui autorisent le percement de nouvelles rues à Paris, les conditions imposées aux impétrans sont : 1o de céder gratuitement à la ville le terrain nécessaire à l'exécution de la rue, dans la limite des alignemens et des pans coupés.

668. — ... 2o De faire établir le premier pavage de la rue en chaussée bombée et en pavés durs d'échantillon, et de supporter les frais de premier relevé à bout de ce pavage.

669. — ... 3o De faire établir, de chaque côté de la nouvelle rue, des trottoirs en granit dont les bordures doivent être posées en même temps que le pavé, et dont le dallage peut être ajourné jusqu'à la construction des maisons ou murs de clôture.

670. — ... 4o De supporter les frais d'établissement, de pose du matériel pour l'éclairage au gaz, suivant les prescriptions du préfet de police.

671. — ... 5o De supporter également les frais de balayage de la rue par un cantonnier, conformément aux instructions du préfet de police; de transmettre aux acquéreurs des terrains bordant la nouvelle rue l'obligation du paiement de ces frais, d'après l'engagement particulier que l'impétrant est tenu de souscrire à cet effet en la forme administrative authentique.

672. — ... 6o D'exécuter tous les travaux de conduite d'eau, d'égouts, de bornes-fontaines, qui seraient reconnus nécessaires par les ingénieurs de la ville, auxquels il doit être payé, par le concessionnaire, des honoraires réglés conformément à la loi.

673. — ... 7o De tenir la nouvelle rue close de barrières jusqu'à la réception provisoire des travaux ci-dessus mentionnés.

674. — ... 8o D'entretenir tous ces ouvrages jusqu'à leur réception définitive, qui peut être prononcée un an après l'exécution.

675. — ... 9o De se conformer à tous les réglemens de grande et petite voirie, et de ne pouvoir, en conséquence, entreprendre aucune construction sans en avoir obtenu préalablement la permission et l'alignement; de se soumettre à la surveillance des agens de l'administration pendant le cours de l'exécution des constructions, et d'acquitter les droits de grande et petite voirie auxquels ces nouvelles constructions donneront lieu.

676. — ... 10o De subvenir à la dépense nécessaire à la confection de six exemplaires du plan de ladite rue à l'échelle de cinq millimètres pour mètre.

677. — ... 11o Enfin, à l'égard du mode de construction en bordure sur la rue nouvelle, d'exécuter les prescriptions résultant de l'arrêté du pouvoir exécutif, du 15 juillet 1848, qui doivent s'appliquer également aux constructions à établir dans toute la profondeur des terrains.

678. — Lorsque des particuliers ont été autorisés à ouvrir une rue sur des terrains à eux appartenant, l'obligation qui leur est imposée de supporter les frais de premier établissement du pavage, de l'éclairage, des trottoirs, etc., est indivisible, et chacun des concessionnaires en est tenu pour le tout. — *Cons. d'ét.*, 17 déc. 1841, Lebobe et Soyer.

679. — Lorsque des concessionnaires ont transmis à une société anonyme les droits et obligations résultant de l'ordonnance d'autorisation, ils n'en restent pas moins tenus personnellement envers la ville. — *Cons. d'ét.*, 21 mars 1844, André et Cottier.

680. — Les difficultés élevées entre la ville de Paris et un entrepreneur de travaux, à l'occasion d'un traité passé pour l'ouverture d'une rue nouvelle, sont de la compétence des conseils de préfecture. — *Cons. d'ét.*, 5 sept. 1836, Pène; même ordonn. du 21 mars 1844, André et Cottier.

681. — Mais que doit-on considérer comme rue publique de la ville de Paris? La jurisprudence du conseil d'état ne paraît pas jusqu'ici parfaitement fixée sur ce point.

682. — Ainsi, il a jugé, dans des questions spéciales à la ville de Paris, que celui qui construit dans une ville un certain nombre de maisons formant de nouvelles rues qui ne communiquent aux rues de la ville que par des passages est tenu de demander l'alignement à l'administration, non seulement à l'égard des constructions projetées sur la voie publique, mais encore à l'égard des constructions intérieures formant les nouvelles rues. — *Cons. d'ét.*, 19 juin 1828, Guyot et Baudrand.

683. — ... Et encore, celui qui construit dans une ville, sur un vaste terrain dont il a la propriété, un certain nombre de maisons ayant une esplanade et une grande cour communes ne peut pas fermer avec des grilles les passages aboutissant de cette esplanade et de cette cour aux rues de la ville. Il ne peut donner à ces passages la largeur qui lui convient et élever des constructions au-dessus. Ces passages doivent être assimilés à de nouvelles rues publiques soumises aux réglemens de la voirie, sans que le propriétaire soit fondé à réclamer une indemnité. — *Cons. d'ét.*, 2 déc. 1829, Delaunay.

684. — Au contraire, il a décidé que, ne doit pas être considéré comme voie publique le passage conduisant à une porte d'église et fermé par une grille dont la suppression a été demandée par le propriétaire, mais avec réserve de la rétablir; en conséquence, les constructions faites sur ce

terrain ne sont pas sujettes aux lois sur la voirie. — *Cons. d'ét.*, 1er juill. 1840, Ducher.

685. — « Il nous semble cependant, dit M. Husson (p. 859), qu'il est facile de se fixer à cet égard, et qu'on doit attribuer ce caractère à tout passsage ouvert au public se liant au système des communications d'un quartier, et qui, formé pour desservir un ensemble d'habitations distinctes, offre encore une voie nouvelle de passage aux habitans qui vont d'un point à l'autre. »

686. — Une question plus délicate est celle de savoir si les pénalités édictées par les anciens réglemens pour l'ouverture non autorisée de rues nouvelles doivent être encore appliquées. — Evidemment, la confiscation des matériaux et la réunion du sol au domaine public ne peuvent plus être appliquées.

687. — Mais le conseil d'état a jugé, en ce qui concerne l'amende et la démolition, qu'il est défendu d'ouvrir une rue nouvelle dans la ville et les faubourgs de Paris sans en avoir obtenu l'autorisation préalable, sous les peines portées par l'ordonnance du 10 avr. 1783. — *Cons. d'ét.*, 10 janv. 1843, Lehr et Singer.

688. — Néanmoins, l'administration paraît en fait s'être écartée de cette rigueur; et le conseil de préfecture de la Seine s'est contenté, en infligeant l'amende, de prononcer la clôture par des murs en maçonnerie ou par des grilles de la rue indûment ouverte; c'est ainsi, notamment, qu'il a été procédé en ce qui concerne la rue des Beaux-Arts et la rue Neuve-de-l'Université.

689. — *Suppression de rues.* — La suppression et le déclassement des rues, opérations du reste assez rares, ne peuvent s'opérer que dans les mêmes formes et sous la même approbation du gouvernement que l'ouverture des rues nouvelles.

Sect. 4e. — *Dénomination, indication et numérotage des rues.*

690. — *Dénomination des rues.* — La dénomination d'une voie publique, aussitôt qu'elle a été ouverte, est évidemment un fait de première nécessité; d'ordinaire ce nom est fixé par l'acte même qui prescrit l'ouverture de la rue; aucune difficulté ne peut donc s'élever à cet égard.

691. — Rien de plus naturel encore que le nom du propriétaire ou de l'entrepreneur qui fait ouvrir une rue, ou un nom par lui désigné, soit admis, du moment où elle est approuvée par l'autorité municipale, sous l'approbation du ministre, en ce qui concerne Paris, cette ville étant assujétie à avoir un plan d'alignement.

692. — C'est le préfet qui, comme véritable maire de Paris, doit arrêter, sous l'approbation du ministre de l'intérieur, les noms des rues que la ville ouvre, le conseil municipal n'étant appelé sur ce point, en vertu de l'art. 24 de la loi du 18 juill. 1837, qu'à donner un simple avis, qui, en fait, a toujours été tenu comme obligatoire.

693. — Ce que nous disons des dénominations à donner aux rues nouvelles s'applique aux changemens de dénomination des rues déjà existantes, changement quelquefois très nécessaires à Paris, si l'on réfléchit à l'inconvénient qui résulte soit de rues de même nom dans différens quartiers, soit de changemens trop fréquens de noms pour des rues de peu d'étendue qui se suivent.

694. — Depuis peu, la commission municipale paraît être entrée dans une voie d'amélioration complète sur ce point; c'est ainsi qu'il y a peu de temps, un travail d'ensemble a été soumis à la commission et approuvé par elle, tendant à changer un certain nombre de dénominations de rues dans les 6e et 7e arrondissemens. Seulement, pour éloigner toute pensée d'arbitraire, et pour ne froisser sans motif d'anciennes habitudes sans un intérêt légitime, la commission a prescrit qu'avant de statuer définitivement il y aurait lieu à une enquête préalable dans les quartiers intéressés.

695. — C'est ainsi qu'assez récemment et après enquête, la commission municipale a repoussé la proposition qui lui était faite de changer les noms des rues des faubourgs Saint-Denis et Saint-Martin en ceux de rues des portes Saint-Denis et Saint-Martin, attendu qu'il lui a paru que ces changemens de dénominations, repoussés par le vœu presque unanime des intéressés, n'étaient nullement justifiés.

696. — *Inscription du nom des rues.* — Ce n'est pas tout qu'une rue ait un nom, il faut qu'une inscription, placée en lieu utile, et principalement aux angles, fasse connaître ce nom au public.

697. — Aux termes des ordonnances de police des 30 juill. 1729 et 3 juin 1730, une peine de cent livres d'amende est encourue par quiconque enlève, change ou efface les écriteaux indicateurs des rues de Paris.

698. — En outre, les mêmes réglemens imposent aux propriétaires l'entretien des inscriptions, ainsi que l'obligation, lors du rétablissement ou de la reconstruction des encoignures, de remplacer les plaques indicatives qui avaient été établies en toile peinte par des tables en pierre de liais, portant le nom de la rue gravé en lettres de certaines dimensions.

699. — Ces prescriptions ont été renouvelées par le décret du 23 mai 1806, lequel a ordonné la réinscription des rues de Paris. « Mais, en fait, la charge de cet entretien n'a jamais été imposée aux propriétaires, attendu que l'inscription du nom des rues est une opération qui intéresse la généralité des habitans. » — Husson, p. 88.

700. — On n'a donc maintenu, à la charge des propriétaires, que l'obligation de réserver les emplacemens destinés à recevoir lesdites inscriptions. La hauteur de ces emplacemens est déterminée par le réverbère de l'éclairage public le plus rapproché, la base de chaque inscription devant être posée à cinq centimètres du tube horizontal de la console de l'appareil d'éclairage. — Arrêté du préfet de la Seine 5 nov. 1844.

701. — Le côté extérieur des inscriptions placées aux encoignures des voies publiques doit être également distant de cinq centimètres de l'angle des constructions, et lorsqu'il s'agit de désigner des voies publiques dans lesquelles d'autres rues viennent déboucher perpendiculairement ou obliquement, les inscriptions sont posées dans l'axe même de ces rues. — Même arrêt.

702. — « Mais, dit M. Husson, ces dimensions, utiles à déterminer pour la régularité des opérations, ne sont pas rigoureusement suivies dans la pratique, s'il doit en résulter quelque trouble grave pour les propriétaires, notamment lorsque, pour s'y conformer, il faudrait détourner, d'une manière fâcheuse pour l'écoulement des eaux, des tuyaux de descente, et boucher ou masquer partiellement des baies ouvertes dans les emplacemens désignés. »

703. — La réinscription du nom des rues de Paris, ordonnée dans ces derniers temps par le conseil municipal, est sur le point d'être effectuée. — La plaque indicatrice, longue de 45 centimètres, large de 30 centimètres, épaisse de 2 centimètres, est en lave de Volvic émaillée, fond bleu avec lettres blanches.

704. — Dans ce moment, l'administration municipale fait expérimenter sur divers points, notamment à l'entrée du pont National et à la porte Saint-Denis, l'effet d'entourages superposés aux lanternes de gaz, et destinés à servir d'indicateurs des noms des rues pendant la nuit.

705. — *Numérotage des maisons.* — Nous n'avons pas besoin de démontrer ici de quelle importance est dans les grandes villes le numérotage des maisons, tant pour l'utilité des particuliers que comme moyen d'ordre et de police, comme aussi pour le service des contributions, des hypothèques et pour d'autres usages publics.

706. — Avant 1805, les rues étaient numérotées par quartier; il en résultait qu'une propriété située dans une rue très courte portait quelquefois le numéro 2000. En outre, un même côté de rues contenait des numéros pairs et impairs. Cet état de choses produisait de graves inconvéniens pour les services publics et pour les communications entre particuliers, surtout pour les étrangers. — Husson, *loc. cit.*

707. — Dans le but de faire cesser ces irrégularités, le décret du 4 fév. 1805 statue que le numérotage serait établi par une seule suite de numéros pour la même rue, lors même qu'elle dépendrait de plusieurs arrondissemens communaux.

708. —... Que la série des numéros serait formée des nombres pairs pour le côté droit de la rue, et des nombres impairs pour le côté gauche.

709. —... Que le premier numéro de chaque série commencerait dans les rues perpendiculaires ou obliques à la Seine, qui traverse la capitale, à l'entrée de la rue prise au point le plus rapproché de la rivière, et, dans les rues parallèles, à l'entrée prise en descendant le cours de la rivière.

710. — ... Que les numéros seraient peints à l'huile; qu'ils seraient noirs sur fond d'ocre pour les rues perpendiculaires ou obliques, et rouges sur même fond d'ocre pour les rues parallèles.

711. — Le travail de numérotage de Paris fut donc entrepris d'après ces bases; effectué à grand'peine, il était devenu depuis longtemps très défectueux, tant par suite des changemens opérés dans l'état des constructions à Paris depuis 1805, que par les détériorations des numéros, que les propriétaires avaient remplacés par des plaques de toutes matières et des numéros de toute couleur.

712. — Frappé de ces inconvéniens, le conseil municipal de Paris a décidé depuis quelques années le renouvellement complet du numérotage de Paris, travail conduit avec une grande vigueur, mais qui n'est pas encore complétement exécuté.

713. — Dans ce travail de renouvellement, l'administration a d'abord fait choix d'une plaque inaltérable, de couleur uniforme, pour toutes les rues; elle est établie sur fond bleu avec chiffres blancs, épaisse de douze millimètres, haute de dix-neuf centimètres, longue de vingt-sept ou trente centimètres, suivant qu'elle contient un, deux ou trois numéros; une plaque spéciale de dix-neuf centimètres de hauteur et dix-sept de longueur est placée à côté du numéro, quand il est nécessaire d'ajouter les mots *bis* ou *ter*.

714. — Les numéros, posés autant que possible au-dessus du pied droit de droite de la porte principale d'entrée de chaque maison, sont scellés et attachés avec trois crampons en fonte.

715. — « Quant à la partie théorique du travail, dit M. Husson (p. 885), l'administration a fait dresser un plan particulier à chaque rue; sur ce plan, qui indique exactement la nature des constructions riveraines, se trouvent portés, avec les noms des propriétaires, les numéros existans au moment de la régularisation.

716. — Dans le but d'assurer une longue durée au travail de la régularisation, on a réservé pour les rues bordées en partie de propriétés non bâties, ou d'immeubles construits, mais d'une grande étendue, et dès-lors susceptibles d'être divisés d'ici à une époque plus ou moins rapprochée, on a réservé, disons-nous, des numéros à raison de un par chaque longueur de quinze mètres, dimension qui, en moyenne, est celle de la façade d'une maison à Paris.

717. — Ces numéros sont indiqués sur le plan de la rue, et lorsqu'une construction nouvelle est établie, elle reçoit le numéro réservé, et il n'en résulte aucune irrégularité dans la série.

718. — Le travail préliminaire à la pose des numéros est préparé par un architecte, puis reporté sur les plans. — Une copie de chaque plan est remise à l'entrepreneur.

719. — L'architecte de l'administration surveille l'exécution du travail et en vérifie l'exactitude. Les résultats en sont consignés ensuite, pour chaque rue, dans un arrêté qui est porté à la connaissance des diverses administrations publiques intéressées.

720. — Le décret du 15 pluv. an XIII, rendu pour la ville de Paris, mais étendu par la suite aux autres communes, a mis le premier numérotage à la charge de la commune, et l'entretien au compte du propriétaire. — Tout changement ou reconstruction de façade d'un bâtiment entraîne, aux frais du propriétaire, le rétablissement du numéro. — Instr. min. 13 mai 1823. — Mais le renouvellement intégral du numérotage doit être assimilé à l'opération primitive du numérotage.

721. — Il est défendu de dégrader ni de masquer les numéros. Ceux qui seraient effacés et dégradés seront rétablis aux frais du propriétaire. — Ordonn. de police du 9 juin 1824, art. 6.

Sect. 5e. — *Pavage. — Trottoirs.*

722. — Si l'on consulte les anciens édits et ordonnances, on voit que le pavage de la ville de Paris était à la charge des propriétaires riverains. — V. ordonnance du roi Jean, de l'an 1348; — un arrêt de février 1285; — lettres-patentes de Charles VI du 1er mars 1388; de nouvelles lettres-patentes du 5 avr. 1399; — ordonnance de Charles VI du 20 janv. 1402; — arrêt du parlement du 28 juill. 1500; — arrêts des 27 avr. 1503, 10 janv. 1515 et 27 nov 1522; — ordonnance des chambres du parlement du 13 sept. 1533; — ordonnance de François Ier de nov. 1539; — lettres patentes de Henri II du 9 sept. 1556; — ordonnance de Charles IX, du 22 nov. 1563; — arrêt du parlement 14 août 1566; — deux arrêts des 14 juin 1578 et 15 juin 1579; — bail d'entretien enregistré au bureau des finances le 17 juill. 1681.

723. — Ce fut en 1606 que l'entretien du pavé de Paris forma, pour la première fois, l'objet d'un marché. Le bail portait *que chacun contribuerait dans la dépense, selon le toisé qu'il aurait devant sa maison;* mais les habitans refusèrent de se soumettre à cette mesure. C'est alors que, par un arrêté royal en date du 31 déc. 1609, il fut décidé que les frais de cet entretien seraient payés sur le produit d'un droit qu'il mit sur le vin, et qui s'élevait à cinq sous par muid. On appelait cette taxe les batardeaux; elle rapportait 40,000 livres par an. Dans les années suivantes, les guerres que le roi eut à soutenir ayant obligé à donner une autre destination à ces fonds, on proposa de revenir à ce qui se pratiquait avant 1609; mais, cette fois

encore, l'opposition des habitans fut si vive que l'on dût recourir à un autre expédient. Un édit du mois de fév. 1588, qui, par suite de la résistance du parlement, ne fut enregistré qu'en 1640, augmenta et réunit sous le nom seul de *barrage* les anciens droits que l'on percevait pour l'entretien du pavé, tant à l'intérieur de Paris que dans la banlieue, et c'est sur leur produit que toute la dépense fut imputée. Cet état de choses durait encore en 1789. — Husson, p. 866.

724. — Il convient, aujourd'hui, de distinguer le premier pavage, le premier relevé à bout et le simple entretien.

725. — *Premier pavage.* — Les anciens édits disaient, et cela est incontestablement applicable aujourd'hui : « Le premier pavé des rues est fait aux dépens des propriétaires des terrains et maisons qui bordent lesdites rues, chacun en droit soi, à raison de la face de leurs héritages » (Lettres-patentes 5 avr. 1399, confirmées le 20 janv. 1402 ; ordon. de police nov. 1539, art. 2 ; lettres-patentes 30 déc. 1785, art. 24).

726. — Les rues nouvelles profitent tout d'abord aux propriétaires riverains, et facilitent l'accès de leurs propriétés ; le pavé rend encore cet accès plus commode, et, favorisant la circulation publique, attire le mouvement et l'activité commerciale du côté de ces mêmes propriétés, dont la valeur doit nécessairement s'en accroître.

727. — Le propriétaire obligé de faire le premier pavage devant la façade de sa maison sur une rue ou place nouvellement ouverte n'est pas exonéré de cette obligation, si le pavé fait par lui ne l'a pas été conformément aux réglemens de la voirie et reçu par l'autorité compétente. — *Cons. d'ét.*, 29 janv. 1839, Commaille c. ville de Paris.

728. — « Néanmoins, dit M. Husson (p. 877), lorsque, par des considérations étrangères aux nécessités ordinaires de la circulation, on donne à une voie publique une largeur exceptionnelle, le pavage n'est réclamé des riverains que dans les dimensions d'une rue ordinaire ». C'est ainsi qu'il a été procédé pour la rue Tronchet, ouverte devant l'une des façades de la Madeleine.

729. — Sur les quais et sur les places, le pavage à la charge des riverains n'a été généralement exigé que sur une étendue de six mètres, la largeur normale de la voie publique étant considérée comme devant être de douze mètres. — Husson, *ibid.*

730. — Cependant, lorsque la largeur d'une rue, quoique dépassant cette dimension, n'est pourtant pas exceptionnelle, le pavage est mis tout entier à la charge des propriétaires. Il en a été usé ainsi lors du pavage de la rue de Rambuteau, dont la largeur est de treize mètres. Ce mode de procéder se justifie par l'ancien usage.

731. — Mais, ainsi que le fait remarquer le même auteur, lorsqu'il s'agit d'élargissemens postérieurs à l'ouverture des rues, il conviendrait, à la différence de ce qui se pratiquait autrefois, de ne pas imposer aux propriétaires riverains les frais du premier pavage.

732. — *Premier relevé à bout.* — Les propriétaires étaient autrefois tenus de supporter, outre la charge du premier pavage, à Paris, la dépense du premier relevé à bout (arrêt du conseil du 1er sept. 1778, relatif à la rue de la Tour-d'Auvergne et plusieurs actes spéciaux à quelques rues de Paris). On a conclu de ce dernier arrêt, cité par Perrot comme renfermant les clauses ordinaires imposées pour l'ouverture des rues nouvelles, que l'obligation de supporter les frais du premier relevé à bout était généralement imposée, et le conseil d'état, lorsqu'il s'est agi de régler les frais de pavage de la rue de la Paix, semble avoir partagé cette opinion. — *Cons. d'ét.*, 18 mars 1813, Simon.

733. — D'après des recherches faites en 1816 pour éclairer une discussion élevée devant l'administration supérieure, il a été reconnu que si quelques arrêts postérieurs à l'année 1776, prescrivant l'ouverture de plusieurs rues à Paris, font subir aux propriétaires les frais du premier relevé à bout, d'autres sont complétement muets sur ce point.

734. — A moins que les actes autorisant l'ouverture des rues ne l'expriment formellement, l'obligation de payer les frais du premier relevé à bout ne peut pas être toujours exigée des propriétaires.

735. — L'avis du conseil général des ponts et chaussées est : 1° que, pour les rues ouvertes jusqu'alors, et pour lesquelles il a été rendu des arrêts du conseil du roi, ou, en général, des actes souverains, on ne peut imposer aux propriétaires riverains d'autres charges que celles exprimées dans ces arrêts ou actes souverains.

736. — ... 2° Que, dans toute concession à venir, il est juste et conforme aux principes qui doivent régir la matière d'insérer une clause qui mette spécialement le premier relevé à bout à la charge des riverains lorsque le pavé doit être établi sur un remblai. — Avis du conseil général des ponts et chaussées 6 août 1816.

737. — *Entretien du pavé.* — « A Paris, dit Perrot (*Dict. de voirie, vo Pavé*), c'est le domaine de la ville qui est chargé de l'établissement, entretien et réparation des banquettes, quais, abreuvoirs, ponts et égouts ; mais les places et abords de cette ville sont à la charge et à l'entretien du roi, qui est aussi chargé de tout le reste du pavé de la ville, faubourgs et banlieue, à l'exception des cloîtres qui concernent les chapitres, des culs-de-sacs, des petites rues fermées des faubourgs, qui, n'ayant pas encore été faits en pavés d'échantillon, sont demeurés à la charge des riverains. »

738. — Un décret de l'assemblée nationale, en date du 6 juin 1790, prescrivit, au contraire, qu'à partir du 1er janv. 1791, la ville de Paris serait chargée d'acquitter les dépenses de son pavage. Mais la ville de Paris n'avait pas les moyens de supporter les charges qu'on voulait lui imposer ; aussi voit-on que ce n'est qu'à l'aide de subventions sur le budget du ministère de l'intérieur qu'elle pourvoyait à ses dépenses locales, et particulièrement aux frais de l'entretien de son pavé. On finit même par acquitter directement toutes ces dépenses sur les fonds du trésor. — Husson, p. 869.

739. — Il fut question, pour la première fois, de faire deux classes des rues de Paris, lorsque la loi du 24 fructid. an V, établissant la perception d'une taxe pour l'entretien des grandes routes, eut été rendue. Les voies à entretenir par le produit de cette nouvelle taxe eussent formé la première classe, et celles à la charge de la ville auraient composé la seconde. Un travail fut préparé à ce sujet, mais il n'eut pas de suite. Mais, d'après une décision du ministre de l'intérieur, toutes les rues de Paris devaient être considérées comme la continuation des grandes routes, et le budget des ponts et chaussées paya entièrement leur entretien à partir du 1er germ. an VI (21 mars 1798).

740. — Le 6 mai 1826, cette distinction, jusque-là projetée, a reçu son application. En exécution d'une décision ministérielle, l'état a continué à entretenir : 1° comme intéressant la navigation, tous les quais qui bordent la Seine ; 2° comme traverses nationales proprement dites, les rues qui lient entre elles, par le trajet le plus court et le plus commode, en passant toutefois le plus près possible du centre, toutes les barrières où les routes nationales prennent leur origine ; 3° comme embranchemens principaux, tous les boulevarts intérieurs du nord, et soixante-neuf rues ou places fréquentées par le roulage, la poste et les messageries ; 4° comme servant au commerce de *transit*, une grande partie des boulevarts extérieurs.

741. — Le pavage de toutes les autres voies, exécuté en pavés de grand échantillon, a été déclaré à la charge de la ville par suite de la même décision.

742. — Les crédits votés sur les fonds du trésor et sur ceux de la ville jusqu'à la fin de l'année 1848 ont toujours été clairement et directement employés, aussi, en 1849, l'état ayant versé à la caisse municipale le contingent qu'il fournit à raison des traverses nationales, la ville de Paris, pour subvenir à toute la dépense, a indiqué dans son budget le crédit nécessaire à cette nouvelle charge.

743. — Mais les riverains sont demeurés obligés de pourvoir à l'entretien des rues et revers de chaussées en pavés bâtards, de rebut et de petit échantillon.

744. — Cependant, ils peuvent se débarrasser des frais de cet entretien en faisant exécuter le pavage en pavés d'échantillon par l'entrepreneur, et sous la direction de l'ingénieur du pavé de Paris ; l'entretien, après le premier relevé à bout, est ensuite à la charge de la ville. Cet établissement du premier pavé est volontaire et ne peut être exigé par l'autorité. Elle oblige seulement les riverains à entretenir le sol en bon état de viabilité, chacun en raison de leurs propriétés respectives. — Elouin, Trébuchet et Labat, *Dictionnaire de police*, p. 580.

745. — Il est certain, du reste, que le pavé de la voie publique dégradé ou dérangé à l'occasion des établissemens, réparations, changemens ou suppressions de saillies, sera rétabli aux frais des propriétaires, locataires ou entrepreneurs, par l'un des entrepreneurs du pavé de Paris, et non par d'autres, sous la direction de l'ingénieur en chef chargé de cette partie. — Ordonn. du préfet de police 9 juin 1824, art. 22.

746. — Tel fut, aux diverses époques, tel est encore aujourd'hui l'usage suivi pour l'établissement du premier pavage et pour l'entretien du pavé dans les rues dont les chaussées n'ont pas encore été établies en pavés d'échantillon. — Husson, *ubi suprà*.

747. — C'est ici le lieu d'indiquer que le *pavé d'échantillon* est le pavé cube ayant environ vingt-trois centimètres en tous sens. Il est toujours établi sur une forme de sable rivière. Le *pavé de rebut* est celui qui, ayant une moindre dimension, et qui, provenant le plus souvent de pavés d'échantillon amoindris par l'usure et rebutés par les agens de l'administration, sont retaillés et vendus aux particuliers. Ces pavés sont ordinairement établis sur de la terre, sur des gravois, et parfois sur du ciment.

748. — *Exécution des travaux de pavage.* — La ville n'exécute pas par elle-même le pavage ; les travaux neufs sont l'objet d'adjudications spéciales ; des baux ont lieu par lots pour l'entretien.

749. — On peut voir, dans l'ordonnance de police du 8 août 1829, quelles charges sont imposées aux entrepreneurs du pavage de la ville de Paris.

750. — En compensation de ces obligations, aujourd'hui comme autrefois, les particuliers sont soumis à employer l'entrepreneur de l'entretien du pavé de Paris, soit pour le premier établissement, soit pour les réparations et raccordemens qui, étant de leur fait, seraient à leur charge. — Ordonn. du bureau des finances 27 juin 1760, art. 1er et 6 ; lett. pat. 30 déc. 1785, art. 25.

751. — Les entrepreneurs du pavé de Paris peuvent prendre la pierre, le grès, les sables et autres matériaux dans tous les lieux qui leur sont indiqués par les devis et adjudications des ouvrages, en se conformant aux prescriptions de la loi. — Arr. du conseil 7 sept. 1755 et 5 avr. 1772.

752. — *Trottoirs.* — Rien de spécial quant à l'établissement des trottoirs à Paris. — V. TROTTOIRS.

Sect. 6e. — *Police des constructions.*

§ 1er. — *Règles générales.*

753. — La police des constructions a été de bonne heure réglementée à Paris ; toujours elle a été considérée comme annexe de la voirie ; c'est pourquoi, alors même qu'il était question de constructions éloignées de la voie publique, les trésoriers de France et les juges de la maçonnerie étaient autrefois compétens aussi bien que les juges de police.

754. — Les anciens réglemens qui se sont occupés de la police des constructions statuent, sans borner l'action de la surveillance des agens de l'administration à l'intérêt de la circulation et d'une manière générale ; il en est encore de même aujourd'hui, car la police des constructions neuves est dans les attributions des agens de la grande voirie, par conséquent dans celles du préfet de la Seine, quoique le préfet de police soit spécialement chargé, à Paris, de veiller à la sûreté publique.

755. — La police des constructions qui, depuis 1790, avait cessé de se faire, est réglementée par trois arrêtés du préfet de la Seine des 24 nivôse an IX (14 janv. 1801), 23 brum. an XII (23 nov. 1803) et 22 août 1809. L'un de ces arrêtés explique ainsi les motifs du rétablissement de cette surveillance spéciale : « Considérant qu'il est des exemples de constructions récentes fondées sur des terrains non solides, d'autres élevées avec des matériaux prohibés par les règles de l'art ; que dans la plupart on remarque avec inquiétude des murs trop légers et sans liaisons, des poutres posées sur des murs en moellons, souvent même des cheminées assises sur des planchers sans trémies, appuyées sur des pans de bois, et presque toujours au-dessous des dimensions prescrites pour la sûreté publique ; enfin, des entablemens et des balcons plutôt suspendus qu'adhérens au corps du bâtiment, et des charpentes également vicieuses, et par la nature des bois et par leur assemblage. » — Arrêté du 24 niv. an IX.

756. — Non seulement les ouvrages neufs regardent l'administration, mais encore les travaux par sous-œuvre ou autrement, les grosses constructions ou réparations comme les voûtes de caves, les reprises de gros murs ou des murs de refend, les excavations, les fouilles, les pans de bois portant planchers, etc. — Arrêté du 23 brum. an XII.

757. — Les propriétaires ayant à faire exécuter des travaux de ce genre, même dans l'intérieur des bâtimens et en dehors de la voie publique, en doivent d'abord faire la déclaration, et remettre, avec les noms des architectes, ceux des entrepreneurs et des ouvriers qu'ils y emploieront ; le commissaire voyer d'arrondissement auquel est faite cette déclaration est obligé d'aller journellement visiter les constructions ou réparations. — Arrêtés des 24 niv. an IX, et 23 brum. an XII.

758. — Les commissaires voyers peuvent se faire accompagner dans leurs visites de deux entrepreneurs, l'un maçon, l'autre charpentier, et, s'ils rencontrent quelque contravention, ils la communiquent à un des commissaires voyers divisionnaires, qui se transporte avec lui sur les lieux. — Arrêté du 22 août 1809, art. 1er et 2.

759. — Chaque année, il est dressé un tableau de soixante entrepreneurs qui sont tous appelés à tour de rôle à faire ces visites. — Arrêté du 22 août 1809, art. 1er et 2. — Les anciens réglemens, en déterminant le mode de procéder devant la *chambre des bâtimens*, ont inspiré cette disposition. — *Ibid.*

760. — Les malfaçons ou vices de constructions sont l'objet de rectifications requises par les commissaires voyers; un procès-verbal dressé par eux et revêtu, outre leur signature, de celles des deux entrepreneurs, constate l'adhésion ou le refus des constructeurs ou propriétaires. — Arrêté du 22 août 1809, art. 3.

761. — Les dispositions des anciens réglemens qui ont statué sur cette matière sont appliquées par les agens de l'administration dans leurs visites. Ces anciens réglemens sont ceux des juges de la maçonnerie ou des maîtres généraux des bâtimens, ou les ordonnances du lieutenant de police ou du bureau des finances. Mais on doit tenir compte, dans l'application de ces réglemens, des progrès faits dans l'art de bâtir et admettre les équivalens que la science ou l'expérience ont sanctionnés, en s'éclairant au besoin de l'avis des hommes pratiques.

762. — La suspension des travaux suit le refus des constructeurs de faire les rectifications nécessaires, et ils doivent se trouver à la plus prochaine séance du bureau de consultation de la grande voirie, à l'hôtel-de-ville, pour y exposer sommairement les motifs de leur non adhésion. Le procès-verbal mentionne cette invitation.

763. — Au jour assigné, l'examen des procès-verbaux dressés contre eux est fait et discuté, qu'ils y soient présens ou non, et le bureau, dont le préfet ou le chef de division compétent est président, rend son avis, à la majorité des voix. Si l'intéressé y adhère, toute notification et procédure ultérieure devient inutile; mais les procès-verbaux de visite, ou autres pièces concernant le constructeur, sont remis au conseil de préfecture, si l'entrepreneur ou propriétaire a négligé de se rendre à l'appel qui lui a été fait, ou s'il refuse de se soumettre à l'avis du bureau. Le délinquant est cité au conseil de préfecture, qui procède en ce cas dans les formes ordinaires. — Arrêté du 22 août 1809, art. 4, 5, 6, 7 et 8.

764. — Le conseil de préfecture ne peut appliquer que les anciens réglemens sur les bâtimens, les réglemens techniques, et qui ne prononcent aucune amende; il ordonne seulement la démolition ou la rectification des ouvrages vicieux; mais, si un bâtiment menace la sûreté publique, le procès-verbal qui constate le vice de construction est remis au préfet de police, qui peut seul en ordonner la démolition.

765. — Si, dans le cas où des constructions ont été faites contrairement aux réglemens et pourraient compromettre la sûreté publique, il appartient, à Paris, au préfet de police, de prescrire les mesures nécessaires pour le cas de péril résultant de l'état desdites constructions, le conseil de préfecture n'en est pas moins compétent pour examiner, si des faits constatés aux procès-verbaux, dressés à raison de ces constructions, il résulte ou non des contraventions aux réglemens de la grande voirie. Dès-lors le conseil de préfecture saisi en pareil cas ne peut, sans méconnaître ses pouvoirs, se dispenser d'examiner les faits qui lui sont soumis et se déclarer purement et simplement incompétent pour y statuer. — *Cons. d'ét.*, 1er juin 1843, ministre des travaux publics c. Ponant et Bonnarie.

§ 2. — *Hauteur des constructions.*

766. — Une trop grande élévation des bâtimens eût compromis la salubrité publique en ne permettant pas à l'air de circuler librement dans les rues, aux rayons du soleil d'y pénétrer largement pour vivifier cet air; elle eût été en outre contraire à la sûreté des habitans, surtout en cas d'incendie. Pour éviter ces inconvéniens, la hauteur des maisons a dû être mesurée sur la largeur des rues.

767. — La hauteur des façades des maisons de la ville et des faubourgs de Paris, autre que celle des édifices publics, a été longtemps fixée à raison de la largeur des rues, savoir : dans les rues de 9 mètres 745 millimètres de largeur et au-dessus, à 17 mètres 541 millimètres; dans celles de 7 mètres 96 millimètres jusques et y compris 9 mètres 420 millimètres de largeur, à 14 mètres 618 millimètres; et dans celles au-dessous de 7 mètres 471 millimètres de largeur, à 11 mètres 694 millimètres depuis le pavé jusques et y compris les corniches ou entablemens, même les corniches d'attique, ainsi que la hauteur des étages et mansardes qui tiendraient lieu des attiques. Les façades ne peuvent jamais être surmontées que d'un comble de 3 mètres 248 millimètres d'élévation du dessus des corniches et entablement jusqu'à son faîte, pour les corps de logis doubles. — Décl. du roi 10 avr. 1783, art. 4; lettre-patente 25 août 1784.

768. — L'application de ces diverses dispositions a donné lieu à de nombreuses contestations qui ont été résolues d'une manière plus ou moins satisfaisante par la jurisprudence du conseil d'état. Frappée de la nécessité de mettre un terme à ces difficultés et de déterminer plusieurs points qui n'avaient pas été suffisamment fixés, l'administration a provoqué un nouveau réglement qui reproduit, en les développant et les complétant, les dispositions des deux réglemens que nous avons cités. — Husson, p. 934.

769. — Les dispositions de ce nouveau réglement, rendu le 15 juill. 1848 par le chef du pouvoir exécutif, le conseil d'état entendu, méritent d'être textuellement reproduites à cause de leur importance. Les voici :

TITRE 1er. — *De la hauteur des façades dans la ville de Paris.*

SECT. 1re. — *De la hauteur des façades bordant les voies publiques*

770. — La hauteur des façades bordant les voies publiques dans la ville de Paris est déterminée par la largeur de ses voies publiques. Cette hauteur, mesurée du pavé au pied des façades, ne peut excéder, y compris les entablemens, attiques, et toutes les constructions à plomb du mur de face : 11 mètres 70 cent. pour les voies au-dessous de 7 mètres 50 cent.; 14 mètres 62 cent. pour les voies publiques de 7 mètres 80 cent. et au-dessus, jusqu'à 9 mètres 75 cent.; 17 mètres 55 cent. pour les voies publiques de 9 mètres 75 cent. et au-dessus. — Art. 1er.

771. — Lorsqu'un bâtiment est situé sur une voie publique en pente, la hauteur de sa façade ne peut, sur aucun point, excéder les hauteurs fixées par l'art. 1er d'après la largeur de la voie publique. — Art. 2.

772. — Tout bâtiment situé à l'encoignure de deux voies publiques d'inégale largeur peut, par exception, être élevé, du côté de la plus étroite, jusqu'à la hauteur fixée pour la plus large. Toutefois, cette exception ne s'étend sur la voie la plus étroite, que jusqu'à concurrence de la profondeur du corps de bâtiment ayant face sur la voie la plus large, et, dans aucun cas, ne peut excéder une longueur de face de 15 mètres à partir de l'encoignure. Cette disposition exceptionnelle ne peut être invoquée que pour les bâtimens construits à l'alignement déterminé pour les deux voies publiques. — Art. 3.

773. — Les façades d'un bâtiment occupant tout l'espace compris entre deux voies publiques d'inégale largeur ou de niveau différent ne peuvent dépasser la hauteur fixée pour ces façades, en raison de la largeur ou du niveau de la voie publique sur laquelle chaque façade est située. — Art. 4.

774. — La hauteur des murs de face intérieurs des bâtimens bordant la voie publique ne peut pas dépasser le niveau de la hauteur légale des murs de face extérieurs. — Art. 5.

775. — Les façades qui sont construites sur la voie publique, mais en retrait de l'alignement, ne peuvent être élevées qu'à la hauteur déterminée par la largeur existant entre ces constructions et l'alignement fixé pour le côté opposé de la voie publique. — Art. 6.

776. — Les bâtimens situés en dehors des voies publiques, dans les cours et espaces intérieurs, ne peuvent excéder, sur aucune de leurs faces, la hauteur de 17 mèt. 55 cent., mesurés du sol. — Art. 7.

777. — Le profil des combles, au-dessus des façades élevées au maximum de hauteur fixé par le titre 1er, ne doit pas excéder un périmètre déterminé par une ligne droite inclinée à 45 degrés, partant, sur chaque façade, de l'extrémité de la corniche ou entablement par une ligne horizontale, à 4 mèt. 87 cent. au-dessus du point fixé par les articles précédens pour la hauteur des façades. — Art. 8.

778. — Sur les quais, boulevarts, places publiques et dans les voies publiques de 15 mèt. au moins de largeur, ainsi que dans les espaces intérieurs, en dehors de la voie publique, la ligne droite inclinée à 45 degrés dans le périmètre indiqué ci-dessus peut être remplacée par un quart de cercle de 4 mèt. 87 cent. de rayon; le centre du cercle est au niveau fixé par les articles précédens pour la hauteur des bâtimens, et à 4 mèt. 87 cent. en arrière du nu de la façade : la saillie de l'entablement est laissée en dehors du quart de cercle. — Art. 9.

779. — Les combles des bâtimens situés à l'angle d'une voie publique de 15 mèt. au moins de largeur, et d'une voie publique de moins de 15 mèt., peuvent, par exception, être établis sur cette dernière voie, suivant le périmètre déterminé par l'art. 9, mais seulement dans la même profondeur que celle fixée par l'art. 3. — Art. 10.

780. — Dans les cas prévus par les trois articles précédens, les reliefs de chéneaux et membrons ne doivent pas excéder la ligne inclinée à 45 degrés partant de l'extrémité de l'entablement. — Art. 11.

781. — Les lucarnes placées au-dessus de l'entablement ne peuvent être construites qu'à 30 cent. en retrait du parement extérieur du mur de face. — Elles ne peuvent s'élever, compris leur toiture, à plus de 3 mèt. au-dessus de cet entablement. — Leur largeur ne peut excéder 1 mèt. 50 cent. hors œuvre. — Les jouées de ces lucarnes sont parallèles entre elles. — Les intervalles sont au moins de 1 mèt. 50 cent., quelle que soit la largeur des lucarnes. — Il ne peut être établi qu'un second rang de lucarnes, et ce second rang doit, dans tous les cas, être renfermé dans le périmètre déterminé par l'art. 8. — Art. 12.

782. — Les murs de dossier et les tuyaux de cheminée ne peuvent percer la ligne rampante du comble qu'à 1 mèt. 50 cent., mesurés horizontalement du parement extérieur du mur de face, ni s'élever à plus de 5 mètre 50 cent. au-dessus de la hauteur fixée pour ce mur. — Nul exhaussement de tuyaux de cheminée, au moyen de mitre ou de tout autre appareil, ne peut avoir plus d'un mètre au-dessus du tuyau en maçonnerie. — Art. 13.

783. — Les combles au-dessus des façades qui ne sont pas élevées au maximum de hauteur déterminé dans le tit. 1er peuvent dépasser le périmètre fixé par l'art. 8; mais ils ne doivent pas, toutefois, ainsi que leurs chéneaux, meurtrières, lucarnes, murs de dossier et tuyaux de cheminée, excéder le périmètre général des bâtimens, fixé, tant pour les façades que pour les combles, par les dispositions du tit. 1er et de la 1re setion du présent titre. — Art. 14.

784. — Les combles des bâtimens construits sur des voies publiques dont l'ouverture n'est autorisée qu'avec des conditions restrictives pour la hauteur des façades sont assujétis aux dispositions des art. 8, 9, 10, 11, 12 et 13, à partir du point de hauteur exceptionnellement fixé pour ces maisons. — Art. 15.

785. — Les dispositions du présent titre sont applicables à tous les bâtimens placés ou non sur la voie publique. — Art. 16.

786. — Les murs de face, les combles, les lucarnes dont l'élévation et la forme excèdent actuellement celles ci-dessus prescrites, ne peuvent être ni reconfortés, ni reconstruits, qu'à la charge de se conformer aux dispositions qui précèdent. — Art. 17.

787. — Les dispositions du présent arrêté ne sont pas applicables aux édifices publics. — Art. 18.

788. — Les dispositions des réglemens, ordonnances et décrets, qui sont contraires au présent arrêté, sont et demeurent rapportées. — Art. 19.

789. — Les contraventions au présent réglement seront poursuivies conformément aux lois et réglemens sur la matière. — Art. 20.

790. — En se reportant aux dispositions pénales des réglemens antérieurs, le conseil d'état a, par cela même, implicitement maintenu l'art. 7 de la déclaration du 10 août 1783, rappelé par les lettres patentes du 25 août 1784, et aux termes duquel une amende de 3,000 livres, et la démolition des ouvrages sont prononcées contre les propriétaires qui ont élevé au-dessus des hauteurs déterminées, indépendamment d'une amende de 1,000 liv. contre les maîtres-maçons, charpentiers et ouvriers qui ont exécuté les travaux.

791. — De nombreuses applications de ces pénalités ont été faites au surplus par le conseil d'état dans diverses circonstances. — V. notamment *Cons. d'ét.*, 19 fév. 1823, de Courbonne; 8 juin 1832, Brajout; même jour, Rolland; 22 août 1834, Catherin et Pellugot; 20 janv. 1835, Boileau; 24 mai 1836, Julien; 14 juin 1837, Aubenel; 17 août 1841, Chéronnet; 25 avr. 1842, Lavallée; 12 janv. 1844, Wargny; 28 août 1844, Lellèvre; 24 janv. 1845, Hazo. — V. encore Cormenin, *Droit admin.*, vo *Voirie*, t. 2, p. 470; Chevalier, *Jurisp. admin.*, vo *Voirie*, t. 2, p. 491.

792. — Jugé, spécialement, que lorsque des lucarnes construites sur une maison font saillie sur l'inclinaison d'un comble ordinaire à 45 degrés, dont le pied correspond à l'extrémité de la corniche qui couronne le mur de face, le propriétaire n'est point fondé, pour faire disparaître ladite saillie, à prétendre que cette inclinaison doit être portée au-delà de la corniche réelle et au point où les réglemens auraient permis de la porter elle-même. — ... Que deux lucarnes élevées à plomb du mur de face d'une maison, et d'une largeur qui excède celle généralement usitée (2 mètres 38 centim.), doivent être considérées comme un étage en attique et être par suite comprises dans le mesurage de la hauteur de la maison. — ... Que dès-lors il y a lieu d'ordonner la destruction des travaux exécutés auxdites lucarnes au-dessus de la hauteur légale. — ... Et que l'amende encourue par le propriétaire contrevenant est, en pareil cas, celle de 3,000 livres prononcée par la déclaration du 10 avr. 1783, à laquelle se réfèrent les lettres patentes du 25 août 1784, et non celle de 300 livres établie par l'arrêt du conseil du 17 fév. 1765. — *Cons. d'ét.*, 23 juill. 1841, Ernault.

793. — Il est inutile d'ailleurs de reproduire ici les nombreuses espèces qui ont pu se présenter, notamment sur la question de savoir si la construction élevée en retraite sur l'alignement futur de la rue pouvait être portée à toute la hauteur qui lui serait permise, lorsque la rue aurait acquis sur toute son étendue sa largeur. — L'art. 6 du décret du 15 juill. 1848 ne peut plus laisser aucun doute sur la solution à donner. Telle était, au surplus, sur ce point la disposition des lettres-patentes de 1784, qui voulaient aussi que lorsqu'une rue de Paris doit, aux termes d'une ordonnance, recevoir une plus grande largeur d'après laquelle les maisons pourront être portées à une hauteur plus grande, celles de ces maisons qui se trouvent à l'alignement fixé par l'ordonnance et qui ne sont pas sujettes à reculement peuvent être portées, dès et avant l'élargissement, à la hauteur que comporte la largeur future. — Lett. pat. 25 août 1784.

794. — Spécialement, le propriétaire qui, en construisant, conformément au plan d'alignement adopté pour une rue, a néanmoins excédé la hauteur fixée d'après la largeur donnée à la rue par ce plan, doit être condamné à démolir les constructions qui dépassent ladite hauteur, bien que, par suite d'un alignement qui donne à la rue plus de largeur, les constructions ne se trouvent plus excéder la nouvelle hauteur permise. — *Cons. d'ét.*, 30 juin 1843, Chaplain.

795. — Comme aussi, lorsque les maisons d'une rue sont susceptibles de recevoir une plus grande élévation par suite de l'élargissement futur de cette rue, un propriétaire ne peut élever derrière un mur de clôture des constructions à la hauteur que cet élargissement doit permettre, à moins de réaliser l'alignement en supprimant ce mur et en abandonnant à la voie publique le terrain nécessaire. Ainsi, un propriétaire ne peut se prévaloir, pour élever sa maison à une hauteur excédant celle que comporte la largeur actuelle de la rue, d'un alignement qui suppose l'élargissement de cette rue, qu'autant qu'il aura contribué lui-même à lui donner la largeur projetée. — Lett. pat. 25 août 1784. — V. conf. *Cons. d'ét.*, 21 déc. 1837, Paillet.

796. — Mentionnons encore que le conseil d'état a plusieurs fois jugé que, lorsque la surélévation d'un mur de face a été exécutée contrairement aux réglemens et que des travaux confortatifs ont été faits au même mur, sans autorisation préalable, ces faits constituent deux contraventions distinctes, passibles chacune d'une amende. — *Cons. d'ét.*, 23 oct. 1833, Lessorre; 14 juin 1837, Noël; 17 août 1841, Chéronnet; 21 juin 1844, Rémond; 29 juin 1844, Richard.

797. — ... Sauf toutefois au conseil d'état à modérer l'amende. — Mêmes ordonnances.

798. — Spécialement, le fait par un propriétaire d'avoir fait élever un étage carré sans autorisation, et en retraite sur le comble de sa maison, lequel dépasse déjà la hauteur légale, constitue une contravention passible des peines prononcées par la déclaration du 10 avr. 1783, alors surtout que le mur sur lequel s'appuie ledit étage du côté de la rue a été reconstruit en partie et que le ravalement en a été opéré en totalité. — *Cons. d'ét.*, 9 janv. 1843, Braconnot et Macquart.

799. — Mais il a été jugé, que lorsqu'un propriétaire a fait couvrir, sans autorisation préalable, la maison qu'il possède, d'un comble circulaire excédant la hauteur fixée par les réglemens, et qu'à raison de ce fait, un arrêté du conseil de préfecture soit intervenu et ait condamné le contrevenant à l'amende et à la démolition des constructions, cet arrêté, quant à la démolition, peut être rapporté si le propriétaire obtient du ministre l'autorisation que le conseil de préfecture lui avait refusée. — *Cons. d'ét.*, 5 déc. 1839, Maisonneuve.

800. — Cette solution peut, il est vrai, paraître extraordinaire au premier aspect. Un ministre qui arrête l'exécution de la décision d'un conseil de préfecture, rendue en matière contentieuse, semble commettre un excès de pouvoir. Mais si l'on remarque que le particulier pouvait solliciter de ce ministre l'autorisation que lui avait refusée le préfet de construire et d'élever sa toiture à une certaine hauteur, il ne paraîtra plus exorbitant de la part du ministre d'avoir accordé l'autorisation et paralysé ainsi l'arrêté du conseil de préfecture qui avait ordonné la démolition. En ce qui concerne le conseil d'état, il ne pouvait que prononcer, comme il l'a fait, qu'il ne serait pas donné suite à la partie de l'arrêté qui condamnait le contrevenant à la destruction des ouvrage faits.

801. — Lorsque la permission de construire accordée à un propriétaire a été délivrée en exécution du plan d'alignement adopté pour la rue dans laquelle doivent se faire les constructions, et que la hauteur des maisons a été déterminée conformément aux réglemens de la matière à raison de la largeur assignée à cette rue, un propriétaire voisin n'est pas fondé à réclamer contre l'autorisation accordée. — *Cons. d'ét.*, 3 fév. 1843, Deherain c. Imbert.

802. — On ne permet jamais, à Paris, d'élever sur les maisons ayant déjà la hauteur légale aucune construction légère, fût-elle même provisoire, telles que terrasses, cages fermées, belvédères. — Husson, p. 938.

§ 3. — *Pans de bois.*

803. — L'auteur du *Dictionnaire de la voirie*, Perrot (vo *Mur*), fait connaître qu'autrefois, à Paris, on était si curieux de la solidité des bâtimens, qu'il n'était permis à personne de bâtir en pans de bois, et il cite le fait d'une autorisation exceptionnellement accordée à un particulier dont le terrain n'avait pas une profondeur suffisante pour l'établissement d'une construction isolée.

804. — Il est probable que cette exception ne fut pas la seule, car on voit, par une ordonnance de police du 22 septembre 1600, renouveler les prohibitions sur les pans de bois joignant la voie publique.

805. — Même sous l'empire de l'édit de 1607, qui est un réglement général, et qui renouvelait la prohibition d'une manière absolue, il paraît qu'on continue à se relâcher de la rigueur des principes, car une ordonnance du bureau des finances du 18 août 1667 détermine les conditions d'établissement des pans de bois.

806. — Plus tard, enfin, l'édit du 16 juin 1693, spécial à la ville de Paris, porte : « Faisons défense à tous particuliers, maçons et ouvriers, de faire démolir, construire ou réédifier aucun édifice ou bâtiment, élever *aucuns pans* de bois, etc., sans avoir pris les *alignemens et permissions nécessaires* de nos trésoriers de France, à peine, contre les contrevenans, de 20 livres d'amende. »

807. — Il résulte de cet édit, qu'à Paris, au moins, les constructions en pans de bois ne sont pas absolument interdites, mais seulement subordonnées à l'approbation de l'autorité. — La jurisprudence du conseil d'état est fixée sur ce point. — *Cons. d'ét.*, 13 juill. 1828, Besnard; 9 nov. 1836, Ballu. — Husson, p. 940; Cormenin, *Droit admin.*, vo *Voirie*, t. 2, p. 470; Chevalier, *Jurispr. adm.*, vo *Voirie*, t. 2, p. 489. — V. toutefois *Cons. d'ét.*, 22 juin 1811, Guibert; 2 août 1826, Bunouf.

808. — Du reste, l'autorisation d'établir des pans de bois dans la ville de Paris n'est accordée qu'exceptionnellement et dans les deux cas suivans : 1° lorsqu'il s'agit de construire sur un terrain ayant moins de huit mètres de profondeur réduite; et dans ce cas même, le mur de face doit être en maçonnerie dans toute la hauteur du rez-de-chaussée; 2° lorsqu'un propriétaire veut, en se renfermant dans la hauteur fixée par les réglemens, terminer une maison d'habitation par une construction légère en attique, édifiée au-dessus de l'entablement, soit à l'aplomb, soit à l'arrière du mur de face. — Husson, p. 941.

809. — Jugé, cependant, que le conseil de préfecture ne peut ordonner la démolition d'un pan de bois élevé sur la partie retranchable d'une maison, s'il ne se rattache nullement au mur de face sujet à reculement. — *Cons. d'ét.*, 12 juill. 1837, Boullard.

810. — En tous cas, il est certain, en présence des termes formels de l'édit de décembre 1607, qu'aucune réparation ne peut être faite aux pans de bois existant, sans autorisation, du moment où cette réparation serait de nature consolidative.

811. — Jugé, en ce sens, que toute ancienne construction en pans de bois, à Paris, qui se trouve détruite, ne peut être réédifiée, à peine de démolition et d'amende. — *Cons. d'ét.*, 6 déc. 1844, Grossetête.

812. — Les réglemens interdisant de faire aux pans de bois en façade sur les rues des ouvrages qui puissent les conforter, conserver et soutenir, il y a lieu de condamner un propriétaire à enlever le poteau par lui placé dans l'intérieur de sa maison, s'il est reconnu que ce poteau reconforte le plan de bois de face de cette maison. — *Cons. d'ét.*, 28 fév. 1834, ministre des travaux publics c. Lefelle.

813. — Jugé encore que, lorsqu'il résulte, de l'avis du conseil des bâtimens civils et de celui des inspecteurs généraux de la voirie, que le mode de construction adopté par un propriétaire pour l'entablement de sa maison compromet la sûreté publique, il y a lieu d'en ordonner la démolition, bien que cet entablement fasse partie d'une maison située dans une cour particulière. — *Cons. d'ét.*, 6 juill. 1825, Vincent.

814. — La pénalité applicable dans la ville de Paris aux infractions à la défense de construire en pans de bois est l'amende prononcée par l'arrêt du 27 fév. 1765, et non celle de 20 francs, dont parle la déclaration du 16 juin 1693. — *Cons. d'ét.*, 5 déc. 1834, Lesieur. — En cas de réparation non autorisée, c'est la même amende qui est encourue.

815. — Lorsqu'un locataire a construit antérieurement à la permission accordée, et qu'il a en outre contrevenu à cette permission, qui n'autorisait que de légères réparations, et aux réglemens qui interdisent de construire à Paris les façades sur rue en pans de bois, le conseil de préfecture a justement condamné le propriétaire à démolir. — *Cons. d'ét.*, 2 août 1826, Bunouf.

§ 4. — *Entrée des maisons, eaux ménagères, caves sous les rues.*

816. — *Entrée des maisons.* — Il est interdit à tous propriétaires, architectes et maçons de poser aucun seuil de porte plus bas ni plus haut que le niveau de pente du pavé des rues, sous peine d'être obligés à rétablir le seuil. — Il est également défendu de faire relever le pavé des devantures des maisons plus haut que l'ancien pavé de la rue. Les demandes en réglement de pente de pavé sont adressées au préfet du département, qui en donne le niveau. — Ordonn. du trésorier de France 1er avr. 1697; arrêt du conseil 22 mai 1725.

817. — *Eaux ménagères.* — A Paris, il est encore défendu d'établir entre les maisons et les égouts des ouvertures de tuyaux de communication par lesquels s'écouleraient les eaux intérieures ou celles des latrines. — Arrêt du conseil 22 janv. 1785.

818. — Toutefois, et par exception, il peut être permis de conduire par des tuyaux les eaux ménagères et pluviales dans l'égout le plus voisin, lorsque le sol du rez-de-chaussée, cour ou jardin se trouvant au niveau du sol de la rue, il y a impossibilité reconnue et constatée de jeter ces eaux dans les ruisseaux par une pente d'au moins 5 millimètres par mètre. — Ordonn. 30 sept. 1814.

819. — *Caves sous la rue.* — L'édit de décembre 1607 défend de faire creuser aucune cave sous les rues, et cette ordonnance a été réitérée par l'ordonnance des trésoriers de France du 4 septembre 1778, à peine de 300 livres d'amende, tant contre les propriétaires que contre les entrepreneurs et ouvriers.

820. — Et telle est la rigueur de cette prescription à Paris, que jamais on n'a voulu étendre à cette ville le bénéfice accordé par l'arrêt du conseil du 3 août 1685 pour les autres villes, où les caves voutées avec solidité peuvent être conservées, bien que sous la voie publique, alors que les propriétaires ont subi un retranchement dans leurs bâtimens pour élargissement de la voie publique.

§ 5. — *Saillies de la voie publique.*

821. — Il n'est peut-être pas de questions plus délicates, en ce qui concerne la police des constructions à Paris, que celles relatives aux saillies extérieures des constructions élevées dans la ville de Paris.

822. — Une ordonnance du bureau des finances, du 14 décembre 1725 avait réglé ce point; mais cet ancien réglement, bien que complété et modifié par les lettres patentes ultérieures, donnait lieu à des difficultés fréquentes dans l'application; il devenait urgent de reviser la législation existante.

823. — En conséquence, le roi Louis XVIII,

« Sur le compte qui nous a été rendu des accidens multipliés arrivés dans notre bonne ville de Paris par la chute d'entablemens, de corniches et d'auvens en plâtre, et de la difformité des embarras et des dangers que présente la saillie démesurée des devantures de boutique, tableaux, enseignes, étalages, borne, et autres objets placés au devant des murs de face des maisons ; — Considérant qu'il est indispensable de prendre des mesures promptes et efficaces, afin de prévenir de nouveaux malheurs, et de remédier aux abus qui se sont introduits par suite de l'inexécution des anciens réglemens ; a rendit l'ordonnance du 24 déc. 1823, qui, aujourd'hui, peut être considérée comme le code complet de cette matière, et qu'à ce titre nous pensons devoir reproduire textuellement.

TITRE 1er. — Dispositions générales.

824. — Art. 1er. Il ne pourra à l'avenir être établi, sur les murs de face des maisons de notre bonne ville de Paris, aucune saillie autre que celles déterminées par la présente ordonnance.

825. — Art. 2. Toute saillie sera comptée à partir du nu du mur au-dessus de la retraite.

TITRE II. — Dimensions des saillies.

826. — Art. 3. Aucune saillie ne pourra excéder les dimensions suivantes :

SECTION 1re. — Saillies fixes.

	m.	c.
Pilastres et colonnes en pierres.		
Dans les rues au-dessous de m. huit mètres de largeur	0	03
Dans les rues de huit à dix mètres de largeur	0	04
Dans les rues de douze mètres de largeur et au-dessous	0	10

Lorsque les pilastres et les colonnes auront une épaisseur plus considérable que les saillies permises, l'excédant sera en arrière de l'alignement de la propriété, et le nu du mur de face formera arrière-corps à l'égard de cet alignement ; toutefois, les jambes étrières ou boutisses devront toujours être placées sur l'alignement. — Dans ce cas, l'élévation des assises de retraite sera réglée, à partir du sol :

	m.
Dans les rues de dix mètres de largeur et au-dessous, à	0 80
Dans celles de dix à douze mètres de largeur, à	1 00
Dans celles de douze mètres et au-dessus, à	1 15
Grands balcons	0 80
Herses, chardons, artichauts et fraises	0 80
Auvens de boutique	0 80
Petite auvens au-dessus des croisées	0 25
Bornes dans les rues au-dessous de dix mètres de largeur	0 50
Bornes dans les rues de dix mètres et au-dessus	0 80
Bancs de pierre aux côtés des portes des maisons	0 60
Corniches en menuiserie sur boutique	0 50
Abat-jour de croisée, dans la partie la plus élevée	0 33
Moulinets de boulanger et poulies	0 50
Petits balcons, y compris l'appui des croisées	0 22
Seuils, socles	0 22
Colonnes isolées en menuiserie	0 16
Colonnes engagées en menuiserie	0 16
Pilastres en menuiserie	0 16
Barreaux et grilles de boutique	0 16
Appui de boutique	0 16
Tuyaux de descente ou d'évier	0 16
Cuvettes	0 16
Devanture de boutique, toute espèce d'ornemens compris	0 16
Tableaux, enseignes, bustes, reliefs, montres, attributs, y compris les bordures, supports et points d'appui	0 16
Jalousies	0 16
Persiennes ou contrevents	0 11
Appui de croisée	0 08
Barres de support	0 08

(Les paremens de décorations au-dessus du rez-de-chaussée n'auront que l'épaisseur des bois appliqués au mur.)

SECT. II. — Saillies mobiles.

827. — Art. 4. Lanternes ou transparens avec potence 0 75
Lanternes ou transparens en forme de plaque 0 22
Tableaux, écussons, enseignes, montres, étalages, attributs, y compris les supports, bordures, crochets et points d'appui .. 0 16
Appui de boutique, y compris les barres et crochets 0 16

Volets, contrevens ou fermetures de boutique 0 16
828. — Art. 4. Les saillies déterminées par l'article précédent pourront être restreintes suivant les localités.

TITRE III. — Dispositions relatives à chaque espèce de saillie.

SECT. 1re. — Barrières au devant des maisons.

829. — Art. 5. Il est défendu d'établir des barrières fixes au devant des maisons et de leurs dépendances, quelles qu'elles puissent être, tant dans les rues et places que sur les boulevarts, à moins qu'elles ne soient reconnues nécessaires à la propreté et qu'elles ne gênent point la circulation. La saillie de ces barrières ne pourra, dans aucun cas, excéder un mètre et demi.

830. — Art. 6. Les propriétaires auxquels il aura été accordé la permission d'établir des barrières seront obligés de les maintenir en bon état.

SECT. 2e. — Bancs, Pas, Marches, Perrons, Bornes.

831. — Art. 7. Il ne sera permis de placer des bancs au devant des maisons que dans les rues de dix mètres de largeur et au-dessus. Ces bancs seront en pierre, ne dépasseront pas l'alignement de la base des bornes, et seront établis dans toute leur longueur sur maçonnerie pleine et chanfreinée.

832. — Art. 8. Il est défendu de construire des perrons en saillie sur la voie publique. Les perrons actuellement existans seront supprimés, autant que faire se pourra, lorsqu'ils auront besoin de réparation. Il ne sera accordé de permission que pour les pas et marches, lorsque les localités l'exigeront. Ces pas et marches ne pourront dépasser l'alignement de la base des bornes. En cas d'insuffisance de cette saillie, le propriétaire rachètera la différence du niveau en se retirant sur lui-même, ou le perront, sous aucun prétexte, excéder un mètre de saillie, tout compris, ni approcher à plus d'un mètre de distance de la ligne extérieure des arbres de la contre-allée.

833. — Art. 9. Il est permis d'établir des bornes aux angles saillans des maisons formant encoignure de rue ; mais lorsque ces encoignures seront disposées en pan coupé de soixante centimètres au moins et d'un mètre au plus de largeur, une seule borne sera placée au milieu du pan coupé.

SECT. 3e. — Grands balcons.

834. — Art. 10. Les permissions d'établir de grands balcons ne seront accordées que dans les rues de dix mètres de largeur et au-dessus, ainsi que dans les places et carrefours, et ce d'après une enquête de commodo et incommodo. — S'il n'y a point d'opposition, les permissions seront délivrées. En cas d'opposition, il sera statué par le conseil de préfecture, sauf le recours au conseil d'état. — Dans aucun cas, les grands balcons ne pourront être établis à moins de six mètres du sol de la voie publique. — Le préfet de police sera toujours consulté sur l'établissement des grands et petits balcons.

SECT. 4e. — Constructions provisoires, échoppes.

835. — Art. 11. Il pourra être permis de masquer, par des constructions provisoires ou des appentis, tout renfoncement entre deux maisons, pourvu qu'il n'ait pas au-delà de huit mètres de longueur, et que sa profondeur soit au moins d'un mètre. Ces constructions ne devront, dans aucun cas, excéder la hauteur du rez-de-chaussée, et elles seront supprimées dès qu'une des maisons attenantes subira retranchement. — Il est permis de masquer par des constructions légères, en forme de pan coupé, les angles de toute espèce de retranchement au-dessus de huit mètres de longueur, mais sous la même condition que ci-dessus pour leur établissement et leur suppression.—Le préfet de police sera toujours consulté sur les demandes formées à cet effet.

836. — Art. 12. Il est expressément défendu d'établir des échoppes en bois ailleurs que dans les angles et renfoncemens hors de l'alignement des rues et places. — Toutes les échoppes existantes qui ne sont point conformes aux dispositions ci dessus seront supprimées lorsque les détenteurs actuels

cesseront de les occuper, à moins que l'autorité ne juge nécessaire d'en ordonner plus tôt la suppression.

SECT. 5e. — Auvens et corniches de boutiques.

837. — Art. 13. Il est défendu de construire des auvents et corniches en plâtre au-dessus des boutiques. Il ne pourra en être établi qu'en bois, avec la faculté de les revêtir extérieurement de métal ; toute autre manière de les couvrir est prohibée. — Les auvens et corniches en plâtre actuellement établis au-dessus des boutiques ne pourront être réparés. — Ils seront démolis lorsqu'ils auront besoin de réparation, et ne seront rétablis qu'en bois.

SECT. 6e. — Enseignes.

838. — Art. 14. Aucuns tableaux, enseignes, montres, étalages et attributs quelconques, ne seront suspendus, attachés ou appliqués, soit aux balcons, soit aux auvents. Leurs dimensions seront déterminées au besoin, par le préfet de police, suivant les localités. — Il pourra néanmoins être placé sous les auvents des tableaux ou plafonds en bois, pourvu qu'ils soient posés dans une direction inclinée. — Tout étalage formé de pièces d'étoffe disposées en draperie et guirlande, et formant saillie, sat interdit au rez-de-chaussée. Il ne pourra descendre qu'à trois mètres du sol de la voie publique. — Tout crochet destiné à soutenir des viandes en étalage devra être placé de manière que les viandes ne puissent excéder le nu des murs de face, ni faire aucune saillie sur la voie publique.

SECT. 7e. — Tuyaux de poêle et de cheminée.

839. — Art. 15. À l'avenir, et pour toutes les maisons de construction nouvelle, aucun tuyau de poêle ne pourra déboucher sur la voie publique. — Dans l'année de la publication de la présente ordonnance, les tuyaux de poêle créées et autres qui débouchent actuellement sur la voie publique seront supprimés, s'il est reconnu qu'ils peuvent avoir une issue intérieure. — Dans le cas où la suppression ne pourrait avoir lieu, ces mêmes tuyaux seraient élevés jusqu'à l'entablement, avec les précautions nécessaires pour assurer leur solidité et empêcher l'eau rousse de tomber sur les passans.

840. — Art. 16. Les tuyaux de cheminée en maçonnerie et en saillie sur la voie publique seront démolis et supprimés, lorsqu'ils seront en mauvais état, ou que l'on fera de grosses réparations dans les bâtimens auxquels ils sont adossés. — Les tuyaux de cheminée en tôle, en poêle et en grès, ne pourront être conservés extérieurement sous aucun prétexte.

SECT. 8e. — Bannes.

841. — Art. 17. La permission d'établir des bannes ne sera donnée que sous la condition de les placer trois mètres au moins au-dessus du sol dans sa partie la plus basse, de manière à ne pas gêner la circulation. Leurs rapports seront horizontaux. Elles n'auront de joues qu'autant que les localités le permettront, et les dimensions en seront déterminées par l'autorité. — Les bannes devront être en toile ou en coutil, et ne pourront, dans aucun cas, être établies sur châssis. — La saillie des bannes ne pourra excéder 1 mètre 50 centimètres. — Dans l'année de la publication de la présente ordonnance, toutes les bannes qui ne seront pas conformes aux conditions exigées plus haut seront changées, réduites ou supprimées.

SECT. 9e. — Perches.

842. — Art. 18. Les perches et étendoirs des blanchisseuses, teinturiers, dégraisseurs, couverturiers, etc., ne pourront être établies que dans des rues écartées et peu fréquentées, et après une enquête de commodo et incommodo, sur laquelle il sera statué comme il a été dit en l'article 10 ci-dessus.

SECT. 10e. — Eviers.

843. — Art. 19. Les éviers pour l'écoulement des eaux ménagères seront permis, sous la condition expresse que leur orifice extérieur ne s'élévera pas à plus d'un décimètre au-dessus du pavé de la rue.

SECT. 11e. — Cuvettes.

844. — Art. 20. À l'avenir, et dans toutes les mai-

sons de construction nouvelle, il ne pourra être établi, en saillie sur la voie publique, aucune espèce de cuvettes pour l'écoulement des eaux ménagères des étages supérieurs.—Dans les maisons actuellement existantes, les cuvettes placées en saillie seront supprimées lorsqu'elles auront besoin de réparation, s'il est reconnu qu'elles peuvent être établies à l'intérieur. Dans le cas contraire, elles seront disposées, autant que faire se pourra, de manière à recevoir les eaux intérieurement, et garnies de hausses pour prévenir le déversement des eaux et toute éclaboussure au-dessous.

SECT. 12e. — *Constructions en encorbellement.*

845.—Art. 21. A l'avenir, il ne sera permis aucune construction en encorbellement; et la suppression de celles qui existent aura lieu toutes les fois qu'elles seront dans le cas d'être réparées.

SECT. 13e. — *Corniches ou entablemens.*

846.—Art. 22. Les entablemens et corniches en plâtre, au-dessus de 16 centimètres de saillie, seront prohibés dans toutes les constructions en bois.—Il ne sera permis d'établir des corniches ou entablemens de plus de 16 centimètres de saillie, qu'aux maisons construites en pierre ou moellon, sous la condition que ces corniches seront en pierre de taille ou en bois, et que la saillie n'excédera, dans aucun cas, l'épaisseur du mur à sa sommité. — On pourra permettre des corniches ou entablemens en bois sur les pans de bois. — Les entablemens ou corniches des maisons actuellement existantes, qui auront besoin d'être reconstruites en tout ou en partie, seront réduits à la saillie de 16 centimètres s'ils sont en plâtre, et ne pourront excéder en saillie l'épaisseur du mur à sa sommité s'ils sont en pierre ou bois.

SECT. 14e. — *Gouttières saillantes.*

847.—Art. 23. Les gouttières saillantes seront supprimées en totalité dans le délai d'une année, à partir de la publication de la présente ordonnance. — Il ne sera perçu aucun droit de petite voirie pour les tuyaux de descente qui seront établis en remplacement des gouttières saillantes supprimées dans ce délai.

SECT. 15e. — *Devantures de boutiques.*

848. — Art. 24. Les devantures de boutiques, montres, bustes, reliefs, tableaux, enseignes et attributs fixes, dont la saillie excède celle qui est permise par l'article 3 de la présente ordonnance, seront réduits à cette saillie, lorsqu'il y sera fait quelques réparations. — Dans aucun cas, les objets ci-dessus désignés, qui sont susceptibles d'être réduits, ne pourront subsister, savoir : les devantures de boutiques au-delà de neuf années, et les autres objets au-delà de trois années, à compter de la publication de la présente ordonnance. — Les établissemens du même genre qui sont mobiles seront réduits dans l'année. — Seront supprimées dans le même délai toutes saillies fixes placées au devant d'autres saillies.

849. — Art. 25. Il n'est point dérogé aux dispositions des anciens réglemens concernant les saillies, ni au décret du 13 août 1810, concernant les auvents des spectacles et de l'esplanade des boulevarts, en tout ce qui n'est pas contraire à la présente ordonnance.

§ 6.—*Constatation et répression de contraventions.*

850. — Les contraventions à la voirie urbaine sont constatées à Paris par des commissaires voyers. — Si ces commissaires n'ont pas reçu le pouvoir de dresser des procès-verbaux faisant foi jusqu'à inscription de faux, ils peuvent, comme agens de l'administration, faire, sur les contraventions en matière de grande voirie, des rapports qui font foi jusqu'à preuve contraire, lorsqu'ils ont été vérifiés et approuvés par l'administration supérieure.—*Cons. d'ét.*, 5 sept. 1836, Husbrocq.

851. — Leurs procès-verbaux sont dispensés de la formalité de l'affirmation. — *Cons. d'ét.*, 16 juill. 1840, Périlleux et Richard.

852. — Du reste, à Paris, par suite de ce principe que toutes les rues font partie de la grande voirie, c'est au conseil de préfecture, et non au tribunal de police, qu'il appartient de statuer sur toutes les contraventions en matière d'alignement, pavage, distribution d'eau, etc.

853. — Jugé spécialement que le réglement du 10 avr. 1783 ayant réservé au gouvernement le

droit de régler l'élargissement et le redressement des rues de Paris, et le décret du 27 oct. 1808 ayant déclaré que toutes les rues de Paris appartenaient à la grande voirie, c'est au conseil de préfecture à connaître de la contravention commise par un propriétaire qui, nonobstant les défenses à lui faites, a exhaussé une maison située sur une rue, bien que cette rue ne soit pas le prolongement d'une grande route. — *Cons. d'ét.*, 13 août 1823, Dubois de la Touche.

854.—« Cette juridiction, dit M. Husson (p. 971), résulte moins des textes formels que des anciens réglemens, maintenus par la législation nouvelle, qui avaient placé la police de la voirie et des constructions dans les attributions des bureaux des finances, et qui mettaient à la charge du roi l'entretien de la plupart des rues, considérées comme traverses royales. »

855. — Les pourvois contre les décisions du conseil de préfecture sont portés au conseil d'état, dans les délais ordinaires.— V. CONSEIL D'ÉTAT.

Sect. 7e. — *Constructions sur les boulevarts extérieurs et chemins de ronde.*

856. — M. Husson (p. 914) expose ainsi qu'il suit ce qui a trait aux constructions près des chemins de ronde des murs d'enceinte : « Pour faciliter à la fois la perception des octrois municipaux et la répression de la fraude, d'anciens réglemens avaient défendu d'élever, augmenter ou réparer aucun mur de clôture ou bâtiment, qu'à la distance de 98 mètres (50 toises) du mur d'enceinte. » — Ordonn. bureau des fin. de Paris, 16 janv. 1789; décr. 6 juin 1790; 11 janv. 1808.

857. — La même prohibition était prononcée pour l'intérieur de la ville, mais la distance à observer entre le mur d'enceinte et les bâtimens n'était que de 11 mètres 60 centimètres (36 pieds). — Ordonn. bureau des fin. 16 janv. 1789.

858. — Dans tous les cas, il devait être délivré des autorisations préalables aux propriétaires qui voulaient exécuter des fouilles ou établir des constructions au dedans et au dehors de l'enceinte.— Même ordonnance.

859. — L'exécution de ces dispositions à l'extérieur éprouva de graves obstacles, car, bien que le décret du 11 janvier 1808 autorisât l'acquisition, moyennant une juste et préalable indemnité, des constructions existantes dans le rayon prohibé, il ne laissait pas moins subsister la défense de bâtir sur des terrains qui avaient acquis une grande valeur, et peser une sorte d'interdit sur les constructions non autorisées et qui avaient été pourtant tolérées jusque-là.

860. — De nombreux intérêts se trouvaient ainsi froissés et l'énergie des plaintes des propriétaires était parvenue à faire fléchir le principe et à inspirer à l'administration une tolérance toujours prête à reculer devant les conséquences d'une application rigoureuse de la loi. C'est alors que fut adoptée une mesure qui, sans lever la difficulté, donnait satisfaction aux plaintes et qui étendait l'autorisation d'acquérir, pour cause d'utilité publique, aux constructions faites depuis 1808 et même aux terrains non bâtis. — Ordonn. du 1er mai 1822.

861.—Par cette mesure, on rentrait, pour l'exécution du rayon d'enceinte de la capitale, dans les moyens ordinaires de la loi d'expropriation, en renonçant au bénéfice de la servitude prohibitive; mais l'administration municipale se refusait à fournir des fonds pour l'acquisition du rayon de 50 toises ; elle s'abstenait de tout acte de voirie, même sur les routes, renonçant à dégager le mur d'enceinte dans la zône prohibée, et laissait les propriétaires y élever des constructions à leurs risques et périls.

862. — L'administration renonça au bénéfice que lui procurait le réglement de 1789 et voulut rentrer dans le droit commun, en présence des inconvéniens qu'entraînait cet état de choses; considérant encore que les boulevarts extérieurs, dont la largeur est partout de 30 mètres, suffisaient pour empêcher la fraude, et, d'autre part, qu'il devenait utile de donner quelque sécurité aux propriétés placées sous le coup de prescriptions tombées en désuétude, en ressaisissant l'exercice des pouvoirs que confèrent les réglemens de voirie.

863. — Ce réglement de 1789 a donc été rapporté par une ordonnance du 7 juillet 1847, ainsi conçue : Sont et demeurent abrogés, l'ordonnance du bureau des finances du 16 janvier 1789, le décret du 11 janvier 1808, et l'ordonnance du 1er mai 1822, qui ont établi et maintenu la prohibition de bâtir dans un rayon de 50 toises (soit 98 mètres), à partir du mur d'enceinte de la ville de Paris. — Ordonn. 7 juill. 1847, art. 1er.

864. — Il sera statué ultérieurement sur les alignemens auxquels devront être soumis les propriétaires riverains des boulevarts extérieurs de Paris. — Art. 2.

865. — Les terrains que les propriétaires seront contraints de céder à la voie publique, par suite de nouveaux alignemens qui leur seront donnés, leur seront payés conformément aux lois et réglemens sur la voirie de Paris. — Art. 3.

866. — Le droit prohibitif que conféraient les anciens réglemens à l'administration de la ville de Paris lui échappe par cette ordonnance nouvelle, mais elle demeure en possession de celui de fixer et de délivrer les alignemens sur le boulevart extérieur, qui est toujours administré par elle, bien qu'il soit en dehors de l'enceinte de la ville. — L. 21 mai 1790. — Art. 3.

867. — Mais les droits de voirie qui suivent les autorisations données par l'administration municipale de Paris, comme les attributions qui ne sont pas comprises dans l'alignement proprement dit, reviennent aux communes dans le territoire desquelles sont faites les constructions.

868. — Le pouvoir conféré à l'administration municipale de Paris par l'ordonnance du bureau des finances du 16 janvier 1789, sur les chemins de ronde intérieurs, lui demeurent acquis, car la prohibition relative aux 50 toises a seule été réellement abrogée par le réglement du 7 juillet 1847. Les constructions à faire le long des chemins de ronde sont en conséquence soumises à la règle de l'autorisation préalable et des distances à garder. Mais, au premier abord, il semble que le réglement de 1789 tout entier ait été rapporté dans la rédaction de ce dernier acte.

869. — En fait, l'administration municipale laisse pratiquer des issues sur les chemins de ronde qu'elle ouvre à la circulation publique, comme sur les autres rues, bien que légalement les riverains n'y devraient pouvoir prendre des jours que suivant les conditions du Code civil, puisqu'ils n'ont pas les caractères de voie publique.

Sect. 8e. — *Service des eaux.*

870. — Une législation spéciale et exceptionnelle régit les eaux de Paris. Un décret du 4 septembre 1807 réunit en une seule administration les eaux des pompes à feu de Chaillot et du Gros-Caillou, celles des pompes hydrauliques de Notre-Dame et la Samaritaine, des Prés-Saint-Gervais, Rungis et Arcueil, et celles du canal de l'Ourcq.

871. — Par ce décret, le préfet de la Seine, sous la surveillance du directeur général des ponts et chaussées et l'autorité du ministre de l'intérieur (aujourd'hui le ministre des travaux publics), exerce l'administration de ces eaux ; tous les travaux dépendant de cette administration seront projetés, proposés, autorisés et exécutés comme ceux des ponts et chaussées, et la forme de la comptabilité sera également la même. — V. aussi décr. 2 fév. 1812.

872. — Le préfet de la Seine administre donc la direction des eaux destinées à l'assainissement, la décoration ou l'usage des habitans de la cité; des agens municipaux exercent la surveillance sur ces ouvrages, même hors de la ville de Paris.

873. — Ces ouvrages et les eaux qu'ils recueillent sont en dehors des réglemens sur cette matière.—Édit du 9 oct. 1392 ; lettres patentes du 14 mai 1554 : arrêt du conseil du 23 juill. 1594 ; lettres patentes du 19 déc. 1608 ; édit du 21 juin 1624. — Des entreprises ou concessions au profit des particuliers ne pourraient être faites au sujet de ces travaux.

874. — Les eaux de Paris qui y sont dirigées par les canaux artificiels ou autres travaux d'art ne sont pas soumises aux juridictions ordinaires en matière de cours d'eau privés, ayant toujours fait partie du domaine public. En conséquence, les contestations occasionnées par d'anciennes concessions d'eau doivent être décidées par la juridiction administrative. — *Cons. d'ét.*, 23 oct. 1835, préfet de la Seine c. Delorme.

875. — Le conseil de préfecture de la Seine a récemment reconnu le caractère d'imprescriptibilité des eaux de Paris. Un fonctionnaire avait reçu anciennement une concession pour l'agrément de son hôtel, et ses successeurs en avaient joui jusqu'en ces derniers temps (décis. 16 sept. 1843, Delalain). La nullité en a été prononcée, mais cette contestation n'est pas encore entièrement jugée. La concession qui en avait fait l'objet avait eu lieu à titre gratuit; mais si l'administration soutient la nullité des concessions à titre onéreux, à charge par elle de rembourser le paiement, elle doit également déclarer nulles celles qui n'ont point été achetées.

876. — Les difficultés provenant des dégradations des ouvrages servant à la conduite des eaux, et les travaux exécutés sans autorisation dans leur périmètre, et qui occasionneraient quelque dommage aux eaux, subissent la même règle de compétence. — La démolition qui peut être réclamée de ces entreprises, et les peines mêmes encourues par ceux qui les ont construites d'après les anciens réglemens, sont prononcées par le conseil de préfecture.

877. — Les réglemens relatifs aux eaux de Paris, et maintenus par la loi des 19-22 juill. 1791, sont assez nombreux. Un arrêt du conseil, pour la police des carrières, défend de fouiller à moins de 29 mètres 24 centimètres (15 toises) des conduits de fontaines et autres ouvrages, sous peine d'amende arbitraire. — Arrêt du conseil du 9 mars 1633. — Tous les services des eaux de Paris sont soumis à cette règle.

878. — Un autre arrêt du conseil porte défense « à tous carriers, entrepreneurs, ouvriers et autres, de fouiller ou faire fouiller, ni tirer pierres ou moellons, de former, établir aucuns édifices, clôtures, plantations ou cultures sur tout le cours de l'aqueduc d'Arcueil, depuis sa naissance jusqu'à sa décharge dans Paris, à une distance moindre que de 15 toises mesurées à côté dudit aqueduc, à partir de la clef de la voûte, à peine de 4,500 livres d'amende, et de démolition des constructions et plantations aux frais des contrevenans, au bout de trois jours de l'avertissement qui leur en aura été donné. » — Arr. du conseil 22 juill. 1669 ; 4 juill. 1777.

879. — Des réglemens beaucoup plus anciens et plus nombreux, sortis du bureau de la ville, à la juridiction de laquelle se rapportaient les eaux de Paris, défendent, sous peine de 500 livres d'amende, le jet ou le dépôt des immondices et fumiers dans les rigoles, pierrées et ouvrages établis à Belleville, au pré Saint-Gervais et autres lieux qui alimentent les fontaines publiques de Paris ; de faire aucune fouille de terre sans avertir l'administration ; de faire aucun puits près des pierrées, puisards et regards; de planter aucun arbre le long desdits pierrées, puisards et conduits, etc. —Ord. des bureaux de la ville des 3 août 1633, 28 nov. 1633, 6 nov. 1645, 16 mai 1647, 14 juill. 1666,14 mai et 23 juill. 1670.

880. — Récemment, dit M. Husson (p. 964), l'application de ces réglemens a été faite à Belleville pour des constructions non autorisées. Mais, dans la pratique, l'administration use de tolérance : elle autorise à la distance de 6 mètres 50 centimètres les plantations et travaux autres que les fouilles de carrières ; la conservation s'attachant à l'établissement de constructions au-dessus des ouvrages hydrauliques, à la condition de ne point les établir sur le vide des voûtes des aqueducs, sur les conduites et sur les pierrées, d'en reporter le poids sur les fondations latérales par des arcs de décharge, et de prendre, en un mot, toutes les précautions nécessaires pour ne pas nuire aux travaux importans déjà établis.

Sect. 9e. — *Sûreté et salubrité de la voie publique.*

881. — La police de la voie publique, en ce qui concerne sa sûreté et sa libre circulation, est confiée, à Paris, à l'autorité exclusive du préfet de police. — V. PRÉFET DE POLICE.

882. — C'est lui qui, par ses agens, est chargé principalement de veiller à ce qu'aucune dégradation ou entreprise résultant de travaux non autorisés ait lieu sur la voie publique. — V. VOIRIE.

883. — Il prend les arrêtés et assure l'exécution de ces mêmes arrêtés sur : 1o les dépôts de matériaux et autres objets qui pourraient encombrer la voie publique. — V. DÉPÔT DE MATÉRIAUX SUR LA VOIE PUBLIQUE.

884. — 2o Sur la circulation et le stationnement des voitures sur les différens points de la capitale, ainsi que sur l'interdiction momentanée qui peut leur être imposée, notamment dans les fêtes publiques, de parcourir certains quartiers. — V. VOITURES, VOITURIERS.

885. — 3o Sur les heures d'éclairage, la diminution et l'augmentation des becs de gaz ou lanternes qui doivent être allumés suivant les saisons. — V. ÉCLAIRAGE DE LA VOIE PUBLIQUE. — V. aussi BOUES ET LANTERNES.

886. — 4o Sur le nettoiement de la voie publique, qui détermine, par exemple, les heures du balayage, celles où les immondices peuvent être déposées dans les rues; celles où les voitures qui les enlèvent doivent passer; celles encore où il y a lieu d'ouvrir les bornes-fontaines. — V. BALAYAGE ET NETTOIEMENT DE LA VOIE PUBLIQUE.

887. — Au surplus, et sans entrer dans d'autres détails, le préfet de police demeure généralement chargé de tout ce qui peut procurer aux habitans de Paris la santé et la salubrité dans les rues, places et autres lieux publics. — V. POUVOIR MUNICIPAL, PRÉFET DE POLICE.

888. — Tels sont les arrêtés sur les chiens. — V. CHIENS. — Sur la vidange des fosses d'aisance. — V. FOSSES D'AISANCE, VIDANGE, VIDANGEURS. — Et encore celui tout récent sur les urinoirs.

889. — C'est ici, du reste, le lieu de faire mention du conseil de salubrité, commission spéciale établie près le préfet de police pour l'éclairer de ses conseils dans toutes les mesures qui touchent à la salubrité et à la santé publiques.— V. CONSEIL DE SALUBRITÉ.

VILLE D'ARRÊT.

V. PRIVILÉGE D'ARRÊT.

VINS.

1. — Marchands de vins en gros, vendant habituellement des vins par pièces ou paniers de vins fins, soit aux marchands en détail et aux cabaretiers, soit aux consommateurs; patentables de première classe ; — droit fixe basé sur la population ; — droit proportionnel du quinzième de la valeur locative du loyer d'habitation et du vingtième des locaux servant à l'exercice de la profession. — V. PATENTE.

2. — Marchands de vins en détail, vendant habituellement, pour être consommés hors de chez eux, des vins au panier ou à la bouteille ; — voituriers marchands de vins ; — patentables de quatrième classe ; — même droit fixe que les précédens, sauf la différence de classe; — droit proportionnel du vingtième de la valeur locative de l'habitation et des lieux servant à l'exercice de la profession.

3. — Marchands de vins en détail, donnant à boire chez eux et tenant billard ; — marchands de vins en détail donnant à boire chez eux, et ne tenant pas billard ; — patentables, les premiers de cinquième et ces derniers de sixième classes ; — mêmes droits fixe, sauf la différence de classe, et proportionnel que les précédens. — V. PATENTE. — V. encore BOISSONS, CONTRIBUTIONS INDIRECTES, OCTROI.

VINAIGRE, VINAIGRIERS.

1. — Marchands de vinaigre en gros ; vinaigriers en détail ; — patentables, les premiers de première, les seconds de quatrième classes ; — Droit fixe basé sur la population ; — droit proportionnel, pour les premiers du quinzième, et pour les seconds du vingtième de la valeur locative de l'habitation et des lieux servant à l'exercice de la profession. — V. PATENTE.

2. — Ateliers consacrés à la fabrication du vinaigre.— Troisième classe des établissemens insalubres. — V. ÉTABLISSEMENS INSALUBRES (nomenclature). — V. encore BOISSONS, CONTRIBUTIONS INDIRECTES, OCTROI.

VINDICTE PUBLIQUE.

1. — On désigne par cette expression l'action dirigée au nom de la société par le ministère public, pour obtenir la répression des crimes, des délits et des contraventions.

2. — Les particuliers ne peuvent poursuivre la punition des infractions aux lois pénales. Ils sont seulement recevables à solliciter ces infractions à réclamer, soit devant les tribunaux civils, soit devant les tribunaux criminels, en qualité de parties civiles, la réparation du préjudice par eux souffert. Au ministère public seul appartient le droit de requérir l'application d'une peine quelconque. — V. ACTION CIVILE, ACTION PUBLIQUE, MINISTÈRE PUBLIC.

VINGTAIN.

On désignait par ce mot, dans certaines provinces, le droit de champart, lorsqu'il portait sur le vingtième des fruits. — V. CHAMPART.

VINGTIÈME.

On appelait ainsi autrefois une sorte d'imposition qui consistait dans la vingtième partie du revenu des contribuables.—V. CONTRIBUTIONS DIRECTES.

VIOL.

Table alphabétique.

Age, 54 s., 64 s., 74 s.	Imbécillité, 27 s.
Aide et assistance, 62 s.	Jury, 8 s., 15 s., 44 s., 71
Ascendant, 57 s.	s., 73 s., 85 s.
Attentat à la pudeur, 2 s.	Maître, 58 s.
Autorité, 57 s., 78 s.	Mari, 8 s.
Caractères, 2 s.	Menace, 40.
Chose jugée, 86 s.	Militaire, 41 s.
Circonstances aggravantes , 2	Ministre du culte, 61.
s., 63 s.	Peine, 32 s., 63 s.
Circonstances atténuantes,	Père, 54 s.
40.	Prostituée, 17 s.
Compétence, 73 s.	Qualité, 77 s. — de l'agent,
Complicité, 62 s.	56.
Consentement (défaut de),	Rapt, 29 s.
24 s.	Séduction, 21 s.
Cour d'assises, 73 s., 80.	Séparation de corps, 4.
Discernement, 72.	Serviteur, 61 s.
Drogues (emploi de), 26.	Tentative, 7 s., 12 s.,76,81.
Erreur, 22 s.	Violence, 11 s., 21 s. — morale, 21 s. — physique,
Fiancé, 6.	21 s.
Fonctionnaire, 61 s.	

VIOL. — 1. — Le viol est l'attentat qui consiste à abuser d'une fille ou d'une femme contre son gré (*Dict. des sc. méd.*, vo *Viol* ; Orfila, *Méd. lég.*, t. 1er, 146, 3e édit.). C'est, suivant la définition de M. Devergie(*Méd. lég.*, t. 1er, p. 334),l'acte de la copulation consommée ou tenté avec violence, et par conséquent contre la volonté de l'une des parties.

§ 1er. — *Caractères. — Principes généraux* (no 43).

§ 2. — *De la tentative de viol* (no 2).

§ 3. — *Circonstances aggravantes du crime de viol* (no 52).

§ 4. — *Compétence. — Cour d'assises. — Jury* (no 73).

§ 1er. — *Caractères. — Principes généraux.*

2.—Ainsi que nous l'avons dit vo ATTENTAT A LA PUDEUR, no 3, le viol diffère de l'attentat à la pudeur, même commis avec violence, en ce que son but est nécessairement la jouissance de la victime, tandis que l'attentat à la pudeur peut avoir pour mobile un tout autre sentiment, celui de la haine, de la vengeance, d'une indiscrète curiosité, ou même la seule intention d'outrager la personne. — V. ATTENTAT A LA PUDEUR.

3. — Pour que le crime de viol existe, il faut que la copulation soit illicite;ainsi, un mari qui se servirait de la force à l'égard de sa femme ne commettrait point le crime de viol, parce que, suivant la Glose, in *eam habet manus imperium*. — Chauveau et Hélie, *Th. C. pén.*, t. 6, p. 178.

4. — Il faudrait en dire autant même au cas de séparation de corps ; car si la séparation relâche les liens du mariage, elle ne les dissout pas ; elle autorise la femme à ne plus demeurer au domicile du mari, mais elle ne brise pas les devoirs qui résultent du mariage. — Chauveau et Hélie, *Th. C. pén.*, loc. cit. — V. aussi Morin, *Dict. du droit crim.*, vo VIOL.

5. — Au contraire, l'attentat à la pudeur est, dans certains cas, possible de la part d'un mari sur la personne de sa femme. — V. ATTENTAT A LA PUDEUR, no 19.

6.—Mais MM. Chauveau et Hélie font remarquer que la décision exclusive du viol ne peut s'appliquer au mari que *post perfectum matrimonium*; car qu'ainsi le mari qui, la veille du mariage, emploierait la violence sur sa fiancée, serait punissable. Ils citent Farinacius, quæst. 145, num. 92.

7. — L'attentat à la pudeur n'a pour objet le viol pour objet; il n'est donc pas la tentative de ce crime. — Chauveau et Hélie, *Th. C. pén.*, t. 6, p. 186.

8. — Il a été jugé que le crime de viol étant distinct du crime d'attentat à la pudeur consommé ou tenté avec violence, le jury peut, sans tomber dans une contradiction, déclarer que les faits dont un accusé s'est rendu coupable constituent une tentative de viol et non une tentative d'attentat à la pudeur avec violence. — C. pén., art. 322. — *Cass.*, 2 janv. 1829, Doucet; 7 mai 1829.

9. — Jugé encore, que, si le viol constitue toujours un attentat à la pudeur, les attentats à la pudeur ne constituent pas toujours un viol ni une tentative de viol. Ainsi, lorsque, par arrêt de ren-

voi aux assisses, un individu n'est accusé que d'attentat à la pudeur consommé ou tenté avec violence, on ne peut, à peine de nullité, le présenter comme accusé d'une tentative de viol, tant dans le résumé de l'acte d'accusation que dans les questions proposées aux jurés. — *Cass.*, 17 fév. 1820, Laurent Bullion. — V. ATTENTAT A LA PUDEUR, nos 4 et suiv.

10. — Il a été jugé que la menace de viol n'est pas le viol ni même la tentative du crime. L'accusé qui n'est convaincu que de cette menace ne peut pas être condamné comme auteur d'un viol. — *Cass.*, 14 pluv. an VII, Palleucci. — V. aussi MENACES, no 5.

11 — L'élément caractéristique du crime de viol est la violence; c'est la violence qui constitue sa criminalité tout entière; elle n'est pas seulement une circonstance aggravante, elle en est la base essentielle : elle ne forme donc pas, disent Chauveau et Hélie (p. 178), une question à part; elle est comprise dans le viol, qui la suppose nécessairement.

12. — Pour que le viol soit caractérisé, il faut que la violence ait été employée contre la personne même, et non pas seulement contre les obstacles intermédiaires, tels qu'une porte qu'on aurait brisée pour arriver jusqu'à elle. Il faut aussi que la résistance ait été persévérante jusqu'à la fin; car s'il n'y avait eu que les premiers efforts, ce ne serait pas le cas du viol ni de la peine attachée à ce crime. — Merlin, *Rép.*, vo *Viol.*

13. — Les anciens jurisconsultes établissaient certaines présomptions d'où ils déduisaient l'existence de la violence. Ainsi, pour qu'une accusation de viol pût être accueillie, il fallait : 1o qu'une résistance constante et toujours égale eût été opposée par la personne qui se plaignait d'un viol ; il suffisait que cette résistance eût fléchi quelques instans pour faire présumer le consentement; 2o qu'une inégalité évidente existât entre ses forces et celles de l'assaillant; car on ne peut supposer le viol lorsqu'elle avait les moyens de résister et qu'elle ne les a pas employés ; 3o qu'elle eût poussé des cris et appelé du secours : *Vim in raptu tùm fieri intelligitur*, dit Damhouderius, *quandò mulier magno clamore imploravit alicujus opem et auxilium*; 4o enfin, que quelques traces empreintes sur la personne témoignassent de la force brutale à laquelle elle avait dû céder. — Chauveau et Hélie, *Th. C. pén.*, t. 6, p. 180.

14. — La loi actuelle s'en rapporte entièrement à la conscience des magistrats et des jurés pour l'appréciation des élémens de conviction, en matière de viol comme en toute matière criminelle. On ne peut donc plus regarder cet ensemble de règles que comme un guide utile pour éviter l'erreur dans le jugement de ces difficiles questions.

15. — Jugé que, lorsque, sur la question de savoir si l'accusé est coupable d'un viol ou de tout autre attentat à la pudeur, consommé ou tenté avec violence, sur la personne d'une fille âgée de moins de quinze ans, le jury répond que l'accusé est coupable, mais sans violence, la cour d'assises ne doit pas renvoyer les jurés dans leur chambre pour donner une nouvelle réponse. La violence, qui seule pouvait imprimer au fait un caractère criminel étant écartée, la déclaration se trouve régulière et acquise à l'accusé, qui doit être absous. — *Cass.*, 18 avr. 1822, Richard.

16. — Dans cet état, avons-nous dit sous l'arrêt précité, l'absolution de l'accusé ne pouvait souffrir aucun doute sous l'empire du Code pén. de 1810; mais, depuis la loi du 28 avr. 1832 l'attentat à la pudeur commis sans violence sur la personne d'une enfant âgée de moins de onze ans, étant puni de la réclusion par le nouvel art. 331, C. pén., on pourrait soutenir que la déclaration du jury mentionnée ci-dessus est insuffisante pour dépouiller le fait de tout caractère criminel, et qu'il y aurait lieu de renvoyer les jurés à délibérer de nouveau sur le crime ainsi modifié, si l'âge de la victime n'était pas établi de manière à écarter l'application dudit art. 331. Cependant, la cour d'assises ne peut pas ravir à l'accusé le bénéfice de la déclaration négative du jury sur la violence. Il est trop tard pour poser une question qui donne au fait une nouvelle qualification. Il faut décider que, si elle n'a pas été posée avant la délibération du jury, c'est parce qu'elle n'est pas résultée des débats; et qu'en conséquence, l'accusation se trouve complétement purgée. C'est en effet ce qui a été jugé depuis la loi du 28 avr. 1832. — V. ATTENTAT A LA PUDEUR, nos 6 et suiv.; COUR D'ASSISES.

17. — La violence est ce qui constitue le crime; on ne pourrait donc présenter comme une excuse détruisant la criminalité l'impureté même de la victime.

18. — Ainsi, jugé que celui qui s'est rendu coupable de viol ne peut proposer pour excuse que la femme qui a été la victime a eu des enfans naturels. — *Cass.*, 14 juin 1811, Savignioni.

19. — Il faudrait en dire autant du cas où la victime serait une prostituée, ou une femme trouvée accidentellement dans un lieu de prostitution. « Mais le crime, disent Chauveau et Hélie (p. 181), s'atténuerait en ce que la fille publique ne reçoit aucune flétrissure de l'acte qui flétrit toute la vie d'une femme honnête; en ce que, d'ailleurs, l'agent a pu ne pas croire à une résistance opiniâtre et sérieuse. »

20. — L'atténuation pourrait exister encore, mais à un moindre degré, si l'excuse de l'agent se fondait uniquement sur ce qu'il aurait précédemment vécu avec sa victime. — Chauveau et Hélie, p. 182.

21. — Lorsqu'il se sert du mot *violence*, ce n'est pas d'une force morale, d'une simple séduction que parle le législateur, mais d'une force *physique* employée pour vaincre la résistance : violenter, en effet, c'est contraindre, c'est obliger de faire par force la chose que l'on exige et à laquelle la personne, qu'on y veut porter, se refuse. — V. Carnot, sur l'art. 331, C. pén., t. 2, p. 195, no 5; Bourguignon, *Jurisp. du Code crim.*, t. 2, p. 132, no 5; Legraverend, t. 2, chap. 2, p. 126.

22. — Il a été jugé qu'une fraude, une machination coupable employées pour induire en erreur la victime, ne peuvent, de même que le défaut de consentement, constituer le crime de viol, dès que l'erreur ou le défaut de consentement n'a pas été accompagné de violences morales ou physiques. — *Besançon*, 13 oct. 1828, Gaume.

23. — ... Et que, spécialement, le fait par un individu de s'être introduit dans la chambre et le lit d'une femme endormie, et dont le mari venait de sortir, d'avoir profité de son erreur et consommé l'acte de la copulation ne constitue pas le crime de viol. — Même arrêt.

24. — Chauveau et Hélie (*Théorie du Code pénal*, (t. 6, p. 183) ne pensent pas qu'une action aussi odieuse ait pu rester en dehors des prévisions de la loi. « La surprise, disent-ils, est-elle moins infâme que la force, la fraude que la violence? Supposez que l'attentat eût été commis pendant la durée d'un sommeil frauduleusement procuré à l'aide de drogues narcotiques. La violence n'est-elle pas dans cette machination infâme, qui livre la victime sans qu'elle puisse se défendre, dans ces moyens criminels qui l'enchaînent pour la consommation de l'attentat, dans ces liens d'un sommeil léthargique qui la tiennent captive? Or, serait-il possible d'établir une différence réelle entre ces deux hypothèses? Dans l'une et dans l'autre, la victime n'a point à s'imputer son abandon et sa crédulité : sa volonté, sa force ont été enchaînées; et qu'importe que ce soit par une machination criminellement conçue, par la violence des drogues perfidement préparées ou par la violence physique de l'agent! »

25. — Les principes de morale exposés par Hélie et Chauveau, avons-nous dit en rapportant l'arrêt précité, sont trop purs pour que nous ne partagions pas toute leur indignation. Mais l'immoralité d'une action ne suffit pas pour la rendre punissable; il faut qu'elle rentre dans les dispositions d'un texte précis. Sous ce rapport, nous pensons qu'ils ont, par d'inexactes comparaisons, forcé le sens de la loi. Le crime de viol ne se constitue que par la violence. Si l'erreur pouvait être assimilée à une violence morale, on ne saurait plus où s'arrêter; car une fois le moment d'égarement passé, bien des femmes qui n'auraient pas su ou voulu défendre leur honneur allégueraient une prétendue erreur pour excuser leur faute, ou quelquefois même pour se venger. Le législateur a exigé qu'il y eût violence, non seulement parce qu'elle aggrave l'attentat, mais encore parce qu'elle prévient les inconvéniens et le scandale d'une contestation sur le consentement.

26. — Quant à l'emploi des drogues narcotiques, quoique moins direct que la force corporelle, il est comme elle un moyen d'agir physiquement sur la personne, et diffère de notre espèce sous ce rapport essentiel.

27. — La violence ne peut être présumée; il faut qu'elle soit constatée par les faits eux-mêmes et qu'elle résulte, soit de la résistance de la victime, soit des actes qui ont empêché cette résistance. Ainsi, disent Chauveau et Hélie (p. 185), le fait d'abuser d'une fille en démence, qui, à raison de sa démence même, ne s'est pas défendue, est sans doute une action infâme, mais cette action ne constituera par le crime de viol, car rien ne constate la violence et ne prouve que cette fille n'a pas donné à l'acte un secret assentiment.

28. — Jugé même, qu'on ne peut assimiler l'état d'imbécilité à l'infirmité physique et morale naturelle à l'enfant, dont l'âge n'a pas encore développé les facultés. En conséquence, on ne pourrait appliquer à l'individu qui a commis un attentat sans violence sur une femme frappée d'imbécilité le principe en vertu duquel l'art. 331 punit l'auteur du même fait accompli sur une enfant âgée de moins de onze ans. — *Paris*, 1er août 1835, Guimier. — V. ATTENTAT A LA PUDEUR, no 25.

29. — Le viol diffère du rapt, en ce qu'il ne suppose pas le déplacement violent ou frauduleux de la victime. A proprement parler même, le rapt n'a en soi rien de commun avec le viol. Seulement, on peut dire que, généralement, le rapt peut être supposé avoir le viol pour objet.

30. — La loi romaine avait cependant confondu le crime de viol avec le rapt; elle définissait ce dernier l'enlèvement d'une femme ou d'une fille pour en jouir malgré elle; et la peine qu'elle prononçait était la mort. — Inst., liv. 4, tit. 18, *De publicis judic.*; L. C. *De raptu virgin.*; C. Théod., liv. 9, tit. 24, L. 1re.

31. — L'ancien droit français avait renouvelé la confusion des deux crimes sous l'expression de rapt de violence; cependant, quelques lois distinguaient le viol du rapt, et prononçaient des peines spéciales contre le premier de ces crimes.

32. — Aujourd'hui, la confusion n'est plus possible, le Code de 1810 a classé les deux crimes d'une manière distincte et les a punis de peines différentes. Les deux faits peuvent être commis par la même personne, et ils constitueraient alors deux crimes différens. Il y a encore un caractère essentiel qui distingue le rapt du viol : le rapt ne peut être commis que sur des personnes mineures; le viol peut être caractérisé quel que soit l'âge de la victime (C. pén., 332, 333 et 354 et suiv.). — V. DÉTOURNEMENT ET ENLÈVEMENT DE MINEURES.

33. — Les législateurs de tous les pays et de tous les temps se sont montrés justement sévères dans la répression d'un crime aussi odieux. Voici ce que disait l'orateur du gouvernement dans l'exposé des motifs du Code de 1810 : « Le plus grand des attentats qui puissent outrager les mœurs est celui qui emploie la force contre la faiblesse et la pudeur, qui anéantit la liberté dans son plus doux exercice, qui imprime à la vertu la tache du déshonneur, et rend la personne complice bien que le cœur soit innocent. » — V. L. saliq.; tit. 12. L. Ripuaire, t. 34; Cap. de Charlemagne, L. 6, ch. 95; ord. 22 mars 1557, 1629, art. 169, 1670, t. 16, art. 4; déclar. 22 nov. 1730.

34. — Notre ancienne législation réservait les peines les plus sévères à ce crime. On trouve dans les anciens recueils de nombreux arrêts portant la peine capitale contre les individus convaincus de viol. Chorier et Basset rapportent un arrêt du parlement de Grenoble, du 30 août 1636, qui condamna un particulier au supplice de la roue pour avoir violé une jeune fille qui n'était âgée que de quatre ans et demi. Quand le viol était joint à l'inceste, c'est-à-dire quand ce crime était commis sur une parente ou une religieuse professe, il était puni du feu.

35. — L'art. 33 de l'ordonn. de Henri II, du 22 mars 1557, relative à la discipline militaire, portait : « Celui qui forcera femme ou fille sera pendu et étranglé. » — Et l'art. 3 de la déclaration du 22 nov. 1730 prononçait également le dernier supplice contre le coupable d'un commerce illicite accompagné de circonstances atroces (au nombre desquelles pouvait se ranger la violence).

36. — La peine prononcée par le Code de 1791 était celle de six années de fers; elle était élevée à douze années si la victime avait moins de 14 ans ou si le coupable avait été aidé par un ou plusieurs complices.

37. — Dans l'état actuel de la législation, le crime de viol et la tentative caractérisée de ce crime ne doivent pas être confondus avec tous les autres attentats à la pudeur consommés ou tentés avec violence. — *Cass.*, 15 sept. 1837 (t. 1er 1838, p. 343), Ducatel.

38. — En effet, la loi du 28 avr. 1832 a distingué le viol de l'attentat à la pudeur, crimes placés sur la même ligne par le Code de 1810. Elle a puni le premier de la peine des travaux forcés à temps. Si la victime est âgée de moins de quinze ans, la peine des travaux forcés doit être portée au maximum (C. pén., art. 332); tandis que l'attentat à la pudeur avec violence n'est puni que de la réclusion si la victime a plus de quinze ans, des travaux forcés à temps si elle est au-dessous de cet âge. — Art. 332. — V. ATTENTAT A LA PUDEUR.

39. — Si les coupables sont les ascendans de la personne sur laquelle a été commis le viol, s'ils sont de la classe de ceux qui ont autorité sur elle, s'ils sont ses instituteurs ou ses serviteurs à gages, ou serviteurs à gages des personnes ci-dessus désignées; s'ils sont fonctionnaires ou ministres d'un culte, ou bien si les coupables, quels qu'ils soient

ont été aidés par une ou plusieurs personnes, la peine est celle des travaux forcés à perpétuité. — Art. 333. — V. *infrà* nº 65.

40. — Jugé que, lorsqu'un accusé est déclaré coupable de viol sur la personne d'une enfant âgée de moins de quinze ans, cas auquel la loi prononce le maximum des travaux forcés à temps, la peine peut bien, s'il existe des circonstances atténuantes, être abaissée en conformité du § 7 de l'art. 463, C. pén., soit au minimum des travaux forcés à temps, soit à la réclusion, mais qu'elle ne peut être restreinte au-dessous de cette limite, spécialement à deux années d'emprisonnement. — *Cass.*, 22 janv. 1846 (t. 2 1849, p. 176), Barre. — V. CIRCONSTANCES ATTÉNUANTES, nº 138.

41. — Le crime de viol, quand il est commis par un militaire sous les drapeaux, est, comme tous les autres délits commis dans les mêmes circonstances, de la compétence des conseils de guerre. Il en est ainsi alors même que le militaire qui s'en est rendu coupable l'aurait commis dans un moment où, marchant à la suite du corps, il s'en était momentanément écarté, sans toutefois l'abandonner, encore bien qu'il s'en trouvât éloigné de quelques lieues. — *Cass.*, 5 janv. 1809, Toulouse.

42. — Aux termes de l'art. 4, tit. 5 de la loi du 21 brum. an V, le viol commis par un militaire ou tout autre individu attaché à l'armée et à sa suite est puni de huit ans de fers. Si le coupable s'est fait aider par la violence ou les efforts d'un ou de plusieurs complices, ou si le viol a été commis sur une fille âgée de moins de quatorze ans, la peine est de douze ans de fers. Si la fille ou la femme violée est morte des excès commis sur sa personne, le coupable est passible de la peine de mort.

§ 2. — *De la tentative de viol.*

43. — La tentative de viol est punissable comme le crime lui-même, si les conditions constitutives, aux termes de l'art. 2, C. pén., se rencontrent dans les faits soumis au jury. On ne peut dire que le crime dégénère en attentat à la pudeur avec violence et que la tentative de viol ne peut pas exister sans se confondre avec cet autre crime. Le but, ainsi que nous l'avons fait déjà remarquer, n'est pas le même dans les deux attentats; et on comprend que les faits établis contre l'accusé peuvent prouver que son dessein était de consommer le viol, et que c'est par des circonstances indépendantes de sa volonté que le crime a manqué son effet. La distinction est surtout importante et juste sous l'empire de la loi du 28 avr. 1832, qui punit de peines distinctes le viol et l'attentat à la pudeur avec violences.

44. — C'est donc à tort que la cour de Cassation jugeait qu'avant la loi du 28 avr. 1832, lorsque le jury déclarait un accusé coupable *de viol ou de tentative de viol*, sans s'expliquer sur les circonstances constitutives de la tentative, cette déclaration n'était ni équivoque ni incapable de servir de base à une condamnation, parce que, soit qu'il y eût viol consommé, soit qu'il y eût tentative de viol ayant manqué son effet par la volonté de l'accusé, il y aurait toujours eu un attentat à la pudeur commis avec violence, passible des mêmes peines. — *Cass.*, 18 mai 1815, Rosay. — V. Carnot, sur l'art. 2, C. pén., t. 1er, p. 18, nº 15.

45. — ... Et que l'art. 331, C. pén., ne punissait dans le viol que le crime commis; et la tentative de viol commise avec violence, n'étant autre qu'un attentat à la pudeur, ne devait pas nécessairement, pour être punissable, être accompagnée de toutes les circonstances spécifiées en l'art. 2 dudit Code. — *Cass.*, 15 sept. 1831, Salard.

46. — Il faut dire, au reste, que la cour de Cassation avait d'abord adopté la jurisprudence contraire, et qu'elle y est revenue postérieurement aux arrêts cités ci-dessus. — *Cass.*, 17 fév. 1820, Rullion; 20 sept. 1822, Bouillé; 2 janv. 1829, Doucet; 7 mai 1829, Féraud; 15 sept. 1837 (t. 1er 1838, p. 343), Ducatel. — V. aussi Legraverend, t. 1er, chap. 2, p. 126, nº 3; Chauveau et Hélie, *Th. C. pén.*, t. 6, p. 186.

47. — Ainsi, jugé que si la tentative avec violence d'un attentat à la pudeur qui n'avait pas le viol pour objet renferme par elle-même et nécessairement toutes les circonstances exigées par l'art. 2, C. pén., pour que la tentative soit assimilée au crime consommé, la tentative de viol ne renfermant pas nécessairement ces diverses circonstances, l'acte d'accusation et les questions soumises au jury doivent exprimer, à peine de nullité, que la tentative a manqué son effet seulement par des circonstances indépendantes de la volonté de l'accusé. — *Cass.*, 17 fév. 1820, Rullion; 10 mars 1820, Broillard. — Legraverend, t. 1er, chap. 2, p. 126, nº 3.

48. — ... Et que la tentative de viol doit réunir les caractères déterminés en l'art. 2, C. pén., pour être assimilée au crime consommé. — *Cass.*, 10 juin 1824, Depré-Durand.

49. — Jugé encore que la tentative de viol ne peut être punie comme le viol même qu'autant qu'elle réunit les circonstances qui, d'après l'art. 2, C. pén., caractérisent la tentative criminelle. — *Cass.*, 15 sept. 1837 (t. 1er 1838, p. 343), Ducatel.

50. — Sous la loi du 19-22 juill. 1791, la tentative de viol, suspendue par des circonstances dépendantes de la volonté de l'accusé, constituait le délit de corruption de la jeunesse lorsqu'elle avait été commise sur une personne de moins de quatorze ans; en conséquence, l'accusé qui en était déclaré convaincu ne pouvait pas être acquitté par le président de la cour de justice criminelle; il devait être condamné à une peine de police correctionnelle. — *Cass.*, 25 avr. 1806, Sicard.

51. — Il n'y a pas nullité pour complexité lorsque le jury, dans une accusation de viol et de tentative de viol commis sur la même personne, a été interrogé par une seule question sur le point de savoir si la victime a été l'objet d'une ou de plusieurs tentatives, d'un ou de plusieurs viols. — *Cass.*, 9 oct. 1845 (t. 1er 1846, p. 643), Mulot. — V. COUR D'ASSISES. — Au reste, sur la question de *tentative*, en ce qui concerne l'attentat à la pudeur, Vº ATTENTAT A LA PUDEUR, nºs 42 et suiv.

§ 3. — *Des circonstances aggravantes du crime de viol.*

52. — Comme nous l'avons vu, la loi a, dans les art. 332 et 333, C. pén, prévu un certain nombre de circonstances aggravantes, auxquelles elle a attaché une répression spéciale et énergique. Ces circonstances sont relatives: 1º à l'âge de la victime; 2º à la condition respective du coupable et de la victime et aux relations naturelles ou civiles qui subordonnent l'une à l'autre; 3º à la qualité de fonctionnaire ou de ministre d'un culte appartenant à l'auteur du crime; 4º enfin, à la pluralité des coupables ayant concouru simultanément à l'action.

53. — La disposition de l'art. 333, C. pén., est générale, et il suffit que le viol ait été commis avec une seule des circonstances qui y sont mentionnées pour qu'il y ait lieu d'appliquer la peine qu'il prononce. — *Cass.*, 25 mars 1830, Blain.

54. — Jugé que le père qui se rend coupable de viol sur la personne de sa fille, âgée de moins de quinze ans, est passible de la peine des travaux forcés à perpétuité. — *Cass.*, 10 juin 1824, Depré-Durand.

55. — ... Et que le père qui se rend coupable d'attentat avec violence sur la personne de sa fille est passible de la peine des travaux forcés à perpétuité, alors même que sa victime est âgée de plus de quinze ans. — *Cass.*, 24 avr. 1818, Donrieux; 19 fév. 1819, Sel. — V. ATTENTAT A LA PUDEUR, nºs 66 et suiv.

56. — Les circonstances aggravantes dont il est question dans l'art. 333 sont communes au crime de viol et au crime d'attentat à la pudeur. Dès-lors, les explications que nous avons données sous le mot ATTENTAT A LA PUDEUR (nºs 63, et suiv.) et les arrêts que nous avons relatés sont applicables en matière de viol.

57. — Les principes relatifs à la circonstance aggravante, résultant de ce que l'agent du viol serait ascendant de la victime ou aurait autorité sur elle, sont exposés Vº ATTENTAT A LA PUDEUR, nºs 64 et suiv., 70 et suiv., 76 et suiv., 85 et suiv.

58. — Aux arrêts cités, nºs 78 et suiv., et qui décident que les maîtres qui se rendent coupables de viol ou d'attentat à la pudeur sur la personne de leurs domestiques encourent l'aggravation de peine portée par l'art. 333, C. pén., comme se trouvant nécessairement compris dans la classe de ceux qui ont autorité sur la personne envers laquelle ils ont commis l'attentat, il faut joindre un nouvel arrêt de la cour d'assises de Seine-et-Oise, du 29 mai 1845 (t. 2 1845, p. 316), Radet.

59. — Carnot (sur l'art. 333, C. pén., t. 2, p. 112 et suiv., nº 10) pense que, par ces expressions de l'article précité, *ceux qui ont autorité sur la personne*, on ne doit entendre que les pères et mères, tuteurs et curateurs. Il en tire la preuve de ce que le même article parle nominativement des instituteurs, des fonctionnaires publics et des ministres du culte, ce qui, dit-il, n'aurait été qu'une redondance inutile, si l'article, dans sa première disposition, avait compris toutes autres personnes que les pères, mères, tuteurs et curateurs. Mais ce qui lui paraît achever la démonstration, c'est que l'article parle des domestiques en termes formels, et que si le législateur avait entendu leur assimiler les maîtres, il n'aurait pas manqué l'occasion qui se présentait naturellement de le dire. Cet auteur soutient d'ailleurs que les maîtres n'ont pas *autorité* sur leurs domestiques, dans le sens de ce mot, qui signifie, suivant lui, une *puissance légitime*: « Les domestiques, dit-il, doivent bien obéissance à leur maître, mais seulement par rapport à leurs services; ils ne sont point des esclaves; ils peuvent quitter leur maître à volonté, comme celui-ci peut les renvoyer. »

60. — Il ne nous paraît pas possible de contester sérieusement que le maître a une autorité, même *légale* sur ses domestiques, puisqu'il tient cette autorité d'une convention licite qui est intervenue entre les parties. Il suffit que le domestique soit tenu d'obéir à son maître et qu'il en ait l'habitude pour que la loi doive sévir avec plus de rigueur contre le criminel abus que celui-ci ferait d'une autorité positive. Le droit de donner des ordres, la confiance nécessaire que sa position inspire lui fournissent tous les moyens de tendre des embûches à la personne dont il veut faire sa victime. C'est donc avec raison que le législateur a puni plus sévèrement cet abus des avantages résultant d'un contrat qui conférait au coupable une *puissance légitime*, puisqu'elle est reconnue par la loi. Concluons de ce qui précède que les maîtres sont nécessairement compris dans la disposition de l'art. 333 (V. Bourguignon, *Jurisp. du Code crim.*, t. 3, p. 311, nº 2.), et nous venons de voir que la jurisprudence est conforme à cette opinion.

61. — En ce qui concerne le viol commis par les serviteurs à gage, V. ATTENTAT A LA PUDEUR, nºs 87 et suiv., et, à l'égard du viol commis par les fonctionnaires et ministres du culte, nº 89 et suiv.

62. — Même avant la révision du Code pénal, en 1832, le crime de viol était beaucoup plus grave et puni de peines bien plus sévères, lorsque le coupable s'était fait aider dans son crime par un ou plusieurs complices, que lorsqu'il l'avait commis seul. — *Cass.*, 20 mars 1812, Pissis.

63. — On jugeait que les circonstances aggravantes prévues par les art. 332 et 333 du C. pén. de 1810, étant indépendantes les unes des autres, tout individu convaincu de viol avec le concours d'un complice devait être puni des travaux forcés à perpétuité. — *Cass.*, 3 avr. 1812, Buckens.

64. — ... Que le crime de viol commis par plusieurs personnes qui se sont mutuellement aidées était puni des travaux forcés à perpétuité, quel que soit l'âge de la victime. — *Cass.*, 24 avr. 1818, Donrieux; 19 fév. 1819, Sel.

65. — Jugé encore que toutes les fois que le crime de viol avait été commis avec l'aide d'une ou de plusieurs personnes, il était passible de la peine des travaux forcés à perpétuité. — *Cass.*, 19 déc. 1811, Gruny. — V. ATTENTAT A LA PUDEUR, nºs 103 et suiv.

66. — Aujourd'hui, la question est xpressément résolue par l'art. 333, C. pén. révisé en 1832. Toute la difficulté consistait à savoir s'il s'appliquait non-seulement à l'art 332, mais encore à l'art. 331. Aujourd'hui, les anciennes dispositions de ces deux articles se trouvent réunies dans le nº 332, ce qui aurait suffi pour lever les doutes, dans le Code pén. de 1810. L'art. 333 porte, de plus, que la peine des travaux forcés à perpétuité sera prononcée dans les cas prévus par l'article qui le précède, et ne modère la peine que dans le cas où le crime a été commis sans violence sur la personne d'une enfant de moins de onze ans (art. 331).

67. — Jugé que, quand deux individus commettent un crime *conjointement*, ils en sont nécessairement co-auteurs, et il y a assistance réciproque. Ainsi, la déclaration du jury, portant qu'un accusé s'est rendu coupable du crime de viol, conjointement avec un autre individu, comprend implicitement la circonstance aggravante de l'aide et assistance. — *Cass.*, 31 juill. 1818, Decaux; 29 janv. 1829, Veyret. — V. Chauveau et Hélie, *Théorie du C. pén.*, t. 6, p. 204. — V. aussi ATTENTAT A LA PUDEUR, nºs 109 et suiv.; COUR D'ASSISES, nº 2976.

68. — Il a été jugé que, dans une accusation de complicité de viol, il ne peut résulter aucune nullité de ce qu'en déclarant l'accusé coupable d'avoir aidé ou assisté l'auteur du crime dans les moyens de le commettre, le jury aurait omis d'ajouter que c'était *avec connaissance*. Il serait contre l'essence des choses que cette connaissance n'eût pas existé. — *Cass.*, 18 mai 1815, Rosay.

69. — Mais rien ne saurait justifier cette décision: quand la loi a déterminé les caractères de la complicité, elle a voulu que l'existence de chacun d'eux fût expressément reconnue. Il est toujours dangereux, et surtout dans les affaires soumises au jury, de baser une condamnation sur des inductions. Le raisonnement le plus logique ne

s'accordera pas toujours avec l'intention des jurés. Peu importe de quel côté vienne l'erreur ; il suffit qu'elle soit possible pour que l'on ne doive rien abandonner aux incertitudes d'une interprétation. Les juges n'ont d'autre mission que celle d'appliquer la loi aux faits déclarés constans par le jury ; ils excéderaient leurs pouvoirs en se permettant de commenter ou d'interpréter sa réponse.

70. — Chauveau et Hélie (*Théorie du Code pénal*, t. 3, p. 116) critiquent aussi cette décision : ils font remarquer qu'on pourrait faire le même raisonnement à l'égard de tous les crimes commis avec des violences ; ils soutiennent que, même en matière de viol, les modes d'assistance ne sont pas tous tellement uniformes qu'ils doivent tous également supposer la connaissance du crime. En effet, il n'est point exact que cette connaissance résulte nécessairement de l'aide et de l'assistance. Nous n'en voulons d'autre preuve que le texte même de la loi. Le législateur eût fait une disposition inutile et superflue en classant cett· circonstance au nombre des caractères constitutifs de la complicité, s'il avait entendu qu'elle était comprise dans une autre, et que l'on pourrait se passer d'une déclaration de son existence.

71. — Sous la loi du 25 sept.-6 oct. 1791, un accusé de viol, à l'égard duquel le jury n'avait pas été interrogé sur la question de savoir si le crime avait été commis avec l'aide et l'assistance de plusieurs personnes, ne pouvait pas être puni de douze années de fers, comme si le jury avait répondu affirmativement sur cette circonstance aggravante. — *Cass.*, 4 brum. an VIII, Varnier et Durand.

72. — Jugé que le crime de viol commis de complicité avec un individu âgé de moins de seize ans, que le jury a déclaré avoir agi avec discernement, est punissable, à l'égard de l'auteur principal, de la peine des travaux forcés à perpétuité, et, à l'égard du complice, de la peine de dix à vingt ans d'emprisonnement dans une maison de correction. — *Cass.*, 3 janv. 1834, Lanon. — V. DISCERNEMENT, COMPLICITÉ. — Au reste, en ce qui concerne la circonstance aggravante de la complicité en matière de viol, V° ATTENTAT A LA PUDEUR, n°s 163 et suiv.

§ 4. — *Compétence. — Cour d'assises. — Jury.*

73. — Dans les accusations de viol, la question relative à l'âge de la personne violée doit être jugée par le jury ; car elle porte sur une circonstance aggravante du crime de viol. — *Cass.*, 30 août 1810, N... — V. Carnot, sur l'art. 337, C. instr. crim., t. 2, p. 589, n° 20.

74. — Jugé, en ce sens, que dans une accusation de viol sur la personne d'une enfant au dessous de l'âge de quinze ans, c'est au jury, et non à la cour d'assises, qu'il appartient de déclarer le fait de l'âge de la personne violée. — *Cass.*, 11 juin 1812, Chiatone ; 29 avr. 1824, Chauffard ; 1er oct. 1834, Bourdesol. — V., toutefois, Legraverend, t. 2, ch. 2, p. 297 ; Deserre, *Manuel des cours d'assises*, t. 1er, p. 978.

75. — Lorsque, sur une accusation de viol, le jury a omis de répondre à la question relative à l'âge de la personne violée, la cour d'assises ne peut pas suppléer à l'insuffisance de la réponse par l'acte de naissance de cette personne ; elle doit enjoindre aux jurés de faire une nouvelle déclaration. — *Cass.*, 30 août 1811, N... — Legraverend, t. 2, ch. 2, p. 228 ; Carnot, sur l'art. 339, t. 2 p. 610, n° 11.

76. — Jugé encore que, dans la tentative de viol ou d'attentat à la pudeur *avec violence*, l'âge de la victime, étant une circonstance aggravante, ne peut être réuni au fait principal et doit, en conséquence, faire l'objet d'une question distincte et séparée. — Il n'en est pas de ce cas comme de celui où, le fait ayant été perpétré sans violence sur une enfant de moins de onze ans, l'âge de la victime est une des circonstances constitutives du crime. — *Cass.*, 9 sept. 1841 (t. 2 1841, p. 559), Enjolbert ; 15 juill. 1842 (t. 2 1842, p. 224), Canet. — Au reste, sur ces divers points, V. ATTENTAT A LA PUDEUR, n°s 58 et suiv.

77. — C'est également le jury qui doit décider la question de savoir si un accusé de viol est protuteur et beau-père de la victime, cette question ne portant que sur un point de fait. — *Cass.*, 3 mai 1832, Bray. — Chauveau et Hélie, *Théorie du Code pénal*, t. 6, p. 196.

78. — Mais la cour d'assises est seule compétente pour décider si l'accusé de viol avait autorité sur la personne envers laquelle il a commis son attentat. — *Cass.*, 25 mars 1830, Blain. — V. ATTENTAT A LA PUDEUR, n°s 97 et suiv.

79. — Jugé qu'en matière de viol, la réponse du jury, que le coupable était l'ascendant de la victime, établit d'une manière suffisante et régulière la circonstance aggravante prévue par le § 5 de l'art. 333, C. pén., sans qu'on puisse tirer un moyen de nullité de ce que le jury, ayant été interrogé sur la qualité de fille naturelle *légitimée* de la victime, se serait par là trouvé appelé à résoudre une question de fait et de droit. La question de légitimation ne pouvait en effet, en pareil cas, modifier en aucune sorte les conséquences pénales de la déclaration du jury. — *Cass.*, 10 sept. 1846 (t. 1er 1849, p. 440), Lerat.

80. — Lorsque le père et la mère d'un enfant de cinq ans sur lequel un attentat à la pudeur a été commis sont plaignans et non dénonciateurs, on peut régulièrement entendre leur déposition, sans avertir le jury de leur qualité. — *Cass.*, 21 juin 1832, Gruselle. — V., au reste, COUR D'ASSISES.

81. — Sous le Code du 3 brum. an IV, lorsqu'un individu était accusé de *viol ou tentative de viol*, il fallait d'abord poser la question de savoir s'il y avait eu viol consommé, et, subsidiairement, celle de savoir s'il y avait eu tentative de viol. Il n'était pas permis de demander, dans une seule question : Y a-t-il eu viol ou tentative de viol ? — *Cass.*, 21 pluv. an XI, Leclerc.

82. — Sous le Code du 3 brum. an IV, la question au jury, portant tout à la fois sur des blessures et sur un viol, qui sont des délits distincts, était complexe et nulle. — *Cass.*, 4 brum. an VIII, Varnier.

83. — Et même le mot *viol*, employé dans une question au jury, la rendait complexe et nulle, comme comprenant à la fois le fait matériel et la moralité de ce fait. — *Cass.*, 5 vent. an VII, Clerger ; 13 brum. an VIII, Lambinet ; 2 pluv. an VIII, Miret.

84. — Jugé que la circonstance de l'âge de la personne sur laquelle a été tenté ou commis le crime de viol, et la qualité d'ascendant de l'auteur de cet attentat, sont des circonstances aggravantes et non constitutives du crime. En conséquence, elles ne peuvent être cumulées avec le fait principal, mais doivent faire l'objet de questions distinctes et séparées. — *Cass.*, 15 juill. 1842 (t. 2 1842, p 224), Canet. — V. Morin, *Dict. de dr. crim.*, v^is *Viol*, p. 793, *Questions au jury*, p. 658 et *Attentat à la pudeur*, p. 89. — V. ATTENTAT A LA PUDEUR ; COUR D'ASSISES.

85. — Dans une accusation de viol sur une enfant de moins de quinze ans, le président peut poser, comme résultant des débats, une question d'attentat à la pudeur avec violence, sans que cette question puisse être considérée comme un chef d'accusation nouveau étranger à celui qui faisait la matière de l'arrêt de mise en accusation. — *Cass.*, 16 janv. 1818, Drajon ; 17 déc. 1830 (t. 1er 1838, p. 50), Louis ; 30 avr. 1847 (t. 2 1849, p. 259), Juveneton. — V. COUR D'ASSISES, n° 2181.

86. — L'acquittement de l'accusation de viol n'empêche pas la poursuite pour attentat aux mœurs à raison des circonstances qui se seraient passées, soit avant, soit après celles qui ont motivé l'accusation de viol. — *Cass.*, 22 nov. 1816, Gauchart. — V. CHOSE JUGÉE, NON BIS IN IDEM.

87. — Ainsi, l'individu acquitté d'une accusation de viol ou d'attentat à la pudeur avec violence peut encore être poursuivi pour sévices, excès et mauvais traitemens, quoique le ministère public n'ait fait aucunes réserves, pourvu que les faits ne se rattachent pas, par un lien nécessaire, au fait de viol ou d'attentat sur lequel a porté l'acquittement. — *Cass.*, 30 mai 1812, Ribes.

88. — Reste à expliquer ce que l'on doit entendre par un lien nécessaire qui rattache le fait à celui de la première poursuite. Voilà comment s'exprime à cet égard Merlin (en son recueil de *Quest.*, v° *Délit*, n° 6) : « S'agit-il d'un fait dans lequel le crime et le délit se confondent tellement qu'il est impossible de supposer le crime s'il n'y a pas eu de délit, et le délit s'il n'y a pas eu de crime ? Dans ce cas, l'acquittement de l'accusation de crime emporte nécessairement la décharge de toute prévention du délit, *et vice versâ*. Mais si le fait dénoncé comme crime renferme, indépendamment des circonstances qui lui impriment ce caractère, d'autres circonstances qui peuvent s'en détacher et constituer un délit, l'accusé, acquitté au grand criminel, pourra encore être poursuivi correctionnellement. » — Legraverend, t. 2, chap. 2, p. 265 ; Carnot sur l'art. 361, C. inst. crim., t. 2, p. 727, n° 7 ; Merlin, *Rép.*, v° *Non bis in idem*, n° 5 bis.

V., au reste, ACTE D'ACCUSATION, ATTENTAT A LA PUDEUR, COUR D'ASSISES, EXCITATION A LA DÉBAUCHE, OUTRAGE PUBLIC A LA PUDEUR, MEURTRE, TENTATIVE.

VIOLATION DE DÉPOT.

1. — La violation de dépôt est prévue par l'art. 408, C. pén. — Tout ce qui se rattache à cette matière a été traité v° ABUS DE CONFIANCE, § 4. — Nous nous bornerons à mentionner quelques décisions rendues depuis la publication de cet article.

2. — Ainsi, il a été jugé qu'il n'y a pas violation de dépôt de la part de celui qui, ayant été chargé par le souscripteur d'effets de commerce de les négocier pour lui en remettre le montant, les applique à ses propres besoins ; mais qu'il y a dans ces faits un abus de mandat. — *Cass.*, 12 mai 1848 (t. 2 1849, p. 236), Giraudeau. — V. ABUS DE CONFIANCE, n°s 61 et suiv., 96 et suiv., 114.

3. — Jugé aussi, que la communication qu'un individu fait à un autre de procédés industriels ne constitue pas un dépôt, et que l'abus fait par celui-ci du secret qui lui a été confié ne peut donner lieu contre lui à l'application de l'art. 408, C. pén. — *Cass.*, 29 avr. 1848 (t. 2 1848, p. 650), Machard c. Saglio. — V. DÉPOT, ESCROQUERIE, VOL.

VIOLATION DE DOMICILE.

1. — De tout temps, les lois pénales ont cherché à prévenir, par des sanctions efficaces, les délits que les fonctionnaires peuvent commettre en faisant abus de leur pouvoir.

2. — La loi romaine punissait la violation de domicile d'un citoyen comme elle punissait l'injure faite à un citoyen, c'est-à-dire qu'elle considérait la violation du domicile comme une injure. — L. 1, ff., tit. 18, *De officio præsidis* ; L. 48, ff., *De lege Juliâ repet.* ; L. 5, ff., *De libellis famosis*.

3. — Les ordonnances de nos rois contiennent des dispositions pénales contre les abus d'autorité. Mais il est à remarquer que ces dispositions purent rarement être mises à exécution à une époque où le régime féodal élevait des pouvoirs rivaux en face du pouvoir royal. — V. ordonn. d'Orléans 1560, de Blois et de Moulins, 1506.

4. — Le Code pénal de 1791 avait également proclamé l'inviolabilité du domicile. La sanction à la disposition de ce Code relative à la sainteté des domiciles se trouve dans l'art. 184, C. pén. de 1810. — C. pén., 1791, sect. 3e, tit. 1er.

5. — Le Code pénal de 1810, tout en proclamant le principe de l'inviolabilité du domicile, s'était montré très indulgent contre les fonctionnaires coupables de ce délit, en imputant cet abus d'autorité à un zèle faux ou malentendu.

6. — Mais la loi du 28 avr. 1832 a élevé le *maximum* de l'amende que prononçait l'art. 184, C. 1810, et y a ajouté un emprisonnement de six jours à un an. Cette loi a, de plus, ajouté une disposition pénale contre les simples particuliers qui, *à l'aide de violences ou de menaces*, violent le domicile des citoyens.

7. — L'art. 184, modifié par la loi du 28 avril 1832, est ainsi conçu : « Tout fonctionnaire de l'ordre administratif ou judiciaire, tout officier de justice ou de police, tout commandant ou agent de la force publique, qui, agissant en sadite qualité, se sera introduit dans le domicile d'un citoyen contre le gré de celui-ci, hors les cas prévus par la loi et sans les formalités qu'elle a prescrites, sera puni d'un emprisonnement de six jours à un an et d'une amende de 16 à 500 fr. Tout individu qui se sera introduit, à l'aide de menaces ou de violences, dans le domicile d'un citoyen, sera puni d'un emprisonnement de six jours à trois mois et d'une amende de 16 à 200 fr. »

8. — Les fonctionnaires et officiers de justice ou de police auxquels s'applique l'art. 184 sont non seulement tous ceux énumérés aux art. 9 et 10, C. inst. crim., mais, en outre, depuis la loi du 28 avril 1832, les agens et commandans de la force publique, qui comprend les gendarmes, qui, sans être officiers de police judiciaire, en remplissent parfois les fonctions comme délégués. — Chauveau et Hélie, t. 4, p. 217 ; Morin, *Dict.*, p. 4.

9. — Il s'applique également aux huissiers qui, en faisant notification d'un exploit, trouvent les portes fermées et s'introduisent néanmoins chez le débiteur, ou qui pénètrent dans le domicile du créancier auquel ils sont chargés de faire des offres réelles, bien que ce créancier s'oppose à ce qu'ils entrent chez lui. — C. procéd., art. 587.

10. — Il s'applique encore aux officiers de paix et aux sergens de ville, qui ont, comme agens de surveillance et d'exécution, un caractère public dont ils pourraient abuser. — *Cass.*, 28 août 1829, Guichard. — Morin, *Dict.*, v° *Agens de police* ; de Grattier, *Comm. sur les lois de la presse*, t. 1er, p. 207, note 2e ; Chassan, *Délits de la parole*, t. 1er, p. 382, note 4e ; Parant, *Lois de la presse*, p. 137 ; Chauveau et Hélie, t. 4, p. 361 et 372.

11. — Le fonctionnaire n'est pas dans la nécessité d'obtenir une autorisation écrite de la part du citoyen dans le domicile duquel il a pénétré. C'est à celui-ci d'établir qu'il s'est opposé à l'entrée du

fonctionnaire ou de l'agent qui a pénétré malgré lui.—*Cass.*, 1er fév. 1822, Forêts c. Irague; 22 janv. 1829, Martin Boissy; 12 juin 1829, forêts c. Maire. — Morin, *Dict.*, p. 4. — *Contrà* Chauveau et Hélie, t. 4, p. 211 et 219.

12. — Le délit que prévoit le § 1er de l'art. 184 n'a lieu que si le fonctionnaire a agi en sa qualité de fonctionnaire. S'il avait agi à titre de simple particulier, il ne serait passible que des dispositions du § 2 de cet article, et dans le cas seulement où il aurait usé de violences ou menaces. — *Code pénal progressif*, p. 242; Morin, *Dict.*, p. 4.

13. — Les fonctionnaires, officiers publics ou agens de l'autorité publique, sont passibles des peines portées par l'art. 184, quoiqu'ils n'aient usé d'aucune violence et n'aient fait aucune menace au citoyen dont ils ont violé le domicile. Il suffit qu'ils soient entrés *contre le gré* du citoyen.

14. — A côté de la règle qui proclame l'inviolabilité du domicile, il faut placer les exceptions que la nécessité a fait établir, et auxquelles se rapportent ces expressions de l'art. 184 : « Hors les cas prévus par la loi et sans les formalités qu'elle a prescrites. »

15. — La police judiciaire peut agir en tout temps; il n'y a pour elle ni jours fériés ni vacances. On peut également s'adresser à elle en tout temps. — *Cass.*, 27 août 1807, Jégu; *Bruxelles*, 13 août 1814, Dietrief; *Cass.*, 14 avr. 1815, Leclerc. — Bourguignon, sur l'art. 153; Rauter, *Droit crim.*, t. 2, p. 318; Merlin, *Rép.*, vo *Fête*, no 4.

16.— On distingue si l'introduction a lieu pendant la *nuit* ou pendant le *jour*.

17.—Pendant la nuit, nul ne peut pénétrer dans le domicile d'un simple citoyen, si ce n'est « dans les cas d'incendie, d'inondation, de réclamations ou cris de citoyens invoquant de l'intérieur le secours de la force armée. » — L. 19-22 juill. 1791, tit. 1er, art. 8; L. 5 fruct. an III, art. 353; L. 28 germ. an VI, art. 131; constitution de l'an VIII, art. 76.—

18. — On voit que ces trois dérogations sont établies en faveur des habitans de la maison, et ne font point exception à la règle de l'inviolabilité du domicile.—*Dict.* de Morin, p. 5; *Théorie du C. pén.*, t. 4, p. 204. — V. FLAGRANT DÉLIT.

19. — Les officiers de police peuvent entrer dans les maisons ouvertes au public, pour la vérification des poids et mesures, du titre des matières d'or et d'argent, de la salubrité des comestibles et médicamens, pour y surveiller les désordres qui peuvent s'y commettre, les contraventions aux réglemens, et rechercher les personnes signalées à la justice. — L. 19-22 juill. 1791, art. 9, tit. 1er, art. 129; L. 28 germ. an VI, art. 129.

20. — Ils peuvent également entrer dans les lieux notoirement livrés à la débauche, et cela en tout temps.— L. 19-22 juill. 1791, art. 10, tit. 1er.

21. — Et aussi, *en tout temps*, dans les « maisons où l'on donne habituellement à jouer aux jeux de hasard. » Les maisons de jeux dont il est ici question n'étaient que les maisons de jeux clandestines, et non celles de jeux publics autorisées par le décret du 24 juill. 1806. Depuis que la loi du 10 juill. 1836 a prohibé toute maison de jeu, la disposition s'applique à tous les lieux où l'on donne habituellement à jouer aux jeux de hasard. — L. 19-12 juill. 1791, tit. 2, art. 7-5o; C. pén., art. 310; L. 10 juill. 1836.

22. — On doit entendre ces expressions *toujours, en tout temps*, en ce sens que les officiers de police peuvent pénétrer *même pendant la nuit* dans les maisons ouvertes au public. — Décret de l'Assemblée législative du 24 sept. 1792.

23. — Les officiers de police peuvent également pénétrer dans les *brasseries et distilleries en activité, et dans les lieux de débit de boissons*, aux heures d'activité déclarées, voire même pendant la nuit, si ces établissemens sont en activité aux heures de nuit. — L. 28 avr. 1816, art. 225. —V. BOISSONS.

24. — Mais ce droit absolu de visite, dérivant de la destination des lieux dont il s'agit, n'existe que pendant le temps que ces lieux sont ouverts au public.

25. — Cette interprétation a été consacrée en termes formels par un arrêt de la cour de Cassation, par la loi du 28 avr. 1816, qui dispose que les employés peuvent se présenter chez les débitans de boissons «pendant tout le temps que les lieux de débit seront ouverts au public,» et par la loi du 28 germ. an VI qui autorise la gendarmerie à visiter les auberges «jusqu'à l'heure où lesdites maisons doivent être fermées d'après les réglemens de police. » — *Cass.*, 19 nov 1829, Huguier.— *Théorie du C. pén.*, t. 4, p. 207.

26. — Si l'officier de police qui est entré pendant la nuit dans un café ou dans une auberge, contre le gré du maître de la maison, à l'heure où les portes étaient fermées, y constatait la présence de plusieurs individus étrangers, cette circonstance serait une preuve que le café ou l'auberge était en ce moment ouvert au public, et empêcherait l'application du § 1er de l'art. 184 contre l'officier de police.

27. — Jugé cependant que l'entrée des maires dans les auberges étant formellement autorisée à toute heure, même de la nuit, il ne peut y avoir violation de domicile de la part d'un maire, sur les ordres duquel le commissaire de police s'est introduit dans une auberge pour en enlever les effets d'un voyageur que l'aubergiste voulait retenir, et alors surtout que des attroupemens formés devant cette auberge compromettaient la tranquillité publique.— *Paris*, 2 (et non 18) mai 1836, Peyrelongue.

28. — Pendant le jour, on peut entrer dans le domicile d'un citoyen pour un objet spécial, déterminé ou par une loi ou par un ordre émané d'une autorité publique. — L. 5 fruct. an II, art. 359; 28 germ. an VI, art. 131; 22 frim. an VIII, art. 76.

29.— Les officiers de police municipale peuvent entrer dans les maisons des citoyens lorsqu'il s'agit d'exercer une surveillance, ou de procéder à des vérifications que la loi a prescrites, de mettre à exécution des mandats d'arrêts ou des condamnations à des peines corporelles, ou d'opérer des visites domiciliaires pour découvrir les traces d'un complot, d'un crime, d'un délit ou d'une contravention. — Chauveau et Hélie, *Théorie du C. pén.*, t. 4, p. 208.

30. — Ils peuvent aussi pénétrer dans les maisons des citoyens pour la confection des états de recensement, la vérification des registres des logeurs et l'exécution des lois sur les contributions indirectes, ou en vertu des ordonnances, contraintes ou jugemens dont ils seraient porteurs. — L. de 1791, art. 8, tit. 1er.

31. — La gendarmerie est autorisée à pénétrer dans les maisons des citoyens prévenus de recel des réfractaires ou déserteurs, mais avec l'assistance du maire ou du commissaire de police. — Décr. 4 août 1806.

32. — Les huissiers chargés d'opérer une saisie-exécution ne peuvent y procéder, si le propriétaire s'y oppose, qu'avec l'assistance d'un officier public qui doit signer le procès-verbal de saisie. — C. procéd., art. 587 et 588.

33. — Ils ne peuvent exercer la contrainte par corps sans l'assistance du juge de paix, ou, à son défaut, du maire ou du commissaire de police.—C. procéd., art. 781.

34. — Mais est valable l'arrestation d'un débiteur faite dans une prison où il se trouve accidentellement. L'inviolabilité que la loi attache au domicile des citoyens ne pourrait être étendue à un établissement public et d'expiation où les détenus sont soumis à une surveillance de tous les instans. — *Grenoble*, 30 août 1839 (t. 2 1846, p. 407). Triboulet c. Chaix.

35. — Les officiers de police judiciaire, dans le cas de flagrant délit, peuvent pénétrer dans le domicile du prévenu, pour y faire des saisies ou perquisitions. — C. inst. crim., art 32, 36 et 40. — V. *Dict.* de Morin, p. 5. — V. FLAGRANT DÉLIT.

36. — Mais les perquisitions, mandats d'amener ou d'arrêt, ordonnances de prises de corps et les jugemens de condamnation, ne donnent à ceux qui en sont porteurs que le droit de pénétrer dans le domicile du prévenu ou du condamné, et non dans toute autre maison où ils suspecteraient que l'individu est retiré.—C. inst. crim., art. 36 et 37; L. 28 germin. an VI, art, 131, et L. 29 oct. 1820, art. 185.

37. — Si l'individu s'est retiré dans la maison d'un tiers, la gendarmerie peut seulement cerner la maison de ce tiers, en attendant les ordres nécessaires pour y procéder à une visite domiciliaire. — L. 29 oct. 1820, art 185.

38. — En cas de fraude ou de contravention de la part des aubergistes, cabaretiers, etc., après l'heure de leur fermeture, les officiers de police peuvent la constater extérieurement, et sans qu'il soit besoin de forcer les portes, à moins qu'il n'y ait réclamation de l'intérieur, et sauf les autres cas de dérogation prévus par la loi. Il n'appartient pas à l'autorité municipale d'étendre le nombre de ces cas exceptionnels, et d'autoriser les visites à toutes les heures de la nuit, lesdits lieux n'étant soumis à sa surveillance que pendant la durée du temps où ils sont ouverts au public. — *Cass.*, 13 nov. 1841 (t. 2 1842, p. 483). Castelain.

39. — Les visites domiciliaires sont autorisées : pour la recherche des armes qui se trouvent chez les citoyens; pour la constatation des grains et farines; pour la recherche des dépôts de poudre; en matière de douanes et de contributions indirectes, même pour des perquisitions chez les individus non sujets à l'exercice, en cas de soupçons de fraude. — L. 10 et 28 août 1792; 4 mai 1793; décr. 16 fruct. an V et 23 pluv. an XIII; L. 28 avr. 1816, art. 60, 235, 236 et 237.

40. — Mais certaines formalités et garanties sont exigées en faveur du prévenu, et leur absence vicierait l'opération en même temps qu'elle donnerait lieu à l'application de l'art. 184, C. pén.

41. — Ainsi, le procureur de la république ne peut procéder à une visite domiciliaire que dans le cas de flagrant délit, et s'il s'agit d'un fait qualifié crime par la loi. Il ne peut pénétrer que dans la maison du prévenu. — C. inst. crim., art. 32, 36 et 40. — V. FLAGRANT DÉLIT.

42. — Les gardes champêtres et les gardes forestiers qui veulent suivre les objets enlevés, doivent, pour pénétrer dans les maisons se faire accompagner du juge de paix ou de son suppléant, du maire ou de son adjoint, ou du commissaire de police. S'ils procédaient sans cette formalité, ils se rendraient coupables du délit de violation de domicile. — C. inst. crim., art. 16; C. forest., art 161. — V. FORÊTS.

43. — Les préposés des contributions indirectes doivent, quand ils veulent procéder à une visite domiciliaire chez les particuliers non sujets aux exercices, être munis de l'ordre d'un employé supérieur, du grade de contrôleur au moins, et être assistés, soit du juge de paix, soit du maire ou de son adjoint, soit du commissaire de police. L'employé supérieur rendra compte des motifs au directeur du département. Ils ne peuvent procéder qu'après exhibition de ce titre, tant à l'officier de police qu'au particulier. — L. 28 avr. 1816, art. 235 et suiv. — *Cass.*, 13 fév. 1819, contributions indirectes c. Caubet père; 10 avr. 1823, contributions indirectes c. Lebarbier. — V. *Théorie du C. pén.*, t. 4, p. 213.

44.— Le défaut d'ordre d'un employé supérieur constituerait le délit prévu par l'art. 184, C. pén. Le défaut d'assistance ne constituerait ce délit que si le particulier s'était opposé à la perquisition. — *Cass.*, 10 avr. 1823, contributions indirectes c. Lebarbier. — *Contrà* Chauveau et Hélie, t. 4, p. 213. — V. BOISSONS, CONTRIBUTIONS INDIRECTES.

45. — Quoique le délit existe, la peine n'est pas toujours applicable à l'agent. Ainsi, quand il justifie qu'il a agi par ordre de ses supérieurs, pour des objets du ressort de ceux-ci, sur lesquels il leur était dû obéissance hiérarchique, il est exempt de la peine qu'on applique seulement aux supérieurs qui ont donné l'ordre. Cette distinction résulte de ces derniers termes du paragraphe premier de l'art. 184 : « Sans préjudice de l'application du second paragraphe de l'art. 114. »

46. — Néanmoins, le fait sera imputable à l'agent, 1o si l'ordre n'émanait pas d'un supérieur auquel il dût obéissance hiérarchique; 2o si l'ordre n'était exécutoire qu'après certaines formalités, et qu'il les ait négligées.— V. discussion de la chambre des députés (C. pén. progress., p. 242).

47. — Si la mesure qui a motivé l'ordre de perquisition excédait les pouvoirs de l'employé supérieur, celui-ci serait considéré comme complice, aux termes de l'art. 60, C. pén. — *Dict.* de Morin. — V. ABUS D'AUTORITÉ.

VIOLATION DU SECRET DES LETTRES.

V. LETTRE MISSIVE, nos 44 et suiv.

VIOLATION DE SÉPULTURE.

V. SÉPULTURE.

VIOLENCE.

V. ABUS D'AUTORITÉ, ACTE AUTHENTIQUE, ATTENTAT A LA PUDEUR, BLESSURES ET COUPS, DÉPOT PUBLIC, EXCUSE, EXTORSION DE TITRES, HOMICIDE, LÉGITIME DÉFENSE, MARIAGE, MEURTRE, PROVOCATION. — V. aussi ATTROUPEMENT, AVEU, CONTRAINTE, CORRUPTION DE FONCTIONNAIRES, COUR D'ASSISES, DISPOSITION A TITRE GRATUIT, DOL, FONCTIONNAIRE PUBLIC, OBLIGATION, PRESCRIPTION, PRÉSOMPTION, PREUVE TESTIMONIALE, RÉBELLION, RESCISION, TORTURES ET ACTES DE BARBARIE, VIOL, VOL, etc.

VIREMENT.

1. — C'est l'action de solder un article en donnant en paiement une autre créance. Ce mode de paiement est surtout employé dans les comptes courans.

2. — Le virement n'est autre chose qu'une compensation.

3. — Il y a lieu à virement, par exemple, lorsque le débiteur peut donner en paiement à son créancier une créance contre un tiers dont ce créancier est lui-même débiteur ; ce qui effectue trois paiements sans bourse délier. — Frémery, *Étud. de droit commerc.* — V. COMPTE COURANT. V. aussi RISCONTRE.

VIRGULE.
V. PONCTUATION.

VIS (Manufacturiers, fabricans de).
1. — Manufacturiers de vis, par procédés mécaniques ; — patentables ; — droit fixe de 25 fr. pour un nombre d'ouvriers n'excédant pas dix, plus 3 fr. par chaque ouvrier en sus, jusqu'au maximum de 300 fr. ; — droit proportionnel du vingtième de la valeur locative de l'habitation, des magasins de vente complètement séparés de l'établissement, et du quarantième de cet établissement.

2. — Fabricans de vis, par procédés ordinaires, pour leur compte ; patentables de sixième classe ; — droit fixe basé sur la population et le droit proportionnel du vingtième de la valeur locative de l'habitation et des locaux servant à l'exercice de la profession.

3. — Quant aux fabricans de vis, par procédés ordinaires, à façon, ils ne sont rangés que dans la huitième classe des patentables. — Même droit fixe que les précédens, sauf la différence de classe ; — droit proportionnel du quarantième de la valeur locative des locaux qu'ils occupent, mais seulement dans les communes de 20,000 âmes et au-dessus.

VISA.
Formule écrite par un fonctionnaire sur un acte ou une pièce quelconque pour constater un fait, autoriser une exécution. — V. BOISSONS, CONTRAINTE ADMINISTRATIVE, CONTRIBUTIONS DIRECTES, CONTRIBUTIONS INDIRECTES, DOUANES, ENREGISTREMENT, EXÉCUTION DES ACTES ET JUGEMENS, EXPLOIT (mat. civ.), EXPLOIT (mat. crim.), FORÊTS, MATIÈRES D'OR ET D'ARGENT, OCTROI, PÊCHE, PROCÈS-VERBAUX, RÉPERTOIRE, SAISIE-ARRÊT, SAISIE-EXÉCUTION, SAISIE IMMOBILIÈRE, TABACS, VENTE JUDICIAIRE D'IMMEUBLES.

VISA POUR TIMBRE.
Formalité destinée à tenir lieu de l'empreinte du timbre. — V. TIMBRE.

VISIÈRES ET FEUTRES VERNIS.
Fabriques de visières et feutres vernis ; — première classe des établissemens insalubres. — V. ÉTABLISSEMENS INSALUBRES (nomenclature).

VISITES ET EXERCICES.
V. BOISSONS, CARTES A JOUER, CONTRIBUTIONS INDIRECTES, DOUANES, MATIÈRES D'OR ET D'ARGENT, OCTROIS, POUDRES ET SALPÊTRES, TABACS. — V. aussi POSTES.

VISITE DE CADAVRE.
V. CADAVRE.

VISITE DOMICILIAIRE.
1. — Recherche faite dans le domicile d'un citoyen prévenu ou soupçonné d'être l'auteur ou le complice d'un crime, d'un délit, ou même d'une contravention, soit de fournir aide à ceux qui en sont prévenus, soit enfin d'être simplement le détenteur d'objets ou papiers formant le corps du délit, ou ayant servi à le commettre, ou pouvant servir à la découverte ou à la constatation de la vérité.

2. — Les visites domiciliaires ne peuvent être faites pour toutes sortes de motifs et par tous les fonctionnaires ; la loi a rigoureusement précisé les cas très rares et très exceptionnels dans lesquels le domicile d'un citoyen cesse de le protéger, et détermine les fonctionnaires qui seuls sont investis de ce droit exorbitant.

3. — Les prescriptions à cet égard sont sanctionnées par des peines sévères. — V. VIOLATION DE DOMICILE. — V. aussi ACTION PUBLIQUE, AGENS DE POLICE, BOISSONS, COMMISSAIRES DE POLICE, CONTRIBUTIONS INDIRECTES, DOUANES, FLAGRANT DÉLIT, FONCTIONNAIRES PUBLICS, FORÊTS, INSTRUCTION PUBLIQUE, JUGE D'INSTRUCTION, JUSTICE DE PAIX, MAIRE, MATIÈRES D'OR ET D'ARGENT, MINISTÈRE PUBLIC, OCTROI, OFFICIERS DE POLICE JUDICIAIRE, PÊCHE, POUDRES ET SALPÊTRES, TABACS.

VISITE DE LIEUX.
V. DESCENTE SUR LIEUX.

VISITE DE NAVIRES.
1. — Elle a lieu dans trois cas principaux, savoir : 1° pour constater l'état de navigabilité du navire. — V. ASSURANCE MARITIME, CAPITAINE DE NAVIRE, FRET.

2. — ... 2° Pour s'assurer s'il n'y a pas contravention aux lois et réglemens sur les douanes. — V. DOUANES.

3. — ... 3° Enfin pour vérifier si le navire n'a pas pour objet de se livrer à la traite des noirs. — V. TRAITE DES NOIRS.

4. — Sous ce dernier point de vue, on remarquera que si le pavillon porté par un navire est *primâ facie* le signe de la nationalité de ce navire, cette présomption ne saurait être considérée comme suffisante pour interdire, dans tous les cas, de procéder à la vérification ; puisque, s'il en était autrement, tous les pavillons pourraient être exposés à des abus, en servant à couvrir la piraterie, la traite des noirs ou tout autre commerce illicite. — Convention entre la France et l'Angleterre pour la suppression de la traite des noirs, 29 mai 1845, art. 8.

VITRIERS.
Vitriers en boutiques ; — patentables de sixième classe ; — droit fixe basé sur la population et droit proportionnel du vingtième de la valeur locative de l'habitation et des locaux servant à l'exercice de la profession. — V. PATENTE.

VIVANDIÈRE.
1. — Le décret du 30 avril 1793 avait reconnu d'une manière formelle, comme attachées à l'armée, les vivandières et blanchisseuses. — Mais elles ne sont pas mentionnées par la loi du 13 brum. an V, qui désigne les individus attachés à l'armée. L'art. 40 de cette loi se borne à indiquer les *vivandiers*. — Toutefois, depuis cette loi, plusieurs ordonnances se sont occupées des blanchisseuses et vivandières. C'est ainsi que l'ordonnance du 14 avr. 1832 (art. 6 et 7) a réglé le nombre des blanchisseuses-vivandières, et déterminé les conditions de leur admission. L'ordonn. du 3 mai 1832 sur le service des armées en campagne, et celle du 2 nov. 1833 sur le service intérieur des troupes, font encore mention des blanchisseuses-vivandières. — V. ARMÉE, nos 252 et suiv.

2. — De ce qui précède, il faut conclure que les vivandières-blanchisseuses sont réellement attachées à l'armée. — V. à cet égard les développemens renfermés dans le réquisitoire de M. le procureur général Dupin, sous l'arrêt du 11 juin 1847 (Intérêt de la loi (t. 4er 1847, p. 689]), Capliot.

3. — L'arrêt qui vient d'être cité a jugé que les blanchisseuses-vivandières sont légalement attachées à l'armée, et en cette qualité elles sont, à raison des infractions qu'elles peuvent commettre, soumises à la juridiction des conseils de guerre.

4. — ... Peu importe qu'il s'agisse des infractions ou crimes commis lorsque l'armée est en campagne ou lorsque les troupes sont employées dans les divisions de l'intérieur.—Impl. le même arrêt et le réquisitoire du Proc. gén.—V. ARMÉE, DÉLITS MILITAIRES, TRIBUNAUX MILITAIRES, etc.

VIVE PATURE.
V. PARCOURS ET VAINE PATURE, PATURAGE, USAGE DANS LES FORÊTS.

VIVIER.
1. — Bassin fermé dans lequel on fait venir les eaux pour y placer le poisson après la pêche et l'y conserver.

2. — Il y a cette différence entre un étang et un simple vivier, que les poissons renfermés dans ce dernier réservoir sont immédiatement dans la possession du maître du fonds, tandis que ceux qui sont enfermés dans un étang conservent leur liberté naturelle jusqu'au moment de la pêche, comme le gibier qui est dans un parc conserve la sienne jusqu'à ce qu'il soit pris en chasse. — Proudhon, *Du domaine public*, n° 675.

3. — Les poissons placés dans un vivier sont meubles. Ne jouissant pas de leur liberté naturelle comme ceux qui sont dans un étang, ils ne sont pas censés possédés uniquement par la possession du fonds; ils sont au contraire possédés comme choses mobilières. — Duranton, t. 4, n° 60.

4. — Lorsqu'un particulier établit un vivier sur son propre fonds, il doit laisser un espace suffisant pour que son voisin puisse lui-même établir sans inconvénient un réservoir. — Pardessus, *Traité des servitudes*, n° 199.

5. — Le poisson renfermé dans les étangs *viviers*, ou réservoirs, appartient au propriétaire de ces objets, parce que, les possédant *immediate et per se*, il en est le maître : un étranger ne pourrait donc s'en emparer ou le détruire sans délit. — Proudhon, *Du domaine privé*, n° 365. — V. BIENS, VOL.

6. — Du reste, la plus grande partie des dispositions relatives aux étangs s'appliquent aux viviers. — V. à cet égard ÉTANG.

VŒUX RELIGIEUX.
1. — On entend sous cette dénomination les vœux de pauvreté, de chasteté, d'obéissance, formés par les personnes qui reçoivent les ordres sacrés ou qui s'engagent dans un ordre monastique.

2. — Les vœux monastiques ont été abolis par la loi du 13-20 février 1790. Ils ont été rétablis par le décret du 18 août 1809 à l'égard des religieuses faisant partie des congrégations de femmes.

3. — On s'est demandé si le décret de 1809 a rendu aux vœux religieux, pour le temps pendant lequel ils peuvent être formés, les effets civils qu'ils produisaient avant la loi de 1789 et si, par conséquent, ils entraînent l'interdiction du mariage. M. le procureur général Dupin (*Cass.*, 21 fév. 1833, Dumonteil), soutient la négative, et il invoque les explications données lors de la discussion, à la chambre des pairs, de la loi du 24 mai 1825 relative aux congrégations religieuses de femmes ; l'archevêque de Paris, M. d'Hermopolis et M. de Bonald soutiennent au contraire la négative.

4. — On sait néanmoins que la cour de Cassation considère l'engagement dans les ordres sacrés comme un empêchement au mariage. — V. MARIAGE.

5. — Quant aux conditions des vœux autorisés et à leurs conséquences, ainsi qu'à l'historique des vœux permis par l'ancienne législation, V. COMMUNAUTÉS RELIGIEUSES, nos 2 et suiv, 14 et suiv., 231 et suiv.

VOIES DE FAIT.
1. — Ce qui concerne la matière a été traité, vis ACTION POSSESSOIRE, BLESSURES ET COUPS, JUGE DE PAIX, JUSTICE DE PAIX, nos 44 et suiv.

2. — On trouvera aussi vis ANIMAUX ce qui se rapporte aux blessures faites aux animaux d'autrui. Une loi nouvelle du 2 juill. 1850 tend à punir d'une amende de 5 à 15 francs, et d'un emprisonnement de un à cinq jours le fait d'avoir exercé publiquement et abusivement de mauvais traitemens envers les animaux domestiques. La peine de la prison est toujours appliquée en cas de récidive, et l'art. 483, C. pén., est toujours applicable.

VOIX PARÉE (Clause de),
C'est la clause portant qu'à défaut d'exécution des engagemens pris envers lui, le créancier aura le droit de faire vendre les immeubles de son débiteur, sans remplir les formalités prescrites pour la saisie immobilière. — V. SAISIE IMMOBILIÈRE, nos 173 et suiv., VENTE.

VOIE PUBLIQUE.
1. — On entend par voies publiques les voies de communication, quelle qu'en soit la nature, livrées au public. Telles sont les routes nationales et départementales, les rues des villes, les chemins vicinaux et ruraux, les chemins de fer. Dans ce sens plus étendu, les fleuves et rivières navigables, les canaux, les cours d'eau en général sont aussi des voies publiques.

2.— La police de la voie publique est régie par les anciens réglemens ou par les arrêtés des préfets ou des maires suivant les différens cas. Il y a lieu de distinguer, à cet égard, entre les voies publiques qui dépendent de la grande voirie et celles qui appartiennent à la petite.— V. VOIRIE.

3.— Tout ce qui concerne l'ouverture, l'entretien, le classement, etc., des diverses voies publiques et les mesures de police qui se rattachent à leur conservation ont fait l'objet d'articles spéciaux. — V. notamment ALIGNEMENT, BALAYAGE ET NETTOIEMENT DE LA VOIE PUBLIQUE, CHEMINS VICINAUX, CHEMINS DE FER, CONSEIL DE PRÉFECTURE, ÉCLAIRAGE DE LA VOIE PUBLIQUE, JET OU EXPOSITION D'OBJETS NUISIBLES, POUVOIR MUNICIPAL, ROULAGE (police du), ROUTES, VOITURE, VOITURIER, VOITURES PUBLIQUES. — V. surtout VOIRIE.

VOILIERS.

Voiliers pour leur compte et à façon; patentables, les premiers de troisième, et les seconds de sixième classe;—droit fixe, basé sur la population;—droit proportionnel du vingtième de la valeur locative de l'habitation et des lieux servant à l'exercice de la profession. — V. PATENTE. — V. aussi OUVRIERS MARITIMES.

VOIRIE.

VOIRIE.—1.—Dans son acception la plus étendue, cette dénomination comprend tout ce qui concerne la confection, l'entretien et l'alignement des chemins et des rues, les travaux des ponts et chaussées, la police des bâtimens sur les routes et dans l'intérieur des villes, celle de toutes les voies publiques, celle des fleuves, rivières et canaux navigables ou flottables avec leurs chemins de halage et francs-bords, et enfin celle des chemins de fer. — Davenne, Recueil de la voirie, t. 1er, p. 2; Dufour, Droit admin., t. 4, n° 2886.

Sect. 1re. — Principes généraux. — Grande et petite voirie.

2.— Chez les Romains, l'administration de la voirie, primitivement confiée aux édiles, fut plus tard, et sous le règne d'Auguste, confiée à des officiers particuliers, curatores viarum, placés sous l'autorité du magistrat chargé de la police, præfectus urbis. Ce système d'administration reçut du aux provinces conquises, et, malgré de nombreuses vicissitudes, est resté, chez nous, la base de la police de la voirie.

3.— Devenue, sous la féodalité, un droit seigneurial, l'administration de la voirie perdit longtemps son véritable caractère, et devint, pour ainsi dire, uniquement, entre les mains des seigneurs, un instrument de fiscalité, dont ils se servirent pour accroître leurs revenus sans autre règle que leur caprice ou leur intérêt.

4.— Ce ne fut que sous le règne de Henri IV qu'une législation régulière commença à s'établir, et l'édit de 1607 est devenu le point de départ des divers réglemens qui la régissent encore aujourd'hui la matière. Il faut citer notamment parmi ces réglemens la déclaration de Louis XIV du 46 juin 1693, et l'arrêt du conseil du 27 fév. 1765.

5.— La charge de grand-voyer de France fut créée par l'édit de mai 4599, et conférée au marquis de Rosny (Sully), qui exerça cette charge plusieurs années, ainsi que celle de voyer de la ville de Paris, qu'il avait achetée de Guillaume Hubert, alors titulaire de cet office.

6.—Plus tard, en 1626, la charge de grand-voyer fut supprimée, et cette attribution passa aux trésoriers de France, très ancienne institution qui réunit alors dans ses mains, avec les fonctions administratives de la voirie, la pouvoir de juge en cette matière, pouvoir souverain, dans certains cas, et, dans d'autres, soumis à l'appel devant le parlement du ressort. — Leclère du Brillet, continuateur de Delamare, Traité de la voirie, t. 4, p. 638 et suiv.

7.— La voirie se divise en grande et petite voirie. Cette distinction prend sa source dans la nature même des communications, en tant que, par leur degré d'importance et le genre de leur service, l'état, les départemens, les arrondissemens et les communes en ont la propriété, ou sont chargés de leur entretien en tout ou en partie.—Carré, Lois de l'organisation et de la compétence des juridictions civiles; Fleurigeon, Code admin. (Polices p. 746); Perrot, Dict. de voirie, p. 438; Dufour, Dr. admin., t. 4, n° 2886.

8.— Les anciens réglemens admettaient dans la distinction d'une grande et d'une petite voirie. La grande voirie consistait dans l'inspection des routes et rues en général, à donner des alignemens, à prévenir les entreprises sur la voie publique et les périls des bâtimens, à ordonner l'exécution des réglemens. La petite voirie consistait seulement à donner des permissions pour placer des auvents, planter des bornes, suspendre des enseignes, étalages et objets semblables.—Perrot, Dict. de la voirie, p. 439.

9.— Aujourd'hui, la grande voirie s'entend de la police de conservation des grandes routes, cours d'eau, chemins de fer, etc. La voirie des rues communales, ou voirie urbaine, n'est plus qu'une dépendance de la petite voirie. La division adoptée par les anciens réglemens n'est plus applicable que dans la ville de Paris, où, par suite d'une fiction, les rues sont considérées comme des grandes routes et dépendent dès-lors de la grande voirie. La distinction en grande et petite voirie est très importante, à cause de ses effets sur la compétence en matière de contraventions. — V., infra n° 44, 43 et suiv.

10.— C'est sous le mot VILLE DE PARIS qu'est traité tout ce qui concerne la voirie de cette ville.

11.— La grande voirie embrasse : 4o les routes nationales; 2o les routes départementales (Décr. 46 déc. 4844); 3o les fleuves et rivières navigables ou flottables, ainsi que leurs chemins de halage; 4o les canaux et leurs francs-bords; 5o les chemins de fer.— V. CANAUX, CHEMINS DE FER, COURS D'EAU, ROUTES.

12.— La loi du 45 juill. 4845, art. 2, a déclaré applicable aux chemins de fer les lois et réglemens sur la grande voirie, qui ont pour objet d'assurer la conservation des fossés, talus, levées et ouvrages d'art dépendant des routes, et d'interdire sur leur route toute étendue ou passage des bestiaux et les dépôts de terre et autres objets quelconques.

il résulte de la discussion de cette loi que ces voies de communication ont été assimilées aux grandes routes quant à la propriété et l'imprescriptibilité, et quant à la juridiction. — V. CHEMINS DE FER, nos 340 et suiv.

13. — La petite voirie comprend seulement la confection, l'entretien et la police des chemins vicinaux et des rues des communes, en tout ce qui concerne leur ouverture, leur situation, leur largeur, l'alignement des maisons, la salubrité, la liberté et la sûreté de ces chemins et rues. — Dufour, *ibid.* — V. CHEMINS VICINAUX.

14. — Les rues qui servent de prolongement aux grandes routes, dans la traverse des villes, bourgs et villages, appartiennent à la fois au domaine de la grande et de la petite voirie. — L. 14 oct. 1790

15. — Quand une route traverse une place publique dans une ville, bourg ou village, la place entière n'est pas assujétie au régime de la grande voirie; il n'y a que l'espace occupé par la largeur de la route. — Serrigny, *Comp. et proc. adm.*, t. 2, no 637; Dufour, *ut suprà*.

16. — Les voies publiques qui dépendent de la grande voirie font partie du domaine de l'état. Les rues, places, promenades, boulevards, et généralement toutes les voies affectées dans les villes et communes aux besoins de la circulation du public, font partie du domaine public communal. Ces deux principes sont consacrés, le premier explicitement, le second implicitement seulement, par l'art. 538, C. civ. — *Cass.*, 1er mars 1842 (t. 1er 1842, p. 714), préfet de Seine-et-Oise c. ville de Versailles.

17. — On a agité la question de savoir à qui appartient le sol des rues qui forment traverses de grandes routes dans les villes. La cour de Cassation a décidé que, lorsque des portions de rues appartenant à la grande voirie, en sont retranchées par voie d'alignement et vendues aux riverains, c'est dans la caisse de la commune et non dans celle de l'état que le produit de la vente doit être versé. — *Cons. d'état*, 23 août 1836, Girard c. ville de Mortagne; *Cass.*, 10 mai 1841 (t. 2 1841, p. 112), préfet de Saône-et-Loire c. ville de Verdun.

18. — Il a cependant été décidé depuis que lorsqu'une grande route a été établie sur l'emplacement d'une ancienne rue communale, les parcelles de terrain restées en dehors du tracé de la route appartiennent à l'état comme dépendances de celle-ci, et ne peuvent être réclamées par les communes traversées, alors surtout que ces dernières ne prouvent pas qu'elles aient fait acte de propriété sur lesdites parcelles. — *Cass.*, 21 nov. 1843 (t. 1er 1844, p. 316), ville de Laon. — Quant aux rues qui sont des prolongations de chemins vicinaux de grande communication, V. CHEMINS VICINAUX, nos 84, 145 et suiv.

19. — Les riverains de la voie publique dans les villes ont certains droits sur le sol même de la rue, tels que : 1o le droit d'y prendre des voies directes, ainsi que des issues; 2o celui d'y faire écouler les eaux des maisons. Ces droits sont en quelque sorte attachés à la qualité de membre de la cité, et ils sont tellement certains que tout changement dans l'état de la voie publique, qui viendrait y porter atteinte, autoriserait le propriétaire lésé à réclamer un dédommagement. — *Cons. d'état*, 17 janv. 1838, Rodet; 2 mai 1845, Lecq; 30 mars 1846, Durand; 1er mars 1848, Palaillon. — V. aussi EAUX MÉNAGÈRES, EAUX PLUVIALES, SERVITUDE, nos 308 et suiv.

20. — Décidé que tout propriétaire riverain d'une rue ou d'un chemin public a le droit d'y établir, pour l'usage et la commodité de son habitation, et en se conformant aux réglemens administratifs, soit des jours ou fenêtres d'aspect, soit des portes et égoûts, et que le changement de destination survenu par la vente ou l'échange du sol de la rue ou du chemin supprimé comme inutile ne peut avoir lieu que sous le respect des droits légitimement acquis, et de manière à ne pas gêner l'usage que le propriétaire est en droit d'attendre des travaux qu'il a pratiqués dans l'intérêt de sa maison. La commune prétendrait en vain que les travaux sont sans utilité pour le propriétaire, et n'ont été établis par lui que postérieurement à la résolution prise par le conseil municipal de supprimer la rue ou le chemin, résolution dont on offre de prouver qu'il avait connaissance. — *Bourges*, 8 mars 1843 (t. 2 1833, p. 750), Coudereau c. commune de Saint-Florent et Carpentier.

21. — Jugé de même que les rues et les places publiques d'une commune étant destinées à établir des passages et des communications entre les habitants, ainsi qu'à donner aux édifices les jours, les vues et les issues qui leur sont nécessaires, il n'est pas permis à l'autorité municipale d'élever sur ces rues ou les terrains en dépendant des constructions susceptibles d'intercepter le jour et le passage, et de mettre obstacle à l'exercice des autres servitudes auxquelles ont droit les propriétaires riverains. — *Nancy*, 28 janv. 1840 (sous *Cass.*, 19 nov. 1841 [t. 1er 1842, p. 376]), commune de Burey c. Chorlet.

22. — La propriété des rues communales est imprescriptible comme celle des voies publiques qui dépendent du domaine public. Les unes et les autres sont hors du commerce. — *Cass.*, 1er mars 1842 (t. 1er 1842, p. 714), préfet de Seine-et-Oise c. ville de Versailles. — V. PRESCRIPTION, no 160.

23. — Il y a présomption légale que les terrains laissés par les riverains le long des rues ou places publiques, en construisant leurs murs ou leurs bâtimens, dépendent de ces rues ou places publiques. Par suite, ces terrains sont imprescriptibles comme dépendances de la voie publique, et non susceptibles d'une possession pouvant donner lieu à l'action en complainte possessoire. — *Cass.*, 21 mai 1838 (t. 2 1838, p. 110), Renault c. commune de Velizy.

24. — Cependant, par cela seul que, sur un ancien plan d'alignement, un terrain est indiqué comme adjacent à la voie publique, il n'en résulte pas la preuve qu'il en soit une dépendance nécessaire. Dès-lors, la propriété a pu en être acquise par la prescription de trente ans. — *Nancy*, 31 janv. 1838 (t. 2 1838, p. 71), Mengaud c. ville de Nancy.

25. — Lorsque, contrairement à une prohibition formelle contenue dans des réglemens locaux, un individu a construit un perron en saillie sur la voie publique, il n'a pu acquérir, par aucun laps de temps, le droit de le conserver, la voie publique étant imprescriptible, et il encourt la peine édictée par l'art. 471, nos 5 et 15, C. pén., s'il n'obtempère pas à la sommation qui lui est faite de le supprimer. — *Cass.*, 20 août 1841 (t. 2 1841, p. 764), Tortoni.

26. — Les saillies et avances qui ont été effectuées sans permission sur la voie publique, ou qui excèdent les limites déterminées par la permission qui a été accordée, sont réputées n'exister que par simple tolérance, et ne peuvent fonder ni possession ni prescription. En conséquence, l'autorité municipale a toujours le droit d'enjoindre à ceux qui ont établi ces saillies ou avances de les détruire ou de les réduire, quel que soit le temps écoulé depuis leur établissement. — *Cass.*, 3 fév. 1844 (t. 2 1844, p. 473), ministère public c. Rival.

27. — Lorsque le plan d'alignement d'une ville a rangé une rue parmi les rues ouvertes et publiques, elle ne peut être barrée par un individu, alors même qu'il prétendrait être propriétaire du sol. Et le tribunal de répression ne peut, en se fondant sur la qustion préjudicielle de propriété, surseoir à statuer sur l'action résultant de cette voie de fait. — *Cass.*, 10 sept. 1839 (t. 1er 1841, p. 298), Rissel.

28. — Rien n'empêche, du reste, une commune d'acquérir, par prescription, un terrain privé. Ainsi, un terrain soumis dans l'origine à une simple servitude de halage, peut devenir une propriété communale et être converti en une rue pour l'usage du public, si, pendant le temps nécessaire pour prescrire, la commune s'est appropriée ce terrain par le passage libre et fréquent des habitans, l'ouverture de rues qui y aboutissent, l'éclairage de la voie et le numérotage des maisons. — *Rouen*, 16 déc. 1842 (t. 2 1843, p. 317), Vauchel c. préfet de la Seine Inférieure et ville de Rouen. — V. du reste *infrà* sur la prescription du droit de l'administration de faire démolir des ouvrages construits en contravention, no 273.

29. — Il faut mentionner aussi les rues qui ont été ouvertes sans autorisation sur des terrains particuliers. La cour de Cassation a jugé que la police ne pouvait s'exercer sur les rues qui n'ont pas été acceptées comme voie publique, du moins en ce sens que les maires ne peuvent prescrire des mesures pour leur alignement et leur élargissement. — *Cass.*, 11 mai et 14 déc. 1844 (t. 1er 1845, p. 670), Emmering et Dupuis, et Sans.

30. — Les injonctions de l'autorité municipale ayant pour objet la fermeture d'une rue ouverte sans autorisation ne sont obligatoires qu'autant qu'elles ont été faites personnellement et collectivement à tous ceux qui ont fait ouvrir cette rue. — Mêmes arrêts.

31. — On appelle passage des sortes de rues qui ont une porte à chaque extrémité, et qui, généralement, ne sont praticables qu'à pied.

32. — Les passages publics sont de deux sortes, les uns découverts, qui ont quelque rapport avec les rues, les autres couverts. Ils ne peuvent être établis ou ouverts qu'avec l'autorisation des maires. — Daubanton, *Code de la voirie*, p. 145 et suiv.

33. — Le sol d'un passage ou galerie, formé d'un côté par des maisons et de l'autre par des piliers qui contiennent les premiers étages, doit être réputé appartenir à une ville quand il résulte de l'état des lieux, et de la possession constante des habitans, non contredite par des titres particuliers, que ce passage a toujours été considéré comme voie publique. — *Cass.*, 19 juill. 1841 (t. 2 1843, p. 718), Haran c. ville de Bayonne.

34. — A l'autorité administrative seule appartient le droit de déclarer si un passage constitue une rue ou ruelle publique affectée à l'usage du public, ou s'il est établi à titre de tolérance sur un terrain privé. — *Cass.*, 29 nov. 1844 (t. 2 1845, p. 26), Farjon.

35. — Les impasses sont des voies publiques comme les rues, dont elles ne diffèrent qu'en ce qu'elles sont fermées à l'une de leurs extrémités. Il a été décidé qu'une impasse, même fermée pendant la nuit, mais livrée à la circulation pendant le jour, est soumise aux réglemens de police sur le balayage. — *Cass.*, 2 juin 1837 (t. 1er 1838, p. 330), de Guernelle.

36. — Les places sont des espaces plus ou moins larges auxquels viennent aboutir des rues; elles sont assimilées aux rues dans tous les réglemens de voirie.

37. — Suivant Davenne (*Dict. général d'administration*, vo *Voirie urbaine*, p. 1559), lorsqu'une place publique est convertie en rue, la commune n'est pas tenue d'indemniser les riverains du préjudice que cette transformation leur cause.

38. — Les promenades sont des grandes rues ou des places plantées d'arbres et destinées particulièrement à réunir la population.

39. — C'est à l'autorité administrative seule qu'il appartient de décider si un terrain communal est ou non destiné à la circulation publique. En conséquence, lorsqu'un procès-verbal, constatant qu'il a été contrevenu à un arrêté municipal prohibitif du passage des voitures et chevaux sur un terrain appartenant à la ville, qualifie ce terrain de promenade publique, le tribunal de police ne peut, sans excès de pouvoir et sans empiéter sur l'autorité administrative, décider que ce terrain est une voie publique sur laquelle la circulation est libre, et renvoyer, par ce motif, le prévenu des poursuites dirigées contre lui. — *Cass.*, 12 fév. 1848 (t. 1er 1849, p. 66), Calmels de Puntis.

40. — On appelle boulevards, mails, ou cours, des sortes de voies publiques, ayant généralement une large chaussée au milieu et de chaque côté des contre-allées plantées d'arbres. Ces voies de communication, bien que garnies pour la plupart de maisons, servent aussi presque partout de promenades.

41. — Nous avons dit que la petite voirie comprenait la voirie urbaine et la voirie vicinale. Dans la voirie urbaine rentre la police des petites saillies que peuvent recevoir les constructions sur la voie publique, telles que les auvens, balcons, enseignes, etc. C'est ce qu'on entendait spécialement autrefois par petite voirie.

42. — On distingue les saillies fixes, tels que les entablemens, les balcons, les auvens, les corniches, les pilastres, seuils de porte, etc.; et les saillies mobiles, tels que les étalages, montres, établis, comptoirs, appuis de boutiques. Ces diverses saillies sont tolérées sous certaines conditions.

43. — Jugé que la défense faite par un réglement municipal à tous propriétaires ou locataires de boutiques qui n'ont point de devantures de faire sur la voie publique des étalages excédant une saillie déterminée, s'applique même à l'égard des propriétaires des boutiques placées sous un auvent qui couvre une portion de la voie publique, alors même que ceux-ci seraient fondés à se dire propriétaires des terrains servant à l'étalage, qu'ils ont abandonnés à la circulation. — *Cass.*, 3 fév. 1844 (t. 1er 1844, p. 603), Mélinet. — V. ÉTALAGE.

44. — La permission donnée par le maire d'établir des bornes le long d'un mur joignant la voie publique, n'étant qu'un simple acte de tolérance, contraire à l'édit de déc. 1607, qui défend d'établir aucune saillie sur cette voie, il en résulte qu'elle ne peut conférer un droit irrévocable, et qu'elle est exécutoire seulement jusqu'à sa révocation. — Et cette révocation, qui n'est qu'un retour à la légalité et la cessation d'un abus, rentre dans les attributions de l'autorité municipale. — Par suite, le refus de la part d'un individu d'obéir à un arrêté du maire qui prescrivait l'enlèvement des bornes ainsi posées constitue la contravention prévue par l'art. 471, no 15, C. pén. — *Cass.*, 18 août 1847 (t. 2 1847, p. 766), Métreau. — V. BORNE.

45. — L'arrêté municipal qui ordonne, en conformité d'un plan général approuvé par ordonnance royale, la destruction ou réduction de l'au-

vent d'une maison, est légal et obligatoire, et le contrevenant à cet arrêté encourt l'application des peines de simple police. — *Cass.*, 9 fév. 1833, Courtet et Pascal (deux arrêts). — V. AUVENT.

46. — L'édit de déc. 1607 défend au grand voyer ou à ses commis de donner permission de construire des auvents plus bas que de dix pieds, à prendre du rez-de-chaussée en amont.

47. — Décidé que doit être condamné à la démolition et à l'amende le propriétaire qui, autorisé seulement à construire un balcon sur une maison joignant une route, fait établir, sans autorisation, un auvent sur ce balcon et le fait clorre par une boiserie. — *Cons. d'ét.*, 29 juin 1844, Darbonne.

Sect. 2e. — *Police de la voirie.*

§ 1er. — *Comment s'exerce la police de la voirie.*

48. — La grande voirie est, quant aux réglemens de police, placée sous l'empire des édits, réglemens, déclarations ou arrêts du conseil, antérieurs à la loi du 19-22 juill. 1791. Leur application est faite par les préfets et sous-préfets, qui font exercer une surveillance constante par les agens divers placés sous leurs ordres.—Quant à la juridiction répressive, V. *suprà* nos 11 et suiv.

49. — Il est de principe que les réglemens généraux sur la voirie ont été reconnus et déclarés applicables à toutes les communes de France par les lois des 16-24 août 1790, et 19-22 juill. 1791, sans distinction, et sans en excepter les anciens ressorts de parlement, où l'édit de déc. 1607 et les réglemens subséquens sur la matière n'auraient pas été enregistrés.—*Cass.*, 23 fév. 1839 (t. 2 1843, p. 777), Savoie; 5 fév. 1844 (t. 1er 1844, p. 504), Corneille.

50. — Ces règles d'ordre public sont obligatoires de plein droit dans toutes les communes indistinctement, lors même qu'aucun acte de l'autorité municipale n'y a appelé les habitans à leur observation. — Même arrêt du 23 fév. 1839.

51. — Spécialement, l'arrêt du conseil du 27 fév. 1765, qui interdit à tout propriétaire de construire, reconstruire ou réparer sans autorisation le long des grandes routes, sous peine de démolition et d'amende, doit être encore appliqué aujourd'hui, quand même il n'aurait pas été enregistré au parlement dans le ressort duquel se trouvait le département actuel où la contravention a été commise. — *Cons. d'ét.*, 23 fév. 1837, ministre de l'intérieur c. Voitot.

52. — En matière de grande voirie, les alignemens et permissions de bâtir sur les grandes routes et sur les rues qui en dépendent sont délivrés par le préfet. — *Cons. d'ét.*, 29 août 1834, Blaise; 2 août 1836, de Kerkorlay; 26 août 1839, Detroyat.

53. — Lorsqu'il est nécessaire de prendre des réglemens de police en matière de grande voirie, à raison de l'insuffisance des anciens réglemens, ce pouvoir est exercé par l'autorité municipale ou par les préfets.

54. — Le préfet dans ses attributions relatives à la grande voirie, a pour supérieur, le ministre des travaux publics; ses arrêtés sont en conséquence, susceptibles d'être déférés à ce ministre. — Dufour, *Droit administratif*, t. 4, no 2958.

55. — Quant au point de savoir, si les arrêtés du ministre peuvent eux-mêmes être attaqués devant le conseil d'état il faut distinguer: — Lorsqu'il s'agit d'une faveur, par exemple, d'établir ou de conserver une voirie de quelque nature qu'elle soit sur la voie publique, il ne peut y avoir recours par la voie contentieuse. — S'il s'agit au contraire, de mesures où les droits inhérens à la propriété se trouvent en lutte avec l'intérêt général confié à l'administration, le pourvoi serait admissible. — *Ibid.*

56. — Un arrêté préfectoral relatif à la police des routes ayant force de loi lorsqu'il a reçu la publicité légale, son existence peut être invoquée devant la cour de Cassation, comme moyen de droit, alors qu'elle ne l'aurait pas été devant les juges du fait. — *Cass.*, 5 juill. 1843 (t. 2 1843, p. 588), Kapp. c. Baumer.

57. — Les plans d'alignement pour les routes doivent être dressés par les soins des ingénieurs des ponts et chaussées, et il est statué par le chef du gouvernement sur le rapport du ministre des travaux publics, le conseil d'état entendu. — V. ALIGNEMENT, nos 91 et suiv.

58. — Le pouvoir de police qui est exercé par le préfet en matière de grande voirie appartient au maire, lorsqu'il s'agit de petite voirie.

59. — Le pouvoir municipal en matière de voirie a été réglé par les lois des 16-24 août 1790 et 19-22 juill. 1791. L'art. 3 du titre 11 de la première porte: « Les objets de police confiés à la vigilance et à l'autorité des municipalités sont: 1o tout ce qui intéresse la sûreté et la commodité du passage dans les rues, quais, places et voies publiques; ce qui comprend le nettoiement, l'illumination, l'enlèvement des encombremens, la démolition ou la réparation des bâtimens menaçant ruine, l'interdiction de rien exposer aux fenêtres qui puisse nuire par sa chûte, et celle de rien jeter qui puisse blesser ou endommager les passans ou causer des exhalaisons nuisibles. »

60. — La loi du 19-22 juillet 1791 (art. 29) ajoute: « Sont confirmés provisoirement les réglemens qui subsistent touchant la voirie, ainsi que ceux actuellement existans à l'égard de la construction des bâtimens et relatifs à leur solidité et sûreté. »

61. — Il faut appliquer au pouvoir réglementaire des maires en matière de petite voirie les règles générales, que nous avons développées sous le mot POUVOIR MUNICIPAL sur l'autorité et la force exécutive des réglemens administratifs pris par l'autorité municipale dans les limites de sa compétence. — V. aussi *infrà* nos 104 et suiv.

62. — C'est aux maires, sauf recours au préfet, qu'il appartient de faire exécuter les réglemens sur la voirie urbaine. — *Cons. d'ét.*, 21 mai 1823, Bordage c. ville de Bayonne.

63. — En matière de voirie urbaine le maire délivre les alignemens et permissions de bâtir sur les rues, places et autres voies communales; il surveille les constructions riveraines et les bâtimens menaçant ruine. Il veille à la viabilité et à la propreté des rues. — *Cons. d'ét.*, 23 janv. 1820, Caron; 16 juin 1824, Versigny. — Le conseil municipal n'intervient que pour délibérer sur l'ouverture des rues et places et sur les projets de plan d'alignement. — L. 18 juill. 1837, art. 19, no 7.

64. — Le maire est aussi compétent pour interdire et rétablir le passage dans une rue, sauf recours au ministre de l'intérieur. — *Cons. d'ét.*, 18 fév. 1824, Ribes.

65. — Pour la voirie urbaine les plans d'alignement adoptés par le conseil municipal sont soumis par le préfet au chef du gouvernement, qui statue, le conseil d'état entendu. — V. ALIGNEMENT.

66. — Jugé avec raison que les arrêtés des maires en matière de voirie doivent recevoir leur exécution tant qu'ils n'ont pas été réformés par l'autorité supérieure. — *Cass.*, 25 juin 1836, Kœchlin c. Dolfus; 1er juill. 1837 (t. 1er 1837, p. 554), Picot d'Agard.

67. — ... Que l'arrêté municipal qui oblige les habitans d'une ville à rétablir et à réparer la partie de la voie publique qui est devant leurs maisons ou terrains situés le long d'un quai, de manière à ce qu'il n'y ait plus ni trous ni ressauts, et que le passage en soit sûr et commode, est un réglement de petite voierie, pris dans le cercle des attributions municipales, et obligatoire pour les tribunaux. — *Cass.*, 7 déc. 1826, Rigault.

68. — Il suffit du reste pour qu'un emplacement quelconque soit soumis aux réglemens de la voirie, qu'il soit accessible librement au public.

69. — Le perron d'entrée d'une salle de spectacle, par exemple, alors que, peu élevé, il n'est pas clos et que le public y passe accidentellement, doit être considéré comme une partie de la voie publique, et soumis par conséquent aux réglemens de police concernant la sûreté et la commodité du passage. — En conséquence est coupable de contravention celui qui, contrairement à un arrêté municipal, laisse tomber d'un balcon supérieur de l'eau sur ce perron. — *Cass.*, 25 fév. 1841 (t. 2 1843, p. 778), Giraud.

70. — Jugé encore que tant qu'un terrain est livré par son propriétaire à la circulation publique, il est nécessairement soumis aux mesures de police applicables à toute voie publique, et aux réglemens de l'autorité municipale en ce qui concerne la commodité et la sûreté du passage, ainsi que la salubrité publique. — Dès-lors, le tribunal saisi de la contravention à un semblable arrêté ne peut surseoir à appliquer la peine jusqu'après la décision de l'autorité compétente sur la question préjudicielle de propriété. — *Cass.*, 5 fév. 1844 (t. 1er 1844, p. 603), Mélinet.

§ 2. — *Obligations auxquelles sont soumises les propriétés riveraines de la voie publique.*

71. — La plus onéreuse des obligations imposées aux propriétaires de maisons riveraines de la voie publique est celle de ne pouvoir les réparer sans la permission de l'autorité administrative. « Défendons à notre dit grand-voyer, porte l'édit de décembre 1607, ou à ses commis, de permettre qu'il soit fait aucune saillie, avances et pans de bois, ès-rues aux bâtimens neufs, et même à ceux où il y en a à présent de construits, les réédifier ou faire aucun ouvrage qui les puisse conforter, conserver et soutenir. » L'arrêt du conseil du 27 fév. 1765 défend tous travaux aux murs de face sans autorisation préalable.

72. — L'application de ce principe général aux édifices en saillie sur la voie publique a été faite par un très grand nombre de monumens de jurisprudence. — V. notamment, quant à la voirie urbaine, *Cass.*, 13 mai 1835, Bot; 30 juill. 1840 (t. 2 1840, p. 198), Delalonde; 14 fév. 1845 (t. 2 1845, p. 537), Raimbaud.

73. — L'administration est donc libre d'interdire d'une manière absolue toute espèce de réparation, même les ouvrages de simple conservation, aux murs de face ou de clôture qui donne sur la voie publique. — *Cass.*, 20 juill. et 7 sept. 1838 (t. 1er 1839, p. 122), Canel, Foulloy et Milleville. — Et il en est ainsi même lorsqu'il s'agit d'une construction placée sur l'alignement.— *Cons. d'ét.*, 19 janv. 1845, Lordonné. — V. ALIGNEMENT, no 21.

74. — Mais depuis longtemps l'administration de l'intérieur n'applique plus ce principe dans toute sa vigueur, et elle admet, par exemple, que pour les maisons sujettes à reculement, la défense de réparer les murs de face ne s'applique en général, et sauf le cas d'insolidité de l'ensemble des constructions, que dans la hauteur du rez-de-chaussée, mesurée depuis et y compris les fondations jusqu'au premier plancher inclusivement. — Davennes, *Dict. d'admin.*, vo *Voirie*, p. 1572.

75. — Il est également d'usage de tolérer les ouvrages de peinture et de badigeon dans la partie du rez-de-chaussée des murs de face sujets à reculement. Quant à la question de savoir s'il est permis de faire des travaux dans la partie retranchable en arrière du mur de face, V. ALIGNEMENT, nos 61 et suiv.

76. — L'administration de l'intérieur tient aussi pour certain qu'en droit tout propriétaire doit être autorisé à se clore tant que son mur de face n'est pas arrivé à un degré de vétusté tel qu'il y aurait péril à le conserver. — Lett. au préfet de la Seine, 23 mars 1823. — Davenne, *Dict. d'admin.*, vo *Voirie*, p. 1574.

77. — L'administration est d'accord avec le conseil d'état pour reconnaître que tout propriétaire d'édifice non atteint par l'alignement est libre d'y faire telles réparations qu'il juge convenable, à la seule condition de se clore s'il en est requis, en payant la valeur du terrain qui lui serait concédé, et sous peine, le cas échéant, d'être dépossédé de l'ensemble de sa propriété par application de l'art. 53, § 2, de la loi du 16 sept. 1807.

78. — Les règles qui précèdent sur le reculement des bâtimens non alignés s'appliquent aux parties de bâtimens qui font saillie sur la voie publique et qui gênent plus ou moins la circulation, telles que les escaliers extérieurs, les entrées de caves et autres constructions accessoires. On n'en exige la démolition qu'autant que la partie saillante menace ruine et peut compromettre la sûreté publique. Il en serait autrement, cependant, s'il y avait nécessité constatée de faire disparaître ces saillies.

79. — Si le propriétaire de saillies semblables ne justifiait pas de la propriété du terrain sur lequel elles existent, la commune pourrait déposséder ce propriétaire tant du terrain que de la petite construction. En cas de contestation sur la propriété, il y aurait lieu de procéder par voie d'expropriation pour cause d'utilité publique. — *Cons. d'ét.*, 30 déc. 1847, ville de Maubeuge.

80. — L'administration ne pourrait forcer les riverains d'une rue ou place à ne construire que suivant une ordonnance d'architecture uniforme et symétrique. Cette obligation ne pourrait être imposée aux propriétaires que par une clause d'un contrat. — *Cass.*, 13 janv. 1844 (t. 2 1844, p. 473), Manigold.

81. — Une autre servitude de voierie est l'obligation pour les propriétaires riverains des rues de faire les frais d'établissement et d'entretien du pavage. Mais cette obligation n'existe que dans les communes où tel est l'usage à raison de l'insuffisance des ressources communales. — L. 11 frim. an VII, art. 4; avis cons. d'ét. 25 mars 1807. — V. PAVAGE, PAVÉ.

82. — Les habitans peuvent être aussi contraints à supporter une partie de la dépense de construction des trottoirs dans les rues et places dont les plans d'alignement ont été arrêté par ordonnance royale (ou décret du chef du pouvoir exécutif), lorsque la mesure a été déclarée d'utilité publique, sur la demande des conseils municipaux, et après

une enquête *de commodo et incommodo*.— L. 7 juin 1845, art. 1er et 2. — V. TROTTOIRS.

83. — Les propriétaires riverains de la voie publique sont encore soumis aux droits de voirie. Ces droits avaient été établis par la déclaration royale du 16 juin 1693, enregistrée au parlement le 25 du même mois, et par un édit de novembre 1697, enregistré le 7 déc. suiv. Ils étaient perçus d'abord au profit des voyers, et plus tard ils furent attribués aux experts-priseurs, arpenteurs-jurés et greffiers de l'écritoire. — Perrot, *Dict.*, p. 87.

84. — La législation moderne a régularisé la perception des droits de voirie au profit des communes. La loi du 21 avr. 1832 et les lois de finances postérieures autorisent la perception des droits de voirie dont les tarifs ont été approuvés par le gouvernement, sur la demande et au profit des communes, conformément à l'édit du mois de novembre 1697, maintenu en vigueur par la loi du 22 juill. 1791.

85. — La loi municipale du 18 juill. 1837 a compris (art. 31, n° 8) les droits de voirie au nombre des recettes ordinaires des communes, et a décidé (art. 45) que les tarifs seraient réglés par ordonnance du roi, rendue sous la forme des réglemens d'administration publique. Une instruction du ministre de l'intérieur, en date du 2 avr. 1841, a indiqué la marche à suivre pour la préparation et l'approbation des tarifs.

86. — Ces droits s'appliquent à la délivrance des alignemens et permis de bâtir, et à toutes les saillies fixes et mobiles que les propriétaires obtiennent l'autorisation d'établir sur la voie publique. — Instr. 2 avr. 1841.

87.— Les maires font percevoir ces droits même sur les rues de grande voirie, bien qu'ils n'aient pas à délivrer les permissions, et il suffit, pour en assurer le versement à la caisse municipale, d'obliger par la permission même les propriétaires ou constructeurs à rapporter la quittance de la taxe fixée par le tarif. — Même instruction.

88. — Il a été décidé par un avis du conseil d'état, en date du 11 janv. 1848, 1° qu'il n'y a pas lieu de percevoir de droits de voirie sur les points du territoire de la commune où il n'y a pas d'habitations agglomérées; 2° que, dans ces limites, les droits de voirie sont applicables à toutes les constructions, quel qu'en soit le propriétaire; 3° que le recouvrement de ces droits doit être poursuivi dans les formes indiquées par l'art. 63 de la loi du 18 juill. 1837.

89. — Parmi les charges foncières de la propriété privée dans les villes, figure l'obligation des propriétaires de maisons formant encoignure de réserver, sur la façade, la place nécessaire à l'établissement des plaques ou écriteaux. Les premiers frais d'inscription ainsi que les frais d'entretien et le renouvellement des plaques indicatrices sont une charge communale. Il en est cependant autrement à Paris. — V. VILLE DE PARIS.

90. — Les dénominations des rues sont arrêtées par le maire, sauf le cas où il s'agit d'une distinction à accorder à certaines personnes à titre d'hommage public. Dans ce dernier cas, le conseil municipal en délibère, et il en est référé au ministre de l'intérieur pour qu'il soit statué par le gouvernement, conformément à l'ordonnance réglementaire du 10 juill. 1816 sur les récompenses publiques.

91. — Il est d'usage d'accorder au propriétaire qui ouvre une rue sur son terrain, et à ses frais, l'autorisation d'y donner son nom.

92. — Les arrêtés des maires en matière de dénomination de rues sont soumis à l'homologation du préfet pour les communes dont les plans d'alignement ne sont pas approuvés par le gouvernement, et à celle du ministre de l'intérieur lorsqu'il y a plan d'alignement arrêté. — Instr. min. 3 août 1841.—Davenne, *Dr. d'administ.*, v° *Voirie*, p. 1586.

§ 3. — *Liberté et commodité du passage sur la voie publique.*

93. — L'établissement de numéros dans les rues, ainsi que leur renouvellement lorsqu'il est jugé convenable d'en changer la série, est pour la première fois à la charge de la commune et se fait à la peinture à l'huile. Leur restauration et leur entretien restent à la charge des propriétaires, qui ont alors la faculté de se servir, pour plus de solidité, de tôle vernissée, de faïence ou de terre à poêle émaillée. — Ordonn. 23 avr. 1823.

94. — Le numérotage des maisons n'est point pour les villes une dépense obligatoire. Cette mesure peut seulement être délibérée par le conseil municipal, par interprétation de l'art. 19 de la loi du 18 juill. 1837. — Dufour, *Droit admin.*, t. 4, n° 3081.

95. — Quant aux conditions auxquelles il convient de soumettre l'opération dans ses détails, comme moyen d'ordre et de police, elles doivent être consignées par le maire dans un arrêté réglementaire. Le meilleur modèle à suivre est déposé dans un décret du 15 pluv. an XIII, relatif au numérotage des maisons de la ville de Paris, décret rapporté par M. Duvergier à la suite de l'ordonn. du 23 avr. 1823. — *Ibid.*

96.— En cas de renouvellement du numérotage, il est nécessaire de dresser un procès-verbal qui constate le numéro ancien de chaque maison et la concordance avec celui qui y est substitué. — Duranton, *Code de la voirie*, p. 278.

97. — L'éclairage des rues est à la charge des villes, pour l'entretien de même que pour le premier établissement. — L. 11 frim. an VII, art. 4.— V. ÉCLAIRAGE DE LA VOIE PUBLIQUE.

98. — L'édit de 1607 punit ceux qui entravent la circulation sur la voie publique. « Voulons, porte cet édit, que lorsque les rues et chemins seront encombrés ou incommodés, nostre grand voyer ou ses commis enjoignent aux particuliers de faire oster lesdits empêchemens, et, sur l'opposition ou différends qui en pourraient résulter, faire condamner lesdits particuliers qui n'auront obéi à ses ordonnances trois jours après la signification qui leur en sera faite, jusqu'à la somme de 10 liv. et aux dépens pour lesdites entreprises par eux faites. »

99. — Bien que cet édit soit encore en vigueur, les peines qu'il prononce ont cessé d'être applicables en matière de petite voirie par l'effet de l'art. 471, n° 5, C. pén., qui, tout en se référant aux réglemens préexistans ou pris à nouveau par l'autorité administrative, prévoit et punit les contraventions en cette matière d'une amende de 1 fr. à 5 fr. — V. EMBARRAS DE LA VOIE PUBLIQUE.

100. — Les dépôts de fumiers ou autres objets sur les grandes routes ne rentrent pas dans le cas de l'application de l'art. 471, n° 4, C. pén., qui se borne à prononcer contre les simples contraventions de cette nature la peine de 1 fr. à 5 fr. d'amende. En matière de grande voirie, il faut considérer comme étant toujours en vigueur les dispositions de l'arrêt du conseil du 17 août 1721 et de l'ordonn. du 4 août 1731, qui font défenses itératives « à tous gravattiers, laboureurs, vignerons, jardiniers et autres, de décharger aucuns gravois, fumiers, immondices et autres empêchemens au passage public... le tout à peine de 500 livres de dommages-intérêts contre chacun des contrevenans. » — Ces réglemens, maintenus par la loi des 19-22 juill. 1791, sont indistinctement appliqués aux dépôts momentanés comme aux dépôts permanens. — *Cons. d'ét.*, 16 mars 1836, Grouls; 23 avr. 1837, Bressel; 31 oct. 1838, Guénobé; 25 janv. 1839, Bois; 6 août 1839, Dublet; 22 août 1839, Blanpain.

101. — Il est également défendu de jeter dans les rues des eaux ou des ordures par les fenêtres. — Edit de déc. 1607. — V. JET OU EXPOSITION D'OBJETS NUISIBLES.

102. — La négligence à exécuter les dispositions des arrêtés du préfet qui règlent l'époque et le mode d'élagage des arbres plantés le long d'une route constitue une contravention qui doit être assimilée à celle résultant de dommages causés aux plantations des routes. — *Cons. d'ét.*, 6 août 1840, Renault. — V. ÉLAGAGE.

103. — L'art. 475, C. pén., contient des dispositions relatives au chargement, à la rapidité ou à la mauvaise direction des voitures. Cet article n'est applicable qu'en ce qui touche la sûreté des personnes; les lois et réglemens concernant la police du roulage doivent être seuls appliqués dès qu'il s'agit d'une disposition commandée par l'intérêt de la viabilité des routes. — *Cons. d'ét.*, 29 janv. 1841, Odent. — V. ROULAGE (police du), VOITURE, VOITURES PUBLIQUES, VOITURIER.

§ 4.—*Sécurité publique et salubrité.*

104. — Lorsqu'un bâtiment menace ruine et qu'il y a péril imminent, l'administration active est investie, en vertu de la loi suprême de salut commun, du droit de prendre les mesures nécessitées par les circonstances sans l'intervention du juge. — *Cons. d'ét.*, 23 juill. 1841, Havet; 16 juin 1824, Versigny. — Davenne, *Dr. dadminist.*, v° *Voirie*, p. 1587.

105. — Aussi a-t-il été décidé que la décision du ministre de l'intérieur qui approuve l'arrêté par lequel un maire, après l'accomplissement des formalités voulues, ordonne la démolition d'une maison pour cause de péril imminent, n'est pas susceptible d'être attaquée devant le conseil d'état par la voie contentieuse. — *Cons. d'ét.*, 26 mai 1845, Chauvin.

106.— Et le conseil de préfecture ne peut intervenir, en pareille matière, pour ce qui concerne la grande voirie. — *Cons. d'ét.*, 2 juill. 1820, Biberon c. ville de Coulommiers; 8 sept. 1832, Laffitte. — *Contrà Cons. d'ét.*, 19 mars 1823, Granner.

107. —Décidé, cependant, qu'une lettre improprement qualifiée d'arrêté, par laquelle le préfet aurait prescrit les mesures à prendre pour exécuter la démolition, nonobstant l'opposition du propriétaire, ne fait pas obstacle à ce que le conseil de préfecture statue sur l'objet de la réclamation. — Même décision du 2 juill. 1820.

108. — Il n'appartient qu'à l'autorité administrative d'apprécier si des édifices placés sur la voie urbaine menacent ruine. En conséquence, il y a excès de pouvoir de la part d'un tribunal de simple police qui décide sur ces points en se fondant sur un rapport d'experts, au lieu de surseoir jusqu'après la décision de l'autorité administrative. — *Cass.*, 28 fév. 1846 (t. 2 1849, p. 105), Arnoult.

109. — La cour de Cassation a décidé que, lorsque les experts nommés sont demeurés d'accord sur l'état de dégradation et de vétusté des bâtimens, la démolition peut être ordonnée, bien que l'expert du propriétaire soit d'avis qu'il y ait possibilité de les conserver à l'aide de réparations. — Chevalier, t. 2, p. 489. — *Cons. d'ét.*, 24 mars 1820, Josset.

110. — Le préfet est compétent pour ordonner la démolition des bâtimens qui menacent ruine sur les routes et chemins dépendant de la grande voirie. — *Cons. d'ét.*, 8 sept. 1832, Laffitte; 23 juill. 1841, Havet; 30 déc. 1841, de Villages.

111. — De même, en matière de petite voirie, c'est à l'autorité municipale, et non aux tribunaux, qu'il appartient de statuer sur la démolition ou la réparation des bâtimens menaçant ruine. — *Cass.*, 14 août 1845 (t. 1er 1846, p. 396), ministère public c. Houdbine.

112. — Lorsque l'administration municipale, renonçant au droit d'exécution que lui confèrent les lois des 16-24 août 1790 et 19-22 juill. 1791, croit devoir faire ordonner judiciairement la démolition ou réparation, elle peut s'adresser soit aux tribunaux civils, soit aux tribunaux de police, selon qu'elle procède par action civile ou criminelle. — *Cass.*, 14 août 1832, Albaret; 30 août 1833, Guerlin-Houel.

113.— En prescrivant, par un arrêté, la démolition d'une maison menaçant ruine, un maire ne fait qu'un acte de pure administration qui ne peut être déféré à l'autorité judiciaire. — *Cass.*, 3 mai 1841 (t. 2 1841, p. 167), maire de Saint-Mihiel c. Barré. — V. *suprà* n° 105.

114. — Mais, hors le cas spécial où les arrêtés concernant la petite voirie portent sommation, dans l'intérêt *imminent* de la sécurité publique, de réparer ou démolir les édifices menaçant ruine, l'autorité municipale ne peut les faire exécuter elle-même aux frais des contrevenans; il n'appartient qu'aux tribunaux de leur ordonner de faire disparaître le fait constitutif de la contravention.— *Cass.*, 26 avr. 1834, Pihan.

115.—L'arrêté par lequel le préfet approuve un arrêté municipal qui, à défaut par un propriétaire d'avoir démoli la façade de sa maison faisant saillie et menaçant ruine, ordonne qu'il y sera procédé d'office, étant pris dans les limites de sa compétence, ne peut être déféré qu'au ministre de l'intérieur et non pas directement au conseil d'état.— *Cons. d'ét.*, 21 mai 1823, Bordage c. ville de Bayonne. — Cormenin, *Droit adm.*, v° *Rejet des Requêtes*, t. 1er, p. 98.

116. — Décidé encore que l'arrêté par lequel le préfet ordonne, pour la sûreté publique, le démolition d'une maison qui menace ruine, sans rien préjuger sur les indemnités auxquelles le propriétaire peut avoir droit, est un acte administratif pris dans les limites de sa compétence. Dès-lors il ne peut être déféré au conseil d'état avant d'avoir été soumis au ministre de l'intérieur.— *Cons. d'ét.*, 21 janv. 1813, Carbonnel.

117. — En matière de grande voirie, sur le vu du procès-verbal qui constate les indices de ruine, le préfet prend un arrêté qui ordonne de réparer la construction ou de démolir dans un délai déterminé, arrêté qui est notifié au domicile du propriétaire, lorsque celui-ci est connu, ou aux personnes qui occupent le bâtiment ou en ont la garde.

118.—Cet arrêté doit désigner un expert chargé de procéder à la visite du bâtiment, au cas où l'opportunité de la mesure serait contestée, avec indication du jour où la visite doit avoir lieu.

119.— Si le propriétaire conteste, il doit nommer, de son côté, un expert qu'il fait connaître au

préfet avant le jour fixé pour la visite des lieux. Dans le cas où les deux experts ne sont pas d'accord, un tiers expert est nommé par le préfet.— Déclar. roy. 18 août 1730, art. 7 et 8.

120.— Si le rapport des experts établit la réalité du péril, le préfet prend un nouvel arrêté portant que, « dans un certain temps, le propriétaire du bâtiment sera tenu de le faire cesser, et d'y mettre, à cet effet, les ouvriers, à faute de quoi ledit temps passé, et sans qu'il soit besoin d'un nouvel arrêté, il sera procédé à sa démolition par les soins de l'administration.. » — Déclar. roy. 18 août 1730, art 9.

121. — Les arrêtés de cette nature pris par les préfets sont passibles de recours devant le ministre, et même par la voie contentieuse devant le conseil d'état. — Dufour, *Droit admin.*, t. 4, no 2942.

122.— Mais, lorsqu'à raison du péril, le préfet a cru devoir faire démolir la maison, les réclamations suscitées par l'arrêté et portées soit devant le ministre, soit devant le conseil d'état, ne peuvent tendre, dans ce cas, qu'à faire condamner l'administration à supporter les frais et à indemniser le propriétaire du préjudice occasionné par les mesures indûment prescrites. — Dufour, *ubi suprà*.

123. — Dans tous les cas, les frais des travaux effectués d'office sont avancés par la préfecture. Ils sont ensuite prélevés sur les matériaux, et, pour le surplus, il est demandé aux tribuaux d'en ordonner le remboursement, par privilége et préférence sur toutes autres créances.— Dufour, *ibid.* — Av. com. de l'int. 27 avr. 1818.

124.— Les mêmes règles s'appliquent lorsqu'en matière de petite voirie les maires poursuivent la réparation ou la démolition de bâtimens menaçant ruine. En cas de péril imminent, le maire, après avoir fait dresser un procès-verbal des gens de l'art et l'avoir dénoncé au propriétaire, a le droit d'ordonner, sans délai, sous sa responsabilité légale, la démolition de l'édifice. — Jurispr. du comité de l'intérieur. — Davenne, *Dr. d'administ.*, vo *Voirie*, p. 1588.

125. — Lorsqu'un propriétaire fait volontairement démolir sa maison, lorsqu'il est forcé de la démolir pour cause de vétusté, il n'a droit à une indemnité que pour la valeur du terrain délaissé, si l'alignement qui lui est donné par les autorités compétentes le force à reculer sa construction. — L. 16 sept. 1807, art. 50. — *Cons. d'ét.*, 2 juill. 1820, Biberon c. ville de Coulommiers; *Cass.*, 3 mai 1841 (t. 2 1841, p. 167), maire de Saint-Mihiel c. Barré.

126. — On juge qu'il y a lieu de démolir un bâtiment pour cause de péril: 1o lorsque c'est par vétusté que l'une ou plusieurs jambes étrières, trumeaux ou piedroits sont en mauvais état; — 2o lorsque le mur de face sur rue est en surplomb de la moitié de son épaisseur, dans quelque état que se trouvent les jambes étrières, les trumeaux et piédroits; 3o si le mur sur rue est à fruit, et s'il a occasionné sur la face opposée un surplomb égal au fruit de la face sur rue; 4o chaque fois que les fondations sont mauvaises, quand il ne se serait manifesté dans la hauteur du bâtiment aucun fruit ni surplomb; 5o s'il y a un bombement égal au surplomb dans les parties inférieures du mur de face. — Daubanton, *C. de la voirie*, p. 130, art. 104; Cotelle, *Droit admin.*, t. 3, p. 248, no 16; Husson, *Des travaux publics*, t. 2, p. 58; Dufour, t. 4, no 2939.

127.— Un propriétaire à qui il a été enjoint de démolir ou réparer le mur de face de sa maison ne peut, s'il a mis du retard à réparer et s'il y a péril pour la sûreté publique, empêcher la démolition, en offrant de faire la réparation ordonnée. — *Cons. d'ét.*, 22 nov. 1810, Dufour.

128. — La démolition nécessitée par le danger public peut n'être que partielle. La reconstruction des étages supérieurs peut même être autorisée lorsque la base de la maison paraît solide. Tout dépend, sous ce rapport, des circonstances.

129.— Jugé que la sûreté publique exige que l'on fasse reculer, toutes les fois que l'occasion s'en présente, les étages supérieurs construits sur la voie publique et hors d'aplomb des murs de face du rez-de-chaussée. — Que, dès-lors, il y a lieu, par le conseil d'état, de confirmer l'arrêté du conseil de préfecture condamnant un particulier à la démolition et à l'amende pour avoir contrevenu à un arrêté du préfet qui ne lui accorde un alignement qu'autant qu'il fera disparaître l'avancement de l'étage supérieur de sa maison pour le mettre d'aplomb sur le nu de la façade du rez-de-chaussée. Mais, si la résistance du contrevenant a eu lieu par la gêne de sa situation plutôt que par l'intention de désobéir, l'amende peut être modérée. — *Cons. d'ét.*, 20 janv. 1819, Chairon.— Cormenin, t. 2, p. 467 et 483; Chevalier, t. 2, p. 484.

VOIRIE, sect. 2e, § 4.

130.— Lorsqu'il résulte, de l'aveu du conseil des bâtimens civils et de celui des inspecteurs généraux de la voirie, que le mode de construction adopté par un propriétaire pour l'entablement de la maison compromet la sûreté publique, il y a lieu d'en ordonner la démolition, bien que cet entablement fasse partie d'une maison située dans une cour particulière. — *Cons. d'ét.*, 29 janv. 1819, Chairon; 6 juill. 1825, Vincent.— V. CONSEIL DES BATIMENS CIVILS.

131. — Le propriétaire qui n'a satisfait que peu de jours avant le jugement à la sommation de démolir une partie de mur menaçant ruine ne peut pas être acquitté, sous le prétexte que la contravention n'existe pas. Il suffit qu'elle existât au moment du procès-verbal qui en a été dressé. — *Cass.*, 13 oct. 1820, ministère public c. Jean Léger.

132.— Au cas où le mur de face viendrait à tomber ou à compromettre la sûreté de la voie publique, l'administration a le droit de poursuivre la démolition des travaux non confortatifs faits à l'intérieur sur la partie retranchable.—*Cons. d'ét.*, 4 mai 1843, Jousseran.

133. — Une des parties essentielles de la police des constructions est la détermination de la hauteur qu'elles doivent avoir. La cour de Cassation a décidé que l'arrêté par lequel un maire se réserve de fixer la hauteur des maisons suivant la largeur de la rue, et défend aux propriétaires de les élever sans une permission spéciale qui en détermine la hauteur, est pris dans le cercle des attributions municipales. — *Cass.*, 30 mars 1827, Jacquement.

134.— Les maires peuvent prendre, sur cet objet, des arrêtés en forme de réglemens permanens, qui deviennent exécutoires lorsqu'ils n'ont pas été réformés par le préfet dans le mois de leur réception.— L. 18 juill. 1837, art. 11.

135.— La hauteur doit être fixée en raison de la largeur des rues jusqu'à un *maximum* qui ne peut être dépassé. Il est de jurisprudence que lorsqu'un propriétaire bâtit sur l'alignement légal, il peut donner à sa maison une élévation correspondant à la largeur future de la rue, en supposant le reculement effectué sur les deux côtés. — *Cons. d'ét.*, 27 nov. 1841, Guérard; 8 fév. 1843, Deherain c. Imbert.

136. — L'administration n'applique pas les règles administratives sur la hauteur des maisons aux édifices publics, tels que les églises, les hospices, les salles de spectacle. — Davenne, *Dict. d'admin.*, vo *Voirie urbaine*, p. 1589.

137. — La hauteur des constructions, dans la ville de Paris, est réglée par la déclaration du 10 avr. 1783 et par les lettres-patentes du 25 août 1784.— V. VILLE DE PARIS.

138. — L'autorité municipale peut, quant à la construction des maisons, prescrire les mesures que lui paraîtraient exiger la sûreté et la salubrité publiques. Elle pourrait déterminer la nature des matériaux à employer, le mode suivant lequel ils doivent être agencés. Elle pourrait interdire par exemple les couvertures en paille ou en roseaux, prescrire la construction des fosses d'aisance dans certaines conditions, etc. — V. FOSSES D'AISANCE, INCENDIES (mesures contre les), POUVOIR MUNICIPAL.

139. — Il est expressément défendu de faire ou creuser aucune cave sous le sol des voies publiques, d'ouvrir des carrières et de pratiquer des fouilles ou galeries souterraines dans le voisinage des routes à moins de 30 toises (58 mètres 47 centimètres), au pied des arbres ou au bord extérieur des fossés.— Arr. du conseil 14 mars 1741 et 5 avr. 1772; ord. du bur. des fin. 17 juill. 1781.

140.— Les prohibitions ci-dessus n'ont d'ailleurs rien perdu de leur force par l'effet de la loi du 21 avr. 1810, qui autorise l'exploitation des carrières à ciel ouvert. Cette autorisation n'est accordée qu'à la charge, par les exploitans, d'observer les réglemens concernant la police de la grande voirie.— *Cons. d'ét.*, 27 oct. 1847, ministère des travaux publics.

141.— L'édit de 1607 porte également: « Faisons défenses à toutes personnes de faire et creuser aucune cave sous les rues. Mais l'arrêt du conseil du 3 août 1685 (Perrot, *Dict.*, p. 58) admet que les caves des maisons retranchées ou à retrancher peuvent être maintenues sous la voie publique. Lors donc que ces caves ne sont pas dans un état de vétusté qui doive en faire opérer le comblement, elles ne peuvent être supprimées qu'en vertu d'un décret déclaratif de l'utilité publique. — Déc. min. 4 juin 1839, Goissel.

142. — Un maire peut, à l'occasion de travaux de conduites d'eau dans une ville, prescrire aux propriétaires et habitans de faire, dans un délai fixé, à la mairie, la déclaration des caves, caveaux, passages et autres souterrains qu'ils posséderaient

VOIRIE, sect. 2e, § 4.

sous la voie publique et disposer que, passé ce délai, tout habitant sera tenu de souffrir les visites qui seront faites à l'effet de rechercher et de constater les caves existantes sous les rues. — Déc. min. 8 avril 1842, ville de Nimes.

143. — Il est interdit de faire aucune fouille ni tranchée dans le sol de la voie publique sans une autorisation spéciale du maire. — *Ibid.*

144.— L'établissement des conduites d'eau et de gaz peut être autorisé, soit gratuitement, soit à titre onéreux, sous certaines conditions dont la principale est, qu'en cas de rupture de ces conduites, les propriétaires ou entrepreneurs seront tenus de mettre des ouvriers en nombre suffisant pour que les réparations soient effectuées dans les vingt-quatre heures de l'avertissement qui leur aura été donné, et de pourvoir, en attendant, à la sûreté de la voie publique, en comblant les excavations, en les éclairant, etc.

145.— Quand la concession est faite à titre onéreux, il est nécessaire de provoquer une déclaration du conseil municipal, et il peut y avoir lieu, à raison de la durée du bail, à soumettre la proposition au ministre de l'intérieur pour qu'il provoque un arrêté du gouvernement.— L. 18 juill. 1837, art. 47.

146.— Un maire a le droit d'ordonner à un particulier de combler les excavations pratiquées par ce dernier sous la voie publique. Et la répression du refus d'obtempérer à cette injonction est de la compétence du tribunal de simple police, qui ne peut se refuser à statuer. — *Cass.*, 12 mai 1843 (t. 2 1843, p. 509), Dupont.

147.— Est légal et obligatoire l'arrêté municipal qui prescrit la suppression des entrées de caves extérieures lorsqu'elles sont en mauvais état et ont besoin d'être réparées. Celui qui refuse d'obtempérer à un tel arrêté, outre qu'il encourt les peines de l'art. 471, no 5, C. pén., doit en même temps, aux termes de l'art. 161, C. inst. crim., et à titre de réparation civile du dommage résultant de sa contravention, être contraint à exécuter les mesures ordonnées par l'autorité municipale. — *Cass.*, 6 fév. 1841 (t. 2 1843, p. 775), Girard; 13 août 1841 (t. 2 1843, p. 774), Briol; 19 août 1841 (t. 2 1843, p. 774), Barthélemy; 20 août 1841 (t. 2 1843, p. 775), Chauvin; 28 juin 1844 (t. 2 1844, p. 675), Corneille; 20 fév. 1847 (t. 2 1847, p. 333), Noël.

148.— Mais n'est point obligatoire l'arrêté municipal qui met à la charge des propriétaires riverains la démolition et le comblement de caveaux construits sous la voie publique et dépendant de leurs maisons, par le motif soit qu'il y a eu usurpation de la propriété de la commune, ce qui constitue une question de droit civil, soit qu'il résulte de l'existence de ces caveaux un danger *possible* pour la sûreté publique. Pour que l'arrêté fût obligatoire dans ce second cas, il eût dû déclarer le danger *actuel*. — *Cass.*, 17 avr. 1841 (t. 2 1843, p. 701), ministère public c. Bouchy.

149. — Le droit attribué par la loi à l'autorité municipale, de prohiber tout ce qui peut être nuisible à la sûreté du passage, implique nécessairement celui d'interdire, et même de faire supprimer les objets qui présenteraient des dangers, quoique établis antérieurement à sa décision, ces objets ne pouvant être censés exister que par pure tolérance. En conséquence, l'autorité municipale a le droit d'enjoindre la suppression de jalousies établies sans autorisation à la façade extérieure des maisons, alors même que leur établissement serait antérieur à un réglement général de voirie prescrivant cette autorisation. En vain dirait-on que c'est là donner à ce réglement un effet rétroactif. — *Cass.*, 12 fév. 1847 (t. 1er 1848, p. 53), ministère public c. Buisson.

150. — On ne peut non plus avoir sur les fenêtres élevées des préaux ou jardins. — Edit de déc. 1607.

151. — Les maires doivent aussi prescrire toutes les mesures d'ordre et de salubrité qui paraîtraient nécessaires pour les fontaines publiques, les puits et puisards, les égouts, les sources et abreuvoirs.— V. ABREUVOIRS, ÉGOUTS, PUITS.

152.— Ils doivent veiller au maintien de la propreté des rues (V. BALAYAGE ET NETTOIEMENT DE LA VOIE PUBLIQUE) et à leur éclairage (V. ÉCLAIRAGE DE LA VOIE PUBLIQUE).

153. — L'ouverture de rues nouvelles ne peut avoir lieu dans les villes qu'en vertu d'une autorisation du gouvernement donnée en conseil d'état après l'approbation des plans. — L. 16 sept. 1807, art. 52.

154. — Dans les bourgs et villages, c'est-à-dire dans les communes qui ont une population au dessous de 2,000 âmes (circ. 7 août 1813, 7 avril 1818, 30 mai 1831), la mesure est prise par une délibération du conseil municipal qui s'exécute, soit sur un arrêté du préfet, soit d'après l'approbation

du gouvernement, selon les règles tracées par la loi du 18 juillet 1837 sur l'administration communale. — Daubanton, *De la voirie*, art. 181, p. 202; Dufour, t. 4, no 3089.

155. — Lorsque les terrains appartiennent à la commune, le plan est préparé, publié et confectionné d'après les règles tracées pour les plans généraux d'alignement. — V. ALIGNEMENT, nos 133 et suiv.

156. — Si l'exécution du projet doit entraîner le sacrifice des propriétés particulières, on doit en outre recourir aux formes tracées pour l'expropriation pour cause d'utilité publique. — V. EXPROPRIATION POUR CAUSE D'UTILITÉ PUBLIQUE.

157. — Lorsque le gouvernement, ou les villes sous son autorisation, ont arrêté des plans quelconques d'embellissement ou d'alignement, ils ne sont pas obligés pour cela envers les particuliers intéressés, ni à suivre ces plans, tant qu'ils ne sont encore que projetés, ni à aucune indemnité en cas d'inexécution. — Avis cons. d'ét. 26 juillet 1821.

158. — En conséquence, les particuliers qui, sur la foi des projets arrêtés, ont pu se livrer à des spéculations d'acquisition de terrains ou autres, n'ont aucun droit d'exiger la réalisation de ces projets, ni aucune indemnité dans le cas où ils viennent à être abandonnés. — *Ibid.*

159. — Les percemens de nouvelles rues sont faits soit par l'administration municipale, pour les besoins de la circulation, soit par les propriétaires, sur leurs terrains, dans un but de spéculation. Quelquefois aussi l'autorité se concerte avec les propriétaires pour obtenir une nouvelle voie de communication à des conditions moins onéreuses pour la commune. Dans tous les cas, le percement ne peut avoir lieu qu'en vertu d'un arrêté du gouvernement rendu en conseil d'état. — L. 16 sept. 1807, art. 52.

160. — Lorsque le percement est sollicité par des propriétaires dans un intérêt de spéculation, il intervient un traité entre eux et le maire. Ce dernier stipule diverses conditions dans l'intérêt de la commune. Ces conditions sont ordinairement : 1o de donner à la rue la direction et la largeur propres à satisfaire aux besoins de la circulation; 2o de livrer gratuitement à la voie publique le terrain à convertir en rue; 3o de faire les frais de premier établissement de pavage et d'éclairage. Le plan est publié et soumis à une enquête (ordonn. 23 août 1835; circ. 21 sept. suivant); mais les réclamations des tiers contre le projet de percement ne valent que comme renseignement.

161. — Il est du reste constant que les prescriptions de voirie imposées par les anciens réglemens ne s'appliquent qu'aux rues existantes et non aux rues à créer. Aussi faut-il, pour le percement de nouvelles rues, le consentement des intéressés ou une expropriation pour cause d'utilité publique. — Davenne, *Dict. d'admin.*, vo *Voirie*, p. 1566.

162. — Les obligations que les ordonnances ou arrêtés du gouvernement permettant aux particuliers d'ouvrir des rues, imposent à ceux qu'elles concernent, telles que celles du pavage et de l'éclairage, sont toujours exigibles, et, à leur défaut, la ville peut y faire procéder à leurs frais. — *Cons. d'ét.*, 21 mars 1844, André et Cottier.

163. — Quand plusieurs propriétaires ont demandé et obtenu, en commun, l'autorisation de percer une rue ou de former une place, il y a solidarité entre eux, et si l'un d'eux devient insolvable, la commune a le droit d'exiger des autres l'entière exécution des travaux. — *Cons. d'ét.*, 17 déc. 1841, Lebobe et Soyer.

164. — Les particuliers qui ont obtenu l'autorisation de percer une ou plusieurs rues sur leurs terrains sont assimilés aux entrepreneurs de travaux publics, et les contestations qui peuvent s'élever entre eux et la commune sont du ressort du conseil de préfecture. — *Cons. d'ét.*, 21 mars 1844, André et Cottier.

165. — L'arrêté du préfet qui, conformément à la délibération du conseil municipal, ordonne le percement d'une rue dans une commune, doit être exécuté par les riverains, sauf l'indemnité, s'il leur en est dû. — *Cons. d'ét.*, 3 janv. 1809, Godfroy c. de Busançois. — V. Isambert, *Voirie*, nos 462 et suiv.; Davenne, *Dict. dadmin.*, vo *Voirie*, p. 215; Garnier, *Chemins*, p. 325.

166. — Aux termes de l'art. 1er, tit. 11, L. 16-24 avr. 1790, le maire a droit d'ordonner la réouverture d'une voie qu'un particulier avait, depuis longues années, été autorisé à tenir fermée. — Le ministre de l'intérieur prononce dans les limites de ses attributions en statuant sur un recours porté devant lui à ce sujet. — Dans ce cas, le pourvoi contre la décision ministérielle attaquée peut être introduit par la voie contentieuse. — En pareil cas, les tribunaux ne pourraient statuer sur l'opposition formée à l'exécution de l'arrêté du maire. — *Cons. d'ét.*, 18 fév. 1824, Ribes c. Limoux. — Cormenin, *Droit admin.*, vo *Voirie*, t. 2, p. 455.

Sect. 3e. — *Contraventions en matière de voirie.*

§ 1er. — *Constatations des contraventions, procès-verbaux et poursuites.*

167. — Les agens chargés de la constatation des contraventions en matière de grande voirie sont, aux termes du décret du 29 flor. an X, art. 2, les maires ou adjoints, les ingénieurs des ponts et chaussées, les conducteurs, les agens de la navigation, les commissaires de police et la gendarmerie.

168. — Les piqueurs des ponts et chaussées et les cantonniers chefs, commissionnés et assermentés à cet effet, ont aussi le pouvoir de constater les contraventions. — L. 23 mars 1842, art. 2.

169. — Les gardes champêtres ont également le pouvoir de verbaliser en matière de grande voirie. — *Cons. d'ét.*, 1er mars 1842, Moussu.

170. — Sur les chemins de fer, les contraventions sont constatées par les commissaires de police et par les agens de surveillance qui requièrent, s'il y a lieu, l'intervention des ingénieurs des ponts et chaussées ou des ingénieurs des mines. — V. CHEMINS DE FER, nos 292 et suiv.

171. — Les préposés des contributions indirectes et des octrois sont appelés concurremment avec les fonctionnaires publics ci-dessus désignés à constater les contraventions en matière de grande voirie, mais plus particulièrement celles qui sont relatives au poids des voitures ou qui appartiennent à la police du roulage. — Décret 18 août 1810, art. 1er. — V. ROULAGE (police du), VOITURES PUBLIQUES. — Quant aux agens chargés de la surveillance de voirie à Paris, V. VILLE DE PARIS.

172. — En matière de voirie urbaine et de petite voirie en général, les contraventions sont constatées par les maires et adjoints et par les commissaires de police, conformément à l'art. 9, C. inst. crim.

173. — Les gardes champêtres n'ont pas caractère pour constater les contraventions en matière de voirie urbaine. — *Cass.*, 7 mai 1840, (t. 2 1841), p. 751, N.... — Il en est de même des agens voyers. — *Cass.*, 23 janv. 1841 (t. 1er 1842, p. 273), Jeannin. — Et à plus forte raison du simple agent de police.

174. — Lorsqu'il s'agit de voirie vicinale, les contraventions sont constatées par les agens voyers et par tous les fonctionnaires ayant qualité d'officiers de police judiciaire. — V. CHEMINS VICINAUX, nos 977 et suiv.

175. — Les règles relatives à la constatation et aux poursuites des contraventions de grande voirie sont déterminées par le décret du 18 août 1810 et par deux instructions du 18 frim. an XI et 12 sept. 1816.

176. — Les procès-verbaux doivent être datés et signés; ils doivent contenir les noms, qualités et demeures des fonctionnaires rédacteurs; constater l'objet de la dénonciation ou de la plainte, l'existence et le corps du délit, en indiquer la nature, le lieu, le temps, les circonstances, en recueillir les indices, les présomptions, les preuves, les déclarations faites spontanément ou sur interpellation par les personnes présentes ou appelées, tous les documens propres à servir à la manifestation de la vérité, et les noms et domicile des contrevenans. — Tarbé de Vauxilliers, vo *Procès-verbal*; Dufour, *ut suprà*, no 3045.

177. — Toutefois, il est admis que ces conditions ne sont pas toutes empreintes de la même rigueur. — Dufour, *Droit adm.*, t. 4, no 3045.

178. — Ainsi, un procès-verbal n'est pas nul par cela seul que le rédacteur aurait omis d'y mentionner sa résidence. — *Cons. d'ét.*, 29 janv. 1839, min. trav. publ.

179. — Les procès-verbaux des agens qui constatent des contraventions en matière de grande voirie doivent être affirmés par eux soit devant le juge de paix (décr. 18 août 1810, art. 2), soit devant le maire ou l'adjoint du lieu (décr. 16 déc. 1811, art. 112). En matière de petite voirie, la formalité de l'affirmation n'est pas exigée. — *Cass.*, 5 janv. 1838 (t. 1er 1838, p. 609), Mayeur; 23 fév. 1838 (t. 1er 1840, p. 364), Varnier.

180. — La loi ne fait aucune distinction entre les deux endroits désignés pour l'affirmation; l'affirmant peut, à son gré, remplir cette formalité, soit devant le juge de paix ou le maire de sa résidence, soit devant le juge de paix ou le maire du lieu de la contravention. — *Cons. d'ét.*, 23 mai 1841, Schwarts; 14 fév. 1842, Poussi; 15 juin 1842, Lelièvre; 22 juin 1843, Fondès; 7 déc. 1843, Ravel.

181. — De même, les gendarmes qui ont pour résidence une ville divisée en plusieurs cantons et ne sont point exclusivement attachés à l'un d'eux, peuvent indifféremment affirmer devant l'un ou l'autre des juges de paix de la ville. — *Cons. d'ét.*, 9 mars 1836, min. int.

182. — Il n'est pas nécessaire, à peine de nullité, que le magistrat qui reçoit l'affirmation mentionne que lecture du procès-verbal a été préalablement donnée à l'affirmant, ni soumettre l'acte d'affirmation à la signature de ce dernier. — *Cons. d'ét.*, 10 mai 1839, Mayrial; 16 juill. 1840, Moluçon; 8 avr. 1842, Denayrousse; 18 mars 1843, Canalseau; 31 juill. 1843, Berval.

183. — Bien qu'aucune loi n'ait déterminé le délai de l'affirmation, il est passé en jurisprudence que cette formalité doit être remplie dans les trois jours, de même que doivent être terminées les opérations de rédaction et de clôture du procès-verbal. — *Cons. d'ét.*, 16 juill. 1840, Commet; 23 juill. 1841, min. trav. publ.; 30 juin 1842, Jehenne.

184. — Spécialement, il n'est pas nécessaire, à peine de nullité, que les procès-verbaux des agens auxquels il appartient de constater les contraventions en matière de grande voirie soient affirmés dans les vingt-quatre heures; il est au contraire accordé un délai de trois jours pour l'affirmation de ces procès-verbaux. — *Cons. d'ét.*, 26 mai 1837, Baudery, Chauveau et Dugast; 4 déc. 1837, Rochereau; 14 fév. 1838, Pélissier; 12 avr. 1838, Gaillard; 8 nov. 1838, Garreau; 29 janv. 1839, Brossard; 1er juill. 1840, Alongue. — Magnitot et Delamarre, *Dict. de droit admin.*, vo *Procès-verbaux*, sect. 1e, § 2; Foucart, *Droit admin.*, t. 2, no 401.

185. — Il n'est pas besoin, pour la validité des procès-verbaux en matière de grande voirie, de la présence simultanée de deux agens à la rédaction et à la signature de ces procès-verbaux. — *Cons. d'ét.*, 19 janv. 1836, min. int.

186. — Les procès-verbaux de contraventions en matière de grand voirie sont soumis au timbre et à l'enregistrement. Ils sont visés pour timbre et enregistrés en débet, sauf remboursement des frais par les parties condamnées. — *Cons. d'ét.*, 15 juin 1842, Gaulet.

187. — La validité des procès-verbaux, en matière de grande voirie, n'est point subordonnée au visa d'une autorité supérieure. — *Cons. d'ét.*, 19 déc. 1838, Genty.

188. — Le conseil de préfecture ne peut s'abstenir de donner suite à un procès-verbal constatant une contravention en matière de grande voirie, sur le motif que, le procès-verbal pouvant s'appliquer à deux individus (les deux frères), il y a incertitude sur la personne du contrevenant. Du moment qu'il est certain que le procès-verbal a été dressé contre l'un de ces deux individus à l'égard desquels le doute existe, il appartient au conseil de rechercher quel est le contrevenant. — *Cons. d'ét.*, 20 juin 1844, Delmas.

189. — Les procès-verbaux en matière de grande voirie ne font foi que jusqu'à preuve contraire. — *Cons. d'ét.*, 8 juin 1832, Lebreton; 21 mars 1834, Pichard; 19 janv. 1836, Galerot; 12 janv. 1844, Grelet. — Cormenin, *Dr. admin.*, vo *Voirie*, t. 2, p. 466; Chevalier, *Jurisprud. admin.*, vo *Voirie*, t. 2, p. 485. — V. PROCÈS-VERBAL.

190. — Il résulte cependant d'une décision du conseil d'état du 30 sept. 1830 (Royer), que la discussion des faits ne peut être admise par le conseil de préfecture, s'il n'y a inscription de faux. — Cormenin, t. 2, vo *Voirie*, *loc. cit.*

191. — Il n'est point rigoureusement nécessaire, pour le jugement des contraventions en matière de grande voirie, que les procès-verbaux constatant les contraventions aient été notifiés aux prévenus. Le conseil de préfecture ne peut en conséquence refuser de statuer sur le motif que cette notification n'a pas eu lieu. — *Cons. d'ét.*, 18 nov. 1842, Fillou; 9 janv. 1843, Barrois.

192. — Les procès-verbaux sur les contraventions en matière de grande voirie, sont adressés au sous-préfet qui ordonne par prévision, et sauf le recours au préfet, ce que de droit, pour faire cesser les dommages. — L. 29 flor. an X, art. 2.

193. — Le sous-préfet peut, en conséquence, ordonner sur-le-champ la réparation des délits par les délinquans, ou à leur charge, s'il s'agit de dégradations, dépôts de fumier et immondices, ou autres substances. Il en rend compte au préfet, en lui adressant les procès-verbaux. — Décr. 16 déc. 1811, art 113.

194. — Le sous-préfet n'agit point ici comme juge, mais seulement comme administrateur; il n'envisage point les faits au point de vue de la répression, il ne s'attache qu'au préjudice éprouvé par les intérêts confiés à ses soins, et en vertu d'un pouvoir tout spécial, il le fait, au besoin, cesser;

sans attendre que le droit soit examiné et fixé, il commence par rétablir et maintenir la libre circulation; il n'y a donc de sa part ni instruction ni jugement. — Dufour, no 3053.

195. — Les poursuites contre les contrevenans ont lieu à la diligence des préfets et des sous-préfets au nom de l'état ou du département, selon que la contravention intéresse une route nationale ou départementale. Il en est de même de l'exécution des arrêtés ou ordonnances de condamnation. — Davenne, *Dict. d'admin.*, vo *Voirie urbaine*, p. 1596.

196. — Jugé qu'en matière de grande voirie, le conseil de préfecture est valablement saisi par la remise du procès-verbal. — *Cons. d'ét.*, 3 fév. 1832, Durand; 28 mai 1835, d'Andlau.

197. — ... Et que c'est à l'administration seule qu'appartient le droit et qu'est imposé le devoir de poursuivre la répression des contraventions, les tiers qui ne justifient d'aucun préjudice direct par eux éprouvé étant sans qualité pour intervenir. — *Cons. d'ét.*, 15 juill. 1841, de Turin c. préfet de la Seine, Muron et Maillet.

198. — En matière de petite voirie, le tribunal de police est saisi par une citation donnée à la requête du ministère public ou de la partie civile, c'est-à-dire, pour la voirie urbaine, à la requête du commissaire de police ou du maire. — *Cass.*, 23 juill. 1807 (int. de la loi), Nouilhan et Tournoux.

199. — L'édit de 1607 et l'arrêt du conseil du 17 fév. 1765 rendent l'entrepreneur ou maçon responsable des contraventions de grande ou petite voirie auxquelles il a participé, comme le propriétaire lui-même. Cette règle est passée en jurisprudence. — *Cass.*, 17 déc. 1840 (t. 1er 1841, p. 716), Minot; 26 mars 1841 (t. 1er 1842, p. 532), Audusseau.

200. — L'arrêté d'un maire qui, tout en défendant de bâtir sur la voie publique sans autorisation, rend les entrepreneurs responsables, comme les propriétaires eux-mêmes, du défaut d'autorisation rentre dans le cercle des attributions de l'autorité municipale. — *Cass.*, 13 juin 1835, Schmolertz.

201. — Le propriétaire est responsable des contraventions commises par son locataire en matière de constructions. — *Cons. d'ét.*, 4 mai 1826, Tardif; 23 fév. 1841, de Lyonne. — Le propriétaire doit alors être seul poursuivi et condamné. — Mêmes ordonn.

202. — Les desservans étant, en leur qualité d'usufruitiers, chargés des réparations locatives à faire aux presbytères et à leurs dépenpances (décret 6 nov. 1813; C. civ., art. 605 et 606), un tribunal de police ne peut, sans avoir déterminé la nature des travaux exécutés sans autorisation au mur d'un presbytère faisant saillie sur un chemin de grande communication, renvoyer de la poursuite le desservant prévenu d'en être l'auteur, sur le motif que la nécessité de l'autorisation n'est imposée qu'aux *propriétaires*, et non aux *occupans* des héritages limitrophes de la voie publique. — *Cass.*, 12 nov. 1847 (t. 1er 1848, p. 620), minist. public c. Bottet.

§ 2. — *Compétence, question préjudicielle.*

203. — La compétence pour connaître des contraventions en matière de voirie appartient, selon les cas, aux conseils de préfecture, aux tribunaux de simple police et aux tribunaux de police correctionnelle.

204. — Aux termes de l'art. 29 de la loi du 19-22 juill. 1791, les contraventions de voirie devront être déférées aux tribunaux de police. Mais cette compétence a été modifiée par la loi du 28 pluv. an VIII, art. 4, qui a investi d'une manière générale les conseils de préfecture du pouvoir de se prononcer sur toutes difficultés qui peuvent s'élever en matière de grande voirie. La loi du 29 flor. an X, plus précise que celle de l'an VIII, a fait attribution à ces conseils de la connaissance des contraventions en cette matière. Enfin, l'étendue de leur juridiction a été déterminée d'une manière plus spéciale par le décret du 16 déc. 1811.

205. — Ainsi, les contraventions en matière de grande voirie, telles qu'anticipations, dépôts de fumiers ou d'autres objets, et toutes espèces de détériorations commises sur les grandes routes, sur les arbres qui les bordent, sur les fossés, ouvrages d'art et matériaux destinés à leur entretien, sur les canaux, fleuves et rivières navigables, leurs chemins de halage, francs bords, fossés et ouvrages d'art, et sur les chemins de fer, sont réprimées par les conseils de préfecture. — L. 29 frim. an X; décr. 16 déc. 1811; L. 15 juill. 1845.

206. — En matière de petite voirie, les contraventions aux dispositions des arrêtés municipaux sont déférés aux tribunaux de simple police; néanmoins, lorsqu'il s'agit d'une contravention prévue et punie par l'un des anciens réglemens, dont l'application a été réservée par l'art. 484, C. pén., et que la peine prononcée excède les peines de simple police, il y a lieu de saisir le tribunal de police correctionnelle. — Daubanton, *Code de la voirie*, art. 256, p. 286; Dufour, no 3121.

207. — Les routes départementales faisant partie de la grande voirie, les contraventions commises sur ces routes ne sont pas de la compétence des tribunaux de simple police. — *Cass.*, 23 avr. 1841 (t. 2 1843, p. 763), Lagarrique.

208. — Le conseil de préfecture est encore compétent pour statuer sur les difficultés qui peuvent s'élever au sujet de la répartition des taxes de pavage, comme appelé à connaître de toutes les difficultés en matière de travaux publics. — Dufour, *ubi suprà* no 3087.

209. — Jugé que, sous la loi des 19-22 juill. 1791, le refus ou la négligence d'exécuter les réglemens de voirie concernant les réparations ou démolitions d'édifices menaçant ruines sur la voie publique, étaient de la compétence du tribunal de police correctionnelle. — *Cass.*, 12 vendém. an XIII, N....

210. — Il est statué sans délai, par les conseils de préfecture, tant sur les oppositions qui seraient formées par les délinquans que sur les amendes encourues par eux, nonobstant la réparation du dommage. — Décr. 16 déc. 1811, art. 114.

211. — Les conseils de préfecture ne peuvent connaître des violences, vols de matériaux, voies de fait, ou réparations de dommages réclamés par des particuliers. — Décr. 16 déc. 1811, art. 114.

212. — Toutefois, suivant MM. Serrigny et Dufour, s'il s'agit de dégradations aux matériaux ne constituant pas un vol, ou si même en cas de vol, l'administration publique voulait poursuivre la simple réparation du dommage par action administrative, le conseil serait compétent pour en connaître. — Serrigny, *ubi suprà* no 638; Dufour, no 3057.

213. — Nous partageons volontiers cette opinion, en faisant observer néanmoins que le jugement du conseil de préfecture pourrait avoir lieu en pareil cas, sans préjudice de l'action criminelle que la culpabilité du même fait peut comporter. C'est là, suivant nous, le véritable sens de la disposition précitée de l'art. 114 du décret du 16 déc. 1811, qui, en laissant aux tribunaux ordinaires la reconnaissance des délits étrangers à la juridiction administrative, n'a pu vouloir retirer, en aucun cas, au conseil de préfecture le jugement des dégradations ou dommages portant atteinte aux routes elles-mêmes, ou aux objets matériels qui en font partie intégrante.

214. — La question de savoir si un fait constitue une contravention aux réglemens généraux de la grande voirie, et celle de savoir si l'auteur de ce fait a agi en exécution des ordres de l'autorité administrative, sont l'une et l'autre de la compétence exclusive des tribunaux administratifs. — *Cons. d'ét.*, 14 fév. 1842, Lacrosse.

215. — On s'est demandé à qui appartenait la compétence pour statuer sur les contraventions de voirie commises dans les rues des villes qui servent de prolongement ou de traverse aux grandes routes.

216. — La jurisprudence de la cour de Cassation décide qu'en matière de grande voirie, la compétence des conseils de préfecture est restreinte aux cas où il s'agit de faits expressément commandés par l'administration, ou d'amendes à prononcer pour réprimer la dégradation ou détérioration des ouvrages d'art ou travaux publics; que cette attribution ne peut être étendue aux cas qui intéressent exclusivement la sureté des habitans et la libre circulation dans les rues des villes servant de traverse aux routes, ou de chemin de hallage aux canaux ou rivières navigables ou flottables. — *Cass.*, 7 juill. 1838 (t. 1er 1839, p. 236), Fluquet; 8 avr. 1839 (t. 1er 1839, p. 460), même partie. — Jugé, spécialement, que ce n'est pas au conseil de préfecture, mais au tribunal de police, de connaître du fait d'un particulier d'avoir laissé dans une telle rue des objets nuisant à la libre circulation et à la sureté des habitans. — Même arrêt du 7 juill. 1838. — V. EMBARRAS DE LA VOIE PUBLIQUE.

217. — Le conseil d'état, au contraire, s'est prononcé formellement pour la prédominence du conseil de préfecture, comme dérivant naturellement de la prédominence que la loi du 7-14 oct. 1790 donne à l'administration active en ce qui concerne l'alignement. — *Cons. d'ét.*, 14 janv. 1824, Barré, Gaillard et Pichon; 5 déc. 1842, Derreube.

218. — « Au premier coup d'œil, dit à cet égard M. Dufour, la doctrine de la cour de Cassation paraît plus juste, parce qu'elle ménage une action à chacun des intérêts auxquels le chemin est destiné à pourvoir. Cependant, à envisager la question au point de vue de l'organisation administrative, on ne peut se dissimuler qu'il est dans l'esprit de la législation que la police locale ne s'exerce que sous le contrôle de l'autorité préposée à la police générale, et que, partant, la première soit absorbée par la seconde, du moment qu'elle est susceptible de se confondre avec elle. Nous dirons donc que toutes les fois qu'un même fait constituera en même temps une contravention de grande et de petite voirie, la juridiction du conseil de préfecture devra obtenir la préférence. » — Dufour, t. 4, no 3056.

219. — « Mais, ajoute le même auteur, d'après M. Serrigny, si la contravention est uniquement de petite voirie, comme si elle consiste simplement dans une infraction à un réglement municipal pris pour la sûreté et la commodité du passage dans les rues, en vertu de la loi des 16-24 août 1790, tit. 2, art. 3, elle devrait être poursuivie exclusivement devant le tribunal de police, en vertu de l'art. 471, nos 4, 5 et 15 du C. pén.; telle serait, par exemple, l'infraction à l'obligation d'éclairer les matériaux déposés sur les excavations légalement faites dans les rues traverses. » — Serrigny, *Comp. et proc. adm.*, no 635; Dufour, *ut suprà*.

220. — Ainsi, c'est aux tribunaux de simple police qu'il appartient de réprimer l'infraction aux ordres donnés par l'autorité municipale pour faire disparaître les travaux par lesquels les habitans ont anticipé sur la voie publique, dans les rues et places qui ne font point partie des routes royales et départementales. — Dès-lors, un de ces tribunaux méconnaît ses pouvoirs en se déclarant incompétent pour connaître d'une pareille infraction. — *Cons. d'ét.*, 6 mai 1836, Péjourchaud.

221. — Le tribunal de simple police ne peut se déclarer incompétent pour connaître du refus fait par un particulier de démolir, contrairement à un arrêté du maire et sans avoir égard à ses sommations, un établi et un banc situés devant sa maison, faisant saillie sur une place, s'il n'est pas prouvé ni même allégué que cette place fût le prolongement d'une route royale ou départementale. — *Cass.*, 22 mars 1822, Andrieu.

222. — Lorsque, dans une rue dépendant en partie de la grande voirie et en partie de la petite, un particulier a fait reconstruire un banc existant près de sa maison, nonobstant un arrêté municipal qui interdit toute reconstruction de ce genre, le tribunal de simple police ne peut le renvoyer de la poursuite sous prétexte que la rue dépend de la grande voirie, alors que le jugement ne constate pas que la rue en dépend dans toute sa largeur et dans la partie où le banc est situé, ni sous prétexte que le préfet aurait permis la conservation du banc. — *Cass.*, 3 août 1837 (t. 2 1843, p. 758), Grosse-Tête.

223. — Lorsqu'un particulier est prévenu : 1o d'une contravention de grande voirie, à raison de la construction d'un barrage en lattis établi sans autorisation sur un canal dérivé d'une rivière navigable, 2o et d'un délit de pêche résultant du peu d'ouverture des mailles de ce lattis, les tribunaux correctionnels sont seuls compétens pour statuer sur ce dernier délit; mais le conseil de préfecture doit connaître de la contravention de grande voirie. — *Cons. d'ét.*, 4 avr. 1837, Dutilleul-Parent.

224. — Jugé que, si les conseils de préfecture sont compétens pour juger les contraventions en matière de grande voirie et pour réprimer les anticipations commises sur les chemins vicinaux, c'est aux tribunaux seuls qu'il appartient de connaître des contraventions en matière de petite voirie. — LL. 29 flor. an X et 19 vent. an XIII. — Que, dès-lors, doit être annulé le jugement d'un tribunal de simple police qui s'est déclaré incompétent pour statuer sur une contravention de cette dernière espèce. — *Cons. d'ét.*, 8 avr. 1829, Guillaumont.

225. — La connaissance des contraventions en matière de grande voirie appartenant à l'autorité administrative, un tribunal de simple police excède ses pouvoirs en condamnant à l'amende et aux frais l'ouvrier d'un entrepreneur de travaux publics pour avoir déposé des matériaux dans une rue qui fait partie d'une route royale. — *Cons. d'ét.*, 31 juill. 1822, Mesnard.

226. — Le tribunal de police qui est appelé à réprimer les contraventions de petite voirie doit maintenir l'exécution des réglemens administratifs sur la voirie, tant que ces réglemens n'ont pas été rapportés ou modifiés par l'autorité compétente. Il n'est pas juge du mérite des mesures prises par le pouvoir municipal, et il doit se borner à en maintenir l'exécution lorsqu'il ne s'élève

aucun doute sur le sens du réglement. Tout ce qui se rattache à ces principes généraux sur les prérogatives de l'autorité administrative, en matière de réglemens de police, a été traité sous le mot POUVOIR MUNICIPAL.

227. — Décidé que les arrêtés de l'autorité municipale concernant la voirie urbaine doivent recevoir leur exécution tant qu'ils n'ont pas été réformés par l'autorité administrative supérieure : le recours à cette autorité ne peut donc former un obstacle au jugement des tribunaux de répression. — *Cass.*, 1er juill. 1837 (t. 1er 1838, p. 554), Picot d'Agard; 20 fév. 1847 (t. 2 1847, p. 333), Noël.

228. — En déclarant un individu convaincu d'avoir contrevenu à un arrêté du maire qui lui enjoignait de démolir sa maison menaçant ruine, un tribunal de simple police n'a pas pu refuser d'ordonner la démolition de cette maison formellement demandée par le ministère public, sous prétexte que cette démolition était déjà ordonnée par l'autorité administrative. — *Cass.*, 20 août 1841 (t. 2 1843, p. 775), Chauvin.

229.—Lorsqu'un arrêté administratif a ordonné la démolition d'un bâtiment menaçant ruine, le tribunal de simple police ne peut accorder au prévenu un délai pour faire cette démolition, sur le motif que le bâtiment a été consolidé de manière à ne présenter aucun danger. — *Cass.*, 4 oct. 1845 (t. 2 1846, p. 125), Schwartz ; 2 oct. 1847 (t. 2 1848, p. 20), Sicaud.

230.—Jugé, cependant, que la fixation du délai pour opérer la démolition des ouvrages construits sur la voie publique est abandonnée souverainement aux tribunaux ; qu'en conséquence, il ne saurait résulter de nullité de ce qu'un tribunal, jugeant en appel, n'aurait pas prorogé le délai accordé par le premier juge. — *Cass.*, 10 juin 1843 (t. 2 1843, p. 622), Evin.

231. — Les contrevenans à un arrêté qui ordonnait la démolition de certaines constructions ne peuvent pas être renvoyés des poursuites, sous le prétexte que cet arrêté leur laisse l'option de faire opérer eux-mêmes les travaux ordonnés, ou d'en souffrir l'exécution à leurs frais, de la part de l'autorité administrative. — *Cass.*, 26 avr. 1834, Pihan.

232. — Quant aux questions de propriété, il est certain que le droit d'en connaître appartient aux tribunaux civils seuls. — Décidé que, lorsqu'une contestation entre le maire d'une commune et les habitans qui l'accusent de s'être emparé d'une place publique porte uniquement sur une question de propriété pour laquelle il n'y a aucun acte administratif à expliquer, cette question est entièrement de la compétence des tribunaux. — *Cons. d'ét.*, 1er mars 1813, Desbrosses c. habit. de Rumont.

233. — Lorsqu'un terrain a été déclaré par l'administration faire partie d'une ancienne voie publique, les tribunaux civils saisis de la question de propriété ne sont pas compétens pour ordonner la mise en possession de celui qui se prétend propriétaire. — *Cons. d'ét.*, 14 fév. 1842, Vauchel.

234. — Lors même que, dans l'intérêt de la salubrité publique, le maire d'une commune aurait ordonné la fermeture d'un passage où pourraient être déposées des immondices, s'il ne s'agit pas de prononcer sur le mérite et l'exécution de cet acte, mais de décider entre deux particuliers sur la propriété du passage, les tribunaux sont compétens.—*Cons. d'ét.*, 23 avr. 1818, Durand c. Feytel.

235. — Les tribunaux civils seuls sont compétens pour statuer sur la question de savoir si un particulier doit souffrir l'écoulement des eaux d'une rue. — *Cons. d'ét.*, 21 mai 1817, Mobert c. comm. de Campeaux.—Cormenin, *Dr. admin.*, vo *Voirie*, t. 2, p. 485.

236. — C'est aux tribunaux et non au conseil de préfecture à prononcer sur les contestations relatives au réglement des frais de démolition en matière de petite voirie. — *Cons. d'ét.*, 23 janv. 1820, Postel c. maire de Neuville.

237. — La répression par le conseil de préfecture des contraventions qui touchent au régime de la grande voirie ne forme pas obstacle au jugement, par les tribunaux civils, des questions de propriété et d'indemnité que le même fait peut soulever. — *Cons. d'ét.*, 20 juin 1839, Cassin.

238. — Par suite, il faut admettre comme constant que l'exception de propriété ne peut avoir pour effet ni de dessaisir le conseil de préfecture ni de l'obliger à surseoir. — *Cons. d'ét.*, 14 fév. 1842, Vauchel ; 13 avr. 1842, Guyard.

239. — Il n'y a pas lieu, de la part d'un conseil de préfecture, à renvoyer à faire statuer sur une question de propriété, alors qu'un décret autorise l'une des parties à faire, sauf indemnité, sur le terrain en litige, l'acte dont l'autre partie se plaint. — *Cons. d'ét.*, 25 janv. 1838, la compagnie des canaux d'Orléans et du Loing c. le sous-préfet de Montargis.

240. — En effet, en matière de contravention de voirie, l'exception de propriété ne forme pas une question préjudicielle. Ce n'est que dans le cas où le prévenu soutient que le fait a eu lieu sur un terrain étranger à la voie publique qu'il y a lieu de surseoir au jugement. — *Cons. d'ét.*, 16 mars et 6 avr. 1836, Grouls et Julien ; 11 mai 1838, Guillon ; 18 fév. 1840, Gograud. — Dufour, *Droit admin.*, t. 4, nos 3059, 3122; Serrigny, no 628.

241. — Ainsi, un conseil de préfecture peut, sans excès de pouvoir, statuer sur la contravention reprochée à un particulier pour avoir fait des travaux non autorisés le long d'une rivière navigable, quand même il prétendrait que ces travaux ont été exécutés sur sa propriété. — LL. 19 vent. an VI, 29 flor. an X.

242. — Le particulier qui, sans autorisation préalable, a fait exécuter de nouvelles constructions à des bâtimens qu'il possède sur un quai dépendant de la grande voirie, et dont l'alignement a été déterminé par une ordonnance royale, n'est pas recevable à opposer l'exception de propriété du terrain sur lequel les constructions ont eu lieu, et le conseil de préfecture est compétent pour statuer sur la contestation et pour ordonner la démolition des travaux. — *Cons. d'ét.*, 16 juill. 1840, Vauchel.

243. — Lorsque, sur la poursuite d'une contravention à une mesure de grande voirie, contravention résultant de ce qu'on aurait laissé subsister sur la voie publique des constructions au-delà du temps pendant lequel l'administration les avait tolérées, les contrevenans excipent de ce qu'ils ont acquis, par la prescription, le droit d'avoir ces constructions sur la voie publique, le conseil de préfecture n'est pas tenu de surseoir et de renvoyer devant les tribunaux pour y faire décider la question préjudicielle de propriété. — Il peut prononcer immédiatement sur la contravention, sauf à réserver tous les droits des contrevenans à une indemnité, ou leur recours contre leurs vendeurs. — *Cons. d'ét.*, 3 fév. 1832, min. des trav. publ. c. Perony.

244. — Lorsque, sur une poursuite en contravention de grande voirie, s'élève la question de savoir si un terrain dépend ou non de la voie publique, le conseil de préfecture doit surseoir à statuer jusqu'à ce que l'autorité qui est chargée de l'établissement et de la délimitation de cette voie se soit prononcée. — *Cons. d'ét.*, 2 août 1838, Gaëtan de Larochefoucauld ; 14 fév. 1842, Lacrosse.

245. — Spécialement, il y a lieu de surseoir à statuer sur la contravention consistant dans une anticipation sur une grande route jusqu'à ce que la largeur de la route au point litigieux ait été reconnue administrativement. — *Cons. d'ét.*, 30 juin 1835, Ganueron.

246. — Il y a lieu par le conseil d'état de surseoir à l'exécution d'un arrêté du conseil de préfecture qui ordonne une démolition pour contravention de grande voirie, si le pourvoi contre cet arrêté ne peut être jugé avant l'expiration du délai fixé pour la démolition, s'il n'y a pas nécessité urgente d'exécuter cet arrêté, et enfin si la démolition pouvait causer un tort irréparable au réclamant dans le cas où l'arrêté ne serait pas confirmé. — *Cons. d'ét.*, 29 déc. 1819, Enjalbert c. directeur des ponts et chaussées.

247. — Les mêmes observations s'appliquent aux jugemens à rendre par le tribunal de police en matière de petite voirie. — Ainsi, tant qu'un terrain est livré par son propriétaire à la circulation publique, il est nécessairement soumis aux mesures de police applicables à toute voie publique, et aux réglemens de l'autorité municipale en ce qui concerne la commodité et la sûreté du passage, ainsi que la salubrité publique. Dès-lors, le tribunal saisi de la contravention à un semblable arrêté ne peut surseoir à appliquer la peine jusqu'après la décision de l'autorité compétente sur l'autorité préjudicielle de propriété. — *Cass.*, 5 fév. 1844 (t. 1er 1844, p. 603), Mélinet.

248. — Lorsqu'un individu est prévenu d'avoir, par des constructions, intercepté une voie affectée depuis longtemps au passage du public, le tribunal de police doit statuer sur la prévention, et ne peut surseoir jusqu'à ce que la question de propriété du terrain sur lequel les constructions ont été élevées ait été résolue par les tribunaux compétens. — *Cass.*, 29 nov. 1844 (t. 2 1845, p. 26), Foarjon.

249. — Est légal et obligatoire l'arrêté du maire qui, procédant en vertu d'un réglement général par lequel le préfet de police décide que les propriétaires riverains des chemins seront tenus de recevoir les eaux qui en découlent naturellement, enjoint à des particuliers d'enlever, dans un certain délai, de petites digues de terre par eux construites sur le bord de leurs propriétés longeant le chemin vicinal, pour empêcher l'écoulement des eaux provenant de ce chemin, ou tout au moins de les percer d'un nombre d'ouvertures suffisant, afin d'empêcher la stagnation des eaux sur le chemin. — En conséquence, le tribunal saisi de la contravention à cet arrêté ne peut surseoir à statuer, sous le prétexte que l'injonction dont il s'agit porte tout à la fois sur une question de propriété et sur une question de servitude, et qu'il appartient à la juridiction civile de vider préalablement ces questions. — *Cass.*, 10 mai 1845 (t. 2 1848, p. 245), ministère public c. Juffet.

250. — Le tribunal ne pourrait s'arrêter devant l'exception préjudicielle opposée par le contrevenant, qui se prétend propriétaire du sol sur lequel est établie l'entrée de cave prohibée, alors que ce sol, étant livré à la circulation publique, rentre ainsi, comme le reste de la voie publique, sous l'autorité du maire. — *Cass.*, 20 fév. 1847 (t. 2 1847, p. 333, Noel c. ministère public.

251. — Mais lorsqu'un particulier a commis une anticipation non sur un chemin vicinal, mais sur un chemin rural, et que, traduit devant le tribunal, il élève l'exception de propriété du sol du chemin, il doit être sursis au jugement de la contravention jusqu'à la décision de la question préjudicielle. — *Cass.*, 6 fév. 1845 (t. 2 1846, p. 280, Lettré. — La raison en est que la décision de l'autorité administrative ou municipale qui constate l'existence d'un chemin rural n'a reçu d'aucune loi le pouvoir d'attribuer à la commune la propriété du sol, comme la loi du 21 mai 1836 l'a décidé pour l'arrêté de classement pris par les préfets relativement aux chemins vicinaux.

252. — Lorsqu'un individu, prévenu d'avoir dégradé et interrompu, au moyen d'un fossé, un sentier public et existant de temps immémorial, excipe de la propriété de ce sentier, le tribunal de police doit surseoir à statuer jusqu'à la décision de la question de propriété par le tribunal civil; mais il commet un excès de pouvoir s'il renvoie le prévenu de la poursuite, en se fondant sur ce qu'il n'est pas constant que ledit sentier, qui n'est point porté sur le tableau des chemins de la commune, soit la propriété de celle-ci. — *Cass.*, 11 oct. 1845 (t. 2 1848, p. 472), ministère public c. de Gauville.

§ 3. — *Des peines.*

253. — Les peines qui peuvent être appliquées par les conseils de préfecture statuant sur les contraventions de grande voierie sont les amendes prévues par les anciens réglemens sur la voirie. Ils peuvent de plus, ainsi que nous l'avons dit, ordonner la démolition des ouvrages faits en contravention. Quant à la question de savoir si les travaux non confortatifs, mais faits sans permission dans le mur de face d'une maison sujette à reculement, doivent être démolis, V. ce que nous avons dit au mot ALIGNEMENT.

254. — Les conseils de préfecture ne connaissent des contraventions et dégradations qu'en ce qui concerne l'application des peines pécuniaires. — Ils ne peuvent jamais condamner les délinquans à des peines corporelles. — *Cons., d'ét.* 23 avr. 1807, Pavaillon ; 2 fév. 1808, habitans de Loochristy et Vostacker. — V., sur ce principe, Merlin, *Rép.*, vo *Chemins*, no 14 ; Henrion de Pansey, *Comp. des juges de paix*, chap. 28 ; Proudhon, *Dom. publ.*, no 298 ; Cormenin, *Droit admin.*, vo *Voirie*, t. 2, p. 482.

255. — Les amendes en matière de grande voirie ont cela de particulier qu'elles participent du caractère de dommages et intérêts. C'est ainsi qu'elles sont généralement désignées par les lois et ordonnances. — V. ordonn. du 4 août 1731 ; décrets 29 flor. an X, 16 sept. 1807 ; ordonn. 23 déc. 1816, Dufour, *Droit admin.*, t. 4, no 3065.

256. — Il suit de là que toutes les fois que plusieurs contraventions simultanées ont été commises, ou que la même contravention s'est renouvelée, le conseil de préfecture doit appliquer l'amende pour chacune. — *Cons. d'ét.*, 23 juill. 1840, Juetz.

257. — Jugé, en vertu du même principe, qu'il n'y a jamais lieu, en matière de grande voirie, d'appliquer l'art. 365 du Code d'instruction criminelle, d'après lequel la peine la plus forte doit être seule prononcée lorsqu'il y a plusieurs crimes ou délits. — *Cons. d'ét.*, 15 juill. 1841, minist. des travaux publics.

258. — La rentrée des amendes prononcées par les conseils de préfecture en matière de grande voirie est poursuivie à la diligence du receveur général du département et dans la forme établie pour la rentrée des contributions publiques. — Décret 16 déc. 1811, art. 116.

259. — Un tiers des amendes de grande voirie appartient à l'agent qui a constaté le délit, le deuxième tiers à la commune du lieu du délit, et le troisième tiers est versé comme fonds spécial au trésor national, et affecté au service des ponts et chaussées. — Décr. 16 déc. 1811, art. 115.

260. — L'application des peines prévues avait donné lieu à de graves difficultés en ce que, d'une part, le chiffre de ces amendes est en général très élevé et en ce que, de l'autre, il est presque toujours invariable. Pour approprier ces pénalités aux diverses contraventions en tenant compte de leur gravité, le conseil d'état avait admis qu'à la vérité les conseils de préfecture ne pourraient, sans excès de pouvoir, modérer ces amendes, mais que le chef du gouvernement, ayant le droit d'atténuer les peines en général, pouvait abaisser le taux des amendes par les ordonnances rendues en conseil d'état dans chaque matière. — Cons. d'ét., 22 fév. 1838, Aubert; 23 fév. 1841, de Lyonne et Richard; 23 juin 1841, Schwartz, 23 juill. 1841, Delaissement; 26 nov. 1841, Vollier; 10 mars 1843, Magne; 19 mai 1843, Dubois; 29 juin 1844, Darbonne; 18 janv. 1845, Georges.

261. — Toute difficulté a disparu à cet égard depuis la loi du 23 mars 1842. Suivant l'art. 1ᵉʳ de cette loi, les amendes, dont le taux était laissé par les anciens réglemens à l'arbitraire du juge, doivent être aujourd'hui renfermées entre un minimum de 16 fr. et un maximum de 300 fr. Les amendes fixes peuvent être modérées, en égard au degré d'importance ou aux circonstances atténuantes des délits, jusqu'au vingtième, tandis que le minimum puisse descendre au-dessous de 16 fr. — L. 23 mars 1842, art. 1ᵉʳ.

262. — Décidé, par application de cette loi, que si les conseils de préfecture peuvent, aux termes de l'art. 1ᵉʳ, modérer les amendes fixes établies par les réglemens de grande voirie antérieurs à la loi des 19-22 juillet 1791, eu égard au degré d'importance ou aux circonstances atténuantes des délits, ils ne peuvent toutefois réduire lesdites amendes que jusqu'au vingtième. — Cons. d'ét., 14 mars 1845, Grésillon.

263. — Lorsqu'une contravention de grande voirie reprochée à un propriétaire et à un entrepreneur n'est pas suffisamment justifiée, il y a lieu d'annuler la décision du conseil de préfecture qui ordonne la démolition des travaux et prononce la condamnation à une amende. — Cons. d'ét., 3 mai 1837, Main et Texier.

264. — En matière de grande voirie, quand il est constaté qu'un particulier a construit ou réparé sa maison, bordant une grande route, sans l'autorisation de l'autorité compétente, le conseil de préfecture, par cela seul qu'il ordonne la démolition des constructions, ne peut pas se dispenser de condamner à l'amende la partie contrevenante. — Cons. d'ét., 29 janv. 1839, ministre des travaux publics c. comp.

265. — Une ordonnance royale d'amnistie du 8 novembre 1830 avait fait remise de toute amende de 100 fr. et au-dessous prononcée en matière de grande voirie antérieurement au 8 août précédent. — La question s'est élevée à cette occasion de savoir si en restituant, en vertu de ladite ordonnance, les amendes encourues pour contraventions en matière de grande voirie, l'administration avait pu retenir la prime accordée aux employés qui ont dressé les procès-verbaux de contravention : elle a été résolue négativement par le conseil d'état. — Cons. d'ét., 17 mai 1833, Gaifine et comp.

266. — Les conseils de préfecture ne peuvent, dans aucun cas, prononcer les amendes prévues par le Code pénal. — Davenne, Dict. d'admin., p. 1600.

267. — Le juge de simple police qui réprime une infraction faite à un réglement municipal de petite voirie doit appliquer l'art. 471, n° 5 du Code pénal, qui punit de 1 à 5 fr. d'amende ceux qui ont négligé ou refusé d'exécuter les réglemens ou arrêtés concernant la petite voirie ou d'obéir à la sommation de l'autorité administrative, de réparer ou démolir les édifices menaçant ruine. En l'absence de tout réglement, le même article punit de la même peine ceux qui ont encombré la voie publique ou qui ont jeté sur les passans des choses nuisibles. — V. EMBARRAS DE LA VOIE PUBLIQUE, JET OU EXPOSITION D'OBJETS NUISIBLES.

268. — L'infraction à un réglement de police qui défend de continuer des constructions compromettant la sûreté publique, suffit pour motiver l'application des peines de simple police, sans qu'il soit nécessaire de recourir à une expertise pour vérifier l'existence du danger, et alors d'ailleurs que ce danger, signalé par la clameur publique, n'a point été méconnu par le contrevenant, qui l'a même reconnu en faisant faire des ouvrages confortatifs.

— Cass., 18 juin 1831, Falque c. ministère public.

269. — Encore bien qu'un procès-verbal ait constaté l'existence d'une contravention résultant de ce que des constructions avaient été élevées sur la voie publique, il n'y a lieu d'appliquer aucune peine alors que le contrevenant s'est conformé à l'arrêté d'administre qui lui enjoint de démolir ces constructions dans un délai déterminé. — Cass., 7 avr. 1837 (t. 2 1840, p. 22), Hébrard.

270. — Les peines prévues par les anciens réglemens devraient être appliquées avec le correctif apporté par la loi du 23 mars 1842 les tribunaux correctionnels aux contraventions de voirie urbaine, lorsque ces peines dépassent le taux de la compétence des tribunaux de simple police.

271. — Il arrive quelquefois que les contrevenans qui ont été condamnés à des amendes en matière de grande voirie obtiennent la remise des peines prononcées par les conseils de préfecture. Ce n'est qu'au chef du gouvernement qu'il appartient de faire remise de l'amende. Il y aurait lieu de se pourvoir à cet effet auprès du ministre des travaux publics. Quant à la démolition de travaux ordonnée par la juridiction compétente, le contrevenant ne pourrait être déchargé de cette partie de la condamnation que du consentement de la partie qui l'a provoquée, et en matière de voirie urbaine, ce ne pourrait être que du consentement de la commune. — Davenne, Dr. d'administ., v° Voirie, p. 1601.

272. — En cas de condamnation en matière de contravention de grande voirie, les frais de timbre et d'enregistrement des procès-verbaux, ceux du recouvrement des amendes et autres frais de poursuites doivent être mis à la charge des parties privées condamnées. — Cons. d'ét., 25 juin 1842, Gautel. — Il est de toute évidence qu'il doit en être de même devant la juridiction des tribunaux de police.

273. — L'action ou répression des contraventions en matière de voirie se prescrit par un an, conformément à l'art. 640 du Code d'instruction criminelle, quelle que soit la quotité de l'amende. — Cons. d'ét., 27 fév. 1836, Pozzo di Borgo; 13 mai 1836, Pierre; 13 avr. 1842, Guyard; 30 juin 1842, de Beaucorps.

274. — On en conclut, par analogie, que la peine prononcée se prescrit par deux ans, conformément à l'art. 639 du même Code. — Dufour, t. 4, n° 5069.

275. — À l'égard des contraventions permanentes, telles que celles qui consistent des constructions de bâtimens ou de plantation d'arbres sans alignement, on les a souvent considérées comme imprescriptibles, tant sous le rapport de l'obligation imposée au contrevenant de faire cesser le préjudice causé à la voirie publique, que sous le rapport de l'amende. — Cons. d'ét., 2 janv. 1838, Lerchoure; 1ᵉʳ nov. 1838, ministre des travaux publics.

276. — Tant que le fait, dit à cet égard M. Serrigny, qui engendre le dommage subsiste, l'action pour en obtenir la réparation ne peut se prescrire, puisqu'elle naît à chaque instant du fait permanent. Or, comme ce fait ne se légitime pas par le temps, à raison de l'imprescriptibilité du domaine public, l'action pour la faire cesser doit toujours être admise. — Serrigny, compét. et proc. admin., n° 688.

277. — Toutefois, une doctrine plus en harmonie avec les principes ordinaires du droit semble prévaloir, et l'on juge plus généralement que si l'imprescriptibilité du domaine public permet toujours d'ordonner la cessation du préjudice causé aux intérêts de la voirie, la prescription de l'amende encourue peut néanmoins s'acquérir par le délai d'un an, conformément dans le cas de toute autre contravention. — Cons. d'ét., 27 fév. 1836, Pozzo di Borgo; 13 avr. 1842, Guyard; 30 juin 1842, de Beaucorps. — V. aussi dans ce dernier sens Foucart, Droit admin., t. 2, n° 415; Dufour, ibid., n° 3070.

278. — Le conseil d'état a décidé dans ce dernier sens que lorsqu'il n'est pas établi qu'une contravention en matière de grande voirie a été commise dans l'année de la rédaction du procès-verbal qui la constate, l'action publique en matière de fait prescrite, aux termes de l'art. 640, C. instr. crim., et que, dès-lors, il y a lieu de prononcer d'amende. — Cons. d'ét., 19 mai 1843, Bébert.

279. — Mais une autre ordonnance décide que l'existence de constructions élevées sans autorisation le long d'une route constitue une infraction permanente; qu'en conséquence, la répression, quel que soit le laps de temps écoulé, peut et doit être poursuivie dans l'intérêt toujours subsistant de la grande voirie. — Cons. d'ét., 16 juill. 1840, Vidal; 19 mars 1845, Ligueux-Cornissel.

280. — Le conseil d'état reconnaît qu'en ce qui concerne l'amende, la prescription portée par l'art. 640, C. instr. crim., est applicable aux contraventions de grande voirie réprimées par les

conseils de préfecture. — Cons. d'ét., 6 juin 1844, Dupuis.

281. — D'un autre côté, la cour de Cassation a décidé que le fait d'usurpation d'un chemin public par suite de construction d'ouvrages ne constitue pas une contravention successive qui se renouvelle, d'une manière indéfinie, tant que les travaux continuent d'exister, mais bien une contravention qui a été consommée par l'édification des ouvrages, et dont par conséquent la prescription commence à courir à partir de cette édification. — Cass., 27 avr. 1843 (t. 2 1843, p. 358), ministère public c. Jocou.

282. — De même, le fait d'avoir planté sur un chemin public un usurpant sur sa largeur ne constitue pas un délit successif, et la prescription de l'action publique pour la répression de ce fait, entièrement indépendante de la prescription de la propriété du sol du chemin, est soumise aux règles ordinaires du Code d'instruction criminelle. — Cass., 27 mai 1843 (t. 2 1843, p. 662, ministère public c. Decante.

VOIRIE ET DÉPÔTS DE BOUES ET IMMONDICES.

Première classe des établissemens insalubres.

VOISINS, VOISINAGE.

— V. ÉTABLISSEMENS INSALUBRES (nomenclature) V. ACTION POSSESSOIRE, BOISSONS, BORNAGE, CONTRIBUTIONS INDIRECTES, DOUANES, EXPLOIT, ÉTABLISSEMENS INSALUBRES, MITOYENNETÉ, PROPRIÉTÉ, SERVITUDES, VOIRIE.

VOITURE, VOITURIER.

Table alphabétique.

1. — Les voitures sont soumises à des règles de police qui varient suivant la nature et la destination de chacune d'elles. On peut les diviser en quatre catégories, savoir : 1° les voitures de roulage, 2° les messageries ou autres voitures transportant des voyageurs d'un point du territoire à un autre et les voitures d'eau, 3° les voitures urbaines et celles qui circulent dans un seul rayon autour d'une ville ou bourg, 4° les voitures particulières.

2. — Les voitures de roulage sont soumises à des règles particulières quant à leur attelage (L. 7 vent. an XII), leur poids (décr. 23 juin 1806, à leur poids (décorn. 2 oct. 1844), à la largeur des jantes des roues (décr. 1806), à la longueur des essieux et des moyeux (même décret) et à l'obligation pour les propriétaires de ces voitures d'y faire apposer une plaque indiquant leur nom et domicile, ibid. — V. ROULAGE (police des).

3. — Les messageries et autres voitures publiques faisant un service d'une commune à une au-

tre sont aussi régies par des lois ou réglemens particuliers qui déterminent les conditions de leur établissement, telles que le mode de leur construction (ordonn. 16 juill. 1828), la déclaration préalable (L. 9 vend. an VI), les mesures de police telles que la licence, l'estampille, le laissez-passer (L. 25 mars 1817), leur poids et leur chargement. — (ordonn. des 5 oct. 1843 et 25 oct. 1845). — V. VOITURES PUBLIQUES.

4. — Les voitures urbaines ou à petit trajet et les voitures particulières sont placées sous le régime des ordonnances de police, prises par les maires dans chaque commune. On sait que dans le département de la Seine et dans les communes de Saint-Cloud, Meudon et Sèvres, le pouvoir de police appartient au préfet de police.

5. — L'autorité municipale n'est du reste pas dépouillée d'une manière absolue de tout pouvoir de police sur les voitures de roulage et des messageries; mais en pareil cas ses arrêtés ne seraient obligatoires qu'autant qu'ils seraient fondés sur l'intérêt de la sûreté publique, et qu'ils n'auraient rien de contraire aux dispositions des lois ou réglemens spéciaux à ces voitures.

6. — Dans les limites qui viennent d'être précisées, la police des voitures rentre dans les objets de police et de sûreté que les lois des 16-24 août 1790, 19-22 juillet 1791 et 18 juillet 1837 ont confiés à la vigilance du conseil municipal. Elle intéresse évidemment la commodité et la sûreté de la voie publique, et à ce titre elle appelle tout spécialement l'attention des autorités communales, qui comptent la surveillance de la voie publique parmi les objets les plus importans de leurs attributions. — La plupart des réglemens pris par l'autorité municipale en cette matière trouvent leur sanction dans les dispositions répressives des art. 475 et 476, C. pén. — V. *infrà* nos 24 et suiv. — V. POUVOIR MUNICIPAL, nos 5 et 157.

7. — Les principes généraux sur l'étendue des pouvoirs de l'autorité municipale, lorsqu'elle statue sur les matières de sa compétence, trouvent leur application ici. Il en est de même des règles sur la force exécutoire attachée à ses réglemens, tant qu'ils n'ont pas été réformés par l'autorité supérieure. Nous nous sommes expliqués sur ces principes sous le mot POUVOIR MUNICIPAL, nos 35 et suiv., 234 et suiv., auxquels il y a lieu de se reporter.

8. — L'arrêté par lequel un maire prescrit à tous rouliers, charretiers et autres conducteurs de voitures, de marcher et d'être à côté de leurs chevaux, est pris dans l'ordre de ses attributions comme ayant pour objet le maintien de la sûreté et de la commodité du passage. En conséquence, le tribunal de simple police ne peut refuser d'infliger des peines à ceux qui l'enfreignent. — *Cass.*, 8 janv. 1830, ministère public c. Pierre Stauffer.

9. — L'arrêté par lequel un maire fait défense à toutes personnes de conduire dans les rues et places publiques chacune plus de trois chevaux, d'en faire marcher plus de deux de front et de faire claquer les fouets, est pris dans le cercle des attributions municipales, comme intéressant évidemment la sûreté et la commodité du passage. — *Cass.*, 18 nov. 1824, ministère public c. Julien Hubert.

10. — Cependant cette défense n'est pas applicable aux maîtres de poste, qui, en vertu de la déclaration du roi du 18 avril 1782 maintenue, par la loi de 1791, peuvent faire conduire à l'abreuvoir par un seul postillon quatre chevaux à la fois. — *Cass.*, 8 sept. 1808, Justin.

11. — Décidé, avec raison, que l'arrêté par lequel un maire défend aux conducteurs de voitures d'être assis sur leurs chevaux, en traversant la ville est obligatoire pour les tribunaux, sans avoir besoin d'être préalablement approuvé par le préfet. — *Cass.*, 25 vent. an XII, habitans de Namur.

12. — Est légal et obligatoire l'arrêté du maire destiné à réglementer le mode de chargement et de déchargement, d'entrée et de sortie des voitures stationnant dans des locaux particuliers, mais ouverts et attenans à la voie publique, et tenues à disposition des habitans et autres. — *Cass.*, 8 mars 1845 (t. 2 1848, p. 555), Castex et Croste.

13. — La jurisprudence a dû se prononcer à plusieurs reprises sur l'étendue du pouvoir de police qui appartient au maire dans chaque commune, et au préfet de police dans le département de la Seine, sur les voitures de diverses espèces qui circulent dans les villes ou bourgs, ou dans un petit rayon autour d'un même point. — Quant aux messageries et autres voitures à long trajet. V. *voitures publiques*. — C'est surtout à propos de la police des voitures dites *omnibus* ou autres servant au transport en commun, que l'exercice du pouvoir municipal a été l'objet de critiques diverses qui, il faut le dire, ont eu peu de succès devant la cour de Cassation.

14. — Ainsi, cette cour a jugé qu'est légal et obligatoire l'arrêté municipal qui fixe l'itinéraire des voitures dites *omnibus* et l'intervalle qui doit exister entre le départ de chacune d'elles, et leur défend de s'arrêter sur aucun point de la voie publique. — *Cass.*, 2 déc 1841 (t. 1er 1842, p. 684), ministère public c. Gagagne.

15. — Et que la défense faite à ces voitures de s'arrêter sur la voie publique pour appeler et recevoir des voyageurs emporte celle de tout temps d'arrêt ou ralentissement, opérés dans le même but. — Même arrêt.

16. — De même, l'autorité municipale, exercée à Paris par le préfet de police, comprenant le droit de réglementer sur les objets confiés à sa surveillance, et notamment d'ordonner les précautions locales qu'exigent la liberté, la commodité et la sûreté de la voie publique, l'ordonnance du préfet de police du 18 septembre 1828, qui défend à toutes entreprises de transport qui n'en ont pas reçu la permission expresse du préfet de police de faire arrêter leurs voitures sur quelque partie que ce soit de la voie publique, dans l'intérieur de Paris, pour prendre ou décharger les voyageurs, rentre dans l'exercice légal du pouvoir confié à l'autorité municipale. — Les temps d'arrêt ou le ralentissement des pas des chevaux, afin de donner aux voyageurs la facilité de monter dans ces voitures ou d'en descendre, constituent une contravention à cette ordonnance. — Le chargement ou déchargement opéré par les mêmes voitures, sans ralentissement, constitue également une contravention. — *Cass.*, 10 oct. 1835, Bernard; 4 mars 1836, ministère public c. entreprise des Algériennes.

17. — L'arrêté du maire qui prescrit aux propriétaires de voitures *omnibus*, destinées à transporter des voyageurs dans l'intérieur d'une ville, ou de l'intérieur de cette ville au dehors, et réciproquement, de se pourvoir d'une autorisation, s'applique à toutes les voitures de cette espèce qui parcourent l'intérieur de la ville périodiquement, et y prennent des voyageurs, lors même que leur point de départ et leur point d'arrivée sont à l'extérieur. — *Cass.*, 20 oct. 1841 (t. 1er 1842, p. 652), ministère public c. Berthaud.

18. — Est légal et obligatoire l'arrêté d'un maire qui prohibe le stationnement dans les rues et sur les places de la commune, pour y prendre ou descendre les voyageurs, des voitures servant aux transports en commun, à moins que les propriétaires de ces voitures n'aient obtenu une autorisation spéciale à cet effet. — *Cass.*, 16 sept. 1841 (t. 2 1841, p. 568), ministère public c. Jametel.

19. — Jugé encore que l'ordonnance par laquelle le préfet de police défend à toutes les entreprises non autorisées de faire arrêter leurs voitures dans l'intérieur de Paris, pour prendre ou décharger des voyageurs et à toutes voitures de stationner ou circuler à vide, allant de rue en rue pour proposer des places, et s'offrir ainsi aux voyageurs, est légale et obligatoire. — *Cass.*, 3 sept. 1831, ministère public c. Fallenot et Marsiot.

20. — ... Et que le fait d'avoir conduit sans autorisation dans Paris des voitures ayant la portière constamment ouverte avec un marchepied saillant et fixe, le conducteur en évidence faisant signe aux passans de monter, et s'arrêtant pour prendre et décharger des voyageurs, rentre dans les prévisions de cette ordonnance et constitue une contravention punissable. — Même arrêt.

21. — Les réglemens municipaux qui ordonnent d'éclairer les voitures circulant *pendant la nuit* doivent être interprétés en ce sens que l'éclairage est obligatoire depuis le coucher du soleil jusqu'à son lever, et non pas seulement dans les intervalles de temps pendant lesquels il est défendu par l'art. 1037, C. procéd. civ., de faire des exploits de significations ou des actes d'exécution. — *Cass.*, 2 juin 1848 (t. 2 1848, p. 325), Champaudry.

22. — Lorsque, sur la poursuite dirigée contre un cocher de voiture de place pour infraction à un réglement municipal qui défend aux cochers des stations d'aller au devant des personnes qui pourraient avoir besoin de leur service pour les attirer ou obtenir leur préférence, il est intervenu un jugement de relaxe, fondé sur ce que le cocher prévenu ne s'est pas rendu coupable du fait prohibé par le réglement, une pareille appréciation des faits et témoignages produits devant le tribunal de police ne saurait être revisée par la cour de Cassation. — *Cass.*, 5 mars 1847 (t. 2 1847, p. 470), Bert.

23. — Mais, s'il est constaté que, contrairement au même réglement, qui enjoint aux cochers de rester sur leur siége ou à la tête de leurs chevaux, et d'y attendre que les personnes se présentent pour réclamer leurs services, un cocher dont la voiture a été chargée, bien qu'elle fût seulement la troisième à la file, s'était placé vis-à-vis les chevaux de la première voiture, le tribunal de police saisi de cette contravention ne peut relaxer le prévenu sous prétexte qu'il restait à portée de surveiller ses chevaux. — Même arrêt.

24. — Les art. 475 et 476 du Code pénal contiennent des dispositions relatives aux voitures. Suivant l'art. 475, no 3, sont punis d'amende, depuis 6 fr. jusqu'à 10 francs inclusivement, les rouliers, charretiers, conducteurs de voitures quelconques ou de bêtes de charge qui auraient contrevenu aux réglemens par lesquels ils sont obligés de se tenir constamment à portée de leurs chevaux, bêtes de trait ou de charge, et de leurs voitures, et en état de les conduire; d'occuper un seul côté des rues, chemins ou voies publiques; de se détourner ou ranger devant toutes autres voitures; et à leur approche, de leur laisser libre au moins la moitié des rues, chaussées, routes et chemins. — V. *infrà* no 45.

25. — Le no 4 du même article applique la même pénalité à ceux qui auront fait ou laissé courir des chevaux, bêtes de trait, de charge ou de monture dans l'intérieur d'un lieu habité, ou violé les réglemens, contre le chargement, la rapidité ou la mauvaise direction des voitures; ceux qui contreviendront aux dispositions des ordonnances et réglemens ayant pour objet la solidité des voitures publiques, leur poids, le mode de leur chargement, le nombre et la sûreté des voyageurs; l'indication dans l'intérieur des voitures des places qu'elles contiennent et du prix des places; l'indication à l'extérieur du nom des propriétaires.

26. — Outre l'amende portée en l'art. 475, l'emprisonnement pendant trois jours au plus, peut être prononcé, suivant les circonstances, contre les rouliers, charretiers, voituriers et conducteurs en contravention et contre ceux qui ont contrevenu aux réglemens, ayant pour objet la rapidité, la mauvaise direction ou le chargement des voitures ou des animaux, soit la solidité des voitures publiques, leur poids, le mode de leur chargement, le nombre et la sûreté des voyageurs. — Art. 476.

27. — Celles des dispositions de ces deux articles qui ont trait spécialement aux voitures publiques, ne figuraient pas dans le texte du Code pénal de 1810, et il s'était élevé des doutes sur le point de savoir, si les prescriptions générales de ces articles sur la conduite et le chargement des voitures s'appliquaient aux voitures de cette espèce.

28. — La cour de Cassation avait jugé que les contraventions aux dispositions réglementaires de l'ordonnance du 4 fév. 1820, relatives à l'indication du nombre, du numéro et du prix des places dans les voitures publiques à destination fixe, restaient dans l'application générale de l'art. 475, no 4. — *Cass.*, 11 nov. 1826, Pomiès.

29. — Cet arrêt, qui cassait un autre arrêt en sens contraire de la cour de Toulouse (5 juin 1826), renvoya l'affaire devant la cour d'Agen qui, le 1er fev. 1827, jugea dans le même sens que la cour de Toulouse. Mais, par un nouvel arrêt du 20 déc. 1828, la cour suprême (ch. réun.) persévéra dans sa jurisprudence. C'est par suite de ce conflit qu'a été rendue une loi interprétative du 28 juin 1829, dont celle du 28 avr. 1832 a fait passer les dispositions dans les art. 475 et 476.

30. — La cour de Cassation jugeait aussi, avant la loi du 28 juin 1829, que les contraventions à la disposition qui interdit aux entrepreneurs de voitures publiques de confier leurs voitures à des hommes non pourvus de livrets étaient passibles des peines portées par l'art. 475, no 4, C. pén. — *Cass.*, 9 sept. 1826, Aymonin.

31. — ... Et que tout ce qui concernait la conduite et le chargement des voitures étant prévu par l'art. 475, il n'y avait pas lieu d'appliquer à celui qui avait contrevenu aux réglemens sur le chargement des voitures publiques l'art. 471, no 5, relatif aux contraventions en matière de petite voirie. — *Cass.*, 10 juin 1826 (intérêt de la loi), Labbé; 18 avr. 1828, Gilardeau. — V. du reste quant à toutes les mesures de police relatives aux voitures publiques dont les art. 475 et 476 assurent l'exécution, VOITURES PUBLIQUES.

32. — La jurisprudence a fait application à plusieurs reprises, en cette matière, du principe général qui déclare inadmissible l'excuse tirée de la bonne foi en matière de contravention. — V., sur le principe, CONTRAVENTIONS, CRIMES ET DÉLITS, nos 311 et suiv.; EXCUSE, nos 65 et suiv.; POUVOIR MUNICIPAL, nos 318 et suiv.

33. — C'est ainsi qu'il a été décidé que le conducteur d'une voiture attelée, trouvée marchant à l'abandon et sans conducteur sur une route dé-

parlementale, ne peut être renvoyé de la poursuite dirigée contre lui à raison de ce fait sur le motif qu'il s'agissait d'une simple échappée, et que rien ne constatait si le cheval avait été ou non attaché. — *Cass.*, 22 août 1845 (t. 2 1848, p. 309), ministère public c. Russeni.

34.—...Que les charretiers qui, au lieu de se tenir à côté de leurs chevaux et à portée de les guider et conduire, dans leurs voitures, ne peuvent être relaxés des poursuites exercées contre eux à raison de cette contravention, sur le motif qu'ils n'étaient ni dans le voisinage d'habitations, ni en présence d'aucun embarras, et qu'étant montés sur le devant de leurs voitures, ils pouvaient facilement conduire et guider les animaux qui les traînaient. — *Cass.*, 8 mars 1845 (t. 2 1848, p. 540), Barbe et Labesarne.

35.—Que le fait, par des voituriers, d'avoir été trouvés assis sur leurs voitures et dans l'impossibilité de les conduire, constitue une contravention que le tribunal de police ne peut refuser de réprimer sous le prétexte que ces voituriers étaient en pleine campagne, éloignés des centres de population et sur des routes presque désertes, et qu'ils voyageaient sous l'influence d'une température brûlante. — *Cass.*, 13 oct. 1846 (t. 1er 1849, p. 390), Lagagne, Combes et Lhéritier.

36. — Lorsqu'il résulte du procès-verbal régulier, non débattu par la preuve contraire, qu'un charretier a laissé sa voiture à l'abandon sur la voie publique, et de manière à faire obstacle au passage des autres voitures, le tribunal de simple police ne peut, sans méconnaître la foi due à ce procès-verbal, refuser de faire au contrevenant application de l'art. 475, no 3, C. pén., sous le prétexte qu'il résulte des débats qu'il ne s'est écarté de sa voiture que de quelques pas pour acheter un foret, ce qui le laissait à portée de ses chevaux et à même de les guider s'ils avaient voulu se mettre en marche. — *Cass.*, 1 sept. 1847 (t. 1er 1848, p. 400), ministère public c. Bailly.

37. — Le fait de laisser sur la route une voiture attelée, sans aucun guide auprès des chevaux, est passible de la peine prononcée par l'art. 475, no 3, bien qu'il n'existe à cet égard aucun règlement général ou local. — *Cass.*, 24 déc. 1841 (t. 1er 1842, p. 672), Bauters et Gallet; *Cass.*, 19 sept. 1846 (t. 1er 1849, p. 595), Thiennot Musine.

38. — La pluralité des voitures confiées à un seul conducteur pouvant mettre ce conducteur dans l'impossibilité d'être constamment à portée de tous ses chevaux et de remplir les autres obligations que l'art. 475-3o, C. pén., lui impose, il ne peut être renvoyé des poursuites exercées contre lui pour avoir contrevenu auxdites obligations, si le tribunal ne déclare pas formellement que les circonstances relevées dans le procès-verbal ne constituent pas la contravention objet de la poursuite. — *Cass.*, 6 août 1847 (t. 1er 1848, p. 68). Ferrier.

39. — Le tribunal de simple police qui reconnaît qu'un voiturier a contrevenu aux réglemens par lesquels il était obligé de se tenir constamment à portée de ses chevaux ne peut pas l'excuser sous le prétexte qu'il n'a abandonné sa voiture qu'un instant. — *Cass.*, 28 août 1829, ministère public c. Bessac.

40. — L'autorisation accordée aux voituriers par un règlement de police de laisser stationner leurs voitures sur la voie publique pendant le temps du chargement et du déchargement ne saurait les dispenser, même pendant ce temps, de l'obligation qui leur est imposée par l'art. 475, no 3, C. pén., de se tenir constamment à portée de leurs chevaux et en état de les guider et conduire. — *Cass.*, 16 mai 1846 (t. 1er 1849, p. 594), Giraud.

41. — La disposition de l'art. 475, C. pén., qui prescrit aux charretiers, conducteurs de voitures quelconques ou de bêtes de charge, de se tenir constamment à portée de leurs chevaux, et en état de les garder et conduire, est d'ordre public, s'applique à toutes les voies publiques indistinctement, et régit aussi bien la petite que la grande voirie. — Elle a son effet indépendamment et même en l'absence de tout réglement antérieur à ce sujet. — *Cass.*, 19 sept. 1846 (t. 1er 1849, p. 595), Thiennot Musine.

42. — Mais elle ne concerne que les voies publiques, c'est-à-dire qui sont entièrement livrées au public, et non pas des routes qui lui sont momentanément interdites. — *Cass.*, 8 fév. 1845 (t. 2 1848, p. 349), Moulin.

43. — Le fait par un individu d'avoir conduit une voiture chargée de bois et attelée de chevaux dans une forêt communale hors des routes et chemins ordinaires, ne peut être excusé sur le fondement que le chemin ainsi parcouru en contravention était frayé, que des traces de voitures s'y faisaient remarquer, qu'il ne présentait à ses ex-

trémités aucun signe prohibitif, et qu'enfin le prévenu était étranger au pays. — *Cass.*, 12 fév. 1847 (t. 2 1847, p. 374), forêts c. Gillet. — V. FORÊTS, nos 1035 et suiv.

44. — Le refus, fait par un voiturier, de décharger l'excédant de son chargement, constitue la contravention prévue et punie par le § 4 de l'art. 475, C. pén. — *Cass.*, 16 nov. 1844 (t. 2 1844, p. 590), ministère public c. Boucher.

45. — Les contraventions aux réglemens sur la police des voitures pourraient être atteintes dans certains cas par l'art. 474, § 15, C. pén., qui réprime les infractions aux réglemens de police en général. C'est en appliquant cette disposition que la cour de Cassation a décidé que la contravention à un réglement de police qui défend aux voituriers de quitter les rênes ou guides de leurs chevaux ne peut être excusée par le motif que le voiturier, en se portant sur le derrière de sa voiture, n'avait d'autre but que de desserrer la mécanique qui avait servi à en modérer la rapidité dans une descente. — *Cass.*, 20 janv. 1837 (t. 2 1837, p. 624), Plancassagne.

46. — L'art. 475 réprime les contraventions résultant de l'abandon des voitures en marche, de leur mauvaise direction ou de l'excès de leur chargement, mais il ne s'occupe pas du *stationnement* des voitures sur la voie publique. On doit considérer cette infraction comme un embarras de la voie publique puni par l'art. 471, no 4, C. pén., lorsqu'il n'existe aucun réglement qui ait prévu le no 6 du même article lorsqu'il en existe un. — V. EMBARRAS DE LA VOIE PUBLIQUE.

47. — Décidé que le cas excusable de nécessité mentionné dans le no 4 de l'art. 474, C. pén., doit s'entendre seulement d'un dépôt momentané occasionné par un événement accidentel, imprévu, ou de force majeure, mais ne saurait s'appliquer à un embarras journalier et incessant ayant pour objet de faciliter l'exercice d'un métier ou d'une profession quelconque, et duquel pourrait résulter l'occupation habituelle ou presque constante d'une partie de la voie publique dans l'intérêt privé d'un citoyen. — Qu'en conséquence, les voituriers prévenus d'avoir laissé séjourner leurs voitures sur la voie publique, ne peuvent être renvoyés des poursuites sur le motif que l'auberge dans laquelle ils étaient descendus n'était point pourvue d'un local propre à loger les équipages et chariots; que de tout temps ces voitures et chariots ont été dans la nécessité de stationner sur la voie publique, et qu'à moins d'interdire pendant la nuit sur la voie publique, il y avait nécessité pour lui de les y laisser soit pendant le jour, soit pendant la nuit. — *Cass.*, 24 déc. 1847 (t. 2 1848, p. 254), ministère public c. Jouan et Vatre.

48. — Le voiturier qui abandonne sa voiture de manière à embarrasser la voie publique ne peut être excusé, sous prétexte qu'il ne s'est écarté que pour ramasser son fouet. — *Cass.*, 11 sept. 1847 (t. 1er 1848, p. 400), Bailly.

49. — Les voitures bourgeoises ont été l'objet d'une ordonnance du préfet de police du 20 avr. 1843, Delessert, t.3, p. 597. — Les propriétaires de cabriolets à deux roues, tilburys, boghels, etc., ne peuvent les faire circuler qu'après avoir fait une déclaration à la préfecture de police. La même déclaration doit être faite en cas de changement de domicile, de vente ou de cessation de roulage. — Art. 1er et 3 de cette ordonnance.

50. — Aucune voiture bourgeoise ne peut être conduite par des enfans âgés de moins de seize ans, ni par des femmes. — Art. 8.

51. — Il est défendu à tout *conducteur* de voiture bourgeoise de traverser les halles avant dix heures du matin. — Art. 44.

52. — Il est expressément défendu aux cochers de voitures bourgeoises d'offrir par paroles ou par gestes leurs voitures au public. — Art. 44.

53. — Les cabriolets bourgeois à deux roues, les tilburys, boghels, etc., doivent être numérotés. Le numéro est délivré par la préfecture de police. Les voitures à deux roues appartenant à la même personne portent un numéro différent. Le numéro est peint sur le panneau de derrière et sur les deux panneaux de côté, en chiffres arabes rouges, de quatre centimètres de hauteur, sur quatre millimètres de plein au moins. — Art. 22 et 23.

54. — Toutes les voitures bourgeoises doivent être pourvues de deux lanternes garnies de réflecteurs et de glaces bien transparentes. Ces lanternes doivent être allumées dès la chute du jour. — Art. 24.

55. — Parmi les nombreuses ordonnances qui ont été rendues par les divers préfets de police sur les voitures de place, la plus importante est celle du 15 janv. 1841. Cette ordonnance est relative aux obligations personnelles imposées aux entrepreneurs de ces voitures, telles que la déclara-

tion préalable et l'autorisation de la préfecture de police, la nécessité pour les cochers d'être porteurs d'une carte de sûreté ou d'un permis de séjour, ainsi que d'un permis de conduire et d'un bulletin d'entrée au service, d'un livret de maître, de cartes indiquant le numéro de la voiture, du permis de circulation et de station de la voiture, de la plaque de cuivre délivrée par la préfecture de police, et enfin du laissez-passer délivré par l'administration des contributions indirectes, au numérotage de chaque voiture et à son examen.

56. — L'ordonn. 15 janv. 1841 a été modifiée par un arrêté du 18 fév. suivant en ce qui concerne la forme des numéros des voitures de place.

57. — Un arrêté du même jour 15 janv. 1841 fixe les dimensions et conditions d'après lesquelles les voitures de place doivent être construites. Un second arrêté de la même date organise un service permanent de surveillance sur les stations des voitures de place.

58. — L'ordonnance de police du 18 sept. 1828, et, depuis, celle du 15 sept. 1838 ont réglementé le service des voitures omnibus et autres faisant le transport en commun. Les entrepreneurs et cochers de ces voitures sont soumis à des obligations analogues à celles qui sont prescrites pour les voitures de place. Aux termes de l'art. 55 de la dernière ordonnance, toutes les voitures faisant le transport du service en commun sont assujéties à un droit de location fixé à 300 fr. par an et par voiture attelée de deux chevaux. — Un arrêté du même jour règle le numérotage de ces voitures.

59. — Une ordonnance de police du 9 mai 1831 règle la circulation et la conduite des voitures traînées à bras ou par des animaux dans Paris.

60. — Jugé que l'ordonnance de police du 18 sept. 1828, particulière aux voitures de transport en commun à Paris, n'a été ni modifiée ni abrogée par celle du 9 mai 1831, exclusivement relative, en général, à la circulation et à la conduite des voitures traînées à bras ou par des animaux. — *Cass.*, 40 oct. 1835, ministère public c. Renard.

61. — Une ordonnance du 27 sept. 1842 détermine dans quelles rues, places ou quais peuvent stationner les voitures, bêtes de trait ou de somme servant au transport des marchandises destinées à l'approvisionnement des halles du centre.

62. — Quant aux obligations imposées aux voituriers en général, et à leur responsabilité, V. TRANSPORTS (entrepreneur de).

VOITURES PUBLIQUES

Table alphabétique.

VOITURES PUBLIQUES. — 1. — Dans un sens général, on entend par voitures publiques toutes celles qui sont à la disposition du public, quelles que soient leur nature et la longueur du trajet qu'elles parcourent. On désigne aussi par ce mot, d'une manière spéciale, les messageries et autres voitures qui font un service régulier plus ou moins important entre deux points distincts du territoire. C'est dans cette dernière acception que ce mot est pris ici, renvoyant au mot VOITURE-VOITURIER tout ce qui concerne les voitures qui ne sortent pas de l'enceinte d'une ville ou qui n'en sortent qu'accidentellement.

§ 1er. — *Notions générales* (no 2).

§ 2. — *Mesures de police relatives à l'établissement des voitures publiques: déclaration, construction, estampille, licence, etc.* (no 21).

§ 3. — *Mesures de police relatives au poids, au chargement et à la conduite des voitures publiques* (no 66).

§ 4. — *Droit du dixième* (no 93).

—

§ 1er. — *Notions générales.*

2. — Autrefois, le privilége d'établir des messageries dans tout le royaume appartenait à l'Université de Paris, et ce privilége était tellement exclusif que les rois de France même n'avaient pas de courriers à jour et heure fixes pour le transport de leurs dépêches. Ce n'est qu'en 1775 qu'on établit des messagers royaux, tout en maintenant ceux de l'Université. Mais les droits de ce corps finirent par être abolis, et les messageries furent mises en ferme générale au profit de l'état. — Magnitot et Delamarre, *Dict. de dr. admin.*, vo *Voitures publiques*. — V. COCHE, TRANSPORTS (entrepreneur de).

3. — La loi du 29 août 1790 établit un régime de liberté pour l'industrie des entrepreneurs de voitures publiques; mais, en 1793, la nation se fit elle-même entrepreneur de transport, et les messageries, constituées en régie, prirent le nom de messageries nationales.

4. — Le régime de la concurrence fut rétabli par le décret du 25 vendém. an III, art. 1er et 2, dans des conditions plus larges que celles qu'avait adoptées la loi de 1790. Ce décret maintint toutefois les messageries nationales. Mais trois ans après fut rendue la loi du 9 vendém. an VI, qui détruisit la régie des messageries nationales, établit l'impôt du dixième sur le prix des places et soumit les entrepreneurs à la déclaration préalable.

5. — Depuis cette époque, diverses lois, décrets ou ordonnances, ont prescrit certaines mesures de police relatives aux voitures publiques. Les principaux élémens de la législation sur ce point sont la loi précitée du 9 vendém. an VI, le décret du 14 fruct. an XII, la loi du 25 mars 1817, l'ord. royale du 16 juill. 1828 qui résume les dispositions de la législation précédente et a abrogé le décret du 28 août 1808 et les ordonn. des 4 fév. 1820 et 27 sept. 1827, et enfin les ordonn. des 15 fév. 1837, 5 oct. 1843, 29 oct. 1845, etc.

6. — L'art. 475, no 4, C. pén., punit d'une amende de 6 à 10 fr. ceux qui contreviennent aux dispositions des ordonnances et réglemens ayant pour objet la solidité des voitures publiques, leur poids, le mode de leur chargement, le nombre et la sûreté des voyageurs, l'indication, dans l'intérieur des voitures, des places qu'elles contiennent et du prix des places, et l'indication, à l'extérieur, du nom du propriétaire. Les contrevenans aux réglemens concernant la solidité des voitures, leur poids, le mode de leur chargement, le nombre et la sûreté des voyageurs, peuvent, en outre, être condamnés à trois jours d'emprisonnement au plus. — Art. 376. — V., vo VOITURE-VOITURIER, comment ces dispositions ont été introduites dans le texte des art. 475 et 476.

7. — L'art. 475, C. pén., qui prononce des peines contre ceux qui ont laissé courir des chevaux, bêtes de trait, de charge ou de monture, dans l'intérieur d'un lieu habité, ne concerne pas les voitures publiques. — *Cass.*, 4 mai 1848 (t. 2 1848, p. 263), Magny.

8. — Le procès-verbal qui constate une contravention aux réglemens sur le chargement d'une voiture publique peut servir de base à l'application de l'art. 475, C. pén., lors même qu'il ne mentionnerait ni le nom du conducteur, ni le numéro de la voiture. — *Cass.*, 30 juill. 1825, Jailloux.

9. — Le refus par le conducteur d'une voiture publique d'obtempérer à la réquisition que lui fait un préposé aux ponts à bascule de passer sur ce pont pour faire peser sa voiture constitue une contravention punissable par l'art. 475, no 4, C. pén. — *Cass.*, 19 juin 1835, Barthélemy.

10. — Les messageries et autres voitures publiques qui parcourent une partie du territoire sont placées par la législation sous l'autorité des préfets. Néanmoins, dans chaque commune, le maire peut prendre les mesures que paraîtrait exiger la sécurité publique, à l'occasion du passage de ces voitures. — V. POUVOIR MUNICIPAL.

11. — L'arrêté municipal qui défend de conduire les chevaux au galop dans l'intérieur d'une ville est applicable à un entrepreneur pour le service des dépêches. Cet entrepreneur ne peut invoquer en sa faveur l'art. 37, tit. 6, de l'ordonn. royale du 16 juill. 1828, qui ne dispense que les malles-postes de l'exécution des réglemens municipaux sur la marche des voitures. — *Cass.*, 20 sept. 1845 (t. 1er 1846, p. 565), Bulard et Gasse. — V. *infrà* no 86.

12. — Mais les formalités relatives à l'inscription et au transport des voyageurs par les entrepreneurs de voitures publiques ne rentrent point dans les objets de police confiés à la vigilance des corps municipaux. En conséquence, est nul, comme pris hors des limites légales de l'autorité administrative, l'arrêté d'un maire portant que tout propriétaire ou entrepreneur de voitures publiques sera tenu de remettre au commissaire de police, chaque jour, avant neuf heures du matin, un bulletin indicatif des personnes dont il aura entrepris le transport. — *Cass.*, 27 avr. 1848 (t. 1er 1848, p. 697), Melano.

13. — En punissant de peines de simple police les contraventions relatives à la solidité, à la conduite et au chargement des voitures publiques, l'art. 475, C. pén., indique suffisamment que c'est au tribunal de simple police et non à l'autorité administrative qu'appartient la compétence pour connaître de ces contraventions. Mais il n'est dérogé en rien par cet article au droit qu'ont les conseils de préfecture et le conseil d'état de réprimer des infractions analogues qui seraient commises en matière de police du roulage. — L. 29 flor. an X, art. 1er; 7 vent. an XII; décr. 23 juin 1806, art. 3, 4 et 38. — La nature de l'infraction et la compétence varient selon que le réglement qui a été enfreint a été rendu dans l'intérêt de la sécurité des voyageurs ou qu'il a eu pour but la viabilité et la conservation des routes. Dans le premier cas, la contravention tombe sous l'application de l'art. 475 et elle est déférée au juge de police; dans le second cas, il n'y a qu'une infraction à la police du roulage dont la juridiction administrative doit seule connaître. — *Cons. d'ét.*, 22 août 1838, Laffitte et Caillard; 4 mai 1843, Philbert; *Cass.*, 4 juill. 1846 (t. 2 1846, p. 711), Guérin. — V. ROULAGE (police du), nos 203 et suiv.

14. — Les propriétaires ou entrepreneurs de voitures publiques sont garans de tous les accidens qui peuvent arriver par leur négligence, ou par le fait de leurs agens, préposés ou employés. — V. RESPONSABILITÉ, TRANSPORTS (entrepreneur de).

15. — Ils ne sont pas responsables: 1o si l'objet se détériore par une cause cachée et du fait du voyageur; 2o lorsque les objets n'ont été ni déclarés ni enregistrés; 3o lorsque la perte a été occasionnée par des cas fortuits, tels que vols à main armée, inondation, incendie, etc. — Magnitot et Delamarre, *Dict. de dr. admin.*, vo *Voitures publiques*.

16. — Les contestations entre les voituriers et les voyageurs pour perte et avarie d'effets pendant le voyage sont de la compétence du juge de paix. — V. JUSTICE DE PAIX, nos 318 et suiv.

17. — Aux termes de la déclaration du 29 janv. 1699, encore aujourd'hui en vigueur, les objets abandonnés dans les voitures publiques, les messageries, tant par terre que par eau, appartiennent à l'état au bout de deux années, et peuvent être vendus à son profit.

18. — Les voituriers qui transportent des marchandises prohibées sont réputés complices de la fraude, à moins qu'ils n'aient inscrit la marchandise sur leur feuille et qu'ils n'indiquent les véritables propriétaires ou expéditeurs. — L. 22 août 1791. — *Cass.*, 9 juill. 1819, messageries royales c. douanes.

19. — Aux termes des lois des 26 août 1790, 21 sept. 1792, des arrêtés des 26 vendém. an VII et 27 prair. an IX, il est interdit aux messageries et à tous les entrepreneurs de voitures publiques de s'immiscer dans le transport des lettres, journaux, feuilles à la main et ouvrages périodiques, papiers et paquets du poids d'un kilog. et au-dessous, le transport de ces objets étant exclusivement attribué à l'administration de la poste aux lettres. — V. POSTES, nos 472 et suiv.

20. — Tout entrepreneur de voitures publiques ou de messageries qui ne se sert pas des chevaux de la poste est tenu de payer par poste et par cheval attelé de chacune de ses voitures 25 cent. au maître des relais dont il n'emploierait pas les chevaux. — L. 15 vent. an XIII. — V. POSTES, nos 756 et suiv.

§ 2. — *Mesures de police relatives à l'établissement des voitures publiques.*

21. — *Déclaration.* — Tout individu qui veut organiser une nouvelle entreprise de voitures publiques allant à destination fixe doit faire, à Paris, devant le préfet de police, et dans les autres départemens, devant le préfet ou sous-préfet, la déclaration du nombre de places qu'elles contiennent, du lieu de leur destination, du jour et de l'heure de leur départ, de leur arrivée ou de leur retour, à peine d'être poursuivi conformément à l'art. 3, tit. 3 de la loi du 29 août 1790. — L. 9 vend. an VI art. 72; 25 mars 1817, art. 116; ordonn. 16 juill. 1828, art. 1er.

22. — Lorsqu'il survient quelque changement dans la destination, le nombre des places, etc., les propriétaires ou entrepreneurs doivent faire une déclaration nouvelle. — Même art.

23. — Celui qui loue au public des voitures partant à volonté, et qu'il fait conduire par ses chevaux et gens, est un entrepreneur de voitures publiques dans le sens de la loi du 25 mars 1817, lors même qu'il aurait une patente de simple loueur de voitures. — *Cass.*, 18 déc. 1817, Barillon.

24. — Le particulier qui voyage en poste dans sa propre voiture à frais communs avec d'autres particuliers, n'est tenu à aucune déclaration. — *Cass.*, 30 mai 1806, Heyer.

25. — Un entrepreneur de voiture à volonté ne pourrait restreindre sa déclaration à une seule voiture sous le prétexte que les autres sont en mauvais état et qu'il n'a pas l'intention de s'en servir. — *Cass.*, 25 juin 1807, Latouche.

26. — L'entrepreneur qui a fait une déclaration d'un service régulier dans le lieu de son domicile, n'est pas tenu d'en faire une seconde dans le lieu de la destination, pour les voyages de retour. — *Cass.*, 8 sept. 1809, Raymond.

27. — Dans les lieux où il existe des voitures publiques, toute personne, autre qu'un entrepreneur de voitures publiques, qui voudra mettre accidentellement une voiture en circulation, à prix d'argent, est admise à en faire chaque fois la déclaration au bureau de la régie, et tenue de se munir d'un laissez-passer, lequel énoncera l'espèce de voiture, le nombre des places et le nom du conducteur. Il est perçu, au moment de la déclaration, un droit de 15 centimes par place, pour un jour. — L. 20 juill. 1837, art. 11. — Mais une personne autre qu'un entrepreneur de voitures publiques, qui loue accidentellement une voiture à un particulier qui la conduit lui-même, n'est tenu de faire aucune déclaration, ni de requérir une estampille, ni de se munir d'un laisser-passer. — *Cass.*, 3 oct. 1839 (t. 1er 1840, p. 648), Lemaire.

28. — *Construction.* — Lorsque la déclaration prescrite par l'art. 1er, ordonn. 16 juill. 1828, a été faite, l'autorité nomme des experts pour constater si la construction de voitures a été faite conformément à la loi et aux réglemens, et si elles présentent des conditions de solidité assez grandes pour qu'on ne doive craindre aucun accident. — Art. 2.

29. — De son côté, l'entrepreneur peut nommer un expert pour opérer contradictoirement avec ceux de l'administration. — Même art.

30. — Quand les experts nommés par l'administration, ou concurremment par l'administration et les entrepreneurs, ont constaté la bonne construction des voitures, ils adressent leur rapport au préfet qui, sur le vu de leurs conclusions, délivre l'autorisation. Aucune voiture ne peut être mise pour la première fois en circulation avant la délivrance de cette autorisation. — Même art.

31. — Le préfet transmet immédiatement au directeur des contributions indirectes copie par extrait de l'autorisation qu'il a délivrée, et c'est seulement sur le vu de cet extrait que le directeur délivre l'estampille. — Art. 3.

32. — Les voitures publiques doivent avoir 1 mètre 62 cent. de voie entre les jantes de la partie des roues pesant sur le sol. La voie des roues de devant ne peut être moindre, lorsque les voies sont inégales, d'un mètre 59 cent. Le tout, à moins que le ministre de l'intérieur n'ait autorisé une autre largeur de voie. — Art. 9.

33. — La distance entre les axes des deux essieux dans les voitures à quatre roues ne peut être moindre de 2 mètres lorsqu'elles ont deux ou trois caisses, ou deux caisses et un panier, ni d'un mètre 60 cent. lorsqu'elles n'ont qu'une caisse. Le préfet de police

peut néanmoins autoriser une moindre distance entre les essieux pour les voitures dites *des environs de Paris* qui n'ont pas de chargement sur leur impériale. — Art. 10.

34. — Les essieux sont en fer corroyé et fermés à chaque extrémité d'un écrou assujéti d'une clavette. — Art. 11.

35. — Toute voiture publique doit être munie d'une machine à enrayer et d'un sabot. Néanmoins les préfets peuvent dispenser les entrepreneurs de placer ces deux mécaniques à leurs voitures dans les pays de plaine. — Art. 12.

36. — *Licence.* — Les entrepreneurs doivent être pourvus d'une licence dont le prix est fixé à 5 francs par voiture à quatre roues, et par voiture d'eau, et à 2 francs par voiture à deux roues. Les entrepreneurs de voitures d'occasion ou à volonté ne sont pas tenus de payer leur licence. — L. 25 mars 1817, art. 115.

37. — *Estampille.* — Chaque voiture publique doit toujours porter à l'extérieur le nom du propriétaire ou de l'entrepreneur, et l'estampille délivrée par l'administration. — Ordonn. 16 juill. 1828, art. 4.

38. — Le coût de l'estampille est fixé à 2 francs, et ce coût doit être remboursé par les entrepreneurs. — L. 25 mars 1817, art. 117.

39. — L'estampille doit être fixée à la voiture et faire corps avec elle. — *Cass.*, 8 janv. 1819, Vanfremen.

40. — L'entrepreneur dont la voiture a été trouvée sans estampille ne peut être excusé par le motif que l'estampille étant perdue depuis peu de jours et que, s'étant présenté à la régie pour en avoir une autre, les préposés avaient répondu qu'il n'y en avait pas dans le bureau. — *Cass.*, 6 avr. 1822, Bruchet.

41. — L'estampille est indispensable lors même que l'entrepreneur aurait conduit les voyageurs gratuitement. — *Cass.*, 21 avr. 1826, Plique.

42. — Les voitures déclarées ne peuvent être changées, ni les estampilles placées sur de nouvelles voitures, sans une déclaration préalable, auquel cas il n'est pas dû de nouvelle licence. — L. 25 mars 1817, art. 117.

43. — Jugé que lorsqu'une voiture publique estampillée a besoin de réparations, celle qui la remplace doit également recevoir une estampille après déclaration préalable. — *Cass.*, 21 fév. 1808, Meusa.

44. — Les maîtres de poste qui tiennent des cabriolets d'occasion à la disposition des courriers voyageant en poste, sont obligés de faire estampiller ces voitures et de se munir de laissez-passer. — *Cass.*, 22 janv. 1820, Leudet; 6 avr. 1822, Bruchit.

45. — *Laissez-passer.* — Il est encore délivré pour chaque voiture un laissez-passer conforme à la déclaration dont les conducteurs doivent être toujours munis. — L. 25 mars 1817, art. 117.

46. — Celui qui se borne à louer des voitures et des chevaux aux personnes qui en ont besoin, sans les conduire lui-même ni par ses préposés, n'est pas tenu de se munir d'un laissez-passer.

47. — L'estampille ne dispense pas le conducteur d'exhiber son laissez-passer. — *Cass.*, 24 juill. 1818, Vidal.

48. — L'entrepreneur ou conducteur qui exhibe un laissez-passer inapplicable à la voiture objet de la vérification, ne peut être excusé par le motif qu'ayant plusieurs voitures, il s'est trompé de laissez-passer. — *Cass.*, 7 août 1818, Desormeaux.

49. — Les gendarmes sont sans qualité pour constater les contraventions à la disposition de la loi du 25 mars 1817, qui oblige les conducteurs à être pourvus d'un laissez-passer. — *Cass.*, 26 août 1825, Delpeche.

50. — Toute voiture publique qui circulerait sans estampille ou sans laissez-passer, ou avec un laissez-passer qui ne serait pas applicable, doit être saisie, ainsi que les chevaux et les harnais. En cas de saisie de voitures en route, elles peuvent continuer leur voyage, au moyen d'une main levée qui en est donnée sous suffisante caution, ou même sous la caution juratoire de l'entrepreneur ou du conducteur. — L. 25 mars 1817, art. 120.

51. — La loi ne punit de la saisie des voitures publiques que leur mise en circulation sans déclaration préalable, et non le simple transport de marchandises que la feuille du conducteur ne mentionnerait pas. — *Cass.*, 10 avr. 1806, Caril.

52. — Dans aucun cas les employés ne peuvent arrêter les voitures sur les grandes routes, ailleurs qu'aux entrées et sorties des villes ou relais. En cas de soupçon de fraude, ils ne peuvent faire leur vérification qu'à la première halte. — L. 25 mars 1817, art. 120.

53. — Jugé que le procès-verbal qui constate une vérification du nombre des voyageurs faite sur la grande route et au moment où la voiture était en marche, est nul. — *Cass.*, 20 janv. 1844 (t. 2 1844, p. 502), Destrithes.

54. — Mais de ce que l'art. 120 de la loi du 25 mars 1817 dispose qu'en cas de soupçon de fraude dans le service des voitures publiques, les employés des contributions indirectes ne pourront faire leur vérification *qu'à la première halte*, il n'en résulte pas qu'ils ne puissent, à cette première halte, et au moment de la vérification, rappeler et constater un fait antérieur duquel précisément résulterait la fraude. — Ainsi, les employés peuvent, pour établir l'excès dans le nombre des voyageurs, ajouter à ceux qui descendent à la première halte ceux qu'ils ont déjà vus descendre avant l'arrivée de la voiture. Par là, la fraude se trouve constatée légalement, bien qu'au moment de la vérification ils n'aient trouvé que le nombre légal. — *Bordeaux*, 30 juin 1847 (t. 2 1847, p. 546), Grahemer c. ministère public.

55. — Toute contravention aux dispositions qui précèdent est punie par l'art. 122 de la loi du 25 mars 1817, d'une amende de 100 francs à 1,000 francs, et de la confiscation des objets saisis; en cas de récidive, l'amende est toujours de 500 francs au moins. Cette pénalité paraît toujours applicable aux contraventions relatives à l'estampille, à la licence et au laissez-passer. Les autres infractions sont réprimées par l'art. 475, C. pén. — V. cependant, quant à l'excès dans le nombre des voyageurs, *infrà*, nos 67 et suiv.

56. — L'entrepreneur de voitures publiques peut joindre à cette industrie celle de loueur de voitures particulières, sans être obligé de se munir pour ces dernières des estampilles et des laissez-passer prescrits par l'art. 117 de la loi du 25 mars 1817. — *Cass.*, 6 août 1846 (t. 1er 1847, p. 585), contributions indirectes c. Morée.

57. — *Indications intérieures.* — Les voitures publiques doivent porter à l'intérieur l'indication du nombre des places qu'elles contiennent, du numéro et du prix de chaque place, du lieu du départ et de celui de la destination. — Ordonn. 16 juill. 1828, art. 5.

58. — Le défaut d'indication à l'intérieur du prix des places ne peut être excusé par le motif que l'entrepreneur a emprunté une voiture, la sienne étant cassée. — *Cass.*, 15 nov. 1838 (t. 2 1839, p. 650), Chavaudret.

59. — *Registres, enregistrement des effets.* — Les propriétaires ou entrepreneurs de voitures publiques doivent tenir un registre du nom des voyageurs qu'ils transportent. Ils doivent enregistrer également les ballots, malles et paquets. Les registres sont sur papier timbré, cotés et paraphés par le maire. — Art. 6.

60. — Les entrepreneurs de voitures publiques ne sont obligés d'enregistrer les effets qui leur sont livrés qu'autant que la déclaration leur en a été faite. — *Cass.*, 10 nov. 1829, Buchon.

61. — *Affiches.* — L'ordonnance du 16 juill. 1828 doit être constamment affichée, à la diligence des entrepreneurs, dans le lieu le plus apparent de tous bureaux de voitures publiques, soit du lieu de départ, soit du lieu d'arrivée ou de relais. — Art. 36 de l'ordonn.

62. — Les dispositions de l'ordonnance relatives à la police des voitures publiques, doivent en outre être affichées dans les voitures mêmes. — Même article.

63. — Il y a lieu à l'application de l'art. 475, C. pén., lorsque la disposition de l'ordonnance du 16 juill. 1828, relative à la police des voitures publiques, n'a pas été affichée dans l'intérieur de ces voitures. — *Cass.*, 10 août 1844 (t. 2 1844, p. 503), Verdier.

64. — Les dispositions de l'ordonn. du 16 juill. 1828 ne sont pas applicables aux voitures malles-postes destinées au transport de la correspondance du gouvernement et du public; la forme, les dimensions et le chargement de ces voitures étant déterminés par des réglemens particuliers. Les voitures de particuliers qui transportent les dépêches par entreprise ne sont pas considérées comme malles-postes. — Art. 37 de l'ordonn.

65. — Les voitures publiques qui desservent les routes des pays voisins et qui partent de l'une des villes frontières ou qui y arrivent, ne sont pas soumises non plus aux dispositions de cette ordonnance. — Art. 38.

§ 3. — *Mesures de police relatives au poids, au chargement ou à la conduite des voitures.*

66. — Les prescriptions qui concernent le poids et le chargement des voitures publiques sont de deux natures. Les unes sont relatives au nombre de personnes qui peuvent y être admises, les autres ont trait au poids et au volume des bagages.

67. — *Nombre de voyageurs.* — Les propriétaires ou entrepreneurs ne peuvent, sous aucun prétexte, admettre dans les voitures un plus grand nombre de voyageurs que celui porté dans l'indication placée dans chaque voiture. — Ordonn. 16 juill. 1828, art. 5. — L'excédant constaté dans le nombre des voyageurs peut être considéré comme une preuve de la fausseté de la déclaration préalable. Or, cette déclaration est prescrite par l'art. 116 de la loi du 25 mars 1817, et cette loi (art. 122) punit d'une amende de 100 fr. à 1000 fr. les contraventions qui seraient faites à ses dispositions.

68. — Si l'excédant du nombre des voyageurs peut, dans l'intérêt de la sécurité de ceux-ci, constituer de la part de l'entrepreneur d'une voiture publique une simple contravention susceptible d'être poursuivie à la requête du ministère public devant les tribunaux de police, il n'en résulte pas que ce fait, préjudiciable aux intérêts du trésor, ne puisse aussi, sur la poursuite de l'administration des contributions indirectes, donner lieu de la part du tribunal correctionnel à la prononciation de l'amende édictée par l'art. 122, L. 25 mars 1817. — *Cass.*, 18 mars 1843 (t. 2 1843, p. 512), Marcet.

69. — Il y a contravention lorsque l'entrepreneur reçoit dans sa voiture un nombre de voyageurs supérieur au chiffre qui a été déclaré à la régie, lors même que l'excédant serait transporté gratuitement. — *Cass.*, 17 août 1819, Lacoche.

70. — Il ne doit y avoir sur la banquette de l'impériale des voitures publiques plus de deux personnes et le conducteur, et jamais aucun paquet. — Ordonn. 16 juill. 1828, art. 14.

71. — *Chargement.* — La quantité des effets qui peuvent être chargés sur les voitures publiques varie selon le mode adopté pour le chargement. Lorsque les entrepreneurs emploient le système des couvercles incompressibles, la quantité des effets doit être telle qu'elle ne puisse pas les soulever. Lorsqu'ils emploient des bâches flexibles, le *maximum du chargement* est déterminé par une traverse en fer, divisant le panier en deux parties égales, et sous laquelle la bâche doit pouvoir passer. — Ordonn. 16 juill. 1828, art. 15.

72. — Il ne peut être attaché aucun effet ni autour de l'impériale, ni en dehors du couvercle incompressible ou de la bâche. — Art. 16.

73. — Nulle voiture à quatre roues ne peut avoir, du sol au point le plus élevé du couvercle de la vache ou du coffre de derrière, plus de trois mètres, quelle que soit la hauteur des roues. Nulle voiture publique à deux roues ne peut avoir entre les mêmes parties plus de 2 mètres 60 cent. — Art. 17.

74. — La loi du 29 flor. an X a donné au gouvernement le droit de déterminer le poids des voitures publiques. Ce point a été réglé successivement par le décret du 23 juin 1806, par celui du 28 août 1808, par l'ordonnance royale du 16 juill. 1828 et par celle du 15 fév. 1837. Les poids déterminés par cette dernière ordonnance ne devaient être obligatoires que deux ans après sa publication. Ce délai de deux ans a été prorogé par diverses ordonnances jusqu'en 1843. Le 5 oct. 1843 a été rendue une nouvelle ordonnance.

75. — Le poids des diligences, messageries, berlines, fourgons et autres voitures publiques employées au transport des voyageurs ou des marchandises, suspendues sur ressorts métalliques, allant au trot, avec ou sur relais, y compris voiture, voyageurs, bagages, marchandises, cordes et bâche, est limité, à raison de la largeur des bandes et du nombre des roues, ainsi qu'il suit : voitures à quatre roues ; pour des bandes de 7 cent., 3,000 kilog. ; 8 cent., 3,500 kilog. ; 9 cent., 4,000 kilog. ; 10 cent., 4,500 kilog. Voitures à deux roues : 7 cent. 1,500 kilog. ; 8 cent., 1,750 kilog. ; 9 cent., 2,000 kilog. ; 10 cent., 2,250 kilog. — Ordonn. 5 oct. 1843, art. 1er.

76. — Il est accordé une tolérance d'un demi-centimètre sur la largeur des bandes des roues. Il est accordé en outre, sur les poids énoncés ci-dessus, une tolérance de 200 kilog. — Art. 2.

77. — Sont affranchies de la vérification de leur poids : 1° les voitures publiques employées au transport des voyageurs, suspendues sur ressorts métalliques, allant au trot, avec relais, ou ne parcourant au trot et sans relais qu'une distance de trois myriamètres, pourvu qu'elles soient attelées de trois chevaux au plus et montées sur quatre roues ayant sept centimètres au moins de largeur de bande; 2° les voitures mentionnées au paragraphe précédent, pourvu qu'elles soient attelées de quatre chevaux au plus, et montées sur quatre roues ayant au moins 9 centimètres de largeur de bandes. — Art. 3.

78. — Une ordonnance du 29 octobre 1845 ajoute (art. 1er) le poids des voitures publiques à quatre roues, avec bandes de 10 centimètres de largeur

pourra être porté de 4500 kilog., taux réglé par l'ordonnance du 5 oct. 1843, à 4700 kil., tolérance non comprise, lorsque ces voitures seront pourvues à l'avant-train, de deux pièces de fer, dites *sassoire* et *contre-sassoire* formant chacune au moins un demi-cercle de 1 mètre 15 centimètres de diamètre, ayant la cheville ouvrière pour centre.

79. — Les voitures publiques, mentionnées en l'art. 1er et dont l'avant-train sera établi suivant le nouveau système, pourront avoir, du sol au point le plus élevé du couvercle de la vache ou du coffre de derrière, une hauteur qui n'excédera pas 3 mètres 10 cent. — Art. 2.

80. — La disposition énoncée en l'art. 2 ne sera, dans aucun cas, applicable aux voitures publiques affranchies de la vérification de leur poids, conformément à l'art. 3 de l'ordonn. du 5 oct. 1843. — Art. 3. — V. ROULAGE (police du), nos 53 et suiv.

81. — Les employés des ponts à bascule sont obligés de peser, au moins une fois par trimestre, une des voitures publiques, par chaque route desservie. — Ordonn. 16 juill. 1828, art. 20.

82. — Tout voiturier ou conducteur pris en contravention pour excédant du poids légal est tenu de réaliser le paiement des dommages et de décharger sa voiture de l'excédant du poids qui a été constaté; jusque-là les chevaux sont mis en fourrière à ses frais, ou il doit fournir caution. — Art. 24.

83. — Il suffit pour l'application de la peine que le procès-verbal énonce que le chargement d'une voiture publique était excessif. — *Cass.*, 22 fév. 1834, messageries royales et générales.

84. — *Conduite.* — Toute voiture attelée de quatre chevaux et plus, doit être conduite par deux postillons ou par un cocher et un postillon. Peuvent néanmoins être conduites par un seul cocher ou postillon les voitures publiques attelées de cinq chevaux au plus, lorsque aucune partie de leur chargement n'est placée dans la partie supérieure de la voiture et qu'il est en totalité placé, soit dans un coffre à l'arrière, soit en contre-bas des caisses, et lorsqu'en outre le conducteur a seul place sur l'impériale. — Ordonn. 1828, art. 25.

85. — Les voitures dites des environs de Paris, qui se rendent dans les lieux déterminés par le préfet de police peuvent être conduites par un seul homme, quoique attelées de quatre chevaux : au-delà de ce nombre de chevaux, elles doivent être conduites par deux hommes. — Même article.

86. — Les postillons ne peuvent, sous aucun prétexte, descendre de leurs chevaux. Il leur est expressément défendu de conduire leurs chevaux au galop sur les routes, et autrement qu'au petit trot dans les villes et communes rurales, et au pas dans les rues étroites. — Art. 26.

87. — La conduite des voitures publiques ne peut être confiée qu'à des hommes pourvus de livrets délivrés par le maire de la commune de leur domicile, sur une attestation de bonnes vie et mœurs et de capacité à conduire. Ces hommes doivent être âgés au moins de seize ans accomplis. — Art. 30.

88. — Les conducteurs ne peuvent prendre aucun voyageur en route, sans en faire mention sur les feuilles qui leur sont remises au moment du départ. — Ordonn. 16 juill. 1828, art. 7.

89. — *Eclairage.* — Les voitures publiques sont constamment éclairées pendant la nuit, soit par une forte lanterne placée au milieu de la caisse de devant, soit par deux lanternes placées aux côtés. — Ordonn. 16 juill. 1828, art. 11.

90. — La demande en dommages-intérêts, à raison du préjudice éprouvé par le fait d'un tiers, doit être rejetée, lorsque le plaignant a pu lui-même occasionner ce fait par sa propre négligence ou imprudence. — Spécialement, si, pendant la nuit et au milieu d'une grande route, par suite du choc de deux voitures allant en sens inverse, l'une d'elles vient à être renversée, et son conducteur blessé, celui-ci peut être déclaré non fondé dans sa demande en dommages-intérêts, s'il est établi qu'il n'avait pas pris le soin d'éclairer sa voiture. — *Douai*, 14 déc. 1846 (t. 2 1848, p. 499), Warin c. Belva.

91. — Tout entrepreneur ou propriétaire de voitures publiques qui ne sont pas conduites par les maîtres de poste doit faire, à la préfecture de police à Paris et à la préfecture de chaque département où il veut établir ses relais, la déclaration du lieu où ils seront placés, et du nom de l'entrepreneur, ou si les chevaux lui appartiennent, du préposé à chaque relais. Toutes les fois que cet entrepreneur ou ce préposé change, la déclaration doit en être faite aux mêmes autorités. — Ordonn. 16 juill. 1828, art. 27.

92. — Les rouliers, voituriers et charretiers sont tenus de céder la moitié du pavé aux voitures des voyageurs. — Décr. 28 août 1808, art. 16; ordonn. de 1820; 1828, art. 34.

§ 4. — *Droit du dixième.*

93. — Un droit du dixième du prix des places et du prix reçu pour le transport des marchandises est perçu sur les entreprises de voitures publiques par terre ou par eau. — L. 9 vendém. an VI; 5 vent. an XII, art. 75; 25 mars 1817, art. 112 et suiv. — Il est fait sur le prix total des places une déduction pour les places vides. Cette déduction avait été fixée au quart par la loi du 25 mars 1817, art. 112 et 114, mais elle a été portée au tiers par l'art. 4 de la loi du 17 juill. 1819.

94. — Il est, en outre, perçu un décime par franc du droit du dixième. — L. 25 mars 1817, art. 123.

95. — Une subvention de guerre d'un décime avait été établie par la loi du 6 prair. an VII, sur l'impôt du dixième perçu sur les voitures publiques. Une subvention semblable avait été créée par un décret du 11 avr. 1813 sur le prix du transport des marchandises. Ces taxes ont été abolies par l'ordonnance du 27 avr. 1814. — *Cass.*, 3 mars 1817, messageries royales.

96. — Quant aux voitures, suspendues ou non suspendues, partant d'occasion ou à volonté, l'art. 113 de la loi du 25 mars 1817 avait déterminé des droits différens suivant qu'il s'agissait de voitures à deux ou à quatre places; mais ce système a été changé par l'art. 8 de la loi de finances du 28 juin 1833, suivant lequel le droit fixe imposé par la loi de 1817 sur ces voitures pour tenir lieu de l'impôt du dixième perçu sur les voitures à service régulier doit être perçu ainsi qu'il suit : par voitures (quel que soit le nombre des roues) à une et deux places, 40 fr.; à trois places, 60 fr.; à quatre places, 80 fr.; à cinq places, 96 fr.; à six places, 110 fr., et pour chaque place au-dessus de ce nombre 10 fr.

97. — Aux termes du même art. 8 de la loi de 1833, sont exceptées des dispositions de l'art. 112 de la loi de 1817 et considérées comme partant d'occasion ou à volonté, les voitures qui, dans leur service habituel d'un point fixe à un autre, ne sortent pas d'une même ville ou d'un rayon de quinze kilomètres de ses limites, pourvu qu'il n'y ait pas continuité immédiate de service pour un point plus éloigné, même après changement de voiture. Il semble contradictoire que des voitures qui font un service régulier, d'un point fixe à un autre, puissent être déclarées et considérées comme voitures d'occasion ou à volonté; mais c'est à dessein que le législateur a admis l'assimilation des voitures consacrées à ce genre de service aux voitures à volonté. Le ministre des finances (M. Humann) a, dans la discussion de la loi du 28 juin 1833, reconnu que l'inconstance des recettes effectuées par les entreprises desservant un parcours aussi restreint ne leur permettrait pas de supporter le droit du dixième, et que, par conséquent, il fallait faire aux voitures appliquées à ces services une faveur, et admettre une exception qui les plaçât au rang des voitures dites d'occasion.

98. — Décidé que la distance de quinze kilomètres et au-dessous pour le parcours, même régulier, de laquelle les voitures publiques sont, aux termes de l'art. 8 de la loi du 28 juin 1833, considérées comme partant d'occasion et à volonté, se calcule en prenant pour point de départ la limite du territoire de la commune, pour les villes ouvertes, et non celle de l'agglomération. — *Douai*, 29 oct. 1847 (t. 1er 1848, p. 208), contributions indirectes c. Senneville.

99. — ... Et que le mot *rayon*, employé dans la loi du 28 juin 1833, s'entend d'une ligne droite tirée du point de départ au point d'arrivée. — Jugement du tribunal de Douai, rapporté avec l'arrêt précité de *Douai* du 29 oct. 1847.

100. — Le montant des droits dus par les entrepreneurs pour les voitures à service régulier est établi pour le dixième du prix des places, d'après la déclaration, et pour le dixième du prix du transport, sur le vu des registres que doivent tenir les entrepreneurs, et des feuilles remises aux conducteurs. Le paiement peut en être exigé tous les dix jours. — L. 25 mars 1817, art. 118.

101. — Jugé, par application de cette disposition, que, pour arrêter le montant de la somme à percevoir en vertu de la loi du 5 vent. an XII, soit sur le prix des places dans les voitures publiques, soit sur le prix du transport des marchandises, les préposés de l'administration des contributions indirectes peuvent exiger, non pas d'une manière indéfinie, mais pendant le délai de dix jours de l'arrivée des voitures, la représentation des feuilles de route pour les comparer avec les registres tenus aux bureaux d'arrivée. — *Cass.*, 1er sept. 1843 (t. 2 1844, p. 102), Toulouse et compagnie. — La solution contraire avait été adoptée par la chambre criminelle de la cour de Cassation, à une époque voisine de la promulgation de la loi du 18 mars 1817. — *Cass.*, 2 avr. 1818, Happey.

102. — Les pour-boire payés par les voyageurs, en sus du prix des places déclarées à la régie par l'entrepreneur, ne peuvent entrer dans le calcul du prix s'ils sont facultatifs et remis immédiatement aux conducteurs à titre de gratification. — *Cass.*, 28 nov. 1835, Galline. — Mais il en est autrement, lorsque les pour boire sont obligatoires et se confondent avec le prix de la place. — *Cass.*, 6 mars 1840 (t. 2 1840, p. 555), Monestier; même jour (t. 2 1840, p. 785), messageries Laffitte et Caillard.

103. — A l'égard des voitures partant d'occasion ou à volonté, le droit fixe est exigible par trimestre et d'avance. Il est toujours dû pour un trimestre entier au moins, à quelque époque que commence ou cesse le service. — L. 25 mars 1817, art. 118.

104. — Il peut être consenti des abonnemens pour les voitures de terre ou d'eau à service régulier. Ces abonnemens ont pour unique base les recettes présumées de l'entreprise, pour le prix des places et le transport des marchandises. — Art. 119. — V. ABONNEMENT, nos 110 et suiv.

105. — Lorsque la voiture est publique et à service régulier, le droit du dixième est dû, quelle que soit la nature de la route sur laquelle elle est établie. — *Cass.*, 1er août 1833, Séguin, Blot et comp.

106. — Ainsi, les concessionnaires d'un chemin de fer doivent le droit pour toutes les voitures qui circulent sur le chemin. — Même arrêt.

107. — Jusqu'en 1838, l'impôt sur les chemins de fer a été perçu sur la totalité du prix des places. Ce mode de perception ne tenait pas compte de la différence qui existe sous ce rapport entre un chemin de fer et une entreprise de voitures ordinaires. Sur les routes ordinaires, la rétribution payée par les voyageurs ne fait face qu'aux frais de transport. Pour les chemins de fer, outre la rétribution représentant les frais de transport, il y en a une autre, celle qui s'applique aux frais d'établissement du chemin de fer, à son entretien, etc. Une loi du 2 juill. 1838 a établi des bases de prescription plus équitables. — V. CHEMINS DE FER, nos 225 et suiv.

108. — Jugé, qu'en fixant au dixième du tiers du prix total des places l'impôt dû au trésor public pour ce qui concerne les voitures des chemins de fer dont le cahier des charges ne fixe pas le tarif, et dont le tarif n'est pas divisé en deux parties correspondantes l'une au transport, l'autre au péage, l'art. 3 de la loi du 2 juill. 1838 établit une règle spéciale qui doit être entendue en ce sens que, sur une somme de 300 francs, par exemple, il n'est dû au fisc que celle de 11 francs, formant, avec le décime, le dixième du tiers de ces 300 francs. — *Cass.*, 17 août 1841 (t. 1er 1842, p. 42), chemin de fer d'Andrezieux à Roanne.

109. — Les bâtimens qui naviguent d'un port de mer à un autre port de mer, situés tous deux dans l'intérieur du territoire, sont soumis au paiement du dixième du prix des places dont sont frappées les voitures publiques de terre et d'eau, alors que la totalité du trajet se fait sur une rivière. Tels sont, par exemple, les bateaux à vapeur qui font le service de Rouen au Havre. — *Cass.*, 24 juill. 1840 (t. 2 1840, p. 214), Jallant et Vieillard; 22 fév. 1841 (t. 1er 1841, p. 438), compagnie des bateaux à vapeur de Rouen au Havre; 14 nov. 1842 (t. 1er 1843, p. 76), mêmes parties.

110. — Mais les navires qui vont d'un port maritime à un autre port maritime, en faisant une partie seulement du trajet sur une rivière, sont affranchis de l'impôt du dixième du prix des places, pourvu que les entrepreneurs ne profitent pas de cette circonstance pour faire communiquer entre eux les divers points de la rivière dont ils parcourent une partie. — *Cass.*, 1er déc. 1838 (t. 2 1839, p. 283), compagnie des paquebots du Havre à Caen; *Rennes*, 24 avr. 1839 (t. 2 1839, p. 566), Siffait.

111. — Les entrepreneurs de transports par eau, qui paient à l'effectif le droit du dixième sur le prix des places, doivent représenter à toute réquisition, pour faciliter la vérification et la constatation de cet effectif, toute espèce de registres de contrôle et de recette relatifs à leur manutention. A défaut de cette représentation, les portatifs des employés de la régie font foi jusqu'à inscription de faux. — *Cass.*, 14 janv. 1845 (t. 1er 1845, p. 148), contributions indirectes c. Breith-Mayer.

112. — Avant la loi du 25 mars 1817, les droits à percevoir sur les voitures publiques étaient réglés par les lois des 9 vendém. an VI, et 5 vent. an XII. Ces lois établissaient un impôt proportionnel sur le prix des places.

113. — Décidé, sous l'empire de ces lois, qu'un seul fait de transport de voyageurs d'une ville à une autre dans une voiture non suspendue, était insuffisant pour constater l'établissement d'un service régulier. — *Cass.*, 5 oct. 1809, Peyzeron.—Il a été jugé dans le même sens dans une espèce où il y avait eu deux voyages. — *Cass.*, 18 déc. 1818, Germain.

114. — Mais, dans ce cas, on peut considérer le propriétaire de la voiture comme ayant un service d'occasion ou à volonté, et le soumettre au paiement du droit fixe. — *Cass.*, 19 juill. 1833, Wurfeld.

115. — La loi du 9 vendém. an X ne soumettait pas au droit du dixième les places dites *banquettes d'impériale*; mais la loi du 25 mars 1817, art. 42, n'a pas fait la même exception. Le droit est donc dû pour ces places. — *Cass.*, 10 janv. 1829, messageries royales.

116. — Le droit du dixième est dû pour le retour comme pour le départ. Mais le défaut de paiement pour le retour n'est pas une contravention, la régie a seulement le droit de l'exiger.—*Cass.*, 8 sept. 1809, Raymond.

117. — Sont exceptés du droit du dixième et du droit fixe les courriers chargés du transport des dépêches dans les malles affectées à ce service par l'administration des postes et à elle appartenant. Les entrepreneurs particuliers de ce service sont tenus de payer le dixième du prix des places des voyageurs qu'ils conduisent et des paquets autres que ceux des dépêches qu'ils transportent.—*Décr.* 14 fruct. an XII, art. 7.

118. — Les entrepreneurs de transport des dépêches ne sont dispensés du paiement des droits qu'en ce qui concerne ce genre de service. — *Cass.*, 10 avr. 1807, Mommaers.

119. — Un entrepreneur de convois civils et militaires n'est dispensé du paiement des droits qu'autant que sa voiture n'est employée qu'à des convois. — *Cass.*, 33 mai 1826, Richard. — Autrement, il doit faire la déclaration préalable et faire estampiller la voiture. — Même arrêt.

120 — C'est aux tribunaux civils seuls qu'il appartient de décider sur quelles voitures le droit doit être assis. — *Cass.*, 26 avr. 1816, Simon.

121. — Néanmoins, le tribunal correctionnel, saisi de la poursuite dirigée contre un entrepreneur de voitures publiques, par suite d'un procès-verbal constatant qu'il a exigé des voyageurs une somme supérieure à celle déclarée à l'administration, est compétent pour statuer, nonobstant toute demande en renvoi au civil, sur l'exception tirée de ce que l'excédant par lui exigé serait un simple pour-boire non sujet à l'impôt. — *Cass.*, 11 mai 1839 (t. 2 1839, p. 441), Gaccon.

122. — La question de savoir si le droit du dixième imposé aux voitures publiques est dû par les chemins de fer est de la compétence des tribunaux. — *Cons. d'ét.*, 30 mars 1838, Henri et Meillet

123. — L'administration des contributions indirectes est chargée de faire le recouvrement de l'impôt du dixième sur les voitures publiques, et de poursuivre les délinquans devant les tribunaux correctionnels. — L. 5 vent. an XII. — V. CONTRIBUTIONS INDIRECTES.

VOITURIER.

Table alphabétique.

VOITURIER.—**1.** — C'est celui qui, moyennant un prix convenu, se charge de transporter, dans un lieu et dans un délai déterminés, des personnes, ou des objets appartenant à autrui.

Sect. 1re. — *Diverses espèces de voituriers.*

2. — Les voituriers se divisent en *voituriers par terre*, tels que les rouliers, les loueurs de voitures particulières, etc., et les *voituriers par eau*, tels que les bateliers. C. civ., art. 1779. — Les voituriers sont rangés dans la huitième classe des patentables, et, comme tels, soumis à un droit fixe basé sur la population et à un droit proportionnel de quarantième de tous les locaux qu'ils occupent, mais seulement dans les communes de 20,000 âmes et au dessus.

3. — Outre ces individus dont la profession est d'être voituriers, on doit encore considérer comme voiturier momentanément celui qui se charge ac-

cidentellement d'un transport. Tel serait le charretier d'une ferme ou le fermier lui-même. — Troplong, *Louage*, no 894; Goujet et Merger, *Dict. de dr. comm.*, vo *Voiturier*, no 2.

4. — Celui qui s'engage, moyennant un prix, à conduire un bateau chargé de marchandises à son lieu de destination, ne peut être considéré, à l'égard du propriétaire du bateau, comme un simple préposé, mais comme un voiturier par eau responsable de l'avarie survenue à la marchandise, à moins qu'il ne prouve que cette avarie est le résultat d'un cas fortuit ou de la force majeure. Par suite, les assureurs qui ont remboursé le montant de l'avarie ont une action récursoire contre le voiturier, en raison de cette responsabilité. — *Paris*, 8 nov. 1843 (t. 1er 1844, p. 266), compagnie d'assurances générales maritimes c. compagnie du Rhône au Rhin.

5.— Ce n'est qu'un individu n'est pas propriétaire du chariot qu'il conduit, il ne s'ensuit nullement qu'il n'ait pas la qualification légale de voiturier, et que, par suite, il ne puisse exister à son égard de lettre de voiture proprement dite. — *Cass.*, 17 avr. 1848 (t. 1er 1848, p. 612), enregistrement c. Baës. — V. TIMBRE.

6. — Enfin, on appelle encore voiturier celui qui transporte les objets en qualité d'agent de l'entrepreneur de transports.

7. — Le voiturier diffère du commissionnaire de transports en ce que celui-ci n'est qu'un intermédiaire employé dans certains cas entre l'expéditeur et le voiturier. Si quelquefois le commissionnaire de transports représente le voiturier à l'égard de l'expéditeur ou du destinataire, le plus souvent il représente l'un ou l'autre de ces derniers à l'égard du voiturier.— Goujet et Merger, vo *Voiturier*, no 3. — V. COMMISSIONNAIRE DE TRANSPORTS.

8. — Il en est autrement de l'entrepreneur de transports. Les opérations de celui-ci sont à peu près les mêmes que celles du voiturier, et ils doivent nécessairement être assimilés l'un à l'autre dans une foule de cas. — Goujet et Merger, *ibid.*, no 4. — V. TRANSPORTS (entrepreneur de).

9. — Toutefois, il y a cette différence que, par entrepreneur de transports, on entend le plus souvent celui qui, tout en se chargeant des transports, les fait faire par ses agens, à qui on donne le nom de voituriers. — Goujet et Merger, *ibid.*, et no 5.

Sect. 2°. — *Nature, formation et preuve du contrat.*

10.—Le contrat par lequel un voiturier se charge du transport de personnes ou d'objets quelconques participe tout à la fois : 1° du louage, en ce que, moyennant un prix convenu, le voiturier loue ses services pour le transport à effectuer ; 2° du dépôt, en ce que, pendant les mêmes délais, pour la garde et la conservation des objets, à la même responsabilité que les aubergistes. — Delvincourt, *Instit. comm.*; t. 1er, p. 56.

11. — Le messagiste est un véritable voiturier ou entrepreneur de transports, mais considéré plus spécialement sous le point de vue du transport des personnes. V. VOITURES PUBLIQUES.

12. — Le contrat intervenu entre le voiturier et l'expéditeur, consistant principalement dans l'obligation de faire, obligation purement personnelle du voiturier, constitue un louage de services. — C. civ., art. 1779. — Troplong, *Louage*, no 904.

13. — Ainsi, le voiturier par terre qui se charge du transport de marchandises loue seulement ses services et non les chevaux ni les voitures qu'il emploie au transport. En conséquence, ces chevaux et voitures peuvent être saisis et vendus par les créanciers du voiturier, même pendant le cours du voyage. — *Orléans*, 18 déc. 1839 (t. 1er 1840, p. 683), Pasquier c. Ballureau.

14. — Cependant le contrat pourrait, dans certains cas, constituer également un louage de choses. Tel serait le cas où l'expéditeur aurait retenu telle voiture ou telle place notamment désignée. — V. TRANSPORTS (entrepreneur de).

15. — Les marchés pour transports constituent des actes de commerce. — V. ACTE DE COMMERCE, nos 328 et suiv. — Cependant ils ne sont quelquefois que des actes purement civils. Il en est ainsi, par exemple, quand, en sus des prestations qu'il doit à son propriétaire, un fermier constant, moyennant un prix déterminé, à effectuer pour celui-ci un transport de marchandises, de bois ou de charbonnage. — Troplong, no 903.

16. — Le contrat se forme entre l'expéditeur et le voiturier expressément ou par la remise des choses à transporter.

17. — Cependant, lors même qu'il y a convention expresse entre l'expéditeur et le voiturier, le contrat n'est parfait que par la tradition même de la chose. Chacune des parties peut, en cas d'inexécution de la convention, réclamer de l'autre des dommages-intérêts; mais, tant que la chose n'a pas été remise, le contrat de louage n'a pas pris naissance; on ne peut, par conséquent, en invoquer les effets. — Goujet et Merger, vº *Voiturier*, nº 13.

18. — Les voituriers répondent non seulement de ce qu'ils ont reçu dans leur bâtiment ou voiture, mais encore de ce qui leur a été remis sur le port ou dans l'entrepôt pour être placé dans leur bâtiment ou voiture. — C. civ., art. 1783.

19. — La même disposition est applicable au cas où la remise a été faite sur la route pendant le voyage. — Troplong, *Louage*, nº 930.

20. — La remise peut même n'être pas faite au voiturier lui-même, pourvu qu'elle le soit à l'un de ses préposés ayant qualité pour recevoir les objets. — Pardessus, *Dr. comm.*, nº 554; Troplong, nº 931; Duvergier, *Louage*, nº 327.

21. — Il est d'usage, dans le commerce, de constater par une lettre de voiture, dont le voiturier est porteur, les objets et les conditions du transport. — Pardessus, nº 538. — V. LETTRE DE VOITURE.

22. — Alors, cette lettre fait preuve du contrat entre l'expéditeur et le voiturier, le commissionnaire et le voiturier. — C. comm., art. 101. — V. COMMISSIONNAIRE DE TRANSPORT, LETTRE DE VOITURE.

23. — A défaut de lettre de voiture, comment le contrat peut-il être prouvé? Entre commerçans, il n'y a point de difficulté possible, la preuve peut être faite comme pour toute autre convention commerciale : ainsi, elle peut être faite par témoins ou même résulter de simples usages. — Goujet et Merger, *ibid.*, nº 19.

24. — Ainsi, jugé que le contrat entre l'expéditeur et le voiturier, relativement au délai dans lequel les marchandises devront être rendues à destination, peut, en l'absence de lettre de voiture, résulter des usages du commerce. — *Nîmes*, 11 août 1831 (sous *Cass.*, 3 août 1835), Poulain c. Cazeing.

25. — La preuve testimoniale est-elle légalement admissible quand le contrat est purement civil? Pour l'affirmative, on dit : le voiturier est assimilé à l'aubergiste par l'art. 1782, C. civ. Or, l'aubergiste étant un dépositaire, la preuve testimoniale est toujours admissible contre lui (C. civ., art 1950 et 1952); le même genre de preuve est donc recevable contre le voiturier. — Fenet, *Discuss. du cons. d'état*, t. 14, p. 256 et suiv.; Mouricault, Rapport au trib.; Maleville sur les art. 1782 à 1785; Vanhuffel, nº 9.

26. — Mais on répond pour la négative, et avec raison : si le voiturier est asimilé à l'aubergiste (C. civ., art. 1782), c'est seulement pour la garde et la conservation de la chose. L'assimilation ne commence donc qu'au moment où la convention est devenue parfaite entre l'expéditeur et le voiturier par la tradition. Le fait de cette tradition reste en dehors des principes du dépôt. A la différence d'une personne qui fait un dépôt nécessaire, l'expéditeur peut fort bien exiger du voiturier une reconnaissance de la remise qu'il lui fait. Il ne peut y avoir d'exception qu'à l'égard de la remise de mêmes objets, tels que sacs de nuit, manteaux, etc., qui accompagnent la personne du voyageur, ou qu'on n'apporte qu'au moment du départ. — Troplong, nº 908; Duvergier, nº 321; Duranton, t. 15, nº 314, et t. 17, nº 242; Toullier, t. 9, nº 203; Goujet et Merger, *ibid.*, nº 20.

Sect. 3e. — *Obligations et droits du voiturier.*

§ 1er. — *Obligations du voiturier*

27. — Aux termes de l'art. 1785, C. civ., les entrepreneurs de voitures publiques par terre et par eau et ceux des roulages publics doivent tenir registre de l'argent, des effets et des paquets dont ils se chargent. — V. TRANSPORTS (entrepreneur de).

28. — Mais une pareille disposition ne pouvait s'appliquer aux simples voituriers qui, ne sachant pas écrire pour l'ordinaire, seraient hors d'état de tenir des registres. — Troplong, nº 957; Fenet, t. 14, p. 359.

29. — De même que le commissionnaire et l'entrepreneur de transports, le voiturier réunit la double qualité de dépositaire et de mandataire salarié.

30. — Comme dépositaire, et dépositaire salarié, le voiturier est soumis à des obligations sévères

VOITURIER, sect. 3e, § 1er.

en ce qui concerne la garde des choses confiées à sa conduite. Il répond toujours non seulement de la faute lourde, mais encore de la faute légère. Quant à la faute très légère, elle ne lui est point imputable parce qu'elle va se perdre dans les faits qui constituent la force majeure. — Troplong, nos 915 et 916; Duvergier, t. 4, nº 330.

31. — Au surplus, en ce qui concerne la garde et la conservation des choses qui lui sont confiées, le voiturier par terre ou par eau est assujéti aux mêmes obligations que les aubergistes. — *Alger*, 16 déc. 1846 (t. 2 1847, p. 300), Gabanou c. Bazin. — V. HOTELIER.

32. — Le voiturier est tenu de rendre identiquement (C. civ., art. 1932) les objets qui lui ont été confiés. — Troplong, nº 919.

33. — Dès-lors, s'il s'agit d'objets enfermés dans des caisses, enveloppes et autres fermetures, le voiturier n'est tenu que de rendre les ballots et caisses dans un bon état extérieur; mais s'il s'agit de choses dont la qualité ou la quantité peut être altérée ou changée, sans effraction extérieure, le voiturier est tenu de livrer ce qui est indiqué contenu dans les barriques ou autres vaisseaux semblables. — Pardessus, nº 543.

34. — Jugé, en conséquence, que, dans le transport d'une marchandise qui s'estime au poids, le destinataire auquel le voiturier ne livre pas le poids indiqué est fondé, bien que les objets se retrouvent en même nature et en même quantité, à lui faire, sur le prix, du transport une retenue proportionnelle. — *Colmar*, 8 janv. 1847 (t. 2 1847, p. 157), Gauthier c. Lecomte.

35. — Le voiturier ne doit ni se servir des objets commis à sa garde, ni chercher à connaître quelles sont les choses qui lui ont été déposées, si elles lui ont été confiées dans un coffre fermé ou sous une enveloppe cachetée. — Art. 1930-1931. — Troplong, nos 917 et 918.

36. — Cette même qualité de dépositaire, pour le voiturier, fait qu'on ne saurait lui appliquer le principe de l'art. 2227, C. civ. qu'en fait de meubles possession vaut titre. — Goujet et Merger, vº *Voiturier*, nº, 27.

37. — Par la même raison, le voiturier qui vend les marchandises qu'il était chargé de transporter en sa qualité, se rend coupable de vol : dès-lors, ceux qui achètent de lui sont passibles de l'action en revendication permise par l'art. 2279, C. civ. Peu importerait, d'ailleurs, qu'il fût dans les usages d'une place que les voituriers vendissent parfois une certaine denrée. Cela ne suffirait pas pour les faire considérer comme marchands et pour placer les acheteurs dans l'exception de l'art. 2280. — *Nîmes*, 7 mai 1827, Pellet c. Roubenod.

38. — Comme mandataire salarié, le voiturier doit, ainsi que le commissionnaire de transports, se conformer aux instructions qu'il a reçues de l'expéditeur ou du destinataire. — Goujet et Merger, *ibid.*, nº 28.

39. — Il est tenu de remplir toutes les formalités imposées par les lois ou les réglemens locaux, par exemple acquitter les droits de douanes ou d'octroi dont les marchandises sont passibles, sauf à se les faire rembourser par l'expéditeur ou par le destinataire. — Pardessus, nº 542.

40. — Il doit transporter les marchandises à leur destination dans le délai et par la route indiqués.

41. — Dans le cas où un évènement de force majeure empêche de continuer le transport déjà commencé, le voiturier qui n'a pas reçu d'instructions sur la conduite à tenir en semblable conjecture doit agir comme il le ferait pour lui-même. S'il juge à propos de continuer le transport par une route différente qui soit plus longue, il a droit à une indemnité; car c'est, pour ainsi dire, un déboursé qu'il a fait pour l'exécution de son mandat.

42. — S'il ramène les marchandises croyant ce parti le plus avantageux, ou si, au contraire, il les décharge dans le lieu d'entrepôt le plus voisin de la destination à laquelle il ne peut parvenir, il doit recevoir tout le prix convenu, comme s'il eût pleinement exécuté le transport. — Pardessus, nº 551.

43. — L'expéditeur qui donne aux marchandises une nouvelle direction doit payer la totalité du prix stipulé, encore qu'il soutienne que la nouvelle route est plus courte; si, en fait, elle est plus longue, il doit un supplément de prix. — Pardessus, nº 552.

44. — Arrivé à destination, le voiturier doit remettre les choses au véritable destinataire, et les lui remettre tout entières.

45. — Si le destinataire était indiqué sous une fausse adresse, il devrait prendre tous les renseignemens possibles pour être sûr de son identité; sinon il doit agir comme dans le cas de refus ou de contestation. — Goujet et Merger, vº *Voiturier*, nº 36).

46. — Jugé en ce sens que le voiturier ne peut, sous peine d'en demeurer responsable envers l'expéditeur, remettre les marchandises à d'autres qu'au destinataire indiqué sur la lettre de voiture, sauf, en cas de refus ou de contestation pour leur réception, à remplir les formalités prescrites par l'art. 106, C. com. — *Cass.*, 25 avr. 1837 (t. 2 1837, p. 429), Laurent c. Perrault; 15 avr. 1846 (t. 2 1846, p. 22), Thomas c. Barluet.

47. — En conséquence, lorsque la régularité des indications d'une lettre de voiture n'est pas contestée, c'est à tort que les juges prétendraient décharger le voiturier de la responsabilité par lui encourue pour le défaut de remise au véritable destinataire, sur le motif qu'il y aurait eu accord entre le destinataire et celui auquel les marchandises auraient été remises, et, en outre, parce que l'expéditeur aurait commis une faute en donnant la facture, en vue de laquelle le voiturier se serait dessaisi, à celui qui n'était pas le vrai destinataire. — Ces considérations ne peuvent écarter les effets du principe posé dans l'art. 101, C. comm., à savoir, que la lettre de voiture forme un contrat entre l'expéditeur et le voiturier. — Même arrêt du 15 avr. 1846.

48. — Le voiturier, en supposant que le consignataire est un commissionnaire chargé de vendre les marchandises expédiées, ne pourrait les remettre même à l'expéditeur, sous prétexte que ce dernier est resté propriétaire, et, comme tel, maître de révoquer le mandat donné au commissionnaire. Car le commissionnaire ayant un privilége sur ces marchandises, l'expéditeur ne saurait en être réputé propriétaire, dans le sens véritable du mot, et, sous ce rapport, il ne lui serait pas libre de donner une autre destination aux marchandises sans le consentement du consignataire privilégié. — Persil et Croissant, *Des Commissionnaires*, p. 105, nº 11.

49. — Le voiturier, alors même qu'il est agent de la personne pour laquelle il fait un transport, est responsable de tous les effets, en quantité et qualité, énoncés dans la lettre de voiture; cette lettre le constitue dans l'obligation de remettre tous ces effets, sans qu'il puisse lui suffire d'alléguer une erreur commise dans le lieu de départ, — *Cass.*, 20 mai 1818, Boubée c. Delanoue.

50. — L'avis donné par le voiturier au destinataire, qu'il est chargé de lui remettre une certaine quantité de marchandises, n'oblige pas le premier à remettre au second la quantité annoncée, si, depuis cet avis, l'expéditeur a diminué le chargement. Dans ce cas, le voiturier remplit toutes ses obligations et est déchargé de toute responsabilité en remettant au destinataire la quantité de marchandises énoncée dans la lettre de voiture. En conséquence, bien que le destinataire ait fait des avances à l'expéditeur, depuis l'avis reçu, et en vue du changement annoncé, il ne peut se faire indemniser de la différence en moins par le voiturier, sauf son recours contre l'expéditeur. — *Bordeaux*, 5 juill. 1841 (t. 2 1841, p. 350), Roux c. Bernet.

51. — Le voiturier se dessaisissant de l'objet qui lui a été confié peut exiger, pour sa décharge, un reçu de celui à qui il le remet; mais, le plus souvent, cela n'a pas lieu, quand les marchandises sont reçues sans contestation et que le prix de la voiture lui est payé.

52. — Jugé que lorsqu'un voiturier a remis, dans le temps prescrit, la malle dont il était chargé à celui qui devait la recevoir, une demande en garantie ne peut être valablement formée contre lui, par cela qu'il ne pourrait représenter le reçu qui lui a été délivré. — *Rennes*, 26 avril 1815, Bruneau c. Cusson.

53. — En cas de refus ou de contestation pour la réception des objets transportés, leur état est vérifié et constaté par des experts nommés par le président du tribunal de commerce ou, à son défaut, par le juge de paix. — C. comm., art. 106.

54. — Cette disposition est également, comme on l'a vu (nos 45 et suiv.), applicable au cas où le destinataire n'a pu être trouvé faute de désignation suffisante dans l'adresse. — *Cass.*, 25 avr. 1837 (t. 2 1837, p. 429), Laurent c. Perrault; *cass.*, 15 avr. 1846 (t. 2 1846, p. 22), Thomas c. Barluet.

55. — Mais le destinataire n'est point tenu de faire procéder à la vérification de l'objet transporté : il lui suffit de le refuser pour cause d'avarie. — *Paris*, 14 août 1847 (t. 2 1847, p. 321), chemin de fer de Versailles (rive gauche) c. Malapeau.

56. — Il n'y a lieu à recourir au juge de paix pour la nomination d'experts, à l'effet de vérifier l'état d'une marchandise que le destinataire fait difficulté de recevoir, que lorsqu'il n'existe point de tribunal de commerce dans le lieu où s'élève la contestation. En conséquence, en cas d'absence du

président du tribunal de commerce, c'est au juge le plus ancien de ce tribunal qu'il faut s'adresser, et non au juge de paix. — *Colmar*, 24 déc. 1833 (et non 1835), Kœchlin c. Garton.

57. — Le juge peut ne nommer qu'un seul expert, comme en toute matière commerciale. — *Rennes*, 17 août 1812, Rosset c. Vincent; *Colmar*, 24 déc. 1833, Garton c. Kœchlin.

58. — Mais il faut que l'expertise soit faite par trois experts ou par un seul. — *Besançon*, 19 déc. 1812, N....

59. — La nomination des experts se fait par ordonnance rendue au pied de la requête. — C. comm., art. 106.

60. — L'expert nommé par un tribunal de commerce n'est pas tenu, s'il est courtier-juré, de prêter serment pour l'opération particulière dont il est chargé. — *Rennes*, 17 août 1812, Rosset c. Vincent.

61. — Le procès-verbal de prestation de serment de experts est nul, s'il n'indique pas le jour où la vérification doit être faite, et si les parties intéressées ou le créancier n'ont été présens à la vérification, ni sommés de s'y trouver. — *Besançon*, 19 déc. 1812, N....

62. — La déclaration de l'expert que la partie a assisté à l'opération peut, à défaut de la signature de cette dernière, faire preuve de sa présence. — *Rennes*, 17 août 1812, Rosset c. Vincent. — V., au surplus, EXPERTISE.

63. — De plus, le dépôt ou séquestre des objets et ensuite leur transport dans un dépôt public peuvent être ordonnés. — C. civ., art. 106.

64. — Enfin, la vente de ces mêmes objets peut être ordonnée en faveur du voiturier, jusqu'à concurrence du prix de la voiture. — C. civ., art. 106.

65. — Mais cette disposition ne saurait recevoir son application au cas où la responsabilité du voiturier se trouverait engagée, par suite d'avaries par exemple; car le paiement qu'il se procurerait par la vente des marchandises empêcherait, d'un côté, de constater leur détérioration, de l'autre, d'obtenir de lui une indemnité par la retenue de son salaire. — Pardessus, no 549.

66. — Le voiturier qui, pour opérer sa décharge, a rempli les formalités prescrites par l'art. 106, C. comm., doit de plus avertir l'expéditeur dans le plus bref délai. — Boulay-Paty, *Dr. comm. marit.*, t. 2, p. 471; Vanhuffel, no 31; Goujet et Merger, vo *Voiturier*, no 53.

67. — La loi ne prescrit aucun délai pour les vérification et constatation des marchandises transportées. Il suffit que le procès-verbal de leur vérification ou constatation ait été dressé avant la demande formée par le destinataire contre le voiturier, si, d'ailleurs, ce destinataire n'a pas payé le prix du transport. — *Cass.*, 18 avr. 1831, Bourgeois c. Vernant.

68. — Jugé même que la vérification peut avoir lieu après la réception des objets transportés. — *Cass.*, 2 août 1842 (t. 2 1842, p. 391), Randoin c. Fabien.

69. — Le mode de constatation ou de vérification des objets prescrit par l'art. 106 est-il exigé à peine de nullité? Non; la loi ne prononce pas en effet la peine de nullité. Le mode de procéder peut donc être remplacé par des équivalens. — *Cass.*, 18 avr. 1831, Bourgeois c. Vernant; 2 août 1842 (t. 2 1842, p. 391), Randoin c. Fabien; *Bourges*, 24 janv. 1844 (t. 1er 1845, p. 706), Derosne c. maire de Nevers. — Goujet et Merger, *ibid.*, no 55.

70. — Ainsi, par exemple, cette vérification ou constatation peut avoir lieu, du moins provisoirement, en faisant d'abord dresser par le maire du lieu un procès-verbal de l'état des objets transportés, et en faisant plus tard procéder à leur vérification et constatation par des experts nommés conformément à la loi. — Même arrêt, 18 avr. 1831.

71. — Spécialement encore, un procès-verbal dressé en pareil cas, dans une localité où il existe un tribunal de commerce, par un juge de paix, avec l'assistance de deux experts choisis sans que requête ait été présentée au président du tribunal, n'est pas nul, et suffit pour interrompre ou suspendre la prescription de six mois décrétée par l'art. 110, C. comm. — *Bourges*, 24 janv. 1844 (t. 1er 1845, p. 706), Derosne et Cail c. maire de Nevers et Barthe-Debladis.

72. — Toutefois, les tribunaux doivent examiner avec précaution le procès-verbal dressé en dehors de la règle tracée par l'art. 106, C. comm. — Même arrêt.

73. — En effet, il faut voir si, comme dans les exemples qui précèdent, le caractère public de ceux qui ont dressé le procès-verbal offre une garantie de leur impartialité; mais on sent qu'il n'y aurait plus d'équivalent admissible, si le procès-verbal émanait de simples particuliers.

74. — Ainsi, jugé qu'il ne peut être suppléé au procès-verbal d'experts qu'exige l'art. 106, C. comm., à l'effet de constater le mauvais état des marchandises, par des certificats donnés, soit par le patron du navire qui a porté ces marchandises, soit par des témoins appelés à leur réception. — *Bordeaux*, 10 janv. 1826, Georges c. Boniot.

75. — Les formalités prescrites par l'art. 106, C. comm., en cas de refus ou de contestation pour la réception des objets transportés, doivent être suivies non seulement à l'égard du voiturier, mais encore à l'égard de l'expéditeur. Il faut distinguer : s'il s'agit de défectuosités survenues durant le voyage, la constatation légale est nécessaire. Car les marchandises étant sorties en bon état des magasins de l'expéditeur sont, à défaut de justification contraire, censées être entrées en bon état dans celui du destinataire. Mais il en est autrement, s'il s'agit de défectuosités intrinsèques des marchandises. — Pardessus, no 278; Goujet et Merger, *ibid.*, no 59.

76. — Jugé que les formalités indiquées par l'art. 106, C. comm., ne sont prescrites au consignataire qu'à l'égard du voiturier, à raison des avaries survenues pendant le transport, et non à l'égard de l'expéditeur, à raison des défectuosités de la marchandise; qu'en conséquence, le consignataire, bien qu'il n'ait pas rempli ces formalités, et qu'il ait déchargé le voiturier, est recevable à laisser la marchandise pour compte de l'expéditeur, s'il prouve qu'elle n'est pas conforme à ce qu'il avait demandé. — *Paris*, 1er mars 1834, Rossignol c. Bourgaud.

77. — ...Que ces mêmes formalités ne sont pas applicables au cas d'un marchand qui, recevant des marchandises à lui expédiées par un autre marchand, les refuse pour cause de défectuosité. Que, pour condamner le négociant vendeur à reprendre les marchandises comme défectueuses, un tribunal peut, sans violer la loi, puiser les motifs de sa conviction et les raisons de décider dans la correspondance personnelle de ce négociant avec un tiers, son fondé de pouvoir. — *Cass.*, 24 juill. 1821, Bahuaud c. Cellier.

78. — Jugé, au contraire, que les formalités prescrites par l'art. 106, C. comm., pour constater vis-à-vis des voituriers les pertes et avaries des marchandises transportées, doivent aussi avoir lieu vis-à-vis du vendeur, en cas de défectuosité de l'objet vendu. — *Colmar*, 23 août 1831, Céalis c. Witz-Blech.

§ 2. — *Droits du voiturier.*

79. — Le voiturier a droit d'exiger qu'on lui fasse la remise, au jour et au lieu indiqués, des objets qu'il s'est chargé de transporter. Comme il est présumé avoir pris ses mesures pour le transport à opérer, il ne saurait souffrir d'un changement de résolution de la part de l'expéditeur. Ce dernier lui doit donc, en ce cas, des dommages-intérêts. — Pardessus, *Dr. comm.*, no 552; Goujet et Merger, *ibid.*, no 60.

80. — Bien plus, la totalité du prix convenu lui est due, si ce changement de résolution s'opère après le transport commencé. — Pardessus, *ibid.*

81. — Il en est de même, si le voiturier ne trouve pas les objets dans le lieu déterminé, parce qu'ils ont péri, ou pour une autre cause. — Pardessus, no 550.

82. — Mais il n'est point dû au voiturier de dommages-intérêts, lorsque l'exécution du contrat vient à être arrêtée par une loi, la guerre ou tout autre cas fortuit et de force majeure. Chacun des contractans supporte les frais des préparatifs qu'il a pu faire. — Pardessus, no 550; Troplong, no 915.

83. — Le voiturier a le droit d'exiger que les objets lui soient remis en état d'être transportés convenablement. — Goujet et Merger, *ibid.*, no 62.

84. — Si ces objets étaient prohibés ou soumis à des droits fiscaux pour circulation, il devrait en être prévenu, et les fonds devraient lui être remis pour l'acquit des droits. — Pardessus, no 548.

85. — Par suite, l'expéditeur qui charge un voiturier d'objets prohibés ou soumis à des droits, sans l'en prévenir, est tenu de l'indemniser des condamnations corporelles et pécuniaires qu'il a encourues, par suite de cette fraude. — *Montpellier*, 12 juillet 1828, Pralz c. Guilain.

86. — Il est libre au voiturier aussi bien qu'au commissionnaire de transports, si la faculté ne lui en a pas été interdite par une convention expresse, de charger en route un autre voiturier de rendre la marchandise à destination, à la charge toutefois de rester garant des faits du voiturier intermédiaire qu'il emploie. — *Cass.*, 1er août 1820, Belliol et Vallat c. Coste et Rimar. — V., au surplus, COMMISSIONNAIRE DE TRANSPORTS, nos 144 et suiv.

87. — Cette responsabilité ne cesserait qu'autant que le commissionnaire intermédiaire ou voiturier aurait été désigné par l'expéditeur, cas auquel il serait le préposé de l'expéditeur lui-même. Le commissionnaire primitif, qui n'aurait pu en choisir un autre, ne serait point engagé par le fait ou la faute de celui-ci. — Pardessus, no 578.

88. — Jugé, cependant, que le voiturier qui s'est obligé par la lettre de voiture à faire parvenir des objets expédiés à une destination indiquée, a pu, par interprétation des énonciations de cette lettre de voiture, et alors même qu'elle contiendrait désignation spéciale des agens intermédiaires à employer, être déclaré responsable de la perte de ces objets résultant de ce que l'un de ces intermédiaires ne se serait pas conformé aux prescriptions de la lettre de voiture. — *Cass.*, 29 déc. 1845, (t. 1er 1846, p. 540), Osmont c. Segaud.

89. — Ainsi, et spécialement, un commissionnaire soumis par la lettre de voiture à faire parvenir une marchandise dans une ville déterminée *par l'entremise d'un tel, à Paris, pour faire suivre à la destination indiquée par le messager*, a pu être déclaré responsable de la perte de cette marchandise survenue par le fait de l'intermédiaire de Paris, qui l'a confiée non au messager de la localité indiquée, mais à celui d'une localité voisine. — Même arrêt.

90. — Mais ce commissionnaire doit, en pareil cas, être admis à exercer son recours non seulement à l'égard des intermédiaires par lui choisis, mais encore contre celui désigné dans la lettre de voiture, qui, en remettant les marchandises en d'autres mains que celles du voiturier indiqué, en a occasionné la perte. — Même arrêt. — V. COMMISSIONNAIRE DE TRANSPORTS, nos 219 et suiv.

91. — Le voiturier a le droit de retenir les marchandises transportées, si on ne lui paie pas le montant de la lettre de voiture; car les frais de voiture sont privilégiés sur la chose voiturée. — C. civ., art. 2102-3o. — Delamarre et Lepoitevin, *Du contrat de commission*, t. 1er, no 417; E. Vincens, *Législ. comm.*, t. 1er, p. 628; Goujet et Merger, vo *Voiturier*, no 65.

92. — En supposant que, par suite d'un concours de circonstances, le prix de la vente des marchandises soit insuffisant pour remplir le voiturier de son dû, il conserve son action contre l'expéditeur qui ne serait pas admis à prétendre, pour s'en affranchir, que ce n'est que par force majeure ou par cas fortuit que les choses ont subi une dépréciation telle qu'elles ne suffisent plus au paiement, et que, partant, cette dépréciation ne doit point retomber sur lui. — Pardessus, no 550.

93. — De plus, le voiturier, toutes les fois qu'il a effectué le transport à la satisfaction, tant de l'expéditeur que du destinataire, a une action contre l'un et l'autre pour les dépenses par lui faites pour la conservation de la chose et pour les frais de transport. — Pardessus, no 518; Bravard, *Man. du dr. comm.*, p. 133.

94. — La remise des marchandises opérée par le voiturier sans qu'il ait réclamé le montant de la lettre de voiture, n'établit pas, en faveur du destinataire, preuve ou présomption du paiement fait par ce dernier des frais de transport. Cette preuve ne peut résulter que de la représentation de la lettre de voiture acquittée, ou de la quittance donnée par le voiturier ou le commissionnaire de roulage. — *Cass.*, 20 juin 1834, Lajoie c. Brouchon.

95. — Mais le voiturier ne peut exiger de l'expéditeur le prix du transport qu'il prétend avoir effectué qu'en rapportant la preuve qu'il a remis les marchandises à leur destination, lors même qu'il n'aurait été employé que comme *agent* de la personne pour laquelle il a fait le transport. — *Cass.*, 20 mai 1818, Boubée c. Delanoue.

96. — Le privilége du voiturier a lieu non seulement pour le prix de la lettre de voiture, mais encore pour les frais accessoires, tels que ceux faits pour la conservation de la chose. — C. civ., art. 2102-6o. — Troplong, *Hypoth.*, t. 1er, no 209; Delamarre et Lepoitevin, t. 1er, no 417.

97. — Le commissionnaire qui fait une avance à un voiturier sur le dépôt de sa lettre de voiture, de même que celui qui a prêté en mentionnant le prêt sur cette même lettre, n'a aucun privilége sur le montant du transport par préférence sur les autres créanciers du voiturier. Le montant d'une lettre de voiture n'étant autre chose qu'une créance ordinaire due au voiturier qui y est dénommé, elle est, comme toutes les valeurs appartenant à un débiteur, le gage commun de ses créanciers. — Horson, *Quest. sur le C. de comm.*, no 35.

98. — Jugé, dans le même sens, que celui qui loue à un voiturier par eau son travail et ses che-

vaux pour la remonte d'un bateau chargé de marchandises, n'a pas privilége sur les marchandises transportées pour le paiement de son salaire et du loilage de ses chevaux. Il ne peut agir directement, mais seulement en qualité de créancier des voituriers, contre les propriétaires de la chose voiturée. — *Nîmes*, 12 août 1812, Fournier c. Martousset.

99. — Le voiturier ne perd pas son privilége par le seul fait qu'il se serait dessaisi des objets, pourvu qu'il agisse, pour la conservation de son droit, dans le bref délai que l'usage détermine, eu égard à la nature des choses voiturées. — Pardessus, n° 1205; Delvincourt, *Dr. civ.*, t. 3, p. 213; Troplong, *Hyp.*, t. 1er, n° 207; Duranton, t. 19, n° 134.

100. — Si, en principe, le privilége du voiturier ne peut plus s'exercer lorsque la chose n'est plus en sa possession, et surtout lorsqu'elle est passée en mains tierces, on ne peut le décider ainsi lorsque, bien que vendue et frappée de la marque de l'acquéreur, la chose voiturée (des bois, par exemple) est demeurée sur un port, entrepôt commun où elle était déposée, tant en faveur du voiturier pour l'exercice de son privilége que du propriétaire pour la mise en vente; dans ce cas, on ne saurait dire que les bois ne sont plus en la possession du voiturier; et il peut, tant qu'il n'y a pas eu déplacement et enlèvement de ces bois, réclamer son privilége. — *Cass.*, 13 avr. 1840 (t. 1er 1840, p. 597), Vassal c. compagnie des petites rivières de la Nièvre.

101. — Une saisie qualifiée à tort *saisie-gagerie* peut être déclarée valable comme opposition, par le voiturier, pour la conservation de son privilége, au déplacement de la chose voiturée. — Même arrêt.

102. — Le voiturier, même après la livraison, conserve un privilége sur le prix des choses voiturées pour le paiement des frais de transport, encore bien que le propriétaire soit tombé en faillite et ait atermoyé. — *Paris*, 2 août 1809, Caquet c. Brucelle. — Persil et Croissant, *Des commissionnaires*, p. 233.

103. — Quand les marchandises à transporter ont fait l'objet de plusieurs voyages et que le voiturier s'est dessaisi de celles qui ont été transportées les premières, peut-il exercer son privilége sur les dernières pour le montant de la totalité du prix du transport? — Pour l'affirmative, on dit que le privilége est indivisible, et qu'il doit s'exercer pour la totalité sur chacune des parties des objets qui y sont soumis.

104. — Pour la négative, on répond que la loi n'accordant de privilége pour les frais de voiture et les dépenses accessoires que sur la chose voiturée, le privilége a lieu uniquement pour les frais de chaque voyage sur les objets de ce même voyage, et que, comme un voiturier ne serait pas fondé à réclamer par privilége ses frais de transport sur la chose voiturée par un autre, de même aussi le voiturier qui a fait plusieurs voyages ne saurait exercer de privilége sur la chose voiturée que pour les frais occasionnés par cette chose. — Troplong, *Hypoth.*, t. 1er, p. 320.

105. — Suivant MM. Goujet et Merger (v° *Voiturier*, n° 73), il faut faire une distinction. Si les choses à transporter font l'objet d'autant de contrats séparés qu'il y a de transports, le privilége ne saurait s'étendre d'un voyage à un autre. Mais il en doit être autrement quand il s'agit du transport en bloc d'objets déterminés, lequel ne peut s'effectuer qu'au moyen de plusieurs transports partiels et réitérés. Il n'y a, dans ce cas, qu'un seul contrat, un seul prix, et chaque partie des objets transportés est affectée par privilége à la sûreté du paiement de la totalité de ce prix. Le voiturier peut donc réclamer, lors de la livraison des derniers objets transportés, le paiement de ce qui lui est dû pour le transport de tous les objets. — *Bourges*, 13 déc. 1817, Feuillet c. Bourgeois; *Cass.*, 28 juill. 1819, mêmes parties.

Sect. 4e. — *Responsabilité du voiturier.*

106. — La responsabilité du voiturier a pour objet soit la perte, soit les avaries des objets qui lui ont été confiés, enfin, soit le retard dans leur transport.

107. — Il n'y a d'exception, comme on le verra au sujet de chacun de ces cas, qu'autant qu'il y a eu cas fortuit ou force majeure. — V. CAS FORTUIT, FORCE MAJEURE.

108. — Nous ajouterons, en ce qui concerne spécialement le voiturier, que le cas fortuit n'est une cause de dispense de la garantie qu'autant que le voiturier justifie qu'il n'y a eu ni imprudence ni négligence de sa part, et qu'il n'a pu prévoir, prévenir, éviter ni atténuer les effets de l'événement qui a occasionné la perte. — *Metz*, 18 janv. 1815, Mandrot c. Spiégel.

109. — ... Que la force majeure suppose un événement imprévu, subit, en dehors de toutes les prévisions, et que, conséquemment, on n'est jamais prêt à constater; que, dès-lors, le voiturier ne saurait être responsable par cela seul qu'il a négligé de constater le cas fortuit ou la force majeure au moment même où ils sont survenus, ou qu'il ne l'a pas fait par un procès-verbal de l'autorité locale. Tous les moyens de preuve, à quelque époque qu'il les ait recueillis, sont bons pour établir la force majeure ou le cas fortuit, sauf aux juges à en apprécier le mérite. — Persil et Croissant, n° 15, p. 116.

110. — Jugé, cependant, que la force majeure doit être constatée *hic et nunc*, c'est à dire dans le moment et dans le lieu où elle se manifeste, et non par des certificats ou des enquêtes obtenus après coup et depuis le procès. — *Colmar*, 6 janv. 1815, Guez c. Dillemain.

111. — Le voiturier ne pourrait, comme le commissionnaire de transports, stipuler qu'il ne sera garant ni de la perte ni des avaries des objets qu'il s'agit de transporter; car il serait ainsi dégagé de toute obligation; il n'y aurait pas de lien en ce qui le concernerait; il recevrait le prix de son transport et il pourrait se dispenser de le faire. — Pardessus, n° 542.

112. — Jugé, en ce sens, qu'on doit considérer comme nulle et illégale la clause d'une lettre de voiture qui affranchirait les patrons et capitaines de toute responsabilité, même à raison de leurs faits personnels et de leur négligence. — *Aix*, 6 août 1823, Gignoux c. N...

113. — Au contraire, suivant M. Troplong (n° 942), une pareille stipulation mettrait seulement à la charge de l'expéditeur la preuve de la négligence ou de la faute du voiturier. D'un autre côté, il n'y aurait rien d'illicite dans la convention que le voiturier ne serait pas responsable des avaries provenant des fautes légères qu'une extrême circonspection peut seule éviter. — Persil et Croissant, p. 186.

114. — 1° *Perte.* — Le voiturier est garant de la perte des objets à transporter, hors les cas de la force majeure. — C. comm., art. 103.

115. — La force majeure est ici ce qui dépasse les bornes de la vigilance du bon père de famille. — Troplong, *Louage*, n°s 915 et 916; Duvergier, t. 4, n° 330.

116. — La preuve des événemens de force majeure est à la charge de celui qui s'est obligé au transport. La force majeure est une exception, et, comme telle, elle doit être nécessairement justifiée: jusque-là, la présomption est toujours en faveur de la responsabilité. — *Aix*, 6 août 1823, Gignoux c. N...; *Alger*, 16 déc. 1846 (t. 2 1847, p. 306), Gabanon c. Bazin. — Pardessus, n° 545; Troplong, n° 916.

117. — L'incendie d'une voiture qui, pendant sa marche, a pris feu tout à coup, et sans aucune apparence de faute ou d'imprudence de la part du voiturier, et sans cause connue, doit être assimilé à un cas fortuit ou de force majeure. Le voiturier cesse, dans ce cas, d'être garant de la perte des marchandises chargées sur sa voiture. — *Paris*, 24 fév. 1820, Lequesne c. Bonnafoux.

118. — Mais l'incendie d'un bateau, survenu dans un lieu de station, pendant la nuit, et dont on ne peut assigner la cause, est présumé provenir de l'imprudence ou de la négligence des gens de l'équipage, lors surtout qu'ils se sont bornés à une simple visite avant de se coucher et n'ont pas veillé à la garde du bateau. Dans ce cas, le voiturier est responsable de la valeur des marchandises qui étaient chargées sur le bateau incendié, et qui ont été perdues par le fait de l'incendie. — *Aix*, 6 août 1823, Gignoux c. N...

119. — On n'admettrait pas l'exception de force majeure pour les voituriers par eau qui, obligés par les réglemens de se faire piloter dans certains lieux, auraient fait naufrage faute d'avoir pris cette précaution. — Pardessus, n° 545.

120. — Le voiturier est garant de la perte des marchandises qui lui sont confiées, lorsqu'il s'est obstiné à les transporter en contravention aux ordonnances, et que, pour raison de cette contravention, elles ont été confisquées, en supposant toutefois qu'il ait connu le danger. — *Metz*, 9 déc. 1817, Collignon c. Mangeot.

121. — Le voiturier est responsable de la perte des objets lorsqu'elle a lieu par suite de la remise qu'il en a faite à un autre que le véritable destinataire. — V. *suprà* n°s 44 et suiv.

122. — Il est également responsable de cette perte non seulement lorsque ces objets lui ont été remis à lui-même, mais encore lorsqu'ils ont été remis à ses préposés. — *Cass.*, 4 déc. 1837 (t. 1er 1838, p. 284), Boscher c. Levasseur.

123. — Mais il en serait autrement des paquets qui auraient été remis à ses domestiques non préposés pour les recevoir. — *Cass.*, 5 mars 1811, Muggia c. Batteta; 29 mars 1814, Huot c. Suard.

124. — Le voiturier est garant de la perte des objets dont il s'est chargé d'effectuer le transport, même dans le cas où le propriétaire des effets perdus les a accompagnés et a traité en même temps du transport de sa personne, et alors même qu'il n'y a pas eu déclaration des objets sur un registre. — *Lyon*, 15 mai 1839 (t. 1er 1839, p. 624), Tourraton c. Déal. — V., au surplus, TRANSPORTS (entrepreneur de).

125. — ... Peu importe qu'il s'agisse d'une voiture particulière, indépendante de tout service public et ordinaire, qui même ne serait pas la propriété du voiturier: il suffit qu'il y ait eu contrat de louage régulier pour que le voiturier soit soumis à toutes les obligations des art. 1302, 1384, 1782, 1952 et 1954, C. civ., et 103, C. comm. — Même arrêt.

126. — Quant aux vols, et sur le point de savoir s'ils doivent être réputés cas de force majeure, M. Pardessus (n° 545) pose en principe que les voituriers ne sont pas responsables des vols faits en chemin par des hommes attroupés, mais qu'il faut que la rencontre, l'attroupement et la violence soient bien constatés; que ce soit sur la route directe de la destination et à une heure qui ne fût pas indue, à moins toutefois que le voiturier n'ait été autorisé à quitter la grande route ou à voyager de nuit par l'expéditeur, ou que, par suite d'un accident dont il ne serait pas responsable, il ait été empêché de se rendre de jour à un lieu de gîte. Il résulte de là que la force majeure doit être bien établie, et que la conduite du voiturier doit être complétement pure de tout soupçon et reproche.

127. — Toutefois, le vol avec effraction, commis nuitamment, ne déchargerait pas le voiturier s'il était le fait d'un de ses préposés ou gens à gages. C'était à lui de les mieux choisir. — Vanhuffel, n° 16.

128. — Le voiturier, responsable de la chose perdue, est tenu de rembourser la valeur totale de cette chose. — *Lyon*, 15 mai 1839 (t. 1er 1839, p. 624), Tourraton c. Déal.

129. — Il est tenu de payer la valeur qu'avait la chose perdue au moment où la remise devait en être faite, si cette chose avait acquis une valeur supérieure au prix d'achat; et si la valeur avait diminué, l'expéditeur pourrait réclamer le prix d'achat. — Troplong, n° 921; Pardessus, n° 544; Zachariæ, t. 3, p. 44.

130. — A cet égard, l'estimation est abandonnée à l'appréciation des juges. — *Lyon*, 15 mai 1839 (t. 1er 1839, p. 624), Tourraton c. Déal. — V., au surplus, COMMISSIONNAIRE DE TRANSPORTS, TRANSPORTS (entrepreneur de).

131. — ... 2° *Avaries.* — En règle générale, le voiturier est garant des avaries survenues aux choses qu'il transporte. — C. comm., art. 103; C. civ., art. 1784.

132. — Ainsi, le voiturier qui, en se chargeant du transport d'une certaine quantité de vins ou de liqueurs, a reçu en même temps les bouteilles servant d'échantillon, est responsable de l'identité de ces vins et liqueurs avec l'échantillon dont il est porteur. — *Metz*, 20 août 1827, Genoudet c. Vedel.

133. — L'art. 103, C. comm., qui rend le voiturier garant des avaries des objets qu'il transporte, s'applique à toutes les entreprises ou sociétés qui se chargent du transport des marchandises, et, par conséquent, aux sociétés de chemins de fer. — *Paris*, 14 août 1847 (t. 2 1847, p. 321), chemin de fer de Versailles (rive gauche) c. Mulapeau.

134. — Mais il y a exception quand les avaries sont le résultat de la force majeure. — C. comm., art. 103; C. civ., art. 1784. — Même arrêt. — V. *suprà* n°s 107 et suiv.

135. — ... Ou bien quand les avaries proviennent du vice propre de la chose. — C. comm., art. 103. — Même arrêt.

136. — Telles sont les déperditions des marchandises sèches ou liquides qui sont inhérentes à la nature des choses. — Boulay-Paty, *Droit comm. maritime*, t. 1er, p. 413.

137. — Le voiturier ne serait pas non plus responsable des pertes et détériorations si elles étaient imputables à la faute, au fait ou à la négligence du vendeur ou expéditeur. Par exemple, pour défaut d'emballage ou toute autre cause qu'on pût leur reprocher. — Troplong, n°s 940, 941; Duvergier, t. 4, n° 331; Pardessus, n° 542; Zachariæ, t. 3, p. 42; E. Vincens, t. 1er, p. 623.

138. — Le voiturier n'est point non plus responsable des pertes ou détériorations occasionnées par le contact des choses avec les marchandises placées sur sa voiture par d'autres chargeurs,

pourvu qu'il prouve qu'il n'était pas en lui de prévoir l'effet que produirait la réunion, dans un même chargement, de ces objets divers, susceptibles de s'altérer ou de se détruire mutuellement. — Pardessus, nº 545.

139. — Encore bien que l'auteur immédiat du dommage soit reconnu et désigné par un jugement passé en force de chose jugée, le propriétaire des marchandises peut néanmoins, s'il y a eu négligence de la part du voiturier, s'adresser directement à celui-ci. — *Metz*, 18 janv. 1815, Maudrot c. Spiégel.

140. — Si les marchandises avariées sont encore susceptibles d'être mises dans le commerce, le destinataire ne peut les refuser, sous prétexte qu'elles auraient éprouvé quelque détérioration; il n'a droit qu'à une indemnité proportionnée au dommage. — *Bordeaux*, 22 juill. 1835, Bahans c. Malcouronne. — Pardessus, nº 544 ; Goujet et Merger, vº *Voiturier*, nº 96.

141. — Mais si les marchandises ne peuvent être d'aucune utilité au destinataire, il a droit de les laisser au compte du voiturier et d'en exiger la valeur. — V. COMMISSIONNAIRE DE TRANSPORTS, nºs 84 et suiv.

142. — 3º *Retard*. — Bien que le Code de comm., art. 97, ne désigne expressément que le commissionnaire de transports comme garant de l'arrivée des marchandises dans le délai déterminé par la lettre de voiture, cette responsabilité n'existe pas moins pour le voiturier. En effet, elle résulte de l'art. 102, qui porte que la lettre de voiture doit énoncer l'indemnité due pour cause de retard, et de l'art. 104, qui dispose qu'il n'y a pas lieu à indemnité contre le voiturier pour cause de retard provenant de la force majeure. — Goujet et Merger, *ibid.*, nºs 98 et 99.

143. — L'indemnité stipulée dans la lettre de voiture est ordinairement de *tant* par jour. Du moment que le voiturier n'est pas arrivé au jour fixé, il doit subir l'indemnité en raison du nombre de jours de retard. — Goujet et Merger, *ibid.*, nº 100.

144. — En cas de simple retard provenant du fait du voiturier, le commissionnaire n'est pas responsable du préjudice qui en résulte pour le destinataire, et celui-ci n'a à exercer son droit de retenue que contre le voiturier. — Pardessus, nº 545.

145. — Si, dans la prévision du retard, l'indemnité a été fixée entre les parties, le destinataire y a droit sans avoir à justifier d'un préjudice éprouvé; si les parties ont gardé le silence à ce sujet, la question doit être soumise à l'appréciation des juges. — Persil et Croissant, p. 111, nº 5.

146. — Dès-lors, les juges du fond sont libres de choisir, pour régler l'indemnité qui est due en pareil cas, tel mode de réparation que bon leur semble, suivant les circonstances. — *Cass.*, 3 août 1835, Poulain c. Cazeing.

147. — Jugé, par suite, que les voituriers peuvent, en cas de simple retard dans l'arrivée des marchandises qui leur ont été confiées, être, en raison du préjudice qui en a été la suite, condamnés, à titre d'indemnité, à les garder pour leur compte en en payant la valeur. — Même arrêt.

148. — Quand le retard a été considérable et que le destinataire a éprouvé par suite un grand préjudice, il est obligé de prouver ce préjudice : les juges sont libres de choisir, pour régler l'indemnité, tel mode de réparation que bon leur semble, d'après les circonstances. — Goujet et Merger, *ibid.*, nº 102; Persil et Croissant, p. 112.

149. — Si, par l'effet de la force majeure, le transport n'est pas effectué dans le délai convenu, il n'y a pas lieu à indemnité contre le voiturier, pour cause de retard. — C. comm., art. 104.

150. — Mais c'est au voiturier de prouver la force majeure. — *Colmar*, 6 janv. 1815, Guez c. Dillemain. — Car, du moment qu'il est en retard, la présomption est qu'il y a faute ou négligence de sa part. — Pardessus, nº 544 ; Troplong, nº 110.

151. — Le simple retard provenant de la force majeure ou d'événemens imprévus, lorsqu'il n'est pas de nature à résilier le contrat, est aux risques de chacune des parties : d'un côté le voiturier ne peut demander un supplément de prix; de l'autre, l'expéditeur ne peut prétendre d'indemnité pour le préjudice qui lui est causé. — Pardessus, nº 552.

Sect. 5e. — *Action en responsabilité.*

152. — L'action en responsabilité peut être exercée par toute personne qui avait intérêt à ce que les objets arrivassent à leur destination dans le délai fixé et en bon état de conservation.

153. — Ainsi, de ce que l'art. 100, C. comm., porte que la marchandise sortie du magasin du vendeur ou de l'expéditeur voyage, s'il n'y a convention contraire, aux risques et périls de celui à qui elle appartient, il n'en faut pas conclure que le propriétaire seul puisse intenter l'action en indemnité ou en dommages-intérêts contre le voiturier ou le commissionnaire ; l'expéditeur a aussi le droit d'exercer cette action ; car, en outre de ce qu'il ne fait pas connaître dans la lettre de voiture si la marchandise est vendue, il pourrait, même dans ce cas, avoir pris sur lui les risques par une convention. L'art. 100, C. comm., n'a pour objet que de régler les relations de l'acheteur avec le vendeur, au point de vue de la responsabilité. — Vincens, *Législ. comm.*, t. 1er, p. 625 ; Pardessus, nº 545.

§ 1er. — *Compétence.*

154. — Il est d'abord à remarquer que si l'art. 106 C. comm., donne au président du tribunal de commerce le droit de nommer des experts en cas de refus ou de contestation pour la réception des objets transportés, cet article n'est point pour cela attributif de juridiction relativement au jugement des contestations qui peuvent s'élever entre le voiturier et le destinataire ou l'expéditeur. — *Caen*, 28 janv. 1829, Beaudet c. Masselin ; *Lyon*, 16 mai 1840 (t. 2 1840, p. 641), Pougnot, c. Perrichon. — Goujet et Merger, vº *Voiturier*, nº 109.

155. — D'après l'art. 2 de la loi du 25 mai 1838, les juges de paix prononcent sans appel jusqu'à la valeur de 100 fr. et, à charge d'appel, jusqu'à concurrence de 1500 fr., sur les contestations entre les voyageurs et les voituriers, ou bateliers pour retards, frais de route et pertes ou avaries d'effets accompagnant les voyageurs.

156. — Ainsi, la contestation entre un voyageur et un batelier ou voiturier, relative à une perte d'effets qui accompagnaient le premier, doit être portée devant le juge de paix et non devant le tribunal de commerce. — *Paris*, 13 fév. 1844 (t. 1er 1844, p. 365), Lefèvre c. Levrier.

157. — Dans les autres cas, comme des bateliers ou voituriers font acte de commerce en transportant des marchandises soit avec des bateaux ou voitures, soit avec des véhicules par eux loués (V. ACTE DE COMMERCE, nºs 338 et suiv.), il s'ensuit que c'est au tribunal de commerce qu'il appartient de connaître des contestations relatives à ces transports. — C. comm., art. 631.

158. — Il faut donc se reporter vº COMPÉTENCE COMMERCIALE pour décider les questions relatives soit à la compétence d'attribution, soit à la compétence territoriale. — Toutefois, nous rappellerons ici quelques décisions en ce qui concerne spécialement des voituriers.

159. — La réclamation formée par un marchand de charbons contre un voiturier public, à l'occasion de la remise de sacs dont celui-ci aurait été chargé, est de la compétence du tribunal de commerce. — *Caen*, 15 déc. 1846 (t. 1er 1847, p. 282), Meurtaux c. Baudoire et Dorthée.

160. — Jugé même que les tribunaux de commerce doivent connaître des contestations relatives à un transport effectué par un particulier, quoiqu'il ne soit point voiturier de profession. — *Pau*, 20 avr. 1822, Lasserre c. Lagardère.

161. — Le tribunal de commerce est également compétent pour connaître de la demande en dommages et intérêts formée par le voiturier contre l'expéditeur commerçant qui, en le chargeant d'objets prohibés ou soumis à des droits sans l'en prévenir, lui a fait encourir des condamnations corporelles et pécuniaires par suite de cette fraude. — *Montpellier*, 12 juill. 1828, Pratz c. Guillain.

162. — Mais le tribunal de commerce est incompétent pour connaître de la demande formée par l'expéditeur contre le voiturier du destinataire, en restitution des droits qu'il a payés, à défaut par celui-ci d'avoir fait décharger à la sortie de la ville l'acquit-à-caution destiné à suivre la marchandise qu'il a enlevée par les ordres et pour le compte du destinataire. — *Orléans*, 26 juill. 1843 (t. 2 1843, p. 377), Desbois c. Monnet.

163. — Quant à la compétence territoriale, c'est-à-dire à l'application des dispositions de l'art 420, C. procéd., V. COMPÉTENCE COMMERCIALE, nºs 414 et suiv.

164. — L'action dirigée par l'expéditeur contre le voiturier, à fin de réparation du dommage causé par la perte des marchandises qu'il lui a confiées et livrées pour en faire le transport, doit être portée devant le tribunal du domicile du voiturier. — *Bordeaux*, 22 mars 1836 (t. 1er 1837, p. 88), Galibert c. comp. *la Jeune-France*.

165. — Jugé au contraire que c'est devant le tribunal du lieu où se trouvent les marchandises à l'occasion desquelles un voiturier est poursuivi que la contestation doit être portée, et non devant le tribunal du domicile du voiturier. — *Aix*, 15 nov. 1825, Constant c. Schmitz.

166. — De même, un voiturier par eau qui s'est chargé d'un transport de marchandises peut demander son paiement devant le tribunal dans le ressort duquel les marchandises ont été déposées, du consentement du propriétaire, et par l'effet d'un événement imprévu, quoique, aux termes du traité, il dût le rendre à une autre destination. — *Trèves*, 26 janv. (et non février) 1810, Marx c. N....

167. — Les contestations entre un voiturier et celui à qui la marchandise aurait été remise par erreur ne sauraient être portées devant le tribunal du lieu où est la marchandise. — *Caen*, 28 janv. 1829, Beaudet c. Masselin.

168. — Celui qui a succombé dans l'action qu'il avait intentée contre le voiturier pour avaries de marchandises peut ensuite exercer son recours contre l'expéditeur, par action principale devant le même tribunal, bien que ce ne soit pas le tribunal du domicile de ce dernier, alors que cet expéditeur l'a induit en erreur en lui indiquant le voiturier comme seul auteur de l'avarie. — *Aix*, 15 janv. 1813, Barthélemy c. Evrard.

§ 2. — *Fins de non recevoir.*

169. — Le voiturier assigné en responsabilité peut, indépendamment des moyens du fond et avant même de les aborder, repousser la demande par une double fin de non recevoir tirée : 1º de la réception des objets et du paiement du prix du transport ; 2º et de la prescription.

170. — Mais la fin de non recevoir établie par les art. 435 et 436, C. comm., et relative aux actions dirigées contre les capitaines de navires et les assureurs, n'est pas applicable aux actions dirigées contre les voituriers ou expéditeurs de marchandises par terre. — *Aix*, 15 juill. 1825, Giraud c. Arnald. — V. COMMISSIONNAIRE DE TRANSPORTS, nºs 184 et suiv.

171. — 1º *Réception des objets et paiement du prix du transport.* — « La réception des objets transportés et le paiement du prix de la voiture éteignent toute action contre le voiturier. » — C. comm., art. 105.

172. — Mais jugé, au contraire, qu'avant le Code de commerce, la responsabilité du voiturier ne cessait pas par cela seul que le consignataire avait reçu les objets transportés et payé la lettre de voiture, sans faire de réclamation au moment de la remise et sans remplir aucune formalité pour constater la cause de l'avarie. — *Cass.*, 21 janv. 1807, Morillon c. Lartigue.

173. — L'extinction de l'action ne peut résulter que de la double circonstance de la réception des marchandises et du paiement du prix du transport. En effet, de ce qu'un négociant, privé du loisir nécessaire pour vérifier sur-le-champ l'état des marchandises à leur arrivée, a néanmoins, dans le but de prévenir toute détérioration, souffert qu'on les déchargeât chez lui, il serait injuste de conclure qu'il les a reconnues en bon état. — *Bordeaux*, 5 juill. 1839 (t. 1er 1839, p. 389), Blondeau c. administration de la navigation du Drot. — Pardessus, nº 547 ; Locré, t. 1er, p. 532.

174. — Jugé également, que l'action en responsabilité contre le voiturier pour les pertes ou avaries survenues aux objets transportés n'est pas éteinte par la seule réception de ces objets et tant que le prix de voiture n'a pas été payé. — *Cass.*, 2 août 1842 (t. 2 1842, p. 391), Randoin c. Fabien.

175. — D'un autre côté, l'art. 105 n'est pas tellement absolu que l'application ne puisse pas en être écartée par une exception de dol et de fraude. — *Liége*, 5 déc. 1822, Radler c. Chainaye. — Pardessus, nº 547. — V. COMMISSIONNAIRE DE TRANSPORTS, nºs 178 et suiv.

176. — De plus, d'après ce qu'on a vu (*suprà* nº 173), la réception de la marchandise et le paiement de la lettre de voiture ne pouvant être opposés pour exception que relativement à la décharge du voiturier, elles laissent subsister l'action du destinataire contre l'expéditeur en cas de défectuosité de la marchandise. — *Paris*, 1er mars 1834, Rossignol c. Bourgaud.

177. — Jugé, au contraire, que la réception pure et simple, sans réclamation instantanée de la marchandise, emporte, quelle que soit la difficulté d'en reconnaître autrement que par l'emploi la véritable qualité, renonciation à toute réclamation ultérieure, surtout lorsque le prix a été envoyé pour solde au vendeur. — *Colmar*, 23 août 1831, Cealis c. Witz Blech.

178. — 2º *Prescription.* — « Toutes actions contre le voiturier, à raison de la perte ou de l'avarie des marchandises, sont prescrites après six mois, pour les expéditions faites dans l'intérieur de la France,

et après un an pour celles faites à l'étranger; le tout à compter, pour les cas de perte, du jour où le transport des marchandises aurait dû être effectué, et pour les cas d'avarie, du jour où la remise des marchandises aura été faite. » — C. comm., art. 108.

179. — La fixation du jour où le transport des marchandises aurait dû être effectué dépend de la convention, ou, à défaut de la convention, de l'usage. — Goujet et Merger, v° *Voiturier*, n° 131; Vanhuffel, n° 88.

180. — La prescription de six mois établie par l'art. 108, C. comm., est applicable au cas de fausse destination ou de défaut de remise des marchandises, sauf indemnité contre ceux qui sont coupables de la faute ou du retard. — Colmar, 10 juill. 1832, Fortier c. Bischoff.

181. — De même, cette prescription est applicable non seulement au cas où ces marchandises ont été tout-à-fait perdues, mais encore lorsqu'elles n'ont été que simplement égarées par suite d'une fausse route. — *Cass.*, 18 juin 1888 (t. 2 1838, p. 197) Sambucy c. Galiaud.

182. — Jugé, au contraire, que la prescription de six mois ne peut s'étendre au cas où la marchandise n'a pas été rendue à sa véritable destination. — *Paris*, 30 sept. 1812, Hébray c. Prévoteau.

183. — ... Qu'elle n'est pas non plus applicable au cas où un paquet contenant des papiers a été remis à un tiers à qui il n'était pas adressé et qui n'avait pas de mandat pour le retirer. — *Nîmes*, 20 fév. 1828, Plagniol c. Bimard.

184. — ... Qu'elle est également inapplicable lorsqu'il n'a été fixé aucun délai pour le transport. — *Pau*, 16 déc. 1814, Benêuza c. Basterché.

185. — Quoi qu'il en soit, elle ne peut s'étendre au défaut d'envoi. — *Liège*, 20 avr. 1814, Jacob c. Benkin-Gérard.

186. — La prescription n'a point lieu en cas de fraude ou d'infidélité. — C. comm., art. 108.

187. — Cependant, la prescription s'applique même au cas où la perte est arrivée par fraude ou infidélité, si aucune fraude ou l'infidélité personnelle n'est imputée au voiturier. — Tel est le cas où une partie des marchandises aurait été volée par des individus auxquels le voiturier les avait confiées pour les décharger. — *Cass.*, 29 mai 1826, Bricaud c. Gaillard.

188. — Pour pouvoir invoquer la prescription établie en faveur du voiturier, il n'est pas nécessaire que la perte ou l'avarie des marchandises soit constatée; il suffit qu'on ne puisse alléguer contre lui ni fraude ni dol. — *Cass.*, 8 mars 1819, Hémon c. Bonnet.

189. — La prescription dont il est ici question étant une dérogation au droit commun, elle doit être rigoureusement restreinte dans les limites qui lui sont assignées. — Goujet et Merger, v° *Voiturier*, n° 137.

190. — Ainsi, quand la responsabilité du voiturier est engagée, non point à raison de perte ou d'avarie, mais parce que, tenu par une convention prouvée, ou même par une suite de sa proposition résultant des usages locaux, de remplir quelque formalité dans l'intérêt de l'expéditeur, par exemple, de faire viser à des barrières ou bureaux de passage, des acquits à caution, il ne s'est pas exécuté et a occasionné à l'expéditeur un préjudice, ou l'a exposé à des amendes envers le fisc, l'action dure trente ans, aucune loi ne limitant la durée à un délai moindre. — Pardessus, t. 2, n° 546.

191. — De même, la prescription de l'art. 108, C. comm., ne peut être invoquée que par le voiturier ou le commissionnaire à raison de la perte ou de l'avarie des objets transportés; elle ne saurait l'être par l'expéditeur vis-à-vis du destinataire. — *Aix*, 15 juill. 1825, Giraud c. Arnald; *Lyon*, 20 déc. 1826, Ouen c. Tezenas. — Persil et Croissant, p. 226; Goujet et Merger, v° *Voiturier*, n° 139.

192. — Lorsque le contrat est purement civil, M. Troplong (n° 928) est d'avis que la prescription de six mois ne peut plus être invoquée par le voiturier poursuivi à raison de la perte ou avarie de la chose qui lui avait été confiée. — Zacharie, t. 3, p. 44.

193. — Jugé, dans le même sens, que la prescription de l'art. 108, C. comm., ne peut être opposée à un particulier non commerçant, qui réclame une malle perdue, et qu'elle n'est applicable qu'au cas où des négocians expédient des marchandises relatives à leur commerce. — *Cass.*, 4 juill. 1816, Lacombe c. Tezenas.

194. — D'autres auteurs, au contraire, n'admettent pas de distinction entre le contrat civil et le contrat commercial. Suivant eux, l'art. 108, C. comm., est conçu dans les termes généraux qui ne comportent aucune exception. — Pardessus, n° 554; Duvergier, *Louage*, n° 332; Persil et Croissant, p. 267; Goujet et Merger, n° 140.

195. — Quoiqu'il en soit, cette prescription peut, comme toute autre espèce de prescription, être interrompue par une reconnaissance ou par des poursuites faites en temps utile. — V. PRESCRIPTION.

VOIX CONSULTATIVE.

V. JUGE SUPPLÉANT, JUGEMENT.

VOL.

Table alphabétique.

CHAP. Xer. — *Caractères généraux.*

2. — Le vol est rangé parmi les attentats contre la propriété, et il en forme la classe la plus nombreuse.

3. — Le droit canonique comprenait sous la dénomination de vol toute usurpation de la propriété d'autrui : *Furti nomine bene intelligitur omnis illicita usurpatio rei aliena.* — *Corp. jur. can.,* pars sec., causa 14, quæst. 5, § 13.

4. — Les Institutes et le Digeste donnent du vol la définition suivante : « *Furtum est contrectatio fraudulosa, lucri faciendi causâ vel ipsius rei, vel etiam usûs ejus, possessionisve.* » (L. 1er, § 3, ff., *De furtis*). Cette définition, comme on le voit, étendait le délit au simple abus de l'usage et de la possession.

5. — Bien que le principe de la loi romaine fût adopté par l'ancien droit (Muyart de Vouglans, p. 280; Jousse, t. 4, p. 168), la jurisprudence l'avait cependant modifié peu à peu. « Dans nos mœurs, dit Jousse, nous n'admettons pas d'autre larcin que celui qui se fait *de la chose même,* pour se l'approprier. » (t. 4, p. 178). — De Serre, *Inst. dr. fr.,* i. 4, t. 1er, § 8; Rauter, t. 3, p. 111.

6. — Le Code pénal, reprenant une définition plus précise donnée par la jurisconsulte Paul (*Pauli sentent.* tit. 31, *De furtis,* n° 1) : « *Fur est qui dolo malo rem alienam contrectat,* » a défini le voleur : « *Quiconque soustrait une chose appartenant à autrui.* »

7. — De cette définition il résulte que l'existence du délit suppose trois conditions. Il faut : 1° qu'il y ait soustraction d'une chose quelconque ; 2° que cette soustraction soit frauduleuse ; 3° que la chose soustraite appartienne à autrui.

8. — Mais aussi doit être cassé comme violant l'art. 401, C. pén., l'arrêt qui, tout en reconnaissant les manœuvres frauduleuses employées par les prévenus pour soustraire une somme d'argent, se borne à les qualifier de conduite coupable. — *Cass.,* 11 juill 1834, Ortel.

9. — Le vol a beaucoup de rapport avec d'autres délits, qui n'en sont, à vrai dire, que des nuances de la même variété : tels sont l'escroquerie, l'abus de confiance, la banqueroute, la destruction des titres renfermant obligation, la tromperie sur la marchandise ; mais chacun de ces faits a des caractères particuliers, qui seront indiqués à leur place. — V. ABUS DE CONFIANCE, BANQUEROUTE, DESTRUCTION DE TITRES, ESCROQUERIE, TROMPERIE.

§ 1er. — *Soustraction.*

10. — Le premier élément du vol est la *soustraction,* l'enlèvement. La seule pensée de soustraire ne suffirait pas, sans le cas où cette pensée se traduirait par des faits qui revêtiraient les caractères légaux de la tentative. — V. TENTATIVE.

11. — La soustraction n'existe pas par le seul fait de l'appréhension ou du maniement de la chose volée, suivant l'expression de Merlin. Le déplacement seul peut la constituer. « Il n'y a point de vol, dit Jousse, tant qu'il n'y a point d'enlèvement de la chose volée, quand même on aurait commencé à mettre la main sur cette chose, sans la déplacer. » — Jousse, t. 4, p. 166; Chauveau et Hélie, t. 6, p. 547

12. — La cour de Cassation a reconnu ce principe lorsqu'elle a déclaré dans les motifs de ses arrêts que la soustraction dont parle l'art. 379 est l'appréhension contre le gré du propriétaire ; qu'il n'y a de vol que lorsque l'objet du délit passe *de la possession* du légitime détenteur dans celle de l'auteur du délit dans celle, au contre le gré du premier, et que, pour soustraire, il faut *prendre, enlever, ravir* ; enfin, qu'il faut que la chose volée ait été *appréhendée* par le voleur et soit *sortie* de la possession du légitime propriétaire. — *Cass.,* 20 nov. 1835, Franchet; 15 nov. 1837 (t. 2 1837, p. 405), Baudet; 14 déc. 1839 (t. 1er 1840, p. 754), Ribes. — Chauveau et Hélie, t. 6, p. 548.

13. — La première conséquence à tirer de ce principe, c'est que le vol ne peut frapper que les choses mobilières, celles-là seules étant susceptibles d'être transportées d'un lieu à un autre. — L. 25, ff., *De furtis.* — Chauveau et Hélie, t. 6, p. 549.

14. — « Quant aux immeubles, disent MM. Chauveau et Hélie (*loc. cit.*), s'ils sont l'objet d'une occupation frauduleuse ou violente, ce n'est pas un vol, mais une usurpation, et ce délit est susceptible d'une qualification et d'une peine différente, qui n'ont qu'il se commet par force ouverte, par rébellion à justice, par déplacement de bornes ou par fabrication de faux titres. » — V. BORNAGE.

15. — On considère également les choses *incorporelles* comme insusceptibles de faire l'objet d'un vol, car l'enlèvement est un acte physique qui ne peut s'exercer que sur une chose matérielle. Ainsi, une *créance,* prise en elle-même et abstraction faite du titre qui la renferme, ne peut être *volée* ; mais si cette créance a fait l'objet d'un acte et que cet acte soit soustrait, il y a là un véritable vol, car l'acte est une chose corporelle à laquelle s'applique naturellement la *contrectation.* — V. Merlin, *Rép.,* v° *Vol,* sect. 1re, n° 4.

16. — La seconde conséquence, c'est que, dès qu'elles se commettent par un autre mode que par la *soustraction,* les diverses fraudes qui ont pour but de s'emparer des choses d'autrui ne rentrent plus dans la classe des vols. — Chauveau et Hélie, t. 6, p. 550. — Mais elles pourraient, suivant les circonstances, rentrer dans d'autres classes de délits, tels que escroquerie, *abus de confiance,* etc. — V. ABUS DE CONFIANCE, ESCROQUERIE.

17. — De là il résulte que qu'il y a eu remise volontaire de la part de la victime, alors même que cette remise aurait été déterminée par des motifs coupables de la part de l'agent, il n'y a pas vol. — Ainsi jugé dans une espèce où il s'agissait d'emprunts et d'achats faits sous des prétextes mensongers. — *Cass.,* 1er juill. 1842 (t. 2 1842, p. 543), Gaultier et Gombard.

18. — Jugé de même : 1° que pour que la rétention frauduleuse constitue un vol, il faut que la chose n'ait pas été *remise volontairement au prévenu,* mais qu'elle ait été par lui soustraite. — *Cass.,* 25 mars 1836, Martin.

19. — 2° Que celui qui, à l'aide de fraude, s'est fait remettre par le détenteur un billet souscrit par des tiers, ne peut être considéré comme coupable de vol, la remise, même frauduleuse, étant exclusive du fait de soustraction. — *Cass.,* 12 janv. 1836, Huet.

20. — Il a cependant été jugé que celui qui, en prétextant avoir acquitté les billets qu'il lui souscrits et déposés entre les mains d'un tiers, obtient de ce dernier la remise des billets commet non une escroquerie ou un abus de confiance, mais un *vol.* — Montpellier. 29 sept. 1828, Lanté. — Mais cette décision est erronée, car la *remise volontaire* excluait l'idée de *soustraction,* et, dès-lors il manquait une circonstance constitutive.

21. — 3° Que le débiteur qui, sous prétexte de réunir en un seul plusieurs titres partiels, *se les fait remettre* par son créancier en lui remettant en échange un nouveau titre intégral non signé, ne commet pas une soustraction frauduleuse dans le sens de la loi, bien qu'il ait usé de dol au même de manœuvres frauduleuses : Attendu, dit l'arrêt, que les titres qu'il a retenus indûment lui ont été volontairement et librement remis. — *Cass.,* 25 sept. 1834, Sattu c. Fouren de Loubère.

22. — 4° Que le propriétaire s'est *dessaisi* volontairement, ne sera-t-il. — Que l'art. 379 et 401, relatifs au vol, ne peuvent être appliqués, sauf, s'il y a lieu, l'application de l'art. 405, relatif à l'escroquerie. — *Cass.,* 20 nov. 1835, Franchel.

23. — 5° Que le double emploi d'une quittance de contribution remise spontanément par le percepteur, ne peut, alors même qu'il a été fait ou tenté de mauvaise foi, par le contribuable, être considéré comme vol. — *Cass.,* 9 sept. 1826, Dusseredi.

24. — 6° Que l'individu insolvable qui achète des bestiaux exposés en vente sur une foire, moyennant des prix payables comptant, retarde la livraison sous divers prétextes, jusqu'à la fin de la foire, et finit par obtenir la remise des bestiaux, sous la promesse de se libérer dans un bref délai après avoir fait cette faveur de solvabilité par des personnes affidées, ne se rend pas coupable de vol. — *Cass.,* 25 mars 1824, Coilion.

25. — 7° Que celui qui achète des marchandises dans une boutique, obtient crédit, sous prétexte qu'il a oublié sa bourse, promet de revenir le lendemain et disparaît avec les marchandises, ne commet pas une *soustraction frauduleuse.* — *Douai,* 20 nov. 1829, Dacquin.

26. — 8° Que le commissionnaire à qui une pièce d'or a été remise par méprise au lieu d'une pièce d'argent, pour son salaire, et qui refuse de la rendre en soutenant qu'il n'a reçu qu'une pièce d'argent, ne commet ni un vol ni aucun autre délit. — *Bruxelles,* 1er mai, 1828, Pierre V.

27. — 9° Que lorsque, par suite de la rupture d'un projet de mariage, la jeune fille a, en exécution d'un jugement, restitué au jeune homme, qui lui en a donné décharge, les cadeaux qu'il lui avait faits, si ce dernier vient à prétendre que dans la restitution une rétention et une substitution frauduleuses, c'est au tribunal correctionnel qu'il appartient de statuer sur sa réclamation. — *Cass.,* 30 janv. 1829, Lefebvre c. Bouchard.

28. — 10° Que celui qui, après s'être aperçu que des chèvres appartenant à autrui se sont mêlées furtivement à son troupeau, veut se les appro-

prier, ne se rend pas coupable d'un vol, parce qu'il n'y a de sa part ni soustraction ni main-mise. — *Cass.*, 2 sept. 1813, N...

29. — Ne faudrait-il pas néanmoins décider qu'il y a soustraction et main-mise, dès l'instant où le propriétaire du troupeau refuse de rendre et retient les chèvres qu'il sait ne pas lui appartenir? Au surplus, la solution de la question doit dépendre beaucoup des circonstances.

30. — Jugé également que celui qui se fait remettre par son créancier les billets qu'il lui a souscrits en déclarant faussement qu'il vient de signer chez un notaire, selon leurs conventions, une obligation en remplacement de ces billets, ne commet ni un vol, ni un larcin, ni une filouterie; il n'y a pas eu *soustraction*, mais *remise volontaire*. — *Cass.*, 7 mars 1817, Yvonnet c. Leroux.

31. — ... Que l'action d'avoir fait usage, mais non sciemment, d'une fausse lettre missive, pour se faire remettre un objet appartenant à autrui, ne présente pas les caractères d'une filouterie. — *Cass.*, 24 avr. 1828, Lamerie-Talon.

32. — ... Que le créancier qui se fait souscrire une obligation d'une somme supérieure à celle qui lui est légitimement due en menaçant son débiteur de poursuites criminelles, à raison d'un délit commis par ce dernier, ne se rend pas coupable de vol. — *Cass.*, 11 nov. 1819, Leguay.

33. — ... Que celui qui, à l'aide de mensonge, obtient de l'argent d'un autre à titre de prêt ne commet pas un vol, puisqu'il n'y a pas *soustraction, mais remise volontaire*. — *Cass.*, 22 mai 1835, Buffet.

34. — ... Que le fait d'avoir gardé frauduleusement un billet, en feignant de le rendre après l'avoir déchiré et d'en avoir ensuite exigé le paiement ne constitue pas un vol, attendu qu'il n'y a pas là soustraction frauduleuse, mais remise du billet. — *Cass.*, 18 nov. 1837 (t. 2 1837, p. 405), Baudet.

35. — ... Que celui qui sciemment se fait payer deux fois une créance ne commet pas un vol; il n'y a pas là *soustraction* frauduleuse. — *Metz*, 26 mars 1821, Peiffer.

36. — ... Que le fait, par un créancier, de refuser quittance d'une somme qu'il a reçue et de la passer en compte, ne constitue pas un vol, quelle qu'en soit d'ailleurs l'immoralité. — *Cass*, 29 août 1806, Lefèvre c. Marais.

37. — ... Que l'épicier qui, pour augmenter ses bénéfices, vend pour pur, du poivre en poudre mélangé d'une certaine quantité de poudre de chenevis ne commet pas un vol. — *Cass.*, 27 nov. 1810, Texier. — V. TROMPERIE SUR LA MARCHANDISE.

38. — ... Que le fait d'avoir, à l'aide d'un faux nom, touché une somme d'argent au préjudice de la République, ne constitue pas un vol de deniers publics mais une simple escroquerie. — *Cass.*, 17 fruct. an VIII, Chambreuil.

39. — ... Qu'il n'y a vol qu'autant qu'il existe une soustraction, un enlèvement de la chose volée, contre le gré du propriétaire; et que dès-lors il n'y a pas vol dans le fait d'un individu qui a appliqué à son profit des effets de commerce appartenant à autrui, et qui lui sont parvenus par la poste par suite d'une erreur dans la lettre d'envoi. — *Cass.*, 2 mai 1845 (t. 2 1845, p. 576), Balguerie.

40. — La cour de Bruxelles a décidé que le fait de s'être fait remettre des marchandises contre des pièces de cuivre blanchies pour simuler des pièces d'argent rentre dans les termes de l'art. 401, et ne constitue pas le délit d'escroquerie. — *Bruxelles*, 6 sept. 1836, Feyaert; *Cass. belge*, 22 déc. 1836 (même affaire). — Mais nous avons critiqué cette décision (v° ESCROQUERIE) en faisant remarquer que d'ailleurs un pareil fait pourrait constituer le crime de contrefaçon de monnaie d'argent. — V. FAUSSE MONNAIE, n°s 29 et suiv.

41. — On ne saurait voir non plus de *soustraction frauduleuse* dans le fait d'avoir détourné ou vendu des objets qui n'auraient été livrés qu'à titre de prêt. — *Metz*, 9 oct. 1821, Clausse c. Heyt; 22 janv. 1824 (il s'agissait du prêt d'un habit pour assister à un bal), Théobald; *Bordeaux*, 3 fév. 1831, Second.

42. — Et cette décision ne cesse pas d'être applicable depuis la loi de 1832, qui n'a même pas compris d'une manière expresse dans les abus de confiance le détournement des choses confiées à titre de prêt. — V. ABUS DE CONFIANCE.

43. — Le détournement des choses *remises* à titre de louage ne constitue pas non plus *un vol*. — Tel est, par exemple, le fait, par un preneur à cheptel, de vendre les bestiaux à l'insu et sans la participation du bailleur. — *Cass.*, 5 oct. 1820, Salicetti c. Cermolacce; *Bordeaux*, 3 fév. 1831, Second. — Mais depuis la loi de 1832, ce fait constituerait un abus de confiance. — V. ABUS DE CONFIANCE.

44. — La cour de Paris avait jugé (avant la loi de 1832) que si le détournement d'objets confiés à titre de mandat ne constituait pas un abus de confiance, il pouvait du moins être puni *comme vol*. — *Paris*, 3 juin 1829, Noiret. — Cette décision reposait sur une fausse application de principe, car on ne pouvait voir au cas de mandat, pas plus qu'au cas de prêt ou de louage, la soustraction, *contrectatio*, faite contre le gré du propriétaire. Au surplus, la question ne peut plus se présenter sous l'art. 408, qui a compris le détournement de choses confiées à titre de mandat dans la classe des abus de confiance. — V. ABUS DE CONFIANCE.

45. — La violation d'un dépôt n'est pas *un vol*; car il n'y a pas là soustraction frauduleuse. — V. ABUS DE CONFIANCE. — Toutefois, si la chose n'avait pas été *confiée à la foi* du prévenu, mais seulement déposée dans sa demeure et en la renfermant dans un meuble *dont la clef ne lui aurait pas été remise*, la soustraction qui en serait faite par lui constituerait un véritable vol. — *Cass.*, 19 avr. 1838 (t. 1er 1839, p. 269), Léger. — Chauveau et Hélie, t. 6, p. 552.

46. — Quant au fait, par un héritier, de s'être emparé de titres de créances dépendant de la succession, lesquels lui étaient confiés par le juge de paix pour en prendre connaissance et se décider à une transaction proposée par un tiers, légataire verbal de ces titres, il ne constitue pas un vol. — *Cass.*, 2 sept. 1837 (t. 2 1840, p. 33), Thiers.

47. — Mais il a été jugé que le fait d'avoir enlevé sans les payer des objets achetés sous la condition d'en payer le prix lors de la livraison constitue un vol. — *Cass.*, 7 mai 1813, Boidi.

48. — ... Et que le fait par le débiteur de retenir le titre constitutif de son obligation qui lui a été communiqué momentanément par le créancier, sous la condition d'une remise immédiate, ne constitue ni une violation de dépôt ni une destruction d'obligation, mais une soustraction frauduleuse de la chose d'autrui, dont la preuve peut être faite par témoins, quoique l'obligation soustraite soit de plus de 150 fr. — *Douai*, 8 avr. 1842 (t. 1er 1843, p. 742), Mullier.

49. — ... Que le fait, par un individu, de s'emparer, avec intention de se l'approprier, d'un billet de banque qu'une personne qui l'avait trouvé lui présentait pour savoir s'il avait une valeur quelconque, constitue la soustraction frauduleuse caractéristique du délit de vol, dans le sens de l'art. 379, C. pén., et est passible de la peine portée par l'art. 401 dudit Code. — *Cass.*, 28 mars 1846 (t. 1er 1849, p. 409), Soalhac.

50. — Le régisseur qui enlève frauduleusement et qui s'approprie divers objets dépendans du domaine confié à sa gestion ne commet pas seulement des actes de mauvaise administration, il se rend coupable de vol. — *Cass.*, 25 janv. 1813, Drevin.

51. — L'action de celui qui, ayant trouvé par hasard un objet appartenant à autrui, le retient frauduleusement, doit-elle être assimilée à la soustraction?

52. — Les auteurs s'accordent pour faire une distinction: ou bien l'intention frauduleuse de s'approprier l'objet trouvé est manifestée du moment même de la prise de possession, et dans ce cas, il y a *soustraction frauduleuse*. « *Qui alienum quid jacens, lucri faciendi causâ sustulit, furti obstringitur.* » L. 43, § 4, ff., *De furtis*. — Farinacius, *De furtis*, quæst. 168, n° 63. — Chauveau et Hélie, t. 6, p. 554.

53. — ... Ou bien celui qui a ramassé l'objet n'avait aucune intention de se l'approprier et cette intention est née ultérieurement; et, dans ce cas, la rétention frauduleuse qui pourrait en être faite ne constituerait pas un véritable vol. — Bourguignon, sur l'art. 379, C. pén.; Carnot, sur l'art. 379; Legraverend, t. 2, p. 129; Chauveau et Hélie, *loc. cit.* — Les lois romaines ne faisaient pas cette distinction (L. 43, § 5, ff., *De furtis*), et l'ancienne jurisprudence ne la faisait pas non plus. « Si aucun trouve de l'argent ou autre chose à autrui appartenant, disait la coutume de Bretagne, art. 629, et s'il entend ou sait qu'on le demande, et depuis il le cèle et retient, justice le doit punir comme larron. »

54. — Toutefois, une pareille distinction est difficile à appliquer. Comment, en effet, parvenir à constater que l'intention de s'emparer de la chose trouvée existait du moment où cette chose a été prise ou qu'elle n'est née que depuis? MM. Chauveau et Hélie (t. 6, p. 560) disent que, pour éviter cette difficulté, il faut apprécier la moralité de la soustraction d'après les faits qui l'ont *immédiatement* suivie; et qu'ainsi, lorsque la personne qui a trouvé l'objet *connaît son propriétaire* et cependant garde le silence, lorsque ensuite il *nie l'avoir trouvé* et *cherche en secret à le vendre*, il résulte de ces faits qu'elle a eu, au moment même de l'appréhension, l'intention de s'approprier cet objet, et que, dès-lors, il y a eu soustraction frauduleuse.

55. — Cette règle est insérée dans les motifs d'un arrêt de la cour de Cassation qui en fait une juste application au cas où un domestique, après s'être approprié un bijou trouvé sur le plancher de son maître où une tierce personne l'avait perdu, s'était, peu de temps après, mis en mesure de le vendre en prétendant l'avoir reçu en cadeau, et qui, recherché plus tard à cet égard, s'était retranché dans une dénégation. « Ces faits, dit l'arrêt, prouvent évidemment *qu'en prenant* le bijou, la fille ... avait eu l'*intention* d'en faire son profit. — *Cass.*, 5 juin 1817, Bouvet.

56. — Mais la cour de Cassation a été plus loin, et elle a décidé en principe que « lorsque la chose étant réclamée par le propriétaire, celui qui s'en est emparé *nie l'avoir enlevée* et *manifeste ainsi son intention d'en faire son profit*, il commet un vol. » — *Cass.*, 4 avr. 1828, Mallet.

57. — La décision sus-relatée de la cour de Cassation est critiquée, dans ce qu'elle a d'absolu, par MM. Chauveau et Hélie, qui font remarquer que, si la moralité de l'appréhension doit être appréciée par les faits qui l'ont suivie, c'est seulement lorsque ces faits jettent quelque jour sur l'intention de l'agent au moment de cette appréhension; — mais que la fraude *de la rétention* n'implique nullement celle *de la soustraction*. « Or, disent-ils (t. 6, p. 561), il ne faut pas oublier que le vol est dans le caractère frauduleux *de la soustraction* et non dans celui *de la rétention*. »

58. — Le principe posé par MM. Chauveau et Hélie est vrai, et la cour de Cassation elle-même l'a appliqué lorsqu'elle a décidé: 1° que celui qui, *sans intention frauduleuse, a enlevé* une somme d'argent cachée dans un bois par autrui, n'est pas coupable de vol, si l'intention de la retenir et de se l'approprier *ne s'est manifestée que par des faits postérieurs à l'enlèvement*. — *Cass.*, 2 août 1816, Noulet.

59. — ... 2° Que si l'intention frauduleuse qui aurait accompagné la soustraction peut, suivant les circonstances, être manifestée par des actes postérieurs, elle n'en doit pas moins, pour constituer un vol, se rattacher au fait et remonter *au moment même de la soustraction*; que dès-lors le fait d'avoir retenu au préjudice du propriétaire des objets trouvés sur une grande route ne constitue pas le délit de vol, s'il était reconnu en fait que l'intention de se les approprier n'était survenue qu'à une époque postérieure à leur enlèvement. — *Cass.*, 2 sept. 1830, Grivot; *Grenoble*, 4 sept. 1833, Girer.

60. — ... 3° Que la rétention frauduleuse ne constitue pas nécessairement un vol; que, pour qu'elle ait ce caractère, il faut: 1° que la chose ait été soustraite; 2° que la fraude, bien qu'elle n'ait pu être révélée que par des actes postérieurs, ait existé *au moment de la soustraction, et s'identifie avec elle*. — *Cass.*, 25 mars 1836, Martin.

61. — ... 4° Qu'il n'existe de soustraction frauduleuse qu'autant que la fraude a accompagné le fait de la soustraction et s'est identifiée avec lui; que si l'intention de s'approprier la chose d'autrui peut, suivant les circonstances, *être manifestée par des actes postérieurs*, elle n'en doit pas moins, pour constituer le vol, remonter *à l'origine même de la possession*. — *Cass.*, 2 avr. 1835, Huet.

62. — On ne doit donc pas considérer comme contradictoire la déclaration du jury portant qu'un accusé n'est pas coupable de vol, et que s'il a eu l'intention de s'approprier, au préjudice des propriétaires, les objets par lui trouvés sur un chemin public, il n'a conçu cette intention qu'après avoir déposé les objets dans son domicile. — *Cass.*, 2 sept. 1830, Grivot.

63. — Mais la peine du vol est régulièrement appliquée au fait d'avoir ramassé et de s'être approprié un objet trouvé sur la voie publique, alors qu'il est constaté, même par des circonstances postérieures, que *l'intention frauduleuse a concouru simultanément avec le fait matériel de l'appréhension*. — *Cass.*, 24 juin 1836, J.....

64. — Au surplus, il faut reconnaître que la plupart du temps les juges seront disposés à voir dans les circonstances de la rétention, et dans le fait de vouloir convertir la possession fortuite en une véritable propriété, une preuve morale du caractère et de l'intention qui aura présidé à l'appréhension elle-même; car sans avoir entre eux une cohésion nécessaire et absolue, ces deux faits ne s'en lient pas moins d'une manière intime.

65. — Ainsi, la cour de Cassation a vu la preuve qu'il y avait eu *consilium fraudis au moment de l'enlèvement*, dans le fait qu'un individu aurait emporté, sans en faire part à personne, un sac d'argent trouvé dans l'écurie d'une auberge, et ne l'au

rait restitué qu'au moment d'être fouillé par la gendarmerie. —*Cass.*, 9 août 1833, Laubery.

66. — Elle a également déclaré coupable de vol (sans cependant constater expressément l'existence de l'intention frauduleuse au moment de l'appréhension) 1° celui qui, en travaillant comme ouvrier maçon dans une maison, y trouve, cachée sous une pierre, une somme d'argent, se l'approprie et n'en rend une faible partie au maître de la maison que sur ses instances réitérées et sur ses menaces. — *Cass.*, 18 mai 1827, Vadrot.

67. — ... 2° Celui qui, après s'être emparé d'un troupeau de moutons qu'il a trouvés dans un champs abandonnés à la foi publique, soutient les avoir achetés, et ne les restitue au propriétaire *qu'après en avoir vendu une partie.* — *Cass.*, 4 mars 1825, Pannetier.

68. — Jugé encore que l'enlèvement ou l'achat à vil prix d'objets *exposés sur les bords d'une rivière* où ils ont été jetés par les flots, mais dont la propriété ne peut pas s'acquérir par l'occupation, constitue une soustraction frauduleuse, lorsque celui qui s'en est emparé ni l'acquéreur n'ont fait la déclaration nécessaire pour avertir les propriétaires, et ont, au contraire, manifesté l'intention de faire leur profit de ces objets, sachant qu'ils appartenaient à autrui. —*Cass.*, 23 juill. 1830, Mabire c. Chaufeuil.

69. — Jugé aussi, par un arrêt plus récent, que l'arrêt qui, après avoir constaté qu'un individu a *conservé* et *s'est approprié, malgré les réclamations du propriétaire*, deux billets de banque qu'il avait trouvés dans un portefeuille perdu chez lui, en tire la conséquence que cet individu a commis une soustraction frauduleuse, échappe, comme ayant apprécié souverainement l'intention qui a présidé à la perpétration d'un tel fait, à la censure de la cour de Cassation, et ne viole ni les art. 379 ni l'art. 401, C. pén. — *Cass.*, 22 mai 1846 (t. 2 1842, p. 359) Colombelle.

70. — Plusieurs cours d'appel ont également décidé : 1° que le fait d'avoir trouvé une somme d'argent perdue, et de la retenir au préjudice du véritable propriétaire qui la réclame constitue la *soustraction* frauduleuse qualifiée vol. — *Nîmes*, 16 juin 1819, Alméras.

71. — ... 2° Que celui qui, après avoir trouvé un manteau perdu, nie le fait, et retient le manteau malgré les réclamations du propriétaire, se rend coupable de vol, attendu que « *dans de pareilles circonstances, la rétention* du manteau constitue la *soustraction frauduleuse* prévue par l'art. 379. — *Grenoble*, 2 juin 1824, Valentin.

72. — ... 3° Que celui qui retient *et qui cherche à vendre* une chose par lui trouvée, et dont il connaît le propriétaire, se rend coupable d'une soustraction frauduleuse. — *Metz*, 9 août 1824, Altmayer.

73. — ... 4° Que l'ouvrier qui s'approprie furtivement la totalité d'un trésor par lui découvert dans la maison d'autrui qu'il est occupé à réparer se rend coupable de vol. — *Rouen*, 12 fév. 1823, Chevalier c. Lemoule.

74. — A plus forte raison a-t-on dû voir une soustraction frauduleuse dans le fait de celui qui nie avoir trouvé et qui retient, malgré la réclamation du propriétaire, un objet caché dans un meuble par lui acheté, et qu'il avait découvert avant l'enlèvement de ce meuble. — *Lyon*, 17 janv. 1828, Vallet c. Lagay.

75. La dernière conséquence à déduire du principe que la soustraction est l'acte matériel qui consomme le vol, c'est que, cet acte une fois consommé, le repentir du coupable et la restitution même immédiate qu'il ferait de l'objet volé même avant toute poursuite, n'auraient point pour effet d'effacer le caractère criminel du vol. — L. 55, ff., *De furtis.* — Chauveau et Hélie, t. 6, p. 562.

76. — C'est là un principe général dont nous avons déjà vu l'application à la matière analogue de l'escroquerie (V. ESCROQUERIE) et de l'abus de confiance (V. ABUS DE CONFIANCE).

77. — Mais, tout en en faisant l'application, la cour de Paris a décidé que, pour ne pas effacer le délit, cette restitution avant toute poursuite n'en est pas moins une circonstance qui l'atténue. — *Paris*, 15 oct. 1836, Montré.

78. — Et même sous le Code de brum. an IV, lorsqu'il résultait des pièces de la procédure qu'un accusé de vol avait restitué le même jour l'objet volé, le jury devait être interrogé, à peine de nullité, sur cette circonstance atténuante. —*Cass.*, 8 thermid. an VIII, Chambré.

79. — MM. Chauveau et Hélie (t. 6, p. 563) font néanmoins remarquer que lorsque la restitution précédera la poursuite et n'aura pour cause que le repentir, cette poursuite pourrait sembler inutile et rigoureuse. « Quel serait, en effet, son but? disent-ils de rassurer la société? elle trouve des garanties suffisantes dans la réparation spontanée du coupable; — d'intimider par l'exemple de la punition? mais n'est-ce pas un exemple plus utile encore que celui de cet homme qui, après avoir failli, s'est immédiatement relevé, et faut-il le flétrir par un débat public lorsqu'il s'efforcera peut-être de réagir par une conduite pure contre l'impression de sa faute? »

§ 2. — *Fraude.*

80. — Le deuxième élément du vol est l'intention criminelle, la fraude. — Instit., § 7, *De oblig. quæ ex del. nasc.;* L. 46, § 7 et 77, ff., *De furt.*

81. — En l'absence de la fraude, point de délit. C'est pourquoi celui qui enlève la chose d'autrui qu'il croit être sa propriété ne commet point un vol. — Instit., § 1er, *De vi bon. rapt.* — Chauveau et Hélie, t. 6, p. 564; Rauter, t. 2, p. 109.

82. — Il en est de même de celui qui enlève sciemment la chose d'autrui, avec la conviction que l'assentiment du propriétaire ne lui ferait pas défaut, s'il le lui demandait. — L. 46, § 7 et 76, ff., *De furt.* —Chauveau et Hélie, t. 6, p. 565 et 592.

83. — Mais l'adhésion tacite du propriétaire, si elle n'était pas connue de l'agent au moment de la soustraction, et si d'ailleurs elle ne prenait elle-même naissance qu'après la soustraction consommée, ne détruirait pas la criminalité du fait. MM. Chauveau et Hélie (*loc. cit.*) citent comme exemple le cas où le propriétaire d'un champ, voyant des individus cueillir des fruits et les emporter, ne s'opposerait pas à leur fuite; et ils disent que dans ce cas il y aurait vol, et que l'intention du propriétaire ne pourrait influer sur l'existence du délit.

84. — De là il faut, avec eux, tirer la conséquence: 1° qu'il ne suffirait pas que le propriétaire déclarât, après le vol consommé, qu'il avait précédemment donné la chose à celui qui s'en est emparé, si d'ailleurs il n'appuyait cette allégation de preuves précises constatant la date de la donation; — 2° que la déclaration du propriétaire, lorsqu'elle suit la soustraction, ne peut recevoir d'autre effet que d'éteindre l'action civile, mais non l'action publique. — Mêmes auteurs, *loc. cit.*

85. — N'est pas coupable de vol celui qui conserve un objet ramassé sur la voie publique, avec l'intention de le restituer sur la première demande qu'en fera le propriétaire. — Chauveau et Hélie, *eod. loc.* — C'est au surplus ce qui résulte implicitement des arrêts cités au paragraphe qui précède sur l'appréhension des choses perdues.

86. — La cour de Cassation a décidé qu'on ne peut considérer comme coupable de vol celui qui, se prétendant propriétaire d'une chose litigieuse et à l'égard de laquelle il y a procès, l'enlève à celui qui conteste son droit, avant que la justice ait prononcé. — *Cass.*, 17 oct. 1806, Perrochain.

87. — Ce qui, dans l'espèce qui précède, excluait la fraude, c'était l'existence d'un litige sérieux qui pouvait laisser à l'agent la conviction de son droit de propriété. Mais MM. Chauveau et Hélie (*loc. cit.*) font remarquer avec beaucoup de raison que si la prétention de l'agent était mal fondée, s'il le savait et qu'avant le jugement il voulût s'emparer de l'objet contesté, le litige n'exclurait plus le vol. — C'est là, au surplus, un fait intentionnel que les juges du fond auront plein pouvoir pour apprécier.

88. — La loi romaine ne voyait pas un vol dans le fait d'un créancier qui enlève les marchandises de son débiteur ou qui prend à force ouverte une partie des sommes qui lui sont dues. — Instit., *De vi bon. rapt.*, § 1; L. 2, § 18, ff., *De vi bon. rapt.*

89. — Et comme application de cette règle il a été décidé : 1° que celui qui attaque son débiteur sur une grande route et se fait remettre à l'aide de violences les sommes qu'il croit lui être dues ne peut pas être considéré comme coupable de vol. — *Cass.*, 1er thermid. an XII, Burlando. - Bourguignon, *Jurisprud. des cours crim.*, sur l'art. 379, C. pén., t. 3, p. 253, n. 2; Carnot, sur le même article, t. 2, p. 246, n° 3.

90. — ... 2° Que le créancier qui pour recouvrer ce qui lui est dû enlève ostensiblement des marchandises dans le magasin de son débiteur, ne commet point une soustraction frauduleuse qui le rende passible des peines du vol. — *Paris*, 15 avr. 1823, Devis c. Parent.

91. — Mais ces arrêts ont décidé plutôt en fait qu'en droit, « attendu, dit l'arrêt de 1823, que la soustraction *n'a pas été accompagnée de fraude.* » Il ne faut donc pas prendre leur solution comme une règle générale et absolue. Et, loin de là, la cour de Cassation a posé en principe que « *une créance ne peut légitimer un vol,* » et elle a rejeté le pourvoi dirigé contre un arrêt qui condamnait un individu pour vol domestique, bien qu'il soutînt être créancier de son maître de sommes supérieures à la valeur des effets soustraits. — *Cass.*, 22 déc. 1808, Fabre. — Merlin, *Rép.*, v° *Vol*, sect. 1re, n° 6.

92. — Tout dépendra donc des circonstances. Est-il vrai, disent MM. Chauveau et Hélie (t. 6, p. 568), que le prévenu n'ait eu qu'un but, le paiement de sa créance? La justice lui demandera compte des voies de fait dont il pourra s'être rendu coupable, mais il serait difficile de considérer son action comme un vol, car il n'avait pas *animum furandi.* ..... Sa bonne foi pourrait même exister encore que la créance ne serait ni liquide ni exigible ou qu'elle serait litigieuse, mais la présomption favorable s'affaiblirait..... A-t-il eu, au contraire, la pensée d'accomplir sous le voile de cette créance la spoliation de son débiteur, comment l'existence de cette dette pourrait-elle exclure la criminalité de son action? Comment le titre de créancier le mettrait-il à l'abri des peines du vol?

93. — Jugé qu'il y a vol punissable de la part du créancier qui s'empare d'une chose appartenant à son débiteur *s'il est établi que la soustraction a eu lieu dans une intention frauduleuse.* — *Cass.*, 12 août 1847 (t. 1er 1848, p. 151), Dupré.

94. — Devrait-on décider de même si le créancier avait agi dans la vue de se récupérer de ce qui lui était dû? — Rés. aff. par l'arrêt attaqué, sous *Cass.*, 12 août 1847 (t. 1848, p. 151), Dupré.

95. — La femme d'un comptable de deniers publics, qui a échangé un effet appartenant au domaine de l'Etat, doit être condamnée comme coupable de vol, s'il n'est pas établi qu'elle a remis dans la caisse du domaine public la somme qu'elle a reçue en retour de cet échange illégitime. —*Cass.*, 24 avril 1812, Chichi.

96. — En droit romain, le vol n'existait avec ses caractères légaux qu'autant que l'agent avait eu la pensée d'en profiter. «*Animum lucri faciendi.*» — Instit., *De obl. quæ ex del. nasc.*, § 1er; L. 39, ff., *De furt.* — Aussi les vols commis par pure méchanceté n'étaient-ils pas passibles des peines du vol. — Voët, *ad Pand.*, *in tit. De furt.*, n° 3.

97. — La loi française n'admet pas cette distinction. — Il a donc été jugé que, pour constituer un vol, il suffit que l'auteur de la soustraction ait eu l'*intention de dépouiller le propriétaire*, quand même il n'aurait pas eu l'*intention de s'approprier* les objets enlevés. — « n'étant pas plus permis de dépouiller le légitime propriétaire d'une chose pour la transférer à autrui que pour la garder pour soi-même. » — *Cass.*, 28 niv. an IX (int. de la loi), Boulen. — *Cass.*, 30 juin 1809, Mondelet et Marquis (sol. impl.). — Chauveau et Hélie, t. 6, p. 570.

98. — Et MM. Chauveau et Hélie (t. 6, p. 570) ajoutent que la criminalité est la même, que l'agent ait été mu par l'avidité, la méchanceté, la jalousie, etc. — Sauf, bien entendu, le pouvoir d'appréciation qui appartient aux juges.

99. — Jugé en ce sens qu'une soustraction frauduleuse constitue un vol, quel que soit le motif qui l'ait déterminée; ainsi l'individu qui, *par esprit de vengeance et sans intention d'en profiter*, enlève un instrument d'agriculture, et, après l'avoir brisé, en cache chez lui les débris, se rend coupable d'un vol, et non pas seulement d'un bris d'instrument d'agriculture, puni par l'art. 451, C. pén. — *Bourges*, 26 janv. 1843 (t. 1er 1844, p. 248), Thépin.

100. — Mais encore faut-il qu'à côté de la pensée de nuire vienne se placer un fait de spoliation, une soustraction opérée dans l'intention de dérober la chose d'autrui. — C'est ce qui résulte expressément des termes d'un arrêt de la cour de Cassation, qui refuse de voir un vol dans le fait d'enlever, sans intention frauduleuse, une guérite placée à la porte d'une prison, et de la déposer dans un chemin public. — *Cass.*, 22 mai 1818, jeunes gens de Vitré.

101. — Il en serait de même du cas où un individu aurait, même avec intention de nuire, enlevé une enseigne, non pour la dérober, mais pour la mettre à une autre place. — Chauveau et Hélie, t. 6, p. 571.

102. — La cour de Douai a refusé le caractère de soustraction frauduleuse au fait de s'être approprié quelques grains de blé, pris comme échantillon dans des sacs exposés sur un marché, en présence, et à la vue des propriétaires, et sans qu'aucun d'eux ait porté plainte. — *Douai*, 16 janv. 1835, D.....

103. — La loi canonique réputait commis sans intention frauduleuse les vols auxquels l'agent avait été poussé par la faim, le froid, le manque de vêtemens : « *Discipulos cum per segetes transeundo vellerent et ederent ipsius Christi vox innocentes vocat, quia coacti fame hoc fecerunt.* » — Chauveau et Hélie, *Théor. C. pén.*, t. 6, p. 571. — Et notre ancienne jurisprudence avait adopté cette règle. — Jousse, t. 4, p. 356; Muyart de Vouglans, *L. crim.*, p. 279. — V. aussi, en ce sens, art. 1115 et 1123, C. prussien.

104. — Dans notre droit, la faim et la misère peuvent bien atténuer le délit, mais ne le détruisent pas. — Chauveau et Hélie, *loc. cit.* — C'est, au surplus, ce que nous avons déjà fait remarquer V° CONTRAINTE.

105. — A plus forte raison la modicité de l'objet volé ne détruit-elle pas le délit. (Induction à *fortiori* de l'arrêt de *Cass.*, 20 nov. 1812, Lejeune). — Mais les magistrats y ont souvent égard pour l'application de la peine, et les jurés pour la déclaration des circonstances atténuantes.

106. — De ce que la soustraction d'un objet ne peut constituer un vol qu'autant qu'elle est frauduleuse, il est indispensable que le jury s'explique sur cette circonstance caractéristique de la criminalité du fait. — *Cass.*, 26 oct. 1815, Bailly; 20 juill. 1826, Gaucher. — Et ces arrêts décident que la déclaration que l'accusé est *coupable* d'avoir *soustrait* ne suffit pas pour motiver l'application de la peine de vol, si le mot *frauduleusement* n'est compris dans cette déclaration.

107. — Jugé également que, pour constituer un vol de récolte, il ne suffit pas que l'accusé soit déclaré coupable d'avoir lié des gerbes de blé dans des champs voisins et de les avoir apportées dans celui de son père, il faut, en outre, que le jury soit interrogé et réponde sur le caractère *moral* de ce fait, et conséquemment sur le point de savoir si l'accusé a agi frauduleusement et dans l'intention du vol. — *Cass.*, 19 avr. 1816, Cadarl.

108. — Par ces décisions, conformes aux vrais principes, la cour de Cassation est revenue sur sa première jurisprudence, car elle avait décidé antérieurement que celui qui est déclaré coupable d'un fait illicite est nécessairement reconnu auteur de ce fait et déclaré convaincu de toutes les circonstances de moralité qui doivent le rendre passible de l'application d'une loi pénale; — et que, dès-lors, la déclaration qu'un accusé est coupable d'avoir *soustrait* des poires dans un jardin appartenant à autrui constate *nécessairement et implicitement* une soustraction faite frauduleusement et par conséquent un vol. — *Cass.*, 27 fév. 1812, Leclerc et Jadelot.

109. — Mais, même sous cette jurisprudence, la cour décidait que la déclaration du jury portant que l'accusé est coupable d'une soustraction, mais qu'il ne l'a pas faite frauduleusement, n'a rien de contradictoire. Si, dans le sens de la loi, le mot *coupable* emporte l'idée du fait et de l'intention criminelle, il en est autrement lorsque le jury l'a réduit au fait matériel, en excluant formellement l'intention du crime. — *Cass.*, 20 mars 1812, Vanderschelden.

110. — En tous cas, le jugement correctionnel qui porte que la soustraction commise par le prévenu constitue le délit prévu par les art. 379 et 401, C. pén., exprime implicitement et nécessairement que cette soustraction a été frauduleuse. — *Cass.*, 20 sept. 1823, Lamboi et Depierre c. Chemin et Imbert.

111. — Est contradictoire et nulle la déclaration du jury portant qu'un accusé a soustrait les effets d'autrui *pour les tourner à son profit*, mais qu'il n'a pas commis cette soustraction dans une intention criminelle. — *Cass.*, 26 niv. an VII, Gros; 18 therm. an VIII (int. de la loi), Melon.

112. — Est également contradictoire et nulle la déclaration du jury qui porte que l'accusé est auteur d'une soustraction dans l'intention de s'approprier les effets soustraits, au préjudice du propriétaire, et qu'il est également convaincu d'avoir aidé le coupable ou les coupables dans les faits qui ont facilité l'exécution de la soustraction, mais qu'il n'a pas aidé sciemment et dans l'intention du crime. — *Cass.*, 8 thermid. an VII, Hancy et Demarbaix.

113. — Jugé que la qualité de l'objet volé n'étant pas une circonstance du vol, le président de la cour d'assises peut, sur une accusation de vol d'une somme d'argent, poser les questions de savoir si l'accusé est coupable de vol d'argent, et s'il l'est d'avoir volé des marchandises. — *Cass.*, 4 sept. 1812, Lafont. — V. au reste, sur la position des questions, COUR D'ASSISES.

§ 4. — *Chose d'autrui.*

114. — La troisième condition essentielle pour l'existence légale du vol, c'est que la chose soustraite frauduleusement soit la *propriété d'autrui*. — Chauveau et Hélie, t. 6, p. 574; Rauter, t. 2, p. 109.

115. — Ainsi, celui qui soustrait sa propre chose ne se rend pas coupable de vol, alors même qu'il commettrait cette soustraction entre les mains de celui au profit de qui il aurait aliéné l'usage ou la possession de cette chose. — A cet égard, la législation française n'a pas suivi les erremens de la loi romaine (§ 10 et 14, Inst., *De oblig. quæ ex delict. nasc.*). — V. cependant, sous l'ancien droit, Jousse, t. 4, p. 196, et arr. parl. Paris, 30 oct. 1676, rapp. par Boniface, t. 5, l. 3, tit. 3.

116. — Il a donc été jugé que le débiteur qui enlève à son créancier la chose *qu'il lui avait donnée en gage* ne commet point un vol, « car, dit l'arrêt, la chose remise en gage n'avait pas cessé de lui appartenir. » — *Cass.*, 29 oct. 1812, Van Esbeeck. — Chauveau et Hélie, t. 6, p. 574; Rauter, *loc. cit.*; Carnot, t. 2, p. 245, n° 6.

117. — Et la cour de Bruxelles a décidé de même à l'égard de l'acheteur qui enlève furtivement la chose achetée qu'il devait, d'après les conditions de la vente, laisser en la possession du vendeur, à titre de gage, jusqu'au paiement du prix. — *Bruxelles*, 17 nov. 1818 (et non 4 sept. 1808), Baudson.

118. — Il en était de même, avant 1832, du cas où le saisi détournait ou soustrayait les objets compris dans une saisie pratiquée sur lui. Mais depuis la loi du 28 avril 1832, le détournement de ces objets, soit par le saisi, soit par sa famille, constitue un délit particulier. — V. *infrà* n°s 411 et suiv.

119. — Mais il suffit que la propriété d'une chose ait été aliénée, même temporairement, pour que le bailleur ne puisse s'en emparer sans commettre un vol. — Ainsi, le propriétaire qui enlève furtivement les fruits d'un héritage qu'il a donné à bail, et se les approprie au préjudice du fermier commet un véritable vol. « En effet, dit l'arrêt, par le fait du bail, les produits n'appartenaient plus au propriétaire. » — *Cass.*, 27 mars (et non 27 mai) 1807, Mayens.

120. — De ce que le vol suppose nécessairement la soustraction de la chose d'autrui, il suit que les choses qui n'ont point de maître ne peuvent être la matière d'un vol. — A cet égard, on distingue : 1° les choses qui n'ont encore appartenu à personne; 2° les choses abandonnées; 3° les choses perdues par l'ancien propriétaire, ou les épaves.

121. — Dans l'état actuel de la législation, les choses qui n'appartiennent à personne, les choses abandonnées et celles dont le propriétaire ne se représente pas peuvent devenir la propriété de celui qui les a appréhendées ou trouvées. La conséquence immédiate est qu'à l'égard de ces choses, il ne peut y avoir de vol. — Chauveau et Hélie, t. 6, p. 577; Rauter, t. 2, p. 112.

122. — C'est par application de ce principe qu'un arrêt de la cour d'Aix du 15 nov. 1821 avait déclaré « que la soustraction frauduleuse des suaires et vêtemens qui enveloppent les morts ou des objets renfermés dans les cercueils ne constituait pas un vol, attendu que l'enlèvement *de ce qui n'appartient à personne* ne constitue pas la soustraction frauduleuse. » Mais cette décision fut cassée par un arrêt de la cour de Cassation, qui déclara au contraire qu'il n'y avait pas, dans ce fait une simple violation de tombeaux, mais un vol qualifié, à raison des circonstances aggravantes de nuit, escalade et effraction : « Attendu que les suaires et vêtemens qui enveloppent les morts dans leurs cercueils mêmes, et les objets qui y sont renfermés ou qui ont été déposés dans les tombeaux pour exprimer des affections ou pour conserver des souvenirs ont une destination fixe et invariable qui réclame perpétuellement contre l'enlèvement qui peut être fait de ces objets, et qui empêche qu'ils ne puissent être mis dans la classe des objets abandonnés pour devenir la propriété du premier occupant. » — *Cass.*, 17 mai 1822 (int. de la loi), Cauvin et Bontin. — Carnot, t. 2, p. 246.

123. — Relativement aux choses perdues, une distinction est nécessaire. Si l'objet trouvé est abandonné de son maître, l'intention de voler même ne ferait pas qu'il y eût vol. Mais si la chose a un maître, bien qu'il soit inconnu, et si elle a été recueillie avec l'intention de se l'approprier, le délit existe. — Pauli sent., lib. 3, t. 31, § 27; L. 43, § 5, ff., *De furt.*; L. 43, § 4, ff., *eod. tit.* — Rauter, *loc. cit.*; Carnot, t. 2. p. 249, n° 12; Chauveau et Hélie, t. 6, p. 378.

124. — C'est ce que la cour de Cassation a reconnu : elle a jugé que le vol peut exister *indépendamment de toute réclamation du légitime propriétaire*, quand même ce propriétaire ne serait pas actuellement connu, et quand même il aurait ignoré ses droits sur la chose soustraite; et qu'en conséquence, l'ouvrier condamné pour avoir soustrait frauduleusement une somme d'argent cachée dans un mur qu'il était occupé à démolir, ne peut faire annuler le jugement, sur le motif qu'il ne constate ni quel était le propriétaire légitime de la somme volée, ni que ce propriétaire en ait réclamé la restitution. — *Cass.*, 29 mai 1828, Gilbert Lacroix. — V. *suprà* n° 66.

125. — De même, l'art. 716, C. civ., n'accordant que la moitié du trésor à celui qui l'a trouvé sur le fonds d'autrui, si l'inventeur, au lieu de se borner à cette moitié, enlève furtivement la totalité, il se rend coupable de vol. — *Rouen*, 12 févr. 1825, Chevalier c. Lemoule.

126. — En effet, dit la cour de Cassation, celui qui s'empare frauduleusement de la totalité d'une chose qui ne lui appartient que pour partie commet un vol de la partie qui ne lui appartient pas. — *Cass.*, 18 mai 1827, Vadrol. — Chauveau et Hélie, t. 6, p. 581. — V. cependant Carnot, t. 2 (sur l'art. 379), n° 16; Rauter, t. 2, p. 111.

127. — Des marchandises, bien que prohibées, n'en appartiennent pas moins au propriétaire; leur soustraction frauduleuse constitue donc un vol. — *Cass.*, 14 juill. 1815, Delrieu.

128. — Le fait d'avoir détaché sans autorisation des pierres d'une falaise qui règne le long d'une côte pour se les approprier constitue un vol et non un simple délit rural. — *Cass.*, 9 sept. 1824, Lambert.

129. — Lorsqu'un individu a, pendant une communication de pièces qui lui était faite au greffe, substitué à l'original d'un acte sous seing-privé appartenant à autrui, une copie de cet acte, le tribunal a pu le déclarer coupable de *soustraction frauduleuse d'un acte appartenant à autrui* et lui appliquer les dispositions pénales de l'art. 401 — *Cass.*, 21 oct. 1831, Pichery.

130. — Il y a des faits qui, par exception, constituent tantôt un vol et tantôt une action permise. Ainsi, aux termes du décret du 4 août 1789, art. 2, les pigeons de colombier sont réputés gibier, à certaines époques de l'année pendant lesquelles le propriétaire qui les trouve sur son terrain peut les tuer et les emporter. Mais, à d'autres époques, ce même fait constitue un vol. — Chauveau et Hélie, t. 6, p. 580; Carnot, t. 2 p. 253.

131. — La cour de Cassation a fixé à cet égard une règle certaine lorsqu'elle a déclaré, en faisant l'application de l'art. précité, « que les pigeons de colombier sont déclarés gibier durant le temps pendant lequel les réglemens administratifs ordonnent de les tenir enfermés; que, hors ce temps, ils sont immeubles par destination d'après la disposition formelle de l'art. 526, C. civ., et sont ainsi *la propriété de celui* à qui appartient le fonds sur lequel est bâti le colombier qu'ils habitent; que, dès-lors, tuer ces oiseaux et se les approprier dans tout autre temps que celui pendant lequel ces oiseaux sont réputés gibier par la loi, c'est commettre une soustraction frauduleuse et se rendre passible des peines prononcées par l'art. 401, C. pén. » — *Cass.*, 20 sept. 1823, Lambois et Depierre c. Imbert; *Orléans*, 25 janv. 1842 (t. 1er 1842 p. 369), Champion. — V. COLOMBIER, PIGEONS.

132. — Il est encore permis aux propriétaires et fermiers de tuer les pigeons hors des époques où ils doivent rester renfermés, lorsque cela importe à la conservation de leurs récoltes. — V. CHASSE. — Mais ce droit n'entraîne pas celui de s'en emparer, après les avoir tués au préjudice de ceux à qui ils appartiennent; il en est à cet égard comme des animaux domestiques qu'on peut tuer pour défendre ses récoltes, mais sans pouvoir s'en emparer au préjudice du propriétaire.

133. — La peine du vol est-elle applicable au prevenu qui se trouve copropriétaire de la chose par lui soustraite, soit à titre de cohéritier, soit à titre d'associé? M. Bourguignon (*Jurispr. des Cod. crim.*, t. 3 p. 365), en ce qui concerne les cohéritiers, se prononce pour la négative. — Il se fonde sur le double motif : 1° que la chose héréditaire *appartient* pour une part indivise au cohéritier, et que l'art. 379 n'admet le vol que des choses qui n'appartiennent pas à autrui; 2° que l'art. 380. C. pén., qui affranchit de l'action criminelle pour vol les époux, les ascendans, les descendans, et les alliés aux mêmes degrés, ainsi que le veuf et la veuve, quant aux choses qui avaient appartenu à l'époux décédé, n'est nullement restrictif et doit être appliqué à ce cas. — On pourrait encore appuyer cette opinion sur les art. 792 et 801, C. civ., qui déclarent pour héritiers purs et simples les cohéritiers qui ont diverti ou recélé des effets de la succession; or, la déchéance prononcée par ces articles n'est-elle pas une peine dont on puisse inférer l'exclusion d'une autre pénalité? — Rauter (t. 2, p. 111), soutient également que le fait de s'approprier une chose encore indivise n'est par un vol.

134. — La jurisprudence s'est prononcée en sens contraire, écartant : 1° les art. 792 et 801, C. civ., parce qu'ils sont relatifs seulement à l'intérêt civil et qu'ils n'influent en rien sur l'action publique; 2° l'art. 380, parce que cet article est spécial et restrictif.

135. — Elle a donc décidé : 1° que la copropriété dans des effets mobiliers n'exclut pas l'action de vol, qu'ainsi, l'oncle qui soustrait frauduleuse-

ment, au préjudice de son neveu, des effets dépendant d'une succession à laquelle ils sont conjointement appelés, est coupable de vol et passible des peines portées au Code pénal. — *Cass.*, 14 mars 1818, Mongrolles. — Chauveau et Hélie, t. 6, p. 386.

136. —...2° Que la disposition de l'art. 380, C. pén., qui dispense de toute peine les soustractions frauduleuses commises entre certains parens, est spéciale et restrictive, et ne peut conséquemment être étendue aux vols commis par un héritier au préjudice de ses cohéritiers sur l'héritage commun. — *Cass.*, 27 fév. 1836, Mosnier c. Grand.

137. —...3° Que lorsque des effets mobiliers appartenant à plusieurs personnes en commun ont été volés, l'action de vol peut être exercée contre celui des copropriétaires qui les a soustraits au préjudice des autres, et contre les complices ou recéleurs du vol. — *Cass.*, 23 juin 1837 (t. 2 1839, p. 496), Grand.

138. — Cette doctrine nous paraît préférable. Il est certain, en effet, que si l'héritier qui se rend coupable d'une pareille soustraction enlève la part qu'il a dans la chose héréditaire, il enlève aussi la part de son cohéritier; il fait sur elle un acte de main-mise qui, lorsqu'il est accompagné de dol, constitue une soustraction frauduleuse. Les principes du droit civil sur la saisine seraient ici sans influence comme sans application; car l'héritier qui s'arroge une possession exclusive dépouille ses cohéritiers à qui elle appartient autant qu'à lui; l'abus qu'il fait de son droit ne lui permet pas d'invoquer une qualité qui n'excuse pas plus sa conduite aux yeux de la loi qu'aux yeux de la morale. L'impunité, dans ce cas, serait un scandale; et loin de dire avec Bourguignon qu'il faudrait une disposition spéciale pour que la soustraction pût être poursuivie, il faudrait, au contraire, suivant nous, une disposition expresse pour qu'elle ne pût pas l'être.

139. — Il est bien entendu néanmoins que, si le détournement avait été commis par un veuf ou par une veuve au préjudice des héritiers de l'époux prédécédé, ou si l'héritier au préjudice duquel le recélé aurait été fait était ascendant de l'héritier recéleur, les peines du vol ne seraient pas prononcées; car l'art. 380 recevrait alors son application. — Chauveau et Hélie, *loc cit.* — V. *infrà* nos 147 et suiv.

140. — Les associés ne pourraient non plus échapper aux peines du vol à raison des soustractions commises au préjudice de l'un d'eux. C'est ce que décidait la loi romaine, qui, cependant, refusait la qualification de vol à la soustraction de cohéritier à cohéritier. — L. 45, ff., *De furtis*; L. 45, ff., *Pro socio.* — Jousse, t. 4, p. 195.

141. — Jugé, en ce sens, que l'associé qui, à l'aide d'une double clé qu'il a conservée secrètement, soustrait frauduleusement des vins appartenant à la société et déposés dans une cave par lui et par son associé doit être puni comme coupable de vol avec fausses clés. — *Cass.*, 3 nov. 1808, Musso. — Chauveau et Hélie, *loc. cit.*

142. — On peut consulter, comme application du même principe, les arrêts indiqués plus haut en matière de copropriété d'un trésor. — V. *suprà* nos 125 et suiv.

143. — Lorsque le prévenu soulève pour sa défense la question de propriété, cette question rentre dans les attributions du juge criminel; car sa compétence, en ce qui concerne le délit, lui donne le droit de connaître de toutes les exceptions proposées comme moyens de défense et qui n'ont pour objet qu'une chose mobilière. — *Cass.*, 11 avr. 1817, Maillard. — Mangin, *Tr. de l'act. publ.*, t. 1, p. 496, n° 202.

144. — Il en serait de même dans le cas où la question préjudicielle porterait non plus sur la propriété même des effets soustraits, mais sur le point de savoir si ces effets étaient abandonnés ou perdus. — *Cass.*, 29 mai 1828, Gilbert c. Lacroix. — Chauveau et Hélie, *loc. cit.* — V. au surplus QUESTION PRÉJUDICIELLE.

145. — Alors même qu'il résulterait de l'instruction et des débats que la chose qui aurait été frauduleusement soustraite n'est pas la même que celle qui aurait donné lieu aux poursuites, il n'y aurait pas moins nécessité de prononcer la condamnation de l'accusé d'après les circonstances qui viendraient s'y rattacher. Ce ne serait pas le cas du renvoi de l'affaire pour être procédé à une nouvelle instruction. — *Cass.*, 14 sept. 1812, N... — Carnot, sur l'art. 379, C. pén., t. 2, p. 249, n° 11. — « Mais, ajoute-t-il, il ne faudrait pas que ce fût d'un vol commis dans un autre lieu et à une autre époque. » Ce serait, en effet, un délit entièrement distinct.

146. — Le principe que la soustraction frauduleuse de la chose d'autrui fait encourir à son auteur la peine du vol reçoit exception dans certains cas. — V. le paragraphe suivant.

§ 4. — *Exceptions. — Détournemens par les maris, femmes, descendans, ascendans.*

147. — La soustraction de la chose d'autrui cesse d'encourir la peine du vol lorsqu'elle est commise par des maris au préjudice de leurs femmes, par des femmes au préjudice de leurs maris, par un veuf ou une veuve quant aux choses qui avaient appartenu à l'époux décédé, par des enfans ou autres descendans au préjudice de leurs pères ou mères ou autres ascendans, par des pères et mères ou autres ascendans au préjudice de leurs enfans ou autres descendans, ou par des alliés aux mêmes degrés. — C. pén., art. 380. — Inst., *De oblig. quæ ex del. nasc.*, § 12; L. 16-17, ff., *De furt.*; L. 1, ff., *De act. rer. amotar*; L. 22, C., *De furt. et servo corrupto.*

148. — Il en était de même avant le Code. Jugé en effet que particulièrement dans les pays de droit écrit le vol commis par la femme au préjudice du mari n'engendrait pas l'action publique. — *Cass.*, 6 pluv. an X, Sicare.

149. — Il a cependant été jugé que l'instruction commencée sous l'empire du Code pénal de 1791, contre un fils inculpé d'avoir commis des vols au préjudice de son père, a dû être continuée sous l'empire du Code pénal de 1810, et l'inculpé a dû être mis en jugement, malgré la disposition de l'art. 380 de ce dernier Code, portant que les soustractions commises par le fils au préjudice du père ne donneront lieu qu'à des réparations civiles. — *Cass.*, 24 mai 1811, N... — Et cet article, cité par Carnot (t. 2, n° 18), est motivé, selon lui, sur ce que le Code pénal actuel était introductif d'un droit nouveau, et que la soustraction avait été commise sous l'empire d'une loi qui considérait de pareilles soustractions comme de véritables délits.

150. — Pour combattre cet arrêt, Carnot invoque l'art. 4, tit. 3, L. 25 sept.-6 oct. 1791, portant : « Si le fait est qualifié crime par les lois actuellement existantes, et qu'il ne le soit pas par le présent décret, l'accusé sera acquitté, etc. » « Cet article a établi, dit-il, un principe auquel il n'a pas été dérogé, et auquel il n'aurait même pu être dérogé sans violer les règles immuables de la raison et de la justice. L'art. 380, C. pén., a compris dans la généralité de ses expressions le passé comme le présent et l'avenir, ce qui a fait disparaître tout caractère de culpabilité quelconque. » Cette dernière partie de l'argumentation n'est pas très solide; car la loi ne dispose que pour l'avenir. D'un autre côté, l'article cité du Code pénal de 1791 n'a été fait que pour l'époque de la mise en activité de ce Code, et on n'y trouve rien d'applicable au cas où il viendrait lui-même à être abrogé; mais il conserve toute l'autorité de l'exemple. Aussi, sommes-nous, au fond, de l'avis de Carnot. Le décret du 23 juill. 1810, en ordonnant d'appliquer la peine portée par le nouveau Code, dans tous les cas où elle serait moins forte que celle prononcée par la loi en vigueur à l'époque du délit, a décidé implicitement que le fait qui ne serait plus considéré comme délit par le nouveau Code, perdrait immédiatement tout caractère de criminalité. Ainsi le veulent la raison et l'équité.

151. — La raison de l'exception (écrite dans l'art. 380) est ainsi expliquée par l'exposé des motifs : « Les rapports entre les personnes sont trop intimes pour qu'il convienne, à l'occasion d'intérêts pécuniaires, de charger le ministère public de scruter les secrets de la famille, qui, peut-être, ne devraient jamais être dévoilés, pour qu'il ne soit pas extrêmement dangereux qu'une accusation puisse être poursuivie dans des affaires où la ligne qui sépare le manque de délicatesse du véritable délit est souvent très difficile à saisir; enfin, pour que le ministère public puisse provoquer des peines où l'effet ne se bornerait pas à répandre la consternation parmi tous les membres de la famille, mais qui pourrait encore être une source éternelle de division et de haine. »

152. — Mais quel est le véritable caractère de la soustraction commise dans les cas de l'art. 380? Est-ce un vol dépouillé de toute sanction pénale? Est-ce au contraire simplement un acte blâmable, mais qui ne présente aucun élément d'un délit? Cette question peut être d'une haute importance, notamment dans le cas où cette soustraction se joindrait à un meurtre; car l'art. 304 punit de la peine capitale le meurtre précédé, accompagné ou suivi *d'un autre crime*, ou celui qui aura servi à préparer, faciliter ou exécuter un délit.

153. — La cour de Cassation a décidé que les exceptions portées à l'art. 380, C. pén., qui s'opposent à l'exercice de l'action publique, ne sont applicables qu'au cas où le vol forme l'objet principal de la prévention, et non à celui où il n'en est qu'un accessoire; et qu'en conséquence, lorsqu'une femme et son mari ont tué pour le voler leur père et beau-père, le vol, dans ce cas, n'est pas seulement un crime connexe du meurtre, mais bien une circonstance aggravante qui donne lieu à l'application des peines ordinaires. — *Cass.*, 21 déc. 1837 (t. 1er 1838, p. 131), Pérochain.

154. — Cette doctrine est combattue par les auteurs de la *Théorie du Code pénal*. Ils font remarquer : 1° que l'art. 380 ne qualifie que de *soustraction* et non de *vol* les enlèvemens d'effets commis par les personnes qu'il indique; 2° que cette qualification particulière est intentionnelle, parce que, entre époux, entre ascendans et descendans, il existe, non pas une copropriété, mais une sorte de droit à la propriété les uns des autres, qui, bien qu'il ne soit pas ouvert, exerce une influence évidente sur le caractère de la soustraction, de sorte que cette soustraction n'a plus, à proprement parler, pour objet la chose d'autrui; 3° que si une pareille soustraction n'est pas un vol, si elle n'a pas le caractère *de délit*, l'art. 304 est inapplicable, puisqu'il dispose pour le cas où le meurtre a eu pour objet l'exécution d'un fait qualifié délit par la loi; 4° qu'enfin la loi repousse la subtilité par laquelle la cour de Cassation essaie de distinguer entre le cas où le vol serait le fait principal ou la circonstance aggravante d'un autre crime. — Peu importe, disent-ils, que la soustraction soit atteinte comme délit principal ou comme circonstance aggravante; il suffit qu'elle le soit pour que la loi soit violée, puisqu'elle dit formellement qu'elle ne peut devenir l'objet que de réparations civiles. — Chauveau et Hélie, t. 6, p. 599; Legraverend, t. 2, p. 119, note 6e; Carnot, *Comm.*, t. 2, p. 221, note 1re.

155. — Au surplus, la cour de Cassation semblait elle-même avoir reconnu que l'accession d'une circonstance étrangère au fait de la soustraction est sans influence, lorsqu'elle a décidé que la soustraction commise par un fils au préjudice de ses père et mère ne cesse pas d'échapper à l'action publique, parce qu'il aurait été commis avec escalade, effraction et fausses clés. — *Cass.*, 26 juill. 1811, N.... — Chauveau et Hélie, *loc. cit.*; Carnot, t. 6, p. 258, n° 7 (sur l'art. 380, C. pén.).

156. — La disposition de l'art. 380 étant exceptionnelle, ne peut s'étendre à des faits autres que des *soustractions* commises au préjudice des personnes qui y sont énoncées. Elle ne peut être étendue aux délits commis envers la personne même, puisqu'elle est limitée aux atteintes à la propriété. — Chauveau et Hélie, t. 6, p. 601.

157. — Dans le cas où l'auteur de la soustraction aurait, pour la réaliser, employé un moyen qui constitue un crime ou un délit, abstraction faite de la soustraction même, ce crime ou ce délit demeurerait soumis à l'empire du droit commun. — Chauveau et Hélie, t. 6, p. 602; Rauter, t. 2, p. 114.

158. — Ainsi, jugé que le faux est criminel et punissable, quoiqu'il ait eu pour objet un vol qui, entre les parens désignés en l'art. 380, C. pén., ne donnerait lieu qu'à des réparations civiles. — *Cass.*, 17 déc. 1820, Delahaye. — Legraverend, t. 1er, ch. 1er, p. 50. — MM. Chauveau et Hélie semblent approuver cet arrêt au t. 6, p. 416.

159. — Jugé aussi que l'art. 380, C. pén., est inapplicable au faux commis par un fils en faisant intervenir dans un acte public une femme qui s'est faussement présentée comme sa mère, et qui a vendu sous ce faux nom un immeuble appartenant à cette dernière. — *Cass.*, 15 oct. 1818, Villars.

160. — Carnot (sur l'art. 380, C. pén., t. 2, p. 257, n° 6) dit que l'on peut opposer à cet arrêt que, pour qu'il y ait crime de faux, il doit avoir été commis méchamment et à dessein de nuire à autrui, et que l'art. 380 ne considère pas les vols des enfans envers leurs père et mère comme étant la soustraction de la chose d'autrui. — A cela on répond qu'il ne s'agit pas ici d'un vol commis par un fils au préjudice de sa mère, mais d'une vente faite sous un faux nom. Peu importe que le faussaire ait emprunté celui de sa mère; cette circonstance n'atténue en rien la culpabilité de l'auteur et ne change pas la nature du crime. La mère reste complétement en dehors de la mauvaise action commise par le fils, son nom seul y figure. Ce n'est pas elle qui est la personne lésée, c'est l'acquéreur. Si le législateur a voulu jeter un voile sur les soustractions commises par les enfans au préjudice de leurs parens, il n'a pas entendu accorder l'impunité aux délits qui préjudicieraient à des tiers, lors même que les coupables auraient usurpé le nom de leurs parens et simulé leur présence. L'art. 380, C. pén., est donc inapplicable à l'espèce. — N'est-il pas d'ailleurs difficile de considérer comme soustraction la vente d'un immeuble? — V. *suprà* nos 2 et suiv.

161. — L'abus de confiance et l'escroquerie ne sont, à vrai dire, que des variétés du vol, et les motifs qui ont dicté l'art. 380 leur sont à plus forte raison applicables; car il ne faut pas oublier que le principal but du législateur a été de tarir, en paralysant l'action publique, les sources de divisions et de haines dans les familles. — Chauveau et Hélie, t. 6, p. 602.

162. — Mais faut-il décider aussi que les dégradations et destructions d'édifices méchamment faites par le mari sur les propriétés de la femme ne pourraient donner lieu qu'à une action civile? C'est ce que la cour de Cassation a jugé le 26 pluv. an XII, Leroy c. Dhaucourt. — Chauveau et Hélie, t. 6, p. 604.

163. — Toutefois, il nous semble que ce serait là sortir des termes de l'art. 380. Que l'on mette sur la même ligne que le vol les divers délits qui en ont plus ou moins la physionomie et les caractères, on le comprend; mais la destruction d'édifices est un délit d'une nature toute différente, et si cette assimilation était admise, dans le but assurément fort louable de ne pas créer une source de divisions entre certaines personnes, pourquoi ne l'étendrait-on pas à d'autres faits, tels que les coups, blessures, injures, et une fois dans cette voie, où n'arriverait-on pas? — V. DESTRUCTION D'ÉDIFICES ET CONSTRUCTIONS, nos 25 et suiv.

164. — L'énumération faite par l'art. 380 des diverses personnes qui peuvent en invoquer le bénéfice est essentiellement limitative; c'est donc avec raison qu'il a été jugé que l'oncle qui commet une soustraction frauduleuse au préjudice de son neveu est coupable de vol. — *Cass.*, 14 mars 1818, Mongrolles.

165. — Mais en présence des termes de l'art. 380, qui comprend expressément les soustractions commises par les père et mère ou autres ascendans et *par les alliés au même degré*, la cour de Metz a décidé que: « le lien d'affinité établi par le mariage entre l'un des époux et les enfans du premier lit de l'autre époux continuant à subsister malgré le décès de celui-ci, la soustraction commise par le beau-père au préjudice des enfans de sa femme ne peut donner lieu qu'à des réparations civiles. — *Metz* (et non *Cass.*), 20 déc. 1819, Laurent. — Chauveau et Hélie, t. 6, p. 604.

166. — L'art. 380 comprend sous la dénomination d'enfans les enfans adoptifs, puisqu'ils ont les mêmes droits et sont membres de la famille aux mêmes titres que les enfans légitimes. — Chauveau et Hélie, t. 6, p. 605; Carnot, t. 2, p. 259, no 11 (arg. de l'art. 299, qui les assimile aux enfans légitimes en ce qui concerne le parricide.)

167. — Il en est de même à l'égard des enfans naturels légalement reconnus. — Chauveau et Hélie, *loc. cit.*

168. — Mais si sa filiation n'est pas établie dans la forme exigée par la loi civile, le prévenu ne peut être acquitté sous prétexte qu'il serait enfant naturel de la personne volée. — *Cass.*, 25 juill. 1834, Bosso. — Chauveau et Hélie, *loc. cit.*

169. — Seulement, pour les enfans adoptifs comme pour les enfans naturels reconnus, le bénéfice de l'exception s'arrête aux soustractions commises au préjudice des père et mère. — Chauveau et Hélie, no 606.

170. — Ainsi, jugé que la loi ne reconnaissant de lien de famille en faveur des enfans naturels que vis-à-vis de leurs père et mère *qui les ont reconnus*, les soustractions frauduleuses commises par des enfans naturels au préjudice *des parens de leurs père et mère* sont de véritables vols qui ne rentrent point dans l'exception établie par l'art. 380, C. pén. — *Cass.*, 10 juin 1813, Houdry. — Merlin, *Rép.*, vo *Vol*, sect. 3e, § 2, no 2; Legraverend, t. 1er, p. 150.

171. — ... Et spécialement que les soustractions frauduleuses commises par un enfant naturel au préjudice *de son aïeul* constituent un vol punissable et ne rentrent point dans l'exception de l'art. 380, C. pén. — *Liége*, 24 déc. 1823, Rawray.

172. — Malgré les termes de l'art. 380, la cour de Cassation décide qu'il y a fait de vol ou de soustraction frauduleuse de la part du mari qui, après le décès de sa femme, dissimule, dans l'inventaire de la communauté, une somme d'argent qui avait été déposée par les deux époux chez un notaire, la fait figurer dans ses apports lors d'un second mariage, et en retient plus tard une partie pour l'employer à son profit. — *Cass.*, 23 juin 1837 (t. 2 1839, p. 496), Grand.

173. — Par arrêt du 9 juill. 1840, la cour de Cassation a jugé que le fait, de la part de la fille d'un comptable de deniers publics, de soustraire de l'argent dans la caisse de son père, constitue un vol au préjudice du Trésor, et qu'en pareil cas, il n'y a pas lieu à l'application de l'art. 380. — *Cass.*, 9 juill. 1840 (t. 2 1840, p. 411), Beau.

174. — Jugé, d'un autre côté, par un arrêt du 18 janv. 1849 (t. 2 1849, p. 59), qu'il ne suffit pas que le père soit responsable du vol commis par son fils, pour qu'il y ait lieu à l'application de l'art. 380, C. pén.; il faut pour cela que le vol ait été commis directement à son préjudice; et que lorsqu'il s'agit, non d'un corps certain non plus que d'une somme d'argent remise au père à titre de dépôt, mais d'une somme qui se trouvait dans ses mains par suite du mandat à lui donné par une association dont il était le trésorier pour les recettes des cotisations de ses membres, les juges ne violent aucune loi en considérant le vol de cette somme, par le fils, comme commis au préjudice du père, et en faisant profiter ce fils de la disposition de l'art. 380, C. pén.

175. — Dans l'espèce du premier de ces deux arrêts, la cour de Cassation a considéré le père comme dépositaire des effets ou deniers qu'il avait reçus en sa qualité de percepteur, pour le compte de l'état. L'art. 380, C. pén., ne pouvait dès-lors être appliqué, car le déposant conserve la propriété des objets déposés; et il semblerait résulter des termes dudit article que les descendans ne peuvent jouir du bénéfice qu'il établit que lorsque les choses par eux soustraites *appartiennent* à leur auteur. Dans l'espèce du deuxième arrêt, le père a été considéré comme ayant reçu les cotisations des membres de la compagnie dont il était le trésorier sous sa responsabilité personnelle, et par suite comme en étant débiteur; de façon que les sommes par lui reçues se sont trouvées confondues dans sa fortune personnelle. Peut être eût-il été plus juste d'assimiler le trésorier d'une association à un comptable des deniers publics; car, en réalité, les sommes qu'il reçoit en cette qualité ne peuvent être considérées comme étant devenues sa propriété, même sous condition de restitution, comme lui *appartenant*, dans le sens de l'art. 380. Cet article crée en matière de pénalité une exception aux principes généraux qui doit être restreinte au cas pour lequel elle a été établie. — V. *infrà*, en ce qui concerne les vols d'objets saisis, nos 411 et suiv.

176. — De ce que les soustractions commises entre époux ou ascendans et descendans ne constituent ni crime ni délit, en résulte-t-il qu'elles ne comportent pas de complices, en ce qu'il ne saurait y avoir de complices sans un fait principal à l'exécution duquel ils se rattachent?

177. — Le Code pénal ne punit pas, au cas de l'art. 380, les *complices de la soustraction*; il restreint son incrimination au cas où ceux qui ont participé à la soustraction ont recélé ou appliqué à leur profit tout ou partie des objets volés; et même ce n'est pas comme complice qu'il les punit, « ils seront punis, dit-il, *comme coupables de vol.* »

178. — Jugé en conséquence que les règles générales de la complicité échappent et qu'il n'y a de peine applicable au complice que s'il y a eu *recélé ou application à son profit de tout ou partie des objets volés.* — *Cass.*, 1er déc. 1840 (t. 2 1840, p. 505), Jamet.

179. — Ce principe est consacré par d'autres arrêts. — V. *Cass.*, 15 avr. 1825, Lamblecy; *Orléans*, 16 déc. 1837 (t. 1er 1838, p. 25), Vallet; *Cass.*, 24 mars 1838 (t. 1er 1838, p. 649); *Bourges*, 10 mai 1838 (t. 2 1838, p. 547); *Paris*, 29 mai 1839 (t. 1er 1839, p. 365), Beaudoux; *Nancy*, 29 janv. 1840 (t. 1er 1846, p. 496), Vinot. — Carnot, art. 380, no 18; Chauveau et Hélie, *Th. C. pén.*, t. 2, p. 119; Legraverend, t. 1er, p. 50, nos 1er, 2, 3; Leseliyer, *Tr. du dr. crim.*, t. 1er, p. 333, no 207.

180. — Mais pour que le recélé soit punissable, il faut que la soustraction commise soit elle même coupable. Ainsi le mari ayant la libre disposition des effets de la communauté, il n'y a point complicité punissable dans la coopération (par recélé) à une soustraction commise par le mari au préjudice de sa femme, dont il est séparé de fait, sans que la communauté ait été dissoute par aucun des modes déterminés par la loi. Dans ce cas, en effet, la soustraction n'a pas de caractère illégitime. — *Cass.*, 6 juin 1816, Potiron.

181. — Il en serait autrement si le mari avait perdu, par la dissolution de la communauté, la faculté de disposer des objets mobiliers appartenant à sa femme; sauf ce cas, le mari serait sans doute à l'abri à raison de la généralité des termes de l'art. 380 (Carnot, t. 2, p. 257); mais le complice qui les aurait recélés ou appliqués à son profit se trouverait précisément dans le cas du § 2 du même article.

182. — Pour que le complice d'un époux soit punissable, il faut que ce soit *dans son intérêt personnel* qu'il ait agi, et s'il n'avait agi que dans l'intérêt de l'époux, peu importerait qu'il eût commis lui-même la soustraction, aucune peine ne lui serait applicable. C'est donc à tort, suivant nous, qu'il a été jugé que celui qui soustrait au profit de son frère, et qui recèle divers objets appartenant à la succession de la femme de ce dernier, ne peut pas être acquitté, sous le prétexte qu'il n'a pas soustrait ces *objets dans l'intention de se les approprier*, ni que la personne au profit de laquelle il agissait n'aurait été elle-même passible d'aucune peine. — *Bruxelles*, 21 juin 1827, M... — V. cependant Carnot, t. 2, p. 261, no 17.

183. — Il y a complicité de vol par recélé de la part de celui qui, ayant connaissance qu'une somme a été détournée par le mari au préjudice de la communauté, s'en est fait attribuer, par ce dernier, une partie pour préparer et terminer une transaction entre lui et les enfans héritiers de sa femme. — On ne peut considérer la transaction comme ayant eu pour objet d'ôter aux valeurs soustraites leur caractère d'objets volés. — *Cass.*, 23 juin 1837 (t. 2 1839, p. 496), Grand.

184. — En tous cas il a été jugé que l'immunité accordée par l'art. 380, C. pén., à la femme, au mari, aux ascendans et descendans, qui se sont rendus coupables de soustractions les uns vis-à-vis des autres, ne saurait être étendue aux étrangers *coauteurs* de ces soustractions et aux *complices desdits coauteurs.* — *Cass.*, 25 mars 1845 (t. 2 1845, p. 407), Franchi; 12 avr. 1844, (t. 2 1844, p. 775), mêmes parties.

185. — Mais quelle est la peine applicable dans le cas du § 2 de l'art. 380? Si la soustraction a été commise avec circonstances aggravantes, celui qui en a recélé ou appliqué à son profit le produit doit-il souffrir de l'existence de ces circonstances, alors même qu'il y serait demeuré personnellement étranger? La cour de Cassation décide l'affirmative, parce qu'elle considère le recéleur comme *complice du vol.* Comme nous considérons, au contraire, le recel dont parle l'art 380 comme un vol particulier, nous ne pouvons adopter cette solution, et nous pensons que, sauf l'influence des circonstances aggravantes qui lui seraient personnelles, il ne devrait être passible que des peines du vol simple. — V. au surplus COMPLICITÉ, nos 270 et suiv.

186. — L'art. 380, C. pén., applicable seulement aux soustractions commises par l'époux ou les enfans au préjudice de l'autre époux ou des ascendans, ne peut être invoqué lorsque la soustraction porte sur des choses frappées de saisie, cas auquel elle est réellement commise au préjudice d'un tiers. — *Cass.*, 19 fév. 1842 (t. 2 1842, p. 157), Fanet. — *Contrà Caen*, 6 janv. 1842 (t. 2 1842, p. 157) Fanet. — Au surplus, l'art. 400, C. pén., contient une disposition spéciale applicable à ce cas particulier.

CHAP. II. — *Vols simples. — Larcins et filouteries.*

187. — Lorsque les trois élémens constitutifs de la soustraction frauduleuse existent, il y a *vol.* Le vol est *simple* ou *qualifié*: il est *qualifié* lorsqu'une ou plusieurs circonstances déterminées par la loi viennent se réunir au fait même de la soustraction pour en augmenter la gravité et en modifier la nature. Nous examinerons plus bas quelles sont ces circonstances. Tout ce qui n'est pas *vol qualifié* est réputé *vol simple.*

188. — La loi n'énumère pas les faits qui doivent être réputés *vols simples.* A cet égard, l'art. 401 se borne à dire: « Les autres vols *non spécifiés* dans la présente section, *les larcins et filouteries*, ainsi que les tentatives de ces mêmes délits, seront punis, etc., etc. »

189. — L'art. 401 assimile au vol *les larcins et filouteries.* Ce sont en effet de véritables vols qui ne diffèrent des délits de ce genre que par le mode de leur exécution. Les mots de *larcin* et de *filouterie* qualifient plus particulièrement les vols exécutés *en secret* et *par la ruse.* — Chauveau et Hélie, t. 6, p. 614; Rauter, t. 2, p. 114.

190. — C'est ce qui résulte expressément d'un arrêt de la cour de Cassation: « Les larcins et filouteries, y est-il dit, sont *des vols* exécutés, ceux-là furtivement, ceux-ci par adresse. » — *Cass.*, 7 mars 1817, Yvonnet c. Leroux.

191. — Et par d'autres arrêts la cour de Cassation a également exprimé que « les larcins et filouteries ne sont qu'une variété de vol. » — *Cass.*, 9 sept. 1826, Dusserech; 25 sept. 1824, Falta c. Fourcade-Loubère; 13 avr. 1843 (t. 1er 1843, p. 728), Conaty.

192. — De cette assimilation complète entre le vol et les larcins et filouteries, il résulte que ces larcins et filouteries supposent, comme le vol, la soustraction frauduleuse d'une chose appartenant à autrui. — Mêmes arrêts et, en outre, *Cass. Berlin*, ... janvier 1826 (en tête du volume de 1826

3e édition), Dickopft; *Cass.*, 6 nov. 1846 (t. 1er, 1847 p. 183), Labbé.

193. — Dès-lors les divers faits indiqués dans les paragraphes qui précèdent, et qui ne peuvent recevoir la qualification de vol parce qu'il leur manque une des trois conditions constitutives du vol, ne peuvent également être considérées comme larcins et filouteries. — V. nos 10 et suiv.

194. — Il a été jugé spécialement : 1° que celui qui *se fait remettre* par son créancier les billets qu'il a souscrits, en déclarant faussement qu'il vient de signer chez un notaire, selon leurs conventions, une obligation en remplacement de ces billets, ne commet pas plus un larcin ou une filouterie qu'un vol. En effet, il n'y a pas là *soustraction*. — *Cass.*, 7 mars 1817, Yvonnet c. Leroux.

195. — ... 2° Que le débiteur qui, sous le prétexte de réunir en un seul plusieurs titres partiels, se les fait remettre par son créancier, en lui donnant en échange un nouveau titre intégral non signé, ne commet pas plus un larcin ou une filouterie qu'un vol, quoiqu'il ait usé de dol ou même de manœuvres frauduleuses, attendu qu'il n'y a pas eu soustraction, mais remise volontaire. — *Cass.*, 25 sept. 1824, Fatta-Isaac c. Fourcade-Loubère.

196. — ... 3° Que le double emploi d'une quittance de contributions, remise spontanément par le percepteur, ne peut, alors même qu'il a été fait ou tenté, de mauvaise foi, par un contribuable, constituer *ni un larcin ni une filouterie*. — *Cass.*, 9 sept. 1828, J.-B. Duserech.

197. — ... 4° Que le fait d'avoir substitué du cuivre à de l'argent dans des rouleaux ou dans des sacs portant l'indication de la somme qu'ils contenaient d'abord, et de les avoir donnés en paiement à un créancier qui les a reçus sans vérification, ne réunit pas les caractères de la filouterie; attendu qu'il n'y a pas soustraction de la chose d'autrui. — *Cass. Berlin*... janvier 1826 (en tête du volume de 1826, 3e édition), Dickopft.

198. — ... 5° Que celui qui, sciemment, se fait payer deux fois une créance ne commet pas plus une filouterie ou un larcin qu'un vol, quelque immorale que puisse être son action. — *Metz*, 26 mars 1821, Peiffer.

199. — ... 6° Que celui qui achète des marchandises dans une boutique, obtient crédit sous prétexte qu'il a oublié sa bourse, promet de revenir le lendemain et disparaît avec les marchandises, ne commet pas plus une filouterie qu'un vol. — *Douai*, 20 nov. 1829, Dacquen.

200. — ... 7° Que l'individu insolvable qui achète des bestiaux exposés en vente sur une foire moyennant des prix payables comptant, retarde la livraison sous divers prétextes jusqu'à la fin de la foire et finit par obtenir la remise des bestiaux sous la promesse de se libérer dans un bref délai, après avoir fait certifier sa solvabilité par des personnes affidées, n'est pas passible des peines prononcées par l'art. 401 contre les auteurs des larcins et filouteries. — *Cass.*, 25 mars 1824, Cotillon.

201. — ... 8° Que des manœuvres ayant eu pour objet de déterminer le gain frauduleux de sommes engagées dans une partie de jeu, et qui devraient être *ultérieurement* remises, ne constituent pas le délit de filouterie ou la tentative de ce délit. — *Cass.*, 13 avr. 1843 (t. 1er 1843, p. 728), Conaty.

202. — ... 9° Que le fait par un créancier qui a cédé verbalement sa créance d'en recevoir le montant des mains du débiteur au préjudice du cessionnaire ne constitue pas le délit de filouterie. — *Cass.*, 6 nov. 1846 (t. 1er 1847, p. 183), Labbé.

203. — Mais il a été jugé que l'enlèvement furtif par l'acheteur d'un objet vendu, mais dont le vendeur ne devait faire la délivrance que contre le paiement du prix, constitue le délit de filouterie prévu par l'art. 401. — *Bruxelles*, 11 déc. 1831, B... *Nîmes*, 15 déc. 1842 (t. 1er 1843, p. 84), Prédat et Petiot. — V. nos 10 et suiv.

204. — De même, se rend coupable de filouterie celui qui, après avoir surpris à une personne, pendant qu'elle était privée de toute raison et de toute volonté par suite de son état d'ivresse, la signature de billets pour une somme qu'il lui avait gagnée déloyalement au jeu, s'est emparé frauduleusement de ces billets. — *Cass.*, 14 oct. 1842 (t. 1er 1843, p. 733), B...

205. — Le fait de la part d'un boulanger de marquer sur la taille de l'une de ses pratiques une quantité de pains plus grande que celle livrée réellement constitue une tentative de filouterie rentrant dans les termes de l'art. 401, C. pén. — *Limoges*, 13 fév. 1846 (t. 1er 1847, p. 413), X...

206. — Un arrêt de la cour de Cassation a décidé que le fait d'avoir chargé des objets sans valeur sur un navire au lieu des marchandises comprises dans une police d'assurance, afin de toucher le prix de cette assurance après avoir fait périr le navire, constitue un délit punissable, soit qu'on le considère sous le rapport de l'art. 401, soit qu'on le considère sous le rapport de l'art. 405. — *Cass.*, 20 août 1822, J. c. G.

207. — Mais cette décision ne peut être suivie en ce qui concerne l'application de l'art. 401 ; car on ne peut voir dans le fait imputé au prévenu qu'un artifice ou un dol qui ne ressemble en rien à ce que l'on entend par *contrectatio fraudulosa*, sans quoi il n'y a ni vol, ni larcin, ni filouterie.

208. — Y a-t-il délit de filouterie prévu et puni par l'art. 401, C. pén., de la part de celui qui s'est fait livrer par un cabaretier des objets de consommation, sachant qu'il n'avait pas de quoi les payer ? La cour de Bourges avait décidé la négative par un premier arrêt, en se fondant sur ce qu'on ne pouvait voir dans un pareil fait « l'appréhension frauduleuse et furtive de la chose d'autrui à l'insu et contre le gré du propriétaire. » — *Bourges*, 5 mars 1840 (t. 2 1841, p. 315), David; 25 nov. 1841 (t. 1er 1842, p. 454), Grégoire et Artaud; 18 mars 1847 (t. 1er 1848, p. 650), Averoux.

209. — C'est également ce qui a été jugé par la cour de Cassation. — *Cass.*, 20 fév. 1846 (t. 2 1847, p. 552), Lot ; 5 nov. 1847 (t. 1er 1848, p. 331), Varnoux.

210. — Mais la cour de Bourges a décidé, en sens contraire, dans une espèce où, après le repas consommé, les prévenus avaient usé d'adresse pour se soustraire au paiement. — *Bourges*, 12 nov. 1840 (t. 2 1841, p. 316), Sandre et Soutet ; *Limoges*, 18 août 1847 (t. 1er 1848, p. 331), Varnoux.

211. — Et la cour de Grenoble avait jugé précédemment que le fait de se soustraire par la fuite au paiement d'une dépense faite dans une auberge constitue une filouterie. — *Grenoble*, 28 nov. 1833, Manceau.

212. — Quelque coupable que soit le fait dont nous venons de parler, il semble difficile d'y voir les caractères légaux de la filouterie, c'est-à-dire *la soustraction frauduleuse de la chose d'autrui à l'insu ou contre le gré du propriétaire*; en effet, en pareil cas, les objets du délit n'ont passé au pouvoir du prévenu que par l'effet du consentement libre du propriétaire. Il y a eu *remise volontaire* et *non soustraction*. Mais aussi, suivant les circonstances, ce fait pourrait être qualifié *escroquerie*, par exemple si le prévenu avait employé des *manœuvres frauduleuses* pour se faire héberger. — V., à cet égard, ESCROQUERIE, nos 168 et suiv.

213. — Les individus déclarés coupables de vols simples sont punis d'un emprisonnement d'un an au moins et de cinq ans au plus ; ils peuvent même l'être d'une amende de seize francs au moins et de cent francs au plus. « Les coupables, dit l'art. 401, pourront encore être interdits des droits mentionnés en l'art. 42 du présent Code, pendant cinq ans au moins et dix ans au plus, à compter du jour où ils auront subi leur peine. Ils pourront aussi être mis, par l'arrêt ou le jugement, sous la surveillance de la haute police pendant le même nombre d'années. »

214. — Le minimum fixé comme il vient d'être dit peut encore être abaissé par l'application de l'art. 463, qui permet, en cas de circonstances atténuantes, de réduire l'emprisonnement même au-dessous de six jours, et de substituer même à cet emprisonnement une amende de simple police.

215. — Les peines de l'amende, de l'interdiction des droits civiques et de la surveillance, prononcées par l'art. 401, sont purement facultatives ; les tribunaux doivent ne les appliquer que dans les cas où elles se trouveront en rapport avec le caractère du fait et la moralité de l'agent. — Chauveau et Hélie, t. 6, p. 617.

216. — Lorsque, sur une accusation de vol accompagné de circonstances aggravantes, le jury a répondu affirmativement sur le fait principal et négativement sur les circonstances aggravantes, le fait se trouve réduit à un vol simple, et n'est passible que des peines correctionnelles portées par l'art. 401. — *Cass.*, 4 mars 1813, Carpentier.

CHAP. III. — *Vols qualifiés.*

217. — « Le système répressif du Code, disent MM. Chauveau et Hélie (t. 7, p. 4), est fondé sur une double base. Le législateur a puisé d'abord une cause générale d'aggravation du vol dans les circonstances qui révèlent dans l'agent une perversité plus grande, une audace plus coupable; c'est d'après ce principe que les vols commis avec le concours de plusieurs personnes, avec effraction, escalade ou fausses clés, avec armes, menaces ou violences, ont été soumis à des qualifications distinctes. Mais, à côté de cette cause d'aggravation, la loi en a placé une autre dans l'abus d'une confiance nécessaire et dans la difficulté plus grande que l'on trouve, dès-lors, à s'en garantir. Cette seconde règle a été appliquée aux vols commis par les domestiques, par les aubergistes, par les voituriers, et encore à ceux qui sont commis dans les champs et sur les chemins publics; mais toutefois, dans les cas mêmes où cette dernière règle a prévalu, l'action puise dans cette circonstance même une perversité plus grave. Ainsi ce n'est, en aucun cas, dans l'importance du préjudice causé par le vol, ce n'est même pas dans la gravité du trouble éprouvé par l'ordre public, que sont prises les circonstances aggravantes ; c'est dans des faits qui supposent un plus haut degré de criminalité dans la personne de l'agent, et qui rendent témoignage et de ses intentions et du péril qui en est résulté pour la victime ; c'est le fait moral que le législateur a voulu atteindre plus encore que le fait matériel. »

218. — « Les vols sont donc qualifiés à raison de la qualité de leur auteur, du temps où ils ont été commis, du lieu de leur perpétration, enfin des circonstances qui ont accompagné leur exécution. »

219. — Mais quelles que soient les circonstances qui accompagnent l'exécution du vol, il reste toujours soumis aux règles générales renfermées dans l'art. 379, et dès-lors il n'est punissable qu'autant qu'il réunit le triple caractère de la *soustraction frauduleuse de la chose d'autrui*.

220. — Il a été jugé qu'aucune disposition du C. pén. n'autorise les cours d'assises à prononcer une condamnation à l'amende contre les individus déclarés coupables de vol qualifié. — *Cass.*, 3 mars 1826, Dominé. — En effet, l'amende est une simple peine correctionnelle (V. l'art. 9, C. pén.). Elle ne pourrait être appliquée qu'en vertu de l'art. 463, même Code, et comme faisant partie de celles prononcées par l'art. 401, lorsque des circonstances atténuantes permettent aux juges de descendre aux peines de ce dernier article.

Sect. 1re. — *Vols qualifiés à raison de la qualité de l'agent.*

221. — Les vols sont qualifiés à raison de la qualité de l'agent, quand ils sont commis : 1° par des domestiques, hommes de service à gages, ouvriers, compagnons, apprentis et individus travaillant habituellement dans l'habitation où le vol est commis ; 2° par les aubergistes et hôteliers ; 3° par les voituriers et les bateliers ou leurs préposés ; 4° par le saisi ou les siens sur les objets saisis.

§ 1er. — *Vol par les domestiques, hommes de service à gages, ouvriers, etc., et des individus travaillant habituellement dans l'habitation où le vol est commis.*

222. — A Rome, l'organisation de la société et de la famille ne permettait pas de punir les vols commis par les esclaves au préjudice de leurs maîtres et même ceux commis par les affranchis au préjudice de leurs patrons ou par les mercenaires au préjudice de ceux qui avaient loué leurs travaux : « *Servi ut filii nostri furtum quidem nobis faciunt* » (disait la loi 17, ff., *De furtis*), *ipsi autem furti non tenentur* ; et la loi 89, ff., *De furtis*, ajoutait : « *Si libertus patrono furtum fecerit, furti actio non nascitur* ; » Enfin, la loi 11, § 1, ff., *De pœnis*, s'exprimait ainsi : « *Furta domestica, si viliora sunt, publicè vindicanda non sunt. Nec admittenda est hujusmodi accusatio, cum servus à domino, vel libertus à patrono, in cujus domo moratur, vel mercenarius ab eo cui operas suas locaverat, servi dominis vel liberti patronis, vel mercenarii apud quos degunt, subripiunt.*

223. — Cet état de choses n'a pas survécu à la disparition des anciennes mœurs romaines et de l'esclavage. — On trouve dans les établissemens de Saint-Louis (liv. 1er, ch. 40) la définition suivante du vol domestique : « Hors, quand il emble à son seigneur, et il est à son pain et à son vin, il est pendable, car c'est matière de trahison ; » et la déclaration du 4 mars 1724, confirmant la jurisprudence établie (V. Jousse, t. 4, p. 202), contient dans son art. 2 la disposition suivante : « Le vol domestique sera puni de mort. »

224. — La loi du 25 sept. 1791 adoucit cette peine ; l'art. 13, part. 2e, tit. 2, sect. 2e, était ainsi conçu : « Lorsqu'un vol aura été commis dans l'intérieur d'une maison, par une personne *habitante* ou *commensale* de ladite maison, ou reçue habituellement dans ladite maison, pour y faire un service ou un travail salarié, ou qui y soit ad-

mise à titre d'hospitalité, la peine sera de huit années de fers. »

225. — Et l'art. 19 : « Quiconque se sera chargé d'un service ou d'un travail salarié, et aura volé les effets ou marchandises qui lui auront été confiés pour ledit travail, sera puni de quatre années de fers. »

226. — Sous cette législation, lorsque dans un jugement de vol, la déclaration du jury de jugement n'avait pas été provoquée, et par suite n'avait pas porté sur la circonstance de domesticité de l'accusé, le tribunal criminel ne pouvait appliquer la peine réservée au vol accompagné de cette circonstance. — *Cass.*, 2 juill. 1792, Gaubout ; 2 juin 1792, Provot.

227. — De même, l'individu que le jury avait déclaré convaincu d'un vol commis dans une maison où il était reçu *momentanément* pour y faire un service salarié, ne pouvait être puni de la même peine que s'il eût été reçu *habituellement* dans cette maison, au même titre. — *Cass.*, 8 messid. an IX Lacaux.

228. — La peine portée par la loi des 25 sept.-6 oct. 1791, part. 2e, tit. 2, sect. 2e, art. 19, ne pouvait pas être appliquée lorsque les effets ou marchandises volés n'étaient pas déclarés avoir été confiés au prévenu *pour un travail salarié.* — *Cass.*, 26 fructid. an VII, Gazette.

229. — Sous le Code du 3 brum. an IV, lorsqu'il résultait de l'acte d'accusation que l'accusé était domestique chez la personne où le vol avait été commis, le jury devait être interrogé, à peine de nullité, sur cette circonstance aggravante. — *Cass.*, 26 vendém. an X, Billa. — C'était l'application du principe qui voulait que toutes les circonstances aggravantes fussent posées au jury.

230. — La loi du 25 frim. an VIII fit une distinction entre le vol commis par les commensaux d'une maison, et ceux commis par les domestiques. Cette distinction se trouve dans l'art. 2, qui s'exprime en ces termes : « Lorsqu'un vol aura été commis *de jour*, dans l'intérieur d'une maison, par une personne habitante *ou commensale* de ladite maison, pour y faire un service ou un travail salarié, ou qui y soit admise à titre d'hospitalité, la peine ne pourra être moindre d'une année ni excéder quatre années d'emprisonnement. Ne sont compris dans le présent article les vols commis *par les domestiques à gages;* lesdits vols seront punis de la peine portée en l'art. 13, sect. 2e, tit. 2, part. 2e, C. pén. »

231. — La même loi réduisit aussi à six mois le minimum, à deux ans le maximum de la peine à infliger à quiconque s'étant chargé d'un service ou d'un travail salarié, aurait volé les effets ou marchandises qui lui auraient été confiés pour ledit service ou ledit travail. — Art. 6.

232. — Il a été jugé dès-lors : 1o que la loi du 25 frim. an VIII, ayant distingué expressément les vols commis par des serviteurs à gages de ceux commis par des domestiques à gages et réduisant les premiers à de simples peines correctionnelles, il y avait fausse application de la loi dans le jugement qui prononçait contre un serviteur à gages les peines du Code pénal de 1791. — *Cass.*, 16 vendém. an IX, Lecomte.

233. — ... 2o Que sous la même loi, l'accusé convaincu d'un vol simple commis *le jour* dans une maison où il était reçu pour un service salarié, n'était point passible des peines portées par l'art. 13, sect. 2e, tit. 2, part. 2e de ce Code, si le jury n'avait pas déclaré qu'il fût *domestique à gages.* — *Cass.*, 8 germin. an VIII, Cuny.

234. — ... 3o Que le vol commis par un domestique salarié pour un travail déterminé n'était plus qu'un simple délit de police correctionnelle et ne pouvait pas être poursuivi par la voie criminelle, à peine de nullité. — *Cass.*, 27 fructid. an VIII, Boucherdon.

235. — A la différence de ces législations, le Code pénal de 1810, exclut de l'aggravation de peine les simples habitans et commensaux de la maison, et les personnes qui y sont admises à titre d'hospitalité, et confond dans la même peine les domestiques à gages et les personnes qui sont admises, soit momentanément, soit habituellement, dans la maison pour y faire un travail ou un service salarié. — Chauveau et Hélie, t. 7, p. 10.

236. — L'art. 386, C. pén., porte : « Sera puni de la peine de la réclusion tout individu coupable de vol commis dans l'un des cas ci-après... 3o Si le voleur est un domestique ou un homme de service à gages, même lorsqu'il aura commis le vol envers des personnes qu'il ne servait pas, mais qui se trouvaient soit dans la maison de son maître, soit dans celle où il l'accompagnait ; ou si c'est un ouvrier compagnon ou apprenti, dans la maison, l'atelier ou le magasin de son maître ; ou un individu travaillant habituellement dans la maison où il aura volé. »

237. — L'art. 5, tit. 6, ordonn. de 1670, distinguait les *serviteurs* et les *domestiques.* « Les serviteurs, dit Serpillon (C. crim., t. 1er, p. 468), sont les *valets*, les *laquais*, *portiers*, *cochers*, *cuisiniers et autres* d'un *état semblable*; sous la qualité de domestiques sont compris ceux d'un état moins abject comme les *secrétaires*, *agens*, *maîtres d'hôtel et autres gens à gages.* »

238. — Le mot *domestique* dont se sert la loi nouvelle, comprend tous les individus attachés au service de la personne ou de la maison. — Chauveau et Hélie, t. 7, p. 11.

239. — Le vol commis dans une maison par un individu *qui était logé et nourri*, et qui y travaillait *à raison de tant par jour*, doit être considéré comme un vol domestique rentrant dans l'application de l'art. 386, C. pén. — *Cass.*, 15 avr. 1813, Martin.

240. — Celui qui a engagé ses services dans une auberge, sous les seules conditions d'y être *nourri et logé* et de *partager* avec les autres domestiques les *libéralités* des voyageurs, doit être considéré comme un *domestique à gages* ; en conséquence, le vol par lui commis dans cette auberge est un vol domestique. — *Cass.*, 28 mars 1807, Schotetens.

241. — Est coupable, également, de vol domestique celui qui vole la personne chez laquelle il est reçu habituellement pour faire les commissions de la maison, bien qu'il n'y couche pas, et que ses services ne soient payés que par un déjeuner qu'il y prend chaque jour. — *Cass.*, 29 nov. 1811, Rossignol.

242. — Toutefois, la cour de Metz a décidé que le vol commis dans une maison par un individu qui, *sans être logé ni nourri*, est payé à raison de tant par mois pour faire les commissions du dehors, constitue un vol simple et non un vol domestique. — *Metz*, 29 mai 1821, Reden.

243. — Suivant MM. Chauveau et Hélie (t. 7, p. 13), les deux arrêts qui précèdent diffèrent en ce que, dans la seconde espèce, le prévenu avait des fonctions indépendantes de son service et ne faisait qu'exercer dans la maison un acte de ses fonctions; il ne pouvait donc, disent-ils, être qualifié domestique à gages. — Dans la première espèce, au contraire, ce même fait n'était pas constaté. — Au surplus, ces auteurs pensent que dans l'un et l'autre cas il s'agissait moins d'un homme de service à gages que d'un homme chargé d'un travail habituel. — V. *infrà* nos 306 et suiv.

244. — Celui qui étant à la fois concierge de l'infirmerie d'une prison et gardien de château soustrait frauduleusement des effets mobiliers dépendant du château confié à sa garde, doit, comme homme de service à gages, être puni des peines portées en l'art. 386, C. pén. — *Cass.*, 16 avr. 1818, Delahaye. — Toutefois Carnot (t. 2, p. 287) fait remarquer qu'on ne voit pas dans cet arrêt que le gardien fût *gagé*, et il ajoute que la seule qualité *d'homme de service* ne suffirait pas pour motiver l'application de l'art. 386. s'il n'y avait pas, en même temps, preuve au procès qu'il fût accordé au concierge *des gages* pour sa garde; cette observation est fort juste. — Mais MM. Chauveau et Hélie (t. 7, p. 13) disent avec raison que tous les gardiens et concierges de maison rentreraient dans les termes de l'art. 386, par cela seul qu'ils seraient logés ; le logement peut, dans ce cas, être considéré comme gage de service.

245. — La cour de Cassation a décidé à tort que le vol commis par la femme d'un aubergiste, dans le cabaret de son mari peut être considéré comme *un vol domestique* si le jury a déclaré qu'elle y servait habituellement. — *Cass.*, 15 avr. 1830, Wanveninghem.

246. — En effet, la femme d'un aubergiste ne doit pas être confondue avec les individus que la nécessité investit de la confiance du maître qui emploie leurs services pour un travail habituel. La femme du maître jouit d'une certaine autorité qui doit la faire assimiler au maître lui-même. Le vol par elle commis dans la maison de son mari, au préjudice des voyageurs, rentre donc dans le § 4, art. 386, C. pén. — V. *infrà* nos 325 et suiv. — Chauveau et Hélie, *loc. cit.*

247. — Doit-on comprendre les commis, les secrétaires, les clercs, sous la qualification d'hommes de services à gages ? Par plusieurs arrêts qui seront indiqués plus explicitement *infrà*, nos 271 et suiv., la cour de Cassation a fait rentrer dans l'art. 386 : 1o les commis salariés préposés aux recettes des établissemens de messageries. — *Cass.*, 7 janv. 1830, Fourcault.

248. — ... 2o Les commis voyageurs des maisons de commerce salariés à raison de tant par mois. — *Cass.*, 15 déc. 1826, Darrippe.

249. — ... 3o Le commis salarié d'un sous-préfet. — *Cass.*, 14 fév. 1828, Benoit.

250. — ... 4o Les commis de recettes des négocians. — *Cass.*, 9 juill. 1812, Samson; 9 sept. 1826, Herpin.

251. — ... 5o Le commis salarié d'un receveur de deniers publics. — *Cass.*, 24 janv. 1823, Langevin.

252. — Elle a décidé aussi que le vol commis par un clerc d'huissier salarié, dans la maison et au préjudice de celui qui l'emploie moyennant salaire, constitue un vol domestique. — *Cass.*, 28 sept. 1827, Freulet; 27 mars 1829, Hellouin.

253. — ... Que la soustraction frauduleuse faite par un commis à gages au préjudice de la personne qui l'emploie, et dans l'habitation de cette dernière, constitue un vol domestique, et non un simple délit d'abus de confiance. — *Cass.*, 31 janv. 1822, Henou.

254. — ... Que celui qui a soustrait frauduleusement des sommes d'argent dans le bureau d'un percepteur des contributions directes dont il était le commis ou caissier salarié, doit être poursuivi comme coupable de vol domestique et non de soustractions commises par un dépositaire ou comptable. — *Cass.*, 5 août 1825, Le Barbier

255. — Cette interprétation, en tant qu'elle applique aux clercs, commis, etc., etc., la qualification d'hommes de service à gages, est critiquée par MM. Chauveau et Hélie (t. 7, p. 15); mais ils font eux-mêmes remarquer que la question a peu d'intérêt, puisque si ces individus ne sont pas compris dans la catégorie des hommes de service à gages, ils seront atteints dans tous les cas par l'art. 386 comme travaillant habituellement dans l'habitation où ils auront volé.

256. — Et l'arrêt précité (*Cass.*, 24 janv. 1823, Langevin) porte que le vol fait par un commis salarié, dans la maison et au préjudice de son maître, rentre sous l'application de l'art. 386, *soit* que l'on considère le voleur comme homme de service à gages, *soit* qu'on le considère comme individu travaillant habituellement dans l'habitation.

257. — L'individu qui reçoit des matières premières pour les travailler à son domicile et être payé suivant la quantité des matières par lui façonnées, ne peut pas être réputé ouvrier ou homme de service à gages. Dès-lors, s'il dérobe une partie des matières qui lui ont été remises, il se rend coupable d'abus de confiance et non du crime de vol prévu par l'art. 386. — *Cass.*, 16 mars 1837 (t. 1er 1838, p. 90), Legendre. — V. ABUS DE CONFIANCE, nos 129 et suiv.

258. — On jugeait, avant la loi de 1832, que l'apprenti qui dissipe le montant d'une lettre de change que son maître l'a chargé de recouvrer, commet un abus de confiance et non un vol domestique, s'il n'est pas employé chez son maître en qualité de garçon de caisse, et si c'est seulement accidentellement qu'il a été chargé de ce recouvrement. — *Cass.*, 31 mars 1825, Thomas.

259. — On jugeait aussi que le vol fait par un *commis* au préjudice de son maître constitue un abus de confiance et non un vol domestique, lorsqu'il n'est point dit dans l'acte d'accusation, ni dans la déclaration du jury, que l'accusé fût le domestique ou serviteur à gages de la personne volée, ni un ouvrier compagnon ou apprenti dans sa maison, son atelier ou son magasin, ni un homme travaillant habituellement dans l'habitation où il a volé. — *Cass.*, 23 avr. 1812, Stubbe.

260. — Mais cet arrêt a perdu presque tout son intérêt depuis que le nouvel art. 408 a assimilé au vol domestique, quant à la pénalité, les abus de confiance commis par les domestiques, clercs, *commis*, comme aussi ceux commis par un apprenti, et cela, sans exiger que ce soit dans la maison du maître ou dans le travail habituel pour lequel il est employé que l'apprenti ait commis l'abus. — V. ABUS DE CONFIANCE.

261. — La qualité d'officier de police judiciaire, qui appartient aux gardes champêtres ou forestiers des particuliers, ne permet pas de les considérer comme des hommes de service à gages. En conséquence, le vol commis, sans autre circonstance, par un garde particulier, dans l'étendue du territoire confié à sa garde, constitue un simple délit et non un vol domestique. — *Cass.*, 24 juin 1813, Senac; 3 août 1833, Balavoine; 21 mai 1835, Blin.

262. — Un tambour de la garde nationale ne peut être considéré comme un homme de service aux gages de la ville dans le sens de l'art. 386, C. pén. En conséquence, le détournement qu'il commet des effets d'habillement et d'équipement qui lui ont été remis par la ville pour un travail salarié et à la charge de les rendre, de les représenter et d'en faire un emploi déterminé, constitue seulement le délit prévu par l'art. 408, C. pén. — *Paris*, 31 déc. 1831, N...

263. — Le fait, par un berger, d'avoir emmené et de s'être approprié les chiens ou le troupeau confiés à sa garde constitue le crime de vol domestique prévu par l'art. 386, C. pén., et non celui d'abus de confiance réprimé par le § 2, art. 408 du même Code. — *Paris*, 29 mars 1844 (t. 2 1844, p. 356), Sourciau. — Il est certain en effet qu'un maître, en mettant ses chiens et son troupeau sous la garde d'un berger, ne les place pas hors de sa possession, pour les faire passer dans celle de ce dernier. Dès-lors, en emmenant furtivement ces animaux pour se les approprier, le berger les déplace réellement, les enlève, les soustrait, et, par suite, se rend coupable d'un véritable vol.

264. — En règle générale, le vol domestique est celui qui est commis par les gens de service au préjudice du maître et dans la maison. Cependant, par exception, l'art. 386 étend l'aggravation au voleur, même lorsqu'il aura commis le vol envers des personnes qu'il ne servait pas, *mais qui se trouvaient soit dans la maison de son maître, soit dans celle où il l'accompagnait.* Mais cette disposition doit être restreinte dans les limites les plus étroites, de sorte que le vol commis par un domestique, soit dans un lieu public où il accompagne son maître, soit dans une maison étrangère où il a été envoyé par lui, ne donnerait point lieu à l'application des peines du vol domestique. — Chauveau et Hélie, *loc. cit.*

265. — Jugé, en conséquence, que le vol commis par un domestique, au préjudice *d'un autre que son maître*, ne constitue qu'un vol simple, s'il n'a pas été commis dans la maison de son maître, et si, d'ailleurs, rien ne constate qu'il l'ait été *dans celle où il l'accompagnait.* — *Cass.*, 24 déc. 1835, Bouhoure; 14 avr. 1831, Garant; 13 fév. 1834, Fouquereau.

266. — On s'est demandé si la soustraction frauduleuse commise par un domestique dans la maison de son maître constitue un vol qualifié et non un vol simple, encore bien que les objets soustraits appartiennent à un tiers qui ne se trouve plus dans cette maison. La difficulté venait de ce que l'art. 386, C. pén., parle du vol commis par le domestique envers des personnes qu'il ne servait pas, mais qui se *trouvaient* dans la maison de son maître; ce qui ferait supposer qu'il serait nécessaire que les personnes volées *se soient trouvées* dans la maison au moment du vol. Tel n'est, sans doute, point le sens de la loi. Cette disposition a eu pour but d'étendre et non de restreindre l'application de la peine du vol domestique. La présence *actuelle* de la personne volée dans la maison du maître est une circonstance indifférente qui n'aggrave en rien la culpabilité du domestique. C'est ce que la cour de Cassation a décidé par plusieurs arrêts. — *Cass.*, 13 fév. 1819, Metzelaire; 10 janv. 1823, Boudoux; 7 juin 1832, Laboureur. — Chauveau et Hélie, t. 7, p. 21.

267. — A plus forte raison a-t-on dû décider que, pour constituer un vol domestique, il suffit que l'accusé soit domestique ou homme de service à gages dans la maison où il a commis le vol, lors même que le maître de la chose volée ne se serait pas trouvé dans la maison où l'un de ses domestiques l'a volé. En effet, ainsi que le dit la cour de Cassation, c'est même pour les cas d'absence, où il se confie à la foi de ses domestiques, que le maître a besoin de trouver plus de secours et de sévérité dans la loi. Cette solution ne peut faire difficulté. — *Cass.*, 20 août 1829, Marchand. — Chauveau et Hélie, *loc. cit.*

268. — Lorsque, sur la question de savoir si l'accusé a commis un vol dans la maison habitée par une personne chez laquelle il servait, le jury l'a déclaré coupable, *sans la circonstance de la maison habitée*, et qu'il ne résulte pas d'ailleurs que le vol ait été commis au préjudice du maître, le fait se trouve réduit à un simple délit correctionnel et ne peut donner lieu à l'application des peines portées par l'art. 386, C. pén. — *Cass.*, 7 juin 1832, Lyon.

269. — Le vol commis par un domestique au préjudice de son maître ne cesse pas d'être passible des peines prononcées par l'art. 386, C. pén., parce qu'il aurait été consommé *en dehors de la maison*. En effet, nulle expression de cet article ne restreint la perpétration du vol dans l'intérieur de l'habitation; la raison de décider est d'ailleurs la même, puisque la confiance nécessaire du maître est illimitée et suit le domestique partout où il peut en abuser. — V., en ce sens, *Cass.*, 14 avr. 1831, Garant. — Chauveau et Hélie, t. 7, p. 22.

270. — Mais peut-on étendre cette décision à des fraudes qui n'ont pas, par elles-mêmes, le caractère de soustraction frauduleuse? La cour de Cassation l'a pensé ainsi et elle a décidé :

271. — ...1° Que celui qui, étant placé en qualité de garçon de recettes à gages chez un commerçant, *s'approprie le montant des recettes qu'il a faites en cette qualité*, est passible des peines du vol domestique, encore bien qu'il n'habite pas la maison de son maître et qu'il ait commis le vol hors de cette maison. — *Cass.*, 9 juill. 1812, Samson.

272. — ...2° Que les soustractions frauduleuses commises au préjudice d'un commerçant par son commis de recettes à gages constituent le crime prévu par l'art. 386, C. pén., quoiqu'elles aient eu lieu hors de la maison de ce commerçant. — *Cass.*, 9 sept. 1825, Herpin.

273. — ... 3° Que le vol fait dans la caisse et au préjudice d'un receveur de deniers publics par son commis salarié constitue un vol domestique, et non un vol simple, *encore bien que le receveur lui ait confié une clé et l'administration de sa caisse.* — *Cass.*, 31 janv. 1823, Langevin.

274. — ...4° Que le commis voyageur d'une maison de commerce, salarié à raison de tant par mois, est un homme de service à gages; qu'en conséquence, *les détournemens par lui* commis au préjudice de son maître constituent le vol domestique puni par l'art. 386, C. pén. — *Cass.*, 15 déc. 1826, Darrippe.

275. — ...5° Que le commis salarié d'un sous-préfet, chargé, en cette qualité, *de toucher les sommes dues à ce fonctionnaire pour son traitement et ses frais de bureau*, qui *détourne* et *applique* à son profit les sommes ainsi touchées, se rend coupable d'un vol domestique et non d'un simple abus de confiance. — *Cass.*, 14 fév. 1828, Jean Benoît.

276. — ... 6° Que le fait d'un commis salarié, préposé aux recettes, dans un établissement de messageries, d'avoir détourné à son profit une partie des sommes *qu'il a reçues en cette qualité* constitue le crime de vol par un homme de service à gages, prévu par l'art. 386, n° 3, C. pén., et non un abus de confiance. — *Cass.*, 7 janv. 1830, Fourcault.

277. — ...7° Que le commis salarié d'un négociant qui s'approprie les sommes *à lui confiées* pour acquitter les douanes des marchandises qu'il était chargé d'expédier, et le produit des fermages qu'il a reçu pour le compte de son maître, se rend coupable d'un vol domestique et non d'un simple délit d'abus de confiance. — *Cass.*, 17 juill. 1829, Raphaël Samuel.

278. — ... 8° Que le domestique qui détourne au préjudice de son maître le montant d'un billet que ce dernier *l'avait chargé d'aller recevoir* se rend coupable d'un vol domestique et non pas d'un abus de confiance. — *Cass.*, 11 mai 1832, Léon; *Bruxelles*, 3 oct. 1831, Biscops.

279. — Jugé de même que le détournement fait par un domestique d'une somme d'argent qui lui a été confiée par un tiers *pour être remise à son maître*, constitue non un simple délit d'abus de confiance, mais un vol domestique. — *Metz*, 23 fév. 1821, Baye-Georges.

280. — Au contraire, la cour de Paris a jugé qu'un commis qui détourne, au préjudice de celui chez lequel il travaille, une somme d'argent qu'il a été chargé de toucher et dont on lui a confié, à cet effet, la quittance ou le bordereau acquitté, se rend plutôt coupable d'abus de confiance que de vol domestique ou de vol simple. — *Paris*, 25 fév. 1825, Rollot.

281. — MM. Chauveau et Hélie (t. 7, p. 26) critiquent ces décisions (à l'exception de celle de Paris) en ce qu'elles tendent à confondre le vol, qui consiste à *soustraire*, avec l'abus de confiance, qui consiste à détourner ou à dissiper. — Au surplus, la loi du 28 avril 1832 a coupé court à toute controverse, en assimilant à ce vol domestique, tenant à la spécialité, les abus de confiance commis par les domestiques, hommes de service à gages, élèves, clercs, commis, ouvriers, compagnons, apprentis. — Art. 408.

282. — La cour de Cassation a considéré comme coupable de vol domestique celui qui vole du blé ou de la farine qu'il était chargé d'aller chercher ou de reconduire chez les particuliers, *en sa qualité de domestique d'un meunier*, encore bien que la soustraction soit faite, non dans la maison de son maître, mais en allant et venant. — *Cass.*, 9 oct. 1812, Riffault.

283. — Toutefois cette décision peut faire difficulté, puisque, dans le cas auquel elle s'appliquait, la soustraction n'était commise ni au préjudice du maître, ni dans la maison de celui-ci, ni dans une maison où le domestique accompagnait son maître. — Aussi, MM. Chauveau et Hélie (t. 7, p. 28) pensent-ils qu'on ne saurait voir là qu'un vol simple. — Legraverend, t. 2, p. 136 (notes); Merlin, *Rép.*, v° *Vol*, sect. 2e, § 3.

284. — Le détournement fait par le domestique de l'argent par lui reçu pour acheter des provisions qu'il a réellement procurées, peut-il le faire réputer coupable de vol envers son maître ou constituer seulement un délit d'escroquerie envers des fournisseurs dont il a par dol surpris la crédulité? — C. pén., art. 386 et 405. — Cette question ne manque pas de gravité. — V., au surplus, ABUS DE CONFIANCE.

285. — La déclaration par le jury qu'un accusé était, au moment du vol, le domestique ou serviteur à gages de la personne volée, ne peut faire considérer le vol comme un vol domestique que dans le cas où cet accusé serait l'auteur du vol ou aurait aidé et assisté les auteurs du vol dans les faits qui l'ont consommé, en sorte qu'il pût en être considéré comme coauteur. — En conséquence, lorsque le jury a déclaré que cet accusé n'était pas l'auteur du vol, et qu'ayant fait ensuite une réponse affirmative à la question de savoir s'il était au moins complice pour avoir aidé ou assisté l'auteur du vol dans les faits qui l'ont préparé ou facilité, ou dans ceux qui l'ont consommé, il n'a rattaché spécialement cette réponse à aucune des alternatives que présentait la question, et a laissé ainsi subsister l'incertitude sur le véritable caractère de la complicité dont l'accusé est déclaré coupable, on doit, dans ce doute, préférer l'interprétation la plus favorable à l'accusé et lui appliquer la peine la plus douce. — *Cass.*, 17 sept. 1847 (t. 1er 1848, p. 401), Lardit, Junca et Montifort.

286. — Lorsque, dans une accusation de vol domestique, le jury a écarté la circonstance aggravante de domesticité, le fait ainsi modifié ne constituant plus qu'un simple délit, il ne suffit pas que la déclaration constate que le vol a été commis depuis moins de dix ans, il faut qu'elle énonce d'une manière certaine qu'il n'était point couvert par la prescription de trois ans. — Lorsque, par suite de cette énonciation, l'arrêt a été cassé et l'affaire renvoyée devant une autre cour d'assises, la partie de la déclaration du jury qui écartait la circonstance aggravante de domesticité ne peut continuer à subsister; et cette circonstance doit, dès-lors, être soumise de nouveau avec le fait principal à la cour de renvoi. — *Cass.*, 19 mars 1846 (t. 2 1849, p. 179), Jacquet. — V. COUR D'ASSISES, nos 2130 et suiv.

287. — Jugé qu'aucune disposition de loi n'exige que les personnes lésées par un crime ou par un délit soient nommées ou désignées pour qu'il y ait lieu de poursuivre l'auteur de ce crime ou de ce délit. — Spécialement, en cas de vol, la poursuite est indépendante de toute réclamation de ceux qui en ont été victimes, et qui peuvent ne pas être connus. — Il en est ainsi même dans une accusation de vol domestique; il suffit alors que le rapport de domesticité entre le voleur et le volé ait été reconnu, ce qui peut avoir lieu sans que le nom de la personne volée soit exprimé. — La loi, en frappant plus sévèrement le voleur lorsqu'il est domestique ou homme de service à gages, n'ayant considéré ni le nom, ni la qualité, ni la position sociale ou politique de la personne volée, ni la validité ou la nullité des conventions écrites ou verbales qui auraient pu exister entre cette personne et l'auteur du vol, mais uniquement le lien qui attachait le voleur à la personne volée et les relations qui en étaient la conséquence forcée, il n'est pas nécessaire que les noms, titres ou qualités des personnes volées soient énoncées dans la question soumise au jury. — *Cass.*, 6 juin 1845 (t. 2 1848, p. 601), Affenaer.

288. — Jugé que la circonstance de fraude ne doit pas être énoncée dans la question posée aux jurés, alors qu'ils sont interrogés sur un détournement commis par un domestique ou employé au préjudice de leur maître. L'art. 408 n'exige pas que cette qualification soit donnée au fait de détournement : elle résulte virtuellement de ce fait même. — *Cass.*, 30 nov. 1837 (t. 1er 1838, p. 626), Daillioux.

289. — La deuxième espèce du vol domestique comprend celui qui est commis par un ouvrier, compagnon ou apprenti, dans la maison, l'atelier ou le magasin de son maître. — L'aggravation de peine est motivée dans ce cas sur les rapports nécessaires de confiance qui s'établissent entre le maître et ses ouvriers.

290. — Pour que l'aggravation soit motivée, le concours des deux circonstances suivantes est nécessaire; il faut : 1° que le vol ait été commis par un ouvrier, compagnon ou apprenti; 2° qu'il ait été dans la maison, l'atelier ou le magasin du maître. — *Cass.*, 9 sept. 1825, Gelluet; 14 avr. 1831, Garaud.

291. — ... Et l'arrêt de condamnation doit expressément constater l'existence de ces circonstances. — Chauveau et Hélie, t. 7, p. 30 et 31.

292. — Ainsi, il a été jugé que le vol commis par un ouvrier au préjudice du maître chez lequel il travaillait habituellement, n'est passible de la peine prononcée par le § 3, art. 386, C. pén., qu'autant que, dans la question soumise aux jurés il

dans leur réponse, il est énoncé qu'il a été commis *dans la maison de ce maître*. — *Cass.*, 25 sept. 1828, Chevrier ; 29 oct. 1830, Baer ; 24 mai 1832, Frobert.

293. — L'ouvrier accusé de vol domestique n'encourt pas la peine de la réclusion lorsque la déclaration du jury qui le reconnaît coupable de vol au préjudice de son maître n'énonce point que la soustraction a été commise *dans la maison, l'atelier ou le magasin*. — *Cass.*, 21 janv. 1836, Burgeissen.

294. — ... Qu'on doit réputer insuffisante et nulle la déclaration du jury qui ne mentionne pas la circonstance que le coupable travaillait habituellement dans la maison même où il a volé. — *Cass.*, 16 déc. 1824, Chopy.

295. — ... Que le compagnon ou apprenti accusé de vol au préjudice de la personne chez laquelle il travaillait habituellement ne peut pas être condamné aux peines portées par l'art. 386, C. pén., si les jurés n'ont pas déclaré qu'il a commis ce vol dans le domicile de son maître, bien qu'ils aient été interrogés sur cette circonstance. — *Cass.*, 7 avr. 1825, Jaques.

296. — Jugé encore que l'ouvrier qui a volé son maître n'étant passible de la peine édictée par l'art. 386, C. pén., qu'autant que le vol a été commis dans la maison, l'atelier ou le magasin de celui-ci, dès-lors le jury doit être interrogé spécialement sur cette circonstance. Il ne suffirait pas de lui poser la question de savoir si à l'époque du vol l'accusé était l'ouvrier ou l'apprenti de celui qui en a été la victime. — *Cass.*, 22 juill. 1847 (t. 2 1847, p. 695), Vigneaux. — Chauveau et Hélie, t. 7, p. 31.

297. — Jugé aussi que lorsqu'il résulte du réquisitoire du procureur général, que l'accusée travaillait habituellement en qualité d'ouvrière dans la maison où elle a commis le vol, un arrêt ne peut se borner à renvoyer l'affaire au tribunal correctionnel, sans avoir préalablement reconnu qu'il ne résulte pas des charges que la soustraction ait été commise dans un atelier où cette accusée travaillait habituellement comme ouvrière à gages. — *Cass.*, 22 nov. 1811, Finance.

298. — Par la maison, l'atelier, le magasin du maître, il faut entendre ceux où les ouvriers étaient employés ou travaillent habituellement. — *Cass.*, 11 avr. 1822, Miche ; 29 oct. 1830, Baer. — Chauveau et Hélie, t. 7, p. 32.

299. — Ainsi, on ne pourrait appliquer l'art. 386 à l'ouvrier reconnu coupable d'avoir commis le vol *dans le domaine* de son maître, ce mot domaine n'exprimant pas clairement que c'est dans la maison ou ses dépendances que le vol avait été consommé. — *Cass.*, 24 mai 1832, Frobert.

300. — Mais la soustraction frauduleuse d'une somme d'argent, commise par un ouvrier dans la maison habitée et au préjudice de son maître, constitue-t-elle un vol domestique quoiqu'elle n'ait pas eu lieu *dans l'atelier même*, mais dans un appartement de la maison situé au-dessus de l'atelier ? — La cour de Cassation a jugé l'affirmative. — *Cass.*, 29 avr. 1830, Merle.

301. — Au contraire, suivant la cour de Metz, le vol commis par un ouvrier, dans le domicile de son maître, constitue un vol simple et non un vol domestique, lorsque ce domicile est entièrement séparé de l'atelier où l'ouvrier est employé. — *Metz*, 12 fév. 1819. — Chauveau et Hélie, t. 7, p. 38.

302. — L'art. 386 ne reçoit son application qu'autant qu'il s'agit d'un ouvrier encore au service du maître et travaillant chez lui ; mais l'ouvrier qui volerait chez son ancien maître, après l'avoir quitté, ne commettrait qu'un vol simple.

303. — Toutefois, la cour de Paris a jugé que l'ouvrier qui fait une soustraction dans le domicile de la personne chez laquelle il avait travaillé jusque-là, mais où il ne travaillait plus au moment de la soustraction, commet un vol domestique. Mais il faut dire que dans l'espèce de cet arrêt le vol avait eu lieu dans la dernière nuit passée par l'ouvrier chez le maître et à une époque où, bien qu'ayant rompu avec lui, il n'avait pas encore tout-à-fait quitté la maison. Dans cette espèce même, il y avait eu un coupable abus d'une généreuse hospitalité.

304. — Le vol commis par un détenu, dans l'atelier de la maison centrale où il travaille, et au préjudice de l'entrepreneur des travaux, constitue un vol simple et non le crime prévu par l'art. 386, C. pén. En effet, l'entrepreneur des travaux de la prison n'est pas *un maître* dans le sens de la loi ; et il n'est pas lié aux prévenus par cette confiance naturelle, nécessaire, qui a motivé la disposition rigoureuse de l'art. 386. — *Paris*, 12 mai 1835, Martin.

305. — De ce que le vol commis par l'ouvrier n'est réputé vol domestique qu'autant qu'il a été commis dans la maison, l'atelier ou le magasin du maître, il résulte que l'ouvrier qui se rend coupable de vol dans une maison où il a accompagné son maître pour y confectionner des travaux se rend coupable de vol simple et non de vol domestique. — Chauveau et Hélie, t. 7, p. 40.

306. — La troisième espèce de vol domestique consiste dans les soustractions qui sont commises par un individu travaillant habituellement dans l'habitation où il aura volé.

307. — Ainsi, deux conditions sont indispensables pour l'aggravation de la peine. La première, c'est que le vol soit commis par un individu travaillant habituellement dans une maison ; de telle sorte que celui qui commet un vol dans une maison dont il est un des locataires, ou dans laquelle il prend habituellement ses repas, ou dont on lui a accordé même gratuitement l'habitation, n'est pas passible de la pénalité écrite dans l'art. 386. La seconde, c'est que la soustraction soit consommée dans l'habitation même où il travaille. — Chauveau et Hélie, t. 7, p. 41 ; Rauter, t. 2, p. 127.

308. — Ainsi jugé que le vol commis par un individu travaillant habituellement dans une maison ou habitation ne constitue le crime prévu par ledit article qu'autant qu'il a eu lieu *dans la maison ou l'habitation dans laquelle il travaillait habituellement*. — *Cass.*, 9 sept. 1825, Gelinet ; 14 avr. 1831, Garant.

309. — L'armurier chargé d'entretenir et de réparer les fusils appartenant à une commune ne peut, par cela seul que la salle de l'hôtel de ville où sont déposés les fusils lui est continuellement ouverte, être considéré comme *travaillant habituellement* dans cet hôtel. Dès-lors, la soustraction par lui faite des fusils qu'il est chargé de réparer ne constitue qu'un vol simple et non le vol qualifié par l'art. 286, § 3, C. pén. — *Cass.*, 13 avril 1837 (t. 1er 1838, p. 382), Chagneau.

310. — Pour rendre l'art. 386, C. pén., applicable au vol commis par l'individu faisant un travail habituel, il n'est pas nécessaire qu'il l'ait commis au préjudice de la personne chez laquelle il travaillait, pourvu que ce soit dans la maison de cette personne. — *Cass.*, 20 mars 1829, Jouvenot.

311. — Pour que le travail soit réputé habituel, il n'est pas nécessaire que la personne s'y livre *tous les jours*, ni qu'elle ait travaillé le *jour même* où le vol a été perpétré. — *Cass.*, 27 août 1813, Vopel. — Chauveau et Hélie, t. 7, p. 43. — Il suffit en effet qu'un ouvrier soit habituellement reçu dans une maison pour qu'on lui accorde, le jour où il n'y travaille pas, la même confiance que le jour où il y travaille. — V. cependant Legraverend, t. 2, ch. 2, p. 135, note 3e.

312. — Mais des services *rares et menus*, quoique périodiques et salariés, ne motiveraient pas l'application de l'art. 386, § 3, C. pén. C'est du moins ce qui semble résulter d'un arrêt de la cour de Cassation du 16 juillet 1813 (Guerra). — Merlin, *Rép.*, v° *Vol*, sect. 2e, § 3.

313. — C'est ce que la cour de Colmar a décidé d'une manière formelle en disposant qu'un pareil travail ne constitue pas un travail *habituel*. — *Colmar*, 18 mai 1836, Morin.

314. — Les mots *travaillant habituellement* s'appliquent *à toutes espèces* de travaux, sans qu'on puisse les restreindre à ceux qui sont faits par des manœuvres, des ouvriers, des gens de service.

315. — Ainsi, le vol fait par un commis chez un marchand est puni de la réclusion, lorsqu'il est établi que le prévenu *travaillait habituellement* dans la maison où il a volé. — *Cass.*, 16 mars 1816, Vimont.

316. — La cour de Cassation a même décidé que l'employé de l'administration des postes qui soustrait frauduleusement des lettres dans les bureaux où il travaille habituellement est passible des peines portées par l'art. 386, § 3, C. pén., encore bien que les lettres soustraites ne contiennent aucune somme ou valeur. — *Cass.*, 24 juill. 1828, de Mallarme.

317. — Toutefois, cette décision appelle une observation. La soustraction frauduleuse d'une lettre peut, comme celle de tout autre objet, causer un préjudice à autrui. L'existence d'un préjudice doit donc se présumer, lorsque l'accusé est déclaré coupable d'une pareille soustraction. Il est peut-être plus difficile d'assimiler l'employé d'une administration publique à un individu travaillant habituellement dans l'habitation de la personne qui le salarie. Néanmoins les caractères de l'art. 386, C. pén., pouvant se trouver réunis dans une déclaration du jury, nous ne voudrions point écarter d'une manière absolue l'application de cet article. Mais, dans l'espèce, la cour d'assises nous semble avoir excédé ses pouvoirs. La déclaration du jury ne portait point que l'accusé travaillât *habituellement* dans l'habitation où il avait commis le vol. Ce double caractère, essentiellement constitutif du crime prévu par l'art. 386, C. pén., ne résultait pas suffisamment de ce que l'accusé était employé du gouvernement à l'administration des postes, parce que le vol pouvait avoir été commis partout ailleurs qu'au siége de cette administration. Les cours d'assises n'ont pas le droit d'interpréter les déclarations du jury, ni, à plus forte raison, celui d'y ajouter. L'art. 386 était donc inapplicable. Mais la suppression d'une lettre étant une conséquence nécessaire de sa soustraction frauduleuse, nous pensons qu'il y avait lieu de prononcer la peine portée par l'art. 187, C. pén. — V. LETTRE MISSIVE, nos 48 et suiv.

318. — Comme le vol commis par un ouvrier, par un chargé d'un travail habituel, par un domestique, suppose nécessairement sa perpétration dans une maison habitée, il en résulte que cette circonstance ne peut jamais devenir aggravante du vol domestique dont elle forme un des élémens. — Chauveau et Hélie, t. 7, p. 46.

319. — Dans le cas où au *vol domestique* se réunissent d'autres circonstances aggravantes du crime, cette qualité de domestique ou homme de service à gages n'est plus d'aucune considération ; elle perd son caractère aggravant. — Carnot, t. 2, p. 288, n° 17.

320. — La loi ne distingue pas, quant au vol domestique, celui qui est commis de jour et celui qui a lieu la nuit. — La cour de Metz a donc décidé que la nuit n'est pas une circonstance aggravante du vol domestique commis dans une maison habitée. — *Metz*, 19 déc. 1820, S....

321. — Néanmoins, lorsque la circonstance de la nuit et celle de la maison habitée se trouvent réunies à celle de la domesticité, comme il serait possible que cette dernière circonstance fût écartée par le jury, il est convenable de les mentionner toutes les trois dans l'arrêt de renvoi, ainsi que dans le résumé de l'acte d'accusation, afin que, le cas arrivant, les faits puissent rentrer dans la disposition du n° 1er, art. 386, et conservent ainsi le caractère d'un crime passible de la même peine.

322. — Il a été jugé en ce sens qu'il y a sans doute nullité lorsque, sur une accusation de vol commis la nuit dans une maison habitée et par un individu qui y servait en qualité de domestique, la question posée au jury ne s'explique pas sur cette dernière circonstance, mentionnée tant dans l'arrêt de renvoi que dans le résumé de l'acte d'accusation ; mais que néanmoins, lorsque l'accusé a été déclaré coupable d'un vol *commis la nuit dans une maison habitée*, la circonstance omise ne pouvant pas influer sur l'application de la peine, laquelle est de la réclusion (art. 386 C. pén.), la cassation ne doit être prononcée que dans l'intérêt de la loi. — *Cass.*, 31 déc. 1830 (Int. de la loi), Jobert.

323. — Lorsque, dans une accusation de vol commis dans une maison où l'accusé travaillait habituellement, la déclaration du jury a été affirmative sur le vol et négative sur la circonstance aggravante résultant d'un travail habituel dans la maison où ce vol a été commis, le caractère du crime prévu par l'art. 386, C., pén., disparaît, et il ne reste plus à la charge de l'accusé que le délit prévu par l'art. 401, même Code. — *Cass.*, 16 juill. 1818, Delacroix ; 21 juin 1832, Lemoine.

324. — La domesticité n'est une circonstance aggravante qu'à l'égard de celui qui a commis le vol ou qui y a participé. En effet, l'art. 386, n° 3, suppose une coopération effective. — De là il résulte, ainsi que le font remarquer MM. Chauveau et Hélie (t. 2, p. 142 ; t. 7, p. 46), que le domestique qui n'aurait fait que recéler les objets volés à son maître ne serait pas passible de l'aggravation de peine ; car la circonstance postérieure du recel ne peut faire changer de nature un vol qui, au moment de la perpétration, n'était pas un vol domestique. — Carnot, t. 2, p. 288. — V. au surplus COMPLICITÉ, nos 248 et suiv., 260 et suiv.

§ 2. — *Vol par les aubergistes et hôteliers.*

325. — La loi a dû s'occuper d'une manière spéciale du vol commis par les aubergistes et hôteliers au préjudice de ceux qui logent dans leurs maisons. Il y a, en effet, de la part de ces personnes un abus de confiance qui vient se joindre au délit lui-même, et lui imprimer une plus grande gravité. La législation présente, à cet égard, des phases diverses.

326. — Dans l'ancien droit, le vol commis par l'aubergiste ou par quelqu'un de ses valets, serviteurs ou servantes, de son ordre, était puni d'une peine grave qui même pouvait être portée à celle des galères. — Jousse, t. 4, p. 185 ; Muyart de Vouglans, *L. crim.*, p. 287.

327. — La loi de 1791 (art. 15, sect. 2e, tit. 2) pu-

nissait comme vol domestique les vols commis dans les hôtels garnis, auberges, cabarets, maisons de traiteurs, logeurs, cafés et bains publics; et le § 2 de cet article ajoutait que tout vol commis *par les maîtres desdites maisons ou par leurs domestiques* envers ceux qu'ils y reçoivent, *ou par ceux-ci envers les maîtres desdites maisons* ou toute autre personne qui y est reçue, sera puni de huit années de fers.

328. — Il a été jugé, sous l'empire de cette loi : 1° que le vol dans une auberge n'était point passible d'une peine plus forte que le vol ordinaire, s'il n'était commis au préjudice des maîtres de cet établissement ou des personnes qui y étaient reçues. — *Cass.*, 9 frim. an III, Piquot.

329. — ... 2° Que l'accusé déclaré convaincu d'avoir soustrait des effets dans une auberge où il était reçu, avec dessein de se les approprier, ne se trouvait, par-là, dans aucun des cas prévus par l'art. 15, sect. 2e, tit. 2e, part. 2e, L. 1791, qui ne dispose que pour les vols commis par les maîtres d'auberge ou par leurs domestiques. — Qu'en conséquence, il ne pouvait, sous l'empire de la loi précitée, être condamné à huit années de fers et ne devait être traduit qu'en police correctionnelle. — *Cass.*, 19 fruct. an VII, Gigon.

330. — ... 3° Qu'il y avait nullité si, sur une accusation de vol commis dans une auberge où l'accusé habitait à titre d'hospitalité, la déclaration du jury de jugement ne faisait aucune mention de cette circonstance, quoiqu'elle fût reproduite dans l'acte d'accusation. — *Cass.*, 4 janv. 1793, Liégier; 11 vent. an VII, Ballay.

331. — ... 4° Que le vol commis dans un cabaret ne pouvait pas être puni comme tel sans que le jury eût déclaré qu'il avait été commis soit par les maîtres ou domestiques envers les personnes reçues dans la maison, soit par celles-ci envers les maîtres ou toute autre personne y étant reçue. — *Cass.*, 12 brum. an VIII, Marcelot.

332. — ... 5° Que lorsque l'auteur d'un vol était resté inconnu, un tribunal criminel ne pouvait pas considérer comme existante la circonstance aggravante que l'auteur du vol était habitant ou commensal de cette maison, ou qu'il y était reçu habituellement pour un service salarié, ou qu'il y avait été admis à titre d'hospitalité, ni conséquemment appliquer l'art. 13, tit. 2, sect. 2e, part. 2e de ladite loi. — *Cass.*, 29 vendém. an VIII, Rœllant.

333. — L'art. 2, L. 25 frim. an VIII, modifia la loi de 1791, et distingua, à l'égard des vols commis dans les auberges : 1° ceux commis par les aubergistes; 2° ceux commis *par toutes autres personnes*. Les premiers continuèrent de subir l'application de la loi de 1791, les autres ne furent plus punis que d'une peine d'un an à quatre ans d'emprisonnement.

334. — Il a donc été jugé que, sous la loi du 25 frim. an VIII, le vol commis dans une auberge par un individu qui s'y était introduit furtivement, n'était passible que de simples peines correctionnelles, alors même qu'il avait eu lieu la nuit, lorsque d'ailleurs il ne se trouvait dans aucun des cas prévus par l'art. 15, sect. 2e, tit. 2, part 2e, L. 1791. — *Cass.*, 17 brum. an X, Maury.

335. — Sous la même loi (art. 2), le vol commis par un individu dans la maison où il était reçu à titre d'hospitalité, sans autre circonstance aggravante, n'entraînait qu'une peine correctionnelle; il y avait fausse application de la loi dans le jugement qui prononçait, à raison d'un pareil fait, une peine afflictive de huit années de fers. — *Cass.*, 16 vent. an IX, Menu.

336. — L'art. 386, C. pén. de 1810, modifia, à son tour, la loi du 25 frim. an VIII, en punissant de la réclusion : 1° le vol commis par un aubergiste ou un hôtelier, ou un de leurs préposés, lorsqu'ils avaient volé tout ou partie des choses qui leur étaient confiées à ce titre; 2° le vol commis par un même individu dans l'auberge ou l'hôtellerie *dans laquelle il était reçu*.

337. — Cette disposition, qui effaçait en partie la distinction introduite par la loi de frim. an VIII, fut elle-même modifiée par l'art. 3, L. 25 juin 1824, qui restreignit l'application de la peine de la réclusion aux vols commis *par les aubergistes et les hôteliers*. Ceux commis par d'autres personnes reçues dans l'auberge ou l'hôtellerie ne furent plus passibles que d'une peine correctionnelle, à moins (art. 12) *qu'il ne s'agisse de mendians, vagabonds ou d'individus* condamnés antérieurement soit à des peines afflictives ou infamantes, soit à un emprisonnement correctionnel de plus de six mois.

338. — Enfin, la loi du 28 avr. 1832, qui régit aujourd'hui la matière, n'a conservé, en leur appliquant la peine de la réclusion, la qualification de crime (V. art. 386, § 4) qu'aux vols *commis par*

VOL, chap. 3, sect. 1re, § 2.

les aubergistes, hôteliers ou leurs préposés, lorsque ces vols auront porté sur tout ou partie des choses qui leur étaient confiées à ce titre. — D'où il résulte que les vols commis dans les auberges ou hôtels par toutes personnes qui y sont reçues ne constituent que des vols simples.

339. — Ce changement de législation a fait perdre une grande partie de leur intérêt aux décisions rendues sous le Code pénal de 1810 à l'égard des vols commis dans les auberges et hôtels *par tous autres* que les aubergistes et les hôteliers. Mais ces décisions sont encore à consulter en tant qu'elles peuvent porter sur des principes communs aux vols commis *soit par les aubergistes eux-mêmes*, soit par d'autres personnes *dans les auberges*. — Il est en effet certaines questions qui dans un cas comme dans l'autre doivent recevoir la même solution.

340. — Telle est, par exemple, celle de savoir ce que l'on doit entendre par *aubergistes et hôteliers*. La question a été souvent agitée sous le Code de 1810, dans des espèces où il s'agissait de vols commis soit par les maîtres de certains établissemens ouverts au public, soit par les personnes même reçues dans ces établissemens. La solution donnée par les arrêts qui vont suivre devait être la même sous la loi nouvelle qui reproduit textuellement, en ce qui concerne *les hôteliers et aubergistes personnellement*, les termes du Code de 1810.

341. — La cour de Cassation a décidé qu'on devait entendre par *hôtellerie, auberge*, les hôtels et maisons où sont reçues temporairement les personnes qui, moyennant une rétribution, viennent y prendre le logement ou la nourriture. — Ainsi, par exemple, les maisons et hôtels garnis. Cette interprétation résulte de plusieurs arrêts rendus dans la même affaire (Colin) par la cour de Cassation (4 avr. 1811, 27 juin 1811 [ch. réunies] et 23 nov. 1811).

342. — Elle résulte aussi d'un avis du conseil d'état rendu, le 10 oct. 1811, à la suite d'un référé ordonné par la cour de Cassation au sujet de l'affaire que nous venons de citer. Cet avis est ainsi conçu : « Considérant que les motifs qui ont dicté la peine contre les vols commis dans une auberge ou hôtellerie s'appliquent *évidemment* aux vols commis dans une maison ou hôtel garni; qu'il résulte d'ailleurs des art. 73, 154, 475, C. pén., que le législateur a employé *indistinctement*, tantôt les expressions d'aubergistes et hôteliers, comme dans les premiers articles, tantôt celles de logeurs et aubergistes, comme dans le second, tantôt celles d'aubergistes, hôteliers, logeurs ou loueurs de maisons garnies, comme dans le troisième, *pour assujétir les personnes désignées sous ces dénominations aux mêmes obligations et à la même responsabilité*; qu'ainsi, si les mots de maison ou hôtel garni ne se trouvent pas *littéralement* répétés dans l'art. 386, on ne peut douter qu'ils n'y soient compris *implicitement* sous les expressions *génériques* d'auberge ou hôtellerie; est d'avis que la peine de la réclusion portée en l'art. 386, C. pén., contre les vols commis dans une auberge ou hôtellerie, est applicable aux vols commis dans une maison ou hôtel garni. » Cet avis ayant force de loi (L. 16 sept. 1807, art. 2), la question n'est donc plus douteuse.

343. — Et il a été jugé, en conséquence, que le vol commis dans la maison *d'un logeur* par l'individu qui y était reçu rentrait dans les dispositions de l'art. 386 du Code de 1810, relatives aux vols commis *dans les auberges ou hôtelleries*. — *Cass.*, 25 oct. 1811, Vanderschalden; 10 oct. 1829, Fleury.

344. — La cour de Cassation a même jugé qu'on doit assimiler aux auberges et hôtelleries : 1° les cabarets. — *Cass.*, 14 fév. 1812, Dantel; même date, Bonnot; 1er avr. 1813, Maréchal; 16 avr. 1813, de Proost.

345. — ... 2° Les établissemens de traiteurs. — *Cass.*, 19 avr. 1813, Signoret.

346. — ... 3° Les cafés. — *Cass.*, 28 mai 1815, Dupont; 2 août 1815, Desportes; 17 juin 1830, Garnier. — Merlin, *Rép.*, v° *Vol*, section 2e, § 3.

347. — La raison de cette décision est que l'on doit entendre par hôtellerie ou auberge toute maison où on est reçu moyennant rétribution pour y prendre *repos, logement, nourriture*, soit qu'on y prenne à la fois *repos, logement* et *nourriture* ou seulement *repos et nourriture*. — *Contrà* Chauveau et Hélie (t. 7, p. 52) qui voient dans cette interprétation une extension, par voie d'analogie, de l'avis de 1811. « Or, disent-ils, en matière pénale on ne peut procéder par voie d'analogie. »

348. — Carnot assimile les hospices aux hôtelleries (t. 2, p. 297, n° 39).

349. — Mais on ne doit pas considérer comme hôtellerie ou auberge la maison de celui qui, moyennant une rétribution qu'il reçoit des habi-

VOL, chap. 3, sect. 1re, § 2.

tans sur lesquels pèse la charge du logement des gens de guerre, loge pour eux les militaires qui leur sont assignés. — *Cass.*, 4 sept. 1812, Tiercin.

350. — En conséquence de la définition donnée plus haut des mots *auberge* et *hôtellerie*, il a été jugé sous l'ancien art. 386, relatif aux vols commis par toutes personnes *dans l'auberge ou l'hôtellerie dans laquelle elles étaient reçues* : 1° que le vol commis chez un traiteur par un individu qui y prenait son repas était assimilé au vol commis chez un aubergiste. — *Cass.*, 19 avr. 1813, Signoret.

351. — ... 2° Qu'il en était de même du vol commis dans un cabaret par une personne qui y était reçue. — *Cass.*, 16 avr. 1813, de Proost; 1er avr. 1813, Maréchal.

352. — ... Encore bien que cette personne n'ait pris ni la nourriture ni le logement qu'elle avait déclaré vouloir y prendre. — *Cass.*, 14 fév. 1812, Dantel.

353. — ..., 3° Que le vol commis dans les cafés appelait la même répression que ceux commis dans les auberges, lorsque les voleurs y étaient reçus pour boire et manger. — *Cass.*, 2 août 1825, Desportes.

354. — ... Alors même que le vol était commis au préjudice d'une autre personne que le maître du café. — *Cass.*, 28 mai 1815, Dupont.

355. — Mais il a été jugé aussi que l'art. 386, C. pén., n'était pas applicable au vol commis par un militaire au préjudice d'autres militaires, dans la maison où ils étaient logés pour le compte de divers particuliers. — *Cass.*, 4 sept. 1812, Tiercin.

356. — Au surplus, la disjonction de l'art. 386 s'appliquait à tout vol commis dans une auberge par un individu qui y était reçu soit pour y loger, soit pour y prendre son repas, soit passagèrement, soit habituellement. — *Cass.*, 14 fév. 1812, Bonnot; 22 juill. 1813, Huigse; 10 fév. 1814, Stoul. — Carnot, t. 2, p. 293, n° 33.

357. — ... Et même au vol commis par un individu *reçu dans l'auberge* et qui y rendait des services salariés, aussi bien qu'à celui commis par un voyageur. — *Cass.*, 8 août 1811, Magnolfi.

358. — On considérait aussi comme vol d'auberge ou d'hôtellerie le vol commis par une personne reçue dans l'auberge quoiqu'il l'eût été, non dans les pièces destinées aux voyageurs, mais dans une chambre particulière occupée par l'aubergiste et sa famille. — *Cass.*, 16 avr. 1813, Négri. — Merlin, *Rép.*, v° *Vol*, t. 2, sect. 2e, § 3.

359. — Mais le vol commis dans une auberge ou hôtellerie n'avait le caractère du crime spécifié dans le § 4, art. 386, C. pén., qu'autant que l'individu qui s'en était rendu coupable y *était reçu*. Ainsi, lorsque le jury n'avait pas été interrogé sur cette circonstance, sa déclaration affirmative ne pouvait présenter qu'un vol simple non susceptible de l'application des peines portées par l'article précité. — *Cass.*, 1er avr. 1819, Leuillé; 20 janv. 1820, Haumont; 22 août 1822, Houcke; 22 janv. 1824, Delort.

360. — ... Et l'individu précédemment condamné à la réclusion pour *vol commis dans une auberge* n'était pas en récidive légale, en cas de nouveau crime, si la déclaration du jury ni l'arrêt de condamnation ne mentionnaient pas *qu'il était reçu* dans l'auberge où il avait volé. — *Cass.*, 16 sept. 1830, Dézelus.

361. — En conséquence, lorsque le jury avait écarté la circonstance de la nuit, le vol commis par un seul individu, dans une auberge, sans autre circonstance aggravante, et, par exemple, sans la circonstance qu'il *eût été reçu* dans cette auberge, ne constituait qu'un vol simple. — *Cass.*, 22 janv. 1824, Delort.

362. — On ne devrait pas considérer comme commis par une personne reçue dans l'auberge le vol commis par un ouvrier paveur, dans la maison d'un aubergiste où il travaillait momentanément. — *Cass.*, 5 sept. 1812, Neveu.

363. — Il a été jugé que le vol commis par deux individus dans une auberge où ils étaient reçus, et sans autre circonstance aggravante, emporte la peine de la réclusion, mais non celle des travaux forcés à temps. — *Cass.*, 27 déc. 1811, Jamot et Duffay. — Cette décision serait encore applicable, car le vol commis par deux personnes dans une maison habitée rentre dans la disposition de l'art. 386, n° 1er, C. pén. Quant à la circonstance que les voleurs étaient reçus dans l'auberge où le vol a été fait, elle est devenue indifférente depuis le 25 juin 1824, et *à fortiori* depuis la loi du 28 avr. 1832.

364. — Il a été jugé également que le vol commis la nuit dans un cabaret constitue le crime prévu par la première disposition de l'art. 386, C. pén., et non un vol simple, encore bien que le voleur ne fût pas *reçu* dans le cabaret où il a volé. —

Cass., 15 avr. 1825, Groussard. — La circonstance que le prévenu était reçu dans la maison où il a commis le vol n'aurait été nécessaire qu'autant que la cour aurait appliqué le n° 4 de l'art. 386. Au surplus, cette circonstance n'est plus aggravante du vol. — L. 25 juin 1824 ; L. 28 avr. 1832.

365. — Ainsi qu'il a été dit plus haut, la loi du 25 juin 1824, tout en réduisant à un simple délit correctionnel le vol commis dans les auberges par tous autres que les aubergistes, a exclu néanmoins du bénéfice de sa disposition et laissé sous l'empire de l'ancien art. 386 les mendians, vagabonds, et les individus déjà condamnés soit à des peines afflictives et infamantes, soit à un emprisonnement correctionnel de plus de six mois.

366. — On a donc dû, sous l'empire de cette loi, considérer comme de la compétence de la cour d'assises l'accusation de vol dans une auberge, contre un individu condamné à plus de six mois d'emprisonnement. — *Cass.*, 11 sept. 1828, Pinel ; 10 oct. 1828, Fleury ; 3 juin 1830, Morand.

367. — ... Alors surtout qu'il se joignait aussi à la condamnation antérieure une prévention de vagabondage. — *Cass.*, 17 nov. 1831, Simon.

368. — Peu importait même que la condamnation antérieure eût été prononcée par un tribunal militaire ; si d'ailleurs elle l'avait été pour un délit commun, par exemple pour escroquerie. — *Cass.*, 30 juin 1831, Fleury.

369. — On a décidé, sous la même loi, que le vol commis par deux individus mendians et vagabonds, dans un cabaret où ils étaient reçus, constitue le crime prévu par l'art. 386, C. pén. — *Cass.*, 7 sept. 1827, Dupré. — Cette proposition, qui ne pouvait souffrir de difficulté, ne présente plus d'intérêt sous le rapport de la qualité de mendians et de vagabons considérée comme circonstance aggravante ; — mais elle est toujours applicable, en ce sens que le vol commis par deux individus dans une maison habitée constitue le crime prévu par le n° 1er, art. 386, C. pén.

370. — De même, l'individu en état de vagabondage qui commettait un vol dans une auberge où il était reçu devait être renvoyé devant la cour d'assises, comme accusé d'un fait qualifié crime. — *Cass.*, 10 oct. 1828, Fleury ; 22 juill. 1830, Beaugasnier.

371. — Dans tous les cas, lorsque, sur la question de savoir si l'accusé était coupable d'avoir commis un vol d'argent dans un cabaret où il était reçu, le jury avait répondu : *Oui, il est coupable de vol d'argent dans un cabaret*, cette réponse, qui semblait exclure la circonstance que l'accusé était reçu dans l'auberge où il avait volé, était incomplète et nulle. — *Cass.*, 22 janv. 1830, Morère.

372. — L'art. 10 de la même loi de 1824 portait que l'atténuation de peine autorisée par ses divers articles (notamment en ce qui concerne l'art. 9, relatif au vol dans les auberges) était inapplicable aux vols qui, indépendamment des circonstances spécifiées dans ses divers articles, auraient été accompagnés d'une ou plusieurs circonstances aggravantes spécifiées par les art. 381 et suiv., C. pén.

373. — On a donc dû juger sous cette loi que la circonstance que le coupable était reçu dans l'auberge où il avait commis le vol suffisait, lorsqu'elle était jointe à celle de l'effraction, pour mettre obstacle à l'application de l'art. 463, C. pén., qui permet d'atténuer la peine quand les circonstances paraissent atténuantes. — *Cass.*, 20 janv. 1825, Parent.

374. — La même loi (art. 9), en réduisant à des délits correctionnels les vols commis dans les auberges par tous autres que les aubergistes ou mendians, vagabonds, etc., etc., frappait les auteurs de ce vol d'une peine qui « *pouvait être réduite au maximun des peines correctionnelles déterminées par l'art. 401, C. pén.* »

375. — Il a été jugé, par application de cet article, que celui qui s'était rendu coupable d'un vol dans l'auberge où il était reçu devait être puni de toutes les peines déterminées par l'art. 401, C. pén., dans la proportion du maximum au minimum, et par conséquent, non seulement de l'emprisonnement et de l'amende, mais encore de l'interdiction des droits mentionnés sen l'art. 42, C. pén., et de la surveillance de la haute police. — *Cass.*, 23 juin 1826, Villemant ; 11 oct. 1827, Juilliard ; 25 mars 1831, Nivelle ; 22 mars 1832, Epp.

376. — La loi de 1824 n'a plus maintenant d'application ; et, ainsi que nous l'avons déjà dit, le nouvel art. 386, C. pén., n'a conservé la qualification de crime qu'aux vols commis par un aubergiste ou un hôtelier, ou un de leurs préposés, lorsqu'ils auront volé tout ou partie des choses qui leur étaient confiées à ce titre.

377. — L'aggravation prononcée par cet arrêt 386 est applicable à l'hôtelier qui commet un vol au préjudice d'un voyageur reçu dans son hôtellerie, soit qu'il y habite, soit qu'il n'y habite pas, et quoiqu'il fasse tenir son hôtellerie par un préposé. — *Cass.*, 1er oct. 1812, Guarino. — Carnot, sur l'art. 386, C. pén., t. 2, p. 294, n° 30 ; Chauveau et Hélie, t. 7, p. 49. — Cette décision, quoique rendue sous l'ancien art. 386, est encore applicable aujourd'hui.

378. — Il suffit que des objets aient été apportés par un voyageur dans une auberge, alors même qu'il ne les aurait pas donnés spécialement en garde à l'aubergiste, pour que ces objets soient réputés lui avoir été *confiés à ce titre*, et que, s'il les vole, il soit passible des peines prononcées par l'art. 386, C. pén. — Par les mots *confiés à ce titre*, la loi n'a pas entendu apporter de changement à la corrélation de l'art. 386 avec l'art. 1952, C. civ., qui répute l'aubergiste dépositaire nécessaire indépendamment de toute déclaration spéciale, mais prévenir l'application dudit art. 386 au cas où les mêmes rapports ne se rencontreraient pas entre l'aubergiste ou hôtelier, auteur du vol, et les personnes au préjudice desquelles aurait eu lieu cette soustraction frauduleuse. — *Cass.*, 28 oct. 1813, Netti. — Chauveau et Hélie, t. 7, p. 55.

379. — Le caractère du vol ne changerait pas en raison de ce que l'aubergiste n'aurait fait que s'approprier un objet oublié dans sa maison par un voyageur. Car, ainsi que le dit Merlin (*Rép.*, v° *Vol*, sect. 2e, § 3), le contrat de dépôt nécessaire ne cesse entre l'hôtelier et l'hôte que par la novation (qui ne peut résulter du simple oubli isolé de toute volonté d'en faire l'abandon), ou le retrait des effets du dépôt. — C'est ce qui paraît aussi résulter de l'arrêt précité. — Chauveau et Hélie, *loc. cit.* — V. aussi Carnot, t. 2, p. 250.

380. — L'art. 386 prévoit le *vol* commis par l'aubergiste ou ses préposés ; or, le vol consiste dans la *soustraction frauduleuse* ; mais si les objets ont été déclarés à l'aubergiste et remis en ses mains, il ne peut y avoir soustraction frauduleuse ; le fait se réduira-t-il donc dans ce cas à un simple abus de confiance ? MM. Chauveau et Hélie (t. 7, p. 57) soutiennent avec raison la négative en disant qu'en qualifiant vol un fait qui n'a pas les caractères ordinaires de ce délit, le Code a créé une exception aux règles générales de cette matière, et que le délit est le même, soit qu'il constitue un véritable vol ou un abus de confiance.

381. — Nous avons déjà traité (v° DÉPÔT, nos 258 et suiv.) de la responsabilité des aubergistes en matière de dépôts faits dans les auberges et les hôtelleries. Depuis la publication de cet article, il a été jugé :

382. — ... 1° Que le dépôt des effets apportés par un voyageur dans une hôtellerie constitue un dépôt nécessaire, et que l'hôtelier est responsable du vol commis au préjudice du voyageur par ses domestiques. — *Amiens*, 4 déc. 1846 (t. 2 1847, p. 254), Harris c. Mulberghe.

383. — ... 2° Que l'aubergiste est responsable du vol commis sur une voiture de roulage laissée forcément sur la voie publique, à cause de l'insuffisance des bâtimens, par le voiturier qui loge dans son auberge..., à moins qu'il ne prouve que le vol est le résultat d'une force majeure. — *Amiens*, 1er déc. 1846 (t. 1er 1847, p. 111), Barloy c. Gros.

384. — ... 3° Que les aubergistes et hôteliers sont responsables, dans tous les cas, du vol des effets apportés par le voyageur qui loge chez eux, soit que le vol ait été commis par leurs domestiques ou préposés, ou bien par des étrangers. — *Rouen*, 4 fév. 1847 (t. 1er 1847, p. 450), Leroux c. Delannoy.

385. — ... 4° Que l'aubergiste, sauf le cas de vol par force majeure, ne peut pas être déchargé de cette responsabilité, ou parce qu'il alléguerait avoir pris toutes les mesures de sûreté nécessaires, ou parce que le voyageur ne lui aurait ni déclaré ni remis les effets dont il était porteur, on enfin parce que celui-ci ne se serait pas conformé à un avertissement affiché dans chaque chambre de l'hôtel. Néanmoins, d'une part, le voyageur ne peut par son fait aggraver cette responsabilité. Si donc il n'a pas pris contre le vol les précautions les plus ordinaires, il doit supporter une partie de la perte. D'autre part, l'aubergiste n'est tenu qu'au paiement des sommes dont il doit être présumé avoir accepté la responsabilité eu égard à la position sociale du voyageur et à la tenue habituelle de son hôtel. — Même arrêt.

§ 3. — *Vol par les voituriers et les bateliers.*

386. — Les voituriers, les bateliers et leurs préposés sont punissables : 1° lorsqu'ils ont volé tout ou partie des choses qui leur étaient confiées à ce titre ; 2° lorsqu'ils ont altéré les marchandises dont le transport leur était confié.

387. — Dans le premier cas, la peine est celle de la *réclusion* (art. 386, n° 4). Dans le second, elle est également de la réclusion, si l'altération a eu lieu par le mélange de substances malfaisantes (C. pén., art. 387) ; et d'un emprisonnement d'un mois à un an, ainsi que d'une amende de seize à cent francs, si l'altération a eu lieu sans mélange de ces substances (art. 387).

388. — Cette assimilation entre les voituriers, les bateliers et les aubergistes a son principe dans l'art. 1782, C. civ., qui assujétit les voituriers par terre et par eau aux mêmes obligations que les aubergistes pour la garde et la conservation des objets qui leur sont confiés. Dans l'ancien droit, le vol ainsi commis par un messager ou par un de ses préposés était poursuivi criminellement et puni des galères à temps. — Jousse, t. 4, p. 190.

389. — Il faut, pour que l'art. 386, § 4, reçoive son application au voiturier ou batelier, 1° que l'agent ait la qualité de voiturier ou de batelier, ou de préposé de voiturier ou batelier ; 2° que la chose lui ait été confiée en cette qualité ; 3° qu'il ait soustrait ou détourné cette chose.

390. — Suffit-il que des objets aient été confiés à un individu pour effectuer le transport, pour qu'il puisse être réputé voiturier, et passible, comme tel, de la peine portée dans l'art. 386 ? — MM. Chauveau et Hélie (t. 7, p. 60), soutiennent la négative ; attendu que l'aggravation de peine ayant son principe dans la *confiance nécessaire* résultant de la profession, cette confiance est assurément volontaire lorsque la profession habituelle de voiturier n'existe pas dans la personne de celui qui effectue le transport. — Carnot (t. 2, p. 308), au contraire, déclare les art. 386 et 387 applicables à *toute personne* à qui des marchandises auraient été confiées pour les transporter d'un lieu dans un autre.

391. — Celui qui soustrait frauduleusement une partie de la houille qui lui a été confiée, en sa qualité de batelier, pour être transportée dans un autre lieu, commet le vol qualifié, prévu par l'art. 386, n° 4, C. pén., et non un simple délit d'abus de confiance. — *Bruxelles*, 26 nov. 1821, Cauwenberg.

392. — De même le détournement, par un voiturier, d'objets confiés à sa garde, comme voiturier, ne constitue pas le simple délit d'abus de confiance réprimé par les art. 406 et 408, C. pén., mais bien le crime de vol qualifié, prévu par le n° 4 de l'art. 386, même Code. — *Cass.*, 9 avr. 1842 (t. 2 1842, p. 454), Renault.

393. — Il a été jugé qu'à supposer qu'il n'y eût pas vol domestique dans le fait de celui qui vole du blé ou de la farine qu'il était chargé d'aller chercher ou de reconduire chez le particulier en qualité de domestique de meunier (V. *suprà* nos 10 et suiv.), le fait rentrerait dans l'application du § 4, art. 386, C. pén., relatif aux voituriers ou à leurs préposés qui volent tout ou partie des choses à eux confiées à ce titre, et serait, sous ce rapport, passible de peines afflictives et infamantes. — *Cass.*, 9 oct. 1812, Riffault.

394. — Cette décision est critiquée par Legraverend (t. 2, ch. 2, p. 136, note 3e), qui ne donne d'ailleurs aucun motif de son opinion. On peut dire à l'appui que le blé n'est confié au meunier que pour qu'il le fasse moudre ; que le transport est un simple accessoire de la mouture, et que, dès-lors le domestique du meunier ne peut pas être considéré comme le préposé d'un voiturier, ce qui rend inapplicable le n° 4 de l'art. 386, C. pén.

395. — L'art. 386 ne serait pas moins applicable au voiturier coupable d'avoir soustrait des objets à lui confiés, lors même qu'ils n'auraient été ni déclarés ni inscrits. — Chauveau et Hélie, p. 61.

396. — Toutefois, la cour de Colmar a décidé que l'art. 386, § 4, C. pén., n'est pas applicable au cas où le vol porte sur des objets primitivement déposés au bureau d'une diligence, quoique pour être transportés en un autre lieu, si le voyageur ne s'en est pas déclaré propriétaire au moment du départ, et les a abandonnés dans le bureau sans les réclamer ; il y a là dépôt volontaire et non dépôt forcé. — *Colmar*, 12 juin 1839 (t. 1er 1840, p. 291), Bonneville.

397. — L'application de l'art. 386 ne peut être faite qu'à l'agent qui a été spécialement préposé à la surveillance des objets transportés. Ainsi, la cour de Nîmes a considéré comme un vol simple la soustraction frauduleuse commise dans une diligence par un postillon, pendant le relai, « attendu que, pût-on considérer ce postillon de diligence comme préposé du voiturier d'icelle, la chose qu'il aurait volée sur cette diligence ne lui aurait pas été confiée à ce titre. » — *Nîmes*, 7 janv. 1829, Vabre. — Chauveau et Hélie, *loc. cit.*

398.—Le vol commis par un voiturier des objets confiés à sa garde est un crime *sui generis* qui ne reçoit pas d'aggravation des circonstances aggravantes qui peuvent s'y joindre et que suppose sa perpétration, ainsi, par exemple, de la circonstance d'effraction : il reste toujours passible de la réclusion. — *Cass.*, 2 févr. 1815, Clerc.—Chauveau et Hélie, t. 7, p. 63.

399.—Jugé de même, dans une espèce où le vol commis par le voiturier l'avait été la nuit, sur un chemin public et avec le concours d'autres personnes. — *Cass.*, 18 mai 1843 (t. 2 1843, p. 197), Lamirault.

400. — Le voiturier déclaré coupable d'avoir soustrait sur un chemin public des objets qui lui étaient confiés, et à l'égard duquel il existe des circonstances atténuantes, doit être condamné, non à la peine de la réclusion, mais seulement à celle de l'emprisonnement.—*Cass.*, 15 oct. 1841 (t. 2 1842, p. 522), Fouchard.

401. — « L'art. 386, § 4, C. pén., est applicable aux vols commis à bord de tout bâtiment de mer par les capitaines, patrons, subrécargues, gens de l'équipage et passagers. »—C'est la disposition formelle de l'art. 15, L. 10 avr. 1825.

402.—Dès avant cette loi, il avait été jugé que le capitaine qui, dans l'intention de faire périr le navire au préjudice des assureurs, soustrait frauduleusement des marchandises chargées à son bord, et y substitue des objets sans valeur, commet le crime prévu par l'art. 386, nº 4, C. pén.—*Cass.*, 30 août, 1822, J... G...,

403.—Ainsi qu'il a été dit plus haut, l'art. 387 punit d'une peine plus ou moins grave, suivant qu'elle a eu lieu à l'aide de substances malfaisantes ou non, l'altération commise par les voituriers, bateliers ou leurs préposés, des vins ou de toute autre espèce de liquides ou de marchandises dont le transport leur aura été confié.

404.—L'ancienne jurisprudence prononçait aussi des peines rigoureuses contre les voituriers qui buvaient, fraudaient et gâtaient le vin qu'ils étaient chargés de voiturer.—Jousse, t. 4, p. 190; Muyart de Vouglans, p. 277 et 299.

405.—Bien que l'altération commise au moyen de substances non nuisibles ne soit, aux termes de l'art. 387, punissable que d'un emprisonnement d'un mois à un an et d'une amende de 16 à 100 fr., MM. Chauveau et Hélie (t. 7, p. 64) prétendent que si par le mélange on avait eu l'intention de nuire à quelqu'un, l'art. 317 (2e part.), qui punit d'un emprisonnement d'un mois à cinq ans et d'une amende de 16 à 500 fr., avec mise en surveillance facultative, le fait d'avoir occasionné à autrui une maladie ou incapacité de travail personnel en lui administrant volontairement, de quelque manière que ce soit, des substances nuisibles à la santé, pourrait être applicable; car l'art. 387 n'a eu en vue que la protection de la propriété et non celle des personnes.

406.— Toutefois, cette interprétation ne nous paraît pas admissible.—En effet, l'*intention de nuire* signalée par ces auteurs ne constituerait que la simple tentative du délit prévu par l'art. 317; or, aucun texte de loi ne prononce de peine pour cette tentative; et l'on sait qu'en matière de délit, il n'y a de tentative punissable que celles prévues par un texte formel. Elle ne saurait être accueillie, même dans le cas où il y aurait eu intention de nuire à des ascendans, ce qui constituerait une tentative de crime, suivant le dernier paragraphe de l'art. 317, puisque alors il manquerait toujours un des élémens du fait punissable, à savoir, la substance nuisible, l'hypothèse prévue par MM. Chauveau et Hélie étant prise du cas où l'altération commise méchamment par le voiturier aurait eu lieu sans mélange de substances malfaisantes.—On peut, au surplus, consulter sur ce dernier point les principes développés vo EMPOISONNEMENT.

407.—L'art. 387 est applicable aux altérations de vivres et de marchandises commises à bord de tout navire ou bâtiment de mer, par les capitaines, patrons, subrécargues, gens de l'équipage et passagers.—L. 10 avr. 1825, art. 15.

408.—Le délit existerait alors même que les voituriers, bateliers ou leurs préposés se seraient chargés de la conduite des marchandises qu'ils auraient altérées sans en avoir exigé de salaires. —Carnot, t. 2, p. 309.

409.—Lors même que l'altération aurait été faite avant la mise en chargement des marchandises ou depuis leur arrivée à destination, le délit rentrerait néanmoins dans la disposition de l'art. 387, cet article n'exigeant pas qu'elle ait lieu dans le transport de ces marchandises. — Carnot, t. 2, p. 309, nº 4.

410.—Il n'importe point que l'altération ait été faite de jour ou de nuit, par une ou plusieurs personnes : c'est la nature du mélange et de l'altération que les marchandises ont éprouvés qui seule donne lieu à l'application de l'art. 387.—Carnot, t. 2, p. 309, nº 5.

§ 4. — *Vol par le saisi et les siens des objets saisis sur lui.*

411. — Au nombre de vols qualifiés à raison de la qualité de l'agent, la loi place la soustraction et le détournement commis par le saisi des objets saisis sur lui.

412. — Avant la loi du 28 avril 1832, il n'existait contre ce fait aucune peine prononcée par la loi, et la cour de Cassation décidait que le saisi qui détourne les objets saisis sur lui ne se rend pas coupable de vol puisque ces objets *n'ont pas cessé de lui appartenir.* — *Cass.*, 29 oct. 1812, Van Esbeck.

413.— Elle décidait aussi, comme conséquence, que l'enfant qui, trompant la surveillance du gardien, enlevait les objets saisis sur son père ne se rendait pas coupable de vol, puisque les vols commis par les enfans au préjudice de leurs père et mère ne donnent lieu qu'à des réparations civiles. — Même arrêt.

414. — Non plus que la femme qui détournait les objets saisis au préjudice de son mari. — *Cass.*, 14 mai 1813, Lemaire c. Thabuis.

415. — Toutefois, elle avait aussi jugé que le saisi qui détournait au préjudice du saisissant, et *de complicité avec le gardien*, les effets dont ce dernier était dépositaire se rendait coupable du délit prévu par l'art. 408, c'est-à-dire d'abus de confiance. — *Cass.*, 18 mars 1813, Dauge.

416. — La loi de 1832 a apporté sur ces divers points diverses innovations au Code pénal de 1810. Le nouvel article 400 porte que le saisi qui aura détruit, détourné ou tenté de détourner les objets saisis sur lui et confiés à sa garde est et sera puni de la peine portée dans l'art. 406, c'est-à-dire d'un emprisonnement de deux mois au moins, deux ans au plus et d'une amende qui ne pourra être moindre de 25 fr. ni excéder le quart des restitutions et dommages-intérêts dus aux particuliers.— En outre, le coupable peut être, à compter du jour où il aura subi sa peine, interdit pendant cinq ans au moins et six ans au plus des droits mentionnés en l'art. 42.

417. — Si la garde des objets détournés ou détruits avait été confiée à un tiers, le saisi qui aura commis le détournement ou la destruction doit être puni des peines applicables au vol simple. — V. *suprà* nos 213 et suiv.

418. — La rédaction de l'art. 400 peut faire naître une difficulté. — Aux termes de cet article, *la tentative de détournement*, lorsque le saisi est gardien, est déclarée punissable; mais la disposition n'est pas expresse pour la *tentative de destruction.*—En outre, la tentative, soit de détournement, soit de destruction, n'est pas positivement incriminée dans le cas où c'est un tiers qui est gardien. — Dans ce silence de la loi, que faut-il décider? « Je sais, dit M. Duvergier (*Collect. lois*, t. 32, p. 145) que les lois pénales doivent être appliquées à la rigueur et qu'il n'est pas permis de les étendre; j'avoue cependant qu'ici l'intention du législateur étant manifeste, il est bien difficile d'argumenter d'un défaut de rédaction pour appliquer une peine à la tentative de détournement dans un cas et ne pas l'appliquer dans l'autre, pour appliquer une peine à la tentative de détournement et ne pas l'appliquer à la tentative de destruction. »

419. — L'art. 400, C. pén., est applicable au détournement d'animaux saisis et mis en fourrière par suite d'abandon sur la propriété d'autrui. — *Cass.*, 30 sept. 1841 (t. 2 1841, p. 572), Boilève et Durat; *Poitiers*, 8 janv. 1842, et *Cass.*, 4 juin 1842 (t. 2 1842, p. 599), mêmes parties.

420. — Mais le simple refus de la part du saisi de représenter les objets dont il a été établi gardien ne constitue pas le délit de détournement d'objets confiés à sa garde, prévu par l'art 400, C. pén. — *Bordeaux*, 5 mars 1838 (t. 2 1839, p. 134), Fabreguette.

421. — Le saisi qui remet, à titre de gage, à l'un de ses créanciers les objets saisis sur lui, se rend coupable du délit puni par l'art. 400, C. pén., tout aussi bien que s'il les avait détournés dans le but d'en reprendre la possession pour lui-même. — *Cass.*, 17 fév. 1844 (t. 1er 1844, p. 593), Dugout.

422.—L'art. 400, C. pén., dispose que le conjoint, les ascendans et descendans du saisi qui *l'auront aidé* dans le détournement de ces objets seront punis d'une peine égale à celle qu'il aura encourue.

423.— Cette disposition ne parle expressément que du cas où les personnes qu'elle mentionne auraient aidé le saisi dans le détournement des objets. Mais de ce que la loi du 28 avr 1832, par les dispositions nouvelles ajoutées à l'art. 400, C. pén., a assimilé à un vol commis au préjudice de tiers la soustraction par le saisi des objets saisis sur lui, la cour de Cassation a conclu que cette soustraction doit être punie, lorsqu'elle est commise par sa femme ou ses enfans, soit d'après l'art. 400 dudit Code, s'ils ont agi de complicité avec lui, soit d'après l'art. 401, s'ils ont agi d'eux-mêmes. — *Cass.*, 19 fév. 1842 et *Rouen*, 21 avr. 1842 (t. 2 1842, p. 157), Fanet. — *Contrà Caen*, 6 janv. 1842, même nom (*eod. loc.*).

424. — Jugé que celui qui a sciemment aidé le saisi dans le détournement des objets saisis est punissable comme complice, bien qu'il ne les ait pas recélés, ou ne soit ni conjoint ni ascendant ou descendant du saisi; à cet égard, la disposition finale de l'art. 400, C. pén., n'est nullement restrictive, et a eu pour unique objet de constater que l'art. 380 du même Code serait, dans le cas prévu, sans application. — *Cass.*, 17 fév. 1844 (t. 1er 1844, p. 593), Dugout.

425. — La femme du saisi, qui, ayant été constituée gardienne des effets saisis sur son mari, les a, à l'insu et sans aucune participation de ce dernier, détournés au préjudice des créanciers saisissants, est passible des peines prononcées par les art. 400, 406, 408, C. pén. — *Orléans*, 17 avr. 1844 (t. 1er 1844, p. 658), Serreau.

426. — Le propriétaire d'objets compris dans une saisie pratiquée sur un tiers ne se rend pas coupable, en les reprenant, du délit réprimé par l'art 400, C. pén. — *Dijon*, 24 juill. 1844 (t. 1er 1845, p. 247), Vaucaire. — La loi ayant assimilé au vol ou à l'abus de confiance, suivant les circonstances, le détournement par le saisi des objets frappés d'une saisie, par le motif que ce divertissement constitue une soustraction commise au préjudice des créanciers saisissans, il est manifeste qu'il ne pouvait y avoir lieu à l'application de la disposition pénale dans l'espèce actuelle. En effet, le tiers qui reprend sa chose mal à propos comprise dans une saisie qui lui est étrangère ne se rend pas coupable d'une soustraction frauduleuse, et ne préjudicie en rien aux créanciers qui n'ont aucun droit sur cette chose.—V. *suprà* (nos 6 et suiv.), sur la circonstance que pour qu'il y ait vol il faut que la chose prise appartienne à autrui.

427. — Si le détournement prévu par l'art. 400 était accompagné de circonstances aggravantes, y aurait-il lieu d'appliquer les peines du vol avec circonstances aggravantes? La négative paraît résulter de la discussion qui s'est engagée sur la loi du 28 avr. 1832. Seulement M. le garde des sceaux a exprimé que les circonstances aggravantes seraient punies si elles constituaient un crime ou un délit : « Il est évident, a-t-il dit, que ces violences, si elles avaient lieu, seraient punies; de ce que l'art. 401 punit tout individu qui s'empare des objets saisis, cela n'empêche pas qu'il ne soit puni pour les autres crimes qu'il commettrait en s'emparant de ces objets. » — Duvergier, *Coll. lois*, t. 32, p. 145.

428. — Mais de ce que l'art. 400 dispose que le détournement qu'il prévoit sera puni *des peines établies par les art.* 406 et 401, faut-il en conclure que les tribunaux devront prononcer *toutes* ces peines et qu'ils ne pourront se borner à prononcer *certaines* d'entre elles? Plusieurs articles de la loi du 25 juin 1823, et notamment l'art. 2, disposaient dans les mêmes termes que l'art. 400; ils disaient : « *Ce fait sera puni des peines déterminées par l'art.* 401. » Il ne disaient pas « *de toutes les peines,* » et cependant la cour de Cassation a constamment jugé que toutes ces peines devaient être prononcées, que la faculté que l'art. 401 laisse aux juges de prononcer seulement certaines peines ne pouvait être exercée lorsque la loi disait, non que l'art. 401 serait appliqué, mais qu'un délit serait puni des peines portées en l'art. 401. — *Cass.*, 5 fév. 1825, Lobec et Armerat (2 arrêts). - Cette jurisprudence devrait elle prévaloir pour le cas de l'art. 400? Nous ne le pensons pas; il faudrait, en effet, pour qu'on pût décider ainsi, que le texte de l'art. 400 fût formel, ce qui n'est pas; et quant à l'induction que l'on pourrait tirer de la loi de 1824, nous la repoussons par le motif que l'interprétation donnée à cette loi était essentiellement contraire au résultat de la discussion qui en eut lieu dans les chambres législatives.—Duvergier, *Coll. lois*, t. 24, p. 516 et 517.

Sect. 2e. — *Vols qualifiés à raison du temps où ils sont commis.*

429. — Les vols sont qualifiés à raison du temps où ils sont commis, quand ils sont exécutés pendant la nuit.

430.— La nuit prête des facilités plus grandes à leur exécution, et elle enlève à celui qui en est la victime la plupart des moyens qu'il peut employer

pour s'en garantir ou pour en obtenir la réparation. — Chauveau et Hélie, t. 7, p. 65.

431. — Le législateur de 1791 avait dû considérer comme aggravante la circonstance que le vol avait été commis la nuit, et il élevait graduellement la peine appliquée au crime, suivant qu'au fait de nuit se réunissait un nombre plus ou moins grand d'autres circonstances de nature également à motiver l'aggravation. — L. 25 sept. 1791, part. 2e, tit. 2e, sect. 2e, art. 3 et suiv.

432. — Cette loi et celle du 25 frim. an VIII, qui est venue se joindre à elle, n'ont plus maintenant d'application; nous ne mentionnerons donc que pour mémoire les décisions auxquelles elles ont donné lieu en ce qui concerne la circonstance de nuit.

433. — Sous la loi de 1791, le vol commis la nuit dans une maison habitée n'était considéré et puni que comme vol simple, et ne pouvait pas faire l'objet d'un acte d'accusation. — *Cass.*, 17 fructid. an IX, Tronney.

434. — De même sous la loi du 25 frim. an VIII, la circonstance qu'un vol avait été commis pendant la nuit ne suffisait pas seule pour en attribuer la connaissance au tribunal criminel, et il n'y avait pas lieu à dresser à raison de ce fait un acte d'accusation. — En conséquence, un tribunal criminel excédait ses pouvoirs en appliquant la peine de la détention à un vol commis de nuit, sans autre circonstance aggravante. — *Cass.*, 27 fructid. an VIII, Monard.

435. — Les vols simples commis, même de nuit, dans une maison habitée n'étaient passibles que d'une peine correctionnelle. La circonstance de la nuit ne fut déclarée aggravante par la loi du 25 frim. an VIII que pour les vols commis dans des terrains clos et fermés, et tenant immédiatement à une maison habitée. — *Cass.*, 14 mai 1807, Louis Melloni.

436. — Sous cette loi du 25 frim. an VIII, le vol d'effets exposés sur la foi publique, et le vol commis la nuit, sans qu'il fût énoncé qu'il avait eu lieu dans un terrain clos et fermé, tenant immédiatement à une maison habitée, étaient justiciables de la police correctionnelle. — *Cass.*, 8 niv. an X, Delooz.

437. — De même le vol commis la nuit, dans un jardin qui ne tenait pas immédiatement à une maison habitée, ne pouvait pas être puni des peines portées par l'art. 26, sect. 2e tit. 2, 2e part., L. 25 sept.-6 oct. 1791. C'était l'art. 10, L. 25 frim an VIII, qui devait être appliqué. — *Cass.*, 18 flor. an X, Camus.

438. — Sous la même loi de 1791 et sous celle du 25 frim. an VIII, si le vol commis de jour, dans l'intérieur d'une maison, par une personne qui y était admise à titre d'hospitalité, n'entraînait que des peines correctionnelles, il était néanmoins passible de dix années de fers, quand il avait été commis la nuit. — *Cass.*, 12 juin 1807, Genty.

439. — Un vol commis dans un terrain clos et fermé tenant immédiatement à une maison habitée n'était susceptible que de peines correctionnelles, s'il avait été commis de jour. La circonstance de la nuit en rendait bien la connaissance aux tribunaux criminels, mais elle ne pouvait plus être calculée comme aggravant une seconde fois la peine portée au Code pénal. — *Cass.*, 18 frim. an XI, Garin.

440. — Sous la loi de 1791, les juges n'avaient pas la latitude d'un minimum à un maximum. Chaque circonstance aggravante faisait accroître la peine d'un nombre fixe d'années de fers; en sorte que la loi n'était autre chose qu'un tarif qui pouvait bien quelquefois servir de garantie à l'accusé contre la sévérité de ses juges, mais qui n'établisait aucune différence entre l'homme endurci dans le crime et celui que de pernicieux conseils, des circonstances fortuites ou un moment d'égarement avaient rendu criminel.

441. — En conséquence, l'individu déclaré coupable de vol avec la double circonstance aggravante de la nuit et du port d'armes meurtrières n'encourait que la peine de dix-huit années, et non celle de vingt-deux années de fers. — *Cass.*, 27 germ. an IX, Mélief.

442. — De même, un vol de deniers excédant 10 fr. et appartenant à la république, commis avec effraction, était passible de la peine de huit années de fers, dont la durée devait être augmentée de deux années par chacune des circonstances du vol commis de nuit et dans une maison habitée. — *Cass.*, 27 mess. an VIII, Démandé.

443. — Sous le Code du 3 brum. an IV, la déclaration du jury était complexe et nulle lorsqu'elle portait tout à la fois sur le fait d'une soustraction commise la nuit par plusieurs personnes et sur le recélé de l'objet volé avec la connaissance qu'il provenait de vol. — *Cass.*, 18 vent. an VIII, Crousellles.

444. — Sous le même Code, la question de savoir si tel *vol* avait été commis la nuit était nulle, comme entachée d'une double complexité, en ce qu'elle présentait au jury l'idée du fait et de la moralité, et d'une circonstance aggravante. — *Cass.*, 29 thermid. an VII, Ricard.

445. — Le vol commis sous l'empire du Code pénal de 1791, la nuit, sans escalade ni effraction dans un jardin clos et fermé, tenant à une maison habitée, n'a été passible, lorsqu'il était jugé sous l'empire du Code pénal de 1810, que de la peine de la réclusion, qui est plus douce que celle de six années de fers portée par le susdit Code de 1791. — *Cass.*, 14 juill. 1826, Sagot.

446. — Sous l'empire de la législation actuelle, la circonstance de la nuit, isolée de toute autre circonstance, n'est point en principe aggravante du vol. Pour que l'acte cesse d'être un vol simple, il faut qu'avec la nuit concourent d'autres faits également destinés à assurer la consommation du crime. — *Cass.*, 11 sept. 1818, Soubeyron. — Chauveau et Hélie, t. 7, p. 66.

447. — Jugé, de même, que la circonstance de la nuit ne devient circonstance aggravante qu'autant que le vol a été commis par deux ou plusieurs personnes, ou qu'il l'a été dans un lieu habité ou servant à habitation. Ainsi, lorsque, de deux individus accusés de vol dans un clos pendant la nuit, l'un est acquitté et l'autre déclaré coupable de vol commis la nuit, le fait ne constitue qu'un vol simple, si la déclaration du jury n'exprime pas que le vol a été commis par deux ou plusieurs personnes, ou dans une maison habitée. — *Cass.*, 2 déc. 1824, Boucher.

448. — Toutefois, l'art. 388, C. pén., qui punit les vols faits dans les champs, aggrave la peine pour le cas où le vol a été commis de nuit. — V. *infrà* nos 559 et suiv.

449. — Le vol commis pendant la nuit est passible : 1o de la peine de la réclusion s'il a eu lieu par deux ou plusieurs personnes; ou bien même par une seule personne dans un lieu habité ou servant à l'habitation, ou dans les édifices consacrés aux cultes légalement établis en France (art. 386); — 2o de celle des travaux forcés à temps : 1o s'il a été commis à l'aide de violence n'ayant pas laissé traces de blessures ou contusions et avec l'accompagnement de la circonstance soit de réunion de deux ou plusieurs personnes, soit de port d'armes apparentes ou cachées, soit de fausses clés, escalade ou effraction extérieure dans une maison habitée ou servant à l'habitation ou leurs dépendances (art. 382); 2o s'il a été commis, même sans violence, mais accompagné de la double circonstance de la réunion de deux ou plusieurs personnes et de port d'armes apparentes ou cachées (art. 385); 3o s'il a été commis sur un chemin public (art 383); — 3o de la peine des travaux forcés à perpétuité : 1o si les violences qui ont accompagné sa perpétration telle qu'elle a été indiquée plus haut (no 2) ont laissé des traces de blessures ou de contusions (art. 382); 2o s'il est accompagné des quatre circonstances qui suivent : 1o réunion de deux ou plusieurs personnes; 2o port d'armes apparentes ou cachées; 3o violences ou menace de faire usage des armes; 4o enfin si le vol a été commis soit à l'aide d'effraction extérieure ou fausses clés ou escalade dans une maison, appartement, chambre ou logement habités ou servant à l'habitation ou leurs dépendances, soit en prenant le titre d'un fonctionnaire public ou d'un officier civil ou militaire, après s'être revêtu de l'uniforme ou du costume du fonctionaire ou de l'officier, ou en alléguant un faux ordre de l'autorité civile ou militaire (art. 381); 3o s'il a été commis sur un chemin public accompagné d'une autre des quatre circonstances prévues en l'art. 381 qui viennent être énumérées (art. 383).

450. — Ainsi, il a été jugé : 1o que le vol commis la nuit et de complicité, par deux personnes, est passible de la peine afflictive et infamante prononcée par l'art. 386 (réclusion), et non d'une simple peine correctionnelle. — *Cass.*, 4 janv. 1812 (intérêt de la loi), Kaatze.

451. — Mais l'accusé déclaré coupable de vol *commis la nuit* ne peut pas être condamné à la peine de la réclusion portée par l'art. 386, C. pén., si le jury ne s'est pas expliqué *sur la circonstance de bâtimens servant à habitation*, mentionnée dans la position des questions. — *Cass.*, 17 mai 1828, Jacob.

452. — Un tribunal de police correctionnelle ne peut sans violer les règles de compétence, retenir la connaissance d'un vol commis la nuit par deux ou plusieurs personnes, dans une maison habitée, ce vol tombant sous l'application de l'art. 386, C. pén., qui prononce la réclusion. — *Cass.*, 20 août 1812, Benoît de Coen.

453. — Le fait de vol commis dans un grenier pendant la nuit, à l'aide de crochets ou de fausses clés, constitue le crime prévu par les art. 381, no 4, et 384, C. pén. — *Cass.*, 3 juill. 1828, Toussaint Leroy.

454. — Le vol commis *la nuit avec violence*, dans une maison d'arrêt, par *plusieurs détenus* envers un autre détenu, constitue le crime prévu par les art. 381 et 382, C. pén., comme s'il eût été commis en tout autre lieu. — *Cass.*, 1er mars 1816, Cayer.

455. — Mais que doit-on entendre par vol *commis pendant la nuit?* A cet égard, plusieurs systèmes ont été formulés.

456. — D'une part, la cour de Cassation, en se fondant sur l'art. 781, C. proc. civ., qui détermine ce qu'on doit entendre par *nuit* quant à l'exercice de la contrainte par corps, a décidé que la *nuit* était *l'intervalle* qui existe entre *le coucher et le lever du soleil*. — *Cass.*, 12 fév. 1813, Antoine; 23 juill. 1813, Kruis Bergen; 4 juill. 1823, Marloux; 15 avr. 1825, Gentil.

457. — .... Encore bien que le mouvement et l'activité du jour régnassent dans le lieu où le voleur s'était introduit pour le commettre. — *Cass.*, 12 fév. 1813, Antoine.

458. — Elle a donc réputé commis de nuit : 1o un vol commis le 23 novembre, entre neuf et dix heures du soir. — Même arrêt.

459. — ... 2o Un vol commis le 17 décembre, après six heures du soir. — *Cass.*, 15 avr. 1825, Gentil.

460. — ... 3o Un autre vol commis le 11 octobre, entre sept et neuf heures du soir. — *Cass.*, 11 mars 1830, Porte.

461. — Suivant M. Bourguignon (*Jurispr. C. crim.*, t. 1er, p. 146), dont l'opinion diffère en cela de la jurisprudence de la cour de Cassation, il faut se reporter, pour fixer le temps de la nuit, aux termes de l'art. 1037, C. proc. civ., relatif au temps pendant lequel on ne peut s'introduire dans le domicile du citoyen sans faire aucune signification. Dans ce système, la nuit durerait de six heures du soir à six heures du matin du 1er octobre au 1er mars, et de neuf heures du soir à quatre heures du matin du 1er avril au 30 septembre.

462. — Carnot (*Comm. C. pén.*, t. 2, p. 265) repousse l'argument tiré des art. 781 et 1037, en ce que ces articles ne sont applicables qu'aux matières civiles; puis il présente un troisième système qui consiste à dire que « le législateur n'ayant pas déterminé dans le Code pénal ce qui devait être considéré comme *nuit*, la conséquence naturelle à en tirer c'est que, dans son opinion, la nuit ne commence réellement, dans chaque localité, qu'à l'heure où les habitans du lieu sont dans l'usage de rentrer dans leur habitation pour s'y livrer au repos. » Il fait, au surplus, remarquer que cette circonstance est abandonnée à l'appréciation du jury, d'après le résultat des débats.

463. — D'accord avec Carnot sur l'inapplicabilité des dispositions du Code de procédure et sur le droit d'appréciation qui appartient souverainement au jury, nous ne pouvons adopter sa définition. Qu'entend-il en effet par *l'heure habituelle du repos?* S'il veut parler du coucher, il établit une différence marquée et inadmissible entre la ville et la campagne. Ainsi, on ne se couche pas à Paris avant dix ou onze heures, et, cependant, surtout en hiver, la nuit règne alors depuis longtemps, et les habitans de la campagne sont depuis longtemps aussi généralement livrés au repos. Veut-il parler seulement de l'heure de la cessation extérieure des travaux, causée par l'obscurité de l'atmosphère? Il n'y a de même aucune analogie à établir entre les diverses localités. Ce n'est pas sur les habitudes des hommes que se règlent les faits purement physiques. Il faut, pour les définir, consulter la nature et en suivre les vicissitudes. Nous dirons donc que la nuit commence immédiatement après le crépuscule du soir, et qu'elle finit immédiatement avant le crépuscule du matin; c'est dans cet intervalle que se remarquent toutes les considérations qui ont fait aggraver la peine du vol, savoir : pour le voleur, la facilité de se cacher, et, pour le volé, la difficulté plus grande de s'en garantir, jointe à un plus grand danger pour sa sûreté personnelle.

464. — C'est en ce dernier sens qu'il a été jugé, que le vol commis entre le coucher et le lever du soleil n'est pas nécessairement un vol de nuit, parce qu'entre l'un et l'autre, il existe le crépuscule du soir et celui du matin, qui ne font point partie de la nuit. En conséquence, un vol n'est réputé commis la nuit qu'autant qu'il a eu lieu après le crépuscule du soir et avant le crépuscule du matin. — *Nîmes*, 7 mars 1829, Nègre.

465. — Tel est aussi l'avis de MM. Chauveau et Hélie lorsqu'ils disent (t. 7, p. 70) que dans la pen-

sée du législateur la nuit est la *nuit* réelle. Le vol commis pendant la nuit est donc le vol commis pendant les heures de l'obscurité, au milieu des ombres, après la chute et avant la naissance du jour, puisque c'est dans les ténèbres de la nuit que l'agent puise cette audace et trouve cette facilité qui ont motivé l'aggravation de la peine. — Ils résument au surplus leur opinion en disant : « La nuit commence quand le crépuscule expire; elle expire quand il commence à renaître. »

466. — Au surplus, ainsi que cela a déjà été dit, la circonstance de la nuit est un point de fait qu'il appartient aux juges et aux jurés d'apprécier, d'après les témoignages et les preuves du procès. — Chauveau et Hélie, t. 7, p. 73.

Sect. 3e. — *Vols qualifiés à raison du lieu de leur exécution.*

467. — Les vols sont qualifiés à raison du lieu de leur exécution, quand ils sont commis : 1° dans les maisons habitées et leurs dépendances; 2° dans les édifices consacrés aux cultes; 3° dans les champs; 4° sur les chemins publics.

§ 1er. — *Vols dans les maisons habitées et leurs dépendances, dans les parcs, enclos.*

468. — Le Code pénal de 1791, qui punissait de quatre années de fers le vol commis dans un terrain clos et fermé, si ledit terrain tenait immédiatement à une maison habitée, et de quatre années de détention, si le terrain n'était pas attenant immédiatement à une maison habitée, n'avait point porté de peine particulière contre le vol exécuté dans une maison habitée, sans autre circonstance de nature à élever la peine. — L. 25 sept. 1791, 2e part., tit. 2, sect. 2e, art. 25.

469. — Sous cette loi il a été jugé : 1° qu'on ne pouvait pas appliquer au vol commis dans une maison habitée la peine portée pour le vol commis dans un terrain clos et fermé tenant à une maison habitée. — *Cass.*, 9 prair. an VII, Cotard; 3 vendém. an VII, Miglot; 29 pluv. an VII, Dumas.

470. — ... 2° Que le vol commis dans un bâtiment fermé, tenant à une maison habitée, n'était pas punissable comme celui commis dans un terrain clos et fermé. Un simple vol de cette nature ne devait être poursuivi et puni que par la voie de la police correctionnelle. — *Cass.*, 19 prair. an IX, Clerfeuille.

471. — ... 3° Qu'on ne pouvait non plus comprendre sous la dénomination de terrain clos et fermé, circonstance aggravante d'un vol, une écurie, qui est une espèce de bâtiment ou édifice. — *Cass.*, 25 oct. 1791, Ducreux; 22 vendém. an VII, Hilaireau; 26 frim. an IX, N.....

472. — ... 4° Que le vol commis dans un moulin ne faisant point partie d'une maison habitée était puni de six ans de détention, et non de huit ans de fers, comme le vol commis dans un enclos attenant à une maison habitée. — *Cass.*, 19 mess. an IX, Molliens.

473. — Sous le Code du 3 brum. an IV, il ne suffisait pas de poser au jury la question de savoir si un vol avait été commis dans un enclos tenant à une maison : il fallait lui poser celle de savoir si l'enclos était un terrain clos et fermé, et tenant immédiatement à une maison habitée. — *Cass.*, 4 flor. an VII, Neciani.

474. — Mais, lorsque l'acte d'accusation portait qu'un vol avait été commis dans un magasin tenant à une maison habitée, comme il résultait de là que le magasin fait partie de la maison, le tribunal criminel ne pouvait poser les questions suivantes : « *Le magasin est-il situé dans un terrain clos et fermé? Le terrain tient-il immédiatement à une maison habitée?* — *Cass.*, 8 messid. an IX, N...

475. — La question par laquelle on demandait au jury si le vol avait été commis *à telle époque, au domicile de telle personne*, devait être considérée comme complexe, en ce que le mot *vol* comprend tout à la fois le fait matériel et la moralité qui en constitue un délit, et en ce que la même question présente en outre la circonstance aggravante *du lieu où ce délit aurait été commis.* — *Cass.*, 29 frim. an VII, Ledoyen; 22 frim. an VII, Huel; 6 thermid. an XIII, Fesle. — V. COUR D'ASSISES.

476. — Mais aux termes de ladite loi (2e part. tit. 2, sect. 2e), la circonstance de *maison actuellement habitée* ou bien servant à l'habitation devenait aggravante du vol commis à l'aide d'effraction, ou de fausses clés, ou d'escalade, ou de port d'armes meurtrières, et motivait l'addition de deux années de fers à la peine de huit années prononcée contre ce dernier crime.

477. — Dès-lors, lorsqu'il résulte de l'acte d'ac-

cusation que, *indépendamment des autres circonstances*, le vol, objet des poursuites, a été commis dans l'intérieur d'une maison, le jury devrait être interrogé sur cette particularité à peine de nullité. — *Cass.*, 23 vendém. an VIII, Hamon.

478. — C'est dans des espèces où il s'agissait de vols, ainsi exécutés, qu'il a été jugé :

479. — ... 1° Que le vol commis dans la cave d'une maison habitée était réputé fait dans la maison habitée dont cette cave fait essentiellement partie; qu'ainsi, il y avait lieu à l'augmentation de peine attachée à cette circonstance aggravante. — *Cass.*, 8 prair. an IX, intérêt de la loi.

480. — ... 2° Que le vol de caisses ou malles sur une voiture en voyage était un vol qui devenait punissable des mêmes peines que celles applicables aux vols commis dans les maisons habitées. — *Cass.*, 20 avr. 1809, N...

481. — La loi du 26 flor. an V prévoyait et punissait de mort les vols dans les maisons habitées lorsqu'ils se trouvaient accompagnés de l'une des circonstances suivantes : 1° si les coupables s'étaient introduits dans la maison par la force des armes; 2° s'ils avaient fait usage de leurs armes dans l'intérieur de la maison contre ceux qui s'y trouvaient; 3° si les violences exercées sur ceux qui se trouvaient dans la maison avaient laissé des traces, telles que blessures, brûlures ou contusions.

482. — On devait considérer comme maison habitée une brûlerie dans laquelle le propriétaire travaillait pendant le jour et couchait pendant la nuit. Dès-lors, un tribunal criminel ne pouvait lui refuser ce caractère, relativement aux violences exercées envers le propriétaire par des individus qui s'y étaient introduits avec armes et par effraction. — *Cass.* 16 vent. an X, Ruffet.

483. — La loi du 29 niv. an VI prononçait la peine de mort : 1° contre les vols commis dans les maisons habitées, avec effraction extérieure ou escalade (art. 1er); 2° contre la tentative de ces mêmes vols, lorsqu'il apparaissait, par des circonstances du fait, que l'introduction avait eu lieu avec le dessein d'assassiner ou de voler (art. 3)

484 — Dès-lors, après cette loi, les vols commis la nuit dans une maison habitée, à l'aide d'effraction faite à l'un des carreaux de toile de la fenêtre du mur de clôture extérieure, devaient être punis conformément à l'art. 1er de la loi précitée, et l'on ne pouvait pas leur appliquer les art. 7, 8, 13 et 14, sect. 2e tit. 2, 2e part., C. pén. de 1791. — *Cass.*, 24 vent. an VII, N...

485. — Pour pouvoir prononcer la peine de mort, en vertu de la loi du 29 niv. an VI, art. 1er, contre l'auteur d'un vol avec effraction, il ne suffisait pas que l'effraction eût été faite à un édifice dépendant d'une maison habitée, il fallait qu'elle eût été faite à la maison elle-même. — *Cass.*, 7 vendém. an VIII, Vilain.

486. — Du reste, cette loi ne punissait de mort les tentatives de vol que lorsque les coupables *s'étaient introduits de fait*, par effraction extérieure ou par escalade, dans les maisons habitées, dans le dessein *d'y voler*. — *Cass.*, 3 pluv. an VII, Van-Auweghen et Watners; 17 messid. an VII, Villain; 13 messid. an VII, Battault; 17 fructid. an VII, Ceron et Pillot; 4 vent. an VII, de Zibel.

487. — Elle ne pouvait donc pas être appliquée à l'accusé convaincu seulement d'avoir tenté de prendre des effets à l'aide d'effraction extérieure. — *Cass.*, 17 messid. an VII, Villain.

488. — Pour qu'il y eût lieu à l'application de la peine de mort, il fallait donc une double déclaration du jury : l'une sur la circonstance de l'introduction dans une maison habitée, dans le dessein d'y voler; l'autre, sur l'existence de la circonstance d'effraction ou d'escalade. — *Cass.*, 11 brum. an VII, Robine; 24 brum. an VIII, Leclerc.

489. — ... Et s'il s'agissait d'une accusation de tentative, les jurés devaient être interrogés, à peine de nullité, sur les circonstances du commencement d'exécution constitutives de la tentative. — *Cass.*, 4 brum. an VII, Touly.

490. — La loi du 25 frim. an VIII (art. 5) disposa que lorsque deux ou plusieurs personnes non armées se seraient introduites de jour, sans violence personnelle, effraction, escalade ni fausses clés, dans l'intérieur d'une maison actuellement habitée ou servant à l'habitation, et y avaient commis un vol, la peine ne pouvait excéder deux années ni être moindre de six mois d'emprisonnement. — *Cass.*, 7 germ. an XI, Robin-Héry.

491. — Cette même loi n'assujétit qu'à une peine correctionnelle le vol commis dans les boutiques, salles de spectacle et édifices publics. — *Cass.*, 25 prair. an VIII, Perotti; 5 fructid. an XII, Michollet; 26 pluv. an XIII, Brillac.

492. — Aux termes de l'art. 9 de ladite loi, tout vol commis dans un terrain clos et fermé, si ledit

terrain tenait immédiatement à une maison habitée, était puni d'une peine qui ne pouvait être moindre de six mois, ni excéder deux années d'emprisonnement. Sous l'empire de cette disposition, la cour de Cassation a jugé que le vol commis dans l'intérieur d'une cave ou d'une maison ne pouvait pas être assimilé au vol commis dans un terrain clos et fermé tenant immédiatement à une maison habitée, et qu'il ne donnait lieu qu'à des peines correctionnelles. — *Cass.*, 12 juin 1807, Argenti.

493 — L'arrêt ci-dessus n'est point, malgré les apparences, en contradiction avec celui cité n° 479 qui précède, et la conciliation de ces deux arrêts résulterait suffisamment d'un autre arrêt qui a décidé que la disposition de la loi du 25 frim. an VIII, relative aux vols commis dans un terrain clos et fermé, n'abrogea pas celle de la loi du 26 flor. an V, relative aux vols commis dans une maison habitée. — *Cass.*, 28 janv. 1808, Jeudy.

494. — La loi du 18 pluv. an IX, qui avait institué des tribunaux spéciaux pour la répression de certains crimes, avait mis dans les attributions de ces tribunaux les vols dans les campagnes et dans les habitations et bâtimens de campagne, lorsqu'il y aurait effraction faite aux murs de clôture, au toit des maisons, portes et fenêtres extérieures, ou lorsque le crime aurait été commis avec port d'armes et par une réunion de deux personnes au moins. — L. 18 pluv. an IX, art. 9.

495. — Il a été jugé 1° que l'art. 9, L. 18 pluv. an IX, comprenait aussi expressément les vols faits dans les bâtimens de campagne que les vols faits dans les habitations. Ainsi une cour spéciale ne pouvait, sans contrevenir à la loi, se déclarer incompétente pour en connaître. — *Cass.*, 22 messid. an XII, François Martin.

496. — ... 2° Que, d'après cette loi, un tribunal spécial n'était compétent pour connaître un vol commis avec effraction extérieure dans une habitation de campagne qu'autant que les caractères de cette effraction se trouvaient bien déterminés. — *Cass.*, 27 prair. an IX, Pignol.

497. — ... 3° Que l'art. 14, même loi, ne portant point que les tribunaux spéciaux connaîtraient de tous les autres faits dont pourrait être inculpé l'individu traduit devant eux, mais que ces autres faits *n'arrêteraient point l'instruction ni le jugement des délits de leur compétence*, ils ne pouvaient, en conséquence, étendre leur compétence sur le vol d'un coupon de drap ou d'un mouchoir commis dans la maison où le prévenu était entré sur l'invitation du propriétaire. — *Cass.*, 7 thermid. an IX, N...

498. — Le Code pénal de 1810 est venu modifier les lois antérieures; mais il a été jugé 1° que le vol commis la nuit dans une maison habitée, sous l'empire du Code pénal de 1791 et jugé seulement depuis la promulgation du Code pénal de 1810, a dû être puni d'après les dispositions de celui de 1791, qui ne prononçait qu'un simple emprisonnement correctionnel. — *Cass.*, 28 nov. 1812, Dupeux.

499. — ... 2° Que le vol commis par plusieurs, dans une maison habitée, à une époque antérieure au Code pénal, mais jugé sous son empire, a dû être puni conformément à la loi du 25 frim. an VIII, qui porte une peine plus douce que celle de l'art. 386, C. pén. — *Cass.*, 16 juill. 1812, Sacaze.

500. — Sous l'empire de la législation actuelle, la circonstance que le vol a été commis dans une maison habitée ou servant à l'habitation n'est point à elle seule une circonstance aggravante, en ce sens qu'elle ne suffit pas à elle seule pour faire sortir le vol qui y est commis de la classe des délits; mais elle constitue un élément d'aggravation lorsqu'elle se réunit à certains faits extérieurs déterminés.

501. — Ainsi, le vol ordinaire commis de jour dans une maison habitée n'est puni que comme vol simple. — Mais la circonstance de maison habitée concourt à faire du vol un crime : 1° lorsqu'elle se joint, soit à celle d'effraction ou d'escalade, ou de fausses clés, ou d'usurpation de titre ou costume; et, dans ce cas, la peine est, soit des travaux forcés à perpétuité, s'il y a réunion des cinq circonstances énumérées en l'art. 381, soit des travaux forcés à temps, lorsque ces circonstances ne sont pas toutes réunies; — 2° lorsqu'elle se joint à la circonstance *de la nuit*, ou à celle de la réunion de deux ou plusieurs personnes. — Et dans ce cas la peine est celle de la réclusion.

502. — Il a donc été jugé que le vol d'objets mobiliers commis par deux personnes dans une maison habitée est passible des peines portées par l'art. 386, § 1er, C. pén., et non de celles prononcées par l'art. 410. — *Cass.*, 24 juin 1813, Babone et Gazzani; 19 sept. 1832, Hugot.

503. — C'est en considérant la circonstance de la maison habitée comme ayant en elle-même un

principe d'aggravation que la cour de Cassation a décidé que la loi du 25 juin 1824, qui ne permettait pas la déclaration des circonstances atténuantes, lorsqu'à la circonstance de l'effraction et de l'escalade s'ajoutait une autre des circonstances énumérées en l'art. 381, mettait obstacle à ce que cette déclaration eût lieu en cas de vol par escalade ou effraction dans une maison habitée. — *Cass.*, 6 mai 1825, Lecore; 29 juill. 1825, Ballères; 13 août 1825, Godefroy; 20 mai 1826, Barthouil; 6 avr. 1827, Leguennec; 13 mars 1828, Viallart; 17 avr. 1828, Leveau; 29 mai 1830, Faux.

504. — Mais, en présence du texte formel de l'art. 381, § 4, il a été décidé que le fait, que le vol aurait eu lieu dans une maison habitée, ne suffit pas pour constituer l'une des cinq circonstances aggravantes dont la réunion entraîne la peine des travaux forcés à perpétuité; il faut, de plus, que l'introduction dans cette maison ait eu lieu par une des voies énumérées dans le § 4, art. 381, C. pén. — *Cass.*, 4 fév. 1836, Allard.

505. — La loi ne définit pas la maison habitée; mais elle dit (art. 390), que l'on doit réputer maison habitée tout bâtiment, logement, loge, cabane, même mobile, qui, sans être actuellement habitée, est destinée à l'habitation, et tout ce qui en dépend, comme cours, basses-cours, granges, écuries, édifices qui y sont enfermés, quel qu'en soit l'usage, et quand même ils auraient une clôture particulière dans la clôture ou enceinte générale.

506. — Quant à la *maison habitée*, c'est tout bâtiment qui *sert actuellement à l'habitation*, quelle qu'ait été d'ailleurs sa destination principale et primitive. — Chauveau et Hélie, t. 7, p. 113.

507. — Ainsi, on doit considérer comme fait dans une maison habitée le vol commis la nuit, dans une étable séparée de toute habitation, mais dans l'enceinte de laquelle couche habituellement le gardien des bestiaux qui y sont renfermés. — *Cass.*, 4 sept. 1812, Solari.

508. — Il n'est pas nécessaire, au surplus, pour qu'un vol soit réputé commis dans une maison habitée, que la maison soit habitée par ceux au préjudice de qui le vol a été fait, ou destinée à leur habitation. La loi n'admet à cet égard aucune distinction. — *Cass.*, 24 juin 1813, Babone et Gazanot; même date, Raffo. — Legraverend, t. 2, ch. 2, p. 134.

509. — De même, la loi n'admet aucune distinction pour le cas où la maison serait habitée par le voleur lui-même;... par exemple à titre de locataire. — *Cass.*, 7 déc. 1827, Ponthieux; 10 déc. 1836 (t. 2 1837, p. 391), Pierrard c. Varloteau. — Chauveau et Hélie, t. 7, p. 116.

510. — Jugé encore que la circonstance que l'un des auteurs du vol commis dans une maison habitée y demeurait par le consentement du maître, et qu'il ne s'y est pas introduit furtivement, ne dépouille point le fait du caractère de vol commis dans une maison habitée. — *Cass*, 8 juill. 1813, Callastrini.

511. — Il a même été décidé que le vol commis à l'aide d'effraction dans une habitation *commune au voleur et à la personne volée* doit être puni comme s'il avait eu lieu dans une maison exclusivement habitée par la personne volée. — *Cass.*, 10 fév. 1827, Hubert et Delatz. — Cette décision, disent MM. Chauveau et Hélie (t. 7, p. 116), est rigoureusement conforme au texte de la loi.

512. — ... Et que celui qui ouvre, à l'aide d'effraction, des malles déposées *dans sa chambre*, et dont les clés ne lui ont pas été remises, et s'empare ensuite des objets qu'elles contiennent, commet non le délit de violation de dépôt, mais le crime de vol avec effraction prévu par l'art. 381. — *Cass.*, 19 avr. 1838 (t. 1er 1839, p. 269), Léger.

513. — Toutefois, la cour de Metz a pensé que l'individu qui ouvrait, *dans son propre domicile*, à l'aide d'effraction, une malle à lui confiée n'était punissable que des peines *du vol simple*. — *Metz*, 14 fév. 1825, N...

514. — On a jugé, avant le Code pénal de 1810, qu'on devait considérer comme maison habitée une brûlerie (bâtiment servant à la fabrication de l'eau-de-vie), dans laquelle le propriétaire travaillait pendant le jour et couchait pendant la nuit. — *Cass.*, 16 vent. an X, Ruffel. — Cette proposition ne saurait plus souffrir de difficulté aujourd'hui.

515. — Il résulte, des termes de l'art. 390, que l'expression *maison habitée* comprend nécessairement aussi bien les lieux où se fait une habitation accidentelle ou temporaire que ceux où se fait une habitation permanente et continuelle. C'est aussi ce que la cour de Cassation a reconnu à l'égard d'un vol fait dans une église. — V. *infrà* n° 552.

516. — Jugé, par application de ce principe, qu'un bateau dans lequel se trouve un logement pour le conducteur, qui, cependant, n'y fait pas sa demeure habituelle, est considéré comme une maison habitée, relativement aux vols qui s'y commettent. — *Cass.*, 8 oct. 1812, Vanleuwer.

517. — Jugé néanmoins que le vol commis sans circonstance aggravante, dans un bateau à vapeur destiné uniquement au transport des personnes et des marchandises, doit être assimilé au vol commis dans une voiture publique (V. *infrà* n° 523), et non au vol commis dans un lieu habité ou sur un chemin public; et qu'en conséquence, il n'est passible que des peines de l'art. 401, C. pén., et le tribunal correctionnel est compétent pour en connaître. — *Cass.*, 6 mars 1846 (t. 2 1846, p. 73), Crouzet.

518. — Il a été jugé avant le Code pénal qu'un hospice étant un *édifice public*, le vol qui y était commis rentrait dans les dispositions de l'art. 4, L. 25 frim. an VIII, et non dans celles de l'art. 32, tit. 2, L. 19-22 juill. 1791, relatif aux vols commis dans les maisons habitées. — *Cass.*, 29 oct. 1808, Forgues.

519. — Cette distinction entre les édifices publics et autres n'existe plus aujourd'hui, excepté toutefois depuis le Code pénal de 1832, en ce qui concerne les édifices consacrés au culte. — Les édifices sont confondus dans la classe des autres bâtimens et ne subissent d'autre distinction que celle qui résulte de leur destination. — Chauveau et Hélie, t. 7, p. 117.

520. — Ainsi, le vol dans un hospice devrait, à raison de la destination de cet établissement, être réputé fait dans une maison habitée. — Chauveau et Hélie, *loc. cit.*

521. — Mais un magasin militaire n'étant pas réputé de plein droit *lieu habité ou servant à habitation*, le vol qui y est commis, le jour par deux personnes, ne constitue qu'un vol simple, s'il ne résulte d'aucune des pièces du procès que ce magasin fût un lieu habité ou servant à habitation. — *Cass.*, 9 janv. 1824, Pierre Germain.

522. — On a agité, sous le Code de 1810, la question de savoir si le vol commis dans une église doit être considéré comme fait dans une maison habitée. Les doutes ont été fixés, à cet égard, par la loi de 1832. — V. n° 546.

523. — On a agité aussi la question de savoir si le vol commis avec effraction dans une voiture publique, par un individu qui y occupait une place, peut être considéré comme fait *dans une maison habitée*, ou si, au contraire, il ne constitue qu'un vol simple. La difficulté venait du silence du Code en présence, 1° de la loi de 1791 qui punissait ce vol de quatre années de fers, 2° de la loi du 25 frim. an VIII qui ne le punissait que d'une seule année d'emprisonnement. La cour de Cassation a décidé avec raison que le but de l'art. 390 avait été de protéger *l'habitation*, c'est-à-dire le lieu destiné *à la demeure* des citoyens, et qu'il n'y avait aucune assimilation entre un tel lieu et une diligence. — *Cass.*, 7 sept 1827, Bernardel; 6 mars 1846 (t. 2 1846, p. 73), Crouzet. — Chauveau et Hélie, *loc. cit.* — V. divers arrêts en ce sens, nos 579 et suiv.

524. — Comme *dépendances* des maisons habitées, l'art. 390 signale les *cours*, *basses-cours*, *granges*, *écuries*, *édifices qui y sont enfermés*. Mais cette nomenclature n'est pas limitative, ainsi que le prouve la rédaction grammaticale de l'article lui-même; on doit donc regarder comme *dépendances tout ce qui est renfermé dans l'enceinte de la maison*, tout ce qui fait partie intégrante de cette maison. — Telle est l'interprétation expresse que la cour de Cassation a donnée de l'art. 390 par ses arrêts des 18 juin 1812, Gérard, 10 sept. 1841 (t. 2 1841, p. 483), Courtot. — Chauveau et Hélie, *loc. cit.* — *Contrà* Legraverend, t. 2, ch. 2, p. 134.

525. — Mais on ne peut considérer comme dépendances que ce qui est renfermé dans l'enceinte de la maison. La cour de Cassation a fixé à cet égard les principes en proclamant que l'art. 390 « n'exige pas seulement une *dépendance de destination*; que cette dépendance doit être *de fait*, en sorte que celui qui habite la maison ou qui doit l'habiter ait sous sa surveillance ce corps dépendant comme toute autre partie de la maison. »

526. — Elle a donc dû décider qu'on ne peut considérer comme commis dans une maison habitée le vol qui l'a été dans une cave dépendant de cette maison, *sans en être une annexe et sans être comprise dans son enceinte*. — *Cass.*, 30 mai 1812, Ceccherelli. — Carnot, sur l'art. 381, C. pén., t. 2, p. 266, n° 9; Chauveau et Hélie, *loc. cit.*

527. — Mais elle a décidé aussi, et avec raison, que le vol commis dans un jardin renfermé dans l'enceinte générale d'une maison habitée est nécessairement commis dans une dépendance de maison habitée. — *Cass.*, 18 juin 1812, Gérard; 20 janv. 1826, Blanc; 3 mai 1832, Husson. — Carnot, t. 2, p. 308, n° 17; Chauveau et Hélie, *loc. cit.*; Merlin, *Rép.*, v° *Vol*, sect. 2e, § 3, art. 390.

528. — ... Alors même que le jardin aurait une clôture particulière faisant partie de l'enceinte générale. — *Cass.*, 16 avr. 1813, Jung. — C'est la disposition formelle de l'art. 390 (*in fine*).

529. — Legraverend (t. 2, ch. 2, p. 134), qui considère d'ailleurs l'art. 390 comme limitatif dans l'énumération qu'il fait des dépendances des maisons habitées, critique spécialement les décisions qui concernent les jardins. « D'après cette jurisprudence, dit-il, le vol commis dans une partie quelconque d'un parc de plusieurs lieues d'étendue et qui se trouverait attenant à une maison habitée serait réputé commis dans une dépendance de cette maison, ce qui ne serait conforme ni à l'esprit ni au texte de la loi. » Ces observations sont sans valeur. Indépendamment de ce qu'il est certain que l'art. 390 est purement énonciatif, n'est-il pas certain aussi que le vol commis dans un jardin attenant à une maison revêt un caractère particulier de gravité, puisqu'il peut être vu, entendu par celui qui l'habite, l'exciter à des moyens de défense et exposer sa sûreté? — Quant au vol commis dans un parc de plusieurs lieues d'étendue, le danger est le même dès que le malfaiteur n'est plus séparé de l'habitation par aucun obstacle. Le propriétaire doit jouir, dans toute son enceinte, d'une égale sécurité. Cette interprétation est tellement conforme à l'esprit de la loi, qu'elle considère comme circonstance aggravante l'escalade ou l'effraction qui ont lieu dans les *jardins*, parcs ou enclos non dépendans des maisons habitées. — C. pén., art. 384, 397.

530. — Il a été jugé également que les termes de l'art. 390, C. pén., lesquels ne sont qu'indicatifs et non limitatifs, s'appliquent nécessairement à un chéneau en plomb qui, existant autour du toit d'une maison habitée, en forme une partie essentielle et intégrante. — Qu'en conséquence, la soustraction frauduleuse, commise la nuit, du plomb garnissant ce chéneau entraîne l'application des peines portées par l'art. 386, C. pén. — *Cass.*, 10 sept. 1841 (t. 2 1841, p. 482). Courtot.

531. — Mais la cour de Paris a décidé que ce n'est pas commettre un vol dans une maison habitée ou ses dépendances que de voler une chose qui se trouve sur le toit, à moins que la maison ne soit enfermée dans une clôture qui donne au toit le caractère de dépendance d'une maison habitée. — *Paris*, 14 sept. 1838 (t. 2 1838, p. 294), Lacroix.

532. — Mais la même décision ne serait pas applicable si, au lieu d'un jardin compris dans l'enceinte générale, il s'agissait d'un *simple emplacement*, même dépendant d'une maison habitée. — Car, ainsi que le dit la cour de Cassation, « le mot emplacement est une expression vague qui ne suppose aucune clôture ni générale ni particulière, et qui, dans son acception, ne signifie qu'un endroit propre à une construction ou à toute autre destination, elle ne peut donc désigner ni une cour, ni un parc, ni un enclos. » — *Cass.*, 1er avr. 1820, Froger.

533. — Il existe entre l'espèce qui a donné lieu à cette décision et celle des arrêts qui la précèdent une différence que Legraverend n'a pas saisie. Un jardin attenant à une maison habitée est un lieu réservé à l'usage particulier du propriétaire de la maison et où le public n'a pas d'accès; au contraire, le mot emplacement repousse toute idée de clôture et suppose un lieu accessible à tout le monde, pouvant même servir de passage au public, en attendant qu'il reçoive une destination définitive. C'est donc avec raison que le vol commis dans un jardin est puni plus sévèrement que s'il l'eût été dans un simple emplacement, quoique l'un et l'autre de ces lieux dépendent d'une maison habitée.

534. — Comme application du principe que le vol commis dans les dépendances d'une maison habitée est réputé fait dans la maison elle-même, il a été jugé: 1° que le vol commis dans une boutique située au rez-de chaussée d'une maison habitée n'en a pas moins été fait dans une maison habitée, quoique cette boutique n'ait pas de communication avec l'appartement habité. — *Cass.*, 20 juill. 1809, Martini.

535. — ... 2° Que le vol commis dans *une grange* dépendant d'une maison habitée doit être puni comme s'il avait été commis dans la maison même. — *Cass.*, 7 déc. 1827, Ponthieux.

536. — ... 3° Qu'il en est de même du vol commis dans une forge dépendant d'une maison habitée. — *Cass.*, 16 janv. 1830, Pradeur.

537. — Le vol commis, la nuit, dans une distillerie, sans autre circonstance aggravante, n'entraîne point la peine des travaux forcés à temps, portée par les art. 381, § 1er, et 384, C. pén., et n'est passible que des peines correctionnelles de l'art. 401, même Code. — *Cass.*, 8 juill. 1836, Garberini

— Une distillerie n'est donc pas assimilée à une maison habitée, autrement la circonstance de nuit suffirait pour entraîner la peine de la réclusion (art. 386, no 1er, C. pén.).

538. — L'art. 390, C. pén. colonial, qui, en ce qui concerne les circonstances d'effraction, assimile les navires et bâtimens de mer aux maisons habitées, ne peut être étendu aux bateaux, canots ou pirogues qui ne servent pas à habitation. Spécialement, le vol d'une pirogue n'est pas aggravé par l'effraction du cadenas qui l'attachait au rivage. — *Cass.*, 26 mars 1835, Nicaise et Léon.

539. — La circonstance que le vol a été commis dans un parc ou enclos peut aussi donner lieu, avec le concours d'autres circonstances, comme d'effraction (art. 395), ou d'escalade (art. 397), à une aggravation de peine.

540. — L'art. 391 répute *parc* ou *enclos* tout terrain environné de fossés, de pieux, de claies, de planches, de haies vives ou sèches, ou de murs de quelque espèce de matériaux que ce soit, quelles que soient les hauteurs, la profondeur, la vétusté, la dégradation de ces diverses clôtures, quand il n'y aurait pas de porte fermant à clé ou autrement, ou quand la porte serait à claire-voie et ouverte habituellement.

541. — Dans le cas où les parcs et enclos seraient attenans à une maison habitée, et s'y rattacheraient par une dépendance de fait, ils seraient réputés dépendances de cette maison, et c'est alors les art. 384 et 386 que l'on appliquerait aux vols qui y auraient été commis. — Chauveau et Hélie, p. 124.

542. — Jugé que le vol d'une vache commis à l'aide d'effraction à la clôture *d'un herbage où elle était à pâturer*, est passible des peines portées par l'art. 384, C. pén. — *Cass.*, 14 janv. 1813, Victor Sansom.

543. — Dans le cas de l'art. 384, C. pén., qui punit de la peine des travaux forcés à temps le vol commis avec effraction, alors même que cette effraction aurait eu lieu dans des édifices, parcs ou enclos non servant à l'habitation et non dépendant des maisons habitées, la circonstance que les édifices, parcs ou enclos dans lesquels un vol a été commis, *n'étaient ni habités ni servant à l'habitation*, ne constitue pas une circonstance aggravante qui exige la position au jury d'une question séparée, attendu, au contraire, que c'est la circonstance qu'ils dépendaient d'une maison *habitée ou servant à l'habitation*, qui constitue une véritable circonstance aggravante. — *Cass.*, 15 oct. 1840 (t. 1er 1841, p. 84), Robin.

544. — La loi entend parler d'une clôture actuellement existante, de sorte que, malgré ces expressions de la loi, quelles que soient la vétusté et la dégradation de la clôture, de simples vestiges d'une ancienne clôture ne pourraient faire considérer comme clos tout le terrain qu'elle aurait jadis environné. — Carnot, t. 2, p. 332.

545. — L'art. 392 ajoute : « Les parcs mobiles, destinés à contenir du bétail dans la campagne, de quelque manière qu'ils soient faits, sont aussi réputés enclos ; et lorsqu'ils tiennent aux cabanes mobiles ou abris destinés aux gardiens, ils sont réputés dépendans de maisons habitées. »

§ 2. — *Vols dans les édifices consacrés aux cultes.*

546. — Sous l'empire de l'ancienne jurisprudence, les auteurs distinguaient entre le vol d'église, c'est-à-dire le vol des choses sacrées, et le vol fait dans les églises à l'égard de choses non consacrées à Dieu. Le premier était un sacrilége ; le second, un vol simple. — Jousse, t. 4, p. 97 et 206 ; Muyart de Vouglans, p. 304.

547. — La peine de mort était, dans la plupart des cas, la peine du sacrilége. Le vol d'objets étrangers au culte et non consacrés était habituellement frappé de la peine des galères à temps ou à perpétuité. — V. déclar. du 4 mai 1724, art. 1er.

548. — L'Assemblée constituante confondit le vol commis dans les églises avec les vols perpétrés dans les édifices publics, et le punit de quatre années de fers, alors qu'une peine double réprimait le vol dans une maison habitée.

549. — Cette assimilation des églises aux édifices publics subsista sous la loi du 25 frim. an VIII, dont l'art. 4 frappait d'une peine qui ne pouvait excéder deux années tout vol commis dans ces édifices.

550. — Mais cette loi, en disposant que tout vol commis dans des édifices publics serait puni de peines correctionnelles, ne parlait évidemment que des vols simples et n'était pas applicable à un vol commis avec effraction extérieure et intérieure, dans la sacristie d'une église. — *Cass.*, 23 avr. 1808, Charbonnel.

551. — Sous l'empire du Code pénal de 1810, la circonstance que le vol avait été commis dans un édifice public ayant cessé d'être aggravante, s'éleva la question de savoir si le vol commis dans une église ne devait plus être considéré que comme vol simple.

552. — Par un premier arrêt rendu en audience ordinaire, la cour de Cassation décida que les vols commis dans les lieux destinés à recevoir les réunions d'hommes, périodiques ou accidentelles, pour leurs devoirs, leurs affaires ou leurs plaisirs, sont censés accompagnés de la circonstance aggravante de la maison habitée ; qu'ainsi le vol commis de nuit dans une église est puni de la réclusion, comme fait dans un lieu *servant d'habitation*. — *Cass.*, 23 août 1821, Maillés.

553. — Puis, l'affaire étant revenue en chambres réunies, la cour, tout en modifiant les motifs de sa décision, persista à décider que l'art. 386, C. pén., devait être appliqué aux vols commis ou tentés de nuit dans un édifice public servant à la réunion des citoyens et particulièrement dans une église. — *Cass.*, 29 déc. 1821, Maillés. — *Contrà* Chauveau et Hélie, t. 7, p. 128 et suiv.

554. — Cette jurisprudence ayant éprouvé de la résistance de la part des cours d'appel, le gouvernement proposa et obtint la loi du 20 avr. 1825, connue sous le nom de loi du sacrilége, qui, entre autres dispositions, rangea positivement les églises parmi les maisons habitées (art. 7). — V. SACRILÉGE.

555. — Cette loi de 1825 fut abrogée purement et simplement par la loi du 11 oct. 1830. M. Dubouchage demandait que l'on respectât du moins la disposition qui réputé les églises maisons habitées quant à la répression du vol. Il rappelait le dissentiment qui s'était élevé à cet égard entre les cours d'appel et la cour de Cassation, dissentiment qu'il était important de ne pas faire renaître. Mais ses observations ne furent pas accueillies ; seulement la commission, à l'unanimité, émit le vœu qu'une loi fût portée qui séparât le vol simple du vol commis dans les édifices consacrés au culte, et que la peine fût aggravée pour ce dernier cas. — Duvergier, *Coll. lois*, t. 30, p. 279.

556. — Ce vœu fut accompli par le législateur de 1832 ; le nouvel art. 386 assimile au vol dans les maisons habitées les vols commis *dans les édifices consacrés aux cultes légalement établis en France.*

557. — On doit entendre par *édifices consacrés aux cultes* ceux qui sont *publiquement* affectés au service des cultes *reconnus par l'État*, et non les chapelles particulières ou les lieux de réunion des cultes non reconnus. — Chauveau et Hélie, p. 131 ; Rauter, t. 2, p. 126.

558. — Peu importe, au surplus, que le vol ait été commis par une personne attachée au service de l'église ou par une personne étrangère, au préjudice de l'église ou au détriment des personnes qui la fréquentent. La loi ne distingue pas à cet égard. — Chauveau et Hélie, t. 7, p. 131.

§ 3. — *Vols dans les champs.*

559. — Dans notre ancien droit, les vols d'objets placés sous la garantie de la foi publique étaient des vols qualifiés, et la peine était celle des galères. — Jousse, t. 1er p. 228 ; Muyart de Vouglans, p. 312.

560. — Le Code de 1791, dans son art. 27 de la sect. 2e du tit. 2, prononça contre tous ces vols indistinctement une peine afflictive : « Tout vol de charrues, instrumens aratoires, chevaux et autres bêtes de somme, bétail, ruches d'abeilles, marchandises ou effets *sur la voie publique, soit dans la campagne, soit sur les chemins, ventes de bois, foires, marchés et autres lieux publics* sera puni de quatre années de détention. »

561. — Sous cette loi, pour qu'il y eût lieu d'appliquer les peines du vol d'objets exposés sur la foi publique ou dans les campagnes, etc., il fallait que l'on eût soumis au jury la question de savoir si les cabanes de berger dans lesquelles avaient été pris les objets dont il s'agissait, étaient placées dans des campagnes ou sur des chemins publics. — *Cass.*, 21 prair. an VII, Bourasgne.

562. — Et un tribunal criminel ne pouvait pas appliquer la peine du vol d'objets exposés sur la foi publique au vol de deux volailles commis dans une cour non publique et où ne passait aucun chemin. — *Cass.*, 14 germin. an VII, Neveu.

563. — Pour remédier à l'excessive sévérité de cette loi, la loi de frim. an VIII fit descendre ces sortes de vols du rang des crimes au rang des délits, et les punit de simples peines correctionnelles, dont le minimum était de trois mois et le maximum d'un an d'emprisonnement, s'ils avaient été commis de jour ; le minimum était de six mois et le maximum de deux ans d'emprisonnement s'ils avaient été commis de nuit.

564. — Ainsi, à partir de cette loi, les vols d'effets exposés sur la foi publique, commis soit de nuit, soit de jour, n'ont plus été passibles que de peines correctionnelles. En conséquence, un acte d'accusation dressé pour des faits de cette nature, sous l'empire de cette loi, a dû être annulé. — *Cass.*, 9 thermid. an VIII, Bernard Benoît.

565. — ... Et cela sans distinguer s'ils avaient été commis par une seule ou par plusieurs personnes. Ainsi, ils n'étaient pas qualifiés crimes par les lois subsistantes, lors et depuis la loi du 23 flor. an X, et ne pouvaient, sous cette dernière loi, donner lieu à la peine de la flétrissure, pour récidive. — *Cass.*, 21 flor. an X, Milandon.

566. — La peine étant de plus de trois jours d'emprisonnement, le tribunal de simple police était incompétent pour connaître d'un vol de fagots exposés sur la foi publique. — C. 3 brum. an IV, art. 606. — *Cass.*, 26 déc. 1806, Moreau.

567. — Sous les lois des 28 sept.-6 oct. 1791 et 25 frim. an VIII, le vol de récoltes détachées du sol et gisant sur place ne pouvait pas être considéré comme un simple maraudage, et constituait un vol d'effets exposés sur la foi publique. — *Cass.*, 10 avr. 1807, Fruchin ; 17 fév. 1809, Accard.

568. — Le Code pénal de 1810 distingua entre le cas où le vol serait commis à l'égard d'objets qu'on ne pouvait se dispenser de confier à la foi publique, et qu'il était impossible de surveiller ou de faire surveiller, tels que les vols de bestiaux, d'instrumens d'agriculture, de récoltes ou de parties de récoltes qui se trouvaient dans les champs, et le cas où les objets volés auraient pu être gardés, de sorte que c'est volontairement qu'on les aurait confiés à la foi publique. Dans la première hypothèse, le vol était puni d'une peine afflictive ; dans la seconde, il n'était passible que des peines de police correctionnelle (art. 388).

569. — Peu importait que, dans sa déclaration, le jury ne mentionnât pas que les objets avaient été exposés sur la foi publique, ou même mentionnât le contraire. — *Cass.*, 18 juin 1819, Galoup.

570. — Sous l'empire de cette loi, la connaissance des vols de récoltes dans les champs appartenait aux cours d'assises. — *Cass.*, 10 fév. 1814, Galluy.

571. — La première disposition de l'art. 388, qui avait emprunté à la loi de 1791 sa sévérité, ayant, comme cette dernière loi, produit l'impunité, fut rendue la loi du 25 juin 1824. — Cette loi disposa (art. 2) que « les vols et tentatives de vols spécifiés dans l'art. 388 seraient jugés *correctionnellement* et punis des peines déterminées *par l'art. 401.* » — Mais elle excepta de ce bénéfice ceux de ces vols qui auraient été commis par deux ou plusieurs personnes, ou qui seraient accompagnés de circonstances aggravantes. — L. 25 juin 1824, art. 10.

572. — Le bénéfice de ces dispositions ne pouvait pas être invoqué par l'individu qui avait subi une précédente condamnation à une peine afflictive ou infamante, ou même à un emprisonnement correctionnel de plus de six mois. — *Cass.*, 24 déc. 1829, Coquille.

573. — En outre, l'art. 13 portait que : « Lorsque les vols et tentatives de vols de récoltes et autres productions utiles de la terre qui, avant d'avoir été soustraites n'étaient pas encore détachées du sol, auraient été commis soit avec des paniers ou des sacs, soit à l'aide de voitures ou d'animaux de charge, soit de nuit par plusieurs personnes, les coupables seraient punis conformément à l'art. 401, C. pén.

574. — Il a été jugé que lorsqu'en vertu de la loi du 25 juin 1824 les cours d'assises ne prononçaient que des peines correctionnelles contre les auteurs des vols prévus par l'art. 388, C. pén., elles ne pouvaient se dispenser d'appliquer au moins le minimum de toutes les peines portées en l'art. 401, C. pén., y compris l'interdiction des droits civils et l'amende, ni se permettre de les modérer en vertu de l'art. 463, même Code. — *Cass.*, 20 janv. 1826, Hénaut ; 11 fév. 1826, Adam ; 1er avr. 1826, Guépen ; 21 avr. 1826, Chassigny ; 23 juin 1826, Renoux ; 19 nov. 1829, Brouard ; 16 déc. 1830, Long ; 18 juin 1831, Delahaye.

575. — La loi de 1832 fit disparaître toutes les exceptions et distinctions consacrées par les législations précédentes. Aujourd'hui, tous les vols commis dans les champs sont (sauf les cas de circonstances aggravantes) passibles de peines correctionnelles, et soumis à la juridiction du tribunal de police correctionnelle. — Art. 388.

576. — L'art. 388 comprend dans sa disposition, qui est spéciale aux vols *dans les champs* : 1° les vols de bestiaux et instrumens d'agriculture ; — 2° ceux de bois dans les ventes, pierres dans les carrières, poissons dans les étangs, viviers et réservoirs ; — 3° les vols de récoltes détachées du sol

(avec ou sans certaines circonstances aggravantes); — 4° les vols de récoltes non détachées (avec certaines circonstances aggravantes). — Chacun de ces vols sera examiné séparément.

577. — Le principe qui domine dans les diverses espèces prévues par l'art. 388, c'est que le vol ait eu lieu *dans les champs*. Si donc cette circonstance caractéristique n'est pas constatée par le jugement, ce n'est plus l'art. 388 qu'il faut appliquer. — Chauveau et Hélie, t. 7, p. 80; Carnot, t. 2, p. 312, n° 3.

578. — Ce principe, consacré par la cour de Cassation sous l'empire du Code pénal de 1810 et de la loi de 1824, doit recevoir encore son application sous la loi de 1832. — *Cass.*, 26 déc. 1811, Aymard; 22 janv. 1831, Ménager.

579. — Par le mot *champs*, dont se sert le Code pén., art. 388, on doit entendre toute propriété rurale, telle que les terres labourables, les bois, et particulièrement les pâturages dans lesquels sont exposés à la foi publique les objets mentionnés audit article. — *Cass.*, 2 janv. 1813, Huglin; 21 janv. 1813, Martenet. — Legraverend, t. 2, ch. 2, p. 143; Chauveau et Hélie, t. 7, p. 80. — V. en ce qui concerne les vols de récoltes *dans les champs*, *infrà* n° 611.

580. — Le premier paragraphe de cet article est ainsi conçu : « Quiconque aura volé ou tenté de voler dans les champs des chevaux ou bêtes de charge, de voiture ou de monture, gros et menus bestiaux, ou des instrumens d'agriculture, sera puni d'un emprisonnement d'un an au moins et de cinq ans au plus, et d'une amende de 16 fr. à 500 fr. »

581. — Le vol des bestiaux faisait, dans le droit romain et dans l'ancienne jurisprudence, sous le nom d'*abigeat*, l'objet d'une incrimination particulière. — V. ABIGEAT. — L'art. 388, dont nous nous occupons ici, ne traite que du vol de bestiaux *commis dans les champs*.

582. — De ce que l'art. 388 parle du vol *de chevaux, bêtes de charge, gros et menus bestiaux*, Carnot (t. 2, p. 316) a conclu que le vol d'un seul cheval, d'un seul bœuf, etc., ne tombe pas sous l'application de l'art. 388. — Cette interprétation, repoussée par MM. Chauveau et Hélie (t. 7, p. 81), l'a été également par la cour de Cassation.

583. — Il a été jugé en effet qu'en employant les mots *chevaux, bêtes de charge* au pluriel, l'art. 388, C. pén., a nécessairement compris dans sa disposition le vol d'un seul cheval ou d'une seule bête de charge, comme le vol de plusieurs. — *Cass.*, 12 déc. 1812, Ceccolini; 21 janv. 1813, Martenet; 2 janv. 1813, Huglin.

584. — De quelle peine est frappé le vol d'abeilles? — V. ABEILLES, n° 18. — *Encyclopédie du droit*; v° *Abeilles*, nos 14, 15, 16.

585. — L'art. 388 est applicable, que les brebis volées fussent ou qu'elles ne fussent pas sous la surveillance du berger au moment où elles ont été volées. La loi ne fait à cet égard aucune distinction. — *Cass.*, 12 déc. 1812, Ceccolini; 8 oct. 1818, Charbonnel. — Chauveau et Hélie, *loc. cit.*; Legraverend, t. 2, chap. 2, p. 143.

586. — L'individu déclaré coupable d'avoir soustrait frauduleusement une charrue dans un champ est passible des peines portées par l'art 388, C. pén., encore bien que le jury ait ajouté à sa déclaration que cette charrue n'était pas exposée sur la foi publique. — *Cass.*, 18 juin 1819, Galoup.

587. — On doit comprendre sous la dénomination d'*instrumens d'agriculture* tous les instrumens qui servent aux travaux de la terre. Au reste, c'est là une question d'appréciation abandonnée à la sagesse des tribunaux. — Chauveau et Hélie, t. 7, p. 83; Carnot, t. 2, p. 318, n° 10.

588. — Ainsi, un tribunal a pu, sans qu'il y ait violation de la loi, décider que dans la contrée où le vol qui fait l'objet des poursuites a été commis, une brouette ne peut pas être considérée comme un instrument d'agriculture, quoiqu'elle puisse éventuellement servir à des usages de cette nature. — *Cass*, 20 juill. 1813, Ceratto.

589. — Il ne faut pas conclure de là, comme le fait Carnot, que la cour de Cassation ait jugé d'une manière générale et absolue qu'une brouette n'est pas un instrument d'agriculture; elle a décidé seulement que la décision attaquée avait pu juger ainsi, *en fait*, sans violation de loi. — La cour de Cassation, comme le font remarquer avec raison MM. Chauveau et Hélie (t. 7, p. 84), aurait de même rejeté le pourvoi si la décision eût été rendue en sens opposé.

590. — L'art. 388 modifié ne considère comme délit que le vol *simple* dans les champs, de chevaux ou bêtes de somme à la différence du même article du Code pénal de 1810, qui considérait ce fait comme un crime. Mais si ce vol simple se trouve accompagné de circonstances aggravantes, il rentre alors dans la classe des crimes; et si les circonstances aggravantes sont celles de la nuit et de la complicité, c'est l'art. 386 qui devient applicable. — *Cass.*, 18 avr. 1834, Aliberte. — Chauveau et Hélie, t. 7, p. 84.

591. — Il avait de même été jugé, sous la loi de 1791, que la loi ne considérait les vols y mentionnés qu'abstraction faite des circonstances qui, d'après les dispositions générales du Code pénal, rendaient les vols susceptibles de peines afflictives ou infamantes. Ainsi, un vol de bois commis la nuit par deux personnes constituait un crime et non un simple délit. — *Cass.*, 12 août 1813, Van-Meulder. — V., en ce qui touche les vols de récoltes, *infrà* n° 611.

592. — Les §§ 2 et 3 de l'art. 388 concernent les vols de récoltes. — Le § 2 rend applicable aux vols de bois dans les ventes, de pierres dans les carrières, de poissons dans les étangs, viviers ou réservoirs, les dispositions du § 1er, relatives aux vols de bestiaux et instrumens d'agriculture. Les règles générales qui peuvent régir ce premier paragraphe régissent donc également le deuxième.

593. — Le mot *vente* s'entend, dans le langage forestier, de toute coupe de bois en exploitation. Il s'agit donc, disent MM. Chauveau et Hélie, (t. 7, p. 85), de bois coupés et laissés sur le lieu même de l'exploitation, et qui sont de véritables récoltes confiées par nécessité à la foi publique. — Carnot, t. 2, p. 320, nos 24 et 25.

594. — Ainsi, il a été jugé que le vol de bois commis dans un bois communal en exploitation affouagère, pour être distribué en nature aux habitans, est réputé fait dans une *vente* et rentre dans l'application de l'art. 388, C. pén. — *Cass.*, 7 mars 1828, Lecourtier.

595. — Il a été jugé également que le vol d'une certaine quantité de fagots entassés *pour être vendus et exposés dans un bois*, sur la foi publique, constitue un vol de bois dans les ventes. — *Cass.*, 28 fév. 1812, Oulis.

596. — Mais cet arrêt, rendu dans une espèce où l'exploitation était finie depuis longtemps, est critiqué par MM. Chauveau et Hélie (t. 7, p. 85), en ce qu'il ne distingue pas entre les bois qui sont déposés dans les ventes pendant la durée de l'exploitation et ceux qui y demeurent déposés plusieurs années après ladite exploitation achevée. — Carnot dit également (t. 2, p. 321, n° 6) que si le terme accordé pour la traite était passé, et que l'adjudicataire eût obtenu son congé de cour, ce ne serait plus réellement dans une *vente* que le vol aurait été commis, et qu'il n'y aurait plus qu'un vol de bois confié *à la foi publique*. On peut répondre d'abord qu'on ne trouve dans le Code pénal aucun délit qui porte cette dernière qualification, que Carnot a sans doute puisée dans ses souvenirs de la législation de 1791. En second lieu, quel rapport y a-t-il entre un vol et un congé de cour? Est-ce que la décharge donnée à l'adjudicataire a pour effet légal de changer la dénomination de la *vente*? Est-ce que les tribunaux peuvent être liés, dans l'appréciation du fait, par une circonstance qui n'en change point la nature ni la moralité, et qui est complètement étrangère à l'auteur du délit?

597. — Les bois protégés par l'art. 388 le sont à titre de récoltes; d'où il résulte que s'il s'agit de bois façonnés, par exemple de planches, comme on ne saurait les assimiler à des récoltes, l'art 388 devient inapplicable. — *Cass.*, 5 mars 1818, Bœuf. — V. cependant Carnot, t. 2, p. 321.

598. — De même, l'art. 388 ne concernant que les vols commis dans les *ventes*, si le bois est déposé ailleurs que dans les ventes, par exemple dans *une prairie* ou dans les champs, le vol qui en est fait rentre dans la classe ordinaire des vols. — *Cass.*, 2 juin 1815, Conkerque; 5 mars 1818, Bœuf. — Chauveau et Hélie, t. 7, p. 87; Carnot, t. 2, p. 231, n° 26.

599. — Toutefois, dans une espèce où des arbres qui se trouvaient dans un champ étaient restés après leur coupe exposés dans ce champ, la cour de Cassation a pensé qu'on avait pu les considérer comme récolte du champ et appliquer au vol qui en serait fait l'art. 388. — *Cass.*, 1er mars 1816, Laguène. — *Contrà* Carnot, t. 2, p. 214. — Mais, dans ce cas, ce n'est pas comme vol de bois (§ 2, art. 388), mais comme vol de récoltes (§ 3) que le fait devrait être puni.

600. — L'art. 388, dit Carnot (t. 2, p. 321, n° 29), ne reçoit d'application qu'autant que les bois ont été coupés par le propriétaire ou par son ordre; s'ils l'avaient été par le voleur lui-même, le vol ne serait passible que des peines portées par le Code forestier.

601. — Le vol de bois en pile de peu de valeur commis dans une forêt communale au préjudice d'un particulier ne constitue ni un maraudage de bois ni un vol de bois dans une vente, et rentre dans la disposition générale de l'art. 401, C. pén. — *Cass.*, 30 avr. 1824, Teulière.

602. — L'enlèvement des bois coupés par le propriétaire constitue non pas un simple délit de maraudage, mais bien un vol punissable par le Code pénal et soumis dès-lors à la prescription de trois ans. — *Liége*, 14 août 1835, N...

603. — « Il faut entendre par carrières, dans le sens de cet article, non seulement l'excavation par l'orifice de laquelle les pierres sont tirées, mais toutes les dépendances qui sont contiguës et qui servent, soit à l'extraction, soit au dépôt des pierres. » — L. 21 avr. 1810. — Chauveau et Hélie, t. 7, p. 88.

604. — Les vols de poissons dans les étangs, viviers et réservoirs, à la différence des faits de pêche dans les cours d'eau, sont assimilés aux vols de récoltes, parce que ces poissons sont une propriété privée : placés dans la pièce d'eau par le propriétaire du fonds, ils font partie de ses fruits. — Muyart de Vouglans, *Lois crim.*, p. 319; Chauveau et Hélie, p. 88.

605. — C'est à raison de cette distinction qu'il a été jugé : 1° que la loi du 15 avr. 1829 (sur la pêche fluviale) n'est applicable qu'à la pêche sur les fleuves et rivières navigables ou flottables, et généralement sur les cours d'eau quelconques, mais nullement à la pêche dans les *étangs, rivières et réservoirs*; — 2° que les faits de pêche dans un étang, rivière ou réservoir appartenant à autrui, ne sont prévus par aucune autre disposition pénale que l'art. 388, C. pén., applicable seulement lorsqu'ils prennent le caractère de vol. — *Cass.*, 11 déc. 1834, Caisse hyp. c. Vincent.

606. — La circonstance que le poisson volé était renfermé dans un étang, vivier ou réservoir, est constitutive du vol; dès-lors, l'art. 388, C. pén., ne peut pas être appliqué lorsque l'existence de cette circonstance n'a pas été déclarée. — *Cass.*, 27 août 1813, Moyen.

607. — L'art. 388, C. pén., s'applique au vol de poissons dans un étang en pêche, comme dans un étang rempli de ses eaux habituelles. — *Cass.*, 15 avr. 1813, Ollier. — Chauveau et Hélie, t. 7, p. 90; Merlin, *Rép.*, v° *Vol*, sect. 2e, § 3, dist. 4e, n° 7, art. 388, C. pén.

608. — La tentative de vol de poissons dans les étangs, viviers et réservoirs est, de même que les autres vols réprimés par l'art. 388, C. pén., punissable comme le serait le vol consommé. — *Caen*, 29 nov. 1843 (t. 1er 1844, p. 511), Lemaréchal, Bazière et Julienne.

609. — Sous la loi de 1824, les peines encourues pour vols de poissons dans les étangs, viviers ou réservoirs, n'étaient point susceptibles d'être modérées lorsque les vols avaient été commis *par deux personnes*. — *Cass.*, 22 oct. 1829, Morisseau.

610. — Sous le Code pén. de 1832, le concours de deux personnes ne serait pas par lui-même une circonstance aggravante; mais si le vol avait, en outre, été commis de nuit, il rentrerait dans la première disposition de l'art. 386.

611. — L'ancien art. 388 se contentait d'incriminer le vol de *récoltes ou meules de grains faisant partie de récoltes*; mais, sous l'empire de cet article, la cour de Cassation, conformément aux conclusions de M. Merlin, avait décidé qu'on devait entendre par ces mots : « *Tous fruits et productions utiles de la terre qui, séparés de leurs racines ou de leurs tiges* par le fait du propriétaire ou de celui qui le représente, sont laissés momentanément dans les champs jusqu'à ce qu'ils soient enlevés et renfermés dans un lieu où ils peuvent être particulièrement surveillés. — *Cass.*, 17 avr. 1812, Chaise.

612. — Le paragraphe troisième du nouvel art. 388 ne fait que reproduire l'interprétation donnée par la jurisprudence. « Quiconque, dit-il, aura volé ou tenté de voler dans les champs des récoltes *ou autres productions utiles de la terre déjà détachées du sol*, ou des meules de grains faisant partie de récoltes, sera puni d'un emprisonnement de quinze jours à deux ans, et d'une amende de seize francs à deux cents francs. »

613. — Ainsi, avant comme depuis la loi du 28 avr. 1832, l'art. 388 doit être déclaré applicable : 1° au vol de racines de garance laissées à la foi publique et sur un terrain ouvert pour sécher. — *Cass.*, 5 déc. 1811, Perrin; 27 (et non 17) avr. 1824, Rippert.

614. — ... 2° Au vol de raisins faisant partie de récolte, commis dans les vignes. — *Cass.*, 12 fév. 1812, Perrin. — Merlin, *Rép.*, v° *Maraudage*, n° 2.

615. — ... 3° Au vol de javelles de grains laissées momentanément dans les champs jusqu'à ce qu'elles soient enlevées et renfermées dans un lieu où elles puissent être particulièrement surveillées. — *Cass.*, 17 avr. 1812, Chaise.

616. — ... 4° Au vol de grains battus dans une

aire en pleine campagne et exposés dans un champ en attendant qu'ils fussent serrés.—*Cass.*, 17 juill. 1812, Barric.

617. — ... 5° Au vol de soixante gerbes d'orge, commis dans un champ où elles étaient rangées en ligne. — *Cass.*, 27 fév. 1813, Henner.

618. — ... 6° Au vol de pommes de terre mises en tas dans le champ où elles ont été recoltées.— *Cass.*, 10 fév. 1814, Jean Calluy.

619.—Jugé, encore, qu'il y a vol et non pas simple contravention dans le fait de cueillir des raisins dans une vigne non vendangée et d'en emplir un panier. Cette dernière circonstance le fait rentrer dans les prévisions de l'art. 35, tit. 2, L. 6 oct. 1791, remplacé aujourd'hui par l'art. 788 C. pén. — *Cass.*, 19 déc. 1822 (régl. jug.), Ronnat.

620.— Jugé toutefois que, sous le Code pénal de 1810, le vol de bruyères coupées et mises en bottes ne devait pas être considéré comme un vol de récoltes, dans le sens attribué à ce mot par la loi pénale; il constituait le délit puni par l'art. 401, C. pén. — *Paris*, 26 avr. 1825, Barbé.

621. — Les art. 388 et 475, n° 15, C. pén., ne sont applicables qu'aux enlèvemens de fruits ou récoltes faits dans les champs ou autres terres *non boisées*, et non au fait d'avoir cueilli des fruits ou plantes dans les bois, ce qui tombe sous l'application de l'art. 144, C. for. — *Besançon*, 10 juin 1845 (t. 2 1846, p. 474), Tyrode c. Faivre.

622. — Le vol de récoltes transportées *hors des champs* rentrerait dans la catégorie des vols ordinaires; mais si ces récoltes n'avaient été que transportées de l'héritage où elles auraient été recueillies sur une autre propriété rurale pour en attendre l'enlèvement ou pour être mises en meules, c'est alors l'art. 388 qui recevrait son application. — Carnot, t. 2, p. 343, n° 6.

623. — Pour constituer le vol de récoltes dans les champs, il n'est pas nécessaire que la récolte ait été volée en entier, il suffit que le voleur en ait enlevé une partie. — *Cass.*, 12 sept. 1811, Contini; 15 avr. 1813, Kruze. — Chauveau et Hélie, t. 7, p. 92.

624. — Jugé, de même, que le vol de quelques gerbes de blé dans différentes pièces de terre constitue un vol de récoltes dans les champs, encore bien que les gerbes volées ne fussent pas en meules et que le voleur n'eût pas enlevé la récolte entière. — *Cass.*, 15 oct. 1812, Troupel.

625. — Mais il faut au moins que la chose soustraite fasse partie *d'une récolte*. Les productions de la terre *non séparées du sol ou de leurs tiges* ne sont point des récoltes aux termes de l'art. 388, § 3. — Le fait de les avoir soustraites sans aucune des circonstances énumérées dans le § 5 de l'art. 388, n'est puni que comme simple maraudage. — Art. 475, n° 15, C. pén.. — V. au surplus *infrà* nos 660 et suiv., et vo MARAUDAGE.

626. — C'est ce qui avait également lieu avant la loi du 28 avr. 1832. On jugeait que l'art. 388, C. pén., n'était applicable qu'aux vols des fruits de la terre détachés de leurs tiges ou de leurs branches et abandonnés à la foi publique, en attendant qu'ils pussent être serrés et renfermés, et qu'on ne pouvait, particulièrement, l'appliquer à un vol de blé-seigle sur pied dans un champ. — *Cass.*, 6 nov. 1812, Marsais et Bellet; 15 avr. 1813, Guillotin.

627. — ... Et qu'un pareil vol ne constituait que le maraudage prévu par les art. 33 et 35, L. 28 sept.-6 oct. 1791. — *Cass.*, 15 avr. 1813, Guillotin.

628. — On jugeait aussi qu'un vol de pêches que le prévenu *cueillait sur l'arbre* et ramassait dans un tablier, au moment où il a été surpris, ne peut pas être considéré comme un vol de productions de la terre, détachées de la tige ou de leurs racines par le propriétaire, et momentanément exposées sous la foi publique. — *Cass.*, 13 août 1812, Simon.

629.—Non plus que le vol d'olives, non encore détachées des arbres qui les portaient. — *Cass.*, 21 mai 1812, Tardieu. — V. MARAUDAGE.

630. — Jugé pareillement que lorsque la cour d'assises a déclaré les accusés coupables du vol d'une botte de javelle dans un champ, et ce, conjointement, il en résulte nécessairement que cette botte de javelle est *un fruit détaché de la terre* et faisant partie des récoltes. — *Cass.*, 3 mars 1831, Molé.

631. — Il est nécessaire aussi que les productions de la terre aient été détachées par le propriétaire lui-même ou son représentant. C'est en effet ce qui résulte de la définition qu'a donnée la cour de Cassation des mots *récolte*, *partie de récolte*, par lesquels il faut entendre « tous fruits et productions utiles de la terre, qui, séparés de leurs racines ou de leurs tiges, par le fait du popriétaire ou de celui qui le représente, sont laissés momentanément dans les champs, jusqu'à ce qu'ils soient enlevés ou renfermés dans un lieu où ils peuvent être particulièrement surveillés. — *Cass.*, 17 avr. 1812, Chaise.

632. — On n'entend par *récolte* que la dépouille des biens de la terre; dès-lors, le vol de miel et de gâteaux de miel, quoique commis dans les champs, ne constitue pas un vol de récolte, rentrant dans l'art. 388. — *Cass.*, 10 juill. 1812, Berton.—Chauveau et Hélie, t. 7, p. 94; Carnot, sur l'art. 388, C. pén., t. 2, p. 314, n° 7; Legraverend, t. 2, chap. 2, p. 141, note 3e; Merlin, *Rép.*, vo *Vol*, sect. 2e, § 3, art. 4. n° 2.

633. — Il en est de même du vol de sel commis sur des bosses de marais salans; ce n'est point un vol de *récoltes*. — *Cass.*, 31 juill. 1818, Sebille.

634. — Par productions utiles de la terre, on ne doit entendre que les productions qui ont quelque valeur. — Chauveau et Hélie, t. 7, p. 94.

635. — L'art. 388 n'est applicable qu'aux vols commis *au temps des récoltes*; car c'est seulement à cette époque que le propriétaire est dans la nécessité d'abandonner momentanément les fruits de ses champs à la foi publique. — Chauveau et Hélie, *loc. cit.* — *Contrà* Legraverend, t. 2, chap. 2, p. 142.

636. — Ainsi, un vol de pommes de terre récoltées avant l'hiver, mais enfouies dans un champ pour les préserver de la gelée, constitue un vol ordinaire dans le sens de l'art. 401, C. pén., et non le vol de récoltes prévu par l'art. 388, même Code. — *Cass.*, 12 janv. 1815, Chabert; 2 juin 1815, Conkerque.

637.—De même, le vol, commis au mois de mars, de navets récoltés avant l'hiver et placés aux champs, dans une fosse, pour les préserver de la gelée, sans nécessité, par l'effet de la volonté du propriétaire, ne constitue pas un vol de récoltes dans le sens de l'art. 388, C. pén., mais un vol ordinaire rentrant dans la disposition de l'art. 401, C. pén., ou, le cas échéant, de toute autre disposition relative aux vols avec circonstances aggravantes. — *Cass.*, 11 juin 1829, Kauffmann.

638.— Les meules de grains faisant partie des récoltes sont assimilées aux récoltes elles-mêmes. Mais il n'est pas nécessaire, pour que les grains soient protégés par l'art. 388, qu'ils soient mis en meule.— *Cass.*, 15 oct. 1812, Troupel.

639. — L'assimilation des *grains* en meules aux récoltes elles-mêmes est une exception motivée par l'utilité même de cette production, mais elle ne peut s'étendre à d'autres récoltes. L'objet de la loi, dit la cour de Cassation, en s'expliquant d'une manière particulière et expresse, *sur le vol de meules de grains faisant partie de récoltes*, a été évidemment de donner à ces amas de grains, formés pour rester après la récolte finie, et pendant un temps plus ou moins long dans le champ qui les a produits, où ils sont abandonnés à la foi publique, la même garantie qu'aux grains, tant en épis qu'en gerbes, que le cultivateur est forcé de laisser momentanément sur la terre, en attendant leur transport dans les granges. — Même arrêt.

640. — Mais cette exception est restreinte, ainsi que le fait observer Carnot, aux grains destinés à la subsistance de l'homme.— Carnot, t. 2, p. 315, n° 12.

641.—Ainsi, le vol de colzas mis en meules dans les champs ne peut être assimilé au vol de meules de grains faisant partie de récoltes.— *Cass.*, 28 avr. 1814, et sous cet arrêt, *Douai*, 15 août 1813, Robert Renard. — Merlin, *Rép.*, vo *Vol*, sect. 2e, § 3.

642. — Le vol de récoltes n'existe qu'autant qu'il a été commis dans les champs. Ce principe a déjà été rappelé *suprà* nos 611 et suiv.

643. — Doit-on considérer comme commis *dans les champs* le vol commis *dans l'aire* où le grain a été battu? Par un arrêt du 4 avr. 1812, rendu dans l'espèce où il s'agissait de grains battus dans une aire en pleine campagne et exposés dans un champ, la cour d'assises de la Haute-Garonne avait décidé « que, dans le droit, une aire dépicatoire est assimilée et n'est autre chose qu'un champ où l'on dépose et où l'on entasse les récoltes, soit pour les dépiquer, soit pour les faire sécher. » La cour de Cassation rejeta le pourvoi, attendu que le vol dont il s'agissait présentait les caractères du vol prévu par l'art. 388. — *Cass.*, 17 juill. 1812, Barric.

644.— Par un autre arrêt où il s'agissait également d'un vol commis dans une aire, en pleine campagne, la cour de Cassation a décidé qu'il y avait lieu à l'application de l'art. 388, « attendu que le lieu où avait été commis le vol du blé était une propriété rurale sur laquelle ledit blé faisant partie de récoltes était exposé à la foi publique. — *Cass.*, 27 fév. 1813, Marty.

645. — Toutefois la cour d'assises de la Haute-Garonne a décidé, depuis, que le vol d'épis de maïs, déposés dans une aire à battre les grains, rentre dans la disposition de l'art. 401, C. pén., et non dans celle de l'art. 388, même Code, relative aux vols de récoltes commis dans les champs. — *Haute-Garonne*, 10 mars 1820, Maleville.—Et Legraverend (t. 2, chap. 2, p. 142) dit que cet arrêt n'est pas en contradiction avec celui du 17 juill. 1812, parce qu'il était dit expressément dans l'arrêt dénoncé que le vol avait été commis *dans un champ*, ni avec celui du 27 fév. 1813, parce qu'il était constaté que le vol avait été commis dans une *propriété rurale*.

646. — Pour nous, il nous semble que toute la difficulté consiste dans le point de savoir si le vol a été commis dans une aire située à proximité des bâtimens et dans laquelle la récolte a été transportée, ou s'il a été commis dans une aire pratiquée dans le champ même, en pleine campagne, et sur laquelle on a simplement réuni la récolte. —Dans le premier cas, c'est l'art. 401 qui doit être appliqué, dans le deuxième, c'est l'art. 388.

647. — La cour de Cassation a, au surplus, consacré cette distinction lorsqu'elle a jugé que le vol de blé, faisant partie de récoltes, commis dans une *aire*, est réprimé par l'art. 388, C. pén., lorsque l'aire où il a été commis se trouve située dans les champs, et qu'il rentre dans l'application de l'art. 401, même Code, lorsque cette aire se trouve placée dans un terrain fermé.—*Cass.*, 21 juin 1821, Barthélemy Castanier. — Chauveau et Hélie, t. 7, p. 98.

648. — Jugé aussi par le même arrêt que si, sur la question de savoir si l'accusé est coupable d'un vol de récoltes commis dans les champs, le jury répond : *Oui, dans une aire*, sa déclaration est incomplète, en ce qu'elle laisse ignorer si le vol a été commis dans les champs. — Même arrêt.

649. — Au surplus, et en règle générale, pour constituer un vol de récolte, il ne suffit pas que l'accusé soit déclaré coupable d'avoir lié des gerbes de blé dans des champs voisins et de les avoir apportées dans celui de son père; il faut, en outre, que le jury soit interrogé et réponde sur le caractère moral de ce fait, et, conséquemment, sur le point de savoir si l'accusé *a agi frauduleusement et dans l'intention du vol.*—*Cass.*, 19 avr. 1816, Cadart.

650. — Tout ce qui vient d'être dit en ce qui concerne les vols de récolte dans les champs ne s'applique qu'au cas où il s'agit d'un *vol simple*. Et il y a cela de remarquable que dans ce cas, bien loin d'être punie plus sévèrement que les vols ordinaires, comme sous l'ancien droit, cette espèce de vol est au contraire frappée d'une peine moins grave que celle prononcée par l'art. 401, pour les vols en général. Ainsi, ce qui était autrefois une circonstance aggravante est, ainsi que le font remarquer MM. Chauveau et Hélie, une cause d'atténuation. — Ces auteurs critiquent, non sans raison, ce système répressif, qui se trouve ainsi punir moins sévèrement les vols faits au temps des récoltes, à une époque où les objets sont nécessairement exposés à la foi publique, que les vols faits après le temps des récoltes et qui portent dès-lors sur des objets exposés volontairement.

651. — Si le vol dont il vient d'être question a été commis, *soit* la nuit, *soit* par plusieurs personnes, *soit à l'aide* de voitures ou d'animaux de charge, la peine est portée à celle édictée par l'art. 401 pour les vols simples; elle doit donc être d'un emprisonnement d'un an à cinq ans, et d'une amende de seize francs à cinq cents francs. — Art. 388, § 4.

652. — Les expressions *voitures et animaux de charge*, contenues dans ce paragraphe de l'art. 388, sont limitatives; dès-lors, si le vol avait été effectué *soit avec des paniers ou des sacs ou autres objets équivalens*, cette circonstance ne serait point une aggravation, c'est ce qui résulte de la combinaison de ce paragraphe 4 avec le paragraphe suivant, relatif au maraudage.—Chauveau et Hélie, t. 7, p. 100

653. — Si, au lieu d'être commis avec l'une des circonstances dont il vient d'être parlé, le vol avait été commis soit avec ces trois circonstances, soit avec deux, telles que la nuit, la complicité, le fait cesserait-il de constituer un simple vol pour constituer un vol qualifié?

654. — Cette question a été souvent agitée, tant à l'égard des vols de récoltes (§ 3, art. 388), qu'à l'égard des vols de fruits non détachés (§ 5, même article). Mais la cour de Cassation (après quelques hésitations, ainsi que nous le verrons plus bas au sujet du vol de fruits non détachés) a jugé nettement la question. — V. *infrà* nos 677 et suiv.

655. — Elle a donc décidé que le vol de récoltes détachées du sol, commis la nuit par deux ou plusieurs personnes, constitue le crime prévu par l'art. 386, C. pén., et non le simple délit correctionnel qui fait l'objet de l'art. 388, même Code.— *Cass.*, 8 fév. 1834, Hedou.—*Contrà Bruxelles*, 1er juin 1832, Scheppers.

656. — Elle a également jugé que la circonstance de port d'armes, de complicité et de nuit, pendant la perpétration du vol de récoltes, doit le faire rentrer dans les termes de l'art. 385. — *Cass.*, 17 juin 1831, Defente. — V. aussi *Bruxelles*, 16 mars 1815, Mallon.

657. — Les auteurs de la *Théorie du Code pénal* (t. 7, p. 100) combattent ces arrêts, dont la doctrine, suivant eux, aurait pour résultat d'enlever aux vols de récoltes, lesquels ne causent, d'habitude, qu'un préjudice très modique, leur qualification propre pour les assimiler aux vols ordinaires.

658. — Nous ferons remarquer, néanmoins, que les termes de l'art. 388 ne semblent permettre aucune équivoque. Lors de la modification du Code pénal, en 1832, le projet de la commission, au lieu des mots : « *soit la nuit, soit par plusieurs personnes*, » qui ont été insérés dans la rédaction définitive, contenait ceux-ci : « *soit de nuit par plusieurs personnes.* » Ce qui, par exception au droit commun, n'imprimait à la réunion de ces deux circonstances que le caractère d'aggravation prévu par l'art. 388 lui-même. — Ce projet a été modifié, sans doute pour ne pas faire d'exception au droit commun. Le législateur a dû penser qu'un propriétaire qui voudrait défendre, la nuit, ses récoltes, contre plusieurs individus réunis pour les lui dérober, courrait autant de dangers que s'il s'agissait de tous autres objets; cette considération est surtout importante dans les arrêts du 16 mars 1815 et 17 juin 1831, où les voleurs étaient armés. Il suffit que la loi nouvelle n'ait pas formellement dérogé à l'art. 386, C. pén., pour que l'on doive y recourir comme à une règle générale. La cour de Cassation a d'ailleurs réfuté toutes les objections — *Cass.*, 8 fév. 1834, Hedou.

659. — Jugé encore que le vol de fruits commis, la nuit, par deux personnes conjointement, constitue le crime puni par l'art. 386, nº 1er, C. pén., et non le délit prévu par l'art. 388, nº 5, du même Code. — *Cass.*, 15 déc. 1842 (t. 2 1845, p. 279), Fort-Dechatre et Varenne.

660. — A côté du vol, dans les champs, de récoltes *détachées du sol*, se place le vol des récoltes *non encore détachées*. C'est ce qu'on appelle *le maraudage*.

661. — Le mot maraudage ne se trouve pas dans le Code pénal ; il n'est employé que dans la loi de 1791, qui punissait d'une amende égale au dédommagement dû au propriétaire ou au fermier, et, suivant les circonstances, à la détention de police municipale, « quiconque *marauderait*, déroberait les productions de la terre qui peuvent servir à la nourriture des hommes ou d'autres productions utiles. » — La même loi ajoutait que : « pour tout vol commis avec des paniers ou des sacs ou à l'aide d'animaux de charge, l'amende serait du double du dédommagement; et la détention qui aurait toujours lieu pourrait être de trois mois, suivant les circonstances. » — Art. 34, 35, L. 21 sept. 1791.

662. — On jugeait sous cette loi que le fait de la part de deux personnes d'avoir volé des raisins, avec chacune un panier, dans une vigne appartenant à autrui, ne rentrait dans l'application ni de l'art. 475, nº 9, C. pén., ni de l'art. 471, nºs 9 et 10, ni de l'art. 444, même Code, mais constituait le délit de vol de récoltes avec paniers qui était prévu par l'art. 34, tit. 2e. — *Cass.*, 19 déc. 1822, Ronnat.

663. — La loi du 25 juin 1824 modifia la loi de 1791, en ce sens qu'elle rangea parmi les vols simples « les vols et tentatives de vols de récoltes et autres productions utiles de la terre qui, avant d'avoir été soustraites, n'étaient pas détachées du sol, commis soit avec des paniers ou des sacs, soit à l'aide de voitures ou d'animaux de charge, ou de nuit par plusieurs personnes. » — Art. 13.

664. — Il a donc été jugé, sous cette loi, que celui qui fait couper et enlever *avec des charrettes* l'herbe accrue sur un pré qui ne lui appartient pas, se rend coupable d'une soustraction frauduleuse, et non du délit prévu par l'art. 449, C. pén. — *Cass.*, 8 oct. 1825, Dumée.

665. — Le Code pénal de 1832 contient, à cet égard, un système complet. Il distingue : 1º ce que l'on peut appeler le maraudage simple; 2º celui qui est commis avec certaines circonstances qu'il énumère, et qui sont, avec quelques modifications, celles prévues par la loi de 1824.

666. — Le maraudage simple est puni par l'art. 475, nº 15, C. pén., ainsi conçu : « Seront punis... d'une amende de 6 à 10 francs *inclusivement*... ceux qui dérobent, sans aucune des circonstances prévues en l'art. 388, des récoltes et autres productions utiles de la terre qui, avant d'être soustraites, n'étaient pas encore détachées du sol. » — V. MARAUDAGE.

VOL, ch. 3, sect. 3e, § 3.

667. — Le maraudage avec certaines circonstances est prévu et puni par le § 5 de l'art. 388, ainsi conçu : « Lorsque le vol ou la tentative de vol de récoltes ou autres productions utiles de la terre, qui, avant d'être soustraites, n'étaient pas encore détachées du sol, aura eu lieu, soit avec des paniers ou des sacs, ou autres objets équivalens, soit la nuit, soit à l'aide de voitures ou d'animaux de charge, soit par plusieurs personnes, la peine sera d'un emprisonnement de quinze jours à deux ans, et d'une amende de 16 à 200 francs. »

668. — Ainsi, le maraudage simple est classé parmi les contraventions. Mais; lorsqu'il est accompagné de l'une de ces circonstances qui viennent d'être énumérées, il prend la qualification de délit.

669. — Jugé, par application de ces principes, que le vol de récoltes non encore détachées du sol n'est un fait correctionnel qu'autant qu'il a été commis dans les circonstances énumérées à l'art. 388, C. pén.; autrement, c'est une simple contravention, prévue et punie par le § 15 de l'art. 475 du même Code. — *Cass.*, 13 nov. 1834 (t. 1er 1837, p. 244 [intérêt de la loi]), François.

670. — Spécialement, la pousse d'une luzerne défrichée étant une production utile de la terre, le vol qui en est commis sans aucune des circonstances prévues en l'art. 388, C. pén., rend le coupable passible de la peine portée en l'art. 475, nº 15, même Code. — *Cass.*, 15 nov. 1839 (t. 2 1839, p. 620), Charpentier.

671. — Lorsque le maraudage constitue un délit, il est nécessairement de la compétence des tribunaux correctionnels. Ainsi, il a été jugé, sous la loi de 1824, que le maraudage commis avec des sacs et des tabliers était un délit de la compétence du tribunal correctionnel et non du tribunal de simple police. — *Cass.*, 21 avr. 1826, Beaufils; 11 nov. 1831, Provost et Dufour.

672. — C'est, au surplus, ce qui était jugé sous l'empire de la loi de 1791. — *Cass.*, 7 flor. an IX, Mailly; 17 déc. 1822, Ronnat.

673. — A plus forte raison a-t-on dû juger, depuis la loi de 1832, que le tribunal de simple police est incompétent pour connaître d'un vol de haricots en pied et de pommes de terre, commis la nuit, ce qui constitue le délit correctionnel prévu par l'art. 388, C. pén. — *Cass.*, 4 janv. 1834 (intérêt de la loi), Mazantès.

674. — ... Et qu'il en est de même, à l'égard du fait, de la part de deux personnes, d'avoir coupé avec des faucilles la pousse d'une récolte de pommes de terre appartenant à autrui. — *Cass.*, 25 avr. 1834, Samson.

675. — La cour de Cassation a décidé que le tablier dont une femme s'est servi pour commettre un vol de récoltes ne peut être assimilé aux paniers, sacs et autres objets *équivalens*, dont l'emploi constitue une circonstance aggravante du maraudage, suivant l'art. 388, alinéa 5, C. pén. — *Cass.*, 27 janv. 1838 (t. 1er 1840, p. 205), Gaudicheau et Albert. — Toutefois, cette décision nous paraît faire difficulté. Par les mots *objets équivalens*, la loi n'a-t-elle pas entendu tous ceux qui peuvent servir à *réunir* les fruits volés, à en emporter un plus grand nombre et à les cacher aux yeux ? Or, un tablier ne remplit-il pas ces conditions ?

676. — Si le maraudage se trouvait accompagné de plusieurs des circonstances exprimées par l'art. 388, par exemple, s'il avait lieu de nuit et par plusieurs personnes, la réunion de ces circonstances devrait-elle le faire rentrer dans la classe des *vols qualifiés* ?

677. — Cette question, qui a la plus grande analogie avec celle indiquée plus haut, concernant le vol des récoltes détachées, a été, de la part de la cour de Cassation, l'objet de plusieurs décisions contradictoires. Ainsi, elle a d'abord jugé : 1º que le vol d'olives non encore détachées des arbres qui les portaient rentrait dans l'application du § 1er de l'art. 386, C. pén., lorsqu'il avait été commis pendant la nuit en réunion de deux personnes. — *Cass.*, 21 mai 1812, Tardieu.

678. — ... 2º Que le vol de blé de Turquie commis *la nuit* dans un champ par *plusieurs individus*, qui s'y sont introduits *pour le couper* et l'enlever, constitue un vol qualifié. — *Cass.*, 13 août 1813, Trapoletto.

679. — Puis, après avoir décidé par une modification de sa jurisprudence, mais sans donner aucun motif de sa décision, qu'aucune loi n'a aggravé le caractère et la peine du maraudage commis la nuit par plusieurs personnes. — *Cass.*, 13 janv. 1815, Roderics.

680. — ... Elle posa en principe, dans un arrêt subséquent, que l'art. 386 est étranger à toute espèce de maraudage, et qu'il ne doit s'appliquer qu'à des vols qui ont eu lieu ailleurs que dans des

champs ouverts. En conséquence, elle a jugé que le vol de fruits cueillis sur l'arbre, dans un champ ouvert durant la nuit et en réunion de trois personnes, constitue un simple délit rural et non un vol qualifié. — *Cass.*, 22 mars 1816, Albrous.

681. — Enfin, sous la loi du 25 juin 1824, elle a décidé que le vol de récoltes sur pied accompagné de circonstances différentes et plus graves que celles énumérées dans l'art. 13, L. 25 juin 1824, restait régi par le droit commun et rentrait dans les dispositions générales du Code pénal. — *Cass.*, 17 juin 1831, Defente. — Dans l'espèce, le vol avait été commis *avec armes* et de complicité.

682. — Aujourd'hui, la cour juge qu'un pareil vol (par exemple un vol de légumes dans un jardin), commis la nuit par deux individus, constitue le crime prévu par l'art. 386, C. pén., et non un simple maraudage. — *Cass.*, 20 mars 1834, Girardin. — V. au surplus les arrêts cités *suprà* et nos observations.

683. — Lorsque le maraudage a été commis, non dans les champs, mais dans un lieu dépendant d'une maison habitée, change-t-il de nature ? — L'affirmative n'est pas douteuse; car, ainsi que le font remarquer MM. Chauveau et Hélie (t. 7, p. 108), dès que le vol quitte les champs et se rapproche des habitations, il devient plus dangereux et perd son caractère de maraudage; il est, en effet, de l'essence du maraudage d'être commis *dans les champs*.

684. — La cour de Cassation a donc jugé avec raison que : 1º le fait d'avoir tenté d'enlever des pommes de terre dans un jardin dépendant d'une maison habitée constitue une tentative de vol rentrant dans l'application des art. 2 et 401, C. pén., et non une simple tentative de maraudage. — *Cass.*, 31 janv. 1828, Hennebelle.

685. — ... 2º Qu'un vol de choux commis, dans un *jardin clos*, par escalade, constituait un vol qualifié et non un simple maraudage. — *Cass.*, 17 oct. 1811, Nely.

686. — Nous avons indiqué, en parcourant chacune des dispositions de l'art. 388, la pénalité applicable à chacun des cas qu'elles prévoient. L'art. 388 ajoute, par un dernier paragraphe : « Dans tous les cas spécifiés au présent article, les coupables pourront, indépendamment de la peine principale, être interdits de tout ou partie des droits mentionnés en l'art. 42, pendant cinq ans au moins et dix ans au plus, à compter du jour où ils auront subi leur peine. Ils pourront aussi être mis, par l'arrêt ou le jugement, sous la surveillance de la haute police pendant le même nombre d'années. »

687. — L'art. 389, prévoyant un mode d'exécution du vol de récoltes dans les champs, dispose en ces termes : « Sera puni de la réclusion celui qui, pour commettre un vol, aura enlevé ou déplacé des bornes servant de séparation aux propriétés. » Lors donc que le vol est accompagné de cette circonstance aggravante, il revêt le caractère de crime.

688. — L'art. 389 dispose d'une manière générale; il s'applique donc au cas où la suppression ou la translation de bornes a eu pour but un vol de fruits encore sur pieds, comme au cas où il s'agit de fruits détachés du sol. — Chauveau et Hélie, t. 7, p. 110. — *Contrà* Carnot, t. 2, p. 328 (attendu que la soustraction de fruits non coupés constitue le maraudage et non un vol).

689. — « L'art. 389, dit Carnot, n'ayant parlé que *des bornes*, sans y avoir assimilé les autres marques qui auraient pu servir de limites aux propriétés, telles que des haies vives ou mortes, de pieds cormiers ou autres arbres qui auraient été plantés ou reconnus pour être la séparation des héritages, leur enlèvement ou déplacement aurait-il même été suivi de vols, ne ferait pas entrer le délit dans l'application de l'art. 289. L'art. 456, il est vrai, a mis ces marques sur la même ligne que les bornes, mais c'est pour le cas seulement qu'a prévu cet article, de sorte que l'on ne pourrait en appliquer la disposition à l'art. 389 que par induction. » — Carnot, *Comment. du C. pén.*, t. 2, p. 326.

690. — Cette interprétation restrictive du mot *bornes* est adoptée par MM. Chauveau et Hélie (t. 7, p. 111), qui ajoutent : « On peut dire, à l'appui, que l'attention du législateur a dû se porter uniquement sur la suppression ou le déplacement des *bornes*, parce que les bornes seules font foi par elles-mêmes des limites des héritages, et que leur déplacement ne laisse aucune trace, tandis que celui des arbres, haies ou pieds cormiers ne peut s'opérer sans laisser des vestiges faciles à constater ; c'était donc par le déplacement des bornes que les vols devaient principalement s'exécuter. »

691. — Le fait d'enlever ou d'arracher les bornes, s'il ne s'y rattachait d'autres circonstances caractéristiques, ne constituerait point une tenta-

VOL, ch. 3, sect. 3e, § 4.

VOL, ch. 3, sect. 3e, § 4.

tive de vol; il ne change que le taux de la peine à appliquer au vol, mais n'est point un élément constitutif de ce délit. — Carnot, t. 2, p. 327, nº 6.

692. — Pour que cet article reçoive son application, il faut que les bornes enlevées ou déplacées aient été plantées du consentement des parties intéressées, ou en vertu de jugement : autrement, et si, par exemple, un des propriétaires voisins les avait plantées de son autorité, fussent-elles même aux lieux où elles auraient dû être, elles n'auraient pas le caractère de bornes aux yeux de la loi. — Carnot, t. 2, p. 326, nº 3. — V. DESTRUCTION DE CLOTURES ET DÉPLACEMENT DE BORNES.

§ 4. — *Vols sur les chemins publics.*

693. — Les vols sur les chemins publics ont, à raison des dangers que courent nécessairement ceux contre lesquels ils sont dirigés, une gravité qui a dû préoccuper le législateur.

694. — Chez les Romains, la peine était celle des mines ou de la relégation ; si l'attaque avait eu lieu à main armée, la peine de mort était appliquée. — L. 28, ff., 15, *De pœnis ;* L. 1, § 1, ff., *De his qui effud., vel dejec.*

695. — En France, l'édit de 1534 punit du supplice de la roue tout vol de grand chemin sans distinction de la simple tentative ou du vol consommé, sans distinction aussi du vol accompagné ou non d'assassinat. — Muyart de Vouglans, *Lois crimin.*, p. 304. — Seulement, la jurisprudence limitait l'application de cette peine rigoureuse au cas où les vols avaient été accompagnés de meurtre ou blessures. — Jousse, t. 4, p. 215.

696. — Le Code de 1791 punissait de quatorze et même de dix-huit années de fers (s'il avait eu lieu la nuit ou par plusieurs personnes ou avec armes) le vol commis sur un grand chemin ; mais il fallait, pour l'application de la peine, qu'il y eût eu attaque à force ouverte et violence envers les personnes (2e part., tit. 2, sect. 2e, art. 1er, 2, 4, 5).

697. — La loi du 18 pluv. an IX, art. 8, attribua à la juridiction des tribunaux spéciaux les vols commis de complicité sur les grandes routes. — *Cass.*, 9 thermid. an IX, Pons.

698. — Jugé que, sous cette loi, les cours spéciales étaient compétentes pour connaître des vols commis sur les grandes routes quoiqu'ils n'eussent pas été accompagnés de violences, voies de fait ou autres circonstances aggravantes. — *Cass.*, 26 flor. an XIII, Fourbert ; 3 oct 1806, Balus et Lucas.

699. — L'art. 383 du Code prononçait sans distinction, contre tous les vols commis sur les chemins publics, la peine des travaux forcés à perpétuité.

700. — Et la cour de Cassation, par un premier arrêt, a décidé que cette peine était applicable lors même que le vol n'avait été accompagné d'aucune des circonstances aggravantes mentionnées en l'art. 382. — *Cass.*, 5 sept. 1811, Mocard ; 8 juill. 1813, Bérardi.

701. — ... Et quelle que fût la modicité de l'objet volé. — *Cass.*, 28 nov. 1812, Lejeune. — Merlin, *Rép.*, vº *Vol*, sect. 2e, § 3, dist. 4e, art. 383.

702. — Toutefois, plus tard, la cour de Cassation essaya d'adoucir, au moyen de l'interprétation, la rigueur de la loi. Elle jugea que, si l'art. 383 prononce d'une manière générale les travaux à perpétuité contre les vols commis sur les chemins publics, la sévérité de cette peine a eu pour motif la présomption que ces sortes de vols *ont été accompagnés de violences ou menaces contre la sûreté individuelle;* d'où il suit que, lorsque les juges, appelés par la loi pour prononcer sur l'accusation ou la culpabilité des prévenus de pareils vols, déclarent d'une manière positive qu'il n'y a eu ni violence ni menace, il n'y a pas lieu non plus à l'application de l'art. 383, et que ces vols doivent être réputés vols simples. — *Cass.*, 25 avr. 1816, Pichelin ; 22 mai 1817, Lizier-Mirouze.

703. — Mais bientôt les chambres réunies déclarèrent que, la disposition de l'art. 383 étant générale et absolue, « il n'y avait pas lieu de s'arrêter à la déclaration du jury sur la violence, dont cet article n'a fait ni une circonstance du crime qu'il a prévu, ni une condition de la peine qu'il a prononcée. — *Cass.*, 23 juin 1818, Lizier-Mirouze ; 10 sept. 1818, Lemeur ; 4 janv. 1822, Guy. — Legraverend, t. 2, p. 130, note 4e ; Carnot, t. 2, p. 272, nº 2 ; Bourguignon, *Jurispr. des Cod.*, t. 3, p. 378.

704. — L'excessive rigueur de cette jurisprudence, ou plutôt de la législation, ayant été signalée par les criminalistes, la loi du 25 juin 1824, art. 7, y apporta un premier tempérament en permettant aux juges de réduire la peine des travaux forcés perpétuels à celle des travaux forcés à temps ou même de la réclusion, lorsque les vols ou tentatives de vol sur un chemin public auraient été commis sans menaces, sans armes apparentes ou cachées, sans violences et sans aucune des circonstances aggravantes prévues par l'art. 384 du Code pénal, et qu'en outre les juges reconnaîtraient l'existence de circonstances atténuantes. Les mendians, vagabonds et récidivistes étaient seuls exclus du bénéfice de cette disposition.

705. — Dans tous les cas, c'était la cour d'assises qui devait connaître de pareils vols, et une chambre des mises en accusation ne pouvait en attribuer la connaissance à la police correctionnelle, sous le prétexte qu'il avait été commis par adresse, supercherie et filouterie. — *Cass.*, 20 mars 1828, Guillard.

706. — La loi du 28 avril 1832 a complété la réforme et établi une échelle qui est en harmonie avec chaque fait qu'il s'agit de punir ; ainsi le vol commis sur un chemin public avec deux des circonstances prévues par l'art. 381 (lesquelles sont : la *nuit*, la *complicité*, le port d'armes apparentes ou cachées, les violences ou menaces) reste soumis aux mêmes peines ; mais, lorsqu'il n'a été commis qu'avec une seule de ces circonstances, il n'emporte plus que la peine des travaux forcés à temps ; dans tous les autres cas, il n'est puni que de la réclusion. — C. pén., art. 383.

707. — Dès-lors, depuis cette loi, l'individu déclaré coupable d'un vol commis sur un chemin public *avec deux des circonstances prévues par l'art.* 381, *C. pén.*, doit être condamné à la peine des travaux forcés à perpétuité et non pas seulement à celle des travaux forcés à temps. — *Cass.*, 13 déc. 1832, Gilberton.

708. — Il est utile de remarquer : 1º que la circonstance de chemin public est *par elle-même aggravante du vol*, puisqu'elle suffit, indépendamment de toute autre, pour entraîner une peine infamante ; 2º que, soit qu'il s'agisse de l'application de la peine des travaux forcés perpétuels ou de celle des travaux forcés à temps, l'existence de la violence n'est pas indispensable, puisque ce n'est là qu'une des circonstances énumérées en l'art. 381, et que la loi a accordé la même puissance et le même effet à chacune de ces circonstances.

709. — Aussi, la cour de Cassation n'a-t-elle fait que l'application littérale de la loi en décidant que la circonstance de violence suffit seule pour donner à un vol commis sur un chemin public le caractère du crime prévu par l'art. 383, C. pén., et pour rendre la juridiction correctionnelle incompétente. — *Cass.*, 17 déc. 1835, Leroux.

710. — Les circonstances qui accompagnent les vols commis sur les chemins publics ne sont donc pas constitutives du crime en lui-même ; elles n'ont d'utilité que pour la gradation de la peine. Tous ces vols rentrent actuellement dans les termes de l'art. 383. — Chauveau et Hélie, t. 7, p. 139.

711. — Peu importe que le vol ait été commis sur la personne même du voyageur ou sur ses effets seulement et hors de sa présence ; la seule condition que détermine la loi, c'est qu'il ait été perpétré sur un chemin public. — En effet, ainsi que le dit la cour de Cassation, la loi a voulu pourvoir non seulement à la sûreté des effets des voyageurs, mais aussi à celle des effets dont ils sont les porteurs ou les conducteurs ; dès-lors, l'art. 383 s'applique aux vols d'effets et propriétés qui se trouvent sur les chemins publics, en transport ou à la suite d'un transport. — *Cass.*, 23 avr. 1812, Dupart.

712. — Ainsi jugé dans des espèces où il s'agissait : 1º d'un vol commis dans un cabriolet abandonné momentanément par le voyageur qui l'occupait. — *Cass.*, 23 avr. 1812, Dupart.

713. — ... 2º D'un vol commis, hors la présence du voyageur volé, sur des objets dont son cheval se trouvait porteur. — *Cass.*, 5 sept. 1811, Mocard.

714. — ... 3º D'un vol commis sur l'impériale d'une voiture publique et pendant son trajet sur une grande route. — *Cass.*, 17 août 1839 (t. 2 1840, p. 365), Baraud.

715. — Toutefois, pour que le vol acquière ce caractère de gravité, il est de rigueur que le possesseur se soit seulement séparé momentanément de sa chose et qu'il puisse survenir à chaque instant ; s'il n'en était pas ainsi, s'il s'agissait, par exemple, d'un objet perdu en route et dont la restitution serait refusée par celui qui l'aurait trouvé, il n'y aurait pas, pour le voyageur, le même danger, ni les mêmes raisons pour l'aggravation de peine. — Carnot, t. 2, p. 272, nº 2 ; Legraverend, t. 2, p. 131.

716. — La question s'est présentée, sans être résolue autrement que d'une manière implicite, lors de l'arrêt de la cour de Cassation du 4 avr. 1823 (Mallet). Il s'agissait dans cette affaire d'un objet trouvé sur un chemin public et retenu. Selon Carnot (sur l'art. 383, C. pén., t. 2, p. 273, nº 3), la cour de Cassation, en renvoyant la cause devant la cour de Caen, chambre des appels de police correctionnelle, a jugé implicitement que c'était l'art. 401, et non l'art. 383, C. pén., qui était applicable. La cour de Cassation, répondrons-nous, ne pouvait pas se dispenser, d'après l'art. 427, C. inst. crim., de renvoyer la cause devant une autre cour, ou un autre tribunal de même qualité que celui qui avait rendu le jugement annulé ; mais si elle eût pensé que l'art. 383, C. pén., fût applicable, elle eût basé la cassation sur l'incompétence du tribunal correctionnel qui avait rendu le jugement annulé ; ce qu'elle n'a pas fait.

717. — De même, le vol n'est réputé fait sur un chemin public que lorsqu'il est commis au préjudice d'une personne qui voyage avec la chose qu'on lui enlève, et lorsqu'il a lieu sur les objets mêmes qui accompagnent le voyageur et qui sont transportés sur les chemins. MM. Chauveau et Hélie (t. 7, p. 142) font avec raison remarquer que cette restriction est dans l'esprit et dans le texte de la loi, et ils citent, comme preuve, les dispositions des art. 386, 387 (relatifs aux voituriers), 388 (sur le vol des bestiaux laissés à l'abandon), 448 (sur l'enlèvement des arbres placés sur les chemins), etc., etc. Et ils se résument en disant : « L'aggravation ne peut exister que lorsque l'objet est pour ainsi dire confié au chemin lui-même, lorsque c'est cette exposition qui favorise la perpétration, enfin lorsque l'agent a profité de la facilité qu'elle lui donne. »

718. — C'est donc à tort, qu'en déclarant que le voiturier, déclaré coupable d'avoir soustrait sur un chemin public des objets qui lui étaient confiés, et à l'égard duquel il existe des circonstances atténuantes, doit être condamné non à la peine de la réclusion, mais seulement à celle de l'emprisonnement, la cour de Cassation a visé l'art. 383. — Ce n'est pas en vertu de cet article, qu'en l'absence de circonstances atténuantes, la peine de la réclusion eût dû être prononcée, mais en vertu de l'art. 386, nº 4, spécial aux voituriers en ce qui concerne les objets confiés à leur garde. — *Cass.*, 15 déc. 1841 (t. 2 1842, p. 522), Fouchard.

719. — Et il a été jugé, avec raison, que le vol commis dans un tronc attaché à une croix sur un chemin public ne constitue pas le vol sur un chemin public prévu par l'art. 383, mais un vol simple prévu par l'art. 401. — *Angers*, 24 août 1827, Monteils.

720. — L'ordonnance de 1670 (tit. 1er, art. 12), la déclaration de 1731 (art. 5), la loi de 1791 (t. 2, sect. 2e art., 2), enfin la loi du 18 pluv. an IX, en parlant des vols commis sur les chemins publics, se servaient des mots *grands chemins*. — Le Code pénal n'a pas reproduit cette expression, qui semblait restreindre l'application de la loi à *une des espèces de chemins publics*. Il a employé l'expression générale du genre ; sa disposition comprend donc toutes les espèces du genre. — Chauveau et Hélie, p. 142 ; Legraverend, t. 2, ch. 2, p. 133.

721. — Les chemins publics sont, dans notre législation, ceux qui sont déclarés, par l'autorité administrative, être destinés à l'usage du public, soit qu'ils soient entretenus par l'état, les départemens ou les communes ; tous ceux qui ne sont pas une propriété privée ou de simples passages d'exploitation. — Chauveau et Hélie, *eod. loc.*; Legraverend, t. 2, p. 131 ; Carnot, t. 2, p. 273, nº 4.

722. — Un chemin est public dans le sens de l'art. 383, C. pén., a dit la cour de Cassation, lorsqu'il est consacré à l'usage du public, et que tout individu peut librement y passer à toute heure de jour et de nuit, sans aucune opposition légale de qui que ce soit. — *Cass.*, 21 fév. 1828, Gervais.

723. — Au surplus, c'est au jury et non à la cour d'assises qu'il appartient de prononcer sur la question de publicité du chemin. — Même arrêt.

724. — Jugé encore, que la question de savoir si un vol a été commis *sur un chemin public* peut régulièrement être soumise au jury comme résultant des débats, et résolue par lui. On ne saurait dire que lui poser une pareille question c'est l'appeler à décider un point de droit : celui de savoir ce qui constitue un chemin public. — *Cass.*, 18 juill. 1844 (t. 2 1844, p. 256), Sallot et Couture.

725. — Ne sont point compris sous la dénomination de chemins publics les chemins de desserte et les simples sentiers, qui n'ont d'autre destination que de conduire plus promptement d'un lieu à un autre. — Carnot, t. 2, p. 275, nºs 6 et 7.

726. — Les expressions de la loi *chemin public* ne peuvent s'entendre des rues d'une ville dans le sens de l'art. 383, C. pén. ; ainsi, l'individu accusé d'avoir recélé sciemment un objet volé dans une rue, la nuit, avec violence et par plusieurs personnes, doit être renvoyé devant les assises, comme complice, non du crime prévu et puni par l'art. 383, C. pén., mais de celui réprimé par l'art. 382. — *Paris*, 22 déc. 1835, Dubois. — Conf. sur le

principe que les rues d'une ville ne sont pas réputées chemins publics. — *Paris*, 8 fév. 1839 (t. 1er 1839, p. 192), Baudry.

727. — La déclaration du 5 fév. 1731 disait en effet : « Sans que les rues des villes et faubourgs puissent être censées comprises à cet égard (sous le rapport pénal) sous le nom de grands chemins. »

728. — Jugé de même, à l'égard du vol commis sur le boulevard intérieur d'une ville.— *Paris*, 11 mars 1825, Pascard.

729. — On ne doit pas non plus considérer comme commis sur un chemin public le vol exécuté sur la partie d'un chemin public *qui traverse une ville, un faubourg ou un village*. — *Metz*, 9 juill. 1819, L... ; *Cass.*, 6 avr. 1815, Pulverman. — Carnot, t. 2, p. 275, no 7 ; Merlin, *Rép.*, vo *Vol*, sect. 2e et 3e.

730. — La loi du 20 déc. 1815 (art. 12) qui attribuait aux cours prévotales les assassinats et les vols commis avec violence sur les grands chemins disposait formellement que « ne sont pas regardées comme grands chemins *les routes dans les villes, bourgs, faubourgs et villages.* »

731.—Toutefois, la cour de Liége a jugé en sens contraire, attendu que l'art. 383 ne fait aucune distinction entre les routes qui vont d'un lieu à un autre, et celles qui, traversant les villes et les faubourgs, ne sont que le prolongement de ces routes. — *Liége*, 17 mars 1823, Gilles S... — Mais cette interprétation est trop judaïque.—La rue qui dans une ville sert de prolongement à un chemin public ne cesse pas pour cela d'être une rue ; il faut choisir entre cette double qualification : or, soit que l'on recherche le but que s'est proposé le législateur, soit que l'on consulte l'ancienne jurisprudence, soit enfin que l'on consulte le langage ordinaire, il est impossible de confondre la voie urbaine avec les chemins publics. — La jurisprudence de la cour de Cassation est donc préférable.

732. — Les auteurs de la *Théorie du Code pénal* (t. 7, p. 145) pensent que l'on doit étendre cette décision à la partie de la route située devant les auberges, lors même que ces auberges ne font pas partie du village. « Les mêmes motifs existent, disent-ils, puisque, dans cette partie, la route cesse également d'être isolée et que les secours peuvent être prompts et faciles. »

733. — Sans juger expressément ce point, la cour de Nîmes a, néanmoins, décidé que le vol commis sur l'espace qui, *dans les villes ou villages*, se trouve au devant des auberges, ne peut pas être considéré comme fait sur un chemin public, et ne constitue qu'un vol simple. — *Nîmes*, 7 janv. 1829, Vabre.

734. — Jugé que la déclaration du jury portant qu'un vol commis sur un chemin de fer a été commis sur un chemin public est une décision en fait que la cour de Cassation n'a pas le pouvoir de réviser. — *Cass.*, 9 avr. 1846 (t. 1er 1847, p. 615), Genin.

735. — Qu'un chemin de fer soit un chemin public, c'est ce qui ne saurait être contesté en présence de la destination habituelle de ces voies de communication, et en présence de la disposition formelle des art. 1, 2 et 3 de la loi du 15 juill. 1845, qui déclarent applicables aux chemins de fer les lois et réglemens sur la grande voirie. — V. aussi CHEMIN DE FER, nos 336 et suiv. — Mais les chemins de fer sont, par leur nature même, appropriés à un mode spécial de transport qui interdit la circulation des individus isolément sur le plan même du chemin de fer, circulation proscrite, au surplus, expressément par les réglemens de police, et virtuellement par l'art. 19 de la loi du 15 juill. 1845. Il sera donc extrêmement rare que la question de l'application de l'art. 383, C. pén., au vol commis, à proprement parler, sur un chemin de fer, puisse être soulevée. Cette hypothèse semble, cependant, devoir se réaliser quant au vol commis, soit au préjudice d'individus en contravention à la prohibition de circulation dont nous parlions tout à l'heure, soit au préjudice d'un cantonnier garde-ligne ou garde-barrière, que son service et ses travaux obligent à parcourir à pied tout ou partie du railway. La soustraction frauduleuse, opérée sur le chemin de fer lui-même, d'objets servant à former la voie, constituerait le crime puni par l'art. 16 de la loi du 15 juill. 1845, si elle avait été accomplie avec la volonté de faire arriver un accident. Mais, si cette intention n'existait pas, le vol de ces objets pourrait, d'après les faits, être frappé des différens degrés de pénalité échelonnés dans l'art. 383, C. pén. A l'égard des voyageurs qui, pour parcourir les distances, empruntent la voie des chemins de fer, ils sont transportés en commun dans des voitures publiques, et le vol qui pourrait être, dans cette situation, exécuté à leur préjudice, devrait être puni non comme un vol commis sur un chemin public ou dans un lieu habité, mais comme un vol commis dans une voiture publique et passible dès-lors seulement des peines correctionnelles de l'art. 401, C. pén. — V. *suprà*, no 734.—Au reste, la décision rendue dans l'espèce de l'arrêt précité était pour la cour de Cassation une impérieuse nécessité imposée par la teneur de la déclaration du jury, dont la constatation, en fait, que le vol avait été commis sur un chemin public, ne laissait place à aucun recours ni à aucune révision.

Sect. 4e. — *Vols qualifiés à raison des circonstances de leur exécution.*

736.— Les vols sont qualifiés à raison des circonstances qui ont accompagné leur exécution, lorsqu'ils ont été commis, 1o par plusieurs, 2o avec effraction, 3o avec escalade, 4o avec fausses clés, 5o avec port d'armes, 6o avec menaces ou violences, 7o avec usurpation de titres ou de costumes, ou supposition d'ordres de l'autorité.

§ 1er.— *Vols commis par plusieurs personnes.*

737. — Le Code de 1791 (2e part., tit. 2, sect. 2e), punissait de six années de fers le vol commis par deux ou plusieurs personnes, même non armées, sans violences personnelles, effraction, escalade ni fausses clés, dans l'intérieur d'une maison actuellement habitée ou servant à l'habitation (art. 16). Si les coupables, ou l'un d'eux, étaient porteurs d'armes à feu ou de toute autre arme meurtrière, la peine était de huit années de fers (art. 17). Enfin, si le vol commis par plusieurs personnes l'avait été la nuit, la durée de chacune des peines portées aux art. 17 et 18 devait être augmentée de deux années (art. 19).

738. — La circonstance *de plusieurs personnes* était donc *une circonstance aggravante*, et dès lors, sous le Code du 3 brum. an IV, il y avait nullité, si, dans une accusation de vol commis par plusieurs personnes, le jury n'avait pas été interrogé sur cette circonstance. — *Cass.*, 9 prair. an VII, Cotard.

739. — La déclaration du jury portant que l'accusé avait participé à un vol, ce qui annonçait des *coauteurs*, et que ce vol n'avait pas été commis par plusieurs, était contradictoire et nulle.— *Cass.*, 16 vendém. an V, Bertrand; 16 vent. an IX, Martin.

740. — La loi du 29 niv. an VI disposait que lorsque les vols, soit sur les routes publiques, soit dans des maisons habitées, à l'aide d'effraction extérieure ou d'escalade, avec dessein de tuer, auraient été commis par un rassemblement *de plus de deux personnes*, les prévenus, leurs complices, fauteurs et instigateurs seraient traduits par-devant un conseil de guerre et jugés par lui (art. 4).

741. — Mais s'il n'y avait pas eu effraction extérieure, le vol, quoique commis par plusieurs personnes, restait soumis à la juridiction ordinaire. — *Cass.*, 8 prair. an VII, N....

742. — Le vol commis par deux personnes, avec introduction dans une maison à l'aide d'escalade, ne pouvait pas, dans le cas où il aurait existé plusieurs complices par recélé, être considéré comme commis par un rassemblement de *plus de deux personnes*. En conséquence, la poursuite devait en être portée devant le tribunal criminel et non devant un conseil de guerre. — *Cass.*, 2 thermid. an VII, Pic et Amade.

743. — Depuis la loi du 25 frim. an VIII (art. 57), les vols commis par deux ou plusieurs personnes *de jour*, sans violence personnelle, effraction, escalade ni fausses clés, dans l'intérieur des maisons habitées, ne furent plus punis que d'une peine correctionnelle (six mois à deux ans de prison). Dès-lors, l'art. 16 précité de la loi de 1791 se trouve abrogé. — *Cass*, 7 germin. an XI, Robin-Hery ; 3 janv. 1806 Gilles Leblanc.

744. — Ainsi, un vol simple, pour avoir été commis par deux ou plusieurs personnes, n'en demeure pas moins soumis aux dispositions de l'art. 401. Mais si, en outre, il a été perpétré la *nuit* ou *dans une maison habitée*, ou dans *un édifice consacré aux cultes*, il entraîne la réclusion, aux termes de l'art. 386.

745. — Le vol commis par deux ou plusieurs personnes entraîne les travaux forcés à temps, lorsque, en outre, il a été commis, soit la nuit et avec port d'armes apparentes ou cachées (art. 385), soit sur un chemin public (art. 383), soit à l'aide de violence, et, de plus, avec l'une des circonstances énumérées en l'art. 381, à savoir, celles de nuit, de port d'armes, ou d'introduction dans une maison habitée, à l'aide d'effraction extérieure ou d'escalade, ou de fausses clés, d'usurpation de titre ou de costume (art. 382).

746. — Enfin, le vol commis par deux ou plusieurs personnes est passible de la peine des travaux forcés à perpétuité dans les deux cas suivans : 1o lorsqu'il est commis avec les quatre circonstances prévues par l'art. 381 ; c'est-à-dire avec les circonstances, 1o de nuit, 2o de port d'armes apparentes ou cachées, 3o d'effraction extérieure, escalade ou fausses clés dans une maison habitée, ou d'usurpation de titre ou de costume, 4o de violence ou menace de faire usage des armes ;—2o lorsqu'il est commis sur un chemin public, et, de plus, avec l'une des circonstances ci-dessus indiquées (art. 383).

747. — Lorsque la loi parle de vol *commis* par deux ou plusieurs personnes, elle n'a évidemment en vue que les *coopérateurs* ou *coauteurs* ; car c'est de ceux-là seulement que l'on peut dire qu'ils *commettent* le délit. La *coopération* de plusieurs personnes au crime ne doit donc pas être confondue avec la *complicité*. Cette distinction est importante en ce que c'est de la *coopération* effective seule que le Code a voulu faire un élément d'aggravation de la peine. Quant à l'existence d'un ou plusieurs *complices*, elle n'aggrave en rien la position de l'auteur du délit.

748. — C'est par application de cette doctrine qu'il a été jugé que, pour déterminer si un vol a été commis par deux ou plusieurs personnes, on ne doit pas compter l'individu qui s'en est seulement rendu complice par recélé. — *Cass.*, 11 sept. 1818, Soubyron.

749. — Jugé de même, que le complice par assistance n'étant pas nécessairement et dans tous les cas co-auteur, il ne suffit point qu'un prévenu de vol ait un complice par assistance pour que le délit soit réputé avoir été commis par deux personnes. — *Cass.*, 31 janv. 1835, Islasse.

750. — Il est, à la vérité, quelquefois difficile de distinguer le *coopérateur* du simple complice, alors surtout qu'il s'agit du complice *par aide et assistance*. Cependant, la complicité a ses règles et ses élémens particuliers qui ont été tracés par le législateur.— V., au surplus, COMPLICITÉ.

751. — On a jugé, et avec raison, que celui qui fait sentinelle à la porte d'une maison pendant qu'un autre y commet un vol, est *coauteur* et non complice, quoiqu'il n'ait pas participé matériellement à toutes les circonstances du fait principal. Dès-lors, un pareil vol rentre dans l'application de l'art. 386, C. pén. — *Cass.*, 9 avr. 1813, Mars ; 12 août 1813, Tosca. — Merlin, *Rép.*, vo *Vol*, sect. 2e, § 3, dist. 4, art. 283, no 1er ; Bourguignon, *Jurisp. des Codes crim.*, sur l'art. 59, C. pén., t. 3, p. 51 ; Legraverend, t. 1er, chap. 3, sect. 1re, § 1er ; Carnot, t. 2, p. 265, no 3 ; 251, no 3 ; Chauveau et Hélie, t. 7, p. 148.

752. — On a jugé de même que le fait, de la part d'un individu, d'avoir saisi seul une bourse appartenant à autrui, et de l'avoir remise de suite à un autre individu qui l'assistait et l'aidait dans la consommation de cette soustraction, constitue un vol commis par deux personnes, et non par une seule personne dont une autre se serait rendue complice. — *Cass.*, 30 juin 1832, Bouzard. — L'aide et l'assistance ayant ici le caractère d'une véritable coopération.

753. — Jugé, encore, que lorsqu'il est établi par la déclaration du jury qu'un individu s'est rendu coupable de vol dans une maison habitée, et qu'un autre individu s'est rendu complice de ce vol, en assistant l'auteur dans les faits qui l'ont consommé, le vol est réputé commis par deux personnes et constitue le crime prévu par l'art. 386, no 1er, C. pén. — V., au surplus, COMPLICITÉ.

754. — La cour de Paris a jugé que la participation de deux personnes à un vol ne peut constituer une circonstance aggravante de ce délit qu'autant qu'elle a eu lieu dans une intention criminelle, *tant de la part de l'une que de la part de l'autre*. Si donc l'un des coauteurs n'y a concouru que pour exécuter une convention faite avec le plaignant, par suite de révélations, et pour faciliter l'arrestation de l'autre, le vol doit être considéré comme commis *par une seule personne* — *Paris*, 6 fév. 1838 (t. 1er 1838, p. 243), François.

755. — Nous ne pouvons accepter cette doctrine. Il est de principe, en droit criminel, que les exceptions personnelles à un accusé ne profitent pas à son complice, et il n'en est pas de plus sûrement personnelle que celle tirée de l'intention. La cour de Cassation a fait de nombreuses applications de ce principe en matière de complicité (V. COMPLICITÉ). On ne saurait trouver une analogie plus parfaite : « Supposez, dit Merlin, qu'un individu provoque un enfant avec force à commettre un homicide, il ne pourra profiter de l'absolution de celui-ci. » La matérialité du concours doit donc suffire pour établir la circonstance tirée du nombre des personnes, comme la matérialité du fait suffit

pour servir de base à la complicité. En effet, de ce que l'un des auteurs agit sans intention criminelle, s'ensuit-il que la culpabilité de l'autre soit moins grande, et cela à son propre insu? En matière de tentative, le crime est censé consommé en raison de l'intention du prévenu. Pourquoi appliquerait-on ici d'autres principes? On prétend que le crime est moins dangereux? Cependant, le malfaiteur qui compte sur l'assistance de son complice déploiera la même audace, opposera la même résistance que s'il n'avait pas été trahi; on ne voit donc pas comment, lorsque la criminalité morale est là même, il profiterait d'une circonstance qui est pour lui comme si elle n'existait pas.

756. — Il a, au surplus, été jugé qu'il n'y a aucune contradiction dans la réponse du jury qui déclare qu'un vol a été commis par deux personnes, et que, des deux accusés présens, l'un est coupable et l'autre innocent. — *Cass.*, 15 juill. 1813, Diétrich. — Ce principe a été souvent appliqué en matière de complicité. — V. COMPLICITÉ.

757. — Jugé, aussi, que le jury peut déclarer qu'un vol a été commis par plusieurs personnes, alors même qu'il n'indique pas quels sont les auteurs de ce vol. — *Cass.*, 10 déc. 1836 (t. 2 1837, p. 341), Pierrard et Varloteau.

758. — Mais il ne peut être appliqué de peine, par suite de la déclaration du jury portant que l'accusé est convaincu d'avoir *participé à l'enlèvement d'un objet volé*, en ce qu'elle présente de l'incertitude sur le point de savoir si c'est comme *auteur* ou *comme complice*. — *Cass.*, 17 janv. 1793, Tantormat; 26 vent. an IX, Martin; 28 niv. an IX, Boulin.

§ 2. — *Vol avec effraction.*

759. — La loi romaine portait contre le vol avec effraction la peine du fouet et le travail des mines, à temps, s'il avait été commis de jour, à perpétuité, s'il avait été commis de nuit. — L. 2, ff., *De effract.* — La peine était celle de mort, si ce même vol était commis avec armes et par plusieurs personnes. — L. 11 ff., *Ad. leg. jul. de re pub.*

760. — Sous l'empire de notre ancienne jurisprudence, la peine était plus dure encore; car l'édit de François Ier, de janv. 1534, disposait ainsi qu'il suit: « Ceux qui entreront au dedans des maisons, icelles crocheteront et forèteront, prendront ou emporteront les biens qu'ils trouveront ès-dites maisons, seront punis de la manière qui suit: c'est à sçavoir, les bras leur seront rompus et brisés en deux endroits, tant haut que bas avec les reins, jambes et cuisses, etc. » — Il est vrai de dire que ce supplice était mitigé dans la pratique. — Jousse, t. 4, p. 218.

761. — La loi de 1791 punissait de huit années de fers tout vol commis sans violence envers les personnes, à l'aide d'effraction, soit par le voleur, soit par son complice. — Art. 6, part. 2e, tit. 2, sect. 2e.

762. — Sous ce Code, l'effraction n'était considérée comme circonstance aggravante que relativement aux vols commis *dans l'intérieur des maisons*: elle n'était nullement considérée comme telle relativement à ceux commis dans un *terrain clos et fermé*. — *Cass.*, 4 brum. an VII, Martin.

763. — Le vol commis sans violence, à l'aide d'effraction, par deux ou plusieurs personnes, ne pouvait être puni que de dix ans de fers. Il fallait, pour l'application de douze années de fers, que l'effraction eût été faite aux portes et clôtures extérieures de la maison, et non à la porte extérieure d'un appartement en dépendant. — *Cass.*, 22 germin. an VIII, Dodet et Dumont.

764. — L'effraction n'était une circonstance aggravante d'un vol que lorsqu'elle se référait aux clôtures des lieux dans lesquels étaient renfermés les objets volés. Ainsi, elle n'influait nullement sur le vol des ferremens d'une charrue exposée dans la campagne. — *Cass.*, 18 pluv. an X, Prevost.

765. — L'effraction d'une armoire n'était pas de la nature de celles prévues par l'art. 3 de ladite loi, qui ne mentionnait que l'effraction aux portes et clôtures soit de la maison, soit du logement, comme circonstance aggravante. — *Cass.*, 1er fructid. an XI, Hérold.

766. — La peine du vol de deniers publics excédant 10 fr., et celle du vol commis avec effraction intérieure dans une maison habitée, ne pouvaient pas être appliquées cumulativement, lorsque les deux circonstances se trouvaient réunies. Celle du vol avec effraction devait seule être prononcée, comme étant la plus forte. — *Cass.*, 6 brum. an IX, Achard.

767. — Sous le Code de brum. an IV, dans une accusation de vol avec effraction, cette circonstance aggravante donnait lieu à la position de deux questions, l'une sur son existence, l'autre sur son caractère. — *Cass.*, 5 brum. an VII, Geominy.

768. — Lorsqu'il résultait de l'acte d'accusation que les prévenus s'étaient introduits, à l'aide d'effraction extérieure, dans la maison où le vol avait été commis, le président du tribunal criminel devait, à peine de nullité, soumettre à la décision du jury la question d'introduction. — *Cass.*, 24 brum. an VIII, Leclerc.

769. — Était complexe et nulle la question de savoir si cette soustraction avait été commise à l'aide d'effraction extérieurement faite à une fenêtre de cave de ladite maison, en ce que cette question portait sur deux circonstances indépendantes entre elles et aggravantes du délit. — *Cass.*, 3 frim. an VIII, Carton.

770. — Sous la loi du 25 frim. an VIII, les vols commis avec effraction ont continué d'être punis conformément au Code pén. et sont restés toujours dans les attributions des tribunaux criminels. — *Cass.*, 18 thermid. an VIII, Duporté.

771. — Sous le Code pénal, l'effraction d'un objet quelconque, lorsqu'elle n'a point pour objet de faciliter un vol, ne constitue pas un délit et ne donne lieu qu'à une action civile en réparation du dommage causé. — Chauveau et Hélie, t. 7, p. 149; Carnot, t. 2, p. 333.

772. — Lors même qu'elle a pour but de faciliter la perpétration d'un vol, elle n'est pas, par elle-même, isolée de toute autre circonstance, une circonstance aggravante de nature à modifier le caractère du vol et à influer sur la pénalité. — *Cass.*, 6 janv. 1831, Grebot; 7 déc. 1833, Dupuis. — V. *infrà*, nos 775 et suiv.

773. — Mais elle peut, avec la réunion d'un ou de plusieurs faits déterminés, devenir une circonstance aggravante.

774. — Ainsi, l'effraction fait encourir au voleur la peine des travaux forcés à temps, lorsqu'elle a eu lieu *dans des édifices, maisons habitées ou non, ou dans des enclos*, servant ou non à l'habitation, dépendant ou non de maisons habitées. — C. pén., art. 384. — La peine est des travaux forcés à perpétuité, lorsqu'à l'effraction se joignent les circonstances de nuit, de port d'armes, de violences, de coopération de plusieurs personnes. — Art. 381, 382.

775. — L'art. 393 qualifie effraction « tout forcement, rupture, dégradation, démolition, enlèvement de murs, toits, planchers, portes, fenêtres, serrures, cadenas ou autres ustensiles ou instrumens servant à fermer ou à empêcher le passage, et de toute espèce de clôture quelle qu'elle soit »

776. — De cette définition il résulte: 1° que l'effraction consiste dans la rupture, dans la fracture d'un objet quelconque; — 2° que l'objet fracturé doit avoir eu pour destination, soit de fermer, soit d'empêcher le passage.

777. — On doit considérer comme effraction le simple enlèvement des clous d'une serrure, quand même il n'aurait pas été commis de fracture proprement dite. — *Cass.*, 5 niv. an XIV, Orlando; — Chauveau et Hélie, t. 7, p. 150; Carnot, t. 2, p. 337, sur l'art. 396.

778. — Il en serait de même du fait de forcer une serrure en écartant le pène à l'aide d'un ferrement. — Chauveau et Hélie, *loc. cit.*

779. — De même, le voleur qui, pour s'introduire dans une maison, *a brisé un carreau de vitre et ouvert une fenêtre* par laquelle il est entré, doit être renvoyé devant la cour d'assises comme accusé de tentative de vol avec escalade et effraction. — *Cass.*, 20 avr. 1827, Coupé.

780. — Mais l'enlèvement d'instrumens servant à fermer ou à empêcher le passage d'une clôture ne peut être qualifié d'effraction, qu'autant qu'il procure au voleur un moyen d'ouverture ou de passage différent de celui dont se sert la personne volée elle-même. *Spécialement*, il n'y a pas effraction dans l'action de celui qui n'a fait que soulever et déplacer une traverse mobile servant à tenir fermés les deux battans de la porte. — *Cass.*, 18 juin 1812, André et Passerel; *Nîmes*, 22 juill. 1837 (t. 2 1837, p. 260), Baud. — Merlin, *Rép.*, vo *Vol*, sect. 2e, § 3, no 1er; Carnot, sur l'art. 393, no 4; Chauveau et Hélie, *loc. cit.*

781. — L'art. 393 n'est pas limitatif, et à l'énumération qu'il fait des objets dont le forcement ou la rupture est considérée comme *effraction*, il faut ajouter tous les ustensiles qui servent de clôture. — Chauveau et Hélie, t. 7, p. 151.

782. — Mais on ne saurait y comprendre les objets qui n'enferment pas la chose volée, quoiqu'ils soient employés à sa conservation et à sa sûreté. Ainsi la rupture des cordes qui attachent des ballots sur une voiture, n'est pas une effraction, car, comme le disent MM. Chauveau et Hélie (*loc. cit.*), ces cordes ne les enferment pas, ne sont pas une clôture. — *Cass.*, 25 fév. 1830, Peronnet.

783. — De même, celui qui, pour voler des objets enfouis, *a écarté la terre qui les recouvrait*, ne peut pas être considéré comme ayant commis ce vol à l'aide d'effraction, car, ainsi que le dit la cour de Cassation, l'effraction telle qu'elle est définie par l'art. 393, suppose la violation d'une clôture destinée à former obstacle aux moyens que le voleur voudrait employer pour enlever l'objet enlevé. Or, on ne peut considérer comme formant un pareil obstacle la terre dont on n'avait couvert les objets volés que pour les soustraire à la vue et les cacher. — *Cass.*, 17 nov. 1814, Létuvé. — Legraverend, t. 2, chap. 2, p. 144, note 4e; Carnot, sur l'art. 384, C. pén., t. 2, p. 279, no 4; Chauveau et Hélie, t. 7, p. 152.

784. — Jugé, encore, que la rupture de la digue d'un étang pour faire écouler l'eau et faciliter le vol du poisson ne constitue pas l'effraction définie par l'art. 393, C. pén. — *Paris*, 1er fév. 1825, B... et F...

785. — Les effractions, aux termes de l'art. 394, sont extérieures ou intérieures. L'art. 395 définit les effractions extérieures: « celles à l'aide desquelles on peut s'introduire dans les maisons, cours, basses-cours, enclos ou dépendances, ou dans les appartemens ou logemens particuliers. » Les effractions intérieures sont définies par l'art. 396: « celles qui, après l'introduction dans les lieux mentionnés en l'article précédent, sont faites aux portes ou clôtures du dedans ainsi qu'aux armoires ou autres meubles fermés. »

786. — En outre, l'art. 396 comprend parmi les effractions intérieures le simple enlèvement des caisses, boîtes, ballots sous toile et cordes et autres meubles fermés qui contiennent des effets quelconques, bien que l'effraction n'ait pas été faite sur le lieu.

787. — Un premier principe à établir, c'est que l'effraction n'est une circonstance aggravante du vol que lorsqu'elle a eu lieu dans une maison habitée ou servant à habitation, ou dans ses dépendances, ou même dans des édifices, parcs ou enclos non servant à l'habitation et non dépendant des maisons habitées. C'est ce qui résulte incontestablement, quant *à l'effraction extérieure*, tant du § 4 de l'art. 381 que des art. 384 et 395. — Chauveau et Hélie, t. 7, p. 153; Legraverend, t. 2, p. 144; Merlin, *Rép.*, vo *Vol*, sect. 2e. — Et c'est un caractère que l'effraction a de commun avec les circonstances *d'escalade et de fausses clés.*

788. — C'est également ce qui résulte d'une jurisprudence constante. — *Cass.*, 28 mars 1828, Leprince; 7 déc. 1833, Dupuis.

789. — Et, par suite, il a été jugé: 1° qu'un accusé ne pouvait pas être condamné aux peines du vol avec effraction, si le jury n'a pas été interrogé, et par suite, n'a pas donné de déclaration *sur la circonstance relative à la maison habitée, au parc ou enclos où le vol a été commis.* — *Cass.*, 10 mars 1826, Guérin; 28 juill. 1826, Loiselet; 24 avr. 1828, Gontal; 11 janv. 1834, Martin.

790. — ... 2° Qu'il ne peut y avoir de condamnation qu'aux peines du vol simple, lorsque la déclaration du jury porte que le vol a été commis avec effraction, mais non dans une maison habitée. — *Cass.*, 28 mars 1828, Leprince; 6 janv. 1831, Grebot.

791. — Et la déclaration du jury portant que l'accusé est coupable avec la circonstance d'effraction seulement *exclut les autres caractères constitutifs de l'effraction punissable.* — *Cass.*, 6 janv. 1831, Grébot; 7 déc. 1833, Dupuis.

792. — Jugé, que le vol fait avec effraction à la porte d'une maison est puni des travaux forcés à temps, encore bien que la maison où l'effraction a été faite ne soit pas habitée. — *Cass.*, 1er avr. 1813, Muller.

793. — L'effraction intérieure n'est également une circonstance aggravante du vol que lorsqu'elle a été faite après une introduction dans des lieux habités ou servant à l'habitation.

794. — La jurisprudence a consacré ce principe en décidant: 1° qu'on ne peut considérer comme effraction intérieure celle qui a été faite *hors du lieu du vol sur la chose volée, si le coupable ne s'est introduit pour le commettre, ni dans un édifice, ni dans un parc, ni dans un enclos ou leurs dépendances.* Ainsi, l'enlèvement d'une valise de dessus un cheval, attaché *devant une auberge*, et l'effraction du cadenas de cette valise *dans un autre lieu*, ne constituent qu'un vol simple. — *Cass.*, 26 mars 1812, Leroux.

795. — ... 2° Que l'effraction faite sur un meuble fermé ne lui imprime le caractère de circonstance aggravante que lorsqu'elle a été *opérée après l'introduction du voleur dans l'un des lieux* mentionnés en l'art. 395, C. pén., ou après *l'enlèvement hors de ces lieux*, du meuble fermé; qu'en conséquence, le voiturier qui vole avec effraction

des effets qui lui ont été confiés en cette qualité, n'est passible que de la réclusion. — *Cass.*, 2 fév. 1815, Clerc; 7 juin 1821, Placet.

796. — ... 3° Que le fait d'avoir frauduleusement soustrait dans une voiture, *sur la voie publique*, une boîte fermée au cadenas et de l'avoir ensuite fracturée, pour prendre les objets qu'elle contenait constitue un vol simple et non un vol avec effraction. — *Cass.*, 19 janv. 1816, Beauvelle; *Grenoble*, 29 sept. 1832.

797. — ... 4° Que lorsqu'une malle fermée à serrure et attachée avec des cordes sur une charrette placée sur la voie publique, a été enlevée en coupant les cordes qui la retenaient et ensuite fracturée dans un autre lieu pour y prendre les effets qu'elle renfermait, l'effraction n'a pas le caractère d'une circonstance aggravante du vol. — *Cass.*, 10 juin 1824, Beillard; 25 fév. 1830, Peronnet.

798. — ... 5° Que le vol commis avec effraction, dans une voiture publique, par un individu qui y occupait une place, ne peut pas être considéré comme fait dans une maison habitée, et ne constitue qu'un vol simple. — *Cass.*, 7 sept. 1827, Bernadel; *Nîmes*, 7 janv. 1829, Vabre. — Carnot, t. 2, p. 336, n° 1er.

799. — ... 6° Que l'effraction *faite* au coffre d'une voiture stationnant sur la voie publique ne présente pas les caractères de l'effraction telle que la loi la définit pour constituer une circonstance aggravante du vol — *Paris*, 8 fév. 1839 (t. 1er 1839, p. 192), Baudry.

800. — ... 7° Que le vol commis dans un tronc attaché à une croix, sur un chemin public, après l'avoir fracturé, ne constitue pas le crime de vol avec effraction prévu par les art. 395 et 396, C. pén., mais un vol simple puni par l'art. 401, même Code. — *Angers*, 24 août 1827, Monteils.

801. — Mais l'effraction faite à une malle fermée, déposée *dans une cour dépendant d'une maison habitée, après l'introduction du voleur* dans cette cour, ou même le simple enlèvement du meuble fermé, quoique l'effraction n'en ait pas été faite sur le lieu, constitue une circonstance aggravante du vol.

802. — Mais, si l'effraction intérieure ne devient une circonstance aggravante du vol que lorsqu'elle a été commise, soit dans des maisons habitées ou leurs dépendances, soit dans les parcs ou enclos, cette circonstance du lieu de la perpétration est la seule que la loi ait exprimée. Peu importe dès-lors le moyen qu'a employé l'agent pour s'introduire dans ce lieu.

803. — Ainsi, il a été jugé qu'il suffit, pour qu'il y ait lieu à l'application des peines portées contre le vol avec effraction, que le jury ait déclaré la circonstance d'effraction intérieure, sans qu'il soit besoin d'expliquer que le coupable s'était introduit *volontairement* dans la maison où il l'avait commise. — *Cass.*, 11 août 1831, Brayda. — Chauveau et Hélie, t. 7, p. 157.

804. — Est-il nécessaire, pour que l'effraction extérieure soit une circonstance aggravante du vol, qu'elle ait servi ou dû servir à l'*introduction* du voleur dans une maison habitée ou dans un enclos? La question n'est pas sans difficultés.

805. — Merlin, dans une espèce où il s'agissait d'un vol de tuyaux de plomb encaissés dans un mur, vol effectué en dégradant ce mur, a soutenu qu'il y avait vol avec effraction extérieure, puisque le coupable avait dégradé le mur ou la clôture qui mettait l'objet volé à l'abri de sa rapacité. Qu'importe, après cela, disait-il, que le voleur ne se soit pas introduit dans la maison de laquelle dépendaient les tuyaux et le mur? Il s'était introduit dans le mur même, ou du moins il y avait introduit le bras; il n'en fallait pas davantage pour caractériser l'effraction. — *Rép.*, v° *Vol*, sect. 2e, § 3, art. 4.

806. — Conformément à cet avis, la cour de Cassation jugea qu'il n'était pas nécessaire, pour constituer l'effraction extérieure, qu'elle eût servi ou dû servir à l'introduction du voleur; qu'ainsi le vol de tuyaux de plomb commis en arrachant par des moyens violens les pierres dans lesquelles ils étaient encaissés, constituait un vol avec effraction. — *Cass.*, 8 août 1811, Morandi.

807. — Elle a décidé, dans une autre espèce, que pour constituer le vol avec effraction extérieure, il n'est pas nécessaire que le voleur se soit introduit à l'aide de l'effraction dans un lieu fermé; il suffit qu'il ait pu s'y introduire. Qu'ainsi, un vol de barres de fer arrachées du soupirail d'une cave, avec rupture des pierres dans lesquelles entraient leurs extrémités, et du plomb servant à les y sceller, constitue un vol avec effraction extérieure. — *Cass.*, 21 mai 1813, Angioli.

808. — Jugé encore que celui qui, pour voler les plombs d'une fenêtre servant de clôture extérieure à une maison habitée, brise les carreaux de vitres et les châssis de cette fenêtre, commet un vol avec effraction. — *Cass.*, 16 avr. 1813, Cayetan.

809. — ... Et que le vol consistant dans l'enlèvement de grilles de fer scellées dans le mur d'un édifice public destiné à fermer un chapelle, constitue un vol avec effraction et non un vol simple. — *Cass.*, 28 août 1807 (et non 1806), De Michelis.

810. — MM. Chauveau et Hélie (t. 7, p. 160) combattent cette jurisprudence, parce que, disent-ils, l'agent, en dégradant, dans la première hypothèse, le coin d'un mur pour enlever un tuyau, en dérobant, dans la seconde, l'instrument même qui servait de clôture, n'a point cherché une voie d'introduction dans la maison; son vol ne révèle ni la préméditation ni l'audace que cette introduction seule fait supposer, il n'expose les habitans de la maison à aucun des dangers que sa présence seule peut exciter. — L'effraction, suivant eux, est un acte spécial dont le but déterminé est le forcement de la clôture qui sépare l'agent de l'objet qu'il veut voler, afin d'arriver à cet objet lui-même. — Carnot, t. 2, p. 336, n° 4.

811. — Et il a été jugé, conformément à leur doctrine, qu'il n'y a pas effraction dans le fait de couper et d'enlever le plomb qui recouvre un toit, si le toit lui-même n'a pas été enlevé pour faciliter l'introduction dans la maison. — *Paris*, 14 sept. 1838 (t. 2 1838, p. 294), Lacroix.

812. — Nous préférons la jurisprudence de la cour de Cassation. Pourquoi, en effet, la circonstance de l'effraction aggrave-t-elle la peine du vol? C'est parce qu'elle annonce de la part du voleur un degré de plus d'audace et de perversité; c'est parce qu'elle compromet davantage la sécurité des citoyens; or, la clôture une fois rompue, il n'y a plus qu'un pas à faire. Le propriétaire peut survenir et exposer sa vie en défendant son intérieur. Il y a donc même danger, soit que le voleur s'introduise, soit qu'il ne s'introduise pas dans la maison; personne n'oserait nier qu'un pareil fait n'ait plus de gravité qu'un vol simple. « Mais, dit Carnot, comment concilier cette interprétation avec le texte des articles qui ne parlent que des vols commis *dans* les maisons? » L'antinomie n'est qu'apparente; l'art. 395, C. pén., explique, étend ou modifie les articles qui le précèdent, en qualifiant d'effraction extérieure celle à l'aide de laquelle *on peut* s'introduire dans les maisons, à la différence de l'effraction intérieure qui exige nécessairement que le voleur s'y soit introduit.

813. — La loi qualifie d'effractions intérieures celles qui, *après introduction* dans les lieux, sont faites aux portes et clôtures du dedans; d'où MM. Chauveau et Hélie ont conclu (t. 7, p. 163) qu'on ne doit entendre *par portes et clôtures du dedans* que celles que l'agent une fois introduit dans la maison force ou brise, pour arriver à la consommation du vol. Ainsi, ils n'admettent pas que le vol puisse être réputé fait avec effraction, si cette effraction n'a eu lieu que pour faciliter la sortie des lieux, *après la consommation du vol.* — V. aussi Carnot, t. 2, p. 267, n° 3.

814. — Toutefois, Merlin soutient l'opinion contraire par le motif, que « commettre un vol, c'est sans contredit appréhender manuellement la chose d'autrui avec l'intention de se l'approprier, mais c'est aussi *emporter* cette chose, c'est faire aussi tout ce qu'il faut pour s'en assurer et conserver la possession : appréhender manuellement l'objet volé, ce n'est, à proprement parler, que commencer le vol; le vol ne se consomme réellement que par l'action qui déplace l'objet volé, qui le fait passer d'un lieu à un autre. Il y a donc vol avec effraction, non-seulement lorsqu'à l'aide d'une effraction on appréhende manuellement la chose d'autrui, mais encore lorsqu'à l'aide d'une effraction ou déplace, on emporte, on fait passer d'un lieu à un autre la chose d'autrui que l'on a appréhendée manuellement et sans effraction. — *Rép.*, v° *Vol*, sect. 2e, § 3, art. 4.

815. — La cour de Cassation, à qui la question était soumise, ne l'a pas résolue; elle s'est bornée à dire : « *qu'en supposant* qu'une effraction qui aurait eu pour objet seulement de faciliter la sortie du voleur du lieu où il avait commis le vol pût constituer une circonstance aggravante de ce vol, l'arrêt attaqué n'aurait pas violé la loi. » — *Cass.*, 18 juin 1812, André et Passerel.

816. — La cour de Cassation a jugé que celui qui, après s'être introduit dans une maison, arrache avec des pincettes et s'approprie le verrou servant de fermeture à une fenêtre intérieure, doit être poursuivi comme coupable de vol avec effraction. — *Cass.*, 7 nov. 1812, Dellaca.

817. — MM. Chauveau et Hélie (t. 7, p. 166) et Legraverend (t. 2, chap. 3, p. 145) critiquent cette décision, par le motif que « par les clôtures du dedans on a entendu les clôtures destinées à renfermer les objets que l'agent veut soustraire, tandis que, dans l'espèce, c'est la clôture elle-même qui est l'objet de la soustraction. » Toutefois, et quoique la loi ait principalement eu en vue les effractions qui sont faites, soit pour servir à l'introduction du voleur, soit pour lui procurer les moyens de s'emparer d'un objet renfermé dans une armoire ou en tout autre lieu de sûreté, la décision ne nous en paraît pas moins littéralement conforme au texte de la loi.

818. — Les *meubles fermés*, dont l'effraction constitue, dans le sens légal, l'effraction intérieure, sont ceux qui présentent un moyen de défense et de sûreté à l'égard des choses qu'ils contiennent, tels que les secrétaires, les armoires, les coffres, etc. Il en est de même pour les *caisses, boîtes*, etc, dont parle le dernier paragraphe de l'art. 396. Cette interprétation a été consacrée par la cour de Cassation, contre les conclusions de Merlin.

819. — Jugé, en effet, qu'on ne peut considérer comme effraction intérieure, l'enlèvement d'une futaille, ni la soustraction du vin qui y était renfermé; on doit entendre par caisses ou boîtes, dans le sens de l'art. 396, C. pén., celles qui sont destinées à former un moyen de défense, et nullement celles qui n'ont pour objet que de renfermer et de contenir des liquides. — *Cass.*, 17 nov. 1814, Létuvé. — V. *contrà* Merlin, *Rép.*, v° *Vol*, sect. 2e, § 3, dist. 4, art. 396, n° 5. — Les motifs de l'arrêt ne l'ont pas converti, tout solides qu'ils soient, car il a ajouté « Ces conclusions que je croyais, et que *je crois encore fondées*, n'ont pas été suivies. »

820. — La cour de Cassation a considéré, comme coupable de vol avec effraction, celui qui, après s'être introduit dans une maison, y brise une armoire, et, la trouvant vide, vole dans une autre partie du bâtiment des effets *non renfermés*. — *Cass.*, 8 oct. 1812, Vanleuwen.

821. — La construction grammaticale de l'art. 384, C. pén., semble contraire à cette solution. « Sera puni, dit cet article, tout individu coupable de vol *commis à l'aide* d'un des moyens énoncés dans le n° 4 de l'art. 381. » Mais le fait n'en constituerait pas moins une *tentative* de vol commise à l'aide d'effraction, passible de la même peine que le vol consommé. Il n'y a donc aucune utilité à scinder l'action imputée au voleur. — C'est également ce qu'enseignent MM. Chauveau et Hélie, (t. 7, p. 167).

822. — Le deuxième paragraphe de l'art. 396 comprend dans la classe des effractions intérieures, le simple enlèvement des caisses, boîtes, ballots sous toile et corde, et autre meubles fermés qui contiennent des effets quelconques, *bien que l'effraction n'ait pas été faite sur le lieu.*

823. — Cette dernière disposition doit, à notre avis, être entendue en ce sens que le législateur n'a pas voulu que la condition du voleur fût différente, par cela seul qu'il aurait commis l'effraction *hors de la maison*, en emportant le meuble, *plutôt que dans la maison*; mais il n'en faut pas moins que *l'effraction réelle* soit constatée, pour que la circonstance aggravante existe.

824. — C'est en ce sens que la cour de Cassation avait jugé que l'enlèvement frauduleux d'une valise ou de tout autre objet fermé, ne peut constituer le crime de vol avec effraction, qu'autant qu'il y *a en réalité effraction matérielle*, à une époque plus ou moins rapprochée de l'enlèvement. — *Cass.*, 13 janv. 1832, Gabereau.

825. — Et la cour d'appel de Paris avait fait une application non moins saine de ce principe, en décidant que la soustraction frauduleuse d'une caisse fermée contenant des objets dont le voleur ne pouvait s'emparer qu'en fracturant cette caisse ne peut être considérée comme ayant été accompagnée de la tentative d'effraction alors qu'aucune tentative *réelle* d'effraction n'a été établie. — *Paris*, 6 juin 1837 (t. 2 1837, p. 126), Bertrand.

826. — Mais, par un arrêt postérieur, la cour de Cassation a décidé qu'on doit comprendre dans la classe des effractions intérieures *le simple* enlèvement des ballots sous toile et corde ou des meubles fermés; et, que, cette circonstance existant, en conséquence, *par le seul fait de l'enlèvement*, l'accusation n'est pas dans l'obligation d'établir que postérieurement à la soustraction *il y a eu effraction.* — *Cass.*, 14 déc. 1839 (t. 1er 1840, p. 754), Ribes.

827. — Ce système est évidemment inadmissible: s'il est dit, dans l'art. 396, C. pén., que le simple enlèvement des caisses et meubles fermés est compris dans la classe des effractions intérieures, ce n'est assurément pas pour transformer en effraction un fait qui n'en est pas une : le bon sens s'y oppose; mais on aurait pu croire que l'effraction commise hors du lieu du délit constituait une effraction *extérieure*; on aurait même pu sou-

tenir qu'elle n'avait aucun caractère aggravant, parce qu'elle n'annonce pas le même degré d'audace, et qu'elle n'entraîne pas le même danger pour les personnes que celle qui se commet sur le théâtre du vol. C'est pour dissiper le doute que le législateur l'a rangée formellement dans la classe des effractions *intérieures*, en la rattachant au fait de l'enlèvement qu'il présume avoir été accompagné de l'intention d'effectuer ultérieurement l'effraction. Cette présomption a bien pu servir au classement de la circonstance, et même déterminer son caractère aggravant, mais elle ne saurait évidemment suffire pour tenir lieu du fait matériel qui doit la constituer. La loi n'a nullement dérogé à ces principes; elle suppose, au contraire, l'existence d'une effraction matérielle dans le dernier membre de phrase où il est dit : « Bien que l'effraction *n'ait pas été faite sur le lieu*.» Cependant, la cour de Cassation n'en tient aucun compte; elle s'empare du premier membre de phrase sans s'inquiéter du dernier qui domine la disposition tout entière. En cela, elle méconnaît le véritable sens de la loi, et crée arbitrairement une circonstance aggravante. — V., au surplus, notre discussion détaillée sous l'arrêt 14 déc. 4839. —En ce sens, Chauveau et Hélie, t. 7, p. 470.

828.—Comme l'art. 396 a parlé restrictivement de l'effraction de caisses, malles, etc., qui *contiennent des effets quelconques*, il suit de là que si les caisses, malles, boîtes ou autres meubles que l'on aurait fracturés ne renfermaient aucun effet, l'effraction ne deviendrait plus une circonstance aggravante du vol.—Carnot, t. 2, p. 337.

829.—Le vol commis à l'aide d'un bris de scellés est puni comme vol commis à l'aide d'effraction.—Code pén., art. 253.—V. **BRIS DE SCELLÉS.**

830.—Le vol commis à l'aide d'effraction est puni des travaux forcés à temps, soit que l'effraction ait été extérieure, soit qu'elle n'ait été qu'intérieure.—Cass., 8 mai 4842, Ketting.

831.—L'accusé déclaré coupable de vol avec effraction et de faux en écriture de commerce ne peut, sur le motif qu'il y avait seulement faux en écriture privée, se plaindre d'avoir été condamné aux travaux forcés à temps, puisque cette peine est justifiée par le vol avec effraction. — Cass., 6 mars 4826, Passio.

832.—Il n'est pas nécessaire, dans une affaire de vol avec effraction, de faire citer comme témoins des serruriers experts, alors que les accusés, ni le ministère public n'ont point réclamé cette mesure. —Cass., 4 nov. 4830, Néther.

833.—L'incompétence du tribunal correctionnel pour connaître d'un vol commis à l'aide d'effraction dans un lieu habité est absolue et peut être proposée en tout état de cause. Ainsi, un tribunal viole les règles de la compétence en rejetant l'appel du ministère public, sous le prétexte que l'incompétence n'ayant pas été proposée en première instance, elle n'est plus proposable en cas d'appel. —Cass., 12 mars 4842, Van Alphen.

§ 3.—*Vol avec escalade.*

834.—L'escalade, comme l'effraction, peut constituer une circonstance aggravante du vol qu'elle a facilité.

835.—Sous l'empire de notre ancienne jurisprudence, l'*échellement* des maisons et des murailles avait été mis, par l'édit de mars 4577, au nombre des cas prévôtaux.—Serpillon, *Code crim.*, t. 4er, p. 200. —« Cass (dit Jousse, *Tr. de just. crim.*, t. 4, p. 222) qui escaladent de nuit les fenêtres des maisons pour entrer dans les chambres et voler, quoique sans effraction, sont punis d'une peine très sévère, qui est celle du dernier supplice, à moins que le vol ne soit fait avec effraction ou de quelquefois la mort. »

836.—Le Code du 25 sept. 4791, part. 2°, tit. 2, sect. 2°, art. 44, punissait de la peine de huit années de fers tout vol commis en escaladant des toits, murailles et toutes autres clôtures extérieures de bâtiments, maisons et édifices.—L'art. 42 ajoutait que la peine serait augmentée de deux années pour chacune des circonstances suivantes : « Maison actuellement habitée ou servant à l'habitation;—nuit,—concours de plusieurs personnes,—port d'armes. »

837.—Sous l'empire de cette loi, un tribunal criminel ne pouvait pas appliquer la peine prononcée pour un vol commis en escaladant des toits ou d'autres clôtures extérieures de bâtiments, maisons ou édifices, à un vol déclaré par le jury avoir été fait par escalade dans un terrain clos et fermé, tenant immédiatement à une maison habitée.—Cass., 22 germ. an IV, Gruel et Couësnon.

838.—L'escalade des clôtures d'un jardin n'était pas une circonstance aggravante d'un vol, lorsque ce jardin ne tenait pas *immédiatement* à

une maison habitée.—Cass., 7 pluv. an X, Juguet.

839.—Le vol commis en escaladant les murs d'un jardin clos, tenant immédiatement à une maison habitée, n'était puni que de quatre années de fers. Il fallait, pour motiver l'application de la peine de huit années de fers prononcée par l'art. 44, sect. 2°, tit. 2, part. 2°, de ladite loi, que le vol eût été commis en escaladant des toits, murailles ou toutes autres clôtures extérieures de bâtiments, maisons et édifices.—Cass., 6 avr. 4809, Corno.

840.—Sous le Code du 3 brum. an IV, le jugement qui condamnait un individu comme coupable de vol avec escalade était nul, ainsi que les débats, si le jury n'avait pas été interrogé, et, par suite, n'avait pas répondu sur la circonstance aggravante de l'escalade, comprise dans l'acte d'accusation. — Cass., 8 vend. an VII, Lenoir; 22 frim. an VII, Huet.

841.—On ne pouvait même pas se borner à demander au jury si un vol avait été commis avec escalade; il fallait lui poser la question de savoir si l'escalade avait eu lieu en franchissant des toits, murailles, etc., alors que celle-ci les moyens employés pour parvenir à cette escalade.—Cass., 29 vend. an VII, Mériotte et Caillon.

842.—La loi du 29 niv. an VI (48 janv. 4798), plus sévère que les législations antérieures, prononça la peine de mort contre les vols commis dans les maisons habitées, avec effraction extérieure ou escalade (art. 4er). — La même peine fut également appliquée à la simple tentative, par l'art. 3, ainsi conçu : « Ceux qui seront convaincus de s'être introduits dans des maisons habitées à l'aide d'effraction extérieure ou d'escalade, seront aussi punis de mort, lorsqu'il apparaîtra, par les circonstances du fait, qu'ils avaient le dessein d'assassiner ou de voler, lors même que ces derniers crimes n'auraient pas été consommés. »

843.—On a jugé, sous l'empire de cette loi : 4° qu'il ne suffisait pas, pour motiver l'application de la peine de mort, à raison d'un vol par introduction avec escalade, que le jury eût déclaré que ce vol avait été commis dans une maison servant à l'habitation : il fallait que la déclaration portât qu'il avait été commis dans une maison habitée.—Cass., 28 therm. an VII, Mayrel.

844.—.. 2° Que la peine de mort ne pouvait pas être appliquée à un vol commis, à l'aide d'escalade, dans une maison habitée, si le jury n'avait déclaré que l'escalade avait été faite aux clôtures extérieures de la maison habitée où le vol avait été commis.—Cass., 22 frim. an VII, Huet.

845.— 3° Que les art. 4er et 3, L. 29 niv. an VI, en prononçant la peine de mort pour le vol et la tentative de vol commis avec escalade, se rapportaient nécessairement à la seule escalade définie dans l'art. 44, sect. 2°, tit. 2, part. 2°, L. 25 sept.-6 oct. 4791.—Cass., 29 vendém. an VII, Mériotte et Caillon.

846.—La loi du 25 frim. an VIII ramena à de plus justes proportions les peines applicables au vol en général; mais il fut jugé que cette loi n'était pas applicable au vol avec escalade, qui continua à être passible des peines portées au Code pénal de 4791.—Cass., 28 niv. an VIII, Courroux et Feuquet.

847.— Jugé que, sous les lois du 25 sept.-6 oct. 4791 et 25 frim. an VIII, l'introduction par escalade dans un terrain clos et fermé, tenant immédiatement à une maison habitée, ne pouvait pas être assimilée à celle qui avait lieu dans des bâtiments, maisons et édifices dont on escaladait les toits, murailles ou autres clôtures extérieures; qu'en conséquence, le vol commis de jour avec cette circonstance n'était passible que d'une peine correctionnelle. — Cass., 22 frim. an XIII, Alvergnat.

848.—Sous le Code pénal actuel, la circonstance d'escalade donne au vol le même caractère d'aggravation que la circonstance d'effraction, et motive l'application des mêmes peines.

849.—L'art. 397 qualifie escalade : « toute entrée dans les maisons, bâtimens, cours, basses-cours, édifices quelconques, jardins, parcs et enclos, exécutée par-dessus les murs, portes, toitures ou toute autre clôture. »

850.—Ainsi, l'escalade ne constitue une circonstance aggravante qu'autant qu'elle a pour but d'introduire l'agent dans l'un des lieux qui viennent d'être désignés.

851.—D'où la cour de Cassation a conclu qu'il n'y a pas escalade de la part de celui qui, pour voler les plombs d'une gouttière, monte sur le bâtiment, quand celui-ci ne constitue pas l'un des *lieux clos ou enclos* que le vol suppose escaladés pour *introduire dans ce bâtiment*. — Cass., 21 oct. 4843, Van Herraut. — Aggravererd, t. 2, p. 440 (éd. 4823); Bourguignon, sur l'art. 397; Merlin, *Rép.*, v° *Vol*, sect. 2°, § 3; Chauveau et Hélie, t. 7, p. 475.

852.—Et la cour de Paris s'est rangée à cette jurisprudence, en décidant que l'escalade qui a

pour but d'arriver sur le toit d'une maison, mais sans entrer dans cette maison, ne constitue pas une circonstance aggravante du vol commis sur ce toit.—*Paris*, 44 sept. 4838 (t. 2 4838, p. 294), Lacroix.

853.—Et Carnot ajoute que l'escalade dont aurait fait usage l'accusé pour *sortir* du lieu où il aurait commis le vol, ne serait pas une circonstance aggravante. — Carnot, t. 2, p. 267.

854.—D'un autre côté, pour constituer l'escalade, il faut que l'entrée ait lieu dans les maisons, bâtimens, cours, basses-cours, édifices quelconques, jardins, parcs ou enclos habités ou non, dépendans ou non des maisons habitées.

855.—C'est comme application de cette règle qu'il a été jugé que le vol commis à l'aide d'escalade n'entraîne la peine des travaux forcés que lorsqu'il a été commis sinon dans une maison habitée ou dans la dépendance d'une maison servant à l'habitation, du moins dans un édifice, parc ou enclos quelconque dans lequel l'escalade puisse avoir lieu.—Cass., 28 mars 4828, Leprince; 18 nov. 4830, Barré; 44 janv. 4834, Martin.

856.—Jugé aussi, que lorsque, sur une question d'escalade, il faut que l'escalade ait lieu dans une maison habitée, cette restriction n'est pas nécessairement exclusive de l'escalade qui peut avoir eu lieu dans un édifice, parc ou enclos non dépendant d'une maison habitée ou servant à l'habitation. En conséquence, l'accusé doit être condamné aux travaux forcés et non à la réclusion.—Cass., 28 mai 4848, Faquilou.

857.—La disposition de l'art. 384, C. pén., s'applique à tous les vols commis avec l'une des circonstances qui y sont déterminées, quelles que soient la nature et la valeur des objets volés. Ainsi, un vol de choux commis dans un jardin clos, et par escalade, constitue un vol qualifié. — Cass., 47 oct. 4841, Nelly.

858.—Mais, suffit-il, pour que la circonstance aggravante d'escalade soit réputée exister, que l'accusé soit déclaré coupable d'*escalade*? Ou bien est-il nécessaire d'énoncer que le vol a eu lieu dans des édifices, parcs ou enclos ? Cette question a divisé la cour de Cassation.

859.—Par un premier arrêt, la cour de Cassation avait décidé que la déclaration du jury portant que l'accusé est coupable d'un vol commis à l'aide d'escalade, mais non dans un endroit dépendant d'une maison habitée, ne peut servir de base à l'application de la peine des travaux forcés. —Cass., 48 nov. 4830, Barré.

860.—Puis, appelée à prononcer en chambres réunies, elle a jugé que la déclaration du jury que l'accusé est coupable d'un vol avec escalade, suppose nécessairement l'existence d'un lieu qui a pu être escaladé; que la non existence de ce lieu ne pourrait résulter que d'une déclaration précise et explicite du jury à cet égard : d'une déclaration purement implicite, telle, par exemple, que celle qui déclarerait l'accusé coupable de vol à l'aide d'escalade, mais non dans un endroit dépendant d'une maison habitée. Une semblable réponse exclut bien l'idée d'un *lieu habité*, mais non celui d'un *lieu susceptible d'escalade*. — Cass., 7 juin 4831, Barré. — V., *contrà*, Chauveau et Hélie, t. 7, p. 477.

861.—Malgré cette présomption que la jurisprudence de la cour de Cassation fait résulter de la déclaration d'escalade, il nous semble néanmoins utile, sinon indispensable, de provoquer une déclaration explicite du jury sur le fait de l'existence d'édifice, parc ou enclos; cela amènerait peut-être quelque contradiction dans sa réponse qui nécessiterait un nouvel examen de sa part; mais, du moins, on y gagnerait de connaître avec équivoque toute sa pensée et d'éviter des erreurs qui ne pourraient être que préjudiciables aux accusés.

862.— La loi ne divise pas l'escalade, comme l'effraction, en intérieure et extérieure. Son but est uniquement de protéger les clôtures des maisons, bâtimens, cours, basses-cours, édifices quelconques, jardins, parcs ou enclos. Il suit de là que, de sa nature, toute escalade doit être *extérieure* pour constituer une circonstance aggravante du vol.

863.— Ainsi, il a été jugé que celui qui est entré sans escalade dans l'intérieur d'une maison où il a commis un vol, de quelque manière qu'il pénètre dans les autres parties de la maison, par des ouvertures intérieures, ne commet point la circonstance aggravante de l'escalade. — Cass., 48 mai 4826, Boubot.

864. — Toutefois, il n'est pas toujours de rigueur que l'escalade soit faite *du dehors*; ou plutôt il suffit qu'elle soit faite du dehors respectivement au bâtiment dans lequel le vol a été commis, car c'est la seule clôture de ce bâtiment, et non celle des autres édifices qui le joignent ou le précèdent qu'il faut considérer. Ainsi, dans la campagne où les étables sont rarement fermées, le voleur qui, après s'être introduit sans obstacle dans une étable qu'il aurait trouvée ouverte, franchirait une porte, un mur ou toute autre clôture séparative, pour pénétrer dans l'habitation, commettrait une escalade punissable quoiqu'elle fût faite dans l'intérieur de l'étable, parce que l'habitation ayant sa clôture particulière, l'escalade serait extérieure relativement à cette partie du bâtiment, et qu'il y aurait eu, de la part du voleur, *entrée* dans la maison par l'un des moyens énoncés dans l'art. 397, C. pén.; toute autre manière d'entendre la loi nous paraîtrait contraire au vœu du législateur.

865. — L'escalade est, d'après la définition qu'en donne la cour de Cassation elle-même, l'emploi d'un moyen extraordinaire pour s'introduire dans l'édifice ou l'enclos, et vaincre l'obstacle opposé par une clôture. — *Cass.*, 12 oct. 1809, Delattre.

866. — De là il résulte que si, sans obstacle, le voleur entre par une porte pratiquée dans le mur de clôture, que par négligence le propriétaire avait laissée ouverte, s'il s'introduit par une brèche faite au mur et qui laisse libre le passage, il ne commet point de vol avec escalade. — Chauveau et Hélie, t. 7, p. 180. — V. aussi Carnot, t. 2, p. 338.

867. — « Autrement, dit Merlin, (*Rep.*, v° *Vol.* sect., 2e, § 2), l'art. 384, en punissant l'escalade comme circonstance aggravante du vol commis dans un enclos dépendant de toute maison habitée, ne l'aurait pas mise, par forme d'atténuation, en opposition avec l'effraction et l'usage de fausses clés. La loi aurait supposé qu'il y avait escalade par le seul fait de l'introduction du voleur dans l'enclos. »

868. — C'est donc avec raison qu'il a été jugé que le vol commis dans un terrain après s'y être introduit en franchissant sur la glace le ruisseau qui lui servait de clôture, pendant qu'il était en état de congélation, constitue un vol simple et non un vol avec escalade. — *Cass.*, 20 mai 1813 (et non 1811), Maury. — Carnot, t. 2, p. 281-338.

869. — Toutefois, il n'est pas nécessaire, pour constituer l'escalade, que le voleur ait fait emploi soit d'échelles, soit de tout autre instrument propre à aider au gravissement, ou bien qu'il ait fait des efforts pour surmonter un obstacle. Ainsi, il y a escalade dans l'introduction qui se fait au moyen d'une simple enjambée, par une fenêtre élevée seulement de trois pieds au dessus du sol. — *Cass.*, 26 déc. 1807, Bernardi; 7 nov. 1811, Félix Leclerc. — Dans la première espèce, le voleur s'était introduit en grimpant sur un mur. — V. cependant *Cass.*, 29 vendém. an VII, Mériotte c. Caillou.

870. — Jugé, en ce sens qu'il y a escalade, lorsque le voleur, pour s'introduire dans la maison, en a ouvert la fenêtre extérieure élevée de trois pieds au-dessus du sol, en passant la main dans un carreau de vitre cassé et en faisant tourner le ressort, puis a franchi cette fenêtre. — *Cass.*, 18 juin 1813, Hylaud.

871. — Jugé de même, que le voleur qui, pour s'introduire dans une maison, a brisé un carreau de vitre et ouvert une fenêtre par laquelle il est entré, doit être renvoyé devant la cour d'assises, accusé de tentative de vol avec escalade et effraction. — *Cass.*, 20 avr. 1827, Coupé.

872. — Jugé enfin que, lorsque le jury déclare que l'accusé s'est introduit dans une maison *par la fenêtre*, le vol qu'il a commis doit être considéré comme ayant eu lieu à l'aide d'escalade extérieure; l'introduction dans une maison étant nécessairement du dehors au dedans, et la fenêtre par laquelle cette introduction s'est opérée, *plus ou moins élevée au dessus* du sol, n'étant point destinée à servir d'entrée à la maison. — *Cass.*, 22 avr. 1830, Chapluet.

873. — Il avait, il est vrai, été jugé sous les lois de 1791 et 25 frim. an VIII, qu'on ne pouvait considérer comme fait avec escalade un vol commis au moyen de l'introduction du voleur dans un terrain dont la clôture avait été franchie sans échelle, sans instrument étranger et sans effort personnel extraordinaire. — *Cass.*, 12 oct. (et non août) 1809, (et non 1806), Delattre. — Mais cette jurisprudence, comme on vient de le voir, ne peut plus être suivie. — Merlin, *Rép.*, v° *Vol.*, sect. 2e, § 3, dist. 4e; Carnot, sur l'art. 397, C. pén., t. 2, p. 338, n° 2, Legraverend, t. 2, chap. 2., p. 144, note 1re; Chauveau et Hélie, t. 7, p. 182.

874. — Le vol commis à l'aide d'escalade emporte-t-il l'application des peines portées en l'art. 384, C. pén., encore bien que l'escalade ait eu lieu sans l'intention de voler, et que cette intention ne soit survenue au voleur qu'après son introduction dans la maison où il a commis le vol? Cette question a été résolue affirmativement par la cour de Cassation, par le motif que si la loi a exigé, pour caractériser le fait principal, que l'auteur ait eu l'intention de spolier le propriétaire, elle n'a pas exigé la même intention à l'égard des moyens qui auraient été mis en usage pour commettre le vol. — *Cass.*, 15 janv. 1813, Roskam. — Merlin, *Rep.*, v° *Vol.*, sect. 2e, § 3. — V., cependant, Chauveau et Hélie, t. 7, p. 184.

875. — On s'est demandé si, dans une accusation de vol à l'aide d'escalade, le jury devait être appelé à répondre sur la circonstance même de l'escalade, ou seulement sur les faits constitutifs de l'escalade, sauf à la cour d'assises à apprécier si les faits déclarés présentaient le caractère de la circonstance aggravante telle qu'elle est définie par la loi. A cet égard, la cour de Cassation a décidé :

876. — ... 1° Que la question de savoir si un vol a été commis avec escalade, ne peut pas être déclarée nulle, sous le prétexte que le jury aurait dû être interrogé seulement sur les faits constitutifs de l'escalade et que la cour d'assises avait seule le droit de les qualifier. — *Cass.*, 26 mars 1812, Dysserinck.

877. — ... 2° (En sens contraire), que l'accusé ne peut se faire un moyen de nullité de ce que, au lieu de demander aux jurés si le vol, objet des poursuites, a été commis *avec escalade* dans une maison habitée, le président leur a proposé, conformément à l'acte d'accusation, la question de savoir si le voleur s'est introduit dans la maison en franchissant le mur qui lui servait de clôture. Les jurés ne doivent être interrogés que sur les faits matériels, et c'est à la cour d'assises qu'il appartient de juger ensuite si les faits déclarés constans constituent l'escalade. — *Cass.*, 19 août 1813, Laperche.

878. — L'usage a consacré la première de ces jurisprudences. Ne peut-on pas dire, toutefois, qu'il y a même raison de décider dans ce cas, comme dans celui de complicité, et que si la jurisprudence exige rigoureusement que le jury soit interrogé sur les circonstances constitutives de la complicité, et ne permet pas de baser une condamnation sur la simple déclaration que l'accusé est complice, il doit également être interrogé sur les circonstances constitutives de l'escalade. Sans doute, l'escalade présente moins de complication que la complicité; mais la loi les a définies l'une et l'autre pour prévenir toute erreur : à quoi bon cette précaution, si l'interprétation est abandonnée aux jurés qui ne sont pas des légistes? MM. Chauveau et Hélie sont, néanmoins, d'un avis contraire (t. 7, p. 186).

879. — Le deuxième paragraphe de l'art. 397 assimile à l'escalade l'entrée par une ouverture souterraine, autre que celle qui a été établie pour servir d'entrée. Dès lors, les règles générales relatives à cette dernière circonstance s'appliquent nécessairement à l'entrée par une ouverture souterraine.

880. — Il est de toute nécessité, pour que cette circonstance soit réputée exister, 1° que le voleur se soit introduit par une *voie souterraine*, tel qu'un égout, par exemple, et 2° que cette voie, quelle qu'elle soit, n'ait pas été *destinée à servir* d'entrée.

881. — Et le jury, lorsque l'accusation porte sur un vol commis à l'aide de ce mode d'introduction, doit être interrogé spécialement sur cette circonstance; il ne suffirait pas qu'on lui posât d'une manière générale la question d'escalade. — Chauveau et Hélie, t. 7, p. 187.

882. — Lorsque, sur la question de savoir si un vol commis dans une maison habitée l'a été en s'introduisant par un trou du pignon du derrière de la maison, et par une autre voie que celle établie par le propriétaire pour y arriver, le jury a répondu oui, par le *trou du pignon*, cette réponse, ne comprenant que la première partie de la question, est insuffisante pour caractériser ou pour exclure l'escalade. En conséquence, la cour d'assises doit renvoyer les jurés dans la salle de leurs délibérations pour compléter leur déclaration. — *Cass.*, 27 juin 1828, Gand.

883. — Suivant Carnot (t. 2, p. 339, n° 4), l'art. 397 ne parlant que de l'entrée des édifices par une ouverture souterraine, il suit que l'on ne pourrait regarder le fait de s'y être introduit par une ouverture qui aurait été pratiquée au niveau du terrain, soit pour l'écoulement des eaux, soit pour toute autre cause, comme rentrant dans l'application de cet article.

884. — Dans les art. 381, 382, 383 et 384, qui réunissent dans les mêmes dispositions les circonstances de l'effraction, de l'escalade et des fausses clés, il faut comprendre sous la dénomination d'escalade, non-seulement l'entrée par-dessus les clôtures, mais l'entrée par une voie souterraine. — Chauveau et Hélie, t. 7, p. 189. — *Contrà*, Carnot, t. 2, p. 339

§ 4. — *Fausses clés.*

885. — L'ancienne jurisprudence avait des peines plus sévères pour les vols commis avec l'usage de fausses clés. — La peine était même celle de la mort si le voleur était serrurier de profession. — Muyart de Vouglans, *Lois crim.*, p. 300.

886. — La loi du 25 sept. 1791 édicta contre le vol commis à l'aide de fausses clés la peine de huit années de fers. La peine était élevée à dix années, si le coupable avait fabriqué lui-même ou travaillé les fausses clés dont il avait fait usage pour son crime; ou si le crime avait été commis par l'ouvrier qui avait fabriqué les serrures ouvertes à l'aide de fausses clés, ou par le serrurier qui était alors ou qui avait été antérieurement employé au service de ladite maison. — Part. 2e, tit. 2, sect. 2e, art. 9 et 10.

887. — L'usage de fausses clés est placé par le Code pénal actuel (art. 381) sur le même rang que l'effraction et l'escalade. — Ces trois circonstances deviennent aggravantes dans les mêmes cas et entraînent la même aggravation de peine.

888. — Et, comme l'escalade et l'effraction, l'usage de fausses clés n'est susceptible d'incrimination qu'autant qu'il se rattache à un vol et qu'il en est un acte d'exécution.

889. — Pour que l'usage des fausses clés concoure à l'aggravation de la peine, il faut que cet usage ait été fait dans des édifices ou dans leurs dépendances renfermées dans la clôture ou enceinte générale, ou dans des parcs ou enclos. — *Cass.*, 27 juill. 1820, Guyot dit Pinoche; 28 mars 1828, Leprince. — Chauveau et Hélie, t. 7, p. 190. — Autrement, le vol ainsi commis rentre dans la disposition de l'art. 401, C. pén.

890. — ... Et que le jury ait déclaré formellement que le vol a été commis dans une maison ou édifice. — *Cass.*, 24 déc. 1829, Andrieu; 6 juin 1839 (t. 2 1839, p. 76), Mauer.

891. — Jugé, en conséquence, que le vol commis à l'aide de fausses clés constitue un simple délit, et non un crime, lorsqu'il ne résulte pas de la déclaration du jury que ce vol a été commis soit dans une maison habitée ou dans la dépendance d'une maison habitée, soit même dans un édifice ou enclos non servant à l'habitation et non dépendant des maisons habitées. — *Cass.*, 8 août 1844 (t. 1er 1845, p. 435), André dit Forot.

892. — Jugé de même, que le vol commis avec fausses clés n'est puni des travaux forcés à temps qu'autant qu'il a lieu dans des édifices, parcs ou enclos, servant ou non à l'habitation; qu'en conséquence, lorsque le jury, après avoir reconnu un accusé coupable de vol à l'aide de fausses clés, a répondu négativement à cette question : *Le vol a-t-il été commis dans un grenier dépendant d'une maison d'habitation?* Il n'y a pas lieu d'appliquer la peine des travaux forcés à temps, en ce que non-seulement la réponse écarte la circonstance que le grenier dépendait d'une maison habitée, mais qu'elle écarte encore celle que le vol aurait été commis dans un grenier. — *Cass.*, 12 juill. 1838 (t. 1er 1840, p. 311), Chabrier.

893. — Jugé encore, que la circonstance aggravante de fausses clés n'étant acquise à la vindicte publique qu'autant que l'accusé est convaincu d'avoir commis le vol avec fausses clés *dans une maison, appartement, chambre ou logement habités ou servant à l'habitation ou leurs dépendances*, ou même *dans des édifices, parcs ou enclos non servant à l'habitation et non dépendant des maisons habitées*, il en résulte que le jury doit être interrogé par une seule et même question sur l'usage des fausses clés et sur le lieu où cet usage a été fait. — *Cass.*, 25 fév. 1847 (t. 2, 1847, p. 359), Lebeau.

894. — V., au surplus, (Anal.) sur la nécessité, pour le jury, de prononcer formellement sur la circonstance aggravante, ce qui a été dit aux nos 759 et suiv. relatifs à l'effraction et à l'escalade. — V. aussi COUR D'ASSISES.

895. — L'usage des fausses clés, à la différence de l'escalade, constitue une circonstance aggravante, tout aussi bien quand il a lieu dans l'intérieur des édifices pour arriver à l'accomplissement du vol, que quand il a pour objet d'introduire le voleur dans l'enceinte générale des bâtimens ou enclos. — Arg. des art. 381, 395, 397, 398. — Chauveau et Hélie, t. 7, p. 190.

896. — L'art. 398 qualifie fausses clés « tous

crochets, rossignols, passe-partout, clés imitées, contrefaites, altérées, *ou qui n'ont pas été destinées* par le propriétaire, locataire, aubergiste, ou logeur, aux serrures, cadenas ou autres fermetures quelconques auxquels le coupable les aura employés. »

897. — Mais cette énumération n'est point limitative : il suffit que les instrumens que le voleur a employés pour ouvrir une fermeture quelconque dans l'intérieur des habitations ne fussent pas destinés à cet usage, pour qu'ils doivent être considérés comme fausses clés. — Carnot, t. 2, p. 340, no 1er.

898. — Ainsi, d'après l'art. 398, comme l'expliquait M. Faure dans les motifs du code, détourner une clé de sa destination pour commettre un crime n'est autre chose que convertir une clé véritable en une fausse clé. « En un mot, *toute clé n'est véritable que, relativement à sa destination.* »

899. — Déjà même, avant le code, il avait été jugé qu'on devait considérer comme fausse clé, non seulement celle qui est contrefaite, mais encore la propre clé de la chambre du voleur, s'il s'en était servi pour se procurer l'entrée dans le lieu où a été commis le vol. — *Cass.*, 5 niv. an XIV, Orlando.

900.—...Et que l'associé qui, à l'aide *d'une double clé qu'il a conservée secrètement*, soustrait frauduleusement des vins appartenant à la société et déposés dans une cave par lui et son associé, doit être puni comme coupable de vol avec fausses clés.—*Cass.*, 3 nov. 1808, Musso.— Merlin, *Rép.*, vo *Vol*, sect. 3e, 552, no 4.

901. — La cour de Cassation a même été plus loin en décidant : 1o que le vol commis à l'aide d'une clé perdue depuis un certain temps *et dont la destination a ainsi cessé d'exister* est réputé commis à l'aide de fausses clés. — *Cass.*, 16 sept. 1825, Arnaud.

902. — .... 2o Alors surtout que cette clé a été soustraite. — *Cass.*, 19 mai 1836, Ronceray.

903. — ...3o Qu'une clé dérobée au propriétaire par un domestique qui, après avoir quitté son service, en fait usage pour commettre un vol, doit être considérée comme une fausse clé. — *Cass.*, 18 juill. 1811, Bouilly.

904. — MM. Chauveau et Hélie (t 7, p. 192) pensent que ces arrêtés ne sont pas conformes aux véritable principes. La véritable clé d'une serrure dont le voleur, après l'avoir trouvée ou soustraite, se sert pour ouvrir cette serrure, n'est disent-ils ni une clé contrefaite ou altérée, ni une clé détournée de sa destination, quisqu'elle est appliquée, au contraire, bien qu'avec fraude, à la serrure même à laquelle elle était destinée. Cette clé ne se trouve donc pas comprise dans les termes de la définition ; elle ne peut donc être réputée fausse clé. Cette opinion est aussi celle de Carnot, t. 2, p. 340, no 1er. — Mais il nous semble difficile de l'adopter.

905. — Est contradictoire et nulle la déclaration du jury portant que l'accusé est convaincu d'avoir commis un vol à l'aide de fausse clé et d'effraction, mais qu'il ne l'a pas fait avec mauvaise intention. — *Cass.*, 12 nov. 1807, Vitasse.

906. — La loi, dans le but de prévenir l'emploi des fausses clés, en a puni la fabrication elle-même. L'art. 399 porte : « Quiconque aura contrefait ou altéré des clés seru condamné à un emprisonnement de trois mois à deux ans, et à une amende de 24 à 150 fr. » — Dans ce cas, il y a simple délit.

907. — Mais si le coupable est un serrurier de profession, il doit être puni de la réclusion ; dans ce cas, *il y a crime*. Le tout sans préjudice de plus fortes peines, s'il y échet, en cas de complicité de crime. — Même article.

908. — La circonstance que la fabrication de fausses clés est l'œuvre d'un serrurier de profession, imprime au délit le caractère d'un crime, parce que le serrurier commet, de plus qu'un particulier, un abus de sa profession, et qu'il agit avec la connaissance certaine de la destination à laquelle on doit employer les clés. — Chauveau et Hélie, p. 196.

909. — Cette circonstance est donc aggravante du fait de vol. — D'où il suit que le jury, pour qu'il y ait condamnation, doit avoir déclaré formellement que l'accusé était serrurier de profession. Mais ce serait être serrurier de profession que d'être employé dans un atelier de serrurerie en qualité de compagnon ou d'apprenti. — Carnot, t. 2, p. 342.

910. — De ce que la fabrication des fausses clés est considérée comme constituant un acte préparatoire du vol et puni comme un délit distinct, il suit de là que les clés doivent nécessairement avoir été fabriquées avec la connaissance de leur fausseté et la prévision de leur usage. — Chauveau et Hélie, t. 2. p. 341, no 2 ; Carnot, t. 2, p. 341, no 2.

911. — Cette connaissance peut même, dans certains cas, constituer un acte de complicité. Par exemple si la fabrication a eu lieu en vue d'un vol déterminé et pour faciliter son exécution. — Chauveau et Hélie, t. 7, p. 196 ; Carnot, t. 2, p. 342, no 1.

912. — En effet, aux termes de la jurisprudence, doit être considéré comme complice celui qui a fabriqué les fausses clés à l'aide desquelles un vol a été commis, et qui les a remises à l'auteur du vol dans l'intention du crime. — *Cass.*, 13 juin 1811, Clerici.

913. — Mais la différence entre le serrurier de profession et toute autre personne n'existe qu'en ce qui concerne la fabrication même des clés. Quant au crime de vol avec l'usage de fausses clés, la peine est la même, qu'il ait ou non été commis par un serrurier.

§ 5. — *Vol avec port d'armes.*

914. — Le port d'armes est une circonstance aggravante du vol, *indépendamment du concours de toute autre circonstance*, soit parce qu'elle révèle dans l'agent l'intention d'employer la force au besoin, soit parce qu'elle facilite l'exécution du vol par la crainte qu'elle peut inspirer. — Chauveau et Hélie, t. 7, p. 198 ; Carnot, t. 2, p. 287, no 12.

915. — Le port d'armes, lorsqu'il se réunit à d'autres circonstances aggravantes, concourt également à l'élévation de la pénalité. Ainsi, l'art. 381, C. pén., punit de la peine des travaux forcés à perpétuité, si, indépendamment des quatre circonstances qu'il prévoit, les coupables ou l'un d'eux étaient porteurs d'armes apparentes ou cachées. L'art. 385 prononce la peine des travaux à temps, si, en outre de ce que le vol a été commis, la nuit, par deux ou plusieurs personnes, les coupables, ou l'un des coupables, était porteur d'armes apparentes ou cachées.

916. — Le port d'armes est encore un élément de la peine des travaux forcés à temps dans les vols commis avec violence ou sur les chemins publics (art. 382 et 383, C. pén.). Enfin, aux termes de l'art. 386, il y a peine de la réclusion contre tout individu coupable de vol, « si le coupable ou l'un des coupables était porteur d'armes apparentes ou cachées, même quoique le lieu où le vol a été commis ne fût ni habité, ni servant à l'habitation, et encore quoique le vol ait été commis le jour et par une seule personne. »

917. — Le port d'armes est une aggravation de la peine, indépendamment de l'usage qui pourrait être fait de ces armes. Cet usage, en effet, est un acte de violence qui constitue une circonstance aggravante distincte. — Chauveau et Hélie, p. 199.

918. — Les armes dont le port ou l'usage donnent au vol une gravité de nature à motiver l'élévation du taux de la peine, sont, aux termes de l'art. 101, C. pén., « toutes machines, tous instrumens ou ustensiles tranchans, perçans ou contondans. » Les couteaux et ciseaux de poche, les cannes simples, ne doivent être réputés armes qu'autant qu'il en a été fait usage pour tuer, blesser ou frapper. Les bâtons et les pierres ont été souvent, par la jurisprudence, rangés parmi les armes. — V. ARMES.

919. — « Selon M. Rauter, le vol commis à main armée la nuit, et par deux personnes, est un crime, quoique ces personnes aient été armées pour un autre motif, comme si, par exemple, elles l'étaient pour la chasse. Mais aussi, d'un autre côté, si la circonstance existait à l'insu du voleur, il faudrait dire qu'elle ne peut lui être imputée à crime, qu'on suppose que les voleurs, en volant, fussent porteurs chacun d'un couteau qu'on leur aurait glissé dans leur poche à leur insu. — Rauter, t. 2, p. 118. — V. ARMES.

920. — Sous la loi du 18 pluv. an IX, c'était aux cours spéciales qu'il appartenait de connaître des vols commis dans la campagne par des individus armés de bâtons. — *Cass.*, 13 août 1807, Lion et Davoust ; 7 oct. 1808, Ginhoux. — Merlin, *Rép.*, vo *Vol*, sect. 2e, § 3.

§ 6. — *Violences, menaces.*

921. — La loi du 25 sept. 1791, part. 2e, tit. 2e, sect. 2e, art. 1er, punissait de dix années de fers tout vol commis à force ouverte ou par violence envers les personnes. — La peine augmentait, en outre, de quatre années de fers par chacune des autres circonstances aggravantes qui s'adjoignait à la violence. — Art. 2 et suiv.

922. — Sous la loi des 25 sept.-6 oct. 1791, lorsque, sur une accusation de vol commis à force ouverte, la nuit, par plusieurs personnes munies d'armes à feu, et dans l'intérieur d'une maison, il n'avait pas été passé de déclaration par le jury sur cette dernière circonstance, la peine ne pouvait pas être portée à vingt-quatre ans de fers : sa durée ne devait pas excéder vingt-deux ans. — *Cass.*, 23 vend. an VIII, Hamon et Bertrand.

923. — Sous le Code du 3 brum. an IV, lorsque l'acte d'accusation portait sur un vol commis à la suite d'une rixe et de mauvais traitemens, le jury devait être interrogé, à peine de nullité, *sur cette dernière circonstance.* — *Cass.*, 12 brum. an VIII, Marcelot.

924. — A cette loi, succéda celle du 26 flor. an V, qui porta peine de mort contre les coupables convaincus de vol avec les circonstances suivantes : 1o s'ils s'étaient introduits dans la maison par la force des armes ; 2o s'ils avaient fait usage de leurs armes dans l'intérieur de la maison contre ceux qui s'y trouvaient ; 3o si les violences exercées sur ceux qui se trouvaient dans la maison avaient laissé des traces telles que blessures, brûlures ou contusions. La même peine devait être prononcée contre tous les coupables, quand même tous n'auraient pas été trouvés munis d'armes.

925. — Pour que cette loi pût être appliquée à un vol commis avec violence par une bande de brigands, il ne suffisait pas que le jury eût été interrogé et se fût expliqué sur la circonstance des violences ; il fallait, en outre, une déclaration sur le fait principal, qui était le vol. — *Cass.*, 25 frim. an XI, Baron.

926. — Le voleur qui, après s'être introduit dans une maison, avait mis le couteau sur la gorge à la personne habitant cette maison, pour la contraindre à lui indiquer le lieu où elle avait déposé son argent, était réputé avoir fait usage de ses armes, et devait être puni de mort. — *Cass.*, 18 mai 1810, Peverini et Delgreco.

927. — Dans le système du Code pén., la circonstance qui aggrave le plus le vol est la violence, parce qu'alors le crime offre tout à la fois un attentat contre la personne et contre la propriété. Aussi, non seulement elle suffit seule pour élever le vol simple au rang des crimes, mais pour lui faire franchir deux degrés de l'échelle de la pénalité, et le rendre passible de la peine des travaux forcés à temps. L'art. 385 porte, en effet : « Sera puni de la peine des travaux forcés à temps tout individu coupable de vol commis avec violence, lorsqu'elle n'aura laissé aucune trace de blessure ou de contusion, et qu'elle ne sera accompagnée d'aucune autre circonstance. » — Rauter, t. 2, p. 115.

928. — L'art. 382 punit également de la peine des travaux forcés à temps « tout individu coupable de vol commis à l'aide de violence, et de plus avec deux des quatre premières circonstances prévues par l'art. 381. » Puis il ajoute : « Si la violence à l'aide de laquelle le vol a été commis a laissé des traces de blessures, de contusions, cette circonstance seule suffira pour que la peine des travaux forcés à perpétuité soit prononcée. »

929. — Enfin l'art. 381 punit des travaux forcés à perpétuité le vol qui réunit aux circonstances de nuit, de complicité, de port d'armes et d'introduction frauduleuse dans la maison, *la violence ou la menace* par les coupables *de faire usage de leurs armes.*

930. — Le Code de 1810 prononçait pour ce dernier cas la *peine de mort* : la loi de 1832 a substitué à la peine de mort celle des travaux forcés à perpétuité.

931. — MM. Chauveau et Hélie (t. 7, p. 121) font remarquer avec raison que du rapprochement des art. 382 et 385, il résulte une anomalie. En effet, le même fait, le vol avec violence, qui, dans le premier de ces articles, n'est frappé des travaux forcés à temps qu'autant qu'il est accompagné de deux circonstances aggravantes, est puni dans le second de cette peine alors même qu'il est dégagé de toutes circonstances aggravantes, d'où il suit que la présence des circonstances énumérées dans l'art. 382 devient indifférent et sans effet.

932. — Toutefois, et malgré l'existence de cette anomalie, il est juste de dire qu'on ne saurait en tirer la conséquence que l'art. 385, ait été abrogé par l'art. 382. — *Cass.*, 23 sept. 1838 (t. 2 1838, p. 479). — Seulement, il peut paraître urgent de réparer l'erreur évidente échappée au législateur, en en graduant la pénalité d'une manière rationnelle.

933. — Par application des articles ci-dessus, il a été jugé : 1o que le vol commis à l'aide de violence emporte la peine des travaux forcés à temps : que la cour d'assises ne peut, sous le prétexte que vol n'a pas été accompagné de circonstances aggravantes, se borner à prononcer la peine de cinq

années d'emprisonnement. — *Cass.*, 2 juin 1825, Chanel.

934. — ... 2° Que la violence ou la menace de faire usage des armes, réunie à une autre des cinq circonstances prévues par l'art. 381, C. pén., suffit pour rendre passible des travaux forcés à perpétuité l'auteur d'un vol commis sur un chemin public, quoiqu'elle ait *eu lieu de la part d'une seule personne*; la loi n'exige pas que la violence ou la menace ait été faite par plusieurs personnes. — *Cass.*, 26 sept. 1834, Vignier.

935. — La violence doit avoir été exercée envers les personnes, l'art. 382 le suppose évidemment d'après sa rédaction. — Carnot, t. 2, p. 269, n° 5.

936. — On doit réputer *violences*, dans le sens de la loi, toutes voies de fait dirigées *contre les personnes*, lors même qu'elles ne porteraient aucune atteinte à leur sûreté, qu'elles ne les menaceraient d'aucun danger personnel; c'est ce qui résulte : 1° de l'art. 381, qui range au nombre des violences *la menace de faire usage des armes*; 2° des art. 382 et 385 qui distinguent les violences qui ont laissé des traces de blessures et de contusions, et celles qui n'ont laissé aucune trace. — Chauveau et Hélie, t. 7, p. 206.

937. — Ainsi il a été jugé que le fait d'envelopper de couvertures la tête de la personne volée pour l'empêcher de reconnaître le voleur ou de crier au secours, c'est se rendre coupable de violences dans le sens de l'art. 382, C. pén. — *Cass.*, 26 mars 1813, Pronier. — Chauveau et Hélie, *loc. cit.*; Merlin, *Rép.*, v° *Vol*, sect. 2e, § 3.

938. — Il a été également jugé que le vol commis de concert par deux individus porteurs d'armes *dont ils ont menacé de faire usage* constitue le crime prévu par *l'art.* 382, C. pén. La menace de faire usage de leurs armes constitue une violence. — *Cass.*, 18 mai 1820, Willaume.

939. — Carnot (sur l'art. 382, t. 2, p. 270, n° 7) critique cet arrêt par le motif que l'art. 382 (qu'il s'agissait seul d'appliquer dans l'espèce), n'a pas, comme l'art. 381, assimilé la menace à la violence. — Nous pensons au contraire qu'il y a identité parfaite de motifs entre les deux cas prévus par les art. 381 et 382. Comment concevoir, en effet, que, dans le premier, la menace de faire usage des armes dont le voleur est porteur aggrave son crime, et qu'elle soit une chose absolument insignifiante dans le second? La criminalité de celui qui fait cette menace est-elle moins grande? Y a-t-il moins de danger pour celui qui la reçoit? Si le législateur l'a passée sous silence dans l'art. 382, c'est parce qu'il venait d'exprimer dans l'article qui précède immédiatement qu'elle constitue une violence. Les deux articles sont liés d'une manière si étroite qu'on aurait pu réunir les deux dispositions en un seul article. Il ne faut donc pas être surpris que la deuxième ne répète pas une assimilation qui se trouve déjà dans la première.

940. — En tous cas, le fait d'avoir demandé à un individu couché dans son lit la bourse ou la vie, en tenant sur sa tête un bâton, constitue la violence avec menace de faire usage d'une arme dont un des voleurs est porteur, et rentre dans le n° 5, art. 381, C. pén. — *Cass.*, 19 juin 1828, Hesse.

941. — C'est au surplus aux jurés seuls qu'il appartient d'apprécier irrévocablement ce qui caractérise la violence considérée comme circonstance aggravante d'un vol. — *Cass.*, 26 mars 1813, Pronier.

942. — Est-il nécessaire, pour que le vol soit réputé commis avec violences, que ces violences aient été commises pendant l'exécution du vol et pour assurer la fuite du voleur? Legraverend se prononce en ce dernier sens : En effet, dit-il (t. 2, chap. 2, p. 130), un vol ne peut être exécuté qu'en parvenant au lieu où est la chose qu'on veut voler et en s'en éloignant pour consommer et cacher son vol. La retraite ou la fuite des voleurs est donc une circonstance élémentaire et nécessaire du vol, et l'usage d'armes, dans la fuite, pour favoriser ou assurer cette fuite, est donc une violence dans le vol ou la tentative de vol.

943. — C'est en ce sens qu'il a été jugé que, pour constituer un vol avec violence, il n'est pas nécessaire que la violence ait précédé ou accompagné le vol, qu'il suffit qu'elle ait eu lieu dans la fuite des voleurs qui doivent être considérés comme étant encore en état de flagrant délit de vol. — *Cass.*, 18 déc. 1812, Caraguero.

944. — Mais MM. Chauveau et Hélie (t. 7, p. 208) repoussent la doctrine consacrée par cet arrêt, par le motif que la violence ou les menaces exercées par le voleur, pour assurer sa fuite, sont des faits postérieurs à l'appréhension ou à la tentative : ce n'est donc pas à l'aide de ces actes que le délit a été consommé; c'est pourquoi ils ne peuvent servir à le caractériser.

945. — Au surplus cette question a de l'analogie avec celle de savoir si l'effraction et l'escalade sont des circonstances aggravantes du vol lorsqu'elles ont eu pour objet, non de favoriser l'introduction du voleur dans les lieux avant la consommation du vol, mais sa sortie des lieux après l'exécution consommée. — V. *suprà* n° 853.

946. — La violence est une circonstance aggravante du vol, quel que soit lieu où le vol ait été commis, quelles que soient aussi les personnes à l'égard desquelles elle ait été exercée. — C'est donc avec raison que la cour de Cassation a considéré comme tombant sous l'application des art. 381 et 382, C. pén., le vol commis la nuit avec violence, dans une maison d'arrêt, par plusieurs détenus envers un autre détenu. L'arrêt attaqué avait repoussé l'application de ces articles par le motif qu'à raison du lieu de la perpétration du vol et de la position respective des prévenus et des victimes, on se trouvait dans un cas exceptionnel non prévu par la loi. — *Cass*, 1er mars 1816, Cayer.

947. — La loi a également rangé dans la classe de vols commis avec violence les extorsions de titres et signatures. — V. EXTORSION DE TITRES ET SIGNATURES.

§ 7. — *Vol commis à l'aide d'un faux titre, d'un faux costume, ou en alléguant un faux ordre.*

948. — L'art. 381, qui punit des travaux forcés à perpétuité les individus coupables de vols commis avec la réunion des cinq circonstances qu'il énumère, porte : « 4° S'ils ont commis le crime, soit à l'aide d'effraction extérieure, ou d'escalade, ou de fausses clés, dans une maison, appartement, chambre ou logement habités ou servant à l'habitation, ou leurs dépendances, soit en prenant le titre d'un fonctionnaire public ou d'un officier civil ou militaire, ou après s'être revêtus de l'uniforme ou du costume du fonctionnaire ou de l'officier, ou en alléguant un faux ordre de l'autorité civile ou militaire. »

949. — Ainsi, ce que la loi a pour but de punir dans ces différentes hypothèses, c'est le moyen frauduleux d'introduction dans la maison pour consommer le vol, moyen que l'art. 381 assimile, quant à son influence sur l'aggravation du vol et sur la pénalité, à l'effraction, l'escalade ou l'emploi de fausses clés. — Chauveau et Hélie, t. 7, p. 217.

950. — Il est donc nécessaire que l'usurpation de titre, d'ordre ou de costume, ait été employée comme moyen d'introduction dans une maison habitée ou servant à l'habitation ou dans ses dépendances, pour que cette usurpation constitue une circonstance aggravante. — Chauveau et Hélie, t. 7, p. 218.

951. — Le fait même de l'usurpation du titre d'un fonctionnaire public ou de l'allégation d'un faux ordre de l'autorité, est la deuxième condition essentielle pour l'existence du crime.

952. — Suivant Carnot (t. 2, p. 267) l'art. 381 ne disant point que les accusés doivent avoir pris une fausse qualité, s'être revêtus d'un uniforme, d'un faux costume, on doit en conclure qu'il suffit que, pour se procurer l'entrée d'une maison, ils s'y soient présentés sous le titre d'un fonctionnaire public ou d'un officier civil ou militaire, ou qu'ils aient été revêtus d'un costume ou uniforme, *lors même qu'ils auraient eu le droit de le porter*, pour que les conditions de la loi aient été remplies.

953. — Les auteurs de la *Théorie du Code pénal* (t. 7, p. 219) rejettent cette opinion. Ils prétendent que l'art. 381 n'a point prévu que le fonctionnaire ou l'officier se servirait lui-même de son costume ou de son titre, pour commettre un vol : ce n'est point là l'espèce qu'il a voulu ériger en circonstance aggravante; si le fonctionnaire abuse de son autorité pour faciliter l'exécution d'un vol, il devient passible des dispositions de l'art. 198, C. pén. — V. FONCTIONNAIRE PUBLIC, nos 359 et suiv. — L'art. 381 a eu pour objet spécial de prévoir l'usurpation d'un faux titre ou d'un faux costume, de même que l'allégation de faux ordres.

954. — Cette dernière opinion est seule acceptable; ainsi que cela résulte au surplus de l'exposé des motifs du Code qui ne se sert jamais que des mots *faux costume*, *faux titre*, *faux ordre*.

955. L'art. 381 n'exige pas que le faux ordre ait été exhibé; la simple allégation que l'on en est porteur constitue donc suffisamment le crime prévu par sa disposition. — Carnot, t. 2, p. 266.

956. — Il suffit, pour l'existence du crime, qu'un seul des coupables ait pris le titre de fontionnaire public, ou fût porteur d'un uniforme ou d'un costume. — Carnot, t. 2, p. 267, n° 15.

Sect. 5e. — *Réunion de plusieurs circonstances aggravantes.*

957. — Nous avons vu, dans les paragraphes qui précèdent, que les vols empruntent une gravité plus ou moins grande aux circonstances qui les ont accompagnées, et que, suivant que ces circonstances s'isolent et se combinent entre elles en nombre plus ou moins élevé, la pénalité est plus ou moins grave.

958. — La loi a prévu le cas où les cinq circonstances suivantes se trouveraient réunies : 1° nuit; 2° concours de deux ou plusieurs personnes; 3° port, de la part des coupables ou de l'un d'eux, d'armes apparentes ou cachées; 4° introduction dans une maison, appartement, chambre ou logement habité, ou servant à l'habitation, ou leurs dépendances, soit à l'aide d'effraction extérieure, ou d'escalade, ou de fausses clés; soit en prenant le titre d'un fonctionnaire public ou d'un officier civil ou militaire, ou après s'être revêtus de l'uniforme ou du costume du fonctionnaire ou de l'officier, ou en alléguant un faux ordre de l'autorité civile ou militaire; 5° emploi de violence ou de menace de faire usage des armes, et, dans ce cas, elle prononce la peine des travaux forcés à perpétuité.

959. — Le principe qui domine la matière, c'est qu'une aggravation de peine ne peut résulter de la présence d'une circonstance même reconnue aggravante par la loi, qu'autant que cette aggravation est formellement prononcée et formulée par le Code. Par exemple, la qualité de domestique de la victime, attachée à la personne de l'un des voleurs, ne fera point que le vol commis à l'aide de violence, pendant la nuit, par deux personnes, soit puni d'une peine plus élevée que celle des travaux forcés à temps, prononcée par l'art. 382. — Chauveau et Hélie, p. 223.

960. — Il est de principe, en outre, que chaque circonstance, lorsqu'elle est réunie à d'autres circonstances aggravantes, comme lorsqu'elle est isolée, doit conserver son caractère propre et les conditions de son incrimination. — Chauveau et Hélie, p. 224.

961. — Ainsi, il a été jugé que le fait que le vol aurait eu lieu dans une maison habitée ne suffit pas pour constituer l'une des cinq circonstances aggravantes dont la réunion entraîne la peine des travaux forcés à perpétuité, il faut de plus que l'introduction dans cette maison ait eu lieu par une des voies énumérées dans le § 4, art. 381, C. pén. — *Cass.*, 4 fév. 1836, Allard.

962. — De même, bien que l'art. 384 assimile l'effraction intérieure à l'effraction extérieure, cependant l'art. 381 exigeant, pour l'aggravation de peine qu'il prononce, que l'effraction ait été extérieure, l'assimilation ne pourrait, dans ce cas, recevoir son application

963. — Et la cour supérieure de Bruxelles a même jugé que lorsque, sur une accusation de vol commis avec les cinq circonstances prévues par l'art. 381, C. pén., la déclaration du jury n'exprime pas si l'effraction a été *extérieure*, cette déclaration doit être prise dans le sens le plus avantageux à l'accusé, et par conséquent l'effraction doit être réputée *intérieure*. — *Bruxelles*, 22 juill. 1816, Declercq.

964. — Nous ferons néanmoins observer que si l'acte d'accusation mentionne une effraction extérieure, la réponse du jury serait incomplète et ne purgerait pas l'accusation. La cour d'assises devrait donc l'annuler et renvoyer les jurés dans leur chambre à l'effet de donner une nouvelle déclaration. La proposition, consacrée par la cour de Bruxelles, ne serait admissible que dans le cas où l'arrêt de renvoi passé en force de chose jugée garderait, sur la nature de l'effraction, le même silence que la déclaration du jury. Encore la cour d'assises devrait-elle, en ce cas se borner à interroger le jury sur une effraction intérieure, car si elle peut expliquer l'arrêt du renvoi, elle n'a pas le même droit sur la déclaration du jury. — V. COURS D'ASSISES.

Sect. 6e. — *Tentative.* — *Complicité.* — *Dépens.*

965. — Les principes de notre législation, relatifs à la tentative, ayant été exposés sous ce mot, nous nous bornerons à y renvoyer. — V. TENTATIVE.

966. — Il en est de même de ceux relatifs à la complicité. — V. COMPLICITÉ.

967. — Depuis la publication du mot *complicité* il a été jugé :

968. — ... 1° Que la déclaration du jury qui reconnaît un accusé coupable en même temps d'un

vol et du recel des objets volés contient une contradiction, et ne peut dès-lors servir de base à une condamnation. — *Cass.*, 29 juin 1848 (t. 1er 1849, p. 31), Poncet.

969. — ... 2° Qu'il n'y a ni ambiguïté ni confusion dans la réponse du jury qui, après avoir déclaré deux accusés non coupables comme coauteurs d'un vol, les déclare complices pour en avoir aidé et assisté les auteurs. — *Cass.*, 3 juill. 1847 (t. 2 1847, p. 611), Granger et Richaud. — V. COMPLICITÉ, nos 74 et suiv., 99 et suiv.

970. — ... 3° Qu'il n'y a aucune contradiction dans la réponse du jury qui, reconnaissant les accusés coupables comme auteurs du vol à eux imputé avec les circonstances aggravantes qui s'y rapportent, et déclarant n'y avoir lieu à délibérer sur leur culpabilité par complicité par aide et assistance et par recélé, décide néanmoins qu'ils connaissaient, au temps du recélé, les circonstances aggravantes qui auraient rendu le simple recélé passible de l'aggravation de peine prévue par l'art. 63, C pén. — *Cass.*, 31 juill. 1847 (t. 2 1847, p. 677), Favre.

971. — Jugé que l'individu qui, sur une accusation de vol qualifié, n'a été déclaré coupable que de vol simple, doit néanmoins être condamné aux frais envers l'état, bien qu'aucune peine ne lui ait été appliquée par suite de la prescription de trois ans qui a couvert le délit qu'il a commis. — *Cass.*, 17 déc. 1846 (t. 1 1849, p. 105), Boissonnet. — V., sur la condamnation aux dépens, vo FRAIS ET DÉPENS (mat. crim.), nos 115 et suiv., 475 et suiv. — V. AUSSI vis ABIGEAT, ACTE D'ACCUSATION, ANIMAUX, ASSURANCE MARITIME, BANQUEROUTE, nos 283, 288; BRIS DE SCELLÉS, CARRIÈRES, COMPLICITÉ, CONTRAINTE, DISCERNEMENT, ESCROQUERIE, EXCUSE, EXTORSION DE TITRES ET SIGNATURES, FONCTIONNAIRE PUBLIC, no 359 et suiv. ; GARDE CHAMPÊTRE, no 451; MARAUDAGE, PÊCHE FLUVIALE, PÊCHE MARITIME, PREUVE TESTIMONIALE, QUESTION PRÉJUDICIELLE, no 49; SERMENT JUDICIAIRE ET EXTRAJUDICIAIRE, TENTATIVE.

VOL DU CHAPON.

1. — Le *vol du chapon* était un avantage que quelques coutumes accordaient à l'aîné dans les fiefs, et qui consistait, suivant la majeure partie de ces coutumes, *en un apport de terre féodale joignant le manoir, si tant y eu avait*. — Merlin, *Rép.*, vo *Vol du chapon*; Bourgoin, lib. 1, De origine, usu et ratione, *vulgarium vocum in verbo* AINÉ ; Loisel, *Instit.*, liv. 4, tit. 3, art. 93. — Il était toutefois certaines coutumes dans lesquelles le *vol du chapon* équivalait à une mesure différente. — V. notamment les coutumes de Chartin, art. 4; de Dreux, art. 3; d'Auvergne, tit. 12, art. 51.

2. — Cet arpent se mesurait à partir du bord extérieur des fossés du château. — Tronçon, *sur Paris*, art. 13.

3. — S'il n'y avait pas de fossés, l'arpentage se prenait au pied de la muraille ou palis de la clôture du manoir ; et lorsqu'il n'y avait point de clôture, il fallait commencer la chaîne à la maison. — Lalande, *sur Orléans*, art. 89.

4. — Pour mesurer cet arpent, on devait se servir de la mesure du seigneur de qui le fief était dépendant ; si le fief était sous diverses juridictions, il fallait avoir égard à celle dans laquelle l'arpent de terre était situé ; s'il y avait deux mesures dans le lieu, l'une royale et l'autre subalterne, il fallait suivre celle du roi, comme plus éminente ; enfin, s'il y en avait de différentes par rapport à l'aînesse, il fallait suivre la plus avantageuse à l'aîné, parce que le droit d'aînesse était favorable à l'aîné. — Telle était la plus avantageuse à l'aîné, Success., liv. 2, chap. 2, sect. 2; Merlin, *Rép.*, vo *Vol du chapon*.

5. — Lorsque les terres féodales qui environnaient le manoir en étaient séparées par un chemin, l'aîné n'en prenait pas moins l'arpent que la coutume lui donnait. Les chemins dans cette matière, n'étaient pas censés interrompre la continuité. — Merlin, *Rép.*, vo *Vol du chapon*.

6. — Les décrets du 15-28 mars 1790 ayant prononcé la suppression du régime féodal, un décret postérieur du 15-28 mars 1790, rendu pour développer les conséquences de cette suppression, a formellement aboli les droits d'aînesse et de masculinité à l'égard des fiefs, domaines et alleux nobles, et les partages inégaux à raison de la qualité des personnes.

VOLAILLES.

Marchands de volailles truffées ; — marchands de volailles au gibier : — patentables, les premiers de quatrième, les derniers de sixième classe; — droit fixe basé sur la population; — droit proportionnel du vingtième de l'habitation et des lieux servant à l'exercice de la profession. — V. ANIMAUX, PATENTE.

VOLONTÉ.

V. COMPLICITÉ, CONSENTEMENT, COUR D'ASSISES, HOMICIDE, OBLIGATION, POSSESSION, TESTAMENT.

VOLTIGEURS ALGÉRIENS.

Un décret du 16 oct. 1849, rendu en vue des ord. des 6 nov. 1822, 17 juin 1845 et de la loi des finances du 30 juill. 1849, a réglé l'organisation de deux compagnies de voltigeurs algériens. — V. ce décret dans la *Collection* de Duvergier, t. 49, p. 359.

VOTE.

1. — Suffrage donné.

2. — Ce mot est principalement employé pour désigner le suffrage donné par les électeurs convoqués pour élire des représentans ou des fonctionnaires. — V. CHAMBRE DE DISCIPLINE, ÉLECTIONS DÉPARTEMENTALES, ÉLECTIONS LÉGISLATIVES, ÉLECTIONS MUNICIPALES, PRÉSIDENCE DE LA RÉPUBLIQUE.

3. — On s'en sert également pour exprimer l'opinion émise par les assemblées délibérantes. — V. REPRÉSENTATION NATIONALE. — V. aussi LOIS.

4. — Enfin quelquefois on l'applique à l'avis donné par un juge dans la délibération sur les questions qu'il est appelé à résoudre. — V. ARBITRAGE, COUR D'ASSISES, JUGEMENT.

VOYAGE (Frais).

1. — Lorsque dans un procès les parties ont fait un voyage, et qu'elles se transportent au greffe assistées de leur avoué, pour y affirmer que le voyage a été fait dans la seule vue du procès, il leur est alloué, quels que soient leur état et leur profession, pour frais de voyage, séjour et retour, pour chaque myriamètre de distance entre leur domicile et le tribunal où le procès est pendant, 3 fr.; à l'avoué, pour vacation au greffe, à Paris, 1 fr. 50 c. et dans le ressort, 1 fr. 15 c.—Premier décret du 16 février 1807, portant tarif en matière civ., art. 146.

2. — Il n'est passé en taxe qu'un seul voyage en première instance et un seul en cause d'appel. La taxe pour la partie est la même en l'un et l'autre cas. Cependant, la comparaison d'une partie avait été ordonnée par jugement, et que en définitive les dépens lui fussent adjugés, il lui est alloué pour cet objet une taxe égale à celle d'un témoin.

3. — Quand il un procès intéresse plusieurs personnes, chacune d'elles a droit à un voyage, bien qu'elles aient le même intérêt.

4. — Le voyage et l'affirmation doivent avoir été faits par la partie en personne. Le tarif ne reproduit pas les termes d'un arrêt du parlement du 16 mai 1691, qui autorisait la partie qui ne pouvait se déplacer à faire faire le voyage par son conjoint, ou par ses parens. — Boucher d'Argis, *Dict. de la taxe*, vo *Voyage des parties*.

5. — Le procès étant terminé quand le jugement a été rendu, le voyage qui serait fait postérieurement au jugement ne pourrait être alloué en taxe.

6. — Les frais de séjour étant compris dans l'indemnité de 3 fr., il ne peut être alloué de frais de résidence. — *Rennes*, 28 août 1810, Bontems c. Lichuteau.

7. — La cour de Bourges a jugé qu'en matière sommaire, les frais de voyage doivent être accordés à la partie seulement ; il n'est dû aucune vacation à l'avoué. — *Bourges*, 30 août 1827, Delanle c. Blanchet; 24 août 1829, préfet du Cher c. Bujon-Desbrosses. — Mais le dernier de ces arrêts a été cassé, le 7 janvier 1834, par la cour de Cassation, qui a décidé avec raison, qu'en matière sommaire, il n'y a lieu d'allouer que les simples déboursés, et non des *honoraires* de voyage, comme en matière ordinaire. — Art. 67, § 19 du tarif. — V. cependant Boucher d'Argis, *loc. cit.* ; Chauveau, *Comm. du tarif*, t. 1er, no 461. Rivoire, *id.*, p. 319 et 555, et Foix, *id.*, art. 146; no 12. — La cour d'Orléans a adopté la jurisprudence de la cour de Bourges. — *Orléans*, 3 août 1839 (t. 2 1841, p. 428), Brivot et Courot Bigé c. Thomas Varennes.—Teulet et Sulpicy, sur l'art. 146 du tarif, no 17.

8. — La dernière partie de l'art. 146 prévoit le cas où le voyage de la partie est forcé. Dans aucun cas il ne peut être alloué deux droits de voyage successivement dans la même affaire, lors même qu'il y aurait eu deux voyages ; mais, en cas de voyage forcé, il doit être alloué le même droit qu'à un témoin, et même, quoique l'art 146 ne le dise pas, l'indemnité de transport due au témoin. — Boucher d'Argis, *loc. cit.*

VOYAGE EN CARAVANE.

V. CARAVANE (voyage en).

VOYAGE DE CONSERVE.

V. CONSERVE (voyage de).

VOYAGE DE LONG COURS.

On distingue trois sortes de voyages maritimes : les voyages de long cours et ceux de grand et de petit cabotage. La navigation au long cours embrasse les plus longs voyages qui se puissent concevoir. — V. ASSURANCE MARITIME, nos 942 et suiv. — V. aussi CABOTAGE.

VOYAGEUR.

V. CONTRIBUTIONS INDIRECTES, HOTELIER, JUSTICE DE PAIX, OCTROI, POUVOIR MUNICIPAL, TRANSPORTS (entrepreneur de).

VUE.

V. MITOYENNETÉ, SERVITUDES, USUFRUIT, VOIRIE.

VULGATE.

V. NOVELLES.

YANAON.

V. INDE (établissemens dans l').

ZINC.

Usines à laminer le zinc. — Deuxième classe des établissemens insalubres.—V. ÉTABLISSEMENS INSALUBRES (nomenclature).

ZONE.

V. SERVITUDES MILITAIRES.

FIN DU DOUZIÈME ET DERNIER VOLUME.

PARIS. — IMPRIMERIE DE LANGE LÉVY ET COMP., RUE DU CROISSANT, 16.

www.ingramcontent.com/pod-product-compliance
Lightning Source LLC
Chambersburg PA
CBHW060843220326
41599CB00017B/2375